Johannes Semler/Rüdiger Volhard (Hrsg.)
Arbeitshandbuch für Unternehmensübernahmen

Arbeitshandbuch für Unternehmensübernahmen

Band 1
Unternehmensübernahme
Vorbereitung – Durchführung – Folgen
Ausgewählte Drittländer

herausgegeben von

Prof. Dr. Johannes Semler
Rechtsanwalt in Frankfurt am Main
Honorarprofessor an der
Wirtschaftsuniversität Wien

Dr. Rüdiger Volhard
Rechtsanwalt und Notar
in Frankfurt am Main

mit einem Vorwort von

Dr. Eckhard Cordes
Mitglied des Vorstands
DaimlerChrysler AG

Verlag C. H. Beck / Verlag Franz Vahlen
München 2001

Zitierempfehlung:
Verfasser in Semler/Volhard (Hrsg.) ÜN Hdb.

Die Deutsche Bibliothek – CIP-Einheitsaufnahme

Arbeitshandbuch für Unternehmensübernahmen
hrsg. von Johannes Semler/Rüdiger Volhard
München : Beck ; München : Vahlen, 2001
NE: Johannes Semler/Rüdiger Volhard (Hrsg.)
ISBN 3-8006-2710-8

ISBN 3-8006-2710-8
© 2001 Verlag Franz Vahlen GmbH
Wilhelmstraße 9, 80801 München
Druck: C. H. Beck'sche Buchdruckerei Nördlingen
Adresse wie Verlag
Satz: Jung Crossmedia, Lahnau
Gedruckt auf säurefreiem, alterungsbeständigem Papier
(hergestellt aus chlorfrei gebleichtem Zellstoff)

Bearbeiter der Bände 1 und 2

Martin Bechtold
Ralf Brammer
Dr. Hans-Georg Bruns
Dr. Ivana Bučková
Dr. Andreas Dietzel
Bernt Gach
Dr. Thomas Gasteyer
Dr. Rolf Giebeler
Dr. Manfred Heemann
Werner Hüttel
Dr. Stephan Hutter
Boris Ivanov
Dr. Andreas G. Junius
Univ.-Prof. Dr. Susanne Kalss
Dr. Uta K. Klawitter
Michael Knaus
Christine Koziczinski
Dr. Jörg Kraffel
Prof. Dr. Bruno Kropff
Prof. Dr. Friedrich Kübler
Dr. Reinhard Marsch-Barner
Dr. Welf Müller
Andrea Presser-Müller
Dr. Jochem Reichert

Dr. Wolfgang Richter
Dr. Wolfgang Rosener
Felicia Şaramet-Comşa
Dr. Kersten v. Schenck
Dr. Uwe Schimmelschmidt
Dr. Fabian v. Schlabrendorff
Matthias Schleicher
Dr. Horst Schlemminger
Dr. Michael Schlitt
Dr. Hermann Schmitt
Prof. Dr. Torsten Schöne
Siegfried Seewald
Prof. Dr. Johannes Semler
Dr. Arndt Stengel
Dr. Michaela Stessl
Dr. Dietrich F. R. Stiller
Dr. Annedore Streyl
Dr. Stefanie Tetz
Dr. Sandra Thiel
Mirjana Troper
Dr. Rüdiger Volhard
Daniela Weber-Rey
Ronald Welge
Jan Wrede

Vorbemerkung der Herausgeber

Das Streben der Unternehmensorgane nach Expansion und dabei auch nach Übernahme anderer Unternehmen kennzeichnet die soziale Marktwirtschaft. In den vergangenen Jahrzehnten hat sich diese Tendenz verstärkt. Weltweite Geschäftstätigkeit führte zur „Globalisierung". Der Zusammenschluß von Nationalstaaten zu größeren Wirtschaftseinheiten oder auch zu umfassenden politischen Einheiten zwingt Wirtschaftsunternehmen dazu, ihre Betätigungsfelder diesen größeren übernationalen Räumen anzupassen.

Eine Absicht kennzeichnet alle diese Entwicklungen: Die Eigenkapitalrendite des expandierenden Unternehmens soll gesteigert werden, um seinen Wert zu erhöhen. Diese Werterhöhung kommt den Anteilseignern durch eine Erhöhung des Werts ihrer Einlage (Shareholder Value) zugute, den leitenden Mitarbeitern des Unternehmens ggf. durch eine erfolgsabhängige Erhöhung ihrer Vergütungen, den Arbeitnehmern durch eine Erhöhung der Sicherheit ihrer Arbeitsplätze und allen Dritten, die mit dem Unternehmen in Beziehung stehen, durch eine größere Leistungsfähigkeit dieses Unternehmens (Stakeholder Value).

Alles dies setzt voraus, daß die Expansion des Unternehmens erfolgreich verläuft. Ist das nicht der Fall, sinkt der Wert des Unternehmens mit nachteiligen Folgen für Anteilseigner, leitende Mitarbeiter und andere Arbeitnehmer. Die mit dem Unternehmen in Verbindung stehenden Dritten können Leistungsvolumen und Leistungssicherheit ganz oder teilweise verlieren.

In diesem Buch werden auf der Grundlage breiter Erfahrungen notwendige Vorgaben entwickelt und Vorgehensweisen dargestellt, die geeignet erscheinen, den Erfolg einer Unternehmensverbindung zu sichern.

Eine auf europäischer Ebene erarbeitete Übernahmerichtlinie ist im Europäischen Parlament nicht angenommen worden. Es kann nicht vorausgesehen werden, ob und wann ein neuer Entwurf von der Europäischen Kommission, den Mitgliedsländern und vom Europäischen Parlament angenommen werden wird. Versuche, in Deutschland ähnlich wie in Großbritannien einen freiwilligen Übernahmekodex als Grundlage für Unternehmensübernahmen durchzusetzen, sind gescheitert. Deswegen wurde zeitlich gleichlaufend mit den Verhandlungen über die europäische Übernahmerichtlinie ein deutsches Übernahmegesetz vorbereitet. Nach einem Grundsatzpapier, das eine vom Bundeskanzler eingeladene Expertenkommission verabschiedet hatte, hat das Bundesministerium der Finanzen im Juli 2000 einen Diskussionsentwurf veröffentlicht. Nach einer Anhörung und unter Berücksichtigung zahlreicher Stellungnahmen erschien im März 2001 ein Referentenentwurf, der ebenfalls in einem Hearing erörtert und im Schrifttum behandelt wurde. Neue politische Vorgaben beeinflußten das beabsichtigte Gesetzgebungsvorhaben. Vor allem wurden die Verhaltenspflichten des Vorstands geändert. Die Hauptversammlung soll berechtigt sein, durch sog. Vorratsbeschlüsse die Handlungsmöglichkeiten des Vorstands zu erweitern. Im Sommer 2001 wurde den gesetzgebenden Körperschaften der Regierungsent-

Vorbemerkung der Herausgeber

wurf eines Übernahmegesetzes zugeleitet. Das Gesetz soll zum 1.1.2002 in Kraft treten.

Ob und ggf. welche Änderungen des Regierungsentwurfs im Gesetzgebungsverfahren noch vorgenommen werden, ist zur Zeit nicht abzusehen. Deswegen wird der zweite Band des Arbeitshandbuchs für Unternehmensübernahmen erst einige Monate später, Anfang des Jahres 2002 erscheinen. Im zweiten Band werden auch die Schuldrechtsmodernisierung zu behandeln sein und die Änderungen, die sich aus dem Unternehmenssteuerfortentwicklungsgesetz ergeben.

Ab 1.1.2002 werden Veräußerungsgewinne beim Verkauf von Unternehmensbeteiligungen steuerfrei sein. Damit erhält der Markt für Unternehmensbeteiligungen voraussichtlich neuen Auftrieb.

Das vorliegende Buch möchte allen Beteiligten Rat und Hilfe bei der Abgabe und der Übernahme von Unternehmensbeteiligungen geben.

Frankfurt am Main, im August 2001
Johannes Semler
Rüdiger Volhard

Vorwort

In der gegenwärtigen Diskussion über Unternehmenstransaktionen im allgemeinen und Übernahmen im besonderen wird die volkswirtschaftliche Bedeutung der Reallokation von Produktionsfaktoren oft übersehen. Es ist im Interesse der Allgemeinheit, daß die Unternehmen in einer Volkswirtschaft ein Höchstmaß an Produktivität aufweisen. Hohe Produktivität ist die Grundlage für wachstumserzeugende Investitionen in innovative Technologien und Dienstleistungen, für sichere Arbeitsplätze und auch für Steuerzahlungen und Beiträge zur sozialen Sicherung. Es sind die produktivsten und am schnellsten wachsenden Unternehmen, die neue Arbeitsplätze schaffen und für Wohlstand in der Volkswirtschaft sorgen. Transaktionen, wie die Übernahme eines Unternehmens, sollten daher vor dem Hintergrund der Wertschaffung betrachtet werden. Die Übernahme ist wirtschaftlich sinnvoll, wenn die Produktivität des Unternehmens ggf. in Verbindung mit dem übernehmenden Unternehmen über das bislang erreichte Niveau hinaus gesteigert wird. Denn jeder Produktivitätszuwachs führt zur Wohlstandsmehrung in der Volkswirtschaft, da die zusätzlich erwirtschafteten Erträge „verwendet" werden – entweder zunächst auf Unternehmensebene durch Investitionen oder unmittelbar außerhalb des Unternehmens zB aufgrund von Ausschüttungen. Volkswirtschaftlich betrachtet ist jeder Produktivitätsgewinn wertvoll. Dabei ist unerheblich, ob dieses Produktivitätspotential durch Zahlung eines ggf. hohen Kaufpreises für das Zielunternehmen erschlossen wurde, da der Empfänger der Zahlung ebenfalls Teil der Volkswirtschaft ist. In der Gesamtrechnung findet aufgrund des Zahlungsvorgangs lediglich ein „Aktivtausch" statt. Durch den Produktivitätszuwachs erhöht sich hingegen die Summe der Wohlstandsbilanz. Deshalb ist ein hohes Niveau an Reallokationsaktivität ein gutes Zeichen für uns alle.

Erfreulich ist vor diesem Hintergrund auch, daß die rechtlichen und die steuerlichen Rahmenbedingungen verbessert wurden, um die Reallokation von Kapital nicht zu erschweren bzw. zu verhindern. Die Möglichkeit, Unternehmensbeteiligungen ab 2002 steuerfrei veräußern zu können, dürfte als Katalysator im Prozeß der Restrukturierung der „Deutschland AG" wirken. Die Trennung von nicht selten wechselseitigen Unternehmensbeteiligungen, die teilweise vor Jahrzehnten vor dem Hintergrund ganz anderer Verhältnisse auf den Güter- und Kapitalmärkten herbeigeführt wurden, kann nun leichter und ohne wirtschaftliche Nachteile durch die unmittelbare Besteuerung der Kapitalgewinne erfolgen. Dabei werden jene der Besteuerung aber nicht grundsätzlich entzogen: Bei Verwendung auf Unternehmensebene werden die Rückflüsse aus der Reinvestition besteuert, und bei Ausschüttung an die Kapitalgeber greift die Einkommensteuer. Insgesamt betrachtet dürfte sich bei steuerfreier Veräußerung mit anschließender Reinvestition oder Ausschüttung (auf Seiten des Verkäufers) und einer optimalen Verwendung der Ressourcen (auf der Seite des Käufers) ein höheres Steueraufkommen ergeben, als bei Verhinderung der Transaktion aufgrund steuerlicher Hindernisse. Nun sind steuerliche Motive nicht allein ausschlaggebend für das

Vorwort

Durchführen oder Unterlassen von Unternehmensübernahmen. Die Transaktion muß vielmehr den strategischen Zielen der beteiligten Unternehmen dienen und eine ausreichende Wertsteigerung erwarten lassen. Das Wertsteigerungspotential auf der Seite des Verkäufers wurde durch die Besteuerung der Kapitalgewinne signifikant gemindert. Fehlte es an wirtschaftlicher Notwendigkeit, die zur Veräußerung von nicht zum Kernbereich gehörenden Aktivitäten zwang, erschien ein Halten als Finanzbeteiligung bis auf weiteres nicht unzweckmäßig. Die Steuerreform dürfte demzufolge die Entscheidung, sich von Randaktivitäten zu trennen, erleichtern.

Grenzüberschreitende Unternehmensübernahmen werden gelegentlich kritisch beurteilt, insbesondere wenn diese nicht einvernehmlich mit dem Vorstand einer deutschen Zielgesellschaft erfolgen („feindliche Übernahme"). Wenige spektakuläre Transaktionen dieser Art führten zur Forderung nach Protektion vor dem „Ausverkauf der Deutschland AG". Nun wissen wir aus der Geschichte, daß protektionistische Maßnahmen nicht geeignet sind, den Wohlstand dauerhaft zu erhalten und zu mehren. Ähnlich wie steuerliche Barrieren die Restrukturierung behindern können, führt die Protektion einer Volkswirtschaft vor dem internationalen oder globalen Wettbewerb zum Einfrieren von Produktivitätspotentialen. Nicht die Vermeidung des Wettbewerbs, sondern dessen Förderung führt zu Wachstum und Wohlstand. Darüber hinaus ist festzustellen, daß die Übernahme eines deutschen Unternehmens durch ein nicht-deutsches Unternehmen unsere Volkswirtschaft nicht automatisch ärmer macht: Die Anteilseigner erhalten die Aktien des übernehmenden Unternehmens und/oder eine Barzahlung. Insofern führt eine grenzüberschreitende Transaktion zunächst wiederum nur zu einem Aktivtausch in der volkswirtschaftlichen Bilanz der Vermögenspositionen. Hinzu kommt, daß die Eigentümer der Zielgesellschaft über das Angebot zur Abgabe ihrer Anteile selbst entscheiden. Sie können es annehmen, wenn sie es wirtschaftlich attraktiv finden, d. h. wenn es sie reicher als vorher macht.

Wie sind Unternehmensübernahmen aus der Perspektive der Anteilseigner zu beurteilen? Die Ergebnisse der empirischen Kapitalmarktforschung belegen, daß die Anteilseigner des abgebenden Unternehmens im Durchschnitt signifikante Überrenditen aufgrund der Veräußerung realisieren. Der Wert ihrer Vermögensposition nach der Transaktion übersteigt denjenigen vor der Transaktion, und die Transaktion sollte damit klar in ihrem (wirtschaftlichen) Interesse sein. Sie profitieren damit an dem Wertsteigerungspotential, welches durch die Transaktion angelegt wird und von dem erwartet wird, daß es die neue Unternehmensführung realisiert. Die Realisierung des Potentials ist aber unsicher. Insbesondere die Erzielung von zusätzlichen Umsatzerlösen durch die Kombination des Produkt- und Dienstleistungsangebots hängt in hohem Maße von den Reaktionen der Kunden und Wettbewerber ab. Jene können nur bis zu einem gewissen Grad antizipiert werden. Auf der Kostenseite sind die Verbesserungspotentiale oft genauer einschätzbar und liegen eher im direkten Einflußbereich des Managements. Die Anteilseigner des abgebenden Unternehmens erhalten jedoch einen Anteil am erwarteten Verbesserungspotential unabhängig von dessen Realisierung. Das Risiko tragen die Anteilseigner des erwerbenden Unternehmens. Hinzu kommt, daß insbesondere bei größeren Transaktionen, die eine Integration über wesentliche Prozeßketten hinweg

Vorwort

erfordern, eine Art „Großbaustelle" entsteht, deren Existenz und Entwicklung von den Kapitalmärkten teilweise kritisch gesehen wird. So dauert es regelmäßig deutlich länger, bis auch die Anteilseigner der übernehmenden Unternehmung die Früchte der Transaktion ernten und ihren Anteil an der Wertrealisierung bekommen. Dies ist jedoch im Grunde nichts Außergewöhnliches, denn Aktien sind riskante, langfristig zu haltende Anlagen. Der erste Teil des Rendite-Risiko-Managements der Anteilseigner sollte dementsprechend in der Festlegung entsprechend langfristiger Investitionszeiträume bestehen. Anderenfalls wird auf kurzfristige Spekulation gesetzt, die im Einzelfall möglicherweise erfolgreich sein kann, oft aber nicht reproduzierbar ist. So ist zB der „Erfahrungswert", demzufolge die Rendite von Aktien im Durchschnitt 3 bis 5 Prozentpunkte über der Rendite von risikolosen festverzinslichen Anleihen liegt, über einen Zeitraum von mehr als 30 Jahren gerechnet. Innerhalb dieses Zeitraums gab es Perioden mit weitaus höheren und auch mit entsprechend geringeren Renditen. Der zweite Teil besteht in einer möglichst weitreichenden Diversifikation des Portefeuilles, d. h. Einbezug von sicheren und unsicheren Wertpapieren, Aktien unterschiedlicher Branchen und aus unterschiedlichen Wirtschaftsräumen. Der gedankliche Grenzfall der Diversifikation besteht in einem „Marktportefeuille", welches alle Investitionsmöglichkeiten am Kapitalmarkt umfaßt. Die Diversifikation sorgt dafür, daß sich das von den Investoren übernommene Risiko auf den sogenannten systematischen Anteil reduziert. Zufällige (unsystematische) Risiken einzelner Investitionen gleichen sich aus. Hält der Investor das Marktportefeuille und damit sowohl die Aktien des verkaufenden, als auch diejenigen des kaufenden Unternehmens, partizipiert er generell am Wertzuwachs.

Die Überlegungen zum volkswirtschaftlichen Nutzen von Unternehmensübernahmen sind für das einzelne Unternehmen, das im Wettbewerb auf Güter- und Kapitalmärkten steht, nicht primär relevant. Die Aktivitäten im Zusammenhang mit Unternehmensübernahmen, die einen zunehmenden Anteil der Management-Attention beanspruchen, dienen einer sinnvollen Sache. Dies reicht als Motivation und Legitimation jedoch nicht aus. Während der Investor mit einem breit diversifizierten Portefeuille primär an der Gesamtrendite seines Portefeuilles interessiert sein sollte, muß sich der Manager an der Rendite „seines" Unternehmens messen lassen. Die kompensatorischen Effekte – der Aktivtausch in der volkswirtschaftlichen Bilanz oder die Anteilsverschiebung im Marktportefeuille – sind auf der mikroökonomischen Ebene der Einzelunternehmung nicht von Interesse. Jedes Unternehmen im Wettbewerb sollte nach der Maximierung seines Unternehmenswerts streben, selbstverständlich auch dann, wenn das zu Lasten von Wettbewerben geht. Damit sind wir bei der wichtigen Frage, unter welchen Bedingungen Transaktionen auf der Unternehmensebene zu Wertsteigerungen führen. Wichtig ist die Differenzierung zwischen dem Wert des zu übernehmenden Unternehmens einerseits und dem dafür zu entrichtenden Kaufpreis andererseits. Der Wert des Zielunternehmens ist nicht unabhängig von dem aufkaufenden Unternehmen und dessen Strategie. Wird eine Integration und Kombination mit bestehenden Geschäften erwogen, sind Veränderungen bei den Kernprozessen vorgesehen, Anpassungen der Ressourcenbasis erforderlich oder lassen sich Wachstumsoptionen gemeinsam schneller realisieren? Die Antworten auf diese

Vorwort

beispielhaften Fragen haben Implikationen für die zukünftigen Cash-flows, die das Zielunternehmen unter der Regie der neuen Eigentümer generieren wird. Der Wert des Zielunternehmens folgt aus den zukünftig erwarteten Cash-flows, die Resultat der spezifischen Strategie des neuen Eigentümers sind. Der Preis ist im Gegensatz zum Wert eine objektive Größe, die bei Abschluß der Transaktion vorliegt. Die Wertsteigerung resultiert aus der Differenz zwischen Wert und Preis, wobei die Kosten der Transaktion und Integration ebenfalls zu berücksichtigen sind. Bezieht man diese Differenz – d. h. den durch die Transaktion geschaffenen Zusatzwert – auf den Unternehmenswert der erwerbenden Unternehmung, ergibt sich die theoretische Überrendite für dessen Eigentümer. Ob sich diese Überrendite auch faktisch am Kapitalmarkt beobachten läßt, hängt von einer Reihe weiterer Faktoren ab: Die beabsichtigte Strategie muß dem Kapitalmarkt in geeigneter Form kommuniziert werden, das Management muß über eine ausreichende Glaubwürdigkeit am Markt verfügen, und das Marktumfeld muß stimmen. Zu beachten ist hierbei, daß es sich sowohl bei den Potentialen aus der Wertsteigerungsanalyse als auch bei den potentiell realisierten Überrenditen um „Vorschuß-Lorbeeren" handelt. Die Zukunftspotentiale gilt es im Rahmen der Integrationsprojekte erst noch zu realisieren. Abweichungen vom kommunizierten Integrationsfahrplan führen regelmäßig zur Revision der Kapitalmarkterwartungen und entsprechenden Kursanpassungen.

Unternehmensübernahmen stellen komplexe Vorgänge dar, die zukünftig noch stärker als heute zum Instrumentarium des Managements werden dürften. Die Komplexität resultiert aus den verschiedenen Dimensionen, die es zu beachten gilt: Strategische Grundsatzfragen, Fragen der operativen Durchführung von Integrationen, deren finanzwirtschaftliches Spiegelbild, die rechtliche und steuerliche Strukturierung und Absicherung der Transaktion, die Kommunikation nach innen und außen einschließlich des Managements der Kapitalmarkterwartungen. Somit ist der Bedarf an kodifiziertem Wissen in diesem Bereich außerordentlich hoch, dem durch das vorliegende Arbeitshandbuch entsprochen werden soll. Insbesondere deckt es die rechtliche Seite von Unternehmensübernahmen ab, ein Gebiet, auf dem Manager oft großen Unterstützungsbedarf verspüren. Das Arbeitshandbuch liefert das rechtliche Handwerkszeug auf umfassende Weise, indem neben den „Mainstream"-Themen auch wichtige Sonderfälle, Begleitfelder und internationale Aspekte abgedeckt werden. Diesem außergewöhnlichen Werk ist eine weite Verbreitung zu wünschen.

Stuttgart, im August 2001 Eckhard Cordes

Inhalt

**Band 1
Unternehmensübernahme
Vorbereitung – Durchführung – Folgen
Ausgewählte Drittländer**

	Seite
Vorbemerkung der Herausgeber	VII
Vorwort *(Eckhard Cordes)*	IX
Inhaltsverzeichnis	XVII
Abkürzungsverzeichnis	LI
Literaturverzeichnis	LXVII

I. Teil   Allgemeiner Teil

§ 1 Die wirtschaftliche Bedeutung von Unternehmensübernahmen
(Johannes Semler) 3

§ 2 Übersicht über die rechtlichen Formen der Unternehmensübernahme
(Rüdiger Volhard) 39

§ 3 Beteiligte und Betroffene einer Unternehmensübernahme:
Schutzinteressen und Pflichtbindungen
(Friedrich Kübler) 75

§ 4 Die Rolle der Berater, ihre Auswahl und ihre Honorierung
(Thomas Gasteyer) 117

II. Teil   Vorbereitung und Begleitung einer Unternehmensübernahme

§ 5 Vorbereitung einer Unternehmensübernahme
(Johannes Semler) 155

§ 6 Vertraulichkeitsvereinbarung, Absichtserklärung und sonstige
Vorfeldvereinbarungen
(Michael Schlitt) 199

§ 7 Informationsansprüche und Informationspflichten unter
Berücksichtigung des Insiderrechts
(Reinhard Marsch-Barner) 235

Inhalt

	Seite
§ 8 „Formgebung" für die beteiligten Unternehmen *(Kersten v. Schenck)*	301
§ 9 Haftung des Verkäufers und Unternehmensprüfung (Due Diligence) *(Andreas Dietzel)*	327
§ 10 Unternehmensbewertung und Verschmelzungsrelationen, Abfindungen *(Welf Müller)*	397

III. Teil Unternehmenskauf

§ 11 Typen und Abläufe von Unternehmenskäufen *(Daniela Weber-Rey)*	461
§ 12 Erwerb von Unternehmensanteilen (Share Deal) *(Annedore Streyl)*	483
§ 13 Erwerb von Vermögenswerten (Asset Deal) *(Christine Koziczinski)*	555
§ 14 Private Equity-Transaktionen *(Daniela Weber-Rey)*	591
§ 15 Fremdfinanzierung und Besicherung *(Manfred Heemann)*	659
§ 16 Durchsetzung vertraglicher Rechte und Pflichten *(Fabian v. Schlabrendorff)*	741

IV. Teil Verschmelzung

§ 17 Verschmelzungen und ähnliche Zusammenschlüsse *(Jochem Reichert/Rüdiger Volhard/Arndt Stengel)*	799

V. Teil Sonderfälle von Unternehmensübernahmen

§ 18 Übernahmen im Bereich von Kreditinstituten und Finanzdienstleistern *(Kersten v. Schenck)*	915
§ 19 Übernahmen im Versicherungsbereich *(Daniela Weber-Rey)*	931
§ 20 Privatisierungen *(Jörg Kraffel/Rüdiger Volhard)*	945
§ 21 Übernahmen von Grundstücksgesellschaften *(Thomas Gasteyer)*	1013

Inhalt

Seite

VI. Teil Wesentliche Begleitfelder bei Unternehmensübernahmen

§ 22 Übertragung und Umwandlung von Anteilsrechten
(Uta K. Klawitter) 1039

§ 23 Gang an die Börse
(Michael Schlitt / Stephan Hutter) 1079

§ 24 Verlassen der Börse
(Kersten v. Schenck) 1175

§ 25 Unternehmensübernahmen im Wettbewerbsrecht
(Martin Bechtold) 1197

§ 26 Unternehmensübernahmen im Steuerrecht
(Uwe Schimmelschmidt) 1249

§ 27 Unternehmensübernahmen im Arbeitsrecht
(Bernt Gach) 1431

§ 28 Unternehmensübernahmen im Konzernrecht
(Bruno Kropff) 1471

§ 29 Unternehmensübernahmen im Umweltrecht
(Horst Schlemminger) 1497

§ 30 Gewerbliche Schutzrechte bei Unternehmensübernahmen
(Werner Hüttel / Ronald Welge) 1553

VII. Teil Regelungen des Übernahmekodex

§ 31 Pflichten von Bieter und Zielgesellschaft
(Sandra Thiel) 1589

VIII. Teil Folgewirkungen einer Unternehmensübernahme

§ 32 Unternehmensübernahmen in der Rechnungslegung
(Hans-Georg Bruns) 1641

§ 33 Erfolgsfaktoren der „Post-Merger"-Integration bei transatlantischen Fusionen
(Ralf Brammer) 1699

§ 34 Mängel einer Unternehmensübernahme und ihre Folgen
(Torsten Schöne) 1717

IX. Teil Übernahme ausländischer Unternehmen

§ 35 Prüfungsschwerpunkte bei Übernahme ausländischer Unternehmen
(Wolfgang Rosener) 1763

Inhalt

		Seite
§ 36	USA *(Andreas Junius)*	1813
§ 37	Russische Föderation *(Hermann Schmitt)*	1829
§ 38	Volksrepublik China *(Stefanie Tetz)*	1859
§ 39	Indonesien *(Matthias Schleicher/Dietrich F. R. Stiller)*	1883
§ 40	Korea *(Matthias Schleicher/Dietrich F. R. Stiller)*	1909
§ 41	Philippinen *(Jan Wrede)*	1941
§ 42	Hinweise zu anderen Fernost-Staaten *(Jan Wrede)*	1963
§ 43	Polen *(Siegfried Seewald)*	1995
§ 44	Ungarn *(Andrea Presser-Müller)*	2033
§ 45	Bulgarien *(Boris Ivanov)*	2057
§ 46	Kroatien *(Mirjana Troper)*	2083
§ 47	Rumänien *(Felicia Şaramet-Comşa)*	2103
§ 48	Slowakei *(Michaela Stessl)*	2117
§ 49	Slowenien *(Michael Knaus)*	2143
§ 50	Tschechien *(Ivana Bučková)*	2165
Autorenverzeichnis		2183
Sachverzeichnis		2197

Band 2
Das neue Übernahmerecht 2002

X. Teil   Wahrung des gesetzlichen Übernahmerechts

XI. Teil   Schuldrechtsmodernisierung

XII. Teil   Fortentwicklung des Unternehmenssteuerrechts

Inhaltsverzeichnis[1]

I. Teil Allgemeiner Teil

Seite

§ 1 Die wirtschaftliche Bedeutung von Unternehmensübernahmen

- A. **Einleitung** 5
    - I. Rückblick 5
    - II. Grundlagen des Unternehmenswachstums 5
    - III. Unternehmensverbindungen 6
    - IV. Branchenschwerpunkte 12
    - V. Regionale Schwerpunkte 12
- B. **Unternehmensübernahmen während der letzten Jahre** 13
- C. **Beweggründe für Unternehmensübernahmen** 14
    - I. Wachstumsabsichten 15
    - II. Umschichtungen 15
    - III. Wertrealisierungen 16
    - IV. Wertmitnahmen 17
    - V. Steigerung des Unternehmenswerts 18
    - VI. Änderung der wirtschaftlichen Verhältnisse 19
    - VII. Skaleneffekte 20
    - VIII. Realisierung von Synergien 21
    - IX. Verbesserung der Wettbewerbsposition 26
    - X. Sonstige Übernahmegründe 27
- D. **Negative Beweggründe** 27
    - I. Allgemein 27
    - II. Drang zur Größe 28
    - III. Eigeninteresse des Managements 28
    - IV. Außeneinwirkungen 28
- E. **Wirtschaftliche Schwerpunkte und Auswirkungen einer Unternehmensübernahme** 29
    - I. Phasen einer Unternehmensübernahme 29
    - II. Ressourcennutzung während der Zusammenführung der beteiligten Unternehmen 34
    - III. Auswirkungen auf die Unternehmensverfassung und die Mitbestimmung 34
    - IV. Nachwirkende Schwierigkeiten 35

---

[1] Ausführliche Inhaltsübersichten jeweils zu Beginn der einzelnen Paragraphen.

Inhaltsverzeichnis

	Seite
F. Regulierungstendenzen	37
I. Übernahmerecht	38
II. Steuerrecht	38
III. Wettbewerbsbeschränkungsrecht	38

§ 2 Übersicht über die rechtlichen Formen der Unternehmensübernahme

A. Vorbemerkung	41
I. Die Wahrung der rechtlichen Selbständigkeit des Zielunternehmens	41
II. Die Wahrung der wirtschaftlichen Eigenständigkeit des Zielunternehmens	41
III. Der Verlust der wirtschaftlichen Eigenständigkeit (insbes. die organisatorische Eingliederung) des Zielunternehmens	42
IV. Der Verlust der rechtlichen Selbständigkeit des Zielunternehmens	43
B. Vorbereitende Maßnahmen	43
I. Zuziehung von Beratern	43
II. Strukturänderungen	43
III. Besonderheiten bei der Übernahme aus dem Ausland	44
C. Übernahme durch Anteilserwerb (Share Deal)	47
I. Gegenstand	47
II. Formen	49
III. Gegenleistung	52
D. Übernahme durch Vermögenserwerb (Asset Deal)	56
I. Gegenstand	56
II. Formen	57
III. Gegenleistung	57
E. Übernahme durch Verschmelzung	58
I. Allgemein	58
II. Verschmelzungsarten	59
III. Verfahrensgrundzüge	60
F. Übernahme durch Erwerb von Dispositionsrechten	61
I. Allgemein	61
II. Beherrschungsvertrag	61
III. Eingliederung	63
IV. Gleichordnungskonzern	65
V. Betriebspacht	65
VI. Betriebsüberlassung	66
VII. Betriebsführung	66
VIII. Sonstige Unternehmensverträge	67

Inhaltsverzeichnis

Seite

G. Zustimmungen und Genehmigungen 67
    I. Zustimmungen der Mitgesellschafter von Veräußerer und Erwerber 67
    II. Behördliche Zustimmungen und Genehmigungen 73
    III. Zustimmungen sonstiger Dritter 74

§ 3 Beteiligte und Betroffene einer Unternehmensübernahme: Schutzinteressen und Pflichtbindungen

A. Interessenschutz zwischen Markt und Regulierung 77
    I. Das Unternehmen als Netzwerk von Verträgen 77
    II. Die maßgeblichen Märkte 79
    III. Die Unternehmensübernahme im Schnittfeld von Marktbeziehungen 83

B. Beteiligte und Betroffene 83
    I. Abhängigkeiten 83
    II. Unterscheidungen 86

C. Anteilseigner 89
    I. Übersicht 89
    II. Anteilseigner des Übernehmers 90
    III. Anteilseigner der Zielgesellschaft 91
    IV. Spezifische Konflikte 96

D. Arbeitnehmer 97
    I. Übersicht 97
    II. Arbeitnehmer des Übernehmers 98
    III. Arbeitnehmer des Zielunternehmens 99

E. Führungskräfte 102
    I. Übersicht 102
    II. Interessenkonflikte bei der bietenden AG 102
    III. Abwehrmaßnahmen der Zielgesellschaft 104
    IV. Kompensation der Verwaltung der Zielgesellschaft 105
    V. Der Management Buy-Out 106

F. Gläubiger 106
    I. Übersicht 106
    II. Rechtsformspezifische Regelungen 107

G. Allgemeinheit (Gebietskörperschaften) 112
    I. Übersicht 112
    II. Effizienzgewinne durch Übernahmen 113
    III. Ordnungspolitische Schranken 113
    IV. Standortspezifische Interessen 115

Inhaltsverzeichnis

Seite

§ 4 Die Rolle der Berater, ihre Auswahl und ihre Honorierung

A. Allgemeine Bedeutung sachverständiger Beratung 118
    I. Komplexität der Aufgaben 118
    II. Allgemeine Rechtspflicht zur Konsultation von Beratern? 118

B. Die Rolle der Berater 121
    I. Aufgabe 121
    II. Koordination 121
    III. Auswahlfaktoren 122

C. Überblick über das Beratungsangebot 124
    I. Unternehmensberater 125
    II. Rechtsanwälte 126
    III. Wirtschaftsprüfer und Steuerberater 126
    IV. Investmentbanken 127
    V. Sonstige M&A-Berater; Unternehmensmakler 128
    VI. Rolle der Notare 129

D. Honorierung der Berater 131
    I. Honorierung nach Aufwand 131
    II. Pauschalhonorar 132
    III. Erfolgshonorar 132
    IV. Mischformen 134
    V. Gebührenordnungen 135
    VI. Auslagen 136

E. Interessenwiderstreit und Grenzen 136
    I. Rechtliche Konflikte 136
    II. Wirtschaftliche Konflikte 140

F. Beratungsvertrag 141
    I. Rechtliche Einordnung 141
    II. Leistungspflichten 144
    III. Sonstiges 145

G. Die Haftung der Berater 146
    I. Haftungstatbestände 146
    II. Haftungsumfang 148
    III. Haftungsbegrenzung dem Grunde nach 149
    IV. Haftungsbegrenzung dem Umfang nach 151

Inhaltsverzeichnis

Seite

II. Teil Vorbereitung und Begleitung einer Unternehmensübernahme

§ 5 Vorbereitung einer Unternehmensübernahme

A. Vorbemerkung 157
B. Bestimmung der eigenen langfristigen Unternehmensziele .. 159
    I. Unternehmensleitbild 159
    II. Unternehmensziele 159
C. Analyse der eigenen Lage 159
    I. Eigene Stärken und Schwächen 160
    II. Benchmarking 163
    III. Zukunftschancen und Zukunftsrisiken 164
    IV. Ertrags- und Cash-flow-Projektion 164
    V. Vermögens- und Finanzlage 165
D. Möglichkeiten zum Erreichen der langfristigen Unternehmensziele 165
    I. Unternehmensziele 166
    II. Wachstum aus eigener Kraft 167
    III. Wachstum durch Akquisition 168
    IV. Beurteilung der eigenen Fähigkeit zur Übernahme eines anderen Unternehmens 168
E. Ermittlung geeigneter Unternehmen 170
    I. Auswahlkriterien 171
    II. Erfassung strategiegerechter Unternehmen 171
    III. Grobauslese der für eine Übernahme in Betracht kommenden Unternehmen 172
    IV. Beurteilung des „Fit" der für eine Übernahme in Betracht kommenden Unternehmen 173
F. Einschätzung des vorrangig ausgewählten möglichen Vertragspartners (Vor-Due Diligence) und der Verbundvorteile 176
    I. Vergleich der feststellbaren Merkmale 176
    II. Spezifische Risikoermittlung 187
G. Entscheidung über die Realisierung, die Kontaktaufnahme, deren Modalitäten und das weitere Verfahren 188
    I. Entscheidung über die Realisierung 188
    II. Internes Übernahmemanagement 190
    III. Verhandlungsteam 191
    IV. Kommunikationsplan 193
    V. Begleitende Risikoerfassung 196
    VI. Zeitplan 196

Inhaltsverzeichnis

Seite

§ 6 Vertraulichkeitsvereinbarung, Absichtserklärung und sonstige Vorfeldvereinbarungen

A. Vorbemerkung 201

B. Vertraulichkeits- und Geheimhaltungsvereinbarungen (Confidentiality Agreement; Statement of Non-Disclosure) .. 201
    I. Allgemeines 201
    II. Typischer Regelungsinhalt 204

C. Absichtserklärungen (Letter of Intent) 208
    I. Allgemeines 208
    II. Typischer Regelungsinhalt 221

D. Weitere Vereinbarungen im Vorfeld einer Unternehmensübernahme 228
    I. Verhandlungsprotokolle 228
    II. Punktation (Memorandum of Understanding) 228
    III. Heads of Agreement 229
    IV. Instructions to Proceed 229
    V. Vorvertrag 230
    VI. Rahmenvertrag 232
    VII. Optionsvertrag 232
    VIII. Vorkaufsrecht 234

§ 7 Informationsansprüche und Informationspflichten unter Berücksichtigung des Insiderrechts

A. Gesellschaftsrechtliche Grundlagen 238
    I. Verschwiegenheitspflicht 238
    II. Auskunftserteilung 243
    III. Mitteilungspflichten bei Anteilserwerb und -veräußerung 259

B. Kapitalmarktrechtliche Grundlagen 264
    I. Insiderrecht 264
    II. Ad hoc-Mitteilungspflicht 271
    III. Mitteilungspflichten bei Erwerb und Veräußerung von Anteilen an börsennotierten Gesellschaften 276
    IV. Börsenrecht 281
    V. Übernahmerecht 283

C. Aufsichtsrechtliche Grundlagen 284
    I. Kartellrecht 284
    II. Bankaufsichtsrecht 286
    III. Versicherungsaufsichtsrecht 289

D. Arbeitsrechtliche Grundlagen 291
    I. Übertragung von Gesellschaftsanteilen 291

	Seite
II. Betriebsübergang	292
III. Umwandlungsvorgänge	295
IV. Unterrichtung des Sprecherausschusses	298
V. Unterrichtung des Gesamtbetriebsrats	299
VI. Unterrichtung des Konzernbetriebsrats	299
VII. Unterrichtung des Europäischen Betriebsrats	299

§ 8 „Formgebung" für die beteiligten Unternehmen

A. Bedeutung der „Formgebung"	302
B. Mögliche Anpassungsprobleme und Lösungsmöglichkeiten	304
I. Unterschiedliche Unternehmenswerte	304
II. Über-/Unterkapitalisierung	309
III. Strukturunterschiede	311
IV. Überschneidungen von Standorten und Betrieben	313
V. Börsennotierung	314
VI. Grenzüberschreitende Strukturen	317
VII. Corporate Governance	322

§ 9 Haftung des Verkäufers und Unternehmensprüfung (Due Diligence)

A. Haftung des Verkäufers	330
I. Gesetzliche Haftung	330
II. Vertragliche Haftung	344
B. Due Diligence: Ziele, Risiken und Bedeutung, Wechselwirkungen zur Haftung des Verkäufers, rechtliche Zulässigkeit	349
I. Ziele, Risiken und Bedeutung	349
II. Wechselwirkungen zwischen Due Diligence und Haftung des Verkäufers	354
III. Rechtliche Zulässigkeit	355
C. Vorbereitung und Durchführung	364
I. Zeitpunkt, Dauer und Kosten	364
II. Planung, Vorbereitung und Durchführung	368
III. Besonderheiten beim Auktionsverfahren	382
IV. Besonderheiten bei der Due Diligence durch den Verkäufer	383
V. Due Diligence beim Erwerb von Unternehmensteilen und Konzernunternehmen	384
VI. Due Diligence beim Erwerb von Konzernen	384
D. Gegenstand	385
I. Rechtliche Due Diligence	385
II. Wirtschaftliche Due Diligence	393

Inhaltsverzeichnis

	Seite
III. Steuerrechtliche Due Diligence	394
IV. Kulturelle Due Diligence	394

§ 10 Unternehmensbewertung und Verschmelzungsrelationen, Abfindungen

- **A. Bedeutung des Kaufpreises für die Kauf- oder Verkaufentscheidung** ... 400
  - I. Bedeutung für die Kaufentscheidung ... 400
  - II. Bedeutung für die Verkaufentscheidung ... 403
  - III. Einschaltung und Stellenwert professioneller Unternehmensbewerter ... 406
- **B. Bedeutung von Bewertungsverfahren in der Verhandlungssituation** ... 409
  - I. Maßgeblichkeit des Bewertungszwecks ... 409
  - II. Anforderungen an Bewertungsverfahren in der Verhandlungssituation ... 411
- **C. Praktikerverfahren in der Verhandlungssituation** ... 412
  - I. Modifizierte Marktpreise ... 412
  - II. Ableitung aus realisierten Preisen vergleichbarer Unternehmen (Comparable Company Approach) ... 413
  - III. Ableitung aus branchentypischen Multiplikatoren ... 414
  - IV. Ableitung aus branchentypischen Kennziffern ... 416
  - V. Substanzwert- und Zuschlagsverfahren ... 418
  - VI. Übergewinnverfahren (Economic Value Added) ... 419
- **D. Zukunfts- und ertragswertorientierte Bewertungsverfahren** ... 422
  - I. Grundlagen ... 422
  - II. Ertragswertverfahren ... 437
  - III. Discounted Cash-flow-Verfahren (DCF) ... 447
- **E. Schlußbemerkung zur Kaufpreisermittlung** ... 449
- **F. Verschmelzungswertrelationen** ... 450
  - I. Anwendungsbereich ... 450
  - II. Relationsbewertung ... 451
- **G. Barabfindungen** ... 456
  - I. Anwendungsbereich ... 456
  - II. Besonderheiten bei gesetzlichen Abfindungsfällen ... 457

Inhaltsverzeichnis

Seite

III. Teil Unternehmenskauf

§ 11 Typen und Abläufe von Unternehmenskäufen

A. Typen 462
    I. Erwerbsformen 462
    II. Freundliche und unfreundliche Übernahmen 463
    III. Public-to-Private 464
    IV. Management Buy-Out und Buy-In 464
    V. Leveraged Buy-Out und Private Equity 465

B. Abläufe 466
    I. Allgemeines 466
    II. Herkömmliches Verfahren 468
    III. Auktionsverfahren 474

§ 12 Erwerb von Unternehmensanteilen (Share Deal)

A. Kaufgegenstand 486
    I. Kapitalgesellschaften 486
    II. Personengesellschaften 487

B. Gewinnansprüche und sonstige Nebenrechte und -pflichten . 489
    I. Gewinnansprüche 489
    II. Sonstige Nebenrechte und -pflichten 491

C. Zustimmungs- und Genehmigungserfordernisse 492
    I. Gesellschaftsrechtliche Erfordernisse 492
    II. Zivilrechtliche Erfordernisse 497
    III. Öffentlich-rechtliche Erfordernisse 502

D. Kaufpreis 503
    I. Methoden der Bestimmung 503
    II. Kaufpreismodalitäten 507
    III. Zahlungsbedingungen 510
    IV. Sicherung des Kaufpreises 511

E. Lieferung des Vertragsgegenstands (Closing) 513
    I. Closing 513
    II. Stichtag 514
    III. Regelungen für Zeitraum zwischen Vertragsabschluß und Abtretung der veräußerten Anteile 516
    IV. Von der Beteiligungsform abhängige Voraussetzungen für die Übertragung der Beteiligung 517
    V. Haftungsfolgen 521

Inhaltsverzeichnis

Seite

F. **Gewährleistungen** 525
    I. Gesetzliche Regelung 525
    II. Vertragliche Gewährleistungsregelungen 526
    III. Bestimmte wichtige Gewährleistungen 527

G. **Sonstige regelungsbedürftige Punkte** 533
    I. Wettbewerbsverbot 533
    II. Vertraulichkeit 537
    III. Auskunfts- und Mitwirkungsrechte und -pflichten 537
    IV. Rechtsverhältnisse zwischen Veräußerer und Gesellschaft ... 538
    V. Rechtswahl/Gerichtsstand/Schiedsklausel 539
    VI. Kosten/Steuern 542
    VII. Salvatorische Klausel 542

H. **Formerfordernisse** 543
    I. Übertragung von Geschäftsanteilen 543
    II. Übertragung von Grundstückseigentum 546
    III. Vertrag über gegenwärtiges Vermögen 546

I. **Sonderformen** 547
    I. Mehrere Erwerber/Veräußerer 547
    II. LBO/MBO/MBI 549

§ 13 Erwerb von Vermögenswerten (Asset Deal)

A. **Vertragsgegenstand** 557
    I. Das Unternehmen als Vertragsgegenstand 557
    II. Die Kaufgegenstände und der dingliche Vollzug 560

B. **Kaufpreis und Zahlung** 565
    I. Kaufpreis 565
    II. Darstellung des Kaufpreises in der Bilanz des Käufers ... 568
    III. Zahlung des (Bar-)Kaufpreises 568
    IV. Kaufpreiszahlung in Form von (eigenen) Aktien/
        Geschäftsanteilen des Käufers 569

C. **Übertragung von Arbeitsverhältnissen** 571
    I. Das Käuferinteresse: Auswahl der übergehenden Arbeitnehmer . 571
    II. Die gesetzliche Regelung: § 613a BGB 571
    III. Vertragliche Regelungen 571
    IV. Pensionen 573

D. **Haftung für Altverbindlichkeiten** 574
    I. Vertragliche Haftungsübernahme/Übernahme von
        Bürgschaften/Garantien 574
    II. Abgrenzung bei Dauerschuldverhältnissen und Rahmen-
        verträgen 574

Inhaltsverzeichnis

Seite

    III. Gesetzliche Haftungsübernahme 574
    IV. Umweltrechtliche Risiken 578
    V. Asset Deal in der Insolvenz 578

E. Formerfordernisse, Zustimmungs- und Genehmigungserfordernisse 582
    I. Formerfordernisse 582
    II. Zustimmungen und Genehmigungen 584

F. Gewährleistung 585
    I. Gesetzliche Gewährleistung 585
    II. Vertragliche Gewährleistung 585

G. Übergangsregelungen („transition services") 588

H. Wettbewerbsverbot 589

I. Sonstige Regelungen 590

§ 14 Private Equity-Transaktionen

A. Einführung 593

B. Arten von Private Equity-Transaktionen 595

C. Buy-Out-Transaktionen 597
    I. Arten und Terminologie von Buy-Out-Transaktionen 597
    II. Gründe für das Wachstum des gesamteuropäischen und deutschen Buy-Out- und Private Equity-Marktes 598
    III. Die Transaktionsstruktur eines Buy-Out 600
    IV. Die Finanzierung eines Leveraged Buy-Out 603
    V. Die Beteiligten eines Buy-Out 605
    VI. Ausstieg aus der Investition („exit") 608

D. Die vertragliche Ausgestaltung eines Buy-Out 609
    I. Die Satzung der AG oder GmbH als NEWCO und die Gesellschaftervereinbarung 609
    II. Aktionärs- bzw. Gesellschafterdarlehen – Grundsätze der Kapitalerhaltung, Eigenkapitalersatz und steuerliche Eigen-/Fremdkapitalrelationen 649
    III. Dienstverträge mit dem Management 653

§ 15 Fremdfinanzierung und Besicherung

A. Finanzierung 663
    I. Einführung 663
    II. Strukturierung des Unternehmenskaufs und der Finanzierung . 664
    III. Akquisitionsdarlehen 671
    IV. Sonderformen der Akquisitionsfinanzierung 703

Inhaltsverzeichnis

	Seite
B. Besicherung	707
I. Kreditgeberrisiken bei der Akquisitionsfinanzierung	707
II. Rechtliche Schranken der Besicherung von Akquisitionsdarlehen	708
III. Einzelne Sicherheiten	716

§ 16 Durchsetzung vertraglicher Rechte und Pflichten

A. Notwendigkeit der Schaffung von Durchsetzungsinstrumenten	743
B. Typische Regelungsfelder	744
I. Kaufpreisermittlung	744
II. Gewährleistungsverpflichtungen/Garantien	746
III. Übergangsvorschriften	746
IV. Abwehr/Durchsetzung von Ansprüchen von/gegenüber Dritten	747
C. Vertragliche Instrumente	748
I. Bürgschaften	749
II. Kaufpreiseinbehalt/Earn Out	750
III. Ausschluß von Aufrechnung und Zurückbehaltung	756
IV. Ansprüche bei Rückgewähr/„Break fee"-Vereinbarungen	757
V. Rechtsvorbehalt	760
VI. Kontroll- und Mitwirkungsrechte (-pflichten)	761
VII. Nachbewertungs-/Anpassungsklauseln	768
VIII. Vertragsstrafen	772
IX. Versicherungen	773
D. Due Diligence	774
E. Einschaltung Dritter	777
I. Schiedsgutachter	778
II. Schiedsgerichtsverfahren	779
III. Mediation und andere Formen der Streitschlichtung	785
IV. Verfahren vor den ordentlichen Gerichten	788
F. Hindernisse bei der Anspruchsdurchsetzung	792
I. Verjährung	792
II. Pauschal-/Höchst- und Toleranzbeträge	794
III. Mehrzahl von Gewährleistungsverpflichteten	794

IV. Teil   Verschmelzung

§ 17 Verschmelzungen und ähnliche Zusammenschlüsse

A. Ablauf von Verschmelzungen und ähnlichen Zusammenschlüssen	804
I. Erarbeitung des unternehmerischen Konzepts; Festlegung der Zielstruktur	804

Inhaltsverzeichnis

	Seite
II. Auswahl der geeigneten Transaktionsstruktur	805
III. Vor- und Nachteile der unterschiedlichen Transaktionsstrukturen	808
IV. Vorbereitungsphase	814
V. Durchführungsphase	825

B. Verschmelzungsvertrag, Verschmelzungsbericht, Verschmelzungsprüfung und Verschmelzungsbeschluß ... 835
    I. Verschmelzungsvertrag ... 835
    II. Verschmelzungsbericht ... 857
    III. Verschmelzungsprüfung ... 862
    IV. Verschmelzungsbeschluß ... 865

C. Zusammenführung über die Grenze ... 876
    I. Ausgangslage ... 876
    II. Ablauf und Grundfragen internationaler Unternehmenszusammenschlüsse ... 884
    III. Formen der Zusammenführung über die Grenze und Praktikabilität nach deutschem Recht ... 894
    IV. Synthetische Zusammenschlüsse und verschmelzungsähnliche Zusammenschlüsse im Vergleich ... 911
    V. Globale Aktien ... 911
    VI. Ausblick ... 912

V. Teil   Sonderfälle von Unternehmensübernahmen

§ 18 Übernahmen im Bereich von Kreditinstituten und Finanzdienstleistern

A. Aufsichtsrechtliche Grundlagen ... 915

B. Bedeutende Beteiligungen ... 917
    I. Definition ... 917
    II. Erforderliche Führungsqualitäten, insbesondere Zuverlässigkeit ... 919
    III. Anzeigepflichten ... 920
    IV. Mitgliedschaft in einer Einlagensicherungs- oder Anlegerschutzeinrichtung ... 922
    V. Konsolidierungsfragen ... 924

C. Weitere Unterschiede zum Unternehmenskauf ... 926
    I. Prüfung auf etwaige aufsichtsrechtliche Beschränkungen ... 926
    II. Ersatz nachrangigen Haftkapitals ... 927
    III. Prüfung finanzieller Risiken, insbesondere Kreditrisiken ... 928
    IV. Prüfung spezieller steuerlicher Risiken ... 929
    V. „Weiche" Faktoren ... 930

Inhaltsverzeichnis

Seite

§ 19 Übernahmen im Versicherungsbereich

A. Aufsichtsrechtliche Grundlagen 932

B. Bedeutende Beteiligungen 932
    I. Definition 933
    II. Erforderliche Führungsqualitäten, insbesondere Zuverlässigkeit . 936
    III. Anzeigepflichten 937

C. Bestandsübertragung 938
    I. Privatrechtlicher Vertrag 939
    II. Aufsichtsbehördliche Genehmigung 939
    III. Publizitätserfordernisse 940
    IV. Umfang der Übertragung 940
    V. Anpassung des Geschäftsplans 941

D. Besonderheiten bei grenzüberschreitender Bestandsübertragung 941
    I. Innerhalb von EU/EWR 941
    II. Außerhalb von EU/EWR 943

§ 20 Privatisierungen

A. Begriff und Grundzüge der Privatisierung 948
    I. Einleitung 948
    II. Der Begriff „Privatisierung" 951
    III. Ziele der Privatisierung 952

B. Die wirtschaftliche Betätigung der öffentlichen Hand in öffentlich-rechtlichen Organisationsformen 961
    I. Regiebetrieb 961
    II. Eigenbetrieb 962
    III. Körperschaft 964
    IV. Anstalt 965

C. Die wirtschaftliche Betätigung der öffentlichen Hand in privatrechtlichen Organisationsformen 967
    I. Formelle Privatisierung (Organisationsprivatisierung) 967
    II. Einschalten privater Dritter 971
    III. Materielle Privatisierung (Aufgabenprivatisierung) 979

D. Wege der Privatisierung 980
    I. Überblick 980
    II. Einzelübertragung 981
    III. Ausgliederung aus dem Vermögen einer Gebietskörperschaft .. 984
    IV. Anteilsveräußerung nach Formwechsel (rechtsfähige Körperschaft, Anstalt oder Verein) 990
    V. Stille Beteiligung an rechtsfähiger Anstalt oder Körperschaft ... 996

Inhaltsverzeichnis

Seite

E. Die Sicherung des Einflusses der öffentlichen Hand	1004
I. Einleitung	1004
II. Öffentlich-rechtliche Einwirkungs- und Kontrollpflichten	1005
III. Der gesellschaftsrechtliche Einfluß	1007

§ 21 Übernahmen von Grundstücksgesellschaften

A. Besonderheit dieser Übernahmen	1014
I. Grundstückskauf als Share Deal	1015
II. Kartellrecht	1016
B. Gesellschaftsform und Besonderheiten des Anteilskaufs	1016
I. GbR	1016
II. OHG, KG, GmbH & Co. KG	1021
III. GmbH	1022
IV. AG	1023
C. Besonderheiten der Due Diligence	1025
I. Grundstücksbezogene Prüfungen	1025
II. Aktiva	1028
III. Kapitalkonten bei Personengesellschaften	1029
IV. Schwebende Verträge und Verpflichtungen	1030
D. Kaufpreisbemessung und -anpassung	1032
I. Kaufpreisbemessung	1032
II. Planbilanz und Abrechnungsbilanz	1032
E. Grundstücksbezogene Gewährleistungen	1034
I. Fertiggestellte Objekte	1034
II. Objekte im Bau	1034
F. Steuerliche Besonderheiten	1035

VI. Teil Wesentliche Begleitfelder bei Unternehmensübernahmen

§ 22 Übertragung und Umwandlung von Anteilsrechten

A. Unternehmenskauf	1041
I. Übertragung von Anteilsrechten an Personenhandelsgesellschaften	1042
II. Übertragung von GmbH-Anteilen	1045
III. Übertragung von Inhaberaktien	1054
IV. Übertragung von Namensaktien	1059
B. Verschmelzung	1067
I. Untergang der Anteile am übertragenden Rechtsträger	1067

Inhaltsverzeichnis

Seite

 II. Erwerb der Anteile am übernehmenden Rechtsträger durch die Anteilsinhaber der übertragenden Rechtsträger 1067

C. Umwandlung von Anteilsrechten 1069
 I. Aktien 1069
 II. Geschäftsanteile 1072

D. Meldepflichten 1072
 I. Aktienrechtliche Meldepflichten 1072
 II. Meldepflichten gemäß WpHG 1075

§ 23 Gang an die Börse

A. Zulassung an einer deutschen Börse 1083
 I. Allgemeines 1083
 II. Markt- und Handelssegmente 1084
 III. Zulassungsvoraussetzungen 1088
 IV. Wirtschaftliche Voraussetzungen 1098
 V. Zulassungsverfahren 1099
 VI. Zeitplan für Zulassung am Neuen Markt (Beispiel) 1116
 VII. Folgepflichten 1117
 VIII. Gesellschaftsrechtliche Aspekte 1123

B. Zulassung von Aktien einer deutschen Aktiengesellschaft an einer US-amerikanischen Börse 1130
 I. Rechtliche Rahmenbedingungen 1130
 II. Der Registrierungsprozeß mit der SEC 1136
 III. Zulassung an einer US-amerikanischen Börse und der NASDAQ 1164
 IV. Berichtsfolgepflichten 1169
 V. Ausblick 1172

§ 24 Verlassen der Börse

A. Begriffsbestimmung und Rahmen der Darstellung 1176

B. „Delisting" 1178
 I. Teil-„Delisting" 1178
 II. Vollständiges „Delisting" („Going Private") 1180

C. Börsenrechtliche Folgen des „Delisting" 1193

D. Gesellschaftsrechtliche Folgen des „Delisting" 1194
 I. Erleichterte Einberufung und Durchführung der Hauptversammlung 1194
 II. Mehr Freiheit bei der Gewinnverwendung 1195
 III. Erleichterte Berichtspflichten 1195
 IV. Fortbestehende Minderheitsrechte der verbleibenden außenstehenden Gesellschafter 1195

Inhaltsverzeichnis

Seite

§ 25 Unternehmensübernahmen im Wettbewerbsrecht

A. Grundlagen 1198
   I. Wettbewerbspolitische Grundlagen und Zielsetzungen der Kontrolle von Unternehmenskäufen 1198
   II. Rechtliche Rahmenbedingungen für die wettbewerbsrechtliche Kontrolle in Europa 1200
   III. Zusammenwirken nationaler und supranationaler Kontrollsysteme – Interdependenzen zu Regelungen in Drittstaaten ... 1201
   IV. Auswirkungen auf die (Zeit-)Planung eines Zusammenschlusses 1202

B. Fusionen, Erwerb von unternehmerischen Teileinheiten, Mehrheitsbeteiligungen und Kontrolle 1203
   I. Bestimmung der erfaßten Sachverhalte 1203
   II. Zusammenschlußkontrolle 1204
   III. Sonderaspekte in Verfahren bei öffentlichen Übernahmeangeboten 1228

C. Erwerb von Minderheitsbeteiligungen 1228
   I. Zusammenschlußkontrolle nach deutschem Recht 1228
   II. EG-Fusionskontrolle 1229

D. Gemeinschaftsunternehmen 1230
   I. Zusammenschlußkontrolle nach deutschem Recht 1231
   II. EG-Fusionskontrolle 1232

E. Überblick über die Fusionskontrollsysteme in Europa (tabellarisch) 1235

§ 26 Unternehmensübernahmen im Steuerrecht

A. Vorbemerkung/Grundlagen 1261
   I. Allgemeines 1261
   II. Eckpunkte der Unternehmenssteuerreform 2001 1262
   III. Zu erwartende Gesetzesänderungen: Bericht zur Fortentwicklung des Unternehmenssteuerrechts 1267

B. Besteuerung des Unternehmensveräußerers 1270
   I. Veräußerung von Betrieben, Einzelunternehmen und Personengesellschaften 1270
   II. Veräußerung von Anteilen an Kapitalgesellschaften 1292

C. Besteuerung des Erwerbers 1322
   I. Transformation von Anschaffungskosten in Abschreibungspotential/Realisierung erworbener Körperschaftsteueranrechnungs- und -minderungsguthaben 1322
   II. Steuerliche Abzugsfähigkeit von Finanzierungskosten 1337
   III. Steuerliche Nutzung von Verlusten 1351

Inhaltsverzeichnis

Seite

    IV. Vermeidung von Doppelbesteuerungen/Verminderung von Quellensteuer 1357

D. Beteiligungserwerb durch Anteilstausch, Einbringung oder Umwandlung 1362
    I. Beteiligungserwerb durch Anteilstausch 1362
    II. Beteiligungserwerb durch Einbringung von Betrieben, Teilbetrieben oder Mitunternehmeranteilen 1370
    III. Beteiligungserwerb im Wege der Verschmelzung/Spaltung von Kapitalgesellschaften 1372

E. Unternehmenskauf und Organschaft 1374
    I. Voraussetzungen und steuerliche Auswirkungen der körperschaft- und gewerbesteuerlichen Organschaft 1374
    II. Vororganschaftliche Verlustvorträge 1380
    III. Begründung und Beendigung der Organschaft beim Unternehmenskauf 1383

F. Grunderwerbsteuer beim Unternehmenskauf 1387
    I. Grundlagen/Asset Deal 1387
    II. Erwerb von Anteilen an Kapitalgesellschaften 1387
    III. Erwerb von Beteiligungen an Personengesellschaften 1389
    IV. Postakquisitorische Umstrukturierung 1392

G. Sonderprobleme des Unternehmenskaufs 1394
    I. Beteiligung des Erwerbers am laufenden Jahresgewinn 1394
    II. Übergang des wirtschaftlichen Eigentums an GmbH-Anteilen . 1396
    III. Ablösung von Gesellschafter-Pensionszusagen 1399

H. Strukturierung von Managementbeteiligungen 1400
    I. Grundlagen 1400
    II. „Sweet Equity" 1400
    III. Aktienoptionen („stock-options") 1401
    IV. Leverage-Modelle 1403

I. Beteiligungserwerb über Personengesellschaften/Private Equity Fonds 1404
    I. Grundlagen 1404
    II. Beteiligung von inländischen Privatanlegern 1405
    III. Beteiligung von inländischen Kapitalgesellschaften (institutionellen Investoren) 1406
    IV. Besteuerungsrisiken aus dem Auslandinvestmentgesetz 1407

J. Umsatzsteuer beim Unternehmenskauf 1408
    I. Grundlagen 1408
    II. Anteilsveräußerung (Share Deal) 1409
    III. Betriebsveräußerung (Asset Deal) 1411
    IV. Postakquisitorische Umstrukturierung 1417

Inhaltsverzeichnis

Seite

K. Problembereiche der steuerlichen Due Diligence 1418
    I. Gegenstand der steuerlichen Due Diligence 1418
    II. Ausgewählte Problembereiche der steuerlichen Due Diligence . 1419

L. Berücksichtigung der Steuerreform bei der
Unternehmensbewertung 1430

§ 27 Unternehmensübernahmen im Arbeitsrecht

A. Betrieb, Unternehmen und Konzern im arbeits- und
betriebsverfassungsrechtlichen Sinn 1433
    I. Betrieb, Betriebsteil und Nebenbetrieb 1433
    II. Unternehmen und Konzern 1434

B. Übernahme durch Kauf 1435
    I. Asset Deal 1435
    II. Share Deal 1454
    III. Kombination von Asset Deal und Share Deal 1455

C. Verschmelzung 1455
    I. Folgen für das Arbeitsverhältnis 1456
    II. Betriebsverfassungsrecht 1458
    III. Tarifrecht 1462

D. Sonderfragen 1462
    I. Mitbestimmung der Arbeitnehmer im Aufsichtsrat 1462
    II. Betriebliche Altersversorgung einschl. Individualzusagen 1467

§ 28 Unternehmensübernahmen im Konzernrecht

A. Bedeutung des Konzernrechts für Unternehmensüber-
nahmen 1472
    I. Berührungspunkte 1472
    II. Voraussetzung: Der Übernehmer ist ein „Unternehmen" 1473

B. Übernahmehindernisse durch Konzerneingangsschutz 1474
    I. Grundgedanke 1474
    II. Konzerneingangsschutz in der Satzung 1474
    III. Treupflichten 1476

C. Die Vorentscheidung: Einheitsgesellschaft oder Konzern? 1478
    I. Die Alternative 1478
    II. Gesichtspunkte für die Einheitsgesellschaft 1478
    III. Gesichtspunkte für die Führung als Konzernunternehmen . . . 1479
    IV. Zusammenfassung unter einer Holding 1480
    V. Einheitsbetrachtung trotz Konzernierung 1481

Inhaltsverzeichnis

Seite

D. Die Form der konzernmäßigen Verbindung 1482
    I. Die Bedeutung der Rechtsform des Unternehmens 1482
    II. Rechtliche Formen von Unternehmensverbindungen 1483
    III. Zur Wahl der Konzernierungsform 1485
    IV. Ausländische herrschende Unternehmen 1495

§ 29 Unternehmensübernahmen im Umweltrecht

A. Bedeutung von Umweltthemen für den Unternehmenskauf .. 1499
B. Aufnahme und Bewertung des Risikobestands 1501
    I. Erkenntnis- und Informationsquellen 1501
    II. Bewertungsfaktoren: Der erste Eindruck 1509
    III. Die straf- und zivilrechtliche Unternehmensverantwortung ... 1519
    IV. Risiken aus sog. Altlasten 1526
    V. Bilanzierung und steuerliche Behandlung 1534
C. Die Bewältigung von Umweltrisiken im Übernahmevertrag .. 1536
    I. Alphabetische Übersicht des Regelungsbedarfs 1536
    II. Die vertraglichen Instrumentarien 1546
    III. Gewährleistungsversicherungen 1550

§ 30 Gewerbliche Schutzrechte bei Unternehmensübernahmen

A. Bedeutung der gewerblichen Schutzrechte 1554
    I. Wirtschaftliche Bedeutung und Begriff der gewerblichen
       Schutzrechte 1554
    II. Bedeutung im Rahmen der Due Diligence 1554
B. Die gewerblichen Schutzrechte und ihre Übertragung 1559
    I. Grundsätzliche Probleme 1559
    II. Marken 1568
    III. Unternehmenskennzeichen, Firma 1575
    IV. Patente 1577
    V. Musterrechte 1580
    VI. Ergänzender wettbewerbsrechtlicher Leistungsschutz 1583
    VII. Nutzungsrechte an Urheberrechten 1583
    VIII. Werktitelschutz 1584
    IX. Know-how 1584
    X. Sonstige gewerbliche Schutzrechte 1585

Inhaltsverzeichnis

Seite

VII. Teil Regelungen des Übernahmekodex

§ 31 Pflichten von Bieter und Zielgesellschaft

A. Einführung 1592

B. Pflichten des Bieters 1592
    I. Einführung 1592
    II. Aktuelle Gesetzeslage 1592
    III. Die Bietergesellschaft betreffende Regelungen des Übernahmekodex der Börsensachverständigenkommission 1602
    IV. Europäische Rahmenbedingungen für Bietergesellschaften ... 1611
    V. Ausblick auf die vorgeschlagene gesetzliche Regelung 1613

C. Pflichten der Zielgesellschaft 1618
    I. Einführung 1618
    II. Aktuelle Gesetzeslage 1618
    III. Die Zielgesellschaft betreffende Regelungen des Übernahmekodex der Börsensachverständigenkommission 1626
    IV. Europäische Rahmenbedingungen für Bietergesellschaften ... 1634
    V. Ausblick auf die vorgeschlagene gesetzliche Regelung 1635

D. Zusammenfassung/Ausblick 1637

VIII. Teil Folgewirkungen einer Unternehmensübernahme

§ 32 Unternehmensübernahmen in der Rechnungslegung

A. Grundlagen 1644
    I. Behandelte Fälle von Unternehmensübernahmen 1644
    II. Handelsrechtliche Rechnungslegung 1644
    III. Steuerliche Gesichtspunkte 1647

B. Behandlung von Unternehmensübernahmen im Einzelabschluß 1647
    I. Kauf 1647
    II. Verschmelzungen 1654

C. Behandlung von Unternehmenszusammenschlüssen im Konzernabschluß 1665
    I. Grundsätzliche Bemerkungen zum Konzernabschluß 1665
    II. Erwerbsmethoden 1667
    III. Verschmelzungsmethoden 1689
    IV. Anhangangaben 1695

Inhaltsverzeichnis

Seite

§ 33 Erfolgsfaktoren der „Post Merger"-Integration bei transatlantischen Fusionen

- **A. „Post Merger"-Integration** 1700
  - I. Bedeutung der „Post Merger"-Integration 1700
  - II. Bedrohungspotentiale 1700
  - III. Aktionsfelder einer erfolgreichen „Post Merger"-Integration .. 1701
- **B. Bedeutung der einzelnen Anspruchsgruppen bei transatlantischen Fusionen** 1702
  - I. Kunden, Mitarbeiter und Aktionäre als zentrale Anspruchsgruppen 1702
  - II. Sonstige Anspruchsgruppen 1704
- **C. Kritische Erfolgsfaktoren** 1705
  - I. Faktor Zeit 1705
  - II. Vision und Strategie 1706
  - III. Kulturelle Integration 1706
  - IV. „Verzahnung" der Organisation 1710
  - V. Ausrichtung auf den Kunden 1712
  - VI. „Post Merger"-Projektorganisation und Managementunterstützung 1712
  - VII. Ganzheitliches Kommunikationskonzept 1714
- **D. Ergebnis** 1715

§ 34 Mängel einer Unternehmensübernahme und ihre Folgen

- **A. Der fehlerhafte Unternehmenskauf** 1719
  - I. Gleichstellung des Beteiligungskaufs mit dem Unternehmenskauf 1719
  - II. Auflistung möglicher Leistungsstörungen 1721
  - III. Voraussetzungen für die Haftung des Veräußerers nach den verschiedenen Rechtsinstituten 1723
  - IV. Rechtsfolgen der verschiedenen Haftungstatbestände 1728
  - V. Nichtigkeit des Unternehmenskaufvertrags 1734
  - VI. Empfehlungen für die Vertragsgestaltung 1737
- **B. Die fehlerhafte Verschmelzung bzw. Spaltung zur Aufnahme nach dem Umwandlungsgesetz** 1739
  - I. Fehlerquellen 1740
  - II. Klage gegen die Wirksamkeit des Verschmelzungs-/Spaltungsbeschlusses 1743
  - III. Irreversibilität der Verschmelzung/Spaltung nach Eintragung im Register 1751
  - IV. Schadensersatzansprüche 1753
  - V. Das Spruchverfahren 1755

Inhaltsverzeichnis

Seite

VI. Die fehlerhafte Ausgliederung zur Aufnahme nach den
„Holzmüller"-Grundsätzen 1758

IX. Teil Übernahme ausländischer Unternehmen

§ 35 Prüfungsschwerpunkte bei Übernahme ausländischer Unternehmen

A. Einleitung 1765
B. Internationales Privatrecht 1765
   I. Internationales Recht? 1765
   II. Internationales Privatrecht 1770
C. Einzelfragen 1799
   I. Charakter der Rechtsgrundlagen, Gesetze 1799
   II. Bedeutung von Vermögensübernahmen 1800
   III. Rechtliche Möglichkeiten zur Unternehmensübernahme 1801
   IV. Besonderheiten bei den Vorbereitungen und bei der Begleitung einer Unternehmensübernahme 1802
   V. Besonderheiten beim Unternehmenskauf 1802
   VI. Besonderheiten bei Unternehmensverschmelzungen 1803
   VII. Bedeutung eines gesetzlichen oder auf freiwilliger Selbstkontrolle beruhenden Übernahmerechts 1806
D. Rahmenbedingungen im Land der Zielgesellschaft 1807
   I. Rechtskreis 1807
   II. Investitionsschutz 1809
   III. Doppelbesteuerungsabkommen 1811
   IV. Visa/Aufenthaltserlaubnis 1812
   V. Arbeitserlaubnis 1812

§ 36 USA

A. Einleitung 1814
   I. Investitionsklima in den USA 1814
   II. Unternehmensübernahmen in den USA 1814
B. Wirtschaftliche Betätigung von Ausländern 1815
   I. Exon-Florio Gesetzgebung 1815
   II. Mitteilungs- und Publizitätspflichten 1815
C. Rechtsformen wirtschaftlicher Betätigung 1816
   I. Allgemeines 1816
   II. Gesellschaftsformen 1816

XXXIX

Inhaltsverzeichnis

        Seite

D. **Rechtliche Gestaltung von Unternehmensübernahmen** 1818
    I. Share Deal 1818
    II. Asset Deal 1819
    III. „Merger" 1820

E. **Due Diligence** 1821
    I. Rechtsverhältnisse/Vertretungsmacht 1822
    II. Unbewegliches Vermögen 1822
    III. Bewegliches Vermögen 1822
    IV. Arbeitnehmer 1822
    V. Gewerbliche Schutzrechte 1823

F. **Gesetzliches Übernahmerecht – Wertpapierrechtliche Regelungen** 1823
    I. Erwerb mittels Emission von Wertpapieren 1823
    II. „Proxy Statements" 1824
    III. Regeln für Übernahmeangebote an die Aktionäre („Tender Offers") 1824
    IV. Anmeldung von Anteilserwerb 1825

G. **Kartellrechtliche Erwägungen – Hart-Scott-Rodino Act** 1825

H. **Finanzierung von Unternehmensübernahmen** 1826
    I. Finanzierung in den USA 1826
    II. Leveraged Buy-Out (LBO) 1827

§ 37 Russische Föderation

A. **Wirtschaftliche Betätigung von Ausländern** 1830

B. **Gesellschaftsformen** 1832
    I. Allgemeiner Überblick 1832
    II. Rechtsformen 1833

C. **Rechtliche Wege zu Unternehmensübernahmen** 1837
    I. Formen von Unternehmensübernahmen 1837
    II. Share Deal 1837
    III. Asset Deal 1840
    IV. Übernahmeregelungen 1841
    V. Kartellrechtliches Zustimmungserfordernis 1842
    VI. Devisenrecht 1843
    VII. Vertragsgestaltung 1844
    VIII. Unternehmensverschmelzungen 1847

D. **Besonderheiten der Due Diligence** 1848

E. **Besonderheiten in den Begleitfeldern** 1849
    I. Immobilienrecht 1849

Inhaltsverzeichnis

Seite

    II. Wertpapierrecht 1851
   III. Der Handel mit russischen Aktien 1852
   IV. Sonderrecht für ausländische Beteiligungen 1853
    V. Arbeitsrecht 1853
   VI. Steuerrecht 1853

F. Finanzierung von Unternehmensübernahmen 1856
     I. Finanzierungsquellen 1856
    II. Rechtliche Rahmenbedingungen 1857
   III. Sicherheiten 1858

§ 38 Volksrepublik China

A. Einleitung 1860

B. Wirtschaftliche Betätigung von Ausländern 1861

C. Gesellschaftsformen 1862
     I. Allgemeiner Überblick 1862
    II. Equity Joint Venture 1862
   III. Contractual Joint Venture 1863
   IV. 100%-ige Tochtergesellschaft 1864
    V. Holding 1864
   VI. Aktiengesellschaft 1865

D. Rechtliche Wege zu Unternehmensübernahmen 1866
     I. Bedeutung von Unternehmensübernahmen 1866
    II. Asset Deal 1867
   III. Share Deal 1869

E. Besonderheiten der Due Diligence 1874

F. Besonderheiten in den Begleitfeldern 1875
     I. Gewerbliche Schutzrechte 1875
    II. Arbeitsrecht 1875
   III. Steuern 1876

G. Finanzierung von Unternehmensübernahmen 1878
     I. Kapitaleinlagen 1878
    II. Finanzierung und Kreditsicherung 1879

§ 39 Indonesien

A. Einleitung 1884

B. Wirtschaftliche Betätigung von Ausländern 1886
     I. Wirtschaftliche Betätigungsformen von Ausländern ... 1886
    II. Beschränkungen des ausländischen Anteilsbesitzes 1886

Inhaltsverzeichnis

Seite

    III. Beschränkungen hinsichtlich einzelner Branchen 1887
    IV. Aufenthalts- und Betätigungsbedingungen für Ausländer 1889

C. Gesellschaftsformen 1890
    I. Allgemeines 1890
    II. Gesellschafterzahl und Kapitalausstattung 1890
    III. Gesellschaftsorgane 1891

D. Rechtliche Wege für Unternehmensübernahmen 1893
    I. Bedeutung von Unternehmensübernahmen 1893
    II. Erwerb einer Beteiligung (Share Deal) 1893
    III. Erwerb von Vermögenswerten (Asset Deal) 1895
    IV. Verschmelzungen und Übernahmen 1895

E. Besonderheiten der Due Diligence 1898

F. Besonderheiten in den Begleitfeldern 1899
    I. Arbeitsrecht 1899
    II. Umweltrecht 1899
    III. Technologietransfer und gewerbliche Schutzrechte 1900
    IV. Landnutzungsrechte 1901

G. Gesetzliches Übernahmerecht 1902
    I. Übernahmekontrolle 1902
    II. Öffentliche Übernahmeangebote 1903
    III. Offenlegungspflichten von am indonesischen Kapitalmarkt registrierten Gesellschaften 1904

H. Finanzierung von Unternehmenskäufen 1904
    I. Investitionsförderung und Devisenkontrolle 1904
    II. Kreditsicherung 1905

§ 40 Korea

A. Einleitung 1912

B. Wirtschaftliche Betätigung von Ausländern 1913
    I. Zweigniederlassungen und Handelsvertretungen 1914
    II. Beteiligung an koreanischen Handelsgesellschaften und Kapitalausstattung 1914
    III. Aufenthalts- und Beschäftigungsbedingungen für Ausländer ... 1919

C. Gesellschaftsformen 1920
    I. Allgemeines 1920
    II. Grundstrukturen des AG- und GmbH-Rechts 1921

D. Rechtliche Wege zu Unternehmensübernahmen 1922
    I. Bedeutung von Unternehmensübernahmen 1922
    II. Rechtswahl und Rechtsdurchsetzung 1923

Inhaltsverzeichnis

Seite

 III. Erwerb von Vermögenswerten (Asset Deal) 1924
 IV. Erwerb einer Beteiligung (Share Deal) 1926
 V. Verschmelzungen 1928

E. **Besonderheiten der Due Diligence** 1929

F. **Besonderheiten in den Begleitfeldern** 1930
 I. Arbeitsrecht 1930
 II. Altersvorsorge 1931
 III. Umweltrecht 1932
 IV. Gewerbliche Schutzrechte 1932
 V. Immobilienrecht 1933

G. **Gesetzliches Übernahmerecht** 1933
 I. Übernahmekontrolle 1933
 II. Öffentliche Übernahmeangebote 1934
 III. Anzeigepflichten 1934
 IV. Verbotene Handlungen 1935
 V. Übernahmebeschränkungen und -verbote 1935

H. **Finanzierung von Unternehmenskäufen** 1936
 I. Allgemeines 1936
 II. Kreditsicherung 1936

§ 41 Philippinen

A. **Einleitung** 1942

B. **Wirtschaftliche Betätigung von Ausländern** 1943
 I. Möglichkeiten 1943
 II. Beschränkungen der wirtschaftlichen Betätigung durch Ausländer 1943
 III. Aufenthalts- und Beschäftigungsbedingungen für Ausländer .. 1948

C. **Rechtsformen wirtschaftlicher Betätigung** 1950
 I. Gründung einer Gesellschaft philippinischen Rechts 1950
 II. Direkte Betätigung auf den Philippinen 1952

D. **Rechtliche Wege zu Unternehmensübernahmen** 1953
 I. Bedeutung von Unternehmensübernahmen 1953
 II. Erwerb einer Beteiligung (Share Deal) 1953
 III. Erwerb von Vermögenswerten (Asset Deal) 1955
 IV. Verschmelzungen 1956

E. **Besonderheiten der Due Diligence** 1956

F. **Besonderheiten in Begleitfeldern** 1957

Inhaltsverzeichnis

Seite

G. **Gesetzliches Übernahmerecht** 1958
    I. Offenlegungspflichten 1958
    II. Öffentliche Übernahmeangebote 1959

§ 42 Hinweise zu anderen Fernost-Staaten

A. **Einleitung** 1964

B. **Singapur** 1965
    I. Allgemeines 1965
    II. Rechtssystem 1965
    III. Wirtschaftliche Betätigungsformen für Ausländer 1966
    IV. Unternehmensübernahmen 1966

C. **Malaysia** 1970
    I. Allgemeines 1970
    II. Rechtssystem 1970
    III. Wirtschaftliche Betätigungsformen für Ausländer 1971
    IV. Unternehmensübernahmen 1972

D. **Thailand** 1975
    I. Allgemeines 1975
    II. Rechtssystem 1976
    III. Wirtschaftliche Betätigungsformen für Ausländer 1976
    IV. Unternehmensübernahmen 1978

E. **Taiwan** 1982
    I. Allgemeines 1982
    II. Rechtssystem 1982
    III. Wirtschaftliche Betätigungsformen für Ausländer 1983
    IV. Unternehmensübernahmen 1985

F. **Vietnam** 1987
    I. Allgemeines 1987
    II. Rechtssystem 1988
    III. Wirtschaftliche Betätigungsformen für Ausländer 1989
    IV. Unternehmensübernahmen 1990

§ 43 Polen

A. **Einführung** 1996

B. **Privatisierung** 1997
    I. Überblick zum polnischen Privatisierungsrecht 1997
    II. Privatisierung durch Umwandlung (Kommerzialisierung) 1997
    III. Mittelbare Privatisierung 1998
    IV. Unmittelbare Privatisierung 1998
    V. Massenprivatisierung 1999

Inhaltsverzeichnis

Seite

C. Grundzüge des polnischen Gesellschaftsrechts 1999
    I. Gründung einer Gesellschaft 1999
    II. Grundzüge der GmbH (Sp. z o. o.) 2001
    III. Aktiengesellschaft (Spółka Akcyjna, S. A.) 2013
    IV. Weitere Gesellschaftsformen 2015
    V. Umwandlungsrecht 2015

D. Due Diligence 2016
    I. Bedeutung 2016
    II. Einzelne Prüfungsfelder 2017

E. Varianten von Unternehmensübernahmen 2024
    I. Erwerb von Anteilen an einer bestehenden Gesellschaft
       (Share Deal) 2024
    II. Erwerb von Anteilen eines anderen Unternehmens (Asset Deal) 2025
    III. Ausgestaltung von Unternehmenskaufverträgen 2027

F. Öffentliche Übernahmen börsennotierter Unternehmen 2028
    I. Einführung 2028
    II. Der Handel mit wesentlichen Aktienpaketen 2029

G. Kartellrecht/Fusionskontrolle 2030
    I. Unzulässige Absprachen 2030
    II. Fusionskontrolle 2030

§ 44 Ungarn

A. Einleitung 2034
    I. Markt 2034
    II. Infrastruktur 2035
    III. Arbeitskräfte 2035
    IV. Rechtsgrundlagen 2035

B. Wirtschaftliche Betätigung von Ausländern 2036
    I. Wirtschaftliche Betätigungsformen von Ausländern 2036
    II. Aufenthalts- und Betätigungsbedingungen für Ausländer 2037

C. Gesellschaftsformen 2038
    I. Rechtsformen 2038
    II. Häufigkeit, Handhabbarkeit der einzelnen Gesellschaftsformen 2039

D. Rechtliche Wege für Unternehmensübernahmen 2041
    I. Bedeutung von Unternehmensübernahmen 2041
    II. Form und Inhalt des Unternehmenskaufvertrags 2042

E. Besonderheiten der Due Diligence 2046
    I. Handelsregister 2046
    II. Grundbuch 2047
    III. Publikationen 2047

Inhaltsverzeichnis

	Seite
F. Besonderheiten in den Begleitfeldern	2047
I. Arbeitsrecht	2047
II. Altersvorsorge	2048
III. Umweltrecht	2048
IV. Gewerbliche Schutzrechte	2049
V. Immobilienrecht	2049
VI. Devisenrecht	2050
G. Gesetzliches Übernahmerecht	2051
I. Konzernrecht	2051
II. Takeover-Regelungen	2052
H. Finanzierung von Unternehmenskäufen	2053
I. Besonderheiten der Finanzierung	2053
II. Kreditsicherung	2054
I. Umwandlungsrecht	2055

§ 45 Bulgarien

	Seite
A. Einleitung	2058
I. Statistische Informationen	2059
II. Rechtsgrundlagen	2060
B. Wirtschaftliche Betätigung von Ausländern	2060
I. Allgemeines	2060
II. Aufenthalts- und Betätigungsbedingungen für Ausländer	2061
III. Wirtschaftliche Betätigungsformen bei Gründung durch Ausländer	2062
C. Gesellschaftsformen	2064
I. Allgemeines	2064
II. Rechtsformen	2065
D. Rechtliche Wege zu Unternehmensübernahmen	2068
I. Bedeutung der Unternehmensübernahmen	2068
II. Form des Vertrags	2069
III. Unternehmensverschmelzungen	2071
E. Besonderheiten der Due Diligence	2073
F. Besonderheiten in den Begleitfeldern	2074
I. Börsennotierte Gesellschaften	2074
II. Arbeitsrecht	2075
III. Altersversorgung	2076
IV. Umweltrecht	2076
V. Gewerbliche Schutzrechte	2076

Inhaltsverzeichnis

Seite

G. **Übernahmerecht** 2077
    I. Anwendungsbereich 2077
    II. Rechte und Pflichten der Bieter 2078
    III. Rechte und Pflichten der Zielgesellschaft 2079

H. **Finanzierung von Unternehmensübernahmen** 2079
    I. Inländische Finanzierung 2079
    II. Ausländische Finanzierung 2080
    III. Kreditsicherung 2081

§ 46 Kroatien

A. **Einleitung** 2084
B. **Wirtschaftliche Betätigung von Ausländern** 2085
C. **Gesellschaftsformen** 2088
    I. Allgemeines (Häufigkeit, Handhabbarkeit) 2088
    II. Rechtsformen 2089
D. **Rechtliche Wege zu Unternehmensübernahmen** 2094
    I. Bedeutung von Unternehmensübernahmen (Häufigkeit) 2094
    II. Form des Vertrags 2094
    III. Unternehmensverschmelzungen 2096
E. **Besonderheiten der Due Diligence** 2096
F. **Besonderheiten in den Begleitfeldern** 2097
    I. Börsennotierte Gesellschaften 2097
    II. Arbeitsrecht 2097
    III. Altersversorgung 2097
    IV. Umweltrecht 2097
    V. Gewerbliche Schutzrechte 2097
G. **Übernahmerecht** 2098
    I. Anwendungsbereich 2098
    II. Pflichten und Rechte des Bieters 2098
    III. Pflichten und Rechte der Zielgesellschaft 2099
H. **Finanzierung von Unternehmensübernahmen** 2100
    I. Inländische Finanzierung 2100
    II. Ausländische Finanzierung (devisenrechtliche Vorschriften) ... 2100
    III. Kreditsicherung 2101

§ 47 Rumänien

A. **Einleitung** 2103
B. **Wirtschaftliche Betätigung durch Ausländer** 2104

Inhaltsverzeichnis

	Seite
C. Gesellschaftsformen	2106
I. Allgemeines	2106
II. Rechtsformen	2107
D. Rechtliche Wege für Unternehmensübernahmen	2108
I. Bedeutung von Unternehmensübernahmen (Häufigkeit)	2108
II. Form des Vertrags	2108
III. Unternehmensverschmelzungen	2110
E. Besonderheiten der Due Diligence	2111
F. Besonderheiten in den Begleitfeldern	2111
I. Börsennotierte Gesellschaften	2111
II. Arbeitsrecht	2111
III. Altersversorgung	2112
IV. Umweltrecht	2112
G. Gesetzliches oder gewohnheitsrechtliches Übernahmerecht	2113
I. Anwendungsbereich	2113
II. Pflichten und Rechte des Bieters	2113
H. Finanzierung von Unternehmensübernahmen	2114
I. Inländische Finanzierung	2114
II. Ausländische Finanzierung	2114
III. Kreditsicherung	2115

§ 48 Slowakei

A. Einleitung	2118
B. Wirtschaftliche Betätigung von Ausländern	2119
C. Gesellschaftsformen	2121
I. Allgemeines	2121
II. Rechtsformen	2121
D. Rechtliche Wege zur Unternehmensübernahme	2127
I. Bedeutung von Unternehmensübernahmen	2127
II. Formen des Vertrags	2128
III. Unternehmensverschmelzungen	2134
E. Besonderheiten der Due Diligence	2135
F. Besonderheiten in den Begleitfeldern	2136
I. Börsennotierte Gesellschaften	2136
II. Arbeitsrecht	2136
III. Altersversorgung	2138
IV. Gewerbliche Schutzrechte	2138
V. Umweltrecht	2138

	Seite
VI. Insolvenzrecht	2139
VII. Kartellrecht	2139
G. Übernahmerecht	2139
I. Anwendungsbereich	2139
II. Pflichten und Rechte des Bieters	2140
H. Finanzierung von Unternehmensübernahmen	2141
I. Inländische Finanzierung	2141
II. Ausländische Finanzierung	2141
III. Kreditsicherung	2141

§ 49 Slowenien

A. Einleitung	2143
B. Wirtschaftliche Betätigung von Ausländern	2144
C. Gesellschaftsformen	2146
I. Allgemeines	2146
II. Rechtsformen	2147
D. Rechtliche Wege zu Unternehmensübernahmen	2151
I. Bedeutung von Unternehmensübernahmen	2151
II. Formen des Vertrags	2151
III. Unternehmensverschmelzungen	2154
E. Besonderheiten der Due Diligence	2155
F. Besonderheiten in den Begleitfeldern	2156
I. Börsennotierte Gesellschaften	2156
II. Arbeitsrecht	2156
III. Altersversorgung	2157
IV. Umweltrecht	2158
V. Gewerbliche Schutzrechte	2158
VI. Steuerrecht	2158
G. Übernahmerecht	2159
I. Anwendungsbereich	2159
II. Pflichten und Rechte des Bieters	2160
III. Pflichten und Rechte der Zielgesellschaft	2161
IV. Sonstiges	2161
H. Finanzierung von Unternehmensübernahmen	2162
I. Inländische Finanzierung	2162
II. Ausländische Finanzierung (devisenrechtliche Vorschriften)	2162
III. Kreditsicherung	2162

Inhaltsverzeichnis

Seite

§ 50 Tschechien

- A. Einleitung 2166
- B. Wirtschaftliche Betätigung von Ausländern 2167
  - I. Aufenthalts- und Betätigungsbewilligungen für Ausländer 2167
  - II. Zulässige wirtschaftliche Betätigungsformen bei Gründung durch Ausländer 2168
  - III. Restriktionen beim Anteilserwerb durch Ausländer von Inländern 2169
- C. Gesellschaftsformen 2169
  - I. Allgemeines 2169
  - II. Rechtsformen 2170
- D. Rechtliche Wege zu Unternehmensübernahmen 2172
  - I. Bedeutung von Unternehmensübernahmen 2172
  - II. Formen des Vertrags 2172
  - III. Unternehmensverschmelzungen 2175
- E. Besonderheiten der Due Diligence 2176
- F. Besonderheiten in den Begleitfeldern 2176
  - I. Börsennotierte Gesellschaften 2176
  - II. Arbeitsrecht 2177
  - III. Altersversorgung 2177
  - IV. Umweltrecht 2178
  - V. Gewerbliche Schutzrechte 2178
- G. Gesetzliches oder gewohnheitsrechtliches Übernahmerecht ... 2179
  - I. Anwendungsbereich 2179
  - II. Pflichten des Bieters 2180
  - III. Pflichten der Zielgesellschaft 2180
- H. Finanzierung von Unternehmensübernahmen 2181
  - I. Inländische Finanzierung 2181
  - II. Ausländische Finanzierung 2181
  - III. Kreditsicherung 2182

Abkürzungsverzeichnis

a. o.	außerordentlich
aA	anderer Ansicht
AAA	American Arbitration Association
AbfallPrax	Abfallrechtliche Praxis (Zeitschrift)
AbfVerbrG	Abfallverbringungsgesetz
ABl.	Amtsblatt
ABl.EG	Amtsblatt der Europäischen Gemeinschaften
Abs.	Absatz (Absätze)
Abschn.	Abschnitt
abw.	abweichend
AC	Law Reports, Appeal Cases
AcP	Archiv für die civilistische Praxis (Zeitschrift)
ADHGB	Allgemeines Deutsches Handelsgesetzbuch
ADR	Alternative Dispute Resolution
aE	am Ende
aF	alte Fassung
AfA	Absetzung für Abnutzung
AFG	Arbeitsförderungsgesetz
AfK	Archiv für Kommunalwissenschaften (Zeitschrift)
AG	Aktiengesellschaft; Die Aktiengesellschaft (Zeitschrift); Amtsgericht
AG	Landesarbeitsgericht
AGB	Allgemeine Geschäftsbedingungen
AGBG	Gesetz zur Regelung des Rechts der Allgemeinen Geschäftsbedingungen
AIG	Auslandinvestmentgesetz
AktG	Aktiengesetz
allg.	allgemein
allgM	allgemeine Meinung
Alt.	Alternative
Amex	American Stock Exchange
AMG	Arzneimittelgesetz
amtl.	amtlich
amtl. Begr.	Amtliche Begründung
Anh.	Anhang
anh.	anhängig
Anm.	Anmerkung(en)
AnwBl.	Anwaltsblatt
AO	Abgabenordnung
AöR	Archiv des öffentlichen Rechts
AP	Arbeitsrechtliche Praxis

Abkürzungsverzeichnis

APB	Accounting Principles Board
AR	Aufsichtsrat
ArbG	Arbeitsgericht
ArbGG	Arbeitsgerichtsgesetz
arg.	argumentum
Art.	Artikel
AStG 2001	Außensteuergesetz in der Fassung des StSenkG
AStG	Außensteuergesetz
Aufl.	Auflage
ausf.	ausführlich
AuslInvestmG	Auslandsinvestmentgesetz
AuslInvG	Auslandsinvestitionsgesetz
AVG	Angestelltenversicherungsgesetz
Az.	Aktenzeichen
BAG	Bundesarbeitsgericht; Gesetz über die Errichtung eines Bundesaufsichtsamts für das Versicherungswesen
BAGE	Entscheidungen des Bundesarbeitsgerichts
BAK	Bundesaufsichtsamt für das Kreditwesen
BAKred.	Bundesaufsichtsamt für das Kreditwesen
BAK-Schr.	Schreiben des Bundesaufsichtsamtes für das Kreditwesen
BAnz.	Bundesanzeiger
BauGB	Baugesetzbuch
BauR	Baurecht (Zeitschrift)
BAV	Bundesaufsichtsamt für das Versicherungswesen
BAWe	Bundesaufsichtsamt für den Wertpapierhandel
BayGVBl.	Bayerisches Gesetz- und Verordnungsblatt
BayObLG	Bayerisches Oberstes Landesgericht
BB	Der Betriebs-Berater (Zeitschrift)
BBK	Betrieb und Rechnungswesen
BBodSchG	Bundesbodenschutzgesetz
Bd. (Bde.)	Band (Bände)
Begr.	Begründung
BegrRegE	Begründung zum Regierungsentwurf
Beil.	Beilage
bes.	besondere(r), besonders
betr.	betreffen(d)
BetrAVG	Gesetz zur Verbesserung der betrieblichen Altersversorgung (Betriebsrentengesetz)
BetrVG	Betriebsverfassungsgesetz
BeurkG	Beurkundungsgesetz
BewG	Bewertungsgesetz
BfA	Bundesanstalt für Arbeit
BFH	Bundesfinanzhof
BFH/NV	Sammlung amtlich nicht veröffentlichter Entscheidungen des Bundesfinanzhofs

Abkürzungsverzeichnis

BFHE	Sammlung der Entscheidungen und Gutachten des Bundesfinanzhofs
BFuP	Betriebswirtschaftliche Forschung und Praxis (Zeitschrift)
BGB	Bürgerliches Gesetzbuch
BGBl.	Bundesgesetzblatt
BGH	Bundesgerichtshof
BGHZ	Entscheidungen des Bundesgerichtshofs in Zivilsachen
BHO	Bundeshaushaltsordnung
BImSchG	Bundesimmissionsschutzgesetz
BImSchV	Bundesimmissionsschutzverordnung
BIP	Bruttoinlandsprodukt
BKartA	Bundeskartellamt
Bl. f. PMZ	Blatt für das Patent, Muster- und Zeichenwesen (Zeitschrift)
BMF	Bundesminister/ium der Finanzen
BMZ	Bundesministerium für wirtschaftliche Zusammenarbeit und Entwicklung
BNotO	Bundesnotarordnung
BörsenZulVO	Börsenzulassungsverordnung
BörsG	Börsengesetz
BörsO	Börsenordnung
BörsZulV	Börsenzulassungsverordnung
BOT	Build Operate Transfer
BPatG	Bundespatentgesetz
BR	Bundesrat
BRAGO	Bundesgebührenordnung für Rechtsanwälte
BRAK-Mitt.	Mitteilungen der Bundesrechtsanwaltskammer
BRAO	Bundesrechtsanwaltsordnung
BRD	Bundesrepublik Deutschland
BR-Drucks.	Bundesrats-Drucksache
BremLG	Brem. Landesmediengesetz
BSK	Börsensachverständigenkommission
Bsp.	Beispiel(e)
bspw.	beispielsweise
BStBl.	Bundessteuerblatt
BT	Bundestag
BT-Drucks.	Bundestags-Drucksache
Buchst.	Buchstabe
BVerfG	Bundesverfassungsgericht
BVerfGE	Entscheidungen des Bundesverfassungsgerichts
BVerfGG	Bundesverfassungsgerichtsgesetz
BVerwG	Bundesverwaltungsgericht
BVerwGE	Entscheidungen des Bundesverwaltungsgerichts
BVK	Bundesverband Deutscher Kapitalbeteiligungsgesellschaften

Abkürzungsverzeichnis

bzgl.	bezüglich
bzw.	beziehungsweise
c. p.	ceteris paribus
CAPM	Capital Asset Pricing Modell
CC	Code civil
CCA	Comparable Company Analysis
CEN	Comité Européen de Normalisation
CEO	Chief Executive Officer
cic	culpa in contrahendo
CISG	United Nations Convention on Contracts for the International Sale of Goods; Übereinkommen der Vereinten Nationen über Verträge über den internationalen Warenkauf
CP	„condition precedent"
d. h.	das heißt
DAX	Deutscher Aktienindex
DB	Der Betrieb (Zeitschrift)
DBA	Doppelbesteuerungsabkommen
DBAG	Deutsche Börse AG
DBW	Die Betriebswirtschaft (Zeitschrift)
DCF	Discounted Cash-flow
DDR	Deutsche Demokratische Republik
dens.	denselben
DepotG	Depotgesetz
ders.	derselbe
dgl.	dergleiche(n)
DGO	Deutsche Gemeindeordnung
dies.	dieselbe(n)
DIS	Deutsche Institution für Schiedsgerichtsbarkeit e. V.
DiskE	Diskussionsentwurf
DiskE-ÜbernG	Diskussionsentwurf eines Gesetzes zur Regelung von Unternehmensübernahmen vom 29. 6. 2000
Diss.	Dissertation
DJ	Deutsche Justiz (Zeitschrift)
DJT	Deutscher Juristentag
DNotZ	Deutsche Notar-Zeitschrift
DPMA	Deutsches Patent- und Markenamt
DR	Deutsches Recht (Zeitschrift)
DRiZ	Deutsche Richterzeitung (Zeitschrift)
DRS	Deutsche Rechnungslegungsstandards
DRSC	Deutsches Rechnungslegungs Standards Committee
DStR	Deutsches Steuerrecht (Zeitschrift)
DStRE	Deutsches Steuerrecht Entscheidungsdienst
DStZ	Deutsche Steuer-Zeitung (Zeitschrift)

Abkürzungsverzeichnis

DVBl.	Deutsches Verwaltungsblatt (Zeitschrift)
DVFA	Deutsche Vereinigung für Finanzanalyse und Anlageberatung
DVO	Durchführungsverordnung
DZWir	Deutsche Zeitschrift für Wirtschaftsrecht
E	Entwurf
e. V.	eingetragener Verein
EAV	Ergebnisabführungsvertrag
EB	Erläuternde Bemerkungen
EBIT	„earnings before interest and taxes"
EBITDA	„earnings before interest, taxes, depreciation and amortization"
EBO	Employee Buy-Out
EBOR	European Business Organisation Law Review
EBRG	Gesetz über Europäische Betriebsräte
EDGAR	„electronic data gathering, analysis and retrieval"
EFG	Entscheidungen der Finanzgerichte
eG	eingetragene Genossenschaft
EG	Europäische Gemeinschaften; Einführungsgesetz
EGAktG	Einführungsgesetz zum Aktiengesetz
EGBGB	Einführungsgesetz zum Bürgerlichen Gesetzbuch
EGV	Verwaltungsrechtliche Einführungsgesetze
EG-VO	EG-Verordnung
Einf.	Einführung
Einl.	Einleitung
EK	Eigenkapital
entspr.	entsprechen(d), entspricht
Entw.	Entwurf
EnWG	Energiewirtschaftsgesetz
EPÜ	Europäisches Patentübereinkommen
ErbbauRVO	Erbbaurechtsverordnung
ErbStG	Erbschaftsteuergesetz
ErbStR	Erbschaftssteuer-Richtlinien
EsAeG	Einlagensicherungs- und Anlegerentschädigungsgesetz
ESt	Einkommensteuer
EStG 1999	Einkommensteuergesetz in der Fassung des Gesetzes vom 24. 3. 1999, BGBl. I 1999, S. 402
EStG 2001	Einkommensteuergesetz in der Fassung des StSenkG (Rechtsstand nach dem Gesetz zur Änderung des Investitionszulagengesetzes 1999)
EStG	Einkommensteuergesetz
EStR	Einkommensteuer-Richtlinien
EStR 1999	Einkommensteuer-Richtlinien 1999 vom 14. 12. 1999, BStBl. I 1999, Sondernummer 3
etc.	et cetera

Abkürzungsverzeichnis

EU	Europäische Union
EuGH	Europäischer Gerichtshof
EuGVÜ	Übereinkommen der Europäischen Gemeinschaft über die gerichtliche Zuständigkeit und die Vollstreckung gerichtlicher Entscheidungen in Zivil- und Handelssachen
EURIBOR	EURO Interbank Offered Rate
EuroVO	Verordnung des Rates über bestimmte Vorschriften in Zusammenhang mit der Einführung des Euro
EuZW	Europäische Zeitschrift für Wirtschaftsrecht
EV	Einigungsvertrag
evtl.	eventuell
EWG	Europäische Wirtschaftsgemeinschaft
EWiR	Entscheidungen zum Wirtschaftsrecht
EWR	Europäischer Wirtschaftsraum
EzA	Entscheidungssammlung zum Arbeitsrecht
f., ff.	folgende
FamRZ	Zeitschrift für das gesamte Familienrecht
FASB	Financial Accounting Standards Board
FAZ	Frankfurter Allgemeine Zeitung
FG	Finanzgericht; Freiwillige Gerichtsbarkeit
FGG	Gesetz über die Angelegenheiten der freiwilligen Gerichtsbarkeit
FIDIC	Fédération des Ingénieur-Conseils
Finanz Betrieb	Finanz Betrieb (Zeitschrift)
FKVO	Fusionskontroll-Verordnung
FLF	Finanzierung Leasing Factoring (Zeitschrift)
FM	Finanzministerium
Fn	Fußnote
FN-IDW	Fachnachrichten des Instituts der Wirtschaftsprüfer in Deutschland e. V.
FördergebietsG	Gesetz über Sonderabschreibungen und Abzugsbeträge im Fördergebiet idF. der Bekanntmachung vom 23. 9. 1993, BGBl. I 1993, S. 1654, zuletzt geändert durch das Steuerbereinigungsgesetz 1999 vom 22. 12. 1999, BGBl. I 1999, S. 2601
FR	Finanz-Rundschau (Zeitschrift)
FS	Festschrift
FWB	Frankfurter Wertpapierbörse
G	Gesetz
GBl.	Gesetzblatt (DDR)
GbR	Gesellschaft bürgerlichen Rechts
GebrMG	Gebrauchsmustergesetz
gem.	gemäß
Ges.	Gesetz(e)

Abkürzungsverzeichnis

ges.	gesetzlich
GeschmMG	Geschmacksmustergesetz
GesR	Gesellschaftsrecht
GesRZ	Der Gesellschafter; Zeitschrift für Gesellschaftsrecht (Österreich)
GewA	Gewerbearchiv
GewArch	Gewerbearchiv (Zeitschrift)
GewO	Gewerbeordnung
GewSt	Gewerbesteuer
GewStG	Gewerbesteuergesetz
GewStR 1998	Gewerbesteuerrichtlinien 1998 vom 21. 12. 1998, BStBl. I 1998, Sondernummer 2, S. 91
GewStR	Gewerbesteuer-Richtlinien
GG	Grundgesetz (für die Bundesrepublik Deutschland)
ggf.	gegebenenfalls
GK	Gemeinschaftskommentar
GKG	Gerichtskostengesetz
GMarkenV	Verordnung (EG) Nr. 40/94 des Rates über die Gemeinschaftsmarken
GmbH	Gesellschaft mit beschränkter Haftung
GmbHG	Gesetz betreffend die Gesellschaften mit beschränkter Haftung
GmbHR	GmbH-Rundschau (Zeitschrift)
GmbH-StB	Der GmbH-Steuerberater
GMDV	Verordnung (EG) Nr. 2868/95 der Kommission zur Durchführung der Verordnung (EG) Nr. 40/94 des Rates über die Gemeinschaftsmarken vom 13. 12. 1995
GO	Gemeindeordnung
GoB	Grundsätze ordnungsmäßiger Buchführung
GP	Gesetzgebungsperiode
GrESt	Grunderwerbsteuer
GrEStG	Grunderwerbssteuergesetz
GrEStG	Grunderwerbsteuergesetz
Großkomm.	Großkommentar
GrS	Großer Senat
GRUR	Gewerblicher Rechtsschutz und Urheberrecht
GuV	Gewinn- und Verlustrechnung
GVBl.	Gesetz- und Verordnungsblatt
GWB	Gesetz gegen Wettbewerbsbeschränkungen
hA	herrschende Ansicht
Halbs.	Halbsatz
HansOLG	Hanseatisches Oberlandesgericht
HBO	Hessische Bauordnung
Hdb.	Handbuch
hess.	hessisch/e/er

Abkürzungsverzeichnis

HessBauVorlVO	Hessische Bauvorlagenverordnung
HFA	Hauptfachausschuß des Instituts der Wirtschaftsprüfer in Deutschland e. V.
HFR	Höchstrichterliche Finanzrechtsprechung
HGB	Handelsgesetzbuch
HGrG	Gesetz über die Grundsätze des Haushaltsrechts des Bundes und der Länder (Haushaltsgrundsätzegesetz)
hL	herrschende Lehre
hM	herrschende Meinung
HmbMedienG	Hamb. Mediengesetz
HR	Handelsregister
HRefG	Handelsrechtsreformgesetz
HRR	Höchstrichterliche Rechtsprechung
Hrsg.	Herausgeber
hrsg.	herausgegeben
HV	Hauptversammlung
IAS	International Accounting Standards
IASC	International Accounting Standards Committee
IBO	Institutional Buy-Out
ICC	International Chamber of Commerce; Internationale Handelskammer
idF	in der Fassung
idgF	in der geltenden Fassung
idR	in der Regel
IdW	Institut der Wirtschaftsprüfer
iE	im Ergebnis
ieS	im engeren Sinne
IGH	Internationaler Gerichtshof Den Haag
incl.	inclusive
INCOTERMS	International Commercial Terms
INF	Die Information über Steuer und Wirtschaft (Zeitschrift)
insbes.	insbesondere
insges.	insgesamt
InSO	Insolvenzordnung
InvZulG 1999	Investitionszulagengesetz 1999 vom 18. 8. 1997, BGBl. I 1997, S. 2070, zuletzt geändert durch das Gesetz zur Änderung des Investitionszulagengesetzes 1999 vom 20. 12. 2000, BGBl. I 2000, S. 1850
IPO	Initial Public Offering
IPR	Internationales Privatrecht
IPRax	Praxis des Internationalen Privat- und Verfahrensrechts (Zeitschrift)
IPRG	Gesetz zur Neuregelung des Internationalen Privatrechts
IPRspr.	Die deutsche Rechtsprechung auf dem Gebiete des internationalen Privatrechts

Abkürzungsverzeichnis

iRd.	im Rahmen des (der)
iSd.	im Sinne des (der)
ISO	International Organization of Standardization
IStR	Internationales Steuerrecht
iSv.	im Sinne von
iVm.	in Verbindung mit
IWB	Internationale Wirtschaftsbriefe
iwS	im weiteren Sinne
IZPR	Internationales Zivilprozeßrecht
Jb.	Jahrbuch
JITE	Journal of Institutional and Theoretical Economics (Zeitschrift)
JR	Juristische Rundschau (Zeitschrift)
JuS	Juristische Schulung (Zeitschrift)
JZ	Juristenzeitung (Zeitschrift)
K&R	Kommunikation & Recht (Zeitschrift)
KAG	Kapitalanlagegesellschaft
KAGG	Gesetz über Kapitalanlagegesellschaften
Kap.	Kapitel
KapAEG	Kapitalaufnahmeerleichterungsgesetz
KapErhG	Kapitalerhöhungsgesetz
KG	Kammergericht; Kommanditgesellschaft
KGaA	Kommanditgesellschaft auf Aktien
KGV	Kurs-Gewinn-Verhältnis
KI	Kreditinstitut
KO	Konkursordnung
Komm.	Kommentar
KonTraG	Gesetz zur Kontrolle und Transparenz im Unternehmensbereich
KostO	Kostenordnung
krit.	kritisch
KritVJ	Kritische Vierteljahresschrift für Gesetzgebung und Rechtswissenschaft
KrW-/AbfG	Kreislaufwirtschaft- und Abfallgesetz
KSchG	Kündigungsschutzgesetz
KSt	Körperschaftssteuer
KStG	Körperschaftsteuergesetz
KStG 1999	Körperschaftsteuergesetz 1999 in der Fassung vom 22. 4. 1999, BGBl. I 1999, S. 817
KStG 2001	Körperschaftsteuergesetz in der Fassung des StSenkG (Rechtsstand nach dem Gesetz zur Änderung des Investitionszulagengesetzes 1999)
KStR 1995	Körperschaftsteuer-Richtlinien 1995 vom 15. 12. 1995, BStBl. I 1996, Sondernummer 1

Abkürzungsverzeichnis

KStR	Körperschaftsteuer-Richtlinien
KSVG	Kommunalselbstverwaltungsgesetz
KWG	Kreditwesengesetz
LG	Landgericht
LHO	Landeshaushaltsordnung
LIBOR	London Interbank Offered Rate
liSp.	linke Spalte
lit.	litera
Lit.	Literatur
LKV	Landes- und Kommunalverwaltung (Zeitschrift)
LM	Nachschlagewerk des Bundesgerichtshofs (Loseblatt-Ausgabe),
LMA	Loan Market Association
Losebl.	Loseblattsammlung
LRGNW	Landesrundfunkgesetz Nordrhein-Westfalen
LS	Leitsatz
LugÜbk	Übereinkommen vom 16. 9. 1988 über die gerichtliche Zuständigkeit und die Vollstreckung gerichtlicher Entscheidungen in Zivil- und Handelssachen, Lugano-Übereinkommen
LZ	Leipziger Zeitschrift für Deutsches Recht
M&A Review	Mergers & Acquisitions Review
M&A	Mergers & Acquisitions
m. Anm.	mit Anmerkung(en)
MA	Markenartikel
MarkenG	Markengesetz
MarkenR	Zeitschrift für deutsches, europäisches und internationales Markenrecht
MarkenV	Verordnung zur Ausführung des Markengesetzes
maW	mit anderen Worten
max.	maximal
MBI	Management Buy-In
MBO	Management Buy-Out
MD&A	„mangement's disucussion and analysis of financial conditions and results of operations"
M-DAX	Midcap Index
MDR	Monatsschrift für deutsches Recht (Zeitschrift)
mE	meines Erachtens
MIGA	Multilaterale Investitions-Garantie-Agentur
Mio.	Million(en)
MitbestG	Mitbestimmungsgesetz
MittBayNot	Mitteilungen des Bayerischen Notarvereins, der Notarkasse und der Landesnotarkammer Bayern
MittDPatAnw	Mitteilungen der deutschen Patentanwälte

Abkürzungsverzeichnis

MittRhNotK	Mitteilungen der Rheinischen Notarkammer
MMA	Madrider Abkommen über die internationale Registrierung von Marken
mN	mit Nachweisen
MontanMitbestG	Montanmitbestimmungsgesetz
Mrd.	Milliarde(n)
MVA	Market Value Added
mwN	mit weiteren Nachweisen
MwSt	Mehrwertsteuer
n. v.	nicht veröffentlicht
Nachw.	Nachweis(e)
NASDAQ	National Association of Securities Dealers Automated Quotations
NaStraG	Gesetz zur Namensaktie und zur Erleichterung der Stimmrechtsausübung (Namensaktiengesetz)
NATO	North Atlantic Treaty Organisation
NAV	„net asset value"
NdsVBl.	Niedersächsische Verwaltungsblätter
nF	neue Fassung
NJW	Neue Juristische Wochenschrift (Zeitschrift)
NJW-RR	NJW-Rechtsprechungs-Report Zivilrecht (Zeitschrift)
NotBZ	Zeitschrift für notarielle Beratungs- und Beurkundungspraxis
Nr.	Nummer
nrkr.	nicht rechtskräftig
NRW	Nordrhein-Westfalen
NStZ	Neue Zeitschrift für Strafrecht
NuR	Natur und Recht (Zeitschrift)
NVersZ	Neue Zeitschrift für Versicherung und Recht
NVwZ	Neue Zeitschrift für Verwaltungsrecht
NWB	Neue Wirtschaftsbriefe (Zeitschrift), Loseblattsammlung
NYSE	New York Stock Exchange
NZA	Neue Zeitschrift für Arbeitsrecht
NZBau	Neue Zeitschrift für Baurecht und Vergaberecht
NZG	Neue Zeitschrift für Gesellschaftsrecht
NZM	Neue Zeitschrift für Miet- und Wohnungsrecht
o.	oben
ö.	österreichisch
o. ä.	oder ähnliche(s)
o. g.	oben genannt(e/n)
ÖBA	Österreichisches Bankarchiv (Zeitschrift)
OECD	Organisation für wirtschaftliche Zusammenarbeit und Entwicklung

Abkürzungsverzeichnis

OECD-MA	OECD (Organization for Economic Cooperation and Development)-Musterabkommen
OFD	Oberfinanzdirektion
OGH	(Österreichischer) Oberster Gerichtshof; auch oberster Gerichtshof f. die Britische Zone
OHG	Offene Handelsgesellschaft
OLG	Oberlandesgericht
OLGE/OLGR	Die Rechtsprechung der Oberlandesgerichte auf dem Gebiete des Zivilrechts
OLGZ	Entscheidungen der Oberlandesgerichte in Zivilsachen einschließlich der freiwilligen Gerichtsbarkeit
OMPI	Organisation mondiale de la propriété intellectuelle
ÖstOGH	Österreichischer Oberster Gerichtshof
öÜbG	österreichisches Übernahmegesetz
öÜbV	österreichische Übernahmeverordnung
oV	ohne Verfasser(angaben)
OVG	Oberverwaltungsgericht
OWiG	Gesetz über Ordnungswidrigkeiten
P/BV	„price-book value"
Par.	Paragraph
PartG	Parteiengesetz
PartGG	Partnerschaftsgesellschaftsgesetz
PatG	Patentgesetz
PER	„price earnings ratio"
PIG Ratio	„price-gross revenue ratio"
PIStB	Praxis Internationale Steuerberatung
PMI	„post merger"-Integration
PublG	Publizitätsgesetz
QIB	„qualified institutional buyer"
RabelsZ	Rabels Zeitschrift für ausländisches und internationales Privatrecht
RAG	Reichsarbeitsgericht; Entscheidungen des Reichsarbeitsgerichts
RAM	Recent Acquisition-Methode
RdA	Recht der Arbeit (Zeitschrift)
RdW	Recht der Wirtschaft
RefE	Referentenentwurf
RefE-WÜG	Referentenentwurf eines Gesetzes zur Regelung von öffentlichen Angeboten zum Erwerb von Wertpapieren und von Unternehmensübernahmen (Wertpapiererwerbs- und Übernahmegesetzes – WÜG) vom 12. 3. 2001
RegBegr.	Regierungsbegründung
RegE	Regierungsentwurf

Abkürzungsverzeichnis

RegE-WpÜG	Regierungsentwurf eines Gesetzes zur Regelung von öffentlichen Angeboten zum Erwerb von Wertpapieren und von Unternehmensübernahmen (Wertpapiererwerbs- und Übernahmegesetz – WpÜG) vom 11. 7. 2001
RG	Reichsgericht
RGZ	Entscheidungen des Reichsgerichts in Zivilsachen
RiLiFV	Richtlinien für den Freiverkehr
RIW	Recht der internationalen Wirtschaft (Zeitschrift)
rkr.	rechtskräftig
RL	Richtlinie
Rn	Randnummer(n)
ROI	„return on investment"
Rspr.	Rechtsprechung
RV	Regierungsvorlage
RWNM	Regelwerk Neuer Markt
S.	Seite
s.	siehe
s. o.	siehe oben
s. u.	siehe unten
SA	Securities Act
Sächs.	Sächsische(s)
SchiedsVfG	Gesetz zur Neuregelung des Schiedsverfahrensrechts
SE	Societas Europea
SEA	Securities and Exchange Act
SEC	Securities and Exchange Commission
SFAS	Statement of Financial Accounting Standards
SGB	Sozialgesetzbuch
SGH	Schlichtungs- und Schiedsgerichtshof deutscher Notare
Slg.	Sammlung
SMAX	Small Caps Exchange
SMAX-TB	Small Caps Teilnahmebedingungen
sog.	sogenannt
SolZ	Solidaritätszuschlag
SolZG	Solidaritätszuschlaggesetz 1995 vom 23. 7. 1993, BGBl. I 1993, S. 944/975, zuletzt geändert durch Gesetz vom 21. 12. 2000, BGBl. I 2000, S. 1978
SortenSchG	Sortenschutzgesetz
Sp.	Spalte
SprAuG	Sprecherausschußgesetz
st.	ständig(e)
st. Rspr.	ständige Rechtsprechung
StB	Steuerberater, auch Der Steuerberater (Zeitschrift)
StBerG	Steuerberatungsgesetz
Stbg	Die Steuerberatung

Abkürzungsverzeichnis

StBGebV	Steuerberatergebührenverordnung
StbJb	Steuerberaterjahrbuch
StBp	Die steuerliche Betriebsprüfung
StGB	Strafgesetzbuch
stpfl.	steuerpflichtig
str.	streitig
StRK	Steuerrechtsprechung in Karteiform
StSenkErgG	Gesetz zur Ergänzung des Steuersenkungsgesetzes (Steuersenkungsergänzungsgesetz) vom 19. 12. 2000, BGBl. I 2000, 1812.
StSenkG	Steuersenkungsgesetz; Gesetz zur Senkung der Steuersätze und zur Reform der Unternehmensbesteuerung vom 23. 10. 2000, BGBl. I 2000, S. 1433, zuletzt geändert durch das Steuersenkungsergänzungsgesetz vom 19. 12. 2000, BGBl. I 2000, 1812 und das Gesetz zur Änderung des Investitionszulagengesetzes 1999, Bundesrat-Drucksache 756/00.
StückAG	Stückaktiengesetz
SZ	Entscheidungen des OGH in Zivilsachen
SZW	Schweizerische Zeitschrift für Wirtschaftsrecht
teilw.	teilweise
TKG	Telekommunikationsgesetz
TreuhandG	Treuhandgesetz
TVG	Tarifvertragsgesetz
Tz.	Textziffer
u.	unten
u. ä.	und ähnliche(s)
u. a.	und andere; unter anderem
UBG	Unternehmensbeteiligungsgesellschaft
UBGG	Gesetz über Unternehmensbeteiligungsgesellschaften
UHG	Umwelthaftungsgesetz
UIG	Umweltinformationsgesetz
ÜK	Übernahmekodex
UKG	Gesetz zur Bekämpfung der Umweltkriminalität
UmwG	Umwandlungsgesetz
UmwStErlaß	Umwandlungssteuererlaß; Erläuterungsschreiben des BMF zum Umwandlungssteuergesetz vom 25. 3. 1998, BStBl. I 1998, S. 268
UmwStG 2001	Umwandlungssteuergesetz vom 28. 10. 1994, BGBl. I 1994, S. 3267, zuletzt geändert durch das Steuersenkungsgesetz vom 23. 10. 2000, BGBl. I 2000, S. 1433
UmwStG	Umwandlungssteuergesetz
unstr.	unstreitig
UPR	Umwelt- und Planungsrecht (Zeitschrift)

Abkürzungsverzeichnis

UR	Umsatzsteuer-Rundschau
URG	Umweltrahmengesetz
UrhG	Urheberrechtsgesetz
Urt.	Urteil
USA	United States of America
US-GAAP	Generally Accepted Accounting Principles
UStB	Der Umsatzsteuer-Berater
UStDV	Umsatzsteuer-Durchführungsverordnung 1999 idF der Bekanntmachung vom 9. 6. 1999, BGBl. I 1999, S. 1308, geändert durch das Steuerbereinigungsgesetz 1999 vom 22. 12. 1999, BGBl. I 1999, S. 2601
UStDVO	Umsatzsteuer-Durchführungsverordnung
UStG	Umsatzsteuergesetz
UStR	Umsatzsteuer-Rundschau (Zeitschrift)
UStR 2000	Umsatzsteuer-Richtlinien 2000 vom 10. 12. 1999, BStBl. I, Sondernummer 2
usw.	und so weiter
uU	unter Umständen
UVR	Umsatz- und Verkehrsteuer-Recht
UWG	Gesetz gegen den unlauteren Wettbewerb
VAG	Gesetz über die Beaufsichtigung von Versicherungsunternehmen (Versicherungsaufsichtsgesetz)
VBlBW	Verwaltungsblätter Baden-Württemberg
VerBAV	Veröffentlichungen des Bundesaufsichtsamtes für das Versicherungswesen
VerbrKrG	Verbraucherkreditgesetz
VerkProspG	Verkaufsprospektgesetz
VerkProspVO	Verkaufsprospektverordnung
VerlG	Gesetz über das Verlagsrecht
VersR	Versicherungsrecht (Zeitschrift)
vGA	verdeckte Gewinnausschüttung(en)
VGH	Verwaltungsgerichtshof
vgl.	vergleiche
VO	Verordnung
VOB	Verdingungsordnung für Bauleistungen
Vorb.	Vorbemerkung(en)
VStR	Vermögenssteuerrichtlinien
VVG	Versicherungsvertragsgesetz
VwGO	Verwaltungsgerichtsordnung
VwVfG	Verwaltungsverfahrensgesetz
VZ	Veranlagungszeitraum
WahrnG	Urheberrechtswahrnehmungsgesetz
wbl	Wirtschaftsrechtliche Blätter (Österreich)
WG	Wechselgesetz

Abkürzungsverzeichnis

WHG	Wasserhaushaltsgesetz
WiB	Wirtschaftsrechtliche Beratung
WIPO	World Intellectual Property Organization
WiR	Wirtschaftsrecht
WIRO	Wirtschaft und Recht in Osteuropa (Zeitschrift)
WiVerW	Wirtschaft und Verwaltung (Beilage zum Gewerbearchiv)
WM	Wertpapier-Mitteilungen, Teil IV (Zeitschrift)
WPg	Die Wirtschaftsprüfung (Zeitschrift)
WP-Hdb.	Wirtschaftsprüfer-Handbuch
WpHG	Wertpapierhandelsgesetz
WPK	Wirtschaftsprüferkammer
WPO	Wirtschaftsprüferordnung
WpÜG	Gesetz zur Regelung von öffentlichen Angeboten zum Erwerb von Wertpapieren und von Unternehmensübernahmen (Wertpapiererwerbs- und Übernahmegesetz) [vgl. RegE-WpÜG]
WRP	Wettbewerb in Recht und Praxis (Zeitschrift)
WTO	World Trade Organisation
WuB	Entscheidungssammlung zum Wirtschafts- und Bankrecht
WÜG	Gesetz zur Regelung von öffentlichen Angeboten zum Erwerb von Wertpapieren und von Unternehmensübernahmen (Wertpapiererwerbs- und Übernahmegesetz) [vgl. RefE-WÜG]
WuM	Wohnungswirtschaft und Mietrecht
WuW	Wirtschaft und Wettbewerb (Zeitschrift)
WuW/E	Wirtschaft und Wettbewerb, Entscheidungssammlung zum Kartellrecht
WZG	Warenzeichengesetz
z. Zt.	zur Zeit
zB	zum Beispiel
ZBB	Zeitschrift für Bankrecht und Bankwirtschaft
ZfbF	Schmalenbachs Zeitschrift für betriebswirtschaftliche Forschung
ZGR	Zeitschrift für Unternehmens- und Gesellschaftsrecht
ZHR	Zeitschrift für das gesamte Handelsrecht und Wirtschaftsrecht
Ziff.	Ziffer(n)
ZIP	Zeitschrift für Wirtschaftsrecht
ZPO	Zivilprozeßordnung
ZRP	Zeitschrift für Rechtspolitik
zT	zum Teil
zust.	zustimmend
zutr.	zutreffend
ZVglRWiss	Zeitschrift für vergleichende Rechtswissenschaft

Allgemeines Literaturverzeichnis

Adler/Düring/Schmaltz, Rechnungslegung und Prüfung der Unternehmen, 5. Aufl. 1987 ff. (Loseblatt), 6. Aufl. 1995 ff. (bisher erschienen: Teilbde. 1–5) (zit.: *A/D/S* § ... Rn ...)

Assmann, Rechtsanwendungprobleme des Insiderrechts, AG 1997, 50 (zit.: *Assmann* AG 1997, 50)

Assmann/Basaldua/Bozenhardt/Peltzer, Übernahmeangebote, ZGR Sonderheft 9/1990 (zit.: *Assmann/Bozenhardt* ZGR Sonderheft 9/1990 S. ...)

Assmann/Schneider, Wertpapierhandelsgesetz, Kommentar, 2. Aufl. 1999 (zit.: *Bearbeiter* in Assmann/Schneider § ... WpHG Rn ...)

Assmann/Schütze (Hrsg.), Handbuch des Kapitalanlagerechts, 1997 (zit.: *Bearbeiter* in Assmann/Schütze § ... Rn ...)

Bähre/Schneider, KWG-Kommentar, 3. Aufl. 1986 (zit.: *Bearbeiter* in Bähre/Schneider § ... KWG Rn ...)

Barthel, Unternehmenswert – Die vergleichsorientierten Bewertungsverfahren, DB 1996, 149 (zit.: *Barthel* DB 1996, 149)

Baumbach/Hefermehl, Wettbewerbsrecht-Kommentar, 21. Aufl. 1999 (zit.: *Hefermehl* § ... UWG Rn ...)

Baumbach/Hopt, Handelsgesetzbuch (ohne Seerecht), 30. Aufl. 2000 (zit.: *Hopt* § ... HGB Rn ...)

Baumbach/Hueck, GmbHG, Kommentar, 17. Aufl. 2000 (zit.: *Bearbeiter* in Baumbach/Hueck § ... GmbHG Rn ...)

Baumbach/Lauterbach/Albers/Hartmann, Zivilprozeßordnung, Kommentar, 58. Aufl. 2000 (zit.: *Bearbeiter* in Baumbach/Lauterbach § ... ZPO Rn ...)

Beck'sches Handbuch der GmbH, 2. Aufl. 1999 (zit.: *Bearbeiter* in BeckHdb. GmbH)

Beck'scher Bilanzkommentar, Jahresabschluß nach Handels- und Steuerrecht, 3. Aufl. 1995 (zit.: *Bearbeiter* in BeckBilKomm. § ... HGB/AktG usw. Rn ...)

Beck'sches Formularbuch zum Bürgerlichen, Handels- und Wirtschaftsrecht, 6. Aufl. 1995 (zit.: *Bearbeiter* in BeckFormBuch ...)

Beisel/Klumpp, Der Unternehmenskauf, 3. Aufl. 1996 (zit.: *Beisel/Klumpp* Rn ...)

Berens/Brauner (Hrsg.), Due Diligence bei Unternehmensakquisitionen, 2. Aufl. 1999 (zit.: *Bearbeiter* in Berens/Brauner)

Boos/Fischer/Schulte-Mattler, Kreditwesengesetz, 2000 (zit.: *Bearbeiter* in Boos/Fischer/Schulte-Mattler)

Canaris, Handelsrecht, 23. Aufl. 2000 (zit.: *Canaris*)

Copeland/Koller/Murin, Unternehmenswert, 1998 (zit.: *Copeland/Koller/Murrin*)

Dehmer, Umwandlungsgesetz – Umwandlungssteuergesetz, 2. Aufl. 1996 (zit.: *Dehmer*)

Doralt/Nowotny/Schauer, Takeover-Recht, Wien 1997 (zit.: *Doralt/Nowotny/Schauer*)

Allgemeines Literaturverzeichnis

Emmerich/Habersack, Aktien- und GmbH-Konzernrecht, 2. Aufl. 2001 (zit.: *Bearbeiter* in Emmerich/Habersack § ... AktG Rn ...)

Emmerich/Sonnenschein, Konzernrecht, 6. Aufl. 1997 (zit.: *Emmerich/Sonnenschein* Konzernrecht)

Ensthaler, Gemeinschaftskommentar zum Handelsgesetzbuch, 6. Aufl. 1999 (zit.: *Bearbeiter* in GK § ... HGB Rn ...)

Erman, BGB-Handkommentar, 10. Aufl. 2000 (zit.: *Bearbeiter* in Erman § ... BGB Rn ...)

Fabricius/Kraft/Wiese/Kreutz/Oetker, Gemeinschaftskommentar zum Betriebsverfassungsgesetz, 6. Aufl. 1998 (zit.: *Fabricius* GK § ... BetrVG Rn ...)

Fahrholz, Neue Formen der Unternehmensfinanzierung, 1998 (zit.: *Fahrholz*)

Fezer, Kommentar zum Markenrecht, 2. Aufl. 1999 (zit.: *Fezer*)

Fitting/Kaiser/Heither/Engels, Betriebsverfassungsgesetz, 20. Aufl. 2000 (zit.: *Fitting* § ... BetrVG Rn ...)

Fitting/Wlotzke/Wißmann, Mitbestimmungsgesetz, Kommentar, 2. Aufl. 1978 (zit.: *Bearbeiter* in Fitting/Wlotzke/Wißmann § ... MitbestG Rn ...)

Gemeinschaftskommentar zum Mitbestimmungsgesetz, Loseblatt (zit.: *Bearbeiter* in GK-MitbestG § ... Rn ...)

Geßler/Hefermehl/Eckardt/Kropff, Aktiengesetz, Kommentar, 1973 ff. (zit.: *Bearbeiter* in Geßler/Hefermehl § ... AktG Rn ...)

Godefroid, Kontrolle ist besser. Möglichkeiten und Grenzen der Due Diligence beim Unternehmenskauf, FLF 2000, 46 (zit.: *Godefroid* FLF 2000, 46)

Götze, Auskunftserteilung durch GmbH-Geschäftsführer im Rahmen der Due Diligence beim Beteiligungserwerb, ZGR 1999, 202 (zit.: *Götze* ZGR 1999, 202)

Goutier/Knopf/Tulloch (Hrsg.), Kommentar zum Umwandlungsrecht, 1995 (zit.: *Bearbeiter* in Goutier/Knopf/Tulloch § ... UmwG Rn ...)

Groß, Vorbereitung und Durchführung von Hauptversammlungsbeschlüssen zu Erwerb oder Veräußerung von Unternehmensbeteiligungen, AG 1996, 111 (zit.: *Groß* AG 1996, 111)

Großkommentar zum Aktiengesetz, 3. Aufl. Berlin, New York 1970 ff.; 4. Aufl. Berlin, New York 1992 ff. (bisher erschienen: Einleitung, §§ 1–14, 23–40, 121–130, 148–178, 179–191, 241–255, 399–410) (zit.: *Bearbeiter* in Großkomm. § ... AktG Rn ...)

Habersack/Mayer, Der neue Vorschlag 1997 einer Takeover-Richtlinie – Überlegungen zur Umsetzung in das nationale Recht, ZIP 1997, 2141 (zit.: *Habersack/Mayer* ZIP 1997, 2141)

Hachenburg, Gesetz betreffend die Gesellschaften mit beschränkter Haftung. Großkommentar: Bd. I: Allgemeine Einleitung §§ 1–34, 8. Aufl. 1992 (zit.: *Bearbeiter* in Hachenburg § ... GmbHG Rn ...)

Haritz/Benkert, Umwandlungssteuergesetz, 2. Aufl. 2000 (zit.: *Bearbeiter* in Haritz/Benkert)

Harrer, Die Bedeutung der Due Diligence bei der Vorbereitung eines Unternehmenskaufs, DStR 1993, 1673 (zit.: *Harrer* DStR 1993, 1673)

Heymann, HGB-Kommentar, 2. Aufl. 1995/96 (zit.: *Heymann* § ... HGB Rn ...)

Hiddemann, Leistungsstörungen beim Unternehmenskauf aus der Sicht der Rechtsprechung, ZGR 1982, 435 (zit.: *Hiddemann* ZGR 1982, 435)

Allgemeines Literaturverzeichnis

Hirte, Bezugsrechtsausschluß und Konzernbildung, 1986 (zit.: *Hirte*)
Hoffmann, Die Bildung der Aventis S. A. – ein Lehrstück des eruopäischen Gesellschaftsrechts, NZG 1999, 1077 (zit.: *Hoffmann* NZG 1999, 1077)
Hölters (Hrsg.), Handbuch des Unternehmens- und Beteiligungskaufs, 4. Aufl. 1996 (zit.: *Bearbeiter* in Hölters ... Rn ...)
Holzapfel/Pöllath, Recht und Praxis des Unternehmenskaufs, 9. Aufl. 2000 (zit.: Holzapfel/Pöllath Rn ...)
Hommelhoff, Der Unternehmenskauf als Gegenstand der Rechtsgestaltung, ZHR 150 (1986) 254 (zit.: *Hommelhoff* ZHR 150 (1986) 254)
Hommelhoff, Zur Abgrenzung von Unterehmenskauf und Anteilserwerb, ZGR 1982, 366 (zit.: *Hommelhoff* ZGR 1982, 366)
Hommelhoff/Röhricht, Gesellschaftsrecht, 1997 (zit.: *Hommelhoff/Röhricht*)
Hopt, Europäisches und deutsches Übernahmerecht, ZHR 161 (1997) 368 (zit.: Hopt ZHR 161 (1997) 368)
Hopt, Vertrags- und Formularbuch zum Handels-, Gesellschafts-, Bank- und Transportrecht, 2. Aufl. 2000 (zit.: *Bearbeiter* in Hopt, Vertrags- und Formularbuch)
Huber, Mängelhaftung beim Kauf von Gesellschaftsanteilen, ZGR 1972, 395 (zit.: Huber ZGR 1972, 395)
Hüffer, Aktiengesetz, 4. Aufl. 1999 (zit.: *Hüffer* § ... AktG Rn ...)
Immenga/Mestmäcker, GWB, Kommentar zum Kartellgesetz, 2. Aufl. 1992 (zit.: *Bearbeiter* in Immenga/Mestmäcker § ... GWB Rn ...)
Jarass, Kommentar zum Bundesimmissionsschutzgesetz, 4. Aufl. Jahr 1999 (zit.: Jarass § ... BImSchG)
Kallmeyer, Umwandlungsgesetz – Kommentar, 1997 (zit.: *Bearbeiter* in Kallmeyer § ... UmwG Rn ...)
Klein-Blenkers, Schwerpunkte und aktuelle zivilrechtliche Fragen des Unternehmenskaufs, DStR 1998, 978 (zit.: *Klein-Blenkers* DStR 1998, 978)
Kölner Kommentar zum Aktiengesetz, 2. Aufl. 1986ff. (soweit noch nicht erschienen: 1. Aufl. 1970ff.) (zit.: *Bearbeiter* in Kölner Komm. § ... AktG Rn ...)
Kropholler, Europäisches Zivilprozeßrecht, 6. Aufl. 1998 (zit.: *Kropholler*)
Kübler, Gesellschaftsrecht, 5. Aufl. 1998 (zit.: *Kübler* GesR ...)
Kümpel, Bank- und Kapitalmarktrecht, 2. Aufl. 2000 (zit.: *Kümpel*)
Küting/Weber, Handbuch der Rechnungslegung, 4. Aufl. 1995 (zit.: *Küting/Weber*)
Loges, Der Einfluß der „Due Diligence" auf die Rechtsstellung des Käufers eines Unternehmens, DB 1997, 965 (zit.: *Loges* DB 1997, 965)
Lutter, Umwandlungsgesetz, Kommentar, 2. Aufl. 2000 (zit.: *Bearbeiter* in Lutter § ... Rn ...)
Lutter, Der Letter of Intent, 3. Aufl. 1998 (zit.: *Lutter,* Letter of Intent, ...)
Lutter, Kölner Umwandlungsrechtstage, Verschmelzung, Spaltung, Formwechsel, 1995 (zit.: *Bearbeiter* in Lutter (Hrsg.) Umwandlungsrechtstage)
Lutter, Due Diligence des Erwerbers beim Kauf einer Beteiligung, ZIP 1997, 613 (zit.: *Lutter* ZIP 1997, 613)
Lutter, Die Rechte und Pflichten des Vorstands bei der Übertragung vinkulierter Namensaktien, AG 1992, 369 (zit.: *Lutter* AG 1992, 369)

Allgemeines Literaturverzeichnis

Lutter, Zur Vorbereitung und Durchführung von Grundlagenbeschlüssen in Aktiengesellschaften, FS Fleck, 1988, S. 169 (zit.: *Lutter*, FS Fleck, S. 169)

Lutter/Hommelhoff, GmbH-Gesetz, Kommentar, 15. Aufl. 2000 (zit.: *Lutter/Hommelhoff* § ... GmbHG Rn ...)

Lutter/Leinekugel, Der Ermächtigungsbeschluß der Hauptversammlung zu grundlegenden Strukturmaßnahmen – zulässige Kompetenzübertragung oder unzulässige Selbstentmachtung?, ZIP 1998, 805 (zit.: *Lutter/Leinekugel* ZIP 1998, 805)

Lutter/Scheffler/Schneider, Handbuch der Konzernfinanzierung, 1998 (zit.: *Bearbeiter* in Lutter/Scheffler/Schneider)

Martin, Die Ausgestaltung von Gewährleistungsrechten beim Unternehmenskauf durch Anteilserwerb von einer Mehrheit von Veräußerern, NZG 1999, 583 (zit.: *Martin* NZG 1999, 583)

Merkt, Due Diligence und Gewährleistung beim Unternehmenskauf, BB 1995, 1041 (zit.: *Merkt* BB 1995, 1041)

Merkt, Internationaler Unternehmenskauf, 1997 (zit.: *Merkt*)

Mülbert, Aktiengesellschaft, Unternehmensgruppe und Kapitalmarkt, 2. Aufl. 1996 (zit.: *Mülbert*)

Müller, Klaus J., Gestattung der Due Diligence durch den Vorstand der Aktiengesellschaft, NJW 2000, 3452 (zit.: *Müller* NJW 2000, 3452)

Münchener Handbuch des Gesellschaftsrechts, Band 1: BGB-Gesellschaft, Offene Handelsgesellschaft u. a., 1995, Band 2: Kommanditgesellschaft, Stille Gesellschaft, 1991, Band 3: Gesellschaft mit beschränkter Haftung, 1996, Band 4: Aktiengesellschaft, 2. Aufl. 1999 (zit.: *Bearbeiter* in MünchHdbGesR Bd. ... § ... Rn ...)

Münchener Kommentar zum Aktiengesetz, 2. Aufl. von Geßler/Hefermehl/Eckardt/Kropff, Aktiengesetz, Kommentar, 2000ff. (zit.: *Bearbeiter* in MünchKomm. § ... AktG Rn ...)

Münchener Kommentar zum Bürgerlichen Gesetzbuch, 3. Aufl. 1992ff. (zit.: *Bearbeiter* in MünchKomm. § ... BGB Rn ...)

Münchener Kommentar zur Zivilprozeßordnung, 1992; Band 2 (§§ 355–802) 2. Aufl. 2000 (zit.: *Bearbeiter* in MünchKomm. § ... ZPO Rn ...)

Münchener Vertragshandbuch, Band 1: Gesellschaftsrecht, 4. Aufl. 1996, Band 2: Handels- und Wirtschaftsrecht, 4. Aufl. 1997, Band 3: Wirtschaftsrecht Halbbände 1 und 2, 4. Aufl. 1997, Band 4: Bürgerliches Recht Halbbände 1 und 2, 4. Aufl. 1998 (zit.: *Bearbeiter* in MünchVertragsHdb. Bd. 1 ..., *Bearbeiter* in MünchVertragsHdb. Bd. 2 ..., *Bearbeiter* in MünchVertragsHdb. Bd. 3 Halbbd. 1 (oder 2) ..., *Bearbeiter* in MünchVertragsHdb. Bd. 4 Halbbd. 1 (oder 2) ...)

Neye, Der Vorschlag 1997 einer Takeover-Richtlinie, Einführung, ZIP 1997, 2172 (zit.: *Neye* ZIP 1997, 2172)

Neye, Der neue Vorschlag der Kommission für eine dreizehnte Richtlinie über Übernahmeangebote, DB 1996, 1121 (zit.: *Neye* DB 1996, 1121)

Neye, Der gemeinsame Standpunkt des Rates zur 13. Richtlinie – ein entscheidender Schritt auf dem Weg zu einem europäischen Übernahmerecht, AG 2000, 289 (zit.: *Neye* AG 2000, 289)

Allgemeines Literaturverzeichnis

Nirk/Reuter/Bächle, Handbuch der Aktiengesellschaft (Loseblatt), 3. Aufl. Stand: März 1999 (zit.: *Nirk/Reuter/Bächle* Rn ...)

Oppenländer, Grenzen der Auskunftserteilung durch Geschäftsführer und Gesellschafter beim Verkauf von GmbH-Anteilen, GmbHR 2000, 535 (zit.: *Oppenländer* GmbHR 2000, 535)

Palandt, Bürgerliches Gesetzbuch, 60. Aufl. 2000 (zit.: *Bearbeiter* in Palandt § ... BGB Rn ...; Art. ... EGBGB Rn ...)

Peltzer, Der Kommissionsentwurf für eine 13. Richtlinie über Übernahmeangebote vom 7. 2. 1996, AG 1997, 145 (zit.: *Peltzer* AG 1997, 145)

Pfeiffer (Hrsg.), Handbuch der Handelsgeschäfte, 1999 (zit.: *Bearbeiter* in Pfeiffer Rn ... oder *Pfeiffer* Rn ...)

Pföhler/Hermann, Grundsätze zur Durchführung von Umwelt-Due-Diligence, WPg 1997, 628 (zit.: *Pföhler/Hermann* WPg 1997, 628)

Picot, Unternehmenskauf und Restrukturierung, 2. Aufl. 1998 (zit.: *Bearbeiter* in Picot ... Rn ...)

Picot, Handbuch Mergers & Acquisitions, 2000 (zit.: *Bearbeiter* in Picot, Handbuch M&A, S. ...)

Pötzsch/Möller, Das künftige Übernahmerecht – Der Diskussionsentwurf des Bundesministeriums der Finanzen zu einem Gesetz zur Regelung von Unternehmensübernahmen und der Gemeinsame Standpunkt des Rates zur europäischen Übernahmerichtlinie, WM 2000, Sonderbeilage 2 (zit.: *Pötzsch/Möller* WM 2000 Sonderbeil. 2)

Quack, Der Unternehmenskauf und seine Probleme, ZGR 1982, 350 (zit.: *Quack* ZGR 1982, 350)

Raiser, Recht der Kapitalgesellschaften, 2. Aufl. 1992 (zit.: *Thomas Raiser* KapGesR ... Rn ...)

Richardi, Betriebsverfassungsgesetz, 7. Aufl. 1998, 1. EL 2000 (zit.: *Richardi*)

Röhricht/v. Westphalen, Handelsgesetzbuch, Kommentar, 1. Aufl. 1998 (zit.: *Bearbeiter* in Röhricht/v. Westphalen § ... HGB Rn ...)

Roschmann, Haftungsklauseln bei Unternehmenskaufverträgen, ZIP 1998, 1941 (zit.: *Roschmann* ZIP 1998, 1941)

Roschmann/Frey, Geheimhaltungsverpflichtungen der Vorstandsmitglieder von Aktiengesellschaften bei Unternehmenskäufen, AG 1996, 449 (zit.: *Roschmann/Frey* AG 1996, 449)

Roth/Altmeppen, Gesetz betreffend die Gesellschaften mit beschränkter Haftung, Kommentar, 3. Aufl. 1997 (zit.: *Bearbeiter* in Roth/Altmeppen § ... GmbHG Rn ...)

Rowedder, Gesetz betreffend die Gesellschaften mit beschränkter Haftung, Kommentar, 3. Aufl. 1997 (zit.: *Bearbeiter* in Rowedder § ... GmbHG Rn ...)

Sagasser/Bula/Brünger, Umwandlungen, 2. Aufl. 2000 (zit.: *Bearbeiter* in Sagasser/Bula/Brünger Rn ...)

Schäfer (Hrsg.), Kommentar zum Wertpapierhandelsgesetz, Börsengesetz mit BörsZulV, Verkaufsprospektgesetz, 1999 (zit.: *Bearbeiter* in Schäfer § ...)

Schander/Posten, Zu den Organpflichten bei Unternehmensübernahmen, ZIP 1997, 1534 (zit.: *Schander/Posten* ZIP 1997, 1534)

Allgemeines Literaturverzeichnis

Schlegelberger, Handelsgesetzbuch, Kommentar, 4. Aufl. 1960 ff., 5. Aufl. 1973 ff. (zit.: *Bearbeiter* in Schlegelberger § ... HGB Rn ...)

Schmidt, Karsten, Gesellschaftsrecht, 3. Aufl. 1997 (zit.: *Karsten Schmidt* GesR ...)

Schmidt, Karsten, Handelsrecht, 5. Aufl. 1999 (zit.: *Karsten Schmidt* HandelsR ...)

Scholz/Emmerich, Kommentar zum GmbH-Gesetz, Band I (§§ 1–44) 9. Aufl. 2000, Band II 8. Aufl. 1995 (zit.: *Bearbeiter* in Scholz § ... GmbHG Rn ...)

Schroeder, Darf der Vorstand der Aktiengesellschaft dem Aktionär eine Due Diligence gestatten?, DB 1997, 2161 (zit.: *Schroeder* DB 1997, 2161)

Schuster/Zschocke, Übernahmerecht, 1995 (zit.: *Schuster/Zschocke*)

Schwab/Walter, Schiedsgerichtsbarkeit, 6. Aufl. 2000 (zit.: *Schwab/Walter*)

Seibt, Unternehmenskauf und -verkauf nach dem Steuersenkungsgesetz, DStR 2000, 2061 (zit.: *Seibt* DStR 2000, 2061)

Semler, Leitung und Überwachung der Aktiengesellschaft, 2. Aufl. 1996 (zit.: *Semler*, Leitung und Überwachung, Rn ...)

Semler (Hrsg.), Arbeitshandbuch für Aufsichtsratsmitglieder, 1999 (zit.: *Bearbeiter* in AR Hdb. Rn ...)

Semler/Volhard (Hrsg.), Arbeitshandbuch für die Hauptversammlung, 1999 (zit.: *Bearbeiter* in HV Hdb. Rn ...)

Sieger/Hasselbach, Break Fee-Vereinbarung bei Unternehmenskäufen, BB 2000, 625 (zit.: *Sieger/Hasselbach* BB 2000, 625)

Soergel, Kommentar zum Bürgerlichen Gesetzbuch, 12. Aufl. 1987 ff. (zit.: *Bearbeiter* in Soergel § ... BGB Rn ...)

Staub, Großkommentar zum Handelsgesetzbuch, 4. Aufl. 1982 ff. (zit.: *Bearbeiter* in Staub § ... HGB Rn ...)

Staudinger, Kommentar zum Bürgerlichen Gesetzbuch, 12. Aufl. 1978 ff.; 13. Aufl. 1994 ff. (zit.: *Bearbeiter* in Staudinger § ... BGB Rn ... bzw. Staudinger/Großfeld IntGesR § ... BGB Rn ...)

Stein/Jonas, Kommentar zur Zivilprozeßordnung, 21. Aufl. 1993 ff. (zit.: *Bearbeiter* in Stein/Jonas § ... ZPO Rn ...)

Stengel/Scholderer, Aufklärungspflichten beim Beteiligungs- und Unternehmenskauf, NJW 1994, 158 (zit.: *Stengel/Scholderer* NJW 1994, 158)

Turiaux/Knigge, Umweltrisiken bei M&A-Transaktionen, BB 1999, 913 (zit.: *Turiaux/Knigge* BB 1999, 913)

Usinger (Hrsg.), Immobilien – Recht und Steuern, 2. Aufl. 1999 (zit.: *Bearbeiter* in Usinger)

Vollmer/Grupp, Der Schutz der Aktionäre beim Börseneintritt und Börsenaustritt, ZGR 1995, 459 (zit.: *Vollmer/Grupp* ZGR 1995, 459)

von Rosen/Seifert, Die Übernahme börsennotierter Unternehmen, 1999 (zit.: *Bearbeiter* in von Rosen/Seifert)

Wegmann/Koch, Due Diligence – Unternehmensanalyse durch externe Gutachter, DStR 2000, 1027 (zit.: *Wegmann/Koch* DStR 2000, 1027)

Werner, Haftungsrisiken bei Unternehmensakquisitionen: Die Pflicht des Vorstands zur Due Diligence, ZIP 2000, 989 (zit.: *Werner* ZIP 2000, 989)

Widmann/Mayer, Umwandlungsrecht, Loseblattsammlung (Neudruck 43. Ergänz. Liefg. August 2000) (zit.: *Bearbeiter* in Widmann/Mayer § ... UmwG/UmwStG Rn ...)

Allgemeines Literaturverzeichnis

Dr. Wieselhuber & Partner GmbH, Fusions-Management – Unternehmenszusammenschlüsse erfolgreich gestalten (zit.: *Wieselhuber*)

Willemsen, Zum Verhältnis von Sachmängelhaftung und c. i. c. beim Unternehmenskauf, AcP 182 (1982) 515 (zit.: *Willemsen* AcP 182 (1982) 515)

Willemsen/Hohenstatt/Schweibert (Hrsg.), Umstrukturierung und Übertragung von Unternehmen, 1999 (zit.: *Bearbeiter* in Willemsen/Hohenstatt/Schweibert)

Wirtschaftsprüfer-Handbuch, Handbuch für Rechnungslegung, Prüfung und Beratung, Band I, 11. Aufl. 1996, Band II, 10. Aufl. 1992 (zit.: WP-Hdb. 1996 Bd. I..., WP-Hdb. 1992 Bd. II...)

Witt, Die Änderungen der Mitteilungs- und Veröffentlichungspflichten nach §§ 21 ff. WpHG durch das geplante Wertpapiererwerbs- und Übernahmegesetz, AG 2001, 233 (zit.: *Witt* AG 2001, 233)

Wollny, Unternehmens- und Praxisübertragungen, 4. Aufl. 1996 (zit.: *Wollny* Rn...)

Zöller, ZPO, Kommentar, 22. Aufl. 2000 (zit.: *Bearbeiter* in Zöller §... ZPO Rn...)

Zöllner, Wertpapierrecht, 14. Aufl. 1987 (zit.: *Zöllner* ...)

I. Teil
Allgemeiner Teil

§ 1 Die wirtschaftliche Bedeutung von Unternehmensübernahmen

Übersicht

	Rn
A. Einleitung	1
I. Rückblick	1
II. Grundlagen des Unternehmenswachstums	5
III. Unternehmensverbindungen	7
1. Allgemein	7
2. Kooperation	21
3. Vereinigung	22
IV. Branchenschwerpunkte	33
V. Regionale Schwerpunkte	36
B. Unternehmensübernahmen während der letzten Jahre	40
C. Beweggründe für Unternehmensübernahmen	42
I. Wachstumsabsichten	44
II. Umschichtungen	45
III. Wertrealisierungen	50
IV. Wertmitnahmen	55
V. Steigerung des Unternehmenswerts	60
VI. Änderung der wirtschaftlichen Verhältnisse	63
VII. Skaleneffekte	69
1. Allgemein	69
2. Beschaffung	72
3. Forschung und Entwicklung	73
4. Produktion	74
5. Vertrieb	76
6. Verwaltung	77
VIII. Realisierung von Synergien	78
1. Allgemein	78
2. Marktsynergien	83
3. Leistungssynergien	100
4. Finanzsynergien	106
IX. Verbesserung der Wettbewerbsposition	111
X. Sonstige Übernahmegründe	113
D. Negative Beweggründe	114
I. Allgemein	114
II. Drang zur Größe	115
III. Eigeninteresse des Managements	116
IV. Außeneinwirkungen	117
E. Wirtschaftliche Schwerpunkte und Auswirkungen einer Unternehmensübernahme	119
I. Phasen einer Unternehmensübernahme	119

§ 1   Die wirtschaftliche Bedeutung von Unternehmensübernahmen

	Rn
1. Vorbereitung	120
2. Durchführung	131
3. Umsetzung	136
II. Ressourcennutzung während der Zusammenführung der beteiligten Unternehmen	144
III. Auswirkungen auf die Unternehmensverfassung und die Mitbestimmung	147
IV. Nachwirkende Schwierigkeiten	151
1. Verunsicherung im Personal	152
2. Anpassung der Vergütungen	156
3. Anpassungsdruck im Sozialstandard	161
F. Regulierungstendenzen	162
I. Übernahmerecht	163
II. Steuerrecht	164
III. Wettbewerbsbeschränkungsrecht	165

Schrifttum: *Albrecht*, Erfolgreiche Zusammenschlußstrategien, Diss. Göttingen, 1994; *Brown*, International Mergers and Acquisitions, 1999; *Copeland/Koller/Murrin*, Valuation, 3. Aufl. 2000; *Jung*, Allgemeine Betriebswirtschaftslehre, 6. Aufl. 2000; *KPMG Management Consulting*, Mergers & Acquisitions in Europe, Research Report, 1997; *Kröger/Träm/Vandenbosch*, Spearheading Growth, 1998; *Rappaport*, Creating Shareholder Value, 1986; *Reed/Lajoux*, The Art of M & A, A Merger Acquisition Buyout Guide, McGraw-Hill, New York etc., 1998; *Thompson*, Business Planning for Mergers and Acquisitions, North Carolina, 1997; *Dr. Wieselhuber & Partner GmbH*, Potenziale, Selbstverlag, München 2000.

Zeitungsberichte: *Fischer, Leonhard*, Private Equity in Deutschland – von der Nische zum Wachstumsmotor, FAZ 31. 7. 2000; *Giersberg*, Deutsche Unternehmen erobern den Weltmarkt bei Zement, Kohle, Vermögensverwaltung und Telekommunikation, FAZ 27. 12. 1999; *ders.*, Preussag bietet Pauschalreisen an und Hochtief betreibt Flughäfen, FAZ 27. 12. 1997; *Herdt*, Die ungesicherten Argumente der Antifusionsbewegung, Börsen-Zeitung 27. 5. 2000; *Jansen/Körner*, Szenen einiger Unternehmens-Ehen: Vier Hochzeiten und drei Todesfälle, FAZ 8. 11. 2000; *Jansen/Müller-Stewens*, Endet die fünfte Welle auf dem Markt für Unternehmensübernahmen in einer neuen Rezession?, FAZ 4. 10. 2000; *Picot*, Hohes Fusionsfieber lässt die Sorgfalt bei der Unternehmensprüfung schwinden, FAZ 18. 10. 2000; *Picot*, Strategie und Transaktionsvertrag, FAZ 11. 10. 2000; *Sautter*, M&A-Geschäft bleibt in Deutschland spannend, Börsen-Zeitung vom 27. 1. 2001.

A. Einleitung

I. Rückblick

In den vergangenen 50 Jahren haben sich die **makroökonomischen Grundlagen** unserer Gesellschaft und unserer Wirtschaftsordnung grundlegend geändert[1]. Staaten sind (wieder) zusammengewachsen, großflächige und bevölkerungsreiche Wirtschaftsräume sind neu erstanden[2]. Die Träger des wirtschaftlichen Wettbewerbs haben andere Dimensionen angenommen. Staatliche Monopole wurden beendet, Unternehmen im Besitz der öffentlichen Hand privatisiert.

Mikroökonomisch haben sich die Unternehmen in aller Welt anpassend verändert. Die makroökonomischen Entwicklungen bedingen weltweite Wettbewerbsfähigkeit[3]. Neue Unternehmen sind entstanden, alte Unternehmen erloschen. Change Management wird als neue Herausforderung verstanden.

Tiefgreifende Änderungen haben sich vollzogen:
- Viele Wirtschaftseinheiten weisen heute eine früher **kaum vorstellbare Größe** auf. Sie agieren in aller Welt. Die Entwicklung der Technik hat neue Industrien entstehen lassen. Gleichzeitig sind klassische Industrien bedeutungslos geworden.
- Weltweite Nutzung neuer **Finanzierungsinstrumente** haben das Wachstum der Unternehmen ermöglicht. Finanziers und Finanzinstrumente befriedigen den hohen Finanzbedarf.
- **Dienstleistungen** sind zu Motoren des wirtschaftlichen Geschehens geworden. Mit starken Antriebskräften tragen sie zunehmend zum Anstieg des Bruttosozialprodukts bei.
- **Neue Technologien** haben ungeahnte Wachstumsschübe bewirkt. Datenverarbeitung im allgemeinen und Internet („e-commerce") im besonderen erwiesen sich als neue Wachstumsmotoren.

Alles zusammengenommen sind die großen Wirtschaftsräume in aller Welt und in ihnen die Unternehmen **mit zunehmender Beschleunigung gewachsen**. Selbst gleichbleibende Wachstumsraten bewirken aufgrund des Basiseffekts von Jahr zu Jahr größeres Wachstum.

II. Grundlagen des Unternehmenswachstums

Die Globalisierung der Märkte hat den **Bedarf nach Produkten** und **Dienstleistungen** ansteigen lassen.
- **Neue Produkte** zum industriellen Einsatz und für den privaten Verbrauch ermöglichen der gewerblichen Wirtschaft neue und erweiterte Produktions- und Absatzleistungen. Personalcomputer gehören heute zur Ausrüstung jedes Büros

---

[1] *Parr/Ronner* in Brown, International Mergers and Acquisitions, S. 9.
[2] Vgl. hierzu *Dunsch*, Findige Tüftler, mächtige Lenker, globale Strategen, FAZ 14. 12. 1999.
[3] *Brown* in Brown, International Mergers & Acquisitions, S. XV.

und bald jedes Haushalts. Mobiltelefone sind in den Industriestaaten ständige Begleiter jeder Bürgerin und jedes Bürgers.
- Viele Unternehmen konnten im Verfolg der Globalisierung **neue Märkte** erschließen. Die Unternehmen sind den neuen Herausforderungen der Märkte in verschiedenartiger Weise gefolgt.
- Mit **neuen Absatzformen** und neuen Distributionskanälen wurde die Durchdringung der Märkte intensiviert. Der Einsatz neuer Technik ermöglicht die Befriedigung der Verbraucher auf Absatzwegen und mit Absatzmitteln, die vor zwanzig Jahren noch unbekannt waren.

6 Für die große Masse der Wirtschaftseinheiten war verstärkte **eigene Tätigkeit** Grundlage ihres Wachstums. Andere Unternehmen haben die Grundlage ihrer Entwicklung **im Zusammenschluß mit anderen Unternehmen** gesucht[4]. Regional und produktbezogen ergaben sich verschiedenartige Verbindungen. Im Jahr 1999 fanden weltweit über 25 000 Transaktionen mit einem Gesamtwert von 3,4 Billionen US-$ statt[5].

III. Unternehmensverbindungen

1. Allgemein

7 Die angestrebte Verbindung von Unternehmen geschieht **auf verschiedenen Wegen**. Sie werden heute unter dem Stichwort Mergers & Acquisitions (M&A) zusammengefaßt[6].

8 Zu Beginn des vorigen Jahrhunderts wurden die Vorteile gemeinsamen Handelns häufig durch **Vereinbarungen** oder gemeinsame Leitung mehrerer rechtlich selbständig bleibender und nicht voneinander abhängiger Unternehmen erreicht. Gesetze gegen die Bildung von Kartellen und gegen eine Marktbeeinflussung mehrerer Unternehmen durch Absprachen erschwerten oder verhinderten solches Zusammenwirken. Die Verbindung wurde nun vermehrt durch **Erwerb von Anteilen** an einem anderen Unternehmen oder durch Vereinigung des eigenen Unternehmens mit einem anderen Unternehmen erreicht.

9 Der Anteilserwerb ist meist auf den Erwerb einer **kontrollierenden Mehrheit** oder auf den Erwerb aller Anteile am anderen Unternehmen gerichtet. Ein Anteilserwerb vermittelt regelmäßig die Kontrolle des anderen Unternehmens, wenn der Anteilserwerber die Mehrheit der stimmberechtigten Anteile erwerben kann. Allerdings ist eine wirtschaftliche Beherrschung durch Erwerb der Stimmrechtsmehrheit nicht schon bei Unternehmen jeder Rechtsform gesichert. Minderheitenrechte können einer uneingeschränkten Anwendung des Mehrheitsprinzips entgegenstehen. Auch können gesetzliche Normen oder aus der Rechtsprechung

---

[4] „Wenn die firmeneigenen Möglichkeiten zur Produktivitätssteigerung ausgeschöpft scheinen, gelten Fusionen und Akquisitionen als probates Mittel, das Unternehmen fortzuentwickeln", *Dorfs*, Total global, Handelsblatt 2. 7. 1999; *Hügel*, Verschmelzung und Einbringung, Habil. Wien, 1993, S. 22.

[5] *Jansen/Müller-Stewens* FAZ 4. 10. 2000.

[6] *Jansen/Müller-Stewens* FAZ 4. 10. 2000; *Lill*, An der Strategie scheiden sich die Geister, FAZ 6. 7. 1999.

entwickelte Grundsätze die schrankenlose Ausübung unternehmerischer Leitungsmacht beschränken oder verhindern. Umgekehrt kann insbes. bei börsennotierten Gesellschaften auch schon eine Kontrolle bei Anteilen von unter 50% möglich sein. Hiervon gehen die gesetzlichen Übernahmevorschriften aus.

Der Anteilserwerb kann auf **verschiedenen Wegen** erfolgen. Er kann durch unmittelbaren Erwerb vom bisherigen Anteilseigner oder durch einen Erwerb über die Börse vollzogen werden. Der beherrschende Einfluß kann im Einvernehmen mit der Verwaltung des betreffenden Unternehmens erfolgen („**friendly takeover**", „freundliche Übernahme"), oder auch gegen dessen Willen („**unfriendly/hostile takeover**", „feindliche Übernahme")[7]. 10

Zur **Finanzierung eines Anteilserwerbs** stehen verschiedene Wege offen. Manche Unternehmen können einen Erwerb durch vorhandene liquide Mittel finanzieren. Andere übernehmen die Anteile im Tausch gegen Anteile des eigenen Unternehmens. Solche Anteile kann das erwerbende Unternehmen im Bestand haben oder durch eine Kapitalerhöhung, ggf. aus einem genehmigten Kapital[8], schaffen. 11

Weitgehend unter US-amerikanischem Einfluß haben sich im Zusammenhang mit der **Neugründung von Unternehmen** besondere Finanzierungsformen entwickelt[9], die dem Auf- und Ausbau des Unternehmens entsprechen und mehrere Stufen bilden. Ein neu entstandener Markt für Beteiligungskapital (Private Equity) steht insbes. für den Aufbau von Unternehmen der „new economy" (Produkte zukunftsträchtiger neuer Technologien) zur Verfügung. Endziel des Aufbaus ist das öffentliche Angebot des Unternehmens (Initial Public Offering, IPO), zumeist die Einführung der Aktien an einer Börse oder der Verkauf des Unternehmens bzw. wesentlicher Anteile des Unternehmens an einen strategischen Investor („trade sale"). 12

Die **Stufen des Unternehmensaufbaus** und seiner Finanzierung werden – angelsächsischen Gepflogenheiten folgend – meist wie folgt unterteilt: 13

Unternehmens-Aufbauphase	Finanzierungsquellen
Seed Entwicklung und Umsetzung einer Idee bis zum Prototyp des Produkts	• Gründer • „business angels"
Start-up Geschäftsaufbau, Herstellung und Vertrieb der entwickelten Produkte	• „business angels" • Venture Capital-Gesellschaften

---

[7] Siehe § 11 Rn 10; ausführlich in Band 2.
[8] §§ 202ff. AktG.
[9] Vgl. hierzu und zum folgenden: *Wieselhuber* 3 S. 5; *Leonhard Fischer* FAZ 31.7.2000.

Unternehmens-Aufbauphase	Finanzierungsquellen
Expansion Wachstum aus eigener Kraft	
– Venture Capital	• Venture Capital-Gesellschaften • Private Placement
– Bridge Capital	• Venture Capital-Gesellschaften • Investmentbanken
– Übernahme	• Kapitalmarkt • strategischer Investor
– IPO	
– „trade sale"	

14 Als **„business angels"** werden vermögende Personen bezeichnet, die dem in Gründung oder im Aufbau befindlichen Unternehmen nicht nur Teile des notwendigen Start-Kapitals zur Verfügung stellen, sondern auch ihre eigenen Erfahrungen beim Aufbau des jungen Unternehmens einsetzen.

15 Auch die Venture Capital-Gesellschaften (VCG) sind zunächst im angelsächsischen Raum entstanden. Entsprechende Gesellschaften in Deutschland hatten (und haben noch) nur geringe Bedeutung. Als Teil der Bereitstellung von Beteiligungskapital (**Private Equity**) für nicht börsennotierte Unternehmen wird **Venture Capital** vor allem in junge, wachstumsstarke Unternehmen investiert. In der Praxis gehen die Finanzierungen ineinander über. Venture Capital-Gesellschaften finanzieren auch Unternehmen der „old economy", die häufig Eigenkapitalbedarf haben. Sie hatten sich – traditioneller Übung in Deutschland folgend – in starkem Maße fremdfinanziert und durch die Hebelwirkung eines hohen **„leverage"** (= hoher Fremdkapitalanteil) eine günstige Eigenkapitalrendite erwirtschaftet. Die Unterscheidung von allgemeiner Eigenkapitalbereitstellung und der Versorgung mit Venture Capital ist vor allem für die rechtliche Gestaltung von Bedeutung.

16 Den **Venture Capital-Gesellschaften** stehen aus aufgenommenen Beteiligungsfonds große anlagesuchende Mittel zur Verfügung. Im Jahr 1999 waren für den deutschen Private Equity-Markt neue Fondsmittel von ca. DM 18 Mrd. bereitgestellt, von denen nur ca. DM 6 Mrd. investiert werden konnten[10].

17 In der Expansionsphase werden Unternehmen, die auf Gebieten der neuen Technologien tätig sind, häufig erworben, um die **Basis für den Erwerb weiterer** das Kerngeschäft dieses Unternehmens ergänzender **Unternehmen** („add-ons") zu schaffen. Durch solche „Buy and Build-Modelle" werden weitere Unternehmensübernahmen generiert.

18 Wiederum unter anglo-amerikanischem Einfluß haben sich neben dem „normalen" Unternehmenserwerb besondere Erwerbsformen[11] durch unternehmerisch tätige Personen herausgebildet[12]:

---

[10] *Leonhard Fischer* FAZ 31. 7. 2000.
[11] *Hölters* in Hölters I Rn 53; *Holzapfel/Pöllath* Rn 328 ff.; *Picot* in Picot I Rn 178 ff.
[12] Siehe § 11.

– Beim **Management Buy-Out** (MBO) erwerben die bisherigen Manager allein oder mit anderen, nicht an der Unternehmensführung beteiligten Investoren (Finanzinvestoren) das Unternehmen.
– Beim **Management Buy-In** (MBI) erwerben dritte (fremde) Manager allein oder zusammen mit Finanzinvestoren das Unternehmen.

Die vorstehend geschilderten Buy-Outs (-Ins) sind im allgemeinen dadurch gekennzeichnet, daß den Unternehmen selbst nur eine niedrige Eigenkapitalquote zur Verfügung steht. Man spricht deswegen auch von **Leveraged Buy-Outs (-Ins)**[13], wenn der Buy-Out (-In) überwiegend fremdfinanziert wird. Die notwendigen weiteren Mittel werden vor allem im Hinblick auf die Finanzkraft (Cash-flow) des zu erwerbenden Unternehmens zur Verfügung gestellt. Kapitalgeber sind zunächst die schon erwähnten Venture Capital-Gesellschaften, im weiteren auch Kreditinstitute, die ihre Kredite wegen des großen Risikos meist nur zu hohen Zinsen zur Verfügung stellen[14].

Weder die Initiatoren (Gründer) des Unternehmens noch die Förderer der Gründung („business angels") noch die Finanzbeteiligten wollen dauerhaft Eigentümer der Gesellschaft bleiben. Sie wollen ihren Kapitaleinsatz mit hohem Veräußerungsgewinn möglichst rasch zurückerhalten. Der **Ausstieg aus dem Unternehmen („exit")** wird von Anfang an geplant und vorbereitet. Er erfolgt durch Abgabe der Anteile über die Börse (IPO) oder durch Veräußerung an einen strategischen Investor („trade sale").

2. Kooperation

Am Ende des neunzehnten und zu Beginn des zwanzigsten Jahrhunderts waren horizontale **Zusammenschlüsse zu Gleichordnungskonzernen** und Marktabsprachen ein beliebtes Mittel zur Förderung der Entwicklung des eigenen Unternehmens. Der daraus häufig folgende Mißbrauch wirtschaftlicher Macht hat in wohl allen Industriestaaten die weitere Nutzung derartiger Gestaltungen verhindert oder doch jedenfalls entscheidend eingeschränkt[15]. Heute spielen solche horizontalen Zusammenschlüsse kaum mehr eine Rolle[16]. Dies gilt auch für den früher häufiger anzutreffenden Betriebsführungsvertrag[17].

3. Vereinigung

Durch die verschiedenen Gesetze zur Verhinderung und zur Eindämmung von Wettbewerbsbeschränkungen wurden zwar vertragliche Absprachen ausgeschaltet, nicht aber **gesellschaftsrechtliche Zusammenschlüsse** außerhalb gesetzlich festgelegter Grenzen. Solche blieben sowohl in der Form des Kaufs anderer

---

[13] Hierzu ausführlich *Reed/Lajoux* S. 141; *Thompson* S. 733.
[14] Zu den Arten der LBO-Finanzierung *Reed/Lajoux* S. 154.
[15] *Hölters* in Hölters I Rn 43.
[16] Zu den einzelnen Fusionswellen in den USA vgl. *Hubbard*, Acquisition Strategy and Implementation, MacMillan Press Ltd, London, 1999, S. 7; ausführlich *Reed/Lajoux* S. 903; *Jansen/Müller-Stewens* FAZ 4. 10. 2000.
[17] Vgl. *Weißmüller*, Der Betriebsführungsvertrag – eine Alternative zum Unternehmenskauf, BB 2000, 1949; siehe § 2 Rn 9, 86 f.

Unternehmen als auch in der Form der Verschmelzung zweier Unternehmen grundsätzlich zulässig. Von diesen Gestaltungsmöglichkeiten wurde in großem Umfang Gebrauch gemacht. Allerdings waren und sind die Bestimmungen der Gesetze gegen den Erwerb marktbeherrschender Stellungen zu beachten.

23 Unternehmenszusammenschlüsse haben unterschiedliche Zielrichtungen[18]. Verbindungen von Unternehmen einer gleichen Produktions-, Handels- oder Dienstleistungsstufe bezeichnen wir als **horizontale** Zusammenschlüsse. Eine Verbindung von aufeinanderfolgenden Produktions-, Handels- oder Dienstleistungsstufen wird **vertikaler** Zusammenschluß genannt. Die Verbindung von Unternehmen unterschiedlicher Branchen und Wirtschaftsstufen kennen wir als **diagonale** Zusammenschlüsse, die meist zu Konglomeraten führen.

24 **Horizontale Zusammenschlüsse** erfolgen, um die Breite der jeweiligen Wirtschaftsstufe zu verändern. Die Angebotspalette wird vergrößert. Ausschaltung von Wettbewerb und Verstärkung der Marktstellung sind oft der Beweggrund für eine solche Unternehmenspolitik.

25 **Vertikale Zusammenschlüsse** bewirken eine Verstärkung der Leistungstiefe. Sie können die Einbeziehung von Vorprodukten und vorangehenden Leistungen zum Ziel haben („backward integration"), aber auch nachgelagerte Aufgaben übernehmen. Je nach Zielrichtung der Integration kann eine Absicherung der Versorgung mit Vorprodukten oder des Absatzes von Endprodukten bezweckt werden.

26 **Diagonale Zusammenschlüsse** werden aus unterschiedlichen Gründen herbeigeführt. Risikoverteilung, Erwerb neuer Wachstumschancen oder die Einbeziehung besonderer Gewinnbringer werden als Ziel der neuen Unternehmensverbindungen genannt.

27 Mit einem Erwerb von Anteilen an einem anderen Unternehmen können die **wirtschaftlichen Erfolge des erwerbenden Unternehmens verstärkt** werden. Dies ist schon dann der Fall, wenn (zunächst) lediglich eine Minderheitsbeteiligung erworben wird: Gewinnausschüttungen und Werterhöhungen des Unternehmens kommen auch dem Minderheitsaktionär zugute. Nach Erwerb einer kontrollierenden Mehrheit kann das herrschende Unternehmen auf die Geschäfte des abhängigen Unternehmens zumindest bei Beachtung der Interessen der mitbeteiligten Minderheitsaktionäre im Rahmen der Rechtsordnung Einfluß nehmen und mit dieser Einschränkung den eigenen Vorteil zu mehren versuchen. Vermögen und Schulden sowie Erträge und Aufwendungen des abhängigen Unternehmens werden der Unternehmensgruppe[19] zugerechnet. Mit Erwerb aller Anteile an dem abhängigen Unternehmen sind der Ausübung von Herrschaftsmacht nur noch durch die Bestimmungen zum Gläubigerschutz Grenzen gesetzt.

28 Unabhängig von der Art des Zusammenschlusses werden häufig die im Zeitpunkt der Planung **vorausgesagten Erfolge nicht erzielt**. Bei horizontalen Zusammenschlüssen können neue Arbeitsformen der jeweiligen Wirtschaftsstufe

---

[18] *Jung* B 4.3.2.
[19] Was hier und im folgenden von der „Unternehmensgruppe" gesagt wird, gilt ebenso für die Zusammenführung von Unternehmen im Wege der Verschmelzung. Zur Verschmelzung siehe § 17.

den angestrebten Breiteneffekt zunichte machen, Nischenanbieter mit ertragreichen Produkten oder Leistungen die Ertragslage des Breitenanbieters verschlechtern. Bei vertikalen Zusammenschlüssen entfällt der ertragswirksame Wettbewerbsdruck der vor- oder nachgelagerten Wirtschaftsstufe. Durch eine Art wirtschaftlichen Zwangs werden Produkte und Leistungen nur von verbundenen Unternehmen bezogen, die im Gefühl sicherer Abnahme oder Belieferung mit ihren eigenen Anstrengungen nachlassen. Diagonale Zusammenschlüsse verführen zu Quersubventionen. Aus einigen hervorragenden Unternehmen wird leicht allgemeines Mittelmaß.

Ob der Erwerb einer Beteiligung an einem Unternehmen oder der Erwerb des Unternehmens für das erwerbende Unternehmen vorteilhaft ist, wird durch einen Vergleich der für den Erwerb aufgewendeten Mittel mit den Vorteilen aus dem Erwerb deutlich. Eine **vorausschauende Betrachtung** ist in allen Fällen notwendig. Der vorsichtige Kaufmann wird die erzielbaren Vorteile stets mit gebotener Zurückhaltung ansetzen. Dennoch wird die Vorteilhaftigkeit eines Unternehmenskaufs allzuoft durch eine gedankliche Aktivierung erhoffter Vorteile gerechtfertigt.

Eine **vollständige Nutzung der Ressourcen** eines anderen Unternehmens wird möglich, wenn beide Unternehmen miteinander verschmolzen werden. Die rechtlichen Grenzen zwischen den beiden Unternehmen fallen weg. Anstelle von zwei Unternehmen tritt nur noch ein Unternehmen auf dem Markt auf.

Verschmelzungen sind wirtschaftlich in verschiedener Weise möglich. Zwei oder mehrere beteiligte Unternehmen können sich zu einem neuen Unternehmen zusammenschließen, das nach der Verschmelzung über alle Ressourcen der beteiligten Unternehmen verfügt und alle Verpflichtungen der früheren Unternehmen trägt. Sie können aber auch in der Weise durchgeführt werden, daß ein Unternehmen das andere oder die anderen Unternehmen aufnimmt. Dabei kann sowohl die Anteilseignerin („**upstream merger**") als auch das Beteiligungsunternehmen („**downstream merger**") aufnehmendes Unternehmen sein.

Häufig vereinbaren zwei Unternehmen, die von ihrer wirtschaftlich gleichberechtigten Stellung ausgehen, einen Zusammenschluß, der unternehmerisch weder ein erwerbendes noch ein aufgebendes Unternehmen kennen soll (**Merger of Equals**)[20]. Die Anteilseigner und die Führungskräfte beider Unternehmen sollen nach der Vereinigung gemeinsam und gleichberechtigt über die weitere Entwicklung des Unternehmens entscheiden. In der Praxis wird eine solche Gestaltung zwar oft angestrebt, vor allem aus steuerlichen und bilanztechnischen Gründen. Aber auch unternehmerisch kann ein Merger of Equals von Bedeutung sein. Nur bei Zusicherung einer künftigen Gleichberechtigung stimmen die Anteilseigner und die Führungskräfte des anderen Unternehmens der Verschmelzung zu. Praktisch stellt sich nach einiger Zeit allerdings häufig heraus, daß entgegen allen Zusicherungen eines der beiden Unternehmen die unternehmerische Führung übernimmt, also aufnehmendes Unternehmen ist.

---

[20] Hierzu und zu Mergers & Acquisitions allgemein *Pfaffenberger*, Mergers of Equals werden immer populärer, Börsen-Zeitung 23. 1. 1999.

IV. Branchenschwerpunkte

33 Unternehmensübernahmen haben in allen Teilen der gewerblichen Wirtschaft stattgefunden. Besonders betroffen waren ganz bestimmte Branchen[21].

34 **In Deutschland** betrafen die meisten Vorgänge Unternehmen aus dem Telekommunikations-[22], Medien- und Technologie-Bereich. Es folgten der Finanzsektor (Kreditinstitute und Versicherungen) und danach der Bereich der Konsumartikel. Infolge der Liberalisierung einiger ehemaliger Monopolindustrien sind auch (Teil-) Privatisierungen (nach der Telekommunikationsbranche vor allem im Versorgungssektor) Auslöser von Unternehmensübernahmen. Weitere Bereiche werden folgen, zB der öffentliche Personennahverkehr. Umfangreiche Unternehmensübernahmen waren aber auch in der übrigen Industrie zu verzeichnen.

35 Auch **in den USA** waren vor allem Unternehmen im Telekommunikations-, Medien- und Technologie-Bereich aktive Teilnehmer im M&A-Markt. Ihnen folgten Unternehmen des Konsumartikelmarkts und der übrigen Industrie. Bedeutsam waren im Ausland auch die Bewegungen im Bereich der Versorgungswirtschaft.

V. Regionale Schwerpunkte

36 Eine regionale Betrachtung des M&A-Markts läßt sein **Schwergewicht in den USA** erkennen. 1999 waren Zielgesellschaften mit Sitz in den USA im Umfang der Gegenleistung von 1.593 Mrd. US-$ Objekt von Unternehmensübernahmen. Die Entwicklung in den Jahren 1991 bis 2000 (1. Halbjahr) zeigt folgende Übersicht:

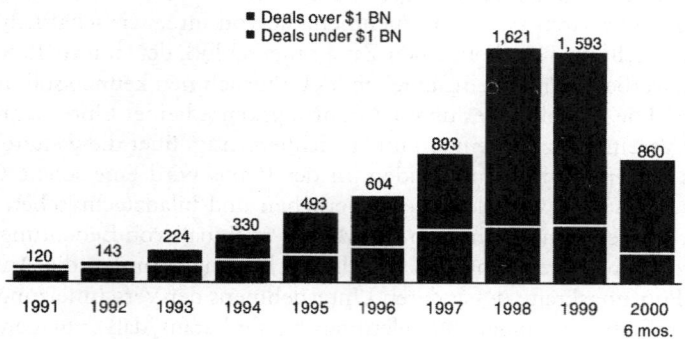

---

[21] Vgl. *Giersberg* FAZ 27. 12. 1999.
[22] *Sautter* Börsen-Zeitung 27. 1. 2001; *Winkelhage*, Die große Fusionswelle der Telekommunikation steht noch aus, FAZ 6. 7. 1999.

Der **europäische M&A-Markt** ist zwar gewachsen, bleibt aber hinter dem 37
US-Markt noch leicht zurück: Er belief sich 1999 auf 1.545 Mrd. US-$. Im
1. Halbjahr 2000 erreichte das Volumen 815 Mrd. US-$. Einen Überblick über
die regionale Zuordnung der Übernahmen zeigt nachfolgendes Bild:

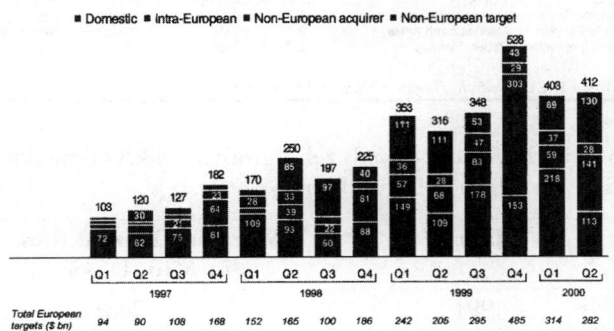

Das größte Übernahmevolumen hatten im 2. Quartal 2000 mit 129 Mrd. 38
US-$ **Bieter** aus Frankreich zu verzeichnen, gefolgt von Großbritannien mit
107 Mrd. US-$. Weit dahinter blieben Deutschland und die Schweiz mit jeweils
23 Mrd. US-$.

Die **Zielgesellschaften** lagen vor allem mit 148 Mrd. US-$ in Großbritan- 39
nien, gefolgt von USA (70 Mrd. US-$) und Kanada (45 Mrd. US-$). Erst danach
folgten Frankreich (40 Mrd. US-$) und Deutschland (26 Mrd. US-$).

B. Unternehmensübernahmen während der letzten Jahre

Auch wenn das Volumen von Unternehmensübernahmen im Durchschnitt 40
heute noch vor allem in einem Bereich von unter 220 Mio. € im Einzelfall liegt[23],
ist das Volumen bedeutender Übernahmen in den letzten Jahren stetig gewachsen[24]. So waren im 2. Quartal 2000 folgende Großtransaktionen zu verzeichnen:

---

[23] *Jansen/Körner* FAZ 8. 11. 2000.
[24] *Tz.*, Weltweit anhaltende Springflut von Fusionen, Neue Zürcher Zeitung 14. 1. 1999;
auch *Shilling*, The acquire-and-fire economy, Forbes Magazine 25. 1. 1999.

Major announced transactions involving Europeans, 2000 Q2

Announce-ment date	Bidder	Target	Deal value ($bn)	Deal type	Bidder nation	Target nation	Industry
05/30/00	France Telecom	Orange	46.0	Intra-Europe	France	UK	TMT
06/20/00	Vivendi	Seagram	42.8	Non-Euro target	France	Canada	TMT
05/02/00	Unilever	Bestfoods	23.7	Non-Euro target	UK	USA	Consumer/retail
04/17/00	Zurich Allied	Allied Zurich	19.4	Intra-Europe	Switz.	UK	Financial
06/20/00	Vivendi	Canal Plus	14.1	Domestic	France	France	TMT
05/16/00	Terra Networks	Lycos	11.8	Non-Euro target	Spain	USA	TMT
04/01/00	HSBC	CCF	11.2	Intra-Europe	UK	France	Financial
05/17/00	Granada Group	Compass Group	9.7	Domestic	UK	UK	Consumer/Retail
04/05/00	Bosch/Siemens	Mannesmann Atecs	9.4	Domestic	Germany	Germany	Industrial
04/11/00	Chase Manhattan	Robert Fleming	7.7	Non Euro bidder	USA	UK	Financial

Source: J.P. Morgan M&A Research, Thomson Financial Securities Data

41 Bei einer Gewichtung der jeweils zehn größten M&A-Transaktionen pro Jahr weltweit zeigt sich folgende Entwicklung:

Jahr	Wert der Transaktion in Mio. US-$	
1991	3 285	
1992	3 909	
1993	6 562	1)
1994	6 243	
1995	13 387	2)
1996	16 065	
1997	18 246	3)
1998	60 502	4)
1999	68 682	5)
2000 (bis Sept.)	54 282	6)

einschließlich
1) American Telephon & Telegraph./. McCawCellular Commun Inc. = 16,7 Mrd. US-$
2) Mitsubishi Bank Ltd../. Bank of Tokyo Ltd. = 30,8 Mrd. US-$
3) World Com. Inc../. MCI Communications Corp. = 41,4 Mrd. US-$
4) Exxon Corp../. Mobil Corp. = 86,4 Mrd. US-$
5) Vodafone Air Touch PLC./. Mannesmann AG = 202,8 Mrd. US-$
6) America Online Inc../. Time Warner = 181,6 Mrd. US-$

C. Beweggründe für Unternehmensübernahmen

42 Unternehmensübernahmen erfolgen aus sehr **verschiedenen Gründen**[25]. Der entscheidende Anstoß für die Einleitung und das Zustandekommen einer Transak-

---
[25] Vgl. *Albrecht* S. 5 mit einer Darstellung der verschiedenen Zusammenschlußtheorien; *Jansen/Körner* FAZ 8. 11. 2000; *Jung* S. 116 ff.

tion kann sowohl vom Übernehmer als auch vom Abgeber ausgehen. Die Gründe dafür brauchen beim Übernehmer und beim Abgeber keineswegs die gleichen zu sein.

Die unterschiedlichen Beweggründe führen zu **verschiedenartigen Zusammenschlüssen** in horizontaler, vertikaler oder diagonaler Richtung. Die Schubwirkung einer Unternehmensübernahme wird oft durch die Abgabe von Geschäftsfeldern oder Beteiligungsgesellschaften (Outsourcing) verstärkt.

I. Wachstumsabsichten

Viele Unternehmensübernahmen bezwecken, das **Wachstum des eigenen Unternehmens** dadurch zu beschleunigen, daß die Leistungen eines anderen Unternehmens durch dessen Kauf den eigenen Leistungen hinzugefügt werden. Bei diesen Leistungen kann es sich sowohl um Absatzleistungen als auch um Leistungen auf dem Gebiet der Produktion oder der Forschung und Entwicklung oder der Dienstleistungen handeln. Ziel der Unternehmensübernahme ist eine schlichte Mengenveränderung[26], die allerdings weitere Folgen nach sich ziehen kann. Zu denken ist an Skaleneffekte und Synergien.

II. Umschichtungen

Häufig sind beabsichtigte **strategische Veränderungen der Kerngeschäftsfelder** Veranlassung für eine Unternehmensübernahme[27].
– Kerngeschäftsfelder, die bisher vom Übernehmer nicht beherrscht oder geführt werden, sollen dem Angebotsspektrum des erwerbenden Unternehmens hinzugefügt werden.
– Umgekehrt sollen in anderen Fällen bisherige Kerngeschäftsfelder abgestoßen werden, um das Angebotsspektrum des abgebenden Unternehmens auf andere vorhandene Kerngeschäftsfelder zu konzentrieren[28].
– In wieder anderen Fällen werden bestehende Unternehmen übernommen, um Zugang zu modernen Schlüsseltechnologien zu erwerben.

Es kommt vor, daß Unternehmen andere Unternehmen erwerben, weil sie unternehmerisch wegen einer besonderen Technologie oder eines besonderen Produkts an einem **einzelnen Geschäftsfeld** interessiert sind. Die anderen vom erworbenen Unternehmen betriebenen Geschäftsfelder sind für den Erwerber ohne Interesse und stehen deswegen zur Veräußerung an. Das Portefeuille des Zielunternehmens muß vor oder nach der Übernahme bereinigt werden. Weitere Unternehmensübernahmen sind die Folge.

---

[26] Vgl. *Schmid*, Klaus-Peter, Der Hunger ist ungestillt, Die Zeit 8. 7. 1999.
[27] Vgl. hierzu *Scheiter/Rockenhäuser*, Deutsche Manager entdecken allmählich den strategischen Wert von Desinvestitionen, FAZ 21. 2. 2000.
[28] *Giersberg* FAZ 27. 12. 1997. Eine negative Beurteilung dieser Politik stellt *axg*, Viele Unternehmen denken noch provinziell, FAZ 3. 5. 1999 dar.

47 Eine besondere Form der Abgabe nicht mehr in die unternehmerische Zukunftsgestaltung einbezogener Geschäftsfelder ist das sog. **Spin-off**[29]. Die nicht mehr benötigten Teile des Unternehmens werden rechtlich verselbständigt und die Aktien des neu errichteten Unternehmens den bisherigen Aktionären überlassen[30]. Die alten Aktionäre sind nunmehr an zwei Unternehmen beteiligt, die nach dem Spin-off getrennte Wege gehen. Spin-offs dienen oft der Vorbereitung einer Unternehmensveräußerung.

48 Bedeutung gewonnen haben in letzter Zeit auch sog. **Carve-outs.** In solchen Fällen verkauft eine Gesellschaft mittels einer Börseneinführung Anteile an einer ihr bis dahin hundertprozentig gehörenden Gesellschaft, ohne dabei den maßgeblichen Einfluß aufzugeben. Derartige Carve-outs gehen häufig der vollständigen Veräußerung einer Tochtergesellschaft voraus. Bis dahin erzielt das Unternehmen Erlöse, die zu anderweitigen Transaktionen verwendet werden können, ohne das Kerngeschäftsfeld als solches aufzugeben.

49 Wirtschaftlich bedeuten Spin-offs und Carve-outs letztlich dasselbe. Sie haben ihre Ursache häufig in **Auflagen der Kartellbehörden** nach Unternehmensübernahmen[31].

III. Wertrealisierungen

50 Viele, vor allem ältere traditionsreiche Unternehmen sind Eigentümer von Beteiligungen, die sie irgendwann einmal erworben haben und nach dem weit verbreiteten Motto: „Das Unternehmen hat uns schon immer gehört" unverändert im Portefeuille halten. In der heutigen Zeit, in der überkommener Besitz anders als von Vertretern früherer Generationen betrachtet wird, besteht eine verstärkte Neigung, solche Beteiligungen zu verkaufen und den **bei** meist **niedrigen Buchwerten** erzielbaren hohen **Gewinn** zu realisieren. Dies gilt umsomehr, als sich gerade in den vergangenen Jahren gezeigt hat, daß derartige „Sparkassen" häufig ihren Wert verlieren und bei notwendig gewordener Veräußerung nur einen Bruchteil des Erlöses und damit des Gewinns bringen, der noch einige Jahre zuvor erzielbar gewesen wäre.

51 Gelegentlich werden Unternehmensgruppen, die ihrer Art nach **Konglomerate** sind und über viele, unterschiedlich tätige Tochtergesellschaften verfügen, durch Einzelverkauf der zugehörigen Gesellschaften aufgelöst. Bei einem solchen Einzelverkauf gelingt es häufig, insgesamt höhere Erlöse zu erzielen als sie zur Deckung des Anschaffungswerts der Konglomerate notwendig sind. Die Absicht, einen **Zerschlagungsgewinn** zu erzielen, ist oft der Grund für den Erwerb einer Unter-

---

[29] *Reed/Lajoux* S. 817; *Thompson* S. 1147.
[30] Ein solches Verfahren vermeidet die Risiken eines bezugsrechtsfreien Verkaufs, vgl. *Lutter*, Das Vor-Erwerbsrecht/Bezugsrecht der Aktionäre beim Verkauf von Tochtergesellschaften über die Börse, AG 2000, 342. Dazu *Jahn*, Anleger sollen vom Börsengang einer Tochterfirma profitieren, FAZ 9. 8. 2000.
[31] Zum Kartellrecht siehe § 25.

nehmensgruppe[32]; eine solche Auflösung einer diagonalen Verbindung kann wirtschaftlich durchaus sinnvoll sein.

Wenn bei einer Mehrzahl betriebener Kerngeschäftsfelder besonders hohe Mittel für den Ausbau eines oder einiger Kerngeschäftsfelder benötigt werden, kann sich die Veräußerung eines unternehmerisch nicht unbedingt erforderlichen Kerngeschäftsfelds als notwendig erweisen, **um die nötigen Investitionsmittel zu beschaffen** („asset stripping"). Dabei ist ohne Bedeutung, ob dieses zu veräußernde Kerngeschäftsfeld als Unternehmensbereich oder als rechtlich selbständige Tochtergesellschaft geführt wird. Die dadurch bestimmte Art der Veräußerung ist eine Frage der Rechtstechnik.

Schwierige Entwicklungen eines Unternehmens können hohe Verluste zur Folge haben. Solche Verluste sind oft mit entsprechenden Liquiditätseinbußen verbunden. In solchen Fällen können Fremdfinanzierungsmittel nur schwer und meist nur zu hohen Kosten beschafft werden. Das Unternehmen kann in einer solchen Situation gezwungen sein, einzelne Kerngeschäftsfelder zu veräußern, um die entstandenen Verluste durch Veräußerungsgewinne zu decken (**Notverkauf**) und notwendige Mittel zu beschaffen.

Unternehmen, die nach hohen Verlusten als solche nicht mehr lebensfähig sind, werden häufig auf einen Kern lebensfähiger Geschäftsfelder reduziert. Im Zuge dieses Schrumpfungsprozesses (**„restructuring"**) werden die meisten der bisherigen Geschäftsfelder an Dritte veräußert.

IV. Wertmitnahmen

In manchen Fällen werden Beteiligungsgesellschaften veräußert, um ohne äußeren Zwang **Reserven irgendwelcher Art** zu realisieren. Das Unternehmen will vorhandene stille Werte oder Einsparungsmöglichkeiten „mitnehmen". Solche Reserven können in unterschiedlicher Art vorhanden sein.

Außerordentliche Wertsteigerungen einzelner Geschäftsfelder, die sich konjunkturell oder längerfristig im Verhältnis zum Wert des Gesamtunternehmens ergeben haben, können durch Veräußerung des Geschäftsfelds dem Unternehmen nutzbar gemacht werden. Die Ausnutzung einer solchen Realisierungsmöglichkeit liegt besonders nahe, wenn die Wertsteigerung bei veränderter konjunktureller Lage voraussichtlich wieder entfallen wird

Außerordentliche Wertsteigerungen können sich sowohl aus **besonderen Ertragssituationen** als auch aus **Substanzwertsteigerungen** ergeben. Unternehmen mit hohen Verlustvorträgen können durch Erwerb eines anderen sehr rentablen Unternehmens künftige Erträge steuerfrei vereinnahmen; allerdings wird die steuerliche Situation sorgfältig zu beachten sein.

Durch **Erhöhung des „leverage"**, d. h. durch überproportionale Aufnahme von Fremdkapital, kann uU das Vorsteuerergebnis ohne zusätzliche operative Erträge erhöht werden, wenn die Eigenmittel zum Beteiligungserwerb eingesetzt

---

[32] *Beise*, Die Deutschland AG bröckelt, Süddeutsche Zeitung 14. 11. 2000: „Binnen eines drei Viertel Jahres wurde Mannesmann zerschlagen, übrig sind heute unter Vodafone-Führung noch die Mobilfunktöchter D2 und Omnitel sowie die Festnetzgesellschaft Arcor."

und das eigene laufende Geschäft vorwiegend mit Fremdmitteln finanziert wird[33]. Auch hier bedarf die Gestaltung unter steuerlichen Gesichtspunkten genauer Prüfung.

59 Besondere Bedeutung für Unternehmensübernahmen haben die jeweils geltenden **steuerlichen Bestimmungen**[34]. Dies gilt vor allem für die Verkäuferseite (Steuerfreiheit oder ermäßigter Steuersatz für Gewinne aus Unternehmens- und Anteilsveräußerungen), aber auch für den Übernehmer (zB Behandlung von „goodwill"). Bevorstehende Veränderungen der Steuergesetze beschleunigen oder verlangsamen den Prozeß der Unternehmensübernahmen.

V. Steigerung des Unternehmenswerts

60 In früheren Jahrzehnten war eine Erhöhung der Gewinnausschüttung der Beurteilungsmaßstab für die Unternehmensqualität. Heute spielt die Entwicklung des Unternehmenswerts eine weitaus größere Rolle[35]. Dies gilt sowohl für die Betrachtung des auf den Aktionär bezogenen Unternehmenswerts (**Shareholder Value**)[36] als auch für die Wertbetrachtung, bei der die Interessen und Wertschöpfungsbeiträge der Mitarbeiter und der Lieferanten/Kunden einbezogen werden (**Stakeholder Value**). Der Unternehmenswert wird regelmäßig durch den kapitalisierten Börsenkurs festgestellt. Darum werden vom Management der börsennotierten Unternehmen zunehmend Maßnahmen erdacht, die den Börsenkurs zu erhöhen geeignet erscheinen[37].

61 Die vergangenen Jahre haben gezeigt, daß der Börsenkurs eines Unternehmens vielfach durch Momente beeinflußt wird, die sich nüchterner unternehmerischer Betrachtung entziehen. Beispielsweise war es lange Zeit durchaus ein **Merkmal vorausschauenden unternehmerischen Handelns**, wenn ein Unternehmen mit vor allem klassischen Geschäftsfeldern versuchte, durch Zukauf von Beteiligungsgesellschaften, die auf zukunftsträchtigen Gebieten tätig waren, die künftige Entwicklung des Unternehmens abzusichern[38].

62 Ein Beurteilungstrend von gegenwärtig zunehmender Bedeutung **verurteilt jede Art von Diversifizierung**. Die Fortführung des diversifizierten Unternehmens führt häufig zu einem Druck auf den Börsenkurs[39]. Diese Tendenz verstärkt sich, wenn ein zur Diversifikation erworbenes Unternehmen zunächst mit Verlusten arbeitet und damit den Gewinn des erwerbenden Unternehmens schmälert. Durch Veräußerung der Beteiligung läßt sich häufig ein Ansteigen des

---

[33] Zur Fremdfinanzierung siehe § 15.
[34] *Ehrlich/Hanke*, Schröder bleibt bei Steuersatz null für Firmenverkäufe hart, Financial Times (D) 21. 2. 2000; *Eigendorf*, Der Abriss der Deutschland AG beginnt, Die Welt 12. 2. 2000; *Mundorf*, Eichel will Bildung von Konzernen erleichtern, Handelsblatt 26. 1. 2000.
[35] *Rappaport* S. 11, 76; *Copeland/Koller/Murrin* S. 47.
[36] „Shareholder-oriented Economies perform better", *Copeland/Koller/Murrin* S. 11.
[37] Vgl. dazu *Hinterhuber*, Der Shareholder-Value und seine Grenzen, FAZ 31. 7. 2000.
[38] Vgl. dazu *Simon*, Der Abschied von der klassischen Holding-Struktur, FAZ 31. 1. 2000.
[39] Dies wird sogar bei einem Unternehmenserwerb in der eigenen Branche gesehen: *Büschemann*, Fusionen in schlechtem Licht, Süddeutsche Zeitung 12. 10. 2000; *Herdt*, Genug fusioniert? Die Furcht, zu kurz zu kommen, Börsen-Zeitung 16. 9. 2000.

Börsenkurses und damit auch eine Erhöhung des am Börsenkurs orientierten Shareholder Value[40] erreichen. Die Konzentration auf wenige zusammen gehörende Kerngeschäftsfelder wirkt häufig kurssteigernd.

VI. Änderung der wirtschaftlichen Verhältnisse

Die Entstehung des neuen großflächigen Wirtschaftsraums **Europäische Union** (EU) hat die Absatzräume der industriellen Wirtschaftsunternehmen erweitert. Dies gilt verstärkt für den Raum, der durch die einheitliche Währung Euro verbunden ist (Euroland). Das Zusammenwachsen früher getrennter Absatzmärkte durch die europäische Einigung hat die **Notwendigkeit einer eigenen Absatzorganisation** in den nunmehr zusammengehörigen Absatzmärkten entstehen lassen. Vielfach werden die Unternehmen bisheriger Handelsvertreter gekauft. Aber auch andere Handelsfirmen oder Fertigungsgesellschaften werden erworben, um die eigene Marktposition in den nunmehr verbundenen Märkten abzusichern und zu verstärken. Mit dem Erwerb bereits bestehender Absatzmittler werden die Risiken eines Neuanfangs weitgehend vermieden. 63

Die darüber hinausreichende **Globalisierung**[41], die mit ähnlichen Zusammenschlüssen bisher getrennter Märkte außerhalb Europas verbunden ist (zB Kanada, USA, Mexico = NAFTA), hat ähnliche Entwicklungen weltweit gefördert[42]. Das wieder stärker gewordene Währungsgefälle zwischen Euroland und Dollarraum ist ein starker Anreiz für weltweit operierende Unternehmen, in beiden Währungsräumen zu beschaffen und zu produzieren. 64

Große Unternehmen konzentrieren ihren **Einkauf** mit dem Ziel günstiger Beschaffungsbedingungen. Material und Zubehör wird für den weltweiten Bedarf durch eine zentrale Beschaffungsstelle erworben. Zumindest werden Rahmenvereinbarungen für die größeren Wirtschaftsräume regionalen Einkaufsaktivitäten vorgeschaltet. 65

Von großer Bedeutung ist die **Liberalisierung der Märkte** und die damit einhergehende **Privatisierung staatlicher Monopolbetriebe**. Im Vordergrund stehen die ehemals als Teil der staatlichen Post gesehenen Telekommunikationsunternehmen, gefolgt von den Unternehmen der Energieversorgung[43] und des Verkehrs (Flughäfen, Bahnen, Personennahverkehr). 66

Die Aufgabe der staatlichen Monopole hat vielfach auch **strukturelle Folgen**. Einheitsunternehmen werden in Betriebsgesellschaften, Betreibergesellschaften und Grundlagengesellschaften (Netze) zerlegt. Der Zugang zu den Netzen wird auch Konkurrenten geöffnet. 67

---

[40] Dazu *Dunsch*, Auf der Suche nach dem Shareholder Value, FAZ 21. 10. 2000.
[41] Hierzu *Kröger/Träm/Vondenbosch* S. 17; *Gasteyger*, Weltpolitischer Aus- und Rückblick, Finanz und Wirtschaft 15. 1. 2000.
[42] Andererseits sind grenzüberschreitende Unternehmensübernahmen auch selbst ein Motor der Globalisierung, *dp*, Fusionen treiben die Globalisierung voran, Handelsblatt 4. 10. 2000.
[43] *Machatschke*, Der freie Strommarkt zwingt die Konzerne zu Fusionen, Die Welt 31. 7. 1999.

68 Tendenziell ist mit weiteren Verzichten auf Monopole und Staatsbetriebe zu rechnen. Allerdings verbietet häufig **fehlende Wirtschaftlichkeit** die gewünschte Privatisierung. Dennoch wird die weitere Abgabe von Anteilsrechten durch staatliche Einrichtungen erwartet.

VII. Skaleneffekte

1. Allgemein

69 Der verbreitetste Grund für den Erwerb anderer auf gleichen Kerngeschäftsfeldern tätiger Unternehmen ist die erwartete Möglichkeit, **Skaleneffekte** zu erzielen („economies of scale")[44]. Größere Mengen sollen zu einer Degression der Fixkosten führen und damit eine Verringerung der Stückkosten ermöglichen. Skaleneffekte lassen sich – jedenfalls theoretisch – im Bereich aller unternehmerischen Faktoren erzielen.

70 Zu beachten ist allerdings, daß eine **Ausnutzung von Skaleneffekten** im eigenen Unternehmen idR nur durch vollständige oder teilweise Stillegung von Bereichen möglich ist, die nach der Unternehmensübernahme doppelt vorhanden sind. Vielfach wird dieses Verfahren zur Erreichung von Skaleneffekten deswegen den durch eine Unternehmensübernahme erreichbaren **Synergien** zugerechnet. Skaleneffekte und Synergieeffekte gehen häufig ineinander über, sie lassen sich vielfach nicht voneinander abgrenzen. Dennoch sollte eine getrennte Erfassung angestrebt werden.

71 Durch Synergieeffekte ermöglichte Stillegungen bedingen eine Verringerung der Arbeitsplätze und damit die Freistellung von Mitarbeitern. Den längerfristig zu erwartenden Kosteneinsparungen stehen zunächst kurzfristige, oft hohe **Stillegungskosten** gegenüber[45]. Die Stillegungskosten werden mit Sicherheit anfallen, die Kosteneinsparungen lassen sich nur bei gutem Management erreichen.

2. Beschaffung[46]

72 Wer größere Mengen **einkauft**, bezahlt im allgemeinen niedrigere Preise. Der Lieferant wird fast stets bereit sein, die Vorteile einer besseren Fixkostenabdeckung aus einer größeren Absatzmenge jedenfalls teilweise an seinen Kunden weiterzugeben. Er wird sich meist sogar mit einer geringeren prozentualen Gewinnmarge zufrieden geben, wenn die größere Absatzmenge ihm absolut einen höheren Gewinn sichert.

3. Forschung und Entwicklung

73 Bei Erwerb eines Unternehmens, das im wesentlichen auf denselben Kerngeschäftsgebieten tätig ist wie das Erwerberunternehmen, werden idR zusätzliche

---

[44] *Albrecht* S. 6.
[45] Vgl. dazu *Knipp*, Die Überwindung der kulturellen Unterschiede ist ein wichtiges Ziel, Handelsblatt 7. 6. 1999.
[46] *Jung* S. 118.

Forschungs- und Entwicklungskosten nur in geringerem Umfang erforderlich sein. Zwar kann es angebracht sein, auf diesen oder jenen Gebieten die Arbeitsintensität zu verstärken, aber im allgemeinen werden sich Kosten einsparen lassen. Bei entwicklungsintensiven Unternehmen ist dieser Skaleneffekt häufig ein entscheidender Beweggrund für den Erwerb des neuen Beteiligungsunternehmens[47].

4. Produktion[48]

Im Bereich der **Fertigung** wird eine bessere Auslastung der Fertigungskapazitäten ebenfalls zu Kostenreduzierungen führen können. Allerdings sind gerade hier Skaleneffekte meist nur erzielbar, wenn zunächst vorhandene Überkapazitäten abgebaut worden sind. Skalenvorteile ergeben sich erst, wenn Synergiemöglichkeiten ausgeschöpft worden sind.

Häufig wird eine bessere Kapazitätsauslastung in der Fertigung dann möglich, wenn bei Produkten und Anlagen, die von den beiden Unternehmen zu gleicher Verwendung hergestellt werden, gleiche Teile oder Baugruppen eingesetzt werden können. Dies bedingt jedoch regelmäßig konstruktive Änderungen in einem der beteiligten Unternehmen. Der volle Erfolg des Einsatzes von **Mehrfachteilen** wird meist erst in einer nächsten Produktgeneration erzielt werden können. Dann sind die Kosteneinsparungen aber oft erheblich.

5. Vertrieb[49]

Durch eine Unternehmensübernahme können sich auch Vertriebsvorteile ergeben. Häufig kann eine **Erweiterung des Angebotsspektrums** erreicht werden, der Kunde kann größere Teile seines Bedarfs bei demselben Lieferanten kaufen. Wenn das übernehmende und das übernommene Unternehmen ihre Produkte an gleichen Verkaufsstellen anbieten können, können sich durch die Unternehmensübernahme auch im **Absatz** Skaleneffekte ergeben.

6. Verwaltung

Im Bereich der **Verwaltung** können durch die Zusammenführung von zwei Unternehmen wohl in erster Linie Synergieeffekte entstehen. Reine Skaleneffekte sind nur in kleinerem Umfang möglich.

VIII. Realisierung von Synergien

1. Allgemein

Durch die Zusammenführung von Unternehmen sollen häufig **Synergieeffekte** realisiert werden. Synergien werden möglich oder entstehen dadurch,

---

[47] Vgl. hierzu *Kolf*, Übermacht der US-Rüstungsgiganten erzwingt Fusionen und Kooperationen in Europa, Handelsblatt 15. 10. 1999.
[48] *Jung* S. 118.
[49] *Jung* S. 119.

daß durch das Zusammenwirken von zwei oder mehr Unternehmen Erlöse gesteigert oder Kosten gesenkt werden können. Dies bewirkt insgesamt gesehen, daß mit der Übernahme ein Wertzuwachs realisiert wird, weil der Gesamtwert der vereinigten Ressourcen größer ist als die Summe der nicht zusammengeführten Ressourcen. Dabei können sich durchaus im einzelnen auch negative Werte ergeben, wichtig ist nur, daß sich insgesamt ein Nettowertzuwachs ergibt[50].

79 Die Vorstellungen über mögliche Synergien sind häufig stark überzogen. Vor der Zusammenführung werden hohe Synergien und damit deutliche **Ergebnisverbesserungen** erwartet. Nach der Zusammenführung lassen sich die Synergien oft nicht im erwarteten Umfang verwirklichen. Die Ergebnisverbesserungen treten nicht oder doch nicht in der erwarteten Höhe ein. Unternehmensübernahmen sollten deswegen nicht allein in Erwartung von Synergien erfolgen, auch wenn dies häufig geschieht.

80 Synergiemöglichkeiten müssen erkannt, definiert und schließlich realisiert werden. Die **Wahrscheinlichkeit einer Realisierung** sinkt in gleicher Folge. Häufig sind schon die nötigen Untersuchungen schlecht. Die maßgeblichen Mitarbeiter schwelgen noch in der Begeisterung der erfolgreichen Übernahme. Die Realisierung wird schließlich vernachlässigt. Die Begeisterung ist vorbei, an die zur Verwirklichung nötige Arbeit hatte niemand gedacht.

81 Synergien lassen sich im Grundsatz auf drei großen unternehmerischen Arbeitsgebieten[51] verwirklichen: als **Marktsynergien**, als **Leistungssynergien** und als **Finanzsynergien**[52]. Die Zusammenführung von zwei oder mehreren Unternehmen erlaubt die Addition ihrer Stärken und den Ausgleich von Schwächen des einen Unternehmens durch Stärken des anderen Unternehmens auf diesen Gebieten.

82 Durch die **Zusammenführung** von zwei **schwachen Unternehmen** werden nur in den allerseltensten Fällen positive Effekte herbeigeführt werden können.

2. Marktsynergien

83 Eine Unternehmensübernahme kann zu einer **Stärkung der Marktstellung** führen. Der Markteinfluß der zusammengeführten Unternehmen muß dann größer sein als es vor der Übernahme der addierte Markteinfluß der Übernahmepartner war. Von Bedeutung ist dabei, daß den führenden Unternehmen einer Branche eine besondere Einflußmöglichkeit zugesprochen wird. Auch eine Marktbereinigung kann Ziel der Unternehmensübernahme sein. Ein im Wettbewerb stehendes Unternehmen wird erworben und danach wirtschaftlich eingegliedert oder sogar stillgelegt[53].

---

[50] *Wieselhuber* 7/8 S. 3.
[51] Diese Arbeitsgebiete greifen ineinander. Hier wurde die primäre Verursachungskette Markt – Leistung – Finanzierung zugrunde gelegt.
[52] Vgl. hierzu *Perin*, Synergien bei Unternehmensakquisitionen, Diss. Köln 1996; *Wieselhuber* 7/8 S. 4.
[53] *Hölters* in Hölters I Rn 14.

Auf dem **Beschaffungsmarkt** können sich neue Zugriffsmöglichkeiten ergeben. Unternehmen, die bisher aus den verschiedensten Gründen nicht in Betracht kamen, können als Lieferanten in Anspruch genommen werden. Evtl. können von den Lieferanten Entwicklungsarbeiten verlangt werden, die bisher von keinem der beteiligten Unternehmen begehrt werden konnten, weil das Bestellvolumen zu klein war. **84**

Besondere **Lieferkonditionen** (zB „just in time"-Lieferungen) können durchgesetzt werden. Dies kann so weit gehen, daß ein Zulieferunternehmen bereit ist, ein eigenes Zulieferwerk in unmittelbarer Nachbarschaft einer Produktionsstätte des zusammengeführten Unternehmens zu errichten und zu betreiben. **85**

Nach Zusammenführung mehrerer Unternehmen kann ein Programm zur **elektronischen Beschaffung** relativ billig installiert werden („e-procurement"). Dadurch werden nicht nur günstigere Einkaufskonditionen erzielt, sondern auch interne Prozesse optimiert. **86**

Im Bereich der **Forschung und Entwicklung** können bestehende Einrichtungen zusammengeführt werden[54]. Technologie- und Produktentwicklungen, für die bisher die Ressourcen, die Einsatz- oder die Absatzmöglichkeiten fehlten, können vom zusammengefaßten Unternehmen erfolgreich durchgeführt werden. Auch Cross-Lizenz-Abkommen werden uU möglich, die bisher mangels eigener Attraktivität nicht durchsetzbar waren. Für die Ausstattung der Forschungs- und Entwicklungseinrichtungen können Mittel in einem Umfang eingesetzt werden, den sich die einzelnen Unternehmen vor der Zusammenführung nicht leisten konnten. **87**

Das zusammengefaßte Unternehmen kann auf Forschungs- und Entwicklungsleistungen jedes der einzelnen Unternehmen zurückgreifen. Dadurch können **Technologiesprünge** für das gesamte neue Unternehmen erzielt werden. Ebenso können Lizenzen Dritter in Anspruch genommen werden, die keinem der am Zusammenschluß beteiligten Unternehmen gewährt worden wären, weil der Lizenzgeber keine ausreichende Nutzung der lizenzierten Produkte erwarten konnte. **88**

Das **Angebotsspektrum** der einzelnen Unternehmen kann dem Markt zusammengefaßt breiter vorgestellt werden als bisher. Die Marktteilnehmer können ihren Bedarf bei derselben Unternehmensgruppe – aus einer Hand – umfassender decken als zuvor. Produkte, die bisher von beiden Unternehmen angeboten wurden, können auf ein Produkt konzentriert werden. **89**

Bedeutende **Zulieferer** können in der neuen Unternehmensgruppe **spezifische Investitionen** abgesichert sehen, deren Vornahme im Hinblick auf die Absicherung durch nur eines der nun verbundenen Unternehmen zu riskant gewesen wäre. **90**

In der **Produktion** kann nach entsprechenden Entwicklungsvorleistungen zunehmend eine Mehrfachverwendung von Teilen und Baugruppen vorgesehen **91**

---

[54] Zur wachsenden Bedeutung der Forschung *ink*, Die Industrie muß Forschung verstärken, Handelsblatt 18. 1. 2000, mit Hinweis auf den Bericht des Bundesforschungsministeriums „Bericht zur technologischen Leistungsfähigkeit 1999".

werden. Im Extrem ist an eine Mehrfachverwendung gleicher Plattformen zu denken.

92 Als Synergieeffekt ist auch die Vergrößerung und Verbreiterung des **Absatznetzes** zu sehen[55]. Auf Märkten, die von beiden Unternehmen bereits in der Vergangenheit bearbeitet wurden, läßt sich – wenn zweckmäßig – eine größere Dichte des Vertriebsnetzes und damit eine bessere Marktdurchdringung erreichen. Höhere Absatzzahlen sind die Folge. Wenn eine solche Verdichtung nicht sinnvoll erscheint, können Vertriebsstellen des einen Unternehmens geschlossen werden. Dadurch ergibt sich eine Einsparung von Fixkosten.

93 **Märkte**, die bisher nur von **einem Unternehmen** bearbeitet wurden, können künftig von der gesamten Unternehmensgruppe bedient werden. Das vorhandene Vertriebsnetz steht für alle Produkte und Leistungen der Gruppe zur Verfügung.

94 **Märkte**, auf denen bisher **keines der Unternehmen** tätig war, können bei entsprechender Ergiebigkeit sogleich für die gesamte Unternehmensgruppe erschlossen werden[56]. Die Erschließungskosten fallen nur einmal an. Über das aufgebaute Vertriebsnetz können alle Produkte und Dienstleistungen des Konzerns abgesetzt werden.

95 **Neue Vertriebskanäle**, die für ein Unternehmen allein nicht erreichbar waren, zum Beispiel große Handelsketten, können bewogen werden, die Produkte des neuen Unternehmens zu führen. Dies kann zu beträchtlicher Absatzsteigerung führen.

96 Der Weg von der „old economy" in die „new economy" kann erleichtert werden. **„E-commerce"-Strategien**[57], die uU für ein Unternehmen allein nicht darstellbar waren, können nun zielstrebig verfolgt werden. Dies nützt nicht nur der Unternehmensgruppe, sondern vor allem auch den Kunden.

97 Die **Markenstrategie**[58] der neuen Unternehmensgruppe kann uU breiter angelegt werden als bisher beim einzelnen Unternehmen. Produkte, die vorher nicht als Markenprodukte vertrieben wurden, können künftig unter der Marke eines anderen Produkts des zusammengefaßten Unternehmens angeboten werden. Das Angebotsspektrum unter einer Marke wird verbreitert, der Geltungsbereich der Marke erweitert[59]. Allerdings muß eine Verwässerung der Marke vermieden werden.

98 Die Zusammenführung mehrerer Unternehmen ermöglicht auf manchen Märkten die Einführung einer **Mehrmarkenstrategie**. Gleichartige Produkte,

---

[55] *Deutsche Bundesbank*, Die Entwicklung der Kapitalverflechtung der Unternehmen mit dem Ausland von Ende 1995 bis Ende 1997, Monatsbericht Juni 1999.

[56] Nach einer Untersuchung der KPMG haben 28% der befragten Unternehmen den Erwerb oder die Verstärkung der Präsenz in anderen geographischen Märkten als Übernahmezweck bezeichnet, *KPMG* S. 4, 9.

[57] Dazu *Giersberg*, Der Einzelhandel ist durch E-Commerce tot, FAZ 6. 7. 1999.

[58] Dazu *SWE*, Kraft des Namens, WirtschaftsWoche 18. 11. 1999.

[59] Zur Markengeltung *Paoli, de/Tomkins*, Das milliardenschwere Geschäft mit den berühmten Marken, Financial Times (D), 18. 7. 2000; *Tomkins*, Coca-Cola loses its fizz, Financial Times (UK) 18. 7. 2000; *Zintzmeyer/Häusler*, Erfolg beruht auf Marken, werben & verkaufen, 14. 7. 2000.

die von verschiedenen Unternehmen hergestellt wurden, können auch weiterhin unter der bisher verwendeten Marke abgesetzt werden. UU können damit verschiedene Marktsegmente bedient werden.

Das **Marketing** kann für die neue Unternehmensgruppe kostengünstiger und vor allem effizienter betrieben werden. Dies gilt sowohl für die Auswahl und den Einsatz der Medien als auch für die Reichweite der vorgesehenen Maßnahmen. Die Unternehmensgruppe kann Mittel einsetzen, die erst ab einer bestimmten Größenordnung und dem damit verbundenen Bekanntheitsgrad wirksam werden.

3. Leistungssynergien

Vorteile in der Wertschöpfungskette können sich auch im Bereich der eigenen Leistungen ergeben. Durch das gezielte Zusammenwirken aller in der Unternehmensgruppe zusammengefaßten Unternehmen können die Fertigungs- und Leistungskapazitäten optimiert werden.

Das **Know-how** jedes Unternehmens kann rasch in anderen Unternehmensteilen verwendet werden. Die Frage, ob dies nur auf der Basis von Lizenzverträgen und dgl. möglich ist, muß selbstverständlich geklärt werden, bedarf aber keiner besonderen Beachtung bei der Ermittlung von Synergiemöglichkeiten. Jedenfalls wird der **Technologie-Transfer** erleichtert.

Die nach der Unternehmensübernahme anfallenden größeren Fertigungslose führen zu **Skaleneffekten**. Hierauf wurde bereits eingegangen[60].

Auch auf die Möglichkeit der Entwicklung und des Einsatzes von **Mehrfachteilen** wurde schon hingewiesen[61]. Allerdings ist es in den meisten Fällen von Bedeutung, daß die Endprodukte trotz des Einsatzes übereinstimmender Teile ihr „**eigenes Gesicht**" behalten müssen. Wenn hierauf verzichtet wird, besteht die Gefahr, daß der Markt das Angebot unterschiedlicher Produkte nicht mehr honoriert.

Im Bereich der Einzelfertigung und der Anlagengeschäfte werden wirtschaftliche Vorteile vor allem mit Produkten und Leistungen erzielt, die schon früher in dieser oder ähnlicher Form hergestellt bzw. erbracht wurden. Die Wahrscheinlichkeit solcher **Redundanzgeschäfte** steigt bei der Zusammenführung von Unternehmen, die auf gleichen Kerngeschäftsfeldern tätig sind.

Im Verlauf der Unternehmensübernahme wird auch eine **Ermittlung der erforderlichen Kapazitäten** vorgenommen werden müssen. Endgültig nicht benötigte Kapazitäten müssen stillgelegt werden. Dem Wegfall der Fixkosten stehen zunächst Stillegungskosten gegenüber. Soweit gleichartige Kapazitäten beibehalten werden, ist innerhalb der Gruppe ein Ausgleich von Über- und Unterkapazitäten möglich. Dieser **Kapazitätsausgleich** vermeidet den Anfall von Leerkosten in einem Unternehmen bei gleichzeitigem Anfall von Mehrkosten durch Maßnahmen zur vorübergehenden Erhöhung der Kapazitäten in anderen Unternehmen.

---

[60] Siehe Rn 69 ff.
[61] Siehe Rn 75.

4. Finanzsynergien[62]

106 Unternehmenszusammenschlüsse oder Übernahmen, die der Markt als „vernünftig" erachtet, lassen **günstigere Finanzierungskosten** erwarten. Dies betrifft sowohl Konditionen bei der Fremdfinanzierung im Kapitalmarkt oder über Banken als auch die Emissionsbedingungen bei der Aufnahme von Eigenkapital. Diese Verbesserung der Konditionen ist deswegen erreichbar, weil der Markt das Finanzierungsrisiko für die neue Unternehmensgruppe geringer einschätzt als die Risiken bei der Finanzierung der einzelnen selbständigen Unternehmen. Bei Übernahme mittels eines anfänglich hohen „leverage" kann die Aufnahme der notwendigen Finanzierungsmittel aufgrund der ungünstigen Bezugswerte allerdings eher teurer sein als die Aufnahme der Mittel durch die bisher selbständigen Unternehmen.

107 Unternehmen, die aufgrund ihrer geringen Größe den Kapitalmarkt nicht in Anspruch nehmen konnten, können durch Unternehmensübernahme in eine **kapitalmarktfähige Größenordnung** hineinwachsen. Dies hat nicht nur unmittelbare Folgen für die Kapitalmarktkonditionen, sondern mittelbar auch Folgen für die Kosten einer Kreditfinanzierung, da die Auswahl der Finanzierungsmittel größer ist.

108 Nur Unternehmen mit einer gewissen Größenordnung können sich sinnvoll einem **Rating-Verfahren** unterwerfen. Unternehmen mit dem Rating einer anerkannten Rating-Gesellschaft werden auf dem Kapitalmarkt bevorzugt behandelt. Auch bei der Aufnahme von Krediten spielt das Vorhandensein eines guten Rating eine positive Rolle.

109 Durch Zusammenführung der liquiden Mittel aller Unternehmen kann ein Ausgleich von Liquiditätsüberschuß und Liquiditätsbedarf herbeigeführt werden (**„cash management"**). Der dadurch mögliche Verzicht auf externe Kreditinanspruchnahme bzw. die dadurch mögliche Bündelung des Kreditbedarfs ermöglicht eine Senkung der Kreditkosten. Bei hohen Liquiditätsüberschüssen wird eine günstigere Anlage der Mittel möglich.

110 „Cash management arrangements" sind allerdings **nicht risikofrei** und begegnen bei globalem Ansatz auch heute noch vielfachen Schranken. Eingehende Untersuchungen der rechtlichen und steuerlichen Möglichkeiten und Folgen vor und während der Einführung sind unabweisbar.

IX. Verbesserung der Wettbewerbsposition

111 Mehrere Unternehmen einer Branche, die für sich allein keine führende Position in der Branche eingenommen haben, können durch eine Unternehmensübernahme zu **Branchenführern** werden oder jedenfalls eine Spitzenposition in der Branche erlangen. Sowohl die Rating-Agenturen als auch die Märkte selbst honorieren solche Positionen. Dem Marktführer und den dem Marktführer nahen Unternehmen werden besondere Ertragsstärken und Widerstandskräfte in

---

[62] *Jung* S. 119.

konjunkturschwachen Zeiten beigemessen⁶³. Zusätzliche Marktsynergien können realisiert werden.

Eine führende Position in der Branche hat eine besondere **Marktbedeutung**, auch im Vergleich zu Konkurrenzfirmen. Mittels sog. **„peer group"-Analysen** werden seitens der Rating-Agenturen, der Analysten und der Finanzinstitute Vergleichsübersichten erstellt, um die Qualität der einzelnen Unternehmen im Vergleich mit anderen branchenzugehörigen Unternehmen zu bewerten. Unternehmen, die nicht zu den Spitzenunternehmen ihrer Branche gehören, orientieren sich ebenfalls gern an Leistungsziffern und Kennzahlen der führenden Unternehmen (**Benchmarking**).

X. Sonstige Übernahmegründe

In besonderen Fällen können Unternehmensübernahmen ganz für sich allein – ohne eine Erwartung von Skaleneffekten oder Synergien – gerechtfertigt sein. Die **Erweiterung des unternehmerischen Betätigungsfelds** kann eine Anreicherung des erwerbenden Unternehmens bedeuten. Derartige Überlegungen werden gelegentlich vor einem ersten Börsengang oder zur Belebung des Kurswerts notierter Aktien mit Erfolg umgesetzt.

D. Negative Beweggründe

I. Allgemein

Unternehmensübernahmen bringen den Beteiligten nicht nur Vorteile. Häufig sind mit solchen Übernahmen auch **Nachteile** verbunden⁶⁴. Gar nicht selten überwiegen die Nachteile die Vorteile. Darüber muß sich jeder im klaren sein, der eine Unternehmensübernahme plant oder an einer solchen Übernahme mitwirkt. Die sich zeigende Möglichkeit einer Übernahme läßt die Beteiligten nur allzuleicht in Euphorie verfallen. Die Vorstellung des künftig größeren Verbunds mit den Auswirkungen auf **eigenes Sozialprestige** und Einflußpotentiale lassen die notwendige nüchterne Betrachtung nur allzu leicht zurücktreten. Es ist Aufgabe der Kontrollorgane oder anderer, nicht mit der Geschäftsführung betrauter Gremien des Unternehmens, für eine sachliche Betrachtung anhand klarer Fakten zu sorgen und die sicherlich auch notwendige Begeisterung des Managements in jeder Beziehung sorgfältig zu überprüfen. „Es ist tödlich, sich bei Übernahmen selber zu übernehmen."⁶⁵

---

⁶³ Nach einer Untersuchung der KPMG haben 41 % der befragten Unternehmen die Erhöhung oder die Sicherung des Marktanteils als Übernahmezweck bezeichnet, *KPMG* S. 4, 9.
⁶⁴ *Krause*, Im globalen Übernahmefieber, FAZ 4. 3. 2000.
⁶⁵ *Herdt* Börsen-Zeitung 27. 5. 2000.

II. Drang zur Größe

115 Eine der häufigsten Fehlbeurteilungen beruht darauf, daß die **Größe** eines Unternehmens schon für sich **allein als erstrebenswert** angesehen wird[66]. Dies ist jedoch keineswegs der Fall, im Gegenteil. Größe bewirkt allzu leicht zunehmende Bürokratie im Unternehmen, Verzögerung und Erschwerung in den Entscheidungsprozessen, Störungen in der Ablauforganisation und eine ungesunde Distanz des Managements zum Markt.

III. Eigeninteresse des Managements

116 Es ist nicht zu verkennen, daß es auch Unternehmen gibt, deren Management **aus eigenem Interesse**[67] andere Unternehmen zu übernehmen trachtet. Der Wunsch, Geschäftsleiter eines größeren Unternehmens zu sein und dadurch ein höheres Sozialprestige zu erwerben oder unmittelbar durch Vergrößerung der Bemessungsgrundlagen Einkommensverbesserungen zu erzielen, sind nicht eben selten die Triebfeder für eine ungesunde Erweiterung der Unternehmensgruppe.

IV. Außeneinwirkungen

117 Häufig werden Unternehmensübernahmen auch auf Druck des Markts initiiert, der bloße **Ankündigungen von Fusionen** oft bereits mit steigenden Börsenkursen honoriert. Das Management von Unternehmen meint im Interesse seiner Aktionäre, diesen Marktvorstellungen entsprechen zu müssen, auch wenn wirtschaftliche Notwendigkeiten nicht unbedingt dazu zwingen. Es besteht die Gefahr eines Aktionismus um seiner selbst willen. Fast regelmäßig wird in solchen Fällen der Börsenkurs unter das frühere Niveau sinken. Der Markt straft ein solches Verhalten.

118 Gefördert wird ein solcher Aktionismus gelegentlich durch das **Eigeninteresse ständig zugezogener Berater**[68]. Diese meinen, mit weiteren Übernahmevorschlägen im Interesse des Unternehmens zu handeln und realisieren dabei allenfalls im Unterbewußtsein, daß sie von den Honoraren des beratenen Unternehmens leben. Deswegen sollte bei jeder Transaktion neu überlegt werden, wer als Berater zugezogen werden soll (Transaktionsberatung statt Beziehungsberatung), wenn ein zu starkes Eigeninteresse des Beraters deutlich wird.

---

[66] Dazu *Bonacker/Richter*, Der Wunsch nach Größe ist ein schlechtes Ziel, Financial Times (D) 29. 3. 2000; *Mahler/Martens*, Die Sucht nach Grösse, Der Spiegel 14. 8. 2000; *Wildemann*, Die schiere Größe bringt keinen dauerhaften Wettbewerbsvorteil, FAZ 14. 6. 1999.
[67] Vgl. dazu *Jansen/Müller-Stewens* FAZ 4. 10. 2000.
[68] Dazu *Herdt* Börsen-Zeitung 27. 5. 2000; *Koch*, Pure Angst führt manchmal zu Fusionen, Stuttgarter Zeitung 28. 6. 2000.

E. Wirtschaftliche Schwerpunkte und Auswirkungen einer Unternehmensübernahme

I. Phasen einer Unternehmensübernahme

Unabhängig von der Art und der rechtlichen Ausgestaltung einer Unternehmensübernahme werden in aller Regel
- eine Vorbereitungsphase,
- eine Durchführungsphase und
- eine Umsetzungsphase/Integrationsphase („post merger"-Integration)[69]

voneinander getrennt. In jeder Phase gibt es unterschiedliche Anforderungen an die handelnden Personen und unterschiedliche Schwerpunkte im unternehmerischen Geschehen.

1. Vorbereitung

In der Vorbereitungsphase muß der **strategische Ansatz** für die Unternehmensübernahme bestimmt werden. Das einen Erwerb erwägende Unternehmen wird zunächst noch einmal seine eigene Marktposition bestimmen und seine langfristigen Unternehmensziele überprüfen. Es wird die Möglichkeiten zum Erreichen der langfristigen Unternehmensziele alternativ durchdenken und insbes. auch überlegen, ob die Ziele durch eine Unternehmensübernahme schneller und besser erreicht werden können als durch eigene Wachstumsanstrengungen. Wenn diese Frage bejaht ist, wird es sorgfältig untersuchen, welche Unternehmen für eine Übernahme in Betracht kommen und wie diese Übernahme gestaltet werden soll. Häufig ist schon in dieser Phase die Zuziehung außenstehender Berater sachgerecht[70].

Die Chancen des potentiellen Unternehmensübernehmers für einen erfolgreichen Erwerb werden entscheidend durch die **Höhe des von ihm gebotenen Kaufpreises** bestimmt. Es gehört zu den schwierigsten Fragen einer Unternehmensübernahme, diesen in fairer Form und Höhe zu vereinbaren[71].

Ganz allgemein gesprochen erwartet der **Veräußerer** einen Preis, der den auf den Übergabezeitpunkt abgezinsten künftigen Erträgen des Unternehmens zuzüglich des Werts nicht ertragsrelevanter Vermögenswerte entspricht[72]. Sein Vorteil liegt in der Beseitigung des Risikos, die erwarteten Erträge nicht erzielen zu können, sein Nachteil im Verzicht auf den Ertrag aus heute noch nicht definierbaren Chancen.

Ein Unternehmen, das sich von einem rechtlich selbständigen oder unselbständigen Geschäftszweig trennen will, wird zunächst vor die Entscheidung gestellt, ob es unmittelbar mit einem Erwerbsinteressenten sprechen möchte oder ob ein

---

[69] Siehe § 33.
[70] Siehe § 4.
[71] *Herden/Seeger/Richter*, Optionspreismodelle für die Unternehmens-Bewertung sind noch eine Sache für Spezialisten, FAZ 25. 10. 2000.
[72] Siehe § 10.

Bietungsverfahren (Auktionsverfahren) vorangestellt werden soll. Letzteres kommt dann in Betracht, wenn eine Reihe von Interessenten vorhanden ist und durch eine Art Auktion der höchste Verkaufspreis erzielt werden und der passendste Käufer gefunden werden kann. Der Höhe des Kaufpreises kommt zwar ein großes Gewicht zu, andere Faktoren fließen jedoch in die Entscheidung mit ein. Besondere Verfahren haben sich für solche Veräußerungen herausgebildet[73].

124 Der **Erwerber** wird regelmäßig nicht mehr bezahlen wollen als einen Preis, der dem diskontierten Zukunftsertrag des Unternehmens entspricht. Allerdings kann auch ein „strategischer Aufpreis" in Betracht kommen. Der Anreiz für den Erwerb besteht darin, daß der Erwerber Möglichkeiten zur Ertragsverbesserung erkennt, die sich aus seiner Person und der Zusammenführung des Unternehmens mit seinen eigenen Ressourcen ergeben.

125 Der Erwerber des Unternehmens und ebenso der zur Abgabe oder zur Übertragung im Weg der Verschmelzung bereite bisherige Eigentümer des Unternehmens müssen erste **Vorstellungen über den Kaufpreis** bzw. das Umtauschverhältnis einer Verschmelzung entwickeln. Dabei werden häufig Bewertungsgutachten dritter Sachverständiger herangezogen. Aber sowohl Erwerber als auch Veräußerer müssen stets daran denken, daß die Preisfestsetzung primär eine unternehmerische Entscheidung und nicht das Ergebnis einer Rechenaufgabe ist, zumal mehrere Bewertungsgutachten fast naturgesetzlich zu häufig deutlich voneinander abweichenden Ergebnissen kommen. Unter anglo-amerikanischem Einfluß werden von Investmentbanken abgegebene sog. Fairness Opinions immer häufiger, vor allem bei börsennotierten Zielgesellschaften.

126 Für den Erwerber ist es wichtig, möglichst viele **Informationen** über das Zielobjekt der Unternehmensübernahme zu **erlangen**[74]. Es ist zwar keineswegs eine unternehmerische Katastrophe, wenn eine angekündigte Unternehmensübernahme nach sorgfältiger Prüfung in der Durchführungsphase scheitert. Aber gerade einige Vorgänge in der jüngst vergangenen Zeit haben deutlich gemacht, daß ein solches Scheitern beabsichtigter Unternehmensübernahmen, die bereits bekanntgegeben worden sind oder werden mußten[75], als Fehlleistungen des Managements betrachtet werden. Dies gilt verstärkt, wenn bereits bekanntgegebene Unternehmensveräußerungspläne scheitern.

127 Auch bei sorgfältiger Prüfung des vorhandenen und des zugänglichen Materials werden in der Vorbereitungsphase viele Fragen noch nicht endgültig beantwortet werden können. Vereinbarungen können meist nur unter dem **Vorbehalt späterer Verifizierung** getroffen werden. Jeder muß sich stets darüber im klaren sein, daß es entscheidend darauf ankommt, die Richtigkeit und die Verläßlichkeit aller für die Übernahme maßgeblichen Umstände soweit wie möglich abzusichern. Aber auch bei größter Sorgfalt werden stets eine ganze Reihe von Unwägbarkeiten verbleiben. Der Unternehmer muß **Chancen und Risiken** definieren und gegeneinander abwägen. Nur wenn bei nüchterner Betrachtung die Chancen be-

---

[73] Siehe dazu § 11.
[74] *Picot* FAZ 18. 10. 2000. Siehe dazu näher § 9.
[75] § 15 WpHG. Zur Ad hoc-Publizität siehe § 7 Rn 134 ff. und § 23 Rn 110, 114 ff., 120, 125.

achtlich größer sind als die Risiken, sollte die Übernahme gewagt werden. Keinesfalls darf die „Katze im Sack" gekauft werden.

Vertraulichkeit der Beratungen und **absolute Geheimhaltung** der Ergebnisse sind in dieser Zeit die wichtigsten Anforderungen an alle beteiligten Personen[76].

Ein vorzeitiges Bekanntwerden kann die Transaktion gefährden. Vertraulichkeit ist aber auch aus rechtlichen Gründen gefordert. **Kapitalmarktbestimmungen** ahnden Indiskretionen bei geheimhaltungsbedürftigen Vorgängen[77]. Die Zahl der Geheimnisträger sollte so klein wie nur irgend möglich gehalten werden. Auf die Mitwirkung von Hilfskräften sollte man in dieser Phase so weit wie nur irgend möglich verzichten.

Die Vorbereitungsphase wird häufig mit einer **Absichtserklärung**[78] (Letter of Intent) oder einem **Memorandum of Understanding**[79], gelegentlich auch mit einer **Vorvereinbarung** abgeschlossen. Während der Letter of Intent im allgemeinen noch keine unmittelbaren Bindungswirkungen entfaltet, können in einem Vorvertrag bereits bindende Teilregelungen getroffen sein[80]. In beiden Fällen ist zu beachten, daß sich aus diesen Abreden besondere mittelbare Pflichten ergeben können, deren Verletzung zum Schadensersatz verpflichtet.

2. Durchführung

In der Durchführungsphase müssen die **Vereinbarungen** über die Unternehmensübernahme zwischen den für den Abschluß einer solchen Transaktion zuständigen Personen verhandelt und abgeschlossen werden. Ein abweichendes Vorgehen kann sich bei einer sog. „feindlichen Übernahme" als notwendig erweisen.

Die Verhältnisse im Zielunternehmen müssen ermittelt und sorgfältig überprüft werden (**Due Diligence**[81]). Wenn die Übernahme in Form einer Verschmelzung erfolgt, gilt gleiches für alle beteiligten Unternehmen. Der Umfang der Due Diligence wird häufig von der Vertragsgestaltung abhängig sein. Auch die Rechtsform des zu übernehmenden Unternehmens ist von Bedeutung. Vertragliche Zusicherungen, Due Diligence und Gewährleistungsabreden sollen in sich abgestimmt die bei jeder Unternehmensübernahme bestehenden Risiken minimieren[82].

Häufig können diejenigen Personen, die eine Vereinbarung abschließen, über den Vorgang nicht endgültig entscheiden. Es wird vereinbart, daß die Abreden erst dann Wirksamkeit erlangen sollen, wenn andere Gremien (Aufsichtsrat, Anteilseigner) dem Vertragswerk zustimmen (**Gremienvorbehalt**). Die mitwirkungsberechtigten Gremien müssen im erforderlichen Umfang informiert und von der Zweckmäßigkeit der Transaktion überzeugt werden. Notwendige Zu-

---

[76] Zur Vertraulichkeitsvereinbarung siehe § 6 Rn 3 ff.
[77] § 18 WpHG.
[78] Siehe § 6 Rn 24 ff.
[79] Siehe § 6 Rn 92 ff.
[80] Siehe § 6 Rn 99 ff.
[81] Hierzu siehe § 9 Rn 58 ff.
[82] *Picot* FAZ 11. 10. 2000.

stimmungen müssen in rechtlich erforderlicher Form und Weise beantragt und erteilt werden.

134 Viele Unternehmensübernahmen bedürfen des **Einverständnisses staatlicher Stellen**. Dies gilt vor allem für Unternehmen im Finanzdienstleistungs- oder Versicherungsgewerbe[83]. Es können ausdrückliche Zustimmungen notwendig sein. In anderen Fällen genügt es, die zuständige Behörde zu informieren und abzuwarten, ob innerhalb einer Frist dem Vorhaben widersprochen wird.

135 Nach Abschluß der vereinbarten Due Diligence und nach Ausräumung aller rechtlichen und tatsächlichen Vorbehalte wird das Vorhaben endgültig abgeschlossen (**Closing**)[84]. Die abschließenden Verhandlungen über den Kaufpreis werden beendet. Die rechtlichen Vorgänge werden vollzogen. Die Umsetzung und damit die eigentliche unternehmerische Arbeit kann beginnen.

3. Umsetzung

136 Mit Beginn der Umsetzung („post merger"-Management) einer Unternehmensübernahme tritt die Transaktion in ihre **entscheidende Phase**. Dies wird häufig übersehen. Aber Mängel in der Umsetzung führen bei einem sehr hohen Prozentsatz aller Unternehmensübernahmen zum Scheitern der Transaktion[85]. Deswegen ist es wichtig, daß schon in den vorangehenden Phasen sorgfältig überlegt wird, was in der Umsetzungsphase geschehen soll und wann die einzelnen Maßnahmen zu erfolgen haben.

137 Die Umsetzung muß mit einer eingehenden **Information** sowohl der Mitarbeiter des Unternehmens als auch der mit dem Unternehmen in Verbindung stehenden Personen beginnen. Während die Information außenstehender Personen durch eine einmalige Unterrichtung meist ausreicht, ist es sehr wichtig, daß die Mitarbeiter des Unternehmens auch in der Folgezeit regelmäßig, zeitnah und umfassend über den Verlauf der Übernahme und der Integrationsarbeiten informiert werden. Bei mangelnder Information entstehen Gerüchte. Die Mitarbeiter überlegen ungeordnet, was wohl geschieht. Sie werden verunsichert. Ihre Leistung geht spürbar zurück. Informationslücken werden mit negativen Erwartungen gefüllt. Wenn einmal das Gefühl, immer rechtzeitig und richtig informiert zu werden, verloren gegangen ist, kann eine Beruhigung der verunsicherten Mitarbeiter nur sehr langsam und mit großer Mühe erreicht werden.

138 Die künftige **Besetzung der Führungspositionen** der ersten und zweiten Ebene sollte bereits in der Durchführungsphase erörtert und entschieden werden. Zwar sind Personalentscheidungen in diesem Bereich sicherlich die schwierigsten Entscheidungen, weil häufig die notwendige Zustimmung maßgeblicher Personen der ersten Führungsebene beider Unternehmen von verbindlichen Erklärungen zur künftigen Aufgabe der betroffenen Personen im Unternehmensverbund abhängig sein wird. Aber Kompromisse bei diesen Entscheidungen gefährden uU das ganze Vorhaben. Wenn einzelne Personen nach der Übernahme nicht mehr

---

[83] Siehe § 18 und § 19.
[84] Siehe § 11 Rn 51f.
[85] *Schmidt/Hackethal*, Weshalb die Geschichte der Unternehmensfusionen mit Misserfolgen gespickt ist, Frankfurter Rundschau 5.1.2000.

benötigt werden, sollte ihnen dies bereits vor Abschluß der Vereinbarungen gesagt werden. Ein in solchen Fällen notwendig werdender finanzieller Ausgleich ist im Zweifel immer noch billiger als die Folge der anderenfalls entstehenden Unzufriedenheit.

Häufig wird versucht, klare Entscheidungen über die Führung der Unternehmensgruppe dadurch zu vermeiden, daß zunächst eine **„Doppelspitze"** eingesetzt wird. Auch dies ist ein Kompromiß, der kaum auf längere Zeit tragfähig ist. Nur selten werden die beiden zum gemeinsamen Handeln verurteilten Personen persönlich und in ihren unternehmerischen Vorstellungen so harmonieren, daß eine einheitliche Führung der Unternehmensgruppe nachhaltig gesichert ist. Hinzu kommt eine – keineswegs nachteilige – Charaktereigenschaft: Wer in einer Unternehmenshierarchie den Weg an die Spitze gefunden hat, will seine Führungsposition nicht mit einem anderen teilen.

Die Geschäftsleitung der neuen Unternehmensgruppe sollte schon während der Durchführungsphase überlegen, welche **Anpassungsmaßnahmen** zur Zusammenführung der beiden Unternehmen getroffen werden sollen und welche Prioritäten dabei zu beachten sind. Es muß unterschieden werden, welche Maßnahmen ohne weitere Untersuchungen getroffen werden können und welche Maßnahmen vor ihrer Umsetzung weiterer Abklärungen bedürfen. Diese Abklärungen sind ihrerseits Umsetzungsmaßnahmen, die im Hinblick auf ihre Durchführung aufmerksam verfolgt werden müssen.

In der Unternehmensgruppe muß – und zwar auch schon während der Durchführungsphase – eine im Geschäftsleiterrang geführte Stelle (**Umsetzungskoordinator/Integrationmanager**) eingerichtet werden, die alle im Rahmen der Umsetzung erforderlichen Maßnahmen plant, erfaßt und koordiniert verfolgt. Der Gesamtgeschäftsleitung muß unter Federführung des Umsetzungskoordinators in kurzen Abständen über den Stand der Umsetzung berichtet werden. In regelmäßigen Sitzungen der Geschäftsleitung müssen Umsetzungsvorhaben, die nicht planmäßig verlaufen, erörtert werden. Entscheidungen, die zum reibungslosen Fortgang der Arbeiten notwendig sind, müssen ohne Zögern getroffen werden.

Alle **Maßnahmen zur Zusammenführung** der operativen Einheiten beider Unternehmen sollten zügig, aber doch gründlich vorbereitet, danach rasch entschieden und nach der Entscheidung alsbald durchgeführt werden. Die Mitarbeiter des Unternehmens müssen ständig von der Führungssicherheit der Geschäftsleitung überzeugt sein.

Mit besonderer Priorität sind alle Fragen zu behandeln, die Anlaß zu **Unsicherheit, streitiger Auseinandersetzung und Frustration** der Führungskräfte und der Mitarbeiter sein können. Dabei geht es nicht nur darum, richtige Entscheidungen zu treffen, sondern vor allem auch darum, die Führungskräfte und Mitarbeiter von der Notwendigkeit und Richtigkeit der Entscheidung zu überzeugen. Kein Mitarbeiter gibt gern seine bisherigen Gewohnheiten auf.

II. Ressourcennutzung während der Zusammenführung der beteiligten Unternehmen

144 Von Unternehmen, die eine Übernahme anderer Unternehmen anstreben, wird häufig zu wenig bedacht, daß eine solche Übernahme eine **außerordentliche Beanspruchung** der eigenen Ressourcen bedingt. Schon in der **Zeit der Vorbereitung** einer Unternehmensübernahme werden Management und Fachpersonal durch notwendige Untersuchungen und Vorarbeiten zeitlich stark beansprucht. Es besteht die Gefahr, daß das eigentliche Geschäft des Unternehmens vernachlässigt wird. Wenn in einem Unternehmen die Vorbereitungsarbeiten im notwendigen Umfang wirklich angestellt werden und dennoch alle an den Vorbereitungsarbeiten beteiligten Personen ihre normalen Aufgaben vollständig erfüllen können, indiziert dieser Umstand eine personelle Überbesetzung vor Beginn der Übernahmearbeiten. Dies darf nicht negativ gesehen werden, wenn eine Unternehmensübernahme im Grundsatz schon geplant war. Eine wichtige Aufgabe des Übernahmemanagements ist durchaus auch die frühzeitige Bereitstellung benötigter zusätzlicher Ressourcen.

145 Im allgemeinen wird während der technischen **Durchführung** der Unternehmensübernahme die zeitliche Beanspruchung weiter steigen. Es darf nicht übersehen werden, daß der Einsatz von Beratern die erforderlichen Zusatzarbeiten nicht entbehrlich macht. Im Gegenteil, die Berater beanspruchen Zeit und Arbeitskraft vieler Mitarbeiter des Unternehmens, die den Beratern Informationen zukommen lassen müssen, weil diese selbst nicht über die notwendigen Kenntnisse vom Unternehmen verfügen und auch nicht verfügen können.

146 Mit Abschluß der Verträge und mit etwaigen Handelsregistereintragungen ist die Beanspruchung der Unternehmensressourcen keineswegs beendet. Mit der **Umsetzung** der Unternehmensübernahme beginnt erst die umfassendste und wohl auch wichtigste Arbeit der Mitarbeiter des bisher alleinstehenden Unternehmens. Dies wird deutlich, wenn man die Anforderungen an eine sachgerechte Umsetzung der Unternehmensübernahme berücksichtigt[86].

III. Auswirkungen auf die Unternehmensverfassung und die Mitbestimmung

147 Durch die zunehmende Zahl der Unternehmensübernahmen verstärkt sich die **Kontrollfunktion des Kapitalmarkts**. Unternehmen, die ihre Ressourcen nicht optimal einsetzen, müssen damit rechnen, Objekt einer Unternehmensübernahme zu werden. Auf Dauer bleibt nur das bessere – was meist bedeutet das besser geführte – Unternehmen selbständig. Es wird nicht so leicht von anderen Unternehmen übernommen, weil die Aktionäre keinen Anlaß für einen Kontrollwechsel sehen. Aber ein gut geführtes Unternehmen ist seinerseits in der Lage, andere, weniger gute oder weniger gut geführte Unternehmen zu übernehmen. Durch diesen Prozeß wird eine heilsame Wirkung auf die börsennotier-

---

[86] § 5 Rn 169 ff.

ten Unternehmen und letztlich die ganze Volkswirtschaft ausgeübt. Es entsteht ein Zwang zu hoher Wirtschaftlichkeit und zu ständiger Anpassung an moderne Technologien.

Durch die Übernahme eines Unternehmens werden sich regelmäßig die Mitarbeiterzahlen in der Unternehmensgruppe und – abhängig von der Art der Übernahme – möglicherweise auch im eigenen Unternehmen erhöhen. Dies kann zur Anwendung anderer **Mitbestimmungsvorschriften auf Unternehmensebene** führen[87]. Unternehmen, die bis dahin keine Arbeitnehmer in einem Aufsichtsrat hatten, müssen möglicherweise künftig im Aufsichtsrat Arbeitnehmervertreter haben[88], Unternehmen, die bis dahin nur nach den Vorschriften des BetrVG 1952 mitbestimmt waren, können den Vorschriften des MitbestG unterliegen[89].

Durch eine Unternehmensübernahme kann sich die Struktur der Unternehmensverfassung ändern. Wenn eine GmbH vor der Übernahme weniger als 500 Arbeitnehmer beschäftigt hatte, war ein **Aufsichtsrat** nicht zu bilden. Wenn sich durch die Übernahme die Zahl der Arbeitnehmer erhöht, muß ein Aufsichtsrat gebildet werden[90], für den allerdings nicht alle Vorschriften maßgeblich sind, die für den Aufsichtsrat einer AG gelten[91].

Auch die Grundlagen der **betrieblichen Mitbestimmung** können sich verändern. Durch die Übernahme kann sich die Zahl der Betriebe im Unternehmen erhöhen. Dies kann zur Errichtung eines Gesamtbetriebsrats zwingen[92]. Wenn durch die Übernahme ein Konzern entsteht, können die Arbeitnehmer der Konzernbetriebe die Errichtung eines Konzernbetriebsrats beschließen[93]. Bestimmungen über einen europäischen Betriebsrat können bedeutsam werden.

IV. Nachwirkende Schwierigkeiten

Nach Beginn der Umsetzung einer Unternehmensübernahme können sich aus der **Zusammenführung unterschiedlicher Systeme und Kulturen** auf vielen Arbeitsgebieten Schwierigkeiten ergeben. Auf einige sei im folgenden besonders hingewiesen.

---

[87] Siehe § 27 Rn 122 ff.
[88] § 76 Abs. 6 BetrVG 1952.
[89] Aktiengesellschaften, die vor dem 10. 8. 1994 eingetragen worden sind, den Charakter einer Familiengesellschaft haben und weniger als 500 Arbeitnehmer beschäftigen, haben keine Arbeitnehmervertreter in ihren Aufsichtsräten. Bei Aktiengesellschaften, die nach dem 9. 8. 1994 eingetragen worden sind, gibt es keine Arbeitnehmerbeteiligung im Aufsichtsrat, wenn die Gesellschaft weniger als 500 Arbeitnehmer beschäftigt.
[90] § 77 Abs. 1 Satz 1 BetrVG 1952.
[91] § 77 Abs. 1 Satz 2 BetrVG 1952.
[92] § 47 BetrVG.
[93] § 54 BetrVG.

1. Verunsicherung im Personal

152   Die Beachtung aller rechtlichen Vorschriften für den Übergang der Beschäftigungsverhältnisse ist eine Selbstverständlichkeit. Die Effizienz der Mitarbeiter beruht aber nicht allein auf der Einhaltung rechtlicher Vorschriften, sondern in erster Linie auf der **Erhaltung des eigenen Selbstverständnisses und der Pflege der zwischenmenschlichen Beziehungen**[94]. Auch nach einer Unternehmensübernahme muß sich der einzelne Mitarbeiter mit dem Unternehmen voll identifizieren und auf dieses Unternehmen stolz sein können. Er muß sich selbst weiterhin als mehr oder weniger entscheidenden Leistungsträger für den Erfolg seines Unternehmens sehen.

153   Die Mitarbeiter der zusammengeführten Unternehmen werden ihre neuen Kollegen und vor allem ihre künftigen Vorgesetzten zunächst mit Argwohn betrachten. Es kommt darauf an, möglichst rasch eine neue **Vertrauensbasis** zu schaffen und damit das „Wohlfühlen in seiner Umgebung" wieder herbeizuführen. Weder Anbiederei noch Mobbing sind geeignete Mittel, Übergänge sinnvoll zu gestalten. Es kommt darauf an, jeden Mitarbeiter mit den Zielen des neuen Unternehmensverbunds vertraut zu machen und gleichzeitig allen Mitarbeitern die Überzeugung zu vermitteln, daß diese Ziele gewollt sind und wirklich ernsthaft verfolgt werden.

154   Die Unzufriedenheit auch nur eines einzigen Mitarbeiters kann die Arbeitswilligkeit und den Arbeitserfolg ganzer Abteilungen lähmen. Die wichtigste Aufgabe aller Vorgesetzten ist es deswegen, mehr noch als normal **ständigen Kontakt mit den nachgeordneten Mitarbeitern** zu halten und das Gespräch vor allem mit solchen Mitarbeitern zu suchen, die einen unzufriedenen Eindruck machen. Neue Vorgesetzte müssen versuchen, neben einem geordneten geschäftlichen Über- und Unterordnungsverhältnis auch eine persönliche Beziehung aufzubauen. Der Vorgesetzte muß sich rasch ein Bild von den persönlichen Lebensverhältnissen seiner Mitarbeiter machen.

155   Auch hier gilt, daß auf den unteren Arbeitsebenen diese Anforderungen nur erfüllt werden, wenn sie **von den Führungskräften** der oberen Ebene **vorgelebt** werden.

2. Anpassung der Vergütungen

156   Bei Unternehmensübernahmen bestehen außerhalb der Tarifebene regelmäßig **Unterschiede in den Vergütungssystemen und in der Vergütungshöhe**. Im Grundsatz sollten bereits in der Vorbereitungsphase über die Behandlung dieser Unterschiede Überlegungen angestellt und Festlegungen erfolgt sein. Aber gerade in diesem Bereich kommt es nicht nur auf die Festlegung von Grundsätzen, sondern auch auf die Angemessenheit der Vergütung im Einzelfall an. Dies ist eine bleibende Aufgabe sowohl für die Linienvorgesetzten als auch für die zuständigen Personalabteilungen.

157   Während die Anpassung unterschiedlicher Vergütungssysteme im allgemeinen innerhalb eines einheitlichen Markts gut bewältigt werden kann, bereitet die Be-

---

[94] Vgl. *Müller/Obertreis*, Globalisierung... und was wird aus mir?, Stern 10. 2. 2000.

handlung der Vergütung in Unternehmen, die **in verschiedenen Märkten und Regionen tätig** sind, häufig Schwierigkeiten. Die reinen Bruttovergütungen für gleiche Tätigkeiten weichen oft erheblich voneinander ab.

Eine **Gleichstellung aller im Unternehmen weltweit tätigen Personen** ist sachlich nicht gerechtfertigt. Auch hier kommt es auf die Marktverhältnisse an. Wer gute Mitarbeiter an das Unternehmen binden möchte, muß sie unter Berücksichtigung der Marktgegebenheiten angemessen bezahlen.

Die für das Arbeitsverhältnis geltenden **Rahmenbedingungen** müssen sorgfältig analysiert und in die Betrachtung mit einbezogen werden. Hierbei spielen die gesamten öffentlichen und privaten sozialen Systeme eine Rolle. Nebenleistungen wie Dienstfahrzeug, Versicherungen, Urlaubszeit und Altersversorgung sind zu beachten. Auch ist zu berücksichtigen, in welcher Höhe die Bezüge besteuert werden. Lebenshaltungskosten und Lebensstandard sind ebenfalls Faktoren für die Vergütungsbemessung.

Unzufriedenheit der Mitarbeiter bei einer mehr oder weniger starken Anpassung der Vergütungsgrundlagen entsteht nicht so sehr durch Unterschiede in der Vergütungshöhe. Verärgerung und Frustration beruhen in erster Linie auf **ungenügender Information**. Linienvorgesetzte und Personalabteilung müssen durch mündliche und schriftliche Erläuterung darstellen, welche Überlegungen zu den eingeführten Standards geführt haben und warum bestehende Unterschiede gerechtfertigt sind. Es wird immer Mitarbeiter auf allen Ebenen geben, die mit ihrer Vergütung nicht einverstanden sind. Aber das Unternehmen muß bemüht sein, jedem seiner Mitarbeiter das Gefühl zu vermitteln, gerecht behandelt zu werden.

3. Anpassungsdruck im Sozialstandard

Für die Gesamtheit der gesetzlichen und freiwilligen sozialen Leistungen außerhalb der individualvertraglich vereinbarten Leistungen, den sog. **Sozialstandard**, gilt zunächst einmal das Gleiche wie für die Vergütungssysteme: Unterschiede in den Rahmenbedingungen können zu unterschiedlichen Systemen und Größenordnungen führen. Aber es gibt auch Leistungen, die ihren Ursprung in Besonderheiten des Unternehmens finden. Solche Leistungen brauchen nicht ohne weiteres auf andere Unternehmen übertragen zu werden.

F. Regulierungstendenzen

Unternehmensübernahmen sind heute nicht mehr nur den Kräften des Markts und den Entscheidungen der beteiligten Unternehmen überlassen. Auf verschiedenen Gebieten sind Vorschriften ergangen, die regulierend in die Übernahmevorhaben eingreifen. An dieser Stelle sollen nur einige Hinweise gegeben werden. Einzelheiten der **Regulierungsvorschriften** werden an anderer Stelle erläutert[95].

---

[95] Vgl. allgemein § 3 Rn 124 ff. und im besonderen §§ 18, 19.

I. Übernahmerecht

163 Für börsennotierte Gesellschaften werden in Deutschland besondere Übernahmevorschriften vorbereitet[96]. Der Sitz der übernehmenden Gesellschaft wird grundsätzlich für die Bestimmung des anzuwendenden Übernahmerechts maßgeblich sein.

II. Steuerrecht

164 Übernahmevorgänge können zu **weitreichenden steuerrechtlichen Konsequenzen**[97] führen, und zwar in jedem durch die Unternehmensübernahme betroffenen Land[98].

III. Wettbewerbsbeschränkungsrecht

165 Auch im Wettbewerbsbeschränkungsrecht[99] können sich für die Anwendung regulierender Vorschriften **verschiedene Zuständigkeiten** ergeben. Zunächst einmal können für ein Unternehmen mit Sitz in Deutschland die Wettbewerbsbehörden der Bundesrepublik und der EU zuständig sein. Außerdem können Zuständigkeiten in allen Ländern begründet sein, in denen die an der Übernahme beteiligten Unternehmen selbst oder ihre Tochtergesellschaften ihren Sitz haben oder die Märkte bearbeiten. Auch hier wird auf die Einzeldarstellung verwiesen[100].

---

[96] Für Gesellschaften mit Sitz in Deutschland gilt nach Anerkennung der Übernahmekodex; siehe § 31. Ein deutsches Übernahmegesetz ist in Vorbereitung; siehe Band 2.
[97] Siehe § 26 Rn 233 ff.
[98] Siehe dazu die Darstellung in § 35.
[99] Dazu *Fockenbrock*, In einer Welt der Megafusionen hat ein Weltkartellamt durchaus einen Platz, Handelsblatt 12. 5. 1999; *gks*, Wachsende Sorgen mit Mega-Fusionen, Neue Zürcher Zeitung 12. 5. 1999; *Kerscher*, Wettbewerb trotzt grassierender „Fusionitis", VDI Nachrichten, 12. 11. 1999; *Klaus-Peter Schmid*, Fressen und Herrschen, Die Zeit 17. 2. 2000; *Wolf*, Nicht mit Mega-Behörden gegen Mega-Fusionen, FAZ 10. 5. 1999.
[100] Siehe § 25.

§ 2 Übersicht über die rechtlichen Formen der Unternehmensübernahme

Übersicht

	Rn
A. Vorbemerkung	1
I. Die Wahrung der rechtlichen Selbständigkeit des Zielunternehmens	3
II. Die Wahrung der wirtschaftlichen Eigenständigkeit des Zielunternehmens	4
III. Der Verlust der wirtschaftlichen Eigenständigkeit (insbes. die organisatorische Eingliederung) des Zielunternehmens	5
IV. Der Verlust der rechtlichen Selbständigkeit des Zielunternehmens	10
B. Vorbereitende Maßnahmen	12
I. Zuziehung von Beratern	12
II. Strukturänderungen	13
III. Besonderheiten bei der Übernahme aus dem Ausland	16
1. Zwischenholding	17
2. Sitzverlegung	18
3. Europäische Aktiengesellschaft	20
C. Übernahme durch Anteilserwerb (Share Deal)	24
I. Gegenstand	24
1. Art der Beteiligung	24
2. Höhe der Beteiligung	25
a) Minderheitsbeteiligung	25
b) Mehrheitsbeteiligung	29
c) Erwerb aller Anteile	31
II. Formen	33
1. GmbH-Geschäftsanteile	34
2. Aktien	35
a) Erwerb außerhalb der Börse	35
b) Erwerb über die Börse	36
c) Übernahmeangebot	37
d) Erwerb restlicher Aktien (bis zu 5%)	39
e) Mitteilungspflichten	41
3. Beteiligung an Personenhandelsgesellschaft	42
4. Beteiligung an GmbH & Co. KG	43
5. Stille Beteiligung	44
III. Gegenleistung	45
1. Eigenmittel/Eigene Anteile	45
a) Liquidität	45
b) Eigene Anteile	46
aa) Kapitalerhöhung gegen Sacheinlagen	47
bb) Genehmigtes Kapital	49

	Rn
cc) Erwerb eigener Anteile	51
2. Fremdmittel	52
a) Aufnahme	52
b) Besicherung	53
D. Übernahme durch Vermögenserwerb (Asset Deal)	56
I. Gegenstand	56
II. Formen	59
III. Gegenleistung	62
1. Eigenmittel/Eigene Anteile	62
2. Fremdmittel	63
E. Übernahme durch Verschmelzung	64
I. Allgemein	64
II. Verschmelzungsarten	67
III. Verfahrensgrundzüge	69
F. Übernahme durch Erwerb von Dispositionsrechten	73
I. Allgemein	73
II. Beherrschungsvertrag	74
1. Inhalt und Bedeutung	74
2. Voraussetzungen und Zustandekommen	75
III. Eingliederung	78
1. Inhalt und Bedeutung	78
2. Voraussetzungen und Zustandekommen	79
IV. Gleichordnungskonzern	82
V. Betriebspacht	83
VI. Betriebsüberlassung	85
VII. Betriebsführung	86
VIII. Sonstige Unternehmensverträge	88
G. Zustimmungen und Genehmigungen	89
I. Zustimmungen der Mitgesellschafter von Veräußerer und Erwerber	90
1. Allgemein	90
2. Kapitalgesellschaften	91
a) AG	91
b) GmbH	94
3. Personenhandelsgesellschaften	97
II. Behördliche Zustimmungen und Genehmigungen	100
III. Zustimmungen sonstiger Dritter	101

Schrifttum: *Brandes,* Die Rechtsprechung des Bundesgerichtshofs zur Personengesellschaft, WM 1994, 569; *Jahn/Herfs-Röttgen,* Die Europäische Aktiengesellschaft, DB 2001, 631; *Schulze zur Wiesche,* Betriebsführungsverträge aus handelsrechtlicher und steuerrechtlicher Sicht, BB 1983, 1026.

A. Vorbemerkung

Eine „Übersicht" über die denkbaren Formen der Übernahme von Unternehmen kann wenig mehr als eine Art erläutertes Inhaltsverzeichnis dieses Handbuchs sein. Sie soll allerdings nicht nur den **Beteiligungserwerb** oder den **Vermögenserwerb** (durch Einzelübertragung oder durch Gesamtrechtsnachfolge im Weg der Verschmelzung[1]) erfassen, sondern auch die Fälle, in denen die volle Inhaberschaft nicht erworben werden kann oder nicht angestrebt wird (Erwerb von Dispositionsrechten)[2].

Wer sich an einem Unternehmen zu beteiligen erwägt, um dort die **unternehmerische Verantwortung** zu übernehmen, wird darüber nachdenken, ob und in welchem Maß er die rechtliche und/oder wirtschaftliche Selbständigkeit des Unternehmens respektieren will[3]. Unter diesem Aspekt sind vier Grundmuster zu unterscheiden[4]:

I. Die Wahrung der rechtlichen Selbständigkeit des Zielunternehmens

Beim Erwerb von Anteilsrechten am Zielunternehmen behält dieses seine rechtliche Selbständigkeit. Der Inhaberwechsel läßt die Identität des Unternehmens, gleichgültig, in welcher Rechtsform es betrieben wird, unangetastet. Das gilt auch dann, wenn der Erwerber die wirtschaftliche Eigenständigkeit des Zielunternehmens durch den Abschluß von Unternehmensverträgen in größerem oder geringerem Umfang beeinträchtigt, wie das am stärksten bei der **Eingliederung** der Fall ist[5], aber auch durch den Abschluß eines Beherrschungsvertrags[6] oder anderer Unternehmensverträge wie etwa eines Betriebspacht- oder Betriebsüberlassungsvertrags eintritt[7].

II. Die Wahrung der wirtschaftlichen Eigenständigkeit des Zielunternehmens

Die wirtschaftliche Eigenständigkeit des Zielunternehmens bleibt am stärksten gewahrt, wenn der Erwerb sich auf den durch die Beteiligung vermittelten gesellschaftsrechtlichen Einfluß (Stimmrecht) beschränkt. Auch bei **Abhängigkeit** des Zielunternehmens infolge des Erwerbs einer Mehrheitsbeteiligung kann dessen

---

[1] Zum Share Deal siehe Rn 24 ff., zum Asset Deal Rn 56 ff., zur Verschmelzung Rn 64 ff.
[2] Siehe Rn 73 ff.
[3] Siehe auch § 28 Rn 1.
[4] Nur für die AG gibt es ein gesetzliches Konzernrecht. Zur – weitgehenden – Übertragung auf die Beziehungen zwischen herrschender und beherrschter GmbH siehe *Zöllner* in Baumbach/Hueck GmbH-KonzernR Rn 2 und unten § 28 Rn 55 ff.
[5] Die Eingliederung kommt nur in Betracht, wenn sowohl die einzugliedernde als auch die eingliedernde (Haupt-)Gesellschaft Aktiengesellschaften (nicht auch KGaA, *Hüffer* § 319 AktG Rn 4) sind, § 319 Abs. 1 AktG. Siehe Rn 78 ff.
[6] Siehe § 28 Rn 37 ff.
[7] § 292 AktG.

wirtschaftliche Eigenständigkeit durchaus erhalten bleiben[8]. Das ändert sich allerdings, wenn der Erwerber das Zielunternehmen einer **einheitlichen Leitung** unterstellt, die von ihm oder einem verbundenen Unternehmen ausgeübt werden kann[9].

III. Der Verlust der wirtschaftlichen Eigenständigkeit (insbes. die organisatorische Eingliederung) des Zielunternehmens

5   Wird mit der Zielgesellschaft ein **Beherrschungsvertrag**[10] abgeschlossen, entsteht ein **Unterordnungskonzern**. Durch einen Beherrschungsvertrag unterwirft sich das Zielunternehmen den Weisungen des Erwerbers, womit die wirtschaftliche Eigenständigkeit des Zielunternehmens verlorengeht.

6   Das gleiche gilt bei der **Eingliederung**[11].

7   Verpachtet das Zielunternehmen seinen Betrieb dem Erwerber (**Betriebspachtvertrag**[12]), geht die wirtschaftliche Führung ebenfalls auf den Erwerber über, und das Zielunternehmen verliert für die Dauer des Vertrags seine wirtschaftliche Eigenständigkeit.

8   Im **Gleichordnungskonzern**, in dem zwei Unternehmen, ohne daß eines von dem anderen abhängig ist, einer einheitlichen Leitung unterstehen[13], ist der Verlust der wirtschaftlichen Eigenständigkeit nicht vorgegeben. Die begriffsnotwendig[14] **gleichwertige Mitwirkung** der Organe der beteiligten Unternehmen an der einheitlichen Konzernleitung schließt es im Grundsatz aus, daß sich ein Konzernunternehmen gegen das andere durchsetzt. Allerdings leitet der Vorstand die AG im Gleichordnungskonzern nicht mehr eigenverantwortlich; die wirtschaftliche Eigenständigkeit ist dann nicht mehr voll gewährleistet.

9   Ein **Betriebsführungsvertrag**, aufgrund dessen der Erwerber den (nicht notwendig gesamten) Betrieb des Zielunternehmens als Bevollmächtigter im Namen und für Rechnung der Gesellschaft führt[15], kommt als „Übernahme" kaum in Betracht, ebensowenig wie ein **Betriebsüberlassungsvertrag**, bei dem der Erwerber den (nicht notwendig gesamten) Betrieb des Zielunternehmens zwar in dessen Namen, allerdings auf eigene Rechnung führt. Bei beiden Verträgen bleibt die wirtschaftliche Selbständigkeit des Zielunternehmens erhalten, wenn auch der **unternehmerische Einfluß** auf die Betriebe während der Vertragsdauer auf den Erwerber übergeht.

---

[8] Es kommt dann darauf an, ob und inwieweit die Möglichkeit der Einflußnahme auf das abhängige Unternehmen genutzt wird; siehe dazu *Hüffer* § 18 AktG Rn 19 und § 28 Rn 35.
[9] § 18 Abs. 1 AktG; siehe dazu *Hüffer* § 18 AktG Rn 8ff. und § 28 Rn 14ff., 31, 50ff.
[10] § 291 Abs. 1 Satz 1 Alt. 1 AktG; siehe Rn 74ff.
[11] Siehe Rn 78ff.
[12] § 292 Abs. 1 Nr 3 AktG; siehe Rn 83ff.
[13] § 18 Abs. 2 AktG.
[14] *Krieger* in MünchHdbGesR Bd. 4 § 68 Rn 81.
[15] *Hüffer* § 292 AktG Rn 20.

IV. Der Verlust der rechtlichen Selbständigkeit des Zielunternehmens

Das Zielunternehmen verliert seine rechtliche und damit auch seine wirtschaftliche Selbständigkeit, wenn sein Vermögen im Weg der **Verschmelzung** als Ganzes auf ein anderes Unternehmen (den Erwerber oder einen vom Erwerber dafür vorgesehenen Rechtsträger) übergeht, womit es selbst erlischt[16].

Die nachstehende Übersicht beschränkt sich auf die Darstellung der rechtlichen Strukturen, innerhalb derer sich die **Übernahme unternehmerischer Verantwortung** vollziehen kann.

B. Vorbereitende Maßnahmen

I. Zuziehung von Beratern

Die Maßnahmen, die zur Vorbereitung einer geplanten Übernahme, gleichviel in welcher Form, geboten oder zweckmäßig sind, werden im II. Teil dieses Arbeitshandbuchs eingehend dargestellt. Hier mögen einige Hinweise genügen. Zu den wesentlichen Maßnahmen im Vorbereitungsstadium gehört die Entscheidung, ob und ggf. welche **Berater** den beteiligten Unternehmen und ggf. ihren Anteilsinhabern bei der beabsichtigten Transaktion zur Seite stehen sollen[17].

II. Strukturänderungen

Sowohl beim Zielunternehmen wie beim Erwerber sind nicht selten Strukturänderungen erforderlich, um das Unternehmen oder den Betriebsteil „**übernahmetauglich**" zu machen[18].

Ist das Unternehmen, das übertragen bzw. übernommen werden soll, noch nicht in einer dafür geeigneten Form, muß der **Veräußerer** es zunächst umstrukturieren. Ein Teilbetrieb muß rechtlich verselbständigt werden oder Teile des Unternehmens sind auszugliedern, um Bereiche, die nicht übertragen werden sollen, zurückzubehalten oder auch nur, um das Volumen zu verkleinern, was namentlich bei Verschmelzungen wünschenswert sein kann. Auch der Verkauf von Unternehmensteilen oder einzelnen Wirtschaftsgütern kann in Betracht kommen, um dem Gegenstand der Veräußerung den passenden Zuschnitt zu geben[19].

Aber auch der **Erwerber** wird häufig Maßnahmen zu treffen haben, um die Übernahme mit den angestrebten wirtschaftlichen und steuerlichen Folgen möglich zu machen. Je nachdem, ob das Zielunternehmen als Teil einer Unternehmensgruppe in rechtlicher Selbständigkeit und in mehr oder weniger großer wirtschaftlicher Eigenständigkeit geführt werden soll, kommen die Gründung oder der Erwerb von Zwischengesellschaften(-holdings) in Betracht, aber auch Aus-

---

[16] § 20 Abs. 1 Nr. 2 UmwG.
[17] Siehe § 4.
[18] Siehe § 8 Rn 1 ff.
[19] Siehe § 8 Rn 14 ff.

gliederungen und Abspaltungen zur Schaffung eines für die Aufnahme geeigneten Rechtsträgers.

III. Besonderheiten bei der Übernahme aus dem Ausland

16 Es gibt eine Reihe von Maßnahmen, für die es Voraussetzung oder wünschenswert ist, daß der Erwerber seinen Sitz im Inland hat.

1. Zwischenholding

17 Um eine Umwandlung[20] oder Eingliederung[21] zu ermöglichen, aber auch aus steuerlichen Gründen[22] kann es sich empfehlen, eine deutsche Zwischenholding einzuschalten[23].

2. Sitzverlegung

18 Die im Ausland in Übereinstimmung mit den dortigen Rechtsvorschriften errichtete Gesellschaft wird im Inland anerkannt[24]; sie kann hier geschäftlich tätig werden, u. a. auch dadurch, daß sie eine Zweigniederlassung gründet[25]. Problematisch ist dagegen die Verlegung des Hauptverwaltungssitzes ins Inland[26]. Die Sitzverlegungsrichtlinie[27] ist noch nicht verabschiedet. Nach der in Deutschland herrschenden und vom BGH[28] angewendeten Sitztheorie bestimmt sich die Anerkennung der Gesellschaft nach dem an ihrem Sitz geltenden Recht[29]. Infolgedessen wird die Sitzverlegung ins Inland nur eingetragen, wenn die Beschlüsse und die Anmeldung den **Gründungsanforderungen einer deutschen Gesellschaft** entsprechen[30]. Damit können die betroffenen Unternehmen unter ihrer Firma weder Träger von Rechten und Pflichten sein noch vor Gericht klagen oder verklagt werden.

---

[20] Siehe § 17 Rn 249 ff.
[21] Siehe Rn 78 ff.
[22] Siehe § 26 Rn 290 ff., 384. Sollte die Europäische Aktiengesellschaft Wirklichkeit werden, könnten sich daraus Konsequenzen auch für grenzüberschreitende Übernahmen ergeben.
[23] Zum verschmelzungsähnlichen Zusammenschluß über die Gründung einer neuen Gesellschaft siehe § 17 Rn 368 ff.
[24] Zur Anerkennung ausländischer Gesellschaften siehe *Heider* in MünchKomm. Einl. vor § 1 AktG Rn 135.
[25] BGHZ 78, 31.
[26] Die umgekehrte Verlegung des Sitzes ins Ausland wird entweder als Auflösungsbeschluß (so die hM, zuletzt *OLG Düsseldorf* ZIP 2001, 790, und *Hamm* ZIP 2001, 791) oder als nichtig angesehen, *Hüffer* § 5 AktG Rn 12.
[27] Der Kommissionsvorschlag der 14. Richtlinie zur Verlegung des Sitzes innerhalb der EU mit Wechsel des für die Gesellschaft maßgebenden Rechts ist abgedruckt in ZIP 1997, 1721.
[28] BGHZ 53, 181, 183; BGHZ 97, 269, 271. *BGH* Vorlagebeschluß vom 30. 3. 2000 ZIP 2000, 967, dazu *Roth* EWiR 2000, 793; ebenso *OLG Brandenburg* Beschluß vom 31. 5. 2000 ZIP 2000, 1616, dazu *W. Müller* EWiR 2001, 67. Siehe aber *AG Heidelberg* Vorlagebeschluß vom 3. 3. 2000 ZIP 2000, 1617, dazu *Neye* EWiR 2000, 1155; *Roth*, Die Sitzverlegung vor dem EuGH, ZIP 2000, 1597.
[29] *Heider* in MünchKomm. Einl. vor § 1 AktG Rn 123 ff. mwN.
[30] §§ 23 ff., 36 ff. AktG.

Diese Rechtsprechung des BGH erfährt Widerspruch[31]. Vor allem auf das "Centros"-Urteil des EuGH[32] wird die Ansicht gestützt, daß die Rechtsprechung des BGH gegen Art. 43 EG verstößt[33]. Die Weigerung eines Mitgliedstaats, die Zweigniederlassung einer Gesellschaft, die ihren Sitz in einem anderen Mitgliedstaat hat, in das nationale Handelsregister einzutragen, hindert nach dem EuGH die Gesellschaft an der Wahrnehmung ihres Niederlassungsrechts aus Art. 43 EG. Ziel der **Niederlassungsfreiheit** sei gerade, es allen nach dem Recht eines Mitgliedstaats errichteten Gesellschaften mit satzungsmäßigem Sitz, Hauptverwaltung oder Hauptniederlassung in der Europäischen Gemeinschaft zu erlauben, Zweigniederlassungen in anderen Mitgliedstaaten zu gründen[34]. Indessen ist der Streit durch das "Centros"-Urteil nicht erledigt. Der BGH hat seine Rechtsprechung bisher nicht aufgegeben und statt dessen den EuGH erneut mit der Frage befaßt[35]. Bis zu einer Entscheidung des EuGH sollte eine nach ausländischem Recht gegründete Gesellschaft, wenn sie wirklich ihren tatsächlichen Hauptverwaltungssitz im Inland nehmen will, eine nach deutschem Recht gegründete Gesellschaft als Aquisitionsvehikel verwenden.

3. Europäische Aktiengesellschaft

Es hat den Anschein, daß die lange[36] ergebnislosen Bemühungen um eine übernationale Aktiengesellschaft zu einem positiven Abschluß kommen werden: Im Dezember 2000 haben die europäischen Arbeits- und Sozialminister eine politische **Einigung über das Statut der Europäischen Aktiengesellschaft** (Societas Europaea – SE) erzielt[37]. Damit ist eine wesentliche Etappe zur Harmonisierung der verschiedenen europäischen gesellschaftsrechtlichen Vorschriften er-

---

[31] *Knobbe-Keuk*, Umzug von Gesellschaften in Europa, ZHR 154 (1990) 325, 345f.; *Meilicke*, Sitztheorie versus Niederlassungsfreiheit?, GmbHR 2000, 693ff.

[32] *EuGH* NZG 1999, 298, 299 "Centros"; dazu: *Heider* in MünchKomm. Einl. vor § 1 AktG Rn 128. Siehe § 17 Rn 110 und 267ff.

[33] *Meilicke*, Anm. zu EuGH DB 1999, 625, 627 "Centros".

[34] *EuGH* NZG 1999, 298, 299.

[35] Im Weg des Vorabentscheidungsverfahrens gem. Art. 234 EG, *BGH* ZIP 2000, 967ff.

[36] Der erste Entwurf eines Statuts einer Europäischen Aktiengesellschaft 1966 fußte auf Vorarbeiten des Europarats aus dem Jahr 1952, siehe *Wiesner*, Der Nizza-Kompromiss zur Europa AG – Triumph oder Fehlschlag?, ZIP 2001, 397.

[37] Die SE soll durch eine EU-Verordnung gem. Art. 249 Abs. 2 EGV umgesetzt werden, die voraussichtlich noch 2001 verabschiedet werden soll. Ihre Bestimmungen werden unmittelbar geltendes Recht, bedürfen aber, da es nur Rahmenbedingungen sind, nationaler Ausführungsgesetze, mit denen bis 2004 gerechnet wird. Die Mitbestimmungsregelungen sind Gegenstand der Richtlinie, die der Umsetzung in deutsches Recht bedarf. Nach dem Verordnungsvorschlag ist die SE eine Gesellschaft mit einem Mindestkapital von 120 000 €. Eine Besonderheit innerhalb des SE-Statuts ist die Regelung der Zustimmungsvorbehalte zugunsten des Aufsichts- oder Verwaltungsorgans. Investitionsvorhaben, die Errichtung, der Erwerb, die Veräußerung oder die Auflösung von Unternehmen, Betrieben oder Betriebsteilen, die Aufnahme von Krediten, die Ausgabe von Schuldverschreibungen, somit Geschäfte, die von gewichtiger Bedeutung für die künftige Entwicklung des Unternehmens sind, bedürfen der Zustimmung. Dies gilt aber nur, wenn ihr finanzieller Umfang einen bestimmten Anteil des Unternehmenskapitals erreicht hat, wobei ein Spielraum zwischen 5 % und 25 % vorgesehen ist. Zur SE siehe *Raiser*, Europäische Aktiengesellschaft und nationale Aktiengesetze, FS Johannes Semler, 1993, S. 277, 292; *Jahn/Herfs-Röttgen* DB 2001, 631.

reicht. Unternehmen, die sich grenzüberschreitend in Europa betätigen, wird damit eine **zusätzliche Rechtsform** bereitgestellt. Innerhalb eines Konzerns müssen künftig nicht mehr verschiedene nationale Gesellschaftsformen miteinander kombiniert werden. Die europaweit einheitliche Rechtsform der SE wird damit grenzüberschreitende Umwandlungen und Sitzverlegungen erleichtern. Die SE wird durch Verschmelzung, Gründung, oder Formwechsel einer nationalen Gesellschaft auf vier verschiedene Weisen gebildet werden können:
- Zwei nach dem Recht eines Mitgliedstaats der EU gegründete Aktiengesellschaften mit Sitz und Hauptverwaltung in der EU werden verschmolzen;
- zwei Kapitalgesellschaften gründen eine Holding-SE[38];
- Rechtsträger des öffentlichen oder privaten Rechts gründen eine Tochter-SE;
- eine Aktiengesellschaft, die seit mindestens zwei Jahren eine Tochtergesellschaft in einem anderen Mitgliedsland der EU hat, wird in eine SE umgewandelt.

21 Eine SE kann außerdem eine Tochtergesellschaft in der Rechtsform der SE gründen.

22 Voraussetzung für die Gründung einer SE wird ein internationaler Bezug sein; das Unternehmen muß mehr als einen **Standort in verschiedenen Mitgliedstaaten der Europäischen Union** haben. In ihrer Unternehmensverfassung soll die SE zwischen dem (monistischen) Board-System und dem (dualistischen) System mit einem Leitungs- und einem Aufsichtsorgan, Vorstand und Aufsichtsrat, wählen können. Die SE soll ihren Sitz in einen anderen Mitgliedstaat der EU verlegen können, ohne daß darin die Auflösung verbunden mit einer Neugründung zu sehen wäre.

23 Die Bemühungen um die SE wurden zuletzt vor allem von den divergierenden Vorstellungen über die Mitbestimmungsrechte der Arbeitnehmer aufgehalten. Inzwischen hat man sich darauf verständigt, daß primär die Betriebsräte der beteiligten Unternehmen eine **Mitbestimmungsregelung** vereinbaren. Kommt eine solche Vereinbarung nicht zustande, gilt die gesetzliche Regelung des Mitgliedstaats mit der weitestgehenden Mitbestimmungsregelung, in dem eines der beteiligten Unternehmen seinen Sitz hat. Auf Deutschland bezogen bedeutet dies, daß die deutschen Mitbestimmungsgesetze anzuwenden sind, falls ein deutsches Unternehmen beteiligt ist und die Unternehmen sich nicht mit den Betriebsräten über eine abweichende Lösung verständigen. Diese grundsätzliche Anwendung der deutschen Mitbestimmungsgesetze läßt allerdings den Unternehmen des europäischen Auslands Zusammenschlüsse mit deutschen Gesellschaften unter dem Dach der SE kaum reizvoll erscheinen[39]. Der Klärung bedürfen noch die Fragen der verbundenen Unternehmen (Konzernrecht), die in der Verordnung (anders als in den Vorentwürfen) bisher nicht geregelt werden, außerdem die steuerlichen Konsequenzen grenzüberschreitender Maßnahmen.

---

[38] Bei Gründung einer SE durch Errichtung einer Holdinggesellschaft soll es genügen, 51 % der Anteile an den Gründungsgesellschaften auf die Holding zu übertragen.

[39] *Jahn/Herfs-Röttgen* DB 2001, 631, 638.

C. Übernahme durch Anteilserwerb (Share Deal)

I. Gegenstand

1. Art der Beteiligung

Ein Unternehmen kann erworben werden, indem die **Anteile an seinem Rechtsträger** übertragen werden. Rechtsträger kann eine **Kapital-** (GmbH, AG, KGaA)[40] oder eine **Personenhandelsgesellschaft** sein (OHG, KG, GmbH & Co. KG oder GmbH & Co. KGaA)[41]. Daneben kommt die stille Beteiligung an dem von einem Rechtsträger, dem Inhaber, betriebenen Handelsgewerbe in Betracht[42]. 24

2. Höhe der Beteiligung

a) **Minderheitsbeteiligung.** Der Erwerb einer Minderheitsbeteiligung verschafft dem Erwerber idR noch keinen unternehmerischen Einfluß. Dieser ergibt sich grundsätzlich und in erster Linie aus der **Stimmenmacht**. 25

Bei der AG kann in Abhängigkeit von der Präsenz in der Hauptversammlung[43] auch eine Minderheitsbeteiligung es dem Erwerber ermöglichen, sich **durchzusetzen**. Bei der GmbH und den Personengesellschaften genügt dafür uU nicht einmal der Erwerb der Stimmenmehrheit[44]. 26

Zwar kann beherrschender Einfluß außer über die Stimmenmacht auch **auf vertraglichem Weg** erreicht werden. Ein Beherrschungsvertrag[45] setzt aber die Zustimmung durch einen Gesellschafterbeschluß voraus, den der Minderheitsgesellschafter idR nicht wird durchsetzen können[46]. 27

Auch eine Minderheitsbeteiligung kann allerdings beherrschenden Einfluß vermitteln, wenn der Anteilsinhaber mit anderen Gesellschaftern eine Vereinbarung über das Verhalten vor und in der Hauptversammlung wie über die **Besetzung der Organe**[47] trifft, die gewährleistet, daß sie die Stimmrechte gemeinsam ausüben (**Konsortial- oder Poolvertrag**[48]), oder wenn durch die Identität der Gesellschafter zweier Anteilsinhaber oder durch **personenidentische Organbeset-** 28

---

[40] Siehe § 12 Rn 1ff. Muster finden sich bei *Hess/Fabritius* in Hopt, Vertrags- und Formularbuch, IV. B.6 und 7 (GmbH), 11 (AG).
[41] Siehe § 12 Rn 8ff. Muster finden sich bei *Hess/Fabritius* in Hopt, Vertrags- und Formularbuch, IV. B.12 (OHG), 16 (GmbH & Co. KG).
[42] Siehe § 12 Rn 13.
[43] In der Publikums-AG ohne Paketaktionäre genügt dafür uU eine Beteiligung von weniger als 25 % des Grundkapitals; siehe dazu *Benner-Heinacher*, Mindeststandards für Übernahmeregeln in Deutschland, DB 1997, 2521.
[44] Siehe Rn 29f.
[45] § 291 AktG.
[46] Wegen der dazu erforderlichen Mehrheiten siehe Rn 76.
[47] Ist mit vinkulierten Namensaktien das Recht verbunden, (höchstens ein Drittel der) Aufsichtsratsmitglieder zu bestimmen (Entsendungsrecht, § 101 Abs. 2 AktG), geht es auf den Erwerber der Aktien mit über, *Hüffer* § 101 AktG Rn 8.
[48] Das Muster eines solchen Konsortialvertrags (für GmbH und KG) findet sich bei *Volhard* in Hopt, Vertrags- und Formularbuch, II. A.4.

zung die gemeinsame Stimmausübung gewährleistet ist[49]. Auch das spielt für Übernahmen aber keine Rolle, sondern erst nach vollzogenem Anteilserwerb.

29 **b) Mehrheitsbeteiligung.** Der Erwerb der Kapitalmehrheit verschafft dem Erwerber von Anteilen an einer Kapitalgesellschaft beherrschenden Einfluß, falls mit ihr, wie idR, auch die **Stimmenmehrheit** verbunden ist[50]. Im Zusammenhang mit Unternehmensübernahmen ist die Ausstattung von Anteilen mit unterschiedlichen Stimmrechten praktisch bedeutungslos[51].

30 Bei den Personenhandelsgesellschaften gilt das nur in beschränktem Umfang. Das Gesetz sieht für Beschlußfassungen die Abstimmung nach Köpfen und Einstimmigkeit vor, Gesellschaftsverträge idR **Mehrheitsentscheidungen** nach dem Verhältnis der Beteiligung am Gesellschaftskapital. Doch gilt dies nur für Maßnahmen der laufenden Geschäftsführung. Außerordentliche Maßnahmen, insbes. „Grundlagengeschäfte", die den Kernbereich der Rechte und Pflichten der Gesellschafter betreffen, bedürfen der **Zustimmung aller Gesellschafter**, wenn nicht nach dem Gesellschaftsvertrag auch für sie ausdrücklich[52] eine (ggf. qualifizierte) Mehrheitsentscheidung genügen soll.

31 **c) Erwerb aller Anteile.** Die Kapitalgesellschaft kann auch nur einen Gesellschafter haben (Einpersonen-GmbH, Einpersonen-AG). Der Alleingesellschafter braucht zwar auf Mitgesellschafter keine Rücksichten mehr zu nehmen, gleichwohl ist auch seine unternehmerische Herrschaft bestimmten Beschränkungen zur **Kapitalsicherung** und zum **Gläubigerschutz** unterworfen.

32 Dagegen muß eine Personenhandelsgesellschaft mindestens zwei Gesellschafter haben. Infolgedessen erlischt sie, wenn nur noch ein Gesellschafter vorhanden ist; ihr Vermögen wird im Weg der „Anwachsung" Vermögen des Erwerbers[53]. Mindestens zwei Gesellschafter sind dagegen noch vorhanden bei der vollständigen Übernahme einer GmbH & Co. KG: Übernimmt der Erwerber alle Anteile, nicht

---

[49] *Krieger* in MünchHdbGesR Bd. 4 § 68 Rn 50.

[50] § 134 Abs. 1 Satz 1 AktG; § 47 Abs. 2 GmbHG.

[51] Bei der GmbH ist jede Stimmrechtsregelung gestattet, *Zöllner* in Baumbach/Hueck § 47 GmbHG Rn 43, könnten also Anteile vom Stimmrecht ganz ausgeschlossen oder ihr Stimmrecht der Höhe nach beschränkt und Anteile mit Mehrstimmrechten ausgestattet werden. Anders bei der AG: Nur Vorzugsaktien (§§ 139ff. AktG) können ohne Stimmrecht ausgegeben werden, §§ 12 Abs. 1, 60 Abs. 3 AktG. Seit dem 1. 1. 1999 (KonTraG) ist die Ausstattung von Aktien mit Mehrstimmrechten nicht mehr zulässig, § 12 Abs. 2 AktG. Vorher begründete Mehrstimmrechte bleiben nur noch bis zum 1. 6. 2003 bestehen, sofern nicht die Hauptversammlung ihre Fortgeltung beschlossen hat, § 5 Abs. 1 EG AktG. Höchststimmrechte sind nur noch bei nichtbörsennotierten Gesellschaften zulässig, § 134 Abs. 1 Satz 2 AktG, § 5 Abs. 7 EG AktG.

[52] Nach dem sog. Bestimmtheitsgrundsatz muß der Gesellschaftsvertrag unzweideutig ergeben, daß auch für eine derartige Entscheidung ein Beschluß der Mehrheit genügen soll, BGHZ 85, 356; siehe dazu *Kraffel/König*, Der Bestimmtheitsgrundsatz bei Mehrheitsklauseln in Personengesellschaften – eine Neuorientierung der Rechtsprechung?, DStR 1996, 1130; *Hopt* § 119 HGB Rn 37ff. (mit Beispielen in Rn 38). Zur Kritik am Bestimmtheitsgrundsatz siehe *Ulmer* in MünchKomm. § 709 BGB Rn 74ff.

[53] § 738 BGB; BGHZ 32, 307, 317.

nur die Kommanditanteile, sondern auch die Geschäftsanteile an der Komplementär-GmbH, bleibt die KG folglich bestehen[54].

II. Formen

Die Form des Erwerbs hängt ab vom Gegenstand[55]. 33

1. GmbH-Geschäftsanteile

GmbH-Geschäftsanteile werden durch – notariell zu beurkundende – **Abtretung** übertragen[56]. 34

2. Aktien

a) **Erwerb außerhalb der Börse.** Aktien werden je nachdem, ob sie verbrieft sind oder nicht, durch **Einigung** und **Übergabe oder** durch **Abtretung** der Mitgliedschaftsrechte übertragen, verbriefte Namensaktien durch Indossament[57] und Übergabe. 35

b) **Erwerb über die Börse.** Sind Aktien börsennotiert, kommt auch der Erwerb über die Börse in Betracht. Der Aufbau einer maßgeblichen Beteiligung setzt allerdings ein entsprechendes Handelsvolumen voraus und führt idR zu beträchtlichen Kurssteigerungen. Außerdem muß der Interessent Aktien erwerben, ohne die Gewißheit zu haben, sein Ziel, eine den unternehmerischen Einfluß gewährleistende Zahl von Aktien (Stimmrechten) zu erwerben, erreichen oder die erworbenen Aktien verlustfrei wieder verkaufen zu können. Der Erwerb über die Börse wird daher nur als „Zuerwerb", zur Aufstockung einer bereits bestehenden Beteiligung oder eines außerhalb der Börse disponiblen Pakets in Betracht kommen. Auch dann kann uU ein **Übernahmeangebot** erwogen werden, das an die Bedingung geknüpft werden kann, daß insgesamt eine bestimmte Quote des Grundkapitals angeboten wird[58]. 36

c) **Übernahmeangebot.** Der Interessent kann den Aktionären ein öffentliches Angebot zum Erwerb ihrer Aktien machen[59]. Für den Inhalt eines solchen Angebots enthält der **Übernahmekodex** der Börsensachverständigenkommis- 37

---

[54] Das gilt auch bei der sog. Einheits-GmbH & Co. KG, bei der die KG alleinige Gesellschafterin der Komplementär-GmbH ist; siehe dazu *Volhard* in Hopt, Vertrags- und Formularbuch, II. E.6. Die GmbH bleibt bestehen, wenn alle Kommanditanteile übertragen werden, folglich auch die KG, da es immer noch zwei Gesellschafter gibt: den neuen Kommanditisten und die GmbH.
[55] Siehe § 12 Rn 209 ff., § 13 Rn 105 ff.
[56] § 15 Abs. 3 GmbHG; siehe dazu § 12 Rn 122 ff.
[57] Siehe § 12 Rn 111 ff.
[58] Siehe Band 2.
[59] Ein Muster, das den Anforderungen des Übernahmekodex der Börsensachverständigenkommission (siehe dazu § 31), allerdings noch nicht dem RefE-WÜG (siehe Band 2) entspricht, findet sich bei *Hess/Fabritius* in Hopt, Vertrags- und Formularbuch, IV. B.18).

sion beim Bundesministerium der Finanzen[60] Regeln, die allerdings keine Rechtsnormen sind, sondern die Marktteilnehmer nur binden, soweit sie sie anerkannt haben. Dazu gehört die Verpflichtung, nach Erreichen bestimmter Schwellen den verbleibenden freien Aktionären ein Erwerbsangebot zu machen (Pflichtangebot). Das Angebot, das sich an die jeweiligen Inhaber von Aktien der betreffenden Gesellschaft richtet, wird ihnen durch Veröffentlichung in der Wirtschaftspresse (FAZ, Börsen-Zeitung und dgl.) bekanntgemacht. Außerdem haben die Banken, in deren Depots sich solche Aktien befinden, die Inhaber von dem Angebot zu verständigen und deren Weisung zu erbitten[61].

38 Rechtsnormen wird erst das neue Wertpapiererwerbs- und Übernahmegesetz (WpÜG) enthalten[62].

39 **d) Erwerb restlicher Aktien (bis zu 5%).** Eine AG mit Sitz im Inland (Hauptgesellschaft), die mindestens 95% der Aktien einer anderen AG mit Sitz im Inland hält, kann sich die restlichen Aktien durch **Eingliederung** der Gesellschaft verschaffen[63]. Die Aktien der außenstehenden Aktionäre gehen mit Eintragung der Eingliederung auf die Hauptgesellschaft über; die ausscheidenden Aktionäre haben Anspruch auf angemessene Abfindung[64].

40 Das Wertpapiererwerbs- und Übernahmegesetz wird für den 95%-Aktionär die Möglichkeit schaffen, die restlichen Aktien außenstehender Aktionäre zu erwerben (**Squeeze Out**)[65]. Bisher gibt es dazu keinen Weg außer der Verschmelzung auf den Mehrheitsaktionär[66], dem Formwechsel[67], der erwähnten – nur zwischen zwei Aktiengesellschaften möglichen – Eingliederung[68] und der übertragenden Auflösung der Gesellschaft[69]. Beim Beherrschungs- und Ergebnisabführungsvertrag steht das Ausscheiden zudem im Belieben der außenstehenden Aktionäre[70]. **Aktionären mit Sitz im Ausland** stehen die über die Grenze nicht möglichen Umwandlungsvorgänge (Verschmelzung, Formwechsel) ebensowenig wie die Eingliederung zur Verfügung.

---

[60] AG 1995, 572, geändert AG 1998, 133. Dazu näher § 31.
[61] § 39 der AGB-Banken.
[62] Siehe Band 2.
[63] §§ 319 bis 327 AktG; siehe Rn 78 ff.
[64] In Aktien der Hauptgesellschaft oder, wenn diese eine abhängige Gesellschaft ist, nach Wahl der ausscheidenden Aktionäre entweder in Aktien oder in bar, § 320b Abs. 1 Satz 2 und 3 AktG. Siehe auch Band 2.
[65] Siehe Art. 6 RefE-WÜG zur Einfügung von §§ 327a-f AktG und Band 2.
[66] §§ 62, 20 Abs. 1 Nr. 3 UmwG.
[67] § 202 Abs. 1 Nr. 2 UmwG.
[68] § 320a AktG.
[69] BGHZ 103, 184 „Linotype"; OLG *Stuttgart* ZIP 1995, 1515 „MotoMeter I"; OLG *Stuttgart* ZIP 1997, 362 „MotoMeter II"; B*VerfG* AG 2001, 42 „Bosch/MotoMeter AG III"; *Hüffer* § 179a AktG Rn 10, 12a; *Henze*, Auflösung einer Aktiengesellschaft und Erwerb ihres Vermögens durch den Mehrheitsgesellschafter, ZIP 1995, 1473; *Lutter/Drygala*, Die übertragende Auflösung: Liquidation der Aktiengesellschaft oder Liquidation des Minderheitenschutzes?, FS Kropff, 1997, S. 191; siehe dazu auch Band 2.
[70] § 305 Abs. 2 AktG.

e) Mitteilungspflichten. Für den Erwerb von Beteiligungen an einer bör- 41
sennotierten[71] wie an einer nichtbörsennotierten AG[72] gelten unterschiedliche
Mitteilungspflichten, die durch das Erreichen bestimmter Beteiligungsschwellen
ausgelöst werden. Soweit die Mitteilungspflicht nicht ordnungsgemäß erfüllt
wird, ruhen die Rechte aus den betreffenden Aktien[73]. Das bedeutet auch, daß
das für die unternehmerische Einflußnahme wesentliche **Stimmrecht nicht
ausgeübt** werden kann, bis die Mitteilung nachgeholt worden ist[74].

3. Beteiligung an Personenhandelsgesellschaft

Die Beteiligung an einer Personenhandelsgesellschaft kann durch **Abtretung** 42
erworben werden, wenn der Gesellschaftsvertrag dies zuläßt oder alle übrigen Gesellschafter
dem zustimmen[75].

4. Beteiligung an GmbH & Co. KG

Die GmbH & Co. KG ist eine Personenhandelsgesellschaft mit einer GmbH als 43
Komplementärin. Die Kommanditbeteiligungen und die GmbH-Geschäftsanteile
werden durch **Abtretung** übertragen. IdR sind beide Abtretungen nur einheitlich
gewollt; dann bedarf der gesamte Vertrag, auch die für sich betrachtet nicht
formbedürftige Übertragung des KG-Anteils, der notariellen Beurkundung[76].

5. Stille Beteiligung

Die stille Beteiligung ist durch formlose **Abtretung** übertragbar, wenn der Vertrag 44
dies vorsieht oder der Geschäftsinhaber der Übertragung zustimmt[77].

---

[71] § 21 WpHG. Der Gesellschaft und dem BAWe ist jede Über- oder Unterschreitung einer Beteiligung von 5 %, 10 %, 25 %, 50 % oder 75 % der Stimmrechte an einer inländischen AG oder KGaA mitzuteilen; siehe § 22 Rn 144 ff.
[72] § 20 AktG. Der Gesellschaft ist der Beteiligungserwerb von mehr als 25 % des Kapitals und einer Mehrheit ihrer Aktien durch ein Unternehmen mitzuteilen, ebenso, wenn diese Beteiligungen nicht mehr bestehen; siehe § 22 Rn 132 ff.
[73] § 20 Abs. 7 AktG; bei börsennotierten Gesellschaften § 28 WpHG; siehe § 7 Rn 89 und 154 ff.
[74] Die Verletzung der Meldepflicht nach dem WpHG ist außerdem eine mit Geldbuße bis zu € 250 000 bedrohte Ordnungswidrigkeit, § 39 Abs. 3 WpHG. Die Ausübung des Stimmrechts aus Aktien, deren Stimmrecht nach § 20 Abs. 7 AktG ruht, ist eine mit Geldbuße bis zu € 25 000 bedrohte Ordnungswidrigkeit, § 405 Abs. 3 Nr. 5 AktG.
[75] Siehe § 12 Rn 125.
[76] *BGH* WM 1986, 823. Selbst wenn die spätere Beurkundung der Abtretung der GmbH-Geschäftsanteile den Mangel der Beurkundung des schuldrechtlichen Verpflichtungsgeschäfts und der Abtretung der KG-Anteile heilen kann (§ 15 Abs. 4 Satz 2 GmbHG), ist die Beurkundung des nur als Einheit gewollten Rechtsgeschäfts aus Sicherheitsgründen dringend anzuraten. Siehe § 12 Rn 215 f.
[77] Ein Muster findet sich bei *Franz-Jörg Semler/von der Heydt* in MünchVertragsHdb. Bd. 1 VIII.6.

III. Gegenleistung

1. Eigenmittel/Eigene Anteile

45 **a) Liquidität.** Der Erwerber kann den Kaufpreis in aller Regel nicht aus vorhandenen Eigenmitteln aufbringen, sondern muß sich ausreichende Liquidität erst beschaffen. Ist der Käufer eine Personenhandelsgesellschaft oder eine GmbH, wird meist nur die (ggf. fremdfinanzierte) Leistung **neuer Bareinlagen** durch die Altgesellschafter in Betracht kommen[78]. Bei einer AG als Erwerberin ist zunächst ebenfalls an eine **Kapitalerhöhung**[79] gegen Bareinlagen der Altaktionäre zu denken. Die jungen Aktien können entweder über die Börse oder – zumeist mit Hilfe von Finanzinstituten – bei institutionellen Investoren plaziert werden. Als Zwischenform zwischen Eigen- und Fremdkapital bietet sich auch die Ausgabe von Wandelschuldverschreibungen oder Optionsanleihen an, um mit dem Emissionserlös den Kaufpreis zu bezahlen[80].

46 **b) Eigene Anteile.** Die Gegenleistung besteht häufig in **Anteilen** an der Erwerbergesellschaft. Das schont deren Liquidität, kommt aber auch vielfach dem Wunsch der Anteilseigner der Zielgesellschaft entgegen, an der weiteren Entwicklung „ihres" Unternehmens beteiligt zu bleiben. Diese Anteile, in erster Linie Aktien einer Erwerberin in der Rechtsform der AG, können auf verschiedene Weisen zur Verfügung gestellt werden.

47 **aa) Kapitalerhöhung gegen Sacheinlagen.** Die Gesellschaft kann Anteile durch **Sachkapitalerhöhung** schaffen[81]. Dazu bedarf es eines Beschlusses der Hauptversammlung mit Dreiviertelmehrheit des vertretenen Grundkapitals, wenn die Satzung nichts anderes bestimmt. Um die neuen Anteile dem Verkäufer zuteilen zu können, muß das gesetzliche Bezugsrecht der Altgesellschafter ausgeschlossen werden[82]. Der **Ausschluß des Bezugsrechts** bedarf bei der Sachkapi-

---

[78] Rechtlich denkbar sind natürlich auch bei der Personenhandelsgesellschaft die Aufnahme der Anteilsinhaber der Zielgesellschaft als Gesellschafter, bei der GmbH eine Sachkapitalerhöhung durch Beschluß der Gesellschafterversammlung (§§ 55, 56 GmbHG), in dem der Gegenstand der Sacheinlage und der Betrag der Stammeinlage, auf die sich die Sacheinlage bezieht, festzusetzen wären. Zur Übernahme der neuen Stammeinlagen wären dann die Anteilsinhaber der Zielgesellschaft zuzulassen, nach Abgabe der Übernahmeerklärungen (§ 55 Abs. 1 GmbHG) und Leistung der Sacheinlage wäre die Kapitalerhöhung dann zur Eintragung anzumelden (§ 57 GmbHG). Die Flexibilität des genehmigten Kapitals bei der AG ließe sich durch Beschlußfassung über die Erhöhung nur einen Maximalbetrag erzielen, während der Übernehmer noch offen ist (*Zöllner* in Baumbach/Hueck § 55 GmbHG Rn 6 f.).
[79] Ordentliche Kapitalerhöhung, §§ 182 ff. AktG, oder Ausnutzung eines etwa vorhandenen genehmigten Kapitals, §§ 202 ff. AktG.
[80] § 221 AktG.
[81] §§ 182 ff. AktG. Bei der GmbH muß die Gesellschafterversammlung beschließen, §§ 55 ff. GmbHG. Bei der GmbH kommt die Einräumung von Geschäftsanteilen als Gegenleistung für Anteile an der Zielgesellschaft erfahrungsgemäß seltener in Betracht. Muster für Kapitalerhöhungsbeschlüsse finden sich für die AG bei *Schröer* in HV Hdb. Rn II. H.4, für die GmbH bei *Volhard* in Hopt, Vertrags- und Formularbuch, II. K.2.
[82] § 186 AktG. Siehe § 23 Rn 133 ff.; für die GmbH *Zöllner* in Baumbach/Hueck § 55 GmbHG Rn 13.

talerhöhung, abgesehen von den dabei einzuhaltenden Formalien[83], der **sachlichen Rechtfertigung**[84]. Allerdings ist der Bezugsrechtsausschluß zum Zweck des Beteiligungserwerbs schon dann sachlich gerechtfertigt, wenn das bei Beschlußfassung noch nicht feststehende Vorhaben, „generell-abstrakt" beschrieben, im Gesellschaftsinteresse liegt[85]. Im Beschluß sind der Gegenstand der Sacheinlage, der Einleger und der Nennbetrag oder – bei Stückaktien – die Zahl der als Gegenleistung zu gewährenden Aktien anzugeben[86]. Zur Sicherung der realen Kapitalaufbringung ist eine externe Prüfung des Werts der Sacheinlage erforderlich[87]. Die neuen Aktien müssen gezeichnet, die Sacheinlage geleistet und die Durchführung der Kapitalerhöhung zur Eintragung in das Handelsregister angemeldet werden. Bleibt der Wert der Sacheinlage hinter dem Wert der dafür zu gewährenden Aktien nicht unwesentlich zurück, kann das Gericht die Eintragung ablehnen; wird die Kapitalerhöhung durch Eintragung wirksam, ist der Einleger verpflichtet, den Differenzbetrag in bar einzulegen (Differenzhaftung)[88].

Das Verfahren ist umständlich und wegen der erforderlichen Einberufung der Hauptversammlung, der externen Werthaltigkeitsprüfung und der denkbaren Anfechtung des Beschlusses sehr zeitaufwendig. Die Schaffung neuer Aktien durch Sachkapitalerhöhung zwecks Übernahme wird erleichtert, wenn nicht überhaupt

---

[83] Bekanntmachung, §§ 124 Abs. 1, 186 Abs. 4 Satz 1 AktG; Vorstandsbericht und Bekanntmachung seines wesentlichen Inhalts, §§ 186 Abs. 4 Satz 2, 124 Abs. 2 Satz 2 AktG analog; siehe dazu *Hüffer* § 186 AktG Rn 23.
[84] *Hüffer* § 186 AktG Rn 25; *Schröer* in HV Hdb. Rn II G 39 ff., Rn II H 8. Das bedeutet grundsätzlich: Der Bezugsrechtsausschluß muß im Interesse der Gesellschaft liegen. Er muß also den Gesellschaftszweck zu fördern geeignet sein; das ist konkret darzulegen, allerdings ist auch das unternehmerische Ermessen des Vorstands/der Geschäftsführung zu respektieren, *Schröer* in HV Hdb. Rn II I 23. Der Bezugsrechtsausschluß muß ferner geeignet sein, den beabsichtigen Zweck zu erreichen, was regelmäßig der Fall sein wird, und er muß dazu erforderlich sein, was bedeutet, daß kein anderer, gleichwertiger Weg zur Verfügung steht; als „milderes Mittel" kann es sich anbieten, den vom Bezug ausgeschlossenen Aktionären durch eine gleichzeitige proportionale Barkapitalerhöhung, an der wiederum die Einleger der Sacheinlage partizipieren, die Verteidigung ihrer Beteiligungsquote zu ermöglichen, siehe *Schröer* in HV Hdb. Rn II H 7. Schließlich muß der Ausschluß des Bezugsrechts „verhältnismäßig" sein, das Interesse der Gesellschaft am Ausschluß des Bezugsrechts, also das Interesse der benachteiligten Altgesellschafter an der Verteidigung ihrer Beteiligungsquote, überwiegen, BGHZ 71, 40 ff. „Kali und Salz"; 83, 319 ff. „Holzmann". Die Erleichterung der Rechtfertigung (bei börsennotierten Gesellschaften, wenn die Kapitalerhöhung 10 % des Grundkapitals nicht übersteigt und der Ausgabebetrag der Aktien ihren Börsenpreis nicht wesentlich unterschreitet, § 186 Abs. 3 Satz 4 AktG) gilt nicht für Sachkapitalerhöhungen, *Hüffer* § 186 AktG Rn 39c.
[85] BGHZ 136, 133 ff. „Siemens/Nold". Dies gilt unstreitig jedenfalls dann, wenn der Bezugsrechtsausschluß zum Zweck (der Vorbereitung) eines Beteiligungserwerbs beschlossen wird. Zur sachlichen Rechtfertigung genügt dann, daß der Erwerb der Sacheinlage im Gesellschaftsinteresse liegt, *Krieger* in MünchHdbGesR Bd. 4 § 56 Rn 74. Zu Bedeutung und Tragweite des „Siemens/Nold"-Urteils *Volhard*, „Siemens/Nold": Die Quittung, AG 1998, 397 ff. mwN auch zur Kritik an diesem Urteil. Zu den Mindestanforderungen der Begründung siehe *LG München* DB 2001, 69. Die sonst zur Rechtfertigung des Bezugsrechtsausschlusses durch die Hauptversammlung erforderlichen Kriterien (Geeignetheit, Erforderlichkeit, Verhältnismäßigkeit) sind vom Vorstand zu prüfen, wenn er von der Ermächtigung Gebrauch machen will.
[86] § 183 Abs. 1 Satz 1 AktG.
[87] § 183 Abs. 3 AktG.
[88] *Hüffer* § 183 AktG Rn 21.

erst ermöglicht, falls sich der Vorstand dazu von der Hauptversammlung hat ermächtigen lassen, also ein genehmigtes Kapital dafür ausgenutzt werden kann.

49 **bb) Genehmigtes Kapital.** Die Ermächtigung, das Kapital der Gesellschaft (um höchstens die Hälfte seines bei Beschlußfassung bestehenden Nennbetrags[89]) zu erhöhen, muß dem Vorstand durch die Satzung erteilt sein, und zwar auf die Dauer von längstens fünf Jahren[90]. Besteht bei einer AG bereits ein **genehmigtes Kapital** und ist der Vorstand zur Ausgabe von Aktien unter Ausschluß des Bezugsrechts der Aktionäre ermächtigt[91], kann er diese Ermächtigung, soweit sie noch nicht verbraucht ist, ausnutzen; anderenfalls muß die Hauptversammlung mit Dreiviertelmehrheit des vertretenen Grundkapitals die Ermächtigung als Satzungsänderung beschließen[92]. Dann ist der Vorstand ermächtigt, die Erhöhung des Grundkapitals um einen zu beziffernden Nennbetrag durch Ausgabe neuer (Nennbetrags- oder Stück-, Namens- oder Inhaber-, Stamm- oder Vorzugs-) Aktien zu beschließen, ohne daß die Hauptversammlung erneut bemüht werden muß. Der Gegenstand der Sacheinlage, die Person des Einlegers und der Nennbetrag oder – bei Stückaktien – die Zahl der als Gegenleistung zu gewährenden Aktien müssen, wenn sie nicht im Ermächtigungsbeschluß festgesetzt sind, im Beschluß des Vorstands festgesetzt und in den Zeichnungsschein aufgenommen werden[93].

50 Hat die Hauptversammlung die Bedingungen nicht im Ermächtigungsbeschluß festgesetzt, tut dies der Vorstand. Dazu und zum Bezugsrechtsausschluß bedarf er der Zustimmung des Aufsichtsrats[94]. Wie bei der regulären Kapitalerhöhung müssen dann die Aktien gezeichnet, die Einlage geleistet, die Werthaltigkeit der Sacheinlage extern geprüft[95] und die Durchführung der Kapitalerhöhung zum Handelsregister angemeldet werden[96].

51 **cc) Erwerb eigener Anteile.** Zulässig ist auch die Beschaffung der Gegenleistung durch **Erwerb eigener Aktien** aufgrund Ermächtigung der Hauptversammlung[97]. Der Erwerb ist allerdings nur bis zu einem Anteil von höchstens 10% des Grundkapitals zulässig und deswegen für sich genommen nur von untergeordneter Bedeutung; immerhin kann er sich als Ergänzung zu einer Kapitalerhöhung unter Bezugsrechtsausschluß anbieten. Sollen diese Aktien als Gegenleistung für

---

[89] § 202 Abs. 1, 3 AktG.
[90] § 202 Abs. 1, 2 AktG. Die Dauer der Ermächtigung muß im Beschluß angegeben werden, und zwar durch Kalenderdaten oder Angabe des Fristbeginns (ab Eintragung der Ermächtigung) oder dgl.; *Hüffer* § 202 AktG Rn 11.
[91] Das genehmigte Kapital ist durch die Entscheidung des BGHZ 136, 133 „Siemens/Nold" wieder praktikabel geworden. Bis dahin konnte es infolge der Anforderungen an die sachliche Rechtfertigung des Bezugsrechtsausschlusses mangels eines bei Beschlußfassung über die Ermächtigung bereits konkretisierten Vorhabens nur mit Bezugsrecht beschlossen werden und entbehrte daher der gewünschten Flexibilität.
[92] § 202 Abs. 2 AktG. Ein Muster des Ermächtigungsbeschlusses findet sich bei *Schröer* in HV Hdb. Rn II I 15.
[93] § 205 Abs. 2 AktG.
[94] § 204 Abs. 1 Satz 2 AktG.
[95] § 205 Abs. 3 AktG.
[96] § 203 Abs. 1 Satz 1 iVm. § 188 AktG.
[97] § 71 Abs. 1 Nr. 8 AktG.

eine Sacheinlage verwendet werden, muß der Ausschluß der Altaktionäre vom Erwerb dieser Aktien bei deren Wiederveräußerung wie ein Bezugsrechtsausschluß formell begründet und sachlich gerechtfertigt werden[98].

2. Fremdmittel

a) Aufnahme. Bei der Aufnahme von Fremdmitteln kommen **alle Finanzierungsarten** in Betracht, neben dem Einzel- oder Konsortialkredit die Beschaffung über Schuldscheindarlehen und dgl. mehr[99].

b) Besicherung. Besondere Vorsicht ist geboten bei der **Besicherung** von Forderungen aus der Finanzierung des Unternehmenserwerbs **mit Wirtschaftsgütern der Zielgesellschaft**[100]. Sind Anteile an einer GmbH oder einer AG erworben worden, ist der **gesetzliche Kapital- bzw. Vermögensschutz** zu beachten. Die Gewährung von Sicherheiten aus dem Gesellschaftsvermögen für Forderungen gegen Gesellschafter steht einer Zahlung an den Gesellschafter gleich[101]. Bei der GmbH darf dies nicht zu einer Unterbilanz führen; Vermögen, das zur Deckung des satzungsmäßigen Stammkapitals erforderlich ist, darf nicht an die Gesellschafter gezahlt werden[102]. Hiernach verbotene Zahlungen sind der GmbH zu erstatten[103]. Bei der AG ist der Vermögensschutz noch strenger: Jede Zahlung an Gesellschafter, die nicht aus dem Bilanzgewinn stammt, ist als unzulässige **Einlagenrückgewähr** verboten[104] und der Gesellschaft zurückzuerstatten[105]. Auch eine hiernach gesellschaftsrechtlich zulässige Sicherheitenstellung kann steuerrechtlich als **verdeckte Gewinnausschüttung**[106] beurteilt werden. Das gilt insbes., wenn die Vereinbarung zwischen dem Erwerber und der Gesellschaft über die Konditionen der Besicherung durch die Gesellschaft (Bonität des Erwerbers, Sicherheit für die Gesellschaft, Avalprovision und dgl.) einem Fremdvergleich nicht standhält.

Die im Grunde einzige ganz unproblematische Form der Besicherung[107] ist beim Share Deal die **Verpfändung der erworbenen Geschäftsanteile bzw. Aktien**[108].

Insbes. beim Erwerb eines Unternehmens durch Manager (**Management Buy-Out oder Buy-In**[109]) werden in aller Regel Wirtschaftsgüter des Unter-

---

[98] § 71 Abs. 1 Nr. 8 Satz 5 AktG.
[99] Siehe § 15 Rn 124 ff.
[100] Siehe dazu § 15 Rn 136 ff.
[101] *Hüffer* § 57 AktG Rn 12 mwN.
[102] § 30 GmbHG.
[103] § 31 Abs. 1 GmbHG. Zu dieser strengen Verpflichtung siehe *Hueck/Fastrich* in Baumbach/Hueck § 31 GmbHG Rn 6 mwN.
[104] § 57 Abs. 1 Satz 1 AktG.
[105] § 62 Abs. 1 AktG.
[106] § 8 Abs. 2 Satz 3 KStG.
[107] Sieht man von der Verschmelzung und der Eingliederung ab, durch die das Vermögen der Zielgesellschaft Vermögen der Erwerberin würde, dazu siehe *Holzapfel/Pöllath* Rn 330c, 331, und dem Erwerb des Vermögens der Zielgesellschaft aus deren Liquidation, *OLG Stuttgart* ZIP 1995, 1515 „MotoMeter" und ZIP 1997, 362 „MotoMeter II".
[108] Siehe § 15 Rn 170 ff., 190 f.
[109] Siehe § 11 Rn 12 ff. und § 14.

nehmens als Sicherheit beansprucht. Auch hier ist die Verpfändung der erworbenen Anteile der rechtlich unproblematische Weg[110]. Die Gewährung eines Darlehens durch die Zielgesellschaft, praktisch also die Kaufpreisstundung, wird selten in Betracht kommen. Die Gewährung eines Darlehens zur Kaufpreisfinanzierung durch die Zielgesellschaft, die ihrerseits ein entsprechendes Darlehen bei einem Kreditinstitut aufnimmt, begegnet den geschilderten Bedenken[111]. Das gleiche gilt für die Stellung von Sicherheiten durch die Gesellschaft für ein vom Erwerber bei einem Kreditinstitut aufgenommenes Darlehen.

D. Übernahme durch Vermögenserwerb (Asset Deal)

I. Gegenstand

56   Ein Unternehmen kann erworben werden, indem die Gesamtheit der Wirtschaftsgüter („assets"), die dem **Betrieb** dienen, übertragen werden[112]. Der „Betrieb" kann auch nur ein **Teilbetrieb** iRd. bestehenden Unternehmens sein. Vorausgesetzt wird aber, daß nicht bloß einzelne Wirtschaftsgüter erworben werden, sondern **alle wesentlichen Betriebsgrundlagen**, die es dem Erwerber ermöglichen, die bisherige Tätigkeit des Veräußerers fortzusetzen[113]. Zu diesen Wirtschaftsgütern können auch Beteiligungen („shares") an anderen Unternehmen gehören.

57   Abgesehen davon, daß es beim Asset Deal möglich ist, bestimmte Verbindlichkeiten vom Übergang auf den Erwerber auszunehmen[114], was erwünscht sein mag, ist diese Gestaltung der Übernahme idR durch steuerliche Überlegungen veranlaßt: Der auf die einzelnen Wirtschaftsgüter entfallende, ihren Buchwert übersteigende Teil des Kaufpreises kann beim Erwerber angesetzt („**step up**") und künftig abgeschrieben werden; so können Anschaffungskosten als Betriebsausgaben geltend gemacht werden[115].

58   Dieses Ergebnis wird auch beim Erwerb von Anteilen erreicht, wenn auf den Anteilserwerb die Veräußerung der Wirtschaftsgüter an den Anteilserwerber (oder ein anderes von ihm bestimmtes Unternehmen) folgt (sog. „**Internal Asset Deal**"[116]). Allerdings sind die bisherigen Modelle zur Neutralisierung der steuerlichen Auswirkungen des Internal Asset Deal im Weg der Gewinnausschüttung mit anschließender ausschüttungsbedingter Teilwertabschreibung der Beteiligung

---

[110] § 15 Rn 170 ff.
[111] Siehe Rn 53.
[112] Siehe § 13. Ein Muster findet sich bei *Hess/Fabritius* in Hopt, Vertrags- und Formularbuch, IV.B.19.
[113] Zum Übergang der dazu gehörenden Arbeitsverhältnisse siehe § 13 Rn 60 ff., § 27 Rn 11 ff.
[114] Für bestimmte andere Verbindlichkeiten haftet der Erwerber eines Unternehmens kraft Gesetzes, so zB gem. § 22 ff. HGB, § 75 AO oder § 613a BGB. Siehe dazu § 13 Rn 72 ff.
[115] Siehe § 27 Rn 233 ff.
[116] Dazu *Benkert* in Haritz/Benkert, Umwandlungssteuergesetz, 2. Aufl. 2000, Einf. 321.

des Erwerbers an der Zielgesellschaft künftig nur noch sehr eingeschränkt verwendbar[117].

II. Formen

Die Form der Übertragung hängt von der Art der zu übertragenden Wirtschaftsgüter ab (Grundstücke, bewegliche Sachen, Forderungen, Immaterialgüterrechte, Vertragsverhältnisse, Verbindlichkeiten)[118]. **59**

Soweit danach die **notarielle Beurkundung** erforderlich ist[119], erstreckt sich der Formzwang auch auf die von sich aus keiner Form bedürftigen Bestandteile des Vertrags[120]. Er bedarf dann insgesamt der Beurkundung[121]. **60**

Überträgt eine Gesellschaft als Veräußerer außerhalb eines Vorgangs nach dem UmwG ihr gesamtes Vermögen[122], bedarf der Vertrag bei der OHG und der KG der **Zustimmung** der Gesellschafter[123], bei der AG und KGaA der Zustimmung der Hauptversammlung[124], bei der GmbH der Zustimmung der Gesellschafterversammlung[125], außerdem stets der **notariellen Beurkundung**[126]. **61**

III. Gegenleistung

1. Eigenmittel/Eigene Anteile

Hier gilt das gleiche wie beim Anteilskauf[127]. Die Anteile an der Erwerbergesellschaft, die den Anteilsinhabern der Zielgesellschaft als Gegenleistung übertragen werden sollen, können durch Kapitalerhöhung (aus genehmigtem Kapital oder einer zu beschließenden Kapitalerhöhung gegen Sacheinlagen) geschaffen **62**

---

[117] Siehe § 27 Rn 240 ff. und Rn 258 ff.
[118] Siehe § 13 Rn 101 ff.
[119] ZB nach § 311 BGB für Grundstücke, nach § 15 GmbHG für GmbH-Geschäftsanteile.
[120] Der Formzwang erstreckt sich auf alle Vereinbarungen, die nach dem Willen der Parteien nicht für sich allein gelten, sondern eine Einheit bilden („miteinander stehen und fallen") sollen, BGHZ 101, 396; *BGH* NJW 1997, 252; st. Rspr.
[121] Zur Frage der Wirksamkeit einer – kostensparenden – Beurkundung im Ausland siehe § 17 Rn 182 und § 35 Rn 91 ff.
[122] Das gilt, auch wenn unwesentliche Teile des Vermögens der Gesellschaft verbleiben; siehe dazu *Hüffer* § 179a AktG Rn 5; *Heinrichs* in Palandt § 311 BGB Rn 5, jeweils mwN.
[123] BGHZ 26, 330, 333; *Brandes* WM 1994, 569 ff. Streitig ist die analoge Anwendung (Ausstrahlungswirkung) der Vorschriften des UmwG auf Einbringungsvorgänge außerhalb des UmwG, namentlich die Vermögensübertragung nach dem AktG (mit der Folge weiterer formeller Anforderungen); vgl. LG *Hamburg* AG 1997, 238 „Wünsche AG" (nein); LG *Karlsruhe* AG 1998, 99 (ja). Ablehnend *Hüffer* § 179a AktG Rn 12a; *Frhr. von Rechenberg*, Holzmüller – Auslaufmodell oder Grundpfeiler der Kompetenzverteilung in der AG?, FS Beusch, 2000, S. 359, 368 ff.
[124] § 179a AktG.
[125] Zur „Vorlagepflicht" der Geschäftsführer siehe *Zöllner* in Baumbach/Hueck § 37 GmbHG Rn 6a ff., insbes. Rn 6e (wo in der AG die Hauptversammlung anzurufen ist, in der GmbH erst recht).
[126] § 311 BGB; siehe § 13 Rn 106 ff.
[127] Siehe Rn 45 ff.

oder – ergänzend – durch den Erwerb eigener Aktien bis zur Höhe von 10% des Grundkapitals beschafft werden[128].

2. Fremdmittel

63   Auch hier gilt das gleiche wie für die Aufnahme von Fremdmitteln beim Anteilskauf[129]. Ein Unterschied besteht allerdings insofern, als sich eine Erleichterung bei der Besicherung der Forderungen aus der Aufnahme von Fremdmitteln durch den Erwerber ergibt: Die **Verpfändung** (oder Sicherungsübereignung) **der erworbenen Wirtschaftsgüter** ist unbedenklich zulässig. Probleme der Kapital- und Vermögenssicherung beim Zielunternehmen stellen sich hier nicht, da der Gegenstand des Erwerbs ja nicht in dem – im Interesse seiner Anteilseigner und Gläubiger zu schützenden – Unternehmensträger besteht, sondern in (einer Gesamtheit von) Wirtschaftsgütern des veräußernden Unternehmensträgers.

E. Übernahme durch Verschmelzung

I. Allgemein

64   Ein Unternehmen kann dadurch übernommen werden, daß es mit einem anderen Unternehmen **verschmolzen** wird[130]. Auch kann ein Teil eines Unternehmens (etwa ein Betrieb oder eine Unternehmenssparte) im Weg der **Abspaltung**[131] auf den Erwerber übertragen werden. Das Vermögen kann auf einen bestehenden Rechtsträger (Verschmelzung durch **Aufnahme**, zB Tochter von Muttergesellschaft – „upstream" – oder Mutter von Tochtergesellschaft – „downstream" –)[132] oder auf einen neugegründeten Rechtsträger (Verschmelzung durch **Neugründung**)[133] übergehen.

65   Rechtlich ist dafür nicht einmal erforderlich, daß der Übernehmer am übertragenden Rechtsträger überhaupt, geschweige denn in einem Umfang beteiligt ist, der die notwendige **Mehrheit** bei der Beschlußfassung über die Zustimmung zur Verschmelzung durch die Anteilsinhaber sichert[134]. IdR ist das aber der Fall und

---

[128] Siehe Rn 47 ff.
[129] Siehe Rn 52 ff.
[130] Zur Verschmelzung siehe § 17. Muster zu Verschmelzungsverträgen und -beschlüssen finden sich bei *Hoffmann-Becking* in MünchVertragsHdb. Bd. 1 X und *Volhard* in Hopt, Vertrags- und Formularbuch, II. J.
[131] §§ 123 Abs. 2, 126 ff. UmwG.
[132] § 2 Nr. 1 UmwG.
[133] § 2 Nr. 2 UmwG.
[134] Bei der AG und KGaA mindestens drei Viertel des bei der Beschlußfassung vertretenen Grundkapitals, § 65 Abs. 1 UmwG; bei der GmbH mindestens drei Viertel der abgegebenen Stimmen, § 50 Abs. 1 UmwG; bei Personenhandelsgesellschaften ist grundsätzlich die Zustimmung aller Gesellschafter erforderlich, § 43 Abs. 1 UmwG; falls der Gesellschaftsvertrag eine Entscheidung mit Mehrheit vorsieht, muß diese mindestens drei Viertel der abgegebenen Stimmen betragen, § 43 Abs. 2 UmwG. Zum „Bestimmtheitsgrundsatz" siehe Rn 30 Fn 52.

werden zur Vorbereitung einer beabsichtigten Verschmelzung Anteile an den als übertragende Rechtsträger ins Auge gefaßten Rechtsträgern erworben.

Die Verschmelzung ermöglicht es einer AG, die mit 90% am Stamm- oder Grundkapital einer Kapitalgesellschaft beteiligt ist, die Minderheit der Anteilsinhaber dort gegen Gewährung von Aktien **hinauszudrängen**[135], während das sonst erst bei einer Beteiligung von mindestens 95% möglich ist[136]. **66**

II. Verschmelzungsarten

Die Zusammenführung von Unternehmen durch Verschmelzung ist nach den Vorschriften des Umwandlungsgesetzes denkbar, aber nicht nur. Daneben kommen auch rein aktienrechtliche **Konstruktionen** in Betracht. Die Zusammenführung ist auf ganz unterschiedliche Weisen möglich, zB indem **67**
- die Erwerbergesellschaft das Vermögen der Zielgesellschaft auf sich überträgt, wofür die **übrigen Gesellschafter** der Zielgesellschaft aus einer Kapitalerhöhung **Anteile** an der Erwerbergesellschaft erhalten[137], oder
- die Erwerbergesellschaft ihr Vermögen auf die Zielgesellschaft überträgt, wofür **ihre Anteilsinhaber Anteile** an der Zielgesellschaft erhalten[138], oder
- die Erwerbergesellschaft ihr Vermögen als Sacheinlage in die Zielgesellschaft einbringt und dafür **Anteile aus einer Kapitalerhöhung** erhält[139], oder
- Erwerber- und Zielgesellschaft ihr Vermögen auf eine neue Gesellschaft übertragen, wofür ihre Anteilsinhaber **Anteile an der neuen Gesellschaft** erhalten[140], oder
- die Erwerbergesellschaft ihre Anteile an der Zielgesellschaft als Sacheinlage in eine Holdinggesellschaft einbringt, die dann den übrigen Anteilsinhabern der Zielgesellschaft den **Tausch ihrer Anteile gegen Anteile** an der Holdinggesellschaft anbietet, um ggf. die Zielgesellschaft später auf die Holdinggesellschaft zu verschmelzen[141], oder
- Anteilsinhaber der Erwerbergesellschaft und der Zielgesellschaft ihre Anteile an der Zielgesellschaft als **Sacheinlage gegen Gewährung von Anteilen** in eine Holdinggesellschaft einbringen, die dann den übrigen Anteilsinhabern der Zielgesellschaft den **Tausch ihrer Anteile gegen Anteile** an der Holdinggesellschaft anbietet, oder
- Anteilsinhaber der Zielgesellschaft ihre **Anteile als Sacheinlage** in die Erwerbergesellschaft einbringen, wofür sie Anteile an der Erwerbergesellschaft erhalten, oder

---

[135] §§ 62, 20 Nr. 3 UmwG. Bei Änderung der Rechtsform muß ihnen eine angemessene Barabfindung angeboten werden, § 29 Abs. 1 UmwG.
[136] Siehe Band 2.
[137] Verschmelzung zur Aufnahme, § 2 Nr. 1 UmwG.
[138] Ebenfalls Verschmelzung zur Aufnahme, § 2 Nr. 1 UmwG.
[139] §§ 183 ff. AktG.
[140] Verschmelzung zur Neugründung, § 2 Nr. 2 UmwG.
[141] Vorgeschaltetes Tauschverfahren, siehe § 17 Rn 9 ff., 17 ff.

— die Erwerbergesellschaft die **Auflösung** der Zielgesellschaft **und** die **Übertragung** von deren Vermögen auf sich beschließt[142].

68   Die praktisch bedeutsamen Anwendungsmöglichkeiten werden mit ihren Vor- und Nachteilen später dargestellt[143], ebenso die Konstruktionen für die Zusammenführung von Unternehmen über die Grenze[144].

III. Verfahrensgrundzüge

69   **Verschmelzungsfähige Rechtsträger** sind vor allem die Personenhandels- und Kapitalgesellschaften mit Sitz im Inland[145]. Aber auch eine natürliche Person kann, wenn sie als Alleingesellschafter einer Kapitalgesellschaft deren Vermögen übernimmt, beteiligter Rechtsträger sein[146].

70   Jede Verschmelzung setzt den Entwurf eines **Verschmelzungsvertrags**, die Erstellung eines **Verschmelzungsberichts**, eine **Verschmelzungsprüfung**, die Zustimmung (**Verschmelzungsbeschlüsse**) der Anteilsinhaber der beteiligten Rechtsträger, die **notarielle Protokollierung** des Verschmelzungsvertrags und danach die **Anmeldung** und **Eintragung der Verschmelzung** in die Handelsregister der beteiligten Rechtsträger voraus, womit sie wirksam wird[147].

71   Die Gegenleistung für das übertragene Vermögen besteht grundsätzlich in **Anteilen am übernehmenden bzw. neuen Rechtsträger**[148], die den Anteilsinhabern der beteiligten übertragenden Rechtsträger kraft Gesetzes zustehen. Hierzu bedarf es beim übernehmenden Rechtsträger regelmäßig einer **Kapitalerhöhung**[149].

72   Die Verschmelzung ist ein in der **Vorbereitung große Sorgfalt** verlangendes und bei Vorhandensein widerstrebender Anteilsinhaber wegen der Anfechtungsrisiken auch Zeit beanspruchendes Verfahren. Zudem kann ein sich anschließendes Spruchverfahren wegen Streit über das **Umtauschverhältnis** oder die Angemessenheit der ausscheidenden Anteilsinhabern zustehenden **Barabfindung** nicht nur Jahre dauern, sondern auch unvorhergesehen große **finanzielle Folgen** für den Übernehmer haben. Sie hat aber neben steuerlichen Anreizen den **Vorteil**, daß der Vermögensübergang sich als **Gesamtrechtsnachfolge** vollzieht, also – anders als bei der Einzelübertragung des Vermögens – ohne die Notwendigkeit der Zustimmung von Gläubigern zum Übergang von Verbindlichkeiten führt[150].

---

[142] Sog. übertragende Auflösung, siehe Rn 40.
[143] § 17 Rn 4 ff.
[144] § 17 Rn 320 ff.
[145] § 3 UmwG. Nicht dagegen die Gesellschaft bürgerlichen Rechts, §§ 705 ff. BGB, da sie kein Handelsgewerbe betreibt, und nicht die Stille Gesellschaft, §§ 230 ff. HGB.
[146] § 120 UmwG.
[147] Siehe dazu § 17 Rn 100 ff.
[148] Zu Ausnahmen siehe § 17 Rn 108 Fn 209.
[149] Ausnahmen bei der GmbH § 54 UmwG, bei der AG (und KGaA) §§ 68, 78 UmwG.
[150] Die Gläubiger haben allerdings, soweit sie nicht Befriedigung verlangen können, uU Anspruch auf Sicherheitsleistung, § 22 UmwG.

F. Übernahme durch Erwerb von Dispositionsrechten

I. Allgemein

Mehrere rechtlich selbständige Unternehmen bilden, wenn sie unter einer **einheitlichen Leitung** zusammengefaßt sind, einen Konzern[151]. Ist das eine Unternehmen von dem anderen abhängig, handelt es sich um einen Unterordnungskonzern; das ist stets der Fall bei Bestehen eines **Beherrschungsvertrags**[152] und bei der **Eingliederung**[153]. Fehlt es an dieser Abhängigkeit, handelt es sich um einen **Gleichordnungskonzern**[154]. Gegenüber der bloßen Abhängigkeit, die dem herrschenden Unternehmen einen gesellschaftsrechtlich vermittelten beherrschenden Einfluß auf das abhängige Unternehmen verschafft[155] und die bei einer Gesellschaft vermutet wird, an der ein anderes Unternehmen mit Mehrheit beteiligt ist[156], wird die Einflußmöglichkeit im **Vertragskonzern** vertraglich verstärkt und zugleich legitimiert. (Auch) dabei kann herrschendes „Unternehmen" nicht nur eine Gesellschaft, sondern jeder Aktionär ohne Rücksicht auf seine Rechtsform sein, der neben seiner Beteiligung noch andere wirtschaftliche Interessenbindungen hat, deretwegen zu besorgen ist, daß er seinen Einfluß auf die Gesellschaft zu deren Nachteil ausüben könnte[157].

II. Beherrschungsvertrag

1. Inhalt und Bedeutung

Durch den Abschluß eines Beherrschungsvertrags[158] unterstellt eine AG ihre Leitung einem anderen – in- oder ausländischen – Unternehmen. Der Vorstand leitet die Gesellschaft dann nicht mehr eigenverantwortlich[159], sondern nach **Weisung des herrschenden Unternehmens**.

---

[151] § 18 Abs. 1 AktG. Zur Anwendbarkeit der aktienrechtlichen Regeln auf die GmbH siehe § 28 Rn 55 ff. und *Zöllner* in Baumbach/Hueck GmbH-KonzernR Rn 5.
[152] § 291 AktG.
[153] §§ 319 ff. AktG.
[154] § 18 Abs. 2 AktG.
[155] *Hüffer* § 17 AktG Rn 8 f.
[156] § 17 AktG.
[157] *Hüffer* § 15 AktG Rn 8.
[158] Muster finden sich bei *Hoffmann-Becking* in MünchVertragsHdb. Bd. 1 IX.2 und 6 und *Volhard* in Hopt, Vertrags- und Formularbuch, II. H.11. Siehe im übrigen § 28 Rn 37 ff.
[159] § 76 Abs. 1 AktG.

2. Voraussetzungen und Zustandekommen

75 Legitimiert wird die Beherrschung durch die Verpflichtung des herrschenden Unternehmens, jeden während der Dauer des Vertrags sonst entstehenden **Jahresfehlbetrag auszugleichen**[160]. Zudem muß das herrschende Unternehmen den **außenstehenden Aktionären** im Beherrschungsvertrag einen angemessenen **Ausgleich** und den **Erwerb ihrer Aktien** anbieten[161]. Der Ausgleich ist praktisch eine Dividendengarantie mindestens in Höhe der Durchschnittsdividende, die ohne den Beherrschungsvertrag erwartet werden konnte. Für den Erwerb der Aktien ist, falls das herrschende Unternehmen keinen Inlandssitz hat oder keine AG (oder KGaA) ist, eine Barabfindung anzubieten[162]. Ist die herrschende Gesellschaft eine inländische, nicht abhängige und nicht in Mehrheitsbesitz stehende AG (oder KGaA), muß sie eigene Aktien als Abfindung anbieten[163]; ist sie eine abhängige oder in Mehrheitsbesitz stehende Gesellschaft mit einer herrschenden inländischen Aktiengesellschaft (oder KGaA), sind Aktien der herrschenden oder mit Mehrheit beteiligten Gesellschaft oder eine Barabfindung anzubieten[164].

76 Die Hauptversammlungen der abhängigen[165] und der herrschenden **AG** oder **KGaA**[166] müssen dem Beherrschungsvertrag mit einfacher Mehrheit der abgegebenen Stimmen und einer **Mehrheit von mindestens drei Vierteln** des bei der Beschlußfassung vertretenen Grundkapitals **zustimmen**[167]. Ist die abhängige Gesellschaft **GmbH**, müssen **alle Gesellschafter** in **notariell beurkundeter** Form zustimmen[168]. Bei jeder beteiligten AG[169] hat der Vorstand einen ausführlichen schriftlichen Bericht zu erstatten, worin der Vertrag, insbes. Art und Höhe des Ausgleichs und der Abfindung rechtlich und wirtschaftlich begründet werden[170]. Der Vertrag ist außerdem für jede beteiligte AG[171] durch sachverständige Prüfer zu prüfen[172], die darüber einen schriftlichen Bericht zu erstatten haben[173]; der Bericht ist mit einer Erklärung zur Angemessenheit des Ausgleichs und der Abfindung unter Angabe der angewendeten Methoden sowie der Begründung ihrer

---

[160] § 302 Abs. 1 AktG. „Sonst" deshalb, weil der Ertrag aus Verlustübernahme gem. § 277 Abs. 2 HGB in die Gewinn- und Verlustrechnung des herrschenden Unternehmens eingeht, siehe dazu *Hüffer* § 302 AktG Rn 11.
[161] §§ 304 Abs. 1, 305 Abs. 1 AktG.
[162] § 305 Abs. 2 Nr. 3 AktG.
[163] § 305 Abs. 2 Nr. 1 AktG.
[164] § 305 Abs. 2 Nr. 2 AktG.
[165] § 293 Abs. 1 Satz 1 AktG.
[166] § 293 Abs. 2 AktG. Zu dessen Anwendbarkeit auf die GmbH siehe *Zöllner* in Baumbach/Hueck GmbH-KonzernR Rn 41.
[167] § 293 Abs. 1 Satz 2 AktG.
[168] Anders, wenn die Satzung eine Mehrheitsentscheidung zuläßt, *Zöllner* in Baumbach/Hueck GmbH-KonzernR Rn 39; *LG Bochum* AG 1987, 322; offen gelassen in BGHZ 105, 324. Genügt ein Mehrheitsbeschluß, ist die herrschende Gesellschaft gem. § 47 Abs. 4 GmbHG vom Stimmrecht ausgeschlossen, *Zöllner* in Baumbach/Hueck GmbH-KonzernR Rn 40.
[169] Nicht bei einer GmbH, *Zöllner* in Baumbach/Hueck GmbH-KonzernR Rn 43.
[170] § 293a Abs. 1 AktG.
[171] Nicht für eine beteiligte GmbH, *Zöllner* in Baumbach/Hueck GmbH-KonzernR Rn 43.
[172] § 293b AktG.
[173] § 293e AktG.

Anwendung und ihrer Konsequenzen abzuschließen. **Bericht, Prüfung und Prüfungsbericht** sind nicht erforderlich, wenn alle Anteilsinhaber aller beteiligten Unternehmen durch öffentlich beglaubigte Erklärung darauf verzichten[174]; ebenso, wenn alle Aktien der Gesellschaft sich in der Hand der herrschenden Gesellschaft befinden[175], außerdem nicht, wenn eine GmbH abhängige Gesellschaft ist[176]. Der Vorstand der Gesellschaft hat das Bestehen und die Art des Vertrags sowie die Firma der herrschenden Gesellschaft zur Eintragung in das Handelsregister der abhängigen Gesellschaft anzumelden; erst mit dieser **Eintragung** wird der Vertrag wirksam[177].

Der Beherrschungsvertrag beseitigt die eigenständige **Geschäftsführungskompetenz** des Vorstands bzw. der Geschäftsführung[178] der abhängigen Gesellschaft und weitgehend den Minderheitenschutz von deren Anteilsinhabern. Nur soweit das herrschende Unternehmen von seiner Weisungsbefugnis keinen Gebrauch macht, bleibt der Vorstand zu eigenverantwortlicher Leitung der AG berechtigt und verpflichtet[179]. Der Vertrag verschafft dem herrschenden Unternehmen **umfassenden unternehmerischen Einfluß**. Der Preis dafür ist die Verlustausgleichspflicht und bei der AG die Verpflichtung zur Sicherung der Dividendeninteressen der außenstehenden Aktionäre oder nach deren Wahl zum Erwerb ihrer Anteile[180].

III. Eingliederung

1. Inhalt und Bedeutung

Eine inländische AG (Hauptgesellschaft) kann eine andere AG eingliedern[181]. Das ist die **engste Form der Konzernierung**. Anders als beim Beherrschungsvertrag führt die Eingliederung zum völligen Verlust der wirtschaftlichen Eigenständigkeit der Gesellschaft; anders als bei der Verschmelzung bleibt die eingegliederte Gesellschaft allerdings als rechtlich selbständige Gesellschaft bestehen. Die Hauptgesellschaft ist berechtigt, der eingegliederten Gesellschaft Weisungen zu erteilen, ohne deshalb zum Nachteilsausgleich verpflichtet zu sein[182]. Sie ist lediglich zum Ausgleich eines Verlusts verpflichtet, der den Betrag der Kapital- und der

---

[174] §§ 293a Abs. 3, 293b Abs. 2, 293e Abs. 2 AktG.
[175] *Hüffer* § 293a AktG Rn 22; *Bungert*, Unternehmensvertragsbericht und Unternehmensvertragsprüfung gemäß §§ 293aff. AktG (Teil I), DB 1995, 1384, 1388f.
[176] *Zöllner* in Baumbach/Hueck GmbH-KonzernR Rn 43.
[177] § 294 AktG.
[178] Bei der GmbH ist das von geringerer Bedeutung, weil die Geschäftsführer ohnedies nicht eigenverantwortlich tätig, sondern weisungsgebunden sind, *Zöllner* in Baumbach/Hueck § 37 GmbHG Rn 12 (Folgepflicht).
[179] § 76 Abs. 1 AktG. *Hüffer* § 291 AktG Rn 37.
[180] §§ 304, 305 AktG. Bei der GmbH gilt dies (analog) nur, wenn ihre Satzung eine Zustimmung durch Mehrheitsbeschluß erlaubt, weil sonst alle Gesellschafter zustimmen müssen und infolgedessen nicht schutzbedürftig sind, *Zöllner* in Baumbach/Hueck GmbH-KonzernR Rn 47.
[181] Ein Muster findet sich bei *Volhard* in Hopt, Vertrags- und Formularbuch, II. H.14.
[182] § 323 Abs. 1 AktG.

Gewinnrücklage übersteigt[183], praktisch also zur **Erhaltung des Grundkapitals** der eingegliederten Gesellschaft.

2. Voraussetzungen und Zustandekommen

79 Die Hauptgesellschaft muß mindestens 95% des Grundkapitals der einzugliedernden Gesellschaft halten[184]. Deren Hauptversammlung muß die Eingliederung **beschließen**[185]; der Beschluß wird aber erst wirksam, wenn auch die Hauptversammlung der Hauptgesellschaft mit einfacher Mehrheit der abgegebenen Stimmen und einer Mehrheit von mindestens drei Vierteln des bei der Beschlußfassung vertretenen Grundkapitals **zugestimmt** hat[186]. Die außenstehenden Aktionäre sind grundsätzlich in Aktien der Hauptgesellschaft **abzufinden**. Ist diese eine abhängige Gesellschaft, ist den außenstehenden Aktionären nach deren Wahl eine Abfindung in Aktien der Hauptgesellschaft oder in einem angemessenen Barbetrag anzubieten[187]. Die Eingliederung ist durch einen sachverständigen Prüfer zu **prüfen**, der darüber einen schriftlichen Bericht zu erstatten hat; der Bericht ist mit einer Erklärung zur Angemessenheit der Abfindung unter Angabe der angewendeten Methoden und Begründung ihrer Anwendung abzuschließen[188]. Bei der Einberufung der Hauptversammlungen (der einzugliedernden Gesellschaft und der Hauptgesellschaft) sind die Eingliederung als Gegenstand der Tagesordnung, (nur bei der einzugliedernden Gesellschaft: die Firma und der Sitz der künftigen Hauptgesellschaft) und das Abfindungsangebot **bekanntzumachen**[189]. Von der Einberufung an sind der Entwurf des Eingliederungsbeschlusses, die letzten drei Jahresabschlüsse und Lageberichte der beteiligten Gesellschaften, der Bericht des Eingliederungsprüfers und der „Eingliederungsbericht"[190] im Geschäftsraum der Gesellschaft auszulegen und jedem Aktionär auf Verlangen kostenlos in Abschrift zu übersenden[191]. Der Eingliederungsbericht ist ein ausführlicher schriftlicher Bericht des Vorstands der künftigen Hauptgesellschaft, worin die Eingliederung sowie Art und Höhe der Abfindung rechtlich und wirtschaftlich **zu erläutern und zu begründen** sind.

80 Hält die Hauptgesellschaft **100% des Grundkapitals** der Gesellschaft, entfallen Abfindungsangebot und Eingliederungsprüfung, bei der einzugliedernden Gesellschaft außerdem Formalitäten der Einberufung von deren Hauptversammlung[192].

---

[183] § 324 Abs. 3 AktG.
[184] § 320 Abs. 1 Satz 1. Eigene Aktien und Aktien, die einem anderen für Rechnung der Gesellschaft gehören, sind bei Berechnung der 95%-Quote vom Grundkapital abzusetzen, § 320 Abs. 1 Satz 2 AktG. Dagegen werden Aktien, die einem von der Hauptgesellschaft abhängigen Unternehmen oder einem anderen für Rechnung dieses abhängigen Unternehmens gehören (§ 16 Abs. 4 AktG), der Hauptgesellschaft nicht zugerechnet, *Hüffer* § 320 AktG Rn 3.
[185] Dafür genügt die einfache Mehrheit, *Hüffer* § 320 AktG Rn 4.
[186] §§ 320 Abs. 1 Satz 3, 319 Abs. 2 AktG.
[187] § 320b Abs. 1 Satz 3 AktG.
[188] §§ 320 Abs. 3 Satz 3, 293e AktG.
[189] § 320 Abs. 2 Nr. 2 AktG.
[190] §§ 320 Abs. 4, 319 Abs. 3 Satz 1 AktG.
[191] §§ 320 Abs. 4 Satz 3, 319 Abs. 3 Satz 2 AktG.
[192] § 121 Abs. 6 AktG.

Der Vorstand hat die Eingliederung und die Firma der Hauptgesellschaft zur Eintragung in das Handelsregister der einzugliedernden Gesellschaft anzumelden[193]. Mit der **Eintragung** wird die Eingliederung wirksam[194] und gehen die Aktien etwaiger außenstehender Aktionäre auf die Hauptgesellschaft über[195].   81

IV. Gleichordnungskonzern

Rechtlich selbständige, weder voneinander noch von einem Dritten abhängige Unternehmen, die unter **einheitlicher Leitung** zusammengefaßt sind, bilden einen **Gleichordnungskonzern**[196]. Bei der Unternehmensübernahme ist es allerdings kaum denkbar, daß sich die einheitliche Leitung des Erwerbers ohne Abhängigkeit von ihm vertraglich vereinbaren oder (faktisch) durch personenidentische Organbesetzung der Konzernunternehmen ermöglichen läßt. Der Erwähnung wert ist der Gleichordnungskonzern hier allenfalls als **Vorstufe** zu einer ins Auge gefaßten Verschmelzung oder als Mittel eines „synthetischen" Zusammenschlusses über die Grenze[197].   82

V. Betriebspacht

Durch den Betriebspachtvertrag[198] verpachtet die Gesellschaft ihren (gesamten) Betrieb an den Pächter zur Führung **im eigenen Namen und auf eigene Rechnung**[199]. Die Abgrenzung zwischen Beherrschung, Betriebsüberlassung und Betriebspacht kann im Einzelfall unklar sein, es kommen auch **Mischformen** vor (Pacht mit anschließender Betriebsführung durch den Verpächter). Soll der Betrieb nicht im eigenen Namen, sondern nach außen weiter für die „Verpächterin" geführt werden, liegt keine Betriebspacht, sondern Betriebsüberlassung vor[200]. Die Betriebspacht kann einen Unternehmenskauf zwischen verbundenen Unternehmen, aber auch einen Beherrschungsvertrag ersetzen. Im Unterschied zu diesem wird bei der Betriebspacht ein (angemessener) **Pachtzins**   83

---

[193] In der Anmeldung hat der Vorstand zu erklären, daß eine Klage gegen die Wirksamkeit des Eingliederungsbeschlusses nicht oder nicht fristgemäß erhoben oder rechtskräftig abgewiesen oder zurückgenommen worden ist, § 319 Abs. 5 Satz 1 AktG. Ohne eine solche Erklärung darf die Eingliederung nur eingetragen werden, wenn sämtliche klageberechtigten Aktionäre durch notariell beurkundete Erklärung auf die Klage verzichtet haben, § 319 Abs. 5 Satz 2 AktG, oder das Prozeßgericht des Sitzes der Gesellschaft durch rechtskräftigen Beschluß festgestellt hat, daß die Klage der Eintragung nicht entgegensteht, § 319 Abs. 6 AktG.
[194] § 319 Abs. 7 AktG.
[195] § 320a AktG.
[196] § 18 Abs. 2 AktG. Ein Muster eines Gleichordnungsvertrags (BGB-Gesellschaftsvertrags) findet sich bei *Hoffmann-Becking* in MünchVertragsHdb. Bd. 1 IX.9. Zu den Formen und zur Bedeutung des Gleichordnungskonzerns siehe die Anm. bei *Hoffmann-Becking* sowie *Krieger* in MünchHdbGesR Bd. 4 § 68 Rn 77.
[197] Siehe § 17 Rn 336 ff.
[198] § 292 Abs. 1 Nr. 3 AktG. Muster finden sich bei *Hoffmann-Becking* in MünchVertragsHdb. Bd. 1 IX.11 und *Volhard* in Hopt, Vertrags- und Formularbuch, II. H.12.
[199] *Hüffer* § 292 AktG Rn 18.
[200] § 292 Abs. 1 Nr. 3, 2. Alt. AktG.

gezahlt und besteht mangels ausdrücklicher Vereinbarung **kein Weisungsrecht** des Verpächters[201].

84 Der Betriebspachtvertrag bedarf als Unternehmensvertrag der Schriftform[202] und wird nur mit **Zustimmung** der Haupt- bzw. Gesellschafterversammlung wirksam[203], die bei der AG der einfachen Mehrheit der abgegebenen Stimmen und einer Mehrheit von drei Vierteln des vertretenen Grundkapitals bedarf, bei der GmbH mindestens einer Mehrheit von drei Vierteln der abgegebenen Stimmen[204].

VI. Betriebsüberlassung

85 Die Betriebsüberlassung unterscheidet sich von der Betriebspacht dadurch, daß sie sich auch nur auf einzelne Betriebe der Gesellschaft beziehen kann, daß außerdem der Übernehmer zwar **auf eigene Rechnung**, aber aufgrund Vollmacht **im Namen der Gesellschaft** tätig wird[205].

VII. Betriebsführung

86 Gegenstand des im Gesetz nicht erwähnten Betriebsführungsvertrags ist die Führung des (nicht notwendig gesamten) Betriebs, nicht die Geschäftsführung der Betriebsinhaberin[206]. Anders als beim Betriebspachtvertrag führt der Betriebsführer den Betrieb **in fremdem Namen und für Rechnung des Inhabers**[207].

87 Der Betriebsführungsvertrag ist ein Geschäftsbesorgungsvertrag mit Dienstvertragscharakter[208], auf den die Vorschrift über den Betriebspacht- und -überlassungsvertrag[209] zumindest analog anzuwenden ist[210]. Das **Weisungsrecht** des Inhabers gegenüber dem Betriebsführer[211] muß jedenfalls dann erhalten bleiben, wenn das **gesamte Unternehmen** des Inhabers Gegenstand der Betriebsführung ist[212]. Anderenfalls könnte der Vertrag als Beherrschungsvertrag angesehen wer-

---

[201] *Koppensteiner* in Kölner Komm. § 291 AktG Rn 23f., § 292 AktG Rn 74, 76.
[202] § 293 Abs. 3 AktG.
[203] § 293 Abs. 1 AktG.
[204] Enthält der Vertrag „Beherrschungs- oder Gewinnabführungselemente", also etwa Weisungsrechte des Verpächters oder einen unangemessen niedrigen Pachtzins, soll die Zustimmung aller Gesellschafter der verpachtenden GmbH erforderlich sein, *Ulmer* in Hachenburg § 53 GmbHG Rn 161.
[205] *Hüffer* § 292 AktG Rn 19. Ein Muster findet sich bei *Luther/Happ*, Formularkommentar Bd. II, 21. Aufl. 1982, 2143.
[206] *Schulze zur Wiesche* BB 1983, 1026. Muster finden sich bei *Hoffmann-Becking* in Münch-VertragsHdb. Bd. 1 IX.10 und *Volhard* in Hopt, Vertrags- und Formularbuch, II. H.13.
[207] *Hüffer* § 292 AktG Rn 20; *Emmerich/Sonnenschein* Konzernrecht S 21; zur Abgrenzung zwischen Betriebsführungs- und Betriebspachtvertrag: *BGH* DB 1986, 1916.
[208] *München* ZIP 1987, 849, 852; *Schulze zur Wiesche* BB 1983, 1026.
[209] § 292 Abs. 1 Nr. 3 AktG.
[210] *Hüffer* § 292 AktG Rn 17; *Krieger* in MünchHdbGesR Bd. 4 § 72 Rn 2.
[211] §§ 675, 665 BGB.
[212] *Krieger* in MünchHdbGesR Bd. 4 § 72 Rn 47; *Koppensteiner* in Kölner Komm. § 291 AktG Rn 26.

den, weil sich dann der Inhaber der Leitungsmacht des Betriebsführers unterstellte[213]; das hätte u. a. dessen Verlustausgleichspflicht zur Folge[214].

VIII. Sonstige Unternehmensverträge

Der Abschluß eines **Gewinnabführungsvertrags**[215] oder eines Vertrags, durch den eine AG (oder KGaA) es übernimmt, ihr Unternehmen **für Rechnung eines anderen** zu führen[216], kommt bei Unternehmensübernahmen oder ihrer Vorbereitung nicht isoliert, sondern im allgemeinen nur im Zusammenhang mit dem Abschluß eines Beherrschungsvertrags in Betracht[217], der Abschluß sonstiger Unternehmensverträge wie einer **Gewinngemeinschaft**[218] oder eines **Teilgewinnabführungsvertrags**[219] allenfalls als Vorstufe zu einem Gleichordnungskonzern[220]. Sie bedürfen deshalb hier keiner Behandlung.

G. Zustimmungen und Genehmigungen

Bei der Entscheidung zwischen den in Betracht zu ziehenden Wegen der Übernahme ist zu berücksichtigen, auf welche Zustimmungen und Genehmigungen der Erwerber angewiesen ist.

I. Zustimmungen der Mitgesellschafter von Veräußerer und Erwerber

1. Allgemein

Der **Veräußerer** kann, wenn er nicht alleiniger Inhaber des zu veräußernden oder des veräußernden Unternehmens ist, nicht immer allein über den Verkauf und die Übertragung des Vertragsgegenstands entscheiden. Er ist uU auf die Zustimmung seiner Mitgesellschafter angewiesen. Ebenso kommen Zustimmungserfordernisse auf Seiten des Erwerbers in Betracht. Wann das der Fall ist, soll die nachstehende Übersicht zeigen. Dabei ist zu unterscheiden nach der **Rechtsform des Vertragspartners** (Veräußerers oder Erwerbers) und der **Rechtsform des Gegenstands des Vertrags oder der Maßnahme**[221].

---

[213] *Karsten Schmidt* GesR S. 503; *Emmerich/Sonnenschein* Konzernrecht S. 219.
[214] § 302 Abs. 1 AktG.
[215] § 291 Abs. 1 Satz 1 AktG.
[216] § 291 Abs. 1 Satz 2 AktG.
[217] Siehe Rn 74 ff.
[218] § 292 Abs. 1 Nr. 1 AktG.
[219] § 292 Abs. 1 Nr. 2 AktG.
[220] *Krieger* in MünchHdbGesR Bd. 4 § 72 Rn 9.
[221] Siehe auch § 12 Rn 20 ff., § 13 Rn 112 ff.

2. Kapitalgesellschaften

91 **a) AG.** Ist **Veräußerer** eine AG, kommen folgende Zustimmungserfordernisse in Betracht:

– Überträgt die AG außerhalb eines Vorgangs nach dem UmwG ihr im wesentlichen **gesamtes Vermögen**[222], bedarf der Vertrag der **Zustimmung der Hauptversammlung**[223]. Der ohne Zustimmung abgeschlossene Vertrag ist trotz der unbeschränkbaren Vertretungsmacht des Vorstands[224] schwebend unwirksam. Er wird wirksam, wenn die Genehmigung später erteilt wird, und endgültig unwirksam, wenn sie abgelehnt wird[225].

– Für die Übertragung des 80% des Betriebsvermögens ausmachenden unternehmerischen Kernbereichs einer AG auf eine **Tochtergesellschaft** hat der BGH ebenfalls die **Zustimmung der Hauptversammlung** verlangt[226]. Diese sog. „**Holzmüller**"-Doktrin[227] wird allgemein auf „wesentliche" Vermögensänderungen angewendet, die den Kernbereich der unternehmerischen Betätigung betreffen[228]. Nach der Formel des BGH gilt das für jede Strukturmaßnahme von herausragender Bedeutung, bei der der Vorstand „vernünftigerweise nicht annehmen kann, er dürfe sie in ausschließlich eigener Verantwortung treffen,

---

[222] Siehe dazu *Hüffer* § 179a AktG Rn 5 mwN.
[223] § 179a AktG.
[224] § 82 Abs. 1 AktG; siehe *Hüffer* § 179a AktG Rn 3; die Vorgängervorschrift, § 361 AktG aF, brachte dies deutlicher zum Ausdruck.
[225] *Hüffer* § 179a AktG Rn 13 mit Hinweis auf die aA von *Mülbert*.
[226] BGHZ 83, 122 „Holzmüller".
[227] Siehe in Bezug auf Übernahmeangebote § 17 Rn 62ff., auf den Börsengang § 23 Rn 129ff. und auf den Spin-off § 23 Rn 139ff.
[228] Im Fall *OLG München* AG 1995, 232 „EKATIT/Riedinger" ging es um die Übertragung des gesamten Grundbesitzes als des einzig werthaltigen Vermögensgegenstands der Gesellschaft. Von so drastischen Fällen abgesehen, ist die Unsicherheit über das, was als „wesentlich" angesehen wird, für die Praxis schwer erträglich. Das *LG Frankfurt* ließ in ZIP 1993, 830 „Hornblower & Fischer" bereits 10% des Aktivwerts der Gesellschaft, in NZG 1998, 1113 „Altana" die Erwirtschaftung von 23% des Konzernumsatzes genügen, das *LG Düsseldorf* AG 1999, 94 „W. Rau Neußer Öl & Fett AG" dagegen weniger als 50% der Aktiva nicht. *Mertens*, Das Aktienrecht im Wissenschaftsprozeß, ZGR 1998, 386, 393f. dazu pointiert: „Hätten beispielsweise die Gerichte einmal in ständiger Praxis entschieden, ob eine Regelung, die das Gesetz für die Übertragung des gesamten Gesellschaftsvermögens aufstellt, nicht nur bei 99%, sondern auch schon bei über 50% oder über 25% oder 20% eingreift oder, falls danach ein wesentliches Unternehmensziel nicht mehr verfolgt werden kann, sogar bei 1%, so wüßte man wenigstens, wonach man sich zu richten hätte." Die Praxis hat sich aber auf die Entscheidung eingestellt und holt aus Vorsicht bereits ab einer Schwelle von ca. 20% des Betriebsvermögens die Zustimmung der Hauptversammlung ein. Richtigerweise sollte dies erst ab 50% geschehen, vgl. *Reichert/Schlitt* in HV Hdb. Rn I B 526 mN in Fn 1261.

ohne die Hauptversammlung zu beteiligen"[229]. Der Vorstand handelt pflichtwidrig[230], wenn er die Entscheidung der Hauptversammlung nicht einholt; der Vertrag ist aber gleichwohl wirksam[231]. IdR wird der Vorstand wegen des Haftungsrisikos im Innenverhältnis[232] den Vertrag nur unter der aufschiebenden Bedingung der Zustimmung der Hauptversammlung abschließen oder sich für den Fall ihrer Ablehnung den Rücktritt vorbehalten.

- Die Satzung der AG (oder deren Aufsichtsrat) kann bestimmen, daß der Vorstand für **bestimmte Arten von Geschäften** der vorherigen **Zustimmung des Aufsichtsrats** bedarf[233]. Verweigert der Aufsichtsrat die Zustimmung, darf der Vorstand das Geschäft nur vornehmen, wenn die von ihm angerufene Hauptversammlung zustimmt[234]. Auch hier ist der – pflichtwidrig – ohne Zustimmung abgeschlossene Vertrag allerdings wirksam[235].

Ist der **Erwerber** eine AG (oder KGaA), kommen folgende Zustimmungserfordernisse in Betracht:

- Ein Vertrag mit Gründern oder mit mehr als 10% am Grundkapital der Gesellschaft beteiligten Gesellschaftern[236], durch den die AG **innerhalb der ersten zwei Jahre** nach ihrer Eintragung in das Handelsregister Gegenstände für eine 10% des Grundkapitals übersteigende Vergütung erwirbt, ist nur wirksam,

---

[229] BGHZ 83, 122, 131 „Holzmüller". Mit welcher Mehrheit hat der BGH offen gelassen. Nach zutreffender (wenn auch nicht unbestrittener) Meinung ist eine Mehrheit von mindestens drei Vierteln des vertretenen Grundkapitals erforderlich; so überzeugend *Altmeppen*, Ausgliederung zwecks Organschaftsbildung gegen die Sperrminorität, DB 1998, 49, 50f.; *Lutter/Leinekugel*, Kompetenzen von Hauptversammlung und Gesellschafterversammlung beim Verkauf von Unternehmensteilen, ZIP 1998, 225, 230f. und *dies.*, Der Ermächtigungsbeschluß der Hauptversammlung zu grundlegenden Strukturmaßnahmen – zulässige Kompetenzübertragung oder unzulässige Selbstentmachtung?, ZIP 1998, 805, 806 mwN; nach aA, vgl. *Franz-Jörg Semler* in MünchHdbGesR Bd. 4 § 34 Rn 42 und *Groß*, Vorbereitung und Durchführung von Hauptversammlungsbeschlüssen zu Erwerb oder Veräußerung von Unternehmensbeteiligungen, AG 1996, 111, 118 mwN, soll einfache Mehrheit genügen.
[230] Die Aktionäre können daher grundsätzlich durch Unterlassungs-, Feststellungs- und Leistungsklagen versuchen, die Durchführung des Vertrags zu verhindern oder ihn rückgängig zu machen oder Ersatz für der Gesellschaft dadurch verursachte Schäden durchzusetzen usw., *Franz-Jörg Semler* in MünchHdbGesR Bd. 4 § 34 Rn 44.
[231] *Hüffer* § 119 AktG Rn 16.
[232] § 93 Abs. 2 AktG. Die Haftung entfällt, wenn der Vorstand aufgrund eines gesetzmäßigen Hauptversammlungsbeschlusses handelt, § 93 Abs. 4 AktG.
[233] § 111 Abs. 4 AktG.
[234] Durch Beschluß mit einer Mehrheit von mindestens drei Vierteln der abgegebenen Stimmen, § 111 Abs. 4 Satz 4 AktG.
[235] *Hüffer* § 111 AktG Rn 19.
[236] § 52 Abs. 1 Satz 1 AktG idF des NaStraG vom 18. 1. 2001, BGBl. I S. 123; durch diese Änderung werden sämtliche Geschäfte mit außenstehenden Dritten rückwirkend ab 1. 1. 2000 von den Formalitäten der Nachgründung ausgenommen. Siehe dazu *Pentz*, Die Änderungen des Nachgründungsrechts durch das NaStraG, NZG 2001, 346ff.; *Priester*, Neue Regelungen zur Nachgründung, DB 2001, 467; *Dormann*, Offene Fragen der Nachgründung anch dem NaStraG, AG 2001, 242, insbes. S. 243ff. auch zur Frage der Zurechnung von Aktien/Stimmrechten. Die Unwirksamkeit von Geschäften vor dem 1. 1. 2000 kann nach dem 1. 1. 2002 nur noch auf der Grundlage der Neufassung geltend gemacht werden, § 11 EGAktG.

§ 2 93　　　　　　　　　　　　　Rechtliche Formen der Unternehmensübernahme

wenn das **Nachgründungsverfahren**[237] durchlaufen ist: Der Aufsichtsrat muß den Vertrag geprüft, darüber einen Bericht erstattet und eine externe Gründungsprüfung muß stattgefunden haben. (Erst) danach[238] muß die **Hauptversammlung dem Vertrag zustimmen**[239]. Bei Verwendung einer sog. **Mantel- oder Vorrats-AG** läuft diese Frist nicht ab ihrer Eintragung, sondern ab Eintragung der Satzungsänderung (Änderung des Gegenstands, der Firma etc.)[240]. Das gleiche gilt, wenn die AG erst in einem Vorgang **nach dem UmwG entstanden ist** (Verschmelzung, Abspaltung, Ausgliederung zur Neugründung, Formwechsel). Und es gilt – nach freilich umstrittener Auffassung – für die **Sachkapitalerhöhung innerhalb der Zweijahresfrist**[241] nach deren Eintragung ins Handelsregister.

- Eine **Kapitalerhöhung**, die zur Beschaffung der in Aktien der Gesellschaft bestehenden Gegenleistung erforderlich ist, bedarf grundsätzlich[242] der Beschlußfassung durch die **Hauptversammlung**[243].
- Der Übernahme im Weg der **Verschmelzung** muß die **Hauptversammlung** zustimmen[244].
- Nach den Grundsätzen der **„Holzmüller"**-Entscheidung wird diskutiert, ob auch der Erwerb wesentlicher Beteiligungen zustimmungspflichtig ist, und empfohlen, aus Vorsicht Maßnahmen, die „quantitativ und qualitativ als „Holzmüller"-Fälle anzusehen sind", der **Hauptversammlung** vorzulegen[245].

93 Sind Vertragsgegenstand **Aktien**, kommen folgende Zustimmungserfordernisse in Betracht:
- Bei vinkulierten Namensaktien kann die Satzung, was allerdings unüblich ist, bestimmen, daß die **Hauptversammlung** über die **Zustimmung zur Über-**

---

[237] Siehe § 17 Rn 23 ff.; *Volhard* in HV Hdb. Rn II S 1 ff. (noch zur alten Fassung des § 52 AktG).

[238] Anderenfalls ist der Beschluß anfechtbar, *Hüffer* § 52 AktG Rn 10 mwN (str.).

[239] § 52 Abs. 1 Satz 1 AktG idF des NaStraG vom 18. 1. 2001, BGBl. I S. 123. Der Beschluß bedarf einer Mehrheit von mindestens drei Vierteln des vertretenen Grundkapitals, § 52 Abs. 5 Satz 1 AktG. Die Zustimmung ist, wie stets, in Form der Einwilligung (§ 183 BGB) oder der nachträglichen Genehmigung (§ 184 BGB), also vor oder nach Vertragsabschluß möglich.

[240] *Pentz* in MünchKomm. § 23 AktG Rn 102. Siehe § 17 Rn 32 zu einem evtl. früheren Fristbeginn.

[241] *Hüffer* § 52 AktG Rn 8 mwN und § 183 AktG Rn 5; siehe auch § 17 Rn 28 mwN. Bei der Barkapitalerhöhung kommt, falls die neuen Einlagen innerhalb des Zweijahreszeitraums zu Anschaffungen von mehr als 10 % des Grundkapitals von Gesellschaftern verwendet werden sollen, die Anwendung der Vorschriften allenfalls unter dem Gesichtspunkt der verdeckten Sacheinlage in Betracht (siehe dazu *Schröer* in HV Hdb. Rn II H 12 ff.), also wenn die Gegenstände von den Einlegern erworben werden und die Einlagen so an diese zurückfließen sollen.

[242] Anders nur, wenn ein genehmigtes Kapital besteht, das der Vorstand für diesen Zweck in Anspruch zu nehmen berechtigt ist, §§ 202 ff. AktG.

[243] § 182 Abs. 1 AktG.

[244] § 13 UmwG. Ausnahme: Wenn sich mindestens neun Zehntel des Kapitals der übertragenden Kapitalgesellschaft in der Hand der übernehmenden AG befinden und nicht eine Minderheit die Einberufung einer Hauptversammlung verlangt, § 62 Abs. 1 und 2 UmwG. Siehe § 17 Rn 214 ff.

[245] Siehe § 17 Rn 63 ff.; *Reichert/Schlitt* in HV Hdb. Rn I B 528.

tragung beschließt[246]. Die Übertragung ist bis zur Erteilung der Genehmigung schwebend unwirksam und wird mit ihrer Erteilung wirksam, mit ihrer Verweigerung endgültig unwirksam[247].
- **Veränderungen im Aufsichtsrat** der AG sind von der **Hauptversammlung** zu beschließen[248].
- Ist die AG Partei eines **Unternehmensvertrags**, bedarf dessen Änderung der **Zustimmung der Hauptversammlung**[249], zusätzlich uU auch der Zustimmung außenstehender Aktionäre durch **Sonderbeschluß**[250]. Seine Beendigung durch Aufhebung und Kündigung ist dagegen grundsätzlich zustimmungsfreie Geschäftsführungsmaßnahme und bedarf nur, wenn der Vertrag eine Ausgleichs- oder Abfindungsregelung enthält, der Zustimmung der außenstehenden Aktionäre durch **Sonderbeschluß**[251].

b) GmbH. Ist **Veräußerer** eine GmbH, kommen folgende Zustimmungserfordernisse in Betracht:
- Überträgt die GmbH außerhalb eines Vorgangs nach dem UmwG ihr im wesentlichen **gesamtes Vermögen**, bedarf der Vertrag der **Zustimmung der Gesellschafterversammlung**[252]. Der ohne Zustimmung abgeschlossene Vertrag ist allerdings – anders als in einem solchen Fall bei der AG – wegen der Unbeschränkbarkeit der gesetzlichen Vertretungsmacht der Geschäftsführer wirksam[253]. Die Geschäftsführer werden aber idR wegen der Haftung für die Überschreitung ihrer Geschäftsführungsbefugnis[254] den Vertrag nur unter der aufschiebenden Bedingung der Genehmigung der Gesellschafterversammlung oder unter Rücktrittsvorbehalt für den Fall ihrer Ablehnung abschließen[255].
- Die Satzung der GmbH enthält idR einen **Katalog von Maßnahmen**, die die Geschäftsführer nur mit Zustimmung der Gesellschafterversammlung (oder des Aufsichts-/Beirats) vornehmen dürfen. Auch durch Gesellschafterbeschluß

---

[246] § 68 Abs. 2 Satz 3 AktG. Der Veräußerer darf dabei mitstimmen, *Hüffer* § 68 AktG Rn 14 mwN. Üblicher ist es, daß die Zustimmung „der Gesellschaft" erforderlich ist, die der Vorstand eigenverantwortlich erteilt, § 68 Abs. 2 Satz 1 und 2 AktG.
[247] *Hüffer* § 68 AktG Rn 16 mwN.
[248] Wenn die Satzung nichts anderes bestimmt, bedarf die Abberufung von Anteilseignervertretern im Aufsichtsrat eines Beschlusses mit mindestens drei Vierteln der abgegebenen Stimmen, § 103 Abs. 1 Satz 2 AktG, die Wahl eines Beschlusses mit einfacher Mehrheit der abgegebenen Stimmen, § 133 AktG. Nur, wenn mit den erworbenen Aktien ein Entsendungsrecht verbunden ist, hat die Hauptversammlung nichts zu beschließen.
[249] § 295 Abs. 1 Satz 2 iVm. § 293 Abs. 1 AktG.
[250] Wenn die Ausgleichs- oder Abfindungsregelung im Vertrag geändert werden soll, § 295 Abs. 2 AktG. Der Sonderbeschluß bedarf einer Mehrheit von mindestens drei Vierteln des dabei vertretenen Grundkapitals.
[251] Sie ist zulässig, wenn sie im Vertrag vorgesehen wurde, sonst nur bei Vorliegen eines wichtigen Grundes, § 297 Abs. 1 AktG. Kein wichtiger Grund ist nach *OLG Düsseldorf* ZIP 1994, 1802 „Rütgers Werke/Caramba" die Anteilsveräußerung; siehe dazu *Joussen*, Die Kündigung von Beherrschungsverträgen bei Anteilsveräußerung. Hinweise für die Vertragsgestaltung, GmbHR 2000, 221.
[252] *Zöllner* in Baumbach/Hueck § 37 GmbHG Rn 6aff., insbes. Rn 6e.
[253] § 37 Abs. 2 GmbHG, *Zöllner* in Baumbach/Hueck § 37 GmbHG Rn 20.
[254] § 43 GmbHG.
[255] *BGH* GmbHR 1997, 836.

können den Geschäftsführern derartige Beschränkungen auferlegt werden[256]. Die Vertretungsmacht wird dadurch nicht beschränkt; die Geschäftsführer verpflichten die Gesellschaft daher wirksam[257], wenn sie sich über die Beschränkungen hinwegsetzen, werden idR aber den Vertrag nur unter der Bedingung der Genehmigung der Gesellschafterversammlung oder unter Rücktrittsvorbehalt abschließen.

95 Ist **Erwerber** eine GmbH, kommen folgende Zustimmungserfordernisse in Betracht:
– Im Anschluß an die „Holzmüller"-Entscheidung des BGH wird neuerdings eine Verpflichtung der Geschäftsführer angenommen, von den Gesellschaftern **nicht vorhergesehene ungewöhnliche** Maßnahmen der Gesellschafterversammlung zur Zustimmung vorzulegen[258]. Da ein Vertrag auch ohne diese Zustimmung wirksam ist, bleibt es den Geschäftsführern überlassen, aus Vorsicht die Gesellschafterversammlung einzuschalten und ggf. den Vertrag unter der Bedingung der Zustimmung oder unter Rücktrittsvorbehalt abzuschließen.

96 Sind Vertragsgegenstand **GmbH-Geschäftsanteile**, kommen folgende Zustimmungserfordernisse in Betracht:
– IdR sieht die **Satzung** der GmbH vor, daß Geschäftsanteile nur mit **Zustimmung der Gesellschafterversammlung** oder – dann aufgrund eines Beschlusses der Gesellschafterversammlung – der Gesellschaft **abgetreten werden** können[259]. Die ohne Zustimmung erklärte Abtretung ist schwebend unwirksam. Sie wird mit Genehmigung wirksam, mit deren Verweigerung endgültig unwirksam[260].
– Die Veräußerung von **Teilen von Geschäftsanteilen** bedarf der **Genehmigung der Gesellschaft**[261]. Der Vertrag ist bis zur Erteilung der Genehmigung schwebend unwirksam und wird mit ihrer Erteilung wirksam, mit ihrer Verweigerung endgültig unwirksam. Die Abtretung ist, falls die Genehmigung nicht vorliegt, unwirksam[262] und muß ggf. nach Erteilung der Genehmigung wiederholt werden.
– Vom Erwerber beabsichtigte Veränderungen in der Geschäftsführung sind von der **Gesellschafterversammlung** zu beschließen[263].

---

[256] § 37 Abs. 1 GmbHG.
[257] Anders freilich, wenn die im Innenverhältnis geltende Beschränkung der Geschäftsführungsbefugnis dem Geschäftspartner positiv bekannt oder nach den Umständen für ihn evident ist, *Zöllner* in Baumbach/Hueck § 37 GmbHG Rn 28 mwN.
[258] *Zöllner* in Baumbach/Hueck § 37 GmbHG Rn 6e mwN. In Einzelheiten sehr streitig.
[259] § 15 Abs. 5 GmbHG. Veräußert der Alleingesellschafter oder werden alle Geschäftsanteile veräußert, ist eine zusätzliche ausdrückliche Genehmigung überflüssig, *BGH* ZIP 1988, 1046. Besteht der Zustimmungsvorbehalt zugunsten einzelner Gesellschafter, müssen diese (sämtlich) zustimmen, *Hueck/Fastrich* in Baumbach/Hueck § 15 GmbHG Rn 43.
[260] *Hueck/Fastrich* in Baumbach/Hueck § 15 GmbHG Rn 46.
[261] § 17 Abs. 1 GmbHG.
[262] *Hueck/Fastrich* in Baumbach/Hueck § 17 GmbHG Rn 10.
[263] § 46 Nr. 5 GmbH.

3. Personenhandelsgesellschaften

Ist **Veräußerer** eine OHG oder KG, kommen Zustimmungserfordernisse unter dem Gesichtspunkt des „Grundlagengeschäfts" in Betracht[264]: 97
- Überträgt die Gesellschaft außerhalb eines Vorgangs nach dem UmwG ihr im wesentlichen **gesamtes Vermögen**, bedarf der Vertrag der Zustimmung der Gesellschafter[265], und zwar sämtlicher Gesellschafter, wenn der Gesellschaftsvertrag nicht auch für diesen Fall eine Entscheidung durch Mehrheitsbeschluß vorsieht[266]. Der ohne die erforderliche Zustimmung seiner Mitgesellschafter abschließende Gesellschafter handelt trotz seiner im Grundsatz unbeschränkbaren Vertretungsmacht[267] ohne Vertretungsmacht[268], der Vertrag ist infolgedessen schwebend unwirksam. Er wird wirksam, wenn er später genehmigt wird, und endgültig unwirksam, wenn die Genehmigung verweigert wird.
- Darüber hinaus bedürfen sämtliche **Geschäfte, die nicht zum gewöhnlichen Geschäftsbetrieb** der Gesellschaft **gehören**, der Zustimmung sämtlicher Gesellschafter[269]. Gesellschafter, die insoweit ohne die erforderliche Zustimmung handeln, überschreiten aber lediglich ihre Geschäftsführungsbefugnis und setzen sich Haftungsrisiken aus; ihre Vertretungsmacht deckt auch solche Geschäfte. Der ohne Zustimmung geschlossene Vertrag ist infolgedessen wirksam.

Ist **Erwerber** eine OHG oder KG, kommen Zustimmungserfordernisse ebenfalls unter dem Gesichtspunkt des außergewöhnlichen Geschäfts in Betracht; allerdings gilt hier keine Beschränkung der Vertretungsmacht, weil der Beteiligungserwerb kein Grundlagengeschäft ist[270]. 98

Ist **Vertragsgegenstand** die Beteiligung an einer OHG oder KG (oder eine stille Beteiligung), kommen folgende Zustimmungserfordernisse in Betracht: 99
- Die Übertragung bedarf, wenn der Gesellschaftsvertrag sie nicht für zulässig erklärt, der Zustimmung aller übrigen Gesellschafter, bei der stillen Gesellschaft der Zustimmung des Inhabers. Der Vertrag ist, solange diese fehlt, schwebend unwirksam; er wird wirksam, wenn die übrigen Gesellschafter (bzw. der Inhaber) ihn genehmigen, und endgültig unwirksam, wenn sie die Genehmigung verweigern.

II. Behördliche Zustimmungen und Genehmigungen

Die Übernahme kann zu ihrer Wirksamkeit behördlicher Zustimmungen oder Genehmigungen bedürfen[271]. Außerdem können öffentlich-rechtliche Genehmi- 100

---

[264] Siehe dazu *Hopt* § 114 HGB Rn 3.
[265] BGHZ 26, 330, 333; *Brandes* WM 1994, 569 ff.
[266] Zum „Bestimmtheitsgrundsatz" siehe Rn 30 Fn 52.
[267] § 126 HGB.
[268] *Hopt* § 126 HGB Rn 8 mwN.
[269] § 116 Abs. 2 HGB.
[270] *Hopt* § 114 HGB Rn 3 mit Hinweis auf die aA von *Schilling* in Staub § 164 HGB Rn 5.
[271] Zum Kartellrecht siehe § 25; zur vormundschaftsgerichtlichen Genehmigung (§§ 1821, 1822 Nr. 1 und Nr. 3 BGB) siehe § 3 Rn 39 und § 12 Rn 43 ff.

gungen für den weiteren Betrieb des übernommenen Unternehmens erforderlich sein[272].

III. Zustimmungen sonstiger Dritter

101 Geht das Vermögen nicht im Weg der (ggf. Teil-)Gesamtrechtsnachfolge über (insbes. also beim Erwerb durch Asset Deal), bedarf der **Übergang von Verbindlichkeiten** idR der Zustimmung des jeweiligen Gläubigers[273].

102 Wird ein Handelsgeschäft übernommen[274], bedarf die **Fortführung der Firma** der Einwilligung des Veräußerers (des „bisherigen Geschäftsinhabers")[275].

103 Verträge, insbes. mit ausländischen Partnern, enthalten zuweilen sog. **Change of Control**-Klauseln, die eine Kündigung bei Gesellschafterwechsel ermöglichen[276]. Beim Erwerb durch Share Deal muß in einem solchen Fall, wenn auf die Vertragsfortsetzung Wert gelegt wird, die Zustimmung oder der ausdrückliche Verzicht auf die Geltendmachung des Kündigungsrechts des Vertragspartners eingeholt werden.

---

[272] Siehe § 29 Rn 60 ff. und § 13 Rn 32 ff. Siehe dazu *Kalss*, Öffentlich-rechtliche Berechtigungen und Genehmigungen bei Umgründungen, GesRZ 2000, 213.
[273] § 415 BGB.
[274] Dafür genügt der Übergang des Unternehmens „im großen und ganzen", also der die Fortführung des Betriebs ermöglichenden Bestandteile, *Hopt* § 22 HGB Rn 4 mwN.
[275] § 22 Abs. 1 HGB.
[276] Siehe § 13 Rn 21.

§ 3 Beteiligte und Betroffene einer Unternehmensübernahme: Schutzinteressen und Pflichtbindungen

Übersicht

	Rn
A. Interessenschutz zwischen Markt und Regulierung	1
I. Das Unternehmen als Netzwerk von Verträgen	1
1. Vollständige und unvollständige Verträge	4
2. Außervertraglicher Schutz	7
II. Die maßgeblichen Märkte	8
1. Vertriebs- und Bezugsmärkte	9
a) Inhaberwechsel	11
b) Umwandlung in eine Handelsgesellschaft	12
c) Eintritt in eine Handelsgesellschaft	13
2. Beschäftigungsmärkte	14
3. Finanzmärkte	17
4. Märkte für Unternehmen und Beteiligungen	20
5. Der Markt für Unternehmenskontrolle	22
III. Die Unternehmensübernahme im Schnittfeld von Marktbeziehungen	23
B. Beteiligte und Betroffene	24
I. Abhängigkeiten	25
1. Art der Übernahme	26
a) Unternehmenskauf	27
b) Übertragung von Anteilen	28
c) Feindliche Übernahme	29
2. Rechtsform	30
a) Erwerb eines Einzelunternehmens	31
b) Erwerb von Gesellschaften	32
c) Publikumsgesellschaften	33
d) Die Funktion des Umwandlungsrechts	34
3. Die Rolle in der Transaktion	35
II. Unterscheidungen	36
1. Betroffene	37
a) Ehegatten	38
b) Kinder	39
c) Deliktsgläubiger	40
d) Allgemeinheit	41
2. Aktiv Beteiligte	42
a) Die „Eigentümer"	43
b) Führungskräfte	44
3. Beteiligt und betroffen	45
a) Minderheitsgesellschafter	46
b) Kleinaktionäre	47
c) Arbeitnehmer	48
d) Sonstige Vertragsgläubiger	49

	Rn
C. Anteilseigner	50
I. Übersicht	50
II. Anteilseigner des Übernehmers	51
III. Anteilseigner der Zielgesellschaft	54
1. Schutz gegen unerwünschten Kontrollwechsel	55
a) Personengesellschaften	56
b) Kapitalgesellschaften	57
2. Schutz gegen Entwertung verbleibender Minderheitsbeteiligungen	59
a) Das Pflichtangebot	60
b) Konzernrecht	61
c) Fiduziarische Bindung der Mehrheitsmacht	63
3. „Feindlicher" Kontrollwechsel	64
a) Information	65
b) Fiduziarische Bindungen	67
IV. Spezifische Konflikte	69
1. Informationsinteressen und Offenlegungsbarrieren	70
a) Beteiligungserwerb	71
b) Mitteilungspflichten	72
2. Bewertung	73
D. Arbeitnehmer	74
I. Übersicht	74
II. Arbeitnehmer des Übernehmers	77
III. Arbeitnehmer des Zielunternehmens	79
1. Share Deal	80
2. Asset Deal	82
a) Rechtsnachfolge in die Arbeitsverhältnisse bei Betriebsübergang	83
b) Kollektivrechtliche Regelungen	84
c) Haftung	85
d) Betriebliche Altersversorgung	87
E. Führungskräfte	88
I. Übersicht	88
II. Interessenkonflikte bei der bietenden AG	90
1. Bemessung der Gegenleistung	90
2. Werbung für das Angebot	93
III. Abwehrmaßnahmen der Zielgesellschaft	95
1. Abwehrmaßnahmen vor dem Angebot	96
2. Abwehrmaßnahmen nach dem Angebot	100
IV. Kompensation der Verwaltung der Zielgesellschaft	101
1. Leistungen des Bieters	102
2. Leistungen der Zielgesellschaft	103
V. Der Management Buy-Out	104
F. Gläubiger	105
I. Übersicht	105
1. Neu- und Altgläubiger	106
2. Übernehmer und Zielunternehmen	107

	Rn
3. Asset Deal und Share Deal	108
II. Rechtsformspezifische Regelungen	109
1. Übernahme eines Einzelunternehmens	110
2. Erwerb einer Beteiligung an einem einzelkaufmännischen Unternehmen	111
3. Aufnahme und Ausscheiden von persönlich haftenden Gesellschaftern	112
4. Aufnahme und Ausscheiden eines Kommanditisten	114
5. Übertragung von GmbH-Anteilen	115
6. Anteilsübertragung bei der AG	118
7. Erlöschen von Rechtsträgern	119
G. **Allgemeinheit (Gebietskörperschaften)**	120
I. Übersicht	120
II. Effizienzgewinne durch Übernahmen	123
III. Ordnungspolitische Schranken	124
1. Sicherung des Wettbewerbs	125
2. Sicherung der Meinungsvielfalt	126
3. Sicherung der Stabilität von Finanzdienstleistungsunternehmen	127
IV. Standortspezifische Interessen	128
1. Besteuerung	129
2. Beschäftigung	130
3. Umwelt	131
4. Datenschutz	132

A. Interessenschutz zwischen Markt und Regulierung

I. Das Unternehmen als Netzwerk von Verträgen

Die Frage, wer an einer Unternehmensübernahme beteiligt ist, läßt sich sehr unterschiedlich beantworten. Zunächst ist an die **Akteure** zu denken, die Inhaber, Mehrheitsgesellschafter, Organmitglieder usw., die planend, handelnd, und entscheidend an der Transaktion mitwirken. Aber schon der Blick auf die Minderheits- und Kleinaktionäre einer AG, die ein anderes Unternehmen zu teuer erworben hat, zeigt sehr klar, daß es wenig Sinn macht, allein oder vorwiegend auf die aktive Rolle abzustellen; für die Rechtsordnung muß es vor allem darum gehen, inwieweit die ohne oder gegen ihren Willen, d. h. allein **passiv Involvierten** besonderen Schutzes bedürfen. Damit öffnet sich freilich ein nur mit Mühe zu schließender Kreis: Die Übernahme eines Großunternehmens kann eine nicht absehbare Zahl von Menschen und Organisationen direkt oder mittelbar berühren. Das läßt sich am Beispiel einer übernahmebedingten Betriebsschließung verdeutlichen: Sie berührt nicht nur die Mitarbeiter, die Lieferanten und Abnehmer des erworbenen Unternehmens, sondern auch die lokale Infrastruktur, die davon lebt, die Bedürfnisse seiner Beschäftigten zu befriedigen; das

1

reicht vom Kiosk am Werkstor bis zu den öffentlichen Verkehrsbetrieben und Schulen.

2   Es liegt nahe, zur Abgrenzung auf den **Bezug zu einem der beteiligten Unternehmen** abzustellen. Aber auch damit ist noch keine befriedigende Eingrenzung gewährleistet, denn der Begriff des Unternehmens läßt sich sehr unterschiedlich verstehen. In der deutschen Überlieferung dominiert das Leitbild des verfassten Unternehmens, d. h. einer Organisation, deren Binnenstruktur ebenso wie die sie von ihrer Umwelt trennenden Schranken durch Rechtsnorm verbindlich festgelegt sind[1]. Folgt man dieser Vorstellung, dann hängt es grundsätzlich von den Entscheidungen der Gesetzgebung ab, ob bzw. inwieweit die Arbeitnehmer, die Gläubiger, die Abnehmer und Lieferanten oder die Allgemeinheit den am Unternehmen Beteiligten zuzurechnen sind. Aus gutem Grund wird deshalb zunehmend bezweifelt, daß sich eine derart starre und rigide „Unternehmensverfassung" mit den Anforderungen einer entwickelten Marktwirtschaft vereinbaren läßt[2].

3   Es ist eine Betrachtung vorzuziehen, die das Unternehmen als ein „**Netzwerk von Verträgen**" versteht, das die Initiatoren und Manager, die Anteilseigner, die Arbeitnehmer, die Zulieferer und Kunden, die Finanz- und die sonstigen Gläubiger miteinander verknüpft[3].

1. Vollständige und unvollständige Verträge

4   In diesem Kontext wird zwischen vollständigen und unvollständigen Verträgen unterschieden. **Vollständige** oder **perfekte** Verträge enthalten eine präzise und erschöpfende Regelung des Verhältnisses zwischen den Parteien; Beispiele sind etwa ein normaler Kauf- oder ein auf eine bestimmte Zeit abgeschlossener Darlehensvertrag.

5   **Unvollständige** oder **imperfekte Verträge** beruhen auf der Einsicht in die Notwendigkeit späterer Konkretisierung, Anpassung oder Korrektur. Schulbeispiel ist die Stellung des Gesellschafters, der dem Unternehmen Eigenkapital zur Verfügung gestellt hat. Er hat Anspruch auf seinen Anteil an dem Gewinn, der übrigbleibt, wenn die Zahlungsansprüche der Lieferanten, Arbeitnehmer, Kreditgeber und sonstigen Gläubiger erfüllt worden sind. Der dem Gesellschafter zustehende Betrag steht nicht fest; er muß in einem Verfahren ermittelt werden. Die Höhe des Ertrags hängt zudem vom Einsatz, von der Kompetenz und der Integrität der Unternehmensleitung ab. Deshalb stehen dem Gesellschafter **Mitwirkungsrechte** zu: Wo er nicht an der Geschäftsführung beteiligt ist, werden ihm

---

[1] Exemplarisch *Boettcher/Hax/Kunze/von Nell-Breuning/Ortlieb/Preller*, Unternehmensverfassung als gesellschaftspolitische Forderung, 1968; vgl. auch *Thomas Raiser*, Das Unternehmen als Organisation, 1969; *Ott*, Recht und Realität der Unternehmenskooperation, 1977.

[2] Dazu näher *Kübler*, Aktienrechtsreform und Unternehmensverfassung, AG 1994, 141 ff. mwN.

[3] Dieser unternehmenstheoretische Ansatz ist von amerikanischen Ökonomen entwickelt und von Juristen übernommen worden; vgl. *Jensen/Meckling*, Theory of the Firm: Managerial Behavior, Agency Costs, and Ownership Structure, Journal of Financial Economics 3, 1976, 301 ff.; *Easterbrock/Fischel*, The Economic Structure of Corporate Law, 1991; *Romano*, The Genius of American Corporate Law, 1993; *Hart*, Firms, Contracts and Financial Structure, 1995.

Stimm- und Kontrollrechte eingeräumt, die es ihm ermöglichen sollen, das zudem durch fiduziarische oder **Treupflichten** gebundene Management auszuwählen und auf dessen Leistung zu überwachen.

Aber auch die Beschäftigungsverhältnisse beruhen in aller Regel auf unvollständigen Verträgen: Die Leistungspflicht wird durch das Weisungsrecht des Arbeitgebers konkretisiert, der Lohnanspruch durch Tarifvertrag angepaßt. Auch hier sieht die Rechtsordnung eine Reihe von Korrektiven vor; sie reichen von den gesetzlichen **Schutzbestimmungen** – etwa des Kündigungs- oder Mutterschutzrechts – bis zu den Mechanismen des kollektiven Arbeitsrechts.

2. Außervertraglicher Schutz

Es gibt aber auch unternehmensspezifische Schutzinteressen, die auf keiner Vertragsbeziehung beruhen. Schulbeispiel sind **Ansprüche aus unerlaubten Handlungen**, die bei Ausübung von Tätigkeiten für das Unternehmen begangen worden sind; hier ist es Aufgabe des Haftungsrechts, die Voraussetzungen festzulegen, unter denen das Unternehmen neben den unmittelbar verantwortlichen natürlichen Personen in Anspruch genommen werden kann[4]. Neben den Deliktsgläubigern ist es vor allem die **Allgemeinheit**, etwa in der Form der Gebietskörperschaften, die durch eine Unternehmensübernahme tangiert und beeinträchtigt werden kann[5].

II. Die maßgeblichen Märkte

Die das Unternehmen konstituierenden Vertragsbeziehungen werden in erheblichem Maße durch die ihnen zugrundeliegenden Märkte bestimmt; dafür bietet sich folgende Unterscheidung an:

1. Vertriebs- und Bezugsmärkte

Sie bestimmen die Beziehungen zu den **Kunden** und den **Lieferanten**. Die maßgeblichen Verträge sind regelmäßig in dem Sinne vollständig, daß sie nicht auf spätere Ergänzung, Anpassung oder sonstige Implementierung angelegt sind. Ausnahmen sind möglich, etwa im Fall von Dauerbeziehungen, zum Beispiel dort, wo ein Lieferant sich völlig auf die Bedürfnisse eines einzigen Abnehmers eingestellt hat und nur noch für ihn produziert; das kann mit der Frage nach vertrags- oder kartellrechtlichen Abhilfen etwa wegen sittenwidriger Knebelung[6] oder des Mißbrauchs einer marktbeherrschenden Stellung[7] konfrontieren.

Unternehmensspezifische Probleme ergeben sich dort, wo das beziehende und/oder liefernde Unternehmen seine **rechtliche Identität** dadurch verän-

---

[4] Etwa gem. §§ 31 und 831 BGB oder nach den von der Rechtsprechung entwickelten Grundsätzen der Organisationsverantwortung; vgl. etwa BGHZ 17, 214, 220f.; *BGH* JZ 1965, 411, 412; vgl. auch Rn 40.
[5] Siehe Rn 120ff.
[6] § 138 Abs. 1 BGB.
[7] §§ 19 Abs. 1, 20 Abs. 3 GWB.

dert, daß es auf einen neuen Inhaber übergeht. Hier gilt zunächst der Grundsatz, daß der Vertrag allein die Kontrahenten, also hier den alten Inhaber, berechtigt und verpflichtet. Abweichende Vereinbarungen zwischen altem und neuem Inhaber sind für Lieferanten und Kunden nicht automatisch verbindlich: Sie können sich durch Leistung an den alten Inhaber befreien, solange ihnen die Abtretung der sie bindenden Forderung nicht mitgeteilt worden ist[8]; und eine den alten Inhaber befreiende Übernahme der Verbindlichkeiten bedarf der Zustimmung des jeweiligen Gläubigers[9]. Für **kaufmännische Unternehmen** sieht das HGB Sonderregeln vor. Diese unterscheiden drei Vorgänge:

11   a) **Inhaberwechsel.** Wird das Unternehmen des Einzelkaufmanns übertragen, dann kommt es auf die Firmierung an. Wird die **bisherige Firma fortgeführt**, dann haftet der Erwerber für die im Geschäftsbetrieb begründeten Verbindlichkeiten des alten Inhabers[10]. Hat dieser in die Fortführung der bisherigen Firma eingewilligt, dann können sich die Schuldner der im Betrieb begründeten Forderungen durch Leistung an den neuen Inhaber befreien[11]. Beide Rechtsfolgen können durch Vereinbarung zwischen Veräußerer und Erwerber abbedungen werden; das ist gegenüber Dritten, d. h. den Lieferanten und Kunden, aber nur dann wirksam, wenn die Vereinbarung in das Handelsregister eingetragen und bekanntgemacht oder den Dritten mitgeteilt worden ist[12].

12   b) **Umwandlung in eine Handelsgesellschaft.** Sie erfolgt dadurch, daß der bisherige Inhaber des einzelkaufmännischen Unternehmens einen Partner aufnimmt; dadurch entsteht eine OHG oder KG. Hier kommt es nicht auf Fortführung der bisherigen Firma an; die Gesellschaft haftet den Altgläubigern, und die Altgläubiger können sich durch Leistung an die Gesellschaft befreien, auch wenn diese unter einer **veränderten oder völlig neuen Firma** auftritt[13]. Auch hier sind abweichende Vereinbarungen zwischen dem bisherigen Alleininhaber und dem eintretenden Gesellschafter möglich, deren Wirksamkeit gegenüber Kunden und Lieferanten wiederum davon abhängt, daß sie in das Handelsregister eingetragen und bekanntgemacht oder dem Dritten mitgeteilt worden ist[14].

13   c) **Eintritt in eine Handelsgesellschaft.** Hier wird der Gesellschafterkreis einer schon bestehenden OHG oder KG durch Aufnahme eines weiteren persönlich haftenden Gesellschafters oder Kommanditisten erweitert. In diesem Fall haftet der eintretende Gesellschafter ohne Rücksicht auf Firmierung für die Altverbindlichkeiten der Gesellschaft[15]; **abweichende Vereinbarungen** sind Dritten gegenüber **unwirksam**[16]. Für den eintretenden Kommanditisten ist besonders wichtig, daß die **Haftungsbegrenzung erst mit der Eintragung** des Eintritts

---

[8] § 407 BGB.
[9] § 415 Abs. 1 BGB.
[10] § 25 Abs. 1 Satz 1 HGB.
[11] § 25 Abs. 1 Satz 2 HGB.
[12] § 25 Abs. 2 HGB.
[13] § 28 Abs. 1 Satz 1 und 2 HGB.
[14] § 28 Abs. 2 HGB.
[15] §§ 130 Abs. 1 und 173 Abs. 1 HGB.
[16] §§ 130 Abs. 2 und 173 Abs. 2 HGB.

in das Handelsregister wirksam wird[17]; er haftet unbeschränkt aber nur für die zwischen Eintritt und Eintragung und nicht für die schon vor dem Eintritt begründeten Verbindlichkeiten[18].

2. Beschäftigungsmärkte

Arbeit im weitesten Sinne ist das unerlässliche Fundament eines jeden Unternehmens; Beschäftigung ist der Gegenstand des wichtigsten Faktors Arbeitsmarkt. Bei näherer Betrachtung sind freilich zwei Segmente zu unterscheiden. 14

Der Markt für **abhängige Beschäftigung** ist durch zwingende Ergänzungen des individuellen Dienst- oder Arbeitsvertrags und durch die kollektiven Regelungen des Tarifvertrags- und Arbeitskampfrechts – wie des Betriebsverfassungs- und Mitbestimmungsrechts – eingehend geregelt. Ein zentrales Regelungsziel des Arbeitsrechts ist der Schutz der Arbeitnehmer vor Verlust ihres Arbeitsplatzes. Es soll auch dort gelten, wo ein Betrieb den Inhaber und damit den als Vertragspartner fungierenden Arbeitgeber wechselt. Darauf ist zurückzukommen[19]. 15

Ganz anders der Markt für **Führungskräfte**: Er ist weitgehend unreguliert. Maßgebend ist vor allem der Inhalt des individuellen Dienstvertrags. Gesetzliche Regelungen zielen weniger auf Stabilisierung des Beschäftigungsverhältnisses als auf die Intensivierung der Kontrolle durch den jeweiligen „Dienstherrn". Auch darauf ist zurückzukommen[20]. 16

3. Finanzmärkte

Kapital ist ein zweiter **essentieller Faktor** unternehmerischer Betätigung. Die Rechtsordnung unterscheidet grundsätzlich zwischen Eigen- und Fremdkapital. 17

Eigenkapital trägt das uneingeschränkte Verlustrisiko; dieses wird durch Gewinnchancen kompensiert, deren Realisierung von der Kompetenz, dem Engagement und der Integrität der Verwalter anvertrauten des anvertrauten Geldes abhängt. Deshalb stehen den **Anteilseignern** Mitwirkungs- und Kontrollrechte zu, durch die die Loyalität des angestellten Managements gesichert werden soll; sie haben sich nicht zuletzt in der Sondersituation grundlegender Veränderungen wie Verschmelzungen und Übernahmen zu bewähren[21]. 18

Fremdkapital gewährt vertraglich fixierte Entgelte; das Verlustrisiko wird dadurch eingeschränkt, daß die **Gläubiger** im Fall der Insolvenz Anspruch auf volle Befriedigung haben, bevor die verbleibende Masse an die Anteilseigner verteilt wird. Die Lage der Gläubiger ist noch vorteilhafter bei den Personengesellschaften, wo die Gesellschafter zugleich mit ihrem privaten Vermögen für die Verbindlichkeiten des Unternehmens haften; zum Ausgleich sieht das Aktien- und GmbH-Recht ein kompliziertes Gefüge von Regeln vor, die die Aufbringung 19

---

[17] § 176 Abs. 2 HGB.
[18] BGHZ 82, 209, 211; *Karsten Schmidt*, Anwendungsgrenzen des § 176 Abs. 2 HGB, ZHR 144 (1980) 192, 195.
[19] Siehe Rn 74 ff.
[20] Siehe Rn 88 ff.
[21] Siehe Rn 50 ff.

und Erhaltung des in der Satzung festgelegten Nennkapitals sichern sollen. Die daraus resultierende Abhängigkeit von der Rechtsform tangiert die Gläubigerinteressen vor allem dort, wo die Unternehmensübernahme nicht nur die finanzielle Substanz des Schuldnerunternehmens verwässert, sondern zugleich seine Rechtsform verändert[22].

4. Märkte für Unternehmen und Beteiligungen

20   Unternehmen können im Wege des Asset Deal[23] **als Ganzes** – mit allen Aktiven und Passiven – verkauft werden; dann sind ihre Bestandteile nach den für sie jeweils maßgeblichen Bestimmungen zu übertragen: Für Grundstücke ist Auflassung und Eintragung[24], für bewegliche Sachen Einigung und Übergabe[25] erforderlich; für Forderungen und andere Rechte gelten die Regeln der Abtretung[26]; Verbindlichkeiten können im Wege der Schuldübernahme den Schuldner wechseln[27]. Als Personen- oder Kapitalgesellschaft inkorporierte Unternehmen können wesentlich einfacher durch Share Deal[28], d. h. durch **Übertragung der Anteile**, veräußert und erworben werden.

21   Jede dieser Transaktionen ist Teil eines Marktprozesses, der die Konditionen der einzelnen Übernahme beeinflußt. Das geschieht in sehr unterschiedlicher Weise. Wer ein einzelkaufmännisches Unternehmen veräußern oder erwerben möchte, wird sich nicht leicht tun, in Erfahrung zu bringen, zu welchem Preis vergleichbare Objekte den Inhaber gewechselt haben; hier kann das praktische Wissen der zugezogenen Berater von erheblichem Nutzen sein[29]. Auf der Gegenseite des Spektrums steht der organisierte Sekundärmarkt der **Börse**, der die Anteile der notierten Gesellschaften einer fortlaufenden und transparenten Bewertung unterzieht.

5. Der Markt für Unternehmenskontrolle

22   Auch dieser Markt ist nicht neu; er war immer schon dort sichtbar, wo für eine maßgebenden Einfluß oder Beherrschung vermittelnde Beteiligung ein über dem Tageskurs liegendes Entgelt, die Kontrollprämie oder der **Paketzuschlag**, entrichtet worden ist[30]. Seine Bedeutung ist erst mit dem Erscheinen der „unfreundlichen" oder „feindlichen" **Übernahmeangebote** in vollem Umfang zu Tage getreten; das gilt vor allem dort, wo mehrere Bieter um die Übernahme einer Zielgesellschaft konkurrieren.

---

[22] Dazu unten Rn 109 ff.
[23] Siehe § 2 Rn 56 ff. und § 13.
[24] §§ 873, 925 BGB.
[25] §§ 929 ff. BGB.
[26] §§ 398 ff., 413 BGB.
[27] §§ 414 ff. BGB.
[28] Siehe § 2 Rn 24 ff. und § 12.
[29] Siehe § 4.
[30] *Hopt* ZHR 161 (1997) 368, 371.

III. Die Unternehmensübernahme im Schnittfeld von Marktbeziehungen

Jeder Übergang eines Unternehmens in neue Hände spielt sich typischerweise **auf mehreren oder allen der aufgeführten Märkte** ab. Das ist wiederum besonders evident für ein öffentliches Übernahmeangebot. Sein Erfolg bedeutet in aller Regel, daß das Führungspersonal der Zielgesellschaft ausgewechselt wird. Die Ablösung der Zwischenfinanzierung, mit der die erworbenen Anteile bezahlt worden sind, verlangt, daß die Zielgesellschaft zusätzliches Eigen- oder Fremdkapital aufnimmt oder aber Tochtergesellschaften und Teilbetriebe veräußert; dadurch werden Arbeitsplätze abhängig Beschäftigter gefährdet und Vertragsbeziehungen zu Kunden und Lieferanten beendet. Diese Vernetzung kann Verzerrungen der Marktabläufe und damit Marktversagen zur Folge haben, das nach rechtlichen Abhilfen und Korrekturen verlangt.

B. Beteiligte und Betroffene

Vor allem bei komplexen Transaktionen sind die Rollen vielfältig verteilt. Es gibt die **Akteure**, wie etwa das Management der erwerbenden oder bietenden Gesellschaft; sie werden im Folgenden als Beteiligte bezeichnet. Andere sind **allein passiv involviert**; sie sind die Betroffenen. Diese Rollen sind aber häufig **nicht eindeutig**: Beteiligte können zugleich betroffen sein, Betroffene umgekehrt auch als aktiv Mitwirkende fungieren.

I. Abhängigkeiten

Die konkrete Verteilung der Rollen hängt von zahlreichen Variablen ab. Hier kann nur vereinfachend auf einige der besonders wichtigen Bestimmungsfaktoren hingewiesen werden.

1. Art der Übernahme

Es gibt eine fast unübersehbare Fülle von Möglichkeiten, die Übernahme eines Unternehmens rechtlich zu vollziehen; im Folgenden kann nur auf einige besonders typische Ausgestaltungen verwiesen werden.

a) Unternehmenskauf. Angenommen: Die X AG erwirbt im Wege eines **Asset Deal** wesentliche Aktiva der Y AG. Da die Transaktion für jede der beteiligten Gesellschaften abträglich sein kann, stellt sich die Frage, in welcher Weise sich die betroffenen Aktionäre gegen für sie nachteilige Maßnahmen des Vorstands schützen können. Weitere Fragen ergeben sich, wenn Verträge mit Arbeitnehmern, Lieferanten, Abnehmern und Kreditgebern bei Y verbleiben sollen und diese Gesellschaft nicht länger über die Ressourcen verfügt, die zur vereinbarungsgemäßen Abwicklung dieser Verträge erforderlich sind.

28 **b) Übertragung von Anteilen.** Angenommen: X AG und Y AG vereinbaren einen Share Deal; X übernimmt alle Y-Aktien und begibt dafür X-Aktien an die Y-Aktionäre. Diese Transaktion bedarf der **Zustimmung der Hauptversammlung** beider Gesellschaften[31]; die Beschlüsse sind mit (mindestens) Dreiviertelmehrheit zu fassen[32]. Hier steht im Vordergrund die Frage, wie die jeweilige **Minderheit** gegen eine für sie nachteilige Fusion, insbes. gegen ein durch die Wertrelation nicht gerechtfertigtes Umtauschverhältnis, geschützt werden kann.

29 **c) Feindliche Übernahme.** Angenommen: Die X AG bietet den Aktionären der Y AG an, Y-Aktien zu einem den aktuellen Börsenkurs überschreitenden Barpreis zu erwerben. Dafür muß die X AG ihr Kapital erhöhen; das bedarf wiederum eines mit (mindestens) Dreiviertelmehrheit zu fassenden Beschlusses der Hauptversammlung, durch den zugleich das Bezugsrecht der Aktionäre der X AG ausgeschlossen werden muß[33]; insoweit ist auch hier nach dem Schutz der überstimmten Minderheit zu fragen. Die Aktionäre der Y AG hingegen haben alle dieselbe Chance, ihre Aktien an die X AG zu veräußern. Sie sehen sich mit anderen Problemen konfrontiert: Ob sie über die Vor- und Nachteile eines Verkaufs hinreichend **informiert** sind; ob ihr Vorstand Maßnahmen ergreifen darf, die der X AG die geplante **Übernahme erschweren** und sie deshalb von der Annahme des Angebots abhalten; oder ob ihr Vorstand verpflichtet ist, nach einem **besseren Angebot** Ausschau zu halten.

2. Rechtsform

30 Die Auswirkung der Rechtsform der beteiligten Unternehmen kann wiederum nur an einigen Beispielen verdeutlicht werden:

31 **a) Erwerb eines Einzelunternehmens.** Diese Transaktion ist immer ein **Asset Deal** und konfrontiert deshalb mit den erwähnten Fragen, in welchem Umfang und mit welchen Folgen die mit Arbeitnehmern, Lieferanten und Kunden bestehenden Verträge vom Veräußerer auf den Erwerber übergegangen sind[34].

32 **b) Erwerb von Gesellschaften.** Hier ist zu unterscheiden: Wenn die Gesellschaft ihr Unternehmen veräußert, handelt es sich wiederum um einen **Asset Deal**. Anders die Veräußerung der Gesellschaft selbst durch Übertragung der Anteile auf den oder die Erwerber: Diese ist ein **Share Deal**, der die rechtliche Identität der Personen- oder Kapitalgesellschaft als eines eigenständigen Zuordnungspunkts von Rechtsbeziehungen unberührt läßt. Das hat wichtige Folgen: Die Verträge, die die Gesellschaft mit ihren Arbeitnehmern, Lieferanten und Kunden abgeschlossen hat, bestehen unverändert fort. Probleme können dort entstehen, wo sich der Erwerber mit einer Mehrheitsbeteiligung begnügt und die verbleibenden Gesellschafter sich in die gefährdete und wertmindernde Position

---

[31] § 13 Abs. 1 UmwG.
[32] § 65 Abs. 1 UmwG.
[33] § 65 Abs. 1 UmwG; § 186 Abs. 3 AktG.
[34] Siehe Rn 10 bis 13.

der Minderheit versetzt sehen; dagegen kann die Rechtsordnung Schutz gewähren[35].

c) Publikumsgesellschaften. Die für sie charakteristische Trennung von Eigentum und Verfügungsmacht[36] schafft zusätzliche Interessenkonflikte und erweitert zudem das Spektrum möglicher Übernahmetransaktionen. Im Regelfall beruht der Erwerb eines Unternehmens auf dem Einverständnis, das mit dessen Geschäftsleitung (für einen Asset Deal) oder mit dessen beherrschenden Gesellschaftern (für einen Share Deal) erzielt wird. Nur dort, wo die Mehrheit der Aktien breit gestreut ist und an einem organisierten Markt gehandelt wird, kann der Erwerber das Management und einflußreiche Großaktionäre überspielen, wenn er im Wege eines **öffentlichen Übernahmeangebots** von den sonst einflußlosen Kleinaktionären eine Mehrheitsbeteiligung erwirbt, die ihm von nun an die Beherrschung des Unternehmens erlaubt. Das ist die Ausnahme von der Regel, daß auch grundlegende Änderungen der Struktur des Unternehmens von der Geschäftsleitung geplant und ausgehandelt werden; in diesen Fällen stellt sich die Frage, durch welche Vorkehrungen die Interessen der Klein- und Minderheitsaktionäre gewahrt werden. Sie ist auch dort akut, wo die Publikumsgesellschaft als Erwerber eines anderen Unternehmens auftritt. Es ist durchaus möglich, daß eine solche Transaktion den Einfluß und die Bezüge der Verwaltung maximiert und zugleich die **Aktionäre schädigt**, weil der Wert ihrer Anteile sinkt[37].

d) Die Funktion des Umwandlungsrechts. Da die Rechtsform ohne größeren Aufwand gewechselt werden kann, sinkt ihre Bedeutung. Diese Erleichterung ist ein wichtiges Ziel auch und gerade des neugefaßten Umwandlungsrechts.

3. Die Rolle in der Transaktion

Der Grad der Betroffenheit kann schließlich davon abhängen, ob das Unternehmen, dem sich die einzelne Person zurechnet, als Erwerber oder aber als Objekt einer Übernahme fungiert. Bei feindlichen Übernahmen stellen sich die Aktionäre des Zielunternehmens idR besser als die der Bietergesellschaft[38]. Für die Arbeitnehmer ist die Frage umgekehrt: Der Verlust des Arbeitsplatzes droht vor allem den Beschäftigten des Zielunternehmens. Deshalb ist für die Anteilseigner wie für die Arbeitnehmer danach zu differenzieren, ob sie dem erwerbenden oder dem erworbenen oder zu erwerbenden Unternehmen zuzurechnen sind[39].

---

[35] Siehe Rn 59 ff.
[36] „Split between ownership and control"; dazu klassisch *Berle/Means*, The Modern Corporation and Private Property, 1932.
[37] Das gilt nicht zuletzt für feindliche Übernahmen; häufig profitieren die Aktionäre der Zielgesellschaft zum Nachteil der Aktionäre der Bietergesellschaft, da letztere den Preis für ein überhöhtes Angebot zu entrichten haben; *Hopt* ZHR 161 (1997) 368, 371 mwN.
[38] Siehe Fn 37.
[39] Siehe Rn 50 ff. und Rn 74 ff.

II. Unterscheidungen

36 Im folgenden ist die Unterscheidung von Beteiligten und Betroffenen zu erklären und zu konkretisieren. Dabei zeigt sich, daß die beiden Kategorien nicht ausreichen: Betroffene können an Entscheidungen beteiligt, Beteiligte jenseits ihrer Mitwirkungsmöglichkeiten betroffen sein.

1. Betroffene

37 Sie haben Folgen der Übernahme zu tragen, denen sie sich durch eigene Vorsorge nicht entziehen können.

38 **a) Ehegatten.** In einigen Fällen nimmt das Gesetz die rein passive Verstrickung zur Kenntnis und ordnet den Schutz der Betroffenen an. Praktisch besonders wichtig ist der Fall, daß ein Unternehmen oder eine Beteiligung übertragen wird, die praktisch **das ganze Vermögen** des Veräußernden bildet. Lebt diese Person im gesetzlichen Güterstand der **Zugewinngemeinschaft**, dann ist das Verpflichtungsgeschäft, d. h. der Kaufvertrag nur wirksam, wenn der **Ehegatte einwilligt**[40] oder seine Zustimmung durch das Vormundschaftsgericht ersetzt wird[41].

39 **b) Kinder.** Soweit die Kinder minderjährig sind, bedürfen ihre Rechtsgeschäfte idR der Einwilligung der gesetzlichen Vertreter[42]. Sie werden grundsätzlich von ihren Eltern vertreten[43]. Für den Erwerb oder die Veräußerung eines Unternehmens oder zum Abschluß eines auf den Betrieb eines Erwerbsgeschäfts gerichteten Gesellschaftsvertrags ist zudem die **Genehmigung durch das Vormundschaftsgericht** erforderlich[44]. Diese Regelung soll verhindern, daß sich Jugendliche in erheblichem Maße verschulden und deshalb als Volljährige nicht mehr in der Lage sind, sich beruflich und geschäftlich ihren Fähigkeiten entsprechend zu entfalten; das beruht auf einem in Art. 2 Abs. 1 GG angelegten Verfassungsgebot[45]. Ist der gesetzliche Vertreter ebenfalls an der Gesellschaft beteiligt, dann muß uU zur Vertretung des Kindes ein **Pfleger** bestellt werden[46]. Diese Regeln sind vor allem dort zu beachten, wo ein Familienunternehmen veräußert oder verschmolzen wird, an dem noch nicht volljährige Erben als Gesellschafter beteiligt sind.

40 **c) Deliktsgläubiger.** Die Opfer einer im Unternehmen ausgelösten Schutzrechtsverletzung oder sonstigen Schädigung haben Anspruch gegen die Arbeitnehmer und Geschäftsleiter, die für das beeinträchtigende Ereignis unmittelbar verantwortlich und haftbar gemacht werden können[47]. In derartigen Fällen kann

---

[40] § 1365 Abs. 1 BGB.
[41] § 1365 Abs. 2 BGB.
[42] §§ 106 ff. BGB.
[43] § 1629 BGB.
[44] §§ 1643, 1822 Ziff. 3 BGB.
[45] BVerfGE 72, 155, 172 f.
[46] §§ 1629 Abs. 2, 1795, 1697 BGB.
[47] Etwa gem. § 14 Abs. 6 MarkenG, § 97 UrhG, §§ 823 ff. BGB.

zugleich der Träger des Unternehmens zum Schadensersatz verpflichtet sein[48]; das ist dort von Bedeutung, wo Vermögen und Versicherungsschutz der verantwortlichen natürlichen Personen nicht ausreichen, den Schaden abzudecken. Die Haftung einer Kapitalgesellschaft wird dem Opfer freilich wenig helfen, wenn das Eigenkapital nicht ausreicht, um den Schaden abzudecken. Das kann wiederum die Folge einer **Finanzierungsstrategie** sein, die darauf abzielt, die Gewinne durch die Hebelwirkung („leverage") der Verschuldung zu maximieren und die **Risiken auf die Gläubiger abzuwälzen**. Dieses Konzept kann auch im Zuge einer Übernahme verfolgt werden; das gilt etwa dann, wenn das Eigenkapital der Zielgesellschaft zur Finanzierung des Erwerbs eingesetzt und dadurch deren Verschuldung erheblich gesteigert wird. In derartigen Fällen ist ein **Haftungsdurchgriff** zumindest auf diejenigen Gesellschafter in Betracht zu ziehen, die die Risikoüberwälzung auf die Gläubiger zu verantworten haben.

d) Allgemeinheit. Auch sie ist überwiegend passiv betroffen; das Schulbeispiel ist die **Gebietskörperschaft**, die durch eine Übernahme ihren wichtigsten Arbeitgeber verliert; das kann erhebliche Rückwirkungen auf andere Unternehmen, aber auch auf öffentliche Einrichtungen wie Schulen und Verkehrsbetriebe haben. Es können auch die Ebenen der Länder, des Bundes oder der Europäischen Union – negativ oder positiv – berührt sein. Damit wird deutlich, daß die öffentliche Hand auch in einer Marktwirtschaft nicht ohne jeden Einfluß ist: Zum **Schutz von Allgemeininteressen** kann sie Randbedingungen setzen und modifizieren, die die Märkte für Unternehmen und Unternehmenskontrolle unmittelbar oder mittelbar steuern; darauf ist zurückzukommen[49]. 41

2. Aktiv Beteiligte

Sie stehen auf der anderen Seite des Spektrums, denn sie entscheiden darüber, ob es zu Übernahme, Verschmelzung oder sonstigen Veräußerungen eines Unternehmens kommt. Es sind vor allem zwei Positionen oder Funktionen, die dieser Gruppe zuzurechnen sind: 42

a) Die „Eigentümer". Das sind der Inhaber des Einzelkaufmannsunternehmens ebenso wie die Gesellschafter einer OHG, KG oder GmbH und die Aktionäre einer AG oder KGaA. Die Anteilseigner können zu einer individuellen oder einer kollektiven Entscheidung berufen sein. Schulbeispiel für den ersten Fall ist das **öffentliche Übernahmeangebot**; hier kann jeder Aktionär für sich entscheiden, ob er annehmen will. Gemeinsames Handeln durch Beschluß verlangt 43

---

[48] Wichtigste Anspruchsgrundlagen sind § 831 BGB, der den Entlastungsbeweis zuläßt, und der insoweit strengere § 31 BGB, der gem. § 89 BGB auch für die juristischen Personen des öffentlichen Rechts gilt und auch ohne ausdrückliche Verweisung auf alle rechtsfähigen Personenvereinigungen des Privatrechts anzuwenden ist und zudem auf OHG und KG analog angewandt wird, RGZ 117, 64; 134, 75; 157, 233; für die GbR anders noch BGHZ 45, 311, 312; die mittlerweile hM nimmt an, daß die entsprechende Anwendung des § 31 BGB auf die GbR erstreckt werden sollte; vgl. *Ulmer* in MünchKomm. (3. Aufl. 1997) § 705 BGB Rn 218 mwN. Zur Organisationsverantwortung vgl. Rn 7.

[49] Siehe Rn 120 ff.

hingegen die **Verschmelzung**[50]. Es kann Einstimmigkeit, d. h. die Zustimmung aller Gesellschafter verlangt sein; das gilt für Personengesellschaften, sofern der Gesellschaftsvertrag keine Mehrheitsentscheidung zuläßt[51]. Anders die Regelung für die Kapitalgesellschaften GmbH und AG: Hier bedarf der Verschmelzungsbeschluß einer Mehrheit von mindestens drei Vierteln der abgegebenen Stimmen[52]. In vielen Fällen ist zwischen den Anteilseignern der übernehmenden und denen der Zielgesellschaft zu unterscheiden; darauf ist zurückzukommen[53].

44 **b) Führungskräfte.** Aktiv beteiligt sind zudem die zur Leitung des Unternehmens und die zu deren Kontrolle berufenen Personen; das umfaßt die persönlich haftenden und zur Geschäftsführung berufenen Gesellschafter einer OHG oder KG ebenso wie die Geschäftsführer einer GmbH oder die Mitglieder des Vorstands und des Aufsichtsrats einer AG. Sie treffen vielfältige **Pflichtbindungen**, auf die zurückzukommen ist[54].

3. Beteiligt und betroffen

45 Zwischen den Extremen der ausschließlich passiv Betroffenen und den eigentlichen Akteuren gibt es eine einigermaßen diffuse Gruppe von Interessenten, bei denen sich Beteiligung und Betroffensein in unterschiedlicher Weise mischen:

46 **a) Minderheitsgesellschafter.** Sie sind dort besonders gefährdet, wo Gesetz oder Gesellschaftsvertrag Mehrheitsentscheidungen zulassen und sie sich mit einer durch Anteilsbesitz oder Stimmrechtsvereinbarung verfestigten Majorität, etwa der Beherrschung der Gesellschaft durch eine Konzernmutter, konfrontiert sehen. Sie sind insofern nicht passiv betroffen, als sie mit dem Erwerb der Beteiligung zumindest das Risiko einer Minderheitsposition akzeptiert haben. Trotzdem bedürfen sie eines Schutzes, für den die Rechtsordnung mehrere Mechanismen vorsieht, auf die zurückzukommen ist[55].

47 **b) Kleinaktionäre.** Sie sind auch bei einer reinen Publikumsgesellschaft gefährdet, weil es sich für sie nicht lohnt, Zeit und Geld für die Beaufsichtigung der Verwaltung der AG oder der von ihnen bevollmächtigten Stimmrechtsvertreter aufzuwenden. Sie werden durch die **fiduziarische Bindung** von Vorstand und Aufsichtsrat an die Interessen der Gesellschaft und ihrer Aktionäre[56] und durch die gesetzliche Regelung des Vollmachtsstimmrechts[57] geschützt.

---

[50] § 13 UmwG.
[51] § 43 UmwG.
[52] §§ 50 und 65 UmwG.
[53] Siehe Rn 50 ff.
[54] Siehe Rn 88 ff.
[55] Siehe Rn 59 ff.
[56] Dazu *Mertens* in Kölner Komm. § 93 AktG Rn 57 ff.; zu den funktionsnotwendigen Grenzen dieser Bindung BGHZ 135, 244, 251 ff. „ARAG/Garmenbeck".
[57] § 135 AktG. Zu Einzelfragen vgl. *Henssler* und *Than*, Verhaltenspflichten bei der Ausübung von Aktienstimmrechten durch Bevollmächtigte, ZHR 157 (1993) 91 ff. und 125 ff. Die rechtspolitischen Implikationen werden zusammenfassend und mit weiteren Nachweisen erörtert von *Mülbert*, Empfehlen sich gesetzliche Regelungen zur Einschränkung des Einflusses der Kreditinstitute auf Aktiengesellschaften? Gutachten E zum 61. DJT, 1996, S. 87 ff.

c) **Arbeitnehmer.** Sie zählen mehrfach zu den Betroffenen: Eine Übernahme kann sowohl die Beschäftigung als auch die Versorgungsanwartschaften gefährden. Diese Risiken sind zwar – in Grenzen – beeinflußbar durch Wahl des Arbeitsplatzes, durch einzel- wie durch tarifvertragliche Vorkehrungen, durch Wahrnehmung von Mitbestimmungsrechten im Betrieb und im Unternehmen. Derartigen Einwirkungen sind aber enge rechtliche und faktische Grenzen gesetzt. Deshalb besteht breiter Konsens, daß **gesetzliche Schutzvorkehrungen** notwendig sind; auf sie ist zurückzukommen[58].

d) **Sonstige Vertragsgläubiger.** Sie riskieren, daß ihnen durch die Übernahme ihr Schuldner oder dessen Vermögen entzogen wird; deshalb bedarf es spezifischer Vorschriften des Gläubigerschutzes[59]. Sein Umfang konfrontiert mit dem Problem, daß sich vor allem die großen **Finanzgläubiger** wie Banken und Leasingunternehmen durch die Vereinbarung von Sicherheiten und/oder Verhaltenspflichten sehr wohl selber schützen können. Für kleinere Partner, etwa den zur Abdichtung eines Rohrbruchs gerufenen Klempner, trifft dies in sehr viel geringerem Maße oder gar nicht zu. In allen Fällen stellt sich aber die Frage, inwieweit typische Risiken durch die Bemessung der Gegenleistung – die Höhe des Zinses oder des Stundensatzes – ausgeglichen werden. Vertragsgläubiger wie Bankkunden oder Versicherungsnehmer können aber auch in anderer Weise betroffen sein. Ein zunehmend aktuelles Beispiel ist der Zugriff auf personenbezogene Daten, den der Erwerber durch eine Übernahme erlangt. Es konfrontiert mit der bislang nur ansatzweise erörterten Frage, in welcher Weise der **Datenschutz** bei der Übernahme von Unternehmen zu gewährleisten ist[60].

C. Anteilseigner

I. Übersicht

Die Anteilseigner der an einer Unternehmenstransaktion beteiligten Unternehmen sehen sich generell mit einem doppelten Risiko bedroht: Sie verlieren Geld, weil ihre (bisherige) **Beteiligung verwässert** wird; und sie verlieren unternehmerischen Einfluß, weil sich das relative **Stimmgewicht** ihres Anteils **verringert** oder weil **Informations- und Kontrollrechte verloren** gehen. Daraus ergibt sich ein vielfältiges Geflecht möglicher Interessenkollisionen. Es hängt zunächst ab von der Art der Transaktion: Asset Deal oder Share Deal, Merger of Equals oder feindliche Übernahme generieren ihre je spezifischen Konflikte. Weitere Determinanten sind Rechtsform und Beteiligungsverhältnisse. Minderheiten können überall dort betroffen sein, wo Gesetz oder Statut Mehrheitsentscheidung zulassen. Bei reinen Publikumsgesellschaften können die Inter-

---

[58] Siehe Rn 74 ff.
[59] Siehe Rn 105 ff.
[60] Dazu *Ruppmann*, Der konzerninterne Austausch personenbezogener Daten, 2000; *Wengert/Widmann/Wengert*, Bankfusionen und Datenschutz, NJW 2000, 1289 ff.; *Teichmann/Kiessling*, Datenschutz bei Umwandlungen, ZGR 2001, 33 ff.

essen der Verwaltung von denen der Aktionäre abweichen. In nahezu jedem Fall divergieren die Bedürfnisse der beteiligten Unternehmen. Häufig werden diese Interessen zugleich durch die Rolle des Unternehmens als „Übernehmer" (Bidder) oder als „Ziel" (Target) in der Transaktion bestimmt. Deshalb ist zunächst nach diesen spezifischen Belangen zu fragen, bevor auf einige der durch sie ausgelösten spezifischen Konflikte eingegangen wird.

II. Anteilseigner des Übernehmers

51   Spezifische Schutzbedürfnisse der Anteilseigner der übernehmenden Gesellschaft erhellen aus dem empirischen Befund, daß nach einer feindlichen Übernahme der **Aktienkurs** des erfolgreichen Übernehmers in den meisten Fällen nicht nur kurzfristig sinkt bzw. hinter den Werten vergleichbarer Gesellschaften zurückbleibt[61]. Das legt den Schluß nahe, daß der den Aktionären der Zielgesellschaft gezahlte Preis weder durch den Wert dieses Unternehmens noch durch die erhofften Synergiegewinne aufgewogen wird.

52   Zugleich indiziert der Befund einen zumindest latenten Konflikt zwischen den Aktionären und der Verwaltung: Letztere kann mit der Übernahme eigene und eigensüchtige Ziele der Machterweiterung und der Stabilisierung ihrer Position verfolgen[62]. Gegen derartige Strategien sind die Anteilseigner zumindest formal dort geschützt, wo die Durchführung der Transaktion einen **Beschluß der Hauptversammlung** der übernehmenden Gesellschaft verlangt. Das ist etwa der Fall, wo der Kontrollerwerb durch Verschmelzung[63], durch Eingliederung[64] oder den Abschluß eines Beherrschungs- und/oder Gewinnabführungsvertrags[65] abgeschlossen werden soll. Die Mitwirkung der Hauptversammlung ist auch dort erforderlich, wo das Kapital heraufgesetzt werden muß, damit den Anteilseignern der Zielgesellschaft Aktien des Übernehmers oder Geld angeboten werden können[66].

53   Wo die übernehmende Aktiengesellschaft über einen hinreichenden Betrag liquider Mittel verfügt und sich mit dem Erwerb der „assets" oder der (Mehrheit der) „shares" der Zielgesellschaft begnügt, kann die Transaktion ohne Mitwirkung der Hauptversammlung vollzogen werden. In diesen Fällen bleibt als letztes Korrektiv die **treuhänderische Bindung** von Vorstand und Aufsichtsrat an die Interessen der Gesellschaft und ihrer Aktionäre; mit ihr sind zumindest solche Erwerbsstrategien unvereinbar, die die eigene Stellung festigen und den Aktionären schaden[67].

---

[61] Vgl. oben zu Fn 37.
[62] Je größer die AG, umso geringer das Risiko, daß sie ihrerseits zum Ziel einer feindlichen Übernahme wird.
[63] § 13 Abs. 1 und 3 UmwG.
[64] § 319 Abs. 1 und 2 AktG.
[65] § 293 Abs. 1 und 2 AktG.
[66] §§ 182 Abs. 1, 186 Abs. 3 AktG.
[67] Mit anderen Worten: Soweit die Verwaltung allein das Gesellschaftsinteresse verfolgt, genießt sie weitgehende Einschätzungs- und Handlungsspielräume, BGHZ 135, 242, 251 ff.; *BGH* NJW 1997, 2815, 2816. Diese Spielräume schrumpfen in dem Maße, in dem das Verhalten der Verwaltung durch eigensüchtige Motive bestimmt wird. Solche Absichten werden nur in Ausnahmefällen nachweisbar sein.

III. Anteilseigner der Zielgesellschaft

Die Risiken der Anteilseigner der Zielgesellschaft liegen auf der Hand: Ihnen droht nicht nur die Verwässerung des Werts ihrer Investition, sondern zugleich der Verlust ihrer Gesellschafterstellung und der damit verknüpften Mitwirkungs- und Kontrollrechte. Deshalb kommt den Regeln, die die Anteilseigner der Zielgesellschaft gegen diese Gefahren schützen sollen, erhebliche Bedeutung zu.

1. Schutz gegen unerwünschten Kontrollwechsel

Dieser Schutz läßt sich am wirkungsvollsten dadurch erreichen, daß jede einschlägige Transaktion von der **Zustimmung jedes einzelnen Gesellschafters** abhängig gemacht wird. Die dadurch eingeräumte Vetoposition kann freilich alle übrigen Gesellschafter beeinträchtigen; das Risiko einer die Gesellschaft lähmenden Blockade oder einer auf Sondervorteile abzielenden Erpressung steigt mit der Zahl der Teilhaber. Die gesetzliche Regelung orientiert sich nicht an deren Zahl, sondern an der **Rechtsform** des Unternehmens.

a) **Personengesellschaften.** Für sie gilt der Grundsatz, daß alle einschlägigen Transaktionen – vom Verkauf des Unternehmens durch **Asset Deal** bis zur Veräußerung auch nur eines Anteils – der Zustimmung aller Gesellschafter bedürfen; verlangt ist mithin **Einstimmigkeit**. Das ist keine zwingende, sondern eine **dispositive Regel**, die im Gesellschaftsvertrag abbedungen und durch das Prinzip der Mehrheitsentscheidung ersetzt werden kann. Einschlägige Vertragsklauseln unterliegen dem „**Bestimmtheitsgrundsatz**": Sie müssen insbes. erkennen lassen, daß nicht nur über Maßnahmen der Geschäftsführung, sondern auch über „Grundlagengeschäfte", die die Struktur der Gesellschaft modifizieren, mit Mehrheit entschieden werden kann[68]. Der Bestimmtheitsgrundsatz tritt aber dann zurück, wenn es sich um eine Personengesellschaft handelt, „die durch die Größe ihrer Mitgliederzahl und ihre körperschaftliche Verfassung vom gesetzlichen Leitbild" des BGB oder HGB ganz wesentlich abweicht[69]. Deshalb wird eine Geltung für die Publikums-KG verneint; sie würde „dazu führen, daß vielfach eine vernünftige Fortführung der Gesellschaftsunternehmungen unmöglich sein würde und selbst an krisenhaften Zuständen nichts geändert werden könnte"[70]. Die Befugnis, auch Strukturfragen mit Mehrheit zu entscheiden, entbindet freilich nicht von der **Treupflicht**, welche Transaktionen verbietet, die der Mehrheit zu Lasten der Minderheit unberechtigte Vorteile verschaffen sollen.

b) **Kapitalgesellschaften.** Für sie ist die Rechtslage in doppelter Hinsicht anders. Zunächst gilt das **Mehrheitsprinzip**: Änderungen der Satzung, d. h. der rechtlichen Bedingungen des Zusammenschlusses, bedürfen zumindest einer

---

[68] BGHZ 8, 34, 41; 48, 251, 253; 66, 82, 85; dazu *Uwe H. Schneider*, Die Änderung des Gesellschaftsvertrages durch Mehrheitsbeschluß, ZGR 1972, 357 ff.
[69] BGHZ 85, 350, 358.
[70] BGHZ 71, 53, 58.

Dreiviertelmehrheit des vertretenen Kapitals[71] bzw. der abgegebenen Stimmen[72]. Diese Qualifikation der Mehrheit kann jedenfalls – bis zum Erfordernis der Einstimmigkeit – verschärft werden; zudem können sich die Gesellschafter schuldrechtlich durch **Stimmbindungsverträge** zu einheitlichem Verhalten bei der Beschlußfassung verpflichten. Die **Veräußerung des gesamten Gesellschaftsvermögens** durch einen Asset Deal wird regelmäßig den statutarisch festgelegten Unternehmensgegenstand tangieren[73] und schon deshalb eine Änderung der Satzung bzw. des Gesellschaftsvertrags verlangen. Für die AG bedarf es eines satzungsändernden Beschlusses der Hauptversammlung auch dann, wenn die Übertragung des Gesellschaftsvermögens den Gegenstand des Unternehmens unberührt läßt[74]. Die höchstrichterliche Rechtsprechung verlangt die Mitwirkung der Hauptversammlung zudem für die Fälle, daß **ein ganz wesentlicher Teil des Gesellschaftsvermögens** an einen Dritten veräußert oder auf eine dazu geschaffene Tochtergesellschaft übertragen wird[75]. Es wird dafür plädiert, diese Regel auch auf die GmbH anzuwenden[76].

58 Die zweite wichtige Abweichung betrifft die Anteilsübertragung auf Dritte: Anders als bei GbR, OHG und KG bedarf sie bei AG und GmbH grundsätzlich nicht der Zustimmung der Mitgesellschafter. Das eröffnet die Möglichkeit, durch allmählichen Zukauf oder durch ein Übernahmeangebot so viele Anteile zu erwerben, daß die Gesellschaft faktisch beherrscht und darüber hinaus in einen Konzern integriert werden kann; für die übrigen Gesellschafter hat das zur Folge, daß sie sich unverhofft in der Rolle einer wenig einflußreichen und deshalb ständig gefährdeten **Minderheit** wiederfinden. Davor schützt die **Vinkulierung** der Anteile durch eine Satzungsbestimmung, die deren Übertragung an die Zustimmung der Gesellschaft knüpft[77]. Sie hat den Nachteil, daß sie Beteiligungen entwertet, weil sie ihre Veräußerung über den Markt für Unternehmen verhindert. Sie ist zudem nicht möglich für eine Publikumsaktiengesellschaft, deren Aktien an der Börse oder einem geregelten Markt gehandelt werden. Deshalb wird generell angenommen, daß die Minderheit des Schutzes der Rechtsordnung bedarf.

2. Schutz gegen Entwertung verbleibender Minderheitsbeteiligungen

59 Die Minderheit, die sich ohne ihr Zutun mit einer die Gesellschaft beherrschenden Mehrheit konfrontiert sieht, kann auf zweierlei Weise vor Unbill be-

---

[71] § 179 Abs. 2 Satz 1 AktG.
[72] § 53 Abs. 2 Satz 1 GmbHG.
[73] § 23 Abs. 3 Ziff. 2 AktG; § 3 Abs. 1 Ziff. 2 GmbHG.
[74] § 179a AktG.
[75] BGHZ 83, 122, 131, 136 ff. „Holzmüller". Diese Entscheidung war und ist sehr kontrovers; vgl. *Mertens* in Kölner Komm. § 76 AktG Rn 51 sowie *Sailer*, Aktienrechtliche Minderheitskompetenzen zwischen Mißbrauch und unternehmerischer Entscheidungsfreiheit, 1999, S. 47 ff.; beide mwN. Zur Bedeutung der Entscheidung im hier erörterten Bereich siehe vor allem *Lutter/Leinekugel*, Kompetenzen von Hauptversammlung und Gesellschafterversammlung beim Verkauf von Unternehmensteilen, ZIP 1998, 225 ff., ebenfalls mwN. Siehe auch § 2 Rn 91 f.
[76] *Emmerich* in Scholz GmbHG Anhang Konzernrecht Rn 127 ff. Siehe auch § 2 Rn 95 f.
[77] § 68 Abs. 2 AktG; § 15 Abs. 5 GmbHG.

wahrt werden. Ein erster Weg besteht darin, die Mehrheit zu verpflichten, den verbleibenden Gesellschaftern die **Übernahme** ihrer Anteile zu einem angemessenen Preis **anzubieten**[78]. Die andere Möglichkeit sind rechtliche Vorkehrungen, insbes. die Auferlegung von **Informations- und Verhaltenspflichten**, die der Minderheit Schutz gegen sie benachteiligende Praktiken der Mehrheit gewähren. Diese Abwehrrechte können auf einer detaillierten gesetzlichen Regelung beruhen[79] oder aus allgemeinen Grundsätzen abgeleitet werden[80].

a) Das Pflichtangebot. Das geltende Aktienrecht verpflichtet die Parteien, die einen Beherrschungs- und/oder einen Gewinnabführungsvertrag vereinbaren, den außenstehenden Aktionären im Unternehmensvertrag den Erwerb ihrer Aktien gegen eine angemessene Abfindung anzubieten[81]. Der vom Bundesfinanzministerium vorgelegte Referentenentwurf eines „Gesetzes zur Regelung von öffentlichen Angeboten zum Erwerb von Wertpapieren und von Unternehmensübernahmen (WÜG)"[82] sieht die **Verpflichtung zur Abgabe eines Übernahmeangebots** vor, die durch Erlangung der Kontrolle über eine Zielgesellschaft ausgelöst wird[83]; Kontrolle wird mit einem Anteil von mindestens 30% der Stimmrechte an der Zielgesellschaft gleichgesetzt[84]. Konsequent werden im Diskussionsentwurf Teilangebote ausgeschlossen[85], denn ihr Erfolg würde in jedem Fall die Verpflichtung auslösen, den verbleibenden Aktionären ein neues Angebot zu unterbreiten. Diese Pflicht ist aber nicht auf die Fälle beschränkt, in denen die Kontrolle durch ein Übernahmeangebot erlangt worden ist. Nicht zuletzt wegen der Unzulässigkeit von Teilangeboten werden Pflichtangebote vor allem dort eine Rolle spielen, wo die relevante Beteiligung von 30% in anderer Weise erlangt worden ist.

b) Konzernrecht[86]. Die Regelung im 3. Buch des **Aktiengesetzes** zielt darauf ab, die Minderheitsaktionäre einer von einem anderen Unternehmen beherrschten Gesellschaft dagegen zu schützen, daß die von der Konzernleitung berufene Verwaltung die AG zugunsten des Konzerns benachteiligt. Im **Vertragskonzern** – d. h. dort, wo sich die AG durch einen Beherrschungsvertrag der Leitung durch ein anderes Unternehmen unterworfen und/oder durch einen Gewinnabführungsvertrag sich dazu verpflichtet hat, ihren ganzen Gewinn an dieses abzuführen – haben die „außenstehenden Aktionäre" die Wahl zwischen einem

---

[78] Siehe Rn 60.
[79] Siehe Rn 61.
[80] Siehe Rn 63.
[81] §§ 305, 306 AktG. Anders die Regelung bei der Eingliederung: Dort gehen die Aktien der Minderheit, die über nicht mehr als 5 % des Grundkapitals verfügen darf (§ 320 Abs. 1 AktG), mit der Eintragung in das Handelsregister automatisch auf die Hauptgesellschaft über. Das ist ein Vorläufer der Squeeze Out-Regelung, die nunmehr generell durch Einfügung der §§ 327a bis 327f in das Aktiengesetz ermöglicht werden soll. Siehe Band 2.
[82] Veröffentlicht durch Pressemitteilung des BMF vom 12. 3. 2001.
[83] § 35 Abs. 1 RefE-WÜG.
[84] § 29 Abs. 2 RefE-WÜG.
[85] § 32 RefE-WÜG.
[86] Zum Konzernrecht siehe § 28.

angemessenen Ausgleich[87] oder der erwähnten Abfindung[88]; diese Option ist im Unternehmensvertrag vorzusehen. Die Abfindung ist auch dann anzubieten, wenn den Aktionären bei Erwerb der Kontrolle das vorgeschriebene Pflichtangebot unterbreitet worden ist, da der Beherrschungs- oder Gewinnabführungsvertrag weitergehende Eingriffe in die Substanz der abhängigen Gesellschaft erlaubt.

62   Anders ist die Rechtslage dort, wo ein Abhängigkeitsverhältnis besteht, aber kein Beherrschungsvertrag abgeschlossen worden ist; das wird als **faktischer Konzern** bezeichnet. Für ihn sieht das Aktiengesetz keine Pflicht vor, der Minderheit Ausgleichs- und Abfindungsansprüche einzuräumen. Das beherrschende Unternehmen ist aber verpflichtet, die der abhängigen AG zugefügten Nachteile auszugleichen[89] oder Schadensersatz zu leisten[90]. Der Vorstand der abhängigen AG hat die Geschäftsbeziehungen zum herrschenden Unternehmen alljährlich in einem Abhängigkeitsbericht zu dokumentieren[91]. In der Literatur wird gefordert, den „qualifizierten faktischen Konzern", d. h. den Fall einer sachlich umfassenden und zeitlich dauernden Beeinflußung der abhängigen AG, dem Vertragskonzern gleichzustellen[92]. Das hätte zur Folge, daß der Minderheit auch hier die Option der Abfindung einzuräumen wäre. Die Einführung des übernahmerechtlichen Pflichtangebots dürfte das Bedürfnis nach einer derartigen Analogie für die meisten Fälle ausräumen.

63   **c) Fiduziarische Bindung der Mehrheitsmacht.** Eine detaillierte gesetzliche Regelung von Konzernverhältnissen gibt es vorerst nur im Aktienrecht. Für die **GmbH** geht die höchstrichterliche Rechtsprechung unterschiedliche Wege. Zum Schutz der Gläubiger stützt sie sich auf die analoge Anwendung aktienrechtlicher Bestimmungen[93]; anders wo es darum geht, die Minderheitsgesellschafter vor Nachteilen zu bewahren: Dort stützt sich der BGH auf den Grundsatz, daß die Beziehungen der Gesellschafter untereinander von der **gesellschaftsrechtlichen Treupflicht** bestimmt werden. Sie bindet insbes. die Mehrheit, die in der Lage ist, die Geschäftsleitung in einer für die Minderheit nachteiligen Weise zu beeinflussen[94]. Entsprechende fiduziarische Pflichten sind mittlerweile auch für die AG anerkannt[95], werden für den hier erörterten Bereich aber weithin von den konzernrechtlichen Sonderregeln überlagert.

3. „Feindlicher" Kontrollwechsel

64   Das den Aktionären einer Publikumsgesellschaft unterbreitete „unfreundliche" oder „feindliche" Angebot, ihre Aktien zu erwerben, wirft einige Sonderfragen

---

[87] § 304 AktG.
[88] § 305 AktG; siehe Rn 60.
[89] § 311 AktG.
[90] § 317 AktG.
[91] § 312 AktG.
[92] So etwa *Emmerich/Sonnenschein* Konzernrecht S. 360 f.
[93] Das ist der rechtsdogmatische Ansatz der „Autokran"-Doktrin; vgl. BGHZ 95, 330, 341 ff. und dazu Rn 117 f.
[94] BGHZ 65, 15, 18 ff. „ITT".
[95] BGHZ 103, 184, 189 ff. „Linotype"; 129, 137, 142 ff. „Girmes".

des Schutzes der Anteilseigner der Zielgesellschaft auf, die durch das Übernahmegesetz[96] geregelt werden sollen.

a) Information. Erfahrungsgemäß hat ein Übernahmeangebot nur dann Aussicht auf Erfolg, wenn den Aktionären eine Gegenleistung angeboten wird, die nicht unerheblich über dem Börsenkurs der Aktie liegt; diese **Prämie** ist häufig so hoch, daß sie den Wert der bietenden Gesellschaft zum Nachteil ihrer Anteilseigner beeinträchtigt[97]. Trotzdem ist nicht auszuschließen, daß es dem – meist längerfristigen – Interesse der Aktionäre der Zielgesellschaft entspricht, das Angebot auszuschlagen, etwa weil die Zielgesellschaft auf lange Sicht besonders günstige und vom Markt noch nicht hinreichend erfaßte Chancen bietet, oder weil umgekehrt die Beteiligung an der Bietergesellschaft, deren Aktien die Gegenleistung bilden, erhebliche Kursrisiken impliziert.

Deshalb müssen die Aktionäre der Zielgesellschaft eine Entscheidung treffen, für die sie nicht nur ein Minimum an Zeit[98], sondern vor allem Information benötigen. Aus diesem Grund soll dem Bieter die Pflicht auferlegt werden, eine „**Angebotsunterlage**" zu erstellen und zu veröffentlichen, deren Inhalt detailliert festgelegten Anforderungen zu entsprechen hat[99]. Zugleich ist vorgesehen, daß der Vorstand der Zielgesellschaft zu dem Übernahmeangebot eine **begründete Stellungnahme** abzugeben hat, in der insbes. auf die Auswirkungen der Übernahme und auf die vom Bieter verfolgten Ziele einzugehen ist[100].

b) Fiduziarische Bindungen. Die Verwaltung der Zielgesellschaft sieht sich durch das Übernahmeangebot einem Interessenkonflikt ausgesetzt: Was die Aktionäre begünstigt, führt zum Verlust nicht nur von Arbeitsplätzen, sondern auch der Vorstandspositionen und Aufsichtsratsmandate. Deshalb wird der für das Gesellschaftsrecht generell maßgebliche Grundsatz bestätigt, daß Vorstand und Aufsichtsrat der Zielgesellschaft in deren Interesse handeln müssen[101]. Damit diese Loyalität nicht gefährdet wird, soll es dem Bieter untersagt werden, Vorstands- und Aufsichtsratsmitgliedern der Zielgesellschaft Geldleistungen oder andere geldwerte Vorteile zu versprechen oder zu gewähren[102].

Vor allem aber wird der Spielraum für **Abwehrmaßnahmen** eng begrenzt. Die Verwaltung der Zielgesellschaft hat alle Handlungen zu unterlassen, die geeignet sind, den Erfolg des Übernahmeangebots zu verhindern; dazu zählen insbes. die Ausgabe und der Rückerwerb von Aktien sowie Rechtsgeschäfte, die das Gesellschaftsvermögen der Zielgesellschaft erheblich verändern[103]. Ausgenommen hiervon sind die Suche nach einem konkurrierenden Angebot (durch einen

---

[96] Referentenentwurf veröffentlicht durch Pressemitteilung des BMF vom 12. 3. 2001.
[97] Siehe Fn 37.
[98] Vgl. §§ 3 Abs. 2 und 16 Abs. 1 RefE-WÜG.
[99] § 11 RefE-WÜG.
[100] § 27 RefE-WÜG.
[101] § 3 Abs. 3 RefE-WÜG.
[102] § 33 Abs. 4 RefE-WÜG.
[103] § 33 Abs. 1 und 2 RefE-WÜG. Ein Beispiel für letzteres ist die Veräußerung von „crown jewels", d. h. von besonders wertvollen Bestandteilen des Gesellschaftsvermögens und die Eingehung von nachteiligen Verbindlichkeiten („poison pills").

"white knight") und alle Maßnahmen, die durch Beschluß der Hauptversammlung legitimiert werden[104].

IV. Spezifische Konflikte

69   Sowohl auf der Seite des bietenden Unternehmens wie auf der der Zielgesellschaft sehen sich die Anteilseigner mit einem breiten Spektrum potentieller Konflikte – mit dem Führungspersonal, mit den Arbeitnehmern, mit den Gläubigern – konfrontiert. In einigen Fällen stehen sich die Interessen der Anteilseigner von Übernehmer und von Zielgesellschaft unmittelbar gegenüber; das betrifft insbes. die Information über das Zielunternehmen und seine Bewertung.

1. Informationsinteressen und Offenlegungsbarrieren

70   Schon der einfache Unternehmenskauf kann beiden Seiten erhebliche Probleme bereiten. Der Erwerber ist zunächst an möglichst vollständiger Unterrichtung, d. h. an einem Einblick in die Interna des Unternehmens interessiert, der ihm insbes. durch die Verfahren der **Due Diligence** gewährt wird[105]. Für den Veräußerer ist das vor allem dann problematisch, wenn er befürchten muß, daß die Transaktion letztlich doch nicht zustande kommt und er dann einem potentiellen oder realen Konkurrenten Einblick in seine Geschäftsgeheimnisse gewährt hat[106]. Wird die Information verweigert, dann wächst die Ungewißheit für den Erwerber; sie beeinträchtigt den Preis, den er zu zahlen bereit ist. Zudem entstehen Unsicherheiten für den Veräußerer, da das Risiko zunimmt, daß der in seinen Erwartungen enttäuschte Erwerber Gewährleistungsrechte geltend macht. Schließlich gibt es Fälle, in denen der Veräußerer verpflichtet ist, den Erwerber über für seine Entschließung relevante, aber schwer erkennbare Mängel oder Risiken aufzuklären[107].

71   **a) Beteiligungserwerb.** Soll nicht das Unternehmen als Ganzes, sondern nur ein Anteil übertragen werden, dann sind zudem die Interessen der Mitgesellschafter zu berücksichtigen, deren Schutz durch die Rechtsform und die Struktur des Unternehmens bedingt wird. Soweit die **Rechnungslegung** publizitätspflichtig ist[108], kann sie in jedem Fall weitergegeben werden; der potentielle Erwerber wird sich damit jedoch kaum zufrieden geben. Bei der **GmbH** kann der Gesellschafter von der Geschäftsleitung jede das Unternehmen betreffende Auskunft verlangen[109]; weniger eindeutig ist, ob er alle auf diese Weise erlangten Informationen an einen potentiellen Erwerber weitergeben darf. Bei der **AG** kann das Fragerecht nur in der Hauptversammlung ausgeübt werden; der Vorstand kann die Auskunft verweigern, wenn ihre Erteilung geeignet ist, der Gesellschaft einen

---

[104] § 33 Abs. 3 RefE-WÜG.
[105] Dazu und zum Folgenden § 9 Rn 58 ff.; vgl. auch *Lutter* ZIP 1997, 613 ff.
[106] Zur Vertraulichkeitsvereinbarung siehe § 6.
[107] Dazu *Stengel/Scholderer* NJW 1994, 158 ff. mwN.
[108] Art und Umfang der geforderten Offenlegung ergeben sich aus §§ 325 bis 329 HGB.
[109] § 51a GmbHG.

nicht unerheblichen Nachteil zuzufügen[110]; die Weitergabe von Geheimnissen der Gesellschaft ist mit Strafe bedroht[111]. Für die an der Börse oder einem vergleichbaren Markt gehandelten Aktien ist der Kurs ein wichtiger Indikator; er wird vielfach nicht ausreichen, wo ein Anteilspaket gegen Zahlung einer Prämie übertragen werden soll. Dann stellt sich die Frage, in welchem Umfang dem potentiellen Erwerber **Insidertatsachen** mitgeteilt werden dürfen[112].

b) Mitteilungspflichten. Die Übertragung des Anteils an einer Kapitalgesellschaft kann Mitteilungspflichten auslösen. Bei börsennotierten Gesellschaften haben der Erwerber bzw. der Veräußerer die AG und das Bundesaufsichtsamt für den Wertpapierhandel (BAWe) zu informieren, wenn eine der **relevanten Schwellen** (5, 10, 25, 50 oder 75%) über- oder unterschritten wird[113]. Im übrigen sind nur Unternehmen bzw. Aktiengesellschaften, die mehr als den vierten Teil der Anteile an einer AG bzw. einer anderen Kapitalgesellschaft erwerben, dazu verpflichtet, dies der betroffenen Gesellschaft mitzuteilen[114]. 72

2. Bewertung

Wo immer ein an keiner Börse notiertes Unternehmen zur Gänze oder in Teilen, durch Asset oder durch Share Deal, übertragen werden soll, sehen sich die Parteien mit der Frage konfrontiert, nach welchen Kriterien der Kaufpreis festgesetzt und wie das Unternehmen bewertet werden soll. Hier stehen sich die Interessen der Anteilseigner von übernehmender und von Zielgesellschaft unmittelbar gegenüber. Nicht nur die Festsetzung, sondern auch das Verfahren zur **Ermittlung der Gegenleistung** ist primär Gegenstand der vertraglichen Vereinbarungen. Die privatautonome Regelung reicht dort nicht aus, wo das Gesetz dazu verpflichtet, Aktionären die Übernahme ihrer Aktien anzubieten[115]. In diesen Fällen bedarf es genereller Regeln zur Bewertung des Unternehmens bzw. seiner Anteile[116]. 73

D. Arbeitnehmer

I. Übersicht

Arbeitnehmer zählen zu den von einer Unternehmensübernahme potentiell Betroffenen. Im Vordergrund stehen die **Auswirkungen auf das Arbeitsverhältnis**. Besonders gravierend ist der Verlust des Arbeitsplatzes im Zuge der mit 74

---

[110] § 131 AktG.
[111] § 404 AktG.
[112] Siehe § 7. Dazu eingehend und mwN *Assmann/Cramer* in Assmann/Schneider § 14 WpHG Rn 88aff.
[113] §§ 21 bis 30 WpHG.
[114] §§ 20 und 21 AktG.
[115] Siehe Rn 60.
[116] Zu den Einzelheiten siehe § 10.

der Übernahme erstrebten Rationalisierung. Aber auch andere Modifikationen – die räumliche Verlagerung der Betriebsstätte, veränderte Leistungsanforderungen, Wandel der Qualifikations- und Aufstiegschancen – können sich negativ auswirken.

75 Zudem sind die Arbeitnehmer **Gläubiger** für die offenstehenden Ansprüche auf Lohn und auf Versorgung. Insoweit gelten für sie die für alle übrigen Gläubiger maßgeblichen Grundsätze, auf die zurückzukommen ist[117]. Hier weist das Arbeitsverhältnis einige Besonderheiten auf. Arbeitnehmer sind zwar Vertragsgläubiger, aber kaum in der Lage, das Risiko der Zahlungsunfähigkeit ihres Arbeitgebers durch vertragliche Vorkehrungen zu mildern: Sie können nicht diversifizieren und keine Prämie als Entgelt für erhöhtes Insolvenzrisiko fordern. Aus faktischen Gründen fällt es ihnen auch nicht leicht, sich dieser Gefahr durch Wechsel des Arbeitsplatzes zu entziehen. Deshalb hatte ihnen das alte Konkursrecht Vergünstigungen eingeräumt: Rückständige Lohnforderungen waren für die Zeit von sechs Monaten vor Konkurseröffnung Masseschulden[118] und für die sechs davor liegenden Monate vorrangig zu befriedigende Konkursforderungen[119]. Diese Vergünstigungen sind durch die **Reform des Insolvenzrechts** beseitigt worden[120]; an ihre Stelle ist der gegen die Bundesanstalt für Arbeit gerichtete Anspruch auf Konkursausfallgeld getreten[121].

76 Wesentlich höher ist das Risiko, daß der Arbeitgeber nicht mehr in der Lage ist, zugesagte Versorgungsanwartschaften und Ruhestandsbezüge zu honorieren; hier hat das **Nachhaftungsbegrenzungsgesetz** von 1994 die Haftung ausscheidender Gesellschaft auf fünf Jahre limitiert[122]. Das ist für die Betriebspensionäre vor allem deshalb erträglich, weil ihre Ansprüche durch den **Pensions-Sicherungs-Verein** (PSV) gewährleistet werden[123].

II. Arbeitnehmer des Übernehmers

77 Sie sind durch die Übernahme zunächst nicht unmittelbar betroffen; ihre Interessen werden möglicherweise dann tangiert, wenn die Transaktion das bietende Unternehmen finanziell schwächt[124]. Es gibt keine generellen, sondern nur rechtsform- und größenabhängige Regeln, die den Vertretern der Arbeitnehmer Einfluß gewähren: Das ist dort der Fall, wo die **Aufsichtsratmitbestimmung** vorgeschrieben ist[125] und der Aufsichtsrat mit der Übernahme befaßt wird. Zu-

---

[117] Siehe Rn 105 ff.
[118] § 59 Abs. 1 Ziff. 1 KO.
[119] § 61 Abs. 1 Ziff. 1 KO.
[120] Vgl. §§ 35 ff. und 54 f. InsO.
[121] Rechtsgrundlage waren zunächst die §§ 141a ff. AFG; seit dem 1.1.1998 sind die §§ 183 ff. SGB III maßgeblich.
[122] § 160 Abs. 1 HGB.
[123] §§ 7 bis 15 BetrAVG.
[124] Siehe Fn 37.
[125] §§ 76 und 77 BetrVG 1952; §§ 1 ff. MitbestG.

mindest bei größeren Transaktionen wird es geboten sein, den Wirtschaftsausschuß zu unterrichten[126].

Im weiteren Verlauf können andere Bestimmungen zum Zuge kommen. Das gilt etwa dort, wo die Zielgesellschaft mit der übernehmenden Gesellschaft fusioniert wird; hier muß der **Verschmelzungsvertrag** Angaben enthalten, die die „Folgen der Verschmelzung für die Arbeitnehmer und ihre Vertretungen sowie die insoweit vorgesehenen Maßnahmen" betreffen[127]. Wo es zu **Betriebsänderungen** – Stillegung, Verlegung bzw. Zusammenschluß von Betrieben, Änderung der Betriebsorganisation oder Einführung neuer Fertigungsmethoden usw. – kommt, ist der Betriebsrat zu unterrichten und ein Interessenausgleich, erforderlichenfalls auch ein **Sozialplan**, zu vereinbaren[128].

III. Arbeitnehmer des Zielunternehmens

Sie sind im Regelfall stärker betroffen als die des Bieters und Übernehmers; dem wird durch eine Reihe von Bestimmungen Rechnung getragen, die wiederum zwischen Share Deal und Asset Deal unterscheiden.

1. Share Deal

Hier entspricht die Rechtslage zunächst der beim Übernehmer[129]. Zwar wird auch bei einer der Mitbestimmung unterfallenden Gesellschaft der Aufsichtsrat im Regelfall – etwa bei Kontrollerwerb durch Paketübertragung – nicht einbezogen und befaßt sein. Im Zuge einer Verschmelzung und bei Betriebsänderungen kommen die erwähnten Regelungen jedoch zum Zuge.

Für die **Übernahme einer börsennotierten AG oder KGaA** sieht der erwähnte Referentenentwurf des Bundesfinanzministeriums (RefE-WÜG)[130] weitere Schutzmechanismen vor. Der Vorstand der Zielgesellschaft ist verpflichtet, die Vertreter der Arbeitnehmer oder, sofern eine solche Vertretung nicht besteht, unmittelbar die Arbeitnehmer über die ihm vom Bieter übermittelte Angebotsunterlage zu unterrichten[131]. Außerdem hat der Vorstand in seine Stellungnahme die Position der Vertreter der Arbeitnehmer (oder wiederum der Arbeitnehmer selbst) aufzunehmen[132]. Die Regelung soll gewährleisten, daß der Betriebsrat schon im Vorfeld möglicher Betriebsänderungen informiert wird, daß er zu den möglichen Auswirkungen auf die Arbeitnehmer Stellung nehmen kann und daß diese Position den Aktionären mitgeteilt wird, bevor sie sich für oder gegen das Angebot entscheiden.

---

[126] § 106 Abs. 2 und 3 BetrVG.
[127] § 5 Abs. 1 Ziff. 9 UmwG; ähnlich § 126 Abs. 1 Ziff. 11 UmwG für den Fall der Spaltung zur Aufnahme.
[128] §§ 111 ff. BetrVG.
[129] Siehe Rn 77 f.
[130] Siehe Rn 60.
[131] § 14 Abs. 4 Satz 2 RefE-WÜG.
[132] § 27 Abs. 2 RefE-WÜG.

2. Asset Deal

82 Nach den allgemeinen Regeln des Privatrechts läßt die Übertragung von Unternehmensvermögen die fraglichen Beziehungen des Veräußerers und des Erwerbers mit Dritten unberührt. Das gilt auch für den Fall, daß ein Unternehmen mit allen Aktiven und Passiven vom bisherigen auf einen neuen Inhaber übertragen wird. Für die Beschäftigten hätte das zur Folge, daß sie durch das Arbeitsverhältnis an den bisherigen Inhaber gebunden bleiben, obwohl ihre Arbeitsplätze zum Erwerber übergegangen sind. Um die aus diesem Auseinanderfallen von Arbeitsverhältnis und Arbeitsmöglichkeit entstehenden Nachteile zu vermeiden, wird der **gesetzliche Übergang des Arbeitsverhältnisses im Ganzen** angeordnet. Das ist zunächst durch einen Akt der deutschen Gesetzgebung bestimmt worden[133]. Wenig später hat die EG eine europaweite Regelung getroffen[134]; deshalb mußte die innerstaatliche Normierung geändert und ergänzt werden[135]. Vor allem aber begründet die EG-Richtlinie eine **Entscheidungszuständigkeit des EuGH**, von der dieser mehrfachen und teilweise kontroversen Gebrauch gemacht hat.

83 **a) Rechtsnachfolge in die Arbeitsverhältnisse bei Betriebsübergang.** Die bei weitem wichtigste Bestimmung ordnet an, daß der rechtsgeschäftliche Übergang eines Betriebs oder Betriebsteils die Nachfolge des Erwerbers in die bestehenden Arbeitsverhältnisse auslöst[136]. Das bedeutet, daß diese Arbeitsverhältnisse von nun an allein mit dem neuen Inhaber fortbestehen; der bisherige Inhaber haftet nur beschränkt kraft besonderer gesetzlicher Anordnung[137]. Die höchstrichterliche Rechtsprechung gewährt den Arbeitnehmern ein **Widerspruchsrecht**, dessen Ausübung den Übergang des Arbeitsverhältnisses auf den Erwerber verhindert[138]. Kontrovers ist vor allem, wann der Übergang eines Betriebs oder Betriebsteils anzunehmen ist. Der EuGH hat dazu die besonders umstrittene Auffassung vertreten, daß die einzige Putzfrau Betriebsteil der sie beschäftigenden Bankfiliale ist[139]. Die gesetzliche Regelung stellt zudem klar, daß das Arbeitsverhältnis wegen des Betriebsübergangs weder durch den bisherigen noch durch den neuen Inhaber gekündigt werden kann[140].

84 **b) Kollektivrechtliche Regelungen.** Der neue Inhaber tritt nicht in die **Tarifverträge** und **Betriebsvereinbarungen** ein, die für den veräußerten Betrieb maßgeblich sind. Diese werden aber zum Inhalt der übergegangenen Arbeitsverhältnisse. Sie dürfen vor Ablauf eines Jahres seit Übergang nicht zum

---

[133] § 613a BGB in der Fassung des BetrVG vom 15. 1. 1972 BGBl. I S. 13.
[134] EG-Richtlinie vom 14. 2. 1977, ABl. EG Nr. L 61 vom 5. 3. 1977 S. 26 (RL 77/187).
[135] Das ist durch das Arbeitsrechtliche EG-Anpassungsgesetz vom 13. 8. 1980 BGBl. I S. 1308 geschehen.
[136] § 613a Abs. 1 Satz 1 BGB.
[137] Siehe Rn 85.
[138] *BAG* AP 1 zu § 613a BGB „Seiter"; seither st.Rspr.
[139] Entscheidung vom 14. 4. 1994, Rs. C-392/92, NJW 1994, 2243 „Christel Schmidt"; siehe auch § 27.
[140] § 613a Abs. 4 BGB.

Nachteil der Arbeitnehmer geändert werden[141]. Hier transformiert das Gesetz die kollektivrechtliche in eine individualvertragliche Regelung.

c) Haftung. Als Arbeitgeber haftet der neue Inhaber des Betriebs für alle aus dem Arbeitsverhältnis erwachsenen und erwachsenden Verpflichtungen. Kraft eines **gesetzlich angeordneten Schuldbeitritts** steht als Gesamtschuldner an seiner Seite der bisherige Arbeitgeber, aber nur für die Forderungen, die vor dem Zeitpunkt des Übergangs entstanden sind und spätestens vor Ablauf eines Jahres ab Übergang fällig werden[142]. Für die Verbindlichkeiten, die erst nach dem Betriebsübergang fällig werden (wie etwa ein 13. Monatsgehalt), haftet der bisherige Inhaber nur pro rata temporis, d. h. soweit der Bemessungszeitraum vor dem Übergang liegt[143]. Die Regelung soll sicherstellen, daß der Arbeitnehmer auch im Fall der Zahlungsunfähigkeit des neuen Inhabers für die Dienste entlohnt wird, die er dem bisherigen Arbeitgeber erbracht hat. Dem Risiko, daß vom neuen Inhaber für die nach Betriebsübergang geleistete Arbeit keine Zahlung erlangt werden kann, vermag er nur durch den erwähnten Widerspruch[144] zu entgehen; dann riskiert er freilich eine betriebsbedingte Kündigung. 85

Die Haftung des bisherigen Arbeitgebers entfällt, wenn es sich um eine juristische Person oder um eine Personengesellschaft handelt, die durch Umwandlung erlischt[145]. Eine Sonderregelung gilt für den Betriebsübergang als Folge der Aufspaltung eines Rechtsträgers in eine Anlage- und eine Betriebsgesellschaft[146]. 86

d) Betriebliche Altersversorgung. Der neue Inhaber wird auch zum Schuldner der Versorgungszusagen, die den im Zeitpunkt des Betriebsübergangs noch nicht ausgeschiedenen Arbeitnehmern gemacht worden sind. Die daraus erwachsende Belastung kann den Betriebsübergang und damit die Übernahme des Unternehmens erheblich erschweren. Es ist zwar möglich, innerhalb der letzten zehn Jahre zugesagte **Versorgungsanwartschaften** mit Zustimmung des Arbeitnehmers **abzufinden**; das gilt aber nur dann, wenn das Arbeitsverhältnis beendet wird[147]. Sonstigen abweichenden Vereinbarungen steht im Zweifel der zwingende Charakter des § 613a BGB entgegen; das gilt etwa für die Abrede, daß die Versorgungszusagen allein den bisherigen Arbeitgeber verpflichten sollen[148]. 87

---

[141] § 613a Abs. 1 Satz 2 bis 4 BGB.
[142] § 613a Abs. 2 Satz 1 BGB.
[143] § 613a Abs. 2 Satz 2 BGB.
[144] Siehe Rn 83.
[145] § 613a Abs. 3 BGB und § 324 UmwG, der nur auf die Absätze 1 und 4 des § 613a BGB Bezug nimmt.
[146] § 134 UmwG.
[147] § 3 BetrAVG.
[148] *BAG* AP BGB § 613a Nr. 27 „Thieme".

E. Führungskräfte

I. Übersicht

88 Die Führungskräfte treten als eine eigenständige Gruppe, deren Interessen mit denen der Anteilseigner konfligieren können, nur dort in Erscheinung, wo der **Grundsatz der Fremdorganschaft** die Trennung der Rollen von Anteilsbesitz und Geschäftsleitung zuläßt. Das ist idR allein bei den Kapitalgesellschaften und dort relativ häufig bei der AG, und zwar insbes. bei der Gesellschaft mit breit gestreutem Anteilsbesitz, der Fall. Die Probleme treten besonders deutlich zutage, wo es um öffentliche Übernahmeangebote geht. Dort ist die Verwaltung des bietenden Unternehmens wie der Zielgesellschaft der ständigen Versuchung ausgesetzt, Minderungen des Shareholder Value, d. h. des Werts der eigenen Gesellschaft, in Kauf zu nehmen, wenn dies der Stabilisierung der eigenen Positionen dient.

89 Dabei ist zu berücksichtigen, daß das deutsche Recht den effektiven Kontrollwechsel nicht eben erleichtert. Da die Arbeitnehmer und ihre Vertreter idR gegen die Übernahme sind, muß der erfolgreiche Bieter alle Anteilseignervertreter im Aufsichtsrat auswechseln, wenn er den Vorstand verändern möchte; dazu bedarf es einer Hauptversammlung. Aber auch dann kann er den Vorstand nicht einfach ablösen; die Abberufung seiner Mitglieder ist nur zulässig, wenn ein wichtiger Grund vorliegt[149]. Der Konflikt zwischen Verwaltung und Aktionären soll zunächst für die bietende[150] und dann für die Zielgesellschaft[151] skizziert werden; abschließend sind die besonderen Probleme des Management Buy-Out (MBO)[152] zu erwähnen.

II. Interessenkonflikte bei der bietenden AG

1. Bemessung der Gegenleistung

90 Der Erfolg eines Übernahmeangebots, d. h. eines öffentlichen Kauf- oder Tauschangebots[153], hängt nicht zuletzt von der Höhe der **Gegenleistung** und von der **Prämie** ab, die den Aktionären der Zielgesellschaft zusätzlich zum Börsenkurs ihrer Aktien offeriert wird. Der empirische Befund, daß der Börsenkurs der Bietergesellschaft nach erfolgreicher Übernahme in den meisten Fällen sinkt[154], legt den Schluß nahe, daß die Höhe der den Aktionären der Zielgesellschaft angebotenen Gegenleistung häufig weder durch den Wert der Zielgesellschaft noch

---

[149] § 84 Abs. 3 Satz 1 AktG. Die praktische Bedeutung dieses Erfordernisses wird dadurch eingeschränkt, daß die Abberufung wirksam ist, bis ihre Unwirksamkeit rechtskräftig festgestellt wird (Satz 4).
[150] Siehe Rn 90 ff.
[151] Siehe Rn 95 ff. und Rn 101 ff.
[152] Siehe Rn 104.
[153] § 2 Abs. 1 RefE-WÜG; siehe Rn 60.
[154] Siehe Fn 37.

durch die zu erwartenden Synergieeffekte aufgewogen wird. Diese Differenz verdeutlicht, in welchem Maße die Interessen der Verwaltung der Bietergesellschaft von denen ihrer Aktionäre abweichen können.

Für den Vorstand kann die Übernahme eines anderen Unternehmens aus mehreren Gründen vorteilhaft sein. Durch die Übernahme wächst das Bieterunternehmen; häufig verlangt ihre Finanzierung den Abbau von Liquidität; das mindert die Gefahr, daß die Bietergesellschaft ihrerseits zum Ziel einer unfreundlichen Übernahme wird, und das festigt wiederum die Position der Mitglieder der Verwaltung. Die Übernahme kann zudem bewirken, daß sich die Vergütung des Vorstands der Bietergesellschaft erhöht. Die Höhe der offerierten Gegenleistung läßt sich auch damit erklären, daß ein Scheitern des Übernahmeangebots als Mißerfolg des Vorstands der Bietergesellschaft aufgefaßt wird und damit die Reputation seiner Mitglieder beeinträchtigt. Derartige Motive sind fragwürdig; sie widersprechen dem Grundsatz, daß die Mitglieder der Verwaltung der AG verpflichtet sind, bei der Leitung der Gesellschaft ihre persönlichen Interessen denen der Gesellschaft und des Unternehmens unterzuordnen[155].

Diese **treuhänderische Bindung** ist aber kein hinreichender Grund, den Vorstand der Bietergesellschaft dafür haftbar zu machen, daß deren Aktienkurs infolge der Übernahme eines anderen Unternehmens sinkt. Der Vorstand bedarf eines Einschätzungs- und Handlungsspielraums[156]; der Umstand, daß die erhofften Synergiegewinne ausgeblieben sind, reicht nicht aus, seinen Mitgliedern die Verletzung der sie treffenden **Sorgfaltspflicht** anzulasten. Zudem ist nicht auszuschließen, daß der Vorstand Maßnahmen, die den Aktionären abträglich sind, mit den Interessen anderer Unternehmensbeteiligter, etwa denen der Arbeitnehmer, zu rechtfertigen vermag.

2. Werbung für das Angebot

Wenn die Verwaltung der Zielgesellschaft ihren Aktionären die Ablehnung des Übernahmeangebots empfiehlt, muß die Bietergesellschaft versuchen, die Aktionäre durch Werbung zur Annahme zu bewegen. Die Erfahrung im In- und Ausland zeigt, daß dafür erhebliche Mittel aufgewendet werden. Derartige Ausgaben spiegeln den latenten Interessenkonflikt zwischen Verwaltung und Aktionären. Er wird verschärft durch den Umstand, daß der Vorstand der Zielgesellschaft vielfach deren Mittel einsetzt, um die Aktionäre zur Ablehnung des Angebots zu bewegen; dann wird der sich aufschaukelnde **Kontrollkampf** zur Materialschlacht, für die die Aktionäre beider Gesellschaften zu bezahlen haben.

Hier lassen sich derzeit die durch die Treupflicht des Vorstands gebotenen Grenzen kaum präzise ermitteln. Nicht zuletzt aus diesem Grund soll das **BAWe ermächtigt** werden, „Mißständen bei der Werbung im Zusammenhang mit Übernahmeangeboten" dadurch zu begegnen, daß es „bestimmte Arten der Werbung" untersagt[157]. Der Begründung ist zu entnehmen, daß diese Bestimmung

---

[155] Vgl. *Mertens* in Kölner Komm. § 93 AktG Rn 57ff. mwN; siehe auch Rn 67.
[156] BGHZ 135, 244, 251ff.; das entspricht der amerikanischen Business Judgement Rule.
[157] § 28 Abs. 1 RefE-WÜG.

die Untersagung nicht nur bestimmter Kategorien von Werbung, sondern auch einzelner Werbemaßnahmen ermöglichen soll[158].

III. Abwehrmaßnahmen der Zielgesellschaft

95 Der Interessenkonflikt zwischen Verwaltung und Aktionären der Bietergesellschaft findet seine spiegelbildliche Entsprechung bei der Zielgesellschaft. Erfahrungsgemäß profitieren ihre Aktionäre vom Erfolg des Angebots[159]; zugleich droht den Vorständen und den Vertretern der Anteilseigner im Aufsichtsrat der Verlust ihrer Positionen. Dieser **Gegensatz der Interessen** bezeichnet das Grundproblem der Abwehrmaßnahmen, deren sich die Zielgesellschaft bedienen kann, um ihre Selbständigkeit zu bewahren; vielfach wird der Widerstand nicht oder kaum durch die Belange der Aktionäre, sondern die der Verwaltung motiviert. Konkret ist zwischen den Maßnahmen zu unterscheiden, die vor und die nach Veröffentlichung des Übernahmeangebots ergriffen werden.

1. Abwehrmaßnahmen vor dem Angebot

96 Sie bezwecken, die Zielgesellschaft für potentielle Übernehmer **weniger attraktiv zu machen**. Dafür bieten sich mehrere Strategien an, die vielfältig kombiniert werden können.

97 Die Übernahme wird erschwert oder von vornherein vereitelt, wenn Grund zu der Annahme besteht, daß Aktionäre, die über einen erheblichen Stimmanteil verfügen, ein „feindliches" Angebot nicht annehmen werden. Der Vorstand einer potentiellen Zielgesellschaft kann deshalb bestrebt sein, solche Aktionäre zum Paketerwerb zu veranlassen. Dem entspricht die Praxis einer vielfältigen **Ringverflechtung** durch Beteiligung an anderen Publikumsaktiengesellschaften. Sie begegnet keinen gesetzlichen Barrieren, solange die Anteilsschwelle von 25% nicht überschritten wird[160], ist aber mit den Vorstands- und Aufsichtsratspflichten schwerlich vereinbar[161].

98 Potentielle Bieter lassen sich auch dadurch entmutigen, daß die Übernahme durch **„shark repellents"** und **„poison pills"** verteuert wird. Dazu zählt etwa die **Kapitalerhöhung**, die die Ausgabe zusätzlicher Aktien ermöglicht. Sie bedarf der Mitwirkung einer Dreiviertelmehrheit der Hauptversammlung[162]; und nach der vorgeschlagenen gesetzlichen Regelung soll eine derartige Emission nur

---

[158] Begründung in der Presseerklärung des BMF vom 12.3.2001, S. 134.
[159] Siehe Fn 37.
[160] Wechselseitige Beteiligungen von mehr als einem Viertel können gem. §§ 19f. und 238 AktG die Beschränkung der Mitgliedschaftsrechte und die Anwendung des Konzernrechts zur Folge haben.
[161] Dazu näher *Adams*, Die Usurpation von Aktionärsbefugnissen mittels Ringverflechtung in der „Deutschland AG", AG 1994, 148ff.; *Baums*, Die Macht der Banken, ZBB 1994, 86ff.; *Kübler*, Empfehlen sich gesetzliche Regelungen zur Einschränkung des Einflusses der Kreditinstitute auf Aktiengesellschaften? 61. DJT 1996 Bd. II/1, 1996, N 11, 15f.
[162] Siehe Rn 68.

dann zulässig sein, wenn das Bezugsrecht der Aktionäre gewahrt wird und der Hauptversammlungsbeschluß nicht länger als 18 Monate zurückliegt[163].

Schließlich lassen sich drohende Übernahmen uU auch dadurch abwenden, daß ihre Finanzierung erschwert wird. Gesellschaften mit hoher Liquidität gelten als besonders interessante Zielgesellschaften, da sich die thesaurierten Mittel zur Finanzierung des Angebots verwenden lassen. Deshalb kann der **Abbau von Liquidität** durch den Erwerb anderer Unternehmen, durch den Rückkauf eigener Aktien oder durch höhere Dividendenausschüttungen der Abwehr von Übernahmeangeboten dienen. Da mit diesen Maßnahmen zugleich andere Zwecke verfolgt werden können, dürften sie im Regelfall kaum zu beanstanden sein.

2. Abwehrmaßnahmen nach dem Angebot

Sie sind besonders fragwürdig, da sie geeignet sind, die wirtschaftliche Basis des Angebots nachträglich zu verändern. Deshalb sollen sie durch das Übernahmegesetz[164] **grundsätzlich untersagt** werden. Dazu zählen insbes. die Emission neuer Aktien der Zielgesellschaft, der Rückerwerb eigener Aktien und Rechtsgeschäfte, die – wie ein Verkauf von „crown jewels" – das Vermögen der Zielgesellschaft erheblich verändern[165]. Erlaubt bleibt die **Suche nach einem konkurrierenden Übernahmeangebot** („white knight")[166]; sie dient regelmäßig auch dem Ziel, den Aktionären die bestmögliche Gegenleistung zu verschaffen. Schließlich kann auch der Vorstand der Zielgesellschaft versucht sein, übermäßige **Abwehrwerbung** zu betreiben; die dem BAWe erteilte Verbotsermächtigung[167] gilt auch für diesen Fall.

IV. Kompensation der Verwaltung der Zielgesellschaft

Die Interessenkonflikte, in die sich vor allem der Vorstand der Zielgesellschaft verwickelt sieht, lassen sich wirtschaftlich in der Weise auflösen, daß ihm ein finanzieller **Ausgleich für den Verlust** der Leitungspositionen gewährt wird; die Mittel können vom Bieter (als „golden handshake") oder von der Zielgesellschaft (als „golden parachute") geleistet werden.

1. Leistungen des Bieters

Sie implizieren die Gefahr, daß die Haltung von Vorstand und Aufsichtsrat der Zielgesellschaft nicht mehr durch die fiduziarische Bindung an das Gesellschafts- und Unternehmensinteresse, insbes. das Wohl der Aktionäre, sondern durch die Aussicht auf die versprochene Zuwendung bestimmt wird. Deshalb sind sie schon de lege lata fragwürdig. Durch das Übernahmegesetz soll es dem Bieter generell

---

[163] § 33 Abs. 3 Ziff. 3 RefE-WÜG.
[164] § 33 Abs. 1 RefE-WÜG.
[165] § 33 Abs. 2 RefE-WÜG.
[166] § 33 Abs. 3 Ziff. 1 RefE-WÜG.
[167] Siehe Rn 94.

untersagt werden, Vorstands- und Aufsichtsratsmitgliedern der Zielgesellschaft im Zusammenhang mit der Übernahme Geldleistungen oder andere geldwerte Vorteile zu gewähren oder in Aussicht zu stellen[168].

2. Leistungen der Zielgesellschaft

103   Sie sind denkbar vor allem in der Form einer **erfolgsbezogenen**, insbes. einer an die Aktienkursentwicklung geknüpften **Vergütung des Managements**. Sie unterliegen damit den Grenzen, die dieser Kategorie der Entlohnung von Führungskräften generell gezogen sind[169].

V. Der Management Buy-Out

104   Er ist ein Sonderfall, bei dem die Rolle des Bieters mit der der Geschäftsleitung der Zielgesellschaft zusammenfällt. Besonders problematisch ist der Informationsvorsprung des Managements gegenüber den Gesellschaftern. Bei einer börsennotierten Gesellschaft kann seine Nutzung gegen das **Verbot von Insidergeschäften** verstoßen[170]. Bei allen übrigen Gesellschaften, insbes. bei der GmbH, steht die im Zuge der Geschäftsführung erlangte Information der Gesellschaft zu; sie ist eine Geschäftschance („corporate opportunity"), deren eigensüchtige Nutzung die der Gesellschaft auferlegten fiduziarischen Bindungen verletzt[171]. In beiden Fällen kann sich das Management nur dadurch gegen rechtliche Sanktionen schützen, daß es die Anteilseigner über alle für die Übernahme erheblichen Interna unterrichtet.

F. Gläubiger

I. Übersicht

105   Die **Gläubiger** der in eine Übernahme involvierten Unternehmen werden durch diese Transaktion meist nur mittelbar und vor allem in sehr unterschiedlicher Weise tangiert; diese Unterschiede beruhen auf mehreren Variablen.

1. Neu- und Altgläubiger

106   Wo sich der Übernehmer zur Zahlung der Gegenleistung der **Fremdfinanzierung** bedient, entstehen neue Gläubigerpositionen; ihnen ist ein Kapitel dieses

---

[168] § 33 Abs. 4 RefE-WÜG; siehe Rn 67.
[169] *Hüffer*, Aktienbezugsrechte als Bestandteil der Vergütung von Vorstandsmitgliedern und Mitarbeitern, ZHR 161 (1997) 214 ff.; *Kohler*, Stock Options für Führungskräfte aus der Sicht der Praxis, ZHR 161 (1997) 246 ff.; *Roller*, Die Vergütung des Aufsichtsrats in Abhängigkeit vom Aktienkurs, 2000.
[170] § 14 Abs. 1 WpHG; dazu *Assmann/Cramer* in Assmann/Schneider § 14 WpHG Rn 88g.
[171] *Dolf Weber*, GmbH-rechtliche Probleme des MBO, ZHR 155 (1991) 120, 126.

Handbuchs gewidmet[172]. Im folgenden werden allein die Fragen erwähnt, die die schon vor der Übernahme gegen die involvierten Unternehmensträger begründeten Forderungen betreffen; es geht allein um die **Altgläubiger**.

2. Übernehmer und Zielunternehmen

Solange es nicht zur Verschmelzung kommt[173], bleibt die Stellung der Gläubiger des Übernehmers formal unverändert. Die Inhaber langfristiger Forderungen können mittelbar tangiert sein, wenn die Übernahme – wie nicht selten[174] – zu teuer bezahlt worden ist und deshalb das Unternehmensvermögen reduziert wird. Dabei handelt es sich idR um ein implizit übernommenes Gläubigerrisiko. Deshalb konzentriert sich die folgende Darstellung auf die **Gläubiger des Zielunternehmens**.

3. Asset Deal und Share Deal

Sie werfen unterschiedliche Fragen auf. Werden die Aktiven und Passiven des Unternehmens im Wege der Einzelrechtsnachfolge übertragen, dann geht es für die Gläubiger darum, wer Schuldner des ihnen zustehenden Anspruchs geblieben oder geworden ist. Sind einzelne oder alle Anteile an einer Gesellschaft Gegenstand der Transaktion, dann hat sich die Identität des Schuldners nicht verändert, denn die Forderung richtet sich weiterhin gegen die Gesellschaft. Zu prüfen ist, inwieweit auch die ausscheidenden und eintretenden Gesellschafter haften; das hängt primär von der **Rechtsform** dieser Gesellschaft ab.

II. Rechtsformspezifische Regelungen

Die Rechtsform des Zielunternehmens ist der für seine Gläubiger bei weitem wichtigste Umstand.

1. Übernahme eines Einzelunternehmens

Diese Transaktion ist im Regelfall ein Asset Deal[175]. Es ist zunächst zu ermitteln, ob der Erwerber die gegen den bisherigen Inhaber begründeten Forderungen übernommen hat[176]. Diese **Schuldübernahme** wird unwiderleglich vermutet, wenn der neue Inhaber das Handelsgeschäft unter der bisherigen Firma fortführt; das gilt auch dann, wenn dies mit einem das Nachfolgeverhältnis andeutenden Zusatz geschieht[177]. Haben Veräußerer und Erwerber des unverändert

---

[172] § 15 Fremdfinanzierung und Besicherung.
[173] Siehe Rn 119.
[174] Siehe Fn 37.
[175] Die §§ 152 ff. UmwG lassen ausnahmsweise für die Umwandlung des von einem Einzelkaufmann betriebenen Unternehmens in eine OHG oder KG die Ausgliederung zur Aufnahme dieses Unternehmens durch eine Personenhandelsgesellschaft im Wege der Gesamtrechtsnachfolge zu.
[176] § 415 BGB.
[177] § 25 Abs. 1 HGB.

firmierenden Unternehmens die Schuldübernahme ausgeschlossen, dann ist diese Vereinbarung dem Gläubiger gegenüber nur dann wirksam, wenn sie ihm mitgeteilt oder wenn sie in das Handelsregister eingetragen worden ist[178]. In allen diesen Fällen kann sich der Gläubiger auch an den bisherigen Inhaber halten, solange er die Schuldübernahme nicht genehmigt hat[179]. Gegen den Willen des Gläubigers ist eine den bisherigen Schuldner befreiende Schuldübernahme nicht möglich. Die Forderung gegen den früheren Inhaber verjährt aber spätestens nach fünf Jahren ab dem Übergang des Unternehmens[180].

2. Erwerb einer Beteiligung an einem einzelkaufmännischen Unternehmen

111 Diese Transaktion ist durch **Gründung einer Personengesellschaft** zu vollziehen. Dazu bedarf es im Regelfall[181] der Einbringung des Unternehmens nach den allgemeinen Vorschriften; es handelt sich um einen Asset Deal. Die einzelnen Gegenstände des Unternehmensvermögens sind nach den für sie jeweils maßgeblichen Bestimmungen auf die neu gegründete Gesellschaft zu übertragen. Für die **Altschulden** des Unternehmens haftet der bisherige Inhaber. Übernimmt er die Rolle eines Kommanditisten, dann kann er sich nach Ablauf von fünf Jahren auf die Haftungsbeschränkung berufen[182]. **Auch der eintretende Gesellschafter** haftet für die früher entstandenen Verbindlichkeiten, und zwar ohne Rücksicht darauf, ob die frühere Firma fortgeführt wird[183]. Der bisherige Inhaber und der eintretende Gesellschafter können aber eine abweichende Vereinbarung treffen. Sie wirkt gegen den Gläubiger, wenn sie ihm mitgeteilt oder wenn sie im Handelsregister eingetragen worden ist[184].

3. Aufnahme und Ausscheiden von persönlich haftenden Gesellschaftern

112 Der in eine schon bestehende OHG oder KG eintretende persönlich haftende Gesellschafter haftet unbeschränkt und unbeschränkbar für alle vor seinem Eintritt begründeten Verbindlichkeiten ohne Rücksicht darauf, ob die bisherige Firma fortgeführt oder ob nunmehr anders firmiert wird[185]. Diese Vorschrift ist zwingend. Abweichende Vereinbarungen sind gegenüber Dritten auch dann unwirksam, wenn sie diesen mitgeteilt oder im Handelsregister eingetragen worden sind[186]. Der neue Gesellschafter kann sich von der Haftung für die Altschulden

---

[178] § 25 Abs. 2 HGB.
[179] §§ 414, 415 Abs. 1 BGB.
[180] § 26 Abs. 1 HGB.
[181] Zu der Ausnahme der §§ 152 ff. UmwG siehe Fn 175.
[182] § 28 Abs. 3 HGB.
[183] § 28 Abs. 1 HGB. Nach noch hL ist § 28 HGB nicht auf die entstehende GbR anzuwenden, *Hopt* § 28 HGB Rn 2.
[184] § 28 Abs. 2 HGB.
[185] § 130 Abs. 1 HGB verweist auf die §§ 128 und 129 HGB.
[186] § 130 Abs. 2 HGB.

nur durch eine darauf gerichtete Vereinbarung mit jedem einzelnen Gläubiger befreien[187].

Für den **aus der OHG oder KG ausscheidenden persönlich haftenden Gesellschafter** wird die Haftung für die bis zu diesem Zeitpunkt begründeten Schulden zeitlich begrenzt. Sie ist ausgeschlossen für Verbindlichkeiten, die später als fünf Jahre nach dem Ausscheiden fällig werden. Maßgeblich ist der Zeitpunkt der Eintragung des Ausscheidens im Handelsregister[188].

4. Aufnahme und Ausscheiden eines Kommanditisten

Die Haftung des Kommanditisten ist auf die nicht geleistete bzw. zurückbezahlte Einlage beschränkt[189]. Insoweit erstreckt sie sich wie bei den persönlich haftenden Gesellschaftern auch auf die vor dem Beitritt begründeten Verbindlichkeiten, ohne daß es auf die Fortführung der Firma ankäme. Auch hier sind entgegenstehende Vereinbarungen Dritten gegenüber unwirksam[190]. Zudem haftet der Kommanditist bis zur Höhe seiner Einlage unbeschränkt für die nach seinem Eintritt und vor seiner Eintragung in das Handelsregister durch Rechtsgeschäft begründeten Verbindlichkeiten[191]. Auch die **Nachhaftung** des ausscheidenden Kommanditisten entspricht der des ausscheidenden persönlich haftenden Gesellschafters: Sie erstreckt sich nur auf die Verbindlichkeiten, die vor Ablauf von fünf Jahren nach dem Ausscheiden fällig geworden sind[192].

5. Übertragung von GmbH-Anteilen

Die GmbH ist eine Kapitalgesellschaft; für sie gilt der **Grundsatz der Haftungstrennung**. Deshalb können die Gläubiger Befriedigung nur aus dem Gesellschaftsvermögen und nicht aus dem Privatvermögen der Gesellschafter verlangen[193]. Insoweit wird ihre Position durch einen Gesellschafterwechsel nicht berührt. Es ist aber möglich, daß der Gesellschaft Ansprüche gegen ihre Gesellschafter und deren Rechtsvorgänger zustehen, die von den Gesellschaftsgläubigern gepfändet werden können. Das gilt zunächst dann, wenn ein Gesellschafter die von ihm versprochene **Einlage noch nicht (voll) geleistet** hat[194]. Ist der

---

[187] Der Eintritt in eine GbR begründet mangels eines besonderen Verpflichtungsgrunds hingegen keine Haftung für die schon bestehenden Verbindlichkeiten. BGHZ 74, 240, 242; 79, 374, 377; *Ulmer* in MünchKomm. § 714 BGB Rn 28ff.; anders *Wiedemann*, Gesellschaftsrecht, 1980, S. 284; *Flume* Allgemeiner Teil des Bürgerlichen Rechts, Band I 1: Die Personengesellschaft, 1977, S. 314ff., 326f.

[188] § 160 Abs. 1 HGB; diese Regelung wurde eingeführt durch das Nachhaftungsbeschränkungsgesetz von 1994. Das gilt entsprechend für den aus einer GbR ausscheidenden Gesellschafter (§ 736 Abs. 2 BGB); hier beginnt die Fünfjahresfrist von dem Augenblick an zu laufen, in dem der Gläubiger von dem Ausscheiden des Gesellschafters Kenntnis erlangt (BGHZ 117, 168, 178f.).

[189] §§ 171 Abs. 1 und 172 Abs. 4 HGB.

[190] In diesen Punkten entspricht § 173 HGB dem § 130 HGB.

[191] § 176 Abs. 2 HGB; siehe Rn 13.

[192] Die Regelung des § 160 HGB gilt auch für die Kommanditisten.

[193] § 13 Abs. 2 GmbHG.

[194] § 19 Abs. 1 GmbHG.

Gesellschaftsanteil übertragen worden, dann trifft diese Haftung primär den jeweiligen Gesellschafter; seine Rechtsvorgänger haften nur dann, wenn von ihm keine Zahlung erlangt werden kann[195]. Sofern die Stammeinlage weder von dem Gesellschafter noch von seinen Rechtsnachfolgern erlangt werden kann, sind die übrigen Gesellschafter verpflichtet, für den Fehlbetrag aufzukommen[196]; das gilt aber nur für die jeweiligen Gesellschafter und nicht für eventuelle Rechtsvorgänger[197]. Ist an einen Gesellschafter **Vermögen der Gesellschaft ausbezahlt** worden, das zur Erhaltung des in der Satzung festgelegten Stammkapitals erforderlich ist, dann ist er der GmbH zur Rückerstattung verpflichtet[198]; diese Haftung trifft nur den Empfänger, auch wenn er den Geschäftsanteil nach Erhalt der verbotenen Rückzahlung abgetreten hat[199]. Allen diesen Ansprüchen ist gemeinsam, daß sie – aus rechtlichen oder faktischen Gründen – erst dann zum Zuge kommen, wenn das Gesellschaftsvermögen zur Befriedigung der Gläubiger nicht mehr ausreicht; das ist der Fall der Insolvenz.

116   Die Gläubiger der GmbH können direkte Ansprüche gegen einzelne oder alle Gesellschafter erlangen, wo die Voraussetzungen der **„Durchgriffshaftung"** gegeben sind[200]; sie greift etwa dort ein, wo Mängel der Buchführung und Rechnungslegung nicht mehr klar erkennen lassen, wie das Vermögen der GmbH von dem ihrer Gesellschafter abgegrenzt ist. Sind Geschäftsanteile an neue Gesellschafter abgetreten worden, dann kommt es allein darauf an, gegenüber wem die Haftungsvoraussetzungen gegeben sind; für das erwähnte Beispiel der „Vermögensvermischung" werden das häufig sowohl der Erwerber wie der Veräußerer sein.

117   Für die Gläubiger ist schließlich der Fall interessant, daß ein Unternehmen alle oder die Mehrheit der Anteile an einer GmbH erwirbt und diese Gesellschaft seiner dauernd und umfassend ausgeübten Leitung unterwirft, d. h. sie weitgehend in den eigenen Geschäftsbetrieb integriert, ohne dieses Vorgehen durch den Abschluß eines Unternehmensvertrags rechtlich abzusichern. In derartigen **„qualifizierten faktischen Konzernen"** besteht die Gefahr, daß die Belange der abhängigen Gesellschafter dem Konzerninteresse geopfert werden; dann ist das herrschende Unternehmen der abhängigen GmbH zum Ausgleich der Verluste oder zum Ersatz des ihr entstandenen Schadens verpflichtet[201]. Diese Haftung folgt nunmehr aus dem „objektiven Mißbrauch der beherrschenden Gesellschafterstellung", aus der mangelnden „Rücksicht auf die Belange der abhängigen Gesellschaft", deren Voraussetzungen nicht vermutet werden, sondern zunächst vom Kläger darzulegen und zu beweisen sind[202].

---

[195] § 22 GmbHG.
[196] § 24 GmbHG.
[197] *Emmerich* in Scholz § 24 GmbHG Rn 15.
[198] §§ 31 Abs. 1, 30 Abs. 1 GmbHG.
[199] *Westermann* in Scholz § 31 GmbHG Rn 15.
[200] Dazu zusammenfassend *Kübler* GesR § 23 mwN.
[201] Das wurde vermutet in BGHZ 95, 330, 341 ff. „Autokran"; 107, 7, 15 ff. „Tiefbau"; 115, 187, 189 ff. „Video".
[202] BGHZ 122, 123, 129 ff. „TBB"; *BGH* NJW 1996, 1283 f.; 1997, 943 f.

6. Anteilsübertragung bei der AG

Für die AG gilt Ähnliches wie für die GmbH. Auch sie ist eine Kapitalgesellschaft, für deren Verbindlichkeiten den Gläubigern grundsätzlich nur das Gesellschaftsvermögen, und nicht die Aktionäre haften[203]. Jeder Aktionär ist zur Leistung der von ihm bzw. seinem Rechtsvorgänger übernommenen **Einlage** verpflichtet[204]; eventuelle Vormänner haften subsidiär[205]; anders als bei der GmbH gibt es keine kollektive Haftung für die Einlageschuld insolventer Gründer. Die Rückgewähr von Einlagen ist nicht nur bis zur Schwelle des Grundkapitals, sondern generell verboten[206]; unzulässige Ausschüttungen sind der Gesellschaft zurückzugewähren[207]. Für den **„Durchgriff"** gelten dieselben Grundsätze wie bei der GmbH[208]. Führt der Mehrheitserwerb zur faktischen Konzernierung, dann ist das herrschende Unternehmen verpflichtet, die der abhängigen AG zugefügten Nachteile auszugleichen[209]. Bei sachlich umfassender und zeitlich dauernder Beherrschung soll der faktische Konzern wie bei der GmbH als „qualifiziert" gelten und die für den Beherrschungs- und Gewinnabführungsvertrag maßgeblichen Gläubigerschutzbestimmungen[210] zur Anwendung bringen[211].

7. Erlöschen von Rechtsträgern

Für die Gläubiger einer Kapitalgesellschaft ist der Wechsel von Gesellschaftern idR ohne Bedeutung, da diese für die Verbindlichkeiten der Gesellschaft ohnehin nicht haften[212]. Das ändert sich, wenn die Anteilsübertragung zur **Verschmelzung** von übernehmender und übernommener Gesellschaft führt, da dadurch zumindest einer der beteiligten Rechtsträger verschwindet und seine Gläubiger ihren Schuldner verlieren. Sie erhalten zwar uU mit der übernehmenden Gesellschaft einen neuen Schuldner, den sie sich aber nicht ausgesucht haben. Die Gläubiger dieser Gesellschaft behalten zwar ihren Schuldner, müssen sich ihn von nun an aber mit den hinzutretenden Gläubigern der übernommenen Gesellschaft teilen. Deshalb erwerben alle Gläubiger einen **Anspruch auf Sicherheitsleistung** gegen die übernehmende Gesellschaft, wenn sie nicht sofortige Befriedigung verlangen können und wenn sie glaubhaft machen, daß die Erfüllung ihrer Ansprüche durch die Fusion gefährdet ist[213]. Das Recht auf Sicherheitsleistung ist ausgeschlossen, wenn die Gläubiger in anderer Weise hinreichend gesichert sind[214].

---

[203] § 1 Abs. 1 Satz 2 AktG.
[204] § 54 Abs. 1 AktG.
[205] § 65 AktG.
[206] § 57 AktG.
[207] § 62 AktG.
[208] Siehe Rn 116.
[209] § 311 AktG.
[210] §§ 300 bis 303 AktG.
[211] *Emmerich/Sonnenschein* Konzernrecht S. 362 ff. mwN.
[212] Siehe Rn 115.
[213] § 22 Abs. 1 UmwG.
[214] § 22 Abs. 2 UmwG.

G. Allgemeinheit (Gebietskörperschaften)

I. Übersicht

120 Die **Allgemeinheit** wird durch Unternehmensübernahmen **vielfältig betroffen**. Schulbeispiel ist die Gemeinde, die durch fusionsbedingte Stillegungen ihren wichtigsten Arbeitgeber und Steuerzahler verliert. Wenn die mit diesen Betriebschließungen bezweckten Effizienzvorteile realisiert werden, entstehen jedoch an anderer Stelle neue Arbeitsplätze und Steuerquellen.

121 Eine erste Schwierigkeit der Analyse beruht auf dem Umstand, daß es **negative und positive Effekte** gibt, die **auf unterschiedlichen Ebenen** – kontinentalen, nationalen, regionalen und lokalen – eintreten können. Eine weitere Komplikation resultiert aus der Einsicht, daß die **staatlich organisierte Gemeinschaft** diese Effekte durch **Regulierung** steuern kann. Die dafür erforderlichen Normen können wiederum auf unterschiedlichen Ebenen erlassen werden Hier sind vor allem die Rechtsetzung durch die **Europäische Union**, die Gesetzgebung des **Bundes** und der **Länder** sowie die Regelungen im Rahmen der **kommunalen Selbstverwaltung** zu unterscheiden. Dieser Befund generiert Probleme, die hier nur angedeutet werden können. Im Vordergrund der juristischen Erkenntnisinteressen steht die Frage, auf welcher Regulierungsebene welchen Belangen am besten entsprochen werden kann. Die etatistische Tradition beharrt auf der Überzeugung, daß **Allgemeininteressen** am wirksamsten durch großräumig zentralisierte und **harmonisierte Rechtsetzung** gedient wird. Das ist indessen zunehmend zweifelhaft geworden.

122 Das amerikanische Übernahmerecht[215] bietet ein anschauliches Beispiel für diesen Wandel[216]. Einige Einzelstaaten haben Antitakeover Statutes geschaffen, um ihre lokalen Steuerquellen und Arbeitsplätze (einschließlich der Positionen des Managements) zu schützen; das hat den Ruf nach einer einheitlichen Regelung durch die Bundesgesetzgebung stimuliert. Sie hat sich als nicht erforderlich erwiesen, denn die Anleger investieren mit Vorliebe dort, wo die Möglichkeit einer „feindlichen" Übernahme kräftige Kurssteigerungen verspricht. Den auf Schutz der bestehenden Arbeitsplätze und Steuerquellen erpichten Staaten droht damit die Abwanderung von Kapital und Unternehmen. Es ist deshalb nicht länger auszuschließen, daß es Regelungsbereiche gibt, in denen der **Wettbewerb zwischen dezentralen Gesetzgebungen** einer von der Zentralinstanz geschaffenen Einheitsregelung vorzuziehen ist[217]. In jedem Fall bilden die vielfältig dif-

---

[215] Siehe § 36.
[216] Darstellung und Nachweise bei *Romano*, The Genius of American Corporate Law, 1993, S. 52 ff.
[217] Dazu mit unterschiedlichen Einschätzungen *Cary*, Federalism and Corporate Law, Reflections Upon Delaware, 83 Yale L. J. (1973/74) 663 ff.; *Romano*, The State Competition Debate in Corporate Law, 8 Cardozo L. Rev. (1987) 709 ff.; *Charny*, Competition Among Jurisdictions in Formulating Corporate Law Rules: An American Perspective on „the Race to the Bottom" in the European Community, 32 Harvard Int. L. J. (1991) 423 ff.; *Kübler*, Rechtsbildung durch Gesetzgebungswettbewerb? Überlegungen zur Angleichung und Entwicklung des Gesell-

ferenzierten Interessen und Regelungsbefugnisse ein komplexes Geflecht, das im Folgenden nur beispielhaft erörtert werden kann.

II. Effizienzgewinne durch Übernahmen

Es ist längst unbestritten, daß die **Funktionsfähigkeit des Markts für Unternehmen und Beteiligungen** auch außerhalb der Börse zu den elementaren Bedingungen eines effizienten Wirtschaftssystems zählt. Unternehmer und Investoren müssen in der Lage sein, die Strukturen ihrer Unternehmen den sich rasch wandelnden Marktbedürfnissen anzupassen. Technisch bedingte „economies of scale" können Fusionen, Finanzierungsinstrumente, den Wandel der Rechtsform, innovative Organisationskonzepte, die vertikale Integration bisher selbständiger Unternehmen ebenso wie das Outsourcing bisheriger Teilbetriebe verlangen[218]. Der **Markt für Unternehmenskontrolle** gilt als ein zunehmend wichtiges Element der Corporate Governance[219]. Er kann dazu beitragen, das Management an die Interessen der Aktionäre zu binden. Schließlich fördern grenzüberschreitende Übernahmen und Verschmelzungen innerhalb der EU die weitere Integration des Binnenmarkts, die als Faktor wirtschaftlichen Wachstums gilt.

III. Ordnungspolitische Schranken

Auch wenn sich Unternehmensübernahmen idR als gesamtwirtschaftlich sinnvoll und nützlich erweisen, können sie im Einzelfall negative Auswirkungen zeitigen und deshalb einer staatlichen Aufsicht unterliegen, die die Transaktion untersagen oder mit einschränkenden Sanktionen verknüpfen oder an Auflagen binden kann. Diese Intervention ist an justitiable Tatbestände gebunden, in denen sich konkrete ordnungspolitische Regelungsbedürfnisse manifestieren. Wiederum können nur einige Beispiele erwähnt werden.

1. Sicherung des Wettbewerbs

Übernahmen und sonstige Zusammenschlüsse von Unternehmen können den Wettbewerb beeinträchtigen. Sie unterliegen deshalb der **Fusions- oder Zusammenschlußkontrolle** nach europäischem[220] und deutschem[221] Recht, die

---

schaftsrechts in der Europäischen Gemeinschaft, KritVJ 1994, 79ff.; *Merkt*, Das Europäische Gesellschaftsrecht und die Idee des „Wettbewerbs der Gesetzgeber", RabelsZ 59 (1995) 1ff.; *Schön*, Mindestharmonisierung im Europäischen Gesellschaftsrecht, ZHR 160 (1996) 221ff.; *Ulmer*, Harmonisierungsschranken des Aktienrechts, 1998, S. 180ff.

[218] Dazu näher § 1 Rn 42ff.
[219] Dazu *Hopt* ZHR 161 (1997) 368, 371; *Macey*, Institutional Investors and Corporate Monitoring, in: *Hopt/Kenda/Roe/Wymeersch/Prigge*, Comparative Corporate Governance, 1998, S. 897, 913ff.
[220] Verordnung (EWG) Nr. 4064/89 des Rates vom 21. 9. 1990 über die Kontrolle von Unternehmenszusammenschlüssen (FKVO), ABl. EG 1990 Nr. L 257 S. 14.
[221] §§ 23ff. GWB.

zur Untersagung des Zusammenschlusses oder dazu führen kann, daß die beteiligten Unternehmen dieses Verbot durch Zusagen abwenden. In Einzelfällen, vor allem für Gemeinschaftsunternehmen und andere Formen der Kooperation, kann auch die Anwendung des **Kartellverbots** in Betracht kommen[222].

2. Sicherung der Meinungsvielfalt

126   Unternehmenskonzentration im Medienbereich kann nicht nur den Wettbewerb, sondern auch den Prozeß der öffentlichen Meinungsbildung gefährden. Die Gesetzgebung ist deshalb verfassungsrechtlich verpflichtet, rechtliche Vorkehrungen zu treffen, die die Entstehung **vorherrschender Meinungsmacht** verhindern[223]. Deshalb haben sich die Bundesländer auf materielle Bestimmungen und ein Verfahren geeinigt, welche den Zweck verfolgen, die Meinungsvielfalt zu sichern[224]. Diese Regelung unterwirft nicht nur die Neuzulassung von Fernsehprogrammen, sondern auch gesellschaftsrechtliche Veränderungen bei den Fernsehveranstaltern einer Aufsicht, die die Verweigerung bzw. den Entzug der Rundfunklizenz verhängen kann.

3. Sicherung der Stabilität von Finanzdienstleistungsunternehmen

127   Kreditinstitute[225], Finanzdienstleistungsinstitute[226], Versicherungen[227], Wertpapierdienstleistungsunternehmen[228] und Kapitalanlagegesellschaften[229] unterliegen einer staatlichen Aufsicht, die nicht nur die jeweiligen Kunden vor dem Verlust ihrer Ersparnisse, sondern auch die **Funktionsfähigkeit der Finanzmärkte** vor allem davor schützen soll, daß die Insolvenz eines Instituts auf andere Unternehmen der Finanzbranchen übergreift und damit die Abwicklung des Zahlungsverkehrs, die Kreditversorgung und die Stabilität des Finanzsystems insgesamt gefährdet. Deshalb werden bei Banken und Versicherungen wesentliche Beteiligungsveränderungen darauf überprüft, ob die neuen Anteilseigner hinreichend zuverlässig sind[230]. Noch nicht abschließend geklärte Probleme stellen sich dort, wo sich die Anbieter unterschiedlicher Leistungen zu **Allfinanzkonglomeraten** zusammenschließen[231].

---

[222] Siehe § 25.
[223] BVerfGE 57, 295, 319f. und 323; 73, 118, 152 und 172f.; 74, 297, 323; 83, 238, 295; 87, 181, 197; 95, 163, 172f.; 97, 228, 258 und 266f.
[224] §§ 25 bis 49 Rundfunkstaatsvertrag (RStV) vom 31. 8. 1991 in der Fassung des 4. Rundfunkänderungsstaatsvertrags vom 16.7. bis 31. 8. 1999.
[225] § 1 Abs. 1 KWG.
[226] § 1 Abs. 1a KWG.
[227] § 7 Abs. 2 VAG.
[228] § 2 Abs. 4 WpHG.
[229] § 1 Abs. 1 KAGG.
[230] § 26 iVm. § 33 Abs. 1 Satz 1 Nr. 3 KWG und §§ 7 Abs. 2, 8 Abs. 1 Satz 1 Nr. 2 VAG.
[231] Dazu *Schieber*, Die Aufsicht über Finanzkonglomerate, 1998, S. 157 ff. Zu den Einzelfragen siehe §§ 18 und 19.

IV. Standortspezifische Interessen

Sowohl die Effizienz des Wirtschaftsablaufs als auch die erwähnten ordnungspolitischen Desiderate sind typische Belange einer breit verstandenen Allgemeinheit, die durch die umfassenden Instanzen, etwa der Europäischen Union oder der Bundesrepublik Deutschland, repräsentiert werden. Neben ihnen stehen Interessen, die zumindest teilweise an spezifische Standorte und kleinere Gebietskörperschaften gebunden sind; auch dafür sind hier nur einige Beispiele zu erwähnen:

1. Besteuerung

Jedes politische Gebilde ist daran interessiert, seine Steuereinnahmen zu maximieren. Soweit es um Unternehmensübernahmen geht, bieten sich grundsätzlich zwei gegenläufige Strategien an, dieses Ziel zu erreichen. Auf der einen Seite können Übernahmen erschwert werden, um so die **Abwanderung** gewerblicher Steuerzahler zu **verhindern**; es wird zunehmend bezweifelt, daß eine derartige Politik auf Dauer erfolgreich zu sein vermag. Andererseits kann sich die Fiskalpolitik darum bemühen, den Unternehmen ein steuerlich **vorteilhaftes Umfeld** anzubieten, um sie auf diese Weise zum Bleiben und zur Neuansiedlung zu veranlassen. Die Steuergesetzgebung wird zunehmend durch diese Orientierung bestimmt[232]. Sie kann freilich einen Wettbewerb auslösen, der die Finanzierung genuin öffentlicher Aufgaben gefährdet[233].

2. Beschäftigung

Sie bietet ein vergleichbares Bild. Das Desiderat, lokale und regionale Arbeitsplätze zu erhalten und zu vermehren, läßt sich wiederum in unterschiedlicher Weise verfolgen. Auf der einen Seite steht die Politik, arbeitsplatzgefährdende Übernahmen durch **Mitwirkungsrechte und Sozialplananspüche** der Beschäftigten zu erschweren[234]; sie wird dadurch verstärkt, daß Arbeitnehmer Wähler sind und daß sie ein – im Ganzen legitimes – Interesse daran haben, ihre Arbeitsplätze auch dann zu behalten, wenn ihnen andere Beschäftigungsmöglichkeiten angeboten werden[235]. Die gegenläufige Strategie zielt darauf ab, **Anreize** dafür zu schaffen, daß bestehende **Arbeitsplätze erhalten** und neue **geschaffen** werden.

3. Umwelt

Auch das Umweltrecht zählt mittlerweile zu den normativen Randbedingungen, die im Zuge einer Unternehmensübernahme zu beachten und zu berücksichtigen sind[236]. Und diese Vorgaben werden wiederum durch vielfältige Interessen geprägt. Die wirtschaftliche Entwicklung kann durch Verschlechterung der

---

[232] Vgl. etwa *Benkert* in *Haritz/Benkert* Einführung Rn 300.
[233] Zu den Einzelfragen der Besteuerung von Unternehmensübernahmen siehe § 26.
[234] Siehe Rn 77 f. und 80 f.
[235] Das zeigen auch die amerikanischen Antitakeover Statutes; siehe Rn 122.
[236] Siehe § 29.

Umweltbedingungen ebenso wie durch übermäßige Regulierung beeinträchtigt werden. Das **Allgemeininteresse** kann – wie der Klimaschutz zeigt – global, es kann aber auch strikt lokal sein; hier bietet die Lärmbelästigung durch den Flughafenbetrieb ein aktuelles Beispiel.

4. Datenschutz

Unternehmensübernahmen können datenschutzrechtliche Probleme aufwerfen[237]. Das gilt insbes. dort, wo besonders sensitive Daten involviert sind; zu erwähnen ist nur der Fall, daß eine Krankenversicherung von einem anderen Finanzdienstleister übernommen wird. Auch hier erweisen sich die Allgemeininteressen als komplex; sie umfassen nicht nur den Individual-, sondern auch den Institutionenschutz: Nach geltendem Verfassungsrecht ist die informationelle Selbstbestimmung nicht nur ein Grundrecht, sondern zugleich eine Funktionsbedingung der Demokratie[238].

---

[237] Siehe Rn 49.
[238] BVerfGE 61, 1, 43 „Volkszählung".

§ 4 Die Rolle der Berater, ihre Auswahl und ihre Honorierung

Übersicht

	Rn
A. **Allgemeine Bedeutung sachverständiger Beratung**	1
I. Komplexität der Aufgaben	1
II. Allgemeine Rechtspflicht zur Konsultation von Beratern?	2
B. **Die Rolle der Berater**	9
I. Aufgabe	9
II. Koordination	10
III. Auswahlfaktoren	16
1. Wirtschaftliches Interesse	17
2. Institutionelle und persönliche Kompetenz	18
3. Zeitliche Verfügbarkeit	20
4. Honorar	21
5. Haftung	22
6. Unabhängigkeit	23
C. **Überblick über das Beratungsangebot**	27
I. Unternehmensberater	30
II. Rechtsanwälte	32
III. Wirtschaftsprüfer und Steuerberater	35
IV. Investmentbanken	40
V. Sonstige M&A-Berater; Unternehmensmakler	43
VI. Rolle der Notare	48
D. **Honorierung der Berater**	52
I. Honorierung nach Aufwand	55
II. Pauschalhonorar	58
III. Erfolgshonorar	61
IV. Mischformen	66
V. Gebührenordnungen	69
VI. Auslagen	73
E. **Interessenwiderstreit und Grenzen**	75
I. Rechtliche Konflikte	77
II. Wirtschaftliche Konflikte	91
F. **Beratungsvertrag**	95
I. Rechtliche Einordnung	95
II. Leistungspflichten	100
III. Sonstiges	104
G. **Die Haftung der Berater**	107
I. Haftungstatbestände	107
II. Haftungsumfang	116
III. Haftungsbegrenzung dem Grunde nach	118
IV. Haftungsbegrenzung dem Umfang nach	124

Schrifttum: *Achleitner* (Hrsg.), Handbuch Investment Banking, 1999; *Gösche*, Mergers & Acquisitions im Mittelstand, 1991; *Hellwig*, Anwaltliche Honorargestaltungen, AnwBl. 1998, 623; *Heermann*, Interessenkonflikte von Bankvertretern in Aufsichtsräten bei (geplanten) Unternehmensübernahmen, WM 1997, 1689; *Lutter*, Bankenvertreter im Aufsichtsrat, ZGR 1981, 224; *Müller-Stewens/Spickers/Deiss*, Mergers & Acquisitions, 1999; *Mutter*, Unternehmerische Entscheidungen und Haftung des Aufsichtsrats der Aktiengesellschaft, 1994; *Peltzer*, Die Rolle der Banken bei Unternehmensveräußerungen, ZIP 1991, 485; *PRS/Brotchie*, The Merger & Acquisition Handbook: West Germany, London, 1987; *Rädler/Pöllath*, Handbuch der Unternehmensakquisition, 1982, S. 248; *Rützel/Jürgens*, Haftungsrisiken und Haftungsvermeidung für M&A-Berater, M&A Review 1999, 521; *Schuster/Zschoke*, Übernahmerecht – Takeover Law, 1996; *Storck*, Mergers & Acquisitions: Marktentwicklung und bankpolitische Konsequenzen, 1993; *v. Werder/Feld*, Sorgfaltsanforderungen der US-amerikanischen Rechtsprechung an das Top-Management, RIW 1996, 481; *Wißmann*, Due Diligence durch Wirtschaftsprüfer beim Unternehmenskauf, WPK-Mitt. 1999, 143.

A. Allgemeine Bedeutung sachverständiger Beratung

I. Komplexität der Aufgaben

1   Die Folgen eines mehr und mehr verrechtlichten Wirtschaftslebens, in dem globale Standards gelten oder sich entwickeln, sind zunehmende Komplexität der Transaktionen und damit gesteigerter **Bedarf an kompetenter Beratung**. Zugleich wachsen die rechtlichen Anforderungen an die Entscheidungsträger in den Unternehmen. Bei Fehlschlägen sind Kapitalgeber zunehmend gewillt, die Ordnungsmäßigkeit der Entscheidungsfindung in Schadensersatzprozessen nachprüfen zu lassen. Die Auswahl der Berater dient der Qualitätssteigerung des Entscheidungsprozesses und – als Reflex – der Absicherung der handelnden Organe.

II. Allgemeine Rechtspflicht zur Konsultation von Beratern?

2   Bereits das Reichsgericht hatte die Pflicht zur **Einbindung von Gutachtern und Sachverständigen in den unternehmerischen Entscheidungsprozeß** erkannt[1]. Auch der BGH hat die unterlassene Inanspruchnahme fachkundiger Beratung als Pflichtverletzung qualifiziert, sofern dem Geschäftsführer die für einen vorteilhaften Geschäftsabschluß erforderlichen besonderen Kenntnisse fehlen[2]. Allerdings handelt es sich hierbei um Einzelfallentscheidungen; sie definie-

---

[1] Zur Pflichtwidrigkeit der unterlassenen Prüfung durch einen Sachverständigen im Zusammenhang mit der Übernahme einer Malzfabrik RGZ 18, 56, 60; zur entlastenden Wirkung von Gutachten RGZ 159, 211, 232 und RGZ 35, 83, 85. Vgl. auch *Mutter* S. 221.
[2] *BGH* WM 1985, 552, 558 zu Schadensersatzansprüchen eines Sozialversicherungsträgers gegen seinen Geschäftsführer, der vor Vertragsschluß über eine Datenverarbeitungsanlage keinen Rechtsrat eingeholt hatte.

ren weder die Voraussetzungen, unter denen eine Pflicht zur Einholung von sachverständigem Rat eingreift, noch konstituieren sie eine allgemeine Pflicht[3].

Die Lehre prägt die Auffassung von der „Verkehrsüblichkeit" bestimmter Standards entscheidend mit. Sie mißt der Pflicht zur **Selbstinformation** großes Gewicht bei. Eine unternehmerische Ermessensentscheidung gilt nur dann als pflichtgemäß, wenn das handelnde Organ alle ihm zur Verfügung stehenden Erkenntnisquellen über alle entscheidungsrelevanten Umstände (im Rahmen des auch zeitlich Möglichen) ausgeschöpft hat oder sich, sofern diese nicht ausreichen, zusätzliche Informationen beschafft. In diesem Zusammenhang wird explizit die Verpflichtung genannt, sachverständigen Rat einzuholen[4]. Das sich hier abzeichnende Leitbild der „informierten Entscheidung" steht deutlich unter dem Einfluß der US-amerikanischen „business judgment rule", namentlich dem Gebot des „informed judgment"[5]. Diese Prinzipien finden sich fast wörtlich übertragen auch im „ARAG"-Urteil des BGH[6].

Ein zweiter relevanter Aspekt ist die Pflicht zur **Minimierung von Risiken**[7]. Nach der Rechtsprechung gehört es zu den Pflichten des Vorstands bzw. Aufsichtsrats, die wirtschaftlichen Verhältnisse der Zielgesellschaft einer „umfangreichen und mit äußerster Sorgfalt zu führenden Prüfung" zu unterziehen[8]. Diese Prüfungspflicht führt zur Einbeziehung von Spezialisten, ohne die – jedenfalls bei größeren Akquisitionen – die entsprechende Prüfungsintensität nicht erreicht werden kann.

Die Pflicht zur Selbstinformation und Risikoreduzierung steht nicht im Widerspruch zu dem „weiten **unternehmerischen Handlungsspielraum**" des Vorstands[9]. Sie betrifft lediglich die Voraussetzungen der Entscheidung, nicht die Entscheidung als solche. Auf der Basis einer „sorgfältig ermittelten Entschei-

---

[3] *Mutter* S. 202.
[4] *Hopt* in Großkomm. § 93 AktG Rn 84; *Semler*, Leitung und Überwachung, Rn 77.
[5] In der u. a. bei *v. Werder/Feld* RIW 1996, 481, 483 dargestellten Entscheidung aus dem Jahr 1985 verurteilte der Delaware Supreme Court die Directors des Boards der Trans Union Corporation zu Schadensersatzleistungen an die Aktionäre, weil sie auf unzureichender Informationsgrundlage einem Fusionsangebot zu einem unter dem Marktwert liegenden Preis zugestimmt hatten. Das Gericht führte u. a. aus, die Directors hätten zu dem Angebot Informationen vom eigenen Management oder einer Investmentbank einholen müssen.
[6] *BGH* NJW 1997, 1926. Die zentrale Passage des Urteils lautet: „... daß dem Vorstand bei der Leitung der Geschäfte des Gesellschaftsunternehmens ein weiter Handlungsspielraum zugebilligt werden muß, ohne den eine unternehmerische Tätigkeit schlechterdings nicht denkbar ist. Dazu gehört neben dem bewußten Eingehen geschäftlicher Risiken grundsätzlich auch die Gefahr von Fehlbeurteilungen und Fehleinschätzungen, der jeder Unternehmensleiter, mag er auch noch so verantwortungsbewußt handeln, ausgesetzt ist... Eine Schadensersatzpflicht des Vorstands kann... erst in Betracht kommen, wenn die Grenzen, in denen sich ein von Verantwortungsbewußtsein getragenes, ausschließlich am Unternehmenswohl orientiertes, auf sorgfältiger Ermittlung der Entscheidungsgrundlagen beruhendes unternehmerisches Handeln bewegen muß, deutlich überschritten sind, die Bereitschaft, unternehmerische Risiken einzugehen, in unverantwortlicher Weise überspannt worden sind oder das Verhalten des Vorstands aus anderen Gründen als pflichtwidrig gelten muß." (S. 1927, 1928).
[7] *Mertens* in Hachenburg § 43 GmbHG Rn 27 sowie in Kölner Komm. § 93 AktG Rn 48.
[8] LG Hannover AG 1977, 198, 200; vgl. auch BGHZ 69, 207, 213f.
[9] Gem. „ARAG"-Urteil, *BGH* NJW 1997, 1926, 1927.

dungsgrundlage"[10] darf der Vorstand bewußt Risiken eingehen und auch zu Fehlbeurteilungen oder Fehleinschätzungen kommen, ohne daß diese eine Schadensersatzpflicht begründen. Eine unternehmerische Fehlentscheidung, die auf mangelnder Informationsgrundlage getroffen wurde, kann als „uninformierte Entscheidung" hingegen die Haftung auslösen.

6   Im Haftungsprozeß muß die Geschäftsleitung nachweisen, pflichtgemäß und ohne Verschulden gehandelt zu haben (gesetzliche Beweislastumkehr[11]). Zur Frage, ob und inwieweit sie sich hierbei auf die Inanspruchnahme externer Berater berufen kann, lohnt ein vergleichender Blick in das US-Recht. Prinzipien der Corporate Governance entwickeln sich zunehmend übernational. Dabei gewinnt naturgemäß der Standard des wichtigsten Kapitalmarkts an Bedeutung, der von international operierenden Unternehmen gesucht und genutzt wird. Organe US-amerikanischer Unternehmen können sich damit verteidigen, sich gutgläubig auf das Urteil externer Experten verlassen zu haben (sog. **„reliance rule"**)[12]. Der haftungsrechtliche Gutglaubensschutz bietet jedoch keine letzte Sicherheit. Die Einholung unabhängiger Beratung gilt zwar als Indiz für eine sorgfältige Entscheidungsvorbereitung; exkulpiert sind die Boardmitglieder aber nur, soweit sie sich bemüht haben, die Auskünfte und Empfehlungen inhaltlich nachzuvollziehen und deren Angemessenheit zu beurteilen[13]. Formelhaft reduziert bedeutet dies: Geschützt wird der gute Glaube, nicht blindes Vertrauen[14].

7   Diese noch klärungsbedürftigen Grundsätze dürften dem BGH, der sich mit der Materie bisher nicht befaßt hat, bei Bedarf die Stichworte liefern[15]. Allerdings soll auch die Kehrseite der Enthaftung nicht verkannt werden. Erstreckt sich die Beratung über bloße Information hinaus auf konkrete Entscheidungsvorschläge (wie sie im M&A-Bereich vom Mandanten häufig gewünscht werden), wird ein Gericht eine abweichende Entscheidung des Managements im Zweifel kritischer beurteilen. Dies darf nicht dazu führen, daß unternehmerische Entscheidungen de facto an Berater delegiert werden. Deren Funktion besteht darin, den **Entscheidungsprozeß** zu **unterstützen**. Die Verantwortung für die unternehmerische Entscheidung liegt allein bei der Geschäftsleitung.

8   Bislang geht weder die Rechtsprechung noch die Literatur von einer allgemeinen Rechtspflicht zur Konsultation von Beratern aus. Vor dem Hintergrund der US-amerikanischen Rechtsprechung und der Figur des „informed judgment" wird aber inzwischen auch in Deutschland eine **weitgehende Selbstinformationspflicht** der Gesellschaftsorgane angenommen, die bei Bedarf durch Hinzuzie-

---

[10] *BGH* NJW 1997, 1926, 1927.
[11] § 93 Abs. 2 Satz 2 AktG, der auf den GmbH-Geschäftsführer analog angewendet wird.
[12] *Paefgen*, Eine Morphologie des US-amerikanischen Rechts der Aktiengesellschaft, AG 1992, 133, 145, 170.
[13] *v. Werder/Feld* RIW 1996, 481, 492.
[14] Vgl. insbes. die Entscheidungen Hanson Trust PLC v. ML SCM Acquisitions Inc. und Buckhorn, Inc. v. Ropak Corp. in *v. Werder/Feld* RIW 1996, 481, 484, 485.
[15] In der Rspr. des RG ist bereits eine ähnliche Tendenz angelegt: RGZ 159, 211, 233 verwehrt es der Geschäftsleitung, sich auf die „sie beratenden Juristen" zu berufen, da der Vorgang auch für Laien erkennbar gesellschaftsschädigend gewesen sei. Vgl. auch *BGH* WM 1971, 1548: Der Vorstand darf Informationen eines leitenden Angestellten nicht ungeprüft übernehmen, wenn es sich um ein wichtiges Geschäft handelt.

hung von externem Know-how zu erfüllen ist. Dies gilt verstärkt für Übernahmen und Beteiligungen, da die Rechtsprechung schon lange hohe Anforderungen an die Pflicht zur Prüfung der Zielgesellschaft stellt und die Einschaltung von Beratern hierbei mittlerweile branchenüblich geworden ist. Diese Tendenz steht nicht unmittelbar im Widerspruch zur Bejahung eines weiten unternehmerischen Entscheidungsspielraums; insbes. beeinträchtigt sie nicht die Möglichkeit der Gesellschaftsorgane, auf gesicherter Informationsgrundlage auch erhebliche Risiken einzugehen. Sachverständiger Rat kann aber eine Enthaftungswirkung entfalten, sofern er von der Geschäftsleitung berücksichtigt wird.

B. Die Rolle der Berater

I. Aufgabe

Die Rolle der Berater ist damit auch bereits grundsätzlich beschrieben: Die Aufgabe des Beraters ist die **Unterstützung des Entscheidungsträgers**, d. h. der Geschäftsführung oder des Vorstands, in seinem Fachgebiet. Der Beratungsauftrag wird dabei näher durch den Beratungsvertrag konkretisiert[16]. Die weitgehende Übertragung von Aufgaben auf einen Berater ist zulässig. Nicht zulässig ist die Delegation der Entscheidung auf den Berater[17]. Unzulässig ist es auch, trotz Erteilung umfangreicher Beratungsaufträge selbst uninformiert zu bleiben.

II. Koordination

Entscheidend für die Effizienz des Ablaufs und den Erfolg ist die Koordination der Tätigkeit sämtlicher Berater, der Aktivitäten des Auftraggebers und der Gegenseite. Grundlegende Voraussetzung jeder Beraterauswahl ist daher die **Vorentscheidung, wer koordinieren soll**. Die potentiellen Erwerber sind hierfür in unterschiedlichem Ausmaß gerüstet. Zwei Kriterien sollten entscheidend sein:
– **Erfahrung:**
  Haben der Auftraggeber als Institution und die für ihn Tätigen als Einzelpersonen ausreichende Erfahrung mit Akquisitionsprozessen? Genügen diese Erfahrungen auch für Transaktionen der voraussichtlichen Komplexität?
– **Organisation:**
  Hat der Auftraggeber eine Infrastruktur, die die Organisationsaufgaben übernehmen kann, oder muß und kann diese Infrastruktur ohne großen Aufwand geschaffen werden? Steht ein eingespieltes Team zur Verfügung?
In größeren Gesellschaften kann die Koordinationsfunktion im Grundsatz von drei Abteilungen übernommen werden: der Abteilung **Konzernentwicklung**,

---

[16] Siehe Rn 100 ff.
[17] *LG Darmstadt* ZIP 1986, 1389, 1391 f.; *Mertens* in Kölner Komm. § 76 AktG Rn 43; *Stein*, Konzernherrschaft durch EDV?, ZGR 1988, 163, 168 f.; *Semler*, Leitung und Überwachung, Rn 23 f.

die sich häufig findet, der **Rechtsabteilung** oder der **Fachabteilung**. Welche Abteilung zuständig ist, ergibt sich naturgemäß aus der internen Organisation des Erwerbers.

12 In anderen Gesellschaften, gerade bei mittelständischen Unternehmen, neigt die Geschäftsführung der Erwerber dazu, diese Koordinationsfunktion nicht als eigenständige Aufgabe einem Berater zu übertragen, sondern sie selbst zu behalten. Der **Berater** wird stattdessen je nach Kompetenz und Ansehen um **Unterstützung bei der Koordination** gebeten, so daß de facto eine Verlagerung eintritt mit der Folge eines Auseinanderklaffens von Soll- und Ist-Zustand. Dadurch kann es an einer klaren Verantwortung und Zuständigkeit fehlen, was den Prozeß erschwert.

13 Aber auch auf Beraterseite ist die Koordinationserfahrung sehr unterschiedlich ausgeprägt. **Investmentbanken** haben eine besondere Stellung nicht zuletzt deswegen, weil sie seit langem für sich in Anspruch nehmen, die Beratungsleistungen insgesamt koordinieren zu können. Damit beanspruchen sie de facto ein Mitspracherecht darüber, welche anderen Berater eingeschaltet werden. Koordination setzt immer ein Grundverständnis der Leistungen voraus, die erbracht werden müssen, und insbes. ihrer inneren Abhängigkeit voneinander. Ist dieses Grundverständnis gegeben, und das ist idR der Fall, spricht nichts gegen die Setzung einheitlicher Beratungsstandards durch eine Investmentbank bei einem bestimmten Mandat, und der Kunde kann sicher sein, durch den Auftrag Koordinationskompetenz eingekauft zu haben.

14 Über Koordinationskompetenz verfügen gleichfalls **Rechtsanwälte**, die auf dieses Geschäft spezialisiert sind. Sie haben es jedoch weniger als Investmentbanken vermocht, den Mandanten ihre Eignung deutlich zu machen. Daher werden sie in aller Regel nicht andere Berater – zB Wirtschaftsprüfer – an sich als Koordinator berichten lassen. Der Mandant bleibt hier in aller Regel in die Koordination des Prozesses involviert.

15 Das gilt auch für andere Berater, wie etwa **Unternehmensberater** oder **Wirtschaftsprüfer**. Hier sind die übrigen Berater meist nicht bereit, sich von ihnen koordinieren zu lassen, weil dies normalerweise nicht durch deren größere Erfahrung gerechtfertigt ist. Der Mandant tut gut daran, sich in diesen Fällen selbst der Koordination zu widmen.

III. Auswahlfaktoren

16 Im übrigen sollten bei der **Auswahl** der Berater folgende **Faktoren** berücksichtigt werden:

1. Wirtschaftliches Interesse

17 Jeder Berater hat eine Mindesthonorarerwartung, die sich aus den betriebswirtschaftlichen Zwängen des Beratungsunternehmens ergibt. Daraus folgt, daß auch die Transaktionen, in denen er berät, ein Mindestvolumen haben sollen. Anderenfalls kann eine deutliche Diskrepanz zwischen dem Honorarbedarf des Beraters und dem **Wert der Transaktion** bestehen, die das Risiko von Mißhelligkei-

ten zwischen Berater und Auftraggeber mit sich bringt. Der Mandant sollte darauf achten, daß die von ihm beabsichtigte Transaktion in das richtige Spektrum fällt. Es hat keinen Sinn, eine Nummer zu hoch zu greifen, weil mögliche Störgefühle eine Transaktion letztlich nur behindern würden.

2. Institutionelle und persönliche Kompetenz

Der Mandant muß sicher sein, daß das Beratungsunternehmen gerade in der relevanten Branche über **Know-how** verfügt. Sind keine Vorkenntnisse vorhanden, muß dies offen angesprochen werden. Andere Vorteile mögen diesen denkbaren Nachteil überwiegen. Noch wichtiger ist, daß die Personen, die für das Beratungsunternehmen tätig werden, über **persönliche Kompetenz** verfügen. Fälle, in denen ein überzeugendes Team von Akquisiteuren nach Auftragserteilung sukzessive ersetzt oder ergänzt wird durch Personen, die den Auftrag wohl nicht von Anfang an erfolgreich akquiriert hätten, sind häufig. Anschließende unerfreuliche Honorargespräche, in denen der Mandant erklärt, er hätte unter diesen Umständen dem Berater das Mandat entweder gar nicht erteilt oder jedenfalls nicht zu diesem Honorarsatz, legen den Grundstein zu dauernder Unzufriedenheit. Beide Seiten tun daher gut daran, von Anfang an nur das Team auftreten zu lassen, das dann auch für die Erfüllung des Auftrags zuständig ist, und zwar nicht nur nominell.

Gesichtspunkte der persönlichen und sachlichen Kompetenz überschneiden sich, wenn eine Transaktion **grenzüberschreitend** ist. Hier wird häufig erforderlich sein, örtliche Berater – jedenfalls in Fragen des Rechts und Steuerrechts – einzuschalten. Ihre Einschaltung kann sich auch empfehlen, um kulturelle Unterschiede auszugleichen und psychologische Probleme zu vermeiden, die aus einer anderen Art der Verhandlungsführung, unterschiedlichen Erwartungen an vertrauensbildende Maßnahmen u. ä. folgen können. Jedenfalls sollten die Beraterteams in ihrer Zusammensetzung die verschiedenen Regionen, in denen die Transaktion spielt, berücksichtigen. Auch wenn Transaktionen keine Grenzen überschreiten, kann sich für besondere Aufgaben (zB Kontakt zu lokalen Behörden, Umweltfragen, besondere Rechtsgebiete) der Einsatz von Beratern empfehlen, die entweder Spezialkenntnisse oder besonders gute Kontakte haben.

3. Zeitliche Verfügbarkeit

Realistische Schätzungen eines **Zeitrahmens** sind schwierig, sollten aber dennoch versucht werden. Es hat aus Sicht des Mandanten keinen Sinn, bei zeitkritischen Transaktionen Aufträge an Personen zu erteilen, die chronisch überlastet sind. Die Verfügbarkeit für bestimmte Zeiträume kann normalerweise arrangiert werden.

4. Honorar

Hierauf wird an anderer Stelle ausführlich eingegangen[18].

---

[18] Siehe Rn 52 ff.

5. Haftung

22 Es liegt im Interesse des Mandanten, daß der Berater auch finanziell genug Masse, ggf. in Form bestehender Haftpflichtversicherungen, darstellt, um im Fall eines Falles für einen Beratungsfehler einstehen zu können. Bei größeren und renommierten Beratungsunternehmen ist dies gewährleistet.

6. Unabhängigkeit

23 Unabhängigkeit ist für Berater nicht nur häufig eine **Berufspflicht**, sie liegt auch im Interesse des Mandanten. Sie steht im Gegensatz zu dem Wunsch vieler Mandanten, daß ihr Berater in ihrer Branche nur sie selbst berät. Dies würde nicht nur das Know-how mindern, sondern auch die Bindung des Beraters an den Mandanten erhöhen. Unabhängigkeit ist aber gerade da nötig, wo der Berater andere Vorstellungen als der Kunde hat, und wo eine deutliche Diskussion und keine „Liebedienerei" notwendig ist.

24 Bei größeren Aufträgen ist heutzutage der sog. **„beauty contest"** üblich geworden. Der Mandant spricht eine Reihe von Beratungsunternehmen an oder läßt sie ansprechen und umreißt den erwarteten Leistungsumfang. Auf dieser Basis präsentieren die Beratungsunternehmen ihre Leistungsfähigkeit und Verfügbarkeit, ihr Interesse, die Inhalte ihrer voraussichtlichen Beratung sowie ihre Honorarvorstellungen.

25 Dieses Verfahren erweckt bei dem Auftraggeber den Eindruck, objektiv ausgesucht zu haben. Inwieweit jede **Präsentation** subjektive Faktoren enthält, die sie zum Erfolg oder zum Scheitern führen, mag offen bleiben. Tatsächlich läßt sich aber in diesem „beauty contest" relativ gut erkennen, welches Beraterteam eine lästige Pflichtübung absolviert, wer sich ernsthaft vorbereitet hat oder wer meint, nur mit dem Verweis auf Leistungen in der Vergangenheit in anderen Fällen durch andere Teams den Auftrag zu verdienen. Dabei muß sich der Auftraggeber bewußt machen, daß die Teilnahme an „beauty contests" einen erheblichen Aufwand an Ressourcen bedeutet, die er im Ergebnis notwendigerweise direkt oder indirekt bezahlen muß.

26 Da für die Beratungsqualität eine gute persönliche Beziehung zwischen Berater und Auftraggeber erforderlich ist, läßt sich die Mandatsvergabe durch den „beauty contest" nicht bis ins Letzte veobjektivieren. Dies ist auch nicht wünschenswert. Wählt der Mandant nicht den Weg des „beauty contest", ist der Berater auf die **klassischen Formen der Akquisition**, d. h. das persönliche Gespräch, die Präsentation in kleinem Kreis etc. angewiesen. Dies wird sich insbes. dann anbieten, wenn entweder schon ein Grundvertrauen gefaßt ist oder der gewünschte Beratungsumfang für den Mandanten nicht außergewöhnlich ist.

C. Überblick über das Beratungsangebot

27 Als **Dienstleister** treten auf
– Unternehmensberater,
– Rechtsanwälte,

- Wirtschaftsprüfer und Steuerberater,
- Investmentbanken,
- Spezialabteilungen der deutschen Kreditinstitute,
- Unternehmensmakler und
- M&A-Berater.

Sie alle sind Unternehmen oder Personen, die sich auf die Vorbereitung und Abwicklung von Unternehmensübernahmen spezialisiert haben. Bei den angebotenen Beratungsleistungen handelt es sich idR jedoch nicht um ein standardisiertes Programm: Da jede Akquisition von einer anderen Ausgangssituation ausgeht und sich die Zielsetzungen sowie der Beratungsbedarf der Beteiligten unterscheiden, muß der **Beratungsinhalt** für jede Transaktion gesondert **definiert werden**.

Im folgenden soll ein kurzer Überblick über das **typische Beratungsangebot** der verschiedenen Dienstleistergruppen gegeben werden, wobei individuelle Besonderheiten nicht berücksichtigt werden können.

I. Unternehmensberater

Die Beratungsleistungen der Unternehmensberater konzentrieren sich vor allem auf die **Vor- und Nachbereitung der Transaktion**. Zum wesentlichen Leistungsangebot für die Erwerberseite gehört die Entwicklung einer klaren Unternehmens- und Akquisitionsstrategie und eines darauf aufbauenden Suchprofils für die Kandidatensuche sowie die Betreuung der Integration nach dem Erwerb. Spiegelbildlich umfaßt das Angebot an die Veräußererseite eine Analyse der Ausgangssituation, Beratung über die Zielsetzung der Partnersuche, die Erstellung eines Verkaufsmemorandums sowie ggf. die Hilfestellung bei der unternehmerischen Neuorientierung nach dem Verkauf[19].

Ein Teil der Unternehmensberatungsgesellschaften bietet seinen Kunden darüber hinaus eine **Gesamtbetreuung** der aus laufenden Strategieberatungen resultierenden Transaktionen an. Geworben wird für diese Zusatzleistung mit dem Argument, daß der durch das aktuelle Beratungsmandat bereits mit den Unternehmenszielen vertraute Unternehmensberater die anschließende Transaktion effizienter zu gestalten imstande ist als ein neu hinzugezogener M&A-Dienstleister. Diese Unternehmensberatungsgesellschaften haben in den letzten Jahren Datenbanken und Personal aufgebaut, um die Kandidatensuche durchzuführen, Akquisitionsobjekte zu bewerten und die Vertragsverhandlungen zu unterstützen. Juristische und steuerliche Aspekte werden meist durch Kooperation mit externen Rechtsanwälten, Steuerberatern oder Wirtschaftsprüfern abgedeckt. Allerdings ist die Full-Service-Betreuung für die meisten Unternehmensberater nur ein Randgeschäft, das von keiner der weltweit tätigen Gesellschaften aktiv vermarktet wird. Eine Reihe von Unternehmensberatungsgesellschaften konzentriert sich vielmehr darauf, bei M&A-Transaktionen in verstärktem Maße die Aufgabe der Prozeß-

---

[19] *Müller-Stewens/Spickers/Deiss* S. 58.

steuerung zu übernehmen[20]. Einige Unternehmensberatungsgesellschaften haben die Durchführung einer Market Due Diligence in ihr Programm aufgenommen.

II. Rechtsanwälte

32 Der Schwerpunkt der juristischen Dienstleistungen im M&A-Bereich liegt auf der Durchführung der **Legal und Tax Due Diligence**[21]. Hinzu tritt die Gestaltung sämtlicher vertraglicher Vereinbarungen (Letter of Intent[22], Geheimhaltungsverpflichtung[23], Angebot, Kaufvertrag) einschließlich nachträglicher Anpassungen sowie die Vorbereitung der notariellen Beurkundung. Zur juristischen Betreuung gehört naturgemäß, die Einhaltung aller relevanten Rechtsvorschriften sicherzustellen (Fusionskontrolle, Übernahmeangebot, börsenrechtliche Regulierungen) sowie den Auftraggeber bei den Vertragsverhandlungen zu unterstützen bzw. diese zu führen[24].

33 Ein umfassendes **Projektmanagement** mit intern koordinierter Legal und Tax Due Diligence, Bewertung des Kaufobjekts sowie rechtlicher und steuerlicher Strukturierung bieten die großen Rechtsanwalts-Sozietäten an. Dies gilt auch für grenzüberschreitende Akquisitionen, wobei über die weltweiten Niederlassungen und Partnerkanzleien Due Diligence-Prüfungen an mehreren Standorten durchgeführt und unterschiedliche Rechts- und Steuersysteme berücksichtigt werden können.

34 Natürlich besteht auch die Möglichkeit, externe Rechtsanwälte nur mit der Bearbeitung bestimmter **Einzelfragen**, zB mit der Prüfung der kartellrechtlichen Relevanz des Vorgangs, zu beauftragen und so das Know-how der eigenen Rechtsabteilung zu ergänzen, sofern die Transaktion hauptsächlich durch diese betreut wird[25].

III. Wirtschaftsprüfer und Steuerberater

35 Die Schwerpunkte ihrer Beratung sind die **Financial Due Diligence** sowie die **Bewertung** des zum Kauf bzw. Verkauf anstehenden Unternehmens[26]. Aufgrund ihrer Kenntnisse im Handels-, Gesellschafts- und Steuerrecht sind sie in der Lage, Vorschläge für eine steuerlich und bilanziell günstige Strukturierung der Transaktion zu unterbreiten[27].

36 Gemäß der Berufsordnung kann der Wirtschaftsprüfer als **Prüfer**, Berater oder Gutachter tätig werden. IRd. Due Diligence kann die Vornahme bestimmter, stan-

---

[20] *Müller-Stewens/Spickers/Deiss* S. 59.
[21] *Berens/Hoffjan/Strauch* in Berens/Brauner S. 131. Zur rechtlichen Due Diligence siehe § 9 Rn 178 ff.; zur steuerlichen Due Diligence siehe § 26 Rn 617 ff.
[22] Siehe § 6 Rn 24 ff.
[23] Siehe § 6 Rn 3 ff.
[24] *Müller-Stewens/Spickers/Deiss* S. 57.
[25] *Hölters* in Hölters Teil I Rn 108.
[26] *Müller-Stewens/Spickers/Deiss* S. 56. Siehe auch § 10.
[27] *Berens/Hoffjan/Strauch* in Berens/Brauner S. 131.

dardisierter Prüfungen sinnvoll sein, zB Ordnungsprüfungen (freiwillige Abschluß- und Zwischenprüfungen) oder Sonderprüfungen (Organisations-, Kosten- und Preis-, Wirtschaftlichkeits- und Rentabilitätsprüfungen)[28]. Eine Prüfung bietet sich insbes. an, wenn die Parteien vereinbart haben, daß der Kaufpreis auf Grundlage einer Abrechnungsbilanz modifiziert werden soll. Sie führt allerdings nicht zu dem für die Abschlußprüfung vorgesehenen Bestätigungsvermerk. Die Sonderprüfungen dienen der Beurteilung der Wirtschaftlichkeit sowie der Erkennung von Chancen und Risiken im operativen Geschäft. Meistens wird der Inhalt der Due Diligence jedoch auf das konkrete Informationsbedürfnis des Auftraggebers zugeschnitten und in der Auftragsbeschreibung genau definiert[29].

Jenseits derartiger Prüfungen wird der Wirtschaftsprüfer als **Berater oder Gutachter** tätig. Während er sich als Gutachter auf sachliche Urteile und die Explikation der ihnen zugrunde liegenden Feststellungen beschränkt, gibt er in seiner Funktion als Berater auch konkrete Empfehlungen zur Unterstützung wirtschaftlicher Entscheidungen ab[30]. Wirtschaftsprüfer erteilen jedoch weder Empfehlungen zur Kaufentscheidung als solcher noch zum Kaufpreis. Der vom Wirtschaftsprüfer errechnete Unternehmenswert dient in der Praxis hierfür zwar oft als primärer Anhaltspunkt. Er basiert jedoch in erster Linie auf der aufgearbeiteten Rechnungslegung des Zielunternehmens, während bei der Kaufpreisfindung auch die Ergebnisse der übrigen Due Diligence-Prüfungen sowie der Zukunftserwartungen zu berücksichtigen sind und letztlich eine unternehmerische Entscheidung getroffen werden muß.

Die großen, international tätigen **Wirtschaftsprüfungskonzerne** haben sich in der Vergangenheit durch Gründung von Tochtergesellschaften und den Aufbau spezieller Abteilungen verstärkt auf das M&A-Geschäft ausgerichtet und bieten seit Beginn der 90er Jahre auch in Deutschland eine **Full-Service-Betreuung** an. Dabei werden die anfängliche Strategieberatung und Suchprofilerstellung sowie das „post merger"-Management von eigenen Unternehmensberatungsgesellschaften übernommen. Die Kandidatensuche, Kontaktaufnahme, steuerliche Gestaltung und Vertragsverhandlungen werden von Wirtschaftsprüfern oder internen Corporate Finance-Einheiten durchgeführt. Um die rechtlichen Aspekte kümmern sich Rechtsabteilungen oder assoziierte Anwaltskanzleien[31].

Aber auch große **Anwaltskanzleien** bieten über ihre Steuerabteilungen und teilweise Wirtschaftsprüfungsgesellschaften außer der rechtlichen Beratung die steuerliche Gestaltung der Investitionen oder Veräußerungen an sowie die Überprüfung der steuerlichen und wirtschaftlichen Verhältnisse.

IV. Investmentbanken

Unter den M&A-Beratern haben die Investmentbanken eine **hervorgehobene Stellung**. Sie zeichnen sich nicht nur durch die Fähigkeit zur Koordination

---

[28] *Wißmann* WPK-Mitt. 1999, 143, 147.
[29] *Berens/Hoffjan/Strauch* in Berens/Brauner S. 131.
[30] *Wißmann* WPK-Mitt. 1999, 143, 147. Siehe § 10 Rn 22 ff.
[31] *Müller-Stewens/Spickers/Deiss* S. 57.

der verschiedenen Beratungsleistungen aus[32], sondern ihre Reputation bürgt für die Qualität der Beratungsleistung und überträgt sich zudem im Sinne einer kostenlosen Imagepflege auf das beratende Unternehmen[33]. Dem entspricht allerdings, daß für Investmentbanken idR Transaktionen nur dann interessant sind, wenn sie ein erhebliches Mindestvolumen haben.

41 Zu den **personellen Stärken** der Investmentbanken zählen der hervorragend ausgebaute Researchbereich, der bei Bedarf noch durch Mitarbeiter des herkömmlichen Aktienresearchs unterstützt werden kann und institutionalisierte Branchenteams für transaktionsintensive Industrien wie Medien/Telekommunikation, Energie, Chemie/Pharma u. a.[34] Solche Teams bestehen bei fast jeder Investmentbank, während die Schwerpunkte bezüglich weniger transaktionsintensiver Branchen unterschiedlich gesetzt werden. Ggf. werden noch Aktien- und Rentenmarktspezialisten anderer Abteilungen einbezogen, um über neueste Finanzierungsinstrumente Auskunft zu geben. So können unter zusätzlichem Rückgriff auf externe Rechtsanwälte, Wirtschaftsprüfer und Steuerberater hochkomplexe internationale und kapitalmarktrelevante Transaktionen beraten werden[35]. Die Inanspruchnahme von Investmentbanken ist auch hilfreich, wenn die Akquisition mit einer Wertpapieremission oder der Aufnahme von Fremdkapital verbunden werden soll. Die entsprechenden **Finanzdienstleistungen** werden von anderen Abteilungen oder Schwestergesellschaften der gleichen Organisation angeboten.

42 Inzwischen hat auch eine große Anzahl **deutscher Banken** bei ihrer Suche nach neuen Betätigungsfeldern außerhalb des klassischen Kreditgeschäfts entweder interne Corporate Finance-Abteilungen gebildet oder rechtlich selbständige Beratungsgesellschaften erworben bzw. gegründet.

V. Sonstige M&A-Berater; Unternehmensmakler

43 Mit diesen etwas schillernden Begriffen, die auch nicht scharf abzugrenzen sind, wird die heterogene Gruppe von **Mittlern und Beratern** umschrieben, die sich in Deutschland seit Mitte der 80er Jahre gebildet und das Entstehen eines Markts für Unternehmens- und Beteiligungskäufe maßgeblich gefördert hat[36]. Hierzu gehören die Corporate Finance-Abteilungen oder rechtlich selbständigen Consulting Gesellschaften von Banken, unabhängige M&A-Beratungsfirmen, die von M&A-Professionals aus dem Bank-, Finanz- oder Industriesektor geführt werden[37], bis hin zu sehr kompetenten Einzelunternehmern.

---

[32] Siehe Rn 13.
[33] *Müller-Stewens/Spickers/Deiss* S. 71.
[34] *Müller-Stewens/Spickers/Deiss* S. 63.
[35] *Müller-Stewens/Spickers/Deiss* S. 66.
[36] *Hölters* in Hölters Teil I Rn 33.
[37] Eine Schätzung von 1990 geht davon aus, daß über 500 Personen in der freien M&A-Beratung, davon etwa 25 % bei den Banken, tätig seien, *Storck*, Die Bank, 1990, S. 376. Nachdem die Zahl der Transaktionen seit Mitte der 90er Jahre sprunghaft angestiegen ist, dürfte die Zahl heute wesentlich höher sein.

44 Je nach Größe und Leistungsfähigkeit ist das **Dienstleistungsangebot** dieser M&A-Berater sehr unterschiedlich. Es reicht von der Maklertätigkeit, bisweilen auch für beide Seiten, über die aktive Kandidatensuche und Kontaktaufnahme bis zur – am oberen Ende des Leistungsspektrums – Hilfe bei der Bewertung und der vorbereitenden Marktforschung und Profilerstellung. Zum Teil bieten diese M&A-Berater die Suche nach Finanzpartnern an, wobei dann jedoch eine weitere Provision fällig werden kann.

45 Einige wenige der kleinen, aber sehr renommierten M&A-Berater vermögen auf Grund ihrer in Vortätigkeiten gewonnenen besonderen Kenntnisse für die Aufbereitung des Unternehmens und insbes. die **Verhandlung** des Kaufpreises ganz entscheidende Hilfe zu leisten. Gerade mittelständische Unternehmen neigen dazu, den Wert dieses Beitrags zu unterschätzen, der sich naturgemäß auch in den Honorarvorstellungen widerspiegelt.

46 Ein wesentlicher Vorteil der Einschaltung eines M&A-Beraters liegt meist in dessen Fähigkeit, bei den Vertragsverhandlungen als **Moderator** und **Koordinator** aufzutreten, die Diskussion zu versachlichen, Kompromisse anzustreben und so den gesamten Prozeß in der Verhandlungs- und Vertragsphase zu beschleunigen. Allerdings besteht zugleich die Gefahr, daß diese – idR erfolgshonorierten – Berater auf das Zustandekommen der Transaktion fixiert sind[38].

47 Die **Unternehmensmakler**, die manchmal ebenfalls zur Gruppe der M&A-Berater gezählt werden, unterscheiden sich von diesen vor allem dadurch, daß sie nicht ausschließlich für eine Seite tätig werden müssen[39]. Sie nehmen sowohl kauf- als auch verkaufwillige Kunden in ihre Karteien auf und vermitteln bei übereinstimmenden Suchaufträgen den Kontakt zwischen den Auftraggebern[40], wofür sie teilweise von beiden Seiten honoriert werden wollen[41]. Einige große Maklerunternehmen haben in den letzten Jahren ihr Leistungsangebot um Auktionen und Immobiliengeschäfte erweitert und bieten zunehmend eine Full-Service-Beratung an[42]. Allerdings ist die Zahl der Unternehmensmakler, die in der Geschäftswelt von Bedeutung sind, in Deutschland nur sehr gering[43].

VI. Rolle der Notare

48 Ist die Akquisition mit der Übertragung eines Grundstücks oder der Abtretung von GmbH-Anteilen verbunden, so muß der gesamte Vertrag beurkundet werden[44]. Auch Verträge, die sich auf die Abtretung künftiger (also erst in der Zukunft zB durch eine Kapitalerhöhung entstehender) Geschäftsanteile sowie von Teilen von Geschäftsanteilen oder von Mitberechtigungen beziehen, unterliegen dem Formerfordernis, ebenso wie Vereinbarungen, die ein Vorkaufs- oder sonsti-

---

[38] *Berens/Hoffjan/Strauch* in Berens/Brauner S. 133.
[39] *PRS/Brotchie* S. 81.
[40] *Müller-Stewens/Spickers/Deiss* S. 59.
[41] *PRS/Brotchie* S. 81.
[42] *Müller-Stewens/Spickers/Deiss* S. 59.
[43] *Hölters* in Hölters Teil I Rn 31.
[44] Die Beurkundungspflicht ergibt sich aus § 313 BGB bzw. § 15 GmbHG. Vgl. auch *Zutt* in Hachenburg § 15 GmbHG Rn 48, 49. Siehe § 12 Rn 209 ff. und § 13 Rn 104 ff.

ges Optionsrecht begründen[45]. Wird die **notarielle Beurkundung** versäumt, hat dies die Nichtigkeit des gesamten Kaufvertrags zur Folge[46], es sei denn, der Mangel wird nachträglich geheilt[47]. Erfolgt die Akquisition durch eine Fusion, so ist der Verschmelzungsvertrag einschließlich aller sonstigen Nebenabreden und Vereinbarungen zu beurkunden, wobei auch hier die fehlende oder fehlerhafte Beurkundung zur Nichtigkeit des gesamten Vertragswerks führt[48]. Vor diesem Hintergrund wird die wichtige Rolle der Beurkundung und damit der Notare im Rahmen einer Akquisition deutlich.

49 Aufgabe der Notare ist es, als unparteiischer Amtsträger für die Beteiligten einen Vertrag zu entwerfen und zu beurkunden, der einen Interessenausgleich enthält, das Verhandlungsergebnis widerspiegelt und das gewünschte Ziel verwirklicht. Dabei darf sich der Notar nie zum Sachwalter nur einer Seite machen. Obwohl dieses Ideal sehr oft erreichbar sein mag, hat sich in der Praxis durchgesetzt, daß die Parteien bei größeren Transaktionen durch Anwälte beraten werden, die den Vertrag aushandeln und formulieren. Die Beurkundung durch einen Notar dient hier nur noch der **Richtigkeitskontrolle**. Sie kann daher auch von Notariaten, insbes. Nur-Notariaten übernommen werden, die über weniger Mitarbeiter als die großen Anwaltssozietäten verfügen.

50 Im Zusammenhang mit der notariellen **Beurkundung** überlegen die Beteiligten öfters, diese aus Kostengründen **im Ausland** vornehmen zu lassen. Dabei stellt sich die Frage, ob die Beurkundung durch einen ausländischen Notar in Deutschland wirksam ist. Nach der herrschenden allgemeinen Rechtspraxis[49] genügt die Beurkundung durch einen ausländischen Notar zur Erfüllung des vom deutschen Recht vorgeschriebenen Beurkundungserfordernisses, wenn sie als gleichwertig zu beurteilen ist, d. h. der ausländische einem deutschen Notar im Hinblick auf seine Ausbildung, Auswahl und Stellung gleichgestellt sowie das bei der Beurkundung zu beachtende Verfahren[50] dem deutschen entspricht[51]. Die Gleichwertigkeit wird jedenfalls bei Notaren in verschiedenen Kantonen der Schweiz, den Niederlanden und Österreich sowie dem lateinischen Notariat (Frankreich, Italien, Spanien und Südamerika) anerkannt[52].

51 Obwohl die Frage der Wirksamkeit im einzelnen umstritten bleibt[53], entspricht die Beurkundung einer Abtretung von Geschäftsanteilen im Ausland der Praxis und wird von der ganz herrschenden Meinung (und zwar auch, wenn sie „nur" unter Einhaltung der Ortsform vorgenommen wurde) akzeptiert[54].

---

[45] *Zutt* in Hachenburg § 15 GmbHG Rn 26, 27, 28.
[46] §§ 125, 139 BGB.
[47] Die formnichtige Grundstücksveräußerung wird durch Auflassung und Eintragung im Grundbuch geheilt (§ 313 BGB), die formnichtige Verpflichtung zur Abtretung von Gesellschaftsanteilen durch formgültige Abtretung (§ 15 Abs. 4 Satz 2 GmbHG), andere formnichtige Rechtsgeschäfte werden durch formgültige Neuvornahme geheilt (§ 141 BGB).
[48] *Lutter* in Lutter § 6 UmwG Rn 3, 11. Dazu § 17 Rn 175 ff.
[49] Gestützt auf BGHZ 80, 76.
[50] § 17 BeurkG.
[51] BGHZ 80, 76, 78.
[52] *Zutt* in Hachenburg § 15 GmbHG Rn 59 mwN.
[53] Siehe ausführlich § 35 Rn 94 ff.
[54] *Zutt* in Hachenburg § 15 GmbHG Rn 59; *Winter* in Scholz § 15 GmbHG Rn 39.

D. Honorierung der Berater

Ebenso wenig wie für die Beratungsleistungen existiert für deren Honorierung ein verbindlicher Standard. Die Honorierung wird individuell ausgehandelt und dem **Einzelfall** angepaßt, wobei jeder Berater im Prinzip nach eigenen Grundsätzen verfährt[55]. Die Höhe der Gebühren richtet sich nach der Größe, der Reputation und der Zielgruppe des Beratungsunternehmens sowie nach dem Transaktionsvolumen, was zu einer weiten Spannbreite zwischen den in den verschiedenen Marktsegmenten üblichen Gebühren führt. Dies sowie die Tatsache, daß Honorarfragen in der Branche mit großer Diskretion behandelt werden, macht es schwierig, konkrete und detaillierte Aussagen zu treffen.

Feststellen läßt sich jedoch, daß sich einige **branchenübliche Honorierungsmodelle** herausgebildet haben, die von den meisten Beratern – mit unterschiedlicher Präferenz und in verschiedenen Kombinationen – verwendet werden. Für die einzelnen, im „Normalfall" eines exklusiven Auftrags bei einem idealtypischen Unternehmenskauf anfallenden Kosten kann eine ungefähre Spanne angegeben werden, innerhalb derer sie sich üblicherweise bewegen.

Die Kosten für die M&A-Beratung **unterteilen** sich meist in ein aufwandsbezogenes Grundhonorar, eine erfolgsbezogene Komponente, Sachauslagen sowie die Kosten der Inanspruchnahme externer Dienstleistungen.

I. Honorierung nach Aufwand

Üblicherweise werden die Beratungsleistungen durch ein nach dem jeweils angefallenen **Arbeitsaufwand** berechnetes **Grundhonorar** („fixed fee") vergütet. Die Arbeitstage bzw. -stunden der mit dem Beratungsmandat befaßten Mitarbeiter werden in Ansatz gebracht, wobei die Höhe der Tages- bzw. Stundensätze die Qualifikation und Seniorität der einzelnen Team-Mitglieder, die Komplexität der Fragestellung, den Transaktionswert sowie die Reputation der Beratungsgesellschaft reflektieren. Die den einzelnen Beraterkategorien zugeordneten Tagessätze können bei M&A-Beratern zwischen ein und mehreren Tausend DM, die Stundensätze zwischen 150 und 1 800 DM variieren[56]. Um die Kosten für den Auftraggeber überschaubar zu halten, sollte der Berater regelmäßig abrechnen.

Wird ein Erfolgshonorar für den Fall vereinbart, daß die Beratungsleistungen zu einem erfolgreichen Abschluß der Transaktion führen, kann die **Anrechnung** des bis zu diesem Zeitpunkt gezahlten Zeithonorars auf das Erfolgshonorar vereinbart werden.

Die Vereinbarung einer Grundgebühr hat den **Vorteil**, daß der Auftraggeber nicht befürchten muß, der Berater fixiere sich im Hinblick auf das Erfolgshonorar zu sehr auf einen Vertragsabschluß. Bei komplexen Transaktionen mit niedrigen Volumina kann das Erfolgshonorar unter den aufgelaufenen Bearbeitungskosten liegen. Eine absolute Notwendigkeit ist die Grundgebühr beim Verkauf sanie-

---

[55] *PRS/Brotchie* S. 145.
[56] *Pritchard*, The European Legal 500, S. 278.

rungsbedürftiger Unternehmen, die keinen Kaufpreis mehr erzielen. Gleichwohl hebt die Vereinbarung einer Grundgebühr nicht die erfolgsbezogene Motivation auf, da idR erst das Erfolgshonorar die internen Aufwendungen ersetzt und die Transaktion für den M&A-Berater rentabel macht[57].

II. Pauschalhonorar

58 Oftmals wird als Grundgebühr nicht ein regelmäßig abzurechnendes Zeithonorar auf Tages-/Stundenbasis, sondern ein **Pauschalbetrag** („retainer fee") vereinbart. Dessen Höhe orientiert sich unter anderem am voraussichtlichen Arbeitsaufwand, der Schwierigkeit der Sache, der Expertise der tätigen Mitarbeiter sowie dem Transaktionswert bzw. der sonstigen Bedeutung für den Mandanten[58]. M&A-Berater rechnen das Pauschalhonorar idR auf die Erfolgsprovision an[59].

59 Vor allem **standardisierte Leistungen** wie zB eine Unternehmensbewertung, eine Anleiheemission, die vertragliche Gestaltung einer Kapitalerhöhung, eine im Vorfeld stattfindende Strategieberatung oder ein Management Audit werden häufig pauschal honoriert, wobei sich mit der Standardisierung des Geschäftstyps auch für die Honorierung eine gewisse Norm herausbildet.

60 Bei nicht standardisierten Leistungen ist die Vereinbarung eines Pauschalhonorars vor Beginn der Tätigkeit für Berater und Mandant gleichermaßen riskant, da sich der anfallende Arbeitsaufwand nicht hinreichend genau einschätzen läßt[60]. Gleichwohl sind die erfolgsunabhängig honorierten Berater in Einzelfällen bereit, auch für die Gesamtbetreuung einer umfangreichen Transaktion ein Pauschalhonorar zu vereinbaren, sofern die Möglichkeit vorbehalten bleibt, dieses bei **evidentem Mißverhältnis** zum tatsächlichen Aufwand entsprechend anzupassen. Wichtig ist es darüber hinaus, den Umfang der Beratungsleistung vertraglich einzugrenzen und auch die Mitwirkungspflichten des Mandanten, insbes. zur Bereitstellung der erforderlichen Informationen, festzulegen[61].

III. Erfolgshonorar

61 Für den erfolgreichen Abschluß der Transaktion fordern die M&A-Berater idR ein Erfolgshonorar („success fee"), dessen Höhe sich in Form eines festen Prozentsatzes oder einer degressiven Gebührenstaffelung[62] am **Transaktionsvolumen** orientiert. Die Prozentsätze variieren von Berater zu Berater und werden

---

[57] *Gösche* S. 31.
[58] *Hellwig* AnwBl. 1998, 623, 624.
[59] *Peltzer* ZIP 1991, 485.
[60] *Krämer*, Akzeptanz unterschiedlicher Honorargestaltungen bei Rechtsanwälten, AnwBl. 1998, 371, 372.
[61] *Hellwig* AnwBl. 1998, 623, 624.
[62] Das ursprüngliche Modell der degressiven Gebührenstaffelung ist die nach dem amerikanischen Investment Banker benannte Lehman-Formel, nach der sich das Erfolgshonorar aus 6 % aus der ersten Million des Transaktionswerts, 5 % aus der zweiten, 4 % aus der dritten, 3 % aus der vierten, 2 % aus der fünften und 1 % aus jeder weiteren Million addiert.

teilweise individuell ausgehandelt. Verbreitet ist eine Variante der Lehman-Formel, bei der durch eine Einteilung der Transaktionswerte in Tranchen mehrere preispolitische Bereiche geschaffen werden und entweder die Transaktionssumme insgesamt in eine dieser Tranchen eingeordnet oder eine Honorarstaffelung vorgenommen wird. Häufig verwendet wird eine 3-2-1-Abstufung, nach der aus den ersten x Millionen 3%, aus den zweiten x Millionen 2%, aus den dritten x Millionen 1% und aus jeder weiteren Million jeweils 0,5% als Provisionszahlung anfallen[63]. Wird der Gesamttransaktionswert einer Tranche zugeordnet, fällt der Prozentsatz der jeweiligen Stufe auf die gesamte Transaktionssumme an. Auch die Tranchen-Gestaltung variiert je nach Beratungsunternehmen und Klient[64]. In Einzelfällen wird auch eine Pauschalgebühr als Erfolgshonorar vereinbart[65].

Rentabel ist eine Transaktionsbetreuung für viele professionelle Berater, Makler und Banken erst ab einer Provisionssumme von 300 000 bis zu einer Million DM (dem sog. „floor"), was einen erheblichen Transaktionswert voraussetzt. Führende Investmentbanken geben häufig ein Mindesttransaktionsvolumen von 75 bis 100 Millionen DM als Richtwert an[66]. Diese Untergrenze wird idR durch Vereinbarung einer **Mindestprovision** gesichert. Allerdings sind viele Berater bereit, im Interesse einer langfristigen Kundenbeziehung, die ggf. lukrativere Folgemandate nach sich zieht, auch kleinere, nicht kostendeckende Aufträge abzuwickeln[67], insbes. wenn gute Aussichten auf einen schnellen Abschluß des Deals bestehen.

Bei Vereinbarung eines Erfolgshonorars sollte die **Bezugsgröße** (Kaufpreis, Objektwert, Transaktionssumme) im Beratungsvertrag genau definiert werden, um späteren Konflikten, etwa darüber, ob vom Käufer übernommene Verpflichtungen dem Kaufpreis zuzurechnen sind, vorzubeugen[68]. Auch, was als Unternehmensveräußerung bzw. -kauf zu gelten hat, sollte im Beratungsvertrag bestimmt werden. Subsumtionsprobleme können sich hier beispielsweise ergeben, wenn es statt einer Übertragung von Eigentumsrechten an Gesellschaftsanteilen oder Vermögensgegenständen zu einer Zusammenarbeit zweier Unternehmen kommt, zB in Form eines Joint Venture, einer Kooperation oder des Abschlusses eines Miet- oder Pachtvertrags.

Die (ausschließliche) Honorierung auf Erfolgsbasis hat für den Erwerber/Veräußerer den offensichtlichen Vorteil, nur für Leistungen zahlen zu müssen, die tatsächlich zum Erfolg geführt haben. **Problematisch** ist sie insofern, als sie den Berater unter Erfolgszwang setzt, was ggf. dessen Objektivität beeinträchtigt. Im Fall der Käuferberatung führt eine erfolgsabhängige Honorierung tendenziell

---

[63] *Gösche* S. 31.
[64] Gem. *Storck* S. 212 Fn 823 sind Bandbreiten von 5 bis 2 % in der ersten, 3 bis 1,5 % in der zweiten und 1,75 bis 0,75 % in der dritten Stufe bei Tranchen von jeweils 10 Millionen DM bekannt geworden.
[65] *PRS/Brotchie* S. 145.
[66] *Achleitner* S. 153.
[67] *Achleitner* S. 154.
[68] Vgl. BGH WiB 1995, 597 m. Anm. *Klein-Blenkers*: Der BGH hatte darüber zu entscheiden, ob die vom Käufer übernommenen Unternehmensschulden Bestandteil des der Maklerprovision zugrunde zu legenden Kaufpreises seien.

dazu, daß die Interessen von Käufer und Berater hinsichtlich des Kaufpreises einander widersprechen. Bei der Verkäuferberatung ist es hingegen sinnvoll, den Berater zur Erzielung eines möglichst hohen Kaufpreises zu motivieren.

65 Rechtsanwälten, Steuerberatern und Wirtschaftsprüfern ist die Vereinbarung eines Erfolgshonorars berufsrechtlich untersagt[69]. Allerdings findet man in der anwaltlichen Praxis oft das Gentlemen's-Agreement, das **Honorargespräch** nach (erfolgreichem) Abschluß der Sache noch einmal aufzunehmen[70]. Diese nachträgliche Honorarvereinbarung unter Berücksichtigung des Tätigkeitserfolgs ist zulässig[71]. In Fällen mit hinreichendem Auslandsbezug können die Parteien das Vergütungsstatut mittels ausdrücklicher Rechtswahl[72] einer ausländischen Rechtsordnung unterstellen, sofern dies in einem beidseitigen anerkennenswerten Interesse liegt. Ein solches Interesse kann gerade darin bestehen, ein Erfolgshonorar vereinbaren zu dürfen, wie es in den USA bereits seit langem, in Europa seit einiger Zeit in England und den Niederlanden der Fall ist[73].

IV. Mischformen

66 In der Praxis sind verschiedene **Mischformen** der Honorierung gebräuchlich. Oft wird zu einem pauschalen Sockelhonorar zusätzlich ein Zeithonorar vereinbart, das von der Übernahme des Mandats an oder ab Erreichen einer bestimmten Tätigkeitsstundenzahl zu zahlen ist. Der Sockelbetrag orientiert sich bei kleineren Sozietäten gelegentlich an der Prämienhöhe, die eine Kanzlei für eine gesonderte Haftpflichtversicherung für das betreffende Mandat zu zahlen hätte, was die Querverbindung zwischen Honorar und Haftung bzw. Haftungsbeschränkung deutlich macht. Eine weitere Mischform ist die Vereinbarung eines Zeithonorars mit einer betragsmäßigen Obergrenze, das einem Pauschalhonorar nahe kommt[74].

67 Mitunter wird die Beratung in verschiedene **Transaktionsphasen** gegliedert und für jeden Abschnitt eine gesonderte Honorarvereinbarung getroffen. So kann für die anwaltliche Beratung des Käufers in den beiden ersten Transaktionsphasen (Abgabe eines vorläufigen Angebots, Due Diligence) eine Abrechnung nach Zeitaufwand vereinbart werden, während die Verhandlungs- und Abschlußphase pauschal durch einen bestimmten Prozentsatz des Transaktionswerts vergütet wird.

68 Desweiteren kann der Beratungsvertrag diverse **honorarrelevante Klauseln** enthalten, unter denen beispielhaft die sog. „sign-up fee", die „break fee" und die „drop-dead fee" genannt werden sollen. Unter „sign-up fee" versteht man einen bestimmten Betrag, der bei Auftragserteilung als Vergütung für eine erste Analyse oder allgemeine Recherchetätigkeit erhoben wird, um die Ernsthaftigkeit der

---

[69] § 49b Abs. 2 BRAO, § 9 Abs. 1 StBerG, § 55a Abs. 1, 130 WPO.
[70] *Zuck*, Es geht alles: drunter & drüber, NJW 1998, 355, 356.
[71] *Hellwig* AnwBl. 1998, 623, 625.
[72] Vgl. Art. 27 Abs. 1 EGBGB.
[73] *Bendref*, Erfolgshonorar und internationale Mandate, AnwBl. 1998, 309, 310. Es mag allerdings strittig sein, ob das auf Standesrecht zurückgehende Verbot des Erfolgshonorars greift.
[74] *Hellwig* AnwBl. 1998, 623, 625.

Kauf- bzw. Verkaufabsichten des Mandanten zu überprüfen. Er kann später auf weitere Gebührenteile angerechnet werden. Eine „break fee" wird für den Fall vereinbart, daß der Mandant den Erfolg der Übernahmeverhandlungen selbst verhindert[75]. Die „drop-dead fee" ist als Auffangsumme zu zahlen, falls die vertraglichen Regelungen über die Grundgebühr später aufgehoben werden[76].

V. Gebührenordnungen

Rechtsanwälte, Notare und Steuerberater sind in unterschiedlichem Umfang an **gesetzliche Gebührenordnungen** gebunden[77]. 69

Rechtsanwälten ist in außergerichtlichen Angelegenheiten die Vereinbarung eines Pauschal- oder Zeithonorars gestattet, das niedriger ist als die gesetzlichen Gebühren[78]. Da sich bei der M&A-Beratung aufgrund der großen Transaktionssummen aus der gegenstandswertorientierten gesetzlichen Gebührenberechnung erhebliche Kosten ergeben würden, ist die Vereinbarung einer niedrigeren als der gesetzlichen Vergütung bei hohen Gegenstandswerten heute durchweg üblich[79]. 70

Notare sind verpflichtet, für ihre Tätigkeit die gesetzlich vorgeschriebenen Gebühren zu erheben[80]. Honorarvereinbarungen über höhere oder niedrigere Gebühren als die gesetzlichen sind unwirksam[81]. Die Kosten der notariellen Beurkundung bestimmen sich idR nach dem Wert des Rechtsverhältnisses (Geschäftswert), auf das sich die beurkundete Erklärung bezieht[82]. Allerdings enthält die Kostenordnung im M&A-relevanten Bereich der Umwandlungsmaßnahmen einige Höchstbetragsregelungen für den zugrunde zu legenden Geschäftswert, die den Anstieg der Notargebühren in Abhängigkeit vom Transaktionsvolumen begrenzen[83]. 71

Auch **Steuerberater und -bevollmächtigte** sind an eine Gebührenordnung gebunden[84]. Sie setzt einen Mindeststandard. Höhere Gebühren dürfen in angemessener Berücksichtigung aller Umstände vereinbart werden[85]. Die Vergütung nach der Gebührenverordnung bemißt sich hauptsächlich am Gegenstandswert[86]; in Sonderfällen kann auch eine Zeitgebühr oder eine Pauschalgebühr berechnet werden[87]. In M&A-Transaktionen kommt sie praktisch nicht zur Anwendung. 72

---

[75] *Müller-Stewens/Spickers/Deiss* S. 38.
[76] *Storck* S. 212.
[77] Für Rechtsanwälte ist dies die Bundesrechtsanwaltgebührenordnung (BRAGO), die notarielle Tätigkeit unterliegt der Kostenordnung (KostO).
[78] § 3 Abs. 5 Satz 1 BRAGO.
[79] *Hellwig* AnwBl. 1998, 623.
[80] § 17 Abs. 1 BNotO.
[81] § 140 Abs. 1 KostO.
[82] §§ 18 Abs. 1, 39 Abs. 1 KostO.
[83] Vgl. zB § 39 Abs. 4 KostO.
[84] § 64 Abs. 1 StBerG iVm. StBGebV.
[85] § 4 StBGebV.
[86] § 10 StBGebV.
[87] §§ 13, 14 StBGebV.

VI. Auslagen

73 Als **projektbezogene Kosten und Auslagen** des Beraters sind Reisekosten, Kosten für die Beschaffung von Dokumenten und Nutzung von Online-Diensten, Telekommunikationsgebühren, ungewöhnlich umfangreiche Kopierarbeiten etc. zu ersetzen. Die gesonderte Abrechnung von Sekretariatsleistungen kommt vor. Sie können in Form eines Pauschalbetrags, zB eines Prozentsatzes des Gesamthonorars, abgegolten werden.

74 Außerdem sind dem Berater die Gebühren bzw. Honorare weiterer externer Berater zu erstatten, die er mit Zustimmung des Auftraggebers herangezogen hat, sofern diese ihre Leistungen dem Auftraggeber nicht direkt in Rechnung stellen[88].

E. Interessenwiderstreit und Grenzen

75 Durch die Betreuung eines Unternehmens bei einer Transaktion erlangt der Berater **Kenntnis von vertraulichen**, d. h. öffentlich nicht zugänglichen **Informationen** über die von ihm beratene Gesellschaft und – vor allem im Rahmen einer Due Diligence – den Transaktionspartner. Die Pflicht zur Geheimhaltung solcher Informationen ergibt sich für staatlich bestellte Berufe (Rechtsanwälte, Wirtschaftsprüfer und Steuerberater) aus dem Berufsrecht[89], M&A-Berater verpflichten sich regelmäßig vertraglich zur Verschwiegenheit. Die Einhaltung dieser Verschwiegenheitsverpflichtung macht erstens eine umsichtige Mandatspolitik und zweitens interne organisatorische Vorkehrungen erforderlich, um rechtlich relevante Konflikte zu vermeiden. Eine bevorstehende Unternehmensverbindung und ihre Konditionen stellen Insidertatsachen dar. Zumindest Wertpapierdienstleistungsunternehmen nach dem WpHG sind gehalten, den Umgang mit diesem Wissen zu kontrollieren[90].

76 Darüber hinaus können sich Interessenkonflikte aus gegensätzlichen oder konkurrierenden **wirtschaftlichen Interessen** verschiedener Kunden des Beratungsunternehmens oder des Unternehmens und seiner Kunden ergeben.

I. Rechtliche Konflikte

77 **Interessenkonflikte** sind zumindest für Rechtsanwälte gesetzlich geregelt: Einem Rechtsanwalt ist es untersagt, in derselben Rechtssache eine andere Partei mit widerstreitenden rechtlichen Interessen zu vertreten[91]. Dies gilt nicht nur für die prozessuale Vertretung, sondern auch für Beratung, Vertragsgestaltung, Verhandlungsführung etc.[92] Auch die mit dem Rechtsanwalt verbundenen Sozien

---

[88] *PRS/Brotchie* S. 81.
[89] § 43a Abs. 2 BRAO, § 2 Berufsordnung; § 57 Abs. 1 StBerG, § 43 Abs. 1 WPO.
[90] § 33 WpHG. Dazu auch § 7 Rn 106 ff.
[91] § 43a Abs. 4 BRAO, § 3 Abs. 1 Berufsordnung (amtlich bekanntgemacht in BRAK-Mitt. 1996, 241).
[92] *Kleine-Cosack*, Bundesrechtsanwaltsordnung, Kommentar, 3. Aufl. 1997, § 43a BRAO Rn 34, 37.

(Rechtsanwälte, Patentanwälte, Wirtschaftsprüfer, Steuerberater[93]) haben ihre Tätigkeit in diesem Fall zu versagen[94].

Während es sich einem Rechtsanwalt oder einer Anwaltssozietät daher grundsätzlich verbietet, bei einer Transaktion auf beiden Seiten tätig zu werden, ist dies bei anderen Anbietern von M&A-Leistungen möglich. Da die Beratung typischerweise mit der Erlangung von internen Unternehmensinformationen verbunden ist, kann sich ein Konflikt zwischen der **Verschwiegenheitspflicht** der einen Seite und der **Aufklärungspflicht** der anderen Seite gegenüber ergeben, vor allem wenn es um Tatsachen geht, die rechtliche, steuerliche oder wirtschaftliche Risiken begründen. Dies gilt nicht nur für Wissen, das aus gleichzeitiger oder früherer Beratungstätigkeit für andere Unternehmen vorhanden ist, sondern auch für solches, das aus sonstigen Gründen im Unternehmen vorhanden und durch Verschwiegenheitspflichten geschützt ist.

In der Praxis gibt es viele Konstellationen, denen die **Gefahr einer solchen Interessenkollision** immanent ist, wenn es auch nur selten zum offen ausgetragenen Konflikt kommt: In den USA und Großbritannien fanden zum Beispiel (auch gerichtliche) Auseinandersetzungen zwischen Banken und Firmenkunden über die Rolle der Banken bei Übernahmeversuchen statt, wobei eine ganze Reihe von Übernahmekandidaten ihren Banken oder der die Gegenseite beratenden Investmentbank vorwarf, vertrauliche Daten an den Übernehmer weitergeleitet zu haben[95]. Inhaltlich wird es sich hierbei oft nur um eine Verzögerungstaktik handeln. In Deutschland ist die Rolle der Banken bei feindlichen Übernahmen vor allem im Zusammenhang mit der hier verbreiteten Organverklammerung, d. h. der Mitgliedschaft von Bankvertretern in Aufsichtsräten anderer Unternehmen, problematisiert worden. Wenn die Bank einen „hostile takeover" durch Beratung oder Finanzierung unterstützt, der sich gegen ein Zielunternehmen richtet, in dessen Aufsichtsrat ein Organmitglied der Bank sitzt, muß zum einen gewährleistet sein, daß diesem bekannte Unternehmensinformationen keinen Eingang in die Beratung des Bieters bzw. in die Entscheidung über die Kreditvergabe finden; zum anderen stellt sich die Frage, wie sich die betroffene Person bei der Entschlußfassung im jeweiligen Gremium zu verhalten hat[96].

Daß auch das **anwaltliche Berufsrecht** nicht von vornherein alle Interessenkonflikte ausschließt, wird deutlich an der Fragestellung, ob ein Anwalt oder eine Sozietät in aufeinander folgender Beratungstätigkeit zwei verschiedene Erwerberkandidaten vertreten darf[97]. § 43a Abs. 4 BRAO steht dem nicht entgegen, da es sich nicht um „dieselbe Rechtssache" handelt. Andererseits kann die bloße Tatsa-

---

[93] § 59a BRAO.
[94] *Feuerich/Braun* § 43a BRAO Rn 40; *Jessnitzer/Blumberg* § 43a BRAO Rn 4; aA *Kleine-Cosack* § 43a BRAO Rn 42, der die entsprechende Satzungsregelung in der Berufsordnung für unwirksam hält.
[95] *Rädler/Pöllath* S. 248.
[96] Hierzu ausführlich *Heermann* WM 1997, 1689; allgemeiner *Lutter* ZGR 1981, 224.
[97] Zur Problematik ausführlich *Herrmann*, Geheimhaltungspflicht des Rechtsanwalts über Geheimnisse des Verhandlungsgegners bei Tätigkeit für aufeinander folgende Auftraggeber in der gleichen Angelegenheit, DB 1997, 1017.

che, daß über den Verkauf der Zielgesellschaft schon einmal verhandelt wurde, der Verschwiegenheitspflicht unterfallen.

81 Für diese Fälle gibt es keine Pauschallösung, doch wird sich nur in seltenen Fällen eine Pflicht des Beraters herleiten lassen, ein Beratungsmandat abzulehnen oder sich nicht darum zu bewerben. Gerade bei **Groß-Transaktionen** läßt sich häufig eine Mehrfach-Befassung nicht vermeiden. Unter den Wirtschaftsprüfungsgesellschaften kommen insofern wohl nur die „big five" in Betracht, und auch im Bereich der Anwaltssozietäten ist der Kreis großer Kanzleien mit der gewünschten Kompetenz nicht unbegrenzt. Die führenden Investmentbanken werden von großen Unternehmen oft nach einem „Rotationsprinzip" beauftragt. In den meisten Fällen wird Verschwiegenheitspflichten durch interne Organisationsmaßnahmen, zB die Bearbeitung tendenziell konfligierender Mandate durch verschiedene Teams, die durch „chinese walls" (Kommunikationsverbote und Bildung von Vertraulichkeitsbereichen) abgeschirmt werden, ausreichend Rechnung getragen.

82 Allerdings nimmt die neuere Rechtsprechung innerhalb arbeitsteilig organisierter Unternehmen eine Pflicht zur Organisation eines Informationsaustauschs an, die dazu führt, daß das im Unternehmen vorhandene Wissen einem einzelnen Berater zugerechnet wird, auch wenn er selbst dieses Wissen zum Zeitpunkt der Beratung nicht hatte („**Wissenszurechnung**"). Diese Rechtsprechung kann mit Vorschriften konfligieren, die eine Informationstrennung durch Bildung von Vertraulichkeitsbereichen gerade erfordern (Insidervorschriften, Geheimhaltungs- und Verschwiegenheitspflichten). Wie die Gerichte solche Fälle lösen werden, bleibt abzuwarten. Eine gewisse Eingrenzung ergibt sich bisher daraus, daß eine Wissenszurechnung zwischen einem juristisch selbständigen Beratungsunternehmen und seiner Muttergesellschaft noch nicht angenommen wurde[98].

83 Kommt es im Einzelfall zu einer Kollision von Aufklärungs- und Verschwiegenheitspflicht, muß der Berater eine **Güterabwägung** vornehmen[99]. Dabei geht die Verschwiegenheitsverpflichtung idR vor; es sei denn, es besteht im Einzelfall ein besonderes Aufklärungs- und Schutzbedürfnis des Vertragspartners, zB wenn der Berater einen erheblichen Wissensvorsprung hat oder in schwerwiegende Interessenkonflikte zu Lasten des Beratenen verwickelt ist. Ist diese Situation absehbar, sollte auf das Mandat verzichtet werden. Im übrigen empfiehlt es sich, im Beratungsvertrag genaue Regelungen über das Verhalten in Konfliktsituationen zu vereinbaren[100].

84 Rechtliche Grenzen sind der – in der Praxis sehr beliebten – **Beratung** von Aktiengesellschaften **durch Mitglieder des Aufsichtsrats** gesetzt. Um eine effektive Kontrolle des Vorstands durch den Aufsichtsrat zu gewährleisten, sieht das Aktiengesetz vor, daß die Vergütung der Aufsichtsratsmitglieder satzungsmäßig oder durch Beschluß der Hauptversammlung festgesetzt und damit dem Einfluß

---

[98] *Rützel/Jürgens* M&A Review 1999, 521, 523.
[99] *BGH* NJW 1991, 693 zum Konflikt zwischen der Pflicht eines Kreditinstituts, den Kunden auf Risiken hinzuweisen (hier: Konkursreife eines Bauträgers), und der Pflicht zur Wahrung des Bankgeheimnisses.
[100] *Rützel/Jürgens* M&A Review 1999, 521, 522.

des Vorstands entzogen wird[101]. Beraterverträge, die der Vorstand mit Aufsichtsratsmitgliedern nach deren Amtsantritt abschließt, bergen das Risiko, daß diese Vorschrift umgangen wird. Sie dürfen daher nur solche Beratungsleistungen vorsehen, die außerhalb der Tätigkeit als Aufsichtsratsmitglied liegen. Selbst dann werden sie nur wirksam, wenn der (gesamte) Aufsichtsrat dem Vertrag durch Beschluß zustimmt[102].

Die Rspr. hat es bislang versäumt, konkrete **Abgrenzungskriterien** zu entwikkeln. Die Beratung soll zulässig sein in besonderen Fachgebieten, sofern sie nicht übergeordnete, allgemeine Fragen der Unternehmenspolitik einbezieht[103], was im Einzelfall schwer zu beurteilen sein kann. Nachdem die Beratung des Vorstands durch den Aufsichtsrat nur die beabsichtigte Geschäftspolitik und andere grundsätzliche Fragen der Geschäftsführung umfaßt[104], der Aufsichtsrat zur Durchführung des Tagesgeschäfts aber weder befugt noch verpflichtet ist, kann ein Beratungsvertrag im Hinblick auf letzteres wirksam abgeschlossen werden[105]. Die M&A-Beratung läßt sich pauschal schwer dem einen oder anderen Bereich zuordnen. Während die Erstellung einer allgemeinen Unternehmensstrategie als Grundlage für zukünftige Akquisitionen durchaus die allgemeine Unternehmenspolitik berührt, wird sich eine solche Überschneidung bei der Erstellung von Gutachten zu Spezialfragen, Vertragsgestaltung und intensiver Verhandlungsführung wohl nicht bejahen lassen. IdR wird es sich bei Leistungen der M&A-Anbieter um eine so spezielle und arbeitsaufwendige Beratung handeln, daß nicht davon auszugehen ist, daß eine solche Leistung von einem Aufsichtsratsmitglied schon im Rahmen seiner organschaftlichen Pflichten geschuldet wird.

Damit sind **Beraterverträge mit Aufsichtsratsmitgliedern**, die eine M&A-Beratung zum Gegenstand haben, zwar nur in geringem Maße der Gefahr der Nichtigkeit wegen des Gegenstands der Beratung ausgesetzt. Probleme kann allerdings das Zustimmungserfordernis bereiten, das vor einiger Zeit durch ein Urteil des LG Stuttgart verschärft worden ist[106]. Bisher genügte es, daß der zur Genehmigung vorgelegte Beratervertrag so konkrete Angaben enthält, daß sich der Aufsichtsrat ein eigenständiges Urteil über die Art der Leistung, ihren Umfang sowie die Höhe und Angemessenheit der Vergütung bilden kann. Verträge, die als Beratungsgegenstand nur generell bezeichnete Einzelfragen auf Gebieten angeben, die grundsätzlich auch zur Organtätigkeit gehören oder gehören können, waren danach von vorneherein nicht genehmigungsfähig[107].

Diese Anforderungen hat das LG Stuttgart nun insoweit konkretisiert und verschärft, als auch bei laufender Beratung die „speziellen Einzelfragen, in denen das

---

[101] § 113 Abs. 1 AktG. Unbedenklich kann der Beratervertrag mit einem Gesellschafter – etwa dem Großaktionär, der am Zustandekommen der Transaktion interessiert ist – abgeschlossen werden.
[102] § 114 Abs. 1 AktG.
[103] *BGH* ZIP 1994, 1216, 1217.
[104] § 90 AktG.
[105] *Jaeger*, Beraterverträge mit Aufsichtsratsmitgliedern, ZIP 1994, 1759.
[106] *LG Stuttgart* ZIP 1998, 1275.
[107] *BGH* ZIP 1994, 1216, 1217.

Aufsichtsratsmitglied den Vorstand beraten soll", benannt werden müssen[108]. Ist eine solche **Präzisierung**, wie meist bei laufender Beratung, ex ante nur schwer möglich, müssen die konkreten Einzelaufträge sowie die zugesagte Vergütung später jeweils durch den Aufsichtsrat, und zwar in Beschlußform[109], genehmigt werden[110].

88   Die Entscheidung stellt auch insofern eine Verschärfung der bisherigen Rechtslage dar, als das Gericht die Grundsätze, die bislang explizit nur für den Einzelanwalt galten, erstmalig auf Verträge mit einer Sozietät und sogar auf Einzelaufträge an Kanzleikollegen oder Sozietätsmitglieder erstreckt hat.

89   Ein Verstoß gegen die gesetzlichen Vorschriften[111] führt dazu, daß der Berater die erhaltene **Vergütung zurückzugewähren** hat. Er kann nicht mit Wertersatzansprüchen wegen der von ihm erbrachten Beratungsleistungen aufrechnen, sondern muß diese gesondert einklagen[112].

90   Für **Wirtschaftsprüfer** ist vor kurzem in der Literatur angeregt worden[113], Beratungsverträge des Abschlußprüfers mit dem von ihm zu prüfenden Unternehmen einer analogen Genehmigungspflicht zu unterwerfen.

II. Wirtschaftliche Konflikte

91   Nicht als rechtlicher, sondern als wirtschaftlicher Konflikt stellt sich die Frage der **Beratung von Konkurrenzunternehmen**: Da der Berater im Laufe einer Mandatsbearbeitung unter Umständen weitreichende Kenntnis von wettbewerbsrelevanten Informationen erlangt, wird von Mandanten – trotz Verschwiegenheitsverpflichtung und ggf. Vertragsstrafenvereinbarungen – teilweise erwartet, daß der Berater diesem Umstand durch eine selektive Mandatspolitik Rechnung trägt und selbst nach Ende des Beratungsverhältnisses keine unmittelbaren Wettbewerber vertritt. Inwieweit diesem Exklusivitätsanspruch auch über das Ende der Vertragslaufzeit hinaus entsprochen wird, hängt von der Bedeutung der Geschäftsbeziehung für das Beratungsunternehmen ab, wobei die im Interesse aller Beteiligten gebotene Unabhängigkeit des Beraters ebenso gegen derartige Exklusivitätsklauseln spricht wie die höhere Beratungsqualität als Folge der Tätigkeit in einer Branche für mehrere Marktteilnehmer.

92   Neben diesen externen Interessenkonflikten können **interne Konflikte** aus der Koexistenz unterschiedlicher, eventuell gegensätzlicher Interessen innerhalb

---

[108] *LG Stuttgart* ZIP 1998, 1275, 1278.
[109] § 108 AktG.
[110] *LG Stuttgart* ZIP 1998, 1275, 1280. Gegenwärtig ist noch nicht absehbar, ob sich die vom LG Stuttgart vertretenen Auffassungen bei den Obergerichten durchsetzen werden. Für die Praxis hätte dies zur Folge, daß bei laufender Beratung häufige Vertragsanpassungen oder die Erteilung mehrerer, jeweils vom Aufsichtsrat zu beschließender Einzelaufträge erforderlich würden. Auch dürfte die Bereitschaft von Beratern, in Aufsichtsräten tätig zu werden, deutlich nachlassen.
[111] §§ 113, 114 AktG.
[112] *LG Stuttgart* ZIP 1998, 1275, 1281.
[113] *Hellwig*, Beratungsverträge des Abschlussprüfers – Genehmigungspflicht analog § 114 AktG und Publizitätspflicht analog § 125 Abs. 1 Satz 3 AktG, ZIP 1999, 2117.

eines Beratungsunternehmens entstehen. Dies betrifft zB die Universalbanken, die durch ihre unterschiedlichen Geschäftsbereiche an einem Deal häufig gleichzeitig als Berater, Emissionshaus und Finanzgeber beteiligt sind und in diesen Funktionen verschiedene Interessen verfolgen. Das unternehmerische Interesse, das die Bank an der Finanzierung einer Transaktion hat, muß sich nicht unbedingt mit den Interessen der von einer anderen Abteilung beratenen Gesellschaft decken. Auch der umfangreiche Aktienbesitz deutscher Banken birgt insoweit Konfliktpotential.

Der inzwischen abgelehnte europäische Richtlinienentwurf zu Unternehmensübernahmen[114] ignorierte das Problem solcher Interessenkonflikte ebenso vollständig wie der deutsche Übernahmekodex. Letzterer sieht in Art. 6 vor, daß sich der Bieter bei der Vorbereitung und Abwicklung des Angebots durch ein emissionsberechtigtes Unternehmen vertreten lassen soll. Der Referentenentwurf des deutschen Übernahmegesetzes (RefE-WÜG)[115] läßt das Thema der Beratung ungeregelt. Der englische City Code on Takeovers and Mergers[116], der Zielunternehmen und Bieter[117] die obligatorische Inanspruchnahme „unabhängiger Beratung" verordnet und sogleich definiert, was unter „unabhängiger Beratung" (nicht) zu verstehen ist: Disqualifiziert ist, wer mit einem ständigen Berater des Bieters beruflich verbunden ist, oder wer ein erhebliches Interesse an oder eine finanzielle Verbindung mit dem Bieter oder Zielunternehmen hat, das oder die geeignet ist, einen Interessenkonflikt auszulösen[118].

Die **„Auslagerung"** bankseitiger Beratungsleistungen in rechtlich unabhängige Tochtergesellschaften hebt das Konfliktpotential sicherlich nicht auf, zumal diese häufig personell eng mit der Bankmutter verknüpft sind[119].

F. Beratungsvertrag

I. Rechtliche Einordnung

Wie Rechtsanwalts-, Wirtschaftsprüfer- und Steuerberaterverträge[120] wird der Beratungsvertrag mit einem M&A-Dienstleister zumeist als **Geschäftsbesorgungsvertrag mit Dienstvertragscharakter** zu qualifizieren sein[121]. Merkmal

---

[114] Die letzte Fassung: *Neye* AG 2000, 289.
[115] Veröffentlicht durch Pressemitteilung des BMF vom 12. 3. 2001.
[116] Abgedruckt in *Schuster/Zschoke*, Übernahmerecht – Takeover Law, S. 294 f.
[117] Dem Bieter allerdings nur, wenn er zum Zweck der Übernahme sein stimmberechtigtes Kapital um 100 % erhöhen muß oder die Verwaltungsmitglieder Interessenkonflikte haben. Letzteres wird angenommen bei erheblicher gegenseitiger Beteiligung zwischen Bieter und Zielunternehmen, Organverklammerung oder wenn es einen gemeinsamen Großaktionär gibt. Vgl. *Heermann* WM 1997, 1689.
[118] Rule 3.3 Disqualified advisers.
[119] *Peltzer* ZIP 1991, 485, 488.
[120] Für die Übertragung der Wahrnehmung aller steuerlichen Interessen des Auftraggebers an einen Steuerberater: *BGH* 54, 106, 107.
[121] § 675 1. Alternative BGB.

des Dienstvertrags ist, daß Dienste in wirtschaftlicher und sozialer Unabhängigkeit und Selbständigkeit, typischerweise von Unternehmern oder Angehörigen der freien Berufe, geleistet werden[122]. Der Geschäftsbesorgungsvertrag ist eine besondere Art des Dienstvertrags; der Dienst besteht hier in einer ursprünglich dem Vertragspartner obliegenden selbständigen wirtschaftlichen Tätigkeit bzw. der Wahrnehmung seiner Vermögensinteressen[123]. Auf den Geschäftsbesorgungsvertrag wird weitgehend Auftragsrecht angewendet[124], so daß dem Dienstleister zB ein gesetzlicher Aufwendungsersatzanspruch zusteht[125]. Da es sich bei der M&A-Beratung um „Dienste höherer Art, die aufgrund besonderen Vertrauens übertragen zu werden pflegen" handelt, steht jeder Seite ein – vertraglich abdingbares[126] – Recht auf fristlose Kündigung zu, für die es keines wichtigen Grundes bedarf[127]. Die Honorierung bei vorzeitiger Beendigung des Auftrags wird daher besonders vereinbart.

96 Zuordnungsprobleme kann im Hinblick auf die unterschiedlichen Haftungsfolgen und Beendigungsmöglichkeiten die Abgrenzung zum **Werkvertrag**[128] bereiten, bei der es darum geht, ob die Herbeiführung eines bestimmten Erfolgs vereinbart war (Werkvertrag) oder die Arbeitsleistung als solche (Dienstvertrag)[129]. Die Rechtsprechung geht bei den Beratungsberufen nur dann von einem Geschäftsbesorgungsvertrag mit Werkvertragscharakter aus, wenn er eine konkrete Einzelleistung zum Inhalt hat, zB die Erstattung eines Gutachtens, die Anfertigung einer Jahressteuererklärung oder die Auskunft zu einer Einzelfrage[130]. Ein Auftrag zur allgemeinen Wahrnehmung bestimmter Interessen hat hingegen Dienstvertragscharakter, auch wenn die jeweils anfallenden Geschäfte in sich durchaus abgeschlossen und voneinander getrennt zu behandeln sein können[131]. Diese Vorgaben sprechen dafür, Werkverträge auch im M&A-Bereich nur bei konkreten Einzelleistungen, wie der Erstellung einer Unternehmensbewertung, einmaligen Beratung oder gezielten Beschaffung bestimmter Informationen anzunehmen. Eine längerfristige Betreuung, die eine oder mehrere Transaktionsphasen mitvollzieht, ist ein dienstvertragliches Verhältnis. Keinerlei Aussagewert für die Frage des Vertragstypus hat die Vereinbarung eines Erfolgshonorars; insbes. wird ein Vertrag hierdurch nicht zum Werkvertrag[132].

97 Eine Rolle spielt im M&A-Bereich ferner der **Maklervertrag**[133], der sich von einem M&A-Beratungsvertrag ganz wesentlich unterscheidet. Nach dem gesetzlichen Leitbild verpflichtet sich der Auftraggeber, dem Makler für den zum Ver-

---

[122] *Putzo* in Palandt Einführung vor § 611 BGB Rn 16.
[123] *Putzo* in Palandt Einführung vor § 611 BGB Rn 24.
[124] § 675 BGB.
[125] § 675 iVm. § 670 BGB.
[126] *Putzo* in Palandt § 627 BGB Rn 5.
[127] § 627 Abs. 1 BGB. Die Kündigung aus wichtigem Grund ist nicht abdingbar, *Putzo* in Palandt § 626 BGB Rn 2.
[128] § 631 f. BGB.
[129] *Thomas* in Palandt Einführung vor § 631 BGB Rn 5.
[130] *Thomas* in Palandt Einführung vor § 631 BGB Rn 18 mit Rspr.-Nachweisen.
[131] BGHZ 54, 106, 108.
[132] *Thomas* in Palandt Einführung vor § 631 BGB Rn 1.
[133] § 652 f. BGB.

tragsschluß führenden Nachweis der Abschlußgelegenheit oder die Vertragsvermittlung eine Vergütung zu zahlen. Beim Maklervertrag stehen sich keine Hauptleistungspflichten gegenüber: Weder ist der Makler zur Entfaltung von Maklertätigkeit verpflichtet, noch wird der Auftraggeber durch die Einschaltung des Maklers in seiner Entschließungs- und Abschlußfreiheit beschränkt. Das Maklerrecht ist weitgehend dispositiv und beläßt den Parteien viel Gestaltungsfreiheit. Eine durch die Praxis und deren gerichtliche Überprüfung typisierte Erscheinungsform ist der **Alleinauftrag**, der den Pflichtenkreis des Maklers – insbes. um die Pflicht zum Tätigwerden – erweitert und die Widerrufsfreiheit des Auftraggebers einschränkt (Maklerdienstvertrag)[134]. Grundsätzlich kann der Makler bei fehlendem Abschluß weder Honorar noch Ersatz seiner Aufwendungen verlangen. Diesen erhält er nur aufgrund einer besonderen vertraglichen Vereinbarung[135]. Übernimmt der Makler allerdings weitergehende Verpflichtungen, zB in Form von Beratungsleistungen, liegt ein Geschäftsbesorgungsvertrag[136] vor, der zu einem Aufwendungsersatzanspruch führen kann.

Grundsätzlich steht der Makler in keiner vertraglichen Beziehung zum Vertragspartner seines Auftraggebers[137]. Eine Doppeltätigkeit, die auch einen doppelten Provisionsanspruch begründet, ist jedoch zulässig, sofern sie nicht im Maklervertrag ausgeschlossen wurde und nicht zu einer vertragswidrigen Interessenkollision führt. IdR läßt sich die Tätigkeit als Nachweismakler für den einen Teil mit der als Vermittlungsmakler für den anderen Teil unproblematisch vereinbaren. Tritt der Makler für beide Seiten als Vermittlungsmakler auf, liegt hingegen ein Interessenkonflikt nahe. Dem Makler obliegt hier eine strenge Neutralitätspflicht, die bereits die Vertragsgestaltung mit dem jeweiligen Vertragspartner betrifft und zB die Vereinbarung einer erfolgsunabhängigen Provision mit nur einer Seite verbietet. Darüber hinaus gebietet die Unparteilichkeit, beide Parteien in gleichem Maße – auch über den Doppelauftrag – zu informieren. In die Preisverhandlungen der Parteien darf der **Doppelmakler** nicht ohne Erlaubnis eingreifen. Verletzt er die Neutralitätspflicht, verwirkt er seinen Lohnanspruch[138] und macht sich ggf. schadensersatzpflichtig[139].

Aus der Praxis ist bekannt, daß Makler teilweise versuchen, mit dem Verhandlungspartner des Auftraggebers unter für jenen unklaren Voraussetzungen ein Auftragsverhältnis zu begründen, um zu einem Doppelauftrag zu gelangen[140]. Ein Maklervertrag kommt mit einem Interessenten nur dann zustande, wenn dieser nach Zugang eines ausdrücklichen Provisionsverlangens weiterhin Maklerdienste in Anspruch nimmt. Solange der Makler erkennbar nur für den Auftraggeber auftritt, erbringt er seine Maklerdienste ausschließlich im Rahmen dieses Auftrags.

---

[134] *Thomas* in Palandt § 652 BGB Rn 60f.
[135] *Thomas* in Palandt Einführung vor § 652 BGB Rn 49.
[136] *Thomas* in Palandt Einführung vor § 652 BGB Rn 65.
[137] *Thomas* in Palandt Einführung vor § 652 BGB Rn 8.
[138] Die Verwirkung schließt auch einen Rekurs auf Ansprüche aus ungerechtfertigter Bereicherung (§ 812 BGB) aus.
[139] *Thomas* in Palandt § 654 BGB Rn 8.
[140] In einem hier bekannten Fall versuchte ein Makler, Ansprüche gegen den Interessenten aus einer von diesem unterzeichneten Vertraulichkeitserklärung herzuleiten.

Im übrigen ist es stets Sache des Maklers, im Hinblick auf den Vertragsschluß klare Verhältnisse zu schaffen; Unklarheiten gehen zu seinen Lasten[141].

II. Leistungspflichten

100 Inhalt und Umfang der Leistungspflichten eines M&A-Beraters ergeben sich in erster Linie aus dem **Beratungsvertrag** und sollten dort so genau wie möglich definiert werden. Im Unterschied zur herkömmlichen Beratungstätigkeit von Rechtsanwälten, Wirtschaftsprüfern und Steuerberatern, die häufig Gegenstand gerichtlicher Überprüfung ist, sind zur M&A-Beratung nur sehr wenige spezifische Entscheidungen bekannt[142], was sowohl an der Professionalität als auch am Diskretionsinteresse der Branche liegen dürfte. Auch im Bereich der Bankhaftung sind Aufklärungs- und Beratungspflichten überwiegend im Zusammenhang mit der Anlageberatung sowie dem Kreditgeschäft entwickelt worden. Ein allgemeines rechtliches Anforderungsprofil für die M&A-Beratung läßt sich daher nur unter weitgehendem Rekurs auf die in diesen verwandten Gebieten entwickelten Grundsätze erstellen.

101 Zum Maßstab der geschuldeten Leistung macht die Rechtsprechung einhellig die ausdrücklich geäußerte oder erkennbare Schutz- und **Beratungsbedürftigkeit** des Kunden. Daher können die Pflichten des M&A-Beraters je nach Art der Transaktion und dem vorhandenen Wissensstand des Mandanten sehr unterschiedlich ausfallen. Eine Schwierigkeit besteht regelmäßig darin, die Vorstellungen und Ziele des Mandanten sowie seinen Wissens- und Kenntnisstand hinsichtlich der konkreten Transaktion zu ermitteln, zumal eigene Wissenslücken vom Kunden oder seinen Vertretern häufig nicht erkannt oder nur ungern zugegeben werden. Auch der individuellen Risikobereitschaft und -fähigkeit des Kunden muß der Berater Rechnung tragen. Der an die Beratungsleistung anzulegende Maßstab ist bei einem unerfahrenen Veräußerer also ein ganz anderer als bei einem transaktionsgeübten Großkonzern[143].

102 Die **Beratungspflicht** beschränkt sich auf den vertraglich vereinbarten Leistungsumfang, auch wenn die Beratungsbedürftigkeit des Kunden diesen erkennbar übersteigt. Auf zusätzlich bestehenden Aufklärungsbedarf muß der Berater lediglich hinweisen. IRd. übernommenen Aufgaben hat der M&A-Berater die notwendigen Informationen zu ermitteln, sie im Hinblick auf das Ziel der Transaktion fachkundig zu beurteilen und die gefundenen Informationen und Ergebnisse dem Kunden vollständig, wahrheitsgemäß und klar darzustellen.

103 Der Umfang der **Informationsermittlungspflicht** richtet sich nach dem, was zur sachgerechten Beratung erforderlich und dem Berater zumutbar ist. Generell hat sich der Berater aller zugänglichen Quellen zu bedienen und auch auf bestehende Informationslücken hinzuweisen. Die ermittelten Informationen müssen zwar nicht im einzelnen nachvollzogen, aber zumindest auf ihre Plausibilität und

---

[141] *Thomas* in Palandt § 652 BGB Rn 2.
[142] OLG Düsseldorf NJW-RR 1990, 43 m. Anm. *Müller*, EWiR § 675 BGB 5/90, 352; BGH NZG 2000, 254.
[143] *Rützel/Jürgens* M&A Review 1999, 521.

in gewissen Abständen auch auf ihre Aktualität hin überprüft werden. Sprechen bestimmte Anhaltspunkte dafür, daß sich maßgebliche Umstände verändert haben, muß der Berater Nachforschungen anstellen und, insbes. bei drohenden Schäden, dem Kunden gegenüber unverzüglich eine Richtigstellung vornehmen. Die Pflicht zur wahren Information erfordert vom Berater, die Beratung auf objektiv überprüfbare Tatsachen zu stützen und daraus schlüssige und plausible Beurteilungen und Prognosen abzuleiten. Informationen und Beurteilungen sind klar, d. h. so geordnet und verständlich darzustellen, daß Fehlvorstellungen beim Kunden vermieden werden[144].

III. Sonstiges

Neben der – bereits behandelten – Honorierung sind das Exklusivvertretungsrecht und die zeitliche Bindung an den Berater weitere wichtige **Mandatskonditionen**.

Im Hinblick auf die stark erfolgsabhängige Honorierung sind die M&A-Berater daran interessiert, einen **Exklusivauftrag** zu erhalten. Das Exklusivvertretungsrecht verpflichtet den Auftraggeber, das Projekt insgesamt ausschließlich über den Berater abzuwickeln. IdR ist dies auch für den Kunden sinnvoll, da Mehrfachansprachen durch unterschiedliche Berater auf Interessenten unprofessionell und verunsichernd wirken und unklare Kompetenzverteilungen die effiziente Durchführung der Transaktion behindern. Ein möglicher Kompromiß liegt darin, das Exklusivmandat nur für den Fall zu erteilen, daß der Berater innerhalb einer bestimmten Zeitspanne einen geeigneten Partner findet, mit dem der Auftraggeber Vertragsverhandlungen aufnimmt. Das Mandat wird idR auf eine an der voraussichtlichen Abwicklungsdauer der Transaktion orientierte Laufzeit begrenzt[145].

Wichtig ist zudem die Frage, mit wem der Beratungsvertrag geschlossen wird. Hier ist Vorsicht geboten bei Gestaltungen, bei denen statt eines Gesellschafters das Unternehmen als **Vertragspartner** in Erscheinung tritt. Das Bestreben, der Gesellschaft auf diese Weise Steuervorteile (Betriebsausgaben- und Vorsteuerabzug) zu verschaffen, kann zum gegenteiligen Ergebnis führen, wenn insoweit eine verdeckte Gewinnausschüttung angenommen wird. Außerdem führt diese Gestaltung zu dem widersinnigen Ergebnis, daß die mit dem Beratungsverhältnis verbundenen Verschwiegenheits-, Aufklärungs- und anderen Pflichten des Beraters am Ende nicht dem Veräußerer, sondern nur der Gesellschaft gegenüber bestehen, die wirtschaftlich auf den Erwerber übergegangen ist[146].

---

[144] *Rützel/Jürgens* M&A Review 1999, 522.
[145] Insbes. als Leistungsangebot der Banken beträgt die durchschnittliche Dauer von M&A-Transaktionen drei bis zwölf Monate, nach *Wiest*, Beratung bei „Mergers and Acquisitions", Diss. Berlin, 1992, S. 61.
[146] *Holzapfel/Pöllath* Rn 532.

G. Die Haftung der Berater

I. Haftungstatbestände

107 Je umfassender die Transaktionsparteien ihre gegenseitige Haftung ausschließen, desto größer ist uU ihr Interesse, die beteiligten Berater zum Ausgleich **wirtschaftlicher Schäden** heranzuziehen.

108 Eine Haftung des Beraters kann sich aus unterschiedlichen, einander teilweise überschneidenden und ergänzenden, jedoch immer verschuldensabhängigen Tatbeständen ergeben. Ansprüche sind immer primär aus dem Beratungsvertrag herzuleiten. Es wird selten vorkommen, daß eine vereinbarte Leistung schlichtweg nicht oder erst verspätet erbracht wurde und daher die gesetzlichen Regelungen über die Leistungsstörungen (Verzug, Unmöglichkeit) eingreifen. In der Praxis geht es vielmehr darum, daß schlecht geleistet wurde, die Beratung also unbefriedigend ausgefallen ist, zB weil unvollständige oder unrichtige Informationen weitergegeben oder notwendige Hinweise unterlassen wurden. In diesem Fall handelt es sich um **positive Vertragsverletzungen**[147] vertraglicher Haupt- oder Nebenpflichten, je nachdem, ob die Beratung als Vertragsinhalt explizit vereinbart war oder die übernommene Hauptleistung Nebenpflichten[148] in Form von Beratungs-, Auskunfts- und Aufklärungspflichten begründet hat[149].

109 Dabei haftet der Berater nicht nur für eigenes Verschulden, sondern auch für das seiner **Erfüllungsgehilfen** einschließlich der von ihm selbst hinzugezogenen Berater[150].

110 Der Vollständigkeit halber sei erwähnt, daß ein **Auskunftserteilungsvertrag** auch **konkludent abgeschlossen** werden kann, wenn beide Teile stillschweigend davon ausgehen, daß die Auskunft Gegenstand vertraglicher Rechte und Pflichten sein soll. Bei M&A-Transaktionen dürfte dies aber nicht relevant sein.

111 Ein weiteres Haftungsrisiko entsteht daraus, daß sich die mit dem Beratungsvertrag begründeten Sorgfaltspflichten über das Verhältnis Berater-Kunde hinaus auf Dritte erstrecken können (**Vertrag mit Schutzwirkung zugunsten Dritter**). In diesem Fall kann der Dritte unmittelbar gegen den Berater vertragliche Schadensersatzansprüche geltend machen, wenn er durch dessen Sorgfaltspflichtverletzung Vermögensschäden erleidet. Die Dritthaftung greift ein, wenn der Dritte bestimmungsgemäß mit der Hauptleistung in Berührung kommt, er der Gefahr von Schutzpflichtverletzungen ebenso ausgesetzt ist wie der Vertragspartner, dies für den Schuldner erkennbar ist und der Dritte auch schutzbedürftig ist[151]. So macht sich zB ein von der GmbH beauftragter Anwalt den Gesellschaftern schadensersatzpflichtig, wenn er anlässlich einer Kapitalerhöhung nicht auf

---

[147] Der Anspruch aus positiver Vertragsverletzung wird auf eine Rechtsanalogie zu den §§ 280, 286, 325 Abs. 1, 326 Abs. 1 BGB oder auf Gewohnheitsrecht gestützt.
[148] Diese werden aus § 242 BGB hergeleitet.
[149] *Fikentscher*, Schuldrecht, 9. Aufl. 1997, Rn 387 f.
[150] § 278 BGB.
[151] *Gottwald* in MünchKomm. § 328 BGB Rn 87 ff. mwN.

die mit einer verdeckten Sacheinlage verbundenen Gefahren hinweist[152]. Besonders relevant im M&A-Bereich ist, daß (öffentlich bestellte) Sachkundige für gutachterliche Äußerungen haften, die der Auftraggeber erkennbar Dritten gegenüber verwenden will. So entfaltet der Vertrag mit einem Wirtschaftsprüfer über eine Pflichtprüfung zB Drittschutzwirkung, wenn bei Auftragserteilung feststeht, daß das Ergebnis einem Kaufinteressenten als Entscheidungsgrundlage dienen soll[153].

Darüber hinaus kommt eine Haftung des Beraters aus **Verschulden bei Vertragsverhandlungen** (culpa in contrahendo) in Betracht. Obwohl grundsätzlich die Beteiligten des in Aussicht genommenen Vertrags für die Erfüllung vorvertraglicher Aufklärungs- und Sorgfaltspflichten einzustehen haben, kann den Berater, der im Vorfeld des Vertragsschlusses als Vertreter einer Partei auftritt, ausnahmsweise eine eigenständige Haftung treffen, wenn er in besonderem Maß persönliches Vertrauen in Anspruch genommen hat oder dem Verhandlungsgegenstand besonders nahe steht, weil er selbst ein starkes wirtschaftliches Interesse am Vertragsschluß hat und aus dem Geschäft eigenen Nutzen erstrebt[154]. Diese allgemeinen Voraussetzungen sind jedoch von der Rechtsprechung fallweise stark eingeschränkt worden und werden nur in Ausnahmefällen als erfüllt angesehen: Die Inanspruchnahme persönlichen Vertrauens etwa muß dergestalt vorliegen, daß der Vertreter dem anderen Teil eine zusätzliche, gerade von ihm persönlich ausgehende Gewähr für die Seriosität und die Erfüllung des Geschäfts[155] oder die Vollständigkeit und Richtigkeit seiner Erklärungen[156] geboten hat, so daß sich dieser Tatbestand bereits an der Grenze zur Garantiezusage bewegt[157]. Ähnlich streng sind die an das wirtschaftliche Eigeninteresse anzulegenden Maßstäbe: Es genügt nicht ein beliebiger wirtschaftlicher Vorteil, der dem Vertreter aus dem Geschäftsabschluß zufließt (etwa in Form einer Provision), sondern er muß gleichsam in eigener Sache tätig werden, d. h. als wirtschaftlicher Herr des Geschäfts anzusehen sein[158].

Wegen der üblicherweise von Investmentbanken erstellten „Confidential Memoranda" ist die Haftung für die dort enthaltenen Angaben relevant. Im Bereich Kapitalanlagen hat die Rechtsprechung die sog. **„Prospekthaftung"** entwickelt, wonach jeder, der durch nach außen in Erscheinung tretendes Mitwirken an der Gestaltung des Emissionsprospekts einen besonderen, zusätzlichen Vertrauenstatbestand schafft, dem Anleger für die Richtigkeit und Vollständigkeit der Prospekt-

---

[152] *BGH* NZG 2000, 254, 255.
[153] *BGH* NJW 1998, 1948, 1949, 1950 zur Dritthaftung des von der Gesellschaft beauftragten Wirtschaftsprüfers gegenüber dem Käufer wegen testierten unrichtigen Jahresabschlusses.
[154] *BGH* NJW 1991, 32, 33 zur Haftung des Anwalts für Erklärungen gegenüber dem Vertragsgegner seines Mandanten. Weitere Rechtsprechungsnachweise bei *Holzapfel/Pöllath* Rn 552f.
[155] *BGH* WM 1992, 699, 700.
[156] Eine Eigenhaftung wurde zB angenommen bei einer Wirtschaftsförderungseinrichtung, die dem Interessenten an einer Unternehmensbeteiligung erklärt hatte, alle für eine Beteiligung an dem empfohlenen Unternehmen relevanten Fragen geprüft zu haben, *BGH* NJW-RR 1993, 342.
[157] *BGH* NJW 1994, 2220, 2222.
[158] *BGH* WM 1992, 699, 700.

angaben haftet. „Berufsgaranten", d. h. Personen, die eine allgemein anerkannte berufliche Stellung innehaben oder besondere Fachkunde besitzen (insbes. Rechtsanwälte, Wirtschaftsprüfer oder andere Gutachter) und mit ihrer Zustimmung im Prospekt als Sachverständige angeführt werden, haften für die von ihnen abgegebenen Erklärungen[159]. Trotz offenkundiger Parallelen zu den bei M&A, im Bietungsverfahren, erstellten Verkaufsmemoranden ist allerdings fraglich, ob die Prospekthaftung insoweit übertragbar ist, da sie im wesentlichen den Schutz rein kapitalistisch beteiligter Gesellschafter bezweckt, die zur Information über das Vorhaben weitgehend auf den Emissionsprospekt angewiesen sind[160]. Beim Unternehmenskauf ist die Situation jedoch eine andere, da der Erwerber häufig über erhebliche Professionalität verfügt und nur das Angebot auf der Grundlage des Verkaufsprospekts abgibt, vor Erwerb jedoch eine eigene Due Diligence-Prüfung durchführt.

114   Neben diesen vertraglichen bzw. quasi-vertraglichen Ansprüchen kommt eine **deliktische Haftung** in Betracht. So kann eine bewußt oder grob fahrlässig erteilte unrichtige Auskunft den Tatbestand der sittenwidrigen Schädigung[161] erfüllen, wenn der Berater wenigstens mit der Möglichkeit eines Schadenseintritts beim Beratenen gerechnet und diesen billigend in Kauf genommen hat[162]. Handelt er zudem mit Bereicherungsabsicht oder treuwidrig, entsteht eine Schadensersatzpflicht in Verbindung mit den Straftatbeständen Betrug oder Untreue[163].

115   Desweiteren kommt ggf. eine spezialgesetzliche Haftung in Betracht[164].

II. Haftungsumfang

116   Durch den Schadensersatz ist der Geschädigte so zu stellen, wie er stehen würde, wenn der zum Schadensersatz verpflichtende Umstand nicht eingetreten[165], d. h. die Beratung ordnungsgemäß erbracht worden wäre. Dabei stellt die Rechtsprechung die widerlegliche Vermutung auf, daß der Kunde einem richtigen Rat, wäre er denn erteilt worden, auch gefolgt wäre[166]. Dies bedeutet jedoch nicht, daß der Berater im Sinn einer Garantie für einen bestimmten wirtschaftlichen Erfolg einzustehen hätte; er hat nur den **Nachteil zu ersetzen**, der dem Kunden durch das Vertrauen auf die Richtigkeit und Vollständigkeit seiner Angaben entstanden ist[167]. Beispielsweise hätte der Berater, der iRd. Due Diligence Risiken übersieht und daher eine zu hohe Ertragskraft prognostiziert, nicht die ausbleibenden Unternehmensgewinne zu ersetzen, wohl aber die Differenz zu

---

[159] *BGH* NJW 1995, 1025.
[160] *BGH* ZIP 1980, 532, 533.
[161] § 826 BGB.
[162] *BGH* NJW 1991, 32, 33.
[163] § 823 Abs. 2 BGB iVm. §§ 263, 266 StGB.
[164] ZB § 19 BNotO (Amtshaftung des Notars).
[165] § 249 Satz 1 BGB.
[166] Zuletzt *BGH* NZG 2000, 254, 255 für einen Rechtsanwalt, Wirtschaftsprüfer und Steuerberater.
[167] *BGH* DB 1991, 2029, 2030: Der Steuerberater muß nicht die ausgebliebenen steuerlichen Vorteile eines bestimmten Anlagemodells ersetzen.

dem Kaufpreis, den der Erwerber unter Berücksichtigung aller Risiken höchstens zu zahlen bereit gewesen wäre. Voraussetzung ist allerdings immer, daß der Schaden kausal durch den Beratungsfehler entstanden ist, der Erwerber sich zB bei der Kaufpreisverhandlung maßgeblich auf die unrichtigen Angaben des Beraters verlassen hat[168].

Nicht zu ersetzen sind solche Schäden, die dem Berater nicht zuzurechnen sind, weil sie objektiv betrachtet vollkommen unvorhersehbar waren oder vom Schutzzweck der Haftungsnorm nicht erfaßt werden. Zudem muß sich der Geschädigte ein Mitverschulden anrechnen lassen[169], wenn er selbst bei seiner Entscheidung die gebotene Sorgfalt außer Acht gelassen hat[170] oder es unterläßt, im Rahmen des ihm zumutbaren alles zu tun, um den Schaden möglichst abzuwenden oder gering zu halten[171]. Ebenfalls auf den Schadensersatzanspruch eines Geschädigten anzurechnen sind durch die Schädigung gezeitigte Vorteile, zB positive Steuereffekte[172].

III. Haftungsbegrenzung dem Grunde nach

Das wichtigste **Mittel zur Haftungseinschränkung** ist eine möglichst genaue Beschreibung der übernommenen Aufgaben im Beratungsvertrag. Da der Berater die Beratungsleistung im übernommenen Umfang umfassend und vollständig erbringen und dies im Streitfall auch nachweisen muß, gehen unklare Formulierungen tendenziell zu seinen Lasten. Pflichten, die für gewöhnlich zu den Beraterpflichten zählen, sollten, sofern sie nicht übernommen wurden, explizit ausgeschlossen werden. Weiter sollten der gesamte Beratungsablauf und -inhalt sowie etwaige Änderungen der ursprünglich vereinbarten Beratungspflichten möglichst umfassend dokumentiert werden. Letzteres kann durch Bestätigungsschreiben geschehen, um nicht jedes Mal den Beratungsvertrag neu fassen zu müssen. Diese Vorgehensweise hat zudem den Vorteil, daß der Annahme einer stillschweigenden Übernahme weiterer Beratungsleistungen mit dem Hinweis auf eine feststehende Praxis schriftlicher Fixierung von Vertragsänderungen begegnet werden kann.

Vergleichsweise ineffektiv sind dagegen Bemühungen, die Haftung durch entsprechende Vertragsklauseln zu begrenzen. **Haftungsbeschränkungsklauseln** werden idR als Standardbedingungen in den Vertrag aufgenommen und sind als solche der gerichtlichen Inhaltskontrolle anhand der gesetzlichen Bestimmungen über Allgemeine Geschäftsbedingungen (AGB) unterworfen.

---

[168] Gefährlich ist es, wenn der Kunde eine andere Investition unterlassen hat. Dann kann der Vertrauensschaden im dadurch entgangenen Gwinn liegen, *BGH* BB 1969, 696.
[169] § 254 BGB.
[170] *Rädler/Pöllath* S. 250.
[171] ZB frühzeitig Heilungsmaßnahmen für eine fehlerhafte Kapitalerhöhung einzuleiten, *BGH* NZG 2000, 254, 256.
[172] BGHZ 53, 132 über die Haftung des Steuerberaters gegenüber der Gesellschaft für die auf fehlerhafter Berechnung beruhende überhöhte Gewinnausschüttung an eine Gesellschafterin.

120 Gemäß den Rechtsprechungsgrundsätzen zur AGB-Kontrolle sind – auch nach der für Verträge unter Kaufleuten allein maßgeblichen Generalklausel – **Haftungsausschlußklauseln** weitgehend unwirksam. Haftungsausschlußklauseln knüpfen an den Anspruchsgrund an und hindern bereits die Entstehung des Anspruchs, zB durch Abbedingung bestimmter Ansprüche oder den Ausschluß der Haftung für bestimmte Pflichten, Schuldarten oder Personen. Unzulässig ist in einem M&A-Beratungsvertrag vor allem die gebräuchliche Klausel, mit der die Haftung für einfache Fahrlässigkeit ausgeschlossen wird. Ein solcher Ausschluß ist unter Umständen zwar möglich, aber nicht, soweit er sich auf die Verletzung vertraglicher Hauptpflichten bezieht, da die Erreichung des Vertragszwecks gefährdet wäre, wenn der Leistungsschuldner hier seine Pflichten bis zur Grenze der groben Fahrlässigkeit vernachlässigen dürfte[173]. Da die Beratung und die zu ihrer Vorbereitung notwendigen Tätigkeiten gerade die Hauptleistung des M&A-Dienstleisters ausmachen, ist ein diesbezüglicher Haftungsausschluß unwirksam. Hinzu kommt, daß der Berater idR als Fachmann (Investmentbank) auftritt oder kraft seines Berufs eine qualifizierte Vertrauensstellung einnimmt (Rechtsanwälte, Wirtschaftsprüfer, Steuerberater), was für sich genommen bereits die Unwirksamkeit einer solchen Klausel begründen kann[174].

121 Auch ein Haftungsausschluß für jede Art schuldhafter Pflichtverletzung von **Erfüllungsgehilfen** ist unwirksam, wenn vertragswesentliche Pflichten betroffen sind[175]. Zieht der Berater weitere externe Berater hinzu („Berater des Beraters"), sollten diese daher direkt vom Kunden beauftragt oder im Beratungsvertrag ausdrücklich festgelegt werden, daß der Berater nicht die Pflicht hat, deren Arbeitsergebnisse zu überprüfen.

122 Die **Haftung gegenüber Dritten** kann nicht ausgeschlossen werden. Möglicherweise kann das Entstehen eines Vertrags mit Schutzwirkung zugunsten Dritter aber durch die Vereinbarung verhindert werden, daß die Leistung ausschließlich für den Vertragspartner erbracht wird und dieser zu einer Weitergabe von Äußerungen des Beraters nur mit dessen schriftlicher Einwilligung berechtigt ist. Der Berater kann sich dann später darauf berufen, daß er nicht mit der Einbeziehung Dritter in den Leistungskreis rechnen mußte. Dies dürfte die Haftung allerdings nur ausschließen, wenn ihm keine tatsächlichen Anhaltspunkte für das Gegenteil bekannt sind. Jedenfalls kann der Berater im Haftungsfall aber dann beim Kunden Regreß nehmen, was de facto zum Ausschluß des Anspruchs führt. In der Praxis sollte der Berater versuchen, die Entstehung eines Vertrauenstatbestands gegenüber Dritten möglichst zu verhindern bzw. zu begrenzen, indem zB Informationen unter Hinweis darauf weitergegeben werden, daß es sich um ungeprüfte Auskünfte Dritter oder des Kunden handelt oder daß bestimmte Umstände nicht untersucht wurden. Anders als Wirtschaftsprüfer oder Rechtsanwälte, die häufig gerade aus dem Grund herangezogen werden, das Haftungsrisiko zu delegieren, dürften M&A-Berater hier einen größeren Spielraum haben.

---

[173] *BGH* NJW 1993, 335 f.
[174] *BGH* NJW-RR 1986, 272.
[175] *Stein* in Soergel § 11 AGBG Rn 75.

123 Im übrigen kommen die im Beratervertrag enthaltenen – wirksamen – Haftungsbeschränkungsklauseln dem Berater auch **gegenüber Dritten** zugute, wenn diese geltend machen, in die Schutzwirkung des Beratungsvertrags einbezogen worden zu sein[176]. Zulässig ist auch eine Freistellungsverpflichtung des Kunden gegenüber dem Berater für den Fall, daß dieser von Dritten in Anspruch genommen wird, soweit dem Kunden dabei der Einwand des Mitverschuldens des Beraters erhalten bleibt[177].

IV. Haftungsbegrenzung dem Umfang nach

124 Etwas weniger streng verfährt die Rechtsprechung mit Klauseln, die nur den **Umfang der Haftung** begrenzen: Im Bereich der leichten Fahrlässigkeit darf die Haftung auf vorhersehbare oder vertragstypische Schäden beschränkt und so für einen exzessiven Folgeschaden ausgeschlossen werden. Auch eine summenmäßige Haftungsbegrenzung ist zulässig, soweit sie in einem angemessenen Verhältnis zum vertragstypischen Schadensrisiko steht[178]. Was die Rechtsprechung für angemessen hält, läßt sich ex ante allerdings nur schwer beurteilen. Bei Rechtsanwälten, Steuerberatern und Wirtschaftsprüfern muß die Haftungssumme in AGB mindestens ein Vierfaches der berufsrechtlich vorgeschriebenen Mindestversicherungssumme betragen, vorausgesetzt es besteht insoweit tatsächlich Versicherungsschutz. In Individualvereinbarungen ist bei fahrlässig verursachtem Schaden eine Beschränkung auf die Mindestversicherungssumme zulässig, die für Rechtsanwälte und Steuerberater gegenwärtig 500 000 DM, für Wirtschaftsprüfer 2 Millionen DM beträgt[179]. Übersteigt das Risiko im Einzelfall die Haftungssumme, müssen die Berufsträger den Mandanten auf die Möglichkeit hinweisen, eine Einzelobjektversicherung abzuschließen[180]. In der Praxis werden daher Haftungsbegrenzungen mit weit höheren Summen vereinbart.

125 **Zeitlich** ist eine Verkürzung der gesetzlichen dreißigjährigen Verjährungsfrist für vertragliche Schadensersatzansprüche auf zwei bis drei Jahre zulässig; die ohnehin wesentlich kürzeren berufsrechtlichen Verjährungsfristen für Schadensersatzansprüche gegen Rechtsanwälte, Wirtschaftsprüfer und Steuerberater dürfen hingegen nicht weiter reduziert werden[181].

126 Eine **subsidiäre Ausgestaltung** der Haftung in der Form, daß der Anspruchsteller vor Inanspruchnahme des M&A-Beraters zunächst auf anderweitige Ersatzmöglichkeiten verwiesen wird, ist unzulässig[182].

127 Anders als bei Individualverträgen sind die Haftungsbeschränkungsmöglichkeiten bei **Allgemeinen Geschäftsbedingungen** also sehr begrenzt. Die grundle-

---

[176] *Heinrichs* in Palandt § 328 BGB Rn 20.
[177] *Rützel/Jürgens* M&A Review 1999, 521, 524.
[178] BGH NJW 1993, 335.
[179] §§ 51a Abs. 1, 51 Abs. 4 BRAO; §§ 67a Abs. 1, 67 StBerG; §§ 54a Abs. 1, 54 Abs. 1 WPO iVm. § 323 Abs. 2 Satz 1 HGB.
[180] *Heinrichs* in Palandt § 9 AGBG Rn 120, 148.
[181] § 51b BRAO; § 68 StBerG; § 51a WPO.
[182] *Rützel/Jürgens* M&A Review 1999, 521, 524.

gende Problematik von Haftungsklauseln liegt in der Ungewißheit, ob sie im Fall gerichtlicher Überprüfung als AGB angesehen werden. Die Beweislast dafür, daß die Klauseln bei Vertragsschluß inhaltlich zur Disposition standen, trifft den Berater. Liegen AGB vor, läßt die Rechtsprechung keine geltungserhaltende Reduktion zu: Geht eine Klausel auch nur geringfügig über das Maß des Zulässigen hinaus, führt dies zu ihrer vollständigen Unwirksamkeit. Liegen keine AGB vor, mag eine teilweise zu weitgehende Haftungsbegrenzung gleichzeitig mit einer Klausel vereinbart sein, daß bei Unwirksamkeit einer Regelung diejenige rechtlich zulässige und angemessene an ihre Stelle treten soll, die dem Sinn und Zweck des von den Parteien gewollten am nächsten kommt. Inwieweit dadurch Ansprüche gegen den Berater ausgeschlossen bleiben, ist in jedem Einzelfall zu prüfen. Derartige Regelungen werden eng gegen denjenigen ausgelegt, der die Haftung abbedingen will[183]. Eine Haftungsbegrenzung für vorsätzlich, ggf. auch bedingt vorsätzlich verursachten Schaden ist unzulässig[184].

128   Der Berater steht letztlich vor der **Alternative**, in der Hoffnung auf die Annahme einer Individualvereinbarung relativ weitgehende Haftungsbeschränkungen zu verwenden mit dem Risiko, daß diese als AGB für unwirksam erklärt werden, oder sich auf die zulässigen Klauseln zu beschränken, die kaum eine effektive Haftungsbegrenzung gewährleisten. Bei grenzüberschreitenden Transaktionen läßt sich unter Umständen eine indirekte Haftungsbeschränkung durch Wahl einer „beraterfreundlichen" Rechtsordnung erreichen.

129   Sinnvoll ist zudem die Aufnahme einer **Schiedsklausel**, da iRd. Schiedsverfahrens von den Parteien je ein mit dem M&A-Geschäft vertrauter Richter benannt werden kann, der den Umfang der geschuldeten Beratungsleistung unter Umständen realistischer beurteilen wird als ein staatlicher Richter[185].

---

[183] St. Rspr. Nachweise bei *Heinrichs* in Palandt § 276 Rn 58.
[184] *Heinrichs* in Palandt § 276 Rn 57.
[185] *Rützel/Jürgens* M&A Review 1999, 521, 524.

II. Teil
Vorbereitung und Begleitung einer Unternehmensübernahme

§ 5 Vorbereitung einer Unternehmensübernahme

Übersicht

	Rn
A. Vorbemerkung	1
B. Bestimmung der eigenen langfristigen Unternehmensziele	11
I. Unternehmensleitbild	12
II. Unternehmensziele	13
C. Analyse der eigenen Lage	15
I. Eigene Stärken und Schwächen	17
1. Märkte	19
2. Produkte und Marken	21
3. Beschaffung und Produktion	23
4. Forschung und Entwicklung	27
5. Vertrieb	30
6. Verwaltung und IT-Systeme	32
7. Mitarbeiter	34
II. Benchmarking	37
III. Zukunftschancen und Zukunftsrisiken	38
IV. Ertrags- und Cash-flow-Projektion	41
V. Vermögens- und Finanzlage	44
D. Möglichkeiten zum Erreichen der langfristigen Unternehmensziele	49
I. Unternehmensziele	50
1. Wachstumsziele	51
2. Qualitative Ziele	53
3. Ressourcenerweiterung	56
II. Wachstum aus eigener Kraft	59
III. Wachstum durch Akquisition	62
IV. Beurteilung der eigenen Fähigkeit zur Übernahme eines anderen Unternehmens	64
1. Gegenleistungspotential	66
2. Übernahmemanagement	69
3. Bedarf an äußerer Hilfe	76
E. Ermittlung geeigneter Unternehmen	77
I. Auswahlkriterien	79
1. Idealtypisches Anforderungsprofil	80
2. Festlegung von K.-o.-Kriterien	81
II. Erfassung strategiegerechter Unternehmen	83
III. Grobauslese der für eine Übernahme in Betracht kommenden Unternehmen	86
1. Offensichtlich nicht in Betracht kommende Unternehmen	87

§ 5 Vorbereitung einer Unternehmensübernahme

	Rn
2. Wahrscheinlich nicht in Betracht kommende Unternehmen	89
3. In Betracht kommende Unternehmen mit großem Bereinigungsbedarf	90
4. In Betracht kommende Unternehmen	91
IV. Beurteilung des „Fit" der für eine Übernahme in Betracht kommenden Unternehmen	92
F. Einschätzung des vorrangig ausgewählten möglichen Vertragspartners (Vor-Due Diligence) und der Verbundvorteile	**106**
I. Vergleich der feststellbaren Merkmale	107
1. Corporate Governance	108
2. Führung des neuen Unternehmensverbunds	114
3. Voraussichtliche Veränderungen in der Marktstellung und in der Wertschöpfungskette	120
4. Unternehmenskulturen	133
5. Mitarbeiter	142
6. Skaleneffekte	152
7. Synergieprojektion	153
8. Möglichkeiten zur Unternehmenswertsteigerung	154
9. Finanzwirtschaftliche Einschätzung	156
a) Cash-flow-Projektion	157
b) Ertragsprojektion und Aufwandskalkulation	158
c) Vermögens- und Finanzlage, Bilanzierungsmöglichkeiten, Finanzbedarf und Finanzierungsmöglichkeiten	159
II. Spezifische Risikoermittlung	161
G. Entscheidung über die Realisierung, die Kontaktaufnahme, deren Modalitäten und das weitere Verfahren	**165**
I. Entscheidung über die Realisierung	165
II. Internes Übernahmemanagement	169
1. Geschäftsleitungsteam	170
2. Vorbereitungs-, Durchführungs- und Umsetzungsmanagement	172
3. Projektmanagementteams	174
4. Kontrollteam	175
5. Ressourcenbereitstellung	176
III. Verhandlungsteam	177
1. Gesamtleitung	178
2. Projektteams	182
3. Teammitglieder	185
IV. Kommunikationsplan	186
1. Ad hoc-Publizität	187
2. Sprachregelung bei vorzeitigem Bekanntwerden	188
3. Ordentlicher Kommunikationsplan	192
a) Information Führungskräfte	194
b) Information Mitarbeiter	197
c) Information Behörden	200

		Rn
d) Information Kunden	...	201
e) Information Lieferanten	...	202
V. Begleitende Risikoerfassung	...	203
VI. Zeitplan	...	204

Schrifttum und Zeitungsberichte: Vgl. die Angaben zu § 1, außerdem: *Haspeslagh/Jemison*, Akquisitionsmanagement, 1992; *Hubbard,* Acquisition, Strategy and Implementation, London, 1999; *Maister,* Managing the Professional Service Firm, 1993; *Rittner*, Wettbewerbs- und Kartellrecht, 6. Aufl. 1999.

A. Vorbemerkung

„Wer handeln will, sollte zunächst denken." Dieser ganz allgemeine Grundsatz gilt selbstverständlich auch für Unternehmensübernahmen, wird aber dennoch in der Praxis gelegentlich übersehen. Unternehmenskäufe erfolgen, weil ein Unternehmen zu offenbar besonders günstigen Konditionen angeboten wird. **Unüberlegte Unternehmensübernahmen** und mißlungene Unternehmensverbindungen sind die Folge. Unternehmensübernahmen dürfen nicht als „Schnäppchen" gesehen werden. 1

Im Rahmen eines „Arbeitshandbuchs für Unternehmensübernahmen" können **allgemeine Managementgrundsätze** nicht im einzelnen dargestellt werden. Einige Hinweise müssen genügen, um die mit der Vorbereitung einer Übernahme notwendigen unternehmerischen Denk- und Entscheidungsprozesse deutlich werden zu lassen. 2

Bei der Vorbereitung einer Unternehmensübernahme geht es nicht nur um eine Valuierung des Zielunternehmens. Zunächst müssen eine **Standortbestimmung** und eine **Festlegung der strategischen Ziele des übernehmenden Unternehmens** erfolgen[1]. Nur wer seine eigenen Stärken und Schwächen kennt und außerdem weiß, was er langfristig will, kann ein anderes Unternehmen erfolgreich übernehmen. 3

Erst wenn die strategischen Ziele festgelegt sind und wenn diese als Teil der Strategie die Übernahme eines anderen Unternehmens vorsehen, darf mit der Suche nach einem Übernahmekandidaten (= Zielunternehmen = Target) begonnen werden. Wenn sich ein Zielunternehmen herauskristallisiert, muß im nächsten Schritt die Realisierung eingeleitet werden. Parallel dazu müssen die rechtlichen Möglichkeiten für eine Übernahme überdacht und das angestrebte Modell festgelegt werden. Die beabsichtigte **Übernahme** wird **in verschiedenen Stufen** vollzogen: Die Realisierung beginnt mit der Kontaktaufnahme und setzt sich in den Vertragsverhandlungen fort. Gleichzeitig muß – sofern erforderlich – die Finanzierung der Übernahme durchdacht, entschieden und vereinbart werden. 4

---

[1] Vgl. *Picot* FAZ 11. 10. 2000.

5   Je nach Art des gewählten Übernahmeverfahrens müssen die notwendigen Untersuchungen (Due Diligence)[2] durchgeführt und die Vorbereitungen für die vertragliche Vereinbarung der Übernahme getroffen werden. Danach erfolgt der Abschluß der Transaktion durch das sog. Closing.

6   Mit dem Abschluß der rechtlichen Übernahme beginnt die **unternehmerische Übernahme**[3]. Auf der Grundlage eines Umsetzungsplans, der schon vor Abschluß der rechtlichen Übernahme abgeschlossen sein muß und in dessen Entwurf und Abschluß sowohl das übernehmende Unternehmen als auch die Zielgesellschaft einbezogen sein müssen, beginnt die für den Übernahmeerfolg entscheidende Umsetzung der Übernahme („post merger"-Integration)[4]. Eine ungenügende Umsetzung ist eine der häufigsten Ursachen für das Scheitern von Unternehmensübernahmen[5].

7   Großkonzerne müssen Unternehmensübernahmen in anderer Weise vorbereiten als kleine und mittlere Unternehmen, deren Geschäftspolitik im wesentlichen noch von ihren Eigentümern bestimmt wird. **Die Größe des eigenen Unternehmens** hat zwangsläufig auch Auswirkungen auf die Größe des Zielunternehmens. Kleine und mittlere Unternehmen können zwar einmal ein Unternehmen zu übernehmen trachten, dessen Größe die eigene überragt. Dennoch sind der Größe des Zielunternehmens Grenzen gesetzt. Wer ein zu großes Unternehmen zu schlucken versucht, wird sich leicht „verschlucken".

8   Bedeutungsvoll für die Vorbereitung einer Übernahme ist die **Rechtsform der an der Übernahme beteiligten Unternehmen**. Bei einer AG muß die Vorgehensweise technisch eine andere sein als bei einer GmbH, wenngleich sich die notwendigen unternehmerischen Betrachtungen nicht nennenswert unterscheiden.

9   Zu berücksichtigen ist, ob die Aktien einer AG **börsennotiert** sind oder nicht. Die Unterscheidung zwischen börsennotierten und nicht börsennotierten Gesellschaften ist auch für das Zielunternehmen bedeutsam. Wenn das Zielunternehmen börsennotiert ist, müssen die Vorschriften des Übernahmerechts[6] beachtet werden.

10 **Steuerliche Betrachtungen** sind stets notwendig[7]. Allerdings sollten sie nicht die unternehmerische Zielsetzung ersetzen[8]. Wenn das unternehmerische Ziel feststeht, kommt es darauf an, die zielführende Strategie steuerlich zu optimieren. Keinesfalls sollte umgekehrt verfahren werden. Allerdings kann eine sorgfältige steuerliche Prüfung erkennen lassen, daß sich das angestrebte unternehmerische Ziel wirtschaftlich sinnvoll nicht erreichen läßt. Die Steuerfolgen der geplanten Vermögensübernahmen werden zum K.-o.-Kriterium[9].

---

[2] Siehe § 9 Rn 58 ff.
[3] *MEN*, Späte Stolpersteine, WirtschaftsWoche 31. 8. 2000, S. 55 ff.
[4] Siehe § 33.
[5] *Copeland/Koller/Murrin* S. 115.
[6] Siehe Band 2.
[7] Siehe § 26 und Band 2.
[8] Ein alter unternehmerischer Hinweis lautet: Wer nach Steuern steuert, steuert sicher falsch.
[9] Vgl. zu K.-o.-Kriterien Rn 81 f.

B. Bestimmung der eigenen langfristigen Unternehmensziele

Wer ein anderes Unternehmen übernehmen will, muß sich über die eigene Situation und die vom eigenen Unternehmen verfolgten Ziele klar sein[10]. Verschiedenartige Analysen sind notwendig[11].

I. Unternehmensleitbild

Das Leitbild des eigenen Unternehmens ist meist bereits ausformuliert vorhanden. Wo es fehlt, muß es erstellt werden. Ein vorhandenes Leitbild sollte darauf überprüft werden, ob es den neuesten **Vorstellungen der Geschäftsleitung** und, soweit einschlägig, **der Eigentümer** entspricht. Das Unternehmensleitbild zeigt auf, wie das Unternehmen sich im Markt sieht. Es erläutert das Verhältnis des Unternehmens zu den Anteilseignern und seinen Mitarbeitern sowie seine Einstellung zur Öffentlichkeit.

II. Unternehmensziele

Die **langfristigen strategischen Ziele** sollten bei einem gut geführten Unternehmen definiert sowie allen an der Zielsetzung und an der Umsetzung der Ziele beteiligten Führungskräften und Mitarbeitern bekannt sein. Die Überlegungen zur Vorbereitung einer Unternehmensübernahme geben Anlaß, die bestehenden Ziele zu überdenken und zu überprüfen.

Allerdings muß bei dieser Überprüfung vermieden werden, die Ziele im Hinblick auf die möglicherweise erwünschte Übernahme so „hinzubiegen", daß die Übernahme von den festgelegten Zielen reibungslos erfaßt wird. Die **Überprüfung der Ziele** bezweckt eine Überprüfung der Richtigkeit der Übernahmevorstellungen und nicht umgekehrt.

C. Analyse der eigenen Lage

Unbelastet von Vorurteilen und unabhängig von Äußerungen der Öffentlichkeit, der Presse oder irgendwelcher Analysten muß die **eigene Lage sorgfältig analysiert** werden. Es kommt darauf an, die Stärken und Schwächen zu erkennen und sich die Zukunftschancen und Zukunftsrisiken klar zu machen. Sie müssen sorgfältig aufgelistet und später dem Unternehmensprofil des Zielunternehmens gegenübergestellt werden.

---

[10] Als allgemeiner praktischer Ratgeber bietet sich *Ehrmann*, Unternehmensplanung, 1999, an. Weiterführende betriebswirtschaftliche Spezialliteratur ist dort aufgeführt.

[11] Weiterführend *Kröger/Träm/Vandenbosch* S. 87 ff., die insbes. auf die Bedeutung einer Vision verweisen.

16 Eine solche eingehende Analyse kann im späteren Übernahmeverfahren für einen **Verschmelzungsbericht**[12] oder bei einem Börsengang[13] für den **Börsenzulassungsprospekt verwendet** werden.

I. Eigene Stärken und Schwächen

17 Es dürfte kein erfolgreiches Unternehmen geben, das nicht über besondere **Stärken** verfügt. Aber ebenso wird jedes Unternehmen **Schwächen** haben[14]. Sie sind häufig zwar erkannt, aber noch nicht beseitigt. Gelegentlich werden Schwächen bewußt beibehalten, weil es sinnvoller ist, die Managementkraft auf eine Auswertung der Stärken zu konzentrieren, als die möglicherweise nur geringen Erfolge aus einer Behebung von Schwächen zu ernten.

18 Stärken und Schwächen können zwar auch für das Unternehmen insgesamt festgestellt werden. Verfahrensmäßig ist es jedoch zweckmäßig, die **Analyse zunächst für die einzelnen funktionalen oder divisionalen Bereiche** vorzunehmen und anschließend zu überlegen, welche Stärken und Schwächen für das Gesamtunternehmen besonderes Gewicht haben. Auch wird zu entscheiden sein, ob Schwächen in einem der Bereiche im Hinblick auf Stärken in anderen Bereichen zunächst oder sogar längerfristig in Kauf genommen werden sollen.

1. Märkte

19 Eine sorgfältige Analyse der **Marktstellung des Unternehmens** und seines Marktangebots ist notwendig:
- Wie ist die Marktstellung des Unternehmens im Vergleich zu den Wettbewerbern zu beurteilen?
- Wo liegen die spezifischen Stärken des eigenen Unternehmens im Absatzmarkt und im Vertrieb?
- Entsprechen Vertriebspolitik und Vertriebsorganisation modernen Anforderungen?
- Ist die Marktdurchdringung hinreichend tief, sind alle aufnahmefähigen Märkte in die Absatzpolitik einbezogen?
- Ist die Vertriebskraft insgesamt gesehen und gemessen an den Wettbewerbern eine besondere Stärke des Unternehmens oder zeigen sich hier Schwächen?

20 Eine sorgfältige Betrachtung etwaiger **Schwächen im Vergleich zur Konkurrenz** muß Markt für Markt und für jeden Vertriebsweg gesondert angestellt werden. Die Auswirkungen festgestellter Schwächen müssen evaluiert werden. Möglichkeiten zur Überwindung der Schwächen sollten überlegt und dargestellt, Mittel- und Zeitbedarf ermittelt und vermerkt werden.

---

[12] Siehe § 17 Rn 184 ff.
[13] Siehe § 23.
[14] *Reed/Lajoux* S. 13: „Strategic planning... is the process of identifying and quantifying strengths and weaknesses."

2. Produkte und Marken

Notwendig ist eine zutreffende Beurteilung des **Produktspektrums** und dessen **Preis/Leistungs-Verhältnis** im Vergleich zu den Wettbewerbern:
- Mit welchen Produkten ist das Unternehmen Marktführer oder an zweiter oder dritter Stelle in Bezug auf Absatz/Umsatz/Distribution?
- Welche Produkte sind im Wettbewerb auf dem Markt unterlegen?
- Wie sind die Zukunftserwartungen des Unternehmens aus heutiger Sicht?
- Wie sind die Lebenszyklen der Produkte?
- Werden Folgeprodukte rechtzeitig zur Verfügung stehen?
- Bedingt ihr Absatz Vorkehrungen bei der Produktion, beim Vertrieb und bei dem Marketing und der Werbung?

Bei Unternehmen, die **Markenartikel** vertreiben, sind die Bedeutung und Wirkung der Marke[15] zu klären:
- Haben die Produkte eine wettbewerbliche Eigenart und deshalb einen Wettbewerbsschutz oder sind deren Marken beschützt oder sogar bekannt[16]?
- Besteht ein Schutz durch Eintragung oder durch Benutzung und Verkehrsgeltung?
- Sind einzelne Produkte des Unternehmens durch gewerbliche Schutzrechte (Patente, Gebrauchsmuster, Geschmacksmuster, Urheberrechte oder Lizenzrechte) abgesichert und haben sie dadurch eine auf dem Markt herausgehobene Stellung?
- Können Wettbewerber die gewerblichen Schutzrechte umgehen und dadurch dem Produkt auf dem Markt Wettbewerb machen?
- Gibt es Wettbewerbsprodukte, die auf Grund bestehender gewerblicher Schutzrechte im Markt eine Vormachtstellung haben und wegen der Schutzrechtslage nicht verdrängt werden können?
- Wird die eigene Produktentwicklung durch gewerbliche Schutzrechte der Wettbewerber behindert?

3. Beschaffung und Produktion

Die **Wirtschaftlichkeit der Beschaffung** hat für die meisten Unternehmen vorrangige Bedeutung. Die Einkaufsmacht kann, vernünftig gehandhabt, häufig rasch zu Kostensenkungen führen. Allerdings muß jedes Unternehmen darauf bedacht sein, seine Zulieferer technisch und finanziell leistungsfähig zu erhalten. Mit Lieferanten, die vor einer Insolvenz stehen, ist niemandem gedient.

Grundlage jeder Evaluierung der Beschaffung ist die **Erstellung eines Mengengerüsts**. Eine technische Beurteilung muß folgen. Nachstehende Fragen werden u. a. zu beantworten sein:
- Wie hoch ist das Beschaffungsvolumen insgesamt?
- Wie hoch ist der Bedarf an den verschiedenartigen Stoffen (Roh-, Hilfs- und Betriebsstoffe, Dienstleistungen)?

---

[15] Siehe § 30 Rn 38 ff.
[16] „Leadmarke", § 14 Abs. 2 Ziff. 3 MarkenG.

- Welche Vorfertigung kann auf Lieferanten mit welchen wirtschaftlichen Vorteilen verlagert werden (Lieferung von Subsystemen anstelle von Teilen)?
- Können verstärkt „just in time"-Lieferungen vereinbart werden und mit welchem wirtschaftlichen Erfolg?

25 Die **Produktionsstätten des Unternehmens** müssen dargestellt und beurteilt werden. Neben einer Abschätzung der vorhandenen Kapazität und einer Darstellung der durchschnittlichen Kapazitätsausnutzung in den letzten Jahren sollte vor allem auch auf die Qualität der Produktion eingegangen werden. U. a. wird folgendes zu beantworten sein:
- Welche Art von Produkten kann in den jeweiligen Werken hergestellt werden?
- Welche Technologien stehen zur Verfügung?

26 Ein gedrängter Überblick über das jeweilige **Kostenniveau** der Fertigung ist zweckmäßig. Für jede Fertigungsstätte sollte angegeben werden, wie viele Mitarbeiter mit welcher Qualifikation zur Verfügung stehen.

4. Forschung und Entwicklung

27 Die Einschätzung der **Leistungsfähigkeit und des Leistungsstands** der eigenen Forschungs- und Entwicklungseinrichtungen muß eingehend erläutert werden. Dies gilt besonders für Unternehmen, die von Forschung und Entwicklung stark abhängig sind, weil sie ständig neue Produkte auf dem Markt anbieten müssen.

28 Nach einer Aufzählung der entsprechenden **Institute und Einrichtungen**, der Angabe von Mitarbeiterzahl, Schwerpunktgebieten und Sonderkenntnissen sollte dargestellt werden, welche besonderen **Produkte** in der Vergangenheit entwickelt worden sind. Außerdem ist eine Übersicht derjenigen Produkte anzufertigen, die im Lauf der nächsten zwei bis drei Jahre Marktreife erhalten sollen. Ihr voraussichtliches Absatzvolumen, der geplante Umsatz und die erwarteten Deckungsbeiträge sind zu schätzen.

29 Im Bereich der **Forschung** sollte dargestellt werden, welche Ergebnisse besonderer Art in der Vergangenheit erzielt wurden und welche Forschungsvorhaben in den nächsten zwei bis drei Jahren mit welchen Ergebnissen beendet werden sollen.

5. Vertrieb

30 In fast allen Unternehmen ist die **Leistungsfähigkeit der Vertriebsorganisation** und der Marketingeinrichtungen von besonderer Bedeutung. Deswegen ist eine eingehende Darstellung der Angabe der in- und ausländischen Vertriebsstellen, der jeweils beschäftigten Mitarbeiter und der Absatzvolumina nötig. Marktanteile in den jeweiligen Märkten sollten angegeben, die eigene Marktstellung unter Aufführung der Konkurrenten dargestellt werden.

31 Wichtig ist ein Hinweis auf **besondere Vertriebsformen**, die bereits vorhanden sind. Ihre Leistungsfähigkeit sollte angegeben werden.

6. Verwaltung und IT-Systeme

Eine **kritische Beurteilung aller Verwaltungsstellen** muß vorgenommen werden. Dabei geht es u. a. um folgendes: 32
- Ist die Verwaltungsorganisation noch zeitgerecht?
- Werden alle Stellen im Unternehmen, die entsprechenden Bedarf haben, rasch und leistungsstark mit Informationen und Dienstleistungen versorgt?
- Versetzt die Innenverwaltung die Unternehmensleitung in die Lage, alle Informations- und Rechenschaftsbedürfnisse rasch und zutreffend zu befriedigen?
- Kann durch stärkere Zentralisierung/Dezentralisierung eine schlagkräftigere, kostengünstigere Ablauforganisation geschaffen werden?
- Kann durch verstärktes Outsourcing der Verwaltungsablauf kostengünstiger gestaltet werden?

Gefragt ist zunächst eine zusammenfassende **Beurteilung der IT-Systeme**. Daran schließen sich zahlreiche Fragen an, u. a.: 33
- Entsprechen Leistungsfähigkeit und Kosten einander? (Jedes IT-System wird von Außenstehenden als zu teuer empfunden.)
- Werden alle durch IT-Systeme erreichbaren Leistungen in dieser Weise erbracht?
- Welcher Bedarf wird in den kommenden Jahren anfallen, welche Investitionen werden erforderlich sein und welche Kosten anfallen?

7. Mitarbeiter

Der Satz, daß ein Unternehmen so gut sei wie seine **Mitarbeiter**, zeigt die Bedeutung der Belegschaft bei der Ermittlung eigener Stärken und Schwächen. 34

Die Analyse der Mitarbeiterqualität beginnt bei den **Führungskräften**: 35
- Sind sie ausreichend auf die Anforderungen der Zukunft eingestellt?
- Können sie altersmäßig diesen Anforderungen gerecht werden?
- Entspricht ihr Vor- und Ausbildungsstand den Erfordernissen der Zukunft?
- Ist eine Auswechslung von Führungskräften nötig?
- Reicht die bisherige Nachwuchseinstellung und -förderung aus?

In allgemeiner Form muß auch die Qualifikation der **Mitarbeiterschaft** insgesamt beurteilt werden. Auch hier kommt es auf ein Urteil an, ob die gegenwärtige Belegschaft unter Berücksichtigung betriebsüblicher Nachwuchspolitik geeignet ist, den Anforderungen nicht nur von heute, sondern auch von morgen zu genügen. 36

II. Benchmarking

In diesem besonderen Abschnitt der Unternehmensanalyse sollten die eigenen Kenntnisse und Fähigkeiten mit denen der **führenden Konkurrenzunternehmen verglichen** werden. Die Führung des analysierten Unternehmens muß sich ein Urteil bilden können, ob das eigene Unternehmen den Wettbewerbern überlegen, gleichwertig oder unterlegen ist. Dabei wird neben einem Gesamturteil auch eine Beurteilung der einzelnen Bereiche zweckmäßig sein. 37

III. Zukunftschancen und Zukunftsrisiken

38 Bei der Behandlung der einzelnen Funktionsbereiche sind Zukunftsvorhaben und Zukunftsrisiken bereits geschildert worden. Hier kommt es darauf an, für das Unternehmen insgesamt darzustellen, welche **Chancen** sich für die Zukunft ergeben und mit welchen besonderen **Risiken** das Unternehmen rechnen muß. Die Auswirkungen der jeweiligen Feststellungen müssen quantifiziert werden. Der Leser muß sich ein Bild machen können, ob insgesamt gesehen die erwarteten Chancen die denkbaren Risiken übersteigen und wie sich das Unternehmen innerhalb bestimmter anzugebender Zeiträume voraussichtlich entwickeln wird. Dabei kommt es nicht darauf an, exakt Zahlen zu nennen, sondern Bandbreiten festzulegen, innerhalb derer sich das Unternehmen voraussichtlich bewegen wird.

39 Diese Ermittlungen sind Anlaß für eine Überprüfung der Funktions- und Leistungsfähigkeit des bestehenden **Risikoerfassungssystems**. Sorgfältige Überlegungen vor allem zur Vollständigkeit der Erfassung durch das eingeführte System sind angebracht.

40 Bei der Ermittlung der Risiken und Chancen in den Bereichen und im Gesamtunternehmen müssen auch Situationen untersucht werden, die sich bei Eintritt mehrerer oder sogar aller Risiken ergeben, selbst wenn ein solcher Fall unwahrscheinlich erscheint. Der Unternehmer muß wissen, wie ein **„worst case"-Szenario** aussehen kann, und sich folgendes überlegen:
– Kann die Lage aus eigener Kraft gemeistert werden?
– Welche Mittel können eingesetzt werden, um im Notfall den Bestand des Unternehmens zu sichern?

IV. Ertrags- und Cash-flow-Projektion

41 Für die **finanzwirtschaftliche Beurteilung** des Unternehmens sind der voraussichtliche Cash-flow und die Ertragsperspektiven von Bedeutung. Abgeleitet von den Werten der vergangenen zwei bis drei Jahre sollte dargestellt werden, wie sich bei normalem Verlauf die entsprechenden Werte in den nächsten drei bis fünf Jahren darstellen werden. Erwartete Veränderungen müssen eingearbeitet werden. Im einzelnen sollte erläutert werden, warum die in der Vergangenheit erzielten Werte sich künftig anders entwickeln werden. Der Unternehmer muß sich ein einigermaßen zuverlässiges Bild von den künftigen Erträgen und den zugrundeliegenden Ertragsfaktoren machen können. Auch hier kommt es nicht darauf an, exakte Zahlen zu ermitteln. Es müssen Bandbreiten festgelegt werden, innerhalb derer sich die Werte entwickeln können.

42 Es ist wichtig, nicht nur die Ertragskraft insgesamt darzustellen, sondern auch die **Ertragsbeiträge** der **einzelnen Geschäftsfelder** darzustellen. Etwaige Quersubventionen müssen aufgezeigt werden. Dieser Aspekt ist bei Unternehmensübernahmen im Zusammenhang mit Privatisierungsvorgängen der öffentlichen Hand von besonderer Bedeutung. Bei verlustbehafteten Bereichen sollten Sanierungspläne vorgestellt werden.

Die Übersichten sollten durch verschiedene **Kennziffern** ergänzt werden, wie Earnings before Interest and Taxes (EBIT), Earnings before Interest, Taxes, Depreciation and Amortization of Goodwill (EBITDA) und dgl.

V. Vermögens- und Finanzlage

Ein grober Überblick über die Vermögens- und Finanzlage der eigenen Unternehmensgruppe ist notwendig, um die eigene Situation richtig einschätzen zu können. Dabei sollte zweckmäßig nach dem **angelsächsischen Verfahren** vorgegangen werden. Dazu müssen die Nettovermögenswerte um die zugehörigen Passivposten gekürzt werden, so daß nur der mit allgemeinen Mitteln zu finanzierende Finanzbedarf des Umlaufvermögens erscheint.

Die zur Finanzierung des im Unternehmen gebundenen Vermögens aufgenommenen Finanzmittel müssen im einzelnen spezifiziert und erläutert werden. Es kommt darauf an, einerseits die **Belastung** der Ertragsrechnung durch die aufgenommenen Mittel und andererseits die **Sicherheit** der Finanzierung durch diese Mittel aufzuzeigen.

Bei der Darstellung der **Finanzverschuldung** ist nicht nur eine Aufgliederung nach Restlaufzeiten wichtig. Es bedarf eingehender Überlegungen und zweckmäßiger Darstellung:
– Wie kann der normale Finanzbedarf von Jahr zu Jahr gedeckt werden?
– Welche zusätzlichen Finanzierungsmöglichkeiten bestehen zur Deckung des geplanten, eines außerordentlichen und eines weiteren unvorhergesehenen Bedarfs?

Bei der Darstellung der **Eigenmittel** ist es zweckmäßig, nicht nur die vorhandene Finanzstruktur zu zeigen, sondern auch darzustellen, welche Möglichkeiten zur Verstärkung der Eigenmittel gesehen werden.

Die Übersicht der Vermögens- und Finanzlage sollte durch Darstellung verschiedener **Kennziffern** im Zeitverlauf wie Return on Investment (ROI), Return on Equity (ROE) und dgl. ergänzt werden.

D. Möglichkeiten zum Erreichen der langfristigen Unternehmensziele

Bevor eine Entscheidung über den Erwerb eines anderen Unternehmens getroffen wird, muß sich das erwerbende Unternehmen darüber klar werden, ob der **Erwerb zum Erreichen der eigenen Unternehmensziele** notwendig oder zumindest geeignet ist[17]. Deswegen ist es richtig, zunächst noch einmal die eigenen Ziele zu definieren, die Möglichkeit des Erreichens der Ziele aus eigener Kraft zu überdenken und die Auswirkungen einer Vermögensübernahme einzubeziehen.

---

[17] Vgl. hierzu *Dostert*, Das große Aufräumen, Süddeutsche Zeitung 31. 8. 2000; *Picot* FAZ 11. 10. 2000.

I. Unternehmensziele

50 Das Unternehmen sollte nicht einfach von irgendwelchen in der Vergangenheit **festgelegten Zielen** ausgehen. Die Ziele der letzten strategischen Planung sollten noch einmal insbes. auch in ihrer Korrelation zueinander überdacht werden. Dabei wird bei den einzelnen Zielen unterschiedlich zu verfahren sein. Es kommt darauf an, ob es sich um reine Wachstumsziele, wie zB beim Umsatz oder beim Ertrag, um qualitative Ziele oder um eine Ressourcenerweiterung handelt.

1. Wachstumsziele

51 Bei vielen Unternehmen gehen die Vorstellungen des Managements schlicht davon aus, daß auch in den Folgejahren die vorhandene Produktpalette iRd. Unternehmensgegenstands laufend erneuert und erweitert wird, daß die entwickelten Produkte im gewollten Qualitäts-Leistungs-Verhältnis hergestellt und schließlich in ausreichendem Umfang abgesetzt werden. Unternehmen dieser Art sind bestrebt, durch ihre **Wachstumspolitik** einen Anstieg der Kosten aufzufangen, ein relatives Absinken der Fixkosten-Belastung zu erreichen und eine Ertragsverbesserung zu erzielen. Sorgfältige Überlegungen über Produktalterung, Einführung und Anlauf neuer Produkte, Lernkurven in der Fertigung und verstärkte Marktdurchdringung sowie eine Erweiterung der Absatzorganisation sollen die operative Grundlage für die Zielerreichung darstellen. Auch die Erschließung neuer Märkte kann in diesem Zusammenhang bedeutsam werden.

52 Häufig ist das Erreichen einer **Spitzenstellung im Branchenvergleich** ein Ziel der Wachstumspolitik. Das führende Unternehmen einer Branche und evtl. noch ein oder zwei weitere dicht darauf folgende Unternehmen haben durchweg schon dadurch einen Marktvorteil, daß sie in dieser Weise an der Spitze der Wettbewerber stehen. Diese Spitzenstellung kann vom Absatzvolumen, dem Produktspektrum und der Qualität der Produkte abhängen. Auch hier genügt eine Gesamtbeurteilung des Unternehmens nicht. Jedes einzelne Kerngeschäftsfeld muß betrachtet werden.

2. Qualitative Ziele

53 Jedes gut geführte Unternehmen ist bemüht, ein **optimales Preis/Leistungs-Verhältnis** für seine Produkte herzustellen. Häufig wechseln die Anforderungen des Markts. Dann muß dieses Preis/Leistungs-Verhältnis uU verändert werden. Produkte müssen neue Eigenschaften erhalten, um dem aktuellen Stand der technischen Entwicklung und den Anforderungen der Märkte zu entsprechen.

54 Auch in der **Produktionstechnik** sowie der **Forschung und Entwicklung** können sich die **qualitativen Anforderungen** ändern. Während im Produktionsbereich vor allem die Produktionsanlagen verändert und neue Technologien eingeführt werden müssen, kann es im Bereich von Forschung und Entwicklung darauf ankommen, zusätzliches Know-how zu erwerben.

55 **Im Vertriebsbereich** hängen die Qualitätsanforderungen von der Art der angebotenen Produkte ab. Ganz allgemein kann sich eine Verbesserung der Qualität des Angebots und des Verkaufs, in der Qualität der Auftragsausführung und schließlich in der Qualität des „after sales"-Service anbieten. Häufig sind die Voraussetzungen für eine solche qualitative Verbesserung im Vertriebsbereich zunächst im Entwicklungsbereich oder in der Produktion zu schaffen. Aber auch ein verstärktes Training des Vertriebspersonals, ein besseres Marketing und zusätzliches Vertriebspersonal können zum Ziel führen.

3. Ressourcenerweiterung

Das Management muß überlegen, ob für das Erreichen der ermittelten Ziele **zusätzliche Ressourcen** erforderlich sind. Diese können sowohl personeller als auch sachlicher Art sein. Es kommt darauf an, den zusätzlichen Ressourcenbedarf genau zu spezifizieren und hinsichtlich der benötigten Mittel finanziell zu quantifizieren.

Es genügt nicht, zusätzlich benötigte **Mitarbeiter** einfach der Zahl nach zu bestimmen. Es muß sorgfältig bedacht werden, welche Mitarbeiter mit welcher Qualifikation für welche Aufgaben und für welche Hierarchiestufe benötigt werden.

Auch bei der Ermittlung des zusätzlichen Bedarfs an **sachlichen Mitteln** muß sorgfältig vorgegangen und dargestellt werden, welcher Art der Bedarf ist. Sind es neue Baulichkeiten, neue Fabrikationsanlagen oder neue Technologien mit dem Bedarf an entsprechenden Ausrüstungsinvestitionen?

II. Wachstum aus eigener Kraft

Wenn die dargestellten Unternehmensziele festgestellt worden sind, kommt es darauf an, die Möglichkeit eines Erreichens dieser Ziele aus eigener Kraft sorgfältig abzuschätzen. Sowohl die **Eignung vorhandener Mitarbeiter** zu angestrebten Erweiterungen und zu qualitativen Verbesserungen als auch die Möglichkeit einer Erweiterung des Mitarbeiterstamms durch Neueinstellungen oder die Verbesserung der Leistungsfähigkeit durch zusätzliche interne oder externe Ausbildung müssen ermittelt und festgehalten werden.

Wenn für das Erreichen der vorgesehenen Ziele **neue sachliche Mittel** erforderlich sind, muß der Mittelbedarf nicht nur im einzelnen zugeordnet, sondern auch quantitativ bestimmt werden. Wichtig ist eine Feststellung über den Zeitbedarf bis zur Einsatzfähigkeit der neuen Ressourcen.

Schließlich muß auch die **Finanzierbarkeit des Bedarfs** geprüft werden. Können die festgelegten Ziele mit Hilfe selbst erwirtschafteter Mittel erreicht werden oder ist dafür die Aufnahme zusätzlicher Mittel auf den Kapitalmärkten erforderlich? Aber auch das allein genügt noch nicht. Die Überlegungen müssen mit einem Urteil darüber abschließen, ob die Kapitalmärkte in der Lage und bereit sind, die vom Unternehmen benötigten Fremd- und Eigenmittel zu akzeptablen Konditionen zur Verfügung zu stellen.

III. Wachstum durch Akquisition

62 **Unternehmenswachstum durch eine Unternehmensübernahme** kann angezeigt sein, wenn die Ziele der unternehmerischen Tätigkeit aus eigener Kraft überhaupt nicht oder nicht in der gebotenen Zeit oder nicht mit der gewünschten optimalen Ertragsverbesserung erreicht werden können. Wenn dies der Fall ist, muß genau festgelegt werden, welche Ziele das Unternehmen durch eine Unternehmensübernahme erreichen will, und zwar auch hier zunächst einmal insgesamt. Als Ziel einer Unternehmensübernahme kommen eine bessere Marktposition, schnelleres Wachstum, erweitertes Produktspektrum und dgl. in Betracht[18]. Danach aber – und das ist unerläßlich – müssen die gewünschten Ziele und der nicht aus eigener Kraft zu deckende Bedarf im einzelnen aufgeführt werden. Dafür ist eine Checkliste zu erstellen, die später der Prüfung einer Eignung der Übernahmekandidaten zugrunde gelegt werden kann.

63 Bei einer Unternehmensübernahme muß aber ein weiteres beachtet werden: Angesteuert werden sollten nur Unternehmen, durch die vorhandene **Stärken** des Übernehmers **erhöht** oder **Schwächen vermindert**, noch besser beseitigt werden[19].

IV. Beurteilung der eigenen Fähigkeit zur Übernahme eines anderen Unternehmens

64 Auch gut geführte und erfolgreich operierende Unternehmen sind nicht ohne weiteres darauf eingerichtet, andere Unternehmen zu übernehmen. Eine Übernahme erfordert beim übernehmenden Unternehmen eine entsprechende **„Übernahmekapazität"**. Sie muß materiell (Gegenleistungspotential) und personell (Übernahmemanagement) vorhanden sein.

65 Dabei kommt es darauf an, für alle **Phasen einer Unternehmensübernahme** über die notwendigen Ressourcen zu verfügen. Zweckmäßig werden die folgenden drei Abschnitte der Unternehmensübernahme unterschieden:
– Planungsphase,
– Durchführungsphase,
– Umsetzungsphase.

Während in der Durchführungsphase vor allem das Gegenleistungspotential bedeutungsvoll ist, kommt es in der Planungsphase und noch mehr in der Umsetzungsphase auf ein entsprechend vorbereitetes und umfangmäßig ausreichendes Management (Übernahmemanagement) an.

---

[18] Vgl. hierzu *Hölters* in Hölters I Rn 38 mit umfassenden Nachweisen betriebswirtschaftlicher Literatur; *Wieselhuber* 7/8 S. 3.
[19] *Reed/Lajoux* S. 13.

1. Gegenleistungspotential

Bei der Ermittlung des Gegenleistungspotentials muß unterschieden werden, ob ein **Unternehmenskauf** – sei es in Form des Share Deal[20], sei es in Form des Asset Deal[21] – geplant ist, oder ob an eine **Verschmelzung**[22] gedacht wird.

Beim eigentlichen **Unternehmenskauf** benötigt das Unternehmen im allgemeinen ausreichende Finanzmittel. Wenn als Gegenleistung eigene Aktien geboten werden sollen, müssen diese bereitgestellt werden können. Wenn ein genehmigtes Kapital in Anspruch genommen werden soll, muß überlegt werden, welches Erwerbspotential dadurch abgedeckt werden kann. Wenn ein Kaufpreis gezahlt werden soll und dafür eine besondere Kapitalerhöhung notwendig wird, muß überlegt werden, zu welchen Bedingungen sie bei der bestehenden Marktlage durchgeführt werden kann und ob bei den vorgesehenen Konditionen eine Zustimmung der Gesellschafter zu erhalten sein wird.

Wenn eine **Verschmelzung** beabsichtigt ist, muß überlegt werden, welchen Anteil die bisherigen Aktionäre am „neuen" Unternehmen haben können und ob sie mit dieser Veränderung ihres Einflußpotentials einverstanden sein werden. Der so ermittelte Bewegungsspielraum ist bereits bei der Auswahl des Übernahmekandidaten (des Zielunternehmens) von Bedeutung.

2. Übernahmemanagement

Wer der Auffassung ist, daß das eigene erfolgreich arbeitende Management ohne weiteres in der Lage ist, neben der Fortführung der eigenen Aufgaben zusätzlich auch noch das **Übernahmemanagement** zu betreiben, unterliegt einer Fehleinschätzung. Dies wird deutlich, wenn man aus den folgenden Ausführungen erkennt, was notwendig ist, um eine Übernahme erfolgreich umzusetzen[23].

Die Umsetzung muß von einer Führungskraft des Unternehmens, die möglichst Mitglied der Geschäftsführung ist, geleitet werden. Dieser **Umsetzungskoordinator** (Integration Manager) benötigt Mitarbeiter, die in der Lage sind, die notwendigen Maßnahmen in allen durch die Übernahme betroffenen Unternehmensbereichen einzuleiten, zu koordinieren, zu überwachen und zu einem erfolgreichen Ergebnis zu führen.

Ein Unternehmen, das bisher keine Übernahmetransaktionen durchgeführt hat und dem daher die entsprechenden Erfahrungen fehlen, wird im allgemeinen nicht über das personelle Ressourcenpotential für eine Unternehmensübernahme verfügen. Es muß sich vor Beginn einer Übernahme rechtzeitig darüber klar werden, ob zusätzliche eigene Kräfte angestellt oder Hilfe durch Dritte beschafft werden soll. Ein Überblick über die notwendigen **personellen Einsatzkräfte** ist erforderlich.

Ein Mitglied der Geschäftsleitung muß mit der **Gesamtleitung des Übernahmeprozesses** beauftragt werden. Es muß für die Leitung des Übernahme-

---

[20] Siehe § 12.
[21] Siehe § 13.
[22] Siehe § 17.
[23] Vgl. hierzu auch *Hölters* in Hölters I Rn 78.

prozesses voll zur Verfügung stehen. Häufig wird der Umsetzungskoordinator[24] mit dieser Aufgabe betraut werden. Bei großen Unternehmensübernahmen wird er für die Wahrnehmung seines Ressorts nur noch wenig Zeit haben. Für eine sachgerechte Vertretung muß rechtzeitig gesorgt werden.

73 Für die **Planungs- und Durchführungsphase** wird man bei fehlenden eigenen Mitarbeitern während der eigentlichen Planung und der Vorbereitung der Unternehmensübernahme weitgehend auf Dienstleister zurückgreifen können. Zusätzlich beansprucht werden die Mitarbeiter des Unternehmens im Bereich der Planung und des Controlling. Hier ist der Einsatz von fremden Dienstleistungskräften kaum möglich.

74 In der **Umsetzungsphase** kann man zwar auch einen außenstehenden „Umsetzer" mit der Koordinierung der Umsetzungsmaßnahmen beauftragen. In erster Linie ist aber der Einsatz zahlreicher eigener Mitarbeiter gefordert, die zusammen mit Mitarbeitern des übernommenen Unternehmens auf den einzelnen Gebieten für das Erreichen der Übernahmeziele sorgen müssen[25].

75 Vor allem die spätere Umsetzung muß **sorgfältig geplant** werden. Zahlreiche kleine, große und ganz große Unternehmensübernahmen sind gescheitert, weil die Umsetzungsphase nicht ausreichend geplant war, weil die dafür notwendigen Ressourcen nicht in ausreichendem Maße bereitgestellt worden sind oder weil sich die verantwortlichen Führungskräfte nicht darüber im klaren waren, daß die eigentliche unternehmerische Führungsaufgabe erst mit der Umsetzungsphase einsetzt[26].

3. Bedarf an äußerer Hilfe

76 Wenn es bei der beabsichtigten Unternehmensübernahme um den Erwerb einer bedeutenden Beteiligung geht, wird das erwerbende Unternehmen nicht ohne **Hilfe Dritter** agieren können[27]. Dies gilt auch dann, wenn das übernehmende Unternehmen aufgrund früherer Erwerbungen bereits Erfahrungen bei Unternehmensübernahmen hat.

E. Ermittlung geeigneter Unternehmen

77 Wenn das Unternehmen nach Analyse der eigenen Lage zu dem Ergebnis gekommen ist, daß eine **Akquisitionsstrategie** die richtige Methode ist, um die Unternehmensziele zu erreichen, folgt nun die schwierige Aufgabe, das für eine Übernahme geeignete Unternehmen zu finden[28].

78 Es geht zunächst darum, **Kriterien** für die Auswahl geeigneter Unternehmen herauszuarbeiten. Danach müssen diese Kriterien an die der eigenen Strategie entsprechenden Übernahmekandidaten angelegt werden.

---

[24] Siehe Rn 70.
[25] Siehe Rn 169 ff.
[26] Vgl. *Haspeslagh/Jemison* S. 159 ff.
[27] Zur Rolle der Berater siehe § 4.
[28] Vgl. hierzu *Haspeslagh/Jemison* S. 57 ff.

I. Auswahlkriterien

Nach Analyse der eigenen Lage und Unternehmensziele läßt sich ein **idealtypisches Profil** für das Zielunternehmen (Target) entwerfen, dessen Übernahme den Vorstellungen des zur Übernahme entschlossenen Unternehmens am besten entspricht.

1. Idealtypisches Anforderungsprofil

Dieses **Anforderungsprofil** muß aufzeigen, welche Merkmale das Zielunternehmen aufweisen soll. Diese Merkmale können sowohl ergänzende Eigenschaften, Fähigkeiten und Stärken hervorheben als auch Eigenschaften aufzeigen, die zur Abdeckung von Schwachstellen oder fehlenden Geschäftselementen gewünscht werden.

2. Festlegung von K.-o.-Kriterien

Bei den Überlegungen des Unternehmens, welche Eigenschaften das Zielunternehmen haben soll, ergeben sich Merkmale, die beim Zielunternehmen unter allen Umständen vorhanden sein müssen, aber auch solche, die das Zielunternehmen keinesfalls aufweisen sollte. Es empfiehlt sich, diese **K.-o.-Kriterien** vor Beginn der eigentlichen Suche schriftlich festzulegen.

Zum Zeitpunkt der Überlegungen steht der Entschluß fest, ein Unternehmen, das die K.-o.-Kriterien aufweist, keinesfalls zu übernehmen. Jeder Unternehmer gerät jedoch in Versuchung, im späteren Verlauf seiner Suche diese K.-o.-Kriterien ganz oder teilweise zu vergessen oder als „nicht so schlimm" nicht mehr berücksichtigen zu wollen, wenn er einen ihm zusagenden Übernahmekandidaten findet. **K.-o.-Kriterien** dürfen aber nur dann **unberücksichtigt bleiben**, wenn eine erneute gründliche Analyse zeigt, daß die Übernahme eines Zielunternehmens dennoch in Betracht kommt, obgleich dieses oder jenes K.-o.-Kriterium vorliegt. Es empfiehlt sich, solche neuen Überlegungen schriftlich festzuhalten und im Entscheidungsprozeß auf den Verzicht auf ein K.-o.-Kriterium deutlich hinzuweisen.

II. Erfassung strategiegerechter Unternehmen

Im weiteren Verlauf der Untersuchungen wird man zunächst einmal eine möglichst vollständige **Liste** der infrage kommenden **Übernahmekandidaten** anfertigen. Das bedeutet, daß Unternehmen von vornherein unberücksichtigt bleiben, die schon auf den ersten Blick mit Sicherheit nicht in Betracht kommen. Dies gilt besonders, wenn ihre Größe nicht dem entspricht, was sich das übernehmende Unternehmen vorstellt.

In Sonderfällen mag es auch heute noch möglich sein, geeignete Übernahmekandidaten selbst ausfindig zu machen. Mitgliederverzeichnisse von Verbänden, unternehmensbezogene Nachschlagwerke und ähnliche Werke mögen hilfreich sein[29].

---

[29] Zu entsprechenden Möglichkeiten in den USA *Reed/Lajoux* S. 33ff.

85 Im allgemeinen wird es aber ratsam sein, Investmentbanken oder Unternehmensberater mit der Vorauswahl zu beauftragen. Sie wissen nicht nur, welche Informationen ein Investor benötigt, um über die Eignung eines Übernahmekandidaten zu entscheiden, sondern auch, wie die notwendigen Informationen beschafft werden können.

III. Grobauslese der für eine Übernahme in Betracht kommenden Unternehmen

86 Das ganze Verfahren zur Ermittlung geeigneter Unternehmen dient vor allem dem Zweck, die Bemühungen zur Übernahme nicht auf irgendein auf den ersten Blick geeignet erscheinendes Unternehmen zu richten, sondern die Auswahl systematisch und professionell aufgrund geeigneter Unterlagen zu treffen. Es geht jetzt darum, die Spreu vom Weizen zu trennen und das **richtige Zielunternehmen** zu finden.

1. Offensichtlich nicht in Betracht kommende Unternehmen

87 Auch wenn Unternehmen, die für eine Übernahme mit Sicherheit nicht in Betracht kommen, schon nicht mehr erfaßt sind, können sich in der Auflistung noch Unternehmen befinden, die bei **näherer Betrachtung** auch ohne weitere Untersuchung für eine Übernahme ausscheiden.

88 Alle so ausgesonderten Unternehmen sollten, auch wenn dies zunächst unnötig erscheint, in einer **besonderen Liste** erfaßt werden. Die Gründe für das Aussondern sollten vermerkt werden. Beim Scheitern der später durchgeführten Übernahme oder auch schon bei der Ablehnung des geplanten Vorhabens kann der Vorwurf erhoben werden, gewisse Unternehmen nicht berücksichtigt oder nicht erfaßt zu haben. Dem kann nach Auflistung solcher Unternehmen, die bei den ersten Untersuchungen ausgesondert worden sind, durch Vorlage der entsprechenden Liste entgegnet werden. Auch das Gedächtnis der handelnden Personen kann durch eine solche Liste aufgefrischt werden.

2. Wahrscheinlich nicht in Betracht kommende Unternehmen

89 Unter den verbleibenden Unternehmen wird es solche geben, die zwar nicht mit Sicherheit für weitere Überlegungen sogleich ausgeschlossen werden können, die aber **wahrscheinlich nicht in Betracht kommen**. Auf eine nähere Betrachtung sollte zunächst verzichtet werden. Auch sie sollten erfaßt werden, um uU später einer näheren Untersuchung unterzogen zu werden. Die Auflistung ist auch zu Dokumentationszwecken sinnvoll.

3. In Betracht kommende Unternehmen mit großem Bereinigungsbedarf

90 In einer dritten Kategorie sollten solche Unternehmen zusammengefaßt werden, die zwar im Grundsatz **in Betracht kommen**, aber neben den interessierenden Geschäftsfeldern **weitere Geschäftsfelder** besitzen, die für das erwerbende Unternehmen **uninteressant** sind. Wenn der „Bereinigungsbedarf" sehr groß ist, werden sie nicht in die erste Wahl aufgenommen.

4. In Betracht kommende Unternehmen

Bei den **für die** beabsichtigte **Übernahme** besonders **geeignet** erscheinenden Unternehmen handelt es sich erfahrungsgemäß um höchstens zwei oder drei Unternehmen, wenn nicht überhaupt nur um ein einziges. Diese Unternehmen werden sorgfältig mit dem Ziel zu untersuchen sein, ob sie die an den Übernahmekandidaten vorab gestellten Anforderungen wirklich erfüllen.

IV. Beurteilung des „Fit" der für eine Übernahme in Betracht kommenden Unternehmen

Unternehmen, die nach dem Ergebnis einer Grobauswahl für eine Übernahme in Betracht kommen, müssen auf ihre volle Eignung hin untersucht werden: **Der „Fit" ist zu beurteilen**. Eine ganze Reihe von Merkmalen, die für den Erfolg einer Übernahme von Bedeutung sind, sind zu prüfen[30].

Zunächst müssen die **Größenordnungen** des eigenen und des für eine Übernahme zur Wahl stehenden Unternehmens verglichen werden. Wenn das Zielunternehmen erheblich größer ist als das eigene Unternehmen, besteht die Gefahr, daß eine Integration nicht möglich sein oder daß das eigene Unternehmen vom anderen Unternehmen eingegliedert wird. Bei einem zu kleinen Unternehmen besteht die Gefahr, daß sich das Management zu wenig um die Umsetzung der Übernahme kümmert und die Übernahme deswegen scheitert.

Weiter muß untersucht werden, in welchem Umfang das Zielunternehmen Geschäftsbereiche betreibt, die für den Erwerber ohne Interesse sind. Es wird kaum ein Unternehmen geben, das ausschließlich die Geschäftsfelder betreibt, die auch vom übernehmenden Unternehmen betrieben werden oder aus sonstigen Gründen für das übernehmende Unternehmen von Interesse sind. Jedes Unternehmen ist mehr oder weniger **diversifiziert**. Es kommt darauf an, alle Unternehmensteile und Tochtergesellschaften des Targets mit ihren Geschäftsfeldern zu erfassen, deren Notwendigkeit für das eigene Geschäft zu prüfen und zu entscheiden, welche Geschäftsfelder notwendig oder jedenfalls gut verwendbar und welche unverwendbar sind. Danach ist zu überlegen, was nach einer Übernahme mit diesen nicht benötigten Geschäftsfeldern und Tochtergesellschaften geschehen soll[31]. Häufig wird diese notwendige Arbeit unterlassen. Erst nach Übernahme eines Unternehmens beginnt das übernehmende Unternehmen mit den Überlegungen zur Zukunft derartiger nicht benötigter Unternehmensteile. Das ist zu spät. Es besteht Gefahr, daß wertvolle Managementkapazitäten zur Führung dieser Unternehmensteile vergeudet werden, ohne daß die Erfolge dem Unterneh-

---

[30] *Hubbard* S. 13.
[31] Vgl. hierzu *Scheiter/Rockenhäuser*, Deutsche Manager entdecken allmählich den strategischen Wert von Desinvestitionen, FAZ 21. 2. 2000.

men langfristig zugute kommen. Der Verlust der Vertrauensbasis im übernommenen Unternehmen ist eine weitere Folge unzureichender Information.

95 Zu warnen ist vor der Zielsetzung, ein Geschäftsfeld zunächst einmal operativ in eine für eine Veräußerung **attraktivere Situation** zu bringen. Es sagt sich leicht, daß man „eine Braut erst schmücken soll, bevor man sie verheiratet". Zahlreiche Versuche haben gezeigt, daß das angestrebte Ziel auch in längerer Zeit nicht erreicht wird, aber wertvolle Ressourcen des übernehmenden Unternehmens ohne Gegenwert vergeudet wurden. Inzwischen hat der Markt von den Veräußerungsbemühungen Kenntnis erhalten, die Erwerbsbereitschaft nimmt ab. Auch erwerbstaktische Gründe mögen dabei eine Rolle spielen. Unternehmerisch sinnvoller ist es, einen bereits vor der Übernahme ausgesuchten Interessenten alsbald nach Bekanntgabe der Übernahme anzusprechen und die Sanierung des betreffenden Geschäftsfelds dem fachkundigen Erwerber zu überlassen. Es gilt das alte Wort: „Der erste Verlust ist meist der kleinste Verlust".

96 Mit der Untersuchung muß auch festgestellt werden, ob das Zielunternehmen bereits **Übernahmeerfahrungen** hat, sei es als übernehmendes Unternehmen, sei es als übernommenes Unternehmen. Wenn dies zu bejahen ist, sollte versucht werden, möglichst viele Informationen über die früheren Übernahmeverfahren in Erfahrung zu bringen und vor allem festzustellen, welche negativen Erfahrungen gesammelt worden sind. Ein Unternehmen, das bei einer Übernahme mit dem „gewußt wie" reagieren kann, bringt einen großen Vorteil mit.

97 Das übernehmende Unternehmen muß feststellen, wie weit sich die **Strukturorganisationen** der beiden Unternehmen entsprechen. Je mehr dies der Fall ist, desto weniger Reibungsflächen werden sich nach der Übernahme ergeben. Und umgekehrt: Je unterschiedlicher die Strukturorganisationen der beiden Unternehmen sind, desto größer werden die Problembereiche sein, die zu einem Störfaktor im Übernahmeprozeß werden und möglicherweise die gesamte Übernahme scheitern lassen.

98 Es muß versucht werden, die wechselseitige **Übereinstimmung in der Unternehmensstrategie** festzustellen. Welches sind die wesentlichen Maximen beider Unternehmen für die Festlegung der strategischen Ziele und der Strategien selbst? Folgende Fragen sollten untersucht werden:
– Ist das Ziel der Geschäftspolitik überwiegend eine Stärkung des Gewinns der Unternehmensgruppe oder eine nicht notwendig von Ertragsgesichtspunkten getragene Vorstellung über eine Erhöhung der Marktanteile in möglichst allen Geschäftsfeldern?
– Ist die Geschäftspolitik der Unternehmen überwiegend langfristig oder nur kurzfristig angelegt?
– Arbeiten die Unternehmen mit sehr sparsamem Mitteleinsatz oder nehmen sie im Interesse einer besseren Handlungsfähigkeit eine hohe Mittelbindung in Kauf?

99 Trotz aller bestehenden Schwierigkeiten muß die Feststellung versucht werden, inwieweit die **Unternehmenskultur** der beiden Unternehmen **übereinstimmt**. Wenn dies nicht der Fall ist, wird die angestrebte Integration der beiden Unternehmen erschwert oder gar scheitern. Es ist nicht zu verstehen, daß der Cultural Due Diligence oft so wenig oder gar keine Aufmerksamkeit geschenkt wird. Wesentlich

ist vor allem die Gemeinsamkeit in der Betrachtung der Werte. Wenn diese festgestellt werden kann, ist eine Angleichung weiterer Faktoren oft verzichtbar.

Bestimmend für die Unternehmenskultur sind vor allem folgende fünf Faktoren[32]:
- **Geschäftsumgebung** (Produkte, Wettbewerber, Kunden, Technologie etc.);
- **Werte** (Konzepte und Überzeugungen, die Erfolgsstandards schaffen);
- **„Helden"** (personifizierte Unternehmenswerte und Vorbilder);
- **Riten und Rituale** (Alltagsroutinen, Feste, Beförderungen etc.);
- **Netzwerke** (die „Helden des Alltags" und ihr Umgang miteinander).

An dieser Stelle können die Faktoren der Unternehmenskultur nicht im einzelnen erörtert werden, zumal die Gewichte dieser Faktoren – als Teil der Kultur – von Unternehmen zu Unternehmen unterschiedlich gesehen werden. Einige Hinweise auf erfahrungsgemäß **besonders bedeutsame Faktoren** an späterer Stelle müssen genügen[33]. Hier sei eines bemerkt: Besonders wichtig ist es, daß die Angehörigen der Unternehmensspitzen einander gut verstehen. Für eine entsprechende Feststellung sind gemeinsame Spaziergänge oft wichtiger als wissenschaftliche Untersuchungen.

Ein Zusammenschluß von Unternehmen sollte im allgemeinen nur erwogen werden, wenn beide Unternehmen **wirtschaftlich gesund** sind. Sie müssen eine gute Vermögens-, Finanz- und Ertragslage aufweisen. Es mag in Sonderfällen Ausnahmen geben. Aber dann muß das übernehmende Unternehmen vorher genau wissen, auf was es sich einläßt, und besondere Vorkehrungen für eine rasche Verbesserung der nicht befriedigenden Lage des übernommenen Unternehmens treffen.

Die **Profitabilität des Zielunternehmens** ist wichtig. Wenn das übernehmende Unternehmen börsennotiert ist, wird sich die Ertragslage des Zielunternehmens auf den **Börsenkurs** des übernehmenden Unternehmens auswirken. Der Markt wird von negativen Einflüssen auf das übernehmende Unternehmen ausgehen, wenn die Ertragslage des Zielunternehmens schlechter ist als die des übernehmenden Unternehmens. Umgekehrt kann die Übernahme eines profitablen Unternehmens einen positiven Einfluß auf den Börsenkurs des übernehmenden Unternehmens haben. Die Börse wird dann von einer entsprechenden positiven Beeinflussung der Gesamtertragslage ausgehen.

Das **Lebensalter** der sich verbindenden Unternehmen ist häufig von Bedeutung. Dies wirkt sich meist schon bei der Bestimmung der Unternehmenskulturen aus, hat aber auch darüber hinaus Bedeutung. Seit langem bestehende Unternehmen sind häufig wenig beweglich und oft schon verkrustet, ihre Anpassungsfähigkeit ist gering. Zur Privatisierung anstehende Unternehmen[34] können hier eine besondere Herausforderung darstellen. Umgekehrt sind jüngere Unternehmen oft noch recht dynamisch und Veränderungen leichter zugänglich.

Wichtig für den Erfolg einer Unternehmensübernahme ist auch ihr **Zeitpunkt**. Der Veräußerer wird versuchen, sein Unternehmen dann zu verkaufen,

---

[32] *Wieselhuber* 6/3; vgl. dazu auch *Jung* S. 157, der insgesamt 8 Kernfaktoren aufführt.
[33] Siehe Rn 133 ff.
[34] Siehe § 20.

wenn es bei günstiger Konjunktur sehr erfolgreich ist. Er erwartet einen besonders hohen Kaufpreis. Der Erwerber sollte vor allem überlegen, ob die konjunkturelle Situation günstig ist. Bei abflachender Konjunktur wird die Integration der Übernahme im allgemeinen schwieriger sein als bei aufsteigender Konjunktur.

F. Einschätzung des vorrangig ausgewählten möglichen Vertragspartners (Vor-Due Diligence) und der Verbundvorteile

106 Die festgestellten sachlichen Grundlagen müssen **beurteilt** werden. Mit großer Sorgfalt und ausreichendem Sachverstand (ggf. mit externer Hilfe) müssen aus den verschiedenen Tatsachen die richtigen Schlußfolgerungen gezogen werden. Festgestellte Unterschiede sind zu gewichten, ihre Erträglichkeit oder Beseitigungsfähigkeit muß eingeschätzt werden. Abschließend muß entschieden werden, ob die Übernahme für das übernehmende Unternehmen vorteilhaft ist. Eine überschlägige Quantifizierung der rechenbaren Vorteile muß zumindest versucht werden.

I. Vergleich der feststellbaren Merkmale

107 Die vergleichende Betrachtung sollte bei jeder **Faktorbeurteilung** mit einem klaren Ergebnis beendet werden. Annahmen, die der Verifizierung bedürfen, sollten im Hinblick auf die anstehenden Due Diligence-Untersuchungen besonders herausgehoben werden.

1. Corporate Governance

108 Bei einem Vergleich der verschiedenen **Systeme der Corporate Governance** gilt es, die Unterschiede
– der Kompetenzabgrenzung zwischen den Organen Vorstand – Aufsichtsrat (oder Verwaltungsrat) – Hauptversammlung,
– die Besonderheiten der Anteilseigner-Struktur und
– etwaige Merkmale einer Konzerneinbindung
festzustellen und ihre Verträglichkeit zu beurteilen.

109 Die **materiellen Unternehmensverfassungen** weisen von Land zu Land Unterschiede auf. Nur wenige Staaten kennen und verwenden das deutsche Vorstand/Aufsichtsrats-System (Two-Tier-System). In den meisten Staaten der Welt gilt das Verwaltungsratssystem (One-Board-System). In Deutschland haben eine AG und eine GmbH mit mehr als 500 Arbeitnehmern[35] auf Unternehmensebene Arbeitnehmerbeteiligungen in ihren Aufsichtsräten. Die Mitwirkungsbefugnisse der Aktionäre in der Hauptversammlung sind von Land zu Land verschieden.

110 Bei der Führung des Unternehmens wirkt sich das unterschiedliche System der **Verwaltung durch Vorstand und Aufsichtsrat** oder durch einen **Verwaltungsrat** aus. Die in Großbritannien und in den USA zunehmend übliche Tren-

---

[35] Hiervon gibt es Abweichungen, auf die hier nicht eingegangen werden soll; siehe § 27 Rn 122 ff.

nung der Boardmitglieder in Inside- und Outside-Mitglieder führt zwar zu einer Annäherung der Systeme, aber keineswegs zu einer Systemidentität: Der Aufsichtsrat hat zu überwachen, der Board Geschäfte zu führen.

Der **Vergleich der Unternehmensverfassungen** muß mit einer Betrachtung über die voraussichtlichen Verfassungselemente der verbundenen Unternehmen und deren voraussichtliche Akzeptanz bei Anteilseignern, Mitarbeitern und auf den Märkten abschließen. Es sollten Überlegungen über die Frage angestellt werden, ob ein ausländisches Zielunternehmen in die Mitbestimmung auf Unternehmensebene einbezogen werden soll oder nicht. Die möglichen Gestaltungsformen sollten dargestellt werden.

Die **Wahrnehmung der Aktionärrechte durch die Hauptversammlung** ist in der Praxis ebenso unterschiedlich wie in ihren Rechtsgrundlagen. In den meisten Industriestaaten ist die Versammlung der Aktionäre jedenfalls von Rechts wegen das oberste Organ der AG. In Deutschland ist die Hauptversammlung zwar rechtstheoretisch mit Vorstand und Aufsichtsrat gleichberechtigt. Allerdings hat sich seit dem sog. „Holzmüller"-Urteil[36] und der Entdeckung sog. ungeschriebener Hauptversammlungszuständigkeiten[37] in Strukturfragen der Geschäftsführung doch ein gewisser Primat der Hauptversammlung herausgebildet. In der praktischen Abwicklung der Aktionärsversammlungen gibt es wohl kein Land der Erde, in dem Hauptversammlungen gerichtsgeschützt mit so vielen Unwichtigkeiten und vom Kapitalbeitrag unabhängigen Störbefugnissen der Aktionäre ausgestattet sind wie in Deutschland. Die vergleichende Betrachtung muß mit einer zusammenfassenden Beurteilung der künftigen Stellung der Anteilseignerversammlung, ihren Kompetenzen und den Auswirkungen auf die Führung der Geschäfte abschließen.

Beachtung verdient die Gesellschafterstruktur und eine etwaige **Konzerneinbindung**[38] der Zielgesellschaft, wenn es sich nicht um eine selbständige, eigenständig wirtschaftende Kapitalgesellschaft handelt. Zahlreiche Fragen können sich in diesem Zusammenhang stellen, so u. a.:

– Ist die Zielgesellschaft ein Unternehmen mit weitgehend normierter Unternehmensverfassung?
– Kann die Satzung (der Gesellschaftsvertrag) bei einem öffentlichen Register eingesehen werden?
– Ergeben sich aus der Satzung (dem Gesellschaftsvertrag) Besonderheiten, die für eine Übernahme bedeutsam sind?
– Sind Besonderheiten der Gesellschaftsstruktur bekannt?
– Gibt es Gesellschafter (Gruppen) mit Sonderrechten, ggf. welchen?
– Ist die Gesellschaft mit anderen Unternehmen verbunden, ggf. in welcher Weise?
– Sind Tatbestände erkennbar, die aus welchen Gründen auch immer zum Erwerb von Anteilsrechten Dritter an anderen Unternehmen als der Zielgesellschaft zwingen können?

---

[36] BGHZ 83, 122 = NJW 1982, 1703.
[37] Vgl. *Hüffer* § 119 AktG Rn 16ff.
[38] Zum Konzernrecht siehe § 28.

2. Führung des neuen Unternehmensverbunds

114 Wenn das neu verbundene Unternehmen im Gesamtverbund nur von geringerer Bedeutung ist, wird eine **Veränderung in der** obersten **Managementebene** meist nicht erforderlich sein. Die Zuständigkeit eines Vorstandsmitglieds wird in dieser oder jener Form erweitert. Veränderungen beschränken sich auf die Führungsebene unterhalb des Vorstands.

115 Wenn die sich verbindenden Unternehmen größer sind, werden im allgemeinen auch Veränderungen im **Vorstand der Obergesellschaft** notwendig werden. Problematisch können die notwendigen Entscheidungen werden, wenn die Unternehmensverbindung als ein Merger of Equals erfolgen soll. Dann kommt es zwar einerseits darauf an, das Selbstbewußtsein des anderen Unternehmens nicht dadurch zu verletzen, daß die bisherigen Mitglieder des Vorstands in eine nachrangige Position gedrängt werden. Aber das tatsächlich übernehmende Unternehmen muß sich darüber klar sein, daß eine solche Übernahme nur erfolgreich sein wird, wenn von Anfang an klare Führungsverhältnisse bestehen und damit auch die Verantwortung für das Gelingen des Zusammenschlusses festgelegt ist.

116 Sog. **Doppelspitzen** sollten nicht geschaffen werden. Sie sind regelmäßig das Ergebnis ungenügender Verhandlungen und zeigen, daß sich das übernehmende Unternehmen mit aller Gewalt und unter Inkaufnahme eines beachtlichen Führungsrisikos mit dem Zielunternehmen verbinden will. Solange die Doppelspitze besteht, mangelt es an einer schlagkräftigen Führung. Dennoch wird es Fälle geben, in denen ein solcher Kompromiß unvermeidbar ist. Ob dann eine vorab vereinbarte zeitliche Begrenzung der Doppelspitze ein probates Mittel ist, um die Führung nachhaltig zu sichern, muß bezweifelt werden. Manager auf Abruf werden regelmäßig zur „lame duck".

117 In entsprechender Weise müssen Vorschläge für die künftige **Besetzung des Aufsichtsrats** erarbeitet werden. Wichtig ist ein Höchstmaß an Qualifikation. Die meist gewünschte Parität bei der Besetzung der Aufsichtsratsmandate wird zwar gefordert (und leider auch durchgesetzt), sollte aber hinter die Eignungsgesichtspunkte zurücktreten.

118 „Irgendwann" wird sich auch bei noch so sinnvollen Zusammenschlüssen die Frage stellen, ob der **Unternehmensverbund in seiner neuen Größe** überhaupt noch **führbar** ist[39]. Diese Frage kann nur beantwortet werden, wenn vorher geklärt wird, was Führung heißt. Die Auffassungen hierzu werden sicherlich stark divergieren. Richtig wird aber auch in einem großen Unternehmensverbund die ordnungsmäßige Wahrnehmung der originären Führungsfunktionen[40] das Wesen der Führung ausmachen. Das oberste Geschäftsleitungsorgan muß
- die Unternehmensplanung,
- die Unternehmenskoordinierung,
- die Unternehmenskontrolle und
- die Besetzung der obersten Führungspositionen

fest im Griff haben und Führungsentscheidungen[41], d. h. Entscheidungen mit

---

[39] Vgl. hierzu *Oppermann*, Gullivers Reisen, Die Woche 22. 12. 1999.
[40] *Semler*, Leitung und Überwachung, Rn 11.
[41] *Semler*, Leitung und Überwachung, Rn 13.

Auswirkungen auf die mittel- oder langfristige Entwicklung der Unternehmensgruppe und bedeutsamem Einfluß auf die Ertragslage, die Finanzlage oder die Belegschaft haben, selber treffen. Auf keine dieser Zuständigkeiten darf verzichtet werden. Die Einrichtung einer Holdinggesellschaft als Führungsspitze ist keineswegs eine Ideallösung. Sie verwischt die Verantwortung und gibt dem Vorstand der Holding die unbegründete Entschuldigungsmöglichkeit, für operatives Versagen der Organe nachgeordneter Gesellschaften nicht verantwortlich zu sein.

Die Wahrnehmung der originären Führungsfunktionen setzt **Vertrautheit mit dem tatsächlichen Geschehen** voraus. Bei zweckgerechter Organisation wird dies im allgemeinen, zumal bei divisionaler Strukturorganisation, gesichert werden können. Wenn die Vielfalt der Geschäftsfelder oder die Verzweigung der Geschäfte allerdings so groß werden sollte, daß insbes. funktional zuständige Mitglieder des Geschäftsleitungsorgans die Vorgänge am Markt und im Unternehmensverbund nicht mehr kritisch beobachten und steuern können, wird eine Auf- oder Abgabe einzelner Geschäftsfelder notwendig werden. Weitere Unternehmensübernahmen werden nicht in Betracht kommen. Die dem Geschäftsleitungsorgan obliegende Sorgfaltspflicht gebietet, sich auf ein überschaubares Geschäftsvolumen zu beschränken. Das Aufsichtsorgan hat darauf zu achten, daß dies geschieht.

3. Voraussichtliche Veränderungen in der Marktstellung und in der Wertschöpfungskette

Die beiden **Unternehmensprofile** müssen miteinander **verglichen** werden[42]. Zwar ist es möglich, diesen Vergleich schon im Zusammenhang mit der Feststellung des Unternehmensprofils jedes Übernahmekandidaten anzustellen. Aber die hier vorgeschlagene **Vorgehensweise** ist sauberer und gewährleistet klarere Ergebnisse. Beim sofortigen Vergleich werden leicht wichtige Feststellungen weggelassen, weil unter Verzicht auf tatsächliche Darstellungen sogleich mit einer vergleichenden Wertung begonnen wird.

Wegen der für jedes Unternehmen bedeutsamen Frage des Marktauftritts sollten zunächst die **Angebotsspektren** verglichen werden. Der Vergleich muß mit der Feststellung enden,
- ob die Produktspektren sich (evtl. besonders) gut ergänzen,
- ob sie sich überschneiden oder
- ob sie Teile der Marktanforderungen auch künftig offen lassen.

Die Qualität der angebotenen Produkte und Leistungen, das Design und andere Merkmale von Marktbedeutung sind gegeneinander abzuwägen. Beispielsweise sei daran erinnert, daß der Vertrieb hochwertiger Produkte nicht auf demselben Weg und in gleicher Weise wie der Vertrieb einfacher Massenprodukte erfolgen kann und deswegen der formale Ergänzungscharakter des anderen Produktangebots nicht ohne weiteres in das Angebotsprogramm des anderen Unternehmens einbezogen werden kann. Auf gemeinsam mögliche Erweiterungen oder sonstige Veränderungen des Produktangebots muß eingegangen werden. Abschließend muß abgeschätzt werden, ob die Möglichkeiten der Zusammenarbeit zu höherem Um-

---

[42] Vgl. hierzu *Picot* FAZ 18. 10. 2000.

satzwachstum und zu höheren Betriebsgewinnen führen können. Das Ergebnis muß zumindest ganz grob auch in Zahlen dargestellt werden.

123 Wenn eines der verglichenen Unternehmen im Hinblick auf verwendete **Marken** eine besondere Marktstellung hat, ist die Verträglichkeit der Markenprodukte mit den markenfreien Produkten abzuschätzen. Auch ist die Frage zu beantworten, ob es möglich und sinnvoll ist, die im einen Unternehmen bisher nicht als Markenprodukte vertriebenen Produkte künftig sämtlich oder zum Teil unter einer der vom anderen Unternehmen eingeführten Marken zu vertreiben und in den Markenschutz einzubeziehen. Es muß geprüft werden, ob dadurch die Gefahr einer Markenverwässerung entsteht oder ob eine verstärkte Nutzung der Marke möglich und wirtschaftlich sinnvoll ist.

124 Nicht nur die vorhandenen Produktpaletten müssen verglichen werden. Mindestens ebenso wichtig, wenn nicht bedeutungsvoller ist ein Vergleich der **in Entwicklung befindlichen Produktvorhaben** beider Unternehmen. Sie müssen technisch und technologisch sowie unter Marketing- und Vertriebsaspekten eingeschätzt werden. Es nützt einem Übernehmer zB gar nichts, wenn das übernommene Unternehmen gegenwärtig hervorragende Produkte anbietet, aber nach Auslauf der Marktgängigkeit dieser Produkte nichts mehr zu bieten hat. Es kann sogar sein, daß von diesem Unternehmen besonders gute Gewinne ausgewiesen werden, weil Entwicklungsarbeiten nicht in erforderlichem Umfang durchgeführt worden sind und die Erfolgsrechnung deswegen nicht mit Entwicklungsaufwendungen belastet war.
– Können nach einer Zusammenführung der Entwicklungsaktivitäten zusätzliche Produkte, evtl. mit einem besseren Preis/Leistungs-Verhältnis eingeführt werden?

125 Abhängig von der Art der Unternehmen können die vorhandenen **Forschungskapazitäten und der Stand der entwicklungsnahen Forschung** von Bedeutung sein.
– Sind die zusammengeführten Unternehmen von den Forschungsergebnissen anderer Unternehmen abhängig oder weitgehend autark?
– Verändert sich eine bestehende Abhängigkeit durch die Zusammenführung?
– Gibt es bestimmte Geschäftsfelder oder Produktgruppen, für die sich nach der Zusammenführung eine besonders bemerkenswerte technische Position ergibt?
– Oder gibt es umgekehrt Geschäftsfelder oder Produktgruppen, die aufgrund von Sperrpatenten eines oder mehrerer Wettbewerber auch nach der Zusammenführung dem neuen Unternehmen nicht zugänglich sein werden?

126 Entsprechend ist im Beschaffungssektor zu verfahren.
– Welche Vorteile wird ein gemeinsamer **Einkauf** bringen?
– Wie hoch werden die Skaleneffekte sein?[43]
– Sind neben Skaleneffekten andere Vorteile (Synergieeffekte) erzielbar?
– Muß mit negativen Gegenreaktionen der Lieferanten gerechnet werden?
– Wie können die verbundenen Unternehmen auf solche Abwehrhaltungen reagieren?

---

[43] Siehe § 1 Rn 69 ff.

Bei einer Gegenüberstellung der **Produktionsanlagen** geht es sowohl um die verwendeten Technologien als auch um die jeweils vorhandenen Produktionsanlagen und Produktionskapazitäten. Eine Reihe von Fragen muß beantwortet werden, zB: **127**
- Mit welcher Fertigungstiefe arbeiten die verglichenen Produktionsstätten? Welche Angleichungen bieten sich an?
- Gibt es besondere Vorteile, die durch die Zusammenarbeit mit dem übernommenen Unternehmen im Produktionsbereich erworben werden können?
- Können Skaleneffekte erwartet werden, wenn ja, in welcher Höhe?

Beim Vergleich der jeweiligen **Vertriebsaktivitäten** sind die Marketingpolitik, die Vertriebsorganisation und die Vertriebsaktivitäten einschätzend zu vergleichen. Im allgemeinen werden die gegenwärtigen Vertriebskosten in absoluter Höhe und im Vergleich zum Umsatz Ausgangspunkt der weiteren Überlegungen sein. **128**

Die **Marketingaktivitäten** sind häufig eine Visitenkarte des Unternehmens. Sie drücken aus, wie das Unternehmen seine Produkte präsentiert und damit zugleich auch, wie sich das Unternehmen selbst sieht und nach außen darstellt. Neben einem allgemeinen Vergleich des Marktauftritts werden die einzelnen Faktoren der Marktpolitik bewertend verglichen, zB: **129**
- Welche Möglichkeiten für ein wirksameres Marketing ergeben sich nach der Unternehmensübernahme?
- Werden höhere Aufwendungen nötig sein?
- Welchen Nutzen kann eine integrierte Markenpolitik bringen?

Die **Vertriebsorganisationen** von Unternehmen einer Branche unterscheiden sich häufig wenig. Wenn primär über Vertriebsmittler (Groß- und Einzelhändler) verkauft wird, ist dies meist in der ganzen Branche üblich. Wenn ein Unternehmen in großem Umfang eigene Verkaufsstellen mit Erfolg betreibt, werden die Wettbewerber nur selten auf derartige eigene „points of sale" verzichten. Ähnliches gilt für den Auslandsvertrieb. Bei größeren Unternehmen ist ein Hang zu eigenen Vertriebsgesellschaften jedenfalls in den bedeutenden Märkten festzustellen. Kleinere Unternehmen verkaufen über ortsansässige Importeure. Beim Auf- und Ausbau der Auslandsvertriebsorganisation wird häufig mit Fremdvertretungen begonnen. Später wird ein eigenes Vertriebsnetz aufgebaut. Auch heute noch gibt es – wenn auch sehr viel seltener als früher – Unternehmen, die ihre Produkte mit Hilfe deutscher Exporteure ins Ausland verkaufen. Bei der vergleichenden Untersuchung müssen bestehende Unterschiede aufgezeigt und die Vor- und Nachteile dieser oder jener bestehenden Organisation dargestellt werden. Die Möglichkeiten für eine bessere oder kostengünstigere Vertriebsorganisation sollten überdacht und die Ergebnisse dargestellt werden. Die Skaleneffekte müssen grob abgeschätzt werden. **130**

Auch bei annähernd gleicher Vertriebsorganisation können sich die **Vertriebsaktivitäten** unterscheiden. Während ein Unternehmen absolut händlertreu ist, kann ein anderes Unternehmen auch Direktverkäufe (Fabrikverkauf, Factory Outlet) in großem Umfang tätigen. Ein Unternehmen kann bereits im e-commerce arbeiten, das andere noch nicht. **131**
- Welche neuen Möglichkeiten ergeben sich nach der Unternehmenszusammenführung?

– Wie soll der Absatz künftig erfolgen?
– Welchen Einfluß auf die Erfolgsrechnung hat die künftige Gestaltung?

132 Durch eine Unternehmensübernahme sollen die beteiligten Unternehmen in ihrem neuen Verbund stärker sein als vorher. Es kommt darauf an, eine positive Einstellung der **Kunden** zu diesem Verbund zu sichern. Ob dies möglich sein wird und welche Mittel zum Erreichen dieses Ziels eingesetzt werden müssen, bedarf frühzeitiger Überlegung und Festlegung.

4. Unternehmenskulturen

133 Häufig wird in den **Unterschieden der Unternehmenskulturen** die hauptsächliche Ursache für das Scheitern von Unternehmensverbindungen gesehen[44]. Es mag dahingestellt bleiben, ob dies zutrifft. Die einseitige Entscheidung, eine der Unternehmenskulturen als „Leitkultur" zu bestimmen, ist sicherlich integrationsschädlich. In jedem Fall sind gründliche Überlegungen über die Verträglichkeit verschiedener Unternehmenskulturen notwendig. Dabei ist auch auf die Frage zu achten, ob die unterschiedlichen Kulturmerkmale zusammengeführt oder getrennt erhalten werden sollen[45]. Welche Kosten werden durch den vorgesehenen Abgleich der Kulturen entstehen?

134 Die KPMG[46] hat mit einer Untersuchung festzustellen versucht, welche Möglichkeiten zur **Behandlung unterschiedlicher Unternehmenskulturen** bestehen und bei etwa 460 Mitgliedern von Verwaltungsräten und Vorständen angefragt, welchen Weg sie vorziehen. Dabei ergab sich folgendes:
– Die Zielgesellschaft verbleibt als selbständige und eigenständige Einheit, deren Management der Erwerber unverändert läßt (29% der Befragten).
– Die Zielgesellschaft verbleibt als selbständige und eigenständige Einheit, deren Management der Erwerber ersetzt (17% der Befragten).
– Die Strukturorganisationen werden neu bestimmt, Manager auch der erworbenen Gesellschaft finden neue Aufgaben im entstandenen Unternehmensverbund (keine Angabe zu den eingegangenen Antworten).
– Zielgesellschaft und erwerbendes Unternehmen werden vollständig verschmolzen (26% der Befragten).

135 Die Auskünfte variieren sehr stark von Land zu Land. Dies ist natürlich. Die Führungskulturen sind als solche in den verschiedenen Ländern unterschiedlich. Aber auch die strategischen Ziele der Unternehmensübernahmen können verschieden sein. Unterschiedliche Ziele bedingen unterschiedliche Integrationsstufen[47].

136 Wichtig ist die Übereinstimmung in der **Beurteilung gesellschaftlicher Grundlagen**. Wenn nur ein Unternehmen die demokratische Grundordnung voll bejaht und für ihre Durchsetzung eintritt, das andere aber nicht, wird der nö-

---

[44] Vgl. zB *Dievernich*, Fusionen scheitern an geringer Kommunikation, Financial Times (D) 22.11.2000; *Noack*, Die Führungskräfte brüllten sich bis in die frühen Morgenstunden an, FAZ 1.11.2000.

[45] Vgl. hierzu *Schmidt/Hackethal*, Weshalb die Geschichte der Unternehmensfusionen mit Mißerfolgen gespickt ist, Frankfurter Rundschau 5.1.2000.

[46] *KPMG* Management Consulting, Mergers & Acquisitions in Europe, Research Report, 1997, S. 17.

[47] Hierzu vgl. u. a. *Haspeslagh/Jemison* S. 130 ff., 184 ff.

tige Integrationsprozeß nicht funktionieren. Gleiches gilt für die Einstellung der Unternehmen zur sozialen Unternehmenswirtschaft. Wenn ein Unternehmen nicht auf dem Boden der sozialen Marktwirtschaft steht, weil es dem sozialistischen Wirtschaftssystem oder einem extremen Privatkapitalismus anhängt, wird es mit dem anderen Unternehmen nicht zusammenarbeiten können.

Nicht alle **Faktoren der Unternehmenskultur** können hier behandelt und schon gar nicht alle sich in diesem Zusammenhang ergebenden Fragen erörtert werden. Nur auf einige besonders wichtige Punkte soll im folgenden näher eingegangen werden. **137**

Bei internationalen Unternehmensübernahmen bestehen regelmäßig **Sprachunterschiede**. Eine erfolgreiche Übernahme setzt voraus, daß es gelingt, eine beiderseits anerkannte Verständigungsbasis zu schaffen. In diesem Zusammenhang sind regelmäßig Entscheidungen zu treffen: **138**
- Soll eine einheitliche Konzernsprache festgelegt werden?
- Wie wird bei einer Fremdsprache als Konzernsprache sichergestellt, daß Organmitglieder, insbes. die Arbeitnehmervertretungen auf Betriebs- und Unternehmensebene ihre gesetzlichen Pflichten weiterhin erfüllen können?
- Welche Kosten entstehen durch Dolmetscher- und Übersetzer-Einsatz?

Beim Vergleich der **hierarchischen Ordnungen** ergeben sich weitere Fragen: **139**
- Entsprechen sich die Hierarchien in den zu verbindenden Unternehmungen?
- Wie ist die Führungsspanne in jedem der Unternehmen?
- Wie viele Führungsebenen sind vorhanden?
- Läßt sich eine Angleichung herbeiführen und ggf. in welcher Weise?

Führungsgrundsätze haben erhebliche Bedeutung für das Zusammenwirken der Mitarbeiter und das Betriebsklima. Daraus ergibt sich eine Reihe von Entscheidungserfordernissen. **140**
- Welche Führungsgrundsätze gelten in den beteiligten Unternehmen?
- Werden Entscheidungen weitgehend zentral getroffen oder ist die Entscheidungszuständigkeit dezentralisiert?
- Wie sind die Kompetenzregelungen beschaffen?
- Werden die nachgeordneten Bereiche und die Entscheidungen ihres Managements laufend kontrolliert oder besteht eine sehr weite Vertrauensgrundlage mit einer Kontrolle nur aufgrund der erwirtschafteten Ergebnisse?
- Welche Führungsgrundsätze sollen künftig gelten? Wie sollen die Führungskräfte damit vertraut gemacht werden; wie sollen die künftig geltenden Grundsätze umgesetzt und wie soll ihre Einhaltung gesichert werden?

Auch die **Führungsorganisation** ist von Bedeutung. Verschiedene Fragen müssen beantwortet werden: **141**
- Wie soll die künftige Hauptverwaltung des verbundenen Unternehmens beschaffen sein?
- Wo soll sich das rechtliche und das tatsächliche Domizil des neuen Unternehmens befinden?
- Wieviel Mitarbeiter in welchen Positionen müssen oder können freigestellt werden?

5. Mitarbeiter

142 Mit besonderer Sorgfalt müssen die anstehenden und künftig noch zu erwartenden **Mitarbeiterfragen** behandelt werden. Die beabsichtigte Unternehmensverbindung muß von den Mitarbeitern aller beteiligten Unternehmen verstanden, akzeptiert und mitgetragen werden. Erst wenn (nahezu) alle Mitarbeiter den neuen Unternehmensverbund selbst uneingeschränkt bejahen und in diesem Verbund zufrieden arbeiten können und wollen, kann von einem Gelingen der Zusammenführung gesprochen werden.

143 Bei einer vergleichenden Betrachtung wird zunächst von einer Untersuchung des Mengengerüsts ausgegangen werden. Die in der **Mitarbeiterstatistik** üblichen Aufstellungen müssen gegenübergestellt werden, soweit dies in diesem Zeitpunkt möglich ist. Wichtig ist vor allem ein Vergleich der Vergütungsniveaus.

144 Eine entsprechende Darstellung ist für die **Führungskräfte** erforderlich. Tunlichst sollten für die obersten Führungskräfte Beurteilungen nach einem einheitlichen Schema erstellt und ausgewertet werden. Die neue Unternehmensleitung muß wissen,

– ob die Führungskraft insgesamt ausreicht,
– ob die Notwendigkeit besteht, sich von einzelnen Führungspersonen zu trennen, oder
– ob Einstellungsbedarf besteht.

Um wirklich eine objektive Beurteilung der in Konkurrenz stehenden Führungskräfte zu sichern und die qualitativ besten Kräfte auszuwählen, kann die Beiziehung eines Unternehmensberaters sinnvoll sein. Die Dienstvorgesetzten der Führungskräfte werden sich durchaus verständlich für ihre eigenen Mitarbeiter einsetzen.

145 Bei Unternehmensübernahmen werden häufig den Mitarbeitern, deren weitere Mitwirkung nach der Übernahme wichtig erscheint, besondere Prämien angeboten (sog. **„retention packages"**). Schon vor Beginn der Umsetzung muß klargestellt werden, ob ein solches Verfahren gewählt werden soll oder nicht.

146 Insbes. bei der Übernahme von Unternehmen, die ihren Sitz und ihre Betriebsstätten im Ausland haben, können sich erhebliche Unterschiede im **Vergütungsniveau** ergeben. Ein sachgerechter Vergleich ist oft sehr schwierig, aber dennoch unentbehrlich. Der Unternehmer muß vor der Übernahme wissen, wie er das Problem unterschiedlicher Vergütungsniveaus lösen will. Wer zu diesem Zeitpunkt keine Lösung weiß, wird sie auch nach der Übernahme nicht wissen. Aber ein gewichtiger Unterschied besteht: Nach der Übernahme muß gehandelt werden, es gibt kein Zurück. Sicherlich muß nicht schon das Lohn- und Gehaltsniveau für jeden Beschäftigten und für jede Führungskraft entschieden sein. Aber die Grundsätze der Angleichung müssen vor der Unternehmensübernahme feststehen und den Mitarbeitern kommuniziert werden.

147 Entsprechendes gilt auch für die **freiwilligen Sozialleistungen**. Die Wünsche der Arbeitnehmer und ihrer Vertretungen gehen im allgemeinen dahin, nach der Übernahme bei jeder einzelnen Leistung den höchsten Leistungssatz zu erhalten.

Eine derartige Angleichung ist durchweg nicht möglich und auch keineswegs notwendig. Volle Identität der Sozialleistungen muß nicht geschaffen werden. Sozialleistungen hängen vom Umfeld, von der Art und der Höhe der gesetzlichen Sozialleistungen, von der bisherigen Entwicklung im jeweiligen Unternehmen und von den sonstigen Beschäftigungsbedingungen ab. Bei der Vorbereitung der Übernahme sollte aber sorgfältig überlegt werden, ob aus dem unterschiedlichen Sozialgefüge zusätzliche Belastungen auf die Unternehmensgruppe zukommen und ggf. in welcher Höhe.

Es ist nicht leicht, schon im Zuge der Vorbereitung der Unternehmensübernahme fundierte Aussagen zur **künftigen Beschäftigungspolitik** zu machen. Aber ein erfahrener Unternehmer – und nur ein solcher sollte eine Unternehmensübernahme wagen – wird auch für den Beschäftigungsbereich ein grobes Konzept für die Zukunftsgestaltung haben. Es gilt, dies so sicher und so einleuchtend wie nur möglich zu erstellen. Dabei wird auch zu untersuchen sein, welche Voraussetzungen einer Harmonisierung bereits bestehen und welche noch zu schaffen sind. Wo sind Zustimmungen der Betriebsräte notwendig, können sie erwartet werden? Im Verhältnis der Unternehmensleitung zu den Beschäftigen müssen klare Verhältnisse geschaffen werden. Die Arbeitnehmer und ihre Vertretungen (Betriebsräte, Gewerkschaften) erkennen sehr rasch, ob Unsicherheit besteht und ob ihnen die Wahrheit gesagt wird oder nicht.

Wer zu taktieren versucht, hat im allgemeinen die erste Runde der Unternehmensübernahme schon verloren. Die Arbeitnehmer wissen, daß eine Übernahme regelmäßig mit einer Verringerung der addierten Beschäftigtenzahl verbunden ist. Dafür haben die Arbeitnehmer, auch wenn sie es nach außen nicht zugeben, im Grunde Verständnis. Dies gilt auch für den Bereich der öffentlichen Hand. Sie haben aber neben dem Wunsch auf Erhalt ihres persönlichen Arbeitsplatzes primär einen Wunsch: Sie möchten weitgehende **Klarheit über die künftige Gestaltung der Arbeitsverhältnisse** haben.

Die Bewältigung einer Unternehmensübernahme ist wohl **die schwierigste Managementaufgabe** in der sozialen Marktwirtschaft. Wer diese Kunst nicht beherrscht, sollte solche Projekte nicht angehen. Er wird dem Unternehmen und im allgemeinen auch sich selbst Schaden zufügen. Erfolg wird nur ein Unternehmer haben, der seinen Mitarbeitern, aber auch den anderen von der Unternehmensübernahme betroffenen Personen offen gegenübertritt und ihnen klar sagt, was sie zu erwarten haben: Die Vorteile ebenso wie die Nachteile, die Risiken und die Chancen müssen den Arbeitnehmern erläutert werden.

Eine Unternehmensübernahme ist nicht bereits mit dem Abschluß von Verträgen und anschließenden Vereinigungsfeiern abgeschlossen. Volle Managementfähigkeit wird erst in der Zeit danach gefordert. Nur wer die endgültige Zusammenführung der Unternehmen auch praktisch herbeigeführt hat, ist wirklich ein erfolgreicher Unternehmer.

6. Skaleneffekte

Bei der vergleichenden Betrachtung der verschiedenen Geschäfts- und Funktionsfelder war auch festzustellen, welche **Skaleneffekte** auf den jeweiligen Gebieten erzielbar erschienen[48]. Diese Annahmen sollten aufgelistet und die jeweilige Verantwortlichkeit für ihre Realisierung festgehalten werden.

7. Synergieprojektion

153 Mit jeder Unternehmensübernahme sollen zumindest als Nebenzweck auch **Synergieeffekte** erzielt werden[49]. Es ist wichtig, die Geschäfts- und Arbeitsfelder, auf denen Synergien erwartet werden, schon im Vorbereitungsstadium darzustellen und die Größenordnung der erwarteten Synergien festzuhalten. Noch wichtiger ist es aber, schon in diesem Zeitpunkt festzulegen, wer nach der Übernahme die Verantwortung für die Realisierung der Synergien tragen soll.

8. Möglichkeiten zur Unternehmenswertsteigerung

154 Bei der Vorbereitung einer Unternehmensübernahme sollte zugleich geprüft werden, ob es in den künftig verbundenen Unternehmen von der Übernahme unabhängige **Möglichkeiten zur Unternehmenswertsteigerung** gibt. Es kann wichtig sein, durch eine den Aktionären vermittelte Bemühung des Managements zur Realisierung von stillen Reserven und anderen Wertsteigerungspotentialen eine freundliche Beurteilung der Unternehmenspolitik zu verstärken.

155 An dieser Stelle können nicht alle Möglichkeiten aufgezählt werden, deren Wahrnehmung zu einer Unternehmenswertsteigerung und damit im allgemeinen auch zur einer Erhöhung des **Shareholder Value**[50] führen kann. Zu denken ist an die Veräußerung von nicht (mehr) benötigten Immobilien, an den Verkauf von Beteiligungen oder von Aktien, die der Vermögensanlage dienen. Kapitalmaßnahmen können in Betracht kommen, zusätzliche Gewinnausschüttungen überlegt werden.

9. Finanzwirtschaftliche Einschätzung

156 Aussagefähige Planungen und fundierte Zahlen liegen zu diesem Zeitpunkt regelmäßig noch nicht vor. Aber es ist wichtig, unter Heranziehung allen zugänglichen Materials und unter Auswertung der selbst erarbeiteten Unterlagen zu den Herausforderungen und den Folgen der Unternehmensübernahme **finanzwirtschaftliche Vorstellungen** zu entwickeln. Dabei kommt es weniger darauf an, genaue Zahlen zu ermitteln – das ist ohnehin nicht möglich – als die Auswirkungen der geplanten Unternehmensübernahme finanzwirtschaftlich zu erfassen, Handlungserfordernisse aufzuzeigen und etwaige Alternativen darzustellen.

157 **a) Cash-flow-Projektion.** Ein wesentlicher, wenn nicht der wesentliche **Ertragswertindikator** ist heute der Cash-flow eines Unternehmens. Es muß versucht werden, den voraussichtlichen Cash-flow der neuen Unternehmensgruppe zu schätzen. Dabei sind die fortgeschriebenen Zahlen der veröffentlich-

---

[48] Siehe § 1 Rn 69 ff.
[49] Siehe § 1 Rn 78 ff.
[50] Hierzu grundlegend *Rappaport* S. 198 ff.; dazu auch in letzter Zeit *Copeland/Koller/Murrin* S. 47 ff.; *Dunsch*, Auf der Suche nach dem Shareholder Value, FAZ 21. 10. 2000.

ten finanzwirtschaftlichen Publikationen um die Einflüsse zu berichtigen, die sich aus der Übernahme und aus den danach geplanten Maßnahmen in den Zahlungsströmen ergeben. Aus der Schätzung des künftigen Cash-flow können Anhaltspunkte für die Obergrenze der Leistungen abgeleitet werden, die im Zusammenhang mit der Unternehmensübernahme vernünftigerweise erwartet werden können.

b) Ertragsprojektion und Aufwandskalkulation. Ähnlich ist bei der Überlegung zu verfahren, wie sich die **Ertragsrechnung der Unternehmensgruppe** in den ersten Jahren nach der Fusion entwickeln wird. Den fortgeschriebenen Zahlen der Ertragsrechnungen der zusammengeführten Unternehmen müssen die Beträge hinzugefügt werden, die sich aus der Zusammenführung und aus den danach vorgesehenen Maßnahmen ertragsmindernd oder ertragserhöhend ergeben. Eine besondere Rolle kann bei dieser Betrachtung ein sich bei der Zusammenführung möglicherweise ergebender „goodwill" und dessen spätere Abschreibung spielen. Soweit bilanzrechtlich alternative Verfahren zulässig sind, sollten die verschiedenen Alternativen mit ihren zahlenmäßigen Auswirkungen dargestellt werden.

c) Vermögens- und Finanzlage, Bilanzierungsmöglichkeiten, Finanzbedarf und Finanzierungsmöglichkeiten. Ebenso ist zu verfahren, wenn die Übersichten über die künftige Vermögensentwicklung und deren Finanzierung dargestellt werden. Auch hier kommt es darauf an, die **alternativen Möglichkeiten** zur Bilanzierung darzustellen und ihre Vor- und Nachteile zu erläutern. Es muß sorgfältig überlegt werden, ob die Aufnahme neuen Eigenkapitals notwendig werden könnte oder ob durch weitere Fremdverschuldung[51] ein erhöhter „leverage" erzielt werden soll.

Besondere Beachtung wird der Frage gewidmet werden, ob ein **„goodwill"** zu erwarten ist und wie er behandelt werden soll. Kann aufgrund einer Pooling of Interest-Beurteilung von einer Aktivierung abgesehen werden oder nicht[52]? Belastungen der künftigen Ertragsrechnungen sind zu ermitteln. Auch hier sollten alternative Verfahren ermittelt und dargestellt werden.

II. Spezifische Risikoermittlung

Wer eine Unternehmensübernahme plant, sieht vor allem die **Chancen**, die sich daraus für das von ihm geführte Unternehmen ergeben. Aber diesen Chancen stehen auch **vielfache Risiken** gegenüber, die meist nicht so augenfällig sind wie die Chancen. Deswegen kommt es darauf an, alle Risiken zu erfassen und frühzeitig – möglichst schon im Planungsstadium – zu überlegen, wie bei Eintritt eines Risikos den Ereignissen begegnet werden kann. Je weniger Überraschungen sich für den Unternehmer nach einer Unternehmensübernahme ergeben können, desto besser ist die Übernahme abgesichert.

Vielfältige Risiken sind denkbar. Sie können sich in allen Geschäftsfeldern und bei allen Funktionen ergeben. Neben Risiken aus der allgemeinen Geschäftstä-

---

[51] Siehe § 15.
[52] Siehe § 32.

tigkeit muß bei dieser Risikobetrachtung auch ein spezielles **Übernahmerisiko** gesehen und beurteilt werden[53]. Die Reaktionen der an einer Unternehmensübernahme beteiligten Interessenträger und auch der Öffentlichkeit sind nicht mit Sicherheit vorhersehbar. Vorgänge und Entwicklungen, die unter normalen Umständen völlig glatt verlaufen, können nach einer Unternehmensübernahme spezifische Verluste verursachen und das Entstehen von fest eingerechneten Erträgen verhindern.

163 Viele mit dem Unternehmen und seiner Tätigkeit verbundene Risiken lassen sich nicht vorab feststellen. Dies gilt zB für etwaige Altlasten und zahlreiche andere **Umweltrisiken**[54]. Aber auch im Umweltbereich können einige Risikogruppen durchaus schon im Planungsstadium erfaßt werden, zB:
– Können allgemein bekannte Produktionsverfahren der Zielgesellschaft in absehbarer Zeit als umweltgefährdend eingeordnet werden?
– Produziert oder vertreibt die Zielgesellschaft Produkte, die in absehbarer Zeit als umweltgefährdend angesehen werden könnten?
– Ist die Zielgesellschaft auf irgendwelchen Gebieten oder in irgendwelchen Regionen tätig, die von der Öffentlichkeit (insbes. den Kunden) als imageschädlich eingeordnet werden könnten?

164 Es ist unwahrscheinlich, daß sich alle erfaßten Risiken kumulativ realisieren. Aber solange eine solche Kumulierung nicht auch theoretisch ausgeschlossen ist, sollten bei einer „worst case"-Betrachtung auch eine solche **Risikohäufung** vorgesehen und die möglichen Gegenmaßnahmen erwogen werden. Das Gedankenspiel, „so schlimm wird es ja wohl nicht kommen", kann existenzgefährdend sein. Wenn das Unternehmen in einem solchen „worst case" in seinen Grundlagen gefährdet würde, sollte von der angedachten Unternehmensübernahme abgesehen werden. Sensitivitätsanalysen sollten angefertigt werden.

G. Entscheidung über die Realisierung, die Kontaktaufnahme, deren Modalitäten und das weitere Verfahren

I. Entscheidung über die Realisierung

165 Nach Abschluß aller Untersuchungen und kritischer Würdigung der Ergebnisse muß das **Geschäftsleitungsorgan** entscheiden, ob offizielle Verhandlungen mit dem Übernahmekandidaten aufgenommen werden sollen oder nicht. Zugleich mit dieser Entscheidung sollte festgelegt werden, wie die gebotene Vertraulichkeit auch unter Beachtung der aktienrechtlichen Zuständigkeiten gewahrt werden soll.

---

[53] Hierzu bringen *Jansen/Petersen,* Mythos „Merger-Misserfolg"? Prozedere, Probleme und Potenziale der Erfolgsmessung von Unternehmenszusammenschlüssen, M&A 2000, 470, 472 neben eigenen Feststellungen zur Erfolgsmessung und zum Scheitern von Übernahmen eine Übersicht über entsprechende Untersuchungen und Publikationen in den Jahren 1980 bis 1995.
[54] Siehe dazu § 29 Rn 95 ff.

166 Über die entscheidende Sitzung des Geschäftsleitungsorgans und die vorangehenden internen Gespräche und Verhandlungen sollten **genaue Aufzeichnungen** gemacht und verwahrt werden. Auch eine sorgfältig vorbereitete Übernahme kann ohne Erfolg bleiben. In einem solchen Fall will jeder an der Entscheidungsfindung beteiligte Verantwortungsträger davor gewarnt haben. Eine solche Warnung muß auf jeden Fall dokumentiert und vor allem in den internen Verhandlungen berücksichtigt werden. Dies bedingt naturgemäß, daß die Bedenken fundiert vorgetragen und eingehend begründet werden. Mit der leider beliebten Redewendung, „eigentlich habe ich Bedenken, aber wenn alle anderen dafür sind, stimme ich auch zu", läßt sich weder bei der Entscheidungsfindung noch hinterher irgend etwas anfangen. Vor allem ist ein solcher Vorbehalt nicht geeignet, etwaigen Schadensersatzansprüchen zu begegnen.

167 Regelmäßig bedarf das Geschäftsleitungsorgan aufgrund einer Satzungsbestimmung, einer Geschäftsordnung oder eines Aufsichtsratsbeschlusses für die Durchführung einer größeren Übernahmetransaktion der **Zustimmung des Aufsichtsrats** oder, wo ein solcher nicht besteht, eines ähnlichen Gremiums. Üblicherweise werden die Verhandlungen zunächst ohne eine formelle Meinungsäußerung des Überwachungsgremiums geführt, vor allem, wenn die Verhandlungen noch vertraulich gehalten werden. Wenn mit dem kurzfristigen Bekanntwerden der Übernahmeabsicht zu rechnen ist, wird sich allerdings eine Vorabinformation des Aufsichtsrats empfehlen. In Zweifelsfällen kann auch schon eine Indikation über die spätere Entscheidung des Aufsichtsrats in dieser Weise eingeholt werden.

168 Das Aufsichtsorgan entscheidet regelmäßig nur darüber, ob dem Antrag des Vorstands auf **Zustimmung zur Unternehmensübernahme** entsprochen werden soll. Ein gut geführtes Unternehmen wird den Antrag schlüssig begründen und auch darlegen, welche Alternativen geprüft worden sind. Möglicherweise wird auch bereits dargelegt, welche Geschäftsfelder nicht fortgeführt werden sollen. Wenn dies nicht geschieht, muß der Aufsichtsrat die Frage der Abgabe nicht benötigter Geschäftsfelder aufgreifen und einer Entscheidung zuführen. Er muß sich darüber im klaren sein, daß er zwar von Rechts wegen befugt ist, den Erwerb seiner Zustimmung zu unterwerfen[55]. Aber er sollte sich auch bewußt sein, daß er nach vollzogenem Erwerb keine Eingriffsmöglichkeiten mehr besitzt, weil es allein Sache des Vorstands ist, die Geschäfte zu führen. Wenn er Handlungspflichten nach der Unternehmensübernahme – wie zB eine alsbaldige Veräußerung nicht benötigter Geschäftsfelder – für den Vorstand verbindlich festlegen will, muß er diese Bedingung in seinen Zustimmungsbeschluß aufnehmen. Dann kann der Vorstand entscheiden, ob er den Erwerb unter der vom Aufsichtsrat beschlossenen Auflage durchführen will oder nicht. Jedenfalls darf der Vorstand, wenn er den Erwerb durchführt, anschließend nicht gegen die Auflage des Aufsichtsrats handeln.

---

[55] § 111 Abs. 4 Satz 2 AktG.

II. Internes Übernahmemanagement

169 Wenn eine positive Entscheidung zum Versuch einer Übernahme des Zielunternehmens getroffen worden ist, empfiehlt sich die Installation des besonderen Übernahmemanagements[56]. Verschiedene Teams sollten zusammengestellt werden, um die anfallenden Arbeiten zu koordinieren oder selbst zu erledigen. Bei einer größeren Übernahme hat sich neben einem Verhandlungsteam die Installierung folgender Teams bewährt:
- Geschäftsleitungsteam;
- Vorbereitungs-, Durchführungs- und Umsetzungsteam;
- Projektmanagementteam;
- Kontrollteam.

1. Geschäftsleitungsteam

170 Auf der **Ebene der Geschäftsleitung** muß – jedenfalls bei einem größeren Geschäftsleitungsorgan – festgelegt werden, wer die während der Verhandlungen notwendigen grundsätzlichen Entscheidungen trifft. Dies kann eine kleine Gruppe von Organmitgliedern, uU aber auch ein einzelnes Mitglied sein. Notwendig ist in jedem Fall eine Bevollmächtigung durch die Gesamtgeschäftsleitung. Es sollte fixiert werden, wann und bei welchen Entscheidungen die Einschaltung des Gesamtorgans nötig ist.

171 Eine wesentliche Aufgabe des Geschäftsleitungsteams ist die **Beurteilung der nachgeordneten Führungskräfte beider Unternehmen**. Diese Beurteilungen bilden die Grundlage für den weiteren Einsatz der einzelnen Manager in der Unternehmensgruppe. Führungskräfte, die den Anforderungen an eine erfolgreiche Führung nicht genügen, sollten von der neugeformten Unternehmensgruppe nicht übernommen werden.

2. Vorbereitungs-, Durchführungs- und Umsetzungsmanagement

172 Vor, während und nach den laufenden Verhandlungen müssen erfahrungsgemäß immer wieder einzelne Fragen behandelt und beantwortet, Unterlagen bereitgestellt und Maßnahmen veranlaßt werden, die dem Verhandlungsteam die Arbeit erleichtern oder überhaupt erst ermöglichen. Es hat sich bewährt, daß diese Aufgaben **während der ganzen Übernahmephase** von denselben Mitarbeitern erledigt werden. Damit wird sichergestellt, daß Vorbereitung und Durchführung nach gleichen Grundsätzen erfolgen und daß bei der späteren Umsetzung berücksichtigt wird, was bei der Vorbereitung und der Durchführung der Übernahme auch außerhalb offizieller Dokumente besprochen und verhandelt worden ist.

173 Die **notwendige Integration** ergibt sich nicht als selbstverständliche Folge der Unternehmensübernahme. Sie muß in harter Arbeit erreicht werden. Mitglieder aller Führungsebenen sind gefordert. Die Vorbildfunktion der Führungskräfte hat

---

[56] Siehe Rn 69 ff.; zur Umsetzung einer Unternehmensübernahme vgl. besonders *Hubbard* S. 131 ff.

mehr Bedeutung denn je. Wenn sich die Mitarbeiter der neuen Unternehmensgruppe nicht mit den obersten Führungspersonen identifizieren können, wird die Integration nicht erreicht werden.

3. Projektmanagementteams

Während und vor allem nach einer Unternehmensübernahme ist eine Vielzahl von **Einzelmaßnahmen** durchzuführen. Solche Maßnahmen fallen in fast jedem Geschäftsfeld und in allen Funktionsbereichen an. Die Maßnahmen sollten nach den Regeln des Projektmanagements durchgeführt werden. Die Projektmanagementteams werden aus Angehörigen aller betroffenen Bereiche zusammengesetzt. Sie sind für die Umsetzung bestimmter Vorhaben zuständig. Die Zugehörigkeit von Mitarbeitern aller betroffenen Bereiche sichert den Einfluß dieser Bereiche bei den nötigen Entscheidungen und ihrer Umsetzung.

4. Kontrollteam

Die ordnungsmäßige und termingerechte Durchführung der im Zusammenhang mit der Unternehmensübernahme zu treffenden Maßnahmen bedarf der **Kontrolle**. Das Geschäftsleitungsteam muß laufend über den Fortschritt der Umsetzung und über sich ergebende Schwierigkeiten informiert sein und die Möglichkeit haben, im Bedarfsfall sofort einzugreifen. Nur so kann eine reibungslose Unternehmensübernahme gesichert werden. Für dieses spezifische Übernahmecontrolling empfiehlt sich die Schaffung eines eigenen Teams, das außerhalb der normalen Controllingorganisation tätig wird. Besondere EDV-Programme, die frühzeitig entwickelt werden müssen, zwingen zu sachgerechter Kontrolle.

5. Ressourcenbereitstellung

Für die Vorbereitung, die Durchführung und die Umsetzung einer Unternehmensübernahme müssen **personelle und sachliche Ressourcen** bereitgestellt werden. Der Umfang dieser Beistellungen hängt von der Größe der Transaktion und der beteiligten Unternehmen ab. Die vorstehend erwähnten Teams müssen nicht in jedem Fall aus mehreren Personen bestehen. Manchmal wird auch eine einzelne Person ausreichend sein. Wichtig ist nur, daß es eine Stelle gibt, die für die Erledigung der Arbeit zuständig und verantwortlich ist.

III. Verhandlungsteam

Während das beschriebene Übernahmemanagement[57] für die notwendigen Arbeiten innerhalb des Unternehmens zuständig ist, muß parallel dazu auch ein **nach außen zuständiges und verantwortliches Verhandlungsteam** geschaffen werden. Alle Mitglieder dieser Verhandlungsgruppe müssen schon vor der ersten Verhandlung festgelegt werden. Es muß gewährleistet werden, daß alle diese Personen laufend im notwendigen Umfang informiert werden. Ergänzungen der

---

[57] Siehe Rn 169 ff.

Verhandlungsteams werden – jedenfalls für bestimmte Gebiete – sicher noch erforderlich werden. Für solche Ergänzungen sollten „Spielregeln" festgelegt werden.

1. Gesamtleitung

178 Es kommt auf die Umstände des Einzelfalls an, ob eines oder mehrere Verhandlungsteams geschaffen werden. Wenn nur ein Team bestehen soll, erübrigt sich naturgemäß die Einsetzung eines besonderen **Gesamtleitungsteams**, anderenfalls ist ein solches notwendig. Es muß im Unternehmen eine Stelle geben, die (iRd. ihr zugewiesenen Kompetenz) die nötigen Entscheidungen trifft und erforderlichenfalls für das Unternehmen Erklärungen abgeben darf. Es muß sichergestellt werden, daß daneben keine andere Stelle für das Unternehmen verbindliche oder unverbindliche Erklärungen abgibt.

179 Bei der Einsetzung des Verhandlungsteams muß nicht nur die personelle Zusammensetzung bestimmt werden. Es müssen vor allem auch die **Kompetenzen** des Teams und iRd. Kompetenzen ein **Verhandlungsrahmen** abgesteckt werden. Die Mitglieder des Gesamtleitungsteams müssen genau wissen, wem sie über den Verhandlungsfortschritt zu berichten haben und in welchem Umfang sie das eigene Unternehmen verpflichten dürfen. Es empfiehlt sich, das **Ziel der Verhandlungen** schriftlich festzulegen. Alle diese Festlegungen werden im Zweifel in einer Sitzung des Geschäftsleitungsorgans getroffen und zweckmäßig in die Sitzungsniederschrift aufgenommen.

180 Das Geschäftsleitungsorgan muß festlegen, auf welcher **Ebene** die Verhandlungen geführt werden sollen. Gelegentlich trifft man die Auffassung, daß es zweckmäßig sei, die Mitglieder der Geschäftsleitung nicht ins Verhandlungsteam aufzunehmen. Damit soll erreicht werden, daß die Verhandler ihren Erklärungen eine gewisse Unverbindlichkeit beilegen können. Tatsächlich wird das Auftreten einer handlungsfähigen und verpflichtungsberechtigten Delegation für die Verhandlungsführung meist sehr viel fruchtbarer sein.

181 Das als Gesamtleitung bezeichnete Gremium muß sich sachgerecht organisieren. In diesem Rahmen muß vor allem ein **Vorsitzender (Verhandlungskoordinator)** bestellt werden. Auch sollte – jedenfalls informell – geregelt werden, wann Sitzungen stattfinden, wie dazu eingeladen wird, ob eine besondere Tagesordnung aufzustellen ist (was empfehlenswert ist), ob und wie Niederschriften gefertigt werden und wer Abschriften dieser Protokolle erhält. Zweckmäßig wird auch vereinbart, ob Erklärungen dieses Gremiums mit Bindungswirkung für das Unternehmen abgegeben werden oder ob verpflichtende Erklärungen nur in einem besonderen Verfahren zulässig sein sollen.

2. Projektteams

182 Bei großen Unternehmensübernahmen wird durchweg nicht nur ein Vertrag abgeschlossen. Vielmehr werden eine **Vielzahl von Vereinbarungen** getroffen, die sämtlich sorgfältiger Bearbeitung und Formulierung bedürfen. Sie regeln häufig Einzelfragen, die in einem Hauptvertrag nur im Grundsatz festgelegt werden. Während die Gesamtleitung meist „hochrangig" besetzt ist, werden die Einzelverträge eher auf Mitarbeiterebene vorbereitet und verhandelt. Häufig ist spezielle und detaillierte Sachkenntnis gefragt, über die die Mitglieder der Gesamtleitung in den geforderten Details nicht verfügen können. Spezialisten müssen zugezogen werden. Deswegen ist es angebracht, für bestimmte Verhandlungsgegenstände besondere **Projektteams** zu bilden, die iRd. Vorgaben der Gesamtleitung weitgehend selbständig arbeiten.

Für jedes Projektteam ist ein **Leiter** zu bestellen. Weitere Fragen der Selbstorganisation sollten ebenfalls – und zwar zweckmäßig so wie bei der Gesamtleitung – geregelt werden. Die Gesamtleitung muß wissen, wie die Projektteams arbeiten. 183

Die Gesamtleitung muß aber auch jeweils wissen, wie weit die Projektteams 184 mit ihrer Arbeit gekommen sind. Deswegen muß ein **Berichtssystem** eingeführt werden, das diese Informationen sicherstellt. Im Hinblick auf die starke Vernetzung der Arbeiten sollte aber auch der jeweilige Stand der wechselseitigen Abhängigkeiten laufend erfaßt werden. Mit Hilfe eines EDV-Programms kann dies geschehen.

3. Teammitglieder

Sowohl die Gesamtleitung des Projekts als auch die einzelnen Projektteams sind 185 meist gemischt zusammengesetzt. Es gibt in diesen Gremien Unternehmensangehörige und unternehmensfremde Berater als **Mitglieder**. Die Personen beider Kategorien sollten vor Beginn der Arbeiten, bei Projektteams zusammen mit ihrer Errichtung, festgelegt werden und sich zeitig kennenlernen. Auch ist es üblich – auf jeden Fall zweckmäßig –, daß sowohl interne als auch externe Berater schriftlich zur Vertraulichkeit verpflichtet werden[58].

IV. Kommunikationsplan

Bei jeder Unternehmensübernahme ist die sachgerechte Information aller beteiligten Kreise eine absolute Notwendigkeit. Das Gelingen der Übernahme kann von einer guten Informationspolitik abhängen. Deswegen wird iRd. Vorbereitungen und der Verhandlungen über eine Vermögensübernahme regelmäßig ein eingehender **Kommunikationsplan** erarbeitet. Gesetzliche Vorschriften, die den Zeitpunkt und den Umfang der Information festlegen, sind zu beachten. Auch diese Informationserfordernisse werden im Kommunikationsplan erfaßt. Auf die Einzelheiten wird an anderer Stelle eingegangen[59]. 186

1. Ad hoc-Publizität

Das Wertpapierhandelsgesetz verpflichtet alle börsennotierten Unternehmen 187 zur Ad hoc-Publizität, wenn das Unternehmen **Tatsachen** schafft, deren Bekanntwerden den **Börsenkurs** des Unternehmens beeinflussen kann. Wann solche Tatsachen geschaffen sind, ist streitig[60].

---

[58] Siehe § 4 Rn 75 und § 6 Rn 3 ff.
[59] Siehe § 7.
[60] Vgl. *Kümpel* in Assmann/Schneider § 15 WpHG Rn 45 ff.

2. Sprachregelung bei vorzeitigem Bekanntwerden

188 Auch bei sorgfältiger Beachtung aller Vertraulichkeitsregeln kann es vorkommen – und leider kommt es häufig vor –, daß die Vorbereitung einer Vermögensübernahme **vorzeitig im Markt bekannt** wird. Die Unternehmen werden mit Anfragen der Medien überschüttet. Es ist wichtig, daß alle beteiligten Unternehmen auf eine solche Situation vorbereitet sind. Jeder muß wissen, was zu geschehen hat. Ein Notinformationsplan muß vorbereitet sein.

189 Wenn der Vorsitzende des Geschäftsleitungsgremiums eines der beteiligten Unternehmen angesprochen wird, kann er den Fragesteller regelmäßig nicht an eine andere Auskunftsperson verweisen. In allen anderen Fällen muß dies geschehen. Im Unternehmen dürfen nur von der dafür **zuständigen Stelle** Informationen gegeben werden. Im allgemeinen wird das die Pressestelle oder eine ähnlich benannte Stelle sein. Die Pressestelle muß zu jedem Zeitpunkt der Verhandlungen wissen, was gesagt werden darf. Ausreichende Hintergrundinformationen sind zweckmäßig.

190 Immer noch recht häufig trifft man auf die Übung, auch dann noch alles abzustreiten, wenn die Vorbereitungen einer Unternehmensübernahme schon weit gediehen sind. Davon ist abzuraten. Das Unternehmen und seine Sprecher verlieren an **Glaubwürdigkeit**, wenn die Transaktion später durchgeführt wird. Besser ist die Aussage: „Zu Gerüchten nehmen wir grundsätzlich keine Stellung." Der Fachmann weiß dann allerdings, daß irgend etwas in Vorbereitung ist. Auch die Auskunft „Wir verhandeln stets mit allen Unternehmen, die für uns interessant sind: Ob sich irgendwelche Resultate ergeben, wissen wir noch nicht", ist vertretbar. Wenn es möglich ist, sollte man antworten: „Wir werden in einer Pressekonferenz am ... um ... Uhr in ... zu diesen Gerüchten Stellung nehmen. Wir wollen nicht einem einzelnen Journalisten vorab Sonderinformationen geben."

191 Bei vorzeitigem Bekanntwerden einer Transaktion muß sogleich geprüft werden, ob evtl. eine **Ad hoc-Mitteilung** angebracht ist. Vorsorglich sollte man mit einem zuständigen Referenten des Bundesaufsichtsamts für den Wertpapierhandel beraten. Im allgemeinen gilt, daß man jedenfalls bei der Gefahr einer Insider-Situation das Ad hoc-Verfahren stets einleiten sollte. Allerdings sollte man sich bewußt sein, daß das Ad hoc-Verfahren nicht als Mittel der Image-Pflege gedacht ist.

3. Ordentlicher Kommunikationsplan

192 Wenn es gelungen ist, den Vorgang bis zum Abschlußzeitpunkt vertraulich zu halten, muß danach ein sorgfältig ausgearbeiteter Kommunikationsplan befolgt werden. In diesem **Kommunikationsplan** muß festgelegt sein, **wer wen in welcher Weise wann über das Ereignis wie unterrichtet**. Auch hier muß eine einzige Stelle für die Koordinierung der Kommunikation zuständig sein. Ob dies die Pressestelle oder der Bereich Investor Relations ist, wird von der Unternehmensleitung festgelegt. Das Kommunikationsziel und die Art der Transaktion werden dabei zu berücksichtigen sein. Von ganz entscheidender Bedeutung ist, daß das Unternehmen mit einer Stimme spricht.

193 Es ist nicht mit einer einmaligen Verlautbarung getan. Jeder, der am neuen Unternehmensverbund Interesse hat, möchte fortlaufend über die Fortschritte der

Unternehmenszusammenführung informiert sein. Auch negative Entwicklungen müssen kommuniziert werden. Wenn etwas schief läuft, spricht es sich ohnehin herum. Durch eine offene und ehrliche Schilderung entstandener Schwierigkeiten kann zum Gelingen des Integrationsprozesses wesentlich beigetragen werden.

a) Information Führungskräfte. Die Führungskräfte jedes Unternehmens sind durch eine Unternehmensübernahme am meisten gefordert. Sie werden die von ihnen **erwarteten zusätzlichen Leistungen** nur erbringen, wenn sie wirklich wissen, um was es geht und was von ihnen erwartet wird. Je besser die Informationspolitik, desto größer die Leistungsbereitschaft.

Unternehmensübernahmen haben regelmäßig Auswirkungen auf die Zahl der Führungskräfte und auf deren Zuordnung bzw. Zuständigkeit. Sie sollten so wenig wie möglich und nur so kurz wie möglich über die sie betreffenden **Folgen der Unternehmensübernahme** im Unklaren gelassen werden. Unsicherheit lähmt den Arbeitswillen. Jede Führungskraft, die noch mit unbekannten Veränderungen rechnen muß, denkt mehr an die eigene Zukunft als an die Zukunftsaufgaben des Unternehmens.

Die Führungskräfte müssen möglichst bald wissen, was im einzelnen von ihnen erwartet wird. Sie sollten als erste informiert werden. Im Idealfall werden schon zum Tag des Wirksamwerdens der Übernahme mit jeder betroffenen Führungskraft **neue Zielvereinbarungen** getroffen, damit die gesetzten Ziele vom ersten Tag an zügig verfolgt werden. Auswirkungen auf die Vergütung sollten ebenfalls schon jetzt bekanntgegeben werden.

b) Information Mitarbeiter. Was für die Information der Führungskräfte gilt, gilt in eingeschränktem Maß auch für die Information der Mitarbeiterschaft insgesamt. Allerdings wird hier stärker zu **differenzieren** sein. Mitarbeiter im Ausland müssen anders informiert werden als Mitarbeiter im Inland. Mitarbeiter eines Werks, das durch die Übernahme nicht betroffen ist, benötigen weniger Informationen als die Mitarbeiter eines Werks, dessen Personalbestand wegen nun entstandener Überkapazitäten wesentlich reduziert werden wird oder das gar geschlossen werden muß.

Wenn mit größeren Personalfreistellungen, insbes. mit betriebsbedingten Kündigungen gerechnet werden muß, sind die Mitarbeiter verständlicherweise an den Bedingungen des erforderlichen **Sozialplans**[61] besonders interessiert. Häufig wird das Unternehmen schon bekanntgeben, welche Vorschläge dem Betriebsrat gemacht werden. Zwar gilt allgemein, daß die Verhandlungsposition durch eine solche Politik geschwächt wird. Aber nach einer Unternehmensübernahme ist Ruhe in der Belegschaft wichtiger als ein finanzieller Verhandlungserfolg bei der Vereinbarung des Sozialplans.

Bei einer Unternehmensübernahme treffen meist unterschiedliche Systeme der **Vergütungen** und der **freiwilligen sozialen Leistungen** aufeinander. Die Mitarbeiter werden sich regelmäßig fragen, wie diese unterschiedlichen Systeme gehandhabt werden sollen. Hier gilt dasselbe wie bei der Frage des zahlenmäßigen

---

[61] Siehe § 27 Rn 73 ff.

Personalbestands: Je schneller die Fragen entschieden werden, desto rascher werden sich die Mitarbeiter wieder voll auf ihre Arbeit konzentrieren.

200 **c) Information Behörden.** Große Unternehmensübernahmen und solche mit Auswirkungen auf den Fortbestand von Betriebsstätten und Standorten haben vielfach auch **politische Bedeutung**. Diese Bedeutung kann sich auf kommunalpolitische Ebenen beschränken, sie kann auch landespolitisch erheblich sein und in Sonderfällen das gesamte Staatswesen berühren. Auch Politiker lieben es im allgemeinen nicht, schwerwiegende Neuigkeiten zuerst aus der Zeitung zu erfahren. Darum sollte in den Übernahmevereinbarungen die rechtzeitige, aber keineswegs zu frühe Information der Behörden und Politiker vorgesehen werden. Bei zu früher Information ist mit unkontrolliertem Bekanntwerden der geplanten Transaktion zu rechnen. Politiker haben eine für einen Nichtpolitiker oft nicht nachvollziehbare Einstellung zur Vertraulichkeit. Dies kann insbes. Privatisierungen erheblich erschweren.

201 **d) Information Kunden.** Kunden wollen wissen, ob sich die **Liefer- und Leistungsbeziehungen** gegenüber dem geltenden Zustand **ändern**. Rasche, beruhigende Aufklärung ist nützlich. Vorteile der Unternehmensübernahme sollten deutlich hervorgehoben, etwaige Nachteile aber nicht verschwiegen werden.

202 **e) Information Lieferanten.** Auch die **Lieferanten** sollten über die Folgen der Unternehmensübernahme nicht im Unklaren gelassen werden. Sie wissen, daß erstrebte Skaleneffekte primär zu ihren Lasten realisiert werden sollen.

V. Begleitende Risikoerfassung

203 Durch eine Unternehmensübernahme können neue, bisher im **Risikovorsorgesystem** nicht erfaßte Risken entstehen. Es kommt darauf an, das im Unternehmen eingeführte Risikoerfassungssystem schon in der Vorbereitungsphase so auszubauen, daß auch spezielle Übernahmerisiken systematisch erfaßt werden. Es sollten nicht nur existenzbedrohende Risiken erfaßt werden[62]. Für das Gelingen oder Mißlingen können auch weniger gewichtige Risiken von Bedeutung sein. Besonders sollte auf Risiken geachtet werden, die Auswirkungen auf die Stimmung im Unternehmen und in der Öffentlichkeit haben können. Eine zunächst positive Beurteilung des Übernahmevorhabens kann leicht in Skepsis oder in eine negative Beurteilung umschlagen, wenn virulente Risiken bekannt werden, ohne daß das Unternehmen vorbeugend oder begleitend darauf reagiert.

VI. Zeitplan

204 Die Unternehmensübernahme muß in einem geordneten Verfahren ablaufen. Deswegen empfiehlt es sich, schon vor, spätestens zu Beginn der Verhandlungen einen Ablaufplan zu erstellen. Nur so ist sichergestellt, daß sich alle Betroffenen

---

[62] Vgl. § 91 Abs. 2 AktG.

rechtzeitig auf das Vorhaben und seinen Verlauf einstellen, alle notwendigen Maßnahmen zu den vorgesehenen Terminen getroffen werden und die zeitgerechte Abfolge der Unternehmensübernahme im notwendigen Umfang kontrolliert wird. Nur in dieser Weise wird zudem sichergestellt, daß die laufenden Geschäfte der beteiligten Unternehmen nicht mehr als zwingend nötig belastet werden.

§ 6 Vertraulichkeitsvereinbarung, Absichtserklärung und sonstige Vorfeldvereinbarungen

Übersicht

	Rn
A. Vorbemerkung	1
B. Vertraulichkeits- und Geheimhaltungsvereinbarungen (Confidentiality Agreement; Statement of Non-Disclosure)	3
I. Allgemeines	3
1. Begriff	3
2. Zweck	4
3. Erscheinungsformen	7
4. Zeitpunkt des Abschlusses	8
5. Fehlen einer Vertraulichkeitsvereinbarung	9
II. Typischer Regelungsinhalt	10
1. Offenlegungspflicht des Veräußerers	10
2. Geheimhaltungspflicht des Erwerbsinteressenten	12
3. Dokumentation und Rückgabe von Unterlagen	18
4. Verletzung der Vertraulichkeitsvereinbarung	19
a) Unterlassung, Schadensersatz	19
b) Vertragsstrafe	20
5. Anwendbares Recht	23
C. Absichtserklärungen (Letter of Intent)	24
I. Allgemeines	24
1. Begriff	24
2. Zweck und Anwendungsbereich	25
3. Erscheinungsformen	28
4. Zeitpunkt des Abschlusses	31
5. Rechtsnatur, Bindungswirkung	32
a) Beabsichtigte Hauptleistung	32
b) Vorfeldvereinbarungen	38
6. Haftung	42
a) Schadensersatzpflicht wegen Abbruchs von Vertragsverhandlungen	42
aa) Vorbemerkung	42
bb) Nicht formbedürftige Verträge	45
cc) Formbedürftige Verträge	47
dd) Triftiger Grund	49
ee) Zurechnung, Haftungsumfang	50
b) Schadensersatzpflicht bei Verletzung von Vorfeldvereinbarungen	52
c) Weitere Ansprüche	54
d) Haftungsausschluß	56
7. Form	60
8. Anwendbares Recht	61

	Rn
II. Typischer Regelungsinhalt	64
1. Aufbau	64
2. Zusammenfassung der bisherigen Verhandlungsergebnisse	66
a) Eckpunkte der Transaktion	66
b) Vorbehalte	67
c) Zeitplan	72
3. Vorfeldvereinbarungen	73
a) Durchführung einer Due Diligence; Offenlegung von Informationen	73
b) Vertraulichkeitsverpflichtung	74
c) Exklusivitätsverpflichtung	76
d) Kostenverteilung	79
e) „Break fee"-Vereinbarung	82
4. Sonstige Regelungen	84
a) Abwerbungsverbot	84
b) Wettbewerbsverbot	85
c) Anwendbares Recht	86
d) Gerichtsstand	88
e) Mitteilungen	89
D. Weitere Vereinbarungen im Vorfeld einer Unternehmensübernahme	**90**
I. Verhandlungsprotokolle	91
II. Punktation (Memorandum of Understanding)	92
III. Heads of Agreement	95
IV. Instructions to Proceed	97
V. Vorvertrag	99
VI. Rahmenvertrag	104
VII. Optionsvertrag	105
VIII. Vorkaufsrecht	113

Schrifttum: *Blaurock,* Der Letter of Intent, ZHR 147 (1983) 334; *Hertel,* Rechtsgeschäfte im Vorfeld eines Projekts, BB 1983, 1824; *Kapp,* Der geplatzte Unternehmenskauf: Schadensersatz aus culpa in contrahendo bei formbedürftigen Verträgen, DB 1989, 1224; *ders.,* Nochmals: Schadensersatzpflicht aus culpa in contrahendo beim gescheiterten Abschluß eines formbedürftigen Vertrages, DB 1991, 1265; *Kösters,* Letter of Intent – Erscheinungsformen und Gestaltungshinweise, NZG 1999, 623; *Küpper,* Schadensersatzpflicht aus culpa in contrahendo beim gescheiterten Abschluß eines formbedürftigen Vertrages, DB 1990, 2460; *Kurz,* Der „Letter of Intent" in der Praxis, MittDPatAnw 1997, 201; *Klaus J. Müller,* Verschulden bei Vertragsabschluß und Abbruch von Verhandlungen über formbedürftige Rechtsgeschäfte, DB 1997, 1905; *Reinicke/Tiedtke,* Schadensersatzverpflichtungen aus Verschulden beim Vertragsabschluß nach Abbruch von Vertragsverhandlungen ohne triftigen Grund, ZIP 1989, 1093; *Martin Weber,* Der Optionsvertrag, JuS 1990, 249; *Wolf,* Rechtsgeschäfte im Vorfeld von Grundstücksübertragungen und ihre eingeschränkte Beurkundungsbedürftigkeit, DNotZ 1995, 179.

A. Vorbemerkung

Die Übernahme eines Unternehmens erweist sich, unabhängig von ihrer konkreten Ausgestaltung, als komplexe Transaktion und erschöpft sich nur in den seltensten Fällen im Abschluß des Übernahmevertrags. Vielmehr vergehen von der ersten Kontaktaufnahme der Parteien bis zum Closing idR mehrere Wochen bzw. Monate. Um ihre Rechtsbeziehungen in dieser vorvertraglichen Phase zu regeln, schließen die Parteien häufig eine Reihe von **Vorvereinbarungen** ab, von denen die Vertraulichkeits- bzw. Geheimhaltungsvereinbarung und die Absichtserklärung (Letter of Intent) in der Praxis die größte Bedeutung haben. Während die Geheimhaltungsvereinbarung dazu dient, die Vertraulichkeit der Verhandlungen und der wechselseitig ausgetauschten Informationen sicherzustellen, soll der Letter of Intent das Vertrauen in die Verhandlungsbereitschaft bei der anderen Partei bekräftigen, die tatsächlichen und rechtlichen Rahmenbedingungen für die weitere Gespräche strukturieren, die noch offenen Verhandlungspunkte identifizieren und die Rechtsfolgen für ein Scheitern der Verhandlungen festlegen. Weitere im Vorfeld eines Vertragsabschlusses ausgetauschte Dokumente sind, jeweils mit unterschiedlicher Regelungsdichte, Verhandlungsprotokolle, Punktation, Heads of Agreement, Instructions to Proceed, Vorvertrag, Rahmenvertrag, Optionsvereinbarung und Vorkaufsrechtsvereinbarung.

Die meisten dieser Vereinbarungen haben im Gesetz keine ausdrückliche Regelung gefunden. Folglich hängt ihr **Regelungsinhalt**, namentlich der Umfang ihrer rechtlichen Bindungswirkung, immer von der konkreten Ausgestaltung der Vereinbarung ab. Allgemein gültige Aussagen lassen sich daher kaum treffen. Die Systematisierung wird zudem durch die uneinheitliche Begriffsverwendung in der Praxis und im Schrifttum erschwert. Da sich die Vielfalt der anzutreffenden Gestaltungsmöglichkeiten an dieser Stelle kaum abbilden läßt, muß sich die nachfolgende Darstellung am typischen Regelungsinhalt derartiger Vorfeldvereinbarungen orientieren.

B. Vertraulichkeits- und Geheimhaltungsvereinbarungen (Confidentiality Agreement; Statement of Non-Disclosure)

I. Allgemeines

1. Begriff

Vertraulichkeits- bzw. **Geheimhaltungsvereinbarungen** sind Abreden, in denen sich die Parteien verpflichten, über die zwischen ihnen geführten Verhandlungen und die im Rahmen der Gespräche wechselseitig ausgetauschten Informationen Stillschweigen zu bewahren. Im anglo-amerikanischen Rechtskreis werden diese Vereinbarungen entweder als Confidentiality Agreements oder Statements of Non-Disclosure bezeichnet.

2. Zweck

4 Der potentielle **Erwerber** eines Unternehmens wird seine Kaufentscheidung – sieht man einmal vom Fall einer feindlichen Übernahme ab – nicht ohne eine vorherige genaue Untersuchung der Zielgesellschaft treffen. Um die mit dem Unternehmenskauf verbundenen Risiken evaluieren zu können, wird er darauf bestehen, vor Abschluß eines bindenden Vertrags die für seine Kaufentscheidung wesentlichen Informationen im Rahmen einer umfassenden wirtschaftlichen und rechtlichen Due Diligence-Prüfung zu erlangen[1]. Eine solche Due Diligence-Prüfung erstreckt sich insbes. auf die Ordnungsmäßigkeit der Rechnungslegung, die Werthaltigkeit der Forderungen, die Höhe der Verbindlichkeiten, den allgemeinen Zustand des Betriebs, das Vorhandensein von Umweltlasten sowie die Richtigkeit der Planzahlen. Aus Sicht des potentiellen **Veräußerers** ist die Durchführung einer Due Diligence nicht unproblematisch, da sie zwangsläufig mit der Preisgabe von **Geschäftsinterna** und **Know-how** einhergeht[2].

5 Da der Veräußerer im Zeitpunkt der Informationsgewährung nicht sicher absehen kann, ob es tatsächlich zu dem ins Auge gefaßten Vertragsabschluß kommt, besteht für ihn das nicht unerhebliche **Risiko**, daß der Erwerbsinteressent die erlangten Informationen für eigene Zwecke zum Nachteil seines vormaligen Verhandlungspartners verwendet oder die gewonnenen Kenntnisse Dritten zugänglich macht. Dieser Konflikt erhöht sich im Verlauf der Verhandlungen, wenn der Erwerbsinteressent in immer größerem Umfang von sensiblen Informationen, wie Betriebsabläufen, Unternehmensstrategien, Kalkulationen und Ertragsrechnungen Kenntnis erlangt. Dies gilt insbes. dann, wenn der Erwerbsinteressent ein **Konkurrent** des Veräußerers ist oder die Erwerbsabsichten nur vortäuscht, um auf diese Weise Zugang zu wichtigen Daten und Informationen zu erhalten. Angesichts des unzureichenden gesetzlichen Vertraulichkeitsschutzes[3] hat der Veräußerer typischerweise ein großes Interesse daran, bereits in einem möglichst frühen Stadium der Transaktion eine Vertraulichkeitsvereinbarung abzuschließen, die zumindest einen gewissen Schutz vor einer unzulässigen Offenbarung vertraulicher Informationen gewähren soll.

6 Das Geheimhaltungsinteresse des Veräußerers beschränkt sich dabei nicht nur auf die eigenen Unternehmensinterna, sondern auch auf die **Verhandlungen** selbst. Denn ein vorzeitiges Bekanntwerden der Veräußerungsabsicht kann im Markt, bei den Arbeitnehmern und bei den kreditgebenden Banken erhebliche Irritationen auslösen, die sich bei einem Scheitern der Verhandlungen nachteilig auf den Geschäftsbetrieb auswirken können. Aber auch dem Erwerbsinteressenten ist häufig an der Vertraulichkeit der Vertragsgespräche gelegen. Denn ein vorzeitiges Bekanntwerden seiner Erwerbsabsichten kann dazu führen, daß seine

---

[1] Zu Rechtsfragen der Due Diligence etwa *Wegen*, Due Diligence-Checkliste für den Erwerb einer deutschen Gesellschaft, WiB 1994, 291 ff.; *Merkt*, Due Diligence und Gewährleistung beim Unternehmenskauf, BB 1995, 1041 ff.; siehe § 9.

[2] Siehe dazu auch *Bremer*, Herausgabe von Informationen im Rahmen einer Due Diligence, GmbHR 2000, 176 ff.

[3] Siehe Rn 9.

Wettbewerber Gegenmaßnahmen einleiten, die den mit der Akquisition erhofften Wettbewerbsvorteil wieder zunichte machen.

3. Erscheinungsformen

Zumeist werden in der Praxis gesonderte Vereinbarungen über den Umfang der Geheimhaltungspflichten der Parteien abgeschlossen. Verzichten die Parteien darauf, eine spezielle Vereinbarung über die Geheimhaltungsverpflichtung abzuschließen, bildet die Vertraulichkeitsvereinbarung häufig einen Bestandteil des Letter of Intent[4].

4. Zeitpunkt des Abschlusses

Die Vertraulichkeitsvereinbarung wird in aller Regel in einer sehr frühen Phase der Vertragsverhandlungen geschlossen. Zumeist handelt es sich um das erste Dokument, das von den Parteien im Rahmen der Transaktion unterzeichnet wird. Der Grund hierfür liegt auf der Hand: Der Erwerbsinteressent kann seine Kaufpreisvorstellung ohne nähere Informationen über den Geschäftsbetrieb nicht konkretisieren; umgekehrt ist der Veräußerer zu einer Offenlegung vertraulicher Interna nur dann bereit, wenn ihm von seinem Verhandlungspartner umfassende Vertraulichkeit zugesagt wurde.

5. Fehlen einer Vertraulichkeitsvereinbarung

Versäumen es die Vertragsparteien im Vorfeld der Transaktion, eine ausdrückliche Vertraulichkeitsvereinbarung abzuschließen oder unterbleibt ihr Abschluß wissentlich, läßt dies allerdings keineswegs den Schluß zu, daß die Parteien zur Preisgabe und Verwertung der im Laufe der Verhandlungen erlangten Informationen berechtigt wären. Vielmehr begründet die Aufnahme von Verhandlungen ein **vorvertragliches Vertrauensverhältnis**[5], aus dem sich auch ohne eine explizite Regelung eine Verpflichtung der Parteien ableiten läßt, die im Rahmen der Vertragsgespräche offengelegten **Informationen** vertraulich zu behandeln, Dritten nicht zugänglich zu machen sowie sie nicht zum Nachteil des Verhandlungspartners zu verwenden[6]. Auch der Umstand, daß zwischen den Parteien **Vertragsverhandlungen** geführt werden, ist grundsätzlich von der gesetzlichen Verschwiegenheitsverpflichtung gedeckt, wenn die Weitergabe dieser Information an Dritte zu einer Schädigung des anderen Verhandlungspartners führt[7]. Zu einer Preisgabe ist der Empfänger dann berechtigt, wenn er seinerseits hierfür einen sachlichen Grund hat (zB Finanzierungsgespräch mit einem Kreditinstitut)[8]. Da die Bestimmung der Reichweite der gesetzlichen Geheimhaltungspflicht im

---

[4] Siehe Rn 24 ff.
[5] Siehe Rn 44.
[6] *Hommelhoff* ZHR 150 (1986) 254, 256; *Picot* in Picot Teil I Rn 34; *Kösters* NZG 1999, 623, 624; *Klein-Blenkers* DStR 1998, 978.
[7] *Hommelhoff* ZHR 150 (1986) 254, 257; *Klein-Blenkers* DStR 1998, 978.
[8] *Hommelhoff* ZHR 150 (1986) 254.

Einzelfall Schwierigkeiten bereiten kann, empfiehlt sich in der Praxis der Abschluß einer hierauf gerichteten speziellen Vereinbarung.

II. Typischer Regelungsinhalt

1. Offenlegungspflicht des Veräußerers

10 Der Inhalt einer Vertraulichkeitserklärung kann sich in der Verpflichtung des Erwerbsinteressenten, die im Rahmen der Vertragsgespräche erlangten Informationen vertraulich zu behandeln, erschöpfen. In vielen Fällen empfiehlt es sich aber weitergehend, das Recht des Erwerbers auf Durchführung einer umfassenden Due Diligence und eine damit korrespondierende Offenlegungspflicht des Veräußerers zu begründen. Um Unklarheiten und Meinungsverschiedenheiten zu vermeiden, sollte der **Ablauf** des Due Diligence-Prozesses möglichst genau beschrieben, insbes. geregelt werden, ob der Erwerbsinteressent die relevanten Unterlagen nur in bestimmten Räumlichkeiten („data room") einsehen kann und ob er zur Anfertigung von Kopien berechtigt ist[9]. Der Erwerbsinteressent ist zudem typischerweise daran interessiert, daß die ihm zur Verfügung gestellten Dokumente und Informationen laufend **aktualisiert** werden. Da nicht alle für den potentiellen Erwerber interessanten Informationen schriftlich verkörpert sind und häufig Anlaß für Rückfragen bestehen dürfte, bietet es sich an festzulegen, daß bestimmte Mitarbeiter des Veräußerers oder der Zielgesellschaft als Ansprechpartner zur Verfügung zu stehen haben. Es entspricht dem Interesse des Veräußerers, diese Verpflichtung zeitlich zu begrenzen[10].

11 Da im Zeitpunkt der Due Diligence der erfolgreiche Abschluß der Transaktion noch nicht feststeht, verbindet sich mit der Herausgabe sensibler Unternehmensinterna ein hohes Risiko für den Verkäufer. Dies gilt im besonderen Maße, wenn der Erwerbsinteressent Wettbewerber der Zielgesellschaft ist. Andererseits ist der Erwerbsinteressent ohne Informationen nicht in der Lage, das Unternehmen zu bewerten und auf dieser Grundlage seine Kaufentscheidung zu treffen[11]. Der somit bestehende Interessenkonflikt läßt sich kaum in einer für beide Seiten zufriedenstellenden Weise lösen. Ein Kompromiß kann darin bestehen, daß die von der Zielgesellschaft zur Verfügung gestellten Unterlagen nur von einem zur Verschwiegenheit verpflichteten **Sachverständigen** eingesehen werden können, der die Informationen dem Erwerber dann nur „gefiltert" weitergeben darf[12]. Hierbei wird es sich in erster Linie um einen Wirtschaftsprüfer oder Rechtsanwalt handeln. Denkbar ist aber auch die Einschaltung eines sonstigen Sachverständigen, der aufgrund Berufsrecht oder vertraglicher Vereinbarung gegenüber dem Veräußerer zur Verschwiegenheit verpflichtet ist. Zwar lassen sich auch durch eine

---

[9] Siehe § 11.
[10] *Oppenländer* GmbHR 2000, 535 ff.; *Götze* ZGR 1999, 202 ff.
[11] Zur Pflicht des Käufers zur Durchführung einer Due Diligence etwa *Werner* ZIP 2000, 989 ff.
[12] Dazu auch *Hommelhoff* ZHR 150 (1986) 254; *Picot* in Picot Teil I Rn 35; *Wegmann/Koch* DStR 2000, 1027. Siehe auch § 4 Rn 75 ff.

solche Mediatisierung nicht alle Informationen vom Erwerbsinteressenten fernhalten. Indem etwa durch die Zusammenfassung sensibler Einzeldaten zu Zahlengruppen dem potentiellen Erwerber lediglich das Prüfungsergebnis präsentiert wird, läßt sich das Risiko eines Mißbrauchs von Informationen jedoch wenigstens einschränken[13].

2. Geheimhaltungspflicht des Erwerbsinteressenten

Kern einer Geheimhaltungsvereinbarung ist die Verpflichtung der Parteien, keine im Rahmen der Verhandlungen vom Verhandlungspartner offengelegten vertraulichen Informationen zu offenbaren.

Vertraulich sind Informationen grundsätzlich dann, wenn sie nicht offenkundig sind. Der Annahme der Vertraulichkeit steht nicht entgegen, daß die Informationen bereits einem bestimmten Kreis von Personen bekannt sind, soweit der Inhaber ein berechtigtes Interesse an der Vertraulichkeit hat und die Tatsachen geheimhalten will[14]. Vertraulich sind auch solche Informationen, die ein Dritter nicht ohne große Anstrengungen erlangen kann, selbst wenn sie nicht absolut geheim sind. Um zu vermeiden, daß es später zu Meinungsverschiedenheiten der Vertragsparteien über den Umgang der Geheimhaltungspflicht kommt, empfiehlt es sich, die Begriffe Information und Vertraulichkeit in der Vereinbarung ausdrücklich zu definieren. Aus Sicht des Veräußerers geschieht dies am geeignetsten in der Weise, daß zunächst von der Vertraulichkeit aller im Rahmen der Vertragsgespräche gewährten Informationen ausgegangen und sodann in Form eines enumerativen Katalogs definiert wird, unter welchen Voraussetzungen eine Information als nicht vertraulich behandelt werden soll. Die **Beweislast** für das Fehlen der Vertraulichkeit obliegt dann dem Erwerbsinteressenten.

Offenkundiges Wissen kann schon aus kartellrechtlichen Gründen nicht Gegenstand einer Vertraulichkeitsvereinbarung sein, da sonst verhindert wird, daß der Vertragspartner dieses Wissen im Wettbewerb nutzt[15]. Dies gilt auch für solches Wissen, das erst nach Abschluß der Vertraulichkeitsvereinbarung offenkundig wird[16]. Allerdings sollte klargestellt werden, daß es an der Vertraulichkeit nur dann fehlt, wenn die Offenkundigkeit nicht auf einer Vertragsverletzung des Erwerbsinteressenten beruht.

Aus Sicht des Veräußerers kann sich die Aufnahme einer Bestimmung empfehlen, wonach der potentielle Erwerber im Zeitpunkt des Abschlusses der Geheimhaltungsvereinbarung über ein bestimmtes, in der Vereinbarung näher zu definierendes **Know-how (noch) nicht verfügt**. Eine solche Regelung erleichtert dem Offenlegenden den Verletzungsnachweis, indem sie dem Vertragspartner den Einwand abschneidet, er sei bereits im Besitz entsprechender Kenntnisse gewesen. Allerdings wird sich ein Erwerbsinteressent auf eine solche Regelung dann nicht

---

[13] *Hommelhoff* ZHR 150 (1986) 254, 257 weist zutreffend darauf hin, daß sich auf diese Weise auch die Kenntnisnahme von Zufallsinformationen verhindern läßt.
[14] *BGH* GRUR 1955, 424; 1961, 40.
[15] *BGH* GRUR 1958, 349; 1960, 554.
[16] *BGH* GRUR 1960, 554.

einlassen, wenn er bereits über ein gewisses Know-how auf dem entsprechenden Gebiet verfügt.

16   Die **Vertraulichkeitsverpflichtung** des Erwerbers wird zumeist dahingehend beschrieben, daß er die gewährten Informationen zu keinen anderen Zwecken als zur Überprüfung der Zielgesellschaft und zur Unterbreitung eines Angebots verwenden darf, insbes. Dritten keinen Zugang zu den vertraulichen Informationen gewähren darf. Flankierend finden sich Bestimmungen, nach denen dem Informationsempfänger die Anfertigung von Kopien nur mit ausdrücklicher Genehmigung gestattet ist und er die ihm zur Verfügung gestellten Informationen gesondert von anderen Dokumenten aufzubewahren hat.

17   Vom Erwerbsinteressenten in die Transaktion eingebundene **Arbeitnehmer** sind auch ohne ausdrückliche Regelung im Arbeitsvertrag gehalten, die zur Verfügung gestellten Informationen vertraulich zu behandeln. Ob diese aus dem Arbeitsvertrag fließende Geheimhaltungsverpflichtung Schutzwirkung gegenüber dem Veräußerer entfaltet, ist allerdings zweifelhaft. Zwar wird dem Erwerbsinteressenten eine Verletzung der Vertraulichkeitsverpflichtung durch seine in die Transaktion eingebundenen Arbeitnehmer zugerechnet[17]. Zuweilen wird sich der Veräußerer auf diesen Schutz nicht verlassen wollen und auf die Unterzeichnung einer unter Umständen sogar strafbewährten Vertraulichkeitserklärung durch die Arbeitnehmer dringen. Umgekehrt ist dem Erwerbsinteressenten typischerweise daran gelegen, seine Arbeitnehmer nicht in die vertraglichen Vereinbarungen zu involvieren. Ein Kompromiß kann darin liegen, daß nur ein bestimmter Kreis von Arbeitnehmern Zugang zu den vertraulichen Informationen erhält. Diesem Anliegen wird sich der Erwerbsinteressent regelmäßig nicht verschließen können. In diesem Fall bietet es sich an, die Arbeitnehmer in einer Anlage zu der Vereinbarung namentlich aufzuführen.

3. Dokumentation und Rückgabe von Unterlagen

18   Wurden dem Erwerbsinteressenten während der Verhandlungen Unterlagen und Dokumentationen ausgereicht oder war er zur Anfertigung von Kopien berechtigt, empfiehlt es sich, eine Verpflichtung aufzunehmen, die für den Fall der erfolglosen Beendigung der Gespräche die **Rückgabe** dieser Unterlagen sowie die **Vernichtung** eigener Aufzeichnungen von vertraulichen Informationen regelt.

4. Verletzung der Vertraulichkeitsvereinbarung

19   **a) Unterlassung, Schadensersatz.** Verletzt der potentielle Erwerber die Vertraulichkeitsvereinbarung, indem er die im Rahmen der Due Diligence oder der Verhandlungen gewonnenen Informationen für eigene Zwecke nutzt oder Dritten zugänglich macht, steht dem Veräußerer ein Unterlassungsanspruch zu. Entsprechendes gilt, wenn eine der Parteien den Umstand des Führens von Verkaufsgesprächen offenbart. Zudem macht sich der Erwerbsinteressent gegenüber dem Veräußerer schadensersatzpflichtig. Hierbei handelt es sich um Ansprüche

---

[17] § 278 BGB.

aus positiver Vertragsverletzung. Bei Fehlen einer ausdrücklichen Vertraulichkeitsvereinbarung ergeben sich die Ansprüche aus culpa in contrahendo.

b) Vertragsstrafe. Unterlassungstitel, selbst wenn sie im Rahmen des einstweiligen Rechtsschutzes erwirkt werden, helfen dem Verletzten indessen nur bedingt weiter, denn die durch den Vertraulichkeitsbruch entstandenen Folgen sind häufig irreparabel. Die Durchsetzung eines Schadensersatzanspruchs scheitert häufig daran, daß dem Veräußerer der Nachweis des entstandenen Schadens nicht gelingt. Aus diesem Grund ist ihm typischerweise an einem **Vertragsstrafeversprechen**[18] des Erwerbsinteressenten gelegen. Soweit auch den Veräußerer eine Vertraulichkeitsverpflichtung hinsichtlich der Vertragsgespräche trifft, wird die Vertragsstrafe regelmäßig wechselseitig versprochen. Allerdings darf die Bedeutung einer Vertragsstraferegelung nicht überschätzt werden, denn sie befreit den Begünstigten nur vom Nachweis des Schadens, nicht aber vom Nachweis der Verletzung der vereinbarten Vertraulichkeit[19].

20

Die **Höhe** der Vertragsstrafe ist so zu wählen, daß der von ihr erhoffte Abschreckungseffekt auch tatsächlich eintritt. Allerdings kann eine hohe Vertragsstrafe, insbes. gegenüber kleineren Unternehmen, sittenwidrig sein. Die Geltendmachung eines **weitergehenden Schadens** ist bereits nach der gesetzlichen Regelung nicht ausgeschlossen[20]. Die Vereinbarungen stellen dies in der Praxis zumeist nochmals klar. Das Gesetz sieht die Anrechnung des weitergehenden Schadens auf die Vertragsstrafe vor[21]. Diese Regelung ist allerdings nicht zwingend[22]. Bestimmungen jedoch, nach denen die Anrechnung auf einen übersteigenden Schaden nicht stattfindet, sind zumindest dann unzulässig, wenn es sich um Allgemeine Geschäftsbedingungen handelt[23].

21

Im Geltungsbereich anglo-amerikanischen Rechts ist die Vereinbarung einer Vertragsstraferegelung („penalty") problematisch, da sie gerichtlich kaum durchzusetzen ist. Soll auf die Vertraulichkeitsvereinbarung anglo-amerikanisches Recht anwendbar sein, muß mithin auf die Vereinbarung eines **pauschalierten Schadensersatzes** („liquidated damages") zurückgegriffen werden.

22

5. Anwendbares Recht

Hat eine der Parteien oder die Zielgesellschaft selbst ihren Sitz nicht im Inland, bedarf es einer Regelung über das anwendbare Recht und die Zuständigkeit des im Fall einer Streitigkeit anzurufenden Gerichts[24].

23

---

[18] § 339 BGB.
[19] § 340 BGB; *Hommelhoff* ZHR 150 (1986) 254, 257; *Picot* in Picot Teil I Rn 35.
[20] § 340 Abs. 2 Satz 2 BGB.
[21] § 340 Abs. 2 Satz 1 BGB:
[22] *Heinrichs* in Palandt § 340 BGB Rn 3.
[23] *BGH* NJW 1992, 1096. Ob dies auch für Individualvereinbarungen gilt, hat der BGH offengelassen, vgl. BGHZ 63, 256.
[24] Siehe auch Rn 61 ff. und 86 ff.

C. Absichtserklärungen (Letter of Intent)

I. Allgemeines

1. Begriff

24 Die Absichtserklärung, auch als „Letter of Intent" bezeichnet, ist eine aus dem anglo-amerikanischen Rechtskreis stammende, von der Wirtschaftspraxis entwickelte, der Vorbereitung von komplexen und bedeutenden Transaktionen dienende Rechtsfigur[25]. Sie wird herkömmlicherweise als Erklärung oder Vereinbarung definiert, die die ernsthafte Absicht dokumentiert, auf Grundlage bereits erzielter Verhandlungsergebnisse eine bestimmte Transaktion, namentlich eine Unternehmensübernahme, ggf. unter im einzelnen festgelegten Vorbehalten abschließen und durchführen zu wollen[26].

2. Zweck und Anwendungsbereich

25 Die Motive für die Ausreichung eines Letter of Intent sind vielfältig. In erster Linie dient er dazu, die bisherigen **Verhandlungsergebnisse** zu dokumentieren[27]. Er verfolgt damit den Zweck, die bereits ausgehandelten Eckpunkte der Transaktion einer weiteren Diskussion zu entziehen, die noch offenen Punkte zu benennen und damit etwaigen Mißverständnissen über das bisherige Verhandlungsergebnis vorzubeugen. Indem er gleichzeitig die Bereitschaft beider Parteien zum Ausdruck bringt, die geplante Transaktion umzusetzen, bekräftigt er das **Vertrauen** in die Ernsthaftigkeit der Verhandlungsbereitschaft und befriedigt so die Sicherungsbedürfnisse beider Parteien.

26 Da es den Vertragsparteien erfahrungsgemäß schwerfällt, die einmal anerkannten Verhandlungsergebnisse wieder zu modifizieren, entfaltet der Letter of Intent unbeschadet seiner regelmäßig fehlenden Bindungswirkung hinsichtlich des Abschlusses des Hauptvertrags aufgrund der Fixierung der bisherigen Verhandlungsergebnisse eine nicht zu leugnende **faktische Bindung**. Ihm kommt damit eine erhebliche verhandlungspsychologische Bedeutung zu[28]. Zudem bildet er regelmäßig die Grundlage für vertraglich bindende **Nebenpflichten** der Vertragsparteien (Offenlegung von Unterlagen, Vertraulichkeit, Exklusivität, Kostenübernahme etc.). Bei Aufnahme eines Zeitplans für die weiteren Schritte hilft er, die weiteren Vertragsverhandlungen zu strukturieren[29]. Weiter kann er als Informati-

---

[25] Beim Letter of Intent handelt es sich um kein Rechtsinstitut im eigentlichen Sinn, so zutr. *Lutter*, Letter of Intent, S. 3.

[26] Mit Unterschieden in den Einzelheiten *Kramer* in MünchKomm. vor § 145 BGB Rn 34; *Bork* in Staudinger § 145 BGB Rn 14; *Lutter*, Letter of Intent, S. 10; *Holzapfel/Pöllath* Rn 7; *Picot* in Picot Teil I Rn 37; *Günther* in MünchVertragsHdb. Bd. 2 II.1. Anm. 5 (5); *Thümmel* in MünchVertragsHdb. Bd. 3 Halbbd. 2 I.1. Anm. 1; *Wolf* DNotZ 1995, 179, 193; *Klein-Blenkers* DStR 1998, 978 Fn 5; *Heinrichs* in Palandt Einf. vor § 145 BGB Rn 18; vgl. auch LG Paderborn NZG 2000, 899, 900.

[27] Faßt das Dokument die bisherigen Verhandlungsergebnisse zusammen, wird es zuweilen auch als „term sheet" bezeichnet, vgl. *Kurz* MittDPatAnw 1997, 201, 206.

[28] Siehe dazu auch Rn 37.

[29] *Holzapfel/Pöllath* Rn 7.

onsquelle oder interne **Entscheidungsgrundlage** für in die Transaktion zu involvierende Gremien (Aufsichtsrat, Beirat etc.) oder Personen (Berater etc.[30]) dienen[31]. Im Einzelfall kann der Letter of Intent schließlich als **Auslegungshilfe** herangezogen werden, wenn der später (uU konkludent) geschlossene Hauptvertrag unklare oder lückenhafte Regelungen aufweist[32].

Der Letter of Intent wird somit insbes. im Rahmen von komplexen Transaktionen eingesetzt, die eines längeren zeitlichen Vorlaufs bedürfen (Vorverhandlungen, Durchführung einer Due Diligence, Erstellung einer umfangreichen Vertragsdokumentation, Vertragsverhandlungen etc.) und bei denen von einer oder beiden Parteien Vorleistungen zu erbringen sind (Preisgabe vertraulicher Dokumente, Durchführung von Untersuchungen). Der Letter of Intent wird bei allen Formen des Unternehmenszusammenschlusses eingesetzt. Seinen größten **Anwendungsbereich** findet er bei Unternehmenskäufen, Takeovers oder Joint Ventures[33]. Zunehmend verbreitet ist seine Verwendung bei Verschmelzungen oder im Vorfeld von Börsengängen[34].

3. Erscheinungsformen

Die Erscheinungsformen des Letter of Intent sind vielfältig. In den wohl meisten Fällen wird er in Form eines Briefs abgefaßt und der Gegenseite übersandt. Er stellt dann (zunächst) eine bloß **einseitige Erklärung** der absendenden Verhandlungspartei dar, mit der sie ihr Interesse zum Abschluß der Transaktion zum Ausdruck bringt[35]. Sollen mit dem Letter of Intent bindende Nebenpflichten begründet werden, ist es erforderlich, daß die andere Partei das in dem Letter of Intent enthaltene Angebot annimmt. Dies geschieht zumeist in der Weise, daß sie eine Kopie des Briefs als Zeichen des Einverständnisses gegengezeichnet zurücksendet. Die Annahme kann aber auch **konkludent** erfolgen, etwa durch Erfüllung der im Letter of Intent übernommenen Verpflichtungen (zB Vorlage von Dokumenten, Erstellung von Planrechnungen)[36].

In vielen Fällen ist der Letter of Intent von Anfang an als mehrseitige Erklärung aller Verhandlungspartner ausgestaltet[37]. Diese Gestaltungsform wird vor allem dann gewählt, wenn sich die Verhandlungsparteien nicht darauf beschränken wollen, die Bereitschaft zur Durchführung der Transaktion zu dokumentieren, sondern bereits im Vorfeld der Transaktion bindende Vorfeldvereinbarungen[38]

---

[30] Zur Rolle der Berater siehe § 4.
[31] *Holzapfel/Pöllath* Rn 7.
[32] *Lutter*, Letter of Intent, S. 22 f.
[33] Der Letter of Intent findet aber auch beim Abschluß von Verträgen über Lieferungen von Anlagen, bei Know-how-Verträgen und Lizenz- und Franchiseverträgen Verwendung.
[34] *LG Paderborn* NZG 2000, 899 ff. Darüber hinaus wird ein Letter of Intent im Rahmen von Verhandlungen über den Kauf und die Lieferung von Industrieanlagen (Schiffe, Fabriken etc.) oder die Einräumung von Lizenzen und sonstigem unternehmerischen Know-how ausgereicht, näher dazu etwa *Kurz* MittDPatAnw 1997, 201, 202.
[35] *Holzapfel/Pöllath* Rn 7.
[36] *Lutter*, Letter of Intent, S. 43.
[37] *Kurz* MittDPatAnw 1997, 201, 206; *Holzapfel/Pöllath* Rn 7; *Beisel/Klumpp* Rn 50. Er wird dann häufig auch als Heads of Agreement bezeichnet; vgl. dazu Rn 95 ff.
[38] Dazu im einzelnen Rn 73 ff.

treffen wollen. In diesem Fall wird der Letter of Intent zumeist als **Vertrag** abgefaßt[39].

30   Ist der Letter of Intent als Brief ausgestaltet, kann die gewünschte Bindungswirkung nach deutschem Recht auch nach den **Grundsätzen des kaufmännischen Bestätigungsschreibens** eintreten. Voraussetzung hierfür ist, daß die Vereinbarungen bereits endgültig formuliert werden und die andere Partei dem Inhalt des Schreibens nicht widerspricht[40]. In diesem Fall kann das Schweigen auf den Letter of Intent ausnahmsweise als Zustimmung gewertet werden. Enthält der Letter of Intent wie häufig am Schluß eine Aufforderung an den Empfänger, ein Doppel des Briefs als Zeichen des Einverständnisses unterschrieben zurückzureichen, können die Grundsätze des kaufmännischen Bestätigungsschreiben nicht zur Anwendung gelangen, da es in diesem Fall von vornherein an der Endgültigkeit der festgehaltenen Abreden fehlt. Aber auch in den anderen Fällen sollte man sich auf den Eintritt der Bindungswirkung nach den Regeln über das kaufmännische Bestätigungsschreibens nicht verlassen. Als unabdingbar erweist sich die Aufforderung zur Gegenzeichnung jedenfalls bei Cross Border-Geschäften, wenn die Grundsätze des kaufmännischen Bestätigungsschreibens trotz der prinzipiell vereinbarten Geltung deutschen Rechts nicht zur Anwendung kommen können, weil sie am Sitz des ausländischen Verhandlungspartners unbekannt sind[41].

4. Zeitpunkt des Abschlusses

31   Der Abschluß des Letter of Intent markiert im Laufe der Transaktion eine deutliche **Zäsur**. Zumeist wird er unterzeichnet, wenn die Verhandlungsführer sich über die „kaufmännischen" Fragen der Transaktion geeinigt haben, ohne daß bereits Klärungen über alle „technischen" Einzelheiten erzielt wurden. Mit seiner Unterzeichnung werden die Verhandlungen über die Eckpunkte der Transaktion abgeschlossen und die Schlußphase der Verhandlungen eingeleitet[42]. In aller Regel schließt sich an seine Ausreichung eine umfassende und kostenintensive Due Diligence-Prüfung durch den Erwerbsinteressenten an, die der Bewertung der Zielgesellschaft, der Evaluierung etwa vorhandener Risiken sowie der Vorbereitung des Kauf- und Abtretungsvertrags, namentlich des Garantie- und Gewährleistungskatalogs[43] dient.

5. Rechtsnatur, Bindungswirkung

32   **a) Beabsichtigte Hauptleistung.** Der Inhalt und die Bindungswirkung des Letter of Intent hängen jeweils von seiner konkreten Ausgestaltung ab. Ob der Wille der Vertragsparteien nur darauf gerichtet ist, das Verständnis der bisherigen Verhandlungsergebnisse zusammenzufassen oder bindende Vereinbarungen über die beabsichtigte Hauptleistung zu begründen, ist durch umfassende **Auslegung**

---

[39] *Thümmel* in MünchVertragsHdb. Bd. 3 Halbbd. 2 I.1. Anm. 1 d); abweichend *Lutter*, Letter of Intent, S. 10, nach dessen Ansicht die Briefform für den Letter of Intent konstitutiv ist. Dies entspricht allerdings nicht der Wirtschaftspraxis.
[40] *Lutter*, Letter of Intent, S. 43.
[41] *Thümmel* in MünchVertragsHdb. Bd. 3 Halbbd. 2 I.1. Anm. 3.
[42] Vgl. auch *Blaurock* ZHR 147 (1983) 334, 337.
[43] Siehe § 9.

der in ihm dokumentierten Erklärungen zu ermitteln, wobei jeweils auf den objektiven Empfängerhorizont abzustellen ist[44].

33 Vom Fehlen einer Bindungswirkung kann stets dann ausgegangen werden, wenn der Hauptvertrag, wie etwa der Kauf von GmbH-Anteilen, der notariellen Beurkundung bedarf und diese Form bei Ausreichung des Letter of Intent nicht gewahrt ist. Der **Bezeichnung** eines Schreibens oder einer Vereinbarung als Letter of Intent kommt keine ausschlaggebende Bedeutung zu. Vielmehr stellt sie lediglich ein widerlegbares, wenn auch gewichtiges Indiz für seine fehlende Bindungswirkung im Hinblick auf die beabsichtigten Hauptleistungen dar[45]. Der Letter of Intent enthält idR aber zusätzliche Formulierungen, die auf einen erst zu einem späteren Zeitpunkt abzuschließenden Vertrag bzw. auf einen erst in der Zukunft beabsichtigten Willensentschluß hindeuten[46]. Oft stehen auch die Höhe und die Art der Gegenleistung für das zu erwerbende Unternehmen (Geld, eigene Aktien etc.) noch nicht fest. Solche Formulierungen lassen darauf schließen, daß sich die Parteien noch nicht endgültig binden wollen.

34 IdR wird die Auslegung daher zu dem Ergebnis gelangen, daß der Letter of Intent die Verhandlungspositionen der Parteien in **rechtlich nicht bindender** Weise festschreibt, hinsichtlich der intendierten Hauptleistungen seiner Bezeichnung entsprechend also als bloße **Absichtserklärung** einzustufen ist[47]. Daß er darüber hinaus bindende Vorfeldvereinbarungen enthält, steht diesem Befund nicht entgegen[48]. Die Unterzeichnung eines Letter of Intent verpflichtet somit weder zur Aufnahme bzw. Fortsetzung von Vertragsverhandlungen noch bewirkt sie eine Notwendigkeit zum Abschluß des Hauptvertrags. Der Erwerbsinteressent kann aus einem Letter of Intent folglich nicht auf Übertragung der Gesellschaftsanteile oder Vermögensgegenstände klagen.

35 Jedoch muß sich eine mit „Letter of Intent" überschriebene Vereinbarung nicht in einer bloßen Absichtserklärung der Parteien erschöpfen. So kann der Letter of Intent durchaus ausnahmsweise auch eine bindende Regelung im Hinblick auf den Gegenstand des Hauptvertrags enthalten[49] oder das Recht und die Pflicht zum Abschluß des Hauptvertrags begründen. Im letzteren Fall ist er dann als **Vorvertrag** zu qualifizieren[50]. Er kann auch als bindendes Angebot zum Abschluß eines

---

[44] *Karsten Schmidt* HandelsR S. 599; *Günther* in MünchVertragsHdb. Bd. 2 II.1. Anm. 5 (5).
[45] Statt vieler *Kurz* MittDPatAnw 1997, 201, 202.
[46] *Lutter*, Letter of Intent, S. 20 ff.
[47] BGHZ 21, 107; *BGH* NJW 1968, 1874; *BGH* NJW 1971, 1404; *Lutter*, Letter of Intent, S. 18 ff.; *Blaurock* ZHR 147 (1983) 334, 337 f.; *Hommelhoff* ZHR 150 (1986) 254, 258; *Holzapfel/Pöllath* Rn 7; *Thümmel* in MünchVertragsHdb. Bd. 3 Halbbd. 2 I.1. Anm. 11; *Quack* ZGR 1982, 350, 357; *Weber* JuS 1990, 249, 252; *Kurz* MittDPatAnw 1997, 201, 202; *Prüfer,* Rechtliche Besonderheiten bei Unternehmenskäufen im deutsch-französischen Kontext (Teil I), NZG 1998, 49, 50; *Wolf* in Soergel vor § 145 BGB Rn 60; *Kramer* in MünchKomm. vor § 145 BGB Rn 34; *Bork* in Staudinger § 145 BGB Rn 14.
[48] Dazu im einzelnen Rn 38 ff.
[49] OLG Köln EWiR 1994, 553 mit Anm. *Weber*; ferner *Kösters* NZG 1999, 623.
[50] *Lutter*, Letter of Intent, S. 27 ff.; *Karsten Schmidt* HandelsR S. 599; *Hess/Fabritius* in Hopt, Vertrags- und Formularbuch, IV B. 5. Anm. 1; *Kramer* in MünchKomm. vor § 145 BGB Rn 34; *Thümmel* in MünchVertragsHdb. Bd. 3 Halbbd. 2 I.1. Anm. 1c). Zum Vorvertrag vgl. im einzelnen Rn 99 ff.

Vertrags ausgestaltet sein; dann begründet er der Sache nach ein **Optionsrecht**[51]. In der Praxis sind das aber Ausnahmegestaltungen[52], die nachfolgend außer Betracht bleiben sollen. Typischerweise enthält der Letter of Intent nämlich nicht alle notwendigen Essentialia des intendierten Vertrags, was für eine vertragliche Bindung hinsichtlich der ins Auge gefaßten Hauptleistung essentiell ist. Gleichwohl empfiehlt es sich, die beabsichtigte fehlende Bindungswirkung im Letter of Intent ausdrücklich hervorzuheben. Dies gilt insbes. dann, wenn der Letter of Intent anglo-amerikanischem Recht unterworfen ist, da hier die Anforderungen an die Annahme eines bindenden Charakters tendenziell geringer sind[53].

36 Eine Bindungswirkung kann schließlich dadurch zustandekommen, daß die Parteien nach Unterzeichnung des Letter of Intent die dort näher bezeichneten Leistungen wechselseitig erbringen, ohne zuvor einen förmlichen Hauptvertrag abzuschließen. In diesem Fall kommt der Hauptvertrag aufgrund zeitlich nachgelagerten **konkludenten Verhaltens** zustande[54]. Der Letter of Intent kann dann Auslegungshilfe für die Bestimmung des Inhalts des Hauptvertrags sein.

37 Der Befund einer regelmäßig fehlenden Bindungswirkung im Hinblick auf die geplanten Hauptleistungen darf allerdings nicht darüber hinwegtäuschen, daß ein Letter of Intent eine **faktische Bindungswirkung** entfaltet, die für die weiteren Verhandlungen von nicht zu unterschätzender Bedeutung ist[55]. Sind die Eckpunkte der Transaktion im Letter of Intent einmal festgeschrieben, fällt es erfahrungsgemäß schwer, im weiteren Verlauf der Gespräche hiervon abweichende Vereinbarungen durchzusetzen. Die Verhandlungsgegenseite wird sich stets auf die im Letter of Intent niedergelegten Abreden berufen und sich damit in den meisten Fällen in einer psychologisch besseren Position befinden. Für eine vom Letter of Intent divergierende Regelung ist regelmäßig ein Preis zu entrichten, der die Transaktion verteuert. Eine umfassende Beratung bereits vor Abfassung des Letter of Intent ist den beteiligten Parteien zu empfehlen.

38 **b) Vorfeldvereinbarungen.** Die rechtliche Bindungswirkung ist anders zu beurteilen, soweit es um Vereinbarungen geht, die der Wahrung der Interessen der Parteien im Verhandlungsstadium dienen (Vertraulichkeit, Exklusivität etc.). Da dem Sicherungsbedürfnis der Parteien ohne durchsetzbare Vereinbarungen nicht Genüge getan wäre, kann hier ohne weiteres von einem Rechtsbindungswillen der Parteien ausgegangen werden[56]. Insoweit begründet der Letter of Intent also echte vertragliche Verpflichtungen im **Vorfeld** des endgültigen Vertragsabschlusses. Allerdings beschränkt sich die Bindungswirkung nur auf den jeweiligen Gegenstand der Vorfeldvereinbarung; ein Kontrahierungszwang hin-

---

[51] *Lutter*, Letter of Intent, S. 35 f.; *Karsten Schmidt* HandelsR S. 599; vgl. auch *Bonell*, Vertragsverhandlung und culpa in contrahendo nach dem Wiener Kaufrechtsübereinkommen, RIW 1990, 693. Zum Optionsrecht vgl. Rn 105 ff.

[52] *Lutter*, Letter of Intent, S. 28 f.; *Karsten Schmidt* HandelsR S. 599.

[53] *Lutter*, Letter of Intent, S. 116.

[54] *Lutter*, Letter of Intent, S. 22 f.

[55] *Holzapfel/Pöllath* Rn 7; *Kösters* NZG 1999, 623; *Quack* ZGR 1982, 350, 357; *Lutter*, Letter of Intent, S. 11 f.

[56] *Lutter*, Letter of Intent, S. 39 ff.; *Blaurock*, ZHR 147 (1983) 334, 338 f.; *Thümmel* in MünchVertragsHdb. Bd. 3 Halbbd. 2 I.1. Anm. 11; *Kurz* MittDPatAnw 1997, 201, 203.

sichtlich des Hauptvertrags ergibt sich daraus nicht. Gleichwohl empfiehlt es sich, bei der Gestaltung eines Letter of Intent die verbindlichen Vorfeldabreden deutlich von der unverbindlichen Zusammenstellung der bisherigen Verhandlungsergebnisse abzusetzen.

Der Letter of Intent enthält häufig eine Reihe solcher bindenden Vorfeldvereinbarungen. Hierzu gehört etwa die Verpflichtung, der anderen Partei die für die Beurteilung des Unternehmens erforderlichen **Informationen** im Rahmen einer Due Diligence zur Verfügung zu stellen[57]. Auch die Verpflichtung des Veräußerers, innerhalb eines bestimmten Zeitraums nicht mit anderen Interessenten zu verhandeln, also dem Verhandlungspartner **Exklusivität** einzuräumen[58], hat regelmäßig bindenden Charakter. Rechtliche Bindung entfaltet ferner eine Abrede, die wechselseitig zur Verfügung gestellten Informationen und offengelegten Tatsachen **vertraulich** zu behandeln[59] und innerhalb eines bestimmten Zeitraums keine Arbeitnehmer des Vertragspartners abzuwerben[60]. Desweiteren kommt einer Vereinbarung über eine **Kostenübernahme/-aufteilung** für den Fall des Scheiterns der Transaktion[61] regelmäßig rechtlich bindender Charakter zu[62]. Zu den rechtlich bindenden Vereinbarungen zählen schließlich Abreden über das anwendbare **Recht** sowie **Gerichtsstands- und Schiedsgerichtsklauseln**[63]. 39

Im Anwendungsbereich anglo-amerikanischen Rechts hängt die Wirksamkeit von Vorfeldvereinbarungen von der Vereinbarung einer **Gegenleistung** („consideration") der anderen Seite ab, sofern die Vereinbarung nicht ausnahmsweise in die Form einer „deed" (gesiegelter Vertrag) eingekleidet ist[64]. Die Anforderungen an die Gegenleistung sind allerdings gering. Ausreichend kann etwa eine Kostenübernahmepflicht sein[65]. 40

Führen die weiteren Verhandlungen zu einem positiven Ergebnis und kommt es zum Abschluß des Hauptvertrags stellt sich die Frage nach der **Fortgeltung** der Vorfeldvereinbarungen. Im Zweifel gehen die im Letter of Intent enthaltenen Regelungen im Hauptvertrag auf, verlieren also ihren selbständigen Charakter[66]. Zur Vermeidung von Mißverständnissen erweist es sich jedoch stets als vorzugswürdig, diese Frage im Hauptvertrag ausdrücklich zu regeln. 41

6. Haftung

a) Schadensersatzpflicht wegen Abbruchs der Vertragsverhandlungen. aa) Vorbemerkung. Bleibt der Abschluß des beabsichtigten Unternehmenskaufvertrags aus, weil eine Seite die Verhandlungen mangels weiteren Inter- 42

---

[57] *Holzapfel/Pöllath* Rn 8; siehe Rn 73.
[58] Siehe Rn 76.
[59] *Holzapfel/Pöllath* Rn 8; siehe Rn 74.
[60] Siehe Rn 84.
[61] Siehe Rn 79.
[62] *Holzapfel/Pöllath* Rn 8.
[63] Siehe Rn 86ff.
[64] *Merkt* Rn 1038f.
[65] *Kösters* NZG 1999, 623.
[66] *Hertel* BB 1983, 1824, 1826; *Lutter*, Letter of Intent, S. 41.

esses **abbricht**, stellt sich die Frage, ob die Abstand nehmende Partei der anderen Seite Aufwendungs- oder gar Schadensersatz schuldet.

43 Den Parteien steht es grundsätzlich in jedem Verhandlungsstadium frei, von weiteren Gesprächen und dem Abschluß des intendierten Vertrags Abstand zu nehmen. Der bloße Eintritt und das Führen von Vertragsgesprächen, selbst wenn diese bereits ein fortgeschrittenes Stadium erreicht haben, verpflichten nicht zum Abschluß des Hauptvertrags[67]. Auch der Abschluß eines Letter of Intent begründet **keinen Kontrahierungszwang**. Etwaige Aufwendungen, selbst wenn sie im Vertrauen auf das Zustandekommen des Vertrags getätigt wurden, hat somit grundsätzlich jede Partei selbst zu tragen[68].

44 Allerdings begründet die Aufnahme von Verhandlungen ein **Vertrauensverhältnis** zwischen den Verhandlungspartnern, das sich mit wachsender Intensität der Gespräche verdichtet[69]. Aus diesem Vertrauensverhältnis ergeben sich unterschiedliche Verhaltenspflichten der Parteien, wie etwa die, den Abschluß des Hauptvertrags zu fördern, den Verhandlungspartner vor Schäden im Zusammenhang mit den Vertragsgesprächen zu bewahren und ihn über Umstände, die für ihn von elementarer Bedeutung sein können, aufzuklären[70]. Verletzt eine Verhandlungspartei eine dieser vorvertraglichen Pflichten, kommt eine Schadensersatzpflicht in Betracht. Dabei ist nach herrschender Meinung zwischen formbedürftigen und nicht formbedürftigen Verträgen[71] zu differenzieren:

45 **bb) Nicht formbedürftige Verträge.** Schadensersatzpflichtig macht sich der Abstand Nehmende zunächst immer dann, wenn er die Vorstellung der anderen Seite, der Vertrag werde sicher zustandekommen, **schuldhaft verursacht** hat und die Vertragsverhandlungen gleichwohl willkürlich abbricht[72]. Hierzu gehört der Fall, wenn eine Partei **von Anfang an** nicht bereit oder in der Lage war, den Vertrag abzuschließen und demzufolge nur scheinbar ernsthaft verhandelt hat[73]. Dies gilt namentlich dann, wenn eine Partei sich intern vorbehält, den in Aussicht genommenen Vertrag selbst dann nicht abzuschließen, wenn alle im Letter of In-

---

[67] *BGH* WM 1981, 788, 789; *BGH* ZIP 1996, 1174, 1175; *Lutter*, Letter of Intent, S. 68; *Kapp* DB 1989, 1224; *Müller* DB 1997, 1905 ff.

[68] *BGH* NJW 1967, 2199; *BGH* NJW 1975, 43, 44; *BGH* NJW-RR 1989, 627; *BGH* ZIP 1996, 1174, 1175; *Lutter*, Letter of Intent, S. 68; *Müller* DB 1997, 1905.

[69] *Blaurock* ZHR 147 (1983) 334, 337; *Lutter*, Letter of Intent, S. 66. Grundlegend zur Haftung nach den Grundsätzen der culpa in contrahendo etwa *Nirk,* culpa in contrahendo, FS Möhring, 1965, S. 385 ff.; *Larenz,* Bemerkungen zur Haftung für „culpa in contrahendo", FS Ballerstedt, 1975, S. 397 ff.; *Stoll,* Tatbestände und Funktionen der Haftung für culpa in contrahendo, FS v. Caemmerer, 1978, S. 435 ff.

[70] *Dilcher* in Staudinger Vorb. §§ 145 ff. BGB Rn 34 ff.

[71] Formlos gültig sind etwa Kauf- und Übertragungsverträge über Aktien, Kommanditanteile (wenn nicht gleichzeitig Geschäftsanteile an der Komplementär-GmbH mitveräußert werden), Asset Deals, sofern nicht Gegenstand der Übertragung auch Grundstücke (§ 313 BGB) oder GmbH-Geschäftsanteile (§ 15 Abs. 4 GmbHG) sind.

[72] Ganz hM *BGH* WM 1962, 936, 937; *BGH* WM 1969, 919; *BGH* NJW 1970, 1840, 1841; *BGH* WM 1972, 772; *BGH* NJW 1975, 43, 44; *BGH* WM 1981, 788, 789; *BGH* ZIP 1996, 1174, 1175; *OLG Stuttgart* DB 1989, 1817; *Reinicke/Tiedtke* ZIP 1989, 1093 ff.

[73] *BGHZ* 71, 386, 396 f.; *BGH* NJW 1984, 867; vgl. auch *BGH* WM 1982, 1436; *Lutter*, Letter of Intent, S. 70.

tent festgelegten Voraussetzungen erfüllt sind[74]. Gleiches gilt, wenn eine Partei einen Letter of Intent nur deswegen ausreicht, weil sie sich erhofft, auf diese Weise ihre Position in Gesprächen mit anderen Verhandlungspartnern zu verbessern[75]. Wer über seine Bereitschaft, einen Vertrag abzuschließen, täuscht, handelt stets pflichtwidrig. Der Pflichtenvorwurf besteht in diesen Fällen nicht darin, daß er sich von den Vertragsverhandlungen gelöst hat, sondern daß der Verhandlungspartner die andere Seite unzutreffend über seine wahren Absichten unterrichtet hat[76]. Eine Schadensersatzpflicht kommt ferner dann in Betracht, wenn eine Partei zwar zunächst tatsächlich die Absicht hatte, den in Aussicht genommenen Vertrag abzuschließen, ihre Pläne aber **nachträglich geändert** hat, ohne dies alsbald zu offenbaren. Den Verursacher trifft dann eine Aufklärungspflicht über den Wechsel der eigenen Willensrichtung, damit sich die andere Seite hierauf einstellen und von der Tätigung weiterer Aufwendungen absehen kann[77]. Unterläßt es die aufklärungspflichtige Partei, ihren Vertragspartner von diesem Sinneswandel zu unterrichten, macht sie sich schadensersatzpflichtig[78].

Bei nicht formbedürftigen Verträgen besteht eine Schadensersatzpflicht aber auch dann, wenn die Vertragsverhandlungen ohne triftigen Grund abgebrochen werden, nachdem eine Partei zunächst von einem sicheren Vertragsabschluß ausgegangen ist und die Abstand nehmende Partei dieses gesteigerte Vertrauen **zurechenbar erzeugt** hat[79]. Für die Begründung eines relevanten Vertrauenstatbestands reicht das bloße Führen von Verhandlungen allerdings nicht aus; vielmehr muß bei der anderen Partei die Überzeugung geschaffen worden sein, es werde zum sicheren Vertragsabschluß kommen. Dabei ist es jedoch nicht erforderlich, daß der Vertrauenstatbestand pflichtwidrig geschaffen wurde[80]. Der die Schadensersatzpflicht begründende Pflichtenvorwurf liegt vielmehr darin, daß die Vertragspartei die Verhandlungen ohne Grund abbricht und sich damit in Widerspruch zu ihrem vorangehenden Verhalten setzt (venire contra factum proprium). Schadensersatzpflichtig macht sich die Abstand nehmende Partei schließlich dann, wenn sie sich an den im Letter of Intent festgehaltenen, unter keinem ausdrücklichen Vorbehalt stehenden Verhandlungsergebnissen nicht festhalten lassen will,

46

---

[74] *Lutter,* Letter of Intent, S. 71.
[75] *Lutter,* Letter of Intent, S. 71; *Günther* in MünchVertragsHdb. Bd. 2. II.1. Anm. 6 (1).
[76] AA *Stoll,* Tatbestände und Funktionen der Haftung für culpa in contrahendo, FS v. Caemmerer, 1978, S. 435, 441, 449.
[77] *Lutter,* Letter of Intent, S. 72; *BGH* ZIP 1996, 1174 mit Anm. *Ochsenfeld* ZIP 1996, 1176, 1177.
[78] So zutr. *BGH* ZIP 1996, 1174, 1175; *Reinicke/Tiedtke* ZIP 1989, 1093, 1096f.; *Lutter,* Letter of Intent, S. 73.
[79] *BGH* WM 1974, 508, 509; *BGH* NJW 1975, 1774; *BGH* NJW 1975, 43, 44; *BGH* WM 1976, 2011; *BGH* WM 1977, 618, 619; BGHZ 76, 343, 348f.; *BGH* DB 1988, 223ff.; *BGH* NJW-RR 1989, 627ff.; *BGH* ZIP 1996, 1184, 1185; *BGH* ZIP 2001, 655; OLG Saarbrücken NJW-RR 1998, 341, 342; *Lutter,* Letter of Intent, S. 70ff.; *Kapp* DB 1989, 1224ff.; *ders.* DB 1991, 1265ff.; abweichend *Küpper* DB 1990, 2460, 2462 (erhöhter Vertrauenstatbestand ausreichend); aA kein Schadensersatz: *Quack* ZGR 1982, 350, 357; *Reinicke/Tiedtke* ZIP 1989, 1093, 1097ff. mwN; zweifelnd auch *Battes* in Erman § 276 BGB Rn 122; strenger wohl auch noch *BGH* WM 1962, 936, 937; *BGH* WM 1969, 919f.; *BGH* WM 1972, 772.
[80] *BGH* WM 1974, 508, 509.

§ 6 47, 48   Vertraulichkeitsvereinb., Absichtserklärung u. sonst. Vorfeldvereinb.

ohne hierfür einen triftigen Grund in Anspruch nehmen zu können[81]. Daß der Sinneswandel der anderen Seite rechtzeitig mitgeteilt wurde und auf diese Weise letztlich ein indirekter Zwang zum Vertragsabschluß herbeigeführt wird, ändert an diesem Ergebnis nichts[82].

47   cc) **Formbedürftige Verträge.** Anders liegen die Dinge, wenn der Vertrag formbedürftig ist, wie es etwa der Fall ist, wenn Gegenstand eines Asset Deal (auch) Grundstücke sind oder die Unternehmensübernahme im Rahmen einer Verschmelzung erfolgt[83]. In diesem Fall tritt die Annahme eines Schadensersatzanspruchs nach den Grundsätzen der culpa in contrahendo in einen Konflikt zu dem von Formvorschriften intendierten **Übereilungsschutz**. Dies gilt, cum grano salis, auch für die Übertragung von GmbH-Anteilen, auch wenn der Formzwang[84] hier weniger bezweckt, eine übereilte Kaufentscheidung zu vermeiden als einen spekulativen Handel mit Gesellschaftsanteilen zu verhindern[85]. Soll dieser Übereilungsschutz nicht konterkariert werden, darf eine Schadensersatzpflicht selbst dann nicht bestehen, wenn die Vertragsverhandlungen ohne triftigen Grund abgebrochen werden.

48   Eine Haftung kann demnach nur bei einem schweren Verstoß gegen die Verpflichtung der Parteien zu redlichem Verhalten bei den Verhandlungen in Betracht kommen. Nur in diesem Fall kann sich die Abstand nehmende Partei nicht auf den Formmangel berufen[86]. Von der herrschenden Meinung wird ein Schadensersatz begründendes Verhalten dann bejaht, wenn die Abstand nehmende Partei das Vertrauen der anderen Partei in das sichere Zustandekommen des Vertrags **schuldhaft erweckt** hat[87]. Es reicht also nicht aus, daß sich die Pflichtwidrigkeit nur auf den Abbruch der Verhandlung bezieht, vielmehr muß bereits der Vertrauenstatbestand pflichtwidrig geschaffen worden sein. In einer neueren Entscheidung hat der BGH für den Regelfall ein **vorsätzlich** pflichtwidriges Verhalten gefordert, wie es etwa bei Vorspiegeln einer tatsächlich nicht vorhan-

---

[81] *Lutter*, Letter of Intent, S. 73 ff. Wird von einer im Letter of Intent vorgesehenen Kündigungsmöglichkeit Gebrauch gemacht oder läuft seine festgelegte Geltungsdauer ab, endet damit auch der Vertrauenstatbestand; eine Haftung für spätere Aufwendungen scheidet damit aus.
[82] BGH ZIP 1996, 1174, 1175.
[83] § 313 BGB, § 6 UmwG.
[84] § 15 Abs. 4 GmbHG.
[85] BGH ZIP 1996, 1174, 1175; OLG *Stuttgart* DB 1989, 1817; *Kapp* DB 1989, 1224; *ders.* DB 1991, 1265; *Reinicke/Tiedtke* ZIP 1989, 1093, 1102; *Müller* DB 1997, 1905, 1908, der zutreffend darauf hinweist, daß im Anwendungsbereich des § 55 Abs. 1 GmbHG (notariell beglaubigte Übernahmeerklärung bei Kapitalerhöhungen) diese erhöhten Anforderungen nicht bestehen.
[86] BGH ZIP 1996, 1174, 1175.
[87] BGH NJW 1967, 798, 799; BGH NJW 1967, 2199; BGH NJW 1970, 1840, 1841; BGH NJW 1975, 43, 44; BGH BB 1979, 598, 599 f.; BGH WM 1982, 1436; BGH ZIP 1996, 1174; OLG *Köln* NJW-RR 1987, 801; OLG *Stuttgart* DB 1989, 1817; OLG *Hamm* NJW-RR 1991, 1043; OLG *Koblenz* NJW-RR 1997, 974; OLG *Frankfurt*, MDR 1998, 957; LG *Heilbronn* DB 1989, 1227; LG *Paderborn* NZG 2000, 899, 901. Aus dem Schrifttum *Günther* in MünchVertragsHdb. Bd. 2. II.1. Anm. 6 (1); *Kapp* DB 1989, 1224; *Reinicke/Tiedtke* ZIP 1989, 1093, 1096; *Kösters* NZG 1999, 623, 624; gegen die Anerkennung von Schadensersatzansprüche etwa *von Bar*, Vertragliche Schadensersatzpflichten ohne Vertrag?, JuS 1982, 637, 639; unklar *Beisel/ Klumpp* Rn 41 g.

denen Abschlußbereitschaft oder bei fehlender Aufklärung über ein nachträgliches Abrücken von der Bereitschaft zum Vertragsschluß anzunehmen ist[88]. Teilt jedoch die zunächst abschlußbereite Partei der anderen Seite ihre Willensänderung unverzüglich mit, steht dies der Annahme einer Schadensersatzpflicht entgegen.

dd) Triftiger Grund. Eine Schadensersatzpflicht scheidet stets aus, wenn die 49 Abstand nehmende Partei für ihre Entscheidung einen triftigen Grund in Anspruch nehmen kann. Dabei muß es sich um solche Umstände handeln, die nicht dem Verantwortungsbereich der Abstand nehmenden Partei zuzuordnen sind und einen Vertragsschluß als **unzumutbar erscheinen** lassen. Die Möglichkeit, bei einem Verkauf an eine andere Partei einen höheren Kaufpreis zu realisieren, stellt grundsätzlich keinen triftigen Grund dar[89]. Gleiches gilt für solche Sachverhalte, die den Verhandlungspartner nach dem ausdrücklichen Inhalt des Letter of Intent nicht berechtigen, die Verhandlungen abzubrechen[90]. Andererseits kann der Umstand, daß das in Aussicht genommene Geschäft vor dem Hintergrund geänderter wirtschaftlicher Verhältnisse wirtschaftlich nicht mehr sinnvoll ist, einen triftigen Grund darstellen[91].

ee) Zurechnung, Haftungsumfang. Handelt es sich bei einem Vertrags- 50 partner um eine juristische Person oder Personenhandelsgesellschaft, wird ein pflichtwidriges Verhalten von Organmitgliedern und anderen Mitarbeitern der Gesellschaft zugerechnet[92]. Im Fall eines objektiven Pflichtverstoßes wird das Verschulden vermutet[93].

Der Schadensersatzanspruch der verletzten Partei ist auf Ersatz des **negativen** 51 **Interesses** gerichtet[94]. Hierbei handelt es sich in erster Linie um die Aufwendungen, die im berechtigten Vertrauen auf den Abschluß des Vertrags getätigt wurden. Die Aufwendungen müssen im Hinblick auf den jeweiligen Stand der Verhandlungen als angemessen erscheinen[95]. Erstattungsfähig sind idR die Kosten der eingeschalteten Berater, eigene Reisekosten und die Kosten für Gutachten und Voruntersuchungen, uU aber auch der im eigenen Unternehmen für die Vorbereitung und Führung der Vertragsverhandlungen entstandene Personalaufwand. Der Schaden kann ausnahmsweise auch im **entgangenen Gewinn** aus einem Geschäft liegen, das die andere Seite im Vertrauen auf den Abschluß des an sich in Aussicht genommenen Geschäfts nicht eingegangen ist[96]. Demgegenüber ist das

---

[88] BGH ZIP 1996, 1174, 1175 mit kritischer Anm. *Ochsenfeld* ZIP 1996, 1176, 1177.
[89] BGH WM 1982, 1436.
[90] Siehe auch Rn 71.
[91] BGH ZIP 1996, 1184f.
[92] §§ 31, 278 BGB, vgl. dazu *Lutter*, Letter of Intent, S. 82.
[93] § 282 BGB; *Lutter*, Letter of Intent, S. 82.
[94] BGH WM 1982, 1436; BGH NJW 1975, 43, 44; *Lutter*, Letter of Intent, S. 83f.; *Blaurock* ZHR 147 (1983) 334, 337; *Thümmel* in MünchVertragsHdb. Bd. 3 Halbbd. 2 I.1. Anm. 12; *Küpper* DB 1990, 2460, 2461; *Reinicke/Tiedtke* ZIP 1989, 1093, 1094f.; *Kurz* MittDPatAnw 1997, 201, 203; *Müller* DB 1997, 1905, 1907.
[95] *Lutter*, Letter of Intent, S. 85f.
[96] *Lutter*, Letter of Intent, S. 83.

positive Interesse, also der Schaden, der dadurch entsteht, daß der Hauptvertrag nicht durchgeführt wird, nicht erstattungsfähig[97].

52 **b) Schadensersatzpflicht bei Verletzung von Vorfeldvereinbarungen.** Auf bindende Vorfeldvereinbarungen findet allgemeines Vertragsrecht Anwendung. Danach haftet nach den Grundsätzen der **positiven Vertragsverletzung**, wer er eine im Letter of Intent enthaltene bindende Nebenverpflichtung schuldhaft verletzt. Führt etwa eine Partei der Exklusivitätsvereinbarung zuwider Parallelverhandlungen mit einem Dritten, hat die verletzte Partei Anspruch auf Ersatz der Aufwendungen, die sie im Vertrauen auf die Exklusivitätsverhandlungen getätigt hat.

53 Eine Schadensersatzpflicht kann aber auch bestehen, wenn keine ausdrückliche Vereinbarung über eine Vorfeldverpflichtung getroffen wurde. Vertragsverhandlungen, namentlich wenn sie zum Abschluß eines Letter of Intent geführt und damit eine gewisse Verdichtung erfahren haben, begründen nämlich ein **gesetzliches Schuldverhältnis**, aus dem sich Verhaltenspflichten der Verhandlungspartner ableiten lassen[98]. So besteht namentlich eine Verpflichtung, vertrauliche Informationen nicht an Dritte weiterzugeben oder für eigene Zwecke zu verwenden[99]. Verletzt eine Partei diese Verpflichtung, macht sie sich nach den Grundsätzen der culpa in contrahendo schadensersatzpflichtig. Gleiches kann gelten, wenn eine Partei Parallelverhandlungen mit einem Dritten führt, obwohl sie gegenüber ihrem Vertragspartner den Anschein erweckt hat, sie stehe mit ihm in Exklusivverhandlungen[100].

54 **c) Weitere Ansprüche.** Daneben können Ansprüche der enttäuschten Partei aus **ungerechtfertigter Bereicherung** bestehen[101]. Ein kondizierbarer Vermögenswert kann dann entstehen, wenn eine Seite Vorleistungen (Bodenuntersuchungen, Marktanalysen etc.) erbracht hat, die für die andere Seite auch im Fall des Vertragsabschlusses noch objektiv von Wert sind, insbes. wenn die Erbringung dieser Leistungen zur Bedingung für den Vertragsabschluß gemacht wurde[102]. Dabei ist jedoch immer zu fragen, ob der Wille der Parteien nicht darauf gerichtet war, daß die verbleibenden Vorteile im Fall eines Scheiterns der Gespräche der anderen Seite endgültig zufallen sollen.

55 Denkbar sind schließlich Schadensersatzansprüche wegen **vorsätzlicher sittenwidriger Schädigung**[103]. Voraussetzung für einen solchen Anspruch ist, daß die Vermögensinteressen der anderen Partei grob mißachtet werden und der Schädiger dabei zumindest bedingt vorsätzlich handelt[104]. In Vertragsanbah-

---

[97] *Lutter*, Letter of Intent, S. 67 ff. Die Rechtsprechung des BGH, die in bestimmten Konstellationen einen Anspruch auf das Erfüllungsinteresse zubilligt (vgl. etwa *BGH* DB 1998, 2013), ist insoweit nicht einschlägig.
[98] Vgl. *Blaurock* ZHR 147 (1983) 334, 337. Siehe auch Rn 44 mwN.
[99] Siehe Rn 9.
[100] *Thümmel* in MünchVertragsHdb. Bd. 3 Halbbd. 2 I.1. Anm. 12.
[101] § 812 Abs. 1 Satz 2 2. Alt. BGB.
[102] *Lutter*, Letter of Intent, S. 94 ff.
[103] § 826 BGB.
[104] *Lutter*, Letter of Intent, S. 97.

nungssituationen dürften solche Ansprüche aber nur in besonders krass gelagerten Fällen in Betracht kommen.

d) Haftungsausschluß. Eine etwaige Schadensersatzpflicht wegen Verletzung bindender **Vorfeldvereinbarungen** kann durch vertragliche Regelung ohne weiteres eingeschränkt werden[105]. Dies kann etwa durch betragsmäßige Beschränkungen oder einen vollständigen Ausschluß geschehen. 56

Nach den Grundsätzen der culpa in contrahendo bestehende Schadensersatzansprüche wegen **grundlosen Abbruchs der Vertragsverhandlungen** können durch vertragliche Vereinbarung ebenfalls ausgeschlossen werden[106]. Dies gilt jedenfalls im Anwendungsbereich deutschen Rechts, während nach den Rechtsordnungen einiger europäischer Staaten ein Haftungsausschluß nicht oder nur eingeschränkt in Betracht kommt[107]. 57

Die Aufnahme einer Bestimmung, nach der eine Bindungswirkung erst durch den Abschluß eines formgültigen Vertrags zustandekommt, kann eine Schadensersatzverpflichtung wegen grundlosen Abbruchs der Vertragsverhandlungen nicht in allen Fällen ausschließen[108]. Denn ein Abbruch der Verhandlungen ohne jedweden Grund ist den Parteien auch in diesem Fall nicht möglich. Dies gilt um so mehr, je detaillierter das Transaktionsvorhaben im Letter of Intent bereits beschrieben ist. Umgekehrt sinkt das **Haftungsrisiko**, je stärker die Abschlußfreiheit der Parteien im Letter of Intent hervorgehoben wird[109]. 58

Zuverlässig läßt sich eine Haftung nach den Grundsätzen der culpa in contrahendo jedoch ausschließen, indem im Letter of Intent unmißverständlich klargestellt wird, daß die Parteien das Recht haben, sich auch ohne Geltendmachung anerkennenswerter Gründe in jedem Stadium von den Verhandlungen zu lösen, ohne daß die andere Partei aus einem solchen Verhalten Schadensersatzansprüche herleiten kann. Allerdings läßt sich eine solche Klausel in der Praxis nur sehr schwer durchsetzen[110]. Auf eine größere Akzeptanz treffen Bestimmungen, nach denen sich die Partei sanktionslos von den Verhandlungen lösen kann, wenn ein im Letter of Intent ausdrücklich gemachter **Vorbehalt** zum Tragen kommt[111], oder wenn die Abstand nehmende Partei einen im Letter of Intent zu quantifizierenden Anteil der Kosten der anderen Seite zu übernehmen hat[112]. 59

7. Form

Soll der Inhalt des Letter of Intent lediglich die Absicht dokumentieren, einen Unternehmenskaufvertrag abzuschließen, und demzufolge nicht bindend sein, ist 60

---

[105] *Thümmel* in MünchVertragsHdb. Bd. 3 Halbbd. 2 I.1. Anm. 12.
[106] Statt vieler *Müller* DB 1997, 1905 (Fn 8).
[107] *Kösters* NZG 1999, 623, 624 mwN.
[108] *Kösters* NZG 1999, 623, 624; *Hess/Fabritius* in Hopt, Vertrags- und Formularbuch, IV B. 5. Anm. 1; weniger kritisch *Günther* in MünchVertragsHdb. Bd. 2 II.1. Anm. 6 (1).
[109] *Thümmel* in MünchVertragsHdb. Bd. 3 Halbbd. 2 I.1. Anm. 12.
[110] Zutr. *Holzapfel/Pöllath* Rn 7.
[111] Siehe Rn 67 ff.
[112] Siehe auch Rn 79 ff.

die Einhaltung einer bestimmten Form nicht geboten[113]. Dies gilt auch dann, wenn der Hauptvertrag selbst formbedürftig ist[114]. Auch die Aufnahme üblicher bindender Vorfeldvereinbarungen (Vertraulichkeit, Exklusivität etc.) zwingt nicht zur Einhaltung eines Formerfordernisses, da solche Abreden formlos abgeschlossen werden können. Unabhängig davon empfiehlt es sich aber bereits aus Beweisgründen, die Schriftform einzuhalten.

8. Anwendbares Recht

61 Bei Transaktionen mit Auslandsbezug stellt sich stets die Frage nach dem anwendbaren Recht[115]. Soweit der Letter of Intent **bindende Vereinbarungen** enthält, bestimmt sich das anwendbare Recht nach den Kollisionsregelungen für vertragliche Schuldverhältnisse[116]. Anwendbar ist nach deutschem Kollisionsrecht also das Recht des Staates, mit dem der Letter of Intent die engsten Verbindungen aufweist[117]. Wegen der sachlichen Nähe zum Hauptvertrag bestimmt sich das anwendbare Recht nach dem Recht des Staates, in dem die Partei, die nach dem (beabsichtigten) Hauptvertrag die charakteristische Leistung zu erbringen hat, im Zeitpunkt des Abschlusses ihren gewöhnlichen Aufenthalt bzw. ihre Hauptverwaltung hat[118]. Bei einem Unternehmenskaufvertrag ist die charakteristische Leistung die Übertragung der Gesellschaftsanteile oder von Vermögensgegenständen[119].

62 Für Ansprüche auf **Ersatz von Aufwendungen** aus culpa in contrahendo ist nach deutschem Kollisionsrecht das Recht maßgeblich, das für den ins Auge gefaßten Hauptvertrag gegolten hätte[120]. Gleiches gilt für etwaige Ansprüche aus ungerechtfertigter Bereicherung[121].

63 Nach deutschem Recht ist es den Parteien jedoch unbenommen, durch **vertragliche Regelung** innerhalb der durch das Willkürverbot gezogenen Grenzen die Geltung des Rechts eines anderen Staates zu vereinbaren[122]. Dies kann durch vollständige oder teilweise Verweisung auf die Regeln einer anderen Rechtsordnung geschehen.

---

[113] *Kurz* MittDPatAnw 1997, 201, 207; *Kösters* NZG 1999, 623, 624.
[114] *Wolf* DNotZ 1995, 179, 195.
[115] Siehe § 35 Rn 4 ff.
[116] §§ 27 ff. EGBGB.
[117] § 28 Abs. 1 EGBGB, vgl. dazu *Lutter*, Letter of Intent, S. 147; *Kösters* NZG 1999, 623, 624; *Thümmel* in MünchVertragsHdb. Bd. 3 Halbbd. 2 I.1. Anm. 4.
[118] § 28 Abs. 2 EGBGB, siehe dazu auch *Merkt* Rn 579 f.; *ders.*, Internationaler Unternehmenskauf durch Erwerb der Wirtschaftsgüter, RIW 1995, 533, 537; *Kösters* NZG 1999, 623, 625; abw. *Thümmel* in MünchVertragsHdb. Bd. 3 Halbbd. 2 I.1. Anm. 4.
[119] Vgl. *Lutter*, Letter of Intent, S. 147.
[120] *Beisel/Klumpp* Rn 56; *Kösters* NZG 1999, 623, 625; *Thümmel* in MünchVertragsHdb. Bd. 3 Halbbd. 2 I.1. Anm. 4; *Lutter*, Letter of Intent, S. 150 mwN.
[121] *Lutter*, Letter of Intent, S. 150.
[122] *Lutter*, Letter of Intent, S. 148 f.

II. Typischer Regelungsinhalt

1. Aufbau

Da Regeln für den Inhalt und Aufbau eines Letter of Intent nicht bestehen, sind die Parteien in seiner **Gestaltung** im Prinzip frei. Letztlich können im Letter of Intent all diejenigen Punkte Regelung finden, die auch Gegenstand des später abzuschließenden Hauptvertrags sind (Schicksal der Geschäftsführer der Zielgesellschaft etc.). Allerdings empfiehlt es sich, den Regelungsgrad des Letter of Intent nicht zu hoch anzusetzen, sondern die Einigung über Detailfragen den eigentlichen Vertragsverhandlungen vorzubehalten.

In der Praxis werden zumeist die folgenden Punkte geregelt:
— Beschreibung der Eckpunkte der Transaktion und Darlegung der Vorbehalte, unter denen die getroffenen Annahmen stehen;
— Darlegung des weiteren Gangs der Transaktion, Zeitplan für die weiteren Verhandlungen (Ausreichung der Vertragsdokumentation, Verhandlungstermine etc.);
— bindende Vorfeldvereinbarungen (Durchführung einer Due Diligence, Offenlegung von Unterlagen etc., Vertraulichkeit, Exklusivität, Kosten);
— Regelungen über die Beendigung von Verhandlungen (Bindungswirkung, Kostenregelung etc.) und
— Abwerbungs- und Wettbewerbsverbot, Rechtswahl- und Gerichtsstandsklausel.

2. Zusammenfassung der bisherigen Verhandlungsergebnisse

a) Eckpunkte der Transaktion. Hauptzweck des Letter of Intent ist es, die bisherigen Verhandlungsergebnisse zusammenzufassen. Hierzu gehört zunächst der **Kaufgegenstand**. Erfolgt die Übernahme im Rahmen eines Share Deal[123], sind die Gesellschaftsanteile im einzelnen zu bezeichnen. Werden nicht Anteile, sondern einzelne Wirtschaftsgüter erworben (Asset Deal[124]), kann es sich – je nach Fortschritt der Gespräche – empfehlen, die Aktiva und Passiva, die Gegenstand des Erwerbs sind, zu umschreiben. Als vorteilhaft kann sich auch die Aufnahme der Faktoren erweisen, aus denen der **Kaufpreis** abgeleitet wurde (zB Wert der übernommenen Aktiva abzüglich der Verbindlichkeiten und Rückstellungen; vorhandenes Nettoreinvermögen am Übernahmestichtag). Ist bei Ausreichung des Letter of Intent absehbar, daß sich diese Rahmendaten ändern können, empfiehlt es sich, zumindest in Grundzügen einen Mechanismus für die Anpassung des Kaufpreises festzulegen. Will sich der Erwerbsinteressent vorbehalten, den Erwerb der Zielgesellschaft nicht selbst, sondern über eine Tochtergesellschaft vorzunehmen, sollte auch dies in den Letter of Intent aufgenommen werden. Zuweilen werden auch aus Sicht des potentiellen Erwerbers als wesentlich empfundene **Garantie- und Gewährleistungen** im Letter of Intent aufgeführt. Auf diese Weise wird einer etwaigen Erwartung des Veräußerers vorgebeugt, bei Gestattung einer Due Diligence keine Garantien mehr abgeben zu müssen. Auch etwaige Verpflichtungen Dritter,

---

[123] Siehe § 12.
[124] Siehe § 13.

zB eine Erfüllungsgarantie der Gesellschafter des Erwerbsinteressenten für die Kaufpreisverbindlichkeit, sind häufig bereits Gegenstand der Absichtserklärung. IdR empfiehlt es sich auch, die noch **offenen Verhandlungspunkte** konkret zu benennen. Auf diese Weise werden Mißverständnisse über die insoweit getroffenen Absprachen vermieden und gleichzeitig die Parteien angehalten, auch hinsichtlich dieser Punkte Einigkeit zu erzielen.

67 **b) Vorbehalte.** Ungeachtet des Umstands, daß der Letter of Intent bereits nach der gesetzlichen Regelung keine rechtliche **Bindungswirkung** im Hinblick auf den Abschluß und den Inhalt des Hauptvertrags entfaltet, empfiehlt sich ein klarstellender Hinweis, daß die Parteien die Erklärungen lediglich als rechtlich unverbindliche Absichtserklärungen verstanden wissen wollen. Von dieser Regelung sollten die bindenden Vorfeldvereinbarungen[125] allerdings ausdrücklich ausgenommen werden.

68 Zudem kann es aus Sicht des Erwerbsinteressenten ratsam sein, die **Vorbehalte**, unter die er die Eckpunkte der Transaktion stellen möchte, ausdrücklich zu nennen. Die Aufnahme von Vorbehalten hat nämlich durchaus haftungsrechtliche Relevanz, weil dem Erwerbsinteressenten, wenn einer der vereinbarten Vorbehalte zum Tragen kommt, nicht der Vorwurf gemacht werden kann, er habe sich grundlos von den Verhandlungen gelöst[126].

69 **Beispiele** für derartige Vorbehalte sind
– der zufriedenstellende Abschluß der Due Diligence;
– die rechtsverbindliche Einigung über den Hauptvertrag mit einem angemessenen Garantie- und Gewährleistungskatalog;
– die Kreditzusage der Hausbank;
– die Zustimmung von Gesellschaftsgremien (Aufsichtsrat, Hauptversammlung etc.);
– die Erteilung öffentlich-rechtlicher Genehmigungen;
– die Zustimmung von Behörden (zB des deutschen oder europäischen Kartellamts)[127].

70 Häufig werden solche Vorbehalte im Letter of Intent als **Bedingungen** bezeichnet. Gleichwohl läßt dies jedoch regelmäßig nicht den Schluß zu, daß bei Eintritt der „Bedingung" eine rechtliche Bindung zwischen den Parteien bestehen soll. Dies gilt nicht nur, wenn der Eintritt des genannten Umstands in das Ermessen einer Seite gestellt wird („zufriedenstellend", „angemessen"), sondern auch dann, wenn es sich um objektive Umstände (Zustimmung einer Behörde) handelt. Einen bedingten Vertrag oder ein Angebot zum Abschluß eines bedingten Vertrags wird man in aller Regel nicht annehmen können[128].

71 Umgekehrt ist es auch möglich, im Letter of Intent solche Umstände zu benennen, die die Vertragspartner gerade **nicht berechtigen** sollen, die Verhandlungen zu verweigern[129]. Auf diese Weise läßt sich zwar keine Verpflichtung zum Ab-

---

[125] Siehe Rn 73 ff.
[126] Siehe auch Rn 59.
[127] Weitere Beispiele bei *Lutter*, Letter of Intent, S. 11.
[128] So zutr. *Lutter*, Letter of Intent, S. 24 f.
[129] *Kapp* DB 1989, 1224, 1226.

schluß des Hauptvertrags begründen. Eine solche Regelung hat jedoch Bedeutung für die Schadensersatzpflicht der Abstand nehmenden Partei[130].

c) **Zeitplan.** Es empfiehlt sich, einen Zeitplan für die weitere Vorgehensweise festzulegen. Neben Beginn und Ende der verschiedenen Abschnitte, etwa der Due Diligence, können Termine für die Vorlage der Vertragsdokumentation, die weiteren Verhandlungsrunden, Management-Gespräche und den ins Auge gefaßten Abschluß der Verhandlungen bestimmt werden. Zwar können die Parteien aus einer solchen Regelung keinen klagbaren Anspruch auf Einhaltung des Zeitplans herleiten. Sie hat jedoch über ihre psychologische Wirkung auch rechtliche Bedeutung, da bei Nichteinhaltung des Zeitplans durch eine Partei regelmäßig ein sanktionsloses **Abstandnahmerecht** der anderen Verhandlungspartei bestehen dürfte.

3. Vorfeldvereinbarungen

a) **Durchführung einer Due Diligence**[131]**; Offenlegung von Informationen.** Auf den Erwerb des Zielunternehmens ohne vorherige sorgfältige Prüfung wird sich der Käufer in aller Regel nicht einlassen. Andererseits ist die Zielgesellschaft bzw. sind ihre Gesellschafter nicht bereit, dem Erwerber die Durchführung einer Due Diligence zu ermöglichen, ohne zuvor durch die Ausreichung eines Letter of Intent die gefestigte Zuversicht in einen Vertragsabschluß gewonnen zu haben. In einem Letter of Intent finden sich daher in vielen Fällen Regelungen, nach denen der Veräußerer eine eingehende Prüfung des Unternehmens durch den Erwerber zuläßt und diesem die gewünschten Informationen zur Verfügung stellt. Dabei sollte klargestellt werden, auf welche Bereiche sich die Due Diligence bezieht (rechtliche, wirtschaftliche, steuerliche, technische etc. Due Diligence). Neben dem Umfang der Due Diligence sollten auch ihre Dauer und der Ort der Einsichtnahme, die damit betrauten Personen (Rechtsanwälte, Wirtschaftsprüfer etc.) sowie sonstigen Rahmenbedingungen für die Due Diligence einer Regelung zugeführt werden.

b) **Vertraulichkeitsverpflichtung.** Da beide Parteien selbst bei Unterzeichnung eines Letter of Intent keine abschließende Gewißheit haben, daß es tatsächlich zum Abschluß der Transaktion kommt, ist ihnen daran gelegen, die jeweils andere Partei zur Vertraulichkeit über die beabsichtigte Transaktion zu verpflichten. Meist schließen die Parteien bereits im Frühstadium der Gespräche eine gesonderte Vertraulichkeitsvereinbarung. Dann reicht es aus, im Letter of Intent auf die Vertraulichkeitserklärung **Bezug** zu nehmen und klarzustellen, daß die wechselseitigen Vertraulichkeitsverpflichtungen fortbestehen sollen. Ist der Abschluß einer speziellen Vertraulichkeitsvereinbarung unterblieben, sollte die Vertraulichkeitsfrage im Letter of Intent unbedingt einer **ausdrücklichen** Regelung zugeführt werden. Dabei entspricht es regelmäßig dem Interesse der Parteien, daß die

---

[130] Siehe Rn 49.
[131] Siehe § 9 Rn 58 ff.

Vertraulichkeitsverpflichtung auch dann fortbesteht, wenn die Verhandlungen scheitern oder aus einem anderen Grund beendet werden[132].

75 Das Fehlen an einer ausdrücklichen Vertraulichkeitsverpflichtung, bedeutet nicht, daß der Empfänger der Informationen berechtigt wäre, diese Dritten zu offenbaren oder für eigene Zwecke zu nutzen. Da im wirtschaftlichen Bereich unternehmensbezogene Daten stets unter dem Vorbehalt der vertraulichen Behandlung weitergereicht werden, kann regelmäßig von einer **konkludent** vereinbarten Vertraulichkeitsverpflichtung ausgegangen werden[133].

76 **c) Exklusivitätsverpflichtung.** Dem Erwerbsinteressenten ist insbes. wegen der nicht unerheblichen Kosten, die mit der Durchführung einer Due Diligence verbunden sind, typischerweise daran gelegen, daß der Veräußerer für einen bestimmten Zeitraum nicht mit Dritten verhandelt oder zumindest keinen bindenden Vertrag über das Zielunternehmen abschließt. Aus diesem Grund treffen die Verhandlungsparteien vielfach eine Exklusivitätsvereinbarung, worin sich der Veräußerer verpflichtet, bis zu einem im einzelnen definierten Zeitpunkt **keine Parallelverhandlungen** mit Dritten über den Verkauf des Unternehmens zu führen. In diesem Fall ähnelt der Letter of Intent einer Optionsvereinbarung[134]. Da der Verkäufer durch den Abschluß einer Exklusivitätsvereinbarung auf die Vorteile verzichtet, die aus einer Wettbewerbssituation entstehen können, läßt er sich vom Erwerbsinteressenten für den Fall, daß der ins Auge gefaßte Unternehmenskaufvertrag nicht abgeschlossen wird, zuweilen eine Vergütung für die Exklusivität gewähren.

77 Exklusivitätsvereinbarungen haben regelmäßig **bindenden Charakter**[135], die Verletzung der Exklusivitätsabrede ist eine positive Vertragsverletzung, die zum Ersatz des entstandenen **Schadens** verpflichtet. Sie werden daher häufig durch ein Vertragsstrafeversprechen unterlegt. Insoweit gelten die obigen Ausführungen zur Vertraulichkeitsvereinbarung entsprechend[136]. Häufig wird klargestellt, daß die vertragsbrüchige Partei der anderen Seite die im Rahmen der Vertragsverhandlungen entstandenen Kosten zu ersetzen hat. Allerdings sind Exklusivitätsvereinbarungen in der Praxis nur schwer durchsetzbar[137].

78 Bei Vereinbarung einer Exklusivität sollte die **Dauer** der Verpflichtung des Veräußerers, sich Verhandlungen mit Dritten zu enthalten, ausdrücklich festgelegt werden. Regelmäßig entspricht es dem Interesse des Erwerbsinteressenten, daß sich die Exklusivitätsverpflichtung nicht nur auf die zunächst ins Auge gefaßte Transaktionsstruktur (zB Share Deal) bezieht, sondern auch vergleichbare **Sachverhalte** (zB Verkauf aller der Gesellschaft gehörenden „assets"). Damit wird der Gefahr vorgebeugt, daß sich der Veräußerer durch eine andere Strukturierung der Transaktion der Exklusivitätsverpflichtung entzieht.

---

[132] Zu Inhalt und Rechtsfolgen einer Vertraulichkeitsvereinbarung ausführlich Rn 3 ff.
[133] Zutr. *Lutter*, Letter of Intent, S. 49. Siehe auch Rn 9.
[134] Zum Optionsrecht vgl. im einzelnen Rn 105 ff.
[135] Siehe auch Rn 39.
[136] Siehe Rn 20 ff.
[137] *Holzapfel/Pöllath* Rn 8.

d) Kostenverteilung. Die Vorbereitung einer Unternehmensübernahme ist für beide Verhandlungsparteien recht **kostenintensiv**. Neben den Kosten für die rechtliche, steuerliche und betriebswirtschaftliche Due Diligence fallen Aufwendungen für Umweltuntersuchungen und behördliche Verfahren (zB Verfahren vor den deutschen und europäischen Kartellbehörden) an. Es empfiehlt sich daher, in die Absichtserklärung eine Regelung über die Kostenverteilung für den Fall aufzunehmen, daß der beabsichtigte Hauptvertrag nicht abgeschlossen wird. Solche Kostenregelungen haben den Vorteil, daß im Fall des Scheiterns der Verhandlungen eine Auseinandersetzung über eine etwaige Schadensersatzverpflichtung nach den Grundsätzen der culpa in contrahendo kaum noch aufkommen kann[138]. Zudem läßt sich das finanzielle Risiko eines Scheiterns der Vertragsverhandlungen auf diese Weise leichter kalkulieren. In keinem Fall läßt sich aus einer solchen Kostenübernahmeregelung eine Pflicht zum Abschluß des Hauptvertrags ableiten[139].

Die genaue **Ausgestaltung** der Kostenverteilungsabrede hängt von den jeweiligen Interessen der Verhandlungsparteien im Einzelfall ab[140]. Eine Kostenteilung ist zumeist dann sachgerecht, wenn es sich um Positionen handelt, die im Interesse beider Parteien aufgewendet wurden (zB Einholung einer kartellrechtlichen Stellungnahme). Der Erwerbsinteressent ist auch zuweilen zu einer Übernahme von Kosten des Veräußerers bereit, wenn dieser ihm für einen bestimmten Zeitraum Exklusivität einräumt[141]. Der potentielle Erwerber hat dann aber darauf zu achten, daß die von ihm zu tragenden Aufwendungen nach Art und Höhe spezifiziert sind. Möglich ist auch, daß bestimmte Kosten in voller Höhe dem Veräußerer auferlegt werden (zB Kosten für die Ausgliederung des verkauften Geschäftsbereichs in eine eigens zu diesem Zweck gegründete Gesellschaft). Denkbar ist schließlich eine Bestimmung, nach der die Kosten aller Beteiligten von der Partei übernommen werden, die die Verhandlungen abbricht.

Eine Regelung, nach der die Kosten von der **Zielgesellschaft** übernommen werden sollen, verfolgt zumeist den Zweck, den ertragsteuerlichen Betriebskostenabzug sowie den umsatzsteuerlichen Vorsteuerabzug zu ermöglichen. Allerdings birgt eine solche Bestimmung das Risiko einer verdeckten Gewinnausschüttung[142], sofern die Zielgesellschaft kein eigenes Interesse an der Transaktion geltend machen kann[143].

e) „Break fee"-Vereinbarung. Zunehmend finden sich in Letters of Intent auch sog. „break fee"-Klauseln. **Gegenstand** solcher Bestimmungen ist die Verpflichtung der Parteien, den beabsichtigten Unternehmenszusammenschluß mitzutragen und für den Fall, daß die dazu erforderlichen Willenserklärungen nicht abgegeben werden, eine Zahlung an die andere Partei zu leisten (sog. „break

---

[138] *Kapp* DB 1989, 1224, 1226.
[139] *Kapp* DB 1989, 1224, 1226; *ders.* DB 1991, 1265, 1266; einschränkend *Küpper* DB 1990, 2460, 2462 („faktische Einschränkung").
[140] Dazu auch *Kapp* DB 1989, 1224, 1226.
[141] Siehe Rn 76 ff.
[142] *Holzapfel/Pöllath* Rn 8.
[143] Siehe § 26 Rn 147.

fee")[144]. Das Versprechen zur Zahlung einer „break fee" wird dabei zumeist wechselseitig, zuweilen aber auch einseitig abgegeben.

83 Die **rechtliche Einordnung** von „break fee"-Vereinbarungen hängt maßgeblich von der konkreten Ausgestaltung ab. IdR wird die Auslegung zu dem Ergebnis führen, daß die „break fee"-Vereinbarung auch, wenn nicht gar in erster Linie, den Abschluß des Hauptvertrags sicherstellen soll[145]. Dies gilt namentlich dann, wenn die Höhe der „fee" die vorvertraglichen Aufwendungen der Parteien übersteigt und damit auch einen Ausgleich für das enttäuschte Abschlußinteresse beinhaltet. Die Vereinbarung erschöpft sich in diesem Fall nicht in bloßen Absichtserklärungen der Parteien; vielmehr will sie eine rechtliche Bindung hinsichtlich des beabsichtigen Hauptvertrags schaffen. Die „break fee"-Vereinbarung ist unter diesen Voraussetzungen entweder als selbständiges Strafversprechen oder (in Ausnahmefällen) als Vorvertrag zu qualifizieren[146]. Dies hat zur Konsequenz, daß die „break fee"-Vereinbarung rechtlich unwirksam ist, wenn sie nicht den für den Hauptvertrag geltenden Formerfordernissen entspricht[147]. Ist eine AG Partei einer „break fee"-Vereinbarung, kann die Verpflichtung zur Zahlung im Einzelfall mit dem im AktG[148] zum Ausdruck kommenden Verbot der „financial assistance" sowie dem Verbot der Einlagenrückgewähr kollidieren[149]. Bedarf die Transaktion der Zustimmung der Hauptversammlung, kann die Vereinbarung einer „break fee" im Einzelfall nicht von der Geschäftsleitungsbefugnis des Vorstands gedeckt sein, wenn dadurch die Entscheidungsfreiheit der Hauptversammlung beeinträchtigt wird.

4. Sonstige Regelungen

84 **a) Abwerbungsverbot.** Während der Dauer der Due Diligence und der sich anschließenden Vertragsverhandlungen besteht zwischen den **Mitarbeitern** und **Beratern** des Erwerbsinteressenten einerseits und dem Management der Zielgesellschaft andererseits zumeist ein intensiver Kontakt, der Basis für Abwerbungsversuche durch den Erwerbsinteressenten sein kann. Häufig wird der Veräußerer darauf dringen, daß der Letter of Intent eine Verpflichtung des Erwerbsinteressenten enthält, während der Vertragsverhandlungen und für den Fall ihres Scheiterns für einen bestimmten Zeitraum keine Versuche zu unternehmen, Arbeitnehmer des Zielunternehmens abzuwerben. Allerdings muß man sich stets vor Augen halten, daß der durch ein solches Abwerbungsverbot vermittelte Schutz nur eingeschränkt ist, da die Bestimmung nicht eingreift, wenn die Initiative zum Wechsel vom Arbeitnehmer ausgeht.

---

[144] In dem der Entscheidung *LG Paderborn* NZG 2000, 899 ff. (mit Anm. *Gehling*) zugrundeliegenden Sachverhalt wurde die „break fee" für den Fall versprochen, daß die Gesellschafter die beabsichtigte Umwandlung nicht mittragen.
[145] Ähnlich, wenn auch mit unterschiedlichem Akzent *Sieger/Hasselbach* BB 2000, 625 ff.
[146] *LG Paderborn* NZG 2000, 899, 900.
[147] *LG Paderborn* NZG 2000, 899, 900; aA *Sieger/Hasselbach* BB 2000, 625, 627 f.
[148] § 71 a AktG.
[149] § 57 AktG.

b) Wettbewerbsverbot. In einigen Fällen finden sich in Letters of Intent 85
auch Regelungen, nach denen sich der Erwerbsinteressent verpflichtet, dem Veräußerer innerhalb eines zeitlich befristeten Zeitraums keinen Wettbewerb zu machen. Durch ein solches Wettbewerbsverbot will sich der Veräußerer im Hinblick auf die im Rahmen einer Unternehmensübernahme nahezu unumgängliche Preisgabe von Informationen und Know-how schützen. Sind die Verhandlungsparteien bereits Wettbewerber, wird sich der Erwerbsinteressent auf eine solche Wettbewerbsrestriktion nicht einlassen wollen. In jedem Fall muß das Wettbewerbsverbot, um das Risiko kartellrechtlicher Unwirksamkeit[150] zu vermeiden, zeitlich, räumlich und gegenständlich beschränkt sein.

c) Anwendbares Recht. Hat die Transaktion Auslandsbezug, etwa weil der 86
Erwerber, der Veräußerer oder die Zielgesellschaft ihren Sitz im Ausland haben, empfiehlt sich die Aufnahme einer ausdrücklichen Regelung über das anwendbare Recht. Eine Rechtswahlklausel hat nicht nur Bedeutung für das auf die verbindlichen Vorfeldvereinbarungen anwendbare Regelungsregime. Sie entscheidet vor allem auch darüber, nach welchem Recht es sich richtet, ob überhaupt eine bloße Absichtserklärung oder ein bindender Vertrag vorliegt[151].

Das anwendbare Recht kann im Grundsatz **frei gewählt** werden[152]. Eine Not- 87
wendigkeit, den Letter of Intent und den Hauptvertrag dem gleichen Recht zu unterwerfen, besteht nicht. Bei der Wahl anglo-amerikanischen Rechts ist darauf zu achten, daß im Letter of Intent enthaltene Vorfeldvereinbarungen (Informationsgewährung, Vertraulichkeit, Exklusivität etc.) nur dann wirksam sind, wenn mit der Verpflichtung der einen Seite eine **Gegenleistung** („consideration") der anderen Seite korrespondiert[153].

d) Gerichtsstand. Sofern der Letter of Intent bindende Vorfeldvereinbarun- 88
gen enthält, kann es dem Interesse der Parteien entsprechen, auch eine **Gerichtsstands-** oder **Schiedsgerichtsvereinbarung** aufzunehmen[154]. Enthält der Letter of Intent eine Schiedsgerichtsabrede, wird die Auslegung im Zweifel zu dem Ergebnis gelangen, daß von ihr alle aus dem Letter of Intent fließenden Ansprüche und Rechte erfaßt sind. Hat die Transaktion Auslandsbezug, ist stets zu prüfen, ob die Vereinbarung auch von einem ausländischen Gericht anerkannt wird. Besteht die Gefahr, daß ein Urteil des vereinbarten Gerichts im Staat des Beklagten keine Anerkennung findet, kann sich eine Regelung empfehlen, nach der die Klagemöglichkeit am Sitz der anderen Partei vorbehalten bleibt.

e) Mitteilungen. Als zweckmäßig erweist sich häufig auch eine Regelung 89
über Mitteilungen und **Zustellungen**. Sie bewahrt die Parteien vor der Ungewißheit, an welchen Ort und zu Händen welcher Personen sie vertragliche Erklärungen zu adressieren hat. Gleichzeitig legt sie den Parteien die Verpflichtung auf, Änderungen in der Anschrift der jeweils anderen Partei mitzuteilen. Wird

---

[150] § 1 GWB.
[151] Vgl. *Kurz* MittDPatAnw 1997, 201, 203.
[152] *Merkt* Rn 579.
[153] Siehe Rn 40.
[154] Kritisch dazu *Kurz* MittDPatAnw 1997, 201, 207.

§ 6 90–93   Vertraulichkeitsvereinb., Absichtserklärung u. sonst. Vorfeldvereinb.

diese Pflicht versäumt, greift die Zustellungsfiktion ein[155]; desweiteren können Schadensersatzansprüche bestehen.

D. Weitere Vereinbarungen im Vorfeld einer Unternehmensübernahme

90   Neben Vertraulichkeitsvereinbarung und Letter of Intent werden im Vorfeld einer Unternehmenstransaktion häufig eine Reihe Vereinbarungen geschlossen oder Erklärungen abgegeben, die jeweils einen sehr unterschiedlichen rechtlichen Gehalt aufweisen. Auf diese soll nachfolgend kurz eingegangen werden.

I. Verhandlungsprotokolle

91   Gerade bei längeren Verhandlungen kommt es zuweilen vor, daß die Verhandlungsparteien gemeinsame Protokolle aufnehmen, in denen sie den Ablauf und das Ergebnis der Verhandlungen festhalten. Die Aufnahme solcher Protokolle verfolgt den Zweck, spätere Meinungsverschiedenheiten über die **Verhandlungsergebnisse** auszuschließen. Allerdings entfalten die Protokolle, selbst wenn sie von beiden Vertragsparteien unterzeichnet werden, keine rechtliche Bindungswirkung[156], vielmehr haben sie nur verhandlungspsychologische Wirkung. Der Aufwand, der mit der Protokollierung verbunden ist, ist nicht unerheblich. Zudem kann eine Diskussion über den Inhalt der Protokolle zu einer zusätzlichen Beanspruchung der Verhandlungsführer führen, so daß von diesem Instrumentarium letztlich nur selten Gebrauch gemacht wird.

II. Punktation (Memorandum of Understanding)

92   Bei umfangreicheren Transaktionen mit lang andauernden Verhandlungen werden die bereits erzielten **Verhandlungsergebnisse** häufig in Form einer Punktation, im anglo-amerikanischen Rechtskreis als **Memorandum of Understanding** bzw. **Letter of Understanding** bezeichnet, schriftlich dokumentiert[157]. Die Erstellung von Punktationen verfolgt den Zweck, die Verhandlungen abzuschichten und die gefundenen Ergebnisse in die weiteren Gespräche einzuführen. Vom Letter of Intent unterscheidet sich die Punktation dadurch, daß sie sich regelmäßig in der Zusammenstellung der Verhandlungsergebnisse erschöpft, also keine Erklärung über die Abschlußbereitschaft der Parteien enthält.

93   Infolge des fehlenden Konsenses über die Essentialia des Vertrags entfaltet eine Punktation **keine Bindungswirkung**, und zwar weder hinsichtlich des Abschlusses und des Inhalts des Unternehmenskaufvertrags noch hinsichtlich des Ergebnis-

---

[155] *Heinrichs* in Palandt § 130 BGB Rn 18.
[156] *Holzapfel/Pöllath* Rn 6.
[157] *Franz-Jörg Semler* in Hölters VI Rn 19; *Kösters* NZG 1999, 623; teilw. abw. *Lutter*, Letter of Intent, S. 107. Inhalt einer solchen Punktation können auch diejenigen Verhandlungspunkte sein, über die eine Einigung noch aussteht.

ses der Zwischenverhandlungen[158]. Jede Partei kann sich daher einseitig vom Inhalt der Punktation lösen. Anderes gilt nur dann, wenn die Parteien es ausnahmsweise ausdrücklich vereinbart haben oder die Auslegung ergibt, daß die Parteien der Erklärung Bindungswirkung zumessen wollen[159]. Um spätere Auslegungszweifel zu vermeiden, sollte die Bindungswirkung ausdrücklich geregelt werden. Trotz fehlender Bindungswirkung hat eine Punktation aber durchaus verhandlungspsychologische Bedeutung, da es den Parteien erfahrungsgemäß schwerfällt, von einem einmal fest ausgehandelten Punkt wieder abzurücken[160].

Ähnlich wie die Ausreichung eines Letter of Intent kann die Niederlegung einer gemeinsamen Punktation bei einer Partei das berechtigte Vertrauen in den Abschluß der Transaktion begründen, so daß sich die andere Partei bei grundlosem Abbruch der Verhandlungen **schadensersatzpflichtig** macht[161].   94

III. Heads of Agreement

Bei den Heads of Agreement handelt es sich um eine mehr oder weniger lose Zusammenstellung der **Gegenstände** des späteren Hauptvertrags. Zumeist enthalten die Heads of Agreement auch eine Erklärung der Parteien, den ins Auge gefaßten Vertrag abschließen zu wollen. Damit stehen die Heads of Agreement dem Letter of Intent sehr nahe. Anders als der Letter of Intent, der meist als Brief abgefaßt ist, sind Heads of Agreement zumeist in Vertragsform ausgestaltet[162].   95

Die Niederlegung der Verhandlungsergebnisse begründet idR keine Bindung der Parteien. Vielmehr dient sie als Diskussionsgrundlage für die weiteren Gespräche und als Hilfe für die Erstellung des Hauptvertrags[163]. Anderes gilt freilich für Vorfeldvereinbarungen, denen die Parteien bindenden Charakter zumessen wollen (Vertraulichkeit, Exklusivität etc.). Auch insoweit gelten die zum Letter of Intent entwickelten Grundsätze im Grundsatz entsprechend[164].   96

IV. Instructions to Proceed

Unter Instructions to Proceed versteht man eine Vereinbarung über eine im Vorfeld des Abschlusses des Hauptvertrags von einem Verhandlungspartner zu erbringende Leistung (zB dem Transfer von vertraulichem Know-how)[165]. Wie beim Letter of Intent wird keine verbindliche Vereinbarung über die beabsichtigte Hauptleistung getroffen. Andererseits liegt der Regelungsschwerpunkt einer In-   97

---

[158] *Bork* in Staudinger § 145 BGB Rn 14; *Blaurock* ZHR 147 (1983) 334; *Holzapfel/Pöllath* Rn 6; *Günther* in MünchVertragsHdb. Bd. 2 II.1. Anm. 5 (4).
[159] § 154 Abs. 1 Satz 2 BGB; *Holzapfel/Pöllath* Rn 6.
[160] Siehe Rn 37.
[161] *Beisel/Klumpp* Rn 65. Zum Letter of Intent siehe Rn 45 ff.
[162] *Lutter,* Letter of Intent, S. 15.
[163] *Kösters* NZG 1999, 623.
[164] *Kurz* MittDPatAnw 1997, 201, 205.
[165] Dazu ausführlich *Hertel* BB 1983, 1824 ff.; siehe ferner *Wolf* DNotZ 1995, 179, 195 f.; *Kurz* MittDPatAnw 1997, 201, 204; *Kösters* NZG 1999, 623; *Wolf* in Soergel vor § 145 BGB Rn 60; *Bork* in Staudinger § 145 BGB Rn 14.

struction to Proceed weniger in der Absichtserklärung, einen bestimmten Vertrag schließen zu wollen, als vielmehr in der Beschreibung einer im vorvertraglichen Zeitraum zu erledigenden **Einzelaufgabe**, die im Lauf des Projekts Modifikationen („Aufstockung") erfahren kann[166]. Hinsichtlich dieser Einzelaufgabe kommt der Instruction to Proceed dann Vertragscharakter zu. In Ausnahmefällen können die Instructions to Proceed auch das verbindliche Angebot zum Abschluß des Hauptvertrags enthalten[167].

98   Die Instructions to Proceed können grundsätzlich **formlos** abgeschlossen werden, auch wenn der Hauptvertrag formbedürftig ist. Anders verhält es sich nur dann, wenn sie ausnahmsweise eine Veräußerungs- oder Erwerbspflicht enthalten[168].

V. Vorvertrag

99   Im Gegensatz zu den bisher behandelten im Vorfeld eines Unternehmenskaufvertrags geschlossenen Vereinbarungen, die allesamt keine Verpflichtung zum Abschluß des Hauptvertrags, sondern allenfalls vorvertragliche Verpflichtungen enthalten, begründet ein Vorvertrag das Recht beider Vertragsparteien, von der jeweils anderen Partei den Abschluß eines oder mehrerer Hauptverträge verlangen zu können[169]. Anders als bei einer Option, die einer Partei ein Gestaltungsrecht gibt, begründet der Vorvertrag eine **beiderseitige Verpflichtung** zum Vertragsabschluß. Der Abschluß eines solchen Vorvertrags kommt immer dann in Betracht, wenn die Parteien zwar eine verbindliche Regelung herbeiführen wollen, den Hauptvertrag selbst jedoch noch nicht abschließen können, weil sie noch keine Einigkeit über alle Einzelheiten erzielen konnten.

100   Die **Wirksamkeit** des Vorvertrags hängt davon ab, daß die Parteien sich zumindest über alle wesentlichen Punkte des Hauptvertrags geeinigt haben und die noch offenen Punkte entweder im Wege der ergänzenden Vertragsauslegung oder durch gesetzliche Regelung[170] vervollständigt werden können, so daß der gesamte Inhalt des Vertrags notfalls einer richterlichen Feststellung zugänglich ist[171]. Zu den **Essentialia** des Vertrags gehören jedenfalls der Kaufgegenstand (Anteile oder Aktiv- und Passivvermögen der zu erwerbenden Gesellschaft), der Kaufpreis und die als wesentlich angesehenen Nebenpunkte[172]. Vereinbaren die Parteien, daß

---

[166] *Hertel* BB 1983, 1824, 1825.
[167] *Wolf* DNotZ 1995, 179, 196.
[168] *Wolf* DNotZ 1995, 179, 196.
[169] BGH NJW 1962, 1812; BGH NJW 1986, 2820; BGH NJW 1988, 1261; *Hefermehl* in Erman vor § 145 BGB Rn 39; *Karsten Schmidt* HandelsR S. 597; *Weber* JuS 1990, 249, 251 f.; *Wolf* DNotZ 1995, 179, 181.
[170] §§ 315 ff. BGB.
[171] BGH NJW 1990, 1234, 1235; BGH MDR 1993, 341; OLG Saarbrücken NJW-RR 1998, 341; *Hefermehl* in Erman vor § 145 BGB Rn 39; *Franz-Jörg Semler* in Hölters VI Rn 25; *Beisel/Klumpp* Rn 59.
[172] BGH NJW 1990, 1234, 1235; *Henrich*, Vorvertrag, Optionsvertrag, Vorrechtsvertrag, 1965, S. 122, 126 f.; vgl. auch OLG Oldenburg DB 1996, 2534 (keine Einigung über Firmenfortführung).

der Kaufpreis im Nichteinigungsfall durch einen sachverständigen Dritten als Schiedsgutachter bestimmt wird, ist dies genügend. Zu den wesentlichen Nebenabreden können je nach Lage des Falles der Übergabezeitpunkt[173] oder das anwendbare Recht zählen. Haben sich die Parteien bewußt darauf verständigt, einen Punkt einer späteren Regelung zuzuführen (zB die Anpassung des Kaufpreises), liegt kein Vorvertrag, sondern ein bindender Hauptvertrag vor.

Der Vorvertrag erweist sich im Rahmen einer Unternehmensübernahme zumeist als **wenig praktikables Instrument**. Haben sich die Parteien noch nicht einmal über die wesentlichen Eckpunkte geeinigt, fehlt es mangels rechtlicher Bindungswirkung an einem wirksamen Vorvertrag. Aber selbst wenn dies der Fall ist, besteht das Risiko, daß die noch bestehenden Lücken vom Gericht im Wege der ergänzenden Vertragsauslegung oder durch Anwendung gesetzlicher Regeln ausgefüllt werden[174] und damit vom Willen der Vertragsparteien abweichende Regelungen zur Geltung kommen[175]. Dies gilt insbes. dann, wenn die Parteien sich – ähnlich wie beim Letter of Intent – auf die Niederlegung der wirtschaftlichen Eckdaten der Transaktion beschränken und wesentliche rechtliche und steuerliche Randfragen ausklammern. Beseitigen läßt sich dieses Risiko nur, wenn alle Punkte so hinreichend bestimmt geregelt werden, daß auf Abschluß des Hauptvertrags geklagt werden kann. In diesem Fall besteht allerdings kein Grund mehr, nicht unmittelbar in den Abschluß des Hauptvertrags einzutreten. **101**

Ist der Hauptvertrag **formbedürftig**[176], gilt dieses Formerfordernis grundsätzlich auch für den Vorvertrag[177]. Ist Gegenstand des Hauptvertrags neben einem Kommanditanteil auch ein Geschäftsanteil an der Komplementär-GmbH, erstreckt sich das bestehende Formerfordernis für den Hauptvertrag auch auf den Vorvertrag. Die Berufung auf den Formmangel ist nur ausnahmsweise unbeachtlich. Der Vollzug heilt den Formmangel; der teilweise Vollzug reicht hierfür indessen nicht aus[178]. **102**

Der Anspruch auf Abschluß des Hauptvertrags kann im **Klageweg** durchgesetzt werden[179]. Der Klageantrag muß auf die Annahme eines konkreten Vertragsangebots gerichtet sein, also grundsätzlich den gesamten Vertragsinhalt umfassen[180]. Aus einem Vorvertrag kann auch auf Genehmigung eines mit einem vollmachtlosen Vertreter geschlossenen Hauptvertrags geklagt werden[181]. Eine isolierte Klage auf Erbringung der nach dem Hauptvertrag geschuldeten Leistung **103**

---

[173] *BGH* NJW 1990, 1234, 1235.
[174] *BGH* DB 1978, 978, 979; *Holzapfel/Pöllath* Rn 10.
[175] So zutr. *Hommelhoff* ZHR 150 (1986) 254, 258; *Franz-Jörg Semler* in Hölters VI Rn 26; *Kösters* NZG 1999, 623; *Günther* in MünchVertragsHdb. Bd. 2 II.1. Anm. 5 (3).
[176] ZB § 15 GmbHG, § 313 BGB.
[177] RGZ 124, 81, 83; RGZ 169, 185, 189; *Holzapfel/Pöllath* Rn 10; *Franz-Jörg Semler* in Hölters VI Rn 28; *Picot* in Picot Teil I Rn 40; *Hueck* in Baumbach § 15 GmbHG Rn 31; *Wolf* DNotZ 1995, 179, 182; *Kapp* DB 1989, 1224, 1226; differenzierend *Hefermehl* in Erman vor § 145 BGB Rn 40.
[178] *BGH* NJW 1989, 166; *Holzapfel/Pöllath* Rn 10.
[179] *BGH* WM 1983, 1339; *Hefermehl* in Erman vor § 145 BGB Rn 41; *Karsten Schmidt* HandelsR S. 598.
[180] *BGH* DB 1994, 881.
[181] *BGH* BB 1990, 585. Die Vollstreckung des Urteils richtet sich nach § 894 ZPO.

(zB Übereignung der Gesellschaftsanteile) ist unzulässig; sie kann jedoch mit der Klage auf Annahme des Vertragsangebots verbunden werden.

VI. Rahmenvertrag

104 Der Abschluß eines Rahmenvertrags (Master Agreement) kommt immer dann in Betracht, wenn die Parteien beabsichtigen, verschiedene miteinander in Zusammenhang stehende Einzelverträge abzuschließen. Der Rahmenvertrag enthält dann typischerweise **gemeinsame Bestimmungen**, die für die künftig abzuschließenden Verträge gelten[182]. Auf diese Weise antizipiert der Rahmenvertrag zum Teil den Vertragsinhalt der späteren Einzelverträge. Zuweilen finden sich auch Regelungen dazu, unter welchen Voraussetzungen die Einzelverträge abzuschließen sind. Aus dem Rahmenvertrag läßt sich grundsätzlich kein Anspruch auf Abschluß der Einzelverträge ableiten[183]. Anderes gilt nur dann, wenn der Rahmenvertrag als Vorvertrag ausgestaltet ist.

VII. Optionsvertrag

105 In manchen Fällen entspricht es dem Interesse der Beteiligten, das Unternehmen noch nicht endgültig zu veräußern, sondern nur einer Partei die Möglichkeit einzuräumen, das Unternehmen zu einem späteren Zeitpunkt zu erwerben oder zu veräußern. In diesem Fall spricht man von der Einräumung eines Optionsrechts. Das Rechtsinstitut der Option ist gesetzlich nicht geregelt. Eine Option gibt einer Vertragspartei das **einseitige Recht**, den Abschluß eines etwa auf den Kauf- oder Verkauf eines Unternehmens oder Unternehmensteils gerichteten, Vertrags zu bewirken[184]. Der Vertrag über den Kauf bzw. Verkauf des Unternehmens kommt dann mit Zugang der Optionserklärung zustande. Anders als beim Letter of Intent entfaltet eine Optionsvereinbarung also für beide Parteien **Bindungswirkung** hinsichtlich des Vertragsgegenstands.

106 Optionsverträge können unterschiedlich ausgestaltet sein. Zumeist ist die Option als bindendes **Angebot** zum Abschluß eines Vertrags formuliert, das durch die Vertragsgegenseite angenommen werden kann[185]. Der Vertrag kommt dann durch bloße Gestaltungserklärung des Optionsberechtigten zustande. Eine andere Möglichkeit ist die Ausgestaltung als aufschiebend **bedingter Vertrag**, bei dem der Eintritt der (Potestativ-)Bedingung vom Willen der begünstigten Partei abhängt[186].

---

[182] *Karsten Schmidt* HandelsR S. 599; *Weber* JuS 1990, 249, 252.
[183] *Karsten Schmidt* HandelsR S. 599; *Weber* JuS 1990, 249, 252.
[184] *Weber* JuS 1990, 249, 250; *Wolf* DNotZ 1995, 179, 184; *Hefermehl* in Erman vor § 145 BGB Rn 43; *Holzapfel/Pöllath* Rn 9.
[185] RGZ 169, 71; *Karsten Schmidt* HandelsR S. 598; *Holzapfel/Pöllath* Rn 9; *Günther* in MünchVertragsHdb. Bd. 2 II.1 Anm. 4; *Wolf* DNotZ 1995, 179, 184; abweichend *Weber* JuS 1990, 249, 251.
[186] BGHZ 47, 387, 391; *Wolf* DNotZ 1995, 179, 184; kritisch *Weber* JuS 1990, 249, 253. Zur unterschiedlichen Rechtsstellung des Erwerbers *Franz-Jörg Semler* in Hölters VI Rn 21 f. Ein „echter" aufschiebend bedingter Vertrag liegt vor, wenn sich der Begünstigte für den Fall des nicht vom seinem Willen abhängigen Eintritts eines bestimmten Ereignisses verpflichtet, das Angebot anzunehmen.

Optionen sind in verschiedenen Formen anzutreffen. Wird dem Begünstigten das Recht eingeräumt, die Übertragung von Vermögensgegenständen oder Gesellschaftsanteilen zu verlangen, spricht man von einer sog. **Call-Option**. Hat der Veräußerer das Recht, dem Erwerber weitere Vermögensgegenstände oder Anteile anzudienen, handelt es sich um eine **Put-Option**. Möglich sind auch sog. **Überkreuz-Optionen**, die jeder Partei die Möglichkeit geben, den von der anderen Seite angebotenen Vertrag zustande zu bringen[187].

Das ganze **Unternehmen** oder alle **Anteile** einer Gesellschaft sind nur selten Gegenstand der Optionsvereinbarung. Gelegentlich kommt es vor, daß der Verkäufer das Unternehmen zu im einzelnen festgelegten Konditionen anbietet und dem Erwerbsinteressenten einen Zeitraum zur Durchführung einer Due Diligence-Prüfung einräumt, an deren Ende dieser seine Kaufentscheidung zu treffen hat. Enthält der Kaufvertrag dann nur einen eingeschränkten Garantie- und Gewährleistungskatalog, besteht für den Erwerber das Risiko, sich innerhalb des zur Verfügung stehenden Zeitraums kein ausreichendes Bild über die wirtschaftliche Situation der Gesellschaft verschaffen und die bestehenden Risiken nicht evaluieren zu können.

Gelegentlich wird das Optionsrecht für den Fall gewährt, daß bestimmte interne (Zustimmung interner Gremien, Ausgliederung des fraglichen Unternehmensteils in eine eigene Gesellschaft und dgl.) oder externe **Voraussetzungen** (Neuabschluß oder Verlängerung wichtiger Verträge, Beseitigung von Change of Control-Klauseln in Verträgen etc.) eintreten. Besteht bei Eintritt dieser Voraussetzungen eine Verpflichtung zur Annahme des Angebots, handelt es sich konstruktiv nicht um eine Option, sondern um einen aufschiebend bedingten Vertrag.

Größere praktische Bedeutung haben Optionsvereinbarungen, die **flankierend** zum Abschluß eines Unternehmenskaufvertrags abgeschlossen werden, etwa indem sie dem Berechtigten die Möglichkeit geben, seine Beteiligung aufzustocken bzw. sich von weiteren Anteilen zu trennen. Hintergrund für solche Optionsvereinbarungen ist häufig der Wunsch des veräußernden Unternehmers, noch für eine Übergangszeit im Unternehmen tätig zu sein. Der Kaufpreis für die dem Optionsrecht unterliegenden Anteile wird dann häufig von der Ergebnisentwicklung des Unternehmens abhängig gemacht.

Damit bei Ausübung der Option ein wirksamer Vertrag entstehen kann, muß das Angebot den **Hauptvertrag** bereits im Wortlaut enthalten[188]. Dies gilt namentlich für den Kaufpreis bzw. die Kaufpreisermittlungsformel. Zu regeln sind die **Annahmevoraussetzungen**, die **Annahmefrist** sowie die Form der **Annahmeerklärung**. Zu regeln ist ferner, auf welchen Zeitpunkt die Garantien und Gewährleistungen bezogen sind (Zeitpunkt des Angebots oder der Annahme). Gegenstand eines Optionsvertrags sind ferner **Vertraulichkeits-, Exklusivitäts- und Kostenübernahmevereinbarungen** sowie die Rechtsfolgen bei der Verletzung einer hieraus resultierenden Verpflichtung (Schadensersatz, Vertragsstrafe etc.). Im Fall des gestuften Beteiligungserwerbs ist zu regeln, ob der Optionsbe-

---

[187] Weitere Beispiele bei *Weber* JuS 1990, 249, 250.
[188] *Günther* in MünchVertragsHdb. Bd. 2 II.1 Anm. 4.

rechtigte nach der Ausübung seines Optionsrechts nochmals zur Durchführung einer **Due Diligence** berechtigt sein soll; verfügt der Optionsberechtigte im Zeitpunkt der Optionsausübung bereits über eine Mehrheitsbeteiligung, dürfte dies zumeist nicht der Fall sein. Zuweilen hat der Optionsberechtigte für die Einräumung der Option eine **Optionsprämie** zu zahlen, die in Geld, aber auch in anderen Leistungen bestehen kann und deren Festlegung dann ebenfalls Gegenstand des Optionsvertrags ist[189].

112   Die Einräumung einer Option bedarf der gleichen **Form** wie der Hauptvertrag[190]. Ob auch die **Ausübungserklärung** durch den Optionsberechtigten formbedürftig ist, hängt davon ab, ob das Optionsrecht als aufschiebend bedingter Vertrag oder als bindendes Angebot an den Optionsberechtigten ausgestaltet ist. Im ersten Fall kann die zum Bedingungseintritt führende Erklärung des Optionsberechtigten nach zutreffender Ansicht formlos erklärt werden[191]. Im zweiten Fall bedarf auch die Annahmeerklärung der Form des Hauptvertrags[192].

VIII. Vorkaufsrecht

113   Während es bei Einräumung eines Optionsrechts im Belieben des Begünstigten steht, den Abschluß des Vertrags zu bewirken, hängt bei Vereinbarung eines Vorkaufsrechts der Abschluß des Hauptvertrags von der **Entschließung des Verpflichteten** ab, das Unternehmen zu veräußern[193]. Das Vorkaufsrecht gibt dem Berechtigten nur die Sicherheit, daß der Inhaber das Unternehmen nicht gegen seinen Willen an einen Dritten veräußern kann. Aus Sicht des Veräußerers kann sich die Gewährung eines Vorkaufsrechts uU als nachteilig erweisen. Denn ein Dritter wird sich in Kenntnis des Vorkaufsrechts nur dann auf ernsthafte Verhandlungen mit dem Veräußerer einlassen, wenn ihm dieser zuvor eine Erklärung vorlegt, nach der der Vorkaufsberechtigte auf sein Vorkaufsrecht verzichtet.

114   Eine entsprechende Anwendung des Vorkaufsrechts auf kaufähnliche Vorgänge, wie etwa **Tausch, Einbringung oder Schenkung**, dürfte im Regelfall zu verneinen sein[194]. Anderes wird man dann anzunehmen haben, wenn sich die gewählte Konstruktion als Umgehungsfall darstellt[195]. Die Einräumung eines Vorkaufsrechts bedarf der gleichen **Form** wie der Hauptvertrag[196]. Demgegenüber bedarf die Ausübung des Vorkaufsrechts keiner Form, falls der Vertrag keine Form vorschreibt[197].

---

[189] *Kurz* MittDPatAnw 1997, 201, 204.
[190] BGHZ 61, 48; *Weber,* JuS 1990, 249, 254; *Franz-Jörg Semler* in Hölters VI Rn 28.
[191] *BGH* NJW-RR 1996, 1197; *Franz-Jörg Semler* in Hölters VI Rn 28; *Wolf* DNotZ 1995, 179, 185; aA *Kramer* in MünchKomm. vor § 145 BGB Rn 45; vgl. dazu aber auch *Weber* JuS 1990, 249, 25.
[192] *Franz-Jörg Semler* in Hölters VI Rn 28; *Wolf* DNotZ 1995, 179, 184 f.; *Kösters* NZG 1999, 623, 6244.
[193] §§ 504 ff. BGB; *Wolf* DNotZ 1995, 179, 189.
[194] *Franz-Jörg Semler* in Hölters VI Rn 24.
[195] BGHZ 115, 335.
[196] *Wolf* DNotZ 1995, 179, 189; *Franz-Jörg Semler* in Hölters VI Rn 28.
[197] *Wolf* DNotZ 1995, 179, 190.

§ 7 Informationsansprüche und Informationspflichten unter Berücksichtigung des Insiderrechts

Übersicht

	Rn
A. Gesellschaftsrechtliche Grundlagen	1
I. Verschwiegenheitspflicht	2
1. Überblick	2
2. Rechtsform der beteiligten Unternehmen	3
3. Inhalt der Verschwiegenheitspflicht	5
4. Ausnahmen von der Verschwiegenheitspflicht	12
5. Aufhebung der Verschwiegenheitspflicht	14
6. Sanktionen	16
7. Kapitalmarktrechtliche Sonderbestimmungen	19
II. Auskunftserteilung	23
1. Auskünfte gegenüber dem Aufsichtsrat	24
a) Pflicht zur Berichterstattung	24
b) Auskunftsverpflichtung bei Übernahmen	28
c) Form von Auskunft und Berichterstattung	31
d) Einsichtsrecht in Unterlagen	33
e) Zustimmungsrecht	34
2. Auskunftserteilung gegenüber Gesellschaftern	38
a) OHG, KG	38
b) GmbH	40
aa) Auskunftsrecht	41
bb) Einsichtsrecht	50
cc) Grenzen des Auskunfts- und Einsichtsrechts	52
dd) Sanktionen	56
c) AG, KGaA	57
aa) Auskunftsrecht	57
bb) Auskunftsverweigerung	68
cc) Insiderrecht	73
dd) Sanktionen	74
3. Auskünfte außerhalb der Hauptversammlung	75
4. Auskunftserteilung gegenüber Dritten	77
III. Mitteilungspflichten bei Anteilserwerb und -veräußerung	83
1. Personenhandelsgesellschaften	83
2. GmbH	84
3. AG, KGaA	88
a) Registrierung von Namensaktien	88
b) Mitteilungspflichten	89
aa) AG oder KGaA als Mitteilungsempfängerin	90
bb) AG oder KGaA als mitteilungspflichtige Gesellschaft	99
cc) Wechselseitige Beteiligung	102

	Rn
B. Kapitalmarktrechtliche Grundlagen	106
I. Insiderrecht	106
1. Einführung	106
2. Insiderinformation	107
3. Insidertatsache	109
4. Primärinsider	114
a) Erfaßter Personenkreis	114
b) Verbot des Ausnutzens einer Insiderinformation	118
c) Verbot der Weitergabe von Insiderinformationen	122
d) Empfehlungsverbot	130
5. Sekundärinsider	132
6. Sanktionen	133
II. Ad hoc-Mitteilungspflicht	134
1. Verpflichtete Gesellschaften	135
2. Eintritt einer neuen Tatsache	136
3. Auswirkungen auf den Emittenten	138
4. Tatsache im Tätigkeitsbereich des Emittenten	141
5. Vornahme der Veröffentlichung	146
6. Ausnahmegenehmigung	150
7. Sanktionen	151
III. Mitteilungspflichten bei Erwerb und Veräußerung von Anteilen an börsennotierten Gesellschaften	154
1. Börsennotierte AG oder KGaA	154
2. Mitteilungspflicht	156
3. Stimmrechtsquote	157
4. Veränderung der Stimmrechtsquote	159
5. Zurechnung von Stimmrechten	161
6. Ausnahmen	168
7. Konzernsachverhalte	169
8. Veröffentlichungspflicht der Gesellschaft	170
9. Sanktionen	171
IV. Börsenrecht	174
1. Börsenhandel mit amtlicher Notierung	174
2. Handel im Geregelten Markt	176
3. Handel im Neuen Markt	178
4. Handel im Freiverkehr	179
V. Übernahmerecht	180
1. Übernahmekodex	180
2. Übernahmegesetz	182
C. Aufsichtsrechtliche Grundlagen	183
I. Kartellrecht	183
1. Bundeskartellamt (BKartA)	190
2. Europäische Kommission	194
II. Bankaufsichtsrecht	198
1. Beteiligungserwerb durch ein Institut	199
a) Unmittelbare Beteiligungen	200
b) Mittelbare Beteiligungen	202
c) Vereinigung mit einem anderen Institut	203

	Rn
2. Beteiligungen an einem Institut	204
a) Meldepflicht des Erwerbers	205
b) Meldepflicht des Instituts	212
III. Versicherungsaufsichtsrecht	214
1. Beteiligungserwerb durch ein Versicherungsunternehmen	215
2. Beteiligungen an einem Versicherungsunternehmen	216
a) Meldepflicht des Erwerbers	217
b) Meldepflicht des Versicherungsunternehmens	224

D. Arbeitsrechtliche Grundlagen ... 226
  I. Übertragung von Gesellschaftsanteilen ... 226
  II. Betriebsübergang ... 230
    1. Unterrichtung der Mitarbeiter ... 230
    2. Unterrichtung des Betriebsrats ... 232
    3. Unterrichtung des Wirtschaftsausschusses ... 240
  III. Umwandlungsvorgänge ... 243
    1. Unterrichtung des Betriebsrats nach dem BetrVG ... 243
    2. Unterrichtung des Betriebsrats nach dem UmwG ... 247
    3. Unterrichtung des Wirtschaftsausschusses ... 251
    4. Unterrichtung der Arbeitnehmer ... 252
  IV. Unterrichtung des Sprecherausschusses ... 254
  V. Unterrichtung des Gesamtbetriebsrats ... 258
  VI. Unterrichtung des Konzernbetriebsrats ... 259
  VII. Unterrichtung des Europäischen Betriebsrats ... 260

Schrifttum: *Bihr,* Due Diligence – Geschäftsführungsorgane im Spannungsfeld zwischen Gesellschafts- und Gesellschafterinteressen, BB 1998, 1198; *Burgard,* Kapitalmarktrechtliche Lehren aus der Übernahme Vodafone-Mannesmann, WM 2000, 611; *Cahn,* Probleme der Mitteilungs- und Veröffentlichungspflichten nach dem WpHG bei Veränderungen des Stimmrechts an börsennotierten Gesellschaften, AG 1997, 502; *Fabricius/Kraft/Wiese/Kreutz,* Gemeinschaftskommentar zum Betriebsverfassungsgesetz, 6. Aufl. 1998; *Fitting/Kaiser/Heither/Engels,* Betriebsverfassungsgesetz, 20. Aufl. 2000; *Götze,* Auskunftserteilung durch GmbH-Geschäftsführer im Rahmen der Due Diligence beim Beteiligungserwerb, ZGR 1999, 202; *Lutter,* Information und Vertraulichkeit im Aufsichtsrat, 2. Aufl. 1984; *Schaub,* Arbeitsrechts-Handbuch, 9. Aufl. 2000; *Schmidt-Diemitz,* Pakethandel und das Weitergabeverbot von Insiderwissen, DB 1996, 1809; *Willemsen,* Die Beteiligung des Betriebsrats im Umwandlungsverfahren, RdA 1998, 23; *Witt,* Die Änderung der Mitteilungs- und Veröffentlichungspflichten nach §§ 21 ff. WpHG durch das geplante Wertpapiererwerbs- und Übernahmegesetz, AG 2001, 233; *Ziemons,* Die Weitergabe von Unternehmensinterna an Dritte durch den Vorstand der Aktiengesellschaft, AG 1999, 492.

A. Gesellschaftsrechtliche Grundlagen

1 Bei der Übernahme eines Unternehmens stellt sich die Frage, ob und in welchem Umfang die beteiligten Unternehmen und ihre Repräsentanten berechtigt oder sogar verpflichtet sind, Auskünfte zu erteilen. Auf beiden Seiten, sowohl beim Übernehmer wie bei der Zielgesellschaft, gibt es außer den unmittelbar handelnden Personen und den von ihnen vertretenen Unternehmen regelmäßig zahlreiche weitere Personen, die aus unterschiedlichen Gründen an einer Unterrichtung interessiert sind. Dazu gehören vor allem die Gesellschafter, die Mitglieder eines Aufsichtsrats, Beirats oder ähnlichen Gremiums, die Belegschaften und ihre Repräsentanten sowie verschiedene Behörden und nicht zuletzt die Öffentlichkeit, sei es in Gestalt von Geschäftspartnern oder Medien im allgemeinen. Dementsprechend besteht bei den Informationen über eine Unternehmensübernahme ein vielfältiges Geflecht **unterschiedlicher Interessen** und **rechtlicher Gesichtspunkte**. Die rechtlichen Aspekte ergeben sich dabei vor allem aus dem Gesellschafts- und Kapitalmarktrecht sowie dem Arbeitsrecht. Daneben können auch vertragliche Aufklärungs-, Offenbarungs- und Informationspflichten zwischen den an einer Übernahme beteiligten Parteien bestehen. Diese schuldrechtlichen Aufklärungspflichten werden nicht hier, sondern an anderer Stelle behandelt[1].

I. Verschwiegenheitspflicht

1. Überblick

2 Die bei einer Übernahme regelmäßig bestehenden **Informationswünsche** verschiedener Personen und Gremien finden ihre Grenze in der **Verschwiegenheitspflicht**, die den Repräsentanten der beteiligten Unternehmen auferlegt ist. Welche praktische Bedeutung diese Verschwiegenheitspflicht im Einzelfall hat, hängt von den betroffenen Unternehmen und der jeweiligen Situation ab. So macht es einen Unterschied, ob eine Familien-GmbH oder eine breit gestreute börsennotierte AG übernommen werden soll. Ist eine Publikumsgesellschaft Gegenstand einer Übernahme, ist weiter von Bedeutung, ob es sich um eine einvernehmliche oder eine feindliche Übernahme handelt. Bei einer einvernehmlichen Übernahme spielt die Verschwiegenheitspflicht vor allem iRd. Übernahmeverhandlungen und bei der sog. Due Diligence eine Rolle. Bei einer feindlichen Übernahme stellen auf Seiten des Bieters meist schon die bloße Übernahmeabsicht und die Planung des weiteren Vorgehens ein Geschäftsgeheimnis dar. Auf Seiten der Zielgesellschaft besteht ein Bedürfnis nach Verschwiegenheit vor allem in Bezug auf die vorgesehenen Abwehrmaßnahmen.

---

[1] Dazu *Stengel/Scholderer* NJW 1994, 158 ff. sowie § 9 Rn 24 ff.

2. Rechtsform der beteiligten Unternehmen

Bei der Beurteilung der rechtlichen Grenzen für die Weitergabe von Informationen spielt auch die Rechtsform der beteiligten Unternehmen eine Rolle. Bei den **Personenhandelsgesellschaften**, insbes. OHG und KG, ist die Verschwiegenheitspflicht gesetzlich nicht geregelt. Sie ergibt sich für die allein zur Geschäftsführung und Vertretung berufenen Komplementäre im wesentlichen aus der Treupflicht, die sie der Gesellschaft und den Mitgesellschaftern gegenüber schulden. Der Umfang der jeweiligen Treubindung entscheidet dabei zugleich über den Umfang der Schweigepflicht und ihrer zulässigen Durchbrechung.

Bei den **Kapitalgesellschaften**, also GmbH, AG und KGaA, ist die Verschwiegenheitspflicht zT gesetzlich geregelt; sie ergibt sich letztlich auch hier aus der allgemeinen Sorgfalts- oder Treupflicht des jeweiligen Gesellschaftsorgans[2]. Bei der **AG** sind die Mitglieder des Vorstands und des Aufsichtsrats gesetzlich verpflichtet, über vertrauliche Angaben und Geheimnisse der Gesellschaft, namentlich Betriebs- und Geschäftsgeheimnisse, die ihnen durch ihre Tätigkeit im Vorstand bzw. Aufsichtsrat bekanntgeworden sind, Stillschweigen zu bewahren[3]. Bei der **KGaA** gilt diese Regelung für die Komplementäre und die Mitglieder des Aufsichtsrats entsprechend[4]. Bei der **GmbH** ist die Pflicht der Geschäftsführung zur Verschwiegenheit nicht ausdrücklich geregelt, die aktienrechtliche Regelung gilt aber entsprechend[5].

3. Inhalt der Verschwiegenheitspflicht

Die Verschwiegenheitspflicht umfaßt nach der Unterscheidung im Aktienrecht[6] vertrauliche Angaben und Geheimnisse der Gesellschaft. Zu den **vertraulichen Angaben** gehören alle Informationen, deren Weitergabe für die Gesellschaft nachteilig sein kann. Der Nachteil muß dabei nicht materieller Natur sein; die Gefahr eines immateriellen Schadens wie zB eines Ansehensverlusts genügt[7]. Die ausdrückliche Bezeichnung bestimmter Informationen oder Dokumente als vertraulich kann ein Indiz für die Vertraulichkeit sein. Entscheidend ist aber nicht die Bezeichnung, sondern eine objektive, am Interesse der Gesellschaft ausgerichtete Beurteilung.

Geheimnisse der Gesellschaft sind Tatsachen, die nicht offenkundig sind und die nach dem geäußerten oder mutmaßlichen Willen der Gesellschaft auch nicht offenbart werden sollen[8]. Dieser Begriff stimmt mit dem des Wirtschaftsgeheimnisses im Wettbewerbsrecht überein[9]. Die im AktG[10] enthaltene weitere Unter-

---

[2] Vgl. *Hopt* in Großkomm. § 93 AktG Rn 187.
[3] §§ 93 Abs. 1 Satz 2, 116 AktG
[4] Vgl. §§ 278 Abs. 3, 283 Nr. 3 AktG.
[5] *Lutter/Hommelhoff* § 43 GmbHG Rn 8; *Schneider* in Scholz § 43 GmbHG Rn 115.
[6] § 93 Abs. 1 Satz 2 AktG; vgl. auch § 404 Abs. 1 AktG.
[7] *Hefermehl* in Geßler/Hefermehl § 93 AktG Rn 16; *Hopt* in Großkomm. § 93 AktG Rn 193, 195.
[8] Vgl. BGHZ 64, 325, 329; *Hüffer* § 93 AktG Rn 7.
[9] Vgl. § 17 UWG.
[10] §§ 93 Abs. 1 Satz 2, 404 Abs. 1 AktG.

teilung in Geschäfts- und Betriebsgeheimnisse ist ohne praktische Bedeutung[11]. Maßgebend für den Umfang der Schweigepflicht ist letztlich, ob auf Seiten der Gesellschaft ein objektives Geheimhaltungsbedürfnis besteht. Dies ist dann zu bejahen, wenn der Gesellschaft durch die Offenbarung ein materieller oder immaterieller Schaden drohen könnte[12]. Besteht ein solches Geheimhaltungsbedürfnis nicht oder nicht mehr, ist der Vorstand grundsätzlich zur Offenbarung berechtigt. Allerdings hat er dabei stets die Interessen der Gesellschaft zu wahren. Unter den Begriff des Geheimnisses fallen vor allem Interna wie Planungen[13] oder der Verlauf und die Ergebnisse von Vorstands- und Aufsichtsratssitzungen[14].

7 Die **Absicht einer Unternehmensübernahme** ist, solange sie nicht offengelegt ist, idR als Geheimnis des Übernehmers zu betrachten. Wird zwischen den Beteiligten bereits verhandelt, können auf beiden Seiten Einzelheiten der Verhandlungstaktik und die geschäftspolitischen Ziele, die mit der Übernahme verfolgt werden, geheimhaltungspflichtig sein. Bei der Zielgesellschaft kann uU schon das Vorliegen des Verhandlungsangebots, sofern dieses sonst noch nicht bekannt ist, ein Geheimnis darstellen. Daß es sich dabei um einen von außen an die Gesellschaft herangetragenen Umstand handelt, steht der Annahme eines Geheimnisses nicht entgegen[15].

8 Im Verhältnis zu den vertraulichen Angelegenheiten ist der Begriff des Geheimnisses enger. So können Angelegenheiten der Gesellschaft, auch wenn sie nicht (mehr) geheim sind, durchaus noch vertraulich sein[16]. Dies kann etwa für Einzelheiten eines Vorstandsbeschlusses oder bestimmte Meinungsverschiedenheiten im Vorstand zutreffen. Allgemein gilt, daß die Leitungsorgane beim Umgang mit vertraulichen Angelegenheiten einen größeren **Ermessensspielraum** als bei Geheimnissen der Gesellschaft haben[17].

9 Die Verschwiegenheitspflicht bezieht sich auf Umstände, die den Vorstands- oder Aufsichtsratsmitgliedern „**durch ihre Tätigkeit**" bekannt geworden sind[18]. Dafür reicht aus, wenn die Information im Hinblick auf die Tätigkeit für die Gesellschaft erlangt wurde; ein eigenes Handeln ist nicht erforderlich. Auch bei Informationen, die außerdienstlich erlangt wurden, kann sich aus der Treupflicht gegenüber der Gesellschaft eine Pflicht zur Verschwiegenheit ergeben[19]. Bei den Geschäftsführern einer GmbH bezieht sich die Verschwiegenheitspflicht generell auf alle vertraulichen Informationen, unabhängig davon, wie sie erlangt wurden[20].

---

[11] *Hopt* in Großkomm. § 93 AktG Rn 191.
[12] *Otto* in Großkomm. § 404 AktG Rn 15.
[13] *Hefermehl* in Geßler/Hefermehl § 93 AktG Rn 16; *Hüffer* § 93 AktG Rn 7; *Hopt* in Großkomm. § 93 AktG Rn 191.
[14] *Mertens* in Kölner Komm. § 116 AktG Rn 49 f.; *Hopt* in Großkomm. § 93 AktG Rn 191; aA *Säcker*, Aktuelle Probleme der Verschwiegenheitspflicht der Aufsichtsratsmitglieder, NJW 1986, 803, 807 f.
[15] *Hopt* in Großkomm. § 93 AktG Rn 192.
[16] *Hefermehl* in Geßler/Hefermehl § 93 AktG Rn 16; *Hüffer* § 93 AktG Rn 7; *Hopt* in Großkomm. § 93 AktG Rn 196.
[17] *Hopt* in Großkomm. § 93 AktG Rn 196.
[18] § 93 Abs. 1 Satz 2 AktG.
[19] *Hefermehl* in Geßler/Hefermehl § 93 AktG Rn 17; *Hopt* in Großkomm. § 93 AktG Rn 197.
[20] *Schneider* in Scholz § 43 GmbHG Rn 115.

Die Verschwiegenheitpflicht gilt für alle Mitglieder der Geschäftsführung, des Vorstands oder des Aufsichtsrats gleichermaßen. Sie bindet diese nicht nur während ihrer **Amtszeit**, sondern auch über deren Ende hinaus. **10**

Eine Verschwiegenheitspflicht besteht nicht nur für die Mitglieder der Verwaltungsorgane, sondern auch für alle nachgeordneten **Mitarbeiter** der Gesellschaft. Deren Verschwiegenheitspflicht ergibt sich aber nicht aus dem Gesellschaftsrecht, sondern aus dem jeweiligen **Arbeitsverhältnis**. Maßgebend sind in erster Linie die jeweils getroffenen Vereinbarungen; fehlen solche, ergibt sich die Verschwiegenheitspflicht als Nebenpflicht aus dem Arbeitsvertrag oder aus dem Recht der unerlaubten Handlungen[21]. Der Umfang der Schweigepflicht ist dabei idR weiter als die gesellschaftsrechtliche Verpflichtung[22]. **11**

4. Ausnahmen von der Verschwiegenheitspflicht

Die Verschwiegenheitspflicht dient dem Schutz der Gesellschaft nach außen. Sie gilt deshalb **nicht im Innenverhältnis**, weder zwischen den Mitgliedern der Geschäftsleitung noch zwischen diesen und dem Aufsichtsrat oder einem Beirat. Gegenüber den Gesellschaftern gelten je nach Rechtsform unterschiedliche Einschränkungen[23]. Uneingeschränkt gilt die Verschwiegenheitspflicht dagegen im Außenverhältnis, dh gegenüber Dritten wie zB Lieferanten, Gläubigern und der Öffentlichkeit. **12**

Sofern es im Interesse der Gesellschaft liegt, kann die Verschwiegenheitspflicht allerdings auch gegenüber Außenstehenden durchbrochen werden. So können vor allem externe **Berater** (zB Rechtsanwälte, Wirtschaftsprüfer, Investmentbanken) und **Finanzierungsinstitute** in den Übernahmeprozeß eingeschaltet werden. Die Interessen der Gesellschaft werden in diesen Fällen dann gewahrt, wenn die Berater und sonstigen Beteiligten aufgrund ihres Berufsrechts oder entsprechender Regelungen (zB Bankgeheimnis) zur Verschwiegenheit verpflichtet sind. Soweit eine solche Verpflichtung nicht besteht, ist der Abschluß einer besonderen Vertraulichkeitsvereinbarung[24] erforderlich. **13**

5. Aufhebung der Verschwiegenheitspflicht

Die Verschwiegenheitspflicht gilt nicht unabänderlich. Vielmehr kann es im Interesse der Gesellschaft liegen, bislang geheimgehaltene Umstände offenzulegen und die Verschwiegenheitspflicht damit zu beenden. So muß zB bei einem öffentlichen Übernahmeangebot die Übernahmeabsicht der Zielgesellschaft und deren Aktionären zu einem geeigneten Zeitpunkt offenbart werden. Ob, wann und inwieweit die Verschwiegenheit aufgehoben wird, liegt im **pflichtgemäßen Ermessen** der Geschäftsleitung. Ihr obliegt es, das Interesse der Gesellschaft an der Geheimhaltung bestimmter Tatsachen zu konkretisieren und über Zeitpunkt und Umfang einer Offenbarung von bis dahin vertraulichen Angaben oder Geheimnissen zu entscheiden. **14**

---

[21] §§ 823 Abs. 1 und 2, 826 BGB, 17 Abs. 1 UWG.
[22] Vgl. *Schaub* Arbeitsrechts-Handbuch § 54.
[23] Siehe Rn 38 ff.
[24] Siehe § 6 Rn 3 ff.

15 Die **Befugnis zur Offenbarung** vertraulicher Informationen kann auch nachgeordneten Mitarbeitern zustehen. Inhalt und Grenzen dieser Befugnis ergeben sich dabei aus der jeweiligen Aufgabenstellung. Richtschnur ist auch insoweit das Interesse der Gesellschaft. Soweit hier Unklarheiten bestehen, hat darüber im Zweifel die jeweilige Geschäftsleitung zu entscheiden.

6. Sanktionen

16 Ein **Organmitglied**, das die Verschwiegenheitspflicht verletzt, ist der Gesellschaft persönlich zum Ersatz des daraus entstandenen Schadens verpflichtet[25]. Die Verletzung der Verschwiegenheitspflicht kann ein wichtiger Grund für die Abberufung als Geschäftsführer oder Vorstandsmitglied sein[26]. Je nach Schwere der Pflichtverletzung kann auch eine ordentliche oder außerordentliche Kündigung des Anstellungsvertrags gerechtfertigt sein[27]. Auch ein Aufsichtsratsmitglied, das die Verschwiegenheitspflicht verletzt, kann deswegen uU durch das jeweilige Wahlorgan oder auf Antrag durch das Gericht[28] abberufen werden.

17 Neben diesen zivilrechtlichen Sanktionen ist das unbefugte Offenbaren eines Geheimnisses der Gesellschaft durch ein Mitglied des Vorstands bzw. der Geschäftsführung oder des Aufsichtsrats auch unter **Strafe** gestellt[29]. Eine Strafverschärfung gilt bei unbefugter Offenbarung gegen Entgelt, mit Schädigungsabsicht und bei unbefugter Verwertung[30]. In allen diesen Fällen ist vorsätzliches Handeln erforderlich.

18 Soweit nachgeordnete **Mitarbeiter** der Gesellschaft ihre Verschwiegenheitspflicht verletzen, kommen vor allem arbeitsrechtliche Sanktionen in Betracht. Dies sind in erster Linie die Abmahnung sowie eine verhaltensbedingte ordentliche oder außerordentliche Kündigung. Die Verletzung der Verschwiegenheitspflicht als arbeitsvertraglicher Nebenpflicht kann auch eine Schadensersatzpflicht auslösen. Bei der Geltendmachung einer solchen Ersatzpflicht sind die Grundsätze zur Begrenzung der Haftung von Arbeitnehmern zu beachten[31].

7. Kapitalmarktrechtliche Sonderbestimmungen

19 Die gesellschaftsrechtlichen Bestimmungen zur Verschwiegenheitspflicht werden für die börsennotierten Gesellschaften durch kapitalmarktrechtliche Sondervorschriften ergänzt. Dies gilt vor allem für das im **WpHG** geregelte Insiderrecht mit dem Verbot, Insidertatsachen weiterzugeben oder bei Geschäften in Insiderpapieren auszunutzen[32]. Die Einzelheiten dieser Aspekte der kapitalmarktrechtlichen Verschwiegenheitspflicht werden weiter unten dargestellt[33].

---

[25] Vgl. §§ 43 Abs. 2 GmbHG, 93 Abs. 2 Satz 2, 116, 278 Abs. 3 AktG.
[26] Vgl. § 84 Abs. 3 AktG.
[27] Vgl. § 626 BGB.
[28] § 103 Abs. 1 und 3 AktG.
[29] Vgl. §§ 85 Abs. 1 GmbHG, 404 Abs. 1 AktG.
[30] §§ 85 Abs. 2 GmbHG, 404 Abs. 2 AktG.
[31] Vgl. dazu *Schaub* Arbeitsrechts-Handbuch § 52 Rn 42 ff.
[32] Vgl. § 14 Abs. 1 Nr. 1 und 2 WpHG.
[33] Siehe Rn 106 ff.

Für den Fall öffentlicher Übernahmeangebote sah der Diskussionsentwurf eines **Übernahmegesetzes**[34] vor, daß der Bieter und die mit ihm gemeinsam handelnden Personen die Absicht zur Abgabe eines Übernahmeangebots vor der Veröffentlichung der diesbezüglichen Entscheidung geheimzuhalten haben. Vor der Veröffentlichung darf diese Absicht aber mit der Zielgesellschaft erörtert werden; mit Aktionären der Zielgesellschaft darf auch über den Erwerb von Aktien der Zielgesellschaft verhandelt werden[35]. Die Zielgesellschaft und deren Aktionäre sollten dann nach dem Gesetzentwurf ebenfalls zur Geheimhaltung der ihnen bekannt gewordenen Absichten des Bieters verpflichtet sein.

Diese in den späteren Entwürfen gestrichene Geheimhaltungspflicht wird sich bei dem Bieter, soweit dieser eine AG oder KGaA ist, regelmäßig schon aus dem Aktienrecht[36] ergeben. Handelt es sich um eine börsennotierte Gesellschaft, wird die Übernahmeabsicht häufig auch eine geheimzuhaltende **Insidertatsache**[37] darstellen. Voraussetzung dafür ist allerdings, daß die Übernahmeabsicht geeignet ist, den Kurs der Wertpapiere des Bieters und/oder der Zielgesellschaft erheblich zu beeinflussen.

Während sich das AktG und das WpHG nur an **natürliche** Personen wenden, können Bieter, Zielgesellschaft und deren Aktionäre iSd. Übernahmerechts auch **juristische Personen** sein[38].

II. Auskunftserteilung

Vor dem Hintergrund ihrer Verschwiegenheitspflicht sind die Geschäftsleiter eines Unternehmens nur in begrenztem Umfang zur **Auskunft berechtigt** und **verpflichtet**. Dies gilt auch im Zusammenhang mit der Übernahme eines Unternehmens, wobei zwischen der Situation der übernehmenden Gesellschaft und derjenigen der Zielgesellschaft zu unterscheiden ist. Die Befugnis oder Pflicht zur Auskunftserteilung ist zudem unterschiedlich, je nachdem, ob es sich bei dem Empfänger der Auskunft um eine gesellschaftsinterne Stelle – wie den Aufsichtsrat oder die Gesellschafter – oder um außenstehende Dritte handelt.

1. Auskünfte gegenüber dem Aufsichtsrat

a) **Pflicht zur Berichterstattung.** Bei der **AG** und **KGaA** hat der Vorstand den Aufsichtsrat zu unterrichten. Dabei läßt sich zwischen den periodischen Berichten[39] über die beabsichtigte Geschäftspolitik, die Rentabilität, den Gang der Geschäfte und über wesentliche Einzelmaßnahmen auf diesen Gebieten unterscheiden (sog. Regelberichterstattung). Zu berichten ist auch – allerdings nur gegenüber dem Aufsichtsratsvorsitzenden – bei sonstigen wichtigen Anlässen[40].

---

[34] Vgl. § 10 Abs. 1 DiskE-ÜbernG, abgedruckt in NZG 2000, 844 ff.; siehe auch Band 2.
[35] Vgl. § 10 Abs. 2 Satz 1 DiskE-ÜbernG.
[36] § 93 Abs. 1 Satz 2 AktG.
[37] § 13 WpHG.
[38] Vgl. die Definition im Übernahmekodex und in § 2 Abs. 4 RefE-WÜG.
[39] § 90 Abs. 1 Satz 1 AktG.
[40] § 90 Abs. 1 Satz 2 AktG sog. Anlaßberichte.

Schließlich können der Aufsichtsrat insgesamt oder mindestens zwei seiner Mitglieder einen Bericht über Angelegenheiten der Gesellschaft, ihre Beziehungen zu verbundenen Unternehmen oder über wesentliche Vorgänge bei solchen Unternehmen verlangen (sog. Anforderungsberichte)[41]. Dieses gesetzliche Berichtssystem ist bei einigen Gesellschaften durch ein spezielles, auf die Struktur des Unternehmens und seines Konzerns zugeschnittenes Informations- und Berichtssystem erweitert[42]. In diesem System, das vom Aufsichtsrat meist als Teil der Geschäftsordnung für den Vorstand beschlossen wird, sind zB Monatsberichte, die Erstellung von Quartalsabschlüssen oder Berichtspflichten zu bestimmten Themen, wie der internen Revision oder dem Risikomanagement, geregelt. Auf Seiten des Aufsichtsrats ist die Behandlung solcher Berichte nicht selten bestimmten Ausschüssen, wie dem Bilanz- oder Prüfungsausschuß, zugewiesen.

25 Für die **GmbH** gibt es keine einheitliche gesetzliche Regelung. Bei der GmbH, die dem MitbestG 1976 unterliegt, ist die Geschäftsführung von Gesetzes wegen nur zur Erstattung sog. Anforderungsberichte verpflichtet[43]. Die Geschäftsführung ist demgemäß nicht von sich aus zur regelmäßigen oder außerordentlichen Berichterstattung verpflichtet[44]. Bei der GmbH, die einen Aufsichtsrat nach dem BetrVG 1952 zu bilden hat, ist die Geschäftsführung grundsätzlich ebenfalls nur zur Berichterstattung auf Verlangen verpflichtet[45]. Dies gilt auch bei jeder anderen GmbH, soweit diese überhaupt einen (freiwilligen) Aufsichtsrat hat und der Gesellschaftsvertrag dessen Unterrichtung nicht anders – enger oder weiter – regelt[46].

26 Bei den GmbHs ist außerdem zu berücksichtigen, daß neben oder anstelle des Aufsichtsrats häufig **andere Gremien**, insbes. ein Gesellschafterausschuß oder ein Beirat gebildet sind. Die Auskunftsrechte dieser Gremien ergeben sich dann idR aus den einschlägigen gesellschaftsvertraglichen Bestimmungen und nur in Ausnahmefällen auch aus einer Analogie zum AktG.

27 Bei den Personenhandelsgesellschaften, insbes. **OHG** und **KG**, kann es einen Aufsichtsrat bei einer Komplementär-GmbH oder AG geben. Unter bestimmten Voraussetzungen[47] gelten für einen solchen Aufsichtsrat die Bestimmungen des MitbestG. In allen übrigen Fällen handelt es sich entweder um einen freiwilligen Aufsichtsrat, dessen Befugnisse sich aus dem Gesellschaftsvertrag ergeben, oder um einen Aufsichtsrat, der nach dem Recht der betreffenden GmbH oder AG zu beurteilen ist.

28 **b) Auskunftsverpflichtung bei Übernahmen.** Soweit der Aufsichtsrat berechtigt ist, von der Geschäftsleitung einen Bericht über Angelegenheiten der Gesellschaft zu verlangen, begründet dies auch ein Auskunftsrecht über **Vorgänge** im Zusammenhang mit einer Übernahme, gleichgültig ob sich das betreffende

---

[41] § 90 Abs. 3 AktG sowie dazu *Hüffer* § 90 AktG Rn 11, 12.
[42] Vgl. *Lutter,* Information und Vertraulichkeit im Aufsichtsrat, passim.
[43] § 25 Abs. 1 Nr. 2 MitbestG iVm. § 90 Abs. 3 AktG.
[44] *Hanau/Ulmer,* Mitbestimmungsgesetz, Kommentar, 1981, § 25 MitbestG Rn 55; *Raiser* MitbestG 2. Aufl. § 25 Rn 69; *Fitting/Wlotzke/Wißmann* MitbestG § 25 Rn 71.
[45] § 77 Abs. 1 BetrVG 1952 iVm. § 90 Abs. 3 AktG.
[46] Vgl. § 52 Abs. 1 GmbHG iVm. § 90 Abs. 3 AktG.
[47] § 5 Abs. 2 MitbestG.

Unternehmen in der Rolle des Übernehmers oder der Zielgesellschaft findet. Das Auskunftsverlangen muß nur hinreichend präzise formuliert sein[48].

Das **Auskunftsrecht** steht grundsätzlich dem Aufsichtsrat als Organ zu; es wird durch Beschlußfassung ausgeübt[49]. Daneben kann auch ein einzelnes Aufsichtsratsmitglied Auskunft verlangen; lehnt der Vorstand die Auskunft ab, ist er zur Auskunft verpflichtet, wenn ein weiteres Aufsichtsratsmitglied das Auskunftsverlangen unterstützt[50]. Der Aufsichtsratsvorsitzende hat kein eigenes Auskunftsrecht. In der Praxis wird die Geschäftsleitung aber einem Berichtsverlangen des Aufsichtsratsvorsitzenden nachkommen, auch wenn dafür (noch) kein Aufsichtsratsbeschluß vorliegt. Denn nur durch solche Kooperation lassen sich Aufsichtsratssitzungen sachgerecht vorbereiten. Entsprechendes gilt für die Durchführung der Aufsichtsratssitzungen. Werden darin von einem einzelnen Aufsichtsratsmitglied Fragen gestellt, wird der Vorstand diese idR soweit möglich beantworten, ohne daß erst ein Aufsichtsratsbeschluß oder die Unterstützung durch ein weiteres Aufsichtsratsmitglied abgewartet wird. 29

Der Vorstand wird die **Auskunft** allerdings **ablehnen**, wenn das Verlangen mißbräuchlich ist. Ein solcher Fall liegt vor, wenn ein Aufsichtsratsmitglied mit dem Auskunftsverlangen eigene Interessen zu Lasten der Gesellschaft verfolgt[51]. Ist die Übernahme eines anderen Unternehmens beabsichtigt und gehören dem Aufsichtsrat Personen an, die der Zielgesellschaft nahestehen, kann die Offenbarung der Erwerbsabsicht gegenüber einem solchen Aufsichtsratsmitglied uU für die Gesellschaft nachteilig sein. Der Aufsichtsrat ist verpflichtet, geeignete organisatorische Maßnahmen zu treffen, damit die Interessen der Gesellschaft auch in solchen Fällen gewahrt werden können. Dies erfordert zunächst, daß die Aufsichtsratsmitglieder persönliche **Interessenkonflikte** dem Aufsichtsratsvorsitzenden gegenüber offenlegen. Liegt ein Interessenkonflikt vor, muß ein befangenes Aufsichtsratsmitglied uU aufgefordert werden, an den einschlägigen Beratungen und Entscheidungen nicht teilzunehmen oder sein Amt niederzulegen. Zur Vermeidung solcher Situationen können alle Fragen im Zusammenhang mit einer Übernahme auf einen Ausschuß des Aufsichtsrats übertragen werden, der sich aus unbelasteten Aufsichtsratsmitgliedern zusammensetzt[52]. 30

c) **Form von Auskunft und Berichterstattung.** Die gesetzlich vorgeschriebenen Berichte sind grundsätzlich **schriftlich** abzufassen[53]. Je nach Lage kann aber auch ein mündlicher Bericht ausreichen oder sogar anstelle eines schriftlichen Berichts geboten sein[54]. Vor allem in Eilfällen kann ein **mündlicher Vortrag** genügen. Soweit in einer Aufsichtsratssitzung ergänzende Fragen zu einer schriftlichen Vorlage gestellt werden, können auch diese regelmäßig mündlich 31

---

[48] Vgl. dazu *LG Bonn* und *OLG Köln* AG 1987, 24, 25.
[49] § 108 AktG.
[50] § 90 Abs. 3 Satz 2 2. Halbs. AktG.
[51] Vgl. *Hüffer* § 90 AktG Rn 12a.
[52] Siehe dazu *Marsch-Barner* in AR Hdb. Rn J 178.
[53] *Hüffer* § 90 AktG Rn 13; *Mertens* in Kölner Komm. § 90 AktG Rn 23; *Wiesner* in Münch-HdbGesR Bd. 4 § 25 Rn 27; *Lutter*, Information und Vertraulichkeit, S. 77 f.; aA *Hefermehl* in Geßler/Hefermehl § 90 AktG Rn 6.
[54] *Mertens* in Kölner Komm. § 90 AktG Rn 23.

beantwortet werden. Damit liegt es zu einem gewissen Teil im Ermessen des Vorstands, in welcher Form er den Aufsichtsrat zB über den Erwerb eines Unternehmens informiert oder diesem seine Überlegungen vorträgt, wenn das Unternehmen selbst Gegenstand einer Übernahme ist.

32 Wird ein schriftlicher Bericht vorgelegt, stellt sich die Frage, wie umfangreich dieser Bericht sein muß, insbes. ob er nur bestimmte Eckpunkte oder genauere Darstellungen enthalten sollte. Soll ein anderes Unternehmen gekauft werden, wird der Vorstand, wenn es sich um einen bedeutenden Erwerb handelt, eine detaillierte Darstellung des Kaufobjekts mit näheren Angaben insbes. zum Wert, den Vor- und Nachteilen des beabsichtigten Erwerbs sowie der Finanzierung vorzulegen haben.

33 **d) Einsichtsrecht in Unterlagen.** Von der Auskunft und Berichterstattung ist das Einsichtsrecht des Aufsichtsrats in die Unterlagen der Gesellschaft zu unterscheiden. Dieses Einsichtsrecht regelt das AktG als **Teil des Überwachungsrechts**[55] des Aufsichtsrats. Es steht dem Aufsichtsrat nur als Organ und nicht auch einzelnen seiner Mitglieder zu. Das Einsichtsrecht kann allerdings auf einzelne Mitglieder oder auch auf Außenstehende, insbes. Sachverständige wie zB Wirtschaftsprüfer oder Rechtsanwälte, delegiert werden[56]. Dies ist aber nicht generell, sondern nur zur Klärung bestimmter Einzelangelegenheiten zulässig[57]. Da das Einsichtsrecht zur Überwachungsfunktion gehört, steht es auch dem Aufsichtsrat einer mitbestimmten GmbH zu. Es gehört idR auch zu den Rechten eines freiwilligen Aufsichtsrats[58].

34 **e) Zustimmungsrecht.** Der Erwerb eines anderen Unternehmens ist bei der AG und der KGaA meist durch die Satzung oder eine Regelung in der Geschäftsordnung des Vorstands an die Zustimmung des Aufsichtsrats gebunden[59]. Dabei ist die **Zustimmung** idR aber nur vorgesehen, wenn der Wert des Unternehmens oder der Beteiligung einen bestimmten Schwellenwert erreicht oder übersteigt. In solchen Fällen ist der Aufsichtsrat nicht nur zu unterrichten; er muß dem Erwerb durch entsprechenden Beschluß zustimmen. Die Zustimmung muß dabei grundsätzlich als Einwilligung vor dem Erwerb eingeholt werden. Nur in Ausnahmefällen, zB wenn der Vorstand mit der Zustimmung rechnen kann und ein Abwarten bis zum Vorliegen des Aufsichtsratsbeschlusses nicht im Interesse der Gesellschaft liegt, kann auch eine nachträgliche Zustimmung ausreichen[60].

35 Ist die Gesellschaft selbst Zielgesellschaft, stellt sich die Frage, inwieweit damit auch der Aufsichtsrat zu befassen ist. Sollen von dritter Seite **Teile des Gesellschaftsvermögens** übernommen werden, muß hieran der Vorstand und bei einem entsprechenden internen Zustimmungsvorbehalt auch der Aufsichtsrat mit-

---

[55] § 111 Abs. 2 Satz 1 AktG.
[56] § 111 Abs. 2 Satz 2 AktG.
[57] BGHZ 85, 293, 296 „Hertie".
[58] § 52 Abs. 1 GmbHG iVm. § 111 AktG.
[59] § 113 Abs. 1 Satz 2 AktG.
[60] Vgl. *Meyer-Landrut* in Großkomm. § 113 AktG Rn 16; *Hoffmann*, Der Aufsichtsrat, 4. Aufl. 1999, Rn 302 aE; vgl. auch *Lutter/Krieger*, Rechte und Pflichten des Aufsichtsrats, 3. Aufl. 1993, § 2 Rn 38.

wirken. Bei einer Übernahme des gesamten Gesellschaftsvermögens oder im Fall einer Verschmelzung ist die Zustimmung der Hauptversammlung erforderlich[61]; der Aufsichtsrat hat der Hauptversammlung dabei zusammen mit dem Vorstand Beschlußvorschläge zu unterbreiten[62].

Anders ist die Rechtslage, wenn es um die **Veräußerung von Aktien** der Gesellschaft geht. Ein solches Geschäft wird auf der Ebene der Aktionäre abgeschlossen; die Gesellschaft ist davon nur mittelbar betroffen. Selbst wenn es sich um den Verkauf einer Mehrheitsbeteiligung handelt, ist an den Vertragsverhandlungen grundsätzlich weder der Vorstand noch der Aufsichtsrat beteiligt. Der Vorstand wird von einer solchen Übernahme lediglich unterrichtet, und zwar entweder freiwillig oder iRd. gesetzlichen Mitteilungspflichten[63]. Rechtlich ist der Vorstand uU im Rahmen einer Due Diligence involviert. Die Frage, inwieweit dabei dem Erwerber und/oder Veräußerer Einsicht in vertrauliche Unterlagen der Gesellschaft gewährt werden darf, hat der Vorstand allein zu entscheiden[64]. Der Aufsichtsrat muß damit nicht befaßt werden. 36

Sollen die Aktien der Gesellschaft im Wege eines **öffentlichen Übernahmeangebots** erworben werden, hat der Vorstand zu einem solchen Angebot Stellung zu nehmen. Dies gilt sowohl nach dem Übernahmekodex[65] als auch nach dem Referentenentwurf eines Wertpapiererwerbs- und Übernahmegesetzes[66]. Die Abgabe einer solchen „begründeten Stellungnahme" ist grundsätzlich nicht an die Zustimmung des Aufsichtsrats gebunden. Allerdings wird es sich dabei um eine wichtige Angelegenheit handeln, über die jedenfalls der Aufsichtsratsvorsitzende unverzüglich zu informieren ist[67]. Dies gilt vor allem dann, wenn es sich um ein sog. feindliches, also nicht mit Vorstand und Aufsichtsrat abgestimmtes Übernahmeangebot handelt. In einer solchen Situation wird der Aufsichtsratsvorsitzende im Einvernehmen mit dem Vorstand eine außerordentliche Aufsichtsratssitzung einberufen, in der das weitere Vorgehen erörtert wird. In dieser Sitzung ist dann auch der Inhalt der vom Vorstand beabsichtigten Stellungnahme zu diskutieren. Der Vorstand wird sich dabei im eigenen Interesse um eine Zustimmung oder zumindest eine zustimmende Einstellung des Aufsichtsrats bemühen, um bei seinem weiteren Vorgehen eine ausreichende interne Rückendeckung zu haben. 37

2. Auskunftserteilung gegenüber Gesellschaftern

a) OHG, KG. Bei den Personenhandelsgesellschaften ist das Informationsrecht der Gesellschafter unterschiedlich ausgestaltet. Bei der **OHG** kann sich jeder Gesellschafter, auch wenn er von der Geschäftsführung ausgeschlossen ist, von den Angelegenheiten der Gesellschaft persönlich unterrichten und zu diesem Zweck in die Handelsbücher und Papiere der Gesellschaft Einsicht nehmen[68]. Darüber hinaus 38

---

[61] Vgl. § 179a AktG und §§ 13, 65 UmwG.
[62] § 124 Abs. 3 Satz 1 AktG.
[63] §§ 20f. AktG und 21ff. WpHG; dazu im einzelnen Rn 154ff.
[64] Siehe dazu ausführlich § 9 Rn 73ff.
[65] Art. 18 ÜK.
[66] § 27 RefE-WÜG. Siehe Band 2.
[67] § 90 Abs. 1 Satz 2 AktG.
[68] § 118 Abs. 1 HGB.

ist anerkannt, daß jeder Gesellschafter im Rahmen seines Informationsbedürfnisses auch Auskunft verlangen kann. Dieses Informationsrecht, das auch in Übernahme- oder Verkaufssituationen gilt, ist im Kern unentziehbar und kann deshalb im Gesellschaftsvertrag, soweit der Kernbereich betroffen ist, ohne Zustimmung des Gesellschafters nur aus wichtigem Grund ausgeschlossen werden[69].

39   Bei der **KG** hat der Kommanditist nur ein Kontrollrecht zur Überprüfung der Richtigkeit des Jahresabschlusses[70]. Ein darüber hinausgehendes Informationsrecht steht ihm von Gesetzes wegen nur aus wichtigem Grund kraft gerichtlicher Anordnung zu[71]. Im Gesellschaftsvertrag sind häufig weitergehende Informationsrechte geregelt[72]. Aus diesen ergibt sich dann im Fall einer Übernahme oder bei Verkaufsüberlegungen, inwieweit die Kommanditisten Einsicht und Auskunft verlangen können.

40   **b) GmbH.** In der GmbH haben die Geschäftsführer jedem Gesellschafter **auf Verlangen** unverzüglich Auskunft über die Angelegenheiten der Gesellschaft zu geben und die Einsicht der Bücher und Schriften zu gestatten[73]. Dieses Auskunfts- und Einsichtsrecht ist zwingend; es kann insbes. nicht durch den Gesellschaftsvertrag eingeschränkt werden[74].

41   **aa) Auskunftsrecht.** Das Auskunftsrecht steht jedem Gesellschafter unabhängig von der Höhe seiner Beteiligung zu. Es bezieht sich inhaltlich auf **alle Angelegenheiten der Gesellschaft** und ist damit sehr weit gefaßt. Zu den Angelegenheiten der Gesellschaft gehören auch die Beziehungen zu verbundenen Unternehmen und Angelegenheiten dieser Unternehmen, soweit sie für die Gesellschaft relevant sind[75]. Ausgeschlossen sind dagegen persönliche Angelegenheiten der Geschäftsführer und der anderen Gesellschafter. Im übrigen kann Auskunft auch außerhalb einer Gesellschafterversammlung und unabhängig von Beschlußfassungen der Gesellschafter verlangt werden. Für Übernahmevorgänge bedeutet dies folgendes:

42   **Will die Gesellschaft** ein anderes Unternehmen **erwerben**, können die Gesellschafter Auskunft über die Pläne der Geschäftsführung, den Stand von Verhandlungen und den Inhalt bereits geschlossener Verträge verlangen. Ist wegen der Bedeutung des Erwerbs die Zustimmung der Gesellschafterversammlung erforderlich[76], sind den Gesellschaftern alle zur Beurteilung des Beschlußgegenstands erforderlichen Informationen zu geben. Diese Verpflichtung besteht unabhängig davon, ob ein entsprechendes Informationsverlangen gestellt wird[77].

---

[69] *Karsten Schmidt* GesR § 47 V.
[70] § 166 Abs. 1 HGB.
[71] § 166 Abs. 3 HGB iVm. § 145 FGG; für die Anerkennung eines weitergehenden gesetzlichen Informationsrechts des Kommanditisten *Karsten Schmidt* GesR § 53 III.
[72] Für ein generelles mitgliedschaftliches Recht auf Auskunft und Einsicht *Lutter* ZIP 1997, 613, 619.
[73] § 51a Abs. 1 GmbHG.
[74] OLG Köln WM 1986, 761, 763; *Zöllner* in Baumbach/Hueck § 51a GmbHG Rn 2.
[75] Vgl. *OLG Köln* GmbHR 1985, 358.
[76] Vgl. *BGH* DB 1984, 661; *LG Berlin* WM 1992, 22.
[77] *Lutter/Hommelhoff* § 51a GmbHG Rn 23; *Zöllner* in Baumbach/Hueck § 51a GmbHG Rn 14 und 39.

Ist die Gesellschaft **Ziel einer Übernahme**, ist zwischen Erwerbsvorgängen **43** auf der Ebene der Gesellschaft und solchen auf der Ebene der Gesellschafter zu unterscheiden. Soll das **Gesellschaftsvermögen** durch Verschmelzung oder durch Übertragung außerhalb des UmwG auf einen anderen Rechtsträger **übergehen**, ist dazu die Zustimmung der Gesellschafterversammlung erforderlich[78]. Jeder Gesellschafter kann dann im Hinblick auf diese Beschlußfassung auch Auskunft über wesentliche Angelegenheiten des Erwerbers verlangen[79]. Entsprechendes gilt, wenn lediglich Teile des Gesellschaftsvermögens, zB ein Geschäftsbereich oder ein Tochterunternehmen, veräußert werden sollen und darüber die Gesellschafter beschließen.

Will dagegen ein Gesellschafter seine **Geschäftsanteile** an einen Mitgesellschafter oder einen Dritten veräußern, ist dies grundsätzlich eine persönliche Angelegenheit des Gesellschafters. Die übrigen Gesellschafter können hierzu von der Geschäftsführung keine Auskunft verlangen, unabhängig davon, ob diese überhaupt in der Lage ist, nähere Auskünfte zu erteilen. Etwas anderes gilt dann, wenn die Gesellschaft der Anteilsveräußerung zustimmen muß[80]. In diesem Fall ist die Zustimmungserteilung durch die Geschäftsführung eine Angelegenheit der Gesellschaft und damit auch Gegenstand des Auskunftsrechts der Gesellschafter. Das Gleiche gilt bei sonstigen Veränderungen im Gesellschafterkreis, die der Geschäftsführung zB bei der Anmeldung einer Anteilsveräußerung[81] mitgeteilt werden. Demgemäß ist zB auch Auskunft über Veränderungen in den Beteiligungsverhältnissen seit der zuletzt eingereichten Gesellschafterliste zu geben[82]. **44**

Ein Gesellschafter, der seine Anteile veräußern möchte, wird uU von der Geschäftsführung nähere **Auskünfte** verlangen, **um den Wert seiner Anteile** genauer einschätzen zu können. Ein solches Verlangen ist unproblematisch, solange der Gesellschafter die erhaltenen Informationen für sich behält und nicht an außenstehende Dritte weitergibt. Anders als im Aktienrecht sind dem Gesellschafter in diesem Zusammenhang auch etwaige stille Reserven offenzulegen[83]. **45**

Die **Auskunft** kann schriftlich oder mündlich erteilt werden. Die Entscheidung darüber liegt im Ermessen der Geschäftsführer. Der Umfang der Auskunft bestimmt sich nach den Grundsätzen gewissenhafter und getreuer Rechenschaft[84]. Die erteilten Auskünfte müssen in jedem Fall wahr sein. **46**

Die Auskunft ist **unverzüglich**, d. h. ohne schuldhaftes Zögern[85] zu erteilen. Ein in der Gesellschafterversammlung gestelltes Auskunftsbegehren ist grundsätzlich in dieser zu beantworten. Umfangreiche Auskünfte, mit denen der Geschäftsführer nicht zu rechnen brauchte, können allerdings später beantwortet werden[86]. In einem solchen Fall ist die Beschlußfassung uU zu vertagen[87]. Im üb- **47**

---

[78] Vgl. §§ 13, 50 UmwG bzw. § 179a AktG analog.
[79] Vgl. § 49 Abs. 3 UmwG.
[80] Vgl. §§ 15 Abs. 5, 17 Abs. 1 GmbHG.
[81] § 16 Abs. 1 GmbHG.
[82] § 40 GmbHG.
[83] *Lutter/Hommelhoff* § 51a GmbHG Rn 11.
[84] Analogie zu § 131 Abs. 2 AktG.
[85] § 121 Abs. 1 Satz 1 BGB.
[86] KG WM 1994, 1485.
[87] *Zöllner* in Baumbach/Hueck § 51a GmbHG Rn 39.

rigen hängt der zeitliche Rahmen, innerhalb dessen die Auskunft zu geben ist, von den Umständen des Einzelfalls ab, insbes. von der Bedeutung der Auskunft für den fragenden Gesellschafter, dem Umfang und der Schwierigkeit der Fragestellung sowie der Dringlichkeit der Beantwortung[88].

48 Die Gesellschafter können das gesetzliche Auskunftsrecht durch Berichtspflichten der Geschäftsführung gegenüber der Gesellschafterversammlung oder einem sonstigen Gremium **ergänzen**. Unabhängig davon können die Geschäftsführer die Gesellschafter auch von sich aus über aktuelle Angelegenheiten unterrichten und damit etwaigen Auskunftsverlangen der Gesellschafter zuvorkommen.

49 Die erteilten Auskünfte sind von den Gesellschaftern grundsätzlich **vertraulich** zu behandeln[89]. Sie dürfen an einen Dritten nur ausnahmsweise, zB zu Beratungszwecken, und auch nur dann weitergegeben werden, wenn der Dritte seinerseits zur Verschwiegenheit verpflichtet ist. Ein Gesellschafter, der seine Geschäftsanteile veräußern will, darf deshalb nicht ohne weiteres vertrauliche Informationen zum Wert der Anteile und etwaigen Risiken der Gesellschaft an seine Kaufinteressenten weitergeben. Inwieweit sich in solchen Fällen aus der **gesellschafterlichen Treupflicht** ein Weitergabeverbot ergibt, ist umstritten. Zum Teil wird eine strikte Vertraulichkeitsbindung angenommen, zumal Auskunftsorgan nach außen nur die Geschäftsführung und nicht – auch nicht mittelbar – der einzelne Gesellschafter ist[90]. Die Treupflicht erlaubt jedoch eine differenziertere Beurteilung[91]. Die Weitergabe von Informationen im Zusammenhang mit einer Anteilsveräußerung ist nur dann treuwidrig, wenn das Interesse der Gesellschaft an der Vertraulichkeit das Interesse des Gesellschafters an der Informationsweitergabe überwiegt. Dabei kommt es auf den Inhalt und die Bedeutung der weiterzugebenden Informationen an. Informationen, die sich auch aus anderen öffentlichen Quellen beschaffen lassen, wie zB der Gesellschaftsvertrag, Jahresabschlüsse, erteilte Patente usw., können auch von einem Gesellschafter weitergegeben werden. Geht es um geschäftliche Informationen, dürfen diese zum Schutz der Gesellschaft grundsätzlich nur an eine zur Berufsverschwiegenheit verpflichtete Mittelsperson, insbes. Wirtschaftsprüfer, Rechtsanwalt oder Steuerberater, weitergegeben werden, die dem Kaufinteressenten dann nur die Ergebnisse ihrer Auswertungen übermittelt[92]. Handelt es sich bei dem Kaufinteressenten um ein Konkurrenzunternehmen, ist die Weitergabe wettbewerbsrelevanter Informationen auch dann unzulässig, wenn sie unter Weitergabe der Geheimhaltungspflicht erfolgt[93].

50 **bb) Einsichtsrecht.** Neben der Auskunft kann jeder Gesellschafter **Einsicht** in die Handelsbücher und alle schriftlichen Geschäftsunterlagen der Gesellschaft

---

[88] Vgl. *Zöllner* in Baumbach/Hueck § 51a GmbHG Rn 14.
[89] *Lutter/Homelhoff* § 51a GmbHG Rn 24; *Zöllner* in Baumbach/Hueck § 51a GmbHG Rn 36.
[90] Vgl. *Hüffer* in Hachenburg § 51a GmbHG Rn 11; *Lutter*, Zum Informationsrecht des Gesellschafters nach neuem GmbH-Recht, ZGR 1982,1, 13; *Grunewald*, Einsichts- und Auskunftsrecht des GmbH-Gesellschafters nach neuem Recht, ZHR 146 (1982) 211, 227; *Bihr* BB 1998, 1198, 1199.
[91] So insbes. *Götze* ZGR 1999, 202, 212 ff.
[92] *Lutter/Hommelhoff* § 51a GmbHG Rn 24.
[93] *Lutter* ZIP 1997, 613; *Götze* ZGR 1999, 202, 214 f.

einschließlich aller technischen Surrogate verlangen[94]. Dieses Einsichtsrecht ist in den Geschäfträumen der Gesellschaft zu gewähren. Dabei können auch Kopien angefertigt werden[95]. Eine Versendung von Kopien kann allerdings nicht verlangt werden[96]. Die Gesellschafter können auch eine außenstehende Person mit der Einsichtnahme beauftragen. Diese muß allerdings vertrauenswürdig und zur Verschwiegenheit verpflichtet sein. In Betracht kommen dafür vor allem Wirtschaftsprüfer, Rechtsanwälte und Steuerberater, die schon von Berufs wegen zur Verschwiegenheit verpflichtet sind. Andere Personen sind vertraglich entsprechend zu verpflichten.

Das Einsichtsrecht **beschränkt** sich auf Unterlagen der Gesellschaft und besteht nicht in Bezug auf die Bücher und Schriften von verbundenen Unternehmen. Insoweit haben die Gesellschafter nur das Auskunftsrecht gegenüber ihrer eigenen Gesellschaft[97].

cc) Grenzen des Auskunfts- und Einsichtsrechts. Das Auskunfts- und Einsichtsrecht setzt nach verbreiteter Auffassung voraus, daß ein **Informationsbedürfnis** vorliegt[98]. Ein solches Bedürfnis braucht allerdings nur schlüssig dargelegt zu werden. Es obliegt dann der Gesellschaft, das Informationsbedürfnis ggf. substantiiert zu bestreiten[99].

Aus der **Treubindung** der Gesellschafter folgt weiter, daß sie bei der Wahrnehmung ihres Auskunfts- und Einsichtsrechts auf die Interessen der Gesellschaft Rücksicht zu nehmen haben[100]. Sie müssen sich demgemäß mit weniger einschneidenden Informationen begnügen, wenn diese ihrem Informationsbedürfnis bereits Genüge tun. Im Verhältnis zwischen Auskunfts- und Einsichtsrecht ist die Auskunftserteilung im allgemeinen der für die Gesellschaft schonendere Eingriff.

Ist zu besorgen, daß ein Gesellschafter die Auskunft oder Einsicht zu gesellschaftsfremden Zwecken verwendet, und dadurch der Gesellschaft oder einem verbundenen Unternehmen ein nicht unerheblicher Nachteil zugefügt wird, dürfen die Geschäftsführer die Auskunft oder Einsicht **verweigern**[101]. Eine zweckwidrige Verwendung liegt zB vor, wenn ein Gesellschafter seinen Geschäftsanteil an ein Konkurrenzunternehmen veräußern will und dazu vertrauliche Informationen sammelt[102]. Die Verkaufsabsicht als solche reicht dagegen für eine Auskunftsverweigerung nicht aus.

---

[94] § 51 a Abs. 2 GmbHG; *Hüffer* in Hachenburg § 51 a GmbHG Rn 40; *Zöllner* in Baumbach/Hueck § 51 a GmbHG Rn 17.
[95] OLG Köln WM 1986, 37; OLG Düsseldorf WM 1990, 1823; *Lutter/Hommelhoff* § 51 a GmbHG Rn 9; *Zöllner* in Baumbach/Hueck § 51 a GmbHG Rn 18.
[96] OLG Köln WM 1986, 37; LG Mönchengladbach GmbHR 1991, 323.
[97] *Schmidt* in Scholz § 51 a GmbHG Rn 25; *Lutter/Hommelhoff* § 51 a GmbHG Rn 20; *Zöllner* in Baumbach/Hueck § 51 a GmbHG Rn 15.
[98] Vgl. *Schmidt* in Scholz § 51 a GmbHG Rn 8; *Zöllner* in Baumbach/Hueck § 51 a GmbHG Rn 20 ff.; BayObLG BB 1993, 1547; abl. *Lutter/Hommelhoff* § 51 a GmbHG Rn 2; *Hüffer* in Hachenburg § 51 a GmbHG Rn 57; *Roth* in Roth/Altmeppen 51 a GmbHG Rn 6; KG GmbHR 1988, 221.
[99] *Zöllner* in Baumbach/Hueck § 51 a GmbHG Rn 21.
[100] *Zöllner* in Baumbach/Hueck § 51 a GmbHG Rn 22 mwN.
[101] § 51 a Abs. 2 GmbHG.
[102] *Zöllner* in Baumbach/Hueck § 51 a GmbHG Rn 25.

55 Wollen die Geschäftsführer die Gewährung der Auskunft oder Einsichtnahme verweigern, ist ein **Beschluß der Gesellschafterversammlung** erforderlich[103]. Der die Information begehrende Gesellschafter hat dabei kein Stimmrecht[104]. Der die Information ganz oder teilweise verweigernde Gesellschafterbeschluß bedarf keiner Begründung.

56 dd) **Sanktionen.** Will ein Gesellschafter die Verweigerung der Information nicht hinnehmen, zB weil er sie für nicht gerechtfertigt hält, kann er eine **gerichtliche Entscheidung** über die Verpflichtung zur Gewährung der verlangten Auskunft oder Einsicht beantragen[105]. Er kann auch, insbes. wenn es um die Klärung einer Grundsatzfrage geht, den Verweigerungsbeschluß der Gesellschafter anfechten[106].

57 c) **AG, KGaA.** aa) **Auskunftsrecht.** Bei der AG und KGaA haben die Aktionäre anders als bei der GmbH nur ein Auskunftsrecht und kein Einsichtsrecht. Das **Auskunftsrecht** besteht zudem nur **in der Hauptversammlung** und ist dabei auf Auskünfte beschränkt, die zur sachgemäßen Beurteilung eines Gegenstands der Tagesordnung erforderlich sind[107]. Fälle der Übernahme stehen nur in bestimmten Fällen auf der Tagesordnung der Hauptversammlung.

58 Eine Beschlußfassung der Hauptversammlung ist zB notwendig, wenn das **gesamte Gesellschaftsvermögen** veräußert werden soll. Ein Vertrag, der eine solche Verpflichtung enthält, kann nur mit Zustimmung der Hauptversammlung wirksam geschlossen werden[108]. Wird nicht das gesamte Gesellschaftsvermögen, sondern nur ein Teil veräußert, hängt die Zuständigkeit der Hauptversammlung davon ab, ob eine Strukturveränderung vorliegt, die nach den Grundsätzen der sog. „Holzmüller"-Doktrin der Hauptversammlung vorzulegen ist[109]. Auch dann, wenn eine Zuständigkeit der Hauptversammlung nach den „Holzmüller"-Grundsätzen nicht gegeben ist, zB weil es sich um keine „wesentliche" Strukturveränderung handelt, kann der Vorstand die von ihm vorgesehene Maßnahme, zB den Verkauf eines Geschäftsbereichs, freiwillig der Hauptversammlung zur Zustimmung vorlegen[110].

59 Eine Übertragung des gesamten Gesellschaftsvermögens kann auch im Wege der **Verschmelzung** erfolgen, indem die Gesellschaft entweder auf einen bereits bestehenden oder einen neu gegründeten Rechtsträger verschmolzen wird und dabei selbst als juristische Person untergeht[111]. In solchen Fällen muß die Hauptversammlung über die Verschmelzung beschließen[112].

---

[103] § 51a Abs. 2 Satz 2 GmbHG.
[104] *Lutter/Hommelhoff* § 51a GmbHG Rn 29.
[105] § 51b GmbHG iVm. § 132 Abs. 1, 2 bis 5 AktG.
[106] §§ 243ff. AktG analog.
[107] § 131 Abs. 1 Satz 1 AktG.
[108] § 179a Abs. 1 AktG.
[109] Vgl. BGHZ 83, 122 „Holzmüller" sowie die Übersicht zu den ungeschriebenen Zuständigkeiten der Hauptversammlung bei *Mülbert* in Großkomm. 4. Aufl. § 119 AktG Rn 30.
[110] § 119 Abs. 2 AktG.
[111] §§ 2, 20 Abs. 1 Nr. 2 UmwG.
[112] §§ 13, 65 UmwG.

Eine Übernahme kann weiter dadurch erfolgen, daß eine natürliche oder juristische Person die **Aktienmehrheit** der Gesellschaft erlangt und dadurch einen beherrschenden Einfluß auf sie ausüben kann[113]. Die Hauptversammlung ist in solchen Fällen einer Konzernierung nur beteiligt, wenn der Erwerb der Aktienmehrheit im Rahmen einer Kapitalerhöhung erfolgt, der neue Mehrheitsaktionär also entprechend viele neue Aktien gegen Bareinlagen oder gegen Einbringung einer Sacheinlage übernimmt. Die Hauptversammlung ist dagegen nicht ohne weiteres beteiligt, wenn die Übernahme der Aktienmehrheit ohne Ausgabe neuer Aktien auf der Ebene der bisherigen Aktionäre stattfindet. Dies kann durch Paketerwerb, durch sukzessiven Erwerb von Aktien über die Börse oder durch ein öffentliches Übernahmeangebot geschehen.

Die Gesellschaft, die Ziel eines **Übernahmeangebots** ist, ist selbst nicht unmittelbar betroffen, da sich das Angebot nicht an den Vorstand, sondern an die Aktionäre richtet. Sowohl nach dem bisherigen Übernahmekodex[114] als auch nach dem Referentenentwurf eines Übernahmegesetzes (WÜG)[115] ist der Vorstand gleichwohl zu einer begründeten Stellungnahme zu dem Angebot verpflichtet. Darin kann er den Aktionären die Annahme oder Ablehnung des Angebots empfehlen. Eine Zustimmung der Hauptversammlung ist für eine solche Empfehlung nicht erforderlich. Dies gilt auch in den Fällen, in denen das Übernahmeangebot vom Vorstand selbst veranlaßt worden ist, wie in den Fällen der einvernehmlichen **grenzüberschreitenden Unternehmenszusammenführung**. Da das deutsche Recht grenzüberschreitend keine Verschmelzung, sondern nur einen Beteiligungserwerb zuläßt[116], erwirbt bei dieser Art des Zusammenschlusses zwischen Unternehmen aus verschiedenen Rechtsordnungen das eine Unternehmen die Mehrheit an dem anderen Unternehmen über ein öffentliches Umtauschangebot[117]. Soweit ein solcher Weg des Zusammenschlusses zwischen den Unternehmen vereinbart ist, wird der entsprechende Vertrag allerdings meist vorsorglich der Hauptversammlung der beteiligten deutschen AG oder KGaA zur Zustimmung vorgelegt[118].

Die Hauptversammlung ist zwingend dann zuständig, wenn gezielte **Abwehrmaßnahmen** gegen ein sog. feindliches Übernahmeangebot ergriffen werden sollen[119]. Die Hauptversammlung ist nach dem bisherigen Übernahmekodex auch dann zuständig, wenn zu entscheiden ist, ob der Bieter von der Verpflichtung zur Abgabe eines Übernahmeangebots befreit werden soll[120].

In allen aufgeführten Fällen, in denen die Hauptversammlung beteiligt ist, steht den Aktionären ein Auskunftsrecht zu. Dieses Recht erstreckt sich auf den Erhalt aller Informationen, die in der Hauptversammlung verlangt werden und die zur

---

[113] Vgl. § 17 AktG.
[114] Art. 18 ÜK.
[115] § 27 RefE-WÜG.
[116] Vgl. § 1 Abs. 1 UmwG.
[117] Vgl. *Decher,* Rechtsfragen des grenzüberschreitenden Merger of Equals, FS Lutter, 2001, S. 1209, 1221 ff.
[118] So bei den Business Combination Agreements in den Fällen Daimler-Benz/Chrysler und Hoechst/Rhône-Poulenc.
[119] Vgl. Art. 19 Satz 3 ÜK.
[120] Vgl. Art. 16 ÜK.

sachgerechten Beurteilung des jeweiligen Diskussions- oder Beschlußgegenstands **erforderlich** sind. Dabei kommt es nach ständiger Rechtsprechung auf den Standpunkt eines objektiv denkenden Aktionärs an[121]. Als erforderlich in diesem Sinne hat die Rechtsprechung Auskünfte zu einzelnen, nicht ganz unbedeutenden Positionen des Jahresabschlusses gewertet[122]. Dagegen wurden Detailangaben zur innerbetrieblichen Kalkulation als nicht erforderlich angesehen[123]. Über das Auskunftsrecht können die Aktionäre damit nur begrenzt Einblick in Gesellschaftsinterna erlangen. Andererseits finden sich Entscheidungen, die das Merkmal der Erforderlichkeit bei börsennotierten Gesellschaften dahin auslegen, daß damit alle Angaben erfaßt seien, die für eine sachgerechte **Aktienanalyse** und **Unternehmensbewertung** benötigt würden[124]. Diese Auffassung widerspricht jedoch dem geltenden Recht, wonach das Auskunftsrecht auf die Ausübung des Stimmrechts und damit auf die Aufgaben der Hauptversammlung ausgerichtet ist[125]. Das Auskunftsrecht eröffnet deshalb einem Dritten, der eine AG oder KGaA übernehmen will, keinen Weg, um die Eckpunkte für eine Unternehmensbewertung zu erfragen.

64 Das Auskunftsrecht ist auf **Angelegenheiten der Gesellschaft** sowie ihre Beziehungen zu verbundenen Unternehmen und für die Gesellschaft wichtige Angelegenheiten bei diesen[126] beschränkt. Bei einer Umwandlung[127], einer Eingliederung[128] oder einem Unternehmensvertrag[129] ist erweiternd auch Auskunft über wesentliche Angelegenheiten des beteiligten **anderen Unternehmens** zu geben.

65 Auch zu Übernahmevorgängen, die selbst nicht auf der Tagesordnung der Hauptversammlung stehen, können die Aktionäre uU über den Beschlußpunkt **Entlastung**, insbes. des Vorstands, Auskunft verlangen. So kann zB nach den Vermögensverhältnissen einer GmbH gefragt werden, die von der Gesellschaft erworben werden soll[130]. Ebenso kann zB nach dem Preis für eine Beteiligung gefragt werden, die während des abgelaufenen Geschäftsjahrs erworben oder veräußert worden ist[131]. Da die Entlastung auch eine Vertrauenskundgabe für die Zukunft darstellt[132], kann unter diesem Tagesordnungspunkt grundsätzlich auch nach etwaigen Verkaufs- oder Übernahmeabsichten gefragt werden.

---

[121] Vgl. *Hüffer* § 131 AktG Rn 12 mwN.
[122] Vgl. *BayObLG* AG 1986, 322, 323 (Verkaufspreis eines Grundstücks); *OLG Düsseldorf* WM 1991, 2148, 2154 (Umsatzerlöse eines Geschäftsbereichs); *LG Berlin* WM 1989, 683f. (Anschaffungskosten einer Beteiligung).
[123] *LG Dortmund* AG 1987, 189; *LG Mainz* AG 1988, 169, 171; *LG München I* AG 1987, 185.
[124] So *KG* WM 1993, 1845, 1847 und ZIP 1995, 1585, 1586f.; für eine anlegerorientierte Auslegung auch *Hommelhoff*, Anlegerinformation im Aktien-, Bilanz- und Kapitalmarktrecht, ZGR 2000, 748, 769f.
[125] *Hüffer* § 131 AktG Rn 19a.
[126] Vgl. zB *BayObLG* NJW-RR 1999, 1487f.
[127] Vgl. zB §§ 49 Abs. 3, 64 Abs. 2, 125 UmwG.
[128] §§ 319 Abs. 3 Satz 4, 320 Abs. 1 Satz 3 AktG.
[129] § 293g Abs. 3 AktG.
[130] Vgl. *LG München I* AG 1993, 435f. „Deckel/Wanderer".
[131] Vgl. *LG Frankfurt* WM 1989, 683f. und *LG Berlin* AG 1991, 34, 35f.
[132] *Hüffer* § 120 AktG Rn 2.

Soweit Auskunft verlangt werden kann, ist diese vom Vorstand in der Hauptversammlung und damit **mündlich** zu erteilen[133]. Die Vorlage von Unterlagen kann nicht verlangt werden. Der Vorstand kann aber ausnahmsweise anstelle einer Auskunft auf schriftliche Unterlagen verweisen, wenn dadurch dem Informationsinteresse der Aktionäre besser gedient ist und die betreffenden Unterlagen während der Hauptversammlung zur Einsichtnahme durch alle Aktionäre ausliegen[134]. 66

Die Auskunft muß im übrigen **vollständig** und **sachlich zutreffend** sein[135]. 67

bb) Auskunftsverweigerung. Die Auskunft darf nur verweigert werden, wenn einer der im Gesetz aufgeführten **Auskunftsverweigerungsgründe**[136] vorliegt. Über die Auskunftsverweigerung entscheidet dabei der Vorstand. Dies geschieht durch Beschluß, der allerdings auch konkludent gefaßt werden kann[137]. 68

Im Zusammenhang mit Übernahmevorgängen ist denkbar, daß eine Auskunft verweigert werden kann, weil ihre Erteilung nach vernünftiger kaufmännischer Beurteilung geeignet ist, der Gesellschaft oder einem verbundenen Unternehmen einen **nicht unerheblichen Nachteil** zuzufügen[138]. Dieser Auskunftsverweigerungsgrund kann zB vorliegen, wenn die Gesellschaft gegenüber einer anderen Gesellschaft ein öffentliches Übernahmeangebot plant, die Vorbereitungen dazu aber noch nicht abgeschlossen sind und deren Geheimhaltung für den Erfolg des geplanten Angebots wichtig ist. Ist die Gesellschaft selbst Ziel eines öffentlichen Übernahmeangebots, braucht sich der Vorstand dazu bis zur Veröffentlichung seiner offiziellen Stellungnahme nicht zu äußern. Will die Gesellschaft Teile ihres Vermögens veräußern, indem zB ein Geschäftsbereich verkauft oder eine Tochtergesellschaft an die Börse gebracht wird, braucht der Vorstand Fragen nach den Preisvorstellungen grundsätzlich nicht zu beantworten, da hierdurch sein Spielraum bei den Verhandlungen mit den Kaufinteressenten oder den emissionsbegleitenden Banken zum Nachteil der Gesellschaft eingeschränkt würde. Hat die Gesellschaft Vermögensteile verkauft, können auf der nachfolgenden Hauptversammlung Auskünfte über den dabei erzielten Erlös allerdings nicht ohne weiteres verweigert werden. Selbst wenn mit dem Erwerber Stillschweigen über den gezahlten Kaufpreis vereinbart wurde, genügt dies als Auskunftsverweigerungsgrund nur dann, wenn diese Vereinbarung zB aus Wettbewerbsgründen sachlich notwendig war. 69

Der Vorstand darf Auskünfte verweigern, die sich auf **steuerliche Wertansätze** oder die Höhe einzelner Steuern beziehen[139]. Nach überwiegender Auffassung darf danach auch die Auskunft zur Tarifbelastung des Eigenkapitals verweigert werden[140]. 70

---

[133] BGHZ 101, 1, 15; *OLG Düsseldorf* WM 1991, 2148, 2152 f.; *LG Heidelberg* AG 1996, 523, 524; *Henze*, Aktienrecht, 4. Aufl. 2000, Rn 675.
[134] Vgl. BGHZ 101, 1, 15 zu Listen über den Handel in eigenen Aktien.
[135] Vgl. § 131 Abs. 2 AktG.
[136] § 131 Abs. 3 AktG.
[137] *OLG Frankfurt* AG 1986, 233; BGHZ 101, 1, 5 f.
[138] § 131 Abs. 3 Nr. 1 AktG.
[139] § 131 Abs. 3 Nr. 2 AktG.
[140] *Hüffer* § 131 AktG Rn 28 mwN.

71 Der Vorstand einer AG braucht grundsätzlich keine Auskunft über **stille Reserven** zu erteilen[141]. Dies gilt nur dann nicht, wenn, was bei der AG die Ausnahme[142], bei der KGaA aber immer[143] der Fall ist, die Hauptversammlung über die Feststellung des Jahresabschlusses beschließt[144].

72 Angesichts dieser Auskunftsverweigerungsmöglichkeiten kann der Aktionär, auch der einer börsennotierten Gesellschaft, über das Auskunftsrecht zB nicht eine Bewertung seines Aktienbesitzes erfragen. Ebenso kann kein Dritter, der eine Übernahme der Gesellschaft plant, in deren Hauptversammlung über Mittelsmänner Auskünfte zur Unternehmensbewertung erzwingen.

73 cc) **Insiderrecht.** Bei börsennotierten Gesellschaften sind ergänzend die Vorschriften des Insiderrechts zu beachten[145]. Soweit nach Aktienrecht eine Pflicht zur Auskunftserteilung besteht, darf die Information auch nach dem Insiderrecht weitergegeben werden[146]. Problematisch ist, wenn eine in der Hauptversammlung erteilte **Auskunft**, zB zu einer beabsichtigten Fusion, zugleich in erheblichem Umfang **kursrelevant** ist[147]. Die betreffende Information muß dann noch während der Hauptversammlung, am besten vor der entsprechenden Auskunftserteilung, nach den Vorschriften des WpHG veröffentlicht werden[148]. Eine ähnliche Problematik besteht, wenn der Vorstand in der Hauptversammlung eine Auskunft zB wegen ihrer Nachteiligkeit für die Gesellschaft verweigern darf, die gleiche Information aber als kursrelevante Information veröffentlicht werden muß. In solchen Fällen kann uU beim BAWe eine Ausnahme von der Veröffentlichungspflicht erreicht werden[149].

74 dd) **Sanktionen.** Wird eine Auskunft nicht, nicht vollständig oder unrichtig erteilt, steht dem Aktionär ein besonderes **Auskunftserzwingungsverfahren** offen[150]. Soweit die fehlerhafte Auskunft im Zusammenhang mit einem Beschluß der Hauptversammlung erteilt wurde, kann dieser Beschluß **angefochten** werden[151]. Hat der Vorstand die Verhältnisse der Gesellschaft einschließlich ihrer Beziehungen zu verbundenen Unternehmen iRd. Auskunftserteilung unrichtig wiedergegeben oder verschleiert, ist dies schließlich **strafbar**[152]. Der Tatbestand erfordert Vorsatz, wobei allerdings bedingter Vorsatz genügt. Handelt es sich um eine unrichtige Darstellung in Jahresabschlußunterlagen, geht die bilanzrechtliche Strafbarkeit vor[153].

---

[141] § 131 Abs. 3 Nr. 3 AktG und dazu *BVerfG* ZIP 1999, 1801.
[142] § 172 Satz 1 AktG.
[143] § 286 Abs. 1 AktG.
[144] § 131 Abs. 3 Nr. 3 AktG.
[145] Siehe Rn 106 ff.
[146] Vgl. § 14 Abs. 1 Nr. 2 WpHG; *Benner-Heinacher*, Kollidiert die Auskunftspflicht des Vorstands mit dem Insidergesetz?, DB 1995, 765; *Wellkamp*, Aktionärsschutz, 1998, S. 85 ff.
[147] Vgl. § 15 Abs. 1 WpHG.
[148] Vgl. § 15 Abs. 2 und 3 WpHG.
[149] Vgl. § 15 Abs. 1 Satz 2 WpHG.
[150] § 132 AktG.
[151] § 243 Abs. 1 AktG.
[152] § 400 Abs. 1 Nr. 1 AktG.
[153] § 400 Abs. 1 Nr. 1 AktG iVm. § 331 Nr. 1 HGB.

3. Auskünfte außerhalb der Hauptversammlung

Werden außerhalb der Hauptversammlung **Auskünfte an einen Aktionär** gegeben, liegt darin eine Bevorzugung dieses Aktionärs, weil dieser ein Auskunftsrecht nur in der Hauptversammlung hat. Der Grundsatz der Gleichbehandlung[154] verlangt, daß die anderen Aktionäre die gleichen Informationen erhalten. Das Aktienrecht sieht deshalb vor, daß der Vorstand die erteilten Auskünfte auf Verlangen auch allen anderen Aktionären zu geben hat[155]. Dabei ist die Möglichkeit einer Auskunftsverweigerung weitgehend ausgeschlossen[156]. Nach dem Gesetzeswortlaut ist die Auskunft in der (nächsten) Hauptversammlung zu wiederholen. Eine frühere Mitteilung, zB auf Verlangen einzelner Aktionäre diesen gegenüber[157] oder allgemein[158], etwa in einem Aktionärsbrief, kann nicht verlangt werden[159].

Die **praktische Bedeutung** dieser erweiterten Auskunftspflicht ist gering. Dies liegt einmal daran, daß die Auskünfte nur auf Verlangen wiederholt werden müssen, die Aktionäre idR aber nicht wissen, ob und ggf. welche Auskünfte der Vorstand einzelnen Aktionären außerhalb der Hauptversammlung erteilt hat. Ein diesbezügliches Ausforschungsrecht besteht nicht[160]. Zum anderen sind nur solche Auskünfte erfaßt, die einem Aktionär in dieser Eigenschaft gegeben worden sind. Ist ein Aktionär der Gesellschaft zB als potentieller Käufer oder Verkäufer gegenübergetreten, sind Informationen, die ihm iRd. Geschäftsanbahnung gegeben wurden, keine Auskünfte an ihn als Aktionär. Auch Auskünfte, die der Konzernobergesellschaft gegeben werden, sind häufig solche iRd. Konzerns und damit nicht durch die Aktionärseigenschaft veranlaßt[161].

4. Auskunftserteilung gegenüber Dritten

Dritte, die keine Gesellschafter sind, **haben** gegen die Gesellschaft **keinerlei Auskunftsrechte**, die sich **aus dem Mitgliedschaftsrecht** ergeben. Sie können allenfalls aufgrund einer besonderen gesetzlichen Regelung, einer vertraglichen Vereinbarung oder als Nebenpflicht aus einem sonstigen Rechtsgeschäft bestimmte Auskünfte verlangen. Gesellschaftsrechtlich problematisch sind solche Auskünfte insoweit, als sich die Frage stellt, inwieweit sie überhaupt zulässig sind und was sie für die Rechte der Gesellschafter bedeuten.

Zulässig sind **Auskünfte an Dritte** nur, soweit weder die Verschwiegenheitspflicht der für die Gesellschaft handelnden Personen noch sonstige Interessen der Gesellschaft entgegenstehen. Dies gilt insbes. für den Fall, daß Dritte Anteile der

---

[154] § 53a AktG.
[155] § 131 Abs. 4 Satz 1 AktG.
[156] § 131 Abs. 4 Satz 2 AktG.
[157] So *Eckardt* in Geßler/Hefermehl § 131 AktG Rn 161.
[158] So wohl *Lutter* ZIP 1997, 613, 618.
[159] *Hüffer* § 131 AktG Rn 42; *Wilde*, Informationsrechte und Informationspflichten im Gefüge der Gesellschaftsorgane, ZGR 1998, 423, 462.
[160] Vgl. *LG Frankfurt* AG 1968, 24; *LG Düsseldorf* AG 1992, 461 f.; dazu näher *Hoffmann-Becking*, Das erweiterte Auskunftsrecht des Aktionärs nach § 131 Abs. 4 AktG, FS Rowedder, 1994, S. 155, 160 ff.
[161] Vgl. dazu *Hüffer* § 131 AktG Rn 38.

Gesellschaft erwerben wollen und in diesem Zusammenhang, zB iRd. sog. Due Diligence, nähere Auskünfte über die Gesellschaft und ihren Wert erlangen möchten.

79 Will die Geschäftsführung einer **GmbH** solche Auskünfte geben, geht dies über eine gewöhnliche Geschäftsführungsmaßnahme hinaus. Die Geschäftsführer sollten deshalb vorsorglich einen Gesellschafterbeschluß herbeiführen, der sie zu den entsprechenden Auskünften ermächtigt[162]. Bei der Fassung dieses Beschlusses haben die Gesellschafter ihrerseits die ihnen gegenüber der Gesellschaft obliegende Treupflicht zu beachten. Dabei steht ihnen allerdings ein weiter unternehmerischer Beurteilungs- und Ermessensspielraum zu[163].

80 Will der Vorstand einer **AG** oder **KGaA** Gesellschaftsinterna an einen Dritten weitergeben, ist er dazu nur berechtigt, wenn dies im Interesse der Gesellschaft liegt. Dies ist etwa dann der Fall, wenn ein Geschäftsbereich veräußert werden soll und dem Kaufinteressenten zu diesem Zweck vertrauliche Informationen aus diesem Bereich offengelegt werden[164]. Entsprechendes gilt, wenn eine Beteiligung veräußert werden soll. Soll dagegen das gesamte Gesellschaftsvermögen veräußert werden, setzt eine umfassende Offenlegung von Geschäftsinformationen ein entsprechend gesteigertes Interesse der Gesellschaft voraus[165]. Entscheidend ist letztlich immer eine Abwägung zwischen dem Geheimhaltungsinteresse der Gesellschaft und den Vorteilen aus der Veräußerung[166]. Soweit eine Veräußerung nur mit Zustimmung der Hauptversammlung wirksam wird[167], sanktioniert der zustimmende Beschluß zu dem Veräußerungsvertrag idR auch die Offenbarung von Geschäftsinformationen während der Vertragsverhandlungen[168]. Soll das Gesellschaftsvermögen im Wege der Verschmelzung auf einen anderen Rechtsträger übergehen, ist der Austausch vertraulicher Informationen bei den Vertragsverhandlungen meist weniger problematisch. Dies liegt daran, daß der für das Umtauschverhältnis wichtige Unternehmenswert regelmäßig von externen Wirtschaftsprüfern ermittelt wird und die Due Diligence sich deshalb auf die übrigen, im allgemeinen weniger sensiblen Bereiche beschränken kann.

81 Die vorstehenden Grundsätze gelten gleichermaßen, wenn vertrauliche Informationen nicht an einen Dritten, sondern an einen **Aktionär** der Gesellschaft als Geschäftspartner gegeben werden sollen.

82 Sind die Aktien der Gesellschaft **börsennotiert**, ist die Zulässigkeit einer Weitergabe von Informationen an Dritte zusätzlich durch die Vorschriften des Insiderrechts eingeschränkt[169].

---

[162] Vgl. *Roschmann/Frey* AG 1996, 449, 451; *Götze* ZGR 1999, 202, 226 ff.
[163] Vgl. *Götze* ZGR 1999, 202, 229.
[164] *Lutter* ZIP 1997, 613, 617; *Ziemons* AG 1999, 492, 494.
[165] *Ziemons* AG 1999, 492, 495 mwN.
[166] *Klaus J. Müller* NJW 2000, 3452, 3453 f.
[167] § 179a AktG.
[168] Vgl. auch § 93 Abs. 4 Satz 1 AktG, wonach die Vorstandsmitglieder nicht zum Schadensersatz verpflichtet sind, wenn ihr Verhalten auf einem gesetzmäßigen Beschluß der Hauptversammlung beruht.
[169] §§ 12 ff. WpHG sowie Rn 106 ff.

III. Mitteilungspflichten bei Anteilserwerb und -veräußerung

1. Personenhandelsgesellschaften

Tritt ein neuer Gesellschafter einer **OHG** oder **KG** bei, ist dazu idR die Zustimmung aller Gesellschafter erforderlich. Bei den Publikums-Kommanditgesellschaften wird diese Zustimmung häufig durch den geschäftsführenden Gesellschafter aufgrund entsprechender Vollmacht erklärt[170]. Der neue Gesellschafter muß außerdem ins Handelsregister eingetragen werden; Entsprechendes gilt, wenn ein Gesellschafter aus der Gesellschaft ausscheidet[171]. Besondere Mitteilungspflichten über den Ein- und Austritt von Gesellschaftern sind im Hinblick auf diese Registerpublizität entbehrlich. 83

2. GmbH

Erwirbt jemand einen Geschäftsanteil einer **GmbH**, gilt der Gesellschaft gegenüber nur derjenige als Erwerber, der den Erwerb unter Nachweis des Übergangs bei der Gesellschaft **angemeldet** hat[172]. Die Anmeldung ist der Geschäftsführung gegenüber zu erklären[173]. Sie kann, wenn der Gesellschaftsvertrag keine besondere Form vorschreibt, formlos, auch konkludent, erfolgen[174]. Da die bloße Kenntnis auf Seiten der Gesellschaft nicht ausreicht, sollte die Anmeldung zur Beweissicherung schriftlich vorgenommen werden. Zur Anmeldung befugt ist sowohl der Veräußerer als auch der Erwerber. 84

Der vom Gesetz verlangte **Nachweis des Übergangs** wird üblicherweise durch die Vorlage des notariellen Abtretungsvertrags bzw. einer beglaubigten Abschrift geführt. Die Gesellschaft kann hierauf aber verzichten, wenn sie von dem Übergang auf andere Weise überzeugend unterrichtet ist. 85

Mit der Anmeldung tritt der Erwerber im Verhältnis zur Gesellschaft an die Stelle des Veräußerers. Die **Stellung** des Erwerbers als Gesellschafter wird ab diesem Zeitpunkt unwiderleglich vermutet. Diese Vermutung gilt aber nur im Verhältnis zur Gesellschaft und dient deren Schutz. Im Verhältnis zwischen den Vertragsparteien und gegenüber Dritten richtet sich die Wirksamkeit des Rechtsübergangs allein nach dem Abtretungsvertrag[175]. 86

Publizität nach außen ergibt sich daraus, daß die Geschäftsführer nach jeder Veränderung in den Personen der Gesellschafter oder dem Umfang ihrer Beteiligung eine aktualisierte **Gesellschafterliste** zum Handelsregister einzureichen haben[176]. 87

---

[170] Vgl. *Hopt* § 177a HGB Rn 57.
[171] Vgl. §§ 106, 162 HGB.
[172] § 16 Abs. 1 GmbHG.
[173] Vgl. § 35 Abs. 2 Satz 3 GmbHG.
[174] AllgM, vgl. *Hueck/Fastrich* in Baumbach/Hueck § 16 GmbHG Rn 3; *OLG Hamm* BB 1995, 1816 und *BGH* WM 2001, 629 f.
[175] *Lutter/Hommelhoff* § 16 GmbHG Rn 1.
[176] § 40 GmbHG.

3. AG, KGaA

88 **a) Registrierung von Namensaktien.** Bei der AG und KGaA ist im Fall von **Namensaktien** eine **Registrierung** bei der Gesellschaft vorgesehen. Die Gesellschaften, die Namensaktien ausgegeben haben, sind danach zur Führung eines Aktienregisters verpflichtet, in das die Aktien unter Angabe ihres Inhabers einzutragen sind[177]. Im Verhältnis zur Gesellschaft gilt nur der als Aktionär, der im Aktienregister eingetragen ist[178]. Im Fall einer Aktienübertragung wird der Erwerber deshalb daran interessiert sein, daß die Aktien alsbald auf ihn umgeschrieben werden. Diese Umschreibung erfolgt auf Mitteilung eines der Beteiligten oder des mit der Geschäftsabwicklung befaßten Kreditinstituts; dabei ist der Rechtsübergang der Gesellschaft gegenüber nachzuweisen[179]. Eine Verpflichtung der Aktionäre zur Herbeiführung einer solchen Umschreibung sieht das Gesetz nicht vor.

89 **b) Mitteilungspflichten.** Unabhängig von dieser Sonderregelung sind die Aktionäre, gleichgültig, ob sie Inhaber- oder Namensaktien halten, verpflichtet, die Gesellschaft zu unterrichten, wenn sie in **bestimmtem Umfang** Aktien erwerben oder abgeben. Diese Mitteilungspflichten können auch im Rahmen einer Übernahme entstehen. Die Mitteilungspflichten sind unterschiedlich geregelt, je nachdem, ob die AG bzw. KGaA Mitteilungsempfängerin oder Mitteilungspflichtige ist. Dabei gelten die aktienrechtlichen Mitteilungspflichten nur für nichtbörsennotierte Gesellschaften[180]. Darunter werden solche verstanden, deren Aktien weder im Amtlichen Handel noch im Geregelten Markt, sondern allenfalls im Freiverkehr gehandelt werden[181]. Für börsennotierte Gesellschaften gelten Mitteilungspflichten nach dem WpHG.

90 **aa) AG oder KGaA als Mitteilungsempfängerin.** Nach Aktienrecht[182] sind Unternehmen gegenüber einer nichtbörsennotierten AG oder KGaA mit Sitz im Inland verpflichtet, den Erwerb oder Wegfall einer wesentlichen Beteiligung mitzuteilen. Die Gesellschaft hat die ihr mitgeteilte Beteiligung dann ihrerseits zu veröffentlichen. Zweck dieser Mitteilungspflicht ist die **Offenlegung** der erfaßten Beteiligungsverhältnisse gegenüber der Gesellschaft, ihren Aktionären und der Öffentlichkeit[183].

91 Mitteilungspflichtig ist jedes **Unternehmen** unabhängig von Sitz und Rechtsform. Auch eine BGB-Gesellschaft, eine Privatperson oder eine öffentlich-rechtliche Körperschaft können Unternehmen sein, wenn sie außer der Beteiligung an der AG oder KGaA noch anderweitige wirtschaftliche Interessen aufweisen[184].

---

[177] § 67 Abs. 1 AktG.
[178] § 67 Abs. 2 AktG.
[179] Vgl. § 67 Abs. 3 AktG.
[180] §§ 20 Abs. 8, 21 Abs. 5 AktG.
[181] Vgl. § 3 Abs. 2 AktG sowie *Hüffer* § 3 AktG Rn 6.
[182] §§ 20, 21 AktG und § 278 Abs. 3 AktG für die KGaA.
[183] BGHZ 114, 203, 214; *Hüffer* § 20 AktG Rn 1.
[184] *Hüffer* § 15 AktG Rn 6 f., § 20 AktG Rn 2; *Bayer* in MünchKomm. § 20 AktG Rn 6; *Windbichler* in Großkomm. 4. Aufl. § 20 AktG Rn 16.

Mitzuteilen ist der Erwerb einer Beteiligung von **mehr als 25%** sowie der Erwerb einer **Mehrheitsbeteiligung**. Während es bei dem Erwerb von mehr als 25% nur auf die Kapitalbeteiligung ankommt, bedeutet Mehrheitsbeteiligung den Erwerb von mehr als 50% des Kapitals oder der Stimmrechte[185]. Mitzuteilen ist außerdem auch der Wegfall einer solchen mitteilungspflichtigen Beteiligung[186].

Bei der **Berechnung** der mitteilungspflichtigen Beteiligung sind Aktien, die einem abhängigen Unternehmen gehören oder die für Rechnung des Unternehmens oder eines von diesem abhängigen Unternehmens gehalten werden, zuzurechnen[187]. Zuzurechnen sind auch Aktien, deren Übereignung verlangt werden kann oder für die eine Abnahmepflicht besteht[188]. Kapitalgesellschaften, denen Aktien zuzurechnen sind, haben allerdings eine gesonderte Mitteilung zu machen, wenn sie ohne Zurechnung mehr als 25% erwerben. Diese Regelung ist ihrem Zweck entsprechend nur auf inländische Kapitalgesellschaften anwendbar[189]. Die AG bzw. KGaA soll dadurch nämlich leichter erkennen können, ob eine wechselseitige Beteiligung vorliegt[190]. Diese kann aber nur zwischen inländischen Gesellschaften bestehen. Im übrigen sind die Unternehmen, deren Aktien zuzurechnen sind, auch selbst mitteilungspflichtig, wenn bei ihnen die gesetzlichen Voraussetzungen vorliegen. In einem mehrstufigen Konzern bestehen deshalb uU parallele Mitteilungspflichten von Mutter- und Tochterunternehmen[191].

Die Mitteilung hat unverzüglich **schriftlich** zu erfolgen[192]. Anderweitige Kenntnis der AG ersetzt die Mitteilung nicht[193]. Dies gilt auch dann, wenn sich die mitteilungspflichtige Änderung bei Namensaktien aus dem Aktienregister oder einem Umschreibungsantrag ergibt[194].

Die AG oder KGaA, an der die Beteiligung besteht, hat die Mitteilung ihrerseits unverzüglich in ihren Gesellschaftsblättern, also jedenfalls im Bundesanzeiger, **bekanntzumachen**[195]. Die Mitteilung ist außerdem in den Anhang zum Jahresabschluß aufzunehmen[196].

Wird die Mitteilungspflicht bezüglich des Erwerbs von mehr als 25% oder einer Mehrheitsbeteiligung nicht erfüllt, **bestehen** für die Zeit dieser Nichterfüllung die aus der Beteiligung folgenden **Mitgliedsrechte nicht**[197]. Dieser zeitweilige Rechtsverlust umfaßt grundsätzlich alle Mitgliedschaftsrechte, darunter das

---

[185] Vgl. § 20 Abs. 1 Satz 2 iVm. § 16 Abs. 2 Satz 1 AktG und § 20 Abs. 4 iVm. § 16 Abs. 1 AktG.
[186] § 20 Abs. 5 AktG.
[187] § 20 Abs. 1 Satz 2 iVm. § 16 Abs. 4 AktG.
[188] § 20 Abs. 2 AktG.
[189] Vgl. *Hüffer* § 20 AktG Rn 3; *Bayer* in MünchKomm. § 20 AktG Rn 22 und § 19 Abs. 1 AktG.
[190] Vgl. §§ 19 Abs. 1, 328 AktG.
[191] BGH ZIP 2000, 1723.
[192] § 20 Abs. 1 AktG.
[193] BGHZ 114, 203, 213; *KG* AG 1990, 500, 501; *LG Berlin* AG 1979, 109; *LG Oldenburg* AG 1994, 137.
[194] *KG* AG 1990, 500, 501; *Hüffer* § 20 AktG Rn 6; *Bayer* in MünchKomm. § 20 AktG Rn 10; teilw. abw. *Krieger* in MünchHdbGesR Bd. 4 § 68 Rn 125.
[195] § 20 Abs. 6 iVm. § 25 AktG.
[196] § 160 Abs. 1 Nr. 8 AktG.
[197] § 20 Abs. 7 Satz 1 AktG.

Stimmrecht, das Bezugsrecht, das Recht auf Teilnahme an der Hauptversammlung einschließlich aller Minderheitsrechte sowie das Antrags- und Auskunftsrecht[198]. Ausdrücklich ausgenommen ist das Recht auf Dividende und den Abwicklungsüberschuß, sofern der Pflichtverstoß nicht vorsätzlich erfolgt ist[199]. Maßgebender Zeitpunkt ist für das Bezugsrecht der Kapitalerhöhungs- und für die Dividende der Gewinnverwendungsbeschluß. Fehlt der Vorsatz, wird der Dividendenanspruch, sobald die Mitteilung nachgeholt wird, rückwirkend voll wirksam[200]. Ist bei einer Kapitalerhöhung gegen Einlagen das Bezugsrecht wegen fehlender Mitteilung ausgeschlossen, führt dies nicht zu einer Erhöhung des Bezugsrechts der übrigen Aktionäre; der Vorstand kann das Bezugsrecht vielmehr, insbes. durch Verkauf, verwerten[201].

97 Von dem Rechtsverlust betroffen ist nicht nur das Unternehmen, das seine Mitteilungspflicht nicht erfüllt hat. Auch die Unternehmen, deren Aktien zugerechnet werden, können aus diesen keine Rechte mehr ausüben[202].

98 Der Rechtsverlust tritt nur bei Verstoß gegen die Mitteilungspflicht ein. Unterläßt die AG ihrerseits die Bekanntmachung der Mitteilung, begründet dies allenfalls Schadensersatzansprüche[203].

99 **bb) AG oder KGaA als mitteilungspflichtige Gesellschaft.** Gehören einer AG oder KGaA mehr als 25% der Anteile an einer anderen inländischen **Kapitalgesellschaft**, hat sie dies dieser unverzüglich schriftlich mitzuteilen[204]. Mitzuteilen ist auch das Bestehen einer Mehrheitsbeteiligung, wobei es sich um die Mehrheit der Anteile oder der Stimmrechte handeln kann[205]. Diese Mitteilungspflicht besteht gegenüber jedem anderen **Unternehmen**, unabhängig von seiner Rechtsform. Dem Schutzzweck des deutschen Rechts entsprechend muß es sich aber um ein inländisches Unternehmen handeln[206]. Mitzuteilen ist schließlich auch der Wegfall einer mitteilungspflichtigen Beteiligung[207].

100 Werden diese Mitteilungspflichten nicht erfüllt, führt dies zu einem **Ausschluß aller Rechte** aus den zugrundeliegenden Anteilen[208]. Dieser Ausschluß gilt solange, bis die Mitteilung nachgeholt ist.

101 Diese Regelungen **gelten** wegen der Sonderregeln im WpHG **nicht** für Aktien einer börsennotierten AG oder KGaA[209].

---

[198] Vgl. *Windbichler* in Großkomm. § 20 AktG Rn 72 mwN.
[199] § 20 Abs. 7 Satz 2 iVm. §§ 58 Abs. 4, 271 AktG.
[200] *Hüffer* § 20 AktG Rn 15.
[201] *Hüffer* § 20 AktG Rn 16; *Krieger* in MünchHdbGesR Bd. 4 § 68 Rn 146; *Heinsius*, Rechtsfolgen einer Verletzung der Mitteilungspflichten nach § 20 AktG, FS Robert Fischer, 1979, S. 215, 232 ff.; *Bayer* in MünchKomm. § 20 AktG Rn 64; *Windbichler* in Großkomm. § 20 AktG Rn 78.
[202] AllgM, vgl. nur *Bayer* in MünchKomm. § 20 AktG Rn 48.
[203] § 823 Abs. 2 BGB; *LG Mannheim* AG 1988, 248, 252 liSp.
[204] § 21 Abs. 1 AktG.
[205] § 21 Abs. 2 iVm. § 16 Abs. 1 AktG.
[206] *Bayer* in MünchKomm. § 21 AktG Rn 3.
[207] § 21 Abs. 3 AktG.
[208] § 21 Abs. 4 AktG sowie Rn 96.
[209] § 21 Abs. 5 iVm. § 3 Abs. 2 AktG.

cc) **Wechselseitige Beteiligung.** Eine inländische Kapitalgesellschaft, die **102** ohne Zurechnung von Anteilen Dritter mehr als 25% der Anteile einer inländischen AG oder KGaA erwirbt, hat dies dieser unverzüglich mitzuteilen[210]. Ebenso muß eine AG oder KGaA, der mehr als 25% der Anteile einer anderen inländischen Kapitalgesellschaft, insbes. einer GmbH, gehört, dieser davon Mitteilung machen[211]. Beide, sich teilweise überschneidenden Verpflichtungen dienen der Feststellung, ob eine wechselseitige Beteiligung vorliegt. Diese ist dann gegeben, wenn zwei inländische Kapitalgesellschaften **jeweils mehr als 25% der Anteile** der anderen Gesellschaft halten[212].

Die Gesellschaft, der von einer anderen Gesellschaft das Bestehen einer Beteiligung von mehr als 25% mitgeteilt worden ist oder die von dem Bestehen einer wechselseitigen Beteiligung sonstwie positive Kenntnis erlangt hat, kann die Rechte aus ihrem Anteilsbesitz an der anderen Gesellschaft nur noch bis zur Höhe von 25% ausüben[213]. Erfaßt von dieser **Ausübungssperre** werden alle Rechte aus dem Anteilsbesitz mit Ausnahme des Bezugsrechts bei einer Kapitalerhöhung aus Gesellschaftsmitteln[214]. Die Beschränkung gilt allerdings nicht für das Unternehmen, das als erstes dem anderen gegenüber seine Mitteilungspflicht erfüllt hat und zu diesem Zeitpunkt von dem Bestehen der wechselseitigen Beteiligung noch keine Kenntnis hatte[215]. **103**

Besteht eine wechselseitige Beteiligung, kann das Unternehmen, dem dies bekannt ist, in der Hauptversammlung des anderen Unternehmens, sofern es sich dabei um eine börsennotierte Gesellschaft handelt, sein Stimmrecht bei der Wahl von Mitgliedern in den **Aufsichtsrat** nicht ausüben[216]. Diese Ausübungssperre gilt für sämtliche Stimmrechte, auch diejenigen unter 25%. Dieser Ausschluß gilt allerdings nur, wenn die Beteiligung an der börsennotierten Gesellschaft unmittelbar gehalten wird[217]. **104**

Sind eine AG oder KGaA und ein anderes Unternehmen wechselseitig beteiligt, haben die Unternehmen einander unverzüglich über die allgemeinen Mitteilungspflichten hinaus die **Höhe ihrer Beteiligung** und jede **Änderung** schriftlich mitzuteilen[218]. **105**

---

[210] § 20 Abs. 3 AktG.
[211] § 21 Abs. 1 AktG.
[212] § 19 Abs. 1 Satz 1 AktG.
[213] § 328 Abs. 1 iVm. §§ 20 Abs. 3, 21 Abs. 1 AktG oder § 21 WpHG.
[214] § 328 Abs. 1 Satz 2 AktG.
[215] § 328 Abs. 2 AktG.
[216] § 328 Abs. 3 iVm. § 3 Abs. 2 AktG.
[217] Anders als in § 328 Abs. 1 AktG fehlt in Abs. 3 eine Bezugnahme auf § 16 Abs. 4 AktG; vgl. dazu *Habersack* in Emmerich/Habersack § 328 AktG Rn 19.
[218] § 328 Abs. 4 AktG.

B. Kapitalmarktrechtliche Grundlagen

I. Insiderrecht

1. Einführung

106 Will ein Unternehmen ein anderes Unternehmen erwerben oder sich mit diesem zusammenschließen, stellt ein solches Vorhaben, wenn der Erwerber oder die Zielgesellschaft eine **börsennotierte AG oder KGaA** ist, regelmäßig eine Insidertatsache dar, für die das WpHG unabhängig von der gesellschaftsrechtlichen Verschwiegenheitspflicht[219] besondere Geheimhaltungspflichten vorschreibt[220]. Eine Weitergabe von Insiderinformationen ist danach grundsätzlich verboten[221]. Verboten ist auch, solche Informationen zum Erwerb oder zur Veräußerung von Insiderpapieren auszunutzen oder einem anderen auf der Grundlage dieser Kenntnisse derartige Geschäfte zu empfehlen[222]. Mit diesen Verboten soll verhindert werden, daß Insider ihr Sonderwissen für sich oder andere verwerten und damit die übrigen Anleger am Kapitalmarkt, die diese Kenntnisse nicht besitzen, benachteiligt werden.

2. Insiderinformation

107 Eine Insiderinformation wird im Gesetz als Kenntnis einer nicht öffentlich bekannten Tatsache definiert, die sich auf einen oder mehrere Emittenten von Insiderpapieren oder auf Insiderpapiere bezieht und die geeignet ist, im Fall ihres öffentlichen Bekanntwerdens den Kurs der Insiderpapiere erheblich zu beeinflussen[223]. Wesentlich ist damit, daß es sich um Informationen in Bezug auf Insiderpapiere handelt. Dies sind **Wertpapiere**, die an einer inländischen Börse zum Handel zugelassen oder in den Freiverkehr einbezogen oder in einem anderen Mitgliedstaat der EU oder des Europäischen Wirtschaftsraums zum Handel an einem organisierten Markt zugelassen sind[224]. Von den Insiderregeln erfaßt sind damit alle **AG** oder **KGaA**, deren Aktien an einer inländischen Börse notiert sind, wobei es keinen Unterschied macht, ob die Aktien im Amtlichen Handel oder im Geregelten Markt gehandelt werden. Auch die Einbeziehung in den Freiverkehr genügt. Eine Börsenzulassung im Ausland ist nur in der EU oder im EWR gleichgestellt, nicht aber zB in den USA. In einem solchen Fall sind die US-amerikanischen Insiderregeln zu beachten.

108 Die Insidervorschriften des WpHG können auch eingreifen, wenn nicht Aktien, sondern andere Wertpapiere börsennotiert sind. So kann es auch in Bezug auf eine **GmbH** Insiderinformationen geben, wenn diese zB Schuldverschreibungen begeben hat, die an einer Börse notiert sind. Ein Insiderbezug kann wei-

---

[219] Siehe dazu Rn 2ff.
[220] Vgl. §§ 12ff. WpHG.
[221] § 14 Abs. 1 Nr. 2 WpHG.
[222] § 14 Abs. 1 Nr. 1 und 3 WpHG.
[223] § 13 Abs. 1 aE WpHG.
[224] § 12 Abs. 1 Satz 1 WpHG.

ter vorliegen, wenn eine bestimmte Information die Gesellschaft, deren Wertpapiere an der Börse gehandelt werden, nur mittelbar berührt. Sind in einem Konzern nur die Aktien der Holding börsennotiert, können auch Informationen über einzelne Konzernunternehmen Insidertatsachen darstellen, sofern sie geeignet sind, den Börsenkurs der **Aktien der Holding** erheblich zu beeinflussen. Auch dabei spielt die Rechtsform des Konzernunternehmens keine Rolle.

3. Insidertatsache

Im Zusammenhang mit der Übernahme eines Unternehmens können zahlreiche Umstände den Charakter von Insidertatsachen haben, sofern sie – auf der Erwerber- oder Veräußererseite – ein Unternehmen mit börsennotierten Wertpapieren betreffen. In Betracht kommen insbes. die internen Pläne der an der Übernahme Beteiligten, Einzelheiten ihrer Verhandlungen und Absprachen, aber auch sonstige Geschäftsgeheimnisse oder bevorstehende Ereignisse, wie zB das Ausscheiden wichtiger Führungskräfte infolge einer geplanten Fusion. Stets muß es sich um bestimmte, **objektiv nachprüfbare Umstände** handeln; ein bloßes Gerücht oder eine subjektive Meinung genügen nicht[225].

Bei der Absicht zur Unterbreitung eines **Kauf- oder Umtauschangebots** an die Aktionäre einer börsennotierten Zielgesellschaft kommt es darauf an, wann beim Bieter die interne Entscheidung endgültig getroffen wurde. Bloße Vorüberlegungen sind im Unterschied zur endgültigen Entscheidung noch keine Insidertatsache[226]. Müssen bei einer solchen Entscheidung mehrere Organe zusammenwirken, bedarf zB der Beschluß des Vorstands über das Erwerbsangebot noch der **Zustimmung des Aufsichtsrats**, kann von einer abschließenden Entscheidung regelmäßig erst gesprochen werden, wenn auch die Zustimmung des Aufsichtsrats vorliegt[227]. Etwas anderes gilt nur dann, wenn die Zustimmung des Aufsichtsrats eine bloße Formalität ist, mit der ohne weiteres gerechnet werden kann; die Verwirklichung der Absicht ist dann bereits nach der ersten Entscheidungsstufe hinreichend wahrscheinlich[228].

Ist im Fall einer Übernahme nur die Zielgesellschaft börsennotiert, stellt sich die Frage, ob die definitive Erwerbsabsicht des Bieters, wenn sie der Zielgesellschaft mitgeteilt wird[229], für diese eine Insidertatsache darstellt. Grundsätzlich setzt eine Insidertatsache voraus, daß der relevante Umstand **im Einflußbereich des Emittenten** eintritt. Die Erwerbsabsicht des Bieters ist zunächst nur eine innere Tatsache in dessen Bereich. Gleichwohl ist sie aber auch emittentenbezogen, weil sie unmittelbar auf die Zielgesellschaft gerichtet ist[230]. Dies genügt aber noch

---

[225] *Assmann* in Assmann/Schneider § 13 WpHG Rn 33; *Kümpel* Rn 14, 97; *Schäfer* in Schäfer § 13 WpHG Rn 38 f.; zur Beurteilung eines Gerüchts siehe auch *VG Frankfurt* a. M. NJW-RR 1998, 625 und *Hess. VGH* AG 1998, 436 m. Anm. *Assmann*; zum Begriff der Tatsache *AG Köln* EWiR § 13 WpHG 1/2000 S. 885 und *LG Frankfurt* a. M. NJW 2000, 301.
[226] *Assmann* in Assmann/Schneider § 13 WpHG Rn 36.
[227] Vgl. Begr. zu § 10 Abs. 1 RefE-WÜG.
[228] Vgl. *Schäfer* in Schäfer § 13 WpHG Rn 42; *Assmann* in Assmann/Schneider § 13 WpHG Rn 36.
[229] Vgl. die Unterrichtungspflicht vor Abgabe eines öffentlichen Angebots nach Art. 5 ÜK.
[230] Vgl. *Schäfer* in Schäfer § 13 WpHG Rn 53.

nicht, um die Übernahmeabsicht auch als eigene Insidertatsache der Zielgesellschaft zu behandeln; dies gilt insbes. bei einer feindlichen, mit der Zielgesellschaft nicht abgestimmten Übernahme.

112 Von einer Insidertatsache kann immer nur gesprochen werden, wenn die betreffende Information geeignet ist, im Fall ihres öffentlichen Bekanntwerdens den Kurs der Insiderpapiere erheblich zu beeinflussen. Wann eine **erhebliche Kursrelevanz** in diesem Sinne vorliegt, läßt sich schwer allgemein bestimmen. IdR wird dafür eine mutmaßliche positive oder negative Kursveränderung von mindestens 5% für erforderlich gehalten[231]. Bei den großen Publikumsgesellschaften dürfte jedoch schon eine mögliche Kursveränderung von 2% bis 3% ausreichen[232].

113 Im Hinblick auf das Erfordernis der Kursrelevanz ist das Insiderrecht wesentlich enger als die gesellschaftsrechtliche **Verschwiegenheitspflicht**, bei der es darum geht, das Geheimhaltungsinteresse der Gesellschaft unabhängig von etwaigen Auswirkungen auf den Börsenkurs zu schützen. Im Unterschied zur Verschwiegenheitspflicht muß die Insidertatsache weder ein Geheimnis enthalten noch vertraulichen Charakter haben[233]. Entscheidend ist vielmehr – neben der potentiellen Kursrelevanz –, daß es sich um eine **nicht öffentlich bekannte Tatsache** handelt. Für die öffentliche Bekanntheit ist nicht Kenntnis der breiten Öffentlichkeit erforderlich; ausreichend ist vielmehr die Möglichkeit der Kenntnisnahme durch die wesentlichen Marktteilnehmer[234]. Diese sog. Bereichsöffentlichkeit wird schon dann hergestellt, wenn die Tatsache über ein allgemein zugängliches elektronisches Informationssystem verbreitet wird[235]. Dementsprechend verliert eine Insidertatsache diesen Charakter nicht schon dadurch, daß sie auf einer Pressekonferenz oder in einem Gespräch mit Journalisten oder Analysten bekanntgegeben wird[236]. Auch eine Einstellung ins Internet genügt gegenwärtig noch nicht[237].

4. Primärinsider

114 a) **Erfaßter Personenkreis.** Primärinsider, d. h. Insider aufgrund der Funktion, die sie innehaben, sind in erster Linie alle Mitglieder des Geschäftsführungs- oder Aufsichtsratsorgans des Emittenten oder eines mit diesem verbundenen Unternehmen (sog. **Organinsider**)[238]. Die Rechtsform des Unternehmens spielt dabei keine Rolle[239]. Ist der Emittent eine KGaA, sind die persönlich haftenden Gesellschafter aufgrund ihrer Vorstandsfunktion Insider. Mitglieder anderer Gremien, wie zB eines Beirats, der keine Organfunktion hat, sind nicht erfaßt.

---

[231] *Kümpel* Rn 16 120; *Schäfer* in Schäfer § 13 WpHG Rn 60 jeweils mwN.
[232] *Kümpel* Rn 16 122; *Schäfer* in Schäfer § 13 WpHG Rn 62.
[233] §§ 93 Abs. 2, 404 AktG.
[234] *Schäfer* in Schäfer § 13 WpHG Rn 47.
[235] *Schäfer* in Schäfer § 13 WpHG Rn 48; *Assmann/Cramer* in Assmann/Schneider § 13 WpHG Rn 44.
[236] *Assmann/Cramer* in Assmann/Schneider § 13 WpHG Rn 46; *Kümpel* Rn 16 105.
[237] *Schäfer* in Schäfer § 13 WpHG Rn 48.
[238] § 13 Abs. 1 Nr. 1 WpHG.
[239] *Schäfer* in Schäfer § 13 WpHG Rn 9.

Insider sind auch Gesellschafter, die aufgrund ihrer Beteiligung am Kapital des Emittenten oder eines mit diesem verbundenen Unternehmens Insiderinformationen erlangen (sog. **Beteiligungsinsider**)[240]. Dazu gehören vor allem Großaktionäre, die aufgrund ihrer Verbindung zur Geschäftsleitung Zugang zu Insiderinformationen haben. Eine Mindestbeteiligung sieht das Gesetz zwar nicht vor; im allgemeinen werden Gesellschafter mit kleiner Beteiligung deswegen aber kaum in den Besitz von Insiderinformationen gelangen[241].

Insider sind schließlich alle Personen, die bestimmungsgemäß aufgrund ihres Berufs, ihrer Tätigkeit oder ihrer Aufgabe Insiderinformationen erhalten (sog. **Berufsinsider**)[242]. Zu dieser Personengruppe gehören zB neben den Organmitgliedern selbst deren Hilfskräfte, die Mitarbeiter von Stabsabteilungen, Betriebsräte sowie die Mitglieder von Beratungsgremien. Erfaßt sind auch Außenstehende, die für das Unternehmen tätig sind, wie zB Kreditinstitute, Unternehmensberater, Rechtsanwälte, Notare, Steuerberater und Wirtschaftsprüfer. Berufstypisch ist das Erlangen von Insiderinformationen auch zB für Kursmakler und Wirtschaftsjournalisten.

Die jeweils erfaßten Personen unterliegen den Insiderverboten nur, wenn sie eine Insiderinformation aufgrund ihrer Insiderfunktion erlangt haben. Zwischen beidem muß mithin ein **ursächlicher Zusammenhang** bestehen. Informationen, die nur zufällig, zB außerhalb der Tätigkeit als Aufsichtsratsmitglied erlangt werden, sind nicht erfaßt. Das betreffende Aufsichtsratsmitglied unterliegt in Bezug auf solche Informationen als sog. Sekundärinsider weniger weitgehenden Verpflichtungen.

b) Verbot des Ausnutzens einer Insiderinformation. Ein Insider darf seine Kenntnis von einer Insidertatsache nicht dazu ausnutzen, um Insiderpapiere zu **erwerben** oder zu **veräußern**[243]. Dabei ist der Erwerb oder die Veräußerung für eigene oder fremde Rechnung oder als Vertreter für einen anderen gleichermaßen verboten. Mit Erwerb oder Veräußerung ist jeweils ein Geschäft gemeint, das zu einer Verschiebung der Verfügungsmacht über die betreffenden Insiderpapiere führt[244]. Das Eingehen einer schuldrechtlichen Verpflichtung erfüllt diesen Tatbestand noch nicht. Auch ein bloßes Unterlassen ist vor allem im Hinblick auf die damit verbundenen Nachweisprobleme nicht erfaßt[245].

In subjektiver Hinsicht ist das Ausnutzen einer Insiderinformation nur strafbar, wenn es **vorsätzlich** erfolgt. Außerdem muß mit der **Absicht** gehandelt worden sein, sich oder einem anderen einen Vorteil zu verschaffen[246]. Daß tatsächlich auch ein Vorteil erzielt wurde, ist dagegen nicht erforderlich.

---

[240] § 13 Abs. 1 Nr. 2 WpHG.
[241] *Schäfer* in Schäfer § 13 WpHG Rn 20.
[242] § 13 Abs. 1 Nr. 3 WpHG.
[243] § 14 Abs. 1 Nr. 1 WpHG.
[244] *Assmann/Cramer* in Assmann/Schneider § 14 WpHG Rn 6; ähnlich *Schäfer* in Schäfer § 14 WpHG Rn 5.
[245] *Schäfer* in Schäfer § 14 WpHG Rn 6; *Assmann/Cramer* in Assmann/Schneider § 14 WpHG Rn 9 jeweils mwN.
[246] *Schäfer* in Schäfer § 14 WpHG Rn 11; *Assmann/Cramer* in Assmann/Schneider § 14 WpHG Rn 25; aA *Claussen*, Das neue Insiderrecht, DB 1994, 27, 31 und *ders.*, Insiderhandelsverbot und Ad hoc-Publizität, 1996, Rn 41.

120 Kein Ausnutzen liegt vor, wenn das Geschäft **ohne Kenntnis** einer Insidertatsache oder nicht aufgrund einer solchen Kenntnis vorgenommen wurde. Erfolgt der Erwerb zB unabhängig von Insiderwissen aufgrund eines vorher gefaßten unternehmerischen Entschlusses, liegt, wenn bei der Ausführung kein Ermessensspielraum besteht, kein verbotenes Ausnutzen vor[247]. Dies ist zB der Fall, wenn ein Bieter ein öffentliches Übernahmeangebot beschließt und erst danach Insiderinformationen über die Zielgesellschaft erhält. Gleichfalls unschädlich ist, wenn der Erwerber im Rahmen seiner Prüfung der Zielgesellschaft (sog. Due Diligence) Insidertatsachen erfährt, die ihn in seinem Erwerbsplan bestärken[248]. Eine andere Beurteilung gilt allerdings dann, wenn und soweit in die nachfolgenden Erwerbe Insiderinformationen eingeflossen sind.

121 Der **Plan zum Erwerb** einer Beteiligung kann, wenn er sich hinreichend verdichtet hat, eine Insidertatsache darstellen. Dies hindert den Erwerber aber nicht, den geplanten Erwerb durchzuführen. Die selbst gesetzte Insidertatsache darf ausgenutzt werden[249]. Dabei macht es auch keinen Unterschied, ob die Beteiligung durch ein Erwerbsgeschäft (Paketerwerb) oder durch eine Vielzahl von Einzelgeschäften erworben wird. Ist ein **öffentliches Übernahmeangebot** geplant und kauft der Bieter schon vor der Abgabe des Angebots Aktien der Zielgesellschaft, ist auch dies kein Insiderverstoß, wenn solche Aufkäufe Teil der Gesamtplanung sind[250]. Anders zu beurteilen ist dagegen der Fall, daß ein Dritter zur Unterstützung eines Übernahmevorhabens für eigene Rechnung Aktien der Zielgesellschaft kauft. Ein solches Verhalten bedeutet, daß eine fremde Insidertatsache zum eigenen Vorteil ausgenutzt wird[251].

122 c) **Verbot der Weitergabe von Insiderinformationen.** Hat ein Primärinsider Kenntnis von einer Insidertatsache, ist ihm verboten, diese einem anderen unbefugt **mitzuteilen** oder **zugänglich zu machen**[252]. Unter Mitteilung ist dabei jede Art von Weitergabe zu verstehen, wobei die Insidertatsache nicht als solche kenntlich gemacht zu werden braucht. Mit der Alternative Zugänglichmachen ist jede sonstige Information gemeint, ohne daß die Insidertatsache als solche übermittelt wird. So genügt es zB, wenn Zugang zu einem Schreibtisch oder Computer mit Insiderinformationen verschafft wird[253]. Die Verschaffung des Zugangs muß dabei bewußt geschehen; der sorglose Umgang mit Schlüsseln oder Kennworten allein ist noch nicht strafbar.

123 Entscheidend ist, daß die Weitergabe **unbefugt** geschieht. Erfolgt die Weitergabe befugt, liegt darin nicht bloß ein Rechtfertigungsgrund; es fehlt vielmehr bereits am Tatbestand einer verbotenen Weitergabe. Befugt ist die Weitergabe einer

---

[247] *Schäfer* in Schäfer § 14 WpHG Rn 12.
[248] *Assmann/Cramer* in Assmann/Schneider § 14 WpHG Rn 31.
[249] Vgl. BT-Drucks. 12/6679 S. 47; zust. *Schmidt-Diemitz* DB 1996, 1809 und *Schäfer* in Schäfer § 14 WpHG Rn 62.
[250] *Assmann/Cramer* in Assmann/Schneider § 14 WpHG Rn 82.
[251] *Assmann*, Rechtsanwendungsprobleme des Insiderrechts in bezug auf die Organisation und die Geschäfte von Kreditinstituten, WM 1996, 1337, 1355 und *Assmann/Cramer* in Assmann/Schneider § 14 WpHG Rn 84.
[252] § 14 Abs. 1 Nr. 2 WpHG.
[253] Vgl. BT-Drucks. 12/6679 S. 48.

Insiderinformation nicht nur dann, wenn sie gesetzlich erlaubt oder sogar vorgeschrieben ist, sondern auch dann, wenn ein schutzwürdiges Interesse an der Weitergabe besteht und dieses Interesse im Rahmen einer **Interessenabwägung** gegenüber den Belangen des Insiderschutzes vorrangig erscheint[254]. Damit ist idR jede Informationsweitergabe befugt, die notwendig ist, um dem Informanten die Ausübung von Beruf, Tätigkeit oder Aufgabe im üblichen Rahmen zu ermöglichen[255].

Nach diesen Grundsätzen ist der Vorstand einer AG idR berechtigt und uU sogar verpflichtet, Insiderinformationen, die das eigene Unternehmen betreffen, **innerhalb des Unternehmens** zB an den Aufsichtsrat[256], den Wirtschaftsausschuß[257] oder einzelne Fachabteilungen weiterzugeben.

Die Weitergabe von Insiderinformationen an **Aktionäre** ist regelmäßig nicht erforderlich und damit auch nicht zulässig. Dies gilt auch für Auskünfte in der Hauptversammlung; um der Hauptversammlung gleichwohl Auskunft über Insiderinformationen geben zu können, muß zuvor – zB über ein elektronisches Börseninformationssystem – die Bereichsöffentlichkeit hergestellt werden. Ausnahmsweise können Informationen an einen **Großaktionär** oder einen **Aktionärspool** weitergegeben werden, wenn dies zur Absicherung unternehmerischer Entscheidungen erforderlich ist. So kann es zB geboten sein, einzelne Großaktionäre vorab über einen geplanten Beteiligungserwerb zu informieren, um deren Einverständnis mit einer in diesem Zusammenhang vorgesehenen Kapitalerhöhung sicherzustellen[258]. Wie der Kreis solcher Großaktionäre abzugrenzen ist, kann nur im Einzelfall entschieden werden[259].

Eine Weitergabe von Insiderinformationen an **außenstehende Dritte** ist regelmäßig ebenfalls befugt, wenn es sich bei diesen um Berater wie Rechtsanwälte, Wirtschaftsprüfer, Steuerberater, Investmentbanker oder Kreditinstitute handelt[260]. Da solche Empfänger durch die Information Primärinsider werden, setzt die Weitergabe nicht voraus, daß die Informationsempfänger gesetzlich oder vertraglich zur Verschwiegenheit verpflichtet sind[261].

Umstritten ist, ob der Vorstand berechtigt ist, dem **Käufer oder Verkäufer einer Beteiligung** oder beiden Seiten Insiderinformationen über das Unternehmen zu geben. Soweit es sich um den Erwerb einer unternehmerischen Beteiligung und nicht bloß einer Finanzanlage handelt, wird der Vorstand überwiegend als berechtigt angesehen, dem potentiellen Käufer im Rahmen einer Unterrichtung über die Lage des Unternehmens auch Insidertatsachen mitzuteilen[262]. Dies

---

[254] *Schäfer* in Schäfer § 14 WpHG Rn 23; *Assmann* AG 1997, 50, 55.
[255] Vgl. *Caspari*, Das neue Insiderrecht, ZGR 1994, 530, 545; *Assmann/Cramer* in Assmann/Schneider § 14 WpHG Rn 48 ff.
[256] Siehe hierzu vor allem die Informationspflichten nach § 90 AktG.
[257] Siehe dazu § 106 BetrVG und *Götz*, Die unbefugte Weitergabe von Insiderwissen, DB 1995, 1949, 1950.
[258] Vgl. *Assmann/Cramer* in Assmann/Schneider § 14 WpHG Rn 48 c und 54 b.
[259] *Süßmann*, Die befugte Weitergabe von Insiderwissen, AG 1999, 162, 167.
[260] *Assmann/Cramer* in Assmann/Schneider § 14 WpHG Rn 55 ff.
[261] *Assmann/Cramer* in Assmann/Schneider § 14 WpHG Rn 48 b.
[262] *Assmann/Cramer* in Assmann/Schneider § 14 WpHG Rn 88 b; *Assmann* AG 1997, 50, 56; *Roschmann/Frey* AG 1996, 449, 453; *Ziemons* AG 1999, 492, 498; krit. *Schäfer* in Schäfer § 14 WpHG Rn 63.

entspricht im wesentlichen auch der Beurteilung der parallelen Frage, ob der Vorstand einer AG berechtigt ist, dem Erwerber einer Beteiligung Informationen zu geben, die grundsätzlich seiner aktienrechtlichen **Verschwiegenheitspflicht** unterliegen[263]. Eine Offenbarung solcher Informationen muß durch ein besonderes Interesse der Gesellschaft gerechtfertigt sein. Dies wird bei dem Erwerb einer unternehmerischen Beteiligung regelmäßig bejaht, weil die zutreffende Unterrichtung eines (künftigen) Großaktionärs auch im Interesse der Gesellschaft selbst liegt[264]. Deshalb kann der Vorstand einem entsprechenden Erwerbsinteressenten gestatten, sich solche Informationen im Rahmen einer **Due Diligence** des Unternehmens zu beschaffen[265]. Werden Insidertatsachen weitergegeben, dürfen sie allerdings nur zu dem vorgesehenen Erwerb und nicht zu anderweitigen Geschäften verwendet werden[266].

128 Die vorstehenden Grundsätze gelten bei Paketerwerben ebenso wie bei Erwerben über ein öffentliches Kauf- oder Umtauschangebot. Im Fall eines öffentlichen **Übernahmeangebots** wird der Vorstand besonders sorgfältig zu prüfen haben, ob und in welchem Umfang an den Bieter Insiderinformationen gegeben werden dürfen. Denkbar ist dies allenfalls bei einem einvernehmlichen, also mit Zustimmung des Vorstands der Zielgesellschaft unterbreiteten Angebot. Sollte allerdings ein weiterer Bieter ein Konkurrenzangebot unterbreiten, muß der Vorstand diesem die gleichen Informationen wie dem ersten Bieter geben[267].

129 Besitzt der **Verkäufer** einer Beteiligung Insiderinformationen, darf er diese an der Erwerber regelmäßig weitergeben, weil dies zu einem normalen geschäftlichen Verhalten gehört. Diese Beurteilung wird zusätzlich dadurch gestützt, daß der Verkäufer aufgrund des vorvertraglichen Vertrauensverhältnisses idR zur Offenbarung solcher Informationen verpflichtet ist[268].

130 **d) Empfehlungsverbot.** Hat ein Primärinsider Kenntnis von einer Insidertatsache, darf er diese auch nicht mittelbar dadurch verwerten, daß er einem anderen auf der Grundlage seiner Kenntnis den **Kauf** oder die **Veräußerung** von Insiderpapieren **empfiehlt**[269]. Dabei macht es keinen Unterschied, ob die Empfehlung auf ein Geschäft für sich oder für einen Dritten lautet[270]. Eine Empfehlung zur Unterlassung eines Kaufs oder einer Veräußerung wird dagegen – wie beim unmittelbaren Ausnutzungsverbot – vom Gesetz nicht erfaßt[271].

---

[263] §§ 93 Abs. 1 Satz 2, 404 Abs. 1 Nr. 1 AktG.
[264] Vgl. *Ziemons* AG 1999, 492, 495, 499; dazu auch *K. Mertens,* Die Information des Erwerbers einer wesentlichen Unternehmensbeteiligung einer Aktiengesellschaft durch deren Vorstand, AG 1997, 541 und *Bihr* BB 1998, 1198.
[265] *Schäfer* in Schäfer § 14 WpHG Rn 64; *Schroeder,* Darf der Vorstand der Aktiengesellschaft dem Aktienkäufer eine Due Diligence gestatten?, DB 1997, 2161, 2163 ff.; *Bihr* BB 1998, 1198, 1201.
[266] Siehe dazu *Assmann/Cramer* in Assmann/Schneider § 14 WpHG Rn 88c.
[267] Vgl. Art. 2 Abs. 2 ÜK.
[268] Vgl. *Assmann/Cramer* in Assmann/Schneider § 14 WpHG Rn 88d; *Schmidt-Diemitz* DB 1996, 1809, 1810 f.
[269] § 14 Abs. 1 Nr. 3 WpHG.
[270] *Assmann/Cramer* in Assmann/Schneider § 14 WpHG Rn 73.
[271] *Schäfer* in Schäfer § 14 WpHG Rn 26; *Assmann/Cramer* in Assmann/Schneider § 14 WpHG Rn 72.

In subjektiver Hinsicht ist erforderlich, daß die Empfehlung **vorsätzlich** erfolgt. 131

5. Sekundärinsider

Jeder, der Kenntnis von einer Insidertatsache hat, aber nicht zum Kreis der Primärinsider gehört, ist sog. **Sekundärinsider**. Einem Sekundärinsider ist es verboten, unter Ausnutzung seiner Kenntnis Insiderpapiere für eigene oder fremde Rechnung oder für einen anderen zu erwerben oder zu veräußern[272]. Wie der Sekundärinsider seine Kenntnis erlangt hat, spielt dabei keine Rolle. Der Sekundärinsider unterliegt wie ein Primärinsider einem Ausnutzungsverbot; das Empfehlungs- und Weitergabeverbot gilt für ihn dagegen nicht. 132

6. Sanktionen

Die Verletzung eines Insiderverbots ist mit **Freiheitsstrafe** bis zu fünf Jahren oder mit **Geldstrafe** bedroht[273]. Die Strafbarkeit ist dabei nicht auf Sachverhalte in Deutschland beschränkt, sondern gilt auch für Sachverhalte mit Auslandsbezug, sofern gegen eine entsprechende ausländische Verbotsnorm verstoßen wird[274]. 133

II. Ad hoc-Mitteilungspflicht

Börsennotierte Gesellschaften sind verpflichtet, **kurserhebliche Tatsachen**, die in ihrem Tätigkeitsbereich eingetreten sind, **unverzüglich zu veröffentlichen**[275]. Mit dieser sog. Ad hoc-Publizität soll die Transparenz und damit die Funktionsfähigkeit des Kapitalmarkts verbessert werden; außerdem soll Insidergeschäften vorgebeugt werden[276]. Die Pflicht zur Veröffentlichung von Ad hoc-Mitteilungen kann auch bei dem Erwerb von Unternehmen oder Unternehmensbeteiligungen eine Rolle spielen. 134

1. Verpflichtete Gesellschaften

Verpflichtet zu Ad hoc-Mitteilungen sind alle Gesellschaften, deren Aktien oder sonstige Wertpapiere zum Handel an einer inländischen Börse zugelassen sind. Betroffen sind alle Gesellschaften, deren Wertpapiere im **Amtlichen Handel** oder im **Geregelten Markt** notiert werden[277]. Erfaßt sind auch Wertpapiere, die im **Neuen Markt** gehandelt werden, da Voraussetzung dafür die Zulassung zum Geregelten Markt ist. Daß der Neue Markt privatrechtlich organisiert ist, steht dem nicht entgegen[278]. Auf § 15 WpHG wird zudem im Regelwerk des 135

---

[272] § 14 Abs. 2 WpHG.
[273] § 38 Abs. 1 WpHG.
[274] § 38 Abs. 2 WpHG.
[275] § 15 WpHG.
[276] Vgl. *Geibel* in Schäfer § 15 WpHG Rn 1.
[277] Vgl. § 15 Abs. 1 Satz 1 WpHG iVm. §§ 36, 71 BörsG.
[278] Vgl. § 66a BörsO für die FWB und *Kümpel* in Assmann/Schneider § 15 WpHG Rn 28a; aA *Geibel* in Schäfer § 15 WpHG Rn 24 mwN.

Neuen Marktes ausdrücklich Bezug genommen[279]. Nicht erfaßt sind dagegen Wertpapiere, die nur im sog. **Freiverkehr** gehandelt werden[280], obwohl auch diese Papiere unter die Insidervorschriften fallen[281].

2. Eintritt einer neuen Tatsache

136 Die Pflicht zur unverzüglichen Veröffentlichung entsteht, sobald im Tätigkeitsbereich des Emittenten eine Tatsache eingetreten ist, die nicht öffentlich bekannt ist und die wegen der Auswirkungen auf die Vermögens- oder Finanzlage oder auf den allgemeinen Geschäftsverlauf des Emittenten geeignet ist, den Börsenpreis der Wertpapiere erheblich zu beeinflussen[282].

137 Für die Frage, wann eine neue **Tatsache** im Unterschied etwa zu bloßen Meinungen, Gerüchten oder Absichten vorliegt, gelten die gleichen Überlegungen wie beim Insiderrecht[283]. Dies gilt auch für die Frage, wann sich ein kursrelevanter Sachverhalt zu einer veröffentlichungspflichtigen Tatsache verdichtet hat. Ist zB für die Entscheidung zum Erwerb eines Unternehmens neben dem Beschluß der Geschäftsleitung auch die **Zustimmung** des Aufsichtsrats und/oder der Gesellschafter erforderlich, ist der gesellschaftsrechtliche Entscheidungsprozeß erst mit dieser Zustimmung abgeschlossen. Ad hoc-mitteilungspflichtig ist deshalb grundsätzlich erst der verbindliche Beschluß auf der letzten Entscheidungsstufe[284]. Auch die Entscheidung der Geschäftsleitung kann aber schon eine Tatsache darstellen, die, je nachdem, wie **wahrscheinlich** die nachfolgende Zustimmung ist, eine Ad hoc-Veröffentlichungspflicht begründen kann[285]. Ist die nachfolgende Zustimmung nur eine Formsache, fällt schon die Entscheidung der Geschäftsleitung unter § 15 WpHG. Bei einer solchen Prognose besteht aber die Gefahr, daß die Wahrscheinlichkeit der Zustimmung falsch eingeschätzt wird und der Aufsichtsrat bzw. die Gesellschafter dadurch zumindest faktisch präjudiziert werden. Um dies zu vermeiden, empfiehlt es sich, bei mehrstufigen Entscheidungsprozessen den zeitlichen Abstand zwischen den verschiedenen Beschlußfassungen so weit wie möglich zu verkürzen. Am besten werden alle Entscheidungen unmittelbar nacheinander getroffen.

3. Auswirkungen auf den Emittenten

138 Voraussetzung für eine Ad hoc-Mitteilungspflicht ist in jedem Fall, daß die neue Tatsache geeignet ist, den Börsenpreis der betroffenen Wertpapiere erheblich zu beeinflussen. Zur Bedeutung dieser **Kursrelevanz** kann zunächst auf die Ausführungen zum Insiderrecht verwiesen werden[286]. Zur Auslösung der Mitteilungspflicht nach § 15 WpHG ist aber zusätzlich erforderlich, daß sich die neue

---

[279] Vgl. Ziff. 7.2.12 des RWNM.
[280] Vgl. § 78 BörsG.
[281] Siehe Rn 107 f.
[282] Vgl. § 15 Abs. 1 Satz 1 WpHG.
[283] Siehe Rn 109 ff.
[284] *Geibel* in Schäfer § 15 WpHG Rn 75.
[285] Vgl. *Kümpel* in Assmann/Schneider § 15 WpHG Rn 50a mwN.
[286] Siehe Rn 112.

Tatsache auf die Vermögens- oder Finanzlage oder den allgemeinen Geschäftsverlauf des Emittenten auswirkt. Außerdem muß die neue Tatsache im Tätigkeitsbereich des Emittenten eingetreten sein.

Bei dem Erwerb eines Unternehmens oder einer Unternehmensbeteiligung kann, wenn es sich nicht um einen ganz unerheblichen Vorgang handelt, davon ausgegangen werden, daß er sich auf die **Vermögens- oder Finanzlage** des Erwerbers iSd. bilanzrechtlichen Bestimmungen zum Jahresabschluß auswirkt[287]. Dabei macht es keinen Unterschied, ob es sich bei dem Erwerb um die Übernahme von Vermögen oder Anteilen (Asset oder Share Deal) handelt und ob der Erwerb durch einzelne Verträge oder über ein öffentliches Erwerbsangebot erfolgt. Relevante Auswirkungen ergeben sich regelmäßig auch dann, wenn der Emittent nicht Erwerber, sondern Veräußerer ist.

Auswirkungen auf den **allgemeinen Geschäftsverlauf** des Emittenten sind nach allgemeiner Ansicht dann anzunehmen, wenn eine Pflichtangabe im Lagebericht erforderlich ist[288]. Erfaßt sind vor allem Vorgänge von besonderer Bedeutung iSd. sog. Nachtragsberichterstattung[289]. Dazu kann je nach Bedeutung auch der Erwerb oder die Veräußerung eines Unternehmens oder einer Beteiligung gehören[290].

4. Tatsache im Tätigkeitsbereich des Emittenten

Zu veröffentlichen ist eine neue Tatsache, auch wenn sie kursrelevant ist, nur, wenn sie **im Tätigkeitsbereich** des Emittenten eingetreten ist. Der Emittent muß nur solche Tatsachen veröffentlichen, die sich in seiner Sphäre ereignet haben oder dieser zuzurechnen sind[291]. Dies ist idR unproblematisch, wenn der Emittent selbst kursrelevante Entscheidungen, zB zum Erwerb eines Unternehmens, trifft. Werden solche Entscheidungen bei einem **konzernverbundenen Unternehmen** getroffen, kann dies auch beim Emittenten, zB als Konzernobergesellschaft, zu einer Mitteilungspflicht nach § 15 WpHG führen. Dabei ist hinsichtlich der Auswirkungen einer solchen Entscheidung auf den Konzernabschluß bzw. den Konzernlagebericht abzustellen[292].

Verändert sich die Aktionärsstruktur des Emittenten, weil zB ein **Großaktionär** seine Aktien **verkauft**, kann dies zwar kursrelevant sein. Die Veränderung erfolgt aber außerhalb des Einflußbereichs des Emittenten und ist diesem deshalb nicht zuzurechnen[293].

Eine Ad hoc-Mitteilungspflicht besteht regelmäßig dann, wenn eine inländische börsennotierte Gesellschaft ein **öffentliches Kauf- oder Umtauschange-**

---

[287] Vgl. § 264 Abs. 2 Satz 1 HGB und dazu *Geibel* in Schäfer § 15 WpHG Rn 58 ff. sowie der Beispielkatalog der Deutschen Börse, abgedr. bei *Kümpel* in Assmann/Schneider § 15 WpHG Rn 72.
[288] Vgl. § 289 HGB und dazu *Kümpel* in Assmann/Schneider § 15 WpHG Rn 60 ff.
[289] § 289 Abs. 2 Nr. 1 HGB.
[290] Vgl. *Küting/Weber* § 289 HGB Rn 35; *Marsch-Barner* in GK § 289 HGB Rn 10.
[291] *Geibel* in Schäfer § 15 WpHG Rn 37.
[292] *Geibel* in Schäfer § 15 WpHG Rn 44 und 87; *Kümpel* in Assmann/Schneider § 15 WpHG Rn 40.
[293] Vgl. *Geibel* in Schäfer § 15 WpHG Rn 39.

bot an die Aktionäre einer anderen in- oder ausländischen Gesellschaft richtet. Der Entwurf eines Wertpapiererwerbs- und Übernahmegesetzes (RefE-WÜG) sieht für die Veröffentlichung der Entscheidung zur Abgabe eines solchen Angebots eine Sonderregelung vor, die an die Stelle des § 15 WpHG treten soll[294]. Umstritten ist, ob im Fall eines öffentlichen Erwerbsangebots neben dem Bieter auch die Zielgesellschaft zu einer Ad hoc-Mitteilung verpflichtet ist. Handelt es sich um ein **freundliches**, d. h. mit der Geschäftsleitung der Zielgesellschaft abgestimmtes Angebot, wird zT die Ansicht vertreten, daß auch die Zielgesellschaft eine Ad hoc-Meldung zu erstatten hat[295]. Ein solches Angebot ist der Zielgesellschaft aber nicht in jedem Fall zuzurechnen. Sind mit ihr im Vorfeld zwar Gespräche geführt worden[296], hat sich der Bieter die endgültige Entscheidung aber vorbehalten, ist diese Entscheidung nur dem Bieter zuzurechnen. Eine Entscheidung auch im Tätigkeitsbereich der Zielgesellschaft liegt allenfalls dann vor, wenn das Erwerbsangebot auf einer Vereinbarung mit der Zielgesellschaft beruht.

144 Bei einem sog. **feindlichen** Übernahmeangebot ist generell davon auszugehen, daß die Abgabe eines solchen Angebots nur eine Tatsache im Bereich des Bieters und nicht auch der Zielgesellschaft darstellt[297]. Dies gilt auch dann, wenn die Absicht des Angebots der Zielgesellschaft vorher mitgeteilt worden ist.

145 Die Veröffentlichungspflichten des Bieters und der Zielgesellschaft sollen künftig – für alle öffentlichen Angebote – in dem geplanten **WÜG** im einzelnen geregelt werden[298].

5. Vornahme der Veröffentlichung

146 Liegt eine Tatsache iSd. § 15 WpHG vor, ist diese in drei Stufen zu veröffentlichen. Zunächst ist die zu veröffentlichende Tatsache der **Geschäftsführung der Börsen**, an denen die Wertpapiere oder die sie betreffenden Derivate gehandelt werden, und dem Bundesaufsichtsamt für den Wertpapierhandel **(BAWe)** mitzuteilen[299]. Danach ist die Tatsache in mindestens einem überregionalen **Börsenpflichtblatt** oder in einem **elektronischen Informationssystem** zu veröffentlichen[300]. Schließlich ist den Börsen und dem BAWe eine Abschrift der Veröffentlichung zu übersenden[301].

---

[294] Vgl. § 10 RefE-WÜG vom 12. 3. 2001. Siehe Band 2.
[295] So zB *Caspari* in Baetge (Hrsg.), Insiderrecht und Ad-hoc-Publizität, 1995, S. 65, 77 und *Hopt*, Grundsatz- und Praxisprobleme nach dem Wertpapierhandelsgesetz, ZHR 159 (1995) 133, 153 Fn 75; zweifelnd *Fürhoff/Wölk*, Aktuelle Fragen zur Ad hoc-Publizität, WM 1997, 449, 452 und *Geibel* in Schäfer § 15 WpHG Rn 43.
[296] So die Empfehlung in Art. 4 ÜK.
[297] *Geibel* in Schäfer § 15 WpHG Rn 41; *Kümpel* in Assmann/Schneider § 15 WpHG Rn 40a; *Schander/Lucas*, Die Ad hoc-Publizität im Rahmen von Übernahmevorhaben, BB 1997, 2109, 2112; *Semler/Happ*, Ad hoc-Publizität im Spannungsfeld von Gesellschafter- und Anlegerschutz, ZGR 1998, 116, 139f.
[298] Siehe Band 2.
[299] § 15 Abs. 2 Satz 1 WpHG.
[300] § 15 Abs. 3 Satz 1 WpHG.
[301] § 15 Abs. 4 WpHG.

Die Veröffentlichung hat grundsätzlich in deutscher **Sprache** zu erfolgen[302]. 147
Emittenten mit Sitz im Ausland können die Veröffentlichung aber auch in englisch vornehmen[303].

Sinn der Vorabmitteilung an die Börsen ist, daß diese Gelegenheit erhalten, 148
über eine eventuelle **Aussetzung des Börsenhandels** (Kursaussetzung) zu entscheiden.

Für die Veröffentlichung genügt die Verbreitung in einem Börsenpflichtblatt 149
oder einem elektronischen Verbreitungssystem. **Adressat** der Ad hoc-Publizität
ist damit nicht die Allgemeinheit, sondern nur die sog. Bereichsöffentlichkeit.

6. Ausnahmegenehmigung

Das BAWe kann den Emittenten **auf Antrag** von der Veröffentlichungspflicht 150
nach § 15 WpHG **befreien**, wenn die Veröffentlichung geeignet ist, den berechtigten Interessen des Emittenten zu schaden[304]. Einem solchen Antrag ist etwa dann
stattzugeben, wenn bei einer Güterabwägung die berechtigten Interessen des Emittenten an der Geheimhaltung das Informationsinteresse des Kapitalmarkts überwiegen[305]. Da es sich um eine Ausnahme handelt, kommt für eine Befreiung stets
nur eine vorübergehende Geheimhaltung in Betracht[306]. Das hauptsächliche Anwendungsgebiet solcher Befreiungen sind Sanierungen. Entsprechende Situationen können auch bei dem Erwerb von Unternehmen und Beteiligungen eine
Rolle spielen.

7. Sanktionen

Eine **schuldhafte Verletzung** der Verhaltenspflichten[307] stellt eine Ordnungs- 151
widrigkeit iSd. § 1 Abs. 1 OWiG dar, die mit einer Geldbuße von bis zu
DM 3 Mio. (ab 1. 1. 2002 € 1 500 000) geahndet werden kann. Schuldhaft ist dabei jedes vorsätzliche oder leichtfertige Verhalten; eine fahrlässige Pflichtverletzung genügt nur bei Zuwiderhandlungen gegen bestimmte Maßnahmen des
BAWe.

Bußgelder können sowohl gegen den Emittenten als juristische Person als 152
auch gegen Mitglieder seines gesetzlichen Vertretungsorgans oder gegen leitende
Angestellte verhängt werden[308]. Bußgelder sind insbes. auch wegen unterlassener
Aufsichtsmaßnahmen möglich[309].

Eine Verletzung der Ad hoc-Mitteilungspflicht löst grundsätzlich keine zivil- 153
rechtlichen Schadensersatzansprüche aus; § 15 WpHG ist **kein Schutzgesetz**

---

[302] § 15 Abs. 3 Satz 1 WpHG.
[303] Vgl. Bekanntmachung des BAWe zur Veröffentlichung und Mitteilung kursbeeinflussender Tatsachen nach § 15 WpHG vom 29. 1. 1996.
[304] § 15 Abs. 1 Satz 2 WpHG.
[305] Vgl. *Kümpel* in Assmann/Schneider § 15 WpHG Rn 79 und *S. Schneider*, Befreiung des Emittenten von der Veröffentlichungspflicht nach § 15 WpHG, BB 2001, 1214, 1215f.
[306] *Kümpel* in Assmann/Schneider § 15 WpHG Rn 80.
[307] Gem. § 15 WpHG.
[308] § 30 Abs. 1 OWiG.
[309] § 130 Abs. 1 Satz 1 OWiG.

iSd. § 823 Abs. 2 BGB³¹⁰. Eine Verpflichtung zum Schadensersatz kann sich aber zB aus § 826 BGB oder aus der Verletzung anderer Rechtsvorschriften ergeben, die Schutzgesetze iSd. § 823 Abs. 2 BGB sind³¹¹.

III. Mitteilungspflichten bei Erwerb und Veräußerung von Anteilen an börsennotierten Gesellschaften

1. Börsennotierte AG oder KGaA

154 Werden Aktien einer AG oder KGaA mit Sitz im Inland erworben oder veräußert, ist dies offenzulegen, wenn bestimmte **Schwellenwerte** unter- oder überschritten werden. Das geltende Recht unterscheidet dabei zwischen börsen- und nichtbörsennotierten Gesellschaften. Für die nichtbörsennotierte AG und KGaA gelten die §§ 20ff. AktG³¹². Handelt es sich dagegen um eine börsennotierte Gesellschaft, gelten die Mitteilungspflichten gem. §§ 21ff. WpHG. Diese kapitalmarktrechtlichen Regelungen sind im Interesse der Transparenz und Funktionsfähigkeit des Aktienmarkts wesentlich detaillierter als die Offenlegungspflichten des AktG. Dabei spielt auch eine Rolle, daß diese weitergehenden Mitteilungen einem Mißbrauch von Insiderinformationen vorbeugen sollen³¹³.

155 Börsennotiert sind nur solche Gesellschaften, deren Aktien im **Amtlichen Handel** an einer Börse in der EU oder im EWR zugelassen sind³¹⁴. Gesellschaften, die im Geregelten Markt³¹⁵ oder im Freiverkehr³¹⁶ notiert sind, werden nicht erfaßt. Diese rechtspolitisch nicht überzeugende Einschränkung soll durch das **WÜG** dahin geändert werden, daß künftig alle Gesellschaften erfaßt werden, deren Aktien zu einem organisierten Markt zugelassen sind³¹⁷. Darunter fällt dann auch der Handel im Geregelten Markt und im Neuen Markt³¹⁸.

2. Mitteilungspflicht

156 Jeder, der durch Erwerb, Veräußerung oder auf sonstige Weise 5%, 10%, 25%, 50% oder 75% der Stimmrechte in einer börsennotierten Gesellschaft erreicht, überschreitet oder unterschreitet, hat dies der **Gesellschaft** und dem **BAWe** unverzüglich mitzuteilen³¹⁹. Dabei ist die genaue Höhe des gehaltenen Stimmrechtsanteils, der Tag des Erreichens, Überschreitens oder Unterschreitens sowie die Anschrift des Meldepflichtigen anzugeben. Die Mitteilung hat schriftlich³²⁰

---

³¹⁰ Vgl. § 15 Abs. 6 Satz 1 WpHG und dazu *Kümpel* in Assmann/Schneider § 15 WpHG Rn 188.
³¹¹ ZB §§ 263, 264a StGB iVm. § 15 Abs. 6 Satz 2 WpHG.
³¹² Siehe Rn 90ff.
³¹³ Vgl. BegrRegE BT-Drucks. 12/6679 S. 52.
³¹⁴ § 21 Abs. 3 WpHG.
³¹⁵ §§ 71ff. BörsG.
³¹⁶ § 78 BörsG.
³¹⁷ Vgl. Art. 2 RefE-WÜG. Siehe Band 2.
³¹⁸ Vgl. § 2 Abs. 5 WpHG sowie *Witt* AG 2001, 233, 234.
³¹⁹ § 21 Abs. 1 Satz 1 WpHG.
³²⁰ Vgl. § 126 BGB.

zu erfolgen; gegenüber dem BAWe genügt auch Telefax[321]. Sie muß unverzüglich, spätestens innerhalb von sieben Kalendertagen gemacht werden. Die Frist beginnt mit dem Zeitpunkt, zu dem der Meldepflichtige vom Vorliegen des Tatbestands Kenntnis hat oder nach den Umständen haben mußte[322].

3. Stimmrechtsquote

Die Mitteilungspflicht wird ausgelöst, wenn eine der genannten Schwellen erreicht, überschritten oder unterschritten wird. Maßgeblich ist allein die **Stimmrechtsquote**; die Kapitalbeteiligung spielt – im Unterschied zu der Regelung bei der nichtbörsennotierten AG[323] – keine Rolle. Der Erwerb von stimmrechtslosen Vorzugsaktien[324] oder von Aktien, die wegen unvollständiger Einlageleistung kein Stimmrecht haben[325], ist deshalb nicht meldepflichtig. Zu berücksichtigen sind dagegen Mehrstimmrechte, soweit solche ausnahmsweise noch bestehen[326].

157

Die Stimmrechtsquote errechnet sich aus der Gesamtzahl der vorhandenen Stimmrechte. Stimmrechtsbeschränkungen bei der Gesellschaft sind dabei nicht zu berücksichtigen. Hält die Gesellschaft **eigene Aktien**, sind diese mithin nicht von der Gesamtzahl der Aktien abzuziehen, obwohl das Stimmrecht aus diesen Aktien ausgeschlossen ist[327]. Dies beruht darauf, daß für den Aktionär nicht ohne weiteres ersichtlich ist, ob und in welchem Umfang eine Gesellschaft eigene Aktien hält[328].

158

4. Veränderung der Stimmrechtsquote

Die Schwellenzahl muß durch **Erwerb, Veräußerung** oder auf sonstige Weise tangiert sein. Maßgebend dafür ist das **dingliche Erfüllungsgeschäft**; der Abschluß des Kaufvertrags oder einer sonstigen schuldrechtlichen Vereinbarung begründet noch keine Mitteilungspflicht[329]. Bei **Namensaktien** ist zwar erforderlich, daß der Erwerber in das Aktienregister eingetragen ist, damit ihm die Stimmrechte im Verhältnis zur Gesellschaft zustehen[330]. Der Erwerb der Aktien erfolgt aber regelmäßig früher und unabhängig von dieser Eintragung[331]. Bei vin-

159

---

[321] Bekanntmachung zu Mitteilungs- und Veröffentlichungspflichten bei Veränderungen des Stimmrechtsanteils an börsennotierten Gesellschaften nach §§ 21 ff. WpHG sowie zu erstmaligen Mitteilungs- und Veröffentlichungspflichten nach § 41 WpHG vom 29. 12. 1994, BAnz. Nr. 3 vom 5. 1. 1995 S. 76.
[322] § 21 Abs. 1 Satz 2 WpHG.
[323] §§ 16 Abs. 2 Satz 1, 20 Abs. 1 AktG.
[324] § 139 AktG.
[325] § 139 Abs. 2 Satz 1 AktG.
[326] § 12 Abs. 2 AktG iVm. § 5 Abs. 2 EGAktG.
[327] § 71d AktG.
[328] *Schneider* in Assmann/Schneider § 21 WpHG Rn 34.
[329] *Schneider* in Assmann/Schneider § 21 WpHG Rn 41 ff.; *Opitz* in Schäfer § 21 WpHG Rn 20: *Hüffer* Anh. § 22 AktG, § 21 WpHG Rn 8; *Cahn* AG 1997, 502, 506 ff.; *Burgard,* Die Berechnung des Stimmrechtsanteils nach §§ 21–23 Wertpapierhandelsgesetz, BB 1995, 2069; *Nottmeier/Schäfer,* Praktische Fragen im Zusammenhang mit §§ 21, 22 WpHG, AG 1997, 87, 88.
[330] § 67 Abs. 2 AktG.
[331] *Opitz* in Schäfer § 21 WpHG Rn 21.

kulierten Namensaktien muß dafür aber die Zustimmung der Gesellschaft vorliegen[332].

160 Mit der Alternative **„auf sonstige Weise"** sind vor allem Zurechnungen von Aktien Dritter sowie Vorgänge wie das Wiederaufleben der Stimmrechte bei stimmrechtslosen Vorzugsaktien[333] oder deren Umwandlung in Stammaktien sowie ein Aktienerwerb durch Gesamtrechtsnachfolge, zB im Rahmen einer Verschmelzung[334], gemeint.

5. Zurechnung von Stimmrechten

161 Für die Mitteilungspflichten sind neben den eigenen Stimmrechten auch solche Stimmrechte zu berücksichtigen, die **formal einem anderen zustehen**, dem **Meldepflichtigen** aber **zuzurechnen** sind. Dazu gehören die Stimmrechte aus Aktien, die einem Unternehmen gehören, das der Meldepflichtige kontrolliert[335]. Dem Meldepflichtigen zuzurechnen sind auch Aktien, die von einem Dritten für seine Rechnung oder für Rechnung eines vom Meldepflichtigen kontrollierten Unternehmens gehalten werden[336]. Der Dritte fungiert in solchen Fällen als Treuhänder des Meldepflichtigen.

162 Unter einem **kontrollierten Unternehmen** versteht das WpHG ein Unternehmen, bei dem dem Meldepflichtigen unmittelbar oder mittelbar die Mehrheit der Stimmrechte zusteht, er das Recht hat, die Mehrheit der Mitglieder des Verwaltungs-, Leitungs- oder Aufsichtsorgans zu bestellen oder abzuberufen oder bei dem ihm aufgrund einer mit anderen Aktionären getroffenen Vereinbarung die Mehrheit der Stimmrechte allein zusteht[337]. Nach dem RefE-WÜG soll der Begriff des kontrollierten Unternehmens durch den weiteren Begriff des **Tochterunternehmens** ersetzt werden[338].

163 Dem Meldepflichtigen zuzurechnen sind ferner alle Stimmrechte, die einem Dritten gehören, mit dem der Meldepflichtige oder ein von ihm kontrolliertes Unternehmen eine **Vereinbarung** getroffen hat, die beide verpflichtet, **langfristig gemeinschaftliche Ziele** bezüglich der Geschäftsführung der Gesellschaft zu verfolgen, indem sie ihre Stimmrechte einvernehmlich ausüben[339]. Diese Regelung erfaßt alle langfristig angelegten Stimmrechtskonsortien und Poolvereinbarungen. Solche Vereinbarungen kommen vor allem bei Familiengesellschaften vor, sind aber auch denkbar, wenn ein Aktionär zusammen mit anderen Aktionären – auch zB im Rahmen eines öffentlichen Übernahmeangebots[340] – die Kontrolle über ein Unternehmen erlangen will.

---

[332] § 68 Abs. 2 AktG; vorher kann allerdings schon eine Meldepflicht nach § 22 Abs. 1 Nr. 6 WpHG entstehen, siehe dazu *Opitz* in Schäfer § 21 WpHG Rn 20 und *Burgard* WM 2000, 611 ff.
[333] § 140 Abs. 2 AktG.
[334] § 20 Abs. 1 Nr. 1 UmwG.
[335] § 22 Abs. 1 Nr. 2 WpHG.
[336] § 22 Abs. 1 Nr. 1 WpHG.
[337] § 22 Abs. 3 WpHG.
[338] Vgl. § 22 Abs. 3 WpHG idF des RefE-WÜG; dazu *Witt* AG 2001, 233, 236.
[339] § 22 Abs. 1 Nr. 3 WpHG.
[340] Siehe zum Fall Vodafone/Mannesmann *Burgard* WM 2000, 611, 613 f.

Bei der Meldepflicht zu berücksichtigen sind ferner Aktien, die zwar auf einen **164**
Dritten übertragen sind, von diesem aber durch einseitige Willenserklärung erworben werden können[341]. Diese Regelung erfaßt alle Aktien, deren Übereignung der Meldepflichtige oder ein von ihm kontrolliertes Unternehmen durch einseitige Erklärung herbeiführen können. Streitig ist, ob über solche Optionsrechte hinaus auch ein schuldrechtlicher Übertragungsanspruch, zB aus einem Kaufvertrag, genügt[342]. IRd. geplanten **WÜG** soll klargestellt werden, daß eine Zurechnung nur erfolgen soll, wenn dem Meldepflichtigen ein auf Übereignung gerichteter Antrag gemacht worden ist[343]. Börsengängige Optionen sind schon nach heute hM ausgenommen, weil bei diesen nicht der Anspruch auf Lieferung von Aktien, sondern der Kursgewinn im Vordergrund steht.

Ein weiterer Zurechnungstatbestand ist der Fall, daß der Meldepflichtige Aktien einem Dritten als **Sicherheit** übertragen hat, es sei denn, der Dritte ist zur **165**
Ausübung der Stimmrechte befugt und will von dieser Befugnis auch Gebrauch machen[344]. Hier soll klargestellt werden, daß die Zurechnung nur dann nicht erfolgt, wenn der Sicherungsnehmer bei der Ausübung des Stimmrechts unabhängig von Weisungen des Sicherungsgebers handeln will[345].

Ist für die Meldepflichtigen ein **Nießbrauch** an Aktien bestellt, sind ihm diese **166**
Aktien unabhängig davon zuzurechnen, wem ihm Innenverhältnis das Stimmrecht aus den Aktien zusteht[346].

Den Rechten des Meldepflichtigen zuzurechnen sind schließlich Aktien, die **167**
ihm **zur Verwahrung anvertraut** sind, sofern er das Stimmrecht aus diesen Aktien nach eigenem Ermessen ausüben kann[347]. Im WÜG soll klargestellt werden, daß dafür keine Verwahrung im schuldrechtlichen Sinn erforderlich ist[348].

6. Ausnahmen

Für bestimmte Fälle kann das BAWe auf Antrag zulassen, daß Stimmrechte aus **168**
Aktien unberücksichtigt bleiben. Ein solcher Ausnahmefall liegt vor, wenn der Antragsteller ein **Wertpapierdienstleistungsunternehmen** ist, das die betreffenden Aktien im Handelsbestand hält und darlegt, daß mit dem Erwerb dieser Aktien keine Einflußnahme auf die Geschäftsführung der Gesellschaft beabsichtigt ist[349]. **Andere Unternehmen** können eine Befreiung dann erlangen, wenn sie mit den Aktien nur kurzfristig Handel treiben wollen und ebenfalls nicht auf die Geschäftsführung der Gesellschaft Einfluß nehmen wollen[350]. Wird von der

---

[341] § 22 Abs. 1 Nr. 6 WpHG.
[342] Für eine solche erweiternde Auslegung zB *Burgard* WM 2000, 611, 613 und *Bayer* Münch-Komm. Anh. § 22 AktG, § 22 WpHG Rn 33 ff.; dagegen zB *Cahn* AG 1997, 502, 507 f.; *Opitz* in Schäfer § 22 WpHG Rn 61 ff.; *Hüffer* Anh. § 22 AktG, § 22 WpHG Rn 5; *Witt* AG 2001, 233, 237.
[343] Vgl. § 22 Abs. 1 Nr. 3 WpHG.
[344] § 22 Abs. 1 Nr. 4 WpHG.
[345] Vgl. § 22 Abs. 1 Nr. 3 WpHG idF des RefE-WÜG.
[346] § 22 Abs. 1 Nr. 5 WpHG.
[347] § 22 Abs. 1 Nr. 7 WpHG.
[348] Siehe Begründung des Referentenentwurfs S. 133 und 177.
[349] § 23 Abs. 1 WpHG.
[350] § 23 Abs. 2 WpHG.

Mitteilungspflicht befreit, können Stimmrechte aus den betroffenen Aktien, soweit sie sonst mitteilungspflichtig wären, nicht ausgeübt werden[351].

7. Konzernsachverhalte

169 Gehört der Meldepflichtige zu einem Konzern, für den ein Konzernabschluß[352] aufgestellt werden muß, stellt sich aufgrund der Zurechnungsvorschriften die Frage, ob uU mehrfache Mitteilungen zu erfolgen haben. Das Gesetz läßt es ausreichen, wenn nur das **Mutterunternehmen** die Mitteilung macht[353]. Dies gilt nicht nur dann, wenn Stimmrechte eines Tochterunternehmens der Mutter zuzurechnen sind, sondern auch dann, wenn ein Tochterunternehmen selbst durch den Erwerb von Stimmrechten meldepflichtig wird. In der Mitteilung des Mutterunternehmens müssen dann aber Firma und Anschrift des Tochterunternehmens enthalten sein[354].

8. Veröffentlichungspflicht der Gesellschaft

170 Die betroffene Gesellschaft hat die ihr gegenüber erfolgten Mitteilungen **innerhalb von neun Tagen** in einem überregionalen **Börsenpflichtblatt** mit näheren Angaben des Meldepflichtigen zu veröffentlichen[355]. Ist die Gesellschaft auch an einer Börse in einem anderen Mitgliedstaat der EU oder einem Vertragsstaat des EWR zum Amtlichen Handel zugelassen, ist die Mitteilung im Interesse einer gleichmäßigen Transparenz auch in einem Börsenpflichtblatt dieses Staates zu veröffentlichen[356]. Über die vorgenommene Veröffentlichung ist dem BAWe ein Beleg zu übersenden[357].

9. Sanktionen

171 Werden Mitteilungen nach §§ 21 Abs. 1 Satz 1, 22 Abs. 1 oder 2 WpHG vorsätzlich oder leichtfertig nicht, nicht richtig, nicht vollständig, nicht in der vorgeschriebenen Form oder nicht rechtzeitig vorgenommen, stellt dies eine **Ordnungswidrigkeit** dar, die mit einer Geldbuße von bis zu DM 500 000 (ab 1. 1. 2001 € 250 000) geahndet werden kann[358].

172 Werden die Mitteilungspflichten aus § 21 WpHG nicht erfüllt, **verliert** der Meldepflichtige **alle Rechte** aus den Aktien, die ihm oder einem von ihm kontrollierten Unternehmen gehören oder die von einem Dritten für seine Rechnung oder für Rechnung eines von ihm kontrollierten Unternehmens gehalten

---

[351] § 23 Abs. 4 WpHG.
[352] Gem. §§ 290, 340i HGB.
[353] § 24 WpHG.
[354] *Nottmeier/Schäfer,* Zu den Mitteilungspflichten von Konzernunternehmen gem. § 24 Wertpapierhandelsgesetz, WM 1996, 513, 514ff.; *Bayer* in MünchKomm. Anh. § 22 AktG, § 24 WpHG Rn 7.
[355] § 25 Abs. 1 WpHG.
[356] § 25 Abs. 2 WpHG.
[357] § 25 Abs. 3 WpHG.
[358] § 39 Abs. 1 Nr. 1c, Abs. 3 WpHG.

werden[359]. Der Rechtsverlust ist allerdings zeitlich begrenzt; er besteht nur für die Zeit, für welche die Mitteilungspflicht nicht erfüllt wurde. Ausgenommen sind Dividendenansprüche und Ansprüche auf den Liquidationserlös, sofern die Mitteilung nicht vorsätzlich unterlassen wurde und nachgeholt worden ist[360].

§ 28 WpHG ist außerdem Schutzgesetz iSd. § 823 Abs. 2 BGB. Anleger können deshalb aus einer Verletzung der Mitteilungs- und Veröffentlichungspflichten uU **Schadensersatzansprüche** herleiten[361].

IV. Börsenrecht

1. Börsenhandel mit amtlicher Notierung

Sollen Aktien oder andere Wertpapiere an einer deutschen Börse mit amtlicher Notierung gehandelt werden, ist dazu eine besondere Zulassung erforderlich. Die Zulassung ist vom Emittenten der Wertpapiere und einem begleitenden Unternehmen, meist einem Kreditinstitut, bei der Zulassungsstelle der jeweiligen Börse zu beantragen[362]. Diesem Antrag ist ein Prospekt beizufügen, der idR veröffentlicht[363] wird und von den Antragstellern zu unterzeichnen[364] ist. Der Prospekt hat eine Reihe von Angaben zu enthalten, um dem Publikum ein zutreffendes Urteil über den Emittenten und die Wertpapiere zu ermöglichen[365]. Er muß insbes. Auskunft über die tatsächlichen und rechtlichen Verhältnisse geben, die für die Beurteilung der zuzulassenden Wertpapiere wesentlich sind, und muß richtig und vollständig sein[366]. Zu diesem Zweck hat der Prospekt mindestens Angaben über die zuzulassenden Wertpapiere, über den Emittenten selbst, sein Kapital und seine Geschäftstätigkeit, seine Vermögens-, Finanz- und Ertragslage, seine Rechnungslegung, seine Beteiligungsunternehmen sowie über seine Geschäftsführungs- und Aufsichtsorgane zu enthalten[367]. Die weiteren Einzelheiten ergeben sich aus der Börsenzulassungsverordnung.

Sind wesentliche Angaben in dem Prospekt unrichtig oder unvollständig, können sich daraus Schadensersatzansprüche der Erwerber der Wertpapiere ergeben (**Prospekthaftung**)[368].

---

[359] § 28 Satz 1 WpHG.
[360] § 28 Satz 2 WpHG iVm. §§ 58 Abs. 4, 271 AktG.
[361] *Schneider* in Assmann/Schneider vor § 21 WpHG Rn 16; *Bayer* in MünchKomm. § 22 AktG, Anh. § 21 WpHG Rn 2; aA *Hüffer* Anh. § 22 AktG, § 21 WpHG Rn 1 und *Opitz* in Schäfer § 28 WpHG Rn 60.
[362] § 36 BörsG. Siehe ausführlich § 23 Rn 17 ff. und Rn 53 f.
[363] Vgl. §§ 36 Abs. 4, 38 Abs. 2 BörsG iVm. §§ 45 ff. BörsZulV.
[364] § 13 Abs. 1 Satz 5 BörsZulV.
[365] § 36 Abs. 3 Nr. 2 BörsG.
[366] § 13 Abs. 1 Satz BörsZulVO.
[367] Vgl. im einzelnen die Bestimmungen in §§ 13 ff. BörsZulV.
[368] Siehe dazu §§ 45 ff. BörsG.

2. Handel im Geregelten Markt

176 Sollen Aktien oder andere Wertpapiere zum Börsenhandel mit nicht-amtlicher Notierung, dem sog. Geregelten Markt, zugelassen werden, ist für die Zulassung ein vom Emittenten zu unterschreibender **Unternehmensbericht** zu erstellen, der Angaben über den Emittenten und die Wertpapiere enthält, die notwendig sind, um dem Publikum ein zutreffendes Urteil über den Emittenten und die Wertpapiere zu ermöglichen[369]. Der Unternehmensbericht kann insgesamt einen geringeren Umfang als ein Prospekt für die Zulassung zur amtlichen Notierung aufweisen[370]. Er hat aber zumindest die Angaben zu enthalten, die für einen Verkaufsprospekt nach der Verkaufsprospekt-Verordnung erforderlich sind[371]. Danach müssen insbes. nähere Angaben über die Wertpapiere, den Emittenten, sein Kapital und seine Geschäftätigkeit sowie seine Geschäftsführungs- und Aufsichtsorgane gemacht werden[372]. Als allgemeiner Grundsatz sind alle für die Beurteilung der angebotenen Wertpapiere notwendigen tatsächlichen und rechtlichen Verhältnisse vollständig und richtig anzugeben[373]. Dies kann bedeuten, daß im Einzelfall zusätzliche, über das Vorgeschriebene hinausgehende Angaben zu machen sind. Andererseits ist die Pflicht zur Vorlage eines Unternehmensberichts unter bestimmten Voraussetzungen ausdrücklich eingeschränkt[374].

177 Für die Richtigkeit und Vollständigkeit des Unternehmensberichts wird in gleicher Weise **gehaftet** wie beim Börsenprospekt[375].

3. Handel im Neuen Markt

178 Sollen Aktien zum Handel im Neuen Markt eingeführt werden, gelten für das Verfahren die Zulassungsbedingungen der Frankfurter Wertpapierbörse. Die Zulassung setzt voraus, daß bereits eine Zulassung zum Geregelten Markt erfolgt ist[376]. Im übrigen handelt es sich aber um ein selbständiges Marktsegment iRd. Freiverkehrs[377]. Dem Antrag ist u. a. ein Emissionsprospekt beizufügen, der zugleich den Unternehmensbericht für den Geregelten Markt umfaßt[378]. Dieser Prospekt hat mindestens die Angaben zu enthalten, die nach den Zulassungsbedingungen im einzelnen vorgeschrieben sind. Die allgemeinen Regeln zur Prospekthaftung gelten für den Emissionsprospekt entsprechend[379].

---

[369] § 73 Abs. 1 Nr. 2 BörsG. Siehe § 23 Rn 25 ff. und Rn 55 f.
[370] Vgl. *Woopen*, Das Börsenrecht in der Reform, ZIP 1986, 263.
[371] § 73 Abs. 1 Nr. 2 BörsG.
[372] Vgl. im einzelnen §§ 4 ff. VerkProspVO.
[373] § 2 Abs. 1 Satz 1 VerkProspVO.
[374] Vgl. § 73 Abs. 2 und 3 BörsG und dazu *Ledermann* in Schäfer § 73 BörsG Rn 9 f.
[375] § 77 iVm. §§ 45 ff. BörsG.
[376] Ziff. 2.3 Zulassungsbedingungen der FWB zum Neuen Markt vom 1. 7. 2000. Siehe § 23 Rn 29 ff. und Rn 60 ff.
[377] *Potthoff/Stuhlfauth*, Der Neue Markt, WM 1997, Sonderbeilage zu Heft 26, S. 4; *Ledermann* in Schäfer vor § 71 BörsG Rn 4 a; *Hopt* § 78 BörsG Rn 6.
[378] Ziff. 4 Zulassungsbedingungen der FWB zum Neuen Markt.
[379] § 66 a Abs. 3 BörsO FWB.

4. Handel im Freiverkehr

Für Wertpapiere, die weder zum Amtlichen Handel noch zum Geregelten Markt zugelassen sind, kann die jeweilige Börse einen sog. Freiverkehr zulassen[380]. Nach den **Richtlinien für den Freiverkehr** an der Frankfurter Wertpapierbörse muß für die Einbeziehung von Aktien in den Freiverkehr weder ein Prospekt noch ein Unternehmensbericht erstellt werden. Der Antrag muß nur die betreffenden Wertpapiere genau bezeichnen. Der Antrag braucht nicht vom Emittenten, sondern kann von jedem zum Börsenhandel zugelassenen Unternehmen gestellt werden. Da kein Prospekt erstellt wird, gibt es auch **keine Prospekthaftung**.

V. Übernahmerecht

1. Übernahmekodex

Will jemand Aktien einer inländischen AG oder KGaA über ein **öffentliches Kauf- oder Umtauschangebot** erwerben, gelten dafür bislang nur die Bestimmungen des Übernahmekodex in der ab 1. 1. 1998 geltenden Fassung. Diese Regeln haben aber nur Empfehlungscharakter. Ihre Anwendbarkeit setzt voraus, daß sie vom Bieter freiwillig befolgt werden.

Hat der Bieter den Übernahmekodex anerkannt, was bisher bei den meisten Übernahmeverfahren der Fall war[381], muß das den Aktionären der Zielgesellschaft zu unterbreitende **Angebot** bestimmte Informationen enthalten, die das Angebot inhaltlich präzisieren und für seine Beurteilung durch den Adressaten von Bedeutung sind[382]. Dazu gehören neben Angaben über den Bieter und die Wertpapiere, die Gegenstand des Angebots sind, vor allem Angaben über die Art und Höhe der Gegenleistung sowie die Modalitäten des Annahmeverfahrens. Weiter hat der Bieter auch Angaben über die mit dem Angebot verfolgten Ziele und Absichten bezüglich der Zielgesellschaft sowie mögliche Auswirkungen eines erfolgreichen Angebots, insbes. auf die finanziellen Verhältnisse des Bieters und der Zielgesellschaft zu machen.

2. Übernahmegesetz

Der bisherige Übernahmekodex soll – im Hinblick auf die Bemühungen um eine 13. EU-Richtlinie zu Übernahmeangeboten[383] – durch ein Übernahmegesetz abgelöst werden. Der RefE-WÜG sieht vor, daß der Bieter eine sog. Angebotsunterlage erstellt[384]. Diese Unterlage muß alle Angaben enthalten, die notwendig sind, um in Kenntnis der Sachlage über das Angebot entscheiden zu können; die Angaben müssen richtig und vollständig sein[385].

---

[380] § 78 BörsG. Siehe § 23 Rn 27 ff. und Rn 57 ff.
[381] Vgl. *Loehr*, Der Freiwillige ÜK, in von Rosen/Seifert S. 149, 159 f.
[382] Vgl. im einzelnen Art. 7 ÜK.
[383] Siehe dazu *Neye* AG 2000, 289 ff. zum Entwurf des Ministerrates.
[384] Vgl. § 11 RefE-WÜG.
[385] Die näheren Einzelheiten sind in Band 2 dargestellt.

C. Aufsichtsrechtliche Grundlagen

I. Kartellrecht

183 Ist der Erwerb eines inländischen Unternehmens geplant, sind die Vorschriften des deutschen und des europäischen Kartellrechts zu beachten[386]. Sofern diese Vorschriften anwendbar sind, ist die Zulässigkeit des Erwerbs von der vorherigen **Zustimmung des Bundeskartellamts (BKartA)** oder der **EU-Kommission** abhängig (vorbeugende Fusionskontrolle).

184 Die betreffenden Vorschriften stellen jeweils auf den Begriff des **Zusammenschlusses** ab. Ein Zusammenschluß liegt nach dem **GWB** vor, wenn das Vermögen eines anderen Unternehmens ganz oder zu einem wesentlichen Teil erworben wird oder wenn ein oder mehrere Unternehmen die unmittelbare oder mittelbare Kontrolle über die Gesamtheit oder Teile eines anderen Unternehmens erwerben. Die Kontrolle kann dabei auf verschiedene Weise erlangt werden[387]. Die Vorschriften über die aufsichtsrechtliche Kontrolle eines solchen Zusammenschlusses sind nur anwendbar, wenn von den beteiligten Unternehmen im letzten Geschäftsjahr vor dem Zusammenschluß weltweit insgesamt mehr als 1 Mrd. DM und im Inland von einem Unternehmen mindestens 50 Mio. DM Umsatzerlöse erzielt wurden[388]. Keine Anwendung finden diese Vorschriften, soweit die Kommission der EU[389] für die Kontrolle von Unternehmenszusammenschlüssen ausschließlich zuständig ist[390].

185 Die Europäische Fusionskontroll-Verordnung (**FKVO**) gilt nur für Zusammenschlüsse von gemeinschaftsweiter Bedeutung[391]. Die Kriterien dafür sind in Art. 1 FKVO anhand quantitativer Umsatzschwellen (weltweit insgesamt mehr als 5 Mrd. €, gemeinschaftsweit jeweils mehr als 250 Mio. €) festgelegt[392]. Die Definition des Zusammenschlusses ist ähnlich wie im GWB; sie umfaßt neben der rechtlichen auch die wirtschaftliche Fusion[393].

186 Soweit das GWB oder die FKVO anwendbar sind, sind die beteiligten Unternehmen verpflichtet, den Zusammenschluß beim BKartA bzw. bei der EU-Kommission **anzumelden**. Beteiligte Unternehmen sind dabei nicht nur die unmittelbar beteiligten Unternehmen, sondern auch die mit diesen verbundenen Unternehmen[394].

187 Ein Vollzug des Zusammenschlusses vor der Anmeldung und während des laufenden Verfahrens ist zur Sicherung der vorbeugenden Fusionskontrolle grund-

---

[386] Siehe § 25.
[387] Vgl. § 37 Abs. 1 GWB.
[388] Vgl. § 35 Abs. 1 und 2 GWB; siehe § 25 Rn 40 ff.
[389] Nach der Verordnung (EWG) Nr. 4064/89 des Rates vom 21. 12. 1989.
[390] § 35 Abs. 3 GWB.
[391] Vgl. Art. 1 der VO (EWG) Nr. 4064/89 des Rates über die Kontrolle von Unternehmenszusammenschlüssen (FKVO).
[392] Siehe dazu näher § 25 Rn 34 ff.
[393] Vgl. Art. 3 Abs. 1a FKVO.
[394] Vgl. dazu § 39 GWB sowie die Bekanntmachung der Kommission über den Begriff der beteiligten Unternehmen ABl. 1998 C 66/14 ff.

sätzlich verboten³⁹⁵. Rechtsgeschäfte, die gegen dieses **Vollzugsverbot** verstoßen, sind – von bestimmten Ausnahmen abgesehen – unwirksam³⁹⁶.

Ist der Zusammenschluß freigegeben und von den beteiligten Unternehmen 188 zivilrechtlich vollzogen worden, ist dies im Fall der deutschen Fusionskontrolle unverzüglich dem BKartA mitzuteilen³⁹⁷. Diese **Vollzugsanzeige** besteht unabhängig von der Anmeldung und dient einer umfassenden Konzentrationsbeobachtung. In der Praxis des BKartA wird eine Vollzugsanzeige innerhalb von drei Monaten nach dem Vollzug noch als unverzüglich angesehen³⁹⁸.

Sonstige **Bekanntmachungspflichten** der beteiligten Unternehmen bestehen 189 weder nach GWB noch nach FKVO. Die für den jeweiligen Zusammenschluß erforderliche Anmeldung löst zwar bestimmte Bekanntmachungen bzw. Veröffentlichungen aus; diese werden aber von der jeweils zuständigen Kartellbehörde veranlaßt. Dabei handelt es sich im wesentlichen um folgende Veröffentlichungen:

1. Bundeskartellamt (BKartA)

Jede **Entscheidung** des BKartA im **Hauptprüfverfahren** (Freigabe oder Un- 190 tersagung des Zusammenschlusses) wird im Bundesanzeiger bekanntgemacht³⁹⁹. Das Hauptprüfverfahren wird nur bei problematischen Zusammenschlußvorhaben eingeleitet, die nicht innerhalb der ersten Phase von einem Monat freigegeben werden. Für Freigaben innerhalb der ersten Phase ist keine Veröffentlichung vorgesehen.

Außerdem wird jede **Anzeige des Vollzugs** eines Zusammenschlusses (nach 191 Freigabe durch das BKartA) im Bundesanzeiger bekanntgemacht⁴⁰⁰.

Weitere Bekanntmachungen ergeben sich – u. a. im Zusammenhang mit ei- 192 ner Ministererlaubnis, der Auflösung eines Zusammenschlusses sowie bestimmten Anordnungen des BKartA – aus § 43 Ziff. 3 bis 6 GWB.

Bekanntmachungen des BKartA werden auch im Internet veröffentlicht. Bei 193 allen Bekanntmachungen werden die begründeten Interessen der Beteiligten an der Geheimhaltung vertraulicher Informationen berücksichtigt. Unabhängig von den im Gesetz vorgesehenen Bekanntmachungen gibt das BKartA bei bedeutenden Zusammenschlüssen nach deren Anmeldung eigene Presseerklärungen heraus.

2. Europäische Kommission

Die **Feststellung** der Kommission, daß die Anmeldung eines Zusammen- 194 schlusses unter die FKVO fällt, wird im Amtsblatt der Europäischen Gemeinschaften veröffentlicht⁴⁰¹. Die **Veröffentlichung** umfaßt die Tatsache der Anmel-

---

[395] § 41 Abs. 1 GWB und Art. 7 Abs. 1 FKVO.
[396] § 41 Abs. 1 GWB und Art. 7 Abs. 4 FKVO.
[397] § 39 Abs. 6 GWB.
[398] *Richter* in Wiedemann, Handbuch des Kartellrechts, 1999, § 21 Rn 41.
[399] Gem. § 43 Satz 1 Nr. 2 GWB.
[400] Gem. § 43 Satz 1 Nr. 1 GWB.
[401] Gem. Art. 4 Abs. 3 FKVO.

dung bei der Kommission unter Angabe des Namens der Beteiligten, der Art des Zusammenschlusses sowie der betroffenen Wirtschaftszweige.

195 Die Kommission veröffentlicht außerdem – insoweit entsprechend der GWB-Regelung – alle **Entscheidungen** (Freigaben und Untersagungen) zum Abschluß des Verfahrens in der Hauptsache im Amtsblatt der Europäischen Gemeinschaften[402]. Die Veröffentlichung umfaßt jeweils die Angabe der Beteiligten sowie den wesentlichen Inhalt der Entscheidung. Soweit ein angemeldetes Zusammenschlußvorhaben bereits in der ersten Phase (Monatsfrist) freigegeben wird[403] (dies ist in ca. 90% aller Verfahren der Fall), besteht auch nach der FKVO keine Publikationspflicht.

196 **Weitere Veröffentlichungen** ergeben sich im Fall der Anordnung der Trennung von Unternehmen und im Fall des Widerrufs einer Freigabe[404].

197 Die **Veröffentlichungen** der Kommission erfolgen auch im Internet. Bei allen Veröffentlichungen wird den berechtigten Interessen der Beteiligten an der Wahrung von Geschäftsgeheimnissen Rechnung getragen. Im übrigen gibt die Europäische Kommission immer dann, wenn die zweite Phase des Kontrollverfahrens eingeleitet wird (d. h. wenn nicht innerhalb der Frist von einem Monat entschieden wird), eine eigene Presseerklärung heraus.

II. Bankaufsichtsrecht

198 Nach dem **Gesetz über das Kreditwesen** (KWG) bestehen unterschiedliche Mitteilungspflichten, je nachdem, ob ein Kreditinstitut selbst eine Beteiligung an einem anderen Unternehmen erwerben will oder ob sich ein Dritter an einem Kreditinstitut beteiligt. Außerdem sieht das Gesetz neben der Anzeige einzelner Sachverhalte jährliche Sammelanzeigen vor.

1. Beteiligungserwerb durch ein Institut

199 Die nach dem KWG beaufsichtigten **Institute**, d. h. Kreditinstitute und Finanzdienstleistungsinstitute[405], haben dem Bundesaufsichtsamt für das Kreditwesen (BAKred) und der Deutschen Bundesbank im Zusammenhang mit Beteiligungen eine Reihe von Anzeigen zu erstatten.

200 **a) Unmittelbare Beteiligungen.** Meldepflichtig ist die Übernahme, Aufgabe sowie Veränderungen in der Höhe einer **unmittelbaren Beteiligung** an einem anderen Unternehmen[406]. Als unmittelbare Beteiligung gilt das Halten von mindestens 10% der Kapitalanteile oder der Stimmrechte. Der Bilanzausweis spielt dabei keine Rolle; auch die nur vorübergehende Übernahme einer Beteiligung ist erfaßt. Meldepflichtig sind auch Unterbeteiligungen an Beteiligungen

---

[402] Gem. Art. 20 Abs. 1 iVm. Art. 8 Abs. 2 und 3 FKVO.
[403] Vgl. Art. 6 Abs. 1, 10 Abs. 1 FKVO.
[404] Art. 20 Abs. 1 iVm. Art. 8 Abs. 3 und 4 FKVO.
[405] § 1 Abs. 1b KWG.
[406] § 24 Abs. 1 Nr. 3 KWG.

anderer Unternehmen⁴⁰⁷. Eine Änderungsanzeige ist nur abzugeben, wenn durch die Änderung 20%, 33% oder 50% des Kapitals oder der Stimmrechte des Unternehmens erreicht, über- oder unterschritten werden oder das Unternehmen ein Tochterunternehmen wird oder nicht mehr ist⁴⁰⁸.

Neben diesen Einzelanzeigen ist jeweils auf den 31.12. eine **Sammelanzeige** aller unmittelbaren Beteiligungen abzugeben. Diese Anzeige hat bis zum 15.6. des nächsten Jahres zu erfolgen⁴⁰⁹. 201

b) Mittelbare Beteiligungen. Jedes Institut hat dem BAKred und der Deutschen Bundesbank alljährlich nach dem Stand vom 31.12. des Vorjahres seine **mittelbaren Beteiligungen** an anderen Unternehmen anzuzeigen⁴¹⁰. Mittelbare Beteiligungen iSd. Anzeigepflicht sind Anteile am Kapital oder den Stimmrechten in Höhe von **mindestens 10%**. Die mittelbare Beteiligung kann auf jeder Stufe durch ein Tochterunternehmen⁴¹¹ oder eine Beteiligung in Höhe von 20% oder mehr des Kapitals oder der Stimmrechte des zwischengeschalteten Unternehmens vermittelt werden⁴¹². Meldepflichtig sind zunächst nur die Anteile, die über ein Tochterunternehmen gehalten werden. Über die anderen mittelbaren Anteile muß das Institut erst auf Verlangen des BAKred oder einer Landeszentralbank eine rechtzeitig vorzubereitende Aufstellung einreichen⁴¹³. 202

c) Vereinigung mit einem anderen Institut. Beabsichtigt ein Institut, sich mit einem anderen Institut zu **vereinigen**, ist dies dem BAKred und der Deutschen Bundesbank unverzüglich anzuzeigen⁴¹⁴. Erfaßt sind alle Arten der Vereinigung, außer der Verschmelzung also auch die Übernahme aller Anteile oder des gesamten Geschäftsvermögens. Die Anzeigepflicht entsteht, sobald die Fusion aufgrund der geführten Verhandlungen wahrscheinlich ist⁴¹⁵. Neben der Fusionsabsicht sind auch das Ergebnis der Verhandlungen und der rechtliche Vollzug der Vereinigung anzuzeigen⁴¹⁶. 203

2. Beteiligungen an einem Institut

Das KWG sieht für bestimmte Veränderungen in der Anteilseignerstruktur eines **Kreditinstituts**⁴¹⁷ oder eines **Finanzdienstleistungsinstituts**⁴¹⁸ Mitteilungspflichten vor. Durch diese soll vor allem einer Beteiligung von Personen aus 204

---

⁴⁰⁷ *Braun* in Boos/Fischer/Schulte-Mattler § 24 KWG Rn 39.
⁴⁰⁸ § 9 Abs. 2 der Verordnung über die Anzeigen und die Vorlage von Unterlagen nach dem Gesetz über das Kreditwesen (Anzeigenverordnung) vom 27. 12. 1997, BGBl. I S. 3372.
⁴⁰⁹ § 9 Abs. 1 Satz 2 Anzeigenverordnung
⁴¹⁰ § 24 Abs. 1a Satz 1 Nr. 1 KWG.
⁴¹¹ Vgl. § 1 Abs. 7 KWG.
⁴¹² § 14 Abs. 2 Satz 1 Anzeigenverordnung.
⁴¹³ § 14 Abs. 3 Anzeigenverordnung.
⁴¹⁴ § 24 Abs. 2 KWG.
⁴¹⁵ § 16 Satz 2 Anzeigenverordnung.
⁴¹⁶ § 16 Satz 3 Anzeigenverordnung.
⁴¹⁷ Vgl. zum Begriff § 1 Abs. 1 KWG.
⁴¹⁸ Zum Begriff siehe § 1 Abs. 1a KWG.

dem Bereich der organisierten Kriminalität sowie der Einspeisung inkriminierter Gelder in das Finanzsystem (sog. Geldwäsche) entgegengewirkt werden[419].

205 a) **Meldepflicht des Erwerbers.** Wer beabsichtigt, eine **bedeutende Beteiligung** an einem Institut[420] zu **erwerben**, hat dies unverzüglich dem BAKred und der Deutschen Bundesbank **anzuzeigen**[421]. In dieser Anzeige sind die für die Beurteilung der Zuverlässigkeit des Erwerbers wesentlichen Tatsachen sowie die Personen oder Unternehmen anzugeben, von denen er die Anteile erwerben will[422]. Auf Verlangen hat der Erwerber außerdem Jahresabschlüsse und Konzernabschlüsse nebst Prüfungsberichten einzureichen[423].

206 Eine Anzeigepflicht besteht auch, wenn jemand bereits eine bedeutende Beteiligung hält, der Betreffende diese aber so **erhöhen** will, daß die Schwellen von 20%, 33% oder 50% der Stimmrechte oder des Kapitals erreicht oder überschritten werden oder daß das Institut unter seine Kontrolle kommt[424].

207 Das BAKred kann innerhalb von drei Monaten nach der Anzeige den beabsichtigten Erwerb bzw. die beabsichtigte Erhöhung der Beteiligung **untersagen**, wenn bestimmte Voraussetzungen vorliegen. Dazu gehören insbes. fehlende Zuverlässigkeit beim Erwerber oder die Beeinträchtigung einer wirksamen Aufsicht als Folge des Unternehmensverbunds[425].

208 Eine Anzeigepflicht besteht auch, wenn eine bedeutende Beteiligung **aufgegeben** oder unter die Schwellen von 20%, 33% oder 50% der Stimmrechte **abgesenkt** werden soll, oder wenn die Beteiligung so verändert werden soll, daß das betroffene Institut **nicht mehr kontrolliertes Unternehmen** ist[426]. In der Anzeige ist die verbleibende Höhe der Beteiligung anzugeben. Für die Veräußerung sind keine Eingriffsbefugnisse des BAKred vorgesehen.

209 Eine **bedeutende Beteiligung** liegt nach dem Gesetz vor, wenn unmittelbar oder mittelbar über ein oder mehrere Tochterunternehmen oder ein gleichartiges Verhältnis oder durch Zusammenwirken mit anderen Personen oder Unternehmen **mindestens 10% des Kapitals oder der Stimmrechte** eines Unternehmens gehalten werden oder auf die Geschäftsführung des Unternehmens, an dem die Beteiligung besteht, ein **maßgeblicher Einfluß** ausgeübt werden kann[427]. Für die Berechnung des Stimmrechtsanteils gelten die Zurechnungsvorschriften[428] entsprechend[429]. Für den Begriff des maßgeblichen Einflusses kann § 311 Abs. 1 Satz 2 HGB herangezogen werden, wonach ein solcher Einfluß dann zu

---

[419] Bericht des Finanzausschusses vom 24. 3. 1998, BT-Drucks. 13/9874.
[420] Zum Begriff § 1 Abs. 1b KWG.
[421] § 2b Abs. 1 Satz 1 KWG.
[422] Siehe dazu im einzelnen § 1 Anzeigenverordnung.
[423] § 2b Abs. 1 Satz 3 iVm. § 32 Abs. 1 Satz 3 Nr. 6 KWG.
[424] § 2b Abs. 1 Satz 6 KWG.
[425] § 2b Abs. 1a KWG.
[426] § 2b Abs. 4 KWG.
[427] § 1 Abs. 9 KWG.
[428] Gem. § 22 Abs. 1 und 3 WpHG.
[429] § 1 Abs. 9 Satz 2 KWG; siehe Rn 161 ff.

vermuten ist, wenn ein Unternehmen bei einem anderen Unternehmen mindestens 5% der Stimmrechte innehat[430].

Tochterunternehmen sind Unternehmen, die Tochterunternehmen iSv. § 290 HGB sind, oder auf die ein beherrschender Einfluß ausgeübt werden kann[431].

Kontrolle besteht, wenn ein Unternehmen im Verhältnis zu einem anderen Unternehmen Mutterunternehmen ist oder wenn ein gleichartiges Abhängigkeitsverhältnis besteht[432].

b) Meldepflicht des Instituts. Jedes Institut hat dem BAKred und der Deutschen Bundesbank unverzüglich anzuzeigen, wenn es davon Kenntnis erlangt, daß eine **bedeutende Beteiligung** an dem Institut erworben oder aufgegeben wird oder die **Schwellenwerte** von 20%, 33% oder 50% der Anteile am Kapital oder an den Stimmrechten des Instituts über- oder unterschritten werden oder daß das Institut Tochterunternehmen eines anderen Unternehmens wird bzw. nicht mehr ist[433]. Diese Anzeigepflicht ist Grundlage zur Überwachung, ob die Gesellschafter ihren Meldepflichten beim Erwerb einer Beteiligung nachgekommen sind. Außerdem dienen die Anzeigen der Vorbereitung eventueller aufsichtsrechtlicher Maßnahmen gegenüber einem bedeutend Beteiligten. Solche Maßnahmen können in der Untersagung des Erwerbs oder der Ausübung von Stimmrechten oder dem Entzug der Geschäftserlaubnis bestehen[434].

Das Institut hat schließlich alljährlich dem BAKred und der Deutschen Bundesbank die Namen und Anschriften der Inhaber einer bedeutenden Beteiligung und deren Höhe mitzuteilen[435]. Stichtag dieser **Sammelanzeige** ist der 31.8.[436]

III. Versicherungsaufsichtsrecht

Nach dem **Gesetz über die Beaufsichtigung der Versicherungsunternehmen** (VAG) bestehen Mitteilungspflichten für den Erwerb von Beteiligungen durch ein Versicherungsunternehmen sowie für bestimmte Beteiligungserwerbe an einem Versicherungsunternehmen.

1. Beteiligungserwerb durch ein Versicherungsunternehmen

Versicherungsunternehmen[437] sind verpflichtet, den Erwerb von Beteiligungen dem Bundesaufsichtsamt für das Versicherungswesen (BAV) bis zum Ende des auf den Erwerb folgenden Monats anzuzeigen[438]. Bei dem Erwerb von Beteiligungen in Aktien oder sonstigen Anteilen gilt dies jedoch nur, wenn die Beteiligung 10%

---

[430] Vgl. *Fülbier* in Boos/Fischer/Schulte-Mattler § 1 KWG Rn 191.
[431] § 1 Abs. 7 KWG.
[432] § 1 Abs. 8 KWG.
[433] § 24 Abs. 1 Nr. 11 KWG.
[434] Vgl. §§ 2b Abs. 2, 33 Abs. 1 Nr. 3 KWG.
[435] § 24 Abs. 1a Satz 1 Nr. 2 KWG.
[436] § 12 Abs. 2 Anzeigenverordnung.
[437] Zum Begriff § 1 Abs. 1 VAG.
[438] § 54 Abs. 2 VAG. Ab 1. 1. 2002 wird der jetzige Abs. 2 des § 54 VAG zu dessen Abs. 4, vgl. Gesetz vom 21. 12. 2000, BGBl. I S. 1857.

des Nennkapitals der fremden Gesellschaft übersteigt. Dabei werden die Beteiligungen mehrerer zu einem Konzern iSd. § 18 AktG zusammengehörender Versicherungsunternehmen zusammengerechnet.

2. Beteiligungen an einem Versicherungsunternehmen

216 Das VAG sieht in Anlehnung an das KWG bestimmte Mitteilungspflichten im Zusammenhang mit **bedeutenden Beteiligungen** vor. Zweck dieser Bestimmungen ist es, die Versicherungsunternehmen vor der Einspeisung inkriminierter Gelder, zB aus Anlagebetrug oder Geldwäsche, sowie generell davor zu schützen, daß unzuverlässige Anteilseigner durch die Verfolgung sachfremder Interessen die Erfüllbarkeit der Versicherungsverträge gefährden.

217 **a) Meldepflicht des Erwerbers.** Wer beabsichtigt, eine **bedeutende Beteiligung** an einem Erstversicherungsunternehmen zu **erwerben**, hat dies unverzüglich dem BAV **anzuzeigen**[439]. In dieser Anzeige sind die für die Beurteilung der Zuverlässigkeit des Erwerbers wesentlichen Tatsachen sowie die Personen oder Unternehmen anzugeben, von denen er die Anteile erwerben will. Auf Verlangen hat der Erwerber außerdem Jahresabschlüsse und Konzernabschlüsse nebst Prüfungsberichten einzureichen[440].

218 Eine Anzeigepflicht besteht auch für den, der bereits eine bedeutende Beteiligung hält, diese aber so **erhöhen** will, daß die Schwellen von 20%, 33% oder 50% der Stimmrechte oder des Kapitals erreicht oder überschritten werden oder daß das Versicherungsunternehmen zu einem kontrollierten Unternehmen wird[441].

219 Das BAV kann innerhalb von drei Monaten nach der Anzeige den beabsichtigten Erwerb bzw. die beabsichtigte Erhöhung der Beteiligung **untersagen**, wenn bestimmte Voraussetzungen vorliegen. Dazu gehören insbes. fehlende Zuverlässigkeit beim Erwerber oder die Beeinträchtigung einer wirksamen Aufsicht als Folge des Unternehmensverbunds[442].

220 Eine Anzeigepflicht besteht ferner, wenn eine bedeutende Beteiligung bei einem Erstversicherungsunternehmen **aufgegeben** oder unter die Schwellen von 20%, 33% oder 50% der Stimmrechte **abgesenkt** werden soll oder wenn die Beteiligung so verändert werden soll, daß das betroffene Versicherungsunternehmen **nicht mehr kontrolliertes Unternehmen** ist[443]. In der Anzeige ist die verbleibende Höhe der Beteiligung anzugeben.

221 Eine **bedeutende Beteiligung** liegt vor, wenn unmittelbar oder mittelbar über ein oder mehrere Tochterunternehmen oder ein gleichartiges Verhältnis oder durch Zusammenwirken mit anderen Personen oder Unternehmen mindestens 10% des Nennkapitals oder der Stimmrechte einer Versicherungsaktiengesellschaft gehalten werden oder trotz Unterschreitens dieser Schwelle ein maßgeblicher Einfluß auf die Geschäftsführung ausgeübt werden kann[444].

---

[439] § 104 Abs. 1 Satz 1 VAG.
[440] Vgl. § 104 Abs. 1 Satz 2 iVm. § 5 Abs. 5 Nr. 6c und d VAG.
[441] § 104 Abs. 1 Satz 4 VAG.
[442] § 104 Abs. 1a VAG.
[443] § 104 Abs. 3 VAG.
[444] § 7a Abs. 2 Satz 3 VAG.

Für die Bestimmung als **Tochterunternehmen** gilt § 290 HGB⁴⁴⁵. Bei der Berechnung des Stimmrechtsanteils sind die Zurechnungsbestimmungen des § 22 Abs. 1 WpHG anzuwenden⁴⁴⁶. Für den Begriff des maßgeblichen Einflusses kann auf § 311 HGB zurückgegriffen werden.

Kontrolle besteht, wenn ein Unternehmen im Verhältnis zu einem anderen Unternehmen als Mutterunternehmen gilt oder wenn zu dem Versicherungsunternehmen ein gleichartiges Abhängigkeitsverhältnis besteht⁴⁴⁷.

b) **Meldepflicht des Versicherungsunternehmens.** Versicherungsunternehmen haben dem BAV den **Erwerb** oder die **Aufgabe** einer bedeutenden Beteiligung an dem eigenen Versicherungsunternehmen anzuzeigen⁴⁴⁸. Anzuzeigen sind auch das Erreichen sowie das Über- oder Unterschreiten der **Beteiligungsschwellen** von 20%, 33% oder 50% der Stimmrechte oder des Nennkapitals. Gleiches gilt für die Tatsache, daß das Versicherungsunternehmen **Tochterunternehmen** eines anderen Unternehmens wird.

Die Anzeige ist jeweils **unverzüglich** zu erstatten, sobald das Versicherungsunternehmen von der bevorstehenden Änderung der Beteiligungsverhältnisse **Kenntnis erlangt**. Nähere Hinweise zu den Anzeigepflichten enthält das Rundschreiben R 4/98 des BAV⁴⁴⁹.

D. Arbeitsrechtliche Grundlagen

I. Übertragung von Gesellschaftsanteilen

Von der Übernahme eines Unternehmens sind regelmäßig auch dessen Mitarbeiter betroffen⁴⁵⁰. Dies gilt, wenn im Rahmen eines Erwerbsgeschäfts nur Anteile einer Gesellschaft übernommen werden, allerdings nur wirtschaftlich und nicht in rechtlicher Hinsicht, weil der Arbeitgeber in Gestalt der Gesellschaft, mit der das Arbeitsverhältnis besteht, identisch bleibt. In solchen Fällen besteht deshalb gegenüber den einzelnen **Mitarbeitern** keine Verpflichtung zur Unterrichtung. Zu unterrichten sind nur bestimmte betriebsverfassungsrechtliche Gremien.

Bei allen Unternehmen mit idR mehr als 100 ständig beschäftigten Arbeitnehmern ist ein **Wirtschaftsausschuß** zu bilden⁴⁵¹. Dieser ist rechtzeitig und umfassend über die wirtschaftlichen Angelegenheiten des Unternehmens unter Vorlage der erforderlichen Unterlagen zu unterrichten⁴⁵². Zu diesen Angelegenheiten gehören u. a. alle Vorgänge und Vorhaben, welche die Interessen der Arbeitnehmer

---

⁴⁴⁵ § 7a Abs. 2 Stz 6 und 7 VAG.
⁴⁴⁶ § 7a Abs. 2 Satz 4 VAG.
⁴⁴⁷ Vgl. § 7a Abs. 2 Satz 8 VAG.
⁴⁴⁸ § 13d Nr. 4 VAG.
⁴⁴⁹ VerBAV 1998 S. 203 ff.
⁴⁵⁰ Siehe § 27.
⁴⁵¹ § 106 Abs. 1 BetrVG.
⁴⁵² § 106 Abs. 2 BetrVG.

des Unternehmens wesentlich berühren können⁴⁵³. Diese Generalklausel umfaßt auch gesellschaftsrechtliche Zusammenschlüsse mit anderen Unternehmen, wie zB die Übernahme aller Gesellschaftsanteile⁴⁵⁴. Dabei ist der Wirtschaftausschuß nicht nur über die Anteilsübertragung als solche, sondern auch über etwaige Absprachen über die künftige Geschäftsführung und Geschäftspolitik zu unterrichten⁴⁵⁵. Der Veräußerungsvertrag, der nur das Verhältnis zwischen dem bisherigen und dem neuem Gesellschafter betrifft, muß dem Wirtschaftsausschuß dagegen nicht vorgelegt werden⁴⁵⁶. Keine Unterrichtungspflicht besteht auch für solche Informationen, deren Offenlegung Betriebs- und Geschäftsgeheimnisse des Unternehmens gefährden würden⁴⁵⁷. Dies gilt unabhängig davon, daß die Mitglieder des Wirtschaftsausschusses zur Geheimhaltung verpflichtet sind⁴⁵⁸.

228 Ist im Anschluß an einen Gesellschafterwechsel eine Betriebsänderung geplant, hat darüber der Unternehmer, d. h. bei Gesellschaften das jeweilige gesetzliche Vertretungsorgan, den **Betriebsrat** des betroffenen Betriebs rechtzeitig und umfassend zu unterrichten⁴⁵⁹. Außerdem ist ein Interessenausgleich zu versuchen und ein Sozialplan aufzustellen⁴⁶⁰. Diese Rechtsfolgen ergeben sich allerdings nicht aus den gesellschaftsrechtlichen Veränderungen. Sie knüpfen allein an die Planung einer Betriebsänderung an.

229 Soweit danach eine Pflicht zur Unterrichtung des Wirtschaftsausschusses und/oder des Betriebsrats besteht, stellt die Verletzung dieser Pflicht eine Ordnungswidrigkeit dar, die mit einer Geldbuße von bis zu DM 20 000 (ab 1. 1. 2002 € 10 000) geahndet werden kann⁴⁶¹.

II. Betriebsübergang

1. Unterrichtung der Mitarbeiter

230 Geht im Rahmen einer Unternehmensübernahme ein Betrieb oder Betriebsteil auf ein anderes Unternehmen und damit einen anderen Arbeitgeber über, werden die in diesem Bereich bestehenden Arbeitsverhältnisse nicht nur wirtschaftlich, sondern auch rechtlich berührt, da sie von Gesetzes wegen grundsätzlich zusammen mit dem Betrieb oder Betriebsteil auf den neuen Arbeitgeber übergehen⁴⁶². Dies kann zB durch Übertragung des Betriebs oder Betriebsteils aufgrund eines Veräußerungsvertrags oder durch Einbringung im Rahmen einer Sachkapitalerhöhung geschehen. Eine Zustimmung der betroffenen Mitarbeiter zu dem Übergang ihrer Arbeitsverhältnisse ist nicht erforderlich. Allerdings hin-

---

[453] § 106 Abs. 3 Nr. 10 BetrVG.
[454] *Fabricius* GK § 106 BetrVG Rn 118; *Fitting* § 106 BetrVG Rn 50.
[455] BAG EzA § 106 BetrVG 1972 Nr. 14 = AiB 1991, 437 „Grimberg"; vgl. auch *LAG Düsseldorf* DB 1989, 1088.
[456] BAG EzA § 106 BetrVG 1972 Nr. 14 = AiB 1991, 437 „Grimberg".
[457] § 106 Abs. 2 BetrVG.
[458] Gem. § 79 BetrVG.
[459] § 111 BetrVG.
[460] § 112 BetrVG.
[461] § 121 BetrVG.
[462] § 613a BGB; siehe auch § 27 Rn 13ff.

dert der **Widerspruch** eines Arbeitnehmers den Übergang seines Arbeitsverhältnisses mit der Wirkung, daß es mit dem bisherigen Arbeitgeber fortbesteht[463]. Dieser Widerspruch muß grundsätzlich bis zum Betriebsübergang erklärt sein, was voraussetzt, daß der Übergang rechtzeitig angekündigt wird.

Dementsprechend beginnt das Widerspruchsrecht mit der **Unterrichtung** der Arbeitnehmer über den bevorstehenden Inhaberwechsel[464]. Diese Unterrichtung muß zumindest den neuen Inhaber und die betroffenen Arbeitnehmer bezeichnen sowie den Zeitpunkt des Wechsels angeben. Außerdem empfiehlt es sich, die Arbeitnehmer aufzufordern, bei fehlendem Einverständnis innerhalb einer angemessenen Überlegungsfrist zu widersprechen. Verstreicht diese Frist ohne Erklärung seitens des Arbeitnehmers, kann dieses Schweigen dann als Zustimmung gewertet werden. Unterbleibt dagegen die Information der Mitarbeiter oder ist sie inhaltlich unzureichend, geht das Arbeitsverhältnis zwar zunächst mit dem Inhaberwechsel über. Der Arbeitnehmer kann aber noch nachträglich widersprechen und dadurch erreichen, daß sein Arbeitsverhältnis – rückwirkend – mit dem bisherigen Arbeitgeber fortbesteht. Für diesen nachträglichen Widerspruch wird im allgemeinen eine Frist von drei Wochen eingeräumt[465]. Dabei kann der Arbeitnehmer wählen, ob er den Widerspruch gegenüber dem Veräußerer oder dem Erwerber des Betriebs erklärt[466]. 231

2. Unterrichtung des Betriebsrats

Der Erwerb oder die Veräußerung eines Betriebs oder Betriebsteils stellt als solcher keine Betriebsänderung iSd. BetrVG dar[467]. Demgemäß besteht dabei auch kein Beteiligungsrecht des Betriebsrats; die Interessen der Arbeitnehmer sind hinreichend durch § 613a BGB gewahrt. 232

Mit einem Betriebsübergang kann allerdings eine **Betriebsänderung** verbunden sein. Dies ist etwa der Fall, wenn der übernommene Betrieb stillgelegt, verkleinert, verlegt oder mit einem anderen zusammengelegt werden soll[468]. Auch grundlegende Änderungen der Betriebsorganisation, des Betriebszwecks oder der Betriebsanlagen sind eine Betriebsänderung[469]. Das gleiche gilt für die Einführung grundlegend neuer Arbeitsmethoden und Fertigungsverfahren[470]. 233

Wird nur ein **Betriebsteil** übertragen, gilt auch dafür grundsätzlich nur die Sonderregelung des § 613a BGB[471]. Beim abgebenden Betrieb kann zwar eine 234

---

[463] Vgl. *Schaub* Arbeitsrechts-Handbuch § 118 Rn 58 ff. sowie *Willemsen* in Willemsen/Hohenstatt/Schweibert G 154; siehe dazu auch *Kübler* § 3 Rn 83.
[464] *BAG* AP Nr. 103 zu § 613a BGB.
[465] *BAG* AP Nr. 102 zu § 613a BGB; *Raab* in Soergel § 613a BGB Rn 154.
[466] *BAG* NJW 1994, 2245.
[467] Vgl. § 111 BetrVG sowie *BAG* DB 1980, 164 und 743; DB 1981, 1190; DB 1987, 1540; *Fitting* § 111 BetrVG Rn 48; *Richardi* § 111 BetrVG Rn 117; *Schweibert* in Willemsen/Hohenstatt/Schweibert C 79; aA *Fabricius* GK § 111 BetrVG Rn 267 und *Däubler* in Däubler/Kittner/Klebe, Betriebsverfassungsgesetz, 6. Aufl. 1998, § 111 BetrVG Rn 102.
[468] Vgl. die Aufzählung in § 111 Satz 2 Nr. 1 bis 3 BetrVG.
[469] § 111 Satz 2 Nr. 4 BetrVG.
[470] § 111 Satz 2 Nr. 5 BetrVG.
[471] *Richardi* § 111 BetrVG Rn 125.

Betriebseinschränkung gegeben sein. Voraussetzung dafür ist aber, daß es sich um einen wesentlichen Betriebsteil iSd. § 111 Satz 2 Nr. 1 BetrVG handelt[472].

235 Eine Betriebsänderung kann sowohl vom bisherigen Betriebsinhaber als auch vom Erwerber des Betriebs geplant sein. Der bisherige Inhaber kann zB eine Einschränkung des Betriebs planen, um ihn danach zu veräußern. Der Erwerber kann im Anschluß an den Erwerb einen (weiteren) Personalabbau planen. Die Verpflichtung, den Betriebsrat an den geplanten Maßnahmen[473] zu beteiligen, trifft den Betriebsinhaber, der die jeweilige Änderung plant und auch durchführt[474].

236 Ist eine Betriebsänderung geplant, ist der Betriebsrat davon **rechtzeitig** zu unterrichten[475]. Damit ist ein Zeitpunkt gemeint, in dem die Planung noch nicht und zwar auch noch nicht teilweise verwirklicht ist[476]. Eine bestimmte **Form** der Unterrichtung sieht das Gesetz nicht vor, sodaß diese auch mündlich erfolgen kann. Zu Beweiszwecken ist es allerdings ratsam, jedenfalls die Aufforderung an den Betriebsrat zur Aufnahme von Beratungen über einen Interessenausgleich und einen Sozialplan schriftlich vorzunehmen[477].

237 Die Unterrichtung muß in jedem Fall **umfassend** sein. Dazu gehört neben einer genauen Beschreibung der Maßnahme auch eine Darstellung der Gründe und der Auswirkungen auf die Belegschaft[478]. Die **Vorlage von Unterlagen** ist in diesem Zusammenhang zwar nicht vorgeschrieben. Aus dem allgemeinen Informationsanspruch des Betriebsrats[479], der auch bei Betriebsänderungen gilt, ergibt sich aber, daß dem Betriebsrat jederzeit die zur Durchführung seiner Aufgaben erforderlichen Unterlagen zur Verfügung zu stellen sind[480].

238 Die Unterrichtung und die evtl. erforderliche Vorlage von Unterlagen kann nicht unter Hinweis auf die **Vertraulichkeit** der geplanten Maßnahme verweigert werden. Das Unternehmen kann sich aber dadurch schützen, daß es die betreffenden Informationen ausdrücklich als geheimhaltungsbedürftig bezeichnet. Die Mitglieder des Betriebsrats sind dann kraft Gesetzes zur Geheimhaltung verpflichtet[481].

239 Ist eine Betriebsänderung geplant, steht das damit verbundene Beteiligungsrecht dem Betriebsrat des betroffenen Betriebs zu. Nur ausnahmsweise ist der **Gesamtbetriebsrat** zuständig, wenn die Betriebsänderung das gesamte Unternehmen oder mehrere Betriebe betrifft und nicht durch die Betriebsräte der einzelnen Betriebe geregelt werden kann[482].

---

[472] *Fitting* § 111 BetrVG Rn 51.
[473] Gem. §§ 111 ff. BetrVG.
[474] Vgl. *BAG* AP Nr. 6 und 18 zu § 111 BetrVG; zu den verschiedenen Konstellationen ausführlich *Schweibert* in Willemsen/Hohenstatt/Schweibert C 82 ff.
[475] § 111 Satz 1 BetrVG.
[476] *BAG* AP Nr. 2 zu § 113 BetrVG 1972.
[477] *Richardi* § 111 BetrVG Rn 142.
[478] *Richardi* § 111 BetrVG Rn 143.
[479] Nach § 80 Abs. 2 Satz 2 BetrVG.
[480] *Richardi* § 111 BetrVG Rn 144.
[481] § 79 BetrVG.
[482] § 50 Abs. 1 Satz 1 BetrVG.

3. Unterrichtung des Wirtschaftsausschusses

Geht im Zuge einer Übernahme das ganze Unternehmen, ein Betrieb oder ein Betriebsteil auf einen anderen Inhaber über, ist darüber uU der Wirtschaftsausschuß des betroffenen Unternehmens zu unterrichten[483]. Voraussetzung dieser Unterrichtungspflicht ist, daß es sich um einen Vorgang handelt, der die **Interessen der Arbeitnehmer** des Unternehmens **wesentlich berühren** kann[484]. Die Übernahme muß mithin, auch wenn nur ein einzelner Betrieb oder Betriebsteil betroffen ist, für das Unternehmen von grundlegender Bedeutung sein.

Die Unterrichtung obliegt dem Unternehmer und damit im allgemeinen den gesetzlichen Vertretern der jeweiligen Gesellschaft. Sie muß **rechtzeitig** und **umfassend** erfolgen[485]. Der Wirtschaftsausschuß ist dementsprechend zu informieren, bevor eine Entscheidung getoffen ist. Nur in diesem Fall hat er nämlich die Möglichkeit, auf die Willensbildung des Unternehmens noch Einfluß zu nehmen[486]. Die Unterrichtung muß außerdem alle Informationen umfassen, die für eine sinnvolle Beratung der Angelegenheit erforderlich sind. Gegenstand der Unterrichtung sind neben der Maßnahme selbst ihre Auswirkungen und ihre Gründe. Vom Unternehmer darzustellen sind, wie § 106 Abs. 2 BetrVG ausdrücklich hervorhebt, insbes. die Auswirkungen auf die Personalplanung.

Soweit erforderlich, sind dem Wirtschaftsausschuß auch **Unterlagen** vorzulegen. Da es sich regelmäßig um vertrauliche Unterlagen handelt, brauchen diese grundsätzlich nur zur Einsichtnahme überlassen zu werden; sie können nach der Sitzung wieder eingesammelt werden[487]. Die Mitglieder des Wirtschaftsausschusses sind nicht berechtigt, sich von den überlassenen Unterlagen Abschriften anzufertigen[488].

III. Umwandlungsvorgänge

1. Unterrichtung des Betriebsrats nach dem BetrVG

Wird ein Unternehmen zB im Wege der **Verschmelzung** übernommen, löst dieser Vorgang, der sich ausschließlich auf Unternehmensebene abspielt, keine Beteiligungsrechte des Betriebsrats aus. Einem solchen Zusammenschluß kann allerdings eine Betriebänderung iSd. § 111 BetrVG **nachfolgen**. Dies ist etwa der Fall, wenn im Anschluß an eine Verschmelzung mehrere bisher selbständige Betriebe zusammengelegt werden. Es handelt sich dann um eine von der Verschmelzung rechtlich getrennte Betriebsänderung[489]. Selbst wenn die Verschmelzung die nachfolgende betriebliche Umstrukturierung präjudiziert, löst die Verschmelzung

---

[483] Vgl. *Fitting* § 106 BetrVG Rn 50.
[484] § 106 Abs. 3 Nr. 10 BetrVG.
[485] § 106 Abs. 2 BetrVG.
[486] *Fitting* § 106 BetrVG Rn 20.
[487] Vgl. *BAG* AP Nr. 3 zu § 106 BetrVG 1972.
[488] *BAG* AP Nr. 3 zu § 106 BetrVG.
[489] ISd. § 111 Satz 2 Nr. 3 BetrVG.

keine Beteiligungsrechte des Betriebsrats aus. Diese ergeben sich erst und nur in Bezug auf die anschließende Betriebsänderung[490].

244 Soll die Betriebsänderung, zB in Form der Abspaltung und Veräußerung eines Betriebsteils, **vor** einer anschließend geplanten Verschmelzung des verbleibenden Unternehmens erfolgen, ist darauf zu achten, daß der Betriebsrat frühzeitig beteiligt wird, damit sich die Verschmelzung nicht wegen der noch offenen Verhandlungen mit dem Betriebsrat verzögert.

245 Wird ein Rechtsträger nach den Bestimmungen des UmwG in mehrere neue Rechtsträger **aufgespalten**, ist dies, wenn der ursprüngliche Rechtsträger nur aus einem Betrieb besteht, zugleich eine Betriebsspaltung und damit Betriebsänderung nach dem Betriebsverfassungsrecht[491]. Eine solche Spaltung kann zB vorgenommen werden, um einen der abgespaltenen Bereiche anschließend an einen Dritten zu veräußern. Die Verhandlungen mit dem Betriebsrat sollten auch in einem solchen Fall rechtzeitig vor der Anmeldung der Spaltung in das Handelsregister abgeschlossen sein.

246 Soweit eine Betriebsänderung iSd. § 111 BetrVG geplant wird, ist hiervon der zuständige Betriebsrat nach den oben dargestellten Grundsätzen[492] zu unterrichten. Er ist außerdem an einem Interessenausgleich und Sozialplan zu beteiligen.

2. Unterrichtung des Betriebsrats nach dem UmwG

247 Neben dem BetrVG enthält das UmwG eine Reihe von Bestimmungen, die den an einer Umwandlung beteiligten Rechtsträger dazu verpflichten, den Betriebsrat von bestimmten Maßnahmen zu unterrichten. Im Zusammenhang mit der Übernahme von Unternehmen ist vor allem die **Verschmelzung** von Bedeutung. Diese kann in der Weise durchgeführt werden, daß ein Rechtsträger, zB eine Personenhandelsgesellschaft oder eine Kapitalgesellschaft, auf einen anderen bestehenden Rechtsträger verschmolzen wird (Verschmelzung zur Aufnahme). Die Verschmelzung kann auch dadurch erfolgen, daß zwei oder mehrere Rechtsträger auf einen neu zu gründenden Rechtsträger verschmolzen werden (Verschmelzung zur Neugründung)[493].

248 Bei jeder Art von Verschmelzung sind im **Verschmelzungsvertrag**, der zwischen den beteiligten Rechtsträgern, also auf Unternehmensebene, abgeschlossen wird, die Folgen der Verschmelzung für die Arbeitnehmer und ihre Vertretungen sowie die insoweit vorgesehenen Maßnahmen darzustellen[494]. Der Verschmelzungsvertrag oder sein Entwurf ist sodann mindestens einen Monat vor dem Tag, an dem die Anteilsinhaber über die Verschmelzung beschließen, dem bei den jeweils beteiligten Rechtsträgern bestehenden Betriebsrat zuzuleiten[495]. Bei Vorhandensein mehrerer Betriebsräte ist der Gesamtbetriebsrat zuständig. Nicht zuständig ist dagegen, sofern überhaupt gebildet, der Konzernbetriebsrat. Dies folgt

---

[490] Vgl. dazu *Willemsen* RdA 1998, 23, 35.
[491] § 111 Satz 2 Nr. 3 BetrVG.
[492] Siehe Rn 232 ff.
[493] Vgl. § 2 UmwG.
[494] § 5 Abs. 1 Nr. 9 UmwG.
[495] § 5 Abs. 3 UmwG.

daraus, daß es im Umwandlungsverfahren um den einzelnen Rechtsträger und dessen Arbeitnehmervertretung geht[496]. Die rechtzeitige Zuleitung an den (Gesamt-)Betriebsrat ist bei der Anmeldung der Verschmelzung zur Eintragung in das Handelsregister nachzuweisen[497].

Ist an der Verschmelzung eine AG oder KGaA beteiligt, ist der Verschmelzungsvertrag oder sein Entwurf vor der Einberufung der Hauptversammlung, die über die Verschmelzung beschließt, zum Handelsregister einzureichen[498]. Es kann dann jeder[499], also auch jeder Arbeitnehmer, **Einsicht** in den Vertragstext nehmen.

Der Verschmelzungsvertrag und damit auch die Bestimmungen, die sich auf die Arbeitnehmer und ihre Vertretungen beziehen, sind außerdem in einem schriftlichen **Verschmelzungsbericht** ausführlich zu erläutern[500]. Dieser Bericht ist von den gesetzlichen Vertretern eines jeden an der Verschmelzung beteiligten Rechtsträgers zu erstellen. IdR wird ein gemeinsamer Bericht vorgelegt[501]. Anders als der Verschmelzungsvertrag dient der Verschmelzungsbericht der Unterrichtung der Anteilsinhaber im Hinblick auf deren Beschlußfassung über die Verschmelzung. Dem Betriebsrat muß der Verschmelzungsbericht deshalb nicht zugeleitet werden.

3. Unterrichtung des Wirtschaftsausschusses

Der Wirtschaftsausschuß ist u. a. über einen **Zusammenschluß** mit einem anderen Unternehmen zu unterrichten[502]. Darunter fällt sowohl der geplante Erwerb aller Anteile des Unternehmens[503] als auch der Erwerb seines gesamten Vermögens. Ein Vermögenserwerb findet vor allem bei der Verschmelzung nach dem UmwG statt, bei der das Vermögen des Unternehmens durch Gesamtrechtsnachfolge auf einen anderen Rechtsträger übergeht. Eine Unterrichtungspflicht besteht aber auch bei einer Vermögensübernahme außerhalb des UmwG, insbes. durch Einzelrechtsübertragung[504]. In allen diesen Fällen ist der Wirtschaftsausschuß nach den oben dargestellten Grundsätzen[505] zu informieren.

4. Unterrichtung der Arbeitnehmer

Umwandlungsvorgänge, wie zB eine Verschmelzung, führen bei dem übertragenden Rechtsträger zwar zu einem Wechsel des Inhabers der Betriebe des übernommenen Unternehmens. Ein Betriebsübergang iSd. § 613a BGB liegt gleichwohl nicht vor, weil es sich um einen Betriebsübergang kraft Gesetzes handelt[506]. Dies gilt auch für andere Fälle der Gesamtrechtsnachfolge, wie zB die Übernahme

---

[496] Vgl. *Willemsen* RdA 1998, 23, 32 und *ders.* in Kallmeyer § 5 UmwG Rn 75 mwN.
[497] § 17 Abs. 1 UmwG.
[498] Vgl. § 61 UmwG.
[499] Gem. § 9 HGB.
[500] § 8 Abs. 1 Satz 1 UmwG.
[501] § 8 Abs. 1 Satz 1 aE UmwG.
[502] § 106 Abs. 3 Nr. 8 BetrVG.
[503] Siehe Rn 240.
[504] Vgl. § 179a AktG zur AG und KGaA.
[505] Siehe Rn 240 ff.
[506] § 20 Abs. 1 Nr. 1 UmwG und *BAG* AP Nr. 24 zu § 613a BGB; *LAG* Köln LAGE § 613a BGB Nr. 48; vgl. auch *BAG* EzA § 613a BGB Nr. 136.

eines Betriebs im Wege der Anwachsung, die sich außerhalb des UmwG vollzieht[507]. Eine Unterrichtung der einzelnen Arbeitnehmer, wie sie iRd. § 613a BGB im Hinblick auf das Widerspruchsrecht angezeigt ist, muß deshalb aus rechtlicher Sicht nicht erfolgen.

253 Eine Unterrichtung der Mitarbeiter wird gleichwohl in allgemeiner Form, zB durch ein **Rundschreiben** oder eine E-mail, angebracht sein, schon um eine Verunsicherung der Belegschaft zu vermeiden und auch um die Mitarbeiter auf die neue Situation vorzubereiten. Möglich ist auch, daß diesbezügliche Informationen auf einer außerordentlichen **Betriebsversammlung** gegeben werden, zu welcher der Betriebsrat von sich aus oder auf Veranlassung des Arbeitgebers einlädt[508].

IV. Unterrichtung des Sprecherausschusses

254 In Betrieben mit idR **mindestens zehn leitenden Angestellten**[509] können Sprecherausschüsse gebildet werden[510]. In Unternehmen mit mehreren Betrieben können diese einen Gesamtsprecherausschuß errichten[511]. In vielen Unternehmen sind betriebliche Sprecherausschüsse wegen der geringen Anzahl von leitenden Angestellten nicht sinnvoll; in diesen Fällen besteht meist ein Unternehmenssprecherausschuß[512]. In einem Konzern kann zusätzlich ein Konzernsprecherausschuß errichtet werden[513].

255 Soweit danach in einem Unternehmen ein oder mehrere Sprecherausschüsse bestehen, sind diese vom Unternehmer u. a. über die **wirtschaftlichen Angelegenheiten**[514] des Betriebs und des Unternehmens[514] zu unterrichten[515]. Dies sind alle Angelegenheiten, über die auch der Wirtschaftsausschuß unterrichtet werden muß[516].

256 Der zuständige Sprecherausschuß ist außerdem rechtzeitig und umfassend über **geplante Betriebsänderungen**[517] zu unterrichten, die auch wesentliche Nachteile für leitende Angestellte zur Folge haben können. Soweit leitenden Angestellten wirtschaftliche Nachteile entstehen, hat der Unternehmer mit dem Sprecherausschuß über Maßnahmen zum Ausgleich oder zur Milderung dieser Nachteile zu beraten. Eine Verpflichtung zum Abschluß von Vereinbarungen, die einem Interessenausgleich und/oder einem Sozialplan iSd. § 112 BetrVG entsprechen, besteht nicht.

257 Verstöße gegen diese Unterrichtungspflichten stellen eine **Ordnungswidrigkeit** dar[518].

---

[507] Vgl. dazu *Kallmeyer* § 1 UmwG Rn 23.
[508] Vgl. §§ 44, 45 BetrVG.
[509] ISd. § 5 Abs. 3 BetrVG.
[510] § 1 Abs. 1 SprAuG.
[511] § 16 SprAuG.
[512] § 20 SprAuG.
[513] § 21 SprAuG.
[514] ISd. § 106 Abs. 3 BetrVG.
[515] § 33 Abs. 1 Satz 1 SprAuG.
[516] Siehe Rn 240, 251.
[517] ISd. § 111 BetrVG.
[518] § 36 Abs. 1 SprAuG.

V. Unterrichtung des Gesamtbetriebsrats

Ein Gesamtbetriebsrat ist in allen Unternehmen zu errichten, in denen mehrere Betriebsräte bestehen[519]. Der Gesamtbetriebsrat ist zuständig für die Behandlung der Angelegenheiten, die das Gesamtunternehmen oder mehrere Betriebe betreffen und die nicht durch die einzelnen Betriebsräte innerhalb ihrer Betriebe geregelt werden können[520]. Demgemäß ist (nur) der Gesamtbetriebsrat zu unterrichten, wenn eine Betriebsänderung geplant ist, die das ganze Unternehmen oder mehrere Betriebe betrifft und notwendig nur einheitlich geregelt werden kann[521]. Im Fall einer Umwandlung, wie zB einer Verschmelzung, ist der Verschmelzungsvertrag regelmäßig dem Gesamtbetriebsrat als dem zuständigen Betriebsrat zuzuleiten[522]. Ähnlich ist bei einem Übernahmeangebot idR der Gesamtbetriebsrat der Zielgesellschaft zuständig für die Abgabe einer Stellungnahme, wie sie in dem geplanten WÜG vorgesehen ist[523].

VI. Unterrichtung des Konzernbetriebsrats

Die Errichtung eines Konzernbetriebsrats durch die Gesamtbetriebsräte mehrerer konzernverbundener Unternehmen[524] ist freiwillig[525]. Besteht ein Konzernbetriebsrat, ist dieser für die Behandlung von Angelegenheiten zuständig, die den Konzern oder mehrere Konzernunternehmen betreffen und nicht durch die einzelnen Gesamtbetriebsräte innerhalb ihrer Unternehmen geregelt werden können[526]. Eine Zuständigkeit des Konzernbetriebsrats wird im Zusammenhang mit dem Erwerb eines Betriebs oder Unternehmens und einer damit zusammenhängenden Betriebsänderung regelmäßig nicht in Betracht kommen.

VII. Unterrichtung des Europäischen Betriebsrats

Unternehmen, die in der Europäischen Gemeinschaft tätig sind und ihren Sitz in Deutschland haben, sowie gemeinschaftsweit tätige Unternehmensgruppen, deren herrschendes Unternehmen in Deutschland sitzt, haben einen Europäischen Betriebsrat zu errichten[527]. Der Europäische Betriebsrat ist in einer Reihe von **Angelegenheiten** zu unterrichten und anzuhören, soweit mindestens zwei Betriebe oder zwei Unternehmen in verschiedenen Mitgliedstaaten betroffen sind. Zu diesen Angelegenheiten gehören u. a. die Zusammenlegung oder Spal-

---

[519] § 47 Abs. 1 BetrVG.
[520] § 50 Abs. 1 Satz 1 BetrVG.
[521] Vgl. *LAG Berlin* NZA-RR 1999, 34; *Richardi* § 50 BetrVG Rn 25; *Fitting* § 50 BetrVG Rn 42.
[522] § 5 Abs. 3 UmwG und dazu *Willemsen* in Kallmeyer § 5 UmwG Rn 75.
[523] Vgl. § 27 Abs. 2 RefE-WÜG.
[524] ISd. § 18 Abs. 1 AktG.
[525] § 54 Abs. 1 BetrVG.
[526] § 58 Abs. 1 Satz 1 BetrVG.
[527] Vgl. § 2 Abs. 1 des Gesetzes über Europäische Betriebsräte (EBRG).

tung von Unternehmen oder Betrieben[528]. Soweit solche Veränderungen **grenzüberschreitende Auswirkungen** haben, ist darüber der Europäische Betriebsrat einmal jährlich von der zentralen Leitung des gemeinschaftsweit tätigen Unternehmensverbunds zu unterrichten[529].

261 Der Europäische Betriebsrat ist außerdem über **außergewöhnliche Umstände**, die erhebliche Auswirkungen auf die Interessen der Arbeitnehmer haben, rechtzeitig unter Vorlage der erforderlichen Unterlagen zu unterrichten[530]. Das Gesetz nennt als Beispiele die Verlegung und Stillegung von Unternehmen, Betrieben oder wesentlichen Betriebsteilen[531]. Auf Verlangen ist der Europäische Betriebsrat in diesen Fällen auch anzuhören.

262 Verstöße gegen diese Unterrichtungspflicht stellen eine **Ordnungswidrigkeit** dar[532].

263 Andere Unterrichtungs- oder Anhörungspflichten können sich aus bestimmten, die Regelungen des EBRG verdrängenden Vereinbarungen über eine grenzüberschreitende Unterrichtung und Anhörung ergeben[533].

---

[528] §§ 31 Abs. 1, 32 Abs. 2 Nr. 8 EBRG.
[529] § 32 Abs. 1 Satz 1 EBRG.
[530] § 33 Abs. 1 Satz 2 EBRG.
[531] § 33 Abs. 1 Satz 2 EBRG.
[532] § 45 Abs. 1 Nr. 2 EBRG.
[533] Vgl. dazu § 41 EBRG.

§ 8 „Formgebung" für die beteiligten Unternehmen

Übersicht

	Rn
A. Bedeutung der „Formgebung"	1
B. Mögliche Anpassungsprobleme und Lösungsmöglichkeiten	8
I. Unterschiedliche Unternehmenswerte	8
1. Der Erwerber braucht nicht größer zu sein als das Target	8
2. Wertungleichheiten beim Merger of Equals	11
a) Abspaltung nicht zum Kerngeschäft gehörender Unternehmensteile und Ausgabe von Anteilen daran an die Aktionäre	14
b) Verkauf nicht zum Kerngeschäft gehörender Unternehmensteile und Ausschüttung des Erlöses als Sonderdividende an die Aktionäre	16
c) Rückkauf eigener Aktien und deren Einziehung	21
d) Ausschüttung einer Superdividende an die Aktionäre	25
II. Über-/Unterkapitalisierung	27
1. Bedeutung einer angemessenen Kapitalisierung	28
2. Überkapitalisierung	29
3. Unterkapitalisierung	32
III. Strukturunterschiede	34
1. Unterschiedliche Rechtsformen	35
2. Unterschiedliche Gesellschafterstrukturen	37
3. Unterschiedliche innere Strukturen	39
4. Unterschiedliche Kulturen	40
IV. Überschneidungen von Standorten und Betrieben	41
1. Betriebszusammenlegungen	42
2. Verkauf/Management Buy-Out redundanter Betriebe	43
3. Schließung von Betrieben	44
V. Börsennotierung	45
1. Börsennotierter Erwerber	46
2. Börsennotiertes Target	52
VI. Grenzüberschreitende Strukturen	56
1. Umtauschangebot eines Unternehmens an die Aktionäre des anderen Unternehmens	60
2. Obergesellschaft im Land des Übernehmers oder des Targets	63
3. Holding in Drittland bei Fortbestehen der operativen Gesellschaften in den beteiligten Ländern	67
4. „Dual-Headed"-Struktur	69
VII. Corporate Governance	73
1. Unternehmenserwerb	75

	Rn
a) Freundliche Übernahme	76
b) Feindliche Übernahme	77
2. Merger of Equals.	78
a) Einigung auf eine von beiden Seiten akzeptierte Struktur	79
b) Durchmischung der Führungsgremien mit Vertretern beider Seiten.	80
c) Mögliche Interessenkonflikte	83

A. Bedeutung der „Formgebung"

1 In der Folge der Übernahme eines Unternehmens wird nur selten bei dem übernommenen Unternehmen alles beim Alten bleiben. Regelmäßig wird vielmehr der Übernehmer eine Vielzahl von Maßnahmen ergreifen, um das **Target (= Zielunternehmen) in optimaler Form in seinen Konzern einzufügen**. Welche Maßnahmen hierzu erforderlich sind, wird wesentlich davon abhängen, welche Bedeutung die Übernahme für den Erwerber hat; je größer die Bedeutung, desto stärker wird auch der Anpassungsbedarf sein. Entspricht etwa die Größe des Targets der des Erwerbers oder übertrifft sie diese sogar, wird eine fundamentale Neugestaltung der so zusammengeführten Gruppe zwingend geboten sein, nicht nur aus operativen Gründen, sondern schließlich auch, um nach innen und nach außen zu dokumentieren, daß durch diese Zusammenführung nicht nur existierende Einheiten addiert werden, sondern etwas Neues geschaffen wird, das mehr als die Summe seiner Bestandteile zu werden verspricht und sich qualitativ von seinen Vorgänger-Einheiten unterscheidet. Welche Überlegungen hierbei anzustellen sind, um die am besten geeignete Form für die neu geschaffene Gruppe zu finden, soll in diesem Kapitel erörtert werden.

2 Aber auch der Veräußerer wird im Vorfeld des Verkaufs eines Unternehmens oder Unternehmensteils nicht untätig bleiben; er wird **die Braut schmücken**, bevor er ihr einen passenden Partner sucht. Welcher Art die von ihm zu treffenden Maßnahmen sein werden, wird idR davon abhängig sein, was Ursache der Verkaufsabsicht gewesen ist.

– Nicht selten wird ein Verkauf aus rein strategischen Gründen erfolgen, etwa weil der abzugebende Unternehmensteil nicht mehr optimal zu der Struktur des Veräußerers paßt, selbst wenn dieser Bereich möglicherweise durchaus profitabel arbeitet; hier handelt es sich dann nicht um in dem Veräußerungsobjekt selbst begründete, sondern um **externe Umstände**, was meist auch zu einem geringeren Aufwand bei der Vorbereitung des Verkaufs führt.

– Immer wieder kommt es aber auch zu Verkäufen, weil der Veräußerer die zur Fortentwicklung und zur Erhaltung der Wettbewerbsfähigkeit des betreffenden Geschäftsbereichs erforderlichen Mittel nicht aufwenden will oder kann, selbst wenn es sich dabei um durchaus erfolgreiche Unternehmensbereiche handelt; auch hier bedarf es häufig nur geringer Eingriffe, um das Objekt verkaufsbereit zu machen.

– Schließlich aber ist Verkaufsursache oft schlicht die mangelnde Profitabilität und/oder die Erfolglosigkeit des zu veräußernden Geschäftsbereichs; hier ist regelmäßig mit einem größeren Aufwand bei der Vorbereitung eines Verkaufs zu rechnen.

Ist der **zu veräußernde Geschäftsbereich rechtlich bereits verselbständigt**, müssen lediglich bei mangelnder Profitabilität oder mangelnder selbständiger Überlebensfähigkeit – etwa nach im Fall des Verkaufs erforderlicher Beendigung eines Ergebnisabführungsvertrags – einschneidende Maßnahmen ergriffen werden wie etwa die Zuführung von Eigenkapital zur Verbesserung der Bilanzrelationen, zur Rückführung einer zu großen Verschuldung oder zur Beseitigung einer drohenden Überschuldung; weiter müssen möglicherweise bestehende Verlustquellen neutralisiert oder abgestoßen werden.

Handelt es sich dagegen um einen nicht verselbständigten Geschäftsbereich, muß dieser zunächst aus dem Unternehmen, dessen Teil er ist, herausgelöst und **zu einer selbständig lebensfähigen Einheit gestaltet** werden; hierbei spielt es eine wichtige Rolle, ob dieser Betriebsteil steuerlich als **Teilbetrieb** anerkannt wird, da dies Voraussetzung für das Greifen der Vorschriften des Umwandlungssteuergesetzes und damit für eine steuerlich neutrale Herauslösung – auf einem der verschiedenen vom Umwandlungsgesetz angebotenen Wege – ist.

Bei der Vorbereitung der Zusammenführung der Unternehmen ist natürlich zu unterscheiden zwischen den unterschiedlichen Wegen, auf denen es zu der Übernahme gekommen sein kann: Handelt es sich um einen Erwerb, wird der Übernehmer idR sehr viel freier in und mit dem Target schalten und walten können, als wenn zwei Unternehmen im Wege einer Fusion zusammengeführt werden. Und selbst bei einem reinen Unternehmenskauf ist es von Bedeutung, ob Anteile (Share Deal) oder Vermögenswerte (Asset Deal) übernommen werden, ebenso wie bei einer **Fusion** schon deren **Ausgestaltung**[1] **Teil der Formgebung der neuen Gruppe** ist. Andere Kombinationsformen wie etwa die Gründung eines Gemeinschaftsunternehmens oder die Schaffung eines Vertragskonzerns werden hierbei zu vernachlässigen sein, weil es sich dabei regelmäßig – auch bei weiter Auslegung des Begriffs – nicht um eine Übernahme handeln wird.

Die Aufgabe und zugleich die Herausforderung für die Handelnden besteht darin, die Zusammenführung der beteiligten Unternehmen derart zu gestalten, daß sie deren Zwecken im größtmöglichen Umfang dient und damit deren **Potentiale optimal nutzt**, sie zugleich aber auch so weit in die Führungsstruktur des Gesamtkonzerns eingliedert, daß ausreichende Einflußnahmen möglich sind und so ggf. durch Eingriffe „von oben" Fehlentwicklungen frühzeitig erkannt und korrigiert werden können.

Abzugrenzen ist die in diesem Kapitel anzustellende Untersuchung dabei **von** den an anderer Stelle erörterten Fragen **der rechtlichen Ausgestaltung** von Unternehmensverbindungen[2]. In diesem Kapitel sollen lediglich bei der Zusammenführung von Unternehmen typischerweise ins Gewicht fallende wesentliche

---

[1] ZB Aufnahme des einen Unternehmens durch das andere oder Neugründung eines Unternehmens, auf das die bestehenden Unternehmen verschmolzen werden.
[2] Siehe § 2.

Unterschiede aufgezeigt, analysiert und mögliche Lösungswege zu deren Ausgleich aufgezeigt werden.

B. Mögliche Anpassungsprobleme und Lösungsmöglichkeiten

I. Unterschiedliche Unternehmenswerte

1. Der Erwerber braucht nicht größer zu sein als das Target

8   Auf den ersten Blick mag es offensichtlich erscheinen, daß der Übernehmer „größer" zu sein hat als der Übernommene, muß er doch – im Fall des Erwerbs – den Kaufpreis aufbringen, was schwierig erscheint, wenn das Target „zu groß" ist. Diese Annahme hält einer näheren Betrachtung jedoch nicht Stand: Schon der **Begriff „größer" ist alles andere als eindeutig**, erklärt er doch nicht, welche Kriterien für die Bestimmung der „Größe" heranzuziehen sind. Hierbei kann gedacht werden an so unterschiedliche Kennzahlen wie Börsenkapitalisierung, Eigenkapital, Bilanzsumme, Umsatz, Gewinn, „return on equity" oder Mitarbeiterzahl; daß es kaum einen Fall geben wird, in welchem ein Unternehmen nach allen diesen Kriterien den gleichen Platz belegt, deutet schon an, daß das Kriterium „Größe" für sich zu unspezifisch ist, um für die Machbarkeit einer Übernahme maßgeblich sein zu können.

9   Die Praxis zeigt, daß ein **in einzelnen der genannten Größenkriterien unterlegenes Unternehmen durchaus in der Lage sein kann**, das ihm insoweit überlegene Unternehmen **zu übernehmen**. Kurzfristig gesehen wird dies im wesentlichen eine Frage der Aufbringung des Kaufpreises sein, wofür moderne Finanzierungsmethoden vielfältige Möglichkeiten bieten. Langfristig können zum einen die mit dem übernommenen Unternehmen erwirtschafteten Erträge, zum anderen aber auch Erlöse aus der Veräußerung nicht benötigter Unternehmenseinheiten des Targets dazu beitragen, den Schuldendienst für die zum Erwerb aufgenommenen Verbindlichkeiten zu leisten und auch die Fremdmittel insgesamt zurückzuführen. Letzteres wird häufig als ein „Ausschlachten" des Targets bezeichnet, ist aber unternehmerisch dann ohne weiteres zu rechtfertigen, wenn die veräußerten Unternehmensteile nicht zur Ausrichtung der kombinierten Unternehmensgruppe passen. Allerdings wird der Erwerber stets sorgfältig prüfen müssen, ob das Target für ihn nicht doch zu schwer und die übernommenen finanziellen Risiken zu groß sind. Hierbei müssen die der Berechnung der Finanzierbarkeit des Erwerbs und der Rentabilität des Targets zu Grunde gelegten Annahmen modifiziert werden, um zu ermitteln, bei wie stark veränderten Rahmenbedingungen[3] der Erwerb noch sinnvoll erscheint und ab welchem Punkt er doch besser unterbliebe. Dies sind dann letztlich rein unternehmerische Entscheidungen, nur sollte dafür Sorge getragen werden, daß mögliche spätere Entwicklungen bei der Entscheidungsfindung berücksichtigt worden sind, um böse Überraschungen zu vermeiden.

---

[3] ZB starker Zinsanstieg, veränderte Wechselkurse, konjunkturelle Einflüsse.

Noch weniger taugt das Kriterium bei Fusionen, die auch zwischen sehr ungleichen Partnern möglich sind und bei denen höchstens zu evidente Wertungleichheiten Zweifel daran aufkommen lassen können, ob der so gern verwendete Begriff „Merger of Equals" denn auch tatsächlich passe. Selbst die Frage, wer der bestimmende Partner ist, beantwortet sich nicht von selbst durch einen Blick auf die Größenverhältnisse. Vielmehr zeigt die Praxis immer wieder, daß letztlich jener Fusionspartner in größerem Umfang seine Vorstellungen durchzusetzen pflegt, der besser vorbereitet in die Fusion hineingeht und der genau weiß, was er erreichen will und realistischerweise auch erreichen kann.

2. Wertungleichheiten beim Merger of Equals

Der Begriff „Merger of Equals"[4] wird bei der Fusion großer Unternehmen seit einiger Zeit fast stets verwendet, ist häufig jedoch **mehr Programm als Realität**. Wären die fusionierenden Unternehmen tatsächlich gleich, so setzte dies voraus, daß sie in der Mehrzahl der o. g. Kriterien gleiche Werte aufweisen, was indes tatsächlich nur selten der Fall ist. Dies ist, wie bereits gesagt, aber auch nicht erforderlich. Wichtiger ist, daß beide Seiten die Idee akzeptieren, sich als gleichberechtigte Partner zusammenzutun, und hierbei tatsächlich bestehende **Ungleichheiten** entweder in gewissem Umfang **ignorieren**, **akzeptieren oder** durch geeignete Maßnahmen **kompensieren**.

Dies wird idR bedeuten, daß einerseits in der Führung des Unternehmens ein nach Möglichkeit gleich großer Einfluß beider Seiten hergestellt wird[5], andererseits Wertungleichheiten entweder hingenommen und daraus zwangsläufig resultierende unterschiedliche kapitalmäßige Beteiligungen der Aktionäre beider Seiten an dem fusionierten Unternehmen akzeptiert werden, oder die Wertungleichheit ganz oder jedenfalls zum Teil kompensiert wird. Regelmäßig werden die Beteiligten versuchen, zu einer **möglichst weitgehenden Wertgleichheit der Fusionspartner** zu gelangen, weil dies Schwierigkeiten mit ungleichen Stimmverhältnissen in der Hauptversammlung des fusionierten Unternehmens vermeidet und insgesamt die Akzeptanz einer gleichen Behandlung beider Fusionspartner erhöht.

Wie ist eine **Wertungleichheit zu ermitteln** und welche Maßnahmen gibt es zu deren **Beseitigung**? Eine Bewertung der Fusionspartner wird je nach dem für die Fusion gewählten Weg idR ohnehin erforderlich sein, sei es durch Wirtschaftsprüfergutachten, sei es durch von Investmentbanken abgegebene sog. **Fairness Opinions**, die nichts anderes sind als kurze gutachtliche Stellungnahmen zur Angemessenheit der für die beteiligten Unternehmen angenommenen Werte und der daraus resultierenden Beteiligungsverhältnisse der Aktionäre beider Fusionspartner an dem fusionierten Unternehmen. Je nach Umfang der bestehenden Wertungleichheit wird sich diese im Idealfall vollständig, möglicherweise aber auch nur annähernd oder zum Teil ausgleichen lassen. Bleiben nicht nur unwesentliche Wertungleichheiten bestehen, ist zu erwägen, welche Auswirkungen dies für die Fusionspartner und deren Aktionäre haben wird. Welche wesentli-

---

[4] Siehe dazu auch § 17 Rn 277 ff.
[5] Siehe dazu Rn 73.

chen Wege zum Ausgleich von Wertunterschieden bestehen, soll im folgenden erörtert werden.

14 **a) Abspaltung nicht zum Kerngeschäft gehörender Unternehmensteile und Ausgabe von Anteilen daran an die Aktionäre.** Ergibt ein Vergleich der Bewertungen der Fusionspartner, daß einer von ihnen ein wesentlich höheres Gewicht auf die Waage bringt, so ist es ein Weg zur Gewichtsreduzierung, einen kompletten, für sich selbst lebensfähigen **Teil des Unternehmens herauszulösen und auf die Aktionäre zu übertragen**, die somit dann an diesem jetzt verselbständigten Unternehmensteil unmittelbar – und nicht mehr über „ihre" ursprüngliche Gesellschaft – beteiligt sind. Hierbei ist jedoch zu berücksichtigen, daß den Aktionären nicht eine Beteiligung aufgedrängt werden darf, die weniger liquide wäre als die an „ihrem" Unternehmen. Dies bedeutet, daß bei einem börsennotierten Unternehmen auch der herausgelöste und an die Aktionäre übertragene Teil an der Börse notiert sein muß. Hierfür ist natürlich erforderlich, daß dieses nunmehr unabhängige Unternehmen nicht nur selbständig lebensfähig ist, sondern auch eine „equity story" vorlegen kann, die den Kapitalmarkt überzeugt und zu einer angemessenen Börsenbewertung führt.

15 Der Abspaltung eines Unternehmensteils müssen **die Aktionäre zustimmen**; der Beschluß bedarf einer Mehrheit von drei Vierteln des in der Hauptversammlung vertretenen Kapitals[6]. Dieses – wie auch die im folgenden dargestellten – Mittel der Gewichtsreduzierung eines Fusionspartners hat die Hoechst AG bei ihrer Fusion mit der Rhône-Poulenc S. A. durch Abspaltung und Börseneinführung der Celanese AG[7] erfolgreich beschritten.

16 **b) Verkauf nicht zum Kerngeschäft gehörender Unternehmensteile und Ausschüttung des Erlöses als Sonderdividende an die Aktionäre.** Alternativ zur Abspaltung von Unternehmensteilen auf die Aktionäre bietet sich an, **Unternehmensteile herauszulösen**, diese dann jedoch nicht durch Gewährung von Anteilen auf die Aktionäre zu übertragen, sondern **an Dritte zu veräußern** und den Erlös als **Sonderdividende** an die Aktionäre auszuschütten. Die Veräußerung kann im Wege eines Verkaufs des Unternehmens, aber auch über eine Börseneinführung geschehen, die es dann noch einfacher macht, eine (Minderheits- oder auch Mehrheits-)Beteiligung an dem so ausgegliederten Unternehmensteil zu behalten und sich auf diesem Weg noch gewisse Einflußmöglichkeiten zu sichern. Welcher Weg hierfür zu beschreiten ist, hängt von einer Vielzahl von Faktoren ab. Ist das zu veräußernde Unternehmen bereits gesellschaftsrechtlich verselbständigt, kann es ohne weiteres veräußert werden, es sei denn, es stellte einen so wesentlichen Teil des Konzerns dar, daß es hierzu eines Beschlusses der Hauptversammlung bedürfte[8], die dann mit qualifizierter Mehrheit von drei Vierteln des in der Hauptversammlung vertretenen Kapitals zu fas-

---

[6] §§ 125 Satz 1, 50 Abs. 1 Satz 1 UmwG.
[7] Siehe § 17 Rn 311, 323 ff.
[8] Nach den vom BGH in seiner sog. „Holzmüller"-Entscheidung entwickelten Grundsätzen, vgl. BGHZ 83, 122; siehe dazu § 2 Rn 91.

sen wäre[9]. Ist der zu veräußernde Unternehmensteil dagegen noch nicht verselbständigt, muß er entweder durch Bildung eines neuen Tochterunternehmens abgespalten oder in ein bestehendes oder neu errichtetes Tochterunternehmen eingebracht werden, was nach den Regelungen des Umwandlungssteuergesetzes steuerneutral möglich ist[10].

Ob die nachfolgende Veräußerung wiederum steuerneutral möglich ist oder ob zu besteuernde stille Reserven aufgedeckt werden, hängt wiederum davon ab, mit welchem Wert das so ausgegliederte Unternehmen in den Büchern der Muttergesellschaft steht. Die Neuregelungen der Steuerreform 2001 gestatten künftig eine **ertragsteuerfreie Veräußerung** von Kapitalgesellschaftsanteilen durch deutsche Kapitalgesellschaften[11]. 17

Derartige Maßnahmen können den durchaus gewünschten Nebeneffekt einer **Strukturbereinigung** des so „erleichterten" Unternehmens haben, was nicht zuletzt auch idR von den Analysten und in deren Folge von den Kapitalmärkten honoriert wird, die stets an klar fokussierten und zweifelsfrei einer definierten Branche zuzuordnenden Unternehmen interessiert sind. 18

Nächstliegende Möglichkeit zur Durchführung dieser gewünschten Strukturbereinigung ist der freihändige **Verkauf** des entsprechenden Unternehmensteils. 19

Häufig wird es dagegen sinnvoller erscheinen, ihn mit anderen, dazu passenden und ebenfalls nicht zwingend benötigten Unternehmensteilen rechtlich in einer entweder schon vorhandenen oder neu zu errichtenden AG zusammenzufassen und diese sodann **an der Börse einzuführen**. Dieser Weg ist zwar zunächst aufwendiger, bietet aber den nicht zu unterschätzenden Vorteil, einen nach den Bedürfnissen des Gesamtunternehmens zu definierenden Anteil zurückbehalten zu können und ihn erst bei Bedarf, oder wenn der Börsenkurs günstig ist, lautlos und ohne die Notwendigkeit der Abstimmung mit einem konkreten Erwerber durch Verkauf in den Markt ganz oder teilweise abzuschmelzen. 20

c) **Rückkauf eigener Aktien und deren Einziehung.** Das höher bewertete Unternehmen kann Wertungleichheiten durch den Rückkauf eigener Aktien ausgleichen, die anschließend eingezogen werden. Grundsätzlich sieht das AktG ein Erwerbsverbot eigener Aktien vor, es sei denn, es liegen spezielle Zwecke vor wie etwa die Abwendung eines schweren Schadens von der Gesellschaft oder die Abfindung außenstehender Aktionäre in Form von eigenen Aktien bspw. bei Eingliederung oder Verschmelzung[12]. Erst seit Änderung des AktG durch das KonTraG 1998 darf eine AG eigene Aktien zurückerwerben, ohne daß einer die- 21

---

[9] So die richtige, inzwischen als herrschend zu bezeichnende Auffassung, der auch die Praxis – schon zur Vermeidung von Anfechtungen – regelmäßig folgt, vgl. *Altmeppen*, Ausgliederung zwecks Organschaftsbildung gegen die Sperrminorität, DB 1998, 49, 50; *Lutter/Leinekugel* ZIP1998, 805, 806; *Volhard* in HV Hdb. Rn II S 35; aA noch *Groß* AG 1996, 111, 118; *Hüffer* § 119 AktG Rn 14.
[10] Abspaltung auf Körperschaft: § 15 iVm. § 11 UmwStG; Abspaltung auf Personengesellschaft: § 16 iVm. §§ 11, 15 UmwStG; Einbringung in Kapitalgesellschaft: § 20 UmwStG; Einbringung in Personengesellschaft: § 24 UmwStG.
[11] Siehe die ausführliche Darstellung in § 26 Rn 121 ff. und Rn 139 ff.
[12] § 71 Abs. 1 Nr. 1 bis 7 AktG.

§ 8 22–24 „Formgebung" für die beteiligten Unternehmen

ser speziellen Zwecke vorliegen müßte. Diese **erleichterte Rückkaufmöglichkeit**[13] ist an einige Bedingungen geknüpft:

22   Erforderlich ist zunächst ein **Ermächtigungsbeschluß der Hauptversammlung** mit einfacher Stimmenmehrheit[14], der dem Erwerb vorangehen muß. Als zeitliche Ermächtigungsschranke gilt die **Höchstfrist** von 18 Monaten, wobei die Frist im Beschluß konkret gesetzt werden muß. Anderenfalls ist der Beschluß nichtig[15]. Dies gilt auch, wenn die **Festlegung des Gegenwerts** durch Angabe der Ober- und Untergrenze fehlt. Der Wert muß allerdings nicht betragsmäßig festgelegt werden, sondern es kann auch die relative Anbindung an den künftigen Börsenkurs vorgenommen werden[16]. Schließlich ist der Anteil am Grundkapital – er darf 10% nicht übersteigen[17] – anzugeben. Diese **Erwerbsschranke** soll die Gefahr mißbräuchlicher Kursbeeinflussung einschränken, gleichzeitig aber genügend Handlungsspielraum eröffnen[18]. Als weitere Schranke des zulässigen Erwerbs ist die **Kapitalgrenze**[19] zu beachten, nach der die AG in der Lage sein muß, vorgeschriebene Rücklagen für eigene Anteile aus Mitteln zu bilden, die frei verfügbar sind. Ebenso muß berücksichtigt werden, daß nur **volleingezahlte Aktien** zurückgekauft werden dürfen[20].

23   Für den Zweck des Rückkaufs macht das AktG, abgesehen vom Ausschluß des Handels in eigenen Aktien[21], keine Vorgaben; daher ist der Rückkauf zwecks Verminderung des Eigenkapitals zu Lasten der freien Rücklagen gestattet, was Wertungleichheiten zwischen den Fusionspartnern ausgleichen kann. Die Kapitalherabsetzung erfolgt jedoch noch nicht mit dem Rückkauf der Aktien, sondern erst mit deren **Einziehung**[22], die der Gesellschaft grundsätzlich freisteht. Wird allerdings gegen die Vorschriften über den Erwerb eigener Aktien verstoßen, müssen diese innerhalb bestimmter Fristen eingezogen werden[23].

24   Der Rückkauf eigener Aktien könnte neben der Pflicht der Gesellschaft, das Bundesaufsichtsamt für den Wertpapierhandel (BAWe) über die Ermächtigung der Hauptversammlung zu unterrichten[24], die **Pflicht** der übrigen Aktionäre berühren, das Erreichen der im WpHG festgelegten Schwellenwerte **mitzuteilen**[25]. Die Aktionäre müßten ihre Stimmrechtsanteile kontrollieren, wenn infolge des Eigenerwerbs der Gesellschaft die Stimmrechtsgrenzen der Aktionäre verändert werden würden. Das BAWe nimmt jedoch eine Veränderung der Stimmrechts-

---

[13] § 71 Abs. 1 Nr. 8 AktG.
[14] § 133 Abs. 1 AktG.
[15] § 241 Nr. 3 AktG; dazu *Hüffer* § 71 AktG Rn 19e.
[16] BT-Drucks. 13/9712 S. 13.
[17] § 71 Abs. 1 Nr. 8, Abs. 2 Satz 1 AktG.
[18] *Martens*, Erwerb und Veräußerung eigener Aktien im Börsenhandel, AG 1996, 337, 338 f.
[19] § 71 Abs. 2 Satz 2 AktG.
[20] § 71 Abs. 2 Satz 3 AktG. Zu Pflichten nach dem Erwerb: § 71 Abs. 3 AktG.
[21] § 71 Abs. 1 Nr. 8 Satz 2 AktG.
[22] Zu den Voraussetzungen: § 237 AktG.
[23] § 71c AktG.
[24] § 71 Abs. 3 Satz 3 AktG.
[25] § 21 WpHG.

grenzen erst an, wenn die erworbenen Aktien eingezogen werden[26]. Bei der Einziehung, also bei Herabsetzung des Grundkapitals, sollten deshalb die übrigen Aktionäre darauf hingewiesen werden, daß es ihre Pflicht ist zu überprüfen, ob die Meldeschwellen berührt worden sind. Ggf. müssen die Aktionäre neue Mitteilungen gegenüber der Gesellschaft und dem BAWe machen.

d) Ausschüttung einer Superdividende an die Aktionäre. Ein weiteres Instrument zur Reduzierung des Werts des Unternehmens ist schließlich die Ausschüttung einer sog. Superdividende, d. h. einer **über das übliche Maß deutlich hinausgehenden Dividende**. Hierfür kann im Unternehmen ohnehin vorhandene und für den laufenden Geschäftsbetrieb oder etwa geplante Akquisitionen nicht benötigte Liquidität verwendet werden, oder es sind – innerhalb der Grenzen der Verschuldungsfähigkeit und intern möglicherweise gemachter Vorgaben für Kreditaufnahmen – Fremdmittel aufzunehmen.

Bei der Entscheidung über die Ausschüttung einer Superdividende ist jedoch der **steuerlichen Behandlung** dieser Ausschüttung **bei den Aktionären** Beachtung zu schenken; hierfür kommt es sowohl auf die steuerliche Situation des Aktionärs[27] an, als auch auf die Herkunft der ausgeschütteten Mittel[28]. So ist es nämlich bei im Privatvermögen gehaltenen Aktien für den einzelnen Aktionär häufig wesentlich attraktiver, wenn die von ihm gehaltenen Aktien an innerem Wert gewinnen und er zu einem späteren Zeitpunkt einen Kapitalgewinn vereinnahmen kann, der idR nicht zu versteuern sein wird, während er entsprechend dem neuen Halbeinkünfteverfahren auf die Hälfte seiner Dividenden Einkommensteuer nach dem auf ihn anwendbaren Satz zu zahlen hat[29].

II. Über-/Unterkapitalisierung

Auch die **Kapitalausstattung** der zusammenzuführenden Unternehmen **sollte zueinander passen.** Dies gilt auch dann, wenn rechtlich keine Verschmelzung stattfinden kann oder soll, sondern beide Unternehmen weiterhin rechtlich selbständig bleiben, auch wenn sie im Zweifel unter gemeinsamer Leitung stehen werden. Dies gilt vor allem, wenn es sich möglicherweise nicht vermeiden läßt, daß Drittbeteiligungen an den zusammengeführten Unternehmen verbleiben, denn eine harmonisierte Dividendenpolitik nach der Zusammenführung wird dadurch erleichtert, daß die Kapitalausstattung vergleichbar ist.

1. Bedeutung einer angemessenen Kapitalisierung

Eigenkapital ist teuer, denn der Eigenkapitalgeber erwartet als Ausgleich für das übernommene unbesicherte Risiko des eingesetzten Kapitals eine über dem

---

[26] Schreiben des BAWe vom 28. 6. 1999, Geschäftszeichen II 2-W 2310-53/98; vgl. § 18 Rn 10.
[27] Steuerinländer oder -ausländer/Steuerbefreiung.
[28] Diese können aus im In- oder im Ausland erwirtschafteten Erträgen stammen. Entscheidend ist auch die Zuordnung zu einer bestimmten Eigenkapitalkategorie.
[29] § 3 Nr. 40 EStG.

Marktzins liegende Rendite sowie eine angemessene Teilhabe am Erfolg des Unternehmens über die bloße Kapitalrendite hinaus. Zwar ist eine gesunde Kapitalbasis für jedes Unternehmen von entscheidender Bedeutung; sie ermöglicht es ihm, ohne große Mühe die erforderlichen Investitionen und ggf. auch Akquisitionen durchzuführen. Ist ein Unternehmen indes überkapitalisiert, kann es Schwierigkeiten haben, für seine Eigenkapitalgeber eine diesen angemessen erscheinende Rendite zu erwirtschaften, selbst wenn es im Markt Erfolg hat und gute Gewinne erzielt. Umgekehrt schränkt eine zu geringe Kapitalisierung den Bewegungsspielraum des Unternehmens ein, da die Mittel für Investitionen oder gar Akquisitionen möglicherweise weder vorhanden noch kurzfristig zu beschaffen sind. Neues Eigenkapital zu beschaffen, kostet bei einem börsennotierten Unternehmen Zeit, da es – wenn nicht in ausreichendem Umfang genehmigtes Kapital geschaffen ist – zu dessen Aufnahme eines Hauptversammlungsbeschlusses bedarf. Eine Erhöhung der Verschuldung würde dagegen die **„debt equity ratio"** des Unternehmens verschlechtern und vom Kapitalmarkt ungünstig aufgenommen werden. Ein **angemessenes „gearing"** des Unternehmens wird heute vom Kapitalmarkt erwartet; ein mehr als geringfügiges oder vorübergehendes Abweichen von dem als angemessen angesehenen Satz – der je nach Branche sehr unterschiedlich sein kann – wird von den Analysten negativ aufgenommen und kann insbes. auch negative Auswirkungen auf das Rating des Unternehmens haben.

2. Überkapitalisierung

29 Ergibt eine Analyse der Kapitalsituation des Unternehmens, daß es überkapitalisiert ist, bedarf es geeigneter Maßnahmen, um diese Situation zu korrigieren. Welches Mittel im gegebenen Fall das Richtige ist, hängt von den konkreten Umständen ab. Besteht in absehbarer Zeit kein nennenswerter Kapitalbedarf, bietet sich eine **Kapitalherabsetzung** und damit die Rückzahlung nicht benötigten Kapitals an die Aktionäre an. Dies ist ein in der Praxis recht selten verwendetes Mittel, bedarf doch ein florierendes und expandierendes Unternehmen immer wieder erheblicher Mittel, um sein Wachstum zu finanzieren, und schon beim nächsten Wachstumsschritt könnte erneut Kapitalbedarf entstehen. Das Kapital sollte daher nur dann herabgesetzt werden, wenn entweder der Überschuß so gravierend ist, daß auch mittelfristig und bei Berücksichtigung künftigen Kapitalbedarfs immer noch ein Überschuß bestehen wird, oder wenn die besonderen Umstände des Unternehmens einen künftigen Kapitalbedarf ausschließen.

30 Näher liegt es idR, den nächsten Investitionsschritt oder die nächste Akquisition in voller Höhe oder jedenfalls in größerem als dem üblichen Maß fremdzufinanzieren und so das **„gearing"** durch eine **Erhöhung der Verschuldung** zu korrigieren.

31 Ein eleganterer Weg steht allerdings dann offen, wenn es im Zuge der Übernahme eines anderen Unternehmens zu einer Verschmelzung mit diesem kommen kann und das Target kapitalmäßig schlechter ausgestattet ist als der Übernehmer: Die **Verschmelzung** führt so zu einer **Korrektur des „gearing"** in die gewünschte Richtung, ohne daß es weiterer Maßnahmen der vorher geschilderten Art bedürfte.

3. Unterkapitalisierung

Liegt dagegen eine Unterkapitalisierung des Übernehmers vor, bietet es sich an, dessen **Kapital** zu **erhöhen**, um ihn in die Lage zu versetzen, die Zielgesellschaft zu erwerben, ohne seine „debt equity ratio" weiter zu verschlechtern. Verfügt der Übernehmer über **genehmigtes Kapital**, sollte dieses genutzt werden; anderenfalls ist eine ordentliche Kapitalerhöhung durchzuführen, die sinnvollerweise gleich mit der Schaffung genehmigten Kapitals verbunden werden sollte, um bei künftigem Kapitalbedarf mehr Spielraum zu haben und den langsamen Weg über einen weiteren Hauptversammlungsbeschluß zu vermeiden.

Keiner der vorgenannten Wege braucht jedoch beschritten zu werden, sollte eine **Verschmelzung mit dem Übernahmekandidaten** sinnvoll und möglich und dieser kapitalmäßig so komfortabel ausgestattet sein, daß infolge der Verschmelzung die Unterkapitalisierung des Übernehmers beseitigt wäre.

III. Strukturunterschiede

Nur selten werden Übernehmer und übernommenes Unternehmen so ähnlich sein, daß es keine nennenswerten strukturellen Unterschiede gibt und die beiderseitigen Strukturen bei ihrer Zusammenfügung wie Zahnräder ineinander greifen. Unternehmen sind über Jahrzehnte, manchmal sogar über Jahrhunderte **gewachsene Gebilde, die ihre eigenen Gesetzmäßigkeiten haben**, deren Kenntnis es dem Übernehmer wesentlich erleichtert, überhaupt Zugang zu dem erworbenen Unternehmen als Ganzem zu erlangen und es im wahrsten Sinne des Wortes „unter Kontrolle zu bekommen". Wird hier die notwendige Auseinandersetzung mit dem Target unterlassen und damit zwangsläufig auch die Gelegenheit zu frühen Korrekturen und Anpassungsmaßnahmen versäumt, kann dies den notwendigen Integrationsprozeß drastisch verlängern, wenn es diesen nicht sogar verhindert. Früher oder später kann das zu einem Scheitern der Übernahme führen oder doch Übernehmer und Target so stark schädigen, daß die Übernahme beide kombinierten Unternehmen im Ergebnis schlechter dastehen läßt, als wenn sie unterblieben wäre.

1. Unterschiedliche Rechtsformen

Die Zusammenführung unterschiedlicher Rechtsformen ist dank des modernen deutschen Umwandlungsrechts nur in den wenigsten Fällen ein wirkliches Problem, da sowohl **Unternehmen fast aller Rechtsformen steuerlich neutral zusammengeführt** werden können, als auch praktisch jede Umwandlung von einer Rechtsform in die andere – auch von der Personengesellschaft in die Kapitalgesellschaft – ohne Aufdeckung stiller Reserven möglich ist.

Die Segnungen des deutschen Umwandlungsrechts enden jedoch an der Grenze; das deutsche Recht läßt die Verschmelzung zweier Rechtsträger über die Grenze nicht zu, ebenso wie es auch die Verlegung einer Gesellschaft über die Grenze nicht vorsieht und damit tatsächlich verhindert[30]. Um dies zu korrigieren, bietet die europäische Fusionsrichtlinie[31] allerdings die Möglichkeit, bei Erfüllung gewisser Voraussetzungen Vermögenswerte von Beteiligungsgesellschaften steuerfrei über die Grenze zu übertragen und damit zwar nicht einen Share Deal, aber doch einen **Asset Deal grenzüberschreitend steuerlich neutral** zu verwirklichen[32].

2. Unterschiedliche Gesellschafterstrukturen

37   Die Zusammensetzung der Gesellschafter des zu erwerbenden Unternehmens ist für den Erwerber jedenfalls aus zwei Gründen von Wichtigkeit: Zunächst muß er eine **möglichst genaue Vorstellung von deren Identität** haben, um beurteilen zu können, welche Auswirkungen die geplante Akquisition auf sie haben wird, insbes. ob etwa aus steuerlichen oder anderen Gründen die Akquisition für sie möglicherweise nicht ohne weiteres oder nicht unter allen Umständen attraktiv ist. So kann etwa ein zum Zweck der Übernahme der Kontrolle über das zu erwerbende Unternehmen abgegebenes Umtauschangebot auf den im Ausland ansässigen institutionellen Anleger ganz andere steuerliche Auswirkungen haben als auf den im Inland ansässigen Privatanleger. Wird dem nicht Rechnung getragen, könnte der angestrebte Erwerb der Mehrheit scheitern, weil das Umtauschangebot nicht von einer ausreichend großen Zahl von Aktionären angenommen wird.

38   Zudem spielen **„shareholder relations"** heute eine immer größere Rolle; gerade institutionelle Anleger erwarten, daß Unternehmen, an denen sie Beteiligungen halten, sie wahrnehmen und – iRd. Gleichbehandlungsgebots für alle Aktionäre[33] – umfassend informieren. Der Vorstand eines modernen Unternehmens kann daher nicht mehr völlig losgelöst von den Aktionären des von ihm geführten Unternehmens agieren, sondern er muß deren Vorstellungen in größerem als bislang üblichen Umfang Rechnung tragen. Und um dies tun zu können, muß er sie kennen oder jedenfalls um ihre Identität wissen. Gerade in einer Übernahmesituation ist ein solches Wissen entscheidend; für das eigene Unternehmen sollte es bereits vorhanden sein, für das Target sollte es möglichst schnell erworben werden.

3. Unterschiedliche innere Strukturen

39   Gleiche Aufmerksamkeit muß auch den inneren Strukturen des erworbenen Unternehmens und deren Kompatibilität mit den Strukturen des übernehmenden Unternehmens geschenkt werden. So wird es erheblichen Anpassungs- und Umstrukturierungsbedarf geben, wenn zB das **Target spartenmäßig organisiert** ist und die Leiter der einzelnen Sparten im Vorstand der Obergesellschaft vertreten sind, während der **Erwerber eine reine Holdingstruktur** aufweist ohne eine Vertretung der einzelnen Beteiligungsgesellschaften im Vorstand der Holding. Es wird dann die Grundsatzentscheidung zu treffen sein, welche Struktur das neue gemeinsame Unternehmen haben soll, wenn die Größe und Bedeutung des Tar-

---

[30] Siehe § 17 Rn 250 ff.
[31] Richtlinie 90/434/EWG des Rates vom 23. 7. 1990 (ABl. EG Nr. L 225 S. 1).
[32] Obige Richtlinie wurde für diesen Fall durch § 23 UmwStG umgesetzt, der die Voraussetzungen festlegt. Vgl. im übrigen die ausführliche Darstellung in § 17 Rn 258.
[33] § 53a AktG.

gets es ausschließen, dieses als bloße Beteiligungsgesellschaft zu führen, sondern eine weitergehende Integration geboten ist. Aber selbst wenn das Target als Beteiligungsgesellschaft geführt werden soll, müssen dessen innere Strukturen zu denen des Gesamtkonzerns passen, weil sonst die vorhandenen Führungs- und Kontrollmechanismen nicht greifen und es mindestens zu Reibungsverlusten, schlimmstenfalls zu keiner tatsächlichen Beherrschung des erworbenen Unternehmens kommen wird.

4. Unterschiedliche Kulturen

Nicht genug Aufmerksamkeit kann auch den möglicherweise sehr unterschiedlichen Kulturen zweier zusammenzuführender Unternehmen geschenkt werden. Sind hier die Unterschiede zu groß, kann dies allein für das Scheitern einer Übernahme oder Fusion genügen. Schon sehr frühzeitig, im Idealfall **bereits während der Due Diligence**, ist auch dieses Element **gründlichst zu analysieren** und sind Folgerungen aus festgestellten Unterschieden zu ziehen[34]. Je größer die kulturellen Unterschiede sind und je weniger unternommen wird, um sie auszugleichen, desto länger werden sich die Angehörigen beider Seiten fremd bleiben, wird weiterhin von „uns" und „denen" die Rede sein, wird es zu „Grabenkämpfen" und unnötigen Rivalitäten kommen. Es sollte kein Aufwand gescheut werden, um vorhandene Unterschiede zu überbrücken, um die beiden Seiten einander näher zu bringen. Dies kann nicht von der Konzernführung oktroyiert, sondern muß gelebt – und von der Unternehmensführung vorgelebt – werden.

IV. Überschneidungen von Standorten und Betrieben

Häufig wird es bei dem Zusammengehen zweier Unternehmen zu Überschneidungen nicht nur von Niederlassungen und Betrieben, sondern sogar ganzer Tochtergesellschaften kommen, die auf gleichem oder ähnlichem Gebiet tätig sind. Werden nämlich die Mutterunternehmen fusioniert, bleiben deren jeweilige Niederlassungen, Betriebe und Tochtergesellschaften zunächst bestehen und müssen in einem aufwendigen Verfahren Stück für Stück ebenfalls fusioniert oder anderweitig integriert, notfalls auch liquidiert werden. Gerade die Bündelung der Kräfte bei gleichzeitiger Eliminierung fusionsbedingt entstehender **Redundanzen** ermöglicht jedoch erst die bei Zusammenschlüssen regelmäßig beschworenen Synergien.

1. Betriebszusammenlegungen

Die Zusammenlegung kompatibler Betriebe beider Unternehmen und die Verschmelzung von Tochtergesellschaften sind ein probates Mittel zur **Realisierung von Synergien** und zugleich zur Integration beider Unternehmensgruppen; hierbei kann es gar nicht schnell genug gehen, denn es wird zu jeder Zeit für die dadurch Betroffenen gute Gründe geben, warum diese Integration noch unter-

---

[34] Siehe § 33.

bleiben soll. Was schmerzhaft, aber heilsam ist, sollte indes frühzeitig vollzogen werden, will man nicht kostbare Zeit und Synergiepotential verschenken.

2. Verkauf/Management Buy-Out redundanter Betriebe

43 Passen ein Betrieb oder ein Tochterunternehmen allerdings überhaupt nicht mehr in das Strukturkonzept des neuen fusionierten Unternehmens, ist nach einer neuen Heimat für diese Einheit zu suchen, die sich bei einem externen Interessenten, vielleicht sogar einem Wettbewerber, möglicherweise aber auch bei dem Management des betroffenen Betriebs oder Unternehmens finden kann. Eine solche **Strukturbereinigung** wird häufig als „Ausschlachten" des erworbenen Unternehmens angeprangert, obgleich sie idR betriebswirtschaftlich geboten ist, häufig allerdings auch als Mittel zur Finanzierung des Erwerbs des Targets verwendet wird.

3. Schließung von Betrieben

44 Ist der Erhalt eines Betriebs nicht zu rechtfertigen, steht aber keiner der vorgehend beschriebenen Wege offen, bleibt als **letztes Mittel** regelmäßig die Schließung, wenngleich dieser schmerzhafte – und auch betriebwirtschaftlich alles andere als erstrebenswerte – Schritt nach Möglichkeit vermieden werden sollte. Er muß aber vollzogen werden, wenn anderenfalls das fusionierte Unternehmen mit einer Hypothek belastet wäre, die seinen Erfolg nachhaltig schmälern oder gar gefährden könnte.

V. Börsennotierung

45 Die Börsennotierung eines der an der Übernahme beteiligten Unternehmen fügt der Transaktion einen weiteren Grad an Komplexität hinzu, wobei die zusätzlichen Schritte und Maßnahmen ungleich zahlreicher sind, wenn das Target börsennotiert ist, als wenn dies (nur) beim Erwerber der Fall ist. Das Vorhandensein marktgängiger eigener Aktien eröffnet dem Erwerber aber auch eine in ihrer Bedeutung nicht zu unterschätzende **Flexibilität bei der Finanzierung des Erwerbs**.

1. Börsennotierter Erwerber

46 Die Notierung der Aktien des Erwerbers an einer in- oder ausländischen Börse eröffnet ihm die Möglichkeit, die Akquisition nicht – oder nicht in vollem Umfang – bar zu bezahlen, sondern ganz oder zum Teil mit eigenen Aktien. So fließt gerade bei größeren Übernahmen immer seltener Geld; vielmehr bietet der Erwerber den Gesellschaftern des Targets statt Geld als **Akquisitionswährung** eigene Aktien an. Das hat für diese zugleich den Vorteil, nicht um die Reinvestition des Verkaufserlöses besorgt sein zu müssen, und ermöglicht es ihnen, weiterhin – mittelbar – am Erfolg des veräußerten Unternehmens beteiligt zu bleiben. Der Erwerber braucht nicht um die Aufbringung der notwendigen Liquidität, sei es aus einer für diese Zwecke geschaffenen Reserve, sei es durch die Aufnahme von Fremdmitteln, besorgt zu sein.

47 In Vorbereitung hierauf haben die meisten börsennotierten deutschen Großunternehmen heute von der Möglichkeit Gebrauch gemacht, **genehmigtes Kapital**

zu schaffen, das in zwei Fällen – infolge der gesetzlichen Erleichterung des Bezugsrechtsausschlusses und zur Erhöhung gegen Sacheinlagen, wenn der noch nicht konkretisierbare Zweck plausibel gemacht wird[35] – ohne Bezugsrechte der Aktionäre ausgegeben werden kann **bis zur Höhe von 10% des Grundkapitals**[36]. So können im Akquisitionsfall schnell neue Aktien ausgegeben und den Veräußerern als Entgelt für die von ihnen zu übertragenden Anteile angeboten werden.

Alternativ oder kumulativ kann das erwerbende Unternehmen auch zuvor **eigene Aktien zurückkaufen** und diese sodann an die Veräußerer neu ausgeben, was wiederum bis zur Höhe von 10% des Grundkapitals zulässig ist[37].

Die Notierung der Aktien des Erwerbers an einer in- oder ausländischen Börse begründet andererseits **Meldepflichten**, deren Einschlägigkeit im konkreten Fall frühzeitig zu prüfen ist. Nach deutschem Recht ist der Emittent von Wertpapieren, die an einer inländischen Börse zum Handel zugelassen sind, verpflichtet, „unverzüglich eine neue Tatsache (zu) veröffentlichen, die in seinem Tätigkeitsbereich eingetreten und nicht öffentlich bekannt ist, wenn sie wegen der Auswirkungen auf die Vermögens- oder Finanzlage oder auf den allgemeinen Geschäftsverlauf des Emittenten geeignet ist, den Börsenpreis der Wertpapiere erheblich zu beeinflussen"[38].

Diese Ad hoc-Publizitätspflicht richtet sich ausschließlich an den Emittenten der zugelassenen Wertpapiere, wobei zwischen in- und ausländischen Emittenten nicht unterschieden wird. Der ausländische Emittent ist deswegen ungeachtet der Publizitätspflicht an der jeweiligen ausländischen Heimatbörse auch zur inländischen Ad hoc-Publizität verpflichtet. Allerdings unterliegen der **Ad hoc-Publizitätspflicht nur diejenigen Wertpapiere**[39]**, die zum Handel an einer inländischen Börse zugelassen sind**, also Papiere mit nicht-amtlicher Notierung (Geregelter Markt)[40] und mit amtlicher Feststellung des Börsenpreises (Amtlicher Handel)[41]. Wertpapiere, die im Börsensegment des Freiverkehrs[42] gehandelt werden, unterliegen dagegen nicht der Ad hoc-Publizitätspflicht. Ebenso verhält es sich mit Wertpapieren, die ausschließlich in außerbörslichen Handelssyste-

---

[35] BGH NJW 1997, 2815 „Siemens/Nold"; siehe dazu *Schröer* in HV Hdb. Rn II I 23.
[36] §§ 202, 203 Abs. 1, 186 Abs. 3 Satz 4 AktG. Hiernach bedarf der Bezugsrechtsausschluß keiner Abwägung zwischen dem Gesellschaftsinteresse und dem Interesse der Aktionäre am Erhalt ihrer Rechtspositionen. Dieser im Finanzierungsinteresse der Gesellschaft erfolgende Bezugsrechtsausschluß ist kraft Gesetzes gerechtfertigt, soweit die Kapitalerhöhung gegen Bareinlagen 10 % des Grundkapitals nicht übersteigt und der Ausgabebetrag den Börsenpreis nicht wesentlich unterschreitet. Siehe dazu *Marsch-Barner*, Die Erleichterung des Bezugsrechtsausschlusses nach § 186 Abs. 3 Satz 4, AG 1994, 532; *Hoffmann-Becking*, Gesetz zur „kleinen AG" – unwesentliche Randkorrekturen oder grundlegende Reform?, ZIP 1995, 1, 9; *Kübler*, Erleichterter Bezugsrechtsausschluß: Hoffnungen für den Kapitalmarkt, WM 1994, 1970; *Nirk/Reuter/Bächle*, Handbuch der Aktiengesellschaft (Loseblatt), 3. Aufl. Stand März 1999, Rn 556 f.; *Hüffer* § 186 AktG Rn 39 aff.
[37] Siehe Rn 21 ff.
[38] § 15 Abs. 1 Satz 1 WpHG. Siehe § 7 Rn 134 ff.
[39] § 2 Abs. 1 WpHG.
[40] § 71 BörsG.
[41] § 36 BörsG.
[42] § 78 BörsG.

men⁴³ gehandelt werden. Gleiches gilt für den **Neuen Markt**, denn die Zulassung zum Neuen Markt setzt zwar die Zulassung zum Geregelten Markt voraus, jedoch verzichtet der Emittent mit Zulassung zum Neuen Markt auf die Aufnahme der Notierung im Geregelten Markt. Dies hat eine der Gesetzessystematik an sich fremde Trennung zwischen Zulassung (Geregelter Markt) und Handel (Freiverkehr) zur Folge⁴⁴. Somit besteht keine Feststellung des Börsenpreises im Marktsegment des Geregelten Marktes, so daß die Feststellung des Börsenpreises nicht ausgesetzt werden kann⁴⁵. Eine analoge Anwendung der Ad hoc-Publizitätspflicht verbunden mit der Bußgeldsanktion nach dem WpHG scheidet aufgrund des Bestimmtheitsgebots⁴⁶ bei Straf- und Bußgeldvorschriften aus. Allerdings müssen Emittenten von im Neuen Markt notierten Wertpapieren die **zivilrechtliche Verpflichtung zur Ad hoc-Publizität** beachten, die ihnen **nach dem Regelwerk Neuer Markt** obliegt⁴⁷. Ein Verstoß hiergegen führt aus eben genannten Gründen jedoch nicht zur Bußgeldsanktion⁴⁸, sondern ggf. zur Beendigung der Zulassung zum Neuen Markt⁴⁹.

51   Ist der Erwerber (auch) an ausländischen Börsen notiert, sind kumulativ auch dort etwa geltende Meldepflichten zu berücksichtigen.

2. Börsennotiertes Target

52   Eine Börsennotierung der Aktien des Targets macht aus einem Unternehmenskauf eine **Kapitalmarkttransaktion**, die nach hierfür geltenden strengen Regeln abzulaufen hat.

53   Schon im Vorfeld der Transaktionen greifen die Vorschriften des **WpHG**, die **Mitteilungs- und Veröffentlichungspflichten** begründen, wenn jemand „durch Erwerb, Veräußerung oder auf sonstige Weise 5 Prozent, 10 Prozent, 25 Prozent, 50 Prozent oder 75 Prozent der Stimmrechte an einer börsennotierten Gesellschaft erreicht, überschreitet oder unterschreitet"⁵⁰. Diese Meldepflichten, die innerhalb von sieben Kalendertagen zu erfüllen sind, verbieten praktisch den stillen Aufbau einer erheblichen Beteiligung durch Aufkauf von Aktien im Markt, bevor zum entscheidenden, dann öffentlichen „Schlag ausgeholt" wird. Sie gelten allerdings nur für zum Amtlichen Handel an einer Börse im Europäischen Wirtschaftsraum zugelassene Aktien, erfassen also weder im Geregelten, noch im Neuen Markt oder im Freiverkehr⁵¹ gehandelte Aktien.

---

⁴³ ZB Telefonverkehr, proprietäre Handelssysteme, Handel mit Anteilen offener Investmentfonds, Handel über das Internet.
⁴⁴ Vgl. §§ 75 Abs. 1, 42 Abs. 4, 71 Abs. 1, 78 Abs. 1 BörsG.
⁴⁵ § 75 Abs. 3 iVm. § 43 BörsG.
⁴⁶ Art. 103 Abs. 2 GG.
⁴⁷ Abschnitt 7.2. RWNM der DBAG.
⁴⁸ § 15 Abs. 6 WpHG.
⁴⁹ Abschnitt 2.1.4. RWNM der DBAG.
⁵⁰ § 21 Abs. 1 Satz 1 WpHG. Siehe § 7 Rn 154 ff.
⁵¹ Auch die im Neuen Markt gehandelten Aktien werden technisch im Freiverkehr notiert, obgleich sie rechtlich erst zum Geregelten Markt zugelassen werden und daher dessen Kriterien entsprechen müssen, wo dann allerdings keine Notierung erfolgt; statt dessen werden sie – nach Erfüllung der speziellen Kriterien für den Neuen Markt – dort zugelassen und damit dann in einem besonderen Segment des Freiverkehrs gehandelt.

Wesentlich belastender als diese Meldepflichten ist dagegen der **Übernahmekodex**[52]. 54

Alternativ zu oder neben diesen Beschränkungen des deutschen Markts sind entsprechende Regelungen ausländischer Märkte zu berücksichtigen, falls das Target selbst nur oder auch an einer ausländischen Börse notiert ist. 55

VI. Grenzüberschreitende Strukturen

Für die Übernahme von Anteilen an einem inländischen oder in einem Mitgliedsland des europäischen wirtschaftlichen Raums belegenen Target durch ein im Ausland ansässiges Unternehmen gibt es keinerlei Beschränkungen. Interessant wird es dagegen, wenn sich die grenzüberschreitende Zusammenführung von Unternehmen nicht auf einen Anteilserwerb beschränken soll, sondern eine weitergehende Integration beabsichtigt ist, wie etwa bei dem so oft beschworenen **Merger of Equals**[53]. 56

Rechtsformen von Unternehmen gelten nämlich grundsätzlich nur im Sitzland des Unternehmens; das deutsche Recht kennt keinen Sitzwechsel des Unternehmens über die Grenze und ebensowenig **grenzüberschreitende Verschmelzungen von Unternehmen**[54]. Der Grund hierfür ist konzeptioneller Natur: Jede nationale Unternehmensform trägt ihren gesamten Regelungskosmos in sich, und eine Kompatibilität mit ausländischen Rechtsformen, selbst wenn diese sehr ähnlich sein sollten (wie zB die deutsche GmbH und die französische S. A. R. L.), gibt es nicht. Eine europäische, grenzüberschreitend geltende Rechtsform konnte trotz intensiver Bemühungen bis heute nicht geschaffen werden[55]. Und auch diese würde nicht helfen, wenn der Übernehmer aus einem Drittland käme und über keine verwendbare Struktur in einem Land des europäischen wirtschaftlichen Raums verfügte. Damit muß zwangsläufig immer zu Hilfskonstruktionen gegrif- 57

---

[52] Abgedruckt in ZIP 1995, 1464 ff. Der Übernahmekodex sieht zum Schutz von Minderheiten eine weitgehende Informationspflicht des Bieters, aber auch der Zielgesellschaft vor, zum einen die Melde- und Publizitätspflicht des Bieters bezüglich getätigter Geschäfte nach der Bekanntgabe seines öffentlichen Angebots und zum anderen die Pflicht der Zielgesellschaft, eine begründete Stellungnahme zu dem Angebot spätestens nach zwei Wochen zu veröffentlichen. Einen weiteren Schutz der Minderheitenrechte sieht die Regelung des Pflichtangebots vor. Demnach muß derjenige, der die Kontrolle über eine Zielgesellschaft erreicht hat, allen anderen Wertpapierinhabern ein Angebot zum Erwerb ihrer Aktien zu einem aus dem Börsenkurs abgeleiteten Preis unterbreiten. Eine Kontrolle ist allerdings schon dann erreicht, wenn der Übernehmer berechtigt ist, die Mehrheit der Mitglieder des Verwaltungs-, Leitungs- oder Aufsichtsorgans zu bestellen oder wenn er in drei vorhergehenden Hauptversammlungen über drei Viertel des präsenten stimmberechtigten Kapitals verfügt. Vgl. im übrigen zum Übernahmekodex § 24 Rn 18 ff. und § 31.

[53] Siehe auch § 17 Rn 277 ff.

[54] § 1 Abs. 1 UmwG; vgl. BR-Drucks. 75/94, S. 80: Der Gesetzgeber schließt mit § 1 Abs. 1 UmwG die Anwendung der Umwandlungsvorschriften auf grenzüberschreitende Vorgänge mit der Begründung aus, daß zum einen angesichts der derzeitigen europäischen Harmonisierungsbemühungen um eine Regelung grenzüberschreitender Vorgänge eine Regelung dieses Komplexes zurückgestellt werden solle und zum anderen eine Ausdehnung der Vorschriften auf internationale Fälle rechtstechnische sowie politische Probleme aufwerfen würde. Vgl. auch § 35 Rn 160 ff. und die Ausführungen von *Schwarz* in Widmann/Mayer § 1 UmwG Rn 29.

[55] Siehe dazu § 17 Rn 250 ff.; zur Europäischen Aktiengesellschaft außerdem § 2 Rn 20 ff.

fen werden, die nach Möglichkeit dem gewollten Ideal einer tatsächlichen Verschmelzung möglichst nahe kommen sollten.

58 Hinzu kommt, daß bei den strukturellen Überlegungen stets auch andere als juristische oder wirtschaftliche Aspekte eine große Rolle spielen: Die **Optik der neuen Struktur** ist von überragender Bedeutung; sie entscheidet in den Augen des außenstehenden Betrachters die Frage, wer als „Gewinner" oder „Verlierer" der Fusion anzusehen ist. Gemeinhin gilt das Unternehmen als „Gewinner", das im Fall einer Verschmelzung als juristische Person überlebt, selbst wenn dafür häufig andere, etwa steuerliche Erwägungen maßgebend waren. Ebenso kommen nationale Empfindlichkeiten ins Spiel: Das Sitzland der Obergesellschaft wird gemeinhin als „Gewinner" angesehen, ist doch damit dessen Recht bestimmend für die ganze Gruppe. Schließlich haben natürlich auch die personellen Entscheidungen eine Signalwirkung: Das Unternehmen, das den Vorstandsvorsitzenden oder -sprecher der fusionierten Gruppe stellt, erscheint als „Sieger".

59 Die **Phantasie** der Architekten grenzüberschreitender Strukturen findet ihre **Grenzen, wo zwingendes nationales Recht greift**. Nicht zu vernachlässigende Faktoren sind aber auch Aspekte wie die **Marktakzeptanz** der gefundenen Struktur, die Einfachheit der **Handhabung** oder die **Ausbaufähigkeit bei weiter nachfolgenden Umstrukturierungen**. Im folgenden werden nur einige häufig verwendete oder diskutierte Gestaltungen angesprochen[56].

1. Umtauschangebot eines Unternehmens an die Aktionäre des anderen Unternehmens

60 Planen zwei Unternehmen mit Sitz in verschiedenen Ländern einen Merger of Equals, so ist die einfachste und klarste Struktur, daß eines der beteiligten Unternehmen (X) den Aktionären des anderen Unternehmens (Y) anbietet, ihre Y-Aktien in X-Aktien umzutauschen. Hierzu wird X häufig das eigene Kapital erhöhen müssen, um über die an die Y-Aktionäre auszugebenden Aktien zu verfügen. Hat es diese nicht vorher schon im Markt zurückgekauft, kann es dies im Laufe des Verfahrens tun[57]. Ob ein solches Umtauschangebot der Zustimmung der Hauptversammlungen bedarf, ist eine Frage des jeweils anwendbaren Rechts; bei einer deutschen AG wird danach zu unterscheiden sein, ob sie das **Umtauschangebot** abgibt[58] oder ob sie lediglich mit dem anderen Unternehmen eine

---

[56] Siehe zur Zusammenführung über die Grenze die mit Beispielen belegte Darstellung in § 17 Rn 320 ff.

[57] Im Fall einer deutschen AG ist dies allerdings nur bis zu 10 % des Grundkapitals und aufgrund einer höchstens 18 Monate geltenden Ermächtigung der Hauptversammlung möglich, § 71 Abs. 1 Nr. 8 AktG. Siehe Rn 21 ff.

[58] Nach dem deutschen Aktienrecht bedarf es bei Umtauschangeboten keiner erneuten Zustimmung der Hauptversammlung, da die hierfür erforderlichen Mittel aufgrund von zustimmungspflichtigen Kapitalerhöhungsmaßnahmen bereitgestellt wurden. Die Kapitalerhöhung gegen Einlagen nach § 182 AktG, die bedingte Kapitalerhöhung nach § 192 AktG und auch das genehmigte Kapital gem. § 202 AktG sowie der damit einhergehende Bezugsrechtsausschluß bedürfen eines Hauptversammlungsbeschlusses mit qualifizierter Mehrheit. Die Durchführung selbst und das damit ermöglichte Umtauschangebot sind somit lediglich Geschäftsführungsmaßnahmen, die dem Vorstand im Rahmen seines unternehmerischen Ermessens überlassen bleiben, ggf. mit Zustimmung des Aufsichtsrats.

Grundsatzvereinbarung mit dem Ziel des Merger of Equals trifft, die indes nur den Boden für das Umtauschangebot bereitet, ohne die Entscheidung der Aktionäre, ob sie das Umtauschangebot auch tatsächlich annehmen wollen, zu präjudizieren[59]. Weiter sind auch die börsenrechtlichen Vorschriften beider Länder zu beachten, die einander mitunter widersprechen und damit zu manchen Schwierigkeiten führen können (so etwa dann, wenn nach den Regeln des einen Rechts die Bedingtheit des Umtauschangebots engen Beschränkungen unterliegt).

Ist das Umtauschangebot von einer ausreichenden Zahl von Aktionären angenommen worden und hat die **übernehmende Gesellschaft eine qualifizierte (Hauptversammlungs-)Mehrheit an der anderen Gesellschaft** erworben, kann sie im Rahmen dessen, was das anwendbare Aktienrecht zuläßt[60], diese ihrer Herrschaft unterwerfen und/oder sie veranlassen, wesentliche Vermögenswerte oder Beteiligungen gegen Gewährung von Beteiligungsrechten in eine andere in- oder ausländische Beteiligungsgesellschaft einzubringen, womit im Extremfall diese Gesellschaft zu einer bloßen Zwischenholding werden kann.

IdR werden **nicht alle Aktionäre das Umtauschangebot annehmen**, sei es, daß sie Gründe dafür haben oder zu haben meinen, sei es, daß sie von dem Umtauschangebot keine Kenntnis erhalten und deshalb nicht darauf reagieren. Dies bedeutet dann, daß die übernehmende Gesellschaft wider Willen bei dem Target noch weitere Aktionäre neben sich hat. Das kann ein „delisting" erschweren oder ausschließen[61] und führt zu einem erheblich größeren administrativen Aufwand bei dem Target[62]. Hier soll die durch das kommende Übernahmegesetz

---

[59] Hier ist eine Zustimmung der Aktionäre nicht gefordert, sollte aber sinnvollerweise gleichwohl eingeholt werden, liegt doch mit der Zustimmung zu dem Fusionsvorhaben oder dessen Ablehnung dann zugleich eine klare Tendenzaussage zum künftigen Umtauschverhalten der Aktionäre vor.

[60] Von Rechtsprechung und Literatur sind Grundsätze zum Vertrags- und faktischen Konzern entwickelt worden, die eine nachteilige Einflußausübung einer Gesellschaft auf eine andere durch eine Kombination von Dokumentations-, Publizitäts- und Haftungsnormen verhindern sollen. Diese Grundsätze finden zum Teil ihren Niederschlag in §§ 311 ff. AktG. Es soll die Gefahr unterbunden werden, daß die übernehmende Gesellschaft mit qualifizierter Mehrheit an einer anderen Gesellschaft ihren Einfluß nicht im Sinne gemeinsamen Geschäftsinteresses, sondern zugunsten ihrer anderweitigen unternehmerischen Interessen zum Nachteil der Gesellschaft ausübt. Folge solch einer Einflußnahme kann die Minderung des Vermögens bzw. des Ertrags der abhängigen Gesellschaft und damit deren Haftungsvermögens sein, was wiederum die Rechte der Minderheiten und der Gläubiger aushöhlt. Siehe dazu *Kropff* in MünchKomm. § 311 AktG Rn 2 ff.; *Habersack* in Emmerich/Habersack Vor § 311 AktG Rn 1, 2.

[61] Siehe § 24.

[62] Eine praktisch bedeutende Vereinfachung des administrativen Aufwands besteht für die Einpersonen-AG bzw. „kleine AG" und für Aktiengesellschaften mit namentlich bekannten Aktionären durch § 121 Abs. 6 AktG, wonach sie von der Beachtung der Vorschriften über die Einberufung und Beschlußfassung der Hauptversammlung gem. §§ 121 bis 128 AktG befreit sind, sofern alle Aktionäre erscheinen und kein Aktionär der Beschlußfassung widerspricht. Hiernach ist die Einberufung samt der Einberufungsmodalitäten entbehrlich. Der AG mit „namentlich bekannten" Aktionären ist es gem. § 121 Abs. 4 AktG erlaubt, die Hauptversammlung mittels eingeschriebenen Briefs einzuberufen. Eine notarielle Beurkundung von Hauptversammlungsbeschlüssen ist gem. § 103 Abs. 1 Satz 3 AktG bei der nicht börsennotierten AG nur erforderlich, soweit das Gesetz für den Beschluß Dreiviertelmehrheit bestimmt; sonst genügt eine vom Vorsitzenden des Aufsichtsrats unterzeichnete Niederschrift. Außerdem unterliegen nichtbörsennotierte Aktiengesellschaften nicht der Ad hoc-Publizitätspflicht iSv. § 15 Abs. 1 WpHG.

geschaffene sog. **Squeeze Out-Regelung** Hilfe bringen: Nach dem RefE-WÜG kann ein Aktionär, dem 95% der Aktien gehören, die Aktien der übrigen Aktionäre gegen Zahlung eines angemessenen baren Entgelts erwerben. Der Hauptaktionär soll den Erwerbspreis festsetzen können, der dann aber durch einen von ihm zu bestellenden Prüfer begutachtet werden muß. Der Entwurf sieht weiter vor, daß jeder auszukaufende Aktionär eine gerichtliche Überprüfung einleiten[63], jedoch nicht den Erwerbsbeschluß der Hauptversammlung unter Hinweis auf einen angeblich unangemessenen Preis anfechten kann[64].

2. Obergesellschaft im Land des Übernehmers oder des Targets

63   Soll es dagegen vermieden werden, daß eines der beteiligten bestehenden Unternehmen ein Umtauschangebot abgibt und damit jedenfalls dem Anschein nach als der Übernehmer dasteht, kann eine **neue Gesellschaft** geschaffen werden, die sodann **gegenüber den Aktionären beider Unternehmen ein Umtauschangebot abgibt**. Diese wird häufig ihren Sitz entweder im Land des Übernehmers oder im Land des Übernommenen haben. Damit entfällt das jedenfalls optische Bedenken, eines der beteiligten Unternehmen stehe als der Übernehmer dar, auch wenn immer noch daran Anstoß genommen werden kann, daß die neue Holding im Land des einen oder des anderen Fusionsbeteiligten angesiedelt ist und damit jedenfalls das entsprechende Land als „Gewinner" der Fusion dazustehen scheint. Es kann dann aber leichter eine völlig neue „corporate identity" geschaffen werden, weil die neue Holding mit keinem der Fusionsbeteiligten identisch ist.

64   Die **neue Holding** sollte **von einem Dritten** im Einvernehmen mit den Fusionsbeteiligten **geschaffen** werden, um die problematische Konstellation zu vermeiden, daß die Tochtergesellschaft ein Umtauschangebot an die Aktionäre ihrer Muttergesellschaft abgibt. Die Holding muß zwingend die **Rechtsform einer AG** haben, da ihre Aktien im Zusammenhang mit den Umtauschangeboten an den Börsen zu notieren sind, an denen die Aktien der Fusionsbeteiligten notiert sind, um deren Aktionären weiterhin am selben Platz einen Markt für ihre Papiere zu bieten.

65   Daher müssen **koordiniert zwei Umtauschangebote** an Börsen **in mindestens zwei Ländern durchgeführt und** die **Aktien der neuen Holding** an denselben Plätzen **neu gelistet** werden, wobei alle jeweils anwendbaren örtlichen Anforderungen, Fristen und Regelungen – die nicht immer aufeinander abgestimmt sind – zu beachten sind. Selbstverständlich sind zudem – auch in der Vorphase – etwaige Übernahmeregeln in den in Frage kommenden Ländern zu berücksichtigen, was den Katalog der zu ergreifenden Maßnahmen zusätzlich vergrößert und den Vorgang kompliziert.

66   Nach erfolgreicher Durchführung beider Umtauschangebote wird sodann zu prüfen sein, ob ein **„delisting" beider übernommener Gesellschaften** möglich ist, da diese als Börsenwerte neben der neu gelisteten Holding keine eigenständige Bedeutung mehr haben.

---

[63] Entsprechend § 306 AktG.
[64] Siehe Band 2.

3. Holding in Drittland bei Fortbestehen der operativen Gesellschaften in den beteiligten Ländern

Als gesichtswahrender Kompromiß zwischen der Wahl des Sitzlandes eines der beteiligten Unternehmen wird gerne daran gedacht, ein **„neutrales" drittes Land** zu wählen. Eine solche Lösung läßt keinen der Beteiligten als Gewinner erscheinen, kann aber als positives Signal und nicht als Zeichen der Schwäche nur dann gewertet werden, wenn sie klare Vorteile gegenüber der Wahl eines der Sitzländer bietet; dies wird nur ausnahmsweise der Fall sein. Im Regelfall wird eine solche Struktur statt dessen zu vermeidbaren Komplexitäten und Komplikationen führen, ohne – über den Kompromiß an sich hinaus – greifbare Vorteile zu bieten. Insbes. die **steuerlichen Komplexitäten** dürfen nicht unterschätzt werden; sie resultieren daraus, daß die Dividendenflüsse mehrfach Grenzen überqueren müssen[65]. Daneben sind aber auch die **gesellschaftsrechtlichen Komplikationen** erheblich, müssen doch die Rechtssysteme ständig beachtet und alle sich aus diesen ergebenden einschlägigen Regelungen miteinander in Einklang gebracht werden.

Die **Holding in einem Drittland** ist daher nur scheinbar eine Ideallösung; tatsächlich ist sie ein wo immer möglich **zu vermeidender Kompromiß**, der den neuen Konzern unnötig viel Kraft und Aufwand kosten würde.

4. „Dual-Headed"-Struktur

Zeitweise einer gewissen Beliebtheit erfreut haben sich so genannte „dual-headed"-Strukturen, deren Besonderheit darin besteht, daß die beiden **beteiligten Unternehmen rechtlich nicht zusammengeführt oder miteinander verbunden,** sondern nur parallel miteinander abgestimmt geführt werden. Solche Strukturen sind in Einzelfällen über längere Zeit hinweg aufrechterhalten, in der Mehrzahl der Fälle dagegen nach kurzer Zeit wieder aufgegeben worden.

Im Grundmodell werden die Strukturen beider Unternehmen so weit aneinander angeglichen, wie dies trotz der unterschiedlichen nationalen Regelungen, denen sie unterliegen, möglich ist. Zudem werden – idR mit Zustimmung der jeweiligen Aktionäre – Vereinbarungen beider Unternehmen miteinander getroffen, die als Ziel eine **möglichst weitgehende Gleichschaltung der beiden Unternehmen** hat. Dies ist indes nur in gewissen Grenzen möglich: Zwar können beide Unternehmen sich zB verpflichten, Kapitalmaßnahmen nur koordiniert zu ergreifen und eine gleiche Ausschüttungspolitik zu verfolgen, indessen ist die praktische Durchführung dann häufig doch schwieriger als die Theorie: Zwei rechtlich unabhängige Unternehmen entwickeln sich – trotz aller Koordination – zumindest in gewissem Umfang unterschiedlich und werden auch **nicht den**

---

[65] Man spricht hier von „mäandernden Dividenden", vgl. auch *Dreißig,* Verlegung der Geschäftsführung einer deutschen Kapitalgesellschaft ins Ausland, DB 2000, 893, 898; *Großmann,* Doppelt ansässige Kapitalgesellschaften im internationalen Steuerrecht, 1995, S. 103 ff.; *Thiel,* Die grenzüberschreitende Umstrukturierung von Kapitalgesellschaften im Ertragsteuerrecht, GmbHR 1994, 277 ff.; *Hügel,* Steuerrechtliche Hindernisse bei der internationalen Sitzverlegung, ZGR 1999, 71, 101.

gleichen Kapitalbedarf haben, ganz abgesehen von einer im Zweifel auch unterschiedlichen Ertragsentwicklung. Das allein zeigt, wie schwer es sein wird, sie als faktisch ein Unternehmen nach außen darzustellen und zu behandeln. Zudem kann auch nicht verhindert werden, daß sich die Aktionärsstruktur unterschiedlich entwickelt, was wiederum auch ein abweichendes Abstimmungsverhalten zur Folge haben kann.

71 Eine Spielart der dargestellten Grundstruktur ist die **Schaffung einer Holding** – im Heimatland eines der beteiligten Unternehmen oder in einem Drittland –, in die gewisse Vermögenswerte beider Unternehmen eingebracht werden, die ihrerseits aber nicht börsennotiert ist und die auch die beiden beteiligten Unternehmen als solche und mit Börsennotierung fortbestehen läßt. Die Koordination beider Gruppen erfolgt dort faktisch dadurch, daß die Gremien im größtmöglichen Umfang identisch besetzt werden, um so die gewünschte Gleichschaltung zu ermöglichen.

72 Ein – gewollter oder ungewollter – Nebeneffekt aller „dual-headed"-Strukturen ist die **Erschwerung der feindlichen Übernahme der Gruppe** durch ein drittes Unternehmen. Die oben dargestellten Komplikationen beim Erwerb zweier Unternehmen durch eine neue Holding werden noch zusätzlich erschwert, wenn diese Maßnahmen nicht im Einvernehmen mit dem Target, sondern gegen dessen Willen oder jedenfalls ohne dessen Unterstützung durchgeführt werden müssen.

VII. Corporate Governance

73 Frühzeitig im Rahmen einer Übernahme oder einer Fusion sollte Gewißheit über die künftige Führungsstruktur geschaffen werden. Es ist kein Geheimnis, daß immer wieder Zusammenschlüsse scheitern, weil über die Besetzung der Spitzenpositionen keine Einigkeit erzielt werden kann. Ebenso leidet manch eine Übernahme und manch ein Zusammenschluß daran, daß **kein klares Konzept für die innere Struktur nach dem Vollzug** existiert oder „Befindlichkeiten" der einen oder der anderen Seite entweder zu wenig oder auch zu weitgehend Rechnung getragen wird. Dabei bedarf es gerade in einer so kritischen Phase wie einer Übernahme oder einer Fusion klarer Strukturen. Es darf weder zu einem Machtvakuum kommen, noch zu potentiell schädlichen Freiräumen bei dem übernommenen Unternehmen, noch zu miteinander kollidierenden Kompetenzen innerhalb der Unternehmensspitze.

74 Selbst wenn mancher den Begriff Corporate Governance als Modeerscheinung abtun möchte, ist nicht zu leugnen, daß **Kapitalmärkte und Analysten immer mehr Wert auf eine überzeugende Führungsstruktur** legen und diesbezügliche **Defizite sich in Kursabschlägen niederschlagen**[66]. Umgekehrt gesehen bedeutet dies, daß klare, überzeugende Führungsstrukturen nötig sind, nicht nur

---

[66] Vgl. hierzu die höchst aufschlußreichen Studien von *Hawkins*, Why investors push for strong corporate boards, McKinsey Quarterly 1997, 145 ff. und *Felton/Hudnut/van Heeckeren*, Putting a value on board governance, McKinsey Quarterly 1996, 170 ff.

um Bestleistungen des Managements zu ermöglichen, sondern auch, um den sich im Börsenkurs reflektierenden Wert des Unternehmens zu steigern.

1. Unternehmenserwerb

Kommt es zu einer reinen Übernahme, ist bei der Schaffung klarer Führungsstrukturen danach zu unterscheiden, ob die Übernahme im Einvernehmen mit dem Target oder gegen dessen Willen geschieht[67]. 75

a) Freundliche Übernahme. Ist das Target willig, so wird sich der Übernehmer ein Bild davon zu machen haben, inwieweit er das vorhandene Management belassen oder – jedenfalls zum Teil – austauschen möchte. Dies ist bereits im Vorfeld mit der Gegenseite – d. h. mit Aufsichtsrat und Vorstand des Targets – abzustimmen. Es ist **festzulegen, welche Mitglieder von Aufsichtsrat und Vorstand ihre Ämter aufgeben, um durch Personen der Wahl des Übernehmers ersetzt zu werden**[68]. Hierbei wird der Übernehmer darauf achten, daß sein Einfluß in dem erworbenen Unternehmen ausreichend gesichert ist und er, soweit erforderlich, jederzeit in der Lage ist, seinen Willen durchzusetzen[69]. 76

b) Feindliche Übernahme. Bei einer Übernahme ohne oder gegen den Willen des Targets kann dagegen nicht mit einer Kooperation **bei der Gestaltung der neuen Führungsstruktur** gerechnet werden. Statt dessen muß der Übernehmer einseitig die erforderlichen Maßnahmen zu ergreifen suchen. Dabei sind natürlich die **Beschränkungen des deutschen Aktienrechts zu berücksichtigen**, wenn das Target eine deutsche AG ist. Für die Bestellung und Abberufung von Vorstandsmitgliedern ist der Aufsichtsrat zuständig, der – bei Großunternehmen paritätisch mit Anteilseigner- und Arbeitnehmervertretern besetzt – sich nicht von heute auf morgen den Vorgaben des neuen Mehrheitsaktionärs zu beugen braucht. Zwar können von der Hauptversammlung gewählte[70] Anteilseignervertreter jederzeit auch ohne wichtigen Grund abberufen werden[71], doch bedarf es hierzu einer Mehrheit von drei Vierteln der in der Hauptversammlung abgegebenen Stimmen, sofern die Satzung nicht eine andere Mehrheit vorsieht[72]. Verfügt der Übernehmer nicht über die erforderliche Hauptversammlungsmehr- 77

---

[67] Siehe Band 2.
[68] Zum Verfahren siehe Rn 77.
[69] Durch Einflußnahme im Aufsichtsrat, dessen Vorsitzender sinnvollerweise dem neuen Hauptaktionär nahestehen sollte, und von dort aus in den Vorstand hinein; die Möglichkeiten des Abschlusses von Unternehmensverträgen und die Risiken einer faktischen Beherrschung können hier nicht erörtert werden. Vgl. die ausführliche Darstellung zum Konzernrecht in § 28 Rn 36 ff., 55 ff.
[70] Im Gegensatz zu aufgrund der Satzung in den Aufsichtsrat entsandten Mitgliedern. Sie können nur von den Entsendungsberechtigten abberufen und ersetzt werden, § 103 Abs. 2 AktG.
[71] § 103 Abs. 1 Satz 1 AktG.
[72] § 103 Abs. 1 Satz 2 und 3 AktG; die „andere" Mehrheit kann größer, aber auch geringer sein, *Hüffer* § 103 AktG Rn 4. Die meisten Satzungen sehen die einfache Mehrheit für alle Beschlüsse vor, die nicht nach dem Gesetz oder der Satzung zwingend eine größere Mehrheit erfordern.

heit[73], muß er sich mit der vorhandenen Besetzung des Aufsichtsrats abfinden, sofern er nicht einzelne Mitglieder zu einem freiwilligen Verzicht bewegen und durch Personen seines Vertrauens ersetzen lassen kann[74]. Solange die Anteilseignerseite im Aufsichtsrat nicht mit Personen seines Vertrauens besetzt ist, ist dem Übernehmer die Einflußnahme erschwert und kann er über den Aufsichtsrat eine Neubesetzung des Vorstands nicht durchsetzen. Insbes. der **Vorsitzende des Aufsichtsrats sollte das Vertrauen des Mehrheitsaktionärs haben, da faktisch** er **die Schnittstelle zum Vorstand** darstellt und bei ihm die Planung der Besetzung des Vorstands liegt[75].

2. Merger of Equals

78 Ungleich komplexer als bei einer einseitigen Unternehmensübernahme gestalten sich die Fragen der künftigen Führungsstruktur bei einem Merger of Equals; hier wird der Begriff zum Programm und ist eine Struktur zu finden, die **keine Seite als den Verlierer der Fusion erscheinen** läßt. Zugleich ist indes zu vermeiden, daß Kompromisse eingegangen werden, welche die Zukunft des neu geschaffenen Unternehmens kompromittieren, indem sie Strukturen festschreiben, die vielleicht zur Ermöglichung oder jedenfalls zur ersten Umsetzung der Fusion erforderlich oder sinnvoll erscheinen mögen, die aber auf Dauer eher zu einer Hypothek für die Zukunft werden könnten.

79 **a) Einigung auf eine von beiden Seiten akzeptierte Struktur.** Oberstes Gebot ist zwangsläufig die **Konsensfähigkeit der zu wählenden Struktur**. Die damit verbundenen Fragen sollten bereits frühzeitig aufgegriffen und von den Beteiligten erörtert werden, damit sich nicht später herausstellt, daß in diesem Kernpunkt eine Einigung nicht erreicht wurde und das gesamte Fusionsvorhaben nicht realisiert werden kann. Hierbei präjudiziert schon die Wahl der Struktur des fusionierten Unternehmens, **insbes. die Wahl des Landes für dessen Sitz**, in gewissem Umfang dessen Führungsstruktur: Hat die Obergesellschaft ihren Sitz in Deutschland, so impliziert dies die vom AktG vorgegebene Aufspaltung der Leitungsgremien des Unternehmens in Vorstand und Aufsichtsrat sowie zudem die Mitbestimmung nach den jeweils einschlägigen Vorschriften. Dagegen be-

---

[73] Je nach der Präsenz in der fraglichen Hauptversammlung kann tatsächlich ein erheblich geringerer Prozentsatz des Grundkapitals bzw. aller stimmberechtigten Aktien ausreichen; die Präsenzen in Hauptversammlungen deutscher Aktiengesellschaften liegen häufig unter 50% des Grundkapitals, so daß zB häufig schon mit 37,5% des Grundkapitals eine qualifizierte Hauptversammlungsmehrheit erreicht werden kann. Freilich ist diese solange nicht gewährleistet und kann damit keine solide Planungsgrundlage bilden, wie die tatsächliche Präsenz in der jeweiligen Hauptversammlung nicht ermittelt worden ist.

[74] In solchen Fällen ist vom zuständigen Amtsgericht das neue, an die Stelle des zurückgetretenen Mitglieds tretende Aufsichtsratsmitglied zu bestellen, was der Vorstand, einzelne Aufsichtsratsmitglieder und auch Aktionäre beantragen können, § 104 Abs. 1 Satz 1 AktG.

[75] Der Aufsichtsratsvorsitzende kann bei der Bestellung der Mitglieder des Vorstands eine Vorauswahl unter verschiedenen Kandidaten treffen und dem Aufsichtsratsplenum einen Bestellungsvorschlag unterbreiten. Bei paritätisch mitbestimmten Gesellschaften hat der Vorsitzende des Aufsichtsrats im dritten Wahlgang zur Vermeidung einer erneuten Pattsituation für die Bestellung des Vorstands gemäß § 31 Abs. 4 MitbestG zwei Stimmen und gibt somit den Ausschlag, *Wiesner* in MünchHdbGesR Bd. 4 § 20 Rn 18 ff.

steht bei einer französischen Obergesellschaft (in der Rechtsform einer Société Anonyme) die Wahl zwischen einer dem deutschen System entsprechenden Gestaltung und einer einstufigen Struktur (dem sog. Board-System)[76]. Ist dagegen zB eine englische oder US-amerikanische Gesellschaft die Holding, ist das Board-System zwingend vorgegeben und besteht insoweit kein Gestaltungsfreiraum mehr.

b) Durchmischung der Führungsgremien mit Vertretern beider Seiten. Die konkrete Ausgestaltung der Führungsstruktur ist sehr weitgehend **von der Formgebung der fusionierten Gruppe abhängig**; eine Darstellung der mannigfaltigen Gestaltungsmöglichkeiten verbietet sich aus Raumgründen. Statt dessen sollen nur einige wenige wichtige Prinzipien erörtert werden: 80

Eine **angemessene Beteiligung einschlägig qualifizierter Führungskräfte beider Fusionspartner** an der neuen Führungsgesellschaft ist regelmäßig sinnvoll, da hierdurch zum einen Kontinuität gewährleistet und zum anderen die Integration beider Unternehmen gefördert wird. Zu vermeiden ist es jedoch, daß für alle bisherigen Vorstandsmitglieder auch Positionen im Vorstand der Obergesellschaft geschaffen werden, da dies idR zu einer Inflation der Vorstandspositionen führt und auch sachlich – d. h. zur angemessenen Führung dieser Gesellschaft – idR nicht gerechtfertigt ist. Sollte ein Konsens dagegen nur zu erzielen sein, wenn alle bisherigen Vorstände auch im Vorstand der neuen Obergesellschaft vertreten sind, ist sicherzustellen, daß dieser Kompromiß zeitlich begrenzt wird und der Vorstand spätestens nach zwei Jahren wieder auf eine angemessene Größe reduziert wird. Nach Verstreichen eines solchen Zeitraums sollten im Idealfall auch keine sonstigen fusionsbedingten Vereinbarungen mehr Anwendung finden, vielmehr das fusionierte Unternehmen seine neue Identität gefunden haben und nur noch solche Kriterien gelten, die dem Wohl des neuen Unternehmens dienen, nicht allein den Interessen einzelner Fusionspartner. Für ein **Proporzdenken** darf es dann keinen Raum mehr geben; entschieden werden muß einzig danach, was für das Unternehmen richtig ist. 81

Auch beim Vorsitzenden oder Sprecher des Vorstands sollte nach Möglichkeit eine klare Lösung gefunden und ein Kompromiß vermieden werden. Weder eine Doppelbesetzung dieser Position, noch ein Alternieren zwischen Vertretern der einen und der anderen Seite hat sich bewährt oder ist – jedenfalls auf Dauer – zu rechtfertigen. Derartige Lösungen sind idR sogar schädlich, weil sie sichtbare Zeichen der Vergangenheit darstellen, nicht Weichenstellungen für die Zukunft. Für das fusionierte Unternehmen – und für dessen Aktionäre – wird es idR günstiger sein, **für ausscheidende Führungskräfte großzügige finanzielle Regelungen** zu finden, **als lähmende komplexe Strukturen** festzuschreiben, die sachlich nicht geboten sind und nur der Befried(ig)ung der beteiligten Führungskräfte dienen. Der optimalen Gestaltung der Zukunft des neu geschaffenen Unternehmens sollte nicht die Sorge für die Interessen beteiligter Einzelpersonen im Wege stehen. 82

---

[76] Bei den französischen Publikumsgesellschaften ist allerdings das Board-System dominierend, doch kommen auch zweistufige Strukturen vor.

83 **c) Mögliche Interessenkonflikte.** Wird der Merger of Equals nicht in einem Schritt durchgezogen, kann es dazu kommen, daß in der Übergangsphase bereits eine gemeinsame Holding mit mehr oder weniger weitgehenden, auf beide Fusionspartner übergreifenden Aktivitäten geschaffen wird, in deren Führung sodann Vertreter beider als selbständige werbende Unternehmen fortbestehender Fusionspartner vertreten sind. Diese Struktur ist nicht ohne Tücken, weil sie zu schwer lösbaren Interessenkonflikten bei den Personen führen kann, die Vorstand zugleich eines Fusionspartners und der neuen Holding sind: Bei der Durchführung der Fusion sind sie als Vorstand des Fusionspartners aktienrechtlich verpflichtet, die Interessen dieses Unternehmens zu wahren, die nicht immer mit denen des Fusionspartners und der neuen Holding identisch sein müssen, diesen im Einzelfall sogar entgegengesetzt sein können. **Als Vorstand der Holding sind sie gleichermaßen gehalten, deren Interessen zu wahren und notfalls auch gegen beide Fusionspartner durchzusetzen**[77]. Letztlich wird man zwar idR argumentieren, im Ergebnis hätten alle drei beteiligten Unternehmen gleichgerichtete Interessen; da sie sich auf einen Zusammenschluß geeinigt hätten, müßten alle auf dessen erfolgreiche Umsetzung hinarbeiten, und dabei komme es naturgemäß zu einem Geben und Nehmen. Doch schafft dies keine Sicherheit für die handelnden Personen gegen mögliche Schadensersatzklagen der Gesellschaft[78]. Das ist kein völlig zu vernachlässigendes Risiko. Nach deutschem Aktienrecht ist ein Verzicht der Gesellschaft auf Schadensersatzansprüche gegen Organe frühestens drei Jahre nach Entstehen des Anspruchs und nur mit Zustimmung der Hauptversammlung möglich[79]; eine Minderheit von Aktionären, die mindestens 10% des Grundkapitals hält, kann außerdem den Verzicht verhindern[80] und die Geltendmachung von Schadensersatzansprüchen gegen Organe erzwingen[81].

---

[77] Die Rechtsprechung hat für den hier vergleichbaren Fall zwei Grundsätze zur Interessenkollision von Doppelmandaten entwickelt. Erstens: Die Pflichterfüllung gegenüber der einen Gesellschaft (X) rechtfertigt niemals eine Pflichtverletzung gegenüber der anderen Gesellschaft (Y). Zweitens: Wenn ein Vorstandsmitglied der Gesellschaft (X) in deren Interesse dem Aufsichtsrat oder Vorstand eines anderen Unternehmens (Y) angehört, haftet die Gesellschaft (X) nicht, wenn der Betreffende in dem Unternehmen (Y) pflichtwidrig den Interessen der Gesellschaft (X) den Vorrang gibt und dadurch das andere Unternehmen (Y) schädigt; *BGH* NJW 1980, 1629; BGHZ 90, 381, 398; *Hoffmann-Becking*, Vorstands-Doppelmandate im Konzern, ZHR 150 (1986) 570, 576.
[78] Gem. § 93 Abs. 2 AktG; vgl. *Kiethe*, Vorstandshaftung aufgrund fehlerhafter Due Diligence beim Unternehmenskauf, NZG 1999, 976 ff.
[79] § 93 Abs. 4 Satz 3 AktG für Vorstandsmitglieder, §§ 116, 93 Abs. 4 Satz 3 AktG für Aufsichtsratsmitglieder.
[80] § 93 Abs. 4 Satz 3 letzter Halbs. AktG.
[81] § 147 Abs. 1 Satz 1 aE AktG.

§ 9 Haftung des Verkäufers und Unternehmensprüfung (Due Diligence)

Übersicht

	Rn
A. Haftung des Verkäufers	1
I. Gesetzliche Haftung	1
1. Hintergrund	1
2. Gewährleistungshaftung beim Kauf von Vermögensgegenständen (Asset Deal)	3
a) Mängel einzelner Gegenstände des Unternehmensvermögens	4
b) Fehler des gesamten Unternehmens	6
c) Zugesicherte Eigenschaften des Unternehmens	11
3. Gewährleistungshaftung beim Kauf von Gesellschaftsanteilen (Share Deal)	14
a) Fehler des Gesellschaftsanteils	15
b) Fehler des Unternehmens im ganzen oder einzelner zum Unternehmensvermögen gehörender Sachen	16
4. Culpa in contrahendo	21
5. Wegfall der Geschäftsgrundlage	28
6. Wissenszurechnung beim Unternehmenskauf	29
a) Relevanz für die Gewährleistungshaftung	30
b) Wissenszurechnung bei natürlichen Personen	31
c) Wissenszurechnung bei juristischen Personen	35
II. Vertragliche Haftung	39
1. Vor- und Nachteile eines individuellen Haftungssystems	40
2. Selbständige und unselbständige Garantie	42
3. Zweck und Inhalt selbständiger Garantien	45
4. Zeitpunkt der Abgabe der Garantien	49
5. Einschränkung der Garantien	50
6. Rechtsfolgen	55
B. Due Diligence: Ziele, Risiken und Bedeutung, Wechselwirkungen zur Haftung des Verkäufers, rechtliche Zulässigkeit	58
I. Ziele, Risiken und Bedeutung	58
1. Begriff	58
2. Ziele	61
3. Risiken des Verkäufers	63
a) Offenlegung sensibler Daten	64
b) Störung des Betriebsablaufs	67
II. Wechselwirkungen zwischen Due Diligence und Haftung des Verkäufers	68
1. Grundlage zur Schaffung eines vertraglichen Haftungssystems	68

§ 9   Haftung des Verkäufers und Unternehmensprüfung (Due Diligence)

		Rn
	2. Risikoverteilung	69
	3. Auswirkungen auf die vorvertragliche Haftung	70
III.	Rechtliche Zulässigkeit	71
	1. Informationsbedürfnis und Geheimhaltungsinteresse	71
	2. Informationspflichten, Informationsrechte und Informationsverbote bei Übernahme einer Gesellschaft	72
	a) Aktiengesellschaft	73
	b) GmbH	78
	c) Personenhandelsgesellschaft	87
	3. Rechtliche Grenzen	91
	a) Vertraulichkeit von Daten	91
	b) Datenschutzrechtliche Bestimmungen	94
C. Vorbereitung und Durchführung		**97**
I.	Zeitpunkt, Dauer und Kosten	97
	1. Zeitliche Positionierung	98
	a) Vorvertragliche Unternehmensprüfung	101
	b) Nachvertragliche Unternehmensprüfung	104
	2. Dauer	105
	3. Kosten	108
II.	Planung, Vorbereitung und Durchführung	110
	1. Planung und Vorbereitung	110
	a) Informationsquellen	113
	aa) Interne Informationsquellen	114
	(1) Datenraum	115
	(2) Befragung von Geschäftsleitung und Mitarbeitern	116
	(3) Betriebsbesichtigungen	117
	bb) Externe Informationsquellen	118
	b) Prüfungsablauf	120
	aa) Auswahl der Prüfungsgebiete	121
	bb) Festsetzung der Prüfungsreihenfolge	123
	cc) Abstimmung der Prüfung mit dem Zielunternehmen	124
	dd) Prüfungsverfahren	127
	2. Zusammensetzung des Due Diligence-Teams	128
	a) Mitarbeiter des Käuferunternehmens	130
	b) Externe Berater	132
	3. Due Diligence-Listen	138
	a) Aufbau der Due Diligence-Liste	141
	b) Kurze oder ausführliche Due Diligence-Liste	145
	c) Due Diligence-Listen für Spezialgebiete	148
	4. Datenraum	149
	a) Ausstattung	150
	b) Benutzung des Datenraums	151
	c) Sicherheitsaspekte	155
	5. Dokumentation und Berichterstattung	156
	a) Due Diligence-Bericht	162

		Rn
	b) Abschlußberatung	167
	6. Benutzung von Informationstechnologie-Systemen	168
III.	Besonderheiten beim Auktionsverfahren	170
IV.	Besonderheiten bei der Due Diligence durch den Verkäufer	173
V.	Due Diligence beim Erwerb von Unternehmensteilen und Konzernunternehmen	175
VI.	Due Diligence beim Erwerb von Konzernen	176
D.	**Gegenstand**	178
I.	Rechtliche Due Diligence	178
	1. Informationen über Existenz und Struktur der Gesellschaft	180
	2. Vertragsbeziehungen der Gesellschaft	186
	3. Materielle Vermögenswerte der Gesellschaft	190
	4. Immaterielle Vermögenswerte der Gesellschaft	193
	5. Unternehmensleitung und Personal	196
	6. Rechtsstreitigkeiten sowie behördliche oder gerichtliche Verfahren	201
	7. Umwelt	202
II.	Wirtschaftliche Due Diligence	210
III.	Steuerrechtliche Due Diligence	212
IV.	Kulturelle Due Diligence	213

Schrifttum: *Baur,* Die Gewährleistungshaftung des Unternehmensverkäufers, BB 1979, 381; *v. Bernuth,* Die Gewährleistungshaftung des Unternehmensverkäufers für Angaben in Geschäftsplänen (Business Plans), DB 1999, 1689; *Bremer,* Herausgabe von Informationen im Rahmen einer Due Diligence, GmbHR 2000, 176; *Buchwaldt,* Bilanz und Beteiligungserwerb, NJW 1994, 153; *Drexl,* Wissenszurechnung im Konzern, ZHR 161 (1997) 491; *Diller/Deutsch,* Arbeitnehmer-Datenschutz contra Due Diligence, K&R 1998, 16; *Dyson,* Practice Manual: Asset Purchases, Loseblattsammlung Stand Oktober 1997; *Fleischer/Körber,* Due Diligence und Gewährleistung beim Unternehmenskauf, BB 2001, 841; *Godefroid,* Kontrolle ist besser. Möglichkeiten und Grenzen der Due Diligence beim Unternehmenskauf, FLF 2000, 46; *Goldschmidt,* Die Wissenszurechnung – ein Problem der jeweiligen Wissensnorm, 2001; *Harrer,* Die Bedeutung der Due Diligence bei der Vorbereitung eines Unternehmenskaufs, DStR 1993, 1673; *Hiddemann,* Leistungsstörungen beim Unternehmenskauf aus der Sicht der Rechtsprechung, ZGR 1982, 435; *Höfer/Küpper,* Due Diligence für Verpflichtungen aus der betrieblichen Altersvorsorge, DB 1997, 1317; *Hommelhoff,* Zur Abgrenzung von Unternehmenskauf und Anteilserwerb, ZGR 1982, 366; *Horst/Hardtke,* Umwelt-Due-Diligence bei Unternehmens- und Grundstückstransaktionen, M&A Review 1999, 65; *Huber,* Mängelhaftung beim Kauf von Gesellschaftsanteilen, ZGR 1972, 395; *Kittner,* „Human Resources" in der Unternehmensbewertung, DB 1997, 2285; *Koch/Wegmann,* Praktiker-Handbuch Due Diligence, 1998; *König/Fink,* Zusatznutzen durch erweiterte Umwelt-Due Diligence – über die Altlastenproblematik hinaus, M&A Review 2000, 220; *Kolb/Görtz,* Vendor Due Diligence im Rahmen von Unternehmenstransaktionen aus Sicht der Praxis, M&A Review 1999, 469; *dies.,* Der

Financial Due Diligence-Report, M&A Review 1997, 311; *Krüger/Kalbfleisch*, Due Diligence bei Kauf und Verkauf von Unternehmen, DStR 1999, 174; *Loges*, Der Einfluß der „Due Diligence" auf die Rechtsstellung des Käufers eines Unternehmens, DB 1997, 965; *Martin*, Die Ausgestaltung von Gewährleistungsrechten beim Unternehmenskauf durch Anteilserwerb von einer Mehrheit von Veräußerern, NZG 1999, 583; *Medicus*, Probleme der Wissenszurechnung, VersR 1994, Sonderbeilage: Karlsruher Forum, 4; *Meincke*, Geheimhaltungspflichten im Wirtschaftsrecht, WM 1998, 749; *Merkt*, Due Diligence und Gewährleistung beim Unternehmenskauf, BB 1995, 1041; *Mertens*, Die Information des Erwerbers einer wesentlichen Unternehmensbeteiligung an einer Aktiengesellschaft durch deren Vorstand, AG 1997, 541; *Meßmer/Keßler*, Rechtsanwälte und Due Diligence – Zulässigkeit, Haftung und versicherungsrechtliche Fragen, NVersZ 2000, 110; *Müller/Hoffmann*, Beck'sches Handbuch der Personengesellschaften, 1999; *Noll*, Gewährleistungsrechte wegen falscher Umsatzangaben beim Unternehmenskauf, WM 1985, 341; *Rankine*, Commercial Due Diligence, Great Britain 1999; *Rozijn*, Geheimhaltungspflichten und Kapitalschutz beim Abschluß von M&A-Dienstleistungsverträgen, NZG 2001, 494; *Schilken*, Wissenszurechnung im Zivilrecht – Eine Untersuchung zum Anwendungsbereich des § 166 BGB innerhalb und außerhalb der Stellvertretung, 1983; *Schmitz* (Hrsg.), Due Diligence for Corporate Acquisition, 1996; *Spill*, Due Diligence – Praxishinweise zur Planung, Durchführung und Berichterstattung, DStR 1999, 1786; *Treeck*, Die Offenbarung von Unternehmensgeheimnissen durch den Vorstand einer Aktiengesellschaft im Rahmen einer Due Diligence, FS Fikentscher, 1998, S. 434; *Volhard/Weber*, Gesellschaftsvertragliche Verschwiegenheits- und Offenbarungspflichten bei der Veräußerung von GmbH-Geschäftsanteilen, FS Johannes Semler, 1993, S. 387; *Wächter*, Praktische Fragen der Gestaltung und Auslegung von Altlastenklauseln in Grundstücks- und Unternehmenskaufverträgen, NJW 1997, 2073; *Weidinger/Mündemann*, Cultural Due Diligence – ein Beitrag zur Bewertung von Unternehmenskulturen bei Mergers & Acquisitions, M&A Review 1999, 427.

A. Haftung des Verkäufers

I. Gesetzliche Haftung

1. Hintergrund

1   Für den Verkäufer eines Unternehmens ist dessen Verkauf nicht selten das einzige Rechtsgeschäft dieser Art und dient häufig der Sicherung seiner wirtschaftlichen Zukunft. Der Verkäufer ist deshalb versucht, sein Unternehmen besser darzustellen, als es in Wirklichkeit ist. Die dazu verwendeten Mittel umfassen etwa allzu optimistische Aussagen über zu erwartende Erträge, zu großzügige Bewertung der Unternehmensaktiva, die Angabe überhöhter Umsätze, die Manipulation von Gewinn- und Verlustzahlen und die Vorlage von Abschlüssen, die einer ordnungsgemäßen Buchführung nicht entsprechen[1]. Stellt der Käufer anschließend fest, daß

---

[1] *Baur* BB 1979, 381, 382.

seine dadurch geschaffenen Erwartungen enttäuscht worden sind, kommt es meist zu einer **Auseinandersetzung** über ein Minderungsrecht, ein Wandelungsrecht oder ein Recht auf Schadensersatz[2]. Die gesetzlichen Haftungsregelungen sollen sicherstellen, daß sich die vereinbarten Leistungen von Verkäufer (Übertragung der Wirtschaftsgüter eines Unternehmens bzw. Übertragung von Anteilen am Unternehmen) und Käufer (Zahlung des Kaufpreises) entsprechen[3].

Das Bürgerliche Gesetzbuch hält für Sach- und Rechtsmängelhaftung eigenständige Regelwerke bereit[4]. Es trifft jedoch keine Unterscheidung zwischen dem Kauf von Unternehmen und dem Kauf anderer Gegenstände[5]. Das bedeutet, daß der Kauf etwa eines Fahrzeugs denselben gewährleistungsrechtlichen Voraussetzungen unterliegt wie ein Unternehmenskauf[6]. Die gesetzlichen **Gewährleistungsnormen** passen insbes. von der Rechtsfolge überwiegend nicht auf den Unternehmenskauf. Die vom Gesetzgeber vorgesehene freie Wahl des Käufers zwischen Wandelung und Minderung ist für den Unternehmenskauf meist unpraktikabel, die Wandelung häufig sogar nicht realisierbar[7]. Demgemäß ist die Rechtsprechung von dem Bestreben geprägt, die Wandelungsbefugnis des Käufers in Grenzen zu halten, den gesetzlichen Fehler- und Eigenschaftsbegriff[8] restriktiv auszulegen und besonders strenge Anforderungen an das Vorliegen einer stillschweigenden Zusicherung zu stellen. Ziel dieser restriktiven Interpretation ist es, dem Sachmängelrecht mit seinen vergleichsweise starren Rechtsfolgen auszuweichen und Raum für gesetzlich nicht normierte, flexiblere Rechtsbehelfe des allgemeinen Schuldrechts, insbes. für Ansprüche aus culpa in contrahendo (cic), zu schaffen[9].

2. Gewährleistungshaftung beim Kauf von Vermögensgegenständen (Asset Deal)

Beim Verkauf eines Unternehmens im Wege des Asset Deal[10] muß der Verkäufer die Sachen und Rechte des Unternehmensvermögens dem Käufer Stück für Stück übertragen. Das Unternehmen wird nicht als einheitlicher Gegenstand, sondern es wird eine Vielzahl von Gegenständen, eine **Gesamtheit von Rechten und Sachen** übertragen[11]. Sind einzelne Gegenstände des Unternehmens-

---

[2] Dazu § 34 Rn 10 ff.; *Baur* BB 1979, 381, 382.
[3] *Holzapfel/Pöllath* Rn 464.
[4] Die Unterscheidung zwischen Sach- und Rechtsmängelhaftung könnte in Zukunft allerdings an Bedeutung verlieren, wenn der Gesetzgeber die in § 451 Abs. 1 Disk E BGB vorgesehene Gleichstellung von Sach- und Rechtskauf realisiert.
[5] Allgemein zur Anwendbarkeit des Kaufgewährleistungsrechts auf den Unternehmenskauf, *Noll* WM 1985, 341 mwN.
[6] Auch im Zuge der angekündigten Schuldrechtsreform ist eine Ergänzung um spezielle Regelungen für den Unternehmenskauf nicht geplant.
[7] *Zimmer*, Der Anwendungsbereich des Sachmängel-Gewährleistungsrechts beim Unternehmenskauf – Plädoyer für eine Neubestimmung, NJW 1997, 2345, 2347.
[8] § 459 Abs. 1 und Abs. 2 BGB.
[9] *Huber* in Soergel Vor § 433 BGB Rn 24; *Hiddemann* ZGR 1982, 435, 442; vgl. auch *Picot* in Picot I Rn 77 f.
[10] Ausführlich zum Asset Deal siehe § 13.
[11] *Honsell* in Staudinger § 459 BGB Rn 8.

vermögens mit einem Rechts- oder Sachmangel behaftet, sind die Vorschriften der Gewährleistungshaftung unmittelbar[12], ist das Unternehmen insgesamt mit einem Sach- oder Rechtsmangel behaftet, sind sie analog anzuwenden[13].

4 a) **Mängel einzelner Gegenstände des Unternehmensvermögens.** Die Gewährleistungshaftung des Verkäufers setzt voraus, daß die Sache mit einem Fehler behaftet ist, der den Wert oder die Tauglichkeit nach dem gewöhnlichen oder nach dem vertraglich vorausgesetzten Gebrauch nicht nur unerheblich mindert[14]. Da das Unternehmen als Ganzes Vertragsgegenstand ist, ist nicht auf die Beeinträchtigung des Werts und der Tauglichkeit der einzelnen Sache, sondern auf den Wert und die Funktionstauglichkeit des Unternehmens im ganzen abzustellen[15]. Dem Käufer stehen deshalb wegen des **Sachmangels** eines einzelnen zum Unternehmensvermögen gehörenden Gegenstands nur dann Gewährleistungsansprüche zu, wenn durch den Fehler des einzelnen Gegenstands der Wert und die Tauglichkeit des Unternehmens als Ganzes nicht mehr gegeben ist[16]. Aber auch dann kann der Käufer die Wandelung des gesamten Unternehmenskaufvertrags nur verlangen, wenn die mangelhafte Sache nicht ohne Nachteil für ihn von den übrigen getrennt werden kann[17].

5 Besteht an einzelnen iRd. Unternehmensübernahme mitverkauften Sachen ein **Rechtsmangel**, unterliegt der Verkäufer nach herrschender Meinung den Regeln der Rechtsmängelhaftung[18]. Da der Rechtsmangel nur einen Einzelgegenstand des Unternehmensvermögens betrifft, kann der Käufer nach den Regeln über die Teilunmöglichkeit[19] vom Unternehmenskaufvertrag im ganzen nur zurücktreten oder Schadensersatz wegen Nichterfüllung des ganzen Unternehmenskaufvertrags nur verlangen, wenn wegen des fortbestehenden Rechtsmangels sein Interesse am Erwerb des Unternehmens insgesamt entfällt[20]. Die herrschende Meinung ist insoweit bedenklich, als unterschiedliche Maßstäbe an die Rechts- und Sachmängelhaftung angelegt werden. Wenn der Mangel des zum Unternehmensvermögen gehörenden Gegenstands nicht auf den Wert oder die Tauglichkeit des Unternehmens im ganzen durchschlägt, ist bei einem Sachmangel die Einzelgewährleistung ausgeschlossen, während bei einem Rechtsmangel der Käufer in den Genuß der Gewähr-

---

[12] Es darf keinen Unterschied machen, ob eine Sache als einzelne oder als Teil einer Sach- und Rechtsgesamtheit verkauft wird. *Huber* in Soergel Vor § 433 BGB Rn 24 und § 459 BGB Rn 259 f. und Rn 269 jeweils mwN; *Putzo* in Palandt Vor § 459 BGB Rn 15 mwN.

[13] *Huber* in Soergel § 459 BGB Rn 240 mwN in Fn 1.

[14] § 459 Abs. 1 Satz 2 BGB.

[15] *Honsell* in Staudinger § 459 BGB Rn 86; *Huber* in Soergel § 459 BGB Rn 262; vgl. auch *Larenz*, Lehrbuch des Schuldrechts Band II Halbband 1, 13. Aufl. 1986, § 45 II a, S. 166.

[16] *Hiddemann* ZGR 1982, 435, 444; *Huber* in Soergel § 459 BGB Rn 262 und Rn 270; *Mössle*, Leistungsstörungen beim Unternehmenskauf – neue Tendenzen, BB 1983, 2146, 2147.

[17] § 469 Satz 2 BGB; *Huber* in Soergel § 459 BGB Rn 260 f. und Rn 271.

[18] *Huber* in Soergel § 434 BGB Rn 74, § 437 BGB Rn 20a und § 459 BGB Rn 276 jeweils mwN; *Köhler* in Staudinger § 434 BGB Rn 4; *Putzo* in Palandt § 433 BGB Rn 3 und § 437 BGB Rn 4; aA *BGH* NJW 1969, 184; offenlassend *BGH* WM 1984, 936, 938.

[19] §§ 440 Abs. 1, 325 Abs. 1 Satz 2, 326 Abs. 1 Satz 3 BGB; dazu auch *Huber* in Soergel § 437 BGB Rn 20.

[20] *Huber* in Soergel § 434 BGB Rn 74 und § 459 BGB Rn 277.

leistungshaftung kommt. In der Literatur wird deshalb die Auffassung vertreten, daß die Rechtsmängelhaftung für einzelne Gegenstände nur gegeben ist, wenn der Rechtsmangel auf das Unternehmen im ganzen durchschlägt[21]. Dogmatisch läßt sich diese Auffassung jedoch nicht begründen. Auch die Rechtsprechung ist uneinheitlich[22].

b) Fehler des gesamten Unternehmens. Nach ständiger Rechtsprechung sind die Vorschriften über die Gewährleistungshaftung auf Mängel entsprechend anzuwenden, die dem Unternehmen insgesamt anhaften und seinen Wert und seine Funktionstauglichkeit nicht nur unerheblich beeinträchtigen[23]. Ein Fehler des gesamten Unternehmens ist gegeben, wenn durch den Fehler eines einzelnen zum Unternehmensvermögen gehörenden Gegenstands die **Tauglichkeit des Unternehmens als Ganzes** nicht mehr gegeben und seine wirtschaftliche Grundlage durch den Mangel erschüttert ist[24].

Rechtsmängel wie bspw. berufsgenossenschaftliche Betriebsverbote[25], baupolizeiliche Nutzungsbeschränkungen[26] oder sicherungsübereignete Betriebsmittel[27] können ein Fehler des Unternehmens als Ganzes sein[28].

Bleibt der Bestand des tatsächlich verkauften Inventars wesentlich hinter dem vereinbarten Bestand zurück, kann ein solcher **Quantitätsmangel** auch ein Fehler des Unternehmens sein. Ein solcher ist bspw. gegeben, wenn bei einem Getränkegroßhandel das mitverkaufte Leergut unauffindbar ist[29] oder bei einem Gerüstbauunternehmen ein beträchtlicher Fehlbestand an Gerüsten besteht[30]. Hat der Verkäufer dagegen einen Teil des Inventars ausgesondert, hat der Käufer einen Erfüllungs- und keinen Gewährleistungsanspruch[31].

Das Vorhandensein oder Fehlen bestimmter **Charaktereigenschaften** eines maßgeblichen Mitarbeiters ist kein Fehler des Unternehmens[32]. Der **Abschluß eines Geschäftsführervertrags** ist selbst dann kein Fehler des Unternehmens,

---

[21] Vgl. nur *Franz-Jörg Semler* in Hölters VI Rn 69; *Westermann* in MünchKomm. § 434 BGB Rn 8.

[22] Der BGH hat in einem Fall, in dem Teile des Betriebsvermögens entgegen der vertraglichen Vereinbarung nicht im Eigentum des Verkäufers standen, sondern zur Sicherheit an einen Dritten übereignet waren, nicht Rechts-, sondern Sachmängelhaftung angenommen (*BGH* NJW 1969, 67). Beim Fehlen eines mitverkauften Rechts hat er dagegen die Rechtsmängelhaftung des Verkäufers bejaht (*BGH* NJW 1970, 556). In einer späteren Entscheidung hat der BGH die Frage, ob eine vertragswidrig am Betriebsgrundstück des verkauften Unternehmens lastende Hypothek ein Rechts- oder Sachmangel ist, offen gelassen (*BGH* WM 1984, 936).

[23] BGHZ 90, 198, 202; *BGH* NJW 1983, 2242; ebenso *Huber* in Soergel § 459 BGB Rn 240 mwN in Fn 1.

[24] *BGH* NJW 1970, 59, 60; WM 1970, 819, 821; NJW 1995, 1547; *Hiddemann* ZGR 1982, 435, 443; *Picot* in Picot I Rn 81.

[25] Vgl. BGHZ 94, 55.

[26] *BGH* WM 1971, 531; *OLG München* HRR 1936, Nr. 590; vgl. auch *BGH* DB 1979, 2272; WM 1981, 456.

[27] Vgl. dazu *BGH* NJW 1969, 184.

[28] *BGH* WM 1969, 67; *Hiddemann* ZGR 1982, 435, 444; *Picot* in Picot I Rn 81.

[29] *BGH* WM 1974, 312.

[30] *BGH* WM 1979, 102.

[31] *BGH* NJW 1992, 3224.

[32] *BGH* NJW 1991, 1223, 1224.

wenn das für 1 Million DM verkaufte Unternehmen über fünf Jahre hinweg mit jährlich 200 000 DM belastet wird[33], denn unrichtige Angaben des Verkäufers über die **Höhe der bestehenden Verbindlichkeiten** begründen keinen Fehler des Unternehmens[34].

10 Entspricht der vom Unternehmen erzielte **Reinertrag**, der bilanzmäßig ausgewiesene **Gewinn**, der **Schuldenstand**, der **Umsatz** oder der **Wert des Aktivvermögens** des Unternehmens nicht der Kaufvereinbarung, handelt es sich nicht um einen Fehler des Unternehmens im ganzen[35]. Derartige Zahlen können lediglich als mittelbare Indikatoren für die Unternehmensbewertung und Kaufpreisermittlung angesehen werden, sie sind aber weder physische Merkmale des Unternehmens, noch haften sie dem Unternehmen unmittelbar als Eigenschaft an[36]. Legt der Verkäufer während der Vertragsverhandlungen dem Käufer **unrichtige Bilanzen** vor, begründet dies weder einen Mangel noch das Fehlen einer zugesicherten Eigenschaft des Unternehmens[37].

11 **c) Zugesicherte Eigenschaften des Unternehmens.** Macht der Verkäufer während der Verkaufsverhandlungen Angaben über den **Umsatz** und **Ertrag** seines Unternehmens und stellen sich diese Angaben später als falsch heraus, haftet er regelmäßig nicht wegen des Fehlens einer zugesicherten Eigenschaft[38]. Umsatz- und Ertragsangaben sind grundsätzlich keine zusicherungsfähigen Eigenschaften eines Unternehmens, denn sie können durch dem Unternehmen selbst nicht innewohnende Faktoren (wie den Einsatz und das Geschick des Unternehmers oder die konjunkturelle Entwicklung) beeinflußt werden; ihnen fehlt zudem das Merkmal der Dauerhaftigkeit[39]. Angaben über die bisher erzielten Umsätze und Erträge stellen nur dann zusicherungsfähige Eigenschaften eines Unternehmens dar, wenn sie sich über einen längeren, mehrjährigen Zeitraum erstrecken und deshalb einen verläßlichen Anhalt für die Bewertung der Ertragsfähigkeit und damit des Unternehmenswerts geben[40].

---

[33] *Depping,* Geschäftsführervertrag als Unternehmensmangel?, DStR 1994, 1197, 1198; *Picot* in Picot I Rn 83; aA *OLG Hamm* GmbHR 1994, 48.
[34] *Beisel/Klumpp* Rn 938 mwN.
[35] BGHZ 65, 246, 253; *BGH* NJW 1977, 1536, 1538; WM 1980, 1006; WM 1987, 77, 79; *OLG Koblenz* GmbHR 1992, 49; *Buchwaldt* NJW 1994, 153, 156.
[36] *BGH* WM 1970, 132, 133; NJW 1970, 653, WM 1974, 51; NJW 1987, 1141; NJW-RR 1989, 306, 307; vgl. auch *Buchwaldt* NJW 1994, 153, 156; *Hiddemann* ZGR 1982, 435, 445; *Picot* in Picot I Rn 82.
[37] *BGH* BB 1974, 152. Bei der bloßen Vorlage von Unterlagen iRd. Vertragsverhandlungen fehlt es regelmäßig am Willen des Verkäufers, für die Richtigkeit der in den Unterlagen gemachten Angaben verschuldensunabhängig zu haften.
[38] *BGH* WM 1970, 132, 133; 1974, 51; 1977, 1536; 1979, 102; NJW 1987, 1141; WM 1988, 1700; NJW-RR 1989, 306, 307; BB 1990, 1021; NJW-RR 1996, 429; *Hiddemann* ZGR 1982, 435, 445; *Picot* in Picot I Rn 82 mwN.
[39] *BGH* NJW 1977, 1538; 1979, 33; NJW-RR 1989, 306, 307; DB 1990, 1911; NJW 1995, 1547; NJW-RR 1996, 429.
[40] *BGH* NJW 1970, 653; NJW 1977, 1536; NJW-RR 1989, 506; NJW 1990, 1658; NJW 1991, 1223; NJW 1995, 1547; aA *Hiddemann* ZGR 1982, 435, 446; *Noll* WM 1985, 341, 343.

Erklärt der Verkäufer in einer „Ertragsvorschau", daß das Unternehmen bestimmte Umsätze und Erträge erzielen könne[41], geht es um die **Ertragsfähigkeit** des Unternehmens als Grundlage für künftige Umsätze und Erträge. Die Ertragsfähigkeit ist eine zusicherungsfähige Eigenschaft des Unternehmens[42]. Der Verkäufer haftet hierfür jedoch nur, wenn er aus der Sicht des Käufers[43] für die Richtigkeit seiner Angaben verschuldensunabhängig einstehen wollte[44]. 12

Führt der Käufer iRd. Unternehmenskaufs eine **Due Diligence** durch und entdeckt er dabei Umstände, die einen Mangel des Unternehmens begründen, stehen dem Käufer keine Gewährleistungsansprüche zu[45]. Da die Durchführung einer Due Diligence bislang nicht als Verkehrssitte angesehen wird[46], handelt der Käufer nicht (grob) fahrlässig mit der Folge des Verlusts seiner Gewährleistungsansprüche, wenn er auf eine Due Diligence-Prüfung vollständig oder teilweise verzichtet[47]. 13

3. Gewährleistungshaftung beim Kauf von Gesellschaftsanteilen (Share Deal)

Beim **Kauf von Gesellschaftsanteilen** (Share Deal)[48] sind die Vorschriften über die Rechtsmängelhaftung unmittelbar anzuwenden, wenn die verkauften Anteile an sich fehlerhaft sind. Die Vorschriften über die Rechts- und Sachmängelhaftung sind in bestimmten Ausnahmefällen entsprechend anzuwenden, wenn das von der Gesellschaft betriebene Unternehmen insgesamt oder einzelne zum Unternehmensvermögen gehörende Gegenstände mit einem Fehler behaftet sind[49]. 14

a) Fehler des Gesellschaftsanteils. Der Kauf von Anteilen an einer Kapital- oder an einer Personengesellschaft ist selbst dann ein Rechtskauf, wenn die Anteile verbrieft sind[50]. Die Rechtsmängelhaftung des Verkäufers ist darauf be- 15

---

[41] Von der Zusicherung der Ertragsfähigkeit ist die Erklärung abzugrenzen, daß ein Unternehmen einen bestimmten Ertrag erzielen werde. Künftige Umsätze und Erträge sind keine zusicherungsfähigen Eigenschaften, denn künftige Ereignisse sind keine Eigenschaft des Unternehmens im Zeitpunkt der Veräußerung, vgl. *v. Bernuth* DB 1999, 1689, 1690 und *BGH* NJW 1995, 1548.

[42] *BGH* NJW 1970, 653, 655; NJW 1977, 1538; WM 1988, 124; NJW 1995, 1547. Der Verkäufer kann den von außen auf die Ertragsfähigkeit wirkenden Einflüssen dadurch Rechnung tragen, daß er klarstellt, unter welchen Voraussetzungen die von ihm zugesicherten Umsätze und Erträge erzielt werden können, vgl. *BGH* NJW 1995, 1548; kritisch zur Gewährleistungshaftung wegen der Zusicherung der Ertragsfähigkeit *Huber* in Soergel § 459 BGB Rn 285 mwN.

[43] *BGH* NJW-RR 1991, 1401; NJW 1995, 518.

[44] *Hiddemann* ZGR 1982, 435, 445; *Huber* ZGR 1972, 395, 411.

[45] § 460 BGB; *Loges* DB 1997, 965, 966; *Putzo* in Palandt Vor § 459 BGB Rn 15. Vgl. auch *Stengel/Scholderer* NJW 1994, 158, 164.

[46] Zur möglichen Änderung der Rechtsprechung siehe Rn 69.

[47] Teilweise aA *Loges* DB 1997, 965, 968, der im Einzelfall bei einem Übersehen wichtiger Umstände grobe Fahrlässigkeit und den Ausschluß der Gewährleistungsansprüche nach § 460 BGB bejaht.

[48] Ausführlich zum Share Deal siehe § 12.

[49] BGHZ 65, 246, 251; *Huber* in Soergel § 433 BGB Rn 61.

[50] *Picot* in Picot I Rn 77; *Huber* in Soergel Vor § 433 BGB Rn 26, § 433 BGB Rn 61 und § 459 BGB Rn 287.

schränkt, daß die verkauften Gesellschaftsanteile bestehen[51], daß sie dem Verkäufer zustehen und wirksam von ihm übertragen werden können und daß sie nicht mit Rechten Dritter belastet sind[52]. Dagegen rechtfertigt die **Überschuldung** der Gesellschaft im Zeitpunkt der Anteilsübertragung nicht die Rechtsmängelhaftung des Verkäufers[53].

16 **b) Fehler des Unternehmens im ganzen oder einzelner zum Unternehmensvermögen gehörender Sachen.** Hat das von der Gesellschaft betriebene Unternehmen insgesamt einen Fehler oder gehören zum Unternehmensvermögen Sachen, die einen Sach- oder Rechtsmangel aufweisen, trifft den Verkäufer des Gesellschaftsanteils grundsätzlich weder eine Sach- noch eine Rechtsmängelhaftung[54].

17 Verkauft der Verkäufer jedoch **sämtliche Anteile** an einer Gesellschaft, stellt sich der Erwerb dieser Rechte bei wirtschaftlicher Betrachtungsweise als Erwerb des Unternehmens selbst dar und der Verkäufer haftet nach ständiger Rechtsprechung für Fehler des Unternehmens im ganzen oder für Rechts- und Sachmängel einzelner zum Unternehmensvermögen gehörender Sachen so, als ob das Unternehmensvermögen unmittelbar Gegenstand des Unternehmenskaufs wäre[55]. Das gilt auch, wenn der Käufer **nahezu alle Anteile** erwirbt und lediglich eine unwesentliche Splitterbeteiligung von bspw. 0,25% fehlt[56].

18 Verkaufen **mehrere Gesellschafter** sämtliche oder nahezu alle Anteile an der Gesellschaft in einem einheitlichen Vertrag oder in mehreren miteinander zusammenhängenden Verträgen an denselben Käufer, haften sie ebenfalls für Sach- oder Rechtsmängel einzelner Sachen des Unternehmensvermögens oder für Fehler des Unternehmens im ganzen[57].

19 Die Frage, ob die Erlangung der **unternehmerischen Leitungs- und Verfügungsbefugnis** ausreicht, um den Anteilserwerb mit dem Unternehmenskauf gleichzusetzen, hat der BGH bisher offengelassen[58]; in der Literatur wird sie teilweise verneint[59], überwiegend aber, wenn auch mit unterschiedlicher Begründung und abweichenden Ergebnissen im Einzelfall, bejaht[60]. Der Anteilserwerb ist jedenfalls dann dem Erwerb des Unternehmens gleichzustellen, wenn der Käufer so viele Anteile erwirbt, daß er das Unternehmen vollständig verändern und mit seiner Stimmacht nicht nur das Tagesgeschäft beeinflussen, sondern auch Satzungsänderungen durchsetzen kann. Eine derartige Stellung wird der Käufer

---

[51] Vgl. *OLG Köln* WM 1990, 1082, 1084; *LG Ravensburg* NJW 1964, 597.
[52] §§ 434, 437 BGB; vgl. *BGH* NJW 1980, 2408; *Huber* in Soergel § 459 BGB Rn 287.
[53] *BGH* NJW 1980, 2408, 2409.
[54] BGHZ 65, 246, 250f.; *BGH* NJW 1980, 2408; *OLG Köln* WM 1990, 1082, 1084; *Huber* in Soergel § 459 BGB Rn 287; *Picot* in Picot I Rn 106.
[55] *BGH* WM 1975, 230; NJW 1969, 184; *OLG Köln* WM 1990, 1082, 1084.
[56] *BGH* WM 1970, 819; *Hommelhoff* ZGR 1982, 366, 377.
[57] BGHZ 85, 367, 370; *BGH* WM 1980, 244, 277 (sukzessiver Erwerb zweier 50%-Beteiligungen); *OLG Hamm* GmbHR 1994, 48.
[58] BGHZ 65, 246, 251f.; *BGH* NJW 1980, 2408, 2409.
[59] *Huber* in Soergel § 459 BGB Rn 290.
[60] *Holzapfel/Pöllath* Rn 401 mwN; *Hommelhoff* ZGR 1982, 366, 377f.; *Köhler* in Staudinger § 434 BGB Rn 16, der neben der Erlangung der satzungsändernden Mehrheit auch die Ausschaltung von Minderheitsrechten als Voraussetzung ansieht; *Treeck*, FS Fikentscher, S. 434, 437.

regelmäßig dann erlangen, wenn er mindestens 75% der stimmberechtigten Anteile an der Gesellschaft erwirbt.

Erwirbt der Käufer nur eine **einfache Mehrheitsbeteiligung** oder sogar nur eine **Minderheitsbeteiligung**, bleibt es nach zutreffender Auffassung bei dem Grundsatz, daß den Verkäufer des Gesellschaftsanteils bei einem Fehler des Unternehmens im ganzen oder einzelner zum Unternehmensvermögen gehörender Sachen weder eine Sach- noch eine Rechtsmängelhaftung trifft[61]. 20

4. Culpa in contrahendo

Die Haftung aus culpa in contrahendo (cic) wird zwar regelmäßig durch die Gewährleistungshaftung ausgeschlossen[62]. Da aber die Rechtsprechung den Eigenschafts- und Fehlerbegriff beim Unternehmenskauf restriktiv[63] auslegt, eröffnet sie der cic einen breiten Anwendungsraum[64]. 21

Die Rechtsprechung führt im Ergebnis mitunter zu Widersprüchen. Gibt der Verkäufer bspw. den Umsatz **eines Jahres** falsch an, haftet er aus cic[65]; gibt er dagegen den Umsatz **mehrerer Jahre** und damit die Ertragsfähigkeit falsch an, wird eine Haftung aus cic durch das Sachmängelgewährleistungsrecht ausgeschlossen, und der Verkäufer haftet nur dann nach Gewährleistungsrecht, wenn er die Ertragsfähigkeit des Unternehmens tatsächlich zugesichert hat[66]. Sind bspw. einzelne zum Unternehmensvermögen gehörende Sachen fehlerhaft, haftet der Verkäufer beim Asset Deal oder beim Verkauf aller oder nahezu aller Anteile nach Gewährleistungsrecht. Der Verkäufer einer geringeren Beteiligung haftet dagegen 22

---

[61] BGHZ 65, 246 250; *BGH* NJW 1980, 2408, 2309; *Huber* in Soergel § 459 BGB Rn 291. In der Literatur wird mit den unterschiedlichsten Grenzen und Begründungen die Gewährleistungshaftung des Verkäufers auch auf den Verkauf von einfachen Mehrheits- und sogar Minderheitsbeteiligungen ausgedehnt. Vgl. nur *Hommelhoff* ZGR 1982, 366ff.; *BGH* JZ 1977, 130 mit Anm. *Wiedemann* JZ 1977, 132, 133; *Hiddemann* ZGR 1982, 435, 440f.; *Honsell,* Rezension zu *Grunewald*, Die Grenzziehung zwischen der Rechts- und Sachmängelhaftung beim Kauf, ZHR 146 (1982) 99, 101f.; *Putzo* in Palandt Vor § 459 BGB Rn 16; *Heck,* Grundriß des Schuldrechts, 1929, § 91, 7; *Flume*, Eigenschaftsirrtum und Kauf, 1948, S. 187ff.; *Weitnauer* in Erman Vor § 459 BGB Rn 1 d.

[62] *BGH* WM 1978, 1052; 1979, 549; 1988, 124; 1990, 1344; *OLG Köln* WM 1990, 1082, 1085. Kein Ausschluß bei vorsätzlichem Handeln, vgl. *BGH* NJW-RR 1988, 10, 11; NJW 1992, 2564, 2565; *Honsell* in Staudinger Vor § 459 BGB Rn 62; *Picot* in Picot I Rn 88.

[63] Falls im Zuge der geplanten Schuldrechtsreform eine einheitliche Verjährungsfrist von 3 Jahren eingeführt wird (§ 195 Satz 1 Disk E BGB), erscheint es fraglich, ob die Rspr. den Eigenschafts- und Fehlerbegriff weiterhin restriktiv auslegt, da ein wesentlicher Beweggrund, die Umgehung der kurzen Verjährungsfrist, dann hinfällig wird; so auch *Fleischer/Körber* BB 2001, 841, 843.

[64] Die Haftung aus cic ist auch dann ausgeschlossen, wenn der Anspruch auf Umstände gestützt wird, die zusicherungsfähige Eigenschaften sind, jedoch im konkreten Fall nicht zugesichert wurden. Ist das Gewährleistungsrecht mangels Fehlers oder zusicherungsfähiger Eigenschaft von vornherein nicht anwendbar, tritt eine Normkollision nicht ein. Vgl. *OLG Köln* WM 1990, 1082, 1085; *Stengel/Scholderer* NJW 1994, 158, 159.

[65] Vgl. hierzu *BGH* NJW 1977, 1536; 1979, 33; DB 1990, 1911; NJW-RR 1989, 306, 307; 1996, 429.

[66] *BGH* NJW 1991, 1223; WM 1988, 1700; NJW 1970, 653, 655. *Huber* in Soergel § 459 BGB Rn 285f. schlägt deshalb vor, die Ertragsfähigkeit nicht als Eigenschaft des Unternehmens anzusehen.

nach den Regeln der cic[67]. Für den Käufer ist die Haftung aus cic einerseits nachteilig, weil er dem Verkäufer **Verschulden** nachweisen muß, andererseits vorteilhaft, weil die kurze Verjährungsfrist der gesetzlichen Gewährleistung von sechs Monaten[68] hier nicht gilt[69].

23 Der Tatbestand der cic ist bspw. erfüllt, wenn bei den Verhandlungen über den Verkauf des Unternehmens der Verkäufer schuldhaft unrichtige **Bilanz-, Umsatz-** oder **Ertragszahlen** vorlegt und der Kaufvertrag bei Vorlage der richtigen Zahlen nicht oder nicht zu demselben Preis abgeschlossen worden wäre[70]. Die Haftung des Verkäufers aus cic kann auch dadurch ausgelöst werden, daß der Verkäufer schuldhaft falsche Angaben über den **Zustand** oder die **Zusammensetzung des Gesellschaftsvermögens** macht[71].

24 Verschweigt der Verkäufer dem Käufer fahrlässig bestimmte, für den Kaufentschluß wesentliche Umstände, ist die Haftung des Verkäufers aus cic begründet, wenn nach Treu und Glauben und aufgrund der besonderen Umstände des Einzelfalls eine entsprechende **Aufklärungspflicht**[72] des Verkäufers bestanden hat[73]. Wegen der widerstreitenden Verkäufer- und Käuferinteressen ist der Verkäufer zwar grundsätzlich nicht verpflichtet, dem Käufer ungefragt Ungünstiges über die Kaufsache mitzuteilen[74]. Er muß aber alle Tatsachen offenbaren, die erkennbar für den Willensentschluß des Käufers von Bedeutung sind und deren Mitteilung nach Treu und Glauben und den Umständen des Einzelfalls von ihm erwartet werden kann[75]. Aufzuklären ist bspw. über Umstände, die eine Fortsetzung der Produktion des verkauften Unternehmens verhindern können[76]. Eine Aufklärungspflicht besteht auch dann, wenn sich die Vertragsverhandlungen über einen längeren Zeitraum hinziehen, ein gewisses Vertrauensverhältnis zwischen den Vertragspartnern entstanden ist und der Verkäufer iRd. Verhandlungen Angaben macht, die für die Kaufentscheidung des Käufers erkennbar von wesentlicher Bedeutung sind, deren tatsächliche Grundlage dann aber noch vor Vertragsschluß entfällt[77]. Der Verkäufer muß den Käufer bspw. auch darüber aufklären, wenn er die Kaufpreisberechnung gegenüber der übereinstimmenden Annahme beider

---

[67] Nach *Huber* in Soergel § 459 BGB Rn 294 wirkt sich dieser Widerspruch in der Praxis nicht wesentlich aus und ist deshalb hinzunehmen.
[68] § 477 BGB.
[69] Siehe auch *Franz-Jörg Semler* in Hölters VI Rn 128.
[70] *Honsell* in Staudinger § 459 BGB Rn 89; *Huber* in Soergel § 459 BGB Rn 265, Rn 279 ff. und Rn 293 f. jeweils mwN.
[71] *Huber* in Soergel § 459 BGB Rn 293; vgl. auch *OLG Köln* WM 1990, 1082, 1085.
[72] Vgl. auch *BGH* NJW-RR 1996, 429; NJW 1991, 1223, 1224; auch *Stengel/Scholderer* NJW 1994, 158 und *Huber* in Soergel § 433 BGB Anh. I Rn 67 ff.
[73] *BGH* NJW 1991, 1223, 1224; *OLG Naumburg* NJW-RR 1995, 799, 800; *Picot* in Picot I Rn 90; *Stengel/Scholderer* NJW 1994, 158, 160.
[74] *BGH* NJW 1983, 2493, 2494; 1989, 763, 764; NJW-RR 1991, 439, 440; *OLG Hamburg* WM 1994, 1378; *OLG Naumburg* NJW-RR 1995, 799, 801; *Huber* in Soergel § 433 BGB Anh. I Rn 73; *Picot* in Picot I Rn 90; *Stengel/Scholderer* NJW 1994, 158, 160.
[75] *BGH* WM 1981, 1224, 1225; vgl. auch *Fleischer/Körber* BB 2001, 841, 843; *Huber* in Soergel § 433 BGB Anh. I Rn 74; *Loges* DB 1997, 965, 969.
[76] *Stengel/Scholderer* NJW 1994, 158, 161.
[77] Siehe auch *BGH* NJW-RR 1996, 429; *BGH* NJW 1983, 2493.

Parteien bei den Verhandlungen geändert hat[78]. Eine Aufklärungspflicht über die Umsätze des Unternehmens besteht schließlich, wenn der Käufer sich eine Existenz aufbauen will und die Umsätze dazu nicht ausreichen[79].

Führt der Käufer iRd. Unternehmenskaufs eine **Due Diligence-Prüfung** durch, vermindert sich dadurch weder die Aufklärungspflicht des Verkäufers[80], noch kann dem Käufer der vollständige oder teilweise Verzicht auf die Prüfung des Unternehmens oder eine unsorgfältig durchgeführte Due Diligence als Mitverschulden angelastet werden[81]. 25

Aufklärungspflichten stehen uU in Konflikt mit **Geheimhaltungspflichten**[82] des Verkäufers[83]. Dieser Konflikt ist durch besondere Modalitäten der Aufklärung zu lösen, bspw. dadurch, daß die Informationen anonymisiert werden oder neutrale und zur Verschwiegenheit verpflichtete Dritte diese einsehen[84]. Den Geheimhaltungspflichten kann im Einzelfall auch durch den Abschluß einer (vertragsstrafenbewehrten) **Vertraulichkeitsvereinbarung**[85] Rechnung getragen werden. 26

Auch der **Abbruch von Vertragsverhandlungen** kann eine Haftung des Verkäufers begründen, wenn er den Vertragsschluß zunächst als sicher hingestellt hat, später jedoch ohne triftigen Grund ablehnt[86]. 27

5. Wegfall der Geschäftsgrundlage

Wenn weder die Gewährleistungsvorschriften noch die Grundsätze der cic zur Anwendung kommen, können dem Käufer Rechtsbehelfe wegen Wegfalls der Geschäftsgrundlage zustehen, wenn der Verkäufer unverschuldet falsche Angaben zur Ertragskraft des Unternehmens macht und dadurch sowohl bei ihm selbst als auch beim Käufer einen gemeinschaftlichen Motiv- bzw. Kalkulationsirrtum hervorruft, der die subjektive Geschäftsgrundlage beeinträchtigt[87]. Das Rechtsinstitut des Wegfalls der Geschäftsgrundlage kommt zur Anwendung, wenn infolge einer **unvorhergesehenen Änderung der Verhältnisse** bei einem gegenseitigen Vertrag die beiderseitigen Verpflichtungen in ein grobes Mißverhältnis geraten sind mit der Folge, daß das von den Parteien angenommene Gleichwertigkeitsverhältnis auch nicht annähernd mehr gegeben ist und die unveränderte **Vertragserfüllung un-** 28

---

[78] *BGH* DB 1981, 1816.
[79] *BGH* NJW 1970, 653.
[80] *Stengel/Scholderer* NJW 1994, 158, 164; aA *Franz-Jörg Semler* in Hölters VI Rn 14.
[81] *Loges* DB 1997, 965, 968; aA *Meßmer/Keßler* NVersZ 2000, 110, 111; *Treeck*, FS Fikentscher, S. 434, 438 f. Ausführlich hierzu unter Rn 70.
[82] Ausführlich zu den Konflikten zwischen Informationsansprüchen und Geheimhaltungspflichten bei der Aktiengesellschaft Rn 73 ff.; bei der GmbH Rn 78 ff. und bei Personenhandelsgesellschaften Rn 87 ff.
[83] Dazu *Volhard/Weber*, FS Johannes Semler, S. 387 ff.
[84] Vgl. auch *Franz-Jörg Semler* in Hölters VI Rn 13; *Larenz*, Bemerkungen zur Haftung für „culpa in contrahendo", FS Ballerstedt, S. 397, 415; *Stengel/Scholderer* NJW 1994, 158, 163.
[85] Siehe dazu § 6 Rn 3 ff.
[86] *BGH* NJW 1996, 1884.
[87] Siehe hierzu auch *Hommelhoff/Schwab*, Leistungsstörungen beim Unternehmenskauf: systematische Folgerichtigkeit contra interessengerechte Ergebnisse?, FS Zimmerer, S. 267 ff. mwN; *Huber* in Soergel § 459 BGB Rn 268.

zumutbar wird[88]. Der Käufer kann sich aber nicht auf den Wegfall der Geschäftsgrundlage berufen, wenn sich Risiken verwirklichen, die er nach dem Sinn des Vertrags selbst zu tragen hat[89]. So ist es bei der Übernahme eines Unternehmens mit allen Aktiva und Passiva dem **Risikobereich des Käufers** zuzuordnen, wenn sich unbekannte, nach Art und Höhe nicht außergewöhnliche Verbindlichkeiten erst nachträglich herausstellen[90]. Folge des Wegfalls der Geschäftsgrundlage ist, daß der Vertrag primär den geänderten Gegebenheiten anzupassen ist. Ist eine Anpassung nicht möglich oder nicht ausreichend, hat der Käufer ein Recht auf Auflösung des Vertrags[91].

6. Wissenszurechnung beim Unternehmenskauf

29   Der Unternehmenskauf ist häufig ein langwieriger Prozeß, an dem auf Seiten des Verkäufers und des Käufers ebenso wie beim Unternehmen selbst eine Vielzahl von Personen beteiligt sind. Zahlreiche Normen des Zivilrechts machen die Rechtsfolgen von der **Kenntnis** oder dem **Kennenmüssen** bestimmter Tatsachen oder Umstände abhängig. Insofern stellt sich auch beim Unternehmenskauf die Frage, wann sich Verkäufer oder Käufer die Kenntnis der für sie tätigen Personen zurechnen, sich also so behandeln lassen müssen, als hätten sie selbst Kenntnis gehabt.

30   **a) Relevanz für die Gewährleistungshaftung.** Die Wissenszurechnung wird nur bei der **Vorsatzhaftung** des Verkäufers[92] relevant[93] und bei der Frage, ob der Käufer den Mangel bei Abschluß des Vertrags positiv kannte[94]. Die Wissenszurechnung spielt dagegen bei der Fahrlässigkeitshaftung des Verkäufers aus cic keine Rolle, da die Fahrlässigkeitshaftung des Verkäufers nicht dadurch begründet wird, daß ihm positives Wissen Dritter zugerechnet wird, sondern allein darauf basiert, daß er selbst die rechtserheblichen Umstände hätte kennen müssen[95].

31   **b) Wissenszurechnung bei natürlichen Personen.** Die Wissenszurechnung iRd. § 463 Satz 2 BGB ist nach § 166 Abs. 1 BGB zu beurteilen[96]. § 166 Abs. 1 BGB ist jedoch nach der Ansicht des BGH „nicht auf die rechtsgeschäftliche Vertretung beschränkt, sondern erstreckt sich analog auch auf den vergleichbaren Tatbestand der Wissensvertretung"[97]. „**Wissensvertreter**" ist nach der Rechtsprechung „jeder, der nach der Arbeitsorganisation des Geschäftsherrn dazu berufen ist, im Rechtsverkehr als dessen Repräsentant bestimmte Aufgaben in eigener Verant-

---

[88] *Huber* in Soergel § 459 BGB Rn 268.
[89] BGHZ 74, 373; 101, 152; *BGH* NJW 1984, 1747; NJW 1992, 2691; NJW 1998, 2875.
[90] *Huber* ZGR 1972, 395, 411.
[91] BGHZ 47, 52; 83, 254; 89, 238; *BGH* NJW 1984, 1747; *Heinrichs* in Palandt § 242 BGB Rn 132.
[92] § 462 Satz 2 BGB.
[93] Ausführlich zur Wissenszurechnung iRd. Arglisthaftung *Goldschmidt* S. 97 ff.
[94] § 460 Satz 1 BGB.
[95] *Goldschmidt* S. 149 ff.
[96] *BGH* NJW 1992, 1099, 1100 mwN; *Heinrichs* in Palandt Vor § 164 BGB Rn 14 und § 166 BGB Rn 6; *Schramm* in MünchKomm. Vor § 164 BGB Rn 58 und § 166 BGB Rn 23; *Schilken* in Staudinger Vor § 164 BGB Rn 86 f. und § 166 BGB Rn 6; *Leptien* in Soergel § 166 BGB Rn 6.
[97] *BGH* NJW 1992, 1099, 1100 mwN.

wortung zu erledigen und die dabei anfallenden Informationen zur Kenntnis zu nehmen sowie ggf. weiterzuleiten"[98]. Er braucht weder zum rechtsgeschäftlichen Vertreter noch zum „Wissensvertreter" ausdrücklich bestellt zu sein[99]. Die schillernde Figur des Wissensvertreters sorgt in der Praxis eher für Verwirrung als für Klarheit, denn sie ermöglicht keine klare Grenzziehung zwischen den Hilfspersonen, deren Wissen zugerechnet wird, und den Hilfspersonen, deren Wissen unberücksichtigt bleibt[100]. Sinnvollerweise sollten folgende Grundsätze gelten[101]:

Der Verkäufer haftet, wenn sein Vertreter den Fehler der Kaufsache kennt und verschweigt[102]. Sind mehrere Vertreter einzelvertretungsberechtigt, kommt eine **Arglisthaftung** des Verkäufers nur in Betracht, wenn der konkret am Unternehmenskauf beteiligte Vertreter den Fehler der Kaufsache kennt[103]. Dagegen führt das Wissen eines am Vertragsschluß nicht beteiligten Vertreters nicht zu einer Arglisthaftung des Verkäufers[104]. Haben mehrere Vertreter Gesamtvertretungsmacht, genügt bereits die Kenntnis eines einzigen konkret beteiligten Vertreters, um eine Arglisthaftung des Verkäufers zu begründen[105]. Diese Grundsätze gelten unabhängig davon, ob der Vertreter Abschlußvollmacht oder nur Verhandlungsvollmacht hat[106]. Das Wissen eines Vermittlers, Boten, nicht nach außen hervortretenden Beraters oder sonstiger Hilfspersonen, die an Verhandlung und Abschluß des Unternehmenskaufvertrags nicht unmittelbar beteiligt waren, begründet dagegen keine Arglisthaftung des Verkäufers[107]. 32

Nach der Rechtsprechung des BGH muß ein arbeitsteilig handelnder Verkäufer so organisiert sein, daß alle erkennbar wichtigen[108] Informationen innerhalb der Organisation weitergegeben werden (Informationsweiterleitungspflicht) und daß 33

---

[98] *BGH* NJW 1992, 1099, 1100 mwN.
[99] *BGH* NJW 1992, 1099, 1100 mwN.
[100] *Goldschmidt* S. 37 f. und S. 48 f.
[101] *Goldschmidt* S. 48 f. und S. 128 ff.
[102] §§ 463 Satz 2, 166 BGB; *Huber* in Soergel § 476 BGB Rn 42; *Leptien* in Soergel § 166 BGB Rn 12; *Putzo* in Palandt § 463 BGB Rn 7; *Heinrichs* in Palandt § 166 BGB Rn 4; *Schramm* in MünchKomm. § 166 BGB Rn 27; *Westermann* in MünchKomm. § 463 BGB Rn 15; *Honsell* in Staudinger § 463 BGB Rn 16.
[103] *Leptien* in Soergel § 166 BGB Rn 5; *Heinrichs* in Palandt § 166 BGB Rn 2; *Schramm* in MünchKomm. § 166 BGB Rn 21; *Dilcher* in Staudinger § 166 BGB Rn 23; *Schilken* S. 214.
[104] *Schilken* S. 103; *Leptien* in Soergel § 166 BGB Rn 5; *Schramm* in MünchKomm. § 166 BGB Rn 14; *Heinrichs* in Palandt § 166 BGB Rn 6; *Dilcher* in Staudinger § 166 BGB Rn 23. Auch nach der Rechtsprechung ist erforderlich, daß sich der Geschäftsherr des Wissensvertreters im rechtsgeschäftlichen Verkehr wie eines Vertreters bedient hat, *BGH* NJW 1992, 1099, 1100.
[105] *Schilken* S. 103; *Leptien* in Soergel § 166 BGB Rn 5; *Schramm* in MünchKomm. § 166 BGB Rn 14; *Heinrichs* in Palandt § 166 BGB Rn 2; *Dilcher* in Staudinger § 166 BGB Rn 23.
[106] *Schramm* in MünchKomm. § 166 BGB Rn 22; *Leptien* in Soergel § 166 BGB Rn 47; *Westermann* in Staudinger § 463 BGB Rn 16.
[107] *Huber* in Soergel § 463 BGB Rn 42 und Rn 45; *Westermann* in MünchKomm. § 463 BGB Rn 15 f.; *Honsell* in Staudinger § 463 BGB Rn 16. Auch nach der Ansicht des BGH scheidet eine sinngemäße Anwendung des § 166 Abs. 1 BGB aus, wenn der Wissensträger den Geschäftsherrn nur intern beraten hat, *BGH* NJW 1992, 1099, 1100.
[108] Da die Speicherung aller eingehenden Informationen weder praktisch möglich noch sinnvoll ist, sind nur erkennbar wichtige Informationen Gegenstand der Informationsweiterleitungs- und -abfragepflicht. Maßgeblich ist insoweit die Prognose desjenigen, der die Information empfangen hat, bzw. die Prognose desjenigen, der die relevante Information abfragt.

nach erkennbar vorhandenen und für den eigenen Bereich wesentlichen Informationen nachgefragt wird (Informationsabfragepflicht)[109]. Diese **Pflicht zur ordnungsgemäßen Organisation der betriebsinternen Kommunikation** ergibt sich nicht aus dem Gedanken des Verkehrsschutzes[110], sondern aus § 463 Satz 2 BGB[111]. Der Verkäufer haftet danach wegen eigener Organisationsarglist, wenn er die betriebsinterne Kommunikation nicht ordnungsgemäß organisiert, sondern sich durch den gezielten Einsatz von Hilfspersonen bewußt unwissend gehalten hat; er muß nicht nur durch Richtlinien und allgemeine Anordnungen auf seine Hilfspersonen einwirken, daß sie alle Informationen über Fehler des Unternehmens an ihn weiterleiten, sondern den Informationsaustausch uU auch mit technischen Hilfsmitteln wie etwa elektronischer Datenverarbeitung organisieren; unterläßt er dies vorsätzlich, haftet er nach § 463 Satz 2 BGB[112].

34 Begrenzt wird die Pflicht zur ordnungsgemäßen Organisation der internen Kommunikation durch eine ggf. bestehende **Verschwiegenheitspflicht**. Diese Pflichtenkollision kann nur zu Gunsten der Verschwiegenheitspflicht gelöst werden. Besteht ein konkretes Verbot der Weitergabe von Informationen, braucht dieses Wissen nicht weitergeleitet zu werden[113].

35 **c) Wissenszurechnung bei juristischen Personen.** Die Kenntnis einer juristischen Person gründet sich auf die Kenntnis ihrer Organwalter. Eine juristische Person haftet dementsprechend[114], wenn ihr einziger Organwalter den Fehler positiv kennt und verschweigt[115]. Sind bei ihr mehrere Organwalter gesamtvertretungsberechtigt, führt bereits das **Wissen eines Organwalters** zu einem entsprechenden Wissen der juristischen Person[116]. Hat die juristische Person mehrere einzelvertretungsberechtigte Organwalter, kann ihr das Wissen eines Organwalters sogar dann zugerechnet werden, wenn dieser Organwalter von dem konkreten Geschäftsabschluß keine Kenntnis hatte[117]. Die einmal erlangte Kenntnis eines Organwalters wird der juristischen Person auch nach dessen Ausscheiden zugerechnet, wenn es sich um „typischerweise aktenmäßig festgehaltenes Wis-

---

[109] *BGH* NJW 1996, 1339, 1340f. im Anschluß an *Taupitz*, Wissenszurechnung nach englischem und deutschem Recht, VersR 1994 (Sonderbeilage: Karlsruher Forum), 16ff. und 28ff. und an *Medicus* VersR 1994 (Sonderbeilage: Karlsruher Forum), 4ff. und 11ff.; vgl. auch *Heinrichs* in Palandt § 166 BGB Rn 8.
[110] *BGH* NJW 1996, 1339, 1341.
[111] *Goldschmidt* S. 142.
[112] *Goldschmidt* S. 140ff.
[113] Ebenso *Canaris*, Bankvertragsrecht I, 3. Aufl. 1988, Rn 106, 800, 800a; *Medicus* VersR 1994 (Sonderbeilage: Karlsruher Forum), 4, 13.
[114] § 463 Satz 2 BGB.
[115] *Leptien* in Soergel § 166 BGB Rn 5; *Schramm* in MünchKomm. § 166 BGB Rn 19; *Hopt* § 125 HGB Rn 4; *Emmerich* in Heymann § 125 HGB Rn 39ff.; *Schneider* in Scholz § 35 GmbHG Rn 80ff.; *Mertens* in Kölner Komm. § 76 AktG Rn 63; *Hefermehl* in Geßler/Hefermehl § 78 AktG Rn 69; *Hüffer* § 78 AktG Rn 12.
[116] *Goldschmidt* S. 242; *Leptien* in Soergel § 166 BGB Rn 5; *Schramm* in MünchKomm. § 166 BGB Rn 19; *Hopt* § 125 HGB Rn 4; *Emmerich* in Heymann § 125 HGB Rn 39ff.; *Schneider* in Scholz § 35 GmbHG Rn 80ff.; *Mertens* in Kölner Komm. § 76 AktG Rn 63.
[117] *Leptien* in Soergel § 166 BGB Rn 5; *Schramm* in MünchKomm. § 166 BGB Rn 19; *Hopt* § 125 HGB Rn 4; *Emmerich* in Heymann § 125 HGB Rn 39ff.; *Hefermehl* in Geßler/Hefermehl § 78 AktG Rn 69; *Hüffer* § 78 AktG Rn 12; *Schneider* in Scholz § 35 GmbHG Rn 86f.

sen" handelt. Auch das private Wissen ihrer Organwalter wird der juristischen Person zugerechnet[118]. Besonderheiten gelten bei Personenhandelsgesellschaften: Nach der Rechtsprechung kann das Wissen eines ausgeschiedenen oder gar verstorbenen Organwalters einer Personenhandelsgesellschaft nicht zugerechnet werden, da Personenhandelsgesellschaften „in ihrem Bestand nicht in dem Maße von den jeweils handelnden Gesellschaftern unabhängig sind wie juristische Personen von ihren Organvertretern"[119].

Die Wissenszurechnung bei juristischen Personen wird vielfach damit begründet, daß der Vertragspartner einer juristischen Person nicht schlechter gestellt werden dürfe als der Vertragspartner einer Einzelperson[120]. Wenn der juristischen Person aber das Wissen aller (handelnder, unbeteiligter und ausgeschiedener) Organwalter zugerechnet wird, stellt man den Vertragspartner einer juristischen Person nicht schlechter, sondern besser als den Vertragspartner einer Einzelperson, denn einer juristischen Person wird durch die Wissenszurechnung die Möglichkeit des Vergessens genommen[121]. Die dargestellten Grundsätze führen außerdem dazu, daß die juristische Person auch bei lediglich fahrlässigem Handeln ihres Organwalters (der wissende Organwalter ist verstorben und der handelnde Organwalter hat keine Kenntnis von den rechtserheblichen Umständen) der Vorsatzhaftung unterfällt[122]. Es ist deshalb überlegenswert, der juristischen Person nur das Wissen des konkret handelnden Organwalters zuzurechnen und das Wissen der unbeteiligten und ausgeschiedenen Organwalter allenfalls iRd. Fahrlässigkeitshaftung zu berücksichtigen[123].

36

Die juristische Person haftet für das Wissen sonstiger Hilfspersonen unterhalb der Organebene[124]. Daneben unterliegt auch die juristische Person der Pflicht zur ordnungsgemäßen **Organisation der betriebsinternen Kommunikation**[125]. Wenn der Organwalter der juristischen Person es vorsätzlich unterläßt, den internen Kommunikationsaustausch zwischen den einzelnen Organwaltern und sonstigen Hilfskräften zu organisieren und infolge dessen dem Käufer ein rechtserheblicher Fehler verschwiegen wird, haftet die juristische Person[126].

37

Für die **Wissenszurechnung im Konzern** gelten keine Besonderheiten[127]. Das in einem konzernzugehörigen Unternehmen vorhandene Wissen kann allen-

38

---

[118] *Heinrichs* in Palandt § 28 BGB Rn 2 und § 167 BGB Rn 13 f.; *Schilken* in Staudinger § 166 BGB Rn 31; *Hadding* in Soergel § 26 BGB Rn 11 und § 28 BGB Rn 12; *Leptien* in Soergel § 166 BGB Rn 4; *Westermann* in Erman § 28 BGB Rn 3; *Emmerich* in Heymann § 125 HGB Rn 39 ff.; *Hopt* § 125 HGB Rn 4.
[119] *BGH* NJW 1995, 2159, 2160.
[120] BGHZ 109, 327, 332; *Hagen,* Wissenszurechnung bei Körperschaften und Personengesellschaften als Beispiel richterlicher Rechtsfortbildung, DRiZ 1997, 157, 161; *Scheuch,* „Wissenszurechnung" bei GmbH und GmbH & Co., GmbHR 1996, 828, 830; *Waltermann,* Arglistiges Verschweigen eines Fehlers bei der Einschaltung von Hilfskräften, NJW 1993, 889, 894; *Medicus* VersR 1994 (Sonderbeilage: Karlsruher Forum), 4, 11.
[121] *Goldschmidt* S. 215 ff.
[122] Vgl. *Goldschmidt* S. 217.
[123] *Goldschmidt* S. 241 ff.
[124] § 166 Abs. 1 BGB.
[125] BGHZ 109, 327; 117, 104; 132, 30.
[126] § 463 Satz 2 BGB; *Goldschmidt* S. 250.
[127] Ausführlich zur Wissenszurechnung im Konzern, *Drexl* ZHR 161 (1997) 491 ff.

falls relevant werden, wenn das konzernzugehörige Unternehmen iRd. Unternehmenskaufs als Abschluß- oder Verhandlungsvertreter aufgetreten ist[128]. Ob die Pflicht zur ordnungsgemäßen Organisation der betriebsinternen Kommunikation sich auch auf konzernzugehörige Unternehmen erstreckt[129], hängt von den Umständen des Einzelfalls ab.

II. Vertragliche Haftung

39 Die Unzulänglichkeiten der gesetzlichen Regelung der Leistungsstörung beim Unternehmenskauf und die daraus folgende Rechtsunsicherheit haben dazu geführt, daß in der Praxis die Voraussetzungen und Rechtsfolgen der Haftung des Verkäufers **im Unternehmenskaufvertrag** umfassend und abschließend geregelt werden.

1. Vor- und Nachteile eines individuellen Haftungssystems

40 Die Vorteile einer detaillierten vertraglichen Regelung der Verkäuferhaftung sind die größere **Rechtssicherheit** und **Flexibilität**. Der Umfang der Haftung kann den individuellen Bedürfnissen angepaßt werden[130]. Rechtsfolgen wie die Wandelung mit der problematischen Folge der Rückabwicklung des Unternehmenskaufs können ausgeschlossen werden[131].

41 Werden die vertraglichen Haftungsregelungen Formularbüchern entnommen oder aus vorformulierten Textbausteinen zusammengesetzt, die für eine Vielzahl von Verträgen aufgestellt worden sind, muß sich die Vertragsgestaltung uU an den **Maßstäben des AGBG** messen lassen[132]. Dies kann zur Folge haben, daß die vertraglichen Regelungen unwirksam sind, wenn sie den Vertragspartner des Verwenders entgegen den Geboten von Treu und Glauben unangemessen benachteiligen[133]. In der Praxis werden aber auch Vertragsmuster zwischen den Parteien meist ausführlich verhandelt und zur Disposition gestellt, so daß bereits dadurch die Anwendbarkeit des AGBG ausgeschlossen ist[134].

2. Selbständige und unselbständige Garantie

42 Im Unternehmenskaufvertrag kann der Verkäufer im Wege einer **selbständigen Garantie** erklären, daß an einem Stichtag oder innerhalb eines Zeitraums ein bestimmter Umstand besteht oder eintritt, oder daß dies nicht der Fall ist. Anders als die Zusicherung[135] kann sich die selbständige Garantie nicht nur auf eine

---

[128] § 166 Abs. 1 BGB.
[129] So *Drexl*, ZHR 161 (1997) 491 ff.
[130] *Picot* in Picot I Rn 78.
[131] *Holzapfel/Pöllath* Rn 362.
[132] *Franz-Jörg Semler* in Hölters VI Rn 121 mwN.
[133] Nach § 24 AGBG gilt das AGBG gegenüber Unternehmern nur eingeschränkt. Vgl. auch *Franz-Jörg Semler* in Hölters VI Rn 121 mwN.
[134] § 1 Abs. 2 AGBG; vgl. auch *Schlosser* in Staudinger § 1 AGBG Rn 36.
[135] Bei der Zusicherung erklärt der Verkäufer, daß die Kaufsache eine bestimmte Eigenschaft hat. Fehlt sie im Zeitpunkt des Gefahrübergangs, haftet der Verkäufer auf Wandelung oder Minderung; fehlt sie bereits bei Abschluß des Unternehmenskaufvertrags, haftet der Verkäufer auf Schadensersatz.

Eigenschaft der Kaufsache im Zeitpunkt des Gefahrübergangs beziehen, sondern auch auf vergangene oder künftige Eigenschaften oder sonstige Umstände außerhalb der Kaufsache, die keine Eigenschaften sind[136]. Bei der selbständigen Garantie kann der Käufer verlangen, daß der Verkäufer ihn von allen Nachteilen freistellt, die sich daraus ergeben, daß der Umstand (nicht) eingetreten ist, für dessen Eintritt bzw. Nichteintritt er die Garantie übernommen hat[137]. Die Vorschriften der Sachmängelgewährleistung sind auf die selbständige Garantie nicht anwendbar[138].

Gibt der Verkäufer eine **unselbständige Garantie** ab, garantiert er, daß die Kaufsache nicht nur bei Gefahrübergang, sondern auch für einen bestimmten Zeitraum nach Gefahrübergang (die Garantiefrist) mangelfrei ist. Durch die unselbständige Garantie soll der Beginn der Verjährungsfrist hinausgeschoben werden, da die Verjährungsfrist nicht bereits mit Ablieferung, sondern erst mit der Entdeckung des Mangels zu laufen beginnt. Zeigt sich der Mangel innerhalb der Garantiefrist, braucht der Käufer zudem nicht nachzuweisen, daß der Mangel schon bei Gefahrübergang vorlag[139]. Da mit einer solchen Garantie regelmäßig keine Eigenschaft der Kaufsache zugesichert wird, haftet der Verkäufer bei Verletzung der unselbständigen Garantie regelmäßig nur auf Wandelung oder Minderung, nicht aber auf Schadensersatz[140]. 43

Da das Wort „Garantie" mehrdeutig ist und im Zweifel nur eine einfache Zusicherung oder eine unselbständige Garantie bezeichnet[141], sollte im Unternehmenskaufvertrag klargestellt werden, ob der Verkäufer eine selbständige Garantie abgibt[142]. Eine geeignete Formulierung für eine selbständige Garantie lautet bspw.: 44

Der Verkäufer garantiert im Wege eines selbständigen Garantieversprechens die Vollständigkeit und Richtigkeit der folgenden Angaben: [...].

3. Zweck und Inhalt selbständiger Garantien

In der Praxis enthält der Unternehmenskaufvertrag regelmäßig einen umfangreichen Katalog selbständiger Garantien des Verkäufers. Diese Garantien dienen dem Käufer zwar auch als Grundlage für spätere **Schadensersatzansprüche** gegen den Verkäufer. Ihr eigentlicher Zweck ist aber die **Aufklärung** des Käufers bereits vor dem Vertragsschluß. Der Katalog der selbständigen Garantien trägt deshalb nicht nur den während einer Due Diligence aufgedeckten Umständen Rechnung, sondern gerade auch denjenigen, bezüglich derer die Due Diligence-Prüfung nichts ergeben hat. Enthält der vom Käufer gefertigte erste Vertragsentwurf eine Garantie des Verkäufers, die dieser nicht erfüllen kann oder will, muß 45

---

[136] *Huber* in Soergel § 459 BGB Rn 203 ff.; *BGH* NJW 1977, 1536, 1538; *v. Bernuth* DB 1999, 1689; vgl. *Beisel/Klumpp* Rn 955 mwN.
[137] *Huber* in Soergel § 459 BGB Rn 216.
[138] Insbes. findet die kurze Verjährungsfrist nach § 477 BGB keine Anwendung, sondern es gilt die 30-jährige Verjährungsfrist, die mit Eintritt des Garantiefalls beginnt.
[139] Vgl. *Huber* in Soergel § 459 BGB Rn 203.
[140] *BGH* WM 1991, 854, 858; *Huber* in Soergel § 459 BGB Rn 213.
[141] *Huber* in Soergel § 459 BGB Rn 205 mwN in Fn 20 und § 459 BGB Rn 209.
[142] Vgl. *Franz-Jörg Semler* in Hölters VI Rn 122.

der Verkäufer bereits vor Vertragsschluß die einer bestimmten Garantieerklärung entgegenstehenden Umstände darlegen und darauf hinwirken, daß diesen Umständen durch eine entsprechende Ausnahmeregelung in der Garantie Rechnung getragen wird. Dies kann in der Weise geschehen, daß der Verkäufer in einer Anlage zu jeder Garantie die Umstände auflistet, die von der jeweiligen Garantie ausgenommen werden sollen. Da diese Anlagen regelmäßig erst kurz vor dem Vertragsschluß erstellt werden können, darf es der Käufer nicht versäumen, die Anlagen gründlich zu prüfen und anhand der gewonnenen Erkenntnisse zu entscheiden, ob er den Vertrag wirklich abschließen will.

46 Der Käufer verlangt bei einem Unternehmenskauf regelmäßig eine sog. **Bilanzgarantie**[143], bei der der Verkäufer erklärt, daß ein bestimmter Jahresabschluß nach den Grundsätzen ordnungsmäßiger Buchführung (GoB) unter Wahrung der Bilanzierungs- und Bewertungskontinuität erstellt worden ist und ein den tatsächlichen Verhältnissen entsprechendes Bild der Vermögens-, Finanz- und Ertragslage des Unternehmens am jeweiligen Stichtag vermittelt[144]. Der Verkäufer sollte in der Bilanzgarantie klarstellen, welche **Bilanzierungs- und Bewertungswahlrechte** er in der Vergangenheit gewählt hat[145].

47 Bei der **Eigenkapitalgarantie** erklärt der Verkäufer, daß das Unternehmen zu einem bestimmten Zeitpunkt, idR zum Übergangsstichtag, ein Eigenkapital in einer bestimmten Höhe hat[146].

48 Der Käufer eines Unternehmens fordert regelmäßig auch sog. **Bestandsgarantien**. Der Inhalt dieser Bestandsgarantien hängt von den Umständen des Einzelfalls ab. Der Verkäufer kann zB garantieren, daß er oder die zum Verkauf stehende Gesellschaft Eigentum an den verkauften Vermögensgegenständen hat, daß diese frei von Belastungen sowie anderen zugunsten Dritter bestellten Rechten sind, daß bestimmte Verträge mit Dritten wirksam und durchsetzbar sind, daß die von der Gesellschaft genutzten Grundstücke frei von Umweltlasten[147] sind[148] oder daß die betrieblichen Anlagen unter Beachtung aller anwendbaren Rechtsvorschriften und behördlichen Weisungen errichtet worden sind[149].

4. Zeitpunkt der Abgabe der Garantien

49 Liegt zwischen dem Zeitpunkt des Vertragsschlusses (Signing) und dem Übergangsstichtag (Closing) ein längerer Zeitraum, ist der Käufer regelmäßig daran interessiert, daß die Garantien sich auf beide Stichtage oder sogar auf den gesamten

---

[143] Eine Aufstellung verschiedener Bilanzgarantien findet sich bei *Holzapfel/Pöllath* Rn 505.
[144] *Picot* in Picot I Rn 100; *Buchwaldt* NJW 1994, 153, 157; *Franz-Jörg Semler* in Hölters VI Rn 127. Fordert der Käufer eine objektive Bilanzgarantie, bei der Verkäufer erklärt, daß die im Jahresabschluß enthaltenen Angaben richtig und vollständig sind, wird der Verkäufer einwenden, daß die verschiedenen Bilanzansätze Ausdruck einer subjektiven Einschätzung sind, die sich letztlich immer als falsch herausstellen kann.
[145] Vgl. *Franz-Jörg Semler* in Hölters VI Rn 127.
[146] Vgl. *Franz-Jörg Semler* in Hölters VI Rn 128.
[147] Dazu § 29.
[148] Zu Garantievereinbarungen im Zusammenhang mit Umweltlasten, vgl. *Turiaux/Knigge* BB 1999, 913, 918 ff.; *Wächter* NJW 1997, 2073 ff.
[149] Eine ausführliche Aufzählung von Beispielen für Bestandsgarantien findet sich bei *Holzapfel/Pöllath* Rn 503 ff.

Zeitraum zwischen beiden Stichtagen beziehen, um nachteiligen Veränderungen des Unternehmens während dieser Zeit Rechnung zu tragen[150]. Aus der Sicht des Verkäufers ist dieses Verlangen insoweit problematisch, als in diesem Zeitraum Umstände auftreten können, die zwar nicht die **bei Vertragsschluß** abgegebenen, wohl aber die im Zeitpunkt des **Übergangsstichtags** abzugebenden Garantien unrichtig oder unvollständig machen könnten. Der Verkäufer wird deshalb seine Haftung wegen unrichtiger oder unvollständiger Garantien dadurch eingrenzen wollen, daß er am Übergangsstichtag in einer Anlage zum Vertrag alle Umstände auflisten darf, auf die die zu diesem Zeitpunkt abzugebenden Garantien keine Anwendung finden. Wenn der Käufer auf dieses Ansinnen des Verkäufers eingeht, sollte er sich ein Rücktrittsrecht für den Fall vorbehalten, daß ihm am Übergangsstichtag Umstände offenbart werden, die ihn vom Vertragsschluß abgehalten hätten, wenn er sie zu diesem Zeitpunkt bereits gekannt hätte.

5. Einschränkung der Garantien

Üblicherweise hat der Käufer ein Interesse an einem möglichst umfangreichen Garantiekatalog, während der Verkäufer bemüht ist, seine potentielle Haftung weitgehend einzuschränken. Da der Verkäufer einen vollständigen **Haftungsausschluß** häufig nicht durchsetzen kann, wird er regelmäßig darauf drängen, zumindest für wirtschaftlich unbedeutende Ansprüche des Käufers nicht haften zu müssen. Eine derartige **de-minimis-Regelung** kann unterschiedlich ausgestaltet werden. Zum einen kann sich die de-minimis-Regelung nur auf eine oder einzelne Garantien beziehen. Sieht der Unternehmenskaufvertrag bspw. vor, daß alle Verträge des Unternehmens in einer Anlage aufgelistet werden, wird der Verkäufer nicht dafür einstehen können und wollen, daß diese Liste vollständig ist, sondern lediglich garantieren, daß die Anlage alle wesentlichen Verträge des Unternehmens auflistet oder alle Verträge, die eine über einem bestimmten **Mindestbetrag** liegende Verbindlichkeit des Unternehmens begründen. Die de-minimis-Regelung kann zum anderen auch auf alle Garantien bezogen werden, so daß der Verkäufer bei Verletzung einer oder mehrerer Garantien nur ab einem bestimmten Freibetrag oder einer Freigrenze haftet. Vereinbaren die Parteien einen **Freibetrag**, haftet der Verkäufer nur für den die vereinbarte Mindestgrenze überschreitenden Betrag. Bei einer **Freigrenze** haftet der Verkäufer, wenn die Ansprüche des Käufers einen bestimmten Mindestbetrag überschreiten, dann jedoch für den gesamten Betrag. Eine Freigrenze könnte bspw. wie folgt formuliert werden:

Der Käufer kann Ansprüche nach § . . . dieses Vertrags gegen den Verkäufer nur geltend machen, soweit die Summe aller Ansprüche . . . € übersteigt, dann aber in voller Höhe.

Der Verkäufer kann auch eine **Haftungsobergrenze** verlangen, so daß er nur bis zur Höhe eines bestimmten Betrags, bspw. des Kaufpreises, haftet. Bei einem Anteilskaufvertrag wird von dieser Beschränkung regelmäßig die Haftung für Rechtsmängel der Gesellschaftsanteile ausgenommen. Eine entsprechende Regelung könnte wie folgt lauten:

---

[150] *Hommelhoff* ZHR 150 (1986) 254, 265.

Die Haftung des Verkäufers ist auf einen Höchstbetrag von ... € beschränkt. Diese Beschränkung gilt nicht hinsichtlich der Haftung für Rechtsmängel der Gesellschaftsanteile.

52 Häufig wird der Verkäufer keine objektive, sondern nur eine **subjektive Garantie** abgeben und lediglich garantieren wollen, daß nach seinem **besten Wissen** keine Umstände existieren, die den (Nicht-)Eintritt eines bestimmten Erfolgs verhindern könnten. Bei einer derartigen Einschränkung muß der Käufer nicht nur die Verletzung der Garantie nachweisen[151], sondern auch den in der Praxis häufig schwierigen Nachweis der Kenntnis bzw. der (grob) fahrlässigen Unkenntnis des Verkäufers erbringen[152]. Einigen die Parteien sich auf eine subjektive Garantie, sollte der Umfang der Haftung vertraglich genau festgelegt werden. Eine entsprechende Regelung könnte zB lauten:

Soweit die in § ... enthaltenen Garantien „nach bestem Wissen des Verkäufers" abgegeben werden, liegt „bestes Wissen des Verkäufers" nur vor, wenn der Verkäufer weder Kenntnis von der Unrichtigkeit oder Unvollständigkeit der jeweiligen Garantie hat noch seine Unkenntnis auf [grober] Fahrlässigkeit beruht. Dem Verkäufer wird die Kenntnis oder [grob] fahrlässige Unkenntnis der gegenwärtigen [Geschäftsführer/Vorstandsmitglieder] der Gesellschaft und der in Anlage ... aufgeführten Personen zugerechnet.

53 Da die Ansprüche wegen der Verletzung einer selbständigen Garantie[153] erst nach 30 Jahren verjähren, fordert der Verkäufer häufig eine Verkürzung der **Verjährungsfrist**. Die Gestaltungsmöglichkeiten sind vielfältig. ZB kann vereinbart werden, daß die Verjährungsfrist für solche Umstände, die der Käufer leicht überprüfen kann, kürzer ist als für solche Umstände, die erst nach intensiver und langwieriger Prüfung aufgedeckt werden können[154]. Es kann auch vereinbart werden, daß der Beginn der Verjährungsfrist auf einen bestimmten Termin hinausgeschoben wird und bspw. erst mit dem Ergehen oder der Bestandskraft von Steuer- und/oder Sozialversicherungsbescheiden anfängt.

54 Da mehrere Verkäufer grundsätzlich als **Gesamtschuldner** haften[155], wollen die Verkäufer häufig vereinbaren, daß jeder von ihnen nur in Höhe seines Anteils am Unternehmen haftet. Dies ist für den Käufer jedoch dann nicht akzeptabel, wenn die Verkäufer bei Verletzung einer Garantie zur Herstellung des garantierten Zustands verpflichtet sind. Dieser Anspruch kann meistens nicht vom einzelnen Verkäufer, sondern nur von allen Verkäufern gemeinsam erfüllt werden[156].

6. Rechtsfolgen

55 Sind eine oder mehrere vom Verkäufer abgegebene Garantien unrichtig oder unvollständig, gibt der Unternehmenskaufvertrag dem Käufer regelmäßig den Anspruch, nach seiner Wahl **Herstellung** des garantierten Zustands, **Minderung** des Kaufpreises oder **Schadensersatz** wegen Nichterfüllung zu verlangen. Hat

---

[151] Der Erwerber trägt grundsätzlich die Beweislast dafür, daß eine Abweichung von dem im Garantiekatalog beschriebenen Zustand vorliegt.
[152] Vgl. *Holzapfel/Pöllath* Rn 510.
[153] Vgl. Rn 42.
[154] Vgl. *Roschmann* ZIP 1998, 1941, 1948; in der Praxis häufig ist etwa die Vereinbarung einer längeren Verjährungsfrist für umweltbezogene Sachverhalte.
[155] § 427 BGB. Vgl. *Heinrichs* in Palandt § 427 BGB Rn 2; *Martin* NZG 1999, 583.
[156] *Martin* NZG 1999, 583, 585.

der Käufer das Recht zur Herstellung des garantierten Zustands, sollte klargestellt werden, daß der Käufer statt der Herstellung die Minderung des Kaufpreises oder Schadensersatz wegen Nichterfüllung verlangen kann, wenn der Verkäufer dem Herstellungsverlangen nicht innerhalb einer bestimmten Frist vollständig entsprochen hat oder wenn sich die Herstellung des garantierten Zustands als unmöglich erweist. Der Verkäufer kann auch verpflichtet werden, auf Verlangen des Käufers den Betrag, der zur Herstellung des garantierten Zustands in dem Unternehmen erforderlich ist, direkt an das Unternehmen zu zahlen.

Häufig wird auch vereinbart, daß der Verkäufer den Käufer oder das Unternehmen von allen Ansprüchen Dritter freistellen muß, die darauf basieren, daß ein vom Verkäufer garantierter Umstand (nicht) gegeben ist. Soll der Verkäufer zur **Freistellung** verpflichtet sein, wird er regelmäßig verlangen, daß der Käufer den Verkäufer unverzüglich unterrichtet, wenn Dritte haftungsrelevante Ansprüche gegen den Käufer oder das verkaufte Unternehmen geltend machen. Außerdem wird der Verkäufer die Verantwortung dafür übernehmen wollen, mit der vertraglich abgesicherten Unterstützung des Käufers derartige haftungsrelevante Drittansprüche abzuwehren, denn dem Käufer kann es wegen der Freistellung durch den Verkäufer regelmäßig gleichgültig sein, ob der Anspruch des Dritten besteht.

Das Recht zum **Rücktritt** oder zur **Wandelung** wird idR entweder ganz ausgeschlossen oder zumindest auf bestimmte, enumerativ aufgezählte Härtefälle beschränkt[157]. In jedem Fall sollten die Modalitäten einer Rückabwicklung detailliert geregelt werden und insbes. Regelungen über den Ausgleich für gezogene Nutzungen oder erlittene Verluste vorgesehen werden.

B. Due Diligence: Ziele, Risiken und Bedeutung, Wechselwirkungen zur Haftung des Verkäufers, rechtliche Zulässigkeit

I. Ziele, Risiken und Bedeutung

1. Begriff

Die ursprüngliche Bedeutung des Begriffs „Due Diligence" stammt aus dem US-amerikanischen Kapitalmarkt- und Anlegerschutzrecht. Dort galt die Due Diligence als Entlastungsbeweis für Abschlußprüfer, Rechtsanwälte und andere Experten, die iRd. Emissionsprospekthaftung von Anlegern in Anspruch genommen wurden[158]. Wörtlich übersetzt bedeutet der Begriff etwa „gehörige Sorgfalt"[159] und bezeichnet damit einen **Verhaltensmaßstab** und keine Tätigkeit. Im Laufe der Zeit erfuhr er jedoch eine Erweiterung und bezeichnet nun im Zusammenhang mit der Übernahme von Unternehmen die systematische und detaillierte **Analyse von Daten** mit dem Ziel, ein Gesamtbild des Unternehmens zu

---

[157] *Roschmann* ZIP 1998, 1941, 1945.
[158] Ausführlich zur Herkunft des Begriffs „Due Diligence", *Berens/Strauch* in Berens/Brauner S. 6.
[159] *Berens/Strauch* in Berens/Brauner S. 5.

erlangen und die mit der Übernahme verbundenen Risiken einschätzen zu können[160]. Der Begriff Due Diligence wird dabei meist als Oberbegriff für die Unternehmensprüfung verstanden[161], die in der Praxis in eine Vielzahl von unterschiedlichen Prüfungsbereichen untergliedert wird. Zu diesen gehören im wesentlichen die Bereiche Recht, Steuern, Finanzen und Umwelt.

59   In den **USA** ist die Durchführung einer Due Diligence beim Kauf von Unternehmen bereits seit langem gängige Praxis und zugleich tragende Säule des US-amerikanischen Haftungsrechts[162]. Anders als im deutschen Recht haftet der redliche Unternehmensverkäufer in den USA grundsätzlich nicht für Mängel und Fehler des Unternehmens[163]. Entsprechend dem Grundsatz „caveat emptor" trägt der Käufer das Mängelrisiko. Eine angemessene Gewährleistung fehlt nahezu vollständig, wenn die Parteien dazu keine Regelungen vereinbaren. Um den Besonderheiten und Bedürfnissen des Unternehmens Rechnung tragen zu können, muß der Käufer dieses genau untersuchen[164]. Auch in **Deutschland** ist in den letzten Jahren die Durchführung einer Due Diligence vor dem Erwerb eines Unternehmens zur Regel geworden[165], und zwar nicht nur beim Erwerb von Großunternehmen, sondern auch wenn es um den Erwerb mittelständischer oder sogar kleiner Unternehmen geht. Zwar geht das deutsche Recht grundsätzlich von einer Gewährleistungshaftung des Verkäufers aus, doch ist die gesetzliche Gewährleistung nur unzureichend auf den Unternehmenskauf anwendbar[166]. Der Käufer kann sich auch hier letztlich nur durch umfangreiche vertragliche Gewährleistungsvereinbarungen schützen, die vielfach eine genaue Kenntnis des Kaufobjekts voraussetzen.

60   Eine Due Diligence ist mittlerweile zwar **fester Bestandteil** bei vielen Unternehmenskäufen[167]. Eine Pflicht zu deren Durchführung besteht jedoch nicht[168]. In anderen Bereichen wie der Börseneinführung von Unternehmen[169] ist sie dagegen obligatorisch geworden[170] und bildet die Basis für die Ermittlung des

---

[160] *Koch/Wegmann* S. 3.
[161] *Meßmer/Keßler* NVersZ 2000, 110.
[162] Im wesentlichen vergleichbar mit der im deutschen Rechtskreis bekannten „im Verkehr erforderlichen Sorgfalt"; vgl. *Pollanz,* Due Diligence als künftiges Instrument einer risikoorientierten Abschlußprüfung?, BB 1997, 1351, 1353.
[163] *Merkt* BB 1995, 1041.
[164] *Merkt* BB 1995, 1041, 1043.
[165] *Merkt,* Rechtliche Bedeutung der „due diligence" beim Unternehmenskauf, WiB 1996, 145, 148; *Harrer* DStR 1993, 1673; *Treeck,* FS Fikentscher, S. 434.
[166] Vgl. Rn 2.
[167] Einer empirischen Untersuchung zufolge hat bei Akquisitionen die Due Diligence, abhängig von der Größe des Transaktionspartners, einen Verbreitungsgrad von 95,61 bis 100 % (financial), 81,34 bis 83,87 % (tax) und 82,55 bis 87,10 % (legal); ausführlich dazu *Marten/Köhler,* Due Diligence in Deutschland, Finanz Betrieb 1999, 337 ff.
[168] *Schmitz* in Schmitz S. 169, 170; so wohl auch *Fleischer/Körber* BB 2001, 841, 846 f.
[169] Dazu § 23.
[170] Eine ausdrückliche gesetzliche Pflicht zur Durchführung einer Due Diligence besteht zwar auch hier nicht. Die in der börsenrechtlichen Prospekthaftung verankerte Verschuldensvermutung (§§ 77, 45 ff. BörsG) ist jedoch wohl nur bei Durchführung einer Due Diligence widerlegbar. Zur börsenrechtlichen Prospekthaftung vgl. auch *Buss/Witte* in Berens/Brauner S. 347, 350; *Krämer/Baudisch,* Neues zur Börsenprospekthaftung und zu den Sorgfaltsanforderungen beim Unternehmenskauf, WM 1998, 1161.

Emissionspreises[171]. Es ist daher nicht auszuschließen, daß die Due Diligence künftig zum allgemeinen Standard bei Unternehmenskäufen werden wird. Sollte sich eine entsprechende Verkehrssitte bilden, hätte dies erhebliche Bedeutung für die Annahme grob fahrlässiger Unkenntnis des Käufers von Mängeln des Unternehmens[172]. In Konsequenz hiervon wird die Beachtung des allgemeinen **Sorgfaltsmaßstabs** immer häufiger die Durchführung einer Due Diligence erfordern[173].

2. Ziele

IdR wird eine Due Diligence durch den **Käufer**[174] (und dessen Berater) durchgeführt. Die Ziele des Käufers sind dabei vor allem:
– Durch eine umfassende Beschaffung und Bewertung ihm zuvor nicht zugänglicher Informationen verschafft sich der Käufer einen möglichst vollständigen Eindruck vom Zielunternehmen, um dadurch die **Verhandlungen** über den Unternehmenskauf auf einer geeigneten sachlichen Grundlage durchführen zu können[175].
– Es werden mit der Übernahme des Unternehmens verbundene, dem Käufer unbekannte **Risiken** und Chancen ermittelt[176].
– Auf der Grundlage der erhaltenen Informationen und der ermittelten Risiken und Chancen wird der Käufer
  • seine vorläufige **Kaufentscheidung** überdenken[177],
  • die Berechtigung der **Kaufpreisforderung** und die Angemessenheit des vorläufigen Kaufpreisangebots überprüfen[178] und
  • die vom Verkäufer zur Absicherung von Kaufentscheidung und Kaufpreis zu fordernden **Garantien** und **Freistellungen** ermitteln[179].
– Bei einem fremdfinanzierten Unternehmenskauf[180] wird mit dem dokumentierten Ergebnis der Due Diligence dem Informations- und Absicherungsbedürfnis der an der **Finanzierung** beteiligten Banken entsprochen.
– Die verantwortlichen Entscheidungsträger, die mit dem dokumentierten Ergebnis der Due Diligence nachweisen können, sich vor der Akquisition eingehend über deren Risiken informiert zu haben, werden **entlastet**.

---

[171] *Buss/Witte* in Berens/Brauner S. 347, 350.
[172] § 460 Satz 2 BGB.
[173] Vgl. auch *Schmitz* in Schmitz S. 169, 170; siehe auch Rn 69.
[174] Abgekürzt wird hier und im folgenden vom „Käufer" (oder „Erwerber") auch dort gesprochen, wo es sich um einen Kaufinteressenten handelt, also noch ungewiß ist, ob der Interessent überhaupt Käufer wird. Entsprechendes gilt für den Begriff „Verkäufer".
[175] *Treeck*, FS Fikentscher, S. 434, 436.
[176] Auch außerhalb des Unternehmenskaufs ist die Due Diligence mittlerweile ein Hilfsmittel für Bewertungen aus verschiedensten Anlässen auf gesetzlicher oder freiwilliger Basis; siehe dazu ausführlich *Koch/Wegmann* S. 14; *Spill* DStR 1999, 1786, 1787.
[177] *Koch/Wegmann* S. 10.
[178] *Meßmer/Keßler* NVersZ 2000, 110.
[179] Siehe *Merkt* BB 1995, 1041, 1046; *Meßmer/Keßler* NVersZ 2000, 110, 111; *Treeck*, FS Fikentscher, S. 434, 436.
[180] Siehe § 15.

- Nach Übergang des Unternehmens wird mit Hilfe der **Dokumentation** der Ergebnisse der Due Diligence festgestellt, ob und inwieweit der Verkäufer seine vorvertraglichen Aufklärungspflichten erfüllt hat.
- Mit Hilfe der vor dem Erwerb erlangten Informationen wird die Weiterführung und ggf. **Integration** des Kaufobjekts in das Unternehmen oder die Unternehmensgruppe des Käufers erleichtert.

62 Eine vom **Verkäufer** durchgeführte Due Diligence[181] dient meist dazu, Schwachstellen im Unternehmen vor dem Verkauf aufzudecken und zu beseitigen oder um in den Kaufverhandlungen Argumente vortragen zu können, die die Kaufpreisforderung untermauern[182]. Üblich ist die Due Diligence des Verkäufers vor allem bei Unternehmensverkäufen im Auktionsverfahren, wo sie häufig auch Grundlage eines Verkaufsprospekts ist[183].

3. Risiken des Verkäufers

63 Die Zielgesellschaft wird bei einer Due Diligence oft erheblichen Risiken ausgesetzt, die der Verkäufer **erkennen** und **begrenzen** sollte.

64 **a) Offenlegung sensibler Daten.** Für den Verkäufer besteht ein wesentliches Risiko einer Due Diligence darin, daß der Käufer eines Unternehmens Informationen erhält, die im normalen Geschäftsverkehr nicht für Dritte bestimmt sind. Besonders sensibel ist die Offenlegung von **Geschäftsgeheimnissen** – wie etwa Kundenverträgen – vor allem, wenn der Käufer ein Wettbewerber ist[184]. Einerseits möchte der Verkäufer vermeiden, daß solche Informationen an Wettbewerber gelangen oder der Kaufinteressent diese dazu nutzt, ein konkurrierendes Unternehmen aufzubauen. Andererseits sind meist gerade diese Daten für den Käufer als Grundlage für seine spätere Kaufentscheidung besonders wichtig. Der Verkäufer sollte hier nach dem Prinzip „so viel wie nötig, so wenig wie möglich" verfahren.

65 Der Verkäufer sollte der Durchführung einer Due Diligence nur bei vertraglichem Schutz der Vertraulichkeit zustimmen. Zu diesem Zweck sollte er mit dem Käufer eine **Vertraulichkeitsvereinbarung**[185] treffen, die als Sanktion für den Fall der unzulässigen Offenlegung oder Verwendung erhaltener Informationen eine so hohe Vertragsstrafe vorsieht, daß der Abschreckungseffekt gewährleistet ist. Die Vertraulichkeitsvereinbarung regelt typischerweise, daß der Käufer:
- über alle durch die Due Diligence erhaltenen Informationen Stillschweigen zu bewahren hat (mit Ausnahme öffentlicher oder vom Verkäufer vor Vertragsschluß öffentlich gemachter Informationen);
- seine Mitarbeiter und Berater verpflichtet, über alle durch die Due Diligence erhaltenen Informationen in gleicher Weise Stillschweigen zu bewahren;
- den Personenkreis, der Kenntnis von den erhaltenen Informationen hat, so klein wie möglich hält;

---

[181] Ausführlich zur Due Diligence des Verkäufers unter Rn 173 ff.
[182] Vgl. *Krüger/Kalbfleisch* DStR 1999, 174, 175.
[183] Siehe Rn 170 ff.
[184] *Treeck*, FS Fikentscher, S. 434, 436.
[185] Ausführlich zur Vertraulichkeitsvereinbarung siehe § 6 Rn 3 ff.

– alle vom Verkäufer oder Zielunternehmen übergebenen Unterlagen, Kopien, Speichermedien, die Informationen über das Unternehmen enthalten, vollständig zurückgibt, falls der Kauf nicht zustande kommt, und versichert, nichts zurückzubehalten.

Durch den Abschluß einer Vertraulichkeitsvereinbarung kann jedoch nicht zuverlässig verhindert werden, daß der Käufer die erlangten Informationen für sein Geschäft verwertet. Auch läßt sich der Nachweis einer Verletzung der Geheimhaltungspflicht in der Praxis nur schwer führen[186]. Soll das Risiko einer Verwertung durch den Käufer gering gehalten werden, empfiehlt es sich, die Due Diligence durch **neutrale Berater** (etwa Rechtsanwälte und Wirtschaftsprüfer) durchführen zu lassen, die weder mit der Gesellschaft noch mit dem Käufer in einem laufenden Mandatsverhältnis stehen und zur Berufsverschwiegenheit verpflichtet sind[187]. Um deren Neutralität sicherzustellen, werden sie von beiden Parteien gemeinsam beauftragt. Sie werden zudem angewiesen, sensible Informationen nicht weiterzugeben, sondern einen gekürzten Due Diligence-Bericht zu erstellen, der sich auf eine Darstellung und Wertung der wesentlichen Prüfungsergebnisse beschränkt. Der ausführliche Due Diligence-Bericht[188] wird hingegen zu Beweiszwecken in den Akten gehalten oder notariell hinterlegt. Auf diesem Weg können dem Interessenten zwar nicht sämtliche unternehmensspezifischen Informationen vorenthalten werden; es wird jedoch verhindert, daß er bei der Due Diligence sensible Informationen erlangt[189].

b) Störung des Betriebsablaufs. Störungen im Betriebsablauf des Zielunternehmens lassen sich während der Due Diligence nicht ganz vermeiden. Um diese möglichst gering zu halten, sollte die Due Diligence in Zusammenarbeit mit dem Zielunternehmen sorgfältig geplant und organisiert werden. Trotz des damit verbundenen Vorbereitungsaufwands ist die Einrichtung eines **Datenraums**[190] innerhalb oder auch außerhalb der Geschäftsräume des Zielunternehmens sinnvoll, weil damit die geringsten Störungen im Betriebsablauf verbunden sind. In diesem werden die benötigten Dokumente und Daten zusammengetragen und in einem Register aufgeführt. Zudem muß überlegt werden, welche Mitarbeiter im Unternehmen über die Due Diligence informiert werden müssen. Für während der Due Diligence auftretende Fragen sollte ein Mitarbeiter als zentraler Ansprechpartner bereitstehen[191]. So können Fragen und Informationen gebündelt und an die sachlich zuständige Person weitergeleitet werden.

---

[186] *Franz-Jörg Semler* in Hölters Rn VI 13. Vgl. auch *Hommelhoff* ZHR 150 (1986) 254, 257.
[187] *Holzapfel/Pöllath* Rn 17 (S. 30 f.); *Hommelhoff* ZHR 150 (1986) 254, 257; *Schroeder* DB 1997, 2161, 2163.
[188] Siehe Rn 162 ff.
[189] *Hommelhoff* ZHR 150 (1986) 254, 257.
[190] Siehe Rn 149 ff.
[191] Siehe Rn 124.

II. Wechselwirkungen zwischen Due Diligence und Haftung des Verkäufers

1. Grundlage zur Schaffung eines vertraglichen Haftungssystems

68   Der Käufer versucht durch eine Due Diligence, möglichst viele Informationen über die Zielgesellschaft zu erhalten, um einen **Garantiekatalog** zu formulieren, der an die spezifischen Gegebenheiten und Risiken der Zielgesellschaft angepaßt ist. Zeigen sich iRd. Due Diligence Risiken im Unternehmen, werden diese auf Grundlage des Due Diligence-Berichts zwischen Käufer und Verkäufer[192] erörtert und das Ergebnis dieser Verhandlungen entweder im Garantiekatalog oder in ergänzenden Regelungen berücksichtigt. Als Grundlage solcher Verhandlungen dient insbes. der Due Diligence-Bericht, der eine Darstellung und Bewertung aller oder doch aller wesentlichen ermittelten Risiken enthält[193].

2. Risikoverteilung

69   Der Verkäufer haftet gem. § 460 BGB nicht für solche Mängel, die der Käufer im Rahmen einer Due Diligence beim Zielunternehmen aufgedeckt oder grob fahrlässig nicht aufgedeckt hat. Offen ist hingegen, ob eine **Fahrlässigkeitshaftung** des Verkäufers ausgeschlossen ist, wenn der Käufer eine Due Diligence-Prüfung durchführt[194]. Zwar ist der Käufer dazu gesetzlich nicht verpflichtet[195], es könnte aber als grob fahrlässig angesehen werden, wenn er eine Due Diligence unterläßt. Dies wäre jedoch nur der Fall, wenn eine entsprechende **Verkehrssitte** existierte, was derzeit wohl noch nicht anzunehmen ist[196]. Auch wenn der Käufer freiwillig eine Due Diligence durchführt und dabei Mängel nicht erkennt, die er an sich hätte erkennen können, führt dies nicht ohne weiteres zu einem Verlust seiner Gewährleistungsrechte. Dies wird man nur dann annehmen können, wenn der Käufer den Mangel auch ohne ausführliche Prüfung des Unternehmens hätte erkennen müssen.[197] Due Diligence-Prüfungen werden allerdings seit Jahren immer häufiger und etablieren sich als fester Bestandteil des Unternehmenskaufs, weshalb nicht ausgeschlossen werden kann, daß die Rechtsprechung in Zukunft eine solche Verkehrssitte annimmt[198]. Der Käufer eines Unternehmens tut deshalb auch aus diesem Grund gut daran, vor dem Erwerb eine eingehende Due Diligence durchzuführen und zugleich darauf zu drängen, daß die Anwendbarkeit von § 460 BGB im Kaufvertrag ausgeschlossen wird. Außerdem ist es besser, Risiken vor Vertragsschluß zu kennen und im Kaufvertrag Vorsorge zu treffen, als sich später auf Ansprüche gegen den Verkäufer verlassen zu müssen[199].

---

[192] Siehe Rn 167.
[193] Siehe Rn 162 ff.
[194] Vgl. § 460 Satz 2 BGB.
[195] *Holzapfel/Pöllath* Rn 17.
[196] So *Fleischer/Körber* BB 2001, 841, 846; *Loges* DB 1997, 965, 966; vgl. auch *Stengel/Scholderer* NJW 1994, 158, 164; Nachweise für die Gegenmeinung finden sich bei *Fleischer/Körber* BB 2001, 841 in Fn 88.
[197] *Fleischer/Körber* BB 2001, 841, 848.
[198] Im Ergebnis auch *Fleischer/Körber* BB 2001, 841, 846; *Loges* DB 1997, 965, 969.
[199] Vgl. auch die in Rn 61 genannten Vorteile, die der Käufer bei seiner Entscheidung über die Durchführung der Due Diligence berücksichtigen sollte.

3. Auswirkungen auf die vorvertragliche Haftung

Die **Aufklärungspflicht** des Verkäufers vermindert sich nicht dadurch, daß der Käufer iRd. Unternehmenskaufs eine Due Diligence-Prüfung durchführt[200]. Hiermit zeigt der Käufer gerade, daß er gesteigerten Wert auf Aufklärung legt[201]. Auch kann dem Käufer der vollständige oder teilweise Verzicht auf oder die unsorgfältige Durchführung der Due Diligence-Prüfung weder als **Mitverschulden** angelastet werden[202], noch kann hierin ein Aufklärungsverzicht gegenüber dem Verkäufer gesehen werden[203]. Den Käufer trifft keine allgemeine Untersuchungspflicht[204]; er ist deshalb nicht verpflichtet, das Unternehmen einer Due Diligence-Prüfung zu unterziehen. Der Käufer führt eine Due Diligence-Prüfung ausschließlich im eigenen Interesse und zu seinem Schutz durch, nicht jedoch, um seine Rechtsstellung zu verschlechtern[205].

III. Rechtliche Zulässigkeit

1. Informationsbedürfnis und Geheimhaltungsinteresse

Das Informationsbedürfnis der Käufer übersteigt meist, was vom Zielunternehmen offengelegt und jedermann zugänglich ist; erheblich. In welchem **Umfang** die Zielgesellschaft einem Käufer darüber hinaus Auskunft erteilen muß oder darf, ist von Fall zu Fall verschieden. Gerade bei einer börsennotierten AG wirft die Due Diligence-Prüfung schwierige Rechtsfragen auf[206].

2. Informationspflichten, Informationsrechte und Informationsverbote bei Übernahme einer Gesellschaft

Die Erteilung unternehmensbezogener Informationen ist überwiegend Gegenstand gesetzlicher Regelungen und läßt nur begrenzten Spielraum für Ermessensentscheidungen. Aus Sicht der Zielgesellschaft lassen sich drei Ausgangssituationen unterscheiden, welche in Abhängigkeit von der Rechtsform der Zielgesellschaft unterschiedlich ausgestaltet sind:
– **Informationsrechte:** Es steht im Ermessen der Zielgesellschaft, dem Interessenten unternehmensbezogene Informationen zu erteilen.
– **Informationspflichten:** Die Zielgesellschaft muß dem Interessenten unternehmensbezogene Informationen erteilen.
– **Informationsverbote:** Die Zielgesellschaft darf dem Interessenten keine Informationen erteilen.

---

[200] *Stengel/Scholderer* NJW 1994, 158, 164; aA *Franz-Jörg Semler* in Hölters VI Rn 14. Zur vorvertraglichen Haftung siehe Rn 21 ff.
[201] *Fleischer/Körber* BB 2001, 841, 848; *Stengel/Scholderer* NJW 1994, 158, 164.
[202] *Fleischer/Körber* BB 2001, 841, 848; *Loges* DB 1997, 965, 968; aA wohl *Holzapfel/Pöllath* Rn 434, der ein Mitverschulden bei unterlassener bzw. unsorgfältiger Durchführung einer Due Diligence für möglich hält.
[203] *Fleischer/Körber* BB 2001, 841, 847.
[204] *Loges* DB 1997, 965, 967; *Schmitz* in Schmitz S. 169, 170; *Huber* in Soergel § 460 BGB Rn 7.
[205] *Stengel/Scholderer* NJW 1994, 158, 164.
[206] Dazu ausführlich Rn 73 ff.

73 a) Aktiengesellschaft. Ein Käufer, der nicht Aktionär der Zielgesellschaft ist, hat keinen eigenen Informationsanspruch gegenüber der AG. Er hat nur die Möglichkeit, über einen verkaufsbereiten Aktionär an die gewünschten Informationen zu gelangen. Allerdings verfügen Aktionäre nur über ein eingeschränktes und lediglich in der Hauptversammlung ausübbares Auskunftsrecht[207], das für die Erlangung umfassender Informationen über das Unternehmen nicht geeignet ist[208]. Vorstand und Aufsichtsrat der AG hingegen sind in der tatsächlichen Position, einem Käufer von Aktien den Zugang zu unternehmensinternen Informationen zu ermöglichen. Für die Due Diligence ist es daher von zentraler Bedeutung, unter welchen Voraussetzungen insbes. der Vorstand einem erwerbsinteressierten Dritten die **Einsicht** in relevante Gesellschaftsunterlagen gewähren und **Auskünfte** erteilen darf[209].

74 Für den Vorstand und den Aufsichtsrat der AG besteht grundsätzlich die Pflicht, über vertrauliche unternehmensinterne Informationen, insbes. über Betriebs- und Geschäftsgeheimnisse, Stillschweigen zu bewahren[210]. Darunter fallen vor allem betriebswirtschaftliche Kenndaten, Informationen über kaufmännische Vorgänge, Umsatzzahlen, Kalkulationen, Absatzplanungen, Kunden- und Lieferantenverträge, Finanzpläne und Jahresabschlüsse[211]. Hierzu zählen aber auch technische Geheimnisse, wie allgemeines Know-how, Erfindungen und Computerprogramme[212]. Diese **Verschwiegenheitspflicht** umfaßt jede Art der Informationsweitergabe, sei es durch mündliche Auskunft, durch Weitergabe von Dokumenten oder die Gestattung der Einsichtnahme in Unterlagen der Gesellschaft. Verstößt der Vorstand hiergegen, kann er sich gegenüber der Gesellschaft schadensersatzpflichtig[213] oder sogar strafbar[214] machen.

75 Die Informationserteilung iRd. Due Diligence ist jedoch nicht grundsätzlich unzulässig. Da die Verschwiegenheitspflicht durch das **Unternehmensinteresse** bestimmt wird, ist der Vorstand nach ganz überwiegender Auffassung zur Offenlegung von Unternehmensinterna berechtigt, wenn die mit der Aktienveräußerung voraussichtlich für die AG verbundenen Vorteile die Risiken der Informationsweitergabe überwiegen[215]. Maßgebliche Kriterien bei dieser **Ermessensentscheidung** sind die Ernsthaftigkeit des Erwerbsinteresses, das Ausmaß und die Wahrscheinlichkeit der in Aussicht gestellten Vorteile für die AG und die Gefahr der

---

[207] § 131 AktG.
[208] *Mertens* AG 1997, 541, 543.
[209] Vgl. zu dem Streitstand *Meincke* WM 1998, 749, 750.
[210] §§ 93 Abs. 1 Satz 2, 404 Abs. 1 Nr. 1 AktG; § 116 AktG mit Verweis auf § 93 AktG für die Mitglieder des Aufsichtsrats. Zum Begriff des Geschäftsgeheimnisses auch *Schroeder* DB 1997, 2161; *Rozijn* NZG 2001, 494, 495 f.
[211] Dazu *Mertens* AG 1997, 541.
[212] Vgl. zur GmbH *Oppenländer* GmbHR 2000, 535, 536.
[213] § 93 Abs. 2 Satz 1 AktG.
[214] § 404 AktG; die Tat wird auf Antrag der Gesellschaft mit Freiheitsstrafe bis zu einem Jahr oder mit Geldstrafe bestraft, in den Fällen des § 404 Abs. 2 AktG sogar mit Freiheitsstrafe bis zu zwei Jahren.
[215] *Schroeder* DB 1997, 2161, 2162; *Wiesner* in MünchHdbGesR Bd. 4 § 19 Rn 22; *Mertens* AG 1997, 541, 542 ff.; *Roschmann/Frey* AG 1996, 449, 452; *Rozijn* NZG 2001, 494, 496; *Hüffer* § 93 AktG Rn 8; *Treeck*, FS Fikentscher, S. 434, 450 ff.; *Müller* NJW 2000, 3452, 3453; aA *Lutter* ZIP 1997, 613 ff.

zweckwidrigen Verwertung der im Zuge der Due Diligence gewonnenen Informationen[216]. Hat die AG ein objektiv feststellbares Interesse an der Transaktion, kann sich ausnahmsweise sogar eine Pflicht zur Auskunftserteilung ergeben[217]. Ein solches objektives Interesse ist etwa dann gegeben, wenn die Veräußerung einer Mehrheitsbeteiligung an einen strategischen Investor zum Erhalt der Wettbewerbsfähigkeit erforderlich ist. Zwar kann sich die Beurteilung des Vorstands zu einem späteren Zeitpunkt als falsch herausstellen; dies führt allerdings nicht dazu, daß die Auskunftserteilung von vornherein rechtswidrig ist[218], wenn der Vorstand noch im Rahmen seines Beurteilungsermessens gehandelt hatte.

Bei seiner Entscheidung hat der Vorstand mehrere Punkte zu beachten, um den größtmöglichen Schutz für die offengelegten Unternehmensgeheimnisse zu erreichen, was auch für seine Haftung von Bedeutung ist:

– Die Zustimmung zur Due Diligence erfordert grundsätzlich eine gemeinschaftliche **Entscheidung des Gesamtvorstands**, da die Durchbrechung der Verschwiegenheitspflicht über den Rahmen der Einzelgeschäftsführung hinausgeht[219]. Eine Mehrheitsentscheidung ist aber dort möglich, wo die Satzung oder die Geschäftsordnung eine Mehrheitsentscheidung zulassen[220]. Aus dem Beschluß sollten die in die Ermessensentscheidung eingeflossenen Erwägungen hervorgehen. Es ist darüber hinaus ratsam, eine genaue Dokumentation über den Entscheidungsprozeß anzufertigen, da der Vorstand im Streitfall beweisen muß, daß er mit der Sorgfalt eines ordentlichen und gewissenhaften Geschäftsleiters vorgegangen ist[221].

– Der Käufer muß vor der Offenlegung von Informationen über die Zielgesellschaft eine **Absichtserklärung** (Letter of Intent)[222] vorgelegt haben, aus der die konkrete Absicht des Erwerbs und die hiermit für die AG verbundenen Vorteile hervorgehen[223].

– Vertrauliche Informationen können nur offengelegt werden, wenn eine (möglichst vertragsstrafenbewehrte) **Vertraulichkeitsvereinbarung** abgeschlossen wurde[224].

– Um das Risiko einer über das notwendige Maß hinausgehenden Informationsweitergabe zu minimieren[225] und den **Informationsfluß kontrollieren** zu können, kann ein separater Datenraum eingerichtet werden[226]. Ist die Gefahr

---

[216] *Schroeder* DB 1997, 2161, 2162; *Treeck*, FS Fikentscher, S. 434, 450 ff.
[217] *Roschmann/Frey* AG 1996, 449, 452; *Rozijn* NZG 2001, 494, 497; *Schroeder* DB 1997, 2161, 2162; ausführlich hierzu *Treeck*, FS Fikentscher, S. 434, 450 f.; *Müller* NJW 2000, 3452, 3453.
[218] *Müller* NJW 2000, 3452, 3453.
[219] *Mertens* in Kölner Komm. § 93 AktG Rn 77; *Meincke* WM 1998, 749, 751; *Müller* NJW 2000, 3452, 3455. Vgl. auch *Rozijn* NZG 2001, 494, 497.
[220] *Müller* NJW 2000, 3452, 3455.
[221] Vgl. § 93 Abs. 2 Satz 2 AktG; *Müller* NJW 2000, 3452, 3455.
[222] Siehe § 6 Rn 24 ff.
[223] *Meincke* WM 1998, 749, 751; *Mertens* AG 1997, 541, 546; *Schroeder* DB 1997, 2161, 2163; *Müller* NJW 2000, 3452, 3455.
[224] *Meincke* WM 1998, 749, 751; *Schroeder* DB 1997, 2161, 2163. Zum Inhalt einer solchen Vertraulichkeitsvereinbarung siehe § 6 Rn 3 ff.
[225] *Meincke* WM 1998, 749, 751; *Schroeder* DB 1997, 2161, 2163.
[226] Siehe Rn 149 ff.

mißbräuchlicher Verwendung einzelner Informationen besonders hoch, sollten entsprechende sensible Dokumente entweder gezielt von der Einsichtnahme ausgeschlossen oder die Due Diligence durch neutrale Berater durchgeführt werden[227].

77 Handelt es sich bei der Zielgesellschaft um eine börsennotierte AG, hat der Vorstand als sog. Primärinsider[228] vor Auskunftserteilung zudem die insiderrechtlichen Mitteilungsverbote zu beachten. Da ein Ausnutzen einer **Insiderinformation** dann nicht vorliegt, wenn der Käufer durch die iRd. Due Diligence-Prüfung erlangten Insiderinformationen sich entweder in seinem vorgefaßten Kaufentschluß bestätigt sieht oder vom Erwerb Abstand nimmt[229], darf der Vorstand dem Käufer in diesem Fall Informationen erteilen[230].

78 **b) GmbH.** Anders als Aktionäre besitzen die Gesellschafter einer GmbH weitaus umfangreichere Informationsrechte gegenüber der Gesellschaft, an der sie beteiligt sind[231]. Der Umfang von Auskunfts- und Einsichtsrechten ist für Gesellschafter gesetzlich festgelegt[232]. Eine allgemeine **Verschwiegenheitspflicht**[233] ist im GmbHG, mit Ausnahme für den Aufsichtsrat[234], nicht ausdrücklich vorgesehen, jedoch allgemein auch für die Geschäftsführer und Gesellschafter der GmbH anerkannt. Für die Geschäftsführer ergibt sich dies daraus, daß die Verletzung der **Geheimhaltungspflicht** mit Strafe bedroht ist[235]. Die Gesellschafter sind schon aufgrund der allgemeinen Treupflicht verpflichtet, gesellschaftsinterne Informationen vertraulich zu behandeln[236]. Der **Alleingesellschafter** unterliegt hingegen keiner solchen Treupflicht[237] und damit auch keiner besonderen Geheimhaltungspflicht. Weil die Due Diligence aufgrund ihrer Bedeutung keine Angelegenheit der laufenden Geschäftsführung ist, unterfällt sie der alleinigen Entscheidungskompetenz der Gesellschafter[238]. Der Geschäftsführer einer GmbH darf somit, anders als der Vorstand einer AG[239], im Rahmen eines Verkaufs von Gesellschaftsanteilen nicht eigenmächtig gesellschaftsinterne Informationen an den Käufer herausgeben[240]. Er muß zuvor einen ihn hierzu **legitimierenden Gesellschafter-**

---

[227] Siehe Rn 92; siehe hierzu auch *Müller* NJW 2000, 3452, 3454.
[228] § 13 Abs. 1 Nr. 1 WpHG. Siehe § 7 Rn 114ff.
[229] *Assmann/Schneider* § 14 WpHG Rn 31ff.; *Kümpel* Rn 16 169ff.
[230] So im Ergebnis auch *Müller* NJW 2000, 3452, 3436 mit Hinweis auf die Gesetzesbegründung zu § 14 Abs. 1 WpHG.
[231] Ausführlich zu den Grenzen der Auskunftserteilung bei einer GmbH *Oppenländer* GmbHR 2000, 535 ff.
[232] § 51a GmbHG.
[233] Allgemein zu den gesellschaftsrechtlichen Verschwiegenheitspflichten bei der GmbH *Volhard/Weber*, FS Johannes Semler, S. 387ff.
[234] § 52 Abs. 1 GmbHG iVm. § 93 Abs. 1 AktG.
[235] § 85 GmbHG. Siehe auch *Volhard/Weber*, FS Johannes Semler, S. 387, 398.
[236] *Volhard/Weber*, FS Johannes Semler, S. 387; zur allgemeinen Treupflicht *Schiessl* in Münch-HdbGesR Bd. 3 § 32 Rn 22.
[237] BGHZ 119, 257, 259; BGH ZIP 1993, 917; ZIP 1994, 872, 874; ZIP 1994, 1690, 1693.
[238] HM, vgl. *Bremer* GmbHR 2000, 176; *Götze* ZGR 1999, 202, 205, *Oppenländer* GmbHR 2000, 535, 539.
[239] Siehe Rn 74.
[240] Vgl. *Bremer* GmbHR 2000, 176; *Götze* ZGR 1999, 202, 225.

beschluß herbeiführen[241]. Beschließen die Gesellschafter, Informationen an Käufer weiterzugeben, darf sich der Geschäftsführer diesem Beschluß nicht entgegenstellen und die Herausgabe von Informationen nicht verweigern[242].

Ein Käufer, der nicht Gesellschafter der GmbH ist, hat wie bei der AG keinen eigenen Informationsanspruch gegenüber der Gesellschaft[243]. Da nur den Gesellschaftern ein Auskunfts- und Einsichtsrecht gegenüber der GmbH zusteht[244], bleibt dem **Nichtgesellschafter** zur Informationsbeschaffung nur der Weg über den verkaufswilligen Gesellschafter. Der Informationsanspruch des Gesellschafters ist zwar ein nicht übertragbares Recht; es kann aber auch von einem Bevollmächtigten ausgeübt werden[245], soweit dadurch nicht vorrangige Gesellschafter- oder Gesellschaftsbelange berührt werden[246]. Der Käufer kann aufgrund einer ihm vom Gesellschafter erteilten Vollmacht iRd. Due Diligence mit seinem Auskunftsbegehren direkt an die GmbH herantreten oder seine Rechtsanwälte und Wirtschaftsprüfer hiermit beauftragen[247]. Allerdings muß in jedem Fall durch Abschluß einer Vertraulichkeitsvereinbarung sichergestellt sein, daß die gegebenen Informationen vertraulich behandelt werden. 79

Das **Auskunfts- und Einsichtsrecht** des Gesellschafters ist vom **Umfang** her sehr weitreichend und erstreckt sich auch auf mit der GmbH **verbundene Unternehmen**[248] sowie **Minderheitsbeteiligungen**, die für die GmbH von konkreter Bedeutung sind[249]. Eine Grenze ergibt sich jedoch aus der Besorgnis, daß der Gesellschafter die Informationen zu gesellschaftsfremden Zwecken verwenden und dadurch der Gesellschaft oder einem verbundenen Unternehmen einen nicht unerheblichen Nachteil zufügen wird[250]. Ein solcher **Nachteil für die Gesellschaft** muß sich nicht aus dem Informationsgehalt selbst ergeben, sondern kann auch auf die Informationsbeschaffung an sich zurückzuführen sein. So dürfen etwa die hierfür notwendigen Tätigkeiten den täglichen Geschäftsbetrieb nicht nachhaltig und längerfristig stören. Der Gesellschafter kann auch nicht verlangen, daß ihm Mitarbeiter für die Informationsbeschaffung zur Verfügung gestellt werden. Unmittelbar gegenüber den Mitarbeitern hat der Gesellschafter kein Informationsrecht[251]. 80

Die Weitergabe gesellschaftsinterner Informationen an den Käufer ist nicht per se ein **gesellschaftsfremder Zweck**[252]. Ist der Käufer allerdings ein direkter Wettbewerber der Gesellschaft, überwiegen bei wettbewerbsrelevanten Daten die 81

---

[241] *Götze* ZGR 1999, 202, 227.
[242] *Volhard/Weber,* FS Johannes Semler, S. 387, 402.
[243] *Bremer* GmbHR 2000, 176; *Götze* ZGR 1999, 202, 206; *Oppenländer* GmbHR 2000, 535, 537.
[244] § 51a GmbHG.
[245] BGHZ 25, 123; *Goerdeler,* Die Zuziehung von Sachverständigen bei der Einsicht in die Bücher, FS Stimpel, 1985, S. 125, 126 ff.; *Lutter/Hommelhoff* § 51a GmbHG Rn 4.
[246] *Götze* ZGR 1999, 202, 223.
[247] *Volhard/Weber,* FS Johannes Semler, S. 387, 393.
[248] §§ 15 ff. AktG. Dazu § 28.
[249] *Lutter/Hommelhoff* § 51a GmbHG Rn 13.
[250] § 51a Abs. 2 GmbHG.
[251] *Schmiegelt* in Beck Hdb. GmbH § 3 Rn 75.
[252] *Götze* ZGR 1999, 202, 208; vgl. auch *Volhard/Weber,* FS Johannes Semler, S. 387, 399.

Interessen der Gesellschaft²⁵³. Dann dürfen diese nicht an den Käufer herausgegeben werden; zulässig ist nur, einem neutralen und zur Berufsverschwiegenheit verpflichteten Berater die Einsichtnahme in die Geschäftsunterlagen der Gesellschaft zu ermöglichen²⁵⁴. Wettbewerbsrelevante Daten sind etwa Geschäftsbeziehungen zu Kunden und Lieferanten, Daten über die Ertrags- und Liquiditätslage, Herstellungsverfahren, Kalkulationen, Preisgestaltungen und sonstiges Know-how. Andere Informationen über die Gesellschaft, die keine wettbewerbssensiblen Bereiche betreffen, können aber auch gegenüber Konkurrenten offengelegt werden.

82 Die Geschäftsführung hat die Pflicht, gegenüber dem Gesellschafter oder einem von ihm ermächtigten Dritten die Herausgabe von **Informationen** zu **verweigern**²⁵⁵, wenn eine gesellschaftsfremde Verwendung zu besorgen ist und der Gesellschaft hierdurch ein nicht unerheblicher Nachteil zugefügt würde. Die Ablehnung eines Informationsverlangens bedarf eines Beschlusses der Gesellschafterversammlung²⁵⁶, bei dem der betroffene Gesellschafter vom Stimmrecht ausgeschlossen ist²⁵⁷. Bis zur Beschlußfassung ist der Geschäftsführer berechtigt, die Informationen vorläufig zu verweigern²⁵⁸. Er muß jedoch dafür sorgen, daß umgehend ein solcher Beschluß herbeigeführt wird²⁵⁹, da er im Fall einer ungerechtfertigten Informationsverweigerung abberufen und fristlos gekündigt werden kann²⁶⁰.

83 Bei einem **Management Buy-Out**²⁶¹ entsteht für den Geschäftsführer meist eine Pflichtenkollision. Hierbei muß er besonders intensiv die Interessen der Gesellschaft gegenüber den Interessen seiner Buy-Out-Partner abwägen. Die bloße Existenz einer Pflichtenkollision befreit ihn nicht von seiner Verschwiegenheitspflicht²⁶².

84 Eine **Begrenzung des Informationsverlangens** des Gesellschafters und seiner Befugnis zur Weitergabe erhaltener Informationen an Dritte ergibt sich darüber hinaus aus seiner allgemeinen Treupflicht gegenüber der GmbH²⁶³. Wenn der Erwerb des Geschäftsanteils dem Erwerber, etwa aufgrund des geringen Stimmrechts, keinen wesentlichen gesellschaftsrechtlichen Einfluß ermöglicht²⁶⁴, ist die Unter-

---

[253] Vgl. *Schiessl* in MünchHdbGesR Bd. 3 § 33 Rn 20.
[254] Vgl. *Götze* ZGR 1999, 202, 215.
[255] § 51a Abs. 2 GmbHG.
[256] § 51a Abs. 2 Satz 2 GmbHG. Siehe auch *Götze* ZGR 1999, 205, 225; *Schiessl* in MünchHdbGesR Bd. 3 § 33 Rn 23.
[257] *Zöllner* in Baumbach/Hueck § 51a GmbHG Rn 27; *Grunewald*, Einsichts- und Auskunftsrecht des GmbH-Gesellschafters nach neuem Recht, ZHR 146 (1982) 211, 232; *Schiessl* in MünchHdbGesR Bd. 3 § 33 Rn 23.
[258] *Volhard/Weber*, FS Johannes Semler, S. 387, 407.
[259] *Hüffer* in Hachenburg § 51a GmbHG Rn 52; *Volhard/Weber*, FS Johannes Semler, S. 387, 407.
[260] OLG Frankfurt am Main GmbHR 1994, 115.
[261] Siehe zum Management Buy-Out § 11 Rn 12ff.
[262] *Volhard/Weber*, FS Johannes Semler, S. 387, 400.
[263] *Oppenländer* GmbHR 2000, 535, 538.
[264] Wann diese Grenze erreicht wird, läßt sich nicht genau bestimmen. Sowohl *Volhard/Weber*, FS Johannes Semler, S. 387, 406 als auch *Götze* ZGR 1999, 202, 217 halten regelmäßig eine Grenze von 25 % der Stimmrechte für notwendig. *Oppenländer* GmbHR 2000, 535, 538, läßt hingegen einen Stimmrechtsanteil von 10 % genügen.

nehmensprüfung auf diejenigen Bereiche zu begrenzen, die für eine grundlegende Bewertung des Geschäftsanteils notwendig sind[265]. Ein darüber hinausgehendes Auskunftsbegehren eines verkaufwilligen Gesellschafters wäre treuwidrig.

Als Ausfluß der Treupflicht ergibt sich ferner, daß der veräußerungswillige Gesellschafter die Geheimhaltung der offengelegten Informationen sicherzustellen hat. Er muß daher mit dem Käufer eine **Geheimhaltungsverpflichtung** vereinbaren, anderenfalls verletzt er seine gegenüber der GmbH bestehende Treupflicht als Gesellschafter[266].

Bei schuldhaft **ungerechtfertigter Informationsverweigerung** haftet die Gesellschaft dem informationsbegehrenden Gesellschafter aus positiver Vertragsverletzung des mitgliedschaftlichen Verhältnisses auf Ersatz des ihm dadurch entstandenen Schadens[267]. So kann etwa ein Mindererlös als Schaden geltend gemacht werden, wenn aufgrund der ungerechtfertigten Informationsverweigerung ein Risikoabschlag von der vereinbarten Kaufpreissumme vorgenommen wird. Der informationsbegehrende Gesellschafter haftet hingegen gegenüber der GmbH aus seiner mitgliedschaftlichen Pflicht zur vertraulichen Behandlung, wenn ihr aus unzulässiger Weitergabe von Informationen ein Schaden entsteht[268]. Der Geschäftsführer haftet der Gesellschaft bei unberechtigter und nicht durch Gesellschafterbeschluß gedeckter Auskunftsverweigerung oder -erteilung für den entstandenen Schaden[269].

c) **Personenhandelsgesellschaft.** Ein Käufer, der nicht bereits Gesellschafter ist, hat keinen eigenen Informationsanspruch gegenüber der Gesellschaft[270]. Wie bei der GmbH muß er sein Informationsbegehren daher an einen veräußerungswilligen Gesellschafter richten.

Aufgrund des stark personengebundenen Charakters der Personenhandelsgesellschaften sind Art und Umfang von Informationsrechten der einzelnen Gesellschafter in weitem Umfang **dispositiv**[271] und hängen somit von der Ausgestaltung im Gesellschaftsvertrag ab. Grundsätzlich begründet die Mitgliedschaft in einer Personenhandelsgesellschaft für die Gesellschafter **Informationsrechte**, die jedoch ausschließlich zur Kontrolle der Geschäftsführung und zur Ausübung des eigenen Stimmrechts dienen[272]. Diese Informationsrechte bestehen unabhängig von einer Geschäftsführungsbefugnis des jeweiligen Gesellschafters. Im allgemeinen hat der Gesellschafter lediglich Anspruch auf Einsichtnahme in die Gesellschaftsunterlagen[273]. Nur wenn seinem Informationsbedürfnis durch Einsichtnahme nicht ge-

---

[265] *Oppenländer* GmbHR 2000, 535, 538.
[266] *Bremer* GmbHR 2000, 176, 178; *Oppenländer* GmbHR 2000, 535, 539; *Götze* ZGR 1999, 202, 218.
[267] Zudem rechtfertigt die rechtswidrige Informationsverweigerung durch den Geschäftsführer zugleich dessen Abberufung und fristlose Kündigung des Anstellungsvertrags, OLG Frankfurt am Main GmbHR 1994, 115.
[268] *Lutter/Hommelhoff* § 51a GmbHG Rn 36.
[269] § 43 GmbHG. Vgl. auch *Bremer* GmbHR 2000, 176, 179.
[270] *Weipert* in MünchHdbGesR Bd. 1 § 52 Rn 9.
[271] *Müller* in Beck Hdb. Personengesellschaft § 4 Rn 98.
[272] (§ 161 Abs. 2 HGB iVm.) § 118 HGB.
[273] *Hopt* § 118 HGB Rn 4.

nügt werden kann²⁷⁴, besteht ausnahmsweise ein Auskunftsanspruch²⁷⁵. Das Informationsrecht umfaßt alle gewöhnlichen und außergewöhnlichen Angelegenheiten der Gesellschaft²⁷⁶.

89 Soll nur ein Gesellschaftsanteil veräußert werden, bedarf es eines **Gesellschafterbeschlusses**, um das individuelle Informationsrecht des veräußerungswilligen Gesellschafters dahingehend zu erweitern, daß er Einsichtnahme auch zur Vorbereitung der Veräußerung eines Gesellschaftsanteils verlangen kann. Weil das Informationsrecht aufgrund seines Ursprungs als Mitverwaltungsrecht nur persönlich ausgeübt werden kann, sollte der Gesellschafterbeschluß auch die Genehmigung enthalten, die Ausübung des Informationsrechts auf einen bevollmächtigten Dritten übertragen zu dürfen²⁷⁷.

90 **Grenzen** für die Ausübung des Informationsrechts ergeben sich aus der Beeinträchtigung von Gesellschaftsinteressen. Ist zu befürchten, daß der Informationen begehrende Gesellschafter diese zu gesellschaftsfremden Zwecken verwendet und dadurch der Gesellschaft einen nicht unerheblichen Nachteil zufügt, dürfen diese nicht herausgegeben werden²⁷⁸. Insofern gelten im wesentlichen die für die GmbH dargestellten Grundsätze²⁷⁹.

3. Rechtliche Grenzen

91 **a) Vertraulichkeit von Daten.** Die Due Diligence hat ihre Grenzen dort, wo Geheimhaltungspflichten eine Preisgabe von Informationen verhindern. Die Zielgesellschaft muß darauf achten, ob und in welchem Umfang **Geheimhaltungsvereinbarungen** mit Dritten bestehen. Legt sie im Zuge der Due Diligence solche geheimzuhaltenden Informationen offen, kann sie sich schadensersatzpflichtig machen. Um dem vorzubeugen, sollten diese Daten von den übrigen Unternehmensdaten getrennt verwahrt werden.

92 Der Käufer wird häufig versuchen, Auskünfte auch über geheimhaltungsbedürftige Informationen zu erlangen und seine Kaufentscheidung mit davon abhängig machen, ob ihm **Einsichtnahme** in bestimmte Dokumente gewährt wird. Dies ist vor allem dann der Fall, wenn diese einen erheblichen Teil des Unternehmenswerts verkörpern. Besteht der Käufer auf einer Einsichtnahme, hat das Zielunternehmen mehrere Möglichkeiten:
– Die Zielgesellschaft kann mit dem aus der Geheimhaltungsvereinbarung berechtigten Dritten vereinbaren, zumindest gegenüber dem Käufer von der Geheimhaltungspflicht **entbunden** zu werden. Der Dritte wird regelmäßig verlangen, daß auch der Käufer eine vertragsstrafenbewehrte Geheimhaltungspflicht gegenüber dem Dritten eingeht.

---

[274] *Müller* in Beck Hdb. Personengesellschaft § 4 Rn 96.
[275] Vgl. *Hopt* § 118 HGB Rn 7; *Müller* in Beck Hdb. Personengesellschaft § 4 Rn 98.
[276] *Weipert* in MünchHdbGesR Bd. 1 § 52 Rn 4ff.
[277] Vgl. *Müller* in Beck Hdb. Personengesellschaft § 4 Rn 97.
[278] Ein solches Informationsverweigerungsrecht ist als gesellschaftsrechtlicher Grundsatz für Kapitalgesellschaften in § 51a Abs. 2 Satz 1 GmbHG und § 131 Abs. 3 Nr. 1 AktG festgelegt, aber auch im Hinblick auf Personenhandelsgesellschaften anerkannt, vgl. *Weipert* in MünchHdbGesR Bd. 1 § 52 Rn 17.
[279] Siehe Rn 80ff.

– Willigt der Dritte nicht in eine umfassende Weitergabe ein, bietet sich eine eingeschränkte Vereinbarung an, wonach dem Käufer zumindest **wesentliche Eckdaten** zur Verfügung gestellt werden können.
– Alternativ kann auch vereinbart werden, daß **neutrale**, aus beruflichen Gründen zur Verschwiegenheit verpflichtete **Berater** die geheimzuhaltenden Informationen einsehen und auswerten[280].

Für die an der Due Diligence beteiligten Berater sind insbes. **berufsrechtliche Verschwiegenheitspflichten** zu beachten[281]. Es bedarf sorgfältiger Prüfung, ob Interessenkonflikte bestehen[282].

b) Datenschutzrechtliche Bestimmungen. Bei der Weitergabe von Informationen sind datenschutzrechtliche Vorschriften, insbes. die Vorschriften über den Schutz **personenbezogener Daten** nach dem Bundesdatenschutzgesetz (BDSG) zu beachten[283]. In der Praxis finden diese Vorschriften bisher noch zu wenig Beachtung. Handelt es sich um personenbezogene Daten iSd. BDSG, ist eine Herausgabe oder das Zugänglichmachen der Daten nur zulässig, wenn die Voraussetzungen des BDSG oder einer anderen Rechtsvorschrift[284] erfüllt sind oder der Betroffene hierzu eingewilligt hat[285]. Datenschutzrechtliche Bestimmungen stehen einer Erteilung von Informationen nur dann entgegen, wenn es sich um Einzelangaben über persönliche oder sachliche Verhältnisse einer bestimmten oder bestimmbaren natürlichen Person handelt. Bei einer datenschutzrechtlich einwandfreien Durchführung einer Due Diligence muß den Angaben der Personenbezug genommen werden[286]. Um die ausreichende **Anonymisierung der Daten** zu gewährleisten, müssen diese so dargestellt werden, daß ihre Zuordnung zu einer bestimmten Person nur mit einem unverhältnismäßig großen Aufwand an Zeit und Arbeitskraft erfolgen könnte. Wie dies im Einzelfall zu geschehen hat, hängt von Art und Struktur der gewünschten Angaben ab. Für eine Beurteilung der Zielgesellschaft nach wirtschaftlichen und rechtlichen Gesichtspunkten reicht die Auswertung anonymisierter Daten meist aus.

Auch durch die **Zusammenfassung von Daten**, so daß keine Einzelangaben[287] mehr vorliegen (Strukturdarstellung), kann dem Datenschutz Rechnung getragen werden. Einzelangaben sind Angaben, die einer bestimmten Person zu-

---

[280] Siehe Rn 66.
[281] Für Anwälte ist insbes. § 43 Abs. 2 BRAO zu beachten.
[282] Dazu *Herrmann*, Geheimhaltungspflicht des Rechtsanwalts über Geheimnisse des Verhandlungsgegners bei Tätigkeit für einander folgende Auftraggeber in der gleichen Angelegenheit, DB 1997, 1017 ff. Beim Unternehmenserwerb im Auktionsverfahren wird Beratungsunternehmen von ihren Mandanten zunehmend gestattet, mit einem anderen Beratungsteam zugleich auch andere Mandanten zu vertreten, wenn die Beratungsteams durch Kommunikationsschranken vollständig voneinander getrennt sind.
[283] Eingehend zu dem arbeitnehmerrechtlichen Datenschutz im Zusammenhang mit der Due Diligence, *Diller/Deutsch* K & R 1998, 16 ff.
[284] Etwa § 51a GmbHG. Nach st. Rspr. des BAG gehören hierzu auch Betriebsvereinbarungen, *BAG* DB 1986, 2080; 1996, 333.
[285] § 4 Abs. 1 BDSG. Die Wirksamkeit der Einwilligung setzt die Schriftform sowie eine eingehende Belehrung gem. § 4 Abs. 2 BDSG voraus.
[286] § 3 Abs. 7 BDSG.
[287] § 3 Abs. 1 BDSG.

geordnet werden können. Die Zusammenfassung von Daten muß eine Personengruppe von jeweils mindestens drei Personen umfassen, da sonst Rückschlüsse auf die Einzelpersonen möglich sind. So dürfte bspw. mitgeteilt werden, daß die Gesellschaft eine bestimmte Anzahl von Dienstverträgen mit leitenden Angestellten abgeschlossen hat, die jeweils eine jährliche Vergütung von mehr als 100 000 DM gewähren.

96 Die datenschutzrechtlichen Vorschriften müssen nicht nur bei Weitergabe der Daten unmittelbar an den Käufer beachtet werden, sondern auch bei der **Weitergabe an zur Berufsverschwiegenheit verpflichteten Dritten** (zB Rechtsanwälte und Wirtschaftsprüfer), denn das BDSG unterscheidet nicht danach, ob der Empfänger selbst zur Verschwiegenheit verpflichtet ist[288]. Daher rechtfertigt es weder der Abschluß einer Vertraulichkeitsvereinbarung mit dem Käufer noch die Übermittlung der Daten an einen beruflich zur Verschwiegenheit Verpflichteten datenschutzrechtlich, dem Käufer die Prüfung der gewünschten Daten ohne deren Anonymisierung oder Zusammenfassung zu ermöglichen.

C. Vorbereitung und Durchführung

I. Zeitpunkt, Dauer und Kosten

97 Für den Auftraggeber der Due Diligence sind Dauer und Umfang der Prüfung idR schon aus Kostengründen von erheblicher Bedeutung. Beide Faktoren sind im wesentlichen **abhängig von der Größe** der beteiligten Unternehmen, der für die Abwicklung der Transaktion zur Verfügung stehenden Zeit, den finanziellen Möglichkeiten der Parteien, dem Umfang der Garantien im Kaufvertrag, dem Ausmaß des Geheimhaltungsbedürfnisses der Transaktion, der Intensität der Beziehungen zwischen Käufer und Zielgesellschaft und schließlich der Risikobereitschaft des Käufers.

1. Zeitliche Positionierung

98 Die Due Diligence wird entweder **vor oder nach dem Vertragsschluß** durchgeführt. Im ersten Fall kann es sich um eine vorläufige oder um eine abschließende Due Diligence handeln. Im zweiten Fall ist danach zu unterscheiden, ob sie zwischen Vertragsschluß und Übergang des Unternehmens auf den Erwerber oder danach durchgeführt wird. Es liegt im Interesse des Käufers, die Due Diligence in einem frühen Stadium durchzuführen, damit wesentliche Informationen schon frühzeitig in den Kaufentscheidungsprozeß einfließen. Aus Geheimhaltungsgründen wird das Zielunternehmen jedoch versuchen, die Due Diligence so spät wie möglich durchzuführen, etwa bis ein Vertragsschluß relativ sicher erscheint.

99 Ein Ausgleich dieser gegenläufigen Interessen kann dadurch geschaffen werden, daß die Due Diligence-Prüfung **in mehreren Stufen** durchgeführt wird.

---

[288] Vgl. § 28 BDSG.

Dies ist insbes. beim Auktionsverfahren üblich[289]. Für das Zielunternehmen ist eine Abstufung der vorvertraglichen Due Diligence vor allem dann sinnvoll, wenn aus Gründen der Geheimhaltung eine eingehende Due Diligence nur wenigen ernsthaften Interessenten gestattet werden soll. Bei besonders hohem Geheimhaltungsbedürfnis wird die Zielgesellschaft dem Käufer sogar erst nach Vertragsschluß umfassenden Einblick in das Unternehmen gewähren. Ist der Käufer damit einverstanden, daß er eine abschließende Due Diligence erst nach Vertragsschluß vornehmen kann, wird er doch regelmäßig darauf bestehen, schon vor Vertragsschluß durch eine vorläufige Due Diligence[290] einen ersten Einblick in wesentliche Unternehmensdaten zu erhalten. Eine abgestufte Due Diligence bietet sich insbes. für den Interessenten an, der eine eingehende Prüfung des Unternehmens nur vornehmen will, wenn sich sein Kaufinteresse bei kursorischer Prüfung konkretisiert hat.

In der Praxis wird ein Ausgleich der Interessen des Käufers an einer möglichst frühzeitigen Due Diligence und des Verkäufers an einer möglichst späten Due Diligence meistens dadurch geschaffen, daß der Käufer vor der Gestattung einer Due Diligence eine **Absichtserklärung**[291] unterzeichnet, mit der sich der Verkäufer der Ernsthaftigkeit des Erwerbsinteresses versichert[292]. Dem Geheimhaltungsinteresse auf Seiten des Zielunternehmens kann mit einer in die Absichtserklärung aufgenommenen oder zusätzlich abgeschlossenen **Vertraulichkeitsvereinbarung** Rechnung getragen werden. Bestehen gleichwohl Zweifel an der Ernsthaftigkeit des Kaufinteresses, etwa wenn Grund zur Annahme besteht, der Interessent wolle nur Informationen über einen Wettbewerber erlangen, wird bisweilen, einem anglo-amerikanischen Verfahren folgend, die Zahlung eines Betrags (**„break-fee"**)[293] für den Fall vereinbart, daß der Interessent die Vertragsverhandlungen abbricht. Damit wird dem Verkäufer pauschal der durch den möglichen Mißbrauch der erlangten Informationen entstehende Schaden vergütet.

a) Vorvertragliche Unternehmensprüfung. Bei der vorvertraglichen Unternehmensprüfung („pre acquisition"-Due Diligence) kann zwischen vorläufiger und eingehender Unternehmensprüfung unterschieden werden. In der Praxis wird von der **eingehenden Prüfung** jedoch wesentlich **häufiger Gebrauch** gemacht, da dann die mit dem Erwerb eines Unternehmens verbundenen Risiken des Käufers weitaus geringer sind.

Die **vorläufige Unternehmensprüfung** wird idR in einer sehr frühen Phase des Unternehmenserwerbs durchgeführt. Hierzu werden allgemeine, meist öffentlich zugängliche Informationen über ein Unternehmen gesammelt, um entscheiden zu können, ob er weiter am Erwerb interessiert ist. Zur Vorbereitung dieser Entscheidung werden u. a. Marktanalysen erstellt sowie Strukturdaten des Unternehmens und offen zugängliche Finanzdaten, wie etwa Jahresabschlüsse,

---

[289] Zu den Besonderheiten einer Due Diligence im Auktionsverfahren siehe Rn 170. Zum Auktionsverfahren siehe § 11 Rn 54 ff.
[290] Siehe Rn 101 ff.
[291] Siehe Rn 76.
[292] Vgl. auch *Berens/Schmitting/Strauch* in Berens/Brauner S. 67, 86.
[293] Siehe Rn 109.

hinzugezogen. Soll die Zielgesellschaft in einem Auktionsverfahren veräußert werden, ist diese Art der vorläufigen Unternehmensprüfung häufig entbehrlich, weil den Käufern ein Informationsmemorandum[294] mit ersten Informationen zur Verfügung gestellt wird[295]. Enthält dieses bereits vertrauliche Daten, wird es nur gegen Unterzeichnung einer Geheimhaltungsvereinbarung herausgegeben.

103 Eine **eingehende Unternehmensprüfung** wird dem Käufer idR erst gestattet, wenn er eine Absichtserklärung unterzeichnet hat, die – wenn noch keine separate Vertraulichkeitsvereinbarung geschlossen wurde – auch eine Verpflichtung zur Geheimhaltung enthalten wird. Der Vorteil einer eingehenden vorvertraglichen Due Diligence besteht darin, daß der Käufer bereits bei seinem Kaufangebot die durch die Due Diligence erlangten Kenntnisse berücksichtigen kann. Er wird dabei regelmäßig ein für den Verkäufer interessanteres Angebot abgeben, weil die sonst regelmäßig erfolgenden Kaufpreisabschläge entfallen können oder doch geringer ausfallen. Für den Verkäufer hat eine eingehende vorvertragliche Due Diligence zudem den Vorteil, daß das erste konkrete Kaufpreisgebot auf fundierten Daten und Informationen beruht und somit spätere Anpassungen des Kaufpreisgebots kalkulierbarer sind. Meist ist auch dem Verkäufer nicht damit gedient, daß ein Käufer zunächst aus Unkenntnis ein hohes Angebot unterbreitet, dieses dann aber immer weiter vermindert, weil durch die Due Diligence erhebliche Mängel des Unternehmens zu Tage treten. Schlimmstenfalls hat der Verkäufer aufgrund des höheren Eröffnungsangebots sogar andere Bieter zurückgestellt, die ihr Interesse verloren haben, nachdem der Interessent mit dem höchsten Gebot dieses vermindert oder von der Übernahme ganz Abstand genommen hat[296].

104 **b) Nachvertragliche Unternehmensprüfung.** Eine nachvertragliche Unternehmensprüfung („post acquisition"-Due Diligence) findet entweder zwischen Vertragsunterzeichnung und Übergabe des Unternehmens oder nach der Übergabe statt. Ihre Bedeutung liegt idR darin, mögliche **Minderungs- oder Schadensersatzansprüche** des Käufers dem Grunde und der Höhe nach zu ermitteln[297]. Findet die Due Diligence zwischen Vertragsunterzeichnung und Übergabe des Unternehmens statt, dient sie insbes. auch der Feststellung, inwieweit gewährleistungs- oder garantierelevante Umstände bereits bei Gefahrübergang vorgelegen haben[298]. Weiter kann die nachvertragliche Unternehmensprüfung auch der **Integration** des Unternehmens in die Unternehmens- oder Konzernstrukturen des Erwerbers dienen[299].

2. Dauer

105 Die Dauer einer Due Diligence ist maßgeblich von Art und Umfang der jeweiligen Transaktion abhängig. Sie kann wenige Tage oder Wochen, aber auch meh-

---

[294] Zur Gestaltung von Informationsmemoranden durch den Verkäufer, *Sinnecke*, Die Gestaltung von Informationsmemoranden für Unternehmensverkäufe, M&A Review 1995, 438.
[295] Siehe Rn 170f.
[296] *Holzapfel/Pöllath* Rn 17.
[297] Dazu *Krüger/Kalbfleisch* DStR 1999, 174, 175; *Lutter* ZIP 1997, 613, 614.
[298] *Holzapfel/Pöllath* Rn 17.
[299] *Godefroid* FLF 2000, 46.

rere Monate dauern. **Kriterien** sind insbes. die Größe des Unternehmens (kleine Gesellschaft – großer Konzern), die Art des Veräußerungsprozesses (Exklusivverhandlung – Auktionsverfahren mit mehreren Interessenten) und die Intensität der Due Diligence, die von den Risikoerwartungen und der Risikobereitschaft des Käufers sowie von Anzahl und Komplexität der zur Beschaffung und Auswertung der Informationen auszuführenden Tätigkeiten abhängt[300]. Je weniger Risiken der Käufer eingehen möchte, desto umfassender und eingehender wird er prüfen. Sind für den Käufer im wesentlichen bestimmte Vermögensgegenstände von Interesse und ist der Erwerb im übrigen durch Garantien hinreichend abgesichert, kann die Due Diligence uU auf wenige Gebiete beschränkt werden. Weiter können sich zeitliche Beschränkungen der Due Diligence ergeben, die teils auf äußeren, teils auf inneren Faktoren beruhen.

Zu den **äußeren Faktoren** gehören insbes. zeitliche Beschränkungen durch den Verkäufer. So wird bei Unternehmensverkäufen im Wege des Auktionsverfahrens zum Zweck der Gleichbehandlung aller Bieter meist ein bestimmter, häufig sehr knapper Zeitrahmen für die Durchführung der Due Diligence vorgegeben[301]. Auch bei Exklusivverhandlungen setzt der Verkäufer dem Käufer nicht selten einen zeitlichen Rahmen, innerhalb dessen die Due Diligence abzuschließen ist. Bei allen zeitlichen Beschränkungen wird der Verkäufer Übermaß vermeiden, da er sonst beim Käufer den Eindruck erweckt, bestimmte Umstände verheimlichen zu wollen.

Innere Beschränkungen ergeben sich daraus, daß der mit der Due Diligence verbundene Aufwand in einem vernünftigen Verhältnis zu den möglichen wirtschaftlichen Vorteilen (etwa durch Reduzierung der Kaufpreisforderung) stehen sollte[302]. Zur Beschränkung des Aufwands trägt es maßgeblich bei, wenn wichtige von unwichtigen Informationen getrennt werden und die Informationsbeschaffung auf Kernpunkte beschränkt wird. So kann man die Prüfung einzelner Sachverhalte etwa vom Überschreiten bestimmter Erheblichkeitsgrenzen abhängig machen[303].

3. Kosten

Art und Umfang der Unternehmensprüfung werden vielfach auch maßgeblich von den Kosten der Prüfung beeinflußt. Die Höhe der Kosten hängt wesentlich von der **Dauer** der Due Diligence und der **Größe** des prüfenden Teams sowie davon ab, in welchem Umfang externe Berater wie Rechtsanwälte und Wirtschaftsprüfer in Anspruch genommen werden. Auf deren Hinzuziehung wird der Käufer auch bei eigener Expertise und beschränktem Budget regelmäßig nicht verzichten, da die Durchführung einer eingehenden Due Diligence seine Verhandlungsposition gegenüber dem Verkäufer wesentlich verbessern und eine nur kursorische Unternehmensprüfung zu erheblichen Folgekosten führen kann.

---

[300] *Berens/Schmitting/Strauch* in Berens/Brauner S. 67, 94 f.
[301] Zu den Besonderheiten der Due Diligence im Auktionsverfahren siehe Rn 170 ff.
[302] *Berens/Schmitting/Strauch* in Berens/Brauner S. 67, 90.
[303] ZB Arbeits-, Liefer- oder Abnahmeverträge mit einer bestimmten Mindestlaufzeit oder einem bestimmten Mindestvolumen.

109 Die Frage der **Kostentragung** stellt sich im allgemeinen nicht. Der an der Durchführung der Due Diligence interessierte Käufer trägt grundsätzlich auch deren Kosten[304]. Der Verkäufer trägt lediglich die Kosten für die Zusammenstellung, Aufbereitung und Zurverfügungstellung von Informationen über das Zielunternehmen. In den Fällen, in denen das mit der Due Diligence befaßte Beraterteam sowohl von Käufer als auch Verkäufer beauftragt wurde, werden die Kosten geteilt. Führt der Verkäufer nach Abschluß der Unternehmensprüfung schuldhaft den **Verhandlungsabbruch** herbei, kann der Käufer von ihm uU Ersatz der ihm durch die Due Diligence entstanden Kosten verlangen[305].

II. Planung, Vorbereitung und Durchführung

1. Planung und Vorbereitung

110 Eine zügige und effiziente Durchführung der Due Diligence setzt die **sorgfältige Planung** und **Vorbereitung** sowohl durch den Käufer als auch durch den Verkäufer voraus[306].

111 Zentrale Aspekte der Planung und Vorbereitung sind **für den Käufer:**
– Festlegung von Prüfungsauftrag und Prüfungsablauf[307];
– Zusammenstellung des Due Diligence-Teams unter Berücksichtigung der Prüfungsbereiche[308];
– Auswahl und Mandatierung externer Berater[309];
– Erstellung von sog. Due Diligence-Listen[310];
– Auswahl möglicher Informationsquellen für die benötigten Informationen[311];

112 **für den Verkäufer:**
– Zusammenstellung der vom Käufer benötigten Unterlagen;
– Vorbereitung des Datenraums (Ausstattung des Datenraums und Festlegung der Benutzungsregeln);
– Benennung der Personen, die für die Beantwortung von Fragen oder die Bereitstellung von Dokumenten zuständig sind.

113 **a) Informationsquellen.** Bei der Informationsbeschaffung sind vor allem die mit der Akquisition verbundenen Ziele des Käufers sowie der Aspekt der Wirtschaftlichkeit zu berücksichtigen[312]. Unabhängig von der Informationsver-

---

[304] *Wegmann/Koch* DStR 2000, 1027, 1029. Eine Ausnahme hiervon gilt lediglich für die Börseneinführung von Unternehmen, bei denen die konsortialführende Bank Auftraggeber der Due Diligence ist, die Kosten allerdings vom Emissionsunternehmen getragen werden.

[305] Zur Kostenverteilung und „break fee"-Vereinbarungen siehe auch § 6 Rn 79 ff. Ausführlich hierzu auch *Sieger/Hasselbach*, Break Fee-Vereinbarungen bei Unternehmenskäufen, BB 2000, 625 ff.

[306] Zur Verständigung und Abstimmung zwischen Käufer und Verkäufer in der Vorbereitung der Due Diligence siehe Rn 124.

[307] Siehe Rn 120 ff.
[308] Siehe Rn 128 ff.
[309] Siehe Rn 132 ff.
[310] Siehe Rn 138 ff.
[311] Siehe Rn 113 ff.
[312] *Spill* DStR 1999, 1786, 1788.

sorgung durch den Verkäufer sollte der Käufer bemüht sein, sich ein eigenes Bild von der Zielgesellschaft zu verschaffen, um einen möglichst objektiven und unverfälschten Gesamteindruck zu erhalten[313]. Daher sollte er auf jeden Fall neben den **internen**, nicht allgemein zugänglichen auch die **externen**, teilweise frei zugänglichen **Informationsquellen** ausschöpfen[314].

aa) Interne Informationsquellen. Interne Informationsquellen enthalten nicht-öffentliche Informationen über das Kaufobjekt und sind nur mit Hilfe des Zielunternehmens verfügbar. Ihre Zuverlässigkeit ist hoch, da hier konkrete Daten wie betriebswirtschaftliche Kennzahlen und Vertragsinhalte direkt durch das Zielunternehmen zur Verfügung gestellt werden. Sie gehören somit zu den **primären Informationsquellen** der Due Diligence. Der Verkäufer muß jedoch gerade hier darauf achten, welche Schranken der Offenlegung interner Informationen entgegenstehen[315]. Der Zugang zu diesen Informationen kann auf unterschiedlichen Wegen erfolgen:

(1) Datenraum. Ein für beide Seiten effizienter Weg der Bereitstellung und Beschaffung von Informationen ist der Datenraum[316]. Der Datenraum enthält die für den Käufer im Hinblick auf die Prüfung des Zielunternehmens relevanten Informationen. Der Vorteil eines Datenraums ist, daß der Umfang der verfügbar gemachten Informationen genau gesteuert werden kann. Gerade bei **Auktionsverfahren** wird der Verkäufer die Einsichtnahme mehrstufig gestalten, da es in seinem Geheimhaltungsinteresse liegt, nicht jedem Kaufinteressenten bereits zu Beginn der Verhandlungen sämtliche vertraulichen Unterlagen zur Verfügung zu stellen[317]. Ein weiterer Vorteil des Datenraums ist, daß das Due Diligence-Team die benötigten Unterlagen nicht selbst aus den einzelnen Abteilungen des Zielunternehmens zusammentragen muß und daß dadurch Störungen im Betrieb des Zielunternehmens weitgehend unterbleiben. Der Datenraum wird häufig bei Auktionsverfahren genutzt[318], ist jedoch auch für Akquisitionen geeignet, an denen nur ein Käufer beteiligt ist.

(2) Befragung von Geschäftsleitung und Mitarbeitern. Die Befragung von Geschäftsleitung und (leitenden) Mitarbeitern der Zielgesellschaft ist regelmäßig wesentlicher Bestandteil der Due Diligence[319]. Sie soll die aus Dokumenten erlangten Informationen bestätigen und ergänzen sowie zugleich einen Eindruck von der Einstellung der Betroffenen zur geplanten Übernahme ermöglichen[320]. Für den Käufer sind die **Gespräche mit der Geschäftsleitung** des Zielunternehmens meist von wesentlicher Bedeutung. Er wird zudem meist auch leitende und andere Mitarbeiter wegen ihrer größeren Sachkenntnis befragen. Da unkontrollierte Auskünfte über Unternehmensinterna schwerwiegende Folgen für die späte-

---

[313] *Godefroid* FLF 2000, 46, 50.
[314] Siehe Rn 118f.
[315] Siehe Rn 72ff.
[316] Ausführlich zum Datenraum siehe Rn 149ff.
[317] Siehe Rn 155.
[318] Zu den Besonderheiten der Datenraum-Due Diligence im Auktionsverfahren Rn 172ff.
[319] Vgl. *Wegmann/Koch* DStR 2000, 1027, 1029.
[320] *Berens/Hoffjan/Strauch* in Berens/Brauner S. 109, 119.

ren Verhandlungen mit dem Käufer haben können, ist dem Verkäufer grundsätzlich an der Diskretion von Geschäftsleitung und Mitarbeitern gelegen. Der Verkäufer wird deshalb die Geschäftsleitung und vor allem sonstige Mitarbeiter des Zielunternehmens regelmäßig anweisen, Verschwiegenheit gegenüber dem Käufer und dessen Beratern zu bewahren, Auskunftsanfragen an eine dafür bestimmte Person weiterzuleiten und nur nach vorheriger Zustimmung Auskunft zu geben.

117 **(3) Betriebsbesichtigungen.** Eine wichtige **Ergänzung** zur Prüfung schriftlicher Unterlagen ist die Besichtigung des Betriebs des Unternehmens. Bei der Betriebsbesichtigung kommt es vor allem darauf an, die örtlichen Gegebenheiten und die betrieblichen Abläufe zu erfassen. Sie sollte sich daher auf die Verkehrslage des Betriebs, die Beschaffenheit, Ausnutzung und Ausstattung des Betriebsgeländes und die Betriebsgebäude einschließlich des Inventars erstrecken. Eine Untersuchung betrieblicher Abläufe kann dem Käufer mit dem Erwerb des Unternehmens verbundene Chancen und Risiken aufzeigen. Auch die Beobachtung des Betriebsklimas, der Motivation der Mitarbeiter und ihres Verantwortungsbewußtseins, ihre Sorgfalt im Umgang mit Anlagen und ihr Verhalten gegenüber Vorgesetzten kann wertvolle Aufschlüsse darüber geben, ob die mit dem Erwerb des Unternehmens verbundenen Ziele erreicht werden können.

118 **bb) Externe Informationsquellen.** Externe Informationsquellen dienen im wesentlichen der Ergänzung sowie Verifizierung bereits vorhandener Informationen. Soweit sie frei zugänglich sind, haben sie als primäre Informationsquelle in der Vorbereitungsphase während der **vorläufigen Unternehmensprüfung**[321] eine besondere Bedeutung, da zu diesem Zeitpunkt interne Informationsquellen idR noch nicht zugänglich sind.

119 Bei externen Informationsquellen kann zwischen **Auskünften** durch unternehmensexterne Personen und **Publikationen** unterschieden werden. Zur Erlangung von Auskünften bietet sich die Befragung von Banken, des Wirtschaftsprüfers und des Anwalts der Zielgesellschaft einerseits sowie der wichtigsten Lieferanten, Kunden und Wettbewerber der Zielgesellschaft andererseits an. Gespräche mit Auskunftspersonen der ersten Gruppe setzen wegen deren Pflicht zur Verschwiegenheit immer das Einverständnis der Zielgesellschaft mit der Befragung voraus, sind also nicht ohne weiteres durchführbar. Gespräche mit Lieferanten, Kunden und Wettbewerbern sind dagegen ohne weiteres zulässig. Zur Informationserlangung geeignete Publikationen werden sowohl von der Zielgesellschaft als auch von unabhängigen Dritten veröffentlicht. Zu den Gesellschaftspublikationen gehören Unternehmensprospekte, veröffentlichte Jahresabschlüsse und Geschäftsberichte; diese Informationen ergeben einen guten Gesamteindruck über das Unternehmen. Wichtig sind aber auch externe Publikationen wie etwa Zeitungsartikel, Branchenverzeichnisse, Unternehmensdatenbanken[322] und das Internet[323] sowie Handelsregister- und Grundbuchauszüge.

---

[321] Siehe Rn 101 f.
[322] Eine kleine Auswahl von Datenbanken findet sich in Rn 169.
[323] Zur Bedeutung des Internets bei der Due Diligence vgl. *Rankine* S. 23; ausführlich auch Rn 168.

b) Prüfungsablauf. Da während einer Due Diligence regelmäßig sehr viele Informationen erlangt werden und auszuwerten sind, ist eine detaillierte und mit dem Verkäufer sowie der Zielgesellschaft im einzelnen abgestimmte **Planung des Ablaufs** eine wesentliche Voraussetzung für ihren Erfolg.

aa) Auswahl der Prüfungsgebiete. Welche Prüfungsgebiete die Due Diligence umfassen sollte, hängt maßgeblich von den **Akquisitionszielen** des Käufers und den **Risikopotentialen** der Zielgesellschaft ab. Von einer zu starken Eingrenzung des Prüfungsumfangs ist abzuraten, da sich Probleme häufig gerade in unvermuteten Bereichen zeigen. Die Auswahl der Prüfungsgebiete hängt uU auch von zeit- oder kostenbezogenen Beschränkungen ab[324]. Ist eine umfassende Prüfung nicht möglich, wird sich der Käufer auf die Überprüfung von Problembereichen beschränken müssen, bei denen ein besonderes Risikopotential vermutet wird oder in denen Mängel besonders schwerwiegende Konsequenzen haben können[325].

Zur Prüfung der jeweiligen **Rechtsbereiche** sollten nach Möglichkeit Spezialisten herangezogen werden. Die zu prüfenden Bereiche sind den Mitgliedern des Prüfungsteams so zuzuordnen, wie es ihrer fachlichen Qualifikation und Kompetenz entspricht. Die Einteilung nach Rechtsbereichen wird bei der Prüfung größerer Konzerne und Gesellschaften durch Aufteilung der zu prüfenden Gesellschaften oder der Tätigkeitsbereiche der Gesellschaft ergänzt[326].

bb) Festsetzung der Prüfungsreihenfolge. Die Prüfungsreihenfolge sollte von der **Bedeutung** der einzelnen Prüfungsbereiche für die Transaktion und dem Stand der Vertragsverhandlungen abhängig gemacht werden. Aus wirtschaftlichen Gesichtspunkten sollten jedoch zunächst immer die Punkte identifiziert werden, die zu einem sofortigen Abbruch der Vertragsverhandlungen führen oder führen könnten. Sinnvoll ist daher, zunächst besonders wesentliche Dokumente, wie zB Kunden- und Lieferverträge, Bilanzen sowie Urkunden über Abtretungen von Gesellschaftsanteilen durchzusehen. Wird die Einsichtnahme nur innerhalb eines sehr begrenzten Zeitrahmens gewährt, kann man sich zunächst darauf beschränken, möglichst viele Informationen zu allen Prüfungsbereichen zu sammeln. Erst danach werden die Dokumente intensiv geprüft und ggf. weitere zur Ergänzung angefordert.

cc) Abstimmung der Prüfung mit dem Zielunternehmen. Ein reibungsloser Ablauf der Unternehmensprüfung ist für ihren Erfolg sehr wichtig. Eine **intensive Kommunikation** zwischen dem Due Diligence-Team und der Zielgesellschaft ist daher notwendig. Letztere sollte einen hinreichend qualifizierten und mit den nötigen Kompetenzen ausgestatteten Ansprechpartner bestimmen, um auf Anfragen des Due Diligence-Teams reagieren zu können. Für das Zielunternehmen hat dies den Vorteil, daß die betrieblichen Abläufe so wenig wie möglich beeinträchtigt werden und sich der Kommunikationsfluß an den Käufer besser überwachen läßt.

---

[324] *Binder/Lanz*, „Due Diligence": Systematisches und professionelles Instrument für erfolgreichere Firmen-Akquisitionen, in: INDEX, 4-5 1993, 15; *Spill* DStR 1999, 1786.
[325] Wie zB die Unwirksamkeit einer für das Unternehmen besonders wichtigen Lizenz.
[326] Siehe Rn 176.

125 Bereits in der **Planungsphase** der Unternehmensprüfung sollte sich das Due Diligence-Team mit dem Zielunternehmen über Art und Umfang der Informationsbeschaffung verständigen. Folgende Punkte sollten dabei abgestimmt werden:
– **Kommunikationsfluß** zwischen Zielgesellschaft und Due Diligence-Team (Ansprechpartner, Kommunikationsmittel);
– Art und Umfang der prüfungsrelevanten **Dokumente** (auf der Basis von Due Diligence-Listen);
– **Terminabstimmung** für Datenraumnutzung, Betriebsbesichtigungen, Gespräche mit Geschäftsleitung und Mitarbeitern, Dokumentenanforderung.

126 Um beide Seiten vor Überraschungen zu bewahren und Verzögerungen zu vermeiden, sollten sie sich frühzeitig über die benötigten Unterlagen verständigen. Hierzu werden zuvor erstellte **Due Diligence-Listen** an das Zielunternehmen übergeben und mit dessen Vertreter besprochen[327]. Es erhält dadurch ausreichend Zeit, die erforderlichen Unterlagen zusammenzustellen. Zwar läßt sich auch damit häufig nicht vermeiden, daß nachträglich noch bestimmte Dokumente angefordert werden müssen, doch wird durch die vorherige Abstimmung der zusätzliche Aufwand auf beiden Seiten minimiert. Wird bei der Vorbesprechung festgestellt, daß bestimmte Dokumente nicht existieren oder nicht auffindbar sind, muß überlegt werden, inwieweit daraus resultierende Risiken entweder durch Heranziehung alternativer Informationsquellen, oder durch Anpassung des Kaufvertrags, insbes. durch spezielle Garantien, abgesichert werden können.

127 dd) **Prüfungsverfahren.** Man unterscheidet zwischen zwei Prüfungsverfahren. Bei der **Einzelfall-** oder **Ergebnisprüfung** sind Prüfungsgegenstand verwirklichte Tatsachen, wie etwa Verträge, Sachen, Rechte und Geschäftsvorfälle. Ihr Zweck ist die Aufdeckung einzelner Schwachstellen und Mängel innerhalb der Zielgesellschaft, die potentielle Risiken für den Käufer in sich bergen[328]. Davon zu unterscheiden ist die **System- oder Verfahrensprüfung**, bei der die Aufbau- und Ablauforganisation im Hinblick auf die zweckmäßige Gestaltung von Arbeitsabläufen und Kontrollmechanismen untersucht wird. Sie bietet sich an, um die wirtschaftliche Leistungsfähigkeit eines Unternehmens und die Kompatibilität seiner internen Abläufe mit denen des Käuferunternehmens festzustellen[329]. Vorteil der System- gegenüber der Einzelfallprüfung ist, daß man einen besseren Gesamteindruck der Zielgesellschaft erlangt. Für eine rechtliche Überprüfung der Zielgesellschaft ist aber die Einzelfallprüfung unabdingbar, weil die Systemprüfung hauptsächlich nur die wirtschaftlichen Abläufe nachvollziehen kann. Um Unternehmensabläufe auf ihre rechtliche Ordnungsmäßigkeit hin zu überprüfen, können die System- und die Einzelfallprüfung (Ordnungsmäßigkeitsprüfung) kombiniert werden[330].

---

[327] Ausführlich zum Aufbau und Inhalt der Due Diligence-Listen siehe Rn 138 ff.
[328] Vgl. *Berens/Hoffjan/Strauch* in Berens/Brauner S. 113, 123.
[329] Vgl. hierzu *Pföhler/Hermann* WPg 1997, 628, 631.
[330] *Berens/Hoffjan/Strauch* in Berens/Brauner S. 113, 123. In Bezug auf die umweltrechtliche Prüfung, vgl. *Pföhler/Hermann* WPg 1997, 628, 631.

2. Zusammensetzung des Due Diligence-Teams

Die Größe des Due Diligence-Teams und seine Zusammensetzung sind grundlegende Erfolgsfaktoren einer Due Diligence. Eine Einzelperson kann sich (außer bei Kleinunternehmen) meist nur einen groben Überblick über das Zielunternehmen verschaffen. Es ist daher fast immer sinnvoll, ein den Anforderungen einer professionellen Unternehmensprüfung gewachsenes Due Diligence-Team zusammenzustellen, dessen Mitglieder mit ihrer Spezialisierung alle wichtigen Prüfungsgebiete abdecken[331]. Die **Größe** des Teams wird davon abhängen, welcher Prüfungsumfang und welche Prüfungstiefe in welcher Prüfungszeit abgedeckt werden müssen und welchen Grad an Spezialisierung die Prüfung erfordert. Das Due Diligence-Team wird idR sowohl aus **Mitarbeitern des Käufers** als auch aus **externen Beratern** zusammengesetzt.

Das Due Diligence-Team sollte in aller Regel über einen **Teamleiter** verfügen. Er ist Ansprechpartner sowohl für die Mitglieder des Due Diligence-Teams als auch für die Verantwortlichen auf Seiten des Käufers und des Verkäufers. Ihm obliegt insbes. die Organisation von Vorbereitung und Durchführung der Prüfung. Seine **Aufgaben** umfassen[332]:
– die Überwachung und Koordination der Teams, um den Informationsaustausch zu gewährleisten und Doppelprüfungen zu vermeiden;
– die teaminterne Kommunikation von Ergebnissen und Entwicklungen der Prüfung[333];
– die Überwachung gesetzter Prüfungsziele und erforderlichenfalls das Setzen neuer Prüfungsschwerpunkte;
– das Einleiten der zur Verfolgung der Prüfungsziele erforderlichen Maßnahmen, falls sich relevante Umstände verändern;
– die Überwachung des Zeitplans.

a) Mitarbeiter des Käuferunternehmens. Sinnvollerweise sollte das Due Diligence-Team nicht nur aus externen Beratern, sondern auch aus Mitarbeitern des Käufers bestehen. Zum einen sind diese mit den durch die Akquisition verfolgten Zielen und den geschäftlichen Grundlagen der Transaktion **besonders vertraut**. Zum anderen kann auch eine umfassende Berichterstattung der Berater über die Ergebnisse ihrer Prüfung nicht den eigenen Eindruck von den Verhältnissen im Zielunternehmen ersetzen, der für die Entscheidung darüber wichtig ist, ob und zu welchen Konditionen der Unternehmenserwerb tatsächlich durchgeführt werden soll.

Ein weiterer Grund für die Einbeziehung von Mitarbeitern des Käufers in die Due Diligence liegt darin, daß in dieser Phase erste Erkenntnisse für die mögliche spätere **Eingliederung** der Zielgesellschaft gewonnen werden. Aufgrund der Einblicke in Geschäftsabläufe und Strukturen können frühzeitig Prozesse zur späteren Integration der Zielgesellschaft eingeleitet werden.

---

[331] *Spill* DStR 1999, 1786, 1788.
[332] Vgl. *Rankine* S. 102.
[333] Siehe Rn 156 ff.

132 **b) Externe Berater.** Die Einbeziehung externer Berater geschieht regelmäßig aus folgenden Gründen[334]:
- intern ist nicht die notwendige **Expertise** in Spezialgebieten vorhanden;
- intern sind keine ausreichenden **Kapazitäten** vorhanden;
- die Beurteilung der Zielgesellschaft ist von so erheblicher Bedeutung, daß sich der Käufer nicht allein auf das interne **Meinungsbild** verlassen will;
- die **Objektivität** der Prüfung durch interne Mitarbeiter ist aufgrund besonderer Umstände nicht uneingeschränkt gewährleistet;
- die Prüfung soll wegen eines besonderen **Geheimhaltungsbedürfnisses** nicht intern durchgeführt werden.

133 Zu den externen Beratern gehören insbes. Rechtsanwälte, Wirtschaftsprüfer, Steuerberater, M&A-Berater sowie Sachverständige für verschiedene Fachgebiete und Branchen (zB Umweltberater, EDV-Berater, Immobiliengutachter, Versicherungssachverständige). Bei komplexen Transaktionen bietet es sich an, große **Beratungsunternehmen** zu beauftragen, die über Spezialisten aus allen bei einem Unternehmenskauf relevanten Bereichen verfügen und dadurch umfassende Beratungsleistungen anbieten können. Da die Teams solcher Unternehmen aufeinander eingespielt sind und interne Kommunikationsstrukturen nutzen können, werden die bei einer Due Diligence mit einer Vielzahl von Beteiligten typischen Koordinations- und Kommunikationsschwierigkeiten weitestgehend vermieden. In welchem Umfang auf externe Berater zurückgegriffen wird, ist von denselben Faktoren wie die Größe des Teams[335], aber auch von dem für die Due Diligence zur Verfügung stehenden Budget abhängig.

134 Die Aufgaben der **Rechtsanwälte** bei der Durchführung eines Unternehmenskaufs umfassen sowohl die rechtliche Due Diligence als auch die damit im Zusammenhang stehende Vorbereitung des Unternehmenskaufs[336]. Weiter gehört es zu ihren Aufgaben, die Ergebnisse der Due Diligence durch geeignete Regelungen in dem von ihnen zu erstellenden Unternehmenskaufvertrag zu berücksichtigen.

135 Die Aufgaben der **Wirtschaftsprüfer** liegen bei der wirtschaftlichen Due Diligence und der Unternehmensbewertung. Häufig werden sie auch mit der steuerlichen Due Diligence betraut.

136 In manchen Fällen sollten **Sachverständige** für Spezialbereiche der Due Diligence herangezogen werden. Dies empfiehlt sich insbes., wenn bei dem Zielunternehmen mögliche Risiken in den Bereichen Umwelt, EDV, Versicherungen oder Immobilien bestehen.

137 Auf wirtschaftliche Aspekte bezogene Unterstützung bieten auch **Investmentbanken** oder Universalbanken mit speziellen M&A-Abteilungen an. Wird die Unternehmensakquisition fremdfinanziert, ist ihre Einbeziehung meist unumgänglich.

---

[334] Vgl. *Rankine* S. 105. Siehe ausführlich § 4.
[335] Siehe Rn 128.
[336] ZB Ausarbeitung eines Letter of Intent (dazu § 6 Rn 24 ff.) oder einer Vertraulichkeitsvereinbarung (dazu § 6 Rn 3 ff.).

3. Due Diligence-Listen[337]

Due Diligence-Listen sind ein wichtiges Hilfsmittel bei der Durchführung einer Due Diligence. Sie enthalten eine Auflistung von Dokumenten, die bei dem zu erwerbenden Unternehmen geprüft werden sollen und stellen dadurch sicher, daß keine wesentlichen Aspekte übersehen werden[338]. Die Listenform gewährleistet eine **übersichtliche Darstellung** aller relevanten Prüfungsgebiete und Prüfungsunterlagen, was auch eine ständige Aktualisierung und eine Anpassung an die jeweiligen Gegebenheiten der Zielgesellschaft ermöglicht.

Due Diligence-Listen werden nicht nur nach Umfang und Spezialisierung, sondern auch danach unterschieden, ob es sich um **standardisierte oder individuell angefertigte Listen** handelt. Der Vorteil von Standardlisten liegt darin, daß sie idR anhand praktischer Erfahrungen stetig verbessert werden und daher ein sehr zuverlässiges Hilfsmittel darstellen[339]. Für ihre Verwendung spricht zudem, daß manche Unternehmensverkäufer, gerade wenn es sich um natürliche Personen handelt, eine auf ihr Unternehmen zugeschnittene Due Diligence-Liste als Ausdruck von Mißtrauen des Käufers werten[340]. Auch sparen Standardlisten im Vergleich zu individuell angefertigten Listen Zeit und Kosten[341]. Nachteile ergeben sich jedoch dadurch, daß sie nicht die Besonderheiten des konkreten Unternehmens berücksichtigen. In manchen Bereichen werden sie daher Punkte enthalten, die wegen der Motive des Käufers oder aufgrund des Tätigkeitsfelds der Zielgesellschaft bedeutungslos sind. In anderen Bereichen wiederum wäre eine ausführlichere Liste notwendig, um ausreichende Informationen für die Kaufentscheidung und die Ausarbeitung des Kaufvertrags zu erhalten.

Eine **Anpassung** der Due Diligence-Standardlisten an die konkreten Bedürfnisse des Einzelfalls ist daher sinnvoll[342]. Diese erfolgt durch Schwerpunktbildung sowie Streichungen und Ergänzungen[343]. Bei der Präsentation der Liste und gegenüber dem Verkäufer sollte der Käufer deutlich machen, daß es sich hierbei nur um eine vorläufige Zusammenfassung seines Informationsbedarfs handelt und er sich weitere Fragen vorbehält[344]. Als Verkäufer sollte man nach Empfang einer solchen Liste die einzelnen Punkte zunächst auf ihre Notwendigkeit für die Transaktion sowie auf das eigene Geheimhaltungsinteresse hin überprüfen. Sollen bestimmte Unterlagen nicht zur Verfügung gestellt werden, sollte der Teamleiter des Due Diligence-Teams entsprechend informiert werden. Ein kommentarloses

---

[337] Muster für Due Diligence-Listen finden sich bei *Berens/Brauner* S. 363 ff.; *Harrer* DStR 1993, 1673 f.; *Picot* in Picot I Rn 44; *Wegen*, Due Diligence-Checkliste für den Erwerb einer deutschen Gesellschaft, WiB 1994, 291.
[338] *Holzapfel/Pöllath* Rn 499; *Werner* ZIP 2000, 989, 995.
[339] *Holzapfel/Pöllath* Rn 502; *Werner* ZIP 2000, 989, 995.
[340] *Holzapfel/Pöllath* Rn 501.
[341] *Berens/Hoffjan/Strauch* in Berens/Brauner S. 113, 125.
[342] *Berens/Hoffjan/Strauch* in Berens/Brauner S. 113, 125; *Holzapfel/Pöllath* Rn 502; *Meßmer/Keßler* NVersZ 2000, 110, 111; *Wegen*, Checklisten für Unternehmenskaufverträge und Gewährleistungen im Unternehmenskaufrecht, WiB 1994, 532; *Werner* ZIP 2000, 989, 995.
[343] *Berens/Hoffjan/Strauch* in Berens/Brauner S. 113, 125; *Harrer* DStR 1993, 1673; vgl. auch *Meßmer/Keßler* NVersZ 2000, 110, 111; *Wegmann/Koch* DStR 2000, 1027.
[344] *Godefroid* FLF 2000, 46, 48.

Zurückhalten von Informationen könnte den Verdacht aufkommen lassen, daß bestimmte Tatsachen verheimlicht werden sollen.

141 **a) Aufbau der Due Diligence-Liste.** Due Diligence-Listen sollten möglichst übersichtlich gestaltet werden und nur die notwendigen Punkte enthalten. Wegen des häufig auch dann noch beträchtlichen **Umfangs** der Listen sollte der Käufer beim Verkäufer um Verständnis dafür bitten, daß eine der Komplexität eines Unternehmens angemessene Prüfung eine umfassende und ausführliche Due Diligence-Liste bedingt.

142 Da die verschiedenen Prüfungsabschnitte nicht selten voneinander abhängig sind, ist bei der Erstellung der Due Diligence-Liste auf eine logische **Gliederung** zu achten[345]. Dokumentenanforderungen mit allgemeinem Inhalt sollten am Anfang der Liste stehen, während die sich mit speziellen Problembereichen befassenden Positionen weiter hinten aufzuführen sind. Dabei sind Wiederholungen möglichst zu vermeiden. Die Listen werden üblicherweise in Abschnitte untergliedert. Dabei hat sich folgende **Einteilung** bewährt, die jedoch nicht zwingend ist:
– Informationen über Existenz und Struktur der Gesellschaft;
– Vertragsbeziehungen der Gesellschaft;
– materielle Vermögenswerte der Gesellschaft;
– immaterielle Vermögenswerte der Gesellschaft;
– Unternehmensleitung und Personal;
– Rechtsstreitigkeiten sowie behördliche oder gerichtliche Verfahren;
– Umwelt.

143 Eine solche Unterteilung dient zum einen der **Übersichtlichkeit** bei der Informationsbeschaffung, zum anderen hat sie den Vorteil, daß die Aufgaben leichter auf einzelne Mitarbeiter des Due Diligence-Teams verteilt werden können. Bei den Unterpunkten innerhalb der Due Diligence-Liste sollte ein Hinweis enthalten sein, ob das jeweilige Dokument im Volltext benötigt wird oder die Nennung in einer Liste genügt[346]. Sinnvoll ist es zudem, die benötigten Unterlagen mit einem **Indexschlüssel** zu versehen, der aus der Nummer für das jeweilige Sachgebiet und einer durchlaufenden Nummer besteht[347]. So können die Dokumente später schneller den jeweiligen Punkten der Due Diligence-Liste zugeordnet werden.

144 Erstreckt sich die Due Diligence auch auf **Tochtergesellschaften** der Zielgesellschaft, ist darauf hinzuweisen, daß die angeforderten Unterlagen und Informationen auch für diese erbeten werden.

145 **b) Kurze oder ausführliche Due Diligence-Liste.** Der **Umfang** der Listen ergibt sich im Einzelfall aus der Prüfungstiefe sowie aus Größe und Tätigkeit der Zielgesellschaft. Bei der Vorbereitung der Listen sollte vermieden werden, diese mit Informationsanforderungen zu überladen.

146 Die Verwendung einer **kurzen Due Diligence-Liste** ist dann zu empfehlen, wenn etwa bei der Gesellschaft keine besonderen Risiken vermutet werden oder aber der Käufer auf eine umfangreichere Prüfung verzichtet.

---

[345] Vgl. *Meßmer/Keßler* NVersZ 2000, 110, 112.
[346] Vgl. Darstellung bei *Picot* in Picot I Rn 44.
[347] Bspw. 1.03 für Gesellschaftsrecht, wobei „1" den Abschnitt „Gesellschaftsrechtliche Grundlagen" kennzeichnet und „03" das dritte Dokument dieses Abschnitts ist.

Eine **ausführliche Due Diligence-Liste** wird idR für sehr umfangreiche 147
Unternehmensprüfungen verwendet. Sie unterscheidet sich von der kurzen Due
Diligence-Liste meist durch eine detailliertere Untergliederung. Inhaltlich sind
die dort angeforderten Unterlagen spezifizierter und umfassen häufig einen längeren Dokumentationszeitraum. Sie ist damit vornehmlich auf Großunternehmen mit **komplexen Organisationsstrukturen** abgestimmt.

c) Due Diligence-Listen für Spezialgebiete. Due Diligence-Listen für 148
Spezialgebiete[348] werden benötigt, um besondere Risikobereiche gezielt und umfassend prüfen zu können. Die Spezial-Listen decken daher vor allem Sachgebiete
ab, die bei Unternehmensprüfungen nicht durchgängig berücksichtigt werden
müssen[349]. Spezial-Listen gibt es u. a. für die Sachgebiete des **Umweltrechts**, des
Immobilienrechts und für **Gesellschaften aus der ehemaligen DDR**[350].

4. Datenraum

Der Datenraum kann sich bei der Zielgesellschaft, in den Räumen externer Be- 149
rater oder an anderer Stelle befinden. Die Wahl des **Standorts** hängt im wesentlichen von der Transaktionsart und dem Geheimhaltungsbedürfnis ab. Befindet er
sich am Sitz der Gesellschaft, wird der bevorstehende Verkauf der Gesellschaft unter
deren Mitarbeitern nicht geheimgehalten werden können. Im **Auktionsverfahren**, das eine parallele oder zeitlich eng zusammenliegende Vielzahl von Unternehmensprüfungen mit sich bringt, ist es auch wegen der Belastungen für das Zielunternehmen üblich, den Datenraum nicht dort einzurichten[351].

a) Ausstattung. Der Datenraum enthält üblicherweise Kopien aller **wesent-** 150
lichen Dokumente, die der Käufer für die Durchführung der Due Diligence
benötigt. In der Praxis hängt seine Ausstattung maßgeblich von der Zulässigkeit
der Offenlegung und von der Bereitschaft des Verkäufers zur Offenlegung, aber
auch von der Vorbereitung der Due Diligence durch den Käufer und seine Mitwirkungsmöglichkeiten bei der Auswahl der Dokumente ab. Meist übergibt der
Käufer frühzeitig die Due Diligence-Liste[352], aus der hervorgeht, in welche Dokumente er Einsichtnahme zu nehmen wünscht. Es liegt dann im Ermessen des
Verkäufers, ob und in welchem Umfang er diese Wünsche berücksichtigt. Zur
besseren Auffindbarkeit sollten alle Dokumente in einer **Indexliste** erfaßt und
mit entsprechenden Fundstellen versehen werden[353]. Beruht die Zusammenstel-

---

[348] Muster für Due Diligence-Listen für einzelne Spezialgebiete finden sich bei *Höfer,* Due Diligence für Verpflichtungen aus der betrieblichen Altersversorgung, DB 1997, 1317 (betriebliche Altersvorsorge); *Kittner* DB 1997, 2285, 2287 (Human Resources); *Pföhler/Hermann* WPg 1997, 628, 634 f. (Umwelt).
[349] Dazu *Wegmann/Koch* DStR 2000, 1027.
[350] Die Aufzählung zeigt lediglich exemplarisch diejenigen Sachbereiche auf, für die in der Praxis am häufigsten Spezial-Listen erstellt werden. Bei der Vorbereitung der Due Diligence sollte daher überprüft werden, wo die Besonderheiten der jeweiligen Zielgesellschaft liegen, um entweder die Standardlisten anzupassen oder Spezial-Listen für den jeweiligen Bereich zu erstellen.
[351] *Picot* in Picot I Rn 17.
[352] Zum Thema Due Diligence-Listen Rn 138 ff.
[353] *Berens/Hoffjan/Strauch* in Berens/Brauner S. 113, 118.

lung der Unterlagen auf der Due Diligence-Liste, empfiehlt sich die Verwendung des dort benutzten Indexschlüssels[354]. Der Käufer kann dann die Unterlagen anhand seiner Liste sofort zuordnen.

151 **b) Benutzung des Datenraums.** Bei einer größeren Due Diligence sollte die Zielgesellschaft Regeln für die Benutzung des Datenraums aufstellen, in denen typischerweise festgelegt wird, welche Nutzungszeiten einzuhalten sind, welcher Personenkreis den Datenraum betreten darf und welche technischen Hilfsmittel[355] benutzt werden dürfen. Dabei ist von besonderem Interesse, ob und in welchem Umfang Dokumente kopiert werden dürfen und an welche Personen Dokumenten- oder Kopieranfragen zu richten sind[356]. Die **Benutzungsordnung** sollte schriftlich fixiert und der Zutritt zum Datenraum nur unter der Bedingung gestattet werden, daß diese anerkannt wird.

152 In der Praxis hat sich die Benennung eines **Datenraumleiters** bewährt, der als Ansprechpartner für das Due Diligence-Team zuständig ist und Anfragen an die verantwortlichen Stellen im Zielunternehmen weiterleitet.

153 Die den Datenraum betreuenden Mitarbeiter des Zielunternehmens sollten darauf achten, daß sich jeder, der den Datenraum betritt oder verläßt, in eine **Besucherliste** einträgt. Anhand der Liste kann später nachvollzogen werden, welche Personen wann Zugang erhalten haben. Sie ist vor allem dann hilfreich, wenn es im Anschluß an die Due Diligence zu Unstimmigkeiten über die Einhaltung von Geheimhaltungspflichten kommt. Bei der Arbeit im Datenraum sollte zudem strikt die Benutzungsordnung eingehalten werden, um die Kooperationsbereitschaft der Verantwortlichen der Zielgesellschaft nicht zu beeinträchtigen.

154 Für das Due Diligence-Team bietet der Datenraum eine ideale Gelegenheit, sich an einem Ort über das Zielunternehmen zu informieren. Da die Arbeit im Datenraum häufig unter Zeitdruck geschieht, ist die Planung seiner Benutzung in zeitlicher und personeller Hinsicht überaus wichtig[357]. Orientiert sich der Inhalt des Datenraums nicht an Vorgaben aus der Due Diligence-Liste, sollte die Indexliste bereits vor der Benutzung bei dem Zielunternehmen angefordert werden. Dies ermöglicht eine frühzeitige Auswahl der als wichtig erachteten Dokumente. Ferner können für die verschiedenen Prüfungsbereiche **Formulare** verwendet werden, in denen bei der Durchsicht der Unterlagen festgestellte Problempunkte in übersichtlicher Form erfaßt werden können.

155 **c) Sicherheitsaspekte.** Da im Datenraum unternehmensfremden Personen Einblick in vertrauliche Unterlagen gestattet wird, sind Maßnahmen zu treffen, um die Daten vor Mißbrauch zu schützen[358]. Eine Maßnahme zur Wahrung der Geheimhaltung kann bereits im Zusammenhang mit der **Vertraulichkeitsvereinba-**

---

[354] Siehe Rn 143.
[355] Wie etwa Computer, Kamera, Kopiergerät, Fax, Diktafon und andere Aufzeichnungsgeräte.
[356] Wird dem Due Diligence-Team kein Gerät zum Kopieren zur Verfügung gestellt, sollten im Datenraum Listen ausgelegt werden, in die Kopieranfragen eingetragen werden können.
[357] Zu der Planung im allgemeinen siehe Rn 110 ff.
[358] Allgemein zu den Geheimhaltungspflichten siehe Rn 91 ff. Zu den Geheimhaltungspflichten bei der Aktiengesellschaft siehe Rn 73 ff., bei der GmbH Rn 78 ff.

rung ergriffen werden[359], die eine Regelung enthalten sollte, daß alle während der Verhandlungen erlangten Unterlagen, also auch während der Due Diligence angefertigte Fotokopien, vom Käufer zu vernichten sind, wenn der Unternehmenserwerb nicht zustande kommt. Eine weitere Schutzmaßnahme besteht darin, bei bestimmten Dokumenten nur Einsichtnahme zu gewähren, das Kopieren und andere Arten der **Vervielfältigung** aber zu untersagen. Der Vorteil von Kopien liegt für den Käufer im schnellen und einfachen Zugriff auf die Daten und in der Möglichkeit ihrer Weitergabe an nicht anwesende Spezialisten. Die freie Vervielfältigung birgt jedoch für die Zielgesellschaft ein erhebliches Risiko, da vertrauliche Informationen schneller und einfacher auch an unberechtigte Dritte, wie etwa an Wettbewerber, gelangen können. Als eine für beide Seiten akzeptable Lösung bietet sich daher an, die Vervielfältigung nur solcher Dokumente auszuschließen, die besonders sensible und geheimhaltungsbedürftige Informationen enthalten bzw. die Einsichtnahme mehrstufig zu gestalten, so daß der Käufer nicht bereits zu Beginn der Verhandlungen Einsicht in sämtliche vertrauliche Unterlagen erhält.

5. Dokumentation und Berichterstattung

Wesentlicher Bestandteil der Due Diligence ist die Dokumentation und Berichterstattung. Diese umfaßt zum einen die Verarbeitung und den Austausch der **gesammelten Informationen** innerhalb des Due Diligence-Teams. Zum anderen umfaßt sie die Mitteilung der Arbeitsergebnisse an die Entscheidungsträger des Käufers im Verlauf und im Anschluß an die Due Diligence. 156

Wichtig ist, daß die Dokumentation so zügig geschieht, daß eine **rasche Berichterstattung** über Zwischen- und Endergebnisse an den Käufer möglich ist. Die Feststellungen sollen umgehend in seinen Entscheidungsprozeß einfließen können und Punkte, die Anlaß für den Abbruch der Verhandlungen sein könnten, sollen rechtzeitig aufgedeckt werden[360]. 157

Bei der Dokumentation und Berichterstattung kann zwischen Arbeitspapieren, Memoranden und Abschlußberichten unterschieden werden[361]. Wesentliches **Ziel** der Dokumentation und Berichterstattung ist es, die Sammlung, Weiterleitung und Auswertung von Information so zu steuern, daß als Endprodukt ein umfassender und exakter Due Diligence-Bericht entsteht. 158

Arbeitspapiere werden während der Phase der Informationssammlung erstellt; sie dokumentieren die jeweiligen Arbeitsschritte. Ihre Funktion liegt vor allem in der Unterstützung der Planung und Koordination der jeweiligen Prüfungsabläufe sowie der Beweissicherung im Fall späterer Gewährleistungsstreitigkeiten. Zu den Arbeitspapieren zählen insbes. Due Diligence-Listen, Anweisungen, Gesprächsnotizen, Dokumentenaufstellungen und (bearbeitete) Kopien von Unterlagen. 159

Due Diligence-Memoranden sind schriftliche Kurzberichte, die den Fortschritt der Due Diligence dokumentieren und über Zwischenergebnisse informieren. Sie dienen in erster Linie zur Ergänzung der Kommunikation zwischen den einzelnen Arbeitsbereichen sowie der Berichterstattung gegenüber den Ent- 160

---

[359] Siehe ausführlich § 6 Rn 3 ff.
[360] *Berens/Hoffjan/Strauch* in Berens/Brauner S. 153; *Spill* DStR 1999, 1786, 1790.
[361] *Berens/Hoffjan/Strauch* in Berens/Brauner S. 153 f.

scheidungsträgern des Käufers. Bei der Erstellung von Memoranden werden auf der Grundlage der Arbeitspapiere die wesentlichen Ergebnisse der Due Diligence ermittelt, zusammengefaßt und systematisch dargestellt.

161 **Due Diligence-Berichte**[362] enthalten alle wesentlichen Ergebnisse der Prüfung der Zielgesellschaft[363]. Da sie als wichtige Entscheidungsgrundlage für den Käufer dienen, sollten sie nicht nur den wesentlichen Inhalt sämtlicher Zwischenberichte wiedergeben, sondern durch Vorschläge zur Lösung aufgezeigter Probleme und eine Gesamtbewertung der Ergebnisse ergänzt werden. Darüber hinaus dient der Due Diligence-Bericht zur Dokumentation der geleisteten Arbeit; externe Berater können damit bei gegen sie gerichteten Haftungsansprüchen darlegen, daß sie das Zielunternehmen sorgfältig und umfassend geprüft haben.

162 **a) Due Diligence-Bericht.** Wichtig ist, den Bericht in einer **klaren** und **verständlichen Sprache** abzufassen, damit auch Fachunkundige den Inhalt verstehen können. Der Due Diligence-Bericht sollte darüber hinaus klar strukturiert sein. Die folgende Gliederung ist in der Praxis üblich:
– Inhaltsverzeichnis;
– Einleitung;
– Zusammenfassung der wesentlichen Ergebnisse („executive summary");
– Bericht;
– Anlagen.

163 Dem Bericht sollte immer ein **Inhaltsverzeichnis** vorangestellt werden. Die **Einleitung** sollte dem Leser einen Überblick darüber verschaffen, welcher Zweck mit dem Bericht verfolgt wird und auf welchen Informationen er beruht. Wird er durch externe Berater erstellt, sollten diese zur Haftungsvermeidung darauf achten, daß in der Einleitung die Informationsgrundlagen genau beschrieben werden und darauf hingewiesen wird, welche Informationen nicht zur Verfügung standen. Außerdem sollte erläutert werden, unter welchen Gesichtspunkten die vorhandenen Informationen geprüft wurden. Soweit nicht abweichend vereinbart, empfiehlt sich der Hinweis, daß sich die rechtliche Prüfung ausschließlich auf die deutschem Recht unterstehenden Sachverhalte bezieht. Auch sollte darauf hingewiesen werden, daß der Due Diligence-Bericht Dritten nicht ohne vorherige Zustimmung der Autoren zugänglich gemacht oder verbreitet werden darf.

164 In der **Zusammenfassung der wesentlichen Ergebnisse** werden dem Käufer auf einen Blick alle wesentlichen Informationen präsentiert. Die Zusammenfassung der wesentlichen Ergebnisse enthält typischerweise zunächst eine kurze Beschreibung der Zielgesellschaft einschließlich der wichtigsten Kenndaten[364]. Danach werden die wesentlichen Risiken des Unternehmenserwerbs kurz dargelegt; im übrigen wird auf die ausführliche Darstellung im Berichtsteil verwiesen. Abschließend wird in einer Gesamtbetrachtung erläutert, inwiefern die Zielgesellschaft den Akquisitionskriterien des Käufers entspricht. Die Zusammenfassung der wesentlichen Ergebnisse ist kein Ersatz für den ausführlichen Berichts-

---

[362] Zum Aufbau und Inhalt des Due Diligence-Berichts im Anschluß siehe Rn 162.
[363] *Harrer* DStR 1993, 1673, 1675.
[364] Wie etwa Firma, Sitz, Gesellschafter, Eintragungsort, Anzahl der Mitarbeiter.

teil. Der Käufer sollte daher stets auch den vollständigen Bericht lesen, bevor er seine endgültige Kaufentscheidung trifft.

Kernstück des Due Diligence-Berichts ist der ausführliche **Berichtsteil**. In ihm sind alle wesentlichen Informationen über die Gesellschaft und mögliche Risiken ausführlich dargestellt. Im Gegensatz zur Zusammenfassung enthält dieser Teil auch Angaben darüber, auf welchen Unterlagen und Gesprächen die Informationen beruhen. Die Gliederung des Berichtsteils orientiert sich regelmäßig an der bereits in der Due Diligence-Liste benutzten Einteilung der einzelnen Prüfungsbereiche. Der Bericht sollte sich nicht auf das Aufzeigen von Risiken beschränken, sondern nach Möglichkeit auch konkrete Lösungsansätze anbieten und darlegen, ob und inwieweit Risiken durch entsprechende Garantien im Kaufvertrag abgesichert werden können.

Vor allem bei Schaubildern, Aufstellungen und Kopien wesentlicher Dokumente ist es schon zur Steigerung der Übersichtlichkeit sinnvoll, diese als **Anhang** beizufügen.

b) **Abschlußberatung.** Nach Übergabe des Due Diligence-Berichts sollte zwischen dem Due Diligence-Team und dem Käufer eine Abschlußberatung stattfinden, in der die wichtigsten Punkte anhand des Due Diligence-Berichts besprochen werden. Eine mündliche Präsentation der Ergebnisse ist für den Käufer einprägsamer und verschafft ihm die Möglichkeit, **Fragen** direkt an die für die einzelnen Prüfbereiche verantwortlichen Personen zu richten.

6. Benutzung von Informationstechnologie-Systemen

Eine Vielzahl von Informationen ist heutzutage auf elektronischem Weg zugänglich. Kommerzielle **Online-Datenbanken** und das **Internet** bieten bei der Suche nach Informationen eine hilfreiche Ergänzung zu den herkömmlichen Informationswegen. Ihr Vorteil liegt in dem einfachen Zugang zu den Informationen und den komfortablen Suchmöglichkeiten[365]. Allerdings sind die Informationen trotz ständiger Erweiterung der Datenbasis gerade in Bezug auf kleinere Unternehmen noch nicht ausreichend. Elektronische Datenbanken und das Internet sollten daher lediglich als Ergänzung zu den anderen Informationsquellen[366], nicht als deren Ersatz dienen.

In den letzten Jahren sind einige **Datenbanken** entstanden, die sich auf die Bereitstellung unternehmensspezifischer Informationen spezialisiert haben. Zu den am häufigsten genutzten Datenbanken zählen Creditreform[367], ALLECO[368],

---

[365] *Rankine* S. 23.
[366] Siehe Rn 113 ff.
[367] www.creditreform.de: Eine der weltweit größten Wirtschaftsdatenbanken über deutsche Unternehmen, mit Verbindungen zu 10 weiteren europäischen Ländern. Das Datenangebot umfaßt Handelsregisterinformationen, Details über die Bonität, Unternehmensstruktur (zB Branche, Rechtsform, Beteiligte), Finanzen (zB Kapital, Jahresumsatz, Aktiva/Passiva) und sonstige Informationen (zB Auftragslage, Unternehmensentwicklung, Mitarbeiter, Bankverbindung etc.).
[368] www.alleco. de: Wirtschaftsinformationsdienst, der gemeinsam von der Deutsche Telekom AG und der ECOFIS Wirtschaftsinformationen GmbH betrieben wird. Das Datenangebot stimmt mit dem von Creditreform weitgehend überein.

Ecodata[369] und Hoppenstedt[370]. Für die Informationssuche über Unternehmen im Ausland kann auf zahlreiche **ausländische Datenbanken** wie Lexis Nexis[371], Profound[372], Euridile[373], OneSource[374] und Societe[375] zurückgegriffen werden. In Registern öffentlich zugängliche Informationen sollten jedoch immer dort direkt angefordert werden, da es bei der Übertragung der Daten in die Datenbanken bisweilen zu Fehlern kommt.

III. Besonderheiten beim Auktionsverfahren

170 Unternehmensverkäufe finden zunehmend im Wege von Auktionsverfahren[376] statt. Diese sind dadurch gekennzeichnet, daß der Verkäufer den Informations- und Angebotsprozeß im einzelnen steuert[377]. Die genauen Abläufe werden dabei häufig von Investmentbanken, M&A-Beratern und Rechtsanwälten festgelegt. Zu Beginn des Auktionsprozesses führt der Unternehmensverkäufer idR selbst eine Due Diligence[378] durch, auf deren Grundlage er ein **Verkaufsmemorandum** erstellt[379]. Dieses wird an zuvor identifizierte Interessenten gesandt[380] und enthält die für ein Angebot der Interessenten notwendigen wesentlichen Unternehmensdaten.

171 In den einzelnen **Phasen des Auktionsprozesses** werden die Interessenten zur Unterbreitung unverbindlicher Kaufpreisangebote aufgefordert[381]. Der Unternehmensverkäufer entscheidet dann nach jeder Runde, welche Bieter er für die nächste Runde zuläßt. Damit die Bieter den Wert des Unternehmens bestimmen und auf dieser Grundlage ein angemessenes Kaufangebot unterbreiten können, wird der Verkäufer ihnen in den ersten Phasen der Auktion eine **eingeschränkte Due Diligence** ermöglichen, dabei allerdings noch keine sensiblen Informationen offenlegen. Wegen der höheren Zahl der Beteiligten ist die Gefahr der mißbräuchlichen Verwendung vertraulicher Daten im Auktionsverfahren auch bei Abschluß einer Vertraulichkeitsvereinbarung besonders hoch. Erst wenn sich die Zahl der Interessenten auf zwei oder drei reduziert hat, wird der Verkäu-

---

[369] www.ecodata.de: Handelsregisterauszüge, Unternehmensprofile in- und ausländischer Datenbanken sowie Kollisionsprüfung mit Firmen- und Markennamen im Handelsregister.

[370] www.hoppenstedt.de: Die Datenbank bietet Unternehmensinformationen und Unternehmensprofile an. Das Angebot erstreckt sich nicht nur auf Deutschland, sondern auch auf Österreich, Polen, Ungarn und Tschechien. Neben den unternehmensbezogenen Daten steht dem Nutzer auch eine Konzernstruktur-Datenbank über nationale und internationale Verflechtungen zur Verfügung.

[371] www.lexis-nexis.com.
[372] www.profound.com.
[373] www.euridile.inpi.fr.
[374] www.onesource.com.
[375] www.societe.com.
[376] Siehe § 11 Rn 54ff.
[377] Vgl. *Picot* in Picot I Rn 11ff.
[378] Ausführlich zur Due Diligence im Anschluß siehe Rn 173f.
[379] Vgl. *Picot* in Picot I Rn 14, 16.
[380] *Picot* Handelsblatt 12./13.3.1999, Mergers & Acquisitions optimal managen (Folge 2), K 3; *Schmitz* in Schmitz S. 169, 170.
[381] Vgl. *Picot* in Picot I Rn 16.

fer diesen eine **ausführliche Due Diligence** ermöglichen. Der Interessent sollte seine Kaufpreisangebote in den einzelnen Auktionsrunden davon abhängig machen, daß bei einer späteren ausführlichen Due Diligence keine erheblichen, zunächst unberücksichtigten Risiken aufgedeckt werden[382]. Er sollte darüber hinaus die Grundlagen und Annahmen für sein Kaufpreisangebot dem Verkäufer schriftlich mitteilen. Erweisen sich diese später als unzutreffend, kann er so eine Korrektur seines Kaufpreisangebots rechtfertigen.

In der Praxis hat sich bei im Auktionsverfahren durchgeführten Unternehmensverkäufen der **Datenraum** für die Due Diligence durchgesetzt[383]. Durch diese Art der Informationsbereitstellung können mehreren Bietern dieselben Informationen gleichzeitig und ohne Benachteiligung einzelner Mitbieter offengelegt werden. Die Bieter verfolgen das Ziel, schnellstmöglich ausreichend Informationen über das Unternehmen zu erlangen, um entscheiden zu können, ob und zu welchen Bedingungen ein Kauf in Betracht kommt. Da die Zeiträume für eine Due Diligence im Auktionsverfahren idR sehr kurz bemessen sind – häufig nur wenige Tage –, muß die Due Diligence auf bestimmte Hauptpunkte konzentriert werden. Die Prüfung sollte sich zunächst auf die Risiken beschränken, bei deren Vorliegen ein Erwerb aus Sicht des Bieters nicht in Betracht kommt. Im Anschluß daran sind diejenigen Daten zu prüfen, die maßgeblichen Einfluß auf die Ermittlung des Kaufpreises haben.

IV. Besonderheiten bei der Due Diligence durch den Verkäufer

Die durch den Verkäufer in Auftrag gegebene Due Diligence kann zum Zweck einer umfassenden und unabhängigen Analyse der Zielgesellschaft aus Sicht eines möglichen Käufers durchgeführt werden[384]. Dies stößt insbes. bei **finanziellen und strategischen Investoren** auf Interesse, die den Aufwand der Durchführung einer Due Diligence gering halten wollen und zur Tragung der damit verbundenen Risiken bereit sind[385]. Weitaus üblicher ist hingegen, daß der Verkäufer im eigenen Interesse die Due Diligence in Auftrag gibt, um **Schwachstellen vor dem Verkauf aufzudecken** und zu beseitigen und zugleich Informationen für die Erstellung eines Verkaufsmemorandums zu beschaffen[386]. Praktisch relevant ist die Due Diligence durch den Verkäufer daher vor allem bei Unternehmensverkäufen im **Auktionsverfahren**[387].

Die Durchführung einer Due Diligence durch den Verkäufer ist ein hilfreiches Instrument für beide Parteien, den Due Diligence-Prozeß bei zeitlich eng bemessenen Transaktionen effizient zu gestalten[388]. Anders als bei der durch den Käufer durchgeführten Due Diligence beschränkt sich die Prüfung aber überwiegend auf wesentliche wirtschaftliche Faktoren und die rechtliche Grundstruktur der Gesell-

---

[382] *Godefroid* FLF 2000, 46, 49.
[383] *Godefroid* FLF 2000, 46, 49.
[384] So *Kolb/Görtz* M&A Review 1999, 469, 470.
[385] So *Kolb/Görtz* M&A Review 1999, 469, 473.
[386] Vgl. Rn 170. *Spill* DStR 1999, 1786, 1791; *Wegmann/Koch* DStR 2000, 1027, 1028.
[387] Ausführlich zum Auktionsverfahren Rn 170ff. sowie § 11 Rn 54ff.
[388] *Kolb/Görtz* M&A Review 1999, 469, 470; *Spill* DStR 1999, 1786, 1791.

schaft. Der spätere Verkaufsprospekt soll dem Käufer lediglich als **Grundlage** dienen, um dem Verkäufer ein auf fundierten wirtschaftlichen Daten basierendes Kaufpreisangebot unterbreiten zu können. Eine darüber hinausgehende Prüfung hat der Käufer ggf. selbst zu veranlassen.

V. Due Diligence beim Erwerb von Unternehmensteilen und Konzernunternehmen

175 Werden Konzernunternehmen, die funktional stark in eine Konzernstruktur eingebunden sind, aus dieser herausgenommen, sind sie uU allein nicht uneingeschränkt funktionsfähig. Daher ist bei der Due Diligence die **Abhängigkeit** von und die **Verflechtung** mit anderen Konzerngesellschaften eingehend zu prüfen. Insbes. sollte untersucht werden, inwieweit organisatorische Aufgaben für die Zielgesellschaft durch andere Konzerngesellschaften übernommen werden können. Auch hinsichtlich der Bilanzen gelten für Konzernunternehmen Besonderheiten, die bei einer Due Diligence zu beachten sind[389]. Entsprechendes gilt für den Erwerb von Unternehmensteilen. Bei diesen ist die wirtschaftliche und funktionale Unselbständigkeit in aller Regel noch weitaus größer als bei Konzernunternehmen.

VI. Due Diligence beim Erwerb von Konzernen

176 Der Erwerb von Konzernen führt häufig wegen des Umfangs und der Verschiedenartigkeit von Informationen zu einem weitaus größeren Aufwand bei Planung und Durchführung der Due Diligence als bei einem Einzelunternehmen. Der Personal- und Zeitaufwand ist zwangsläufig höher. Konzerngesellschaften befinden sich an verschiedenen Standorten und sind nicht selten in verschiedenen Geschäftsfeldern tätig. Besonderheiten ergeben sich auch aus der **konzernrechtlichen Haftung**. Aufgrund gesetzlicher Bestimmungen haftet die Konzernmutter uU für Verbindlichkeiten[390] ihrer Tochtergesellschaften sowie für von diesen verursachte Schäden[391]. Daher müssen die Tochtergesellschaften speziell auf Tatbestände untersucht werden, die zu einer solchen Haftung der Konzernmutter führen können.

177 Besonders aufwendig wird die Due Diligence, wenn Tochtergesellschaften ihren **Sitz im Ausland** haben. Hier muß auf die rechtlichen und wirtschaftlichen Besonderheiten des jeweiligen Sitzlands eingegangen werden. Für die Überprüfung der ausländischen Gesellschaften sollten **lokale Teams** gebildet werden, deren Mitglieder mit den Besonderheiten des jeweiligen Lands vertraut sind. Das **zentrale Team**, das zugleich die Due Diligence bei der Konzernmutter durchführt, koordiniert die Due Diligence zwischen den lokalen Teams und führt die Ergebnisse zu einem Gesamtbericht zusammen.

---

[389] Zu den Besonderheiten des Konzernabschlusses bei Unternehmenserwerben, *Böcking/Klein/Lopatta*, Darstellung des E-DRS 4: Unternehmenserwerbe im Konzernabschluß, Finanz Betrieb 2000, 433.
[390] Vgl. §§ 302ff. AktG. Für den GmbH-Konzern gilt eine vergleichbare Haftungsstruktur.
[391] Vgl. § 4 Abs. 3 aE. BBodSchG. Zur umweltrechtlichen Haftung ausführlich Rn 202 und § 29 Rn 77 ff.

D. Gegenstand

I. Rechtliche Due Diligence

Die rechtliche Due Diligence[392] untersucht und bewertet die rechtlichen Grundlagen unternehmerischer Tätigkeit[393]. Entscheidend ist für den Käufer aber, ob rechtliche Mängel oder Risiken wirtschaftliche Auswirkungen haben können[394]. Neben den allgemeinen wirtschaftlichen Risiken, die mit jeder Transaktion verbunden sind, muß sich der Käufer auch darüber informieren, welchen konkreten **rechtlichen** und in der Folge **wirtschaftlichen Risiken** er sich mit dem Erwerb des Unternehmens aussetzt. Hierfür benötigt er insbes. Informationen darüber,

178

– welche Haftungs- und Bestandsrisiken (zB Umwelthaftung und Kapitalnachschußpflichten) bestehen;
– welche Absicherungsmaßnahmen hinsichtlich der Wettbewerbssituation getroffen wurden (zB bezüglich Patenten, Warenzeichen, Gebrauchs- und Geschmacksmustern);
– welche behördlichen Genehmigungen vorliegen bzw. noch eingeholt werden müssen (zB Baugenehmigungen, Genehmigungen für Produktionsprozesse, kartellbehördliche Genehmigungen); und
– welchen Rechtsstreitigkeiten das Unternehmen ausgesetzt ist (zB Verfahren wegen Wettbewerbsbeschränkungen, Verletzung von Schutzrechten oder Gewährleistungsansprüchen.)

Die **steuerrechtliche Überprüfung** des Zielunternehmens wird teilweise von Rechtsanwälten iRd. rechtlichen Due Diligence durchgeführt, teilweise von Wirtschaftsprüfern zusätzlich zur wirtschaftlichen Due Diligence[395] mit übernommen.

179

1. Informationen über Existenz und Struktur der Gesellschaft

Ziel der Due Diligence im Bereich Aufbau und Struktur der Gesellschaft ist es, die rechtlichen **Grundlagen ihrer Existenz** auf ihre Wirksamkeit hin zu überprüfen und einen Überblick über die rechtliche Struktur der Gesellschaft und ihrer Organe zu erlangen[396].

180

Aktuelle Angaben über Firma, Sitz und Gegenstand des Unternehmens sowie über persönlich haftende Gesellschafter, Geschäftsführer oder Vorstand können dem Handelsregisterauszug[397] oder Unternehmensdatenbanken[398] entnom-

181

---

[392] Ausführlich zur rechtlichen Due Diligence *Brauner/Fritzsche* in Berens/Brauner S. 267 ff.; *Jaletzke*, Legal Due Diligence, Freundesgabe Döser, 1999, S. 199 ff.
[393] Vgl. *Picot*, Handbuch M&A, S. 244.
[394] So ist etwa die Überprüfung von Laufzeiten, Kündigungsfristen und Vertragsstrafevereinbarungen in Verträgen wirtschaftlich motiviert, da der Erwerber wissen möchte, welche wirtschaftlichen Risiken mit diesen Verträgen verbunden sind.
[395] Siehe Rn 210 ff.
[396] Vgl. hierzu auch *Brauner/Fritzsche* in Berens/Brauner S. 267 ff.
[397] Vgl. § 10 GmbHG, § 39 AktG, §§ 106, 162 HGB. Allgemein zu eintragungspflichtigen Tatsachen *Gustavus*, Handelsregister-Anmeldungen, 4. Aufl. 1999.
[398] Siehe Rn 168 f.

men werden. Darüber hinaus enthält der Handelsregisterauszug auch Angaben über sonstige Rechtsverhältnisse der Gesellschaft. Diesem läßt sich etwa entnehmen, wann der Gesellschaftsvertrag geschlossen und geändert worden ist[399], wer zur Vertretung der Gesellschaft berechtigt ist[400] und über welches gebundene Kapital diese verfügt[401]. Zudem kann in die beim Registergericht geführte Handelsregisterakte Einsicht genommen werden. Diese enthält bei Kapitalgesellschaften insbes. die Gesellschaftsverträge in ihrer maßgeblichen Fassung[402], Unternehmensverträge[403] und bei Aktiengesellschaften auch Hauptversammlungsprotokolle[404].

182 Ausgangspunkt der Due Diligence ist die Prüfung der **rechtlichen Existenz der Zielgesellschaft**. Dafür sind zunächst die gesellschaftsrechtlichen Grundlagen zu untersuchen. Ausgehend von der Gesellschaftsgründung werden in chronologischer Reihenfolge sämtliche Änderungen im Gesellschafterbestand, Kapitalerhöhungen und -herabsetzungen, Umwandlungen sowie Sitzverlegungen, Firmenänderungen und sonstige Änderungen des Gesellschaftsvertrags auf ihre Rechtswirksamkeit hin überprüft. Abhängig von der Rechtsform der Zielgesellschaft wird dazu neben sämtlichen Gesellschaftsverträgen und den dazu erfolgten Änderungsbeschlüssen eine geschlossene Kette der (notariellen) Dokumente über die Schaffung der Gesellschaftsanteile bei Gründung und Kapitalerhöhungen bzw. herabsetzungen sowie über die Abtretungen der Gesellschaftsanteile benötigt. Ferner sind ggf. erforderliche Gesellschafterbeschlüsse oder Zustimmungserklärungen von Mitgesellschaftern oder Dritten zu prüfen. Auch die vielfach in der Form von Sitzungsprotokollen dokumentierten Beschlüsse des Aufsichtsrats, Beirats oder Verwaltungsrats sowie der Geschäftsführung oder des Vorstands sollten eingesehen werden, soweit sie Einfluß auf die Wirksamkeit solcher Transaktionen haben können. Die eingehende Überprüfung dieser gesellschaftsrechtlichen Vorgänge vom Zeitpunkt der Gründung der Gesellschaft bis zur Gegenwart ist besonders wichtig, da sich etwa bei Anteilsübertragungen rechtliche Mängel auf die Verfügungsbefugnis auswirken können und dann auch Anschlußverfügungen uU unwirksam sind[405].

183 Für den Käufer besonders wichtig sind weiter nähere Kenntnisse der Kompetenzen und der Regelungen des Zusammenwirkens der **Gesellschaftsorgane** sowie der Voraussetzungen für deren Bestellung und Abberufung. Diese sind maßgeblich dafür, welchen Einfluß der Erwerber nach Übernahme der Gesellschaft auf deren Geschäftstätigkeit erlangt und welche der ihm dann zustehenden Befugnisse er für die Verwirklichung dieses Einflusses ausüben muß.

184 Weiter sollte überprüft werden, inwieweit die Gesellschaft Beteiligungen an anderen Gesellschaften hält, in welchem Umfang andere Gesellschaften an ihr be-

---

[399] § 54 GmbHG, § 181 AktG, § 107, 174, 175 HGB.
[400] § 10 Abs. 1 Satz 1, 39 GmbHG, § 39 Abs. 1 Satz 2, 81 AktG.
[401] § 10 Abs. 1 GmbHG, § 39 Abs. 1 Satz 1 und Abs. 2 AktG.
[402] § 181 Abs. 1 Satz 2 AktG, § 54 Abs. 1 Satz 2 GmbHG.
[403] § 294 Abs. 1 AktG.
[404] § 130 Abs. 5 AktG.
[405] Vgl. *Brauner/Fritzsche* in Berens/Brauner S. 273.

teiligt sind und ob und welche **Unternehmensverträge**[406], zB Beherrschungs- und Ergebnisabführungsverträge, bestehen[407].

Die angeführten Informationen zur Existenz und Struktur der Gesellschaft sind auch für den Inhalt des **Unternehmenskaufvertrags** wichtig, da dieser von der Gesellschaftsform und der rechtlichen Struktur des Unternehmens wesentlich mitgeprägt wird.

2. Vertragsbeziehungen der Gesellschaft

Ein weiterer Schwerpunkt der rechtlichen Due Diligence ist die Überprüfung wesentlicher Verträge. Dazu gehören insbes. Verträge mit Kunden, Lieferanten, Versicherungen, Beratern und Vertriebsmittlern sowie Kooperations- und Projektverträge. Da es ein wesentliches Ziel der Prüfung dieser Verträge ist, dem Käufer einen Überblick über die künftigen **vertraglichen Verpflichtungen** der Gesellschaft zu verschaffen, werden Verträge der genannten Vertragstypen vor allem dann geprüft, wenn es sich um Dauerverträge handelt, welche die Zielgesellschaft für einen längeren Zeitraum binden. Dementsprechend stehen **Laufzeiten** und **Kündigungsfristen** der Verträge neben sonstigen wesentlichen, insbes. ungewöhnlichen Vertragsbestimmungen im Mittelpunkt des Interesses. Dazu zählen vor allem solche Regelungen, die – wie etwa Ausschließlichkeitsregelungen – die Handlungsfreiheit der Gesellschaft beeinträchtigen.

Bei der Prüfung reicht es idR aus, sich auf solche Verträge zu beschränken, die etwa einen bestimmten finanziellen und/oder zeitlichen Schwellenwert übersteigen. Arbeitet die Zielgesellschaft mit **Musterverträgen**, wird deren Prüfung ausreichen[408], wenn sich wegen deren regelmäßiger Benutzung die Risiken hinreichend sicher abschätzen lassen.

Gerade beim Erwerb größerer Unternehmen muß die Prüfung von Verträgen auch **kartellrechtliche Gesichtspunkte** umfassen, wenn aufgrund des Unternehmenserwerbs eine marktbeherrschende Stellung[409] entsteht oder verstärkt wird. In solchen Fällen können die Kartellbehörden auch auf bestehende Vertragsbeziehungen, insbes. auf Projekt-, Kooperations- und Lizenzverträge, einwirken[410].

Kurz vor dem geplanten Unternehmenskauf durchgeführte oder noch **laufende Akquisitions- oder Investitionsvorgänge** sind ebenfalls prüfungsrelevant, da hieraus resultierende vertragliche Pflichten ein erhebliches, sich uU erst Jahre später realisierendes finanzielles Risiko mit sich bringen können. Dies gilt etwa bei umweltbezogenen Gewährleistungs- und Freistellungsverpflichtungen der Zielgesellschaft aus bereits abgeschlossenen Unternehmenskaufverträgen.

3. Materielle Vermögenswerte der Gesellschaft

Bei der rechtlichen Prüfung körperlicher Vermögenswerte der Zielgesellschaft kommt es zunächst darauf an, eine detaillierte Aufstellung über sämtliche zum

---

[406] §§ 291, 292 AktG.
[407] § 291 Abs. 1 Satz 1 AktG.
[408] Vgl. *Brauner/Fritzsche* in Berens/Brauner S. 275.
[409] Vgl. § 19 Abs. 1, Abs. 2 GWB.
[410] Siehe dazu § 25 Rn 60 ff.

Unternehmen gehörenden **Gegenstände von wesentlichem Wert** zu erhalten. Dazu gehören insbes. Grundstücke mit den darauf befindlichen Gebäuden, Produktionsanlagen, Büroausstattung, Fuhrpark, Rohstoffe und Erzeugnisse. Neben dem iRd. wirtschaftlichen Due Diligence zu prüfenden Wert dieser Vermögensgegenstände sind für den Käufer in rechtlicher Hinsicht die Eigentumsverhältnisse, Sicherungsrechte Dritter und bestehende Nutzungsverträge (insbes. Miet-, Leasing- und Pachtverträge) wichtig[411].

191 Bei **Immobilien** werden aktuelle Grundbuchauszüge benötigt, da aus diesen am Grundstück bestehende Rechte und Belastungen hervorgehen. Dabei sind für den Käufer insbes. Vorkaufsrechte, Vormerkungen, Widersprüche, Grundschulden, Hypotheken, Dienstbarkeiten und Erbbaurechte wichtig, da bei deren Eintragung im Grundbuch ein (gutgläubig) lastenfreier Erwerb nicht möglich ist[412]. Um die Übereinstimmung der tatsächlichen Nutzung der Grundstücke mit den bauplanungs- und bauordnungsrechtlichen Bestimmungen zu prüfen, sollten die Flächennutzungs- bzw. Bebauungspläne, ggf. auch die Bauakten eingesehen werden. Aus diesen sowie aus den die Immobilien betreffenden Nutzungsverträgen wird auch ersichtlich, wie der Erwerber die Grundstücke nutzen kann.

192 Bei den **mobilen Vermögenswerten** der Zielgesellschaft (etwa Rohstoffe und Fertigerzeugnisse) ist eine Überprüfung dinglicher Belastungen nicht so problemlos möglich, da hierfür keine öffentlichen Register bestehen. Daher sollte bei der Zielgesellschaft ein Anlagenspiegel mit Angaben zu Eigentumsverhältnissen und Sicherungsrechten Dritter angefordert werden.

4. Immaterielle Vermögenswerte der Gesellschaft

193 Zu den immateriellen Vermögenswerten zählen insbes. gewerbliche **Schutzrechte**, Urheberrechte, die von der Gesellschaft verwendete **Computersoftware** und sonstige Lizenzrechte[413]. Aufgrund der in den letzten Jahren stark wachsenden Zahl überwiegend über das Internet operierender Unternehmen, sind auch die **Domainnamen**[414] von wesentlicher Bedeutung für Akquisitionen[415]. Da Schutzrechte einen erheblichen Teil des Unternehmenswerts ausmachen können, sollte insbes. geprüft werden, ob und in welchem sachlichen, geographischen und zeitlichen Umfang sie bestehen. Zu beachten ist, daß Patente, Gebrauchs- und Geschmacksmuster sowie Marken, mit Ausnahme der Benutzungsmarke[416], anmeldepflichtig sind, um einen wirtschaftlich verwertbaren Schutz zu erreichen. Gegenstand der Due Diligence sind deshalb die Unterlagen, die die Anmeldung und Eintragung der Rechte dokumentieren. Urheberrechte

---

[411] Vgl. *Brauner/Fritzsche* in Berens/Brauner S. 281.

[412] § 892 BGB.

[413] Siehe dazu § 30. Ausführlich zur Rolle des geistigen Eigentums beim Unternehmenskauf *Völker*, Das geistige Eigentum beim Unternehmenskauf, BB 1999, 2413 ff. Allgemein dazu auch *Jones* in Dyson (Hrsg.), Practice Manual: Asset Purchases, 2.169, 2.171.

[414] Hierzu ausführlich § 30 Rn 98 f.

[415] Allgemein zu der Bedeutung der Due Diligence in Bezug auf geistiges Eigentum und domain-names, vgl. *Swycher/Behean* in Dyson (Hrsg.), Practice Manual: Asset Purchases, 2.157; *Tanenbaum* in: http://www.ljx.com/practice/mergers/tanenbaum.html.

[416] Vgl. § 4 Nr. 2 MarkenG.

und Know-how sind hingegen nicht anmelde- und eintragungspflichtig. Die Prüfung des Bestehens und des Umfangs solcher Rechte ist deshalb wesentlich schwieriger und erfordert die besondere Sorgfalt des Prüfenden.

Wenn der Unternehmenskauf als **Kauf von Vermögenswerten** (Asset Deal) vollzogen werden soll, muß der Käufer wissen, welche immateriellen Vermögenswerte die Zielgesellschaft besitzt bzw. welche immateriellen Vermögenswerte Dritter sie verwendet[417]. Auf Grundlage dieser Informationen kann ermittelt werden, **welche Rechte** vom Veräußerer **übertragen** und welche Rechte gesondert von Dritten **erworben** werden müssen[418]. Soweit der Erwerb der Rechte nicht möglich oder nicht sinnvoll ist, sollte die Due Diligence auch aufzeigen, inwieweit Lizenzvereinbarungen mit Dritten notwendig sind, um von der Zielgesellschaft gegenwärtig genutzte Technologien nach dem Erwerb weiter nutzen zu können[419].

194

Die iRd. Due Diligence erlangten Informationen über zurückliegende und laufende **Widerspruchs-, Löschungs- und Nichtigkeitsverfahren**[420] gegen immaterielle Rechte der Gesellschaft sowie aufgrund von Verstößen der Gesellschaft gegen entsprechende Rechte Dritter sind zusätzlich deshalb von Interesse, da sie Rückschlüsse und Prognosen auf die Konkurrenz- und Marktsituation der Zielgesellschaft erlauben.

195

5. Unternehmensleitung und Personal[421]

Im Vordergrund der Due Diligence im Bereich Unternehmensleitung und Personal steht die Prüfung der **Dienstverträge** mit den zur Leitung des Unternehmens berufenen Personen sowie der tariflichen und außertariflichen **Arbeitsverträge**[422]. Im Mittelpunkt dieser Prüfung stehen die Voraussetzungen, unter denen das Unternehmen oder die Führungskräfte und anderen Mitarbeiter kündigen können sowie die Folgen solcher Kündigungen. Da der Erwerber bei einem Betriebsübergang automatisch in die bestehenden Arbeitsverhältnisse[423], nicht jedoch Dienstverhältnisse[424], eintritt, muß er sich über diese umfassend informieren. Hilfreich ist es dazu, wenn alle wesentlichen Personaldaten in einer Tabelle aufgeführt werden, aus der für jede im Unternehmen tätige Person Qualifikation, Dauer der Firmenzugehörigkeit, Alter, Einkommen und der Status des Dienst-

196

---

[417] *Swycher/Behean* in Dyson (Hrsg.), Practice Manual: Asset Purchases, 2.158.
[418] Zur Übertragung gewerblicher Schutzrechte siehe § 30 Rn 18 ff.
[419] Vgl. *Tanenbaum* in: http://www.ljx.com/practice/mergers/tanenbaum.html; siehe auch § 30 Rn 6.
[420] Vgl. hierzu auch unten Rn 201.
[421] Allgemein zu diesem Thema *Aldering/von Hutten* in Berens/Brauner S. 313 ff.
[422] Eine Aufstellung der üblicherweise iRd. Due Diligence angeforderten Unterlagen findet sich bei *Diller/Deutsch* K&R 1998, 16.
[423] Siehe § 28 Rn 20 f. Von § 613a BGB werden jedoch nur die aktiven Arbeitsverhältnisse erfaßt, nicht also Betriebsrentner und die mit einer aufrechtzuerhaltenden Anwartschaft ausgeschiedenen Arbeitnehmer, vgl. *BAG* DB 1977, 1466.
[424] Siehe § 28 Rn 22. Auf Organmitglieder einer juristischen Person findet § 613a BGB keine Anwendung, *OLG Celle* OLGZ 1978, 199; *Hanau* in Erman § 613 BGB Rn 44; *Richardi/Annuß* in Staudinger § 613a BGB Rn 24.

bzw. Arbeitsverhältnisses hervorgehen. Außerdem sollten die bei der Zielgesellschaft verwendeten Musterverträge geprüft werden.

197 Besonders, wenn die Zielgesellschaft nach dem Erwerb umstrukturiert und die durch damit verknüpfte Synergien eingesparten Arbeitsplätze abgebaut werden sollen, sollte bei der Due Diligence ein Schwerpunkt im Bereich der Personalstruktur, Personalplanung und betriebsverfassungsrechtlichen Gremien gesetzt werden. Bereits bei der Planung einer **Umstrukturierung** können dann Aspekte der Sozialauswahl, Kündigungsfristen und vertraglich vereinbarter Abfindungen berücksichtigt werden.

198 Von erheblicher Bedeutung ist häufig auch die Prüfung der **betrieblichen Altersversorgung**[425]. Die sich hieraus ergebenden, nicht selten sehr hohen Verbindlichkeiten eines Unternehmens bedürfen der vollständigen Berücksichtigung bei der Festlegung des Kaufpreises. Gegenstand der Prüfung sollten insbes. auch kollektivvertraglich in Kraft gesetzte Ruhestandsregelungen sowie Vereinbarungen über zusätzliche Ruhestandsleistungen oder Übergangsgelder sein[426].

199 Beabsichtigt der Erwerber den Erwerb der Zielgesellschaft auch oder gerade wegen der **Qualifikationen der Führungskräfte** oder der **Mitarbeiter**[427], sind bei der Due Diligence außer den rechtlichen Aspekten, wie insbes. den Kündigungsmöglichkeiten der Mitarbeiter, besondere, nicht auf rechtliche Aspekte beschränkte Faktoren zu berücksichtigen[428]. Weil das Personal in diesen Fällen einen wesentlichen Teil des Werts der Zielgesellschaft ausmacht, sollte sich die Due Diligence auch mit „**weichen" Faktoren** wie Loyalität, Fluktuationsraten und der inneren Einstellung der Mitarbeiter[429] zur Akquisition befassen[430]. Dazu kann neben der Befragung von Mitarbeitern die Prüfung von Aus- und Fortbildungsstatistiken, Personal-Entwicklungsprogrammen und Krankenstandsberichten dienen.

200 Schließlich sind auch die zunehmend verbreiteten Programme zur Schaffung von Leistungsanreizen ein wesentlicher Gegenstand der Due Diligence. Dazu zählen insbes. die für den Erfolg des Unternehmens meist wichtigen **Aktienoptionsprogramme** für Mitarbeiter, deren rechtliche Komplexität und wirtschaftliches Gewicht Anlaß zu eingehender Prüfung geben sollten.

6. Rechtsstreitigkeiten sowie behördliche oder gerichtliche Verfahren

201 Zur besseren Einschätzung drohender Risiken und möglicher Potentale ist eine Übersicht über die das Unternehmen berührenden **Rechtsstreitigkeiten** und **behördliche** sowie **gerichtliche Verfahren** unerläßlich. Diese sind nicht nur relevant, wenn das Unternehmen, sondern auch, wenn ein Organmitglied oder ein

---

[425] Siehe dazu § 28 Rn 140 ff. und *Höfer/Küpper* DB 1997, 1317 ff.

[426] Eine Aufstellung der in diesem Zusammenhang relevanten Unterlagen findet sich bei *Höfer/Küpper* DB 1997, 1317.

[427] Häufig im Dienstleistungsbereich sowie bei Unternehmen aus dem Bereich der Hochtechnologie.

[428] Ausführlich dazu *Kittner* DB 1997, 2285 ff.

[429] Vgl. zur inneren Einstellung von Mitarbeitern im Veränderungsprozeß die Darstellung von *Aldring/von Hutten* in Berens/Brauner S. 318. Siehe § 33.

[430] *Picot*, Handbuch M&A, S. 238.

Mitarbeiter der Gesellschaft wegen seiner Tätigkeit für das Unternehmen betroffen ist. Bei den Rechtsstreitigkeiten sind sämtliche anhängigen und drohenden Prozesse zu erfassen, und zwar sowohl vor ordentlichen Gerichten als auch vor Schiedsgerichten. Sinnvoll ist eine streitwertabhängige Differenzierung, um wesentliche von unwesentlichen Prozessen zu trennen. Soweit der Prozeß von wesentlicher Bedeutung für die Gesellschaft ist, sollte auch eine Stellungnahme über den zu erwartenden Prozeßausgang eingeholt werden. Zu untersuchen sind ferner sämtliche laufenden oder angedrohten behördlichen oder gerichtlichen Verfahren, die im Zusammenhang mit dem Geschäftsbetrieb stehen. Von Bedeutung sind dabei insbes. verwaltungsrechtliche Genehmigungsverfahren für Betriebsanlagen, aber auch Ordnungswidrigkeits- und Strafverfahren gegen Mitarbeiter, die die Geschäftstätigkeit des Unternehmens maßgeblich beeinflussen können.

7. Umwelt

Die Umwelt-Due Diligence[431] gehört mittlerweile zum Kernbereich der risikoorientierten Unternehmensprüfung. Sie wird vor allem dann durchgeführt, wenn die Zielgesellschaft in **umweltrelevanten Geschäftszweigen** wie zB der Chemieindustrie tätig ist[432]. Aber auch in auf den ersten Blick weniger umweltsensibel erscheinenden Branchen erweist sich die umweltrechtliche Prüfung oft als notwendig[433]. Dies zeigt allein schon die Bedeutung der Altlastenproblematik beim Grundeigentum[434]. Die umweltrechtliche Prüfung umfaßt alle umweltrechtlichen Aspekte, die von der Zielgesellschaft ausgehen oder auf diese einwirken[435]. Im Mittelpunkt steht die Untersuchung, wo und in welchem Umfang die Zielgesellschaft mittelbar oder unmittelbar Einfluß auf ihre Umwelt nimmt. Neben der Auswertung von Unterlagen und Gesprächen mit den Mitarbeitern kommt dabei der Ortsbegehung eine zentrale Rolle zu[436]. Die umweltrechtliche Überprüfung sollte unter zwei Gesichtspunkten erfolgen. Zum einen müssen Verstöße gegen umweltrechtliche Vorschriften aufgedeckt und finanzielle sowie strafrechtliche Risiken für den Käufer kalkulierbar gemacht werden (sog. Legal Compliance). Zum anderen müssen rechtliche Umweltrisiken erkannt und unter wirtschaftlichen Aspekten ausgewertet werden.

Grundlage der **Legal Compliance** ist das Umweltrecht am Standort der Zielgesellschaft[437]. Allein in Deutschland existieren rund 800 Umweltgesetze, 3 000 Verordnungen und 5 000 Verwaltungsvorschriften[438]. Hinzu kommen noch zahl-

---

[431] Allgemein zur Umwelt-Due Diligence *Betko/Reiml/Schubert* in Berens/Brauner S. 331 ff.; *Engelhardt*, Environmental Due Diligence, WiB 1996, 299 f.; *Horst/Hardtke* M&A Review 1999, 65; *König/Fink* M&A Review 2000, 220; *Turiaux/Knigge* BB 1999, 913 ff.
[432] *Pföhler/Hermann* WPg 1997, 628, 629.
[433] *Betko/Reiml/Schubert* in Berens/Brauner S. 333; *Pföhler/Hermann* WPg 1997, 628, 629.
[434] Siehe dazu Rn 206 und § 29 Rn 95 ff.; vgl. auch *Urbanek/Wagner-Cardenal*, Das neue Bundes-Bodenschutzgesetz – Auswirkungen auf und vertragliche Gestaltungsmöglichkeiten, M&A Review 1999, 223; *Wächter* NJW 1997, 2073.
[435] Vgl. *Betko/Reiml/Schubert* in Berens/Brauner S. 333.
[436] *König/Fink* M&A Review 2000, 220, 221.
[437] Vgl. *Betko/Reiml/Schubert* in Berens/Brauner S. 333.
[438] Stand 1997, laut *Pföhler/Hermann* WPg 1997, 628, 629.

reiche europäische Vorschriften, die in umweltrechtlichen Angelegenheiten zu beachten sind. Als Sanktionen sind meist beträchtliche Bußgelder vorgesehen. Der Käufer sollte zudem bedenken, daß er möglicherweise in die strafrechtliche Verantwortung[439] des Voreigentümers tritt, wenn er die Zielgesellschaft erwirbt[440]; entsprechendes gilt für die Geschäftsführung der Gesellschaft[441].

204 Zunächst sollte festgestellt werden, ob die Zielgesellschaft ein betriebliches **Umweltmanagement** – Umweltdokumentation, umweltrelevantes Musterbetriebsverfahren oder Berichtswesen in Umweltfragen – eingeführt hat. Geprüft werden sollte auch, ob das zu erwerbende Unternehmen einen Umweltbeauftragten hat und welche Aufgaben dieser ggf. in welcher Weise erfüllt. Abhängig von Art und Umfang ihrer Aktivitäten sind manche Unternehmen gesetzlich verpflichtet, Umweltbeauftragte für verschiedene Bereiche zu benennen, die die Einhaltung umweltrechtlicher Vorschriften überwachen[442]. Dazu zählen der Störfallbeauftragte[443], der Immissionsschutzbeauftragte[444], der Gewässerschutzbeauftragte[445] und der Abfallbeauftragte[446]. Die von solchen Beauftragten anzufertigenden Berichte können wichtige Informationen für die Überprüfung von Umweltrisiken enthalten.

205 Sind für den Betrieb von Anlagen der Zielgesellschaft **Betriebsgenehmigungen** erforderlich, muß deren Vorliegen überprüft werden. Da Betriebsgenehmigungen meist mit Nebenbestimmungen und Auflagen erteilt werden, muß ggf. deren Einhaltung kontrolliert werden. Wird die jeweilige Anlage ohne (oder nicht in Übereinstimmung mit der) Betriebsgenehmigung betrieben, besteht die Gefahr einer Untersagungsanordnung und strafrechtlicher Konsequenzen[447]. Darüber hinaus ist die Zielgesellschaft eher zivilrechtlichen Schadensersatzansprüchen Dritter ausgesetzt[448], da bei fehlender Betriebsgenehmigung die Verursachung der Umweltschädigung durch die Anlage vermutet werden kann[449].

206 Die Untersuchung von Umweltrisiken oder bereits vorhandenen **Altlasten** geschieht zur Aufdeckung sämtlicher gegenwärtiger und, soweit möglich, künftiger finanzieller Risiken, die aufgrund der umweltrechtlichen Verantwortlichkeit der Zielgesellschaft entstehen können[450]. Verfügt die Zielgesellschaft über Grundbesitz, sollte dieser schon deshalb auf die Existenz von Altlasten hin untersucht werden, weil seit dem 1. 3. 1999 neben dem eigentlichen Verursacher, dem aktuellen Grundstückseigentümer und dem tatsächlichen Nutzer[451] auch diejenigen zum sanierungspflichtigen Personenkreis gehören, die aus handels- oder gesellschafts-

---

[439] Vgl. §§ 324 ff. StGB.
[440] *Turiaux/Knigge* BB 1999, 913.
[441] Vgl. *Horst/Hardtke* M&A Review 1999, 65, 66; *Pföhler/Hermann* WPg 1997, 628, 629.
[442] *Pföhler/Hermann* WPg 1997, 628, 632.
[443] § 58a BImSchG.
[444] § 53 BImSchG.
[445] § 21a WHG.
[446] § 54 KrW-/AbfG.
[447] Vgl. § 327 StGB.
[448] Vgl. *Turiaux/Knigge* BB 1999, 913, 914.
[449] Vgl. § 6 Abs. 1 und 2 UHG.
[450] *Pföhler/Hermann* WPg 1997, 628, 629.
[451] Vgl. § 4 Abs. 3 Satz 1 BBodSchG.

rechtlichen Gründen für die juristische Person einzustehen haben[452]. Zudem können die Rechtsnachfolger von sog. Handlungsstörern für die von ihren Rechtsvorgängern verursachten Kontaminationen herangezogen werden[453]. Daher sollten auch längst abgewickelte Grundstücksveräußerungen der Zielgesellschaft untersucht werden.

Zusätzlich zu der Altlastenproblematik sind **ökologische Produktrisiken** zu untersuchen, sofern die Zielgesellschaft im produzierenden Gewerbe tätig ist. Hier ist insbes. festzustellen, welche Gefährdungen von Umwelt und Gesundheit im Zusammenhang mit Produktion, Vertrieb und Nutzung der Produkte möglich sind, welche gesetzlichen Schranken insoweit bestehen oder erwartet werden und ob und zu welchen Kosten Möglichkeiten für eine Anpassung der Produkte an veränderte Umweltanforderungen bestehen[454].

In einer ersten Phase wird die Zielgesellschaft zunächst auf Hinweise für eine umweltbeeinträchtigende Nutzung in Gegenwart und Vergangenheit überprüft. Ergibt sich ein dahingehender Verdacht, können **technische Sachverständige** als Gutachter in einer zweiten Phase konkrete Untersuchungen wie zB Boden-, Luft- oder Wasseranalysen durchführen.

Die wirtschaftliche Kalkulierbarkeit von Umweltrisiken ist idR eng verbunden mit dem für das Unternehmen bestehenden **Versicherungsschutz**. Daher liegt ein weiterer Schwerpunkt der Umwelt-Due Diligence in der Untersuchung der Versicherungssituation. Hierbei sollte überprüft werden, in welchem Umfang Versicherungsschutz besteht und inwieweit dieser ausreicht, um die erkennbaren Umweltrisiken abzudecken[455].

II. Wirtschaftliche Due Diligence

Im Zuge der wirtschaftlichen Due Diligence wird die wirtschaftliche Leistungsfähigkeit der Zielgesellschaft untersucht und geprüft, inwieweit die mit der Unternehmensakquisition verfolgten strategischen Ziele des Käufers realisierbar sind. Die wirtschaftliche Due Diligence umfaßt sowohl den Bereich der klassischen **finanziellen Due Diligence**[456] als auch den Bereich der **geschäftlichen Due Diligence**[457]. Sie dient zunächst der Beschaffung von Informationen, die dem Auftraggeber ein besseres Verständnis der finanziellen Situation der Zielgesellschaft ermöglichen (finanzieller Prüfungsbereich). Dazu ist eine eingehende Untersuchung der Vermögens-, Finanz- und Ertragslage der Gesellschaft notwendig, wobei dieser Untersuchung regelmäßig die letzten drei Wirtschaftsjahre zugrunde gelegt werden. Darüber hinaus ist es wichtig, eine Standortbestimmung der Zielgesellschaft hinsichtlich der Marktposition, der Vertriebskanäle, der Pro-

---

[452] Vgl. § 4 Abs. 3 Satz 4 BBodSchG.
[453] Vgl. *Horst/Hardtke* M&A Review 1999, 65, 66.
[454] *Horst/Hardtke* M&A Review 1999, 65, 66.
[455] *Pföhler/Hermann* WPg 1997, 628, 633.
[456] Über die Besonderheiten der finanziellen Due Diligence bei Unternehmen aus der Technologiebranche, *Tiedt*, Financial Due Diligence in der Technologie-Branche, Finanz Betrieb 2000, 608 ff.
[457] Dazu auch *Holzapfel/Pöllath* Rn 13.

dukte, der künftigen Entwicklungsmöglichkeiten sowie der Auswirkungen der Übernahme auf Erwerber und Zielgesellschaft vorzunehmen (geschäftlicher Prüfungsbereich).

211 Die wirtschaftliche Due Diligence stellt **keine Unternehmensbewertung** dar, sondern lediglich eine Überprüfung bewertungsrelevanter Informationen[458]. Sie ist im finanziellen Prüfungsbereich Voraussetzung für eine anschließende Unternehmensbewertung und dient im geschäftlichen Prüfungsbereich zu deren Ergänzung. Bei der Analyse der Vermögenslage steht die Frage der Verlässlichkeit der Bilanzzahlen des Unternehmens im Vordergrund[459]. Hierbei müssen insbes. die zugrunde gelegten Bilanzierungs- und Bewertungsgrundsätze überprüft und auf ihre Übereinstimmung mit gesetzlichen Vorgaben untersucht werden.

III. Steuerrechtliche Due Diligence

212 Die steuerrechtliche Due Diligence[460] dient zum einen der Aufdeckung von Risiken, die zu steuerlichen Verpflichtungen führen können. Zum anderen wird auf Basis der dadurch gewonnenen Informationen die **steuerliche Gestaltung** der Transaktion insbes. bezüglich der Abschreibung des Kaufpreises, der Absetzbarkeit von Finanzierungskosten und der Nutzung von Verlustvorträgen der Zielgesellschaft vorgenommen[461]. Gegenstand der steuerrechtlichen Due Diligence ist dabei die Untersuchung sämtlicher steuerrelevanter Sachverhalte der dem Erwerb vorausgegangenen Jahre.

IV. Kulturelle Due Diligence

213 Die kulturelle Due Diligence[462] ist besonders bei großen internationalen Unternehmensübernahmen deshalb so wichtig, weil der spätere Erfolg zu einem wesentlichen Teil auch davon abhängt, wie gut die unterschiedlichen Unternehmenskulturen zueinander passen[463]. Mit Hilfe der kulturellen Due Diligence können mögliche **Integrationskonflikte** und dadurch hervorgerufene zusätzliche Kosten identifiziert werden[464]. Anhand der durch die kulturelle Due Diligence gewonnenen Informationen ist zudem eine detaillierte Planung der anschließenden Integrationsphase möglich, zu deren reibungslosem Ablauf eine solche Planung einen wichtigen Beitrag leisten kann[465].

214 Die Vorgehensweise bei der kulturellen Due Diligence unterscheidet sich stark von der in anderen Prüfungsbereichen. Ein wesentlicher Unterschied besteht

---

[458] *Kolb/Görtz* M&A Review 1997, 311, 316.
[459] *Kolb/Görtz* M&A Review 1997, 311, 314.
[460] Siehe dazu ausführlich § 26 Rn 617 ff.
[461] *Brebeck/Bredy* in Berens/Brauner S. 221, 238.
[462] Allgemein zur kulturellen Due Diligence *Weidinger/Mündemann* M&A Review 1999, 427.
[463] Allgemein zur Bedeutung der Unternehmenskultur bei Unternehmenszusammenschlüssen *Südlein* M&A Review 2000, 138. Siehe auch § 33.
[464] *Weidinger/Mündemann* M&A Review 1999, 427, 432.
[465] *Weidinger/Mündemann* M&A Review 1999, 427.

darin, daß sowohl das Zielunternehmen als auch das Unternehmen des Käufers **Gegenstand der Prüfung** sind. Anders als bei den sonstigen Feldern der Due Diligence lassen sich die iRd. kulturellen Due Diligence anzulegenden Maßstäbe auch kaum abstrakt festlegen; sie sind vielmehr in hohem Maße von Tätigkeitsbereich und Zielen der betrachteten Unternehmen abhängig[466].

---

[466] So werden sich etwa die Kulturen von Unternehmen der Dienstleistungsbranche wesentlich von denen der Unternehmen des produzierenden Gewerbes unterscheiden.

§ 10 Unternehmensbewertung und Verschmelzungsrelationen, Abfindungen

Übersicht

	Rn
A. Bedeutung des Kaufpreises für die Kauf- oder Verkaufentscheidung	1
I. Bedeutung für die Kaufentscheidung	1
1. Gewichtung des Kaufpreises als ein Parameter unter anderen	1
2. Preisobergrenze und Liquiditätsobergrenze	8
3. Strategische Langfristplanung	12
4. Steuerliche Behandlung	14
II. Bedeutung für die Verkaufentscheidung	15
1. Gewichtung des Kaufpreises als entscheidender Parameter	15
2. Preisuntergrenze	18
3. Steuerliche Behandlung	21
III. Einschaltung und Stellenwert professioneller Unternehmensbewerter	22
1. Notwendigkeit und Auswahl	22
2. Zuordnung von Verantwortlichkeiten	29
B. Bedeutung von Bewertungsverfahren in der Verhandlungssituation	34
I. Maßgeblichkeit des Bewertungszwecks	34
1. Bewertungsfunktionen	34
2. Subjektiver Entscheidungswert und Marktwert	35
II. Anforderungen an Bewertungsverfahren in der Verhandlungssituation	39
1. Flexibilität und Variabilität	39
2. Kombinationsfähigkeit und Marktnähe	41
C. Praktikerverfahren in der Verhandlungssituation	42
I. Modifizierte Marktpreise	42
II. Ableitung aus realisierten Preisen vergleichbarer Unternehmen (Comparable Company Approach)	46
1. Comparable Company Analysis (CCA)	48
2. Similar Public Company-Methode	49
3. Recent Acquisitions-Methode (RAM)	50
III. Ableitung aus branchentypischen Multiplikatoren	51
1. Kurs-Gewinn-Verhältnis	52
2. Kurs-Cash-flow-Verhältnis	54
3. Gewinnmultiplikatoren	57
IV. Ableitung aus branchentypischen Kennziffern	59
1. Mengenmäßige Bezugsgrößen	60
2. Geschäftseinheiten als Bezugsgrößen	61

§ 10   Unternehmensbewertung, Verschmelzungsrelationen, Abfindungen

Rn

    3. Umsatz als Bezugsgröße. 62
  V. Substanzwert- und Zuschlagsverfahren 64
    1. Substanzwertverfahren. 64
    2. Buchwert-Zuschlagsverfahren 65
  VI. Übergewinnverfahren (Economic Value Added) 70
    1. Übergewinnverfahren 70
    2. Economic Value Added (EVA) 77

D. Zukunfts- und ertragswertorientierte Bewertungsverfahren 85
  I. Grundlagen. 85
    1. Konzeptionelle Basis 85
    2. Typisierende (objektivierte) und invidualisierende (subjektive) Bewertung 88
      a) Subjektiver Unternehmenswert 88
      b) Objektiver Unternehmenswert 89
    3. Allgemeine Prinzipien. 98
      a) Betriebsnotwendiges und nicht betriebsnotwendiges Vermögen 98
      b) Stichtagsbezogenheit 102
      c) Risikoneigung/Vorsichtsprinzip 105
    4. Die Ermittlung künftiger finanzieller Überschüsse. . . 107
      a) Information/Vergangenheitsanalyse 107
      b) Prognose und Zerlegung des Prognosezeitraums . . 108
      c) Planungsgrundsätze. 113
      d) Ertragswachstum und Geldentwertung 116
    5. Netto- oder Bruttokapitalisierung 123
      a) Nettoverfahren (Equity Approach) 123
      b) Bruttoverfahren (Entity Approach) 126
      c) Adjusted Present Value-Verfahren (APV-Verfahren) 136
      d) Vergleich der Verfahren 140
  II. Ertragswertverfahren 141
    1. Ermittlung der zukünftigen Ertragsüberschüsse 141
      a) Grundsatz. 141
      b) Bereinigung der Vergangenheitserfolgsrechnung . . 142
      c) Planung der Umsatzerlöse 143
      d) Planung der Aufwendungen. 147
      e) Finanzplanung und Zinsprognose. 149
      f) Steuerplanung. 150
      g) Sitzlandprinzip 155
    2. Kapitalisierungszinsfuß 156
      a) Basiszinsfuß 156
      b) Risikozuschlag 159
      c) Besteuerung der Alternativerträge 166
      d) Capital Asset Pricing Model (CAPM). 169
      e) Effektiver Kapitalisierungszinssatz. 176
      f) Kapitalisierungszinssatz bei Ermittlung subjektiver Entscheidungswerte. 178

		Rn
III.	Discounted Cash-flow-Verfahren (DCF)	179
	1. Netto- oder Bruttokapitalisierung	179
	2. „Tax shield".	181
	3. Vor- oder Nachsteuerrechnung	184

E. **Schlußbemerkung zur Kaufpreisermittlung** 189

F. **Verschmelzungswertrelationen** 193
  - I. Anwendungsbereich 193
    1. Sonderfall der Unternehmensbewertung?......... 193
    2. Anwendungsfälle 195
  - II. Relationsbewertung 197
    1. Gesetzliche Regelung....................... 197
    2. Objektiver Unternehmenswert................ 202
    3. Berücksichtigung von Synergieeffekten 204

G. **Barabfindungen** 211
  - I. Anwendungsbereich 211
    1. Absoluter Wert............................. 211
    2. Anwendungsfälle 212
  - II. Besonderheiten bei gesetzlichen Abfindungsfällen..... 213
    1. Angemessene Abfindung.................... 213
    2. Berücksichtigung von Synergieeffekten 214

Schrifttum: *Auge-Dickhut/Moser/Widmann*, Die geplante Reform der Unternehmensbesteuerung – Einfluß auf die Besteuerung und die Höhe des Werts von Unternehmen, Finanz Betrieb 2000, 362; *Ballwieser*, Unternehmensbewertung und Komplexitätsreduktion, 1990; *Barthel*, Unternehmenswert: Die zuschlagsorientierten Bewertungsverfahren – vom Buchwert-Zuschlagsverfahren zur strategischen Unternehmensbewertung, DB 1996, 1349; *ders.*, Unternehmenswert – Die vergleichsorientierten Bewertungsverfahren, DB 1996, 149; *Helbling*, Unternehmensbewertung und Steuern, 8. Aufl. 1995; *Heurung*, Zur Anwendung und Angemessenheit verschiedener Unternehmenswertverfahren im Rahmen von Umwandlungsfällen (Teil I), DB 1997, 837; *Hölscher*, Käuferbezogene Unternehmensbewertung, 1998; *IdW,* IdW Standard: Grundsätze zur Durchführung von Unternehmensbewertungen (IdW S 1), WPg 2000, 825; *Kohl/Schulte*, Ertragswertverfahren und DCF Verfahren, WPg 2000, 1147; *Küting/Eidel,* Performance-Messung und Unternehmensbewertung auf Basis der EVA, WPg 1999, 829; *Mandl/Rabel*, Unternehmensbewertung: Eine praxisorientierte Einführung, 3. Aufl. 1999; *Moxter*, Grundsätze ordnungsmäßiger Unternehmensbewertung, 2. Aufl. 1983; *Welf Müller*, Die Unternehmensbewertung in der Rechtsprechung. Zustandsbeschreibung und Ausblick, FS Bezzenberger, 2000, S. 705; *Piltz*, Unternehmensbewertung und Börsenkurs im aktienrechtlichen Spruchstellenverfahren, ZGR 2001, 185; *ders.*, Die Unternehmensbewertung in der Rechtsprechung, 3. Aufl. 1994; *Siepe/Dörschell/Schulte*, Der neue IDW-Standard – Grundsätze zur Durchführung von Unternehmensbewertungen, WPg 2000, 946.

A. Bedeutung des Kaufpreises für die Kauf- oder Verkaufentscheidung

I. Bedeutung für die Kaufentscheidung

1. Gewichtung des Kaufpreises als ein Parameter unter anderen

1 Der **Unternehmenskaufpreis oder** der **Anteilskaufpreis** gehört für Käufer wie Verkäufer eines Unternehmens[1] oder Anteilen[2] hieran zu den **wesentlichen Bestandteilen** (essentialia negotii) der zu treffenden Vereinbarungen. Ein offener oder versteckter Dissens führt zu einer fehlenden Einigung, es sei denn, daß im Kaufvertrag entsprechende Regulierungsmechanismen (Gewährleistungen, Kaufpreisanpassungen) vorgegeben sind.

2 Die Gewichtung des Kaufpreises im Rahmen aller relevanten Entscheidungsparameter ist jedoch idR für die Käuferposition anders als für die Verkäuferposition[3]. Der Käufer hat den Kaufpreis zu entrichten und zu finanzieren; er hat jedoch – dies ist eigentlich das Entscheidende – das Unternehmen, in welcher Rechtsform auch immer, in die Zukunft zu führen, zu integrieren und mit übrigen unternehmerischen Aktivitäten zu koordinieren. Dies ist eine **strategische Investitionsentscheidung**, für die weitere Kosten, Kostenersparnisse, Marktpositionierungen auf der Lieferanten- und Abnehmerseite, materielle und immaterielle Integrationsfolgen, positive und negative Synergieeffekte etc. eine uU viel gewichtigere Rolle spielen als der Kaufpreis selbst. Da solche Elemente nur auf der Käuferseite vorliegen, haben sie mit dem Unternehmen auf „stand alone"-Basis, als Kaufobjekt, nur mittelbar zu tun. Es sind Faktoren, die sich als subjektive Elemente in der „Bewertung" des Käufers niederschlagen und in die der „Preis" nur als ein Rechenelement eingeht. Nur wenn sich für den Käufer aus einer solchen Gesamtbewertung nach der Investition in das Kaufobjekt ein höherer Überschuß seines wirtschaftlichen Gesamtpotentials ergibt als bei einer Investition in ein Alternativobjekt oder bei Unterlassen der Investition, ist für ihn der Erwerb vorteilhaft.

3 Der Käufer ist deshalb gut beraten, die **Vorteilhaftigkeit des Kaufpreises** nicht isoliert als absoluten Wert und weil sich gerade eine Gelegenheit bietet zu betrachten, sondern sorgfältig seinen individuellen subjektiven Wert zu ermitteln. Dies gilt jedenfalls für den Unternehmens-/Anteilskauf als unternehmerische Investition. Ein Erwerb zur Vermögensanlage kann ggf. anderen Parametern folgen: Das isolierte Kaufobjekt, sein Ertrag und sein Wiederverkaufspreis stehen hier im Vordergrund.

4 Damit ist schon ein wesentliches Kriterium beschrieben, das der Käufer beim Unternehmens-/Anteilskauf zu beachten hat: Die **Unterscheidung zwischen „Preis" und „Wert"**. Der Preis ist stets ein objektives Faktum; er bildet sich auf dem freien Markt aus Angebot und Nachfrage, aus der jeweiligen Verhandlungs-

---

[1] Siehe § 13.
[2] Siehe § 12.
[3] Siehe Rn 15 ff.

situation und Verhandlungsstärke und -schwäche der beteiligten Parteien. Der Wert hingegen ist ein subjektives Kriterium, das der Käufer aus der Gesamtkonzeption seiner unternehmerischen Strategie entwickelt, das sich in erster Linie an finanziellen Zielen orientiert – also an der Eigenschaft, finanzielle Überschüsse zu erzielen –, aber durchaus auch nichtfinanzielle Ziele einbeziehen kann. Dabei ist darauf hinzuweisen, daß externe Bewerter ausschließlich nach finanziellen Zielsetzungen bewerten können.

Für die Gewichtung des Kaufpreises iRd. Entscheidungsparameter ist jedenfalls bei Unternehmenskäufen durch börsennotierte Käufer (Aktiengesellschaften) auch die **Art des Zahlungsmittels**, die „Währung", in der gezahlt wird, von Bedeutung. Neben Geld ist die Aktie eine gängige „Akquisitionswährung" geworden. Sie ermöglicht Übernahmen, die mit Geld schwerlich finanzierbar wären. Dabei handelt es sich um ein eigenartiges und besonderes Wertschöpfungspotential, das börsennotierten Unternehmen offensteht mit unterschiedlicher Kaufkraft je nach nationaler oder internationaler Notierung. An sich liegt ein Tauschgeschäft vor, das die Bewertung auch der Gesellschaft, deren Aktien als Zahlungsmittel dienen, erfordert. Diese Bewertung ist angemessen, wenn der Verkäufer wieder ein unternehmerisches Engagement mit entsprechendem Einfluß sucht. Das ist die Regel bei Fortführung unternehmerischer Tätigkeit zB in Joint Venture-Gestaltungen; dabei kommt es auf die Börsennotierung nicht entscheidend an.

Anders ist es jedoch, wenn die Aktie Zahlungsmittel für einen Verkäufer ist, der nur noch vermögensanlegend und -verwaltend tätig sein will. Für ihn ist nicht der Unternehmenswert (Tauschwert) des Käufers, sondern die **Liquidisierbarkeit und künftige Börsenkursentwicklung** der Erwerbergesellschaft maßgeblich. Letztlich wird der Kaufpreis – ganz ähnlich den „stock option"-Plänen als Arbeitsvergütung – nicht von der Erwerbergesellschaft aufgebracht, sondern durch Verzicht auf Bezugsrechte von deren Aktionären, deren Aktienwert im Idealfall durch die Transaktion unverändert bleibt, jedoch mit dem Risiko der Wertverwässerung und der Chance der Werterhöhung. Genau umgekehrt liegen Chancen und Risiken beim Verkäufer, der gegenüber einem stabilen Barpreis, jedenfalls bei nicht sofortiger Realisierbarkeit der Aktie, noch das allgemeine Börsenkursrisiko zu tragen hat, das durchaus zu einem Verfall seiner „Kaufwährung" führen kann. Diese Gesichtspunkte sind bei der Entscheidung Geld oder Aktie als Kaufpreis sorgfältig gegeneinander abzuwägen.

Dem Käufer gibt die Durchführung einer Transaktion gegen Aktienwährung ggf. die Chance, den wirklichen **Aufwand**, der sich im Aktienkurs **außerhalb der Rechnungslegung** niedergeschlagen hat, bilanziell nicht in Erscheinung treten zu lassen. Dies gilt jedenfalls in der Einzelbilanz. In der Konzernbilanz hängt es davon ab, ob die Buchwertmethode (Pooling of Interests) oder die Neubewertungsmethode („purchase method") gewählt wird oder gewählt werden muß[4].

---

[4] Siehe § 32.

2. Preisobergrenze und Liquiditätsobergrenze

8 Auf **Käuferseite** wird jedem Unternehmenskauf/Anteilskauf eine subjektive Bewertung nach den individuellen Gegebenheiten des Käufers vorausgehen. Dies erfordert die Sorgfalt eines ordentlichen und gewissenhaften Geschäftsleiters, insbes. wenn es sich um Fremdgeschäftsführung und nicht um Eigengeschäftsführung handelt. Die Kaufentscheidung ist eine Investitionsentscheidung und zwar idR eine besonders bedeutsame; dies bestimmt auch den Grad der aufzuwendenden Sorgfalt.

9 Das bedeutet nicht etwa, daß eine Unternehmensbewertung durch **externe Sachverständige** durchgeführt werden müßte. Wie bei allen größeren Investitionsentscheidungen sind jedoch die Auswahlkriterien und der Kapitalwert festzustellen und möglichst auch zu dokumentieren.

10 Der subjektive Wert bestimmt die **Preisobergrenze** für den jeweiligen Käufer. Sie wird für unterschiedliche Interessenten je nach den individuellen Gegebenheiten unterschiedliche Limits haben. Ein Verhandlungspreis ist zwar objektiv, er mag aber für den einen Käufer vertretbar, für den anderen hingegen unvertretbar sein.

11 Eine weitere Obergrenze ergibt sich für den Käufer aus der **Finanzierbarkeit des Kaufpreises**[5] und der ggf. anfallenden **Integrationskosten**. Ihre Feststellung erfordert die Erstellung einer Finanzplanung, die auf dem Cash-flow aus dem Investitionsobjekt und zugehörigen positiven und negativen Synergieeffekten aufbauen wird. Bei Fremdfinanzierung ist zu klären, ob sich durch den Erwerb die Risikoklasse und damit die Finanzierungsbedingungen des Käufers verändern können. Spielen wegen der Limitierung der Fremdfinanzierung Bilanzrelationen eine Rolle (die Fremdfinanzierung deckt nicht mehr als einen bestimmten Prozentsatz des Gesamtkapitalbedarfs), können die Höhe des Kaufpreises und dessen Aktivierung in der Bilanz ebenfalls Auswirkungen auf die Finanzierbarkeit haben. Je weiter beim Unternehmenskauf die aus der Investition erzielbaren Cash-flows in der Zukunft liegen und je weniger deshalb von ihrer Sicherheit ausgegangen werden kann, desto mehr wird eine Finanzierung durch Eigenkapital infrage kommen.

3. Strategische Langfristplanung

12 In der strategischen Planung des Käufers spielt der definitive Kaufpreis eine eher untergeordnete Rolle. Größere Relevanz hat für ihn **der subjektive Wert des Kaufobjekts**. In diesen subjektiven Wert sind die für die strategische Planung des Erwerbs maßgeblichen Daten wie Marktwachstum, relativer Marktanteil, verändertes Wettbewerbsrisiko, Kundennutzen, Produktkosten, Rendite und andere eingegangen. Man kann sagen, daß die Vorteilhaftigkeit eines Unternehmenserwerbs um so risikoreicher für den Erwerber ist, je geringer die – positive – Differenz zwischen subjektivem Wert und tatsächlichem Kaufpreis ist. Übersteigt der Kaufpreis den subjektiven Unternehmenswert, darf – jedenfalls unter finanziellen Gesichtspunkten – der Erwerb nicht durchgeführt werden.

---

[5] Siehe zur Fremdfinanzierung § 15.

Zur strategischen Langfristplanung beim Erwerber gehört auch die **bilanzielle** 13
Behandlung und Fortschreibung **des Kaufpreises** im Einzel- und Konzernabschluß[6]. Zusätzliche Abschreibungen, insbes. auf Geschäftswerte, belasten beim Asset Deal die Einzelbilanz und damit das Gewinnausschüttungspotential; beim Share Deal wirken sich zusätzliche Abschreibungen jedenfalls im Konzernabschluß aus. Dabei ist auch von Bedeutung, welche Konsolidierungsmethode nach deutschem Bilanzrecht (Buchwertmethode, Neubewertungsmethode iSd. § 301 Abs. 1 HGB) oder nach IAS oder US-GAAP gewählt wird[7].

4. Steuerliche Behandlung

Die steuerliche Behandlung des Kaufpreises ist von nicht unerheblicher Rele- 14
vanz[8]. Der Käufer wird an der **steuerlichen Abschreibungsmöglichkeit** der Investition, und zwar möglichst kurzfristig, interessiert sein. Deshalb wird er idR eher einen Asset Deal oder die Umwandlung eines Share Deal in einen Asset Deal einem reinen Share Deal vorziehen[9]. Die individuellen Steuereffekte beim Erwerber gehen als finanzielle Parameter in dessen subjektive Wertermittlung ein. Sie können deshalb für die Feststellung der Preisobergrenze durchaus Gewicht erhalten.

II. Bedeutung für die Verkaufentscheidung

1. Gewichtung des Kaufpreises als entscheidender Parameter

Für den Verkäufer, der eine Desinvestitionsentscheidung trifft, ist der Kaufpreis 15
als absolutes Datum der wesentliche Entscheidungsfaktor. Für ihn ist ein Verkauf immer vorteilhaft, wenn der Preis über dem für ihn zu ermittelnden subjektiven Wert des Kaufobjekts liegt[10]. Dies gilt jedenfalls dann, wenn der Kaufpreis in Geld, also praktisch risikolos, zu erbringen ist[11]. Die wirkliche Höhe des Kaufpreises erschließt sich nicht immer aus der Kaufpreisklausel des Kaufvertrags. **Einzubeziehen sind alle Rahmenbedingungen**, die finanzielle Auswirkungen haben. Dazu gehören insbes. die Verfügbarkeit und die Sicherheit des Kaufpreises. Extensive und risikoreiche Gewährleistungsverpflichtungen sowie die Bindung durch vertragliche Verzögerungsfristen vermindern den Verfügungswert des Kaufpreises zum Übertragungsstichtag. Auf der anderen Seite erhöhen finanzielle Nebenabreden wie Beraterverträge, garantierte Organstellung oder Versorgungszusagen den Preis für die jeweils „begünstigten" Verkäufer. Jedenfalls besteht Anlaß darauf hinzuweisen, daß eine isolierte Beurteilung des kontrahierten „Preises" ohne Berücksichtigung der Konditionen, insbes. der Gewährleistungsverpflich-

---

[6] Siehe § 32.
[7] *A/D/S* § 301 HGB Rn 38 ff.; *Förschle/Deubert* in BeckBilKomm. § 301 HGB Rn 45 ff.
[8] Siehe § 26 Rn 236 ff.
[9] Zu steuerlichen Einflußfaktoren siehe Rn 150 ff.
[10] Siehe dazu Rn 18 ff.
[11] Vgl. aber Rn 17.

tungen, zu Fehlentscheidungen und bei Vorliegen mehrerer Angebote zu einer fehlerhaften Auswahl führen kann.

16   Gelegentlich findet man, insbes. beim Verkauf von Familienunternehmen, für die Verkäufer **essentielle Nebenbedingungen**, wie zB Erhaltung und Bestandsschutz von Standorten oder Arbeitsplätzen. Hinzu kommt ggf. der Zurückbehalt von Minderheitsbeteiligungen oder die Festschreibung einer Organstellung. Bei solchen Maßgaben ist zu beachten, daß sie sich ggf. kaufpreismindernd auswirken, weil sie – je nach Laufzeit – den subjektiven Unternehmenswert beim Erwerber negativ beeinflussen. Bleiben Minderheitsbeteiligungen bestehen, sollten die Verkäufer darauf achten, ein bindendes Angebot zumindest auf der Preisbasis bei Verkauf der Mehrheit zu erhalten (ggf. zeitlich befristet). Anderenfalls gibt es keine Sicherheit gegen eine Entwertung dieser Anteile durch unternehmerische Entscheidungen des Erwerbers und Mehrheitsgesellschafters.

17   Besteht der **Kaufpreis in Anteilsrechten** (Aktien oder anderen Geschäftsanteilen) am Erwerber oder an mit ihm verbundenen Unternehmen, liegt für den Veräußerer ein Tauschgeschäft vor. Die Vorteilhaftigkeit für den Veräußerer setzt damit eine Bewertung der eingetauschten Anteilsrechte voraus. Im Gegensatz zur Geldtransaktion, die kein unternehmerisches Risiko mehr trägt, besteht die Gegenleistung hier in Risikopapieren. Gibt es einen Markt (zB bei börsennotierten Papieren), kann die Bewertung aus den Marktpreisen entnommen werden, wobei allerdings zu berücksichtigen ist, ob, wann und in welchem Volumen und mit welchen Auswirkungen auf den Kurs die ausgetauschten Papiere auf den jeweiligen Markt zu bringen sind. Gibt es für die eingetauschten Papiere keinen Markt, ist eine Bewertung, und zwar eine subjektive, aus Sicht des Verkäufers erforderlich. Dabei ist von Bedeutung, ob überhaupt eine realistische Veräußerungsmöglichkeit – außer an Mitgesellschafter – besteht. Ist das nicht der Fall, so empfiehlt sich die Vereinbarung einer Ankaufsverpflichtung des Mitgesellschafters nach einer festgelegten Kaufpreisformel.

2. Preisuntergrenze

18   Der Verkäufer muß seine **Preisuntergrenze** kennen. Sie liegt bei rein finanzieller Betrachtung dort, wo der Ertrag aus der Fortführung oder Liquidierung des Verkaufsobjekts gleich oder höher ist als der Ertrag aus dem Kaufpreis. Eine Unterschreitung dieses Grenzpreises kann ihren Grund allenfalls in nichtfinanziellen Erwägungen beim Veräußerer haben. Es mag für den Veräußerer nicht ganz einfach sein, seine individuelle Preisuntergrenze zu ermitteln, insbes. bei Unternehmen, die mittel- oder langfristig in ihrer Stellung im Markt gefährdet sind und auf „stand alone"-Basis nicht fortbestehen können. Aber auch hier wird sich der Verkäufer subjektiv ein Mindestlimit setzen, unterhalb dessen er eher die Zerschlagung in Kauf nimmt. Erfordert die Zerschlagung noch einen Einschuß des Verkäufers, wird er aus finanziellen Überlegungen allerdings auch einen negativen Kaufpreis akzeptieren, solange er geringer als der Einschuß ist.

19   In Fällen, in denen die normalen Wertekriterien versagen oder mit einem hohen Ungewißheitsgrad versehen sind, sollte der Veräußerer anstreben, mit mehreren potentiellen Interessenten in Verbindung zu treten, um eine **Preisbe-**

stimmung in einem modifizierten Auktionsverfahren[12] zu treffen. Dies ist immer dann angebracht, wenn
- über den inneren Wert des Unternehmens,
- über Angebot und Nachfrage,
- über den Stellenwert des Unternehmens im Markt

Unsicherheit besteht oder wenn eine Kombination dieser Umstände vorliegt.

Ein besonderes Problem kann sich ergeben, wenn als **Verkäufer mehrere Parteien**, Mitunternehmer oder Anteilseigner beteiligt sind. Der subjektive Unternehmenswert und damit die Preisuntergrenze kann höchst unterschiedlich sein, insbes. wenn – bei Familiengesellschaften nicht ungewöhnlich – nichtfinanzielle Zielsetzungen eine Rolle spielen können. Ohne vorherige Festlegung über die Preisuntergrenze unter Einbeziehung aller finanziell relevanten Nebenbedingungen[13] für alle auf der Verkäuferseite beteiligten Parteien sollten in solchen Fällen Kaufpreisverhandlungen nicht aufgenommen werden, will man der Erwerberseite nicht unangemessene Verhandlungsvorteile zukommen lassen. Ggf. ist eine Vorabbereinigung auf der Verkäuferseite angezeigt.

3. Steuerliche Behandlung

Die steuerliche Behandlung des Kaufpreises kann für den Verkäufer ein Entscheidungsfaktor sein[14]. Hier spielt insbes. eine Rolle, ob ein **steuerlicher Veräußerungsgewinn** steuerfrei bleibt, wie dies im Regelfall ab 1.1.2002 im Bereich der Körperschaftsteuer der Fall ist[15] oder weil es sich um Anteilsveräußerungen an Kapitalgesellschaften von weniger als 1 % handelt[16]. Dabei wird es aber idR weniger um die Höhe des Kaufpreises gehen als um die Frage, ob zu dem jeweiligen Zeitpunkt verkauft werden soll oder ob rechtzeitig vor dem Verkauf noch steuerlich wirksame Maßnahmen ergriffen werden sollen. Wenn der/die Veräußerer ohnehin mit dem Veräußerungsgewinn steuerpflichtig werden (zB weil eine wesentliche Beteiligung iSd. § 17 Abs. 1 EStG vorliegt), kann sich vor dem Verkauf eine handelsrechtlich formwechselnde, steuerlich errichtende Umwandlung in eine Personengesellschaft empfehlen, falls der Käufer wegen der Nutzung steuerlichen Abschreibungsvolumens eher am Erwerb einer Personengesellschaft als an einer Kapitalgesellschaft interessiert ist.

---

[12] Siehe § 11 Rn 54; *Smith*, Auctions – The social construction of value, 1990.
[13] Siehe Rn 15f.
[14] Siehe § 26 Rn 117ff.
[15] § 8b Abs. 2 iVm. § 34 Abs. 6d KStG nF.
[16] § 17 Abs. 1 EStG.

III. Einschaltung und Stellenwert professioneller Unternehmensbewerter

1. Notwendigkeit und Auswahl

22 Das Institut der Wirtschaftsprüfer (IdW) hat die möglichen **Funktionen eines professionellen Unternehmensbewerters** – konkret des Wirtschaftsprüfers – in dem IdW Standard[17] kurz und prägnant wie folgt beschrieben:

– „**Neutraler Gutachter**
In der Funktion als neutraler Gutachter wird der Wirtschaftsprüfer als Sachverständiger tätig, der mit nachvollziehbarer Methodik einen objektivierten, von den individuellen Wertvorstellungen betroffener Parteien unabhängigen Wert des Unternehmens ermittelt. Der objektivierte Unternehmenswert ist ein typisierter Zukunftserfolgswert, der sich bei Fortführung des Unternehmens in unverändertem Konzept und mit allen realistischen Zukunftserwartungen im Rahmen seiner Marktchancen und -risiken, finanziellen Möglichkeiten sowie sonstigen Einflußfaktoren ergibt."

– „**Berater**
In der Beratungsfunktion ermittelt der Wirtschaftsprüfer einen subjektiven Entscheidungswert, der zB angeben kann, was – unter Berücksichtigung der vorhandenen individuellen Möglichkeiten und Planungen – ein bestimmter Investor für ein Unternehmen höchstens anlegen darf (Preisobergrenze) oder ein Verkäufer mindestens verlangen muß (Preisuntergrenze), um seine ökonomische Situation durch die Transaktion nicht zu verschlechtern."

– „**Schiedsgutachter/Vermittler**
In der Schiedsgutachter-/Vermittlerfunktion wird der Wirtschaftsprüfer tätig, der in einer Konfliktsituation unter Berücksichtigung der verschiedenen subjektiven Wertvorstellungen der Parteien einen Einigungswert als Schiedsgutachter feststellt oder als Vermittler vorschlägt."

23 Diese Funktionenbeschreibung gilt nicht nur für den Wirtschaftsprüfer, sondern für jeden externen Bewerter.

24 In erster Linie werden Käufer und Verkäufer, jeder für seine Seite, an ihrem speziellen Entscheidungswert (Preisobergrenze bzw. Preisuntergrenze) interessiert sein, in den die erörterten subjektiven Komponenten eingehen[18]. Ob sie diese Ermittlungen und Überlegungen selbst anstellen oder sich eines Beraters versichern, hängt von ihrer eigenen Sachkunde ab. Zu beachten ist aber, daß der operativ tätige **Verkäufer oder Käufer** in seinem Unternehmen selbst **der beste Sachkenner** ist oder wenigstens sein sollte. Ein Experte in der Funktion des „Beraters" sollte deshalb nicht mehr oder weniger auf sich gestellt bleiben, sondern seinen Auftrag nur in enger Zusammenarbeit mit den Entscheidungsträgern und stets unter Berücksichtigung von deren unternehmerischen Zielvorstellungen durchführen. Die Tätigkeit des Beraters wird sich idR auf die Überprüfung der Plausibilität dieser Zielvorstellungen und auf die Zurverfügungstellung des be-

---

[17] IdW S 1, WPg 2000, 825, 827.
[18] Siehe Rn 1 ff.; Rn 15 ff.

wertungstechnischen Handwerkszeugs beschränken, nicht aber in die Entscheidungsbildung eingreifen[19].

In den Beratungsvorgang sind die **geborenen Beratungsgremien** wie Aufsichtsräte, Beiräte, Gesellschafterausschüsse etc. einzubeziehen. Weiterhin bieten sich die mit dem Käufer/Verkäufer schon vertrauten externen Berater wie Steuerberater, Wirtschaftsprüfer und Unternehmensberater an. Beim Wirtschaftsprüfer gehört die Beratung in wirtschaftlichen Angelegenheiten zu den eigentlichen Berufsaufgaben[20]. Die Inanspruchnahme der Beratung von Bankinstituten kommt ebenfalls in Betracht. Dabei sollte aber darauf geachtet werden, daß die Beratung objektiv ist und nicht die Gefahr besteht, daß sie von Kreditgeberinteressen beeinflußt wird. In erster Linie werden sich deshalb die reinen Investmentbanken anbieten, die idR auch über die notwendigen Erfahrungen verfügen. Hervorzuheben ist, daß „Herr des Verfahrens" immer der Auftraggeber bleibt, dem es offensteht, die Feststellungen des Beraters für eine Entscheidung zu nutzen oder nicht.

Die Funktion des **externen Bewerters als „neutraler Gutachter"** ist iRd. Kaufpreisbildung schwieriger zu qualifizieren. Übernimmt er schlußendlich die Kaufpreisbestimmung, so müssen sich die Kaufvertragsparteien darüber im klaren sein, daß sie eines der Essentialia des Unternehmenskaufs dem Bestimmungsrecht eines Dritten – der idR den subjektiven Wertparametern der Parteien ferner steht – überlassen. Fälle dieser Art sind so selten nicht, insbes. wenn es nicht um den Verkauf, sondern um den Umtausch in Gesellschaftsrechte des Käufers oder die Bildung von Joint Ventures geht.

In all diesen Fällen sollten Verkäufer und Käufer, unabhängig vom neutralen Gutachter, ihre **Preisunter- bzw. -obergrenze** bestimmen und mit dem Ergebnis des neutralen Gutachters abgleichen. Besondere Vorsicht ist geboten, wenn die Parteien im Kaufvertrag Bewertungsgrundlagen und Bewertungsmethoden des neutralen Gutachters als bekannt und richtig anerkennen. Damit verbauen sie sich einen Rekurs auf die Unrichtigkeit des Gutachtens[21]; die Unrichtigkeit kann sich aber herausstellen, wenn nach Abschluß des Kaufvertrags andere Informationsmöglichkeiten bestehen. Empfehlenswerter erscheint es, wenn die Wertrelation des oder der Gutachter(s) lediglich als Geschäftsgrundlage anerkannt wird, was die Möglichkeit offen läßt, sich auf das Fehlen oder den Wegfall der Geschäftsgrundlage zu berufen.

Die **Schiedsgutachter-/Vermittlerfunktion** kommt in Konfliktfällen in Betracht; beim Unternehmenskauf also weniger im Stadium des Kaufs oder dessen Vorbereitung als vielmehr bei der Abwicklung von Gewährleistungen[22], fehlgeschlagenen Akquisitionen oder der Auflösung gesellschaftsrechtlicher Verbindungen. Der Schiedswert ist theoretisch eine faire Wertfestlegung zwischen der subjektiven Preisobergrenze des Käufers (des Abfindenden) und der subjektiven Preisuntergrenze des Verkäufers (des Abzufindenden)[23]. Es ist aber für den

---

[19] Siehe § 4 Rn 7 ff.
[20] § 2 Abs. 3 Nr. 2 WPO.
[21] Siehe Rn 29 f.
[22] Zu Gewährleistungen siehe § 9.
[23] WP-Hdb. 1998 Bd. II Rn A Rn 24.

Schiedsgutachter idR schwer, die jeweiligen subjektiven Parameter oder Eckpfeiler auch nur einigermaßen plausibel zu ermitteln. Außerdem setzt eine Festlegung zwischen Preisober- und Preisuntergrenze das Vorhandensein eines Einigungsbereichs voraus. Gerade das ist aber in der Schiedsgutachterfunktion nicht immer gegeben[24]. Trotzdem muß eine Wertfestsetzung erfolgen. In diesen Fällen bleibt nur eine typisierende Betrachtungsweise, bei der – ausgehend von einem objektivierten Unternehmenswert – intersubjektive Zu- oder Abschläge zu machen sind. Die Rechtsprechung legt in diesen Fällen idR den Wert zugrunde, den das Unternehmen für einen gedachten „objektiven" Dritten hat[25].

2. Zuordnung von Verantwortlichkeiten

29 Die **Verantwortlichkeiten für die Preisfestlegung** sollten, wenn immer möglich, im Vorfeld der Kauf-/Verkaufsentscheidung geklärt werden. Sie treffen in der Verhandlungs- und Vertragssituation idR die Vertragsparteien selbst und unmittelbar. Bei mehrgliedrigen Vertragsparteien, insbes. auf der Verkäuferseite (Verkauf von Gesellschaftsanteilen an Personen- oder Kapitalgesellschaften), haben häufig nur die Geschäftsführung, die geschäftsführenden Gesellschafter oder der Hauptgesellschafter, die ggf. auch Verhandlungsführer sind, den erforderlichen Ein- und Überblick. Diese Verhandlungsführer haben ihre Geschäfte mit der Sorgfaltspflicht und Verantwortlichkeit eines ordentlichen und gewissenhaften Geschäftsmanns zu führen und Treupflichten gegenüber ihren Mitgesellschaftern zu beachten. Haben die Verkäufer/Käufer die Ergebnisse ihrer Verhandlungsführer aus den Preisverhandlungen anerkannt und sich vertraglich gebunden, können Ansprüche im Innenverhältnis allenfalls bei grobem Sorgfaltsverstoß oder groben Verletzungen von Treupflichten bestehen.

30 Differenzierter ist die **Haftung von Dritten in der Funktion von Unternehmensbewertern** zu beurteilen: Handelt der Unternehmensbewerter in der Funktion als Schiedsgutachter/Vermittler in dem Sinne, daß die Parteien ihm die Bestimmung der Leistung überlassen[26], so haftet er nur bei groben Verstößen gegen anerkannte fachwissenschaftliche Regeln und dann, wenn sein Gutachten wegen offenbarer Unrichtigkeit unverbindlich ist[27]. Handelt der Gutachter in der Funktion als Berater oder neutraler Gutachter, haftet er gegenüber seinem Auftraggeber für jede schuldhafte Verletzung der ihm obliegenden vertraglichen Pflichten. Eine eindeutige Aufgabenumschreibung, insbes. die Umschreibung der verfügbaren Datenbasis ist deshalb von besonderer Wichtigkeit[28].

31 Daneben kommt aber auch die **Haftung gegenüber Dritten** in Betracht, wenn diese in den Schutzbereich des Vertrags mit dem Auftraggeber einbezogen sind. Dies ist immer dann der Fall, wenn die Vertragsparteien übereinstimmend (also auch der Berater) davon ausgegangen sind, daß die Begutachtung auch im

---

[24] *Mandl/Rabel* S. 22.
[25] WP-Hdb. 1998 Bd. II Rn A Rn 28.
[26] § 317 BGB.
[27] BGHZ 43, 376; *OLG Schleswig* NJW 1989, 175; *OLG Hamm* NJW RR-1989, 681; *Heinrichs* in Palandt § 313 HGB Rn 10.
[28] Vgl. WP-Hdb. 1996 Bd. I Rn A 350 ff.

Interesse eines bestimmten Dritten durchgeführt werden soll und diesem als Entscheidungsgrundlage für einen Anteilserwerb oder eine Anteilsveräußerung dienen soll. Es liegt dann ein Vertrag mit Schutzwirkung für Dritte vor[29]. Dies kann bei Unternehmensbewertungen regelmäßig dann angenommen werden, wenn Auftraggeber zwar die Gesellschaft ist, die Bewertung aber ersichtlich der Entscheidungsvorbereitung der Gesellschafter als Verkäufer oder eines Dritten als Käufer dient[30]. Ggf. kann sogar das unzutreffende Testat eines Abschlußprüfers, wenn es zur Grundlage einer Bewertung gemacht wird, aus dem Gesichtspunkt der Schutzwirkung Ansprüche derjenigen auslösen, die im Vertrauen auf dessen Richtigkeit eine Preisentscheidung getroffen haben[31].

Werden **Unternehmensbewerter** bei Gründung von Gemeinschaftsunternehmen und der damit erforderlichen Relationsbewertung **aus Vertraulichkeitsgründen**, weil die jeweils andere Partei Zugang zu Informationen nur zur Berufsverschwiegenheit verpflichteten Personen gewähren will, eingeschaltet, so ist die Festlegung einheitlicher Bewertungsgrundsätze besonders wichtig. Ist die Transaktion zum Abschluß gebracht und die Vertraulichkeitsverpflichtung erledigt, sollten sich beide Parteien vorbehalten, in die Bewertungsunterlagen Einsicht zu nehmen, um die Gleichwertigkeit der Bewertungsmethoden und damit die auftragsgemäße Abwicklung durch den oder die Bewerter selbst überprüfen zu können.

Selbst dort, wo die Preisvorstellungen bei den Parteien aus eigener Entscheidung schon bestehen und **externe Bewerter nur zur Bestätigung** eingeschaltet werden (Alibifunktion), übernimmt der Bewerter eine eigene Verantwortung, für die er auch zur Rechenschaft gezogen werden kann.

B. Bedeutung von Bewertungsverfahren in der Verhandlungssituation

I. Maßgeblichkeit des Bewertungszwecks

1. Bewertungsfunktionen

Auf die drei maßgeblichen Bewertungsfunktionen, nämlich
- subjektiver Entscheidungswert (Preisobergrenze, Preisuntergrenze),
- objektivierter Unternehmenswert,
- Schiedswert/Einigungswert

wurde bereits eingegangen[32]. Je nach Funktion ergeben sich unterschiedliche Bewertungsparameter, insbes. hinsichtlich Prognose und Diskontierung künftiger finanzieller Überschüsse. Insbes. bei Einschaltung Dritter als professionelle Un-

---

[29] Analog § 328 BGB; vgl. *BGH* ZIP 1984, 70; ZIP 1987, 376; ZIP 1998, 826.
[30] Vgl. dazu *Grunewald*, Die Haftung des Experten für seine Expertise gegenüber Dritten, AcP 187 (1987) 285 ff.; MünchKomm. § 328 BGB Rn 80.
[31] BGH ZIP 1998, 826; dazu auch *Muth*, Zur Einbeziehung von Dritten in den Schutzbereich des Abschlußprüfungsvertrags, EWiR 1999, 365.
[32] Siehe Rn 3 ff.

ternehmensbewerter ist eine klare Aufgabenbeschreibung und Funktionszuweisung unabdingbar. Für den externen Bewerter wird – läßt man den Schiedswert einmal außer Betracht – idR der sog. **objektivierte Einigungswert** im Vordergrund stehen, allein schon deshalb, weil für ihn sämtliche finanziellen wie nichtfinanziellen subjektiven Komponenten nur schwer einzubeziehen sind. Trotzdem kommt es in der Verhandlungssituation allein auf die „Grenzpreise", also die Preisober- und Preisuntergrenze der Verhandlungsparteien an. Kommen sie zum Ausgleich, resultiert daraus der tatsächlich realisierte Kaufpreis.

2. Subjektiver Entscheidungswert und Marktwert

35 Für die Entscheidung der Parteien ist es sinnvoll, neben ihrem subjektiven Grenzpreis den **„objektivierten" Unternehmenswert** zu kennen, der praktisch dem „Marktwert" des Unternehmens, also dem Wert aus der Sicht der derzeitigen Eigen- und Fremdkapitalgeber, entspricht. Die Marktwertermittlung stellt weniger auf die Entscheidung über eine Veränderung der Eigentumsverhältnisse, als vielmehr auf den Wert für die derzeitigen Anteilsinhaber nach dem Ist-Zustand einschließlich der Auswirkungen bestimmter Maßnahmen und Strategien in der Zukunft ab. Er entspricht damit dem heutigen Begriff des **Shareholder Value**. Maßgebend für diesen Wert sind die erwarteten Zahlungsströme bzw. Cash-flows einerseits und die Renditeforderungen der Kapitalgeber andererseits. Dabei kann der Marktwert als Marktwert des Gesamtkapitals (Eigenkapital plus Fremdkapital) verstanden werden[33].

36 **Dieser Marktwert** ist auch der zutreffende Wert, wenn es um die **Preisfestlegung** für am Kapitalmarkt operierende bzw. anlagesuchende Kapitalgeber geht. Es ist auch der zutreffende Wert, wenn es um **Ausscheidenswerte** oder **Abfindungen**[34] geht. Der subjektive Grenzpreis stimmt hier mit dem Marktwert überein.

37 Für den unternehmerischen Käufer oder Verkäufer, der ggf. nicht nur Renditeforderungen an das Kaufobjekt stellt, sondern Synergieeffekte, Markteffekte etc. erwartet, ist dagegen ein **Abgleich mit seinem Grenzpreis** erforderlich, was zu Zu- oder Abschlägen zum Marktpreis führen wird.

38 Bei den gängigen Bewertungsverfahren und deren Anwendungsbeschreibung ist zu beachten, daß sie in aller Regel auf den soeben beschriebenen Marktwert oder objektivierten Wert ausgerichtet sind. Jeder Veräußerer/Erwerber wird deshalb bei Anwendung dieser Bewertungsverfahren prüfen müssen, ob seine **Entscheidungskalküle** angemessen berücksichtigt worden sind. In der Verhandlungssituation ist weiter abzuwägen, ob überhaupt und wann es sinnvoll ist, eine solche Wertfeststellung in die Verhandlung einzuführen.

---

[33] *Mandl/Rabel* S. 18 ff.
[34] Siehe Rn 211 ff.

II. Anforderungen an Bewertungsverfahren in der Verhandlungssituation

1. Flexibilität und Variabilität

In der Verhandlungssituation kommt es darauf an, die Einigung auf einen Preis zu finden und diesen rechtsverbindlich so festzulegen, daß spätere Veränderungen (Kaufpreisanpassungen, Gewährleistungen) insbes. für den Verkäufer so kalkulierbar bleiben, daß seine Preisuntergrenze schlußendlich nicht unterschritten wird. Die Beurteilung des Preises iRd. Bewertungskalküls von Veräußerer oder Erwerber erfordert deshalb nicht nur die **Beurteilung** des isolierten Preises, sondern **der gesamten Vereinbarungen**, soweit sie finanzielle Rückkopplungen auf den Preis haben. Insoweit ist – unabhängig von der Unternehmensbewertung – eine **Risikobewertung der Preisabsprache** erforderlich.

Davon abgesehen ist zu beachten, daß jede Preisfindung in der Verhandlungssituation eine schrittweise Annäherung an Markt-, Wissens-, Strategie-, Geschicklichkeitspositionen u. ä. ist. Auf die konsistente Anwendung einer Bewertungsmethode kommt es nicht an. Käufer und Verkäufer sollten, immer unter Berücksichtigung ihres subjektiven Grenzpreises, in den praktizierten Verfahren flexibel und variabel sein. Nichts spricht dagegen, Praktikerverfahren, Multiplikatorverfahren und Ertragswertverfahren nebeneinander argumentativ zu verwenden. Sichergestellt muß nur sein, daß der jeweilige **Grenzpreis nicht über- oder unterschritten** wird. Nur für die Festlegung ihres Grenzpreises muß jede Partei intern ihre festen Regeln haben.

2. Kombinationsfähigkeit und Marktnähe

Da jeder Unternehmenswert Ausdruck unsicherer Erwartungen ist, die nach der einen oder anderen Methode verdichtet sind, kann **kein Unternehmenswert** dem **Postulat absoluter Richtigkeit** genügen. Er ist stets ein Wert in einer Bandbreite auf der Meßlatte derzeit gängiger Verfahren. Für die Preisermittlung wie für die Abfindungsbemessung ist es deshalb empfehlenswert, eine Wertermittlung nach durchaus unterschiedlichen Verfahren herbeizuführen. Das darf nicht zu einer Kombination iSd. früher einmal üblichen ungewichteten oder gewichteten Mittelwertverfahren führen[35]. Ein Plausibilitätsabgleich zwischen verschiedenen Werten unter Berücksichtigung der tatsächlich gegebenen Marktverhältnisse, soweit feststellbar, kann jedoch erheblich zur Entscheidungssicherheit beitragen. Auch bei der Festlegung von Abfindungen ist eine Bewertung nach mehreren Methoden sinnvoll[36].

---

[35] ZB $\frac{\text{Ertragswert} + \text{Substanzwert}}{2}$ oder $\frac{2 \cdot \text{Ertragswert} + \text{Substanzwert}}{3}$

[36] Vgl. *Welf Müller*, FS Bezzenberger, S. 705, 718.

C. Praktikerverfahren in der Verhandlungssituation

I. Modifizierte Marktpreise

42 Der **wahre Wert** eines Unternehmens oder eines Unternehmensanteils wird in der Marktwirtschaft durch den **Verkaufswert** geprägt; das ist der Wert, der sich am tatsächlichen Marktgeschehen orientiert. Dieser Wert bestimmt sich nicht, jedenfalls nicht in der überwiegenden Anzahl der Fälle, an einem theoretisch sauberen Formelwert, sondern an den vielfältigen finanziellen und nichtfinanziellen Einflußfaktoren, die letztendlich einen Marktwert hervorbringen. Es ist deshalb gefährlich, auf der Käufer- oder Verkäuferseite, insbes. auf der letzten, einem starren, formelhaften Wertansatz zu folgen[37]. Ein Abgleich mit strikt marktorientierten Daten ist in jedem Fall empfehlenswert.

43 **Vergleichende Verfahren** haben den Vorteil absoluter Marktorientierung und größter Einfachheit im methodischen Ansatz. Die Gefahr von Scheingenauigkeiten, wie sie weniger marktorientierte und mehr theoretischen Methoden (Ertragswertmethoden) anhaftet, wird vermieden. Die Schwierigkeit vergleichsorientierter Verfahren liegt allerdings in der Beschaffung und Herausarbeitung vergleichbarer Markttransaktionen. Sie werden deshalb in erster Linie dort zur Anwendung kommen, wo eine entsprechende Zahl zeitnaher Transaktionen feststellbar und datenmäßig verfügbar ist. Diese Verfügbarkeit ist häufig weniger bei den professionellen Unternehmensbewertern (Wirtschaftsprüfern) als bei Unternehmensmaklern und Investmentbanken anzutreffen. Kernstück der vergleichenden Verfahren ist die **Feststellung des Grads der Übereinstimmung von Bewertungsobjekt und Vergleichsobjekt**(en)[38]. Dies erfordert eine zweckgerichtete Due Diligence[39] beim Bewertungsobjekt und die Kenntnis zeitnaher Marktdaten.

44 Zum Abgleich eines angemessenen Preises ist die **Verprobung mit verschiedenen Verfahren** empfehlenswert[40], auch wenn dies in der wissenschaftlichen Diskussion nur mit Vorbehalt gesehen wird[41]. Ein Abgleich mit dem subjektiven Unternehmenswert des Käufers oder Verkäufers ist jedoch stets erforderlich.

45 Die **vergleichsorientierten Verfahren** kann man in einem Grobraster einteilen wie folgt:
– Ableitung aus realisierten Preisen vergleichbarer Unternehmen (Comparable Company Approach; Fair Market Value Verfahren);
– Ableitung aus branchentypischen Multiplikatoren (Market Multiples);
– Ableitung aus branchentypischen Kennziffern.

---

[37] *Westerfelhaus*, Unternehmensbewertung mit starrer Regelung nach Standard IDW ES 1 auf dem richtigen Wege?, DStR 2000, 1449ff.
[38] *Barthel* DB 1996, 149, 151.
[39] Siehe § 9.
[40] *Welf Müller*, FS Bezzenberger, S. 705, 719; *Hölscher* S. 281ff.
[41] *Barthel* DB 1996, 149, 153.

II. Ableitung aus realisierten Preisen vergleichbarer Unternehmen (Comparable Company Approach)

Bei dieser Methode werden konkrete Marktpreise von Vergleichsunternehmen mit bestimmten **Performance-Daten des Bewertungsobjekts** in Relation gesetzt. Als solche Performance-Daten eignen sich vor allem Jahresabschlußkennziffern, wie Ergebnis der gewöhnlichen Geschäftstätigkeit vor Zinsen und Ertragsteuern, aber nach Unternehmenssteuern einschließlich Gewerbeertragsteuer (EBIT = „earnings before interest and taxes"), Cash-flow, Eigenkapital, Umsatz, „return on investment" (ROI), „price earnings ratio" (PER), „price-gross revenue ratio" (P/G Ratio), „price-book value" (P/BV), Wachstum, Beschäftigtenzahl, Marktanteil usw.[42] Die daraus resultierenden Verhältniszahlen werden auf die entsprechenden Bezugsgrößen des Bewertungsobjekts angewendet. Der potentielle Marktpreis ergibt sich dann aus folgendem Schema[43]:

$$MP_B = V_B \cdot \frac{MP_V}{V_V}$$

MP_B = Potentieller Marktpreis des zu bewertenden Unternehmens
V_B = Vergleichsgröße des zu bewertenden Unternehmens
MP_V = Marktwert (Börsenwert) des Vergleichsunternehmens
V_V = Vergleichsgröße des Vergleichsunternehmens

Die gleichwertige Anwendung und Vergleichung mehrerer Bezugsgrößen führt zu größerer Sicherheit.

1. Comparable Company Analysis (CCA)

Das Verfahren beruht auf der Heranziehung von **realisierten Kaufpreisen ähnlicher Unternehmen**. Die Schwierigkeit besteht in der Definition und im Auffinden wirklich vergleichbarer Objekte und zeitnaher Preise. Das Verfahren ist idR eher für kleinere bis mittlere Unternehmen mit beschränkter Produktpalette, weniger für Großunternehmen oder Mischkonzerne brauchbar. Zu beachten ist, daß zur Herstellung einer einigermaßen verläßlichen Vergleichbarkeit Bereinigungen vorgenommen werden müssen, die sich auf die Qualität des Managements, Produktqualität und vor allem auf den Verschuldungsgrad beziehen. Eine nicht bereinigte Anwendung der Multiplikatoren setzt einen branchenüblichen Verschuldungsgrad voraus, also einen Verschuldungsgrad, der für alle branchenangehörigen Unternehmen nur in einer engen Bandbreite schwankt.

---

[42] *Ballwieser* S. 199; *ders.*, Unternehmensbewertung mit Hilfe von Multiplikatoren, FS Loitlsberger, S. 62; *Schmid*, Die Bewertung von MBO-Unternehmen – Theorie und Praxis, DB 1990, 1877.
[43] Vgl. *Barthel* DB 1996, 149, 155.

2. Similar Public Company-Methode

49 Hier wird nicht auf die realisierten Kaufpreise vergleichbarer Unternehmen abgestellt, verglichen werden vielmehr **Kennzahlen des Bewertungsobjekts mit denen börsennotierter Unternehmen**. Da an der Börse Anteile gehandelt werden, sind zur Herstellung der Vergleichbarkeit Zu- oder Abschläge erforderlich. Der Vorteil dieses Verfahrens liegt in der Verfügbarkeit höchst aktueller Vergleichspreise, die Schwierigkeit wiederum in der Auswahl vergleichbarer Unternehmen und zwar vergleichbar in Bezug auf Produkte, Märkte, Größe und Verschuldungsgrad.

3. Recent Acquisitions-Methode (RAM)

50 Der Schwerpunkt liegt bei dieser Methode nicht so sehr auf der Branchenähnlichkeit als auf dem Zeitpunkt der Vergleichstransaktion. Der Vergleichspreis spiegelt **das im Transaktionszeitraum herrschende Finanzierungs- und Investitionsklima** wider. Diese Methode eignet sich für Unternehmen mit breiter Produktpalette (Mischkonzerne).

III. Ableitung aus branchentypischen Multiplikatoren

51 Diese Methoden können auf realisierte Marktpreise verzichten; sie stellen vielmehr – wenn vorhanden – auf **die in einem Geschäftszweig oder einer Branche üblichen Multiplikatoren** ab. Die Multiplikatoren können sich auf unterschiedliche Vergleichsgrößen beziehen: Üblich sind vor allem Gewinn und Cash-flow. Die Multiplikatoren sind darauf zu untersuchen, ob sie zum potentiellen Marktpreis des gesamten Unternehmens oder nur des „goodwill" führen. Im letzten Fall ist der Substanzwert noch hinzuzusetzen. Nicht betriebsnotwendiges Vermögen ist stets gesondert zu berücksichtigen. Eine Bereinigung erfordert der durch Multiplikatoren gefundene Unternehmenswert ggf. um den Verschuldungsgrad des Bewertungsobjekts jedenfalls dann, wenn der Multiplikator auf kapitalstrukturunabhängige Größen (bereinigter Gewinn, Cash-flow vor Zinsen) abstellt[44].

1. Kurs-Gewinn-Verhältnis

52 Das Kurs-Gewinn-Verhältnis (KGV) „price earnings ratio" ergibt sich als **Quotient aus Kurswert und Gewinngröße**. Gewinngröße kann zB der ausgewiesene Jahresüberschuß oder – besser – das Ergebnis nach DVFA/S G[45] sein. Das KGV gibt an, das wievielfache des auf eine Aktie entfallenden tatsächlichen Gewinns für die Aktie an der Börse gezahlt wird.

53 Wie bei allen anderen Multiplikatorverfahren besteht die Schwierigkeit darin, **geeignete börsennotierte Vergleichsunternehmen** zu finden und eine An-

---

[44] *Mandl/Rabel* S. 44.
[45] *Mandl/Rabel* S. 45, DVFA/S G 1996: siehe *Busse von Colbe* u. a. (Hrsg.), Ergebnis nach DVFA/SG Gemeinsame Empfehlung, 2. Aufl. 1996.

passung an die individuellen Verhältnisse des Bewertungsobjekts (insbes. Verschuldungsgrad) herzustellen. Außerdem ist der Gewinn (auch ein modifizierter) nur bedingt als Parameter brauchbar, weil eine nicht unerhebliche Manipulierbarkeit besteht.

2. Kurs-Cash-flow-Verhältnis

Da die Größe „Gewinn" je nach angewandten Rechnungslegungsvorschriften (GoB/HGB; IAS; GAAP) und je nach der Ausübung von Bewertungswahlrechten und Ermessensspielräumen durchaus weite Gestaltungsspielräume läßt, wird als verläßlicherer Maßstab der **Cash-flow** herangezogen. Die gebräuchlichste Kennziffer ist EBITDA („earnings before interest, taxes, depreciation and amortization"). Dabei kann noch zwischen vergangenheitsbezogenen und künftigen EBITDA unterschieden werden. Der Cash-flow eines Unternehmens setzt sich danach wie folgt zusammen[46]:

Jahresüberschuß (Vergangenheit oder Prognose)
+/− Aufwendungen/Erträge aus Anlageabgängen
+/− Abschreibungen/Zuschreibungen
+/− Veränderung langfristiger Rückstellungen
+/− Veränderung des Netto-Umlaufvermögens
 (ohne liquide Mittel und kurzfristige Bankverbindlichkeiten)
 Cash-flow aus der Betriebstätigkeit
+/− Cash-flow aus Investitionstätigkeit
+/− Veränderung von (kurz- und langfristigen) Finanzierungsschulden
 Einzahlungsüberschuß des Unternehmens

Das **Kurs-Cash-flow-Verhältnis** ergibt sich dann wiederum aus dem Quotienten aus Kurswert und Cash-flow-Größe des (der) Vergleichsunternehmen und der Anwendung dieses Multiplikators auf das Bewertungsobjekt. Das erforderliche Zahlenmaterial von börsennotierten Vergleichsunternehmen wird mehr und mehr zugänglich, da im angelsächsischen Bereich Cash-flow-Kennziffern regelmäßig veröffentlicht werden und sich auch in Deutschland im Lagebericht[47] Zusatzrechnungen in der Form von Kapitalflußrechnungen oder Bewegungsbilanzen einbürgern.

Neben dem Cash-flow lassen sich **andere ergebnisbezogene Verhältniszahlen** von Vergleichsunternehmen heranziehen[48], wie zB
− Price-Dividend Ratio,
− Price-Wachstums Ratio,
− Price-Buchwert Ratio,
die aber für die gängige Praxis schon mangels ausreichendem Zahlenmaterial keine bedeutsame Rolle spielen.

---

[46] *Mandl/Rabel* S. 116.
[47] § 289 HGB.
[48] Vgl. *Hölscher* S. 322 mit weiteren Beispielen.

3. Gewinnmultiplikatoren

57 Zu erwähnen sind wegen ihrer Einfachheit Verfahren, bei denen auf den Gewinn des Bewertungsobjekts **branchentypische Multiplikatoren** angewandt werden. Dabei ist von einem bereinigten Jahresgewinn auszugehen, bei dem eliminiert bzw. normalisiert sind[49]:
- außerplanmäßige und außerordentliche Erträge und Aufwendungen;
- nicht marktmäßige oder nicht angesetzte Aufwendungen oder Erträge (zB Gehälter, Tantiemen, Mieten, Zinsen);
- betriebswirtschaftlich nicht gerechtfertigte Abschreibungen und Bildung stiller Reserven;
- Zinsen bei nicht branchentypischer Finanzierungsquote.

58 Dieses Verfahren ist nur handhabbar, wenn markt- und zeitnahe branchentypische **Multiplikatoren verfügbar** sind, was bei Verbänden, Maklern oder Investmentbanken durchaus der Fall sein kann. Anwendbar wird diese Methode jedoch idR nur bei kleineren und mittleren Unternehmen mit enger Produktpalette oder eindeutig differenzierbarer Branchenzugehörigkeit sein. Multiplikatoren dieser Art werden sich stets in einer Spannweite zwischen Mindest- und Höchstsätzen (zB zwischen 4 und 8) abspielen[50]. Ein Multiplikator von 6 entspricht zB einem Kapitalisierungszinssatz von 16,6%. Wenn entsprechendes Material vorhanden ist, sind Gewinnmultiplikatoren relativ markt- und zeitnah. Sie eignen sich in jedem Falle zur Kontrolle von Werten aus marktferneren Bewertungsmethoden.

IV. Ableitung aus branchentypischen Kennziffern

59 Diese Verfahren sind vergleichbar mit den branchentypischen Multiplikatoren[51]; sie stellen allerdings nicht auf Überschußgrößen (Gewinne, Cash-flows etc.) ab, sondern auf **andere branchentypische Kennziffern**, insbes. auf Mengen, Geschäftseinheiten (Budgets) oder Umsätze. Bestehen „Marktpreise", an denen insbes. ein potentieller Erwerber nicht vorbeikommt, ist es um so wichtiger, daß jeder Investor seinen subjektiven Grenzpreis als Preisobergrenze ermittelt, um nicht in eine „Marktpreisfalle" zu geraten, die für seine individuellen unternehmerischen Entscheidungen kontraproduktiv ist. Ein Käufer wird sich auf solche Preisstellungen nur dann einlassen können, wenn die Kostenstruktur des Kaufobjekts branchentypisch und transparent ist, oder wenn die Kostenstruktur des Kaufobjekts insgesamt kurzfristig vom Käufer umgestaltet werden kann und Synergieeffekte genutzt werden können. Dann hat die bisherige Kostenstruktur des Zielunternehmens allenfalls temporäre Bedeutung.

---

[49] *Barthel* DB 1996, 149, 159.
[50] Zu Beispielen *Barthel* DB 1996, 149, 159.
[51] Siehe Rn 51 ff.

1. Mengenmäßige Bezugsgrößen

In speziellen Branchen können sich **Marktpreise für mengenmäßige Größen** herausgebildet haben oder herausbilden. Zu prüfen ist stets, ob damit nur der Geschäftswert (Kundenstamm) abgegolten ist, dann muß der Substanzwert noch hinzukommen, oder ob der gesamte Unternehmenswert nach solchen Daumenregeln (Industry Rules of Thumb) abgegolten wird. Infrage kommen insbes.
- abgesetze Hektoliter in der Getränkeindustrie;
- vermietete Quadratmeter Bürofläche;
- verkaufte Auflage/Zahl der Abonnenten bei Zeitungen und Zeitschriften;
- Anschlußkunden bei Fernsehsendern oder „e-commerce"-Unternehmen;
- Treibstoffumsatz bei Tankstellen;
- Langzeitpatienten bei Arztpraxen;
- Konzessionen bei Transportunternehmen.

2. Geschäftseinheiten als Bezugsgrößen

In bestimmten Bereichen wie Großhandelsunternehmen, Agenturen u. ä. knüpft die Preisbemessung an **Rohgewinnen oder verwalteten Budgets** an. Allerdings ist zu berücksichtigen, daß diese Größen relativ großen Gestaltungsraum lassen und deshalb kritisch gesehen werden müssen.

3. Umsatz als Bezugsgröße

Umsatzbezogene Verfahren sind insbes. bei der **Preisbildung für Freiberuflerpraxen** weit verbreitet. Entsprechendes Material ist idR bei Berufskammern oder ähnlichen Einrichtungen bekannt und abrufbar[52]. Bezeichnenderweise folgt gerade der Berufsstand, der der ausgewiesene Experte für Unternehmensbewertungen ist, in eigenen Bewertungsangelegenheiten den marktorientierten Verfahren (Gegebenheiten), ohne idR noch besondere Ertragsbewertungen vorzunehmen.

Freiberuflerpraxen sind jedoch nicht die einzigen Beispiele für umsatzabhängige Bewertungsverfahren; sie finden sich zB auch bei **Versicherungsunternehmen**, wo als Ausgangswert zB 100% der Jahresprämie herangezogen werden kann[53].

---

[52] Die Ausrichtung an einem Jahresumsatz findet sich in aller Regel bei Wirtschaftsprüfer-, Steuerberater- und ggf. auch Rechtsanwaltspraxen. Je nach Kundenstruktur und Mitarbeiterstamm werden Zu- und Abschläge auf den Jahresumsatz gerechnet. Für Wirtschaftsprüferpraxen bewegt sich der Kaufpreis idR innerhalb einer Bandbreite von 100 % bis 130 % des nachhaltig erzielbaren Umsatzes. „Für die Zuordnung innerhalb dieser Bandbreite ist die Praxisstruktur maßgebend, u. a. Rendite = Rohüberschuß, die Streuung der Klientel, die Ausweitungsmöglichkeiten der Aufträge, die Steigerungsfähigkeit des Honorars", WP-Hdb. 1996 Bd. I Rn B 32, S. 109.

[53] *Barthel* DB 1996, 149, 161.

V. Substanzwert- und Zuschlagsverfahren

1. Substanzwertverfahren

64 **Reine Substanzwertverfahren**, die den Unternehmenswert unter der Annahme der Fortführung des Unternehmens und unter Ansatz der Vermögenswerte zu Reproduktionskosten bestimmen, können heute nur bei Vorliegen ganz besonderer Voraussetzungen zum Zuge kommen. Sie entsprechen nicht der kaufmännischen Grundannahme, daß sich jeder Wert, auch der Substanzwert, nur aus dem ihm innewohnenden Ertragspotential bestimmen lasse. Wenn überhaupt ein solches Verfahren Anwendung findet, muß auf den Vollreproduktionswert – also einschließlich aller, auch nicht bilanzierter Vermögenswerte (zB selbsterstellte Marken- und Patentrechte[54], Kundenstamm etc.) – abgestellt werden. Ein Teilreproduktionswert, der nur auf bilanzierte Vermögenswerte abstellt, würde idR zu unzutreffenden Werten führen. Die Substanzwertermittlung folgt dann dem Schema:

Reproduktionswert des betriebsnotwendigen Vermögens
+ Liquidationswert des nicht betriebsnotwendigen Vermögens
./. Schulden (auf „going concern"-Basis)

Substanzwert auf Basis von Reproduktionswerten

2. Buchwert-Zuschlagsverfahren

65 Eine Variante des Substanzwertverfahrens ist das Buchwert-Zuschlagsverfahren[55]. Ausgangsgröße ist das **versteuerte Eigenkapital** eines Unternehmens (einschließlich versteuerter Rücklagen), das um **Zu- oder Abschläge zu einzelnen Bilanzposten** (wegen stiller Reserven oder nicht bilanzierter Risiken) modifiziert wird.

66 **Zuschläge** kommen zB in Betracht für[56]
– Markenrechte;
– „goodwill" (Kunden- und Lieferbeziehungen);
– Software;
– überhöhte AfA;
– gesellschaftsrechtliche Stellung (Beteiligung von mehr als 25%, 50%, 75%);
– stille Reserven bei Liegenschaften;
– günstige Finanzierungskonditionen;
– günstige Mietverträge;
– günstige steuerliche Situation (Organschaften, Verlustvorträge, Schachtelprivileg).

67 **Abschläge** kommen in Betracht für
– ungünstige Finanzierungskonditionen;
– zu geringe AfA;
– ungünstige langfristige Vertragspositionen;

---

[54] Siehe § 30.
[55] *Barthel* DB 1996, 1349, 1353 f.
[56] Nach *Barthel* DB 1996, 1349, 1353.

- Risiken aus Betriebsprüfung, Umwelt, Haftpflicht;
- Unterdotierung von Pensionsrückstellungen;
- latente Steuerverbindlichkeiten;
- Haftungsverhältnisse.

Das **Buchwert-Zuschlagsverfahren** zeichnet sich auf den ersten Blick durch Einfachheit und Verständlichkeit aus; es enthält allerdings zB im „goodwill"-Zuschlag doch wiederum Ertragswertkomponenten, die ein weites Willkürfeld eröffnen. Trotzdem kann sich insbes. der Verkäufer, der Inhalt und Verläßlichkeit seiner Zahlen kennt, auf dieser Basis erste Wertvorstellungen machen.

Bei börsennotierten Werten kann die **Börsenkapitalisierung zum eingesetzten Eigenkapital** in Relation gesetzt werden. Daraus errechnet sich der Market Value Added (MVA) bzw. die „price/book ratio". Da diese bei branchenbezogener Betrachtensweise ggf. in recht engen Bandbreiten liegt, kann der entsprechende Vergleich mit börsennotierten Papieren (zB mit DAX-Werten) durchaus zu ersten Wertvorstellungen führen.

VI. Übergewinnverfahren (Economic Value Added)

1. Übergewinnverfahren

Die Übergewinnverfahren gehen generell von der Überlegung aus, daß Unternehmen langfristig nur eine Normalverzinsung des eingesetzten Kapitals erwirtschaften können und darüber hinausgehende **Mehrgewinne als Ausfluß überdurchschnittlicher Unternehmensleistung**, Konjunkturlage, Produktvorsprung, Monopolstellung oder ähnlichem zeitlich begrenzt sind.

Der Unternehmenswert ergibt sich damit aus dem **Substanzwert**, der nominal angesetzt werden kann, da eine immerwährende Normalverzinsung unterstellt wird, **zuzüglich** dem **Barwert der „Übergewinne"**, wobei die Übergewinne als risikogefährdet bzw. als nicht immerwährend unterstellt werden. Deshalb ist bei der Übergewinnverrentung ein Abschlag vorzunehmen, entweder dadurch, daß der Zinsfuß für den Übergewinn erhöht oder seine Wirkungsdauer verkürzt wird.

Als Substanzwert wird bei diesen Verfahren der sog. **Teilreproduktionswert** angesetzt, das sind die bilanzierten Vermögenswerte zu Wiederbeschaffungskosten abzüglich Abschreibungen auf Wiederbeschaffungskosten[57].

Der **Übergewinn** entspricht dem Firmenwert. Er ergibt sich für eine Periode wie folgt:

$$ÜG_1 = E_1 - E_{norm} = E_1 - i \cdot SW$$

$ÜG_1$ Übergewinn der Periode 1
E_1 Ertrag der Periode 1
E_{norm} (konstanter) Normalertrag
i risikoloser Zinsfuß
SW Substanzwert

---

[57] *Mandl/Rabel* S. 50.

Der **Unternehmenswert** selbst ergibt sich dann aus folgender Formel:

$$UW = SW + \sum_{t=1}^{m} (E_1 - i \cdot SW)(1+i)^{-1}$$

UW Unternehmenswert
m Nachhaltigkeitsdauer

oder bei gleichbleibenden Erträgen (E):
$$UW = SW + m(E - i \cdot SW)$$

Als **risikoloser Zinsfuß** (i) wird idR der landesübliche Zinssatz für risikofreie Kapitalmarktanlagen angesetzt, das ist die langfristig erzielbare Rendite öffentlicher Anleihen. Wird ein Unternehmen mit unbegrenzter Lebensdauer unterstellt, sind Ausgangspunkt öffentliche Anleihen mit einer Laufzeit von 10 oder mehr Jahren.

74 Übergewinnverfahren der geschilderten Art waren in Deutschland in den 60er und 70er Jahren üblich[58], insbes. das sog. **UEC-Verfahren**[59], das vom Berufsstand der Wirtschaftsprüfer damals weitgehend angewandt wurde. Heute ist es bei den Wirtschaftsprüfern in Deutschland durch die reinen Ertragswertmethoden praktisch vollständig ersetzt. In Österreich findet es jedoch auch bei Bewertungssachverständigen nach wie vor Anwendung (sog. Wiener Verfahren)[60].

75 Man kann auch das sog. **Mittelwertverfahren**

$$UW = \frac{SW + EW}{2}$$

EW Ertragswert (ermittelt auf der Basis von Periodenerfolgen)
als Unterfall der Übergewinnmethoden darstellen,

$$UW = SW + 0,5(EW - SW)$$

was bedeutet, daß der Übergewinn zur Hälfte angesetzt wird.

76 Die gemeinsame Basis aller Übergewinn- und Mittelwertverfahren besteht in der Annahme, daß der Substanzwert den Normalwert bildet, und in dem **Mißtrauen gegen die Ertragsschätzung**, die im Zentrum aller Ertragswertverfahren steht[61]. Hinzu kommt die größere Einfachheit und Verständlichkeit gegenüber den zT mathematisch hochentwickelten, rein ertragswertorientierten Verfahren. Kritisch bleibt allerdings anzumerken, daß bei Licht besehen auch der Substanzwert nur ein besonders charakterisierter, nämlich durch Anschaffungskosten oder Reproduktionskosten definierter Ertragswert ist[62].

---

[58] *Bellinger/Vahl*, Unternehmensbewertung in Theorie und Praxis, 2. Aufl. 1992, S. 267 ff.

[59] Union Européenne des Experts Comptables, Economiques et Financiers; dazu *Viel/Bredt/Renard*, Die Bewertung von Unternehmen und Unternehmensanteilen, 5. Aufl. 1975.

[60] Fachgutachten des Fachsenats für Handelsrecht und Revision des Instituts für Betriebswirtschaft, Steuerrecht und Organisation der Kammer der Wirtschaftstreuhänder über Unternehmensbewertung vom 20. 12. 1989 (KFS/BW 1); dazu auch *Barthel* DB 1996, 1349, 1354.

[61] *Moxter* S. 60.

[62] Vgl. SFAC (Statement of Financial Accounting Concepts) No. 6 par. 25: „Assets are probable future economic benefits obtained or controlled by a particular entity as a result of past transolutions or results."

2. Economic Value Added (EVA)

Der leicht verständliche Ansatz und die Anknüpfung an verfügbare und abgesicherte Daten des Rechnungswesens (Bilanz und GuV) erklären eine Renaissance der Übergewinnmethoden insbes. in Gestalt des **EVA-Konzepts**[63]. In der angelsächsischen Praxis werden solche Contribution-Modelle praktiziert, die davon ausgehen, daß nur die über den Kapitalkosten liegende Rentabilität zusätzlichen Wert schafft[64].

Der Übergewinn (**Residualgewinn**) kann entweder in einer Brutto-Rechnung (Entity-Ansatz) bezogen auf das Gesamtkapital (Eigen- und Fremdkapital) oder in einer Netto-Rechnung (Equity-Ansatz) bezogen auf das Eigenkapital ermittelt werden.

Bei der **Brutto-Methode** ergibt sich der Unternehmenswert aus dem Buchwert des Vermögens (BW_0) zuzüglich des Übergewinnwerts. Dieser ermittelt sich aus dem Bruttoerfolg (vor Fremdkapitalzinsen) abzüglich durchschnittlicher Kapitalkostensatz auf das Gesamtkapital abgezinst wiederum mit dem durchschnittlichen Kapitalkostensatz. Davon abzuziehen ist der Wert des Fremdkapitals. Formelmäßig ergibt sich folgende Darstellung:

$$UW = BW_0 + \sum_{t=1}^{\infty} \frac{\text{Erfolg vor Zinsen} - WACC \cdot BW_{t-1} - FK}{(1 + WACC)^t}$$

BW_0 Buchwert des Vermögens zum Bewertungsstichtag
BW_{t-1} Buchwert des Vermögens zu Beginn der Periode t
WACC   durchschnittlicher Kapitalkostenansatz (Eigen- und Fremdkapital) = Weighted Average Cost of Capital
FK   Fremdkapital

Eine Schwierigkeit bei diesem Verfahren liegt in der **Ermittlung des gewogenen Kapitalkostensatzes** für Eigen- und Fremdkapital, der zum einen eine Einschätzung der künftigen Finanzierungsstruktur voraussetzt, zum anderen auch die unterschiedliche steuerliche Behandlung der Eigen- und Fremdfinanzierungskosten berücksichtigen muß. Da die WACC auch bei den rein ertragsbezogenen Verfahren zur Anwendung kommt, wird auf die Ausführungen dazu verwiesen[65].

Bei der **Netto-Methode** (Equity-Ansatz) wird der Wert des Eigenkapitals direkt ermittelt, indem die zukünftigen Übergewinne (nach Fremdkapitalzinsen) mit den Eigenkapitalzinsen auf den Bewertungszeitpunkt abgezinst werden. Formelmäßig ergibt sich folgende Darstellung:

---

[63] Vgl. *Küting/Eidel* WPg 1999, 829, 833.
[64] *Lewis T. G.*, Steigerung des Unternehmenswerts, 2. Aufl. 1995, S. 124; EVA Konzept des Beratungsunternehmens Stern Stewart & Co.; Economic Profit-Modell von McKinsey & Company Inc.; Added Value-Modell der London Business School; Cash Value Added der Boston Consulting Group.
[65] Unter Rn 132 und Rn 181 ff.

$$UW = EK_o + \sum_{t=1}^{\infty} \frac{\text{Erfolg nach Zinsen}_t - (k_{ek} \cdot \times EK_{t-1})}{(1 + k_{ek})^t}$$

EK_o Buchwert des Eigenkapitals zum Bewertungsstichtag
EK_{t-1} Buchwert des Eigenkapitals zu Beginn der Periode t
k_{EK} Eigenkapitalkosten

82   Die **Eigenkapitalkosten** stellen die **Mindestrendite** dar, die von den Kapitalgebern gefordert wird; erst wenn diese Hürde übersprungen ist („hurdle rate") liegt ein „ökonomischer Gewinn" vor, der ausgeschüttet werden kann, ohne daß sich der Zukunftserfolgswert des Unternehmens ändert[66]. Diese Mindestrendite kann der Kapitalgeber vorgeben; sie kann auch unter Heranziehung kapitalmarkttheoretischer Modelle (CAPM[67]) bestimmt werden.

83   Die wesentliche Größe der **Contribution Modelle** ist der prognostizierte Übergewinn (auch als Market Value Added ex ante bezeichnet). Insoweit sind die Methoden mit denselben Unsicherheitsfaktoren behaftet wie die reinen Ertragswertverfahren; die Anknüpfung an die Buchwerte aus der Rechnungslegung vermag aber eine stärkere (Schein-)Sicherheit zu vermitteln.

84   Anstelle der Buchwerte wird idR der sog. **„economic book value of assets"** (EBV) berechnet, der den Teilreproduktionskosten entspricht[68]. Damit wird sichergestellt, daß nicht der Buchwert, sondern der Marktwert des Kapitals die Mindestrendite erwirtschaften muß. Beim Equity-Ansatz wird eine Vollausschüttung der Periodengewinne nicht unterstellt, so daß auch kalkulatorische Eigenkapitalkosten auf den Kapitalzuwachs zu beachten sind[69].

D. Zukunfts- und ertragswertorientierte Bewertungsverfahren

I. Grundlagen

1. Konzeptionelle Basis

85   Im Gegensatz zu den Vergleichsverfahren oder den an Substanz- oder Bilanzwert anknüpfenden Verfahren bestimmt sich der **Unternehmenswert bei den zukunfts- und ertragswertorientierten Verfahren** – auf der Basis, daß nur finanzielle Zielsetzungen zu berücksichtigen sind – aus dem Barwert der Nettozuflüsse, die der Unternehmenseigner (Anteilseigner) nach den Erkenntnissen zum Bewertungsstichtag zu erwarten hat. Daraus ergibt sich, daß die Ertragswertkonzeption sehr viel unternehmensspezifischer und marktunabhängiger sein kann als die zuvor erörterten Vergleichsverfahren. Dies gilt selbst in Anbetracht des Umstands, daß sich auch bei den Ertragswertverfahren einzelne Bewertungselemente,

---

[66] *Küting/Eidel* WPg 1999, 829, 834.
[67] CAPM: Capital Asset Pricing Model siehe Rn 169 ff.
[68] Siehe Rn 64 ff.
[69] *Küting/Eidel* WPg 1999, 829, 832.

insbes. die Risikobeurteilung und die Bewertung des Fremdkapitals, an Marktdaten orientieren.

Die Ertragswertverfahren stellen insgesamt auf Prognosedaten (künftige Erlöse, künftige Kosten, künftige Finanzstruktur, Produktentwicklung, Marktentwicklung) ab. Damit liegt auf der Hand und das kann nicht deutlich genug gemacht werden, daß das eigentliche und entscheidende Problem jeder Ertragswertkonzeption das **Informations- und Prognoseproblem** ist. Dahinter treten die insbes. in der akademischen Literatur erörterten und vertretenen Methoden und Formeln in ihrer Entscheidungsrelevanz für Verkäufer und Käufer in den Hintergrund.

Kaufpreise wurden in der Vergangenheit mit den verschiedensten Verfahren untermauert. Die **Gründe für Fehlmaßnahmen** lagen nicht in der Anwendung der falschen Formel, sondern in aller Regel in einer fehlerhaften Prognose ggf. verbunden oder sogar verursacht durch eine Informationslücke über den Ist-Zustand. Die Informationsbeschaffung und die Prognose sind das Hauptproblem der ertragswertorientierten Methoden; ihr Vorteil ist aber, daß sie diese Probleme für die Transaktionsbeteiligten sichtbar machen und – besser als andere Verfahren – zur kritischen Analyse zwingen.

2. Typisierende (objektivierte) und individualisierende (subjektive) Bewertung

a) Subjektiver Unternehmenswert. Da bei den Ertragswertverfahren der Nettozufluß beim Unternehmenseigner kapitalisiert wird, kommt es für Prognose und Konzeption des künftigen Unternehmens auf die jeweils subjektiven **Kenntnisse, Prognosen, Absichten und Erwartungen eines Transaktionsbeteiligten** an. Der Ertragswert ist deshalb idR für einen Investor (Käufer) und einen Desinvestor (Veräußerer) signifikant unterschiedlich. Deshalb sind Ertragswertverfahren vor allem geeignet, subjektive Werte zu ermitteln, maW Preisuntergrenzen für den Verkäufer und Preisobergrenzen für den Käufer festzulegen. Eine verantwortungsvolle Transaktionsabwicklung setzt – jedenfalls bei gewichtigeren Transaktionen – voraus, daß jeder Transaktionsbeteiligte seine subjektive Preisober- bzw. Preisuntergrenze kennt und in nachvollziehbarer Form dokumentiert.

b) Objektiver Unternehmenswert. Häufig sind Bewertungen notwendig, bei denen die individuellen Parameter der Beteiligten nicht bekannt sind, nicht offenbart werden oder wegen der schieren Anzahl der Betroffenen nicht einzeln berücksichtigt werden können. Dies ist immer dann der Fall, wenn der Bewerter in Schiedsgutachter-/Schiedsrichter- oder Vermittlerfunktion oder als sog. neutraler Gutachter tätig wird. Hier sind zu nennen gesetzliche Vorschriften bei Ausscheiden oder Abfindung von Minderheitsgesellschaftern[70], gesellschaftsvertragliche Abfindungsklauseln oder vertragliche Vereinbarungen zur Bestimmung des Preises durch einen Dritten[71].

---

[70] ZB §§ 304, 305, 330b AktG; § 29 UmwG.
[71] §§ 317 ff. BGB.

90 Dies sind insbes. Bewertungen unter Einschaltung von Wirtschaftsprüfern. Sie folgen dem Konzept des sog. „objektivierten" Unternehmenswerts, wie es insbes. vom IdW entwickelt und für solche Fälle empfohlen wird. Dabei wird von der Ermittlung typisch subjektiver Faktoren abgesehen; stattdessen werden nach dem **Typisierungsprinzip** Verhältnisse zugrundegelegt, die für die Transaktionsbeteiligten in vergleichbarer Situation als üblich oder typisch gelten können. Fehlende oder mit vertretbarem Aufwand nicht beschaffbare Informationen werden durch typische Parameter ersetzt[72]. Das IdW empfiehlt dabei in IdW S 1[73] folgende Typisierungen:

91 **Eingeleitete Maßnahmen:**

Nur zum Bewertungsstichtag bereits eingeleitete, d. h. durch Umsetzungsbeschlüsse der zuständigen Gremien **konkretisierte Maßnahmen** (zB Investitionen/Desinvestitionen) sind zu berücksichtigen. Mögliche, aber noch nicht eingeleitete Maßnahmen bzw. die daraus folgenden finanziellen Überschüsse werden nicht berücksichtigt.

92 **Unechte Synergieeffekte:**

Nur **Synergieeffekte, die nicht spezifisch durch den Bewertungsanlaß veranlaßt** sind, also mit beliebigen Partnern erzielbar sind (unechte Synergieeffekte), dürfen angesetzt werden, jedoch auch nur insoweit, als die synergiestiftenden Maßnahmen bereits eingeleitet sind. Dagegen sind Synergieeffekte, die sich spezifisch aus dem Verbund mit dem potentiellen Erwerber ergeben (typische Synergieeffekte), nicht zu berücksichtigen.

93 **Vollausschüttungsannahme:**

Die **finanziellen Überschüsse** werden **voll an die Unternehmenseigner ausgeschüttet**, soweit sie bei unverändertem Unternehmenskonzept (Substanzerhaltung, Finanzierungsstruktur) und rechtlichen Restriktionen (Bilanzgewinn) zur Ausschüttung zur Verfügung stehen.

94 **Typisierte Managementfaktoren:**

Das Verbleiben des bisherigen Managements wird unterstellt. Bei personenbezogenen Unternehmen allerdings sind rein persönlich begründete finanzielle Beiträge außer Betracht zu lassen. Soweit kein **angemessener Unternehmerlohn** (Managervergütung) als Aufwand verbucht wurde, ist eine Vergütung abzusetzen, die eine nicht beteiligte Geschäftsführung erhalten müßte. Einflüsse personeller oder familiärer Art auf das finanzielle Ergebnis sind zu eliminieren.

95 **Ertragsteuern der Unternehmenseigner:**

Da der Nettozufluß beim Unternehmenseigner kapitalisiert wird, muß die dem Zufluß zuordenbare **Einkommensteuer (Körperschaftsteuer) zuflußmindernd** berücksichtigt werden. Statt individueller Steuersätze wendet IdW S 1 einen typisierten Einkommensteuersatz von 35% an, der nach statistischen Untersuchungen für vertretbar gehalten wird. Bei der Bewertung von Kapitalgesellschaften ist bei Durchrechnung auf den Anteilseigner das ab 1. 1. 2001 eingeführte Halbeinkünfteverfahren zu berücksichtigen, so daß ein typisierter Steuersatz nur 17,5% betragen wird. Ist Erwerber einer Kapitalgesellschaft jedoch wiederum eine Kapital-

---

[72] *Moxter* S. 25; *Mandl/Rabel* S. 399.
[73] IdW S 1, WPg 2000, 825, 829 Tz. 41 ff.

gesellschaft, so kann eine Durchrechnung auf den letzten Anteilseigner (natürliche Person) durchaus fraglich sein. Die Kapitalgesellschaft als potentieller Erwerber vereinnahmt Zuflüsse (Dividenden, verdeckte Gewinnausschüttungen und Veräußerungsgewinne) künftig völlig steuerfrei[74]. Bei der Bewertung von Auslandsbeteiligungen ist ggf. die Besteuerung von 5% der Dividenden als nicht abzugsfähige fiktive Betriebsausgabe zu beachten[75].

Maßgeblichkeit des Sitzlandes des Bewertungsobjekts: 96
Es wird typisierend unterstellt, daß der **Unternehmenseigner im Sitzland des zu bewertenden Unternehmens ansässig** ist. Hieraus ergeben sich Konsequenzen für die zu berücksichtigende Steuerbelastung, aber auch für die anzusetzenden Finanzierungskosten, Risiko und Wachstum. Bei grenzüberschreitenden Fusionen können sich aus dieser Typisierung recht unterschiedliche Parameter ergeben.

Diese Typisierungen zeigen, daß der sog. „objektivierte" Wert eine eher **synthetische Größe** ist und ggf. sehr entfernt von möglichen Preisen liegt, auch entfernt von einem Mittelwert zwischen möglichen Preisuntergrenzen und möglichen Preisobergrenzen potentieller Transaktionsbeteiligter. Für eine reine Relationsbewertung (Verschmelzungen, Spaltungen, Einbringung) ist der objektivierte Wert vertretbar, wenn bei allen Bewertungsobjekten dieselben Typisierungen zugrunde gelegt werden, was durchaus schwierig sein kann (zB Inland/Ausland). In der Verhandlungssituation ist er als Entscheidungswert idR nicht geeignet; schon gar nicht ist er zur Festlegung von Preisober- oder Untergrenzen geeignet. Sonst sollte er auf die gesetzlichen und gesellschaftsvertraglichen Ausscheidens- und Abfindungsfälle beschränkt bleiben. 97

3. Allgemeine Prinzipien

a) Betriebsnotwendiges und nicht betriebsnotwendiges Vermögen. 98
Die Ertragswertverfahren unterscheiden zwischen betriebsnotwendigem und nicht betriebsnotwendigem Vermögen. Die Wertermittlung durch Kapitalisierung der Nettoeinnahmen beim Unternehmenseigner bezieht sich regelmäßig nur auf das sog. betriebsnotwendige Vermögen. Der **Wert des sog. nicht betriebsnotwendigen Vermögens** wird gesondert ermittelt und dem Ertragswert sodann hinzugezählt. Nicht betriebsnotwendig sind Vermögensteile, die frei veräußerbar sind, ohne daß hierdurch die eigentliche Unternehmensaufgabe berührt würde; betriebsnotwendig ist die Gesamtheit aller übrigen Faktoren und Bereiche, die zum Erstellen der unternehmerischen Gesamtleistung erforderlich sind. Die Abgrenzung ist funktional und damit letztlich subjektiv von der jeweils individuellen Unternehmensplanung abhängig. So gesehen können auch ganze Unternehmenssparten, auf die der Erwerber keinen Wert legt, weil sie nicht zu seinem Kerngeschäft zählen, für den Erwerber nicht betriebsnotwendig und zum Verkauf vorgesehen sein. Auch dann bietet sich eine gesonderte Bewertung dieser Unternehmensteile an.

---

[74] § 8b Abs. 1 und Abs. 2 KStG nF.
[75] § 8b Abs. 5 KStG nF.

§ 10 99–103 Unternehmensbewertung, Verschmelzungsrelationen, Abfindungen

99 Bei der **Bewertung des nicht betriebsnotwendigen Vermögens** wird idR dessen alsbaldige Verwertung unterstellt, jedenfalls wenn der Verkaufs- oder Liquidationswert dieser Vermögensgegenstände den Barwert ihrer finanziellen Nettoüberschüsse bei Verbleib im Unternehmen übersteigt[76].

100 Soweit es sich bei dem nicht betriebsnotwendigen Vermögen um einzelne Vermögensgegenstände handelt, ist deren **Einzelveräußerungswert** (Zerschlagungswert, „break up value") anzusetzen; soweit es sich um abzutrennende operative Einheiten handelt, ist ein gesonderter Ertragswert ggf. unter besonderen Prämissen („stand alone") zu ermitteln. Dem nicht betriebsnotwendigen Vermögen zuzurechnende Schulden und die ggf. anfallenden Liquidations- bzw. Veräußerungskosten sind abzusetzen.

101 Zu beachten ist, daß eine Verwertung sich über einen längeren Zeitraum hinziehen kann. Dann wird eine **Abzinsung des Veräußerungs-/Liquidationsnettoerlöses auf den Bewertungsstichtag** erforderlich. Dient das nicht betriebsnotwendige Vermögen der Absicherung betrieblicher Fremdmittel, ist die ggf. eintretende Veränderung der Finanzierungssituation des Unternehmens zu berücksichtigen[77].

102 **b) Stichtagsbezogenheit.** Unternehmenswerte sind zeitpunktbezogen. Sie können stets nur den **Erkenntnisstand** bzw. die kapitalisierten Zukunftsannahmen **zu einem bestimmten, zeitlich fixierten Moment** widerspiegeln. Unternehmenswerte sind damit volatil. Auf der Zeitschiene ändert sich der Prognose- und Planungsstand sowohl unternehmensextern als auch unternehmensintern ständig. Dies wird bei den relativ arbeitsaufwendigen Ertragswertverfahren nur weniger sichtbar als zB an Börsenkursen, die auf externe und interne Veränderungen ungleich schneller reagieren. Von reinen Spekulationseinflüssen einmal abgesehen, können jedoch Ertragswerte nicht weniger volatil sein als Börsenkurse.

103 Bewertungsstichtage werden vertraglich vereinbart oder sind gesetzlich festgelegt[78]. Sie bestimmen und begrenzen den **berücksichtigungsfähigen Informationsstand** auf die Umstände, die bei angemessener Sorgfalt zum Bewertungsstichtag hätten erlangt werden können. Diese zeitliche Fixierung ist insbes. bei Bewertungen in neutraler Gutachter- oder Schiedsgutachterfunktion von Bedeutung, da die Durchführung der Bewertung oder die gerichtliche Auseinandersetzung zeitlich erheblich nachgelagert sein kann. Hierzu ist insbes. in der Rechtsprechung die sog. „Wurzeltheorie" entwickelt worden: Danach sind spätere Entwicklungen nur insoweit zu berücksichtigen, als ihre Wurzeln in der Zeit vor dem Stichtag liegen. Das betrifft aber nur am Stichtag schon angelegte Faktoren, die naheliegend und wirtschaftlich faßbar sind[79].

---

[76] IdW S 1, WPg 2000, 825, 831 Tz. 65.
[77] IdW S 1, WPg 2000, 825, 832 Tz. 68.
[78] ZB Zeitpunkt der Beschlußfassung in § 305 Abs. 3 Satz 2 AktG oder § 30 Abs. 1 Satz 1 UmwG; zur Stichtagsproblematik bei Abfindungen nach § 305 AktG vgl. *OLG Stuttgart* Beschluß vom 4. 2. 2000 DB 2000, 709 einerseits und *OLG Düsseldorf* Vorlagebeschluß vom 25. 5. 2000 AG 2000, 422 andererseits.
[79] *OLG Zweibrücken* DB 1995, 866, 867; ferner *BGH* WM 1981, 452, 453; *OLG Celle* AG 1981, 234; *Großfeld*, Unternehmens- und Anteilsbewertung im Gesellschaftsrecht, 1994, S. 28ff.; *Mandl/Rabel* S. 403f.

Die **Wurzeltheorie** ist allerdings mit Vorsicht anzuwenden. Die Situation am 104 Bewertungsstichtag zeichnet sich in aller Regel gerade durch Unsicherheit der Trenderwartung in der Zukunft aus. Diese Unsicherheit darf nicht durch eine ex post Betrachtung unter Berufung auf die Wurzeltheorie beiseite geschoben und eine mehrwertige Entscheidungssituation zu einer einwertigen gemacht werden. In der Schiedswertermittlung würde eine Partei benachteiligt werden. Es ist deswegen wichtig, das Wertaufhellungsprinzip auf Ereignisse und Umstände zu beschränken, die bei Anwendung angemessener Sorgfalt bereits zum Bewertungsstichtag bekannt sein konnten[80].

c) **Risikoneigung/Vorsichtsprinzip.** Es ist anerkannt, daß im Bereich der 105 Unternehmensbewertung jedenfalls bei neutraler Gutachter- oder Schiedsgutachterfunktion das sog. bilanzielle Vorsichtsprinzip[81] nicht gilt; insbes. gilt nicht das sog. **Imparitätsprinzip**, wonach vorhersehbare Risiken und Verluste sofort, vorhersehbare Gewinne aber erst mit ihrer Realisation zu berücksichtigen sind. Gläubigerschutzinstrumente sind keine Parameter in der Unternehmensbewertung[82].

Das bedeutet aber nicht, daß von einem risikoneutralen Investor ausgegangen 106 wird: Im Gegenteil werden in der Unternehmenswertrechnung risikoscheue Investoren unterstellt, die künftige Risiken stärker gewichten als künftige Chancen. Diese **Risikoeinstellung** (Risikoaversion) kann entweder durch einen Abschlag auf den Erwartungswert der finanziellen Überschüsse (Sicherheitsäquivalenzmethode, Ergebnisabschlagsmethode) oder durch einen Zuschlag zum Kapitalisierungszinssatz (Zinszuschlagsmethode, Risikozuschlagsmethode) berücksichtigt werden[83]. Üblich ist die Zinszuschlagsmethode.

4. Die Ermittlung künftiger finanzieller Überschüsse

a) **Information/Vergangenheitsanalyse.** Die Ermittlung bzw. **Prognose** 107 **der künftigen finanziellen Überschüsse** ist, darauf wurde bereits hingewiesen, das zentrale Problem jeder marktunabhängigen Ertragsbewertung. Die Planung wird, soweit möglich, auf einer Vergangenheitsanalyse aufbauen, die es ermöglicht, die Zukunftsplanungen auf Plausibilität zu untersuchen. Die Analyse sollte breit angelegt sein und eine erfolgswirtschaftliche (Rentabilitäts-, Erfolgsstruktur- und Wertschöpfungsanalyse) wie auch eine finanzwirtschaftliche Analyse (Investitions-, Finanzierungs- und Liquiditätsanalyse) umfassen[84]. Für die Vergangenheitsanalyse wird man einen Zeitraum von drei bis fünf Jahren vom Bewertungszeitpunkt rückwärts einbeziehen[85].

b) **Prognose und Zerlegung des Prognosezeitraums.** Auf der Vergan- 108 genheitsanalyse baut die Planung der künftigen finanziellen Überschüsse auf. Der mit jeder Planung verbundenen Unsicherheit wird durch eine **Gliederung des**

---

[80] *Moxter* S. 196; *Mandl/Rabel* S. 406.
[81] § 252 Abs. 1 Nr. 4 HGB.
[82] IdW S 1, WPg 2000, 825, 832 Tz. 69.
[83] Siehe dazu Rn 159 ff.
[84] *Mandl/Rabel* S. 146.
[85] Siehe Rn 142.

Prognosezeitraums in mehrere Abschnitte Rechnung getragen, die sich durch ihre unterschiedliche Überschaubarkeit abgrenzen (Phasenmethode)[86]. IdR wird man bis zu drei Phasen in Betracht ziehen:
- Nächstliegende, noch detailliert planbare Zukunft mit Einzelplanansätzen (3 bis 5 Jahre);
- Trenderwartungen und Ableitungen aus den Plänen der Phase 1 (zB weitere 3 bis 5 Jahre); dann ist der Planungshorizont erreicht;
- Zeit nach Erreichen des Planungshorizonts, ggf. Unterstellung konstanter Entwicklung.

109 Die Periode der Einzelplanung läßt sich weiter unterteilen oder zusammenfassen. Der **diskontierte Wert jeder einzelnen Phase** ist festzustellen und auf den Bewertungszeitpunkt zum Gesamtwert des Unternehmens abzuzinsen. Ist der Planungshorizont erreicht, müssen die Ertragswertverfahren Unterstellungen über das weitere Schicksal des Unternehmens machen.

110 IdR wird von einer **unendlichen Unternehmensdauer** und von einer Zeit gleichbleibender Erträge ausgegangen (unendlicher Fortführungswert, „continuing value", „residual value"); es kann aber auch eine Liquidation oder ein Verkauf unterstellt werden (Endwert, Restwert, „terminal value"). Für den Unternehmenswert verliert wegen des Diskontierungseffekts die Zeit nach Erreichen des Planungshorizonts umso mehr an Bedeutung, je länger die Detailplanungszeiträume sind oder mit anderen Worten: je kürzer die Detailplanungsperioden sind (junge Unternehmen), desto höheres Gewicht kommt dem Fortführungswert („continuing value") zu.

111 Unterstellt man **nach Erreichen des Planungshorizonts** bei unendlicher Lebensdauer konstante Erträge oder Cash-flows, so muß auch eine konstante Wachstumsrate der Erträge angenommen werden, die mindestens der langfristig erwarteten Inflationsrate entspricht. Der Wert auf den Zeitpunkt T nach Erreichen des Planungshorizonts ergibt sich dann wie folgt:

$$CV_T = \frac{E_{T+1}}{r - w(g)} \qquad CV_T = \frac{NCF_{T+1}}{r - w(g)}$$

CV_T „continuing value"
E Ertrag in T+1
NCF Netto Cash-flow
r konstanter nomineller Zinssatz
w Wachstumsrate
g Inflationsrate

112 Der **Restwert** darf als Komponente des Unternehmenswertes nicht unterschätzt werden; insbes. darf der explizite Planungszeitraum nicht zu kurz sein. Dessen Ende ist erst erreicht, wenn das Unternehmen eine stetige Entwicklung aufweist und die Annahme gleichbleibender Wachstumsraten gewährleistet erscheint. Dies gilt auch, wenn der unternehmerische Tätigkeitsbereich gewisse

---

[86] IdW S 1, WPg 2000, 825, 832 Tz. 53; *Mandl/Rabel* S. 153 ff.

Zyklen aufweist. Das Unternehmen muß also alle Maßnahmen umgesetzt haben, die zur Verwirklichung des geplanten Geschäftsumfangs notwendig sind[87].

c) Planungsgrundsätze. Die Detailprognosen sind auf der Grundlage einer umfassenden **Unternehmensplanung** zu erstellen, die sich **aus verschiedenen Detailplänen** zusammensetzt (Absatzplan, Beschaffungsplan, Produktionsplan, Investitions- und Finanzierungsplan). Die Planungen beruhen idR auf einer Nominalwertrechnung, d. h. es findet keine Inflationsbereinigung auf den Bewertungsstichtag statt. Als Beispiele mögen folgende Schemata für Erfolgs- und Finanzpläne dienen[88].

Erfolgsplan	**Planperioden**						
	1	2	3	4	5	6	...
Umsatzerlöse							
+/− Bestandsveränderungen, akt. Eigenleistungen							
+ Sonstige Erträge							
Gesamtleistung							
− Materialaufwand							
− Personalaufwand							
− Abschreibungen auf SAV[x)], IAV[xx)], IE[xxx)]							
− Sonstige betriebliche Aufwendungen							
Betriebserfolg							
+/− Erträge/Aufwendungen aus Beteiligungen							
+ Zinserträge							
− Zinsaufwand							
Ergebnis der gewöhnlichen Geschäftstätigkeit							
+/− a. o. Ergebnis							
+/− Körperschaftsteuer (lt. Steuerplanung)							
Jahresüberschuß							

[x)] Sachanlagevermögen
[xx)] immat. Anlagevermögen
[xxx)] Ingangsetzung und Erweiterung

---

[87] *Henselmann*, Der Restwert in der Unternehmensbewertung – eine „Kleinigkeit"?, Finanz Betrieb 2000, 151 ff.; *Mandl/Rabel* S. 156 f.
[88] Aus *Mandl/Rabel* S. 158, 159.

§ 10 114　　Unternehmensbewertung, Verschmelzungsrelationen, Abfindungen

Finanzplan	Planperioden						
	1	2	3	4	5	6	...
Jahresüberschuß (lt. Erfolgsplan)							
+ Abschreibungen auf SAV, IAV, IE, FAV[x)]							
− Zuschreibungen							
+/− Aufwendungen/Erträge aus Abgang von Anlagevermögen							
+/− Veränderung langfristiger Rückstellungen							
+/− Veränderung des Nettoumlaufvermögens[xx)]							
Cash-flow aus der Betriebstätigkeit							
Zuflüsse aus dem Abgang von Anlagevermögen							
− Mittelabflüsse für Investitionen							
+/− Veränderungen von Finanzforderungen							
Cash-flow aus der Investitionstätigkeit							
Veränderung von Verbindlichkeiten aus Anleihen							
+/− Veränderung von langfristigen Bankverbindlichkeiten							
+/− Veränderung von kurzfristigen Bankverbindlichkeiten							
+/− Veränderung von sonstigen Schulden							
Cash-flow aus der Fremdfinanzierung							
Cash-flow aus der Betriebstätigkeit							
+/− Cash-flow aus der Investitionstätigkeit							
+/− Cash-flow aus der Fremdfinanzierung							
+/− Veränderung des Bestands an liquiden Mitteln							
Einzahlungsüberschuß des Unternehmens							

x)　　Finanzanlagevermögen
xx)　　ohne liquide Mittel und kurzfristige Bankverbindlichkeiten

114　　Die **Detailplanung** erfordert Annahmen über die künftige Kapitalstruktur (Ausschüttungs- und Finanzierungspolitik). Bei Ermittlung des subjektiven Entscheidungswerts wird diese vom Investor vorgegeben; ist das nicht der Fall, wird der Bewerter ein den Unternehmenswert optimierendes Szenario konzipieren. Dabei sind die steuerlichen Einflußfaktoren (ggf. höhere Abschreibungen beim Asset Deal) zu beachten, insbes. wenn auf den Unternehmenseigner durchgerechnet wird. Er wird eine höhere Eigenkapitalausstattung vorziehen, wenn aufgrund des Halbeinkünfteverfahrens Dividenden günstiger besteuert werden als zB Zinseinnahmen, die einer ungeminderten Steuerbelastung unterliegen.

Zur **Einschätzung der Unsicherheit** künftiger Ertrags- oder Cash-flow-Planungen und der möglichen Reaktionen auf Planabweichungen können **mehrwertige Planungen** erstellt werden. Dabei werden von vornherein verschiedene mögliche Entwicklungen berücksichtigt und alternative Maßnahmen eingeplant (Sensitivitätsanalyse, Simulationsverfahren oder flexible Planung). Die Ergebnisse finden iRd. Risikoeinschätzung Berücksichtigung[89].

d) Ertragswachstum und Geldentwertung. Neben dem eigentlichen Unternehmenswachstum oder der Schrumpfung durch Expansion oder Reduktion werden die finanziellen Überschüsse durch **künftige Geldwertänderungen** (Inflation, Deflation) beeinflußt. Es ist unmittelbar einsichtig, daß der Unternehmenswert je nach der Annahme berührt sein muß, ob inflationsbedingte Preissteigerungen auf der Beschaffungsseite auf der Absatzseite überwälzt, nur teilweise überwälzt oder sogar überdurchschnittliche Preiserhöhungen erzielt werden können. Hier geht es also nicht um das Wachstum allgemein, sondern nur um Wachstum (oder Schrumpfung), das (die) auf Preisniveauänderungen zurückzuführen ist.

Da die Ertragsbewertung stets eine Vergleichsbewertung zu einer Alternativanlage ist und als Alternativanlage idR vom Erwerb langfristiger festverzinslicher Kapitalanlagen ausgegangen wird, ergibt sich der Umstand, daß die **Alternativerträge nominal konstant** sind, also kein inflationsbedingtes Wachstum aufweisen. Ihre Kaufkraft sinkt daher im Zeitablauf (bei Inflation) stetig. Deshalb enthält der feste Zins von vornherein eine Inflationsabgeltung (nomineller Zins).

Differenzierter ist die **Abschätzung des inflationsbedingten Wachstums der Unternehmenserträge**. Drei Erwartungshaltungen sind denkbar[90]:

– Inflationsproportionales Wachstum: Die Preissteigerungen auf dem Absatzmarkt überkompensieren die Kostensteigerungen auf dem Beschaffungsmarkt gerade soweit, daß die Kaufkraft der Unternehmenserträge konstant bleibt.

– Reales Wachstum: Die Preissteigerungen auf dem Absatzmarkt übersteigen die Kostensteigerungen auf dem Beschaffungsmarkt in einem Maße, daß auch die Kaufkraft der Unternehmenserträge steigt.

– Kaufkraftabnahme: Die Preissteigerungen auf dem Absatzmarkt kompensieren gerade die Kostensteigerungen auf dem Beschaffungsmarkt oder bleiben sogar dahinter zurück: Die Kaufkraft der Unternehmenserträge sinkt.

Eine mehr oder weniger verläßliche **Abschätzung von Auswirkungen der Geldwertänderungen** ist nur in den Detailplanungsphasen (Phase 1 und Phase 2) möglich. Darüber hinaus ist eine Aussage kaum begründbar. IdR wird für den Residual- bzw. Fortführungswert nach der letzten Planungsphase ein proportionales Wachstum der Unternehmenserträge unterstellt. Dem liegt die Annahme zugrunde, daß die Anlage in einem Unternehmen „inflationsgeschützte Erträge" abwirft.

---

[89] IdW S 1, WPg 2000, 825, 833 Tz. 85. Siehe dazu Rn 159 ff.
[90] *Mandl/Rabel* S. 191.

120 Die Berücksichtigung der Geldwertänderungen kann durch eine sog. **Nominalrechnung** oder durch eine sog. Realrechnung erfolgen. Bei der Nominalrechnung gehen in die Planung diejenigen Erträge ein, die sich unter Berücksichtigung der tatsächlichen Geldwertänderungen als tatsächliche Ein- und Auszahlungen ergeben werden. Sie repräsentieren daher immer das Preisniveau der jeweiligen künftigen Periode und nicht des Bewertungsstichtags. Der Entscheidungswert ermittelt sich durch Diskontierung der nominalen Unternehmenserträge mit der nominalen Alternativrendite (Basiszinsfuß) zuzüglich Risikozuschlag. Die Berücksichtigung eines Geldentwertungsabschlags ist nicht zulässig.

121 Bei der **Realrechnung** werden die in die Planung einbezogenen Beträge auf dem Kaufkraftniveau am Bewertungsstichtag zugrunde gelegt. Dies gilt jedenfalls für die Zeit nach der (den) Phase(n) der Einzelplanung für den sog. „continuing value" oder Residualwert. Die in den einzelgeplanten Phasen angesetzten finanziellen Überschüsse dürfen nicht um einen Wachstumsabschlag gekürzt werden, wenn sie nominal ermittelt sind. Für die fernere Phase wird jedoch, ausgehend von den nominellen Überschüssen am Ende der letzten Einzelplanungsperiode, ein konstantes Wachstum unterstellt. Der Residualwert ist sozusagen in Bezug auf die Kaufkraft zum Bewertungsstichtag „kaufkraftkonstant". Der Entscheidungswert ermittelt sich durch Diskontierung der realen Unternehmenserträge mit dem Realzinsfuß. In der Praxis wird idR davon ausgegangen, daß der nominelle Basiszins (b) als auch die Inflationsrate (g) im Zeitablauf konstant sind, so daß sich näherungsweise der Realzins (b_{real}) als Differenz zwischen Basiszins und zu erwartender Inflationsrate ergibt[91]:

$$b_{real} = b - g$$

122 Die **Nominalwertrechnung** ist sicherlich die theoretisch exaktere, hat höhere Transparenz und vermeidet Fehlerquellen. Da sie aber wesentlich höhere Anforderungen an die periodengerechte Vorausschätzung der Entwicklung des Verhältnisses von Unternehmenserlösen, Kosten und Geldentwertung stellt, ist sie in der Praxis wohl ebenso plausibel oder unplausibel wie die **Realrechnung**. Von dieser geht die Praxis idR aus. Allerdings ist es nicht gerechtfertigt, stets die prospektive Geldentwertungsrate als Abschlag anzusetzen. Dies führt nur zu verwertbaren Ergebnissen, wenn es plausibel ist, daß die finanziellen Überschüsse stets mit der Geldentwertungsrate wachsen. Die Geldentwertungsrate kann nur ein Anhaltspunkt für die Wachstumsrate sein. Die Chancen und Risiken einer Geldwertanpassung sind stets unternehmensindividuell zu prüfen. Die Rechtsprechung hat überwiegend eine Wachstumsrate zwischen 0,5% und 2% für angemessen erachtet[92].

5. Netto- oder Bruttokapitalisierung

123 **a) Nettoverfahren (Equity Approach).** Beim Nettoverfahren wird der Unternehmenswert direkt oder einstufig durch **Diskontierung der** um die Fremdkapitalkosten verminderten **Überschüsse** ermittelt. Bemessungsgrundlage

---

[91] *Mandl/Rabel* S. 192 ff., S. 201 ff.
[92] IdW S 1, WPg 2000, 825, 834 Tz. 101; WP-Hdb. 1998 Bd. II Rn A 208 ff. und A 283 ff.; dort auch Rechtsprechungsnachweise.

ist damit allein der den Eigenkapitalgebern zur Verfügung stehende Überschuß oder Cash-flow (Flows to Equity: FTE). Die künftige Finanzstruktur und deren Veränderungen sowie die daraus resultierenden Steuerwirkungen sind bereits beim FTE berücksichtigt. Diskontiert werden diese Überschüsse folgerichtig mit der geforderten Eigenkapitalrendite für das verschuldete Unternehmen. Dabei ist konsequent das Zuflußprinzip zu befolgen: Wertbestimmend sind nur diejenigen finanziellen Überschüsse, die als Nettoeinnahmen in den Verfügungsbereich des Eigentümers gelangen können[93]. Gesellschaftsrechtliche Ausschüttungsbeschränkungen (zB wegen Verlustvorträgen) sind zu berücksichtigen.

124 Der **Ertragsüberschuß** (FTE) für das betriebsnotwendige Vermögen läßt sich idR aus einer am Gesamtkostenverfahren orientierten Plangewinn- und Verlustrechnung aus folgendem Schema herleiten[94]:

Gesamtleistung (Umsatzerlöse)
abzüglich   Materialeinsatz
            Personalaufwand (einschließlich Altersversorgung)
            Abschreibungsbedarf/Reinvestitionsrate
            betriebliche Steuern
            sonstige betriebliche Aufwendungen
            Finanzierungsaufwand
            Ertragsteuern des Unternehmens (einschließlich
            Definitivkörperschaftsteuer nach StSenkG)
Ertragsüberschuß (vor persönlichen Ertragsteuern)

125 Die Summe der Barwerte der Ertragsüberschüsse (FTE) zuzüglich des Marktwerts des nicht betriebsnotwendigen Vermögens ergibt den **Marktwert des Eigenkapitals**. Das Netto-Verfahren wird in Deutschland idR bei Bewertungen durch Wirtschaftsprüfer angewandt.

126 **b) Bruttoverfahren (Entity Approach).** Beim Bruttoverfahren wird als bewertungsrelevanter Unternehmensertrag die **Summe** der den Eigen- und den Fremdkapitalgebern zur Verfügung stehenden **Zahlungsüberschüsse** zugrunde gelegt. In einem ersten Schritt wird damit ein finanzierungsneutraler, nur auf das operative Ergebnis bezogener Unternehmenswert festgestellt. Von diesem Gesamtkapitalwert ist sodann der **Marktwert des Fremdkapitals** abzuziehen, um zum **Marktwert des Eigenkapitals** (Shareholder Value) zu kommen. Damit wird praktisch das Unternehmen in einen Leistungsbereich, für den ein sog. Free Cash-flow (FCF) prognostiziert wird, und einen Finanzierungsbereich, der die Maßnahmen durch Eigen- und Fremdkapitalgeber umfaßt, zerlegt[95]. Dies hat den Vorteil, daß eine Zielkapitalstruktur explizit geplant und vorgegeben werden muß.

127 Der zu **kapitalisierende FCF** ermittelt sich nach folgendem Schema[96]:

---

[93] Vgl. *Siepl/Dörschell/Schulte* WPg 2000, 946, 994; IdW S 1, WPg 2000, 825, 828 Tz. 25.
[94] WP-Hdb. 1998 Bd. II Rn A 257, S. 83.
[95] *Mandl/Rabel* S. 39.
[96] Dazu *Copeland/Koller/Murrin*, Unternehmenswert, 1993, S. 131 ff.

    operatives Ergebnis vor Zinsen und Steuern
    („earnings before interest and taxes: EBIT")
 – Ertragsteuern auf EBIT
+/– Veränderung Steuerrückstellungen und latente Steuern
    operatives Ergebnis nach Steuern
    („net operating profit less adjusted taxes": NOPLAT)
 + Abschreibungen
    Brutto Cash-flow
 – Gesamtinvestitionen
    Operativer freier Cash-flow
    (Operating Free Cash-flow)
 + nicht-operativer Cash-flow
    freier Cash-flow (vor Finanzierung)
    (Free Cash-flow)

128 Der Ertragsteueraufwand ist ein fiktiver Steueraufwand, den das Unternehmen zahlen müßte, wenn es keine Zinsaufwendungen, keine Zinserträge und kein nicht operatives Ergebnis hätte. Aus der Gewinn- und Verlustrechnung läßt er sich wie folgt ableiten[97]:

    Ertragsteuer gemäß GuV
 + Steuervorteil aus Zinsaufwand
 – Steuern auf Zinserträge
 – Steuern auf nicht operatives Ergebnis
    Steuern auf operatives Ergebnis (Ertragsteuer)

129 Aus dem Brutto Cash-flow sind vorab die **Gesamtinvestitionen** zu bedienen. Diese setzen sich wie folgt zusammen:

+/– Veränderungen Working Capital
 + Investitionen in Sachanlagen
 + Investitionen in Firmenwerte
+/– Veränderungen sonstiger Vermögensgegenstände
    Gesamtinvestitionen

130 Das „**working capital**" setzt sich aus dem Umlaufvermögen (betriebsnotwendig) abzüglich nicht zu verzinsender Verbindlichkeiten (insbes. Lieferantenkredite) zusammen.

131 Anders als bei der Nettomethode vermindern Fremdkapitalzinsen und die Veränderung der Finanzstruktur den FCF nicht. Ebenso wird die Steuerersparnis aus künftigen Fremdkapitalzinsen nicht im FCF, sondern erst durch die entsprechende Verminderung des Diskontierungssatzes berücksichtigt (sog. „tax shield")[98].

132 Da der prognostizierte FCF nunmehr zur Bedienung von Eigen- und Fremdkapital zur Verfügung steht, kann er weder mit der erwarteten Eigenkapitalrendite, noch mit den erwarteten Fremdkapitalkosten diskontiert werden. Das Brut-

---

[97] Hölscher S. 94.
[98] Siehe Rn 181 ff.

toverfahren hat deshalb einen **besonderen Kapitalkostensatz** entwickelt, in den Eigen- und Fremdkapitalkosten eingehen und zwar im Verhältnis der Kapitalanteile zueinander gewichtet; dies sind die **Weighted Average Cost of Capital** oder WACC. Die Ermittlung des WACC im einzelnen ist mit einer Reihe von Komplikationen verbunden. Werden nur zwei verschiedene Finanzierungsquellen berücksichtigt, nämlich Eigenkapital und verzinsliches Fremdkapital, und wird in Zukunft ein konstanter Verschuldungsgrad unterstellt, wird folgende Formel empfohlen:

$$C^{WACC} = r(FK) \cdot (1-s) \cdot \frac{FK}{GK} + r(EK) \cdot \frac{EK}{GK}$$

C^{WACC}	Gewogener Kapitalkostensatz (WACC)
FK	Marktwert des verzinslichen Fremdkapitals
EK	Marktwert des Eigenkapitals
GK	Marktwert des Gesamtkapitals
s	Ertragsteuersatz auf Unternehmensebene
r (FK)	Kosten des Fremdkapitals bzw. Renditeforderung der Fremdkapitalgeber
r (EK)	Renditeforderung der Eigenkapitalgeber für das verschuldete Unternehmen

Die Ermittlung der **Renditeforderung der Fremdkapitalgeber** wird auf keine so großen Schwierigkeiten stoßen. Problematisch ist die Ermittlung der Renditeforderung **der Eigenkapitalgeber**. Hierzu wird idR ein kapitalmarktorientiertes Preisbildungsmodell genutzt, das **Capital Asset Pricing Model (CAPM)**[99].

Der **Marktwert des Eigenkapitals** ergibt sich nach dem Bruttoverfahren dann wie folgt:

     Barwert der Free Cash-flows
  + Marktwert des nicht betriebsnotwendigen Vermögens
     Marktwert des Gesamtkapitals
  − Marktwert des verzinslichen Fremdkapitals
     Marktwert des Eigenkapitals (Shareholder Value)

Als besonderer Vorzug dieses Verfahrens wird die Finanzierungsneutralität hervorgehoben. Eine Abwandlung des Verfahrens liegt dann vor, wenn die Steuerersparnis aus Fremdkapitalzinsen nicht erst bei er Diskontierung, sondern bereits in den Cash-flows berücksichtigt wird **(Total Cash-flow – TCF-Methode)**.

c) Adjusted Present Value-Verfahren (APV-Verfahren). Eine Abwandlung der Bruttomethode ist das Adjusted Present Value-Verfahren. Bei ihm wird zunächst der Marktwert des Gesamtkapitals unter **Annahme der vollständigen Eigenfinanzierung** des Unternehmens ermittelt[100]. Der FCF wird mit den

---

[99] Vgl. dazu Rn 169 ff.; dazu auch *Siepe/Döschell/Schulte* WPg 2000, 946, 951; *Hölscher* S. 125 ff.; *Mandl/Rabel* S. 289 ff.
[100] Vgl. *Mandl/Rabel* S. 41 f.

Eigenkapitalkosten (Renditeforderungen) für das unverschuldete Unternehmen diskontiert. Dieser Diskontierungssatz muß ggf. aus den (bekannten) Renditeforderungen für verschuldete Unternehmen abgeleitet werden. Dabei ist zu berücksichtigen, daß die Renditeforderung der Eigenkapitalgeber für ein nur mit Eigenkapital finanziertes Unternehmen geringer sein wird als für ein verschuldetes Unternehmen. Im ersten Fall tragen sie nur das Geschäftsrisiko („business risk" bzw. „operating risk"), im zweiten auch das Kapitalstrukturrisiko („financial risk")[101]. Hieraus ergibt sich (einschließlich des Marktwerts des nicht betriebsnotwendigen Vermögens) der Marktwert des unverschuldeten Unternehmens.

137 Die **Auswirkungen der Fremdfinanzierung** werden in einem zweiten Schritt berücksichtigt. Durch die Abzugsfähigkeit der Fremdzinsen und die daraus resultierende Steuerentlastung erhöht sich der Marktwert des Gesamtkapitals um den Steuerentlastungseffekt („tax shield" bzw. „tax benefit of debt"). Die Erhöhung entspricht dem Barwert der durch die Verschuldung bewirkten Steuerersparnis (tD), der bei konstantem Fremdkapitalbestand mit der erwarteten Eigenkapitalrendite für ein verschuldetes Unternehmen ermittelt werden kann. Der Marktwert des Gesamtkapitals ergibt sich dann wie folgt:

$$GK = \frac{NOPLAT}{r\,(EK)_n} + tD$$

GK   Marktwert des Gesamtkapitals
NOPLAT   „net operating profit less adjusted taxes"
$r\,(EK)_n$ Renditeforderung Eigenkapitalgeber für das unverschuldete Unternehmen
tD   „tax shield"

138 Der Marktwert des Eigenkapitals (Shareholder Value) ergibt sich dann wie folgt:

      Barwert der FCF diskontiert mit $r\,(EK)_n$
+   Marktwert des nicht betriebsnotwendigen Vermögens
      Marktwert des unverschuldeten Unternehmens
+   Marktwerterhöhung durch Fremdfinanzierung
      Marktwert des Gesamtkapitals des verschuldeten Unternehmens
−   Marktwert des verzinslichen Fremdkapitals
      Marktwert des Eigenkapitals

139 Änderungen der Kapitalstruktur wirken sich beim APV-Verfahren nicht auf die Höhe des Diskontierungssatzes, sondern nur auf das „tax shield" aus[102].

140 **d) Vergleich der Verfahren.** Bruttoverfahren und Nettoverfahren müssen an sich zu identischen Ergebnissen führen, sofern identische Annahmen über das künftige Finanzierungsverhalten gemacht werden. Unterscheiden sich die Unternehmenswerte, kann dies auf unterschiedliche Finanzierungsprämissen oder auf unterschiedliche Vorgehensweisen bei der Bestimmung der Kapitalkosten zurück-

---

[101] *Mandl/Rabel* S. 381.
[102] Dazu *Mandl/Rabel* S. 41 f., S. 311 ff.

zuführen sein[103]. Ein **Abgleich der nach unterschiedlichen Verfahren ermittelten Unternehmenswerte** ist für eine kritische Analyse jedoch hilfreich und empfehlenswert.

II. Ertragswertverfahren

1. Ermittlung der zukünftigen Ertragsüberschüsse[104]

a) Grundsatz. Das **Ertragswertverfahren** ist in der deutschen (Wirtschaftsprüfer-) Praxis **das wohl verbreitetste Verfahren** und entspricht dem geschilderten Equity Approach (Netto-Verfahren)[105]. Die den Unternehmenseignern zufließenden finanziellen Überschüsse werden aus der künftigen handelsrechtlichen Ertragsüberschußrechnung abgeleitet. Dem geht idR eine Bereinigung der handelsrechtlichen Vergangenheitsergebnisse voraus. Darauf baut die Ertrags- und Aufwandsplanung für die verschiedenen Planungsphasen auf[106].

b) Bereinigung der Vergangenheitserfolgsrechnung. Jede Prognose baut auf einer Vergangenheitsanalyse auf[107]. Geht man von der handelsrechtlichen Rechnungslegung aus, so ist idR eine **Bereinigung und Normalisierung der Vergangenheitsergebnisse** erforderlich. Der IdW-Standard empfiehlt insbes. folgende Bereinigungen[108]:
– Eliminierung der Aufwendungen und Erträge des nicht betriebsnotwendigen Vermögens (zB Erträge aus nicht betriebsnotwendigen Beteiligungen);
– Bereinigung zur Ermittlung eines periodengerechten Erfolgsausweises (zB periodengerechte Bewertung halbfertiger Arbeiten zu anteiligen Erlösen – „percentage of completion"; periodengerechte Zuordnung aperiodischer Aufwendungen und Erträge);
– Bereinigung um personenbezogene oder situationsspezifische Erfolgsfaktoren (zB Berücksichtigung eines kalkulatorischen Unternehmerlohns; Bereinigung um erfolgswirksame Auswirkungen eines Konzernverbunds, sofern eine Fortführung ausgeschlossen ist);
– Erfassung der Folgeänderungen aus Bereinigungen (Steuern und andere ergebnisabhängige Aufwendungen).

c) Planung der Umsatzerlöse. Die **Planung und Festlegung der künftigen Erlöse** des Bewertungsobjekts ist eigentlich der zentrale Punkt jeder Unternehmensbewertung, und zwar unabhängig von der Vielfalt der entwickelten und angewandten Verfahrens- (und Formel-) Modelle. In der Unternehmensbewertungsliteratur wird dieser Gegenstand verständlicherweise relativ stiefmütterlich behandelt, wenn man einmal von der Diskussion um den Planungshorizont

---

[103] *Siepe/Dörschell/Schulte* WPg 2000, 946, 954.
[104] Die Darstellung lehnt sich an die Empfehlungen im IdW S 1 unter Rn 107 ff. an.
[105] Siehe Rn 123 ff.
[106] Siehe Rn 108 ff.
[107] Siehe Rn 107.
[108] IdW S 1, WPg 2000, 825, 835 Tz. 108.

und die Phasenmethode absieht[109]. Hier kommt es auf die kritische Analyse der Mittel- und Langfristplanung (statistische Planung) der Unternehmung an. Ausgehend von den Vergangenheitsumsätzen und den sie tragenden Produkten sind die Produktlebenszyklen zu beachten, die regelmäßig drei Stadien aufweisen:
- Wachstumsphase,
- Stagnationsphase und
- Schrumpfungsphase.

144 Zu untersuchen sind die **Marktchancen der schon in der Entwicklung stehenden Produkte** und ggf. neuer Produkte, die andere, die aus dem Markt zu nehmen sind, ersetzen müssen. Entscheidend für die Langfristplanung ist die Einschätzung des Kundenrisikos, der Wettbewerber und der Wachstumsrate des Markts[110].

145 Der Bewerter sollte sich immer vor Augen halten: „Langfristig ist nur sicher, daß sich alles ändert: Die Bedürfnisse, die Kunden, die Wettbewerber, die ‚Spielregeln des Wettbewerbs'."[111]

146 Zu berücksichtigen sind weiterhin ggf. **vom Branchentrend abweichende Unternehmensentwicklungen** und saisonale Einflüsse sowie kundenspezifische Erlösschmälerungen (Preisnachlässe, nützliche Abgaben u. ä.).

147 **d) Planung der Aufwendungen.** Steht die Erlösplanung und die zukünftige Stellung am Markt, ist die Planung der Aufwendungen nicht gleichermaßen schwierig. Zu prüfen ist insbes., ob künftig eine konstante **Kosten-Erlös-Relation** oder ob eine Verminderung oder Vergrößerung dieser Relation erwartet wird. Der IdW-Standard S 1[112] gibt insbes. folgende Punkte zu bedenken:
- Für die **Prognose des Materialaufwands** sind die künftigen Produktionsmargen (inkl. Quoten für Abfälle, Gewichtsverlust und Ausschuß) und die voraussichtlichen Einkaufspreise für Roh-, Hilfs- und Betriebsstoffe zu schätzen.
- Für die **Struktur des Personalaufwands** wird man zweckmäßigerweise vom Personalaufwand der Vergangenheit ausgehen. Beschlossene und bevorstehende Personalanpassungsmaßnahmen (Stellenabbau oder -aufbau) sind zu berücksichtigen; ebenso zu erwartende Lohn- und Gehaltssteigerungen.
- Für **Pensionsaufwendungen** sind ggf. Sonderrechnungen erforderlich, wenn der sog. Beharrungszustand noch nicht erreicht ist, d. h. Pensionsaufwendungen (einschließlich Zuführungen zu Rückstellungen) und Pensionszahlungen wesentlich auseinanderfallen. Ist der steuerliche Teilwert nach § 6a EStG angesetzt, ist er ggf. nach oben zu korrigieren, weil der Rechnungszinsfuß von 6% unrealistisch ist.
- Für die Ermittlung der **Reinvestitionsrate** (Abschreibungen) können folgende Investitionsarten unterschieden werden:
  • Ersatzinvestitionen (gleiche neue Anlagen);
  • Rationalisierungsinvestitionen (technisch verbesserte Anlagen);
  • Erweiterungsinvestitionen (zusätzlich gleiche oder verbesserte Anlagen);

---

[109] Siehe Rn 108ff.
[110] *Albach*, Allgemeine Betriebswirtschaftslehre, 2. Aufl. 2000, S. 327, 329.
[111] *Albach*, Allgemeine Betriebswirtschaftslehre, 2. Aufl. 2000, S. 332.
[112] IdW S 1, WPg 2000, 825, 836.

- sonstige Investitionen (Umweltschutz, Sozialbereich, Verwaltung, etc.).

In die Aufwandsplanung ist der **Forschungs- und Entwicklungsaufwand** einzubeziehen, der notwendig ist, um den geplanten Erlös und die dazugehörige Marktstellung zu bewahren.

e) Finanzplanung und Zinsprognose. IRd. Nettoverfahrens (Equity-Ansatz) ist jede **Änderung der Finanzstruktur** iRd. Ertragswertrechnung zu berücksichtigen. Stets ist zu berücksichtigen, daß ein Anstieg oder eine Verringerung der Fremdmittel die Finanzierungssituation des Unternehmens verändert (verschlechtert oder verbessert), was zu einer entsprechenden Veränderung der Risikosituation für Eigen- und Fremdkapitalgeber führt. Dies wiederum hat Auswirkungen auf den Zinssatz für Fremdkapital und auf die erwartete Eigenkapitalrendite.

f) Steuerplanung. Die Steuerplanung für das Bewertungsobjekt und für die persönlichen Ertragsteuern der Unternehmenseigner (Zufluß der finanziellen Überschüsse) muß die vorangegangenen Planungsergebnisse entsprechend verarbeiten. Die **Einbeziehung der Besteuerungswirkungen beim Unternehmenseigner** (potentiellen Erwerber oder Veräußerer) sind heute in der betriebswirtschaftlichen Literatur unbestritten; Steuerzahlungen vermindern den Unternehmensertrag (Netto Cash-flow) beim Eigner und beeinflussen damit dessen Entscheidungswert. Die steuerlichen Auswirkungen sind nach der Reform der Unternehmensbesteuerung in Deutschland[113] deshalb in jedem Fall zu berücksichtigen, weil Unternehmensgewinne sowohl bei Personen- wie bei Kapitalgesellschaften beim Anteilseigner anders besteuert werden als die für die Feststellung des Kapitalisierungszinsfußes heranzuziehende risikolose Alternativanlage[114].

Während die Alternativanlage in risikolosen Kapitalmarktanlagen stets normal versteuert wird, ist die **Ertragsteuerbelastung aus Unternehmenserträgen** stets niedriger zu veranschlagen[115], weil
- bei Personenunternehmen die persönlichen Ertragsteuern sich um die pauschale Anrechnung der Gewerbeertragsteuer vermindern[116];
- bei Kapitalgesellschaften deren Anteilseigner nur die Hälfte der ausgeschütteten finanziellen Überschüsse zu versteuern haben (Halbeinkünfteverfahren)[117].

Werden subjektive Unternehmenswerte ermittelt, sind die individuellen steuerlichen Verhältnisse der (potentiellen) Unternehmenseigner zugrundezulegen. Bei der Ermittlung objektiver (objektivierter) Unternehmenswerte hingegen bleibt nichts übrig, als **typisierte Steuersätze** zu verwenden. Der IdW S 1 schlägt hierfür bei voller Besteuerung (also für die risikofreien Kapitalmarktanlagen) des unbeschränkt steuerpflichtigen Unternehmenseigners einen typisierten Steuersatz von 35 % vor und beruft sich dabei auf entsprechende statistische Untersuchungen[118].

---

[113] StSenkG vom 23. 10. 2000 BGBl. I S. 1433, StSenkErgG vom 23. 12. 2000 BGBl. I S. 1812.
[114] Siehe Rn 156 ff.
[115] *Siepe/Dörschell/Schulte* WPg 2000, 946, 958.
[116] § 35 EStG.
[117] § 3 Nr. 40 EStG.
[118] IdW S 1, WPg 2000, 825, 830 Tz. 51.

§ 10 153–156 Unternehmensbewertung, Verschmelzungsrelationen, Abfindungen

153 Bei einer Personengesellschaft ermäßigt sich diese typisierte Ertragsteuerbelastung um die pauschalierte **Gewerbeertragsteueranrechnung**[119], die – pauschaliert – mit 9% angesetzt werden kann, so daß die Ertragsteuerbelastung des Eigners mit 26% zu berücksichtigen ist[120].

154 Hat das Unternehmen die Rechtsform einer **Kapitalgesellschaft**, so ist nach dem **Halbeinkünfteverfahren**[121] die Hälfte des typisierten Steuersatzes, also 17,5% zu berücksichtigen[122]. Ob und inwieweit eine ggf. nach der Unternehmenssteuerreform sich ändernde Ausschüttungspolitik hin zu einer verstärkten Thesaurierung und der Realisation des Shareholder Value durch Anteilsverkauf oder Aktienrückkauf Auswirkungen auf die Steuerlastquote des Eigners haben wird, bleibt abzuwarten; dies könnte sich jedoch nur auf nicht wesentlich beteiligte Anteilseigner[123] auswirken, da nur für sie ggf. eine Doppelbelastung entfällt.

155 **g) Sitzlandprinzip.** Bei der objektivierten Unternehmensbewertung geht IdW S 1 vom sog. Sitzlandprinzip aus, d. h. die Wertfeststellung erfolgt unter der Annahme, daß die Unternehmenseigner im Sitzland des zu bewertenden Unternehmens ansässig sind[124]. Dies hat insbes. für die typisierte Steuerbelastungsrechnung Bedeutung. Es hat nämlich zur Folge, daß zB bei grenzüberschreitenden Fusionen für das inländische und das ausländische Unternehmen unterschiedliche Steuerparameter für die (potentiellen) Unternehmenseigner angelegt werden. Hier ist in jedem Einzelfall zu prüfen, welche Prämissen zu sachgerechten Ergebnissen führen[125].

2. Kapitalisierungszinsfuß

156 **a) Basiszinsfuß.** Bewerten ist Vergleichen: Die Ertragsbewertung beruht auf einem Vergleich der aus dem Unternehmen fließenden finanziellen Überschüsse mit denen aus der jeweils günstigsten alternativen Investitionsmöglichkeit. Im Ertragswertverfahren kommen die Alternativerträge in dem aus der Alternativrendite abgeleiteten Kalkulationszinsfuß zum Ausdruck[126]. Bei **Ermittlung der Alternativrendite** ist nicht nur darauf Gewicht zu legen, daß aus mehreren Möglichkeiten die günstigste ausgewählt wird, sondern insbes. auch darauf, daß die Unsicherheitsdimensionen der jeweiligen finanziellen Überschüsse äquivalent sind. In der Praxis wird der Kapitalisierungszinsfuß als Mindestrenditeforderung des Investors durch ein mehrstufiges Vorgehen ermittelt.

---

[119] § 35 EStG.
[120] Zur Berechnung vgl. *Herzig/Lochmann*, Steuersenkungsgesetz: Die Steuerermäßigungen für gewerbliche Einkünfte bei der Einkommenssteuer in der endgültigen Regelung, DB 2000, 1734; *Siepe/Dörschell/Schulte* WPg 2000, 946, 959.
[121] § 3 Nr. 40 EStG.
[122] *Siepe/Dörschell/Schulte* WPg 2000, 946, 959.
[123] Beteiligungsquote unter 1 %: § 17 Abs. 1 EStG.
[124] IdW S 1, WPg 2000, 825, 830 Tz. 52.
[125] *Siepe/Dörschell/Schulte* WPg 2000, 946, 958.
[126] *Mandl/Rabel* S. 132.

Zunächst wird ein **Basiszinsfuß** festgelegt, der die Rendite einer quasi-risikofreien Kapitalmarktanlage widerspiegelt. In der Praxis wird idR auf die Renditen festverzinslicher Anleihen von Schuldnern erster Bonität und damit auf die Renditen öffentlicher Anleihen abgestellt. Zu beachten ist, daß der angewandte Basiszinsfuß die Rendite einer laufzeitäquivalenten Alternativanlage wiedergibt (Laufzeitäquivalenz)[127]. Werden die Unternehmenserträge in Zeitphasen zerlegt und phasenweise kapitalisiert[128], so ist der für die jeweilige Phase fristenäquivalente Basiszins anzulegen. Bei zeitlich unbegrenzter Lebensdauer des Unternehmens (Regelfall), müßte – jedenfalls für den Residual Value[129] – die Rendite einer zeitlich nicht begrenzten Anleihe der öffentlichen Hand herangezogen werden. Da eine solche nicht existiert, ist vereinfachend die Rendite der Anleihe mit der längsten Restlaufzeit heranzuziehen (idR Restlaufzeiten von 10 oder mehr Jahren)[130]. 157

Da der Unternehmenswert stets stichtagsbezogen ist[131], ist auch der **Basiszins stichtagsbezogen** anzusetzen. Das Stichtagsprinzip ist Teil des Laufzeitäquivalenzprinzips. Dies ist bei relativ flacher Zins- bzw. Renditestruktur unproblematisch. Bei stark steigender Zins- bzw. Renditestruktur allerdings kann dadurch der Unternehmenswert unterschätzt, bei stark fallender ggf. überschätzt werden[132]. 158

b) Risikozuschlag. Die Ertragsbewertung geht, wie erwähnt[133], von einem **risikoscheuen Investor** aus. Die künftigen finanziellen Überschüsse aus dem Bewertungsobjekt sind mit einer erheblichen Prognoseunsicherheit behaftet (Geschäftsrisiko und Kapitalstrukturrisiko) und deshalb mit den Anleiheerträgen (Basiszinsfuß) nicht sicherheitsäquivalent. Dieser Unsicherheit kann durch zwei unterschiedliche Methoden Rechnung getragen werden: Entweder durch einen Abschlag von den prognostizierten finanziellen Überschüssen (Sicherheitsäquivalenzmethode, Ergebnisabschlagsmethode) oder durch einen Zuschlag zum Basiszinssatz (Zinszuschlagsmethode, Risikozuschlagsmethode). Praktiziert wird fast ausschließlich die Risikozuschlagsmethode, u. a. mit der Begründung, daß sie sich auf empirisch beobachtbares Verhalten und auf eine marktorientierte Vorgehensweise stützen könne[134]. Doch ist dann darauf zu achten, daß nicht – bewußt oder unbewußt – bei den zu kapitalisierenden Erträgen zusätzlich auch noch ein Sicherheitsabschlag (vorsichtige Prognose) gemacht wird. 159

Die **Höhe des Risikozuschlags** entzieht sich streng objektiver Beurteilung. Sie liegt im Ermessen des Bewerters und bringt dessen Risiko(ab)neigung zum Ausdruck. Wenn auch eine betriebswirtschaftlich saubere Bezifferung nicht mög- 160

---

[127] IdW S 1, WPg 2000, 825, 837 Tz. 121.
[128] Siehe Rn 108 ff.
[129] Siehe Rn 110.
[130] Zu anderen Ansatzpunkten für den Basiszins, zB Ableitung aus den Renditen von Nullkapitalanleihen („spot rate"), vgl. *Mandl/Rabel* S. 134 ff.
[131] Siehe Rn 102 ff.
[132] Vgl. *Mandl/Rabel* S. 138.
[133] Siehe Rn 106.
[134] IdW S 1, WPg 2000, 825, 834 Tz. 96.

lich erscheint, ist er doch dem Grunde nach gerechtfertigt, weil die künftigen Unternehmenserträge mit den Anteilserträgen aus festverzinslichen Kapitalanlagen erster Bonität nicht sicherheitsäquivalent sind. Neben dem Geschäfts- und Kapitalstrukturrisiko wird als Begründung für den Risikozuschlag bei nicht börsennotierten Unternehmen noch die ggf. erschwerte Veräußerungsmöglichkeit (Mobilitätsrisiko, Fungibilitätsrisiko) angeführt[135]. Während IdW S 1[136] zur konkreten Höhe des Risikozuschlags keine Aussagen macht, finden sich in der Praxis je nach Risikoprämissen (Standort, Umwelt, Branche, Kapitalstruktur, Kundenabhängigkeit, Produktprogramm, Produktentwicklung, politische Situation, Fungibilität der Anteile) Zuschläge in der Bandbreite von 2% bis 5%, für mangelnde Fungibilität ggf. noch zusätzliche 1% bis 3%[137].

161 Möglich ist jedoch eine gewisse **Plausibilitätsprüfung des angewandten Risikozuschlags**. Wie erwähnt[138] kann das Risiko auch durch einen Abschlag auf die Unternehmenserträge bzw. eine „worst case"-Prognose der Unternehmenserträge berücksichtigt werden (Sicherheitsäquivalenzmethode); dann wären die sicherheitsäquivalenten Erträge mit dem Basiszinsfuß zu kapitalisieren.

162 Da Risikozuschlags- und Sicherheitsäquivalenzmethoden bei gleichen Ausgangsbedingungen zum selben Ergebnis führen müssen, gilt:

$$\frac{\mu(E)}{b+z} = \frac{S\ddot{A}(E)}{b}$$

$\mu(E)$ Erwartungswert (= konstanter Unternehmensertrag)
$S\ddot{A}(E)$ Sicherheitsäquivalenter Erwartungswert
b   (nomineller) Basiszins
z   Risikozuschlag

163 Durch Umformung läßt sich **der sicherheitsäquivalente Ertrag** für einen angenommenen Risikozuschlag wie folgt ermitteln:

$$S\ddot{A}(E) = \frac{b \cdot \mu(E)}{b+z}$$

164 Kennt man den minimal möglichen Unternehmensertrag („worst case"; E_{min}), wird dadurch logischerweise die Obergrenze oder das Maximum des Risikozuschlags (z_{max}) bestimmt. Daraus läßt sich folgende Beziehung herleiten:

$$z_{max} = \frac{\mu(E) - E_{min}}{E_{min}} \cdot b$$

---

[135] *Helbling* S. 402.
[136] IdW S 1, WPg 2000, 825, 834 Tz. 97.
[137] Vgl. *Helbling* S. 402 ff.
[138] Siehe Rn 159.

165 Eine **Plausibilitätsprüfung** sollte in jedem Fall durchgeführt werden[139].

166 c) **Besteuerung der Alternativverträge.** Da die bis zum Eigner durchgerechneten Unternehmenserträge nach Abzug persönlicher Ertragsteuern zu kapitalisieren sind, sind nach dem Äquivalenzprinzip auch die **Alternativverträge nach Abzug persönlicher Ertragsteuern** zu berechnen. Da Kapitalmarkterträge vor persönlichen Steuern ausgewiesen werden, ist der Basiszinssatz wiederum um die Steuerbelastung zu kürzen. Die Verwendung des Alternativzinssatzes nach Steuern hat nach Inkrafttreten der Unternehmenssteuerreform in Deutschland deshalb besondere Bedeutung, weil die Alternativanlagen idR normal, d. h. voll, die Unternehmensgewinne hingegen begünstigt besteuert werden[140]. Der Basiszinssatz nach Steuern läßt sich wie folgt darstellen:

$$b^s = b \cdot (1 - s^{ESt})$$

b^s Basiszins nach Steuern
b Basiszins vor Steuern
s^{ESt} Steuersatz Anteilseigner

167 Für eine objektivierte Unternehmensbewertung kann der **typisierte Ertragsteuersatz von 35%** zur Anwendung kommen[141]. Gewerbesteuer ist im Kapitalisierungszinssatz nicht zu berücksichtigen; es ist davon auszugehen, daß ein ökonomisch handelnder Eigentümer die Alternativanlage im Privatvermögen tätigen wird[142].

---

[139] *Mandl/Rabel* S. 230 geben folgendes instruktives Beispiel: Unterstellt wird ein potentieller Käufer, der von einer konstanten risikolosen Alternativrendite in Höhe von 8 % und einer für alle Perioden gültigen Bandbreite gleichwahrscheinlicher Unternehmenserträge von 1400 GE bis 3000 GE ausgeht. Der (konstante) Erwartungswert der Unternehmenserträge beträgt daher 2200 GE. Es wird ein Risikozuschlag von 4 % (Fall A) bzw. 5 % (Fall B) festgelegt. Die Plausibilität des Risikozuschlags ist zu prüfen. Zu diesem Zweck werden die dem jeweiligen Risikozuschlag entsprechenden Sicherheitsäquivalente errechnet:

Fall A: $SÄ (E) = \dfrac{0{,}08 \cdot 2200}{0{,}08 + 0{,}04} = 1467$

Fall B: $SÄ (E) = \dfrac{0{,}08 - 2200}{0{,}08 + 0{,}05} = 1354$

Die Anwendung eines Risikozuschlags von 4 % kommt der Zugrundelegung eines sicherheitsäquivalenten Ertrags in Höhe von 1467 GE p. a. gleich. Da das errechnete Sicherheitsäquivalent innerhalb der definierten Bandbreite liegt, ist der Risikozuschlag insoweit plausibel. Im Fall B errechnet sich demgegenüber ein bereits unter dem Minimalertrag von 1400 GE liegendes Sicherheitsäquivalent. Ein Risikozuschlag von 5 % ist daher nicht mehr rational begründbar. Der maximale Wert für den rational begründbaren Risikozuschlag errechnet sich unter den getroffenen Annahmen wie folgt:

$$Z_{max} = \frac{2200 - 1400}{1400} \cdot 0{,}08 = 4{,}57\%$$

[140] Siehe Rn 150 ff.
[141] Siehe Rn 152.
[142] IdW S 1, WPg 2000, 825, 834 Tz. 99.

§ 10 168–170 Unternehmensbewertung, Verschmelzungsrelationen, Abfindungen

168 Der Risikozuschlag kann auf einen unversteuerten Basiszinssatz zu einem **Bruttokapitalisierungssatz** zugeschlagen werden, der um die Steuer zu vermindern ist. Es kann aber auch der risikofreie Basiszinssatz versteuert werden (**risikofreier Nettozinssatz**) und hierauf prozentual der Risikozuschlag erhoben werden. Die Ergebnisse bleiben gleich. Beispiel: Der Bruttobasiszins sei 10%, der Risikozuschlag 2% (oder 20% auf den Bruttobasiszins), der Steuersatz 35%.

Bruttorechnung:	
Basiszins	10,0%
Risikozuschlag	+ 2,0%
	12,0%
Steuersatz (35%)	./. 4,2%
Kapitalisierungszinssatz	7,8%
Nettorechnung:	
Basiszins	10,0%
Steuersatz (35%)	./. 3,5%
	6,5%
Risikozuschlag (20%)	+ 1,3%
Kapitalisierungszinssatz	7,8%

169 **d) Capital Asset Pricing Model (CAPM).** Das Unbehagen an der Subjektivität bis Willkür der Risikozuschlagsmethode[143] bei beachtlichen Wertausschlägen führt auch im Ertragswertverfahren dazu, nach Verfahren zu suchen, die die **Risikoeinschätzung stärker objektivieren** oder doch jedenfalls stärker an das Marktgeschehen heranführen. Für börsennotierte Unternehmen sind kapitalmarkttheoretische Modelle entwickelt worden, um die Renditeforderungen von Eigenkapitalgebern aus Kapitalmarktdaten abzuleiten; hier ist insbes. das CAPM zu nennen, das auch für die Kapitalisierung iRd. Unternehmensbewertung nutzbar gemacht werden kann. Unmittelbare Anwendung findet das CAPM allerdings nur für börsennotierte Bewertungsobjekte. Bei der Bewertung nicht notierter Unternehmen kann jedoch auf branchenzugehörige oder banchenverwandte börsennotierte Unternehmen zurückgegriffen werden. Allerdings sind dann unternehmensspezifische Anpassungen zB in Bezug auf den Verschuldungsgrad (finanzielles Risiko), auf Marktstellung etc. vorzunehmen[144]. Auch IdW S 1 läßt eine marktgestützte Ermittlung des Risikozuschlags nach der CAPM zu[145].

170 Die CAPM geht, wie die Risikozuschlagsmethode, davon aus, daß sich die Renditeerwartung des Anlegers, der in ein Unternehmen investiert, aus der **Summe des Zinssatzes für eine risikolose Kapitalmarktanlage und einer Risikoprämie** ergibt. Die Risikoprämie ergibt sich jedoch beim CAPM aus der

---

[143] Siehe Rn 159 ff.
[144] WP-Hdb. 1998 Bd. II Rn A 192; *Siepe/Dörschell/Schulte* WPg 2000, 946, 952.
[145] IdW S 1, WPg 2000, 825, 834 Tz. 98.

Multiplikation einer Marktrisikoprämie mit einem unternehmensspezifischen Risikofaktor (dem sog. Beta-Faktor)[146].

171 Die **Marktrisikoprämie** spiegelt das sog. systematische Marktrisiko wider: Das ist das nicht unternehmensspezifische Risiko eines Wertpapiers, das beeinflußt wird durch die Höhe des risikolosen Zinsfußes, Konjunkturprognosen, Erwartungen über Verhalten der Sozialpartner, steuerpolitische Maßnahmen, kurzum alle nicht unternehmensspezifischen Risikoelemente, die den Wertpapieranleger eine höhere Rendite verlangen lassen als den Anleihegläubiger. Sie wird ausgedrückt durch die Differenz zwischen erwarteter Marktrendite ($\mu(r_m)$) für ein umfassend definiertes Marktportfolio und risikolosen Zinsfuß ($\mu(r_m) - i$). In der Praxis wird das Marktportfolio durch einen repräsentativen Aktienindex ersetzt (zB DAX). Empirische Untersuchungen haben Marktrisikoprämien zwischen 5% und 6% ermittelt[147], von denen bei Unternehmensbewertungen ohne besondere Hinterfragung ausgegangen wird.

172 Das bewertungsobjektspezifische (individuelle) Risiko wird durch den **Beta-Faktor** (b) ausgedrückt. Er gibt bei einem börsennotierten Wertpapier das Ausmaß der Veränderung der Einzelrendite im Verhältnis zu Veränderungen der Marktrendite (des definierten Marktportfolios) an. Mathematisch ist er die Kovarianz der Rendite des Wertpapiers mit der Rendite des Marktporfolios und der Varianz der Rendite des Marktportfolios. Die Beta-Faktoren werden auf der Grundlage von (mehr oder weniger weit zurückreichenden) Vergangenheitswerten professionell mit Hilfe der linearen Regression ermittelt und publiziert[148].

173 Das Marktportfolio hat einen **Beta-Faktor von 1**. Ein Wertpapier mit einem Beta-Faktor größer als 1 reagiert überproportional auf die Entwicklung der Marktrendite, d. h. die Einzelrendite schwankt stärker als die Marktrendite, Risiko und Risikoprämie werden höher als das Marktrisiko. Umgekehrt reagiert ein Unternehmen mit einem Beta-Faktor kleiner als 1 geringer als die Rendite des Marktportfolios; das Risiko ist geringer als das Marktrisiko. Ein Beta-Faktor von 0 bedeutet eine quasi-sichere Anlage.

174 Formelmäßig ergibt sich der **Risikozuschlag** (z) wie folgt:
$$z = (\mu(r_m) - i) \cdot \beta$$

Der risikotragende Bruttokapitalisierungssatz ($\mu(r_j)$) (vor Steuern und Wachstumszuschlag) ergibt sich wie folgt:
$$(\mu(r_j) = i + (\mu(r_j) - i) \cdot \beta$$

Bei Errechnung des Kapitalisierungszinsfußes nach persönlichen Ertragsteuern[149] ist wohl zu berücksichtigen, daß der risikolose Zins (i) mit dem Normalsatz (pau-

---

[146] Vgl. *Copeland/Koller/Murrin*, Unternehmenswert, 2. Aufl. 1998, S. 277 bis 284; *Ballwieser* S. 173 ff.; *ders.*, Aktuelle Aspekte der Unternehmensbewertung, WPg 1995, 119, 122 ff.; *Baetge/Krause*, Die Berücksichtigung des Risikos bei der Unternehmensbewertung, BFuP 1994, 433, 437 ff.; *Rappaport*, Shareholder Value, 1995, S. 60 ff.; *Drukarczyk*, Unternehmensbewertung, 1996, S. 246 ff.; *Mandl/Rabel* S. 289 ff.
[147] WP-Hdb. 1998 Bd. II Rn A 190 mwN; *Mandl/Rabel* S. 293.
[148] Langfristig zB bei *Bloomberg* über http://www.bloomberg.de.
[149] Siehe Rn 166 ff.

schaliert 35%), der Risikozuschlag jedoch mit dem Dividendensteuersatz (Halbeinkünfteverfahren, pauschaliert 17,5%) zu versteuern ist.

175 Wenn auch einzuräumen ist, daß das CAPM nicht unproblematisch ist, so kann es doch in den meisten Fällen eine **höhere Plausibilität** beanspruchen als aus dem Ermessen geborene Zuschläge. Wenn möglich, sollte jedenfalls eine Gegenprobe mit dem CAPM erfolgen[150]. Allerdings sind eine kritische Analyse und ggf. Anpassungen erforderlich, insbes. aus folgenden Gründen:

- Für nicht börsennotierte Unternehmen werden keine Beta-Faktoren festgestellt. Vergleichbare oder branchenverwandte Unternehmen müssen mit größter Sorgfalt ermittelt werden.
- Zur Herstellung der Vergleichbarkeit sind ggf. Anpassungen und Umrechnungen erforderlich. Insbes. der Verschuldungsgrad spielt eine wesentliche Rolle[151].
- Beta-Faktoren werden aus Vergangenheitswerten entwickelt. Die Unternehmensbewertung und der alternative (risikolose) Basiszins sind hingegen zukunftsbezogen. Eigentlich müßte von „predicted betas" ausgegangen werden[152].
- Die Marktrisikoprämie von 5% bis 6% stützt sich zwar auf verschiedene empirische Untersuchungen, ist aber bezüglich des Marktportfolios, der Aktualität, der länderübergreifenden Signifikanz u. ä. mit allen Problemen der Empirie behaftet.
- Die CAPM ist nur sinnvoll, solange die erwartete Rendite des Marktportfolios über der Rendite einer risikolosen Anlage liegt. Kehren sich die Verhältnisse um, führt das CAPM zu sinnwidrigen Ergebnissen.

176 **e) Effektiver Kapitalisierungszinssatz.** Der effektive Kapitalisierungszinssatz ($i_{eff.}$) ergibt sich damit für die Ertragswertmethode aus dem risikolosen Basiszinssatz (b) zuzüglich Risikozuschlag (z) vermindert um die persönlichen Ertragsteuern (x) und ggf. vermindert um einen Wachstumsabschlag (w)[153]:

$$i_{eff.} = (b + z) \cdot (1 - s) - w$$

Oder bei Verwendung des CAPM aus:
$$i_{eff.} = m(r_j) \cdot (1 - s) - w$$

177 In beiden Fällen wird mit der herrschenden Praxis eine Rechnung nach persönlichen Steuern der Unternehmenseigner (**Nachsteuerrechnung**) durchgeführt. Dies ist möglich, führt aber – insbes. nach der Unternehmenssteuerreform – zu relativ komplexen Berechnungsformeln[154]. Es bleibt deshalb zu überlegen,

---

[150] So wohl auch *Siepe/Dörschell/Schulte* WPg 2000, 946, 951.
[151] Zu Beta-Faktoren und Verschuldungsgrad vgl. *Mandl/Rabel* S. 299 ff.; *Ballwieser*, Unternehmensbewertung mit Discounted Cash Flow-Verfahren, WPg 1998, 81, 91 ff.; *Kruschwitz/Milde*, Geschäftsrisiko, Finanzierungsrisiko und Kapitalkosten, ZfbF 1996, 1115 ff.
[152] Vgl. WP-Hdb. 1998 Bd. II Rn A 192; ob die Kurzfrist-Betas zum Bewertungsstichtag nicht doch aussagekräftig sind, weil die Börse die Zukunftsentwicklung schon vorwegnimmt, ist offenbar nicht untersucht.
[153] Siehe Rn 116 ff.
[154] Vgl. *Kohl/Schulte* WPg 2000, 1147, 1149.

ob nicht eine **Vorsteuerrechnung**, dann natürlich bei Ermittlung der Zukunftserfolge wie auch beim Kapitalisierungszinssatz, zu vernünftigeren Ergebnissen führt. Auf eine Reihe von Hypothesen[155] und Pauschalierungen könnte dann verzichtet werden.

f) **Kapitalisierungszinssatz bei Ermittlung subjektiver Entscheidungswerte.** Bei Ermittlung subjektiver Entscheidungswerte wird die **Mindestverzinsung für die Eigenkapitalgeber** häufig vorgegeben („hurdle rate", „cut-off rate"). Solche Vorgaben sind insbes. in Konzernen üblich und werden entweder vor oder nach Steuern auf das eingesetzte Kapital festgesetzt (idR liegen die Renditeerwartungen zwischen 12% und 20% vor Steuern). In der „hurdle rate" ist bereits eine pauschale Risikoprämie und ggf. auch ein Wachstumsabschlag enthalten, so daß weitere Anpassungen nicht erforderlich sind[156].

III. Discounted Cash-flow-Verfahren (DCF)

1. Netto- oder Bruttokapitalisierung

Es ist bereits ausgeführt worden, daß der Unternehmenswert einstufig durch Diskontierung der um Fremdkapitalkosten verminderten Überschüsse (**Nettokapitalisierung**) oder (zweistufig) durch Diskontierung der Eigen- und Fremdkapitalgebern zur Verfügung stehenden Überschüsse und nachfolgendem Abzug des Marktwerts des Fremdkapitals (**Bruttoverfahren**) ermittelt werden kann[157]. Da das Nettoverfahren praktisch dem erläuterten Ertragswertverfahren[158] entspricht, insbes. wenn für die Kapitalisierung das CAPM Verwendung findet, soll hier nur auf das Bruttoverfahren eingegangen werden, soweit es nicht bereits erläutert ist[159].

Die Brutto- oder **Free Cash-flow (FCF)-Verfahren** sind insbes. in der US-amerikanischen Bewertungspraxis üblich; sie korrespondieren mit dem Konzept der gewogenen Kapitalkosten (WACC-Ansatz). Sowohl die Ermittlung des FCF wie der WACC sind bereits dargestellt. Hierauf wird verwiesen[160].

2. „Tax shield"

Das Bruttoverfahren geht von der Diskontierung des zur Bedienung von Eigen- und Fremdkapital zur Verfügung stehenden Free Cash-flow (FCF) aus. In diesem sind weder die Fremdkapitalzinsen noch die Steuerersparnis aus deren steuerlicher Abzugsfähigkeit eingesetzt. Diese steuerliche Abzugsfähigkeit wird im WACC-Ansatz durch das sog. **„tax shield"** berücksichtigt. Dieses „tax

---

[155] Vgl. zB *Dickhut/Moser/Widmann* Finanz Betrieb 2000, 362ff.; *Ring/Castedello/Schlumberger*, Auswirkungen des Steuersenkungsgesetzes auf die Unternehmensbewertung, Finanz Betrieb 2000, 336ff.
[156] Vgl. dazu WP-Hdb. 1998 Bd. II Rn A 286 und *Mandl/Rabel* S. 138f.
[157] Siehe Rn 123ff.
[158] Siehe Rn 141ff.
[159] Siehe Rn 126ff.
[160] Siehe Rn 126ff.

shield" setzt sich in Deutschland aus dem hälftigen Gewerbeertragssteuersatz sowie dem Körperschaftsteuersatz zusammen. Durch den hälftigen Ansatz des Gewerbeertragsteuersatzes werden auch die gewerbesteuerlichen Modifikationen infolge der Dauerschuldzinsen erfaßt (hälftige Hinzurechnung)[161].

182 Die **WACC-Formel** kann unter Berücksichtigung des so definierten „tax shield" wie folgt dargestellt werden:

$$C^{WACC} = r\,(FK) \cdot (1 - 0{,}5\,s_G) \cdot (1 - s_K) \cdot \frac{FK}{GK} + r\,(EK) \cdot \frac{EK}{GK}$$

s_G Gewerbesteuersatz
s_k Körperschaftsteuersatz

183 Mit diesem so ermittelten WACC sind die Free Cash-flows zu diskontieren.

3. Vor- oder Nachsteuerrechnung

184 International, insbes. in der US-amerikanischen Bewertungspraxis, werden Ertragsteuern der Unternehmenseigner bei dem DCF-Verfahren nicht berücksichtigt. Es wird insoweit eine **Vorsteuerrechnung** durchgeführt. Nach der deutschen Praxis, insbes. IdW S 1, sind dagegen auch bei dem Bruttoverfahren die persönlichen Ertragsteuern der Unternehmenseigner zu berücksichtigen[162]. Dabei geht es wohlgemerkt nur um die persönlichen Ertragsteuern der Eigner. Betriebliche Steuern des Unternehmens (wie Gewerbeertragsteuer und Definitiv-Körperschaftsteuer) sind auch beim DCF-Verfahren US-amerikanischer Prägung zu berücksichtigen.

185 **Persönliche Steuern der Unternehmenseigner** können in das DCF- bzw. WACC-Verfahren eingebaut werden. Dies führt allerdings zu einer nicht unerheblichen Verkomplizierung der Berechnungsformeln. Da die internationale Praxis persönliche Ertragsteuern nicht als wertbestimmend ansieht, wird zur Vermeidung von Mißverständnissen empfohlen, die persönlichen Steuern erst in einem letzten Rechengang in die Bewertung einzubeziehen[163].

186 Die Nachsteuerrechnung wirft vor allem ein sog. **doppeltes Zirkularitätsproblem** auf. Die Einkommensteuer des Anteilseigners kann bei Kapitalgesellschaften nur ermittelt werden, wenn bekannt ist, in welcher Höhe Gewinne thesauriert werden. Auf die thesaurierten Beträge entfällt nämlich keine Einkommensteuer. Andererseits beeinflußt die Einkommensteuer über die Höhe des Free Cash-flow die Ist-Kapitalstruktur und somit die künftigen Thesaurierungsbeträge; eine Interdependenz, die nur iterativ gelöst werden kann. Auf die relativ komplizierten Berechnungsansätze soll hier nicht weiter eingegangen werden[164].

187 Die persönlichen Steuern können durch einen **zusätzlichen „tax shield"** in die WACC einbezogen werden, wobei zu berücksichtigen ist, daß auch die

---

[161] *Kohl/Schulte* oder WPg 2000, 1147, 1154.
[162] IdW S 1, WPg 2000, 825, 838 Tz. 140; WP-Hdb. 1998 Bd. II Rn A 290, 324 ff.
[163] So jedenfalls WP-Hdb. 1998 Bd. II Rn A 290, 324 f.
[164] Vgl. dazu zB *Moser*, Discounted Cash-flow-Methode auf der Basis von Free Cash-flows: Berücksichtigung der Besteuerung, Finanz Betrieb 1999, 117, 221; *Dickhut/Moser/Widmann* Finanz Betrieb 2000, 362, 368; *Kohl/Schulte* WPg 2000, 1147, 1156 ff.

Fremdkapitalzinsen bei der Ermittlung der persönlichen Steuern voll abzugsfähig sind. Daraus ergibt sich folgender formelhafter WACC-Ansatz:

$$C^{WACC} = r(FK) \cdot (1 - 0{,}5\, s_G) \cdot (1 - s_K) \cdot (1 - 0{,}5\, s_p) \cdot \frac{Fk}{GK} + r(EK) \cdot$$

$$(1 - 0{,}5\, s_p) \cdot \frac{Ek}{FK} + r(EK) \cdot (1 - 0{,}5\, S_p) \cdot \frac{Ek}{GK}$$

s_p persönlicher Steuersatz

Dabei ist nach den Empfehlungen des IdW S 1[165] von einem typisierten persönlichen Einkommensteuersatz von 35% (Alternativinvestition) auszugehen, was natürlich nur zutreffend ist, wenn die Alternativinvestition in keiner Kapitalgesellschaft besteht (dann Halbeinkünfteverfahren mit einem typisierten Steuersatz von 17,5%). Dagegen ist bei Berücksichtigung der persönlichen Steuern iRd. Fremdkapitalkomponente das Halbeinkünfteverfahren zugrundezulegen (soweit Körperschaften bewertet werden), da sich die Abzugsfähigkeit im Kapitaleinkünftebereich abspielt.

E. Schlußbemerkung zur Kaufpreisermittlung

Die Erörterung und Analyse der verschiedenen praktizierten Unternehmensbewertungsverfahren zeigt, daß es **keinen** eindeutig zu bestimmenden, sozusagen „wahren" **Unternehmenswert** bezogen auf einen bestimmten Stichtag gibt. Was es gibt, sind „richtige" Werte, wobei sich die Richtigkeit nur auf die konsistente und widerspruchsfreie Anwendung eines Verfahrens beziehen kann.

Die Frage, **welches Verfahren** angewandt werden soll, hängt vom Bewertungszweck, von den zugänglichen Informationen und von der Risikofreudigkeit oder -scheu des Transaktionsbeteiligten ab.

Unterschiedliche betriebswirtschaftliche Verfahren oder Praktikerverfahren führen idR auch zu unterschiedlichen Werten, genauso tun dies unterschiedliche Parameter innerhalb eines Verfahrens. Um zu einem Entscheidungswert zu kommen, sollte durchaus ein **methodenpluralistischer Ansatz** gewählt und mit unterschiedlichen Verfahren, ggf. innerhalb eines Verfahrens mit unterschiedlichen Parametern, gearbeitet werden. Aus den Ergebnissen läßt sich eine Bandbreite entwickeln, die je nach Risikoempfinden des Transaktionsbeteiligten enger oder weiter sein wird[166]. Der Gefahr einer groben Fehleinschätzung kann durch eine solche Sensitivitätsanalyse begegnet werden. Dies gilt insbes. dann, wenn sog. objektivierte Unternehmenswerte durch externe Bewerter festgestellt wurden.

Für den Käufer/Verkäufer wird als Preisober/untergrenze schlußendlich immer der **subjektive Unternehmenswert** maßgeblich sein, der sich nur aus den jeweils höchst individuellen Ertragsprognosen und Risikoneigungen ergeben

---

[165] IdW S 1, WPg 2000, 825, 830 Tz. 51.
[166] *Hölscher* S. 297 f.

kann. Die Mühe, entsprechende subjektive Parameter zu ermitteln und festzulegen, kann nur schwerlich auf externe Bewerter übertragen werden; sie trifft letztlich den Investor und Deinvestor. Der Platz für **objektivierte Unternehmenswerte** ist dort gegeben, wo nicht eine Verhandlungs-, sondern eine Entscheidungssituation gegeben ist, also bei allen Abfindungstatbeständen und bei der Streitentscheidung.

F. Verschmelzungswertrelationen

I. Anwendungsbereich

1. Sonderfall der Unternehmensbewertung?

193   Einen weiteren Anwendungsbereich findet die Unternehmensbewertung auf dem Gebiet des Anteilstauschs. Es werden nicht Unternehmen, Unternehmensteile oder Anteile gegen Geld erworben, sondern es werden Anteile an einem Unternehmen gegen Anteile an einem anderen Unternehmen getauscht. Es geht damit nicht um die Bemessung eines absoluten Geldbetrags, sondern um die **Wertrelation zwischen Unternehmensanteilen**. Erst die Schaffung dieser „Anteilswährung" hat die Möglichkeit zu Unternehmenstransaktionen geschaffen, die für die Transaktionsbeteiligten mit einer reinen Geldwährung häufig gar nicht zu bewerkstelligen wären.

194   Auf den ersten Blick ist man geneigt anzunehmen, für eine reine Relationsbewertung könnten andere, vielleicht einfachere **Bewertungsmechanismen** zur Anwendung kommen als für die klassischen Unternehmensbewertungsanlässe, die stets auf die Feststellung der absoluten Höhe eines Unternehmenswerts ausgerichtet sind. Dieser Schluß wäre aber voreilig. Es zeigt sich und ist in der Praxis durchweg üblich, auch bei der Relationsbewertung die absolute Höhe der Unternehmenswerte zu ermitteln. In den meisten Anwendungsfällen der Relationsbewertung ist das schon deshalb nötig, weil widersprechenden oder ausscheidenswilligen Gesellschaftern ohnehin Barangebote gemacht werden müssen.

2. Anwendungsfälle

195   Die Anwendungsfälle sind **weit gestreut**: Sie können sich aus freiwilligen Übernahmeangeboten (freundliche oder feindliche Übernahmen) oder aus sog. Pflichtangeboten nach dem zu erwartenden Wertpapiererwerbs- und Übernahmegesetz (WÜG) ergeben. Dort wird vorgesehen werden, daß der Bieter den Aktionären der Zielgesellschaft eine angemessene Gegenleistung anzubieten hat, die den durchschnittlichen Börsenkurs der Zielgesellschaft berücksichtigt[167]. Weitere Anwendungsfälle finden sich beim Abschluß von Unternehmensverträgen[168]

---

[167] Referentenentwurf eines Gesetzes zur Regelung von öffentlichen Angeboten zum Erwerb von Wertpapieren und von Unternehmensübernahmen (WÜG), dort insbes. §§ 14 und 31; siehe Band 2.

[168] § 305 AktG.

und bei der aktienrechtlichen Eingliederung[169]. Die gesetzlich geregelten Hauptanwendungsfälle finden sich aber im UmwG, nämlich die Verschmelzung durch Aufnahme oder durch Neugründung[170] und die Spaltung durch Aufspaltung oder Abspaltung[171], jeweils wiederum zur Aufnahme oder zur Neugründung[172]. In allen diesen Fällen ist wesentlicher Inhalt des Verschmelzungs- oder Spaltungsvertrags die Festlegung des Umtauschverhältnisses[173]. Das Umtauschverhältnis ist zu erläutern[174] und zu prüfen[175]. Der Prüfungsbericht muß sich insbes. damit befassen[176],
– nach welchen Methoden das vorgeschlagene Umtauschverhältnis ermittelt worden ist;
– aus welchen Gründen die Anwendung dieser Methoden angemessen ist;
– welches Umtauschverhältnis oder welcher Gegenwert sich bei Anwendung verschiedener Methoden, sofern mehrere angewandt worden sind, jeweils ergeben würde; zugleich ist darzulegen, welches Gewicht den verschiedenen Methoden bei der Bestimmung des vorgeschlagenen Umtauschverhältnisses oder des Gegenwerts und der ihnen zugrundeliegenden Werte beigemessen worden ist und welche besondere Schwierigkeiten bei der Bewertung der Rechtsträger aufgetreten sind.

196 Zwei Gesichtspunkte sind dieser gesetzlichen Regelung zu entnehmen: Zum einen muß das **Umtauschverhältnis** angemessen sein. Das ist nachprüfbar und kann ggf. zu einem Ausgleich durch bare Zuzahlungen führen[177]. Zum anderen können **mehrere Bewertungsverfahren** iRd. Relationsbewertung zur Anwendung kommen.

II. Relationsbewertung

1. Gesetzliche Regelung

197 Das Gesetz schreibt nirgendwo die Anwendung eines bestimmten oder bestimmter Bewertungsverfahren vor, und es tut gut daran. Die Rechtsprechung hat sich in stets zunehmendem Maße auf die **Ertragswertmethode** festgelegt, wie sie vom Institut der Wirtschaftsprüfer zunächst in seiner Stellungnahme HFA 2/1983 und nunmehr in der Fassung IdW ES1 formuliert worden ist[178]. Damit dürfte jetzt auch die DCF-Methode in ihren verschiedenen Ausprägungen von der Rechtsprechung anerkannt werden.

---

[169] § 320b AktG.
[170] § 2 UmwG.
[171] § 123 Abs. 1 und Abs. 2 UmwG.
[172] Außerdem beim Formwechsel, wenn eine Barabfindung angeboten werden muß, § 207 UmwG.
[173] §§ 5 Abs. 1 Nr. 3, 126 Abs. 1 Nr. 3 UmwG.
[174] § 8 Abs. 1 UmwG.
[175] § 9 UmwG.
[176] § 12 Abs. 2 UmwG.
[177] § 15 UmwG:
[178] HFA 2/1983, WPg 1983, 468 ff.; IdW ES1, WPg 1999, 2090 ff. Dazu insgesamt *Welf Müller*, FS Bezzenberger, S. 705 ff.

§ 10 198, 199   Unternehmensbewertung, Verschmelzungsrelationen, Abfindungen

198   Die Praxis ging bisher dahin, Umtauschverhältnisse nach der Ertragswertmethode oder nach DCF-Verfahren zu ermitteln. Sie konnte davon ausgehen, damit vor der Rechtsprechung Bestand zu haben[179]. Eine grundlegende Wende brachte der Beschluß des BVerfG vom 22. 4. 1999 **für börsennotierte Gesellschaften**, für deren Anteile ein Umtauschverhältnis festzusetzen ist[180]. Das BVerfG stellt fest, daß es mit der Eigentumsgarantie[181] unvereinbar ist, bei der Bestimmung der Abfindung oder des Ausgleichs für außenstehende oder ausgeschiedene Aktionäre[182] den Börsenkurs der Aktien außer Betracht zu lassen. Allerdings gilt diese Beurteilung nur für die abhängige (übertragende) Gesellschaft, nicht für die aufnehmende Gesellschaft. Das BVerfG führt ausdrücklich aus: „Auch bei der für die Bestimmung der Verschmelzungswertrelation notwendigen Unternehmensbewertung der abhängigen Gesellschaft hat, wenn diese börsennotiert ist, der Börsenwert grundsätzlich als Untergrenze der Bewertung zu fungieren. Dagegen ist es verfassungsrechtlich nicht geboten, einen etwa existierenden Börsenwert der herrschenden Gesellschaft oder der Hauptgesellschaft als Obergrenze der Bewertung dieser Gesellschaft heranzuziehen". Wenn es auch verfassungsrechtlich nicht geboten ist, wird man jedoch bei Vorhandensein eines Börsenkurses des Transaktionspartners (der übernehmenden Gesellschaft) aus Gründen der Systematik dessen Börsenkurs gleichermaßen heranziehen. Die Bewertungsrelation ist nur dann ausgewogen, wenn alle beteiligten Unternehmen nach den gleichen Grundsätzen bewertet werden[183]. Der Börsenkurs ist, wohlgemerkt, nur die Untergrenze; seine Überschreitung ist verfassungsrechtlich unbedenklich. Eine Relationsbewertung wird nach dieser Entscheidung bei zwei börsennotierten Beteiligten zunächst von der Börsenkapitalisierung beider beteiligter Gesellschaften ausgehen und diese in Relation setzen[184].

199   Maßgeblich sind die Wertverhältnisse zum **Bewertungsstichtag**. Das ist in den Fällen der §§ 304, 305, 320b AktG der Tag der Beschlußfassung durch die Hauptversammlung, bei Umwandlungen nach dem UmwG idR der im Vertrag festgesetzte Verschmelzungs-/Spaltungsstichtag[185]. Maßgeblich muß aber nicht der Börsenkurs zu diesem Stichtag sein, vielmehr wird idR ein auf diesen Stichtag bezogener Referenzkurs zu ermitteln sein, der sich aus dem Durchschnitt vorangegangener Handelstage ermittelt. Dabei sind außergewöhnliche Tagesausschläge oder sprunghafte Entwicklungen binnen weniger Tage, die sich nicht verfestigen, zu eliminieren. Der BGH[186] betont allerdings eine größtmögliche Nähe zum Stichtag und läßt keinen längeren Zeitraum als bis zu 3 Monaten vor dem Stichtag zu.

---

[179] Zur Rechtsentwicklung vgl. *Piltz* ZGR 2001, 185, 187 f.
[180] *BVerfG* Beschluß vom 27. 4. 1999 „DAT/Altana" ZIP 1999, 1436 ff.; dazu auch *Welf Müller*, FS Bezzenberger, S. 705, 711 ff.; *Piltz* ZGR 2001, 185 ff.
[181] Art. 14 GG.
[182] §§ 304, 305, 320b AktG.
[183] Zutreffend *LG Dortmund* Beschluß vom 18. 11. 2000 ZIP 2001, 739; *Piltz* ZGR 2001, 185 ff.
[184] So *BGH* Urt. vom 12. 3. 2001, ZIP 2001, 734 ff.
[185] §§ 5 Abs. 1 Nr. 6, 126 Abs. 1 Nr. 6 UmwG.
[186] *BGH* ZIP 2001, 734, 737.

Die Erwägungen des BVerfG und des BGH gehen davon aus, daß die **Börsen-** **200** **kapitalisierung** in aller Regel dem **Verkehrswert** entspricht, denn sie bildet sich auf der Basis der zur Verfügung gestellten Informationen am Markt durch Angebot und Nachfrage. Diesen Überlegungen ist nichts entgegenzusetzen. Die Rechtsprechung hat es außerordentlich schwer gemacht, den Börsenkurs als Untergrenze abzulehnen. Das kommt nur in Betracht, wenn er den Verkehrswert der Aktien nicht widerspiegelt, weil zB über einen längeren Zeitraum ein Handel nicht stattgefunden hat oder der Aktionär nicht in der Lage ist, seine Aktien zum Börsenpreis zu veräußern oder wenn schließlich der Börsenpreis erkennbar manipuliert ist[187].

Für börsennotierte Transaktionsbeteiligte wird die Relationsbewertung auf **201** Basis der Börsenkurse (Durchschnittskurse) idR zu verläßlichen Umtauschverhältnissen führen. Dabei sind Plausibilitätsprüfungen anhand anderer branchentypischer Vergleichszahlen[188] durchaus sinnvoll; sie werden normalerweise nicht zu grundlegend anderen Verhältniszahlen führen. Die eigentliche Bedeutung des Wandels in der Rechtsprechung liegt deshalb weniger in der Relationsbewertung, sondern in der Bemessung der absoluten Geldabfindung am **Maßstab des Börsenkurses** als Mindestwert[189].

2. Objektiver Unternehmenswert

Sind die Transaktionsbeteiligten nicht börsennotiert, verbleibt es bei den erläu- **202** terten Unternehmensbewertungsverfahren. In der deutschen Praxis werden die klassischen Ertragswertmethoden oder DCF-Verfahren zur Anwendung gebracht. Dabei ist eine Relationsbewertung nur dann in sich schlüssig, wenn **für alle beteiligten Unternehmen dieselben Bewertungsgrundsätze** zur Anwendung gelangen und alle Parameter vergleichbar gemacht werden. Die Bewertung eines Unternehmens auf Basis der Börsenkurse, des anderen Unternehmens nach einer Ertragswertmethode, wird deshalb idR zu einem Systemfehler führen.

Sind Umtauschverhältnisse für Gesellschaften mit einer Vielzahl von Gesell- **203** schaftern zu ermitteln, kann nicht auf die individuellen (subjektiven) Entscheidungsparameter der einzelnen Gesellschafter der beteiligten Rechtsträger abgestellt werden. Es können nicht für jeden Gesellschafter des übertragenden und des übernehmenden Unternehmens individuelle Grenz-Umtauschverhältnisse bestimmt werden. Deshalb ist zwingend auf **typisierte Entscheidungsparameter** abzustellen. Die Relationsbewertung mit einer Vielzahl von Beteiligten ist deswegen der eigentliche Anwendungsfall des sog. objektiven Unternehmenswerts[190]. Für die Konkretisierung der Typisierungsmerkmale gilt der Grundsatz, daß die Gesellschafter sowohl des übertragenden Rechtsträgers als auch des übernehmenden Rechtsträgers durch die Umwandlung (Verschmelzung, Spaltung) ihre individuelle finanzielle Entscheidungssituation nicht verschlechtern dürfen[191].

---

[187] *BVerfG* ZIP 1999, 1436, 1442; *BGH* ZIP 2001, 734, 736.
[188] Siehe Rn 51 ff.
[189] Siehe Rn 213.
[190] Siehe Rn 89 ff.; *Heurung* DB 1997, 837, 839 f.; *Bitzer*, Probleme der Prüfung des Umtauschverhältnisses bei aktienrechtlichen Verschmelzungen, 1987, S. 40.
[191] *Heurung* DB 1997, 837, 840.

3. Berücksichtigung von Synergieeffekten

204 Ob Verbundeffekte bei Feststellung des Umtauschverhältnisses überhaupt zu berücksichtigen sind, ist höchst strittig. Soweit Umtauschverhältnisse einer gerichtlichen Nachprüfung unterliegen, hat die Rechtsprechung die Berücksichtigung von sog. **echten Verbundeffekten** – d. h. solchen, die nur zwischen den zu verschmelzenden Unternehmen realisiert werden können – abgelehnt. Bewertet werden die beteiligten Unternehmen nach dem „stand alone"-Prinzip[192]. **Unechte Verbundvorteile** – das sind solche, die mit jedem beliebigen Partner zu verwirklichen wären (zB Nutzung eines steuerlichen Verlustvortrags) – können dagegen in eine Bewertung einbezogen werden[193].

205 Die **Nichteinbeziehung** von Verbundvorteilen in die Relationsbewertung bedeutet nicht etwa, daß diese Vorteile unter den Tisch fielen; sie werden vielmehr im Verhältnis der ohne explizite Berücksichtigung der Verbundvorteile festgestellten Umtauschquote („stand alone"-Bewertung) aufgeteilt (Anteilsverfahren). Dies wird – wenn nicht besondere Umstände vorliegen – idR zu einer fairen Zurechnung der Verbundvorteile führen[194], so daß die – auch von der Rechtsprechung befürwortete – Nichtberücksichtigung in der Praxis normalerweise zu vernünftigen Ergebnissen führt.

206 Diese generellen Überlegungen schließen es jedoch nicht aus, daß im **Einzelfall** – insbes. bei einem überschaubaren Beteiligtenkreis und bei Berücksichtigung subjektiver Wertvorstellungen – Synergieeffekte den Transaktionsbeteiligten nach anderen Kriterien zugerechnet werden. Synergieeffekte (Kombinationseffekte) sind die wesentlichen wirtschaftlichen Antriebskräfte für Umwandlungsvorgänge. Die Zurechnung ist vertraglicher Vereinbarung im Verschmelzungs-/Spaltungsvertrag durchaus zugänglich.

207 Der Synergieeffekt ergibt sich als Differenz zwischen der Summe der Unternehmenswerte der beteiligten Unternehmen auf „stand alone"-Basis und dem Unternehmenswert der zusammengeführten Unternehmen. **Drei Aufteilungsverfahren** für diesen Differenzwert haben sich in der Praxis entwickelt: das **Anteilsverfahren**, das **Mittelwertverfahren** und das **Halbierungsverfahren**.

208 Das **Anteilsverfahren** ist bereits geschildert worden: Der **Kombinationswert** wird den beteiligten Parteien im Verhältnis der Unternehmenswerte auf „stand alone"-Basis zugerechnet. Bei diesem – normalerweise gehandhabten – Verfahren erübrigt sich eine besondere Ermittlung des Kombinationswerts. Bei den beiden anderen Verfahren muß der **Kombinationswert** ermittelt werden. Beim **Halbierungsverfahren** wird der Kombinationswert je zur Hälfte den beiden Verschmelzungspartnern zugeschlagen. Das ist einfach und praktikabel, läßt jedoch eine verursachengerechte Zuordnung außer Betracht. Beim Mittelwertverfahren wird der Mehrwert zunächst jedem der beiden Unternehmenswerte zugeschlagen und daraus dann der Mittelwert errechnet.

---

[192] *BayObLG* DB 1995, 2591; *OLG Düsseldorf* DB 1997, 296, 298; *OLG Celle* DB 1979, 1031, 1033; *OLG Hamburg* DB 1980, 76, 78; vgl. auch *Piltz*, Die Unternehmensbewertung, S. 159 ff.; *Lutter* in Lutter § 8 UmwG Rn 23; *Marsch-Barner* in Kallmeyer § 8 UmwG Rn 17.

[193] *Piltz*, Die Unternehmensbewertung, S. 160 f.; WP-Hdb. 1998 Bd. II Rn D 55 ff.

[194] Vgl. WP-Hdb. 1998 Bd. II Rn D 58.

Zur Verdeutlichung ein Beispiel[195]: Der Unternehmenswert der übernehmenden Gesellschaft (W_A) sei DM 80 Mio. bei 100 000 Stück (a) ausgegebener Aktien, der Unternehmenswert der übertragenden Gesellschaft (W_B) sei DM 20 Mio. bei 50 000 Stück (b) ausgegebener Aktien. Der Wert der Synergieeffekte (Kombinationswert) sei DM 10 Mio. (S). Auf „stand alone"-Basis ergibt sich das Umtauschverhältnis wie folgt:

$$u = \frac{W_A}{a} : \frac{W_B}{b} = \frac{b \cdot W_A}{a \cdot W_B} = \frac{50\,000 \cdot 80}{100\,000 \cdot 20} = \frac{2}{1}$$

Beim Anteilsverfahren wird der Kombinationswert im Verhältnis 2:1 aufgeteilt. Beim Halbierungsverfahren wird der Synergieeffekt von 10 je zur Hälfte A und B zugerechnet:

$$u = \frac{b \cdot (W_A + 1/2\,S)}{a \cdot (W_B + 1/2\,S)} = \frac{50\,000 \cdot (80+5)}{100\,000 \cdot (20+5)} = \frac{1{,}7}{1}$$

Beim Mittelwertverfahren werden aus der Sicht der Gesellschafter von A und B verschiedene Grenz-Umtauschverhältnisse ermittelt. Die Frage für A lautet: Wie viele Aktien von B müssen für eine Aktie von A mindestens verlangt werden:

$$u_A = \frac{b \cdot W_A}{a\,(W_B + S)} = \frac{50\,000 \cdot 80}{100\,000 \cdot 30} = \frac{1{,}33}{1}$$

Umgekehrt lautet die Frage für B: Wieviel Aktien von B dürfen höchstens für eine neue Aktie von A hingegeben werden:

$$u_B = \frac{b\,(W_A + S)}{a \cdot WB} = \frac{50\,000 \cdot 90}{100\,000 \cdot 20} = \frac{2{,}25}{1}$$

Daraus ergibt sich ein Mittelwert von

$$\frac{1{,}33 + 2{,}25}{2} = \frac{1{,}79}{1}$$

Eine „theoretisch richtige" Synergiezurechnung erscheint auch mit aller betriebswirtschaftlichen Akribie nicht möglich. Es kann allenfalls nach **plausiblen Maßstäben** gesucht werden[196]. Sind diese nicht zu finden und gibt es kein Einvernehmen zwischen den Transaktionsbeteiligten – die insoweit natürlich jedwede Zuordnung festlegen können[197] – erscheint eine Zuordnung nach dem Anteilsverfahren vertretbar und vernünftig.

---

[195] WP-Hdb. 1998 Bd. II Rn D 60ff.
[196] *Ossadnick*, Die „angemessene" Synergieverteilung bei der Verschmelzung, DB 1997, 885, 887.
[197] Wobei die Anteilsinhaber die Zuordnung zur gerichtlichen Überprüfung stellen können.

G. Barabfindungen

I. Anwendungsbereich

1. Absoluter Wert

211 Sind Barabfindungen zu ermitteln, ist stets ein **absoluter Unternehmenswert** festzustellen. Dieses kann ein vereinbarter Wert sein, wenn zwischen den Parteien Einvernehmen erzielt wird; er kann aber auch ein gerichtlich festzulegender oder schiedsgutachterlicher Wert sein, wenn Abfindungen außerhalb eines Einigungsbereichs festzulegen sind. Bewertungstechnisch stellt die Abfindungsermittlung – anders als die Relationsbewertung[198] – keinen Sonderfall dar. Es kommen deshalb alle geschilderten Bewertungsverfahren[199] in Betracht. Gesetzliche Festlegungen auf ein bestimmtes Verfahren gibt es nicht. Dies gilt insbes. für die vereinbarten Abfindungen. Für die gesetzlichen Abfindungsfälle gibt es einige Besonderheiten, auf die nachfolgend noch eingegangen wird.

2. Anwendungsfälle

212 Die **Hauptanwendungsfälle** für Barabfindungen lassen sich wie folgt systematisieren:
– Barabfindungen bei Abschluß von Gewinnabführungs- oder Beherrschungsverträgen[200], sowie bei Eingliederung durch Mehrheitsbeschluß[201];
– Barabfindungen im Rahmen von Umwandlungen:
  • Verschmelzung durch Aufnahme[202] oder Verschmelzung durch Neugründung[203],
  • Aufspaltung oder Abspaltung[204],
  • Vermögensübertragung[205],
  • Formwechsel[206];
– Austritt von Gesellschaftern aus einer Personengesellschaft entweder nach gesellschaftsvertraglicher Regelung oder nach Gesetz[207];
– Erbauseinandersetzungen;
– Abfindungen im Familienrecht;
– Schiedsvertragliche Regelungen.

---

[198] Siehe Rn 193 ff.
[199] Siehe Rn 42 ff. und Rn 85 ff.
[200] § 305 Abs. 2 Nr. 2 und Nr. 3 AktG.
[201] § 320b Abs. 1 Satz 3 AktG.
[202] § 29 Abs. 1 UmwG.
[203] § 36 Abs. 1 Satz 1 iVm. § 29 Abs. 1 UmwG.
[204] § 125 Abs. 1 iVm. § 29 Abs. 1 UmwG.
[205] §§ 174, 176 Abs. 2 Satz 4 UmwG.
[206] § 207 UmwG.
[207] §§ 738 bis 740 BGB.

II. Besonderheiten bei gesetzlichen Abfindungsfällen

1. Angemessene Abfindung

Bei gesetzlich geregelten Abfindungsfällen beschränkt sich die gesetzliche Regelung idR darauf, eine „angemessene Abfindung" zu postulieren. Was als „angemessen" zu gelten hat und nach welchem Verfahren die Angemessenheit ggf. festzustellen oder zu verifizieren ist, läßt das Gesetz offen. Die Rechtsprechung hat sich für die Angemessenheitsprüfung in einer über Jahrzehnte verlaufenden Entwicklung auf die Ertragswertmethode in ihrer klassischen betriebswirtschaftlichen Ausprägung[208] festgelegt[209]. Davon ist grundsätzlich auch auszugehen; jedenfalls führt der **Ertragswertansatz** zu einer relativ gerichtsfesten Bewertung. Allerdings ist für börsennotierte Unternehmen der erwähnte Grundsatzbeschluß des BVerfG zu beachten[210], wonach der Börsenkurs grundsätzlich die Untergrenze für die Abfindung ausscheidender Aktionäre ist. Hierzu kann vollinhaltlich auf die Ausführungen zur Relationsbewertung[211] Bezug genommen werden. Da das BVerfG für die Angemessenheit der Abfindung sehr viel mehr auf einen Verkehrswert abstellt, der sich aus einem durch Angebot und Nachfrage ergebenden Marktwert ableitet, als auf einen häufig sehr marktfern und theoretisch entwickelten Ertragswert (DCF-Wert), dürften in Zukunft auch für die Feststellung von Abfindungen **marktnahe Praktikerverfahren**[212] wieder mehr ins Blickfeld kommen.

2. Berücksichtigung von Synergieeffekten

Wie schon bei der Relationsbewertung ausgeführt[213] steht die Rechtsprechung auf dem Standpunkt, daß Verbundeffekte bei den gesetzlich geregelten Abfindungen nicht zu berücksichtigen seien[214]. Das führt aber zu einer Ungleichbehandlung der **Abfindung in Aktien/Gesellschaftsanteilen** und der **Barabfindung**. Denn bei der Abfindung in Gesellschaftsanteilen nehmen die Gesellschafter durchaus an Verbundeffekten teil und zwar im jeweiligen Umtauschverhältnis[215]. Da die Barabfindung wertmäßig einer Abfindung in Gesellschaftsanteilen entsprechen muß – anderenfalls würde sie wohl kaum als „angemessen" angesehen werden können –, ist bei der Barabfindung, entgegen der bisherigen Rechtsprechung, ein Verbundeffekt zu ermitteln und nach einem –

---

[208] Siehe Rn 141 ff.
[209] *Welf Müller*, FS Bezzenberger, S. 705, 708
[210] ZIP 1999, 1436 ff. „DAT/Altana"; dazu auch *BGH* Urt. vom 12. 3. 1201, ZIP 2001, 734 ff.
[211] Siehe Rn 197 ff.
[212] Siehe Rn 42 ff.
[213] Siehe Rn 204 ff.
[214] Siehe Rspr. in Fn 192.
[215] Siehe Rn 204 f.

wiederum angemessenen – Zurechnungsmaßstab dem ausscheidenden Gesellschafter zuzuordnen[216].

---

[216] Siehe Rn 206 ff.; grundlegend *Böcking*, Das Verbundberücksichtigungsprinzip als Grundsatz ordnungsmäßiger Unternehmensbewertung, 1994, FS Moxter, 1994, S. 1409 ff.; *Busse von Colbe*, Berücksichtigung von Synergien versus Stand-alone-Prinzip bei der Unternehmensbewertung, ZGR 1994, 595, 607; a. A. *Mertens*, Zur Gestaltung des Stand-alone-Prinzips für die Unternehmensbewertung bei der Zusammenführung von Unternehmen, AG 1992, 321, 331; *Werner*, Die Behandlung von Verbundeffekten bei Abfindungen nach den §§ 305 und 320 AktG, FS Steindorff, 1990, S. 303, 316 f.

III. Teil
Unternehmenskauf

Teil III
Diskussionsbeiträge

§ 11 Typen und Abläufe von Unternehmenskäufen

Übersicht

	Rn
A. Typen	1
I. Erwerbsformen	1
1. Erwerb im freien Handel	1
2. Anteilskauf (Share Deal)	4
3. Einzelübertragung der Vermögenswerte (Asset Deal)	7
4. Verschmelzung	8
5. Anwachsung	9
II. Freundliche und unfreundliche Übernahmen	10
III. Public-to-Private	11
IV. Management Buy-Out und Buy-In	12
V. Leveraged Buy-Out und Private Equity	15
B. Abläufe	20
I. Allgemeines	20
1. Beraterteams	21
2. Verhandlungssprache	27
II. Herkömmliches Verfahren	30
1. Interne Planung	31
2. Kontaktaufnahme mit Investoren	33
3. Absichtserklärung (Letter of Intent)	34
4. Vertraulichkeitsvereinbarung	39
5. Interimvereinbarungen	42
6. Due Diligence	43
7. Kaufpreisfindung	45
8. Vertragsschluß	47
9. Vollzug (Closing)	51
10. Integrationsmanagement	53
III. Auktionsverfahren	54
1. Interne Planung	57
2. Interne Unternehmensanalyse	59
3. Kontaktaufnahme mit Investoren	60
4. Vertraulichkeitsvereinbarung	64
5. Verkaufsprospekt	66
6. Abgabe der vorläufigen Gebote	68
7. Präsentation des Managements	74
8. Datenraum („data room")	76
9. Abgabe der endgültigen Gebote	80
10. Abschließende Verhandlungen	81
11. Vertragsschluß, Vollzug und Integration	84

A. Typen

I. Erwerbsformen

1. Erwerb im freien Handel

1　Ein Kaufinteressent kann die unternehmerische Kontrolle über ein Unternehmen dadurch erlangen, daß er sich die **Mehrheit der Stimmrechte** sichert. Im Regelfall geschieht dies dadurch, daß er die Mehrheit der Anteile an der Zielgesellschaft erwirbt. Falls auf Dauer eine große Zahl von Anteilen von einer Vielzahl von Anteilsinhabern gehalten wird (sog. Streubesitz), kann bei Aktiengesellschaften eine vergleichsweise geringe Aktienzahl ausreichen, um der Minderheit eine sichere Stimmrechtsmehrheit in der Hauptversammlung zu vermitteln.

2　Sofern die Anteile an der Zielgesellschaft frei übertragbar sind, muß ein Erwerbsinteressent lediglich **auf dem Markt** aktiv werden, um sich die für seine unternehmerischen Ziele notwendige Anteilsinhaberschaft zu sichern. Diese Vorgehensweise bietet sich insbes. bei Aktiengesellschaften an, deren Aktien frei an der Börse gehandelt werden.

3　Der freihändige Erwerb über die Börse ist kein Unternehmenskauf im klassischen Sinn, in dessen Rahmen die Kontrolle über ein Unternehmen durch im wesentlichen einen wirtschaftlichen Erwerbsvorgang erlangt wird. An der Börse bedarf es einer Vielzahl einzelner Transaktionen, bis dem Erwerber die für die unternehmerische Kontrolle nötige Zahl an Aktien zur Verfügung steht. Insofern ist darin ein bloßer Wertpapierhandel zu sehen, der zu einer **„schleichenden" Übernahme** der Kontrolle führt, nicht aber ein Unternehmenskauf mit den für diesen typischen Besonderheiten. Allerdings verlangt im Rahmen eines derartigen graduellen Unternehmenserwerbs der sog. Übernahmekodex besondere Beachtung[1].

2. Anteilskauf (Share Deal)

4　Der Unternehmenserwerb durch Anteilserwerb steht im Vordergrund des Interesses. Der Käufer erlangt die Kontrolle über ein Unternehmen dadurch, daß er die **Mehrheit der Anteile** (Aktien der AG bzw. Geschäftsanteile der GmbH) an der das Unternehmen tragenden Gesellschaft erwirbt[2].

5　Im Hinblick auf das Ziel des Käufers, eine Anteilsmehrheit zu erwerben, sind zwei Konstellationen denkbar: Hat der Käufer schon zuvor über einen Teil der Anteile verfügt, kann er durch **Zuerwerb** einer bloßen Minderheitsbeteiligung insgesamt eine Mehrheit erlangen. Anderenfalls muß er durch die angestrebte Transaktion einen **Mehrheitsanteil en bloc** erwerben.

6　In beiden Fällen kann der Käufer die Anteile entweder von einem oder von mehreren Verkäufern erwerben. Handelt es sich um mehrere Verkäufer, liegt nach Ansicht der Rechtsprechung nur dann ein „echter" Unternehmenskauf vor, wenn

---

[1] Siehe § 2 Rn 37 und § 31.
[2] Siehe § 12.

sämtliche Erwerbsvorgänge wirtschaftlich dadurch als eine Transaktion erscheinen, daß sie **in einem einzigen Vertragsdokument** zusammengefaßt werden[3].

3. Einzelübertragung der Vermögenswerte (Asset Deal)

Alternativ kann ein Unternehmenskauf durch den Erwerb sämtlicher Wirtschaftsgüter des Unternehmens vonstatten gehen. Gegenstand des Übertragungsvertrags sind dann konkrete einzelne Aktiva und Passiva des Unternehmens[4]. 7

4. Verschmelzung

Nach den Vorschriften des Umwandlungsgesetzes kann ein Unternehmen ein anderes im Wege der Verschmelzung übernehmen[5]. Dabei ist das zu verschmelzende Unternehmen nicht, wie bei Asset Deal oder Share Deal, Vertragsgegenstand (eines Unternehmenskaufs), sondern Vertragspartei (eines Verschmelzungsvertrags). Durch die Verschmelzung geht das Betriebsvermögen des zu übertragenden Unternehmens einschließlich der Verbindlichkeiten auf den übernehmenden Rechtsträger über, ohne daß es einer rechtsgeschäftlichen Übertragung der einzelnen Vermögensgegenstände bedarf. Mit dieser Vorgehensweise läßt sich etwa ein grenzüberschreitender Zusammenschluß wirtschaftlich gleich starker Unternehmen realisieren („cross-border merger of equals")[6]. 8

5. Anwachsung

Mitunter greift man auf das Instrument der Anwachsung zurück, um die Herrschaft über ein von einer **Personengesellschaft** betriebenes Unternehmen zu übertragen. Scheiden einzelne Gesellschafter aus einer solchen Gesellschaft aus, wächst das Gesellschaftsvermögen den verbleibenden Anteilsinhabern an[7]. Die Ausscheidenden werden mit einer Geldzahlung abgefunden und die verbleibenden Gesellschafter führen die Gesellschaft fort. Dieses Prinzip läßt sich durch entsprechende Gestaltung des Gesellschaftsvertrags für den Fall nutzbar machen, daß lediglich ein einzelner Gesellschafter verbleibt. 9

II. Freundliche und unfreundliche Übernahmen

Unternehmensübernahmen werden mitunter danach voneinander abgegrenzt, ob das Management des Zielunternehmens sie begrüßt oder ablehnt. Im ersten Fall spricht man von einer **„freundlichen Übernahme"**, im letzten Fall von einer **„unfreundlichen Übernahme"**[8]. Diese Terminologie übernimmt die angloamerikanischen Begriffe **„friendly takeover"** bzw. **„unfriendly takeover"**. 10

---

[3] RGZ 98, 289.
[4] Siehe dazu § 13.
[5] Siehe dazu näher § 17.
[6] Siehe § 17 Rn 277 ff.
[7] Siehe § 738 Abs. 1 Satz 1 BGB. Diese Norm gilt über (§ 161 Abs. 2 HGB iVm.) § 105 Abs. 3 HGB auch für OHG und KG.
[8] Zu Einzelheiten siehe Band 2.

Während in den USA und in Großbritannien schon seit Jahren regelrechte Übernahmeschlachten zu beobachten sind, ist dieses Phänomen in Deutschland relativ neu. Diskutiert wird vor allem, ob und inwieweit es dem Vorstand oder der Geschäftsführung eines Zielunternehmens rechtlich gestattet ist, Abwehrmaßnahmen gegen eine Übernahme per se oder gegen die Übernahme durch einen bestimmten Käufer zu ergreifen. Das deutsche Gesellschaftsrecht zieht enge Grenzen für die aus der englischen und amerikanischen Praxis bekannten Methoden. Weitere Beschränkungen ergeben sich für börsennotierte Zielunternehmen aus dem Übernahmekodex, künftig aus dem Übernahmegesetz[9].

III. Public-to-Private

11   Die Übernahme eines von einer AG oder KGaA betriebenen Unternehmens kann damit einhergehen, daß eine etwaige Börsennotierung der Anteile dieser Gesellschaft aufgehoben wird („delisting"). Mitunter wird damit die Umwandlung in eine Gesellschaftsform verbunden, die einen öffentlichen Handel der Gesellschaftsanteile von vornherein ausschließt. Man bezeichnet dies als **„going private"** oder **Public-to-Private-Transaktion („P2P")**. Eine derartige Abwendung von der Finanzierung über die Börse wirft die Frage auf, welche Rechte den Minderheitseignern zustehen, die ihre Anteile nicht freiwillig aufgeben wollen. Streben die tonangebenden (Mehrheits-)Gesellschafter an, die Inhaber von Minderheitsbeteiligungen komplett aus dem Eignerkreis auszuschließen, spricht man von einem **Squeeze Out**[10]. Die Erwartung, diese Art der Unternehmensübernahme werde schnell populär werden, hat sich mangels einer ausreichenden Zahl geeigneter Zielgesellschaften bislang nicht erfüllt. Die Verabschiedung des WpÜG mit den neuen Squeeze Out-Regeln soll hier Änderung bewirken.

IV. Management Buy-Out und Buy-In

12   Die deutsche Fachsprache hat die Bezeichnungen Management Buy-Out (MBO) und Management Buy-In (MBI) für Sonderfälle des Unternehmenskaufs aus der im Englischen üblichen Terminologie übernommen. Charakteristisch für diese Erwerbsformen ist, daß als Käufer (zumindest auch) die Manager auftreten, die die Zielgesellschaft nach der Übernahme führen werden.

13   Wenn Manager ein Unternehmen erwerben, das sie schon vor der Transaktion geleitet haben, spricht man von einem **Management Buy-Out**. Das Führungsteam profitiert in diesen Fällen davon, daß es besser als jeder Außenstehende mit den Interna der Zielgesellschaft vertraut ist. Die Übernahme des Unternehmens ermöglicht es den Managern, die Früchte ihrer eigenen Aufbauleistung zu ernten. Als problematisch erweist sich dabei, daß die Manager einerseits verpflichtet sind, iRd. Verkaufsverhandlungen in ihrer Funktion als Gesellschaftsorgane die Interessen der Zielgesellschaft wahrzunehmen, andererseits aber bemüht sind, die Ver-

---

[9] Siehe § 31 und Band 2.
[10] Siehe dazu Band 2.

handlungen mit dem Ziel des größtmöglichen persönlichen Vorteils für sich als Gesellschafter abzuschließen.

Erwerben betriebsfremde Manager, spricht man von einem **Management Buy-In**, da sich das neue Führungsteam in ein fremdes Unternehmen „einkauft". Ein solcher Buy-In geht meist mit einem hohen Grad an Enthusiasmus beim Management einher, da nicht zuletzt die Aussicht auf unmittelbare Beteiligung am unternehmerischen Erfolg motivierend wirkt. Zugleich bewahrt das mit der Beteiligung am Eigenkapital verbundene persönliche Risiko vor spekulativen oder unbedachten Führungsentscheidungen.

V. Leveraged Buy-Out und Private Equity

Während sich die Begriffe MBO und MBI über die agierenden Personen definieren, entstammt die Bezeichnung **Leveraged Buy-Out** (LBO) einer Finanzierungsform, die eine Hebelwirkung ausnutzt: Der Kauf wird nur zu einem geringen Teil mit Eigenkapital, überwiegend aber mit Fremdkapital finanziert[11]. Die zu diesem Zweck aufgenommenen Kredite werden aus dem Cash-flow der Zielgesellschaft bedient und mit Vermögenswerten der Gesellschaft besichert. Die erstrebte Hebelwirkung tritt ein, wenn die Gesamtrendite des für den Unternehmenskauf verwendeten Kapitals größer ist als der Zins, der für Fremdkapital in gleicher Höhe hätte aufgebracht werden müssen. Dieses Konzept eröffnet insbes. finanzkräftigen institutionellen Investoren die Möglichkeit, Unternehmenskäufe zu finanzieren.

Die meisten MBOs oder MBIs werden mittlerweile in Form eines LBO finanziert, da das Management die nötige Liquidität selten aus eigener Kraft aufbringt. Allerdings gibt es auch viele **LBO-Transaktionen**, die von den Investoren selbst aus strategischen Erwägungen initiiert werden, ohne daß ein MBO oder MBI vorliegt. In diesen Fällen wählen die Investoren geeignete Führungskräfte als Angestellte aus, die sich sowohl aus den bisherigen als auch aus neuen Managern rekrutieren können.

Handeln die institutionellen Investoren nicht unmittelbar im eigenen Interesse (wie bspw. große Versicherungen mit enormem Anlagevermögen), sondern als Kapitalsammelbecken für eine Vielzahl individueller Kapitalgeber (zB Investmentfonds), werden sie auf dem Marktsegment des sog. **Private Equity** tätig[12]. In diesem Bereich bündeln Investmentunternehmen privates Beteiligungskapital. Dadurch wird bei Investitionen ein erhöhter Wirkungsgrad erzielt, der sich mit der enormen Liquidität und Nachfragemacht derartiger Kapitalsammelbecken erklären läßt. Zugleich haben die Kapitalgeber durch Beteiligung an verschiedenen Unternehmen die Möglichkeit, ihr Portfolio zu diversifizieren. Der Markt für privates Beteiligungskapital ist aus verschiedenen Gründen in den letzten Jahren signifikant gewachsen. Das in privater Hand liegende Vermögen hat einen bemerkenswerten Umfang erreicht. Die Anlagemärkte in den USA und Großbritannien

---

[11] Siehe dazu § 15.
[12] Siehe ausführlich § 14.

befinden sich in einer Sättigungsphase, so daß dortige Anleger u. a. Deutschland als neues Betätigungsfeld erschließen. Die Möglichkeit, ein aufstrebendes Unternehmen in einem funktionierenden Kapitalmarkt an die Börse bringen zu können oder bei Industriekäufern, aber auch Private Equity-Gesellschaften plazieren zu können, läßt die Investoren nach wie vor darauf vertrauen, ihr Investment gewinnbringend liquidieren und Wertsteigerungen abschöpfen zu können. Werden einzelne Unternehmensbereiche mit dem Ziel des Börsengangs oder der Veräußerung ausgegliedert, spricht man von einem **Spin-off**.

18 Hinzu kommt, daß in Deutschland vielfach ein Wechsel in der Führung großer mittelständischer Unternehmen überfällig ist. Sofern dieser in den vielen Familienbetrieben, die seit den Nachkriegsjahren internationale Bedeutung erlangt haben, nicht weitsichtig vorbereitet worden ist, müssen heute oft sehr kurzfristig Nachfolger für die noch immer in der Führung tätige Gründergeneration gefunden werden. Die institutionellen Investoren sind mit ihren Kontakten oft in der Lage, neue Führungskräfte zu identifizieren. Dadurch kann die **Nachfolge in die Unternehmensinhaberschaft** zeitgleich mit der **Nachfolge in die Führungspositionen** gesichert werden.

19 Im Bereich des **Private Equity** sind neben wenigen privaten Anlegern hauptsächlich institutionelle Investoren wie Kreditinstitute, Versicherungen, Pensionsfonds und Fund-of-Funds-Gesellschaften engagiert. Auch Industrieunternehmen und die öffentliche Hand[13] werden hier zunehmend aktiv.

B. Abläufe

I. Allgemeines

20 Der Ablauf von M&A-Transaktionen läßt sich nur ansatzweise verallgemeinern. Die Abwicklung der Transaktionen wird im einzelnen stark durch die beteiligten Parteien[14] und ihre Berater[15] geprägt. Die folgende Darstellung beschränkt sich daher auf typische Charakteristika.

1. Beraterteams

21 Je nach Umfang der geplanten Transaktion empfiehlt es sich, ein kompetentes Team aus internen und externen Beratern zusammenzustellen, das mit dem Projekt betraut wird. **Intern** stehen in den meisten Unternehmen Fachleute aus den Bereichen Unternehmensentwicklung und -planung sowie aus den Rechts- und Steuerabteilungen als Berater zur Verfügung. **Extern** werden neben Wirtschaftsanwälten, Notaren, Wirtschaftsprüfern, Steuer- und Unternehmensberatern insbes. Investmentbanken und die Corporate Finance-Abteilungen der Großbanken zu Rate gezogen.

---

[13] Dazu § 20.
[14] Siehe § 3.
[15] Siehe § 4.

Bei der Auswahl externer Berater gilt es, eine Reihe von Kriterien zu beachten: **22** Die Berater müssen in der Lage sein, gerade in den heißen Phasen der Transaktion stets eine ausreichende Zahl von Mitarbeitern für das Projekt abzustellen. Für komplexe Transaktionen sind Erfahrungen mit der organisatorischen Handhabung großer Projekte unverzichtbar. Die von sämtlichen Beratern gesammelten und verarbeiteten Informationen müssen effizient verwaltet werden, damit aus der Masse von Mosaiksteinchen letztlich ein zusammenhängendes Bild entsteht, das zur Zielerreichung eingesetzt werden kann. Dies ist vor allem iRd. Due Diligence-Prüfung[16] entscheidend. Daher ist zu fordern, daß die Berater durch organisatorische und technische Vorkehrungen ein **modernes Wissensmanagement** bieten können.

Da ein Unternehmenskauf für Verkäufer, Käufer und Zielgesellschaft die **23** Grundlagen der unternehmerischen Existenz berühren kann, hätten Fehler uU katastrophale wirtschaftliche Folgen. Um dies von vornherein auszuschließen, sollte das Augenmerk darauf gerichtet sein, sich für einen Unternehmenskauf der Hilfe **exzellenter Berater** zu bedienen, auch wenn damit beträchtliche Kosten einhergehen. Die für Außenstehende hoch erscheinenden Gebühren und Honorare der Investmentbanken, aber auch der Wirtschaftsanwälte rechtfertigen sich durch fachliche Kompetenz und den Anspruch, makellose Dienstleistung zu erbringen. Je bedeutsamer eine Transaktion für ein Unternehmen ist, desto naheliegender ist es für die Geschäftsleitung, sich nur mit den besten Beratern zufrieden zu geben. Vor gesellschaftsrechtlichen Aufsichtsgremien dürfte es nur schwer zu legitimieren sein, eine Transaktion aus bloßen Kostengründen mit Inhalt und Organisationsleistung unerfahrenen Beratern anzuvertrauen.

Bei **grenzüberschreitenden Transaktionen** ist zu bedenken, daß nur inter- **24** national tätige Beratungsfirmen in der Lage sind, die gefragten Leistungen aus einer Hand und für mehrere involvierte Länder umfassend zu erbringen[17]. Das Engagement voneinander unabhängiger Berater in den relevanten Ländern hat demgegenüber den Nachteil, daß sie nicht auf einen allseitigen Informationsaustausch eingerichtet sind und schlimmstenfalls sogar untereinander konkurrieren.

Die regelmäßig im Bereich des Unternehmenskaufs tätigen Akteure haben die **25** Bedeutung erstklassiger Berater längst erkannt und wenden oft sehr aufwendige Verfahren an, um sich des Beistands des jeweils besten Dienstleisters zu versichern. Diese Akteure veranstalten sog. „Schönheitswettbewerbe" (**„beauty contests"**), in deren Rahmen sich konkurrierende Beraterfirmen um das Mandat bewerben.

Sind die wirtschaftlichen und rechtlichen Berater ausgewählt, muß aus ihnen **26** ein funktionierendes Team gebildet werden. Die Ernennung eines verantwortlichen Projektleiters gewährleistet, daß die Tätigkeit der verschiedenen Berater reibungslos und effizient koordiniert wird. Der **Projektleiter** fungiert intern als Sprecher für die zu beratende Vertragspartei, uU auch extern als Ansprechpartner für die Presse. Dadurch wird ein einheitliches, solidarisches Auftreten nach außen garantiert.

---

[16] Siehe dazu § 9 Rn 58 ff.
[17] Siehe auch § 4 Rn 19 und § 35 Rn 141 ff.

2. Verhandlungssprache

27 Bei internationalen Transaktionen, an denen neben deutschen auch ausländische Akteure teilnehmen, wird **häufig in englischer Sprache** verhandelt. Das gleiche gilt bei zunächst rein nationalen Verhandlungen, in deren weiterem Verlauf mit der Teilnahme ausländischer Parteien zu rechnen ist. Französisch, Italienisch und Spanisch sind bei kontinentaleuropäischen Transaktionen hilfreich. Das Engagement internationaler M&A-Berater, Banken und Investmentbanken kann ein Grund sein, Englisch als Arbeitssprache zu bevorzugen.

28 Größter Wert ist darauf zu legen, daß die beteiligten Berater hervorragende Kenntnisse in der Verhandlungssprache besitzen. Auch die Qualität ergänzender Arbeiten, die schriftlich oder mündlich in einer Fremdsprache zu verrichten sind, ist für den Erfolg einer Unternehmensübernahme wesentlich. Die erforderliche Präzision der Vertragsklauseln macht es unerläßlich, daß wirtschaftliche und juristische Berater alle Nuancen in den Formulierungen erfassen können. Von hoher Bedeutung ist es daher, daß auch die nicht selbst verhandelnden Berater über die für eine umfassende Betreuung notwendige **Sprachkompetenz** verfügen.

29 Über die rein sprachliche Kompetenz hinaus verlangen Verhandlungen in multinationalen Unternehmenskäufen, daß die Akteure mit den kulturell bedingten Eigenarten der Verhandlungspartner vertraut sind. Dies gilt keineswegs nur für das gern als Beispiel zitierte Aufeinandertreffen europäischer und asiatischer Verhandlungskulturen. Die **kulturellen Unterschiede**, die Deutschland vom unmittelbar benachbarten europäischen Ausland trennen, sind zwar subtiler, aber für die Verhandlungen nicht weniger bedeutsam. Nur Berater, die mit den kulturellen Besonderheiten der involvierten Nationalitäten vertraut sind, können unnötige Differenzen in der häufig gespannten Atmosphäre einer Unternehmensübernahme vermeiden helfen.

II. Herkömmliches Verfahren

30 Das herkömmliche Verfahren beruht auf dem Grundgedanken, daß **Angebot und Nachfrage** sich auf dem Markt finden. In der Realität verbergen sich hinter diesem in der Theorie sehr einfach klingenden Ansatz strategische Planungen, detaillierte Marktstudien, anspruchsvolle Verhandlungen und komplexe Aufgaben bei der Organisation und Durchführung des Unternehmenskaufs.

1. Interne Planung

31 Auf der Seite des Verkäufers geht dem Entschluß zur Veräußerung des Unternehmens eine betriebswirtschaftliche, steuerliche und rechtliche **Analyse** voraus. Dabei wird ermittelt, ob und wie der Verkauf einer ganzen Gesellschaft, eines Betriebs oder einzelner Betriebsteile sich vorteilhaft für den Inhaber des betroffenen Unternehmens oder der unternehmenstragenden Gesellschaft auswirkt. Die mit einem Verkauf verfolgten Ziele sind mannigfaltig: Eine Desinvestition kann helfen, die Liquidität des in der Hand des Verkäufers verbleibenden Geschäfts zu erhalten oder zu verbessern. Sie kann ebenso dazu dienen, unrentable

Geschäftszweige abzustoßen oder eine Konzentration auf das Kerngeschäft einzuleiten.

Der Käufer identifiziert anhand einer ähnlichen Vorabprüfung, ob aus wirtschaftlicher, steuerlicher oder rechtlicher Sicht eine **Ausweitung oder Ergänzung** der unternehmerischen Aktivitäten günstig erscheint. Ziel des Kaufs kann es bspw. sein, die vom Käufer betriebenen Geschäftsaktivitäten umzustrukturieren und zu diversifizieren, komplementäre Geschäftsbereiche hinzuzuerwerben, den eigenen Marktanteil zu vergrößern oder freies Kapital zu investieren. 32

2. Kontaktaufnahme mit Investoren

Kontakte kommen regelmäßig auf höherer oder höchster Unternehmensebene oder durch die Vermittlung professioneller M&A-Berater zustande. So wird die als „Transaktion des Jahrhunderts" titulierte Fusion zweier Automobilkonzerne auf die Initiative und den persönlichen Kontakt der beiden obersten Führungspersönlichkeiten zurückgeführt. Dieses Beispiel verdeutlicht, daß der Verlauf von Transaktionen oft auf dem persönlichen Verhältnis von Individuen zueinander beruht. Emotionale Aspekte haben auch nach Abschluß einer Transaktion entscheidenden Einfluß auf ihren Erfolg. Dazu gehört die **Kompatibilität** der verschiedenen Unternehmenskulturen und Führungspersönlichkeiten in den zusammenzuführenden Unternehmen[18]. 33

3. Absichtserklärung (Letter of Intent)

Obwohl die Parteien nach deutschem Recht im Stadium der Vertragsverhandlungen ohnehin verpflichtet sind, die Grundsätze von Treu und Glauben zu beachten, hat es sich nach anglo-amerikanischem Vorbild in Deutschland eingebürgert, die Vertragsanbahnung mit einer schriftlichen **Absichtserklärung (Letter of Intent, LoI)** zu dokumentieren[19]. Dadurch soll im Regelfall lediglich bekräftigt werden, daß die Verhandlungen ernsthaft mit dem Ziel eines Vertragsschlusses geführt werden. Beim Auktionsverfahren[20] wird darauf üblicherweise verzichtet, wenn die Ernsthaftigkeit des Kaufinteresses durch die Abgabe eines rechtlich bindenden Gebots hinreichend bekundet wird. 34

Gelegentlich enthalten Absichtserklärungen einen Zeitplan für den **geplanten Ablauf** der weiteren Verhandlungen. Rechtliche Bindungen sollen durch derartige Aussagen noch nicht erzeugt werden. Auf einen zukünftigen Kauf bezogene Aussagen werden demnach stets unter den dreifachen Vorbehalt gestellt, daß die rechtliche und wirtschaftliche Überprüfung der Zielgesellschaft positiv ausfällt, daß die Finanzierung des Kaufpreises möglich ist und daß ein schriftlicher Vertrag unterzeichnet wird. In diesem Zusammenhang läßt sich vereinbaren, welche der Parteien den ersten Entwurf des Kaufvertrags vorlegen soll. Das Recht des ersten Entwurfs bringt den Vorteil mit sich, daß es idR angenehmer ist, dem Verhandlungspartner ein fertiges Konzept vorzulegen, als dessen Entwurf im einzelnen auf 35

---

[18] Siehe dazu § 33.
[19] Siehe § 6 Rn 24 ff.
[20] Siehe Rn 54 ff.

Risiken oder gar Fallen überprüfen zu müssen, die es dann in Verhandlungen zu beseitigen gilt.

36 Allerdings enthalten Absichtserklärungen teilweise auch **rechtlich verbindliche Regelungen**. Besonders in internationalen Transaktionen ist es sinnvoll, den Ort und die voraussichtliche Dauer der Verhandlungen in der Absichtserklärung zu benennen. Dies erlaubt zu antizipieren, welche Berater sich wann für die Verhandlungen bereithalten müssen und in welchem Umfang mit Beraterhonoraren und Reisekosten zu rechnen ist. Weiter ist bei der Gestaltung des Letter of Intent zu berücksichtigen, daß die Verhandlungen nicht immer zu dem gewünschten Abschluß führen. Für den Fall des Scheiterns der Verhandlungen empfiehlt es sich daher, eine Vereinbarung über die Verteilung der angefallenen Kosten (**"break fee"**) zu treffen, die einen nicht zu unterschätzenden Faktor im Vorfeld einer Transaktion darstellen[21]. Mitunter finden sich auch Exklusivitätsabreden, die den Verkäufer für eine bestimmte Zeit davon abhalten, parallel mit anderen Interessenten zu verhandeln. Bei internationalen Transaktionen werden Verletzungen solcher Exklusivitätsabreden häufig durch (ebenfalls „break fees" genannte) Strafzahlungen sanktioniert[22].

37 Die häufig nur graduellen Unterschiede in der rechtlichen Bindungswirkung verlangen ein Höchstmaß an **Präzision bei der Formulierung** einer Absichtserklärung. Zwischen rechtlich bindenden und unverbindlichen Aussagen muß klar unterschieden werden.

38 **Heads of Terms**, **Heads of Agreement** oder ein **Memorandum of Understanding (MoU)** erfüllen die gleiche Funktion wie eine Absichtserklärung. Die verschiedenen Dokumente unterscheiden sich im wesentlichen nur ihrer äußeren Gestalt nach, häufig auch nach dem Grad der erwünschten Bindungswirkung. Eine Absichtserklärung erfolgt in Form eines Briefs einer Verhandlungspartei an die andere, der dann mit einem Einverständnisvermerk an den Absender zurückgeschickt wird. Das Layout von Heads of Terms, Heads of Agreement oder eines Memorandum of Understanding hingegen entspricht eher dem eines schriftlichen Vertrags. Daher ist bei letzteren sorgfältig zu kennzeichnen, welche Aussagen rechtlich unverbindlich sein sollen.

4. Vertraulichkeitsvereinbarung

39 Im Verlauf der Verhandlungen gibt der Verkäufer eine Vielzahl von **Informationen** preis, die Kernbereiche der unternehmerischen Tätigkeit des Zielunternehmens betreffen. Einerseits ist dies für den Käufer unverzichtbar, damit er eine fundierte Entscheidung über den Erwerb treffen kann. Andererseits aber sind diese Informationen mitunter so sensibel, daß sie auch zum Schaden des Zielunternehmens verwendet werden können. Dies ist insbes. dann der Fall, wenn Wettbewerber des Zielunternehmens solche Informationen erlangen. Um dieses Risiko zu minimieren, wird von Kaufinteressenten idR der Abschluß einer mehr

---

[21] Die rechtlichen Grenzen derartiger Vereinbarungen werden derzeit sowohl in Deutschland als auch in England diskutiert; vgl. *Sieger/Hasselbach*, Break Fee-Vereinbarung bei Unternehmenskäufen, BB 2000, 625. Siehe § 6 Rn 82 ff.
[22] Zu Kostentragung und Exklusivität siehe im einzelnen § 6 Rn 76 ff.

oder weniger umfangreichen Vertraulichkeitsvereinbarung[23] verlangt, bevor der Verkäufer bedeutsame Daten herausgibt.

Zwar sind die Parteien nach deutschem Recht schon durch das auf Vertragsanbahnung gerichtete Vertrauensverhältnis dazu verpflichtet, keine Rechtsgüter der jeweils anderen Seite zu schädigen. Jedoch beruht diese Verpflichtung allein auf richterlich geprägtem Gewohnheitsrecht. Im Einzelfall ist daher nicht zuverlässig vorhersehbar, ob und in welchem Umfang der Verkäufer Ersatz für **Schäden** verlangen kann, die ihm durch Indiskretionen entstehen. Deswegen empfiehlt es sich, Voraussetzungen und Rechtsfolgen von Vertraulichkeitsverletzungen vertraglich zu regeln.

Eine typische Vertraulichkeitsvereinbarung (**Confidentiality Agreement**) definiert zunächst den Bereich sensibler Informationen und Daten, die vertraulich behandelt werden sollen. Außer Know-how und Interna der Zielgesellschaft kann das auch die Tatsache betreffen, daß die Gesellschaft überhaupt zum Verkauf steht oder daß Verkäufer und Interessent in Verhandlungen stehen. Weiter wird genau bestimmt, welche Anstrengungen der Kaufinteressent unternehmen muß, um die Vertraulichkeit zu wahren und an welche Personen er die vertraulichen Informationen zu Zwecken der Analyse weiterleiten darf (zB Rechtsanwälte, Steuerberater, Banken). Ferner finden sich in typischen Vertraulichkeitsvereinbarungen Regelungen darüber, wann und wie dem Interessenten zur Verfügung gestellte Dokumente zurückzugeben sind. Schließlich bedarf es einer Regelung der Sanktionen, die bei einer Verletzung der Vertraulichkeitsverpflichtung eingreifen sollen.

5. Interimvereinbarungen

Wegen der enormen Komplexität von Unternehmensübernahmen wird eine vertragliche Einigung meist erst in einem mehrere Wochen oder sogar Monate dauernden Verhandlungsprozeß erzielt. Während dieses Zeitraums haben die Parteien ein Interesse daran, den Fortschritt der Verhandlungen zu dokumentieren und zugleich bereits geklärte Punkte festzuschreiben. Dazu stehen verschiedene Mittel zur Verfügung:

– Mit Hilfe von **Verhandlungsprotokollen**[24] oder durch Austausch jeweils aktueller Fassungen der Vertragsentwürfe unter den Beratern können die Parteien den jeweiligen Stand der Verhandlungen wiedergeben, ohne sich dadurch rechtlich zu binden.
– Eine vertragliche Bindung über einzelne Aspekte der Verhandlungen kann mit Hilfe der sog. **Punktation**[25] erreicht werden.
– In der Praxis werden Punkte, über die eine erste Einigung erzielt wurde, häufig im Wege der **Paraphierung** vorläufig festgeschrieben. Dadurch wird der letzte Stand der Verhandlungen dokumentiert, bevor der endgültige Vertrag förmlich

---

[23] Siehe § 6 Rn 3 ff.
[24] Siehe § 6 Rn 91.
[25] Siehe § 6 Rn 92 ff.

oder gar schon mit Zustimmung der gesellschaftsrechtlich zuständigen Organe abgeschlossen wird.
- Denkbar ist ferner, daß eine der Parteien sich durch ein rechtlich bindendes **Vorkaufsrecht**[26] **oder** eine **Option** die Möglichkeit sichert, bei Vorliegen bestimmter Voraussetzungen durch einseitige Erklärung einen Vertragsschluß herbeizuführen.
- Sobald alle wesentlichen Punkte bestimmt sind, können die Parteien sich in einem **Vorvertrag**[27] zum Abschluß des Hauptvertrags verpflichten, was jedoch in der Praxis selten geschieht.

6. Due Diligence

43 In Anlehnung an Vorbilder aus dem anglo-amerikanischen Raum hat es sich in Deutschland eingebürgert, daß der Käufer vor Abschluß des Kaufvertrags das Zielunternehmen einer wirtschaftlichen, steuerlichen und rechtlichen **Prüfung** (Due Diligence) unterzieht, um Risiken zu identifizieren[28].

44 Wird das Zielunternehmen in einem Auktionsverfahren[29] veräußert, ist dem Umstand Rechnung zu tragen, daß regelmäßig mehrere Interessenten miteinander konkurrieren. In der ersten Bieterrunde beschränken sich die Berater der potentiellen Käufer häufig darauf, ihren Auftraggebern nur strategische Kernpunkte zu präsentieren. Diese bewußt eingeschränkte Entscheidungsgrundlage („by exception only") ermöglicht eine vorläufige Einschätzung des Kaufobjekts. Nur wenn diese Einschätzung positiv ausfällt, verbleiben die Bieter im Auktionsverfahren und lassen das Zielunternehmen umfassend prüfen[30]. Auf diese Weise vermeiden die potentiellen Käufer, daß sich Beraterkosten rückwirkend als unnötig erweisen, wenn sie sich früh aus dem Verfahren zurückziehen (müssen). In jüngerer Zeit wird mitunter eine sog. „Verkäufer-Due Diligence" durchgeführt, in deren Rahmen die Berater des Verkäufers die für die Transaktion relevanten Dokumente sichten und auswerten. Die Bieter im Auktionsverfahren müssen ihre Kaufentscheidung allein auf der Grundlage dieser Analyse treffen. Dieses Vorgehen bietet sich insbes. an, wenn der Verkäufer der Zielgesellschaft eine Käufer-Due Diligence entweder wegen hochsensibler Interna oder wegen der damit verbundenen Störungen des Betriebsablaufs nicht zumuten will.

7. Kaufpreisfindung

45 Einer der bedeutendsten Punkte eines Unternehmenskaufs ist der **Kaufpreis**. Nicht immer wird ein fester Kaufpreis verabredet. Vielfach werden flexible Regelungen getroffen, die variable Parameter berücksichtigen wie bspw. den Börsenkurs von Aktien, mit denen der Kaufpreis ganz oder teilweise beglichen werden soll.

---

[26] Siehe § 6 Rn 113 ff.
[27] Siehe § 6 Rn 99 ff.
[28] Siehe dazu § 9 Rn 58 ff.
[29] Siehe Rn 54 ff.
[30] Zu Einzelheiten siehe § 9 Rn 170 ff.

Zentraler Aspekt bei der Kaufpreisverhandlung ist die Ermittlung des **Unternehmenswerts**. Dazu stehen verschiedene Verfahren zur Verfügung, vor allem das Ertragswert-Verfahren und das von Investmentbanken bevorzugte Discounted-Cash-Flow-Verfahren[31]. 46

8. Vertragsschluß

Bei grenzüberschreitenden Transaktionen können die Parteien unterschiedliche Auffassungen darüber vertreten, in welchem Stil die **Vertragsdokumentation** abgefaßt werden soll. Die Vertragsgestaltung nach deutschem Recht könnte sich theoretisch auf ein schlankes Regelungswerk beschränken, weil das kodifizierte Zivilrecht ausführliche dispositive Normen bereitstellt, die offengelassene Punkte abdecken. Demgegenüber ist es vor allem in England und Amerika üblich, ein äußerst detailliertes Vertragswerk zu entwerfen, das alle denkbaren Aspekte individualvertraglich regelt. Diese Praxis hat sich unter dem Einfluß anglo-amerikanischer Investoren für den Kauf größerer Unternehmen auch in Deutschland durchgesetzt. 47

Besonders detailliert werden Gewährleistungsabreden gestaltet. Bei Verträgen nach deutschem Recht werden englische oder amerikanische Kataloge von „**representations and warranties**" durch Zusicherungen und Garantieversprechen abgebildet. Die haftungsbegründende Wirkung derartiger Vereinbarungen läßt sich relativieren, indem die Haftung für Umstände ausgeschlossen wird, die der Verkäufer dem Käufer in einem **Disclosure Letter** bestätigt oder bei einer Due Diligence oder in einem Datenraum[32] offenbart. 48

Bei einem Asset Deal wird idR vertraglich vereinbart, welche der Parteien im Innenverhältnis die Haftung für Altverbindlichkeiten des verkauften Unternehmens übernimmt. Häufig werden dem Verkäufer **Wettbewerbsverbote** auferlegt. So soll sichergestellt werden, daß der Käufer sich die vom Zielunternehmen gehaltenen Marktanteile wirtschaftlich zunutze machen kann, ohne durch den Verkäufer daran gehindert zu werden. Um zu vermeiden, daß derartige Abreden wegen der mit ihnen verbundenen Beschränkung des freien Wettbewerbs nichtig sind, müssen die inhaltlichen und formellen Voraussetzungen des deutschen und europäischen Wettbewerbsrechts eingehalten werden[33]. 49

Die rechtliche Wirksamkeit der Transaktion hängt mitunter davon ab, daß gesellschafts- und aufsichtsrechtliche **Zustimmungen** und **Genehmigungen** vorliegen und keine familien- oder vormundschaftsrechtlichen Beschränkungen oder sonstige Verfügungsbeschränkungen entgegenstehen. Bei stark verflochtenen Unternehmensbeziehungen ist höchste Aufmerksamkeit darauf zu verwenden, daß die für eine eventuelle **Beurkundung** erforderlichen Dokumente rechtzeitig verfügbar sind. Das erfordert ein präzises Projektmanagement im Zusammenspiel der Berater, insbes. wenn diese aus verschiedenen Ländern heraus agieren. 50

---

[31] Siehe § 10.
[32] Siehe dazu Rn 76ff.
[33] Siehe § 25.

9. Vollzug (Closing)

51 Mit dem Vertragsschluß (**Signing**) ist die Transaktion noch nicht vollendet. Üblich ist es, den Vollzug der Unternehmensübernahme aus steuerlichen oder bilanztechnischen Erwägungen für einen späteren Übergangszeitpunkt (**Closing**) vorzusehen. In diesem späteren Zeitpunkt wird der dingliche Vollzug schuldrechtlicher Verträge abgeschlossen. Das Auseinanderfallen von Signing und Closing reflektieren die Verträge durch Stichtagregelungen, die bspw. Kaufpreisanpassungen für den Fall vorsehen, daß sich der Unternehmenswert zwischen Vertragsschluß und Übergangszeitpunkt wesentlich verändert hat.

52 Zum Closing gehört bspw., daß die Veräußerung von GmbH-Anteilen bei der Gesellschaft angemeldet wird, um die Abtretung der Anteile im Verhältnis zur GmbH wirksam werden zu lassen[34]. Spätestens bis zum Closing müssen auch etwaige kartellrechtliche Wirksamkeitserfordernisse erfüllt sein[35].

10. Integrationsmanagement

53 Über das Closing hinaus bedürfen Unternehmensübernahmen sorgfältiger Betreuung, wenn die Kulturen des übernehmenden und des übernommenen Unternehmens aufeinander abgestimmt werden müssen. Dieses Integrationsmanagement (**„postmerger"-Integration**) ist insbes. bei grenzüberschreitenden Transaktionen wichtig, um ein organisches Zusammenwachsen zu ermöglichen und Synergien zu maximieren[36].

III. Auktionsverfahren

54 Das Auktionsverfahren[37] unterscheidet sich vom herkömmlichen Verfahren zunächst dadurch, daß primär der Verkäufer den Markt sondiert, potentielle Käufer ausfindig macht und ihnen das Unternehmen in einem zu weiten Teilen vorab definierten Verfahren als Kaufobjekt anbietet. Der **Verkäufer bestimmt den Ablauf** der Transaktion weitaus stärker als bei einem herkömmlichen Verkauf. Auf ein zunächst eher lockeres Bietungsverfahren folgt idR eine intensivere Ebene der Auktion[38]. Daran schließen sich die eigentlichen Kaufverhandlungen an. Erst wenn Details des Kaufvertrags festgelegt werden, sitzen sich Verkäufer und der oder die von ihm ausgesuchte(n) Bieter in einer letzten Etappe als Verhandlungspartner gegenüber.

55 Dies hat für den Verkäufer den **Vorteil**, daß er sensible Informationen nur einem ausgewählten Kreis von Interessenten zur Verfügung stellen muß, deren Kaufinteresse aufgrund des Engagements während des vorherigen Auswahlverfahrens hinreichend deutlich geworden ist. Ein weiterer Vorteil für den Verkäufer

---

[34] Der Gesellschaft gegenüber gilt der Erwerber als Gesellschafter erst, wenn der Anteilsübergang angemeldet und dabei nachgewiesen ist, § 16 Abs. 1 GmbHG. Siehe § 12 Rn 122 ff.
[35] Siehe dazu § 25. Zum Closing siehe ausführlich § 12 Rn 98 ff.
[36] Siehe § 33.
[37] Im englischen Sprachgebrauch als „bidding process" oder „controlled auction" bezeichnet.
[38] *Picot* in Picot I Rn 11 ff.

besteht darin, daß er „die Braut schmücken" kann, bevor er potentielle Investoren kontaktiert. ZB kann er durch Reorganisation die auszugliedernden Geschäftsbereiche in einer Gesellschaft zusammenfassen und dadurch die Struktur der antizipierten Transaktion in ihren Grundzügen schon vorherbestimmen, ohne überhaupt mit einem Käufer verhandelt zu haben[39].

Der **Nachteil** dieser Vorgehensweise liegt darin, daß der Verkäufer uU Zeit und Geld in eine Transaktion investiert, von der noch unklar ist, ob sie so wie geplant zustandekommen wird. Er kann bei einer solchen Reorganisation noch nicht auf etwaige Präferenzen eines späteren Käufers eingehen, der mitunter genaue Vorstellungen darüber hat, in welcher Rechtsform er das Unternehmen erwerben will.

1. Interne Planung

Anhand einer betriebswirtschaftlichen Analyse ist vom Verkäufer vorab herauszuarbeiten, ob das betreffende Unternehmen insgesamt oder nur einer oder mehrere seiner Geschäftsbereiche veräußert werden sollen[40]. Der geplante Ablauf der Transaktion sollte frühzeitig in inhaltlicher und zeitlicher Hinsicht in einem **Plan** festgehalten werden, damit es den verschiedenen internen und externen Beratern möglich ist, ihre jeweiligen Beiträge aufeinander abzustimmen. Zu diesem Zweck werden die zu treffenden Maßnahmen und die zu entwerfenden Dokumente den jeweils Verantwortlichen für einen bestimmten Zeitraum zur Erledigung zugeordnet.

IRd. vorbereitenden Planungen sollte bereits eine Verhandlungsstrategie bestimmt werden, damit gegenüber sämtlichen Interessenten, die uU zu verschiedenen Zeitpunkten in Verhandlungen eintreten, die gleichen Maßstäbe angelegt werden. Wichtig für die seriöse Handhabung des Auktionsverfahrens ist, daß **sämtliche Bieter gleich behandelt** werden. Daher ist bei der Ausgestaltung des Verfahrens darauf zu achten, daß jedem der Kaufinteressenten eine gleichrangige Position neben seinen Mitbewerbern eingeräumt wird.

2. Interne Unternehmensanalyse

Sodann beginnt die Analyse des zu verkaufenden Unternehmens. Für Kaufinteressenten wesentliche Informationen werden vom Verkäufer systematisch zusammengetragen, indem er eine **Unternehmensprüfung** vornimmt, wie sie in einem herkömmlichen Verfahren der Käufer durchführen würde[41]. Auch hier werden **Due Diligence-Listen** verwendet, mit deren Hilfe es möglich ist, nach Sachbereichen geordnete Fragen an die Funktionsträger in dem zu verkaufenden Unternehmen zu stellen und die daraufhin erhaltenen Informationen und Dokumente übersichtlich zu strukturieren. Diese Informationssammlung erlaubt es dem Verkäufer, sein Unternehmen präzise zu bewerten. Insbes. wird eine

---

[39] Siehe dazu § 8.
[40] Zu Einzelheiten über die zu verschiedenen Zeitpunkten herausgegebenen Informationen siehe Rn 68 ff.
[41] Siehe Rn 43 f.

Finanzvorschau, ein **Geschäftsplan** und darauf aufbauend eine **vorläufige Unternehmensbewertung** erstellt, um die Verkaufsmöglichkeiten realistisch einzuschätzen. Auf der Grundlage dieser Einschätzung kann der Verkäufer gezielt potentielle Investoren identifizieren.

3. Kontaktaufnahme mit Investoren

60　**Denkbare Interessenten** können verschiedenen Zielgruppen angehören. Neben expandierenden Wettbewerbern des zu verkaufenden Unternehmens können uU auch branchenfremde Konzerne Interesse haben, die um eine Diversifizierung oder Komplettierung ihrer Aktivitäten bemüht sind. Auch institutionelle Investoren aus dem Bereich Private Equity kommen als Käufer in Betracht.

61　Zunächst gibt der Verkäufer nur die grundlegenden Informationen über das zu verkaufende Unternehmen heraus. Die angesprochenen Investoren können dann anhand öffentlich zugänglicher Informationen und idR mit der Unterstützung von Investmentbanken oder M&A-Beratern herausfinden, ob sie an einem Kauf interessiert wären. Signalisieren die potentiellen Erwerber ernsthaftes Interesse an dem Unternehmen, überprüft der Verkäufer die **Bonität** und sonstige **Eignung der Interessenten**. Erst wenn diese Prüfung mit einem positiven Ergebnis abgeschlossen ist, beginnt das eigentliche Auktionsverfahren.

62　Für die Durchführung dieses Verfahrens bestehen **keine festen Regeln**. In der Praxis hat sich für das Auktionsverfahren ein bestimmter Ablauf etabliert, der im folgenden dargestellt wird. Der Verkäufer hat abweichend davon stets die Möglichkeit, das Verfahren auf die individuellen Besonderheiten der konkreten Transaktion abzustimmen.

63　Für beide Seiten ist es hilfreich, wenn der Verkäufer den Verkaufsvorgang im Rahmen seiner internen Planungen zeitlich und inhaltlich vorstrukturiert hat und seine Vorstellungen vorab bekannt gibt. Dies geschieht durch einen **ersten Informationsbrief** zum Ablauf des Auktionsverfahrens. Dieser Brief wird im englischen Sprachgebrauch **„process letter"** genannt. In diesem Brief sollten die Kaufinteressenten ausdrücklich darauf hingewiesen werden, daß sie sich bei Rückfragen oder zur Informationsbeschaffung keinesfalls an Beschäftigte der Zielgesellschaft wenden dürfen. Direkte Kontaktaufnahmen können zu Unruhe im Unternehmen führen, bei negativer Reaktion auf die geplante Transaktion das Arbeitsklima belasten und dadurch letztlich sogar den Wert des Unternehmens schmälern. Die Bieter haben sich ausschließlich an einen Ansprechpartner im Verkäuferteam zu wenden, der Rückfragen entgegennimmt und beantwortet.

4. Vertraulichkeitsvereinbarung

64　Der Verkäufer muß die **Geheimhaltung** der zu offenbarenden Informationen durch eine geeignete Vertraulichkeitsvereinbarung absichern[42]. Auch iRd. Auktionsverfahrens besteht ein Bedürfnis des Verkäufers, sich gegen eine mißbräuchliche Ausnutzung der von ihm während der Vertragsanbahnung preisgegebenen vertraulichen Informationen zu schützen. Dies gilt um so mehr, als hier Betriebs-

---

[42] Siehe im einzelnen § 6 Rn 3 ff.

interna regelmäßig mehreren Interessenten zugleich zugänglich gemacht werden, von denen die meisten schon nach der ersten Bieterrunde aus dem Verfahren ausscheiden.

Eine solche Vereinbarung entspricht inhaltlich der im herkömmlichen Verfahren üblichen. Angesichts der Tatsache, daß in der ersten Bieterrunde weitaus weniger sensible Interna herausgegeben werden als in den folgenden Runden, kann es sich für den Verkäufer anbieten, verschiedene Vertraulichkeitsvereinbarungen mit **unterschiedlicher Regelungsdichte** und **differenzierten Sanktionen** bereitzuhalten. Zum einen hat dies den Vorteil, daß so die je nach Verhandlungsstand variierenden Beratergruppen individuell in den persönlichen Anwendungsbereich der Vertraulichkeitsvereinbarung aufgenommen werden können. Zum anderen wird auf diese Weise vermieden, daß Kaufinteressenten schon in frühen Stadien des Auktionsverfahrens mit drastischen Sanktionen wegen Vertraulichkeitsverletzungen konfrontiert werden, die nur für die bis zuletzt im Verfahren gebliebenen Bieter akzeptabel sind. So läßt sich verhindern, daß potentielle Erwerber wegen etwaiger Haftungsrisiken von ihren Erwerbsplänen Abstand nehmen.

5. Verkaufsprospekt

Den durch eine Vertraulichkeitsvereinbarung gebundenen Interessenten übergibt der Verkäufer einen Verkaufsprospekt (üblicherweise als **„information memorandum"** bezeichnet). Dieses enthält Aussagen über das Profil des Zielunternehmens, den von ihm bedienten Markt, die bisherige Entwicklung sowie eine unter Berücksichtigung der Geschäftsplanung erstellte Prognose über die zukünftige Entwicklung.

Gehören bestimmte Wertpapiere zu den im Rahmen einer Übernahme verkauften Vermögensgegenständen, kann ein derartiges Memorandum inhaltlich als **Verkaufsprospekt** den Anforderungen des Börsengesetzes, Wertpapier-Verkaufsprospektgesetzes, Kapitalanlagegesellschaftengesetzes oder Auslandsinvestmentgesetzes unterworfen sein[43]. UU sind die richterrechtlichen Grundsätze der **Prospekthaftung** anwendbar. Danach haften die nach den jeweils anwendbaren Regelungen Verantwortlichen für die Wahrheit, Klarheit und Vollständigkeit der gemachten Angaben.

6. Abgabe der vorläufigen Gebote

Um sich des fortbestehenden Interesses der potentiellen Erwerber zu versichern, fordert der Verkäufer sie auf, nach Ablauf einer Frist zur Auswertung des Verkaufsprospekts ein vorläufiges, noch **nicht rechtlich bindendes Angebot** abzugeben. Das Angebot soll den Umfang bezeichnen, in dem bei einem Asset Deal das Zielunternehmen, bei einem Share Deal die Anteile an der unternehmenstragenden Gesellschaft erworben werden sollen. Ferner können die Interessenten darlegen, wie aus ihrer Sicht die Transaktion strukturiert werden sollte.

---

[43] Siehe § 23 Rn 65 ff.

69 Wegen der teilweise stark abweichenden Interessenlage der verschiedenen Bieter und ihrer jeweiligen Strategie besteht die Gefahr, daß sie inhaltlich völlig verschiedenartige, inhaltlich nicht oder nur schwer vergleichbare Angebote abgeben. Um das zu vermeiden, hat es sich eingebürgert, schon in dem ersten Informationsbrief[44] über den Ablauf des Auktionsverfahrens zu fordern, daß die unverbindlichen Angebote **bestimmte Details** enthalten. Dazu zählen neben den oben erwähnten Aspekten ein vorläufiger Kaufpreisrahmen sowie die Pläne des Interessenten betreffend die strategische Entwicklung des zum Kauf stehenden Unternehmens, die voraussichtliche Managementstruktur und seine Integration in andere Gesellschaften. Ferner ist anzugeben, ob der Kaufinteressent bei der geplanten Transaktion aufsichtsrechtliche, satzungsmäßige oder sonstige Zustimmungserfordernisse und Bedingungen einzuhalten hat.

70 Der Verkäufer kann nunmehr anhand der vorläufigen Angebote grob abschätzen, in welcher **Bandbreite** sich die im weiteren Verlauf des Auktionsverfahrens noch zu konkretisierenden Kaufangebote bewegen werden. Außerdem gewinnt er einen Überblick darüber, ob mit Abweichungen von seinem Transaktionskonzept zu rechnen ist. Vor diesem Hintergrund gibt er den noch verbleibenden Interessenten die Rahmenbedingungen bekannt, die für die Abgabe der rechtlich bindenden Angebote gelten sollen. Je nach der Zahl der noch verbliebenen Bieter können dafür eine oder auch mehrere Runden vorgesehen werden, in deren Verlauf die unterlegenen Bieter nach und nach von der Abgabe weiterer Gebote ausgeschlossen werden.

71 Wegen des nicht zu unterschätzenden organisatorischen Aufwands, den jede weitere Stufe mit sich bringt, hat sich mittlerweile ein zweistufiges Verfahren eingebürgert, das nach der Abgabe der unverbindlichen Gebote nur eine weitere Runde vorsieht, nach der die Interessenten dann ihre endgültigen Angebote abgeben müssen, bevor die detaillierten Vertragsverhandlungen beginnen. Diese zweite Runde umfaßt üblicherweise eine **Managementpräsentation** und den Zugang zu einem sog. **Datenraum**[45], in dem der Verkäufer den Interessenten ausgewählte Informationen zur Verfügung stellt. Mitunter werden zusätzlich **Gesprächsrunden** mit leitenden Angestellten oder **Betriebsbesichtigungen** anberaumt, wenn die Umstände dies als angemessen erscheinen lassen.

72 Wiederum empfiehlt es sich für den Verkäufer, den verbliebenen Bietern das weitere Verfahren in der zweiten Runde in einem **zweiten Informationsbrief** offenzulegen. Dieser Brief sollte Angaben über die vom Käufer vorgesehene Managementpräsentation, den Zugang zum Datenraum und über die Form der endgültigen Gebote enthalten. Es ist üblich auszuschließen, daß die Bieter nur eine Preisspanne angeben. Ferner sollte verhindert werden, daß Bieter sich einen unfairen Vorteil dadurch verschaffen, daß sie die Höhe des von ihnen angebotenen Kaufpreises von der Höhe anderer Gebote abhängig machen (zB „x mehr als das höchste andere Gebot").

73 Frühzeitige Information ist für die Bieter unverzichtbar, damit sie sich auf die einzelnen Verfahrensabschnitte vorbereiten können. Eine gute **Vorbereitung**

---

[44] Siehe Rn 63.
[45] Siehe Rn 76 ff.

der Bieter liegt auch im Interesse des Verkäufers, da sie einen reibungslosen Ablauf des Bietungsverfahrens gewährleistet. Im übrigen bürgt die Transparenz des Verfahrens für Seriosität. So wird auch der Eindruck vermieden, daß einzelne Bieter in weitere Runden nur vordringen, um das Preisniveau nach oben zu drücken.

7. Präsentation des Managements

Die Bieter können vernünftigerweise zur Abgabe ihrer endgültigen Angebote erst aufgefordert werden, wenn ihr Kenntnisstand eine Entscheidung von derartiger Tragweite gestattet. Eine zu diesem Zweck veranstaltete Managementpräsentation informiert die dazu eingeladenen Bieter **in der abschließenden Runde** über Interna des Unternehmens ebenso wie über die Personen seiner Führungsebene. Mitunter wird auch eine Prognose über die zukünftige Geschäftsentwicklung abgegeben.

Die Managementpräsentation ist sorgfältig vorzubereiten, da sie den Entscheidungsprozeß der Bieter maßgeblich beeinflußt. Schwierigkeiten können sich daraus ergeben, daß die Manager einerseits dem Zielunternehmen zu Loyalität verpflichtet sind, aber andererseits im eigenen Interesse darauf bedacht sein müssen, sich im Hinblick auf die Postakquisitionsphase bei potentiellen Käufern vorteilhaft zu positionieren. Um zu vermeiden, daß dem Verkäufer aus diesem **Interessenkonflikt** Nachteile erwachsen, ist es empfehlenswert, daß sich die Berater des Verkäufers zuvor mit den Managern über den Inhalt der Präsentation abstimmen.

8. Datenraum („data room")

In einem Datenraum haben die Kaufinteressenten Zugang zu detaillierten **Informationen, Daten und Dokumenten**, die der Verkäufer im Rahmen seiner internen Unternehmensanalyse zusammengestellt hat[46]. Ausgenommen werden davon Dokumente, die für das Unternehmen oder seinen Verkäufer derart sensibel sind, daß sie einzig und allein dem letzten verbliebenen Bieter vorbehalten werden. Ferner können die Bieter Einsicht in einen vom Verkäufer vorbereiteten Kaufvertragsentwurf und eventuell weitere **Verträge** nehmen, zB Konsortialverträge, zu denen bei Abgabe des sog. endgültigen Angebots[47] Stellung zu nehmen ist.

Vorab stellt der Verkäufer den Interessenten die Verfahrensregeln für den **Zugang zum Datenraum** und den Umgang mit den Daten zur Verfügung. Darin werden nicht nur Ort und Zeit bestimmt, sondern zB auch die Höchstzahl der zugangsberechtigten Berater. Die Interessenten müssen vorab bekanntgeben, welche Personen sie als Berater in den Datenraum entsenden werden. Es wird zunehmend üblich, daß sich auch diese Berater persönlich der mit dem von ihnen vertretenen Bieter abgeschlossenen Vertraulichkeitsvereinbarung unterwerfen müssen, bevor ihnen Zugang zum Datenraum gewährt wird. Für jedes Beraterteam ist ein Sprecher zu bezeichnen. Der Verkäufer ernennt seinerseits einen Koordinator, der die Einhaltung der Verfahrensregeln kontrolliert.

---

[46] Siehe auch § 9 Rn 115 und Rn 149 ff.
[47] Siehe Rn 80.

78 Häufig dürfen Dokumente nur eingesehen, nicht kopiert werden; zum Kopieren werden allenfalls bestimmte Dokumentengruppen freigegeben. Das bedeutet, daß die Analyse weitestgehend im Datenraum selbst erfolgen muß. Aus Sicht der Kaufinteressenten ist es deshalb wichtig, für den Besuch des Datenraums ein **geeignetes Team** zusammenzustellen. Sobald der Verkäufer bekanntgibt, in welche Dokumente Einsicht gewährt werden wird, müssen für die Bearbeitung von Spezialfragen entsprechende Fachleute in das Team aufgenommen werden.

79 Sollten sich Probleme ergeben, die nicht anhand der im Datenraum zugänglichen Dokumente geklärt werden können, wird den Beratern der Bieter die Möglichkeit eingeräumt, schriftlich **Fragen an den Datenraumkoordinator** zu richten. Nach Rücksprache mit dem Verkäuferteam werden die Antworten dem jeweiligen Interessenten meist in schriftlicher Form zugeleitet. Der Verkäufer muß sorgfältig abwägen, wie umfassend er auf derartige Anfragen eingehen soll, ohne daß der dadurch verursachte Aufwand ausufert und das Zielunternehmen lahmlegt und ohne daß Haftungsrisiken erzeugt werden, die durch den Kaufvertrag nur schwer in den Griff zu bekommen sind.

9. Abgabe der endgültigen Gebote

80 Vor der Bereitstellung des Datenraums gibt der Verkäufer die **Frist** bekannt, in der die Kaufinteressenten ihre abschließenden Gebote abgeben sollen. Damit die verschiedenen Angebote miteinander verglichen werden können, müssen sie einen konkreten Preis enthalten. Die Gebote sind keine der Annahme fähigen Vertragsanträge, vielmehr entscheidet der Verkäufer auf Grundlage dieser Angebote lediglich, mit welchen Kaufinteressenten er die eigentlichen Vertragsverhandlungen aufnimmt.

10. Abschließende Verhandlungen

81 Es kommt häufig vor, daß dem Verkäufer mehrere, unterschiedlich attraktive Angebote gemacht werden. Damit er zunächst mit dem bevorzugten Bieter verhandeln kann, ohne daß die übrigen Gebote in der Zwischenzeit verfallen, sollte er verlangen, daß alle **Angebote für einen gewissen Zeitraum bindend** abgegeben werden. Üblich ist ein Zeitraum von etwa drei Monaten. Für diese Dauer kann dem bevorzugten Bieter ein Recht auf exklusive Verhandlungen eingeräumt werden. Denkbar ist aber ebenso, parallel mit mehreren gleichrangigen Bietern zu verhandeln.

82 Die **Verhandlungen** beginnen damit, daß die Parteien ihre Vorstellungen in unverbindlichen Stellungnahmen umreißen. Sodann werden die Kernpunkte der schon konsensfähigen Positionen in rechtlich bindender Weise fixiert. Je nach dem Grad der gewünschten Bindungswirkung kann dies mit einer bloßen Absichtserklärung, durch einen Optionsvertrag oder einen Vorvertrag erreicht werden[48]. Sind die Verhandlungen so weit gediehen, daß ein Scheitern im letzten Stadium nach dem Dafürhalten der Parteien auszuschließen ist, kann die bis dahin

---

[48] Siehe Rn 42.

uU noch vertraulich gehaltene Tatsache der Vertragsanbahnung in einer Presseerklärung veröffentlicht werden.

Innerhalb des durch das endgültige Angebot vorgegebenen Rahmens wird der **Unternehmenskaufvertrag** erstellt. Dabei ist den Gewährleistungsregeln und den Vereinbarungen über die Haftung des Verkäufers wie auch des Käufers für Altverbindlichkeiten der Zielgesellschaft erhöhte Aufmerksamkeit zu widmen.

11. Vertragsschluß, Vollzug und Integration

Der Abschluß des endgültigen Kaufvertrags, sein Vollzug und die Integration des Zielunternehmens in die Unternehmensstrukturen des Erwerbers unterscheiden sich nicht vom herkömmlichen Verfahren des Unternehmenskaufs[49].

---

[49] Siehe Rn 30 ff.

§ 12 Erwerb von Unternehmensanteilen (Share Deal)

Übersicht

	Rn
A. Kaufgegenstand	1
I. Kapitalgesellschaften	2
1. GmbH	2
2. AG und KGaA	5
II. Personengesellschaften	8
1. Grundsatz	8
2. Stille Gesellschaft	13
B. Gewinnansprüche und sonstige Nebenrechte und -pflichten	14
I. Gewinnansprüche	14
1. Kapitalgesellschaften	14
2. Personengesellschaften	17
II. Sonstige Nebenrechte und -pflichten	18
C. Zustimmungs- und Genehmigungserfordernisse	20
I. Gesellschaftsrechtliche Erfordernisse	21
1. AG und KGaA	21
a) Vinkulierung	22
b) Veräußerung des gesamten Vermögens	25
c) Ungeschriebene Zustimmungserfordernisse	27
2. GmbH	29
3. Personengesellschaften	34
II. Zivilrechtliche Erfordernisse	38
1. Eheliches Güterrecht	39
2. Vormundschaftsgerichtliche Zustimmungserfordernisse	43
3. Erbrechtliche Zustimmungserfordernisse	47
III. Öffentlich-rechtliche Erfordernisse	51
1. Öffentlich-rechtliche Genehmigungen	51
2. Zusammenschlußkontrolle	52
D. Kaufpreis	53
I. Methoden der Bestimmung	54
1. Substanzwertmethode	57
2. Ertragswertmethode	59
3. Discounted Cash-flow (DCF)-Methode	63
4. Vergleichsorientierte Bewertungsmethoden	65
5. Ableitung des Kaufpreises der Beteiligung aus dem Unternehmenswert	66
II. Kaufpreismodalitäten	67
1. Fester oder variabler (vorläufiger) Kaufpreis	67
2. Formen des variablen (vorläufigen) Kaufpreises	69
a) Eigenkapitalabhängig	69
aa) Ausgangspunkt	69

	Rn
bb) Stichtagsbilanz	71
b) Kapital- oder umsatzrenditenabhängig	76
c) Abhängig von zukünftiger Ertragsentwicklung (Earn Out)	78
III. Zahlungsbedingungen	83
1. Ratenzahlung	83
2. Verzinsung	87
3. Sonstiges	89
IV. Sicherung des Kaufpreises	90
1. Sicherung des Veräußerers	90
2. Sicherung des Erwerbers	94
E. Lieferung des Vertragsgegenstands (Closing)	98
I. Closing	99
II. Stichtag	103
1. Funktion	103
2. Zeitpunkt	106
III. Regelungen für den Zeitraum zwischen Vertragsabschluß und Abtretung der veräußerten Anteile	109
IV. Von der Beteiligungsform abhängige Voraussetzungen für die Übertragung der Beteiligung	111
1. AG	111
a) Inhaberaktien	112
b) Namensaktien	116
2. KGaA	121
3. GmbH	122
4. Personengesellschaften	125
V. Haftungsfolgen	128
1. Kapitalgesellschaften	130
a) AG und KGaA	130
b) GmbH	133
2. Personengesellschaften	136
F. Gewährleistungen	142
I. Gesetzliche Regelung	142
II. Vertragliche Gewährleistungsregelungen	144
III. Bestimmte wichtige Gewährleistungen	151
1. Garantiezusagen bezüglich der veräußerten Anteile	153
a) Verfassung der Gesellschaft	154
b) Zusicherungen bezüglich der veräußerten Anteile	155
c) Gesellschaftsrechtliche Verhältnisse	158
2. Unternehmensbezogene Gewährleistungen	162
a) Jahresabschluß-Gewährleistung	163
b) Steuern	165
c) Vermögensbezogene Gewährleistungen	169
d) Wichtige Verträge	172
e) Betriebliche Genehmigungen	173
f) Altlasten	174

		Rn
G.	**Sonstige regelungsbedürftige Punkte**	176
	I. Wettbewerbsverbot	176
	1. Allgemeines	176
	2. Schranken	178
	a) Zivilrechtliche Schranken	178
	b) Kartellrechtliche Schranken	183
	aa) Deutsches Kartellrecht	183
	bb) Europäisches Kartellrecht	185
	3. Vertragliche Sanktionierung	186
	II. Vertraulichkeit	187
	III. Auskunfts- und Mitwirkungsrechte und -pflichten	189
	1. Pflichten des Veräußerers	190
	2. Rechte des Veräußerers	191
	IV. Rechtsverhältnisse zwischen Veräußerer und Gesellschaft	192
	V. Rechtswahl/Gerichtsstand/Schiedsklausel	198
	1. Rechtswahlklausel	198
	2. Gerichtsstand	199
	3. Schiedsvereinbarung/Schiedsgutachter	200
	a) Schiedsvereinbarung	200
	b) Schiedsgutachter	204
	VI. Kosten/Steuern	206
	VII. Salvatorische Klausel	207
H.	**Formerfordernisse**	209
	I. Übertragung von Geschäftsanteilen	209
	1. Umfang der Formbedürftigkeit	210
	2. Heilung	214
	3. GmbH & Co. KG	215
	II. Übertragung von Grundstückseigentum	217
	III. Vertrag über gegenwärtiges Vermögen	218
I.	**Sonderformen**	222
	I. Mehrere Erwerber/Veräußerer	222
	1. Kaufvertragliches Außenverhältnis	223
	2. Innenverhältnis der Beteiligten	231
	II. LBO/MBO/MBI	232
	1. Begriff	232
	2. Rechtliche Gestaltungsmöglichkeiten	235
	a) LBO/MBO beim Share Deal	235
	b) Rechtliche Probleme der Finanzierung	238
	aa) GmbH	239
	bb) AG	244
	3. Umstrukturierungsmaßnahmen	249

Schrifttum: *Bengel/Reimann,* Handbuch der Testamentsvollstreckung, 2. Aufl. 1998; *Born,* Überleitung von der Discounted Cash-flow-Methode (DCF-Methode) zur Ertragswertmethode bei der Unternehmensbewertung; DB 1996, 1885; *Hirte,* Zivil- und kartellrechtliche Schranken für Wettbewerbsverbote im Zusammenhang mit Unternehmensveräußerungen, ZHR 154 (1990) 443; *Lutter/Wahlers,* Der Buyout: Amerikanische Fälle und die Regeln des deutschen Rechts, AG 1989, 1; *Karsten Schmidt*, „Altes" und „neues" Kartellverbot, AG 1998, 551.

A. Kaufgegenstand

1   Beim Share Deal erwirbt der Käufer des Unternehmens anders als beim Asset Deal[1] nicht unternehmensbezogene Wirtschaftsgüter, sondern die **Beteiligung des Veräußerers am Rechtsträger** des Unternehmens. IdR handelt es sich bei diesen Rechtsträgern um Kapitalgesellschaften oder Personenhandelsgesellschaften. Keinen Erwerb einer Beteiligung am Rechtsträger eines Unternehmens stellt der Erwerb einer stillen Beteiligung dar, da der Geschäftsinhaber alleiniger Rechtsträger des Unternehmens bleibt.

I. Kapitalgesellschaften

1. GmbH

2   Bei Erwerb einer GmbH ist Kaufgegenstand der **Geschäftsanteil**, d. h. die Gesamtheit der Rechte und Pflichten eines Gesellschafters aus dem Gesellschaftsverhältnis in ihrer Zusammenfassung als Mitgliedschaft[2]. Die Rechte und Pflichten der Gesellschafter aus dem Gesellschaftsverhältnis werden regelmäßig unterschieden in **Verwaltungsrechte** (zB das Stimmrecht) und **Vermögensrechte** (zB das Gewinnbezugsrecht). Einer besonderen Feststellung, daß die verschiedenen, aus der Mitgliedschaft folgenden Rechte und Pflichten bei der Anteilsübertragung mit übergehen sollen, bedarf es nicht, da erst die Gesamtheit der Mitgliedschaftsrechte den Geschäftsanteil ausmacht.

3   Geschäftsanteile sind nicht verbrieft. Ist das Stammkapital einer GmbH in mehrere Geschäftsanteile unterteilt, so behalten diese ihre rechtliche Selbständigkeit auch dann, wenn sie einem Gesellschafter allein zustehen[3]. Da mit Geschäftsanteilen auch dann unterschiedliche Rechte und Pflichten verbunden sein können, wenn sie von einem Gesellschafter gehalten werden, müssen die zu übertragenden **Geschäftsanteile im Anteilskaufvertrag einzeln** mit ihrem Nennbetrag **aufgeführt** werden, um dem Bestimmtheitserfordernis zu genügen.

4   Der Erwerb von GmbH-Geschäftsanteilen ist **Rechtskauf**. Die Übertragung des Geschäftsanteils erfolgt durch Abtretung. Möglich ist nicht nur die Übertragung des gesamten, sondern auch von Teilen eines Geschäftsanteils[4].

2. AG und KGaA

5   Die vorstehenden Ausführungen gelten für den Erwerb von **Aktien** entsprechend. Kaufgegenstand sind die in der Aktie verkörperten Mitgliedschaftsrechte.

---

[1] Siehe § 13.
[2] RGZ 82, 167, 169; *BGH* DB 1972, 132; *Hueck* in Baumbach/Hueck § 14 GmbHG Rn 2.
[3] § 15 Abs. 2 GmbHG.
[4] § 17 GmbHG.

Bei Ausgabe von Aktienurkunden sind diese Mitgliedschaftsrechte in der Aktie verbrieft. Es liegt dann nicht nur ein Rechts-, sondern bezüglich der Aktienurkunde auch ein Sachkauf vor. Sind die Mitgliedschaftsrechte nicht in einer Aktienurkunde verbrieft, erfolgt die Übertragung durch Abtretung[5]. Bei Verbriefung werden Inhaberaktien und mit einem Blankoindossament versehene Namensaktien nach den Vorschriften über die Übereignung beweglicher Sachen[6] und Namensaktien im übrigen durch Einigung, Übergabe und Indossament übertragen[7]. Auch bei Verbriefung kann die Übertragung aber durch Abtretung erfolgen[8]. Anders als bei Geschäftsanteilen einer GmbH ist die Übertragung von **Teilen** einer Aktie **nicht möglich**, da die Aktie unteilbar ist[9].

Die Bestimmung des Kaufgegenstands erfolgt durch die Angabe der Stückzahl und – bei auf den Nennbetrag lautenden Aktien – Angabe des Nennbetrags. Bei Depotverwahrung von Aktien[10] erleichtert die Angabe der Wertpapierkennnummer die Identifikation der Aktien und damit die Verbuchung der Eigentumsübertragung.

Die **KGaA** hat anders als die AG zwei Arten von Gesellschaftern, nämlich wenigstens einen persönlich haftenden Gesellschafter (Komplementär) und einen oder mehrere Kommanditaktionäre, die das in Aktien zerlegte Grundkapital halten. Soll das von der KGaA betriebene Unternehmen erworben werden, sind Kaufgegenstand regelmäßig sowohl die Mitgliedschaftsrechte der Kommanditaktionäre als auch die Komplementärstellung. Die **Übertragung** der **Aktien** der Kommanditaktionäre richtet sich nach den Vorschriften des Aktiengesetzes[11] und die Übertragung der **Komplementärstellung** nach den Vorschriften über die Kommanditgesellschaft. Handelt es sich beim persönlich haftenden Gesellschafter um eine Kapitalgesellschaft, was nunmehr auch nach der Rechtsprechung des BGH zulässig ist[12], wird der Erwerb der Komplementärstellung allerdings regelmäßig durch Erwerb der Anteile der Kapitalgesellschaft erfolgen.

II. Personengesellschaften

1. Grundsatz

Der Erwerb einer Beteiligung an einer **Personengesellschaft** (einschließlich BGB-Gesellschaft und PartG) wird grundsätzlich **wie der Erwerb** an einer **Kapitalgesellschaft** behandelt. Kaufgegenstand ist auch hier die Mitgliedschaft als Gesamtheit von Vermögens- und Verwaltungsrechten. Der Kauf ist Rechtskauf. Die Übertragung erfolgt durch Abtretung. Auch die **teilweise Abtretung** von Beteiligungen an Personengesellschaften ist möglich.

---

[5] §§ 398, 413 BGB.
[6] § 929 ff. BGB.
[7] § 68 Abs. 1 AktG.
[8] Siehe Rn 114, 118.
[9] § 8 Abs. 5 AktG.
[10] Siehe Rn 113.
[11] § 278 Abs. 3 AktG.
[12] *BGH* ZIP 1997, 1027, 1029 f.

9 In Personengesellschaften sind Stimmrecht sowie Gewinn- und Verlustbeteiligung idR an den unveränderlichen Kapitalanteil geknüpft. Durch Bezeichnung des Betrags des Kapitalanteils, der auf den Erwerber übertragen wird, wird deshalb bestimmt, in welchem Umfang der Erwerber die Mitgliedschaftsrechte des Veräußerers erwirbt. Der unveränderliche Kapitalanteil darf allerdings nicht mit dem Gesellschaftsanteil als der Gesamtheit der Rechte und Pflichten verwechselt werden. Es handelt sich um eine reine Rechnungsziffer, die für gewisse Zwecke das Verhältnis der Rechte und Pflichten der Gesellschafter angeben soll[13]. Soweit kein Kapitalanteil für den Gesellschafter gebildet wurde[14], erfolgt die Bestimmung des Kaufgegenstands durch einfache Bezugnahme auf die Beteiligung und ggf. der Angabe, daß ein Kapitalanteil nicht gebildet wurde. Bei **teilweiser Abtretung** ist besonders sorgfältig zu regeln, in welchem Umfang der Erwerber in die Rechtsstellung des Veräußerers eintritt. Teilbare Verwaltungsrechte (zB das Stimmrecht nach Kapitalanteilen) und zukünftige Vermögensansprüche und -verpflichtungen gehen anteilig auf den Erwerber über. Unteilbare Rechte (zB Informationsrechte) stehen sowohl dem Erwerber als auch dem Veräußerer zu, es sei denn, im Gesellschaftsvertrag ist etwas Abweichendes geregelt. Zweifelhaft kann hingegen die Rechtslage bei bereits bestehenden vermögensrechtlichen Ansprüchen und Verpflichtungen sein[15]. Es empfiehlt sich deshalb eine ausdrückliche Regelung.

10 Enthält der Kaufvertrag keine besonderen Bestimmungen, sind Kaufgegenstand grundsätzlich sämtliche, mit dem Gesellschaftsverhältnis verbundenen Rechte und Pflichten[16]. Für selbständig abtretbare Vermögensansprüche und -verpflichtungen – sog. Sozialansprüche und Sozialverbindlichkeiten – gilt dies nach der Rechtsprechung des BGH[17] allerdings nur in dem Umfang, wie diese bei Vertragsschluß im **Rechenwerk der Gesellschaft** ihren Niederschlag gefunden haben, also aus den Konten ersichtlich sind, die bei der Gesellschaft für die Verbuchung solcher Ansprüche und Verpflichtungen geführt werden.

11 Zwingend ist der Übergang dabei für die mit der Beteiligung unlösbar verbundenen **Verwaltungsrechte**, wie das Stimmrecht, Informationsrechte etc., und sog. **Vermögensstammrechte**[18], während die selbständig abtret- und übertragbaren **Vermögensansprüche** und **-verpflichtungen** Gegenstand einer separaten Regelung sein können und deshalb auch vereinbart werden kann, daß sie beim Veräußerer verbleiben. Für die mit der veräußerten Beteiligung verbundenen Gesellschafterkonten, auf denen Sozialansprüche und -verpflichtungen des Verkäufers gebucht werden (zB Rücklagekonten, Darlehenskonten, Privatkonten; die

---

[13] RGZ 117, 238, 242; Einzelheiten bei *Hopt* § 120 HGB Rn 13 ff.; *Gummert* in MünchHdbGesR Bd. 1 § 9 Rn 59 ff.

[14] Weil der Gesellschafter keine Einlage geleistet hat. In der Praxis kommt dies insbes. bei der Komplementär-GmbH einer GmbH & Co. vor.

[15] Hier ist zweifelhaft, ob die von der Rspr. für die Übertragung der gesamten Beteiligung aufgestellte Vermutung, daß die aus der Vergangenheit herrührenden Geldansprüche und -verpflichtungen bei Fehlen einer ausdrücklichen Vereinbarung auf den Erwerber übergehen, ebenfalls Anwendung findet; zu den Einzelheiten siehe *Piehler* in MünchHdbGesR Bd. 1 § 13 Rn 72, die Ausführungen gelten für alle Personengesellschaften; siehe auch Rn 19.

[16] BGHZ 45, 221 ff.

[17] BGHZ 45, 221, 223.

[18] § 717 Abs. 1 BGB, *Ulmer* in MünchKomm. § 717 BGB Rn 15.

Terminologie ist uneinheitlich), können deshalb nach freiem Ermessen der Parteien abweichende Vereinbarungen getroffen werden[19]. Inwieweit dies der Fall sein soll, muß dabei in jedem Einzelfall geprüft und sollte, am besten unter Rückgriff auf die Buchführungssystematik, ausdrücklich geregelt werden. Nicht zu den mit der Mitgliedschaft übergehenden Ansprüchen und Verpflichtungen gehören die Ansprüche und Verpflichtungen, die auf Rechtsbeziehungen zum Gesellschafter wie einem Dritten basieren (Drittansprüche und -verpflichtungen).

Für die **GmbH & Co. KG** gelten die vorstehenden Ausführungen entsprechend. Regelmäßig überträgt die Komplementär-GmbH allerdings nicht ihre Gesellschafterbeteiligung, sondern die Gesellschafter der Komplementär-GmbH ihre Geschäftsanteile an der Komplementär-GmbH auf den Erwerber. Neben der Kommanditbeteiligung sind Kaufgegenstand hier also auch GmbH-Geschäftsanteile.

2. Stille Gesellschaft

Soweit man mit der herrschenden Meinung davon ausgeht, daß es sich bei der **stillen Beteiligung** um eine **Mitgliedschaft** handelt[20], ist Kaufgegenstand bei Übertragung der stillen Beteiligung die Mitgliedschaft in der stillen Gesellschaft, die eine Form der BGB-Innengesellschaft ist. Der Kauf ist Rechtskauf. Die Veräußerung geschieht durch Abtretung. Ist die Einlage des stillen Gesellschafters teilbar, kann auch eine teilweise Abtretung erfolgen. Für den Umfang der übertragenen Rechte und Pflichten gelten im übrigen die obigen Ausführungen[21] entsprechend, d. h., soweit die Parteien keine abweichende Regelung treffen, umfaßt die Abtretung neben den zwingend mit der Mitgliedschaft verbundenen Verwaltungs- und Vermögensstammrechten auch alle mit der stillen Beteiligung verbundenen selbständigen Vermögensansprüche und -verpflichtungen. Erkennt man mit einem Teil des Schrifttums die stille Beteiligung nicht als selbständig abtretbare Mitgliedschaft an[22], erfolgt die Veräußerung durch **Vertragsübernahme**, d. h. Kaufgegenstand ist die Gesamtheit der Rechtsbeziehungen zwischen dem stillen Gesellschafter und dem Geschäftsinhaber.

B. Gewinnansprüche und sonstige Nebenrechte und -pflichten

I. Gewinnansprüche

1. Kapitalgesellschaften

Mit der Abtretung von Mitgliedschaftsrechten an **Kapitalgesellschaften** geht das **Gewinnbezugsrecht** als mitgliedschaftliches Vermögensrecht automatisch

---

[19] Für Sozialverbindlichkeiten wird dies von der Literatur überwiegend abgelehnt, siehe hierzu Rn 19.
[20] *Bezzenberger* in MünchHdbGesR Bd. 2 § 25 StG Rn 2ff.
[21] Siehe Rn 10 und 11.
[22] Nachweise bei *Bezzenberger* in MünchHdbGesR Bd. 2 § 25 StG Rn 2ff.

mit über. Wird nach der Abtretung ein Gewinnverwendungsbeschluß gefaßt, steht der Anspruch auf Ausschüttung dem Erwerber zu. Dies gilt auch für den Gewinn früherer Geschäftsjahre, für die noch kein Beschluß über die Ergebnisverwendung gefaßt worden ist. Der Gewinnanspruch steht **gesellschaftsrechtlich** demjenigen zu, der im Zeitpunkt des Gewinnverwendungsbeschlusses Gesellschafter ist[23], soweit der Veräußerer seine zukünftigen Gewinnansprüche nicht abgetreten oder in anderer Weise belastet hat. Erfolgt die Übertragung des Geschäftsanteils im Laufe eines Geschäftsjahrs, hat der Veräußerer gegen den Erwerber allerdings einen **schuldrechtlichen** Anspruch[24] auf anteilige Auskehrung des Gewinns des betreffenden Geschäftsjahrs. Diese Regelung ist aber etwa dann nicht interessengerecht, wenn während des Zeitraums der Inhaberschaft des Veräußerers kein Gewinn erwirtschaftet worden ist. Umgekehrt hat der Veräußerer (spätestens) ab Übergang des Anteils keinen Einfluß mehr auf das Ergebnis der Gesellschaft, so daß er nicht beeinflussen kann, inwieweit Gewinne, die zum Zeitpunkt seiner Beteiligung angefallen sind, durch Verluste nach Übergang der Beteiligung eliminiert werden.

15 Es empfiehlt sich deshalb, im Vertrag ausdrücklich zu regeln, wie der Gewinn des laufenden sowie früherer Geschäftsjahre, der nicht unter die Gesellschafter verteilt und auch nicht in die Gewinnrücklage[25] eingestellt worden ist (Gewinn, über den kein Gewinnverwendungsbeschluß gefaßt wurde sowie vorgetragener Gewinn gem. § 266 Abs. 3 A IV HGB), verteilt werden soll. Denkbar ist bspw. folgende Formulierung (GmbH-Anteile), bei der der Verzicht des Veräußerers auf diese Gewinne bereits mit dem Kaufpreis abgegolten ist:

Der Gewinn des laufenden Geschäftsjahrs sowie ein etwaiger nicht unter die Gesellschafter verteilter Gewinn früherer Geschäftsjahre (d. h. vorgetragener Gewinn und der Gewinn früherer Geschäftsjahre, für die kein Beschluß über die Ergebnisverwendung gefaßt worden ist) stehen allein dem Erwerber zu.

16 Denkbar ist aber auch, den bis zum Zeitpunkt des Übergangs des Geschäftsanteils angefallenen **Gewinn (und Verlust)** durch eine nur schuldrechtlich zwischen Veräußerer und Erwerber wirkende **Stichtagsbilanz**[26] zu ermitteln und über eine nachträgliche Kaufpreiserhöhung bzw. -verminderung abzugelten. Weniger empfehlenswert und nur in Ausnahmefällen in Betracht kommen dürfte hingegen eine Abgeltung durch eine – nur bei der GmbH mögliche – Vorabausschüttung des anteiligen Gewinns vor Anteilsübergang[27].

2. Personengesellschaften

17 Die vorstehenden Ausführungen gelten entsprechend für **Personengesellschaften** einschließlich **stille Gesellschaften**. Fällt die (dingliche) Übertragung in ein laufendes Geschäftsjahr, steht der gesamte im Geschäftsjahr auf die erworbene Beteiligung entfallende Gewinn- und Verlustanteil **gesellschaftsrechtlich**

---

[23] §§ 29, 46 Nr. 1 GmbHG.
[24] § 101 Nr. 2 BGB.
[25] § 266 Abs. 3 A III HGB.
[26] Siehe hierzu Rn 71 ff.
[27] Hierzu *Günther* in MünchVertragsHdb. Bd. 2 II. 1 Anm. 37.

dem Erwerber zu, der diesen mit der Beteiligung übernimmt. **Schuldrechtlich** gilt allerdings ebenso wie bei Kapitalgesellschaften, daß dem Veräußerer ein Anspruch auf den anteiligen Gewinn zusteht. IdR wird deshalb entweder vereinbart, daß der zeitanteilige Gewinn (und Verlust) über den Kaufpreis abgegolten ist bzw. gesondert auf Basis einer Stichtagsbilanz ermittelt und kaufpreiserhöhend bzw. -reduzierend wirkt. Erfolgt die Übertragung zum Ende des Geschäftsjahrs, wird der dem Veräußerer gesellschaftsrechtlich zustehende Gewinn- bzw. Verlustanteil regelmäßig auf Basis des Jahresabschlusses ermittelt. Soweit der Erwerber nicht alle Gesellschafterkonten des Veräußerers übernimmt, kann der Gewinnanteil dann diesen Konten gutgeschrieben bzw. belastet werden. Ansonsten erfolgt der Ausgleich separat.

II. Sonstige Nebenrechte und -pflichten

Einer Regelung, daß mit dem übertragenen Anteil alle sonstigen mit der Mitgliedschaft verbundenen Rechte und Pflichten mit übergehen, bedarf es regelmäßig nicht, da die Übertragung der Mitgliedschaft **automatisch** zum **Übergang** aller Nebenrechte und Pflichten auf den Erwerber führt, soweit sie an die Mitgliedschaft gebunden sind. **Sonderrechte und pflichten**, die an die Person des Gesellschafters gebunden sind (wie zB das einem Gesellschafter persönlich zustehende Recht auf Bestellung eines Geschäftsführers, ein Mehrstimmrecht oder die Pflicht zur Erbringung bestimmter Dienstleistungen), sind nicht übertragbar und entfallen mit Übergang des Anteils[28]. Ob ein höchstpersönliches Sonderrecht bzw. eine Sonderverpflichtung vorliegt, ist – soweit dies nicht ausdrücklich geregelt ist – durch Auslegung zu ermitteln.

Dieser Grundsatz des Übergangs aller mit der Mitgliedschaft verbundenen Rechte und Pflichten gilt für die **GmbH** mit der Maßgabe, daß im Verhältnis zur Gesellschaft der Veräußerer weiterhin für die zur Zeit der Anmeldung des Anteilsübergangs fälligen rückständigen Leistungen als Gesamtschuldner neben dem Erwerber haftet[29]. In der **AG** haftet der Veräußerer hingegen nur subsidiär[30]. Von dieser gesetzlichen Haftungsfolge kann nicht abgewichen werden. Für **Personengesellschaften** gilt nach der Rechtsprechung des BGH[31] hingegen, daß Erwerber und Veräußerer den Übergang solcher rückständigen Leistungen frei vereinbaren können und die Pflicht zu ihrer Erbringung ohne ausdrückliche Vereinbarung mit befreiender Wirkung für den Veräußerer auf den Erwerber übergeht[32]. Nach der Literatur sollen Erwerber und Veräußerer für bestehende,

---

[28] Für die GmbH vgl. *Hueck* in Baumbach/Hueck § 3 GmbHG Rn 32, 50; für Personengesellschaften vgl. *Piehler* in MünchHdbGesR Bd. 1 § 13 Rn 68; in der AG ist die Einräumung von Sonderrechten wegen der Satzungsstrenge in weit geringerem Umfang als bei der GmbH möglich, *Kraft* in Kölner Komm. § 11 AktG Rn 13 ff. Um ein Sonderrecht kann es sich bspw. bei der Einräumung von Entsenderechten für Aufsichtsratsmitglieder gem. § 101 Abs. 2 AktG handeln.
[29] § 16 Abs. 3 GmbHG; zu Einzelheiten siehe Rn 133 f.
[30] § 65 Abs. 1 AktG; zu Einzelheiten siehe Rn 130 f.
[31] BGHZ 45, 221, 222.
[32] Siehe Rn 11.

mit dem Anteil verbundene Verpflichtungen hingegen grundsätzlich gesamtschuldnerisch haften und ein Abweichen von der gesamtschuldnerischen Haftung nur mit Zustimmung der Mitgesellschafter möglich sein[33].

C. Zustimmungs- und Genehmigungserfordernisse

20   Die Übertragung einer Unternehmensbeteiligung kann – abhängig von der Art der veräußerten Beteiligung, der Person von Veräußerer und Erwerber, der Größe des Unternehmens und dem Geschäftsbetrieb des Unternehmens – von verschiedenen gesellschaftsrechtlichen, zivilrechtlichen und öffentlich-rechtlichen Zustimmungserfordernissen abhängig sein[34].

I. Gesellschaftsrechtliche Erfordernisse

1. AG und KGaA

21   Aktien sind grundsätzlich frei veräußerbar.

22   **a) Vinkulierung.** Bei **Namensaktien** (nicht bei Inhaberaktien) kann die Satzung allerdings die Übertragung von der Zustimmung der Gesellschaft abhängig machen[35]. Zustimmungsbedürftig ist dabei das Verfügungs-, nicht das Verpflichtungsgeschäft. Soweit nichts anderes geregelt ist, wird die Zustimmung vom Vorstand erteilt. Die Satzung kann jedoch bestimmen, daß der Aufsichtsrat oder die Hauptversammlung über die Erteilung der Zustimmung beschließen, und die Vinkulierung beschränken, nicht aber verschärfen[36]. Das zur Erteilung der Zustimmung zuständige Organ der AG hat, soweit die Satzung für die Erteilung der Zustimmung keine Vorgaben enthält, seine Entscheidung nach pflichtgemäßem Ermessen zu treffen, wobei sich die **Ermessensausübung** am Wohl der Gesellschaft und den berechtigten Interessen des veräußerungswilligen Aktionärs[37] sowie dem Gleichbehandlungsgebot[38] (nicht hingegen an den Interessen des Erwerbers) zu orientieren hat. Unabhängig davon, welches Organ für die Erteilung zuständig ist, hat die nach außen wirkende **Erklärung** der Zustimmung durch den Vorstand zu erfolgen[39].

23   Die Zustimmung ist **Wirksamkeitserfordernis.** Sie kann vor oder nach Veräußerung der Aktien erteilt werden. Bis zur Erteilung der Zustimmung ist die Veräußerung schwebend unwirksam. Soweit dies möglich ist, sollte die Zustimmung vor Abschluß des Kaufvertrags eingeholt und dem Vertrag beigefügt wer-

---

[33] Zu den Einzelheiten *Ulmer* in MünchKomm. § 719 BGB Rn 36 mwN.
[34] Nicht behandelt werden nachfolgend sog. Gremienvorbehalte, d. h. interne Zustimmungspflichten des Aufsichtsrats oder der Gesellschafterversammlung, die die Vertretungsmacht nicht berühren. Siehe dazu § 2 Rn 91.
[35] § 68 Abs. 2 AktG.
[36] *Hüffer* § 68 AktG Rn 14.
[37] BGH NJW 1987, 1019, 1020; weitere Nachweise bei *Hüffer* § 68 AktG Rn 15.
[38] § 53a AktG.
[39] *Hüffer* § 68 AktG Rn 15.

den. Liegt die Zustimmung bei Abschluß des Vertrags noch nicht vor, bietet es sich an, die Wirksamkeit des gesamten Vertrags unter die aufschiebende Bedingung der Zustimmungserteilung zu stellen.

Für die Übertragung von **Aktien** einer **KGaA** gelten die vorstehenden Ausführungen sinngemäß[40]; anstatt durch den Vorstand wird hier die Zustimmung durch den Komplementär erteilt, es sei denn, die Satzung weist anderen Organen die Zuständigkeit für die Zustimmung zu. Die Übertragung der Komplementärstellung ist nur zulässig, wenn die Satzung dies vorsieht[41]. Soweit die Satzung keine abweichende Regelung trifft, ist für die Übertragung der Komplementärstellung die Zustimmung der übrigen (auch nicht geschäftsführenden) Komplementäre und ³/₄ der Kommanditaktionäre erforderlich[42].

b) Veräußerung des gesamten Vermögens. Macht die von einer AG veräußerte Beteiligung im wesentlichen ihr gesamtes Vermögen aus (und fällt die Übertragung nicht unter die Vorschriften des Umwandlungsgesetzes), ist für die Veräußerung auch dann eine Zustimmung der Hauptversammlung mit Dreiviertelmehrheit des vertretenen Grundkapitals erforderlich, wenn mit der Übertragung keine Änderung des Unternehmensgegenstands verbunden ist[43]. Das Zustimmungserfordernis gilt für das **schuldrechtliche Geschäft** und beschränkt die Vertretungsmacht des Vorstands[44]. Fehlt die Zustimmung, ist das dingliche Geschäft allerdings gleichwohl wirksam[45]. Wann im wesentlichen eine Übertragung des gesamten Vermögens vorliegt, bestimmt sich nicht in erster Linie durch Wertvergleich, sondern danach, ob die Gesellschaft mit dem zurückbehaltenen Vermögen ihren in der Satzung festgelegten bisherigen Unternehmensgegenstand weiterverfolgen kann, wenn auch in eingeschränktem Umfang[46]. Die Zustimmung kann vor oder nach Abschluß des Kaufvertrags erteilt werden; erfolgt sie nach Abschluß des Kaufvertrags, ist dieser bis zur Erteilung der Zustimmung schwebend unwirksam[47].

Auf die **KGaA** findet das Zustimmungserfordernis für die Veräußerung des im wesentlichen ganzen Vermögens entsprechende Anwendung; die Vertretungsmacht der Komplementäre ist folglich an den zustimmenden Beschluß der Kommanditaktionäre gebunden, der allerdings seinerseits der Zustimmung der Komplementäre bedarf[48].

c) Ungeschriebene Zustimmungserfordernisse. Handelt es sich bei der Veräußerung der Beteiligung zwar nicht um das im wesentlichen ganze Vermögen, bildet die veräußerte Beteiligung aber einen wesentlichen Teil des Vermögens der veräußernden AG, kann fraglich sein, inwieweit nach den Grundsätzen

---

[40] § 278 Abs. 3 AktG.
[41] § 289 Abs. 5 AktG.
[42] *Semler/Perlitt* in MünchKomm. § 289 AktG Rn 130, 142.
[43] § 179a Abs. 1 AktG.
[44] *Hüffer* § 179a AktG Rn 1, 3; zur Beurkundungspflicht der Veräußerung des gesamten Vermögens siehe Rn 218 ff.
[45] *LG Mainz* AG 1998, 538; *Hüffer* § 179a AktG Rn 18.
[46] BGHZ 83, 122, 128 „Holzmüller"; weitere Nachweise bei *Hüffer* § 179a AktG Rn 5.
[47] BGHZ 82, 188, 193 f.
[48] §§ 278 Abs. 3, 285 Abs. 2 Satz 1 AktG.

des **„Holzmüller"-Urteils**[49] die Zustimmung der Hauptversammlung der veräußernden AG erforderlich ist[50]. Inwieweit das im einzelnen umstrittene „Holzmüller"-Urteil[51] auch auf den Erwerb und die Veräußerung von **Beteiligungsvermögen** einer AG übertragbar ist, ist höchstrichterlich nicht entschieden und wird in der Literatur unterschiedlich beurteilt[52]. Falls die veräußerte Beteiligung mehr als 50% des Vermögens und/oder Umsatzes der veräußernden AG ausmacht und es sich um einen eigenständigen Geschäftsbereich handelt, sollte, um insoweit jede Rechtsunsicherheit zu vermeiden, im Zweifel von einem Zustimmungsbedürfnis der Hauptversammlung ausgegangen werden[53]. Bei Fällen, in denen die 50%-Schwelle nicht erreicht ist, ist in jedem Einzelfall vorsichtshalber eine Prüfung anhand der in der Literatur und Rechtsprechung entwickelten bzw. vertretenen Abgrenzungskriterien vorzunehmen. Welcher **Mehrheit** der Zustimmungsbeschluß bedarf, ist unklar. Im „Holzmüller"-Urteil hatte der BGH eine einfache Mehrheit für ausreichend gehalten. Insbesondere, wer die Zuständigkeit der Hauptversammlung auf eine Gesamtanalogie zu den Regelungen über andere Strukturmaßnahmen stützt, fordert eine Dreiviertelmehrheit[54].

28   Bei der **KGaA** ergibt sich das Zustimmungserfordernis regelmäßig bereits aus dem Widerspruchsrecht der Kommanditaktionäre[55]. Soweit die Veräußerung der Beteiligung nicht bereits vom Widerspruchsrecht der Kommanditaktionäre erfaßt wird oder das Widerspruchsrecht in der Satzung ausgeschlossen ist, gelten auch für die KGaA die Grundsätze des „Holzmüller"-Urteils[56].

2. GmbH

29   Geschäftsanteile an einer GmbH sind **prinzipiell frei veräußerbar**[57], soweit im Gesellschaftsvertrag nicht – wie dies meist der Fall ist – **etwas anderes** geregelt ist[58].

---

[49] BGHZ 83, 122 ff.
[50] In seiner „Holzmüller"-Entscheidung hatte der BGH angenommen, daß es Geschäftsführungsentscheidungen gäbe, die zwar formal durch die Außenvertretungsmacht des Vorstands gedeckt seien (§ 82 Abs. 2 AktG), aber so tief in die Mitgliedschaftsrechte der Aktionäre und ihrer Vermögensinteressen eingriffen, daß der Vorstand nicht annehmen könne, er dürfe sie in eigener Verantwortung ohne Beteiligung der Hauptversammlung treffen. Das ihm gesetzlich eingeräumte Ermessen zur Vorlage von Geschäftsführungsmaßnahmen an die Hauptversammlung (§ 119 Abs. 2 AktG) schlage in einem solchen Fall in eine Vorlagepflicht um. Der Entscheidung lag ein Sachverhalt zugrunde, bei dem eine AG einen Betriebsteil, der den wertvollsten Teil ihres Vermögens ausmachte, auf eine selbständige Tochtergesellschaft übertragen wollte; zu den Informationspflichten des Vorstands bei einer „Holzmüller"-Entscheidung der Hauptversammlung, *BGH AG* 2001, 261, 262.
[51] Nachweise bei *Krieger* in MünchHdbGesR Bd. 4 § 69 Rn 6; *Hüffer* § 119 AktG Rn 16 ff.
[52] Hierzu *Krieger* in MünchHdbGesR Bd. 4 § 69 Rn 7; aus der jüngeren unterinstanzlichen Rspr. siehe *LG Frankfurt* DB 2001, 751.
[53] Zu den in Literatur und Rechtsprechung vertretenen unterschiedlichen Schwellenwerten und Anknüpfungspunkten für ein Zustimmungserfordernis: *Krieger* in MünchHdbGesR Bd. 4 § 69 Rn 8.
[54] Siehe die Nachweise bei *Krieger* in MünchHdbGesR Bd. 4 § 69 Rn 11 und § 2 Rn 91 Fn 229.
[55] § 164 HGB, der auch für die KGaA gilt: Zustimmungspflicht für Handlungen, die über den gewöhnlichen Betrieb des Handelsgewerbes der Gesellschaft hinausgehen.
[56] *Semler/Perlitt* in MünchKomm. § 278 AktG Rn 180.
[57] § 15 Abs. 1 GmbHG.
[58] § 15 Abs. 5 GmbHG.

Die Satzung kann nur die Abtretung, nicht aber die schuldrechtliche Verpflichtung an Zustimmungserfordernisse binden, deren Einhaltung regelmäßig Wirksamkeitsvoraussetzung für die Abtretung ist[59], und insoweit eine Zustimmung der Gesellschaft selbst, der Gesellschafterversammlung, einzelner Gesellschafter, anderer Gesellschafterorgane oder Dritter vorsehen. Beim Zustimmungserfordernis durch die Gesellschaft wird die Zustimmung durch die Geschäftsführung, ggf. auf der Basis eines entsprechenden Gesellschafterbeschlusses, im übrigen durch das zustimmungsberechtigte Organ bzw. die zustimmungsberechtigte Person mit Außenwirkung erklärt[60]. Soweit ein zustimmender Beschluß der Gesellschafterversammlung oder eines anderen Organs erforderlich ist, kann einfache Mehrheit, qualifizierte Mehrheit, Einstimmigkeit oder auch die zusätzliche Zustimmung bestimmter Gesellschafter vorgesehen sein. Zusätzlich zu Zustimmungsvorbehalten kann die Satzung **weitere Abtretungsvoraussetzungen**, wie zB die Einhaltung bestimmter Erwerbsvorrechte, vorsehen, deren Nichtausübung idR ebenfalls **Wirksamkeitsvoraussetzung** für die Abtretung ist[61].

Trotz eines satzungsmäßigen Zustimmungsvorbehalts der Gesellschaft bzw. der Gesellschafterversammlung ist die ausdrückliche Erteilung dieser Zustimmung entbehrlich, wenn der Veräußerer **Alleingesellschafter** ist oder einer von nur zwei Gesellschaftern[62] erwirbt.

Für die Wirkung der **Zustimmung** gelten die obigen Ausführungen[63] zur Vinkulierung von Namensaktien entsprechend. Soweit die Zustimmung vor Abschluß des Kaufvertrags vorliegt, sollte sie diesem beigefügt werden. Veräußern alle Gesellschafter und ist die Zustimmung der Gesellschafterversammlung erforderlich, kann diese auch iRd. Kaufvertrags erteilt werden.

Wird nur ein **Teil eines Geschäftsanteils** veräußert, ist zur erforderlichen **Teilung** des Geschäftsanteils die **Zustimmung der Gesellschaft** erforderlich[64], es sei denn, die Satzung verzichtet auf das Zustimmungserfordernis; zulässig ist dies allerdings nur für den Fall der Veräußerung an andere Gesellschafter oder für den Fall der Erbteilung[65]. Diese Zustimmung tritt neben die Zustimmung zur Veräußerung. Die Zustimmung zur Teilung kann vor oder nach Anteilsveräußerung erteilt werden. Sie erfolgt durch die Geschäftsführer und setzt einen vorherigen Gesellschafterbeschluß voraus[66]. Die Erteilung bedarf der Schriftform[67] und

---

[59] *Hueck* in Baumbach/Hueck § 15 GmbHG Rn 36.
[60] Sehr strittig. Für Zuständigkeit des jeweiligen Organs: *Hueck* in Baumbach/Hueck § 15 GmbHG Rn 42; *Zutt* in Hachenburg § 15 GmbHG Rn 113; wohl auch OLG Koblenz DB 1989, 672; für Erklärung durch die Geschäftsführer: *Lutter/Hommelhoff* § 15 GmbHG Rn 28; *Rowedder* in Rowedder § 15 GmbHG Rn 102. Die praktischen Auswirkungen dieses Meinungsstreits lassen sich dadurch eliminieren, daß das betreffende Organ die Geschäftsführer zur Mitteilung der Zustimmung ermächtigt.
[61] *Hueck* in Baumbach/Hueck § 15 GmbHG Rn 36.
[62] BGH WM 1988, 1335, 1338; *Hueck* in Baumbach/Hueck § 15 GmbHG Rn 38.
[63] Rn 22.
[64] § 17 Abs. 1 GmbHG.
[65] § 17 Abs. 3 GmbHG.
[66] § 46 Nr. 4 GmbHG; ihr Fehlen berührt nach hM die Wirksamkeit der erteilten Genehmigung nicht, vgl. die Nachweise bei *Hueck* in Baumbach/Hueck § 17 GmbHG Rn 10.
[67] § 126 Abs. 1 BGB.

damit eines eigenhändig von den Geschäftsführern in vertretungsberechtigter Zahl unterzeichneten Schreibens, es sei denn, daß alle Gesellschafter und Geschäftsführer in vertretungsberechtigter Zahl an der Abtretung mitwirken[68]. Die Teilung wird dabei regelmäßig vom Veräußerer iRd. Kaufvertrags vorgenommen. Soweit die Genehmigung der Gesellschaft zur Teilung bereits vorliegt, wird sie dem Kaufvertrag beigefügt.

33 Ist eine GmbH **Veräußerer** und stellt die veräußerte Beteiligung im wesentlichen das **gesamte Vermögen** der GmbH dar, bedarf das Verpflichtungsgeschäft zur Anteilsveräußerung in entsprechender Anwendung der aktienrechtlichen Vorschriften über die Vermögensübertragung[69] zu seiner **Wirksamkeit** eines mit Dreiviertelmehrheit zu fassenden Gesellschafterbeschlusses[70].

3. Personengesellschaften

34 Aufgrund des personalistischen Charakters von Personengesellschaften (einschließlich stiller Gesellschaften) gilt für die Übertragbarkeit von Beteiligungen der umgekehrte Grundsatz wie in Kapitalgesellschaften: Beteiligungen an Personengesellschaften sind grundsätzlich **nicht übertragbar**, es sei denn, alle anderen Gesellschafter erteilen ihre **Zustimmung** oder der Gesellschaftsvertrag erlaubt allgemein oder für bestimmte Fälle die Übertragung der Beteiligung oder bindet sie statt an die Zustimmung der Gesellschafter an die Zustimmung eines anderen Gesellschaftsorgans. Ebenso wie bei Kapitalgesellschaften gilt das Zustimmungserfordernis nur für die Abtretung, nicht hingegen für das schuldrechtliche Geschäft und ist Wirksamkeitsvoraussetzung. Enthält der Gesellschaftsvertrag keine Regelungen, ist die Zustimmung aller Gesellschafter erforderlich. Der Gesellschaftsvertrag kann aber auch hiervon abweichende Mehrheitserfordernisse vorsehen. Die Zustimmung ist durch die zustimmungsberechtigte Person bzw. das zustimmungsberechtigte Organ zu erteilen.

35 Wird nur ein **Teil der Beteiligung** übertragen, deckt eine in der Satzung enthaltene generelle Zustimmung zur Übertragung der Beteiligung die teilweise Übertragung nur dann, wenn dies ausdrücklich geregelt ist[71]. Ist dies nicht der Fall, müssen alle Gesellschafter der Teilübertragung zustimmen.

36 Für die Zustimmung ist keine besondere **Form** erforderlich. Regelmäßig wird sie aus Nachweisgründen jedoch schriftlich erteilt.

37 Ist die Personengesellschaft **Veräußerer** der Beteiligung und handelt es sich bei der Beteiligung um im wesentlichen das **gesamte Vermögen** der Personenge-

---

[68] *BGH* WM 1991, 996, 998; *BGH* BB 1968, 1053.
[69] § 179a AktG.
[70] *BGH* DB 1995, 621, 622, das Urteil ist noch zu § 361 AktG ergangen; *Ulmer* in Hachenburg § 53 GmbHG Rn 164. Betrifft die Übertragung nur den wesentlichen Teil, nicht aber das gesamte Vermögen, wird die Vertretungsmacht der Geschäftsführung hierdurch nicht berührt. Ob die Geschäftsführung intern verpflichtet ist, vor Veräußerung einen Gesellschafterbeschluß einzuholen, ist strittig; vgl. *Zöllner* in Baumbach/Hueck § 37 GmbHG mwN zum Meinungsstand.
[71] *Ulmer* in MünchKomm. § 719 BGB Rn 39.

sellschaft, finden die insoweit für die AG geltenden Regelungen entsprechende Anwendung[72].

II. Zivilrechtliche Erfordernisse

Zivilrechtliche Zustimmungserfordernisse kommen regelmäßig nur dann in Betracht, wenn es sich beim Veräußerer oder Erwerber um eine oder mehrere natürliche Personen handelt. **38**

1. Eheliches Güterrecht

Leben die Ehegatten im gesetzlichen Güterstand der **Zugewinngemeinschaft**, kann sich ein Ehegatte nur mit Einwilligung des anderen **verpflichten**, über seine Beteiligung an einem Unternehmen zu verfügen, wenn diese Beteiligung im wesentlichen sein ganzes Vermögen ausmacht[73] und der Erwerber dies weiß oder die Umstände kennt, aus denen sich dies ergibt[74]. Je nach Größe des Vermögens kann die zu veräußernde Beteiligung das gesamte oder nahezu das gesamte Vermögen sein, wenn das verbleibende Vermögen nicht mehr als 10 bis 15% ausmacht[75]. Maßgeblich ist das Aktiv-, nicht das Nettovermögen[76]. **Nicht der Zustimmung** des Ehegatten bedarf hingegen der **Erwerb** einer Beteiligung, selbst wenn die Kaufpreisverbindlichkeit das gesamte Vermögen aufzehrt oder gar übersteigt; das Zustimmungserfordernis findet auf Verpflichtungsgeschäfte, die (lediglich) eine Geldschuld begründen, keine Anwendung[77]. Die Zustimmung zur Veräußerung kann vor oder nach Abschluß des Vertrags erteilt werden und bedarf auch dann keiner besonderen Form, wenn das Rechtsgeschäft, wie zB ein Kaufvertrag über GmbH-Anteile, selbst formbedürftig ist[78]. **39**

Fehlt die Einwilligung des Ehegatten beim Abschluß des Vertrags, ist das schuldrechtliche Geschäft **schwebend unwirksam**. Diese schwebende Unwirksamkeit kann der Erwerber dadurch beseitigen, daß er den veräußernden Ehegatten auffordert, die Genehmigung des Ehegatten zu beschaffen. Wird die Einwilligung nicht binnen zwei Wochen nach Aufforderung durch den Erwerber erteilt, wird der Vertrag endgültig unwirksam[79]. Verfügungen unter Verstoß gegen das Zustimmungserfordernis des Ehegatten sind nichtig. § 1365 BGB begründet ein **absolutes Veräußerungsverbot**[80]. **40**

---

[72] BGH DB 1995, 621, 622; siehe Rn 24, 32. Zum Erfordernis eines Gesellschafterbeschlusses, wenn es sich bei Veräußerung (oder Erwerb) der Beteiligung um eine außergewöhnliche Geschäftsführungsmaßnahme handelt, vgl. *Hopt* § 116 HGB Rn 5 ff. Die Vertretungsmacht wird hierdurch nicht berührt.
[73] § 1365 Abs. 1 BGB.
[74] BGHZ 43, 174, 177.
[75] *Brudermüller* in Palandt § 1365 BGB Rn 4 mwN zur Rspr.
[76] *Gernhuber* in MünchKomm. § 1365 BGB Rn 8.
[77] *Brudermüller* in Palandt § 1366 BGB Rn 10.
[78] *Gernhuber* in MünchKomm. § 1365 BGB Rn 84.
[79] § 1366 Abs. 3, 4 BGB.
[80] BGH FamRZ 1964, 25.

41 Haben die Ehegatten **ehevertraglich Gütergemeinschaft** vereinbart, und gehört die zu veräußernde Beteiligung zum **Gesamtgut** der Ehegatten, sind beide Ehegatten nur gemeinschaftlich verfügungsberechtigt, d. h. die **Verfügung** (nicht das Verpflichtungsgeschäft) bedarf der Zustimmung beider Ehegatten[81]. Etwas anderes gilt nur dann, wenn im Ehevertrag vereinbart ist, daß das Gesamtgut durch einen Ehegatten **allein verwaltet** wird. Dieser ist dann berechtigt, das Gesamtgut in Besitz zu nehmen und über das Gesamtgut auch ohne Zustimmung des Ehegatten zu verfügen[82]. Auch bei alleinigem Verwaltungsrecht eines Ehegatten kann sich dieser aber nur mit Zustimmung des Ehegatten wirksam **verpflichten**, über eine im Gesamtgut gehaltene Beteiligung zu verfügen, wenn die Beteiligung im wesentlichen **das gesamte Gesamtgut** ausmacht[83]. Bei Verfügungen, die unter Verstoß gegen dies Zustimmungserfordernis vorgenommen werden, ist nur ein gutgläubiger Erwerb möglich, im übrigen ist die Verfügung unwirksam[84].

42 Soweit der Veräußerer nicht nachweisen kann, daß kein gesetzlicher Güterstand bzw. keine Gütergemeinschaft vorliegt und die veräußerte Beteiligung auch nicht im wesentlichen das ganze Vermögen des Ehegatten ausmacht, empfiehlt es sich, aus Gründen der Rechtssicherheit in jedem Fall die **Zustimmung des anderen Ehegatten** einzuholen und diese mit zum Vertrag zu nehmen.

2. Vormundschaftsgerichtliche Zustimmungserfordernisse

43 Soweit Minderjährige, beschränkt Geschäftsfähige oder unter Vormundschaft oder Betreuung stehende Personen Erwerber oder Veräußerer der Beteiligung sind, sind die vormundschaftsrechtlichen Verfügungsbeschränkungen zu beachten. Die Einholung einer **vormundschaftsgerichtlichen** Genehmigung ist erforderlich, wenn der Erwerb bzw. die Veräußerung der Beteiligung als ein Vertrag zu werten ist, der auf den entgeltlichen Erwerb oder die Veräußerung eines **Erwerbsgeschäfts** gerichtet ist[85] und/oder mit dem Erwerb der Beteiligung die Übernahme einer **fremden Verbindlichkeit**[86] oder die Verfügung über **das Vermögen im Ganzen**[87] verbunden ist; anders als bei Vermögensverfügungen iRd. gesetzlichen Zugewinn- oder ehevertraglichen Gütergemeinschaft reicht es für eine Verfügung über das Vermögen im Ganzen indes nicht aus, daß die Beteiligung im wesentlichen das gesamte Vermögen ausmacht. Die Verfügung muß auf die Übertragung des Vermögens im Ganzen **gerichtet** sein[88]. Dies wird nur selten der Fall sein.

---

[81] § 1419 BGB.
[82] § 1422 BGB.
[83] § 1423 BGB; zur Frage, ob das gesamte Gesamtgut vorliegt, gelten die gleichen Abgrenzungskriterien wie bei § 1365 BGB.
[84] *Brudermüller* in Palandt § 1422 BGB Rn 5; zu den Rechtsfolgen siehe auch §§ 1427, 1428 BGB.
[85] § 1822 Nr. 3 BGB.
[86] § 1822 Nr. 10 BGB.
[87] § 1822 Nr. 1 BGB.
[88] *Diederichsen* in Palandt § 1822 BGB Rn 2.

Genehmigungsbedürftig sind danach folgende Tatbestände: 44

Erwerb und Veräußerung einer Beteiligung an einer **Personengesellschaft** 45 (einschließlich Erwerb und Veräußerung von Kommanditbeteiligungen) sind stets genehmigungsbedürftig, weil die Gesellschafter (auch der Kommanditist) aufgrund ihrer gesamthänderischen Verbundenheit Mitinhaber des von der Personengesellschaft betriebenen Erwerbsgeschäfts sind[89]. Unklar ist allerdings, ob dieser Grundsatz auch für Erwerb und Veräußerung einer **stillen Beteiligung** gilt. Der BGH hat bislang nur im Zusammenhang mit der Gründung einer stillen Gesellschaft entschieden[90], daß keine Genehmigungsbedürftigkeit besteht, wenn das Mündel am Verlust nicht beteiligt ist und an der Betriebsführung nicht mitwirkt. In der Literatur ist diese Rechtsprechung auf Kritik gestoßen[91]. Aufgrund dieser Unsicherheit sollte deshalb die vormundschaftliche Genehmigung bei Erwerb oder Veräußerung einer stillen Beteiligung durch einen Minderjährigen oder eine sonstige, durch die vormundschaftsgerichtlichen Genehmigungsvorschriften geschützte Person eingeholt werden.

Erwerb und Veräußerung von **GmbH-** oder **AG-Anteilen** sind nicht genehmigungsbedürftig, wenn es sich lediglich um eine **kapitalmäßige Beteiligung** 46 handelt[92]. Sind Erwerb oder Veräußerung nach den Umständen des besonderen Falls (Höhe der veräußerten Beteiligung, mit der Beteiligung verbundener unternehmerischer Einfluß) allerdings auf den Erwerb bzw. die Veräußerung des Unternehmens gerichtet, ist nach hM eine vormundschaftsgerichtliche Genehmigung einzuholen[93]. Bei Erwerb eines **GmbH-Geschäftsanteils** besteht ein Genehmigungserfordernis weiter dann, wenn die **Einlagen** auf den erworbenen oder andere Geschäftsanteile der Gesellschaft **nicht erbracht** sind und dies bei der Bemessung des Entgelts nicht berücksichtigt wurde[94]. Für **Aktien** müßte dies aufgrund der Haftung des Erwerbers für rückständige Einlagen[95] entsprechend gelten, wenn die Aktien nicht voll eingezahlt sind. Eine theoretische Möglichkeit, für ausstehende Einlageleistungen in Anspruch genommen zu werden, begründet die Genehmigungspflicht allerdings nicht. Die Verbindlichkeit muß zum Zeitpunkt des Erwerbs bestehen[96].

3. Erbrechtliche Zustimmungserfordernisse

Erben können über einen Nachlaßgegenstand nur **gemeinschaftlich** verfü- 47 gen[97]. Soweit die zu veräußernde Beteiligung zum Nachlaß gehört, ist daher die Zustimmung aller Erben zum Verkauf erforderlich. Dieses Zustimmungserforder-

---

[89] BGHZ 17, 160, 164; *Damrau* in Soergel § 1822 BGB Rn 15, 18f.
[90] *BGH* NJW 1957, 672.
[91] *Damrau* in Soergel § 1822 BGB Rn 17, 24 mwN.
[92] *Zutt* in Hachenburg § 15 GmbHG Rn 129.
[93] *Zutt* in Hachenburg § 15 GmbHG Rn 129f. mwN.
[94] § 1822 Nr. 10 BGB; *Zutt* in Hachenburg § 15 GmbHG Rn 131.
[95] §§ 54 Abs. 2, 65 Abs. 1 AktG.
[96] *BGH* GmbHR 1989, 327, 328; *Zutt* in Hachenburg § 15 GmbHG Rn 131.
[97] § 2040 Abs. 1 BGB.

nis ist nicht abdingbar, selbst wenn die Veräußerung eine Maßnahme der ordentlichen Verwaltung des Nachlasses darstellt und die Miterben verpflichtet sind, hieran mitzuwirken[98]. In einem solchen Fall besteht dann allerdings ein (ggf. gerichtlich durchsetzbarer) Anspruch auf Erteilung der Zustimmung. Daß die Veräußerung einer zum Nachlaß gehörenden Beteiligung eine zur Erhaltung des Nachlasses notwendige Maßnahme darstellt, die jedes einzelne Mitglied der Erbengemeinschaft berechtigt, auch ohne Zustimmung der sonstigen Erben Verfügungen vorzunehmen[99], ist dagegen kaum vorstellbar.

48 Ist hinsichtlich der zu veräußernden Beteiligung **Vor- und Nacherbschaft** angeordnet[100], so ist der Vorerbe durch die für ihn geltenden gesetzlichen Verfügungsbeschränkungen[101] regelmäßig nicht gehindert, die Beteiligung zu veräußern. Lediglich dann, wenn Veräußerungsgegenstand die Beteiligung an einer Personengesellschaft ist und zum Gesamthandsvermögen Grundstücke gehören, ist streitig, ob die für den Vorerben geltenden Verfügungsbeschränkungen bezüglich der Verfügung über Grundstücke[102] entsprechende Anwendung finden. Nach der Rechtsprechung des BGH[103] und der ganz herrschenden Meinung in der Literatur[104] ist dies nicht der Fall. Daß die für Grundstücke geltenden Verfügungsbeschränkungen des Vorerben auf die Verfügung über Anteile an Kapitalgesellschaften keine Anwendung finden, wenn das Vermögen der Kapitalgesellschaft überwiegend aus Grundstücken besteht, ist unstreitig[105].

49 Ist die Beteiligung Gegenstand einer **Testamentsvollstreckung**[106], gilt folgendes: Steht der Testamentsvollstrecker auf **Veräußererseite** und handelt es sich bei der veräußerten Beteiligung um die Beteiligung an einer **Kapitalgesellschaft**, so ist der Testamentsvollstrecker berechtigt, über die Anteile **ohne Zustimmung** des Erben wie der Erbe selbst zu **verfügen**[107], es sei denn, die Verfügung ist als unentgeltliche Verfügung zu werten; hierzu ist der Testamentsvollstrecker grundsätzlich nicht berechtigt[108]. Der **Erwerb** von Anteilen an einer **Kapitalgesellschaft** ist durch einen Testamentsvollstrecker ohne Ermächtigung des Erben nur möglich, wenn dieser durch den Erwerb nicht – etwa über eine Ausfallhaftung oder eine Erstattungspflicht für unzulässige Auszahlungen aus dem zur Erhaltung des Stammkapitals erforderlichen Vermögen – persönlich verpflichtet wird[109]. Diese Einschränkungen der Befugnisse des Testamentsvollstreckers beim Erwerb

---

[98] § 2038 Abs. 1 Satz 2, 1. Halbs. BGB.
[99] § 2038 Abs. 1 Satz 2, 2. Halbs. BGB.
[100] §§ 2100 ff. BGB.
[101] §§ 2113, 2114 BGB; nur bei Entziehung der Verwaltung nach § 2129 BGB verliert der Vorerbe insgesamt das Recht, über Erbschaftsgegenstände zu verfügen.
[102] § 2113 Abs. 1 BGB.
[103] NJW 1976, 893, 894.
[104] *Edenhofer* in Palandt § 2113 BGB Rn 3 mwN.
[105] *Grunsky* in MünchKomm. § 2113 BGB Rn 6.
[106] §§ 2197 ff. BGB.
[107] Zu den Verfügungsbefugnissen des Testamentsvollstreckers bei minderjährigen Erben, *Bengel/Reimann* 5. Kap. Rn 360 ff.
[108] § 2205 BGB; Einzelheiten bei *Bengel/Reimann* 5. Kap. Rn 230 ff.
[109] *Bengel/Reimann* 5. Kap. Rn 234, 244.

von Anteilen ergeben sich daraus, daß dieser nur den Nachlaß, nicht aber den Erben persönlich verpflichten kann[110].

Schwieriger ist die Rechtslage bei Anteilen an **Personengesellschaften**[111]. Bei **Veräußerung** von Anteilen an Personengesellschaften durch einen Testamentsvollstrecker ist in jedem Einzelfall zu prüfen, inwieweit der Testamentsvollstrecker allein zur Verfügung über den Anteil berechtigt ist. Der **Erwerb** des Anteils eines **persönlich haftenden Gesellschafters** einer Personengesellschaft ist ohne Zustimmung des Erben durch den Testamentsvollstrecker wegen der mit dem Erwerb des Anteils verbundenen unbeschränkten Haftung des Erben nicht möglich, da der Testamentsvollstrecker den Erben nur iRd. Nachlaßvermögens verpflichten kann[112]. Der Erwerb einer Kommanditbeteiligung durch den Testamentsvollstrecker soll hingegen zulässig sein, wenn der Kommanditanteil mit Mitteln des Nachlasses erworben wird[113].

50

---

[110] § 2206 Abs. 1 BGB; siehe auch *Zutt* in Hachenburg Anh. § 15 GmbHG Rn 120.

[111] Umstritten war die längste Zeit bereits, ob der Anteil an einer Personengesellschaft überhaupt Nachlaßgegenstand und damit Gegenstand der (Dauer-)Testamentsvollstreckung sein kann (hierzu *Brandner* in MünchKomm. § 2205 BGB Rn 15, 25 a; *Bengel/Reimann* 5. Kap. Rn 153). Der BGH hat in einer Grundsatzentscheidung aus dem Jahr 1989 jedenfalls die Wirksamkeit der Testamentsvollstreckung an einem Kommanditanteil prinzipiell anerkannt, falls sie im Gesellschaftsvertrag zugelassen ist oder alle Gesellschafter zustimmen (BGHZ 108, 187 ff. sowie die Urteilsbesprechungen von *Mayer*, Testamentsvollstreckung am Kommanditanteil, ZIP 1990, 976 f. und *Ulmer* NJW 1990, 73 f.); zur Rechtslage bis zu dieser Entscheidung, nach der zwischen der sog. „Innen"- und „Außenseite" des Gesellschaftsanteils unterschieden werden mußte und nur für die Außenseite (selbständig abtretbare Ansprüche wie Gewinnansprüche und Ansprüche auf das Auseinandersetzungsguthaben) Testamentsvollstreckung für zulässig erachtet wurde, vgl. BGH ZIP 1986, 912, 915. Für den Anteil eines persönlich haftenden Gesellschafters kann hingegen nach der ständigen, auf das Reichsgericht zurückgehenden Rechtsprechung des BGH die Testamentsvollstreckung nicht angeordnet werden, da der Testamentsvollstrecker den Erben ohne dessen Einverständnis nur iRd. Nachlaßvermögens verpflichten kann, ein persönlich haftender Gesellschafter aber notwendigerweise unbeschränkt haftet (BGHZ 108, 187, 195; kritisch hierzu *Brandner* in MünchKomm. § 2205 BGB Rn 30 f.; die Unzulässigkeit betrifft aber nur die „Innenseite" des Gesellschaftsanteils). Umstritten ist weiter, ob die Veräußerung von Anteilen an Personengesellschaften von der Verfügungsbefugnis des Testamentsvollstreckers über Gegenstände des Nachlaßvermögens (§ 2205 BGB) gedeckt ist. Überwiegend wird dies zwar bejaht, soweit der Testamentsvollstrecker seine gesetzlichen Verfügungsbeschränkungen beachtet – insbes. keine unentgeltliche Verfügung, § 2205 Satz 3 BGB – (*Ulmer* NJW 1990, 73, 79; *Bengel/Reimann* 5. Kap. Rn 183 f.). Teilweise wird aber auch vertreten, daß es sich bei der Veräußerung der Beteiligung um einen Eingriff in den Kernbereich der Mitgliedschaft handele, die nicht in die Kompetenzen des Testamentsvollstreckers falle (vgl. hierzu *Ulmer* NJW 1990, 73, 78 mwN). Eine Verfügung über Anteile an Personengesellschaften durch den Testamentsvollstrecker sei deshalb nur gemeinsam durch die Erben und den Testamentsvollstrecker zulässig (*Beisel/Klumpp* Rn 331; daß der Erbe nicht ohne den Testamentsvollstrecker über die Beteiligung verfügen kann, ergibt sich aus § 2211 Abs. 1 BGB).

[112] § 2206 Abs. 1 BGB; *Brandner* in MünchKomm. § 2205 BGB Rn 30 f.

[113] Hanseatisches OLG MDR 82, 849; ablehnend für die Erhöhung der Kapitalbeteiligung BGHZ 108, 187, 198, die nur mit Zustimmung des Erben möglich sein soll.

III. Öffentlich-rechtliche Erfordernisse

1. Öffentlich-rechtliche Genehmigungen

51   Der Rechtsträger, dessen Anteile veräußert bzw. erworben werden sollen, verfügt idR über öffentlich-rechtliche Genehmigungen als Voraussetzung für die Zulässigkeit seines Unternehmensbetriebs. Hierbei kann es sich um sachbezogene Genehmigungen (sog. Realkonzessionen)[114] oder personenbezogene Genehmigungen (sog. Personalkonzessionen)[115] handeln[116]. Ob der **Bestand** solcher Genehmigungen durch die **Anteilsveräußerung berührt** wird, hängt davon ab, ob es sich um eine personen- oder anlagenbezogene Genehmigung handelt, ob Anteile an einer Kapital- oder Personengesellschaft veräußert werden, sowie von den jeweiligen, für die Genehmigungserteilung geltenden spezifischen Bestimmungen. Für **anlagenbezogene Genehmigungen** gilt dabei, daß ihr Bestehen durch die Anteilsveräußerung grundsätzlich nicht berührt wird, und zwar unabhängig davon, ob es sich um Anteile an einer Kapital- oder Personengesellschaft handelt[117]. Für **personenbezogene Genehmigungen** muß hingegen insbes. bei Veräußerung von Anteilen an Personengesellschaften in jedem Einzelfall geprüft werden, ob die Genehmigung durch die Anteilsveräußerung berührt wird[118].

2. Zusammenschlußkontrolle

52   Bei Erreichen bestimmter Umsatzschwellenwerte der an dem Kaufvertrag beteiligten Unternehmen (einschließlich verbundener Unternehmen) sind vor Vollzug des Anteilserwerbs die **nationalen** Zusammenschlußkontrollverfahren und – soweit die Schwellenwerte für die Anwendung der nationalen Zusammenschlußkontrolle überschritten werden – Zusammenschlußkontrollverfahren nach **europäischem** Kartellrecht durchzuführen[119]. Unterfällt ein Unternehmenskaufvertrag nationalen oder europarechtlichen Zusammenschlußkontrollvorschriften, ist die Durchführung des jeweils anwendbaren Zusammenschlußkontrollverfahrens als aufschiebende Bedingung in den Vertrag mit aufzunehmen, da die Zusammenschlußkontrollvorschriften den Vollzug des Vertrags vor Durchführung des Zusammenschlußkontrollverfahrens untersagen[120].

---

[114] ZB Anlagegenehmigungen nach § 4 BImSchG.
[115] Etwa nach § 2 PersonenbeförderungsG.
[116] Eine Aufstellung relevanter Genehmigungen findet sich bei *Franz-Jörg Semler* in Hölters VI Rn 103.
[117] Vgl. für Genehmigungen nach dem BImSchG *Jarass* § 3 BImSchG Rn 73.
[118] Bei Personengesellschaften ist dies etwa dann der Fall, wenn die Genehmigung nicht der Gesellschaft, sondern den einzelnen Gesellschaftern erteilt wird. Personenbezogene Genehmigungen, die unabhängig von der Rechtsform des Erlaubnisinhabers auf den Gesellschafterbestand abstellen, sind beispielsweise Lizenzen im Radio- und Fernsehbereich.
[119] Zu Einzelheiten siehe § 25 Rn 20ff.
[120] § 41 Abs. 1 GWB.

D. Kaufpreis

Veräußerer und Erwerber haben sich idR bereits vor Eintritt in die konkreten Vertragsverhandlungen über den Kaufpreis im Grundsatz verständigt, machen seine **endgültige Festlegung** aber meist von den Ergebnissen der Due Diligence und der Vertragsverhandlungen sowie der Klärung steuerlicher Fragen abhängig[121]. Der Kaufpreisfindung kann, muß aber nicht unbedingt eine **methodische Bewertung** des Unternehmens vorausgehen, deren Ergebnisse durch die jeweiligen subjektiven, mit dem Verkauf/Erwerb der Beteiligung verbundenen Zielsetzungen korrigiert werden können. So wird der Erwerber unter Umständen bereit sein, einen gewissen Zuschlag auf den ermittelten Unternehmenswert zu zahlen, wenn Ziel des Unternehmenserwerbs der erstmalige Zugang zu einem bestimmten Markt ist. Umgekehrt kann der Veräußerer bereit sein, Abschläge hinzunehmen, wenn das Unternehmen im Konzernverbund des Veräußerers nicht erfolgreich weiterbestehen kann und/oder sich in die Kerngeschäftstätigkeit des Veräußerers nicht mehr einfügt. Ist ein Unternehmen bereits notleidend und kann es nur durch umfangreiche Sanierungsmaßnahmen wieder rentabel gemacht werden, ist auch ein negativer Kaufpreis unter Zuzahlungen des Veräußerers denkbar. Die Festlegung des Kaufpreises ist deshalb kein juristisches, sondern ein **kaufmännisches Thema**, bei dem neben der Bewertung des Unternehmens[122] zahlreiche weitere Aspekte eine Rolle spielen können.

I. Methoden der Bestimmung

Die Bewertung des Unternehmens geht der eigentlichen Kaufpreisfindung voran und hat regelmäßig die Aufgabe, Grenzen für den Kaufpreis festzusetzen, die bei rationalem Handeln nicht über- bzw. unterschritten werden sollen. Die Bewertung des Unternehmens bildet damit (meist) den **Ausgangspunkt** für die Kaufpreisverhandlungen. Die zur Unternehmensbewertung herangezogenen Bewertungsmethoden sind vielfältig und können zu durchaus unterschiedlichen Ergebnissen führen. Welche Bewertungsmethode angewandt wird, hängt dabei von verschiedenen Faktoren ab, zu denen neben der Art und dem Zustand des zu veräußernden Unternehmens auch die jeweils vorherrschenden Tendenzen in der Beurteilung und Weiterentwicklung von Bewertungsmethoden in der Betriebswirtschaft gehören.

Gegenwärtig werden die folgenden Methoden unterschieden:
- Substanzwertmethode;
- Ertragswertmethode;
- Discounted Cash-flow (DCF)-Verfahren;
- vergleichsorientierte Bewertungsverfahren.

---

[121] Zum Steuerrecht siehe § 26, zur Due Diligence § 9 Rn 58 ff.
[122] Siehe § 10.

56 Innerhalb dieser Methoden gibt es wiederum unterschiedliche Ansätze, die jedoch für Zwecke dieser Darstellung unberücksichtigt bleiben[123].

1. Substanzwertmethode

57 Bei der Substanzwertmethode handelt es sich um eine **statische Unternehmensbewertung**, die auf einer Einzelbewertung der dem Unternehmen zugehörigen Vermögensgegenstände basiert und den Unternehmenswert in der Weise ermittelt, daß vom Gesamtwert der Vermögensgegenstände Verbindlichkeiten und sonstige Passivpositionen abgezogen werden. Der Geschäftswert („goodwill") wird nicht erfaßt. Die Vermögensgegenstände werden regelmäßig zu Wiederbeschaffungs- und überzählige Vermögensgegenstände zu Liquidationswerten angesetzt[124].

58 Die Substanzwertmethode hat den **Nachteil**, den zukünftigen Ertrag des Unternehmens, auf den es regelmäßig ankommt, unberücksichtigt zu lassen. Es besteht deshalb Einigkeit, daß die Substanzwertmethode, die noch bis in die 60er Jahre hinein die vorherrschende Bewertungsmethode darstellte, idR nicht (allein) zur Bewertung von Unternehmen geeignet ist. Sie wird deshalb nur dann herangezogen, wenn ein Ertragswert des Unternehmens durch den Erwerber erst entwickelt werden muß und es beim Unternehmenskauf im wesentlichen um den Erwerb der einzelnen Vermögensgegenstände ankommt. So wurde die Substanzwertmethode beispielsweise bei der Bewertung von Treuhandunternehmen herangezogen. Andererseits ist in zahlreichen Fällen eine Bewertung des Unternehmens ohne Ermittlung des Substanzwerts nicht möglich, da ihm letztlich auch die Finanzkraft des Unternehmens zu entnehmen ist und von dem Wert der Substanz zB Fremdfinanzierungsmöglichkeiten abhängen. Der Substanzwertermittlung kann deshalb jedenfalls die Bedeutung einer **Kontrollrechnung** zukommen.

2. Ertragswertmethode

59 Wegen der Nachteile der Substanzwertmethode erfolgt die Unternehmensbewertung in Deutschland idR nach der Ertragswertmethode, wobei das nachfolgend darzustellende DCF-Verfahren und die Vergleichswertmethode ebenfalls Methoden zur Ermittlung des Ertragswerts sind; terminologisch werden sie jedoch in der betriebswirtschaftlichen Literatur als eigenständige Methoden und nicht als Unterfall der Ertragswertmethode behandelt[125].

60 Die Ertragswertmethode ermittelt den **Barwert des Zukunftserfolgs** des Unternehmens. Dies geschieht in der Weise, daß die zukünftigen Erträge mit einem bestimmten Kapitalisierungszinssatz abgezinst werden, der sich aus einem Basiszinssatz (Rendite für Alternativinvestitionen) und subjektiven Komponenten, zB die Risikobeurteilung des Investments, zusammensetzt. Der zukünftige

---

[123] Zu Einzelheiten siehe § 10; *Fischer* in Hölters II, insbes. Rn 143 ff., 379 ff.; zur Bedeutung der Methoden vgl. *Born* DB 1996, 1885.
[124] *Wollny* Rn 1670, 1691 ff.; siehe § 10 Rn 64 ff.
[125] Vgl. beispielsweise *Barthel* DB 1996, 149 ff.; *Born* DB 1996, 1885 ff.; siehe § 10 Rn 141 ff.

Ertrag wird dabei in der Bewertungspraxis idR aus dem Durchschnitt der um außergewöhnliche Einflüsse bereinigten Gewinne der Vorjahre auf Basis der Annahme der Vollausschüttung[126] der Gewinne ermittelt.

Der **Nachteil** der Ertragswertmethode besteht darin, daß die Prognose künftiger Erträge mit großen Unsicherheiten verbunden ist, da sich diese regelmäßig nicht über einen längeren Zeitraum verläßlich prognostizieren lassen und von Annahmen (zB Vollausschüttung, zukünftiger Finanzierungsbedarf) ausgeht, die so nicht zutreffend sein müssen.

Insbes. bei kleineren und mittelgroßen Unternehmen werden häufig auch **Kombinationen** aus der Substanz- und Ertragswertmethode angewandt. Bei der sog. Mittelwertmethode – auch **Berliner Verfahren** genannt – wird zunächst sowohl der Substanz- als auch der Ertragswert festgestellt und der Unternehmenswert in der Weise ermittelt, daß die Summe aus Substanz- und Ertragswert durch 2 dividiert wird[127]. Eine weitere Kombinationsmethode ist das Stuttgarter Verfahren[128].

3. Discounted Cash-flow (DCF)-Methode

Das DCF-Verfahren stammt aus dem angelsächsischen Raum, findet aber auch in Deutschland in zunehmendem Maße Anwendung[129]. Auch bei der DCF-Methode handelt es sich um eine Methode zur Ermittlung der zukünftigen Ergebnisse des Unternehmens. Anders als die (klassische) Ertragswertmethode, die bilanzorientiert vorgeht und bei der konkrete Finanzierungsannahmen unterbleiben oder bilanzorientiert festgelegt werden, werden bei der DCF-Methode die zukünftigen Ergebnisse **marktwertorientiert** festgelegt[130]. Ausgangspunkt für die Bewertung ist die Ermittlung des zukünftigen Cash-flow, d. h. des Überschusses der regelmäßigen Betriebseinnahmen über die regelmäßigen laufenden Ausgaben[131]. Dieser wird mit den marktorientiert gewichteten Kapitalkosten (entsprechend dem jeweiligen Marktwert des Eigenkapitals und des Fremdkapitals, korrigiert um den „Steuerschild" des Fremdkapitals) abgezinst und von dem so ermittelten Wert die verzinslichen Verbindlichkeiten abgezogen[132].

Befürworter der DCF-Methode machen geltend, daß sie dazu zwinge, **klare** und leichtverständliche **Finanzierungsannahmen** zu machen, während bei der Ertragswertmethode die angenommene Finanzierung nicht sehr durchsichtig sei, da entweder eine langfristige Finanzbedarfsrechnung (mit entsprechenden Kor-

---

[126] Hierzu *Wollny* Rn 1582ff., 1598ff., 1604ff., 1631ff.; zu Einzelheiten der Ertragswertmethode siehe WP-Hdb. 1992 Bd. II Abschnitt A Rn 80ff.

[127] Zum Berliner Verfahren siehe *Helbling*, Unternehmensbewertung und Steuern, 8. Aufl. 1995, S. 111f.

[128] Abschnitte R 95 bis 108 ErbStR.

[129] Vgl. *Born* DB 1996, 1885. Siehe § 10 Rn 179ff.

[130] *Born* DB 1996, 1885.

[131] Zu Einzelheiten der Cash-flow-Definition siehe *Richter* in Picot, Handbuch M&A, S. 268f.; eine Darstellung einer Cash-flow-Planung findet sich bei *Born*, Unternehmensanalyse und Unternehmensbewertung, 1995, S. 194.

[132] *Born* DB 1996, 1885; zur Ermittlung des Unternehmenswerts nach der DCF-Methode siehe auch *Richter* in Picot, Handbuch M&A, S. 268ff.

rekturen für den Fall, daß die Vollausschüttungshypothese nicht zutrifft) ermittelt werden müsse oder genau festgelegte, nachvollziehbare Finanzierungsannahmen unterblieben[133].

4. Vergleichsorientierte Bewertungsmethoden

65 Vergleichsorientierte Bewertungsverfahren versuchen, den Marktwert eines Unternehmens zu ermitteln, indem auf bestimmte **Vergleichsdaten** vergleichbarer Unternehmen abgestellt wird. Es werden dabei drei Hauptvarianten unterschieden:

– Nach der **ersten Variante**, dem sog. „comparative company approach", wird der Kaufpreis durch Orientierung an realisierten **Kaufpreisen** vergleichbarer Unternehmen ermittelt[134].

– Für kleinere Unternehmen kann sich die **zweite Variante** anbieten. Hierbei werden bestimmte branchentypische **Kennziffern** ermittelt, die häufig mengenmäßig oder umsatzorientiert sind[135]. So wird zB bei der Bewertung von Freiberufler-Unternehmen der Wert in der Weise ermittelt, daß der Umsatz als maßgebliche Kennziffer mit einem bestimmten Prozentsatz multipliziert wird. Ein mengenmäßig orientiertes Vergleichswertverfahren liegt vor, wenn zB pro Nutzer ein bestimmter Betrag gezahlt wird, so daß sich der Unternehmenswert durch Multiplikation mit der Gesamtnutzerzahl ergibt.

– Bei der **dritten Variante** wird auf den **Gewinn** oder **Cash-flow** abgestellt und dieser mit einem bestimmten branchenüblichen Multiplikator multipliziert. Eine Kennziffer, die zunehmend angewandt wird, ist zB die Cash-flow Kennziffer EBITDA (= „earnings before interest, taxes, depreciation and amortisation")[136].

5. Ableitung des Kaufpreises der Beteiligung aus dem Unternehmenswert

66 Der ermittelte Unternehmenswert wird nur dann dem Wert der zu veräußernden Anteile entsprechen, wenn 100% der Anteile veräußert werden. Ist Gegenstand des Kaufvertrags nicht die gesamte Beteiligung, können sich abhängig davon, welche Einflußnahmemöglichkeiten mit der veräußerten Beteiligung verbunden sind, **Wertzuschläge** (zB bei einfacher oder qualifizierter Mehrheitsbeteiligung) oder **Wertabschläge** (bei Minderheitsbeteiligung unterhalb der Sperrminorität) ergeben. Werterhöhend bzw. wertmindernd können sich darüber hinaus bestimmte mit dem Anteil verbundene Sonderrechte und -pflichten auswirken.

---

[133] *Born* DB 1996, 1885.
[134] *Barthel* DB 1996, 149, 154f. Siehe § 10 Rn 46ff.
[135] *Barthel* DB 1996, 149, 159ff. Siehe § 10 Rn 59ff.
[136] *Barthel* DB 1996, 149, 157ff. Siehe § 10 Rn 51ff.

II. Kaufpreismodalitäten

1. Fester oder variabler (vorläufiger) Kaufpreis

Die Unternehmensbewertung des Erwerbers, die Basis der Kaufpreisfindung ist, beruht häufig auf Annahmen, die der Erwerber vor Abschluß des Kaufvertrags nicht ausreichend verifizieren kann. Erforderlich ist es deshalb, einen vertraglichen Mechanismus vorzusehen, der dem Erwerber erlaubt, zumindest bestimmte wesentliche Annahmen bei der Kaufpreisfindung bzw. Unternehmensbewertung nach Abschluß des Kaufvertrags zu überprüfen. Der Erwerber wird deshalb jedenfalls bei komplexeren Transaktionen darauf dringen, daß zunächst nur ein **vorläufiger Kaufpreis** in den Vertrag aufgenommen und der endgültige Kaufpreis erst dann festgelegt wird, wenn überprüft wurde, ob seine wirtschaftlichen Annahmen bei der Kaufpreisfindung richtig sind. Auch der Veräußerer kann an einer vorläufigen Kaufpreisregelung interessiert sein, wenn der Kaufpreis im Hinblick auf bestimmte Risikofaktoren zunächst vergleichsweise niedrig bemessen wurde, er aber davon ausgeht, daß die Überprüfung zu einer höheren Kaufpreisfindung führen wird.

Ein **fester Kaufpreis** wird deshalb nur in einfach gelagerten Fällen bzw. dann vereinbart, wenn die Annahmen des Erwerbers für die Kaufpreisfindung keiner Überprüfung mehr bedürfen und auch keine Eigenkapitalgarantie des Veräußerers abgegeben werden soll und der Erwerber davon ausgehen kann, daß mögliche Risiken ausreichend über die Gewährleistungen abgedeckt sind. Die vorstehenden Ausführungen gelten im übrigen auch bei Vereinbarung eines negativen Kaufpreises.

2. Formen des variablen (vorläufigen) Kaufpreises

a) Eigenkapitalabhängig. aa) Ausgangspunkt. Liegt der letzte Jahresabschluß des zu verkaufenden Unternehmens bei Abschluß des Kaufvertrags bzw. Übergang der Anteile bereits einige Zeit zurück und vermittelt er deshalb nicht mehr unbedingt einen zutreffenden Eindruck über die vermögensmäßige Situation der Gesellschaft, wird als eine Form des variablen Kaufpreises häufig vereinbart, daß sich der vorläufig festgelegte Kaufpreis erhöht oder vermindert, wenn das **Eigenkapital** in einer auf den Stichtag aufzustellenden **Stichtagsbilanz**[137] vom Eigenkapital im letzten Jahresabschluß der Gesellschaft **abweicht**. In welchem Umfang sich Abweichungen des Eigenkapitals in der Stichtagsbilanz vom Eigenkapital im letzten Jahresabschluß auf die Höhe des Kaufpreises auswirken, hängt von der Funktion des Eigenkapitals für den Kaufpreis ab. Wurde der Kaufpreis zB mit einem bestimmten Faktor des Eigenkapitals kalkuliert, muß vereinbart werden, daß der Änderungsbetrag demjenigen Betrag entspricht, der sich aus der Multiplikation des Faktors mit der Eigenkapitaldifferenz ergibt. Hat die Höhe des Eigenkapitals keinen unmittelbaren Einfluß auf die Kaufpreishöhe, wird oft vorgesehen, daß der Kaufpreisänderungsbetrag der Abweichung zwischen dem Stichtags- und dem Eigenkapital im letzten Jahresabschluß entspricht.

---

[137] Siehe hierzu Rn 71 ff.

70 Als eine Variante des eigenkapitalabhängigen Kaufpreises wird häufig auch vereinbart, daß der Veräußerer ein bestimmtes Eigenkapital **garantiert** und sich der Kaufpreis nur ändert, wenn dieses garantierte Eigenkapital unterschritten wird.

71 **bb) Stichtagsbilanz.** Da es keine „richtige" Bilanz gibt, ist es besonders wichtig, im Kaufvertrag sowohl die Grundsätze der Erstellung der Stichtagsbilanz als auch Mechanismen für ihre Überprüfung zu regeln.

72 Was **Bilanzierungs- und Bewertungsgrundsätze** anbelangt, wird regelmäßig vereinbart, daß die Stichtagsbilanz unter Beachtung der Grundsätze ordnungsgemäßer Buchführung und Wahrung der Bilanzierungs- und Bewertungskontinuität mit dem letzten Jahresabschluß zu erstellen ist. Der Erwerber wird weiter regelmäßig verlangen, daß bei Aktivierungswahlrechten Aktivierungen unterbleiben und bei Passivierungswahlrechten Passivierungen zu erfolgen haben. Denkbar ist aber auch, die Stichtagsbilanz in Abweichung von den Bilanzierungsgrundsätzen des letzten Jahresabschlusses etwa nach den International Accounting Standards aufzustellen. In diesem Fall ist zu regeln, in welcher Weise die Bilanzierungsgrundsätze des letzten Jahresabschlusses mit denen der Stichtagsbilanz zu harmonisieren sind[138].

73 Was die **Erstellung der Stichtagsbilanz** anbelangt, ist zu regeln, wer die Bilanz aufstellt (meist die Geschäftsführung der Gesellschaft) und ob Mitwirkungsrechte der Parteien bestehen sollen. Weiter ist vorzusehen, daß die Stichtagsbilanz sowohl durch einen Wirtschaftsprüfer des Veräußerers als auch des Erwerbers **überprüft** wird und daß bei **Meinungsverschiedenheiten** darüber, ob der Stichtagsabschluß in Übereinstimmung mit den vertraglichen Regelungen erstellt wurde, ein dritter **Wirtschaftsprüfer** hierüber für die Parteien verbindlich entscheidet. Einzelheiten und Komplexität des Kontrollmechanismus können unterschiedlich ausgestaltet sein.

74 Hinsichtlich der Ausgestaltung des Überprüfungsmechanismus ist aber in jedem Fall darauf zu achten, genau festzulegen, bis zu welchem Zeitpunkt die jeweiligen Überprüfungsrechte ausgeübt worden sein müssen und ab welchem Zeitpunkt der dritte Wirtschaftsprüfer angerufen werden darf. Der dritte Wirtschaftsprüfer ist dabei als **Schiedsgutachter** tätig, da sich sein Auftrag auf die bindende Feststellung von Tatsachen beschränkt. Bei der Schlichtungsregelung handelt es sich deshalb um eine **Schiedsgutachtervereinbarung**[139], auf die eine eventuelle Schiedsgerichtsklausel im Unternehmensvertrag keine Anwendung findet.

75 Die vorstehenden Ausführungen gelten entsprechend, wenn die Stichtagsbilanz lediglich der Ermittlung des anteiligen Gewinns gilt.

---

[138] Besonderes Augenmerk ist darauf zu richten, wie bestimmte Sondereinflüsse (zB erstmalig anfallende Sonderabschreibungen) bei der Erstellung der Stichtagsbilanz oder des letzten Jahresabschlusses bzw. des sich daraus ergebenden Eigenkapitals zu berücksichtigen sind und daß bestimmte Wertveränderungen des laufenden Geschäftsjahrs, die sich bereits im Kaufpreis niedergeschlagen haben, nicht doppelt in Ansatz gebracht werden. Für bestimmte wichtige Werte kann es sich zudem empfehlen, das Wertermittlungsverfahren ausdrücklich festzulegen.

[139] Siehe Rn 204 f.

b) Kapital- oder umsatzrenditenabhängig. Der endgültige Kaufpreis kann aber nicht nur eigenkapitalabhängig ausgestaltet sein. Gelegentlich wird der endgültige Kaufpreis auch an die **Eigenkapital- oder Umsatzrendite** geknüpft. Denkbar sind auch andere Bilanzkennziffern, wie zB die Nettofinanzierung des Unternehmens.

Zur Ermittlung dieser Kennziffern ist aber ebenfalls die Erstellung einer Stichtagsbilanz erforderlich, für die die vorstehenden Ausführungen entsprechend gelten.

c) Abhängig von zukünftiger Ertragsentwicklung (Earn Out). Alternativ zu einer vergangenheitsbezogenen endgültigen Kaufpreisfestlegung kann der endgültige Kaufpreis auch von der **künftigen Ergebnisentwicklung** des Unternehmens abhängig gemacht werden. Solche, vom zukünftigen Ergebnis abhängige Kaufpreisregelungen werden meist dann vereinbart, wenn Veräußerer und Erwerber unterschiedliche Ertragserwartungen bezüglich des verkauften Unternehmens haben. Dies kann etwa bei Dienstleistungsunternehmen mit geringem Geschäftsvermögen der Fall sein, deren Ertragswert maßgeblich von der Befähigung des ausscheidenden Verkäufers abhängt, bei Unternehmen, die von einem oder wenigen Kunden abhängig oder im Bereich neuer Technologien tätig sind.

Bei einer **nachträglichen, ergebnisabhängigen Kaufpreisverbesserung**, die als Earn Out (oder „contingent price deal") bezeichnet wird, wird vereinbart, daß der Veräußerer zusätzlich zu dem im Kaufvertrag festgelegten festen Kaufpreisanteil einen weiteren Kaufpreis erhält, wenn über eine vertraglich festzulegende Periode ein bestimmtes Ergebnis überschritten wird.

Die **vertragliche Umsetzung** eines Earn Out ist kompliziert und in der Abwicklung schwierig, da der Gefahr begegnet werden muß, daß der Erwerber die Möglichkeit zur Manipulation der künftigen Abschlüsse, die die Grundlage für die Ergebnisberechnung bilden, ausnutzt.

Auf folgende Gesichtspunkte ist deshalb besonders zu achten. Zunächst darf die **Periode** für die **Ermittlung des Ergebnisses** nicht zu kurz bemessen sein, da hier nicht nur eine besonders hohe Manipulationsanfälligkeit besteht, sondern auch Sonderfaktoren sich unverhältnismäßig auswirken können. Regelmäßig wird man deshalb eine Periode von drei bis fünf Jahren vereinbaren. Weiter sollte vorgesehen werden, daß nicht nur der Veräußerer, sondern auch der Erwerber an einem, das vertraglich festgelegte Mindestergebnis überschreitenden Ergebnis **anteilig partizipiert**, um dem Erwerber einen ausreichenden Anlaß zur Ergebnisverbesserung zu bieten. Es empfiehlt sich deshalb, eine prozentuale Beteiligung am Überschußergebnis und nicht einen bestimmten Festbetrag für den Veräußerer oder eine ausschließliche Zuweisung des „Überschußergebnisses" an den Veräußerer vorzusehen. Die Frage, welche **Bemessungsgrundlage** zur Ermittlung des zusätzlichen Kaufpreises gewählt wird, hängt primär davon ab, auf welche Kennzahlen es dem Erwerber in erster Linie ankommt. Abhängig von der Wahl der Bemessungsgrundlage ist besonderes Augenmerk darauf zu legen, diejenigen Umstände zu erfassen, bei denen sich Manipulationsspielraum ergeben kann, bzw. diejenigen Faktoren festzulegen, die bei der Ergebnisermittlung keine Rolle spielen sollen. Weiter muß ein **Überprüfungsmechanismus** vorgesehen werden, der dem Verkäufer erlaubt, die für die Ergebnisermittlung maßgeblichen Abschlüsse zu überprüfen. Insoweit wird auf die obigen Ausführungen verwiesen[140].

82 Verbleibt der **Veräußerer im Unternehmen** und obliegt ihm die Geschäftsführung der Gesellschaft, gelten die vorstehenden Ausführungen, wenn auch mit umgekehrtem Vorzeichen, entsprechend[141].

III. Zahlungsbedingungen

1. Ratenzahlung

83 Auch wenn kein variabler Kaufpreis vorgesehen wird, vereinbaren Veräußerer und Erwerber nur in seltenen Fällen, daß der Kaufpreis auf einmal direkt an den Veräußerer ausgezahlt wird. Grund dafür ist in erster Linie, daß es für den Erwerber bei vollständiger Disposition des Veräußerers über den Kaufpreis nicht gesichert ist, daß ihm im Fall von Gewährleistungsansprüchen eine ausreichende Haftungsmasse zur Verfügung steht. Selbst wenn die Kaufpreiszahlung durch Einmalzahlung erfolgt, wird deshalb meist vereinbart, daß ein bestimmter Teilbetrag nicht sofort an den Veräußerer ausgezahlt, sondern auf einem (verzinslichen) **Notarander- oder sonstigen Treuhandkonto** („escrow account") festgelegt wird und an den Veräußerer erst auszukehren ist, sofern und soweit keine Gewährleistungsansprüche geltend gemacht wurden. Ob eine Hinterlegung des maximalen Haftungsbetrags oder nur eines Teilbetrags erfolgt, ist dabei Verhandlungssache.

84 Alternativ zur Zahlung eines Teilkaufpreises auf ein Notarander- oder Treuhandkonto kann auch vorgesehen werden, daß der Kaufpreis in (meist zwei) **Raten** zu zahlen ist. Die ausstehende Rate dient dem Erwerber dann zur Sicherung möglicher Gewährleistungsansprüche.

85 Insbes. dann, wenn es sich beim Veräußerer um eine **natürliche Person** handelt, kommen auch Fälle vor, in denen der Veräußerer aus ertragsteuerlichen Gründen und zu Versorgungszwecken eine Kaufpreiszahlung in Form einer **Leibrente**[142] wünscht. Bei einer solchen Regelung schließt der Erwerber unter Abtretung oder Verpfändung aller Zahlungsansprüche an den Veräußerer in Höhe des Kaufpreises eine Rückdeckungsversicherung ab. Die Leibrentenzahlungen entsprechen dann der Höhe der monatlichen Zahlung aus der Versicherung. Gewährleistungsansprüche des Erwerbers können bei einem solchen Leibrentenmodell (auch) in der Weise gesichert werden, daß der Veräußerer berechtigt ist, solche Ansprüche aus den monatlichen Zahlungen zu befriedigen, soweit der Veräußerer die Gewährleistungsansprüche nicht unmittelbar erfüllt.

86 Ist ein **variabler Kaufpreis** vereinbart, wird es meist zu einer Kaufpreiszahlung in mindestens **zwei Tranchen** kommen; für den festen Kaufpreisanteil wird

---

[140] Siehe Rn 67 ff.

[141] Insgesamt zur Earn Out-Regelung *Baums,* Ergebnisabhängige Preisvereinbarungen in Unternehmenskaufverträgen („earn-outs"), DB 1993, 1273 ff. und § 16 Rn 34 ff.

[142] Zur Abgrenzung der Veräußerungsleibrente von Veräußerungsrenten und Kaufpreisrenten und ihrer unterschiedlichen steuerlichen Behandlung vgl. *Beisel/Klumpp* Rn 621 ff., 820 ff.

idR ein fester Fälligkeitszeitpunkt im Vertrag vorgesehen, während die Zahlung des variablen Kaufpreises davon abhängt, wann sich die Parteien verbindlich über dessen Höhe geeinigt haben.

2. Verzinsung

Eine Verzinsung des Kaufpreises kommt bei ratenweiser Zahlung für die noch offen Kaufpreisraten regelmäßig dann in Betracht, wenn vereinbart wurde, daß der **Gewinn** des laufenden Geschäftsjahrs dem **Erwerber** zusteht. Die Verzinsung wird dabei meist ab dem Stichtag vereinbart und gilt idR auch für den variablen Kaufpreisanteil. Aber auch wenn der Gewinn des laufenden Geschäftsjahrs anteilig dem Veräußerer zusteht, wird dieser auf einer Verzinsung derjenigen Kaufpreisanteile bestehen, die erst nach dem Stichtag fällig werden, soweit dem Erwerber ab diesem Zeitpunkt die **Nutzung** des Unternehmens möglich ist.

Die Höhe des Zinssatzes orientiert sich meist an **Festgeldzinsen** für Anlagen bis zum Zeitpunkt der Fälligkeit der betreffenden Rate oder vergleichbaren Zinssätzen.

3. Sonstiges

Bei der (nicht sehr häufig vorkommenden) langfristigen Ratenzahlung des Kaufpreises können **Wertsicherungs-** bzw. **Gleitklauseln** vereinbart werden[143].

IV. Sicherung des Kaufpreises

1. Sicherung des Veräußerers

Meist wird der Veräußerer darauf bestehen, daß der dingliche Vollzug der Beteiligungsveräußerung durch die **Kaufpreiszahlung aufschiebend bedingt** ist. Soweit dinglicher Vollzug und Kaufpreiszahlung Zug um Zug erfolgen, ist ein Sicherungsbedürfnis des Veräußerers deshalb nicht gegeben. Erfolgt die Kaufpreiszahlung jedoch ratenweise und ist der dingliche Vollzug nur aufschiebend bedingt durch die Zahlung der ersten Kaufpreisrate, wird der Veräußerer meist darauf bestehen, daß die Restkaufpreiszahlung abgesichert wird.

Als Sicherungsmittel kommen primär **Bankbürgschaften** in Betracht, die aus Sicht des Veräußerers selbstschuldnerisch, d. h. unter Verzicht auf die Einrede der Vorausklage[144] ausgestellt sein sollten, um dem Bürgen bei Inanspruchnahme alle Einwände aus dem Grundverhältnis zwischen Veräußerer und Erwerber abzuschneiden und ihn bei Mängeln des Grundverhältnisses auf die Ansprüche aus ungerechtfertigter Bereicherung zu verweisen[145]. Wegen der mit einer Bankbürgschaft verbundenen **Kosten** wird es der Erwerber meist vorziehen, wenn er den Veräußerer durch **Zahlungsgarantien** von **Konzerngesellschaften** absichern

---

[143] *Beisel/Klumpp* Rn 629; zu Wertsicherungsklauseln siehe *Heinrichs* in Palandt § 245 BGB Rn 24 ff.
[144] § 773 BGB.
[145] *BGH* NJW 1988, 2610; *Sprau* in Palandt vor § 765 BGB Rn 14.

kann. Bei ausreichender Bonität ist dieses Sicherungsmittel auch für den Veräußerer häufig einer Bankbürgschaft gleichwertig. Gelegentlich gibt sich der Veräußerer aber auch mit sog. **weichen Patronatserklärungen** der Gesellschafter des Erwerbers zufrieden, in denen diese lediglich zusichern, daß sie ihren Einfluß auf den Erwerber dahingehend geltend machen werden, daß dieser seine Zahlungsverpflichtungen erfüllt. Manchmal werden als Sicherungsmittel auch Grundpfandrechte und ähnliche Sicherheiten zur Verfügung gestellt, die für den Veräußerer aber den Nachteil haben, daß sie wesentlich schwieriger zu vollstrecken sind als Bankbürgschaften oder sonstige Zahlungsgarantien.

92 Erfolgt der Anteilsübergang aufschiebend bedingt durch die (teilweise) Kaufpreiszahlung, kann der **Eintritt der Bedingung** als ein außerhalb des Vertrags liegender Umstand dem Vertrag selbst nicht entnommen werden, so daß für Dritte später zweifelhaft sein kann, ob der Anteilsübergang wirksam vollzogen wurde. Jedenfalls dann, wenn der Anteilskaufvertrag notariell zu beurkunden ist, ist es deshalb zu empfehlen, den Eintritt der Bedingung (Zahlung des Kaufpreises) dem **Notar nachzuweisen** und den Notar anzuweisen, den Nachweis mit zur Urkunde zu nehmen. Hierzu hat sich eine Regelung bewährt, nach der der Veräußerer verpflichtet ist, dem Notar die Zahlung des Kaufpreises mitzuteilen, und der Erwerber gegenüber dem Notar den Nachweis der Kaufpreiszahlung durch Beibringung einer Bankbestätigung über die Überweisung des Kaufpreises erbringen kann, falls die Mitteilung des Veräußerers an den Notar nicht innerhalb einer bestimmten Frist nach Kaufpreiszahlung erfolgt. Auch bezüglich des Nachweises des Eintritts **sonstiger aufschiebender Bedingungen** kann es sich empfehlen, den Nachweis des Eintritts an eine entsprechende Mitteilung an den Notar zu knüpfen.

93 Dem Veräußerer wird die Durchsetzung seiner Zahlungsansprüche erleichtert, wenn es dem Erwerber vertraglich verwehrt ist, gegen die Kaufpreiszahlungsansprüche, insbes. mit Gewährleistungsansprüchen, **aufzurechnen**[146] und bezüglich sonstiger Pflichten des Veräußerers die Geltendmachung von **Zurückbehaltungsrechten**[147] ausgeschlossen ist. Der Erwerber wird sich hierauf jedoch nur in Ausnahmefällen und nur dann einlassen, wenn zumindest die Durchsetzung möglicher Gewährleistungsansprüche auf andere Weise gesichert wird. Meist finden sich deshalb zur Aufrechnung und zur Geltendmachung von Zurückbehaltungsrechten im Kaufvertrag keine Bestimmungen, so daß es bei den gesetzlichen Regelungen bleibt.

2. Sicherung des Erwerbers

94 Der Erwerber hat ein Sicherungsbedürfnis, wenn er vor dinglicher Übertragung der Anteile Kaufpreiszahlungen leisten soll, außerdem bezüglich seiner möglichen Gewährleistungs- oder sonstigen Zahlungsansprüche (zB Freistellungsansprüche) gegen den Veräußerer.

---

[146] § 389 BGB.
[147] §§ 273, 320 BGB.

Bei **Zahlung** des Kaufpreises bzw. von Kaufpreisanteilen **vor dinglicher** 95
Übertragung der veräußerten Anteile läßt sich der Erwerber meist in der Weise
sichern, daß der Kaufpreis nicht zur freien Disposition des Veräußerers, sondern
auf ein Notarander- oder Treuhandkonto gezahlt und vorgesehen wird, daß die
Gelder erst mit dinglicher Übertragung freigegeben werden.

Was die Sicherung von **Gewährleistungs-** und sonstigen **Zahlungsansprü-** 96
chen gegen den Veräußerer anbelangt, kann entweder ebenso verfahren werden[148]
oder dem Sicherungsbedürfnis des Käufers durch Ratenzahlung des Kaufpreises
entsprochen werden. Die Zahlung eines Kaufpreisanteils auf ein Notarander- oder
Treuhandkonto kann im übrigen auch im Interesse des Veräußerers liegen, wenn
auf Veräußererseite mehrere Personen beteiligt sind, die für Gewährleistungen gesamtschuldnerisch haften, aber wirtschaftlich nicht gleichermaßen potent sind.

Ist der Kaufpreis, wie dies vielfach der Fall sein wird, **darlehensfinanziert**[149], 97
ist darauf zu achten, daß die Konditionen des Kreditvertrags auf die Bestimmungen des Anteilskaufvertrags zugeschnitten sind.

E. Lieferung des Vertragsgegenstands (Closing)

Die Lieferung des Vertragsgegenstands umfaßt regelmäßig **zwei Aspekte**, 98
nämlich zum einen die **dingliche Übertragung** der veräußerten Anteile und
zum anderen die **Verschaffung der Kontrolle** über das Unternehmen. Beide
Aspekte können, müssen aber nicht zusammenfallen. Denkbar ist zB, daß der Veräußerer dem Erwerber bereits mit Unterzeichnung des Kaufvertrags Zugriff auf
die Führung des Unternehmens einräumt, die dingliche Übertragung der Anteile
aber von der (vollständigen oder teilweisen) Zahlung des Kaufpreises abhängig
macht, der regelmäßig zu einem späteren Zeitpunkt fällig ist. Soll die Kontrolle
des Unternehmens erst mit dinglicher Übertragung der Anteile möglich sein, fallen beide Aspekte zusammen, da die mit den Anteilen erworbenen Einflußnah-
merechte regelmäßig auch die Kontrolle des Unternehmens vermitteln, etwa
durch die Möglichkeit, im Anschluß an den Anteilserwerb die Gremien der Gesellschaft nach den Wünschen des Erwerbers zu besetzen.

I. Closing

Die Lieferung des Vertragsgegenstands wird gelegentlich auch als Closing be- 99
zeichnet, wobei die terminologische Verwendung nicht ganz eindeutig ist.

Der Begriff des Closing kommt aus der **anglo-amerikanischen** Rechtspraxis 100
und bezeichnet denjenigen Zeitpunkt, zu dem die Übertragung des Unternehmens, d. h. beim Anteilskauf die dingliche Übertragung der veräußerten Anteile
vollzogen wird. Das Closing besteht dabei regelmäßig aus einer Vielzahl von
Rechtshandlungen, die Voraussetzung dafür sind, daß der Veräußerer die Anteile

---

[148] Siehe Rn 83.
[149] Siehe § 15.

auf den Erwerber überträgt und der Erwerber die hierfür geschuldete Gegenleistung erbringt. Closing im anglo-amerikanischen Sprachgebrauch bezeichnet deshalb auch weniger einen bestimmten Stichtag, als vielmehr einen nach Unterzeichnung liegenden **Abwicklungstermin**, bei dem die Anteilsveräußerung vollzogen wird, soweit die hierzu vertraglich festgelegten Voraussetzungen vor oder während des **Closing** geschaffen wurden. Dies wird regelmäßig in einem sog. Closing-Memorandum schriftlich dokumentiert.

101 Im **deutschen Rechtsraum** hat der Begriff Closing keine einheitliche Bedeutung, weil es in einer Vielzahl von Unternehmenskäufen gar nicht erforderlich ist, zur Übertragung des Unternehmens noch gesonderte Rechtshandlungen solcher Art vorzunehmen, bei denen es sich anbietet, sie in einem zentralen **Abwicklungstermin** zu bündeln. Wegen der dem deutschen Recht eigenen Trennung zwischen schuldrechtlichem Verpflichtungsgeschäft und dinglichem Verfügungsgeschäft reicht es vielmehr häufig aus, die dingliche Übertragung der Anteile an bestimmte **aufschiebende Bedingungen** zu knüpfen und den automatischen Übergang der Anteile mit Eintritt der aufschiebenden Bedingungen vorzusehen, ohne daß dazu noch die Durchführung weiterer rechtlicher Schritte erforderlich wäre. Als Closing wird dann häufig untechnisch der Zeitpunkt bezeichnet, zu dem das Unternehmen und die damit verbundenen Nutzen und Lasten auf den Erwerber übergehen[150]. Bei dieser Verwendung meint der Begriff Closing den Stichtag[151]. Bei **komplexen Unternehmenskäufen**, bei denen für die Übertragung der Anteile noch eine Vielzahl von Voraussetzungen geschaffen werden müssen, kann es sich jedoch anbieten, schuldrechtliches Verpflichtungsgeschäft und dingliche Übertragung zeitlich in **zwei verschiedene Rechtsgeschäfte zu trennen** und die dingliche Übertragung erst im Closing vorzunehmen. Bei dieser Begriffsverwendung bezeichnet Closing auch im deutschen Rechtsraum die Durchführung eines Abwicklungstermins[152].

102 Soll ein Closing durchgeführt werden, sind konkrete vertragliche Regeln über seine Ausgestaltung und die Einzelvoraussetzungen (zB Beibringung von Sicherheiten für Restkaufpreisanteile, Durchführung bestimmter Vorbereitungsmaßnahmen, Neubesetzung bestimmter Gremien, uU auch Durchführung einer nachträglichen Due Diligence usw.) erforderlich.

II. Stichtag

1. Funktion

103 Soweit man das Closing als Abwicklungstermin versteht, sind Closing und Stichtag zu unterscheiden. Beide Zeitpunkte können, müssen aber nicht zusammenfallen. Die Festlegung eines Stichtags erfolgt idR dann, wenn der dingliche Übergang der Anteile von Ereignissen abhängt (zB Kaufpreiszahlung, Erteilung

---

[150] *OLG Koblenz* WM 1991, 2075, 2077; *Franz-Jörg Semler* in Hölters VI Rn 40 für den Asset Deal.
[151] Siehe Rn 103 ff.
[152] Zum Closing siehe auch *Holzapfel/Pöllath* Rn 18 ff.

der Zustimmung Dritter oder interner Gremien), deren Eintritt ungewiß, es aber gleichwohl erforderlich ist, bestimmte Regelungen und Rechtswirkungen, die die **Zuweisung** der Chancen und Risiken des mittelbar übertragenen Unternehmens betreffen, auf einen **bestimmten Zeitpunkt** zu beziehen. Stichtagsfestlegungen können geboten sein für den Gefahrübergang, die Gewinnzuweisung und bei einem eigenkapitalabhängigen oder von anderen Faktoren abhängigen Kaufpreis für den Zeitpunkt der Ermittlung der relevanten Daten.

Es ist nicht ausreichend, im Vertrag lediglich festzulegen, daß der Verkauf mit **wirtschaftlicher Wirkung** zu einem bestimmten Zeitpunkt erfolgt und diesen Zeitpunkt als Stichtag zu bezeichnen, wenn nicht gleichzeitig ausdrücklich geregelt wird, was diese wirtschaftliche Wirkung für die Risikoverteilung zwischen den Vertragsbeteiligten bedeutet[153]. Die mit der Festlegung eines Stichtags verbundenen Folgen für Veräußerer und Erwerber ergeben sich nicht aus der Festlegung dieses Stichtags selbst, sondern daraus, daß die für die Chancen- und Risikozuweisung relevanten Regelungen auf den Stichtag bezogen werden.

Welche Regelungen insoweit erforderlich sind, hängt von den Umständen des Einzelfalls ab. Was die **Gewinnverteilung** anbelangt, ist zB eine Stichtagsregelung nur dann erforderlich, wenn von der gesetzlichen Regelung abgewichen und der Gewinn des laufenden Geschäftsjahrs auch nicht über den Kaufpreis mit abgegolten werden soll[154]. Was die Gefahr der **Verschlechterung des Unternehmens** zwischen Unterzeichnung des Vertrags und Erwerb der Anteile anbelangt, so ist von dem Grundsatz auszugehen, daß diejenige Partei die Gefahr zu tragen hat, die über die unternehmerische Kontrolle verfügt, um die insoweit bestehenden Risiken über den richtigen Zeitpunkt für die Gewährleistungen abzufangen. Erfolgt die Einräumung der unternehmerischen Kontrolle an den Erwerber mit dinglicher Übertragung der Anteile, ist dieser Zeitpunkt auch der richtige Anknüpfungspunkt für die Gewährleistungen. Eines davon abweichenden Stichtags bedarf es dann nicht mehr. Anders ist dies aber, wenn dem Erwerber bereits vor dinglichem Übergang der Anteile die unternehmerische Kontrolle eingeräumt werden oder ihm aus sonstigen Gründen bereits vor dinglichem Übergang der Anteile das Risiko der Unternehmensführung zugewiesen und er ab diesem Zeitpunkt wie der wirtschaftliche Eigentümer des Unternehmens behandelt werden soll. Dies ist bei der Ausgestaltung des **zeitlichen Bezugspunkts für die Gewährleistungen** entsprechend zu berücksichtigen[155]. Unvermeidlich ist die Festlegung eines Stichtags auch dann, wenn der Kaufpreis vom Eigenkapital oder von anderen Faktoren abhängig sein soll[156].

---

[153] Hierzu siehe *Hess/Fabritius* in Hopt, Vertrags- und Formularbuch, IV. B.7 Anm. 12.
[154] Siehe Rn 14 f.
[155] Siehe Rn 150.
[156] Zum Vorstehenden siehe *Hess/Fabritius* in Hopt, Vertrags- und Formularbuch, IV. B.7 Anm. 12.

2. Zeitpunkt

106 Der Stichtag wird in den meisten Fällen ein in der **Zukunft** liegender Zeitpunkt sein, was allerdings nicht zwingend ist. Schuldrechtlich ist es auch möglich, den Stichtag auf einen in der **Vergangenheit** (vor Abschluß des Vertrags) liegenden Zeitpunkt zu legen. Der dingliche Vollzug kann allerdings nicht mit Rückwirkung herbeigeführt werden.

107 Ein in der Vergangenheit liegender Stichtag bringt insbes. dann vielfältige **Probleme** mit sich, wenn der Erwerber zwischen Stichtag und Unterzeichnung des Anteilskaufvertrags bzw. Erwerb der Anteile noch keine Kontrolle über das Unternehmen ausüben konnte und deshalb regelmäßig nur schwer beurteilen kann, welche Risiken für ihn mit der Unternehmensführung unter der Kontrolle des Veräußerers verbunden sind. Da der Veräußerer bei einem in der Vergangenheit liegenden Stichtag nicht weiß, daß das Unternehmen als für Rechnung des Erwerbers geführt gilt, kann dieser Situation mit den Regeln über Geschäftsbesorgungen[157] nicht Rechnung getragen werden. Der Erwerber kann sich deshalb nur durch entsprechende **Zusicherungen** des Veräußerers über die **Unternehmensführung** und **Gewährleistungen** absichern. Welche Zusicherungen konkret erforderlich sind, hängt dabei von den Umständen des Einzelfalls ab.

108 Jedenfalls bei einem größeren Unternehmen, dessen Einzelheiten für den Erwerber nicht ohne weiteres überschaubar sind, sollte von einem in der Vergangenheit liegenden Stichtag abgesehen werden. Die vorstehenden Ausführungen gelten entsprechend, wenn der Stichtag für die Zuweisung des Risikos der Unternehmensführung zwar nach Vertragsunterzeichnung aber vor Einräumung der unternehmerischen Kontrolle liegt.

III. Regelungen für den Zeitraum zwischen Vertragsabschluß und Abtretung der veräußerten Anteile

109 Regelungen für den Zeitraum zwischen Vertragsabschluß und Übergang der Anteile sind in erster Linie ein Thema der **Gewährleistungen** des Veräußerers. Indem die Gewährleistung auf den Zeitpunkt bezogen wird, an dem die unternehmerische Kontrolle auf den Erwerber übergeht[158], kann sich der Erwerber davor schützen, daß nach Unterzeichnung des Vertrags nachteilige Umstände eintreten.

110 Über die Berücksichtigung der Zwischenperiode iRd. Gewährleistungen hinaus kann es erforderlich sein, zusätzliche Regeln über die **Unternehmensführung** in der Zwischenzeit in den Vertrag aufzunehmen. Dies ist etwa dann der Fall, wenn bereits vor dinglicher Abtretung im Hinblick auf die Veräußerung bestimmte Geschäftsführungsmaßnahmen eingeleitet werden sollen. In einem solchen Fall muß zB geregelt werden, was geschieht, wenn es nicht zum Vollzug des Vertrags kommt. Auch ist denkbar, daß der Veräußerer verpflichtet wird, be-

---

[157] § 675 BGB; *Holzapfel/Pöllath* Rn 31.
[158] Siehe Rn 150.

stimmte gesellschaftsrechtliche Handlungen vorzunehmen oder zu unterlassen. Wird zB bereits vor dinglichem Übergang der Anteile die Geschäftsführung des Unternehmens ausgetauscht und dem Erwerber hierdurch die Kontrolle über die Unternehmensführung eingeräumt, muß (abhängig von der Rechtsform) etwa vorgesehen werden, daß der Veräußerer keine Weisungen mehr erteilt, zu denen er gesellschaftsrechtlich in der Lage wäre, und umgekehrt der Erwerber dafür Sorge trägt, daß für Maßnahmen außerhalb des gewöhnlichen Geschäftsbetriebs vorab die Zustimmung des Veräußerers eingeholt wird. Darüber hinaus kommen Regelungen für den Beginn von Umstrukturierungsmaßnahmen, Abstimmungspflichten mit dem Erwerber in laufenden behördlichen oder gerichtlichen Verfahren u. ä. in Betracht.

IV. Von der Beteiligungsform abhängige Voraussetzungen für die Übertragung der Beteiligung

1. AG

Bei der AG ist für die **Übertragungsvoraussetzungen** danach zu unterscheiden, ob die Aktien verbrieft sind und ob Inhaber- oder Namensaktien übertragen werden.

a) Inhaberaktien. Die Übertragung von verbrieften Inhaberaktien vollzieht sich durch **Einigung** und **Übergabe** nach allgemeinen sachenrechtlichen Grundsätzen[159]. Das Recht aus dem Papier folgt dem Recht am Papier. Zur Übertragung der Mitgliedschaft ist folglich die dingliche Einigung über den Übergang des Eigentums an der Aktienurkunde und die Übergabe[160] oder ein Übergabesurrogat[161] erforderlich. Auf den Erwerb finden die Vorschriften über den gutgläubigen bzw. gutgläubig lastenfreien Erwerb Anwendung[162].

Diese Grundsätze gelten ebenfalls bei Veräußerung von Aktien, die sich, wie dies überwiegend der Fall ist, in **Depotverwahrung** befinden. Bei **Sonderverwahrung**[163] befinden sich die Aktien in einem als „Streifbanddepot" bezeichneten Depot, das die äußerlich erkennbare Bezeichnung des Hinterlegers (Aktionär) trägt. Der Aktionär bleibt weiterhin Eigentümer seiner Aktien und verfügt über sie durch Einigung und Verschaffung des mittelbaren Besitzes im Verhältnis zur Depotbank[164]. Wegen des mit der Sonderverwahrung verbundenen Verwaltungsaufwands[165] überwiegt in der Praxis allerdings die **Sammelverwahrung**[166]. Bei der Sammelverwahrung sind die Aktionäre Miteigentümer der zum Sammelbe-

---

[159] Zu Einzelheiten *Lutter* in Kölner Komm. Anh. § 68 AktG Rn 14ff.
[160] § 929 Satz 1 BGB.
[161] §§ 930, 931 BGB.
[162] §§ 932 bis 934, 936 BGB; § 366 HGB; zu abhandengekommenen Wertpapieren beachte § 367 BGB; *Lutter* in Kölner Komm. Anh. § 68 AktG Rn 15.
[163] §§ 2 bis 4 DepotG.
[164] *Lutter* in Kölner Komm. Anh. § 68 AktG Rn 14.
[165] Führung eines Verwahrungsbuchs nach § 14 DepotG und körperliche Verwahrung der Aktienurkunden.
[166] *Wiesner* in MünchHdbGesR Bd. 4 § 14 Rn 5f.

stand des Verwahrers[167] gehörenden Wertpapiere gleicher Art[168]. Für die Bestimmung des Bruchteils ist der Nennbetrag maßgeblich[169]. Auch bei Sammelverwahrung erfolgt die Übertragung nach den Bestimmungen für die Übereignung beweglicher Sachen durch Einigung über den Übergang des Sammeldepotanteils und Übergabe durch Verschaffung des mittelbaren Mitbesitzes[170], der durch die Eintragung im Verwahrungsbuch reflektiert wird[171].

114 Soweit man die Übertragung von verbrieften Inhaberaktien auch durch **Abtretung** für möglich hält[172], reicht die bloße Abtretungserklärung für den dinglichen Vollzug aus; die Übergabe der Aktienurkunden ist keine Wirksamkeitsvoraussetzung. Der Anspruch auf Übergabe der Aktienurkunde bzw. Vereinbarung eines Übergabesurrogats ergibt sich aber aus § 952 BGB. Von dieser Möglichkeit der Abtretung dürfte jedoch nicht nur wegen der Zweifel hinsichtlich ihrer Zulässigkeit, sondern vor allem wegen des Fehlens eines Gutglaubensschutzes, der bei einer sachenrechtlichen Übertragung gegeben ist, kaum Gebrauch gemacht werden.

115 Sind die Inhaberaktien, wie dies insbes. bei kleinen Gesellschaften oder Familienunternehmen häufig, nach Änderung des § 10 Abs. 5 AktG aber auch sonst zunehmend vorkommt, **nicht verbrieft**, ist die Übertragung nur nach den Abtretungsregeln möglich[173].

116 **b) Namensaktien.** Namensaktien sind geborene Orderpapiere. Sie können deshalb durch **Indossament** übertragen werden[174]. Das Indossament ist eine wertpapierrechtliche Sonderform rechtsgeschäftlicher Übertragung und besteht aus mehreren Elementen. Erforderlich ist zunächst eine schriftliche Übertragungserklärung auf der Urkunde[175]. Nach überwiegender Meinung ist darüber hinaus die Übergabe der Aktienurkunde und die formlose Einigung erforderlich[176]. Die Übergabe kann durch Übergabesurrogat ersetzt werden. Der formell durch eine lückenlose Indossamentenkette ausgewiesene, unmittelbare Besitzer der Namensurkunde gilt unwiderleglich als legitimiert[177]. Dies gilt auch bei Ab-

---

[167] Die einzige in Deutschland bestehende Wertpapiersammelbank ist die Clearstream Banking AG, Frankfurt.
[168] § 6 Abs. 1 Satz 1 DepotG.
[169] § 6 Abs. 1 Satz 2 DepotG.
[170] Vgl. *Karsten Schmidt* in MünchKomm. § 747 BGB Rn 18, § 1008 BGB Rn 29; *Wiesner* in MünchHdbGesR Bd. 4 § 14 Rn 5 f.; *Kümpel* Rn 11 173 ff.; die Rechtsgrundlagen für die Verfügung über Sammeldepotanteile sind umstritten, siehe hierzu die Nachweise bei *Karsten Schmidt* in MünchKomm. § 747 BGB Rn 18; *Kümpel* Rn 11 178.
[171] §§ 14, 24 Abs. 2 DepotG; vgl. *Schwintowski/Schäfer*, Bankrecht, 1997, § 11 Rn 118; *Karsten Schmidt* in MünchKomm. § 747 BGB Rn 18 mit Ausführungen zum gutgläubigen Erwerb, der bei Sammelverwahrung ebenfalls zu bejahen ist.
[172] So *Baumbach/Hefermehl*, Wechselgesetz und Scheckgesetz, 22. Aufl. 2000, WPR Rn 31; *Zöllner* Wertpapierrecht § 2 II 1 b; *Wiesner* in MünchHdbGesR Bd. 4 § 14 Rn 4; *Hüffer* in MünchKomm. vor § 793 BGB Rn 14; aA *Lutter* in Kölner Komm. Anh. § 68 AktG Rn 15 mwN.
[173] *BGH* WM 1993, 2248, 2249.
[174] § 68 Abs. 1 AktG.
[175] Art. 13 WG; Einzelheiten bei *Wiesner* in MünchHdbGesR Bd. 4 § 14 Rn 8.
[176] *Wiesner* in MünchHdbGesR Bd. 4 § 14 Rn 7.
[177] Art. 16 Abs. 1 WG.

handenkommen der Aktie, es sei denn, der Erwerber war bösgläubig oder kannte das Abhandenkommen infolge grober Fahrlässigkeit nicht[178]. Hinsichtlich der Ausgestaltung des Indossaments ist zwischen Voll- und Blankoindossament zu unterscheiden. Die Anbringung von Blankoindossamenten ist vielfach üblich, um die Verkehrsfähigkeit von Namensaktien zu erhöhen; mit einem Blankoindossament versehene Namensaktien sind börsen-[179] und sammeldepotfähig[180]. Sie werden nach den gleichen Regeln übertragen wie Inhaberaktien[181].

Liegen die vorstehend beschriebenen Tatbestandsmerkmale für die Übertragung von Namensaktien vor, so ist der Erwerber damit im **Verhältnis** zum **Veräußerer** und jedem **Dritten** Aktionär. Eine Eintragung im Aktienregister ist zur Begründung seiner Rechtsstellung nicht erforderlich[182]. Gegenüber der betroffenen **AG** kann der Erwerber seine Rechte allerdings nur geltend machen, wenn er im **Aktienregister** eingetragen ist[183]. Der für die Führung des Aktienregisters zuständige Vorstand darf dabei nicht von sich aus, sondern nur auf Anmeldung tätig werden[184]. Zur Anmeldung sind sowohl Veräußerer als auch Erwerber berechtigt. Auf die Mitteilung und den Nachweis des Übergangs erfolgen Löschung und Neueintragung im Aktienregister[185]. 117

Neben der Übertragung durch Indossament ist auch die Übertragung durch **Abtretung** möglich[186]. Der Erwerber genießt hier allerdings keinerlei Gutglaubensschutz und macht darüber hinaus durch die Unterbrechung der Indossamentenkette einen späteren gutgläubigen Erwerb unmöglich. Auch bei Abtretung der Namensaktie ist die Eintragung in das **Aktienregister** erforderlich[187]. 118

Sind die Namensaktien **nicht verbrieft**, kann die Übertragung der Aktie nur nach den Abtretungsregeln erfolgen. Anders als bei Abtretung von verbrieften Namensaktien ist die Abtretung allerdings auch im **Verhältnis zur AG** ohne weiteres wirksam. Die Vorschriften über das Aktienregister gelten nur bei Verbriefung von Namensaktien[188]. 119

Sind die Namensaktien **vinkuliert**, hat dies auf die vorstehend beschriebenen Übertragungsmöglichkeiten keine Auswirkungen. Die Zustimmung zur Übertragung tritt lediglich als zusätzliches Übertragungserfordernis hinzu[189]. 120

---

[178] Art. 16 Abs. 2 WG; zu Einzelheiten *Lutter* in Kölner Komm. § 68 AktG Rn 8 ff. *Wiesner* in MünchHdbGesR Bd. 4 § 14 12 f.
[179] § 26 der Bedingungen für die Geschäfte an den deutschen Wertpapierbörsen.
[180] Nr. 46 Abs. 1 der Allgemeinen Geschäftsbedingungen der Clearstream Banking AG, Frankfurt.
[181] *Wiesner* in MünchHdbGesR Bd. 4 § 14 Rn 9, 15; *Hüffer* § 68 AktG Rn 3, 5; *Lutter* in Kölner Komm. § 68 AktG Rn 16.
[182] *Lutter* in Kölner Komm. § 68 AktG Rn 9.
[183] § 67 Abs. 2 AktG; zu den Wirkungen der Eintragung *Wiesner* in MünchHdbGesR Bd. 4 § 14 Rn 44 ff.
[184] § 67 Abs. 3 AktG.
[185] Siehe § 68 Abs. 3 Satz 2 AktG; *Hüffer* § 68 AktG Rn 17.
[186] Unstreitig *Hüffer* § 68 AktG Rn 3 mwN.
[187] Vgl. *Hüffer* § 68 AktG Rn 17.
[188] *Lutter* in Kölner Komm. § 67 AktG Rn 8, 15, § 68 AktG Rn 51.
[189] Die Namensaktie bleibt auch im Fall der Vinkulierung geborenes Orderpapier, vgl. *Lutter* in Kölner Komm. Anh. § 68 AktG Rn 5.

2. KGaA

121 Für die Übertragung von Aktien einer KGaA gelten die vorstehenden Ausführungen entsprechend. Bei Übertragung der Komplementärstellung ist das Ausscheiden des Erwerbers und der Eintritt des Veräußerers von allen persönlich haftenden Gesellschaftern (auch den nicht geschäftsführungsbefugten und/oder vertretungsberechtigten Gesellschaftern) beim Handelsregister anzumelden[190]. Ebenso wie bei Übertragung der Komplementärstellung in einer Personengesellschaft[191] hat die Eintragung aber nur deklaratorische Wirkung[192].

3. GmbH

122 Zur Übertragung von Geschäftsanteilen einer GmbH genügt die Abtretung an den Erwerber. An **weitere Voraussetzungen** ist der Vollzug des dinglichen Geschäfts nicht gebunden. Dies gilt grundsätzlich auch dann, wenn über die veräußerten Geschäftsanteile (was selten der Fall ist) **Anteilsscheine** ausgegeben wurden. Anders als die Aktienurkunde ist ein solcher Anteilsschein kein Wertpapier, sondern lediglich Beweisurkunde[193]. Etwas anderes gilt nur, wenn die Satzung der GmbH die Übergabe des Anteilsscheins als zusätzliche Abtretungsvoraussetzung vorschreibt[194]. In einem solchen Fall ist die Übergabe des Anteilsscheins an den Erwerber Wirksamkeitsvoraussetzung für die Abtretung.

123 Ähnlich wie bei der verbrieften Namensaktie gilt der Erwerber gegenüber der Gesellschaft allerdings nur dann als Gesellschafter, wenn der Erwerb unter Nachweis des Übergangs bei der Gesellschaft **angemeldet** wurde. Bis zur Anmeldung gilt der zuletzt angemeldete bzw. sonst legitimierte Veräußerer weiter als Gesellschafter mit allen Rechten und Pflichten[195]. Erst ab Anmeldung gehen **gegenüber der Gesellschaft** sämtliche Mitgliedschaftsrechte und -pflichten auf den Veräußerer über.

124 Die Anmeldung hat gegenüber der Geschäftsführung zu erfolgen. Anmeldeberechtigt sind Veräußerer und Erwerber. Soweit die Satzung nichts anderes vorschreibt, ist für die Anmeldung **keine besondere Form** erforderlich. Es genügt eine Anzeige unter Beifügung der formgerechten Abtretungsurkunde[196]. Um sicherzustellen, daß die Anmeldung tatsächlich erfolgt, wird der Notar im Anteilskaufvertrag meist mit der Anmeldung beauftragt.

4. Personengesellschaften

125 Auch die Verfügung über Anteile an Personengesellschaften erfolgt durch Abtretung und ist mit Wirksamkeit der Abtretung vollzogen. Bei Abtretung von oHG- und Kommanditanteilen bzw. der Komplementärstellung in einer GmbH & Co. KG sind das Ausscheiden des veräußernden Gesellschafters sowie der Ein-

---

[190] § 289 Abs. 6 AktG.
[191] Siehe hierzu Rn 126.
[192] *Semler/Perlitt* in MünchKomm. § 289 AktG Rn 176.
[193] *Hueck* in Baumbach/Hueck § 14 GmbHG Rn 7.
[194] § 15 Abs. 5 GmbHG; eine solche Regelung ist nach allgM zulässig, RGZ 98, 276, 278.
[195] AllgM *BGH* NJW 1990, 1915, 1916.
[196] Einzelheiten zur Anmeldung bei *Hueck* in Baumbach/Hueck § 16 GmbHG Rn 3 ff.

tritt des Erwerbers allerdings beim **Handelsregister anzumelden**[197]. Die Anmeldung hat durch sämtliche Gesellschafter, einschließlich Veräußerer und Erwerber, zu erfolgen[198].

Die Eintragung im Handelsregister hat bei Abtretung von oHG- und Komplementäranteilen an einer GmbH & Co. KG für die Rechtsposition von Erwerber und Veräußerer nur **deklaratorische** Wirkung[199]. Anders ist dies bei Übertragung von **Kommanditanteilen**, wenn wegen der Haftungsfolgen für den Veräußerer der Erwerb „im Wege der Sonderrechtsnachfolge", „als Rechtsnachfolge" vereinbart und angemeldet wird[200].

Für die Übertragung von Anteilen an **stillen** und **BGB-Gesellschaften** bestehen keine Anmeldeerfordernisse, da diese Gesellschaften nicht handelsregisterfähig sind.

V. Haftungsfolgen

Der Übergang aller mit der Mitgliedschaft verbundenen Rechte und Pflichten auf den Erwerber kann, abhängig von der Form des Rechtsträgers, dessen Anteile erworben wurden, mit Haftungsfolgen gegenüber der **Gesellschaft** und den **Gläubigern** der Gesellschaft verbunden sein. Diese Haftungsfolgen lassen sich mit Wirkung für Dritte nicht ausschließen. Regelungen im Anteilskaufvertrag, die entgegen den gesetzlichen Bestimmungen die Haftungsrisiken dem Veräußerer bzw. Erwerber zuweisen, wirken deshalb nur zwischen den Parteien.

Abhängig von der Rechtsform können folgende Haftungsrisiken bestehen:

1. Kapitalgesellschaften

a) AG und KGaA. Beim Erwerb von Aktien haftet primär der **Erwerber** gegenüber der Gesellschaft für **rückständige Einlagen** des **Veräußerers**[201]. Der Veräußerer haftet demgegenüber nur subsidiär[202]. Diese subsidiäre Haftung greift zudem erst dann ein, wenn die veräußerten Aktien wegen Nichtleistung der rückständigen Einlage durch den Erwerber kaduziert wurden[203]. Rückständig sind nicht nur offene Bareinlagen, sondern auch solche Einlagen, die nach den Regeln der verdeckten Sacheinlage oder wegen Nichtbeachtung der Nachgrün-

---

[197] §§ 107, 143 Abs. 2 HGB für oHG-Anteile; §§ 107, 143 Abs. 2, 162 Abs. 3 HGB bei Übertragung der Kommanditanteile; §§ 107, 143 Abs. 2, 161 Abs. 2 HGB bei Übertragung der Komplementäranteile.
[198] § 108 Abs. 1 HGB; *Piehler* in MünchHdbGesR Bd. 1 § 66 Rn 28.
[199] *Hopt* § 105 HGB Rn 72; zur möglichen Haftung gem. § 15 Abs. 1 HGB siehe Rn 136.
[200] Siehe hierzu Rn 137.
[201] Arg. §§ 54 Abs. 2, 65 Abs. 1, 66 Abs. 1 AktG, *Lutter* in Kölner Komm. § 54 AktG Rn 6; eine Haftung für rückständige Einlagen sonstiger Aktionäre besteht nicht.
[202] § 65 Abs. 1 AktG; das gilt auch für unverkörperte Namens- und Inhaberaktien. Zu Einzelheiten siehe *Lutter* in Kölner Komm. § 65 AktG Rn 11; zum gutgläubigen „lastenfreien" Erwerb von Aktien siehe *ders.* in Kölner Komm. § 54 AktG Rn 7. In diesem Fall bleibt der Veräußerer zur Einlageleistung verpflichtet, *Wiesner* in MünchHdbGesR Bd. 4 § 16 Rn 4.
[203] § 64 AktG; Einzelheiten des Ausschlußverfahrens bei *Wiesner* in MünchHdbGesR Bd. 4 § 16 Rn 12 ff., 20 f.

dungsvorschriften²⁰⁴ als nicht erbracht gelten²⁰⁵. Die Verpflichtung zur Zahlung nicht erbrachter Einlageleistungen des Erwerbers bezieht sich dagegen nicht auf Sacheinlagen. Die Pflicht zur Erbringung von Sacheinlagen trifft nur denjenigen Aktionär, der diese Verpflichtung übernommen hat, und geht nicht auf den Erwerber über. Insoweit bleibt der Veräußerer also ausschließlich verpflichtet. Der Erwerber kann aber von der Gesellschaft auf Zahlung eines entsprechenden Barbetrags in Anspruch genommen werden, wenn die Sacheinlage nicht geleistet wird, da die auch bei vereinbarter Sacheinlage bestehende, durch sie nur überlagerte Geldeinlageverpflichtung auf den Erwerber übergeht²⁰⁶.

131 Die vorstehenden Regeln gelten nicht für Zahlungen, die an den Veräußerer unter Verstoß gegen das **Verbot der Einlagenrückgewähr** erfolgt sind²⁰⁷. Schuldner der Rückerstattungspflicht verbotswidriger Leistungen sind nur die Aktionäre, die die Leistungen empfangen haben²⁰⁸, da es sich insoweit nicht um eine mit der Mitgliedschaft verbundene, sondern eine höchstpersönliche Pflicht handelt.

132 Bei Veräußerung von Aktien einer KGaA gelten die vorstehenden und bei Veräußerung der Komplementärstellung die Ausführungen zur Übertragung der Komplementärstellung einer KG entsprechend²⁰⁹.

133 **b) GmbH.** Die Haftung des **Erwerbers** eines Geschäftsanteils einer GmbH geht demgegenüber weiter, da der Erwerber nicht nur für rückständige Einlagen, sondern für **alle** zum Zeitpunkt der Anmeldung des Anteilserwerbs fälligen **Leistungen** haftet²¹⁰. Hierzu gehören neben Nachschuß- und sonstigen mit dem Geschäftsanteil verbundenen Nebenleistungspflichten auch die subsidiäre Haftung der Gesellschafter für die Nichterbringung von Einlagen durch sonstige Gesellschafter²¹¹ sowie die subsidiäre Haftung für die Rückerstattung von Zahlungen unter Verstoß gegen das Verbot von Auszahlungen aus dem zur Erhaltung des Stammkapitals erforderlichen Vermögen²¹².

134 Über diese subsidiäre Haftung hinaus trifft den Erwerber keine (primäre) Pflicht zur Rückerstattung von Zahlungen, die an den Veräußerer unter Verstoß gegen das **Verbot von Zahlungen** aus dem zum Erhalt des Stammkapitals erforderlichen Vermögen erfolgt sind, da es sich hier um eine höchstpersönliche, und nicht um eine mit dem Gesellschaftsanteil verbundene Verpflichtung handelt²¹³. Entsprechendes gilt für verbotene Rückzahlungen von kapitalersetzenden Darlehen an den Veräußerer²¹⁴. Hat der Veräußerer eine **Sacheinlageverpflichtung** nicht erbracht, so kann, ebenso wie in der AG, der Erwerber nicht auf Erbringung

---

[204] § 52 AktG.
[205] *Hüffer* § 64 AktG Rn 3.
[206] *Lutter* in Kölner Komm. § 54 AktG Rn 11.
[207] Siehe Rn 244.
[208] *Hüffer* § 62 AktG Rn 4; *Lutter* in Kölner Komm. § 62 AktG Rn 8.
[209] Siehe hierzu Rn 136.
[210] § 16 Abs. 3 GmbHG; *Hueck* in Baumbach/Hueck § 16 GmbHG Rn 12.
[211] § 24 GmbHG.
[212] § 31 Abs. 3 GmbHG.
[213] *Müller* in Hachenburg § 31 GmbHG Rn 17; *Hueck* in Baumbach/Hueck § 31 GmbHG Rn 9.
[214] *Hueck* in Baumbach/Hueck § 32b GmbHG Rn 78.

der Sacheinlage in Anspruch genommen werden. Er schuldet aber den entsprechenden Barbetrag[215]. Anders als in der AG haftet aber der **Veräußerer** neben dem Erwerber **gesamtschuldnerisch** für alle vor Anmeldung fälligen Leistungen[216].

Eine Verpflichtung des Erwerbers, rückständige Einlagen einzuzahlen, kann sich weiter dann ergeben, wenn der Erwerb dazu führt, daß innerhalb von drei Jahren nach Eintragung der Gesellschaft **alle Geschäftsanteile** in der Hand des Erwerbers **vereinigt** sind[217]. Maßgeblich für die Fristberechnung ist der Anteilserwerb, nicht die Anmeldung des Erwerbs bei der Gesellschaft[218].

2. Personengesellschaften

Der **Erwerber** eines **oHG-** oder eines **Komplementäranteils** einer KG haftet den **Gläubigern** der Gesellschaft mit den anderen unbeschränkt haftenden Gesellschaftern für die vor seinem Eintritt begründeten **Verbindlichkeiten**[219]. Die Haftung beginnt nicht bereits mit dinglichem Vollzug der Anteilsübertragung, sondern erst mit **Eintragung** des Erwerbers **im Handelsregister**[220]. Neben dem Erwerber haftet der **Veräußerer** fünf Jahre für die bis zu seinem Ausscheiden begründeten Verbindlichkeiten der Gesellschaft, soweit sie innerhalb dieser Frist geltend gemacht wurden. Die Frist beginnt mit dem Ende des Tages der Eintragung des Ausscheidens im Handelsregister[221]. Fallen Ausscheiden des Gesellschafters und die Eintragung des Ausscheidens im Handelsregister **zeitlich nicht zusammen**, kommt eine Haftung für die nach dem Ausscheiden begründeten Verbindlichkeiten der Gesellschaft nach den Grundsätzen der negativen Publizität des Handelsregisters[222] in Betracht. Neben dieser gesamtschuldnerischen Haftung für Verbindlichkeiten der Gesellschaft im Außenverhältnis haftet der Erwerber im Innenverhältnis gegenüber der Gesellschaft für **offene Einlageverpflichtungen** des Veräußerers[223].

Bei Übertragung von **Kommanditanteilen** haften gegenüber den Gläubigern der Gesellschaft weder der Veräußerer noch der Erwerber, wenn die Übertragung im Wege der **Sonderrechtsnachfolge**, d. h. unter Eintragung eines Nachfolgevermerks im Handelsregister erfolgt und die Kommanditeinlage erbracht und nicht zurückgewährt wurde[224]. Wurde die Einlage nicht voll erbracht oder (vor

---

[215] *Lutter/Hommelhoff* § 16 GmbHG Rn 17.
[216] § 16 Abs. 3 GmbHG; *Hueck* in Baumbach/Hueck § 16 GmbHG Rn 12.
[217] § 19 Abs. 4 GmbHG.
[218] *Hueck* in Baumbach/Hueck § 19 GmbHG Rn 35.
[219] §§ 130, 128, 129 HGB bei oHG; §§ 161 Abs. 2, 130, 128, 129 bei Komplementäranteil einer KG.
[220] *Hopt* § 123 HGB Rn 4.
[221] § 160 Abs. 1 HGB.
[222] § 15 Abs. 1 HGB; *Sonnenschein/Weitemeyer* in Heymann § 160 HGB Rn 9.
[223] Nach der Rechtsprechung gehen, soweit keine abweichende Regelung getroffen wurde, auch Sozialverbindlichkeiten mit befreiender Wirkung für den Veräußerer auf den Erwerber über. Nach der Literatur soll dies nur mit Zustimmung der übrigen Gesellschafter möglich sein und ohne eine solche Zustimmung eine gesamtschuldnerische Haftung von Erwerber und Veräußerer bestehen; siehe Rn 19.
[224] *Karsten Schmidt* GesR § 54 IV.3.

Veräußerung) zurückgezahlt, haften Erwerber und Veräußerer gesamtschuldnerisch[225]. Die Haftung des Veräußerers unterliegt aber einer Ausschlußfrist von fünf Jahren[226]. Umstritten ist, ob die Haftung des Veräußerers (iRd. Ausschlußfrist) wieder auflebt, wenn eine Rückzahlung der Einlage an den Erwerber erfolgt[227]. Vorsorglich kann für solche Fälle eine Freistellung im Vertrag vereinbart werden. Erfolgt der Kommanditistenwechsel **ohne Nachfolgevermerk**, kommt die Einzahlung der Hafteinlage durch den Veräußerer zwar wegen des Übergangs der Rechtsposition des Veräußerers auf den Erwerber dem Erwerber zugute[228]; der Veräußerer wird jedoch so behandelt, als ob er seine Einlage nicht geleistet hätte, und kann in Höhe seiner Hafteinlage über einen Zeitraum von fünf Jahren nach Eintragung des Ausscheidens im Handelsregister von den Gläubigern der Gesellschaft in Anspruch genommen werden[229]. Der Erwerber haftet nur, soweit die von ihm übernommene Kommanditeinlage nicht eingezahlt oder die Haftung vor oder nach der Übertragung wieder aufgelebt ist[230].

138 Es ist deshalb dringend darauf zu achten, daß bei Übertragung von Kommanditanteilen die Handelsregisteranmeldung unter **Hinweis auf die Sonderrechtsnachfolge** erfolgt. Wird der Kaufvertrag in notarieller Form abgeschlossen[231], kann die Handelsregisteranmeldung unmittelbar nach Abschluß des Anteilskaufvertrags unterzeichnet werden. Soweit die Anteilsübertragung aufschiebend bedingt ist, kann der Notar angewiesen werden, die Handelsregisteranmeldung erst dann beim Handelsregister einzureichen, wenn die Bedingungen hierfür eingetreten sind.

139 Für die Haftung für offene Einlageverpflichtungen gegenüber der **Gesellschaft** gelten die vorstehenden Ausführungen entsprechend[232].

140 Weitere Haftungsrisiken ergeben sich daraus, daß auch ein **Kommanditist**, der seinen Anteil durch Abtretung erworben hat, ab Anteilserwerb solange **unbeschränkt** haftet, bis er im Handelsregister eingetragen ist[233]. Um die sich daraus ergebenden Haftungsrisiken zu vermeiden, sollte die Abtretung deshalb immer unter der **aufschiebenden Bedingung** der Eintragung des Kommanditistenwechsels im Handelsregister erfolgen.

141 Bei Veräußerung von Anteilen einer **BGB-Gesellschaft** haftet der Erwerber für die vor dem Zeitpunkt seines Eintritts begründeten Verbindlichkeiten nur mit dem Gesellschaftsvermögen, nicht aber persönlich[234]. Der Veräußerer haftet für die zum Zeitpunkt der Übertragung begründeten Verbindlichkeiten wie ein aus anderen Gründen ausgeschiedener Gesellschafter weiter. Für die Dauer dieser

---

[225] § 171 Abs. 1 HGB; BGHZ 81, 82, 85.
[226] §§ 161 Abs. 2, 160 HGB; *Karsten Schmidt* GesR § 54 III.1.
[227] BGH NJW 1976, 751, 752; ablehnend *Hopt* § 173 HGB Rn 12; *Karsten Schmidt* in Schlegelberger § 173 HGB Rn 33.
[228] § 171 Abs. 1, 2. Halbs. HGB; BGHZ 81, 82, 84f., 89.
[229] §§ 172 Abs. 4, 161 Abs. 2, 160 Abs. 1 HGB; BGHZ 81, 82, 89.
[230] BGHZ 81, 82, 85.
[231] Zu Formerfordernissen siehe Rn 209 ff.
[232] Siehe Rn 136 aE.
[233] § 176 Abs. 2 HGB; *BGH* NJW 1983, 2258, 2259.
[234] BGHZ 74, 220, 242; *Ulmer* in MünchKomm. § 714 BGB Rn 64 f. mwN. Daran hat sich wohl durch die Entscheidung des *BGH* ZIP 2001, 330 nichts geändert, *Wiedemann* JZ 2001, 664.

Haftung gelten die Vorschriften über Personenhandelsgesellschaften sinngemäß[235].

F. Gewährleistungen

I. Gesetzliche Regelung

Die Anwendung des gesetzlichen Gewährleistungsrechts[236] auf den Erwerb eines Unternehmens ist nicht geeignet, die spezifischen Gewährleistungsfragen eines Unternehmenskaufs sachgerecht zu lösen: Beim Kauf von Gesellschaftsanteilen handelt es sich um einen **Rechtskauf**, bei dem der Veräußerer nur für den rechtlichen Bestand, nicht aber die „Beschaffenheit" bzw. Werthaltigkeit des Rechts haftet[237]. Die Vorschriften des **Sachmängelgewährleistungsrechts** sind zwar auch beim Share Deal anwendbar, wenn der Veräußerer alle Anteile oder zumindest eine maßgebliche Beteiligungsquote am Unternehmen erwirbt; die Anwendung ist indes mit erheblichen Unsicherheiten belastet. Unklar wird häufig nicht nur sein, wann der Mangel eines einzelnen Vermögensgegenstands auch einen Mangel des gesamten Unternehmens darstellt. Angesichts der unübersichtlichen Rechtsprechungskasuistik und der zahlreichen Erörterungen dieser Frage in der Literatur wird es zudem häufig schwierig zu beantworten sein, ob ein Fehler oder eine zugesicherte Eigenschaft vorliegt[238]. 142

Auch die **Rechtsfolgen** des gesetzlichen Gewährleistungsrechts führen häufig nicht zu sachgerechten Ergebnissen. So kann bei einzelnen Rechtsmängeln ein Rücktritt vom Vertrag bzw. Schadensersatz wegen Nichterfüllung des gesamten Unternehmenskaufvertrags nur verlangt werden, wenn der Erwerber unter Berücksichtigung des Rechtsmangels kein Interesse mehr an der Vertragserfüllung hat. Das Wandlungsrecht und der sog. große Schadensersatz bei Geltendmachung von Schadensersatz wegen Nichterfüllung führen zur Rückabwicklung des Unternehmenskaufs, die praktisch jedoch kaum durchführbar ist. Auch die Verjährungsfristen (30 Jahre bei Rechtsmängeln, 6 Monate bei Sachmängeln) sind auf die Besonderheiten des Unternehmenskaufs nicht zugeschnitten. Der von der Rechtsprechung definierte relativ enge Anwendungsbereich des Sachmängelgewährleistungsrechts wird zwar durch die Rechtsfigur der culpa in contrahendo ergänzt. Aufgrund der Verschuldensabhängigkeit der Haftung, der Unsicherheiten über das Vorliegen einer Aufklärungspflicht und der 30-jährigen Verjährung für die Geltendmachung von Ansprüchen sind aber auch die Ansprüche aus culpa in contrahendo nicht geeignet, die Unzulänglichkeiten der gesetzlichen Gewährleistungsregelungen auszugleichen. 143

---

[235] § 736 Abs. 2 BGB.
[236] §§ 434 ff., 459 BGB.
[237] § 437 BGB; neben dem Rechtskauf liegt ein Sachkauf nur vor, wenn, wie zB bei Aktien, das Mitgliedschaftsrecht verbrieft ist. Die Sachmängelgewährleistung beschränkt sich hier aber auf die Mangelfreiheit der Urkunde.
[238] § 459 BGB; zu Nachweisen in Rspr. und Literatur siehe § 9 Rn 1 ff.

II. Vertragliche Gewährleistungsregelungen

144 Die gesetzlichen Gewährleistungsvorschriften werden deshalb regelmäßig jedenfalls dann durch ein umfassendes, in sich geschlossenes, **vertragliches Regelwerk** zur Gewährleistungshaftung des Veräußerers ersetzt, wenn dem Erwerber das Unternehmen nicht vollständig bekannt ist (in letzterem Fall, zB bei der Übertragung im Konzern, kann auf ein vertragliches Regelwerk – weitgehend – verzichtet werden). Dieses vertragliche Regelwerk besteht aus **Zusicherungen** des Veräußerers hinsichtlich des Zustands des Unternehmens, einer Rechtsfolgenregelung, regelmäßig einer Vereinbarung über den Ausschluß der weiteren Haftung des Veräußerers und einer Regelung der Verjährungsfristen.

145 Bei den Zusicherungen handelt es sich regelmäßig um **Vollständigkeits- und Negativerklärungen**, mit denen der Veräußerer einen Sollzustand des zu veräußernden Unternehmens und – beim Share Deal – der zu veräußernden Anteile bzw. der Verfassung der Gesellschaft beschreibt. Hinzukommen können Zusicherungen, bei Übergabe des Unternehmens einen bestimmten Zustand herbeizuführen.

146 In welcher Form diese Zusicherungen abgegeben werden, hängt davon ab, ob der Veräußerer für den objektiven Zustand oder nur für den ihm bekannten Zustand des verkauften Unternehmens einstehen soll. Regelmäßig wird der Veräußerer zu der Einschränkung neigen, daß die Zusicherungen auf den Zustand beschränkt sind, der nach seiner „Kenntnis" gegeben ist. Aus Sicht des Erwerbers ist dies jedoch abzulehnen. Zum einen besteht bei einer auf Kenntnis reduzierten Zusicherung des Veräußerers die Unsicherheit, in welchem Umfang er sich Wissen Dritter zurechnen lassen muß[239]. Zum anderen stellen die Gewährleistungsregelungen der Sache nach eine **Risikoallokation** zwischen Veräußerer und Erwerber hinsichtlich der Abweichung des tatsächlichen Zustands des veräußerten Unternehmens von dem vertraglich vereinbarten Soll-Zustand dar. Für diese Risikoallokation ist es aber im Grundsatz nicht relevant, ob bestimmte Umstände dem Veräußerer besser bekannt sind als dem Erwerber. Der Erwerber wird deshalb regelmäßig darauf dringen, daß der Veräußerer bezüglich der von ihm gemachten Zusicherungen ein selbständiges Garantieversprechen abgibt und für die Richtigkeit dieser Zusicherungen damit auch unabhängig von einem etwaigen Verschulden und unabhängig davon haftet, ob dem Erwerber bekannt sein konnte, daß die garantierten Umstände nicht vorlagen. Letztlich ist der Umfang der von der Kenntnis des Veräußerers unabhängigen Zusicherungen aber eine Verhandlungsfrage. Einschränkungen können etwa dann geboten sein, wenn der zu garantierende Zustand vom Veräußerer in zumutbarer Weise nicht festgestellt werden kann.

147 Ist ein selbständiges **Garantieversprechen** gewollt, muß dies im Vertrag eindeutig zum Ausdruck kommen, da Formulierungen wie „gewähren" oder „garantieren" nach der Rechtsprechung nicht in jedem Fall zur Begründung eines selbständigen Garantieversprechens ausreichen[240].

---

[239] Zur Wissenszurechnung siehe § 9 Rn 29 ff.
[240] BGH NJW 1960, 1567.

Empfehlenswert ist deshalb etwa folgende Formulierung: **148**
Der Veräußerer gewährleistet dem Käufer in Form eines selbständigen Garantieversprechens, daß die folgenden Aussagen zum (Angabe des relevanten Zeitpunkts) richtig und zutreffend sind.

Da es sich bei den Gewährleistungen um eine Risikozuweisung zwischen Veräußerer und Erwerber handelt, muß festgelegt werden, bis zu welchem **Zeitpunkt** der Veräußerer und ab welchem Zeitpunkt der Erwerber das Risiko der Abweichung des tatsächlichen Zustands des Unternehmens vom Soll-Zustand tragen soll (Stichtag). Richtiger Stichtag beim Share Deal ist der Zeitpunkt, zu dem der unternehmerische Einfluß auf den Erwerber übergeht. Häufig, aber nicht immer, wird dies der Zeitpunkt sein, zu dem die veräußerten Anteile auf den Erwerber übergehen, da der Veräußerer bis zu diesem Zeitpunkt grundsätzlich Veränderungen des garantierten Zustands beeinflussen kann. **149**

Denkbar ist es aber auch, daß der Veräußerer dem Erwerber bereits vor **Übergang** der Geschäftsanteile den unternehmerischen Einfluß auf das Unternehmen einräumt. In diesem Fall ist bezüglich des Zeitpunkts, auf den die Gewährleistungen abgegeben werden, zu differenzieren. Gewährleistungen, die sich auf den Geschäftsbetrieb des veräußerten Unternehmens beziehen, werden in einem solchen Fall auf den Zeitpunkt der Einräumung des unternehmerischen Einflusses abgegeben, weil sie ab diesem Zeitpunkt dem Einfluß des Veräußerers entzogen sind. Gewährleistungen, die sich auf Umstände beziehen, die, wie etwa die Inhaberschaft an den veräußerten Geschäftsanteilen, im Einflußbereich des Veräußerers verbleiben, sind auf den Zeitpunkt abzugeben, zu dem die Übertragung der veräußerten Anteile, d. h. der dingliche Vollzug des Vertrags erfolgt[241]. **150**

III. Bestimmte wichtige Gewährleistungen

Umfang und konkreter Inhalt der Gewährleistungen müssen jeweils einzelfallbezogen verhandelt und formuliert werden. Es haben sich in der Praxis zwar bestimmte **Standardregelungen**[242] herausgebildet, die in der einen oder anderen Form bei jedem Unternehmenskauf relevant sein können und die man idR als Checkliste für die im Einzelfall zu vereinbarenden Gewährleistungen verwenden kann. Welche dieser Gewährleistungen tatsächlich benötigt bzw. akzeptiert werden und ob der Veräußerer darüber hinaus weitere bzw. spezielle Gewährleistungen abzugeben hat, hängt jedoch immer von den Umständen des Einzelfalls ab. **151**

Beim Share Deal gibt es dabei regelmäßig **zwei Typen** von Garantiezusagen (Gewährleistungen). Der erste Typus umfaßt diejenigen Gewährleistungen, die sich auf die veräußerten Anteile beziehen, der zweite Typus diejenigen Gewährleistungen, die sich auf das von der Gesellschaft betriebene Unternehmen beziehen. **152**

---

[241] Zum Bezugspunkt bei Gewährleistungen, wenn der Stichtag vor Unterzeichnung liegt, vgl. Rn 107.
[242] Vgl. etwa den Gewährleistungskatalog bei *Hess/Fabritius* in Hopt, Vertrags- und Formularbuch, IV. B. 7; siehe auch die Checkliste bei *Holzapfel/Pöllath* Rn 503 ff.

1. Garantiezusagen bezüglich der veräußerten Anteile

153 Gewährleistungen, die sich auf die veräußerten Anteile beziehen, betreffen zB die nachfolgenden Punkte.

154 **a) Verfassung der Gesellschaft.** Im Hinblick auf die Problematik der fehlerhaften Gesellschaft, die sich nicht nur bei Personen-, sondern auch bei Kapitalgesellschaften stellen kann[243], läßt sich der Erwerber häufig zusichern, daß die Gesellschaft **ordnungsgemäß errichtet** ist und wirksam besteht. Jedenfalls dann, wenn keine 100%-ige Beteiligung erworben wird, sollte zusätzlich gewährleistet werden, daß der Gesellschaftsvertrag in der Form, wie er entweder dem Vertrag als Anlage beigefügt oder dem Erwerber separat übergeben werden kann, nicht geändert wurde und daß keine sonstigen, sich auf die Organisation der Gesellschaft beziehenden Nebenvereinbarungen bestehen.

155 **b) Zusicherungen bezüglich der veräußerten Anteile.** Zu den wichtigsten anteilsbezogenen Gewährleistungen gehört die Zusicherung, daß der Veräußerer **rechtlicher** und **wirtschaftlicher Eigentümer** der veräußerten Anteile ist und sie frei von Rechten Dritter veräußern kann. Auch wenn dem Erwerber bekannt ist, daß die Wirksamkeit der Veräußerung von der Zustimmung Dritter abhängt und diese Zustimmung im Vertrag ausdrücklich berücksichtigt ist, wird er sich regelmäßig zusichern lassen, daß keine **sonstigen** Zustimmungen für die Verfügung über die Anteile erforderlich sind. Da bei GmbH- und Anteilen an Personengesellschaften anders als bei der Übertragung verbriefter Aktien kein gutgläubiger Erwerb der Anteile möglich ist und Schadensersatzansprüche dem Erwerber regelmäßig wenig nützen, sollte der Erwerber aber in jedem Fall die Inhaberschaft des Veräußerers selbst nachprüfen.

156 Im Hinblick auf die Haftungsfolgen[244] ist es weiter erforderlich, daß der Veräußerer gewährleistet, daß die Aktien bzw. das Stammkapital und bei Personengesellschaften der Kapitalanteil voll **einbezahlt** und nicht zurückbezahlt wurden. Bei Kapitalgesellschaften ist zusätzlich zu gewährleisten, daß keine verdeckten Gewinnausschüttungen vorgenommen wurden. Bei der Veräußerung von Anteilen an Personengesellschaften sollte sich der Erwerber zudem die Richtigkeit der Angaben zu den übertragenen Gesellschafterkonten zusichern lassen.

157 In komplizierter gelagerten Fällen kann es darüber hinaus sinnvoll sein, in einer Anlage zum Vertrag eine **Aufstellung** über die Entwicklung des Stammkapitals bzw. der eingetragenen Haft- oder Kapitaleinlagen der Gesellschafter sowie eine Entwicklung der Beteiligungsverhältnisse an der Gesellschaft beizufügen und sich die Richtigkeit dieser Aufstellung zusichern zu lassen. Grund für diese Zusicherung ist, daß mangels Verbriefung solcher Anteile insbes. die Beteiligungsverhältnisse nur schwer nachprüfbar sein können.

---

[243] Zur GmbH vgl. *Hueck* in Baumbach/Hueck § 2 GmbHG Rn 33 ff.; zur AG vgl. *Hüffer* § 23 AktG Rn 41 ff. Mit Eintragung einer Kapitalgesellschaft im Handelsregister können Gründungsmängel allerdings grundsätzlich nicht mehr geltend gemacht werden. Dies gilt aber nicht im gleichen Umfang für Beitrittsmängel; vgl. *Hueck* in Baumbach/Hueck § 2 GmbHG Rn 38 ff.

[244] Siehe Rn 130 ff.

c) **Gesellschaftsrechtliche Verhältnisse.** Die gesellschaftsrechtlichen Verhältnisse der veräußerten Gesellschaft betreffen die Beteiligung an weiteren Unternehmen sowie das Bestehen von sonstigen Vereinbarungen, die ihren Grund in gesellschaftsrechtlichen Beziehungen haben, wie zB Unternehmensverträge, Patronatserklärungen, stille Beteiligungen etc. Soweit keine Anhaltspunkte für solche gesellschaftsrechtlichen Rechtsverhältnisse bestehen, besteht die Zusicherung regelmäßig in einer entsprechenden Negativgewährleistung. Im übrigen sind solche Verhältnisse entweder im Vertrag selbst oder in der Anlage zu erwähnen bzw. ist zu regeln, wie mit ihnen verfahren werden soll.

Dies gilt insbes. für das Bestehen eines **Beherrschungs- und Ergebnisabführungsvertrags**[245]. Besteht auf der Grundlage eines solchen Beherrschungs- und Ergebnisabführungsvertrags steuerlich eine **Organschaft**[246], so ist zu beachten, daß die steuerliche Wirkung regelmäßig mit dem Ende des Geschäftsjahrs endet, das dem Geschäftsjahr der Veräußerung der Anteile vorausgeht, da die Organschaft steuerlich immer nur für ein volles Geschäftsjahr berücksichtigt werden kann, mit Veräußerung der Anteile aber die für die Organschaft erforderliche finanzielle Eingliederung der Organgesellschaft endet[247]. Den hiermit verbundenen Risiken kann begegnet werden, indem sich der Erwerber vom Veräußerer entweder gewährleisten läßt, daß die Organschaft im Geschäftsjahr der Veräußerung nicht mehr praktiziert wurde oder der Übergang der Geschäftsanteile auf das Ende des Geschäftsjahrs gelegt wird.

Weiter ist zu beachten, daß der Zeitpunkt der Beendigung der steuerlichen Wirkungen eines Beherrschungs- und Ergebnisabführungsvertrags regelmäßig nicht mit dem Zeitpunkt seiner **gesellschaftsrechtlichen Beendigung** zusammenfällt. Eine Vereinbarung über die ordentliche Kündigung des Vertrags kommt nur in Betracht, wenn diese im Vertrag vorgesehen ist. Ob bzw. unter welchen Voraussetzungen die Anteilsveräußerung zur Kündigung des Vertrags aus wichtigem Grund berechtigt, ist umstritten[248]. Fehlt es an einem (ordentlichen) Kündigungsrecht, bleibt dann nur die einvernehmliche Aufhebung des Vertrags, die für die AG als abhängige Gesellschaft ausdrücklich geregelt[249], aber auch für die GmbH zulässig ist[250]. Bei der AG kann der Unternehmensvertrag aber nur zum Ende des Geschäftsjahrs aufgehoben werden, eine rückwirkende Aufhebung führt zur Nichtigkeit der entsprechenden Vereinbarung[251]. Unklar ist, ob dies auch für die GmbH gilt[252]. Umstritten ist weiter für die GmbH, ob die Aufhebung der Zustimmung der Gesellschafter der beherrschten und ggf. auch der herrschenden GmbH bedarf[253].

---

[245] Siehe § 28 Rn 37 ff.
[246] §§ 14 ff. KStG.
[247] *Wrede* in MünchHdbGesR Bd. 3 § 74 Rn 9.
[248] Für Nachweise zum Meinungsstand siehe *Decher* in MünchHdbGesR Bd. 3 § 72 Rn 34.
[249] § 296 AktG.
[250] *Zöllner* in Baumbach/Hueck GmbHG Schlußanh. I Rn 52.
[251] *Hüffer* § 296 AktG Rn 4.
[252] Ablehnend *Ulmer* in Hachenburg § 53 GmbHG Rn 154; weitere Nachweise bei *Decher* in MünchHdbGesR Bd. 3 § 72 Rn 35.
[253] *Zöllner* in Baumbach/Hueck Schlußanh. I Rn 52; *Decher* in MünchHdbGesR Bd. 3 § 72 Rn 35, jeweils mwN zum Meinungsstand.

161 Im Hinblick auf die Schwierigkeiten, die sich wegen des Fortbestands des Weisungsrechts und der Verlustausgleichspflicht bei Fortbestehen des Beherrschungs- und Ergebnisabführungsvertrags nach Anteilsveräußerung ergeben können, ist regelmäßig zu empfehlen, den Übergang der Anteile auf den Zeitpunkt der Beendigung des Vertrags zu legen und die gesellschaftsrechtliche Beendigung, wenn möglich, für den gleichen Zeitpunkt wie die Beendigung der steuerlichen Organschaft, d. h. für das Ende des Geschäftsjahrs vorzusehen.

2. Unternehmensbezogene Gewährleistungen

162 Unternehmensbezogene Gewährleistungen, die beim Share Deal von Bedeutung sein können, betreffen zB folgende Punkte:

163 **a) Jahresabschluß-Gewährleistung.** Die auf den bzw. die letzten Jahresabschlüsse der veräußerten Gesellschaft bezogenen Gewährleistungen beziehen sich als Minimumstandard auf die Vermittlung eines den tatsächlichen Verhältnissen entsprechenden Bilds der Vermögens-, Finanz- und Ertragslage der veräußerten Gesellschaft unter Beachtung der Grundsätze ordnungsgemäßer Buchführung[254]. Soweit die Jahresabschlüsse geprüft wurden, wird der Veräußerer zur Abgabe einer solchen Zusicherung regelmäßig bereit sein, da sie den Erwerber lediglich vor bewußten Verstößen schützt. Ob der Veräußerer darüber hinaus bereit sein wird, bestimmte **Bilanzpositionen** zu garantieren, d. h. für ihre **Richtigkeit** einzustehen, hängt vom Ergebnis der Verhandlungen im Einzelfall ab. Häufig wird der Erwerber etwa versuchen, sich die Einbringlichkeit der ausstehenden Forderungen oder die Richtigkeit bestimmter Rückstellungen, etwa für Pensionen oder Altlasten gewährleisten zu lassen. Eine solche Gewährleistung geht über die Gewährleistung der Beachtung der Grundsätze ordnungsgemäßer Buchführung hinaus. Der Veräußerer haftet auch dann, wenn sich aufgrund nachträglicher Erkenntnisse herausstellt, daß die Bilanzansätze korrigiert werden müssen, zB weil bezüglich der Einbringlichkeit der Forderungen die vorgenommenen Wertberichtigungen nicht ausreichen.

164 Bei der Veräußerung von Aktien kommt es vor, daß sich der Erwerber als Ergänzung der Jahresabschluß-Gewährleistung zusichern läßt, daß die Gesellschaft **geeignete Maßnahmen**, insbes. die Einrichtung eines Überwachungssystems, getroffen hat, um Entwicklungen, die den Fortbestand der Gesellschaft gefährden können[255], rechtzeitig erkennen zu können. Es ist allerdings schwierig zu bestimmen, wann eine solche Zusicherung unrichtig ist.

165 **b) Steuern.** Eine besonders wichtige Gewährleistung betrifft die Steuerhistorie der veräußerten Gesellschaft. Der Erwerber wird sich regelmäßig zusichern lassen, daß die Gesellschaft alle **Steuererklärungen** ordnungsgemäß erstellt und rechtzeitig abgegeben sowie geschuldete Steuern und Sozialversicherungsbeiträge und andere öffentlich-rechtliche Abgaben **bei Fälligkeit gezahlt** bzw. – soweit die Fälligkeit bei Erstellung der jeweils maßgeblichen Abschlüsse noch nicht gegeben war – **ordnungsgemäße Rückstellungen** gebildet hat. Bei Kapitalgesell-

---

[254] § 264 Abs. 2 HGB.
[255] § 91 Abs. 2 AktG.

schaften (insbes. bei kleineren GmbHs) wird sich der Erwerber zudem zusichern lassen, daß **keine verdeckten Gewinnausschüttungen** erfolgt sind. Ist bei Abschluß des Kaufvertrags bereits bekannt, daß Betriebsprüfungen zu steuerlichen Nachforderungen führen werden oder daß verdeckte Gewinnausschüttungen erfolgt sind, ist hierfür eine explizite Regelung zu treffen.

Hintergrund der Steuergewährleistung ist, daß immer dann, wenn steuerliche Veranlagungszeiträume noch nicht Gegenstand einer Betriebsprüfung waren, das Risiko von **Steuernachforderungen** besteht. Hierfür hat der Veräußerer die Haftung zu übernehmen.

Bei einer Steuergewährleistung ist auf der **Rechtsfolgenseite** zu berücksichtigen, daß dem Veräußerer das Recht eingeräumt werden muß, an **Betriebsprüfungen**, die den Veranlagungszeitraum betreffen, der Gegenstand der Gewährleistung ist, teilzunehmen. Auch wenn sich dies bereits aus den Grundsätzen des allgemeinen Schadensersatzrechts ergibt, sollte zudem klargestellt werden, daß den Veräußerer keine Haftung für reine Periodenverschiebungen trifft.

In engem Zusammenhang mit der Steuergewährleistung[256] stehen Gewährleistungen des Veräußerers über die ordnungsgemäße Verwendung **öffentlicher Zuschüsse**.

c) Vermögensbezogene Gewährleistungen. Vermögensbezogene Gewährleistungen dienen dazu, dem Erwerber ein vollständiges Bild über die für den Geschäftsbetrieb der Gesellschaft erforderlichen Gegenstände des Anlage- und Umlaufvermögens zu verschaffen. Verfügt die Gesellschaft über **Grundstücke**, läßt sich der Erwerber deshalb regelmäßig das Eigentum und dessen Belastungsfreiheit bzw. zusichern, daß die Gesellschaft mit Ausnahme derjenigen Grundstücke und Belastungen, die im Vertrag bzw. in der Anlage zum Vertrag erwähnt werden, Eigentümerin der von ihr genutzten Grundstücke ist und diese Grundstücke lastenfrei sind. Weiter sollte sich der Erwerber zusichern lassen, daß die Gesellschaft alle Grundstücke nutzen kann, die für ihren Geschäftsbetrieb erforderlich sind.

Entsprechendes gilt für das **sonstige Anlagevermögen** sowie das **Umlaufvermögen**. Die Gewährleistung wird regelmäßig dahin gehen, daß die Gesellschaft mit Ausnahme der in einer Anlage aufzulistenden Gegenstände des Anlage- und Umlaufvermögens Eigentümerin des von ihr genutzten und für ihren Geschäftsbetrieb erforderlichen Anlage- und Umlaufvermögens und dieses frei von jeglichen Belastungen sowie Rechten Dritter ist, es sei denn, daß ausdrücklich etwas anderes angegeben wird (etwa bei Sicherungseigentum zur Besicherung von Krediten). Durch diese Gewährleistung wird der Erwerber darüber informiert, welche Gegenstände des Anlagevermögens die Gesellschaft für ihren Unternehmensbetrieb benötigt, aber nicht bilanziert, weil die Gesellschaft insoweit nur über ein nicht bilanzierungsfähiges Nutzungsrecht verfügt.

Verfügt die Gesellschaft über **gewerbliche Schutzrechte**[257], werden diese Schutzrechte meist in einer Anlage zum Vertrag aufgelistet und vom Veräußerer

---

[256] Einzelheiten zu Steuerklauseln bei *Streck/Mack*, Unternehmenskauf und Steuerklauseln, BB 1992, 1398 ff. Zur Mitwirkung von Verkäufer und Erwerber an Verfahren siehe § 16 Rn 80 ff.
[257] Siehe § 30.

die Vollständigkeit dieser Liste sowie darüber hinaus gewährleistet, daß keines der Schutzrechte angegriffen wurde. Verfügt die Gesellschaft nicht über gewerbliche Schutzrechte, wird auch dieser Umstand meist in Form einer Negativerklärung zugesichert.

172 **d) Wichtige Verträge.** Die **vertraglichen Beziehungen** der Gesellschaft sind für den Erwerber regelmäßig von besonderer Bedeutung, da die weitere Entwicklung des Unternehmens wesentlich von ihrem Inhalt und Fortbestand abhängen kann. Auch wenn der Erwerber Gelegenheit hatte, iRd. Due Diligence diese wichtigen Verträge zu überprüfen (was aus Gründen der Vertraulichkeit der in diesen Verträgen enthaltenen Informationen häufig nicht der Fall ist), wird der Erwerber aber oft nicht in der Lage sein, die Vollständigkeit dieser Verträge und die Auswirkungen des Gesellschafterwechsels auf ihren Bestand zu überprüfen. Dies kann auch dann gelten, wenn die Verträge keine sog. Change of Control-Regelung (Kündigungsrecht bei wesentlicher Änderung des Gesellschafterbestands der Gesellschaft) vorsehen. Der Unternehmenskaufvertrag sollte deshalb immer eine **Auflistung wesentlicher Verträge** enthalten und der Veräußerer dem Erwerber nicht nur die Vollständigkeit dieser Auflistung, sondern zusätzlich zusichern, daß weder die Wirksamkeit noch Durchsetzbarkeit eines wichtigen Vertrags angefochten wurde, die Beendigung keines wichtigen Vertrags bevorsteht und weder die Gesellschaft noch (nach bestem Wissen des Veräußerers) der jeweilige Vertragspartner gegen Bestimmungen eines wichtigen Vertrags verstoßen haben oder sich mit der Erfüllung von Verpflichtungen daraus in Verzug befinden[258].

173 **e) Betriebliche Genehmigungen.** Soweit die Gesellschaft für ihren Geschäftsbetrieb anlagen- oder personenbezogene Genehmigungen[259] benötigt, hat der Veräußerer zu gewährleisten, daß die Gesellschaft über alle für ihren Betrieb **erforderlichen** behördlichen **Erlaubnisse** verfügt, der Geschäftsbetrieb in Übereinstimmung mit diesen Erlaubnissen geführt wird und weder ein Widerruf noch eine Einschränkung bevorsteht. Weiter sollte sich die Gewährleistung auch darauf erstrecken, daß die betrieblichen Anlagen der Gesellschaft unter Beachtung der anwendbaren Rechtsvorschriften errichtet wurden. Gelegentlich stellen die der Gesellschaft erteilten Genehmigungen ihren hauptsächlichen Wert dar (zB bei Lizenzen). In solchen Fällen sollte die Gewährleistung speziell auf die Anforderungen einer solchen Genehmigung zugeschnitten werden.

174 **f) Altlasten.** Eine weitere wichtige Gewährleistung betrifft die Altlastenfreiheit der Grundstücke der Gesellschaft[260]. Zu einer uneingeschränkten Gewährleistung wird der Veräußerer aber nur dann bereit sein, wenn er sicher ist, daß **kein** Altlastenrisiko besteht. Die Altlastengewährleistung ist deshalb häufig Gegenstand intensiver und schwieriger Verhandlungen, da insbes. dann, wenn die Grundstücke der Gesellschaft bereits lange Zeit für industrielle Produktionszwecke genutzt wurden, auch der Veräußerer keine konkrete Kenntnis über die Altlasten-

---

[258] Ein Beispiel für einen Katalog wichtiger Verträge findet sich bei *Hess/Fabritius* in Hopt, Vertrags- und Formularbuch, IV B 7.
[259] Siehe Rn 51.
[260] Siehe § 29 Rn 95 ff.

belastung hat. Hier kann es sich empfehlen, die Erstellung von **Sachverständigengutachten** zu vereinbaren und für den Fall der Altlastenbelastung eine konkrete Regelung zu treffen, die auch das **Risiko** zwischen Veräußerer und Erwerber aufteilen kann. Steht bereits fest, daß Grundstücke altlastenbehaftet sind, ist dringend zu empfehlen, eine konkrete Regelung über Sanierungsmaßnahmen, Kostentragungspflichten etc. zu treffen. Bei Bestehen eines Altlastenrisikos ist auf die Formulierung der entsprechenden Gewährleistung in jedem Fall besonderes Gewicht zu legen.

Die vorstehenden Ausführungen geben nur einen **Überblick** über die wichtigsten Gewährleistungen[261]. Zu beachten ist, daß der Veräußerer in zahlreichen Fällen nicht in der Lage sein wird, die geforderte Gewährleistung uneingeschränkt abzugeben. Es hängt dann von den Umständen des Einzelfalls ab, ob in einer solchen Situation eine gesonderte Regelung erforderlich ist oder ob der Erwerber sich mit der Information zufrieden gibt, daß bestimmte Umstände nur eingeschränkt zugesagt werden können.

G. Sonstige regelungsbedürftige Punkte

I. Wettbewerbsverbot

1. Allgemeines

Wenn der Veräußerer über seine reine Kapitalbeteiligung hinaus für den wirtschaftlichen Erfolg des Unternehmens verantwortlich ist, etwa weil er selbst die unternehmerische Leitung innehatte, über besonderes Know-how verfügte oder maßgeblich am Aufbau der Kundenbeziehungen mitwirkte, hat der Erwerber regelmäßig das Interesse sicherzustellen, daß sich der Veräußerer zumindest für einen begrenzten Zeitraum aus dem Markt zurückzieht. Da der **Unternehmenswert** vielfach zu einem erheblichen Teil von den bestehenden Kundenbeziehungen und der Position des Unternehmens am Markt abhängt, könnte der Veräußerer anderenfalls die **Ertragskraft des Unternehmens** durch konkurrierende Tätigkeit wieder an sich ziehen. Es besteht zwar regelmäßig eine kaufvertragliche, durch Unterlassungs- und Schadensersatzansprüche sanktionierbare[262] Nebenpflicht des Veräußerers, in zeitlich, sachlich und räumlich notwendigem Umfang solche Wettbewerbstätigkeit zu unterlassen, die geeignet ist, Tätigkeit und Marktstellung des veräußerten Unternehmens zu beeinträchtigen[263]. Die **Grenzen** dieses gesetzlichen Wettbewerbsverbots lassen sich jedoch nicht genau bestimmen, da sie jeweils von den Umständen des Einzelfalls abhängen.

Im Interesse der Rechtssicherheit sollte deshalb immer ein **ausdrückliches Wettbewerbsverbot** in den Vertrag aufgenommen werden, wenn es dem Erwer-

---

[261] Zu weiteren Einzelheiten siehe § 9 Rn 1 ff.
[262] *OLG Hamm* GRUR 1973, 421, 424; *Hirte* ZHR 154 (1990) 443, 444.
[263] *BGH* NJW 1982, 2000, 2001; *Steindorff*, Gesetzeszweck und gemeinsamer Zweck des § 1 GWB, BB 1977, 569, 571.

ber darauf ankommt, daß der Veräußerer für eine gewisse Zeit nicht im Markt der erworbenen Gesellschaft tätig ist. Um wirksam zu sein, muß ein vertragliches Wettbewerbsverbot allerdings die zivilrechtlichen und wettbewerbsrechtlichen Schranken beachten, die für seine zeitliche, sachliche und räumliche Erstreckung gelten[264].

2. Schranken

178   a) **Zivilrechtliche Schranken.** Mit Rücksicht auf die grundgesetzlich gewährleistete Berufsfreiheit[265] ist ein Wettbewerbsverbot **zivilrechtlich nur wirksam**, wenn es durch ein schutzwürdiges Interesse des Erwerbers gefordert wird und sein zeitlicher, örtlicher und gegenständlicher Umfang den Veräußerer nicht unangemessen in seiner wirtschaftlichen Bewegungsfreiheit beschränkt. Die schutzwürdigen Interessen des Erwerbers bestehen regelmäßig darin, den Veräußerer daran zu hindern, durch Wettbewerbstätigkeiten die Ertragskraft des Unternehmens wieder an sich zu ziehen. Die mit dem Wettbewerbsverbot verbundenen Beschränkungen sind in dem Umfang angemessen, in dem die vom Veräußerer geschaffenen geschäftlichen Beziehungen fortwirken und die Marktposition des erworbenen Unternehmens nach Übernahme durch den Erwerber noch nicht soweit konsolidiert ist, daß der **Wiedereintritt des Veräußerers** in den Wettbewerb keine wesentlich **größere Gefahr** darstellt als die **Konkurrenz eines neu auf den Markt kommenden Unternehmens**[266].

179   Hinsichtlich der **räumlichen Geltung** des Wettbewerbsverbots bedeutet dies, daß es sich nur auf den bisherigen räumlichen Tätigkeitsbereich des Unternehmens erstrecken darf[267]. In **sachlicher Hinsicht** muß es sich auf den bisherigen sachlichen Tätigkeitsbereich des veräußerten Unternehmens beschränken. Eine Ausdehnung auf zukünftige Geschäftsfelder oder Bereiche, die vor Übertragung der Anteile herausgelöst wurden, ist unzulässig[268]. In **zeitlicher Hinsicht** ist ein Wettbewerbsverbot so lange zulässig, wie die Stellung des Veräußerers im Markt fortwirkt. Bei welchen Zeiträumen dies angenommen werden kann, ist der am schwierigsten zu beurteilende Aspekt der Angemessenheit von Wettbewerbsverboten und wird in der Judikatur am häufigsten beanstandet.

180   Aus der kasuistischen Rechtsprechung läßt sich hierzu der **Grundgedanke** ableiten, daß unbefristete oder 10-jährige Wettbewerbsverbote bei Unternehmensveräußerungen regelmäßig unzulässig sind, 2-jährige oder nur 1-jährige Wettbewerbsverbote hingegen regelmäßig zulässig sein dürften[269]. Zwischen diesen Eckpunkten liegende zeitliche Erstreckungen lassen sich nur mit Blick auf die gegenständliche und räumliche Ausdehnung des Wettbewerbsverbots und die jeweilige Fallgestaltung beurteilen. Ein allgemeiner Grundsatz, Wettbewerbsverbote

---

[264] Siehe *Hess/Fabritius* in BeckFormBuch IV. B. 7 § 6 mit Anm. 53.
[265] Art. 12 GG.
[266] *BGH* NJW 1979, 1605, 1606.
[267] *BGH* DB 1994, 34, 35.
[268] *OLG Hamm* GRUR 1973, 421.
[269] Vgl. die Auswertung der Rspr. bei *Hirte* ZHR 154 (1990) 443, 446ff., 451.

dürfen keinesfalls länger als zwei Jahre andauern[270], existiert unter diesem Gesichtspunkt hingegen nicht.

Eine **Karenzentschädigung** für den Veräußerer im Fall des vertraglich vereinbarten Wettbewerbsverbots ist regelmäßig nicht Zulässigkeitsvoraussetzung. Im Einzelfall kann aber eine derartige Entschädigung erforderlich sein, etwa wenn der vereinbarte Kaufpreis ausdrücklich nur dem Wert der Wirtschaftsgüter des übernommenen Unternehmens entspricht oder ein lediglich symbolischer Kaufpreis vereinbart wird[271].

181

Rechtsfolge eines unangemessenen und damit sittenwidrigen Wettbewerbsverbots ist regelmäßig seine **Nichtigkeit**[272]. Ergibt sich die Unangemessenheit aus der zeitlichen Ausdehnung, ist allerdings eine geltungserhaltende Reduktion möglich[273]. Unberührt von der Nichtigkeit eines vertraglichen Wettbewerbsverbots bleibt eine entsprechende Nebenpflicht aus dem Kaufvertrag[274].

182

b) Kartellrechtliche Schranken. aa) Deutsches Kartellrecht. Wettbewerbsverbote verstoßen gegen das Kartellverbot[275], wenn sie über das hinausgehen, was für die Übertragung des Unternehmens in zeitlicher, räumlicher und sachlicher Hinsicht erforderlich ist. Auch hier ist also Maßstab, was zur **Konsolidierung des Unternehmens** in der Hand des Erwerbers erforderlich ist[276]. Bezüglich der **Schranken** für die räumliche, gegenständliche und zeitliche Geltung von Wettbewerbsverboten gelten die obigen Ausführungen[277] im wesentlichen entsprechend. Es besteht aber keine Tatbestandsidentität, da ein Wettbewerbsverbot zwar kartellrechtlich wirksam, gleichwohl aber zivilrechtlich unwirksam sein kann[278]. Ein Verstoß gegen das Kartellrecht liegt zudem nur vor, wenn das Wett-

183

---

[270] So aber *Hirte* ZHR 154 (1990) 443, 454; vgl. nur *OLG Zweibrücken* NJW-RR 1990, 482, 483.
[271] *Hirte* ZHR 154 (1990) 443, 458.
[272] *BGH* DB 1989, 1620, 1621.
[273] *BGH* GmbHR 1991, 15, 17.
[274] *BGH* NJW 1982, 2000, 2001.
[275] § 1 GWB. Siehe § 25.
[276] *BGH* NJW 1982, 2000, 2001. Überschreitet ein Wettbewerbsverbot diese Grenzen, sollte nach der Rechtsprechung, die zu der vor der 6. GWB-Novelle ergangenen Fassung von § 1 GWB ergangen ist, das Tatbestandsmerkmal des „gemeinsamen Zwecks" erfüllt sein, da in diesem Fall nicht mehr nur die Interessen des Erwerbers an der Absicherung seiner Marktstellung, sondern gemeinsame Interessen der Parteien verfolgt würden, die über das hinaus gehen, was zur Durchführung des Austauschvertrags erforderlich ist, *BGH* NJW 1979, 1605, 1606; *BGH* BB 1984, 1826, 1827; *OLG München* NJW-RR 1995, 1191, 1192. Das Merkmal des gemeinsamen Zwecks ist durch die 6. GWB-Novelle allerdings entfallen und durch das Tatbestandsmerkmal „Vereinbarung zwischen miteinander im Wettbewerb stehenden Unternehmen" ersetzt worden. Abzuwarten bleibt deshalb, ob die zur alten Rechtslage ergangene Rechtsprechung weiter gilt. Nach der Literatur ist davon auszugehen, daß dies der Fall sein wird, da sich die Änderung des Wortlauts auf die inhaltliche Reichweite nicht auswirken soll, *Karsten Schmidt* AG 1998, 551, 558 ff.; *Bechtold*, Kommentar zum GWB, 2. Aufl. 1999 § 1 Rn 41; offen *Stockmann* in Wiedemann, Handbuch des Kartellrechts, 1999, § 7 Rn 53.
[277] Siehe Rn 178 ff.
[278] Etwa weil im Hinblick auf Art. 12 GG für die zivilrechtliche Wirksamkeit andere Maßstäbe gelten, vgl. *BGH* NJW 1979, 1605, 1606.

bewerbsverbot die Verhältnisse auf dem relevanten Markt **spürbar** beeinflussen kann[279].

184 Der Verstoß eines Wettbewerbsverbots gegen das Kartellverbot führt nicht zu seiner Unwirksamkeit, sondern zu seiner Beschränkung auf den **rechtmäßigen Umfang**[280].

185 **bb) Europäisches Kartellrecht.** Dient ein Wettbewerbsverbot nicht mehr der Durchführung eines Austauschverhältnisses, d. h. der Sicherung des Geschäftsübergangs auf den Erwerber, liegt auch ein Verstoß gegen **EG-Recht** vor, wenn das Wettbewerbsverbot **grenzüberschreitende Auswirkungen** hat und den zwischenstaatlichen Handel (spürbar) beeinträchtigen kann[281]. Ist ein Wettbewerbsverbot zur Durchführung des Vertrags erforderlich, ist es, ebenso wie im deutschen Kartellrecht, vom europarechtlichen Kartellverbot ausgenommen[282]. Die Notwendigkeit wird dann angenommen, wenn sich das Wettbewerbsverbot gegenständlich und räumlich auf den bisherigen Tätigkeitsbereich des Unternehmens bezieht. In zeitlicher Hinsicht geht die Kommission nach ihrer neuen Bekanntmachung davon aus, daß ein Zeitraum von drei Jahren angemessen ist, wenn die Übertragung des Unternehmens den Kundenstamm und das Know-how mit einschließt[283], eine Voraussetzung, die bei einem Share Deal regelmäßig erfüllt ist. Ist ein in den Anwendungsbereich des EG-Rechts fallendes Wettbewerbsverbot nicht zur Durchführung des Vertrags erforderlich, ist es **nichtig**[284].

3. Vertragliche Sanktionierung

186 Aufgrund der tatsächlichen Schwierigkeiten eines Schadensnachweises im Einzelfall ist die Vereinbarung einer **Vertragsstrafe** für den Fall der Zuwiderhandlung gegen das Wettbewerbsverbot dringend zu empfehlen. Gegen unangemessen hohe Vertragsstrafen ist der Veräußerer durch die Möglichkeit einer gerichtlichen Herabsetzung im Streitfall geschützt[285]. Diese besteht jedoch nur, wenn der Veräußerer oder der Käufer kein Kaufmann ist[286].

---

[279] *BGH* DB 1994, 34, 35; das Merkmal der Spürbarkeit der Beeinflussung ist zwar in der Neufassung von § 1 GWB entfallen. Es soll aber auch nach neuer Rechtslage weiterhin zu beachten sein; *Karsten Schmidt* AG 1998, 551, 560.

[280] *BGH* BB 1984, 1826.

[281] Art. 81 EG-Vertrag nF und die Bekanntmachung der Kommission über Nebenabreden zu Zusammenschlüssen nach der VO (EWG) Nr. 4064/89 des Rates über die Kontrolle von Unternehmenszusammenschlüssen vom 21. 12. 1989 (ABl. Nr. C 203/5 v. 14. 8. 1990).

[282] Bekanntmachung der EG-Kommission über Nebenabreden zu Zusammenschlüssen nach der VO Nr. 4064/89 des Rates vom 21. 12. 1989 über die Kontrolle von Unternehmenszusammenschlüssen.

[283] Bekanntmachung der EG-Kommission über Nebenabreden zu Zusammenschlüssen nach der VO Nr. 4064/89 des Rates vom 21. 12. 1989 über die Kontrolle von Unternehmenszusammenschlüssen (ABl. Nr. C 188/f v. 4. 7. 2001, Ziff. 15).

[284] Art. 81 Abs. 2 EG-Vertrag nF; zur Möglichkeit, das Wettbewerbsverbot anzumelden und (durch ein Negativattest) genehmigen zu lassen *Holzapfel/Pöllath* Rn 858 aff.

[285] § 343 Abs. 1 Satz 1 BGB.

[286] § 348 HGB.

II. Vertraulichkeit

Zur Ergänzung des Wettbewerbsverbots und zum Schutz der während der Vertragsverhandlungen ausgetauschten vertraulichen Informationen ist es sinnvoll, daß sich beide Vertragsparteien verpflichten, über sämtliche Tatsachen (soweit sie nicht öffentlich bekannt sind), von denen sie im Zusammenhang mit der Transaktion Kenntnis erlangen, zB Betriebsgeheimnisse und interne Geschäftsprozesse der anderen Vertragspartei, **Stillschweigen zu bewahren**. Häufig werden die Parteien allerdings bereits mit Aufnahme der Gespräche über die Veräußerung eine **Vertraulichkeitsvereinbarung** abschließen, um insbes. für den Fall des Fehlschlagens der Verhandlungen die Vertraulichkeit der ausgetauschten Informationen zu sichern[287].

Ob es sinnvoll ist, Vertraulichkeitsverpflichtungen durch eine **Vertragsstrafe** zu sanktionieren, wird unterschiedlich beurteilt. Eine Vertragsstrafenregelung hat zwar den Vorteil, daß sie die berechtigte Partei davon befreit, den regelmäßig nur schwer verifizierbaren Schaden darzulegen. Andererseits wird es idR kaum möglich sein, den Nachweis zu führen, daß gerade die verpflichtete Partei die Vertraulichkeitsverletzung begangen hat, so daß Vertragsstrafenregelungen erfahrungsgemäß meist ins Leere laufen. Immerhin können sie aber unter Umständen eine gewisse abschreckende Wirkung entfalten.

III. Auskunfts- und Mitwirkungsrechte und -pflichten

In Abhängigkeit von der jeweiligen Situation des Einzelfalls kann die vertragliche Vereinbarung von Auskunfts- und Mitwirkungsrechten und -pflichten der Vertragsparteien für die Zeit nach dem Übergangsstichtag erforderlich sein, um die reibungslose Überleitung des Unternehmens sicherzustellen. Solche Auskunfts- und Mitwirkungsrechte und -pflichten sollten angesichts der spärlichen gesetzlichen Regelung möglichst detailliert und umfassend im Vertrag geregelt werden.

1. Pflichten des Veräußerers

Auskunfts- und Mitwirkungspflichten des Veräußerers kommen insbes. dann in Betracht, wenn der Veräußerer selbst **im Unternehmen tätig** war und die Überleitung des an seine Person gebundenen Know-how bzw. seine Unterstützung für eine Übergangsphase erforderlich ist. Denkbar ist etwa, daß der Veräußerer verpflichtet wird, den Erwerber bei Lieferanten und Kunden einzuführen, Planungsprojekte, deren Realisierung an die Unterstützung durch seine Person gebunden sind, weiter mit zu betreuen, an Informationsveranstaltungen für die Mitarbeiter mitzuwirken oder Unterlagen in seinem persönlichen Besitz und eigenes Know-how auf den Erwerber bzw. die Gesellschaft zu übertragen. Häufig wird auch vereinbart, daß der Veräußerer der erworbenen Gesellschaft noch für eine bestimmte Zeit als **Berater** oder, wenn er auch die Geschäftsführung im Un-

---

[287] Siehe § 6 Rn 3 ff.

ternehmen innehatte, als **Geschäftsführer** zur Verfügung steht. In einem solchen Fall empfiehlt es sich, im Kaufvertrag auch die Konditionen für die weitere Tätigkeit zu regeln.

2. Rechte des Veräußerers

191   Insbes. dann, wenn **Rechtsstreitigkeiten** oder **sonstige Verfahren** bei der Gesellschaft anhängig sind, deren Ausgang sich auf die Garantiehaftung des Veräußerers auswirken kann, muß vereinbart werden, in welcher Weise der Veräußerer in die Verfahren eingebunden wird[288]. Regelmäßig ist vorzusehen, daß **Rechtshandlungen**, wie zB die Einlegung von Rechtsmitteln, ein prozessualer Vergleich oder ein Anerkenntnis, die unmittelbare Auswirkungen auf Ob und Höhe eines Garantieanspruchs haben können, nur mit seiner Zustimmung vorgenommen werden dürfen und der Veräußerer insgesamt im erforderlichen Umfang über solche Verfahren zu informieren ist. Auch ist eine Regelung über das **Kostenrisiko** für solche Rechtshandlungen vorzusehen. Entsprechendes gilt für **außergerichtliche Auseinandersetzungen**, die Auswirkungen auf die Garantiehaftung des Veräußerers haben können. Die Beteiligung des Veräußerers an steuerlichen Betriebsprüfungen wurde bereits angesprochen.

IV. Rechtsverhältnisse zwischen Veräußerer und Gesellschaft

192   In zahlreichen Fällen ist der Veräußerer nicht nur über seine Beteiligung mit der Gesellschaft verbunden, sondern hat vielfältige **Rechtsbeziehungen mit der Gesellschaft** begründet. Über die Aufnahme von Auskunfts- und Mitwirkungspflichten des Veräußerers hinaus ist es in diesen Fällen erforderlich, im Vertrag **explizite Regelungen** über das Schicksal dieser Rechtsverhältnisse zu treffen. Besonders häufig ist der Fall, daß der Veräußerer der Gesellschaft Darlehen gewährt oder **Darlehen** der Gesellschaft mit seinem eigenen Vermögen abgesichert hat. Solche Darlehen können eigenkapitalersetzenden Charakter haben. Gehört die veräußerte Gesellschaft zu einer größeren Unternehmensgruppe, wird sie darüber hinaus häufig in die Konzernfinanzierung eingebunden sein und in diesem Zusammenhang oft die Darlehensverbindlichkeiten des Veräußerers durch grundbuchliche oder persönliche Sicherheiten abgesichert haben. Denkbar sind auch Lieferbeziehungen und sonstige Auftragsverhältnisse oder Miet- bzw. Pachtverhältnisse zwischen Veräußerer und Gesellschaft.

193   Mit Veräußerung der Geschäftsanteile müssen solche Rechtsbeziehungen auf eine neue Grundlage gestellt und es muß deshalb im Vertrag ausdrücklich geregelt werden, wie mit ihnen verfahren werden soll. Bei den im Rahmen solcher Regelungen begründeten Pflichten des Veräußerers handelt es sich um **primäre Leistungspflichten**, die neben die Leistungspflicht zur Lieferung des Vertragsgegenstands treten. Mit Gewährleistungsansprüchen haben sie also nichts zu tun, so daß ausdrücklich klargestellt werden muß, daß mögliche **Haftungsbegrenzungen** des Veräußerers bei der Verletzung von Gewährleistungen auf die Geltendmachung

---

[288] Siehe § 16 Rn 80ff.

von Schadensersatzansprüchen des Erwerbers wegen Nichterfüllung solcher zusätzlichen Leistungspflichten **keine Anwendung** finden. Entsprechendes gilt für die Verjährungsregelung für Gewährleistungsansprüche.

Für **Gesellschafterdarlehen** wird meist vereinbart, daß diese mit verkauft sind und der Anspruch auf Darlehensrückzahlung an den Erwerber abgetreten wird. Der Kaufpreis für die abgetretene Forderung ist im Gesamtkaufpreis meist mit enthalten und wird sonst separat vergütet. Es kann aber auch die Rückzahlung des Darlehens (Entnahme) vorgesehen werden. Ist ein Gesellschafterdarlehen als eigenkapitalersetzend verstrickt, wird allerdings häufig eine andere Regelung getroffen, da die **Eigenkapitalverstrickung** bei Abtretung des Rückzahlungsanspruchs bestehen bleibt, auch der Erwerber folglich dem Einwand des Eigenkapitalersatzes des Darlehens ausgesetzt ist[289]. In solchen Fällen kann der Erwerber deshalb die Darlehensverbindlichkeit von der Gesellschaft übernehmen und den Rückzahlungsanspruch gegenüber dem Veräußerer zusätzlich zum Kaufpreis erfüllen.

Hat die Gesellschaft umgekehrt für Darlehen oder sonstige Verbindlichkeiten des Veräußerers oder einer Konzerngesellschaft des Veräußerers (bzw. bei Privatpersonen als Veräußerer für private Verbindlichkeiten) **Sicherheiten gewährt**, so wird in den Vertrag eine Verpflichtung des Veräußerers aufgenommen, für die **Freigabe** dieser Sicherheiten (ggf. unter Stellung von Ersatzsicherheiten) Sorge zu tragen. Abhängig von der Bedeutung, die die Freigabe dieser Sicherheiten für den Veräußerer hat, kann die Freigabe zu einer aufschiebenden Bedingung des Vertrags gemacht werden. Ist eine Freigabe von Sicherheiten nicht möglich und will der Erwerber den Vertrag aus diesem Grund nicht scheitern lassen, muß eine **Freistellungsverpflichtung** des Veräußerers bei Inanspruchnahme der Sicherheiten durch den/die Gläubiger im Vertrag vorgesehen und sichergestellt werden, daß die Freistellungsverpflichtung des Veräußerers werthaltig ist.

Bestehen **Lieferbeziehungen** und sonstige Dauerschuldverhältnisse zwischen Veräußerer und der Gesellschaft, so hängt es von den Umständen des Einzelfalls ab, ob im Vertrag die ggf. außerordentliche Beendigung dieser Vereinbarungen oder deren Fortsetzung (zu ggf. neuen Konditionen) vorgesehen wird. Solche Lieferbeziehungen können den wirtschaftlichen Schwerpunkt des Kaufvertrags ausmachen.

Daneben ist eine Vielzahl weiterer Rechtsverhältnisse denkbar, deren Regelung im oder im Zusammenhang mit dem Anteilskaufvertrag erforderlich werden kann.

V. Rechtswahl/Gerichtsstand/Schiedsklausel

1. Rechtswahlklausel

Grundsätzlich können die Parteien frei vereinbaren, welcher Rechtsordnung sie ihre Vertragsbeziehungen unterstellen[290]. Eine **Rechtswahlklausel** im Unternehmenskaufvertrag ist zur Klarstellung dann angebracht, wenn zumindest ein

---

[289] Vgl. *Hueck* in Baumbach/Hueck § 32a GmbHG Rn 27.
[290] Art. 27 Abs. 1 EGBGB; siehe § 39 Rn 22 ff.; vgl. auch *Martiny* in MünchKomm. Art. 27 EGBGB Rn 7. Siehe § 35 Rn 22 ff., 30 ff.

Vertragspartner Ausländer ist. Dies gilt indes nur für den **schuldrechtlichen Teil** des Vertrags, da für die Übertragung der Mitgliedschaftsrechte zwingend das Recht des Gesellschaftsstatuts der Gesellschaft gilt[291]. Nach der ständigen Rechtsprechung und überwiegenden Meinung in der Literatur ist das das Recht desjenigen Staates, in dem die Gesellschaft ihren tatsächlichen Sitz, d. h. ihre (Haupt-) Verwaltung hat (Sitztheorie)[292]. Da sich folglich die dingliche Übertragung der Anteile nach deutschem Recht richtet, empfiehlt es sich, auch für den schuldrechtlichen Teil die Anwendung deutschen Rechts zu vereinbaren.

2. Gerichtsstand

199   Wollen **deutsche** Vertragsparteien für die Entscheidung von Rechtsstreitigkeiten aus dem Unternehmenskaufvertrag die Zuständigkeit der deutschen ordentlichen Gerichtsbarkeit vorsehen, kann eine **Gerichtsstandsvereinbarung** im Vertrag grundsätzlich nur getroffen werden, wenn alle Vertragsbeteiligten Kaufleute sind[293]. Ist am Vertrag eine **ausländische** Partei beteiligt, die keinen allgemeinen Gerichtsstand in Deutschland hat, während dies jedoch für die andere Vertragspartei der Fall ist, so kann in einer Gerichtsstandsvereinbarung nur die Zuständigkeit desjenigen Gerichts gewählt werden, bei dem diese Partei ihren allgemeinen Gerichtsstand hat oder bei dem für diese Partei ein besonderer Gerichtsstand begründet ist[294]. Grundsätzlich möglich ist auch die Vereinbarung eines **ausländischen Gerichtsstands**[295]. Dies ist aber nur dann sinnvoll, wenn der schuldrechtliche Teil des Vertrags auch dem Recht am Ort des Gerichtsstands unterliegt. Im Fall des Fehlens einer Rechtswahlregelung entfaltet eine vorhandene Gerichtsstandsvereinbarung **Indizwirkung** für die Anwendbarkeit der am Gerichtsstand geltenden Rechtsordnung[296].

3. Schiedsvereinbarung/Schiedsgutachter

200   **a) Schiedsvereinbarung.** In den meisten Fällen werden die Parteien allerdings vorsehen, daß Streitigkeiten aus und im Zusammenhang mit dem Vertrag nicht durch die ordentlichen Gerichte, sondern durch ein **Schiedsgericht** entschieden werden sollen[297]. Hierfür spricht die zügigere Beilegung der Streitigkeit im Vergleich zu einem mehrinstanzlichen Verfahren vor den ordentlichen Gerichten und die Benennung von geeigneten Schiedsrichtern durch die beteiligten Parteien.

---

[291] *Heldrich* in Palandt EGBGB Anh. zu Art. 12 Rn 14.
[292] *Hueck* in Baumbach/Hueck GmbHG Einleitung Rn 29; zu Einzelheiten siehe *Kindler* in MünchKomm. IntGesR Rn 258 ff. Allerdings könnte das „Centros"-Urteil des EuGH zu einem Umschwung führen, dazu § 17 Rn 267 ff.
[293] § 38 Abs. 1 ZPO. Siehe § 16 Rn 161 ff. und § 35 Rn 120 ff.
[294] § 38 Abs. 2 ZPO; ob § 38 Abs. 2 ZPO auch gilt, wenn alle Vertragsparteien Kaufleute sind oder ob sich in diesem Fall die Zulässigkeit der Gerichtsstandsvereinbarung nach § 38 Abs. 1 ZPO richtet, ist strittig; vgl. *Vollkommer* in Zöller § 38 ZPO Rn 25 mwN zum Meinungsstand.
[295] Siehe § 39 Rn 120 ff.; *Vollkommer* in Zöller § 38 ZPO Rn 29 f.
[296] *Geimer* in Zöller ZPO IZPR Rn 82 mwN; § 35 Rn 36.
[297] Siehe auch § 16 Rn 122 ff. und § 35 Rn 126 ff.

Einzelheiten für das schiedsgerichtliche Verfahren können **im Vertrag** selbst oder in einer **separaten Schiedsvereinbarung geregelt** werden. Eine separate Schiedsvereinbarung bietet sich vor allem dann an, wenn die Parteien für Einzelheiten des Schiedsverfahrens nicht auf die Regeln der ZPO oder eines institutionellen Schiedsgerichts zurückgreifen, sondern diese individuell bzw. ergänzend regeln wollen. Mit der Neufassung des Schiedsverfahrensrechts in der ZPO[298] ist ein Grund für den Abschluß separater Schiedsvereinbarungen allerdings entfallen[299]. Eine separate Schiedsvereinbarung ist nach der Neufassung des Schiedsverfahrensrechts nicht mehr erforderlich; es ist auch zulässig, die Schiedsvereinbarung in Form einer **Klausel** in einem Vertrag zu schließen[300].

Auch wenn die Parteien für die Einzelheiten des Schiedsgerichtsverfahrens in der Schiedsvereinbarung auf die Vorschriften der ZPO oder die Verfahrensregeln eines institutionellen Schiedsgerichtes verweisen, werden idR zumindest die **Anzahl der Schiedsrichter** und ihr **Benennungsverfahren** sowie der **Ort** des Schiedsgerichts festgelegt. Meist wird vorgesehen, daß das Schiedsgericht aus drei Schiedsrichtern bestehen soll und jede der Parteien das Recht hat, einen der Schiedsrichter zu ernennen. Die von den Parteien ernannten Schiedsrichter ernennen dann ihrerseits den Obmann. Können sich die Schiedsrichter der Parteien nicht auf einen Obmann verständigen, so wird vorgesehen, daß dieser durch eine neutrale Institution, bei Schiedsverfahren in Deutschland häufig eine Industrie- und Handelskammer oder der Präsident eines Oberlandesgerichts, ernannt wird. Für den Obmann wird meist bestimmt, daß zumindest dieser die Befähigung zum Richteramt haben muß. Entsprechendes gilt häufig auch für die von den Parteien benannten Schiedsrichter. Gelegentlich wird aber auch ausdrücklich vorgesehen, daß die von den Parteien zu benennenden Schiedsrichter keine Juristen sein sollen.

Sind auf beiden Seiten des Kaufvertrags deutsche Parteien beteiligt, vereinbaren sie meist ein **Ad hoc-Schiedsgericht** nach den Regeln der ZPO, soweit sie keine von der ZPO abweichenden Vereinbarungen getroffen haben. Ist eine ausländische Partei beteiligt, dringt diese jedenfalls bei Verträgen mit einem gewissen finanziellen Volumen häufig auf die Durchführung des Schiedsverfahrens am Ort und nach den Regeln eines der anerkannten **institutionellen Schiedsgerichte**[301]. Insofern ist allerdings zu beachten, daß eine solche Schiedsvereinbarung, insbes. bei der Geltendmachung kleinerer Ansprüche, zu einem vergleichsweise hohen zeitlichen und kostenmäßigen Aufwand führen kann.

b) Schiedsgutachter. Von den Fragen, die durch ein Schieds- oder durch ein ordentliches Gericht entschieden werden sollen, sind diejenigen Fragen zu unterscheiden, die einer **schiedsgutachterlichen Feststellung** unterliegen sollen.

---

[298] Schiedsverfahrensgesetz vom 22. 12. 1997.
[299] Nach altem Recht mußte der Schiedsvertrag schriftlich in einer besonderen Urkunde abgeschlossen werden und durfte keine anderen Vereinbarungen als solche, die sich auf das schiedsgerichtliche Verfahren beziehen, enthalten, es sei denn, die Parteien des Schiedsvertrags waren Kaufleute und der Schiedsvertrag war für beide Seiten ein Handelsgeschäft; § 1027 Abs. 1, 2 ZPO aF.
[300] § 1029 Abs. 2 ZPO.
[301] Siehe § 35 Rn 126 ff.; insbes. Rn 132 ff.

Der Unterschied zwischen einem schieds- und einem schiedsgutachterlichen Verfahren besteht darin, daß sich das Schiedsgutachten grundsätzlich nur auf die Feststellung einzelner Tatsachen oder Umstände erstreckt (bspw. die Festlegung der Höhe eines variablen Kaufpreisteils), während das Schiedsgericht über streitige Rechtsfragen entscheidet. Anders als schiedsgerichtliche Entscheidungen sind schiedsgutachterliche Entscheidungen durch ein **ordentliches Gericht nachprüfbar**, wenn die durch den Schiedsgutachter getroffenen Wertungen offenbar unbillig oder seine Feststellungen offenbar unrichtig sind[302].

205 Soweit keine klare vertragliche Abgrenzung zwischen schiedsgutachterlichen und schiedsgerichtlichen Verfahren getroffen wird, kann die Abgrenzung allerdings im Einzelfall schwierig sein, da dem Schiedsgutachter auch die Beurteilung und Subsumtion von rechtlichen Fragen mit übertragen werden kann (die aber, anders als der Schiedsspruch, einer inhaltlichen Kontrolle durch die staatlichen Gerichte unterliegen)[303]. Eine schiedsgutachterliche Feststellung oder Entscheidung sollte für alle **tatsachenbezogenen Wertungen** vorgesehen werden, die besondere **Sachkunde** erfordern (zB Feststellungen zur Inventur, Bilanzierung und Bewertung) und für die Rechtsfragen allenfalls eine untergeordnete Rolle spielen. Ein ordentliches Gericht wird sie ebenfalls nur unter Beiziehung von Sachverständigen, allerdings regelmäßig kostenintensiver und langwieriger als ein Schiedsgutachter, beurteilen können. Neben der Bestellung eines Schiedsgutachters sollte der Vertrag auch Grundsätze des **schiedsgutachterlichen** Verfahrens regeln.

VI. Kosten/Steuern

206 Der Kaufvertrag sollte immer eine Regelung über die Tragung derjenigen Kosten enthalten, die aus der gemeinsamen **Hinzuziehung Dritter** entstanden sind, zB für Notare, Gerichte, Behörden oder Sachverständige. Neben der eindeutigen Zuweisung dieser Kosten sollte der Vertrag die klarstellende Regelung enthalten, daß jede Partei ihre eigenen sowie die Kosten ihrer Berater, die im Zusammenhang mit dem Erwerb der Anteile entstanden sind, selbst trägt. Weiter ist zu regeln, welche Partei ggf. anfallende Steuern zu tragen hat[304].

VII. Salvatorische Klausel

207 So gut wie jeder Unternehmenskaufvertrag enthält eine sog. salvatorische Klausel, in der die Parteien bestimmen, daß die Unwirksamkeit einer oder mehrerer Bestimmungen des Vertrags die Wirksamkeit des Vertrags im übrigen unberührt läßt und anstelle der unwirksamen eine solche Regelung gelten soll, die, soweit rechtlich möglich, dem am nächsten kommt, was die Parteien gewollt hätten, wenn sie die Unwirksamkeit der Bestimmung gekannt hätten.

---

[302] § 319 BGB.
[303] *Heinrichs* in Palandt § 317 BGB Rn 6, 8.
[304] Siehe § 6 Rn 79 ff.

Eine solche salvatorische Klausel ist deshalb erforderlich, weil ohne diese Regelung die **gesetzliche Vermutung** eingreifen würde, nach der die Unwirksamkeit einer Bestimmung zur Unwirksamkeit des gesamten Vertrags führt, es sei denn, daß (ausnahmsweise) anzunehmen ist, daß der Vertrag auch ohne die unwirksame Bestimmung abgeschlossen worden wäre[305]. Insbes. bei komplexen Verträgen, die, wie zB ein Wettbewerbsverbot, Bestimmungen enthalten können, deren Wirksamkeit fraglich sein kann, würde die Anwendbarkeit der gesetzlichen Unwirksamkeitsvermutung deshalb ein erhebliches Risiko für die Parteien bedeuten. Dieses Risiko wird durch eine salvatorische Klausel zumindest reduziert. Eine vollständige Beseitigung des Risikos ist nicht möglich, da trotz salvatorischer Klausel die gesamte Vereinbarung unwirksam ist, wenn die unwirksame Bestimmung von **grundlegender** Bedeutung für die gesamte Vereinbarung war[306].

H. Formerfordernisse

I. Übertragung von Geschäftsanteilen

Die **Verpflichtung** zur Abtretung von Gesellschaftsanteilen an einer GmbH[307] bedarf zu ihrer Wirksamkeit ebenso wie die **Abtretung** selbst der **notariellen Beurkundung**[308]. Hintergrund sind der Anlegerschutz und die Unterbindung eines spekulativen Handels mit den Anteilen[309]. Über Angebot und Annahme, die beide zu beurkunden sind[310], können getrennte Urkunden errichtet werden[311]. Wird der Unternehmenskaufvertrag durch Bevollmächtigte abgeschlossen, bedarf die Bevollmächtigung nicht der notariellen Beurkundung oder Beglaubigung[312]; dies gilt auch bei unwiderruflicher Vollmacht[313] und wenn der Bevollmächtigte vom Verbot des Selbstkontrahierens befreit wird[314]. Auch die Genehmigung eines Geschäftsanteilskaufvertrags, der durch einen vollmachtlosen Vertreter abgeschlossen wurde, muß nicht beurkundet oder notariell beglaubigt werden[315].

1. Umfang der Formbedürftigkeit

Der **Formzwang** umfaßt nicht nur den Geschäftsanteilskauf selbst, sondern auch Vorverträge, Verträge über künftige Geschäftsanteile, Sicherungs- oder

---

[305] § 139 BGB; *Heinrichs* in Palandt § 139 BGB Rn 14.
[306] *BGH* DB 1976, 2106, 2107; *OLG Stuttgart* ZIP 1989, 60, 62.
[307] § 15 Abs. 4 GmbHG.
[308] § 15 Abs. 3, 4 Satz 1 GmbHG; zu Formerfordernissen bei Auslandsberührung siehe § 35 Rn 74 ff.
[309] BGHZ 19, 69, 71.
[310] *BGH* ZIP 1995, 1089, 1090.
[311] § 128 BGB.
[312] § 167 Abs. 2 BGB; nicht zulässig ist hingegen eine Blankovollmacht BGHZ 13, 49, 43.
[313] Mittlerweile allgM, vgl. *Jasper* in MünchHdbGesR Bd. 3 § 24 Rn 97.
[314] § 181 BGB, BGHZ 13, 49, 53.
[315] § 182 Abs. 2 BGB.

Treuhandabtretungen, aufschiebend bedingte Abtretungen, Rückabtretungen sowie Änderungen der Vereinbarungen über die Abtretungsverpflichtung vor der Beurkundung der Abtretung, wenn diese nicht nur klarstellenden Inhalt haben[316]. Das Formerfordernis gilt für **alle Vereinbarungen**, die mit der Abtretungsverpflichtung eine rechtliche und wirtschaftliche Einheit bilden bzw. nach dem Parteiwillen einen untrennbaren Teil des Verpflichtungsgeschäfts darstellen, sowie für alle Anlagen des Vertrags[317].

211 Da Unternehmenskaufverträge regelmäßig umfangreiche Anlagen enthalten, kann die Beurkundung der Veräußerung von GmbH-Geschäftsanteilen sehr **zeitaufwendig** sein. Eine gewisse Erleichterung schafft die seit der Neufassung des Beurkundungsgesetzes[318] bestehende Möglichkeit, vom **Vorlesen** von Bilanzen, Inventaren, Nachlaßverzeichnissen oder sonstigen Bestandsverzeichnissen über Sachen, Rechte und Rechtsverhältnisse **abzusehen**[319] und diese Anlagen stattdessen zu unterzeichen[320].

212 Darüber hinaus kann von der Möglichkeit Gebrauch gemacht werden, diese Anlagen in einer sog. **Bezugsurkunde**, auf die dann im Hauptvertrag Bezug genommen wird, separat zu beurkunden und auf die Verlesung dieser Urkunde bei der Beurkundung des Hauptvertrags zu verzichten[321]. Bei der Errichtung von Bezugsurkunden sind allerdings die Beschränkungen zu beachten, die sich durch die Verschärfung des Verbots der Mitwirkung des Notars durch die Neufassung des Beurkundungesetzes ergeben haben[322]. Danach darf die Bezugsurkunde im Zweifel nicht von einer Person als (vollmachtloser) Vertreter der Parteien des Anteilskaufvertrags beurkundet werden, mit der sich der Notar zur gemeinsamen Berufsausübung verbunden oder mit der er gemeinsame Geschäftsräume hat[323].

213 Der unter Mißachtung der vorgeschriebenen Form geschlossene Vertrag ist **unwirksam**[324]. Diese Rechtsfolge ist insbes. im Hinblick auf die weithin gebräuchlichen sog. „**side letters**" zu beachten, mit denen die Parteien eines Vertrags häufig Punkte regeln, die meist aus Publizitätsgründen nicht im Vertrag selbst berücksichtigt werden sollen. Wegen der Erstreckung des Formerfordernisses auf alle Vereinbarungen, die mit der Anteilsveräußerung einen untrennbaren Zusammenhang bilden, birgt der formlose Abschluß solcher „side letters" die Gefahr, die Nichtigkeit der gesamten Vereinbarung nach sich zu ziehen. Etwas anderes gilt nur, wenn der „side letter" lediglich der Klarstellung bestimmter Regelungen des Vertrags dient. Da die Abgrenzung zwischen einer lediglich klarstellenden und einer regeln-

---

[316] Siehe die Auflistungen bei *Jasper* in MünchHdbGesR Bd 3, § 24 Rn 44ff.
[317] *BGH* NJW 1983, 1843, 1844; zur Frage, wann die an sich formfreie Veräußerung von Anteilen an einer Personengesellschaft, deren einziger Vermögensgegenstand Geschäftsanteile an einer GmbH sind, ausnahmsweise formbedürftig sein kann, vgl. die Ausführungen bei *Ulmer* in MünchKomm. § 719 BGB Rn 26ff.
[318] Änderungen aufgrund des 3. Gesetzes zur Änderung der Bundesnotarordnung und anderer Gesetze vom 31. 8. 1998.
[319] § 14 Abs. 1 BeurkG.
[320] § 14 Abs. 2 BeurkG.
[321] § 13a BeurkG.
[322] § 3 BeurkG.
[323] § 3 Abs. 1 Nr. 4 BeurkG.
[324] § 125 Satz 1 BGB.

den Funktion eines „side letter" aber schwierig sein kann, sollte im Zusammenhang mit der Veräußerung von GmbH-Anteilen im Zweifel von der Unterzeichnung solcher „side letters" abgesehen werden. Allerdings wird durch die spätere Beurkundung der Abtretung der Formmangel geheilt[325].

2. Heilung

Die Mißachtung der Beurkundungspflicht des schuldrechtlichen Geschäfts wird durch die notariell beurkundete Abtretung der Anteile in Erfüllung der formnichtigen Vereinbarung **geheilt**[326], auch wenn die Abtretung noch unter einer aufschiebenden Bedingung steht. Die Heilung erfaßt sämtliche Nebenabreden[327] und führt zur Wirksamkeit des Verpflichtungsgeschäfts **ex nunc**[328]. Die Parteien können aber verpflichtet sein, einander so zu stellen, als ob der Anteilskaufvertrag von vornherein wirksam gewesen wäre[329]. Nur die Nichtbeachtung der Form wird überwunden, andere Mängel materiellrechtlicher Art werden nicht erfaßt. Dies gilt insbes. auch für einen Wegfall der Willensübereinstimmung der Parteien zwischen Abschluß des schuldrechtlichen und des dinglichen Geschäfts[330].

3. GmbH & Co. KG

Die Verpflichtung zur gleichzeitigen Übertragung **der Kommanditanteile** an einer GmbH & Co. KG zusammen mit den Gesellschaftsanteilen an der Komplementär-GmbH ist **formlos** nur möglich, wenn anzunehmen ist, daß die Parteien die Pflicht zur Abtretung der Kommanditanteile nicht zwingend mit der Verpflichtung zur Übertragung der GmbH-Anteile verknüpfen wollen[331]. Dies wird jedoch nur in wenigen Ausnahmefällen der Fall sein.

Weil sich die Heilungswirkung der Abtretung von GmbH-Anteilen auch auf alle Nebenabreden erstreckt[332], wird die Vereinbarung über den Verkauf der GmbH-Anteile und den Verkauf und die Abtretung der Kommanditanteile allerdings häufig privatschriftlich geschlossen und nur die Abtretung der GmbH-Anteile beurkundet. Verfügt die GmbH nicht über wesentliches Vermögen, erhöht es nämlich den Geschäftswert meist erheblich, wenn auch die Veräußerung der Kommanditanteile beurkundet wird. Die Beurkundung der Abtretung heilt dann auch die formfehlerhafte Vereinbarung zum Verkauf der GmbH-Anteile sowie zum Verkauf und zur Abtretung der Kommanditanteile[333].

---

[325] *BGH* NJW 1974, 136; *Heinrichs* in Palandt § 313 BGB Rn 55.
[326] § 15 Abs. 4 Satz 2 GmbHG.
[327] *BGH* NJW-RR 1987, 807; *Winter* in Scholz § 15 GmbHG Rn 76.
[328] *Winter* in Scholz § 15 GmbHG Rn 78.
[329] Analog § 141 Abs. 2 BGB; *Winter* in Scholz § 15 GmbHG Rn 78.
[330] *Winter* in Scholz § 15 GmbHG Rn 73 ff.
[331] *BGH* DNotZ 1986, 687, 688.
[332] *BGH* NJW-RR 1992, 991.
[333] Zu Einzelheiten siehe *Holzapfel/Pöllath* Rn 910.

II. Übertragung von Grundstückseigentum[334]

217　Ein Vertrag, in dem sich eine Partei verpflichtet, Grundstückseigentum zu übertragen oder zu erwerben, bedarf der notariellen Beurkundung[335]. Beim Unternehmenskauf in Form des **Anteilserwerbs** hat diese Formvorschrift jedoch anders als beim Erwerb von einzelnen Vermögenswerten **keine Bedeutung**[336], weil Erwerbsgegenstand der Rechtsträger, nicht etwaiger Grundbesitz der Gesellschaft selbst ist[337]. Die Formfreiheit gilt selbst dann, wenn das Vermögen der Gesellschaft im wesentlichen aus Grundbesitz besteht und Rechtsträger eine oHG, KG oder GbR ist[338].

III. Vertrag über gegenwärtiges Vermögen

218　Notarieller Beurkundung bedarf ein Vertrag, durch den sich eine Partei verpflichtet, ihr gegenwärtiges Vermögen oder einen Bruchteil davon zu übertragen[339]. Maßgebend für dieses Formerfordernis ist, daß der übereinstimmende Parteiwille auf die **Vermögensübertragung als solche** gerichtet ist; die Veräußerung nur einzelner Gegenstände begründet auch dann keine Formpflicht, wenn diese praktisch das gesamte Vermögen des Veräußerers darstellen[340]. Etwas anderes gilt aber, wenn die Parteien über die aufgezählten Vermögensgegenstände hinaus das Vermögen insgesamt übertragen wollen und sich die Verpflichtung auch auf die anderen, nicht aufgeführten Vermögensgegenstände erstrecken soll. Ein solcher Fall liegt auch dann vor, wenn Gegenstände von verhältnismäßig untergeordneter Bedeutung von der Übertragung ausgenommen werden[341]. Maßgeblich ist insoweit der subjektive Wille der Parteien. Nicht anwendbar ist die Formvorschrift, wenn Vertragsgegenstand ein **Sondervermögen** ist. Die Formvorschrift findet aber auch Anwendung auf Vermögensübertragungen von **Kapitalgesellschaften**, soweit diese nicht, wie dies vielfach der Fall sein wird, den Sondervorschriften des Umwandlungsgesetzes unterliegen[342]. Eine **Heilungsmöglichkeit** für den Fall der Mißachtung der Formvorschrift sieht das Gesetz **nicht** vor[343].

219　Eine **Vermögensübertragung im Rahmen eines Share Deal** kann überhaupt nur dann in Betracht kommen, wenn die veräußerten Anteile (im wesentlichen) das gesamte Vermögen des Veräußerers darstellen. Handelt es sich bei den veräußerten Anteilen um **GmbH-Geschäftsanteile**, kann die Frage, ob eine Vermögensübertragung vorliegt, regelmäßig jedenfalls dann dahingestellt blei-

---

[334] § 313 BGB.
[335] § 313 Satz 1 BGB.
[336] Vgl. § 13 Rn 108.
[337] BGHZ 86, 367, 371 f.: Ausnahme nur im Fall bewußter Umgehung.
[338] *Heinrichs* in Palandt § 313 BGB Rn 5.
[339] § 311 BGB.
[340] *BGH ZIP* 1990, 1541, 1544.
[341] *RG* 137, 324, 349, st. Rspr.
[342] Mittlerweile allgM, vgl. *Wufka* in Staudinger § 311 BGB Rn 8.
[343] *Wufka* in Staudinger § 311 BGB Rn 12.

ben, wenn das Verpflichtungsgeschäft beurkundet wird. Ist **Veräußerer** der Anteile eine **Personengesellschaft**, findet die Formvorschrift keine Anwendung: Es handelt sich um die Veräußerung eines Sondervermögens der Gesellschafter dieser Personengesellschaft, da das Gesellschaftsvermögen zur gesamten Hand Vermögen der Gesellschafter und deshalb deren (übrigen) Vermögen zuzurechnen ist[344]. Die Frage der Anwendbarkeit der Formvorschrift kann sich deshalb nur bei Veräußerung von **Anteilen an einer Personengesellschaft** oder von **Aktien** durch eine Kapitalgesellschaft ergeben.

Einen praktisch relevanten Fall dürfte insofern die Veräußerung der Komplementärstellung durch eine Komplementär-GmbH darstellen, wenn das Vermögen der Komplementär-GmbH im wesentlichen nur aus der Beteiligung an der KG bestand. Die Anwendbarkeit der Formvorschrift könnte sich dabei mit dem Argument ergeben, daß der Wille der Parteien regelmäßig auf die Übertragung der gesamten Komplementärstellung gerichtet sei, im Vertrag der Inhalt der auf den Erwerber übergehenden Rechte und Pflichten (zB aus der Komplementärhaftung) aber nicht abschließend bestimmt werden könne[345]. Dieser Übergang der mitgliedschaftlichen Rechte und Pflichten ergibt sich indes nicht primär aus dem Willen der Parteien, das gesamte Vermögen zu übertragen, sondern ist Folge der untrennbaren Verknüpfung solcher Rechte und Pflichten mit der Mitgliedschaft, so daß die Anwendbarkeit der Formvorschriften für die Vermögensübertragung zumindest nicht zwingend ist[346].

220

Auch wenn zweifelhaft sein könnte, ob die Formvorschrift zur Vermögensübertragung beim Share Deal, in den wenigen Fällen, in denen sie überhaupt relevant sein kann, eingreift, sollte der Anteilskaufvertrag vorsorglich notariell beurkundet werden, um insofern jegliches Risiko auszuschließen.

221

I. Sonderformen

I. Mehrere Erwerber/Veräußerer

Stehen auf Erwerber- oder Veräußererseite mehrere Beteiligte, müssen die Parteien diesen Umstand im Vertrag bei den Vorschriften über die Kaufpreiszahlung, die Gewährleistung, die Haftung, die Rückabwicklung des Vertrags und das Verfahren bei der Entstehung von Streitigkeiten berücksichtigen; außerdem ist das Innenverhältnis mehrerer Beteiligter auf einer Seite des Vertrags zu regeln.

222

---

[344] *Hüffer* in Großkomm. HGB vor § 22 HGB Rn 13.
[345] *Günther* in MünchVertragsHdb. Bd. 2 Form II.1 Anm. 14.
[346] Das Reichsgericht hat zu Vermögensübertragungsverträgen, die mangels Beurkundung nichtig sind, entschieden, daß diese Verträge unter dem Gesichtspunkt der Konversion (§ 140 BGB) aufrechtzuerhalten sind, wenn sie den Erfordernissen eines anderen Rechtsgeschäfts entsprechen, RGZ 76, 1, 3; vgl. auch RGZ 137, 324, 350f.

1. Kaufvertragliches Außenverhältnis

223 Beim Share Deal kommt die Beteiligung mehrerer Erwerber oder Veräußerer vergleichsweise häufig vor. Soweit nicht zwingende Gründe entgegenstehen, sollte in einem solchen Fall immer ein einheitlicher Vertrag geschlossen und dem Umstand der Beteiligung mehrerer Personen darin durch entsprechende Regelungen Rechnung getragen werden. Kommt der Abschluß eines einheitlichen Vertrags nicht in Betracht, ist darauf zu achten, daß die verschiedenen Verträge so miteinander verknüpft werden, daß ihre jeweiligen Bestimmungen nicht miteinander kollidieren.

224 Bezüglich der Punkte, die aufgrund der Beteiligtenmehrheit einer besonderen Regelung bedürfen, gilt folgendes:

225 Für die **Kaufpreiszahlung** ist idR vorzusehen, daß mehrere Erwerber den Kaufpreis gesamtschuldnerisch schulden und mehrere Veräußerer als Gesamtgläubiger berechtigt sind, den Kaufpreis zu verlangen, wenn ein einheitlicher Kaufpreis vorgesehen und seine Verteilung auf die einzelnen Veräußerer ausschließlich eine Frage des Innenverhältnisses zwischen den Veräußerern ist. Wird der Kaufpreis auf die einzelnen Veräußerer aufgeteilt, so empfiehlt es sich, die Wirksamkeit der einzelnen Anteilsübertragungen nicht nur von der Zahlung des Kaufpreises für den jeweiligen Anteil, sondern von der Kaufpreiszahlung für alle Anteile abhängig zu machen.

226 Bezüglich der **Gewährleistung** wird der bzw. werden die Erwerber regelmäßig darauf dringen, daß die Gewährleistungen bei Veräußerermehrheit von allen Veräußerern abgegeben werden und die Veräußerer gesamtschuldnerisch haften, um auf diese Weise die Anzahl der Haftungsschuldner zu vergrößern.

227 Eine solche Regelung kann dann unbillig sein, wenn einige der Veräußerer nur einen relativ kleinen Anteil halten und mit diesem Anteil kein Einfluß auf die Führung des Unternehmens verbunden ist. In einem solchen Fall kann es sachgerechter sein, hinsichtlich des Gewährleistungsumfangs eine Differenzierung vorzunehmen und die Gewährleistung von Veräußerern ohne Einfluß auf die Unternehmensführung zB auf die anteilsbezogenen Gewährleistungen[347] zu beschränken. Auch wenn die Veräußerer für gewisse Umstände eine gemeinsame Gewährleistung abgegeben haben, kann es angesichts unterschiedlicher finanzieller Verhältnisse zusätzlich geboten sein, von einer gesamtschuldnerischen Haftung abzusehen und sie durch eine Haftung zB im Verhältnis der Kaufpreisanteile zum Gesamtkaufpreis zu ersetzen.

228 Bei **mehreren Erwerbern** ist eine Differenzierung nach den den einzelnen Erwerbern zustehenden Rechten meist nicht erforderlich, da sie die Abwicklung von Gewährleistungsansprüchen nur erschwert und ebensogut iRd. Innenverhältnisses geregelt werden kann.

229 Bei Beteiligtenmehrheit ist eine wichtige Frage, ob der Vertrag **insgesamt rückabzuwickeln** ist, wenn die Veräußerung eines Geschäftsanteils nicht vollzogen werden kann. Welche Regelung hier sachgerecht ist und ob für einen solchen Fall ein Rücktrittsrecht der übrigen Veräußerer und Erwerber vorgesehen werden muß, hängt jeweils von den Umständen des Einzelfalls ab. Soll der Vertrag gleich-

---

[347] Rn 153 ff.

wohl Bestand haben, ist ggf. zu bestimmen, wie die Rechte und Pflichten des bzw. der Veräußerer ausgestaltet werden sollen, die weiterhin an der Gesellschaft beteiligt bleiben.

Zur vereinfachten Klärung eventueller späterer **Meinungsverschiedenheiten** ist bei Beteiligtenmehrheit darauf zu achten, daß alle Beteiligten sich einer Schieds- bzw. zulässigen Gerichtsstandsvereinbarung anschließen. Bei Schiedsvereinbarungen ist zusätzlich vorzusehen, wie sich die Beteiligtenmehrheit auf die einzelnen Rechte (zB das Recht zur Schiedsrichterbestellung) auswirkt[348].

2. Innenverhältnis der Beteiligten

Außerhalb des Unternehmenskaufvertrags ist bezüglich des Innenverhältnisses auf **Erwerberseite** insbes. eine Regelung über die anteilige Aufbringung eines vereinbarten Gesamtkaufpreises, auf **Veräußererseite** eine Regelung über Verfügungsbefugnis und Auszahlungsmodalitäten im Fall der Überweisung des Gesamtkaufpreises auf ein gemeinsames Konto zu regeln. Hat einer von mehreren Veräußerern einen **Gewährleistungsausschluß** gegenüber dem Erwerber vereinbart, müssen die Veräußerer zB regeln, ob ein **Rückgriff** auf den haftungsprivilegierten Veräußerer im Fall der Gewährleistung der übrigen Veräußerer möglich sein soll.

II. LBO/MBO/MBI

1. Begriff

Der **Leveraged Buy-Out** (LBO) ist keine eigenständige zivilrechtliche Form des Unternehmenskaufs, sondern eine besondere Finanzierungsart[349]. Als LBO wird ein Unternehmenskauf bezeichnet, bei dem der Kaufpreis zu großen Teilen fremdfinanziert wird, die Sicherung dieser Fremdfinanzierung soweit wie möglich über das Vermögen der Zielgesellschaft und die Rückführung der Fremdfinanzierung aus deren Cash-flow erfolgt. Lasten und Risiken der hohen Fremdfinanzierung werden so in der Objektgesellschaft konzentriert. Wird das Zielunternehmen nicht von einem fremden Dritten, sondern zumindest auch von allen oder einem Teil der bisherigen Führungskräfte erworben, spricht man von einem **Management Buy-Out** (MBO). Auch hier wird regelmäßig zum großen Teil Fremdkapital (durch Einbeziehung von Finanzinvestoren oder Kreditgebern) zur Finanzierung eingesetzt, so daß die Bezeichnung MBO im wesentlichen Aussagen über die Käuferstruktur zuläßt. MBOs spielen eine besondere Bedeutung im Zusammenhang mit Nachfolgeregelungen in mittelständischen Unternehmen oder beim Outsourcing von Geschäftsbereichen, bei denen sich das Management im Zusammenhang mit dem anstehenden Generationenwechsel bzw. der anstehenden Ausgliederung oft zum Schritt in die unternehmerische Selbständigkeit entscheidet. Bei einem **Management Buy-In** (MBI) handelt es sich ebenfalls um einen fremd-

---

[348] Siehe § 16 Rn 147ff.
[349] Siehe § 1 Rn 18ff. und § 11 Rn 15ff. Zur Entwicklung dieser Erwerbsform vgl. *Hitschler*, Leveraged (Management-)Buyouts, BB 1990, 1877, 1878.

finanzierten Erwerb der Zielgesellschaft, wobei die Zielgesellschaft durch dem Unternehmen bisher fremde Manager erworben wird, die auch die unternehmerische Leitung übernehmen wollen[350].

233 Während sich beim MBO Besonderheiten für den Unternehmenskauf daraus ergeben, daß die Käufer mit der Zielgesellschaft (teilweise) vertraglich verbunden sind, ist dies beim MBI nicht der Fall. Die unterschiedliche Funktion der Fremdmanager und der Finanzinvestoren für den Erwerb des Unternehmens schlägt sich hier im Innenverhältnis der Erwerber nieder, wirkt sich aber auf den Unternehmenskaufvertrag idR deshalb nicht aus, weil der Erwerb meist über eine Vehikelgesellschaft erfolgt.

234 Aufgrund der Besonderheiten des LBO, den hohen Anteil der Fremdfinanzierung zum Erwerb des Unternehmens durch Vermögen der Zielgesellschaft zu besichern und die Fremdfinanzierung durch den in der Zielgesellschaft erwirtschafteten Cash-flow zurückzuführen, kommen für einen LBO nur solche Unternehmen in Betracht, die einen vergleichsweise niedrigen Fremdfinanzierungsgrad aufweisen, über ausreichend Vermögen zur Beibringung der Sicherheiten verfügen und deren Cash-flow prognostizierbar ist[351].

2. Rechtliche Gestaltungsmöglichkeiten

235 **a) LBO/MBO beim Share Deal.** Die Voraussetzungen, die für die Durchführung eines LBO gegeben sein müssen, lassen sich aus Sicht des Erwerbers häufig am einfachsten durch einen **Asset Deal** realisieren[352]. Der Veräußerer wird sich jedoch hierauf schon aus steuerlichen Gründen häufig nicht einlassen[353].

236 Beim LBO/MBO in Form eines Share Deal stellen sich grundsätzlich die gleichen Fragen und Probleme wie beim „normalen" Unternehmenskauf. Zusätzliche Probleme ergeben sich beim MBO allerdings daraus, daß sich das erwerbende Management in einem **Interessenkonflikt** zwischen der Tätigkeit für die Ziel-

---

[350] Zur Verbreitung von LBO und MBO vgl. *Picot* in Picot, Handbuch M&A, S. 171 f.

[351] *Hitschler,* Leveraged (Management-)Buyouts, BB 1990, 1877, 1879 f. mwN. Siehe auch § 15.

[352] Die erworbenen Wirtschaftsgüter können mit den Anschaffungskosten bilanziert werden, so daß das für den Cash-flow wichtige Abschreibungsvolumen regelmäßig größer sein wird, als bei einem Share Deal, bei dem, wenn es sich bei der Zielgesellschaft um eine Kapitalgesellschaft handelt, die Bilanzansätze für die Wirtschaftsgüter der erworbenen Gesellschaft fortgeführt werden müssen. Der Erwerb von Anteilen an Personengesellschaften wird steuerlich wie der Erwerb von Wirtschaftsgütern behandelt, so daß der Erwerber seine Anschaffungskosten über die anteilige Aufstockung der Buchwerte der Wirtschaftsgüter in einer sog. Ergänzungsbilanz ansetzen kann. Weiter besteht beim Asset Deal unmittelbarer Zugriff auf die erworbenen Vermögensgegenstände zum Zweck der Besicherung der Kaufpreisfinanzierung. Auch lassen sich aus Erwerbersicht die mit dem Unternehmenserwerb verbundenen Haftungsrisiken beim Asset Deal besser eingrenzen.

[353] Zur steuerlichen Besserstellung bzw. Steuerfreiheit von Veräußerungsgewinnen bei Veräußerung von Anteilen an Kapitalgesellschaften nach dem StSenkG *Seibt* DStR 2000, 2061 ff. Der Erwerber ist deshalb darauf verwiesen, das Unternehmen zunächst im Wege des Share Deal zu erwerben und durch anschließende Umstrukturierungsmaßnahmen einen vergleichbaren Effekt wie beim Asset Deal herbeizuführen. Der eigentliche Unternehmenskauf beschränkt sich in einem solchen Fall auf den Erwerb der Zielgesellschaft, der meist durch eine Akquisitionsgesellschaft erfolgt.

gesellschaft einerseits und für die Erwerbergruppe andererseits befindet. Dies betrifft insbes. die **Weitergabe von Informationen** über das Zielunternehmen an die Finanzinvestoren, die häufig insoweit selbständige Garantieerklärungen des Managements verlangen. Es betrifft aber auch die Frage, ob und in welchem Umfang das Management, das regelmäßig gegenüber den veräußernden Anteilseignern einen Wissensvorsprung hat, im Verhandlungsstadium zu **Offenbarung** und **Aufklärung** gegenüber dem Veräußerer verpflichtet ist[354]. Im Ergebnis wird sich das Management an Verhandlungen zur Vorbereitung des Erwerbs der Zielgesellschaft nur beteiligen können, wenn eine ausdrückliche Zustimmung der Gesellschaft vorliegt. Weiter sollte das Management die Vertragsverhandlungen soweit wie möglich den übrigen Beteiligten überlassen[355].

Die Informationen des Managements über das Zielunternehmen werfen weiter die Frage auf, in welchem Umfang der Erwerber vom Veräußerer **Gewährleistungen** verlangen kann. Der Veräußerer wird hier regelmäßig argumentieren, daß der Erwerber wegen der Beteiligung des Managements der Zielgesellschaft über das Unternehmen besser informiert ist als er selbst, und aus diesem Grund versuchen, zumindest jede unternehmensbezogene Gewährleistung abzulehnen bzw. diese einzuschränken. Hierbei würde jedoch nicht berücksichtigt, daß die Finanzierung des Kaufpreises in den meisten Fällen nicht durch das Management, sondern durch Finanzinvestoren oder sonstige Kapitalgeber erfolgt und diese wegen der geringen Eigenkapitalausstattung der Erwerbsgesellschaft regelmäßig auf Gewährleistungen bestehen werden[356]. Betrachtet man die Gewährleistung zudem als eine Risikozuweisung für das Unternehmen an den Veräußerer bis zum Stichtag, besteht für einen Gewährleistungsausschluß kein Anlaß[357]. Die Beteiligung des Managements auf Erwerberseite kann aber zu einer Abmilderung der Gewährleistungen führen.

b) Rechtliche Probleme der Finanzierung. Ist die Zielgesellschaft eine Kapitalgesellschaft, können sich Probleme aus den für die Kapitalgesellschaften geltenden Vorschriften über die Kapitalerhaltung ergeben, wenn das Vermögen der Zielgesellschaft zur **Besicherung** von Darlehen verwendet wird, die der Kaufpreisfinanzierung dienen oder wenn die **Kaufpreisfinanzierung** durch ein Darlehen der Zielgesellschaft erfolgt[358].

aa) GmbH. Bei der GmbH darf das zur **Erhaltung des Stammkapitals** erforderliche Vermögen an die Gesellschafter nicht ausgezahlt werden[359]. Zahlungen, welche unter Verstoß gegen dieses Auszahlungsverbot erfolgt sind, müssen der Gesellschaft erstattet werden[360]. Ein Verstoß gegen die Auszahlung des zur Er-

---

[354] Vgl. *Hölters* in Hölters I Rn 58 ff.
[355] So auch *Holzapfel/Pöllath* Rn 368 a.
[356] So auch *Holzapfel/Pöllath* Rn 372.
[357] Ebenso *Holzapfel/Pöllath* Rn 372, aA *Peltzer,* Rechtliche Problematik der Finanzierung des Unternehmenskaufs beim MBO, DB 1987, 973, 975.
[358] Siehe § 15 Rn 147 ff.; zu den üblicherweise verwendeten Modellen siehe *Picot* in Picot, Handbuch M&A, S. 173 ff.
[359] § 30 Abs. 1 GmbHG.
[360] § 31 Abs. 1 GmbHG.

haltung des Stammkapitals erforderlichen Vermögens kann auch in einer **Bestellung von Sicherheiten an einen Dritten** für Verbindlichkeiten des Gesellschafters liegen[361]; wenn die Sicherheitenbestellung zu einer Unterbilanz der Gesellschaft führt, liegt darin eine mittelbare Auszahlung an den Gesellschafter[362]. Die Regelungen über das Verbot der Auszahlung des zur Erhaltung des Stammkapitals erforderlichen Vermögens finden nicht nur auf gegenwärtige, sondern auch auf zukünftige (und kurz vor Abschluß des betreffenden Geschäfts ausgeschiedene) Gesellschafter Anwendung, wenn die Sicherheitenbestellung im Hinblick auf die künftige Gesellschafterstellung erfolgt (bzw. im Zusammenhang mit dem Ausscheiden getroffen wurde)[363].

240 Nach überwiegender Meinung ist **Beurteilungszeitpunkt** für das Vorliegen einer Unterbilanz der Zeitpunkt der Inanspruchnahme der Sicherheit bzw. der Zeitpunkt, zu dem mit einer Inanspruchnahme so konkret zu rechnen ist, daß eine Rückstellung gebildet werden muß[364]. Um festzustellen, ob eine Unterbilanz vorliegt, ist die Sicherheit bzw. die für die Sicherheitsleistung zu bildende Rückstellung auf der Passivseite und ein ggf. bestehender Rückgriffsanspruch gegen den Gesellschafter auf der Aktivseite anzusetzen, den ein vorsichtiger Kaufmann allerdings idR mit einem Wert ansetzen wird, der geringer als der Wert der Sicherheit bzw. die Rückstellung ist[365]. Allerdings dürfen während des Bestehens einer Unterbilanz oder Überschuldung, unabhängig davon, ob dadurch die Unterbilanz oder Überschuldung vergrößert wird, keine Sicherheiten gewährt werden[366].

241 Führt die Bestellung von Sicherheiten im Rahmen eines LBO/MBO zu einer Unterbilanz, so hat dies für die Rechtsbeziehungen zwischen der Zielgesellschaft und dem finanzierenden Dritten sowie der Zielgesellschaft und ihrem (zukünftigen) Gesellschafter folgende **Konsequenzen**.

242 Die Rechtsbeziehungen zu dem **finanzierenden Dritten** sind grundsätzlich einwendungsfrei wirksam; ein Rückgewähranspruch gegen den Dritten kommt grundsätzlich nicht in Betracht. Die Kapitalschutzvorschriften des GmbH-Rechts richten sich nur an die Gesellschafter; eine zu einer Einlagenrückgewähr führende Kreditbesicherung ist nur dann nichtig, wenn der besicherte Dritte bewußt zum Schaden der Gesellschaft oder der Gläubiger der Gesellschaft gehandelt hat[367]. Auch die mit dem **Gesellschafter** abgeschlossenen Rechtsgeschäfte, die zur Sicherheitenbestellung gegenüber dem Dritten geführt haben, sind nach hM nicht nichtig[368]. Sie führen jedoch zu einer sofortigen Rückzahlungs- bzw. Rückerstattungsverpflichtung des (zukünftigen) Gesellschafters, zu dessen Gunsten sie erfolgt sind[369].

---

[361] Einhellige Meinung, *Hueck* in Baumbach/Hueck § 30 GmbHG Rn 18 mwN.
[362] *Hueck* in Baumbach/Hueck § 30 GmbHG Rn 17.
[363] *Rowedder* in Rowedder § 30 GmbHG Rn 14.
[364] *Hueck* in Baumbach/Hueck § 30 GmbHG Rn 19 mwN zum Meinungsstand.
[365] *Lutter/Hommelhoff* § 30 GmbHG Rn 31 ff.; aA *Rowedder* in Rowedder § 30 GmbHG Rn 20.
[366] *Lutter/Hommelhoff* § 30 GmbHG Rn 35.
[367] BGH ZIP 1998, 793, 795 ff.
[368] *Hueck* in Baumbach/Hueck § 30 GmbHG Rn 21 mwN zum Meinungsstand.
[369] *Lutter/Hommelhoff* § 30 GmbHG Rn 40.

Wird dem Erwerber zur Finanzierung des Anteilskaufs von der Gesellschaft ein **243**
Kredit gewährt, gelten die vorstehenden Ausführungen ebenfalls, vorausgesetzt, die Darlehensgewährung führt zu einer Unterbilanz, weil der Rückerstattungsanspruch gegen den Gesellschafter nicht werthaltig ist[370].

bb) AG. Wesentlich **strengere Kapitalbindungen** als bei der GmbH, bei der **244**
im wesentlichen nur Auszahlungen aus dem zur Erhaltung des Stammkapitals erforderlichen Vermögens verboten sind, gelten in der AG[371], weil hier nicht nur die Rückzahlung des Stammkapitals, sondern **jede Rückgewähr von Einlagen** unzulässig ist, die nicht aus dem Bilanzgewinn stammt[372]. Eine Darlehensgewährung oder Sicherheitenbestellung durch die AG zum Zweck der Finanzierung bzw. Besicherung des Kaufpreises stellt deshalb unabhängig davon, ob eine Unterbilanz entsteht, einen Verstoß gegen das Verbot der Einlagenrückgewähr dar, wenn die AG keine vollwertige Gegenleistung erhält[373]. Das Verbot der Einlagenrückgewähr findet auch auf zukünftige (und ehemalige) Aktionäre Anwendung, wenn ein enger Zusammenhang zwischen der zukünftigen (bzw. ehemaligen) Aktionärseigenschaft und der Zuwendung besteht, letztere also im Hinblick auf die bisherige oder künftige Aktionärseigenschaft des Empfängers erbracht wurde[374].

Ähnlich wie das Verbot der Einlagenrückgewähr wirkt in der AG das **Verbot** **245**
der Finanzierung des Erwerbs von Aktien an der Gesellschaft[375]. Dieses Verbot betrifft Finanzierungs- und Hilfsgeschäfte, mit denen eine AG einem Dritten (d. h. auch dem zukünftigen Erwerber) ermöglicht, ihre Aktien zu erwerben. Erfaßt sind Vorschüsse, Darlehen und Sicherheitsleistungen, soweit sich das Finanzierungsgeschäft auf den Erwerb von Aktien der Gesellschaft richtet. Bei Gewährung der Finanzierungsmittel **nach Erwerb** gilt das Verbot jedenfalls dann, wenn vor Erwerb nur eine Übergangsfinanzierung gewährt wurde und bereits feststeht, daß die eigentliche Finanzierung zu Lasten der Gesellschaft erfolgen soll[376].

Die vorstehenden Regelungen bedeuten, daß das Vermögen einer Zielgesellschaft **246**
in der Rechtsform einer AG regelmäßig nicht für Zwecke der Kaufpreisfinanzierung zur Verfügung steht[377]. Rechtsgeschäfte zwischen AG und Aktionär, die gegen das Verbot der Einlagenrückgewähr verstoßen, sind nichtig. Dies gilt sowohl für das schuldrechtliche als auch das dingliche Geschäft[378]. **Verbotswidrige** **Leistungen** sind der AG aufgrund eines spezifischen gesellschaftsrechtlichen Rückerstattungsanspuchs **zurückzuerstatten**[379]. Verstößt das Rechtsgeschäft ge-

---

[370] *Rowedder* in Rowedder § 30 GmbHG Rn 19 mit Ausführungen zum Diskussionsstand zu Einzelfragen; zur Rechtslage bei der GmbH & Co. KG siehe *Hueck* in Baumbach/Hueck § 30 GmbHG Rn 22 ff.
[371] Ausführlich hierzu *Lutter/Wahlers* AG 1989, 1, 8 ff.
[372] § 57 Abs. 1 Satz 1 AktG; zur Reichweite der Bestimmung *Hüffer* § 57 AktG Rn 2 ff. mwN.
[373] *Lutter/Wahlers* AG 1989, 1, 9; *Lutter* in Kölner Komm. § 57 AktG Rn 75; allg. *Hüffer* § 57 AktG Rn 12 mwN zur Rspr.
[374] *Lutter* in Kölner Komm. § 62 AktG Rn 8 mwN.
[375] § 71a AktG.
[376] Zum Ganzen: *Hüffer* § 71a AktG Rn 1 ff.
[377] Zur Vermeidung dieser Problematik durch Verschmelzung der Ziel- auf die Käufergesellschaft *Holzapfel/Pöllath* Rn 330 c.
[378] *Lutter* in Kölner Komm. § 57 AktG Rn 62 f. mwN.
[379] § 62 AktG.

gen das Verbot der Finanzierung des Erwerbs von Anteilen, trifft die Nichtigkeitsfolge nur das Kausal-, nicht aber das Erfüllungsgeschäft. Ansprüche auf Rückerstattung bereits erbrachter Leistungen richten sich nach den Vorschriften des Bereicherungsrechts[380]. In den meisten Fällen wird bei einem Verstoß gegen das Verbot der Finanzierung von Anteilen aber auch ein Verstoß gegen das Verbot der Einlagenrückgewähr vorliegen.

247 Die Wirksamkeit von Rechtsgeschäften zwischen AG und einem außenstehenden **Kreditgeber**, der die Finanzierung des Kaufpreises übernimmt und sich hierzu Sicherheiten von der AG bestellen läßt, werden durch einen Verstoß gegen das Verbot der Einlagenrückgewähr bzw. der Finanzierung des Erwerbs von Anteilen grundsätzlich nicht berührt; die Nichtigkeitsfolge bleibt auf das Innenverhältnis zwischen AG und (zukünftigem) Aktionär beschränkt. Die Nichtigkeitsfolge soll sich aber auf das Rechtsgeschäft mit dem Dritten erstrecken, wenn er von der verbotenen Einlagenrückgewähr bzw. der verbotenen Finanzierung des Erwerbs von Anteilen **Kenntnis hatte**[381].

248 In der Bestellung von Sicherheiten und der Gewährung von Darlehen können weiter **verdeckte Gewinnausschüttungen** liegen.

3. Umstrukturierungsmaßnahmen

249 An den Share Deal im Rahmen eines LBO schließen sich in zahlreichen Fällen Umstrukturierungsmaßnahmen der erworbenen Gesellschaft an. Diese dienen regelmäßig der Erhöhung des Abschreibungspotentials, der Eliminierung der Risiken, die sich aus den Kapitalerhaltungsvorschriften für die GmbH und die AG ergeben, sowie einem besseren Zugang zum Cash-flow der erworbenen Gesellschaft. Die Erhöhung des Abschreibungspotentials wird dabei bislang entweder durch das sog. Kombinationsmodell[382] oder das sog. Mitunternehmermodell[383] und seit Inkrafttreten des Umwandlungssteuergesetzes durch das sog. Umwandlungs- bzw. Formwechselmodell[384] verwirklicht. Da die mit diesen Modellen verbundenen Aufstockungseffekte mit der Geltung des Steuersenkungsgesetzes ab dem 1. 1. 2001 zum Teil nicht mehr erreichbar sind[385], wird auf eine Darstellung der Modelle an dieser Stelle verzichtet[386].

---

[380] *Hüffer* § 71a AktG Rn 4.
[381] *Lutter/Wahlers* AG 1989, 1, 11 mwN; *Lutter* in Kölner Komm. § 62 AktG Rn 13.
[382] ZB *Eilers/Nowack* in Picot V Rn 84ff.
[383] *Blumers/Schmidt*, Leveraged-Buy-Out/Management-Buy-Out und Buchwertaufstockung – Gestaltungsalternativen für die Praxis, DB 1991, 609ff.
[384] *Eilers/Nowack* in Picot V Rn 104ff.
[385] Siehe § 26 Rn 246, 253ff.
[386] Zu möglichen Alternativmodellen vgl. *Blumers/Beinert/Witt*, Unternehmenskaufmodelle nach der Steuerreform, DStR 2001, 233, 234ff.

§ 13 Erwerb von Vermögenswerten (Asset Deal)

Übersicht

	Rn
A. Vertragsgegenstand	1
I. Das Unternehmen als Vertragsgegenstand	1
1. Abgrenzung zum Sachkauf: Das Unternehmen als Summe der Wirtschaftsgüter, Vertragsverhältnisse und Verbindlichkeiten	1
2. Vergleich zum Share Deal: Unterschiede/Gestaltungsmöglichkeiten	4
3. Gemeinsamkeiten von Share Deal und Asset Deal	10
II. Die Kaufgegenstände und der dingliche Vollzug	11
1. Allgemeines	11
2. Der dingliche Vollzug	16
a) Erfordernis der Einzelübertragung	16
b) Übergangsstichtag	18
3. Vermögensgegenstände im einzelnen	21
a) Beteiligungen	21
b) Grundbesitz	22
c) Anlage- und Vorratsvermögen	23
d) Forderungen	24
e) Software	25
4. Immaterielle Vermögenswerte	27
5. Vertragsverhältnisse	29
6. Verbindlichkeiten	30
7. Öffentlich-rechtliche Genehmigungen	32
B. Kaufpreis und Zahlung	36
I. Kaufpreis	36
1. Methoden der Bestimmung	36
2. Verteilung auf einzelne Vermögensgegenstände/Berücksichtigung der Verbindlichkeiten und Haftungsrisiken	39
3. Anpassung des Kaufpreises	40
a) Eigenkapitalabhängig	40
b) Ertragswertabhängig (Earn-Out)	44
4. Steuern	45
a) Umsatzsteuer	45
b) Verkehrsteuer (insbes. Grunderwerbsteuer)	47
II. Darstellung des Kaufpreises in der Bilanz des Käufers	49
III. Zahlung des (Bar-)Kaufpreises	50
1. Fälligkeit des Kaufpreises	50
2. Mechanismen für die Zug-um-Zug-Leistung	52
3. Sicherheitseinbehalt	54
IV. Kaufpreiszahlung in Form von (eigenen) Aktien/Geschäftsanteilen des Käufers	55

§ 13 Erwerb von Vermögenswerten (Asset Deal)

	Rn
1. Grundsätzliches/Zivilrechtliche Qualifizierung	55
2. Sachkapitalerhöhung (ordentliche)	57
3. Sachkapitalerhöhung (genehmigtes Kapital)	58
4. Eigene Anteile	59

C. Übertragung von Arbeitsverhältnissen 60
    I. Das Käuferinteresse: Auswahl der übergehenden Arbeitnehmer 60
    II. Die gesetzliche Regelung: § 613a BGB 61
    III. Vertragliche Regelungen 63
        1. Gestaltung vor dinglichem Übergang 63
        2. Freistellungsverpflichtungen 64
            a) Freistellung des Käufers von Ansprüchen aus unerwünscht übergegangenen Arbeitsverhältnissen 64
            b) Freistellung des Verkäufers von Ansprüchen aus Arbeitsverhältnissen von Arbeitnehmern, die dem Übergang widersprochen haben 65
        3. „Key employees" 66
        4. Managementbeteiligungen 67
    IV. Pensionen 68
        1. Pensionsansprüche aktiver Arbeitnehmer 68
        2. Pensionsansprüche ausgeschiedener Arbeitnehmer 70
        3. Verzicht auf Pensionsansprüche 71

D. Haftung für Altverbindlichkeiten 72
    I. Vertragliche Haftungsübernahme/Übernahme von Bürgschaften/Garantien 72
    II. Abgrenzung bei Dauerschuldverhältnissen und Rahmenverträgen 73
    III. Gesetzliche Haftungsübernahme 75
        1. Grundsätzliches 75
        2. § 419 BGB (bis 31. 12. 1998)/Andere Rechtsordnungen 77
        3. §§ 25, 26 HGB 79
        4. § 75 AO 82
        5. § 613a BGB 84
        6. Beihilfen 86
        7. Vertragliche Gestaltung (Freistellung im Innenverhältnis) 88
    IV. Umweltrechtliche Risiken 89
    V. Asset Deal in der Insolvenz 91
        1. Unternehmensverkauf in der Krise 92
        2. Unternehmenserwerb vom Insolvenzverwalter 96
            a) Insolvenzeröffnungsverfahren 97
            b) Insolvenzverfahren 101

E. Formerfordernisse, Zustimmungs- und Genehmigungserfordernisse 104
    I. Formerfordernisse 104

	Rn
1. Grundsatz der Formfreiheit.	104
2. Notarielle Beurkundung in Sonderfällen	105
a) Grundstücksgeschäfte	105
b) GmbH-Anteile	106
c) § 311 BGB	107
3. Erstreckung (Umfang) der Formerfordernisse	108
II. Zustimmungen und Genehmigungen	112
1. Behördliche Genehmigungen und Anzeigepflichten	113
2. Gremienvorbehalte	114
3. Schuldrechtliche Zustimmungserfordernisse/ Abtretungsverbote	116
F. **Gewährleistung**	118
I. Gesetzliche Gewährleistung	118
II. Vertragliche Gewährleistung	119
1. Minimumkatalog der Garantieversprechen	121
2. Rechtsfolgenregelung	122
3. Verjährung	123
G. **Übergangsregelungen („transition services")**	125
H. **Wettbewerbsverbot**	128
I. **Sonstige Regelungen**	131

Schrifttum: *Hess*, Insolvenzordnung, 1999; *Kammel*, Ausgewählte Probleme des Unternehmenskaufs aus der Insolvenz, NZI 2000, 102.

A. Vertragsgegenstand

I. Das Unternehmen als Vertragsgegenstand

1. Abgrenzung zum Sachkauf: Das Unternehmen als Summe der Wirtschaftsgüter, Vertragsverhältnisse und Verbindlichkeiten

Das moderne Wirtschaftsleben wird vom **Begriff des Unternehmens** geprägt. Dem trägt neuerdings auch das Gesetz Rechung, wenn es definiert, unter welchen Umständen ein Geschäft als **zum Unternehmen gehörig** zu betrachten ist[1]. Daß das Unternehmen selbst und nicht wie beim Share Deal der Unternehmensträger Gegenstand eines Rechtsgeschäfts sein kann, ist in der Praxis unstrittig und wird als selbstverständlich vorausgesetzt[2]. Dennoch fehlt eine gesetzliche Definition des Unternehmensbegriffs. Das Kaufrecht des BGB hält nur für den Sach- und Rechtskauf Vorschriften bereit; das Unternehmen ist aber weder Sache noch

1

---
[1] § 14 Abs. 1 BGB.
[2] § 22 HGB; vgl. nur *Hopt* § 22 HGB Rn 4ff. Zum Share Deal siehe ausführlich § 12.

Recht[3]. Nähert man sich dem Begriff des Unternehmens als einer Gesamtheit von Sachen und Rechten, tatsächlichen Beziehungen (zu Mitarbeitern und Vertragspartnern) und Erfahrungen sowie unternehmerischen Handlungen[4], müssen jedenfalls noch **Marktanteile** und **Geschäftschancen**, **Know-how** und „**goodwill**" ergänzt werden[5]. Auch § 613a BGB trägt der Praxis nur teilweise Rechnung. Zum einen schützt die Regelung nicht ausreichend dagegen, daß einzelne wichtige Mitarbeiter, zB wichtige Know-how-Träger das Unternehmen verlassen und von ihrem Widerspruchsrecht Gebrauch machen; zum anderen wird der Berater immer wieder mit dem nachvollziehbaren, aber gesetzwidrigen Wunsch des Käufers konfrontiert, nur bestimmte Mitarbeiter übernehmen zu wollen. Soll ein Unternehmen verkauft werden, muß jedem dieser Aspekte Rechnung getragen werden.

2   Beim Unternehmenskauf im Wege eines Asset Deal, d. h. beim Kauf materieller und immaterieller Wirtschaftsgüter, sind für den **Kauf- und Übertragungsvertrag** die für das jeweilige Wirtschaftsgut geltenden Vorschriften[6] maßgebend. Der Kaufvertrag für **Sachen und Rechte** richtet sich demzufolge nach §§ 433 ff. BGB, die dingliche **Übertragungen** des beweglichen Vermögens nach §§ 929 ff. BGB, des Grundbesitzes nach §§ 925 ff. BGB, der Forderungen nach §§ 398 ff. BGB, der Firma nach §§ 22 ff. HGB. Der **Übergang der Vertragsverhältnisse** unterliegt den allgemeinen schuldrechtlichen Regeln. § 613a BGB regelt den Übergang der Arbeitsverhältnisse.

3   Daß die Regelungen des BGB und HGB dem Kauf eines Unternehmens nicht immer gerecht werden, wird vor allem bei den gesetzlichen Gewährleistungsregelungen deutlich, die beim Kauf eines Unternehmens durch **eindeutige vertragliche Regelungen** sachgerecht ergänzt werden müssen[7]. Soweit gesetzliche Regelungen fehlen, wie etwa für den Verkauf von Know-how, tatsächlichen Beziehungen und Geschäftschancen, ist deren Inhalt zu bestimmen und die Form ihrer Übertragung festzulegen. Soweit gesetzliche Regelungen bzw. deren Rechtsfolgen wie § 613a BGB nicht dem von den Vertragsparteien Gewollten entsprechen, sind vertragliche Lösungen zu suchen, die das wirtschaftlich Gewollte soweit möglich erreichen.

2. Vergleich zum Share Deal: Unterschiede/Gestaltungsmöglichkeiten

4   Der Kauf des Unternehmensträgers durch Erwerb von Geschäftsanteilen (Share Deal) hat gegenüber dem Asset Deal eine Vielzahl von Unterschieden, die in der Praxis erhebliche Relevanz haben können. Beim Share Deal bleiben grundsätzlich sämtliche **Vertragsverhältnisse** (insbes. die für die Fortsetzung des Geschäftsbetriebs regelmäßig zwingend erforderlichen Mietverträge, Mitarbeiterverträge und wesentliche Kundenbeziehungen) unberührt. Eine Zustimmung der Vertragspartner zur Veräußerung des Unternehmens ist nicht erforderlich, außer bei solchen Verträgen, die Sonderkündigungsrechte für den Fall eines Gesellschafterwechsels

---

[3] So schon RGZ 63, 57, 58.
[4] *Beisel/Klumpp* Rn 13; *Picot* in Picot I Rn 6.
[5] *Holzapfel/Pöllath* Rn 130.
[6] *Putzo* in Palandt Vor § 459 BGB Rn 15; *Westermann* in MünchKomm. § 433 BGB Rn 11.
[7] Siehe § 9 Rn 39 ff.; § 34 Rn 45 ff.

(sog. Change of Control-Klauseln) enthalten. Aufwendige **dingliche Übertragungen** (zB beim Erwerb von betriebsnotwendigem Grundbesitz, gewerblichen Schutzrechten etc.) sind beim Erwerb des Unternehmensträgers entbehrlich. Sämtliche **Verbindlichkeiten** aus der Vergangenheit gehen ohne besondere vertragliche Regelungen oder Zustimmungen Dritter auf den Erwerber über.

Soweit der Unternehmensträger selbst keine anderen Geschäftätigkeiten entfaltet und sämtliche Vermögensgegenstände, Verträge etc. dem Unternehmen dienen, hat der Eigentümer eines Unternehmensträgers als **Verkäufer regelmäßig** ein **Interesse** daran, den Unternehmensträger selbst zu veräußern. Darüber hinaus war in der Vergangenheit und wird voraussichtlich dauerhaft auch in Zukunft der Share Deal auch für natürliche Personen als Anteilseigner steuerliche Vorteile haben[8]. Der Verkauf von Kapitalgesellschaften durch Kapitalgesellschaften ist künftig steuerbefreit[9].

5

Andererseits kann auch aus Sicht des Verkäufers ein Asset Deal in Frage kommen. Werden in über viele Jahrzehnte gewachsenen Industrieunternehmen Geschäftsbereiche der unterschiedlichsten Art und Branche, wie häufig, von einem Unternehmensträger geführt, bleibt nur ein Asset Deal (Spin-off), da wesentliche andere Unternehmen oder Teilbetriebe idR **beim Unternehmensträger verbleiben** sollen. Ein Share Deal selbst ist jedenfalls ohne vorherige Umstrukturierung nicht möglich.

6

Ist die Übertragung der wesentlichen Vertragsverhältnisse, d. h. die Zustimmung der Vertragspartner gesichert und ein Widerspruch, der für die Fortsetzung des Betriebs zwingend erforderlichen Mitarbeiter gegen den Übergang ihrer Arbeitsverhältnisse nicht zu erwarten, wird der **Käufer** idR einen **Asset Deal bevorzugen**. Zum einen begründet der Asset Deal eine klare Haftungsbegrenzung. Der Käufer haftet lediglich für nach dem Stichtag entstehende Verbindlichkeiten. Steuerrisiken aus der Vergangenheit trägt grundsätzlich mit Ausnahme von § 75 AO der zurückbleibende Unternehmensträger/Verkäufer. Pensionsverpflichtungen gegenüber bereits ausgeschiedenen Mitarbeitern verbleiben ebenfalls beim Verkäufer. Darüber hinaus bietet der Asset Deal (im übrigen in nahezu allen westeuropäischen Steuersystemen) den Vorteil, daß der Käufer den Kaufpreis auf die erworbenen Vermögensgegenstände verteilen kann und so, anders als beim Erwerb von Geschäftsanteilen, für die Zukunft seine Steuerlast durch erhöhte Abschreibungen reduzieren kann. Beim Erwerb von Grundbesitz mag dieser Vorteil durch höhere Grunderwerbsteuern reduziert werden[10].

7

Finanzierenden Banken erlaubt der Asset Deal im Rahmen von Sicherungsübereignung/Verpfändung den direkten Zugriff auf die erworbenen Vermögensgegenstände. Schulden können direkt aus dem Cash-flow getilgt werden, ohne daß weitere Maßnahmen, wie zB eine Verschmelzung, erforderlich sind. Relevant ist dies insbes. bei einem im wesentlichen fremdfinanzierten Erwerb durch Finanzinvestoren[11].

8

---

[8] Siehe § 26 Rn 148 ff.
[9] Siehe § 26 Rn 121 ff.
[10] Siehe § 26 Rn 495 ff.
[11] Siehe § 15 Rn 9 ff.

9 In einem **frühen Stadium der Beratung** sollten die **Nachteile** eines Asset Deal gegenüber einem Share Deal, insbes. der höhere Aufwand im Zusammenhang mit der Übertragung, die damit zusammenhängenden höheren Transaktionskosten und die Risiken des Scheiterns der Übernahme bestimmter Verträge/Rechte analysiert und **mit den Vorteilen verglichen werden**.

3. Gemeinsamkeiten von Share Deal und Asset Deal

10 Unternehmenskäufe haben unabhängig davon, ob sie als Share Deal oder Asset Deal ausgestaltet sind, viele **Gemeinsamkeiten**. Dies beginnt mit der regelmäßig ähnlich verlaufenden, wenn auch beim Asset Deal eingeschränkten Due Diligence[12]. Der Erwerb eines Unternehmens durch Finanzinvestoren (sog. Private Equity-Transaktionen)[13] folgt einem vergleichbaren Muster. Bei der Vertragsgestaltung gibt es viele Regelungen, die von der Erwerbsstruktur unabhängig sind.

II. Die Kaufgegenstände und der dingliche Vollzug

1. Allgemeines

11 Der Bestimmtheitsgrundsatz verlangt von den Vertragsparteien (und ihren Beratern), daß sie den Kaufgegenstand, d. h. sämtliche zum Unternehmen gehörigen Bestandteile, genau erfassen und beschreiben[14]. Dies kann schwierig sein: ZB sind im Anlagenregister eines Unternehmens zwar grundsätzlich alle Gegenstände des beweglichen Anlagevermögens erfaßt; soweit Wirtschaftsgüter aber bereits abgeschrieben sind (oder es sich um geringwertige Wirtschaftsgüter handelt), sind sie nicht im einzelnen beschrieben. Auch Vorräte und sonstiges Umlaufvermögen sind schwer zu erfassen, da sich ihr Bestand im aktiven Unternehmen ständig verändert[15].

12 Darüber hinaus zeigt sich bei der Ermittlung und Beschreibung des Kaufgegenstands häufig, daß Käufer und Verkäufer unterschiedliche Interessen haben: Der Käufer ist grundsätzlich daran interessiert, daß er nur, aber auch alles für die Fortsetzung des Unternehmens Erforderliche erwirbt und bezahlt. Der Verkäufer hat uU ein Interesse, auch Vermögensgegenstände zu übertragen, die zwar nicht betriebsnotwendig sind, aber in seinem Betrieb in der Vergangenheit ausschließlich von dem übertragenden Unternehmen genutzt wurden. Umgekehrt kann der Verkäufer gehindert sein, bestimmte betriebsnotwendige Vermögensgegenstände zu übertragen, wenn sie für andere Teile seines Unternehmens, die nicht Gegenstand des Verkaufs sind, erforderlich sind. Einige Beispiele: Das Betriebsgrundstück wird noch von anderen Teilen des Unternehmens genutzt; gewerbliche Schutzrechte/Patente werden vom Verkäufer in anderen Betriebsteilen auch nach Veräußerung des Unternehmens benötigt; Datenserver dienen mehreren Betrie-

---

[12] Siehe § 9 Rn 58 ff.
[13] Siehe § 11 Rn 17 ff.
[14] *Mielert* in BeckFormBuch III. A.8 § 4; *Hess/Fabritius* in Hopt, Vertrags- und Formularbuch, IV. B.19.4.
[15] *Hess/Fabritius* in Hopt, Vertrags- und Formularbuch, IV. B.19.6.

ben; Mitarbeiter arbeiten für verschiedene Betriebe eines Unternehmensträgers und dgl. mehr.

Bei der Ermittlung und Beschreibung des Kaufgegenstands ist sicherzustellen, daß Käufer- und Verkäuferinteressen entsprechend berücksichtigt werden. So hat der Verkäufer regelmäßig ein Interesse, den gesamten Geschäftsbetrieb zu übertragen und einen angemessenen Kaufpreis zu erzielen. Der Käufer wird sich auf das Betriebsnotwendige beschränken und einen entsprechend niedrigeren Kaufpreis zahlen wollen.

Generalklauselartig ist vom Verkäufer zu garantieren, daß er, soweit möglich, alles Betriebsnotwendige überträgt und daß er, soweit die Übertragung nicht möglich ist, gewährleistet, daß das Unternehmen nach dem Betriebsübergang wie in der Vergangenheit fortgeführt werden kann. Bei nicht vollständiger Übertragung sind Absprachen über die gemeinsame Nutzung des teilweise zurückgebliebenen Vermögens zu treffen.

Wesentliche Bedeutung hat beim Asset Deal die Erfassung des tatsächlichen Bestands der übernommenen Vermögensgegenstände am Übergangsstichtag. Die Parteien werden sich daher bemühen, den Bestand des übernommenen Vermögens (Aktiva und Passiva, soweit gewollt) möglichst zeitnah zu ermitteln. Dennoch ist dies regelmäßig zum Zeitpunkt des Closing nicht 100%-ig exakt möglich, da der Geschäftsbetrieb lebt und sich täglich verändert. Die Parteien werden daher generalklauselartig vereinbaren und durch Garantien absichern, daß das Unternehmen in seinem tatsächlichen Bestand zum Übergangsstichtag übergeht.

2. Der dingliche Vollzug

a) Erfordernis der Einzelübertragung. Unabhängig von der Beschreibung der einzelnen Kaufgegenstände und der schuldrechtlichen Verpflichtung zu ihrer Übertragung ist **beim dinglichen Vollzug** sicherzustellen, daß alle Sachen und Rechte im Wege der **Einzelrechtsnachfolge** nach den jeweils dafür geltenden Vorschriften übertragen werden[16]. Befinden sich Vermögensgegenstände im Ausland, ist sicherzustellen, daß die dingliche Übertragung den für das jeweilige Land maßgeblichen Übertragungs- und ggf. Formvorschriften entspricht (Situs-Regel)[17].

Zu den nach deutschem Recht geltenden **Formvorschriften** wird später Stellung genommen[18].

b) Übergangsstichtag. Die Parteien werden regelmäßig einen **Stichtag** für den Übergang des Unternehmens vereinbaren. Das ist beim Asset Deal von besonderer Bedeutung, da regelmäßig Besitz, Gefahren, Nutzen und Lasten sowie die Risiken aus dem Geschäftsbetrieb, aber auch die ab diesem Zeitpunkt erwirtschafteten Gewinne am Stichtag auf den Erwerber übergehen sollen.

---

[16] Die Übertragung von Rechten erfolgt gem. §§ 398, 413ff. BGB, die Übereignung von beweglichen Sachen gem. §§ 929ff. BGB und die Übertragung von Grundbesitz nach den Vorschriften der §§ 925ff. BGB.
[17] *Kreuzer* in MünchKomm. Nach Art. 38 EGBGB Rn 34ff.; *Merkt*, Internationaler Unternehmenskauf durch Erwerb der Wirtschaftsgüter, RIW 1995, 533, 534.
[18] Siehe Rn 104ff.

19 Der **Übergang von Nutzen und Lasten** kann mit wirtschaftlicher Wirkung auch zu einem **vor dem** tatsächlichen dinglichen Rechtsübergang (**Closing**) liegenden Zeitpunkt schuldrechtlich vereinbart werden. Eine dingliche Rückwirkung ist dagegen grundsätzlich nicht möglich. Bei Auseinanderfallen von wirtschaftlichem Stichtag (*„die Parteien stellen sich, als sei der Geschäftsbetrieb bereits am ... übergegangen"*) und Übertragungsstichtag ist sicherzustellen, daß **Bestandsveränderungen** erfaßt werden. Da die wirtschaftliche Rückwirkung die Zuordnung von Gewinnen bzw. die Übernahme von Verlusten beinhaltet, sind Ausgleichszahlungen oder die Übernahme des liquiden Vermögens entsprechend zu regeln.

20 Das **Zusammenfallen von wirtschaftlichem Stichtag und dinglichem Rechtsübergang** ist grundsätzlich erstrebenswert. Da der Stichtag für eine Vielzahl von Regelungen Bedeutung hat, insbes. bei der Erstellung einer Übergabebilanz und den Abgrenzungen bei Dauerschuldverhältnissen oder nur teilweise erfüllten Verträgen, sollten die Parteien großen Wert darauf legen, einen praktisch sinnvollen Übergangsstichtag (zB Monats- oder Quartalsende) zu wählen.

3. Vermögensgegenstände im einzelnen

21 **a) Beteiligungen.** Gehören zu dem verkauften Unternehmen auch Beteiligungen an anderen Gesellschaften, können besondere **Zustimmungserfordernisse** zu beachten sein. Bei **Beteiligungen an ausländischen Gesellschaften** ist nach dem jeweiligen Sitzstatut sicherzustellen, daß sie wirksam übertragen werden[19]. Gibt es bei den mitverkauften Tochtergesellschaften Beteiligungen Dritter, ist ein besonderes Augenmerk auf **Sonderkündigungsrechte** (Change of Control-Klauseln) im jeweiligen Gesellschaftsstatut zu richten.

22 **b) Grundbesitz.** Zum verkauften Vermögen gehörender **Grundbesitz** ist genau zu beschreiben[20]. Ggf. ist sicherzustellen, daß er lastenfrei übertragen wird. Dies gilt insbes., wenn die eingetragenen Belastungen unternehmensfremde nicht übernommene Verbindlichkeiten absichern. Wird betrieblich genutzter Grundbesitz nicht übertragen, ist durch Abschluß entsprechender Mietverträge sicherzustellen, daß das Unternehmen wie in der Vergangenheit auch räumlich fortgeführt werden kann.

23 **c) Anlage- und Vorratsvermögen.** Das gesamte bewegliche **Anlage- und Vorratsvermögen** ist möglichst **einzeln** (Anlagenregister, Inventar) **zu bezeichnen**[21]. Soweit eine solche Erfassung nicht möglich ist, ist es so bestimmt zu bezeichnen, daß kein Zweifel aufkommen kann, welche Teile des beweglichen Anlage- und Vorratsvermögens übertragen werden sollen.

24 **d) Forderungen.** Ob auch **bereits bestehende Forderungen** Gegenstand des Kaufs sein sollen, ist vom Parteiwillen abhängig. Der Käufer hat uU Bedenken, daß der Verkäufer ausstehende, vom Käufer nicht übernommene Altforderungen

---

[19] Siehe dazu *Picot/Land*, Der internationale Unternehmenskauf, DB 1998, 1601, 1602f.
[20] *Hess/Fabritius* in Hopt, Vertrags- und Formularbuch, IV. B.19.7.
[21] *Hess/Fabritius* in Hopt, Vertrags- und Formularbuch, IV. B.19.4.

gegen Kunden ohne Rücksichtnahme auf weiterlaufende Geschäftsbeziehungen mit dem neuen Unternehmensträger eintreibt. Andererseits wird der Käufer bei Übernahme der Forderungen ein denkbares Ausfallrisiko vertraglich absichern wollen, soweit die Forderungen als Teil des Kaufgegenstands bewertet worden sind. Die Übernahme der Forderungen ist gesetzlich auch dann sachgerecht, wenn zu befürchten ist, daß ein Kunde „alte" Mängel gegenüber dem Unternehmen/Käufer geltend macht und dieses die Mängel aus Kulanzgründen beseitigt.

e) **Software.** Ist der Verkäufer Inhaber **selbstentwickelter Software**[22], ist sicherzustellen, daß der Käufer künftig das unbeschränkte und frei übertragbare **Recht** erhält, **diese Software zu nutzen und zu verwerten.** Insbes. muß das Recht gewahrt werden, die Software als Quell- und Objektprogramm umzugestalten, weiterzuentwickeln und zu verändern. Sämtliche Unterlagen (Datenträger, Ausdrucke als Quellprogramm, für Programmierzwecke geeignete Programmbeschreibung, Installationsbeschreibung etc.) sind zu übergeben. Der Verkäufer sollte auf die Autorennennung und Rückrufrechte verzichten.

Bei Verwendung von **Software unter Lizenz** (zB SAP R/2, R/3) ist ggf. zu berücksichtigen, daß im Unternehmen nur ein (Zentral-)Server benutzt wird, auf den sämtliche User aller Geschäftsbereiche zugreifen. Zu beachten ist weiter, daß viele Unternehmen mit einer Konzernlizenz arbeiten, die eine günstige Pro-User-Lizenzgebühr gewährt. SAP-Lizenzverträge können zB eine Klausel beinhalten, daß höhere Lizenzgebühren für gegenwärtige oder künftige User fällig werden, sofern der Geschäftsbereich (oder eine Konzerntochter) aus dem Unternehmen/Konzern herausgelöst wird. Dies ist insbes. auch bei den uU zu gewährenden „transition services"[23] zu berücksichtigen.

4. Immaterielle Vermögenswerte

Immaterielle Vermögenswerte (Firma, „goodwill", Know-how, gewerbliche Schutzrechte) sind regelmäßig im Detail zu beschreiben. Problematisch ist, wie ein **sonstiger Vermögenswert** („goodwill") darzustellen ist. Er umfaßt in jedem Fall die bestehenden Kundenbeziehungen. Ggf. ist im Rahmen eines vertraglich zu vereinbarenden Wettbewerbsverbots[24] klarzustellen, daß die bestehenden Kundenbeziehungen vom Veräußerer nicht weiter genutzt werden dürfen.

Bei Übertragung des im Unternehmen vorhandenen **Know-how** wird es idR keine körperlich erfaßten Know-how-Sammlungen geben. Handbücher, Organisationsanweisungen und Ähnliches müssen übertragen werden. Außerdem ist zu ermitteln, ob und inwieweit die über das Know-how verfügenden Mitarbeiter dem Erwerber erhalten bleiben. UU kann es für den Erwerber von erheblicher Bedeutung sein, daß sich die wesentlichen Know-how-Träger („key employees") ihm gegenüber verpflichten, nicht nur von ihrem Widerspruchsrecht[25] keinen Gebrauch zu machen, sondern auch langfristig weiterhin zur Verfügung zu stehen.

---

[22] ISv. §§ 69 ff. UrhG.
[23] Siehe Rn 125 ff.
[24] Siehe Rn 128 ff.
[25] § 613a BGB; siehe Rn 61 ff.

5. Vertragsverhältnisse

29 Sämtliche nach dem Willen der Parteien **auf den Erwerber übergehenden Vertragsverhältnisse** müssen detailliert aufgelistet und beschrieben werden. Aus Sicht des Erwerbers gilt dies nicht nur für Miet-/Pachtverträge, Lieferantenverträge, Kundenverträge und Einzelorder, sondern selbstverständlich auch für die Arbeitsverhältnisse, wenngleich die gesetzlichen Bestimmungen[26] einen Übergang der Arbeitsverhältnisse der zum Betrieb gehörenden Mitarbeiter zwingend bewirken.

6. Verbindlichkeiten

30 Wird ein Unternehmen oder Unternehmensteil als Gesamtheit verkauft, sollen idR auch die **Unternehmensverbindlichkeiten auf den Käufer übergehen**. Dazu ist ein dinglicher Vertrag zwischen Verkäufer und Käufer notwendig, in dem sich beide darüber einigen, daß die Verbindlichkeiten auf den Unternehmenskäufer übergehen. Zu ihrer Wirksamkeit bedarf eine solche Vereinbarung der **Zustimmung des jeweiligen Gläubigers**[27]. Um diese Zustimmung sollten sich Käufer und Verkäufer gemeinsam bemühen. IdR stimmt der Gläubiger einem Schuldnerwechsel zu, wenn er sich von der Bonität des Unternehmenskäufers überzeugt hat. Ohne Zustimmung des Gläubigers bleibt die Übertragung die Verfügung eines Nichtberechtigten[28] und wird umgedeutet in Erfüllungsübernahme, ggf. auch in eine Verpflichtung des Käufers zur Bezahlung[29].

31 Wird nur ein Unternehmensteil verkauft, empfiehlt es sich, die übernommenen Verbindlichkeiten in einem **Verzeichnis** einzeln oder sonstwie bestimmbar aufzuführen[30], weil sonst leicht Streit entsteht, welche Verbindlichkeiten zu dem verkauften Unternehmensteil gehören und welche nicht.

7. Öffentlich-rechtliche Genehmigungen

32 Grundsätzlich steht jedermann die Ausübung eines Gewerbes frei, soweit die Gewerbeordnung nichts anderes bestimmt[31]. Die Ausübung eines Gewerbes erfordert in bestimmten Fällen öffentlich-rechtliche Genehmigungen, wobei zwischen **personenbezogenen** (persönlichen) **und betriebsbezogenen** (sachlichen) Genehmigungen zu unterscheiden ist. Um betriebsbezogene Genehmigungen handelt es sich insbes. bei Betrieben der Gastronomie, Personenbeförderung und Luftfahrt sowie des Bergbaus. Für den Güter-Nahverkehr und das Makler- oder Bauträgergeschäft bedarf es nur persönlicher Genehmigungen[32].

33 Ist eine persönliche Genehmigung (Personalkonzession) erforderlich, kann der Erwerber nur dann den Betrieb fortführen, wenn diese ihm selbst erneut erteilt

---

[26] § 613a BGB; siehe Rn 61 ff.
[27] § 415 Abs. 1 Satz 1 BGB.
[28] *Rieble* in Staudinger § 415 BGB Rn 6.
[29] *Heinrichs* in Palandt § 415 BGB Rn 9.
[30] *Hess/Fabritius* in Hopt, Vertrags- und Formularbuch, IV. B.19.10.
[31] § 1 GewO.
[32] *Beisel/Klumpp* Rn 283; *Franz-Jörg Semler* in Hölters VI Rn 103.

wird³³, oder uU das Dienstverhältnis mit der jeweils verantwortlichen Person übergeht³⁴. In einzelnen Tätigkeitsfeldern, zB im Arzneimittelrecht, ist der Bestand der Genehmigungen zT an die Tätigkeit von gewissen Verantwortlichen oder Beauftragten geknüpft³⁵. Es muß daher sichergestellt werden, daß die Vertragsverhältnisse mit diesen Mitarbeitern auf die Käuferin übergehen. Der Käufer sollte sich die Unterstützung des Verkäufers für die **Erlangung einer Personalkonzession** vertraglich zusagen lassen³⁶.

Sachliche Genehmigungen (Realkonzessionen)³⁷ hingegen gehen mit dem Betrieb als organisatorische Einheit über. Ebenso gelten öffentlich-rechtliche Beschränkungen fort³⁸. Medienrechtliche Lizenzen, zB Rundfunkzulassungen, sind nicht übertragbar³⁹. Deshalb ist bereits iRd. Due Diligence zu prüfen, welche Arten von Konzessionen vorliegen müssen, um das Zielunternehmen weiterführen zu können, und ob der Erwerber die nötigen Voraussetzungen zur Erlangung derselben erfüllt.

Daß der Erwerber nach der Akquisition eine persönliche Genehmigung nicht erlangen kann, stellt keinen Sach- oder Rechtsmangel des Unternehmens⁴⁰ dar. Der Erwerber wird sich regelmäßig **garantieren** lassen, daß alle erforderlichen (nicht personenbezogen) Genehmigungen vorliegen, und zur Fortsetzung des Geschäftsbetriebs sonstige personenbezogene Genehmigungen nicht erforderlich sind.

B. Kaufpreis und Zahlung

I. Kaufpreis

1. Methoden der Bestimmung

Bei der **Ermittlung des Kaufpreises** spielen unterschiedlichste Unternehmensbewertungen eine Rolle. Die beim Share Deal⁴¹ und an anderer Stelle⁴² dargelegten Bewertungsmethoden gelten auch für die Ermittlung eines Unternehmenswerts beim Asset Deal.

Bei der Ermittlung des Unternehmenswerts/Kaufpreises nach der **Substanzwertmethode** wird nicht nur der Wert der übernommenen unbeweglichen und

---

[33] *Beisel/Klumpp* Rn 286.
[34] Gem. § 613a BGB.
[35] ZB Herstellungsleiter, § 19 Abs. 1 AMG, Stufenplanbeauftragter, § 63a Abs. 1 AMG, Vertriebsleiter, § 19 Abs. 2 AMG.
[36] *Hess/Fabritius* in Hopt, Vertrags- und Formularbuch, IV. B. 19 § 10.
[37] ZB emissionsrechtliche Genehmigungen.
[38] *Beisel/Klumpp* Rn 287.
[39] Sämtliche Landesmediengesetze enthalten für die Zulassung zu Hörfunk- und Fernsehprogrammen Regelungen, nach denen diese grundsätzlich nicht übertragbar sind, zB § 11 Abs. 3 BremLMG, §§ 22 Abs. 3 Satz 3 HambMedienG und § 8 Abs. 1 Satz 4 LRGNW.
[40] ISd. § 440 BGB; *Beisel/Klumpp* Rn 288.
[41] Siehe § 12 Rn 53 ff.
[42] Siehe § 10.

beweglichen Vermögensgegenstände eine Rolle spielen. Vielmehr sind der Wert der übernommenen Verbindlichkeiten und die mit der Übernahme zusammenhängenden Haftungsrisiken zu berücksichtigen.

38 Bei der Ermittlung des Unternehmenswerts/Kaufpreises nach der **Ertragswertmethode** kann nur eingeschränkt auf dem Ertragswert des Unternehmensträgers/Verkäufers aufgebaut werden. Zu berücksichtigen ist, inwieweit der Geschäftsbetrieb als Ganzes übergeht und ob bspw. die Ertragskraft künftig mindernde Verbindlichkeiten (zB Pensionsverpflichtungen) beim Verkäufer verbleiben. Auch beim Discounted Cash-flow-Verfahren sind Sonderfaktoren, die beim Asset Deal eine Rolle spielen, zu eliminieren[43].

2. Verteilung auf einzelne Vermögensgegenstände/Berücksichtigung der Verbindlichkeiten und Haftungsrisiken

39 Die Parteien werden es idR beim Abschluß des Kaufvertrags unterlassen, den **Kaufpreis auf einzelne Vermögensgegenstände** zu verteilen. Der Käufer wird bestrebt sein, seine Dispositionsfreiheit zu bewahren. Lediglich bezüglich des Grundbesitzes wird idR ein bestimmter Wert angegeben, der als Bemessungsgrundlage für die Grunderwerbsteuer dienen soll. Dieser kann auch bei der Vertragsabwicklung von Bedeutung sein[44].

3. Anpassung des Kaufpreises

40 a) **Eigenkapitalabhängig.** Wie beim Share Deal[45] haben die Vertragsparteien auch beim Asset Deal ein Interesse, daß bestimmte Annahmen, die sie bei der Festsetzung des Kaufpreises zugrunde gelegt haben, am Übergangsstichtag zutreffend sind. Dies betrifft nicht nur das **Umlaufvermögen**, das wegen des Zu- und Abgangs einzelner Bestandteile erst zum Stichtag ermittelt werden kann. Auch beim **Anlagevermögen** kommt in Einzelfällen eine Erfassung und Bewertung zum Stichtag in Betracht. Der Wert von Grundvermögen, soweit er nicht dem Buchwert entspricht, kann in einzelnen Fällen zum Stichtag durch ein Bewertungsgutachten ermittelt werden.

41 Dem stehen die Bewertung übernommener **Verbindlichkeiten** und erforderlicher Abgrenzungen gegenüber, die ebenfalls erst zum Stichtag möglich sind. Auch sonstige gesetzliche (zB Pensionsansprüche) oder vertragliche (zB Beschäftigungsgarantien) Verpflichtungen spielen bei der Kaufpreisermittlung eine Rolle. Daher wird bei einem Asset Deal der endgültige Kaufpreis regelmäßig im Rahmen einer zu erstellenden **Übergabebilanz** ermittelt. Anders als beim Share Deal ist sie kein Zwischenabschluß des Unternehmensträgers, sondern eine pro forma-Bilanz der übernommenen Aktiva und Passiva, die beim Erwerb durch ein neu errichtetes Unternehmen (NEWCO) gleichzeitig die Basis des ersten Jahresabschlusses der NEWCO ist.

---

[43] Siehe hierzu ausführlich § 10 Rn 179 ff.
[44] Siehe Rn 51.
[45] Siehe § 12 Rn 69 ff.

Die **Übergabebilanz** ist eine spezielle, zwischen den Parteien vereinbarte und **auf den Stichtag aufgestellte Abrechnungsbilanz**, die idR Grundlage der Kaufpreisbemessung ist. Sie stellt daneben sicher, daß die Parteien sich über die erforderlichen Abgrenzungen und den Umfang der übernommenen Verbindlichkeiten einig sind. Eine Übergabebilanz ermöglicht es, Periodenverschiebungen, geleistete Anzahlungen und sonstige Abgrenzungen sachgerecht zu verteilen. Die Übergabebilanz wird (wenn vom Käufer gewünscht) durch einen Wirtschaftsprüfer geprüft werden, wobei die Parteien bei der Auswahl der für diese Prüfung geltenden Grundsätze unterschiedliche Gesichtspunkte verfolgen. Nicht unüblich ist es, daß bestimmte **Bewertungsgrundsätze** bei der Übergabebilanz auf Grund der Besonderheiten des speziellen Vertrags und durch Einigung der Parteien gegenüber den Vorjahren geändert werden. Bspw. können Verpflichtungen wie Pensionen nach anderen als den deutschen Buchführungs- und Bilanzierungsgrundsätzen (zB nach US-GAAP) oder das Vorratsvermögen nach den beim Käufer angewendeten Bewertungsprinzipen bewertet werden. 42

Für den Fall von Streitigkeiten über die Abrechnungsbilanz empfiehlt es sich, bereits bei den Vertragsverhandlungen die Form der Auseinandersetzung zu regeln. Es ist regelmäßig sinnvoll, sie nicht vor den ordentlichen Gerichten auszufechten, sondern durch ein **Schiedsgutachten** eines unabhängigen Wirtschaftsprüfers beizulegen, oder ggf. durch ein Schiedsgericht entscheiden zu lassen[46]. 43

b) Ertragswertabhängig (Earn-Out). Auch beim Asset Deal ist eine ertragswertabhängige Kaufpreisanpassung denkbar[47]. Dabei müssen die Besonderheiten des Asset Deal (eingeschränkte Übernahme des Vermögens und der Verbindlichkeiten) Berücksichtigung finden. 44

4. Steuern

a) Umsatzsteuer. Wird bei einem Asset Deal ein Unternehmen als Ganzes, d. h. alle wesentlichen Grundlagen eines Geschäftsbetriebs oder ein gesondert geführter Teil-Geschäftsbetrieb[48] veräußert, ist dies **kein umsatzsteuerpflichtiger Vorgang**. Anders ist dies jedoch bei Veräußerung von Einzelgegenständen. Da die Abgrenzung im Einzelfall schwierig ist und die Risiken einer Fehlbeurteilung groß und vertraglich nicht immer einfach zu regeln sind, ist bei komplizierten Sachverhalten grundsätzlich anzuregen, vorab eine verbindliche Auskunft des Finanzamts einzuholen oder jedenfalls zeitnah nach dem Closing eine Umsatzsteuersonderprüfung bei den zuständigen Finanzbehörden zu beantragen[49]. 45

Ist das Geschäft **umsatzsteuerpflichtig**, können die Parteien statt Barzahlung des Umsatzsteuerbetrags auch die Abtretung des Vorsteuererstattungsanspruchs vereinbaren[50]. 46

---

[46] Hier gilt das zum Share Deal Gesagte entsprechend. Zu den Einzelheiten siehe § 12 Rn 200 ff.; § 16 Rn 119 ff.; § 35 Rn 126 ff.
[47] Siehe § 12 Rn 78 ff.
[48] ISv. § 1a UStG
[49] Siehe § 26 Rn 590.
[50] Zu den Risiken allgemein und im Fall der Insolvenz des Erwerbers siehe § 26 Rn 604 ff.

47 **b) Verkehrsteuer (insbes. Grunderwerbsteuer).** Gehört zu den übertragenen Vermögensgegenständen in Deutschland belegener Grundbesitz, ist der auf den Grundbesitz entfallende Kaufpreisanteil **grunderwerbsteuerbelastet**. Bemessungsgrundlage ist der Verkehrswert des Grundbesitzes (Wert der Gegenleistung). Sofern für den Grunderwerb im Kaufvertrag kein gesonderter Betrag ausgewiesen ist, wird die Steuer idR vom **Teilwert** berechnet[51]. Das Finanzamt ist nicht an die Festlegung der Parteien gebunden. Diese Festlegung stellt jedoch eine erste Ermittlungsgrundlage dar. Derzeit beträgt die Grunderwerbsteuer 3,5 %; sie wird bereits mit Abschluß des Kaufvertrags fällig[52].

48 **Sonstige Verkehrsteuern** werden bei in der Bundesrepublik Deutschland belegenen Vermögensgegenständen (zB Beteiligungen) nicht erhoben. Wenn Beteiligungen an Auslandsgesellschaften oder bestimmte „assets", die im Ausland liegen, übertragen werden, sehen eine Vielzahl von Rechtsordnungen gesonderte Verkehrsteuern oder sog. „stamp duties" vor[53].

II. Darstellung des Kaufpreises in der Bilanz des Käufers

49 Der Käufer hat bei einem Asset Deal regelmäßig ein besonderes Interesse daran, einen **Großteil des Kaufpreises auf das bewegliche Anlage- und Vorratsvermögen** zu **verteilen**, um durch das erhöhte Abschreibungsvolumen seine kurzfristige Steuerlast zu senken.

III. Zahlung des (Bar-)Kaufpreises

1. Fälligkeit des Kaufpreises

50 Der Verkäufer hat ein Interesse daran, daß der dingliche Rechtsübergang und die Übernahme der Vermögensgegenstände nur Zug um Zug gegen Zahlung des (gesamten) Kaufpreises erfolgt. Demgegenüber liegt es uU im Interesse des Käufers, den Kaufpreis in Raten zu zahlen, bestimmte Kaufpreisbeträge zur Sicherheit einzubehalten oder ggf. aufgrund anderer Rechtsbeziehungen Aufrechnungs- oder Zurückbehaltungsrechte geltend machen zu können. Hier besteht ein großer Gestaltungsspielraum, der nach Wunsch der Parteien und den Anforderungen des Einzelfalls entsprechend ausgenutzt werden kann[54].

51 Beim **Erwerb von Grundvermögen** ist der dingliche Rechtsübergang bei Abschluß des Kaufvertrags noch nicht sichergestellt, da bis zur Eintragung einer Vormerkung zu Gunsten des Käufers noch Veränderungen im Grundbuch eintreten können. Der Käufer wird daher einen entsprechenden Kaufpreisanteil entweder erst bei Eintragung der Vormerkung und Vorlage aller zum lastenfreien Eigentumserwerb erforderlichen Genehmigungen, Löschungsbewilligungen etc. zahlen.

---

[51] *Beisel/Klumpp* Rn 692; *BFH* BStBl. 1958 III S. 280.
[52] Zur Grunderwerbsteuer siehe auch § 26 Rn 495 ff.
[53] Vgl. dazu *Rosenbach/Rieke*, Steuerliche Aspekte des Internationalen Unternehmenskaufs, RIW 1999, 502, 508 mwN.
[54] Siehe § 16 Rn 25 ff.

Alternativ ist eine Zahlung auf ein Notaranderkonto möglich, was allerdings mit Kosten verbunden ist.

2. Mechanismen für die Zug-um-Zug-Leistung

Da die Rechte an beweglichen Vermögensgegenständen erst mit deren Übergabe übergehen, sind **besondere Regelungen für die Zug-um-Zug-Leistung** vorzusehen. Falls praktisch möglich, ist es sinnvoll, ein **Übergabeprotokoll** zu erstellen, das das Ergebnis einer gemeinsamen Begehung des Betriebs festhält. Alternativ (und praxisrelevanter) räumt der Verkäufer ein, daß der Käufer das Unternehmen am Übergabestichtag in Besitz nehmen kann. Je nach Fallgestaltung ist eine Detailregelung (etwa zur Schlüsselübergabe etc.) erforderlich.

In der Vertragsgestaltung setzt sich immer mehr das angelsächsische Verständnis eines **Closing** durch, bei dem tatsächlich Zug um Zug alle zur dinglichen Umsetzung erforderlichen Erklärungen abgegeben werden, auch wenn nach Verständnis der deutschen Berater dasselbe Ergebnis durch aufschiebend bedingte Einigungserklärungen[55] erzielt werden kann.

3. Sicherheitseinbehalt

Für einen möglichen Sicherheitseinbehalt (Ratenzahlung, Zahlung auf Treuhandkonto) gibt es keine vom Share Deal abweichenden Grundsätze[56]. Wird ein Grundstück mit erworben, ist bei den **Zahlungsmodalitäten** zu berücksichtigen, daß die Eigentumsumschreibung zeitlich erheblich nach dem sonstigen dinglichen Rechtsübergang liegen wird. Die Zahlung des auf den Grundbesitz entfallenden Kaufpreisanteils sollte entweder auf ein Treuhandkonto oder erst nach Eintragung der Auflassungsvormerkung und Vorliegen aller zur Eintragung und Löschung evtl. Grundschulden erforderliche Erklärungen erfolgen[57].

IV. Kaufpreiszahlung in Form von (eigenen) Aktien/Geschäftsanteilen des Käufers

1. Grundsätzliches/Zivilrechtliche Qualifizierung

In der jüngsten Vergangenheit mehren sich Unternehmensakquisitionen, in denen der Käufer nur teilweise oder gar keinen Barkaufpreis entrichtet, sondern die Gegenleistung in **Aktien/Geschäftsanteilen** des Käufers oder seiner Konzerngesellschaften besteht. Obwohl eine solche Erwerbsstruktur zivilrechtlich einwandfrei gestaltet werden kann (faktisch handelt es sich um ein Tauschgeschäft[58]) und bspw. der Übernahmekodex auch in der Vergangenheit die Möglichkeit vorgesehen hat, daß der Erwerber die Gegenleistung in Form eigener Aktien erbringt[59], haben diese Geschäfte erst in den letzten Jahren erheblich an Umfang zu-

---

[55] §§ 929 Abs. 1 Satz 1, 158 Abs. 1 BGB.
[56] Siehe § 12 Rn 83 ff.
[57] Siehe auch § 15 Rn 222 ff.
[58] § 515 BGB.
[59] Siehe § 31.

genommen. Zum einen handelt es sich um öffentliche Übernahmeangebote oder um den Aktientausch bereits börsennotierter Unternehmen, zum anderen um den Erwerb durch Unternehmen (insbes. in den Bereichen IT und Biotechnologie), die nicht über die Mittel verfügen, einen Barkaufpreis zu erbringen. Schließlich hat der Verkäufer nicht selten ein Interesse, an dem erwarteten Wertzuwachs des erwerbenden Unternehmens teilzuhaben.

56 In Betracht kommt die Übertragung **bereits existierender eigener** Aktien, die seit dem KonTraG[60] im Umfang von bis zu 10% des Grundkapitals kraft Ermächtigung der Hauptversammlung von Aktiengesellschaften erworben werden dürfen, oder eigener Geschäftsanteile. In der Praxis häufiger ist die Schaffung neuer Anteile im Rahmen einer ordentlichen Sachkapitalerhöhung oder (bei Aktiengesellschaften) aus genehmigtem Kapital[61].

2. Sachkapitalerhöhung (ordentliche)

57 Unproblematisch ist die Beteiligung des Verkäufers im Rahmen einer **ordentlichen Sachkapitalerhöhung**, bei der das Unternehmen als Sacheinlage beim Käufer eingebracht wird. Dies setzt voraus, daß die Gesellschafterversammlung des Käufers der Maßnahme unter Ausschluß des gesetzlichen Bezugsrechts der Anteilsinhaber mit der gesetzlich oder gesellschaftsvertraglich vorgeschriebenen Mehrheit zustimmt[62].

3. Sachkapitalerhöhung (genehmigtes Kapital)

58 Um der Unternehmensführung **bei Akquisitionen einen größeren Spielraum zu verschaffen** und eine Mitwirkung der Hauptversammlung, insbes. einer börsennotierten Gesellschaft, zu vermeiden, machen inzwischen viele Unternehmen von der Möglichkeit des Aktienrechts Gebrauch, genehmigtes Kapital zu schaffen und dies im Zusammenhang mit dem Erwerb auszunutzen. Die Hauptversammlung ermächtigt den Vorstand zur Erhöhung des Grundkapitals gegen Sacheinlage unter Ausschluß des Bezugsrechts der Altaktionäre[63].

4. Eigene Anteile

59 Grundsätzlich kann der Käufer (AG oder GmbH) als Gegenleistung eigene Anteile erbringen, soweit solche Anteile bestehen[64].

---

[60] Gem. § 71 Abs. 1 Nr. 8 AktG.
[61] §§ 202 ff. AktG.
[62] Siehe § 2 Rn 47 f.
[63] §§ 202 ff. AktG. Siehe § 2 Rn 49 f.
[64] Siehe § 2 Rn 46 ff.

C. Übertragung von Arbeitsverhältnissen

I. Das Käuferinteresse: Auswahl der übergehenden Arbeitnehmer

Der Erwerber hat vor Abschluß eines Unternehmenskaufs im Wege des Asset Deal meist eine konkrete Vorstellung, wie der Geschäftsbetrieb mit welchen Arbeitnehmern in Zukunft fortgeführt werden soll. Dabei gibt es regelmäßig aus Sicht des Erwerbers unabdingbar erforderliche Arbeitnehmer, deren **Arbeitsverhältnisse** er in jedem Fall **fortsetzen** will („key employees"). Bestimmte Arbeitsverhältnisse wird ein Erwerber nur ungern, andere am liebsten gar **nicht übernehmen** wollen. Bei der Bemessung des Kaufpreises spielt diese Motivation eine erhebliche Rolle. Der Berater muß den Erwerber daher bereits früh darauf hinweisen, daß das von ihm Gewünschte rechtlich nicht in allen Fällen umzusetzen ist. Diese Unterrichtung kann auf Unverständnis stoßen, wenn der Erwerber mit den in der EU geltenden Regelungen zum Betriebsübergang nicht vertraut ist[65].

II. Die gesetzliche Regelung: § 613a BGB

Bezüglich des Asset Deal enthält die Rechtsordnung eine ausführliche und eindeutige **Regelung bezüglich des Übergangs der Arbeitsverhältnisse** der im Betrieb tätigen Mitarbeiter[66].

Die **rechtlichen Konsequenzen**[67] sind vertraglich nicht abdingbar. Die Parteien werden jedoch nach Lösungen suchen, wie sie das wirtschaftlich Gewollte im Wege einer vertraglichen Risikoverteilung erreichen.

III. Vertragliche Regelungen

1. Gestaltung vor dinglichem Übergang

Kündigungen wegen des Betriebsübergangs sind **unwirksam**[68]. Die Einleitung betriebsnotwendiger **Restrukturierungsmaßnahmen** durch den Verkäufer vor Abschluß eines Unternehmenskaufvertrags ist jedoch grundsätzlich zulässig. In vielen Fällen wird bei betriebsbedingt erforderlichen Kündigungen die Einleitung entsprechender Maßnahmen durch den Verkäufer auch sinnvoll sein. Der Erwerber hat allerdings ein Interesse daran, in einem frühen Stadium an diesen Maßnahmen beteiligt zu sein, da die wesentlichen Lasten im Zusammenhang mit den Restrukturierungsmaßnahmen (wie etwa die Kosten eines Sozialplans) von ihm zu tragen sind. Hier sind bereits vor dem Vertragsabschluß Absprachen

---

[65] § 613a BGB beruht auf der „Betriebsübergangsrichtlinie" 77/187/EWG vom 14. 2. 1977, ABl. EG 1977 Nr. L 61 S. 26.
[66] Zu § 613a BGB siehe § 27 Rn 11 ff.
[67] § 613a BGB.
[68] § 613a Abs. 4 BGB; ausführlich § 27 Rn 44 ff.

2. Freistellungsverpflichtungen

64 **a) Freistellung des Käufers von Ansprüchen aus unerwünscht übergegangenen Arbeitsverhältnissen.** Soweit Arbeitsverhältnisse übergehen, an deren Fortsetzung der Erwerber kein Interesse hat, sind vertragliche Regelungen denkbar, durch die der Veräußerer den Erwerber von sämtlichen Kosten im Zusammenhang mit diesen Mitarbeitern freistellt. Der Veräußerer ist daran interessiert, daß dieser Freistellungsanspruch **zeitlich und inhaltlich begrenzt** ist. Handelt es sich daher um Mitarbeiter, die im Rahmen von Restrukturierungsmaßnahmen kurz nach dem Closing aus dem Unternehmen ausscheiden, ist dies regelbar, wenn der Veräußerer bereit ist, die entsprechenden Kosten zu übernehmen. Da er jedoch auf den Abschluß entsprechender Aufhebungsvereinbarungen oder Regelungen eines künftig zu verhandelnden Sozialplans keinen Einfluß hat, wird er hier einen Maximalbetrag vorsehen wollen.

65 **b) Freistellung des Verkäufers von Ansprüchen aus Arbeitsverhältnissen von Arbeitnehmern, die dem Übergang widersprochen haben.** Umgekehrt ist es denkbar, daß **Mitarbeiter**, deren Arbeitsverhältnisse mit der Veräußerung des Betriebs kraft Gesetzes auf den Erwerber übergehen würden, diesem Übergang **widersprechen**. Hier hat der Verkäufer, obwohl er regelmäßig diesen Mitarbeitern betriebsbedingt kündigen kann[69], ein Interesse daran, daß der Erwerber die Kosten im Zusammenhang mit diesen Mitarbeitern trägt.

3. „Key employees"

66 Bei den meisten Unternehmensübernahmen im Wege eines Asset Deal legt der Erwerber besonderen Wert darauf, daß bestimmte Mitarbeiter, die für die Fortsetzung des Geschäftsbetriebs zwingend erforderlich sind, von ihrem Widerspruchsrecht keinen Gebrauch machen und dem Geschäftsbetrieb auch künftig (langfristig) erhalten bleiben. Die vertragliche Verpflichtung dieser Arbeitnehmer oder der Verzicht auf ihr Widerspruchsrecht kann in diesen Fällen eine **Bedingung zum Closing** sein. Bei Organmitgliedern, wie Vorständen und Geschäftsführern, deren Vertragsverhältnisse nicht kraft Gesetzes[70] auf den Erwerber übergehen[71], kann der Abschluß unabhängiger Anstellungsverträge mit dem Erwerber ebenfalls zur Bedingung gemacht werden. Nicht ungewöhnlich ist es, die Vertragsverhältnisse mit ausgewählten „key employees" vollständig neu zu gestalten (sog. „retention packages").

---

[69] § 27 Rn 40.
[70] Gem. § 613a BGB.
[71] OLG Celle OLGZ 1978, 199; BGH AP Nr. 26 zu § 613a BGB und ausführlich § 27 Rn 22f.

4. Managementbeteiligungen

Wie beim Share Deal erwarten beim Erwerb des Unternehmens durch Finanzinvestoren/Fondgesellschaften die Käufer regelmäßig, daß sich die **Geschäftsführer auch kapitalmäßig beteiligen**. Dies ist ggf. bereits bei den Vertragsverhandlungen zu berücksichtigen.

IV. Pensionen

1. Pensionsansprüche aktiver Arbeitnehmer

Die **Pensionsansprüche** der Arbeitnehmer, deren Arbeitsverhältnisse auf den Erwerber übergehen[72], gehen unabhängig davon, ob die Ansprüche bereits unverfallbar sind oder nicht, ebenfalls über[73]. Sicherzustellen ist, daß eventuell abgeschlossene **Rückdeckungsversicherungen** auf den Erwerber übertragen werden. Handelt es sich um nicht rückgedeckte Direktzusagen, ist wirtschaftlich ein Ausgleich dafür zu finden, daß nach Abschluß des Unternehmenskaufs die beim Veräußerer für die Pensionszusagen gebildeten Rückstellungen aufzulösen sind und nunmehr der Erwerber anderseits entsprechende Rückstellungen zu bilden hat.

Regelmäßig wird der **Wert der übergehenden Pensionsansprüche** zum Closing iRd. Abrechnungsbilanz[74] bewertet und bei der Berechnung des Kaufpreises berücksichtigt.

2. Pensionsansprüche ausgeschiedener Arbeitnehmer

Pensionsansprüche von Mitarbeitern, die vor Abschluß des Asset Deal beim Veräußerer ausgeschieden sind, **gehen nicht** auf den Erwerber **über**[75].

3. Verzicht auf Pensionsansprüche

In bestimmten Fällen können Pensionsvereinbarungen einvernehmlich aufgehoben werden. Ein das Unternehmen in Zukunft entlastender Verzicht auf hohe Pensionszusagen zugunsten des Verkäufers oder ihm nahestehender Personen kann aus Käufersicht Bedingung eines Erwerbs sein[76].

---

[72] Nach § 613a BGB.
[73] Ausführlich siehe § 27 Rn 140ff.
[74] Ggf. nach anderen Bewertungsgrundsätzen wie US-GAAP, siehe oben Rn 42.
[75] *BAG* NJW 1987, 3031; *LAG Düsseldorf* NZA-RR 2000, 175, 177.
[76] Zu Gestaltungsmöglichkeiten siehe § 27 Rn 153ff.

D. Haftung für Altverbindlichkeiten

I. Vertragliche Haftungsübernahme/Übernahme von Bürgschaften/Garantien

72 Der Verkäufer hat idR ein Interesse daran, daß von ihm oder seinen Konzerngesellschaften gegebene **Bürgschaften, Vertragserfüllungs- oder sonstige Garantien** (mit Zustimmung des Gläubigers) vom Erwerber ausdrücklich übernommen werden oder zum Closing Ersatz durch den Käufer gegen Rückgabe der ursprünglichen Sicherheiten an den Verkäufer geleistet wird.[77]

II. Abgrenzung bei Dauerschuldverhältnissen und Rahmenverträgen

73 Beim Asset Deal kommt der **Abgrenzung von Dauerschuldverhältnissen und Rahmenverträgen** eine erhebliche Bedeutung zu. Auch Vorleistungen des Verkäufers, also die teilweise Erfüllung von Kundenverträgen und erhaltene Anzahlungen für noch nicht erbrachte Leistungen, sind im Rahmen eines Asset Deal mit besonderer Sorgfalt zu beachten. Es ist sinnvoll, daß in der Übergabebilanz zum Stichtag periodengerechte Abgrenzungen vorgenommen werden. Zudem ist es erforderlich, daß die Parteien sich im Innenverhältnis über den Ausgleich bilanziell nicht erfaßter Beträge zeitnah einigen.

74 Abgrenzungen sind bspw. auch für **öffentlich-rechtliche Abgaben** (Beiträge bei unternehmensbedingten Mitgliedschaften, Grundsteuer etc.) oder Urlaubsansprüche, Weihnachtsgeld etc. erforderlich, wenn der Unternehmenserwerb innerhalb der jeweiligen Abrechnungsperiode erfolgt.

III. Gesetzliche Haftungsübernahme

1. Grundsätzliches

75 Neben den kalkulierbaren, weil vertraglich vereinbarten Haftungsübernahmen können den Unternehmenskäufer **Verpflichtungen aus gesetzlichen Vorschriften** treffen.

76 Obwohl eine Haftung wegen umfassender Vermögensübernahmen in Deutschland nicht mehr für künftige Asset Deals gilt[78], ist bei einem grenzüberschreitenden Asset Deal (Erwerb von Vermögen ausländischer Beteiligter) zu prüfen, ob in der Rechtsordnung des ausländischen Verkäufers vergleichbare Regelungen existieren. So gibt es zB in Italien eine Regelung im Codice Civile[79], der eine vergleichbare Regelung enthält.

---

[77] Siehe § 16.
[78] § 419 BGB ist mit Wirkung zum 1. 1. 1999 aufgehoben; siehe Art. 223 EGBGB.
[79] Art. 2560 Codice Civile (Italien).

2. § 419 BGB (bis 31. 12. 1998)/Andere Rechtsordnungen

Die Haftung für die Übernahme des gesamten Vermögens[80] ist mit Inkrafttreten der Insolvenzordnung am 1. 1. 1999 außer Kraft getreten[81], bleibt aber auf alle Unternehmensübernahmen vor dem 1. 1. 1999 anwendbar[82].

Das Gesetz[83] ordnete eine **nicht abdingbare Haftung** desjenigen an, der durch Vertrag das Vermögen eines anderen übernimmt. Dahinter stand der Gedanke, daß den Gläubigern das Vermögen des Schuldners als Zugriffsobjekt erhalten bleiben soll, der sein Vermögen an Dritte überträgt, da das Vermögen die natürliche Grundlage jeder Form von Kreditgewährung ist[84]. Vermögen iSd. Gesetzes[85] sind die im Moment der Vermögensübertragung vorhandenen Vermögenswerte, also das gesamte Aktivvermögen[86]. Die Rechtsprechung hat auch die Übertragung **einzelner Vermögensgegenstände** für eine gesetzliche Haftung genügen lassen, wenn innerhalb eines engen sachlichen (wirtschaftlichen) und zeitlichen Zusammenhangs das **gesamte Vermögen** auf verschiedene Erwerber übergegangen ist[87]. Voraussetzung der Haftung des Erwerbers ist, daß er von der Übernahme des gesamten Vermögens spätestens im Zeitpunkt des dinglichen Rechtserwerbs Kenntnis hat[88]. Rechtsfolge ist der Schuldbeitritt des Unternehmenskäufers. Seine Haftung beschränkt sich allerdings auf den Wert des übernommenen Vermögens[89].

3. §§ 25, 26 HGB

Das Handelsrecht knüpft an den Erwerb eines kaufmännischen Unternehmens die Haftungsübernahme des Unternehmenskäufers, falls dieser die Geschäfte **unter der bisherigen Firma** fortführt[90]. Als firmenrechtliche Vorschrift geht das Gesetz[91] nicht vom Begriff des Unternehmens, sondern vom Begriff des Kaufmanns aus[92]. Kaufmann ist, wer ein Handelsgewerbe betreibt, das einen in kaufmännischer Weise eingerichteten Geschäftsbetrieb erfordert[93] oder wer mit seinem Gewerbe ins Handelsregister eingetragen ist[94]. Die Geschäfte werden fortgeführt, wenn der Kern des Handelsgeschäfts weiterbetrieben wird[95]. Für die Firmenfortführung ist es unerheblich, ob ein Nachfolgezusatz oder sonstige Änderungen an der Firma vorgenommen werden, solange nur der identitätsstiftende

---

[80] § 419 BGB.
[81] Art. 33 Nr. 16 EGInsO.
[82] § 223a EGBGB, Art. 103 EGInsO.
[83] § 419 BGB.
[84] *Möschel* in MünchKomm. § 419 BGB Rn 1.
[85] § 419 BGB.
[86] BGHZ 62, 100, 101; 66, 217, 220; 93, 135, 138; 111, 14, 15.
[87] BGHZ 93, 135, 138.
[88] BGHZ 55, 105, 107; 93, 135, 140.
[89] § 419 Abs. 2 BGB.
[90] § 25 Abs. 1 HGB.
[91] § 25 HGB.
[92] Siehe dazu *Hopt* § 25 HGB Rn 2.
[93] § 1 Abs. 2 HGB „Istkaufmann".
[94] § 2 HGB „Kannkaufmann".
[95] *Hopt* § 25 HGB Rn 6.

Firmenkern erhalten bleibt. Entscheidend ist die Verkehrsanschauung[96]. Die Firma darf nur fortgeführt werden, wenn der Unternehmensverkäufer dies gestattet hat[97], was aus Gründen der Rechtssicherheit ausdrücklich in den Unternehmenskaufvertrag aufgenommen werden sollte.

80 Rechtsfolge der Firmenfortführung ist ein gesetzlicher Schuldbeitritt des Unternehmenskäufers für alle im Unternehmen begründeten Verbindlichkeiten[98]. Daß eine Verbindlichkeit des Kaufmanns zum Unternehmen gehört, wird gesetzlich vermutet[99]. Begründet ist eine Verbindlichkeit, wenn ihr **Rechtsgrund vor dem Übergang** des Unternehmens gelegt wurde, auf die Fälligkeit kommt es nicht an[100]. Der Erwerber haftet nicht nur beschränkt auf den Wert des erworbenen Handelsgeschäfts, sondern unbeschränkt mit seinem gesamten Vermögen[101].

81 Diese Haftung für Altverbindlichkeiten läßt sich auf zweierlei Weise **vermeiden**. Entweder führt der Erwerber die Firma des Verkäufers nicht fort oder Käufer und Verkäufer treffen eine entsprechende Vereinbarung[102], die sie umgehend ins Handelsregister eintragen und bekanntmachen lassen. Käufer und Verkäufer können auch nur einen teilweisen Haftungsausschluß vereinbaren, d.h. bestimmte Forderungen vom Haftungsausschluß ausnehmen[103].

4. § 75 AO

82 Neben die Haftungen aus Vermögensübernahme[104] und Firmenfortführung[105], die auch auf Steuerverbindlichkeiten Anwendung finden[106], tritt ein weiterer **Haftungsübernahmetatbestand**[107]. Der Erwerber eines Unternehmens haftet für Steuern, bei denen sich die Steuerpflicht auf den Betrieb des Unternehmens gründet (Betriebssteuern), sowie für die vom Unternehmen einzubehaltenden und abzuführenden Steuern wie Lohnsteuer, Kapitalertragsteuer und Einkommensteuer (Steuerabzugsbeträge)[108]. Betriebssteuern sind die Gewerbesteuer und die Umsatzsteuer, auch soweit sich diese aus der Veräußerung des Unternehmens ergeben[109]. Die Haftung erfaßt auch zuviel gezahlte Steuererstattungen, soweit sie im letzten Jahr vor Übereignung gezahlt wurden[110]. Zweck der steuerlichen Vorschrift[111] ist, die in dem Unternehmen liegende Sicherung für die sich aus dem

---

[96] *BGH* NJW 1992, 911; ZIP 2001, 567; *Hopt* § 25 HGB Rn 7.
[97] § 22 Abs. 1 HGB.
[98] BGHZ 42, 381, 384; *BGH* WM 1989, 1219, 1221; *Hopt* § 25 HGB Rn 10; *Canaris* § 7 Rn 39.
[99] Gem. § 344 Abs. 1 HGB.
[100] *Canaris* § 7 Rn 37.
[101] *Canaris* § 7 Rn 37; *Hopt* § 25 HGB Rn 10.
[102] § 25 Abs. 2 HGB.
[103] *Picot* in Picot I Rn 111.
[104] § 419 BGB.
[105] § 25 HGB.
[106] *Rüsken* in Klein § 75 AO Rn 2f.
[107] § 75 AO.
[108] Gem. § 75 Abs. 1 Satz 1 AO.
[109] *Holzapfel/Pöllath* Rn 667.
[110] § 75 Abs. 1 Satz 3 AO.
[111] § 75 AO.

Betrieb ergebenden Steuerschulden bei einer Veräußerung des Betriebs mit übergehen zu lassen[112]. Folgerichtig beschränkt sich die steuerliche Haftung auf den Bestand des übernommenen Vermögens[113].

Die **Übereignung eines Unternehmens** iSd. § 75 AO liegt vor, wenn das gesamte lebende Unternehmen übertragen wird[114]. „Unternehmen" ist die organisatorische Zusammenfassung von Einrichtungen und dauernden Maßnahmen, die es dem Erwerber ermöglichen, das Unternehmen ohne nennenswerte finanzielle Aufwendungen fortzuführen[115]. Aufs Ganze gesehen ist entscheidend, daß ein tatsächlicher Zustand geschaffen wird, der nach wirtschaftlicher Betrachtungsweise als Übergang des gesamten Unternehmens anzusehen ist. Dazu gehört, daß die wesentlichen Grundlagen des Unternehmens übereignet worden sind[116]. 83

5. § 613a BGB

Wie bereits dargelegt, gehen mit dem Verkauf des Unternehmens auch die im Unternehmen bestehenden Arbeitsverhältnisse auf den Erwerber über[117]. Für den Unternehmenskäufer bedeutet dies den **Eintritt in die bestehenden Arbeitsverträge** mit allen Rechten und Pflichten. Dazu zählen auch etwaige rückständige Lohn- und/oder Gehaltsforderungen. Aus Sicht der Arbeitnehmer findet insofern ein Schuldnerwechsel statt, falls sie dem Übergang ihres Arbeitsverhältnisses auf den Unternehmenskäufer nicht widersprechen[118]. Der Unternehmensverkäufer haftet neben dem Erwerber gesamtschuldnerisch mit[119]. 84

Soweit Rechte und Pflichten des Arbeitsverhältnisses durch einen **Tarifvertrag oder** eine **Betriebsvereinbarung** geregelt sind, werden sie Bestandteil des übergegangenen Arbeitsverhältnisses, sofern nicht im Unternehmen des Erwerbers bereits ein anderer Tarifvertrag oder eine andere Betriebsvereinbarung gelten[120]. Die so in den Arbeitsvertrag inkorporierten kollektiven Bestimmungen dürfen nicht vor Ablauf eines Jahres geändert werden[121]. 85

6. Beihilfen

Wenn der Käufer mit dem Verkäufer nicht verbunden ist und er einen marktgerechten Preis für die übernommenen Aktiva des durch die Beihilfe begünstigten Unternehmens gezahlt hat, scheidet eine Verpflichtung zur **Rückzahlung von Beihilfen** bei einem bloßen Asset Deal idR aus. 86

Die EU-Kommission geht allerdings von einer **Rückzahlungshaftung** aus, wenn der Erwerber durch die Geschäftsfortführung den wirtschaftlichen Nutzen 87

---

[112] *BFH* BStBl. 1986, 654, 655.
[113] § 75 Abs. 1 Satz 2 AO.
[114] *BFH* BStBl. 1993, 700, 701.
[115] *BFH* BStBl. 1962, 455, 456; 1986, 654, 655; 1993, 700, 701.
[116] *BFH* BStBl. 1966, 333; *Rüsken* in Klein AO, 7. Aufl. 2000, § 75 AO Rn 16 ff.
[117] Siehe Rn 61 ff.
[118] Ausführlich § 27 Rn 11 ff.
[119] Im engen Rahmen des § 613a Abs. 2 BGB.
[120] § 613a Abs. 1 Satz 1 aE BGB.
[121] § 613a Abs. 1 Satz 2 BGB.

der Beihilfe hat[122]. Bei einer Bewertung der übernommenen Aktiva muß deshalb berücksichtigt werden, ob ein solches **Rückzahlungsrisiko** besteht. Wenn ja, kann und sollte es durch Freistellungsregelungen abgesichert werden.

7. Vertragliche Gestaltung (Freistellung im Innenverhältnis)

88   Gesetzliche Haftungsübernahmen können von den Parteien grundsätzlich nicht ausgeschlossen werden. Wie bereits im Zusammenhang mit den gesetzlich übergehenden Arbeitsverhältnissen ausgeführt, können die Parteien aber **im Innenverhältnis eine abweichende Regelung** treffen[123]. Meist ist es sinnvoll, daß der Veräußerer für sämtliche vor dem Stichtag begründeten Haftungsrisiken einzustehen hat. Umgekehrt wird er verlangen, daß, soweit er für die Zukunft noch gesamtschuldnerisch haftet, der Erwerber ihn von sämtlichen nach dem Stichtag begründeten Risiken freistellt.

IV. Umweltrechtliche Risiken

89   Auch beim Asset Deal hat die **Behandlung umweltrechtlicher Risiken** immer mehr an Bedeutung gewonnen. Der interessengerechten Abwägung und Behandlung solcher Risiken im Kaufvertrag wird vor allem bei umweltrechtlich problematischen Industriezweigen große Bedeutung beizumessen sein[124].

90   Anders als beim Share Deal können beim Asset Deal insbes. dann, wenn die Betriebsgrundstücke nicht übergehen, **bestimmte Haftungsrisiken** auch gegenüber den zuständigen Behörden **minimiert** werden. Im Extremfall ist es zB bei erheblicher Bodenbelastung durch Altlasten möglich, daß der Geschäftsbetrieb an einem anderen Standort fortgesetzt wird, mag dies in der Praxis auch nur schwer umsetzbar sein. Der Verkäufer sollte dann nur dafür vertraglich einstehen, daß der Geschäftsbetrieb in der Vergangenheit im Einklang mit den umweltrechtlichen Vorschriften geführt wurde und der Fortsetzung keine Hindernisse entgegenstehen[125].

V. Asset Deal in der Insolvenz

91   Erklärtes Ziel der Insolvenzordnung ist der Erhalt des in Zahlungsschwierigkeiten befindlichen Unternehmens mit Hilfe eines **Insolvenzplans**[126]. In der Praxis hat sich erwiesen, daß die Sanierung viel häufiger durch den **Verkauf** des kranken Unternehmens als durch das Erstellen eines Insolvenzplans gelingt. Der Unternehmenskauf in der Insolvenz wird in aller Regel als Asset Deal strukturiert.

1. Unternehmensverkauf in der Krise

92   Ist ein Unternehmen in Zahlungsschwierigkeiten geraten, wird der Unternehmer versuchen, das **drohende Insolvenzverfahren** durch Verkauf einzelner Be-

---

[122] *Koenig*, Beim Unternehmenskauf auf Beihilfen achten, FAZ 20. 12. 2000.
[123] Zu den Arbeitsverhältnissen siehe Rn 64 ff. Zur vertraglichen Gestaltung siehe auch § 16.
[124] Siehe § 29 Rn 134 ff.
[125] Siehe § 29 Rn 60 ff.
[126] §§ 1 Abs. 1, 217 ff. InsO.

triebsteile oder des ganzen Unternehmens **abzuwenden**. Für den Käufer birgt der Unternehmenskauf in einer solchen Situation erhebliche Risiken.

Über dem Kaufvertrag schwebt das Damoklesschwert der **Insolvenzanfechtung**[127]. Die Insolvenzanfechtung macht Vermögensverschiebungen rückgängig, die während der Krise und damit noch vor Eröffnung des Insolvenzeröffnungsverfahrens zum Nachteil der Gläubiger vorgenommen worden sind[128]. Soweit der Unternehmenskäufer keine vertraglichen Beziehungen zum Verkäufer unterhält, kommt nur ein Anfechtungstatbestand[129] in Betracht. Danach ist eine Rechtshandlung anfechtbar, wenn sie der Schuldner in den letzten zehn Jahren vor dem Antrag auf Eröffnung des Insolvenzverfahrens vorgenommen hat. Zwar setzt eine solche Anfechtung voraus, daß der Verkäufer die **Absicht** hatte, seine Gläubiger durch das Geschäft **zu benachteiligen** und der Erwerber von dieser Absicht Kenntnis hatte. Indes ist der Vorwurf der vorsätzlichen Gläubigergefährdung schnell erhoben, wenn sich im Insolvenzverfahren herausstellt, daß es weitere Kaufinteressenten gab, die bereit gewesen wären, das Unternehmen oder einen Betriebsteil zu einem höheren Preis zu erwerben[130].

Mit Eröffnung des **Insolvenzverfahrens** erlöschen die Erfüllungsansprüche der Parteien[131]. Der Insolvenzverwalter kann dann wählen, ob er den Vertrag mit Mitteln der Masse erfüllen oder ob er die Erfüllung verweigern will[132]. Eine Erfüllungsverweigerung verstößt auch dann nicht gegen Treu und Glauben, wenn der Vertragspartner uU jahrelang auf die Endgültigkeit des Vertrags vertraut hatte[133]. Bis zur Ausübung des Wahlrechts durch den Insolvenzverwalter besteht ein Schwebezustand, den der Unternehmenskäufer dadurch beenden kann, daß er dem Insolvenzverwalter eine Erklärungsfrist setzt. Nach Fristablauf kann der Insolvenzverwalter Erfüllung nicht mehr verlangen[134].

Lehnt der Insolvenzverwalter die Erfüllung des Vertrags **ab** oder verstreicht die gesetzte Erklärungsfrist, wird der Vertrag nicht vernichtet oder beendet. An die Stelle der wechselseitigen vertraglichen Erfüllungsansprüche tritt ein einseitiger Schadensersatzanspruch wegen Nichterfüllung[135], den der Unternehmenskäufer allerdings nur als Insolvenzgläubiger geltend machen kann.

2. Unternehmenserwerb vom Insolvenzverwalter

Beim **Kauf** eines Unternehmens **vom Insolvenzverwalter** sind zwei verschiedene Phasen des Insolvenzverfahrens zu unterscheiden: Das Insolvenzeröffnungs- und das eigentliche Insolvenzverfahren.

---

[127] Gem. §§ 129 ff. InsO.
[128] *Dauernheim* in Frankfurter Kommentar zur Insolvenzordnung, 2. Aufl. 1999, § 129 InsO Rn 1.
[129] § 133 InsO.
[130] Gem. § 133 Abs. 1 Satz 1 InsO; *Kammel* NZI 2000, 102, 103.
[131] *Hess* § 103 InsO Rn 89.
[132] § 102 InsO.
[133] *Hess* § 103 InsO Rn 102.
[134] § 103 Abs. 2 Satz 3 InsO.
[135] § 103 Abs. 2 Satz 1 InsO.

97 **a) Insolvenzeröffnungsverfahren.** In der Zeit zwischen Zulassung des Antrags auf Eröffnung des Insolvenzverfahrens und dem Beschluß des Insolvenzgerichts (Insolvenzeröffnungsverfahren) kann das Insolvenzgericht Maßnahmen zur Sicherung der Masse treffen[136]. U. a. kann es einen **vorläufigen Insolvenzverwalter** bestellen, dessen Befugnisse vom Insolvenzgericht im Einzelfall festgelegt werden. Das Gericht entscheidet, ob dem Schuldner ein **allgemeines Verfügungsverbot** auferlegt wird, womit die Verwaltungs- und Verfügungsbefugnis über das Vermögen des Schuldners auf den vorläufigen Insolvenzverwalter übergeht[137]. Ordnet das Gericht ein nur relatives Verfügungsverbot des Schuldners an, kann der Schuldner Rechtshandlungen nur mit Zustimmung des vorläufigen Insolvenzverwalters wirksam vornehmen[138].

98 Der **vorläufige Insolvenzverwalter** ist grundsätzlich **nicht verfügungsbefugt**, also auch nicht berechtigt, das Unternehmen des Schuldners zu verkaufen[139]. Seine Aufgabe besteht darin, die Masse zu sichten und zu sichern. Die Verwertung des Schuldnervermögens bleibt dem Insolvenzverfahren vorbehalten[140]. Dagegen ist der **vorläufige Insolvenzverwalter mit Verfügungsbefugnis** berechtigt, Gegenstände des Schuldnervermögens zu veräußern. Indes soll vermieden werden, daß die gesamte Verfahrensabwicklung schon während des Insolvenzeröffnungsverfahrens erfolgt[141]. Ausnahmsweise hält die Rechtsprechung eine Veräußerung des Geschäftsbetriebs durch den Schuldner mit Zustimmung des vorläufigen Insolvenzverwalters für zulässig, wenn die Sicherung des Schuldnervermögens dies im Hinblick auf die unmittelbar bevorstehende Eröffnung des Insolvenzverfahrens zwingend gebietet[142]. Die Veräußerung des Geschäftsbetriebs muß eine wirtschaftlich vernünftige, im Interesse der Insolvenzgläubiger zwingend gebotene Maßnahme zur Sicherung des Schuldnervermögens sein[143].

99 Wie beim Kauf in der Unternehmenskrise gilt auch beim Kauf vom vorläufigen Insolvenzverwalter, daß der Käufer mit einer **Anfechtung** des Kaufvertrags durch den endgültigen Insolvenzverwalter rechnen muß[144]. Dieses Risiko besteht insbes. dann, wenn der vorläufige Insolvenzverwalter später nicht zum endgültigen Insolvenzverwalter bestellt wird[145].

100 Zusammenfassend ist festzustellen, daß der Kauf eines Unternehmens oder eines Betriebsteils während des Insolvenzeröffnungsverfahrens mit vielen Unwägbarkeiten belastet ist. Es empfiehlt sich, auf den Eröffnungsbeschluß zu warten und das Unternehmen **aus der Insolvenzmasse** zu erwerben[146].

---

[136] § 21 Abs. 1 InsO.
[137] § 22 Abs. 1 Satz 1 InsO.
[138] Der vorläufige Insolvenzverwalter entspricht dann dem Sequester der früheren KO.
[139] BGHZ 104, 151, 156.
[140] *Hess* § 22 InsO Rn 132.
[141] *Hess* § 22 InsO Rn 130.
[142] *OLG Düsseldorf* WM 1992, 1337, 1338; vorbereitet, aber offengelassen in BGHZ 104, 151, 156.
[143] *OLG Düsseldorf* WM 1992, 1337, 1338.
[144] §§ 129 ff. InsO.
[145] *Kammel* NZI 2000, 102, 103.
[146] *Kammel* NZI 2000, 102, 103.

b) Insolvenzverfahren. Der Erwerb eines Unternehmens aus der Insolvenzmasse ist für den Erwerber mit **Haftungsprivilegierungen** verbunden. Die Erwerberhaftung aus Firmenfortführung[147] findet auf den Erwerb des Unternehmens vom Insolvenzverwalter keine Anwendung[148]; ein Unternehmen wäre in der Insolvenz schlechterdings unverkäuflich, wenn der Käufer zugleich sämtliche Altverbindlichkeiten mit übernehmen müßte[149]. Der Erwerb eines Unternehmens aus der Insolvenzmasse bedarf der **Zustimmung der Gläubigerversammlung** bzw. des Gläubigerausschusses[150].

Die Vorschriften über den **gesetzlichen Übergang der Arbeitsverhältnisse**[151] finden auch beim Unternehmenserwerb aus der Insolvenzmasse Anwendung[152]. Damit tritt der Unternehmenskäufer in die bestehenden Arbeitsverhältnisse ein. Allerdings haftet er den Arbeitnehmern nicht für Verbindlichkeiten, die vor dem Eröffnungsbeschluß entstanden sind[153]. Tragender Gedanke der Rechtsprechung ist die Aufspaltung der Übergangsvorschrift[154] in drei verschiedene **Schutzfunktionen**: Erhalt von Arbeitsplätzen, Kontinuität des amtierenden Betriebsrats und einheitliche Haftung von altem und neuem Betriebsinhaber[155]. Während die ersten beiden Schutzfunktionen auch und gerade in der Insolvenz zu gewährleisten seien, sei der Gedanke der Haftungskontinuität zwischen Veräußerer und Erwerber nicht mit den Grundsätzen des Insolvenzverfahrens vereinbar[156]. Anderenfalls würden die Arbeitnehmer unter Verletzung des Grundsatzes der Gleichbehandlung aller Gläubiger einen neuen solventen Schuldner für ihre bereits entstandenen Ansprüche auf Lohn und Gehalt bekommen, während die anderen Insolvenzgläubiger auf die Masse verwiesen wären. Schließlich ginge das zu Lasten der anderen Insolvenzgläubiger, da der Erwerber die übernommene Belastung dadurch ausgleiche, daß er den in die Masse zu zahlenden Kaufpreis entsprechend kürze[157].

Bei Erwerb eines Unternehmens aus der Insolvenzmasse **haftet der Erwerber nicht** für die im Betrieb begründeten **Steuern**[158]. Zweck dieser Haftungsfreistellung[159] ist die erleichterte Vermögensverwertung im Interesse einer bestmöglichen Liquidation, weswegen auch ein Erwerb vom vorläufigen Insolvenzverwalter unter die Haftungsfreistellung fallen kann[160].

---

[147] § 25 Abs. 1 HGB.
[148] BGHZ 104, 151, 154; *Beisel/Klumpp* Rn 180; *Canaris* § 7 Rn 25; *Lieb* in MünchKomm. § 25 HGB Rn 32.
[149] BGHZ 104, 151, 154; *Beisel/Klumpp* Rn 180.
[150] § 160 Abs. 2 Nr. 1 InsO.
[151] § 613a BGB.
[152] BAGE 32, 326 ff.; 62, 224 ff.; 81, 132 ff.
[153] BAGE 32, 326, 334; 62, 224, 230; 81, 132, 135.
[154] § 613a BGB.
[155] BAGE 32, 326, 331.
[156] BAGE 32, 326, 333.
[157] BAGE 32, 326, 331.
[158] § 75 Abs. 2 AO.
[159] Gem. § 75 Abs. AO.
[160] *BFH* BStBl. 1998 S. 765.

E. Formerfordernisse, Zustimmungs- und Genehmigungserfordernisse

I. Formerfordernisse

1. Grundsatz der Formfreiheit

104 Der **Kaufvertrag** über ein Unternehmen ist grundsätzlich **formfrei**. Indes gehören zu einem Unternehmen ab einer gewissen Größe bestimmte Vermögenswerte, für deren Verkauf und/oder Übereignung das Gesetz eine bestimmte Form vorschreibt. In den Fällen, in denen keine besonderen Formvorschriften eingreifen, empfiehlt sich zumindest die **schriftliche Abfassung** des Vertragswerks.

2. Notarielle Beurkundung in Sonderfällen

105 a) **Grundstücksgeschäfte.** Verpflichtet sich eine Partei, ein Grundstück zu erwerben oder zu veräußern, bedarf der Vertrag der notariellen **Beurkundung**[161]. Dasselbe gilt für einen Vertrag über den Erwerb eines Erbbaurechts[162]. Wird ein Kaufvertrag, der auch ein Grundstück umfaßt, unter Verletzung dieses Formerfordernisses[163] geschlossen, wird er dennoch wirksam, wenn das Grundstück formgemäß an den Erwerber aufgelassen und dies ins Grundbuch eingetragen wird[164]. Diese nachträglich Heilung erfaßt auch die Nebenabreden[165].

106 b) **GmbH-Anteile.** Sollen im Zuge eines Asset Deal auch Anteile an einer GmbH verkauft werden, sind Formvorschriften zu beachten[166]. Danach bedürfen sowohl der **Verkauf** als auch die **Abtretung** von Geschäftsanteilen an einer GmbH der notariellen Beurkundung[167]. Formpflichtig sind jeweils **Angebot** und **Annahme**[168]. Verkauf und Abtretung können in derselben Urkunde protokolliert werden[169]. Die formgültige Abtretung eines Geschäftsanteils, d. h. die Vollendung des Rechtsübergangs, heilt einen Kaufvertrag, der unter Verletzung der Form geschlossen wurde[170].

107 c) **§ 311 BGB.** Verpflichtet sich eine Partei (gleichviel ob natürliche und juristische Personen[171]), ihr **gesamtes gegenwärtiges Vermögen** oder einen pauschalen Bruchteil davon zu übertragen, bedarf der Vertrag gleichfalls der **notariellen Beurkundung**[172]. Unter Vermögen sind nur die Aktiva zu verstehen, auf

---

[161] § 313 Satz 1 BGB.
[162] § 11 Abs. 2 ErbbauRVO.
[163] § 313 Satz 1 BGB.
[164] § 313 Satz 2 BGB.
[165] *BGH* NJW 1974, 136.
[166] § 15 GmbHG.
[167] Für den Verkauf § 15 Abs. 4 Satz 1 GmbHG; für die Abtretung § 15 Abs. 3 GmbHG.
[168] *Hueck* in Baumbach/Hueck § 15 GmbHG Rn 21; *Lutter/Hommelhoff* § 15 GmbHG Rn 12.
[169] *Lutter/Hommelhoff* § 15 GmbHG Rn 12.
[170] § 15 Abs. 4 Satz 2 GmbHG.
[171] *Heinrichs* in Palandt § 311 BGB Rn 3 mwN.
[172] § 311 BGB.

die Passiva kommt es nicht an[173]. Sinn des Formerfordernisses sind der Schutz der Beteiligten vor Übereilung, die Rechtsklarheit und der Schutz vor Umgehung zwingender Formvorschriften des Erbrechts[174]. Werden nur einzelne Gegenstände übereignet, ohne daß die Beteiligten das Vermögen insgesamt bezeichnen wollten, gilt das Formerfordernis nicht, und zwar selbst dann nicht, wenn die Gegenstände das wesentliche Vermögen des Übertragenden ausmachen[175].

3. Erstreckung (Umfang) der Formerfordernisse

Verlangt das Gesetz die notarielle Beurkundung, ist der **gesamte Vertrag formbedürftig**. Damit ist der Kaufvertrag über ein Unternehmen insgesamt zu beurkunden, wenn zu den verkauften Sachen ein Grundstück oder Geschäftsanteile an einer GmbH zählen. 108

Alle **Abreden und Bestimmungen**, aus denen sich der Verpflichtungsumfang insgesamt ergibt, müssen notariell protokolliert werden[176]. Damit werden auch solche Bestimmungen formbedürftig, die für sich genommen keinem Formzwang unterliegen. Sobald sich aus dem Parteiwillen ergibt, daß weitere Abreden mit dem formbedürftigen Geschäft „stehen und fallen" sollen, sind auch diese Abreden in vollem Umfang beurkundungspflichtig[177]. Ein weitere Abreden umfassendes, „einheitliches" Geschäft liegt schon dann vor, wenn nur eine Partei einen entsprechenden Willen erkennen läßt und dieser Wille vom Vertragspartner gebilligt oder zumindest hingenommen wird[178]. Nicht erforderlich ist, daß alle Nebenabreden in derselben Urkunde protokolliert werden[179], allerdings sind entsprechende Verweise vorzusehen. 109

Wird die **gebotene Form nicht beachtet**, ist der gesamte Vertrag nichtig[180], sofern nicht dargetan wird, daß der restliche Unternehmenskaufvertrag auch ohne das formpflichtige Teilgeschäft vorgenommen worden wäre[181]. 110

Formfrei sind demnach nur solche **Geschäfte**, die die Parteien eines Unternehmenskaufvertrags **auch ohne das beurkundungspflichtige Geschäft** geschlossen hätten. Da darüber im Zweifel leicht Streit zwischen den Parteien aufkommen kann, empfiehlt sich eine Beurkundung des gesamten Vertragswerks. 111

---

[173] *Thode* in MünchKomm. § 311 BGB Rn 5; *Wufka* in Staudinger § 311 BGB Rn 9.
[174] *Thode* in MünchKomm. § 311 BGB Rn 5.
[175] RGZ 69, 416, 420; BGHZ 25, 1, 4; *BGH* ZIP 1990, 1541, 1544.
[176] *Wufka* in Staudinger § 313 BGB Rn 142.
[177] „Stehen und Fallen"-Rechtsprechung BGHZ 76, 43, 49; 101, 393, 396.
[178] BGHZ 76, 43, 49; BGHZ 78, 346, 349.
[179] BGHZ 50, 8, 13; *BGH* NJW 1983, 869, 870.
[180] § 125 Satz 1 BGB.
[181] § 139 BGB.

II. Zustimmungen und Genehmigungen

112 Beim Asset Deal sind neben den allgemeinen behördlichen und sonstigen Genehmigungen auch für die Übertragung einzelner Wirtschaftsgüter oder Rechte mögliche **Zustimmungsvorbehalte oder Genehmigungserfordernisse** zu beachten.

1. Behördliche Genehmigungen und Anzeigepflichten

113 Für den Asset Deal gilt wie für den Share Deal, daß er bei Überschreiten bestimmter Umsatzschwellenwerte der Zustimmung der **Kartellbehörden** bedarf bzw. der Vollzug uU erst erfolgen darf, nachdem den Kartellbehörden der Zusammenschluß angezeigt wurde[182]. Außerdem können einzelne öffentlich-rechtliche Anzeigepflichten bestehen.

2. Gremienvorbehalte

114 Gesellschaften werden beim Vertragsabschluß grundsätzlich durch ihre geschäftsführenden Organe vertreten. Der **Verkauf eines Unternehmens** mit seinen materiellen und immateriellen Vermögenswerten ist für den Veräußerer **ein bedeutender Schritt**. Für alle Unternehmensträger, die als Gesellschaft organisiert sind, bewirkt der Verkauf eines Unternehmensteils idR eine Änderung des Gesellschaftszwecks, die der Zustimmung der Gesellschafter bedarf. Aber auch auf Seiten des Erwerbers bestehen uU Zustimmungserfordernisse unterschiedlicher Art[183].

115 Für den Fall, daß die notwendigen Zustimmungen bis **zum Closing** nicht vorliegen, sollte vereinbart werden, daß der Verkäufer das Unternehmen zunächst für Rechnung des Käufers fortführt.

3. Schuldrechtliche Zustimmungserfordernisse/Abtretungsverbote

116 Die Übernahme von Verträgen, also der Eintritt des Erwerbers in Rechte und Pflichten des Veräußerers gegenüber Dritten, bedarf, soweit der betreffende Vertrag nicht nur Rechte gewährt, der **Zustimmung des Vertragspartners**[184]. Gewährt ein Vertrag ausschließlich Rechte, kann die Zustimmung des Vertragspartners erforderlich sein, wenn ein **Abtretungsverbot**[185] vereinbart wurde. Eine gegen ein bestehendes Abtretungsverbot vorgenommene Zession ist absolut unwirksam[186]. Ausgenommen von dieser Regel sind Geldforderungen, die aus dem Handelsgeschäft eines Kaufmanns stammen und sich gegen eine juristische Person des öffentlichen Rechts oder einen anderen Kaufmann richten[187]. Das Abtretungsverbot entfaltet hier keine Wirkung[188].

---

[182] Siehe ausführlich § 25.
[183] Siehe § 2 Rn 90 ff.
[184] § 415 Abs. 1 Satz 1 BGB.
[185] „Pactum de non cedendo", § 399 BGB.
[186] BGHZ 40, 156, 159; 70, 299, 301; 102, 293, 301.
[187] § 354a Satz 1 HGB.
[188] *Hopt* § 354a HGB Rn 1.

Aufgrund der genannten Zustimmungserfordernisse ist vor Vertragsschluß sicherzustellen, daß **alle wesentlichen Vertragspartner dem Übergang** des jeweiligen schuldrechtlichen Geschäfts **zustimmen**. Will der Veräußerer die jeweiligen Vertragspartner erst nach Abschluß des Vertrags oder nach dem Closing über den Eigentumswechsel informieren, bietet es sich an, zumindest bei den wesentlichen Verträgen die Zustimmung der jeweiligen Vertragspartner als Bedingung zum Closing zu vereinbaren. Das gilt auch für solche Fälle, in denen ein Change of Control vorliegt (zB bei Vertragsverhältnissen übernommener Tochtergesellschaften), die Gesellschaftsverhältnisse, aber eine entsprechende Kündigungsregelung vorsehen.

F. Gewährleistung

I. Gesetzliche Gewährleistung

Insgesamt erweisen sich die **Vorschriften des BGB** über die Gewährleistung[189] für Unternehmenskäufe als ungeeignet. Daher empfiehlt es sich, vertragliche Gewährleistungsregelungen zu teffen[190].

II. Vertragliche Gewährleistung

Um Auseinandersetzungen über die unbefriedigende Gesetzeslage zur Gewährleistung beim Unternehmenskauf zu vermeiden, werden die Gewährleistungen regelmäßig in Form eines **selbständigen Garantieversprechens** (mit entsprechend reduzierter Verjährungsfrist) vereinbart.

Da beim Asset Deal – anders als beim Share Deal – Verbindlichkeiten nur eingeschränkt (regelmäßig bspw. keine Steuerrisiken mit Ausnahme der Haftung[191]) auf den Erwerber übergehen, ist die **Verwendung eines umfangreichen Garantiekatalogs,** wie er bei einer Anteilsveräußerung verwendet wird, nicht sachgerecht. Der Gewährleistungskatalog beim Asset Deal orientiert sich grundsätzlich an dem, was übernommen und bezahlt und zur Fortsetzung des Geschäftsbetriebs erforderlich ist. Im Gegenzug müssen Risiken aus gesetzlichen Haftungsvorschriften[192] oder bei der vertraglich vereinbarten Schuldübernahme durch entsprechende Garantieerklärungen abgesichert werden.

1. Minimumkatalog der Garantieversprechen

Es ist unmöglich, ein für alle Fälle ausreichendes Muster vorzugeben. In Betracht zu ziehen sind aber jedenfalls folgende Regelungen:

---

[189] Siehe § 9 Rn 1 ff.
[190] Siehe § 9 Rn 39 ff.
[191] Gem. § 75 AO.
[192] Siehe Rn 75 ff.

– **Bestehen und Rechtsmängelfreiheit der übernommenen Vermögensgegenstände**
Sowohl bei den übernommenen beweglichen und unbeweglichen Vermögensgegenständen als auch bei Rechten sollte sichergestellt sein, daß diese im Eigentum des Verkäufers stehen und nicht mit Rechten Dritter belastet sind.
– **Bestand und Inhalt der übernommenen Verträge**
Die übernommenen Vertragsverhältnisse sollten im Detail aufgelistet und inhaltlich beschrieben werden. Neben dem Bestand der Verträge sollte zugesichert werden, daß keiner der aufgeführten Verträge inzwischen beendet ist oder eine Beendigung bevorsteht. Darüber hinaus empfiehlt sich eine Zusicherung des Inhalts, daß dem Verkäufer keine Vertragsverletzungen der Vertragspartner bekannt sind[193].
– **Lastenfreiheit des Grundbesitzes**
Der Verkäufer sollte garantieren, daß die verkauften Grundstücke nicht nur im Sinne grundbuchfähiger Eintragungen lastenfrei sind, sondern auch keine sonstigen nicht eintragungsfähigen Rechte bestehen.
– **Bestand und Fortführung der Firma**
Soweit die Firma nach Übernahme des Handelsgeschäfts fortgeführt werden soll, muß garantiert werden, daß es nicht belastet ist und die Nutzung ausschließlich zunächst dem Veräußerer und später dem Erwerber zusteht.
– **Vollständigkeit der Übertragung**
Der Verkäufer muß garantieren, daß der Erwerber mit Abschluß des Vertrags alles erhält, aber auch nur bezahlt, was zur Fortsetzung des Geschäftsbetriebs wie in der Vergangenheit erforderlich ist.
– **Bestandskraft der öffentlich-rechtlichen Genehmigungen**
Es muß garantiert werden, daß sämtliche erforderlichen öffentlich-rechtlichen und privatrechtlichen Genehmigungen und Lizenzen vorhanden und im Bestand nicht gefährdet sind[194].
– **Einklang mit öffentlich-rechtlichen Vorschriften/Genehmigungen**
Der Geschäftsbetrieb soll im Einklang mit allen öffentlich-rechtlichen Vorschriften und erteilten Genehmigungen geführt worden sein und auch in der Zukunft so geführt werden können.
– **Vollständigkeit des Ausweises der Verbindlichkeiten in der Abrechnungsbilanz**
Bezüglich der übernommenen Belastungen und Verpflichtungen sollte klargestellt werden, daß diese in vollem Umfang bilanzierungsfähig in der Abrechnungsbilanz ausgewiesen sind und sonstige Verpflichtungen nicht übernommen werden.
– **Sonstige Verpflichtungen**
Bezüglich der nicht bilanzierungsfähigen Belastungen und Verpflichtungen sollte klargestellt werden, daß diese nicht übernommen werden[195].

---

[193] *Hess/Fabritius* in Hopt, Vertrags- und Formularbuch, B. IV.19 § 13,6.
[194] *Hess/Fabritius* in Hopt, Vertrags- und Formularbuch, B. IV.19 § 5.
[195] *Hess/Fabritius* in Hopt, Vertrags- und Formularbuch, B. IV.19 § 13, 10.

- **Forderungen**
  Es sollte eine Beschreibung von Inhalt, Rechtsbestand und Fälligkeit der übernommenen Forderungen erfolgen und eine Garantie der Einziehbarkeit gegeben werden.
- **Rechtsverhältnisse mit Arbeitnehmern**
  Bezüglich der Verpflichtungen gegenüber übernommenen Arbeitnehmern sollte deren Umfang detailliert beschrieben und garantiert werden, daß darüber hinaus keine Verpflichtungen bestehen. Dies gilt insbes. bezüglich der Pensionszusagen. Auch hier ist ein Querverweis vorzusehen, nach dem sämtliche Ansprüche der übernommenen Arbeitnehmer, soweit sie nach dem Übertragungsstichtag fällig werden, in der Abrechnungsbilanz in ausreichender Höhe berücksichtigt sind.
- **Rechtsstreitigkeiten/Produkthaftpflicht**
  Obwohl keine Rechtsstreitigkeiten übernommen werden, sollte zumindest klargestellt werden, daß keine Rechtsstreitigkeiten bestehen oder bestanden haben (z. B Produkthaftpflichtfälle, Auseinandersetzungen mit Arbeitnehmern), die auf die Fortsetzung des Geschäftsbetriebs durch den Erwerber negativen Einfluß haben könnten.
- **Bilanzgarantie**
  Regelmäßig vertraut der Erwerber beim Asset Deal auch auf die ihm vorgelegten Jahresabschlüsse, die die Ergebnisse des übernommenen Geschäftsbetriebs in der Vergangenheit darstellen. Entsprechend sollte eine umfassende Bilanzgarantie, die sich auf die noch zu erstellende Abrechnungsbilanz erstreckt, verhandelt werden[196].
- **Ordentlicher Geschäftsbetrieb**
  Da der Bestand des übernommenen Vermögens nicht immer bei Vertragsabschluß festgestellt werden kann, muß klargestellt werden, daß Zu- und Abgänge im Anlage- und Vorratsvermögen im ordentlichen Geschäftsbetrieb erfolgt sind und keine wesentlichen Veränderungen gegenüber dem letzten Abschluß vorgenommen wurden.
- **Gewerbliche Schutzrechte**
  Bezüglich der gewerblichen Schutzrechte muß einerseits nicht nur deren Bestand zugesichert sein, sondern auch, daß sie nicht erfolgreich von Dritten angegriffen werden können, und andererseits der Geschäftsbetrieb seinerseits gewerbliche Schutzrechte Dritter nicht verletzt.
- **Steuer**
  Wegen der Haftung des Erwerbers für Steuerverpflichtungen[197] mögen entsprechende Garantieerklärungen sinnvoll sein, die sich auf die ordnungsgemäße Abführung und Berechnung der Rückstellungen für sämtliche Betriebssteuern beziehen.

---

[196] *Hess/Fabritius* in Hopt, Vertrags- und Formularbuch, B. IV.19 § 13, 8.
[197] Gem. § 75 AO; siehe Rn 82f.

– **Umweltrechtliche Garantien**
Für Grundstücke ist eine Garantieerklärung bezüglich der Freiheit von Altlasten im Sinne des Umweltrechts unerläßlich[198]. Darüber hinaus sind umfassende Garantieerklärungen im Zusammenhang mit allen anderen öffentlich-rechtlichen Vorschriften im Bereich des Umweltschutzes zu fordern.

2. Rechtsfolgenregelung

122　Die gesetzliche Regelung der Rechtsfolgen von **Verstößen gegen einen Garantievertrag** sind aus Erwerbersicht idR ausreichend und umfassend. Der Veräußerer wird jedoch ein Interesse haben, die gesetzlichen Rechtsfolgen (zB den Rücktritt vom Vertrag) und die Wahl des „großen Schadensersatzes" auszuschließen. Ferner wird der Veräußerer immer auf bestimmten Mitwirkungsrechten bestehen, die es ihm ermöglichen, bei Ansprüchen Dritter die Rechtsverfolgung selbst zu kontrollieren.

3. Verjährung

123　Die **gesetzlichen Verjährungsvorschriften** sind sowohl bei der gesetzlichen Sachmängelgewährleistung (zu kurz) als auch bei dem selbständigen Garantievertrag (zu lang) **unbefriedigend**. Eine angemessene Verjährungsfrist ist zu vereinbaren. Der Erwerber benötigt idR mindestens zwei selbständige Jahresabschlüsse, um den Umfang eventueller Risiken einschätzen zu können. Dem steht das Interesse des Veräußerers gegenüber, möglichst kurzfristig von Eventualrisiken befreit zu sein.

124　Bezüglich der **Rechtsmängelgewährleistung** ist idR die gesetzliche Verjährungsfrist von 30 Jahren angemessen, da der Veräußerer Kenntnis von eventuellen Rechtsmängeln haben muß[199]. Auch hier besteht aber ein gewisser Spielraum, da zumindest teilweise beim Erwerb von Einzelwirtschaftsgütern ein gutgläubig lastenfreier Erwerb möglich ist.

G. Übergangsregelungen („transition services")

125　Bei Geschäftsbetrieben, die nach der Übernahme nicht als „stand alone"-Einheiten geführt werden können, stellt sich immer wieder die Aufgabe, mit dem Veräußerer **Regelungen** über bestimmte, von jenem noch **zu erbringende Dienstleistungen** zu vereinbaren. Besonders schwierig sind häufig solche Dienstleistungen, die die EDV betreffen, die Nutzung von Dienstleistungen/Datenverarbeitungssystemen (bspw. die Benutzung eines einheitlichen Servers) oder die Einsetzung von Mitarbeitern in verschiedenen Geschäftsbereichen (Personalabteilung etc.). Je stärker der veräußerte Geschäftsbetrieb in den beim Veräußerer verbleibenden Geschäftsbetrieb eingebunden war, desto schwieriger ist es, eine für

---

[198] Siehe § 29 Rn 181.
[199] Zur Wissenszurechnung siehe § 9 Rn 29 ff.

alle Seiten befriedigende Regelung zu finden. Nicht selten wird dieses Thema bis zum Schluß der Vertragsverhandlungen aufgespart und führt dann zu erheblichen Verzögerungen, da die Schwierigkeiten auch hier im Detail liegen. Bspw. ist es problematisch und technisch nicht immer zu realisieren, daß bei Benutzung des Servers durch verschiedene, nicht mehr verbundene Unternehmen Datensicherheit („chinese walls") gewährleistet ist.

Know-how und insbes. **gewerbliche Schutzrechte** werden nicht selten von Veräußerer und Erwerber zukünftig gemeinsam genutzt. Hier sind Lizenzverträge in die eine oder andere Richtung zu vereinbaren. **126**

Soweit **das genutzte Betriebsgrundstück** nicht mitübertragen wird, ist durch ggf. langfristige Mietverträge die Fortsetzung des Geschäftsbetriebes sicher zu stellen. Bei der **Weiterbenutzung von Marken** sind regelmäßig die Form der Nutzung ggf. ein Lizenzvermerk („labeling") oder auch eine Abwicklungsklausel vorzusehen, nach der übernommene oder kurz vor Ablauf der Lizenz produzierte Produkte abverkauft werden dürfen. **127**

H. Wettbewerbsverbot

Ähnlich wie beim Share Deal läßt sich der **Verkauf von Know-how, „goodwill" und sonstigen immateriellen Gütern** nicht wie der Kaufvertrag über bewegliche oder unbewegliche Sachen vollziehen. Während der Sachkauf in der Übergabe seinen äußeren Vollzug findet, kann Know-how u. ä. nur in der Weise übertragen werden, daß der Verkäufer den Käufer unterrichtet und einweist. Anerkannt ist, daß eine entsprechende Pflicht des Veräußerers unabhängig von einer expliziten Regelung besteht[200]. Der Verkäufer begibt sich nicht der immateriellen Güter, sondern läßt den Käufer daran teilhaben. Damit bleibt beim Verkäufer ein Potential, dessen Nutzung kraft des Kaufvertrags allein dem Erwerber zusteht. Deswegen besteht bereits ein Wettbewerbsverbot als vertragliche Nebenpflicht. **128**

Der Unternehmenskaufvertrag sollte aber auch **Wettbewerbsverbote** explizit regeln. Der Verkäufer muß sich zur **Verschwiegenheit** über alle Geschäftsgeheimnisse verpflichten, die im veräußerten Betrieb entstanden sind. Bei Kaufverträgen über Unternehmen, deren wesentliches Betriebsmittel gerade das Know-how ausmacht, ist eine Vereinbarung zu treffen, die jede Form von Wettbewerb untersagt. Solche Wettbewerbsverbote müssen zeitlich und räumlich begrenzt werden. Das Wettbewerbsverbot kann auch mit einer Vertragsstrafe bewehrt sein. Auf die Beachtung der wettbewerbsrechtlichen Gesetze ist zu achten. **129**

Bezüglich der Wirksamkeit (**zeitlicher und gegenständlicher Umfang**) gilt das zum Share Deal Ausgeführte entsprechend[201]. **130**

---

[200] *Holzapfel/Pöllath* Rn 831 mwN.
[201] Siehe § 12 Rn 178 ff.

I. Sonstige Regelungen

131 Für Regelungen bezüglich der Vertraulichkeit, Auskunfts- und Mitwirkungsrechte und -pflichten, Rechtswahl, Gerichtsstand, Schiedsklausel, Kosten und salvatorischen Klauseln gelten die Ausführungen zum Share Deal entsprechend[202].

---

[202] Siehe § 12 Rn 187 ff.

§ 14 Private Equity-Transaktionen

Übersicht

	Rn
A. Einführung	1
B. Arten von Private Equity-Transaktionen	8
C. Buy-Out-Transaktionen	11
I. Arten und Terminologie von Buy-Out-Transaktionen	11
II. Gründe für das Wachstum des gesamteuropäischen und deutschen Buy-Out- und Private Equity-Marktes	18
III. Die Transaktionsstruktur eines Buy-Out	28
IV. Die Finanzierung eines Leveraged Buy-Out	39
V. Die Beteiligten eines Buy-Out	45
1. Die Investoren	45
a) Interessen, Ziele, Investorentypen	45
b) Fondsstrukturierung	48
2. Die Verkäufer/Altgesellschafter	52
3. Das Management	54
VI. Ausstieg aus der Investition („exit")	55
D. Die vertragliche Ausgestaltung eines Buy-Out	59
I. Die Satzung der AG oder GmbH als NEWCO und die Gesellschaftervereinbarung	60
1. Grundfragen der Gestaltung von Satzungen und Nebenabreden	60
2. Aktien-/Anteilsgattungen und damit verbundene Rechte und Pflichten	72
a) Stammaktien/Stammanteile	75
aa) AG	79
bb) GmbH	80
b) Vorzugsaktien/Vorzugsanteile	81
aa) Stimmrechtslose Vorzugsaktien/-anteile	81
(1) AG	87
(2) GmbH	91
bb) Stimmberechtigte Vorzugsaktien/-anteile	97
(1) AG	98
(2) GmbH	101
c) Genußrechte	102
3. Kapitalerhöhung und Bezugsrechte	107
4. Gestaltung und Veränderungen der Beteiligungsstruktur – Motivationsmodelle für das Management	110
a) Begünstigter Einstieg („sweet equity")	112
b) Gesellschafterdarlehen	114
c) Optionsrechte auf zusätzliche Aktien oder Geschäftsanteile	117

	Rn
aa) Die dogmatische Konstruktion von Optionen	118
bb) Die Bedienung der Optionsrechte	120
(1) AG	121
(2) GmbH	126
d) Veränderung der Beteiligungsverhältnisse nach Schwellenwerten (Ratchet)	129
e) „Equity kicker"	134
f) Geldmäßige Erfolgsbeteiligung bei der Veräußerung	136
5. Beteiligungsveräußerung, -verlust und Ausscheiden eines Anteilsinhabers	137
a) Vinkulierung und Erwerbsvorrechte	139
b) Einziehung und Zwangsübertragung von Aktien/Geschäftsanteilen	147
aa) Einziehung	149
(1) AG	150
(a) Satzungsmäßig angeordnete und gestattete Zwangseinziehung	151
(b) Einziehung nach Erwerb durch die AG	164
(c) Das Verfahren der Einziehung bei der AG	166
(2) GmbH	169
(a) Einziehung mit Zustimmung des Gesellschafters	170
(b) Zwangseinziehung	171
bb) Zwangsübertragung	185
c) „Bad leaver" versus „good leaver"	187
6. „Exit"-Regelungen	188
a) Veräußerungspflicht („drag/bring along") und Veräußerungsrecht („tag/take along") beim „trade sale"	189
b) Mitwirkungspflicht beim beabsichtigten Börsengang (IPO)	192
7. Struktur der Gesellschaftsgremien und Corporate Governance	194
a) AG	194
aa) Der Vorstand	195
bb) Der Aufsichtsrat	198
b) GmbH	201
II. Aktionärs- bzw. Gesellschafterdarlehen – Grundsätze der Kapitalerhaltung, Eigenkapitalersatz und steuerliche Eigen-/Fremdkapitalrelationen	205
III. Dienstverträge mit dem Management	221
1. AG	224
2. GmbH	231

Daniela Weber-Rey   1 § 14

Schrifttum: *Bächle/Hager*, Anreizstrukturen für das Management im Rahmen von Buy-Outs, M&A Review 1999, 380; *Bezzenberger, Tilman*, Vorzugsaktien ohne Stimmrecht, 1991; *von Braunschweig*, Steuergünstige Gestaltung von Mitarbeiterbeteiligungen in Management-Buy-Out-Strukturen, DB 1998, 1831; *Cooke*, Management Buy-Outs, 1993; *Dwyer*, Management Buyouts, 1997; *European Private Equity and Venture Capital Association (EVCA)*, 1999 Yearbook, 2000 Yearbook; *v. Gerkan/Hommelhoff* (Hrsg.), Handbuch des Kapitalersatzrechts, 2000; *Habersack*, Genußrechte und sorgfaltswidrige Geschäftsführung, ZHR 155 (1991) 378; *Harrer*, Mitarbeiterbeteiligungen und Stock-Option-Pläne, 2000; *Hoffmann-Becking*, Gestaltungsmöglichkeiten bei Anreizsystemen, NZG 1999, 797; *Hueck, Götz*, Erwerbsvorrechte im Gesellschaftsrecht, FS Larenz, 1973, S. 749; *Kau/Leverenz*, Mitarbeiterbeteiligungen und leistungsgerechte Vergütung durch Aktien-Options-Pläne, BB 1998, 2269; *Leopold/Frommann*, Eigenkapital für den Mittelstand, Venture Capital im In- und Ausland, 1998; *Mellwig*, Betriebswirtschaft, 2. Aufl. 1994; *Noack*, Gesellschaftervereinbarungen bei Kapitalgesellschaften, 1994; *Priester*, Nichtkorporative Satzungsbestimmungen bei Kapitalgesellschaften, DB 1979, 681; *Reichert*, Das Zustimmungserfordernis zur Abtretung von Geschäftsanteilen in der GmbH, 1984; *Reichert/Winter*, Vinkulierungsklauseln und gesellschafterliche Treuepflicht, FS 100 Jahre GmbH-Gesetz, 1992, S. 209; *Reuter*, Möglichkeiten und Grenzen gesellschaftsrechtlicher und kapitalmarktrechtlicher Maßnahmen mit dem Ziel einer verbesserten Eigenkapitalversorgung der deutschen Wirtschaft, FS Stimpel, 1985, S. 645; *Schäfer, Carsten*, Der stimmrechtslose GmbH-Geschäftsanteil, 1998; *Schäfer, Frank A.*, Genußscheine mit Eigenkapitalcharakter, Besprechung der Entscheidung OLG Düsseldorf WM 1991, 1375, WM 1991, 1941.

A. Einführung

Bei einem Unternehmenskauf ist, wie generell in Fragen der Unternehmensfinanzierung, zwischen Innenfinanzierung einerseits und Außenfinanzierung andererseits zu unterscheiden[1]. Dabei bedeutet **Innenfinanzierung**, daß sich der Erwerber und das erwerbende Unternehmen die erforderlichen Finanzmittel durch interne Maßnahmen, zB aus dem nicht entnommenen Gewinn oder aus der Veräußerung von Sachgütern, beschaffen. Bei der **Außenfinanzierung** hingegen bedient sich der Erwerber zur Finanzierung einer Akquisition fremder Geldgeber[2], wobei in Abstufung drei Finanzierungsformen alternativ oder kumulativ möglich sind: 1
– Aufnahme von Fremdkapital in Form von verzinslichen **Krediten** (Debt Finance);
– Zwischenform der **Mezzanine-Finanzierung** (Mezzanine Finance)[3], zB in Gestalt von partiarischen Darlehen, stillen Beteiligungen oder Genußrechten, aber auch in Form von Aktionärs- bzw. Gesellschafterdarlehen, und

---

[1] Siehe dazu *Wöhe/Bilstein*, Grundzüge der Unternehmensfinanzierung, 1998, S. 12 ff.
[2] Siehe § 15.
[3] Aus dem Italienischen Mezzanino = Zwischengeschoß inmitten zweier Hauptetagen eines Gebäudes, *Fahrholz* S. 88 Fn 258.

– die für den hier bestehenden Zusammenhang relevante Aufbringung von **Eigenkapital** (Equity Finance = Eigenkapitalfinanzierung).

2   Eigenkapital kann bei **emissionsfähigen Unternehmen** in der Rechtsform einer AG oder KGaA, deren Anteile auf einem Markt – wenn auch nicht notwendigerweise an der Börse[4] – gehandelt werden, durch die Ausgabe von neuen Aktien, Wandelschuldverschreibungen oder Optionsanleihen aufgenommen werden.

3   Demgegenüber sind **natürliche Personen, nicht emissionsfähige** sowie idR auch **außerhalb der Börse auftretende, emissionsfähige Unternehmen** darauf angewiesen, das zum Erwerb erforderliche Eigenkapital entweder selbst oder zumeist mit Hilfe **außenstehender Investoren** aufzubringen. Bei diesen handelt es sich seltener um Privatpersonen, sondern regelmäßig um institutionelle Investoren[5], insbes. Beteiligungsfonds, die als Kapitalsammelbecken privates Anlagekapital verschiedener Kapitalgeber bündeln (**Kapitalbeteiligungsgesellschaften**). Im Zuge der Eigenkapitalfinanzierung erhalten die externen Investoren entweder Anteile an dem erworbenen Unternehmen, meist jedoch an einer Zwischengesellschaft, bei der es sich um eine eigens zum Zweck dieser Akquisition gegründete **Erwerbergesellschaft** (New Company, abgekürzt **NEWCO**) handelt. Mit Hilfe des Eigenkapitals und vor allem des aufgenommenen Fremdkapitals erwirbt die NEWCO entweder Vermögensgegenstände (Asset Deal[6]) oder Anteile (Share Deal[7]) der Zielgesellschaft.

4   Das auf diesem Weg erbrachte Eigenkapital nichtbörsennotierter Unternehmen nennt man **Private Equity**[8]. Transaktionen, die zumindest teilweise und dabei nicht über die Börse eigenkapitalfinanziert sind, werden dementsprechend als **Private Equity-Transaktionen** bezeichnet. Der Begriff Private Equity bezieht sich aber nicht nur auf die Finanzierung von Unternehmenskäufen, sondern allgemein auf die Eigenkapitalbeschaffung durch kleine und mittlere (mittlerweile zum Teil auch große) Unternehmen bis zum Erreichen der Börsenreife einschließlich des Börsengangs.

5   Private Equity dient neben Fremdkapital und Mezzanine der Finanzierung eines Unternehmenskaufs. Der Einsatz von Eigenkapital erklärt sich vor allem aus seiner höheren Rentabilität im Vergleich zu den beiden anderen Finanzierungsformen. Die Eigenkapitalrendite (**Internal Rate of Return**, IRR) bspw. im Rahmen eines Buy-Out lag in den letzten Jahren zwischen 25 bis 35% gegenüber einer Verzinsung von lediglich 7 bis 9% für einfache Kredite oder 14 bis 20% für Mezzanine-Finanzierungsmittel, für die im Gegenzug aber in Abstufungen

---

[4] Der Wertpapierhandel an einer Börse umfaßt den Amtlichen Markt, den Geregelten Markt und den Freiverkehr, *Kümpel* Rn 14.6. Siehe § 23 Rn 6 ff.

[5] BVK-Statistik 2000, Tab. 23, S. 23: 28,9% Kreditinstitute, 16,4% Öffentlicher Sektor, 16,3% Versicherungen, 10,6% Privatpersonen, 8,7% Industrie, 7,2% Fond in Fond, 5,7% Pensionsfonds.

[6] Siehe dazu § 13.

[7] Siehe § 12.

[8] Im Englischen in Abgrenzung des außerhalb der Börse generierten Eigenkapitals einer „Private" Company von demjenigen einer „Public" Company als an der Börse notiertem Unternehmen; siehe auch *Stroud/Vanhaerents,* Venture Capital Exit Routes, European Counsel December 1998/January 1999, 53; *Rudolph/Fischer,* Der Markt für Private Equity, Finanz Betrieb 2000, 49.

Sicherheiten an der NEWCO und an der Zielgesellschaft oder an deren Vermögenswerten bestellt werden müssen. Eigenkapitalrendite bedeutet die Verzinsung des von den Gesellschafts- und Unternehmenseignern eingesetzten Kapitals in Gestalt von Gewinn und **Wertsteigerung** der Kapitalanteile. Die höhere Eigenkapitalrendite entspricht dem erhöhten Risiko, dem unbesicherte und nicht fest verzinsliche Investitionen ausgesetzt sind. Den Finanzsponsoren geht es üblicherweise vor allem darum, die erwartete Wertsteigerung im Zuge einer späteren Anteilsveräußerung zu realisieren. Gewinnausschüttungen während der Investition sind für die Finanzinvestoren regelmäßig weniger von Relevanz. Vielmehr werden die verfügbaren Finanzmittel der Gesellschaft für die Bedienung des Fremdkapitals genutzt[9].

Der gewinnbringende **Ausstieg aus der Investition** („exit") ist für die Finanzinvestoren deshalb von großer Bedeutung, weil sie ihren eigenen Anlegern gegenüber verpflichtet sind, die versprochene Rendite auf die von den Anlegern zur Verfügung gestellten Finanzmittel zu erbringen. Den zeitlichen Rahmen für den Ausstieg bilden die vereinbarten Anlagezeiten der Fonds. Die Anreizfunktion für das in aller Regel ebenfalls kapitalbeteiligte Management des aus der Private Equity-Transaktion hervorgehenden Unternehmens wird auf diese Anlagezeiten abgestimmt. Dadurch entsteht ein Gleichlauf mit dem originären Interesse der Finanzinvestoren an einer Wertsteigerung der Kapitalanteile, die an die erfolgreiche Leitung und Positionierung des Unternehmens am Markt gekoppelt ist.

Die **Bedeutung des Private Equity-Marktes** ist in ganz Europa, auch in Deutschland, seit seinen Anfängen in den frühen 80er Jahren rasant gewachsen. So stieg allein in den Jahren 1997 bis 1999 das Gesamtvolumen der in Private Equity investierten Finanzmittel europaweit von 9,7 Mrd. € bei 6.300 Transaktionen[10] über 14,5 Mrd. € bei 7.600 Transaktionen auf 25,1 Mrd. € bei 11.200 Transaktionen[11]. 1999 hatte Deutschland gemessen an den insgesamt investierten Private Equity-Mitteln mit 3,2 Mrd. € bei 2.100 Transaktionen nächst dem Vereinigten Königreich mit 11,5 Mrd. € in 2.300 Transaktionen, noch vor Frankreich mit 2,8 Mrd. € bei 2.500 Transaktionen, den zweitgrößten Private Equity-Markt[12].

B. Arten von Private Equity-Transaktionen

Als Arten von Private Equity-Transaktionen lassen sich hauptsächlich
- der **Buy-Out** in verschiedenen Ausprägungen;
- der **Management Buy-In** (MBI);
- die Expansionsfinanzierung zum weiteren Wachstum eines Unternehmens (Expansionskapital) und

---

[9] Siehe Rn 84 f. und 40; zum Verhältnis von laufenden Beteiligungserträgen und Veräußerungsgewinnen auch *Leopold/Frommann* S. 36 f.
[10] EVCA, 1999 Yearbook, Part 2, European Private Equity Statistics, S. 31; die Zahlen sind wie im folgenden grundsätzlich ab- oder aufgerundet.
[11] EVCA, 2000 Yearbook, Part 2, European Private Equity Statistics, S. 32.
[12] EVCA, 2000 Yearbook, Part 2, European Private Equity Statistics, S. 32.

– klassische **Venture Capital**-Beteiligungen[13] (VC) unterscheiden. Als klassische Venture Capital-Beteiligungen sind Eigenkapitalinvestitionen für die Entwicklung und Umsetzung einer Idee bis zum Prototyp des Produkts (**Seed-Kapital**) und für die eigentliche Gründung oder das frühe Entwicklungsstadium (**Start-up-Kapital**) eines Unternehmens zu verstehen[14]. Finanzierungen in der Seed- oder Start-up-Phase werden zusammenfassend als „**early stage**"-Investitionen bezeichnet; Buy-Outs und MBIs gehören zur Kategorie der „**later stage**"-Finanzierungen.

9   Dieser Beitrag behandelt den **in verschiedenen Formen durchgeführten Buy-Out**, bei dem es sich zusammen mit dem MBI um eine Private Equity-Variante eines Unternehmenskaufs handelt, während die anderen Transaktionsarten zwar mit einem Unternehmenskauf verbunden sein können, jedoch nicht originär einen solchen darstellen.

10 Im übrigen ist der Buy-Out, jedenfalls in Gesamteuropa, neben der Expansionsfinanzierung die praktisch **bedeutsamste Private Equity-Transaktionsform**. 1999 wurden in 1.779 Buy-Outs europaweit 13,3 Mrd. € gegenüber lediglich 7,4 Mrd. € in 1.566 solchen Transaktionen im Jahr 1998 investiert[15]. Damit nehmen Buy-Outs in Gesamteuropa gemessen an der Investitionssumme mit 52,8% den größten Teil der Private Equity-Transaktionen ein[16]. In Deutschland wurden 1999 ca. 2,05 Mrd. € (4,1 Mrd. DM), d. h. ca. 45% der neu aufgebrachten Finanzmittel in Höhe von insgesamt ca. 4,55 Mrd. €, (9,1 Mrd. DM) für Investitionen in Buy-Outs verschiedener Größenordnungen vorgesehen[17], in 2000 hingegen lediglich 1,25 Mrd. € (2,5 Mrd. DM), also 21% von zusammen 6 Mrd. € (12 Mrd. DM)[18]. Der Anteil am deutschen Bruttoinvestitionsvolumen für Buy-Outs und MBIs lag nach 450 Mio. € (900 Mio. DM), d. h. 15% aller Bruttoinvestitionen in Höhe von 3,05 Mrd. € (6,1 Mrd. DM), im Jahr 1999[19] bei 800 Mio. € (1,6 Mrd. DM), also 18% von insgesamt 4,65 Mrd. € (9,3 Mrd. DM), in 2000[20]. Für das Jahr 2001 wird nicht mit einem Anstieg der Transaktionen und

---

[13] Siehe dazu *Bartlett*, Equity Finance, 2nd Edition 1995, § 1.1, S. 1 ff.

[14] Hier wie auch im weiteren wird davon ausgegangen, daß Venture Capital eine Untergruppe zu Private Equity darstellt. Auch bei Venture Capital handelt es sich um außerhalb der Börse durch externe, idR institutionelle Investoren aufgebrachtes Eigenkapital in Form von privatem Anlagekapital. Jedoch geht es hier um ein solches, mit dem für die Investoren im speziellen Einsatzfeld der Vorphase zur Gründung, der Gründung, oder des Aufbaus eines Unternehmens spezifische Risiken verbunden sind. Daraus rechtfertigt sich die eigene, untergeordnete Kategorisierung und dementsprechende Bezeichnung als Risikokapital.

[15] EVCA, 2000 Yearbook, Part 2, European Private Equity Statistics, S. 33.

[16] EVCA, 2000 Yearbook, Part 2, European Private Equity Statistics, S. 33: gefolgt von Unternehmensexpansionen mit ca. 7,4 Mrd. € (29,6%), Start-ups mit ca. 2,8 Mrd. € (11,0%), Replacement Kapital mit ca. 1,2 Mrd. € (4,7%) und Seed-Kapital mit ca. 468 Mio. € (1,9%).

[17] BVK-Statistik 1999, Tab. 25, S. 26.

[18] BVK-Statistik 2000, Tab. 25, S. 24.

[19] BVK-Statistik 1999, Tab. 31, S. 28.

[20] BVK-Statistik 2000, Tab. 31, S. 26; die Statistiken des BVK zeigen im Lauf der 90er Jahre einen Rückgang des Bruttoinvestitionsvolumens für Buy-Outs und MBIs in Deutschland. Diese Zahlen mögen tatsächlich Schwankungen im Markt widerspiegeln, könnten jedoch auch eine Folge unvollständiger Meldung deutscher Transaktionen sein, da bei weitem nicht alle in Deutschland aktiven Private Equity-Investoren Mitglieder des BVK sind.

Transaktionsvolumina gerechnet. Vielmehr wird eine deutlich expandierende Entwicklung erst für das Jahr 2002 erwartet, d. h. mit dem Inkrafttreten der steuerlichen Begünstigung der Veräußerung von Kapitalgesellschaftsanteilen durch die Steuerreform vom 14. 7. 2000. Auch unter diesem Gesichtspunkt läßt sich die vorübergehende Stagnation der Bruttoinvestitionen für Buy-Outs erklären.

C. Buy-Out-Transaktionen

I. Arten und Terminologie von Buy-Out-Transaktionen

Buy-Out-Transaktionen treten **in verschiedenen Konstellationen** auf, wobei jeweils die Beteiligten, deren Verhältnis oder das Verhältnis der drei Finanzierungsformen (Debt, Mezzanine, Equity) zueinander, variieren. 11

Ausgangspunkt ist der traditionelle **Management Buy-Out** (MBO), der Unternehmenserwerb durch vorhandene leitende Mitarbeiter. Anfangs stellte in Deutschland meist das Management den Hauptteil des Eigenkapitals, wohingegen externe Investoren nur eine Minderheitsbeteiligung hielten. Voraussetzung eines solchen MBO ist die Bereitschaft des Managements, das finanzielle Risiko weitgehend selbst zu tragen. 12

Der sog. **Institutional Buy-Out** (IBO) ist eine Variante von Private Equity, bei der institutionelle Investoren idR die Mehrheit des Eigenkapitals übernehmen und das Management eine Minderheitsbeteiligung erhält. Man spricht dann gleichsam von einem MBO unter Führung institutioneller Investoren. 13

Abweichende Variationen mit unterschiedlichem Beteiligtenkreis sind der **Management Buy-In** (MBI), der **Employee Buy-Out** (EBO) und der **Owners Buy-Out** (OBO). Beim MBI übernehmen nicht die bisherigen leitenden Mitarbeiter, sondern von außen kommende Manager Führungsverantwortung im Unternehmen und Anteile am Eigenkapital, beim EBO hingegen – zumindest auch – betriebseigene Mitarbeiter. Beim OBO findet eine Rückbeteiligung des Verkäufers an der NEWCO statt. 14

Von **Leveraged Buy-Out** (LBO) spricht man, wenn sich solche Unternehmenskäufe zusätzlich zur Eigenkapitalfinanzierung eines verhältnismäßig hohen Anteils an Fremdkapital bedienen. 15

Im Überblick ergeben sich nach den unterschiedlichen Beteiligten und Beteiligungsverhältnissen folgende **Typen des Buy-Out**: 16

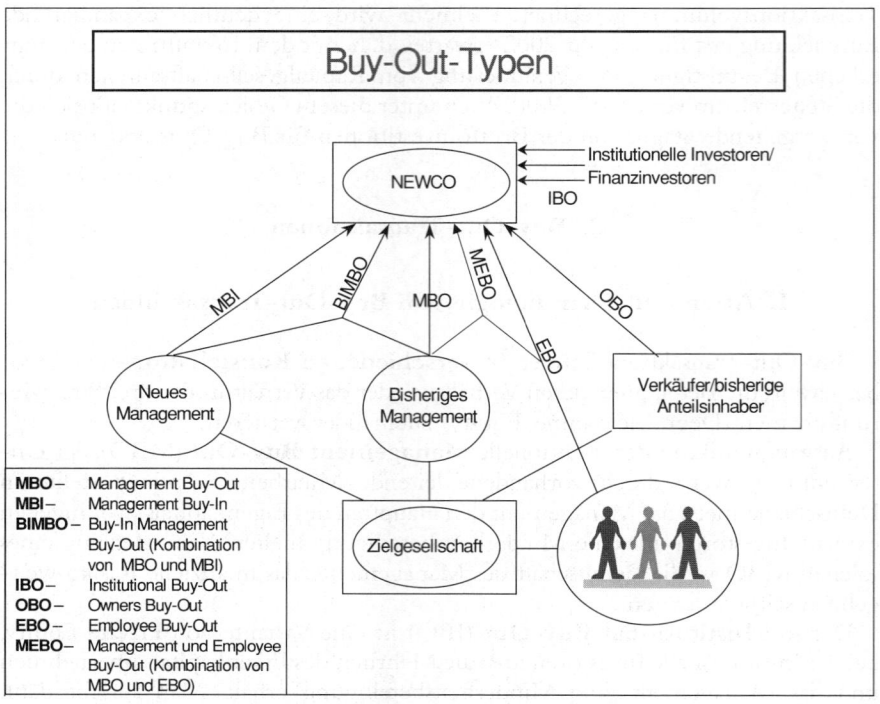

17 Wegen ihrer praktischen Bedeutung liegt der Schwerpunkt der folgenden Darstellung auf **MBOs und IBOs**, die bei größeren Transaktionsvolumina regelmäßig in Form des LBO durchgeführt werden.

II. Gründe für das Wachstum des gesamteuropäischen und deutschen Buy-Out- und Private Equity-Marktes

18 Das Wachstum des europäischen und deutschen Buy-Out-Marktes, und damit des gesamten Private Equity-Marktes, hat verschiedene Antriebsfedern. Die sich weiter verbreitende stärkere Ausrichtung der Unternehmenspolitik am Wertsteigerungsinteresse der Anteilseigner (**Shareholder Value**) schafft allgemein ein günstiges Klima für solche Investitionen.

19 In den letzten Jahren entwickelte sich eine verstärkte **Nachfrage** nach Buy-Out-Transaktionen. Sie hat vor allem zwei Ursachen: Zum einen die Konzentration deutscher Unternehmen auf ihr Kerngeschäft und die damit einhergehende **Ausgliederung von Unternehmensteilen**, die nicht mehr diesem Kerngeschäft zuzuordnen sind (**Spin-off**), auch als Folge von Fusionen oder Übernahmen; zum anderen die **Nachfolgeproblematik** deutscher mittelständischer Unternehmen in Familienhand. Das Unternehmen kann als Ganzes seine Gründer überdauern, wenn es im Rahmen von Private Equity-Transaktionen durch das vorhandene Management und Finanzinvestoren übernommen wird. Es braucht von den Gründern weder aufgegeben noch gänzlich an unternehmensexterne Investoren verkauft zu werden.

Die am 14. 7. 2000 endgültig verabschiedete **Unternehmenssteuerreform** wird der Anzahl von MBOs zu weiterem Wachstum verhelfen. Insbes. dürfte die steuerliche Begünstigung der Veräußerung von Anteilen an Kapitalgesellschaften das weitere Vordringen von Spin-offs begünstigen. Außerdem könnte die Steuerreform der in vergangenen Jahren fehlende Anstoß für Gründer sein, sich auf diesem Weg (doch) von ihrem Unternehmen zu trennen. Ab 2002 werden der Erlös aus der Veräußerung von Anteilen an Kapitalgesellschaften durch Kapitalgesellschaften steuerfrei, Erlöse aus der Veräußerung solcher Anteile durch natürliche Personen zur Hälfte von der Steuer befreit sein[21]. 20

Sog. **Public-to-Private-Transaktionen**[22] werden den Private Equity-Markt weiter beleben. Der wahre Wert einiger Unternehmen des Neuen Marktes, an dem junge Unternehmen vorwiegend innovativer Branchenzweige notiert sind, aber auch an den traditionellen Börsen, wird in manchen Fällen nicht ausreichend durch ihren Börsenwert reflektiert. Die zu **geringe Marktkapitalisierung** kann durch eine – absolut oder auch nur vergleichsweise – negative Entwicklung des Umsatzes, Gewinns und Cash-flow ausgelöst sein. Sie ist teilweise aber auch lediglich durch evtl. vorübergehende Markttrends bedingt. 21

So wurden vor allem börsennotierte **Unternehmen aus traditionellen Branchen („old economy")**, wie Bau, Maschinenbau, Autozulieferung, die für den Markt sozusagen nicht mehr „in" und „ohne Story" sind, im Jahr 2000 regelmäßig unterbewertet. Eine solche Unterbewertung kann zB zu konkreten Engpässen führen, wenn eine geplante Kapitalerhöhung ansteht, die dafür notwendigen Mittel aber an der Börse, jedenfalls im gewünschten Umfang, nicht zu erlangen sind. 22

Demgegenüber erscheinen **Unternehmen neuer Technologiezweige („new economy")** wie Kommunikation, Internet oder Biotech, wenn nicht hinsichtlich der in durchaus ferne Zukunft gerichteten Gewinnerwartungen, so doch wenigstens vor dem Hintergrund ihres momentan erwirtschafteten Umsatzes, zT als überbewertet. Dies hat sich an den Kursstürzen am Neuen Markt zum Ende des Jahres 2000 gezeigt. 23

Private Eigenkapitalgeber („equity provider") nutzen diese Ausgangssituation und finanzieren die Überführung unterbewerteter Unternehmen weg von der Börse („public") in nicht börsennotierte („private") Gesellschaften (**„take private"**). Der Erwerb der Aktien kann auf vielerlei Arten erfolgen und wird in Zukunft idR mit einem öffentlichen Übernahmeangebot[23] einhergehen. Der eigentliche Weggang von der Börse kann u. a. durch 24
– die Fusion mit einer nichtbörsennotierten Gesellschaft im Wege der Verschmelzung oder Eingliederung;
– den Verkauf der Aktiva an eine nichtbörsennotierte Gesellschaft mit anschließender Liquidation der börsennotierten Gesellschaft;
– die Zusammenlegung von Aktien über eine Kapitalherabsetzung;

---

[21] Siehe § 26 Rn 121 ff., 150.
[22] Siehe § 24.
[23] Siehe ausführlich in Band 2.

- durch den Formwechsel in eine nicht emissionsfähige Gesellschaftsform oder
- durch einfachen Rückzug von der Börse („delisting")[24]

vollzogen werden.

25 Auf das Verlassen der Börse folgt eine **Neuausrichtung und Umstrukturierung des Unternehmens** mit dem Ziel höchstmöglicher Rentabilität. Diese Umstrukturierung kann uU zum Ziel haben, das Unternehmen zB zur weitergehenden Kapitalausstattung in Zukunft erneut an die Börse zu bringen. Den Schritt des „taking private" werden vermehrt auch börsennotierte Unternehmen vollziehen, die im Hinblick auf die zunehmende Globalisierung der Wirtschaftsmärkte zur Stärkung ihrer Wettbewerbsfähigkeit einer Restrukturierung bedürfen. Diese können sie bei größerer Flexibilität als „private" Gesellschaften besser vorbereiten und vollziehen.

26 Auch **Privatisierungen** von Unternehmen, die sich bisher in staatlicher Hand befunden haben, bieten Gelegenheiten für Buy-Outs[25].

27 Die **Angebotseite** wird begünstigt durch die hohe **Liquidität ausländischer Investoren**, insbes. großer britischer und amerikanischer Beteiligungsfonds. Die Heimatmärkte für Private Equity-Transaktionen gelten durch den Erfolg der vergangenen Jahre als gesättigt. Die anglo-amerikanischen und auch skandinavischen Fonds suchen daher verstärkt Investitionsmöglichkeiten für ihr Anlagekapital im Ausland, wie bspw. in Deutschland. Der starke Einfluß ausländischer Investoren hat zu entsprechendem Einfluß auf die Transaktionsgestaltungen geführt. Konstruktionen, die in deren Heimatstaaten unschwer gestaltbar sind, sollen auch in Deutschland Grundlage der Investition sein. Der deutsche Berater steht vor der Aufgabe, nicht nur ausländische Bezeichnungen zu verstehen und zu verwenden, sondern auch die Einzelheiten einer den Investoren vertrauten Gestaltung (iRd. rechtlichen Zulässigkeit) in deutsches Recht umzusetzen.

III. Die Transaktionsstruktur eines Buy-Out

28 Bei einem Buy-Out sind drei rechtliche Bereiche zu unterscheiden:
- die **Eigenkapitalebene (Equity)**;
- der Bereich der **Fremdfinanzierung (Debt)**;
- der eigentliche **Kauf** der Zielgesellschaft mit sämtlichen damit zusammenhängenden Rechtsfragen (**M&A**).

29 Die Eigenkapitalebene betrifft die rechtlichen Verhältnisse der idR eingeschalteten Erwerbergesellschaft (NEWCO) und der darin als Gesellschafter vereinigten Eigenkapitalgeber untereinander, deren anteilsmäßige Zusammensetzung je nach Art des Buy-Out variiert.

30 Die NEWCO erwirbt beim **Anteilskauf** (Share Deal[26]) Anteile (Aktien, Geschäftsanteile), beim **Vermögenskauf** (Asset Deal[27]) Vermögenswerte der Zielgesellschaft.

---

[24] Siehe § 24.
[25] Siehe § 20.
[26] Zum Share Deal siehe § 12.
[27] Zum Asset Deal siehe § 13.

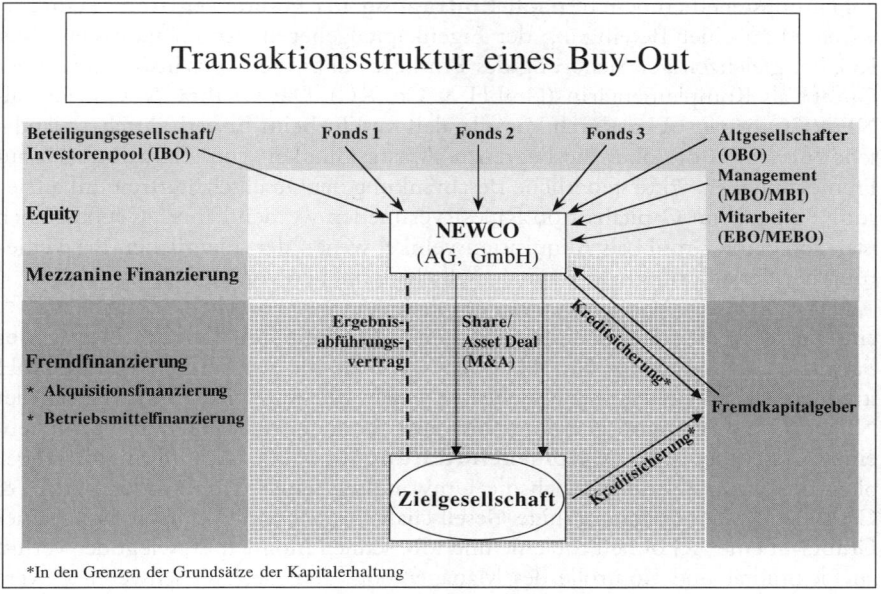

Die Zwischenschaltung einer Erwerbergesellschaft als **Akquisitionsvehikel** hat ihre Vorteile und wesentlichen Gründe darin, die Initiatoren vor einer persönlichen Haftung abzuschirmen und ihnen schon vor Durchführung der eigentlichen Transaktion (Kauf eines Unternehmens) die Ordnung der Finanzierungsstruktur, die Gestaltung des gesellschaftsrechtlichen Gefüges und ihrer rechtlichen Beziehungen mit großer Flexibilität zu ermöglichen.

Die Wahl der **Rechtsform** für die NEWCO ist nach haftungs- und steuerrechtlichen Gesichtspunkten zu treffen. Die direkte Beteiligung der Investoren und des Managements an einer **Personengesellschaft**[28] als NEWCO führte zur Gefahr einer persönlichen Haftung[29]. Für eine direkte Beteiligung kommen daher fast ausschließlich die Rechtsformen der **AG** oder **GmbH** in Betracht, deren Gläubigern grundsätzlich nur das Gesellschaftsvermögen haftet. Auch aus steuerlicher Sicht bleibt, vor allem für die am späteren Ausstieg aus der Investition orientierten Finanzsponsoren, nur die direkte Beteiligung an einer Kapitalgesellschaft. Die Veräußerung von Kapitalgesellschaftsanteilen ist gegenüber der von Personengesellschaftsanteilen steuerlich privilegiert. Dies gilt erst recht nach Inkrafttreten der **Unternehmenssteuerreform**[30].

---

[28] Gesellschaft bürgerlichen Rechts (GbR), Offene Handelsgesellschaft (OHG), Kommanditgesellschaft (KG).
[29] GbR: Akzessorietätshaftung analog § 128 HGB, BGH NJW 2001, 1056, 1061; OHG: §§ 128, 130 HGB; KG: § 161 Abs. 2 iVm. § 128 HGB bzw. § 176 HGB für die Geschäftstätigkeit vor Eintragung in das Handelsregister.
[30] Siehe Rn 20 und § 26 Rn 121 ff.

33 Haftungsrechtlich besteht **nach Eintragung ins Handelregister**[31] kein Unterschied zu einer Beteiligung der Eigenkapitalgeber als Kommanditisten einer KG, bei gleichzeitiger Sicherung des Einflusses über die Geschäftsführung einer GmbH als Komplementärin (GmbH & Co. KG). Die **GmbH & Co. KG** als NEWCO bringt uU dadurch Vorteile, daß mit ihr beim Erwerb durch ausländische Investoren die über die begrenzte Abzugsfähigkeit von Zinszahlungen auf Fremdkapital erwirkte steuerliche Beschränkung der Gesellschafterfremdfinanzierung[32] (sog. Thin Capitalisation Rules), vermieden werden kann[33]. Grundsätzlich ist jedoch eine GmbH als Akquisitionsvehikel wegen der steuerlichen Privilegierung der Veräußerung von Kapitalgesellschaftsanteilen vorzugswürdig.

34 Gegenüber der AG, deren Satzungsinhalt strengen Vorgaben genügen muß[34], entscheidet in aller Regel die weitreichende **Freiheit bei der Gestaltung der Satzung** zugunsten der GmbH. Auch sprechen die im Vergleich zur GmbH strengeren Kapitalerhaltungsvorschriften gegen die AG. Die Strukturierung der NEWCO als **AG** wird allerdings bisweilen vorgesehen, wenn von vornherein eine spätere, aber zeitnahe **Börseneinführung** (Initial Public Offering, IPO) geplant ist. Dadurch erübrigt sich die Umwandlung einer GmbH oder GmbH & Co. KG in eine emissionsfähige Gesellschaftsform. Da die Umwandlung einer GmbH in eine AG ohne Probleme und idR schnell möglich ist, wiegt der Verlust an Flexibilität und Kontrolle des Managements[35] bei der AG schwerer als vermeintliche Zeit- und Kostenvorteile bei sofortigem Einsatz einer AG. In der Darstellung von Rechtsfragen eines Buy-Out wird sowohl auf die AG als auch auf die GmbH als NEWCO eingegangen.

35 Um unnötigen Zeitverlust zu vermeiden, wird regelmäßig die Erwerbergesellschaft nicht neu gegründet, sondern eine bereits bestehende **Vorratsgesellschaft** eingesetzt. Berater, die auf M&A-Transaktionen spezialisiert sind, verfügen im allgemeinen über geeignete Gesellschaften. Die Vorratsgesellschaft wird den Gegebenheiten der konkreten Transaktion angepaßt[36].

36 Die eigentliche **Akquisition der Zielgesellschaft** richtet sich idR nach denselben Kriterien wie jeder Unternehmenskauf[37]. Allerdings legen Finanzinvesto-

---

[31] Siehe § 176 Abs. 1 HGB einerseits, § 171 HGB andererseits.
[32] § 8a KStG.
[33] Siehe dazu § 26 Rn 312 ff., 333 ff.
[34] § 25 Abs. 5 AktG.
[35] § 76 Abs. 1 AktG zur weitgehenden Entscheidungsfreiheit und Eigenverantwortlichkeit des Vorstands.
[36] Siehe allerdings die ggf. einzuhaltenden Nachgründungsformalitäten; dazu § 17 Rn 23 ff. Siehe allgemein zu Mantel- und Vorratsgesellschaften und insbes. zu den im einzelnen umstrittenen Haftungsfragen bei der Mantel- und Vorratsverwendung *Bärwaldt/Schabacker*, Keine Angst vor Mantel- und Vorratsgesellschaften, GmbHR 1998, 1005, 1012 ff.
[37] Nur bei der Verkäufer-Rückbeteiligung an der NEWCO (OBO) tritt ein Sacheinlagenvertrag an die Stelle des Kaufvertrages, wenn dieser sonst als verdeckte Sacheinlage zu qualifizieren wäre. Der Sacheinlagenvertrag kann die gleichen Gewährleistungen und andere Nebenbestimmungen enthalten, die auch bei Kaufverträgen üblich sind. IdR erhält der rückbeteiligte Alteigentümer außer der NEWCO-Beteiligung auch eine Barzahlung; dann liegt eine sog. gemischte Sacheinlage vor, die in vollem Umfang Gegenstand der Einlagenbewertung im Zusammenhang mit der NEWCO-Gründung oder -Kapitalerhöhung sein muß, *Winter* in Scholz § 5 GmbHG Rn 81 f.

ren häufig Wert auf den Einsatz verschiedener Finanzierungsinstrumente. Dies kann die Erwerbsstruktur oder die Umstrukturierung nach dem Erwerb komplexer machen.

Aus Sicht der **Erwerber** ist der **Asset Deal** günstiger als ein Share Deal. Die Vermögenswerte der Zielgesellschaft gelangen unmittelbar in die Verfügungsmacht der Erwerber und können direkt zur Sicherung der für die Finanzierung des Kaufpreises aufgenommenen Fremdmittel genutzt werden[38]. Im übrigen hat der Asset Deal den steuerlichen Vorteil einer **unmittelbaren Buchwertaufstockung**, die zu einem höheren Abschreibungspotential über die Laufzeit der Investition führt[39]. Dies könnte insbes. nach Inkrafttreten einzelner Teile der Steuerreform vom 14. 7. 2000 an Bedeutung gewinnen, weil Konstruktionen zur Buchwertaufstockung beim Share Deal im Wege von Unternehmenskaufmodellen voraussichtlich nicht mehr oder nur noch eingeschränkt möglich sein werden[40]. Der Asset Deal ist allerdings wegen des allgemein für Verfügungen geltenden[41] **Bestimmtheitsgrundsatzes** gegenüber dem Share Deal aufwendiger und langwieriger, weil die zu übertragenden Vermögensgegenstände nach den Parteivereinbarungen individuell bestimmt oder jedenfalls bestimmbar sein müssen[42]. Weiter entstehen dem **Veräußerer** im Vergleich zum Share Deal steuerliche Nachteile, bspw. in Form der Gewerbesteuer[43]. Es wird daher meist die Struktur eines Share Deal gewählt.

Zur **Besicherung** der erforderlichen Fremdmittel können beim **Share Deal** die erworbenen Anteile selbst dienen, indem diese den Kreditgläubigern **verpfändet** werden. Alternativ oder kumulativ wird gelegentlich das **Vermögen der Zielgesellschaft** durch eine Sicherungsübereignung oder Sicherungszession herangezogen; auch verbürgt sich in Einzelfällen die Zielgesellschaft für die Rückzahlung der gewährten Kredite. Allerdings sind bei solchen Sicherungsformen stets die deutschen Grundsätze zur Kapitalerhaltung zu beachten. Sie erschweren die Finanzierungsstruktur und die Besicherung[44].

IV. Die Finanzierung eines Leveraged Buy-Out

Der Einsatz von **Eigenkapital** ist beim LBO verhältnismäßig gering. Das liegt zum einen daran, daß das Management und die institutionellen Investoren selten den Kaufpreis vollständig durch Eigenmittel aufbringen können; zum anderen ist es unter dem Gesichtspunkt einer **optimierten Eigenkapitalrendite** aber auch

---

[38] *Holzapfel/Pöllath* Rn 329 a.
[39] *Holzapfel/Pöllath* Rn 145 a. Siehe auch § 32 Rn 16 ff.
[40] Siehe dazu § 26 Rn 236.
[41] *Heinrichs* in Palandt § 398 BGB Rn 14.
[42] In diesem Sinne für das Schuldrecht *Heinrichs* in Palandt § 398 BGB Rn 14; für das Sachenrecht BGHZ 21, 52, 55 ff.; *Klaus Müller*, Sachenrecht, 4. Aufl. 1997, Rn 12 und 2371; siehe auch *Quack* in MünchKomm. § 929 BGB Rn 75, der sich gegen die terminologische Unterscheidung von „Bestimmtheit" und „Bestimmbarkeit" wendet, iE jedoch zu denselben konkreten Anforderungen an die Parteivereinbarung kommt, Rn 78.
[43] *Holzapfel/Pöllath* Rn 329 a.
[44] Siehe dazu § 15.

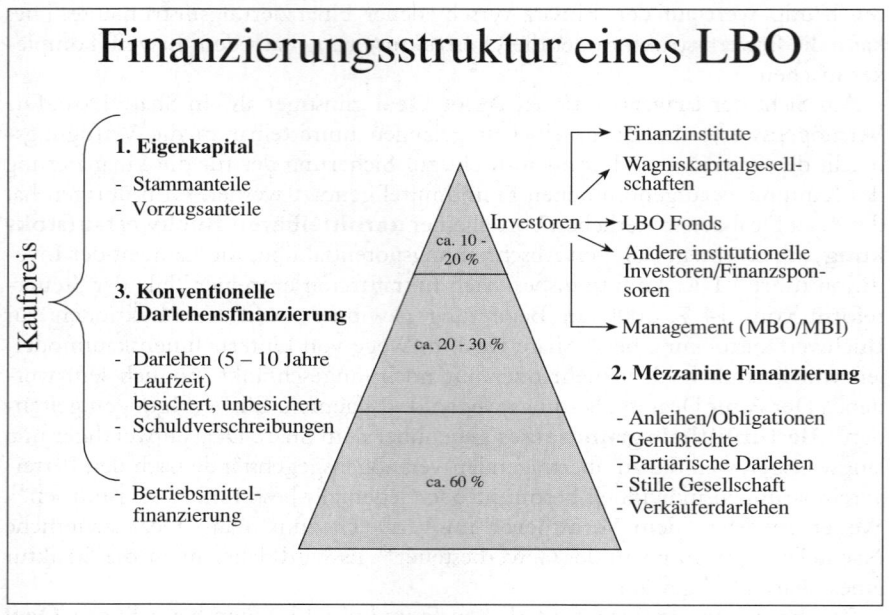

gerade gewünscht. Durch möglichst geringen Einsatz von Eigenkapital bei möglichst hoher Verwendung von **Fremdkapital** über einen relativ kurzen Investitionszeitraum wird eine höhere Eigenkapitalrendite erreicht als allein über die Ertrags- und Wertsteigerung des Unternehmens[45].

40 Der überproportionale Einsatz von Fremdmitteln im Rahmen eines LBO führt zu einer **Hebelwirkung** für die Eigenkapitalrendite („**leverage**")[46]. Voraussetzung für eine Nutzung der Hebelwirkung ist, daß die mit Hilfe des Fremdkapitals erwirtschaftete Gesamtkapitalrendite über dem Zins und den Tilgungsraten für die Fremdmittel liegt[47].

41 Das **Risiko** des verstärkten Einsatzes von Fremdkapital und der hiermit bewirkten Hebelwirkung wird allerdings häufig übersehen. Reichen die laufenden Erträge des Unternehmens zur Bedienung der Zinsen auf das Fremdkapital nicht aus, kehrt sich die Hebelwirkung um, und das Eigenkapital wird umso schneller aufgezehrt[48].

42 Eine verbleibende Finanzierungslücke wird durch zwischen Eigen- und Fremdkapital rangierende **Mezzanine-Finanzmittel** gedeckt, bei denen aus Sicht der Gesellschafter dem Vorteil der geringeren Besicherung der Nachteil einer höheren Verzinsung als bei Fremdkapital gegenüber steht[49].

---

[45] *Holzapfel/Pöllath* Rn 328.
[46] Siehe dazu allgemein *Mellwig* S. 232 ff.; sowie das Zahlenbeispiel bei *Leopold/Frommann* S. 14 f.
[47] Siehe *Lutter/Wahlers*, Der Buyout: Amerikanische Fälle und die Regeln des deutschen Rechts, AG 1989, 1, 2.
[48] Siehe *Mellwig* S. 234.
[49] Siehe dazu § 15 Rn 124 ff.

Neben der Fremdfinanzierung als Hebel für die Gesamtkapitalrendite ist die Effizienz der **steuerlichen Strukturierung** gerade wegen der mit der angestrebten Hebelwirkung verbundenen Risiken ein entscheidender Faktor für die finanzielle Solidität der Buy-Out-Transaktion[50]. Wenn die gewählte steuerliche Struktur nicht erfolgreich ist, kommt es regelmäßig zu höherem Liquiditätsbedarf als geplant. Dieser Abfluß an Liquidität gefährdet die Fähigkeit der NEWCO, die aufgenommenen Fremdmittel zu bedienen. Es droht dann (umsomehr) die Umkehrung der Hebelwirkung[51].

Unter Finanzierungsgesichtspunkten besteht die Besonderheit eines überwiegend fremdfinanzierten Buy-Out darin, daß sich die Kreditgeber nicht an der Kreditwürdigkeit der Erwerber orientieren, deren persönliche Inanspruchnahme gänzlich ausgeschlossen ist, sondern ausschließlich der **Cash-flow** und die **Vermögenswerte** des zu erwerbenden Unternehmens (**Zielgesellschaft**) als Sicherheit für die Bedienung und Tilgung der gewährten Fremdmittel dienen[52] („**Non recourse**"-**Finanzierung**[53]). Dies hat auf Ebene der Zielgesellschaft grundsätzlich einen durch vertragliche Gestaltung zu vermeidenden Konflikt mit den **Kapitalerhaltungsregeln** der AG[54] oder der GmbH[55] bzw. qua Rechtsfortbildung auch der GmbH & Co. KG[56] zur Folge[57].

V. Die Beteiligten eines Buy-Out

1. Die Investoren

a) Interessen, Ziele, Investorentypen. Die Investoren sind am Kauf von Unternehmen und im Rahmen eines IBO insbes. an der rentablen Anlage ihres Fondskapitals interessiert. Ihr Ziel ist primär die gewinnbringende **Weiterveräußerung** des betreffenden Unternehmens, ggf. durch Plazierung der Anteile über die Börse (**IPO** oder „**going public**"). Lediglich sekundär sind sie an Gewinnausschüttungen aus dem laufenden Geschäft interessiert[58]. Ein Buy-Out in Form eines – ggf. „leveraged" – MBO oder IBO bringt den Investoren insofern Vor-

---

[50] Siehe auch *Holzapfel/Pöllath* Rn 340.
[51] Siehe Rn 41.
[52] *Beisel/Klumpp* Rn 690d; *Holzapfel/Pöllath* Rn 329.
[53] Siehe dazu *Fahrholz* S. 2, 256 ff. Wird zumindest eine begrenzte, ausgewählte oder stufenweise Haftung der Initiatoren vereinbart, so spricht man von einer Limited recourse-Finanzierung, *Fahrholz* S. 258.
[54] §§ 57 ff. AktG. Neue Finanzierungsstrukturen arbeiten insbes. mit Ergebnisabführungsverträgen zwischen NEWCO und Zielgesellschaft. Es stellt sich die Frage, ob in der Praxis verwandte Strukturen bei der Beteiligung von Aktiengesellschaften als Umgehungsgeschäft (im Hinblick auf den Erwerb eigener Aktien) gem. § 71a AktG gewertet werden können. Die Praxis will selbstverständlich eine Nichtigkeit ausschließen. Dies ist jedoch noch nicht richterlich entschieden.
[55] §§ 30, 31 GmbHG.
[56] Für die GmbH & Co. KG gelten die Kapitalerhaltungsvorschriften der §§ 30, 31 GmbHG entsprechend; *Hopt* § 172a HGB Anm. 8.
[57] Siehe eingehend § 15 Rn 146 ff.
[58] *Pütter* in Corporate Finance, Losebl. Stand 2001, Abschnitt 10.4.2, S. 7; *von Braunschweig* DB 1998, 1831, 1832.

teile, als das Management sein fundiertes Wissen über das Unternehmen zur Verfügung stellt, durch eine Beteiligung am Unternehmenswert zusätzliche Anreize für die Geschäftsführung und die leitenden Angestellten geschaffen werden und durch eine eventuelle Beteiligung am Verlust ein stärkeres Engagement des Managements erreicht werden kann. Darüber hinaus können sich die Investoren die Hebelwirkung des eingesetzten Fremdkapitals für die Eigenkapitalrendite beim LBO und die dazu erforderliche Ausrichtung des Managements auf eine Steigerung des Cash-flow für eine Wertsteigerung ihrer Kapitalanteile zunutze machen.

46 Bei den **Investoren** handelt es sich regelmäßig um Kapitalbeteiligungsgesellschaften (**Private Equity Fonds**) oder Finanzinstitute und vermehrt auch Versicherungen. Kapitalbeteiligungsgesellschaften – als Oberbegriff – können in Deutschland verschiedene rechtliche Ausprägungen annehmen, die jedoch keine unterschiedlichen Rechtsformen darstellen:
– Eine keinen Sondervorschriften unterliegende **Handelsgesellschaft**, zumeist in Form einer GmbH oder GmbH & Co. KG, deren Zweck lediglich das Halten und Verwalten von Kapitalbeteiligungen ist;
– eine **Kapitalanlagegesellschaft** (KAG) nach dem Gesetz über Kapitalanlagegesellschaften (KAGG) ausschließlich in der Rechtsform der AG oder GmbH[59] oder
– eine **Unternehmensbeteiligungsgesellschaft** (UBG) iSd. Gesetzes über Unternehmensbeteiligungsgesellschaften (UBGG) in der Rechtsform der AG, GmbH, KG oder KGaA[60].

47 Die meisten der in Deutschland agierenden Kapitalbeteiligungsgesellschaften im Buy-Out-Markt sind allerdings aus historischen und steuerlichen Gründen ausländischen Gesetzen unterstehende Gesellschaften. Zum einen sind ausländische Kapitalgeber häufig eher bereit, risikobehaftete Mittel (im Verhältnis zu festverzinslichen Anlageformen) zur Verfügung zu stellen und vor allem auch erfahrener im Umgang mit dieser Anlageform. Zum anderen verfügen zB ausländische Pensionsfonds aufgrund des anderen rechtlichen Umfelds über viel größere Finanzmittel und sind in der Anlage dieser Mittel im Bereich Wagniskapital auch wiederum aus rechtlichen Gründen viel freier als dies in Deutschland der Fall ist.

48 **b) Fondsstrukturierung.** In einem Private Equity Fonds bündelt eine Vielzahl von Investoren ihre Kapitalmittel, um **Wagniskapital für große Investitionsvolumina** bereitstellen zu können. Bei der Strukturierung derartiger Fonds ist zunächst zu erwägen, innerhalb welcher Rechtsordnung der Fonds etabliert werden soll. Während traditionell die Kanalinseln Jersey oder Guernsey als Standort beliebt waren, gewinnt der Standort Deutschland zunehmend an Popularität. Üblicherweise wählt man hier die Rechtsform der GmbH & Co. KG. Ohne in diesem Rahmen auf Einzelheiten der Fonds-Strukturierung eingehen zu können, sei auf einige wichtige **Grundzüge** hingewiesen:

49 Die erste Überlegung gilt der **Haftungsbeschränkung** zugunsten der Investoren. Da Private Equity-Investments mit einem ihrer überdurchschnittlichen Ren-

---

[59] § 1 Abs. 3 KAGG.
[60] Einen knappen, aber umfassenden Überblick über die Rechtsform der UBG verschafft *Vollmer*, Die Unternehmensbeteiligungsgesellschaften nach der Reform des UBGG, ZBB 1998, 221.

diteerwartung entsprechenden Risiko behaftet sind, ist sicherzustellen, daß die Investoren über ihre ursprüngliche Kapitaleinlage hinaus keinen finanziellen Verpflichtungen ausgesetzt sind. Zugleich muß die für die Investoren jeweils günstigste steuerliche Struktur gefunden werden.

Weiter gilt es, die Geschäftsführung und Vertretung des Fonds angemessen zu gestalten. Zu klären ist insbes., inwieweit die Investoren in das Management des Fonds involviert sein wollen oder ob sie sich rein finanziell beteiligen möchten. Art und Umfang der Kapitalbereitstellung werfen die Frage auf, wie hoch die Mindestbeteiligung einzelner Investoren (insbes. des geschäftsführenden Gesellschafters) sein muß und welche Maximalkapitalisierung erwünscht ist. Diese Begrenzungen sind erforderlich, um sicherzustellen, daß das Fondskapital letztlich im Einklang mit der von den Investoren avisierten Investitionsstrategie eingesetzt wird. In diesem Zusammenhang sind Geschäftsgegenstand und Laufzeit des Fonds ebenso eingehend zu regeln wie die Frage, in welchen Zeiträumen die Investoren das von ihnen versprochene Kapital bereitstellen müssen. Einerseits muß die Liquidität des Fonds gesichert sein; andererseits sollten Barmittel dem Gesellschaftsvermögen erst dann zugeführt werden, wenn dies nach der Investitionsstrategie erforderlich ist.

Ferner ist die Vergütung der Geschäftsführung zu regeln. Üblicherweise werden zum einen Management-Fees als Aufwandsentschädigung ausgehandelt. Außerdem gewähren die Investoren dem Management regelmäßig mittels einer erfolgsabhängigen Komponente einen finanziellen Anreiz (sog. „carried interest", kurz „carry" genannt).

2. Die Verkäufer/Altgesellschafter

Die Verkäufer (die Altgesellschafter) können **verschiedene Gründe** für den beabsichtigten **Verkauf** haben. Im Rahmen eines Buy-Out zur Lösung von Nachfolgeproblemen ist ihnen vor allem am Erhalt und an der Sicherung der Zukunft des Unternehmens, einschließlich der Arbeitsplätze, gelegen. In ideeller Hinsicht mag die Förderung mittelständischer Strukturen, mit denen sich die Verkäufer identifizieren, eine Rolle spielen. Allgemein, also auch im Zuge eines IBO, schlägt für den oder die Verkäufer positiv zu Buche (auf Käuferseite jedoch noch mehr), daß wegen der fundierten Kenntnis des Managements über das Unternehmen eine verläßliche Entscheidungsgrundlage für die Transaktion zur Verfügung steht. Die Verkäufer gehen deswegen mit ihren Gewährleistungen und Zusicherungen ein geringeres Risiko ein[61]. Wegen der erwarteten Hebelwirkung der eingesetzten Fremdmittel für die Gesamtkapitalrendite ist zudem manchmal ein höherer Kaufpreis erzielbar als ohne den überproportionalen Einsatz von Fremdkapital.

Außerdem hat ein Buy-Out den Vorteil, daß das Unternehmen oder der Unternehmensteil (Spin-off) **nicht durch einen Wettbewerber erworben** wird. Eine Ausnahme stellen insofern Co-Investments von Finanzinvestoren und industriellen Investoren dar: Der industrielle Investor bringt hierzu einen seiner Geschäftsbereiche in ein neu geschaffenes Gemeinschaftsunternehmen ein gegen die

---

[61] Siehe im Fall der Anwendung des kaufvertraglichen Gewährleistungsrechts §§ 460, 464 BGB.

Gewährung von Anteilen. Mit dem von dem Finanzinvestor eingebrachten Kapital und mit weiterer Fremdfinanzierung erwirbt das Gemeinschaftsunternehmen dann ein oder mehrere weitere Geschäftsbereiche von Dritten, die den durch den industriellen Investor eingebrachten Geschäftsbetrieb ergänzen.

3. Das Management

54   Dem Management geht es um den **Erwerb einer Beteiligung am Unternehmen**, an dessen Aufbau und Weiterentwicklung es entscheidenden Anteil gehabt hat. Ein weiterer Beweggrund ist die Sicherung der eigenen Arbeitsplätze, die eher zur Disposition stehen, wenn ein Fremder, gar ein Wettbewerber, das Unternehmen vollständig übernimmt. Der Erhalt des selbst geschaffenen Entwicklungspotentials, seine weitere Nutzung und der Ertrag daraus sind für das Management von besonderem Interesse. Die finanzielle Beteiligung des Managements am Unternehmen bildet einen lohnenden Anreiz, den Wert des Unternehmens zu steigern.

VI. Ausstieg aus der Investition („exit")

55   Die Investoren verfolgen das Ziel, mit ihrer Investition Gewinn zu erzielen. Die durchschnittliche Investitionsdauer von Buy-Outs beträgt drei bis sieben[62], bisweilen sogar weniger als drei Jahre. Danach wollen die Investoren nach ihren internen Absprachen (über die Statuten des Fonds) aus ihrem Engagement aussteigen. Dafür haben sich verschiedene Verfahren (sog. „exits") entwickelt. An reinen Private Equity-Exits, bei denen Anteile an der NEWCO veräußert und nicht bloß Mezzanine-Finanzmittel, wie stille Beteiligungen oder Gesellschafterdarlehen, zurückgezahlt werden[63], sind im wesentlichen zu unterscheiden:
– der „trade sale", ein Verkauf an industrielle Investoren;
– allgemein der „exit" über die Börse, wozu der Börsengang (Initial Public Offering = IPO/„going public") sowie die Veräußerung von Anteilen bei einer zweiten oder späteren Emission von Aktien an der Börse (Divestment nach vorangegangenem IPO) gehören, und
– der „secondary purchase".

56   An erster Stelle stand im Jahr 2000 mit ca. 40% der sog. **„trade sale"**[64].

57   Ca. 9% aller „exits" wurden 2000 über ein **Initial Public Offering** (IPO) durchgeführt[65]. Diese Zahlen gelten jedoch eher für Venture Capital- als für Private Equity-Transaktionen. Hinzuzurechnen sind solche „exits", die zwar nach dem ursprünglichen Börsengang, aber weiterhin über die Börse bspw. im Rahmen einer Kapitalerhöhung, getätigt wurden (**Divestment nach vorangegangenem IPO/Secondary Offering**, ca. 3%). Danach ergibt sich für „exits" über die Börse insgesamt eine Quote von ca. 12%.

---

[62] *Dwyer* S. 97.
[63] BVK-Statistik 2000, Tab. 38, S. 31: ca. 9% Rückzahlung stiller Beteiligungen, ca. 8% Rückzahlung von Gesellschafterdarlehen.
[64] BVK-Statistik 2000, Tab. 38, S. 31.
[65] BVK-Statistik 2000, Tab. 38, S. 31.

Bei dem **Secondary Purchase** (oder Secondary Buy-Out), der 2000 rund 7% aller getätigten „exits" ausmachte, werden die Anteile an eine andere Venture Capital-Gesellschaft oder einen anderen Finanzinvestor verkauft[66]. 58

D. Die vertragliche Ausgestaltung eines Buy-Out

Von den oben iRd. Transaktionsstruktur angesprochenen Regelungsbereichen soll im folgenden ausschließlich auf die im Bereich des Private Equity erforderlichen vertraglichen Regelungswerke zwischen dem Management und den Finanzinvestoren eingegangen werden. Diese abzuschließenden Verträge geben der **Private Equity-Transaktion** ihr charakteristisches Gepräge. 59

I. Die Satzung der AG oder GmbH[67] als NEWCO und die Gesellschaftervereinbarung

1. Grundfragen der Gestaltung von Satzungen und Nebenabreden

Der schon oben erwähnte Wunsch ausländischer Kapitalanleger, möglichst an vertrauten Rechtskonstruktionen beteiligt zu sein[68], macht die sorgfältige Beachtung der Gestaltungsmöglichkeiten des deutschen Rechts erforderlich. Die **rechtliche Zulässigkeit** von Satzungsgestaltungen und anderen einschlägigen Regelwerken muß deswegen eingehend geprüft werden. Die Behandlung von Grundfragen ist nicht zu vermeiden. 60

Rein rechtlich betrachtet, kann jegliche Regelung in die Satzung der Erwerbergesellschaft Eingang finden. Die jeweilige **Rechtsnatur der einzelnen Satzungsbestimmung** kann allerdings unterschiedlich, nämlich gesellschaftsrechtlich oder lediglich schuldrechtlich sein. Man unterscheidet zwischen **materiellen** und **formellen** Satzungsbestandteilen. Dieser Unterschied spielt für die rechtliche Behandlung eine Rolle[69]. 61

Der mögliche **materielle Satzungsinhalt** umfaßt alle Regelungen, welche die Gesellschaft selbst, also ihre Organisation, Organe, deren Zusammensetzung und Zuständigkeiten, betreffen und das rechtliche Verhältnis zwischen der Gesellschaft und ihren Anteilseignern dauerhaft prägen[70]. Der materielle Satzungsinhalt ist mit der Mitgliedschaft als solcher verbunden, haftet also einem jeden Anteil an und geht mit dessen Übertragung auf den Rechtsnachfolger über[71]. Er wirkt kör- 62

---

[66] BVK-Statistik 2000, Tab. 38, S. 31.
[67] Im folgenden wird der Begriff der Satzung einheitlich für AG und GmbH verwandt.
[68] Siehe Rn 27.
[69] Terminologische Unterscheidung nach *Hüffer* § 23 AktG Rn 2, sowie *Lutter/Hommelhoff* § 3 GmbHG Rn 2; *Priester* DB 1979, 681 wählt die Bezeichnung der korporativen bzw. nichtkorporativen Satzungsbestimmungen, *Hueck/Fastrich* in Baumbach/Hueck § 3 GmbHG Rn 3 die Begriffe der körperschaftlichen Bestimmungen mit Satzungscharakter bzw. der individualrechtlichen Bestimmungen.
[70] *Lutter/Hommelhoff* § 3 GmbHG Rn 1; *Ulmer* in Hachenburg § 3 GmbHG Rn 51; *Hüffer* § 23 AktG Rn 3.
[71] *Priester* DB 1979, 681, 685 f.

perschaftlich und nicht lediglich individualrechtlich[72]. Materielle Satzungsbestimmungen können nur durch **Satzungsänderung**[73] aufgehoben oder geändert werden[74]. Für sie gilt ausnahmslos eine eingeschränkte, **objektivierte Auslegung**[75].

63 Der materielle Satzungsinhalt setzt sich zwingend aus dem gesetzlich vorgeschriebenen Mindestinhalt einer jeden Satzung einer AG[76] oder GmbH[77] zusammen (**zwingende materielle Satzungsbestimmungen**[78]). Weiter stellen solche Regelungen materiellen Satzungsinhalt dar, die zwar entsprechend den Gegebenheiten des jeweiligen Einzelfalls nach freiem Belieben der Gründer bzw. vorhandenen Gesellschafter geschaffen werden können, jedoch in die Satzung aufgenommen werden müssen, um entweder überhaupt rechtlich wirksam zu sein oder jedenfalls **gesellschaftsrechtlich**, und nicht nur schuldrechtlich, d. h. für die Gesellschaft und alle gegenwärtigen und künftigen Anteilseigner, Wirkung zu entfalten (**fakultative materielle Satzungsbestimmungen**[79]).

---

[72] Vgl. *Hueck/Fastrich* in Baumbach/Hueck § 3 GmbHG Rn 3.
[73] § 179 AktG, § 53 GmbHG.
[74] *Hüffer* § 179 AktG Rn 4; *Lutter/Hommelhoff* § 3 GmbHG Rn 47; so auch *Zöllner* in Baumbach/Hueck § 53 GmbHG Rn 10ff., der insofern terminologisch jedoch zwischen echten und unechten Satzungsbestandteilen anstatt zwischen materiellen und formellen Satzungsbestimmungen unterscheidet, siehe auch *Zöllner* in Baumbach/Hueck § 53 GmbHG Rn 2aff.
[75] *Hüffer* § 23 AktG Rn 39; *Hueck/Fastrich* in Baumbach/Hueck § 3 GmbHG Rn 3, § 2 GmbHG Rn 27. Der objektive Charakter dieser Auslegung zeigt sich darin, daß nur Wortlaut, Zweck und systematische Stellung der jeweiligen Bestimmung, außerdem nur beim Handelsregister öffentlich zugängliche Unterlagen Berücksichtigung finden. Hingegen bleiben Absichten und gedankliche Hintergründe der Gründer bzw. vorhandenen Gesellschafter bei der Satzungsauslegung außer Betracht, sofern diese Dritten nicht erkennbar sind. Vor allem wegen ihrer unausweichlichen Rechtsfolgen auch für alle den Gesellschaftsgründern bzw. jeweiligen Gesellschaftern nachfolgenden Mitglieder und uU auch für Gläubiger der Gesellschaft bedürfen materielle Satzungsbestimmungen einer einheitlichen Auslegung, um die Voraussehbarkeit möglicher rechtlicher Folgen für diesen solchermaßen unbestimmten Personenkreis zu gewährleisten, *Hueck/Fastrich* in Baumbach/Hueck § 2 GmbHG Rn 27.
[76] § 23 Abs. 3 AktG: Firma, Sitz, Gegenstand des Unternehmens, Höhe des Grundkapitals, Aufteilung des Grundkapitals (Nennbetrags-/Stückaktien), ggf. unterschiedliche Aktiengattungen und jeweilige Anzahl der Aktien, Zahl der Mitglieder des Vorstands oder Methode der Festlegung; siehe dazu *Hüffer* § 23 AktG Rn 20ff.
[77] § 3 Abs. 1 GmbHG: Firma, Sitz, Gegenstand des Unternehmens, Betrag des Stammkapitals, Betrag der Stammeinlage eines jeden Gesellschafters, Angabe der Gründungsgesellschafter; siehe dazu ausführlich *Hueck/Fastrich* in Baumbach/Hueck § 3 GmbHG Rn 5ff.; *Lutter/Hommelhoff* § 3 GmbHG Rn 3ff.
[78] So bezeichnet von *Lutter/Hommelhoff* § 3 GmbHG Rn 2. Fehlen zwingende Satzungsbestimmungen, ist der Gesellschaftsvertrag nichtig und das Schicksal der nicht eingetragenen AG oder GmbH bestimmt sich in der Folge nach den Regeln über die fehlerhafte Gesellschaft, *Hueck/Fastrich* in Baumbach/Hueck § 3 GmbHG Rn 24; *Hüffer* § 23 AktG Rn 41. Die trotz solcher Satzungsmängel eingetragene AG oder GmbH wird, je nach betroffener Regelung, entweder unter den Voraussetzungen des § 275 AktG bzw. des § 75 GmbHG für nichtig erklärt oder nach § 262 Abs. 1 Nr. 5 AktG bzw. § 60 Abs. 1 Nr. 6 GmbHG aufgelöst.
[79] So *Lutter/Hommelhoff* § 3 GmbHG Rn 2. Im Unterschied zu bestimmten fehlenden oder mangelhaften zwingenden materiellen Satzungsbestandteilen führen Mängel von fakultativen materiellen Satzungsbestimmungen nach Eintragung der Gesellschaft in das Handelsregister nicht zur Unwirksamkeit oder Auflösung der AG oder GmbH; siehe *Hüffer* § 23 AktG Rn 42; *Hueck/Fastrich* in Baumbach/Hueck § 3 GmbHG Rn 26.

Gegenstand **formeller Satzungsbestimmungen** sind solche Abreden, die zwar in die Satzung aufgenommen werden können, auf deren rechtliche Wirksamkeit oder generell schuldrechtliche Wirkung dies aber keinen Einfluß hat. Regelungen dieser Art können im allgemeinen **ohne rechtlichen Unterschied** auch in anderen Vertragsdokumenten getroffen werden[80]. Davon ausgenommen sind eventuelle Bestimmungen über vereinbarte Sondervorteile, Erstattungen des Gründungsaufwands und Einzelheiten zu satzungsmäßig vorgesehenen Sacheinlagen oder -übernahmen[81]. Solche Bestimmungen sind zum Schutz der Gesellschaftsgläubiger zwingend in die Satzung aufzunehmen, gelten jedoch als nur formelle Satzungsbestandteile[82].

Formelle Satzungsbestimmungen können wegen ihres schuldrechtlichen Charakters grundsätzlich ohne satzungsändernden Mehrheitsbeschluß[83] **einvernehmlich** durch Vertrag **zwischen den von der Regelung betroffenen Gesellschaftern** aufgehoben oder geändert[84] werden. Sie binden nur diese und nicht etwaige künftige Anteilseigner der Kapitalgesellschaft[85]. Dementsprechend unterliegen formelle Satzungsbestimmungen keiner objektivierten, sondern der uneingeschränkten Auslegung[86]. Bei der **AG** sind Vereinbarungen, die der Satzungsautonomie gezogene Grenzen überschreiten[87], und Nebenpflichten, die nicht als materieller Satzungsinhalt vereinbart werden können[88], notwendig formelle Satzungsbestandteile.

Bei der **GmbH** können ebenfalls Nebenleistungspflichten formelle Satzungsbestimmungen sein[89], zumal bestimmte, ausschließlich untereinander geltende Zusagen der Gesellschafter nur schuldrechtlich auszugestalten sind[90]. Aber auch innergesellschaftliche Abreden können formeller Natur sein, insbes. nicht dem Verfahren der Satzungsänderung unterliegen, und genauso außerhalb der Satzung durch Gesellschafterbeschluß getroffen werden[91]. Für den **Buy-Out** sind hier insbes. die Geschäftsordnungen der einzelnen Gesellschaftsorgane, die detaillierte

---

[80] *Lutter* in Kölner Komm. § 54 AktG Rn 24; *Hueck/Fastrich* in Baumbach/Hueck § 3 GmbHG Rn 55.
[81] §§ 26, 27 Abs. 1 AktG, § 5 Abs. 4 GmbHG.
[82] *Priester* DB 1979, 681, 682.
[83] § 179 AktG; § 53 GmbHG; notarielle Beurkundung, Eintragung in das Handelsregister.
[84] *Hüffer* § 23 AktG Rn 4 iVm. § 179 AktG Rn 5, der von einer Aufhebung, Begründung oder Änderung formeller Satzungsbestimmungen „nach den für das betroffene Rechtsverhältnis geltenden Vorschriften" spricht; *Lutter/Hommelhoff* § 3 GmbHG Rn 47; *Hueck/Fastrich* in Baumbach/Hueck § 3 GmbHG Rn 55; *Priester* DB 1979, 681, 684f.
[85] *Priester* DB 1979, 681.
[86] §§ 133, 157 BGB; *Lutter* in Kölner Komm. § 54 AktG Rn 25; *Hueck/Fastrich* in Baumbach/Hueck § 3 GmbHG Rn 55.
[87] § 23 Abs. 5 AktG; dazu *Hüffer* § 23 AktG Rn 4.
[88] Siehe insofern die engen Voraussetzungen des § 55 AktG; *Lutter* in Kölner Komm. § 54 AktG Rn 22; zB aber auch die Bestellung der ersten Aufsichtsratsmitglieder (§ 30 AktG), Abreden über Sacheinlagen oder -übernahmen, Sondervorteile und Gründungsaufwand (§§ 26, 27 Abs. 1 AktG), weil letztere nur zum Schutz der Gläubiger zwingend in die Satzung aufgenommen werden müssen, siehe *Hüffer* § 23 AktG Rn 4.
[89] *Hueck/Fastrich* in Baumbach/Hueck § 3 GmbHG Rn 55f.
[90] *Hueck/Fastrich* in Baumbach/Hueck § 3 GmbHG Rn 56 mwN.
[91] *Hueck/Fastrich* in Baumbach/Hueck § 3 GmbHG Rn 54: Für solche innergesellschaftliche Abreden körperschaftlichen Inhalts gilt jedoch die eingeschränkte, objektivierte Auslegung.

§ 14 67, 68

Gestaltung der persönlichen Stellung des Managements (Bezüge, etc.) und die Besetzung eines optional in der Satzung errichteten Beirats oder Aufsichtsrats von Bedeutung[92], an deren Zugänglichkeit beim Handelsregister als Teil der Satzung den Beteiligten idR nicht gelegen ist.

67 Einige Bestimmungen innerhalb einer Satzung können nicht aufgrund ihres Inhalts von vornherein als materiell oder formell eingeordnet werden (**indifferente Satzungsbestimmungen**[93]). Ob diese der einen oder anderen Gruppe zuzuordnen sind, hängt entscheidend vom nach objektivierter Auslegung zu bestimmenden **Willen der Gründer** ab, denen insofern ein weiter Gestaltungsspielraum zukommt[94]. Im übrigen gilt für indifferente Satzungsbestimmungen eine Vermutung mitgliedschaftlicher Natur[95]. Umgekehrt besteht eine Vermutung dafür, daß außerhalb der Satzung getroffene Abreden indifferenter Art wirksame schuldrechtliche Vereinbarungen, nicht jedoch formbedingt unwirksame mitgliedschaftliche Vereinbarungen sind[96]. Als indifferente Satzungsbestimmungen kommen bei der AG bspw. solche über korporativ mögliche Nebenleistungspflichten, zur Vergütung der Aufsichtsratsmitglieder[97] oder zur Gewinnbeteiligung der Vorstandsmitglieder in Betracht[98]. Bei der GmbH sind bspw. die soeben genannten innergesellschaftlichen Abreden[99], sowie Regelungen zu Sonderrechten oder Nebenpflichten als indifferente Satzungsbestimmungen zu qualifizieren[100].

68 Unabhängig von Fragen der rechtlichen Einordnung möglicher Satzungsbestimmungen ist die Satzung der NEWCO unter Gesichtspunkten der **Vertraulichkeit** oft nicht der geeignete Ort, das gesamte Verhältnis zwischen Investoren und Management zu regeln. Die Satzung der GmbH und der AG müssen beim Handelsregister eingereicht werden und sind damit für jedermann einsehbar. Für bestimmte Angelegenheiten bietet sich eine **Regelung durch Gesellschaftervereinbarung** an, sofern dies rechtlich möglich ist (zB bei nicht zwingenden Satzungsbestimmungen). Dem steht aus Gründen der Klarheit und Übersichtlichkeit und zur Vermeidung von Widersprüchen das Bestreben gegenüber, die zu treffenden Regelungen nicht auf zu viele vertragliche Dokumente zu verteilen. Letztlich hängt die Entscheidung, wo bestimmte Regelungsmaterien dokumentiert werden, von Präferenzen des jeweiligen Mandanten und von Gewohnheiten der Rechtsberater ab.

---

[92] *Hueck/Fastrich* in Baumbach/Hueck § 3 GmbHG Rn 54, mit der Einschränkung für den Aufsichtsrat, daß dessen Besetzung durch das Mitbestimmungsgesetz gesetzlich vorgeschrieben ist.
[93] *Hüffer* § 23 AktG Rn 5; *Priester* DB 1979, 681, 682f.
[94] BGHZ 38, 155, 161; BGH BB 1969, 1410; *Hüffer* § 23 AktG Rn 5; *Hueck/Fastrich* in Baumbach/Hueck § 3 GmbHG Rn 54 aE und 56.
[95] BGH BB 1993, 676, 677; *Lutter/Hommelhoff* § 3 GmbHG Rn 47; aA *Hueck/Fastrich* in Baumbach/Hueck § 3 GmbHG Rn 56.
[96] *Lutter/Hommelhoff* § 3 GmbHG Rn 47.
[97] § 113 Abs. 1 Satz 1 AktG.
[98] § 86 Abs. 1 AktG; *Hüffer* § 23 AktG Rn 5.
[99] Siehe Rn 66f.
[100] *Lutter/Hommelhoff* § 3 GmbHG Rn 47; *Hueck/Fastrich* in Baumbach/Hueck § 3 GmbHG Rn 54 aE und 56; dies ergibt sich daraus, daß ein Großteil der Sonderrechte und Nebenpflichten sowohl materieller als auch formeller Satzungsinhalt sein oder gar lediglich in Nebenverträgen vorgesehen werden kann.

69 Grundsätzlich kann, vom gesetzlichen Mindestinhalt der Satzung abgesehen und sofern nicht zwingendes Recht entgegensteht[101], jede Regelung **in einer schuldrechtlichen Nebenabrede** getroffen werden. Unterschiede ergeben sich nur in der Rechtswirkung: Außerhalb der Satzung getroffene Vereinbarungen können von vornherein nicht mitgliedschaftlich, sondern nur schuldrechtlich unter den unmittelbar beteiligten Vertragsparteien wirken, sofern sich nicht ein Dritter der Nebenabrede im Wege des Schuldbeitritts anschließt. Bei Erweiterung des Gesellschafterkreises der NEWCO oder Wechsel in der Zusammensetzung der Gesellschafter wird daher regelmäßig ein Beitrittsvertrag verlangt und abgeschlossen. Das **AktG** erlaubt nur in geringem Ausmaß Ergänzungen zu und Abweichungen von den gesetzlichen Vorgaben[102]. Diese sind dann aber in aller Regel satzungspflichtig und führen außerhalb der Satzung nicht zu mitgliedschaftlicher, sondern lediglich zu schuldrechtlicher Bindung unter den unmittelbar Vertragsbeteiligten. In der **GmbH** besteht diesbezüglich schon wegen der mangelnden Satzungsstrenge die Möglichkeit einer freieren Handhabung. Regelungen, welche die rechtlichen Verhältnisse der Gesellschaft sowie das Verhältnis zwischen dieser und ihren Anteilseignern **dauerhaft prägen** und für das **Gesellschaftsleben von wesentlicher Bedeutung** sind[103], sind satzungspflichtig. Sie sind auch bei der GmbH grundsätzlich von der Aufnahme in schuldrechtliche Nebenverträge ausgeschlossen[104].

70 Regelungen, die, je nach den Gegebenheiten der jeweiligen Transaktion, entweder in der **Satzung der NEWCO** oder in der Gesellschaftervereinbarung erfaßt werden, sind im wesentlichen solche
— zu den verschiedenen Aktien- bzw. Anteilsgattungen, die an das Management und die Investoren vergeben werden (Satzung);
— zur Veräußerung von Aktien oder Geschäftsanteilen, zu deren zwangsweisem Verlust und den diesbezüglichen Modalitäten und zum Ausscheiden von Aktionären oder Gesellschaftern, also insbes.
  • zu Erwerbsvorrechten (wahlweise in Satzung oder Gesellschaftervereinbarung, bei GmbH jedoch mit unterschiedlicher Rechtswirkung[105]),
  • zur Einziehung und Zwangsübertragung von Aktien oder Geschäftsanteilen (Satzung),
  • zur Abfindung von – auch als Aktionäre oder Gesellschafter – ausscheidenden Managern („bad leaver"/„good leaver") (wahlweise in Satzung oder Gesellschaftervereinbarung, jedoch mit unterschiedlicher Rechtswirkung[106]) und
  • zur Veräußerung durch einen (Mehrheits)Aktionär oder (Mehrheits)Gesellschafter, verbunden mit der Veräußerungspflicht der restlichen Anteilsinhaber („drag/bring along") und/oder mit der Pflicht des Veräußernden, den

---

[101] So für die GmbH *Ulmer* in Hachenburg § 3 GmbHG Rn 120; bspw. kann die Vinkulierung von Geschäftsanteilen wegen § 15 Abs. 5 GmbHG oder Entsendungsrechte für den Aufsichtsrat iSd. § 101 Abs. 2 Satz 1 AktG nur in der Satzung wirksam vorgesehen werden.
[102] § 25 Abs. 5 AktG.
[103] In diesem Sinne *Noack* S. 122.
[104] *Hueck/Fastrich* in Baumbach/Hueck § 3 GmbHG Rn 58.
[105] Siehe Rn 142ff.
[106] Siehe *Hueck/Fastrich* in Baumbach/Hueck § 34 GmbHG Rn 22; *Westermann* in Scholz § 34 GmbHG Rn 29.

restlichen Anteilseignern die Gelegenheit zur Veräußerung zu verschaffen („tag/take along") (wahlweise in Satzung oder Gesellschaftervereinbarung, bei GmbH jedoch mit unterschiedlicher Rechtswirkung[107]).

71 Während bei der AG ein **Aufsichtsrat** zwingend vorgeschrieben ist, wird in der GmbH bisweilen ein vergleichbares, fakultatives Organ gebildet, das im wesentlichen Kontrollzwecken zugunsten der Investoren dient. Wie bei der AG können auch bei der GmbH Geschäftsführungsmaßnahmen von der Zustimmung des Aufsichtsrats oder eines vergleichbaren fakultativen Organs abhängig gemacht werden.

2. Aktien-/Anteilsgattungen und damit verbundene Rechte und Pflichten

72 Dem Management werden ausschließlich **Stammaktien/-anteile**[108] („ordinary shares") am Kapital der Erwerbergesellschaft gewährt[109]. Die Investoren erhalten ebenfalls Stammaktien/-anteile, ggf. auch zusätzlich oder alternativ **stimmberechtigte Vorzugsaktien/-anteile**[110] („preferred ordinary shares"[111]) als besondere eigene Aktien-/Anteilsgattung, über deren Stimmkraft sie ihren Einfluß in der Hauptversammlung der AG bzw. in der Gesellschafterversammlung der GmbH ausüben können; beim IBO überwiegen – jedenfalls anfänglich – charakteristischerweise die Stammaktien/-anteile bzw. stimmberechtigten Vorzugsaktien/-anteile der Investoren die Stammaktien/-anteile des Managements.

73 **Stimmrechtslose Vorzugsaktien/-anteile** („preference shares"[112]) werden vor allem an die Finanzsponsoren ausgegeben, über die der Hauptteil des Eigenkapitals in die NEWCO fließt[113]. Wegen des fehlenden Stimmrechts nehmen sie keinen mitgliedschaftlichen Einfluß. Sie dienen als reines Instrument zur Eigenfinanzierung und haben gegenüber der Aufnahme von Fremdkapital den Vorteil,

---

[107] Siehe Rn 190.
[108] Für die GmbH werden im folgenden, vergleichbar der Unterscheidung im Aktienrecht, der Begriff des „Geschäftsanteils" als Oberbegriff, die Begriffe des „Stammanteils" und des „Vorzugsanteils" als Unterbegriffe verwendet.
[109] Vgl. *Cooke* S. 105.
[110] Bei der GmbH wird im weiteren verkürzend von Vorzugsanteilen, nicht von Vorzugsgeschäftsanteilen gesprochen werden, vgl. *Hueck/Fastrich* in Baumbach/Hueck § 14 GmbHG Rn 17.
[111] Siehe zu den „preferred ordinary shares" *Cooke* S. 104. Da die „preferred ordinay shares" (bevorzugte Stammaktien/-anteile) zusätzlich zur bevorzugten, limitierten Dividende/Gewinnbeteiligung eine unbegrenzte, partizipierende Dividende/Gewinnbeteiligung gewähren, gehören diese im englischen Gesellschaftsrecht zum „equity share capital" der Gesellschaft und gelten von der Grundeinteilung her als „ordinay shares" (Stammaktien/-anteile). Das „equity share capital" einer Gesellschaft ist gem. Sect. 744 Companies Act 1985 deren Kapital aus emittierten Anteilen, ausgenommen jenen Teil dieses Kapitals, das weder hinsichtlich der Dividende/Gewinnbeteiligung noch bezüglich des Gesellschaftsvermögens das Recht verleiht, über eine festgelegte Höhe hinaus an der Verteilung teilzunehmen, *Walmsley* (consultant editor), Butterworths Company Law Handbook, 14th ed. 2000, S. 397. Im deutschen Gesellschaftsrecht stellt man demgegenüber auf die Bevorzugung bei der Gewinnverteilung ab und kommt auf diesem Wege zur Einordnung als Vorzugsaktie/-anteil; siehe *Hüffer* § 139 AktG Rn 4; *Hueck/Fastrich* in Baumbach/Hueck § 14 GmbHG Rn 17.
[112] Siehe zu dieser Anteilsart *Cooke* S. 102 f.
[113] Vgl. *Cooke* S. 102.

daß die AG oder GmbH Dividenden nur ausschütten muß, wenn ein Bilanzgewinn vorhanden ist[114], währenddem Zinsen auf Fremdkapital auch ohne Bilanzgewinn zu zahlen sind[115].

Zur Veranschaulichung könnte sich die **Beteiligungsstruktur eines fiktiven LBO** in Form eines IBO folgendermaßen darstellen[116]: 74

	Anteil an Gesamtfinanzierung in %		Anteil des Finanzinstruments am gezeichneten Kapital in %	
	AG	GmbH	AG	GmbH
Eigenkapital • **Management** – Stammaktien/-anteile • **Institutionelle Investoren** – stimmberechtigte Vorzugsaktien/-anteile – stimmrechtslose Vorzugsaktien/-anteile	0,4 1,6 2	0,4 1,6 18	10 40 50	2 8 90
Mezzanine-Kapital (davon Genußrechte[117] für institutionelle Investoren)	36 (16)	20		
Fremdkapital	60	60		

a) **Stammaktien/Stammanteile.** Stammaktien oder -anteile sind der gesetzlich normierte Normalfall der Mitgliedschaftsrechte und -pflichten[118]. Sie sind Ausgangspunkt jeglicher Form der Aktien-/Anteilsgestaltung. 75

Mitgliedschaftsrechte lassen sich in **Vermögensrechte**, **Verwaltungsrechte** und **sonstige Rechte** aufteilen. Für jede Aktien-/Anteilsgattung besteht ein gleichmäßiger, indisponibler Pflichtenkern der Aktien-/Anteilsinhaber: 76
– vermögensrechtliche Einlagepflicht[119];
– Haftung für unzulässige Zahlungen aus dem Gesellschaftsvermögen[120];
– gesellschafterliche Treupflicht[121].

---

[114] *Hüffer* § 139 AktG Rn 2.
[115] Im deutschen Recht ist der Einsatz bspw. von Gesellschafterdarlehen oder Genußrechten flexibler und üblicher als stimmrechtslose Vorzugsaktien/-anteile. Dennoch sind angelsächsische Investoren bemüht, das schon vertraute Instrumentarium auch in Deutschland anzuwenden.
[116] In Anlehnung an *Dwyer* S. 88.
[117] Als eigenkapitalähnlicher Ersatz für nur begrenzt emittierbare stimmrechtslose Vorzugsaktien.
[118] So *Kraft* in Kölner Komm. § 11 AktG Rn 18; ähnlich *Hueck/Fastrich* in Baumbach/Hueck § 14 GmbHG Rn 13, wo von den „üblichen" Mitgliedsrechten gesprochen wird.
[119] § 54 AktG; § 19 GmbHG.
[120] §§ 57, 62 AktG; §§ 30, 31 GmbHG.
[121] *Lutter/Hommelhoff* § 14 GmbHG Rn 7; *Hüffer* § 53a AktG Rn 13ff.

§ 14 77–80   Private Equity-Transaktionen

Bei der GmbH kommen weitere **Vermögenspflichten** hinzu, insbes.
– gesamtschuldnerische Ausfallhaftung für Fehlbeträge der Stammeinlage eines Gesellschafters[122];
– Differenzhaftung bei Minderwert einer Sacheinlage[123];
– richterrechtlich entwickelte Unterbilanzhaftung[124].

77   Dieser Pflichtenkern ist **bei der GmbH** durch korporativ, also gegenüber der Gesellschaft, wirkende Nebenpflichten unbeschränkt erweiterbar[125]. Davon sind beim Buy-Out insbes. Ankaufs- und Erwerbsvorrechte für Geschäftsanteile von Interesse, die im Fall ihrer Ausübung zur Verpflichtung des Gesellschafters führen, den Geschäftsanteil unter festgelegten Voraussetzungen an die Gesellschaft, einen Mitgesellschafter oder an von diesen oder bereits in der Satzung bestimmte Dritte zu veräußern[126].

78   **In der AG** ist die Statuierung zusätzlicher mitgliedschaftlicher Pflichten ausschließlich bei vinkulierten Namensaktien und nur sehr eingeschränkt möglich: Korporativ wirkende Nebenpflichten können sich nur auf wiederkehrende Leistungen beziehen, die nicht in Geld bestehen[127]. Schuldrechtliche Sonderabreden über zusätzliche Verpflichtungen der Aktionäre sind innerhalb (dann formelle Satzungsbestandteile) oder außerhalb der Satzung[128] auch bei der AG möglich[129].

79   aa) **AG. Stammaktien** gewähren ihren Inhabern als **Verwaltungsrechte**[130]
– das Recht auf Teilnahme an der Hauptversammlung[131];
– das Auskunftsrecht[132];
– das Stimmrecht[133] und
– das Recht zur Anfechtung von Hauptversammlungsbeschlüssen[134].
Vermögensrechte[135] sind
– das Recht auf Dividende[136];
– das Bezugsrecht im Rahmen einer Kapitalerhöhung[137] und
– das Recht auf Beteiligung am Liquidationserlös[138].

80   bb) **GmbH.** In ihrer gesetzlichen Ausgangsform gewähren die **Geschäftsanteile** an einer GmbH als **Vermögensrechte**

---

[122] § 24 GmbHG.
[123] § 9 GmbHG.
[124] *Hueck/Fastrich* in Baumbach/Hueck § 14 GmbHG Rn 13.
[125] § 3 Abs. 2 GmbHG; siehe dazu *Lutter/Hommelhoff* § 3 GmbHG Rn 17 ff.; *Hueck/Fastrich* in Baumbach/Hueck § 3 GmbHG Rn 32 ff.
[126] *Hueck/Fastrich* in Baumbach/Hueck § 3 GmbHG Rn 42.
[127] *Hüffer* § 55 AktG Rn 2 ff.
[128] *Lutter* in Kölner Komm. § 54 AktG Rn 24.
[129] *Lutter* in Kölner Komm. § 54 AktG Rn 21 ff.
[130] *Hüffer* § 11 AktG Rn 3.
[131] § 118 Abs. 1 AktG.
[132] §§ 131 f. AktG.
[133] §§ 12 Abs. 1, 133 ff. AktG.
[134] § 245 Nr. 1 bis 3 AktG.
[135] *Hüffer* § 11 AktG Rn 4.
[136] § 58 Abs. 4 AktG.
[137] § 186 Abs. 1 AktG.
[138] § 271 AktG.

– den mitgliedschaftlichen Anspruch auf **Beteiligung** am zur Gewinnausschüttung verfügbaren **Jahresüberschuß** im Verhältnis der Geschäftsanteile zueinander[139] (das Recht auf Gewinnbeteiligung bezieht sich auf den nach der Bedienung eventueller Vorzugsanteile verbleibenden Jahresüberschuß);
– das **Bezugsrecht** im Rahmen einer Kapitalerhöhung[140];
– den anteiligen Anspruch auf einen eventuellen Liquidationsüberschuß[141].

Als **Verwaltungsrechte** sind vor allem
– das Stimmrecht und
– das Anfechtungsrecht
zu nennen[142].

b) Vorzugsaktien/Vorzugsanteile. aa) Stimmrechtslose Vorzugsaktien/-anteile. Bei einem Buy-Out werden an die institutionellen Investoren oft auch stimmrechtslose Vorzugsaktien/-anteile ausgegeben. Vorzugsaktien/-anteile sind Kapitalanteile, die durch besondere Rechte einen Vorzug vor den sonstigen Kapitalanteilen erhalten[143]. **Vermögensrechtlich** gewähren sie den Inhabern
– einen Dividenden- bzw. Gewinnvorzug oder/und
– einen Vorzug beim Liquidationserlös.

Dieser **Vorzug** wird im Verhältnis zu einer festen Bezugsgröße, meist nach einem ausgehandelten Prozentsatz des auf die Vorzugsaktien/-anteile eingezahlten Betrags, bestehend aus Nennbetrag oder anteiligem Betrag des Grundkapitals zuzüglich Aufgeld (Agio), berechnet. Die Vorzugsdividende/-gewinnbeteiligung hat demnach festverzinslichen Charakter, im Gegensatz zu der allein am jeweils verbleibenden Gewinn ausgerichteten Ausschüttung auf die Stammaktien/-anteile. Vorzug bedeutet dabei nicht die Besserstellung gegenüber den Inhabern der Stammaktien/-anteile bezüglich der Höhe des ausgezahlten Betrags, sondern lediglich einen **Dividenden- bzw. Gewinnbeteiligungsvoraus**, also eine Vorabdividende bzw. -gewinnbeteiligung, die ausgeschüttet wird, bevor die Dividende/Gewinnbeteiligung der anderen Aktionäre bzw. Gesellschafter, die **betraglich durchaus höher** ausfallen kann, ausgezahlt wird[144]. Außerdem können die Vorzugsaktien/-anteile mit einer **partizipierenden** Gewinnbeteiligung ausgestattet werden[145]. Dann wird, sobald jeder Stammaktionär so viel bekommen hat wie jeder Vorzugsaktionär, der verbleibende Gewinn auf die Stamm- und Vorzugsaktionäre verteilt. Soweit die Vorzugsdividenden bzw. Gewinnvorzüge in einem oder mehreren Jahren mangels ausreichenden Gewinns nicht ausgezahlt werden können, ist in aller Regel eine Pflicht zu deren **Nachzahlung** nebst Zinsen vorgesehen[146].

---

[139] § 29 Abs. 1, 3 GmbHG.
[140] Ganz hM, siehe nur *Lutter/Hommelhoff* § 14 GmbHG Rn 7, § 55 GmbHG Rn 20; *Zöllner* in Baumbach/Hueck § 55 GmbHG Rn 13.
[141] Siehe *Lutter/Hommelhoff* § 14 GmbHG Rn 7.
[142] *Lutter/Hommelhoff* § 14 GmbHG Rn 7.
[143] So *Kraft* in Kölner Komm. § 11 AktG Rn 18.
[144] *Hüffer* § 139 AktG Rn 14.
[145] *Hüffer* § 139 AktG Rn 15; zur Satzungsautonomie bei der Ausgestaltung des Vorzugs im Recht der GmbH *Schäfer* S. 330.
[146] Im Aktienrecht ist das Recht auf Nachzahlung des Vorzugs nach § 139 AktG für stimmrechtslose Aktien zwingend vorgeschrieben.

83 Bei voller Ausschöpfung der Gestaltungsmöglichkeiten ergäbe sich im Fall ausreichenden Gewinns folgende **Reihenfolge der Bedienung** der jeweiligen Aktien-/Anteilsgattungen[147]:
– An erster Stelle stehen die nachzuzahlenden Ausfälle vorangegangener Geschäftsjahre auf die Vorzugsaktien/-anteile;
– darauf folgen die laufenden Vorzugsdividenden/Gewinnvorzüge;
– schließlich werden die Stammaktien/-anteile bis zur Höhe der Vorzugsdividende/Gewinnvorzüge bedient;
– der verbleibende Gewinn wird – bei partizipierender Gewinnbeteiligung der Vorzugsaktionäre – nach den Beteiligungsverhältnissen gleichmäßig auf die Stamm- und Vorzugsaktien/-anteile verteilt.

84 Die Vorzugsdividenden bzw. Gewinnvorzüge werden häufig nicht jährlich ausgezahlt, sondern gesammelt zum Zeitpunkt eines Ausstiegs aus der Investition oder einer eventuellen Einziehung oder Zwangsübertragung der Vorzugsaktien/-anteile fällig gestellt. Bis dahin stunden die Inhaber der Vorzugsaktien/-anteile der Gesellschaft die Beträge, die nebst Zinsen auf einem eigenen Rückstellungskonto bei der Gesellschaft verbucht werden. Das Geld soll für die Laufzeit der Investition im Vermögen und zur freien Verfügung der Gesellschaft bleiben, um dieser zur Führung des Unternehmens so viele Finanzmittel wie möglich zu überlassen. Gegenstand der Stundung ist der konkrete Anspruch auf Gewinnauszahlung, der als schuldrechtliches, von der Mitgliedschaft unabhängiges **Gläubigerrecht** mit dem Gewinnverwendungsbeschluß der Haupt- bzw. Gesellschafterversammlung entsteht. Es ist von dem **mitgliedschaftlichen** Anspruch auf Bilanzgewinn zu unterscheiden[148].

85 **Fällig** wird der konkrete Zahlungsanspruch grundsätzlich mit dem Gewinnverwendungsbeschluß[149]. Die Satzung kann aber auch einen beliebigen späteren Zeitpunkt festlegen[150]. Der Vorzug bleibt dadurch gewahrt, daß er zwar zunächst nicht ausgezahlt, aber in den einzelnen Gewinnverwendungsbeschlüssen der Haupt- bzw. Gesellschafterversammlung vorrangig beschlossen wird. Erst bei einem danach rechnerisch verbleibenden Gewinn kommen die partizipierenden Dividenden zum Zuge. Je nach Satzungsgestaltung werden sie ebenfalls gestundet oder an das Management und ggf. an die Investoren tatsächlich ausgezahlt.

86 Als **Vorzug bei den Verwaltungsrechten** kann zB auch das Recht festgelegt werden, Mitglieder des Aufsichtsrats der AG zu bestellen[151] oder einen Sitz in der Geschäftsführung oder im Aufsichtsrat der GmbH zu erhalten[152]. Solche Rechte gehören zu den Fragen der Leitung des Unternehmens und zur Struktur der Gesellschaftsgremien (Corporate Governance) und werden dort erörtert[153].

---

[147] *Hüffer* § 139 AktG Rn 14f.
[148] *Hefermehl/Bungeroth* in Geßler/Hefermehl § 58 AktG Rn 123; *Hueck/Fastrich* in Baumbach/Hueck § 29 GmbHG Rn 49; *Bezzenberger* S. 50.
[149] § 271 Abs. 1 BGB.
[150] *Hefermehl/Bungeroth* in Geßler/Hefermehl § 58 AktG Rn 126f.; implizit *Hüffer* § 58 AktG Rn 28; *Baumbach/Hueck* § 29 GmbHG Rn 49.
[151] *Hüffer* § 11 AktG Rn 3.
[152] *Lutter/Hommelhoff* § 14 GmbHG Rn 31.
[153] Siehe Rn 194ff., insbes. Rn 198.

(1) AG. Das vorstehend gezeichnete Bild der stimmrechtslosen Vorzugsaktien/-anteile entspricht, abgesehen von der im Einzelfall zu regelnden Stundung des Anspruchs auf Gewinnbeteiligung, grundsätzlich dem nach Aktienrecht vorgesehenen[154]. Im Gegensatz zum GmbH-Recht ist der **Bedingungszusammenhang** zwischen Stimmrechtslosigkeit einerseits und nachzuzahlendem Vorzug andererseits zwingend festgelegt. Aktien ohne Stimmrecht können nur ausgegeben werden, wenn sie eine **nachzuzahlende Vorzugsdividende** gewähren.

Allerdings bereitet die dargestellte Struktur auf den ersten Blick Schwierigkeiten:
– Es dürfen nur höchstens **50% aller Aktien als Vorzugsaktien** ohne Stimmrecht ausgegeben werden[155] und
– streng genommen würde die **Stundungskonstruktion** dazu führen, daß zwingend die **Stimmrechte aufleben**[156], weil die Vorzugsdividende bis zum Termin des „exit", der Einziehung oder der Zwangsübertragung tatsächlich nicht „ausgezahlt" wird[157].

Ein Abweichen von der Begrenzung des Betrags der stimmrechtslosen Vorzugsaktien ist rechtlich nicht zulässig. Das Gesetz will verhindern, daß Aktionäre, die nur einen geringen Teil des Eigenkapitals aufgebracht haben, mit ihrer Stimmkraft **die Gesellschaft beherrschen** und wirtschaftlich auch über den Kapitalbeitrag anderer, nicht in gleicher Weise stimmberechtigter Mitaktionäre entscheiden. Darum wird für stimmrechtslose Vorzugsaktien angeordnet, daß sie höchstens bis zur Hälfte des Grundkapitals ausgegeben werden dürfen[158]. Es könnte daran gedacht werden, diese Regel dann nicht als rechtlich bedeutsam anzusehen, wenn alle Aktionäre zugleich Stammaktien und im gleichen Verhältnis Vorzugsaktien zeichnen. Hier ist dann kein besonderes Stimmrechtsgewicht einer einzelnen Aktionärsgruppe gegeben, das sich wirtschaftlich als verstärktes Stimmrecht einzelner Aktionäre im Verhältnis zu einem verminderten Stimmrecht anderer Aktionäre darstellt. Die zwingenden Bestimmungen des Aktiengesetzes und seine allgemeine Stringenz[159] lassen aber eine solche Satzungsgestaltung nicht zu, auch wenn sie wirtschaftlich gerechtfertigt wäre. Eine Abweichung von der entsprechenden Gesetzesvorschrift ist nicht „ausdrücklich zugelassen"[160].

Dagegen ist die Auffassung, nur eine effektive **Auszahlung der Dividende** verhindere das Aufleben des Stimmrechts[161], trotz des entsprechenden Gesetzeswortlauts[162] nicht gerechtfertigt. Es kommt zwar darauf an, daß die Hauptversammlung einen Gewinnausschüttungsbeschluß faßt, der eine volle Bedienung der Vorzugsdividende vorsieht. Dies wiederum setzt voraus, daß ein entsprechender Bilanzgewinn vorhanden ist[163]. Aber das Gesetz verbietet nicht, daß der Vor-

---

[154] §§ 139 ff. AktG.
[155] § 139 Abs. 2 AktG.
[156] § 140 Abs. 2 AktG.
[157] *Bezzenberger* S. 96; *Hüffer* § 140 AktG Rn 4.
[158] § 139 Abs. 2 AktG.
[159] § 23 Abs. 5 AktG.
[160] § 23 Abs. 5 Satz 1 AktG.
[161] *Bezzenberger* S. 96; *Zöllner* in Kölner Komm. § 140 AktG Rn 5.
[162] § 140 Abs. 2 Satz 1 AktG.
[163] § 57 Abs. 3 AktG.

zugsaktionär auf die Auszahlung seiner Dividende verzichtet und die Zahlung **stundet**[164]. Das Gesetz will den Zusammenhang zwischen Stimmrechtslosigkeit und Zahlung der Vorzugsdividende sichern. Der Vorzugsaktionär soll nur dann kein Stimmrecht haben, wenn die Gesellschaft ihm, aus welchem Grund auch immer, die Zahlung vorenthält. Das Gesetz will aber den Aktionär nicht bevormunden. Er soll (und kann) nicht gezwungen werden, die Dividende entgegenzunehmen. Wenn er durch eine Stundungsvereinbarung auf die Auszahlung verzichtet, liegt der Verzicht mit seinen Folgen in der Sphäre des Aktionärs und nicht in der der Gesellschaft. Wer nicht geschützt werden will, ist nicht gezwungen, sich schützen zu lassen. Dabei kommt es nicht darauf an, daß der Vorzugsaktionär die Stundungsvereinbarung zeitlich erst nach einem rechtskräftigen Gewinnausschüttungsbeschluß trifft. Er ist berechtigt, eine solche Stundung auch schon bei Zeichnung der Vorzugsaktie durch eine entsprechende Gesellschafterveereinbarung für eine festgelegte Zeit zuzusagen. Zu beachten ist in diesem Zusammenhang allerdings, daß diese Gesellschaftervereinbarung nur schuldrechtlich wirkt und einen gutgläubigen Erwerber der Aktie nicht bindet. Zur Sicherung des Bestands der Stundungsvereinbarung müssen geeignete Vorkehrungen (zB Vinkulierung) getroffen werden.

91 **(2) GmbH.** Während sich bei der AG die Bildung stimmrechtsloser Vorzugsaktien an einer gesetzlichen Vorgabe orientieren muß, fehlt eine solche Regelung im GmbH-Recht.

92 Nach dem GmbH-Gesetz gewähren jeweils 50 € eines Geschäftsanteils eine Stimme[165]. Diese Regelung ist nach hM jedoch dispositiv[166]. Das Gesetz steht der Bildung **stimmrechtsloser Geschäftsanteile** nicht entgegen. Auch die Rspr. des **BGH** hat die grundsätzliche Zulässigkeit stimmrechtsloser GmbH-Geschäftsanteile festgestellt[167].

93 Das **Gewinnrecht**, ggf. kumulativ mit dem Stimmrecht[168], kann ebenfalls ausgeschlossen werden[169]. Dem Gesellschafter müssen aber die Beteiligung am Liquidationserlös und die anderen Mitgliedschaftsrechte (Teilnahme an der Gesellschafterversammlung, Auskunfts- und Anfechtungsrecht) verbleiben. Sie vermitteln zusammengenommen eine ausreichende mitgliedschaftliche Stellung[170].

94 Der BGH lehnt, wenn auch nur implizit, eine **Höchstgrenze von 50% stimmrechtsloser Anteile** für das GmbH-Recht ab[171]. Auch nach einem Teil des Schrifttums lassen sich stimmrechtslose Geschäftsanteile in beliebigem Umfang begeben[172].

---

[164] *Hefermehl* in Geßler/Hefermehl § 140 AktG Rn 12.
[165] § 47 Abs. 2 GmbHG.
[166] Die §§ 46 bis 51 GmbHG sind nach hM wegen § 45 Abs. 2 GmbHG dispositiv, was auch § 47 Abs. 2 GmbHG einschließt, *Zöllner* in Baumbach/Hueck § 45 GmbHG Rn 6.
[167] BGHZ 14, 264; *Schäfer* S. 27, 28.
[168] BGHZ 14, 264, 273.
[169] BGHZ 14, 264, 271.
[170] BGHZ 14, 264, 273; siehe insgesamt auch *Lutter/Hommelhoff* § 14 GmbHG Rn 7.
[171] Im damals zu entscheidenden Fall war die Tatsache, daß 91,66% des Stammkapitals stimmrechtslos waren, keinen Gültigkeitszweifeln ausgesetzt; so auch *Schäfer* S. 29.
[172] *Schäfer* S. 111 ff.; aA *Hüffer* in Hachenburg § 47 GmbHG Rn 56, der die Zulässigkeit der unbegrenzten Begründung stimmrechtsloser Geschäftsanteile jedenfalls anzweifelt.

Ein GmbH-Geschäftsanteil kann mit einem **Recht auf Vorzugsgewinnbe-** 95
teiligung ausgestattet werden[173]. Darin liegt auch im GmbH-Recht kein Verstoß
gegen den gesellschaftsrechtlichen Gleichbehandlungsgrundsatz[174], der lediglich
eine willkürliche, sachlich nicht gerechtfertigte unterschiedliche Behandlung der
Gesellschafter verbietet[175]. Für die Ausgestaltung des Vorzugs gilt Satzungsautonomie[176]. Ein GmbH-Vorzugsgeschäftsanteil kann daher statutarisch zu einer
limitierten Vorzugsgewinnbeteiligung oder mit einer solchen kombiniert zur partizipierenden Gewinnbeteiligung berechtigen. Der Vorzug kann, muß aber nicht
nachzuzahlen sein[177]. Ein nachzuzahlender Vorzug ist nach hL[178] und Rspr. keine
zwingende Voraussetzung für den **Stimmrechtsausschluß**[179].

Durch Bildung stimmrechtsloser Vorzugsanteile mit zusammengefaßter Ge- 96
winnbeteiligung bei „exit", Einziehung oder Zwangsübertragung und Stundung
des Anspruchs auf Gewinnauszahlung wird nicht das **Risiko der Entstehung
eines Stimmrechts** geschaffen. Eine Übertragung aktienrechtlicher Regelungen[180] ins GmbH-Recht wäre ohnehin nur bei nicht vorhandener Satzungsregelung und selbst dann nur in begrenzten Fällen denkbar[181]. Eine klare Satzungsregelung darüber, daß ein Stimmrecht auch dann nicht entstehen soll, wenn ein
vereinbarter nachzuzahlender Vorzug für einen bestimmten Zeitraum nicht erbracht wurde, kann alle Risiken ausschließen[182].

bb) Stimmberechtigte Vorzugsaktien/-anteile. Wie bereits dargestellt, 97
werden den Finanzsponsoren auf der Grundlage von Satzungsbestimmungen bisweilen neben den stimmrechtslosen Vorzugsaktien oder anstelle von Stammaktien/-anteilen stimmberechtigte Vorzugsaktien/-anteile gewährt.

(1) AG. Vorzugsaktien mit Stimmrecht sind als **eigene Aktiengattung** zuläs- 98
sig[183]. Sie unterfallen nicht den Vorschriften über stimmrechtslose Vorzugsaktien[184]. Das bedeutet insbes., daß sie mit einem nachzuzahlenden Vorzug zwar
ausgestattet sein können[185], aber nicht müssen.

Das Gebot zur **Gleichbehandlung** der Aktionäre[186] verbietet nicht die Bil- 99
dung stimmberechtigter Vorzugsaktien. Eine ungleiche Ausgestaltung der Mit-

---

[173] *Hueck/Fastrich* in Baumbach/Hueck § 3 GmbHG Rn 47.
[174] *Hueck/Fastrich* in Baumbach/Hueck § 29 GmbHG Rn 52.
[175] BGHZ 116, 359, 373 für die GmbH, sowie BGHZ 33, 175, 186 für die AG.
[176] *Schäfer* S. 330.
[177] *Schäfer* S. 330.
[178] *Schäfer* S. 137; *Zöllner* in Baumbach/Hueck § 47 GmbHG Rn 24 mwN.
[179] Aus der Verzichtbarkeit des Gewinnrechts, bei gleichzeitigem Ausschluß des Stimmrechts, läßt sich schließen, daß der BGH einen nachzuzahlenden Vorzug als Ausgleich für den Stimmrechtsausschluß bei der GmbH für nicht erforderlich hält, siehe auch *Schäfer* S. 29.
[180] § 140 Abs. 2 AktG.
[181] Siehe die Ausführungen bei *Carsten Schäfer*, Stimmrechtslose Anteile in der GmbH, Teil 2: Die Rechtsstellung stimmrechtsloser Gesellschafter, GmbHR 1998, 168, 172.
[182] *Schäfer* S. 330.
[183] Vgl. § 11 AktG; *Kraft* in Kölner Komm. § 11 AktG Rn 15; *Zöllner* in Kölner Komm. § 139 AktG Rn 3.
[184] §§ 139ff. AktG; *Hüffer* § 139 AktG Rn 4.
[185] *Kraft* in Kölner Komm. § 11 AktG Rn 15.
[186] § 53a AktG.

gliedschaftsrechte ist gesetzlich erlaubt[187]. Auch kann der einzelne Aktionär auf seine Gleichbehandlung verzichten[188].

100 Auf diese Weise frei von Reglementierungen, wie sie für die stimmrechtslosen Vorzugsaktien gelten, ergibt sich für die stimmberechtigten Vorzugsaktien eine **weitgehende Gestaltungsfreiheit**. So kann sowohl ein Vorzug bei der Gewinnverteilung als auch bei der Verteilung des Liquidationserlöses vorgesehen werden[189]. Die Dividende kann mit einem limitierten Vorzug, ggf. kombiniert mit einer partizipierenden Dividende, ausgestattet sein.

101 (2) GmbH. Entsprechend der schon zu den stimmrechtslosen Vorzugsanteilen festgestellten **freien Gestaltungsmöglichkeiten** bereitet die Bildung stimmberechtigter Vorzugsanteile bei der GmbH keine Probleme. Die Gestaltungsfreiheit im Recht der GmbH erlaubt die Schaffung einer Vielzahl unterschiedlicher Gattungen von Geschäftsanteilen.

102 c) Genußrechte. Vor dem Hintergrund der Konstruktionsschwierigkeiten bei den stimmrechtslosen Vorzugsaktien kommt als einfachere, aber vergleichbare Alternative die Ausgabe von rein **schuldrechtlich**[190] und nicht mitgliedschaftlich[191] wirkenden **Genußrechten**[192] in Betracht. Die angestrebten Merkmale der Vorzugsaktien bei einem Buy-Out bestehen zT auch bei Genußrechten oder können in den Ausgabebedingungen festgelegt werden. So gewähren Genußrechte, da sie keine Mitgliedschaft in der Gesellschaft vermitteln, auch **kein Stimmrecht** in der Hauptversammlung. Sie sind **verbriefbar**[193], also umlauffähig. Für sie kann, ähnlich der Vorzugsdividende, eine **gewinnabhängige Festverzinsung**, gemessen am Nennbetrag des Genußrechts, vorgesehen werden[194]. Diese kann mit einem **Nachzahlungsanspruch** aus künftigen Gewinnen verbunden werden[195]. Den Zinsen auf die Genußrechte kann ein **Vorzug**, d. h. Priorität bei der Gewinnverteilung, vor den Dividenden der Aktionäre eingeräumt werden[196]. An die Stelle der Einziehung oder Zwangsübertragung bei den Vorzugsaktien tritt bei den Genußrechten das **Ende ihrer Laufzeit** oder die **Kündigung** des Genußrechts durch den Genußrechtsinhaber. Die Fälligkeit der Genußrechtszinsen kann ohne Schwierigkeit zu diesem Termin festgelegt werden. Die Rückzahlung des gezahlten Genußrechtskapitals kann auf diesen Zeitpunkt fällig gestellt werden.

103 Die **Vorteile der Genußscheine** bestehen darin, daß sie im Gegensatz zu stimmrechtslosen Vorzugsaktien, die auf 50% des Grundkapitals begrenzt sind, **unbegrenzt emittierbar** sind. Sofern in ihrer Ausgestaltung keine Aktiengleichheit vorliegt[197], liegt die **Stimmrechtslosigkeit in der Natur dieses**

---

[187] *Kraft* in Kölner Komm. § 11 AktG Rn 7f.
[188] *Kraft* in Kölner Komm. § 11 AktG Rn 9.
[189] *Kraft* in Kölner Komm. § 11 AktG Rn 15.
[190] *Lutter* in Kölner Komm. § 221 AktG Rn 196.
[191] BGH ZIP 1992, 1542, 1. Leitsatz.
[192] § 221 AktG.
[193] *Hüffer* § 221 AktG Rn 28; in verbriefter Form Genußscheine genannt.
[194] *Lutter* in Kölner Komm. § 221 AktG Rn 201.
[195] *Lutter* in Kölner Komm. § 221 AktG Rn 201.
[196] *Lutter* in Kölner Komm. § 221 AktG Rn 207.
[197] *Habersack* ZHR 155 (1991) 378, 387f.

Rechts. Es besteht kein Risiko eines Entstehens von Stimmrechten bei Nichtbedienung.

Die bei einer weitgehend ähnlichen Ausgestaltung des Genußrechts entstehende Nähe zur stimmrechtslosen Vorzugsaktie hat Teile des Schrifttums[198] die Unzulässigkeit solcher Genußrechte annehmen lassen. Es wird die Gefahr der Umgehung der Schutzvorschriften des AktG für stimmrechtslose Vorzugsaktien[199] (Höchstgrenze, Wiederaufleben des Stimmrechts) gesehen, deren Zweck die Begrenzung einflußlosen Eigenkapitals sei[200]. Auch der BGH scheint diese Bedenken zumindest teilweise zu sehen[201]. Fraglich ist allerdings, unter welchen Voraussetzungen von **Aktiengleichheit** zu sprechen ist. Auch wenn dies im einzelnen umstritten ist[202], besteht jedenfalls Konsens dahingehend, daß das Genußrecht dann aktiengleich ist, wenn es eine Beteiligung am **Gewinn** und zu **gleichem Rang** wie die Aktionäre am **Liquidationserlös** gewährt[203]. Es gibt im Schrifttum allerdings auch Meinungen, die für Genußrechte allgemeine Vertragsfreiheit annehmen und ein aus dem Aktienrecht abgeleitetes Umgehungsverbot verneinen[204].

Im Rahmen eines Buy-Out besteht zwar eine, wenn auch vorrangige Beteiligung am Bilanzgewinn, doch kann auf eine Beteiligung am Liquidationserlös in den Genußscheinbedingungen verzichtet und stattdessen im Fall der Liquidation die Rückzahlung des Nenn- oder Ausgabebetrags des Genußscheins im Rang vor den Aktionären bestimmt werden. Dies verhindert die Aktiengleichheit. Vor allem der BGH sieht das entscheidende Abgrenzungsmerkmal in der zeitlichen **Dauer** der Kapitalbindung, die bei der Aktie unbeschränkt ist[205]. Die **Kündbarkeit** des Genußrechts steht seiner Aktiengleichheit entgegen. Diese muß beim LBO wegen der den institutionellen Investoren zu verschaffenden Ausstiegsmöglichkeit aus der Investition („exit") ohnehin vorgesehen werden. Die Wandelbarkeit des Genußrechts in stimmberechtigte Aktien im Rahmen eines Ratchet[206] hat den gleichen Effekt – die etwaige Aktiengleichheit des Genußrechts wird im

---

[198] *Reuter*, FS Stimpel, S. 645, 654f.; *Habersack* ZHR 155 (1991) 378, 385ff.; *Schäfer* WM 1991, 1941, 1942f.
[199] §§ 139ff. AktG.
[200] So in der Herleitung des Umgehungsverbots *Habersack* ZHR 155 (1991) 378, 386; siehe auch *Schäfer* WM 1991, 1941, 1943.
[201] Dies ist daraus zu schließen, daß der BGH den Prüfungsmaßstab der Umgehungstheorie zumindest teilw. anlegt, *BGH* ZIP 1992, 1542, 1544.
[202] Siehe zur Frage, ob eine gewinnunabhängige Mindestverzinsung zur Vermeidung der Aktiengleichheit ausreicht, verneinend *Habersack* ZHR 155 (1991) 378, 387, bejahend *Reuter*, FS Stimpel, S. 645, 655; des weiteren *Schäfer* WM 1991, 1941, 1943, der eine Beteiligung am Liquidationserlös rundweg ablehnt und nur die Rückzahlung des Genußkapitals zulassen will, einerseits, gegenüber *Habersack* ZHR 155 (1991) 378, 387 und *Reuter*, FS Stimpel, S. 645, 655, nach denen eine Beteiligung am Liquidationserlös im Rang vor den Aktionären die Aktiengleichheit ausschließt, andererseits.
[203] *BGH* ZIP 1992, 1542, 1544; *Habersack* ZHR 155 (1991) 378, 386f.; *Reuter*, FS Stimpel, S. 645, 654f.
[204] *U. H. Schneider*, Genußrechte an Konzernunternehmen, FS Goerdeler, 1987, S. 511, 513f.; *Claussen*, Genuß ohne Reue, AG 1985, 77, 78f.
[205] *BGH* ZIP 1992, 1542, 1544, sowie *BGH* ZIP 1992, 1728, 1730; so auch *Lutter*, Genußrechtsfragen, – Besprechung der Entscheidung BGH ZIP 1992, 1542 „Klöckner" und *BGH* ZIP 1992, 1728; ZGR 1993, 291, 294; siehe auch *Schäfer* WM 1991, 1941, 1943.
[206] Siehe dazu Rn 129ff.

Zuge der Wandlung dadurch abgeschafft, daß es tatsächlich zur Aktie wird. Die Ausgestaltung des Genußrechts beim Buy-Out ist daher rechtlich problemlos.

106 Genußrechte dürfen nur **aufgrund eines Hauptversammlungsbeschlusses** ausgegeben werden[207]. Die NEWCO muß zunächst mit den stimmberechtigten Aktionären aus dem Management und dem Kreis der Investoren gegründet werden. Die Hauptversammlung der NEWCO muß die Ausgabe von Genußrechten an die Investoren beschließen. Der Ordnungsmäßigkeit eines solchen Beschlusses steht nicht entgegen, daß künftige Genußrechtsinhaber Aktionäre der Gesellschaft sind[208].

3. Kapitalerhöhung und Bezugsrechte

107 In schwieriger wirtschaftlicher Lage oder bei Expansionsdrang des nach dem Erwerb durch die NEWCO neu entstandenen Unternehmens kann ein gesteigerter Kapitalbedarf bestehen. Dieser kann durch eine **ordentliche Kapitalerhöhung**[209] gedeckt werden. In diesem Fall ist den Anteilseignern grundsätzlich daran gelegen, die bestehende Relation ihrer Anteile zueinander zu erhalten. Dies wird durch ein Bezugsrecht der Aktien- bzw. Anteilsinhaber auf die neu geschaffenen Kapitalanteile erreicht.

108 Das **Aktienrecht** sieht grundsätzlich ein Bezugsrecht vor, für dessen Ausübung dem Aktionär eine Frist von mindestens zwei Wochen einzuräumen ist[210]. Der Ausschluß des Bezugsrechts[211] muß demgegenüber, über die im Gesetz genannten formellen Voraussetzungen hinaus, materiell gerechtfertigt sein, also insbes. im Interesse der AG liegen[212].

109 Im Recht der **GmbH** ist ein Bezugsrecht bei einer Kapitalerhöhung gesetzlich nicht geregelt, aber anerkannt[213]. Dennoch empfiehlt es sich, in der Satzung der GmbH Bezugsrechte der bisherigen Gesellschafter im Verhältnis ihrer Anteile zueinander festzuschreiben, die innerhalb eines zu vereinbarenden Zeitraums ausgeübt werden müssen.

4. Gestaltung und Veränderungen der Beteiligungsstruktur – Motivationsmodelle für das Management

110 Die institutionellen Investoren messen den Erfolg ihrer Investition an einer starken Eigenkapitalrendite, die sich im Weiterveräußerungserlös niederschlagen soll. Voraussetzung ist eine **positive Geschäftsentwicklung** des neu geschaffenen Unternehmens am Markt. Dafür ist im wesentlichen das Management verantwortlich. Die Finanzinvestoren selbst sind idR nicht in das tägliche operative

---

[207] § 221 Abs. 3 iVm. Abs. 1 AktG.
[208] *Lutter* in Kölner Komm. § 221 AktG Rn 196.
[209] §§ 182 ff. AktG; §§ 55 ff. GmbHG.
[210] § 186 Abs. 1 AktG.
[211] § 186 Abs. 3 AktG.
[212] Zu Einzelheiten *Bungert*, Die Liberalisierung des Bezugsrechtsausschlusses im Aktienrecht, Zum „Siemens/Nold"-Urteil des BGH, NJW 1998, 488 ff.
[213] Siehe nur *Lutter/Hommelhoff* § 14 GmbHG Rn 7, § 55 GmbHG Rn 20; *Zöllner* in Baumbach/Hueck § 55 GmbHG Rn 13.

Geschäft einbezogen, sondern lediglich über ein Kontrollorgan an ausgewählten Entscheidungsprozessen der Geschäftsführung beteiligt. Demgemäß besteht ein Bedarf an Motivationsmechanismen, die das Management dazu anhalten, das Unternehmen bestmöglich zu leiten.

Die **Effektivität solcher Motivationsmodelle** setzt zum einen voraus, daß das Management einen, gemessen an den jeweiligen persönlichen Vermögensverhältnissen, hohen eigenen finanziellen Einsatz erbringt, mag dieser auch nur einen kleinen Teil des Eigenkapitals repräsentieren. Die Verhinderung hoher persönlicher finanzieller Verluste stellt einen negativen Anreiz dar. Ein positiver Anreiz wird dadurch erzielt, daß die beteiligten Manager überproportional am finanziellen Erfolg, d. h. der Gesamtkapitalrendite, teilhaben, wenn sie die mit den institutionellen Investoren vereinbarten Geschäftsziele erreichen oder gar übertreffen. Es haben sich einige Motivationsmechanismen herausgebildet, die bei verschiedenen **Transaktionsabschnitten** des Buy-Out ansetzen, d. h. entweder beim Erwerb, im Laufe des Betriebs des neuen Unternehmens oder iRd. Veräußerung der Anteile.

a) **Begünstigter Einstieg („sweet equity")**. Für die Ausstattung der NEWCO mit Eigenkapital wird regelmäßig eine Kombination aus Grund- bzw. Stammkapital (bilanziell betrachtet Gezeichnetes Kapital) und einer **Kapitalrücklage**, die aus gezahltem **Aufgeld** (Agio) gebildet wird, gewählt. In dieser **Anfangsphase** des Buy-Out kann dadurch ein Anreiz geschaffen werden, daß das Management im Gegensatz zu den Finanzsponsoren, gemessen an seiner Beteiligung am Gezeichneten Kapital, keine oder zumindest nur eine relativ geringe Zahlung in die Kapitalrücklage der Gesellschaft leistet. Die begünstigt, d. h. ohne Aufgeld, erworbenen Aktien oder Geschäftsanteile des Managements werden auch als **„sweet equity"** oder **„sweat** (= Schweiß) **equity"** bezeichnet. Zahlt das Management nicht entsprechend seinem prozentualen Anteil am Gezeichneten Kapital in die Kapitalrücklage ein, wird es im Vergleich zu den institutionellen Investoren überproportional an der Wertsteigerung des investierten Kapitals beteiligt. Steuerlich stellt sich die Zahlung des Agio durch die institutionellen Investoren und die Gewährung begünstigter Anteile am Grund- oder Stammkapital uU als **geldwerter Vorteil** für das Management dar[214].

Aus Sicht der institutionellen Investoren ist diese Form des Motivationsmodells mit Nachteilen behaftet, da die Bevorzugung des Managements nicht erfolgsabhängig, sondern schon von vornherein gewährt wird. Eine Motivationswirkung dieser Maßnahme im weiteren Verlauf scheint daher zumindest fraglich. Aus diesem Grund werden im Gesellschaftsvertrag oder in der Gesellschaftervereinbarung hinsichtlich der bevorzugt gewährten Anteile **Rückübertragungsverpflichtungen** gegen Entgelt im Rahmen sog. **„vesting schedules"**[215], d. h. die schrittweise Unverfallbarkeit der Ansprüche, vereinbart, die sich zB aus der Abberufung als Organvertreter oder der Beendigung des Dienstverhältnisses innerhalb eines bestimmten Zeitraums oder aus dem Nichterreichen klar definierter Planziele (bspw. Cash-flow, nach bestimmten Kriterien definiertes operatives Ergebnis,

---

[214] Siehe § 26 Rn 550.
[215] *von Braunschweig* DB 1998, 1831, 1832.

Eigen- oder Gesamtkapitalrendite, Umsatzrendite) ergeben können. Dazu stehen die rechtlichen Mittel der Einziehung oder Zwangsübertragung bzw. -abtretung von Aktien oder Geschäftsanteilen des Managements[216] oder Optionsrechte der Investoren auf diese (**Call Options**) zur Verfügung. Bei dem Rückerwerbspreis wird oft nach den Gründen der Abberufung als Organvertreter oder der Beendigung des Dienstverhältnisses unterschieden („bad leaver" versus „good leaver")[217]. „Vesting Schedules" mangelt es jedoch in der deutschen Praxis öfter an der Durchsetzbarkeit. In jedem Fall muß ein ausgewogenes Verhältnis von Chancen und Risiken für das Management bestehen.

114   b) **Gesellschafterdarlehen.** Eine Bevorzugung des Managements kann zu Beginn des Buy-Out auch durch die disproportionale Verpflichtung der institutionellen Investoren zur Bereitstellung von Gesellschafterdarlehen erreicht werden. Der Anteil des **Grund- oder Stammkapitals** an den insgesamt aufzubringenden Eigenmitteln wird bewußt **gering** gehalten. Den restlichen, teilweise weitaus größeren Eigenmittelbedarf müssen die institutionellen Investoren in Form von **Gesellschafterdarlehen** decken[218]. Dies führt im Hinblick auf die Beteiligungsstruktur zu einer Besserstellung des Managements, das mit einem im Vergleich zum gesamten Finanzierungsaufwand der Transaktion kleinen Kapitalbetrag eine relativ große Beteiligung am Grund- oder Stammkapital der Erwerbergesellschaft halten kann[219].

115   Die **überproportionale (Eigen-)Finanzierung durch Gesellschafterdarlehen** ist der Finanzkraft der NEWCO zum Vorteil, wenn günstige Zinsen vereinbart, entstehende Zinsforderungen erlassen[220] oder jedenfalls gestundet werden und die Gesellschafterdarlehen ähnlich dem Eigenkapital im Rang hinter die Forderungen der Kreditinstitute zurücktreten[221].

116   Bei **Tantiemen**, **Optionsrechten** auf zusätzliche Aktien bzw. Geschäftsanteile und sog. **Ratchets** handelt es sich im Gegensatz zu „sweet equity" und disproportionalen Gesellschafterdarlehen um Anreizmechanismen, die während der unternehmerischen Tätigkeit zum Zuge kommen. Tantiemen sind über das Fixgehalt hinausgehende Vergütungen für erfolgreiche Geschäftsführung. Sie werden idR nicht in der Satzung oder in der Gesellschaftervereinbarung, sondern als **variabler Gehaltsbestandteil** in den Dienstverträgen des Managements vereinbart[222].

117   c) **Optionsrechte auf zusätzliche Aktien oder Geschäftsanteile.** In welchem Vertragsdokument Optionsrechte auf zusätzliche Aktien bzw. Geschäftsanteile vereinbart werden, spielt jedenfalls unter steuerlichen Aspekten keine Rolle[223]. Zwecks Vertraulichkeit bieten sich sowohl die Gesellschaftervereinba-

---

[216] *Kau/Leverenz* BB 1998, 2269, 2275; Rn 147 ff.
[217] Siehe dazu Rn 187.
[218] *von Braunschweig* DB 1998, 1831, 1833; *Bächle/Hager* M&A Review 1999, 380, 382.
[219] *Bächle/Hager* M&A Review 1999, 380, 382.
[220] *von Braunschweig* DB 1998, 1831, 1833.
[221] *Bächle/Hager* M&A Review 1999, 380, 382.
[222] *Hüffer* § 86 AktG Rn 5; zu den Einzelheiten siehe Rn 212 ff.
[223] Zur Besteuerung von Optionen siehe § 26 Rn 556.

rung als auch die Anstellungsverträge mit dem Management an. Allerdings müssen die zusätzlichen Aktien/Geschäftsanteile gesellschaftsrechtlich oder aus eigenen Beständen der Anteilseigner bereitgestellt werden.

aa) Die dogmatische Konstruktion von Optionen. Ein Optionsrecht ist das Recht, durch eine **einseitige Ausübungserklärung** einen Kaufvertrag über Aktien bzw. Geschäftsanteile zu dem im Zeitpunkt der Gewährung des Optionsrechts vereinbarten **Ausübungspreis** abzuschließen und die Aktien bzw. Geschäftsanteile zu erwerben[224].

Der **Vertrag über die Gewährung der Option** ist von dem späteren Vertrag über den Erwerb des vorher bestimmten Gegenstands, auf dessen Zustandebringen sich das Optionsrecht richtet, zu unterscheiden[225]. Ob dieser Vertrag durch die Ausübung des Optionsrechts zustande kommt, steht dem Optionsberechtigten frei. Dagegen ist der Optionsgegner schon gebunden und im Fall der Ausübung des Optionsrechts zur Erfüllung des damit zustande gekommenen Vertrags, also zur „Bedienung" des Optionsrechts, verpflichtet.

bb) Die Bedienung der Optionsrechte. Die folgenden Erläuterungen beschränken sich auf die gesellschaftsrechtliche Bereitstellung der veroptionierten Anteile durch die Gesellschaft. Rechtsgeschäftlich können die Investoren Optionsrechte auch auf ihnen selbst gehörende Anteile einräumen.

(1) AG. Die zur Bedienung der Optionsrechte der Vorstandsmitglieder erforderlichen Aktien können als eigene Aktien im Wege des **Erwerbs von Aktien durch die AG** einerseits oder durch eine **ordentliche, genehmigte** oder **bedingte Kapitalerhöhung** andererseits als neu zu schaffende Aktien bereitgestellt werden.

Die AG kann aufgrund einer **höchstens 18 Monate** währenden Ermächtigung durch die Hauptversammlung bis zur Gesamthöhe von **10% des Grundkapitals eigene Aktien** erwerben, um diese an bezugsberechtigte Vorstandsmitglieder auszugeben[226]. Die 18-monatige Frist bezieht sich nur auf den Erwerb, nicht aber auf das Halten der Aktien, das darüber hinaus möglich ist[227]. Nachteile bestehen darin, daß zum einen eine uU schwierige Prognose darüber angestellt werden muß, wieviel Optionsrechte tatsächlich ausgeübt werden und wieviel Aktien dementsprechend zu ihrer Bedienung erforderlich sind, und daß zum anderen durch den Erwerb der eigenen Aktien die Liquidität und damit der Gewinn der Gesellschaft belastet wird[228].

---

[224] *Heinrichs* in Palandt Einf v § 145 BGB Rn 23.
[225] *Putzo* in Palandt Vorbem. v § 504 BGB Rn 16; str. *Heinrichs* in Palandt Einf. v § 145 BGB Rn 23, der von einem einheitlichen, aufschiebend bedingten Kaufvertrag ausgeht, der durch die Ausübung des Optionsrechts unbedingt wird.
[226] § 71 Abs. 1 Nr. 8 AktG; *Hüffer* § 71 AktG Rn 19g.
[227] Dies ergibt sich aus der Gegenüberstellung von § 71 Abs. 1 AktG, der den Erwerb eigener Aktien betrifft, und § 71 Abs. 2 Satz 1 AktG, der den Bestand an eigenen Aktien regelt; *Hüffer* § 71 AktG Rn 19e.
[228] So auch *Harrer* Rn 192.

123 Eine **Kapitalerhöhung** zur Bedienung der Optionsrechte ist nicht liquiditätsbelastend. Durch die Ausgabe neuer Aktien kann allerdings die Beteiligung der bisherigen Aktionäre verwässert werden.

124 Die **bedingte** Kapitalerhöhung[229] ist zu diesem Zweck die unkomplizierteste und damit geeignetste Variante. Sie erfordert gegenüber der ordentlichen und der genehmigten Kapitalerhöhung **keinen Bezugsrechtsausschluß**[230].

125 Die **ordentliche Kapitalerhöhung** ist unpraktikabel, weil der Betrag der Kapitalerhöhung und die Art und Weise ihrer Durchführung im zugrundeliegenden Hauptversammlungsbeschluß endgültig und hinreichend bestimmt festgelegt werden müssen[231]. Bei der **genehmigten Kapitalerhöhung** besteht eine auf fünf Jahre begrenzte Durchführungsfrist, nach der die Genehmigung abläuft[232]. Da die Aktienrechte erst mit der Eintragung der durchgeführten Kapitalerhöhung in das Handelsregister entstehen, könnten nach Fristablauf die Optionsrechte aus genehmigtem Kapital nicht mehr bedient werden[233]. Die **bedingte Kapitalerhöhung** ist dagegen **nicht fristgebunden**, und der Erhöhungsbetrag muß nicht festgelegt werden. Sie eignet sich deshalb für langfristige Optionspläne. Das Grundkapital erhöht sich dann unmittelbar mit der Ausgabe der Aktien, und zwar ohne Eintragung im Handelsregister und außerhalb der Satzung[234].

126 **(2) GmbH.** Auch bei der GmbH kommen grundsätzlich der **Erwerb eigener Geschäftsanteile** und eine **Kapitalerhöhung** zur Bedienung von Optionsrechten in Betracht.

127 Der **Erwerb eigener Geschäftsanteile** ist nur zulässig, wenn die Einlagen darauf vollständig geleistet sind, der Erwerb aus dem das Stammkapital übersteigenden Vermögen finanziert werden kann und die Rücklage für eigene Anteile nicht zu Lasten des Stammkapitals oder anderer obligatorischer Rücklagen gebildet wird. Anders als bei der AG bestehen keine Beschränkungen, aus welchen Anlässen oder bis zu welchem Teil des Stammkapitals eigene Geschäftsanteile erworben werden dürfen[235].

128 Das Recht der GmbH kennt **keine genehmigte und bedingte Kapitalerhöhung**, sondern nur die relativ aufwendige **ordentliche** Kapitalerhöhung gegen Einlagen[236] oder durch Umwandlung von Rücklagen in Stammkapital[237]. Die Rechtsform der GmbH ist daher für die Gewährung von Optionsrechten auf

---

[229] §§ 192 ff. AktG, insbes. § 192 Abs. 2 Nr. 3 AktG.
[230] *Hüffer* § 192 AktG Rn 3.
[231] *Harrer* Rn 195; siehe auch *Hüffer* § 182 AktG Rn 11 ff.
[232] § 202 Abs. 1 AktG.
[233] *Harrer* Rn 196 f.
[234] § 200 AktG; *Harrer* Rn 199; aber Anmeldung der Ausgabe nach § 201 AktG. Die Einbeziehung von Aktienoptionen an Vorstandsmitglieder in den Anwendungsbereich der bedingten Kapitalerhöhung – § 192 Abs. 2 Nr. 3 AktG – ermöglicht nun auch die Ausgabe reiner Optionen bzw. Bezugsrechte („naked warrants"), ohne den Umweg über die Zeichnung einer Wandel- oder Optionsanleihe (§ 221 AktG) gehen zu müssen, dazu *Harrer* Rn 200 ff.; *Weiß*, Aktienoptionsprogramme nach dem KonTraG, WM 1999, 353, 354; *Hoffmann-Becking* NZG 1999, 797, 801.
[235] § 33 GmbHG; *Hueck/Fastrich* in Baumbach/Hueck § 33 GmbHG Rn 11.
[236] § 55 GmbHG.
[237] § 57 c GmbHG.

neu zu bildende Anteile nicht sonderlich geeignet. Daher kommen für die GmbH eigentlich nur Verschiebungen in der bestehenden Beteiligungsstruktur in Betracht.

d) Veränderung der Beteiligungsverhältnisse nach Schwellenwerten (Ratchet). Im Rahmen eines sog. **Ratchet** werden Veränderungen in der Verteilung der bereits gehaltenen Aktien oder Geschäftsanteile zwischen dem Management und den Investoren anhand vorher festgelegter **Erfolgsziele** vorgenommen. Diese Erfolgsziele können bspw. in einem bestimmten Cash-flow, einem irgendwie definierten operativen Ergebnis, der Eigen- oder Gesamtkapitalrendite oder der Umsatzrendite des Unternehmens bestehen.

Werden die vorgegebenen Erfolgsziele nicht erreicht, kann die Beteiligung des Managements durch Verschieben der Verhältnisse bei Stammaktien bzw. Stammanteilen verwässert werden (**Negative Ratchet**). Dazu können den Investoren entweder, im Fall eines Kaufvertrags auch als Ankaufsrechte bezeichnete, Optionsrechte[238] (sog. Call Options) eingeräumt werden. Die Möglichkeit zur Ausübung der Ankaufs- oder Optionsrechte wird an das Nichterreichen der Erfolgsziele gekoppelt. Mit deren einseitiger Ausübung ist das Management, ohne daß es dies will[239], zur sofortigen Veräußerung seiner Stammaktien bzw. -anteile an die Investoren verpflichtet. Die stimmrechtslosen Vorzugsaktien bzw. -anteile[240] oder mit einem Wandlungsrecht ausgestattete Mezzanine-Finanzmittel[241] (zB Genußrechte) der Investoren können auch in Stammaktien bzw. -anteile gewandelt werden. Diese Form der „Bestrafung" des Managements wirkt als negativer Anreiz allerdings demotivierend und findet kaum Anwendung.

Umgekehrt wird die Beteiligung des Managements bei Erreichen der Erfolgsziele erhöht, indem dieses seine zu diesem Zweck gewährten Optionsrechte ausübt oder die Stammaktien bzw. -anteile oder die auch mit partizipierender Gewinnbeteiligung versehenen Vorzugsaktien bzw. -anteile der Investoren von der AG oder GmbH (teilweise) eingezogen oder auf die Gesellschaft zwangsübertragen werden (**Positive Ratchet**).

Bei einem Ratchet über Ankaufs- oder Optionsrechte ist zu beachten, ob eine **korporative Gestaltung**, welche die Rechte mit der Mitgliedschaft in der Gesellschaft verbindet, möglich ist. Bei Ankaufs- oder Optionsrechten handelt es sich, wie auch bei den sog. Erwerbsvorrechten[242] von Aktionären bzw. Gesell-

---

[238] Zur gleichbedeutenden Terminologie *Kramer* in MünchKomm. Vor § 145 BGB Rn 41; siehe allgemein zu den Optionsrechten Rn 117 ff.
[239] *Hueck*, FS Larenz, S. 749, 756.
[240] Zur Wandelbarkeit stimmrechtsloser Vorzugsaktien *Bezzenberger* S. 79 und 177 f.
[241] Siehe dazu *Golland*, Equity Mezzanine Capital, Finanz Betrieb Januar 2000, 34, 36 f.
[242] Bspw. Vorkaufsrecht (§§ 504 ff. BGB), sowie Vorhand (Andienungspflicht), zu letzterer *Kramer* in MünchKomm. Vor § 145 BGB Rn 46 f.; Ankaufs- oder Optionsrechte einerseits und Erwerbsvorrechte andererseits unterscheiden sich dadurch, daß erstere nicht von der Veräußerungswilligkeit des betreffenden Aktionärs oder Gesellschafters abhängen, sondern ihn gerade gegen seinen Willen zur Veräußerung an die Gesellschaft, einen Mitgesellschafter oder einen bestimmten Gesellschaftsdritten verpflichten können, letztere sich hingegen auf die Veräußerungswilligkeit des Betreffenden beziehen, *Hueck*, FS Larenz, S. 749, 756.

schaftern im Verhältnis zu ihren Mitaktionären oder -gesellschaftern, um **Nebenleistungspflichten** des veräußernden Aktionärs oder Gesellschafters.

133 Zwischen der AG und der GmbH als NEWCO ergibt sich dabei insofern ein Unterschied, als Ankaufs- oder Optionsrechte und Erwerbsvorrechte bei der **GmbH** als materielle Satzungsbestandteile mit **mitgliedschaftlicher Wirkung** ausgestaltet werden können[243]. In der **AG** können solche Rechte, auch bei vinkulierten Namensaktien[244], hingegen nur **schuldrechtlich** wirken[245]. Eine Regelung kann innerhalb (formelle Satzungsbestimmung) oder außerhalb der Satzung erfolgen[246]. Im einen oder anderen Fall sind bei der AG aber nur die an einer solchen Vereinbarung Beteiligten gebunden. Wegen der häufig gewünschten Vertraulichkeit der Regelung werden Ratchets allerdings ohnehin meist durch eine Gesellschaftervereinbarung und nicht in der Satzung erfaßt.

134 e) „**Equity kicker**". Als Motivationsmechanismen, die bei der Veräußerung von Aktien oder Geschäftsanteilen iRd. Ausstiegs der Investoren aus der Investition ansetzen, kommen der sog. „**equity kicker**" und die **geldmäßige Erfolgsbeteiligung** in Betracht.

135 **Optionsrechte** werden auch **für „equity kicker"** eingesetzt. Dabei erhält das Management das Recht, im Zusammenhang mit dem Ausstieg (teilweise auch beim vorzeitigen Ausstieg) aus der Investition durch alle oder einzelne Investoren Aktien oder Geschäftsanteile in vorher bestimmtem Umfang zu gegenüber Dritten oder Co-Investoren vergünstigten Konditionen zu erwerben, sofern vorher vereinbarte Renditeerwartungen tatsächlich erfüllt worden sind[247].

136 f) **Geldmäßige Erfolgsbeteiligung bei der Veräußerung.** Das Management kann beim Ausstieg aus der Investition durch alle oder einzelne Investoren auch geldmäßig disproportional über seinen nominellen Anteil am mit der Veräußerung **realisierten Gewinn beteiligt** werden[248]. Solche Geldleistungen unterliegen allerdings auf Ebene des Managements wie Tantiemen der vollen Besteuerung.

5. Beteiligungsveräußerung, -verlust und Ausscheiden eines Anteilsinhabers

137 Schon **vor der planmäßigen Beendigung der Investition** kann es zu einer (teilweisen) Beteiligungsveräußerung, einem (teilweisen) Beteiligungsverlust oder zum gänzlichen Ausscheiden eines Aktionärs bzw. GmbH-Gesellschafters (Anteilsinhabers) kommen. Zu den Regelungen, die sich mit diesen Vorgängen befassen, gehören die Vinkulierung, die Erwerbsvorrechte sowie die Einziehung

---

[243] § 3 Abs. 2 GmbHG; *Lutter/Hommelhoff* § 3 GmbHG Rn 23; *Hueck/Fastrich* in Baumbach/Hueck § 3 GmbHG Rn 42; *Hueck*, FS Larenz, S. 749, 756 f.; siehe auch *Noack* S. 284 f.
[244] § 55 AktG erfaßt nur wiederkehrende, nicht einmalige Leistungen, *BayObLG* DB 1989, 214, 215 f.
[245] *BayObLG* DB 1989, 214, 215 und 216 f.; *Lutter* in Kölner Komm. § 54 AktG Rn 16, § 68 AktG Rn 23.
[246] *Lutter* in Kölner Komm. § 54 AktG Rn 24.
[247] *Bächle/Hager* M&A Review 1999, 380, 383.
[248] *Bächle/Hager* M&A Review 1999, 380, 384.

und Zwangsübertragung nebst Differenzierung in der Abfindungshöhe nach dem Grund des Ausscheidens (bei einem Ausscheiden aus dem Management wird häufig zwischen dem sog. „bad leaver" und dem sog. „good leaver" unterschieden). Auch diese Sachverhalte und die dazu gehörigen rechtlichen Umsetzungsformen sind Formen des Ausstiegs aus der Investition. Sie unterscheiden sich vom planmäßigen „exit" dadurch, daß es zum einen an der Freiwilligkeit des Ausstiegs des Anteilseigners mangeln kann und zum anderen dieser nicht frei bestimmen kann, an wen er die Aktien oder Geschäftsanteile zu welchem Zeitpunkt veräußert.

Alle nachfolgend genannten **Instrumente** dienen dazu, das Ausscheiden eines Anteilsinhabers zu ermöglichen, zugleich den Mitaktionären bzw. -gesellschaftern aber ihren Einfluß auf die Zusammensetzung des Aktionärs- bzw. Gesellschafterkreises zu sichern. Insbes. soll die Verbindung von Anteilsbesitz und Managementverantwortung erhalten werden; nur so ist das Anreizsystem für das Management einschließlich eines zukünftigen Managements zu erhalten. Dieses wesentliche Element der Investition der Finanzsponsoren ist in den Dokumenten zu verankern.

a) Vinkulierung und Erwerbsvorrechte. Die Übertragbarkeit von Aktien oder GmbH-Geschäftsanteilen wird regelmäßig in der Satzung durch **Vinkulierung** beschränkt. Daneben werden den verbleibenden Gesellschaftern **Erwerbsvorrechte** gegenüber Gesellschaftsdritten zugesprochen.

Die **Vinkulierung** von Aktien[249] oder Geschäftsanteilen[250] beschränkt deren Übertragbarkeit, betrifft also die Verfügungsebene. Das Verpflichtungsgeschäft ist und bleibt auch bei gescheiterter Übertragung wirksam[251]. Zu ihrer Wirksamkeit bedarf eine Aktien- bzw. Geschäftsanteilsveräußerung der vorherigen Zustimmung des Geschäftsführungsorgans oder der für zuständig erklärten Organe (in der Satzung können die Hauptversammlung oder der Aufsichtsrat der AG bzw. die Gesellschafterversammlung oder etwa ein fakultativ gebildeter Gesellschafterausschuß der GmbH bestimmt werden[252]) oder Personen. Solange die Zustimmung nicht vorliegt, ist die Übertragung schwebend unwirksam; mit ihrer Verwerfung wird sie endgültig unwirksam[253].

Bei der **AG** sind die Möglichkeiten einer Verfügungssperre über Aktien auf die Vinkulierung beschränkt[254]. Für eine Vinkulierung kommen nur **Namensaktien** in Betracht, nicht aber Inhaberaktien, deren Verkehrsfähigkeit nicht einge-

---

[249] § 68 Abs. 2 AktG.
[250] § 15 Abs. 5 GmbHG.
[251] *Hüffer* § 68 AktG Rn 11, 16; vgl. *Hueck/Fastrich* in Baumbach/Hueck § 15 GmbHG Rn 36.
[252] § 68 Abs. 2 Satz 3 AktG erlaubt es, anstelle des Vorstands der Hauptversammlung oder dem Aufsichtsrat die Zustimmungskompetenz zu verleihen. Beim Buy-Out würde eine Zustimmungskompetenz des Vorstands, der ausschließlich vom Management besetzt ist, nicht den erforderlichen Schutz gewähren, da insbes. die Möglichkeit zur Veräußerung von Aktien durch das Management beschränkt werden soll. Im Recht der GmbH ist eine Verlagerung dieser Kompetenz auf andere – auch fakultative – Organe ohnehin unproblematisch.
[253] *Hüffer* § 68 AktG Rn 16; *Hueck/Fastrich* in Baumbach/Hueck § 15 GmbHG Rn 46; *Reichert/Winter*, FS 100 Jahre GmbH-Gesetz, S. 209, 213.
[254] *BayObLG* DB 1989, 214, 215; *Hueck*, FS Larenz, S. 749, 755.

schränkt werden soll und kann[255]. Solange die AG ein Private Equity-Vehikel bleibt, ist die Beschränkung auf vinkulierte Namensaktien wegen des geschlossenen Gesellschafterkreises unproblematisch. Im Fall eines späteren Börsengangs sollte die Vinkulierung durch Satzungsänderung abgeschafft werden. Im Recht der **GmbH** ist es gestattet, auch **andere Voraussetzungen** als Genehmigungsvorbehalte für die Wirksamkeit der Veräußerung im Außenverhältnis vorzusehen[256].

142 Zusätzlich werden regelmäßig **Erwerbsvorrechte** eingeräumt, die es der Gesellschaft, einzelnen Gesellschaftern oder Dritten ermöglichen, die Aktien oder Geschäftsanteile bevorrechtigt zu übernehmen[257]. Dabei kommen vor allem die **Vorhand** (Andienungspflicht) und das **Vorkaufsrecht**[258] in Betracht. Weitere Gestaltungsmöglichkeiten sind jedoch zulässig[259]. Erwerbsvorrechte beziehen sich nur auf das mit der Gesellschaft, einem Mitaktionär oder -gesellschafter oder einem Dritten abzuschließende schuldrechtliche Kausalgeschäft[260]. Sie führen, anders als die Vinkulierung, als rein schuldrechtliches Instrument im Außenverhältnis nicht zum Verlust der Verfügungsmacht über eine Aktie oder einen Geschäftsanteil[261].

143 Anderes kann jedoch bei einer Festlegung solcher **Erwerbsvorrechte in der Satzung** gelten. Auch hier muß wieder zwischen AG und GmbH unterschieden werden. Erwerbsvorrechte bzw. diesbezügliche Verpflichtungen von Aktionären können im Gegensatz zur GmbH nicht als materielle, sondern nur als formelle Satzungsbestandteile vereinbart werden. Während die Übertragbarkeit von Geschäftsanteilen über Erwerbsvorrechte unmittelbar beschränkt werden kann, geht dies bei Aktien auf diesem Weg nicht[262]. In der GmbH kann in der Satzung die Wirksamkeit der Abtretung der Geschäftsanteile an einen Dritten von der Nichtausübung von Erwerbsvorrechten abhängig gemacht werden[263]. Dies muß sich dann allerdings iSd. § 15 Abs. 5 GmbHG grundsätzlich klar und eindeutig aus dem Wortlaut der betreffenden Satzungsbestimmung ergeben[264]. In der AG gilt der Grundsatz der freien Übertragbarkeit von Aktien, der ausschließlich bei Namensaktien und für diese nur durch die Vinkulierung durchbrochen werden kann[265]. So gewinnt vor allem in der AG – zur Absicherung aber auch in der GmbH – das **Zusammenspiel von Vinkulierung und Erwerbsvorrechten** an Bedeutung, indem die Erteilung der Zustimmung zur Übertragung der Na-

---

[255] *Hüffer* § 68 AktG Rn 10.
[256] § 15 Abs. 5 GmbHG; so kann die Ausübung eines Erwerbsvorrechts bei entsprechender Ausgestaltung desselben in der Satzung die Wirksamkeit der Abtretung des Geschäftsanteils als Verfügungsgeschäft iRd. § 15 Abs. 5 GmbHG als „weitere Voraussetzung" hindern, *BayObLG* 1989, 214, 215f.; *Hueck/Fastrich* in Baumbach/Hueck § 15 GmbHG Rn 37f.
[257] So in Zusammenhang mit dem Vorkaufsrecht *Hueck*, FS Larenz, S. 749, 755.
[258] §§ 504ff. BGB.
[259] *Hueck*, FS Larenz, S. 749, 751f.
[260] Siehe auch *Reichert* S. 77f.
[261] *Kowalski*, Vinkulierte Geschäftsanteile – Übertragungen und Umgehungen, GmbHR 1992, 347, 348 mwN; *Hueck*, FS Larenz, S. 749, 751.
[262] Siehe dazu insbes. die vergleichende Darstellung in *BayObLG* DB 1989, 214ff.
[263] *Hueck/Fastrich* in Baumbach/Hueck § 15 GmbHG Rn 36f.; *Noack* S. 284f.; *Hueck*, FS Larenz, S. 749, 755; *Winter* in Scholz § 15 GmbHG Rn 87a.
[264] *Reichert* S. 78f. mwN.
[265] *Lutter* in Kölner Komm. § 68 AktG Rn 23.

mensaktien von der Nichtausübung von schuldrechtlichen Erwerbsvorrechten abhängig gemacht wird[266]. Erst dadurch wird ein Erwerbsvorrecht wirksam geschaffen und die Übertragung der vinkulierten Namensaktien an Dritte verhindert.

Eine Kombination von Vinkulierung und Erwerbsvorrechten kann folgendermaßen aussehen: Zunächst wird die Verpflichtung statuiert, daß ein veräußerungswilliger Gesellschafter seine Aktien bzw. Geschäftsanteile den restlichen Gesellschaftern unter Angabe des von ihm verlangten Kaufpreises vorrangig anbieten muß (**Vorhand**). Anknüpfungspunkt für diese Pflicht ist nicht der Kaufvertragsabschluß mit einem Dritten, sondern bereits die **Absicht** eines Gesellschafters, seine Aktien bzw. Geschäftsanteile zu veräußern[267]. Diese Absicht hat er den anderen Gesellschaftern in der im Gesellschaftsvertrag vorgesehenen Form mitzuteilen. Durch diese Mitteilung entsteht das Erwerbsvorrecht der Vorhand[268]. Wird das Angebot von den anderen Gesellschaftern nicht in der dafür vorgesehenen Frist angenommen, kann der ausscheidungswillige Gesellschafter den angedienten Anteil frei, d. h. ohne Zustimmung eines bestimmten Gesellschaftsorgans, veräußern[269]. Teilweise wird dennoch eine allgemeine Zustimmungspflicht vorgesehen, die aber nicht ohne triftigen Grund verweigert werden darf.

Für den Fall, daß der mit einem Dritten vereinbarte Kaufpreis niedriger ist als der ursprünglich bei der Andienung verlangte, kann den anderen Gesellschaftern bezüglich dieser Anteile ein **Vorkaufsrecht** eingeräumt werden. Dieser Mechanismus bewirkt einen zusätzlichen Schutz für die verbleibenden Gesellschafter. Das Vorkaufsrecht ermöglicht es ihnen, wie bei der Vorhand den Erwerb von Anteilen durch Dritte zu verhindern und die Aktie oder den GmbH-Geschäftsanteil selbst zu erwerben. Jedoch setzt die Ausübung dieses Vorrechts einen wirksamen Kaufvertrag mit einem Dritten voraus[270].

Bei Erwerbsvorrechten zugunsten der AG oder GmbH selbst sind die jeweiligen **Vorschriften zur Begrenzung des Erwerbs** eigener Aktien bzw. Geschäftsanteile zu beachten[271].

b) Einziehung und Zwangsübertragung von Aktien/Geschäftsanteilen. In der Satzung der NEWCO werden stets Regelungen zur Einziehung und Zwangsübertragung von Aktien oder Geschäftsanteilen vorgesehen. Beide Instrumente bieten die Möglichkeit, im Laufe der Investition den **Kreis der Anteilseigner** und seine Veränderungen zu **kontrollieren**. Aus der Sicht der Investoren können Manager, die sich nicht leistungs- und pflichtgemäß einbringen, wegen eines in ihrer Person liegenden wichtigen Grunds auch als Gesellschafter „entlassen" werden. Dies ist für den betroffenen Manager besonders schmerzlich, weil er nicht mehr an der Wertsteigerung des Unternehmens teilhaben kann.

---

[266] § 68 Abs. 2 Satz 4 AktG, nach dem die Satzung der AG die Gründe bestimmen kann, aus denen die Zustimmung verweigert werden darf; *BayObLG* DB 1989, 214, 217; *Lutter* in Kölner Komm. § 68 AktG Rn 23.
[267] *Reichert* S. 75.
[268] *Kramer* in MünchKomm. Vor § 145 BGB Rn 46 f.
[269] Siehe auch *Reichert/Winter*, FS 100 Jahre GmbH-Gesetz, S. 209, 213 f.
[270] § 504 BGB.
[271] § 71 AktG bzw. § 33 GmbHG. *BayObLG* DB 1989, 214, 217 für die AG; *Hueck*, FS Larenz, S. 749, 755 für die GmbH.

148 Durch die Einziehung oder Zwangsübertragung von Aktien oder Geschäftsanteilen können im Rahmen eines Ratchet die **Beteiligungsverhältnisse** zu Gunsten (Positive Ratchet) oder zu Lasten (Negative Ratchet) des Managements **verändert** werden.

149 aa) **Einziehung. Zweck** der Einziehung von Aktien bzw. Geschäftsanteilen kann eine Kapitalherabsetzung sein. Sie kann aber auch bezwecken, Einfluß auf die Anteilsstruktur und den Anteilsinhaberbestand zu nehmen[272]. Bei Private Equity-Transaktionen kann die Einziehung auch als Instrument zur Bestimmung des Ausstiegs aus der Investition durch den ausscheidenden Gesellschafter dienen. **Folge** der Einziehung ist unabhängig vom verfolgten Zweck die Vernichtung der Mitgliedsrechte aus den betroffenen Anteilen[273].

150 (1) **AG.** Die Einziehung von Aktien bedeutet immer eine Kapitalherabsetzung[274]. Man unterscheidet zwischen **Zwangseinziehung** von Aktien und Einziehung von Aktien **nach Erwerb durch die Gesellschaft**[275].

151 (a) **Satzungsmäßig angeordnete und gestattete Zwangseinziehung.** Bei einer **Zwangseinziehung** werden Aktien eingezogen, die nicht der Gesellschaft selbst gehören[276]. Sollen Aktien, die bei Gründung der AG ausgegeben wurden, später auch gegen den Willen betroffener Aktionäre eingezogen werden können, muß die Zwangseinziehung bereits in der Gründungssatzung angeordnet oder zugelassen worden sein[277].

152 Möglich ist auch die nachträgliche Bestimmung der (angeordneten oder gestatteten) Zwangseinziehung durch eine **Satzungsänderung**[278]. Dabei können grundsätzlich nur solche Aktien von der Einziehung erfaßt werden, für die schon beim Erwerb die Einziehungsmöglichkeit vorgesehen war[279]. Mit Zustimmung der betroffenen Aktionäre[280] können allerdings Aktien nach hM auch dann eingezogen werden, wenn die Gesellschaft erst nachträglich zu einer Einziehung vorher gezeichneter und übernommener Aktien durch nachträgliche Satzungsänderung ermächtigt wird; dies geschieht regelmäßig im Rahmen eines vorausgehenden, einstimmigen Beschlusses. Für unterschiedliche Aktiengattungen können auch unterschiedliche Regelungen vorgesehen werden. Dem steht das **Gebot zur Gleichbehandlung** der Aktionäre nicht entgegen[281]; der betroffene Aktionär kann auf seine Gleichbehandlung verzichten[282]. So können bspw. nur Vorzugsaktien der Zwangseinziehung unterworfen werden[283].

---

[272] *Lutter* in Kölner Komm. § 237 AktG Rn 13; *Hüffer* § 237 AktG Rn 4; *Hueck/Fastrich* in Baumbach/Hueck § 34 GmbHG Rn 2.
[273] *Hüffer* § 237 AktG Rn 5; *Hueck/Fastrich* in Baumbach/Hueck § 34 GmbHG Rn 2.
[274] *Lutter* in Kölner Komm. § 237 AktG Rn 4; *Hüffer* § 237 AktG Rn 1.
[275] § 237 Abs. 1 Satz 1 AktG.
[276] § 237 Abs. 1 Satz 2 AktG; *Lutter* in Kölner Komm. § 237 AktG Rn 21.
[277] *Lutter* in Kölner Komm. § 237 AktG Rn 22; *Hüffer* § 237 AktG Rn 5 f.
[278] *Lutter* in Kölner Komm. § 237 AktG Rn 25.
[279] *Hüffer* § 237 AktG Rn 7.
[280] *Hüffer* § 237 AktG Rn 8 mwN; *Lutter* in Kölner Komm. § 237 AktG Rn 29.
[281] § 53a AktG.
[282] *Hüffer* § 53a AktG Rn 5.
[283] *Lutter* in Kölner Komm. § 237 AktG Rn 32.

Voraussetzungen und Verfahren der **angeordneten Zwangseinziehung** müssen in der Satzung festgelegt sein. Das gilt für Zeitpunkt, Umfang, Durchführung und Höhe des Einziehungsentgelts[284]. Es darf kein Entscheidungs- oder Ermessensspielraum des Beschlußorgans mehr vorhanden sein. Dessen Aufgabe muß sich in der Feststellung der Voraussetzungen der Zwangseinziehung erschöpfen. Das Beschlußorgan ist an die in der Satzung festgelegten Voraussetzungen gebunden. Beim Eintritt derselben ist das Organ aber auch verpflichtet, die Einziehung vorzunehmen[285]. 153

Ist die Einziehung in der Satzung angeordnet oder der Vorstand zur Einziehung ermächtigt, bedarf sie keines Beschlusses der Hauptversammlung; an deren Stelle entscheidet grundsätzlich der **Vorstand**[286]. Jedoch ist dies fakultativ[287]. Die Hauptversammlung behält weiterhin die Kompetenz, das Vorliegen der Voraussetzungen für die angeordnete Zwangseinziehung festzustellen und die Durchführung der Einziehung zu beschließen[288]. Dies könnte bspw. dann relevant werden, wenn der Vorstand sich weigert, seiner Pflicht nachzukommen. Handelt es sich dagegen um eine gestattete Zwangseinziehung, beschließt darüber die Hauptversammlung mit mindestens Dreiviertelmehrheit des vertretenen Grundkapitals. 154

Die angeordnete Zwangseinziehung bedarf keiner **sachlichen Rechtfertigung**. Die betroffenen Aktionäre bedürfen keines zusätzlichen Schutzes, da sie mit der Einziehung unter den in der Satzung genannten Voraussetzungen aufgrund des mit ihren Aktien verbundenen Vorbehalts rechnen mußten[289]. 155

Trotz der Pflicht des Vorstands, die angeordnete Einziehung bei Vorliegen der in der Satzung bestimmten Einziehungsvoraussetzungen durchzuführen[290], besteht **kein subjektiver Anspruch** eines zum Austritt entschlossenen Aktionärs auf die Einziehung[291]. Der Verstoß der AG gegen ihre Pflicht zur Einziehung kann aber einen Schadensersatzanspruch begründen[292]. 156

In der Gründungssatzung können die **Einziehungsgründe** wegen des insoweit geltenden Einstimmigkeitserfordernisses weitgehend frei festgelegt werden: 157
– Verlangen des Aktionärs, die Aktien einzuziehen (also die Kündigung durch den Aktionär);
– persönliche Verhältnisse des Aktionärs, wie zB die Insolvenz des Aktionärs oder die Pfändung seiner Aktien;
– die Einziehung einer gesamten Aktiengattung, der Aktien eines Aktionärs oder bestimmter Aktionäre zu einem bestimmten Termin oder gestaffelt über einen festgelegten Zeitraum[293].

---

[284] *Lutter* in Kölner Komm. § 237 AktG Rn 34.
[285] *Lutter* in Kölner Komm. § 237 AktG Rn 34 und 43.
[286] § 237 Abs. 6 AktG.
[287] Vgl. den Wortlaut des § 237 Abs. 6 AktG „bedarf ... nicht".
[288] *Lutter* in Kölner Komm. § 237 AktG Rn 82; dies ist auch aus § 238 Satz 2 AktG ableitbar.
[289] *Lutter* in Kölner Komm. § 237 AktG Rn 38.
[290] § 93 AktG.
[291] *Lutter* in Kölner Komm. § 237 AktG Rn 43.
[292] *Hüffer* § 237 AktG Rn 10.
[293] *Hüffer* § 237 AktG Rn 12; *Lutter* in Kölner Komm. § 237 AktG Rn 36.

158 **Unzulässig** ist die angeordnete Zwangseinziehung
- zur Durchsetzung nicht korporativ gestaltbarer Nebenverpflichtungen[294];
- sämtlicher eigener Aktien der AG;
- als außerhalb des gesetzlichen Rahmens vorgesehene Strafsanktion, zB wenn ein Aktionär abweichend von der Mehrheit abstimmt[295].

159 Für die Einziehung ist in der Satzung ein **Einziehungsentgelt** zumindest bestimmbar festzulegen[296]. Dem betroffenen Aktionär sind ggf. noch zu leistende Einlagen zu erlassen[297]. Der Nominalbetrag der Aktie abzüglich des uU noch nicht geleisteten Einlagebetrags ist dem betroffenen Aktionär zu erstatten. Eine höhere Abfindung zum Börsenkurs oder **Marktwert** ist (nur) zulässig[298], soweit zur Einziehung frei verfügbare und nicht der Kapitaldeckung unterworfene Mittel vorhanden sind[299]. Ist, wie bei der Private Equity-AG, kein Börsenkurs vorhanden, so ist der anteilige Verkehrswert der Aktien anhand betriebswirtschaftlicher Methoden (zB als Ertragswert oder Discounted Cash-flow (DCF-Methode)) zu ermitteln[300].

160 Ob das Einziehungsentgelt den Marktwert der eingezogenen Aktie **übersteigen** darf, ist umstritten[301]. Ist ein zu diesem Zweck verfügbarer **Bilanzgewinn** oder eine entsprechend verwendbare **Gewinnrücklage** vorhanden[302], wird dies überwiegend für zulässig gehalten, wohl zu Recht: Die Gläubiger sind dadurch geschützt, daß iRd. ordentlichen Kapitalherabsetzung nur die Rückgewähr der geleisteten Einlage zu Lasten des Kapitals erfolgen darf. Jede darüber hinausgehende Abfindung, gleichviel ob unter, über oder in Höhe des Marktwerts[303], ist nur aus zusätzlichen frei verfügbaren Mitteln zulässig[304]. Den Gläubigern steht ein innerhalb von sechs Monaten nach Bekanntmachung bei der AG geltend zu machendes Recht auf Sicherheitsleistung für unbefriedigte Forderungen zu, die vor der Bekanntmachung der Eintragung des Beschlusses zur Kapitalherabsetzung ins Handelsregister entstanden sind[305]. Die eventuelle Benachteiligung der übrigen Aktionäre ist wegen der **Abdingbarkeit des Gleichbehandlungsgrundsatzes** unter den Aktionären in der Satzung unproblematisch.

---

[294] *Lutter* in Kölner Komm. § 237 Rn 39; siehe die engen Vorgaben des § 55 AktG.
[295] Insgesamt *Hüffer* § 237 AktG Rn 13.
[296] *Lutter* in Kölner Komm. § 237 AktG Rn 69; *Hüffer* § 237 AktG Rn 17.
[297] § 225 Abs. 2 Satz 2 AktG.
[298] Implizit *Hüffer* § 237 AktG Rn 17; so auch *Schilling* in Großkomm. § 237 AktG Anm. 15.
[299] § 237 Abs. 3 Nr. 2 AktG; *Lutter* in Kölner Komm. § 237 AktG Rn 62.
[300] *Hüffer* § 237 AktG Rn 18 in Zusammenhang mit dem Einziehungsentgelt bei der gestatteten Zwangseinziehung. Siehe § 10.
[301] Str.; ja: *Lutter* in Kölner Komm. § 237 AktG Rn 63; *Hüffer* § 237 AktG Rn 17; nein: *Schilling* in Großkomm. § 237 AktG Anm. 15 wegen Verstoßes gegen den im AktG verkörperten Gläubigerschutz. Problematisch ist dies auch unter dem Gesichtspunkt der verbotenen Einlagenrückgewähr, *Hüffer* § 57 AktG Rn 20 mwN für den Erwerb eigener Aktien.
[302] § 237 Abs. 3 Nr. 2 AktG.
[303] *Hüffer* § 237 AktG Rn 17 mwN.
[304] §§ 237 Abs. 2 Satz 1 iVm. 225, 237 Abs. 3 AktG.
[305] Siehe die Gläubigerschutzvorschrift des § 225 AktG, die gem. § 237 Abs. 2 Satz 1 AktG für die ordentliche Kapitalherabsetzung im Rahmen einer Einziehung gilt.

161 Bei der **gestatteten Zwangseinziehung** muß die Satzung ohne Festlegung des Verfahrens die Zwangseinziehung ausdrücklich gestatten[306]. Sie muß **keine Einziehungsgründe** angeben, kann es aber, woraus dann die Pflicht zu deren Einhaltung folgt[307]. Im Rahmen einer angeordneten Zwangseinziehung unzulässige Einziehungsgründe dürfen aber nicht Ziele der gestatteten Zwangseinziehung sein[308].

162 Die gestattete Zwangseinziehung bedarf der **sachlichen Rechtfertigung** durch das Interesse der Gesellschaft.

163 Auch das **Einziehungsentgelt** muß bei der gestatteten Zwangseinziehung nicht in der Satzung geregelt werden[309]. Dann hat die Hauptversammlung das Entgelt festzulegen[310]. Als Wert wird vorzugsweise der Marktwert anzusetzen sein, für dessen Ermittlung sich wiederum der Ertragswert bzw. Discounted Cash-flow anbietet[311].

164 **(b) Einziehung nach Erwerb durch die AG.** Das Verbot des Erwerbs eigener Aktien[312] gilt für den Erwerb zum Zweck der Einziehung nicht[313]. Übersteigt der Gesamtnennbetrag der durch die AG erworbenen eigenen Aktien **10 % des Grundkapitals**, ist der überschießende Teil der Aktien nach Ablauf von drei Jahren seit Erwerb in jedem Fall einzuziehen[314].

165 Die **Einziehung eigener Aktien** bedarf keiner Satzungsermächtigung. Ein Hauptversammlungsbeschluß genügt, ist aber auch zwingend erforderlich; die Entscheidung über die Einziehung kann nicht dem Vorstand überlassen werden[315]. Der Beschluß kommt mit Dreiviertelmehrheit des vertretenen Grundkapitals einer Hauptversammlung zustande. Er bedarf, da in fremde Rechte nicht eingegriffen wird, keiner sachlichen Rechtfertigung.

166 **(c) Das Verfahren der Einziehung bei der AG.** Für die Einziehung von Aktien, gleichgültig ob Zwangseinziehung oder Einziehung nach Erwerb durch die AG, steht die **ordentliche Kapitalherabsetzung**[316], aber auch **ein vereinfachtes Verfahren** zur Verfügung[317].

167 Die Vorschriften über die **ordentliche Kapitalherabsetzung** müssen **nicht** befolgt werden, wenn
– auf die betroffenen Aktien der volle Ausgabebetrag geleistet worden ist und
– die Aktien entweder

---

[306] *Hüffer* § 237 AktG Rn 15.
[307] *Hüffer* § 237 AktG Rn 15 mwN.
[308] *Hüffer* § 237 AktG Rn 16.
[309] *Lutter* in Kölner Komm. § 237 AktG Rn 70.
[310] *Schilling* in Großkomm. § 237 AktG Anm. 15; *Lutter* in Kölner Komm. § 237 AktG Rn 72.
[311] *Hüffer* § 237 AktG Rn 18.
[312] Vgl. den Wortlaut des § 71 Abs. 1 AktG „... darf eigene Anteile nur erwerben, wenn ..." (Verbot unter Erlaubnisvorbehalt).
[313] § 71 Abs. 1 Nr. 6 AktG.
[314] § 71c Abs. 3 AktG.
[315] § 237 Abs. 6 AktG bezieht sich nur auf die angeordnete Zwangseinziehung, *Hüffer* § 237 AktG Rn 19.
[316] § 237 Abs. 2 Satz 1 iVm. §§ 222 bis 228 AktG.
[317] Muster finden sich bei *Volhard* in HV Hdb. Rn II U 8 ff.

- der Gesellschaft unentgeltlich zur Verfügung gestellt oder
- das Einziehungsentgelt zu Lasten des Bilanzgewinns oder einer anderen Gewinnrücklage, soweit zu diesem Zweck verwendbar, geleistet werden kann[318].

168 Eine Grenze der Einziehbarkeit besteht insofern, als das Grundkapital nicht bzw. nur bei gleichzeitiger Kapitalerhöhung in entsprechender Höhe[319] unter das Mindestkapital in Höhe von 50 000 €[320] herabgesetzt werden darf[321].

169 (2) **GmbH.** Die Einziehung eines GmbH-Geschäftsanteils ist eine von der Gesellschaft einseitig verfügte Gestaltung[322]. Es ist zwischen **Einziehung mit Zustimmung des betroffenen Gesellschafters**[323] und **Zwangseinziehung**[324] zu unterscheiden. Die Einziehung setzt die volle Leistung der Einlage auf den betroffenen Geschäftsanteil voraus[325]. Bei der GmbH muß zur Einziehung das Stammkapital nicht herabgesetzt werden[326]. Bleibt der Betrag des Stammkapitals bestehen, ergibt sich eine Differenz zwischen der Summe der Nennwerte der Geschäftsanteile und der Stammkapitalziffer. Diese Differenz kann, muß aber nicht, durch eine **Aufstockung der Nennwerte** der einzelnen Geschäftsanteile ausgeglichen werden. Hierzu ist ein Gesellschafterbeschluß mit einfacher Mehrheit ausreichend[327]. Abweichend davon läßt sich auch ein **neuer Geschäftsanteil** bilden, der an die Stelle des eingezogenen tritt und der Gesellschaft als eigener Geschäftsanteil gehört[328]. Die Einziehung bedarf eines **Gesellschafterbeschlusses**[329] mit einfacher Mehrheit und, falls der betroffene Gesellschafter an der Beschlußfassung nicht mitgewirkt hat, dessen **formfreier Benachrichtigung**[330].

170 (a) **Einziehung mit Zustimmung des Gesellschafters.** Die Einziehung mit **Zustimmung des Gesellschafters** kann dazu dienen, einem Investor den Ausstieg aus der Investition zu ermöglichen. Sie muß in der Satzung als solche zugelassen sein. Ihre Voraussetzungen brauchen nicht besonders festgelegt werden[331]. Die Zustimmung kann formlos durch den Gesellschafter gegenüber der

---

[318] § 237 Abs. 3 AktG.
[319] § 228 Abs. 1 AktG.
[320] § 7 AktG.
[321] *Lutter* in Kölner Komm. § 237 AktG Rn 15 und 87.
[322] *Westermann* in Scholz § 34 GmbHG Rn 6.
[323] § 34 Abs. 1 GmbHG.
[324] § 34 Abs. 2 GmbHG.
[325] *Lutter/Hommelhoff* § 34 GmbHG Rn 9.
[326] *Lutter/Hommelhoff* § 34 GmbHG Rn 2.
[327] *Ulmer* in Hachenburg § 34 GmbHG Rn 62; *Hueck/Fastrich* in Baumbach/Hueck § 34 GmbHG Rn 17 mwN; aA *Lutter/Hommelhoff* § 34 GmbHG Rn 2 f., die eine zwangsläufige Erhöhung der Nennwerte annehmen; ein diesbezüglicher Gesellschafterbeschluß sei dementsprechend entbehrlich und habe nur deklaratorische Bedeutung.
[328] *Ulmer* in Hachenburg § 34 GmbHG Rn 66; *Hueck/Fastrich* in Baumbach/Hueck § 34 GmbHG Rn 17. Ein Muster eines Einziehungsbeschlusses findet sich bei *Hopt*, Vertrags- und Formularbuch, II. H.6.
[329] § 46 Nr. 4 GmbHG.
[330] *Hueck/Fastrich* in Baumbach/Hueck § 34 GmbHG Rn 12.
[331] § 34 Abs. 1 GmbHG; *Hueck/Fastrich* in Baumbach/Hueck § 34 GmbHG Rn 4.

Gesellschaft erklärt werden[332], und zwar vor oder nach dem Gesellschafterbeschluß über die Einziehung[333].

(b) Zwangseinziehung. Die Einziehung ohne Zustimmung des betroffenen Gesellschafters ist eine **Zwangseinziehung**. Ihre Voraussetzungen müssen in der Satzung, ggf. durch eine Satzungsänderung mit Zustimmung **aller** Gesellschafter, hinreichend bestimmt festgelegt werden. Sie müssen bei Erwerb der Geschäftsanteile bereits bestehen[334]. Es muß ein zulässiger, also **sachlicher Grund** für die Einziehung angegeben sein[335].

Anerkannte **Einziehungsgründe** einer Zwangseinziehung sind zB
– Insolvenz des Gesellschafters;
– Pfändung des Geschäftsanteils oder
– ein wichtiger Grund in der Person des Gesellschafters[336].

Der wichtige Grund in der Person des betreffenden Gesellschafters ist für die Investoren vor allem im Hinblick auf das **Management** von Interesse. Solche wichtigen Gründe in der Person können zB an im Anstellungsvertrag des GmbH-Geschäftsführers festgelegte **außerordentliche Kündigungsgründe**[337] geknüpft werden. Auch die bloße Abberufung eines Gesellschaftergeschäftsführers als Organ[338] (in Abgrenzung zum schuldrechtlichen, grundsätzlich unabhängig davon bestehenden Anstellungsvertrag) kann als zulässiger, in seiner Person liegender Einziehungsgrund angesehen werden, wenn die Abberufung nicht ohne sachlichen Grund willkürlich geschieht[339]. Die Organabberufung selbst ist grundsätzlich jederzeit frei, d. h. ohne sachlichen Grund, möglich[340].

Als Grund für eine Zwangseinziehung ist auch der **Austritt** des Gesellschafters zulässig[341]. Ohne ausdrückliche Satzungsregelung besteht ein Austrittsrecht nur bei Vorliegen eines wichtigen Grunds und als äußerstes Mittel, d. h. eine Fortsetzung der Mitgliedschaft oder eine andere Form der Beendigung derselben darf nicht mehr zumutbar und möglich sein[342].

Den Investoren als Inhabern der Stammanteile/stimmberechtigten, auch mit partizipierender Gewinnbeteiligung ausgestatteten Vorzugsanteile und stimm-

---

[332] § 35 Abs. 2 Satz 3 GmbHG; *Westermann* in Scholz § 34 GmbHG Rn 12.
[333] *Westermann* in Scholz § 34 GmbHG Rn 12.
[334] *Hueck/Fastrich* in Baumbach/Hueck § 34 GmbHG Rn 7; *Lutter/Hommelhoff* § 34 GmbHG Rn 14.
[335] BGHZ 112, 103, 108.
[336] *Hueck/Fastrich* in Baumbach/Hueck § 34 GmbHG Rn 8; *Lutter/Hommelhoff* § 34 GmbHG Rn 15 ff.
[337] D. h. wichtige Gründe, § 626 BGB.
[338] § 38 GmbHG.
[339] Vgl. *BGH* WM 1983, 956, 957, wonach der Ausschluß eines GmbH-Gesellschafters als Einziehungsgrund an die Beendigung seiner Mitarbeit geknüpft werden kann, sofern diese nicht „ohne sachlichen Grund willkürlich" herbeigeführt wird. Denn dies zöge auch die Willkür und damit die Nichtigkeit des Ausschlusses als Gesellschafter nach sich. Siehe auch *OLG Hamm* GmbHR 1998, 1081, 1082.
[340] § 38 Abs. 1 GmbHG; *Zöllner* in Baumbach/Hueck § 38 GmbHG Rn 38.
[341] *Hueck/Fastrich* in Baumbach/Hueck § 34 GmbHG Rn 8 aE; *Westermann* in Scholz § 34 GmbHG Rn 14a.
[342] BGHZ 116, 359, 369; *Hueck/Fastrich* in Baumbach/Hueck Anh. § 34 GmbHG Rn 16 ff.; *Lutter/Hommelhoff* § 34 GmbHG Rn 36 ff.

rechtslosen Vorzugsanteile kann in der GmbH-Satzung aber auch ein **ordentliches Kündigungsrecht ohne wichtigen Grund**[343] eingeräumt werden, das ausdrücklich keine auflösende Wirkung[344] entfaltet, sondern das **Ausscheiden** des Gesellschafters aus der Gesellschaft und die Einziehung seiner Anteile zur Folge hat[345].

176 Weiter ist der **Ausschluß** eines Gesellschafters als Einziehungsgrund zu nennen[346]. Der Gesellschafterausschluß darf nur aus wichtigem Grund und als äußerstes Mittel stattfinden[347]. Im Gegensatz zum Austritt eines Gesellschafters sind die Möglichkeiten und Gründe eines Ausschlusses als Zwangsmaßnahme aber nicht beliebig erweiterbar, insbes. darf er nicht ohne besonderen sachlichen Grund in das Belieben der Mitgesellschafter gestellt werden[348]. Der Ausschluß eines GmbH-Gesellschafters als Einziehungsgrund kann aber zB an die Beendigung seiner Mitarbeit geknüpft werden, sofern diese nicht ohne sachlichen Grund willkürlich herbeigeführt wird[349]. Denn dies zöge auch die Willkür und damit die Nichtigkeit des Ausschlusses als Gesellschafter nach sich.

177 Die Einziehung aufgrund Austritts oder Ausschlusses eines Gesellschafters führt dazu, daß sämtliche Anteile des betreffenden Gesellschafters untergehen. Es kann nicht nach verschiedenen Anteilsgattungen in der Hand eines Gesellschafters, etwa eines Finanzsponsors, unterschieden werden, weil sowohl Austritt als auch Ausschluß **personenbezogen** sind[350].

178 Die bloße – einfache oder qualifizierte – **Mehrheitsentscheidung** der Gesellschafterversammlung ist grundsätzlich kein zulässiger Einziehungsgrund. Nur **besondere Umstände können** eine Einziehung aufgrund eines Mehrheitsbeschlusses sachlich rechtfertigen[351]. Kein Gesellschafter darf der Willkür der Mehrheit seiner Mitgesellschafter ausgesetzt sein[352]. Unter dem Gesichtspunkt des **Ausschlusses anderer Gesellschafter** könnte der Mehrheitsbeschluß als Einziehungsgrund für die beim IBO mehrheitlich beteiligten Investoren von Interesse sein. Dadurch könnten zB dem Management oder einem Teil desselben alle oder ein Teil ihrer Anteile entzogen werden, wenn etwa die Entwicklung des Unternehmens hinter den Erwartungen zurück bleibt. Welche besonderen Umstände einen bloßen Mehrheitsbeschluß als Einziehungsgrund genügen lassen, ist jedoch nicht hinreichend geklärt[353]. Für die Kautelarpraxis lassen sich daher keine

---

[343] *Winter* in Scholz § 15 GmbHG Rn 128; *Hueck/Fastrich* in Baumbach/Hueck Anh. § 34 GmbHG Rn 1 aE.
[344] Vgl. § 60 Abs. 2 GmbHG.
[345] BGH NJW 1969, 2049 f.; *BayObLG* BB 1975, 249; *Hueck/Fastrich* in Baumbach/Hueck Anh. § 34 GmbHG Rn 1 aE und 23; *Lutter/Hommelhoff* § 34 GmbHG Rn 37.
[346] *Hueck/Fastrich* in Baumbach/Hueck § 34 GmbHG Rn 8 aE.
[347] *Lutter/Hommelhoff* § 34 GmbHG Rn 25; *Hueck/Fastrich* in Baumbach/Hueck Anh. § 34 GmbHG Rn 3 ff.
[348] *Hueck/Fastrich* in Baumbach/Hueck Anh. § 34 GmbHG Rn 14.
[349] BGH WM 1983, 956, 957.
[350] *Hueck/Fastrich* in Baumbach/Hueck Anh. § 34 GmbHG Rn 1.
[351] BGHZ 112, 103, 107 f.; *BGH* GmbHR 1989, 462, 463; *Lutter/Hommelhoff* § 34 GmbHG Rn 18; *Hueck/Faustrich* in Baumbach/Hueck § 34 GmbHG Rn 8; *Westermann* in Scholz § 34 GmbHG Rn 16.
[352] BGHZ 112, 103, 107; *Lutter/Hommelhoff* § 34 GmbHG Rn 18.
[353] So auch BGHZ 112, 103, 108; siehe auch *Lutter/Hommelhoff* § 34 GmbHG Rn 18.

Schlüsse ziehen, die in diesem Punkt eine verläßliche Vertragsgestaltung ermöglichen. Im Fall der Aufnahme einer solchen Regelung in die Satzung muß die damit verbundene Rechtsunsicherheit in Kauf genommen werden.

Im Gegensatz zum Aktienrecht ist ein **Einziehungsentgelt** im GmbH-Gesetz nicht ausdrücklich vorgesehen[354]. Dennoch besteht, selbst wenn in der Satzung eine Regelung unterblieben ist, nach st. Rspr. ein **Abfindungsanspruch** in Höhe des **Verkehrswerts** des eingezogenen Geschäftsanteils[355]. Er richtet sich anteilig nach dem Preis, der auf dem Markt für den Erwerb des Unternehmens im Ganzen gezahlt werden müßte. Der zugrunde gelegte Unternehmenswert ist nach **betriebswirtschaftlichen Methoden**[356] zu ermitteln, weil für GmbH-Anteile, anders als möglicherweise für frei umlauffähige und handelbare Aktien, kein Markt vorhanden ist[357]. Zur Klarstellung der Bewertungsmodalitäten empfiehlt sich eine Regelung in der Satzung. In der Praxis ist die Ausrichtung am **Ertragswert**[358] oder am **Discounted Cash-flow** des Unternehmens üblich. Eine Bestimmung in der Satzung ist jedenfalls erforderlich, wenn von allgemein geltenden Abfindungsgrundsätzen abgewichen werden soll, so zB wenn die Abfindung durch den Nennbetrag des Geschäftsanteils begrenzt werden soll. Dabei sind jedoch die Grenzen der Zulässigkeit von Abweichungen vom Verkehrswert zu beachten. Beschränkungen des Abfindungsanspruchs kommen zB in Form von **Buchwert-** oder **Substanzwertklauseln** in Betracht[359]. 179

Die Abfindung kann grundsätzlich **nicht gänzlich ausgeschlossen** werden[360]. Im Schrifttum wird teilweise vertreten, daß der satzungsrechtliche Abfindungsausschluß bei einer Zwangseinziehung aus wichtigem Grund ausnahmsweise zulässig ist[361]. Eine solche Klausel hat den Charakter einer Vertragsstrafe oder Verfallklausel[362], deren Eingreifen eine schuldhafte Vertragsverletzung des Betroffenen voraussetzt[363], mit der Folge, daß dieser eine Teilabfindung verlangen kann, wenn die Klausel unverhältnismäßig ist[364]. 180

---

[354] *Hueck/Fastrich* in Baumbach/Hueck § 34 GmbHG Rn 19.
[355] BGHZ 116, 359; *Hueck/Fastrich* in Baumbach/Hueck § 34 GmbHG Rn 19; *Lutter/Hommelhoff* § 34 GmbHG Rn 42.
[356] Siehe § 10.
[357] *Hueck/Fastrich* in Baumbach/Hueck § 34 GmbHG Rn 20.
[358] BGHZ 116, 359, 371; *BGH* NJW 1985, 192, 193; *Hueck/Fastrich* in Baumbach/Hueck § 34 GmbHG Rn 17b; *Lutter/Hommelhoff* § 34 GmbHG Rn 43.
[359] Zu den Grenzen der Gestaltungsfreiheit (und der Folgen eines groben Mißverhältnisses zwischen Klausel- und Verkehrswert) *Hueck/Fastrich* in Baumbach/Hueck § 34 GmbHG Rn 23 bis 26.
[360] *Hueck/Fastrich* in Baumbach/Hueck § 34 GmbHG Rn 29 und die dort genannten Ausnahmen.
[361] *Ulmer* in Hachenburg § 34 GmbHG Rn 99; aA *Hueck/Fastrich* in Baumbach/Hueck § 34 GmbHG Rn 29.
[362] *Ulmer* in Hachenburg § 34 GmbHG Rn 99; *BGH* WM 1983, 1207, 1208; *Westermann* in Scholz § 34 GmbHG Rn 29 zu einer dem Wert der Beteiligung nicht entsprechenden Abfindung im Fall der Ausschließung.
[363] § 339 BGB.
[364] § 343 BGB; *Ulmer* in Hachenburg § 34 GmbHG Rn 99; *Westermann* in Scholz § 34 GmbHG Rn 28 aE.

181 Jedenfalls ist die Abfindung in der Satzung **beschränkbar**[365]. Besteht allerdings bei Aufnahme der beschränkenden Abfindungsklausel in die Satzung ein grobes Mißverhältnis zwischen dem satzungsmäßigen Abfindungsbetrag und dem Verkehrswert des Geschäftsanteils, ist die Satzungsregelung wegen Sittenwidrigkeit **nichtig**[366]. Dies ist der Fall, „wenn die mit ihr verbundene Einschränkung des Abflusses von Gesellschaftskapital vollkommen außer Verhältnis zu der Beschränkung steht, die erforderlich ist, um im Interesse der verbleibenden Gesellschafter den Fortbestand der Gesellschaft und die Fortführung des Unternehmens zu sichern"[367]. An die Stelle der nichtigen Abfindungsklausel tritt automatisch der allgemeine Abfindungsanspruch nach dem anteiligen Verkehrswert[368].

182 Entsteht **später** ein grobes Mißverhältnis zwischen satzungsmäßiger Abfindung und Verkehrswert, so bleibt die Abfindungsklausel wirksam[369]. Der ausscheidende Gesellschafter kann aber anstelle der vorgesehenen eine angemessene Abfindung beanspruchen, die im Wege der ergänzenden Vertragsauslegung nach dem von den Beteiligten verfolgten Zweck und der positiven Wertentwicklung des Unternehmens zu bemessen ist[370]. Sonst wäre der austrittswillige Gesellschafter in seinem Entschluß, sein Recht zum Austritt aus wichtigem Grund wahrzunehmen, unvertretbar eingeschränkt[371]. Dies gilt jedoch nicht für Abfindungsbeschränkungen, die sich auf eine in der Satzung zugelassene ordentliche Kündigung durch einen Gesellschafter beziehen[372]. Eine angemessene Abfindung bei nachträglich eintretendem grobem Mißverhältnis zwischen vorgesehener Abfindung und Verkehrswert gilt grundsätzlich auch für den Fall, daß ein Gesellschafter aus wichtigem Grund ausgeschlossen wird[373]. Jedoch kann einem Gesellschafter, der aus wichtigem Grund aus der Gesellschaft ausgeschlossen wurde, in größerem Umfang zugemutet werden, sich an der für ihn ungünstigen Abfindungsregelung festhalten zu lassen, als einem Gesellschafter, der sich durch einen von den anderen Gesellschaftern gesetzten wichtigen Grund veranlaßt gesehen hat, freiwillig auszuscheiden[374]. Der Rspr. läßt sich jedoch nicht entnehmen, daß sich die Zumutbarkeit der Abfindung schlicht danach entscheidet, ob der Gesellschafter freiwillig oder unfreiwillig ausscheidet (dies käme den Investoren selbstverständlich sehr gelegen). In die Bewertung, ob dem ausscheidenden Gesellschafter die vereinbarte Abfindung zugemutet werden kann, fließt vielmehr der Anlaß des Ausscheidens ein[375]. Dieser differenzierte Ansatz muß allgemein für dem Ausschluß verwandte

---

[365] BGHZ 116, 359, 368. Eine Abfindungsklausel entfaltet in der Satzung korporative (materielle Satzungsbestimmung), in einer Nebenabrede nur schuldrechtliche Wirkung, siehe *Hueck/Fastrich* in Baumbach/Hueck § 34 GmbHG Rn 22; *Westermann* in Scholz § 34 GmbHG Rn 29.

[366] § 138 BGB; BGHZ 116, 359, 368 und 375 f.

[367] BGHZ 116, 359, Leitsatz c).

[368] BGHZ 116, 359, 376; *Hueck/Fastrich* in Baumbach/Hueck § 34 GmbHG Rn 19.

[369] BGHZ 123, 281, 284.

[370] BGHZ 116, 359, 371; BGHZ 123, 281, 284; *Lutter/Hommelhoff* § 34 GmbHG Rn 48.

[371] BGHZ 116, 359, 369.

[372] *Ulmer* in Hachenburg § 34 GmbHG Rn 93.

[373] *BGH* WM 1993, 1412, 1413 f.

[374] BGHZ 123, 281, 287; *BGH* WM 1993, 1412, 1413.

[375] BGHZ 123, 281, 286 f.

bzw. einem Austritt aus wichtigem Grund ähnelnde Gründe eines Ausscheidens gelten[376].

Der **Kapitalschutz** iRd. Einziehung, der sich bei der AG über das Verfahren 183 der Kapitalherabsetzung ergibt, wird im Recht der GmbH dadurch gewährleistet, daß die Abfindung nur aus dem Reinvermögen[377], das die Stammkapitalziffer übersteigt, geleistet werden darf[378].

Der Abfindungsanspruch wird grundsätzlich mit **Wirksamkeit der Einzie-** 184 **hung fällig**; in der Satzung kann Abweichendes vereinbart werden, zB die ratenweise Auszahlung der Abfindung vor dem Termin der Einziehung[379]. Ist absehbar, daß die Abfindung aus dem freien Vermögen nicht wird geleistet werden können, wird die Einziehung nach hM erst mit Zahlung der Abfindung wirksam[380]. Deswegen empfiehlt es sich, unter den Voraussetzungen der Einziehung auch die Zwangsübertragung vorzusehen.

bb) Zwangsübertragung. Alternativ oder kumulativ zur Einziehung kann 185 in der Satzung der GmbH vorgesehen werden, daß die NEWCO bei Vorliegen der Gründe für eine Einziehung verlangen kann, daß der betroffene Gesellschafter seine Aktien oder Geschäftsanteile an die Gesellschaft, einen Gesellschafter oder Dritte überträgt (**Zwangsübertragung**)[381]. Dadurch bleibt der Geschäftsanteil als solcher erhalten und geht nicht, wie bei der Einziehung, unter. Außerdem kann im Gegensatz zur Zwangseinziehung auch ein Gesellschafter ausgeschlossen werden, der seine Einlage noch nicht voll geleistet hat[382]. Sonst gelten zum Schutz des betroffenen Gesellschafters die gleichen Voraussetzungen wie bei der Zwangseinziehung[383].

Die Zwangsübertragung kann auch im Rahmen eines Ratchet[384] Anwendung 186 finden, indem die Beteiligungsverhältnisse verschoben werden. Für die Bemes-

---

[376] In diesem Sinne *Lutter/Hommelhoff* § 34 GmbHG Rn 50.
[377] Das Reinvermögen der Gesellschaft ergibt sich aus ihrem Aktivvermögen abzüglich der Verbindlichkeiten, *Wöhe*, Die Handels- und Steuerbilanz, 1996, S. 9.
[378] § 34 Abs. 3 iVm. § 30 Abs. 1 GmbHG; *Hueck/Fastrich* in Baumbach/Hueck Anh. § 34 GmbHG Rn 11.
[379] *Hueck/Fastrich* in Baumbach/Hueck § 34 GmbHG Rn 21.
[380] Die Zahlung ist aufschiebende gesetzliche Bedingung, *Hueck/Fastrich* in Baumbach/Hueck § 34 GmbHG Rn 35 mwN; BGHZ 9, 157, 179; *OLG Frankfurt* ZIP 1997, 644 f.; *Ulmer* in Hachenburg § 34 GmbHG Rn 57 ff., 61; dagegen mit überzeugender Begründung *Goette*, Zum Zeitpunkt des Wirksamwerdens des Zwangseinziehungsbeschlusses, FS Lutter, S. 399, 405 ff: Wirksamkeit mit Bestandskraft des Beschlusses bei anteiliger persönlicher Haftung der verbleibenden Gesellschafter; ob dies bei Austritt oder Ausschließung eines Gesellschafters anders ist, ist str. Nein: *Hueck/Fastrich* in Baumbach/Hueck Anh. § 34 GmbHG Rn 12; ja: *Roth/Altmeppen* § 60 GmbHG Rn 65; *LG Köln* GmbHR 1998, 1083. BGH WM 2000, 1544 nimmt jetzt sogar Nichtigkeit des Beschlusses an, „wenn bereits bei der Beschlussfassung feststeht, daß die Entschädigung des Gesellschafters ganz oder teilweise nur aus gebundenem Vermögen gezahlt werden kann und der Beschluss nicht klarstellt, daß die Zahlung nur bei Vorhandensein ungebundenen Vermögens erfolgen darf."
[381] BGH WM 1983, 956.
[382] *Lutter/Hommelhoff* § 34 GmbHG Rn 33.
[383] *Lutter/Hommelhoff* § 34 GmbHG Rn 33.
[384] Siehe Rn 129 ff.

sung der Abfindung gelten die zur Einziehung genannten Grundsätze[385]. In der Zwangsübertragung liegt eine **Nebenleistungspflicht** des Anteileigners gegenüber der Gesellschaft. Sie ist bei der AG nicht zulässig, weil sie dort den Rahmen zulässiger korporativer Nebenleistungspflichten sprengt[386]; hier kommt – abgesehen von rein schuldrechtlich wirkenden Optionen[387] – als korporativ wirkendes Mittel zur Kontrolle des Aktionärskreises nur die Einziehung in Betracht. In der Satzung der GmbH kann dagegen die Zwangsübertragung korporativ, d. h. an die Mitgliedschaft gebunden, ausgestaltet werden[388].

187 c) „**Bad leaver**" versus „**good leaver**". Für den Fall der Abberufung eines Mitglieds des Managements als Organ kann den Investoren ein Optionsrecht (**Call Option**) auf die Aktien bzw. Geschäftsanteile des betroffenen Managers eingeräumt werden. Wegen des Vorliegens eines wichtigen Grunds in der Person des Vorstands bzw. Geschäftsführers können die Anteile auch von der Gesellschaft eingezogen oder zwangsübertragen werden. Hinsichtlich des Preises bei Ausübung von Call Optionen oder des Entgelts im Rahmen einer Einziehung oder Zwangsübertragung kann nach zuvor – zumeist in der Gesellschaftervereinbarung – definierten sog. guten und schlechten Aussteigern („**good leaver**" und „**bad leaver**") unterschieden werden. ZB kann solchen Mitgliedern des Managements, die unverschuldet als Organmitglied ausscheiden, ein über dem Nennbetrag ihrer Aktien oder Geschäftsanteile liegendes Entgelt gezahlt werden, nach einigen Jahren der Zusammenarbeit auch der Marktwert. Mitgliedern des Geschäftsleitungsorgans, die vertragliche oder gesetzliche Pflichten verletzt haben, erhalten dagegen – uU zeitlich gestaffelt – nur den Nennbetrag ihrer Anteile, ihren Einstiegspreis oder gar nichts[389]. Hier sind vielfältige Differenzierungen möglich, die sich nach dem jeweiligen Einzelfall richten. Die zum Einziehungsentgelt in der AG bzw. zur Abfindung bei der GmbH bestehenden Grenzen der Satzungsautonomie sind zu beachten. Insofern sind die Gestaltungsmöglichkeiten des Ausübungspreises bei dem rein schuldrechtlichen Instrument der Option weiter.

6. „Exit"-Regelungen

188 Den institutionellen Investoren kommt es vorrangig auf den (gewinnbringenden) Ausstieg aus der Investition an. Bei allen Unwägbarkeiten des Investitionsverlaufs müssen daher schon zu Anfang in der Satzung der NEWCO oder in einer separaten Gesellschaftervereinbarung die Einzelheiten des späteren „exit" möglichst genau geregelt werden. Der „exit" geschieht idR durch einen Weiterverkauf der Aktien oder Geschäftsanteile („trade sale") oder durch einen Börsengang (IPO). Für diese Fälle werden ein Veräußerungsrecht und eine Veräußerungs-

---

[385] *Lutter/Hommelhoff* § 34 GmbHG Rn 42.
[386] Vgl. § 55 AktG; siehe auch *BayObLG* DB 1989, 214, 215.
[387] Siehe Rn 117 ff.
[388] *Lutter/Hommelhoff* § 34 GmbHG Rn 33.
[389] Für die Möglichkeit des satzungsrechtlichen Abfindungsausschlusses bei der Zwangseinziehung aus wichtigem Grund quasi als Vertragsstrafe *Ulmer* in Hachenburg § 34 GmbHG Rn 99.

pflicht sowie eine Mitwirkungspflicht der Anteilseigner beim Börsengang der Gesellschaft unter bestimmten Voraussetzungen vorgesehen.

a) **Veräußerungspflicht ("drag/bring along") und Veräußerungsrecht ("tag/take along") beim "trade sale".** Im Fall der Weiterveräußerung der Aktien bzw. Geschäftsanteile im Rahmen eines „trade sale" oder bei vergleichbaren Vorgängen ist der mehrheitlich beteiligte Investor daran interessiert, sämtliche Anteile an der NEWCO veräußern zu können. Die Möglichkeit des Erwerbs aller Anteile erhöht aber auch die Attraktivität der Aktien oder Geschäftsanteile für Dritte und gestattet daher einen höheren Kaufpreis. Deshalb werden idR die Anteilsinhaber in der Satzung der NEWCO oder in einer Gesellschaftervereinbarung verpflichtet, ihre Geschäftsanteile im Gefolge des Mehrheitsaktionärs bzw. -gesellschafters an denselben Dritten zu verkaufen („drag/bring along"). Zugunsten eines Minderheitsaktionärs bzw. -gesellschafters wird diese Pflicht der Mitgesellschafter idR nicht verhandelt. Für einen solchen ist es vielmehr angemessen, wenn ihm das Recht eingeräumt wird, seine Aktien oder Anteile zu denselben Bedingungen wie der Mehrheitsaktionär oder -gesellschafter zu verkaufen, wenn diesem ein Angebot zum Kauf seiner Aktien oder Geschäftsanteile gemacht wird („tag/take along").

Solche Klauseln sind bei einer AG nur formelle Satzungsbestimmungen, weil sie sich nicht im vom Aktienrecht vorgegebenen Rahmen mitgliedschaftlich wirkender **Nebenpflichten** halten[390]. Sie können daher mit gleicher rechtlicher Wirkung auch in einer Gesellschaftervereinbarung vereinbart und über Beitrittsverpflichtungen an zukünftige Aktionäre weitergegeben werden. Bei der GmbH hingegen können „drag/bring along"- und „tag/take along"-Klauseln als korporative, d. h. für alle gegenwärtigen und künftigen Gesellschafter geltende Nebenpflichten festgelegt werden.

Eine Klausel, welche die beiden genannten Regelungen kombiniert, könnte wie folgt lauten:

§ . . .
Veräußerungspflicht und Veräußerungsrecht

(1) Beabsichtigt ein Gesellschafter, der mindestens [> 50] % des stimmberechtigten Kapitals hält, seine gesamten [Aktien/Geschäftsanteile] zu verkaufen („Verkäufer") und findet er einen Käufer [der kein mit dem Verkäufer verbundenes Unternehmen oder mit diesem iSd. § 15 AO verwandt ist] („Käufer"), der bereit ist, zu Bedingungen, wie sie unter fremden Dritten üblich sind, zu erwerben, und handelt er mit diesem Käufer Bedingungen für den Verkauf aller [Aktien/Geschäftsanteile] der Gesellschaft aus, so sind nach Erhalt einer schriftlichen Mitteilung hierüber die übrigen Gesellschafter verpflichtet, das Kaufangebot dieses Käufers zu den mit dem Verkäufer ausgehandelten Bedingungen zu dem Zeitpunkt anzunehmen und ihre [Aktien/Geschäftsanteile] zu übertragen, zu dem der Verkäufer seine sämtlichen [Aktien/Geschäftsanteile] an den Käufer verkauft und überträgt.

---

[390] § 55 AktG.

(2) Erhält ein Verkäufer von einem Käufer ein Angebot zum Kauf [der Aktien/Geschäftsanteile des Verkäufers / von mehr als 25% des stimmberechtigten Kapitals seiner Aktien/Geschäftsanteile] zu Bedingungen, wie sie unter fremden Dritten üblich sind, so kann er das Angebot des Käufers auf Erwerb der [Aktien/Geschäftsanteile] nur annehmen und seine [Aktien/Geschäftsanteile] nur dann übertragen, wenn der Käufer vorher den übrigen [Aktionären/Gesellschaftern] ein Angebot zum Kauf und zur Übertragung ihrer [Aktien/Geschäftsanteile] unterbreitet hat, dessen Bedingungen nicht schlechter sind als die Bedingungen gegenüber dem Verkäufer.

(3) Zum Zweck des Verkaufs der [Aktien/Geschäftsanteile] gem. § ... (1) und (2) verzichten sämtliche [Aktionäre/Gesellschafter] hiermit auf alle Andienungs-, Vorkaufs- und sonstigen Erwerbsvorrechte sowie auf alle sonstigen ihnen nach dem Gesetz [oder dieser Satzung / diesem Gesellschaftsvertrag / dieser Gesellschaftervereinbarung] zustehenden Rechte im Hinblick auf die Beschränkung der Veräußerung von [Aktien/Geschäftsanteilen].

192 **b) Mitwirkungspflicht beim beabsichtigten Börsengang (IPO).** Eine vergleichbare Interessenlage ergibt sich auch beim Ausstieg aus der Investition durch einen Börsengang. Insbes. der mehrheitlich beteiligte Investor ist daran interessiert und muß wegen der Verpflichtungen gegenüber seinen Fondsinvestoren sicherstellen, daß ihn keiner seiner Mitaktionäre bzw. -gesellschafter an diesem „exit" hindert. Darum wird für letztere, ähnlich der oben dargestellten Veräußerungspflicht, die Pflicht statuiert, einen von diesem Investor initiierten Börsengang mitzutragen.

193 Eine Klausel könnte wie folgt lauten:

§ ...
Börsenzulassung

(1) Beabsichtigt ein [Aktionär/Gesellschafter], der mindestens [> 50] % des stimmberechtigten Kapitals hält, die Zulassung der [Aktien/Geschäftsanteile] zum Handel an einem inländischen oder ausländischen Wertpapiermarkt iSd. § 1 Abs. 1 des Wertpapierhandelsgesetzes (in seiner jeweiligen Fassung) zu beantragen, sind die übrigen [Aktionäre/Gesellschafter] [unter der Voraussetzung, daß dies für alle Aktionäre zu gleichen Bedingungen erfolgt] dazu verpflichtet:

a) einem solchen Antrag und allen zu dessen Umsetzung erforderlichen Maßnahmen zuzustimmen; und

b) sämtliche hierzu erforderlichen [Aktionärs-/Gesellschafterbeschlüsse] und sonstigen Maßnahmen herbeizuführen. [GmbH: ..., einschließlich solcher zur Umwandlung der Gesellschaft in eine Aktiengesellschaft.]

(2) Die vorstehenden Bestimmungen gelten entsprechend für Verkaufsabsichten und Veräußerungen sowie die Absicht, die Börsenzulassung herbeizuführen, und die Beantragung der Börsenzulassung durch mehrere Gesellschafter in gleichem sachlichem Zusammenhang.

7. Struktur der Gesellschaftsgremien und Corporate Governance

194 **a) AG. Gesetzlich zwingende Organe** der AG sind der Vorstand als Geschäftsführungs- und Vertretungsorgan, die Hauptversammlung als Organ der

Willensbildung der Aktionäre in wesentlichen Gesellschaftsangelegenheiten[391] und der gleichsam zwischen diesen beiden stehende Aufsichtsrat, der zum einen die Mitglieder des Vorstands bestellt und ihre Tätigkeit überwacht und zum anderen die AG gegenüber den Vorstandsmitgliedern vertritt[392].

aa) Der Vorstand. Der Vorstand einer neu gegründeten AG wird vom ersten Aufsichtsrat bestellt[393], den zuvor die Gründer der AG bestellt haben[394]. Der Vorstand besteht beim MBO aus dem am Buy-Out beteiligten **Management**. Finanzinvestoren gehören dem Vorstand nicht an. Über den Aufsichtsrat, der durch die Investoren oder deren Vertreter mehrheitlich besetzt ist, üben die Finanzsponsoren aber Kontrollrechte aus. 195

Der Vorstand leitet die AG[395] und führt ihre Geschäfte **eigenverantwortlich**[396]. Die Geschäftsführung umfaßt jede rechtsgeschäftliche oder tatsächliche Tätigkeit für die AG; die „Leitung" der Gesellschaft meint die Führungsfunktionen des Vorstands[397]. Der Vorstand ist **frei von Weisungen** anderer Gesellschaftsorgane[398]. Allerdings können in der Satzung oder durch Aufsichtsratsbeschluß bestimmte Geschäfte von dessen vorheriger Zustimmung abhängig gemacht werden[399]. Nach außen ist die Vertretungsmacht des Vorstands unbeschränkbar, ein unter Verstoß gegen den Zustimmungsvorbehalt getätigtes Rechtsgeschäft also für die AG verbindlich[400]. Der Aufsichtsrat ist im übrigen von der Geschäftsführung ausgeschlossen[401]. Er hat eine die Geschäftsführung überwachende und beratende Funktion[402]. 196

Der Vorstand kann sich, insbes. zum Zweck der Regelung einzuhaltender Verfahren, eine **Geschäftsordnung** geben, sofern dies nicht durch die Satzung der Kompetenz des Aufsichtsrats zugewiesen ist oder der Aufsichtsrat selbst eine Geschäftsordnung für den Vorstand erläßt[403]. 197

bb) Der Aufsichtsrat. Die Aufsichtsratsmitglieder werden durch **Wahl** der – beim IBO mehrheitlich von Investoren beherrschten – Hauptversammlung, durch **Entsendungsrechte** bestimmter Aktionäre und durch Wahl der Arbeitnehmer nach dem Mitbestimmungs- oder Betriebsverfassungsrecht bestellt[404]. An das Entsendungsrecht ist vor allem für die einzelnen Investoren zu denken. Jedoch ist zu beachten, daß höchstens ein Drittel der Aufsichtsratsmitglieder der Aktionäre durch Entsendung bestellt werden dürfen[405]. Das Entsendungsrecht kann 198

---

[391] Siehe den Kompetenzkatalog der Hauptversammlung in § 119 Abs. 1 AktG.
[392] *Hüffer* § 76 AktG Rn 4.
[393] § 30 Abs. 4 AktG; siehe außerdem § 84 AktG.
[394] § 30 Abs. 1 AktG.
[395] § 76 Abs. 1 AktG.
[396] § 77 Abs. 1 AktG.
[397] *Hüffer* § 76 AktG Rn 7.
[398] *Hüffer* § 76 AktG Rn 10.
[399] § 111 Abs. 4 Satz 2 AktG.
[400] Anders bei erkanntem Mißbrauch der Vertretungsmacht, *Hüffer* § 78 AktG Rn 9.
[401] § 111 Abs. 4 Satz 1 AktG.
[402] § 111 Abs. 1 AktG.
[403] § 77 Abs. 2 AktG.
[404] § 101 Abs. 1 AktG.
[405] § 101 Abs. 2 Satz 4 AktG.

entweder **personengebunden** sein, indem in der Satzung der Name des entsendungsberechtigten Aktionärs angegeben wird, oder **aktiengebunden**, so daß der jeweilige Inhaber der betreffenden Aktie entsendungsberechtigt ist[406]. Letzteres setzt Namensaktien voraus, deren Übertragung von der Zustimmung durch die Gesellschaft abhängt[407].

199 Der Aufsichtsrat **überwacht** die Geschäftsführung des Vorstands und **berät** ihn bei seiner Geschäftsführung. Ein bedeutsames Mittel der Überwachung sind zugunsten des Aufsichtsrats in der Satzung oder durch Aufsichtsratsbeschluß festgelegte Zustimmungsvorbehalte bei bestimmten Geschäftsarten[408]. Solche Geschäfte dürfen nur durchgeführt werden, wenn der Aufsichtsrat zugestimmt hat. Die Regelung des Zustimmungskatalogs in einer Geschäftsordnung ist gegenüber Satzungsfestlegungen vorzuziehen, weil eine Geschäftsordnung als Verfahrensregelung nicht im Handelsregister zu publizieren ist[409] und die interne Kompetenzverteilung damit geheim gehalten werden kann.

200 Eine Zustimmungskompetenz der **Hauptversammlung** bezüglich solcher zustimmungspflichtiger Geschäfte kommt nur dann in Betracht, wenn der Aufsichtsrat seine Zustimmung zu einem Geschäft verweigert und der Vorstand daraufhin von der Hauptversammlung verlangt, über die Zustimmung zu beschließen[410]. In der Praxis kommt ein solches Vorgehen so gut wie nie vor. Außerdem muß die Hauptversammlung um ihre Entscheidung gefragt werden, wenn der Vorstand eine Strukturmaßnahme durchführen will, von der er „vernünftigerweise nicht annehmen kann, er dürfe sie in ausschließlich eigener Verantwortung treffen, ohne die Hauptversammlung zu beteiligen"[411].

201 **b) GmbH.** Die GmbH hat im Regelfall nur zwei gesetzlich zwingend vorgesehene Organe – den oder die Geschäftsführer und die Gesellschafterversammlung. Die Verpflichtung, einen Aufsichtsrat zu bilden, besteht erst, wenn mehr als 500 Arbeitnehmer beschäftigt sind[412].

202 Im Gegensatz zur Hauptversammlung der AG kann die **Gesellschafterversammlung** der GmbH auf die Geschäftsführung auch ohne Satzungsermächtigung einwirken, indem sie den Geschäftsführern durch Gesellschafterbeschluß **verbindliche Weisungen** erteilt[413]. Allerdings ist auch die Vertretungsmacht der Geschäftsführer unbeschränkbar, weshalb Rechtshandlungen für die GmbH auch verbindlich sind, wenn die Geschäftsführer damit gegen ihnen erteilte Weisungen verstoßen[414]. Die institutionellen Investoren können das Management daher schon allein über die mehrheitlich von ihnen besetzte Gesellschafterversammlung umfassend kontrollieren, sofern sie dies wegen des damit verbundenen Aufwands der Beschäftigung mit den Einzelheiten der Geschäftsführung wünschen. Neben

---

[406] § 101 Abs. 2 Satz 1 AktG.
[407] § 101 Abs. 2 Satz 2 AktG.
[408] Siehe Rn 196.
[409] So zur möglichen Geschäftsordnung der Hauptversammlung *Hüffer* § 129 AktG Rn 1 b.
[410] § 111 Abs. 4 Satz 3; siehe auch *Hüffer* § 119 AktG Rn 9.
[411] BGHZ 83, 122 „Holzmüller".
[412] § 77 Abs. 1 BetrVG 1952.
[413] § 37 Abs. 1 GmbHG; siehe auch *Kübler* GesR § 17 V 1. b) und 3. a).
[414] § 37 Abs. 2 GmbHG.

der Vornahme bestimmter Geschäfte durch die Geschäftsführer wird regelmäßig die Zustimmung der Geschäftsführer zur Veräußerung von Geschäftsanteilen an die vorherige Zustimmung der Gesellschafterversammlung gebunden.

Die Gesellschafter haben in der Ausgestaltung des inneren Gefüges der GmbH weitgehende Freiheit. So können sie in der Gründungssatzung oder in der Folge über die Gesellschafterversammlung neben den Pflichtorganen zusätzlich **fakultative Organe** (zB Aufsichtsrat, Beirat oder Gesellschafterausschuß) bilden und mit eigener Beschlußkompetenz in bestimmten Angelegenheiten versehen[415]. Dies bietet sich insbes. an, um die Gesellschafterversammlung von Arbeitsaufwand zu entlasten und die Handlungsflexibilität der Gesellschaft zu stärken, indem Kompetenzen auf ein **kleineres, repräsentatives Gesellschaftsgremium** übertragen werden.

Wegen der Einfachheit ihrer Unternehmensführung ist die GmbH idR vorzugswürdig. Bei größeren Gesellschaften oder besonderen Ansprüchen des Managements kann allerdings auch eine AG angebracht sein. Außerdem muß für den Gang an die Börse die Rechtsform der AG gewählt werden. Dies kann allerdings auch durch Umwandlung einer GmbH vor dem Börsengang erfolgen.

II. Aktionärs- bzw. Gesellschafterdarlehen – Grundsätze der Kapitalerhaltung, Eigenkapitalersatz und steuerliche Eigen-/Fremdkapitalrelationen

Die disproportionale Bereitstellung von Aktionärs- bzw. Gesellschafterdarlehen bei Buy-Outs macht es erforderlich, auf die mit solchen Darlehen verbundenen gesellschafts- und steuerrechtlichen Besonderheiten hinzuweisen.

Bei Aktionärs- bzw. Gesellschafterdarlehen tritt der Aktionär oder Gesellschafter der AG bzw. GmbH grundsätzlich wie ein Gesellschaftsdritter als Darlehensgeber gegenüber. Er erhält eigene Forderungsrechte auf Zinsen und Rückzahlung des Darlehens, die er *prima facie* eigentlich inner- und außerhalb des Insolvenzverfahrens der Gesellschaft gleichrangig mit den Forderungen anderer Drittgläubiger geltend machen könnte. Dieser Grundsatz wird jedoch gesellschaftsrechtlich durch die Regeln über den **Eigenkapitalersatz** durchbrochen.

Ausgangspunkt der Entwicklung der Grundsätze über eigenkapitalsetzende Gesellschafterdarlehen, die schließlich unter qualifizierten Voraussetzungen in analoger Anwendung auch auf die AG übertragen wurden[416], ist die **Rechtsprechung** zur GmbH[417], die teilweise in das GmbH-Gesetz Eingang gefunden hat[418]. Darlehen von Gesellschaftern an eine GmbH[419], die in einem Zeitpunkt gewährt werden, in dem aufgrund der Lage der Gesellschaft die Zuführung von Eigenka-

---

[415] *Kübler* GesR § 17 V 3. a).
[416] BGH NJW 1984, 1893; *Hüffer* § 57 AktG Rn 17 ff.
[417] Grundlegend *BGH* NJW 1960, 285.
[418] §§ 32a f. GmbHG.
[419] Ausgenommen sind Darlehen von nicht geschäftsführenden Gesellschaftern, die mit 10% oder weniger am Stammkapital beteiligt sind, § 32a Abs. 3 Satz 2 GmbH.

pital geboten ist (Krise der Gesellschaft), unterliegen **besonderen Rechtsgrundsätzen**[420]. Die Darlehen gelten als eigenkapitalersetzende Darlehen.

208 Eine **Krise der Gesellschaft** liegt nach den Bestimmungen des GmbH-Gesetzes vor, wenn ordentliche Kaufleute in dieser Situation der Gesellschaft Eigenkapital zugeführt hätten. Dies wird von den Gerichten dann angenommen, wenn es der Gesellschaft nicht möglich ist, von Dritten zu marktüblichen Bedingungen Kredit zu erhalten und die Gesellschaft ohne die Kapitalhilfen der Gesellschafter liquidiert werden müßte[421].

209 Zugunsten der Gläubiger der Gesellschaft gilt ein **doppeltes Schutzsystem**:
– Für Darlehen, die in einer Krise der Gesellschaft zur Finanzierung der Gesellschaft anstelle von verlorenem Stammkapital gewährt worden sind, gelten die strengen gesellschaftsrechtlichen Regeln des GmbH-Gesetzes über die Kapitalerhaltung[422]. Die Darlehen dürfen nicht zurückgezahlt werden. Wenn sie dennoch zurückgezahlt werden, müssen die Beträge der Gesellschaft erstattet werden. Grundlage dieser Regelung ist die Rspr. des BGH[423] (auch BGH-Regeln genannt[424]).
– Für Darlehen, die in einer Krise der Gesellschaft bei unversehrtem Stammkapital gewährt worden sind, gelten aufgrund einer Novelle zum GmbHG besondere insolvenzrechtliche Bestimmungen[425]. Sie können zurückgezahlt werden, solange sie nicht insolvenzverstrickt sind. Wenn sie insolvenzverstrickt sind, gelten die besonderen Regeln des GmbH Gesetzes (auch Novellen-Regeln genannt[426]).

210 Die Voraussetzungen für die **Einordnung als eigenkapitalersetzendes Darlehen** sind für beide Regelungen dieselben:
– eine Darlehensgewährung durch einen Gesellschafter;
– eine Darlehensaufnahme durch eine GmbH, an der der Gesellschafter beteiligt ist;
– eine Lage der Gesellschaft, in der ihr die Gesellschafter als ordentliche Kaufleute Eigenkapital zugeführt hätten (Krise der Gesellschaft);
– Fortdauer der Krise.

211 Für **Darlehen**, die in einem Zeitpunkt gewährt worden sind, in dem das Unternehmen sich noch nicht in einer Krise befand, **die der Gesellschafter** aber **stehen** läßt, wenn das Unternehmen später in eine Krise gerät, gelten dieselben Folgen wie für ein in der Krise gewährtes Darlehen. Neben den eben genannten Voraussetzungen muß zusätzlich folgendes geschehen:
– ein nachträglicher Eintritt der Krise;
– kein Abzug des Gesellschafterdarlehens;
– Möglichkeit des Erkennens der Krise durch den kreditgewährenden Gesellschafter und zum Abzug des Darlehens;
– Fortdauer der Krise.

---

[420] Vgl. eingehend *v. Gerkan/Hommelhoff*.
[421] *v. Gerkan* in v. Gerkan/Hommelhoff Rn 3.85, 88.
[422] §§ 30, 31 GmbHG.
[423] BGHZ 76, 326; 81, 253; 81, 311; 81, 365; 90, 381; 95, 188.
[424] *Lutter/Hommelhoff* § 32a/b GmbHG Rn 11.
[425] §§ 32a, 32b GmbHG.
[426] *Lutter/Hommelhoff* § 32a/b GmbHG Rn 13.

Die besonderen Regelungen für eigenkapitalersetzende Darlehen beruhen darauf, daß der Gesellschafter einer GmbH die **Verantwortung für eine ordnungsmäßige Unternehmensfinanzierung** trägt. Er muß der Gesellschaft kein Kapital zuführen, er kann die Gesellschaft auch liquidieren. Insoweit gilt das Privileg der Haftungsbeschränkung auch für GmbH-Gesellschafter uneingeschränkt. Wenn sich der Gesellschafter in einer Krisensituation aber entschließt, der Gesellschaft neue Mittel zuzuführen, dann ist er im „Wie" der Mittelzuführung nicht mehr frei. Wer in der Krise als Gesellschafter Mittel zur Verfügung stellt, muß Eigenkapital einlegen. Wenn er dies nicht ausdrücklich tut, wird seine Einlage so behandelt, als handele es sich um Eigenkapital. 212

Das **Ausmaß der Eigenkapitalqualifizierung** eines Gesellschafterdarlehens ist nach der Rspr. des BGH im Zusammenhang mit den allgemeinen Kapitalerhaltungsregeln[427] einerseits und den speziellen Vorschriften im GmbH-Gesetz[428] andererseits verschieden[429]. Während bei letzteren stets der gesamte Darlehensbetrag als Eigenkapital ersetzend qualifiziert wird, beschränkt sich bei den Rechtsprechungsgrundsätzen die Umqualifikation auf den Teil des Darlehens, der dem Fehlbetrag des Stammkapitals entspricht. 213

Auch die **Folgen der Umqualifizierung** sind für die beiden verschiedenen Darlehenstatbestände unterschiedlich: 214
– Nach den BGH-Regeln dürfen auf ein Gesellschafterdarlehen keine Zahlungen geleistet werden[430]. Es wird wie Eigenkapital behandelt und unterliegt deswegen den entsprechenden Bindungen des Gesetzes. Auch Zinsen können nicht wirksam entrichtet werden. Werden sie dennoch gezahlt, sind sie ebenso wie etwaige Tilgungsleistungen an die Gesellschaft zurückzuzahlen.
– Gesellschafter, die ein Darlehen gewährt haben, das den speziellen Regelungen im GmbH-Gesetz unterfällt, nehmen am Insolvenzverfahren als nachrangige Insolvenzgläubiger teil[431]. Bei ausreichendem Vermögen kann es durchaus sein, daß Zahlungen auf solch ein Darlehen geleistet werden.

Die Rspr. ist bestrebt, nicht nur Darlehen, die der Gesellschaft durch Barleistung gewährt werden, im Krisenfall als Eigenkapital zu erfassen. Auch die Besicherung von Drittkrediten im Krisenfall[432], die Nutzungsüberlassung von Gegenständen[433] und andere Leistungen eines Gesellschafters werden den Regeln für Eigenkapitalersatz unterworfen. Sehr verallgemeinernd gilt jede wie auch immer geartete Leistung eines Gesellschafters für die in der Krise befindliche Gesellschaft als **eigenkapitalersetzende Leistung**. 215

---

[427] §§ 30, 31 GmbHG.
[428] §§ 32a, 32b GmbHG.
[429] *v. Gerkan* in v. Gerkan/Hommelhoff Rn 3.85, 88.
[430] *v. Gerkan* in v. Gerkan/Hommelhoff Rn 3.102 ff.
[431] *v. Gerkan* in v. Gerkan/Hommelhoff Rn 3.137.
[432] §§ 32a Abs. 2 Satz 1; 32b Satz 4 GmbHG. Der Begriff der Sicherung ist weit zu fassen: Alle Kreditsicherungsmittel; uU auch Patronatserklärung einer Konzernobergesellschaft für Verbindlichkeiten einer Konzernuntergesellschaft; Ausfallsicherheiten, siehe *Hueck/Fastrich* in Baumbach/Hueck § 32a GmbHG Rn 65 mwN.
[433] § 32b Satz 4 GmbHG; *Haas/Dittrich* in v. Gerkan/Hommelhoff Rn 8.

216 **Darlehen von Dritten** können als Eigenkapitalersatz qualifiziert werden, wenn diese Dritten den Gesellschaftern gleichzustellen sind[434]. Auf diese Weise sollen Darlehen erfaßt werden, die zwar nicht rechtlich, aber wirtschaftlich von einem Gesellschafter stammen[435]. Die Rechtshandlung eines gesellschafternahen Dritten muß der „Darlehensgewährung nach Absatz 1 oder 2 entsprechen"[436]. Die Kapitalzuführung ist in einem weiten Sinne zu verstehen. Herkömmliche Darlehen werden ebenso erfaßt wie das sog. unechte Factoring und das partiarische Darlehen. Nicht erfaßt wird dagegen eine kurzfristige Überbrückung eines nur vorübergehenden Finanzbedarfs[437].

217 Die für die GmbH geltenden Grundsätze zum Eigenkapitalersatz finden auf die **AG**, für die diesbezüglich weder eine tradierte Rechtsprechung noch gesetzliche Regelungen vorhanden sind, insoweit Anwendung, als eine vergleichbare Problemlage gegeben ist. Dies entscheidet sich danach, ob der Aktionär, ähnlich einem typischen GmbH-Gesellschafter, Einfluß auf die Entscheidungen der AG, insbes. hinsichtlich ihrer Finanzierung, nehmen kann (**unternehmerischer Einfluß**). Dies wird jedenfalls bei einer **25%-igen Beteiligung** des Aktionärs von der Rechtsprechung bejaht[438]. Aber auch im Fall einer unter dieser Grenze liegenden, **nicht unbeträchtlichen Beteiligung** kann ein unternehmerischer Einfluß des Aktionärs und damit eine Qualifizierung seiner Darlehen als Eigenkapital angenommen werden, wenn **weitere Umstände** hinzu kommen, die ihm einen Einfluß auf die Unternehmensleitung sichern[439].

218 Aktionärs- oder Gesellschafterdarlehen können in der wirtschaftlichen Krise einer Gesellschaft wie Eigenkapital zu behandeln sein. Diese Zwitterstellung rechtfertigt die Einordnung solcher Darlehen als **Mezzanine-Finanzierungsmittel**.

219 Eine Ausnahme gilt für **Unternehmensbeteiligungsgesellschaften** (UBG) nach dem Gesetz über Unternehmensbeteiligungsgesellschaften (UBGG)[440]. Gewährt der Gesellschafter einer UBG in der Rechtsform der AG oder GmbH einer Gesellschaft, an der die UBG beteiligt ist, ein Darlehen, oder nimmt er eine andere der Darlehensgewährung wirtschaftlich entsprechende Rechtshandlung vor, so finden auf das Darlehen oder eine solche Rechtshandlung die Regeln über den Eigenkapitalersatz keine Anwendung. Außerdem sind Kredite irgendeines Darlehensgebers, der in der Krise der Gesellschaft Geschäftsanteile zum Zweck der

---

[434] § 32a Abs. 3 Satz 1 iVm. Abs. 1 GmbHG.
[435] *BGH* ZIP 1995, 125; *Lutter/Hommelhoff* § 32a/b GmbHG Rn 61; *Hueck/Fastrich* in Baumbach/Hueck § 32a GmbHG Rn 20. So werden verbundene Unternehmen, die nicht Gesellschafter sind, nach der Rspr. als gesellschafterähnlich angesehen, BGHZ 81, 315; 105, 176f. Ein Pfandgläubiger am Gesellschaftsanteil ist nicht automatisch gesellschafterähnlich, vielmehr nur dann, wenn er ähnlich wie ein Gesellschafter die Geschicke der Gesellschaft mitbestimmen kann, *Hueck/Fastrich* in Baumbach/Hueck § 32a GmbHG Rn 21. Ein stiller Gesellschafter gilt nicht als gesellschafterähnlich; er nimmt selbst mit seiner stillen Einlage gleichrangig am Insolvenzverfahren teil, § 236 HGB; *Hueck/Fastrich* in Baumbach/Hueck § 32a GmbHG Rn 22.
[436] § 32a Abs. 3 Satz 1 GmbHG.
[437] *Hueck/Fastrich* in Baumbach/Hueck § 32a GmbHG Rn 29.
[438] BGH NJW 1984, 1893.
[439] BGH NJW 1984, 1893, 1896.
[440] § 24 UBGG.

Überwindung der Krise erwirbt, von der Qualifikation als Eigenkapital ausgenommen (sog. **Sanierungsprivileg**)[441].

Weiter gelten Besonderheiten bei der **Besteuerung** von Gesellschafterdarlehen. Um eine mangelhafte Ausstattung von Kapitalgesellschaften mit (echtem) Eigenkapital jedenfalls nicht zu unterstützen, wurden steuerrechtlich bestimmte Relationen zwischen Eigenkapital und durch Aktionäre oder Gesellschafter gewährtem Fremdkapital geschaffen (**Eigen-/Fremdkapitalrelationen**; engl. Debt/Equity Ratios oder auch „safe havens"; allgemein **Thin Capitalisation Rules**). Zinszahlungen auf Fremdmittel, welche die festgelegten Relationen übersteigen, gelten als verdeckte Gewinnausschüttung, so daß diese auf Ebene der Gesellschaft nicht als Betriebsausgaben von der Steuerbemessungsgrundlage abgezogen werden können, sondern gewinnerhöhend zugerechnet werden müssen[442]. Die genannten Eigen-/Fremdkapitalrelationen werden durch die am 14.7.2000 verabschiedete Steuerreform verschärft.

III. Dienstverträge mit dem Management

Neben den selbstverständlichen Vereinbarungen zur Laufzeit des Anstellungsvertrags und zur Festvergütung des Managements ist unter Anreizgesichtspunkten vor allem die erfolgsabhängige Vergütung in Form der **Tantieme** von Bedeutung. Ihre rechtliche Gestaltung ist gegenüber dem vergünstigten Beteiligungseinstieg („sweet equity") mitsamt „vesting schedules" und im Vergleich zu Optionsplänen unkompliziert[443].

Steuerlich haben Tantiemen auf Ebene der NEWCO den Vorteil, daß sie grundsätzlich als **Personalaufwand** die Steuerbemessungsgrundlage der AG bzw. GmbH mindern. Jedoch ist zu beachten, daß die Qualifizierung als **verdeckte Gewinnausschüttung** (vGA) an das Management droht, dessen Mitglieder gleichzeitig Aktionäre bzw. Gesellschafter sind. Verdeckte Gewinnausschüttungen können nicht als Betriebsausgaben geltend gemacht werden, müssen vielmehr gewinnerhöhend zugerechnet werden. Die Finanzrechtsprechung nimmt einen **Anscheinsbeweis** für eine vGA an, wenn die Summe aller insgesamt geleisteten Tantiemezahlungen **50% des Jahresüberschusses** der Gesellschaft übersteigt[444]. Für den einzelnen Vorstand oder Geschäftsführer wird, unabhängig vom Umfang seiner Kapitalbeteiligung, eine 25% seines Gesamtgehalts übersteigende Tantiemezahlung als vGA angesehen, weil die Rspr. insoweit eine Aufspaltung in mindestens **75% Fixgehalt** und maximal **25% variable Vergütung** vornimmt[445]. Berechnungsgrundlage ist ausschließlich der durchschnittlich zu erwartende Jahresgewinn der Gesellschaft, auch wenn die Tantiemezahlung tatsächlich höher ausfallen sollte, wobei im Rahmen einer jeden Neufestlegung

---

[441] § 32a Abs. 3 Satz 3 GmbHG.
[442] Siehe dazu § 26 Rn 312 ff.
[443] *Harrer* Rn 160 und 162.
[444] BFH DB 1995, 957.
[445] BFH DB 1995, 957.

des Managementgehalts, spätestens aber alle drei Jahre, eine Anpassung der Tantieme an die veränderte Gewinnsituation der Gesellschaft stattzufinden hat[446].

223   Tantiemen gelten auf Ebene des Management als Einkünfte aus **nichtselbständiger Arbeit** und sind daher dem vollen Steuersatz unterworfen.

1. AG

224   Unter den verschiedenen Formen der Tantieme unterscheidet man für die AG die Ermessenstantieme, die in verschiedenen Formen auftretende ergebnisabhängige Tantieme, die dividendenabhängige Tantieme, die Umsatztantieme, die Mindesttantieme und die börsenkursbezogene Tantieme[447], die auch als Phantom Stock (virtuelle Aktie) oder Stock Appreciation Right (virtuelle Option) bezeichnet wird[448]. Da Private Equity-Aktiengesellschaften nicht an der Börse notiert sind, tritt bei diesen an Stelle des Börsenkurses als Maßstab für die Tantieme der nach betriebswirtschaftlichen Berechnungsmethoden zu bestimmende Aktienwert. Hierfür kommen, wie für die Berechnung des Einziehungsentgelts bzw. der Abfindung, der **anteilige Substanz-** oder **Ertragswert** bzw. **Discounted Cash-flow** in Betracht.

225   Die **Ermessenstantieme** wird vom **Aufsichtsrat** nach seinem Ermessen festgelegt. Sofern dem Aufsichtsrat im Anstellungsvertrag mit dem betreffenden Vorstandsmitglied diesbezüglich keine völlige Freiheit zugebilligt worden ist, unterliegt die Ausübung des Ermessens der gerichtlichen Kontrolle[449]. Um die motivierende Wirkung einer solchen Tantieme herzustellen, muß der Aufsichtsrat feste Richtlinien für das Ermessen formulieren. Die Zuteilung der Tantieme wird dadurch nachvollziehbar, und das Management darf die Realisierung der Tantiemeerwartung unter bestimmten Umständen zumindest für wahrscheinlich halten. Sonst wäre dem mehrheitlich mit Investoren besetzten Aufsichtsrat quasi Willkür eingeräumt. Dies würde sich auf die Motivationslage des Managements nicht förderlich auswirken.

226   Die Zahlung von Tantiemen anhand fester Zielvorgaben erscheint demgegenüber motivationsstiftender, weil das Management genau vor Augen hat, welche geschäftlichen Ziele zu erreichen sind, um die Tantieme zu erhalten. Dafür kommen verschiedene Parameter in Betracht, zB der Cash-flow, ein auf bestimmte Weise definiertes operatives Ergebnis, die Eigen- oder Gesamtkapitalrendite oder die Umsatzrendite[450]. Bei der Gestaltung der ergebnisabhängigen Tantieme sind die Vorgaben des Aktienrechts zu berücksichtigen. Danach „soll" eine ergebnisabhängige Tantieme für die Vorstandsmitglieder idR am **Jahresgewinn** der AG ausgerichtet sein (**gewinnabhängige Tantieme**)[451], von dem zwingend ein **Verlustvortrag** aus dem Vorjahr und die Beträge, die nach Gesetz oder Satzung

---

[446] *von Braunschweig* DB 1998, 1831, 1833.
[447] *Hoffmann-Becking* NZG 1999, 797, 799ff.; *Hüffer* § 86 AktG Rn 1ff.
[448] *Hoffmann-Becking* NZG 1999, 797, 801; siehe auch *Kau/Leverenz* BB 1998, 2269, 2271; *Harrer* Rn 26.
[449] *Hoffmann-Becking* NZG 1999, 797, 799.
[450] *Hoffmann-Becking* NZG 1999, 797, 799.
[451] § 86 Abs. 1 AktG.

aus dem Jahresüberschuß in **Gewinnrücklagen** einzustellen sind, abzuziehen sind[452]. Andersartige Bemessungsgrundlagen sind für eine am Jahresgewinn orientierte Tantieme nach dem Gesetzeswortlaut nichtig[453]. Die hM[454] hält es jedoch für zulässig, den nach der genannten Berechnungsweise ermittelten Jahresgewinn weiter zu kürzen, zB durch Abzug außerordentlicher Erträge. Dies steht nicht dem vom Aktienrecht bezweckten **Schutz der Aktionäre** davor entgegen, daß die Vorstandsmitglieder ihnen gegenüber bei einer gewinnabhängigen Auszahlung (Dividende versus Tantieme) bevorzugt werden, indem ihre Bemessungsgrundlage höher ausfällt. Vielmehr ist es iSd. ratio der betreffenden Regelung des Aktiengesetzes unzulässig und damit nichtig, den Jahresgewinn als Grundlage des Tantiemeanspruchs durch Hinzurechnung bestimmter Beträge zu mehren. Wegen der begrenzten Möglichkeiten der Gestaltung einer gewinnabhängigen Tantieme bietet es sich uU bei einer AG als NEWCO eher an, die Ermessenstantieme zu wählen und für die Ausübung des Ermessens durch den Aufsichtsrat verbindliche Richtlinien in der Satzung zu schaffen[455]. Für andere Tantiemen, als die auf den Jahresgewinn der AG bezogene, gilt die genannte Berechnungsregel grundsätzlich nicht[456].

Der **dividendenabhängigen Tantieme** wird nicht der Jahresgewinn zugrundegelegt, vielmehr hat das betreffende Vorstandsmitglied dann Anspruch auf einen festgelegten Betrag für jedes Prozent an ausgeschütteter Dividende[457]. Diese Art der Tantieme ist im AktG nicht geregelt und unterfällt den Regeln zur gewinnabhängigen Tantieme nach hM[458] nur hinsichtlich der Berechnung der Bemessungsgrundlage[459]: Enthält die ausgeschüttete Dividende Beträge aus der Realisierung offener Rücklagen oder aus Gewinnvorträgen, müssen diese Beträge abgezogen werden.

Nach hM sind auch die **Umsatztantieme**, die sich am erzielten Umsatz orientiert, und die **Mindest-** oder **Garantietantieme** grundsätzlich zulässig[460]. Jedoch kann die alleinige Ausrichtung am Umsatz, ohne Einbeziehung der Gewinnentwicklung, womöglich gegen das Gesellschaftsinteresse verstoßen und damit unzulässig sein[461]. Denkbar ist auch eine Ausrichtung der Tantieme am **Cashflow** oder an der **Eigen-** oder **Gesamtkapitalrendite**[462].

---

[452] § 86 Abs. 2 Satz 1 AktG.
[453] § 86 Abs. 2 Satz 2 AktG.
[454] Implizit *Hüffer* § 86 AktG Rn 7, wonach nur der „überschießende" Teil der Berechnungsgrundlage nichtig ist; *Mertens* in Kölner Komm. § 86 AktG Rn 7: „... ungünstigere Berechnung der Tantieme (ist) möglich."
[455] *Hoffmann-Becking* NZG 1999, 797, 800.
[456] *Hüffer* § 86 AktG Rn 6.
[457] *Hoffmann-Becking* NZG 1999, 797, 800.
[458] *Hüffer* § 86 AktG Rn 3 und 6; *Mertens* in Kölner Komm. § 86 AktG Rn 7; *Hefermehl* in Geßler/Hefermehl § 86 AktG Rn 14.
[459] § 86 Abs. 2 AktG.
[460] *Hüffer* § 86 AktG Rn 4 mwN.
[461] *Hüffer* § 86 AktG Rn 4.
[462] *Hoffmann-Becking* NZG 1999, 797, 799.

229 **Virtuelle Aktien (Phantom Stock)** oder **virtuelle Optionen (Stock Appreciation Right)**[463] begründen keine Inhaberschaft von Aktien bzw. kein Recht auf Bezug von Aktien, sondern lediglich einen Zahlungsanspruch. Sie sind **Tantiemen**, deren Anfall und Höhe sich nach dem Wert der Aktien bzw. Optionen bestimmt. Dieser Wert richtet sich nach dem Börsenkurs, außerhalb der Börse nach dem zu ermittelnden anteiligen Unternehmenswert (**börsenkurs- oder aktienwertbezogene Tantieme**)[464]. Es wird fingiert, das Vorstandsmitglied sei Inhaber einer bestimmten Anzahl von Aktien oder Optionen auf Aktien des Unternehmens; zu einem festgelegten späteren Zeitpunkt wird ihm die Differenz zwischen dem Ausgangswert und dem späteren Wert ausgezahlt[465]. Gegenüber dem stark durch externe Faktoren, insbes. Spekulationen beeinflußten Börsenkurs hat der nach anerkannten Methoden zu ermittelnde Unternehmenswert[466] bei der Private Equity-AG den Vorteil, daß keine Probleme entstehen, die Verantwortlichkeit der Leistung des Managements für die positive oder negative Wertentwicklung festzustellen.

230 Phantom Stocks werden auch steuerlich wie Tantiemen behandelt.

2. GmbH

231 Auf die GmbH lassen sich die zur AG genannten Formen der Tantieme übertragen. Im Gegensatz zur AG ist für die Vereinbarung von Tantiemen in den Anstellungsverträgen des Managements aber grundsätzlich die **Gesellschafterversammlung** als Bestellungsorgan zuständig, sofern nicht nach Mitbestimmungsrecht zwingend ein Aufsichtsrat zu bilden ist[467] oder von der fakultativen Möglichkeit der Bildung eines zusätzlichen Gesellschaftsorgans Gebrauch gemacht und diesem die Kompetenz zum Abschluß der Anstellungsverträge übertragen worden ist[468].

232 Für die **Ermessenstantieme** gilt das zur AG Gesagte entsprechend, wobei die Bemessung der Tantieme der Gesellschafterversammlung obliegt, sofern kein Aufsichtsrat zu bilden ist oder kein zusätzliches, fakultatives Gesellschaftsorgan gebildet wird.

233 Im Hinblick auf die **gewinnabhängige** und die **ausschüttungsabhängige** Tantieme ist zu beachten, daß es im Recht der GmbH keinerlei Regelung zu Tantiemen gibt. Die Berechnungsgrundlage der Tantieme hängt daher vorrangig von einer **vertraglichen Vereinbarung** ab. Fehlt eine solche vertraglich vereinbarte Bemessungsgrundlage, gelten im Zweifel die diesbezüglichen Regeln des Aktienrechts[469] entsprechend, ohne daß jedoch vom Jahresgewinn zwingend ein eventueller Verlustvortrag und die Gewinnrücklagen abzusetzen sind[470]. Ist zwar

---

[463] Siehe Terminologie bei *Harrer* Rn 26.
[464] *Holzapfel/Pöllath* Rn 375; so auch *Harrer* Rn 161.
[465] *Kau/Leverenz* BB 1998, 2269, 2271.
[466] Siehe § 10 Rn 34 ff.
[467] *Hueck/Fastrich* in Baumbach/Hueck § 29 GmbHG Rn 81.
[468] *Zöllner* in Baumbach/Hueck § 35 GmbHG Rn 95.
[469] § 86 AktG.
[470] *Hueck/Fastrich* in Baumbach/Hueck § 29 GmbHG Rn 82; *Zöllner* in Baumbach/Hueck § 35 GmbHG Rn 102.

eine am Jahresergebnis der Gesellschaft orientierte Tantieme gewollt, die genannte Art der Bemessungsgrundlage dagegen erkennbar nicht, ist die Tantieme nach billigem Ermessen festzusetzen[471], notfalls anhand diesen Maßstabs in einem gerichtlichen Urteil[472].

---

[471] § 315 BGB.
[472] *BGH* GmbHR 1994, 546, 547; *Zöllner* in Baumbach/Hueck § 35 GmbHG Rn 102.

§ 15 Fremdfinanzierung und Besicherung

Übersicht

	Rn
A. Finanzierung	1
I. Einführung	1
II. Strukturierung des Unternehmenskaufs und der Finanzierung	4
1. Die Grundstruktur	4
2. Typische Problemfelder	9
a) Zugriff auf den Cash-flow der operativen Gesellschaft	9
aa) Gewinnausschüttung	10
bb) Darlehen an die Muttergesellschaft	14
cc) Beherrschungs- und Ergebnisabführungsvertrag	18
b) Zinszahlungen als steuerlicher Aufwand zur Minderung der Ertragsteuern	21
III. Akquisitionsdarlehen	24
1. Prüfungen durch die Bank	25
a) Ermittlung des Unternehmenswerts und des Cash-flow	26
b) Kaufvertrag	27
c) Sonstige Due Diligence	29
2. Darlehensangebot	32
a) Bindungswirkung	33
b) Funktionen	35
3. Darlehensformen	37
a) Akquisitionskredit	38
b) Betriebsmittelkredit	39
4. Darlehensvertrag	41
a) Parteien	46
b) Definitionen	47
c) Kreditbetrag	49
d) Verwendungszweck	50
e) Auszahlungsvoraussetzungen	51
f) Auszahlungsmodalitäten (Verfügbarkeit und Ziehungsgesuch)	53
g) Zinsen	55
h) Zinsanpassung und Zinszuschläge	57
i) Tilgung	59
j) Zusicherungen	63
aa) Bedeutung und Umfang	63
bb) Typische Zusicherungen	68
(1) Ordnungsgemäße Errichtung und Rechtsverbindlichkeit der Verträge	69
(2) Gerichts- und sonstige Verfahren	71

	Rn
(3) Jahresabschlüsse	72
(4) Wesentliche nachteilige Veränderungen	73
(5) Insolvenz	74
(6) Umweltzusicherungen	75
k) Verhaltenspflichten	76
aa) Informationspflichten	78
bb) Auflagen	81
cc) Finanzkennzahlen	88
dd) Haftungsrisiken für die Bank	90
l) Kündigung durch die Bank	96
aa) Außerordentliche Kündigung	96
bb) Einzelne Kündigungsgründe	100
(1) Zahlungsverzug	101
(2) Unrichtigkeit von Zusicherungen	102
(3) Verletzung von Auflagen	103
(4) Nichteinhaltung der Finanzkennzahlen	104
(5) Verzug mit Drittverbindlichkeiten	105
(6) Insolvenz	108
(7) Einstellung oder Änderung des Geschäftsbetriebs	109
(8) Änderung der Beteiligungsverhältnisse	110
(9) Wesentliche nachteilige Änderungen	111
m) Verteuerung der Kredite	112
n) Steuerklausel	113
o) Rechtswidrigkeit	114
p) Gebühren und Kosten	115
5. Syndizierung	116
a) Bildung des Konsortiums	117
b) Weitere Beteiligte und wesentliche Regelungen	120
IV. Sonderformen der Akquisitionsfinanzierung	124
1. Mezzanine-Darlehen	124
a) Nachrangigkeit	125
b) Ausgestaltung	126
2. Verkäuferdarlehen/Kaufpreisstundung	128
3. „High yield bonds"	130
B. Besicherung	134
I. Kreditgeberrisiken bei der Akquisitionsfinanzierung	135
II. Rechtliche Schranken der Besicherung von Akquisitionsdarlehen	136
1. Knebelung	137
2. Qualifizierte Gläubigerbenachteiligung	138
3. Übersicherung	140
a) Ursprüngliche Übersicherung	141
b) Nachträgliche Übersicherung	142
4. Kapitalerhaltungsvorschriften	146
a) GmbH und GmbH & Co. KG	147
aa) Grundsatz: Wirksame Sicherheitenbestellung	147

                                                                    Rn
        (1) Sicherheitenbestellung als Rückzahlung
            von Stammkapital an Gesellschafter 147
        (2) Kein Verstoß gegen ein gesetzliches
            Verbot 151
        (3) Kein Leistungsverweigerungsrecht der
            Gesellschaft 152
        (4) Kein Mißbrauch der Vertretungsmacht . . . 153
      bb) Kollusives Zusammenwirken 154
      cc) Qualifizierte Gläubigerbenachteiligung 155
      dd) Vertragliche Beschränkungen 156
    b) Aktiengesellschaft 158
III. Einzelne Sicherheiten 159
  1. Personalsicherheiten 160
    a) Garantie 161
    b) Schuldbeitritt 166
  2. Dingliche Sicherheiten 169
    a) Verpfändung von Geschäftsanteilen 170
      aa) GmbH-Geschäftsanteile 171
        (1) Form 172
        (2) Gesicherte Forderung 175
        (3) Mehrere Pfandgläubiger 177
        (4) Umfang des Pfandrechts 178
        (5) Verpfändung des Gewinnanspruchs 179
        (6) Teilverpfändung 180
        (7) Mitverwaltungsrechte des Gesellschafters . 181
        (8) Rechte des Pfandnehmers vor der
            Verwertung 182
        (9) Verwertung 183
        (10) Übertragung des Pfandrechts 184
        (11) Aufhebung des Pfandrechts 189
      bb) Aktien 190
      cc) Anteile an Personengesellschaften 192
    b) Verpfändung von Bankkonten 193
    c) Sicherungsabtretung 196
      aa) Globalzession 197
        (1) Bestimmbarkeit der abgetretenen
            Forderungen 198
        (2) Kontokorrentmäßig gebundene
            Forderungen 200
        (3) Verhältnis zu einem verlängerten
            Eigentumsvorbehalt 201
        (4) Einziehung der Forderung durch den
            Sicherungsgeber 202
        (5) Bestandslisten und Verhaltenspflichten . . . 203
        (6) Informationspflichten 204
        (7) Verwertung der abgetretenen
            Forderungen 205
      bb) Abtretung der Gewährleistungsansprüche aus
          dem Unternehmenskaufvertrag 207

	Rn
cc) Abtretung gewerblicher Schutzrechte	208
(1) Übertragung und Umschreibung des Registers	209
(2) Nutzungsrecht des Sicherungsgebers	210
(3) Verwertung	211
d) Sicherungsübereignung	212
aa) Übertragung des Eigentums	213
bb) Verfügungsbefugnis des Sicherungsgebers	216
cc) Verhaltenspflichten	217
(1) Versicherung	217
(2) Rechte Dritter	218
(3) Behandlung des Sicherungsguts	219
dd) Verwertung	220
ee) Rückgewähr des Sicherungsguts	221
e) Grundschuld	222
3. Atypische Sicherheiten	227
a) Rangrücktritt	228
aa) Rangrücktritt zur Abwendung der Überschuldung	229
bb) Rangrücktritt gegenüber bestimmten Gläubigern	230
b) Kapitalbelassungserklärung	235

Schrifttum: *Adams*, Corporate Finance: Banking and Capital Markets, Bristol, 2000; *Adrian/Heidorn/Gourgé*, Der Bankbetrieb, 14. Aufl. 1999; *Bastuck*, Kreditbesicherung im Konzern, WM 2000, 1091; *Buchheit*, How to negotiate cross-default clauses, IFLR August 1993, 27; *Buchheit*, How to negotiate the Libor definition, IFLR June 1993, 35; *Canaris*, Bankvertragsrecht, Sonderausgabe, 1975; *Christians* (Hrsg.), Finanzierungshandbuch, 2. Aufl. 1988; *Coats/Ely/Kilner*, High-yield debt finance, PLC July 1999, 21; *Fleischer*, Covenants und Kapitalersatz, ZIP 1998, 313; *Gaberdiel*, Kreditsicherung durch Grundschulden, 5. Aufl. 1990; *Gooch/Klein*, Loan Agreement Documentation: sample annotated loan agreement for a syndicated eurodollar transaction, London 2. Aufl. 1991; *Harries*, Die Negativklausel, WM 1978, 1146; *Hellner/Steuer* (Hrsg.), Bankrecht und Bankpraxis, Juli 2000; *Herget/Butzke*, Ersatzsicherheiten in der Kreditsicherungspraxis, 1988 (durchgesehen 1991); *Hinsch/Horn*, Das Vertragsrecht der internationalen Konsortialkredite und Projektfinanzierungen, 1985; *Hopt/Mülbert*, Kreditrecht: Bankkredit und Darlehen im deutschen Recht, Sonderausgabe, 1989; *Jährig/Schuck/Rösler/Woite*, Handbuch des Kreditgeschäfts, 5. Aufl. 1989; *Lwowski*, Das Recht der Kreditsicherung, 8. Aufl. 2000; *Meister*, Die Sicherheitsleistung der GmbH für Gesellschafterverbindlichkeiten, WM 1980, 390; *Merkel*, Die Negativklausel: Recht und Praxis einer schuldrechtlichen Sicherungsvereinbarung, 1985; *Messer*, Kreditbesicherung im Konzern, ZHR 159 (1995) 375; *Mosch*, Patronatserklärungen deutscher Konzernmuttergesellschaften und ihre Bedeutung für die Rechnungslegung, 1978; *Obermüller*, Ersatzsicherheiten im Kreditgeschäft, 1987; *Obst/Hinter*, Geld-, Bank- und Börsenwesen, 39. Aufl. 1993; *Peltzer*, Besicherte Darlehen von Dritten an Konzerngesellschaften und Kapitalerhaltungsvorschriften, GmbHR 1995, 15; *Peltzer/Bell*, Besicherung von Gesellschafterkrediten mit dem GmbH-Vermögen, ZIP 1993, 1757; *Pöhler*, Das internationale Konsortialgeschäft der Banken, 1988; *Prüt-*

ting, Insolvenzrecht, 1996; *Repenn/Spitz*, Die Marke als selbständiges Wirtschaftsgut, WM 1994, 1653; *Rohnke*, Warenzeichen als Kreditsicherheit, NJW 1993, 561; *Schimansky/Bunte/Lwowski*, Bankrechts-Handbuch, Bd. 2 und Bd. 3, 1997; *Scholze*, Das Konsortialgeschäft der deutschen Banken, 1973; *Schön*, Kreditbesicherung durch abhängige Kapitalgesellschaften, ZHR 159 (1995) 351; *Sonnenhol/Groß*, Besicherung von Krediten Dritter an Konzernunternehmen, ZHR 159 (1995) 388; *Thießen*, Covenants in Kreditverträgen: Alternative oder Ergänzung zum Insolvenzrecht, ZBB 1996, 19; *Wittig*, Representation and Warranties – vertragliche Tatsachenbehauptungen in der anglo-amerikanischen Kreditdokumentation, WM 1999, 985; *ders.*, Financial Covenants im inländischen Kreditgeschäft, WM 1996, 1381; *Wood*, Law and Practice of International Finance, London 1980.

A. Finanzierung

I. Einführung

Die Kaufpreise für Unternehmen bewegen sich häufig im mehrstelligen Millionenbereich. Nur selten werden diese Beträge vom Erwerber im Wege einer **klassischen Innenfinanzierung**[1] selbst aufgebracht. Große strategische Investoren, die mit dem erworbenen Unternehmen ihr Geschäftsfeld erweitern wollen, nehmen die dazu erforderlichen Mittel oft im Weg einer **Außenfinanzierung** bei Banken durch Darlehensgeschäfte oder auf dem Kapitalmarkt[2] durch Ausgabe von Wertpapieren auf. Ein solches Darlehen kann entweder iRd. Mittel für den allgemeinen Finanzierungsbedarf des Erwerbers zur Verfügung gestellt werden („corporate loan") oder speziell auf den Erwerb des Unternehmens zugeschnitten sein (Akquisitionsdarlehen). Das **Akquisitionsdarlehen** ist auch ein fester Bestandteil, mit dem Finanzinvestoren einen Beteiligungserwerb finanzieren. Für Unternehmensübernahmen, die zu einem überwiegenden Teil auf Krediten basieren, wird vielfach der Begriff Leveraged Buy-Out (LBO) verwandt. Der Hebel- oder „leverage"-Effekt kommt dadurch zustande, daß die Rendite des eingesetzten Eigenkapitals mit der Verschuldung steigt, wenn die Gesamtkapitalrendite über den Zinsen für das Fremdkapital liegt. Die Fremdfinanzierung ist gegenüber der reinen Innenfinanzierung steuerlich dadurch begünstigt, daß im Gegensatz zur Bedienung des Eigenkapitals die Kreditzinsen steuerlich abzugsfähig sind. Wird der Leveraged Buy-Out unter maßgeblicher Beteiligung des Managements des zu erwerbenden Unternehmens durchgeführt, spricht man auch von einem Management Buy-Out (MBO)[3].

1

---

[1] Eine Innenfinanzierung erfolgt durch Zufluß von Mitteln durch betriebliche Leistungs- und Umsatzprozesse, indem Güter oder Dienstleistungen marktmäßig veräußert werden, sowie durch den Zufluß von Mitteln aus einmaligen Transaktionen, wie etwa einem Sale-and-Lease-Back-Geschäft; dazu *Weiss* in Hölters III Rn 4; *Wischnewski* in Schimansky/Bunte/Lwowski § 88 Rn 16 ff.
[2] Dazu *Weiss* in Hölters III Rn 5.
[3] Siehe auch § 11 Rn 12 ff.

2 Sowohl die Entscheidung über eine Kreditvergabe als auch die Abwicklung einer solchen Transaktion erfordern auf Seiten der finanzierenden Bank ein spezielles Know-how, das erheblich über das Know-how im Zusammenhang mit einem normalen Firmenkredit hinausgeht. Die auf dem Londoner und kontinentaleuropäischen Markt tätigen Großbanken haben zur Bedienung dieses Geschäftsfelds in den letzten Jahren nicht selten eigene Abteilungen gebildet, die sich ausschließlich mit **Akquisitionsfinanzierungen** und sonstigen strukturierten Finanzierungen beschäftigen.

3 Nachfolgend sollen die **Fremdfinanzierung** und deren **Besicherung bei einem Leveraged Buy-Out** näher untersucht und die einzelnen Schritte der Kreditvergabe dargestellt werden. Nicht berücksichtigt werden die Finanzierung des Beteiligungserwerbs im Wege der Innenfinanzierung sowie über eine Eigenkapitalbeschaffung oder durch Kapitalmarktinstrumente[4].

II. Strukturierung des Unternehmenskaufs und der Finanzierung

1. Die Grundstruktur

4 Bei fremdfinanziertem Erwerb eines Unternehmens wird die finanzierende Bank von den potentiellen Erwerbern bereits frühzeitig in die geplante Transaktion eingeschaltet, um mit den auf Erwerberseite beteiligten Gruppen (Finanzinvestoren, Management und deren jeweiligen Beratern[5]) ein tragfähiges **Übernahmekonzept** zu erarbeiten. Dabei kommt es darauf an, die Interessen von Käufer, Verkäufer und finanzierenden Banken in Einklang zu bringen. Der Käufer will etwa seine persönliche Haftung ausschließen und wird dazu eine Erwerbergesellschaft einschalten, die sowohl den Kauf- als auch den Darlehensvertrag abschließt. Für ihn ist ferner wichtig, daß seine Anschaffungskosten für das Unternehmen frühzeitig und umfassend in ertragsteuerlich wirksamen Aufwand umgesetzt werden[6]. Dieses Ziel ist auch für die finanzierende Bank relevant, weil ersparte Ertragsteuern unmittelbar zu einer Verbesserung der Liquidität führen, wodurch die Kapitaldienstfähigkeit des Unternehmen gestärkt wird[7]. Aus Sicht der finanzierenden Bank soll die Übernahmestruktur einen möglichst direkten Zugriff auf den operativen Cash-flow[8] der Zielgesellschaft ermöglichen. Da die Erwerbergesellschaft selbst keine weiteren Vermögensgegenstände hat, kommt es bei der Entscheidung der Bank über die Kreditvergabe in erster Linie auf den durch die operative Gesellschaft erwirtschafteten und für die Schuldentilgung zur

---

[4] Mit Ausnahme von „high yield bonds", Rn 130. Im übrigen die Darstellung bei *Weiss* in Hölters III Rn 8 ff. Zur Finanzierung über den Gang an die Börse siehe § 23.
[5] Siehe § 4.
[6] *Fahrholz* S. 18.
[7] *Fahrholz* S. 18.
[8] Der Cash-flow wird oft nach folgendem Schema berechnet: Jahresüberschuß zuzüglich Abschreibungen abzüglich Investitionen, plus/minus Veränderungen des Umlaufvermögens sowie Erhöhungen bzw. Reduzierungen von Pensionsrückstellungen, siehe etwa *Siener*, Der Cash-Flow als Instrument der Bilanzanalyse, 1991, S. 33.

Verfügung stehenden Cash-flow an[9]. Der Verkäufer ist u. a. daran interessiert, daß die Kaufpreiszahlung bei einem fremdfinanzierten Unternehmenskauf gesichert und der Verkauf des Unternehmens für ihn steuerlich optimiert ist.

Aus der Vielzahl von **Strukturierungsgesichtspunkten** ergibt sich folgende Grundstruktur für eine fremdfinanzierte Unternehmensübernahme[10]: Die Investoren als Eigenkapitalgeber gründen oder erwerben eine Gesellschaft mit Sitz in Deutschland (meist eine GmbH, seltener eine GmbH & Co. KG[11]) oder im Ausland (kurz NEWCO oder auch HOLDCO genannt), an der sie sich durch Eigenmittel in Form von registriertem Eigenkapital und Gesellschafterdarlehen beteiligen. Diese Eigenmittel dienen dazu, zusammen mit der Fremdfinanzierung durch die Banken den Kaufpreis sowie die anfallenden Transaktionskosten der Unternehmensübernahme zu zahlen. Die Erwerbergesellschaft nimmt von den Banken direkt das Akquisitionsdarlehen auf und ist somit sowohl Partei des Kaufvertrags als auch Darlehensnehmer. Sie erwirbt die Anteile an der Zielgesellschaft (Target) und bezahlt dem Verkäufer den Kaufpreis.

Die Zielgesellschaft wird häufig zur Finanzierung ihres laufenden Kreditbedarfs zum Zeitpunkt des Erwerbs Geschäftsbeziehungen zu einer oder mehreren Hausbanken unterhalten und dort etwa Investitions- oder **Betriebsmittelkredite** aufgenommen haben. Aus Sicht der Bank, die die Akquisition finanziert, ist es sinnvoll, diese Kredite durch einen Betriebsmittelkredit, der direkt an die Zielgesellschaft vergeben wird, **abzulösen**. Hierdurch hat sie eine größere Kontrolle über die Zielgesellschaft und tritt nicht in Konkurrenz zu Banken, die nicht in die Akquisitionsfinanzierung einbezogen sind und daher andere Interessen verfolgen als der Akquisitionsfinanzierer.

Da bei einer vollständigen Finanzierung des Kaufpreises der Fremdkapitalgeber auch das gesamte Risiko tragen würde, wird dieser auf einen bestimmten Anteil (nachrangigen) Eigenkapitals (zumeist 30 bis 40% des Kaufpreises) bestehen. Die Höhe des Eigenkapitalanteils ist von einer Vielzahl von Faktoren abhängig, etwa der Höhe und Konstanz des zu erwartenden cash-flow[12] und dem Syndizierungsumfeld. IdR wird der Kreditanteil für ein erstrangig besichertes Darlehen 50% bis 60% des Gesamtkaufpreises nicht übersteigen[13]. Dadurch ist die Bank bei Fehleinschätzungen des Kaufpreises (Überbewertung des Unternehmens) relativ geschützt. Zur Schließung der **Finanzierungslücke** müssen dann zusätzliche Fremdmittel aufgenommen werden, die hinsichtlich Rendite und Risiko zwischen

---

[9] Dies ist bei fast allen strukturierten Finanzierungen der Fall, dazu *Perridor/Steiner*, Finanzwirtschaft der Unternehmung, 1995, S. 344; *Fahrholz* S. 76ff.; *Weiss* in Hölters III Rn 77.
[10] Zu den möglichen Strukturierungen *Otto* in Assmann/Schütze § 26 Rn 28ff.; *Koppensteiner*, GmbH-rechtliche Probleme des Management Buy-Out, ZHR 155 (1991) 97ff.; *Weber*, GmbH-rechtliche Probleme des Management Buy-Out, ZHR 155 (1991) 120ff.; *Kerber*, Die Übernahme von Gesellschaften mit beschränkter Haftung im Buy-Out Verfahren, Überlegungen zum Spannungsverhältnis zum Kapitalbildungsvorschriften und Buy-Out-Finanzierung, Teil 1, WM 1989, 473ff., Teil 2, WM 1989, 513ff.; *Peltzer*, Rechtliche Problematik der Finanzierung des Unternehmenskaufs beim MBO, DB 1987, 973ff.
[11] *Otto* in Assmann/Schütze § 26 Rn 28. Die GmbH bietet Vorteile bei einem späteren steuerfreien bzw. steuerbegünstigten Verkauf der Anteile an der Erwerbergesellschaft.
[12] Dazu Rn 4.
[13] Vgl. *Fahrholz* S. 54; siehe auch *Weiss* in Hölters III Rn 68.

dem erstrangigen Fremdkapital („senior debt") und dem Eigenkapital (einschließlich der Gesellschafterdarlehen) stehen[14]. Hierfür haben sich nachrangige Finanzierungen („subordinated debt"), insbes. sog. **Mezzanine-Darlehen**[15], eingebürgert, für die typisch ist, daß sie gegenüber dem erstrangigen Fremdkapital nachrangig sind, höher verzinst werden und über Optionen auf Geschäftsanteile an der Erwerbergesellschaft („warrants") an einer Steigerung des Unternehmenswerts beteiligt sind („equity kicker"). Mezzanine-Kapital ist im Vergleich zu erstrangigen Darlehen deutlich teurer, so daß sich die Investoren vornehmlich einen möglichst hohen Senior-Anteil an der Gesamtfinanzierung wünschen[16]. Eine Finanzierungslücke kann auch dadurch geschlossen werden, daß der Verkäufer sich selbst im Wege eines Verkäuferdarlehens bzw. einer Kaufpreisstundung („vendor loan" oder „seller's note") zu einem Teil an der Finanzierung beteiligt[17].

8   Die **richtige Gewichtung** des Fremdkapitals im Verhältnis zur Eigenkapitalausstattung ist eine bei jedem LBO zu beantwortende wichtige Frage[18]. Aus Sicht der Bank von noch größerer Bedeutung ist jedoch das Verhältnis von zu erwartendem operativen Cash-flow vor Zins und Tilgung im Verhältnis zu liquiditätswirksamem Zins und Tilgung[19].

2. Typische Problemfelder

9   a) **Zugriff auf den Cash-flow der operativen Gesellschaft.** Aus der dargestellten Grundstruktur der Akquisition und ihrer Finanzierung ergibt sich, daß die Erwerbergesellschaft als Darlehensnehmerin nicht selbst die Mittel generiert, die für die Rückzahlung des Akquisitionskredits erforderlich sind. Es muß daher sichergestellt sein, daß sie durch den auf der Ebene der Zielgesellschaft erwirtschafteten **Cash-flow** in die Lage versetzt wird, die Darlehen zu tilgen. Dies geschieht entweder durch die Ausschüttung von Dividenden oder – in Ausnahmesituationen – durch ein **Darlehen** der Zielgesellschaft an ihre Mutter. **Gewinnausschüttungen** reichen gelegentlich nicht aus, um zu den festgelegten Zins- und Tilgungsterminen genügend Gelder zur Darlehensnehmerin fließen zu lassen, so daß in einer solchen Situation andere Maßnahmen wie etwa eine Darlehensgewährung oder Entnahmen im Rahmen eines Ergebnisabführungs- und Beherrschungsverhältnisses die Gewinnausschüttung bzw. -entnahme ergänzen müssen.

10   aa) **Gewinnausschüttung.** Zins- und Tilgungsleistungen auf das Akquisitionsdarlehen lassen sich durch **Gewinnausschüttungen** oder -entnahmen nur erbringen, wenn zu den jeweiligen Zahlungsterminen eine Ausschüttung rechtlich zulässig ist und die operative Gesellschaft über entsprechenden Gewinn verfügt. Die Frage, ob der jeweils erforderliche Gewinn zukünftig anfallen wird, läßt

---

[14] *Fahrholz* S. 54.
[15] Siehe Rn 124 ff.
[16] *Fahrholz* S. 54.
[17] Dazu Rn 128 f.
[18] *Otto* in Assmann/Schütze § 26 Rn 54; *Lerbinger*, Unternehmensakquisition durch Leveraged Buy Out, Die Bank 1986, 138.
[19] Vgl. *Otto* in Assmann/Schütze § 26 Rn 54; ferner *Caytas/Mahari*, Im Banne des Investmentbanking, 1988, S. 207.

sich nur durch eine Prognose beantworten und muß von der Bank anhand des ihr vorgelegten Geschäftsplans („business plan") kritisch überprüft werden. Die Abstimmung der Gewinnausschüttung mit den Zins- und Tilgungsterminen ist eine Frage der rechtlichen Zulässigkeit der Ausschüttungen bzw. Entnahmen und hängt von der Rechtsform der operativen Gesellschaft ab.

Bei einer **GmbH** kann eine Gewinnausschüttung vorgenommen werden, wenn der Jahresabschluß der Gesellschaft einen Jahresüberschuß oder einen Bilanzgewinn ausweist[20]. Der Gewinn ist in einem Gesellschafterbeschluß festzustellen[21]. Begrenzt dadurch, daß keine Rückzahlung des für die Erhaltung des Stammkapitals erforderlichen Vermögens zulässig ist[22] und unter Wahrung des Gleichbehandlungsgrundsatzes können die Gesellschafter sich jederzeit Vermögenswerte der Gesellschaft übertragen lassen[23]. Ferner können sie Vorabausschüttungen (Zwischengewinn oder Gewinnvorlage) vornehmen[24]. Eine Satzungsgrundlage[25] ist dafür ebensowenig erforderlich wie eine förmliche Zwischenbilanz[26]. Allerdings dürfen auch Vorabausschüttungen nicht aus dem zur Erhaltung des Stammkapitals erforderlichen Vermögen geleistet werden[27]. **11**

Bei der **AG** ist der Vermögensschutz strikter. Es darf nur Gewinn ausgeschüttet werden[28]. Abschlagszahlungen dürfen nur geleistet werden, wenn die Satzung den Vorstand dazu ermächtigt und wenn ein vorläufiger Abschluß für das vergangene Geschäftsjahr einen Jahresüberschuß ergibt[29]. **12**

Bei einer **OHG** und **KG** entsteht das Entnahmerecht mit Feststellung des Jahresabschlusses[30]; wird es nicht ausgeübt, erhöht sich der variable Kapitalanteil des Gesellschafters[31]. Sonstige Verminderungen des Kapitalanteils sind mit Zustim- **13**

---

[20] § 29 Abs. 1 GmbHG. Dazu *Priester* in MünchHdbGesR Bd. 3 § 38 Rn 23.
[21] Dazu näher *Hommelhoff/Priester*, Bilanzrichtliniengesetz und GmbH-Satzung, ZGR 1986, 463, 474.
[22] § 30 GmbHG.
[23] *Emmerich* in Scholz § 29 GmbHG Rn 65; *Priester* in MünchHdbGesR Bd. 3 § 58 Rn 24. Insoweit sind zudem die steuerrechtlichen Folgen einer verdeckten Gewinnausschüttung zu beachten.
[24] RGZ 85, 43, 44; *Hueck* in Baumbach/Hueck § 29 GmbHG Rn 60; abweichend OLG Hamburg MDR 1969, 848. Vorabausschüttungen sind Zahlungen der Gesellschaft an die Gesellschafter, die während des Geschäftsjahrs, d. h. vor Festlegung des Jahresabschlusses im Hinblick auf einen bereits erzielten oder zumindest zum Ende des Geschäftsjahrs erwarteten Gewinn geleistet werden, *Priester* in MünchHdbGesR Bd. 3 § 58 Rn 98.
[25] *Lutter/Hommelhoff* § 29 GmbHG Rn 44; *Roth* in Roth/Altmeppen § 29 GmbHG Anm. 5.5.
[26] *Priester* in MünchHdbGesR Bd. 3 § 58 Rn 100.
[27] § 30 GmbHG. Vorabausschüttungen bedürfen ebenfalls eines Gesellschafterbeschlusses. Sie stehen unter dem Vorbehalt, daß der Jahresabschluß einen Gewinn in mindestens entsprechender Höhe ausweist, *Priester* in MünchHdbGesR Bd. 3 § 58 Rn 104. Offene Rücklagen können aufgelöst werden, *Lutter/Hommelhoff* § 29 GmbHG Rn 45.
[28] § 57 Abs. 3 AktG.
[29] § 59 AktG. Als Abschlag darf höchstens die Hälfte des Betrags gezahlt werden, der vom Jahresüberschuß nach Abzug der Beträge verbleibt, die nach Gesetz oder Satzung in Gewinnrücklagen einzustellen sind; ferner darf er die Hälfte des Bilanzgewinnes des Vorjahrs nicht überschreiten.
[30] § 122 HGB.
[31] *Hopt* § 122 HGB Rn 34.

mung der anderen Gesellschafter zulässig[32], wobei zu beachten ist, daß bei Rückgewähr der Einlage des Kommanditisten dessen persönliche Haftung bis zur Höhe der zurückgezahlten Einlage wieder auflebt[33]. Eine Vorausdividende ist ebenfalls zulässig.

14 **bb) Darlehen an die Muttergesellschaft.** In Einzelfällen kann es sinnvoll sein, daß die Zielgesellschaft ihrer Mutter ein **Darlehen** gewährt, das zu einem späteren Zeitpunkt mit dem auszuschüttenden Gewinn verrechnet werden soll. Sowohl bei der GmbH, bei der GmbH & Co. KG als auch bei der AG ist allerdings darauf zu achten, daß dieses Darlehen die **Kapitalerhaltungsvorschriften** für die jeweilige Gesellschaftsform nicht verletzt. Bei der **GmbH** und der **GmbH & Co. KG** gilt insoweit, daß das zur Erhaltung des Stammkapitals erforderliche Vermögen nicht von der Gesellschaft an die Gesellschafter ausgezahlt werden darf[34]. Die Gewährung des Darlehens setzt daher voraus, daß dadurch keine Unterbilanz entsteht bzw. das Darlehen ein Drittgeschäft darstellt[35]. Eine Unterbilanz liegt vor, wenn das Reinvermögen der Gesellschaft deren Stammkapitalziffer nicht erreicht, anders ausgedrückt, wenn die Aktiva hinter der Summe von Stammkapital und echten Passiva zurückbleiben[36]. Als Ausgleich für die Gewährung des Darlehens erhält die Gesellschaft (Zielgesellschaft) den Darlehensrückzahlungsanspruch gegen die Gesellschafterin (ihre Mutter), der jedoch das Entstehen einer Unterbilanz nur dann ausschließt, wenn er mit hoher Wahrscheinlichkeit entstehen wird, werthaltig ist und, da es sich wegen der in der Zukunft erfolgenden Erfüllung um ein Risikogeschäft handelt, unter Umständen besichert werden muß.

15 Als **Besicherung** kommt bei einer Akquisitionsfinanzierung oftmals nur in Betracht, der darlehensgewährenden Tochter den zukünftigen Gewinnanspruch zu verpfänden. Eine solche Verpfändung eines Anspruchs gegen den Pfandnehmer ist zwar rechtlich zulässig[37], wird aber eine hinreichende Sicherheit nur darstellen, sofern der Gewinn mit hoher Wahrscheinlichkeit realisiert werden kann. Je nach Lage des Falles sind bei der Bewertung der Sicherheit Abschläge zu machen. Zudem wurde der zu verpfändende Gewinnanspruch der Muttergesellschaft meist bereits im Zusammenhang mit der Verpfändung der Geschäftsanteile an der Zielgesellschaft mitverpfändet[38]. Insofern müßte die Bank auf ihr erstrangiges Pfandrecht am Gewinnanspruch gegenüber der Gesellschaft verzichten, da die Gesellschaft anderenfalls nur ein zweitrangiges Pfandrecht erlangen könnte. Wirtschaftlich bedeutet dies für die Banken, daß sie zwar auf diese Weise die Tilgung auf das Darlehen erhalten, damit aber in entsprechender Höhe ihr Sicherungsrecht am zukünftig anfallenden Gewinn verlieren.

---

[32] *Hopt* § 122 HGB Rn 14.
[33] § 172 Abs. 4 HGB.
[34] § 30 GmbHG bzw. § 172a HGB iVm. § 30 GmbHG. Bei der GmbH & Co. KG bezieht sich dies auf das Stammkapital der Komplementär-GmbH. Siehe auch Rn 146ff.
[35] BGHZ 13, 54; *Westermann* in Scholz § 30 GmbHG Rn 17.
[36] *Hueck* in Baumbach/Hueck § 30 GmbHG Rn 7.
[37] Pfandrecht an eigener Schuld, *BGH* WM 1985, 78.
[38] Siehe Rn 170, 179.

Für die **GmbH & Co. KG** gelten die gleichen Grundsätze wie bei der GmbH, 16
da auch bei ihr durch die Gewährung des Darlehens an die Mutter Eigenkapitalerhaltungsgrundsätze verletzt werden könnten[39]. Bei einer GmbH & Co. KG verstößt eine Auszahlung an einen Kommanditisten auch dann gegen das Gesetz[40], wenn sie nicht aus dem Vermögen der GmbH, sondern aus dem der KG erbracht wird und dadurch mittelbar (durch Haftung für Schulden der KG[41] oder durch Entwertung der Kapitalbeteiligung an der KG) das Vermögen der GmbH unter den Nennwert des Stammkapitals fällt[42].

Die dargestellten Grundsätze gelten in verschärfter Form bei der **AG**. Den Aktionären dürfen die Einlagen nicht zurückgewährt werden[43], so daß es auf die 17
Frage, ob eine Unterbilanz entsteht, bei der AG nicht ankommt. Die AG kann allerdings auch mit den Aktionären wie mit jedem Dritten Geschäfte machen und entsprechende Leistungen erbringen[44]. Darin liegt keine Einlagenrückgewähr, wenn und soweit sie durch Gegenleistungen der Aktionäre voll kompensiert werden. Bei einem objektiven Mißverhältnis von Leistung und Gegenleistung liegt dagegen eine verbotene Rückzahlung der Einlage vor[45]. Die Konditionen des Darlehens und die Sicherheiten müssen deshalb vollumfänglich marktüblich sein. Es ist zu fragen, ob und unter welchen Voraussetzungen eine Bank ein derartiges Darlehen gewähren würde. Ein solcher Vergleich wird nur sehr selten dazu führen, daß ein Konzerndarlehen keine verbotene Rückzahlung der Einlage darstellt. Verstößt der Vertrag gegen das aktienrechtliche Rückzahlungsverbot, ist er nichtig[46].

cc) **Beherrschungs- und Ergebnisabführungsvertrag.** Eine weitere 18
Möglichkeit des Zugriffs auf den operation Cash-flow der Zielgesellschaft ist, zwischen der Erwerber- und Zielgesellschaft einen **Beherrschungs- und Ergebnisabführungsvertrag** abzuschließen[47]. Durch einen Beherrschungsvertrag unterstellt sich die abhängige Gesellschaft der Leitung durch das herrschende Unternehmen, das dadurch die Befugnis erhält, der Geschäftsführung der abhängigen Gesellschaft **unmittelbar Weisungen** zu erteilen[48]. Durch einen häufig damit im Zusammenhang abgeschlossenen Ergebnisabführungsvertrag[49] verpflichtet sich die abhängige Gesellschaft, ihren gesamten Gewinn an das herrschende Unter-

---

[39] Nach der Rspr. gelten die §§ 30, 31 GmbHG bei der kapitalistisch strukturierten GmbH & Co. KG entsprechend, BGHZ 60, 324, 328; 67, 171, 174; 69, 274, 279; 75, 334; NJW 1988, 824; dazu auch *Hopt* § 172a HGB Rn 32 ff.
[40] § 30 Abs. 1 GmbHG (analog).
[41] § 128 HGB.
[42] BGHZ 60, 324, 328; *Hopt* § 172a HGB Rn 33. Dies gilt auch, wenn der Komplementär nicht zugleich Gesellschafter der GmbH ist, BGHZ 110, 342, 355 ff.
[43] § 57 AktG.
[44] *Hüffer* § 57 AktG Rn 8.
[45] *Hüffer* § 57 AktG Rn 8.
[46] *Hüffer* § 57 AktG Rn 8; siehe aber auch *Lutter* in Kölner Komm. § 57 AktG Rn 67 f.
[47] Siehe auch § 28 Rn 37 f., 55 ff.
[48] § 291 Abs. 1 AktG. Zum Beherrschungsvertrag bei der GmbH siehe *Decher* in Münch-HdbGesR Bd. 3 § 72 Rn 2 ff.
[49] § 291 Abs. 1 AktG.

§ 15 19–21   Fremdfinanzierung und Besicherung

nehmen abzuführen. Das herrschende Unternehmen ist im Gegenzug zum Ausgleich eines während der Vertragsdauer entstehenden Jahresfehlbetrags verpflichtet[50].

19   Bei einer **AG** verstoßen Leistungen, die aufgrund rechtmäßiger Ausübung der Weisungsbefugnis[51] erbracht werden, nicht gegen das **Verbot der Rückzahlung** der Einlagen und sind somit zulässig[52].

20   Bei der **GmbH** (und entsprechend bei der GmbH & Co. KG) ist offen, ob die Kapitalerhaltungsvorschriften[53] bei Abschluß eines Beherrschungs- und Ergebnisabführungsvertrags gelten[54]. Die Grenze ist jedenfalls die Bestandsgefährdung; das herrschende Unternehmen darf keine Maßnahmen veranlassen, durch die der Bestand des beherrschten Unternehmens in Frage gestellt würde[55]. Angesichts dieser **unklaren Rechtslage** hilft der Abschluß eines Beherrschungs- und Ergebnisabführungsvertrags mit einer GmbH als abhängigem Unternehmen nicht über die dargestellten Einschränkungen des Kapitalerhaltungsrechts[56] hinweg.

21   **b) Zinszahlungen als steuerlicher Aufwand zur Minderung der Ertragsteuern.** Auch aus Bankensicht ist anzustreben, daß die auf der Ebene der Erwerbergesellschaft anfallenden Zinszahlungen steuerlicher Aufwand sind, der zu einer Minderung der insgesamt anfallenden Ertragsteuern führt[57]. Hierzu kann etwa zwischen Erwerber- und Zielgesellschaft eine **Organschaft** hergestellt werden[58]. Unter den Voraussetzungen einer gewerbesteuerlichen bzw. körperschaftsteuerlichen Organschaft sind Reduzierungen der Gewerbesteuer sowie der Körperschaftsteuer durch Verrechnung von Gewinnen und Verlusten der einzelnen Konzernunternehmen zu erreichen[59]. Da die körperschaftsteuerliche Organschaft einen Gewinnabführungsvertrag voraussetzt, der für mindestens fünf Jahre abgeschlossen werden muß und dessen spätere Kündigung einen Anspruch auf Sicherheitsleistung für bestimmte Gläubiger der Gesellschaft auslöst[60], ist sie aus Sicht der

---

[50] § 302 AktG. Bei der GmbH gilt die Vorschrift analog, BGHZ 103, 1, 4; 116, 37, 39.
[51] Befugnis zu nachteiligen Weisungen, wenn sie den Belangen des herrschenden Unternehmens oder der mit ihm und der Gesellschaft konzernverbundenen Unternehmen dienen, § 308 Abs. 1 AktG.
[52] § 291 Abs. 3 AktG. Dazu *Altmeppen* in MünchKomm. § 291 AktG Rn 228 f.; *Koppensteiner* in Kölner Komm. § 291 AktG Rn 79.
[53] §§ 30, 31 GmbHG.
[54] Dazu *Fleck*, Der Grundsatz der Kapitalerhaltung, FS 100 Jahre GmbH-Gesetz, 1992, S. 391, 396; *Hommelhoff*, Eigenkapital-Ersatz im Konzern und in Beteiligungsverhältnissen, WM 1984, 1105, 1110; *Lutter*, Verdeckte Leistungen und Kapitalschutz, FS Stiefel, 1987, S. 505, 530.
[55] OLG Düsseldorf DB 1990, 1394, 1396; *Zöllner*, Inhalt und Wirkungen von Beherrschungsverträgen bei der GmbH, ZGR 1992, 173, 189.
[56] Siehe Rn 14.
[57] *Fahrholz* S. 18.
[58] Dazu *Otto* in Assmann/Schütze § 26 Rn 41; *Holzapfel/Pöllath* Rn 248 ff.
[59] §§ 14 bis 19 KStG. Näher bei *Crezelius*, Faktischer Konzern und steuerliche Organschaft, FS Kropff 1997, S. 37 ff.; *Hüffer* § 291 AktG Rn 38; *Kantenwein* in MünchHdbGesR Bd. 4 § 71 Rn 24 ff.; *Sonnenschein*, Organschaft und Konzerngesellschaftsrecht, 1976, S. 107 ff.
[60] § 303 AktG.

Bank nicht unproblematisch. Ihre Vor- und Nachteile müssen daher im Einzelfall sorgsam abgewogen werden.

Ein anderer gelegentlich genutzter Weg ist ein **Herunterbringen ("push down") der Darlehensverbindlichkeiten** auf die Ebene der operativen Gesellschaften, die Gewinne erwirtschaften. Dies geschieht durch Beschlußfassung über eine Ausschüttung[61], die nicht durch Auszahlung erfüllt wird, sondern durch befreiende Schuldübernahme der Darlehensverbindlichkeit. Ein ähnliches Resultat kann im Hinblick auf die steuerliche Abzugsfähigkeit der Zinszahlungen durch Umwandlung des Anspruchs auf Auszahlung der Ausschüttung in ein Darlehen, dessen Zinsen an das Akquisitionsdarlehen angeglichen sind, erreicht werden. In beiden Fällen sollten die steuerlichen Folgen einer Ausschüttung beachtet werden.

Da bei **Personengesellschaften** Gewinne nicht auf der Ebene der OHG oder KG besteuert werden, lassen sich die bei der Erwerbergesellschaft anfallenden Zinszahlungen im Hinblick auf die Körperschaftsteuer mit den Gewinnen der Zielgesellschaft, die als Personengesellschaft organisiert wurde, verrechnen. Dies gilt allerdings nicht für die Gewerbesteuer.

III. Akquisitionsdarlehen

Die Darlehensvergabe durchläuft auf Seiten der Bank unterschiedliche **Phasen** bis es zur Ausreichung des Darlehens am Tag der Kaufpreiszahlung kommt[62]. Zunächst wird die Bank die Tragfähigkeit des ihr von den Finanzinvestoren vorgelegten Projekts prüfen. Endet diese vorläufige Prüfung mit einer positiven Entscheidung, erstellt die Bank ein „term sheet" (Darlehensangebot)[63], das die wesentlichen Eckpunkte enthalten wird, zu denen die Bank bereit ist, den Erwerb zu finanzieren. Ist dieses Angebot für die Investoren akzeptabel, wird die Bank weitere Prüfungen vornehmen und den ersten Entwurf eines Darlehensvertrags vorlegen. Nach erfolgreicher Verhandlung der letzten offenen Punkte wird der Darlehensvertrag idR sehr zeitnah zum Tag der Kaufpreisfälligkeit abgeschlossen und der Darlehensbetrag nach Erfüllung der Inanspruchnahmevoraussetzungen ausgezahlt.

1. Prüfungen durch die Bank

Bei jeder Kreditvergabe prüft das finanzierende Kreditinstitut die Kreditwürdigkeit dessen, der einen Kreditantrag stellt[64]. Die **Prüfungstätigkeit der Bank** erstreckt sich iRd. Akquisitionsfinanzierung neben den wirtschaftlichen Grundlagen des Unternehmenserwerbs auch auf eine Vielzahl von Fragen, die für die Finanzierungsentscheidung und die Einschätzung des Projekts bedeutsam sind.

---

[61] Sofern ausschüttbarer Gewinn oder Rücklagen vorhanden sind.
[62] Einen Überblick zu diesen Phasen für eine „klassische" Kreditvergabe gibt *Weiss* in Hölters III Rn 72.
[63] Siehe Rn 32 ff.
[64] Dazu *Klage* in Adrian/Heidorn/Gourgé S. 377 ff.; *Weiss* in Hölters III Rn 73 f. Eingehend auch *von Stein/Kirchner* in Obst/Hinter S. 363 ff.; *Rösler* in Jährig/Schuck/Rösler/Woite S. 335 ff.

Hierzu gehört die Ermittlung des Unternehmenswerts, die Prüfung des Kaufvertrags sowie die Prüfung der von den Finanzinvestoren vorgelegten Unterlagen. Die Bank hat dabei zu beachten, daß sie einen Kredit von mehr als DM 500 000 nur gewähren darf, wenn sie sich vom Kreditnehmer die wirtschaftlichen Verhältnisse (in der Praxis durch Vorlage der Jahresabschlüsse) offenlegen läßt[65].

26   a) **Ermittlung des Unternehmenswerts und des Cash-flow.** Für die Finanzierungsentscheidung der Bank ist die Ermittlung des Unternehmenswerts und des für die Rückzahlung zur Verfügung stehenden Cash-flow der Zielgesellschaft von überragender Bedeutung. Die Bank wird dazu die in einem **Unternehmenswertgutachten** vorgenommene Bewertung auf Plausibilität prüfen[66]. Auf der Basis der vorgelegten Jahresabschlüsse sowie der in den Geschäftsplan oder in das Budget eingehenden Projektionen rechnet die Bank ihr Finanzierungsmodell durch[67]. Das Ergebnis dieser Berechnungen fließt sowohl in den Tilgungsplan als auch in die vom Unternehmen einzuhaltenden Finanzkennzahlen[68] ein.

27   b) **Kaufvertrag.** Die Prüfungen der Bank beziehen sich auch auf den zwischen Veräußerer und Erwerber ausgehandelten Kaufvertrag. Für die Bank ist es wichtig zu erkennen, welche Risiken im Vertrag behandelt werden und ob die von ihr iRd. Durchsicht der Due Diligence-Berichte erkannten **Risiken adäquat erfaßt** sind. Die im Kaufvertrag vereinbarten Zusicherungen dienen der Bank als Sicherheit und werden ihr im Rahmen einer Sicherungsabtretung übertragen[69]. Je nach dem Stand der Verhandlungen sind die Einflußnahmemöglichkeiten durch die Bank unterschiedlich. IdR wird sie frühzeitig in die Kaufvertragsverhandlungen einbezogen und über den jeweiligen Verhandlungsstand informiert. Das hat für den Erwerber bzw. Darlehensnehmer den Vorteil, daß nicht noch kurz vor Abschluß der Akquisition Änderungen mit dem Veräußerer verhandelt werden müssen, von denen die Bank den Abschluß des Darlehensvertrags oder die Auszahlung des Darlehens abhängig macht.

28   Von besonderer Bedeutung ist für die Bank auch der im Kaufvertrag festgelegte **Mechanismus für die Zahlung des Kaufpreises** und den Erwerb der Anteile bzw. Vermögensgegenstände. Aus Erwerbersicht ist es sinnvoll, die Bank frühzeitig einzubeziehen und sich mit ihr auf einen Modus zu verständigen, der die banktechnische Abwicklung der jeweiligen Geldflüsse berücksichtigt.

29   c) **Sonstige Due Diligence.** Üblicherweise prüft die Bank neben den ihr vorgelegten Jahresabschlüssen der Zielgesellschaft die von den Beratern des Erwerbers erstellten Prüfungsberichte[70]. Diese **Due Diligence-Berichte**[71] werden je nach Art und Umfang der Transaktion bspw. zu den rechtlichen Verhältnissen

---

[65] § 18 KWG.
[66] Zu den Bewertungsverfahren siehe § 10 und *Fahrholz* S. 77 ff.
[67] *Fahrholz* S. 81 f.
[68] Siehe Rn 88 ff.
[69] Siehe Rn 207.
[70] Siehe dazu auch *Fahrholz* S. 79 ff.
[71] Zur Due Diligence siehe § 9 Rn 162 ff.

der Zielgesellschaft, den Finanzen, Steuerfragen, Umweltrisiken, Versicherungsschutz und zum Zwecke einer Marktanalyse erstellt. Daneben wird die Bank nur in Ausnahmefällen eigene Prüfungen von ihren eigenen Beratern durchführen lassen, etwa wenn ein für sie wesentlicher Gesichtspunkt in den für die Investoren erstellten Berichten nicht hinreichend berücksichtigt wurde. Dies kann etwa bei der Überprüfung der bestehenden Kreditverträge der Fall sein, die die rechtlichen Berater der Investoren oft aus einem anderen Blickwinkel prüfen als die Bank es sich wünscht.

Die Bank verläßt sich somit auf Berichte, die von Beratern erstellt wurden, zu denen sie in keinem vertraglichen Verhältnis steht. Es ist daher übliche Praxis, daß die Berichte entweder an die Banken adressiert werden oder der Bank mit einer Erklärung übergeben werden (**Vertrauenserklärung, „reliance letter"**), wonach die Bank auf den Inhalt der Berichte vertrauen darf und der jeweilige Berater der Bank ebenso wie dem eigentlichen Auftraggeber Sorgfaltspflichten schuldet, deren Verletzung den Berater schadensersatzpflichtig macht. Der Berater wird darauf achten, daß sich der Sorgfaltsmaßstab durch diese Haftungserweiterung nicht erhöht und deutlich wird, daß er bankspezifische Gesichtspunkte nicht berücksichtigt hat.

Die Kreditprüfung erstreckt sich ferner auf zahlreiche **Gespräche** mit dem Management der Zielgesellschaft und schließt nicht selten eine **Betriebsbesichtigung** ein, die dem Kreditbearbeiter einen persönlichen Eindruck von der Arbeitsweise des Unternehmens vermittelt.

2. Darlehensangebot

Kommt es nach den ersten Prüfungen durch die Bank zu weiteren Verhandlungen und entschließt sie sich, dem Kunden ein Finanzierungsangebot zu machen, wird sie die Bedingungen der Kreditfinanzierung in einem Darlehensangebot zusammenfassen[72]. Dieses **„term sheet"** enthält die wesentlichen Vertragsbestimmungen, zu denen die Parteien beabsichtigen, einen Kreditvertrag abzuschließen. Damit legen sich die Bank und der Kunde auf die wirtschaftlichen Eckdaten der Finanzierung fest. Das „term sheet" enthält eine Vielzahl weiterer Regelungen, die zu einem späteren Zeitpunkt in den Kreditvertrag übernommen werden.

a) Bindungswirkung. Das „term sheet" wird regelmäßig vom Kunden unterschrieben, ist jedoch häufig noch kein Vorvertrag und hat idR ebenso wie ein beim Unternehmenskauf häufig anzutreffender Letter of Intent[73] nur eine **eingeschränkte rechtliche Bindungswirkung**. Ein Vorvertrag ist ein schuldrechtlicher Vertrag, durch den sich die Parteien zum späteren Abschluß eines Hauptvertrags verpflichten[74]. Bei einem Vorvertrag ist stets zu prüfen, ob ein beiderseitiger Bindungswille vorhanden ist[75]. Ein wirksamer Vorvertrag setzt voraus, daß sich die Parteien über alle wesentlichen Punkte geeinigt haben und der Inhalt des ab-

---

[72] Siehe das Beispiel bei *Fahrholz* S. 239 ff.
[73] Dazu § 6 Rn 24 ff.; *Lutter,* Letter of Intent, S. 12 ff.; *Holzapfel/Pöllath* Rn 7.
[74] BGHZ 102, 388.
[75] BGH WM 1973, 67; NJW 1980, 1578; *Heinrichs* in Palandt Einf v § 145 BGB Rn 19.

zuschließenden Hauptvertrags zumindest bestimmbar ist[76]. Da ein „term sheet" alle wesentlichen Punkte des Darlehensvertrags bereits regelt und offene Fragen durch Auslegung zu ermitteln sind, lägen die Anforderungen für einen Vorvertrag, der die Parteien zum Abschluß des Kreditvertrags verpflichtet, an sich vor. Aus Sicht der Parteien hängt die Darlehensvergabe aber noch von einer Vielzahl von Punkten ab. Daher sollte zur Vermeidung von Mißverständnissen im „term sheet" zum Ausdruck gebracht werden, daß damit keine Verpflichtung zum Abschluß des Darlehensvertrags eingegangen wird und die Darlehen erst auf der Grundlage des Darlehensvertrags ausgereicht werden[77].

34 Das „term sheet" wird jedoch auch Regelungen enthalten, die bereits mit der Gegenzeichnung durch die zukünftigen Darlehensnehmer gelten sollen, zum Beispiel eine **Vertraulichkeitsvereinbarung**[78] **und eine Kostenerstattungspflicht**[79]. Diese Regelungen sollten ausdrücklich als bereits mit Unterzeichnung des „term sheet" verbindlich bezeichnet werden. Oft enthalten „term sheets" solche ausdrücklichen Regelungen nicht, so daß sich der Regelungsgehalt nur durch Auslegung ermitteln läßt, wobei die oben dargestellte Interessenlage der Parteien zu berücksichtigen ist. Im Zusammenhang mit der Verhandlung des „term sheet" haben beide Parteien Sorgfaltspflichten zu beachten, die zu einer Haftung aus culpa in contrahendo führen können[80]. Dies ist insbes. dann der Fall, wenn eine der Parteien bei der anderen die berechtigte Annahme hervorruft, der Darlehensvertrag komme zustande.

35 b) Funktionen. Das „term sheet" hat mehrere Funktionen. Zum einen ist es **schriftliche Fixierung der wesentlichen Bestandteile** der angestrebten Finanzierung. Unabhängig von der Frage, ob das „term sheet" rechtlich verbindlich ist, wird bei den nachfolgenden Vertragsverhandlungen nicht einseitig von den Festlegungen im „term sheet" abgewichen (von begründeten Ausnahmefällen abgesehen). Es hat daher eine ganz **erhebliche faktische Präjudizwirkung**. Der Bank wird daran gelegen sein, für sie wichtige Punkte (Zinsen, Laufzeit, Sicherheiten, Gebühren) exakt festzulegen. Da der Kunde während dieser Phase relativ verhandlungsstark ist, ist es sein Interesse, die Punkte, die ihn belasten (Auflagen, Zusicherungen, Kündigungsgründe), möglichst schon im „term sheet" abschließend zu regeln. Die Bank wird diese Punkte offen lassen wollen und hierzu im „term sheet" ausdrücken, daß es sich jeweils nur um beispielhafte Aufzählungen handelt, die keinen abschließenden Charakter haben. Der Grund für diese Haltung der Bank liegt darin, daß sie zum Zeitpunkt der Festlegung des „term sheet" noch nicht sämtliche Informationen haben wird, die eine abschließende Beurteilung zulassen. Während Regelungen, die entsprechend den Marktusancen ausge-

---

[76] BGH NJW 1990, 1234, 1235; NJW 1975, 443; NJW 1975, 1116; ZIP 1989, 1402.
[77] Das englische Recht kennt hierzu den Ausdruck und das Konzept „subject to contract". Er besagt, daß das „term sheet" keine verbindlichen Regelungen enthält, vgl. *Adams* S. 16 f.
[78] Siehe § 6 Rn 3 ff.
[79] Für ähnliche Regelungen beim Letter of Intent siehe *Holzapfel/Pöllath* Rn 8; *Kapp*, Der geplatzte Unternehmenskauf: Schadensersatz aus culpa in contrahendo bei formbedürftigen Verträgen (§ 15 Abs. 4 GmbHG)?, DB 1989, 1224.
[80] BGH WM 1989, 685.

staltet werden sollen, im „term sheet" nur einer kurzen Erwähnung bedürfen, sollten Besonderheiten mit der notwendigen Detailschärfe erfaßt werden.

Das „term sheet" dient ferner den **Rechtsberatern der Bank** dazu, einen Überblick über die Transaktion zu gewinnen, damit sie etwa eine Gebührenschätzung abgeben oder im Anschluß an die Mandatierung den Kreditvertrag erstellen können.

3. Darlehensformen

IRd. Akquisitionsfinanzierung werden vor allem **mittelfristige Kredite** mit einer Laufzeit zwischen ein und vier Jahren und **langfristige Kredite** mit einer Laufzeit über vier Jahren[81] vergeben (beide werden in englischsprachigen Verträgen als „term loan" bezeichnet) sowie **Betriebsmittelkreditlinien** zur Verfügung gestellt, die als **Kontokorrentkredit** (revolvierender Kredit) oder als Avalkredit in Anspruch genommen werden können.

a) Akquisitionskredit. Der **mittel- oder langfristige Kredit** („term loan") ist idR das eigentliche Akquisitionsdarlehen. Zusammen mit dem von den Investoren eingezahlten Eigenkapital dient er zur Finanzierung des Kaufpreises. Die Laufzeiten liegen regelmäßig zwischen drei und acht Jahren. Die Rückzahlung geschieht entweder in mehr oder minder progressiven Beträgen (**Tilgungskredit**, amortisierend), durch anfangs gleiche Beträge mit einem oder mehreren höheren Rückzahlungsbeträgen am Ende der Laufzeit („balloon payment")[82] oder durch lediglich einen Betrag am Ende der Laufzeit (**Blockkredite**, „bullet payment")[83].

b) Betriebsmittelkredit. Sofern die Bank auch die Finanzierung des operativen Geschäfts übernimmt, geschieht dies durch eine Betriebsmittelkreditlinie an die Zielgesellschaft oder auch an deren Tochtergesellschaften. Das Betriebsmitteldarlehen dient der Finanzierung des laufenden Geschäfts, insbes. des Umlaufvermögens, und wird als **Kontokorrentkredit**[84] oder als **Avaldarlehen** vergeben[85]. Die Gesellschaft hat im Rahmen ihres laufenden Geschäfts einen wechselnden Finanzierungsbedarf. Ihre Zahlungsverpflichtungen decken sich nicht mit den laufenden Geldeingängen. **Kontokorrentkredite** sind ebenso wie Überziehungskredite revolvierende Darlehen, die jederzeit zurückgeführt und wiederholt in Anspruch genommen werden können[86]. Zinsen sind nur auf den jeweils gezogenen Teil der Linie zu zahlen; die Bank erhebt u. a. zur Deckung ihrer Eigenkapi-

---

[81] Die Einstufung als langfristig erfolgt in Anlehnung an die Statistiken der Bundesbank, *Krüger* in Christians S. 259; *Weiss* in Hölters III Rn 68, 221. Zum langfristigen Darlehen auch *Krüger* in Christians S. 262; *Lwowski* in Schimansky/Bunte/Lwowski § 75 Rn 4. Kredite mit einer Laufzeit unter einem Jahr werden üblicherweise als kurzfristige Kredite bezeichnet.
[82] *Krüger* in Christians S. 281.
[83] *Adams* S. 23.
[84] Dazu *Früh* in Hellner/Steuer Rn 3/187 ff.
[85] *Eichwald* in Obst/Hinter S. 415.
[86] *Lwowski* in Schimansky/Bunte/Lwowski § 75 Rn 16; *Canaris* Bankvertragsrecht Rn 1218; *Kümpel* Rn 5.180.

talkosten eine Bereitstellungsgebühr („commitment fee"). Die Laufzeit des Betriebsmittelkredits ist meist der des Akquisitionsdarlehens angeglichen.

40 IRd. **Avalkredits** übernimmt die Bank im Auftrag des Darlehensnehmers Garantien und Bürgschaften oder eröffnet und bestätigt Akkreditive[87]. Der Avalkreditvertrag ist ein **entgeltlicher Geschäftsbesorgungsvertrag**[88], auf Grund dessen die Bank die Übernahme von Garantien oder einer sonstigen Haftung schuldet[89]. Für die Stellung der Garantie zahlt der Kreditnehmer eine Gebühr; wird die Bank aus der Garantie in Anspruch genommen, hat er ihr den Betrag zu ersetzen[90] (auftragsrechtlicher Erstattungsanspruch)[91].

4. Darlehensvertrag

41 Im Anschluß an die Verhandlung und Fixierung des „term sheet" geht die Akquisitionsfinanzierung in die Phase der Erstellung des Darlehensvertrags über. Das „term sheet", zunächst kurz und zumeist wenig detailliert auf einige Seiten gebracht, wird nun in einen Vertrag umgesetzt, der nicht selten der **anglo-amerikanischen Vertragspraxis** entsprechend einen großen Umfang hat[92]. Aus Sicht der Bank soll dieser Vertrag sicherstellen, daß die Zinsen und Gebühren gezahlt und zu den jeweils festgesetzten Terminen das Kapital zurückgezahlt wird. Diese **Ziele** können am ehesten erreicht werden, wenn folgende Punkte beachtet werden[93]:
— Das Geld darf nur für einen bestimmten Zweck verwendet werden.
— Der Darlehensnehmer soll alles unterlassen, was seine Fähigkeit, das Darlehen zurückzuzahlen, gefährden würde.
— Die wirtschaftliche Situation des Darlehensnehmers ist regelmäßig zu überprüfen.
— Die Ansprüche der Bank werden durch die Vermögensgegenstände der Unternehmensgruppe gesichert.

42 Während sich deutsche Kreditverträge traditionell auf das Wesentliche beschränken, ist es iRd. Akquisitionsfinanzierung in den letzten Jahren vielfach Praxis geworden, Kreditverträge, die deutschem Recht unterliegen, nach anglo-amerikanischem Beispiel zu dokumentieren[94], sofern sie syndiziert werden sollen. Demgemäß enthalten Kreditverträge für Akquisitionsdarlehen und ähnlich strukturierte Finanzierungen viele Regelungen, die bei anderen Krediten nicht üblich sind[95].

---

[87] Dazu *Kümpel* Rn 5.253.
[88] § 675 BGB.
[89] *BGH* WM 1985, 1387, 1388; *OLG Köln* WM 1991, 1751, 1752.
[90] § 670 BGB.
[91] *Bydlinski*, Personaler numerus clausus bei Bürgschaft auf erstes Anfordern?, WM 1991, 257, 259; *Kümpel* Rn 5.290.
[92] Siehe etwa das Beispiel für einen Eurokreditvertrag bei *Storck*, Euromarkt: Finanz-Drehscheibe der Welt, 1995, S. 399 ff.
[93] *Adams* S. 32.
[94] Kritisch dazu *Früh* in Hellner/Steuer Rn 3/84 ff.
[95] *Früh* in Hellner/Steuer Rn 3/84e.

Es ist eine im Markt akzeptierte Konvention, daß der erste **Entwurf des Darlehensvertrags** von der Bank bzw. ihren Rechtsberatern erstellt wird[96]. Dies beschränkt die Rolle der Rechtsberater des Darlehensnehmers darauf, den ersten Entwurf der Banken durch Änderungen und Streichungen von Klauseln in eine Form zu bringen, die für den Darlehensnehmer das Optimum darstellt.

Diese Vertragspraxis wirft das Problem der **Rechtswahl**[97] auf. Die maßgebliche Beteiligung deutscher Kreditinstitute führt häufig dazu, daß im Darlehensvertrag deutsches Recht vereinbart wird[98]. Dabei wird gelegentlich ein nach anglo-amerikanischem Recht entworfener Vertrag sorglos deutschem Recht unterstellt, ohne die erforderlichen **Anpassungen** durchzuführen[99]. Mittlerweile gibt es im Markt jedoch eine Reihe von Darlehensverträgen, die der anglo-amerikanischen Vertragstechnik folgen und so angepaßt sind, daß die Anforderungen und Besonderheiten des deutschen Rechts erfüllt sind[100]. Zu beachten ist ferner, daß bei internationalen Finanzierungen die Anwendung der Allgemeinen Geschäftsbedingungen der Banken (AGB-Banken) idR nicht vereinbart wird, so daß viele Regelungen, die in den AGB den Banken den erforderlichen Schutz geben, ausdrücklich in den Darlehensvertrag aufgenommen werden müssen[101].

Im Folgenden sollen die typischen Klauseln eines derartigen Kreditvertrags dargestellt und untersucht werden[102].

a) Parteien. Auf der ersten Seite des Vertrags werden die Parteien genannt. Dem englischen Beispiel folgend haben sich einige **Besonderheiten** eingebürgert[103]. Zunächst werden der oder die Darlehensnehmer sowie eventuelle Garantiegeber[104] genannt, dann die Banken, die innerhalb des bestehenden oder künf-

---

[96] Die in England tätige Loan Market Association (LMA) hat kürzlich den Entwurf eines Multicurrency Term and Revolving Facility veröffentlicht (*Adams* S. 145, 151). Dieses von der Association of Corporate Treasures akzeptierte Muster soll dazu dienen, unnötige Verhandlungen über die grundsätzlichen Vertragsbestimmungen zu vermeiden. Die Marktteilnehmer erwarten, daß nur in begründeten Einzelfällen von diesem Standard abgewichen wird. Dieser Standard ist für mittlere und große syndizierte Darlehen auch im deutschen Markt, d. h. wenn deutsches Recht als Vertragsrecht vereinbart wurde, mit den nach deutschem Recht notwendigen Anpassungen häufige Praxis. Banken und Darlehensnehmer werden dennoch feststellen, daß Anwaltskanzleien, die erfolgreich im Bereich der Akquisitionsfinanzierung tätig sind, ihre eigenen Musterverträge haben, die vom LMA-Standard in einigen Punkten der Vertragstechnik abweichen (zur Erläuterung verschiedener häufig verwendeter englischer Begriffe siehe *Adams* S. 155 ff.).
[97] Dazu *Welter* in Schimansky/Bunte/Lwowski § 118 Rn 145 ff.
[98] *Hinsch/Horn* S. 153; *Welter* in Schimansky/Bunte/Lwowski § 118 Rn 146.
[99] Siehe auch *Wittig* WM 1999, 985; *Graaf*, Euromarket Finance: Issues of Euromarket securities and syndicated Euromarket loans, Deventer-Boston 1991, S. 359 ff.
[100] Bspw. bei der Zinszuschlagsklausel, Rn 58, im Hinblick auf das Zinseszinsverbot gem. §§ 246, 289 BGB oder den Kündigungsgründen.
[101] Ein Beispiel für den Vergleich von anglo-amerikanischem Vertragstext und AGB-Klausel bei „representations" und „warranties" findet sich bei *Wittig* WM 1999, 985.
[102] Überblick auch bei *Früh* in Hellner/Steuer Rn 3/75 ff., siehe auch *Buchheit*, How to negotiate Eurocurrency Loan Agreements, London 1995; *Gooch/Klein*, Loan Agreement Documentation, 2. Aufl. 1991; *Welter* in Schimansky/Bunte/Lwowski § 118 Rn 73 ff.; *Hemmendinger*, Hillman on Commercial Loan Documentation, 4. Aufl. 1994, S. 112 ff.
[103] *Adams* S. 39 f.
[104] Zu Garantien siehe Rn 161 ff.

tigen Konsortiums eine bestimmte Rolle wahrnehmen (etwa als Arranger, Agent oder Security Agent[105]). Die übrigen Banken werden in einer Anlage („schedule") am Ende des Vertrags aufgelistet. Treten Banken in unterschiedlichen Rollen auf, werden sie mehrfach aufgeführt und unterzeichnen den Darlehensvertrag auch mehrmals. Dies ist ebenfalls eine Üblichkeit der englischen Vertragspraxis[106], die rechtlich keine Relevanz hat, da bereits eine Unterschrift (bzw., falls erforderlich, die Unterschriften mehrerer Personen) ausreicht, um die Bank in ihren jeweiligen Funktionen bei der Darlehensgewährung zu binden.

47 **b) Definitionen.** Große Bedeutung haben die am Beginn des Vertrags (manchmal auch in einer Anlage) festgelegten Definitionen[107] oder **Begriffsbestimmungen**. Sie sollten nur Begriffe enthalten, die an verschiedenen Stellen im Vertrag vorkommen. Wird der Begriff nur in einer Klausel oder in einem Absatz mehrfach verwandt, ist es üblich, ihn in der Klausel selbst zu definieren.

48 Manche Definitionen enthalten äußerst **wichtige Regelungen**[108], was zum Teil auf folgender Technik beruht: Wird etwa in einer Auflage[109] bestimmt, daß der Darlehensnehmer keinerlei Sicherheiten bestellen darf („negative pledge"[110]), so gibt es von diesem Verbot in fast allen Fällen Ausnahmen. In der Klausel selbst wird dies durch „andere als erlaubte Sicherheiten" ausgedrückt. Der Begriff „erlaubte Sicherheiten" („permitted encumbrances") wird in den Definitionen mit Inhalt gefüllt, so daß erst die Definition exakt bestimmt, was dem Darlehensnehmer gestattet ist. Andere Begriffsbestimmungen legen die Zinsen sowie die Bereitstellungsperiode fest. Diese Vertragstechnik hat Vor- und Nachteile. Sie verkürzt die eigentlichen Vertragsklauseln, reißt jedoch Zusammengehöriges auseinander. Der ungeübte Leser wird allerdings schnell mit dieser Technik vertraut und wird sich nach etwas Einarbeitung in einem derartigen Vertrag leicht zurechtfinden.

49 **c) Kreditbetrag.** Zentrale Bestimmung des Darlehensvertrags ist die Regelung über die Höhe des **Kreditbetrags** in der vereinbarten **Währung**. Für die Ausweisung der Kreditsumme als Euro- oder DM-Betrag gilt, daß während eines Übergangszeitraums vom 1. 1. 1999 bis 31. 12. 2001 die DM nur noch eine Denomination (Bezeichnung) des Euro ist. Verträge können sowohl auf DM- als auch auf Euro-Basis abgeschlossen werden[111]. Die auf DM lautenden Verbindlich-

---

[105] Siehe Rn 117 ff.
[106] *Adams* S. 40.
[107] *Welter* in Schimansky/Bunte/Lwowski § 118 Rn 67. Siehe auch die Muster bei *Gooch/Klein* S. 1 ff; *Hinsch/Horn* S. 274 f. Es ist üblich, daß in einem englischsprachigen Text die definierten Begriffe großgeschrieben werden. Dies führt freilich zu Schwierigkeiten, wenn diese Technik auf einen deutschsprachigen Text angewandt wird, da mittels Groß- und Kleinschreibung nicht zwischen definierten und nicht-definierten Begriffen unterschieden werden kann. Hier greifen manche Verfasser auf Kursivschrift oder Versalien zurück, was für die Lesbarkeit eines solchen Dokuments nicht unbedingt förderlich ist.
[108] *Welter* in Schimansky/Bunte/Lwowski § 118 Rn 67 betont, daß die Bedeutung der Begriffsbestimmungen nicht unterschätzt werden darf.
[109] Siehe Rn 81 ff.
[110] Siehe Rn 83 ff.
[111] Art. 6 Abs. 2 EuroVO.

keiten können in DM oder in Euro erfüllt werden[112]; abweichende Vereinbarungen sind allerdings zulässig[113]. Mit der endgültigen Einführung des Euro am 1. 1. 2002 wird die DM durch den Euro ersetzt[114]; auf DM lautende Beträge in Kreditverträgen werden damit automatisch in den Euro überführt[115]. Weitere Abwicklungsklauseln sind erforderlich, wenn der Darlehensnehmer das Recht hat, für bestimmte Beträge oder Perioden eine andere Währung zu wählen („multicurrency option")[116]. Im Kreditvertrag werden sich auch Klauseln für die Fälle finden, in denen die vereinbarte Währung nicht mehr am Markt erhältlich ist, was freilich nur bei weniger bedeutenden Währungen relevant werden kann[117].

d) **Verwendungszweck.** Aus Sicht der Bank ist es wichtig, im Darlehensvertrag festzulegen, **für welchen Zweck die zur Verfügung gestellten Mittel verwandt werden** sollen[118]. Nur so kann sichergestellt werden, daß die Bank tatsächlich die Transaktion finanziert, die sie finanzieren will. Die Bank sollte nicht verpflichtet sein, zu überprüfen, ob die Gelder dem Zweck entsprechend verwandt werden. Der Darlehensnehmer könnte dann bei **zweckfremder Mittelverwendung** nicht einwenden, die Bank habe dieser Verwendung zugestimmt oder trage ein Mitverschulden bei der Vertragsverletzung, weil sie etwa die zweckgemäße Verwendung der Darlehensmittel nicht ordnungsgemäß überprüft habe. Dem Darlehensnehmer ist daran gelegen, daß die Zweckklausel weit genug gefaßt ist, damit auch die Transaktionskosten erfaßt sind. Die Nichtbeachtung des Verwendungszwecks kann Schadensersatzansprüche der Bank wegen positiver Vertragsverletzung auslösen[119]. 50

e) **Auszahlungsvoraussetzungen.** Die Bank wird das Darlehen nicht auszahlen, bevor sämtliche **Voraussetzungen der Darlehensvergabe** erfüllt sind. Während der Phase der Due Diligence konnte sich die Bank von der Zielgesellschaft, einer eventuellen Umstrukturierung, den rechtlichen Verhältnissen und dgl. durch die auf Erwerberseite angefertigten Due Diligence-Berichte ein Bild machen[120]. Nach Abschluß des Darlehensvertrags muß sie nun von den Beteiligten eine Bestätigung in der erforderlichen Form erhalten, daß der Zustand, den sie für wesentlich hält, tatsächlich besteht. Diesen Zweck erfüllen die Auszahlungs- oder Ziehungsvoraussetzungen („conditions precedents" oder kurz CP's)[121]. Sie sind so gestaltet, daß der Darlehensvertrag nicht durch die Erfüllung der Ziehungsvoraus- 51

---

[112] Art. 8 Abs. 1 EuroVO.
[113] Art. 8 Abs. 2 EuroVO.
[114] Art. 3 EuroVO.
[115] *Früh* in Hellner/Steuer Rn 3/186.
[116] *Gooch/Klein* S. 4; dazu auch *Schefold* in Schimansky/Bunte/Lwowski § 116 Rn 344; *Welter* in Schimansky/Bunte/Lwowski § 118 Rn 89.
[117] *Welter* in Schimansky/Bunte/Lwowski § 118 Rn 83.
[118] *Früh* in Hellner/Steuer Rn 3/77.
[119] *Früh* in Hellner/Steuer Rn 3/77.
[120] Hierbei handelt es sich um Kreditunterlagen, die die Bank für die Prüfung der wirtschaftlichen Verhältnisse des Antragstellers benötigt, *Klage* in Adrian/Heidorn/Gourgé S. 382ff. Die Vorlage dieser Unterlagen wird durch die Ziehungsvoraussetzungen dokumentiert.
[121] Näher bei *Gooch/Klein* S. 24f.

setzungen aufschiebend bedingt ist[122], so daß der Darlehensnehmer sich nicht durch ihre Nichterfüllung einseitig vom Vertrag lösen kann. Der Darlehensnehmer ist gegenüber der Bank verpflichtet, die Ziehungsvoraussetzungen zu schaffen und das Darlehen entgegenzunehmen[123]. Damit die Bank nicht endlos verpflichtet ist, das Darlehen auszureichen, wird sie den **Bereitstellungszeitraum** („availability period") entsprechend kurz wählen. Bei einer Akquisitionsfinanzierung werden die Auszahlungsvoraussetzungen oft bereits am Tag der Vertragsunterzeichnung erfüllt, damit die Bank an diesem Tag auszahlen kann.

52 Als **typische Ziehungsvoraussetzungen** sind bspw. folgende Unterlagen vorzulegen[124]:
– gesellschaftsrechtliche Dokumente (Handelsregisterauszug, Gesellschaftsvertrag);
– Liste der vertretungsberechtigten Personen einschließlich Unterschriftsproben,
– geprüfte Jahresabschlüsse;
– Geschäftsplan für die nächsten Jahre;
– Due Diligence-Berichte einschließlich Vertrauenserklärung („reliance letter");
– Finanzplan;
– rechtswirksam abgeschlossener Unternehmenskaufvertrag;
– rechtswirksam abgeschlossene Sicherheitenverträge;
– Liste der bestehenden Finanzverbindlichkeiten (Kreditverträge u. ä.);
– Liste der bestehenden Sicherheiten;
– Legal Opinions der Rechtsberater der Banken[125].

53 f) **Auszahlungsmodalitäten (Verfügbarkeit und Ziehungsgesuch).** Während der **Bereitstellungsperiode** („avalibility" oder „commitment period") ist die Bank verpflichtet, das Darlehen (bei Erfüllung der Auszahlungsvoraussetzungen) auf Anforderung durch den Darlehensnehmer (Ziehungsgesuch) auszureichen. Für diese Verpflichtung wird die Bank eine Bereitstellungsgebühr[126] erheben, die auch dann anfällt, wenn der Darlehensnehmer noch nicht alle Ziehungsvoraussetzungen erfüllt hat, da bereits mit der Bereitstellung Eigenkapitalkosten für die Bank entstehen. Die Gebühr ist ein Entgelt für das Recht, während der Bereitstellungsperiode das Darlehen abrufen zu können.

54 Die Bank muß sich größere Darlehensbeträge meist selbst im **Interbanken-Markt** beschaffen. Daher ist es üblich, daß der Darlehensnehmer sie einige Tage vor dem beabsichtigten Ziehungstermin durch ein Ziehungsgesuch („notice of drawdown") von der Ziehung informiert. Üblicherweise wird diese **Frist** bei einem syndizierten Darlehen mindestens drei Tage betragen, da die Mitglieder des Konsortiums vom Konsortialführer (Agent) ihrerseits informiert werden und für

---

[122] *Lwowski* in Schimansky/Bunte/Lwowski § 76 Rn 9.
[123] *Lwowski* in Schimansky/Bunte/Lwowski § 76 Rn 9.
[124] Vgl. dazu die Listen bei *Klage* in Adrian/Heidorn/Gourgé S. 382 ff.; *Weiss* in Hölters III Rn 76 ff.
[125] Dazu näher *Wood* S. 412 ff.; *Adams* S. 209 ff.
[126] Dazu BGH WM 1978, 422; *Lwowski* in Schimansky/Bunte/Lwowski § 83 Rn 92. Da es sich nicht um einen Zins gem. § 248 BGB handelt, BGH WM 1986, 156, können auf Bereitstellungsgebühren (Verzugs-)Zinsen erhoben werden.

die technische Abwicklung Zeit benötigen. Im Ziehungsgesuch wird der Darlehensnehmer regelmäßig bestätigen müssen, daß die Zusicherungen zutreffen und kein Kündigungsgrund („event of default") vorliegt.

g) Zinsen. Zinsen werden entweder auf der Basis eines **Festzinssatzes** („fixed rate interest") oder **variablen Zinssatzes** („floating rate interest") vereinbart[127]. Ein variabler Zinssatz setzt sich aus zwei oder mehr Komponenten zusammen:
- dem Referenzinssatz (EURIBOR oder LIBOR[128]), ggf. zuzüglich einer weiteren Kostenpauschale, die die Mindestreservekosten der Bank abdeckt („mandatory costs rate") und
- der Marge, die den eigentlichen Gewinnanteil für die Bank darstellt. Die Bestimmungselemente der Marge sind Betriebskosten, Eigenkapitalerfordernisse und Risikoentgelt[129]. Während die Marge grundsätzlich gleichbleibt, ändert sich der Zinssatz durch Schwankungen des Referenzinssatzes[130].

Die Vereinbarung eines variablen Zinssatzes auf der Basis von EURIBOR oder LIBOR bedeutet, daß für bestimmte Zeiträume (**Zinsperioden**, idR ein bis zwölf Monate) auf das Darlehen der am Tag der Ziehung von der Bank festgestellte EURIBOR-Satz angewandt wird. Der Darlehensnehmer wählt die jeweilige Periode selbst aus. Die Zinsen werden am Ende der Zinsbindungsperiode gezahlt. Zu diesem Zeitpunkt wird vom Konsortialführer entsprechend der neuen

---

[127] Gooch/Klein S. 4; Adams S. 49.

[128] LIBOR (London Interbank Offered Rate, das Beispiel einer LIBOR-Defintion findet sich etwa bei Welter in Schimansky/Bunte/Lwowski § 118 Rn 76. Siehe auch Buchheit IFLR June 1993, 35, 36; Adams S. 50) und EURIBOR (EURO Interbank Offered Rate) sind Referenzzinssätze, die die Refinanzierungskosten der Bank und damit die Kongruenz zwischen Darlehensinanspruchnahme und Refinanzierung wiedergeben. Sie sind allen Marktteilnehmern zugänglich und spiegeln die Konditionen wider, zu denen Banken untereinander Geld ausleihen. Der EURIBOR hat mit Einführung des Euro am 1.1.1999 die bisherigen nationalen Referenzzinssätze (etwa FIBOR, Frankfurt Interbank Offered Rate) ersetzt (dazu Hartenfels, Das Gesetz zur Einführung des Euro (I), Die Bank 1998, 302ff.; FIBOR-Überleitungsverordnung vom 10. 7. 1998 BGBl. I S. 139; näher dazu Früh in Hellner/Steuer Rn 3/186d). An die Stelle des Diskontsatzes, auf den bei älteren Kreditverträgen gelegentlich Bezug genommen wurde, ist für eine Übergangszeit (bis zum 31. 12. 2001) der Basiszinssatz getreten (Früh in Hellner/Steuer Rn 3/186c). Der EURIBOR wird an jedem TARGET-Arbeitstag (TARGET: Trans-European Automated Realtime Gross Settlement Express Transfer System) ermittelt und für die jeweiligen Laufzeiten etwa durch Bridge Telerate gegen 11 Uhr MEZ auf Bildschirmseite 248 angezeigt. Wie zu verfahren ist, wenn eine Bestimmung des Referenzinssatzes über elektronische Bildschirminformationssysteme wie Reuters oder Telerate nicht möglich ist („substitute base clause"), siehe die Beispiele bei Buchheit IFLR June 1993, 35, 36 und Welter in Schimansky/Bunte/Lwowski § 118 Rn 81.

[129] Eichwald in Obst/Hinter S. 41.

[130] Als Folge des aus Bankensicht schwierigen Kreditmarktes in den achtziger Jahren wurde die Angabe und Berechnung der Marge verfeinert (Adams S. 54). Die Marge wird im „term sheet" und bei den Verhandlungen zwischen den Parteien meistens in Basispunkten („basis point" oder „PB") ausgedrückt, wobei ein Basispunkt 0,01 % entspricht. Ein Zinssatz von 250 Basispunkten über EURIBOR bedeutet etwa bei einem EURIBOR von 4,56 % einen Zinssatz von 7,06 % p. a. Im Darlehensvertrag wird der Zinssatz jedoch als Prozentangabe festgelegt.

Zinsperiode ein neuer Referenzzinssatz für die folgenden Monate festgelegt[131]. Die Zinsperiode hat ferner Bedeutung für die Rückzahlungstermine. Pflichttilgungen sowie freiwillige Sondertilgungen sollen erst am Ende der Zinsperiode erfolgen, da auch die Bank (theoretisch) erst dann ihr Interbanken-Darlehen zurückzahlen wird. Vorzeitige Rückzahlungen führen zu einem Zinsverlust der Bank und werden nur gegen Ausgleich dieser Verluste zugelassen (Vorfälligkeitsentschädigung)[132].

57 **h) Zinsanpassung und Zinszuschläge.** Der Zinssatz kann sich während der Laufzeit auch dadurch verändern, daß die Marge selbst steigt oder sinkt. Es ist bspw. eine häufig anzutreffende Vereinbarung, daß die Marge sinkt, wenn der Darlehensnehmer bestimmte Finanzkennzahlen[133] einhält (**„margin ratchet"**, „margin grid"), die die wirtschaftliche Entwicklung des Darlehensnehmers widerspiegeln. Dahinter steht die Überlegung, daß in einer solchen Situation das Risiko der Bank sinkt und der Darlehensnehmer einen weiteren Anreiz hat, die Geschäftsentwicklung positiv zu gestalten. Auf der anderen Seite steigt die Marge, wenn sich die Finanzkennzahlen wieder verschlechtern.

58 In internationalen Finanzierungsverträgen wird auf verspätete Zahlungen üblicherweise ein **Verzugszins** bzw. **Zinszuschlag** zusätzlich zu dem vereinbarten Zinssatz erhoben[134]. Auf Grund des Zinseszinsverbots[135] ist es nicht möglich, einen solchen Verzugszinssatz auf verspätete Zinszahlungen im voraus zu vereinbaren. Der Darlehensgeber kann jedoch Verzugszinsen als Schadensersatz verlangen, für deren Höhe die Grundsätze der abstrakten Schadensberechnung von Banken maßgeblich sind[136]. Ein Teil der Praxis hilft sich hier mit der Vereinbarung eines pauschalierten Schadensersatzes[137] in Höhe der Verzugszinsen; er entspricht mindestens der Höhe des Schadens, den die Bank durch verspätete Zinszahlungen erleidet, weil sie die nicht rechtzeitig gezahlten Beträge nicht für eigene Zinszahlungen auf der Refinanzierungsseite verwenden oder nicht reinvestieren kann.

59 **i) Tilgung.** Neben dem vereinbarten Tilgungsplan (Pflichttilgungen) wird der Kreditvertrag Regelungen über **vorzeitige Pflichtsondertilgungen** sowie über **freiwillige Sondertilgungen** enthalten. Vorzeitige Pflichttilgungen dienen der Rückführung des Kreditarrangements und senken die Zinslast. Sie sind etwa in folgenden Fällen zu leisten:
– bei der **Veräußerung von Vermögensgegenständen** (Nettoveräußerungserlös), sofern ein bestimmter Betrag überschritten wird;
– bei der **Veräußerung von Gesellschaftsanteilen** an der Muttergesellschaft oder der Zielgesellschaft an einen Dritten („trade sale") einschließlich der Einführung von Aktien der Gesellschaft zum Handel an einer Börse („floatation");

---

[131] *Buchheit* IFLR June 1993, 35; *Welter* in Schimansky/Bunte/Lwowski § 118 Rn 77.
[132] Zur Vorfälligkeitsentschädigung siehe *Kümpel* Rn 800 ff.
[133] Dazu Rn 88 ff.
[134] Siehe *Hinsch/Horn* S. 100.
[135] §§ 248, 289 BGB.
[136] *BGH* NJW 1993, 1260. *Heinrichs* in Palandt § 289 BGB Rn 2; *Häuser* in Schimansky/Bunte/Lwowski § 83 Rn 142.
[137] *BGH* NJW 1993, 1260. *Heinrichs* in Palandt § 289 BGB Rn 2.

- bestimmter **Prozentsatz** (oft 50%) **der frei verfügbaren Liquidität** bzw. des Cash-flow-Überschusses innerhalb eines Geschäftsjahrs;
- teilweise oder vollständige **Rückzahlung des Kaufpreises** im Rahmen einer Kaufpreisanpassung bzw. Rückabwicklung des Unternehmenskaufvertrags sowie
- **Zahlungen aus Versicherungen**, die für den Verlust bestimmter Vermögensgegenstände vom Unternehmen erlangt werden und nicht innerhalb eines bestimmten Zeitraums investiert werden, soweit sie einen bestimmten Betrag übersteigen.

Freiwillige Sondertilgungen sind jeweils zum Ende einer Zinsperiode möglich. Der Kreditnehmer wird demgemäß berechtigt sein, den ausstehenden Kreditbetrag ganz oder in bestimmten Teilbeträgen nach schriftlicher Vorankündigung am letzten Tag einer Zinsbindungsperiode vorzeitig zurückzuzahlen.

Vorzeitig gezahlte Tilgungsbeträge können in verschiedener Weise auf die verbleibenden Pflichttilgungen angerechnet werden. Aus Sicht des Darlehensnehmers wäre eine **quotale Anrechnung** auf jede der verbleibenden Verpflichtungen erwünscht. Die Bank wird dagegen verlangen, daß die Pflichttilgung zunächst auf die letzte regelmäßige Tilgung angerechnet wird und, soweit noch ein überschießender Betrag zur Verfügung steht, auf die der letzten Tilgung unmittelbar vorausgehende Tilgung (**„inverse order of maturity"**). Hierdurch kann die Bank kontrollieren, ob der Darlehensnehmer in der Lage ist, die Tilgungsbeträge an den jeweiligen Stichtagen zu erbringen. Zudem verkürzt sich die Laufzeit des Darlehens, wodurch sich das Risiko der Bank verringert.

Neben den vertraglichen Kündigungsrechten des Darlehensnehmers ist seit dem 1. 1. 1987 das zwingende **Kündigungsrecht aus § 609a BGB** zu berücksichtigen[138]. Der Darlehensnehmer kann danach bei gewerblichen Krediten mit einer Festzinsvereinbarung nach Ablauf von 10 Jahren seit vollständigem Empfang des Darlehens mit einer Frist von sechs Monaten kündigen[139]. Zudem steht dem Darlehensnehmer ein vorzeitiges Kündigungsrecht zu, wenn der Zinssatz für einen kürzeren Zeitraum als die Gesamtlaufzeit des Darlehens vereinbart wurde. Ein solcher Kredit kann, sofern keine neue Vereinbarung über den Zinssatz getroffen wird, mit einer Frist von einem Monat zum Ablauf des Tages gekündigt werden, an dem die Zinsbindung endet[140]. Bei „roll-over"-Krediten, bei denen eine Zinsanpassung in Zeiträumen bis zu einem Jahr vereinbart ist, kann nur zum letzten Tag der Zinsbindungsperiode gekündigt werden[141]. Dieses Kündigungsrecht kann vertraglich weder ausgeschlossen noch erschwert werden[142]. Die Vereinbarung einer Vertragstrafe für den Fall, daß nach § 609a BGB gekündigt wird, ist unwirksam[143]. Darlehen mit variablem Zinssatz, bei denen also jederzeit eine

---

[138] Dazu *Häuser* in Schimansky/Bunte/Lwowski § 83 Rn 181 ff.
[139] § 609a Abs. 1 Nr. 3 BGB.
[140] § 609a Abs. 1 Nr. 1 BGB.
[141] § 609a Abs. 1 Nr. 1, 2. Halbsatz BGB. Dazu *v. Heymann*, Neuregelung des Kündigungsrechts nach § 247 BGB, BB 1987, 415, 419; *Bruckner* in Schimansky/Bunte/Lwowski § 79 Rn 9.
[142] § 609a Abs. 4 Satz 1 BGB.
[143] *Rottenburg*, Die Reform des gesetzlichen Kündigungsrechts für Darlehen, WM 1987, 1, 6; *Bruckner* in Schimansky/Bunte/Lwowski § 79 Rn 25.

Änderung des Zinssatzes eintreten kann[144] (etwa bei Zinsgleitklauseln[145]), kann der Darlehensnehmer jederzeit mit einer Frist von drei Monaten kündigen[146].

63 j) Zusicherungen. aa) Bedeutung und Umfang. IRd. Due Diligence hat sich die Bank ein bestimmtes Bild von der zu finanzierenden Transaktion gemacht, das zum Zeitpunkt des Vertragsschlusses bereits Vergangenheit ist. Zwischen den letzten Prüfungen und der Darlehensinanspruchnahme liegen oft Monate. Die Bank wird das Darlehen nicht auszahlen wollen, wenn sich dieser Zustand in der Zwischenzeit nachteilig verändert hat. Diesem Zweck dienen die Zusicherungen (**vertragliche Tatsachenbehauptungen**, „representations and warranties"[147]) im Darlehensvertrag. In einer sich am internationalen Standard orientierenden Kreditdokumentation finden sich Tatsachenerklärungen, die für den deutschen Juristen zunächst ungewöhnlich sind[148]. Sie sind in manchen Kreditverträgen als eigenständiges Garantieversprechen ausgestaltet, die den Darlehensgeber verpflichten, den Zustand herzustellen, der bestünde, wenn die Zusicherung richtig wäre[149]. Eine solche Garantie wird jedoch dahingehend auszulegen sein, daß sich ihre Rechtsfolgen auf die im Vertrag ausdrücklich geregelten beschränken. Sie wird daher keinen vertraglichen Anspruch auf Herstellung des zugesicherten Zustands begründen. Dies entspricht auch dem Konzept von „representations and warranties" nach anglo-amerikanischer Vorstellung, die keine vertraglichen Verpflichtungen des Darlehensnehmers begründen, sondern sich in Erklärungen zu Tatsachen erschöpfen[150]. Die Zusicherungen werden oft in den Auflagen[151] wiederholt, was nicht erforderlich wäre, wenn bereits die Zusicherung die Verpflichtung begründen sollte, den behaupteten Zustand herzustellen. Die Rechtsfolge unrichtiger Zusicherungen ist daher, daß ein Kündigungsgrund („event of default") vorliegt[152]. Ferner ist die Korrektheit der Zusicherungen eine Auszahlungsvoraussetzung; die Bank ist berechtigt, die Auszahlung des Kredits zu verweigern, wenn sie nicht zutreffen[153].

64 Der erste Entwurf des Darlehensvertrags wird den Standardkatalog von Zusicherungen enthalten. Der Darlehensnehmer wird die Zusicherungen im Darlehensvertrag auf der Grundlage seines Kenntnisstands und der im Unternehmenskaufvertrag enthaltenen Gewährleistungen so anpassen, daß sie zutreffen. Dies

---

[144] *Bruckner* in Schimansky/Bunte/Lwowski § 79 Rn 23.
[145] *Hopt/Mülbert* § 608 BGB Rn 24.
[146] § 609a Abs. 2 BGB. Zinssätze, die für eine bestimmte Zeit vereinbart und danach angepaßt werden, sind keine veränderlichen Zinssätze, sondern feste Zinssätze iSd. § 609a Abs. 1 BGB; *Putzo* in Palandt § 609a BGB Rn 14.
[147] *Wittig* WM 1999, 985 ff., dort auch zum Unterschied im anglo-amerikanischen Recht zwischen „representations" (Erklärung über vergangene oder gegenwärtige Tatsachen) und „warranties" (vertraglich vereinbarte Zusicherung). Zur Bedeutung der „representations and warranties" im englischen Recht siehe *Adams* S. 59 ff.; *Wood* S. 240.
[148] *Gooch/Klein* S. 27 ff.; *Welter* in Schimansky/Bunte/Lwowski § 118 Rn 69; *Wittig* WM 1999, 985.
[149] Zu Garantien siehe auch Rn 161 ff.
[150] *Wittig* WM 1999, 985, 987.
[151] Siehe Rn 81 ff.
[152] Siehe Rn 102. Näher dazu auch *Wittig* WM 1999, 985, 990 f.
[153] Siehe Rn 51 und 54.

geschieht oft durch ein **Offenlegungsschreiben** („**disclosure letter**")[154], in dem Tatsachen aufgelistet werden, die den im Kreditvertrag enthaltenen Zusicherungen widersprechen und so den Inhalt der Zusicherungen ergänzen bzw. beschränken. Der Zwang zur Offenlegung dieser Informationen ist eine wesentliche Funktion der Zusicherungen[155].

Die Zusicherungen werden am Tag der Unterzeichnung des Darlehensvertrags abgegeben und bei Einreichen eines Ziehungsgesuchs („notice of drawdown"), ferner an jedem ersten Tag einer neuen Zinsperiode bezogen auf die dann jeweils vorherrschenden Umstände **durch schriftliche Bestätigung wiederholt**[156]. 65

Da sich die Zusicherungen auf Fakten beziehen, von denen die Bank bei der Kreditgewährung ausgeht, werden sie nur in ganz seltenen Ausnahmefällen dadurch eingeschränkt, daß sie sich auf die Kenntnis des Darlehensnehmers beziehen[157]. Die **Kenntnis des Darlehensnehmers** ist in diesem Zusammenhang nicht relevant und wird für die Bank in den meisten Fällen auch kaum nachweisbar sein. Die Bank müßte sonst nicht nur nachweisen, daß die Tatsachenbehauptung objektiv falsch ist, sondern auch, daß der Darlehensnehmer davon Kenntnis hatte[158]. Eine Möglichkeit, die Zusicherungen einzuschränken, ist es, sie nur auf **wesentliche Tatsachen** zu erstrecken[159]. Eine solche Einschränkung kommt in Betracht, wo es faktisch unmöglich ist, mit Sicherheit sagen zu können, daß die zugesicherte Tatsache für den gesamten Geschäftsbetrieb zutrifft. 66

Vielfach wird durch „representations und warranties" eine Position erreicht, die die Bank auf Grund der **Auskunftspflicht des Kreditnehmers** in Verbindung mit dem **Kündigungsrecht nach Nr. 19 Abs. 3 AGB-Banken** auch ohne gesonderte Regelung nach deutschem Recht (zumindest wenn die AGB-Banken vereinbart wurden) innehätte[160]. Dieser Gedanke trägt freilich nicht, wenn an der Finanzierung internationale Banken beteiligt sind, denen mehr an einer klaren Regelung in der für sie üblichen Form als an der Flexibilität des deutschen Rechts gelegen ist. Ein Verzicht auf Zusicherungen bei Akquisitionsfinanzierungen wird daher selbst bei Anwendung der AGB-Banken ein seltener Ausnahmefall bleiben. 67

bb) Typische Zusicherungen. Die Zusicherungen sollten für alle Bereiche, die für die Bank wesentlich sind, Aussagen und Bestätigungen des Darlehensnehmers enthalten. In den anglo-amerikanisch geprägten Kreditverträgen finden sich dazu Tatsachenbehauptungen zu den rechtlichen Verhältnissen einerseits (etwa Verbindlichkeit der Verträge) und zu den materiellen Voraussetzungen der Kreditvergabe, die im wesentlichen die Kreditwürdigkeit betreffen, andererseits[161]. Folgende Zusicherungen werden in nahezu jedem Akquisitionsdarlehensvertrag, 68

---

[154] Vgl. *Adams* S. 63.
[155] *Wittig* WM 1999, 985, 989 m.w.N.
[156] Näher *Wittig* WM 1999, 985, 991 f.
[157] *Gooch/Klein* S. 54; *Wood* S. 242; *Wittig* WM 1999, 985, 993.
[158] *Wittig* WM 1999, 985, 993.
[159] *Wittig* WM 1999, 985, 992.
[160] *Wittig* WM 1999, 985, 993 ff.
[161] So die Unterteilung bei *Wittig* WM 1999, 985, 986.

der dem internationalen Standard für syndizierte Kredite folgt, vom Darlehensgeber abgegeben werden müssen[162]:

69 **(1) Ordnungsgemäße Errichtung und Rechtsverbindlichkeit der Verträge.** Der Kreditnehmer hat zuzusichern, daß er **ordnungsgemäß gegründet und rechtsgültig errichtet** wurde und rechtlich in der Lage ist, die Verpflichtungen aus dem Darlehensvertrag einzugehen. Für den deutschen Rechtsraum kann dies durch Vorlage aktueller Handelsregisterauszüge eindeutig geklärt werden[163]. Dabei ist jedoch zu berücksichtigen, daß an der Finanzierung auch Darlehensnehmer aus Jurisdiktionen beteiligt sein können (etwa Tochtergesellschaften der Zielgesellschaft), in denen dies nicht der Fall ist. Diese Zusicherung erlaubt es der Bank, die weitere Inanspruchnahme des Darlehens zu stoppen, wenn sich in dieser Hinsicht ein Problem ergibt, was insbes. bei grenzüberschreitenden Finanzierungen der Fall sein könnte, an denen Darlehensnehmer aus einer Vielzahl von Jurisdiktionen beteiligt sind.

70 Ferner erwartet die Bank die Zusicherung, daß die in den Finanzierungsverträgen (Darlehensvertrag, Konsortialvereinbarungen, Sicherheitenverträge, Gebührenrechnungen u. ä.) eingegangenen **Verpflichtungen** nach dem jeweils geltenden Recht **wirksam und durchsetzbar** sind. In die gleiche Richtung geht die Zusicherung, daß die Finanzierungsverträge nicht gegen Verträge des Darlehensnehmers mit Dritten, seinen Gesellschaftsvertrag oder geltendes Recht verstoßen. Die Forderungen sollen nach dem Recht der jeweils anwendbaren Rechtsordnungen im Rang mindestens gleichrangig mit den Forderungen ungesicherter Gläubiger stehen[164] (**pari passu-Erklärung**). Ferner sollen **sämtliche Genehmigungen** vorliegen, die für den Abschluß und die Durchführung der Finanzierungsverträge erforderlich sind.

71 **(2) Gerichts- und sonstige Verfahren.** Der Darlehensnehmer hat zuzusichern, daß gegen ihn keine **gerichtlichen oder vergleichbaren Verfahren** oder Ermittlungen anhängig sind, die nachteilige Folgen für die Risikoposition der Bank haben könnten (zB durch Verurteilung zur Zahlung eines größeren Betrags).

72 **(3) Jahresabschlüsse.** Weiter wird zugesichert, daß die **Jahresabschlüsse** gemäß geltendem Recht und den jeweils anwendbaren Grundsätzen ordnungsgemäßer Buchführung (unter Beachtung der Bewertungskontinuität) erstellt wurden, alle Verbindlichkeiten sowie noch nicht realisierte Verluste ausweisen und die finanzielle Situation sowie die Betriebsergebnisse der Erwerbergesellschaft und der Zielgesellschaft zutreffend darstellen.

73 **(4) Wesentliche nachteilige Veränderungen.** Eine der wichtigsten Zusicherungen ist, daß seit dem Tag der Erstellung der jüngsten Jahresabschlüsse **keine wesentliche Verschlechterung („material adverse change",** auch kurz „MAC" genannt) des Geschäftsbetriebs, der Vermögensverhältnisse, der

---

[162] Siehe auch *Wood* S. 242f.; *Adams* S. 60ff.
[163] *Wittig* WM 1999, 985, 994.
[164] Hiervon ausgenommen werden Forderungen, die in der Insolvenz bevorrechtigt sind.

finanziellen Situation oder der Ertragslage eingetreten ist[165]. Diese Zusicherung ist wichtig, weil zwischen der Vorlage der von der Bank geprüften Berichte und dem Abschluß des Darlehensvertrags bzw. der ersten Ziehung uU mehrere Monaten liegen. Diese Erklärung, die eine notwendige Ergänzung zur Zusicherung über die Jahresabschlüsse ist, zwingt den Darlehensnehmer, Umstände aufzudecken, die eine solche wesentliche Verschlechterung darstellen.

(5) Insolvenz. Der Darlehensnehmer muß zusichern, daß kein Antrag auf Eröffnung eines **Insolvenzverfahren** gestellt worden ist und nach Kenntnis des Darlehensnehmers auch nicht gestellt wird. Ebenso sollen keine Gründe vorliegen, die zur Eröffnung eines Insolvenzverfahrens führen könnten.

(6) Umweltzusicherungen. Angesichts des Haftungsregimes für **Umweltschäden**[166] haben in den vergangenen Jahren sog. Umweltzusicherungen eine besondere Bedeutung erlangt[167]. Solche Zusicherungen sind bereits im Kaufvertrag von großer Bedeutung und nicht selten das Ergebnis zäher Verhandlungen. Umweltrisiken werden regelmäßig von Umweltexperten untersucht, deren Bericht Teil der Due Diligence-Unterlagen ist, auf die die Bank ihre Kreditentscheidung aufbaut. Der Darlehensnehmer hat zuzusichern, daß er alle erforderlichen umweltrechtlichen Genehmigungen hat und daß das Unternehmen immer in Übereinstimmung mit diesen Genehmigungen und sonstigen umweltrechtlichen Bestimmungen geführt wurde.

k) Verhaltenspflichten. Während sich die Zusicherungen des Darlehensnehmers auf einen Zustand in der Vergangenheit beziehen, sind die **Verhaltenspflichten bzw. Auflagen**[168] („covenants") zukunftsorientiert. Sie sind eine notwendige Ergänzung zu den Zusicherungen[169] und bilden die inhaltliche Grundlage für einen Teil der Auflagen: Sie verpflichten den Kreditnehmer, die wirtschaftlichen, finanziellen und rechtlichen Verhältnisse der Unternehmensgruppe – unter Berücksichtigung der notwendigen oder wünschenswerten Fortentwicklung – (im wesentlichen) bis zum Ende der Kreditlaufzeit so zu belassen, wie sie sich zum Zeitpunkt der Kreditvergabe darstellten. Die Verhaltenspflichten verfolgen das Ziel, die Kreditrisiken zu senken, indem sie das unternehmerische Ermessen des Kreditnehmers iwS beschränken[170]. Zu Recht werden die Auflagen daher als Mittel der Kreditsicherung bezeichnet[171]. Ein Verstoß gegen die Auflagen berechtigt den Kreditgeber idR zur Kündigung.

---

[165] Dazu auch *Adams* S. 63.
[166] Siehe *Lytras*, Zivilrechtliche Haftung für Umweltschäden, 1995, S. 1ff. Siehe dazu § 29 Rn 77ff.
[167] Siehe *Adams* S. 62.
[168] Dazu *Wittig* WM 1996, 1381; *Thießen* in Sadowsky/Gap/Wächter, Regulierung und Unternehmenspolitik, 1996, S. 143; ders. ZBB 1996, 19ff.; *Köndgen* in Prütting Insolvenzrecht S. 127ff.
[169] Siehe auch *Wood* S. 144.
[170] *Fleischer* ZIP 1998, 313, 314; *Köndgen* in Prütting Insolvenzrecht S. 127, 129; *Peltzer* GmbHR 1995, 15.
[171] Als Kreditsicherheiten iwS sind alle Maßnahmen zu verstehen, die das Risiko eines Ausfalls von Kreditforderungen verringern, *Wenzel* in Hellner/Steuer Rn 4/5ff. Ebenso für Finanzkennzahlen *Wittig* in Hellner/Steuer Rn 4/3 140; *Thießen* ZBB 1996, 19, 29f.

77 Bei den Verhaltenspflichten lassen sich **drei Gruppen** unterscheiden: Informationspflichten, Auflagen im engeren Sinn und Finanzkennzahlen. Innerhalb der Gruppe der Verhaltenspflichten werden oft positive Verhaltenspflichten („positive covenants") und Unterlassungspflichten („negative covenants") unterschieden[172].

78 **aa) Informationspflichten.** Informationen über das Unternehmen durch regelmäßige Berichte versetzen die Bank in die Lage, frühzeitig Veränderungen und Abweichungen vom Budget und Geschäftsplan festzustellen, die zu einer Gefährdung der Rückzahlung des Kredits führen können (Frühwarnsystem)[173]. Die Informationspflichten knüpfen an den **Jahresabschluß** (geprüft oder ungeprüft) für die Gruppe bzw. einzelne Gruppenunternehmen an, erstrecken sich aber auch auf ein quartalsweises bzw. monatliches Reporting. Oft werden die für ein derartiges Reporting im Unternehmen notwendigen organisatorischen Voraussetzungen erst im Zusammenhang mit dem Unternehmenskauf geschaffen.

79 Die folgende Übersicht enthält einen **typischen Katalog** von Unterlagen, die in Zeiträumen von meist 30 bis 120 Tagen nach (oder, im Fall des Budgetplans, vor) Abschluß der jeweiligen Berichtsperiode der Bank bzw. dem Konsortialführer während der Laufzeit des Kredits vorgelegt werden müssen:
- die **Jahresabschlüsse**;
- von international anerkannten Wirtschaftsprüfungsunternehmen uneingeschränkt testierte **Prüfungsberichte** für das jeweils abgelaufene Geschäftsjahr sowie die **Stellungnahme des Wirtschaftsprüfers** des Kreditnehmers über die Einhaltung der Finanzkennzahlen[174] („**compliance certificate**");
- der **Budgetplan** für das nächste Geschäftsjahr, bestehend aus einer Planbilanz, die die wesentlichen Bilanzpositionen umfaßt, Gewinn- und Verlustrechnung, Liquiditätsvorschau, Einzelheiten über geplante, zugesagte und abgeschlossene Investitionen und einem Bericht über geschäftsstrategische Neuausrichtungen, außergewöhnliche Geschäfte und/oder Geschäftsentwicklungen sowie der zur Plausibilitätsprüfung notwendigen Kommentierung;
- der **Bericht über den Vormonat**, aus dem die wesentlichen konsolidierten Ergebniszahlen und angefallenen Investitionsausgaben hervorgehen;
- eine **Mehrjahresprognose**, die eine Gewinn- und Verlustrechnung, eine Bilanz und eine Cash-flow-Rechnung umfaßt.

80 Darüber hinaus wird der Kreditnehmer im Darlehensvertrag verpflichtet, nach entsprechender Aufforderung durch die Bank sämtliche Informationen und Unterlagen nach dem KWG[175] beizubringen (etwa weitere Informationen zu den Jahresabschlüssen oder Prüfungsberichten).

81 **bb) Auflagen.** Auflagen normieren **positive oder negative Verhaltenspflichten**, die sicherstellen sollen, daß vom Kreditnehmer im Unternehmen oder

---

[172] Diese Einteilung folgt der üblichen Behandlung im Kreditvertrag; andere Einteilungen setzen an der jeweiligen Zielsetzung der Auflagen an, *Fleischer* ZIP 1998, 313, 314; *Köndgen* in Prütting Insolvenzrecht S. 127, 131 ff.; wie hier *Früh* in Hellner/Steuer Rn 3/84b. Siehe auch *Wittig* WM 1999, 985, 987.
[173] *Wittig* in Hellner/Steuer Rn 4/3153.
[174] Dazu *Wittig* in Hellner/Steuer Rn 4/3153.
[175] §§ 13, 13a und 18 KWG.

der Unternehmensgruppe keine Veränderungen vorgenommen werden, die einen negativen Einfluß auf die Risikoposition der Bank haben. Viele Auflagen knüpfen an einzelne Zusicherungen an und bestimmen, daß der Kreditnehmer sicherstellen soll, daß der für die Vergangenheit zugesicherte Zustand auch in Zukunft bestehen bleibt.

Der Darlehensnehmer verpflichtet sich, bis zur vollständigen Erfüllung sämtlicher Verpflichtungen aus dem Kreditvertrag dafür Sorge zu tragen, daß
— der Geschäftsbetrieb im wesentlichen in **Übereinstimmung mit allen einschlägigen Gesetzen**, Verordnungen, Verwaltungsvorschriften und sonstigen rechtlichen Bestimmungen, insbes. solchen des Umweltrechts[176], geführt wird und alle erforderlichen behördlichen Genehmigungen oder Erlaubnisse aufrechterhalten bzw. neu erforderlich werdende Genehmigungen rechtzeitig eingeholt werden;
— die Bank über den **Eintritt eines Kündigungsgrunds** oder potenziellen Kündigungsgrunds informiert wird;
— die **Rechte der Bank mindestens gleichrangig** mit den Rechten anderer gesicherter und ungesicherter Gläubiger sind (mit Ausnahme solcher Gläubiger, die durch das anwendbare Insolvenzrecht bevorrechtigt sind);
— der erforderliche und übliche **Versicherungsschutz** besteht;
— **Steuern** vollständig und pünktlich bezahlt werden;
— der Bank (und ihren Beratern) jederzeit nach Ankündigung zu den üblichen Geschäftszeiten **Einsicht in die Geschäftsunterlagen** gewährt wird, soweit dies zur Beurteilung des Kreditengagements der Bank erforderlich ist;
— die Bank unverzüglich über Ereignisse und Vorfälle **informiert** wird, die von wesentlicher Bedeutung für die Vermögens- und Ertragslage der Unternehmensgruppe sind;
— Dritten keine Sicherheiten bestellt werden, mit Ausnahme bestimmter zulässiger Sicherheiten (**Negativklausel**, „negative covenant")[177];
— keine unzulässigen **Kreditverbindlichkeiten** eingegangen werden;
— keine **Darlehen** gewährt oder Bürgschaften, Garantien oder ähnliche Verpflichtungen zu Gunsten von Gesellschaftern oder Dritten eingegangen werden;
— keine **Änderung der Gesellschaftsstruktur** der Unternehmensgruppe vorgenommen wird;
— keine **Ausschüttungen** oder andere Zahlungen an unmittelbare oder mittelbare Gesellschafter vorgenommen;
— keine anderen als die im Budget vorgesehenen **Investitionen** getätigt werden.

Von besonderer Bedeutung ist in diesem Katalog die **Negativerklärung** bzw. -klausel („negative covenant")[178], die dem Darlehensnehmer die Pflicht auferlegt,

---

[176] Siehe § 29.
[177] Dazu näher Rn 83.
[178] *Merkel*, Die Negativklausel, 1985; *ders.* in Schimansky/Bunte/Lwowski § 98 Rn 76 ff.; *Herget/Butzke*, Ersatzsicherheiten in der Kreditsicherungspraxis, BB 1984, 1324; *Lwowski* Rn 146; *Harries* WM 1978, 1146; *Obermüller* Rn 410 ff.; *Wittig* in Hellner/Steuer Rn 4/3039 ff.; *U. Schneider*, Die konzernrechtliche Negativklausel, FS Stimpel, 1985, S. 887 ff. Als Kreditsicherheit hat die Negativklausel praktisch kaum einen Wert, *Obermüller* Rn 443; *Kümpel* Rn 6.555; *Welter* in Schimansky/Bunte/Lwowski § 118 Rn 121 ff.

anderen Gläubigern keine Sicherheiten zu bestellen. Sie enthält ein Verfügungs-, Belastungs- sowie Verpflichtungsverbot, soweit diese Geschäfte zum Zwecke der Kreditsicherung eingegangen werden (allgemeines Besicherungsverbot)[179]. Die Vertragsparteien wollen mit einem solchen Verbot jede Art der Sicherheitenbestellung zu Kreditsicherungszwecken erfassen. Als Verfügungen sind in erster Linie die Sicherungsübereignung von Gegenständen sowie die Sicherungsabtretung von Forderungen erfaßt. Auch Veräußerungen im Rahmen eines unechten Factoring, die Diskontierung von Forderungen und Sale-and-Lease-Back-Geschäfte fallen darunter, sofern die Transaktion wirtschaftlich eine Kreditgewährung darstellt und der Verkauf Kreditsicherungsfunktion hat[180]. Das Belastungsverbot betrifft die Bestellung dinglicher Rechte wie Grundpfandrechte, dingliche Nutzungsrechte mit Sicherungscharakter und Pfandrechte an beweglichen Sachen, Forderungen und Rechten. Gegenstand des Verpflichtungsverbots sind in erster Linie Bürgschaften, Garantien sowie sonstige Haftungsübernahmen zum Zweck der Kreditsicherung.

84 Die Negativerklärung wird auch die **Tochtergesellschaften** des Darlehensnehmers einbeziehen, wobei er sich verpflichten wird, die Einhaltung der Verfügungsverbote durch entsprechende Weisungen konzernintern durchzusetzen[181]. Günstiger ist es aus Sicht der Banken, wenn diese Tochtergesellschaften die Negativerklärung selbst abgeben[182].

85 Der Umfang des Besicherungsverbots wird in einem Kreditvertrag nach angloamerikanischem Vorbild maßgeblich von der Regelung über die **Ausnahmen** („permitted encumbrances") bestimmt[183]. Dieser Ausnahmekatalog enthält zB die bei Abschluß des Kreditvertrags existierenden Sicherheiten, gesetzliche Pfandrechte, Eigentumsvorbehalte im gewöhnlichen Geschäftsbetrieb und sonstige Belastungen, die einen bestimmten Höchstbetrag an Kreditverbindlichkeiten besichern.

86 Die Negativerklärung hat **keine dingliche Wirkung**[184]. Sie begründet nur **schuldrechtliche Verpflichtungen** des Darlehensnehmers[185]. Aus der Negativerklärung folgt ein Unterlassungsanspruch, der in Eilfällen im Wege einer einstweiligen Verfügung gerichtlich geltend gemacht werden kann[186]. In der Insolvenz des Darlehensnehmers gibt die Negativerklärung der Bank keinen Anspruch auf bevorrechtigte Befriedigung[187] und entfaltet auch sonst keine Wirkungen, da die Verfahrenszwecke des Insolvenzverfahrens die Negativerklärung überlagern[188].

---

[179] *Merkel* S. 63.
[180] *Merkel* S. 66; *Canaris* Bankvertragsrecht Rn 1711; *Harries* WM 1978, 1146, 1147.
[181] *Wittig* in Hellner/Steuer Rn 4/3068.
[182] Dazu *Obermüller* Rn 435.
[183] *Welter* in Schimansky/Bunte/Lwowski § 118 Rn 125. Siehe auch *Buchheit,* How to negotiate permissible liens, IFLR January 1993, 31, 32; *Gooch/Klein* S. 35.
[184] § 137 Satz 1 BGB.
[185] *Harries* WM 1978, 1146, 1148.
[186] BGH LM § 137 Nr. 2; *Wittig* in Hellner/Steuer Rn 4/3052. Dazu auch *Furtner,* Die rechtsgeschäftliche Verfügungsbeschränkung und ihre Sicherung, NJW 1966, 182.
[187] *Wittig* in Hellner/Steuer Rn 4/3072.
[188] *Merkel* S. 153ff.; *Obermüller,* Handbuch Insolvenzrecht für die Kreditwirtschaft, 4 Aufl. 1991, S. 111f.

Bei **Grundstücken** ist zu beachten, daß eine Vereinbarung nichtig ist, durch die sich der Eigentümer des Grundstücks gegenüber einem Grundpfandgläubiger verpflichtet, das Grundstück, an dem zu Gunsten des Gläubigers ein Grundpfandrecht bestellt wurde, nicht zu veräußern oder zu belasten[189]. Zulässig ist jedoch die Vereinbarung einer Negativklausel, die in keinem Zusammenhang mit der Bestellung eines Grundpfandrechts steht[190].

cc) Finanzkennzahlen. Für die Überprüfung der wirtschaftlichen Entwicklung des Darlehensnehmers bzw. der Zielgesellschaft werden ausgehend vom Geschäftsplan **Finanzkennzahlen ("financial covenants")** festgelegt, deren Nichteinhaltung die Bank zur Kündigung des Darlehens bzw. Verlangen weiterer Sicherheiten berechtigen soll[191]. Finanzkennzahlen stellen Mindestanforderungen an die Vermögenssituation (Eigenkapital und Verschuldung), den Ertrag und die Liquidität, indem sie durch Verhältniszahlen ("ratios") bestimmte Grenzen festlegen[192]. Sie werden auf der Basis der vom Darlehensnehmer einzureichenden Berichte[193] quartalsweise überprüft und sind meist von einem unabhängigen Wirtschaftsprüfer zu bestätigen ("compliance certificate"). Damit sind sie Indikatoren zur Früherkennung von Krisen und decken Fehlentwicklungen der wirtschaftlichen Lage auf. Die Verhältniszahlen werden so festgelegt, daß die laufende Bedienung des Darlehens möglich ist und das Ausfallrisiko der Bank möglichst gering bleibt.

Beispiele für häufig verwendete Finanzkennzahlen sind[194]:
- **Zinsdeckung** ("interest cover ratio"): Verhältnis einer bereinigten Ertragskennziffer, etwa EBIT, zu Zinsaufwand. Danach darf der Gewinn des Darlehensnehmers vor Steuern- und Zinsaufwendungen im Verhältnis zum gesamten Zinsaufwand nicht unter eine bestimmte Mindestgröße fallen. Hieraus läßt sich erkennen, in welchem Verhältnis das operative Geschäft zu den Finanzierungskosten steht, die benötigt werden, um dieses Ergebnis zu erzielen. Der Gewinn kann um außergewöhnliche Erträge und Aufwendungen bereinigt werden[195].
- **Liquidität** ("current ratio"): Verhältnis von kurzfristig realisierbaren Mitteln ("current assets") zu kurzfristigen Verbindlichkeiten ("current liabilities"). Dabei wird davon ausgegangen, daß dem Darlehensnehmer zur Begleichung der kurzfristig fällig werdenden Verbindlichkeiten jeweils ausreichende Mittel zur

---

[189] Dazu *Kümpel* Rn 6.557.
[190] BGH MDR 1966, 756; *Harries* WM 1978, 1146; *Kümpel* Rn 6. 558 ff.
[191] Dazu *Obermüller* Rn 430 f.; *Wittig* in Hellner/Steuer Rn 4/3139 ff.; ders. WM 1996, 1381 ff.; *Peltzer* GmbHR 1995, 15 f.; *Thießen* ZBB 1996, 19. Zu „financial covenants" im anglo-amerikanischen Recht *Rich*, Butterworth Journal of International Banking and Finance 1992, 518 ff.; *Wood* S. 159 ff.
[192] *Wittig* in Hellner/Steuer Rn 4/3139.
[193] Siehe Rn 78 ff.
[194] *Fahrholz* S. 87 f.; *Obermüller* Rn 452; *Peltzer* GmbHR 1995, 15, 23; *Wittig* in Hellner/Steuer Rn 4/3142; *Thießen* ZBB 1996, 19 f.; *Rich*, Butterworth Journal of International Banking and Financial Law 1992, 518; *Wood* S. 159 ff.
[195] § 275 Abs. 2 Nr. 14 bzw. Abs. 3 Nr. 13 HGB; *Wittig* in Hellner/Steuer Rn 4/3145. Dort auch zur Ermittlung des Zinsaufwands.

Abwendung eines Insolvenzverfahrens wegen Zahlungsunfähigkeit zur Verfügung stehen müssen[196].
- **Schuldendienstdeckung** („fixed charge cover"): Verhältnis von bereinigtem Jahresüberschuß zuzüglich Steuern, Abschreibungen und Zinsaufwand (EBITDA) zu Zinsaufwand und Tilgungsleistungen. Diese Kennzahl gibt an, in welchem Maß der Darlehensnehmer in der Lage ist, aus dem operativen Cashflow Zinszahlungen und Tilgungsleistungen zu erbringen.
- **Schuldendeckung** („debt cover"): Verhältnis von Nettoverschuldung (Fremdkapital abzüglich mittel- und langfristiger Rückstellungen und liquider Mittel) zu EBITDA. Diese Kennzahl zeigt den Zeitraum, den es erfordern würde, die Schulden aus operativer Geschäftstätigkeit vollständig zu tilgen[197] (unter der Annahme, daß keine Investitionen getätigt werden).
- **Verschuldungsgrad** („gearing ratio"): Verhältnis von Nettoverschuldung zu Eigenkapital. Danach ist die Obergrenze der Verschuldung[198] abhängig von der Eigenkapitalausstattung. Diese Kennzahl läßt eine Ausweitung der Verschuldung zu, wenn die Eigenkapitalbasis steigt. Für deutsche Darlehensnehmer kann das Eigenkapital gemäß § 266 HGB bestimmt werden, wobei nicht bilanzierungsfähige Aufwendungen für die Ingangsetzung des Geschäftsbetriebs und immaterielle Vermögenswerte[199], Zuschreibungen, Anteile und Ausleihungen an sowie Forderungen gegen verbundene Unternehmen, Forderungen aus unechtem Factoring, vorgesehene Ausschüttungen, stille Beteiligungen sowie Verbindlichkeiten aus Bürgschaften und Gewährleistungsverhältnissen[200] abgezogen werden sollten[201].
- **Eigenkapitalausstattung** („net worth requirement"): Festlegung einer bestimmten Höhe des Eigenkapitals des Darlehensnehmers. Dahinter steht die Überlegung, daß sich die Bildung bzw. Minderung des Eigenkapitals entsprechend dem Geschäftsplan entwickelt.
- Ferner werden oft bestimmte feste Beträge für **Investitionsausgaben** („capital expenditure") festgelegt.

90 dd) Haftungsrisiken für die Bank. In den letzten Jahren sind Unsicherheiten darüber aufgetreten, ob eine Bank Gefahr läuft, daß das Darlehen bei zu restriktiven Auflagen gegenüber einem deutschen Darlehensnehmer als **eigenkapitalersetzendes Darlehen** einzustufen ist mit der Folge, daß es in der Krise nur eingeschränkt zurückverlangt werden kann[202]. Ausgangspunkt ist dabei, daß viele Auflagen zu einer erheblichen Einengung des Handlungsspielraums des Darlehensnehmers führen. Dies kann zum einen zu einer sittenwidrigen Knebelung

---

[196] *Wittig* in Hellner/Steuer Rn 4/3148.
[197] *Fahrholz* S. 88.
[198] Dazu näher *Wittig* in Hellner/Steuer Rn 4/3144.
[199] § 266 Abs. 2 A. I. HGB.
[200] § 251 HGB.
[201] *Wittig* in Hellner/Steuer Rn 4/3143.
[202] § 32a GmbH. Siehe *Fleischer* ZIP 1998, 313, 320f.; ablehnend *Karsten Schmidt* in Scholz §§ 32a, 32b GmbHG Rn 141.

des Schuldners führen[203]; zum anderen besteht eben die Gefahr, daß die Bank in den Anwendungsbereich der Kapitalersatzregeln des § 32a Abs. 3 GmbHG einbezogen wird[204].

Der BGH hat die Voraussetzungen, unter denen Dritte im Hinblick auf die Kapitalersatzregeln wie Gesellschafter behandelt werden, konkretisiert[205]. Die bislang letzte dieser Entscheidungen betraf einen **atypischen Pfandgläubiger**[206]. Danach sind die Eigenkapitalersatzregeln auf einen Pfandgläubiger anwendbar, wenn er sich eine Position hat einräumen lassen, die nach ihrer konkreten Ausgestaltung wirtschaftlich der Stellung eines Gesellschafters gleichkommt[207]. Dies trifft insbes. zu, wenn ihm weitreichende Befugnisse zur Einflußnahme auf die Geschäftsführung und Gestaltung der Gesellschaft eingeräumt werden, wobei es unerheblich ist, ob die Bank damit unternehmerische Zwecke oder lediglich Sicherungsinteressen verfolgt[208].

Diese Rechtsprechung hat einen Teil der Literatur[209] dazu veranlaßt, eine Umqualifizierung als eigenkapitalersetzendes Darlehen anzunehmen, wenn durch Auflagen eine **breitflächige und besonders intensive Einflußnahme auf den Darlehensnehmer** gegeben ist. Während reine Informationspflichten[210] oder die Einflußnahme auf den gewöhnlichen Geschäftsbetrieb[211] unschädlich seien, müsse sich die Bank als Quasi-Gesellschafter behandeln lassen, wenn sie Einfluß auf herausragende Führungsentscheidungen[212] nehme, auf Entscheidungen also, die für die Vermögens- und Ertragslage und damit für den Bestand des Unternehmens sehr bedeutsam sind, sich auf das ganze Unternehmen richten und im Interesse des Unternehmens nicht auf Nichtgesellschafter delegiert werden dürfen[213]. Dies betreffe etwa die Besetzung von Führungsstellen[214]. Diesem Ansatz ist nicht zuzustimmen. Gerade Führungsentscheidungen haben für das Kreditengagement der Bank und die damit verbundenen Risiken entscheidende Bedeutung. Folgende Überlegung macht dies deutlich: Die Veräußerung von

---

[203] *Wittig* in Hellner/Steuer Rn 4/3165; *ders.* WM 1996, 1381, 1390; *Köndgen* in Prütting Insolvenzrecht S. 127, 140 ff. Siehe auch *OLG Celle* ZIP 1982, 942.
[204] So *Fleischer* ZIP 1998, 313, 314.
[205] BGHZ 31, 298; 81, 311; *BGH* ZIP 1991, 366; BGHZ 106, 7; 119, 191.
[206] BGHZ 119, 191.
[207] BGHZ 119, 191, 195.
[208] BGHZ 119, 191, 196. Die Entscheidung hat überwiegend Zustimmung gefunden, siehe etwa *Dreher*, Pfandrechtsgläubiger von Geschäftsanteilen als gesellschafterähnliche Dritte im Sinne von § 32a III GmbHG, ZGR 1994, 144; *v. Gerkan*, GmbH, Eigenkapitalersatz, Pfandgläubiger am Gesellschaftsanteil, Behandlung als Gesellschafter, EWiR 1992, 999; *Lutter/Hommelhof* §§ 32a, 32b GmbHG Rn 32; kritisch *Altmeppen*, Der „atypische Pfandgläubiger" – ein neuer Fall des kapitalersetzenden Darlehens?, ZIP 1993, 1677, 1681; *Maier-Reimer*, Kreditsicherung und Kapitalersatz in der GmbH, FS Rowedder, 1994, S. 245, 259 f.
[209] *Fleischer* ZIP 1998, 313, 319.
[210] *Fleischer* ZIP 1998, 313, 319.
[211] *Fleischer* ZIP 1998, 313, 320.
[212] Diesen Begriff entlehnt *Fleischer* ZIP 1998, 313, 320 bei *Gutenberg*, Unternehmensführung, 1962, S. 59 ff.
[213] *Fleischer* ZIP 1998, 313, 320.
[214] *Fleischer* ZIP 1998, 313, 320.

Anteilen an der Zielgesellschaft gehört sicherlich zu den herausragenden Führungsentscheidungen des Darlehensnehmers. In jeder Akquisitionsfinanzierung ist aber das Halten der Beteiligung an der Zielgesellschaft sowie die Beibehaltung der Gruppenstruktur eine wesentliche Verpflichtung, die den Charakter der Finanzierung entscheidend prägt und deren Verletzung zu einem Kündigungsgrund führt. Sollten nun solche und ähnliche Auflagen die Bank bereits in den Bereich einer eigenkapitalersetzenden Darlehensgewährung bringen?

93 Ausgangspunkt sollte vielmehr der Ansatz des BGH sein[215], daß dazu eine weitreichende Einflußnahme auf Geschäftsführung und Gestaltung der Gesellschaft erforderlich ist. Dies ist nicht der Fall, solange die Verpflichtungen aus dem Darlehensvertrag dem Darlehensgeber noch einen **ausreichenden wirtschaftlichen Bewegungsspielraum** geben. Erst wenn durch Auflagen und Finanzkennzahlen kein Raum mehr für eigene unternehmerische Entscheidungen bleibt, ist die Schwelle einer Umqualifizierung zum eigenkapitalersetzenden Darlehen erreicht[216]. Danach sind die bei einer Akquisitionsfinanzierung üblichen Auflagen und Finanzkennzahlen generell unschädlich[217]. Sie sind das Ergebnis eines Interessenausgleichs zwischen dem **legitimen Sicherungsinteresse der Bank** und dem Interesse des Managements der Erwerbergesellschaft, die Zielgesellschaft gemäß dem von ihm aufgestellten Geschäftsplan zu führen. Hierbei ist insbes. darauf zu achten, daß hinreichende Ausnahmen von den generellen Verboten vereinbart werden, die den notwendigen geschäftspolitischen Spielraum gewährleisten.

94 Ebenso kann die Vereinbarung von Auflagen und Finanzkennzahlen[218] trotz der damit erreichten Einflußnahme auf die Geschäftsführung grundsätzlich nicht zu einer Haftung der Bank wegen **vorsätzlicher sittenwidriger Schädigung**[219] führen[220]. Anders läge der Fall nur, wenn durch Auflagen und Finanzkennzahlen der Handlungsspielraum für den Darlehensnehmer so sehr eingeengt würde, daß für eigene unternehmerische Entscheidungen kein Raum mehr bliebe[221]. So kann eine unmittelbare Einflußnahme auf einzelne geschäftliche Entscheidungen zu einer Haftung führen, insbes. wenn dabei mit einer Kündigung der Kredite gedroht wird[222]. Die Bank haftet etwa bei einem gescheiterten Sanierungsversuch wegen vorsätzlicher sittenwidriger Schädigung durch Knebelung auf Schadensersatz[223], wenn sie die Mitglieder der Geschäftsführung des Darlehensnehmers praktisch entmachtet oder die Geschäftsführung durch Vertrauensleute übernimmt bzw. wesentlich beeinflußt und dabei zum eigenen Vorteil die Schädigung

---

[215] BGHZ 119, 191, 195.
[216] Ähnlich *Wittig* in Hellner/Steuer Rn 4/3166 für die Frage einer sittenwidrigen Knebelung.
[217] Vgl. *Karsten Schmidt* in Scholz §§ 32a, 32b GmbHG Rn 177; *Früh* in Hellner/Steuer Rn 3/84b.
[218] Dazu *Wittig* in Hellner/Steuer Rn 4/3166.
[219] § 826 BGB.
[220] *Früh* in Hellner/Steuer Rn 3/86b; siehe auch *Wittig* in Hellner/Steuer Rn 4/3166.
[221] So auch *Wittig* in Hellner/Steuer Rn 4/3166.
[222] *Thießen* ZBB 1996, 19, 29; *Wittig* in Hellner/Steuer Rn 4/3167.
[223] § 826 BGB.

der anderen Gläubiger in Kauf nimmt[224]. Banken sollten daher mit Eingriffen in die Geschäftsführung des Darlehensnehmers äußerst zurückhaltend sein[225].

Wegen dieser Unsicherheiten wird in vielen **Kreditdokumentationen geregelt**, daß bestimmte Auflagen, die den Kernbereich unternehmerischen Handelns betreffen, lediglich eine Informationspflicht auslösen und nur dann zu einer Kündigung führen, wenn die vom Unternehmen getroffene Maßnahme einen **wichtigen Grund** darstellt. Dahinter steht die Überlegung, daß sich das Recht zur Kündigung aus wichtigem Grund nicht ausschließen läßt.

l) Kündigung durch die Bank. aa) Außerordentliche Kündigung. Die Kündigungsgründe („events of defaults") bestimmen, unter welchen Voraussetzungen die Bank eine vorzeitige Rückzahlung des Darlehens verlangen kann (**außerordentliche Kündigung**)[226]. Darlehensverträge als Dauerschuldverhältnisse können auch ohne ausdrückliche vertragliche Regelungen aus wichtigem Grund gekündigt werden[227]. Ein wichtiger Grund liegt vor, wenn der Bank unter Berücksichtigung aller Umstände nach Treu und Glauben nicht zugemutet werden kann, das Darlehensverhältnis fortzusetzen[228], also das Darlehen beim Darlehensnehmer zu belassen[229]. Eine vorherige Abmahnung ist grundsätzlich nicht erforderlich[230], falls nicht infolge des Verhaltens der Banken in der Vergangenheit oder stillschweigenden Entgegenkommens der Bank Zweifel darüber möglich sind, ob sie das Verhalten des Darlehensnehmers überhaupt als vertragswidrig ansieht[231].

Die Kündigung muß nicht innerhalb einer bestimmten Frist ab Kenntnis des Kündigungsgrunds erfolgen[232]. Die Bank hat auch bei Vorliegen eines wichtigen Grunds auf die **berechtigten Belange des Darlehensnehmers Rücksicht zu nehmen** und darf eine Kündigung weder zur Unzeit aussprechen noch das Kündigungsrecht **rechtsmißbräuchlich** ausüben[233]. Mißbräuchlich wegen widersprüchlichen Verhaltens kann eine Kündigung bspw. sein, wenn die Bank beim Darlehensnehmer das berechtigte Vertrauen auf das Weiterbestehen des Darle-

---

[224] *BGH* WM 1955, 915; WM 1961, 1297; WM 1981, 186. Zur Drohung mit einer Kündigung siehe auch *Obermüller*, Handbuch Insolvenzrecht für die Kreditwirtschaft, 1991, Rn 1009; *Wittig* in Hellner/Steuer Rn 4/3168.

[225] Zu Recht weist *Wittig* in Hellner/Steuer Rn 4/3167 darauf hin, daß die Anforderung von Informationen und die Überprüfung der Maßnahme unschädlich sind.

[226] Zur anglo-amerikanischen Vertragspraxis *Gooch/Klein* S. 40 ff.; *Adams* S. 105 ff.; *Hinsch/Horn* S. 92 ff.

[227] Entsprechende Anwendung der §§ 626, 554a BGB, *BGH* WM 1980, 380; *BGH* NJW 1981, 1666; WM 1984, 1273; *Hopt/Mülbert* § 609 BGB Rn 34; *Häuser* in Schimansky/Bunte/Lwowski § 83 Rn 154.

[228] *BGH* WM 1991, 1452, 1456; WM 1988, 195, 176.

[229] *Putzo* in Palandt § 609 BGB Rn 15.

[230] *BGH* WM 1978, 234, 238.

[231] *BGH* WM 1978, 234, 238; WM 1979, 1176, 1179; *Bruckner* in Schimansky/Bunte/Lwowski § 79 Rn 42.

[232] § 626 Abs. 2 BGB gilt nicht entsprechend, *BGH* WM 1984, 1273.

[233] *BGH* WM 1979, 1179; WM 1986, 605; siehe auch *OLG Frankfurt* WM 1992, 1018, 1022; näher dazu *Früh* in Hellner/Steuer Rn 3/147 ff.

hensvertrags erweckt hat[234]. Eine Kündigung aus wichtigem Grund ist demnach unwirksam, wenn die Bank einen vertragswidrigen Zustand über längere Zeit hingenommen hat, statt das Kündigungsrecht innerhalb angemessener Zeit auszuüben[235]. Die Bank kann ferner ihr Kündigungsrecht verlieren, wenn sie aus der Verletzung von Vertragspflichten wiederholt keine Konsequenzen zieht und stattdessen einen beschränkten Verzicht („waiver") erklärt, da aus diesem Verhalten hervorgehen kann, daß die Vertragsverletzung keine wesentliche Verschlechterung des Kreditrisikos zur Folge hatte[236].

98 Die unberechtigte Kündigung ist eine Pflichtverletzung, die nach den Grundsätzen der positiven Forderungsverletzung zum **Schadensersatz** verpflichtet[237]. Der Schaden umfaßt u. a. alle zusätzlichen Aufwendungen, die dem Darlehensnehmer infolge vorzeitiger Rückzahlung des Darlehens entstanden sind[238].

99 Wurde die Anwendung der **AGB-Banken** vereinbart[239], ist eine fristlose Kündigung des Darlehensvertrags zulässig, wenn ein wichtiger Grund vorliegt, der der Bank, auch unter angemessener Berücksichtigung der berechtigten Belange des Kunden, dessen Fortsetzung unzumutbar werden läßt[240]. Als wichtige Gründe sind in den AGB-Banken geregelt[241]:
– **unrichtige Angaben über die Vermögenslage**, die für die Entscheidung der Bank über die Kreditgewährung von erheblicher Bedeutung waren;
– Eintritt oder drohender Eintritt einer **wesentlichen Verschlechterung der Vermögensverhältnisse**, sofern dadurch die Erfüllung der Verbindlichkeiten gegenüber der Bank gefährdet ist[242];
– Nichterfüllung einer Verpflichtung zur Bestellung oder Verstärkung von Sicherheiten.

100 **bb) Einzelne Kündigungsgründe.** Es ist üblich, die wichtigen Gründe (nicht abschließend) detailliert aufzulisten[243]. Folgende **Kündigungsgründe** sind insbes. von Bedeutung[244]:

101 (1) Zahlungsverzug. Die **nicht rechtzeitige Zahlung von Zinsen bzw. Tilgungsbeträgen** ist nicht nur für die Refinanzierung der Bank von Bedeutung, sondern ist für die Bank auch ein Alarmsignal für die wirtschaftliche Situation des Darlehensnehmers. Verzögerungen offenbaren idR, daß der Darlehensnehmer nicht in der Lage ist, die im Budget festgelegten Ziele zu erreichen. Aus diesen Gründen wird im Darlehensvertrag bestimmt, daß ein Kündigungsgrund vorliegt, wenn Zinsen oder Tilgungsbeträge nicht am Fälligkeitstag gezahlt wer-

---

[234] *Canaris* Bankvertragsrecht Rn 1269 ff.
[235] *BGH* WM 1978, 234.
[236] Dazu *Wittig* in Hellner/Steuer Rn 4/3162.
[237] *BGH* NJW 1980, 399; NJW 1981, 1363; WM 1984, 1178.
[238] *Bruckner* in Schimansky/Bunte/Lwowski § 79 Rn 70.
[239] Nr. 19 Abs. 1 Satz 1 AGB-Banken. Dazu näher *Kümpel* Rn 5.196 ff. Zur Vereinbarkeit mit § 9 AGBG *BGH* WM 1985, 1136.
[240] Nr. 19 Abs. 1 Satz 1 AGB-Banken.
[241] Nr. 19 Abs. 1 Satz 2 und 3 AGB-Banken.
[242] Vgl. dazu den Wortlaut von § 610 BGB.
[243] Zu „events of default" nach anglo-amerikanischem Recht *Wittig* WM 1999, 985, 987.
[244] Siehe auch *Wood* S. 165 ff.; *Adams* S. 106 ff.

den²⁴⁵. Eine Karenzzeit von wenigen Tagen für verspätete Zahlungseingänge wird die Bank nur insoweit zugestehen, als die Verspätung nicht auf ein Verschulden des Darlehensnehmers zurückzuführen ist²⁴⁶.

(2) Unrichtigkeit von Zusicherungen. Ebenso bedeutsam ist es, daß die der Bank erteilten **Informationen** korrekt sind. Zusicherungen bzw. **Tatsachenbehauptungen**, die in wesentlichen Punkten unrichtig, unvollständig oder irreführend sind, sollen daher ebenfalls zu einer Kündigung des Darlehens berechtigen²⁴⁷. Vorsicht ist aus Sicht des Darlehensnehmers bei Klauseln geboten, die sich auf die Richtigkeit sämtlicher den Banken im Zusammenhang mit dem Darlehensvertrag überreichten Unterlagen beziehen²⁴⁸. 102

(3) Verletzung von Auflagen. Die Nichterfüllung von Auflagen wird meist ebenfalls ein Kündigungsgrund sein²⁴⁹. Üblicherweise wird eine **Karenzfrist** für die Heilung der Vertragsverletzung gewährt. 103

(4) Nichteinhaltung der Finanzkennzahlen. Aus der Gruppe der Auflagen werden die Finanzkennzahlen²⁵⁰ regelmäßig gesondert behandelt. Aus Sicht des Darlehensnehmers ist es angebracht, eine Frist von einigen Tagen oder Wochen zu setzen, innerhalb derer die Nichteinhaltung geheilt werden kann. 104

(5) Verzug mit Drittverbindlichkeiten. Zu den wichtigsten Kündigungsgründen gehört, daß der Darlehensnehmer mit Zahlungsverpflichtungen gegenüber Dritten in Verzug kommt oder ein anderer Kredit wegen Vertragsverletzung des Darlehensnehmers vorzeitig fällig gestellt werden kann („**cross default**")²⁵¹. Kommt der Darlehensnehmer seinen Zahlungsverpflichtungen gegenüber anderen Gläubigern nicht rechtzeitig nach, könnten diese Gläubiger mit dem Darlehensnehmer besondere Zahlungen, die Stellung zusätzlicher Sicherheiten oder eine andere Art bevorzugter Befriedigung aushandeln. Sofern die Bank nicht ebenfalls ihre Ansprüche infolge eigener Zahlungsschwierigkeiten fällig stellen könnte, müßte sie ohne die Möglichkeit einer Einflußnahme abwarten, wie die Situation zwischen dem Darlehensnehmer und dem Dritten geklärt wird. Der Dritte wird seinerseits eine Kündigung kaum aussprechen, wenn er weiß, daß dadurch andere Verbindlichkeiten seines Schuldners gleichzeitig fällig gestellt werden. 105

---

[245] Für Kündigung bei Verzug mit Zins- und Tilgungsleistungen siehe *BGH* WM 1984, 1273.
[246] Siehe auch *Wood* S. 165
[247] Vgl. das Kündigungsrecht nach Nr. 19 Abs. 3 S. 2 AGB-Banken, das an unrichtige Angaben über die Vermögenslage, die für die Kreditentscheidung von erheblicher Bedeutung sind, anknüpft.
[248] Siehe auch *Wood* S. 165.
[249] Der BGH hat in einer Reihe von Entscheidungen Kündigungsgründe bestätigt, die ein Verhalten betreffen, das üblicherweise ein Verstoß gegen Auflagen im Kreditvertrag ist: *BGH* WM 1989, 1011, 1012 (Aufhebung des Kaufvertrags über das zu finanzierende Objekt); WM 1986, 605, 606 (Gefährdung der Realisierung von Kreditsicherheiten); WM 1985, 1437 (unrichtige und unvollständige Information über Vermögensverhältnisse); WM 1994, 838 (unzureichende Offenlegung der wirtschaftlichen Verhältnisse).
[250] Siehe Rn 88 ff.
[251] *Wood* S. 166; *Adams* S. 107; *Welter* in Schimansky/Bunte/Lwowski § 118 Rn 135; *Buchheit* IFLR August 1993, 27, 28.

106 Die wegen des **Dominoeffekts** aus Sicht des Darlehensnehmers gefährliche Klausel[252] wird zunächst dadurch eingeschränkt, daß idR ein bestimmter Betrag erreicht werden muß, damit das Kündigungsrecht auf Grund eines Drittverzugs ausgelöst wird[253]. Die Klausel kann ferner danach unterscheiden, ob bereits das Vorliegen eines Kündigungsgrunds nach dem Darlehensvertrag mit dem Dritten ausreicht, um die Kündigung zu rechtfertigen, oder ob hinzukommen muß, daß der Dritte sein Kündigungsrecht auch ausübt („cross accelaration")[254]. Ferner wird der Darlehensnehmer Interesse daran haben, Verbindlichkeiten aus dem Bereich der Klausel herauszunehmen, die er bestreitet, so daß sich die Klausel auf **unstreitige Zahlungsverpflichtungen** beschränkt. Damit wird der Nutzen der Klausel für die Bank jedoch erheblich eingeschränkt. Die Klausel sollte daher zumindest regeln, daß die Zahlungsverpflichtung zu Recht bestritten wird und die Darlegungs- und Beweislast dem Darlehensnehmer obliegt. Zu beachten ist, daß der Kreditnehmer nach deutschem Recht verpflichtet ist, die kreditgebende Bank zu informieren, wenn er fällige Forderungen anderer Gläubiger nicht erfüllen kann[255].

107 Regelmäßig bezieht sich die „cross default"-Klausel auch auf **Tochtergesellschaften** des Darlehensnehmers, da finanzielle Schwierigkeiten der Tochtergesellschaften Einfluß auf die wirtschaftliche Situation des Darlehensnehmers haben.

108 **(6) Insolvenz.** Bei Zahlungsunfähigkeit oder drohender Zahlungsunfähigkeit, dauernder oder vorübergehender Einstellung von Zahlungen, Aufnahme von Verhandlungen über einen außergerichtlichen Vergleich oder einen Zahlungsaufschub sowie Stellung eines Antrags auf Eröffnung eines **Insolvenzverfahrens** ist die Bank nach den Bestimmungen des Darlehensvertrags zur Kündigung berechtigt[256].

109 **(7) Einstellung oder Änderung des Geschäftsbetriebs.** Die Art der geschäftlichen Aktivitäten der erworbenen Unternehmensgruppe (**Change of Business**) ist von wesentlicher Bedeutung für die interne Risikoanalyse der Bank. Jede Änderung des Geschäftszwecks, erst recht die Einstellung des Geschäftsbetriebs wird die Risikoanalyse ändern und ist daher nur akzeptabel, wenn sie der Bank die Möglichkeit gibt, das Darlehen vorzeitig kündigen zu können[257]. Das gilt auch für die Veräußerung wesentlicher Vermögensgegenstände, die die Ausübung des Geschäftsbetriebs unmöglich macht.

110 **(8) Änderung der Beteiligungsverhältnisse.** Es gibt eine Vielzahl von Gründen, weshalb die Bank ein Interesse daran hat, daß sich die Beteiligungsverhältnisse an dem Darlehensnehmer nicht verändern (**Change of Control**)[258]. So

---

[252] *Welter* in Schimansky/Bunte/Lwowski § 118 Rn 136.
[253] *Wood* S. 166; *Adams* S. 107; *Buchheit* IFLR August 1993, 27, 28.
[254] *Welter* in Schimansky/Bunte/Lwowski § 118 Rn 136.
[255] BGH WM 1985, 1437; *Wittig* WM 1999, 985, 995.
[256] BGH NJW-RR 1990, 110; *Wood* S. 166.
[257] Die gilt auch ohne besondere Regelung, *Adams* S. 109.
[258] Siehe *Adams* S. 109.

kann es sein, daß die Muttergesellschaft des Darlehensnehmers gegenüber dem Darlehensnehmer Leistungen erbringt, die aus der Sicht der Bank für den geschäftlichen Erfolg des Unternehmens wichtig sind. Ferner kann das Darlehen gerade im Hinblick auf die Beteiligung bestimmter Finanzinvestoren, mit denen die Bank bereits in der Vergangenheit gute Erfahrungen gemacht hat, gewährt worden sein. Insgesamt ist das Beteiligungsverhältnis ein Teil der Gruppenstruktur, die ebenfalls für die Vergabe des Darlehens wesentlich war. Der Verlust der Kontrolle der Muttergesellschaft soll die Kündigung des Darlehens rechtfertigen können. Ob jede Änderung der Beteiligungsverhältnisse oder erst das Absinken der Beteiligung unter einen bestimmten Prozentsatz, etwa unter 50% + 1 Stimme oder unter 75% + 1 Stimme, zur Kündigung berechtigen soll, ist eine Frage des Einzelfalls und wird zwischen den Parteien oft hart verhandelt.

(9) Wesentliche nachteilige Änderungen. Im Vertrag wird ausnahmslos geregelt sein, daß die Bank zur Kündigung berechtigt ist, wenn Umstände eintreten, die nach Einschätzung der Bank wesentliche nachteilige Auswirkungen auf ihre Risikoposition haben können. Eine solche **„material adverse change"-Klausel**[259] (kurz MAC-Klausel) erlaubt es der Bank, das Darlehen zu kündigen, wenn Umstände eintreten, die aus ihrer Sicht dazu führen können, daß der Darlehensnehmer seine Verpflichtungen aus dem Darlehensvertrag nicht einhalten kann. Die Ausgestaltungsmöglichkeiten einer solchen Klausel sind vielfältig[260]. Ihre Voraussetzungen lassen sich wesentlich schwerer darlegen und beweisen als die der spezifischer gehaltenen Kündigungsgründe[261]. Es wäre daher aus Sicht der Bank falsch, Einschränkungen von Kündigungsgründen deswegen zu akzeptieren, weil am Ende ja doch die MAC-Klausel zur Verfügung steht[262].

m) Verteuerung der Kredite. Die Zinsrate wird dadurch ermittelt, daß die Bank zu ihrer Marge die Refinanzierungskosten hinzurechnet[263]. Sollte die Bank daher infolge nach Unterzeichnung des Vertrags eintretender Änderungen von Gesetzen, der Verwaltungspraxis oder der Vorschriften über die Mindestreserve, der Eigenkapitalanforderungen oder anderer Anforderungen einer Zentralbank nicht die Rendite erhalten, die sie ohne diese Änderungen erzielt hätte, wird der Kreditnehmer verpflichtet sein, unverzüglich nach Aufforderung durch die Bank einen entsprechenden Ausgleichsbetrag zu zahlen (**„increased cost clause"**)[264].

n) Steuerklausel. Zinsabschlagsteuern und andere Quellensteuern können dazu führen, daß die Bank die vereinbarten Zinsen nicht in vollem Umfang erhält[265]. Diese Steuerbelastungen werden auf den Kreditnehmer abgewälzt. Eine **Quellensteuer** („withholding tax") ist eine Steuer, die der Zahlungsempfänger

---

[259] Dazu *Welter* in Schimansky/Bunte/Lwowski § 118 Rn 132; *Buchheit*, How to negotiate the material adverse change clause, IFLR March 1994, 31.
[260] *Adams* S. 110.
[261] *Wood* S. 168.
[262] *Adams* S. 111.
[263] Siehe Rn 55.
[264] *Welter* in Schimansky/Bunte/Lwowski § 118 Rn 99 ff.; *Buchheit*, How to negotiate the expense reimbursement clause, IFLR January 1994, 35; *Gooch/Klein* S. 53.
[265] *Wood* S. 282 ff.

zu leisten hat, die jedoch beim Zahlenden eingezogen bzw. einbehalten wird. Insbes. dann, wenn der Darlehensnehmer seinen Sitz in einer anderen Jurisdiktion als die Bank hat, wird die Bank ein Interesse haben, sich für den Fall der Erhebung einer Quellensteuer abzusichern. Dies wird durch eine Anpassungsklausel (**„grossing-up clause"**)[266] erreicht, die den Darlehensnehmer verpflichtet, jedwede Zahlung ohne Abzug von Quellensteuern zu erbringen[267], ggf. um den Betrag zu erhöhen, der erforderlich ist, damit die Bank den gleichen Betrag erhält, den sie ohne Abzug der Quellensteuer erhielte. Steuergutschriften können uU dem Darlehensnehmer zustehen[268]. Der steuerliche Effekt von Gutschriften ist in der Praxis aber schwer zu bestimmen, so daß die Feststellung oft der Bank überlassen wird[269]. Ebenso wird der Kreditnehmer verpflichtet sein, die Bank von Steuerzahlungen jeglicher Art im Zusammenhang mit Zahlungsansprüchen aus dem Kreditvertrag freizustellen. Hiervon auszunehmen sind Einkommen- oder Körperschaftsteuern, die auf Seiten der Bank anfallen.

114 **o) Rechtswidrigkeit.** Die Rechtswidrigkeitsklausel[270] schützt die Bank davor, in einen Konflikt zwischen vertraglicher Bindung und den sie als Kreditinstitut treffenden gesetzlichen Pflichten zu geraten. Sie bestimmt, daß die Bank von ihren Verpflichtungen aus dem Vertrag befreit wird und der Kreditbetrag zurückzuzahlen ist, wenn es auf Grund **gesetzlicher oder aufsichtsrechtlicher Bestimmungen** bzw. Anordnungen nicht mehr zulässig ist, das Darlehen weiterhin auszureichen. Die Vertragsbestimmung wird der Bank auferlegen, den Kredit von einer anderen Stelle aus zu vergeben („change of lending office"), wenn dadurch den gesetzlichen Verboten ausgewichen werden kann[271].

115 **p) Gebühren und Kosten.** Neben den Zinsen und den **Kosten**, die im Zusammenhang mit der Ausarbeitung und Verhandlung der Dokumentation entstanden sind (etwa Rechtsanwaltshonoraren)[272] hat der Darlehensnehmer für die Kreditvergabe **Gebühren** zu zahlen. Diese Gebühren werden gewöhnlich als **Arrangierungsgebühr** („arrangement fee"), **Bereitstellungsprovision** („commitment fee") und **Konsortialführergebühr** („agency fee") bezeichnet. Während Gebühren, die sämtlichen Konsortialmitgliedern zustehen (etwa die Bereitstellungsgebühr), oder auch eine Gebühr, die der Konsortialführer für seine Tätigkeit im Zusammenhang mit der Verwaltung des Darlehens erhebt, der Höhe

---

[266] Beispiele bei *Buchheit*, How to negotiate the increased costs clause, IFLR April 1993, 30, 32; *Welter* in Schimansky/Bunte/Lwowski § 118 Rn 104.
[267] *Welter* in Schimansky/Bunte/Lwowski § 118 Rn 104 ff.
[268] *Buchheit*, How to negotiate the tax gross-up clause, IFLR September 1993, 35.
[269] Näher *Welter* in Schimansky/Bunte/Lwowski § 118 Rn 107.
[270] *Buchheit*, How to negotiate the tax gross-up clause, IFLR June 1994, 24, 25; *Gooch/Klein* S. 13. Die Klausel wurde etwa bei den lybischen Sanktionen im Jahr 1986 relevant, *Welter* in Schimansky/Bunte/Lwowski § 118 Rn 86.
[271] Gelegentlich wird auch die Pflicht zur Übertragung auf einen anderen Darlehensgeber vereinbart, siehe das Beispiel bei *Welter* in Schimansky/Bunte/Lwowski § 118 Rn 84.
[272] *Welter* in Schimansky/Bunte/Lwowski § 118 Rn 95. Gelegentlich finden sich Kostenbegrenzungen, die sich aber nicht auf die Kosten der Rechtsverfolgung beziehen sollten. Bei Kosten für Vertragsergänzungen läßt sich darauf abstellen, von wem die Vertragsergänzung ausgegangen ist, *Gooch/Klein* S. 52.

nach im Darlehensvertrag geregelt werden, wird die Fazilitätsgebühr, die allein der den Kredit arrangierenden Bank zusteht, gewöhnlich in einem gesonderten Schreiben („facility fee letter") dem Darlehensnehmer berechnet. Diese Gebühr wird im Darlehensvertrag dem Grunde (nicht jedoch der Höhe) nach erwähnt. Die Regelung im Darlehensvertrag ist erforderlich, damit der Bank, die als Arranger auftritt, keine Leistung des Darlehensnehmers zufließt, die nicht den anderen Mitgliedern des Konsortiums, zumindest der Art nach, offenzulegen ist und die Nichtzahlung der Gebühr einen Kündigungsgrund auslösen kann.

5. Syndizierung

Während kleinere Darlehen, wie etwa Betriebsmittelkreditlinien oder Überziehungskredite nur von einer Bank, meistens der Hausbank des Unternehmens, ausgereicht werden, sind Akquisitionsdarlehen regelmäßig **syndizierte Kredite**, die durch ein **Konsortium** vergeben werden[273]. Die Banken reduzieren so die Risiken, die mit der Gewährung großer Darlehen an einen Darlehensnehmer zusammenhängen[274]. Es ist nicht ungewöhnlich, daß sich ein solches Konsortium für sehr große Finanzierungen aus 20 bis 30 Banken zusammensetzt.

a) Bildung des Konsortiums. Zu Beginn einer derartigen Darlehensvergabe übernehmen meist eine oder wenige Banken die Aufgabe eines **Arrangeurs** (**Arranger**) und stellen ein Konsortium von Banken, die an der Darlehensvergabe teilnehmen, zusammen. Hierzu wird der Kreditnehmer die Bank als Arranger oder „lead manager" mandatieren[275]. Er hat ein Interesse daran, daß der Arranger, mit dem er das „term sheet" und die Vertragsdokumentation ausgehandelt hat, einen wesentlichen Teil der Darlehens selbst behält. Es hat sich gezeigt, daß spätere Verhandlungen mit einem Arranger bzw. Agent schwierig sind, wenn diese Bank selbst nur einen geringen Teil des Darlehens hält[276].

Große Konsortien werden in mehreren Schritten zusammengestellt, wobei einzelne Banken besondere Rollen wahrnehmen können[277].
- In der **ersten Phase** wird bei betragsmäßig sehr hohen Krediten möglich sein, daß bereits vor Abschluß des Darlehensvertrags neben dem ursprünglichen Arranger eine andere Bank eingeladen wird, als Co-Arranger aufzutreten. Federführend bleibt aber meistens nur eine Bank[278]. Schon in dieser Phase wird gelegentlich ein „information memorandum" an andere Banken versandt, das Informationen über die geplante Finanzierung enthält[279]. Mit der Zusage der Co-Arranger ist die erste Phase der Bildung des Konsortiums abgeschlossen[280]. Die von den Arrangers (oder „underwriters") erteilte Zusage beinhaltet nicht

---

[273] Zum Konsortialkredit *Hadding* in Schimansky/Bunte/Lwowski § 87 Rn 1 ff.; *Rösler* in Jährig/Schuck/Rösler/Woite S. 129 ff.
[274] *Pöhler* S. 201 ff.
[275] *Pöhler* S. 29.
[276] *Adams* S. 29.
[277] Siehe *Scholze* S. 71 ff.; *Pöhler* S. 26 ff.
[278] *Scholze* S. 73 f.
[279] *Wood* S. 257.
[280] *Pöhler* S. 37; *Storck*, Das Konsortialgeschäft, S. 530.

die Zurverfügungstellung des Kredits, sondern zunächst nur die Verpflichtung, einen Kreditanteil bis zu einem bestimmten Höchstbetrag unter den Voraussetzungen des „term sheet"[281] auszureichen, wenn keine weiteren Banken gefunden werden („initial underwriting commitment")[282].

– In einer **zweiten Phase** werden weitere „underwriters" gewonnen, mit deren Zusage das „final underwriting commitment" vorliegt[283]. Während der abschließenden Phase werden die Co-Arranger versuchen, andere Banken für die Teilnahme an dem Syndikat zu gewinnen („participants"), die sich mit Annahme des Angebots verpflichten, einen bestimmten Kreditanteil zu gewähren. Damit hat sich das Konsortium konstituiert.

119 Das Konsortium wird häufig in der Form des **Außenkonsortiums** gebildet, bei dem sämtliche Konsorten aus dem Kreditvertrag berechtigt und verpflichtet sind[284]. Die Konsortialregelungen werden entweder entsprechend anglo-amerikanischem Vorbild im Kreditvertrag selbst geregelt oder in einem gesondert abgeschlossenen Konsortialvertrag. Der Konsortialvertrag regelt die Rechte und Pflichten der Konsorten untereinander (etwa Bereitstellung des Kreditbetrags in Höhe der entsprechenden Quote und die Geschäftsführungsbefugnisse des Konsortialführers)[285]. Davon zu unterscheiden ist die **Unterbeteiligung**, bei der zur Risikoverminderung der Unterbeteiligte einen Anteil des vom Hauptbeteiligten gewährten Kredits übernimmt[286]. Nach außen tritt dabei allein der Hauptbeteiligte auf[287].

120 **b) Weitere Beteiligte und wesentliche Regelungen.** Aus der Art einer im Wege eines Außenkonsortiums syndizierten Fazilität folgt zugleich die Notwendigkeit einer weiteren Funktion, die eine der Banken wahrnehmen wird. Zur Vermeidung von logistischen Schwierigkeiten und übermäßig hohem Arbeitsaufwand wird eine der Banken, meist der Arranger oder eine seiner Tochtergesellschaften, die Aufgabe des **Konsortialführers** („administrative agent") übernehmen[288]. Die Aufgaben dieses Agent sind vielfältig, da er nicht nur den Kontakt zum Darlehensnehmer und den anderen Konsortialbanken halten, sondern auch sämtliche Tätigkeiten im Zusammenhang mit der laufenden Prüfung des Darlehensnehmers sowie der Abwicklung des Zahlungsflusses (Auszahlungen des Darlehens, Tilgungen und Zinszahlungen) ausüben muß. Entscheidungen, die für die Banken bzw. den Darlehensnehmer wesentlich sind (wie etwa der Verzicht auf Ziehungsvoraussetzungen bzw. Kündigungsmöglichkeiten), müssen von allen Konsortialbanken oder zumindest von einer bestimmten Mehrheit der Konsortialmitglieder getroffen werden (idR sind die sog. **Mehrheitsbanken** („majority banks") solche, die nach Köpfen oder der Höhe der Kreditzusagen bzw. des ausgezahlten Darlehens $66\,^2/_3\%$ des Darlehens darstellen).

---

[281] Siehe Rn 32 ff.
[282] *Pöhler* S. 37.
[283] *Pöhler* S. 38.
[284] *Hadding* in Schimansky/Bunte/Lwowski § 87 Rn 42 ff.
[285] *Hadding* in Schimansky/Bunte/Lwowski § 87 Rn 28 ff.
[286] *Hadding* in Schimansky/Bunte/Lwowski § 87 Rn 13.
[287] *De Meo*, Bankenkonsortien, 1994, S. 31.
[288] *Adams* S. 29; *Wood* S. 263 ff.

Die **Haftung des Konsortialführers** ist im Darlehensvertrag in besonderer Weise geregelt. Im Einklang mit seiner Rolle als lediglich für administrative Maßnahmen zuständige Bank wird der Konsortialführer keine Haftung dafür übernehmen, daß die anderen Kreditinstitute ihre Kreditentscheidung ordnungsgemäß vorbereitet haben oder daß Informationen, die er an die Mitglieder des Syndikats weiterleitet, zutreffend und vollständig sind. Er wird sich das Recht vorbehalten, als Konsortialführer zurückzutreten, ebenso wie sich die anderen Konsortialmitglieder das Recht vorbehalten, den Konsortialführer gegen eine andere Bank auszutauschen. Hierzu wird idR die Zustimmung des Darlehensnehmers erforderlich sein. Ferner wird der Konsortialführer von den anderen Mitgliedern des Syndikats eine Freistellung von Kosten, Aufwendungen und Verlusten bekommen, die ihm in seiner Rolle als Konsortialführer entstehen, sofern er dabei nicht grob fahrlässig oder vorsätzlich gegen seine Pflichten verstoßen hat[289]. 121

Eine Bank (meist der Konsortialführer oder eine seiner Tochtergesellschaften) wird die Rolle eines **Sicherheiten-Treuhänders** („security agent" oder „security trustee") übernehmen, der treuhänderisch für die anderen Banken die Sicherheiten verwaltet (soweit wie etwa beim Pfandrecht die Sicherheit allen Banken bestellt werden muß) oder hält (bspw. Grundschulden oder sicherungsabgetretene Forderungen). Der Sicherheiten-Treuhänder wird entsprechend den Anweisungen des Konsortiums eine etwaige Verwertung der Sicherheiten durchführen. 122

Jeder Konsorte ist entsprechend seiner Beteiligungsquote am Kredit **anteilig an den Risiken** der Finanzierung **beteiligt**[290]. Daraus folgt, das sämtliche Tilgungs- und Zinszahlungen anteilig vom Konsortialführer an die Banken weiterzuleiten sind („sharing of payments"). Der Darlehensnehmer hat idR nicht das Recht, direkt an einzelne Banken zu zahlen[291]. Findet dies dennoch statt, so sollen sie diese Gelder an den Konsortialführer weiterreichen, der die Beträge dann anteilig an sämtliche Banken verteilt. 123

IV. Sonderformen der Akquisitionsfinanzierung

1. Mezzanine-Darlehen

Häufig kann durch das erstrangige Akquisitionsdarlehen und das Eigenkapital der Investoren sowie des Managements der Kaufpreis für die Zielgesellschaft nicht vollständig aufgebracht werden bzw. möchte der Eigenkapitalgeber seinen Anteil weiter reduzieren, um die Eigenkapitalrendite zu erhöhen[292]. Zur Deckung dieser Lücke wird zusätzliches Kapital bereitgestellt, das sog. **Mezzanine-Kapital**, das hinsichtlich Risiken und Kosten zwischen Eigen- und Fremdkapital steht[293]. Dabei handelt es sich um einen Sammelbegriff für Finanzierungsformen, denen 124

---

[289] Zu den Rechten und Pflichten der Konsorten untereinander siehe *Scholze* S. 19 ff.; zum englischen Recht siehe auch *Wood* S. 263 ff.
[290] *Pöhler* S. 201 ff.
[291] *Wood* S. 272.
[292] Siehe Rn 7.
[293] *Fahrholz* S. 88.; *Wischnewsky* in Schimansky/Bunte/Lwowski § 88 Rn 24; *Otto* in Assmann/Schütze § 26 Rn 37.

gemeinsam ist, daß sie gegenüber dem erstrangigen Akquisitionsdarlehen nachrangig sind, handels- und steuerrechtlich Betriebsaufwand darstellen und sie zeitlich befristet sind[294]. Aus der Gruppe verschiedener Formen von Mezzanine-Kapital, zu der neben dem langfristigen Darlehen auch **stille Beteiligungen**, **partiarische Darlehen**[295] oder **Genußrechte**[296] gehören, wird nachfolgend das **Nachrang-Darlehen** besprochen.

125 **a) Nachrangigkeit.** Die Nachrangigkeit des Mezzanine-Kapitals ist in der Praxis stets individuell in einer besonderen Vereinbarung zwischen den beteiligten Gläubigern (**Nachrangvereinbarung**, Rangrücktrittserklärung, „intercreditor agreement") geregelt[297]. Kernregelung dieser Nachrangvereinbarung ist, daß das Mezzanine-Darlehen erst getilgt werden darf, wenn sämtliche Forderungen aus dem erstrangigen Darlehen („senior debt") vollständig erfüllt wurden. In Ausnahmefällen sind bis zu einer bestimmten Höhe Zinszahlungen gestattet, sofern hinsichtlich des erstrangigen Darlehens kein Kündigungsgrund vorliegt oder durch die Zinszahlungen entstehen könnte[298]. Zahlungen, die der Mezzanine-Geber entgegen den Regelungen der Nachrangvereinbarung erhält, hat er an die erstrangigen Darlehensgeber abzuführen[299]. IdR ist das Mezzanine-Darlehen auch nachrangig besichert[300]; Sicherheiten, bei denen das Vollrecht übertragen wird (Sicherungsabtretung und Sicherungsübereignung)[301] hält der Sicherheitentreuhänder auch für die Mezzanine-Darlehensgeber treuhänderisch. Die Verteilung des Erlöses aus einer etwaigen Verwertung der Sicherheiten wird in der Nachrangvereinbarung oder einem Sicherheitenpoolvertrag geregelt.

126 **b) Ausgestaltung.** Für Mezzanine-Kapital ist eine höhere Marge zu zahlen als für erstrangige Darlehen (idR zwischen 5 und 10% p. a.). Zusätzlich erwerben die Mezzanine-Investoren als Gegenleistung und Risikoprämie für die Darlehensgewährung oft **Optionen („warrants")** auf den Erwerb von Geschäftsanteilen an der Erwerbergesellschaft („equity kicker")[302]. Sie haben so die Möglichkeit, an einer Wertsteigerung der Erwerbergesellschaft teilzunehmen. Die Option ist zum Zeitpunkt der Tilgung des Mezzanine-Darlehens oder bei Verkauf oder Börsengang des Unternehmens auszuüben. Wird der Mezzanine-Darlehensgeber durch Ausübung der Option Gesellschafter, sind die Regelungen über eigenkapitalerset-

---

[294] *Fahrholz* S. 89.
[295] Dazu *Weiss* in Hölters III Rn 134.
[296] *Otto* in Assmann/Schütze § 26 Rn 38; *Fahrholz* S. 91.
[297] Dazu näher Rn 228 ff.
[298] Hierdurch wird erreicht, daß Zinszahlungen gestundet werden müssen, wenn die für das Akquisitionsdarlehen festgelegten Finanzkennzahlen sonst nicht eingehalten werden können.
[299] Siehe dazu Rn 230 ff. Das Mezzanine-Darlehen geht dagegen Gesellschafterdarlehen und meistens auch etwaigen Verkäuferdarlehen im Rang vor, siehe Rn 128 f.
[300] Bei akzessorischen Sicherheiten wie Pfandrechten geschieht dies dadurch, daß die Sicherheit nach der entsprechenden Sicherheit für das erstrangige Darlehen bestellt wird, so daß auf Grund des Prioritätsgrundsatzes die Sicherheit auch sachenrechtlich nachrangig ist. Gelegentlich wird auch für das Mezzanine-Darlehen ein erstrangiges Pfandrecht bestellt und die Erlösverteilung eingehend im „intercreditor agreement" geregelt.
[301] Siehe Rn 196 ff. und 212 ff.
[302] Dazu *Fahrholz* S. 90.

zende Darlehen[303] zu beachten. Optionen für weniger als 10% des Stammkapitals einer Gesellschaft sind insoweit unproblematisch[304].

Der **Vertrag** für das Mezzanine-Darlehen wird meist an den Darlehensvertrag für das erstrangige Darlehen angelehnt, der nur dort verändert wird, wo es erforderlich ist, um die Besonderheiten des Mezzanine-Darlehens (Zinsen, Laufzeit, Nachrang) korrekt wieder zu geben. Die Zusicherungen, Verhaltenspflichten (Informationspflichten und Auflagen) und die Kündigungsgründe sind daher mit den entsprechenden Regelungen im Akquisitionsdarlehensvertrag nahezu identisch.

2. Verkäuferdarlehen / Kaufpreisstundung

Eine Finanzierungslücke kann auch dadurch geschlossen werden, daß der Verkäufer einen Teil des Kaufpreises stundet[305]. Die **Kaufpreisstundung** ist kein erlaubnispflichtiges Kreditgeschäft[306], für das eine Bankerlaubnis erforderlich wäre[307].

Die **Vertragsgestaltung** ist bei einer Kaufpreisstundung ähnlich wie bei einem langfristigen nachrangigen Darlehen und wird oft in einem abstraktem Schuldanerkenntnis dokumentiert. Sie wird stark von der individuellen Verkäufer-/Käuferbeziehung geprägt[308]; ein Standard hat sich im deutschen Markt noch nicht gebildet. Geregelt werden sollte der Nachrang, ferner daß Zinsen nicht gezahlt werden, falls ein Kündigungsgrund für das Akquisitionsdarlehen der Bank vorliegt oder durch die Zinszahlungen auf das Verkäuferdarlehen entstehen können, und schließlich, daß der Verkäufer gegen etwaige Ansprüche des Käufers aus Gewährleistung nicht mit dem gestundeten Kaufpreisanspruch aufrechnen darf, da er sonst vorzeitige Befriedigung erlangen könnte. Verkäufer und Käufer sollten die Bedingungen der Stundung mit den Banken absprechen, um spätere Überraschungen zu vermeiden.

3. „High yield bonds"

Seit Ende der 90er Jahre werden auch in Europa verstärkt Finanzinstrumente zur Finanzierung von Unternehmensübernahmen eingesetzt, die in den USA entstanden sind und noch heute einen hohen Anteil an der Finanzierung von US-Unternehmen haben[309]. Bei den sog. „high yield bonds" handelt es sich um **festverzinsliche Wertpapiere**, die idR zu einem hohen Festzins mit Laufzeiten von sieben bis zehn Jahren herausgegeben werden[310] und die mit einem hohen Risiko versehen sind[311]. „High yield bonds" werden von den Rating Agencies als „sub-

---

[303] §§ 32a, 32b GmbHG.
[304] § 32a Abs. 3 GmbHG.
[305] *Weiss* in Hölters III Rn 165 ff.
[306] §§ 32, 1 Abs. 1 Nr. 4 KWG; *Reischauer/Kleinhans*, Kreditwesengesetz (Loseblatt), Stand: März 2000, § 1 KWG Anm. 21 am Ende; *Schneider* in Bähre/Schneider § 1 KWG Rn 8.
[307] § 1 Abs. 1 Nr. 2 KWG: Kreditgeschäft.
[308] *Weiss* in Hölters III Rn 166 f.
[309] Die Summen sind idR beträchtlich; so betrug etwa der „high yield" von Telewest Communications £ 325,000,000, vgl. *Coats/Ely/Kilner* PLC July 1999, 21.
[310] *Coats/Ely/Kilner* PLC July 1999, 21 ff.
[311] Zu sog. „junk bonds" siehe *Otto* in Assmann/Schütze § 26 Rn 46.

investment grade" (unterhalb BBB bei Standard & Poor's oder Baa bei Moody's) bewertet. Sie werden in einem Betrag am Ende der Laufzeit („bullet payment") zurückgezahlt[312]. „High yield debt" läßt sich in Bezug auf die Risikokomponente mit einem Mezzanine-Darlehen vergleichen, da das Risiko des Nachranggläubigers ähnlich dem des Eigenkapitalgebers ist. Der Nachteil für die Finanzinvestoren liegt darin, daß die Zinsen zwischen 1,5% und 4% über denen für erstrangiges Fremdkapital liegen. Zudem ist es schwieriger für die Gesellschaft, von den Inhabern der Schuldverschreibung ein Einverständnis zu einer Maßnahme zu erhalten, die mit den Auflagen der Schuldverschreibung in Widerspruch steht.

131 Die finanzierenden Banken werden darauf bestehen, daß die **„high yield bonds"** wie Mezzanine-Kapital **nachrangig** sind. Das wird entweder strukturell oder durch Vereinbarung erreicht, wobei in Europa die strukturelle Nachrangigkeit bis heute am häufigsten ist[313]. Bei ihr gibt eine Holding-Gesellschaft (TOPCO) die „high yield bonds" aus, während eine oder mehrere ihrer Tochtergesellschaften (HOLDCO), zB auch die Erwerbergesellschaft, die Bankdarlehen aufnehmen. Gibt dagegen die Gesellschaft, die die Bankdarlehen aufnimmt, die „high yield bonds" aus, wird vereinbart, daß die Verbindlichkeiten aus dem „high yield bond" erst erfüllt werden dürfen, nachdem die Banken vollständig befriedigt sind[314]. Vertragliche Nachrangigkeit ist insbes. in den USA üblich.

132 Der Katalog der **Auflagen** („covenants") ist bei einem „high yield" typischerweise nicht so streng wie bei einer vergleichbaren Mezzanine-Finanzierung. Er umfaßt regelmäßig Verschuldungs- und Ausschüttungsbeschränkungen sowie Einschränkungen der Geschäftstätigkeit, die einen negativen Einfluß auf die Zahlungsfähigkeit der Holding-Gesellschaft bzw. ihrer Tochtergesellschaften haben kann[315]. Die Auflagen erfordern bei einem „high yield" idR weniger Überwachungsaufwand, da sie meist an den Eintritt eines bestimmten Ereignisses anknüpfen (zB die Eingehung einer Verbindlichkeit), sog. „incurrance covenants", und nicht – wie bei Akquisitionsdarlehen üblich – während der Vertragslaufzeit fortwährend erfüllt sein müssen („maintainance covenants")[316].

133 Da „high yield bonds" meist auch an US-Investoren verkauft werden[317], folgen Dokumentation und Verkauf den in den USA geltenden **Anforderungen für die Veräußerung von Wertpapieren**. Die „bonds" werden oft zunächst im Wege einer **Privatplazierung** an bestimmte qualifizierte institutionelle Investoren verkauft[318]. Später werden sie dann, vor allem um eine gewisse Markt-Liquidität sicherzustellen, gegen Papiere gleicher Art, die bei der SEC[319] registriert

---

[312] Diskontierungen sind ebenfalls geläufig.
[313] *Coats/Ely/Kilner* PLC July 1999, 21, 22.
[314] Dies geschieht entweder durch eine „trust subordination", bei der Zahlungen auf den „high yield" solange treuhänderisch gehalten werden, bis die vorrangigen Gläubiger befriedigt wurden, oder durch eine sog. „contingent debt subordination", die dazu führt, daß der „high yield" nur in dem Umfang fällig wird, bei dem sichergestellt ist, daß die vorrangigen Gläubiger in voller Höhe befriedigt werden können; *Coats/Ely/Kilner* PLC July 1999, 21, 23.
[315] Zu den typischen „covenants" siehe *Coats/Ely/Kilner*, PLC July 1999, 21, 26ff.
[316] *Coats/Ely/Kilner*, PLC July 1999, 21, 25.
[317] Die Investoren-Basis für „high yields" ist in den USA immer noch besser als in Europa.
[318] Dies erlaubt Rule 144 A des US Securities Act.
[319] Securities and Exchange Commission.

wurden und öffentlich angeboten werden können („**registration rights**") ausgetauscht. Zum Zwecke dieser Registrierung muß das Unternehmen eine eingehende Prüfung (Due Diligence) über sich ergehen lassen. Allgemein sind die Anforderungen an die Offenlegung von Informationen über das Unternehmen sehr hoch (unabhängig davon, ob eine Registrierung in den USA geplant wird). Das Unternehmen wird daher viel Zeit damit verbringen müssen, den Prospekt („offering circular") und die Due Diligence-Prüfungen vorzubereiten, ein Nachteil im Vergleich zur klassischen Mezzanine-Finanzierung.

B. Besicherung

134 Als **Mittel der Kreditsicherung** iwS sind sämtliche Maßnahmen zu verstehen, die darauf abzielen, das Risiko eines teilweisen oder gänzlichen Ausfalls der Kreditforderungen zu minimieren[320]. Die wesentlichen Elemente der Kreditsicherung sind die Kreditprüfung, die Kreditlimitierung für den einzelnen Kreditnehmer, die Risikoteilung durch einen Konsortialkredit, die Kreditüberwachung und schließlich die Kreditbesicherung ieS[321]. Die klassische Form der Sicherheit ist der direkte Zugriff auf Vermögensgegenstände des Schuldners durch ein Recht, das ihre Verwertung im Fall der Nichtleistung ermöglicht.

I. Kreditgeberrisiken bei der Akquisitionsfinanzierung

135 Die typische Gestaltung der Finanzierung einer Unternehmensakquisition durch Gewährung des Akquisitionsdarlehens an die Erwerbergesellschaft führt zur **strukturellen Nachrangigkeit** der Forderungen der Darlehensgeber[322]. Ohne Einbindung der Zielgesellschaft wäre die Bank auf den Rückzahlungsanspruch gegen die Erwerbergesellschaft beschränkt, die als wesentlichen Vermögensgegenstand die Beteiligung an der Zielgesellschaft hält. Die Verpfändung der Anteile an der Zielgesellschaft ist wegen des hohen Verwertungsrisikos keine ausreichende Sicherheit; in der Insolvenz der Zielgesellschaft sind die Anteile meist wertlos. Die Bank wird daher wünschen, daß die Zielgesellschaft ebenfalls Sicherheiten stellt. Diese Sicherheiten bestehen – neben der Übernahme der Mithaft in Form einer Garantie oder Schuldübernahme, wodurch die Bank selbst Gläubigerin der Zielgesellschaft wird – in der Bestellung dinglicher Sicherheiten, die der Bank einen Vorrang gegenüber anderen Gläubigern der Zielgesellschaft einräumt. Dafür kommen praktisch sämtliche klassischen Sicherungsrechte in Betracht. Als Sicherheiten iwS haben neben der oben besprochenen Negativklausel[323] außerdem der Rangrücktritt sowie die Kapitalbelassungserklärung Bedeutung.

---

[320] *Wenzel* in Hellner/Steuer Rn 4/4.
[321] *Obst/Hinter* S. 382 f.
[322] *Fahrholz* S. 55 ff.
[323] Siehe Rn 83 ff.

II. Rechtliche Schranken der Besicherung von Akquisitionsdarlehen

136 Die Bestellung von Sicherheiten zu Gunsten eines Gläubigers führt notwendig zu einer Verschlechterung der Sicherungslage der übrigen Gläubiger des Sicherungsgebers. Das ist der Zweck jeder Sicherheitenbestellung und macht sie deshalb noch nicht angreifbar. Kommen indessen bestimmte qualifizierende Umstände hinzu, kann die Sicherheitenbestellung unwirksam sein[324].

1. Knebelung

137 Die Sicherheitenbestellung kann wegen Knebelung unwirksam sein, wenn dadurch die **wirtschaftliche Handlungsfreiheit des Sicherungsgebers übermäßig eingeschränkt** wird[325]. Der Sicherungsgeber darf nicht in eine vollständige wirtschaftliche Abhängigkeit vom Sicherungsnehmer kommen und dieser die Sicherung nicht so zum eigenen Vorteil ausnutzen, daß für eine eigenständige Unternehmensführung des Sicherungsgebers kein nennenswerter Spielraum mehr bleibt[326]. Das ist der Fall, wenn bei Würdigung der Gesamtumstände eine unerträgliche, unzumutbare, die wirtschaftliche und soziale Selbständigkeit vernichtende Abhängigkeit vorliegt[327]. Bleibt dem Sicherungsgeber dagegen aufgrund der ihm eingeräumten Verfügungs- und Verwendungsbefugnisse hinreichender Spielraum für selbständiges und eigenverantwortliches Wirtschaften und steht die Besicherung in angemessenem Verhältnis zur Höhe des Kredits[328], sind selbst umfangreiche Sicherheitenpakete nicht zu beanstanden[329]. Hinzu kommt, daß dem Sicherungsgeber unabhängig von der vertraglichen Ausgestaltung ggf. ein Anspruch auf Freigabe von Sicherheiten zusteht[330].

2. Qualifizierte Gläubigerbenachteiligung

138 Die weitere Fallgruppe einer wegen Sittenwidrigkeit[331] unwirksamen Sicherheitenbestellung ist die **qualifizierte Gläubigerbenachteiligung**[332]. Bei Rechtshandlungen, deren Inhalt und Zweck im wesentlichen darin besteht, die Gläubiger zu benachteiligen, regeln die Sondervorschriften der Insolvenz- und Gläubigeranfechtung abschließend, unter welchen Voraussetzungen die Gläubiger geschützt werden[333]. § 138 Abs. 1 BGB kommt daneben erst zur Anwendung, wenn das Rechtsgeschäft besondere, über die Gläubigerbenachteiligung hinausgehende

---

[324] Allgemein zu Schranken von Sicherungsgeschäften *Ganter* in Schimansky/Bunte/Lwowski § 90 Rn 242 ff.
[325] *Ganter* in Schimansky/Bunte/Lwowski § 90 Rn 306.
[326] *Wenzel* in Hellner/Steuer Rn 4/142.
[327] *BGH* WM 1991, 276; *BGH* WM 1996, 1545, 1549; *BGH* WM 1978, 1400, 1401 f.; *OLG Köln* ZIP 1985, 1472, 1474.
[328] Dazu *BGH* WM 1983, 1406; *OLG Oldenburg* WM 1997, 1383, 1384.
[329] *BGH* WM 1998, 968; *OLG Hamm* ZIP 1985, 298, 300.
[330] Siehe Rn 142.
[331] § 138 BGB.
[332] *Wenzel* in Hellner/Steuer Rn 4/159, nennt diese Fallgruppe Kredittäuschung.
[333] *BGH* WM 1998, 968.

Umstände aufweist[334] (qualifizierte Gläubigerbenachteiligung). Selbst umfangreiche und für Dritte nicht überschaubare Kreditbesicherungen sind im Wirtschaftsleben üblich und nicht per se sittenwidrig[335]. Ihre Bestellung kann jedoch nichtig sein[336], wenn der Bereich des Üblichen erheblich überschritten wurde und der Sicherungsnehmer rücksichtslos die **Täuschung und Schädigung anderer Gläubiger** in Kauf nimmt[337]. Das ist der Fall, wenn die Bank das Ziel verfolgt, die Geschäftspartner des Kreditnehmers über dessen tatsächliche wirtschaftliche Lage und Bonität zu täuschen[338]. Sittenwidrig ist eine Sicherheitenbestellung auch, wenn der Sicherungsgeber sein letztes zur Gläubigerbefriedigung taugliches Vermögen einem bestimmten Gläubiger überträgt, um dadurch gegenwärtige oder künftige andere Gläubiger darüber zu täuschen, daß kein freies Vermögen mehr vorhanden ist, und dadurch zur Vergabe weiterer Kredite zu verleiten[339]. Eine sittenwidrige Gläubigerbenachteiligung liegt nahe, wenn die Vermögenswerte auf den Kreditgeber zu einem Zeitpunkt übertragen werden, in dem sich die Zahlungsunfähigkeit des Sicherungsgebers abzeichnet[340]. Dies gilt auch, wenn die Bank trotz Hinweisen auf einen drohenden Zusammenbruch die gebotene Überprüfung der wirtschaftlichen Verhältnisse unterläßt[341].

Subjektiv ist der Bank sittenwidriges Verhalten vorzuwerfen, wenn sie die Absicht hatte, andere Gläubiger über die Kreditwürdigkeit des Schuldners zu täuschen[342]. Hierfür genügt es, daß sie und der Sicherungsgeber mit der Möglichkeit gerechnet haben, andere Gläubiger könnten geschädigt werden[343]. Kennt das Kreditinstitut die Umstände, die den Schluß auf den bevorstehenden **Zusammenbruch des Schuldners** aufdrängen, handelt es schon dann sittenwidrig, wenn es sich darüber mindestens grob fahrlässig hinwegsetzt[344].

3. Übersicherung

Übersteigt der Wert der Sicherheiten den gesicherten Kredit, liegt eine Übersicherung vor. Das ist, da Sicherheiten ausfallen oder einen geringeren als den erwarteten Verwertungserlös erbringen können, in bestimmten Grenzen unbedenklich[345]. Bei akzessorischen Sicherheiten – wie etwa Bürgschaften oder Pfandrechten – die in Bestand und Umfang von der gesicherten Forderung dauernd abhängig sind, kann eine unverhältnismäßige Übersicherung naturgemäß nur in Betracht kommen, wenn sie zusammen mit nicht akzessorischen Sicherheiten zu einer

---

[334] *Wenzel* in Hellner/Steuer Rn 4/159.
[335] *BGH* NJW 1991, 353, 355; *BGH* WM 1960, 1223, 1225.
[336] § 138 Abs. 1 BGB.
[337] *BGH* ZIP 1995, 630, 631; *Wenzel* in Hellner/Steuer Rn 4/149.
[338] *BGH* WM 1998, 968; *Wenzel* in Hellner/Steuer Rn 4/150; dazu auch *Wittig* in WuB VI A. § 138 BGB I.95.
[339] *BGH* WM 1998, 968; *BGH* ZIP 1995, 630, 631; *OLG Köln* WM 1997, 762, 764.
[340] *BGH* NJW 1970, 657, 658; *Ganter* in Schimansky/Bunte/Lwowski § 90 Rn 328.
[341] *BGH* ZIP 1995, 930, 931.
[342] *Wenzel* in Hellner/Steuer Rn 4/152.
[343] *BGH* ZIP 1995, 930, 931.
[344] *BGH* WM 1998, 968, 970.
[345] Dazu *Bülow*, Globalabtretung und Freigabe, ZBB 1990, 29, 30.

Übersicherung führen[346]. Die Übersicherung kann entweder von Anfang an vorliegen (**ursprüngliche Übersicherung**) oder danach durch Auseinanderfallen von Betrag der besicherten Forderung und Wert der Sicherheit entstehen (**nachträgliche Übersicherung**).

141 a) **Ursprüngliche Übersicherung.** Eine ursprüngliche Übersicherung liegt vor, wenn bereits bei Vertragsschluß gewiß ist, daß im noch ungewissen Verwertungsfall ein **auffälliges Mißverhältnis** zwischen dem realisierbaren Wert der Sicherheit und der gesicherten Forderung bestehen wird[347]. Der Sicherungsvertrag ist **nichtig**, wenn der Sicherungsnehmer aus eigensüchtigen Gründen eine Rücksichtslosigkeit gegenüber den berechtigten Belangen des Sicherungsgebers an den Tag legt, die nach sittlichen Maßstäben unerträglich ist[348].

142 b) **Nachträgliche Übersicherung.** Bei nachträglicher Übersicherung ist der Sicherungsvertrag nicht unwirksam[349]. Stattdessen kann der Sicherungsgeber die teilweise Freigabe von Sicherheiten verlangen (**Freigabeanspruch**)[350]. Dieser Anspruch, der unabhängig vom Vorhandensein einer ausdrücklichen Freigabeklausel im Vertrag besteht, kann in einem Formularvertrag nicht beschränkt werden, etwa durch eine Regelung, die die Freigabe in das Ermessen der Bank stellt[351].

143 Bei der Bestimmung der **Deckungsgrenze** ist an den realisierbaren Wert der Sicherheiten zur Zeit der Verwertung anzuknüpfen. Eine Deckungsgrenze von 100% würde den Interessen des Gläubigers nicht gerecht werden, weil erfahrungsgemäß bei der Verwertung von Sicherheiten Feststellungs- und Verwertungskosten und in einzelnen Fällen auch Rechtsverfolgungskosten anfallen. Daher sind pauschal 10% auf die Deckungssumme zuzuschlagen[352]. In diesem Zuschlag ist ein Anteil von 4% für Feststellungskosten, ein Anteil von 5% für Verwertungskosten und ein Anteil von 1% für Rechtsverfolgungskosten enthalten[353].

144 Die **Bestimmung einer Deckungsgrenze** ist schwierig, da bei Abschluß des Sicherungsvertrags unbekannt und nicht vorhersehbar ist, ob und wann der Sicherungsfall eintreten wird. Der dann realisierbare Wert künftiger Forderungen gegen nicht bekannte Drittschuldner läßt sich ebenfalls nicht bestimmen. Gleiches gilt für die Sicherungsübereignung eines Warenlagers mit wechselndem Bestand. Die bloße Festlegung der Deckungsgrenze auf 110% der gesicherten Forderun-

---

[346] *BGH* WM 1995, 375, 377. Allgemein dazu *BGH* WM 1994, 1161, 1162; *Weber*, Die Rechtsprechung des Bundesgerichtshofs zu Freigabeklauseln, WM 1994, 1549.
[347] *BGH* WM 1998, 856, 857; *Kümpel* Rn. 6.23.
[348] *BGH* WM 1998, 856, 857; *Kümpel* Rn. 6.25.
[349] Siehe dazu etwa *Nobbe*, Aktuelle Entwicklungen zur Sicherungsübereignung und Globalzession im Lichte des AGB-Gesetzes, ZIP 1996, 657 ff.
[350] *BGH* WM 1998, 227. Dazu *Nobbe*, Aktuelle Entwicklungen zur Sicherungsübereignung und Globalzession im Lichte des AGB-Gesetzes, ZIP 1996, 657 ff. und *Schröter*, Die Freigabe von Globalsicherheiten, WM 1997, 2193 ff.
[351] *BGH* WM 1998, 227, 228; *Wenzel* in Hellner/Steuer Rn 4/157. Eine ermessensabhängige Freigabeklausel würde den Sicherungsgeber unangemessen benachteiligen und wäre deshalb unwirksam.
[352] *BGH* WM 1998, 227, 232; *Wenzel* in Hellner/Steuer Rn 4/163.
[353] *Wenzel* in Hellner/Steuer Rn 4/157.

gen ohne jeden Maßstab für die Bewertung des Sicherungsguts würde die Interessen des Sicherungsgebers nicht hinreichend berücksichtigen, da der Sicherungsgeber dann einer willkürlichen Festlegung des Sicherungsnehmers ausgesetzt wäre.

Für die Geltendmachung des Freigabeanspruchs muß der Sicherungsgeber den Eintritt einer Übersicherung beweisen können. Hier gilt die Vermutung, daß der Abschlag von einem Drittel vom Nennwert der abgetretenen Forderungen oder vom **Schätzwert** der sicherungsübereigneten Waren[354] dem Sicherungsinteresse des Gläubigers ausreichend Rechnung trägt[355]. Der Schätzwert ist bei sicherungsübereigneten Waren der Marktpreis im Zeitpunkt der Entscheidung über das Freigabeverlangen. Bei Waren, die keinen solchen Preis haben, ist an den Einkaufspreis anzuknüpfen, wenn der Sicherungsgeber das Sicherungsgut gekauft hat, und an den Herstellungspreis, wenn er das Gut selbst hergestellt, be- oder verarbeitet hat.

4. Kapitalerhaltungsvorschriften

Ein besonderes Problem stellen in der Vertragspraxis die gesellschaftsrechtlichen Vorschriften zum **Schutz des Eigenkapitals** dar[356]. Ihre Relevanz für die Akquisitionsfinanzierung ergibt sich dadurch, daß die Bank die Erwerbergesellschaft finanziert, die für eine Besicherung tauglichen Vermögensgegenstände aber fast ausschließlich bei der Zielgesellschaft liegen (strukturelle Nachrangigkeit)[357]. Stellt die Zielgesellschaft für Verbindlichkeiten der Erwerbergesellschaft Sicherheiten, so taucht die Frage auf, ob die Sicherheitenbestellung gegen die gesellschaftsrechtlichen Kapitalerhaltungsvorschriften verstößt und welche Rechtsfolgen ein solcher Vorstoß hat. Diese Fragen haben in den vergangenen Jahren eine bis heute nicht abgeschlossene Diskussion eröffnet, die für die Vertragspraxis weitreichende Konsequenzen hat[358].

a) GmbH und GmbH & Co. KG. aa) Grundsatz: Wirksame Sicherheitenbestellung. (1) Sicherheitenbestellung als Rückzahlung von Stammkapital an Gesellschafter. Das zur Erhaltung des Stammkapitals erforderliche Vermögen der Gesellschaft darf nicht an die Gesellschafter ausgekehrt

---

[354] Vgl. § 237 BGB.
[355] *BGH* WM 1998, 227, 234f. Der Bewertungsabschlag von einem Drittel führt dazu, daß ein Freigabeanspruch regelmäßig erst besteht, wenn der Schätzwert 150% der gesicherten Forderungen erreicht. In diesem Zuschlag von 50% ist der Anteil von 10% für Feststellungs-, Verwertungs- und Rechtsverfolgungskosten, nicht aber eine beim Sicherungsnehmer anfallende Belastung mit Umsatzsteuer enthalten, *BGH* WM 1998, 227, 234. Die Deckungsgrenze von 110% wirkt sich also praktisch nur aus, wenn ein ins Gewicht fallendes Verwertungsrisiko nicht besteht. Beim Abschlag von einem Drittel handelt es sich um eine widerlegbare Vermutung, so daß derjenige, der einen höheren oder geringeren Abschlag vornehmen will, dies substantiiert darlegen und beweisen muß, *BGH* WM 1998, 227, 235; *Wenzel* in Hellner/Steuer Rn 4/166.
[356] §§ 30, 31 GmbHG und §§ 57, 62 AktG.
[357] Siehe zur Besicherung durch Werte der Zielgesellschaft auch *Bastuck* WM 2000, 1091, 1096f. mwN; *Fahrholz* S. 55 ff.
[358] Siehe Rn 156f.

werden³⁵⁹. Gegen dieses Verbot verstoßende Leistungen müssen der Gesellschaft erstattet werden³⁶⁰. Dadurch soll das **Mindestvermögen der GmbH** als Betriebskapital und Haftungsmasse für die Gläubiger der Gesellschaft erhalten werden³⁶¹. Die Stellung einer Sicherheit für einen dem Gesellschafter gewährten Kredit ist eine mittelbare Leistung an den Gesellschafter³⁶². Das gleiche gilt bei einem von einer Groß- oder Urgroßmutter-³⁶³ oder einer Schwestergesellschaft³⁶⁴ aufgenommenen Kredit. Fließen die vom Gesellschafter aufgenommen Darlehensmittel als Einzahlung in das Eigenkapital oder als Gesellschafterdarlehen an die Gesellschaft, ist die Besicherung unbedenklich, wenn sie als Eigenkapital oder subordinierte Darlehen ihren Rang nach den Ansprüchen aller anderen Gläubiger haben³⁶⁵.

148 Eine Rückzahlung des zur Erhaltung des Stammkapitals erforderlichen Vermögens ist gegeben, wenn und soweit dadurch eine **Unterbilanz** entsteht³⁶⁶. Dazu ist eine handelsrechtliche Zwischenbilanz aufzustellen, die die Werte des letzten Jahresabschlusses auf den Zeitpunkt der Leistung fortschreibt, wobei stille Reserven nicht aufzudecken sind³⁶⁷.

149 Umstritten ist der maßgebliche **Zeitpunkt**. Bei Sicherheiten, die sich in einem Verpflichtungsgeschäft erschöpfen (Bürgschaft, Garantie), sowie bei dinglichen Sicherheiten liegt nach hM eine Auszahlung nicht schon in der Bestellung, sondern erst in der Erfüllung der Leistungszusage bzw. Verwertung der Sicherheit³⁶⁸, es sei denn, die Verwertung ist schon im Zeitpunkt der Bestellung so wahrscheinlich, daß dafür eine Rückstellung gebildet werden muß³⁶⁹.

---

³⁵⁹ § 30 Abs. 1 GmbHG.

³⁶⁰ § 31 Abs. 1 GmbHG. Der Gesellschaft steht ein Leistungsverweigerungsrecht gegenüber dem Gesellschafter zu.

³⁶¹ *Fleck*, Der Grundsatz der Kapitalerhaltung – seine Ausweitung und seine Grenzen, FS 100 Jahre GmbHG, S. 391, 392; *Stimpel*, Zum Auszahlungsverbot des § 30 Abs. 1 GmbHG, FS 100 Jahre GmbHG, S. 335, 340. Das Gesellschaftsvermögen ist allerdings nicht in seiner gegenständlichen Zusammensetzung geschützt, *BGH* WM 1990, 1730, 1732.

³⁶² *Hueck* in Baumbach/Hueck § 30 GmbHG Rn 18; *Lutter/Hommelhoff* § 30 GmbHG Rn 19; *Sonnenhol/Groß* ZHR 159 (1995) 388, 401; *Messer* ZHR 159 (1995) 375, 376.

³⁶³ *Westermann* in Scholz § 30 GmbHG Rn 35.

³⁶⁴ *BGH* NJW 1991, 1057, 1059, für den Fall der Darlehensaufnahme durch eine Finanzierungsgesellschaft; *Westermann* in Scholz § 30 GmbHG Rn 35; *Kühbacher*, Darlehen an Konzernunternehmen, 1993, S. 67ff., 95; nach *Sonnenhol/Groß* ZHR 159 (1995) 388, 401f., gilt dies nur, wenn die Gesellschaften eine wirtschaftliche Einheit bilden, was nur im Vertragskonzern und im qualifizierten faktischen Konzern der Fall sei.

³⁶⁵ Nach *BGH* WM 1998, 968, 970, „dürfte" dies nicht der Fall sein. Siehe auch *Schön* ZHR 159 (1995) 351, 358; *Bastuck* WM 2000, 1091, 1095.

³⁶⁶ *Hueck* in Baumbach/Hueck § 30 GmbHG Rn 7; *Bastuck* WM 2000, 1091, 1093.

³⁶⁷ *BGH* WM 1990, 233, 235. Zur Berechnung näher *Bastuck* WM 2000, 1091, 1093ff. *Westermann* in Scholz § 30 GmbHG Rn 14; *Hueck* in Baumbach/Hueck § 30 GmbHG Rn 5ff.

³⁶⁸ *OLG München* ZIP 1998, 1438, 1439; *Hueck* in Baumbach/Hueck § 30 GmbHG Rn 11, 19; *Meister* WM 1980, 390, 393; *Sonnenhol/Stützle*, Die Auswirkungen des Verbots der Einlagenrückgewähr auf Nichtgesellschafter, WM 1983, 2ff.; aA *BGH* NJW 1976, 751, 752, für die Rückzahlung einer Einlage bei der GmbH & Co. KG, *Michalski*, Ungeklärte Fragen bei der Einlagenrückgewährung im Aktienrecht, AG 1980, 261, 267; *Roth* in Roth/Altmeppen § 30 GmbHG Anm. 2.2.3; *Schön* ZHR 159 (1995) 351, 356ff.; vgl. auch *Bastuck* WM 2000, 1091, 1095. Siehe dazu auch *Fahrholz* S. 62ff.

³⁶⁹ *Hueck* in Baumbach/Hueck § 30 GmbHG Rn 19; *Wenzel* in Hellner/Steuer Rn 4/182c.

Eine Unterbilanz kommt nicht zustande, wenn zum Zeitpunkt der Sicherheitenbestellung ein aktivierungsfähiger Anspruch der Gesellschaft gegen den Gesellschafter besteht, der sofort und uneingeschränkt durchsetzbar ist[370]. Bei einer Akquisitionsfinanzierung, bei der die Erwerbergesellschaft mit der Verbindlichkeit aus dem Bankdarlehen belastet ist und sonst im wesentlichen nur die Beteiligung an der Zielgesellschaft hat, kann weder für den Zeitpunkt der Sicherheitenbestellung noch für den der Verwertung der Sicherheit ein **vollwertiger Aufwendungsersatzanspruch** angenommen werden.

(2) Kein Verstoß gegen ein gesetzliches Verbot. Ein Verstoß gegen die gesellschaftsrechtlichen Kapitalerhaltungsvorschriften[371] macht nach ganz hA die Sicherheitenbestellung **nicht** wegen Verstoßes gegen ein Verbotsgesetz **unwirksam**[372].

(3) Kein Leistungsverweigerungsrecht der Gesellschaft. Die Kapitalerhaltungsregeln richten sich nicht gegen die Bank, so daß der Gesellschaft ihr gegenüber **kein Leistungsverweigerungsrecht** und **kein Rückforderungsanspruch**[373] zusteht[374].

(4) Kein Mißbrauch der Vertretungsmacht. §§ 30, 31 GmbHG beschränken nicht die Vertretungsmacht des GmbH-Geschäftsführers nach den Grundsätzen des **Mißbrauchs der Vertretungsmacht**. Ein Dritter muß sich daher auch bei Kenntnis der Umstände, die zu einer Rückzahlung des Eigenkapitals führen, den Verstoß gegen die Kapitalschutzvorschrift nicht entgegen halten lassen[375].

bb) Kollusives Zusammenwirken. Eine gegen die Kapitalerhaltungsvorschriften verstoßende Sicherheitenbestellung ist wegen Sittenwidrigkeit[376] nichtig, wenn die Bank mit dem Gesellschafter bewußt zum Schaden der Gesellschaft oder deren Gläubiger zusammengewirkt hat (**Kollusion**)[377]. Dazu muß die Bank wissen, daß ihr Kreditnehmer – zumindest mittelbarer – Gesellschafter der siche-

---

[370] *Wenzel* in Hellner/Steuer Rn 4/182c.
[371] §§ 30, 31 GmbHG bzw. §§ 57, 62 AktG. BGH WM 1997, 1621; WM 1998, 968, 970; *Fahrholz* S. 71; aA *Canaris*, Die Rückgewähr von Gesellschaftereinlagen durch Zuwendung an Dritte, FS Fischer, S. 31, 56.
[372] § 134 BGB. BGH ZIP 1997, 1450, 1451 ff.; BB 1953, 215; OLG *Düsseldorf* BB 1980, 1343; OLG *Koblenz* AG 1977, 231; *Wenzel* in Hellner/Steuer Rn 4/182h; *Sonnenhol/Groß* ZHR 159 (1995) 388, 403; aA *Peltzer/Bell* ZIP 1993, 1757, 1762; *Abramenko*, Die Sicherheitsleistung einer GmbH für Gesellschafter und der Kapitalerhaltungsgrundsatz (§§ 30, 31 GmbHG), GmbHR 1997, 875, 878 ff. Siehe auch *Peltzer* GmbHR 1995, 15, 21; *Messer* ZHR 159 (1995) 375, 377; *Mülbert*, Sicherheiten einer Kapitalgesellschaft für Verbindlichkeiten ihres Gesellschafters, ZGR 1995, 578, 608; *Meister* WM 1980, 390, 396.
[373] § 31 Abs. 1 BGB.
[374] BGH WM 1981, 1270; WM 1998, 968, 970; aA *Meister* WM 1980, 390, 395; *Peltzer/Bell* ZIP 1993, 1757, 1762.
[375] *Wenzel* in Hellner/Steuer Rn 4/184c; *Bastuck* WM 2000, 1091, 1096; aA *Steinbeck*, Besicherung von Gesellschafterverbindlichkeiten durch die GmbH, WM 1999, 885, 889 ff.; *Hager*, Die verdeckte Gewinnausschüttung in der GmbH, ZGR 1989, 71, 100.
[376] § 138 BGB.
[377] BGH WM 1998, 968, 970; *Kühbacher*, Darlehen an Konzernunternehmen: Besicherung und Vertragsanpassung, 1993, S. 71, 74.

rungsgebenden Gesellschaft ist und die Sicherheit aufgrund der Gesellschaftereigenschaft der Bank stellt. Fahrlässige Unkenntnis reicht nicht aus. Darüber hinaus muß die Bank wissen, daß die Besicherung zu einer Auszahlung zu Lasten des Stammkapitals führt. Insoweit kommt es – wie auch sonst bei der Beurteilung der Sittenwidrigkeit eines Vertrags – auf den Zeitpunkt des Vertragsschlusses – d. h. also der Sicherheitenbestellung – an.

155 cc) **Qualifizierte Gläubigerbenachteiligung.** Die zu einer Einlagenrückgewähr führende Kreditbesicherung ist wegen Sittenwidrigkeit nichtig[378], wenn die darin liegende Gläubigergefährdung mit einer **Täuschungsabsicht** oder einem **Schädigungsvorsatz** einhergeht[379] (qualifizierte Gläubigerbenachteiligung). Eine Täuschungsabsicht setzt voraus, daß das Sicherungsgeschäft unter Umständen abgeschlossen wird, die dazu geeignet und bestimmt sind, andere Gläubiger darüber zu täuschen, daß der Schuldner kein freies Vermögen mehr hat, und dadurch zur Vergabe weiterer Kredite zu verleiten[380]. Wenn für die kreditgebende Bank ein wirtschaftlicher Zusammenbruch des Konzerns absehbar ist, insbes. wenn eine mit dem Kredit angestrebte Sanierung keine Aussicht auf Erfolg hat, kommt eine Haftung der Bank gegenüber den anderen Gläubigern der Konzerngesellschaften wegen Schädigungsabsicht in Betracht[381].

156 dd) **Vertragliche Beschränkungen.** Die vorsätzliche Verletzung dieser Regelungen führt zur **Haftung des Geschäftsführers** gegenüber der Gesellschaft[382] und ggf. zur strafrechtlichen Verantwortlichkeit wegen Untreue[383]. Um das zu vermeiden, ist es bei einer Akquisitionsfinanzierung[384] oft geübte Praxis, in der Garantie bzw. den Sicherungsverträgen im Hinblick auf die Kapitalerhaltungsvorschriften eine **Einschränkung der Haftung bzw. Verwertung zu vereinbaren**[385]. Solche Klauseln regeln etwa, daß die Haftung aus der Garantie auf den Betrag beschränkt ist, der im Zeitpunkt der Inanspruchnahme der Garantie nicht zu einer Unterbilanz führt bzw. eine bestehende Unterbilanz verstärkt. Bei dinglichen Sicherheiten wird gelegentlich vereinbart, daß eine Verwertung nicht zulässig ist, sofern und soweit dadurch eine Unterbilanz entsteht. Derartige Klauseln sind unscharf und in der Praxis kaum umzusetzen[386]. Eine andere Art von Klausel bestimmt, daß die Verwertung in vollem Umfang zulässig ist, der Sicherungsnehmer allerdings verpflichtet ist, an die Gesellschaft den Betrag abzuführen, der erforderlich ist, um eine etwaige durch die Verwertung entstandene Unterbilanz auszugleichen. In einer solchen Situation steht der Gesellschaft gegen

---

[378] § 138 BGB.
[379] *BGH* WM 1998, 968, 970.
[380] *BGH* WM 1998, 968, 970.
[381] *BGH* WM 1998, 968, 970.
[382] § 31 Abs. 3 GmbHG. Siehe auch § 43 Abs. 3 Satz 1 GmbHG.
[383] § 266 StGB.
[384] Dies gilt nicht für Konzernfinanzierungen, bei denen nach *BGH* WM 1998, 968 ff. andere Gesichtspunkte zu berücksichtigen sind. So kommt das Konzerndarlehen regelmäßig den Tochtergesellschaften zugute, während das Akquisitionsdarlehen zur Bezahlung der Kaufpreisschuld aus dem Unternehmenskaufvertrag dient und der Zielgesellschaft nicht zur Verfügung steht.
[385] Kritisch dazu *Bastuck* WM 2000, 1091, 1097 ff.
[386] Siehe etwa die Kritik bei *Bastuck* WM 2000, 1091, 1098.

die verwertende Bank ein fälliger und durchsetzbarer Gegenanspruch zu. Dieser Anspruch führt dazu, daß die Gesellschaft den Verlust der Vermögenswerte durch einen Anspruch gegen den Sicherungsnehmer ausgleichen kann, der der Höhe entspricht, die erforderlich ist, damit keine Unterbilanz entsteht. Irrelevant ist dabei, ob die Höhe des Anspruchs schwierig zu bestimmen ist. Da es sich bei dem Sicherungsnehmer um eine solvente Bank handelt, ist auch von der Werthaltigkeit des Anspruchs auszugehen[387]. Es ist üblich, bestimmte Positionen, etwa Verbindlichkeiten, die im Widerspruch zu den Bestimmungen des Akquisitionsdarlehensvertrags aufgenommen wurden, aus diesem Anspruch herauszurechnen, da die Geschäftsführer insoweit nicht schutzbedürftig sind.

Diese Lösungen bleiben jedoch unbefriedigend, da sie der Bank Sicherheiten nehmen, die sie sich nach dem bisherigen Stand der Rechtsprechung uneingeschränkt bestellen lassen könnte[388]. Hier bedarf es dringend einer Klärung des Verhältnisses zwischen zulässiger Sicherheitenbestellung und gesellschaftsrechtlichen Folgen für die beteiligten Geschäftsführer. Die Praxis lehrt, daß die Rechtsentwicklung trotz der Vielzahl von Diskussionsbeiträgen hier erst am Anfang steht.

b) Aktiengesellschaft. Für die AG gilt, daß den Aktionären Einlagen nicht zurückgewährt werden dürfen und ihnen vor Auflösung der Gesellschaft nur der Bilanzgewinn ausgezahlt werden darf[389]. Somit kommt es auf die Belastung des zum Erhalt des Grundkapitals erforderlichen Aktivvermögens nicht an[390]. Jede Bestellung einer Sicherheit für die Schuld eines Aktionärs ist eine **verdeckte Einlagenrückgewähr**[391]. Das Verbot gilt nicht, wenn ein Beherrschungsvertrag bzw. Ergebnisabführungsvertrag abgeschlossen wurde[392]. Beim faktischen Konzern gilt diese Ausnahme nicht[393]. Der Aktionär ist zur Rückgewähr der empfangenen Leistung an die Gesellschaft verpflichtet[394]. Ein Verstoß gegen das Verbot führt zur Unwirksamkeit des Geschäfts im Verhältnis zwischen Aktionär und Gesellschaft[395]. Gegenüber der Bank ist das Geschäft grundsätzlich wirksam, es sei denn, die Bank hat in Kenntnis der Zusammenhänge bei der verbotenen Einlagenrückgewähr arglistig mitgewirkt[396]. Zu beachten ist ferner, daß die Stellung einer Sicherheit durch die Gesellschaft für ein Darlehen, das der Finanzierung des Erwerbs von Aktien an der Gesellschaft dient, gem. § 71a AktG nichtig ist.

---

[387] Nach *Bastuck* WM 2000, 1091, 1098, ist wegen der Rechtsverfolgungsschwierigkeiten und -kosten ein derartiger Anspruch gegenüber einem ausländischen Sicherungsnehmer kaum realisierbar und daher nicht zu berücksichtigen. Diese Ansicht ist jedoch nicht haltbar, da mit einer solchen Begründung sämtliche Ansprüche gegen ausländische Schuldner, etwa auch gegen die ausländischen Banken als Darlehensgeber, nicht „berücksichtigt" werden dürften, d. h. wertberichtigt werden müßten.
[388] So auch *Bastuck* WM 2000, 1091, 1098.
[389] § 57 AktG.
[390] *Wenzel* in Hellner/Steuer Rn 4/183a.
[391] *Wenzel* in Hellner/Steuer Rn 4/183a; *Peltzer/Bell* ZIP 1993, 1757, 1759, 1760.
[392] § 291 Abs. 3 AktG.
[393] *Wenzel* in Hellner/Steuer Rn 4/183a.
[394] § 62 AktG.
[395] § 134 BGB.
[396] OLG *Düsseldorf* AG 1980, 273, 275; *Lutter* in Kölner Komm. § 57 AktG Rn 75; *Wenzel* in Hellner/Steuer Rn 4/184g.

III. Einzelne Sicherheiten

159 Im folgenden sollen die typischerweise bei einer Akquisitionsfinanzierung hereingenommenen Sicherheiten dargestellt werden.

1. Personalsicherheiten

160 Eine Personalsicherheit ist ein zusätzlicher schuldrechtlicher Anspruch, der neben die zu sichernde Forderung tritt[397]. Der zusätzliche Anspruch kann sich gegen den Schuldner selbst zur Verstärkung der Rechtsposition (etwa ein Schuldanerkenntnis[398]) oder gegen Dritte (Bürgschaft[399], Garantie) richten. Unter den Personalsicherheiten hat iRd. Akquisitionsfinanzierung die **Garantie** große Bedeutung; gelegentlich ist auch der **Schuldbeitritt** zu finden.

161 **a) Garantie.** Die häufigste Form der Absicherung der Kreditforderung der Bank iRd. Akquisitionsfinanzierung ist die Garantie[400]. Sie ist ein gesetzlich nicht geregelter Vertrag, durch den sich der Garant gegenüber dem Gläubiger (Garantienehmer) verpflichtet, für einen **bestimmten wirtschaftlichen Erfolg oder das Risiko eines künftig eintretenden Schadens einzustehen**[401]. Dieser Erfolg besteht bei einer Garantie darin, daß die Bank den Kreditbetrag zurückerhält[402]. Werden die Forderungen aus dem Darlehensvertrag vom Darlehensnehmer nicht erfüllt, muß der Garant die Bank schadlos halten[403]. Auf Verschulden kommt es nicht an[404]. Dies gilt allerdings nicht, wenn der garantierte Anspruch des Garantienehmers aufgrund von Umständen entfällt, die in seine Risikosphäre fallen[405]. Die Garantie steht der Bürgschaft sehr nahe[406], hat die Bürgschaft aber wegen deren Akzessorietät iRd. Akquisitionsfinanzierung verdrängt. Die Garantie begründet eine von der Hauptschuld unabhängige Verpflichtung, die zum Inhalt haben kann, daß der Gläubiger auch leisten muß, wenn die Hauptschuld nicht entstanden oder später weggefallen ist, somit eine Zahlungspflicht des Hauptschuldners nicht besteht[407]. In der Praxis werden die Umstände, die der Inanspruchnahme aus der Garantie nicht entgegengehalten werden können, oft in der Garantie im Detail aufgelistet. Die Haftung des Garanten verjährt erst in 30 Jahren[408].

---

[397] *Ganter* in Schimansky/Bunte/Lwowski § 90 Rn 20.
[398] §§ 781, 783 BGB.
[399] § 765 ff. BGB. Dazu *Ganter* in Schimansky/Bunte/Lwowski § 91 Rn 1 ff.
[400] Dazu *Schmitz* in Schimansky/Bunte/Lwowski § 92 Rn 1 ff.
[401] *Wagenknecht* in Hellner/Steuer Rn 4/1291.
[402] *BGH* WM 1979, 457.
[403] *BGH* NJW 1985, 2941.
[404] *BGH* WM 1968, 680; WM 1967, 341, 343.
[405] *BGH* WM 1987, 179; WM 1961, 204; *BGH* NJW 1985, 2941; *Michalski*, Bürgschaft auf erstes Anfordern, ZBB 1994, 289, 292.
[406] *Marwede*, Wertung von Abreden zwischen Gläubiger und Bürgen als Garantievertrag, BB 1975, 985, 986.
[407] *Wagenknecht* in Hellner/Steuer Rn 4/1292.
[408] *BGH* NJW 1982, 1809, 1810. Siehe auch *Wagenknecht* in Hellner/Steuer Rn 4/1292 Fn 13 zur Verwirkung.

Die Vorschriften über die Bürgschaft[409] sind auf die Garantie nicht anwendbar[410]. Der Vertrag kann **formlos** geschlossen werden[411]. Der Garant hat aus dem Auftragsverhältnis zwischen Hauptschuldner und Garant einen Aufwendungsersatzanspruch gegen den Hauptschuldner. Wird die garantierte Forderung abgetreten, so gehen die Rechte aus der Garantie nicht auf den neuen Gläubiger (Zessionar) über[412]. Sie müssen daher separat abgetreten werden. Die Kreditforderung der Bank geht nicht in entsprechender Anwendung des § 774 BGB auf den zahlenden Garanten über[413].

Dem Garanten stehen **Einwendungen** aus den Rechtsbeziehungen zwischen Garantienehmer und Hauptschuldner grundsätzlich nicht zu[414]. Einwendungen aus dem Garantievertrag können dagegen geltend gemacht werden (zB Fristablauf u. ä.)[415]. Zudem kann der Garant einwenden, daß die Inspruchnahme aus der Garantie im Einzelfall rechtsmißbräuchlich ist[416], etwa wenn die Hauptschuld vom Schuldner erfüllt wurde[417].

Garantien sehen vielfach vor, daß der Garant zur Zahlung „**auf erstes Anfordern**" verpflichtet ist. Dadurch wird dem Garanten das Recht genommen, vom Gläubiger den Nachweis zu verlangen, daß der behauptete Garantiefall tatsächlich eingetreten ist[418]. Für die Inanspruchnahme aus einer solchen Garantie gilt der Grundsatz der Garantiestrenge[419]. Danach muß die Inanspruchnahmeerklärung formal ordnungsgemäß innerhalb der vereinbarten Frist erklärt werden und den in der Garantie vereinbarten Inhalt haben (formeller Garantiefall)[420]. Erst im Rückforderungsprozeß kann der Garant Einwendungen gegen die Inanspruchnahme (materieller Garantiefall) vorbringen[421]. Eine solche Garantie kann durch AGB nur von Kreditinstituten, Versicherungsgesellschaften und Unternehmen, in deren Geschäftsbereich derartige Garantien üblich sind, übernommen werden[422], sonst nur von Personen, die mit einer Sicherung dieser Art vertraut sind (etwa einem internationalen Wirtschaftskonzern)[423].

Trotz der Verpflichtung zur Zahlung auf erstes Anfordern kann der Garant die Zahlung verweigern, wenn die **Inanspruchnahme aus der Garantie rechts-**

---

[409] §§ 765 ff. BGB.
[410] *Sprau* in Palandt Einf v § 765 BGB Rn 16; *Schmitz* in Schimansky/Bunte/Lwowski § 92 Rn 2.
[411] *BGH* WM 1964, 62.
[412] § 401 BGB ist nicht anwendbar. *Horn* in Staudinger vor §§ 765–778 BGB Rn 75.
[413] *BGH* BB 1954, 1044; *Lwowski* Rn 426; aA *Marwede*, Wertung von Abreden zwischen Gläubiger und Bürgen als Garantievertrag, BB 1975, 985, 987 f.
[414] *Horn* in Staudinger vor §§ 765–778 BGB Rn 76.
[415] *Wagenknecht* in Hellner/Steuer Rn 4/1295.
[416] *BGH* WM 1984, 689.
[417] *Wagenknecht* in Hellner/Steuer Rn 4/1295.
[418] *Wagenknecht* in Hellner/Steuer Rn 4/1299.
[419] BGHZ 90, 287; *OLG Frankfurt* WM 1983, 516.
[420] *OLG Stuttgart* WM 1979, 733, 735.
[421] Eine zu Unrecht erfolgte Inanspruchnahme wird nach Bereicherungsgrundsätzen abgewickelt, *Horn* in Staudinger vor §§ 765–778 BGB Rn 76, 78.
[422] Zur vergleichbaren Lage bei der Bürgschaft *Sprau* in Palandt Einf v § 765 BGB Rn 14.
[423] *BGH* NJW 1997, 1435; *Sprau* in Palandt Einf v § 765 BGB Rn 14.

mißbräuchlich ist[424]. Ein solcher Rechtsmißbrauch liegt vor, wenn ein Garantiefall offensichtlich oder liquide beweisbar nicht eingetreten ist[425]. Die Zahlung des Garantiebetrags bei der Garantie auf erstes Anfordern führt ferner zur Umkehrung der Beweislast, so daß der Garant im Rückforderungsprozeß beweisen muß, daß die Garantie zu Unrecht in Anspruch genommen wurde[426].

166 **b) Schuldbeitritt.** Eine weitere Form der Einbeziehung der Zielgesellschaft und ihrer Tochtergesellschaften in den Kreditvertrag ist der im Gesetz nicht geregelte Schuldbeitritt (Schuldmitübernahme, kumulative Schuldübernahme)[427]. Dadurch tritt der Beitretende zusätzlich neben den Darlehensnehmer in das Schuldverhältnis ein. Der Beitritt erfolgt durch ein Rechtsgeschäft entweder zwischen dem Gläubiger und dem Beitretenden oder – als Vertrag zugunsten Dritter – zwischen dem Beitretenden und dem Schuldner[428]. Beitretender und Schuldner haften als Gesamtschuldner[429]. Der Schuldbeitritt ist grundsätzlich formfrei[430]. Er kann sich auch auf zukünftige Verbindlichkeiten beziehen, falls diese genügend bestimmt sind[431].

167 Bei Abschluß des Schuldbeitrittsvertrags muß eine wirksame Schuld des Erstschuldners bestehen[432]. Die durch den Schuldbeitritt begründete Verbindlichkeit ist sodann aber in ihrem Fortbestand und Umfang von der Schuld des Erstschuldners unabhängig. Der Beitretende tritt der Schuld in dem Zustand bei, in der sie sich im Zeitpunkt des Beitritts befindet. Ihm stehen die in diesem Zeitpunkt bestehenden Einreden und Einwendungen des Schuldners zu, nicht jedoch die allein beim Schuldner verbleibenden Gestaltungsrechte (zB Rücktritt, Wandlung, Anfechtung)[433]. Der **Umfang der Haftung** ist nach den Regeln der **Gesamtschuld** zu beurteilen[434]. Der Beitretende kann sich auf eine Erfüllung der Schuld durch den Kreditnehmer berufen[435]. Ein Zahlungsverzug des Darlehensnehmers wirkt nur dann gegenüber dem Beitretenden, wenn auch in seiner Person die Verzugsvoraussetzungen vorliegen[436]. Eine Kündigung des Kreditvertrags muß auch gegenüber dem Beitretenden erklärt werden, damit die Forderung auch ihm gegenüber fällig wird[437].

---

[424] *BGH* WM 1984, 689, 690; WM 1984, 633.
[425] *Wagenknecht* in Hellner/Steuer Rn 4/1301.
[426] *OLG Köln* WM 1989, 709.
[427] *Wagenknecht* in Hellner/Steuer Rn 4/1320; *Schmitz* in Schimansky/Bunte/Lwowski § 92 Rn 12ff.
[428] *Schmitz* in Schimansky/Bunte/Lwowski § 92 Rn 12.
[429] §§ 421 ff. BGB. *Möschel* in MünchKomm. vor § 414 BGB Rn 13; *Wagenknecht* in Hellner/Steuer Rn 4/1320.
[430] *BGH* WM 1976, 424, 425; WM 1972, 287. Ggf. sind die Formvorschriften des VerbrKrG zu beachten.
[431] *Möschel* in MünchKomm. vor § 414 BGB Rn 11.
[432] *Pecher* in MünchKomm. vor § 765 BGB Rn 2.
[433] *Wagenkecht* in Hellner/Steuer Rn 4/1323.
[434] *BGH* WM 1979, 424, 425.
[435] § 422 BGB.
[436] § 425 BGB.
[437] *BGH* NJW 1989, 2383; *OLG Karlsruhe* NJW 1989, 2136, 2137.

Dem Beitretenden steht grundsätzlich unter bestimmten Umständen ein **ordentliches Kündigungsrecht** bei Einhaltung einer angemessenen Kündigungsfrist zu[438]. Wurde der Schuldbeitritt nur für einen bestimmten Kredit erklärt, so ist ein selbständiges Kündigungsrecht des Beitretenden allerdings ausgeschlossen[439]. Im übrigen stehen dem Beitretenden die gleichen Kündigungsrechte zu, wie sie dem Kreditnehmer zustehen, sofern darüber keine besonderen Absprachen getroffen wurden[440]. Eine Kündigung des Beitretenden wirkt, soweit sich nicht aus dem Schuldverhältnis etwas anderes ergibt, nur für und gegen den Kündigenden[441]. Befriedigt der Beitretende die Bank, steht ihm regelmäßig ein Ausgleichsanspruch gegen den Kreditnehmer zu[442]. In Höhe des Ausgleichsanspruchs geht die Forderung des Gläubigers gegen den ursprünglichen Schuldner kraft Gesetzes auf den Beigetretenen über[443]. In der Vertragspraxis wird der Schuldbeitritt weitaus seltener verwendet als die Garantie. Wegen ihrer Abstraktheit ist die Garantie aus Sicht der Bank die bessere Art der Sicherheit.

2. Dingliche Sicherheiten

Eine **dingliche Sicherheit (Realsicherheit)** liegt vor, wenn dem Sicherungsnehmer ein dingliches Recht an einem Vermögensgegenstand (Sachen oder Rechte) gewährt wird. Aus dem Katalog der dinglichen Sicherheiten sollen im folgenden ebenfalls nur die für eine Akquisitionsfinanzierung üblichen dargestellt werden. Standardsicherheit ist insoweit die Verpfändung der Gesellschaftsanteile an der Zielgesellschaft. Zu einem typischen Sicherheitenpaket gehören außerdem die Verpfändung von Bankkonten, die Sicherungsabtretung, die Sicherungsübereignung und die Bestellung von Grundpfandrechten.

a) **Verpfändung von Geschäftsanteilen.** Das Pfandrecht an den Geschäftsanteilen der Zielgesellschaft ist bei einer Akquisitionsfinanzierung eines der wichtigsten Sicherungsrechte für die Banken. Das **rechtsgeschäftliche Pfandrecht** ist ein zur Sicherung einer Forderung bestimmtes dinglich wirkendes Recht an fremden Sachen oder Rechten, das den Gläubiger berechtigt, sich durch dessen Verwertung nach den für die Zwangsvollstreckung geltenden Vorschriften[444] aus dem Erlös zu befriedigen[445].

aa) **GmbH-Geschäftsanteile.** Die Verpfändung eines GmbH-Anteils richtet sich nach den **Regeln über die Abtretung von Geschäftsanteilen**[446]. Einschränkungen der Abtretung eines Geschäftsanteils[447], wie die Zustimmung der

---

[438] Dazu näher *Wagenknecht* in Hellner/Steuer Rn 4/1327.
[439] *Wagenknecht* in Hellner/Steuer Rn 4/1327.
[440] BGH WM 1974, 724.
[441] § 425 BGB.
[442] § 670 BGB oder § 426 Abs. 1 BGB.
[443] § 426 Abs. 2 BGB. Dazu BGH NJW 1981, 681.
[444] § 1277 BGB.
[445] *Bassenge* in Palandt Überbl v § 1204 BGB Rn 1.
[446] §§ 15 ff. GmbHG. RGZ 53, 108; 58, 224; 100, 274.
[447] § 15 Abs. 5 GmbHG.

Gesellschafter, gelten auch für die Verpfändung[448]. Ein zukünftiger Geschäftsanteil kann ebenfalls verpfändet werden; das Pfandrecht entsteht erst mit Entstehen des Geschäftsanteils.

172 **(1) Form.** Die Verpfändung (nicht die **Verpflichtung dazu**[449]) bedarf der **notariellen Beurkundung**[450]. Der Formzwang bezieht sich auf alle wesentlichen Bestandteile der Verpfändung[451]:
– die Bezeichnung der Parteien;
– die Bezeichnung der zu sichernden Forderung, wenn auch nicht in allen Einzelheiten, so doch wenigstens hinreichend bestimmbar;
– die Bezeichnung des Pfandgegenstands, d. h. hier des zu verpfändenden Geschäftsanteils;
– die Pfandbestellung selbst.

173 Der Formzwang bezieht sich sowohl auf alle Abreden, die Bestandteil des Verpfändungsvertrags sind, als auch auf **Nebenabreden** zur Verpfändung[452]. Dies schließt jedoch nicht aus, die Verteilung des Erlöses innerhalb des Konsortiums außerhalb der Urkunde über die Pfandbestellung in einem gesonderten Vertrag zu regeln; bei einer solchen Absprache handelt es sich nicht um eine Nebenabrede zur Verpfändung. Das Pfandrecht kann durch formlose Vereinbarung zwischen Verpfänder und Pfandgläubiger aufgehoben werden[453].

174 Für die Wirksamkeit der Verpfändung ist eine **Anzeige gegenüber Dritten** nicht erforderlich[454]. Die Verpfändung kann aber gegenüber der Gesellschaft nur geltend gemacht werden, wenn sie ihr gegenüber in der vorgeschriebenen Form angezeigt wurde[455]. In der Praxis wird der Notar angewiesen, der Gesellschaft gegenüber die Verpfändung durch Übersendung einer beglaubigten Abschrift der notariellen Urkunde anzuzeigen. Ist die Anmeldung zunächst unterlassen worden, muß sie bei der Geltendmachung von Rechten gegenüber der Gesellschaft nachgeholt werden.

175 **(2) Gesicherte Forderung.** Die zu sichernde Forderung ist **Rechtsbedingung** der Entstehung des Pfandrechts. Sie kann vorher, gleichzeitig oder später

---

[448] *Zutt* in Hachenburg § 15 GmbHG Anh. Rn 41; *Hueck* in Baumbach/Hueck § 15 GmbHG Rn 48; *Lutter/Hommelhoff* § 15 GmbHG Rn 35; *Roth* in Roth/Altmeppen § 15 GmbHG Anm. 4.2; *Rowedder* in Rowedder § 15 GmbHG Rn 44; *Winter* in Scholz § 15 GmbHG Rn 154.

[449] RGZ 58, 223, 225; 68, 394, 397; *Hueck* in Baumbach/Hueck § 15 GmbHG Rn 48; *Winter* in Scholz § 15 GmbHG Rn 156; *Schuler*, Die Verpfändung von GmbH-Anteilen, NJW 1956, 689; aA *Damrau* in MünchKomm. § 1274 BGB Rn 27e.

[450] § 15 Abs. 3 GmbHG, § 1274 Abs. 1 BGB. Dazu *BGH* WM 1983, 235, 237.

[451] RGZ 136, 422, 424; *Wiegand* in Staudinger § 1274 BGB Rn 3; *Küchenhoff/Michalski* in Erman § 1274 Rn 1; ferner BGHZ 21, 242, 247 zur Abtretung nach § 15 Abs. 3 GmbHG.

[452] Siehe zur Abtretung *Winter* in Scholz § 15 GmbHG Rn 40; *Petzhold*, Beurkundungspflicht bei Übertragung von GmbH-Anteilen, GmbHR 1976, 81, 84; *Damrau* in MünchKomm. § 1274 BGB Rn 27d.

[453] *Winter* in Scholz § 15 GmbHG Rn 167.

[454] Die Anzeige nach § 1280 BGB betrifft nur Forderungen, nicht aber Mitgliedschaftsrechte, RGZ 57, 415; *Winter* in Scholz § 15 GmbHG Rn 155.

[455] § 16 Abs. 1 GmbHG. *Hueck* in Baumbach/Hueck § 16 GmbHG Rn 2; *Winter* in Scholz § 15 GmbHG Rn 155.

entstehen, muß bei der Verpfändung lediglich bestimmbar sein und im Verpfändungsvertrag bezeichnet werden[456]. Sämtliche Forderungen, die in Geld ausgedrückt werden können, lassen sich durch eine Verpfändung besichern[457].

Das Pfandrecht ist vom Bestehen der Forderung dauernd abhängig (Grundsatz der **Akzessorietät**); es ist ohne sie nicht übertragbar und erlischt mit ihr. Sie kann nicht ausgewechselt werden; soll eine neue Forderung durch Pfandrecht an demselben Gegenstand gesichert werden, bedarf es der Neubestellung.

(3) Mehrere Pfandgläubiger. Soll das Pfandrecht zu Gunsten von mehreren Pfandgläubigern bestellt werden, erhält **jeder Pfandgläubiger ein gleichrangiges Pfandrecht**. Besteht bei der Bestellung des Pfandrechts bereits ein Konsortium, wird jeder der am Konsortium beteiligten Banken ein gleichrangiges Pfandrecht bestellt. Jede Konsortialbank muß dazu Partei des Pfandvertrags werden.

(4) Umfang des Pfandrechts. Wird eine GmbH aufgelöst, verwandelt sich der vermögensrechtliche Inhalt von einem Anspruch auf einen Teil am Jahresgewinn in einen Anspruch auf einen Anteil am Liquidationserlös. Nach ganz überwiegender Auffassung erfaßt das Pfandrecht[458] auch den Anspruch auf den **Liquidationserlös**[459]. Daneben kann das Recht auf die zukünftige Liquidationsquote auch selbständig abgetreten und verpfändet werden. In diesem Fall ist zur Wirksamkeit der Verpfändung eine Anzeige nach § 1280 BGB erforderlich. Bei einer Kapitalerhöhung aus Gesellschaftsmitteln erstreckt sich das Pfandrecht auch auf das erhöhte oder neue Anteilsrecht[460]. Die folgenden **Surrogate** des Geschäftsanteils werden ebenfalls von dem am Geschäftsanteil bestellten Pfandrecht erfaßt:
– Forderung auf das Einziehungsentgelt;
– Forderung des Gesellschafters auf den Überschuß aus Verkauf des preisgegebenen Gesellschaftsanteils;
– Abfindungsanspruch in den Fällen des Austritts und der Ausschließung;
– Forderungen auf Nachschußrückzahlung[461];
– Forderungen auf Stammeinlagenrückzahlung im Fall von Kapitalherabsetzungen[462].

(5) Verpfändung des Gewinnanspruchs. Auch der Gewinnanspruch kann verpfändet werden. Ebenso wie dessen Abtretung ist die Verpfändung **formlos gültig**. Für die Wirksamkeit der Verpfändung ist eine Anzeige des Verpfänders an die Gesellschaft erforderlich[463]. Die Anzeige ist eine formfreie empfangsbedürftige Willenserklärung, die auch schlüssig oder stillschweigend erklärt werden

---
[456] RGZ 136, 422, 424; *Mühl* in Soergel § 1204 BGB Rn 23.
[457] *Bassenge* in Palandt § 1204 BGB Rn 6.
[458] Analog § 1287 BGB.
[459] *Hueck* in Baumbach/Hueck § 15 GmbHG Rn 50; *Winter* in Scholz § 15 GmbHG Rn 162.
[460] *Winter* in Scholz § 15 GmbHG Rn 164; aA *Rowedder* in Rowedder § 15 GmbHG Rn 46.
[461] § 30 Abs. 2 GmbHG.
[462] § 58 Abs. 2 GmbHG; *Zutt* in Hachenburg § 15 GmbHG Rn 46.
[463] § 1280 BGB.

kann⁴⁶⁴. Aufgrund des Pfandrechts kann der Pfandgläubiger den ausgeschütteten Gewinn beanspruchen⁴⁶⁵.

180 (6) **Teilverpfändung.** Die Verpfändung eines Teilgeschäftsanteils ist zulässig⁴⁶⁶. Sie bedarf der schriftlichen **Genehmigung durch die Gesellschaft**⁴⁶⁷. Eine mündlich, stillschweigend oder durch schlüssige Handlung erklärte Genehmigung reicht nicht⁴⁶⁸. Die Genehmigung muß die Person des Pfandgläubigers und den Betrag der auf jeden Teil entfallenden Stammeinlage angeben⁴⁶⁹. Die Teilung ist die reale Zerlegung des Geschäftsanteils in mehrere selbständige Anteile, deren Nennbeträge zusammen dem Nennbetrag des ursprünglichen, nunmehr untergegangenen Anteils entsprechen. Eine solche reale Teilung findet bei der Bestellung des Pfandrechts noch nicht statt, sondern erst bei dessen Verwertung⁴⁷⁰. Die Gesellschaft kann die Genehmigung gegenüber dem Verpfänder oder dem Pfandgläubiger erklären. Die Entscheidung über die Genehmigung steht im Ermessen der Gesellschaft⁴⁷¹. Soweit der Gesellschaftsvertrag nichts anderes vorsieht, erfordert sie einen Beschluß der Gesellschafter⁴⁷², von dem die Wirksamkeit der Genehmigung jedoch nicht abhängt⁴⁷³.

181 (7) **Mitverwaltungsrechte des Gesellschafters.** Da der Pfandnehmer durch die Bestellung des Pfandrechts nicht Gesellschafter wird, stehen sämtliche **Mitgliedschaftsrechte** (Mitverwaltungs- und Vermögensrechte) ausschließlich dem Gesellschafter zu⁴⁷⁴. Der Verpfänder bleibt weiter Inhaber der Stimmrechte und in der Ausübung des Stimmrechts grundsätzlich frei⁴⁷⁵. Im Innenverhältnis ist er allerdings idR durch den Pfandvertrag verpflichtet, alles zu unterlassen, was den Anteilswert mindern würde. Der Verpfänder kann dem Pfandgläubiger zur Ausübung des Stimmrechts zwar eine Vollmacht erteilen; wegen des daraus fol-

---

[464] *Bassenge* in Palandt § 1280 BGB Rn 2.
[465] §§ 99 Abs. 2, 100 BGB.
[466] § 1274 BGB iVm. § 17 GmbHG. Dazu *Hueck* in Baumbach/Hueck § 17 GmbHG Rn 6; *Roth* in Roth/Altmeppen § 15 GmbHG Anm. 4.2; *Rowedder* in Rowedder § 15 GmbHG Rn 42; *Winter* in Scholz § 15 GmbHG Rn 157.
[467] § 17 Abs. 2 GmbHG. Die notarielle Beurkundung ersetzt die Schriftform, § 126 Abs. 3 BGB.
[468] *Zutt* in Hachenburg § 17 GmbHG Rn 22; *Hueck* in Baumbach/Hueck § 17 GmbHG Rn 11; *Winter* in Scholz § 17 GmbHG Rn 24.
[469] OLG München GmbHR 1915, 142; *Zutt* in Hachenburg § 17 GmbHG Rn 23; *Hueck* in Baumbach/Hueck § 17 GmbHG Rn 11; *Lutter/Hommelhoff* § 17 GmbHG Rn 12; *Meyer-Landrut* § 17 GmbHG Rn 4.
[470] *Winter* in Scholz § 15 GmbHG Rn 157; *Mertens,* Typische Probleme bei der Verpfändung von GmbH-Anteilen, ZIP 1998, 1788.
[471] RGZ 88, 319, 325; *Zutt* in Hachenburg § 17 GmbHG Rn 30; *Hueck* in Baumbach/Hueck § 17 GmbHG Rn 12; *Winter* in Scholz § 17 GmbHG Rn 27.
[472] § 46 Nr. 4 GmbHG.
[473] HM, RGZ 64, 151; BGHZ 14, 31; *OLG Frankfurt* GmbHR 1962, 157; *Winter* in Scholz § 17 GmbHG Rn 20. Kritisch *Hueck* in Baumbach/Hueck § 17 GmbHG Rn 10.
[474] RGZ 139, 224, 226 f; 157, 52, 55; *LG Mannheim* WM 1990, 762; *Winter* in Scholz § 15 GmbHG Rn 158.
[475] BGH NJW 1992, 3035, 3036.

genden Risikos der Umqualifizierung eines der Gesellschaft gewährten Kredits als eigenkapitalersetzendes Darlehen[476] wird davon aber meist abgesehen.

(8) Rechte des Pfandnehmers vor der Verwertung. Vor Eintritt der Pfandreife ist die **Position des Pfandnehmers** nicht sehr stark. Der Verpfänder kann den Geschäftsanteil veräußern, er kann es zur Kaduzierung kommen lassen[477] und ihn preisgeben (abandonnieren)[478]. Dem Pfandgläubiger steht allerdings ein Ablösungsrecht zu[479]. Der Gesellschafter kann ferner dadurch auf den Geschäftsanteil einwirken, daß er der Einziehung[480] des Geschäftsanteils oder der Auflösung der Gesellschaft[481] zustimmt oder aus wichtigem Grund seinen Austritt erklärt[482]. Es ist daher zweckmäßig, den Verpfänder im Verpfändungsvertrag zu verpflichten, alles zu unterlassen, was den Geschäftsanteil und das Pfandrecht beeinträchtigen könnte. Die Verletzung einer solchen Vereinbarung macht die Stimmabgabe allerdings nicht unwirksam[483]. Derartige Abstimmungsvereinbarungen finden ihre Grenze in der Treupflicht gegenüber der Gesellschaft[484].

(9) Verwertung. Der Pfandgläubiger wird aus dem Pfandrecht im Wege der **öffentlichen Versteigerung** auf Grund vollstreckbaren Titels befriedigt[485]. Nach Eintritt der Pfandreife kann auch der freihändige Pfandverkauf vereinbart werden[486]. Die gerichtlich angeordnete Versteigerung in der Zwangsvollstreckung überträgt den Geschäftsanteil mit Zuschlag[487]. Die Bestimmungen über das Erfordernis eines vollstreckbaren Titels[488], die Ankündigung und den Ort der Versteigerung[489], die Versteigerungsbedingungen[490] und das Mitbieten[491] sind abdingbar. Die Vereinbarung über den freihändigen Verkauf ist formlos gültig; der Kaufvertrag und die dingliche Übertragung des Geschäftsanteils müssen notariell beurkundet werden[492].

(10) Übertragung des Pfandrechts. Das Pfandrecht am Geschäftsanteil kann nur durch **Abtretung der Forderung,** zu deren Sicherheit es bestellt

---

[476] Siehe Rn 90 ff.
[477] § 21 GmbHG.
[478] § 27 GmbHG. *Zutt* in Hachenburg § 15 GmbGH Anh. Rn 44; *Winter* in Scholz § 15 GmbHG Rn 158.
[479] Analog § 268 BGB. Der Gesellschafter kann der Nachschußleistung nicht widersprechen, *Damrau* in MünchKomm. § 1274 BGB Rn 27m; *Winter* in Scholz § 15 GmbHG Rn 158.
[480] § 34 Abs. 2 GmbHG.
[481] §§ 60, 61 GmbHG.
[482] *Winter* in Scholz § 15 GmbHG Rn 158.
[483] *Winter* in Scholz § 15 GmbHG Rn 168.
[484] *Winter* in Scholz § 15 GmbHG Rn 169; *Damrau* in MünchKomm. § 1274 BGB Rn 27i.
[485] §§ 1277, 1235 Abs. 1 BGB.
[486] §§ 1245 Abs. 2, 1277 BGB.
[487] Die Formvorschriften des § 15 GmbHG müssen nicht eingehalten werden.
[488] § 1277 Satz 1 BGB.
[489] §§ 1234, 1236 BGB.
[490] § 1238 BGB.
[491] § 1239 BGB.
[492] BGHZ 41, 95; *BGH* NJW 1993, 2617.

wurde, auf einen Dritten übertragen werden[493]. Wird, wie es iRd. Syndizierung von Krediten üblich ist, nur ein Teil der Forderung abgetreten oder nur eine von mehreren gesicherten Forderungen, haben der alte und der neue Gläubiger gleichrangige Pfandrechte[494]. Der neue Pfandgläubiger tritt in den Pfandrechtsbestellungsvertrag mit sämtlichen Nebenrechten ein.

185 Eine nach englischem Recht durch **„novation"** herbeigeführte Übertragung führt dazu, daß die gesicherten Forderungen nicht über-, sondern untergehen[495]. Damit erlischt auch das Pfandrecht[496]. Zugunsten der eintretenden Bank werden neue Ansprüche begründet, die jedoch nicht durch ein Pfandrecht besichert sind, da die neue Bank nicht Partei des ursprünglichen Pfandvertrags ist. Die dadurch nötig werdende Bestellung neuer Pfandrechte löst wegen der erforderlichen notariellen Beurkundung Kosten aus.

186 In der Praxis gibt daher der Verpfänder gegenüber dem Sicherheiten-Treuhänder („security agent") häufig ein Angebot zur Verpfändung zugunsten von Banken ab, denen die Forderung künftig im Wege der „novation" übertragen werden. Der Sicherheiten-Treuhänder nimmt dieses Angebot als Vertreter ohne Vertretungsmacht für die noch nicht bestimmten Banken an. Hierbei handelt es sich um ein zulässiges Vertretergeschäft[497]. **Der Vertretene muß bei Vornahme des Vertretergeschäfts noch nicht bestimmt** sein[498]. Die Bestimmung der Person des Vertretenen kann späterer Regelung, etwa der Bestimmung durch den Vertreter oder durch Vereinbarung, vorbehalten werden[499]. Die Verpfändung kommt zustande, sobald der Vertretene bestimmt ist und die Genehmigung dazu erteilt hat. Die Bestimmung des Vertretenen hat keine Rückwirkung[500]. Der Vertreter ist verpflichtet, dem Vertragspartner den Namen des Vertretenen mitzuteilen[501].

187 Gegen die Zulässigkeit dieser Rechtsfigur bei Verfügungen wurden in der Literatur Zweifel geäußert[502]. Diese sind jedoch unberechtigt[503].

---

[493] Wird bei der Übertragung der Forderung der Übergang des Pfandrechts ausgeschlossen, erlischt es, §§ 1273, 1250 Abs. 2 BGB.
[494] *Bassenge* in Palandt § 1250 BGB Rn 1.
[495] Zur „novation" siehe *Adams* S. 137.
[496] § 1252 BGB.
[497] Dazu *Heinrichs* in Palandt § 164 BGB Rn 9.
[498] *Schramm* in MünchKomm. § 164 BGB Rn 20.
[499] BGH NJW 1989, 166; OLG Köln NJW-RR 1991, 918.
[500] *Karsten Schmidt*, Offene Stellvertretung, JuS 1987, 425, 431.
[501] OLG Frankfurt NJW-RR 1987, 914; OLG Köln NJW-RR 1991, 919.
[502] *Karsten Schmidt*, Offene Stellvertretung, JuS 1987, 425, 431 und *Schramm* in MünchKomm. § 164 BGB Rn 20.
[503] Sie lassen sich allenfalls damit begründen, daß die Bestimmung des Vertretenen zu einem Zeitpunkt erfolgen könnte, zu dem der Verpfänder nicht mehr Inhaber des Geschäftsanteils ist. Da aber allgemein gilt, daß eine Verfügung nur wirksam wird, wenn der Verfügende bei Annahme des Angebots noch Inhaber des Rechts ist, stellen sich diese Probleme hier nicht. Da das Pfandrecht erst mit Bestimmung des Vertretenen und der Erteilung der Vollmacht entsteht, kommt das Pfandrecht nur zustande, wenn der Verpfänder zum Zeitpunkt der Erteilung der Vollmacht noch Inhaber des Geschäftsanteils ist. Dies entspricht der Situation, daß zwischen Angebot und Annahme eines Verfügungsgeschäfts ein Zeitraum liegt, in dem der Verfügende die Verfügungsbefugnis verlieren kann.

Bei der Verpfändung zugunsten von Banken, die zukünftig in das Konsortium eintreten, wird der **Pfandnehmer** zweckmäßigerweise durch Abgabe der für die „Übertragung" der Kreditforderung notwendigen Erklärungen (Beitrittserklärung, „deed of accession" oder „accession agreement") **bestimmt**. Das Pfandrecht entsteht in diesem Fall, sobald die neue Bank die Beitrittserklärung unterzeichnet und die Genehmigung des Vertretergeschäfts gegenüber dem Vertreter bzw. dem Verpfänder erklärt. 188

(11) **Aufhebung des Pfandrechts.** Mit dem Erlöschen der gesicherten Forderung geht auch das Pfandrecht unter. Im Sicherungsvertrag wird oft geregelt, daß der Verpfänder in diesem Fall Anspruch auf die Bestätigung hat, das Pfandrecht sei erloschen. Das Pfandrecht kann **durch formlosen Vertrag aufgehoben** werden. 189

bb) **Aktien.** Ein Pfandrecht an Inhaberaktien wird wie ein Pfandrecht an beweglichen Sachen bestellt[504]. Erforderlich ist dafür die **Übergabe der Aktienurkunde** oder ein Übergabesurrogat[505]. Bei nicht verbrieften Aktien genügt die formlose Einigung[506]; dann ist die Benachrichtigung der Gesellschaft ratsam, die sonst mit befreiender Wirkung an den Aktionär leisten kann[507]. Namensaktien werden durch Einigung, Übergabe und Pfandindossament[508] verpfändet[509]. Die Verpfändung vinkulierter Namensaktien bedarf der Zustimmung der Gesellschaft[510]. 190

Die Verpfändung erstreckt sich auch ohne besondere Regelung auf **alle Surrogationsansprüche** sowie den Anspruch auf Liquidationserlös[511]. Der Verpfänder behält das Stimmrecht an den Aktien[512]. Das Bezugsrecht des Aktionärs[513] wird allerdings nicht erfaßt. Dem Verpfänder stehen die Verwaltungsrechte, insbes. das Stimmrecht nicht zu[514]. Die Verwertung kann durch freihändigen Verkauf erfolgen, wenn die Aktien einen Börsen- oder Marktpreis haben[515]. Die Versteigerung ist vorher anzudrohen[516]. 191

cc) **Anteile an Personengesellschaften.** Die Verpfändung von Anteilen an einer OHG oder KG setzt voraus, daß sie (bzw. die Abtretung) **im Gesellschaftsvertrag zugelassen** ist oder ihr **sämtliche**[517] Gesellschafter zustim- 192

---

[504] § 1293 BGB. Dazu *Benckendorff* in Hellner/Steuer Rn 4/1481; *Merkel* in Schimansky/Bunte/Lwowski § 93 Rn 67 ff.
[505] § 1205 ff. BGB. Näher dazu *Kraft/Hönn*, Gesellschaftsanteile als Kreditsicherheit, S. 171 f.
[506] §§ 1274, 398, 413 BGB.
[507] §§ 413, 407 BGB. Dazu *Wiesner* in MünchHdbGesR Bd. 4 § 14 Rn 60.
[508] Art. 19 WG.
[509] *Wiesner* in MünchHdbGesR Bd. 4 § 14 Rn 60.
[510] §§ 1274 Abs. 2 BGB, 68 Abs. 2 Satz 1 AktG.
[511] *Wiesner* in MünchHdbGesR Bd. 4 § 14 Rn 61.
[512] *Wiesner* in MünchHdbGesR Bd. 4 § 14 Rn 62.
[513] § 186 AktG.
[514] *Zöllner* in Kölner Komm. § 134 AktG Rn 14.
[515] § 1221 BGB.
[516] § 1220 BGB gilt entsprechend, *Bassenge* in Palandt § 1221 BGB Rn 1.
[517] Oder Gesellschafter mit der im Gesellschaftsvertrag vorgesehenen Mehrheit.

men[518]. Eine Anzeige an die Gesellschaft ist nicht erforderlich[519]. Das Pfandrecht umfaßt nicht die mit dem Anteil verbundenen Gewinnansprüche, Verwaltungsrechte sowie Informations- und Kontrollrechte[520]. Die Ansprüche des Gesellschafters auf Gewinnbeteiligung und das Auseinandersetzungsguthaben sind separat verpfändbar; die Verpfändung wird erst mit Anzeige des Verpfänders an die Gesellschaft wirksam[521].

193 **b) Verpfändung von Bankkonten.** Die Verpfändung der von der Zielgesellschaft und ggf. von der Erwerbergesellschaft unterhaltenen Bankkonten ist ebenfalls eine typische Sicherheit iRd. Akquisitionsfinanzierung[522]. Sie hat vor allem Bedeutung, wenn diese Konten nicht bereits aufgrund der AGB[523] der kontoführenden Bank, sofern sie gleichzeitig Darlehensgeber unter dem Akquisitionsdarlehensvertrag ist, zu Gunsten dieser Bank verpfändet wurden. Dies ist meistens der Fall, wenn innerhalb eines Konsortiums auch die Forderungen der anderen Mitglieder des Konsortiums besichert werden sollen.

194 Durch den Pfandvertrag werden die jeweiligen Kontoguthaben verpfändet[524]. Die Verpfändung erstreckt sich auf das **Tagesguthaben** sowie den **Saldo aus dem Rechnungsabschluß**[525] einschließlich etwaiger **Zinsen**[526]. Allerdings kann nur die Saldoforderung verpfändet werden, nicht dagegen die in das Kontokorrent eingestellten Einzelforderungen[527]. Die Verpfändung wird erst mit der Anzeige durch den Inhaber des Kontos an die kontoführende Bank wirksam[528]. Hierzu kann die Pfandnehmerin vom Verpfänder bevollmächtigt werden[529]. Die Verpfändung von Forderungen aus einem Konto zugunsten der kontoführenden Bank als Pfandrecht an eigener Schuld ist zulässig[530]. In diesem Fall bedarf es keiner gesonderten Anzeige.

195 Die kontoführende Bank sollte die Verpfändung in ihren Kontounterlagen vermerken[531]. Bei Verpfändung eines Kontos, das nicht beim Pfandnehmer, sondern bei einem anderen Kreditinstitut gehalten wird, begründen die **AGB** dieses Drittinstituts zu dessen Gunsten ein **vorrangiges Pfandrecht**. Deswegen sollte eine Erklärung der kontoführenden Bank eingeholt werden, in der die Bank über bestehende Einwendungen sowie die Geltendmachung ihres Pfandrechts infor-

---

[518] *Weipert* in MünchHdbGesR Bd. 2 § 9 Rn 61.
[519] § 1280 BGB ist nicht anwendbar, *Damrau* in MünchKomm. § 1274 BGB Rn 70.
[520] *Weipert* in MünchHdbGesR Bd. 2 § 9 Rn 62; *Damrau* in MünchKomm. § 1274 BGB Rn 71; aA *Ulmer* in MünchKomm. § 719 BGB Rn 45.
[521] § 1280 BGB. *Damrau* in MünchKomm. § 1274 BGB Rn 70.
[522] Zur Verpfändung von Konten siehe *Benckendorff* in Hellner/Steuer Rn 4/1525 ff.; *Merkel* in Schimansky/Bunte/Lwowski § 93 Rn 46 ff.
[523] Nr. 14 Abs. 1 AGB-Banken.
[524] *Benckendorff* in Hellner/Steuer Rn 4/1525.
[525] §§ 1274 Abs. 2 BGB, 357 HGB.
[526] § 1289 BGB. Zinsen, die im Zeitpunkt der Anzeige länger als ein Jahr rückständig sind, werden nicht erfaßt, *BGH* WM 1984, 799; *Merkel* in Schimansky/Bunte/Lwowski § 93 Rn 62.
[527] *BGH* WM 1971, 178, 178.
[528] § 1280 BGB.
[529] *Merkel* in Schimansky/Bunte/Lwowski § 93 Rn 58.
[530] *BGH* WM 1985, 78.
[531] *Benckendorff* in Hellner/Steuer Rn 4/1528.

miert. Besser ist es, von dieser Bank auch einen Verzicht auf das Pfandrecht im Verhältnis zur Verpfänderin einzuholen. Die Verwertung erfolgt nach Eintritt der Pfandreife[532] durch Einziehung des Guthabens.

c) Sicherungsabtretung. Ein übliches Mittel der Kreditsicherung ist auch die **Sicherungsübertragung von Forderungen**, die dem Kreditnehmer gegen Dritte zustehen. Da für die wirksame Bestellung eines Pfandrechts an einer Forderung die Anzeige an den Schuldner erforderlich ist[533], hat die Sicherungszession in der Praxis weitgehend die Verpfändung von Forderungen[534] verdrängt. Zur rechtswirksamen Abtretung einer Forderung ist weder die Benachrichtigung noch die Mitwirkung des Schuldners erforderlich[535]. Diese „stille" Zession erspart es dem Kreditnehmer, seinen Kunden die Stellung von Sicherheiten offenbaren zu müssen. IRd. Akquisitionsfinanzierung sind vor allem die Globalzession, die Abtretung der Ansprüche aus dem Unternehmenskaufvertrag sowie die Abtretung gewerblicher Schutzrechte bedeutsam.

aa) Globalzession. Am häufigsten tritt die Globalzession[536] auf. Bei ihr werden **sämtliche gegenwärtigen und künftigen Forderungen** des Kreditnehmers gegen eine **Vielzahl von (Dritt)Schuldnern** abgetreten. Die Abtretung wird unbedingt geschlossen und wirksam, sobald die Forderungen entstehen. Die Sicherheitenverträge sehen idR vor, daß mit den Forderungen auch die sonstigen Rechte aus den zu Grunde liegenden Rechtsgeschäften auf die Bank übergehen[537].

(1) Bestimmbarkeit der abgetretenen Forderungen. Die abgetretenen Forderungen müssen **bestimmbar** sein[538]. Dazu sind sie im Abtretungsvertrag so genau zu umschreiben, daß sie sich unzweifelhaft feststellen lassen, wobei regelmäßig Zedent, Drittschuldner und Gegenstand (Rechtsgrund) angegeben werden müssen. Das Fehlen der Individualisierungsmerkmale wie Schuldner und Rechtsgrund bei zukünftigen Forderungen ist unschädlich, wenn die übrigen Merkmale die abgetretenen Forderungen zweifelsfrei kenntlich machen[539].

Die **Vorausabtretung künftiger Forderungen** ist mit Vertragsabschluß beendet und kann aufgrund des Prioritätsgrundsatzes durch den Abtretungsempfänger nicht mehr durch eine erneute Abtretung vereitelt werden[540]. Sie wird allerdings erst wirksam, wenn der Anspruch in der Person des Abtretenden entstanden ist. Zu beachten ist dabei, daß nach Eröffnung eines Insolvenzverfahrens Rechte an den zur Insolvenzmasse gehörenden Gegenständen nicht mit Wirkung gegenüber den Insolvenzgläubigern erworben werden können, auch wenn der Erwerb nicht auf einer Rechtshandlung des Gemeinschuldners beruht[541]. Ein insol-

---

[532] Fälligkeit der gesicherten Forderung, § 1228 Abs. 2 BGB.
[533] § 1280 BGB.
[534] §§ 1273 ff. BGB.
[535] Es gelten allerdings die den Schuldner schützenden §§ 406 bis 408 BGB.
[536] *Ganter* in Schimansky/Bunte/Lwowski § 96 Rn 81 ff.
[537] Damit wird der Regelungsgehalt des § 401 BGB erweitert.
[538] *Serick*, Eigentumsvorbehalt und Sicherungsübertragung, S. 151.
[539] *Ganter*, Rechtsprechung des BGH zum Kreditsicherungsrecht, WM 1998, 2081, 2089.
[540] *Kümpel* Rn 6.435.
[541] § 91 InsO.

venzfester Direkterwerb durch Vorausabtretung wird bejaht, wenn der Rechtsgrund bereits wirksam im Zeitpunkt der Abtretung geschaffen wurde und die Rechtsstellung des Zessionars schon zu einem Anwartschaftsrecht erstarkt ist[542]. Wird der Rechtsgrund erst nach Insolvenzeröffnung geschaffen, fällt die abgetretene Forderung in die Insolvenzmasse[543].

200 (2) **Kontokorrentmäßig gebundene Forderungen.** Die Abtretung erfaßt auch die Fälle, bei denen zwischen dem Sicherungsgeber (Kreditnehmer) und seinem Schuldner ein **Kontokorrentverhältnis** besteht. Durch die Kontokorrentabrede sind die während der Rechnungsperiode erfaßten Ansprüche gestundet und gebunden. Über sie können keine Verfügungen mehr getroffen werden, insbes. keine Abtretungen vorgenommen werden[544]. Sie gehen am Tag des periodischen Rechnungsabschlusses durch Saldoanerkenntnis unter[545]. An ihre Stelle tritt die Forderung aus dem Saldoanerkenntnis, die Gegenstand der Abtretung an den Sicherungsnehmer sein kann. Die Abtretung bezieht sich auch auf das Recht auf Feststellung des jeweiligen Saldos und das Recht auf Kündigung des Kontokorrents.

201 (3) **Verhältnis zu einem verlängerten Eigentumsvorbehalt.** Im Verhältnis zu einem **verlängerten Eigentumsvorbehalt**, bei dem an die Stelle eines Eigentumsvorbehalts, der durch Weiterveräußerung, Verbindung oder Vermischung erlischt, die daraus entstehende Forderung bzw. die neue Sache tritt, gilt der **Grundsatz der Priorität**. Danach ist nur die zeitlich erste Abtretung wirksam[546]. Zum Schutz der Lieferanten wird jedoch die zur Kreditsicherung vereinbarte Globalzession als sittenwidrig und damit nichtig angesehen, wenn sie nach dem Willen der Vertragspartner auch Forderungen umfassen soll, die der kreditnehmende Bankkunde seinem Lieferanten auf Grund verlängerten Eigentumsvorbehalts abtreten muß[547]. Die Nichtigkeit wegen Sittenwidrigkeit kann durch eine dingliche Verzichtsklausel vermieden werden[548].

202 (4) **Einziehung der Forderung durch den Sicherungsgeber.** Dem Sicherungsgeber wird im Abtretungsvertrag gestattet, die abgetretenen Forderungen iRd. ordnungsgemäßen Geschäftsbetriebs einzuziehen. Die Bank kann regelmässig zur Wahrung ihrer berechtigten Belange die Einziehungsbefugnis widerrufen, beschränken oder für die Einziehung Auflagen erteilen.

203 (5) **Bestandslisten und Verhaltenspflichten.** Nach der üblichen Formularpraxis hat der Sicherungsgeber der Bank zu den mit der Bank vereinbarten Zeitpunkten **Bestandslisten** über die an die Bank abgetretenen, noch ausstehen-

---

[542] *BGH* WM 1955, 338, 340; *Kümpel* Rn 6.443.
[543] *Kümpel* Rn 6.443.
[544] *BGH* WM 1978, 137, 139; 1982, 816, 818.
[545] *BGH* WM 1982, 816, 818.
[546] *BGH* WM 1959, 964, 965; 1960, 838, 839.
[547] *BGH* WM 1991, 1273, 1277.
[548] *BGH* WM 1991, 1273, 1277; 1994, 104, 105; 1999, 127; 1216, 1218. Siehe aber auch *BGH* WM 1974, 368, 369, wenn durch Auslegung zu ermitteln ist, daß der verlängerte Eigentumsvorbehalt auf jeden Fall der Globalabtretung vorgehen soll.

den Forderungen einzureichen. Aus ihnen sollen, soweit nichts anderes vereinbart wird, Namen und Anschriften der Drittschuldner, Betrag sowie Rechnungs- und Fälligkeitstag ersichtlich sein.

(6) **Informationspflichten.** Der Sicherungsnehmer wird die Bank zudem von Pfändungen der abgetretenen Forderungen unverzüglich zu **informieren** haben und muß ihr auf Verlangen alle Auskünfte, Nachweise und Urkunden geben, die zur Prüfung, Bewertung und zur Geltendmachung der abgetretenen Forderungen erforderlich sind. Der Sicherungsnehmer gestattet schließlich der Bank, zur Prüfung, Bewertung und Geltendmachung der abgetretenen Forderungen seine Unterlagen einzusehen oder durch einen Bevollmächtigten einsehen zu lassen.

(7) **Verwertung der abgetretenen Forderungen.** Verwertet werden die abgetretenen Forderungen durch deren **Einziehung**. Die Bank darf dazu alle Vereinbarungen mit dem Drittschuldner treffen, die zur Realisierung der abgetretenen Forderung erforderlich sind. Sie kann auch vom Sicherungsgeber verlangen, daß er die Forderung für sie einzieht. Da die Einziehung durch die Bank zwangsläufig mit einer Offenlegung der stillen Zession verbunden ist, steht sie nicht im freien Ermessen des Sicherungsnehmers. Entsprechend den Regelungen bei der Verpfändung von Forderungen[549] hat die Bank den Sicherungsgeber rechtzeitig vor Offenlegung und Einziehung zu benachrichtigen[550]. Zahlungen des Drittschuldners an den Sicherungsgeber haben nur so lange schuldbefreiende Wirkung, als der Schuldner keine Kenntnis von der Abtretung erlangt hat[551]. Ausreichend ist dafür eine Abtretungsanzeige[552] des Zedenten. Zur Vorbereitung der Offenlegung ist der Sicherungsgeber nach den Regelungen des Sicherungsvertrags verpflichtet, der Bank auf Anforderung von ihm unterzeichnete Blankobenachrichtigungsschreiben für die Unterrichtung der Drittschuldner auszuhändigen.

Nach Eröffnung des **Insolvenzverfahrens** geht die **Einziehungsbefugnis** auf den Insolvenzverwalter über[553]. Der Verwertungserlös ist vom Verwalter nach Abzug eine Kostenpauschale von 4% für die Kosten der Feststellung der Forderungen sowie 5% für die Verwertung und ggf. anfallender Umsatzsteuer[554] an die Bank auszureichen[555]. Lagen die Kosten höher oder niedriger, sind statt der Kostenpauschalen die tatsächlichen Kosten anzusetzen[556].

bb) **Abtretung der Gewährleistungsansprüche aus dem Unternehmenskaufvertrag.** Die Bank läßt sich üblicherweise die **Gewährleistungsansprüche aus dem Kaufvertrag**, der dem Unternehmenserwerb zugrunde liegt,

---

[549] §§ 1234, 1273 Abs. 2 BGB.
[550] *Kümpel* Rn 6.508.
[551] § 407 Abs. 1 BGB.
[552] § 409 BGB.
[553] § 166 Abs. 2 InsO.
[554] § 170 Abs. 2 InsO.
[555] §§ 170, 171 InsO.
[556] § 171 Abs. 2 InsO.

abtreten. Hierbei handelt es sich um die Abtretung einzelner Ansprüche gegen den Verkäufer. Sie wird dem Verkäufer regelmäßig schon bei Vertragschluß mit der Maßgabe angezeigt, daß der Sicherungsgeber als Käufer bis Eingang einer Benachrichtigung über das Vorliegen der Verwertungsbefugnis berechtigt ist, die Forderungen im eigenen Namen einzuziehen. Die vertragliche Struktur dieser Abtretung gleicht im übrigen der Globalzession.

208   **cc) Abtretung gewerblicher Schutzrechte. Patente**, **Marken** (**Warenzeichen**) und **Gebrauchsmusterrechte**[557] können ebenfalls Gegenstand einer Sicherungsabtretung sein[558]. So können das Recht auf das Patent sowie das Recht aus dem Patent beschränkt oder unbeschränkt übertragen werden[559]. Dies gilt auch für Gebrauchsmusterrechte[560] und Warenzeichen[561]. Das seit dem 1. 1. 1995 geltende Markengesetz (MarkenG) enthält nunmehr eine ausdrückliche Regelung über die Verpfändung einer Marke[562], die jedoch gegenüber der Sicherungsabtretung in der Praxis kaum eine Rolle spielt. Die Verpfändung bedarf keiner Form, kann aber ins Markenregister eingetragen werden[563]. Die Marke ist mithin zu einem fungiblen Wirtschaftsgut geworden, das sich auch als Mittel der Kreditsicherung einsetzen läßt.

209   **(1) Übertragung und Umschreibung des Registers.** Zur Übertragung der Rechte genügt die **formlose Abtretung**[564]. Während die Marke bzw. das Patent als Registerrecht erst mit der Eintragung in das Markenregister bzw. Patentrolle entsteht[565], ist für ihre Übertragung weder eine besondere Form vorgeschrieben noch ist sie von der Umschreibung des Markenregisters abhängig[566]. Wird das Register nicht korrigiert, hat dies allerdings zur Folge, daß der Rechtsnachfolger sein Recht aus der Eintragung nicht geltend machen kann[567]. Weiter folgt aus der Nichteintragung, daß das Patentamt etwaige Verfügungen und Beschlüsse nicht an den Sicherungsnehmer adressieren darf[568]; zudem könnte ein Gericht in einem Verletzungsprozeß die Aktivlegitimation des Sicherungsnehmers verneinen[569]. Der Zedent als eingetragener Rechtsinhaber kann auf das Recht verzichten, Widersprüche gegen andere Marken einzulegen oder die Ver-

---

[557] Siehe dazu auch § 30.
[558] Dazu *Herget* in Hellner/Steuer Rn 4/923.
[559] § 15 Abs. 1 Satz 2 PatG.
[560] § 22 Abs. 2 GebrMG.
[561] § 8 Abs. 1 WZG. Der Grundsatz der Bindung des Warenzeichens an den Geschäftsbetrieb wurde im Jahr 1992 aufgegeben. Seither ist die Übertragung einer Marke und mithin auch die isolierte Sicherungsabtretung – ohne gleichzeitige Übertragung des zugehörigen Rechts – zulässig.
[562] § 29 MarkenG.
[563] § 29 Abs. 2 MarkenG.
[564] *Fezer* § 27 MarkenG Rn 14, 35; *Herget* in Hellner/Steuer Rn 4/923.
[565] § 4 Ziff. 1 MarkenG.
[566] *Fezer* § 27 MarkenG Rn 14, 35.
[567] Siehe etwa § 30 Abs. 3 Satz 3 PatentG. Dazu auch *Fezer* § 27 MarkenG Rn 20 f.; *Repenn/Spitz* WM 1994, 1653, 1656.
[568] § 28 Abs. 3 MarkenG.
[569] *Rohnke* NJW 1993, 561, 562; *Repenn/Spitz* WM 1994, 1653, 1656.

längerung zu beantragen. Trotz dieser Nachteile ist es üblich, daß die Bank zur Stärkung ihrer Sicherungsposition erst dann in das Register als Rechtsinhaber eingetragen wird, wenn sie berechtigt ist, die Sicherheit zu verwerten oder der Sicherungsgeber Verpflichtungen aus dem Sicherungsvertrag verletzt. Daher sollten im Vertrag Mitwirkungspflichten des Sicherungsgebers vorgesehen werden, etwa bei der Durchführung von Widerspruchs- und Löschungsverfahren. Gleichzeitig sollte der Sicherungsgeber etwa zur Überwachung einer Marke auf mögliche Kollisionen, die fortgesetzte Markenbeobachtung und die Fristenkontrolle, vor allem im Hinblick auf Verlängerungsgebühren verpflichtet werden[570].

(2) Nutzungsrecht des Sicherungsgebers. Im Sicherungsvertrag ist zu regeln, in welchem Umfang der Sicherungsgeber die Marke weiter benutzen darf. IdR wird zu diesem Zweck zwischen dem Sicherungsnehmer und Sicherungsgeber ein **Lizenzvertrag** geschlossen[571]. Der Nutzungsberechtigung des Sicherungsgebers sollte eine korrespondierende Nutzungsverpflichtung gegenüberstehen, da die Marke löschungsreif wird, wenn sie länger als fünf Jahre nicht benutzt wird[572].

(3) Verwertung. Bei der **Verwertung der Rechte im Sicherungsfall** sind ebenfalls einige Besonderheiten zu beachten. Die vollständige Aufgabe einer entsprechend wertvollen Marke ist für den Sicherungsgeber idR kaum hinnehmbar. Dies gilt erst recht im Sicherungsfall, der regelmäßig ein Indiz für eine kritische wirtschaftliche Situation der Gesellschaft ist. Der Verlust einer wichtigen Marke könnte in dieser Lage das Ende für das Unternehmen bedeuten[573]. Andererseits dürfte auch die Bank kein Interesse daran haben, die Marken isoliert, d. h. ohne die damit verbundenen Produkte, zu verwerten[574]. Aus diesem Grund hat die Sicherungsabtretung der Rechte kaum eigenständige Bedeutung, sondern im wesentlichen eine Hilfsfunktion, um bei einer Veräußerung des Betriebs dem Erwerber die für dessen Fortsetzung erforderlichen Rechte an den Marken, Patenten und Gebrauchsmustern verschaffen zu können. Hinzu kommt, daß eine Bewertung der Marke oft schwierig ist[575], weswegen auch Freigaberegelungen nur eine geringe praktische Bedeutung haben.

d) Sicherungsübereignung. Da bei der Verpfändung beweglicher Gegenstände der Verpfänder dem Pfandnehmer die zu verpfändende Sache übergeben muß[576] (Offenkundigkeitsprinzip), hat das Pfandrecht an beweglichen Sachen im Wirtschaftsleben kaum praktische Bedeutung erlangt. An seine Stelle ist die **Sicherungsübereignung** getreten, die sich seit längerer Zeit auf ein von den beteiligten Verkehrskreisen mit Rechtsgeltungswillen ausgeübtes Gewohnheitsrecht

---

[570] *Rohnke* NJW 1993, 561, 562; *Repenn/Spitz* WM 1994, 1653, 1656.
[571] *Rohnke* NJW 1993, 561, 562; *Repenn/Spitz* WM 1994, 1653, 1656.
[572] § 25 Abs. 1 MarkenG.
[573] *Rohnke* NJW 1993, 561, 563.
[574] *Rohnke* NJW 1993, 561, 563.
[575] Zu den einzelnen Bewertungsmethoden siehe *Fezer* § 27 MarkenG Rn 59 ff.
[576] § 1205 Abs. 1 BGB.

stützen kann[577]. Sie gehört zu den Standardsicherheiten iRd. Akquisitionsfinanzierung. Die Banken lassen sich regelmäßig Warenlager, Maschinen und Rohstoffe als Sicherheit übereignen.

213 **aa) Übertragung des Eigentums.** Für den Eigentumsübergang genügt neben der Einigung die Vereinbarung eines **Besitzermittlungsverhältnisses**[578] (etwa Leihe oder Verwahrung), durch das der Erwerber den mittelbaren Besitz an der Sache erlangt[579]. Der unmittelbare Besitz bleibt beim Sicherungsgeber. Eine derartige Besitzverschaffung führt allerdings erst dann zu einem gutgläubigen Eigentumserwerb, wenn der Bank von dem Sicherungsgeber die Vermögensgegenstände übergeben werden[580]; daß sich die Bank den Besitz eigenmächtig verschafft, reicht dafür nicht aus[581].

214 Im Sicherungsübereignungsvertrag wird der Bank üblicherweise auch ein etwaiges **Anwartschaftsrecht** übertragen. Als Vorstufe zum Eigentum (etwa beim Kauf unter Eigentumsvorbehalt) kann das Anwartschaftsrecht wie das Eigentumsrecht übertragen und zu Sicherungszwecken eingesetzt werden[582]. Dadurch geht das Eigentum unmittelbar vom Vorbehaltsverkäufer auf den Erwerber des Anwartschaftsrechts über[583]. Der Sicherungsvertrag sollte bestimmen, daß der Sicherungsgeber offene Kaufpreisverpflichtungen auf Rechnung des Sicherungsgebers begleichen darf. Zu beachten ist, daß ein Vermieterpfandrecht[584] Anwartschaftsrechte an Waren erfaßt, die erst nach Abschluß des Sicherungsvertrags dem Warenbestand zugefügt werden[585].

215 Bei der Übertragung der Gegenstände ist der sachenrechtliche **Bestimmtheitsgrundsatz** zu beachten[586]. Hinreichende Bestimmtheit liegt vor, wenn infolge der Wahl einfacher äußerer Abgrenzungskriterien für jeden, der die Parteiabreden in dem für den Eigentumsübergang vereinbarten Zeitpunkt kennt, ohne weiteres ersichtlich ist, welche individuell bestimmten Sachen übereignet worden sind[587]. Es genügt nicht, daß die übereigneten Gegenstände mit Hilfe außervertraglicher Erkenntnisquellen ermittelt werden können[588]. Erstreckt sich die Sicherungsübereignung nur auf einen Teil eines Warenlagers, sind die übereigneten Sachen gesondert zu lagern und zugleich entweder unmittelbar oder durch Aufnahme in ein Verzeichnis mit genauer Angabe individueller Merkmale konkret zu umschreiben[589]. Bei einer Vielzahl von Gegenständen (Sachgesamtheit)

---

[577] *Kümpel* Rn 6.320; *Serick*, Eigentumsübertragung und Sicherungsübertragung, Bd. 2, S. 4.
[578] § 868 BGB.
[579] § 930 BGB. Dazu *Ganter* in Schimansky/Bunte/Lwowski § 95 Rn 43 ff.
[580] § 933 BGB.
[581] *Bassenge* in Palandt § 934 BGB Rn 4.
[582] *BGH* WM 1979, 1306, 1307.
[583] *BGH* WM 1992, 600, 601.
[584] § 559 BGB.
[585] *BGH* WM 1992, 600, 602.
[586] *BGH* WM 1996, 1256, 1257; 1993, 2161.
[587] *BGH* WM 1991, 1273. *Kümpel* Rn 6.360; *Lwowski* Rn 549.
[588] *Kümpel* Rn 6.360.
[589] *BGH* WM 1991, 1273, 1276.

wird oft ein gattungsmäßiger Sammelbegriff verwandt[590]. Rechtlich handelt es sich dabei um eine Eigentumsübertragung jeder zur Sachgesamtheit gehörenden Sache[591]. Die notwendige Konkretisierung kann auch durch Kennzeichnung des Sicherungsguts oder die Festlegung eines bestimmten Sicherungsgebiets (Raumsicherung) vorgenommen werden[592].

bb) Verfügungsbefugnis des Sicherungsgebers. Der Sicherungsgeber darf nach den üblichen Sicherungsverträgen über die Gegenstände **im gewöhnlichen Geschäftsgang weiterhin verfügen und insbes. die von ihm hergestellte Ware veräußern**[593]. Die Bank wird die Weiterveräußerung regelmäßig untersagen dürfen, wenn der Sicherungsgeber seine Verpflichtungen aus dem Kreditvertrag oder aus den Sicherheitenverträgen nicht ordnungsgemäß erfüllt. Handelt es sich beim Sicherungsgeber um einen be- oder verarbeitenden Betrieb, so gestattet die Bank vorbehaltlich eines aus wichtigem Grund zulässigen Widerrufs, das Sicherungsgut im eigenen oder fremden Betrieb zu be- oder verarbeiten[594]. Die Be- und Verarbeitung erfolgt unentgeltlich im Auftrag der Bank als Herstellerin, die damit das Eigentum an der neuen Sache erwirbt, sofern nicht der Wert der Verarbeitung oder Umbildung erheblich geringer ist als der Wert des Stoffes[595].

cc) Verhaltenspflichten. (1) Versicherung. Der Sicherungsgeber verpflichtet sich, das Sicherungsgut für die Dauer der Übereignung auf eigene Kosten in voller Höhe **gegen die üblichen Gefahren und gegen diejenigen Risiken versichert zu halten**, gegen die der Bank Versicherungsschutz erforderlich erscheint[596]. Die daraus resultierenden Ansprüche gegen die Gesellschaft sollten der Bank abgetreten werden. Der Sicherungsgeber hat die Versicherungsgesellschaft zu ersuchen, der Bank einen entsprechenden Versicherungsschein zu übersenden.

(2) Rechte Dritter. Soweit ein **gesetzliches Pfandrecht Dritter** (für Vermieter, für Pächter, für Lagerhalter) an dem Sicherungsgut in Betracht kommt, hat der Sicherungsgeber nach Aufforderung durch die Bank die Zahlung des Mietzinses, Pachtzinses oder Lagergelds nachzuweisen und zu versichern, daß keine sonstigen Ansprüche des Vermieters, Verpächters oder Lagerhalters gegen den Sicherungsgeber bestehen. Der Sicherungsgeber hat der Bank unverzüglich anzuzeigen, wenn die Rechte der Bank an dem Sicherungsgut durch Verpfändung oder sonstige Maßnahmen Dritter beeinträchtigt oder gefährdet werden sollten.

---

[590] *Cartano* in Bankrecht- und Bankpraxis Rn 4/370; *Lwowski* Rn 551.
[591] *Cartano* in Bankrecht- und Bankpraxis Rn. 4/370.
[592] *Lwowski* Rn 556 ff.
[593] *Lwowski* Rn 588 ff.
[594] *Kümpel* Rn 6.370.
[595] § 950 BGB. Zur Frage, ob die Bank „Hersteller" iSd. Vorschrift sein kann, siehe *Kümpel* Rn 6.371.
[596] *Eberding* in Hellner/Steuer Rn 4/366 ff.

219 **(3) Behandlung des Sicherungsguts.** Dem Sicherungsgeber werden für die **Behandlung und Lagerhaltung des Sicherungsguts** bestimmte Pflichten auferlegt, um erforderlichenfalls einen schnellen Zugriff des Sicherungsgebers zu ermöglichen. Der Sicherungsgeber hat das Sicherungsgut, soweit nicht die Entnahme gestattet ist, an der bezeichneten Lagerstelle zu belassen und es auf seine Kosten sorgfältig zu behandeln.

220 **dd) Verwertung.** Die üblichen Sicherungsverträge sehen vor, daß die Bank das Sicherungsgut im Verwertungsfall im eigenen Namen oder im Namen des Sicherungsgebers nach billigem Ermessen, insbes. auch durch **freihändigen Verkauf**, verwerten darf. Die Verwertung ist nach hA[597] nur nach Androhung der Verwertung und Einhaltung einer Wartefrist[598] zulässig. Die Bank kann auch vom Sicherungsgeber verlangen, daß er das Sicherungsgut nach ihren Weisungen bestmöglich verwertet oder bei der Verwertung mitwirkt. Er hat dann alles bei der Verwertung Erlangte unverzüglich an die Bank herauszugeben, die Bank umgekehrt an ihn den zu ihrer Befriedigung nicht benötigten Erlös aus der Verwertung[599]. Nach Eröffnung eines **Insolvenzverfahrens** geht allerdings die Befugnis zur Verwertung beweglicher Sachen, die der Insolvenzverwalter in Besitz hat, auf diesen über[600]. Er kann die Verwertung verzögern und entscheidet nach Anhörung des Sicherungsnehmers über die Art der Verwertung[601]. Der Verwalter ist verpflichtet, den Verwertungserlös nach Abzug einer Kostenpauschale in Höhe von 9% (bestehend aus 4% für die Kosten der Feststellung des Gegenstands und 5% für die Verwertung) zuzüglich ggf. anfallender Umsatzsteuer[602] an die Bank abzuführen[603]. Lagen die Kosten höher oder niedriger, sind die tatsächlich entstandenen Kosten anzusetzen[604].

221 **ee) Rückgewähr des Sicherungsguts.** Der Sicherungsgeber hat **schuldrechtlich einen Anspruch auf Rückgewähr**[605] des noch vorhandenen Sicherungsguts, wenn die gesicherten Forderungen endgültig getilgt sind und damit der Sicherungszweck erfüllt ist. Anders als bei Vereinbarung einer auflösenden Bedingung[606] fällt das Eigentum nicht automatisch an den Sicherungsgeber zurück.

222 **e) Grundschuld.** Erstrangig eingetragene Grundpfandrechte in Form von Grundschulden auf den gewerblich genutzten Grundstücken und Gebäuden der Zielgesellschaft sind die häufigste Form der Sicherheit am Grundvermögen der

---

[597] Siehe *Kümpel* Rn 6.416 ff. mwN.
[598] Entsprechend § 1234 BGB. Diese Wartefrist bezweckt, dem Schuldner eine letzte Möglichkeit zur Begleichung der besicherten Forderung zu gewähren.
[599] § 667 BGB.
[600] § 166 Abs. 1 InsO. Die Sicherungsabtretung gewährt in der Insolvenz ein Absonderungsrecht, §§ 51, 50 InsO.
[601] § 168 InsO.
[602] § 170 Abs. 2 InsO.
[603] §§ 170, 171 InsO.
[604] § 171 Abs. 2 InsO.
[605] *BGH* WM 1984, 357, 358.
[606] § 158 Abs. 2 BGB.

Gesellschaft. Grundstücksrechte sind wegen der **Wertbeständigkeit der Grundstücke** zur Sicherung vor allem langfristiger Kredite besonders geeignet. Hierbei hat die Grundschuld[607] die Hypothek[608] weitgehend verdrängt[609] (wegen ihres akzessorischen Charakters ist die Hypothek an die Höhe und den Bestand der Forderung gekoppelt)[610]. Die Grundschuld kann auch an einem Erbbaurecht bestellt werden[611]. Hat das Zielunternehmen mehrere Grundstücke an verschiedenen Standorten, bietet sich die Bestellung einer Gesamtgrundschuld an, bei der sämtliche Grundstücke für die ganze Forderung haften[612].

Die Grundschuldbestellung bedarf der **Einigung** zwischen dem Besteller und der Bank sowie der **Eintragung im Grundbuch**[613]. Soll statt einer Buchgrundschuld eine Briefgrundschuld bestellt werden (was in der Praxis selten geschieht), ist zusätzlich die Übergabe des Briefs erforderlich[614].

223

In der Bankpraxis ist es üblich, daß der Grundstückseigentümer in der Grundschuldbestellungsurkunde für die Zahlung eines Geldbetrags in Höhe des Grundschuldbetrags und der Zinsen die **persönliche Haftung** übernimmt und sich der **sofortigen Vollstreckung in sein gesamtes Vermögen** aus dieser Urkunde unterwirft[615]. Die Unterwerfungserklärung dient als zusätzliche Sicherung und steht selbständig neben der Grundschuld[616]. Davon zu unterscheiden ist die dingliche Unterwerfungsklausel[617], mit der sich der Grundschuldbesteller der sofortigen Zwangsvollstreckung in das belastete Grundstück unterwirft, um dem Grundschuldgläubiger die Zwangsvollstreckung ohne vorherige gerichtliche Geltendmachung seines Anspruchs auf Befriedigung aus dem Grundstück zu ermöglichen. In diesem Fall muß die Erklärung des Bestellers der Grundschuld notariell beurkundet werden[618]. Diese Klausel wird üblicherweise so ausgestaltet, daß die Zwangsvollstreckung aus der Urkunde gegen den jeweiligen Eigentümer des Grundstücks zulässig sein soll[619]. Die Übernahme der persönlichen Haftung stellt ein **abstraktes Schuldanerkenntnis** dar[620]. Trotz ihres abstrakten Charakters sind Grundschuld und Schuldversprechen wegen ihrer Funktion als Sicherungsinstrument für die Kreditforderung der Bank miteinander verknüpft[621]. Die Bank

224

---

[607] §§ 1191 bis 1198 BGB.
[608] §§ 1113 bis 1190 BGB.
[609] *Gaberdiel*, Kreditsicherung durch Grundschulden, S. 15.
[610] *Merkel* in Schimansky/Bunte/Lwowski § 94 Rn 3 ff.
[611] *Merkel* in Schimansky/Bunte/Lwowski § 94 Rn 28 ff.
[612] § 1132 Abs. 1 Satz 2 BGB.
[613] § 873 Abs. 1 BGB.
[614] § 1117 BGB.
[615] *Rainer*, Die Auswirkungen des AGB-Gesetzes auf die formularmäßige Sicherungszweckerklärung für Grundschulden und die dingliche und persönliche Zwangsvollstreckungsunterwerfung, WM 1988, 1657, 1661 f.; *Merkel* in Schimansky/Bunte/Lwowski § 94 Rn 208 ff.
[616] *BGH* WM 1992, 132.
[617] § 794 Abs. 1 Satz 1 Nr. 5 ZPO.
[618] §§ 794 Nr. 5, 800 ZPO.
[619] § 8 Abs. 1 Satz 1 ZPO.
[620] § 780 BGB; *BGH* WM 1992, 132; 1999, 1661.
[621] *Rainer*, Die Auswirkungen des AGB-Gesetzes auf die formularmäßige Sicherungszweckerklärung für Grundschulden und die dingliche und persönliche Zwangsvollstreckungsunterwerfung, WM 1988, 1657, 1663; *Kümpel* Rn 6.231.

kann daher den Betrag der Grundschuld nur einmal fordern und vollstrecken[622]. Soweit die Bank aus der Grundschuld Befriedigung erlangt, kann sie aus dem Schuldversprechen nicht vorgehen, selbst wenn ihr weitere Forderungen gegen den Schuldner zustehen[623]. Die Grundschuldbesteller können daher die restliche Grundschuld und das Schuldversprechen zurückfordern oder der Vollstreckung diesen Rückforderungsanspruch einredeweise entgegensetzen[624]. Die Verknüpfung von Grundschuld und gesicherter Forderung wird in der Sicherungszweckvereinbarung vorgenommen[625]. Dieser Sicherungsvertrag ist der Rechtsgrund für die Bestellung der Grundschuld und begründet kraft seiner Rechtsnatur zwischen den Vertragsparteien ein Treuhandverhältnis[626].

225 Der **Sicherungsvertrag** kann formlos geschlossen werden[627]. Darin wird auch der Umfang der gesicherten Forderungen bestimmt. Der Vertrag begründet ferner den Anspruch auf Rückgewähr der Grundschuld, wenn die gesicherte Forderung erfüllt wurde[628]. Der Sicherungsgeber kann wählen[629], ob der Anspruch durch Rückübertragung der Grundschuld[630], Verzicht[631] oder durch Aufhebung[632] erfüllt werden soll.

226 Die Grundschuld kann durch **Zwangsversteigerung** oder **Zwangsverwaltung** des belasteten Grundstücks vollstreckt werden. Die Einleitung der Vollstreckung wird durch die Unterwerfung unter die sofortige Zwangsvollstreckung in der notariellen Urkunde über die Bestellung der Grundschuld wesentlich erleichtert. Die Bank kann statt der Zwangsvollstreckung in das belastete Grundschuld die Grundschuld bei Fälligkeit der gesicherten Forderung auch dadurch verwerten, daß sie die Grundschuld zusammen mit der gesicherten Forderung an ein Dritten verkauft, soweit nicht ausnahmsweise etwas anderes vereinbart wurde[633].

3. Atypische Sicherheiten

227 Wie bereits im Zusammenhang mit dem Kreditvertrag dargestellt[634], werden bei einer sich auf den Cash-flow stützenden Finanzierung weitere Sicherungsinstrumente einbezogen, durch die die klassischen Sicherheiten ergänzt werden sollen (**Ersatzsicherheiten** oder Sicherheiten iwS)[635]. Solche Sicherheiten iwS ge-

---

[622] *Kümpel* Rn 6.231.
[623] *BGH* WM 1990, 1927, 1929.
[624] *BGH* WM 1988, 109, 110; *Gaberdiel*, Kreditsicherung durch Grundschulden, S. 128.
[625] *BGH* WM 1991, 86, 87; *Kümpel* Rn 6.238.
[626] *BGH* WM 1998, 210, 211.
[627] *BGH* WM 1991, 86, 87.
[628] *BGH* WM 1989, 210, 211.
[629] *BGH* WM 1985, 12, 13; 1989, 490, 491.
[630] §§ 1154 Abs. 1, 1192 Abs. 1 BGB.
[631] §§ 1168 Abs. 1, 1192 Abs. 1 BGB. Der Verzicht führt zum Erwerb einer Eigentümergrundschuld.
[632] Dadurch erlischt die Grundschuld.
[633] §§ 1183 Satz 1, 1192 Abs. 1 BGB. Dazu *Lwowski* Rn 938.
[634] Rn 76 ff.
[635] *Kümpel* Rn 6.540 ff.; *Obermüller*, Ersatzsicherheiten im Kreditgeschäft, Rn 1 ff.; *Merkel* Schimansky/Bunte/Lwowski § 98 Rn 1 ff.; *Wittig* in Hellner/Steuer Rn 4/2850 ff.

währen weder einen Zahlungsanspruch wie die Garantie oder Bürgschaft, noch werden Gegenstände als Sicherheit geleistet, die für die Rückzahlung des Kredits haften. Sie beruhen im wesentlichen auf zusätzlichen Verpflichtungserklärungen des Kreditnehmers oder Dritter[636]. Aus dem Bereich der atypischen Sicherheiten werden nachfolgend der **Rangrücktritt** und die damit im Zusammenhang stehende **Kapitalbelassungserklärung** dargestellt[637].

a) Rangrücktritt. Mit einer **Rangrücktrittserklärung** (Forderungsrücktritt oder Subordination) verpflichtet sich der Gläubiger der Gesellschaft, Erfüllung seiner Forderungen erst nach Befriedigung eines oder aller anderen Gläubiger, also nachrangig, zu verlangen[638]. Dabei lassen sich zwei Gruppen von Rangrücktrittserklärungen unterscheiden.

aa) Rangrücktritt zur Abwendung der Überschuldung. Rangrücktrittserklärungen zur **Beseitigung einer Überschuldung**[639] bezwecken, eine Insolvenz von einer Kapitalgesellschaft abzuwenden. Dazu vereinbaren die Gesellschaft und der Gläubiger (meist ein Gesellschafter), daß der Anspruch hinter die Ansprüche aller übrigen Gläubiger zurücktritt und erst aus einem Liquidationsüberschuß oder aus künftigem, die sonstigen Schulden der Gesellschaft übersteigendem Vermögen zu befriedigen ist[640]. Ein **Besserungsschein** bewirkt, daß Gläubiger, die zur Erhaltung der Liquidität ganz oder teilweise auf ihre Forderungen verzichtet haben, bei Verbesserung der Vermögenslage Nachzahlungsansprüche erhalten[641]. Die von den Investoren in Form von Gesellschafterdarlehen zur Verfügung gestellten Eigenmittel werden idR mit einem solchen insolvenzrechtlichen Rangrücktritt versehen, damit sie nicht dazu führen, daß der Darlehensnehmer in eine Überschuldungssituation kommt.

bb) Rangrücktritt gegenüber bestimmten Gläubigern. Der Bank, die das erstrangige Akquisitionsdarlehen gewährt, wird es darauf ankommen, daß andere Gläubiger ihre Forderungen nicht einziehen, bevor der Kredit getilgt wurde, und die Gesellschafter, die Darlehen zur Verfügung gestellt haben, in ihrer Finanzverantwortung bleiben[642]. Die Bank wird dazu mit den anderen Gläubigern (meist Gesellschafter oder Mezzanine-Darlehensgeber) eine Rangrücktrittserklä-

---

[636] *Kümpel* Rn 6.543.
[637] Zur Negativerklärung siehe Rn 83 ff.
[638] *Wittig* in Hellner/Steuer Rn 4/2978; *Herget/Butzke* S. 23 ff.; *Teller*, Rangrücktrittsvereinbarungen zur Vermeidung der Überschuldung bei der GmbH, 1995; *Mosch* S. 128 ff.; *Obermüller*, Zurücktreten mit Forderungen und Kommanditreverse als Kreditsicherheiten, Die Bank 1978, 548.
[639] Ausführlich: *Teller*, Rangrücktrittsvereinbarungen zur Vermeidung der Überschuldung bei der GmbH, 1995, S. 1 ff.; *Obermüller*, Handbuch Insolvenzrecht für die Kreditwirtschaft, 4. Aufl. 1991, Rn 28 ff.; *Wittig* in Karsten Schmidt/Uhlenbruck, Die GmbH in der Krise, Sanierung und Insolvenz, 1997, Rn 334 ff.
[640] BGH WM 1987, 468; Merkel in Schimansky/Bunte/Lwowski § 98 Rn 128. Siehe auch *Wittig* in Hellner/Steuer Rn 4/2978.
[641] BGH WM 1984, 1125.
[642] *Herget/Butzke* S. 24; *Mosch* S. 128 f.; *Obermüller* Rn 244; *Obermüller*, Zurücktreten mit Forderung und Kommanditreverse als Kreditsicherheiten, Die Bank 1978, 548.

rung verlangen mit dem Inhalt, daß der andere Gläubiger seine **Forderungen erst dann geltend machen darf, wenn die von dem Kreditgeber gewährten Kredite zurückgeführt sind**[643]. Ziel dieser Rangrücktrittserklärung ist allein die Begünstigung der Bank[644]. Die Rangrücktrittserklärung sieht daher meist vor, daß der zurücktretende Gläubiger im Fall der Insolvenz des Kreditnehmers verpflichtet ist, seine Forderungen einzuziehen, aber den Erlös – auch aus eventuell bestehenden Sicherheiten – bis zur vollen Befriedigung des Kreditgebers an die Bank abzuführen[645]. Dadurch kommt die auf die zurückgetretene Forderung geleistete Tilgung, auch wenn es nur die Quote in einem Insolvenzverfahren ist, allein dem gesicherten Kreditgeber zugute. Der zurücktretende Gläubiger kann in einem solchen Fall allerdings die Abtretung des Teils der Kreditforderung von der Bank verlangen, der betragsmäßig der auf ihn entfallenden Quote für die zurückgetretene Forderung entspricht, damit der andere Gläubiger nicht Ansprüche gegen den Kreditnehmer verliert, weil dieser in Höhe der gezahlten Quote die zurückgetretene Forderung getilgt hat[646].

231 Ergänzend wird meist vereinbart, daß der zurücktretende Gläubiger über seine Forderung nicht verfügen, sie insbes. nicht an Dritte abtreten und mit anderen Gläubigem keinen Rücktritt hinter deren Forderungen vereinbaren darf[647]. Allerdings bleibt für den Kreditgeber dabei das Risiko, daß andere Gläubiger des Zurücktretenden die zurückgetretene Forderung pfänden und gegen den Kreditnehmer geltend machen. Ebenso würde in einem Insolvenzverfahren über das Vermögen des zurückgetretenen Gläubigers uU lediglich ein Schadensersatzanspruch wegen Nichterfüllung bestehen, der als einfache Insolvenzforderung anzumelden ist[648]. Dieses Risiko läßt sich verringern, wenn in der Rangrücktrittserklärung ergänzend vereinbart wird, daß der Gläubiger seine **Forderung an den Kreditgeber abzutreten** hat, wenn es zu einer Störung im Kreditverhältnis kommt[649]. Gelegentlich wird die Forderung auch von Anfang an im Rahmen einer Sicherungsabtretung an die Bank abgetreten. Eine durch den Insolvenzfall aufschiebend bedingte Abtretung ist jedoch unwirksam[650].

232 Der Darlehensnehmer wird häufig in einer **Begleiterklärung** verpflichtet, die Rangrücktrittserklärung zu beachten und keine Zahlungen oder sonstigen Erfüllungshandlungen (etwa eine Aufrechnung) vorzunehmen, bevor das Darlehen des Kreditgebers zurückgeführt ist[651]. Sinnvoll ist es, die Rangrücktrittserklärung als Vertrag zu Gunsten Dritter[652] so auszugestalten, daß dem Darlehensnehmer die

---

[643] *Wittig* in Hellner/Steuer Rn 4/2980.
[644] *Wittig* in Hellner/Steuer Rn 4/2980.
[645] *Wittig* in Hellner/Steuer Rn 4/2980; *Herget/Butzke* S. 24; *Mosch* S. 129; *Obermüller* Rn 246.
[646] *Wittig* in Hellner/Steuer Rn 4/2987; *Mosch* S. 129f.
[647] *Wittig* in Hellner/Steuer Rn 4/2981.
[648] *Wittig* in Hellner/Steuer Rn 4/2993.
[649] *Wittig* in Hellner/Steuer Rn 4/2981.
[650] BGH WM 1993, 738; *Merkel* in Schimansky/Bunte/Lwowski § 98 Rn 132.
[651] *Obermüller* Rn 248.
[652] § 328 BGB.

Einrede der Stundung zusteht⁶⁵³. Die Stundung sollte allerdings entfallen, wenn die Bank sie für erledigt erklärt⁶⁵⁴. Diese Einrede kann der Kreditnehmer im Fall einer Abtretung auch dem neuen Gläubiger entgegenhalten⁶⁵⁵.

Die Rangrücktrittserklärung hat **keine dingliche Wirkung**⁶⁵⁶, sondern begründet nur schuldrechtliche Unterlassungsansprüche gegen den zurückgetretenen Gläubiger. Diese Ansprüche kann die Bank notfalls durch Unterlassungsklage durchsetzen, bei Eilbedürftigkeit durch einstweilige Verfügung sichern.

In der **Insolvenz des zurückgetretenen Gläubigers** steht dem Begünstigten bei Verletzung der Verpflichtungen aus dem Rangrücktritt nur ein entsprechend der Quote zu befriedigender Schadensersatzanspruch zu⁶⁵⁷. Der Kreditgeber muß daher bereits bei drohender Insolvenz seine Ansprüche aus der Rangrücktrittserklärung so rechtzeitig durchsetzen, daß entweder die zurückgetretene Forderung eingezogen und der Erlös an ihn ausgekehrt bzw. – sofern die Rangrücktrittserklärung eine entsprechende Vereinbarung enthält – die zurückgetretene Forderung an ihn abgetreten wird, bevor auf Grund des Insolvenzantrags ein allgemeines Veräußerungsverbot angeordnet wird oder der Gläubiger auf Grund der Verfahrenseröffnung seine Verfügungsmacht verliert⁶⁵⁸.

b) Kapitalbelassungserklärung. Während der Laufzeit des Akquisitionskredits sollen die von den Gesellschaftern der Erwerbergesellschaft zugeführten Eigenmittel nicht zurückgezahlt werden. Dementsprechend verpflichten sich die Gesellschafter in einer Kapitalbelassungserklärung **keine Rückzahlungen des Eigenkapitals oder einer Kommanditeinlage** entgegenzunehmen sowie keine Gewinnausschüttungen oder -entnahmen zu veranlassen oder anzunehmen, solange die Akquisitionsdarlehen nicht vollständig erfüllt sind⁶⁵⁹. Die gesetzlich hierfür vorgesehenen Regelungen⁶⁶⁰ reichen hierzu nicht aus, da die Gesellschafter iRd. gesetzlich Zulässigen⁶⁶¹ jederzeit Vermögen aus der Gesellschaft abziehen könnten. Zudem haben sich die Gesellschafter oft zu verpflichten, ihren Gesellschaftsanteil am Kreditnehmer nicht an Dritte zu übertragen oder zu verpfänden. Hier ist aus Sicht der Gesellschafter aber Vorsicht angeraten. Soweit im Kreditvertrag vereinbart wurde, daß erst der Verlust einer qualifizierten Mehrheit zu einem **Wechsel der Beherrschungsverhältnisse** (Change of Control) und damit zu einem Kündigungsgrund führt⁶⁶², sollte diese Regelung nicht dadurch unterlaufen werden, daß der Gesellschafter sich verpflichtet, über seine Gesellschaftsanteile gar nicht zu verfügen. Die Verpflichtungserklärung des

---

[653] *Wittig* in Hellner/Steuer Rn 4/2983a.
[654] *Wittig* in Hellner/Steuer Rn 4/2983a.
[655] § 404 BGB.
[656] § 137 BGB.
[657] *Merkel* in Schimansky/Bunte/Lwowski § 98 Rn 139; *Wittig* in Hellner/Steuer Rn 4/2991.
[658] *Wittig* in Hellner/Steuer Rn 4/2991.
[659] Hier liegt eine Parallele zum Kommanditrevers, dazu *Kümpel* Rn 6.580.
[660] Die Rückzahlung von Einlagen an den Kommanditisten läßt gemäß § 172 Abs. 4 Satz 1 HGB dessen Haftung wiederaufleben und die Rückgewähr eigenkapitalersetzender Darlehen unterfällt dem Rückzahlungsverbot nach §§ 32a, 32 b GmbHG.
[661] § 30 GmbHG.
[662] Siehe Rn 110.

Gesellschafters sollte daher mit der Klausel über den Wechsel der Beherrschungsverhältnisse inhaltlich übereinstimmen. Zusätzlich sollte die Erwerbergesellschaft sich verpflichten, daß sie diesen Verpflichtungen zuwiderlaufende Maßnahmen nicht durchführen wird.

§ 16 Durchsetzung vertraglicher Rechte und Pflichten

Übersicht

	Rn
A. Notwendigkeit der Schaffung von Durchsetzungsinstrumenten	1
B. Typische Regelungsfelder	5
I. Kaufpreisermittlung	6
II. Gewährleistungsverpflichtungen/Garantien	10
III. Übergangsvorschriften	11
IV. Abwehr/Durchsetzung von Ansprüchen von/ gegenüber Dritten	14
C. Vertragliche Instrumente	20
I. Bürgschaften	22
II. Kaufpreiseinbehalt/Earn Out	25
1. Interessenlage	26
2. Vertragsgestaltung	28
a) Kaufpreiseinbehalt	29
b) Earn Out	34
3. Klauselbeispiel	38
4. Wechselwirkungen	39
5. Pro und Contra	41
III. Ausschluß von Aufrechnung und Zurückbehaltung	44
IV. Ansprüche bei Rückgewähr/„Break fee"-Vereinbarungen	49
1. Rückgewähr vor dem Übergabestichtag	50
2. Rückgewähr nach dem Übergabestichtag	56
V. Rechtsvorbehalt	59
VI. Kontroll- und Mitwirkungsrechte (-pflichten)	65
1. Interessenlage	66
2. Vertragsgestaltung	72
a) Im Zusammenhang mit der Stichtagsbilanz	73
b) Während der Übergangszeit	75
c) Nach dem Übergabestichtag	78
aa) Wenn keine Rückgriffsmöglichkeit besteht	79
bb) Wenn eine Rückgriffsmöglichkeit besteht	80
3. Klauselbeispiel	90
VII. Nachbewertungs-/Anpassungsklauseln	91
1. Interessenlage	91
2. Vertragsgestaltung	93
a) Einzelverwertungsklauseln/Beschäftigungsklauseln/ Investitionsklauseln	93
b) Wertsicherung	96
3. Pro und Contra	100
VIII. Vertragsstrafen	102

§ 16 Durchsetzung vertraglicher Rechte und Pflichten

	Rn
IX. Versicherungen	106
D. Due Diligence	108
E. Einschaltung Dritter	119
I. Schiedsgutachter	122
1. Interessenlage	122
2. Klauselbeispiel	128
II. Schiedsgerichtsverfahren	129
1. Interessenlage	129
2. Form von Schiedsvereinbarungen	136
3. Klauselgestaltung	137
a) Verfahrensart	137
b) Ort des Schiedsverfahrens	140
c) Weitere Vertragsgestaltung bei Ad hoc-Verfahren	143
d) Klauselbeispiele	146
e) Mehrparteienverfahren	147
III. Mediation und andere Formen der Streitschlichtung	152
IV. Verfahren vor den ordentlichen Gerichten	160
1. Gerichtsstandsvereinbarungen	161
2. Rechtswahl und Vertragssprache	169
F. Hindernisse bei der Anspruchsdurchsetzung	172
I. Verjährung	173
II. Pauschal-/Höchst- und Toleranzbeträge	178
III. Mehrzahl von Gewährleistungsverpflichteten	180

Literatur: *Baums*, Ergebnisabhängige Preisvereinbarungen in Unternehmenskaufverträgen („earn-outs"), DB 1993, 1273; *Gaus*, Gerichtsstands- und Schiedsvereinbarungen in internationalen kaufmännischen Verträgen – Teil I: Gerichtsstandsvereinbarungen, WiB 1995, 606; *Henn*, Schiedsverfahrensrecht, 3. Aufl. 2000; *Kohler*, Internationale Gerichtsstandsvereinbarungen – Liberalität und Rigorismus im EuGVÜ, IPRax 1983, 265; *Kraft*, Mediation im Bereich des Wirtschaftsrechts, VersR 2000, 935; *Kronke*, Internationale Schiedsverfahren nach der Reform, RIW 1998, 257; *Lachmann*, Handbuch für die Schiedsgerichtspraxis, 1998; *Lionnet*, Handbuch der internationalen und nationalen Schiedsgerichtsbarkeit, 1996; *Lutje/Dünnbier*, Kauf und Verkauf eines Gewerbebetriebs, 1996; *Merkt*, Rechtliche Bedeutung der „due diligence" beim Unternehmenskauf, WiB 1996, S. 192; *Risse*, Wirtschaftsmediation, NJW 2000, 1614; *Schmidt, Frank H.,* Wirtschaftsmediation – die nicht gesehene Chance, BB 1989, Beilage Nr. 10, S. 6; *Schütze*, Schiedsgericht und Schiedsverfahren, 3. Aufl. 1999; *Wächter/Kaiser/Krause*, Klauseln in Unternehmenskaufverträgen mit der Treuhandanstalt, Teil I, WM 1992, 293; *Weigand*, Alternative Streiterledigung, BB 1996, 2106.

A. Notwendigkeit der Schaffung von Durchsetzungsinstrumenten

Ebenso wie sich aus einem interessengerecht gestalteten Unternehmenskaufvertrag die Rechte und Pflichten von Erwerber und Veräußerer möglichst abschließend ergeben sollen, müssen sich aus ihm die **Durchsetzungsmechanismen** für den Fall ergeben, daß eine der Vertragsparteien ihren Pflichten nicht freiwillig nachkommt. Dem Käufer zB nutzt ein bestehender Gewährleistungsanspruch wenig, solange er nicht erfüllt wird. Um die Entscheidung, ob dem Anspruch nachgekommen wird oder nicht, nicht in das Belieben des Schuldners zu stellen, bestehen verschiedene Möglichkeiten, den vertraglich geregelten Interessen Durchsetzungskraft zu verleihen.

Die **durchsetzungsgerechte Formulierung** von Unternehmenskaufverträgen ist von nicht zu unterschätzender praktischer Bedeutung. Streitige Auseinandersetzungen im Bereich Unternehmensübernahmen haben angesichts der ihnen typischen Mischung von Rechtsproblemen, Bilanzierungs- und Bewertungsfragen sowie kaufmännischen Einschätzungen zu Recht den Ruf, schwierig zu sein. Ein nicht unerheblicher Faktor, der in diesem Zusammenhang eine Rolle spielt, ist das für Unternehmenskaufverträge typische Spannungsverhältnis zwischen allgemein formulierten Regelungen, die mögliche Interessengegensätze eher zudecken (und auf diese Weise den Abschluß der Transaktion erleichtern, wenn nicht überhaupt erst ermöglichen) und detaillierten Vorschriften, die im Streitfall das Rückgrat für die Rechtsverfolgung bilden. Der Vertragsjurist ist hier in zweifacher Hinsicht gefordert: Es sind Regelungen zu finden, die einerseits die Interessen der Beteiligten wahren und andererseits zur Durchsetzung von Ansprüchen verhelfen. Vor diesem Hintergrund ist der Vertragsentwerfer gut beraten, die Durchsetzungsfähigkeit der von ihm formulierten Regelungen im Auge zu behalten und das Vertragswerk unter diesem Aspekt einer eigenständigen Prüfung zu unterziehen.

Grundsätzlich können bei der Vertragsgestaltung gerichtliche und außergerichtliche Durchsetzungsinstrumente unterschieden werden. Jedes dieser Instrumente hat charakteristische Vor- und Nachteile; weder auf vertragliche noch auf gerichtliche **Mittel zur Rechtsverwirklichung** kann ganz verzichtet werden. Auf dem Weg der gerichtlichen Klärung von Streitfragen können teilweise erhebliche Schwierigkeiten für die beteiligten Parteien entstehen (zB Verzögerung der Unternehmensübernahme und damit Beeinträchtigung der Marktposition des zu erwerbenden Unternehmens, das in seinem Geschäftsverhalten quasi „gelähmt" wird; bei komplexeren Transaktionen häufig „Unvorhersehbarkeit" der gerichtlichen Entscheidung und zT auch nicht unerhebliche Kosten der Rechtsverfolgung). Um diese zu vermeiden, bemühen sich die Vertragsparteien um die Schaffung einer Handhabe im Vertrag selbst, mit deren Hilfe sie die jeweils andere Vertragsseite zur Erfüllung ihrer vertraglichen Verpflichtung(en) anhalten können.

Im folgenden soll ein **Überblick über Instrumente** gegeben werden, die den Interessen der Parteien **Durchsetzungskraft** verleihen. Angesichts der sich ständig weiterentwickelnden Praxis ist dies allerdings ein Thema, das hier nur unter

Beschränkung auf die am häufigsten verwendeten Möglichkeiten der Vertragsgestaltung behandelt werden kann. Zunächst werden die typischen Regelungsfelder dargestellt, innerhalb derer regelmäßig Schwierigkeiten hinsichtlich der Durchsetzung vertraglicher Interessen bestehen[1]. Darauf folgt eine Betrachtung der jeweiligen Instrumente, mit deren Hilfe im Rahmen einer umsichtigen Vertragsgestaltung diesen Schwierigkeiten begegnet werden kann[2]. Die Möglichkeiten der Einschaltung Dritter werden im Anschluß an die vertraglichen Gestaltungsmöglichkeiten aufgezeigt werden[3].

B. Typische Regelungsfelder

5   Auch wenn es den typischen Unternehmenskauf aufgrund der Verschiedenartigkeit von Unternehmen und der unterschiedlichen rechtlichen Gestaltungsmöglichkeiten nicht geben kann, ist doch auffallend, daß die Fragen, die sich im Zusammenhang mit der Durchsetzung vertraglicher Rechte und Pflichten stellen, regelmäßig die gleichen Vertragsbereiche betreffen. Um einzelne Durchsetzungsinstrumente auf ihre Effektivität zu untersuchen und mögliche Gestaltungsvarianten aufzuzeigen, werden zunächst die **Regelungskomplexe** dargestellt, in denen sie Wirkung entfalten sollen. Genau wie die einzelnen Durchsetzungsinstrumente dürfen auch die im folgenden angesprochenen Regelungsfelder nicht isoliert voneinander betrachtet werden. Beispielhaft werden zwei Formen der Verflechtung der verschiedenen Problemkreise angeführt: So können Schwierigkeiten im Bereich der Gewährleistung zB durch eine Gewährleistungsfragen berücksichtigende Form der Kaufpreisermittlung gelöst werden. Probleme bei der Abwehr/Durchsetzung von Ansprüchen von/gegenüber Dritten beruhen wiederum häufig auf gewährleistungsrechtlichen Vereinbarungen. Nur wenn diese **Verknüpfungen der Regelungsbereiche** erkannt werden, kann es gelingen, die unterschiedlichen Durchsetzungsinstrumente optimal aufeinander abzustimmen.

I. Kaufpreisermittlung

6   Die Kaufpreisermittlung ist ein weites Regelungsfeld, innerhalb dessen die Durchsetzungskraft der vertraglichen Interessen sicherzustellen ist. Ihr liegt eine oft mit hohem analytischen Einsatz verbundene, sowohl vom Veräußerer als auch vom Erwerber durchgeführte **Bewertung** des zu verkaufenden Unternehmens, d. h. der Gesamtheit aller gegenwärtigen (bekannten) Vermögensgegenstände, der Marktposition allgemein und der tatsächlichen Beziehungen zu Dritten (zB Kunden, Lieferanten etc.) sowie des Entwicklungspotentials zugrunde[4]. Dies ist ein sehr komplexer und konfliktträchtiger Vorgang. Vor allem kann sich ein er-

---

[1] Siehe Rn 5 ff.
[2] Siehe Rn 20 ff.
[3] Siehe Rn 119 ff.
[4] Siehe § 10; *Franz-Jörg Semler* in Hölters Rn 51.

mittelter Wert durch Investitionen und Warenumschlag schnell verändern. Diesen Umständen tragen die verschiedenen **Möglichkeiten der Kaufpreisbestimmung** in unterschiedlicher Weise Rechnung. Zu unterscheiden sind insbes. folgende Möglichkeiten:
– Während der Vertragsverhandlungen einigen sich die Parteien auf einen endgültigen Kaufpreis (= Festpreis).
– Die Parteien bestimmen bei Vertragsschluß nur die Grundlagen und das Verfahren für die spätere Berechnung des Kaufpreises.
– Die Parteien vereinbaren bei Vertragsschluß einen vorläufigen Kaufpreis(-teil) und regeln dessen Ergänzung/Anpassung für einen späteren Zeitpunkt.

Je nachdem, welche dieser Gestaltungsmöglichkeiten gewählt wurde, ergeben sich unterschiedliche Problemkonstellationen. Im Mittelpunkt stehen hierbei meist die unterschiedlichen Auffassungen im Hinblick auf Bewertungsfragen. Die Vereinbarung eines **festen Kaufpreises** empfiehlt sich vor allem in einfach gelagerten Fällen[5]. Auch dann sollte aber zur Sicherung der Interessen des Erwerbers die Ermittlung des Kaufpreises offengelegt werden[6]. Dies vereinfacht es dem Käufer, Ansprüche auf Kaufpreisminderung oder Schadensersatz zu begründen.

Regelmäßig wird es aber für die Kaufpreisfindung auf die Verhältnisse zu einem späteren Zeitpunkt ankommen, so daß eine der beiden anderen genannten Methoden zur Kaufpreisbestimmung gewählt wird[7]. Häufigster Fall ist hierbei die Bestimmung nach den Verhältnissen am **Übergabestichtag**. Es kann aber auch die Berücksichtigung der Unternehmensentwicklung über den Stichtag hinaus vereinbart werden[8]. Da in diesen Konstellationen bei Vertragsschluß zumindest teilweise nicht der Kaufpreis, sondern die Bewertungsgrundlagen und Rechenverfahren/Formeln festgelegt werden, müssen die sich daraus ergebenden Parteiinteressen und ihre Durchsetzung durch weitere Vertragsbestimmungen gesichert werden. Hierbei geht es um die Berücksichtigung von Veränderungen wertbestimmender gegenwärtiger Tatsachen und Zustände, die Berücksichtigung unterschiedlicher Erwartungen hinsichtlich der künftigen Unternehmensentwicklung und das Interesse an einer schnellen und sachgerechten Lösung möglicher Konflikte bei der endgültigen Kaufpreisermittlung.

Einer besonderen Sicherung der Parteiinteressen bedarf es schließlich bei der Vereinbarung eines **Earn Out**[9]. Hier muß die Unternehmensführung während der Earn Out-Periode kontrolliert werden, damit der Käufer nicht durch taktisches Verhalten das Erreichen der Schwellenwerte verhindern kann.

---

[5] *Lutje/Dünnbier* S. 63; *Holzapfel/Pöllath* Rn 736; *Picot* in Picot Teil I Rn 55. Bei Großtransaktionen ist es aber durchaus auch Praxis, angesichts der sonst kaum zu bewältigenden Datenfülle und Komplexität von sehr einfach handhabbaren Kriterien, wie zB der Börsenkapitalisierung eines Unternehmens oder Analysedaten wie EBIT, auszugehen und auf dieser Basis einen festen Kaufpreis zu bestimmen.
[6] *Holzapfel/Pöllath* Rn 739; *Picot* in Picot Teil I Rn 55.
[7] *Franz-Jörg Semler* in Hölters VI Rn 73; *Picot* in Picot Teil I Rn 55.
[8] *Beisel/Klumpp* Rn 608.
[9] Siehe Rn 34 ff.

II. Gewährleistungsverpflichtungen/Garantien

10 Kaufpreisermittlung und Gewährleistung sind die zentralen Probleme bei der Durchsetzung vertraglicher Ansprüche eines Unternehmenskaufs. Die Gewährleistungsregeln beim Unternehmenskauf werden an anderer Stelle ausführlich behandelt[10]. Im folgenden ist auf die Problemkreise einzugehen, die unter dem Gesichtspunkt der Durchsetzung vertraglicher Rechte und Pflichten von Interesse sind, nämlich die **Geltendmachung** und **Abwicklung von Gewährleistungsansprüchen** und die **vorausschauende Vertragsgestaltung** zur Vermeidung späterer Konflikte. Aus dem Blickwinkel der Anspruchsdurchsetzung lassen sich im einzelnen die folgenden Regelungsfelder feststellen:
- Vorliegen eines Gewährleistungsfalls;
- Pauschal- und Höchstbeträge;
- Verjährung;
- Beweislast;
- Anspruchssicherung.

III. Übergangsvorschriften

11 Ein erhebliches **Konfliktpotential** birgt auch die Übergangszeit zwischen dem Vertragsschluß und der Übergabe des Unternehmens. Dies gilt insbes., wenn die Geschäftsentwicklung in der Übergangszeit bei der Ermittlung des Kaufpreises noch Berücksichtigung finden soll, was meist der Fall ist. Hier sind verschiedene Mißbrauchsmöglichkeiten denkbar, vor denen der Käufer/Verkäufer während dieser Phase der Transaktion zu schützen ist.

12 Unabhängig von dem Einfluß der Geschäftsentwicklung auf die Kaufpreisermittlung können sich insbes. bei einer langen Zeitspanne zwischen Vertragsschluß und Stichtag bzw. tatsächlicher Übergabe des Unternehmens in den Verhältnissen des Unternehmens **grundlegende Veränderungen** ergeben[11], die essentielle Voraussetzungen der Kaufentscheidung des Käufers oder der Äquivalenz der beiderseitigen Leistungen berühren[12]. Zu denken ist etwa an riskante Geschäfte oder Entnahmen. Die Unternehmensführung obliegt in dieser Zeit grundsätzlich allein dem Veräußerer. Seine unternehmerischen Entscheidungen wirken regelmäßig weit über den Stichtag hinaus. Der Käufer hat deswegen nicht nur ein Interesse daran, sich in der Interimszeit mit den Verhältnissen des Unternehmens vertraut zu machen, sondern auch die in dieser Zeit eintretenden wesentlichen Veränderungen des Unternehmens kontrollieren oder wenigstens beobachten zu können[13].

13 Deswegen ist die **Zeitspanne** zwischen Vertragsabschluß und Übergabestichtag so knapp wie möglich zu bemessen. Das Fusionskontrollverfahren[14], Zustim-

---

[10] Siehe § 9.
[11] *Franz-Jörg Semler* in Hölters Rn 40.
[12] *Günther* in MünchVertragsHdb. Bd. 2 II. 1 Anm. 58.
[13] *Günther* in MünchVertragsHdb. Bd. 2 II. 1 Anm. 111.
[14] Siehe § 25.

mungserfordernisse, notwendige Prüfungen usw. erfordern jedoch in vielen Fällen eine gewisse Zeit[15]; der Übergabetag sollte jedenfalls erst danach liegen[16]. Hier bedarf es einer umfassenden Regelung, wie auf Veränderungen in der Zeit zwischen Vertragsschluß und Übergabetag zu reagieren ist[17].

IV. Abwehr/Durchsetzung von Ansprüchen von/gegenüber Dritten

Dieser Regelungsbereich wird häufig **im Anschluß an eine Transaktion relevant** und weist einen starken gewährleistungsrechtlichen Bezug auf. So ist regelmäßig eine Klausel im Unternehmenskaufvertrag enthalten, nach der unerwartete Verbindlichkeiten vom Veräußerer zu tragen sind. Dies kann zB durch das Einräumen einer Garantie dafür geschehen, daß versteckte Verbindlichkeiten nicht existieren. Den gleichen Effekt hat die Berücksichtigung solcher Verbindlichkeiten in einer angepaßten Übergabebilanz. Unabhängig davon, welche Partei durch die Drittforderung letztlich wirtschaftlich belastet wird, ist die an der Auseinandersetzung mit einem Dritten beteiligte Partei in vielen Fällen erheblichen Schwierigkeiten ausgesetzt.

In diesem Kontext sind **verschiedene Konstellationen** zu unterscheiden, die jeweils unterschiedliche Probleme aufweisen. Insofern sind zunächst die Aktiv- von den Passivprozessen bzw. entsprechende außergerichtliche Auseinandersetzungen zu unterscheiden. Ferner sind die am Übergangsstichtag schwebenden Auseinandersetzungen von Streitigkeiten zu unterscheiden, die aus in der Vergangenheit liegenden Gründen erst danach entstanden sind. Letztlich ist auch zu berücksichtigen, daß je nachdem, für welche der Vertragsparteien die Auseinandersetzung mit dem Dritten wirtschaftliche Auswirkungen hat, eine unterschiedliche Interessenlage gegeben ist.

Eine besondere Rolle spielen im Zusammenhang mit der Abwehr von Ansprüchen Dritter **gesetzliche Haftungsvorschriften**. Diese Einstandspflichten können zB auf gesellschaftsrechtlichen, handelsrechtlichen und vor allem auch steuerrechtlichen Vorschriften beruhen. In einer Vielzahl von Fällen besteht keine Möglichkeit für die Parteien, diese Haftung auszuschließen[18]. Ergebnis der Einstandsverpflichtung kann sein, daß Dritte Ansprüche gegen den Erwerber anmelden, mit denen dieser nicht gerechnet hat. Solche **überraschend auftretenden Verbindlichkeiten** sind im Kaufpreis nicht berücksichtigt[19]. Sie berühren folglich die Äquivalenz von Leistung und Gegenleistung. Außerdem ist es für den Erwerber in solchen Fällen oft sehr schwer, sich gegen einen Anspruch zur Wehr zu setzen, der auf Verhältnissen beruht, die vor dem Stichtag lagen[20]. Dem Erwerber fehlen regelmäßig die Kenntnisse, um sich angemessen verteidigen zu können.

---

[15] *Holzapfel/Pöllath* Rn 29.
[16] *Lutje/Dünnbier* S. 61.
[17] *Beisel/Klumpp* Rn 478.
[18] *Beisel/Klumpp* Rn 411 ff.
[19] *Holzapfel/Pöllath* Rn 630.
[20] *Holzapfel/Pöllath* Rn 875.

17 Beim Unternehmenskauf durch **Anteilserwerb** (Share Deal)[21] spielen Haftungsvorschriften keine Rolle, da der schuldende Unternehmensträger in diesem Fall der gleiche bleibt.

18 Anders ist die Situation, wenn aufgrund der getroffenen Vereinbarungen die **nachträglich** in Erscheinung getretene **Drittforderung** wirtschaftlich letztlich vom Verkäufer zu tragen ist. Eine solche Risikoaufteilung im Innenverhältnis ist durch eine Freistellungsvereinbarung, eine Zusicherung des Veräußerers, daß streitige Ansprüche nicht bestehen, oder aber durch eine Berücksichtigung überraschender Forderungen iRd. Abrechnungsbilanz möglich[22]. Das Problem der Abwehr/Durchsetzung des Anspruchs ist auch in diesen Fällen nicht gelöst, da derartige Vereinbarungen regelmäßig nur im Innenverhältnis Wirkung entfalten[23]. Der Erwerber muß sich dann gegen einen Anspruch zur Wehr setzen, der ihn im Innenverhältnis gar nicht betrifft und bezüglich dessen er auch Informationsdefizite hat, da die Entstehung des Anspruchs vor dem Übergabestichtag lag. In diesen Fällen gilt es, den Veräußerer zu schützen, der ein Interesse daran hat, den Prozeß beeinflussen zu können, da er den Anspruch letztlich wirtschaftlich zu erfüllen hat.

19 In Zusammenhang mit der Abwehr bzw. Durchsetzung von Ansprüchen von bzw. gegenüber Dritten bedürfen somit zwei Komplexe einer Regelung: Zum einen geht es um die Berücksichtigung von **Informationsdefiziten** der prozeßführenden Partei, zum anderen um die Berücksichtigung der Interessen derjenigen Partei, die ohne eine diesbezügliche Regelung an der Auseinandersetzung mit einem Dritten nicht beteiligt wäre, obwohl sie die **Konsequenzen** der Auseinandersetzung **wirtschaftlich zu tragen** hat.

C. Vertragliche Instrumente

20 Es ist zu fragen, durch welche Instrumente den angesprochenen Regelungsproblemen bereits iRd. Vertragsgestaltung begegnet werden kann. Diese dürfen nicht als isolierte **Lösungsansätze** hinsichtlich eines bestimmten Problembereichs begriffen werden. Vielmehr müssen die unterschiedlichen Instrumente zur Durchsetzung der vertraglichen Rechte und Pflichten als Einheit angesehen werden. Sie müssen aufeinander abgestimmt werden, damit die Durchsetzungskraft des jeweiligen Instruments nicht leerläuft. Was nützt es zB dem Käufer, daß er in den Vertragsverhandlungen einen Kaufpreiseinbehalt durchgesetzt hat, wenn er den ausstehenden Kaufpreisrest im Fall des Aufkommens eines Gewährleistungsanspruchs nicht zurückbehalten darf, weil der Verkäufer den Ausschluß sämtlicher Aufrechnungs- und Zurückbehaltungsrechte durchsetzen konnte.

21 Die Anforderungen, die an einen Unternehmenskaufvertrag gestellt werden, können je nachdem, wer zu welchem Zeitpunkt mit einem solchen Vertrag in Kontakt kommt, sehr unterschiedlich sein. Dem Vertragsgestalter wird es in den

---

[21] Siehe § 12.
[22] *Hommelhoff* ZHR 150 (1986) 254, 270.
[23] *Holzapfel/Pöllath* Rn 672.

seltensten Fällen gelingen, sämtlichen Interessen seiner Partei optimale Durchsetzungskraft zu verleihen. Vielmehr wird es, wie schon einleitend bemerkt, iRd. **Vertragsgestaltung** häufig darum gehen, Kompromisse zu finden, mit denen sich beide Parteien einverstanden erklären. Solche Kompromisse können u. a. so aussehen, daß die streitige Vertragsklausel offen gestaltet wird. Das macht zwar die Arbeit für den Vertragsgestalter leichter, jedoch geht es zulasten der Rechtsklarheit in einer späteren Auseinandersetzung. Aus der Sicht dessen, der einen Konflikt zu lösen hat, sind die Anforderungen an den Vertrag dagegen andere. Durch exakte und detaillierte Klauselgestaltung wird die Abwicklung einer Streitigkeit erheblich vereinfacht. Diese unterschiedlichen Anforderungen aufeinander abzustimmen, fällt nicht immer leicht. Es muß bereits im Vorfeld abgewogen werden, an welchen Punkten des Vertrags eine klare und detaillierte Klausel unabdingbar ist. Auch sollten Überlegungen angestellt werden, welche Klauseln unter Inkaufnahme von Einbußen an Rechtssicherheit offen gestaltet werden können, damit die Einigung nicht an der Formulierung einer eher untergeordneten Vertragsklausel scheitert. Diese Entscheidung muß einzelfallabhängig getroffen werden. Generalisierende Hinweise lassen sich insoweit nur eingeschränkt geben.

I. Bürgschaften

Die Bürgschaft ist ein gängiges und gut geeignetes Mittel zur Sicherung gegenseitiger Forderungen beim Unternehmenskauf[24]. Dazu muß ein Dritter mit entsprechender Bonität zur Verfügung stehen und die Bürgschaft zu tragbaren Kosten finanzierbar sein. Neben der üblichen Bankbürgschaft werden häufig auch Konzernbürgschaften der Muttergesellschaft oder der Konzernspitze gestellt[25]. Während die **Bürgschaft auf Käuferseite** der Sicherung des Verkäufers bei Stundung oder Ratenzahlung dient, soll sie auf **Verkäuferseite** etwaige Rückforderungs-, Minderungs- und Schadensersatzansprüche des Käufers sichern.

Eine Bürgschaft sollte **nach Möglichkeit** selbstschuldnerisch und unter Verzicht auf die Einrede der Vorausklage[26] erklärt werden[27]. Daneben kann evtl. ein Verzicht auf die Einreden der Anfechtbarkeit und Aufrechenbarkeit[28] zu empfehlen sein. Ferner ist es Verhandlungssache, ob eine Bankbürgschaft auf „erstes Anfordern" erteilt wird, die alle Einwände aus dem Grundverhältnis ausschließt[29]. Dies führt zB im Fall einer den Kaufpreisanspruch des Verkäufers sichernden Bürgschaft zu einer für diesen besonders günstigen Regelung, da keine Gefahr besteht, daß der Bürge dem Anspruch auf Zahlung, zB restlicher Kaufpreisraten, Einwände des Käufers aufgrund wirklicher oder behaupteter Leistungsstörungen entgegensetzen kann. In diesen Fällen verbleibt dem Bürgen lediglich die Mög-

---

[24] *Günther* in MünchVertragsHdb. Bd. 2 II. 1 Anm. 74; *Beisel/Klumpp* Rn 632; *Picot* in Picot Teil I Rn 65.
[25] *Günther* in MünchVertragsHdb. Bd. 2 II. 1 Anm. 75.
[26] §§ 771, 773 BGB.
[27] *Günther* in MünchVertragsHdb. Bd. 2 II. 1 Anm. 74; *Beisel/Klumpp* Rn 633.
[28] § 770 BGB.
[29] Dies gilt nicht für solche Einwendungen, die sich aus einem rechtsmißbräuchlichen Verhalten des Verkäufers ableiten.

lichkeit, mit Gegenansprüchen aus ungerechtfertigter Bereicherung Mängel des Grundverhältnisses geltend zu machen[30]. Weiter **zu regeln sind** die zu verbürgenden Ansprüche, ein Höchstbetrag der Inanspruchnahme und eine Befristung der Inanspruchnahmemöglichkeit. Schließlich bedarf es auch einer Regelung der Bürgschaftskosten.

24 Bürgschaften können andere Durchsetzungsmechanismen sinnvoll **ergänzen**. Durch eine Bürgschaft können bspw. Nachteile, die für den Käufer durch einen Ausschluß von Aufrechnung und Zurückbehaltungsrechten entstehen würden, aufgefangen werden. Die Kombination ermöglicht den in vielen Fällen sinnvollen Ausschluß von Aufrechnungs- und Zurückbehaltungsrechten[31]. Ein Nachteil der Bürgschaft liegt darin, daß der Käufer gezwungen bleibt, etwaige Ansprüche (zB aus Gewährleistung) einzuklagen. Eine unmittelbare Sicherung bietet sie also nicht.

II. Kaufpreiseinbehalt/Earn Out

25 Der **Kaufpreiseinbehalt** und der **Earn Out**[32] dienen der unmittelbaren Sicherung der Ansprüche des Käufers. Im ersten Fall muß der Verkäufer auf einen Teil des vereinbarten Kaufpreises warten, bis endgültig feststeht, daß er ihn ungemindert beanspruchen kann. Im zweiten Fall steht die Höhe des Kaufpreises bei Vertragsschluß noch nicht endgültig fest, sondern ist von der Entwicklung des Kaufgegenstands abhängig[33].

1. Interessenlage

26 Während der Kaufpreiseinbehalt typischerweise ausschließlich Sicherungsfunktion hat, ist der Earn Out ein **Instrument zur Wertermittlung** in Fällen, in denen die Vertragsparteien unterschiedliche Ertragserwartungen in Bezug auf das verkaufte Unternehmen haben[34]. Er ist somit auch ein **Instrument zur Durchsetzung** des Interesses von Käufer und/oder Verkäufer an der Berücksichtigung nachträglicher Unternehmensentwicklungen. Die Wirkungen eines Earn Out gehen jedoch über diese Funktion der bloßen Kaufpreisberechnung hinaus. Dies wird deutlich, wenn man die zu einem Earn Out bestehende Alternative, eine Garantiezusage in Bezug auf die Ertragserwartungen durch den Verkäufer, betrachtet. Diese Form der Absicherung hat den Nachteil, daß es, sofern es zu einem Anspruch des Käufers aus einer solchen Zusage kommt, eines weiteren Mechanismus zu dessen Durchsetzung bedarf. Das wird durch die Vereinbarung eines Earn Out vermieden, der die Geschäftsentwicklung direkt mit der Kaufpreiszahlung verknüpft und daher ein schlagkräftigeres Durchsetzungsmittel des Erwerbers darstellt.

---

[30] *Franz-Jörg Semler* in Hölters Rn 70; *Beisel/Klumpp* Rn 634.
[31] Siehe hierzu Rn 39ff.
[32] Siehe Rn 34ff.
[33] Klauselbeispiel siehe Rn 38.
[34] *Franz-Jörg Semler* in Hölters Rn 62; *Baums* DB 1993, 1273, 1273.

Ein weiterer Vorteil des Earn Out besteht darin, daß der Verkäufer anders als 27
im Fall der Garantiezusage nicht mehr das **Unternehmerrisiko** trägt, ohne **auf
den von ihm in Aussicht gestellten Ertrag Einfluß nehmen** zu können. Der
Verkäufer erhält zusätzlich zu dem im Kaufvertrag festgelegten fixen Kaufpreisanteil eine weitere Zahlung, falls später höhere Werte erreicht werden, als bei der
Kalkulation des fixen Kaufpreisanteils zugrunde gelegt wurden. Insofern stellt der
Earn Out regelmäßig einen Bonus für den Verkäufer dar[35]. Die Mißbrauchsgefahr läßt sich dadurch begrenzen, daß auch dem Käufer Anreize gegeben werden,
den Grenzwert zu erreichen oder zu überschreiten.

2. Vertragsgestaltung

Sämtliche Formen der vertraglichen Ausgestaltung haben gemeinsam, daß ein 28
Teil des **Kaufpreises** bei Übergabe des Unternehmens **noch nicht entrichtet**
wird.

a) Kaufpreiseinbehalt. Der Kaufpreiseinbehalt dient typischerweise der Be- 29
sicherung etwaiger Ansprüche des Käufers. Er kann auf verschiedene Weisen realisiert werden[36]. Zunächst ist eine Stundung des Kaufpreises denkbar („holdback"), bspw. durch Vereinbarung einer Ratenzahlung oder auch einer Kaufpreisrente. Durch eine derartige Regelung entsteht eine **Sicherungswirkung für etwaige Gegenansprüche** des Käufers (zB Minderung/Schadensersatz) in Höhe
der noch ausstehenden Zahlungsansprüche des Verkäufers[37].

Die **Stundung** spielt in der Praxis wegen des Risikos für den Verkäufer, insbes. 30
der Gefahr eines Forderungsausfalls, eine eher untergeordnete Rolle[38]. Dieses Risiko kann durch die Bestellung weiterer Sicherheiten (zB Verpfändung[39], Bankbürgschaft, Bankgarantie oder Bürgschaft einer solventen Muttergesellschaft) abgesichert werden. Eine solche zusätzliche Absicherung ist nicht erforderlich, wenn
der einbehaltene Kaufpreisteil auf ein **Konto mit Sperrvermerk** überwiesen
wird, was den Zugriff auf das Geld für den Verkäufer zumindest grundsätzlich
sichert. Im Einzelfall können aber Schwierigkeiten bei der Abwicklung eines Kaufpreiseinbehalts über ein Sperrkonto entstehen. Einerseits sind die Auszahlungskriterien konfliktträchtig, andererseits muß sichergestellt werden, daß der einbehaltene Betrag auch im Fall der Insolvenz des Käufers dem Verkäufer zugute kommt.

Für die **Handhabung des Sperrkontos** im Insolvenzfall kommt es auf die 31
konkrete Ausgestaltung der Regelungen an. Je nach Vereinbarung sind unterschiedliche Konstellationen vorstellbar. Ist der Sperrberechtigte Inhaber eines
dinglichen Rechts wie zB eines Pfandrechts, besitzt er ein Absonderungsrecht[40].
Gleiches gilt, wenn der Sperrvermerk auf einem Treuhandverhältnis beruht[41].
Bestehen zwischen den Parteien lediglich schuldrechtliche Verpflichtungen, fällt

---

[35] *Holzapfel/Pöllath* Rn 737.
[36] *Holzapfel/Pöllath* Rn 787.
[37] *Franz-Jörg Semler* in Hölters Rn 67, 74.
[38] *Holzapfel/Pöllath* Rn 788.
[39] Siehe § 15 Rn 170 ff.
[40] *Wegener* in Wimmer (Hrsg.), Kommentar zur Insolvenzordnung, 1999, § 116 InsO Rn 43.
[41] *OLG Düsseldorf* BB 1988, 293; *OLG Hamburg* ZIP 1990, 115, 116.

das Sperrkonto in die Insolvenzmasse. Auf das Vorliegen eines Absonderungsrechts sollte unbedingt geachtet werden, da sonst das Risiko des Forderungsausfalls nach wie vor bestünde. Dies gilt unabhängig davon, ob das Konto auf den Namen des Veräußerers, des Erwerbers oder beider lautet.

32 Regelmäßig wird die Auszahlung des einbehaltenen Kaufpreisteils davon abhängig gemacht, daß beide Parteien ihr Einverständnis damit erklären. Es sind exakte Kriterien aufzustellen, wann die Parteien verpflichtet sind, diese Erklärung abzugeben. Einfache Lösungen sind hier umfangreichen und detaillierten Beschreibungen vorzuziehen. Sollte der Käufer binnen einer festgesetzten Frist keine Gegenansprüche geltend machen, hat er die **Freigabe des Sperrkontos** zu veranlassen. Tut er dies nicht, verbleibt dem Verkäufer letztlich keine andere Möglichkeit, als auf Abgabe der Freigabeerklärung zu klagen. Anders, wenn lediglich tatsächliche Feststellungen, die potentiellen Gewährleistungsansprüchen zugrunde liegen, streitig sind. Ist dies der Fall, besteht die Möglichkeit, einen Schiedsgutachter einzuschalten[42].

33 Jedenfalls sind bei der **vertraglichen** Ausgestaltung der Zeitraum der Besicherung, die Verzinsung und die Bedingungen der Auszahlung des Kaufpreises (direkt oder vom Treuhandkonto) detailliert **zu regeln**[43].

34 **b) Earn Out.** Der Earn Out bedarf einer besonders durchdachten und **eingehenden Regelung** im Kaufvertrag. Werden keine hinreichenden Vorkehrungen getroffen, kann er Anreize für den Käufer zu einem Mißbrauch durch taktisches Verhalten schaffen[44]. Insbes. besteht dann die Gefahr, daß Gewinne auf die Zeit nach der Earn Out-Periode verlagert werden. Unzureichende Regelungen bergen Zündstoff für spätere Konflikte in sich.

35 Zur **Begrenzung** der Gefahr **taktischen Verhaltens** durch den Käufer empfiehlt es sich, folgende Regelungen vertraglich festzuhalten[45]:
– Es sollten **Kontroll- und Mitwirkungsrechte des Verkäufers** vereinbart werden, die es dem Käufer erschweren, durch das Tätigen außerordentlicher Geschäfte Gewinnverlagerungen durchzuführen[46].
– Die **Bemessungsperiode** sollte nicht zu kurz gewählt werden, da dann der Anreiz, das Erreichen des maßgeblichen Schwellenwerts in die nur kurze Zeit später nachfolgende Periode zu verschieben, besonders groß wäre.
– Die Abstände der **Schwellenwerte** sollten nicht zu groß sein. Empfehlenswert ist es, den Kaufpreis als Prozentsatz bestimmter Größen (zB Umsatz, Ertrag) gleitend zu ermitteln, da sich auf diese Weise keine Schwierigkeiten bei der Bestimmung der Schwellenwerte ergeben und eine erdrosselnde Wirkung der Zusatzzahlungen vermieden wird.
– Auch die Wahl der **Bemessungsgrundlage** kann das Verhalten des Käufers beeinflussen. Die Möglichkeiten der Manipulation sind umso größer, je komplexer der gewählte Maßstab ist. Leicht feststellbare Größen wie Absatzzahlen

---

[42] Siehe Rn 122 ff.
[43] *Holzapfel/Pöllath* Rn 787.
[44] *Holzapfel/Pöllath* Rn 87; *Franz-Jörg Semler* in Hölters Rn 62.
[45] *Baums* DB 1993, 1273, 1274.
[46] Siehe Rn 65 ff.

oder Umsätze sind dem Bilanzgewinn unter dem Blickwinkel der einfachen Durchführbarkeit überlegen. Der Bilanzgewinn ist dennoch gerade auch bei Earn Out-Regelungen allgemein gebräuchlich, da er ein anerkannter und nach dem HGB durchregulierter Maßstab für die Messung des betrieblichen Erfolgs ist. Aus der Sicht des Vertragsgestalters sind beim Abstellen auf den Bilanzgewinn aber in jedem Fall ergänzende Bestimmungen über die Art und Weise seiner Ermittlung und ggf. über die Überprüfung des Ergebnisses durch die andere Partei oder einen unabhängigen Wirtschaftsprüfer zu formulieren.
— Ein weiterer Regelungsbedarf kann sich aufgrund der **Verhältnisse** bei den beteiligten Parteien ergeben. Zu denken ist insofern an die Gefahr verdeckter Vermögensauszahlungen etwa in Form von Konzernumlagen zu Lasten des neu erworbenen Unternehmens. Auch kann die Vereinbarung von „at arms length"-Bedingungen erforderlich sein, sofern das Zielunternehmen auf vor- oder nachgelagerten Märkten tätig ist.
— Zur Nachprüfung der Entwicklung kann eine Vereinbarung über eine buchhalterische und weitgehend auch finanzielle und geschäftliche Trennung des gekauften Unternehmens von den übrigen Unternehmen des Käufers erforderlich sein.
— Ferner bedarf der vertraglichen Gestaltung, wie und von wem die **Erfüllung des** für den Kaufpreisanspruch maßgeblichen **Bemessungskriteriums** festgestellt wird, und wie diese Feststellung überprüft werden kann. Grundsätzlich ist hierbei denkbar, daß eine der beteiligten Vertragsparteien die Feststellung trifft. Da jedoch damit zu rechnen ist, daß der jeweils andere Teil eine solche Berechnung überprüfen will, empfiehlt es sich, die Überprüfung gleich einem unabhängigen Sachverständigen zu übertragen[47].

Neben dem „Normalfall", daß der Käufer das Unternehmen bzw. die Anteile übernimmt und ohne Mitwirkung des Verkäufers während der Earn Out-Periode leitet, kann der Vertrag auch vorsehen, daß der **Verkäufer** für eine bestimmte Zeitspanne nach der Veräußerung, aufgrund deren Ergebnis dann der Kaufpreis endgültig festgesetzt werden soll, im Unternehmen weiterhin als **Geschäftsführer** tätig bleibt. Hierdurch können die Interessen des Verkäufers optimal abgesichert werden. Es stellt sich jedoch auch bei einer derartigen Gestaltung das Problem der Möglichkeit eines taktischen Verhaltens, wenn auch mit veränderten Vorzeichen[48]. Der durch den Verkäufer eingesetzte Geschäftsführer wird zB dazu neigen, betrieblich notwendige Aufwendungen, die während der Bemessungsperiode keine Früchte tragen, nicht vorzunehmen. Es gilt wiederum, diese Gefahr durch eine umsichtige Vertragsgestaltung zu begrenzen. Auch die Vereinbarung von Zustimmungserfordernissen ist denkbar, doch darf der Geschäftsführer in seiner unternehmerischen Entscheidungsfreiheit nicht so stark eingeengt werden, daß er den Schwellenwert nicht mehr erreichen kann.

Letztlich ist es auch denkbar, dem **Käufer** vollständige Freiheit hinsichtlich der **Unternehmensführung** während der Earn Out-Periode zu gewähren. Ist dies der Fall, müssen aber ergänzende Regelungen für die Ermittlung der Schwellen-

---
[47] Siehe Rn 119ff.
[48] *Baums* DB 1993, 1273, 1276.

werte getroffen werden. Geschäfte, die auf ein taktisches Verhalten des Käufers schließen lassen, dürfen dann bei Erstellung der Bilanz nicht berücksichtigt werden. Diese Regelung bringt jedoch die Schwierigkeit mit sich, daß es einer abschließenden Aufzählung derjenigen Geschäfte bedarf, die nicht in die Bilanz eingehen sollen. Dies wird sich pauschal aber nicht feststellen lassen. So können Investitionen einerseits taktisches Verhalten darstellen, um den Gewinn zu mindern, andererseits aber auch auf beachtlichen wirtschaftlichen Erwägungen beruhen. Werden Investitionen aber pauschal iRd. Bilanz nicht berücksichtigt, sieht sich der Käufer faktisch evtl. gehindert, wirtschaftlich sinnvolle Investitionen zu tätigen. Hieran wird klar, daß durch eine solche Pauschalregelung letztlich wenig gewonnen ist.

3. Klauselbeispiel

38   Klauselbeispiel eines Earn Out[49]:

§ 1.1   *Der Kaufpreis beträgt... DM zuzüglich der gesetzlichen geschuldeten Umsatzsteuer.*
§ 1.2   *Der in § 1.1 genannte Kaufpreis erhöht oder vermindert sich wie folgt:*
§ 1.2.1 *Soweit der Käufer mit einem Ergebnis der gewöhnlichen Geschäftstätigkeit gem.*
        § 275 Abs. 2 Ziffer 14 HGB
        (Nettogewinn vor Steuern)
- *im Jahr 1 in Höhe von 1 000 TDM,*
- *im Jahr 2 in Höhe von 1 300 TDM,*
- *im Jahr 3 in Höhe von 1 400 TDM*

abschließt, erhält der Verkäufer pro erfülltes Jahr 200 000 DM als sog. Earn Out.

§ 1.2.2 *Unterschreitet der Nettogewinn vor Steuern die in 1.2.1 genannten Beträge, vermindert sich der für das entsprechende Geschäftsjahr zu zahlende Earn Out um 30% des Minderbetrags, höchstens jedoch auf 0 DM.*

§ 1.2.3 *Wenn das Ergebnis gem. § 1.2.1 (Nettogewinn vor Steuern)*
- *im Jahr 1 zwischen 1 000 TDM und 1 500 TDM*
- *im Jahr 2 zwischen 1 300 TDM und 1 800 TDM*
- *im Jahr 3 zwischen 1 400 TDM und 1 900 TDM*

liegt, erhöht sich der Earn Out für das entsprechende Geschäftsjahr um 30% des den Betrag von 1 000 TDM im Jahr 1 bzw. 1 300 TDM im Jahr 2 bzw. 1 400 TDM im Jahr 3 übersteigenden Nettogewinns vor Steuern.

Übersteigt der Nettogewinn vor Steuern die vorstehend genannten Beträge von 1 500 TDM im Jahr 1 bzw. 1 800 TDM im Jahr 2 bzw. 1 900 TDM im Jahr 3, erhöht sich der Earn Out nochmals um 10% dieses weiteren Nettogewinns vor Steuern.

---

[49] Diese Klausel darf keinesfalls isoliert betrachtet werden. Vielmehr muß den dargestellten Risiken eines Earn Out auch iRd. Klauselgestaltung Rechnung getragen werden. So sind ergänzende Klauseln hinsichtlich der Kontroll- und Mitwirkungsrechte während der Earn Out-Periode, hinsichtlich der Modalitäten der Bilanzerstellung und hinsichtlich der Beilegung von Konflikten bei unterschiedlicher Einschätzung der Wertentwicklung erforderlich.

§ 1.2.4 Die Earn Out-Raten sind 14 Tage nach Feststellung des jeweiligen Jahresabschlusses, spätestens jedoch am 30.6. des auf den Jahresabschlußstichtag folgenden Jahres, zu zahlen.

4. Wechselwirkungen

Die Sicherungswirkung von Kaufpreiseinbehalt und Earn Out wird beeinträchtigt, wenn der Verkäufer im kollidierenden Sicherungsinteresse einen **Ausschluß von Aufrechnungs- und Zurückbehaltungsrechten** durchgesetzt hat[50].

Aufgrund des hohen **Konfliktpotentials** eines Earn Out kann sich die Kombination mit einer Schiedsgutachter- bzw. Schiedsrichtervereinbarung empfehlen. Insbes. die Frage, ob ein bestimmter Schwellenwert erreicht ist oder nicht, wird von den Vertragsparteien oft unterschiedlich beurteilt. Auch besteht ein enger Zusammenhang des Earn Out mit den noch näher zu betrachtenden Kontroll- und Mitwirkungsrechten[51]. Diese sind in der vertraglichen Gestaltung unbedingt zu berücksichtigen. Ist bspw. der Umsatz mit dem vom Verkäufer übernommenen Kundenstamm die Bemessungsgrundlage für den Earn Out, kann im Vertrag festgehalten werden, daß der Verkäufer selbst oder ein von ihm bestellter Sachverständiger in regelmäßigen Abständen die Kundenlisten mit den diesbezüglichen Umsätzen überprüfen darf.

5. Pro und Contra

Welche der angeführten Möglichkeiten zur Sicherung von Interessen der anderen **vorzuziehen** ist, läßt sich nicht generell sagen. Dies gilt schon deswegen, weil die Zielsetzungen eines Earn Out viel umfassender sind als die eines Kaufpreiseinbehalts. Insofern wird es wesentlich darauf ankommen, ob diese weitergehende Funktion im konkreten Fall von Interesse ist.

Das Hauptproblem bei der Vereinbarung eines **Earn Out** ist, wie gesagt, die Gefahr eines **taktischen Verhaltens** auf Seiten des Käufers oder aber, bei Unternehmensfortführung durch den Verkäufer, auf Seiten des Veräußerers. Hierbei stellen die Bemessungsperiode, die Zusatzzahlungen, die Bemessungsgrundlage und evtl. darüber hinaus weitere Umstände Ansatzpunkte dar[52]. Auch wenn diese Schwierigkeiten durch eine entsprechende vertragliche Gestaltung begrenzt werden können, ziehen sie weitere Folgeprobleme nach sich. Die umfangreiche vertragliche Gestaltung und die sich daraus ergebenden umfangreichen Kontrollen und Mitwirkungen verursachen **hohe Kosten**. Ferner wird der Erwerber durch einen Earn Out teilweise erheblich in seiner unternehmerischen Entscheidungsfreiheit eingeengt. Auf der anderen Seite bringt der Earn Out den Vorteil, daß der Vertragsschluß nicht an **unterschiedlichen Erwartungen** hinsichtlich der Unternehmensentwicklung scheitern muß. Diese Gefahr wird jedoch nur beste-

---

[50] Die Sicherungswirkung des Earn Out hinsichtlich der Wertermittlung wird durch einen solchen Ausschluß natürlich nicht tangiert.
[51] Siehe Rn 65 ff.
[52] *Baums* DB 1993, 1273, 1274.

hen, wenn aufgrund besonderer Umstände die Geschäftsentwicklung ungewöhnlich schwer vorhersehbar ist, zB wenn das verkaufte Unternehmen über viel Know-how oder Schutzrechte[53] mit ungewissen Marktchancen verfügt, oder aber, wenn die Geschäftsentwicklung stark davon abhängig ist, in welchem Umfang der Verkäufer weiterhin von dem verkauften Unternehmen Waren bezieht[54].

43 Wurde die Vereinbarung eines **Kaufpreiseinbehalts** gewählt, entstehen Schwierigkeiten, wenn **nachträgliche Ansprüche** des Käufers gegen den Verkäufer diesen Betrag übersteigen. Jedenfalls hat die Zahlung des Kaufpreiseinbehalts auf ein Treuhandkonto gegenüber einer Kaufpreisstundung den Vorteil, daß das Risiko eines Forderungsausfalls nicht besteht.

III. Ausschluß von Aufrechnung und Zurückbehaltung

44 Ein wesentliches Instrument zur Durchsetzung vertraglicher Ansprüche ist der Ausschluß von Aufrechnungs- und Zurückbehaltungsrechten. Der Vertrag sollte eine Regelung darüber enthalten, ob und in welchem Umfang diese Rechte beibehalten oder abbedungen werden[55]. An einer **klaren und eindeutigen Regelung** besteht ein beiderseitiges Interesse. Die Aufrechnungs- und Zurückbehaltungsrechte haben bei Auseinandersetzungen im Rahmen eines Unternehmenskaufs erhebliche Bedeutung, da diese Rechte das Bindeglied zwischen den einzelnen Leistungs- und Sicherungsverpflichtungen sind.

45 Die Frage, ob Aufrechnungs- und Zurückbehaltungsrechte ausgeschlossen werden sollten oder nicht, hat stark **gewährleistungsrechtlichen Bezug**[56]. Auseinandersetzungen im gewährleistungsrechtlichen Kontext spielen eine zentrale Rolle im Rahmen nachträglich eintretender Konflikte zwischen Käufer und Verkäufer. Deshalb hat eine Vereinbarung über diese Rechte eine wichtige Funktion.

46 Das Interesse des Käufers besteht darin, die Durchsetzung seines Gewährleistungsanspruchs (zB Schadensersatz bzw. Minderung) zu sichern. Dies kann er, wie bereits dargestellt, durch einen Kaufpreiseinbehalt realisieren[57]. An einer solchen Verknüpfung potentieller Gewährleistungsansprüche mit noch ausstehenden Kaufpreiszahlungen hat der **Verkäufer** hingegen kein Interesse. Ihm geht es vor allem darum, daß seinem noch ausstehenden Kaufpreisanspruch **keine Hindernisse in den Weg** gelegt werden können. Dies wäre jedoch durch eine Aufrechnung oder eine Zurückbehaltung möglich, sofern diese Rechte nicht ausgeschlossen wurden[58].

47 Bei der Vertragsgestaltung besteht die Wahlmöglichkeit zwischen dem **generellen Ausschluß** aller Aufrechnungs- und Zurückbehaltungsrechte und dem auf Ansprüche aus einer bestimmten Regelung des Vertrags **begrenzten Ausschluß**. Für einen Ausschluß sämtlicher Aufrechnungs- und Zurückbehaltungsrechte und

---

[53] Siehe § 30.
[54] *Franz-Jörg Semler* in Hölters Rn 62.
[55] *Günther* in MünchVertragsHdb. Bd. 2 II. 1 Anm. 71; *Lutje/Dünnbier* S. 73.
[56] *Franz-Jörg Semler* in Hölters Rn 71.
[57] Siehe Rn 29 ff.
[58] *Wollny* S. 234; *Franz-Jörg Semler* in Hölters Rn 71.

die hierdurch eintretende Erleichterung der Durchsetzung des Kaufpreisanspruchs des Verkäufers spricht, daß er einer evtl. drohenden Rückabwicklung entgegen wirken kann. Im Fall der Beibehaltung von Aufrechnungs- und Zurückbehaltungsrechten durch wechselseitigen Einbehalt von Leistungen kann der Vertrag nach einiger Zeit evtl. gar nicht mehr rückabgewickelt werden[59]. Gegen den Ausschluß sämtlicher Aufrechnungs- und Zurückbehaltungsrechte spricht hingegen die verschlechterte Sicherung des Käufers. Dessen Interessen müßte in diesem Fall durch weitere Sicherheiten Rechnung getragen werden. Insofern wäre evtl. an eine Lösung über die Verzinsung entsprechender Ansprüche und/oder die beiderseitige Stellung von Bankbürgschaften zu denken[60].

In bestimmten Fällen sind Ausschlüsse nur **begrenzt wirksam**[61]. So kann die Geltendmachung von Aufrechnungs- und Zurückbehaltungsrechten idR nicht ausgeschlossen werden für den Fall, daß die Rechte entweder anerkannt wurden oder bei prozessualer Geltendmachung des Kaufpreisanspruchs im Zeitpunkt der letzten mündlichen Verhandlung zugleich über diese Ansprüche mitentschieden werden kann[62]. Auch kann der Ausschluß unbeachtlich sein, wenn anderenfalls die Durchsetzung des Gegenanspruchs (zB wegen Insolvenz der Gegenpartei) vereitelt werden würde[63].

IV. Ansprüche bei Rückgewähr/„Break fee"-Vereinbarungen

Rückgewähransprüche kommen bei Unternehmenskaufverträgen im Fall der Nichtigkeit, im Fall von Leistungsstörungen und bei sonstigem Scheitern des Vertrags in Betracht[64]. Eine **Unterscheidung** sollte in diesem Zusammenhang zwischen einer Rückgewähr **vor und nach dem Übergabestichtag** getroffen werden, da nach dem Übergabestichtag aufgrund der fortlaufenden Veränderungen, die das Unternehmen erfährt, der Rückabwicklung praktisch nicht überwindbare Schwierigkeiten entgegenstehen[65].

1. Rückgewähr vor dem Übergabestichtag

Nicht ganz so problematisch, wenn auch praktisch ebenfalls häufig wenig attraktiv, erscheint ein **Rücktritt** vom Vertrag bereits vor dem Übergabestichtag. Hat eine Überleitung des Unternehmens noch nicht stattgefunden, müssen Veränderungen, die das Unternehmen erfahren hat, nicht ausgeglichen werden. Dennoch sind bis zu diesem Zeitpunkt erhebliche Kosten für die an den Vertragsverhandlungen und am Vertragsschluß beteiligten Personen entstanden. Für die Tragung dieser Kosten besteht somit auch in diesen Fällen ein Regelungsbedarf.

---

[59] *Holzapfel/Pöllath* Rn 483.
[60] *Günther* in MünchVertragsHdb. Bd. 2 II. 1. Anm. 71; *Lutje/Dünnbier* S. 73.
[61] § 242 BGB; siehe dazu *Franz-Jörg Semler* in Hölters Rn 71.
[62] *BGH* WM 1978, 620f.
[63] *BGH* NJW 1984, 357.
[64] Siehe § 34; *Klein-Blenkers* DStR 1998, 978, 982.
[65] *Beisel/Klumpp* Rn 972; *Franz-Jörg Semler* in Hölters Rn 117; *Holzapfel/Pöllath* Rn 46.

51 Eine besondere Konstellation ergibt sich, wenn die Übertragung von Gesellschaftsanteilen der **Zustimmung** bestimmter Organe bedarf. Gerade in der anglo-amerikanischen Rechtspraxis ist es üblich, erforderliche Zustimmungen erst zum Closing einzuholen[66]. In diesen Fällen wird die Übertragung der Anteile unter die aufschiebende Bedingung der Zustimmung der entsprechenden Gremien gestellt. Für den Fall, daß die Zustimmung nicht erteilt wird, ist regelmäßig ein Rücktrittsrecht vom Vertrag vorgesehen[67]. Ist der Vertrag bereits unter eine entsprechende aufschiebende Bedingung gestellt, so ist ein Rücktrittsrecht für den Fall vorzusehen, daß die erforderlichen Zustimmungen bis zu einem bestimmten Zeitpunkt noch nicht vorliegen.

52 Auch für die Konstellation, daß sonstige Veräußerungshindernisse vor dem Stichtag auftreten, kann den Parteien ein Rücktrittsrecht eingeräumt werden[68]. Zu denken ist insofern an **wesentliche Veränderungen** der Verhältnisse zwischen Vertragsschluß und Übergabestichtag[69]. Als wesentliche Veränderungen kommen zB der Untergang von für das Unternehmen existenzwichtigen Vermögensgegenständen oder andere Vorgänge in Betracht, die zu einer erheblichen Verminderung der Ertragskraft des Unternehmens führen.

53 Um den Schwierigkeiten, die durch das Scheitern von Verträgen vor dem Übergabestichtag entstehen, gerecht zu werden und das diesbezügliche Kostenrisiko einzudämmen, vor allem kalkulierbar zu machen, werden gern sog. **„break fee"-Vereinbarungen** getroffen[70]. Hierbei handelt es sich um das vertragliche Versprechen, eine gewisse Geldsumme für den Fall zu zahlen, daß sich eine Seite ohne Zustimmung der anderen Seite aus der Transaktion zurückzieht oder die Transaktion aus Gründen, die nur eine Seite zu vertreten hat, nicht durchgeführt werden kann[71]. Solche Vereinbarungen können sowohl beidseitig als auch einseitig verpflichtend getroffen werden. „Break fee"-Vereinbarungen kommt unter zweierlei Gesichtspunkten Durchsetzungscharakter zu: Einerseits sollen sie der für das Scheitern der Transaktion nicht verantwortlichen Seite einen pauschalierten Ausgleich für die entstandenen Kosten gewähren, was die Durchsetzung von Ansprüchen nach dem Scheitern des Vertrags vereinfacht. Andererseits sollen sie die Parteien zur Durchführung des Vertrags anhalten. Sie dienen somit auch der Durchsetzung der vertraglichen Primärpflichten.

54 Je nachdem, welcher Aspekt von den Parteien in den Vordergrund gerückt wird, bietet sich eine andere vertragliche Ausgestaltung an. Soll die Vereinbarung vorwiegend der Pauschalierung und vereinfachten Durchsetzung des Ersatzes entstandener Kosten dienen, handelt es sich um die **Zubilligung einer Schadens- oder Kostenpauschale**. Soll die Vereinbarung hingegen hauptsächlich die Bin-

---

[66] *Triebel*, Anglo-amerikanischer Einfluß auf Unternehmenskaufverträge in Deutschland, RIW 1998, 1, 4.
[67] *Günther* in MünchVertragsHdb. Bd. 2 II. 1 § 22; *Hess/Fabritius* in BeckFormBuch IV. B. 7 Anm. 10.
[68] *Günther* in MünchVertragsHdb. Bd. 2 II. 1 § 19 Abs. 1 iVm. § 12.
[69] *Günther* in MünchVertragsHdb. Bd. 2 II. 1 Anm. 58.
[70] Saywell/Gamble, The break fee – A useful negotiation tool, Practical Law for Companies 12/1999, 31, 31. Siehe auch § 6 Rn 82f.
[71] *Sieger/Hasselbach* BB 2000, 625, 625.

dung der Parteien bewirken und die tatsächliche Durchführung der Transaktion sicherstellen, handelt es sich um ein **selbständiges Strafversprechen**[72].

Hinsichtlich der Wirksamkeit der Vereinbarung sind folgende formelle und materielle Voraussetzungen zu beachten: 55

- Wie bei sämtlichen Übernahmetransaktionen sind auch bei „break fee"-Vereinbarungen sämtliche gesellschaftsinternen **Zustimmungserfordernisse** zu beachten[73].
- **Formerfordernisse** können sich aus dem Hauptgeschäft ergeben, sofern dieses formbedürftig ist und die „break fee"-Vereinbarung mit ihm nach dem Willen der Beteiligten ein einheitliches Ganzes bilden („stehen und fallen") soll.

2. Rückgewähr nach dem Übergabestichtag

Ein Rücktrittsrecht nach der tatsächlichen Überleitung des Unternehmens darf 56 lediglich für **absolute Extremfälle** bestehen[74]. Bei derartig später Rückabwicklung stehen die Parteien vor nahezu unüberwindbaren Schwierigkeiten hinsichtlich der Risikoverteilung. Die gesetzlichen Regelungen[75] stellen mit ihrer atomisierenden Betrachtung einzelner Gegenstände, Nutzungen, Verwendungen und Verschlechterungen für Unternehmenskäufe keine geeigneten Regelungen dar[76]. Insbes. ist stets problematisch, ob die vom Käufer in der Zwischenzeit erwirtschafteten Gewinne als Nutzungen[77] anzusehen und wann Verwendungen (Investitionen) des Unternehmenskäufers notwendig[78] sind. Zu prüfen ist ferner, wer das unternehmerische Risiko aus Fehlentscheidungen trägt, und vor allem, wann eine Verschlechterung der wirtschaftlichen Lage des Unternehmens verschuldet ist[79]. Bei Rückgewähr des Unternehmens aufgrund der Nichtigkeit des Vertrags stellen sich letztlich die gleichen Schwierigkeiten iRd. Bereicherungsrechts[80].

Eine umfassende vertragliche Absicherung gegen die in diesem Zusammen- 57 hang entstehenden tatsächlichen und rechtlichen Schwierigkeiten ist aufgrund der

---

[72] *Sieger/Hasselbach* BB 2000, 625, 626.
[73] Sofern diesbezüglich Zustimmungserfordernisse diskutiert werden, die auf der „Holzmüller"-Rechtsprechung des BGH basieren (vgl. *Sieger/Hasselbach* BB 2000, 625, 627), erscheint dies wenig praxisrelevant. Einerseits muß überhaupt eine Konstellation à la „Holzmüller" vorliegen und andererseits ist der Wert einer „break fee" regelmäßig so niedrig, daß ein Zustimmungserfordernis auch deswegen ausscheidet.
[74] Wie bereits in § 9 ausführlich behandelt wurde, sind die gesetzlichen Gewährleistungsregeln in vielfacher Weise keine sachgerechten Vorschriften für den Unternehmenskauf, da insbes. die Wandelung idR keine sachgerechte Rechtsfolge ist. Auch wurde dort bereits darauf eingegangen, daß eine vertragliche Ausgestaltung somit vorzuziehen ist, siehe § 9 Rn 39 ff.
[75] Sie verweisen über §§ 467 Satz 1, 347 BGB auf das Eigentümer-Besitzer-Verhältnis, §§ 987 ff. BGB.
[76] *Quack* ZGR 1982, 350, 364.
[77] ISd. §§ 347 Satz 2, 987 Abs. 1, 100 BGB.
[78] ISd. § 994 Abs. 1 BGB.
[79] ISd. § 989 BGB; *Willemsen*, Zum Verhältnis von Sachmängelhaftung und culpa in contrahendo beim Unternehmenskauf, AcP 182 (1982) 560, 565.
[80] Siehe § 34 Rn 40 ff.; hierzu näher *Klein-Blenkers* DStR 1998, 978, 982 f.; *ders.*, Rechtsprechungsbericht: Unternehmenskauf (Zivilrecht), NZG 1999, 185, 185.

Vielfalt denkbarer Fallgestaltungen nicht möglich[81]. Es bleibt stets die Frage, wann **Nutzungen** auf der persönlichen Leistung des Erwerbers beruhen und wann ein **Verschulden** des Käufers an den eingetretenen Verlusten vorliegt. Abhilfe könnte insofern nur eine Vereinbarung schaffen, die eine verschuldensunabhängige Regelung trifft, nach der sowohl Verluste als auch Nutzungen zu Lasten der einen oder der anderen Partei gehen. Hierdurch würde zwecks Konfliktvermeidung aber auf Einzelfallgerechtigkeit verzichtet werden.

58 Ist dieser Weg für die Parteien nicht vertretbar, bleibt lediglich die Möglichkeit einer an die gesetzlichen Regelungen angelehnten Vereinbarung. Was **Übertragungsverluste** angeht, also Verluste, die nicht im Unternehmen angelegt waren und die auch nicht auf einem Verschulden des Erwerbers beruhen, ist es vorzugswürdig, diese stets die Vertragspartei tragen zu lassen, die sich für den Rücktritt entschieden hat[82]. Hierdurch wird Druck auf die Vertragsparteien ausgeübt, die Transaktion nicht scheitern zu lassen, solange noch andere Wege der Konfliktbereinigung denkbar erscheinen. Anderes muß natürlich dann gelten, wenn die Gegenseite den Rücktritt grob fahrlässig oder vorsätzlich veranlaßt hat[83].

V. Rechtsvorbehalt

59 Der Rechtsvorbehalt ist eine **unmittelbare Besicherung** des Kaufpreisanspruchs des Verkäufers. Er dient insofern als Druckmittel bei der Durchsetzung des Primäranspruchs[84]. Damit können die Kosten, die durch die Stellung einer Bankbürgschaft oder aber durch die Abwicklung über ein Notaranderkonto entstehen, vermieden werden[85].

60 Beim Asset Deal[86] werden die Übereignung der verkauften Vermögensgegenstände, die Einräumung des Besitzes daran, der Eintritt in zu übertragende Vertragsverhältnisse und die Übertragung von Rechten unter die **aufschiebende Bedingung der Zahlung** des Kaufpreises bzw. der Kaufpreisrate gestellt. Beim Anteilskauf wird die Abtretung der Gesellschaftsanteile unter der gleichen Bedingung erklärt.

61 Wählt man zur Besicherung des Kaufpreises einen Rechtsvorbehalt, bedarf es auf der anderen Seite bei der Vertragsgestaltung der **gesonderten Absicherung der Rechte des Käufers**. Dies kann bei der bedingten Übereignung von Beteiligungsrechten zB durch Stimmbindungsvereinbarungen geschehen, die gewährleisten, daß die Rechte im Sinne des Erwerbers ausgeübt werden. Bei der bedingten Übereignung von Wirtschaftsgütern des Umlaufvermögens muß dem Erwerber die Möglichkeit eingeräumt werden, sie im laufenden Geschäftsverkehr zu veräußern[87].

---

[81] *Günther* in MünchVertragsHdb. Bd. 2 II.1 Anm. 99 d.
[82] Anders insofern *Beisel/Klumpp* Rn 982; *Günther* in MünchVertragsHdb Bd. 2 II. 1 Anm. 99 d. Nach diesen sollten die Übertragungsverluste grundsätzlich vom Verkäufer zu tragen sein.
[83] *Holzapfel/Pöllath* Rn 488.
[84] *Beisel/Klumpp* Rn 631; *Picot* in Picot Teil I Rn 65; *Franz-Jörg Semler* in Hölters Rn 72.
[85] *Hess/Fabritius* in BeckFormBuch IV. B. 7. Anm. 11.
[86] Siehe § 13.
[87] *Franz-Jörg Semler* in Hölters Rn 72.

Bei der Vereinbarung eines Rechtsvorbehalts besteht die Möglichkeit, die **rechtliche und die wirtschaftliche Seite** des Rechtsübergangs zu **trennen**. So können sich die Parteien auf einen Zeitpunkt einigen, zu dem sie sich im Innenverhältnis wirtschaftlich so stellen, als wäre der Rechtsübergang bereits eingetreten. Hieran ist insbes. dann zu denken, wenn die dingliche Übereignung von Umständen abhängig ist, deren Eintritt bei Vertragsschluß zeitlich noch nicht exakt bestimmt werden kann[88]. Zu einer derartigen Regelung ist jedoch nur zu raten, wenn der Begriff der „wirtschaftlichen Wirkung" im Kaufvertrag näher definiert wird. Unterbleibt dies, können Widersprüche zu anderen Regelungen entstehen, die auf den Rechtsübergang abstellen[89]. So sind zB in § 46 GmbHG verschiedene Rechte bestimmt, die an die Inhaberschaft der Gesellschaftsanteile, somit den dinglichen Rechtsübergang, geknüpft sind. Diese haben sowohl wirtschaftliche, als auch geschäftspolitische Auswirkungen. Eine klare Trennung ist nicht möglich. Hier entsteht die Gefahr einer widersprüchlichen Konzeption des Vertrags.

Ein problematischer Aspekt des bedingten Rechtsübergangs ist überdies, daß der **Eintritt der Bedingung** als außerhalb der Vertragsurkunde liegender Umstand der Urkunde selbst nicht entnommen werden kann. Ein mit dem Sachverhalt nicht vertrauter Leser der Urkunde kann dann nicht beurteilen, ob es letztlich zum Anteils- oder Rechtsübergang gekommen ist oder nicht[90]. Aus diesem Grund sind, soweit ein Notar eingeschaltet ist, die Parteien vertraglich zu verpflichten, dem Notar den Bedingungseintritt nachzuweisen. Dies kann durch unterzeichnete Zahlungsbestätigung des Verkäufers oder durch Bestätigung der mit der Überweisung des Kaufpreises beauftragten Bank geschehen. Diesen Nachweis sollte der Notar zur Urkunde nehmen[91].

Dem Rechtsvorbehalt kommt lediglich eine **begrenzte Sicherungswirkung** zu. Der Käufer wird sich regelmäßig nicht auf einen Rechtsvorbehalt einlassen, der über die Besicherung des ursprünglichen Kaufpreises hinausgeht. Sonstige Ansprüche, die der Verkäufer gegen Käufer etwa aufgrund einer nach dem Stichtag ausgelösten Kaufpreisanpassung haben könnte, sind damit nicht mehr abgesichert.

VI. Kontroll- und Mitwirkungsrechte (-pflichten)

Eine zentrale Rolle im Zusammenhang mit der Durchsetzung vertraglicher Rechte und Pflichten nehmen Kontroll- und Mitwirkungsrechte und Mitwirkungspflichten ein. Ihnen kommt im Rahmen nahezu aller hier angesprochenen Regelungsfelder vor allem deswegen große Bedeutung zu, weil sie bereits **in einem frühen Konfliktstadium** ansetzen und potentielle Streitigkeiten in einigen Fällen bereits im Keim ersticken können.

---

[88] Zu denken ist zB an ausstehende Zustimmungserfordernisse.
[89] *Hess/Fabritius* in BeckFormBuch IV. B. 7. Anm. 12.
[90] *Hess/Fabritius* in BeckFormBuch IV. B. 7. Anm. 11.
[91] *Hess/Fabritius* in BeckFormBuch IV. B. 7. Anm. 11.

1. Interessenlage

66 Bei Bestimmung der Interessenlage ist zwischen der Zeit vor und nach dem Übergabestichtag zu **unterscheiden**.

67 Eine wichtige Funktion nehmen Kontroll- und Mitwirkungsrechte während der Übergangsphase vor dem Übergabestichtag ein[92]. Die Verhältnisse vor dem Stichtag haben regelmäßig weit über diesen hinaus Auswirkungen. Die **Unternehmensführung** liegt jedoch während der Übergangsphase regelmäßig noch beim Veräußerer. Hieraus ergibt sich ein Interesse des Käufers, die Entwicklung während der Übergangsphase beobachten oder sogar kontrollieren zu können.

68 Ferner sind Kontroll- und Mitwirkungsrechte bei der **Erstellung der Stichtagsbilanz** von Bedeutung. Haben die in ihr getroffenen Festsetzungen Auswirkungen auf den Kaufpreis und obliegt die Bilanzerstellung nur einer der beteiligten Parteien, besteht sonst die Gefahr, daß nach Fertigstellung der Bilanz Streit über einzelne Wertansätze aufkommt. Dies kann das Bewertungsverfahren unnötig in die Länge ziehen.

69 Auch nach dem Übergabestichtag spielen Kontroll- und Mitwirkungspflichten eine Rolle. Diese können zunächst in den Vertrag aufgenommen werden, um den Schwierigkeiten im Zusammenhang mit der **Abwehr/Durchsetzung von Ansprüchen** von oder gegenüber Dritten gerecht zu werden.

70 Sind **nachträgliche Wertentwicklungen** für den Kaufpreis von Bedeutung (Earn Out), besteht ein legitimes Interesse des Verkäufers/Käufers[93], Manipulationen bei der Unternehmensentwicklung zu verhindern, da es für den Käufer vorteilhaft ist, wenn er Gewinne auf den Zeitraum nach der Earn Out-Periode verlegt.

71 Kontroll- und Mitwirkungspflichten sind auch zwecks **Auskunftserteilung** oder zum **Nachweis** bestimmter vertraglicher Zusagen sinnvoll (Investitionsgarantie/Arbeitsplatzgarantie). So war zB die Treuhandanstalt bei Unternehmensverkäufen nicht ausschließlich um Erlösmaximierung bemüht, sondern verfolgte auch andere Ziele arbeitsmarkt-, mittelstands-, struktur-, regional- und kulturpolitischen Charakters. Auch bei Transaktionen unter privaten Parteien, insbes. bei größeren Unternehmensübernahmen können sozialpolitische Zielsetzungen durchaus eine Rolle spielen.

2. Vertragsgestaltung

72 Zur Wahrung der soeben aufgezeigten Interessen empfiehlt es sich, Kontroll- und Mitwirkungsrechte und Mitwirkungspflichten **vertraglich festzuhalten**. Diese können von bloßen Einsichtsrechten und Auskunftsverpflichtungen bis hin zu Zustimmungserfordernissen reichen. Je nachdem, in welchen Interessenbereichen sie ausgeübt werden sollen, empfiehlt sich folgende Gestaltung.

73 **a) Im Zusammenhang mit der Stichtagsbilanz.** Obliegt die Erstellung der Stichtagsbilanz dem Veräußerer, sind dem Erwerber **Mitwirkungs- und Überwachungsrechte** bei ihrer Erstellung und ggf. im Vorfeld der Buchungen

---

[92] Roschmann ZIP 1998, 1941, 1949.
[93] Je nachdem, wem die Geschäftsführung obliegt; siehe hierzu Rn 36 f.

einzuräumen. Auf der anderen Seite ist dem Veräußerer, sofern der Erwerber die Bilanz erstellt, ein über den Übergabestichtag hinausgehendes **Zugangsrecht** zu den Geschäftsunterlagen und Daten zu sichern, damit so früh wie möglich Einvernehmlichkeit über die Richtigkeit der Bilanzansätze hergestellt werden kann.

Statt der Einräumung von Kontroll- und Mitwirkungsrechten iRd. Erstellung der Stichtagsbilanz kann es sinnvoll sein, diese gleich **durch die Wirtschaftsprüfer** der an dem Unternehmenskauf beteiligten Partein gemeinsam oder einen Dritten erstellen zu lassen[94]. Wegen der Komplexität der zu bewertenden Materie und der unmittelbaren Auswirkungen auf die Äquivalenz von Leistung und Gegenleistung erscheint häufig die einseitige Erstellung unter Berücksichtigung der bloßen Mitwirkung und Kontrolle durch die andere Partei als nicht ausreichend. Eine nachträgliche Auseinandersetzung wäre vorprogrammiert und würde den Bewertungsvorgang unnötig in die Länge ziehen.

b) **Während der Übergangszeit.** Eine wichtige Funktion haben Kontroll- und Mitwirkungsrechte während der Übergangszeit. Um eine optimale Berücksichtigung der Käuferinteressen zwischen Vertragsschluß und tatsächlicher Übergabe des Unternehmens zu erreichen, wird in Unternehmenskaufverträgen häufig vereinbart, daß **Beauftragte des Käufers in die Geschäftsführung** des Unternehmens **entsandt** werden. Diese sind dann über alle Angelegenheiten der laufenden Geschäftsführung zu unterrichten. Ferner werden ihnen umfassende Auskunftsrechte eingeräumt[95]. Das Recht, Unterlagen aus der Zeit vor dem Stichtag einsehen zu können, und die Verpflichtung, umfassend Auskunft zu erteilen, soweit dies im Interesse des Unternehmens oder der Käuferin notwendig ist, sollten jedoch unabhängig von der Entsendung Beauftragter in die Geschäftsführung vereinbart werden[96]. Dies kann etwa zur Wahrung steuerlicher Belange oder sonstiger vertraglicher Rechte erforderlich sein.

Ferner ist unabhängig von der Entsendung Beauftragter in die Geschäftsführung für die Übergangszeit die Vereinbarung von Zustimmungserfordernissen für **folgende Fälle** zu erwägen:[97]
– Geschäfte, die über den gewöhnlichen Geschäftsbetrieb hinausgehen;
– Abschluß von Dauerschuldverhältnissen;
– Geschäfte mit dem Verkäufer selbst oder diesem nahestehenden Dritten;
– wichtige Anstellungsverträge;
– Geschäfte zu ungewöhnlich ungünstigen Bedingungen zB hinsichtlich des Preises oder der Herstellergarantie;
– Rückzahlung von Schulden, Zinsen oder Gebühren an Gesellschafter[98].
Es empfiehlt sich, die zustimmungsbedürftigen Geschäfte in einer Anlage aufzulisten.

---

[94] Siehe Rn 124; *Franz-Jörg Semler* in Hölters Rn 57.
[95] *Günther* in MünchVertragsHdb. Bd. 2 II. 1 Anm. 111.
[96] *Lutje/Dünnbier* S. 61.
[97] *Lutje/Dünnbier* S. 61; *Holzapfel/Pöllath* Rn 30.
[98] *Franz-Jörg Semler* in Hölters Rn 74.

77 Zustimmungserfordernisse unterliegen zweierlei Einschränkungen. Einerseits sind **gesetzliche Beschränkungen** zu beachten, die sich aus einem Vollzugsverbot ergeben. Dies ist stets zu berücksichtigen, wenn der Unternehmenskauf der kartellrechtlichen Fusionskontrolle unterliegt und es sich bei der Transaktion um ein anmeldepflichtiges oder freiwillig angemeldetes Zusammenschlußvorhaben handelt[99]. Andererseits ergeben sich jedoch auch Einschränkungen aus dem legitimen Interesse des Veräußerers an der ungehinderten Steuerung des Unternehmens bis zum Übergabestichtag. So besteht die Gefahr, daß der Käufer durch die Ausübung von Vetorechten einen Gewinn auf die Zeit nach dem Stichtag verlagert. Dies muß durch eine umsichtige Vertragsgestaltung verhindert werden. Es gilt ein Quantum an **Mitbestimmung** zu finden, das soviel Zustimmungserfordernisse wie nötig aufstellt und dem Verkäufer soviel Flexibilität wie möglich beläßt.

78 **c) Nach dem Übergabestichtag.** Nach dem Übergabestichtag sollten Kontroll- und Mitwirkungsrechte in Form einer **Prozeßklausel** Berücksichtigung finden[100]. In dieser Klausel sind Regelungen zur Mitwirkung der Vertragsparteien an Aktiv- und Passivprozessen bzw. außergerichtlichen Auseinandersetzungen zu treffen. Dies gilt einerseits unter dem Aspekt des Ausgleichs eines Informationsdefizits, andererseits unter dem Aspekt der Sicherung der Äquivalenz von Leistung und Gegenleistung trotz Inanspruchnahme Dritter oder durch Dritte[101]. Während eine vertragliche Regelung unter dem Aspekt der Beseitigung potentieller Informationsdefizite idR problemlos gefunden werden kann, gestaltet sich die Einbeziehung von Kontroll- und Mitwirkungspflichten für Fälle, in denen durch Ansprüche Dritter oder gegen Dritte die Äquivalenz von Leistung und Gegenleistung berührt wird, als schwierig.

79 **(aa) Wenn keine Rückgriffsmöglichkeit besteht.** Aus Sicht des Käufers besteht vorwiegend für die Fälle Regelungsbedarf, in denen er keinen Rückgriff beim Verkäufer nehmen kann. Dann muß nur dem Aspekt des Informationsdefizits Rechnung getragen werden. Diesbezüglich kann die Verpflichtung des Veräußerers zur **Mitwirkung** bei der Abwehr etwaiger Ansprüche vereinbart werden. Da unerwartete Verbindlichkeiten jedoch auch in einem relativ großen zeitlichen Abstand auftreten können, sollte man sich der Mitarbeit des Veräußerers durch Vereinbarung einer angemessenen Vergütung versichern, selbst wenn er in den Vertragsverhandlungen eine solche Vergütung für unnötig erklärt[102].

80 **(bb) Wenn eine Rückgriffsmöglichkeit besteht.** Häufig wird jedoch für den Käufer die Möglichkeit bestehen, wegen unerwarteter Ansprüche Dritter Rückgriff beim Verkäufer zu nehmen. Der **Verkäufer haftet** dem Käufer in diesen Fällen iRd. Gewährleistung. Hierbei handelt es sich um die bereits angespro-

---

[99] Siehe §§ 35 ff. GWB und § 25 Rn 52 ff.
[100] Vgl. im Zusammenhang mit einem Earn Out Rn 65 ff. Die vertragliche Ausgestaltung im Zusammenhang mit dem Nachweis bestimmter Zusagen aus dem Unternehmenskaufvertrag weist keine Besonderheiten auf.
[101] Siehe hierzu Rn 80.
[102] *Holzapfel/Pöllath* Rn 875.

chenen Fälle, in denen die Äquivalenz von Leistung und Gegenleistung berührt ist.

Unabhängig von der Ausgestaltung der Mitwirkung hinsichtlich der eigentlichen Auseinandersetzung sollte jedenfalls der Käufer verpflichtet werden, den Verkäufer rechtzeitig über potentielle Auseinandersetzungen zu informieren und **in den Sach- und Streitstand einzuführen**. Für das Unterlassen dieser Informationen müssen Sanktionen vereinbart werden, etwa daß der Käufer gegen den Verkäufer aus dem streitigen Verhältnis keine Ansprüche mehr geltend machen kann. 81

Für den Fall, daß es infolge der **Inanspruchnahme durch Dritte** zu einer gerichtlichen oder schiedsgerichtlichen Auseinandersetzung kommt, ist iRd. Vertragsgestaltung an die Rolle der Parteien im Prozeß zu denken, das Einlegen von Rechtsmitteln, die Vornahme von Prozeßhandlungen und die Auswirkungen des Prozesses auf das Innenverhältnisses, sofern eine Streitgenossenschaft nicht besteht[103]. Nicht unterschätzt werden darf das Konfliktpotential, das wegen der gegensätzlichen Interessenlage von Veräußerer und Erwerber bei der Verteidigung gegen Ansprüche Dritter existieren kann. Während Ersterer ausschließlich kurzfristige finanzielle Ziele verfolgt, kann die Interessenlage des Käufers auf längere Sicht angelegt sein. Steht der Käufer nämlich weiterhin mit dem Dritten in laufenden Geschäftbeziehungen, wird er die Auseinandersetzung nicht zwangsläufig mit der gleichen Härte durchführen wie der Verkäufer. Für ihn können vielmehr auch Aspekte wie Kulanz zur Pflege der Geschäftsbeziehung eine Rolle spielen. 82

Ein **Mitwirken des Veräußerers im Prozeß** ist mit unterschiedlicher Intensität und unterschiedlichen Graden an Exklusivität denkbar. Je nachdem, wie die Mitwirkungsrechte vertraglich ausgestaltet sind, kann auch den individuellen Interessen der jeweiligen Partei besser Rechnung getragen werden. Dem Veräußerer wird es regelmäßig darum gehen, einen Prozeß, dessen Ausgang infolge entsprechender Gewährleistungsrechte des Käufers ihn allein wirtschaftlich trifft, auch in eigener Verantwortung und exklusiv führen zu dürfen. Hierdurch können jedoch die Interessen des Erwerbers beeinträchtigt werden. Insofern kann auf die bereits angeführten Aspekte Kulanz und sonstige Geschäftspolitik verwiesen werden[104]. Darüber hinaus ist zu berücksichtigen, daß die Folgen des Prozesses den Erwerber zumindest vorübergehend belasten können. Der Anspruch des Dritten richtet sich schließlich, unabhängig vom Bestehen einer Gewährleistung durch den Veräußerer, zunächst gegen den Erwerber bzw. die Zielgesellschaft. Scheitern die Rückgriffsansprüche des Erwerbers gegen den Veräußerer (zB aufgrund dessen Insolvenz), kommt es zu dem unbefriedigenden Ergebnis, daß der Erwerber den Anspruch des Dritten wirtschaftlich tragen muß, obwohl er den Prozeß nicht beeinflussen konnte. 83

Diese Schwierigkeiten entfallen auch dann nicht, wenn die Prozeßführung grundsätzlich dem Käufer obliegt, dieser sich jedoch verpflichtet, in der gerichtlichen oder schiedsgerichtlichen Auseinandersetzung alle Angriffs- oder Verteidi- 84

---

[103] *Günther* in MünchVertragsHdb. Bd. 2 II. 1 Anm. 118; *Holzapfel/Pöllath* Rn 876; *Quack* ZGR 1982, 350, 362.
[104] Siehe Rn 82.

gungsmittel geltend zu machen, deren Geltendmachung der Verkäufer verlangt. Diese Regelung ist nicht interessengerecht und wird dem Verkäufer regelmäßig nicht weit genug gehen. Er hätte in einer solchen Konstellation keine Möglichkeit, direkten Einfluß auf den Prozeß auszuüben. Er kann insbes. nicht beeinflussen, ob der prozeßführende Käufer tatsächlich die geforderten Angriffs- und Verteidigungsmittel geltend macht. Darüber hinaus besteht ein hohes Konfliktpotential für den Fall, daß die geforderte Prozeßhandlung zwar vorgenommen wird, jedoch in einer Art und Weise, wie es der Verkäufer selbst nicht getan hätte. Eine **interessengerechte Prozeßführung** erschöpft sich gerade nicht in der Vornahme oder Nichtvornahme bestimmter Handlungen, sondern bedarf auch einer gewissen Qualität der Handlung. Angesichts der wirtschaftlichen Auswirkungen auf den Verkäufer ist seine lediglich indirekte Beteiligung am Prozeß unangemessen. Zwar hat, wer einen Rückgriff befürchten muß, stets die Möglichkeit, der Hauptpartei als Nebenintervenient beizutreten[105], doch wird auch diese Form der Prozeßbeteiligung den Verkäufer kaum befriedigen, da seine Prozeßhandlungen nicht im Widerspruch mit Erklärungen und Handlungen der Hauptpartei stehen dürfen.

85 Aus diesem Grund stellt sich die Frage, ob die **Möglichkeit einer Prozeßbeteiligung** besteht, die sowohl den Interessen des Veräußerers als auch denen des Erwerbers Rechnung trägt. Dieser Überlegung folgend, wird den Vertragsparteien zum Teil empfohlen zu vereinbaren, daß der Prozeß nur im gegenseitigen Einvernehmen geführt und beendet werden kann[106]. Ob eine solche Formulierung im Kaufvertrag aber wirklich Probleme löst, erscheint fraglich. Selbst die Befürworter einer solchen Klausel gehen davon aus, daß es sich hierbei um eine schwerfällige Regelung handelt[107]. Es besteht nämlich die Gefahr, daß wegen Uneinigkeit der Vertragspartner des Unternehmenskaufs über das prozessuale Vorgehen eine effektive Verteidigung nicht möglich ist, zumindest die Streitentscheidung verzögert wird. Letztlich ist aus Sicht des Erwerbers zu befürchten, daß ihm mit Hinweis auf sein Verhalten iRd. Prozesses später der Rückgriff verwehrt wird.

86 Aus diesen Gründen ist eine Regelung vorzuziehen, die der Partei, die den Ausgang der Streitigkeit letztlich wirtschaftlich zu tragen hat, die **exklusive Prozeßführungsbefugnis** überläßt. Die Interessen des Erwerbers können auch im Rahmen einer solchen Regelung hinreichend Berücksichtigung finden. So kann die Gefahr des Ausfalls mit Rückgriffsforderungen bei der anderen Partei durch eine Bürgschaft oder Teilrückbehalte des Kaufpreises abgesichert werden[108]. Darüber hinaus kann auch den unternehmerischen Interessen des Erwerbers Rechnung getragen werden, bspw. durch eine Vereinbarung, die ihm die Möglichkeit beläßt, iRd. Auseinandersetzung Kulanzentscheidungen zu treffen, solange er den Veräußerer schadlos hält.

---

[105] § 66 ZPO; *Hartmann* in Baumbach/Lauterbach/Albers/Hartmann § 66 ZPO Rn 12.
[106] *Holzapfel/Pöllath* Rn 876.
[107] *Holzapfel/Pöllath* Rn 876.
[108] *Holzapfel/Pöllath* Rn 672.

Neben den Verbindlichkeiten gegenüber dritten Geschäftspartnern spielen vor allem **Steuerverbindlichkeiten**, **Sozialversicherungsabgaben** und sonstige **öffentlich-rechtliche Abgaben** im Zusammenhang mit einer Inanspruchnahme durch Dritte, die ihren Ursprung in Umständen vor dem Übergabestichtag hat, eine Rolle[109]. Die Bedeutung dieser Konstellation ist deswegen besonders groß, weil sie nicht die Ausnahme, sondern den Regelfall darstellt, da nach dem Übergang des Unternehmens für die vor dem Übergangsstichtag liegenden Veranlagungszeiträume häufig eine Außenprüfung stattfindet. Die auf dieser Prüfung beruhenden Nachforderungen werden regelmäßig noch in dem Umfang von dem Veräußerer getragen, in dem durch die Belastung nicht auch eine Begünstigung des Erwerbers für spätere Veranlagungszeiträume eintritt. Für diesen Fall sollte der Käufer verpflichtet werden, den Verkäufer rechtzeitig von Betriebsprüfungen oder sonstigen Prüfungen hinsichtlich des Zeitraums bis zum Stichtag zu unterrichten. Ferner ist sicherzustellen, daß der Verkäufer und dessen Rechts- oder Steuerberater die Möglichkeit zur Teilnahme an allen wesentlichen Besprechungen/Außenprüfungen haben und alle Informationen vom Käufer erteilt bekommen, auf die sie vernünftigerweise Wert legen können.

Die vorstehenden Ausführungen betreffen Passivprozesse. Auch für **Aktivprozesse** oder die **vorprozessuale Geltendmachung** von Ansprüchen durch das Unternehmen müssen die Mitwirkungsrechte vertraglich geregelt werden. Es empfiehlt sich die Vereinbarung, daß die umstrittenen Ansprüche des Unternehmens unter entsprechender Wertberichtigung der Übergabebilanz mit Wirkung zum Übergabestichtag auf den Verkäufer zu übertragen sind, und dieser dann die Abwicklung im eigenen Namen und auf eigene Rechnung betreibt[110]. Denkbar ist auch die Regelung, daß der Käufer verpflichtet wird, den Verkäufer auf dessen Kosten bei der Durchsetzung der Ansprüche zu unterstützen.

Für außergerichtliche Auseinandersetzungen sollten Mitwirkungsrechte und -pflichten zumindest für den Fall vereinbart werden, daß die Regelung des streitigen Rechtsverhältnisses **Auswirkungen auf das Innenverhältnis** Verkäufer/Käufer hat[111]. Zu denken ist dabei an außergerichtliche Anerkenntnisse und Verzichte oder Vergleiche aus Kulanzgründen. Insbes. ist zu regeln, ob und inwieweit hierdurch entstehende finanzielle Nachteile auf den Veräußerer durchschlagen dürfen.

3. Klauselbeispiel

Zur Sicherung der Interessen während der Übergangszeit bietet sich zB folgende Regelung an:

> § ... *Der Verkäufer stellt sicher, daß der Betrieb der Gesellschaft bis zum Wirksamwerden der Abtretung der Geschäftsanteile im wesentlichen in der gleichen Weise wie bisher geführt wird und Geschäfte außerhalb des gewöhnlichen Geschäftsbetriebs nur mit vorheriger Zustimmung des Käufers vorgenommen wer-*

---

[109] *Holzapfel/Pöllath* Rn 877.
[110] *Günther* in MünchVertragsHdb. Bd. 2 II. 1 Form. § 18 Abs. 2 Nr. 1.
[111] *Günther* in MünchVertragsHdb. Bd. 2 II. 1 Anm. 119.

den. *Jegliche (Rück-) Zahlung von Schulden, Zinsen oder Gebühren an die Gesellschafter ist als außerhalb des gewöhnlichen Geschäftsbetriebs liegend anzusehen.*

§ ... *Der Verkäufer wird zum Stichtag durch Gesellschafterbeschluß Herrn/Frau ... und Herrn/Frau ... zu weiteren einzelvertretungsberechtigten Geschäftsführern bestellen und sie nicht ohne Zustimmung des Käufers abberufen.*

§ ... *Die Vertragsparteien sind verpflichtet, sich gegenseitig alle Auskünfte zu erteilen und an allen Geschäften und Rechtshandlungen mitzuwirken, die zur Durchführung dieses Vertrags erforderlich sind. Der Verkäufer verpflichtet sich insbes., dem Käufer am Stichtag alle zum Unternehmen der Gesellschaft gehörenden und in seinem Besitz befindlichen Geschäftspapiere und -unterlagen auszuhändigen und dem Käufer über die Angelegenheiten der Gesellschaft aus der Zeit vor dem Stichtag auf Verlangen uneingeschränkt Auskunft zu erteilen. Der Käufer verpflichtet sich insbes., dem Verkäufer nach dem Stichtag Einblick in alle Geschäftspapiere und -unterlagen zu gewähren und dem Verkäufer über die Angelegenheiten der Gesellschaft aus der Zeit nach dem Stichtag auf Verlangen uneingeschränkt Auskunft zu erteilen, soweit dies zur Wahrnehmung der steuerlichen Belange des Verkäufers und/oder der Rechte und Pflichten des Verkäufers aufgrund dieses Vertrags erforderlich ist.*

VII. Nachbewertungs-/Anpassungsklauseln

1. Interessenlage

91 Die originäre Funktion von Nachbewertungsklauseln liegt grundsätzlich in einer Sicherung der Äquivalenz von Leistung und Gegenleistung in einer Situation unzureichender Information, die es den Parteien erschwert, den Wert des Kaufobjekts bereits bei Vertragsschluß endgültig festzulegen[112]. Auf diese Weise können beim Kauf einzelner Vermögensgegenstände oder beim Erwerb von Gesellschaftsanteilen **Unsicherheiten** hinsichtlich der **Wertermittlung und -entwicklung** aufgefangen werden. Unterschwellig stellen Anpassungsklauseln in mehrfacher Hinsicht aber auch ein gut geeignetes Instrument zur Durchsetzung vertraglicher Interessen dar. Insbes. lassen sich durch eine solche Klausel eine Vielzahl von Leistungsstörungen sach- und interessengerecht lösen[113].

92 Eine Nachbewertung kann aber auch dann angezeigt sein, wenn durch das Ausbleiben der dem Verkäufer vertraglich zugesicherten Unternehmensführung der **Wert der Gegenleistung sich ändert**. Hierbei handelt es sich um eine Konstellation, die vor allem bei Unternehmensveräußerungen durch die Treuhandanstalt (heute BvS) anzutreffen war. In diesen Fällen diente die Nachbewertung dazu, den Kaufpreis dem Betrag anzupassen, auf den sich die beiden Parteien geeinigt hätten, wenn die Zusicherung hinsichtlich einer bestimmten Unternehmensführung unterblieben wäre. Hierbei muß die Anpassung nicht notwendigerweise dazu dienen, Druck auszuüben, um ein bestimmtes Verhalten des

---

[112] *Wächter/Kaiser/Krause* WM 1992, 293, 295.
[113] *Lutje/Dünnbier* S. 85.

Erwerbers zu erreichen. Vielmehr ging es darum, die Äquivalenz von Leistung und Gegenleistung sicherzustellen. Dennoch gibt es auch Formen von Anpassungsklauseln, bei denen die Durchsetzung eines bestimmten Verhaltens des Erwerbers im Vordergrund steht.

2. Vertragsgestaltung

a) Einzelverwertungsklauseln / Beschäftigungsklauseln / Investitionsklauseln. Besondere Formen der Anpassungsklauseln sind Einzelverwertungs-, Beschäftigungs- und Investitionsklauseln. **Einzelverwertungsklauseln** („anti asset stripping"-Klauseln, zT auch Spekulationsklauseln genannt) sehen vor, daß bei Weiterveräußerung des Unternehmens oder von Unternehmensteilen trotz entgegenstehender vertraglicher Vereinbarung oder auch bei von einem vorausgesetzten Zweck abweichender Vermietung, Verpachtung oder Nutzung in einer längeren Frist (5 bis 15 Jahren) das verkaufte Unternehmen nachbewertet wird[114]. Derartige Klauseln dienen meist nur der **Wertsicherung** und sollen keinen Druck auf den Erwerber ausüben. Einzelverwertungsklauseln bedürfen einer genauen Definition des Einzelverwertungsfalls. Hierbei ist darauf zu achten, daß der Einzelverwertungsfall nicht zu weit definiert wird, damit die Nachbewertung wirklich nur im Fall einer Zweckverfehlung ausgelöst wird. So kann es zB zweckmäßig sein, die Durchführung eines Sale-and-Lease-Back-Verfahrens, einer Betriebsspaltung oder die Vermietung von betrieblichen Teilflächen zu ermöglichen, wenn hierdurch die Interessen des Verkäufers nicht beeinträchtigt werden.

Ferner können auch **Beschäftigungs- und Investitionsklauseln** vereinbart werden, deren Nichtbefolgung zu einer nachträglichen Erhöhung des Kaufpreises führt. Sie dienen anders als die Einzelverwertungsklauseln meist mehr als Druckmittel zur **Einhaltung der getroffenen Vereinbarungen** als der Wertsicherung. Die Investitionsklauseln sind nach Möglichkeit sowohl sachlich als auch betragsmäßig zu definieren[115].

Unabhängig davon, welche der hier angesprochenen Klauseln in den Unternehmenskaufvertrag aufgenommen werden, ist jedenfalls eine Regelung darüber nötig, auf welche Weise eine **Anpassung des Kaufpreises** vorgenommen werden soll. Einerseits ist es denkbar, den Kaufpreis unabhängig von der Intensität der vertraglichen Verfehlung um einen fixen Betrag anzuheben. Andererseits besteht die Möglichkeit einer erneuten Ermittlung, die auf dem Verkehrswert beruht und alle Faktoren berücksichtigt, die üblicherweise Einfluß auf den zu bewertenden Gegenstand haben. Die zweite Alternative birgt allerdings ein hohes Konfliktpotential in sich. Aus diesem Grund bedarf es einer Regelung für den Fall, daß sich die Parteien über die Nachbewertung nicht einigen können. Es empfiehlt sich, den Nachbewertungswert dann durch einen Schiedsgutachter feststellen zu lassen[116].

---

[114] *Wächter/Kaiser/Krause* WM 1992, 293, 299.
[115] *Wächter/Kaiser/Krause* WM 1992, 293, 300.
[116] Siehe Rn 122 ff.

96 **b) Wertsicherung.** Allgemeinere Bedeutung kommt Nachbewertungs- und Anpassungsklauseln im Zusammenhang mit der Wertsicherung zu. Für diesen Zweck bedarf es einer genauen Definition derjenigen **Merkmale**, die für eine Anpassung berücksichtigt werden sollen. Als Anknüpfungspunkte kommen insbes. in Betracht:
- Ertrag zum Stichtag;
- EBIT zum Stichtag;
- Vorhandensein/Bewertung einzelner Vermögensgegenstände zum Stichtag;
- Höhe des Eigenkapitals zum Stichtag;
- Vorhandensein oder Ausbleiben von Ansprüchen von oder gegenüber Dritten (zB Steuererstattungen/Steuernachzahlungen).

97 Wird eine ertragsorientierte Bewertung gewählt, ist zwischen den in Frage kommenden Ertragsarten (EBIT, sonstige Ertragsberechnung) genau zu unterscheiden. Beim Asset Deal ist der Vermögensgegenstand, auf dessen (Neu-) Bewertung es maßgeblich ankommen soll, präzise **zu bezeichnen**. Wird auf das Eigenkapital einer Gesellschaft abgestellt, ist genau zu bestimmen, was in die zwecks Errechnung des Eigenkapitals aufzustellende Bilanz eingestellt werden soll und wie.

98 Grundlage der Ausgleichsregelung bildet regelmäßig die kaufvertragliche Abrechnungsbilanz, die auf der zum Stichtag anzufertigenden Wertaufstellung (Stichtagsbilanz) beruht[117]. Aus der **Stichtagsbilanz** soll sich die zu berücksichtigende (veränderte) Sachlage ergeben. Sie kann grundsätzlich vom Erwerber, dem Veräußerer oder einem Dritten (zB Wirtschaftsprüfer) erstellt werden. Damit Streitigkeiten in Zusammenhang mit der Stichtagsbilanz vermieden werden, empfiehlt sich folgendes:
- Zunächst ist sicherzustellen, daß in der Stichtagsbilanz nicht die Bilanzierungs- und Bewertungsgrundsätze der bereits vorliegenden, und somit der Preisvorstellung zugrunde liegenden, (Zwischen-) Bilanzen willkürlich geändert werden (Grundsatz der Bilanzkontinuität).
- Der Bilanzersteller ist an die Grundsätze ordnungsgemäßer Buchführung und an bestimmte Bewertungsprinzipien und Wahlmöglichkeiten zu binden[118].
- Die Stichtagsbilanz sollte von den Wirtschaftsprüfern der Parteien gemeinsam oder von einem neutralen Wirtschaftsprüfer, auf den sich die Parteien geeinigt haben, erstellt werden[119].
- Wird die Stichtagsbilanz nur von einer der am Unternehmenskauf beteiligten Parteien erstellt, sollte sie durch die andere Partei innerhalb einer angemessenen Frist (zB ein Monat nach Erhalt) bestätigt werden, um das Nachbewertungsverfahren nicht unnötig in die Länge zu ziehen. Liegt bis zum Ablauf der Frist eine Bestätigung nicht vor, sollte die Bestätigung fingiert werden, so daß die Bindungswirkung eintritt.

---

[117] *Günther* in MünchVertragsHdb. Bd. 2 II.1 Anm. 79; *Beisel/Klumpp* Rn 642; *Picot* in Picot Teil I Rn 57.
[118] *Hommelhoff* ZHR 150 (1986) 254, 271; *Holzapfel/Pöllath* Rn 744.
[119] *Franz-Jörg Semler* in Hölters Rn 74.

Ausgehend von der in der Bilanz festgestellten veränderten Sachlage wird dann eine bestimmte **Rechtsfolge für die Kaufpreishöhe** angeordnet (meist Minderung und/oder Erhöhung des zuvor vereinbarten Basiskaufpreises anhand einer näher bezeichneten Methode/Formel). Schließlich bedarf es einer Festlegung des Nachbewertungsstichtags. Die Stichtagsbilanz kann einmalig und endgültig festgestellt werden; oder es findet eine Überprüfung und Fortschreibung der Bilanz über eine bestimmte **Berichtigungsfrist** an mehreren Nachbewertungsstichtagen statt[120]. Dies dient der Behebung von Unsicherheiten, die sich aus dem begrenzten Erkenntnishorizont bei vorläufiger Auf- und Feststellung der Bilanz und aus noch nicht abgeschlossenen Wertentwicklungen ergeben[121]. Um diesen Umständen gerecht zu werden, ist auch eine Regelung denkbar, die nur die Überprüfung nach Grund und Höhe ungewisser Bilanzposten vorsieht (zB Einzel- und Pauschalwertberichtigungen des Forderungsbestands, bestimmte Rückstellungen, nachträglich zutage tretende unbekannte Verbindlichkeiten). Jedenfalls sollte der Berichtigungszeitraum nicht zu lange bemessen sein, da sonst ein hohes Konfliktpotential bis weit über den Übergabestichtag hinaus besteht[122].

3. Pro und Contra

Nachbewertungsklauseln ermöglichen es, trotz Ungewißheiten bezüglich bestimmter Wertentwicklungen eine Entscheidung zugunsten einer Transaktion zu treffen. Die **kaufpreisverändernden Faktoren** und der **Veränderungsmodus** können im voraus genau festgelegt werden. Hierdurch kann der Erwerber die für seine Akquisitionsbereitschaft wesentlichen Bewertungsfaktoren bei der Kaufpreisbestimmung individuell zum Tragen bringen. Die vertragliche Festlegung des Veränderungsmodus verhindert Konflikte über die Art des Ausgleichs, wie sie sonst entstehen können, wenn die Parteien wegen nachträglich festgestellter Wertveränderung eine Anpassung über die Gewährleistung oder den Wegfall der Geschäftsgrundlage versuchen. Ferner stellt eine Anpassungsklausel bei richtiger Ausgestaltung ähnlich dem Earn Out eine gute Absicherung des Erwerbers deswegen dar, weil sie im Gegensatz zu Zusicherungen und Garantien wertbildender Faktoren iRd. Gewährleistung **unmittelbare Auswirkungen** auf den **Kaufpreis** hat.

Auf der anderen Seite besteht durch eine Nachbewertungsklausel, je nach konkreter Ausgestaltung, ein **Konfliktpotential** eventuell bis weit über den Übergabestichtag hinaus. Ferner greift die Wertsicherungsfunktion nur hinsichtlich bestimmter vereinbarter Umstände. Eine darüber hinausgehende Wertsicherung wird durch eine Anpassungsklausel nicht gewährleistet. Auch kann gerade die funktionale Nähe der Kaufpreisanpassung zu den Gewährleistungsvorschriften, insbes. wenn der Kaufpreis auf Basis einer Bilanzausgleichsformel angepaßt werden soll, zu Konflikten führen, wenn eine klare Trennung dieser unterschiedlichen Regelungskomplexe im Vertrag unterblieben ist[123]. Aus Sicht des Veräuße-

---

[120] *Beisel/Klumpp* Rn 651.
[121] *Günther* in MünchVertragsHdb. Bd. 2 II.1 Anm. 80.
[122] *Beisel/Klumpp* Rn 652.
[123] *Holzapfel/Pöllath* Rn 747.

rers sollte zB ausgeschlossen werden, daß über eine Korrektur aufgrund der Bilanzausgleichsformel eine Kaufpreisminderung noch nach Ablauf der Gewährleistungsfristen oder für nicht gewährleistete Umstände oder für Gewährleistungsfälle möglich ist, bei denen erforderliche Grenzwerte nicht erreicht sind. Im Interesse des Käufers liegt es hingegen, eine möglichst offene Bilanzausgleichsformel zu vereinbaren. Dies gilt vor allem für die Fälle, in denen nur eine unzulängliche Gewährleistung des Verkäufers besteht.

VIII. Vertragsstrafen

102 Vertragsstrafen werden häufig in Unternehmenskaufverträge aufgenommen, um die Parteien zur Erfüllung übernommener Verpflichtungen, zB eines Wettbewerbsverbots[124] oder einer Vertraulichkeitsvereinbarung[125], anzuhalten. Erst durch die Vereinbarung einer Vertragsstrafe kann derartigen Regelungen **Nachdruck** verliehen werden. Ohne Vertragsstrafe würde es sich um Regelungen „ohne Zähne" handeln[126]. Generell hat die Absicherung von Interessen durch eine Vertragsstrafenregelung den Vorteil, daß im Fall der Verletzung der geschützten Interessen ein Schadensnachweis, der im Einzelfall sehr schwierig sein kann, nicht notwendig ist[127]. Um sich dennoch die Möglichkeit zu erhalten, einen nachweisbaren höheren Schaden geltend zu machen, enthält der Vertrag regelmäßig eine diesbezügliche Klarstellung. Hierbei kann die Vertragsstrafe auf den Schadensersatzanspruch wegen Nichterfüllung angerechnet werden oder auch nicht.

103 **Vertraulichkeitsvereinbarungen** werden offenbar in der Praxis seltener als Wettbewerbsverbote durch Vertragsstrafen abgesichert. In frühen Stadien der Vertragsverhandlungen, in denen auch die Vertraulichkeitsvereinbarungen getroffen werden, wird eine Vertragsstrafe häufig nur schwierig durchzusetzen sein[128]. Außerdem müssen zwei Umstände regelmäßig nachgewiesen werden, damit eine Vertragsstrafe eingefordert werden kann: Zum einen die Tatsache, daß ein Dritter überhaupt über Interna informiert wurde, zum anderen, daß dieser seine Informationen gerade durch den Erwerbsinteressenten erhalten hat. Aus diesem Grund kann es sich empfehlen, einen zur Berufsverschwiegenheit verpflichteten Neutralen in die Vertragsverhandlungen einzuschalten[129]. Auch hierdurch kann aber nicht verhindert werden, daß dennoch erhebliche Informationen zum Erwerber selbst durchdringen müssen, der ja schließlich auch die Kaufentscheidung zu treffen hat.

---

[124] *Hess/Fabritius* in BeckFormBuch IV. B. 7. Form. § 6.
[125] Siehe § 6 Rn 3 ff.; *Holzapfel/Pöllath* Rn 2231; *Hess/Fabritius* in BeckFormBuch IV. B. 7. Form. § 7.
[126] *Hess/Fabritius* in BeckFormBuch IV. B. 7. Anm. 54.
[127] *Günther* in MünchVertragsHdb. Bd. 2 II. 1 Anm. 108; *Klein-Blenkers* DStR 1998, 978, 979; *Beisel/Klumpp* Rn 46.
[128] Anders jedoch bei Vertraulichkeitsvereinbarungen, welche die Parteien über die Abwicklung der Transaktion hinaus binden sollen; siehe dazu *Hess/Fabritius* in BeckFormBuch IV. B. 7. Anm. 54.
[129] *Hommelhoff* ZHR 150 (1986) 254, 257.

Die Vertragsstrafe ist aufgrund ihres akzessorischen Charakters nur wirksam, 104
wenn auch die abgesicherte Hauptverbindlichkeit wirksam ist. Aus diesem Grund
ist bei der Ausgestaltung der Hauptverbindlichkeit mit großer Sorgfalt vorzugehen.
Dies gilt insbes. für die Vereinbarung von **Wettbewerbsverboten**. Diese sind nur
in bestimmten zeitlichen, räumlichen und gegenständlichen Grenzen zulässig[130].
Zu beachten sind insofern zivil- und kartellrechtliche Schranken[131]. Auch der
grundrechtliche Schutz der wirtschaftlichen und beruflichen Bewegungs- und
Entfaltungsfreiheit des Verkäufers darf durch ein vertragliches Wettbewerbsverbot
nicht weiter eingeschränkt werden als zur Wahrung der durch den Vertragszweck
vorgegebenen schutzwürdigen Interessen des Käufers geboten und angemessen[132].

Allgemeine Aussagen zur zulässigen **Höhe einer Vertragsstrafe** lassen sich 105
nicht machen[133]. Teilweise wird, weil sich im voraus nicht beurteilen läßt, wie
schwerwiegend ein etwaiger einzelner Verstoß sein wird, die Vereinbarung einer
möglichst hohen Vertragsstrafe empfohlen. Doch ist eine gerichtliche Herabsetzung[134] im Handelsverkehr ausgeschlossen[135]. Die angemessene Höhe der Vertragsstrafe sollte daher im Einzelfall angestrebt werden.

IX. Versicherungen

In jüngerer Zeit haben Versicherungsgesellschaften damit begonnen, Versiche- 106
rungslösungen für die **Absicherung einzelner vertraglicher Interessen** der
Parteien anzubieten. Das ist eine zusätzliche Variante, die für Käufer und Verkäufer mit der Transaktion verbundenen Risiken zu quantifizieren und abzusichern.
Derartige Versicherungen nutzen bislang vor allem amerikanische und britische
Private Equity Fonds und strategische Investoren. Anbieter sog. „representations
and warranties insurances" weisen darauf hin, daß durch Versicherungen bspw.
bestehende Umweltrisiken[136] oder Produkthaftungsrisiken auf Dritte übertragen
werden können. Auf diese Weise sollen auch Transaktionen zum Abschluß gebracht werden können, die aufgrund zu großer Unsicherheiten anderenfalls nicht
zustande kommen würden[137].

Versicherer sehen den wesentlichen Vorteil der Übertragung von Risiken auf 107
Dritte in der **Beschleunigung**. Anstatt sich lange über die Risiken aus der Transaktion für Käufer und Verkäufer auseinander zu setzen und eine Risikoaufteilung
auszuhandeln, könne zügig zur Tat geschritten werden. Diese Einschätzung ist jedoch mit Skepsis zu betrachten. Durch die Einschaltung eines Versicherers wird

---

[130] *Hess/Fabritius* in BeckFormBuch IV. B. 7. Anm. 53; *Picot* in Picot Teil I Rn 132 ff.; vgl. auch: *BGH* NJW 1979, 1605 f.; *Ulmer* NJW 1979, 1585, 1586; *Holzapfel/Pöllath* Rn 836 ff.
[131] Art. 81 ff. EGV, §§ 1 GWB, 138 BGB und 74a Abs. 1 HGB entsprechend, *Klein-Blenkers* DStR 1998, 978, 979.
[132] *BGH* NJW-RR 1989, 800, 801; *BGH* NJW 1982, 2000.
[133] *Lutje/Dünnbier* S. 95.
[134] § 343 BGB.
[135] § 348 HGB. *Sieger/Hasselbach* BB 2000, 625, 627.
[136] Siehe § 29 Rn 76.
[137] *Cusack*, Innovative Versicherungslösungen zur Minderung von Transaktionsrisiken, M&A 2000, 174, 174.

eine weitere Partei an den Vertragsverhandlungen beteiligt. Der Versicherer kann iSd. Berechenbarkeit seines Versicherungsprodukts Verkäufer und Käufer bei der Vertragsgestaltung nicht völlig freie Hand lassen, sondern muß bestimmte Anforderungen stellen, da letztlich er es ist, der die Folgen auftretender Störungen wirtschaftlich zu tragen hat. Hierdurch kann eine nicht unerhebliche Verzögerung bei der Vertragsgestaltung eintreten. Die beabsichtigte Beschleunigungswirkung kann auf diese Weise genau ins Gegenteil umschlagen.

D. Due Diligence

108 Die Due Diligence ist primär ein Informationsinstrument, doch kommen ihr im Zusammenhang mit der Durchsetzung vertraglicher Rechte und Pflichten ebenfalls **wichtige Funktionen** zu[138].

109 Die Due Diligence hat eine **Doppelnatur**: Wird sie, wie dies idR der Fall ist, vor Vertragsschluß durchgeführt, kann sie dazu führen, daß der Erwerber keine Gewährleistungsansprüche mehr geltend machen kann. Insofern ist sie ein Hindernis bei der Durchsetzung vertraglicher Ansprüche. Auf der anderen Seite hat sie für die Durchsetzung auch wieder Bedeutung. Dies gilt für die nachträgliche („post acquisition") wie auch für die vor Vertragsschluß durchgeführte („pre acquisition") Due Diligence[139]. So haben beide Vertragspartner das Interesse, daß Fehler bei der Wertermittlung unterbleiben. Auch der Verkäufer wird ab einem bestimmten Verhandlungsstadium geneigt sein, Einblick in die Geschäftsunterlagen zu gewähren, damit der Kaufvertrag nicht dem Risiko der Anfechtung ausgesetzt ist[140]. Insofern ist die Due Diligence eine optimale Möglichkeit, die Gesellschaft näher kennen zu lernen, Risiken des geplanten Unternehmenskaufs realistisch einzuschätzen sowie eine wertgerechte Bewertung des Unternehmens vorzunehmen. Hierdurch kann das Risiko einer Rückabwicklung gem. den §§ 119ff., 138, 826 BGB minimiert werden[141]. Einer Täuschung oder einer vorsätzlichen sittenwidrigen Schädigung ist der Boden entzogen, wenn der Veräußerer die zentralen Dokumente vor Vertragsschluß offengelegt hat.

110 Die Due Diligence in Form der **„post acquisition"-Due Diligence** ist vorwiegend ein Durchsetzungsinstrument zugunsten des Käufers. Dabei sind gewährleistungsrechtliche und wertermittlungstechnische Zusammenhänge zu unterscheiden:

111 **Gewährleistungsrechtlich** geht es um die Frage, ob überhaupt ein Gewährleistungsfall vorliegt, an den dann ggf. bestimmte Rechtsfolgen geknüpft sind. Die Due Diligence ist grundsätzlich geeignet zu überprüfen, ob und inwieweit die Gewährleistungen und Garantien erfüllt sind[142] oder eine Minderung des

---

[138] Zur Durchführung der Due Diligence und der Zusammensetzung des Due Diligence-Teams siehe § 9 Rn 97ff., 128ff.; *Loges* DB 1997, 965, 965.
[139] Zur zeitlichen Positionierung der Due Diligence siehe § 9 Rn 98ff.
[140] *Wollny* Rn 1519.
[141] *Harrer* DStR 1993, 1673, 1675; *Wollny* Rn 1519.
[142] *Godefroid* FLF 2000, 46, 47.

Kaufpreises und/oder ein Anspruch auf Schadloshaltung des Käufers oder des erworbenen Zielunternehmens in Betracht kommen. Umstände, die zu Ansprüchen gegen den Verkäufer führen, können fristgemäß aufgedeckt werden. Außerdem kann die „post acquisition"-Due Diligence auch der Beweissicherung dienen[143]. Die Durchführung einer nachträglichen Due Diligence kann allerdings auch im Interesse des Verkäufers liegen, etwa wenn dem Käufer eine bestimmte Frist zur Durchführung der Unternehmensprüfung gesetzt ist und danach festgestellte Mängel keine Gewährleistungsansprüche mehr auslösen. Die Due Diligence gibt dem Verkäufer dann die Sicherheit, daß der Käufer ihn ab einem bestimmten Zeitpunkt nicht mehr in Anspruch nehmen kann.

Neben diesem gewährleistungsrechtlichen Aspekt kann die „post acquisition"-Due Diligence auch für die Durchsetzung von Interessen iRd. **Wertermittlung** hilfreich sein, insbes. wenn eine Kaufpreisanpassung vereinbart wurde. Meist handelt es sich dabei um eine ergänzende, zweite Due Diligence[144]. Durch diese besteht die Möglichkeit, zwischenzeitlich eingetretene Entwicklungen und neue Informationen zu erkennen und zu verarbeiten. Auf diese Weise kann sichergestellt werden, daß der nach erster Prüfung im Kaufvertrag vorausgesetzte Kaufgegenstand im Zeitpunkt der späteren Übergabe auch tatsächlich die von den Parteien zugrunde gelegten Merkmale hat.

Im allgemeinen ist von einer **Beschränkung der Durchführung** der Due Diligence, oder wesentlicher Teile hiervon, auf die Zeit nach Abschluß des Kaufvertrags abzuraten. Dies gilt vor allem deswegen, weil hierdurch ein erhöhtes Risiko von Unstimmigkeiten und Auseinandersetzungen nach Vertragsschluß geschaffen wird[145].

Mit der Durchführung der Unternehmensprüfung sind allerdings auch **Risiken** verbunden. Da der Veräußerer zumindest iRd. kaufrechtlichen Regelungen regelmäßig nicht für die Umstände haftet, die dem Erwerber bekannt oder infolge grober Fahrlässigkeit unbekannt sind, kann sich die Durchführung einer Due Diligence Prüfung als Hindernis bei der Anspruchsdurchsetzung herausstellen[146]. Auch erhebt sich die Frage, ob sich die Aufklärungspflichten des Veräußerers infolge Durchführung einer Due Diligence reduzieren, so daß Gewährleistungsansprüche nach allgemeinen Grundsätzen ebenfalls wegfallen[147]. Gegen eine solche Reduzierung würde sprechen, daß dem Käufer nach deutschem Recht keine Pflicht zur Prüfung des Kaufgegenstands obliegt[148]. Führt er dennoch eine Due Diligence durch, tut er mehr, als das Gesetz von ihm verlangt. Dies dürfte ihm eigentlich nicht nachteilig angelastet werden. Zudem wird die Due Diligence meist und überwiegend im Interesse des Käufers durchgeführt, der nicht bereit ist, „die Katze im Sack" zu kaufen[149].

---

[143] *Holzapfel/Pöllath* Rn 16.
[144] *Godefroid* FLF 2000, 46, 47.
[145] *Godefroid* FLF 2000, 46, 46.
[146] *Werner* ZIP 2000, 989, 990; *Merkt* BB 1995, 1041, 1047.
[147] Siehe § 9 Rn 70; *Loges* DB 1997, 965, 968; vgl. auch *Stengel/Scholderer* NJW 1994, 158, 164.
[148] Siehe § 9 Rn 70; *Honsell* in Staudinger § 460 Rn 7.
[149] *Godefroid* FLF 2000, 46, 46.

115 Will ein Käufer verhindern, daß die Durchführung einer Due Diligence zu Hindernissen bei der Durchsetzung von Gewährleistungsansprüchen führt, kann er also darauf verzichten[150]. Das **Unterlassen einer Due Diligence** als solches führt regelmäßig nicht zum Ausschluß von Gewährleistungsansprüchen[151]. Es stellt sich jedoch die Frage, auf welche Weise ein Käufer auf der einen Seite seinem legitimen Interesse nachkommen kann, eine Due Diligence durchzuführen, um den Wert des Unternehmens besser ermitteln zu können, wie er aber auf der anderen Seite vermeiden kann, daß ihm etwaige Gewährleistungsansprüche verloren gehen.

116 Grundsätzlich muß der Käufer, je gründlicher er prüft und je mehr Mängel er dabei herausfindet, um so eher mit einer Beschränkung seiner Gewährleistungs- bzw. Schadenersatzansprüche rechnen. Diese Erkenntnis darf ihn jedoch nicht zu einer **oberflächlichen** oder **unvollständigen Durchführung** der Due Diligence veranlassen, da sonst stets die Gefahr besteht, daß eine Verschlechterung seiner Rechtsposition eintritt, obwohl er den Mangel gar nicht gekannt hat. Auch wird in diesem Fall seine Position bei den Vertragsverhandlungen geschwächt, da der Käufer sich beim Wunsch nach Garantien und Zusagen stets vorhalten lassen muß, daß er sich ja schließlich hätte alles ansehen können.

117 Insofern ist auf jeden Fall eine umfassende und sorgfältige Due Diligence zu empfehlen[152]. Die durch diese gewonnenen **Ergebnisse** sollten dann bei der **Ausarbeitung der Gewährleistungsregelungen** im Kaufvertrag **berücksichtigt** werden. Insbes. ist in Fällen, in denen die Gewährleistung bzw. der Schadensersatz infolge der Offenlegung des Mangels ausgeschlossen ist, eine Garantiehaftung in Bezug auf mögliche Schäden oder Nachteile zu erwägen[153]. Eine solche Haftung wird durch die Kenntnis des Käufers nicht ausgeschlossen[154]. Die Due Diligence kann unter diesem Gesichtspunkt hilfreich sein, maßgeschneiderte Garantie- und Gewährleistungsregeln mit interessengerecht abgestuften Haftungsfolgen aufzubauen[155]. Dieses Vorgehen ist schon deswegen empfehlenswert, weil sich punktuelle Garantien bei Verhandlungen idR leichter durchsetzen lassen als pauschale Garantien. Der Aspekt des Hindernisses bei der Anspruchsdurchsetzung tritt demgegenüber in den Hintergrund.

118 Neben der Lösung über Garantien versuchen Käufer regelmäßig, nach angelsächsischem Vorbild die Rechtsnachteile einer Offenlegung für sich zu vermeiden oder einzuschränken, indem sie im Vertrag die Kenntnis auf im einzelnen aufgeführte Fakten beschränken (**„disclosure letter"**). Teilweise wird die Auffassung vertreten, daß eine solche Konstruktion die allgemeine gesetzliche Gewährleistung nicht berühren kann[156]; solche Einschränkungen einer allgemeinen ge-

---

[150] Anderes würde nur dann gelten, wenn die Due Diligence inzwischen zur Verkehrssitte geworden wäre. Hiervon kann wohl (noch) nicht ausgegangen werden. Siehe zu diesem Problemkreis auch § 9 Rn 69.
[151] *Loges* DB 1997, 965, 969.
[152] Siehe § 9 Rn 69.
[153] *Merkt* WiB 1996, 145, 148.
[154] Die Garantie besagt lediglich, daß der Käufer von den Schäden aus dem Vorliegen oder Nichtvorliegen eines Umstands freigestellt wird. Dies kann unabhängig davon geschehen, ob Kenntnis bei den Parteien vorlag oder nicht.
[155] *Beisel/Klumpp* Rn 645 a.
[156] *Holzapfel/Pöllath* Rn 17.

setzlichen Gewährleistung oder Haftung aus gebotener, aber unterlassener Information seien regelmäßig unbeachtlich, da der Käufer einen Anspruch aus unterlassener Information nicht erheben könne, wenn er den betreffenden Umstand gekannt habe[157]. Diese Auffassung ist jedenfalls dann in Zweifel zu ziehen, wenn gleichzeitig § 460 Satz 1 BGB für alle Umstände, die nicht im „disclosure letter" aufgeführt sind, abbedungen wird. Letzteres ist möglich und auch empfehlenswert[158]. Ähnlich dem Lösungsweg über die Garantie einzelner Umstände ist auch die Anfertigung eines „disclosure letter" eine geeignete Möglichkeit, punktuelle Garantien durchzusetzen.

E. Einschaltung Dritter

Der Einschaltung Dritter kommt iRd. Durchsetzung vertraglicher Rechte und Pflichten große Bedeutung zu. Hierbei sind zwei Funktionen Dritter iRd. Konfliktbewältigung zu unterscheiden. Einerseits ist der Dritte die **neutrale Instanz**, die im Streitfall abschließend eine Lösung herbeiführen oder wenigstens anregen kann, andererseits ist bereits die Möglichkeit der abschließenden Entscheidung durch einen Dritten ein Druckmittel, das in manchen Situationen der Vertragsdurchführung ein vielleicht schwer meßbares, aber dennoch effektives Durchsetzungsinstrument für vertragliche Interessen sein kann. Das ultimative Instrument der **Drittentscheidung** macht es den Parteien häufig erst möglich, andere subtilere vertragliche Durchsetzungsmechanismen sinnvoll einzusetzen. 119

Die Einschaltung Dritter ist stets mit Kosten- und Zeitaufwand verbunden. Dies zu vermeiden, liegt im gemeinsamen Interesse von Käufer und Verkäufer. Vertragliche Durchsetzungsmechanismen verdienen in beiderseitigem Interesse den Vorzug. Dennoch läßt sich häufig eine **ungleichgewichtige Verteilung** der vertraglichen Durchsetzungsmöglichkeiten feststellen. Dies kann auf diversen Faktoren beruhen. Neben qualitativen Unterschieden in der rechtlichen Beratung handelt es sich vor allem um Faktoren, die sich aus den wirtschaftlichen Positionen von Käufer und Verkäufer ergeben. Hierdurch entsteht die Möglichkeit der Einflußnahme kraft struktureller Überlegenheit, etwa wenn der Verkäufer mit dem Zielunternehmen in für dieses bedeutungsvollen laufenden Geschäftsbeziehungen steht. Die fortdauernde Abhängigkeit des Käufers vom Verkäufer wird sich regelmäßig auch im Kaufvertrag wiederfinden lassen. 120

Je nachdem, in welchem Stadium der Auseinandersetzung sich ein Konflikt gerade befindet, können Dritte in **unterschiedlicher Form** eingeschaltet werden. Gutachter können bereits in einem sehr frühen Stadium eine geeignete Hilfe sein; Mediation, Schieds- und ordentliche Gerichte setzen demgegenüber zu einem späteren Zeitpunkt an. 121

---

[157] *Merkt* WiB 1996, 145, 148; *Holzapfel/Pöllath* Rn 17.
[158] § 460 Satz 1 ist eine dispositive Vorschrift, siehe § 9 Rn 69; *Putzo* in Palandt § 460 BGB Rn 3.

I. Schiedsgutachter

1. Interessenlage

122 Schiedsgutachter im rechtlichen Sinn haben ausschließlich bestimmte Feststellungen zu treffen und Bewertungen vorzunehmen, ohne eine Auseinandersetzung als solche abschließend zu entscheiden[159]. Dem entspricht die zumeist nichtjuristische professionelle Qualifikation derjenigen, die üblicherweise als Schiedsgutachter bestellt werden. IdR haben sie spezielle technische, naturwissenschaftliche oder wirtschaftliche Kenntnisse, die sie befähigen, **professionell fundierte Bewertungen** vorzunehmen oder **Sachverhaltsklärungen** zu liefern, die auf Grund ihrer Zuverlässigkeit von den Parteien akzeptiert werden. Dem hohen Potential zur Konfliktlösung stehen erhebliche Kosten als Nachteil gegenüber.

123 Schiedsgutachter können **bei der Kaufpreisfindung** eine entscheidende Rolle spielen[160]. Zu denken ist insofern an die Wertermittlung über eine Bilanzausgleichsformel oder über eine Kaufpreisanpassungsklausel[161]. Beides ist schwierig und konfliktträchtig. Schiedsgutachter, die iRd. Wertermittlung eingesetzt werden, sind meist Wirtschaftsprüfer.

124 Regelungsbedarf besteht vor allem, wenn die für die Kaufpreisanpassung maßgeblichen Werte oder Bilanzen durch den Veräußerer oder dessen Wirtschaftsprüfer ermittelt bzw. bestätigt werden. Dann ist es sinnvoll, den vom Käufer beauftragten Wirtschaftsprüfern bereits vor der Erstellung der Übergabebilanz **Gelegenheit zu Prüfungshandlungen** zu geben und ihnen die Arbeitspapiere der vom Verkäufer beauftragten Wirtschaftsprüfer zur Verfügung zu stellen. Wird keine Einigung über die Bilanz erzielt, empfiehlt sich die Regelung, daß zunächst die Vertragsparteien selbst sich um eine Einigung über die Bilanzansätze bemühen, bevor in einem nächsten Schritt ein unabhängiger Wirtschaftsprüfer bestimmt wird, der die evtl. noch **streitigen Bilanzansätze** als Schiedsgutachter festsetzt[162]. Da für Meinungsverschiedenheiten über die richtigen Ansätze der Übergabebilanz eine rasche Streitentscheidung vorzusehen ist[163], sollte für den Einigungsversuch der Parteien eine angemessene Frist gesetzt werden.

125 Auch zur Vermeidung gerichtlicher Auseinandersetzungen über tatsächliche Feststellungen oder Bewertungen in **gewährleistungsrechtlichen Zusammenhängen**, die regelmäßig besonderen technischen und/oder wirtschaftlichen Sachverstand erfordern, kann die Vereinbarung einer schiedsgutachterlichen Entscheidung zu empfehlen sein[164]. Der Gutachter kann einen eventuell vorhandenen Anspruch aufdecken und bestimmen und so den Interessen des Käufers Durchsetzungskraft verleihen.

126 Wegen der mit einem Schiedsgutachten verbundenen, oft erheblichen Kosten empfiehlt sich eine vertragliche Regelung über die **Kostentragung**[165]. Eine ge-

---

[159] BGHZ 48, 25, 30; *Lachmann* Rn 20.
[160] *Beisel/Klumpp* Rn 610; *Franz-Jörg Semler* in Hölters Rn 57.
[161] Siehe Rn 95 f.
[162] § 317 BGB.
[163] *Franz-Jörg Semler* in Hölters Rn 57.
[164] *Roschmann* ZIP 1998, 1941, 1947.
[165] *Wollny* Rn 626.

nerelle Empfehlung für die Kostenverteilung ist nicht möglich. Daß, wer sich eines Gutachters bedient, um seinen Anspruch nachzuweisen, auch die hierfür anfallenden Kosten zu tragen hat, kann sicherlich nicht in jedem Fall gelten. Gerade bei einer vertraglichen Festlegung, daß in bestimmten Fällen ein Gutachten einzuholen ist, empfiehlt sich eine ausdrückliche Kostenregelung im Kaufvertrag, etwa eine fixe Kostenregelung zu einem bestimmten Prozentsatz (zB 50: 50) oder eine variable Aufteilung im Verhältnis des Unterliegens[166].

Ferner bedarf stets der Regelung, wer den Gutachter bestimmt. Es ist zwar rechtlich wohl zulässig, aber dennoch nicht empfehlenswert, nur einem Vertragsteil das **Ernennungsrecht** einzuräumen[167]. Die gemeinsame Ernennung ist dem vorzuziehen. Auch ist denkbar, daß die Beteiligten den Gutachter nicht selbst benennen, sondern einen unabhängigen Dritten, zB die Industrie- und Handelskammer, den Gutachter bestimmen lassen.

2. Klauselbeispiel

Für die allgemeine Vereinbarung eines Schiedsgutachtenverfahrens bietet sich zB folgende Regelung an:

> § ... (1) *Schiedsgutachterliche Feststellungen oder Entscheidungen, die aufgrund dieses Vertrags (vgl. § ..., § ..., § ...) getroffen werden, sind für alle Vertragsschließenden verbindlich. Können sich die Beteiligten auf den Schiedsgutachter nicht einigen, ist auf Antrag eines Beteiligten vom ... ein Wirtschaftsprüfer oder eine Wirtschaftsprüfungsgesellschaft als Schiedsgutachter zu benennen.*
>
> *(2) Der Schiedsgutachter hat vor seiner Entscheidung allen Beteiligten Gelegenheit zur Stellungnahme zu geben. Auf Verlangen eines Beteiligten hat eine mündliche Erörterung des Streitfalls vor dem Schiedsgutachter stattzufinden. Der Schiedsgutachter hat seine Entscheidung mit schriftlicher Begründung allen Beteiligten zu übermitteln.*
>
> *(3) Für die Kosten des schiedsgutachterlichen Verfahrens gelten die §§ 91ff. ZPO entsprechend. Über die Verteilung der Kosten entscheidet der Schiedsgutachter.*

II. Schiedsgerichtsverfahren

1. Interessenlage

Trotz sorgfältiger Ausgestaltung vertraglicher Durchsetzungsmechanismen können im Rahmen einer Transaktion Streitigkeiten entstehen, die einer rechtlichen Klärung bedürfen. In solchen Fällen sind Schiedsgerichte eine mögliche und auch vernünftige Alternative zu den ordentlichen Gerichten. Wichtig ist, daß die Parteien eine **Schiedsgerichtsvereinbarung** bereits **in den Unternehmenskaufvertrag** aufgenommen haben.

---

[166] Entsprechende Anwendung von § 91 ZPO.
[167] *Wollny* Rn 786.

130 Mit stetiger Zunahme grenzüberschreitender Transaktionen gehen zahlreiche Vertragsparteien dazu über, Streitigkeiten nicht vor den staatlichen, sondern vor den Schiedsgerichten auszutragen. Die Durchsetzung vertraglicher Interessen vor einem **Schiedsgericht** statt vor einem staatlichen Gericht hat verschiedene Vorteile, aber auch Nachteile[168].

131 Ein zentraler **Vorteil** ist, daß das Verfahren vor einem Schiedsgericht vertraulich durchgeführt werden kann[169]. Bei Unternehmensübernahmen haben die beteiligten Parteien nicht selten einen hohen Bekanntheitsgrad und sind an der Teilnahme der Öffentlichkeit, insbes. der Medien, nicht interessiert[170]. Außerdem sind die größere Sachkunde und -nähe des Schiedsgerichts und häufig auch die wegen des fehlenden Instanzenzugs idR geringeren Kosten Vorteile des Schiedsverfahrens[171].

132 Die Parteien können das Schiedsgericht **nach eigenen Vorstellungen** besetzen[172]. Sie bringen dem Gericht deshalb besonderes Vertrauen entgegen[173]. Sie können auch die Sprache des Verfahrens bestimmen[174], ebenso das anwendbare Recht[175].

133 Die **Parteivereinbarungen** sollten ein größtmögliches Gleichgewicht bei späteren Auseinandersetzungen schaffen[176]. Setzt sich das Schiedsgericht, wie bei internationalen Auseinandersetzungen üblich, aus drei Vertretern zusammen und ist das heimische Recht eines der parteibenannten Schiedsrichter anwendbar, besteht die Gefahr, daß dieser im Schiedsgericht im Verhältnis zum Vorsitzenden eine besondere Position gewinnt[177]. Zum Teil wird aus diesem Grund empfohlen in der Schiedsklausel festzuhalten, daß der vorsitzende Richter ein Jurist sein muß, der des anwendbaren Rechts kundig ist[178]. Diese Empfehlung wird jedoch den Anforderungen, die in der Praxis an einen Schiedsrichter in einem Streit über eine Unternehmensübernahme gestellt werden, häufig nur unzulänglich gerecht. Vielfach treten in einem derartigen Schiedsgerichtsverfahren die Rechtsfragen in den Hintergrund, und es stellen sich hauptsächlich Fragen zur Sachverhaltsermittlung und -interpretation. Berücksichtigt man dies, liegt der Schluß nahe, daß die Vertrautheit mit dem materiellen Recht nicht das entscheidende Kriterium für die

---

[168] Siehe § 35 Rn 129 f.
[169] *Trittmann* in BeckFormBuch V. A. Anm. 1; *Schütze* Rn 13; *Henn* Schiedsverfahrensrecht Rn 13.
[170] *v. Schlabrendorff* in Pfeiffer Rn 4; *Schwab/Walter* Kap. 1 Rn 8.
[171] *Henn* Schiedsverfahrensrecht Rn 12; *Schwab/Walter* Kap. 1 Rn 8; *Beisel/Klumpp* Rn 1086; bei Streitigkeiten mit kleineren und mittleren Streitwerten wird sich der Aufwand, ein Schiedsgericht zu bilden und die Schiedsrichter zu vergüten, jedoch häufig nicht lohnen.
[172] Siehe § 35 Rn 129; *Schwab/Walter* Kap. 1 Rn 8.
[173] *Schütze* Rn 9; *Henn* Schiedsverfahrensrecht Rn 12; *Beisel/Klumpp* Rn 1018.
[174] § 1045 Abs. 1 Satz 1 ZPO; *Kronke* RIW 1998, 257, 261.
[175] Siehe § 35 Rn 129; *Schütze* Rn 174; *Kronke* RIW 1998, 257, 262.
[176] Die Parteien müssen jedoch bei der Bestimmung des anwendbaren Rechts berücksichtigen, daß der Grundsatz der Privatautonomie nicht uneingeschränkt gilt. So sind Eingriffsnormen nicht abdingbar (zB Ausfuhrverbote, Devisenvorschriften, Verbraucherschutz).
[177] *Schütze* Rn 174.
[178] *Schütze*, Die Vereinbarung der Zuständigkeit eines institutionellen Schiedsgerichts, BB 1998, Beilage Nr. 9, S. 2, 2.

Eignung eines Schiedsrichters ist. Viel dringlicher ist insofern eine möglichst hohe Sachkenntnis der Schiedsrichter im Bereich von Unternehmensakquisitionen und Erfahrung in der Durchführung von Schiedsverfahren. Nur wenn hinreichende Sachkenntnis und Erfahrung vorliegen, ist eine zutreffende Würdigung des Sachverhalts möglich.

Die Nachteile, die mit Schiedsverfahren verbunden sein können, lassen sich größtenteils durch einen sinnvollen Schiedsvertrag und eine vernünftige Auswahl der Schiedsrichter vermeiden[179]. Gelegentlich wird die angebliche **Parteilichkeit** der von den Parteien benannten Schiedsrichter als Nachteil des Schiedsgerichtsverfahrens angeführt. Diese seien der Partei, die sie benannt habe, schon deswegen wohlgesonnen, weil sie im Zweifel daran interessiert seien, von ihr weitere Schiedsmandate übertragen zu erhalten. Dieser Auffassung kann jedoch nicht zustimmen, wer Erfahrung in Schiedsverfahren hat. Der Schiedsrichter ist in gleicher Weise wie ein Richter an einem ordentlichen Gericht zur Unparteilichkeit verpflichtet. Von dem Problem der Parteilichkeit ist die Tatsache, daß der jeweilige Richter dem Vortrag der Partei, die sie benannt hat, besonders aufmerksam Gehör schenken wird, strikt zu trennen. Wie bereits dargelegt, handelt es sich ja gerade um einen entscheidenden Vorteil des Schiedsgerichtsverfahrens, daß die Parteien besonderes Vertrauen in das Schiedsgericht haben. Dieses Vertrauen resultiert aus der eigenen Ernennung eines Mitglieds des Schiedsgerichts. Hierdurch wird die Berücksichtigung des Vortrags der jeweiligen Partei im Rahmen einer Entscheidung gewährleistet. Parteilichkeit ist hierin aber nicht zu sehen. 134

Die zunächst fehlende **Vollstreckbarkeit** des erstrittenen Titels darf wohl kaum als Nachteil der Schiedsgerichte angesehen werden. Zwar müssen Schiedssprüche das Vollstreckbarerklärungsverfahren durchlaufen[180], doch findet dafür lediglich eine sehr eingeschränkte – im wesentlichen auf Gesichtspunkte des Ordre public begrenzte – Prüfung des Schiedsspruchs statt[181]. Ausländische Schiedssprüche sind ggf. sogar einfacher in einen vollstreckbaren Titel umzuwandeln als ausländische Urteile[182], da sie nach dem UN-Übereinkommen über die Anerkennung und Vollstreckung ausländischer Schiedssprüche von den Unterzeichnerstaaten stets anzuerkennen und zu vollstrecken sind[183]. Gleiches gilt für die Vollstreckung inländischer Schiedssprüche im Ausland. Berücksichtigt man weiter, daß über 120 Staaten dem New Yorker Abkommen beigetreten und zwischenstaatliche Abkommen über die Vollstreckung von Titeln der ordentlichen Gerichtsbarkeit noch lange nicht die Regel sind, werden die Vorteile internationaler Schiedsverfahren gerade unter dem Gesichtspunkt der Durchsetzbarkeit sofort erkennbar. 135

---

[179] *Schwab/Walter* Kap. 1 Rn 8.
[180] Insofern zutreffend: *Schütze* Rn 14.
[181] *v. Schlabrendorff* in Pfeiffer Rn 10.
[182] *Lionnet* S. 47.
[183] Siehe § 35 Rn 127; UN-Übereinkommen vom 10. 6. 1958 über die Anerkennung und Vollstreckung ausländischer Schiedssprüche (New Yorker Konvention), umgesetzt in deutsches Recht durch Gesetz vom 15. 3. 1961 BGBl. 1961 II S. 121.

2. Form von Schiedsvereinbarungen

136 Die Schiedsgerichtsklausel bedarf grundsätzlich keiner qualifizierten Form. Nach neuem deutschen Recht[184] besteht lediglich ein einfaches **Schriftformerfordernis**, sofern an der Schiedsvereinbarung kein Verbraucher beteiligt ist[185]. Eine Integration der Schiedsgerichtsklausel in den Unternehmenskaufvertrag ist somit möglich[186]. Zu beachten ist jedoch, ob evtl. nach ausländischem Recht **weiterreichende Formerfordernisse** bestehen.

3. Klauselgestaltung

137 **a) Verfahrensart.** Bereits in der Schiedsklausel sollten die Parteien festlegen, ob sie etwaige künftige Schiedsverfahren vor ein **Ad hoc-Schiedsgericht** oder vor ein **„institutionelles" Schiedsgericht** bringen wollen[187]. In einem Ad hoc-Schiedsverfahren, soweit es nicht bei den gesetzlich allgemein geltenden Regeln bleibt, bestimmen die Parteien die Verfahrensregeln[188]. Dies führt dazu, daß die Ad hoc-Schiedsgerichtsbarkeit durch größtmögliche Flexibilität des Verfahrens gekennzeichnet ist[189]. Eine Schiedsinstitution ist bei der Bestellung der Schiedsrichter grundsätzlich nicht beteiligt. Der Einfluß der Parteien auf die Bestellung der Schiedsrichter ist somit optimal. Auch kann das Ad hoc-Verfahren schneller sein als ein administriertes Verfahren. Ferner ist der Grad an Privatheit und Vertraulichkeit besonders hoch[190].

138 Auf der anderen Seite erfordert das Ad hoc-Verfahren entsprechende Erfahrungen des Vertragsentwerfers, da maßgeschneiderte **Verfahrensregeln** ausgearbeitet werden müssen[191]. Aus diesem Grund wird für internationale Ad hoc-Verfahren häufig die UNCITRAL-Schiedsordnung vereinbart, eine Verfahrensordnung für ein Ad hoc-Verfahren[192]. Alternativ hierzu können die Parteien vereinbaren, daß das Schiedsverfahren gemäß den nationalen Schiedsverfahrensbestimmungen durchgeführt wird. Auch diese können einen geeigneten Verfahrensrahmen für Ad hoc-Schiedsverfahren darstellen. Nach der gelungenen Reform des 10. Buches der ZPO ist diese Möglichkeit nun auch in Deutschland ohne weiteres gegeben.

139 Entscheiden sich die Parteien für ein **administriertes Schiedsverfahren**, wenden sie sich an eine nationale, internationale oder sonstige Organisation, etwa die ICC oder DIS, die ein Verfahren für die Bestellung des Schiedsgerichts sowie die Durchführung und die Überwachung des Schiedsverfahrens zur Verfügung

---

[184] In Kraft getreten gem. Art. 5 Nr. 1 SchiedsVfG zum 1. 1. 1998.
[185] § 1031 ZPO.
[186] *Henn* Schiedsverfahrensrecht Rn 55.
[187] Siehe § 35 Rn 132f.; *v. Schlabrendorff* in Pfeiffer Rn 36.
[188] *Schütze* Rn 16.
[189] *v. Schlabrendorff* in Pfeiffer Rn 37.
[190] *v. Schlabrendorff* in Pfeiffer Rn 39.
[191] *Schütze* Rn 16.
[192] Siehe § 35 Rn 128, 135.

stellt[193]. Die Verweisung auf eine etablierte Schiedsgerichtsordnung vereinfacht die Aufgabenstellung des Vertragsjuristen erheblich. Eine Vertragsklausel, die für Auseinandersetzungen ein institutionelles Schiedsverfahren vorsieht, empfiehlt sich vor allem für Vertragsparteien, die nur geringe Erfahrungen mit Schiedsverfahren haben[194].

b) Ort des Schiedsverfahrens. Die Schiedsgerichtsklausel sollte den Ort bestimmen, an dem künftige Schiedsverfahren ausgetragen werden sollen[195]. Dem Ort des schiedsgerichtlichen Verfahrens kommt vor allem deswegen Bedeutung zu, weil sich nach ihm die „Nationalität" des Schiedsspruchs bestimmt. Diese wiederum ist für die **anwendbaren Verfahrensvorschriften** maßgebend. Deutsches Schiedsverfahrensrecht ist immer dann anwendbar, wenn der vereinbarte Schiedsort in Deutschland liegt[196], gleichviel an welchem Ort das Schiedsverfahren tatsächlich durchgeführt wird. Maßgeblich ist allein die Parteivereinbarung[197]. Je nach Einordnung des Schiedsspruchs als in- oder ausländisch, ergeben sich auch Konsequenzen für das einschlägige Verfahren zur Vollstreckbarerklärung[198] und für die Zulässigkeit eines Antrags auf Aufhebung des Schiedsspruchs[199], da nur inländische Schiedssprüche von deutschen Gerichten aufgehoben werden können[200]. 140

Bei der **Ermittlung des geeignetsten Orts** für das Schiedsverfahren sollten im wesentlichen drei Kriterien berücksichtigt werden. Zunächst sollte das Land, in dem das Schiedsverfahren stattfinden soll, Mitglied des New Yorker Abkommens über die Vollstreckung von Schiedssprüchen sein. Sodann sind die Besonderheiten des örtlich anwendbaren Schiedsverfahrensrechts in die Überlegungen einzubeziehen, da zwischen Schiedsort und anwendbarem Verfahrensrecht regelmäßig ein direkter Zusammenhang besteht. Letztlich sollte der Ort, an dem das Schiedsverfahren stattfinden soll, auch den logistischen Anforderungen genügen. 141

Haben sich die Parteien auf die Durchführung eines institutionellen Schiedsverfahrens geeinigt, ist zu prüfen, ob mit der Wahl eines bestimmten Schiedsinstituts die **Ortswahl eingeschränkt** werden könnte. Bei den großen bekannten Schiedsinstitutionen ist dies idR nicht der Fall. 142

---

[193] Zu nennen sind: Schiedsgerichtsordnung der internationalen Handelskammer (ICC); Schiedsgerichtsordnung der Wirtschaftskommission der vereinten Nationen für Europa (ECE-Schiedsgerichtsordnung); Schiedsgerichtsordnung des London Court of International Arbitration (LCIA); Schlichtungs- und Schiedsordnung, sowie Internationale Schiedsgerichtsordnung der Zürcher Handelskammer; Schiedsgerichtsordnung der Deutschen Institution für Schiedsgerichtsbarkeit e.V. (DIS); Schiedsgerichtsordnung der American Arbitration, Association (AAA). Vgl. § 35 Rn 133.
[194] Alle bekannteren Schiedsinstitutionen stellen Musterklauseln zur Verfügung, deren Verwendung „als der sicherste Weg" regelmäßig empfohlen ist. Siehe § 35 Rn 137 ff.
[195] *v. Schlabrendorff* in Pfeiffer Rn 30.
[196] § 1025 Abs. 1 ZPO.
[197] § 1043 ZPO.
[198] §§ 1060, 1061 ZPO.
[199] § 1059 ZPO.
[200] *v. Schlabrendorff* in Pfeiffer Rn 30.

143 **c) Weitere Vertragsgestaltung bei Ad hoc-Verfahren.** Haben sich die Parteien auf die Durchführung eines Ad hoc-Schiedsverfahrens geeinigt, können sie unabhängig von der Bezugnahme auf die UNCITRAL-Schiedsordnung oder die gesetzlichen Bestimmungen alternative oder **ergänzende Vereinbarungen** treffen. Dieser Gestaltungsspielraum eröffnet sich insbes. dann, wenn Gesetzeslücken vorliegen oder dispositives Recht ersetzt oder abgeändert werden soll.

144 So stellt sich zB die Frage, ob ausdrücklich vereinbart werden sollte, wie das **Schiedsgericht zu besetzen** ist. Geschieht das nicht, besteht nach deutschem Verfahrensrecht das Schiedsgericht aus drei Schiedsrichtern[201]. Von diesen ernennen die Parteien je einen; diese bestimmen dann den dritten Schiedsrichter, der das Amt des Vorsitzenden (Obmann) einnimmt[202]. Eine abweichende Parteivereinbarung ist idR nicht angezeigt, da das von der ZPO vorgeschlagene Verfahren internationalen Gepflogenheiten entspricht und zweckmäßig ist[203]. Auf diese Weise ist das besondere Vertrauen der Parteien zum Schiedsgericht gewährleistet. Auch fördert diese Form der Ernennung die Sachkompetenz des Schiedsgerichts.

145 Weitere wesentliche **Gestaltungsmöglichkeiten** sind die Vorschaltung eines Mediationsverfahrens[204], die Begrenzung der Übertragung auf bestimmte Streitigkeiten, die Vereinbarung einer gerichtlichen Zuständigkeit für Bagatellstreitigkeiten oder ein Wahlrecht bezüglich der Entscheidung, ob ein Schiedsgericht oder ein ordentliches Gericht anzurufen ist.

146 **d) Klauselbeispiele.** Wie das immer wieder auftauchende Problem sog. „pathologischer Klauseln" gerade auch in Unternehmenskaufverträgen zeigt, ist die **Abfassung** einer geeigneten Schiedsvereinbarung keine einfache Aufgabe, sondern stellt an die Vertragsentwerfer hohe Anforderungen. Es kann nur empfohlen werden, insoweit die Fachliteratur zum Schiedsverfahrensrecht zu konsultieren[205].

147 **e) Mehrparteienverfahren.** Besonderheiten für die Vertragsgestaltung ergeben sich, wenn mehrere Parteien beteiligt sind[206]. Gerade bei Schiedsverfahren im Zusammenhang mit Unternehmenskäufen liegt nicht selten die Situation vor, daß auf der Veräußererseite **mehrere Beteiligte** vorhanden sind. In solchen Situationen müssen im wesentlichen zwei Aspekte besondere Berücksichtigung finden, die Bestellung der Schiedsrichter und die Stellung der Parteien im Prozeß.

148 Soll der Rechtsstreit durch drei Schiedsrichter entschieden werden, stellt sich die Frage, wie zwei oder mehr Kläger/Beklagte einen **Schiedsrichter bestim-**

---

[201] § 1034 Abs. 1 Satz 2 ZPO.
[202] § 1035 Abs. 3 Satz 2 ZPO.
[203] v. *Schlabrendorff* in Pfeiffer Rn 48. Die Besetzung mit nur einem Schiedsrichter empfiehlt sich lediglich bei einfach gelagerten Streitigkeiten. Da die Komplexität einer drohenden Auseinandersetzung jedoch bei der Klauselgestaltung regelmäßig noch nicht absehbar sein wird, sollte diese Konstellation bei der Vertragsgestaltung auch noch nicht berücksichtigt werden. Die nachträgliche Einigung auf eine Einmannbesetzung verbleibt den Parteien ja.
[204] Siehe Rn 152 ff.
[205] Vgl. aus der zahlreichen internationalen Literatur *Born*, International Arbitration and Forum Selection Agreements, Planning, Drafting and Enforcing, 1999; S. 37 ff.; *Paulsson/Rawding/Reed/Schwartz,* The Freshfields Guide to Arbitration and ADR, Clauses in International Contracts, 2. Aufl. 1999, S. 1 ff.
[206] *Henn* Schiedsverfahrensrecht Rn 35 ff.; *Lachmann* Rn 647 ff.; *Schütze* Rn 74 ff.

men können, ohne daß das schiedsverfahrensrechtliche Grundrecht auf Gleichbehandlung verletzt wird[207].

Als Basis für eine Lösung auch im Ad hoc-Verfahren bietet sich zB die gelungene neue **DIS-Mehrparteienklausel**[208] an:

> Soweit die Parteien nichts anderes vereinbart haben, haben mehrere Kläger in ihrer Schiedsklage gemeinsam einen Schiedsrichter zu benennen.
>
> Sind in der Schiedsklage zwei oder mehr Beklagte aufgeführt, so haben diese, soweit die Parteien nichts anderes vereinbart haben, gemeinsam einen Schiedsrichter innerhalb einer Frist von 30 Tagen nach Empfang der Klage durch die Beklagten zu benennen. Wird die Klage von den Beklagten zu unterschiedlichen Zeitpunkten empfangen, ist für die Fristberechnung der Empfang durch den Beklagten maßgeblich, der sie als letzter empfangen hat. Die Frist kann durch die DIS-Geschäftsstelle verlängert werden. Einigen sich die Beklagten nicht innerhalb einer Frist, benennt, nach Anhörung der Parteien, der DIS-Ernennungsausschuß zwei Schiedsrichter, soweit die Parteien nichts anderes vorsehen. Eine von der Klägerseite vorgenommene Benennung wird durch die Benennung durch den DIS-Ernennungsausschuß gegenstandslos.
>
> Die zwei von den Parteien oder vom DIS-Ernennungsausschuß benannten Schiedsrichter benennen den Vorsitzenden. § 12.2 der DIS-Schiedsgerichtsordnung gilt entsprechend, wobei der Antrag einer Partei ausreichend ist.
>
> Über die Zulässigkeit des Mehrparteienverfahrens entscheidet das Schiedsgericht.

Alle Beteiligten müssen ihre Zustimmung erteilen, wenn **ein Dritter** am Schiedsverfahren **teilnehmen** soll[209]; nur auf diese Weise kann eine allseitige Bindung an den Schiedsspruch erreicht werden[210]. Die hierdurch entstehende Prozeßsituation kennt die ZPO nicht[211]. Zwar gibt es die Beteiligung Dritter am Rechtsstreit in der Form der Nebenintervention und der Streitverkündung, doch ist der Beitretende in diesen Fällen nicht Partei. Im schiedsgerichtlichen Verfahren kann bei Zustimmung aller Beteiligten diese Parteistellung hingegen erreicht werden. Diese Zustimmung sollte bereits in die Schiedsvereinbarung aufgenommen werden. Nach dem Entstehen der Streitigkeit ist eine Einigung kaum mehr möglich.

Prinzipiell ist zu empfehlen, die Schiedsordnung einer **etablierten Institution** zu wählen, die Mehrparteienfälle erfaßt. Das sind in Deutschland die DIS und international vor allem die ICC.

III. Mediation und andere Formen der Streitschlichtung

Wie das Schiedsgerichtsverfahren überhaupt sind die Streitbeilegung[212] und als Unterfall hiervon die Mediation Alternativen zum klassischen Gerichtsprozeß.

---

[207] *Lachmann* Rn 655.
[208] Fassung 1998; vgl. *Henn* Schiedsverfahrensrecht Anlage 8.
[209] *Schütze* Rn 77 ff.
[210] BGH ZIP 1996, 830, 834; *Lachmann* Rn 654.
[211] *Lionnet* S. 216.
[212] Auch Alternative Dispute Resolution (ADR) genannt. Siehe § 35 Rn 139.

Allerdings kann von einer wirklichen Alternativität nicht gesprochen werden, da die Streitbeilegung den herkömmlichen Gerichtsprozeß nicht verdrängt, sondern lediglich suspendiert[213]. Mediation und andere Formen der Streitschlichtung können sinnvolle Ergänzungen eines Regelungskonzepts sein, das auf eine effektive Durchsetzung vertraglicher Interessen abzielt. Hauptcharakteristikum dieser Verfahren ist, die Parteien zu einer eigenen Lösung hinzuführen und nicht, ihnen eine Entscheidung vorzugeben[214]. Im wesentlichen lassen sich folgende drei Formen alternativer Streitbeilegung unterscheiden: **Conciliation**, **Mediation** und **Mini-Trial**. In der Conciliation geht es vorwiegend darum, die Kernpunkte der Streitigkeit herauszuarbeiten[215]. Die Aufgabe des Mediators geht demgegenüber weiter. Zwar trifft er keine abschließende Entscheidung, doch wirkt er anders als der Conciliator aktiv mit Lösungsvorschlägen an der Beilegung des Streits mit. Wiederum weiter geht der sog. Mini-Trial. Hier kann bei Fehlen einer Einigungsmöglichkeit regelmäßig ein am Verfahren beteiligter Dritter eine Entscheidung herbeiführen, die jedoch weder bindend noch vollstreckbar ist.

153 Die Übergänge der einzelnen Formen alternativer Streitbeilegung sind fließend. Sie haben ähnliche Vor- und Nachteile. Im folgenden werden diese Vor- und Nachteile anhand der am weitesten verbreiteten Form alternativer Streitbeilegung, der Mediation, näher dargestellt. In den USA werden Konflikte auf dem Gebiet des Wirtschaftsrechts bereits seit längerer Zeit mit Erfolg in Mediationsverfahren ausgetragen[216]. Internationale Verträge enthalten zunehmend **Meditationsklauseln**, die etwa wie folgt lauten[217]:

> § ... *If any dispute arises out of this agreement, the parties will attempt to settle it by mediation (in accordance with the rules of . . .).*

154 Die Vorteile des Schiedsgerichtsverfahrens, die auf der Selbständigkeit der Parteien hinsichtlich der Verfahrensgestaltung beruhen, gelten gleichermaßen für das Mediationsverfahren, das ebenfalls die **größtmögliche Selbständigkeit** der Parteien gewährleistet. Auch die Geheimhaltungsinteressen können in einem Mediationsverfahren zumindest ebenso berücksichtigt werden wie in einem Schiedsverfahren. Durch Vorschaltung eines Mediationsverfahrens vor eine drohende schiedsgerichtliche Auseinandersetzung lassen sich die mit einem Schiedsgerichtsverfahren einhergehenden Nachteile vermeiden[218]. So ist das Mediationsverfahren vor allem weniger zeitaufwendig und kostengünstiger als Gerichts- und Schiedsgerichtsverfahren[219], auch wenn das deutsche Gerichtsverfahren idR deut-

---

[213] *Risse* NJW 2000, 1614, 1620.
[214] *Weigand* BB 1996, 2106, 2106.
[215] *Weigand* BB 1996, 2106, 2107.
[216] *Kraft* VersR 2000, 935, 935; *Schmidt* BB 1998 Beilage Nr. 10, S. 6, 7.
[217] *Kraft* VersR 2000, 935, 937; *Risse,* Wirtschaftsmediation im nationalen und internationalen Handelsverkehr, WM 1999, 1864, 1871.
[218] Wenn auch Dauer und Kosten des schiedsgerichtlichen Verfahrens häufig als Vorteil gegenüber dem gerichtlichen Verfahren angesehen werden können, verhält sich dies im Vergleich zum Mediationsverfahren sicherlich anders.
[219] *Weigand* BB 1996, 2106, 2108; *Schmidt* BB 1998 Beilage Nr. 10, S. 6, 7; *Risse* NJW 2000, 1614, 1614. Siehe § 35 Rn 130.

lich geringere Kosten als das englische oder amerikanische Verfahren verursacht. Gleiches gilt für die Zeitersparnis, wenn man den Instanzenzug berücksichtigt. Selbstverständlich kommen die Vorteile **Zeit- und Kostenersparnis** nur zum Tragen, wenn das Mediationsverfahren letztlich auch erfolgreich abgeschlossen wird. Ist dies nicht der Fall, kehren sich die Vorteile in Nachteile um, da nach Durchführung des Mediationsverfahrens noch ein volles Gerichts- oder Schiedsverfahren durchzuführen ist.

Kommt es **im Anschluß** an das Mediationsverfahren **zu einem ordentlichen oder einem Schiedsverfahren**, haben die Parteien meist mehr Details und mehr wirtschaftliche Überlegungen offenbart, als dies ohne ein vorgeschaltetes Mediationsverfahren der Fall wäre[220]. Dies hängt mit der kooperativen Natur des Mediationsverfahrens zusammen, das von den Parteien größtmögliche Offenheit verlangt. Hierdurch besteht auch die Gefahr, daß es einer Partei des Mediationsverfahren vorwiegend um die Ausforschung der Gegenpartei geht[221]. Ein solches Verhalten sollte von einem guten Mediator zwar erkannt werden[222], doch sind die Grenzen fließend. Häufig wird es sich nicht vermeiden lassen, daß sensible Informationen bereits offengelegt werden, ehe die eigentlichen Interessen der anderen Partei aufgedeckt sind. Die Flexibilität der Parteien ist dann im ordentlichen oder im Schiedsverfahren erheblich eingeschränkt.

Zu berücksichtigen ist natürlich, daß der Gläubiger am Ende eines Mediationsverfahrens grundsätzlich **keinen vollstreckbaren Titel** in den Händen hält, wie dies bei einem ordentlichen Verfahren oder einem Schiedsverfahren der Fall ist[223]. Gerade unter dem Aspekt der Durchsetzung vertraglicher Rechte und Pflichten kann es sich hierbei um einen entscheidenden Nachteil des Mediationsverfahrens handeln. Es besteht jedoch die Möglichkeit, das Ergebnis des Mediationsverfahrens auf eine vollstreckbare Basis zu bringen, indem die Parteien einen **Anwaltsvergleich**[224] abschließen[225]. Dieser kann dann durch das Gericht oder einen Notar für vollstreckbar erklärt werden[226].

Wenn auch dem Mediationsverfahren sicherlich positive Aspekte abzugewinnen sind, sollten **mögliche Hindernisse** seiner praktischen Durchführung nicht unterschätzt werden:
– Zunächst ist der geeignete Mediator zu finden, der das Vertrauen der Parteien genießt. Diese Aufgabe ist schon bei nationalen, vor allem aber bei internationalen Transaktionen, wo sich Parteien aus unterschiedlichen Ländern und Rechtsordnungen gegenüberstehen, keinesfalls leicht.

---

[220] *Weigand* BB 1996, 2106, 2108; *Risse* NJW 2000, 1614, 1620.
[221] *Risse* NJW 2000, 1614, 1620.
[222] *Kraft* VersR 2000, 935, 940.
[223] *Weigand* BB 1996, 2106, 2109.
[224] ISd. §§ 796a bis 796f ZPO.
[225] *Kraft* VersR 2000, 935, 939. Die Veranlassung eines Schiedsspruchs im Anschluß an das Mediationsverfahren erscheint demgegenüber unnötig umständlich, da noch ein, wenn auch verkürztes, Schiedsverfahren durchzuführen ist. Anderes gilt jedoch, wenn eine Vollstreckung im Ausland erforderlich ist. Zur Vollstreckbarkeit von Schiedssprüchen im Ausland siehe Rn 135. Die internationale Vollstreckung eines Anwaltsvergleichs ist demgegenüber nicht möglich.
[226] §§ 796a, 796c ZPO.

- Zudem muß bei einer Mediation verstärkt darauf geachtet werden, daß die nachteiligen Auswirkungen eines gescheiterten Verfahrens nicht zum Tragen kommen.
- Die Offenbarung vertraulicher Informationen im Mediationsverfahren ist ein für die beteiligten Parteien unkalkulierbares Risiko.
- Insbes. ist – jedenfalls im deutschen Rechtsraum – noch weitgehend ungeklärt, ob Informationen, die eine Partei im Mediationsverfahren erhalten hat, in einem anschließenden gerichtlichen oder schiedsgerichtlichen Verfahren verwendet werden dürfen.

158 Vor diesem Hintergrund sind drei Faktoren zu nennen, die ein **erfolgversprechendes Mediationsverfahren** indizieren:
- Primäres Eignungskriterium sind laufende Geschäftsbeziehungen. Liegen solche vor, ist grundsätzlich mit einer höheren Vergleichsbereitschaft zu rechnen, da die Parteien noch längere Zeit miteinander auskommen müssen.
- Auch eine unklare Sach- und Rechtslage ist für die Vergleichsbereitschaft der Parteien förderlich, da im Fall des Scheiterns der Mediation beide Seiten einem erheblichen Prozeßrisiko gegenüberstehen.
- Letztlich ist ein Mediationsverfahren immer dann anzuraten, wenn ein gesteigertes Interesse der Parteien an Vertraulichkeit besteht.

159 IdR sind Unternehmensverkäufe jedenfalls für den/die Verkäufer eine einmalige Transaktion. Ist diese abgeschlossen, trennen sich die Wege der Parteien. Dies ist eine **ungünstige Voraussetzung** für die Durchführung eines Mediationsverfahrens, da von einer geringen Kompromißbereitschaft der Parteien auszugehen ist. Es gibt aber natürlich immer wieder Fälle, in denen es auf Grund besonderer Gegebenheiten (zB Ansiedlung von Betrieben in Industrieparks) oder auch wegen der schieren Größe von Transaktionen wichtig ist, daß Konfliktregelungssysteme existieren, die gerade auch unter dem Aspekt der weiter fortgesetzten Kooperation im Konfliktbereich oder anderen Bereichen die Entscheidung von Konflikten ermöglichen. Letztlich wird es auf den **Einzelfall** ankommen, ob die Durchführung eines Mediationsverfahrens anzuraten ist oder nicht.

IV. Verfahren vor den ordentlichen Gerichten

160 Die Inanspruchnahme der ordentlichen Gerichte ist für Streitigkeiten im Zusammenhang mit Unternehmensveräußerungen gerade in Deutschland noch immer der Normalfall. Wollen die Vertragsparteien einen Streit vor den ordentlichen Gerichten austragen, sollten diesbezügliche **Regelungen in den Unternehmenskaufvertrag** aufgenommen werden. Im Rahmen internationaler Transaktionen kommt in diesem Zusammenhang Gerichtsstandsvereinbarungen und der damit verknüpften Frage nach dem anwendbaren Recht herausragende Bedeutung zu. Auch wenn Rechtswahl und Gerichtsstandsvereinbarung nicht notwendig parallel laufen müssen, kann zumindest bei Vorliegen weiterer Indizien ggf. vom Vorhandensein der einen auf die Existenz der anderen Abrede geschlossen werden[227].

---

[227] *Pfeiffer* in Pfeiffer § 21 Rn 8; § 35 Rn 36.

1. Gerichtsstandsvereinbarungen

Treffen die Parteien keine Gerichtsstandsvereinbarung, richtet sich der Gerichtsstand nach der innerstaatlichen Zuständigkeitsordnung, die am Ort des angerufenen Gerichts gilt. Hierdurch entstehen Unsicherheiten, die durch eine Gerichtsstandsvereinbarung im Vertrag vermieden werden können[228]. Während die Gerichtsstandsvereinbarung in **nationalen** Zusammenhängen lediglich den Vorteil hat, daß der Rechtsstreit an ein bequem erreichbares oder ein besonders fachkundiges Gericht verwiesen werden kann[229], kommt ihr in **internationalen** Zusammenhängen eine komplexere Funktion zu[230]. Durch sie können die Parteien zB auf das anwendbare formelle bzw. materielle Recht[231] und die Verfahrenssprache einwirken[232].

161

IdR wird jeder Vertragspartner versuchen, als Gerichtsstand ein Gericht des Heimatlandes durchzusetzen. Dies führt bei internationalen Transaktionen häufig zu Konflikten. Ein untauglicher Kompromiß wäre es, wenn sich die Parteien auf ein an sich unbeteiligtes Drittland als Gerichtsstand einigten. Vorzugswürdig ist demgegenüber die Vereinbarung des **Sitzes der Zielgesellschaft** als Gerichtsstand. Dadurch wird zumindest größtmögliche Rechtskenntnis des angerufenen Gerichts gewährleistet. Während iRd. Schiedsgerichtsbarkeit die Sachkenntnis des Schiedsrichters entscheidender ist als dessen Rechtskundigkeit, ist im Rahmen eines Verfahrens vor den ordentlichen Gerichten eine andere Ausgangslage gegeben. Eine Sachkenntnis, wie sie ein Schiedsrichter besitzt, wird ein Richter eines ordentlichen Gerichts in Bezug auf Unternehmensveräußerungen unabhängig von dem gewählten Gerichtsstand zumeist nicht haben. Aus diesem Grund rücken andere Kriterien in den Vordergrund. ZB ist zu berücksichtigen, daß die Zielgesellschaft ihr Geschäft auf Basis nationaler Bestimmungen betreibt. Sie hat zB steuer-, handels- und wettbewerbsrechtliche Vorschriften zu beachten. Auch schließt sie ihre Verträge mit Dritten häufig auf Basis nationaler Bestimmungen. Solche Umstände sind Bestandteile von Auseinandersetzungen im Anschluß an die Transaktion, die ein Richter verstehen und bewerten können muß. Dies wird einem lokal rechtskundigen Richter leichter fallen, so daß er effektiver und zielgerichteter auf die eigentlichen Streitfragen eingehen kann.

162

Auch sollten **Vollstreckbarkeitsgesichtspunkte** bei der Wahl des Gerichtsstands berücksichtigt werden. Regelmäßig wird dieses Kriterium für einen Gerichtsstand im Heimatland einer der beteiligten Parteien sprechen. Denkbar ist auch, die Vereinbarung eines **geteilten Gerichtsstands**, wonach die Klage jeweils vor einem Gericht im Heimatland der anderen Partei zu erheben ist. Neben

163

---

[228] *Gaus* WiB 1995, 606.
[229] Ein solches Gericht wird es im Zusammenhang mit Unternehmenskaufverträgen kaum geben, da die sich aus Unternehmenskaufverträgen ergebenden Streitigkeiten dafür zu häufig vor Schiedsgerichten ausgetragen werden.
[230] Siehe § 35 Rn 120ff.
[231] Hierbei kommt der Gerichtsstandvereinbarung jedoch lediglich Indizwirkung zu. Ausführlich: *Pfeiffer* in Pfeiffer § 21 Rn 34ff. Zur Möglichkeit der ausdrücklichen Rechtswahlvereinbarung siehe Rn 169.
[232] Auf die Bedeutung dieser Aspekte wurde bereits im Zusammenhang mit der Schiedsgerichtsvereinbarung hingewiesen, siehe Rn 132.

den Vorzügen hinsichtlich der Vollstreckbarkeit hält das die Parteien auch dazu an, Konflikte außergerichtlich beizulegen, da die Klage vor einem ausländischen Gericht stets umständlicher und aufwendiger ist als vor dem heimischen Gericht.

164 Unabhängig davon, auf welchen Gerichtsstand sich die Parteien letztlich geeinigt haben, muß bedacht werden, ob die Wahl vom Gesetz anerkannt wird und für die Parteien bindend ist. **Zweck** von Gerichtsstandsvereinbarungen ist es schließlich, **Rechtssicherheit und Rechtsklarheit** herbeizuführen. Aus diesem Grund darf es nicht in das Belieben der Parteien gestellt werden, ob die Vereinbarung eingehalten wird oder nicht. Damit die gewünschte Bindungswirkung erreicht wird, sind formelle und inhaltliche Anforderungen an die Vereinbarung zu berücksichtigen. Während § 38 ZPO die dafür maßgebliche Vorschrift im nationalen Bereich ist, sind Art. 17 EuGVÜ und die Parallelvorschrift des Art. 17 LugÜbk die maßgeblichen Vorschriften des unmittelbar anwendbaren einheitlichen europäischen Prozeßrechts. Sofern diese in zeitlicher, sachlicher und räumlich-territorialer Hinsicht gelten, verdrängen sie nationale Prorogationsvorschriften[233]. Der sachliche Anwendungsbereich ist nach überwiegender Meinung eröffnet, wenn eine Vertragspartei ihren Sitz in einem Vertragsstaat, die andere Partei ihren Sitz entweder in einem anderen Vertragsstaat oder außerhalb der Vertragsstaaten hat, und wenn sich das zuständige Gericht in einem Vertragsstaat befindet[234].

165 Hinsichtlich der Form der Prorogationsvereinbarung sollten die Parteien die Schriftform wahren[235]. Dies gilt unabhängig davon, ob das vereinbarte anwendbare Recht dieses Formerfordernis aufstellt oder nicht. Es ist ratsam, die Vereinbarung stets unter Beachtung der **strengstmöglichen Formvorschrift** abzuschließen, um die Wirksamkeit in jedem Fall sicherzustellen.

166 Als inhaltliche Anforderung ist zu beachten, daß sich die Gerichtsstandsvereinbarung auf ein **bestimmtes rechtliches Verhältnis** beziehen muß[236]. Insofern muß die Klausel klarstellen, daß der Gerichtsstand für alle Streitigkeiten vereinbart wird, die aus dem geschlossenen Vertrag hervorgehen[237]. Ebenfalls aus Klarstellungsgründen sollte trotz der Vermutung der **Ausschließlichkeit** gem. Art. 17 Abs. 1 EuGVÜ der Gerichtsstand ausdrücklich als ausschließlicher vereinbart werden[238].

167 Grundsätzlich genügt es, wenn die Parteien lediglich die Zuständigkeit der Gerichte eines bestimmten Staates vereinbaren, ohne ein konkretes Gericht festzulegen[239]; die **Bestimmung der örtlichen Zuständigkeit** wird in diesen Fällen der „lex fori" überlassen[240]. Zu empfehlen ist eine solche Regelung jedoch nicht,

---

[233] Zu den Einzelheiten bezüglich des Anwendungsbereichs siehe *Pfeiffer* in Pfeiffer § 22 Rn 89 ff. Vgl. auch *Vollkommer* in Zöller § 38 ZPO Rn 24; BGHZ 82, 114 f.; *BGH* NJW 1980, 2023.
[234] *Gaus* WiB 1995, 606.
[235] Zwar sieht Art. 17 EuGVÜ in verschiedenen Fällen Formerleichterungen vor, jedoch dient es der Rechtssicherheit und Klarheit, wenn die Parteien die Gerichtsstandvereinbarung als Klausel in den Vertrag aufnehmen. Gerade im Zusammenhang mit Unternehmenskäufen erscheint alles andere als die schriftliche Vereinbarung unzweckmäßig.
[236] *Kropholler* Art. 17 Rn 63.
[237] *Gaus* WiB 1995, 606.
[238] *Gaus* WiB 1995, 606, 607.
[239] Art. 17 Abs. 1 EuGVÜ; *Kropholler* Art. 17 Rn 68.
[240] *Pfeiffer* in Pfeiffer § 22 Rn 141.

da sich die Frage stellt, wie zu verfahren ist, wenn nach dem anwendbaren nationalen Recht keine Anknüpfungspunkte für eine örtliche Zuständigkeit bestehen[241].

Ob die Parteien zusätzliche Prorogations- oder Derogationsschranken aus international zwingenden inländischen Normen berücksichtigen müssen, ist noch nicht abschließend geklärt. Das EuGVÜ bezweckt grundsätzlich, die internationale Zuständigkeit der Gerichte der Vertragsstaaten in seinem Anwendungsbereich einheitlich und abschließend zu regeln[242]. Somit sind iRd. Art. 17 EuGVÜ die vielfältigen innerstaatlichen Regelungen, die direkt oder indirekt weitere **Wirksamkeitsvoraussetzungen** aufstellen, unanwendbar[243]. Dennoch bedeutet dies nicht, daß die den innerstaatlichen Regelungen zugrundeliegenden Wertungen nicht auch bei einer Interpretation des Art. 17 EuGVÜ Berücksichtigung finden können. So ist in dieser Norm durch die Wortwahl „Vereinbarung" auch die Sicherung der Freiheit der Willensentschließung angelegt[244]. Aus diesem Grund sollte iRd. Gerichtsstandsvereinbarung der Eindruck vermieden werden, daß sie durch einen von der Rechtsordnung **mißbilligten Druck** zustandegekommen ist. Auch ist Vorsicht geboten bei Vereinbarungen zwischen zwei im Inland ansässigen Parteien, die ein Gericht in einem anderen Vertragsstaat vereinbaren, um inländische Vorschriften zu umgehen. Es lassen sich Tendenzen erkennen, eine solche Klausel wegen **Mißbräuchlichkeit** als unzulässig anzusehen[245].

2. Rechtswahl und Vertragssprache

Grundsätzlich ist es erstrebenswert, eine Übereinstimmung zwischen der Nationalität des Gerichtsstands und des dem Vertrag zugrundeliegenden Rechts zu erzielen. Die **Anwendung fremden Rechts** bedeutet für alle Beteiligten Kosten, Zeitaufwand und schlecht kalkulierbare Risiken. Dennoch kann es gute Gründe für eine Divergenz zwischen Rechtswahl und Gerichtsstand geben. Stehen mehrere Gerichtsstände in Konkurrenz zueinander, wird sich dies auch gar nicht vermeiden lassen. Für diesen Fall empfiehlt es sich, eine umfassende Dokumentation aller relevanten Parteiinteressen zu erstellen, selbst wenn eine vertragliche Vereinbarung eigentlich nicht erforderlich wäre, da eine Regelung durch dispositives oder zwingendes Recht existiert.

Bei der Bestimmung des anwendbaren Rechts haben die Parteien zu beachten, daß fehlender **Auslandsbezug** zu einer Beschränkung der Rechtswahl führt.

---

[241] In diesen Konstellationen wird zT die Auffassung vertreten, daß die Vereinbarung, wenn die Parteien keine nachträgliche Ergänzung des Vertrags vornehmen, unwirksam ist, *Kropholler* Art. 17 Rn 69 mwN.
[242] *Kohler* IPRax 1983, 265, 270.
[243] ZB Regelungen hinsichtlich der Freiheit der Willensbildung beim Zustandekommen der Gerichtsstandsvereinbarung, nach denen die Wirksamkeit davon abhängig gemacht wird, daß keine der Parteien ihre wirtschaftliche oder soziale Überlegenheit dazu ausgenutzt hat, die andere zum Abschluß der Vereinbarung zu nötigen.
[244] *Kohler* IPRax 1983, 265, 270.
[245] *Samtleben*, Internationale Gerichtsstandsvereinbarungen nach dem EWG-Übereinkommen und nach der Gerichtsstandsnovelle, NJW 1974, 1590, 1596; *Kohler* IPRax 1983, 265, 266; *Kropholler* Art. 17 Rn 82.

Art. 27 Abs. 3 EGBGB bewirkt, daß in Fällen, in denen abgesehen von der Rechtswahlvereinbarung kein Auslandsbezug vorliegt, die zwingenden Vorschriften der abgewählten Rechtsordnung unberührt bleiben. Hierdurch wird verhindert, daß die Rechtswahlvereinbarung zur Umgehung zwingender Vorschriften mißbraucht wird. Ist ein Auslandsbezug gegeben, sind lediglich international zwingende inländische Eingriffsnormen zu berücksichtigen[246].

171 Sinnvoll ist es, die **Vertragssprache** entsprechend der Sprache des vereinbarten Gerichtsstands zu wählen. Ist dies nicht möglich, sollte wenigstens auf eine international weit verbreitete Sprache ausgewichen werden. Von zweisprachiger Vertragsgestaltung ist abzuraten. Bereits kleinste sprachliche Variationen können zu höchst unterschiedlichen Interpretationen führen.

F. Hindernisse bei der Anspruchsdurchsetzung

172 Hindernisse bei der Durchsetzung von Ansprüchen können **Umstände** sein, die vordergründig nicht mit dem Problem der Anspruchsdurchsetzung in Verbindung gebracht werden können, aber weitreichende Konsequenzen für diesen Bereich mit sich bringen. Um diese Konsequenzen zu vermeiden, müssen die Hindernisse erkannt und wenn möglich ausgeräumt werden. Derartige versteckte Hindernisse bezüglich der Anspruchdurchsetzung können durch eine Mehrzahl von Gläubigern und die Durchführung einer Due Diligence[247] entstehen. Auch auf offene Hindernisse, wie die Verjährung und Pauschal-/Höchst- sowie Toleranzbeträge, ist noch einzugehen.

I. Verjährung

173 Ein wesentliches Hindernis bei der Anspruchsdurchsetzung kann in der Verjährung der Ansprüche liegen. Die **gesetzlichen Regelungen** der Verjährung sind im Bereich der Gewährleistung beim Unternehmenskauf **unbefriedigend**. Die Regelung der Verjährung muß deshalb in der **Vertragsgestaltung** besondere Aufmerksamkeit finden. Insbes. die sechsmonatige Verjährungsfrist des § 477 BGB wird für den Unternehmenskauf zu Recht als unpassend angesehen[248]. Dies gilt um so mehr deswegen, weil die ohnehin bereits kurze Frist auch noch mit Übergabe, also am Übergabestichtag, zu laufen beginnt, so daß in vielen Fällen die Gewährleistungsansprüche bereits verjährt wären, obwohl aufgrund der Komplexität der Materie der Mangel noch gar nicht aufgedeckt werden konnte. Dies kann nur durch sachgerechte vertragliche Gestaltung der Verjährungsproblematik, insbes. der Verjährungsfristen[249] vermieden werden.

---

[246] Im einzelnen hierzu siehe *Pfeiffer* in Pfeiffer § 22 Rn 97 ff.
[247] Zu den Schwierigkeiten der Anspruchsdurchsetzung nach einer Due Diligence siehe Rn 108 ff.
[248] *Hiddemann* ZGR 1982, 435, 449.
[249] Zur näheren Ausgestaltung siehe § 9 Rn 53; *Roschmann* ZIP 1998, 1941, 1948.

Außerdem kann die vertragliche Festlegung des **Beginns der Frist** zur Anspruchsdurchsetzung beitragen[250]. Soll die Verjährungsfrist zB mit Entdeckung des Mangels beginnen[251], scheidet eine Verjährung vor der Möglichkeit der Kenntnisnahme aus. Eine solche Regelung führt jedoch zu Rechtsunsicherheit und berücksichtigt die Interessen des Veräußerers nur unzulänglich. Dieser möchte ab einem bestimmten Zeitpunkt keine Gewährleistungsansprüche mehr befürchten müssen. Aus diesem Grund ist mangels einer besseren Alternative letztlich doch der Übergangsstichtag der geeignete Zeitpunkt für den Beginn des Fristlaufs der Verjährungsfrist[252]. Eine hiervon abweichende Regelung empfiehlt sich jedoch bezüglich der Haftung für Risiken aus Steuern und Sozialabgaben, die sinnvollerweise erst nach einer gewissen, wenn auch kurzen Frist nach Ergehen oder Bestandskraft von Berichtigungsbescheiden auf Grund der nächsten Betriebsprüfung verjähren sollten[253].

Auch die Einräumung einer **Zahlungsfrist** kann dem Käufer die Durchsetzung seines Gewährleistungsanspruchs erleichtern. Das folgt aus § 478 Abs. 1 BGB, wonach bereits die fristgerechte Anzeige des Mangels den Erwerber zur Zahlungsverweigerung berechtigt. Dies gilt natürlich nur für den Fall, daß § 478 BGB nicht abbedungen wurde.

Jedenfalls ist es sinnvoll, für bestimmte Fälle die **Unterbrechung oder Hemmung der Verjährung** zu vereinbaren. Ist der Nachbesserungsanspruch den weiteren Ansprüchen des Käufers auf Wandelung, Minderung und Nachteilsausgleich vertraglich vorgeschaltet, empfiehlt sich eine klarstellende Regelung, daß die Verjährung der weiteren Ansprüche für die Dauer der zur Erfüllung gesetzten Nachfrist gehemmt wird[254]. Auch empfiehlt es sich, die Hemmung oder Unterbrechung der Verjährung für den Fall zu vereinbaren, daß ein nach dem Vertrag vorgesehenes schiedsgutachterliches Verfahren eingeleitet wird, von dessen Ergebnis die Begründung des Anspruchs abhängt[255]. Das gilt besonders für schiedsgutachterliche Verfahren, die zur Feststellung der Übergabebilanz vorgesehen sind, da sie sich auf die Bemessung des Kaufpreises, möglicherweise aber auch auf Minderungs- und Schadensersatzansprüche auswirken können. Die gesetzlichen Bestimmungen über die Unterbrechung und Hemmung der Verjährung[256] sollten vertraglich beibehalten, also nicht abbedungen werden[257].

Für die Hemmung der Verjährung empfiehlt sich zB folgende Vereinbarung:

> *§ ... Findet zur Feststellung gegenseitiger Ansprüche aufgrund dieses Vertrags ein schiedsgutachterliches Verfahren gem. § ... statt, wird die Verjährung des jeweiligen Anspruchs durch Einleitung des schiedsgutachterlichen Verfahrens unter-*

---

[250] Dies ist im Kaufrecht aufgrund der Vorschrift des § 477 Abs. 1 Satz 2 BGB ausnahmsweise möglich.
[251] Dies geschieht regelmäßig, wenn eine Garantiefrist vereinbart wird. Vgl. *Holzapfel/Pöllath* Rn 525.
[252] *Günther* in MünchVertragsHdb. Bd. 2 II. 1 Anm. 105.
[253] *Roschmann* ZIP 1998, 1941, 1949; *Beisel/Klumpp* Rn 1005; *Holzapfel/Pöllath* Rn 529.
[254] *Günther* in MünchVertragsHdb. Bd. 2 II. 1. Anm. 105.
[255] *Wollny* Rn 999.
[256] § 477 Abs. 2, 3 BGB.
[257] *Günther* in MünchVertragsHdb. Bd. 2 II. 1. Anm. 105.

brochen. *Im übrigen gelten für die Hemmung und Unterbrechung der Verjährung die gesetzlichen Bestimmungen.*

II. Pauschal-/Höchst- und Toleranzbeträge

178 Durch die Regelung von Pauschal-, Höchst- und Toleranzbeträgen werden die Möglichkeiten der **Durchsetzung etwaiger Gewährleistungsansprüche** erheblich **beeinträchtigt**[258]. Inwiefern derartige Vereinbarungen getroffen werden, ist Verhandlungssache. Bedenklich sind allerdings – nicht unübliche – Regelungen, wonach die Haftung des Verkäufers erst eingreift, wenn die Summe aller Gewährleistungsansprüche einen bestimmten Betrag übersteigt. Eine Klausel solchen Inhalts kann im konkreten Fall den Interessen beider Parteien zuwider laufen. Stellt der Käufer einen Gewährleistungsfall fest, der den vereinbarten Betrag nicht erreicht, ist er an der Durchsetzung seines Anspruchs gehindert. Hiermit wird er sich jedoch nicht ohne weiteres begnügen. Es ist vielmehr davon auszugehen, daß er so lange nach weiteren Gewährleistungsfällen forschen wird, bis die erforderliche Summe erreicht ist. Der Käufer ist somit gezwungen, das gekaufte Unternehmen intensiver zu überprüfen, als er dies ohne die haftungsbegrenzende Klausel getan hätte. Der bezweckte Schutz des Verkäufers kann sich so in das Gegenteil umkehren.

179 Im Fall eines Konflikts bezüglich des Erreichens bzw. Überschreitens bestimmter Grenzbeträge empfiehlt sich die **Einschaltung eines Gutachters**[259], um einen Anspruch durchsetzen zu können.

III. Mehrzahl von Gewährleistungsverpflichteten

180 Die **Durchsetzung von Gewährleistungsansprüchen** kann ferner erheblich **erschwert** sein, wenn eine Mehrzahl von Verkäufern vorhanden ist, die gemeinsam für Gewährleistungsansprüche des Käufers haften. Dies gilt insbes. dann, wenn eine Haftungsgrenze für die jeweiligen Veräußerer bestimmt wird, damit nicht einem besonders liquiden Verkäufer die Insolvenz seiner Mitverkäufer bei einem Rückgriff zum Verhängnis werden kann. Der Käufer muß dann die verschiedenen Verkäufer gesondert in Anspruch nehmen, was zu erheblichen Schwierigkeiten bei der Anspruchsdurchsetzung führen kann, da stets auch Meinungsverschiedenheiten unter den Verkäufern zu befürchten sind[260]. Zudem ist das getrennte Vorgehen gegen einzelne Gewährleistungsverpflichtete sehr zeit- und kostenintensiv.

181 Hier empfiehlt sich eine sog. **Treuhandlösung**[261]: Ein Treuhänder wird vertraglich berechtigt, mit Rechtswirkung für und gegen alle Verkäufer Gewährleistungsansprüche entgegenzunehmen, ggf. anzuerkennen und abzuwickeln. Die

---

[258] Siehe § 9 Rn 50.
[259] Siehe Rn 122 ff.
[260] *Martin* NZG 1999, 583, 583.
[261] *Martin* NZG 1999, 583, 585.

konkrete Ausgestaltung hängt vom jeweiligen Einzelfall ab. So ist zum einen denkbar, daß der Treuhänder nur den Gewährleistungsfall als solchen mit Wirkung für alle Verkäufer feststellt, bei der Stellungnahme zu den daraus resultierenden Ansprüchen der Gläubiger jedoch getrennt vorgehen muß. Zum anderen kann aber auch die gesamte Abwicklung der Gewährleistungsansprüche dem Treuhänder übertragen werden.

IV. Teil
Verschmelzung

§ 17 Verschmelzungen und ähnliche Zusammenschlüsse

Übersicht

	Rn
A. Ablauf von Verschmelzungen und ähnlichen Zusammenschlüssen	1
I. Erarbeitung des unternehmerischen Konzepts; Festlegung der Zielstruktur	1
II. Auswahl der geeigneten Transaktionsstruktur	4
1. Formen der Verschmelzung	5
2. Insbesondere: Verschmelzung auf „NEWCO"	6
3. Vorbereitung durch Aktientausch	9
III. Vor- und Nachteile der unterschiedlichen Transaktionsstrukturen	13
1. Risiken aus Anfechtungs- und Spruchverfahren	13
a) Zusammenführung im Wege der Sachkapitalerhöhung	14
b) Verschmelzung	15
c) Verschmelzung mit vorgelagertem Tauschverfahren	17
d) Isoliertes Tauschverfahren	21
2. Behinderung der NEWCO durch Nachgründungsrecht	22
a) Nachgründungsrecht	23
b) Milderungen durch das NaStraG	25
c) Mantelgesellschaft und Nachgründungsrecht	32
3. Notwendige Gesamtabwägung	33
IV. Vorbereitungsphase	34
1. Teambildung	34
2. Festlegung der Transaktionsstruktur	37
3. Zeitplanung	38
4. Bestellung der Prüfer	44
5. Ermittlung/Verifizierung der wirtschaftlichen Rahmendaten	47
6. Detaillierung der Zielstruktur des künftigen Unternehmens	50
7. Klärung kapitalmarktrechtlicher Fragen	52
a) Zulassungsfragen	52
b) Ausgestaltung der Aktie	54
8. Vorbereitung von Verträgen, Einladungen, Beschlußvorlagen und Berichten	57
a) Verschmelzungsvertrag, Tauschangebot	57
b) Beschlußerfordernisse der Haupt-/Gesellschafterversammlungen	59
c) Verschmelzungs- und sonstige Strukturberichte	65
d) Beschlußerfordernis des Aufsichtsrats	70
V. Durchführungsphase	71
1. Aufsichtsratszustimmung(en)	72

	Rn
2. Durchführung notwendiger Umstrukturierungen	77
3. Tauschangebot – Tauschverfahren	78
4. Entwurf/Abschluß des Verschmelzungsvertrags	79
5. Vorlage- und Anzeigepflichten	80
a) Betriebsrat	80
b) Registergericht	81
c) Sonstige	83
6. Einladungen zu Gesellschafter- und Hauptversammlung(en)	84
a) Versammlung	84
b) Einberufung, Bekanntmachung	86
c) Auszulegende Unterlagen; zu übermittelnde Abschriften	88
7. Durchführung der Gesellschafter- und Hauptversammlung(en)	92
a) Erläuterungs- und Auskunftspflicht	92
b) Auslegungspflicht	96
c) Beschlußmehrheiten	97
d) Sonstige Zustimmungserfordernisse	98
8. Registeranmeldungen und Eintragungen	100
a) Anmeldepflicht	100
b) Negativerklärung	101
c) Anlagen	102
d) Prüfung	105
e) Folgen der Eintragung	107
B. Verschmelzungsvertrag, Verschmelzungsbericht, Verschmelzungsprüfung und Verschmelzungsbeschluß	**108**
I. Verschmelzungsvertrag	108
1. Allgemeines	108
2. Zuständigkeit	113
3. Obligatorischer Vertragsinhalt	117
a) Firma und Sitz, ggf. Anteilsinhaber	119
b) Vermögensübertragung gegen Anteilsgewährung	120
c) Umtauschverhältnis/bare Zuzahlung	127
d) Einzelheiten der Anteilsübertragung	131
e) Beginn des Gewinnbezugsrechts	133
f) Verschmelzungsstichtag	135
g) Sonderrechte für Anteilsinhaber	136
h) Sondervorteile für Organe und Prüfer	138
i) Folgen für die Arbeitnehmer und ihre Vertretungen	141
4. Rechtsformabhängige Besonderheiten	145
a) Kapitalgesellschaften	145
b) Personenhandelsgesellschaften	148
c) Abfindungsangebot bei Wechsel der Rechtsform	150
d) Firmenbildung des übernehmenden Rechtsträgers	155
e) Besonderheiten bei Neugründung des übernehmenden Rechtsträgers	157

	Rn
5. Fehlen obligatorischer Angaben	162
6. Fakultativer Vertragsinhalt	164
7. Informationspflichten	167
a) Betriebsräte	167
b) Registergericht	172
c) Anteilsinhaber	173
d) Sonstige	174
8. Form	175
II. Verschmelzungsbericht	184
1. Allgemeines	184
2. Zuständigkeit	187
3. Inhalt des Verschmelzungsberichts	190
III. Verschmelzungsprüfung	200
1. Allgemeines	200
2. Bestellung und Rechtsstellung der Verschmelzungsprüfer	204
3. Inhalt des Verschmelzungsprüfungsberichts	207
IV. Verschmelzungsbeschluß	214
1. Allgemeines	214
2. Zuständigkeit	220
3. Beschlußinhalt	221
a) Zustimmung zum Verschmelzungsvertrag	221
b) Kapitalerhöhung des übernehmenden Rechtsträgers	225
4. Beschlußvorbereitung	228
5. Beschlußfassung	229
a) Mehrheiten	229
b) Sonderbeschlüsse	235
c) Einzelzustimmungen	238
6. Verzichte	239
7. Form	242
8. Beschlußwirkungen	243
C. **Zusammenführung über die Grenze**	249
I. Ausgangslage	249
1. Entwicklung	249
2. Rechtsgrundlagen	250
a) Deutsches Recht	250
aa) Umwandlungsgesetz	250
bb) Änderungen des Kapitalmarktrechts	256
b) Europäisches Recht	257
aa) Fusionsrichtlinie (2. Richtlinie über das gemeinsame Steuersystem für grenzüberschreitende Umstrukturierungstätigkeiten) / § 23 UmwStG	258
bb) Europäische AG (Societas Europea – SE)	259
cc) Internationale Fusionsrichtlinie (Vorschlag einer 10. Richtlinie über die grenzüberschreitende Verschmelzung von Aktiengesellschaften)	263

§ 17 Verschmelzungen und ähnliche Zusammenschlüsse

Rn

  dd) Übernahmerichtlinie (13. Richtlinie auf dem
   Gebiet des Gesellschaftsrechts betreffend
   Übernahmeangebote) 265
  ee) Sitz der Gesellschaft und „Centros"-Urteil
   des EuGH 267
 II. Ablauf und Grundfragen internationaler
  Unternehmenszusammenschlüsse 276
  1. Merger of Equals 277
  2. Business Combination Agreement 281
  3. Hauptversammlungsbeschluß 286
  4. Anfechtungsrisiken 289
  5. Corporate Governance 293
  6. Konzernabschlüsse 302
  7. Anpassung der Unternehmensgröße 311
  8. Vorbereitende und nachfolgende Reorganisation ... 312
  9. Wettbewerbsrecht 316
 III. Formen der Zusammenführung über die Grenze und
  Praktikabilität nach deutschem Recht 320
  1. Synthetische Zusammenschlüsse 321
   a) Strukturen synthetischer Zusammenschlüsse 323
    aa) „Combined group structure" 323
    bb) „Separate entities structure" 329
    cc) „Twinned share structure"/„Stapled stock" .. 334
   b) Synthetische Zusammenschlüsse und deutsches
    Recht 336
    aa) Beteiligung der Hauptversammlung 336
    bb) Dividendenfluß 342
    cc) Corporate Governance 343
    dd) Koordinierte Hauptversammlungsbeschlüsse . 345
    ee) Verknüpfung von Aktien 347
   c) Bewertung synthetischer Zusammenschlüsse 349
  2. Verschmelzungsähnliche Zusammenschlüsse durch
   Aktientausch 356
   a) Strukturen verschmelzungsähnlicher
    Zusammenschlüsse 357
    aa) Zusammenschluß durch Aktientausch 357
    bb) Zusammenschluß durch Nutzung
     ausländischen Verschmelzungsrechts 359
    cc) Zusammenschluß durch beidseitigen
     Aktientausch und Mischformen 362
   b) Zusammenschlüsse durch Aktientausch und
    deutsches Recht 364
    aa) Anfechtungsrisiken 365
    bb) Gründung der neuen Gesellschaft 368
    cc) Beteiligung der Hauptversammlung 371
    dd) Nachfolgende Umstrukturierung 373
   c) Bewertung verschmelzungsähnlicher
    Zusammenschlüsse 375

	Rn
IV. Synthetische Zusammenschlüsse und verschmelzungsähnliche Zusammenschlüsse im Vergleich	382
V. Globale Aktien	385
VI. Ausblick	388

Schrifttum: *Baums*, Corporate contracting around defective regulations: The Daimler-Chrysler case JITE 155 (1999) 119; *ders.*, Verschmelzung mit Hilfe von Tochtergesellschaften, FS Zöllner, 1998, Band 1, S. 65; *Borges*, Die Sitztheorie in der Centros-Ära, RIW 2000, 167; *Breuninger*, Gestaltungsmöglichkeiten im Hinblick auf Körperschaftsteuerguthaben, in: Schaumburg (Hrsg.) Internationale Joint Ventures, 1999, S. 213; *Decher*, Rechtsfragen des grenzüberschreitenden Merger of Equals, FS Lutter, 2000, S. 1209; *ders.*, Daimler-Chrysler-Modell taugt nicht für jede internationale Fusion, FAZ 13. 8. 1999 S. 22; *Drygala*, Die Reichweite der arbeitsrechtlichen Angaben im Verschmelzungsvertrag, ZIP 1996, 1365; *Endres*, Organisation der Unternehmensleitung aus der Sicht der Praxis, ZHR 163 (1999) 441; *Gerold*, Die Verschmelzung nach dem neuen Umwandlungsrecht, MittRhNotK 1997, 205; *Griffin*, Antitrust Aspects of Cross-Border Mergers and Acquisitions, ECLR 1998, 12; *Haarmann*, Verknüpfung von Beteiligungen zur Sicherung des Anrechnungsguthabens (Stapled Stock), in: Herzig (Hrsg.), Körperschaftsteuerguthaben bei grenzüberschreitenden Kooperationen, 1996, S. 41; *Hopt*, Europäisches Gesellschaftsrecht – Krise und neue Anläufe, ZIP 1998, 96; *Horn*, Verträge über internationale Unternehmenszusammenschlüsse, FS Lutter, 2000, S. 1113; *ders.*, Internationale Unternehmenszusammenschlüsse, ZIP 2000, 473; *Klein*, Die Erfassung des Goodwill in unterschiedlichen Rechnungslegungssystemen unter Berücksichtigung grenzüberschreitender Fusionen, DStR 2000, 788; *Knott*, Nachgründung im Anschluß an Börsengänge, BB 1999, 806; *Kubis*, § 52 AktG – eine unsichere Sicherung der Kapitalaufbringung, AG 1993, 118; *Lopatta*, Erfassung des Goodwill in unterschiedlichen Rechnungslegungssystemen unter Berücksichtigung grenzüberschreitender Fusionen, RIW 2000, 354; *Lutter*, Organzuständigkeiten im Konzern, FS Stimpel, 1985, S. 825; *Lutter/Ziemons*, Die unverhoffte Renaissance der Nachgründung, ZGR 1999, 479; *Melchior*, Vollmachten bei Umwandlungsvorgängen – Vertretungshindernisse und Interessenkollisionen, GmbHR 1999, 520; *ders.*, Die Beteiligung von Betriebsräten an Umwandlungsvorgängen aus Sicht des Handelsregisters, GmbHR 1996, 833; *Mertens*, Die Gestaltung von Verschmelzungs- und Verschmelzungsprüfungsberichten, AG 1990, 20; *Milde*, Der Gleichordnungskonzern im Gesellschaftsrecht, 1996; *Mujkanovic*, Die Zukunft der Kapitalkonsolidierung – Das Ende der Pooling-of-Interest Method, WPg 1999, 533; *Pentz*, Zur beabsichtigten Änderung des § 52 AktG im RefE des Gesetzes zur Namensaktie und zur Erleichterung der Stimmrechtsausübung – Namensaktiengesetz (NaStraG), NZG 2000, 225; *Priester*, Die Identität des Gesellschafterkreises – ein zwingender Grundsatz? DB 1997, 560; *Reichert*, Probleme der Nachgründung nach altem und neuem Recht, ZGR 2001, Heft 4; *ders.*, Ausstrahlungswirkungen der Ausgliederungsvoraussetzungen nach UmwG auf andere Strukturänderungen, ZHR 1998, Beiheft Bd. 68, S. 26; *ders.*, Folgen der Anteilsvinkulierung für Umstrukturierungen von Gesellschaften mit beschränkter Haftung und Aktiengesellschaften nach dem Umwandlungsgesetz 1995, GmbHR 1995, 176; *Rixen/Böttcher*, Erfahrungsbericht über eine transnationale Verschmelzung, GmbHR 1993, 572; *Schiessl*, Ist das deutsche Aktienrecht kapitalmarkttauglich?, AG 1999, 442; *Schöne*, Das Aktienrecht als „Maß aller Dinge" im neuen Umwandlungsrecht?, GmbHR 1995, 325; *Seydel*,

Konzernbildungskontrolle bei der AG, 1995; *Sonnenberger/Großerichter*, Konfliktlinien zwischen internationalem Gesellschaftsrecht und Niederlassungsfreiheit, RIW 1999, 721; *Than*, Zwangsweises Ausscheiden von Minderheitsaktionären nach Übernahmeangebot, FS Claussen, 1997, S. 405; *Timme/Hülk*, Das Ende der Sitztheorie im Internationalen Gesellschaftsrecht? – EuGH, EuZW 1999, 216, JuS 1999, 1055; *Willemsen*, Arbeitsrecht im Umwandlungsgesetz, NZA 1996, 791.

A. Ablauf von Verschmelzungen und ähnlichen Zusammenschlüssen

I. Erarbeitung des unternehmerischen Konzepts; Festlegung der Zielstruktur

1   Beabsichtigen zwei Unternehmen, sich zusammenzuschließen, ist zunächst zu untersuchen und zu entscheiden, wie das fusionierte Unternehmen künftig strukturiert und organisiert werden soll.
– Eine Möglichkeit besteht darin, beide Unternehmen in einer **einheitlichen Gesellschaft** zusammenzufassen.
– Als Alternative kommt in Betracht, eine **Holding-Gesellschaft** zu bilden, die die Geschäftsanteile an den zusammenzuführenden Gesellschaften zu 100% oder zumindest mehrheitlich hält. Vielfach wird in solchen Fällen die Holding-Gesellschaft einen Beherrschungs- und Ergebnisabführungsvertrag mit ihren Tochtergesellschaften begründen[1].
– Schließlich kommt auch in Betracht, eines der beteiligten Unternehmen zur **Muttergesellschaft** werden zu lassen, während das weitere oder die weiteren am Zusammenschluß beteiligten Unternehmen zu **Tochtergesellschaften** werden. Dies ist meist damit verbunden, daß die ehemaligen Gesellschafter der jetzigen Tochtergesellschaft anstelle ihrer bisherigen Beteiligung eine Beteiligung an der Muttergesellschaft erhalten. Man bezeichnet einen solchen Zusammenschluß auch als „quasi-merger".

2   Die Überlegung, welche dieser Strukturen für die Führung des Unternehmens bzw. Konzerns am geeignetsten erscheint, sollte am Anfang der **Erarbeitung des Zusammenführungskonzepts** stehen. Als zweiter Schritt ist dann die Auswahl der geeigneten Transaktionsstruktur zu treffen, die zu der gewünschten Zielstruktur führt. Erst nach Prüfung der in Betracht kommenden Transaktionsstrukturen läßt sich endgültig entscheiden, ob es bei der zunächst als ideal angesehen Zielstruktur verbleiben kann. Ergibt sich nämlich, daß diese im Vergleich zu anderen denkbaren Zielstrukturen nur unter Inkaufnahme von Nachteilen umgesetzt werden kann, bedarf es der Abwägung, ob die Vorteile der erstrebten Zielstruktur die Inkaufnahme der Nachteile rechtfertigen.

---

[1] Siehe § 28 Rn 19 f.

Eine wesentliche Rolle spielen regelmäßig **steuerliche Gesichtspunkte**[2]. Von 3
Bedeutung ist ferner meist auch der **Zeitbedarf**, der zur Umsetzung der gewählten
Struktur erforderlich ist. Ein hoher Stellenwert kommt regelmäßig auch der
Transaktionssicherheit zu: Risiken, die die Umsetzung der Transaktion verzögern oder gar blockieren könnten, sollen minimiert werden. Gleiches gilt für die
Gefahr, daß ein Spruchstellen- oder Spruchverfahren zu nicht kalkulierbaren Korrekturen der wirtschaftlichen Grundlagen des Zusammenschlusses führen könnte[3].

II. Auswahl der geeigneten Transaktionsstruktur

Wird als Zielstruktur angestrebt, die **Aktivitäten** der zusammenzuführenden 4
Unternehmen in einem Unternehmen zu **bündeln**, kommt in erster Linie eine
Verschmelzung in Betracht.

1. Formen der Verschmelzung

Das Umwandlungsgesetz stellt dafür zwei unterschiedliche Formen zur Verfü- 5
gung: Die Verschmelzung zur Aufnahme und die Verschmelzung zur Neugründung.
– Bei der **Verschmelzung zur Aufnahme** werden ein oder mehrere Rechtsträger (die sog. übertragenden Rechtsträger) als Ganzes auf einen bestehenden
  Rechtsträger (den sog. übernehmenden Rechtsträger) gegen Gewährung von
  Anteilen oder Mitgliedschaftsrechten des übernehmenden Rechtsträgers an die
  Anteilsinhaber (Gesellschafter, Aktionäre, Genossen oder Mitglieder) des übertragenden Rechtsträgers übertragen[4].
– Bei der **Verschmelzung zur Neugründung** werden die Vermögen beider
  oder mehrerer Rechtsträger (übertragender Rechtsträger) jeweils als Ganzes auf
  einen neuen, von ihnen dabei gegründeten Rechtsträger wiederum gegen Gewährung von Anteilen oder Mitgliedschaftsrechten des neuen Rechtsträgers[5] an
  die Anteilsinhaber der übertragenden Rechtsträger übertragen.

2. Insbesondere: Verschmelzung auf „NEWCO"

Sollen zwei Unternehmen zusammengeführt werden, liegt es nahe, auf diejenige Verschmelzungsform zurückzugreifen, in der es nur **eines Übertragungs-** 6
akts bedarf: Das heißt, eine Verschmelzung eines der beteiligten Unternehmen als
übertragende Gesellschaft auf das andere beteiligte Unternehmen als aufnehmende
Gesellschaft. Da ein solches Vorgehen nur das Vermögen eines der beteiligten Unternehmen „bewegt", ist es regelmäßig weniger aufwendig als Lösungen, die die
Übertragung des Vermögens beider beteiligter Unternehmen erfordern[6].

---

[2] Dazu § 26 Rn 386 ff.
[3] Zu den Mängeln einer Unternehmensübernahme und ihren Folgen siehe § 34.
[4] § 2 Nr. 1 UmwG.
[5] § 2 Nr. 2 UmwG.
[6] Zur Grunderwerbsteuer siehe § 26 Rn 518 ff.

7 Gleichwohl spielt die Verschmelzung zweier oder mehrerer Gesellschaften auf eine **Drittgesellschaft** (NEWCO) in der Praxis eine große Rolle. Dabei stehen selten psychologische Gründe im Vordergrund, wie man sie vermuten könnte, wenn ein **Merger of Equals** stattfinden und keine der beteiligten Gesellschaften in der anderen Gesellschaft aufgehen soll. Der Vorzug des Unternehmenszusammenschlusses über eine NEWCO liegt in einer voraussichtlich sichereren und rascheren Abwicklung der Transaktion aus folgenden Gründen: Eine Anfechtung der Verschmelzung und der regelmäßig mit ihr verbundenen Kapitalerhöhung wegen fehlerhafter Tauschrelation ist nur durch Aktionäre der übernehmenden Gesellschaft möglich[7]. Die Aktionäre der übertragenden Gesellschaften können das Umtauschverhältnis nur im Rahmen eines Spruchverfahrens angreifen[8]. Dieses kann zwar Zahlungsansprüche auslösen, nicht hingegen die Transaktion als solche verzögern oder verhindern. Bei der Verschmelzung auf eine NEWCO als übernehmende Gesellschaft wird die de iure bestehende **Anfechtungsmöglichkeit** wegen einer fehlerhaften Tauschrelation dadurch **ausgeschlossen**, daß die Anteile des NEWCO zum Zeitpunkt der Beschlußfassung noch bei den Initiatoren (meist wird eine Bank eingeschaltet) liegen, so daß es de facto nicht zu der (de iure denkbaren) Anfechtung kommen kann.

8 Es kann auch nicht darauf gesetzt werden, daß die für die Aktionäre der übertragenden Gesellschaft bestehende **Anfechtungsbeschränkung**[9] **de lege lata** auf die Aktionäre der übernehmenden Gesellschaft ausgedehnt wird, obwohl die neuere Rechtsprechung Anfechtungsbeschränkungen extensiv handhabt und die analoge Anwendung der Regeln über das Spruchverfahren grundsätzlich in Betracht zieht[10]. Entgegen der bisher herrschenden Auffassung[11] hat der BGH für den Fall des Rechtsformwechsels die Beschränkung des Anfechtungsrechts wegen unzureichender, fehlender oder nicht ordnungsgemäßer Abfindung auch auf Informationspflichtverletzungen, soweit sie die Abfindung betreffen, unter Verweis auf das Spruchverfahren ausgedehnt[12]. Der BGH hat sogar – obiter – unter Hinweis auf die „Moto-Meter"-Entscheidung des BVerfG[13] eine **analoge Anwendung** der Regeln über das **Spruchverfahren** erwogen, um die Aktionäre der verbleibenden Gesellschaft im Fall einer Erhöhung der Abfindung in einem durch die ausscheidenden Aktionäre eingeleiteten Spruchverfahren zu schützen. Abgesehen davon, daß es dazu keines neuerlichen Spruchverfahrens bedarf – es genügt eine Beteiligung der verbleibenden Aktionäre an dem von den ausscheidenden Aktionären eingeleiteten Spruchverfahren –, kann man kaum erwarten, daß sich im Fall der Verschmelzung ein Anfechtungsausschluß für die Aktionäre der übernehmenden Gesellschaft durchsetzt. Der Gesetzgeber hat einen solchen – trotz entsprechender Empfehlungen aus dem Schrifttum – gerade nicht aufgegriffen,

---

[7] § 14 Abs. 2 UmwG.
[8] §§ 305 ff. UmwG.
[9] § 14 Abs. 3 UmwG
[10] Zur gundsätzlichen Analogiefähigkeit der Regelungen über das Spruchverfahren vgl. *BVerfG* ZIP 2000, 1670 „Moto-Meter" sowie *BGH* ZIP 2001, 412, 415.
[11] *Grunewald* in Lutter § 32 UmwG Rn 2.
[12] *BGH* ZIP 2001, 199; *BGH* ZIP 2001, 412.
[13] *BVerfG* ZIP 2000, 1670.

weil ein etwaiger Barausgleich an die Aktionäre der übernehmenden Gesellschaft wegen zu hoher Bewertung der übertragenden Gesellschaft mit dem **Kapitalaufbringungsgebot** kollidiert. Insoweit bedürfte es wohl einer Modifizierung der Rechtsfolgen, wie sie im Schrifttum[14] und vom Handelsrechtsausschuß[15] vorgeschlagen wurde. Derart weitgehende Eingriffe sind indessen wohl nur **de lege ferenda** durchzusetzen. Bis der Gesetzgeber gehandelt hat, wird man daher nach wie vor mit Anfechtungsklagen der Aktionäre der übernehmenden Gesellschaft sowohl im Hinblick auf eine etwaige Überbewertung der übertragenden Gesellschaft als auch wegen Informationspflichtverletzungen zu rechnen haben. Dies begründet eine häufig kaum akzeptable **Belastung der Transaktionssicherheit**, sofern man sich nicht zu dem Umweg über die NEWCO entscheidet.

3. Vorbereitung durch Aktientausch

Ein Beispiel für den Rückgriff der Praxis auf eine NEWCO ist die Zusammenführung der Daimler-Benz AG und der Chrysler Corp[16]. Eine grenzüberschreitende Verschmelzung ist bisher nicht möglich[17]; die denkbare Einbringung der Chrysler-Aktien in die Daimler-Benz AG im Wege der Sacheinlage hätte unzumutbare Anfechtungsrisiken ausgelöst. Daher mußten die Chrysler-Aktien im Wege der Sachkapitalerhöhung in eine NEWCO eingebracht werden[18]. Im Anschluß daran hätte die Daimler-Benz AG auf die NEWCO, die nun ihrerseits die Aktien der Chrysler Corp. hielt, ohne weiteren Zwischenschritt verschmolzen werden können. Demgegenüber wurde indessen vor Durchführung der Verschmelzung der Daimler-Benz AG auf NEWCO ein **Tauschverfahren** vorgeschaltet. Den Daimler-Benz-Aktionären wurde angeboten, ihre Aktien in solche der NEWCO zu tauschen.

Zur **Optimierung der Transaktionssicherheit** bietet sich ein solches **zweistufiges Verfahren** – wie es bei DaimlerChrysler durchgeführt wurde – an. Die Aktionäre erhalten in der ersten Stufe das Angebot, ihre Aktien freiwillig in die NEWCO zu tauschen. Anschließend erfolgt die Verschmelzung in der zweiten Stufe. Wird durch die Verschmelzung auf eine NEWCO die Blockademöglichkeit durch Anfechtungsverfahren in der übernehmenden Gesellschaft minimiert, führt die Vorschaltung eines Tauschverfahrens zu einer weiteren **Verringerung des Transaktionsrisikos**. Selbst wenn die Verschmelzung durch Anfechtungsklagen aufgehalten wird, kann zumindest das Tauschverfahren durchgeführt werden. Wird – was regelmäßig der Fall ist – bestimmt, daß das Tauschverfahren nur dann durchgeführt wird, wenn eine gegebenenfalls auch qualifizierte Mehrheit der Aktionäre ihre Aktien zum Tausch anbietet, besteht im Anschluß an das erfolgreiche Umtauschverfahren bis zur Durchführung des Verschmelzungsverfahrens eine Situation, in der die aufzunehmende Gesellschaft zunächst zur Tochter-

---

[14] *Hommelhoff*, Minderheitenschutz bei Umstrukturierungen, ZGR 1993, 453, 470.
[15] NZG 2000, 803.
[16] Siehe auch Rn 277 ff., 363, 385.
[17] Zu den Formen der Zusammenführung über die Grenze siehe Rn 249 ff.
[18] Die Chrysler-Aktien waren zuvor im Rahmen eines sog. „reverse triangular merger" eingesammelt worden.

gesellschaft der als aufnehmendes Unternehmen vorgesehenen Gesellschaft wird. Damit ist die Fusion jedenfalls nicht gescheitert. Selbst wenn die Verschmelzung angefochten werden sollte und die Registersperre nicht auf Anhieb überwunden werden sollte, ist die **zu übernehmende Gesellschaft zumindest** zur **Tochtergesellschaft** geworden.

11 Darüber hinaus ermöglicht das freiwillige Tauschangebot, sich mit den Aktionären über einen angemessenen **Umtauschkurs** zu einigen und Meinungsverschiedenheiten und spätere Korrekturen im Hinblick auf die **privatautonom getroffene Entscheidung** zu vermeiden. Im Fall DaimlerChrysler hätten die Risiken der Verschmelzungsrelation im Ergebnis allein die Chrysler-Aktionäre getroffen, die ihre Anteile aufgrund der vereinbarten Tauschrelation in NEWCO eingebracht haben. Für sie war es daher Bedingung, das **Risiko aus** einem späteren **Spruchverfahren** dadurch zu **reduzieren**, daß ein hoher Prozentsatz der Daimler-Benz-Aktionäre freiwillig zu der vereinbarten Tauschrelation in NEWCO-Aktien tauscht und sich damit die Gefahr einer späteren Korrektur entsprechend vermindert.

12 Ein weiterer Gesichtspunkt, der auch im Zusammenschlußvorhaben Hoechst/Rhône Poulenc zum Tragen kam, sind die Erfordernisse der sogenannten **Pooling of Interests-Methode**[19], die im Gegensatz zur Purchase Accounting-Methode die Fortführung der Buchwerte der zusammengeführten Unternehmen unter Vermeidung einer Aufdeckung der stillen Reserven erlaubt. Die Anwendung dieser Methode setzt eine **Gleichbehandlung der Aktionäre** beider Partner voraus[20]. Nach Auffassung der US-amerikanischen Wertpapieraufsicht SEC wäre etwa im Fall Daimler/Chrysler eine solche Gleichbehandlung nicht gegeben gewesen, wenn mehr als 10% der Daimler-Benz-Aktionäre in den Genuß einer – den Chrysler-Aktionären nicht zugänglichen – Nachbesserung des ursprünglichen Umtauschangebots gekommen wären[21].

III. Vor- und Nachteile der unterschiedlichen Transaktionsstrukturen

1. Risiken aus Anfechtungs- und Spruchverfahren

13 Wie ausgeführt, kommt es darauf an, eine möglichst optimale Zielstruktur auf einem Weg zu erreichen, der eine möglichst hohe Transaktionssicherheit gewährleistet. Häufig sind entweder in der einen oder in der anderen Hinsicht Abstriche unvermeidbar.

14 **a) Zusammenführung im Wege der Sachkapitalerhöhung.** Als in der Regel höchst **problematisch** erweist sich die Zusammenführung zweier Gesellschaften durch Einbringung der Anteile der einen Gesellschaft in die andere Gesellschaft im Rahmen einer **Sachkapitalerhöhung**. Zwar kann sich auf diese Weise ein „quasi-merger" vollziehen, wenn die Aktionäre der einen Gesellschaft vollständig zu Aktionären der übernehmenden Gesellschaft werden und die über-

---

[19] Zu den Einzelheiten § 32.
[20] *Krieger* in Lutter § 311 UmwG Rn 3.
[21] Börsen-Zeitung 7. 8. 1998 S. 6; Börsen-Zeitung 15. 9. 1998 S. 6.

nommene Gesellschaft damit zu deren 100%-iger Tochtergesellschaft wird. Dieser Weg würde sich gerade bei dem Zusammenschluß mit ausländischen Unternehmen anbieten, da eine **grenzüberschreitende Verschmelzung** nicht möglich ist. Meist werden solche Konstruktionen indessen kaum gangbar sein, wenn die übernehmende Gesellschaft nicht über einen die Transaktion von vornherein mittragenden überschaubaren Gesellschafterkreis verfügt: Das **Risiko**, daß der Sachkapitalerhöhungsbeschluß wegen behaupteter Überbewertung der Sacheinlage angefochten wird[22], ist evident. Es besteht eine erhebliche Gefahr, daß der Registerrichter die zum Wirksamwerden der Sachkapitalerhöhung erforderliche Eintragung[23] in das Handelsregister bis zur Entscheidung über die Anfechtungsklage aussetzt[24]. Selbst wenn eine – in einem solchen Fall eher unwahrscheinliche – Eintragung der Sachkapitalerhöhung erfolgte, würde sie zwar zu einem sofortigen Zusammenschluß führen, doch liefen die Aktionäre der einbringenden Gesellschaft **Gefahr**, bei einem Erfolg der Anfechtungsklage mit Rechtskraft des stattgebenden Urteils ex nunc gegen Abfindung aus der Zielgesellschaft **auszuscheiden**[25]. Eine Gestaltung, die mit einem derartigen Risiko verbunden ist, wird sich in den meisten Fällen verbieten.

b) Verschmelzung. Wird von den Aktionären der übernehmenden Gesellschaft die Verschmelzung und die regelmäßig mit ihr verbundene Kapitalerhöhung mit der Begründung, das Umtauschverhältnis sei für die Aktionäre des einbringenden Unternehmens zu günstig, angefochten, greift die **Registersperre**[26], die nur in einem besonderen Verfahren[27] überwunden werden kann. Dieses sog. Unbedenklichkeitsverfahren kostet Zeit; auch ist nicht mit hinreichender Sicherheit prognostizierbar, ob die Registersperre tatsächlich überwunden werden kann.

Es besteht ferner das Risiko, daß die **Tauschverhältnisse** im Rahmen eines durch die Aktionäre der übertragenden Gesellschaft eingeleiteten Spruchverfahrens[28] **korrigiert** werden und die aufnehmende Gesellschaft den Aktionären der übertragenden Gesellschaft zum Ausgleich eine **bare Zuzahlung** zu leisten hat. Damit werden Transaktionen mit einer Unsicherheit belastet, die den Aktionären der beteiligten Unternehmen bisweilen unzumutbar erscheint. Dies gilt insbes. bei grenzüberschreitenden Transaktionen, bei denen – da eine grenzüberschreitende Verschmelzung nicht möglich ist – die Aktien der ausländischen Gesellschaft im Wege der Sachkapitalerhöhung in die NEWCO eingebracht werden, ohne daß den Aktionären der Auslandsgesellschaft ein Kontrollmechanismus zur Verfügung stünde, wie er den Aktionären der ihr Vermögen im Wege der übertragenden Verschmelzung auf die NEWCO überführenden Gesellschaft in Form des Spruchverfahrens zusteht.

---

[22] Analog § 255 Abs. 2 AktG.
[23] § 189 AktG.
[24] § 127 FGG.
[25] *Zöllner/Winter*, Folgen der Nichtigerklärung durchgeführter Kapitalerhöhungsbeschlüsse, ZHR 158 (1994) 59, 59 ff.; *Huber*, Die Abfindung der neuen Aktionäre bei Nichtigkeit der Kapitalerhöhung, FS Claussen, 1997, S. 147 ff.
[26] § 16 UmwG.
[27] § 16 Abs. 3 UmwG; dazu im einzelnen § 34 Rn 70 ff.
[28] §§ 15, 305 ff. UmwG.

17 **c) Verschmelzung mit vorgelagertem Tauschverfahren.** Das vorgelagerte Tauschverfahren **verringert die Risiken**, die sich aus Anfechtungsklagen in der übertragenden Gesellschaft ergeben; denn die Anfechtung eines Verschmelzungsbeschlusses ist auch, soweit es die übertragende Gesellschaft betrifft, nur wegen fehlerhafter Tauschrelation, nicht hingegen wegen sonstiger Anfechtungsgründe ausgeschlossen[29]. IRd. Tauschverfahrens können die Aktionäre privatautonom entscheiden, ob sie ihre Aktien tauschen oder nicht. Ein Umtauschangebot als solches macht – jedenfalls isoliert betrachtet – die Befassung der Hauptversammlung nicht erforderlich. Selbst wenn die Transaktion insgesamt eine Befassung der Hauptversammlung erfordert, kann die Anfechtung einer Zustimmung zum Gesamtkonzept die Durchführung des Tauschverfahrens als solches kaum blockieren. Hingegen löst eine Anfechtung eines Verschmelzungsbeschlusses zunächst die Registersperre[30] aus. Diese kann zwar im Unbedenklichkeitsverfahren überwunden werden[31]. Die praktischen Erfahrungen mit diesem Verfahren sind indessen unterschiedlich[32] und damit verbundene Zeitverzögerungen können, gerade wenn aus steuerlichen Gründen bestimmte Zeitpläne einzuhalten sind, äußerst nachteilige Folgen haben.

18 Doch das **Risiko** aus dem **Spruchverfahren** vermindert sich auf den Anteil der Aktionäre der Ausgangsgesellschaft, die nicht getauscht haben. In welcher Höhe man ein solches Risiko in Kauf nimmt, läßt sich durch die im Tauschangebot vorgesehenen Bedingungen steuern: Dort ist jeweils zu bestimmen, welcher Prozentsatz von Aktionären das Tauschangebot annehmen muß, damit das Tauschverfahren durchgeführt wird und die gesamte Transaktion zustande kommt.

19 Im Fall der Verschmelzung von Daimler-Benz und Chrysler hatten die Aktionäre iRd. vorgelagerten Tauschverfahrens der deutschen Gesellschaft die Möglichkeit, ihre Aktien freiwillig in Aktien der NEWCO zu tauschen; erst im Anschluß fand die übertragende Verschmelzung der deutschen Ausgangsgesellschaft auf die NEWCO statt.

20 Das vorgelagerte Tauschverfahren hat schließlich auch den Vorteil, daß die Zusammenführung jedenfalls in einem ersten Schritt unabhängig von einer etwaigen **Verzögerung** der nachfolgenden Verschmelzung durchgeführt werden kann.

---

[29] § 14 Abs. 2 UmwG; es wäre zu begrüßen, wenn auch bei der Verschmelzung der Anfechtungsausschluß in der übertragenden Gesellschaft auf Informationspflichtverletzungen ausgedehnt werden könnte, wie der BGH dies für §§ 210, 212 AktG im Fall des Rechtsformwechsels bejaht hat, vgl. *BGH* ZIP 2001, 199; ZIP 2001, 415. Ob der BGH den Anfechtungsausschluß allerdings auch in dieser Konstellation bejaht, ist angesichts der Begründung der vorgenannten Entscheidungen nicht gesichert. § 14 Abs. 2 UmwG schließt die Anfechtung nur für das zu niedrig bemessene Umtauschverhältnis aus, während § 12 UmwG nicht nur die zu niedrig bemessene, sondern auch die fehlende oder nicht ordnungsgemäß angebotene Barabfindung erfaßt; die nicht ausreichend erläuterte Barabfindung konnte der BGH unter die „nicht ordnungsgemäß" angebotene Barabfindung subsumieren. Für § 14 Abs. 2 UmwG bleibt die Frage demnach unverändert vor offen.

[30] § 16 Abs. 2 UmwG.

[31] § 16 Abs. 3 UmwG.

[32] Positive Entscheidungen: *OLG Hamm* BB 1999, 1234, und *OLG Düsseldorf* BB 1999, 1236 in Sachen Thyssen/Krupp; *Riegger/Schockenhoff*, Das Unbedenklichkeitsverfahren zur Eintragung der Umwandlung ins Handelsregister, ZIP 1997, 2105; weitere Nachweise bei *Bork* in Lutter § 16 UmwG Rn 14 ff.

Selbst wenn es zu einer Anfechtung und damit Registersperre[33] kommt – ausgeschlossen ist bei der übertragenden Gesellschaft nur die Anfechtung wegen unrichtiger Verschmelzungsrelation –, ist die Ausgangsgesellschaft zumindest zu einer Tochtergesellschaft der Zielgesellschaft geworden, sofern die Durchführung des Tauschverfahrens von der Annahme der Mehrheit der Aktionäre abhängig gemacht wurde.

d) Isoliertes Tauschverfahren. Sollen die unternehmerischen Aktivitäten 21 nicht in einer Gesellschaft zusammengefaßt werden, sondern ein Mutter- und Tochterverhältnis beibehalten werden, kann man auf die anschließende Verschmelzung verzichten. Erreicht man über das Tauschverfahren eine 95%-Mehrheit, kommt nach Inkrafttreten des Übernahmegesetzes die Durchführung eines **Squeeze Out**[34] in Betracht, so daß das abhängige Unternehmen zu 100% Tochtergesellschaft wird. Im Anschluß daran läßt sich eine Verschmelzung ohne Sachkapitalerhöhung und ohne Bewertungsrisiko vollziehen.

2. Behinderung der NEWCO durch Nachgründungsrecht

Bietet sich aufgrund des vorstehend Ausgeführten häufig der Einsatz einer 22 NEWCO an, muß man sich indessen auch der Nachteile dieser Konstruktion bewußt sein. Diese liegen nicht nur in einem häufig – schon im Hinblick auf die Grunderwerbsteuer[35] – erhöhten Steueraufwand.

a) Nachgründungsrecht. Ein spezifischer Nachteil liegt darin, daß die 23 NEWCO, sofern es sich um eine AG handelt, in den ersten zwei Jahren ihres Bestehens dem **Nachgründungsrecht**[36] unterliegt.

Zweck der Nachgründungsvorschriften ist es, eine Umgehung der Sachgründungsvorschriften zu verhindern; es soll insbes. vermieden werden, daß die für Sacheinlagen und Sachübernahmen geltenden Vorschriften[37] durch eine Bargründung und den anschließenden (unter Umständen von vornherein geplanten) Erwerb bestimmter Vermögensgegenstände durch die Gesellschaft umgangen werden. Dem liegt die Erwägung zugrunde, daß gründungsnahe Erwerbspflichten für die Gesellschaft ein ähnliches **Risikopotential** enthalten wie die Sachgründung, insbes. im Hinblick auf **Bewertungsfehler** und eine **mangelnde Werthaltigkeit** der erworbenen Vermögensgegenstände. Daneben soll die AG vor übermäßiger Einflußnahme der Gründer auf den Vorstand geschützt werden[38].

b) Milderungen durch das NaStraG. Das Nachgründungsrecht hat sich 25 für neugegründete Aktiengesellschaften als sehr hinderlich herausgestellt; insbes. in der Publikumsgesellschaft bereitet die Befassung der Hauptversammlung mit den erfaßten Investitionsgeschäften große Schwierigkeiten[39]. Das Problem wurde

---

[33] § 16 UmwG.
[34] Siehe Band 2.
[35] Siehe § 26 Rn 495 ff.
[36] § 52 AktG.
[37] § 27 AktG.
[38] Zum Sinn und Zweck des § 52 AktG: *BGHZ* 110, 47, 55; *Hüffer* § 52 AktG Rn 1.
[39] Problemüberblick bei *Werner*, Nachgründung und Börsengang – wie obsolet ist § 52 AktG?, NZG 2000, 231.

deutlich, nachdem sich die **Zahl der Aktiengesellschaften** in Deutschland seit dem Gesetz für kleine Aktiengesellschaften und zur Deregulierung des Aktienrechts mehr als **verdoppelt** und sich die **Zahl der Börsengänge** ebenfalls **zunehmend entwickelt** hat. Besonders für NEWCOs, die im Rahmen einer Verschmelzung einen erheblichen Vermögenszuwachs erfahren – auch die Verschmelzung selbst unterliegt dann den Nachgründungsvorschriften[40] –, vermochte die verschärfte Kontrolle im weiteren Zweijahreszeitraum nicht zu überzeugen. Sie führte für eine Vielzahl von Unternehmen, bei denen Akquisitionen und Umstrukturierungen in einer die 10%-Schwelle überschreitenden Größenordnung häufig vorkommen, zu einer kaum hinnehmbaren Erschwernis.

26 Der Gesetzgeber hat die Problematik erkannt. Mit dem Gesetz zur Namensaktie und zur Erleichterung der Stimmrechtsausübung – Namensaktiengesetz (**NaStraG**) – ist der Anwendungsbereich von § 52 AktG auf **Verträge der Gesellschaft mit Gründern oder** Aktionären, die mit **mehr als 10%** des Grundkapitals beteiligt sind, beschränkt worden. Damit wurden Akquisitionen und sonstige Investitionen, die nicht auf Rechtsgeschäften mit den Gründern oder hinzugetretenen Aktionären von einigem Gewicht beruhen, aus dem Anwendungsbereich ausgenommen[41]. Weiter wurde § 52 Abs. 9 AktG geändert und an die 11. Kapitalrichtlinie angepaßt. Damit ist – im Anschluß an entsprechende Forderungen im Schrifttum[42] – klargestellt, daß laufende Geschäfte sowie Geschäfte über die Börse vom Nachgründungsrecht nicht erfaßt werden.

27 Das NaStraG hat zwar die **Einschränkungen** der Handlungsfreiheit der NEWCO, die bei dem Rückgriff auf eine NEWCO mit in die Überlegung einzubeziehen sind, erheblich **entschärft**, jedoch nicht völlig abgebaut[43].

28 Es ließ die Frage offen, ob die Nachgründungsbestimmungen auf **Sachkapitalerhöhungsmaßnahmen** anzuwenden sind. Entgegen der hM sprechen die besseren Gründe gegen eine entsprechende Anwendung[44].

29 Demgegenüber wird zu Recht überwiegend angenommen, daß es der Einhaltung der Nachgründungsvorschriften nicht bedarf, wenn die Leistung „**aus künftigen Gewinnen**" erfolgen soll[45]. Für einen nachgründungsfreien Erwerb soll darüber hinaus auch auf eine **Kapitalrücklage**[46] zurückgegriffen werden können[47]. In Fortführung dieses Ansatzes sind die Nachgründungsvorschriften generell auf solche Vorgänge nicht anzuwenden, die aus frei verwendbarem Kapital finanziert werden. Dies ist auch dann der Fall, wenn der Erwerbspreis durch

---

[40] §§ 67, 125 UmwG.
[41] Zu den Auswirkungen des NaStraG auf das Nachgründungsrecht: *Pentz* NZG 2000, 225; *Casper*, Die geplante Neuregelung der Nachgründungsvorschriften durch das NaStraG, StuB 2000, 538.
[42] *Lutter/Ziemons* ZGR 1999, 479 ff.
[43] Dazu im einzelnen *Reichert* ZGR 2001, Heft 4.
[44] Dafür: *Reichert* ZGR 2001, Heft 4; *Bork/Stangier*, Nachgründende Kapitalerhöhung mit Sacheinlagen?, AG 1984, 320, 322 ff.; *Hefermehl/Bungeroth* in Geßler/Hefermehl § 183 AktG Rn 51 ff.; für Aufrechterhaltung: *Pentz* NZG 2000, 225.
[45] Grundlegend: *Hachenburg* in Düringer/Hachenburg, HGB, 3. Aufl. 1934, § 207 Anm. 10; siehe ferner *Barz* im Großkomm. § 52 AktG Anm. 3; *Kraft* in Kölner Komm. § 52 AktG Rn 14.
[46] § 272 Abs. 2 Nr. 4 HGB.
[47] *Hüffer* § 52 AktG Rn 3.

eine **freie Gewinnrücklage**, die die zu bildende gesetzliche Rücklage überschreitet[48], gedeckt ist[49]. Daß dieser Fall bisher nur vereinzelt erwähnt wurde[50], dürfte darauf zurückzuführen sein, daß in der typischen Gründungssituation Gewinnrücklagen in aller Regel (noch) nicht gebildet sind. Anders liegt es in Fällen, in denen auf die NEWCO ein profitables Unternehmen verschmolzen wurde. Ebenso wie aus Kapitalrücklagen ist auch aus die gesetzliche Rücklage überschreitenden Gewinnrücklagen, die sich in der Bilanz niedergeschlagen haben, ein nachgründungsfreier Erwerb zuzulassen. Dies setzt indessen voraus, diese Gewinnrücklagen einer **Ausschüttungssperre** bis zum Ablauf der Nachgründungsfrist zu unterwerfen[51]. Es ist daher bei der Bilanzauf- und -feststellung zum Ausdruck zu bringen, daß sie für einen nachgründungsfreien Erwerb vorgesehen sind (**Zweckbindung**) und einer Ausschüttungssperre bis zum Ablauf der Nachgründungsfrist unterliegen.

Die gesetzliche Ausnahme für den Erwerb von Vermögensgegenständen, der den Unternehmensgegenstand bildet[52], sollte nach der bisherigen Gesetzesfassung nur eingreifen, wenn es sich um einen im Unternehmensgegenstand verankerten **Hauptgegenstand der Gesellschaft** und nicht etwa nur ein Hilfsgeschäft handelt[53]. Inzwischen war indessen unter Hinweis auf die zweite gesellschaftsrechtliche EG-Richtlinie vom 13. 12. 1976 aufgezeigt worden, daß auch die **typischen Hilfsgeschäfte**, die zur Erreichung des Hauptgegenstands erforderlich sind, unter diese Ausnahmebestimmung zu subsumieren sind[54]. Der Gesetzgeber des NaStraG hat hieraus die Konsequenzen gezogen, indem die Ausnahmen nunmehr den Erwerb „im Rahmen der laufenden Geschäfte der Gesellschaften in der Zwangsvollstreckung oder an der Börse" erfassen.

Schließlich werden nach zutreffender Auffassung – von etwaigen Mißbrauchsfällen abgesehen – von den Nachgründungsvorschriften auch nicht Rechtsgeschäfte von **Tochtergesellschaften** der nachgründungspflichtigen Gesellschaft erfaßt, auch wenn sie ihrem Volumen nach unter ihren Anwendungsbereich fallen würden[55].

c) **Mantelgesellschaft und Nachgründungsrecht.** Vielfach wird erwogen, den vorgenannten Beschränkungen dadurch zu begegnen, daß man auf einen bereits seit zwei Jahren vorgehaltenen AG-Mantel zurückgreift. Indessen kann in Fällen der **Mantelverwendung** für das Nachgründungsrecht nichts anderes gelten als für das **Gründungsrecht**[56]: Die Anordnung der Nachgründung

---

[48] § 272 Abs. 3 Satz 2 iVm. § 150 Abs. 2 HGB.
[49] *Reichert* ZGR 2001, Heft 4.
[50] Erstmals wird diese Konstellation bei *Knott* BB 1999, 806, 807 angesprochen.
[51] AA – allerdings ohne Auseinandersetzung mit der Problematik – *Knott* BB 1999, 806, 807.
[52] § 52 Abs. 9 AktG.
[53] *Kraft* in Kölner Komm. § 52 AktG Rn 55; *Barz* in Großkomm. § 52 AktG Anm. 15.
[54] *Krieger*, Zur Reichweite des § 52 AktG, FS Claussen, 1997, S. 223 ff., 232 f.; *Lutter/Ziemons* ZGR 1999, 479, 481 ff. unter Verweis auf die Zweite Gesellschaftsrechtliche EG-Richtlinie vom 13. 12. 1976.
[55] *Kubis* AG 1993, 118, 120; *Knott* BB 1999, 806, 807; *Reichert* ZGR 2001, Heft 4; wohl auch *Baums/Vogel* in Lutter/Scheffler/Schneider S. 275.
[56] Zu den im einzelnen streitigen Fragen: *Hüffer* § 23 AktG Rn 27 f.; *Röhricht* in Großkomm. § 23 AktG Rn 132 ff.; *Ulmer* in Hachenburg § 3 GmbHG Rn 38.

für den Zeitraum von zwei Jahren nach der Gründung beruht auf der Annahme, daß in diesem Zeitraum die Gefahr einer Umgehung von Gründungsvorschriften durch Erwerbsgeschäfte besonders groß ist. Dieser Gesichtspunkt gilt indessen auch dann, wenn eine Gesellschaft in den ersten zwei Jahren ihrer Existenz nicht wirklich aktiv ist, sondern lediglich „überwintert", um nach Ablauf der Nachgründungsfrist aktiviert zu werden[57]. In solchen Fällen hat der Schutz mit der Aktivierung des Mantels zu den nunmehr verfolgten Zwecken einzusetzen, so daß die **Nachgründungsfrist** mit der Gegenstandsänderung, die zum Zweck der Unternehmenszusammenführung erforderlich ist, (erneut) zu laufen beginnt[58]. Allerdings beginnt die Frist meist nicht erst mit Anpassung des Unternehmensgegenstands an die künftige Aufgabe (zB Konzernholding oder operatives Unternehmen), sondern bereits dann zu laufen, wenn das Unternehmen – ggf. für eine Zwischenphase – die Funktion hat (und dies ggf. auch im Unternehmensgegenstand zum Ausdruck bringt), ein Tauschangebot auszureichen, um die beteiligten Unternehmen zusammenzuführen.

3. Notwendige Gesamtabwägung

33   Es zeigt sich, daß in aller Regel eine Reihe von denkbaren **Zielstrukturen** und ein Bündel von denkbaren **Transaktionsstrukturen** zur Verfügung stehen, die jeweils spezifische **Vor-** und **Nachteile** aufweisen, die gegeneinander **abzuwägen** sind. Entscheidungen lassen sich nur im Einzelfall treffen. Wichtig ist indessen, daß alle Entscheidungsparameter erkannt werden. Eine Reihe dieser Parameter wurde oben angesprochen. In den Blick zu nehmen sind die Auswirkungen auf die künftige Konzernführung und **Organisationsstruktur**, die **steuerlichen** und **bilanziellen Auswirkungen**, die Vermeidung von Hemmnissen für die künftige Unternehmensentwicklung, Gesichtspunkte der **Unternehmensfinanzierung** sowie der häufig sehr wesentliche Gesichtspunkt der **Transaktionssicherheit**. Bei alledem darf der Markt nicht aus dem Auge verloren werden: So macht etwa das zur Erhöhung der Transaktionssicherheit vorgeschaltete Tauschverfahren keinen Sinn, wenn ein freiwilliger Tausch der Aktionäre im erforderlichen Maße nicht erwartet werden kann.

IV. Vorbereitungsphase

1. Teambildung

34   Meist sind einer Unternehmenszusammenführung bereits Vorüberlegungen und Vorprüfungen vorausgegangen, die einen erheblichen zeitlichen Vorlauf hatten. Andere Transaktionen[59] werden in einer spektakulär kurzen Zeit abgewik-

---

[57] *Reichert* ZGR 2001, Heft 4.
[58] *Pentz* in MünchKomm. § 23 AktG Rn 102; *Holzapfel/Roschmann*, Nachgründung gemäß § 52 AktG, FS Bezzenberger, 2000, S. 163, 179; *Reichert* ZGR 2001, Heft 4; zur Erstreckung des Nachgründungsrechts in sonstigen Mißbrauchsfällen vgl. *Baums/Vogel* in Lutter/Scheffler/Schneider S. 275; *Kubis* AG 1993, 118, 120; *Knott* BB 1999, 806, 809.
[59] Beispielhaft kann hier wieder auf die Zusammenführung von Daimler-Benz und Chrysler hingewiesen werden.

kelt. Gleichgültig, ob die Maßnahme von langer Hand geplant oder nach kurzen, aber intensiven Gesprächen initiiert wird, sollte sie von Anfang an durch ein geeignetes **Team von Experten** vorbereitet und begleitet werden[60]. Damit sind nicht allein externe Experten gemeint. Auch im Unternehmen selbst bedarf es der Einrichtung entsprechender **Arbeitsgruppen**, die gemeinsam mit den korrespondierenden Arbeitsgruppen der (oder des) anderen beteiligten Unternehmen(s) die wesentlichen Vorbereitungen treffen.

Gegenstand dieser Vorbereitungen sind zum einen die unternehmenspolitischen Entscheidungen über die gewünschten **künftigen Strukturen**. Zum anderen geht es um die Durchführung einer **Due Diligence**[61] und schließlich die entsprechenden **Bewertungen**[62], die – wenn auch noch nicht in abschließender Form – den den Unternehmenszusammenschluß Verhandelnden einen entsprechenden Verhandlungsrahmen bieten. Parallel dazu sind **steuerrechtliche** und **bilanzrechtliche Prüfungen** anzustellen. Ebenso bedarf es einer Untersuchung der in Betracht kommenden **rechtlichen Strukturen**, der Analyse und Gegenüberstellungen ihrer jeweiligen Vor- und Nachteile und ihrer Risiken. Ferner sind die arbeitsrechtlichen und kapitalmarktrechtlichen Belange in den Blick zu nehmen. Besonders wichtig sind die Expertenteams, die die künftige gemeinsame **Unternehmensstrategie** ausloten, gemeinsame **Unternehmenspläne** erstellen und damit zugleich die möglichen **Synergien** ausmachen. Ihre Erkenntnisse sind für die der Unternehmenszusammenführung zugrunde zu legende „**Investmentstory**" von wesentlicher Bedeutung.

Die beschriebenen Aufgaben machen deutlich, daß der Unternehmenszusammenschluß sowohl die Nutzung interner als auch externer Ressourcen erfordert. Was die externen Berater anbelangt, werden häufig Investmentbanken, Wirtschaftsprüfungsgesellschaften, Steuerberater und Rechtsanwälte eingebunden werden. Wichtig ist auch, bereits in einer frühen Phase die Vorbereitung für die Bestellung eines **Verschmelzungsprüfers** zu treffen, der frühzeitig in das Vorhaben einzubinden ist, um eine begleitende Prüfung zu ermöglichen.

2. Festlegung der Transaktionsstruktur

Wie bereits dargelegt[63], gehört zur Vorbereitungsphase, die Zielstruktur festzulegen und zugleich zu bestimmen, auf welche Weise diese Zielstruktur erreicht werden soll. Dabei sind die verschiedenen Möglichkeiten aufzuzeigen, auch ihre Vor- und Nachteile zu untersuchen und schließlich eine Entscheidung zu treffen, so daß die weiteren Maßnahmen auf einer gesicherten Grundlage vorbereitet werden können.

---

[60] Siehe § 4.
[61] Siehe § 9 Rn 58 ff.
[62] Siehe § 10.
[63] Siehe Rn 1 ff. und 4 ff.

3. Zeitplanung

38 Es bedarf der Ausarbeitung eines detaillierten Zeitplans. Bereits zu Beginn der Transaktion ist ein grobes **Zeitraster** zu erstellen, in dem die wichtigsten zeitlichen Vorgaben zu berücksichtigen sind. Dieses Zeitraster ist iRd. weiteren Untersuchung und Ausarbeitung immer weiter zu verfeinern und fortzuschreiben. Dabei wird sich idR die Notwendigkeit zu Korrekturen ergeben, weswegen von vornherein ein zeitliches Polster eingearbeitet werden sollte.

39 Zu beachten ist dabei, daß das Registergericht die Verschmelzung nur eintragen darf, wenn die **Schlußbilanz** auf einen höchstens **acht Monate** vor der **Anmeldung** zum Handelsregister liegenden Stichtag aufgestellt worden ist[64]. Will man – was der Regelfall ist – die Aufstellung einer eigens zum Zweck der Verschmelzung gefertigten Schlußbilanz vermeiden und stattdessen auf die ohnehin auf das Ende des Geschäftsjahrs aufzustellende Bilanz zurückgreifen, ist durch diese Bestimmung ein bestimmtes **Zeitraster** vorgegeben. Innerhalb dessen müssen alle Maßnahmen durchgeführt und alle Unterlagen erstellt sein, die für die Registeranmeldung erforderlich sind[65]. Man sollte daher möglichst zeitnah nach Aufstellung der Schlußbilanz sowohl beim übertragenden Rechtsträger als auch beim aufnehmenden Rechtsträger die erforderlichen Unternehmensbewertungen in Gang setzen.

40 Der Verschmelzungsvertrag bzw. sein Entwurf muß dem **Betriebsrat** unter Wahrung einer Frist von **einem Monat** vor Fassung des Verschmelzungsbeschlusses zugeleitet werden[66]. Nach richtiger Auffassung ist allerdings die Einhaltung dieser Frist verzichtbar.

41 Zuvor sollte der Verschmelzungsvertrag nach Möglichkeit mit dem **Registergericht** abgestimmt sein, um etwaige Beanstandungen iRd. späteren Eintragungsverfahrens von vornherein auszuschließen. Aus dem gleichen Grund bietet es sich an, auch die übrigen Unterlagen bereits vor ihrer jeweiligen Verabschiedung dem Registergericht im Entwurf vorzulegen und eine Abstimmung mit dem Register zu suchen. Auch wenn das Handelsregister nicht verpflichtet ist, die Unterlagen vorab durchzusehen, zeigt sich doch, daß die meisten Registergerichte – insbes. wenn sie die Unterlagen rechtzeitig erhalten – zu einer derartigen Kooperation idR bereit sind.

42 Parallel müssen die **Haupt- bzw. Gesellschafterversammlungen und Aufsichtsratssitzungen**, in denen die Zustimmungsbeschlüsse einzuholen sind, vorbereitet werden. Dabei sind die **Ladungsfristen** zu beachten. Insbes. bei der Vorbereitung von Aufsichtsratssitzungen bedarf es meist einer den jeweiligen Usancen entsprechenden Terminabstimmung. Außerdem ist zu berücksichtigen, daß die Sitzungen durch Bekanntgabe des **Verschmelzungsvertrags** sowie idR durch die Erstattung eines **Verschmelzungsberichts** vorzubereiten sind.

43 Weiter ist dafür Sorge zu tragen, daß der Verschmelzungsprüfer rechtzeitig den **Prüfungsbericht** erstattet, sofern dieser nicht ausnahmsweise unnötig ist[67] oder alle Anteilsinhaber aller beteiligten Rechtsträger auf seine Erstattung verzichtet

---

[64] § 17 Abs. 2 Satz 4 UmwG.
[65] Siehe Rn 100 ff.
[66] § 5 Abs. 3 UmwG.
[67] § 9 Abs. 2 UmwG.

haben[68]. Daher ist die Bestellung der Verschmelzungsprüfer ebenfalls bereits zu Beginn der Vorbereitung der Verschmelzung zu veranlassen.

4. Bestellung der Prüfer

Die Verschmelzungsprüfer werden **vom Vertretungsorgan** oder auf dessen Antrag vom Gericht bestellt[69]. Anders als bei der Jahresabschlußprüfung obliegt die Wahl des Verschmelzungsprüfers also nicht den Anteilseignern[70]. Daneben besteht auch die Möglichkeit einer **gerichtlichen Bestellung**[71]. Das Umwandlungsgesetz kennt auch die Möglichkeit der Bestellung eines gemeinsamen Prüfers für die verschiedenen an der Verschmelzung beteiligten Rechtsträger[72]. Im Fall der Verschmelzung unter Beteiligung mehrerer AG's reicht die Prüfung durch einen oder mehrere Verschmelzungsprüfer für alle beteiligten AG's indes nur dann aus, wenn diese Prüfer auf gemeinsamen Antrag der Vorstände durch das Gericht bestellt werden[73].

Verschmelzungsprüfer können sowohl **Wirtschaftsprüfer** als auch **Wirtschaftsprüfungsgesellschaften** sein[74]. Es gelten die gleichen Anforderungen wie für Abschlußprüfer. Eine Tätigkeit als Abschlußprüfer steht der Bestellung zum Verschmelzungsprüfer nicht entgegen. Sind mittelgroße GmbH's oder mittelgroße Personenhandelsgesellschaften beteiligt, kommen als Verschmelzungsprüfer auch **vereidigte Buchprüfer und Buchprüfungsgesellschaften** in Betracht[75]. Ob für Rechtsträger, die keiner Pflicht zur Prüfung des Jahresabschlusses unterworfen sind, auch vereidigte Buchprüfer oder Buchprüfungsgesellschaften zu Verschmelzungsprüfern bestellt werden können, ist indessen fraglich[76].

Mit der Beauftragung der Verschmelzungsprüfer durch das Vertretungsorgan kommt ein **Geschäftsbesorgungsvertrag** zustande, aus dem sich der Vergütungsanspruch der Prüfer ergibt[77]. Für den Fall der gerichtlichen Bestellung ist der Vergütungsanspruch gesetzlich bestimmt[78].

5. Ermittlung/Verifizierung der wirtschaftlichen Rahmendaten

Besonders bedeutsam ist die Ermittlung der **Verschmelzungswertrelation**. Die Frage des „Umtauschverhältnisses" spielt meist bereits in der Verhandlungsphase eine entscheidende Rolle; es ist daher erforderlich, bereits in einer frühen

---

[68] § 9 Abs. 3 iVm. § 8 Abs. 3 UmwG.
[69] § 10 Abs. 1 Satz 1 UmwG.
[70] *Bula/Schlösser* in Sagasser/Bula/Brünger Rn J 97; *Schwarz* in Widmann/Mayer § 10 UmwG Rn 2.2.
[71] Hierzu ausführlich *Bula/Schlösser* in Sagasser/Bula/Brünger Rn J 98; *Müller* in Kallmeyer § 10 UmwG Rn 3 ff.
[72] § 10 Abs. 1 Satz 2 UmwG.
[73] § 60 Abs. 3 UmwG.
[74] § 11 UmwG iVm. § 319 Abs. 1 bis 3 HGB.
[75] § 11 Abs. 1 Satz 1 UmwG iVm. § 319 Abs. 1 Satz 2 HGB; vgl. auch *Lutter* in Lutter § 11 UmwG Rn 5.
[76] Hierzu *Bula/Schlösser* in Sagasser/Bula/Brünger Rn J 101.
[77] *Bermel* in Goutier/Knopf/Tulloch § 10 UmwG Rn 13 f.; *Lutter* in Lutter § 10 UmwG Rn 16.
[78] § 318 Abs. 5 HGB.

Phase eine möglichst genaue Vorstellung über das Umtauschverhältnis zu gewinnen.

48 Ersten Einschätzungen, die entweder unternehmensintern oder auch mit Hilfe von Beratern, meist Wirtschaftsprüfern oder Investmentbanken, gewonnen werden, schließt sich häufig die Durchführung einer **Due Diligence** an, in deren Rahmen die der ersten Beurteilung zugrundegelegten rechtlichen und wirtschaftlichen Annahmen überprüft werden[79]. Daran schließt sich die Ermittlung der **angemessenen Wertrelationen** oder, falls diese bereits vor der Due Diligence ermittelt wurde, deren Verifizierung bzw. Anpassung. Die Bewertung erfolgt idR durch Wirtschaftsprüfungsgesellschaften, die eine ggf. vergleichende Bewertung nach den **allgemein anerkannten Regeln der Unternehmensbewertung** durchführen[80]. Dabei ist darauf zu achten, daß diese Bewertung einer späteren Verschmelzungsprüfung standhält[81].

49 Ferner bedarf es der **Erstellung der Schlußbilanz**, bei der es sich – läßt sich die Achtmonatsfrist[82] einhalten – um den **Jahresabschluß** handeln kann[83]. Andernfalls ist diese eigens zu erstellen, wobei die Vorschriften über die Jahresbilanz und deren Prüfung entsprechend gelten[84]. Es handelt sich also um eine Erfolgs- und nicht um eine Vermögensbilanz[85]. Vorzulegen ist der Jahres- bzw. Zwischenabschluß im technischen Sinn[86].

6. Detaillierung der Zielstruktur des künftigen Unternehmens

50 Wie dargelegt[87], müssen nicht nur die eher technischen Details der Unternehmenszusammenführung vorbereitet werden. Vor allem müssen auch die **Strukturen des künftig fusionierten Unternehmens** gefunden werden. Dies erfordert bisweilen, die zusammenzuführenden Unternehmen zunächst umzustrukturieren und auf die Erfordernisse des Zusammenschlusses zuzuschneiden[88].

51 Unabhängig davon ist die **Corporate Governance** des künftig fusionierten Unternehmens festzulegen und vorzubereiten[89]. Es bedarf der Ausarbeitung der künftigen Satzung der aufnehmenden Gesellschaft oder der NEWCO. Daneben

---

[79] Dazu im einzelnen § 9 Rn 58 ff.
[80] Die allgemein anerkannten Grundsätze sind in der Stellungnahme des Hauptfachausschusses des Instituts der Wirtschaftsprüfer enthalten. Der neuen Entwicklung in der Theorie der Unternehmensbewertung folgend, wurde am 28. 6. 2000 der IDW Standard S1 verabschiedet. Er ersetzt die bis dahin geltende Stellungnahme HFA 2/1983. Zu den Einzelheiten der Unternehmensbewertung siehe § 10.
[81] Zu den Einzelheiten *Bula/Schlösser* in Sagasser/Bula/Brünger Rn J 28 ff.
[82] § 17 Abs. 2 Satz 4 UmwG.
[83] *Bork* in Lutter § 17 UmwG Rn 5.
[84] §§ 242 ff., 316 ff. HGB.
[85] *Bermel* in Goutier/Knopf/Tulloch § 17 UmwG Rn 16; *Jorde/Wetzel,* Rückwirkung und Interimszeit bei Umwandlungen, BB 1996, 1246; *Dehmer* § 17 UmwG Rn 8.
[86] *Bermel* in Goutier/Knopf/Tulloch § 17 UmwG Rn 17. Es bedarf also weder einer Gewinn- und Verlustrechnung noch des Anhangs nach §§ 264, 284 HGB. Bei prüfungspflichtigen Rechtsträgern bedarf die Bilanz der Prüfung entsprechend §§ 316 ff. HGB (*Bork* in Lutter § 17 UmwG Rn 5).
[87] Siehe Rn 1 ff.
[88] Siehe § 8.
[89] Siehe Rn 293 ff.

sind die Ausarbeitung der künftigen Geschäftsordnungen für Aufsichtsrat und Vorstand sowie Vorbereitungen für personelle Veränderungen in Vorstand und in Aufsichtsrat in Angriff zu nehmen. Entsprechende Maßnahmen sind bisweilen auch für Tochter- und Beteiligungsunternehmen der zusammenzuführenden Unternehmen vorzubereiten.

7. Klärung kapitalmarktrechtlicher Fragen

a) Zulassungsfragen. Zur Vorbereitung der Transaktion bedarf es, sofern 52 eines der beteiligten Unternehmen oder das künftige fusionierte Unternehmen den **Kapitalmarkt** in Anspruch nimmt, auch der Klärung kapitalmarktrechtlicher Fragen. Dies sei am Beispiel der Verschmelzung einer zum amtlichen Handel zugelassenen Gesellschaft auf eine NEWCO, die ihrerseits zum amtlichen Handel zugelassen werden soll, verdeutlicht. Grundsätzlich erfordert die Zulassung zum amtlichen Handel das Bestehen des emittierenden Unternehmens über einen Zeitraum von drei Jahren zum Zeitpunkt des Zulassungsantrags[90], doch können Aktien auch bei Unterschreitung dieses Zeitraums im Interesse der Emittenten und des Publikums zugelassen werden[91]. Davon geht man im Fall eines Unternehmenszusammenschlusses aus. Erforderlich ist indessen die Erstellung eines **Börsenzulassungsprospekts**[92]. Dieser ist spätestens einen Tag vor der Einführung der Aktien zu veröffentlichen[93]. Es bedarf der Genehmigung durch die Zulassungsstelle[94]. Die Unterlagen, aus denen sich die Einzelheiten der Verschmelzung ergeben, müssen für das Publikum am Sitz des Emittenten oder bei einer seiner Zahlstellen einsehbar sein[95]. Ferner muß die Veröffentlichung einer vorläufigen Eröffnungsbilanz erfolgen. Schließlich ist für die Emission der neuen Aktien ein **Verkaufsprospekt** zu erstellen, dessen Anforderungen bei Zulassung zum amtlichen Handel denen des Zulassungsprospekts entsprechen[96].

Das Verfahren wird sehr viel komplizierter und nimmt einen größeren Zeitbe- 53 darf in Anspruch, falls die Gesellschaft nicht nur an deutschen, sondern auch an **ausländischen Börsen** zugelassen werden soll, so daß auch die jeweiligen dortigen Zulassungsvoraussetzungen zu prüfen und einzuhalten sind[97].

b) Ausgestaltung der Aktie. Darüber hinaus stellt sich die Frage, wie die 54 Aktie ausgestaltet wird. Derzeit entspricht die **Wahl der Namensaktien** – ganz unabhängig von dem Wunsch, einen unmittelbaren Handel in USA zu ermöglichen – einer **aktuellen Tendenz**. Der Gesetzgeber hat der raschen Verbreitung der Namensaktien der Publikumsgesellschaft bereits Rechnung getragen, indem er die Bestimmungen über Namensaktien im Gesetz zur Namensaktie und zur

---

[90] § 3 Abs. 1 BörsZulV iVm. § 38 Abs. 1 Nr. 1a BörsG.
[91] § 3 Abs. 2 BörsZulV.
[92] § 36 Abs. 3 Nr. 2 BörsG; die inhaltlichen Voraussetzungen richten sich nach §§ 38 Abs. 1 BörsG, 13 bis 42 BörsZulV.
[93] §§ 36 Abs. 4 Satz 1 BörsG, § 43 Abs. 1 BörsZulV.
[94] § 36 Abs. 3a Satz 1 BörsG.
[95] § 41 Satz 1 BörsZulV.
[96] §§ 5 Abs. 1 VerkaufsprospektG, 38 Abs. 1 Nr. 2, Abs. 2 BörsG, 13 bis 40, 47 BörsZulV; vgl. zu den Einzelheiten § 23 Rn 64 ff.
[97] Dazu § 23 Rn 170 ff.

Erleichterung der Stimmrechtsausübung (Namensaktiengesetz – NaStraG) an die Bedürfnisse der Publikumsgesellschaft angepaßt hat. Die Namensaktie erlaubt einen besseren **Überblick über die Aktionärsstruktur**. Ferner erschwert sie, weil nur Stimmrechte ausüben kann, wer im Aktienbuch eingetragen ist, auch eine schleichende (stille) Übernahme. Demgegenüber spielen Vinkulierungen, wie sie nur bei Namensaktien möglich sind[98], bei börsennotierten Gesellschaften nach wie vor nur eine untergeordnete Rolle. Sie sind – außer bei Versicherungsunternehmen – nur ausnahmsweise zu finden, wie etwa bei Lufthansa, um das Aufrechterhalten einer bestimmten Aktionärsstruktur sicherzustellen.

55 Der ursprüngliche Grund dafür, daß die Namensaktie aus ihrem Schattendasein heraustrat, war indessen ein anderer: Sie kann im Gegensatz zur Inhaberaktie **an USA-Börsen unmittelbar notiert** werden. Sie erspart damit den für Inhaberaktien erforderlichen Umweg über sog. American Depositary Shares/Receipts, die handelbare Anteile an einem Depot verkörpern, in dem sich die Inhaberaktien befinden. Um eine unmittelbare Notierung in USA zu ermöglichen, hat sich Daimler-Benz bei der Fusion mit Chrysler für die Namensaktie entschieden und damit den seither anhaltenden Trend zur Namensaktie eingeleitet.

56 Die DaimlerChrysler-Aktie ist die erste weltweit **einheitlich notierte Namensaktie**[99]. Die Deutsche Börse führt das **Aktienregister** in elektronischer Form, der Umsatz in Deutschland und USA wird jederzeit angeglichen. Zusätzlich sind alle Namensaktien in einer von der Deutschen Börse Clearing verwahrten Globalurkunde verbrieft. Es handelt sich um **Stückaktien**, so daß es keiner Umrechnung fester Nennbeträge in die jeweilige Landeswährung bedarf und somit Währungsunsicherheiten ausgeschlossen sind.

8. Vorbereitung von Verträgen, Einladungen, Beschlußvorlagen und Berichten

57 a) **Verschmelzungsvertrag, Tauschangebot.** Zur Vorbereitung einer Fusion in Form der Verschmelzung (ggf. mit vorgelagertem Tauschverfahren) bedarf es der Ausarbeitung des **Verschmelzungsvertrags**[100] sowie ggf. eines **Tauschangebots**.

58 Die **Einladungen** und **Beschlußvorlagen** für die mit der Verschmelzung oder dem weitgehenden Gesamtkonzept zu befassenden Organe sind vorzubereiten; dazu zählt auch die Abfassung der zu erstattenden **Berichte**: Dies setzt voraus, sich Klarheit darüber zu verschaffen, welche Organe mit der Transaktion zu befassen sind.

59 b) **Beschlußerfordernisse der Haupt-/Gesellschafterversammlungen.** Die Verschmelzung bedarf der **Zustimmung der Gesellschafterversammlungen** der betroffenen Unternehmen[101].

60 Wenn die Verschmelzung keine isolierte Maßnahme, sondern ein Teil einer Gesamttransaktion ist, durch die eine Zusammenführung zweier oder mehrerer Un-

---
[98] § 68 Abs. 2 AktG.
[99] Siehe Rn 385.
[100] Zum obligatorischen Inhalt siehe Rn 117 ff.
[101] § 13 UmwG.

ternehmen herbeigeführt wird, ist iRd. Vorbereitung der Beschlußvorlagen zu entscheiden, ob sich das Zustimmungserfordernis auf die Verschmelzung beschränkt oder nicht **weitere zustimmungspflichtige Maßnahmen** mit dem Vorhaben verbunden sind. Solche weiteren Maßnahmen können bereits isoliert betrachtet einer Zustimmung bedürfen. Ein Zustimmungserfordernis kann sich aber auch daraus ergeben, daß sie ein wesentlicher Bestandteil des **Gesamtkonzepts** sind und nur im Hinblick auf die vorgesehene Verschmelzung verwirklicht[102] werden.

Soweit **neben der Verschmelzung** weitere damit zusammenhängende **Umstrukturierungen** vorgesehen sind, bedarf es indes **nicht notwendigerweise** einer **Zustimmung** zu sämtlichen in diesem Zusammenhang abzuschließenden Verträgen, falls nicht das Gesetz die Zustimmung ausdrücklich – wie im Fall der Verschmelzung – vorschreibt. Daß nach der Rspr. des BGH der Hauptversammlung, wenn sie über die Wirksamkeit eines Vertrags entscheiden soll, der Vertrag auch vorzulegen ist[103], besagt nichts darüber, ob und in welcher Form sie mit diesem Vorhaben überhaupt zu befassen war; es besagt nur, daß der Vorstand, wenn er die Hauptversammlung mit einem Vorhaben befaßt, sie auch darüber informieren muß. In der „Altana/Milupa"-Entscheidung war der Vertrag schon deswegen vorlagepflichtig, weil er unter dem Vorbehalt der Zustimmung der Hauptversammlung abgeschlossen worden war. Wäre dieser Vorbehalt nicht vorhanden gewesen, wäre wohl nach den **„Holzmüller"-Grundsätzen** ein Zustimmungserfordernis eher fernliegend gewesen[104]. Selbst wenn allerdings die Voraussetzungen von „Holzmüller" vorliegen[105], kann es stets nur darum gehen, den Aktionär

---

[102] Insoweit ist – anders als *Decher*, FS Lutter, S. 1209, 1222 annimmt – von einem nach den Grundsätzen von § 139 BGB zu beurteilenden einheitlichen Geschäft auszugehen, auf das sich das Zustimmungserfordernis nach „Hoesch/Hoogovens" (BGHZ 82, 188, 186) zu beziehen hat.

[103] BGH ZIP 2001, 416 „Altana/Milupa".

[104] Da die Diätetiksparte im Fall „Altana/Milupa" nur einen Anteil von 30 % am Gesamtumsatz und von 23 % an der Bilanzsumme ausmachte, lag die Notwendigkeit, einen „Holzmüller"-Beschluß zu fassen, nicht nahe. Nachdem im Anschluß an die „Holzmüller"-Entscheidung im Schrifttum bisweilen sehr niedrige Schwellenwerte angenommen wurden (vgl. etwa *Lutter*, Teilfusionen im Gesellschaftsrecht, FS Barz 1974, S. 199, 214; *ders.*, FS Stimpel, S. 825, 850; *ders.*, FS Fleck, S. 169, 180, der etwa 20 bis 25 % der bilanzmäßigen Aktiva oder 10 % der Bilanzsumme oder des Umsatzes als wesentliche Maßnahme ansieht; ähnlich *Hirte* S. 100ff. (25 % des Vermögens, berechnet nach steuerlichen Teilwerten); *Geßler*, Einberufung und ungeschriebene Hauptversammlungszuständigkeiten, FS Stimpel, 1985, S. 771, 787 (10 % des Eigenkapitals)), hat sich zwischenzeitlich eine starke Tendenz dahin gebildet, zumindest 50 % der Aktiva und teilweise darüber hinaus einen Eingriff in den unternehmerischen Kernbereich zu verlangen: Vgl. *Reichert* in Habersack/Koch/Winter, ZHR 1998, Beiheft Bd. 68, S. 44ff.; *Wollburg/Gehling*, Umgestaltung des Konzerns – Wer entscheidet über die Veräußerung von Beteiligungen einer Aktiengesellschaft?, FS Lieberknecht, 1997, S. 133, 149ff.; vgl. auch *Veil*, Aktuelle Probleme im Ausgliederungsrecht, ZIP 1998, 361, 369; *Hüffer* § 119 AktG Rn 18.

[105] BGHZ 83, 122 = ZIP 1982, 568; ausführlich zu den verschiedenen im Aktienrecht vertretenen Aufgriffsschwellen zuletzt: *Liebscher*, Konzernbildungskontrolle, 1995, S. 86ff.; *Mecke*, Konzernstruktur und Aktionärsentscheid, 1992, S. 161, 178ff.; *Mülbert*, Aktiengesellschaft, Unternehmensgruppe und Kapitalmarkt, 1995, S. 410, 417ff.; *Seydel* S. 403, 429ff.; *Reichert* in Habersack/Koch/Winter ZHR 1998, Beiheft Bd. 68, S. 25, 26ff. Vgl. ferner *Hüffer* § 119 AktG Rn 6 sowie eingehend *Mülbert* in Großkomm. § 119 AktG Rn 17ff.

in einer Weise zu informieren, die ihm eine angemessene und vernünftige Entscheidung über die Transaktion ermöglicht. Dazu mag es nicht immer sinnvoll sein, die hochkomplexen, teilweise fremdsprachlichen Verträge zur Zustimmung vorzulegen. Vielmehr bietet sich an, einen sog. **Konzeptbeschluß** einzuholen. Dies erfordert, das Konzept – vorbereitet durch einen eingehenden Strukturbericht – darzulegen und zu erläutern sowie einen Beschluß zu fassen, der den Vorstand zur Durchführung des Konzepts (einschließlich des Abschlusses der dafür notwendigen Verträge) ermächtigt[106]. Soll die Hauptversammlung demgegenüber den **Verträgen als solchen** zustimmen, müssen diese der Hauptversammlung vorgelegt werden. Dann wird es auch erforderlich sein, fremdsprachliche Verträge zu übersetzen und die Übersetzungen vorzulegen. Erleichterungen wird man indessen dann zulassen, wenn die Verträge über sehr umfangreiche Anlagen verfügen, deren Kenntnis für den Aktionär unter vernünftigen Gesichtspunkten nicht erforderlich ist.

62 Gerade dann, wenn die Unternehmenszusammenführung im Rahmen eines **Tauschverfahrens** herbeigeführt wird, fragt es sich, ob allein die Initiierung eines Tauschverfahrens ein **Zustimmungserfordernis** der Hauptversammlung der **Zielgesellschaft** auslöst. Bei dem Versuch eines „unfriendly takeover" scheidet dies von vornherein aus. Auch wenn der Vorstand sich lediglich auf die aus dem Übernahmekodex folgende Verpflichtung beschränkt, eine Stellungnahme zum Übernahmeangebot abzugeben, fehlt jeder Ansatz für ein Zustimmungserfordernis der Hauptversammlung. Aber selbst wenn der Vorstand aktiv an der Initiierung des Tauschangebots mitwirkt, ist die Annahme eines Zustimmungserfordernisses nicht gerechtfertigt. Ein solches Übernahmeangebot führt nämlich nicht zu einer Änderung der Struktur der Zielgesellschaft, sondern nur zu einer **Änderung** der Zusammensetzung ihres **Aktionärskreises**. Es handelt sich damit – im Gegensatz zu den sonst iRd. „Holzmüller"-Doktrin diskutierten Fällen – ausschließlich um eine **Maßnahme auf Aktionärsebene** und nicht auf Gesellschaftsebene, über die folgerichtig jeder Aktionär individuell zu entscheiden hat, indem er das Übernahmeangebot annimmt oder nicht. Hierfür hat die Hauptversammlung keine **Kompetenz**, vielmehr steht die Entscheidung im Belieben eines jeden Aktionärs. Auch unter dem Aspekt einer Konzernbildungskontrolle ist eine Hauptversammlungsbefassung nicht erforderlich, da das deutsche Aktien-

---

[106] In der Literatur besteht, soweit diese Frage überhaupt diskutiert wird, weitgehend Einigkeit, daß im Grundsatz nicht nur eine konkrete Restrukturierungsmaßnahme von der Hauptversammlung gebilligt werden kann, sondern daß es auch möglich ist, einen entsprechenden Ermächtigungsbeschluß im Vorfeld der Durchführung der Transaktion zu fassen. Dies setzt aber voraus, daß die Essentialia der entsprechenden Restrukturierungsmaßnahmen einschließlich der insoweit erforderlichen Einzelschritte zum Zeitpunkt des Ermächtigungsbeschlusses feststehen, so daß Inhalt und Grenzen der Ermächtigung entsprechend determiniert werden können; vgl. *Groß* AG 1996, 111, 114; *Krieger* in MünchHdbGesR Bd. 4 § 69 Rn 9; *Lutter*, FS Fleck, S. 169, 175 ff.; *Lutter/Leinekugel*, Der Ermächtigungsbeschluß der Hauptversammlung zu grundlegenden Strukturmaßnahmen – zulässige Kompetenzübertragung oder unzulässige Selbstentmachtung?, ZIP 1998, 805, 811 ff.; *Reichert* in Habersack/Koch/Winter (Hrsg.), Die Spaltung im neuen Umwandlungsrecht und ihre Rechtsfolgen, 1998, S. 25, 39 f.; *Reichert/Schlitt* in HV Hdb. Rn I B 347; kritisch *Zeidler*, Die Hauptversammlung der Konzernmutter – ungeschriebene Zuständigkeiten und Information der Aktionäre, NZG 1998, 91, 92.

recht der Hauptversammlung insoweit gerade keine Zuständigkeit zuweist; die AG ist nach dem Willen des Gesetzgebers konzernoffen angelegt[107].

Dieser Befund ändert sich nicht notwendigerweise dadurch, daß im Anschluß an die Durchführung eines Tauschverfahrens ein Verschmelzungsverfahren vorgesehen ist. Wenn es sich bei einem Tauschangebot um eine Maßnahme handelt, die ohne Rücksicht auf eine nachfolgend vorgesehene Verschmelzung ausgeführt wird, ist nicht einsehbar, sie nur deswegen einem Zustimmungserfordernis der **Hauptversammlung der Zielgesellschaft** zu unterwerfen, weil zusätzlich – aber nicht notwendigerweise – die Verschmelzung als zustimmungspflichtige Maßnahme nachfolgt. Vielmehr genügt es, das Tauschverfahren oder sonstige Vorbereitungsmaßnahmen in die **Berichterstattung** über die Verschmelzung einzubeziehen. Anderes gilt, wenn beide Maßnahmen notwendigerweise miteinander verbunden werden sollen. Dann ist der Hauptversammlung das Gesamtkonzept einschließlich Tauschverfahren und Verschmelzung zur Zustimmung vorzulegen[108].

Auch in der **übernehmenden Gesellschaft** stellt sich die Frage, ob die Hauptversammlung mit der Abgabe eines Tauschangebots zu befassen ist. Dies ist zu bejahen, wenn das Tauschangebot unverzichtbarer Bestandteil des Gesamtkonzepts ist, zu dem auch eine hauptversammlungspflichtige Verschmelzung zählt. Handelt es sich hingegen um eine isolierte, ggf. auch ohne die anschließende Verschmelzung durchzuführende Maßnahme, kann sich das Erfordernis, die Hauptversammlung zu befassen, entweder aus der Notwendigkeit einer Erweiterung des Unternehmensgegenstands oder in Anwendung der **„Holzmüller"-Grundsätze** ergeben[109]. Tatsächlich wird teilweise vertreten, daß auch der Erwerb einer Gesellschaft oder der **Erwerb von Beteiligungen** der Zustimmung der Hauptversammlung bedürfe, wenn die entsprechenden „Holzmüller"-Schwellen überschritten seien[110]. Demgegenüber wird insbes. im jüngeren Schrifttum verbreitet eine Hauptversammlungspflichtigkeit eines bloßen Beteiligungserwerbs abgelehnt[111]. Diese Auffassung überzeugt, da aus dem Beteiligungserwerb, anders als bei einer Ausgliederung, keine spätere Mediatisierung der Mitverwaltungsrechte folgt. Jedenfalls handelt es sich hier nicht um einen schwerwiegenden Eingriff in

---

[107] *Decher,* FS Lutter, S. 1209, 1223.
[108] BGHZ 82, 188, 196 „Hoesch/Hoogovens"; enger *Decher,* FS Lutter, S. 1209, 1222.
[109] Siehe Fn 104 und § 2 Rn 91.
[110] Vgl. etwa *Geßler,* FS Stimpel, S. 771, 786f.; *Habersack* in Emmerich/Habersack Aktienkonzernrecht Vor § 311 Rn 16; *Heinsius,* Organzuständigkeit bei Bildung, Erweiterung und Umorganisation des Konzerns, ZGR 1984, 383, 393 und 402; *Hirte* S. 162ff.; *Liebscher,* Konzernbildungskontrolle 1995, S. 86; *Lutter,* FS Stimpel, S. 825, 850; *Thomas Raiser* KapGesR § 16 Rn 13, § 52 Rn 27; *Seydel* S. 389; *Wahlers,* Konzernbildungskontrolle durch die Hauptversammlung der Obergesellschaft, 1994, S. 94ff. Offen *Reichert/Schlitt* in HV Hdb. Rn I B 528.
[111] Vgl. etwa *Assmann/Bozenhardt* in Assmann/Basaldua/Bozenhardt/Peltzer (Hrsg.), Übernahmeangebote, 1990, S. 1, 64f.; *Baums/Vogel* in Lutter/Scheffler/Schneider Rn 9.3.1; *Ebenroth/Daum,* Die Kompetenzen des Vorstands einer Aktiengesellschaft bei der Durchführung und Abwehr unkoordinierter Übernahmen (Teil I), DB 1991, 1105, 1109; *Groß,* Zuständigkeit der Hauptversammlung bei Erwerb und Veräußerung von Unternehmensbeteiligungen, AG 1994, 266, 271; *Krieger* in MünchHdbGesR Bd. 4 § 69 Rn 7; *Mertens* in Kölner Komm. § 76 AktG Rn 51; *Franz-Jörg Semler* in MünchHdbGesR Bd. 4 § 34 Rn 40; *OLG Köln* ZIP 1993, 110 mit Anm. *Timm* ZIP 1993, 114, 117; *Werner,* Zuständigkeitsverlagerungen in der Aktiengesellschaft durch Richterrecht, ZHR 147 (1983) 429, 447.

das rechtliche Substrat der Mitgliedschaft, sondern um eine **typische Investitionsentscheidung**, die der Vorstand nach eigenem Ermessen zu treffen hat.

65 **c) Verschmelzungs- und sonstige Strukturberichte.** Die Haupt- bzw. Gesellschafterversammlungen, in denen über die Verschmelzung Beschluß zu fassen ist, sind durch Vorlage eines Verschmelzungsberichts vorzubereiten[112]. Der Bericht ist nur dann entbehrlich, wenn alle Anteilsinhaber aller beteiligten Rechtsträger auf seine Erstattung verzichten oder sich alle Anteile des übertragenden Rechtsträgers in der Hand des übernehmenden Rechtsträgers befinden[113].

66 Für die Anfertigung dieses Berichts bedarf es erheblicher Recherchen innerhalb des Unternehmens, so daß iRd. Vorbereitung der Zugriff auf diese Informationen sichergestellt und bereits in einer **früheren Phase** mit den Vorbereitungen des Verschmelzungsberichts begonnen werden sollte. Insbes. sollten die Darlegungen über das Umtauschverhältnis in aller Regel unter **Zuhilfenahme sachkundiger Berater** erfolgen. In den meisten Fällen wird die Beauftragung eines Bewertungsgutachtens erfolgen. Als Auftragnehmer kommen dafür oft die mit dem Unternehmen vertrauten Abschlußprüfer in Betracht[114], sofern sie nicht als Verschmelzungsprüfer bestellt sind. Die Ergebnisse des Gutachtens können dann in den Verschmelzungsbericht zur Begründung des Umtauschverhältnisses eingearbeitet werden. Dabei darf es sich indessen nicht etwa nur um ein Zitat aus den Unternehmensbewertungen handeln; der Vorstand muß sich die entsprechenden Ausführungen zu eigen machen.

67 Gerade bei **Publikumsgesellschaften**, bei denen eine Anfechtung des Verschmelzungsbeschlusses nicht auszuschließen ist, sollte auf die Abfassung des Verschmelzungsberichts besondere Sorgfalt verwendet werden. Treten Zweifelsfragen über die Berichtsintensität oder darüber auf, ob ein Problem in den Bericht aufzunehmen ist oder nicht, sollte stets eher zugunsten einer **ausführlicheren Fassung** des Berichts entschieden werden. Dies gilt umso mehr, als bekanntlich sog. räuberische Aktionäre mehr und mehr versuchen, durch extensive Fragestellungen in der Hauptversammlung Anfechtungsgründe zu provozieren. Dies wird erschwert, wenn bei den Antworten in der Hauptversammlung auch auf die bereits im Bericht erteilten Informationen zurückgegriffen werden kann. Auch erleichtert ein ausführlicher Bericht die in der Hauptversammlung notwendige mündliche Berichterstattung, ohne diese indessen entbehrlich zu machen.

68 Sofern sich im Verschmelzungsbericht dargelegte Umstände verändert haben, obliegt dem Vorstand eine **Aktualisierungspflicht**[115]. Eine Verletzung dieser Pflicht führt zu erheblichen Anfechtungsrisiken[116].

69 In Fällen, in denen die Verschmelzung Teil eines weitgehenden Strukturkonzepts ist, bedarf es nicht allein der Vorbereitung der Beschlußvorlagen für den Verschmelzungsbeschluß, sondern auch der Beschlußvorlagen für einen **Zustim-**

---

[112] § 8 Abs. 1 UmwG; siehe Rn 184 ff.
[113] § 8 Abs. 3 Satz 1 UmwG; siehe Rn 186.
[114] Schwierigkeiten bestehen insoweit allerdings bei Unternehmen, die in USA notiert sind, da die SEC Einwendungen gegen solche „Zusatztätigkeiten" des Abschlußprüfers erhebt.
[115] *Grunewald* in Lutter § 64 UmwG Rn 4.
[116] *Grunewald* in Lutter § 64 UmwG Rn 5.

mungsbeschluß zum Gesamtkonzept. Dies erfordert die Ausarbeitung eines Strukturberichts, der mit dem Verschmelzungsbericht in einem Bericht zusammengefaßt werden kann. Dieser im Gesetz nicht geregelte Bericht hat sich an dem Inhalt der gesetzlich geregelten Berichtspflichten zu orientieren[117].

d) Beschlußerfordernis des Aufsichtsrats. Neben den Einladungen zur Hauptversammlung sind auch die Einladungen zum Aufsichtsrat vorzubereiten. Selbst wenn sich aus der Satzung in den Geschäftsordnungen keine besonderen Zustimmungserfordernisse des Aufsichtsrats ergeben[118], bedarf es einer **Befassung des Aufsichtsrats** in der AG mit der Verschmelzung und ggf. weiterer Maßnahmen jedenfalls insoweit, als er der Hauptversammlung eine Beschlußempfehlung zu geben hat. Dies setzt voraus, den Aufsichtsrat mit der vorgesehenen Maßnahme in allen Einzelheiten vertraut zu machen, ihm insbes. auch die Entwürfe für die Einladungen zur Hauptversammlung, die Entwürfe für die vorgesehenen Beschlußfassungen und den Entwurf des Verschmelzungsberichts oder des darüber hinausgehenden Strukturberichts vorzulegen. Außerdem hat der Aufsichtsrat, falls die Verschmelzung zugleich der **Nachgründung** unterliegt[119], einen **schriftlichen Prüfungsbericht** zu erstatten. 70

V. Durchführungsphase

Vorbereitungs- und Durchführungsphase einer Verschmelzung überschneiden sich regelmäßig. Zwar wäre es ideal, sämtliche Vorbereitungsmaßnahmen bis zur Durchführung der Verschmelzung abgeschlossen zu haben; meist werden jedoch bereits einzelne Maßnahmen durchgeführt und abgeschlossen, während sich andere noch in der Vorbereitung befinden. 71

1. Aufsichtsratszustimmung(en)

Der **Aufsichtsrat** wird idR bereits im **Vorfeld** der Transaktion informiert und eingeschaltet sein, ohne daß dies mit konkreten Beschlußfassungen verbunden ist. Bisweilen faßt er allerdings bereits in diesem Stadium einen **Grundsatzbeschluß**, mit dem er die Verfolgung des Projekts billigt. Selbst dann, wenn derartige Erfordernisse nicht vorgesehen sind, bietet es sich bei weitreichenden Transaktionen regelmäßig an, den Aufsichtsrat jedenfalls nach einer Phase der ersten Sondierung zu einem möglichst frühen Zeitpunkt einzubinden. Des Risikos von Indiskretionen muß man sich freilich bewußt sein, weshalb uU problematisch sein mag, wie früh die Unterrichtung „möglich" ist. 72

In der AG sind mit der Einladung zur Hauptversammlung die **Beschlußvorschläge des Aufsichtsrats** bekanntzugeben[120]; Beschlußvorschläge kann der 73

---

[117] *Reichert* ZHR 1998, Beiheft Bd. 68, S. 26, 58.
[118] Siehe Rn 74 ff.
[119] § 67 UmwG iVm. § 52 Abs. 2 AktG; *Groß* AG 1996, 111, 116 f.; zum Strukturbericht grundlegend *Lutter*, Zur Vorbereitung und Durchführung von Grundlagenbeschlüssen in Aktiengesellschaften, FS Fleck, 1988, S. 169 ff.
[120] § 124 Abs. 3 AktG.

Aufsichtsrat nur unterbreiten, wenn er sich zuvor mit der vorgesehenen Maßnahme befaßt, sie geprüft und danach über einen Beschlußvorschlag abgestimmt hat.

74 Schließlich kann auch in der Satzung oder Geschäftsordnung bestimmt sein, daß die Verschmelzung als solche oder andere mit ihr zusammenhängende Umstrukturierungsmaßnahmen der **Zustimmung des Aufsichtsrats** bedürfen[121]. Der Aufsichtsrat kann, auch ohne daß dies in der Satzung bestimmt ist, eine solche Kompetenz jederzeit für sich in Anspruch nehmen (Kompetenzkompetenz des Aufsichtsrats[122]).

75 Verweigert der Aufsichtsrat in einem solchen Fall seine Zustimmung, so kann der Vorstand verlangen, daß die Hauptversammlung über die Zustimmung beschließt[123]. Es ist indes nicht ersichtlich, weshalb in dieser Situation zusätzlich zu dem Beschluß der Hauptversammlung nach § 13 UmwG ein **weiterer Beschluß der Hauptversammlung** erforderlich sein sollte. Es ist daher davon auszugehen, daß der die Zustimmung des Aufsichtsrats ersetzende Beschluß[124] der Hauptversammlung im Verschmelzungsbeschluß enthalten ist[125].

76 Auch bei anderen Rechtsträgern kann die Zustimmung des Aufsichtsrats, eines Beirats oder eines sonstigen Gremiums erforderlich sein. Für den fakultativen und den obligatorischen Aufsichtsrat einer GmbH folgt dies bereits aus der Verweisung auf aktienrechtliche Bestimmungen[126]. Aber auch bei anderen Gesellschaften können entsprechende Zustimmungsvorbehalte im Gesellschaftsvertrag vereinbart werden[127].

2. Durchführung notwendiger Umstrukturierungen

77 Die vereinbarten Zusammenführungskonzepte – die oft in sog. Business Combination Agreements festgehalten werden – sehen häufig vor dem Zusammenschluß der beteiligten Unternehmen noch **gesellschaftsrechtliche Umstrukturierungen** vor[128]. Bisweilen sind Betriebsteile abzuspalten oder auszugliedern, weil sie in den Zusammenschluß nicht einbezogen werden sollen oder aus kartellrechtlichen Gründen können. Manchmal sind diejenigen Teile, die in die Fusion einbezogen werden sollen, erst in selbständigen Gesellschaften zusammenzu-

---

[121] § 111 Abs. 4 AktG.
[122] § 111 Abs. 4 Satz 2 AktG.
[123] § 111 Abs. 4 Satz 2 AktG.
[124] § 111 Abs. 1 Satz 3 AktG.
[125] § 13 UmwG; so auch *Lutter* in Lutter § 4 UmwG Rn 12. Dem Beschluß des Aufsichtsrats wird man nach zutreffender Auffassung keine Außenwirkung beizumessen haben. Es ist nicht erkennbar, warum der Zustimmungsvorbehalt, dem grundsätzlich keine Außenwirkung zukommt (*Hüffer* § 111 AktG Rn 19; *Mertens* in Kölner Komm. § 111 AktG Rn 86), gerade für Umwandlungsfälle eine solche Außenwirkung entfalten sollte. Indessen wird dieser Frage ohnehin kaum praktische Bedeutung zukommen, weil die Versagung der Zustimmung zur Entscheidung der Hauptversammlung führt, deren Beschluß zur Außenwirkung nötig ist; vor der Beschlußfassung durch die Hauptversammlung kann die Verschmelzung ohnehin nicht wirksam werden.
[126] § 52 Abs. 1 GmbHG iVm. § 111 AktG; *Lutter/Hommelhoff* § 37 GmbHG Rn 16.
[127] *Lutter* in Lutter § 4 UmwG Rn 12.
[128] Siehe § 8.

führen. Teilweise bedarf es auch erst einer Zusammenführung mehrerer einzelner Konzerngesellschaften zu derjenigen Gesellschaft, die die übertragende oder übernehmende Gesellschaft der Verschmelzung werden soll. Solche Maßnahmen sind **im Vorfeld der Fusion** durchzuführen. Bisweilen erfolgen die erforderlichen Registereintragungen erst unmittelbar vor der Eintragung der Verschmelzung. Je komplizierter diese Abläufe sind, um so wichtiger ist es, die gesamte Transaktion in enger Abstimmung mit den zuständigen **Registergerichten** vorzubereiten.

3. Tauschangebot – Tauschverfahren

Wie dargelegt, kann es sich empfehlen, der Verschmelzung ein freiwilliges Tauschverfahren voranzustellen. Die übernehmende Gesellschaft wird in solchen Fällen einen Kauf- bzw. Tauschvertrag ausarbeiten und – regelmäßig unter Zwischenschaltung eines Bankinstituts – den Gesellschaftern der zu übernehmenden Gesellschaft anbieten, ihre Anteile zu erwerben bzw. in Anteile der Zielgesellschaft zu tauschen. Während die Gesellschaft heute in der Ausgestaltung des Tauschangebots im wesentlichen frei und nur an den Übernahmekodex gebunden ist, soweit sie diesen akzeptiert hat, werden sich künftig Beschränkungen für das Übernahmeangebot aus dem Übernahmegesetz ergeben, das sich nicht nur auf die Pflichtübernahmen erstrecken wird. Insoweit stehen als Tauschwährung nur noch liquide Aktien zur Verfügung[129]. 78

4. Entwurf/Abschluß des Verschmelzungsvertrags

Rechtzeitig vor der Versammlung der Anteilsinhaber, die über die Verschmelzung beschließt, ist der **Entwurf des Verschmelzungsvertrags** fertigzustellen. Der Zeitpunkt ergibt sich aus den gesetzlichen Vorlage- und Anzeigepflichten[130]. Die Beurkundung des Vertrags kann auch noch nach dem Verschmelzungsbeschluß vorgenommen werden[131]. 79

5. Vorlage- und Anzeigepflichten

a) Betriebsrat. Der **Verschmelzungsvertrag** oder sein **Entwurf** ist spätestens **einen Monat** vor der Beschlußfasung über die Zustimmung zum Verschmelzungsvertrag dem zuständigen Betriebsrat jedes beteiligten Rechtsträgers vorzulegen[132]. Diese Frist ist verzichtbar, doch ist ein solcher Verzicht nur schwer durchsetzbar[133]. 80

---

[129] Das Übernahmegesetz sollte zunächst schon zum 1. 1. 2001 in Kraft treten. Da man jedoch die Verabschiedung der inzwischen gescheiterten 13. gesellschaftsrechtlichen Richtlinie abwarten wollte, kam es zu einer Verzögerung. Im Hinblick darauf, daß das Inkrafttreten des Übernahmegesetzes jedoch zeitlich mit den ab dem 1. 1. 2002 einsetzenden Steuererleichterungen koordiniert werden soll, ist mit dem Inkrafttreten des Übernahmegesetzes zum 1. 1. 2002 zu rechnen. Siehe Band 2.
[130] Siehe dazu Rn 80 ff. und Rn 167 ff.
[131] Siehe dazu Rn 175.
[132] § 5 Abs. 3 UmwG. Siehe Rn 167 ff.
[133] *Willemsen*, Die Beteiligung des Betriebsrats im Umwandlungsverfahren, RdA 1998, 23, 33.

81 **b) Registergericht.** Außerdem ist der Verschmelzungsvertrag oder sein Entwurf, falls eine AG oder KGaA beteiligt ist, vor der Einberufung der Hauptversammlung **zum Handelsregister einzureichen**[134]. Das Gericht hat in den für die **Bekanntmachung** seiner Eintragung bestimmten Blättern einen Hinweis darauf zu geben, daß der Vertrag oder sein Entwurf beim Handelsregister eingereicht worden ist. Es ist also erforderlich, aber auch ausreichend, wenn der Vertrag bzw. der Entwurf kurz vor Erscheinen des Bekanntmachungsblatts eingereicht wird, wobei maßgeblich das Erscheinungsdatum ist[135]. Es empfiehlt sich gleichwohl, den Entwurf des Verschmelzungsvertrags frühzeitig mit dem Registergericht abzustimmen, um dessen etwaige Bedenken schon bei der Einberufung der Hauptversammlung berücksichtigen zu können[136]. Hat die Gesellschaft mehrere Bekanntmachungsblätter, muß die Einreichung vor dem Erscheinen des zuerst veröffentlichten Blattes liegen, weil auch die Aktionäre, die sich auf dieses Blatt verlassen, die Möglichkeit der sofortigen Einsicht haben sollen[137]. In Fällen, in denen die förmliche Einberufung entbehrlich ist[138], reicht es aus, wenn der Vertrag bzw. Entwurf zu Beginn der Hauptversammlung eingereicht ist[139].

82 Kommt der Vorstand der Pflicht zur Einreichung des Entwurfs nicht nach, kann er hierzu durch Zwangsgeld angehalten werden[140]. Daß die Einreichung der Unterlagen zum Handelsregister nicht oder nicht rechtzeitig erfolgt oder der Hinweis nicht bekanntgemacht worden ist[141], dürfte indessen regelmäßig **nicht zur Anfechtbarkeit** führen, weil der Beschluß angesichts der Auslegung nach § 63 UmwG kaum auf diesem Mangel beruhen wird[142]. Da § 61 UmwG auch nur das individuelle Informationsinteresse der Aktionäre, nicht aber öffentliche Interessen schützen soll, wird die Verschmelzung im Fall unterbliebener Anfechtung trotz Verstoßes gegen § 61 UmwG eingetragen[143].

83 **c) Sonstige.** Weitere Informationspflichten können gegenüber Anteilsinhabern[144] oder aus kapitalmarkt- oder kartellrechtlichen Gründen bestehen[145].

6. Einladungen zu Gesellschafter- und Hauptversammlung(en)

84 **a) Versammlung.** Der Beschluß der Anteilsinhaber (Verschmelzungsbeschluß) kann nur in einer **Versammlung der Anteilsinhaber** gefaßt werden[146]. Eine Zustimmung im Wege des Umlaufverfahrens ist nicht ausreichend[147].

---

[134] § 61 UmwG.
[135] *Grunewald* in Lutter § 61 UmwG Rn 2.
[136] *Marsch-Barner* in Kallmeyer § 61 UmwG Rn 2.
[137] *Grunewald* in Lutter § 61 UmwG Rn 2.
[138] § 121 Abs. 6 AktG.
[139] *Rieger* in Widmann/Mayer § 61 UmwG Rn 7.
[140] § 14 HGB.
[141] § 61 Satz 2 UmwG.
[142] Vgl. *Grunewald* in Lutter § 61 UmwG Rn 4; *Marsch-Barner* in Kallmeyer § 61 UmwG Rn 3.
[143] *Bork* in Lutter § 16 UmwG Rn 5.
[144] Siehe Rn 173.
[145] Siehe Rn 174.
[146] § 13 Abs. 1 Satz 2 UmwG.
[147] *Lutter* in Lutter § 13 UmwG Rn 9; *Bermel* in Goutier/Knopf/Tulloch § 50 UmwG Rn 4.

Die Vorbereitung der Anteilseignerversammlung ist im Umwandlungsgesetz nur ansatzweise geregelt. Sie richtet sich nach den allgemeinen gesellschaftsrechtlichen Vorschriften, die rechtsformspezifisch variieren.

b) Einberufung, Bekanntmachung. In der AG ist die Einberufung der Hauptversammlung eingehend geregelt[148]. Der wesentliche Inhalt des Verschmelzungsvertrags ist bekanntzumachen[149]; soweit die **Satzung** geändert wird, ist der **Wortlaut** wiederzugeben. Auch was den Verschmelzungsvertrag angeht, wird man meist aus Vorsichtsgründen den gesamten Text wiedergeben. Dem bisweilen vorgetragenen Einwand, die Bekanntmachung des vollständigen Vertragstexts sei kein Äquivalent für die Bekanntmachung des **wesentlichen Inhalts**[150], sofern es sich um sehr komplexe und unübersichtliche Verträge handelt, kann dadurch Rechnung getragen werden, daß in solchen Ausnahmefällen über den vollständigen Vertragstext hinaus noch eine kurze, auf die wesentlichen Punkte hinweisende Erläuterung angefügt wird[151]. Sofern der Verschmelzungsvertrag Teil eines Gesamtkonzepts ist, das der Hauptversammlung zur Zustimmung vorgelegt wird, ist in der Einladung eine kurze Zusammenfassung des Inhalts des Gesamtkonzepts der übrigen wesentlichen Verträge zu geben[152].

Sieht die Satzung **qualifizierte Voraussetzungen** für die Ladung zu einer Versammlung vor, die über eine Satzungsänderung beschließen soll, gelten diese Voraussetzungen im Zweifel auch für die Verschmelzung, weil diese zwar nicht selbst Satzungsänderung ist, jedenfalls für den übertragenden Rechtsträger aber zu denselben Folgen führt[153]. Befinden sich mindestens neun Zehntel des Stamm- oder Grundkapitals einer übertragenden Kapitalgesellschaft in der Hand einer übernehmenden AG, hat deren Vorstand einen Hinweis darauf bekanntzumachen, daß eine Minderheit von 5% die Einberufung einer – sonst in diesem Fall unnötigen – Hauptversammlung beantragen kann[154].

c) Auszulegende Unterlagen; zu übermittelnde Abschriften. Bei der **AG**[155] sind ab dem Zeitpunkt der Einberufung der Hauptversammlung folgende Dokumente im Geschäftsraum der Gesellschaft **zur Einsicht der Aktionäre** auszulegen[156]:
– der Verschmelzungsvertrag oder sein Entwurf;

---

[148] § 121 ff. AktG.
[149] § 124 Abs. 2 Satz 2 AktG.
[150] *Eckhardt* in Geßler/Hefermehl § 124 AktG Rn 58.
[151] *Reichert/Schlitt* in HV Hdb. Rn I B 344.
[152] § 124 Abs. 2 Satz 2 AktG.
[153] *Lutter* in Lutter § 13 UmwG Rn 5; *M. Winter*, Die Verschmelzung von Kapitalgesellschaften, in Lutter (Hrsg.) Umwandlungsrechtstage S. 19, 37; *Sagasser/Ködderitzsch* in Sagasser/Bula/Brünger Rn J 120.
[154] § 62 Abs. 3 Satz 3 UmwG.
[155] Der Auslegung der in § 63 Abs. 1 Nr. 1 bis 4 UmwG aufgeführten Dokumente bedarf es auch bei der Verschmelzung unter Beteiligung eingetragener Genossenschaften (§ 82 Abs. 1 UmwG) sowie der Verschmelzung unter Beteiligung rechtsfähiger Vereine (§ 101 Abs. 1 UmwG).
[156] § 63 Abs. 1 UmwG.

- die Jahresabschlüsse und die Lageberichte der an der Verschmelzung beteiligten Rechtsträger für die letzten drei Geschäftsjahre;
- falls sich der letzte Jahresabschluß auf ein Geschäftsjahr bezieht, das mehr als sechs Monate vor dem Abschluß des Verschmelzungsvertrags oder der Aufstellung des Entwurfs abgelaufen ist, eine Bilanz auf einen Stichtag, der nicht vor dem ersten Tag des dritten Monats liegt, der dem Abschluß oder der Aufstellung vorausgeht (Zwischenbilanz);
- die zu erstattenden Verschmelzungsberichte[157];
- die zu erstattenden Prüfungsberichte[158].

Auf Verlangen ist jedem Aktionär unverzüglich und kostenlos eine **Abschrift** dieser Unterlagen zu erteilen[159].

89 Unter dem Zeitpunkt der Einberufung ist der Zeitpunkt der Bekanntmachung in den Gesellschaftsblättern zu verstehen[160]. Mit dem Geschäftsraum der Gesellschaft ist der Sitz der Hauptverwaltung gemeint[161]. Umstritten ist, ob die Auslegungsfrist mit dem Beginn der über die Verschmelzung entscheidenden Hauptversammlung[162] oder erst mit deren Ablauf endet[163]. Vorsorglich ist zur Auslegung bis zum Ablauf der Hauptversammlung zu raten.

90 Werden die nach dem UmwG erforderlichen Unterlagen[164] nicht oder verspätet ausgelegt, ist der Beschluß im Grundsatz **anfechtbar**. Gleiches kann auch dann in Betracht kommen, wenn der Anspruch auf Erhalt einer Abschrift, der im übrigen auch klagweise geltend gemacht werden kann, nicht rechtzeitig erfüllt wird[165].

91 Bei **Personenhandelsgesellschaften** und **GmbH** ist eine solche Auslegung nicht erforderlich; statt dessen sind der Verschmelzungsvertrag oder sein Entwurf und der Verschmelzungsbericht spätestens mit der Ladung an die Gesellschafter zu übersenden[166]. Um beim Registergericht keine Schwierigkeiten zu bekommen, kann sich die Aufnahme einer Empfangsbestätigung aller nicht geschäftsführenden Gesellschafter in das notarielle Versammlungsprotokoll empfehlen[167].

7. Durchführung der Gesellschafter- und Hauptversammlung(en)

92 **a) Erläuterungs- und Auskunftspflicht.** Die Haupt- bzw. Gesellschafterversammlungen sind regelmäßig bereits durch den **Verschmelzungsbericht**, der ausliegt bzw. der den Gesellschaftern zugänglich gemacht wurde, vorbereitet.

93 Darüber hinaus sieht das UmwG bei den Publikumsgesellschaften die Pflicht der Geschäftsführungsorgane vor, den Verschmelzungsvertrag oder seinen Entwurf zu Beginn der Verhandlung zu **erläutern**[168]. Dabei sind die wesentlichen

---

[157] § 8 UmwG.
[158] § 60 iVm. § 12 UmwG.
[159] § 63 Abs. 3 UmwG.
[160] § 121 Abs. 3 Satz 1 AktG.
[161] *Lutter* in Lutter § 63 UmwG Rn 2; *Marsch-Barner* in Kallmeyer § 63 UmwG Rn 2.
[162] *Grunewald* in Lutter § 63 UmwG Rn 2.
[163] *Rieger* in Widmann/Mayer § 63 UmwG Rn 26.
[164] § 63 Abs. 1 UmwG.
[165] *Grunewald* in Lutter § 63 UmwG Rn 7ff.; *Marsch-Barner* in Kallmeyer § 64 UmwG Rn 9.
[166] §§ 42, 47 UmwG.
[167] *Kallmeyer* in Kallmeyer § 42 UmwG Rn 7.
[168] §§ 64, 78 UmwG (AG, KGaA), § 83 UmwG (Genossenschaft), § 102 UmwG (Verein).

Vertragsinhalte, die Gründe für die Verschmelzung und ihre wesentlichen Konsequenzen in wirtschaftlicher und rechtlicher Hinsicht darzustellen[169].

Die Aktionäre haben in der Hauptversammlung das **Auskunftsrecht** nach § 131 AktG[170]. In der Praxis kommt es häufig zu sehr langwierigen Debatten. Dies hat dazu geführt, daß vereinzelt Hauptversammlungen, in denen über Umstrukturierungen zu entscheiden ist, aus Sorge, die Hauptversammlung könne nicht vor 24.00 Uhr[171] beendet werden, auf zwei Tage einberufen werden. Es erscheint indessen zweifelhaft, ob dies im Aktionärsinteresse liegt. Wägt man die von der Mehrzahl der Aktionäre als unzumutbar empfundene große zeitliche Belastung gegen das Interesse einer verschwindenden Minderheit ab, weitere Zeit für Redebeiträge und Fragen zu haben, spricht alles **gegen eine solche Ausdehnung**. Umso wichtiger ist es, die Informationen durch entsprechende Berichte und Erläuterungen so aufzubereiten, daß die Abwicklung der Hauptversammlung ohne weiteres an einem Tag möglich ist.

94

Auch in der **GmbH** haben die Geschäftsführer jedem Gesellschafter auf Verlangen jederzeit **Auskunft** auch über alle die Verschmelzung wesentlichen Angelegenheiten der anderen beteiligten Rechtsträger zu geben[172]. Ebenso haben die von der Geschäftsführung ausgeschlossenen Gesellschafter in der **Personengesellschaft** nach allgemeinen Rechtsgrundsätzen einen Anspruch auf Auskunftserteilung vor und in der Gesellschafterversammlung zu solchen Fragen, deren Beantwortung auf der Grundlage der ihnen überlassenen Unterlagen nicht möglich ist[173].

95

b) Auslegungspflicht. In der Hauptversammlung sind auch die in § 63 Abs. 1 UmwG bezeichneten Unterlagen **auszulegen**[174]. Obwohl die Auslegung bis zur Fassung des Verschmelzungsbeschlusses ausreicht[175], ist es ratsam, die Auslegung bis zum Ablauf der Hauptversammlung fortdauern zu lassen. Bei einer größeren Zahl von Aktionären müssen die Unterlagen eventuell sogar mehrfach ausliegen, damit jeder Aktionär die Möglichkeit hat, in die Unterlagen **Einsicht** zu nehmen[176].

96

c) Beschlußmehrheiten. Für den Beschluß der Anteilseigner verlangt das Umwandlungsgesetz grundsätzlich eine **Dreiviertelmehrheit**. Es läßt weitergehende Mehrheitserfordernisse und weitere **sonstige** Erfordernisse zu, wenn dies

97

---

[169] Zu den Einzelheiten *Rodewig/Schlitt* in HV Hdb. Rn I E 60.
[170] Zur Einschränkung des Anfechtungsrechts bei Informationspflichtverletzungen siehe Rn 8 ff.
[171] Nach herrschender Auffassung muß die Hauptversammlung, ist sie für einen Tag eingeladen, noch am selben Tag abgeschlossen werden, *Hüffer* § 121 AktG Rn 17; siehe aber *Happ/Freitag*, Die Mitternachtsstund' als Nichtigkeitsgrund?, AG 1998, 493; entscheidend dürfte sein, wie lange einem Aktionär ein Zuwarten auf den Abstimmungsvorgang iRd. Hauptversammlung zuzumuten ist, ohne daß es auf die absolute Uhrzeit ankommt, *Reichert/Schlitt* in HV Hdb. Rn I B 275.
[172] § 49 UmwG.
[173] *Schmidt* in Lutter § 42 UmwG Rn 12.
[174] § 64 Abs. 1 Satz 1 UmwG.
[175] *Grunewald* in Lutter § 64 UmwG Rn 2.
[176] *Bermel* in Goutier/Knopf/Tulloch § 64 UmwG Rn 5.

durch Gesellschaftsvertrag oder Satzung bestimmt ist[177]. Im Bereich der **Personenhandelsgesellschaften**, wo grundsätzlich die **einstimmige Entscheidung** erforderlich ist[178], kann das Mehrheitserfordernis durch den Gesellschaftsvertrag auf eine Dreiviertelmehrheit der abgegebenen Stimmen abgesenkt werden[179]. Zu beachten ist, daß bei der AG nach Aktiengattungen gesondert Beschluß zu fassen ist[180]. Ob ein **Sonderbeschluß der Vorzugsaktionäre** ohne Stimmrecht nötig ist, falls der Vorzug beseitigt oder aufgehoben wird oder neue Vorzugsaktien ausgegeben werden, die Vorrang oder Gleichrang zu alten Vorzugsaktien haben, ist umstritten[181].

98   d) **Sonstige Zustimmungserfordernisse.** Der Verschmelzungsbeschluß bedarf zu seiner Wirksamkeit der **Zustimmung** solcher Anteilsinhaber, von deren Genehmigung die Abtretung der Anteile eines übertragenden Rechtsträgers abhängig ist[182]. Diese Bestimmung spielt vor allem für die GmbH eine Rolle, in der – anders als in der AG – Vinkulierungsklauseln sehr verbreitet sind. Gleichwohl erfaßt das Zustimmungserfordernis des UmwG nicht alle **Vinkulierungen**, sondern nur diejenigen Fälle, in denen die Satzung ein Zustimmungserfordernis aller oder einzelner Gesellschafter statuiert oder ein Gesellschafterversammlungsbeschluß erforderlich ist, der der Zustimmung von 100% aller vorhandenen (und nicht nur der abgegebenen bzw. vertretenen) Stimmen bedarf[183]. In diesen Fällen ist die Verschmelzung an die Zustimmung jedes einzelnen der durch die Vinkulierung begünstigten Gesellschafter gebunden. Dies macht Sinn, wenn die Zielgesellschaft keine entsprechende Vinkulierungsbestimmungen aufweist oder mit der Verschmelzung die Aufnahme weiterer Gesellschafter verbunden ist, während die Vinkulierung den Gesellschafter ja gerade davor schützen soll, eine von ihm nicht gewollte Erweiterung des Gesellschafterkreises zuzulassen. Kaum überzeugend ist der von dieser Bestimmung gebotene Schutz dann, wenn das Recht auch in der Zielgesellschaft bestehen bleibt und keine weiteren Gesellschafter aufgenommen werden. Gleichwohl ordnet das Gesetz auch für diese Fälle ein Zustimmungserfordernis an. Man wird in diesen Fällen indessen, befürwortet man nicht eine teleologische Reduzierung des Anwendungsbereichs, die Annahme einer **Zustimmungsverpflichtung qua Treupflicht** zu erwägen haben[184].

99   Bei der GmbH ist eine weitere **Sonderrechte** betreffende Bestimmung zu beachten[185]. Ein Verschmelzungsbeschluß bedarf auch der Zustimmung derjenigen

---

[177] §§ 50 Abs. 1, 65 Abs. 1, 84 UmwG. Siehe Rn 229 ff.
[178] § 43 Abs. 2 UmwG.
[179] *Sagasser/Ködderitzsch* in Sagasser/Bula/Brünger Rn J 122.
[180] § 65 Abs. 2 UmwG.
[181] Siehe dazu Rn 235.
[182] § 13 Abs. 2 UmwG; ausführlich hierzu *Reichert* GmbHR 1995, 176. Siehe Rn 238 ff.
[183] *Lutter* in Lutter § 13 UmwG Rn 22 ff.; *Reichert* GmbHR 1995, 176, 179 ff.; *Zimmermann* in Kallmeyer § 13 UmwG Rn 2 ff.
[184] *Reichert* ZHR 1998, Beiheft Bd. 68, S. 26, 81; näher zu den Voraussetzungen einer Zustimmungsverpflichtung qua Treupflicht bei Vinkulierungsklauseln: *Reichert/Winter*, Vinkulierungsklauseln und gesellschafterliche Treupflicht, FS 100 Jahre GmbHG,1992, S. 209, 215 ff.; *Reichert*, Das Zustimmungserfordernis zur Abtretung von Geschäftsanteilen in der GmbH, 1984, S. 233 ff.
[185] § 50 Abs. 2 UmwG.

Gesellschafter, denen in der übertragenden Gesellschaft auf dem Gesellschaftsvertrag beruhende Minderheitsrechte oder besondere Rechte in der Geschäftsführung, bei der Bestellung der Geschäftsführer oder ein Vorschlagsrecht für die Geschäftsführung zustehen, die durch die Verschmelzung beeinträchtigt werden. Geregelt werden mithin zwei verschiedene Fallgruppen. Während sich relativ leicht erschließen läßt, daß **Geschäftsführungs-, Vorschlags-, Repräsentations- oder Entsendungsrechte** erfaßt werden, wenn in der übernehmenden Gesellschaft nicht entsprechende, also funktional äquivalente Rechte geschaffen werden, erschließt sich nicht ohne weiteres, welchen Typus von Rechten der Gesetzgeber mit der Formulierung „auf dem Gesellschaftsvertrag beruhende Minderheitenrechte eines einzelnen Gesellschafters" erfassen wollte bzw. erfaßt hat. Jedenfalls muß es sich um **Minderheitsrechte** handeln, die **auf dem Gesellschaftsvertrag beruhen** und einzelnen Gesellschaftern zustehen; nicht erfaßt werden solche Befugnisse, die lediglich Reflex einer bestimmten Beteiligungsquote eines Gesellschafters sind[186]. Das Zustimmungserfordernis wird also etwa durch **Mehrstimmrechte, Zustimmungsrechte bzw. Vetorechte** gegenüber Gesellschafterbeschlüssen, **Weisungsrechte** gegenüber der Geschäftsführung, **Bestellungs- oder Benennungsrechte** für den Aufsichtsrat oder ähnliche Gremien bei der GmbH sowie unter bestimmten Voraussetzungen durch statutarische **Vorkaufs- und Vorerwerbsrechte** ausgelöst[187].

8. Registeranmeldungen und Eintragungen

a) **Anmeldepflicht.** Die Vertretungsorgane jedes an der Verschmelzung beteiligten Rechtsträgers haben die Verschmelzung zur Eintragung in das Register des Sitzes ihres Rechtsträgers anzumelden[188]. Das Vertretungsorgan des übernehmenden Rechtsträgers ist berechtigt, die Verschmelzung auch zur Eintragung in das Register des Sitzes jedes der übertragenden Rechtsträger anzumelden[189].

b) **Negativerklärung.** Die Vertretungsorgane haben mit der Anmeldung zu erklären, daß eine Klage gegen die Wirksamkeit eines Verschmelzungsbeschlusses nicht oder nicht fristgemäß erhoben oder eine solche Klage rechtskräftig abgewiesen oder zurückgenommen worden ist[190]. Zum Schutz etwaiger Kläger ist bestimmt[191], daß die Vertretungsorgane dem Registergericht auch nach der Anmeldung Mitteilung über etwaige Unwirksamkeitsklagen zu machen haben. Unter praktischen Gesichtspunkten kann diese Negativerklärung daher erst **nach Ablauf der Anfechtungsfrist** abgegeben werden; vorher würde das Registergericht auch dann nicht eintragen, wenn eine Negativerklärung abgegeben wurde[192]. Fehlt diese Erklärung, ist die Anmeldung nicht als unzulässig zurück-

---

[186] *Reichert* GmbHR 1995, 176, 181 ff.; *Winter* in Lutter § 50 UmwG Rn 16 ff.
[187] *Reichert* GmbHR 1995, 176, 181 ff.; *Winter* in Lutter § 50 UmwG Rn 19; *Zimmermann* in Kallmeyer § 50 UmwG Rn 21.
[188] § 16 Abs. 1 Satz 1 UmwG.
[189] § 16 Abs. 1 Satz 2 UmwG.
[190] § 16 Abs. 2 Satz 1 Halbs. 1 UmwG.
[191] § 16 Abs. 2 Satz 1 Halbs. 2 UmwG.
[192] *Bork* in Lutter § 16 UmwG Rn 11.

zuweisen, sondern es darf lediglich nicht eingetragen werden[193]. Vorschriften des besonderen Teils sehen weitere Erklärungen vor[194].

102 **c) Anlagen.** Der Anmeldung beizufügen sind:
- der Verschmelzungsvertrag;
- die Niederschriften der Verschmelzungsbeschlüsse;
- die nach dem UmwG erforderlichen Zustimmungserklärungen einzelner Anteilsinhaber einschließlich der Zustimmungserklärungen nicht erschienener Anteilsinhaber;
- der Verschmelzungsbericht;
- der Prüfungsbericht oder die Verzichtserklärungen;
- ein Nachweis über die rechtzeitige Zuleitung des Verschmelzungsvertrags oder seines Entwurfs an den zuständigen Betriebsrat;
- wenn die Verschmelzung der staatlichen Genehmigung bedarf, die Genehmigungsurkunde[195];
- darüber hinaus die sog. Schlußbilanz[196].

103 Fehlen erforderliche Anlagen[197], muß der Registerrichter den anmeldenden Rechtsträger unter Fristsetzung auffordern, die Unterlagen nachzureichen. Geschieht das nicht, ist der Eintragungsantrag als zur Zeit unzulässig zurückzuweisen[198]. Die Anmeldung bedarf der öffentlichen Beglaubigung. Für die Form der vorzulegenden Urkunden gilt im übrigen: Notariell beurkundete Erklärungen sind dem Registergericht in Ausfertigung oder beglaubigter Abschrift einzureichen. Bei nicht notariell zu beurkundenden Erklärungen kann die Urschrift, aber auch eine Abschrift vorgelegt werden, die nicht beglaubigt sein muß[199].

104 Ist bei der Verschmelzung eine **AG** als übernehmender Rechtsträger beteiligt, ist die Erklärung des zu **bestellenden Treuhänders** beizufügen, daß er im Besitz der Aktien und der im Verschmelzungsvertrag festgesetzten baren Zuzahlungen ist[200]. In den Fällen, in denen die übernehmende AG mit 90% an der übertragenden Kapitalgesellschaft beteiligt und ein Verschmelzungsbeschluß der übernehmenden AG – vorbehaltlich eines Minderheitsverlangens – entbehrlich ist, ist der Nachweis der Bekanntmachung beizufügen, wonach die Minderheit eine Einberufung einer Hauptversammlung verlangen kann[201].

105 **d) Prüfung.** Dem zuständigen Registerrichter obliegt die **Überprüfung der formellen Eintragungsvoraussetzungen**. Darüber hinaus müssen die Wirksamkeit des Verschmelzungsvertrags, die Verschmelzungsfähigkeit der Rechtsträger und die Rechtmäßigkeit der Verschmelzungsbeschlüsse auch materiell geprüft werden[202]. Sind Beschlußmängel Gegenstand eines **Anfechtungs- oder Nich-**

---

[193] *Bork* in Lutter § 16 UmwG Rn 12.
[194] § 52 UmwG.
[195] § 17 Abs. 1 UmwG.
[196] § 17 Abs. 2 UmwG.
[197] § 17 Abs. 1 UmwG.
[198] *Bork* in Lutter § 17 UmwG Rn 2.
[199] *Bork* in Lutter § 17 UmwG Rn 3.
[200] § 71 UmwG.
[201] § 62 Abs. 3 Satz 2 UmwG.
[202] Zum Prüfungsumfang: § 144 Abs. 2 FGG.

tigkeitsprozesses, greift die **Registersperre**[203], die nur im Rahmes eines besonderen Verfahrens[204] überwunden werden kann.

Soweit beim übernehmenden Rechtsträger zur Aufnahme eine **Kapitalerhöhung** beschlossen wurde, muß diese zunächst in das Register des übernehmenden Rechtsträgers eingetragen werden. Anschließend ist die Verschmelzung im Register des Sitzes des übertragenden Rechtsträgers einzutragen, nachfolgend im Register des übernehmenden Rechtsträgers[205]. 106

e) **Folgen der Eintragung.** Mit der Eintragung der Verschmelzung treten ihre Wirkungen ein[206]: Das **Vermögen** der übertragenden Rechtsträger geht einschließlich der **Verbindlichkeiten** auf den **übernehmenden Rechtsträger** über. Die übertragenden Rechtsträger erlöschen, ohne daß es einer besonderen Löschung bedürfte. Die ehemaligen Anteilseigner der übertragenden Rechtsträger werden Anteilseigner des übernehmenden Rechtsträgers. Rechte Dritter an den Anteilen setzen sich an den neuen Anteilen fort. Der Mangel der notariellen Beurkundung des Verschmelzungsvertrags und ggf. erforderlicher Zustimmungs- oder Verzichtserklärungen einzelner Anteilsinhaber wird durch die Eintragung geheilt[207]. 107

B. Verschmelzungsvertrag, Verschmelzungsbericht, Verschmelzungsprüfung und Verschmelzungsbeschluß

I. Verschmelzungsvertrag

1. Allgemeines

Die Verschmelzung (Fusion) ist das Zusammenführen verschiedener Rechtsträger[208] durch **Übertragung des Vermögens** eines Rechtsträgers oder mehrerer Rechtsträger auf einen anderen Rechtsträger im Wege der **Gesamtrechtsnachfolge**, bei der den Anteilsinhabern jedes übertragenden Rechtsträgers als Gegenleistung **grundsätzlich Anteile** am übernehmenden bzw. neugegründeten Rechtsträger gewährt werden[209]. 108

---

[203] § 16 Abs. 2 UmwG.
[204] § 16 Abs. 3 UmwG. Siehe § 34 Rn 70 ff.
[205] Zur Reihenfolge der Eintragungen siehe *Volhard* in HV Hdb. Rn II T 22.
[206] § 20 UmwG.
[207] § 20 Abs. 1 Nr. 4 UmwG.
[208] Der Ober- oder Sammelbegriff „Rechtsträger" in § 1 Abs. 1 UmwG hat keine eigene materielle Bedeutung, *Lutter* in Lutter § 1 UmwG Rn 4. Welche Rechtsträger verschmelzungsfähig sind, ist den einzelnen Vorschriften des UmwG zu entnehmen.
[209] Ausnahmen: Verschmelzung der 100 %-Tochtergesellschaft auf ihre Alleingesellschafterin, siehe Rn 147, nicht am Kapital einer Personenhandelsgesellschaft beteiligter Komplementär, siehe Rn 149, außerdem Verzicht eines Anteilsinhabers und bei Ausscheiden im Fall der Verschmelzung auf eine Gesellschaft anderer Rechtsform, siehe Rn 150.

109 Das Vermögen kann auf einen bestehenden Rechtsträger (Verschmelzung durch **Aufnahme**)[210] oder auf einen neugegründeten Rechtsträger (Verschmelzung durch **Neugründung**)[211] übertragen werden.

110 Das UmwG erfaßt nur Rechtsträger mit Sitz im Inland[212]. **Grenzüberschreitende Verschmelzungen** sind darin weder positiv noch negativ geregelt[213].

111 Die Verschmelzung vollzieht sich üblicherweise in fünf Schritten:
– Entwurf und Abschluß des Verschmelzungs**vertrags**[214];
– Erstellung des Verschmelzungs**berichts**[215];
– Verschmelzungs**prüfung**[216];
– Verschmelzungs**beschluß**[217];
– nach **Protokollierung** des Verschmelzungsvertrags **Anmeldung und Eintragung** der Verschmelzung in die Handelsregister[218].

112 **Verschmelzungsfähige Rechtsträger** sind vor allem[219] die Personenhandels- und Kapitalgesellschaften mit Sitz im Inland, nicht dagegen die Gesellschaft bürgerlichen Rechts[220], da sie kein Handelsgewerbe betreibt, und nicht die Stille Gesellschaft[221], die als bloße „Innengesellschaft" nicht am Rechtsverkehr teil-

---

[210] § 2 Nr. 1 UmwG.
[211] § 2 Nr. 2 UmwG. Für die Wahl der Neugründung trotz höherer Kosten und (Grunderwerb-)Steuern spricht, daß Beanstandungen des Umtauschverhältnisses und des Gegenwerts für die Anteile die Anteilsinhaber übertragender Rechtsträger nicht zur Anfechtung der Verschmelzungsbeschlüsse berechtigen, § 14 Abs. 2 UmwG, sondern nur im Spruchverfahren geltend gemacht werden können, §§ 305 ff. UmwG, das der Abgabe der Negativerklärung und damit der Eintragung der Verschmelzung nicht entgegensteht, § 16 Abs. 2 UmwG.
[212] § 1 Abs. 1 UmwG. Zur Zusammenführung über die Grenze siehe Rn 249 ff.
[213] Nach der in Deutschland noch herrschenden Sitztheorie (BGHZ 97, 269, 271 f.) gilt: Die Fusion eines Rechtsträger mit statutarischem Sitz in Deutschland über die Grenze hinaus wertet die Rechtsprechung als Auflösungsbeschluß, siehe § 2 Fn 26. Nicht anerkannt wird auch die inländische Verschmelzung eines Rechtsträgers mit ausländischem Sitz, *LG Aurich* IPRspr. 1968/69 Nr. 14, so daß dieser hier nur als OHG, GbR oder nicht eingetragener Verein tätig sein kann, vgl. *Lutter* in Lutter § 1 UmwG Rn 7. Gleichwohl sind Herein-Fusionen von den Registergerichten vereinzelt schon vollzogen worden, *Kronke*, Deutsches Gesellschaftsrecht und grenzüberschreitende Strukturänderungen, ZGR 1994, 26, 29. Bei grenzüberschreitenden Verschmelzungen innerhalb der EU sind die vorrangigen Vorschriften der Niederlassungsfreiheit, Art. 43, 48 (52 ff. aF) EGV zu beachten, *Troberg* in v. d. Groeben/Thiesing/Ehlermann, 5. Aufl. 1996, Art. 52 EGV aF Rn 40 und Art. 58 EGV aF Rn 10. Sie stehen dem deutschen Recht entgegen, wo es Herein- oder Heraus-Fusionen mit EG-Bezug nicht zuläßt, vgl. *Lutter* in Lutter § 1 UmwG Rn 9 ff. Zur „Centros"-Entscheidung des EuGH siehe Rn 251 ff., 267 ff. Der EuGH wird sich aufgrund der Vorlagebeschlüsse des *BGH* WM 2000, 1257, des *AG Heidelberg* ZIP 2000, 1617 und des Landesgerichts Salzburg ZIP 2001, 460 demnächst zu diesen Fragen erneut zu äußern haben. Siehe im übrigen Rn 250 ff.
[214] Siehe Rn 108 ff.
[215] Siehe Rn 184 ff.
[216] Siehe Rn 200 ff.
[217] Siehe Rn 214 ff.
[218] Siehe Rn 100 ff.
[219] Die verschmelzungsfähigen Rechtsträger sind in § 3 UmwG aufgeführt.
[220] §§ 705 ff. BGB.
[221] §§ 230 ff. HGB.

nimmt. Auch eine natürliche Person kann, wenn sie als Alleingesellschafter einer Kapitalgesellschaft deren Vermögen übernimmt, beteiligter Rechtsträger sein[222].

2. Zuständigkeit

Der Verschmelzungsvertrag wird von den **Vertretungsorganen** der beteiligten Rechtsträger abgeschlossen[223]. Das sind – vorbehaltlich einer abweichenden Regelung im Gesellschaftsvertrag/der Satzung – bei der OHG und KG die vertretungsberechtigten Komplementäre[224], bei der GmbH die Geschäftsführer[225], bei der GmbH & Co. KG die Geschäftsführer der Komplementär-GmbH, bei der AG der Vorstand[226], bei der KGaA die persönlich haftenden Gesellschafter[227]. Die Vertretung **ausländischer Anteilsinhaber** richtet sich nach dem an ihrem Sitz geltenden Recht[228].

Zum Abschluß genügt die Vertretung des Rechtsträgers **in vertretungsberechtigter Zahl**[229]; mitwirken müssen also nicht sämtliche Organmitglieder, sofern dies nicht nach dem Gesellschaftsvertrag/der Satzung erforderlich ist. Der Abschluß eines Verschmelzungsvertrags wird von der Prokura nicht gedeckt[230], doch ist die sog. gemischte Gesamtvertretung zulässig, so daß ein **Prokurist** den Rechtsträger gemeinsam mit einem vertretungsberechtigten Organmitglied vertreten kann[231].

Rechtsgeschäftliche Bevollmächtigung zum Abschluß des Verschmelzungsvertrags ist uneingeschränkt zulässig[232]. Für die **Vollmacht** ist einfache Schriftform genügend, aber auch erforderlich[233]. Der notariellen **Beglaubigung** bedarf die Vollmacht nur bei Verschmelzungen zur Neugründung, wo das **Gründungs-**

---

[222] § 120 UmwG; siehe dazu *Bärwaldt/Schabacker*, Ein Dauerbrenner: Die Verschmelzung einer Kapitalgesellschaft mit dem Vermögen ihres Alleingesellschafters, NJW 1997, 93.
[223] § 4 Abs. 1 Satz 1 UmwG.
[224] §§ 125, 161 Abs. 2, 170 HGB.
[225] § 35 Abs. 1 GmbHG.
[226] § 78 Abs. 1 AktG.
[227] § 278 Abs. 1 AktG iVm. §§ 125 Abs. 1, 161 Abs. 2 HGB.
[228] *BGH* DNotZ 1994, 487. Gesetzliche Vertreter minderjähriger Gesellschafter unterliegen Beschränkungen, §§ 1629 Abs. 2, 1795 BGB, so daß ggf. ein Pfleger zu bestellen sein kann. Drohen einem minderjährigen Gesellschafter Haftungsgefahren, ist eine vormundschaftsgerichtliche Genehmigung erforderlich, §§ 1643, 1822 Nr. 3 und Nr. 10 BGB. Das gilt zB, wenn an der Verschmelzung eine GmbH beteiligt ist, auf deren Anteile nicht alle Einlagen eingezahlt sind, sowie beim Beitritt zu einer KG oder einer OHG, BGHZ 17, 160; *Zimmermann* in Kallmeyer § 13 UmwG Rn 15.
[229] *Marsch-Barner* in Kallmeyer § 4 UmwG Rn 4; *Lutter* in Lutter § 4 UmwG Rn 7.
[230] Ein solches Grundlagengeschäft gehört nicht zum Betrieb eines Handelsgewerbes iSd. § 49 Abs. 1 HGB; vgl. *Lutter* in Lutter § 4 UmwG Rn 8 und *Marsch-Barner* in Kallmeyer § 4 UmwG Rn 5.
[231] *Priester*, Das neue Umwandlungsrecht aus notarieller Sicht, DNotZ 1995, 427, 438.
[232] Vgl. *BGH* NJW 1976, 958, 959 und 1538, 1539; zur Bevollmächtigung von Mitgründern *Pentz* in MünchKomm. § 23 AktG Rn 14. Die Bevollmächtigung eines Organmitglieds durch ein anderes gesamtvertretungsberechtigtes Organmitglied wird allg. für zulässig gehalten; die Bedenken von *Melchior* GmbHR 1999, 520, 523 mahnen allerdings zur Vorsicht; die Versammlung der Anteilsinhaber sollte dies vorsorglich genehmigen.
[233] *Melchior* GmbHR 1999, 520, 521.

recht des neuen Rechtsträgers die Beglaubigung verlangt[234], sonst nicht[235]; doch wird diese im Hinblick auf die Kontrollpflicht des Registerrichters generell empfohlen[236]. Wird der Verschmelzungsvertrag von einem **vollmachtlosen Vertreter** abgeschlossen, ist er bis zur Genehmigung durch die Organe des vertretenen Rechtsträgers schwebend unwirksam[237]. Diese Genehmigung bedarf ebenfalls keiner Form[238], ist sogar konkludent möglich[239]. Da die Zustimmung durch die Anteilsinhaber Wirksamkeitsvoraussetzung der Verschmelzung ist[240], kann in der Einberufung der Anteilsinhaberversammlung, die der Verschmelzung zustimmen soll, die Genehmigung gesehen werden[241]. Bei Vertretung verschiedener beteiligter Rechtsträger ist das **Selbstkontrahierungsverbot**[242] zu beachten, von dem freilich befreit werden kann. Die **organschaftlichen Vertreter** von Personengesellschaft und GmbH werden häufig durch Gesellschaftsvertrag oder Gesellschafterbeschluß vom Verbot des Selbstkontrahierens und der Mehrfachvertretung befreit[243]. Für den **Vorstand** einer AG kommt nur eine Befreiung vom Verbot der Mehrfachvertretung in Betracht[244].

116 Ist eine AG übernehmender Rechtsträger, die noch keine zwei Jahre im Handelsregister eingetragen ist, müssen die **Nachgründungsvorschriften**[245] beachtet werden[246]. Nicht immer wird bedacht, daß dies auch dann gilt, wenn als übernehmender Rechtsträger eine sog. „Mantel-AG" (oder „Vorrats-AG") verwendet wird, und zwar ohne Rücksicht auf das Datum ihrer Eintragung; die Zweijahresfrist beginnt erst mit Eintragung des für die Verwendung der Mantel-AG erforderlichen Beschlusses, zB über die Änderung des Geschäftsgegenstands[247].

---

[234] Für die GmbH § 2 Abs. 2 GmbHG, für die AG und KGaA §§ 23 Abs. 1, 280 Abs. 1 Satz 3 AktG.
[235] § 167 Abs. 2 BGB.
[236] *Lutter* in Lutter § 4 UmwG Rn 9; *Mayer* in Widmann/Mayer § 4 UmwG Rn 41.
[237] §§ 182, 184 BGB.
[238] BGHZ 125, 218, 221 ff.; OLG Köln GmbHR 1995, 729 f.; *Lutter* in Lutter § 4 UmwG Rn 10; *Heinrichs* in Palandt § 182 BGB Rn 2.
[239] BGH WM 1980, 866, 867; BGHZ 125, 218, 221; *Heinrichs* in Palandt § 182 BGB Rn 3; aA OLG Köln GmbHR 1995, 725 f.; *Kraft* in Kölner Komm. § 23 AktG Rn 23. Hat der vollmachtlose Vertreter einen Verzicht erklärt (zB auf den Verschmelzungsbericht, § 8 Abs. 3 UmwG, auf die Verschmelzungsprüfung, § 9 Abs. 3 UmwG, oder auf Klagerechte, § 16 Abs. 2 Satz 2 UmwG), muß in der Genehmigungserklärung der Verzicht allerdings wiederholt und die „Genehmigungserklärung" notariell beurkundet (nicht nur beglaubigt) werden, da gem. § 180 Satz 1 BGB vollmachtlose Vertretung bei einseitigen Rechtsgeschäften unzulässig ist, vgl. dazu *Melchior* GmbHR 1999, 520, 522.
[240] § 13 Abs. 1 UmwG.
[241] *Lutter* in Lutter § 4 UmwG Rn 10.
[242] § 181 BGB.
[243] *Winter* in Lutter § 50 UmwG Rn 11.
[244] *Hüffer* § 78 AktG Rn 7.
[245] § 67 UmwG iVm. § 52 AktG. Siehe dazu Rn 22 ff.
[246] *Lutter* in Lutter § 4 UmwG Rn 13; *Dehmer* § 67 UmwG Rn 12 und 15.
[247] *Pentz* in MünchKomm. § 23 AktG Rn 102.

3. Obligatorischer Vertragsinhalt

Der Verschmelzungsvertrag[248] muß mindestens bestimmen[249]: **117**
- die **Firma** und den **Sitz** der beteiligten Rechtsträger;
- die Vereinbarung über die **Übertragung des Vermögens** der übertragenden Rechtsträger als Ganzes **gegen Gewährung von Anteilen** am übernehmenden Rechtsträger;
- das **Umtauschverhältnis**, ggf. die Höhe der baren Zuzahlung;
- die Einzelheiten für die Übertragung der Anteile am übernehmenden Rechtsträger;
- den Beginn des **Gewinnbezugsrechts** sowie Besonderheiten in Bezug auf diesen Anspruch;
- den Zeitpunkt, von dem an die Handlungen der übertragenden Rechtsträger als für Rechnung des übernehmenden Rechtsträgers vorgenommen gelten (**Verschmelzungsstichtag**);
- etwaige **besondere Rechte** für einzelne Anteilsinhaber oder für sie vorgesehene Maßnahmen;
- etwaige besondere **Vorteile** für Organmitglieder, geschäftsführende Gesellschafter, Abschlußprüfer oder Verschmelzungsprüfer;
- die **Folgen** der Verschmelzung **für die Arbeitnehmer** und ihre Vertretungen und insoweit vorgesehene Maßnahmen (soweit solche bei Vertragsabschluß schon konkret absehbar sind);
- bei Wechsel der Rechtsform[250] außerdem ein **Abfindungsangebot** für Anteilsinhaber, die gegen den Beschluß Widerspruch zu Protokoll erklären und ihre Anteile auf die Gesellschaft übertragen oder – wo dies nicht möglich ist – ihr Ausscheiden erklären. **118**

a) **Firma und Sitz, ggf. Anteilsinhaber.** Anzugeben sind Firma und Sitz **119** jedes beteiligten Rechtsträgers[251], bei Vorhandensein oder Begründung eines Doppelsitzes beide Sitze[252]. Bei der Verschmelzung auf eine GmbH sind außerdem die Gesellschafter aufzuführen[253]. Unnötig ist dagegen die Angabe der Vertretungsorgane.

---

[248] Muster zu Verschmelzungsverträgen finden sich bei *Hoffmann-Becking* in MünchVertrags-Hdb. Bd. 1 X sowie *Volhard* in Hopt, Vertrags- und Formularbuch II. J. 1 ff.
[249] § 5 Abs. 1 UmwG.
[250] Und bei Verfügungsbeschränkungen der gewährten Anteile, siehe Rn 150.
[251] § 5 Abs. 1 Nr. 1 UmwG.
[252] Die Zulässigkeit der Begründung eines Doppelsitzes bei der Verschmelzung ist umstritten. Ja: *LG Hamburg* DB 1973, 2237; *Katschinski*, Die Begründung eines Doppelsitzes bei Verschmelzung, ZIP 1997, 620, 621 ff.; *Marsch-Barner* in Kallmeyer § 5 UmwG Rn 2; nein: *BayObLG* DB 1985, 1280; *AG Bremen* DB 1976, 1810; nur in Ausnahmefällen *Kraft* in Kölner Komm. § 5 AktG Rn 20. Dafür spricht, abgesehen von tatsächlichen Besonderheiten in Einzelfällen, siehe *Lutter* in Lutter § 5 UmwG Rn 6 unter Bezugnahme auf „Krupp/Hoesch", die Vertragsfreiheit, da ein Doppelsitz nicht ausdrücklich untersagt ist. Andererseits kann ein Doppelsitz zumindest zu praktischen Schwierigkeiten, Zuständigkeitskonflikten, doppelten Anfechtungsmöglichkeiten, doppelten Prozeßkosten führen.
[253] § 46 UmwG. Wegen dieser Ausnahme siehe Rn 145. Die Mitglieder der Vertretungsorgane sind aber, soweit sie beim Abschluß mitwirken, gem. §§ 9 ff. BeurkG in der notariellen Niederschrift nach § 6 UmwG aufzuführen.

120 **b) Vermögensübertragung gegen Anteilsgewährung.** Das Vermögen übertragender Rechtsträger muß insgesamt, **„als Ganzes"** übertragen werden[254]. Zweckmäßigerweise wird diese gesetzliche Formulierung in den Vertrag übernommen[255]. Die Vermögensübertragung „als Ganzes" bedeutet die Gesamtrechtsnachfolge des übernehmenden Rechtsträgers[256]. Die Herausnahme einzelner Vermögensgegenstände ist unwirksam[257], es sei denn, sie sind von untergeordneter Bedeutung. Eine solche Abrede läßt sich allenfalls in eine schuldrechtliche Verpflichtung zur Aussonderung und Übertragung nach Wirksamwerden der Verschmelzung umdeuten. Das ist erforderlich, weil das Umtauschverhältnis sonst uU nicht mehr stimmt[258].

121 Die Gegenleistung für das übertragene Vermögen muß grundsätzlich in **Anteilen** am übernehmenden Rechtsträger bestehen[259]. Die Angaben über die Art der gewährten Anteile (und das Umtauschverhältnis[260]) sind daher das Kernstück des Verschmelzungsvertrags, das insbes. im Verhältnis zu dissentierenden Anteilsinhabern von großer Bedeutung ist.

122 Die Verschmelzung soll die Rechts- und Vermögensstellung der betroffenen Anteilsinhaber im Grundsatz **weder verbessern noch verschlechtern**[261]. Die Art der als Gegenleistung zu gewährenden Anteile soll daher ihren bisherigen Mitwirkungsrechten entsprechen, das Umtauschverhältnis die wirtschaftliche Gleichwertigkeit der gewährten Anteile sichern. Eine von dem angemessenen Umtauschverhältnis abweichende Gewährung von Anteilen am übernehmenden Rechtsträger ist nur mit individueller Zustimmung jedes benachteiligten Anteilsinhabers zulässig[262].

123 Welche **Art von Anteilen** als Gegenleistung zu gewähren ist, schreibt das Gesetz nicht vor[263], so daß grundsätzlich Anteile jeglicher Ausstattung gewährt werden können[264], falls sie – unter Berücksichtigung des Umtauschverhältnisses – der durch die Verschmelzung untergehenden Beteiligung äquivalent sind. Auch die **Änderung** von Mitgliedschaftsrechten ist im Rahmen einer Verschmelzung möglich. Hierbei sind allerdings das für den Rechtsträger maßgebliche Recht und der Gleichbehandlungsgrundsatz zu beachten[265].

---

[254] § 5 Abs. 1 Nr. 2 UmwG.
[255] *Lutter* in Lutter § 5 UmwG Rn 8; *Marsch-Barner* in Kallmeyer § 5 UmwG Rn 3.
[256] *Lutter* in Lutter § 5 UmwG Rn 8.
[257] *Grunewald* in Lutter § 20 UmwG Rn 81.
[258] *Marsch-Barner* in Kallmeyer § 5 UmwG Rn 4.
[259] Zu den Ausnahmen siehe Fn 209.
[260] Siehe Rn 127.
[261] *Priester* DB 1997, 560, 562.
[262] *Marsch-Barner* in Kallmeyer § 5 UmwG Rn 7.
[263] Davon gibt es zwei Ausnahmen: 1. Für stimmrechtslose Anteile am übertragenen Rechtsträger sind gleichwertige Rechte in dem übernehmenden Rechtsträger zu gewähren, § 23 UmwG. 2. Eine Barabfindung ist anzubieten, wenn der übernehmende Rechtsträger eine andere Rechtsform hat als der übertragende oder wenn die Anteile am übernehmenden Rechtsträger Verfügungsbeschränkungen unterliegen oder wenn der übernehmende Rechtsträger eigene Anteile oder Mitgliedschaften aufgrund seiner Rechtsform nicht erwerben kann, § 29 Abs. 2 UmwG; siehe dazu Rn 150.
[264] *Lutter* in Lutter § 5 UmwG Rn 5; *Marsch-Barner* in Kallmeyer § 5 UmwG Rn 6.
[265] Für AG und KGaA vgl. § 53a AktG.

124 Vorsicht ist bei derartigen Vereinbarungen allerdings deshalb geboten, weil bestimmte Maßnahmen nur mit **Zustimmung** durch Sonderbeschluß[266] oder gar mit Zustimmung der betroffenen[267] oder aller Anteilsinhaber eines beteiligten Rechtsträgers[268] wirksam werden, also die Durchführung der Verschmelzung erschweren.

125 Sind am übertragenden Rechtsträger Gesellschafter nur **geringfügig beteiligt**, muß im Verschmelzungsvertrag der Nennbetrag (oder anteilige Betrag des Grundkapitals) der an der übernehmenden GmbH oder AG zu gewährenden Anteile so niedrig gewählt werden, daß möglichst viele derartige Kleingesellschafter Anteile erhalten und nicht gegen Barausgleich „hinausgedrängt" werden[269]. Ggf. ist nicht der bisherige Nennbetrag, sondern der gesetzliche Mindestbetrag zu wählen[270]. Entfällt selbst bei kleinster Stückelung auf Kleinstbeteiligungen kein (voller) Anteil am übernehmenden Rechtsträger, scheiden die betreffenden Anteilsinhaber allerdings gegen Barzahlung aus. Andernfalls könnten sie die Verschmelzung verhindern[271]; das darin liegende Behinderungspotential gerade geringfügig Beteiligter führte zu einer vom Gesetzgeber nicht beabsichtigten Machtverschiebung.

126 Wie die zu gewährenden Anteile zur Verfügung gestellt werden sollen, ob eine **Kapitalerhöhung**[272] oder die Übertragung schon **bestehender Anteile** vorgesehen ist, muß zwar grundsätzlich[273] nicht erwähnt werden, doch empfiehlt es sich, weil es den übernehmenden Rechtsträger verpflichtet, die Anteile entsprechend dem Vertrag zu beschaffen[274].

127 **c) Umtauschverhältnis/bare Zuzahlung.** Der Verschmelzungsvertrag muß das **Umtauschverhältnis** und ggf. die Höhe der **baren Zuzahlung** angeben[275]. Das Umtauschverhältnis bestimmt, wie viele Anteile am übernehmenden Rechtsträger auf einen Anteil am übertragenden Rechtsträger entfallen; es muß dem **Wert dieser Anteile** entsprechen (Äquivalenz von Leistung und Gegenleistung beim Übergang des zu übertragenden Vermögens auf den übernehmenden Rechtsträger). Infolgedessen ist der Wert der beteiligten Rechtsträger zu ermitteln, aus dem sich der Wert der Anteile ergibt[276]. Bezugsgröße ist bei einer AG

---

[266] Siehe Rn 235 ff.
[267] Siehe Rn 217.
[268] Siehe Rn 230.
[269] So für die Kapitalherabsetzung mit gleichzeitiger -erhöhung bei der AG *BGH* AG 1998, 284 „Sachsenmilch". Zur Übertragbarkeit auf die Verschmelzung zurückhaltend *Vetter*, Verpflichtung zur Schaffung von 1 Euro-Aktien?, AG 2000, 193.
[270] *Marsch-Barner* in Kallmeyer § 5 UmwG Rn 8. Das sind für die AG Nennbetrag oder anteiliger Betrag des Grundkapitals 1 €, § 8 Abs. 1 Satz 1 AktG, für die GmbH Nennbetrag 50 €, § 46 Abs. 1 Satz 3 UmwG.
[271] Zum früheren Rechtszustand siehe *Marsch-Barner* in Kallmeyer § 5 UmwG Rn 9 mwN.
[272] §§ 55, 56 UmwG (GmbH) und §§ 69, 73, 78 UmwG (AG und KGaA).
[273] Ausnahme: § 46 Abs. 2 UmwG bei Sonderausstattung der zu gewährenden GmbH-Geschäftsanteile.
[274] *Marsch-Barner* in Kallmeyer § 5 UmwG Rn 16.
[275] § 5 Abs. 1 Nr. 3 UmwG.
[276] Die Börsenkapitalisierung der Unternehmen ist als untere Wertgrenze anzusehen, bei höherem Wert auf Grund Berechnung nach der Ertragswertmethode aber nicht maßgeblich, *LG München I* ZIP 2000, 1055.

(und KGaA) der Nennbetrag oder anteilige Betrag des Grundkapitals, bei einer GmbH der Nennbetrag des Geschäftsanteils. Bei Personengesellschaften[277] muß der Verschmelzungsvertrag definieren, worauf sich das Umtauschverhältnis bezieht (zB variables oder festes Kapitalkonto), wobei die Konten den einzelnen Anteilsinhabern namentlich zuzuordnen sind[278].

128 **Bare Zuzahlungen** dienen dem Ausgleich von Spitzenbeträgen, die durch Gewährung von Anteilen am übernehmenden Rechtsträger nicht ausgeglichen werden. Sie können aber auch dann vorgesehen werden, wenn ein Ausgleich in Anteilen möglich wäre[279]. Bei der AG, der GmbH und der Genossenschaft als übernehmenden Rechtsträgern ist der gesetzliche Höchstbetrag barer Zuzahlungen 10% des Werts der zu gewährenden Anteile[280]. Solche Zuzahlungen dürfen nur in Geld geleistet werden[281].

129 Das Umtauschverhältnis braucht im Verschmelzungsvertrag nicht erläutert zu werden; das ist Aufgabe des Verschmelzungsberichts.

130 Angaben zum Umtauschverhältnis entfallen, wenn der übernehmende Rechtsträger bereits **alle Anteile** des übertragenden Rechtsträgers hält[282].

131 **d) Einzelheiten der Anteilsübertragung.** Im Verschmelzungsvertrag sind weiter **Einzelheiten** bezüglich der Übertragung von Anteilen am übernehmenden Rechtsträger anzugeben[283]. Es ist also darzulegen, wie die Anteilsinhaber der übertragenden Rechtsträger mit Wirksamwerden der Verschmelzung an dem übernehmenden Rechtsträger beteiligt werden. Ist der übernehmende Rechtsträger eine **Kapitalgesellschaft**, kann[284] angegeben werden, ob diese ihr Kapital erhöht oder ob vorhandene Anteile übertragen werden sollen[285]. Einer Zeichnung der neuen Aktien[286] oder Übernahme der neuen Geschäftsanteile[287] bedarf es nicht[288]. Die Anteile stehen den Anteilsinhabern übertragender Rechtsträger mit Wirksamwerden der Verschmelzung **kraft Gesetzes** zu[289]. Sollen die Anteilsinhaber der übertragenden Rechtsträger schon vorhandene Geschäftsanteile am

---

[277] Bei ihnen gibt es kein Nennkapital, vgl. §§ 120 ff. HGB.
[278] *Marsch-Barner* in Kallmeyer § 5 UmwG Rn 20. Für Genossenschaften und Vereine gelten Sondervorschriften, § 80 Abs. 1 UmwG (Genossenschaften), §§ 99 ff., 109 ff. UmwG (Vereine).
[279] *Lutter* in Lutter § 5 UmwG Rn 17 mwN.
[280] §§ 54 Abs. 4, 68 Abs. 3 und 87 Abs. 2 Satz 2 UmwG.
[281] Beanstandungen des Umtauschverhältnisses berechtigen die Anteilsinhaber eines übertragenden Rechtsträgers nicht zur Anfechtung des Verschmelzungsbeschlusses, § 14 Abs. 2 UmwG. Sie können nur einen Ausgleich durch bare Zuzahlung im Spruchverfahren nach §§ 304 ff. UmwG verlangen, § 15 Abs. 1 UmwG. Für derartige Zuzahlungen gilt die 10 %-Grenze nicht; sie stellen eine ernst zu nehmende Gefahr für den übernehmenden Rechtsträger dar, weshalb angeregt wird, diesem ein Wahlrecht zwischen barer Zuzahlung und der Gewährung weiterer Anteile einzuräumen, *Philipp*, Ist die Verschmelzung von Aktiengesellschaften nach dem neuen Umwandlungsrecht noch vertretbar?, AG 1998, 264, 271.
[282] § 5 Abs. 2 UmwG.
[283] § 5 Abs. 1 Nr. 4 UmwG. Dazu näher *Marsch-Barner* in Kallmeyer § 5 UmwG Rn 24 ff.
[284] Siehe Rn 126.
[285] §§ 55, 56 UmwG (GmbH) und §§ 69, 73, 78 UmwG (AG und KGaA).
[286] Wie nach § 185 AktG.
[287] Wie nach § 55 Abs. 1 GmbHG.
[288] § 55 Abs. 1 Satz 1 UmwG (GmbH), § 69 Abs. 1 Satz 1 UmwG (AG).
[289] § 20 Abs. 1 Nr. 3 UmwG.

übernehmenden Rechtsträger erhalten, muß deren Nennbetrag oder Stückzahl angegeben[290] und deren Abtretung vorgesehen werden[291]. Keiner Erwähnung bedarf das Umtauschverfahren, ebensowenig ein geplanter Börsengang[292].

Bei einer **OHG** oder **KG** als übernehmendem Rechtsträger ist anstelle der Geschäftsanteile die künftige Rechtsstellung der Anteilsinhaber der übertragenden Rechtsträger darzulegen. Übertragungsakte sind nicht erforderlich und infolgedessen nicht anzugeben; die Rechtsstellung entsteht auch hier mit dem Wirksamwerden der Verschmelzung.

e) **Beginn des Gewinnbezugsrechts.** Der Verschmelzungsvertrag muß den **Zeitpunkt der Gewinnberechtigung** enthalten, also angeben, ab wann die Anteile oder Mitgliedschaften einen Anspruch auf den anteiligen Bilanzgewinn gewähren[293]. Zu beachten sind dabei die Auswirkungen, die sich durch Sonderrechte (zB Vorzugsgewinnanteil, Gewinnverteilungsschlüssel) auf den Gewinnanspruch ergeben können.

Der Beginn der Gewinnberechtigung kann **frei festgelegt** werden, zumal sich der genaue Zeitpunkt der Eintragung – das Wirksamwerden der Verschmelzung[294] – idR nicht vorhersehen lässt. Denkbar ist also, die Gewinnberechtigung entweder mit Beginn des Geschäftsjahrs der übernehmenden Gesellschaft anfangen zu lassen, das auf den Stichtag der Jahresbilanz der übertragenden Gesellschaft folgt, oder in einem früheren Geschäftsjahr, wenn dafür noch kein Gewinnverwendungsbeschluß gefaßt wurde, oder zu einem späteren Zeitpunkt, etwa um ein besonders günstiges Umtauschverhältnis auszugleichen. Auch eine **variable Regelung** ist möglich und bei erwarteten Verzögerungen (Anfechtungsklagen) heute üblich[295]. Wird ein verbindlicher Zeitpunkt festgelegt, aber nicht eingehalten, müssen die beteiligten Rechtsträger weiter eigene Jahresabschlüsse aufstellen[296]. Wird dadurch das vereinbarte Umtauschverhältnis unrichtig, kann eine Vertragsanpassung oder ein Rücktritt vom Vertrag in Betracht kommen[297].

f) **Verschmelzungsstichtag.** Der zu vereinbarende Verschmelzungsstichtag ist der Tag, ab dem die Verschmelzung **im Verhältnis der beteiligten Rechtsträger** zueinander wirken soll. Ab dem Verschmelzungsstichtag gelten die Handlungen der übertragenden Rechtsträger als für Rechnung des übernehmenden Rechtsträgers vorgenommen[298]. Im Gegensatz dazu tritt die dingliche Wirkung der Verschmelzung mit Eintragung der Verschmelzung ein[299]. Der Verschmel-

---

[290] § 46 Abs. 3 UmwG.
[291] *Marsch-Barner* in Kallmeyer § 5 UmwG Rn 25.
[292] Dies ist aber im Verschmelzungsbericht darzulegen, *LG Mannheim* WM 1988, 775, 777.
[293] § 5 Abs. 1 Nr. 5 UmwG. §§ 120, 121, 167 HGB (für OHG und KG), § 29 GmbHG (für GmbH) und §§ 58 ff., 174 AktG (für AG und KGaA). Derivative Ansprüche, wie etwa ein am Bilanzgewinn orientierter Besserungsschein, sind nicht gemeint, *Marsch-Barner* in Kallmeyer § 5 UmwG Rn 27.
[294] § 20 Abs. 1 UmwG.
[295] Ein Formulierungsvorschlag findet sich bei *Lutter* in Lutter § 5 UmwG Rn 30 Fn 132.
[296] *OLG Hamm* WM 1982, 946; *BGH* DB 1992, 2432.
[297] *Marsch-Barner* in Kallmeyer § 5 UmwG Rn 30.
[298] § 5 Abs. 1 Nr. 6 UmwG.
[299] § 20 Abs. 1 UmwG.

zungsstichtag ist auch Stichtag der Eröffnungsbilanz eines neuen Rechtsträgers[300]. Daß der Verschmelzungsstichtag mit dem Stichtag der Schlußbilanz des übertragenden Rechtsträgers übereinstimmt, ist nicht zwingend[301], aber üblich und zweckmäßig. Auch für den Verschmelzungsstichtag ist eine **variable Regelung** möglich und bei erwarteten Verzögerungen (Anfechtungsklagen) üblich[302].

136   **g) Sonderrechte für Anteilsinhaber.** Weiter hat der Verschmelzungsvertrag Angaben darüber zu enthalten, welche **besonderen Rechte** der übernehmende Rechtsträger **bestimmten Personen** gewährt[303]. Damit sind (meist, aber nicht notwendig, im Zusammenhang mit der Verschmelzung) rechtsgeschäftlich eingeräumte Sonderrechte gemeint. Diese Offenlegung soll die nicht begünstigten Anteilsinhaber informieren; sie dient der Einhaltung des Gleichbehandlungsgrundsatzes[304]. **Einzelne Anteilsinhaber** können beispielsweise in Bezug auf Stimmrecht, Geschäftsführung oder Gewinnverteilung andere Rechte als die übrigen Anteilsinhaber erhalten[305]. **Inhaber besonderer Rechte** sind etwa die Inhaber von Vorzugsaktien oder entsprechenden GmbH-Geschäftsanteilen.

137   Sonderrechte sind auch anzugeben, wenn die Anteilsinhaber sie bereits beim übertragenden Rechtsträger hatten (etwa Wandelschuldverschreibungen, Vorerwerbsrechte, Entsendungsrechte und dgl.). Ein Verstoß gegen diese **Offenlegungspflicht** führt nicht zur Unwirksamkeit der zugrundeliegenden Rechtsgeschäfte, auch nicht des Verschmelzungsvertrags, kann aber ein Eintragungshindernis darstellen und eine Haftung der Vertretungsorgane auslösen.

138   **h) Sondervorteile für Organe und Prüfer.** Abgesehen von den Anteilsinhabern hat eine Verschmelzung Auswirkungen auf bestimmte Personen, deren Rechtsposition durch die Verschmelzung beeinträchtigt wird, wofür sie durch vereinbarte **Vergünstigungen** entschädigt werden müssen oder sollen. So erlöschen mit dem Untergang der übertragenden Rechtsträger auch die jeweiligen Ämter in Organen (Vorstand, Aufsichtsrat, Geschäftsführung, Beirat usw.). Für ihr Ausscheiden werden diesen Personen regelmäßig Abfindungen oder andere Geldleistungen gewährt. Gehen solche Leistungen über die bestehenden vertraglichen Ansprüche hinaus („golden handshakes"), sind sie als **Gewährung besonderer Vorteile** im Verschmelzungsvertrag aufzuführen[306].

139   Der Personenkreis, der von solchen Leistungen betroffen sein kann, ist vom Gesetz weit abgegrenzt; er umfaßt ausdrücklich auch **Abschluß- und Ver-**

---

[300] Vgl. den steuerlichen Übertragungsstichtag, § 2 Abs. 1 Satz 1 UmwStG.
[301] Str., siehe *Lutter* in Lutter § 5 UmwG Rn 31 mwN.
[302] Ein Formulierungsvorschlag findet sich bei *Lutter* in Lutter § 5 UmwG Rn 32 Fn 140.
[303] § 5 Abs. 1 Nr. 7 UmwG. Siehe dazu näher *Marsch-Barner* in Kallmeyer § 5 UmwG Rn 40ff.
[304] § 53a AktG.
[305] Solche Rechte können auch begründet werden, wenn für die bei der Verschmelzung untergehenden Options- und Wandelanleihen gleichwertige Rechte gewährt werden, *Marsch-Barner* in Kallmeyer § 5 UmwG Rn 41.
[306] § 5 Abs. 1 Nr. 8 UmwG. In der Praxis werden nicht selten auch die vertraglichen Vergütungsansprüche ausscheidender Organmitglieder bis zum normalen Vertragsende aufgeführt; als „Vergünstigung" läßt sich die Vertragserfüllung seitens der Gesellschaft aber schwerlich bezeichnen, vgl. § 615 BGB.

schmelzungsprüfer, soweit ihnen gewährte Leistungen („Vorteile") über ein angemessenes Honorar für die geleistete Tätigkeit hinausgehen[307].

Ob die **Zusage neuer Ämter** durch den übernehmenden Rechtsträger im Vertrag anzugeben ist, erscheint zweifelhaft. Dagegen wird angeführt, sie seien vor rechtmäßiger Bestellung durch das zuständige Vertretungsorgan unverbindlich[308]. Doch ist nicht von der Hand zu weisen, daß die Anteilsinhaber gleichwohl ein Interesse daran haben, derlei zu erfahren, ehe sie über die Zustimmung beschließen, um beurteilen zu können, ob Sonderinteressen die Entscheidung beeinflußt haben könnten[309].

i) Folgen für die Arbeitnehmer und ihre Vertretungen. Um auch die Arbeitnehmer und ihre Vertretungen rechtzeitig über die bevorstehende Verschmelzung und ihre möglichen Folgen zu **informieren**, hat der Verschmelzungsvertrag hierüber einschließlich der „insoweit vorgesehenen Maßnahmen" Ausführungen zu enthalten[310]. Solche Angaben begründen keine arbeitsrechtlichen Ansprüche, sondern haben lediglich Informationsfunktion[311].

Es genügt nicht der bloße Hinweis auf die gesetzlichen Bestimmungen[312], sondern die **konkreten Folgen** sind **auszuformulieren**[313]. Es ist darzulegen, ob sich die Verschmelzung auf die beim übertragenden Rechtsträger bestehenden Arbeitsverhältnisse (ihren Bestand, tarifvertragliche oder auf Betriebsvereinbarung beruhende Ansprüche) und auf die Arbeitnehmervertretungen auswirkt, und wenn ja, wie[314].

Darzustellen sind in jedem Fall diejenigen Folgen für die Arbeitnehmer, die im Gesetz geregelt sind, etwa für die betriebsverfassungsrechtliche Struktur, das Mitbestimmungsstatut, Änderungen in der Tarifbindung und den Betriebsvereinbarungen[315]; alle potentiellen Veränderungen sind anzugeben, damit die Arbeitnehmer und ihre Vertretungen sich darauf einstellen können, zB durch Aushandlung eines neuen Sozialplans[316]. Auch auf beabsichtigte organisatorische Maßnahmen ist hinzuweisen, soweit bereits eine konkrete Unternehmensplanung vorliegt[317], insbes. auf etwa zum Ausgleich durch die Verschmelzung eintretender Nachteile

---

[307] ZB Abfindungen für das Ende der Prüfungstätigkeit, *Marsch-Barner* in Kallmeyer § 5 UmwG Rn 46.
[308] *Lutter* in Lutter § 5 UmwG Rn 38; *Marsch-Barner* in Kallmeyer § 5 UmwG Rn 44.
[309] *Luttter* in Lutter § 5 UmwG Rn 36.
[310] § 5 Abs. 1 Nr. 9 iVm. § 5 Abs. 3 UmwG.
[311] *Willemsen* NZA 1996, 791, 796 ff.
[312] Etwa § 613a BGB, §§ 321 ff. UmwG.
[313] OLG *Düsseldorf* ZIP 1998, 1190: „Das Registergericht... ist berechtigt, die begehrte Eintragung abzulehnen, wenn der Verschmelzungsvertrag jeder nachvollziehbaren Darstellung der arbeitsrechtlichen Folgen entbehrt." Ein Formulierungsvorschlag findet sich bei *Lutter* in Lutter § 5 UmwG Rn 61.
[314] Die in Betracht kommenden Tatbestände sind bei *Lutter* in Lutter § 5 UmwG Rn 40 ff. im einzelnen dargestellt.
[315] Vgl. §§ 321 ff. UmwG.
[316] *Willemsen* in Kallmeyer § 5 UmwG Rn 54.
[317] *Willemsen* in Kallmeyer § 5 UmwG Rn 55.

für die Arbeitnehmer **vorgesehene Maßnahmen** des übernehmenden Rechtsträgers[318].

144 Haftungsfolgen für Arbeitnehmeransprüche aus dem UmwG müssen dagegen im Verschmelzungsvertrag nicht dargestellt werden[319].

4. Rechtsformabhängige Besonderheiten

145 **a) Kapitalgesellschaften.** Bei der Verschmelzung auf eine **GmbH** ist die namentliche Nennung der Gesellschafter und die nähere Bezeichnung der ihnen zu gewährenden Geschäftsanteile, ggf. deren besondere Ausstattung, erforderlich[320]. Sind Aktionäre einer übertragenden AG unbekannt, müssen sie im Verschmelzungsvertrag durch Angabe ihrer Aktienurkunden und erforderlichenfalls des auf die Aktie entfallenden Anteils bezeichnet werden[321].

146 Bei Verschmelzung auf eine **AG** (oder **KGaA**) ist der Treuhänder anzugeben, der zum Empfang der Aktien und barer Zuzahlungen zu bestellen ist[322].

147 Grundsätzlich besteht die Gegenleistung für das übertragene Vermögen in **Anteilen am übernehmenden Rechtsträger**. Eine solche Gegenleistung ist allerdings nicht immer möglich, zB dann nicht, wenn eine Tochtergesellschaft auf ihre Alleingesellschafterin verschmolzen wird[323], was nur bei Kapitalgesellschaften denkbar ist, da Personenhandelsgesellschaften keinen „Alleingesellschafter" haben können. Im Verschmelzungsvertrag entfallen deshalb die Angaben über die Anteilsgewährung, wenn sich **alle Anteile** an einem übertragenden Rechtsträger in der Hand des übernehmenden Rechtsträgers befinden[324]. Voraussetzung für eine solche „Konzernverschmelzung" ist, daß sich die Anteile im Zeitpunkt der Anmeldung der Verschmelzung[325] zur Eintragung in das Register im Besitz des übernehmenden Rechtsträgers befinden; nicht ausreichend ist es, wenn die An-

---

[318] Siehe zB *Bachner*, Individualarbeits- und kollektivrechtliche Auswirkungen des neuen Umwandlungsgesetzes, NJW 1995, 2881, 2886; *Däubler*, Das Arbeitsrecht im neuen Umwandlungsrecht, RdA 1995, 136, 137; *Drygala* ZIP 1996, 1365, 1368 ff.; *Willemsen* NZA 1996, 791, 797.

[319] Ob auch mittelbare Folgen der Verschmelzung wie eine Umstrukturierung oder ein Stellenabbau im Vertrag dargelegt werden müssen, ist umstritten; nein: *Lutter* in Lutter § 5 UmwG Rn 53. Solche Folgen fallen an sich idR unter den Begriff Betriebsänderung und sind dem Betriebsrat nach dem BetrVG mitzuteilen; siehe dazu § 29 Rn 106. Jegliches Risiko wird vermieden, wenn bereits vor Abschluß des Verschmelzungsvertrags zB ein Sozialplan erzielt werden kann und dieser im Vertrag aufgeführt wird, *Lutter* in Lutter § 5 UmwG Rn 59a.

[320] § 46 UmwG. Der Anmeldung muß eine berichtigte Liste der Gesellschafter beigefügt werden, in der diese namentlich aufzuführen sind, § 52 Abs. 2 UmwG.

[321] § 35 Satz 1 UmwG.

[322] §§ 71 Abs. 1 Satz 1, 78 UmwG. Auf die Bestellung eines Treuhänders kann verzichtet werden, wenn die Gesellschaft keine Aktienurkunden ausgegeben hat und bare Zuzahlungen erkennbar nicht geleistet werden. Die Aufnahme eines ausdrücklichen Verzichts zumindest in den Beschluß der Anteilsinhaber empfiehlt sich dann.

[323] § 54 Abs. 1 Satz 1 Nr. 1 UmwG. *Marsch-Barner* in Kallmeyer § 5 UmwG Rn 67 ff.

[324] Ebenso naturgemäß die Angaben über das Umtauschverhältnis, die Einzelheiten der Übertragung und den Beginn der Gewinnberechtigung, § 5 Abs. 2 UmwG; vgl. *BayObLG* DB 1983, 2675, 2676.

[325] Darauf kommt es zB an, wenn der Verschmelzungsvertrag unter einer aufschiebenden Bedingung geschlossen wurde; aA *Lutter* in Lutter § 5 UmwG Rn 83.

teile (teilweise oder ganz) von Konzernunternehmen oder treuhänderisch von einem Dritten gehalten werden[326]. Die Konzernverschmelzung ist zwar nicht nur von der Tochter auf die Mutter („upstream merger"), sondern auch von der Mutter auf die Tochter („downstream merger") und durch Verschmelzung von zwei zu 100% einem Mutter-Unternehmen gehörenden Schwestergesellschaften („side step merger") denkbar[327]. Die beiden letztgenannten Fälle sind jedoch von den Angaben im Verschmelzungsbericht nicht freigestellt.

b) Personenhandelsgesellschaften. Für jeden Anteilsinhaber ist bei Verschmelzung auf eine **Personenhandelsgesellschaft** anzugeben, ob er Komplementär oder Kommanditist wird. Dabei ist der Betrag der Einlage festzusetzen[328]. 148

Ist bei Verschmelzung auf eine **Kapitalgesellschaft** eine Personenhandelsgesellschaft übertragender Rechtsträger, kann ein an deren Kapital nicht beteiligter Komplementär keinen Anteil erhalten, da es bei den Kapitalgesellschaften keine Mitgliedschaft ohne Kapitalanteil gibt. Der Komplementär muß daher vor Abschluß des Verschmelzungsvertrags entweder ausscheiden oder einen Kapitalanteil erwerben; er verliert sonst mit der Verschmelzung automatisch seine Mitgliedschaft. Nach dem Grundsatz der **Personenidentität** können bis dahin nicht am Kapital beteiligte Dritte im Zuge der Verschmelzung nicht in den übernehmenden Rechtsträger aufgenommen werden[329]. 149

c) Abfindungsangebot bei Wechsel der Rechtsform. Wenn der übernehmende (oder neue) Rechtsträger eine andere Rechtsform hat als der übertragende („Mischverschmelzung") oder – bei gleicher Rechtsform – die alten Anteile durch Verfügungsbeschränkungen unterliegende Anteile ersetzt werden[330], muß der übernehmende Rechtsträger im Verschmelzungsvertrag den Anteilsinhabern ein angemessenes **Abfindungsangebot** machen, die gegen den Beschluß Widerspruch zu Protokoll erklären[331]. Das Abfindungsangebot muß eine Barab- 150

---

[326] *Marsch-Barner* in Kallmeyer § 5 UmwG Rn 69; eine Zurechnung gem. § 16 Abs. 4 AktG findet nicht statt.
[327] Zu den Umwandlungen im Konzern vgl. *Bärwaldt* in Haritz/Benkert Vor §§ 11–13 UmwStG Rn 3 bis 21.
[328] § 40 Abs. 2 UmwG.
[329] Der Grundsatz der Personenidentität entspricht zwar der hA in der Literatur, ist jedoch nicht unumstritten; zum Streitstand siehe die Nachweise bei *Haritz/Bärwaldt* in Beck'sches Handbuch der Personengesellschaften, 1999, § 9 Rn 265; krit. auch *Priester* DB 1997, 560, der einen Gesellschafterwechsel im Zuge der Verschmelzung jedenfalls bei Zustimmung aller Betroffenen für zulässig hält.
[330] Ob das auch gilt, wenn schon die Anteile am übertragenden Rechtsträger den gleichen Verfügungsbeschränkungen unterlagen, ist umstritten. Dafür spricht die Gesetzesbegründung (BT-Drucks. 13/8808 S. 11); in der Literatur wird die Frage überwiegend bejaht, *Grunewald* in Lutter § 29 UmwG Rn 5; *Marsch-Barner* in Kallmeyer § 29 UmwG Rn 9, jeweils mwN.; aA *Dehmer* § 29 UmwG Rn 8.
[331] § 29 Abs. 1 UmwG. Ebenso wenn ein nicht erschienener Anteilsinhaber zu der Versammlung zu Unrecht nicht zugelassen oder die Versammlung nicht ordnungsgemäß einberufen oder der Gegenstand der Beschlußfassung nicht ordnungsgemäß bekanntgemacht worden ist, § 29 Abs. 2 UmwG.

§ 17 151, 152   Verschmelzungen und ähnliche Zusammenschlüsse

findung vorsehen für Anteilsinhaber, die ihre Anteile auf die Gesellschaft übertragen[332] oder – wo dies nicht möglich ist[333] – ihr Ausscheiden erklären.

151   Die Abfindung muß nach den Verhältnissen des übertragenden Rechtsträgers im Zeitpunkt der Beschlußfassung angemessen sein[334]. Der Anteil ist hierfür zu bewerten, eine Bewertungsmethode allerdings nicht vorgeschrieben[335]. Zu entgelten ist der „Verkehrswert" (einschließlich „goodwill"); das ist der anteilige Erlös bei unterstellter Veräußerung des Unternehmens im Ganzen[336]. Bei börsennotierten Gesellschaften ist aufgrund der neueren Rechtsprechung der **Börsenkurs** als untere Wertgrenze anzusehen[337]. Bei anderen Gesellschaften ist unverändert der Unternehmenswert nach der – üblichen – **Ertragswertmethode** zu ermitteln[338]. Dafür kommt es vor allem darauf an, welche Erträge die Gesellschaft in der Zukunft zu erwarten hat. Diese werden auf den Bewertungsstichtag abgezinst und zum Ertragswert kapitalisiert. Nicht betriebsnotwendiges Vermögen ist jedenfalls mit dem Zeitwert (erzielbarer Veräußerungserlös) am Bewertungsstichtag zusätzlich anzusetzen. Sind die Ertragsaussichten auf Dauer negativ, bildet der Liquidationswert die Untergrenze der Bewertung[339].

152   Problematisch ist regelmäßig die Höhe des **Kapitalisierungszinsfußes**. Nach der herkömmlichen, in der Gerichtspraxis anerkannten Vorgehensweise liegt seiner Festsetzung die Forderung zugrunde, die langfristige Anlage des Abfindungsbetrags müsse die Überschüsse erreichen, die der Ertragswert des betreffenden Unternehmens erwarten läßt[340]. Da die verschiedenen Anlagemöglichkeiten des Kapitalmarkts verschiedenen Risikogruppen angehören und deshalb nicht vergleichbar sind, wird als Ausgangsbasis auf die Renditen öffentlicher Anleihen zurückgegriffen, die als besonders sichere und vorteilhafte Anlageform angesehen werden[341], und diese um einen Geldentwertungsabschlag modifiziert. Damit soll dem Umstand Rechnung getragen werden, daß die Unternehmensergebnisse voraussichtlich weniger nachteilig von der Inflation betroffen werden als die Zinsen aus öffentlichen Anleihen, weil die Unternehmen durch Preiserhöhungen die Möglichkeit haben, inflationsbedingte Kosten an die Kunden weiterzugeben[342]. Schließlich wird der so modifizierte Anleihezins noch mit einem **Risikozu-**

---

[332] Aus Kapitalerhaltungsgründen geltende Erwerbsverbote finden dabei keine Anwendung, siehe § 33 Abs. 3 GmbHG und – bezüglich § 71 AktG – § 29 Abs. 1 Satz 1 Halbs. 2 UmwG.
[333] ZB bei Personengesellschaften, *Dehmer* § 29 UmwG Rn 11.
[334] § 30 Abs. 1 UmwG. Siehe § 10 Rn 213 f.
[335] Das geht aus § 12 Abs. 2 Nr. 1 UmwG unzweideutig hervor.
[336] BGH NJW 1985, 192, 193 mwN. Gesellschaftsvertragliche Abfindungsbeschränkungen sind dabei nicht zu beachten, *Decher* in Lutter § 208 UmwG Rn 5; *Marsch-Barner* in Kallmeyer § 29 UmwG Rn 20; *Schöne* GmbHR 1995, 325, 329.
[337] BVerfG ZIP 1999, 1436 „DAT/Altana"; BVerfG ZIP 1999, 1804 „Hartmann & Braun". Der Börsenkurs ist nicht maßgeblich, wenn der nach der Ertragswertmethode ermittelte Unternehmenswert höher ist, *LG München I* ZIP 2000, 1055.
[338] Siehe dazu § 10.
[339] BayObLG AG 1995, 509.
[340] *Aha*, Aktuelle Aspekte der Unternehmensbewertung im Spruchstellenverfahren, AG 1997, 26, 32.
[341] *Dörner* in WP-Hdb. 1992, Band II, Abschn. A Rn 91 ff.
[342] BayObLG AG 1996, 127, 129 „Paulaner".

schlag versehen, weil der zukünftige Unternehmensertrag größeren Risiken ausgesetzt ist als die Rendite öffentlicher Anleihen[343].

Eine Alternative zu dieser herkömmlichen Ermittlung des Kapitalisierungszinsfußes ist das **Capital Asset Pricing Modell** (CAPM)[344], das auf der Überlegung beruht, daß die Diskontierung der Erträge besser anhand der jährlichen Kosten des Eigenkapitals, nicht einer Alternativrendite erfolge. Bei der Ermittlung der Eigenkapitalkosten wird nicht nur auf die jährlichen Dividendenzahlungen, sondern auch auf die Kursgewinne abgestellt, weil die Dividenden allein den Anleger nicht veranlassen würden, statt eines festverzinslichen Wertpapiers eine Aktie zu kaufen. Ausgangsfrage ist, welche durchschnittliche Mehrrendite (= Risikozuschlag) die Aktie des betreffenden Unternehmens bieten muß, um einen Anleger zu veranlassen, in Aktien statt in Anleihen zu investieren[345]. Risikozuschlag zuzüglich Rendite für festverzinsliche Anleihen sind nach dem CAPM die fiktiven Eigenkapitalkosten, mit denen die prognostizierten Jahreserträge auf den Bewertungsstichtag zu diskontieren sind[346]. Es ist zu erwarten, daß künftig bei der Ermittlung des Kapitalisierungszinsfußes auch auf das CAPM zurückgegriffen wird, das bereits heute von fast allen Investmentbanken und international tätigen Unternehmensberatern angewandt wird[347].

153

Bei der Bewertung sind nach dem Stichtag liegende **Entwicklungen** nur zu berücksichtigen, wenn sie in den Verhältnissen am Stichtag „verwurzelt" waren[348]. Streitig ist insbes., ob nach der Verschmelzung eintretende „Verbundeffekte" („**Synergieeffekte**") zu berücksichtigen sind[349], ob „Vergleichspreise" herangezogen werden können[350] und ob ggf. der geringe Umfang des Aktienbesitzes der abzufindenden Aktionäre (durch einen „Minderheitsabschlag") zu berücksichtigen ist [351].

154

---

[343] *BGH* WM 1982, 17; *OLG Düsseldorf* WM 1990, 1282, 1288 und AG 1992, 200, 204.
[344] Siehe *Aha* (Fn 340) AG 1997, 26, 34 mwN und § 10 Rn 169 ff.
[345] Vgl. *Borsig* ZfbF 1993, 79, 87.
[346] Zu den Einzelheiten siehe *Ballwieser*, Aktuelle Aspekte der Unternehmensbewertung, WPg 1995, 119, 122 ff.
[347] Siehe die Stellungnahmen des Arbeitskreises Unternehmensbewertung des Instituts der Wirtschaftsprüfer, Fachnachrichten IDW 1997, 33, 34.
[348] *Hüffer* § 305 AktG Rn 23 mwN. Ergänzung: *OLG Düsseldorf* AG 2000, 323.
[349] In der Rspr. wird dies fast einhellig, in der Lit. überwiegend abgelehnt: *BVerfG* ZIP 1999, 1436, 1441 „DAT/Altana"; *OLG Düsseldorf* AG 1977, 168; *OLG Celle* AG 1979, 230; *OLG Hamburg* AG 1980, 163; *OLG Frankfurt* AG 1989, 442; *BayObLG* AG 96, 127 „Paulaner"; *OLG Düsseldorf* AG 2000, 323: „Erst durch den Unternehmensvertrag eintretende Synergieeffekte oder eröffnete Rationalisierungsmöglichkeiten kommen mithin den außenstehenden Aktionären nicht zugute"; *Hüffer* § 305 AktG Rn 22 mwN; *Kort*, Ausgleichs- und Abfindungsrechte (§§ 304, 305 AktG) beim Beitritt eines herrschenden Unternehmens zu einem Beherrschungsvertrag, ZGR 1999, 402, 415 ff; *Krieger* in MünchHdbGesR Bd. 4 § 70 Rn 80 mwN; aA *Großfeld*, Unternehmens- und Anteilsbewertung im Gesellschaftsrecht, 3. Aufl. 1994, S. 118 f.; *Lutter*, Materielle und förmliche Erfordernisse eines Bezugsrechtsausschlusses - Besprechung der Entscheidung BGHZ 71, 40 „Kali+Salz", ZGR 1979, 401, 415, 418. Dagegen soll ein körperschaft- und gewerbesteuerlicher Verlustvortrag der Gesellschaft, der für einen unüberschaubaren Kreis potentieller Erwerber vorteilhaft ist, als Vermögensgegenstand zu bewerten sein, *OLG Düsseldorf* WM 1988, 1052.
[350] Nein: *Hüffer* § 305 AktG Rn 21 mwN.
[351] Nein: *Hüffer* § 305 AktG Rn 24 mwN.

155 **d) Firmenbildung des übernehmenden Rechtsträgers.** Durch die Verschmelzung erlöschen die übertragenden Rechtsträger und damit auch deren Firma[352]. Abweichend davon geht eine bei Wirksamwerden der Verschmelzung **zulässig geführte Firma**[353] auf den übernehmenden Rechtsträger über, wenn dieser durch die Verschmelzung das Handelsgeschäft des übertragenden Rechtsträgers übernimmt[354] und dessen Firma im wesentlichen unverändert **fortführt**[355]. Je nach der Rechtsform des übernehmenden Rechtsträgers sind aber Änderungen erforderlich, falls die unveränderte Firma den Verkehr irreführen könnte[356]. Das gilt insbes. für **Rechtsformzusätze**, die angepaßt oder durch geeignete Nachfolgezusätze ergänzt werden müssen[357]. Der Einwilligung des übertragenden Rechtsträgers bedarf die Firmenfortführung nicht; da dessen Firma durch die Verschmelzung erlischt, besteht kein schützenswertes Interesse an ihrer anderweitigen Benutzung[358].

156 Der die Firma des übertragenden Rechtsträgers fortführende übernehmende Rechtsträger muß dann in seinem Gesellschaftsvertrag/seiner Satzung die Bestimmung über die **Firma ändern**.

157 **e) Besonderheiten bei Neugründung des übernehmenden Rechtsträgers.** Bei der Verschmelzung durch Neugründung muß der Verschmelzungsvertrag den Gesellschaftsvertrag/die Satzung des neuen Rechtsträgers enthalten[359]. Für die Gründung des neuen Rechtsträgers gelten die für dessen Rechtsform maßgeblichen **Gründungsvorschriften**[360], für eine GmbH also die Vorschriften des GmbHG[361], für eine AG die des AktG[362], bei einer Personenhandelsgesellschaft die des HGB[363]. Die Anwendung der Gründungsvorschriften führt bei **Überbewertung** des übertragenen Vermögens dazu, daß die Anteilsinhaber des übertragenden Rechtsträgers die Differenz zwischen dessen Wert und dem Nennbetrag oder anteiligen Betrag des Grundkapitals der dafür gewährten Anteile (nach-) zahlen müssen[364].

158 Bei Verschmelzung auf eine neu gegründete **GmbH** sind etwaige Festsetzungen des Gesellschaftsvertrags/der Satzung des übertragenden Rechtsträgers über

---

[352] § 20 Abs. 1 Nr. 2 HGB.
[353] Der übernehmenden Gesellschaft bleibt es unbenommen, bei Gelegenheit der Verschmelzung jede neue mit § 19 HGB vereinbare Firma zu wählen. Das hat insbes. Bedeutung in Fällen, in denen eine frühere, im Zeitpunkt der Verschmelzung nicht mehr geführte Firma eines übertragenden Rechtsträgers übernommen werden soll, *Marsch-Barner* in Kallmeyer § 18 UmwG Rn 7.
[354] Fortführen muß der Übernehmer das Handelsgeschäft nicht, str.; siehe *Gerold* MittRhNotK 1997, 205, 218 mwN.
[355] Dazu näher *Bork* in Lutter § 18 UmwG Rn 4.
[356] § 18 HGB.
[357] *Bork* in Lutter § 18 UmwG Rn 4; *Marsch-Barner* in Kallmeyer § 18 UmwG Rn 9.
[358] *Bork* in Lutter § 18 UmwG Rn 3.
[359] § 37 UmwG.
[360] § 36 Abs. 2 UmwG.
[361] §§ 1 bis 11 GmbHG.
[362] §§ 1 bis 53 AktG, für die KGaA §§ 278 bis 288 AktG.
[363] §§ 105 bis 108 HGB (OHG), §§ 161 f. (KG).
[364] Für die GmbH siehe §§ 56 Abs. 2, 9 Abs. 1 GmbHG, für die AG siehe *Hüffer* § 9 AktG Rn 6 und § 27 AktG Rn 28 mwN („Differenzhaftung").

Sondervorteile, Gründungsaufwand, Sacheinlagen und -übernahmen in den Gesellschaftsvertrag der neuen GmbH zu übernehmen[365]. Außerdem ist, falls übertragender Rechtsträger keine Kapitalgesellschaft (oder eG) ist, ein **Sachgründungsbericht** erforderlich, worin der Geschäftsverlauf und die Lage der übertragenden Rechtsträger darzustellen sind[366].

Auch bei Verschmelzung auf eine neugegründete **AG** (oder KGaA[367]) sind etwaige Festsetzungen des Gesellschaftsvertrags/der Satzung des übertragenden Rechtsträgers über **Sondervorteile, Gründungsaufwand, Sacheinlagen und -übernahmen** in den Gesellschaftsvertrag der neuen AG zu übernehmen[368]. Hier sind aber mit Zustimmung der Anteilsinhaber der übertragenden Rechtsträger die Mitglieder des **Aufsichtsrats** nach den Regeln des AktG für eine Sachgründung zu bestellen[369]. Da die Bestellung der notariellen Beurkundung bedarf[370] und die beteiligten Rechtsträger (nicht deren Anteilsinhaber) die Gründer sind[371], können die Mitglieder des ersten Aufsichtsrats im Verschmelzungsvertrag bestellt werden. Erforderlich sind weiter ein **Gründungsbericht** und, falls übertragender Rechtsträger keine Kapitalgesellschaft (oder eG) ist, ein **Sachgründungsbericht**, worin der Geschäftsverlauf und die Lage der übertragenden Rechtsträger darzustellen sind, außerdem eine **externe Gründungsprüfung**[372]. 159

Für die Verschmelzung auf eine neugegründete **Personenhandelsgesellschaft** gelten keine Besonderheiten[373]. 160

Die Verschmelzung zur Neugründung erlaubt es, die neugegründete Gesellschaft mit einem (auch erheblich) niedrigeren Stamm- oder Grundkapital auszustatten als den/die übertragenden Rechtsträger. Durch die Verschmelzung kann damit die **Kapitalbindung** und der durch die Vorschriften über die Kapitalherabsetzung bezweckte Gläubigerschutz außer Kraft gesetzt werden[374]. 161

5. Fehlen obligatorischer Angaben

Fehlende, unrichtige oder unvollständige Angaben im Verschmelzungsvertrag haben zur Folge, daß der Registerrichter die Verschmelzung **nicht eintragen** darf und können die Wirksamkeit des Verschmelzungsbeschlusses in Frage stellen, falls sich nicht aus dem Verschmelzungsbericht die nötigen Informationen ergeben[375]. Fehlen die Angaben zu § 5 Abs. 1 Nr. 1 bis 3 UmwG, wird sogar **Nichtigkeit** des 162

---

[365] § 57 UmwG.
[366] § 58 UmwG, § 5 Abs. 4 GmbHG.
[367] § 78 UmwG.
[368] §§ 74, 78 UmwG (AG, KGaA).
[369] § 76 Abs. 2 UmwG iVm. § 31 AktG.
[370] § 30 Abs. 1 Satz 2 AktG.
[371] § 36 Abs. 2 Satz 2 UmwG.
[372] § 75 UmwG, §§ 32 ff. AktG.
[373] § 41 UmwG gilt für die Verschmelzung sowohl durch Aufnahme wie auch durch Neugründung.
[374] *Naraschewski*, Gläubigerschutz bei der Verschmelzung von GmbH, GmbHR 1998, 356, 357 ff.
[375] *Marsch-Barner* in Kallmeyer § 5 UmwG Rn 66.

Verschmelzungsvertrags angenommen[376], in sonstigen Fällen bleibt er wirksam, aber **anfechtbar**. Ob dies auch für die Information über die Folgen für die Arbeitnehmer gilt, ist zweifelhaft[377]. Die Rechtsprechung hat sich dazu bislang nicht geäußert, ein Anfechtungsrecht des Betriebsrats allerdings abgelehnt[378].

163 Jeder Mangel des Verschmelzungsvertrags kann außerdem mit der allgemeinen **Feststellungsklage** geltend gemacht werden[379].

6. Fakultativer Vertragsinhalt

164 Andere Angaben, die nicht vorgeschrieben sind, können je nach Sachlage angezeigt sein, etwa eine Präambel über den mit der Verschmelzung verfolgten **Zweck**, die als Auslegungshilfe dienlich sein kann, **Kündigungs- und Rücktrittsvorbehalte** für den Fall von Verzögerungen der Eintragung infolge von Anfechtungen, Regelungen über die Wertansätze beim übernehmenden Rechtsträger, über besondere Verpflichtungen des übernehmenden Rechtsträgers wie **Standort- und Arbeitsplatzgarantien**, Investitionsverpflichtungen und dgl., außerdem Bestimmungen über die **Kostenverteilung** und die Vereinbarung eines (Schieds-) **Gerichtsstands**[380].

165 Verschmelzungsverträge können insbes. auch unter **Bedingungen und Befristungen** abgeschlossen werden[381]. Das kann unterschiedliche praktische Gründe haben, etwa daß die wirtschaftliche Zusammenarbeit von Unternehmen erst später zu einer Verschmelzung führen[382] oder einem der Vertragspartner für einen gewissen Zeitraum eine Option eingeräumt werden soll[383], aber auch daß eine Kapitalerhöhung erforderlich ist und die notwendigen Beschlußfassungen noch nicht sichergestellt sind[384]. Aufschiebende Bedingungen müssen allerdings **vor Eintragung der Verschmelzung** eingetreten, Fristen davor abgelaufen sein. Der Verschmelzungsvertrag wird erst wirksam, wenn die Bedingung eingetreten oder die Frist abgelaufen ist.

166 Wegen der Möglichkeit der Anfechtung einzelner (oder aller) Zustimmungsbeschlüsse kann es sich bei mehreren beteiligten Rechtsträgern insbes. empfehlen, im Vertrag genau zu regeln, wann wer was **anzumelden** hat, damit nicht die Maßnahmen unerwünscht unvollständig wirksam werden.

---

[376] §§ 134, 139 BGB für die Angaben nach § 5 Abs. 1 Nr. 1 bis 3, *Marsch-Barner* in Kallmeyer § 5 UmwG Rn 63. Die Umdeutung der Verschmelzung gem. § 140 BGB (zB in eine Vermögensübertragung) ist nicht möglich, *BGH* NJW 1996, 660.

[377] Gegen Anfechtbarkeit: *Priester* in Lutter (Hrsg.) Umwandlungsrechtstage, S. 113; *Willemsen* in Kallmeyer § 5 UmwG Rn 57; aA *Grunewald* in Lutter (Hrsg.) Umwandlungsrechtstage S. 22; *Drygala* ZIP 1996, 1365, 1366.

[378] OLG *Naumburg* DB 1997, 466.

[379] § 256 ZPO; OLG *Karlsruhe* WM 1991, 1759, 1763.

[380] Vgl. *Marsch-Barner* in Kallmeyer § 5 UmwG Rn 62.

[381] § 7 Satz 1 UmwG (Abschluß unter einer Bedingung); *Dehmer* § 7 UmwG Rn 11; *Lutter* in Lutter § 4 UmwG Rn 21; *Marsch-Barner* in Kallmeyer § 4 UmwG Rn 6.

[382] *Lutter* in Lutter § 4 UmwG Rn 21.

[383] *Kraft* in Kölner Komm. § 341 AktG Rn 17.

[384] *Marsch-Barner* in Kallmeyer § 4 UmwG Rn 11.

7. Informationspflichten

a) Betriebsräte. Um die Arbeitnehmervertretungen über die beabsichtigte Verschmelzung zu informieren, ist dem zuständigen Betriebsrat jedes beteiligten Rechtsträgers der Verschmelzungsvertrag (oder dessen Entwurf) spätestens einen Monat vor dem Tag der Beschlußfassung der Anteilsinhaber zuzuleiten[385]. Unberührt bleibt davon die betriebsverfassungsrechtliche Pflicht zur Information des Betriebsrats[386] und des Wirtschaftsausschusses. Damit die Betriebsräte ggf. Einwendungen aus ihrer Sicht rechtzeitig geltend machen können, ist ihnen der **gesamte Vertrag** zuzuleiten, nicht etwa nur die Bestimmung über die Folgen für die Arbeitnehmer[387]. Der Nachweis über diese Zuleitung an die Betriebsräte ist **Eintragungsvoraussetzung** für die Verschmelzung[388] und sollte daher dokumentiert werden, etwa durch schriftliches datiertes Empfangsbekenntnis des Betriebsratsvorsitzenden[389].

Wer **zuständiger Betriebsrat** ist, ergibt sich aus dem Betriebsverfassungsrecht[390]. Immer zuständig ist der Betriebsrat, dessen Betrieb auch Gegenstand der Umwandlung ist; bei einer Verschmelzung sind dies alle Betriebe der beteiligten Rechtsträger, also auf jeden Fall mehrere Betriebsräte. Sofern ein Gesamtbetriebsrat existiert, ist dieser zuständig, wenn die Verschmelzung das Unternehmen insgesamt oder mehrere Betriebe betrifft und die Angelegenheit nicht durch die einzelnen Betriebsräte innerhalb ihrer Betriebe geregelt werden kann[391]. Besteht ein Konzernbetriebsrat, ist dieser zuständig, wenn die Verschmelzung „den Konzern oder mehrere Konzernunternehmen" betrifft[392]. Vorsorglich sollte der Verschmelzungsvertrag (oder sein Entwurf) sämtlichen in Betracht kommenden Betriebsräten zugeleitet werden, um Eintragungsrisiken zu vermeiden[393].

Existiert bei einem der beteiligten Rechtsträger **kein Betriebsrat**, entfällt naturgemäß die Zuleitung. Das ist in der Anmeldung ausdrücklich zu erklären[394].

---

[385] § 5 Abs. 3 UmwG.
[386] Siehe § 27 Rn 106 ff.
[387] *Willemsen* in Kallmeyer § 5 UmwG Rn 74.
[388] § 17 Abs. 1 UmwG.
[389] *Willemsen* in Kallmeyer § 5 UmwG Rn 74.
[390] *Marsch-Barner* in Kallmeyer § 5 UmwG Rn 75.
[391] § 50 Abs. 1 BetrVG.
[392] Weitere Voraussetzung dafür ist, daß die Angelegenheit nicht durch die einzelnen Gesamtbetriebsräte innerhalb ihrer Unternehmen geregelt werden kann, § 58 Abs. 1 BetrVG. Ob das bei der Konzernverschmelzung idR anzunehmen ist, wird unterschiedlich beurteilt. Ja: *Schwarz* in Widmann/Mayer Einf. UmwG Rn 17.4.3; *Engelmeyer*, Die Informationsrechte des Betriebsrats und der Arbeitnehmer bei Strukturänderungen, DB 1996, 2542, 2545; *Gerold* MittRhNotK 1997, 205, 212; *Melchior* GmbHR 1996, 833, 835; nein: *Lutter* in Lutter § 5 UmwG Rn 86 mwN; *Willemsen* in Kallmeyer § 5 Rn 75.
[393] *Willemsen* in Kallmeyer § 5 UmwG Rn 75.
[394] *Melchior* GmbHR 1996, 833, 834. Übertrieben *AG Duisburg* GmbHR 1996, 372, wonach die „Behauptung", es bestünden keine Betriebsräte, registergerichtlich nachgeprüft werden solle (§ 12 FGG); dazu genüge eine eidesstattliche Versicherung, die aber nicht mehr nachgeholt werden könne, wenn die nach dem Stichtag (acht Monate nach dem Bilanzstichtag) in einer Zwischenverfügung gesetzte Frist verstrichen ist.

Auch dann muß der Verschmelzungsvertrag die Angaben über die Folgen für die Arbeitnehmer enthalten; nur die Zuleitung und ihr Nachweis entfallen[395].

170 Für die Berechnung der **Monatsfrist** gelten die Bestimmungen des BGB[396]. Der Tag der Beschlußfassung wird also nicht mitgerechnet[397], so daß bei Beschlußfassung am 1.8. der Vertrag dem Betriebsrat am 30.6. bis spätestens 24 Uhr zugegangen sein muß[398]. Ist dieser Tag ein Sonnabend oder Sonntag oder anerkannter Feiertag, läuft die Zuleitungsfrist am letzten davorliegenden Werktag, 24 Uhr ab[399]. Die Frist ist **für jeden beteiligten Rechtsträger** gesondert zu berechnen[400]. Auf die Einhaltung der Monatsfrist (etwa in eiligen Fällen), nicht dagegen auf die Zuleitung überhaupt kann der Betriebsrat verzichten[401]. Da der Verzicht dem Registergericht nachgewiesen werden muß, ist dafür Schriftform erforderlich.

171 Wird der Verschmelzungsvertrag (oder sein Entwurf) **nach** der Zuleitung an den Betriebsrat nicht nur geringfügig redaktionell **geändert**, ist die geänderte Fassung unverzüglich **erneut zuzuleiten**[402].

172 **b) Registergericht.** Ist an der Verschmelzung eine **AG oder KGaA** beteiligt[403], ist der Verschmelzungsvertrag (oder sein Entwurf) **vor der Einberufung** der Hauptversammlung, die über die Zustimmung beschließen soll, zum Handelsregister des Sitzes der Gesellschaft einzureichen, das ihn bekanntzumachen hat[404].

173 **c) Anteilsinhaber.** Bei Rechtsträgern anderer Rechtsform (zB **GmbH, OHG, KG**) sind die Anteilsinhaber dadurch zu informieren, daß ihnen spätestens **bei Einberufung** der Versammlung, die über die Zustimmung beschließen soll, der Vertrag oder sein Entwurf übersandt wird[405]. Zum Nachweis empfiehlt sich eine Empfangsbestätigung der nicht geschäftsführenden Gesellschafter im Beschlußprotokoll[406].

174 **d) Sonstige.** Sonstige Informationspflichten können sich aus kapitalmarktrechtlichen oder kartellrechtlichen Gründen ergeben[407].

---

[395] *Lutter* in Lutter § 5 UmwG Rn 87; *Willemsen* in Kallmeyer § 5 UmwG Rn 78; aA LG Stuttgart DNotZ 1996, 701; *Joost*, Arbeitsrechtliche Angaben im Umwandlungsvertrag, ZIP 1995, 976, 985.
[396] §§ 186 ff. BGB.
[397] § 187 Abs. 1 BGB.
[398] § 188 Abs. 2 BGB.
[399] § 193 BGB ist – wie bei Einladungsfristen, vgl. *Hüffer* § 123 AktG Rn 3 – nicht anwendbar, da dem Betriebsrat ein voller Monat zur Verfügung stehen muß.
[400] Vgl. § 5 Abs. 3 UmwG.
[401] *Willemsen* in Kallmeyer § 5 UmwG Rn 76; aA (auch Verzicht auf Zuleitung möglich) *Mayer* in Widmann/Mayer § 5 UmwG Rn 259, 266 und wohl auch – wenn auch mit Kritik am Gesetzgeber – *Melchior* GmbHR 1996, 833, 836f.
[402] OLG Naumburg DB 1997, 466, 467.
[403] Oder ein Versicherungsverein auf Gegenseitigkeit, § 111 UmwG.
[404] §§ 61, 78 UmwG. Siehe Rn 81 f.
[405] § 42 UmwG (Personenhandelsgesellschaft), §§ 47, 56 (GmbH).
[406] *Kallmeyer* in Kallmeyer § 42 UmwG Rn 7.
[407] Siehe dazu § 7 Rn 106 ff. und Rn 183 ff.

8. Form

Der Verschmelzungsvertrag muß **notariell beurkundet** werden[408]. Das muß nicht vor der Beschlußfassung der Anteilsinhaber, sondern kann auch danach geschehen[409]. Haben die Anteilsinhaber einem Entwurf zugestimmt, muß der beurkundete Vertrag dem Entwurf – bis auf evtl. redaktionelle Feinkorrekturen, Berichtigung von Schreibversehen oder offensichtlichen Unrichtigkeiten – entsprechen[410].

Wo dies möglich ist, empfiehlt sich aus **Kostengründen** die Zusammenfassung aller beurkundungsbedürftigen Erklärungen und Beschlüsse (Vertrag, Verzichte, Zustimmungen) **in einer Urkunde**.

Rechtsgeschäftliche Bevollmächtigung zum Abschluß ist zulässig[411]. Für die **Vollmacht** ist einfache Schriftform genügend, aber auch erforderlich[412]. Der notariellen **Beglaubigung** bedarf die Vollmacht allerdings bei Verschmelzungen zur Neugründung, wo das **Gründungsrecht** des neuen Rechtsträgers die Beglaubigung verlangt[413], doch wird im Hinblick auf die Kontrollpflicht des Registerrichters generell empfohlen, die Beglaubigung auch für die Verschmelzung zur Aufnahme[414] vornehmen zu lassen.

Für die **vollmachtlose Vertretung** gelten die allgemeinen Regeln[415]. Wird der Verschmelzungsvertrag von einem vollmachtlosen Vertreter abgeschlossen, ist er bis zur Genehmigung durch die Organe des vertretenen Rechtsträgers schwebend unwirksam[416]. Auch die Genehmigung bedarf keiner Form[417], ist sogar konkludent möglich[418]. Da die Zustimmung durch die Anteilsinhaber Wirksamkeitsvoraussetzung der Verschmelzung ist[419], kann in der Einberufung der Anteilsinhaberversammlung, die der Verschmelzung zustimmen soll, die Genehmigung gesehen werden[420].

Enthält der Vertrag **Verzichtserklärungen**[421], müssen die Verzichte in jeder Genehmigungserklärung wiederholt und diese notariell beurkundet (nicht nur

---

[408] § 6 UmwG.
[409] § 4 Abs. 2 UmwG.
[410] *Zimmermann* in Kallmeyer § 6 UmwG Rn 2.
[411] Die Bevollmächtigung eines Organmitglieds durch ein anderes gesamtvertretungsberechtigtes Organmitglied wird allg. für zulässig gehalten; die Bedenken von *Melchior* GmbHR 1999, 520, 523 mahnen allerdings zur Vorsicht; die Versammlung der Anteilsinhaber sollte dies vorsorglich genehmigen.
[412] *Melchior* GmbHR 1999, 520, 521.
[413] Für die GmbH § 2 Abs. 2 GmbHG, für die AG und KGaA §§ 23 Abs. 1, 280 Abs. 1 Satz 3 AktG.
[414] *Lutter* in Lutter § 4 UmwG Rn 9; *Mayer* in Widmann/Mayer § 4 UmwG Rn 41.
[415] § 177 Abs. 1 BGB.
[416] §§ 182, 184 BGB.
[417] BGHZ 125, 218, 221 ff.; *OLG Köln* GmbHR 1995, 729 f.; *Lutter* in Lutter § 4 UmwG Rn 10; *Heinrichs* in Palandt § 182 BGB Rn 2.
[418] *BGH* WM 1980, 866, 867; BGHZ 125, 218, 221; *Heinrichs* in Palandt § 182 BGB Rn 3; aA *OLG Köln* GmbHR 1995, 725 f.; *Kraft* in Kölner Komm. § 23 AktG Rn 23.
[419] § 13 Abs. 1 UmwG.
[420] *Lutter* in Lutter § 4 UmwG Rn 10.
[421] ZB auf den Verschmelzungsbericht, § 8 Abs. 3 UmwG, auf die Verschmelzungsprüfung, § 9 Abs. 3 UmwG, oder auf Klagerechte, § 16 Abs. 2 Satz 2 UmwG; siehe Rn 239 ff.

beglaubigt) werden, da vollmachtlose Vertretung bei einseitigen Rechtsgeschäften unzulässig ist[422].

180 Von der Beurkundungspflicht erfaßt wird alles, was nach dem Willen der Vertragsparteien mit dem Verschmelzungsvertrag ein **einheitliches Ganzes** bilden soll[423], einschließlich also nachträglicher Änderungen und Ergänzungen[424]. Bei Verschmelzung zur Neugründung ist auch der Gesellschaftsvertrag/die Satzung des neuen Rechtsträgers mit zu beurkunden[425].

181 Der **Mangel** der notariellen Beurkundung oder des Fehlens erforderlicher Zustimmungen oder Verzichtserklärungen wird durch die Eintragung der Verschmelzung **geheilt**[426].

182 Um Kosten zu sparen, werden **Verschmelzungsverträge** vielfach **im Ausland** beurkundet[427]. Das wird heute ganz überwiegend für zulässig gehalten[428], ist aber nicht unumstritten[429] und deswegen noch immer nicht ohne Risiko. Die Abstimmung mit dem zuständigen Registerrichter ist zu empfehlen.

183 **Kostenrechtlich** ist für die Beurkundung eines Verschmelzungsvertrags eine 20/10 Gebühr anzusetzen[430], die sich nach dem **Aktivvermögen** der übertragenden Rechtsträger richtet[431].

---

[422] § 180 Satz 1 BGB; vgl. dazu *Melchior* GmbHR 1999, 520, 522.
[423] BGHZ 82, 196.
[424] *Zimmermann* in Kallmeyer § 5 UmwG Rn 8.
[425] § 37 UmwG.
[426] § 20 Abs. 1 Nr. 4 UmwG.
[427] Die Kappung des Geschäftswerts auf DM 10 Mio. (§ 39 Abs. 4 KostO) für Verschmelzungsverträge durch Gesetz vom 18. 6. 1997 hat diesen Anreiz heute gemindert.
[428] Ob deswegen, weil die Ortsform genügt (Art. 11 Abs. 1 Alt. 2 EGBGB; zur Unanwendbarkeit der geänderten Vorschrift auf gesellschaftsrechtliche Akte siehe *Goette*, Auslandsbeurkundungen im Kapitalgesellschaftsrecht, DStR 1996, 709; *ders.*, Auslandsbeurkundungen im Kapitalgesellschaftsrecht, MittRhNotK 1997, 1) oder wegen Gleichwertigkeit mit der vom Geschäftsrecht vorgeschriebenen Form (Art. 11 Abs. 1 Alt. 1 EGBGB), ist str. Übersicht zum Meinungsstand bei *Heldrich* in Palandt Art. 11 EGBGB Rn 5 ff. Die Wirksamkeit wegen Wahrung der Ortsform bejahend schon RGZ 160, 225 (Abtretung eines GmbH-Geschäftsanteils); ebenso OLG Frankfurt DB 1981, 1456; ebenso statt vieler *Volhard/Weber*, Die Last mit den Auslandsbeurkundungen, FS Hempel, 1997, S. 306, 310 f.; *Kröll*, Beurkundung gesellschaftsrechtlicher Vorgänge durch einen ausländischen Notar, ZGR 2000, 111, 122 ff. mwN; *Reuter*, Es geht doch: Auslandsbeurkundungen im Gesellschaftsrecht, in Hommelhoff/Röhricht, Gesellschaftsrecht 1997, RWS-Forum 10, S. 277. Wenn die Beurkundung nach Vorbildung der Urkundsperson und Beurkundungsverfahren der deutschen gleichwertig ist, bejahen die Wirksamkeit BGH ZIP 1989, 1052 (Abtretung eines GmbH-Geschäftsanteils bei Schweizer Notar); LG Köln GmbHR 1990, 171 gegen die Vorinstanz AG Köln ebda. (Verschmelzungsvertrag, Zürich); LG Nürnberg-Fürth AG 1993, 45 gegen die Vorinstanz AG Fürth MittBayNot 1991, 30 (Verschmelzungsvertrag GmbH/AG, Basel); LG Kiel DB 1997, 1223 (Verschmelzungsvertrag, Österreich). Bejahend bei Gleichwertigkeit auch *Hellwig*, Auslandsbeurkundungen im Gesellschaftsrecht, in Hommelhoff/Röhricht, Gesellschaftsrecht 1997, RWS-Forum 10, S. 285. Die Gleichwertigkeit des Zürcher Notariats mit dem deutschen verneint dagegen mit ausführlicher Begründung *Bredthauer*, Zur Wirksamkeit gesellschaftsrechtlicher Beurkundungen im Kanton Zürich, BB 1986, 1864, 1866 ff. Zur Beurkundung des Zustimmungsbeschlusses im Ausland siehe Rn 242.
[429] Dagegen: LG Augsburg DB 1996, 1666 (Verschmelzungsvertrag, Zürich).
[430] § 36 Abs. 2 KostO.
[431] *Zimmermann* in Kallmeyer § 6 UmwG Rn 13 f.

II. Verschmelzungsbericht

1. Allgemeines

Verschmelzungsbericht und Verschmelzungsprüfung sind einander ergänzende Maßnahmen, die den **Schutz der Anteilsinhaber** sowohl der übertragenden als auch der übernehmenden Rechtsträger bezwecken[432]. Der Verschmelzungsbericht soll die Anteilsinhaber über den Verschmelzungsvorgang, seine wirtschaftlichen Hintergründe und Folgen informieren, ihnen eine „Stichhaltigkeitskontrolle"[433] ermöglichen, damit sie sich rechtzeitig vor der Beschlußfassung – ggf. mit fachkundiger Hilfe – eine Meinung darüber bilden können, ob die Verschmelzung zweckmäßig und das Umtauschverhältnis angemessen ist, kurz: ob sie der Verschmelzung zustimmen sollen[434]. Die Verschmelzungsprüfung soll ihnen dagegen eine Gewähr für die Richtigkeit und Vollständigkeit des Verschmelzungsvertrags, insbes. für die Angemessenheit des Umtauschverhältnisses bieten[435].

Ein ordnungsgemäßer **Verschmelzungsbericht** ist von zentraler Bedeutung für das Gelingen der Verschmelzung. Unvollständige oder inhaltlich fehlerhafte Berichte ermuntern bei Kapitalgesellschaften zur Anfechtung des Zustimmungsbeschlusses[436]. Die überwiegende Zahl erfolgreicher Anfechtungsklagen verdankt diesen Erfolg Informations-, insbes. auch Berichtsmängeln. Aber selbst unbegründete Anfechtungen müssen tunlichst vermieden werden, da die Verschmelzung erst mit Eintragung im Handelsregister wirksam wird und eine Klage der Eintragung entgegensteht[437]. Deswegen verlangt die Erstellung des Verschmelzungsberichts **äußerste Sorgfalt**. Der Bericht muß, um „anfechtungsfest" zu sein[438] – auch wenn dies dazu führt, daß die Information der Anteilsinhaber dadurch auszuufern scheint und wegen der Fülle des ausgebreiteten Materials an die Grenze (zuweilen über sie hinaus) der Desinformation gerät – so ausführlich sein, daß im Fall der Anfechtung wenigstens die Chance besteht, im Unbedenklichkeitsverfahren einen Beschluß des Prozeßgerichts zu erwirken, daß die Klage der Eintragung nicht entgegensteht[439]. Die vom Gesetz und der Rechtsprechung an den Verschmelzungsbericht gestellten Anforderungen sind vor diesem Hintergrund zu sehen, zumal die „Nachbesserung" eines lücken- oder fehlerhaften Verschmelzungsberichts in der Hauptversammlung nur unter engen Voraussetzungen beachtlich ist[440].

---

[432] BGHZ 107, 296 „Kochs Adler"; *Müller* in Kallmeyer § 12 UmwG Rn 6.
[433] *Mertens* AG 1990, 20, 22 mwN.
[434] BGH ZIP 1989, 980, 982; *Marsch-Barner* in Kallmeyer § 8 UmwG Rn 1; *Müller* in Kallmeyer § 9 UmwG Rn 2. Eingehend zum Inhalt des Verschmelzungsberichts *Reichert/Schlitt* in HV Hdb. Rn I B 479 ff.
[435] *Mertens* AG 1990, 20, 22.
[436] § 243 Abs. 1 AktG iVm. § 14 Abs. 1 UmwG; *Marsch-Barner* in Kallmeyer § 8 UmwG Rn 33.
[437] § 16 Abs. 2 UmwG.
[438] *Rodewald*, Zur Ausgestaltung von Verschmelzungs- und Verschmelzungsprüfungsbericht, BB 1992, 237.
[439] § 16 Abs. 3 UmwG.
[440] Siehe dazu *Marsch-Barner* in Kallmeyer § 8 UmwG Rn 33 ff; großzügiger *Mertens* AG 1990, 20, 29.

186 Nicht erforderlich ist ein Verschmelzungsbericht:
- wenn sich **alle Anteile** des übertragenden Rechtsträgers in der Hand des übernehmenden Rechtsträgers befinden;
- wenn alle Anteilsinhaber aller beteiligten Rechtsträger auf seine Erstattung **verzichten**[441]; die einzelnen Verzichtserklärungen müssen **notariell beurkundet**[442] und der Anmeldung an das Registergericht beigefügt werden[443];
- für eine an der Verschmelzung beteiligte **Personengesellschaft**, falls deren Gesellschafter sämtlich zur Geschäftsführung berechtigt sind[444];
- für eine **GmbH**, deren sämtliche Gesellschafter Geschäftsführer sind. Die Gesellschafter sind dann aus ihrer Tätigkeit als Geschäftsführer auch ohne Bericht ausreichend informiert[445].

2. Zuständigkeit

187 Zuständig für die Erstellung des Verschmelzungsberichts sind die **Vertretungsorgane** der an der Verschmelzung beteiligten Rechtsträger. Jedes Mitglied des Vertretungsorgans ist zur **Mitwirkung** an der Erstellung des Berichts verpflichtet. Anders als beim Verschmelzungsvertrag[446] genügt nicht die Mitwirkung in vertretungsberechtigter Zahl. Der Bericht ist von jedem einzelnen Mitglied des Vertretungsorgans zumindest in einem Originalexemplar **eigenhändig** zu unterschreiben[447].

188 Für jeden beteiligten Rechtsträger ist nach der gesetzlichen Regelung ein Bericht zu erstellen[448], doch können die Berichte sowohl gesondert als auch gemeinsam erstattet werden[449]. Zur umfassenden Information der Anteilsinhaber ist ein **gemeinsamer Bericht** sogar idR zweckmäßiger. Allerdings bleibt auch bei gemeinsamer Berichterstattung jedes Vertretungsorgan gegenüber seinem Rechtsträger verantwortlich. Unterschiedlichen Interessen der beteiligten Rechtsträger muß gegebenenfalls auch in einem gemeinsamen Bericht Ausdruck gegeben werden[450].

189 Bei der **AG** und **KGaA** ist der Bericht von der Einberufung der Hauptversammlung an im Geschäftsraum der Gesellschaft zur Einsicht der Aktionäre **auszulegen**[451], und ebenso während der Hauptversammlung[452]. Jeder Aktionär ist

---

[441] § 8 Abs. 3 Satz 1 UmwG.
[442] § 8 Abs. 3 Satz 2 UmwG.
[443] § 17 Abs. 1 UmwG.
[444] § 41 UmwG.
[445] *Lutter* in Lutter § 8 UmwG Rn 53.
[446] Siehe Rn 114.
[447] *Lutter* in Lutter § 8 UmwG Rn 9; *Marsch-Barner* in Kallmeyer § 8 UmwG Rn 2-3; aA *Klaus-J. Müller*, Unterzeichnung des Verschmelzungsberichts, NJW 2000, 2001 ff. Wenn der Bericht bei Publikumsgesellschaften in gedruckter Fassung vorgelegt wird, kann durch Faksimile-Unterschriften oder die Angabe „Die Mitglieder des Vorstands" klargestellt werden, daß alle Organmitglieder unterschrieben haben, *Marsch-Barner* in Kallmeyer § 8 UmwG Rn 3.
[448] § 8 Abs. 1 Satz 1 UmwG.
[449] § 8 Abs. 1 Satz 1, 2. Halbs. UmwG.
[450] *Marsch-Barner* in Kallmeyer § 8 UmwG Rn 4.
[451] § 63 Abs. 1 Nr. 4 UmwG.
[452] § 64 Abs. 1 Satz 1 UmwG.

auf sein Verlangen hin unverzüglich und kostenlos eine **Abschrift** zu übersenden[453]. Bei Beteiligung einer **GmbH, OHG** oder **KG** ist der Verschmelzungsbericht spätestens mit der **Einberufung** der Gesellschafterversammlung, die über die Verschmelzung beschließen soll, deren Gesellschaftern zu übersenden und zur Einsichtnahme auszulegen[454].

3. Inhalt des Verschmelzungsberichts

In ihrem den Anteilsinhabern vor dem Verschmelzungsbeschluß zu erstattenden ausführlichen **schriftlichen** Bericht müssen die Vertretungsorgane die Verschmelzung, den Verschmelzungsvertrag (oder seinen Entwurf) im einzelnen und insbes. das **Umtauschverhältnis** der Anteile oder die **Angaben über die Mitgliedschaft** bei dem übernehmenden Rechtsträger sowie die Höhe einer anzubietenden Barabfindung rechtlich und wirtschaftlich **erläutern und begründen**[455].

Dazu müssen zunächst die an der geplanten Verschmelzung beteiligten Rechtsträger beschrieben werden. Weiter sind die konkreten **rechtlichen und wirtschaftlichen Gründe** für die geplante Verschmelzung darzulegen. Der Bericht muß alle wesentlichen für und gegen die Verschmelzung sprechenden Gesichtspunkte einschließlich der **steuerlichen und organisatorischen Auswirkungen** der Verschmelzung für einen Laien verständlich darstellen[456]. Wegen der tiefgehenden Auswirkungen auf die Position der Anteilsinhaber ist ferner darzulegen, welche alternativen Maßnahmen die Organe erwogen haben und weshalb die Verschmelzung vorzugswürdig („zweckmäßig") erscheint[457].

Der Verschmelzungsvertrag ist „im einzelnen" zu erläutern. Erforderlich hierzu ist eine Erläuterung des **Inhalts** und der **Bedeutung** jeder einzelnen Vertragsbestimmung, bei der es sich nicht um eine bloße Standardklausel handelt[458].

Den **Kernbestandteil** der Berichtspflicht bildet das **Umtauschverhältnis** der Anteile, da für die Anteilsinhaber von herausragender Bedeutung ist, wie sich ihre Beteiligung am übertragenden Rechtsträger an dem übernehmenden/neuen Rechtsträger fortsetzt. Zwingend sind dabei anzugeben die **Bewertungsmethode**, nach der die beteiligten Unternehmen bewertet wurden, die **wesentlichen Zahlen**, die in die Bewertung eingingen, die **Planzahlen** für die nächsten drei Jahre, die Höhe des **Kapitalisierungszinsfußes**, mit dem die Planzahlen auf den Bewertungsstichtag abgezinst wurden, und der **Bewertungsstichtag** selbst.

Weiter ist eine im Verschmelzungsvertrag vorgesehene **Barabfindung**[459] ausführlich zu erläutern[460]. Die Höhe der angebotenen Abfindung muß den Anteils-

---

[453] § 63 Abs. 3 UmwG; entsprechend für Genossenschaft und Verein, §§ 82 Abs. 1, 101 Abs. 1 UmwG.
[454] §§ 42, 47, 49 UmwG.
[455] § 8 Abs. 1 Satz 1 UmwG.
[456] *Lutter* in Lutter § 8 UmwG Rn 19; *Marsch-Barner* in Kallmeyer § 8 UmwG Rn 7.
[457] Zurückhaltend *H. P. Westermann*, Die Zweckmäßigkeit der Verschmelzung als Gegenstand des Verschmelzungsberichts, der Aktionärsentscheidung und der Anfechtungsklage, FS Johannes Semler 1993, S. 651.
[458] *Lutter* in Lutter § 8 UmwG Rn 19; *Marsch-Barner* in Kallmeyer § 8 UmwG Rn 9.
[459] § 29 UmwG.
[460] § 8 Abs. 1 Satz 1 UmwG.

inhabern in gleicher Weise verständlich wie das Umtauschverhältnis dargestellt werden, damit sie die Angemessenheit beurteilen können[461].

195 Auf **besondere Schwierigkeiten** bei der Bewertung der Rechtsträger sowie auf die Folgen für die Beteiligung der Anteilsinhaber ist **hinzuweisen**[462]. Damit ist in erster Linie die zukünftige Beteiligung der Anteilsinhaber der übertragenden Rechtsträger an dem übernehmenden Rechtsträger gemeint.

196 Die erforderlichen Berichtsangaben sind für **alle an der Verschmelzung beteiligten Rechtsträger** zu machen. Das Vertretungsorgan **jedes** an der Verschmelzung beteiligten Rechtsträgers muß sich daher, obwohl es nur für seinen Rechtsträger berichtet, die iRd. Berichtspflicht erforderlichen **Informationen** über jeden **anderen** an der Verschmelzung beteiligten Rechtsträger beschaffen. Ein entsprechender **Auskunftsanspruch** gegen die anderen Rechtsträger ergibt sich aus dem vorvertraglichen Rechtsverhältnis zwischen den an der Verschmelzung beteiligten Rechtsträgern.

197 Ist ein an der Verschmelzung beteiligter Rechtsträger ein **verbundenes Unternehmen**[463], sind im Verschmelzungsbericht auch Angaben über alle für die Verschmelzung **wesentlichen Angelegenheiten** der anderen verbundenen Unternehmen zu machen[464]. Die **Auskunftspflichten** der Vertretungsorgane erstrecken sich auch auf diese Angelegenheiten[465], allerdings gelten auch dafür die **allgemeinen Grenzen der Auskunftspflicht**[466].

198 Die **Gliederung** des Verschmelzungsberichts kann bei **Verschmelzung einer GmbH auf eine AG** wie folgt aussehen[467]:

Verschmelzungsbericht

Der Vorstand der A AG und die Geschäftsführer der B GmbH haben heute einen Vertrag über die Verschmelzung der B GmbH mit der A AG durch ihre Aufnahme in die A AG abgeschlossen.

Der Verschmelzungsvertrag wird der Gesellschafterversammlung der B GmbH am ... und der Hauptversammlung A AG am ... zur Zustimmung vorgelegt werden. Zur Unterrichtung der Anteilsinhaber und zur Vorbereitung ihrer Beschlußfassungen erstatten der Vorstand der A AG und die Geschäftsführung der B GmbH gemäß § 8 UmwG den folgenden gemeinsamen Verschmelzungsbericht:

1. Die A AG
1.1 Geschichte und Entwicklung
1.2 Mitarbeiter und Mitbestimmung
1.3 Beteiligungen und Konzernstruktur
1.4 Kapital und Aktionäre

---

[461] *Marsch-Barner* in Kallmeyer § 8 UmwG Rn 22, 23.
[462] § 8 Abs. 1 Satz 2 UmwG.
[463] § 15 AktG.
[464] § 8 Abs. 1 Satz 3 UmwG.
[465] § 8 Abs. 1 Satz 4 UmwG.
[466] § 131 AktG, § 51a GmbHG, *Marsch-Barner* in Kallmeyer § 8 UmwG Rn 28.
[467] Siehe das Formular X.2 für die Verschmelzung AG auf AG bei *Hoffmann-Becking* in MünchVertragsHdb. Bd. 1.

2. *Die B GmbH*
2.1 *Geschichte und Entwicklung*
2.2 *Mitarbeiter und Mitbestimmung*
2.3 *Beteiligungen*
2.4 *Kapital und Gesellschafter*

3. *Wirtschaftliche Begründung und Erläuterung der Verschmelzung*
3.1 *Ausgangslage*
3.2 *Das wettbewerbliche Umfeld*
3.3 *Strategische Ziele und erwartete Vorteile*
3.3.1 *Verbesserung der Marktstellung*
3.3.2 *Kostenersparnis*
3.3.3 *Synergieeffekte und Strukturkosten*
3.3.4 *Funktion der B GmbH im Konzern der A AG*
3.4 *Alternativen (Zweckmäßigkeit der Verschmelzung)*
3.4.1 *Eingliederung*
3.4.2 *Beherrschungs- und Ergebnisabführungsvertrag*

4. *Bilanzielle Auswirkungen der Verschmelzung*
4.1 *Pro-forma-Eröffnungsbilanz*
4.2 *Einbeziehung in Konzernabschluß*
4.3 *Wertansätze*
4.4 *Kennzahlen der übernehmenden AG nach der Verschmelzung*

5. *Gesellschaftsrechtliche Auswirkungen der Verschmelzung*
5.1 *Die Kapitalerhöhung der A AG*
5.2 *Die Gesellschafter der B GmbH werden Aktionäre der A AG.*

6. *Steuerliche Auswirkungen der Verschmelzung*
6.1 *Für das vereinigte Unternehmen*
6.2 *Für die außenstehenden Gesellschafter der B GmbH*
6.3 *Künftige steuerliche Folgen der Verschmelzung*

7. *Erläuterung des Verschmelzungsvertrags im einzelnen*
7.1. *Gesamtrechtsnachfolge (§ 1)*
7.2 *Umtausch der Geschäftsanteile in Aktien (§ 2)*
7.3 *Abfindungsangebot (§ 3)*
7.4 *Folgen für die Arbeitnehmer (§ 4)*
7.5 *Treuhänder (§ 5)*
7.6 *Kosten (§ 6)*
7.7 *Stichtagsänderung (§ 7)*
7.8 *Zustimmungsvorbehalt (§ 8)*
7.9 *Rücktrittsrecht (§ 9)*

8. *Umtauschverhältnis*
8.1 *Benennung der Verschmelzungsprüfer*
8.2 *Erläuterung der Bewertungsgrundsätze*
8.3 *Methodisches Vorgehen*
8.4 *Ertragswertberechnung*

8.4.1 *Analyse der Vergangenheitsergebnisse*
8.4.2 *Prognoserechnungen*
8.4.3 *Kapitalisierungszinsfuß*
8.5 *Bewertung des sonstigen Vermögens*
8.5.1 *Nicht betriebsnotwendiges Vermögen*
8.5.2 *Verlustvorträge*
8.6 *Bewertung der A AG*
8.6.1 *Ertragswert*
8.6.2 *Sonstiges Vermögen*
8.6.3 *Unternehmenswert*
8.7. *Bewertung der B GmbH*
8.7.1 *Ertragswert*
8.7.2 *Sonstiges Vermögen*
8.7.3 *Unternehmenswert*
8.8 *Ergebnis: Umtauschverhältnis*

9. *Barabfindung*
9.1 *Bewertung*
9.2 *Verzinsung*
9.3 *Fälligkeit*

Anhang: Anlagen zur Ermittlung des Umtauschverhältnisses/der Barabfindung

..., den ...

....
         (A AG)   *(B GmbH)*
(Unterschriften aller Vorstandsmitglieder und Geschäftsführer)

199 Ist übertragender Rechtsträger eine börsennotierte AG:
10. *Wertpapiere und Börsenhandel*
10.1 *Einfluß der Verschmelzung auf ausgegebene Wertpapiere (Aktien/Wandelschuldverschreibungen/Optionen/Genußrechte)*
10.2 *Folgen für den börsenmäßigen Handel*

III. Verschmelzungsprüfung

1. Allgemeines

200 Die **Verschmelzungsprüfung** ist, anders als die Prüfung des Jahresabschlusses, ohne Rücksicht auf die Größenklasse der Gesellschaft[468] immer eine **Pflichtprüfung**, sofern sie vom Umwandlungsgesetz angeordnet wird.

201 Diese Prüfung ist in einigen Fällen generell **zwingend**, häufig aber nur dann, wenn sie von Anteilsinhabern eines beteiligten Rechtsträgers **verlangt** wird[469]. In anderen Fällen ist sie vom Gesetz auch **ohne Antrag** angeordnet, allerdings mit

---

[468] Vgl. § 267 HGB.
[469] Vor allem nach § 44 Satz 1 UmwG bei der Personenhandelsgesellschaft, falls gesellschaftsvertraglich eine Mehrheitsentscheidung zugelassen ist, und nach § 48 Satz 1 UmwG bei der GmbH.

der Möglichkeit, daß alle Anteilsinhaber auf die Prüfung **verzichten**[470]. Da bei der **Publikums-AG** ein Verzicht aller Aktionäre nicht erzielbar sein wird, ist die Prüfung hier praktisch **zwingend**.

Unnötig ist die Prüfung außer im Fall des Verzichts, soweit sie die Aufnahme eines übertragenden Rechtsträgers betrifft, dessen **Anteile** sich sämtlich **in der Hand des übernehmenden Rechtsträgers** befinden, weil es dann nicht zu einem Anteilstausch kommt[471].

Ein **Verschmelzungsprüfungsbericht ist nicht erforderlich**, wenn alle Anteilsinhaber aller beteiligten Rechtsträger auf seine Erstattung **verzichten**[472] oder wenn bei der Antragsprüfung ein Antragsteller sein Prüfungsverlangen vor Ausfertigung des Prüfungsberichts **zurückzieht** und damit die Berichterstattung überflüssig macht[473]. Im Verzicht auf den Bericht liegt aber noch nicht ohne weiteres ein Verzicht auch auf die Prüfung; ein solcher Verzicht muß vielmehr ausdrücklich erklärt werden[474].

2. Bestellung und Rechtsstellung der Verschmelzungsprüfer

Die Verschmelzungsprüfer werden von den **Vertretungsorganen**[475] der beteiligten Rechtsträger **oder** auf deren Antrag vom **Gericht** bestellt[476]. Das für die gerichtliche Bestellung zuständige Gericht ist nicht das Registergericht, sondern das Landgericht, in dessen Bezirk ein übertragender Rechtsträger seinen Sitz hat[477]. Sind an der Verschmelzung mehrere übertragende Rechtsträger beteiligt, ist das Gericht zuständig, das zuerst von einem der an der Verschmelzung beteiligten Rechtsträger angerufen worden ist[478].

Ob ein oder mehrere Prüfer bestellt werden sollen, steht im **Ermessen** des Vertretungsorgans, ggf. des Gerichts. Für mehrere oder alle beteiligten Rechtsträger kann auch ein gemeinsamer Verschmelzungsprüfer bestellt werden[479]. Voraussetzung dafür ist eine **Einigung** der Vertretungsorgane der betreffenden Rechtsträger und die gemeinsame Bestellung (ggf. ein **gemeinsamer Antrag** auf gerichtliche Bestellung)[480]. An den Vorschlag eines bestimmten Prüfers oder eines gemeinsamen Prüfers ist das Gericht jedoch nicht gebunden.

---

[470] §§ 60 Abs. 1, 78 iVm. §§ 12 Abs. 3, 9 Abs. 3, 8 Abs. 3 UmwG bei der AG und KGaA. Wegen der Form des Verzichts siehe Rn 240.

[471] § 9 Abs. 2 UmwG. Sind an der Verschmelzung weitere Rechtsträger beteiligt, ist für diese und für den übernehmenden Rechtsträger eine Prüfung durchzuführen, *Müller* in Kallmeyer § 9 UmwG Rn 38.

[472] § 12 Abs. 3 iVm. § 8 Abs. 3 UmwG.

[473] *Lutter* in Lutter § 12 UmwG Rn 15.

[474] *Müller* in Kallmeyer § 12 UmwG Rn 14.

[475] In der GmbH bedürfen die Geschäftsführer dazu eines Gesellschafterbeschlusses, *Schöne* GmbHR 1995, 325, 335; *Müller* in Kallmeyer § 48 UmwG Rn 6.

[476] § 10 Abs. 1 Satz 1 UmwG.

[477] § 10 Abs. 2 UmwG; falls bei dem Landgericht eine Kammer für Handelssachen besteht, entscheidet deren Vorsitzender.

[478] Entsprechend § 4 FGG, *LG Dortmund* ZIP 1999, 1712; vgl. *Müller* in Kallmeyer § 10 UmwG Rn 9; *Bungert*, Zuständigkeit des Landgerichts bei der Bestellung des Verschmelzungsprüfers im neuen Umwandlungsrecht, BB 1995, 1399 ff.

[479] § 10 Abs. 1 Satz 2 UmwG.

[480] *Müller* in Kallmeyer § 10 UmwG Rn 8.

206 Zu Verschmelzungsprüfern können für alle Rechtsträger **Wirtschaftsprüfer** und **Wirtschaftsprüfungsgesellschaften** bestellt werden[481], bei kleinen und mittelgroßen GmbHs und anderen Rechtsträgern, für die keine Pflicht zur Prüfung des Jahresabschlusses besteht, auch **vereidigte Buchprüfer** und **Buchprüfungsgesellschaften**[482]. Für die Bestellung eines gemeinsamen Prüfers ist auf die Verhältnisse der betroffenen Rechtsträger nach der Verschmelzung abzustellen[483]. Fehlt dem bestellten Prüfer die erforderliche Qualifikation, ist schon der Bestellungsakt nichtig; dann hat eine Verschmelzungsprüfung, die den gesetzlichen Anforderungen entspricht, nicht stattgefunden[484], und der Registerrichter muß die Eintragung der Verschmelzung ablehnen[485].

3. Inhalt des Verschmelzungsprüfungsberichts

207 **Prüfungsgegenstand** ist der Verschmelzungsvertrag (oder sein Entwurf), nicht der Verschmelzungsbericht[486].

208 Die Prüfung dient dem **Schutz der Anteilsinhaber** der übertragenden und der übernehmenden Rechtsträger. Zentraler Punkt der Verschmelzungsprüfung ist daher die **Angemessenheit des Umtauschverhältnisses**[487]. Das Umtauschverhältnis beeinflußt auch die Höhe der **baren Zuzahlungen**. Außerdem gehört die Prüfung der Angemessenheit einer bei der Verschmelzung anzubietenden **Barabfindung**[488] dazu. Deren Prüfung ist auch dann vorgeschrieben, wenn eine Verschmelzungsprüfung sonst nicht erforderlich wäre[489], da die Barabfindung für einen austrittsberechtigten Anteilsinhaber von ebenso großer Bedeutung ist wie das Umtauschverhältnis für die nach der Verschmelzung im Unternehmen verbleibenden Anteilsinhaber[490].

209 Als weitere Pflichtinhalte des Verschmelzungsprüfungsberichts kommen in Betracht der **Gesellschaftsvertrag** und die **Satzung** bei einer **Neugründung**[491]; falls eine Personenhandelsgesellschaft übernehmender oder neuer Rechtsträger ist, die Rechtsstellung der Anteilsinhaber des übertragenden Rechtsträgers und die Festsetzung der Höhe ihrer Einlagen[492], der Nennbetrag des Geschäftsanteils bei der GmbH pro Anteilsinhaber sowie Vorzugsrechte[493].

---

[481] Ausnahme: § 81 Abs. 1 Satz 1 UmwG bei der Genossenschaft.
[482] §§ 11 Abs. 1 Satz 1 bis 3 UmwG iVm. §§ 319 Abs. 1 Satz 2, 267 Abs. 1 und 2 HGB.
[483] Entsprechend § 267 Abs. 4 Satz 2 HGB.
[484] *Müller* in Kallmeyer § 11 UmwG Rn 5.
[485] § 17 Abs. 1 UmwG.
[486] Das ist zwar nicht ganz unstr., entspricht aber angesichts des eindeutigen Gesetzeswortlauts und der Tatsache, daß der Verschmelzungsbericht im Zeitpunkt der Prüfung noch gar nicht vorzuliegen braucht, der mit Recht ganz überwiegenden Meinung, vgl. *Müller* in Kallmeyer § 9 UmwG Rn 10 mwN.
[487] § 12 Abs. 2 UmwG.
[488] § 29 Abs. 1 UmwG.
[489] § 30 Abs. 2 Satz 1 UmwG. Allerdings können die Berechtigten durch notariell beurkundete Erklärung darauf verzichten, § 30 Abs. 2 Satz 3 UmwG.
[490] *Müller* in Kallmeyer § 9 UmwG Rn 13.
[491] § 37 UmwG.
[492] § 40 UmwG.
[493] § 46 UmwG.

Den Verschmelzungsprüfern steht gegenüber allen an der Verschmelzung beteiligten Rechtsträgern und gegenüber Konzernunternehmen[494], wenn ein beteiligter Rechtsträger diesem Konzern angehört, sowie abhängigen oder herrschenden Unternehmen[495], sofern ein beteiligter Rechtsträger abhängig oder herrschend ist, ein **Auskunftsrecht** zu[496]. Das Auskunftsrecht umfaßt das Recht zur **Einsichtnahme** und **Prüfung** sowie das Recht, **Aufklärung** und **Nachweise** zu verlangen. Es ist nicht auf die Unterlagen des Rechtsträgers beschränkt, sondern umfaßt auch Aufklärungen und Nachweise, die dieser von Dritten beanspruchen oder erlangen kann, soweit sie für die Prüfung des Verschmelzungsvertrags zumindest mittelbar von Interesse sind. Auskunftsverpflichtet sind die Vertretungsorgane der beteiligten Rechtsträger, die weitere Personen zur Auskunftserteilung bestimmen können[497].

Die Verschmelzungsprüfer haben über das Ergebnis der Prüfung schriftlich zu berichten[498]; bei gemeinsamer Prüfung kann auch der Prüfungsbericht gemeinsam erstellt werden[499]. **Mindestinhalt** und **Mindestumfang** des Verschmelzungsprüfungsberichts hängen von Umfang und Komplexität der Verschmelzung und damit auch der Prüfung ab. Entscheidend ist, daß Verschmelzungsbericht und Verschmelzungsprüfung einander ergänzende Maßnahmen zum **Schutz der Anteilsinhaber** sind; daran muß der Prüfungsbericht sich orientieren.

Nicht in den Prüfungsbericht aufgenommen werden müssen Tatsachen, deren Bekanntwerden geeignet ist, einer der an der Verschmelzung beteiligten Gesellschaften oder einem verbundenen Unternehmen einen nicht unerheblichen **Nachteil** zuzufügen. Das ist jedoch im Prüfungsbericht zu begründen[500].

Aus dem Prüfungsbericht kann sich das Bedürfnis zur **Änderung des Verschmelzungsvertrags** ergeben. Auch Anregungen für die Abfassung (oder eine Änderung) des Verschmelzungsberichts können daraus folgen.

IV. Verschmelzungsbeschluß

1. Allgemeines

Die Verschmelzung führt zur Auflösung übertragender Rechtsträger und beim übernehmenden Rechtsträger jedenfalls idR zur **Aufnahme** weiterer **Anteilsinhaber**. Über eine so wichtige **Grundlagen- und Strukturentscheidung** müssen grundsätzlich die **Anteilsinhaber** der beteiligten Rechtsträger entscheiden. Jeder Verschmelzungsvertrag bedarf deshalb zu seiner Wirksamkeit eines Verschmelzungsbeschlusses der Versammlungen der Anteilsinhaber aller beteiligten Rechtsträger[501].

Davon gibt es eine **Ausnahme**: Bei einer übernehmenden **AG** (und KGaA) ist ein Verschmelzungsbeschluß nicht erforderlich, wenn sich mindestens neun

---

[494] Vgl. § 18 AktG.
[495] Vgl. § 17 AktG.
[496] § 11 Abs. 1 Satz 4 UmwG iVm. § 320 Abs. 1 Satz 2 HGB.
[497] *Müller* in Kallmeyer § 11 UmwG Rn 9.
[498] § 12 Abs. 1 Satz 1 UmwG.
[499] §§ 10 Abs. 1 Satz 2, 12 Abs. 1 Satz 2, 60 Abs. 3 UmwG.
[500] *Hannappel* in Goutier/Knopf/Tulloch § 12 UmwG Rn 19.
[501] § 13 Abs. 1 UmwG. Zur Vorbereitung und Einberufung der Versammlung siehe Rn 84ff.

Zehntel des **Stamm-** oder **Grundkapitals** einer übertragenden Kapitalgesellschaft in ihrer Hand befinden[502]. Bei der Berechnung der Beteiligungsquote der übernehmenden AG sind eigene Anteile der übertragenden Gesellschaft und Anteile, die einem anderen für deren Rechnung gehören, vom Stamm- oder Grundkapital abzusetzen[503]. Allerdings können Aktionäre der übernehmenden AG, deren Anteile zusammen den zwanzigsten oder, wenn dies in der Satzung so bestimmt ist, einen geringeren Teil ihres Grundkapitals erreichen, die **Einberufung** einer Hauptversammlung **verlangen**, in der über die Zustimmung zu der Verschmelzung zu beschließen ist[504].

216 Grundsätzlich ist kein Anteilsinhaber zur Zustimmung verpflichtet; die Zustimmung steht in seinem Belieben. Doch mag in besonders gelagerten Fällen die **Treupflicht** eine Zustimmung gebieten[505]. Die Treupflicht bestimmt und beschränkt die Rechte und Pflichten der Gesellschafter sowohl im Verhältnis zu ihrer Gesellschaft als auch untereinander. Sie beeinflußt nicht nur die Rechte der Mehrheit gegenüber der Minderheit[506], sondern auch umgekehrt die der **Minderheit gegenüber der Mehrheit**[507]. „Den Kern der Treupflicht bildet, daß man nicht zum Schaden der Gesellschaft oder seiner Mitgesellschafter Sondervorteile verfolgen darf; dies auch nicht durch Ausübung seines Stimmrechts"[508]. Allerdings wird man das Vorliegen einer Zustimmungspflicht nur ganz selten erwägen können.

217 Nicht immer genügt die Zustimmung der Anteilsinhaberversammlung(en); es können darüber hinaus **weitere Zustimmungen** (einzelner Anteilsinhaber oder durch Sonderbeschluß bestimmter Anteilsinhaber) erforderlich sein. Das ist insbes. der Fall, wenn die Abtretung der Anteile eines übertragenden Rechtsträgers von der **Genehmigung** bestimmter Anteilsinhaber abhängig ist[509], aber auch in einigen anderen Fällen[510].

---

[502] § 62 Abs. 1 Satz 1 UmwG.
[503] § 62 Abs. 1 Satz 2 UmwG.
[504] § 62 Abs. 2 UmwG. Hierauf ist in der Bekanntmachung hinzuweisen, § 62 Abs. 3 Satz 3 UmwG.
[505] *Zimmermann* in Kallmeyer § 13 UmwG Rn 31. Zur vergleichbaren Treuwidrigkeit des Widerspruchs gegen eine Grundlagenentscheidung siehe OLG Stuttgart AG 2000, 369 „DASA/Dornier". Siehe auch Rn 98.
[506] BGHZ 14, 25, 38; 65, 15, 18 f. „ITT" (Konzernumlage); 76, 352, 357 (Auflösung); 98, 276, 278 f. (Kapitalerhöhung); 101, 113, 116 f. (sittenwidrig herbeigeführte Einziehung); 103, 184, 190 „Linotype"; 110, 47, 55 „IBH/Lemmerz"; BGH ZIP 1992, 1464, 1470 „IBH/Scheich Kamel".
[507] BGHZ 129, 136, 142 f. „Girmes"; dazu *Flume*, Die Rechtsprechung des II. Zivilsenats des BGH zur Treupflicht des GmbH-Gesellschafters und des Aktionärs, ZIP 1996, 161; *Häsemeyer*, Obstruktion gegen Sanierungen und gesellschaftsrechtliche Treupflichten, ZHR 160 (1996) 109 ff.; *Hüffer* § 53a AktG Rn 20: „Unter den bes. Umständen des Girmes-Falls ist nach richtiger Ansicht ohnehin mit § 826 BGB auszukommen (str)"; *Lutter*, Das Girmes-Urteil, JZ 1995, 1053; *Marsch-Barner*, Treupflicht und Sanierung, ZIP 1996, 853 ff.
[508] *Häsemeyer* (Fn 508) ZHR 160 (1996) 109, 114.
[509] § 13 Abs. 2 UmwG; siehe dazu *Zimmermann* in Kallmeyer § 13 UmwG Rn 22. Das muß nicht ausdrücklich in Gesellschaftsvertrag oder Satzung geregelt sein, sondern kann sich auch mittelbar aus dem Gesamtzusammenhang der einzelnen Bestimmungen ergeben, *Winter* in Scholz § 15 GmbHG Rn 28; *Schöne* GmbHR 1995, 325, 332 mwN.
[510] Siehe Rn 235 ff.

Diese Zustimmungen sind **Wirksamkeitsvoraussetzung** des Verschmelzungsbeschlusses[511]. Bejahendes Mitstimmen gilt jedoch als **konkludente** Zustimmung dieser Anteilsinhaber zum Verschmelzungsbeschluß. Ihrer erneuten Zustimmung durch gesonderte Erklärung bedarf es dann nicht[512].

Bis die Anteilsinhaberversammlungen die Zustimmung beschlossen haben und etwa weitere erforderliche Zustimmungen vorliegen, ist der Verschmelzungsvertrag **schwebend unwirksam**[513]. Mit Zustimmung der Anteilsinhaberversammlung eines der beteiligten Rechtsträger und der Anteilsinhaber, deren Zustimmung darüber hinaus erforderlich ist, wird der Verschmelzungsvertrag für diesen Rechtsträger **rechtlich bindend**. Verweigert auch nur eine Anteilsinhaberversammlung der beteiligten Rechtsträger oder verweigern die Anteilsinhaber, deren Zustimmung (durch Sonderbeschluß oder Einzelzustimmung) zusätzlich erforderlich ist, die Zustimmung oder wird die Zustimmung nur unter Einschränkungen erteilt[514], wird der Verschmelzungsvertrag **endgültig unwirksam**[515].

2. Zuständigkeit

Zuständig für die Beschlußfassung sind ausschließlich die **Anteilsinhaber** der an der Verschmelzung beteiligten Rechtsträger. Der Beschluß kann nur in einer **Versammlung** dieser Anteilsinhaber gefaßt werden[516]. Hiervon können auch Gesellschaftsvertrag oder Satzung nicht abweichen. Eine Beschlußfassung außerhalb der Versammlung oder eine Übertragung der Befugnis zur Zustimmung auf andere Organe ist **unzulässig**[517]. Auch bei der GmbH ist eine sonst zulässige[518] schriftliche Stimmabgabe, etwa durch „Umlaufbeschluß", nicht zulässig[519].

3. Beschlußinhalt

a) Zustimmung zum Verschmelzungsvertrag. Gegenstand der Zustimmung durch Verschmelzungsbeschluß ist der **Verschmelzungsvertrag**[520]. Nicht erforderlich ist, daß der Verschmelzungsvertrag bereits abgeschlossen wurde, die Versammlung kann auch den **Entwurf** billigen[521].

Der Verschmelzungsvertrag (oder sein Entwurf) muß bei der Vorlage an die Anteilsinhaberversammlung **sämtliche** zwischen den Rechtsträgern vereinbarten **Abreden** enthalten. Dazu gehören alle im Hinblick auf die Verschmelzung ge-

---

[511] Vgl. BGHZ 20, 368.
[512] *Zimmermann* in Kallmeyer § 13 UmwG Rn 28.
[513] *Zimmermann* in Kallmeyer § 13 UmwG Rn 2.
[514] Siehe Rn 223.
[515] *Zimmermann* in Kallmeyer § 13 UmwG Rn 13. Sind mehrere übertragende Rechtsträger beteiligt, können sie aber vertraglich vereinbaren, daß bei Verweigerung einer Zustimmung die übrigen Verschmelzungen durchgeführt werden sollen.
[516] § 13 Abs. 1 Satz 2 UmwG. Zur Durchführung der Versammlung siehe Rn 92ff.
[517] *Zimmermann* in Kallmeyer § 13 UmwG Rn 3; *Lutter* in Lutter § 13 UmwG Rn 9f.
[518] § 48 Abs. 2 GmbHG.
[519] *Bermel* in Goutier/Knopf/Tulloch § 13 UmwG Rn 26; *Priester*, Strukturänderungen – Beschlußvorbereitung und Beschlußfassung, ZGR 1990, 420, 436.
[520] § 13 Abs. 1 Satz 1 UmwG.
[521] *Lutter* in Lutter § 13 UmwG Rn 17; *Zimmermann* in Kallmeyer § 13 UmwG Rn 7.

troffenen Vereinbarungen, die innerlich in dem Sinne zusammenhängen, daß die eine nicht ohne die andere gelten soll und die daher ein einheitliches Ganzes bilden. Dies gilt auch für Vereinbarungen, die über den **obligatorischen Mindestinhalt** eines Verschmelzungsvertrags[522] hinausgehen und auch für Abreden, die in **weiteren Vertragsurkunden** enthalten sind[523]. Sind Vertragsbestandteile entgegen diesen Grundsätzen nicht Gegenstand der **Beschlußfassung** der Anteilsinhaberversammlung, bleibt der Vertrag bis zur ausdrücklichen Zustimmung der Anteilsinhaber auch dazu schwebend unwirksam[524].

223 Die Anteilsinhaberversammlung entscheidet über den **Inhalt** des Verschmelzungsvertrags, so wie er ihr **vorgelegt** wurde. Sie kann dem Verschmelzungsvertrag (oder seinem Entwurf) aber nur zustimmen oder ihn ablehnen. **Änderungen** am Text, die nicht bloß geringfügig redaktioneller Natur sind, stellen eine **Verweigerung** der Zustimmung mit dem konkludenten Auftrag an das Vertretungsorgan dar, einen neuen Verschmelzungsvertrag mit entsprechend geändertem Inhalt abzuschließen[525].

224 Bedingte oder befristete Zustimmungsbeschlüsse der Anteilsinhaberversammlung sind nur zulässig, wenn sie dem **Vertretungsorgan keine eigenen Entscheidungsbefugnisse** über den Inhalt des Verschmelzungsvertrags einräumen. Möglich sind aber unechte Befristungen und Bedingungen, nach denen das Vertretungsorgan die Verschmelzung erst zu einem von der Anteilsinhaberversammlung bestimmten künftigen Zeitpunkt oder bei Eintritt eines zum Zeitpunkt des Zustimmungsbeschlusses noch ungewissen künftigen Ereignisses zur Handelsregistereintragung anmelden soll[526], sofern dem Vertretungsorgan nicht die Entscheidungsbefugnis überlassen wird, ob es die Verschmelzung überhaupt anmelden will[527].

225 **b) Kapitalerhöhung des übernehmenden Rechtsträgers.** Übernimmt eine Kapitalgesellschaft das Vermögen eines anderen Rechtsträgers gegen Gewährung von Anteilen, kann es **erforderlich oder zulässig** sein, diese Anteile durch eine Kapitalerhöhung zu beschaffen. Die Kapitalerhöhung kann in der Versammlung, die über die Zustimmung zum Verschmelzungsvertrag beschließt, mit beschlossen werden[528]. Sie muß vor Eintragung der Verschmelzung wirksam geworden sein[529].

226 **Unzulässig** ist die Kapitalerhöhung, soweit die übernehmende Gesellschaft Anteile am übertragenden Rechtsträger hat oder dieser eigene Anteile oder nicht

---

[522] Siehe Rn 117 ff.
[523] BGHZ 82, 188, 196.
[524] *Zimmermann* in Kallmeyer § 12 UmwG Rn 7, § 13 UmwG Rn 2.
[525] *Bermel* in Goutier/Knopf/Tulloch § 13 UmwG Rn 10.
[526] *Grunewald*, Rückverlagerung von Entscheidungskompetenzen der Hauptversammlung auf den Vorstand, AG 1990, 133, 137; *Lutter*, Die entschlußschwache Hauptversammlung, FS Quack, 1991, S. 310.
[527] *LG Frankfurt* WM 1990, 237, 238.
[528] Ein Muster der Kapitalerhöhung im Zustimmungsbeschluß findet sich für die AG bei *Hoffmann-Becking* in MünchVertragsHdb. Bd. 1 X.4, für die GmbH bei *Volhard* in Hopt, Vertrags- und Formularbuch, II. J.2.
[529] § 53 UmwG (GmbH), §§ 66, 78 (AG und KGaA).

voll eingezahlte Anteile an der übernehmenden Gesellschaft[530]. **Zulässig, aber nicht nötig** ist die Kapitalerhöhung, soweit die übernehmende Gesellschaft eigene Anteile hat oder der übertragende Rechtsträger voll eingezahlte Anteile an der übernehmenden Gesellschaft[531]. Bei Verschmelzung von GmbHs mit identischen Gesellschafterkreisen oder von „**Schwestergesellschaften**" mit demselben Alleingesellschafter ist umstritten, ob bei der übernehmenden Gesellschaft das Kapital erhöht werden muß[532], was sinnlos und deshalb abzulehnen ist. Man wird sich in dieser Frage aber zur Vermeidung von Problemen bei der Eintragung in Abstimmung mit dem zuständigen Registerrichter zu entscheiden haben.

Für die Kapitalerhöhung gelten die rechtsformabhängigen allgemeinen Regeln mit einigen umwandlungsrechtlichen Modifikationen[533]. Insbes. kann der Nennbetrag eines Geschäftsanteils der übernehmenden GmbH auf 50 € lauten, er muß nur durch 10 teilbar sein[534]. Bei der Verschmelzung auf eine AG oder KGaA muß eine **Sacheinlageprüfung** nur stattfinden, wenn übertragender Rechtsträger eine Personenhandelsgesellschaft ist und die Buchwerte des übergehenden Vermögens aufgestockt werden oder Zweifel an der Werthaltigkeit des übergehenden Vermögens bestehen[535].

4. Beschlußvorbereitung

Für die Vorbereitung und Einberufung der Anteilsinhaberversammlung(en), die über die Verschmelzung beschließen soll(en), gelten die jeweiligen **rechtsformspezifischen Vorschriften** des jeweiligen Gesellschaftsrechts und, soweit vorhanden, des Umwandlungsgesetzes[536].

---

[530] § 54 Abs. 1 Satz 1 UmwG (GmbH); §§ 68 Abs. 1 Satz 1, 78 UmwG (AG, KGaA).
[531] § 54 Abs. 1 Satz 2 UmwG (GmbH); §§ 68 Abs. 1 Satz 2, 78 UmwG (AG, KGaA).
[532] Ja: *OLG Frankfurt* DNotZ 1999, 154; *KG* DNotZ 1999, 157; *Dehmer* § 1 UmwG Rn 19 ff; der Erhöhungsbetrag brauche aber nicht dem Stammkapital der übertragenden GmbH zu entsprechen; ebenso *Bärwaldt* in Haritz/Benkert Vor §§ 11-13 UmwStG Rn 21; *Kowalski*, Kapitalerhöhung bei horizontaler Verschmelzung, GmbHR 96, 158; *Winter* in Lutter § 54 UmwG Rn 17. Bei der „Schwesterfusion" mit mehreren übertragenden Rechtsträgern sollen daher, wiewohl alle neuen Geschäftsanteile deren Alleingesellschafter zustehen (§ 2 UmwG), die auf jeden der übertragenden Rechtsträger entfallenden Anteile (§§ 5 Abs. 1 Nr 2 und 3, 46 Abs. 1 Satz 1 UmwG) angegeben werden müssen, *OLG Frankfurt* DNotZ 1999, 154; *LG München I* WM 1999, 1683; *KG* DNotZ 1999, 157. Nein: *LG München* BB 1998, 2331 und die ganz überwiegende Literatur, *Marsch-Barner* in Kallmeyer § 68 UmwG Rn 15; *Mayer*, Anteilsgewährung bei der Verschmelzung mehrerer übertragender Rechtsträger, DB 1998, 913; *Heckschen*, Die Entwicklung des Umwandlungsrechts aus der Sicht der Rechtsprechung und Praxis, DB 1998, 1385 sowie die Anm. von *Heidinger* DNotZ 1999, 161, 165 f.; *Neye*, Verschmelzung von Tochtergesellschaften, EWiR 1998, 517; *Borges*, Zur Anteilsgewährung bei der einheitlichen Verschmelzung mehrerer Tochtergesellschaften auf eine weitere Tochtergesellschaft, WuB II N. § 46 UmwG 1.99 und 2.99 mwN. Mit eingehender überzeugender Begründung gegen die zwingende Anteilsgewährung *M. Winter*, Die Anteilsgewährung – zwingendes Prinzip des Verschmelzungsrechts?, FS Lutter, 2000, S. 1279.
[533] § 55 Abs. 1 UmwG (GmbH); §§ 69 Abs. 1, 78 (AG, KGaA).
[534] § 55 Abs. 1 Satz 2 UmwG.
[535] §§ 24, 36 Abs. 1 Satz 1, 69 Abs. 1 UmwG.
[536] Siehe dazu eingehend Rn 84 ff.

5. Beschlußfassung

229 **a) Mehrheiten.** Der Verschmelzungsbeschluß bedarf keiner sachlichen Rechtfertigung, so daß die Mehrheit entscheidet[537]. Mit welchen **Mehrheiten** der Beschluß zu fassen ist, bestimmt das Gesetz in den für die einzelnen Rechtsträger geltenden Vorschriften. Satzungen/Gesellschaftsverträge können davon abweichende höhere Mehrheiten fordern, aber keine geringeren genügen lassen[538]. Für satzungsändernde Beschlüsse bei Kapitalgesellschaften generell verlangte höhere Mehrheiten gelten auch für den Verschmelzungsbeschluß[539].

230 Bei der **AG** und **KGaA** sind demnach mindestens drei Viertel des bei der Beschlußfassung vertretenen Grundkapitals[540], bei der **GmbH** mindestens drei Viertel der abgegebenen Stimmen erforderlich[541]. Bei **Personenhandelsgesellschaften** ist grundsätzlich die Zustimmung aller Gesellschafter erforderlich[542]; falls der Gesellschaftsvertrag eine Entscheidung mit Mehrheit vorsieht[543], muß diese mindestens drei Viertel der abgegebenen Stimmen betragen[544].

231 Die Mehrheit muß **in der Versammlung** erreicht werden. Ein Hinzurechnen außerhalb der Versammlung abgegebener Zustimmungserklärungen nicht erschienener Anteilsinhaber ist nicht möglich. Ein Beschluß, der die erforderliche Mehrheit nicht erreicht hat, wird auch dann nicht wirksam, wenn in der Versammlung nicht erschienene oder vertretene Anteilsinhaber ihm später zustimmen und unter Berücksichtigung dieser Stimmen die erforderliche Mehrheit erreicht würde[545].

232 Bei der Abstimmung ist die **Vertretung** durch Bevollmächtigte generell zulässig. Bei der GmbH gilt für die Vollmacht oder Genehmigung das gesetzliche **Schriftformerfordernis**[546], bei der AG (und KGaA) ebenfalls, wenn nicht die Satzung eine Erleichterung vorsieht[547]. Notarielle Beglaubigung oder Beurkundung der Vollmacht ist nicht erforderlich[548]. Für Personenhandelsgesellschaften ist

---

[537] *Hüffer* § 243 AktG Rn 27; *Zimmermann* in Kallmeyer § 13 UmwG Rn 8 mwN; ganz hA; aA *Binnewies*, Formelle und materielle Voraussetzungen von Umwandlungsbeschlüssen, GmbHR 1997, 727, für den Fall, daß die Umwandlung eine qualifizierte Abhängigkeit begründet und den Gesellschaftern kein Austrittsrecht gegen Abfindung zusteht.

[538] § 43 Abs. 2 Satz 2 UmwG (Personenhandelsgesellschaften), § 50 Abs. 1 Satz 2 UmwG (GmbH), § 65 Abs. 1 Satz 2 (AG und gem. § 78 UmwG KGaA).

[539] *Lutter* in Lutter § 13 UmwG Rn 21; *Zimmermann* in Kallmeyer § 13 UmwG Rn 11.

[540] § 65 Abs. 1 UmwG.

[541] § 50 Abs. 1 UmwG.

[542] § 43 Abs. 1 UmwG.

[543] Nach dem sog. „Bestimmtheitsgrundsatz" muß der Gesellschaftsvertrag – außer bei Publikumsgesellschaften – allerdings unzweideutig ergeben, daß auch für eine derartige Grundlagenentscheidung ein Beschluß der Mehrheit genügen soll, vgl. BGHZ 85, 356; *Hopt* § 119 HGB Rn 37 ff. Zur Kritik am Bestimmtheitsgrundsatz siehe *Ulmer* in MünchKomm. § 709 BGB Rn 74 ff.

[544] § 43 Abs. 2 UmwG.

[545] *Lutter* in Lutter § 13 UmwG Rn 10.

[546] § 47 Abs. 3 GmbHG.

[547] § 134 Abs. 3 AktGidF. des NaStraG.

[548] *Winter* in Lutter § 50 UmwG Rn 5; *Zimmermann* in Kallmeyer § 13 UmwG Rn 13; aA *Heckschen* in Widmann/Mayer § 13 UmwG Rn 112 bis 114. Für den Beschluß – anders als für den Vertrag, siehe Rn 177 – bedarf die Vollmacht auch im Fall der Neugründung keiner notariellen Form; anders nur, wenn aufgrund der Vollmacht rechtsgeschäftliche Verzichte erklärt

auch eine **formlose Vertretung** gültig; zum Nachweis gegenüber dem Register ist jedoch Schriftform empfehlenswert[549].

Bei der Beschlußfassung ist das **Selbstkontrahierungsverbot**[550] zu beachten, von dem freilich befreit werden kann. Die Stimmvollmacht an Mitgesellschafter wird als konkludente Befreiung hiervon angesehen[551]. Die **organschaftlichen Vertreter** von Personengesellschaft und GmbH werden häufig durch Gesellschaftsvertrag oder Gesellschafterbeschluß vom Verbot des Selbstkontrahierens und der Mehrfachvertretung befreit[552]. Für den Vorstand einer AG kommt auch hier nur eine Befreiung vom Verbot der Mehrfachvertretung in Betracht[553]. 233

Die Vertretung **ausländischer Anteilsinhaber** richtet sich, einschließlich der Frage der Zulässigkeit des Selbstkontrahierens, nach dem an ihrem Sitz geltenden Recht[554]. 234

b) **Sonderbeschlüsse.** Hat eine **AG** oder **KGaA** mehrere **Gattungen** stimmberechtigter Aktien, wird der Verschmelzungsbeschluß nur wirksam, wenn die Aktionäre jeder stimmberechtigten Gattung durch **Sonderbeschluß** zustimmen[555]. Aktien mit gleichen Rechten bilden eine Gattung[556], ebenso Aktien mit gleichen Pflichten[557]. **Vorzugsaktien** ohne Stimmrecht bilden zwar eine besondere Gattung; sie haben aber auch bei der Beschlußfassung über eine Verschmelzung kein **Stimmrecht**[558]. Dies gilt selbst dann, wenn der Vorzug durch die Verschmelzung verloren geht[559]. Werden bei der Verschmelzung **neue Vorzugsaktien** ausgegeben, müssen allerdings uU die alten Vorzugsaktionäre durch Sonderbeschluß zustimmen, auch wenn sie nicht stimmberechtigt sind[560]. Bei einer **Ein-Personen-AG** ist, wenn der Alleinaktionär Inhaber mehrerer Aktiengattungen ist, ein Sonderbeschluß gleichwohl nicht erforderlich[561]. 235

Die **Sonderbeschlüsse** können nach dem **Ermessen** des Vorstands in gesonderter Versammlung sowohl vor als auch nach der den Verschmelzungsbeschluß fassenden Hauptversammlung oder durch gesonderte Abstimmung in derselben 236

---

werden sollen; dann bedarf die Vollmacht der notariellen Beurkundung, nicht nur der Beglaubigung, siehe Rn 240.
[549] *Zimmermann* in Kallmeyer § 13 UmwG Rn
[550] § 181 BGB in entsprechender Anwendung.
[551] BGH NJW 1976, 958, 959 und 1538, 1539; vgl. zur Bevollmächtigung des Mitgründers *Pentz* in MünchKomm. § 23 AktG Rn 14.
[552] *Winter* in Lutter § 50 UmwG Rn 11.
[553] *Hüffer* § 78 AktG Rn 7.
[554] Siehe Fn 228.
[555] § 65 Abs. 2 UmwG. *Marsch-Barner* in Kallmeyer § 5 UmwG Rn 11.
[556] § 11 Satz 2 AktG.
[557] AllgM seit RGZ 80, 95, 87.
[558] § 65 Abs. 2 UmwG. *Grunewald* in Lutter § 65 UmwG Rn 1; *Zimmermann* in Kallmeyer § 65 UmwG Rn 22.
[559] *Grunewald* in Lutter § 65 UmwG Rn 8; *Zimmermann* in Kallmeyer § 65 UmwG Rn 28; aA *Bermel* in Goutier/Knopf/Tulloch § 65 UmwG Rn 8.
[560] § 141 Abs. 2 Satz 2 AktG.
[561] *Hüffer* § 182 AktG Rn 18; *Zimmermann* in Kallmeyer § 65 UmwG Rn 21.

§ 17 237, 238 Verschmelzungen und ähnliche Zusammenschlüsse

Hauptversammlung gefaßt werden, in der über die Verschmelzung abgestimmt wird[562].

237 Für die Sonderbeschlüsse gelten die gleichen **Mehrheitserfordernisse** wie für den Verschmelzungsbeschluß[563].

238 **c) Einzelzustimmungen.** Auch abgesehen von der Notwendigkeit von Sonderbeschlüssen genügt der von den Anteilsinhabern gefaßte Zustimmungsbeschluß nicht immer. In folgenden Fällen bedarf der Verschmelzungsbeschluß zu seiner Wirksamkeit der Zustimmung einzelner Anteilsinhaber:

— Dem Verschmelzungsbeschluß einer **Personenhandelsgesellschaft** müssen nicht nur alle anwesenden Gesellschafter zustimmen, sondern auch die nicht erschienenen Gesellschafter[564].

— Ist die Abtretung der Anteile eines übertragenden Rechtsträgers von der **Genehmigung einzelner Anteilsinhaber**[565] abhängig, insbes. bei der GmbH die Übertragung von Geschäftsanteilen nur mit Zustimmung eines Gesellschafters zulässig, muß jeder betroffene Gesellschafter der Verschmelzung zustimmen[566].

— Werden Anteilsinhaber, die für Verbindlichkeiten des übertragenden Rechtsträgers nicht als **Gesamtschuldner** persönlich haften, bei Umwandlung in eine Personenhandelsgesellschaft nicht Kommanditisten, bedarf der Verschmelzungsbeschluß ihrer Zustimmung[567].

— Beeinträchtigt die Verschmelzung **Minderheitsrechte** oder gesellschaftsvertragliche besondere Rechte von Gesellschaftern in der Geschäftsführung oder bei der Geschäftsführerbestellung, bedarf der Verschmelzungsbeschluß der übertragenden Gesellschaft ihrer Zustimmung[568].

— Bei der Verschmelzung auf eine GmbH, deren Geschäftsanteile **nicht voll eingezahlt** sind, bedarf der Verschmelzungsbeschluß der Zustimmung aller bei der Beschlußfassung anwesenden Gesellschafter der übertragenden Rechtsträger und, wenn übertragender Rechtsträger eine Personenhandelsgesellschaft oder eine GmbH ist, auch der Zustimmung von deren nicht erschienenen Gesellschaftern[569]. Das gleiche gilt, wenn eine GmbH mit ausstehenden Einlagen auf eine GmbH verschmolzen wird[570].

— Werden die **Nennbeträge** der Geschäftsanteile einer übernehmenden GmbH[571] abweichend vom anteiligen Betrag des Grundkapitals der übertra-

---

[562] § 138 AktG. Die Sonderbeschlüsse der einzelnen Gattungen müssen zu dem Verschmelzungsbeschluß der Hauptversammlung hinzukommen, sie machen ihn nicht entbehrlich, *LG Hamburg* AG 1996, 281 f.
[563] Siehe Rn 229 ff.
[564] § 43 Abs. 1 UmwG.
[565] Siehe dazu Rn 98.
[566] § 13 Abs. 2 UmwG, *Marsch-Barner* in Kallmeyer § 13 UmwG Rn 23. Unbeachtlich sind Zustimmungsvorbehalte der Gesellschafterversammlung oder des Aufsichtsrats.
[567] § 40 Abs. 2 UmwG.
[568] § 50 Abs. 2 UmwG. Siehe dazu näher Rn 99.
[569] § 51 Abs. 1 Sätze 1 und 2 UmwG.
[570] § 51 Abs. 1 Satz 3 UmwG.
[571] Das gilt nicht bei Neugründung, § 56 UmwG.

genden AG (oder KGaA) festgesetzt, muß **jeder Aktionär zustimmen**, der deshalb einen Beteiligungsverlust erleidet, sofern das nicht nur daran liegt, daß bei der GmbH der Geschäftsanteil einen durch 10 teilbaren Mindestnennbetrag von 50 € haben muß[572].

– Bei einer **KGaA** bedarf der Beschluß der **Kommanditaktionäre** der Zustimmung der **persönlich haftenden Gesellschafter**[573]. Diese Zustimmungen können auch vor oder nach dem Zustimmungsbeschluß gefaßt werden. Sie bedürften dann gesonderter notarieller Beurkundung.

6. Verzichte

Die Anteilsinhaber beteiligter Rechtsträger können auf die Erfüllung gesetzlicher Anforderungen in bestimmten Fällen **verzichten**. Das gilt für: 239

– den Verschmelzungsbericht[574];
– die Verschmelzungsprüfung[575];
– den Verschmelzungsprüfungsbericht[576];
– die Klage gegen die Wirksamkeit des Verschmelzungsbeschlusses[577];
– die Prüfung der Angemessenheit der Barabfindung oder auch nur den Bericht darüber[578].

Jeder Verzicht bedarf der **notariellen Beurkundung.** Diese Erklärung ist Willenserklärung. Wird der Verzicht in einer Versammlung der Anteilsinhaber erklärt, muß dieser Teil der Urkunde deshalb vom Notar vorgelesen und von jedem verzichtenden Anteilsinhaber genehmigt und unterschrieben werden[579]. 240

Kein Verzicht in diesem Sinne und deshalb keiner Form bedürftig ist das Absehen vom Verlangen einer Verschmelzungsprüfung in den Fällen, in denen diese nur stattfinden muß, wenn ein Anteilsinhaber dies verlangt[580]. 241

7. Form

Der Verschmelzungsbeschluß muß – ebenso wie die Zustimmung nicht erschienener Anteilsinhaber und wie Verzichte – **notariell beurkundet** werden[581]. Ob die Gesellschafter-/Hauptversammlung im Ausland stattfinden und die Beurkundung dort von einem **ausländischen Notar** wirksam vorgenommen werden 242

---

[572] §§ 46 Abs. 1 Satz 3, 51 Abs. 2 UmwG. Das kommt vor allem in Betracht bei Aktien im Nennbetrag oder anteiligen Betrag des Grundkapitals von 1 € (§ 8 Abs. 2 Satz 1, Abs. 3 Satz 3 AktG). In einem solchen Fall ist der Aktionär in bar abzufinden, *Zimmermann* in Kallmeyer § 51 UmwG Rn 10.
[573] Hierfür kann die Satzung eine Mehrheitsentscheidung vorsehen, § 78 Satz 3 UmwG.
[574] § 8 Abs. 3 Satz 1, 1. Alt. UmwG.
[575] § 9 Abs. 3 UmwG.
[576] § 12 Abs. 3 UmwG.
[577] § 16 Abs. 2 Satz 2 UmwG.
[578] § 30 Abs. 2 Satz 3 UmwG.
[579] *Volhard* in HV Hdb. Rn I H 12.
[580] §§ 44 Satz 1, 48 Satz 1 UmwG.
[581] § 13 Abs. 3 Satz 1 UmwG.

§ 17 242   Verschmelzungen und ähnliche Zusammenschlüsse

kann, ist umstritten[582]. Nach dem gegenwärtigem Stand der Diskussion kann es ohne Abstimmung mit dem Registerrichter nicht empfohlen werden[583]. Noch werden in der Praxis der meisten Registergerichte Protokolle ausländischer Notare über Gesellschafterversammlungen inländischer Gesellschaften nicht als wirksam anerkannt.

---

[582] Wie bei der Beurkundung von Verträgen im Ausland (siehe Rn 182) wird die Zulässigkeit teils wegen Wahrung der Ortsform bejaht: *OLG Düsseldorf* NJW 1989, 2200, GmbH-Kapitalerhöhung, Holland, teils wegen Gleichwertigkeit: BGHZ 80, 76, GmbH-Satzungsänderung, Zürich Altstadt; *LG Nürnberg-Fürth* AG 1993, 45, GmbH-Verschmelzungsbeschluß, Basel. Die Nichtmaßgeblichkeit der Ortsform begründet *Goette,* Auslandsbeurkundungen im Kapitalgesellschaftsrecht, DStR 1996, 709, 712 f., *ders.,* Auslandsbeurkundungen im Kapitalgesellschaftsrecht, MittRhNotK 1997, 1, 3, 5, vor allem mit der Gesetzesgeschichte und damit. daß bei der Verfassung der Gesellschaft betreffenden Akten die Beteiligten auf die Belehrung nicht verzichten könnten, weil die Beurkundungsform im Interesse unbeteiligter Dritter, namentlich weiterer, künftiger Gesellschafter die materielle Richtigkeit gewährleisten solle; deswegen sei Gleichwertigkeit der ausländischen Beurkundung zu fordern. Die Angriffe vor allem aus dem Notarstand gegen die Wirksamkeit bei Gleichwertigkeit hat schon der erfahrene Registerrichter *Bokelmann,* Beurkundung von Gesellschaftsakten durch einen ausländischen Notar, NJW 1975, 1625, ausführlich zurückgewiesen. Sie wird u. a. bejaht auch von *Hüffer* § 131 AktG Rn 16 (die Registergerichte neigten teilweise „zu überzogenen Anforderungen" an den Nachweis der Gleichwertigkeit); *Schulte,* Die Niederschrift über die Verhandlung in der Hauptversammlung einer AG, AG 1985, 33, 37; *Bungert,* Hauptversammlungen deutscher Aktiengesellschaften und Auslandsbezug, AG 1995, 26, 29 f.; *Reuter,* Es geht doch: Auslandsbeurkundungen im Gesellschaftsrecht, in: Hommelhoff/Röhricht, Gesellschaftsrecht 1997, RWS-Forum 10, S. 277; *Volhard/Weber,* Die Last mit den Auslandsbeurkundungen, FS Hempel, 1997, S. 306, 312 ff.; *Kröll,* Beurkundung gesellschaftsrechtlicher Vorgänge durch einen ausländischen Notar, ZGR 2000, 111, 138 ff. Dagegen aber *AG Augsburg* DB 1996, 1666; *Bredthauer,* Zur Wirksamkeit gesellschaftsrechtlicher Beurkundungen im Kanton Zürich, BB 1986, 1864; *Heckschen,* Auslandbeurkundung und Richtigkeitsgewähr, DB 1990, 161. Beim Vergleich der Beurkundungsverfahren sollte stärker ins Gewicht fallen, daß – geäußerten Bedenken zum Trotz – die Beteiligten auf die Erfüllung der bei Beurkundung von Willenserklärungen notariellen Prüfungs- und Belehrungspflichten (§ 17 BeurkG) nun einmal verzichten können, daß für in der Form einer Niederschrift, wie sie § 130 AktG verlangt, aufgenommene Gesellschafterbeschlüsse ohnehin nicht § 17 BeurkG, sondern § 37 BeurkG gilt und die Verlesung des HV-Protokolls auch in Deutschland nicht vorgeschrieben ist, vgl. *Volhard* in HV Hdb. Rn I H 11. Von der Frage der Beurkundungsform zu unterscheiden ist die ebenfalls streitige Frage, ob die Versammlung überhaupt im Ausland stattfinden darf, sei es, weil die Satzung dies vorsieht (was das *HansOLG* Hamburg OLGZ 1994, 42 mwN zu Unrecht für unzulässig hält, vgl. *Hüffer* § 121 AktG Rn 16), sei es, weil alle Gesellschafter dem zustimmen, so *Bokelmann* NJW 1975, 1625; *Werner* in Großkomm. § 121 AktG Rn 49; großzügiger zur Wahl des Versammlungsorts *Eckardt* in Geßler/Hefermehl § 121 AktG Rn 42; *Hüffer* § 130 AktG Rn 8; *Franz-Jörg Semler* in MünchHdbGesR Bd. 4 § 35 Rn 31 ff. und § 40 Rn 3.

[583] *Hellwig,* Auslandsbeurkundungen im Gesellschaftsrecht, in Hommelhoff/Röhricht, Gesellschaftsrecht 1997, RWS-Forum 10, S. 285, 294 f., moniert mit Recht die bestehende Rechtsunsicherheit und schlägt deshalb eine gesetzliche Regelung vor, die einerseits klarstellt, daß die Ortsform nicht ausreicht, andererseits festlegt, welche Beurkundungen ausländischer Notare denen inländischer Notare gleichwertig sind. Ob eine solche Regelung kommen wird, ist ungewiß. Bis dahin besteht die Unsicherheit fort, und eine Versammlung und Beurkundung im Ausland ist nur nach Abstimmung mit dem Registerrichter zu empfehlen, zumal die Kostenersparnis hier noch weniger ins Gewicht fällt als beim Verschmelzungsvertrag (siehe Rn 183): Die Beurkundungsgebühren für den Beschluß betragen maximal DM 10 000 zuzüglich Auslagen und MwSt., § 47 Satz 2 KostO.

8. Beschlußwirkungen

Sind alle notwendigen Zustimmungsbeschlüsse gefaßt worden, wird der Verschmelzungsvertrag wirksam. Die **Verschmelzungswirkungen** treten zwar erst mit der **Eintragung** der Verschmelzung in das Handelsregister am Sitz des übernehmenden Rechtsträgers aufgrund der von den jeweiligen Vertretungsorganen der beteiligten Rechtsträger vorzunehmenden **Anmeldung** ein[584], doch bewirkt der Zustimmungsbeschluß aller Anteilsinhaber bereits **Bindungen** im Innen- und Außenverhältnis[585]. Er verpflichtet die Vertragspartner, die zur Herbeiführung des Eintritts der Verschmelzungswirkung erforderlichen Handlungen vorzunehmen[586].

243

Im **Innenverhältnis** zu seinen Anteilsinhabern ist der jeweilige Rechtsträger nach der Zustimmung an den Verschmelzungsbeschluß gebunden. Die Wirksamkeit des Verschmelzungsbeschlusses bleibt von einem späteren Anteilsinhaberwechsel unberührt. Der Erwerber tritt in die **mitgliedschaftliche Rechtsstellung** des bisherigen Anteilsinhabers ein. Das Vertretungsorgan bleibt verpflichtet, die Verschmelzung durchzuführen[587].

244

Im **Außenverhältnis** zum Vertragspartner wird der Verschmelzungsvertrag mit der Zustimmung bindend, wenn er (oder ein Angebot) bei Beschlußfassung bereits notariell beurkundet war. Einer Mitteilung der Zustimmung an den Vertragspartner bedarf es nicht[588]. Lag bei Beschlußfassung nur der **Vertragsentwurf** oder ein unterzeichneter, aber noch nicht beurkundeter Vertrag vor, tritt die **Bindungswirkung**[589] erst mit dem späteren Abschluß des Vertrags zu notariellem Protokoll ein[590]. Aus der Bindung im Innenverhältnis ist das Vertretungsorgan aber verpflichtet, die Beurkundung des Verschmelzungsvertrags herbeizuführen.

245

Sobald die Bindung im Außenverhältnis eingetreten ist, haben **die beteiligten Rechtsträger** (nicht deren Anteilsinhaber[591]) gegeneinander **Anspruch auf Erfüllung**. Dazu gehört die Anmeldung der Verschmelzung[592] und die Gewährung der Gegenleistung für das mit Eintragung der Verschmelzung übergehende Vermögen übertragender Rechtsträger an deren Anteilsinhaber. Bleiben die Organe des übernehmenden Rechtsträgers untätig, kann auf Vornahme der Anmeldung unter Beifügung der erforderlichen Anlagen und Abgabe der nötigen Erklärungen, ggf. die Bestellung des Treuhänders, ggf. die Übergabe der Aktien und ggf. die Leistung der baren Zuzahlungen an den Treuhänder geklagt werden. Bleiben die Organe eines übertragenden Rechtsträgers untätig, kann allenfalls geklagt werden, wenn Anlagen fehlen; sonst mangelt es der Klage am Rechtsschutzbe-

246

---

[584] § 20 Abs. 1 UmwG. Zur Anmeldung, ihrem Inhalt und ihren Anlagen siehe Rn 100 ff.
[585] *Bermel* in Goutier/Knopf/Tulloch § 13 UmwG Rn 47.
[586] *BFH* DB 1989, 663.
[587] *Bermel* in Goutier/Knopf/Tulloch § 13 UmwG Rn 48.
[588] *Lutter* in Lutter § 13 UmwG Rn 18.
[589] *Lutter* in Lutter § 13 UmwG Rn 19; *Schilling/Zutt* in Hachenburg § 20 KapErhG Rn 26; *Priester* in Scholz § 20 KapErhG Rn 12.
[590] *Lutter* in Lutter § 13 UmwG Rn 19.
[591] *BFH* 1989, 663, 664; *OLG München* BB 1993, 2040, 2041; *OLG Zweibrücken* ZIP 1990, 374, 375.
[592] Siehe Rn 100 ff.

dürfnis, weil die Organe des übernehmenden Rechtsträgers die Anmeldung ebenfalls vornehmen können[593].

247 Bestehen die zu liefernden Anteile am übernehmenden Rechtsträger bereits, kann auf ihre Übertragung geklagt werden. Nicht erzwingbar ist dagegen eine vom übernehmenden Rechtsträger vorzunehmende Kapitalerhöhung[594].

248 Aus dem wirksamen Verschmelzungsvertrag ergeben sich **Treupflichten**, insbes. die Pflicht, das Ziel der Verschmelzung nicht zu gefährden, sondern durch alle geeigneten Maßnahmen zu fördern[595], Verzögerungen entgegenzuwirken und ggf. das Unbedenklichkeitsverfahren zu betreiben[596]. Die zu vertretende Verletzung der Vertragspflichten löst **Schadensersatzansprüche** der anderen beteiligten Rechtsträger aus und kann sie, solange die Verschmelzung noch nicht durch Eintragung in das Handelsregister wirksam geworden ist, zum **Rücktritt** vom Vertrag berechtigen[597].

C. Zusammenführung über die Grenze

I. Ausgangslage

1. Entwicklung

249 Grenzüberschreitende Unternehmenszusammenschlüsse haben erheblich an Bedeutung gewonnen. 1998 erreichten sie weltweit ein **Volumen** von 544 Mrd. US-$[598]. Das Volumen der Fusionen und Übernahmen in Europa betrug im Jahr 2000 1243 Mrd. US-$[599]. Inzwischen haben sich Volumen und Zahl der Transaktionen reduziert, doch bestehen die Gründe für die Entwicklung – Konsolidierung und Globalisierung der Weltwirtschaft – unverändert fort.

2. Rechtsgrundlagen

250 a) **Deutsches Recht. aa) Umwandlungsgesetz.** Das deutsche **Umwandlungsgesetz** (UmwG) ist nur auf Rechtsträger mit Sitz im Inland anwendbar[600].

251 Vor 1995 waren die Vorschriften der Verschmelzung lediglich in Einzelfällen auf Rechtsträger mit Sitz im Inland beschränkt[601]. Daraus wurde im Umkehrschluß teilweise gefolgert, grenzüberschreitende Verschmelzungen seien

---

[593] § 16 Abs. 1 Satz 2 UmwG.
[594] *Marsch-Barner* in Kallmeyer § 4 UmwG Rn 21.
[595] *Lutter* in Lutter § 4 UmwG Rn 25; *Marsch-Barner* in Kallmeyer § 4 UmwG Rn 23.
[596] § 16 Abs. 3 UmwG.
[597] §§ 325, 326 BGB.
[598] *Hansen*, Die großen Fusionen der jüngsten Zeit, AG 1999, R 74.
[599] Quelle: Thomson Financial Securities Data.
[600] § 1 Abs. 1 UmwG. Siehe Rn 258 sowie § 35 Rn 163.
[601] § 1 Abs. 2 UmwG 1969 (§ 319 AktG).

möglich⁶⁰². Alle **Rechtsträger mit ausländischem Sitz** werden aus dem Anwendungsbereich des UmwG nunmehr ausgeschlossen⁶⁰³. Der Gesetzgeber hat bewußt auf die Regelung dieser Frage verzichtet, um den Bemühungen der Europäischen Union um eine Regelung grenzüberschreitender Vorgänge nicht vorzugreifen. Politische und rechtstechnische Probleme kommen hinzu⁶⁰⁴.

Nach der Rechtsprechung ist es zumindest zweifelhaft, ob **Gesellschaften mit Sitz im Ausland** sich ins Inland umstrukturieren können⁶⁰⁵. Beschließt umgekehrt eine **Gesellschaft mit Sitz im Inland** die Sitzverlegung ins Ausland, wertet die Rechtsprechung dies als Auflösungsbeschluß⁶⁰⁶.

Bei der Auslegung des UmwG müssen die primärrechtlichen Vorgaben des EU-Vertrags beachtet werden. Die nach Art. 43, 48 EG⁶⁰⁷ auch für Gesellschaften garantierte **Niederlassungsfreiheit** darf durch die nationalen Rechtsordnungen weder vereitelt noch beeinträchtigt werden („éffet utile"). Lutter⁶⁰⁸ hält daher die Rechtsprechung zur **Herein- und Hinausumwandlung** von und auf Rechtsträger mit Sitz im EU-Ausland für europarechtswidrig und will die erforderlichen Regelungen aus den allgemeinen Grundsätzen für Strukturentscheidungen herleiten⁶⁰⁹. Dabei zieht er die europarechtlichen Bedenken gegen die gesellschaftsrechtliche Behinderung der **grenzüberschreitenden Sitzverlegung**⁶¹⁰ entsprechend heran. Dieser Ansatz kann auf die grenzüberschreitende Umwandlung jedoch nicht übertragen werden, da die Regelungsmaterien nicht vergleichbar sind. Bei einer grenzüberschreitenden Verschmelzung besteht die übertragende Gesellschaft weder in ihrem bisherigen Sitzstaat noch im Staat der übernehmenden Gesellschaft fort. Dagegen dient die Sitzverlegung ins Ausland dazu, die Gesellschaft dort unter einem anderen Statut weiterzuführen⁶¹¹.

Obwohl das UmwG auf **grenzüberschreitende Tatbestände** nicht anwendbar ist, verbietet § 1 Abs. 1 UmwG transnationale Umwandlungen nicht, sondern klammert ihre Regelung lediglich aus⁶¹². Ein nationaler Alleingang zur Regelung internationaler Zusammenschlüsse würde in andere Rechtssysteme eingreifen und dadurch die **Kompetenzen des deutschen Gesetzgebers** überschreiten⁶¹³.

Beim grenzüberschreitenden Zusammenschluß müssen die rechtlichen Vorgaben der Länder beachtet werden, denen die **Gesellschaftsstatute der beteilig-**

---

⁶⁰² Eingehend: *Ebenroth* in MünchKommBGB 2. Aufl. Art. 10 EGBGB Rn 477; zu einer unter Anwendung dieser Maßstäbe „geglückten" Verschmelzung einer französischen S. A. mit einer deutschen GmbH, *Rixen/Böttcher* GmbHR 1993, 572.
⁶⁰³ § 1 UmwG; siehe dazu am Beispiel Aventis *Hoffmann* NZG 1999, 1077, 1078 ff.
⁶⁰⁴ *Kindler* in MünchKommBGB IntGesR Rn 678 mwN.
⁶⁰⁵ OLG *Zweibrücken* NJW 1990, 3092 (Eintragung der Sitzverlegung einer ausländischen AG); BayObLG NJW-RR 1999, 401 (Eintragung einer Zweigniederlassung); anders allerdings der von *Rixen/Böttcher* GmbHR 1993, 572 ff. berichtete Fall.
⁶⁰⁶ Siehe § 2 Fn 26.
⁶⁰⁷ Art. 52, 58 EGV aF.
⁶⁰⁸ *Lutter* § 1 UmwG Rn 9 ff.
⁶⁰⁹ *Lutter* § 1 UmwG Rn 13.
⁶¹⁰ Dazu Rn 270 ff.
⁶¹¹ So auch *Kindler* in MünchKommBGB IntGesR Rn 651.
⁶¹² *Lutter* § 1 UmwG Rn 6.
⁶¹³ AA insoweit *Lutter* § 1 UmwG Rn 6.

ten **Gesellschaften** unterliegen. Denkbar ist u. a. die **Einbringung** eines Unternehmens oder Unternehmensteils in eine existente oder gleichzeitig zu errichtende ausländische Gesellschaft gegen Anteile an dieser. Möglich ist auch der **Tausch von Anteilen** an der einzubringenden Gesellschaft gegen solche an der übernehmenden Gesellschaft.

256 **bb) Änderungen des Kapitalmarktrechts.** Weitgehend auf der Basis des letzten Entwurfs der inzwischen gescheiterten **13. Richtlinie des Europäischen Rates**[614] werden die rechtlichen Rahmenbedingungen für Übernahmen und Verschmelzungen im **deutschen Übernahmegesetz** neu geregelt. Dort ist die Möglichkeit des Mehrheitsaktionärs vorgesehen, Minderheitsaktionäre aus der Gesellschaft herauszukaufen (Squeeze Out)[615], eine dringend notwendige Anpassung an internationale Standards. Die jüngsten Erfahrungen bei grenzüberschreitenden Fusionen mit deutscher Beteiligung haben die Debatte entfacht, ob das deutsche Aktienrecht den Anforderungen des Kapitalmarkts genügt. Das **dualistische System** von Vorstand und Aufsichtsrat wird vielfach als Belastung empfunden[616]. Das Recht der **Beschlußanfechtung** ist dringend reformbedürftig[617].

257 **b) Europäisches Recht.** Die internationale Erweiterung des UmwG ist kaum vorstellbar. Dazu müßten für die verschiedenen Rechtsformen Sondervorschriften normiert werden. Dies würde zu einem unüberschaubaren Regelungswerk führen und keine Rechtsklarheit schaffen[618].

258 **aa) Fusionsrichtlinie (2. Richtlinie über das gemeinsame Steuersystem für grenzüberschreitende Umstrukturierungstätigkeiten) / § 23 UmwStG.** Die Fusionsrichtlinie[619] hat die Behandlung grenzüberschreitender Unternehmenszusammenschlüsse auf europäischer Ebene **steuerrechtlich harmonisiert**. Danach sind grenzüberschreitende Fusionen, Spaltungen, der Austausch von Anteilen und die Einbringung von Unternehmensteilen zwischen Gesellschaften aus Mitgliedstaaten der Europäischen Union steuerneutral möglich. In Deutschland ist die **Richtlinie umgesetzt**, soweit Unternehmensteile eingebracht und Anteile getauscht werden[620]. Auf die steuerrechtliche Regelung grenzüberschreitender Verschmelzungen und Spaltungen wurde dagegen verzichtet, da

---

[614] Siehe dazu Rn 265 f.
[615] Siehe Band 2; *Kallmeyer,* Ausschluß von Minderheitsaktionären, AG 2000, 59.
[616] U. a. *Möllers,* Kapitalmarkttauglichkeit des deutschen Gesellschaftsrechts, AG 1999, 433; *Schiessl* AG 1999, 442.
[617] Vgl. u. a. die Thesen und Beschlüsse des 63. Deutschen Juristentags Leipzig 2000, die bei Umsetzung nur die ärgsten Auswüchse bekämpfen, das Problem im Grundsatz aber ungelöst lassen würden.
[618] Vgl. den Überblick bei *Boucourechliev,* Die Harmonisierung des Gesellschaftsrechts in der Europäischen Union: Erreichtes und Perspektiven, RIW 1999, 1; *Hopt* ZIP 1998, 96.
[619] Richtlinie des Rates vom 23. 7. 1990 über das gemeinsame Steuersystem für Fusionen, Spaltungen, die Einbringung von Unternehmensteilen und den Austausch von Anteilen die Gesellschaften verschiedener Mitgliedstaaten betreffend, 90/434/EWG, ABl. EG 1990, Nr. L 225, 1.
[620] § 23 UmwStG: Zur Frage der zutreffenden Umsetzung und unmittelbaren Geltung der Fusionsrichtlinie siehe *Albrecht* in Haritz/Benkert § 23 UmwStG Rn 19, 20.

diese Vorgänge zur Zeit rechtlich nicht möglich sind[621]. Nicht von der Richtlinie erfaßt sind Personengesellschaften, Genossenschaften und Versicherungsvereine. Der Entwurf einer Änderungsrichtlinie sieht die **Erweiterung des Anwendungsbereichs** auf alle körperschaftsteuerpflichtigen Unternehmen vor[622]. Die steuerliche Neutralität erfaßt allerdings keine Vorgänge, an denen Unternehmen beteiligt sind, die nicht aus Mitgliedstaaten der EU stammen.

bb) Europäische AG (Societas Europea – SE). Die ersten Vorschläge zu einer „Europäischen AG" wurden dem Europarat schon 1952 gemacht[623]. Der ursprüngliche Verordnungsvorschlag für das Statut der SE stammt von 1970[624]. Diese Ansätze erwiesen sich aufgrund der Vorschriften zur Arbeitnehmermitbestimmung nicht als einigungsfähig. Mehrjährige Beratungen mündeten 1989 in einem **Verordnungsvorschlag**[625], der 1991 durch einen weiteren Vorschlag geändert wurde[626]. Diese verzichteten auf die Streitpunkte und regelten das **Aktienrecht der einzelnen Gesellschaft**. Die Gründung der SE setzt voraus, daß mindestens zwei Gesellschaften in verschiedenen Mitgliedstaaten durch Hauptniederlassungen oder Tochtergesellschaften tätig sind. Als Verfahren waren die Verschmelzung, die Errichtung einer Tocher- oder Holdinggesellschaft und die Umwandlung einer AG vorgesehen. Nach den Verordnungsvorschlägen sollte es den Mitgliedstaaten weiterhin möglich sein, ein Verwaltungsorgan zu normieren oder Verwaltungs- und Aufsichtsorgan zu trennen.

Die **Arbeitnehmermitbestimmung** wurde Gegenstand eines gesonderten Richtlinienvorschlags[627]. Die Mitgliedstaaten konnten sich aber auf eine Beteiligung der Arbeitnehmer weiterhin nicht einigen[628].

Erst auf dem Gipfeltreffen der Europäischen Union 2000 in **Nizza** wurde Einvernehmen erzielt. Die **Mitbestimmung** in der SE soll zwischen Unternehmensführung und Arbeitnehmern frei vereinbart werden. Eine fakultative Auffangregelung solle in jedem Mitgliedstaat geschaffen werden, falls die Beteiligten sich nicht auf ein Mitbestimmungsmodell einigen können. Wird auf eine Auffangregelung verzichtet, soll die SE nur eingetragen werden können, wenn Unternehmensführung und Arbeitnehmer übereinstimmen oder die beteiligten Gesellschaften keinen Mitbestimmungsregelungen unterliegen.

---

[621] *Albrecht* in Haritz/Benkert § 23 UmwStG Rn 24; Stellungnahme der Bundesregierung zum Ratsentwurf einer Änderungsrichtlinie zur FusionsRL, abgedruckt bei *Widmann/Mayer* UmwG Bd. 1 Fus Richtl Änd.
[622] Abgedruckt bei *Widmann/Mayer* UmwG Bd. 1 Fus Richtl Änd; Bundesrat und Bundesregierung haben Bedenken gegen die Einbeziehung von Genossenschaften und Körperschaften des öffentlichen Rechts geäußert, da die Einbringung von Unternehmensteilen und der Austausch von Anteilen nach deutschem Recht nur zulässig sind, wenn die aufnehmende Gesellschaft eine Kapitalgesellschaft ist; Stellungnahme von BR und BReg abgedruckt bei *Widmann/Mayer* UmwG Bd. 1 Fus Richtl Änd.
[623] *Heinze,* Ein neuer Lösungsweg für die Europäische Aktiengesellschaft, AG 1997, 289.
[624] ABl. EG Nr. C 124/1 vom 10. 10. 1970; siehe auch *Hopt* ZIP 1998, 96, 99.
[625] ABl. EG Nr. C 263/41 vom 16. 10. 1989.
[626] ABl. EG Nr. C 176/1 vom 8. 7. 1991.
[627] ABl. EG Nr. C 263/58 vom 16. 10. 1989; geändert durch Vorschlag vom 6. 5. 1991 ABl. EG Nr. C 138/8 vom 29. 5. 1991.
[628] Siehe *Monti,* Statut der Europäischen Aktiengesellschaft, WM 1997, 607.

262 Die SE ermöglicht Unternehmen in Europa, mit einer **einzigen Gesellschaftsform** tätig zu sein. Grenzüberschreitende Umstrukturierungen und Sitzverlegungen werden erleichtert. Da die Regelungen erst 2004 in Kraft treten, wird die SE hier nicht vertieft[629].

263 **cc) Internationale Fusionsrichtlinie (Vorschlag einer 10. Richtlinie über die grenzüberschreitende Verschmelzung von Aktiengesellschaften).** Bereits 1985 wurde dem Rat der Vorschlag einer Richtlinie zur **grenzüberschreitenden Verschmelzung** unterbreitet. Er ergänzt die Verschmelzungsrichtlinie vom 9. 10. 1978[630]. Durch die Richtlinie sollen die Sachverhalte erfaßt werden, die bei grenzüberschreitenden Fusionen abweichend von inländischen Verschmelzungen regelungsbedürftig sind. Zu nennen sind im wesentlichen **kollisionsrechtliche Regelungen**, die den klassischen Grundsätzen des internationalen Privatrechts folgen: Die Festlegung des anwendbaren nationalen Rechts, die Verfahrenskoordinierung und das Verbot von Regelungen, welche die grenzüberschreitende Fusion gegenüber der nationalen diskriminieren. Der Verschmelzungsvorgang soll nach dem Richtlinienvorschlag **kongruent zu einer inländischen Verschmelzung** ablaufen.

264 Die Verabschiedung der Internationalen Fusionsrichtlinie stehen vor allem die unterschiedlichen Vorschriften über die Vertretung der Arbeitnehmer in den Organen der AG entgegen. Die Mitgliedstaaten, in denen ausgeprägte Mitbestimmungsmöglichkeiten bestehen, befürchten die Abwanderung von Unternehmen in die Staaten, deren Mitbestimmungsgesetze weniger streng sind[631].

265 **dd) Übernahmerichtlinie (13. Richtlinie auf dem Gebiet des Gesellschaftsrechts betreffend Übernahmeangebote).** Die im Juli 2001 im Europäischen Parlament gescheiterte Übernahmerichtlinie sollte die Interessen der **Aktionäre schützen**, deren Aktien Gegenstand eines Übernahmeangebots oder eines Kontrollwechsels sind[632]. Grenzüberschreitende Unternehmenszusammenführungen wären nur erfaßt worden, falls sich das Angebot auf eine Gesellschaft in einem Mitgliedstaat bezogen hätte und die Aktien im Europäischen Wirtschaftsraum gehandelt worden wären[633]. Zudem sollte ein transparentes Übernahmeverfahren sichergestellt werden.

266 Derzeit ist ungewiß, ob und wann ein neuer Anlauf zu einer Übernahmerichtlinie unternommen wird. Der Regierungsentwurf des neuen **Übernahmegeset-**

---

[629] Siehe § 2 Rn 20 ff. Zu Einzelheiten über den Kompromiß von Nizza vgl. u. a. *gb/bü/fri*, In Nizza rücken Europa-AG, Galileo und Rechtssicherheit näher, FAZ 9. 12. 2000 S. 13; *fri*, Fragwürdiger Durchbruch zur Europa AG, FAZ 11. 12. 2000 S. 17; *fri*, Die „Europa AG" nimmt Gestalt an, FAZ 21. 12. 2000 S. 17; *fri*, SE – die Europäische Aktiengesellschaft, FAZ 21. 12. 2000 S. 18; *jja*, Deutsche Unternehmen sind im Nachteil, FAZ 21. 12. 2000 S. 18.

[630] Richtlinie des Rates vom 9. 10. 1978 betreffend die Verschmelzung von Aktiengesellschaften, 78/855/EWG, ABl. 1978 Nr. L 295, 36.

[631] Erläuterungen zum Vorschlag einer Richtlinie über die grenzüberschreitende Verschmelzung von Aktiengesellschaften unter Punkt I.2., abgedruckt bei *Widmann/Mayer* UmwG Bd. 1 Int Fus Richtl.

[632] Siehe Band 2; *Than*, FS Claussen, S. 405.

[633] Siehe auch *Neye* AG 2000, 289; *Pötzsch/Möller* WM 2000, Sonderbeilage Nr. 2.

zes⁶³⁴ hat den Richtlinienentwurf in weiten Teilen berücksichtigt, ist aber bei der Neutralitätspflicht des Vorstands der Zielgesellschaft einen eigenen Weg gegangen.

ee) Sitz der Gesellschaft und „Centros"-Urteil des EuGH. Nach der in Kontinentaleuropa bislang herrschenden **Sitztheorie** richtet sich das auf eine Handelsgesellschaft anwendbare nationale Gesellschaftsrecht nach dem tatsächlichen Sitz der Hauptverwaltung der Gesellschaft. Daher ist bei der Beurteilung der Rechtsfähigkeit einer ausländischen juristischen Person das Recht des Staates maßgebend, in dem die Gesellschaft ihren wirklichen **Verwaltungssitz** hat. Der in der Satzung genannte Sitz ist nur ein Anhaltspunkt⁶³⁵. So wird eine nach französischem Recht wirksam gegründete AG in Deutschland nicht als rechtsfähig anerkannt, wenn sie ihren tatsächlichen Verwaltungssitz nicht in Frankreich, sondern in Deutschland hat. Ihre Tätigkeit in Deutschland beurteilt sich nach den für **nicht-rechtsfähige Gesellschaften** geltenden Vorschriften. Somit wird sie als Gesellschaft bürgerlichen Rechts oder als offene Handelsgesellschaft behandelt. Daraus folgt im Grundsatz die unbeschränkte Haftung ihrer Gesellschafter⁶³⁶.

Innerhalb der Europäischen Union wird die **Harmonisierung des Gesellschaftsrechts** angestrebt. Bei Fragen des Kapitalschutzes, der Publizität und der Jahresabschlüsse ist bereits viel erreicht⁶³⁷. Dennoch gibt es innerhalb der Mitgliedstaaten noch immer abweichende Auffassungen und unterschiedlich strenge Regelungen. Jede Verlegung des tatsächlichen Verwaltungssitzes begründet nach der **Sitztheorie** aber die Gefahr, daß die Gesellschaft in dem Staat, in dem der Schwerpunkt ihrer Geschäftstätigkeit liegt, **nicht** als **rechtsfähig** anerkannt wird.

Gleiches droht, wenn nach einem grenzüberschreitenden Zusammenschluß die tatsächliche **Verwaltung** gleichberechtigt auf mehrere Länder **verteilt** wird. Hier besteht zudem die Gefahr, daß streitig werden kann, wo sich der Verwaltungsschwerpunkt befindet⁶³⁸. Den Gesellschaften bleibt in dieser Konstellation allerdings die Möglichkeit, durch die **Satzung** einen Verwaltungssitz – den im Gründungsstaat – zum **Hauptverwaltungssitz** zu erklären⁶³⁹.

Nach der **„Daily Mail"-Entscheidung** des EuGH vom 27. 9. 1988⁶⁴⁰ verleihen Art. 43, 48 EG⁶⁴¹ „einer Gesellschaft, die nach dem Recht eines Mitgliedstaats gegründet ist und in diesem ihren satzungsmäßigen Sitz hat, nicht das Recht, den Sitz ihrer Geschäftsleitung in einen anderen Mitgliedstaat zu verlegen". Das damalige Gemeinschaftsrecht sah vor, daß sowohl der Gründungsstaat als auch Zuzugsstaat die Sitzverlegung von bestimmten Voraussetzungen abhängig

---

⁶³⁴ Entwurf eines Gesetzes zur Regelung von öffentlichen Angeboten zum Erwerb von Wertpapieren und von Unternehmensübernahmen (Stand: 11. 7. 2001), abrufbar unter http://bundesfinanzministerium.de. Siehe ausführlich in Band 2.
⁶³⁵ BGHZ 53, 1181, 183; so schon RGZ 117, 215, 217; 159, 33, 46.
⁶³⁶ § 128 HGB bzw. § 128 HGB analog. Siehe zur Haftung der GbR-Gesellschafter *BGH* BB 2001, 374.
⁶³⁷ *EuGH* ZIP 1999, 438, 440.
⁶³⁸ Siehe *Borges* RIW 2000, 167, 174, der zu Recht davon ausgeht, daß es stets möglich sein wird, einen Schwerpunkt festzustellen.
⁶³⁹ Siehe hierzu: *Breuninger/Krüger,* Die abnehmende Lokalisierung von Unternehmen, FS Rädler, 1999, 79.
⁶⁴⁰ *EuGH* NJW 1989, 2186.
⁶⁴¹ Art. 52, 58 EGV aF.

machen können. Die **Sitzverlegung** unter Beibehaltung der Stellung als Gesellschaft des Gründungsstaats war nicht möglich. Gesellschaften wurden daher aufgrund einer nationalen Rechtsordnung gegründet und hatten jenseits der jeweiligen nationalen Rechtsordnung, die ihre Gründung und ihre Existenz regelt, keine Realität[642]. Der EuGH hatte damit anerkannt, daß weder die **Gründungs- noch die Sitztheorie** gegen EU-Recht verstoßen[643].

271 Die Diskussion um die **Vereinbarkeit der Sitztheorie** mit den Vorgaben des Europarechts ist durch die „**Centros**"-**Entscheidung** des EuGH vom 9.3.1999[644] erneut entfacht worden. Danach werden die Gründungsvorschriften eines Mitgliedstaats auch dann nicht mißbraucht, wenn in diesem Mitgliedstaat niemals tatsächlich Geschäfte getätigt werden. **Zweigniederlassungen** von Gesellschaften aus anderen Mitgliedstaaten der EU sind daher auch dann als solche im nationalen Handelsregister einzutragen, wenn die Gesellschaften am Hauptsitz als reine „Briefkastenfirmen" mit dem Zweck betrieben werden, nationale Anforderungen zu umgehen[645]. Ein anderes Vorgehen der nationalen Behörden ist mit der **Niederlassungsfreiheit** unvereinbar[646].

272 Dadurch scheint die „Ausflaggung" von Gesellschaften innerhalb der EU möglich, wenn auch die konkreten Auswirkungen der Rechtsprechung des EuGH noch weitgehend ungeklärt sind[647]. Gegenstand des „Centros"-Urteils war eine nach englischem Recht ordnungsgemäß als **Private Limited Company** gegründete Gesellschaft, die eine **Zweigniederlassung** in Dänemark eintragen lassen wollte. Durch die Gründung der Gesellschaft in England sollten die dänischen Vorschriften über das Mindestkapital umgangen werden. Eine Geschäftstätigkeit am Gesellschaftssitz in England war zu keinem Zeitpunkt beabsichtigt. Dies hat nach dänischem Recht zur Folge, daß die in England gegründete Gesellschaft in Dänemark als **ausländische Gesellschaft mit beschränkter Haftung** anzusehen war. Das dänische Recht stellt insoweit also auf die Gründungstheorie ab[648]. Dementsprechend hatten die dänischen Registergerichte die Eintragung der Zweigniederlassung nicht deshalb abgelehnt, weil der im Ausland gegründeten Gesellschaft die Existenz fehlte[649]. Sie erachteten das Vorhaben vielmehr als **mißbräuchliche Umgehung** der nationalen gesellschaftsrechtlichen Vorschriften und verweigerten deshalb die Eintragung.

273 Der EuGH mußte in seiner „**Centros**"-**Entscheidung** nicht dazu Stellung nehmen, ob die Sitztheorie den Anforderungen des Europarechts genügt[650]. Des-

---

[642] *EuGH* NJW 1989, 2186, 2187.
[643] *BayObLG* NJW-RR 1999, 401, 402.
[644] *EuGH* ZIP 1999, 438.
[645] *Sedemund/Hausmann,* Niederlassungsfreiheit contra Sitztheorie – Abschied von Daily Mail?, BB 1999, 809, 810.
[646] Art. 43 und 48 EG.
[647] *Roth,* Gründungstheorie: Ist der Damm gebrochen?, ZIP 1999, 861.
[648] *Sonnenberger/Großerichter* RIW 1999, 721, 723.
[649] Dies wäre die Folge der Sitztheorie gewesen.
[650] Der EuGH wird dazu aber voraussichtlich im Weg des Vorabentscheidungsverfahrens gem. Art. 234 EG Stellung nehmen, der *BGH* ZIP 2000, 967 hat dem EuGH die Frage der Vereinbarkeit von Sitztheorie mit der Niederlassungsfreiheit von Gesellschaften vorgelegt.

halb bleibt es bei der in der **„Daily Mail"-Entscheidung** festgestellten **Gleichwertigkeit beider Ansätze**[651]. Die geplante **14. Richtlinie über die Verlegung des Sitzes** einer Gesellschaft in einen anderen Mitgliedstaat ist daher zur Klärung der Rechtslage weiterhin dringend erforderlich[652].

Der „Centros"-Entscheidung kann aber eine **Tendenz** des EuGH zugunsten der **Gründungstheorie** entnommen werden[653]. Ob die nationalen Gerichte dieser Richtung folgen, bleibt abzuwarten[654]. Sie scheinen ihre Haltung zu ändern[655]. Das OLG Frankfurt a. M. ist in einem Fall, in dem sich ein **tatsächlicher Verwaltungssitz** einer nach englischem Recht wirksam als Private Limited Company gegründeten Gesellschaft überhaupt nicht feststellen ließ, ausdrücklich der Gründungstheorie gefolgt[656]. Eine Gesellschaft, die in ihrem **Gründungsstaat** die **Rechtspersönlichkeit** erlangt habe, könne nach der Ansicht des OLG nicht deshalb rechtlos gestellt werden, weil die Sitztheorie versage. Dies trifft nicht zu, weil dann eine Sitzverlegung nicht festgestellt werden kann und deshalb auch nach der Sitztheorie das Gründungsstatut maßgeblich bleibt. Zudem sei nach deutschem Recht der Sitz einer Gesellschaft keine Voraussetzung für ihre Rechtsfähigkeit. Dieses Argument ist zirkulär, da die Sitztheorie postuliert, der Sitz sei maßgeblich[657].

Würde an der Sitztheorie nicht weiter festgehalten, könnte das **europäische Gesellschaftsrecht** zügiger **harmonisiert** werden[658]. Angesichts der Globalisierung der Kapitalmärkte wäre das zu wünschen.

---

[651] *BayObLG* NJW-RR 1999, 401 hat bei einem der „Centros"-Entscheidung ähnlichen Sachverhalt eine Vorlageverpflichtung abgelehnt; zweifelnd: *Sonnenberger/Großerichter* RIW 1999, 721, 732; *Timme/Hülk* JuS 1999, 1055, 1058; *Kindler*, Niederlassungsfreiheit für Scheinauslandsgesellschaften?, NJW 1999, 1993, 1999.

[652] In diese Richtung auch *Sonnenberger/Großerichter* RIW 1999, 721, 732; *Timme/Hülk* JuS 1999, 1055, 1058 halten vor allem eine klarstellende Entscheidung des EuGH für wünschenswert; aA *Meilicke*, Auswirkungen der „Centros-Entscheidung" auf die 14. EU-Sitzverlegungs-Richtlinie, GmbHR 1999, 896.

[653] Ähnlich *Koppensteiner*, Die Sitzverlegungsrichtlinie nach Centros, FS Lutter, 2000, S. 141; aA *Everling*, Das Europäische Gesellschaftsrecht vor dem Gerichtshof der Europäischen Gemeinschaften, FS Lutter, 2000, S. 31.

[654] Der *ÖstOGH* hat im Anschluß an die „Centros"-Entscheidung für einen vergleichbaren Fall entschieden, daß die in § 10 östIPRG normierte Sitztheorie mit der durch Art. 48 Abs. 1 iVm. § 43 EG eingeräumten sekundären Niederlassungsfreiheit in Widerspruch stehe, EuZW 2000, 156, 160; siehe dazu *Höfling*, Die Sitztheorie, Centros und der österreichische OGH, EuZW 2000, 145.

[655] Vgl. *OLG Brandenburg* ZIP 2000, 1616, 1617 (*LG Potsdam* ZIP 1999, 2021, 2022); *LG München* RIW 2000, 146, 147; dazu *Borges* RIW 2000, 167, 168 mit wohl unrichtiger Interpretation.

[656] *OLG Frankfurt/Main* ZIP 1999, 1710 (Revision zum *BGH* AZ III ZR 230/99), 1711.

[657] Ergänzend Vorlagebeschluß *AG Heidelberg* ZIP 2000, 1617 zur Zulässigkeit einer identitätswahrenden Sitzverlegung; Vorlagebeschluß *BGH* ZIP 2000, 967. Zu den insbes. auf mangelnde Praktikabilität der Sitztheorie abhebenden Gegenargumenten siehe *Haack*, Anwendbarkeit der Gründungstheorie bei fehlendem tatsächlichen Verwaltungssitz, Anm. zu *OLG Frankfurt am Main* RIW 2000, 56.

[658] *Werlauff*, Ausländische Gesellschaft für inländische Aktivität, ZIP 1999, 867, 872.

II. Ablauf und Grundfragen internationaler Unternehmenszusammenschlüsse

276 Für grenzüberschreitende Unternehmenszusammenschlüsse haben sich in der **Praxis unterschiedliche Lösungen** herausgebildet. Sie können modifiziert und miteinander kombiniert sowie den Bedürfnissen der beteiligten Unternehmen und betroffenen Rechtsordnungen angepaßt werden. Die meisten der Fragen werden bei jedem grenzüberschreitenden Zusammenschluß relevant. Soweit sie problematisch sind, werden sie anhand der unterschiedlichen Vorgehensweisen erörtert.

1. Merger of Equals

277 Beim Zusammenschluß der Daimler-Benz AG und der Chrysler Inc. wurde der Begriff des **Zusammenschlusses unter Gleichen** (Merger of Equals) für einen Unternehmenszusammenschluß gleichberechtigter Parteien gebraucht.

278 Der Begriff ist nicht neu. Im **Bilanzrecht** bezeichnet er Zusammenschlüsse gleich großer Partner[659]. Für diese Fälle der Zusammenführung von Aktionärskreisen, ohne daß ein schwächerer Beteiligter übernommen wird, wurde in den USA die Methode des **Pooling of Interests**[660] entwickelt. Die Bilanzierung eines Zusammenschlusses von Gleichen nach der sog. **Erwerbsmethode** wurde als unangemessen angesehen. Deshalb werden Unternehmen bei der Rechnungslegung so behandelt, als hätten sie ein **rechtlich einheitliches Unternehmen** gebildet[661]. So wird vermieden, daß in der Bilanz des Übernehmenden „**goodwill**"[662] entsteht, der in den Folgejahren zu Lasten des Gewinns abgeschrieben werden muß und das Ergebnis pro Aktie („earnings per share") belastet, den wichtigsten wertbildenden Faktor für den Aktienkurs.

279 Der Begriff Merger of Equals wird mittlerweile auch für Zusammenschlüsse benutzt, bei denen beide Anteilseignergruppen auch nach dem Zusammenschluß **Eigentumsinteressen an dem neuen Unternehmensverbund** haben. Auf eine **paritätische Beteiligung** kommt es nicht an. Ziel ist vielmehr eine Beteiligung der Aktionäre, die der Wertrelation zwischen den beteiligten Gesellschaften entspricht[663].

280 Zudem wird der Öffentlichkeit durch den Begriff suggeriert, die Unternehmen stünden sich **gleichrangig gegenüber**. Dem dienen auch Entscheidungen zur Besetzung der Unternehmensleitung, die Bestimmung des Verwaltungssitzes und Wahl der Firma des gemeinsamen Unternehmens. Hierdurch sollen Bedenken gegen eine – idR als negativ empfundene – Übernahme ausgeräumt werden. So werden die Leitungsorgane gleichmäßig mit ehemaligen Vorstands- oder Aufsichtsratsmitgliedern besetzt, oder es werden die ehemaligen Unternehmenssitze beibehalten. Um eine **gemeinsame „corporate identity"** zu schaffen, die zugleich die Gleichberechtigung der Partner widerspiegelt, können beide Unter-

---

[659] *Förschle/Deubert* in BeckBilKomm. § 302 HGB Rn 4.
[660] Methode der Interessenzusammenführung, siehe dazu Rn 305 ff.
[661] *Förschle/Deubert* in BeckBilKomm. § 302 HGB Rn 5.
[662] Siehe Rn 305 ff.
[663] *Horn* ZIP 2000, 473, 479; siehe auch *Decher*, FS Lutter, S. 1209; *ders.* FAZ 13. 8. 1999 S. 22.

nehmen bei der Namenswahl Pate stehen, oder die neue Unternehmensgruppe erhält insgesamt einen neuen Namen.

2. Business Combination Agreement

Als Grundlage des Zusammenschlusses schließen die Vorstände der beteiligten Unternehmen eine Vereinbarung (**Business Combination Agreement**). Darin werden die gemeinsamen Ziele des Zusammenschlusses und die dafür erforderlichen Schritte festgelegt[664]. Der Entwurf und die Verhandlung des Business Combination Agreement sind Teil der Geschäftsführungstätigkeit des Vorstands.

Im Business Combination Agreement werden die beabsichtigte **Struktur des Zusammenschlusses** und die zu seiner Umsetzung erforderlichen Schritte vereinbart. Daneben finden sich Vereinbarungen über die **Organisationsverfassung der neuen Gesellschaft**.

Durch die Übereinkunft kann nicht in die **Zuständigkeitsbereiche der Organe** der betreffenden Gesellschaften eingegriffen werden. So kann zB die Besetzung der Gesellschaftsorgane nicht der Entscheidung der nach nationalen Rechtsordnungen dafür Zuständigen entzogen werden. Wenn durch das Business Combination Agreement Gesellschaftsorgane bestimmt werden, sind diese **Vereinbarungen nicht verbindlich**. Die beteiligten Gesellschaften können sich allerdings dazu verpflichten, durch zulässige Handlungen den beabsichtigten Zusammenschluß zu fördern[665]. Sie müssen dann darauf hinwirken, daß die vereinbarte Besetzung der Gesellschaftsorgane erreicht wird. Im Business Combination Agreement können hierzu entsprechende Empfehlungen ausgesprochen oder Beschlußvorlagen entworfen werden[666].

Im Business Combination Agreement wird auch festgelegt, in welchem **Verhältnis** die Aktionäre der am Zusammenschluß beteiligten Unternehmen an der entstehenden Gruppe beteiligt sein sollen. Dabei läßt sich kaum das Verfahren einhalten, das die deutsche höchstrichterliche Rechtsprechung für maßgeblich hält[667]. Orientierungspunkt ist der Vergleich der Börsenkapitalisierungen, ggf. modifiziert durch eine Prämie zugunsten der Aktionäre des kleineren Unternehmens. Wird der Weg des **Aktientauschs** gewählt und folgt dem Aktientausch ein

---

[664] *Horn* ZIP 2000, 473, 479.

[665] Vgl. zB § 3 des Business Combination Agreements von Hoechst/Rhône-Poulenc: „Ohne die Absicht, die Rechte und Befugnisse der Hauptversammlung und sonstiger gesellschaftsrechtlicher Gremien zu beeinträchtigen, bemühen die Partner sich nach Kräften und empfehlen ihren jeweiligen Aktionären und organisatorischen Gremien die (folgenden) Maßnahmen."

[666] Die Zusammenschlußvereinbarungen von Daimler/Chrysler und Hoechst/Rhône-Poulenc enthalten derartige Empfehlungen für die Besetzung des ersten Vorstands und Aufsichtsrats (Art. 4 Sec. 1.d des Business Combination Agreements Daimler/Chrysler; § 3.7 des Business Combination Agreements von Hoechst/Rhône-Poulenc).

[667] Durch Wirtschaftsprüfer nach der Ertragswertmethode auf der Grundlage des IDW Standards des Hauptfachausschusses des Instituts der Wirtschaftsprüfer vom 28. 6. 2000 (IDW Standard: Grundsätze zur Durchführung von Unternehmensbewertungen (IDW S 1); abgedruckt in WPg 2000, 825) ermittelter Unternehmenswert. Dieser IDW Standard ersetzt die Stellungnahme HFA 2/1983: Grundsätze zur Durchführung von Unternehmensbewertungen (abgedruckt in WPg 1983, 468) sowie die Stellungnahme HFA 6/1997: Besonderheiten der Bewertung kleiner und mittlerer Unternehmen (abgedruckt in WPg 1998, 26).

Reorganisationsschritt mit gesetzlich ermitteltem Umtauschverhältnis (zB eine Verschmelzung), sollten die Umtauschverhältnisse übereinstimmen, was mitunter Schwierigkeiten bereitet.

285 Weitere Regelungen betreffen die Satzung der gemeinsamen Gesellschaft, zB Festlegungen zu Firma, Sitz, Gegenstand, ggf. auch zu Sonderregelungen, die sich aus der Struktur des Zusammenschlusses ergeben.

3. Hauptversammlungsbeschluß

286 Der beabsichtigte Zusammenschluß ist idR mit Maßnahmen verbunden, die nach Gesetz oder Satzung die **Zustimmung der Hauptversammlung** erfordern[668]. Folgende Fälle werden relevant:
– Satzungsänderungen, wie die Änderung des Gegenstands der Gesellschaft, der Firma oder die Verlegung des Gesellschaftssitzes[669];
– Maßnahmen der Kapitalbeschaffung und der Kapitalherabsetzung[670];
– Maßnahmen nach dem Umwandlungsgesetz;
– Übertragung des (nahezu) gesamten Gesellschaftsvermögens[671];
– Zustimmungserfordernisse bei Strukturmaßnahmen von herausragender Bedeutung[672].

287 Ob und unter welchen Voraussetzungen die Hauptversammlung bei **Strukturmaßnahmen** von herausragender Bedeutung beteiligt werden muß, ist im einzelnen noch ungeklärt[673]. Daher ist aus Vorsichtsgründen die Beteiligung der Hauptversammlung geboten.

288 Vorstand und Aufsichtsrat müssen in der Bekanntmachung der Tagesordnung Vorschläge zur Beschlußfassung machen[674]. Sofern ein Vertrag nur mit der **Zustimmung der Hauptversammlung** wirksam ist, muß auch dieser seinem wesentlichen Inhalt nach bekanntgemacht werden[675]. Das soll nach überwiegender Meinung auch gelten, wenn die Hauptversammlung an gesetzlich nicht geregelten **Strukturmaßnahmen** von herausragender Bedeutung nach der „Holzmüller"-Entscheidung des BGH beteiligt werden muß[676], obwohl in diesen Fällen die Wirksamkeit des Vertrags von der Zustimmung nicht abhängt, allerdings abhängig gemacht werden kann[677]. Es muß sorgfältig erwogen werden, wie weit die Bekanntmachung (im Bundesanzeiger) gehen muß, welche Dokumente im Geschäftsraum der Gesellschaft und während der Hauptversammlung auszulegen sind und welche Informationen in einem Bericht des Vorstands enthalten sein müssen.

---

[668] Siehe Rn 59 ff.
[669] § 119 Abs. 1 Nr. 5 AktG.
[670] § 119 Abs. 1 Nr. 6 AktG.
[671] § 179a AktG.
[672] BGHZ 83, 122 „Holzmüller"; in Bezug auf den Börsengang siehe § 23 Rn 129 ff.
[673] Siehe Rn 61 und zum aktuellen Diskussionsstand *Hüffer* § 119 AktG Rn 16 ff. mwN; mit Blickrichtung auf internationale Unternehmensverbindungen *Decher*, FS Lutter, S. 1209; *Schiessl* AG 1999, 442, 444; *Horn* ZIP 2000, 473, 479; *ders.*, FS Lutter, S. 1113.
[674] § 124 Abs. 3 AktG.
[675] § 124 Abs. 2 Satz 2 AktG.
[676] LG München AG 1995, 232, 233; *Hüffer* § 124 AktG Rn 11.
[677] BGH ZIP 2001, 416 „Altana/Milupa".

Dies wird künftig an Bedeutung gewinnen, wenn die sich abzeichnende Verknüpfung der Vorstandshaftung gegenüber den Aktionären so realisiert wird, wie sie die Regierungskommission „Corporate Governance" einer noch zu schaffenden Expertenrunde zur Ausarbeitung eines Verhaltenskodexes zur Unternehmensleitung und -führung zu empfehlen beabsichtigt[678].

4. Anfechtungsrisiken

Anfechtungsklagen können die zeitnahe Umsetzung des Zusammenschlusses beeinträchtigen oder gar vereiteln. Jeder Aktionär kann Beschlüsse der Hauptversammlung innerhalb eines Monats durch Klage anfechten, wenn er dagegen Widerspruch zur Niederschrift eingelegt hat[679]; weitere Beschränkungen des Anfechtungsrechts bestehen nicht[680].

Sofern der angefochtene Beschluß eine ins **Handelsregister einzutragende Tatsache** betrifft, wird durch die Anfechtung die Eintragung aufgrund der praktischen Handhabung der Registergerichte faktisch suspendiert[681]. Der Registerrichter kann oder muß (je nach einzutragender Tatsache) die Verfügung auszusetzen, bis der Rechtsstreit entschieden ist[682].

Um diese **Risiken zu begrenzen**, müssen bei der Planung des Zusammenschlusses und der Vorbereitung der Hauptversammlungen die möglicherweise anfechtungsgefährdeten Punkte besonders bedacht werden. Relevant sind insoweit Kapitalerhöhungsmaßnahmen, der aktienrechtliche Gleichbehandlungsgrundsatz[683], Sondervorteile und die gesellschaftliche Treupflicht. Die meisten Anfechtungsklagen werden auf die Verletzung von Berichtspflichten oder des Auskunftsrechts der Aktionäre gestützt[684].

Zu beachten ist außerdem die **erweiterte Auskunftspflicht**[685]: Sofern einem Aktionär in seiner Eigenschaft Auskünfte außerhalb der Hauptversammlung gegeben worden sind, müssen sie auf Verlangen in der Hauptversammlung auch jedem anderen Aktionär erteilt werden. Die sinnvolle und gewünschte Abstimmung der Fusion mit (Groß-)Aktionären vor der Hauptversammlung muß so gestaltet werden, daß sie die Auskunftspflicht nicht verschärft und die Anfechtungsrisiken nicht erhöht[686].

---

[678] FAZ 2. 7. 2001 S. 13 f.
[679] § 245 Nr. 1 AktG.
[680] Der Beschlußanfechtung steht auch nicht grundsätzlich entgegen, daß der Aktionär in der Hauptversammlung für den Beschluß gestimmt hat, *Hüffer* § 245 AktG Rn 24.
[681] *Schiessl* AG 1999, 442, 444.
[682] § 127 FGG.
[683] § 53a AktG.
[684] Allerdings schränkt die neuere Rechtsprechung die Anfechtungsmöglichkeiten sehr extensiv ein, vgl. Rn 8 mwN. Zu den hieraus resultierenden Konsequenzen *Schiessl* AG 1999, 442, 445.
[685] § 131 Abs. 4 AktG.
[686] Beim Zusammenschluß von Hoechst und Rhône-Poulenc wurden 24,5 % der Hoechst-Aktien, die von einer Tochtergesellschaft der Kuwait Petroleum Corporation gehalten wurden, durch einen separaten Einbringungsvertrag übertragen.

5. Corporate Governance

293 Die grenzüberschreitende Zusammenführung von Unternehmen stellt das System der Corporate Governance vor neue Herausforderungen. Die notwendige enge Zusammenarbeit erfordert und fördert das Verständnis der unterschiedlichen Systeme der Unternehmensleitung.

294 Das deutsche Aktiengesetz schreibt bekanntlich die **Trennung von Leitungs- und Überwachungsorgan** vor. Dem Vorstand der AG obliegt die Geschäftsleitung der Gesellschaft[687]. Er wird hierbei durch den Aufsichtsrat überwacht[688]. Eine identische Besetzung beider Gremien ist ausgeschlossen[689]. Diesem dualen System steht das **Prinzip der einheitlichen Leitungsmacht** des angloamerikanischen Rechtsraums gegenüber.

295 Bei Unternehmenszusammenschlüssen sollen – zumindest in einer Übergangsphase – die ehemaligen Unternehmensführungen regelmäßig an der **Leitung des gemeinsamen Unternehmens** beteiligt werden. Die Zusammenführung verschiedener Unternehmen spiegelt sich in der personellen Besetzung der Leitungsorgane wider. Die Mitbestimmungsgesetze erschweren die Besetzung des Aufsichtsrats[690]. Daneben erwarten die Anteilsinhaber und die übrigen Beteiligten, daß die Leitung des gemeinsamen Unternehmens zumindest teilweise dem ihnen bekannten System entspricht.

296 Sehen die anzuwendenden Rechtsordnungen **verschiedene Leitungssysteme** vor, kann diesem Anliegen nur bei dispositiven Vorschriften entsprochen werden. So hat die aus dem Zusammenschluß der Hoechst AG mit der Rhône-Poulenc S. A. hervorgegangene Aventis S. A.[691] – anders als bei französischen börsennotierten Aktiengesellschaften üblich – ein zweistufiges Verwaltungssystem mit Vorstand und Aufsichtsrat eingeführt[692].

297 Das duale System des deutschen Aktienrechts und das angelsächsische Board- oder Verwaltungsratssystem erscheinen gegensätzlicher, als dies – zumindest bei Großunternehmen – praktisch der Fall ist. Im angelsächsischen System haben die **„non-executive board members"** eine den Aufsichtsratsmitgliedern ähnliche Rolle, während die Geschäftsleitungsaufgaben von einer Gruppe von **„executives"** wahrgenommen werden, von denen nur die höchsten, insbes. der Chief Executive Officer (CEO), dem Board angehören[693].

---

[687] § 76 AktG.
[688] § 111 AktG.
[689] § 105 AktG.
[690] *Wymeersch,* Some aspects of Cross border co-operation between business enterprises, Financial Law Insitute, Universität Gent, Workingpaper 2000-5, http://www.law.rug.ac.be/fli.
[691] Siehe zur Struktur dieses Zusammenschlusses Rn 357ff. sowie Abbildung 6.
[692] Siehe dazu Bericht des Vorstands der Hoechst AG über den Unternehmenszusammenschluß von Hoechst und Rhône-Poulenc S. 80.
[693] *Wiesner* in MünchHdbGesR Bd. 4 § 19 Rn 3; *Stengel,* Directors' Powers and Shareholders: A Comparison of Systems, ICCLR 2/1998, 49; in den *OECD Principles of Corporate Governance* werden die Begriffe Board und „key executives" neben ihrer Bedeutung im Boardsystem zugleich zur Bezeichnung von Aufsichtsrat („supervisory board") und Vorstand (Management Board) im dualen System verwendet, vgl.: Präambel der OECD *Principles of Governance*; http://www.oecd.org/daf/ governace/principles.htm; deutsche Fassung in AG 1999, 340, 341.

Größere Schwierigkeiten bereiten dagegen die **Mitbestimmungsgesetze**. Sie werden international weithin als Transaktionshindernis aufgefaßt[694]. Die Beschäftigten des deutschen Unternehmens sind stets mit umfassenderen Rechten ausgestattet. 298

Mangels Gesetzgebungskompetenz werden die Vertretungsorgane ausländischer Unternehmen – also auch einer neuen Obergesellschaft – von der **deutschen Mitbestimmung nicht erfaßt**[695] und richten sich nach dem jeweiligen ausländischen Recht[696]. Gleiches gilt für die ausländische Tochtergesellschaft einer deutschen Obergesellschaft[697]. Dementsprechend unterliegt die DaimlerChrysler AG dem Mitbestimmungsgesetz von 1976, so daß der Aufsichtsrat zwingend paritätisch mit Anteilseigner- und Arbeitnehmervertretern zu besetzen ist[698]. Für die (ehemaligen) Beschäftigten von Chrysler entfaltet diese Regelung aber keine Wirkung[699]. 299

Das im AktG normierte System der Aufteilung der **Corporate Governance** zwischen Vorstand, Aufsichtsrat und Abschlußprüfer ist zwingend. Ergänzende Satzungsbestimmungen sind nur zulässig, wenn weder gesetzliche Bestimmungen noch ungeschriebene Prinzipien des Aktienrechts entgegenstehen[700]. Die **Kompetenzverteilung** unter den Organen der AG ist zwingend. In der Satzung kann die Bildung weiterer Gremien daher nur vorgesehen werden, soweit ihnen keine organschaftlichen Funktionen oder Rechte gegenüber der AG oder deren Organen eingeräumt werden[701]. 300

Das Business Combination Agreement zwischen Daimler-Benz AG, Chrysler Corporation und DaimlerChrysler AG sah die Bildung eines „**integration committee**" durch den Vorstand der DaimlerChrysler AG vor[702]. Mitglieder dieses Komitees sollten die beiden Vorstandsvorsitzenden sowie im wesentlichen die Anteilseignervertreter im Aufsichtsrat sein. Es sollte ein Organ geschaffen werden, das sich dem angelsächsischen Boardsystem annähert. Bei der tatsächlichen Umsetzung des Zusammenschlusses wurde zwar ein Integrationsausschuß 301

---

[694] *Horn* ZIP 2000, 473, 484.
[695] *Rumpff* in GK-MitbestG § 1 Rn 26.
[696] So zB beim Zusammenschluß der Hoechst AG und der Rhône-Poulenc S. A. Nach französischem Recht ist eine Arbeitnehmermitbestimmung nicht vorgeschrieben, nach erfolgtem Aktientausch sollte aber die Errichtung eines Ausschusses aus Vertretern des Managements und der Arbeitnehmer angestrebt werden mit dem Ziel, die Möglichkeit einer Vertretung von Arbeitnehmern im Aufsichtsrat der Aventis S. A. auf freiwilliger Basis zu prüfen; vgl. Bericht des Vorstands der Hoechst AG über den Zusammenschluß von Hoechst und Rhône-Poulenc S. 82.
[697] *Matthes* in GK-MitbestG § 3 Rn 18; *Wißmann* in Münchener Handbuch zum Arbeitsrecht, Band 3, Kollektives Arbeitsrecht, 2. Aufl. 2000, § 367 Rn 12.
[698] § 7 Abs. 1 MitbestG.
[699] Die US-amerikanische Automobilarbeitergewerkschaft vereinbarte mit der IG Metall, einen US-Vertreter zur Wahl in den Aufsichtsrat durch die Arbeitnehmer in Deutschland zu nominieren, siehe *Baums*, Globalisierung und deutsches Gesellschaftsrecht: Der Fall Daimler – Chrysler, Universität Osnabrück Arbeitspapier Nr. 80 (1998), http://www.jura.uos.de/institut/hwr.
[700] § 23 Abs. 5 Satz 2 AktG.
[701] HM: *Pentz* in MünchKomm. § 23 AktG Rn 161; *Mertens* in Kölner Komm. § 76 AktG Rn 28; *Hüffer* § 23 AktG Rn 38; *Röhricht* in Großkomm. § 23 AktG Rn 190.
[702] Vgl. Tab. 4 zum Business Combination Agreement zwischen Daimler-Benz AG, Chrysler Inc. und der DaimlerChrysler AG: „the proceedings of the Integration Committee will be patterned after those of Chrysler's Board of Directors and the proceedings of the Management Board (Vorstand) will be patterned after those of Chrysler's Executive Committee".

eingeführt. Doch handelte es sich um einen Ausschuß des Vorstands im klassischen Sinn[703]. Der Grundgedanke des „integration committee" wurde durch die Bildung eines **„shareholder committee"** aufgegriffen. Diesem gehörten die Anteilseignervertreter im Aufsichtsrat, die Vorstandsvorsitzenden sowie vier weitere Aufsichtsratsmitglieder an. Das „shareholder committee" erhielt nur eine beratende Funktion und diente als Forum zur Meinungsbildung[704]. Zur Wahrung der durch das Mitbestimmungsgesetz gebotenen Parität wurde daneben auch ein **„labour committee"** gebildet[705].

6. Konzernabschlüsse

302 Ein wichtiger Aspekt bei der Zusammenführung von Gesellschaften ist deren **bilanzielle Behandlung**[706]. Die Differenz zwischen der Höhe der vereinbarten Zahlungen und dem Buchwert des Eigenkapitals (**„goodwill"**) ist für die Darstellung der zukünftigen Finanz- und Ertragslage des Konzerns entscheidend. Bei grenzüberschreitenden Unternehmenszusammenschlüssen gewinnt dieser Bilanzposten durch die **Internationalisierung der Rechnungslegung** eine besondere Bedeutung[707].

303 Die von deutschen Unternehmen verwendeten Konzernrechnungslegungssysteme (HGB, US-GAAP, IAS[708]) ermöglichen bislang zwei Methoden,
– die Erwerbsmethode (Purchase Accounting-Methode)[709] und
– die Methode der Interessenzusammenführung (Pooling of Interests-Methode)[710].

304 Die **Erwerbsmethode** fingiert bei der Bilanzierung den Erwerb der einzelnen Vermögensgegenstände und Schulden. Die Bilanzposten des erworbenen Unternehmens können deshalb nicht mit den Buchwerten übernommen werden, sondern müssen neu bewertet werden. Dabei verbleibt häufig nach Verteilung der stillen Reserven und Lasten ein Differenzbetrag zum Eigenkapital. Dieser **„goodwill"** muß über einen bestimmten Zeitraum **abgeschrieben** werden. In den Folgejahren wird das **Konzernergebnis belastet**. Die schlechtere Ertragserwartung kann die Gunst der Anleger beeinflussen.

305 Um diese Auswirkung zu verhindern, wird bei Fusionen bevorzugt die **Methode der Interessenzusammenführung** angewandt[711]. Sie beeinflußt die Ertragslage der zusammengeführten Unternehmen nicht. Das Pooling of Interests führt lediglich die Vermögensinteressen durch Anteilstausch zusammen[712]. Bei

---

[703] Zur Zulässigkeit vorstandsinterner Ausschüsse siehe *Hüffer* § 77 AktG Rn 21.
[704] *Endres* ZHR 163 (1999) 441, 448.
[705] *Endres* ZHR 163 (1999) 441, 448.
[706] Siehe § 32 Rn 83 ff.
[707] Siehe dazu *Kleekämper/König,* Die Internationalisierung der deutschen Rechnungslegung, DStR 2000, 569.
[708] International Accounting Standards des IAS Committee, siehe www.iasc.org.uk.
[709] § 32 Rn 88 ff.
[710] § 32 Rn 138 ff.; *Klein* DStR 2000, 788; *Lopatta* RIW 2000, 354; *Mujkanovic* WPg 1999, 533; *Sellhorn,* Ansätze zur bilanziellen Behandlung des Goodwill im Rahmen einer kapitalmarktorientierten Rechnungslegung, DB 2000, 885.
[711] So auch bei Daimler-Benz und Chrysler.
[712] *Lopatta* RIW 2000, 354, 357.

den zusammengelegten Unternehmen kommt es zu einer **Buchwertfortführung**[713]. Aktiva und Passiva werden nicht neu bewertet. Ein **„goodwill" wird nicht ausgewiesen**[714].

Die Voraussetzungen für ein **Pooling of Interests** sind je nach Rechnungslegungssystem unterschiedlich. Nach **HGB** kann die Methode der Interessenzusammenführung wahlweise angewendet werden[715], falls
- das Mutterunternehmen zu mindestens 90% am Tochterunternehmen beteiligt ist,
- der Erwerb durch Anteilstausch vollzogen wird und
- die Barzahlung 10% des Nennbetrags der ausgegebenen Anteile nicht übersteigt.

306

Dagegen stellen **US-GAAP und IAS** erhöhte Anforderungen an die Anwendung des Poolings of Interests. Liegen deren Voraussetzungen allerdings vor, muß die Methode der Interessenzusammenführung zwingend angewendet werden[716].

307

Derzeit wird von verschiedenen Stellen geplant, die **Pooling of Interests-Methode abzuschaffen** und international bei Unternehmenszusammenschlüssen nur die **Erwerbsmethode zuzulassen**[717]. Mit der Einschränkung der Rechnungslegungsmethoden will man erreichen, daß **Unternehmenszusammenschlüsse transparenter und vergleichbarer** werden. Der geringe Unterschied zwischen Übernahme und Zusammenschluß von Gleichen rechtfertigt die unterschiedliche Behandlung nicht. Hinter manchen Mergers of Equals verbergen sich Übernahmen. Das Rechnungslegungsgremium der US-Wirtschaftsprüfer, das Financial Accounting Standards Board (FASB), hatte die Diskussion zur Abschaffung des Pooling of Interests besonders vorangetrieben.

308

Inzwischen liegt das Statement 141 des FASB vom 29. 6. 2001 vor, mit dem das FASB das Pooling of Interests für unzulässig erklärt.[718] Das neue Statement 142 vom selben Tag sieht vor, den „goodwill" nicht mehr abzuschreiben, solange die Untersuchung des Verkehrswerts der erworbenen Beteiligung nicht ergibt, er sei beeinträchtigt (**„impairment review"**)[719].

309

Die **Nivellierung der Bilanzansatzvarianten** nach US-GAAP wird auf die IAS ausstrahlen[720]. Im Ergebnis wird diese Frage des Bilanzrechts für künftige Unternehmenszusammenschlüsse keine so entscheidende Rolle mehr spielen.

310

---

[713] *Mujkanovic* WPg 1999, 533, 534.
[714] Ausführlich: *Bernstein,* Accountants change the rules for US M&A, IFLR 7/1999, 15.
[715] § 302 HGB.
[716] Zu den einzelnen Kriterien: *Klein* DStR 2000, 788, 794.
[717] IASC (Hrsg.) G4+1 Position Paper: „Recommendations for Achieving Convergence on the Methods of Accounting for Business Combinations", 1998, http://www.iasc.org.uk; Deutsches Rechnungslegungs Standards Committee e. V. Diskussionspapier: „Einheitliche Bilanzierung von Unternehmenserwerben" vom 26. 6. 1999, http://www.drsc.de; FASB: „Business Combinations and Intangible Assets" vom 7. 9. 1999, http://www.Rutgers.edu/Accounting/raw/fasb; *lü,* Bilanzwahlrecht bei Fusionen kippt, Handelsblatt 8. 7. 1999 S. 14.
[718] http://www.rutgers.edu/Accounting/raw/fasb, vgl. FAZ vom 2. 7. 2001, S. 28.
[719] FASB, Business Combination Project Summary, www.rutgers.edu/accounting/raw/fasb/project/buscomsumm.html.
[720] Es sind Zweifel laut geworden, ob die Anwendung von US-GAAP einschließlich der Statements 141 und 142 noch konform mit der (4.) Bilanzrichtlinie und der (7.) Konzernrichtlinie ist. Die gleiche Frage wird sich für die IAS stellen, sofern sie den Inhalt des Statements 141 und 142 der US-GAAP übernehmen. Bislang hält die EU-Kommission die IAS für richtlinienkonform; vgl. www.europa.eu.int/comm/internal_market/de/company/account/news/2k-187.htm.

7. Anpassung der Unternehmensgröße

311 Die Unternehmen des Zusammenschlusses können bei **unterschiedlicher Größe**[721] angeglichen werden. Dazu werden verschiedene Maßnahmen herangezogen[722]:
- Rückkauf eigener Aktien und deren Einziehung;
- Sonderdividenden;
- Abspaltung[723] oder Verkauf von Unternehmensteilen;
- Kapitalerhöhung bei der kleineren Gesellschaft.

8. Vorbereitende und nachfolgende Reorganisation

312 Zur Umsetzung von Unternehmenszusammenschlüssen müssen regelmäßig die **Organisationsstrukturen angepaßt werden**. Daneben müssen zusammengehörende Betriebsbereiche verbunden oder aufeinander abgestimmt werden, um die mit der Fusion erstrebten Synergieeffekte zu erzielen.

313 Zusammenschlüsse mit Hilfe eines **Aktientauschs** zielen auf die Beteiligung aller Aktionäre an einer einheitlichen Obergesellschaft. Die Aktionäre erhalten für ihre Anteile an einer oder beiden „alten" Gesellschaften solche der neuen Obergesellschaft. Die Gesellschaft oder Gesellschaften des Zusammenschlusses werden zu Tochtergesellschaften der neuen Obergesellschaft. Da der Aktientausch nur auf freiwilliger Basis möglich ist, **verbleiben Aktionäre** in den entstehenden Tochtergesellschaften. Falls diese nicht aus den Gesellschaften zwangsabgefunden werden können, muß über Jahre eine unerwünschte **Holdingstruktur** beibehalten werden.

314 In fast allen entwickelten Rechtsordnungen hat ein Mehrheitsaktionär ab einer bestimmten Beteiligungshöhe die Möglichkeit, Minderheitsaktionäre zum Ausscheiden aus der Gesellschaft zu zwingen. Eine **Squeeze Out-Regelung** mit einem Schwellenwert von 95% ist auch Gegenstand des neuen Übernahmegesetzes[724]. Dann wird die Hauptversammlung beschließen können, daß die Aktien der Minderheitsaktionäre gegen eine Barabfindung auf die Mehrheitsaktionäre übergehen. Die Höhe der Geldleistung wird auf der Grundlage einer Unternehmensbewertung festgelegt und ist in einem Spruchstellenverfahren überprüfbar.

315 Bis zur Einführung dieser Regelung sind die Möglichkeiten eines Großaktionärs zur vollständigen Übernahme aller Aktien begrenzt[725]. Möglich sind **Maßnahmen** nach dem Umwandlungsgesetz, die Eingliederung[726], der Abschluß

---

[721] Zum Begriff „Größe" in diesem Zusammenhang siehe § 8 Rn 8.
[722] Siehe dazu näher § 8 Rn 14 ff.
[723] Hoechst AG hat vor dem Zusammenschluß mit Rhône-Poulenc weite Bereiche ihres Industriechemiegeschäfts auf die Celanese AG abgespalten.
[724] Siehe Band 2; vgl. auch *Kossmann*, Ausschluß („Freeze-out") von Aktionären gegen Barabfindung, NZG 1999, 1198; *Land/Hasselbach*, „Going Private" und „Squeeze-Out" nach deutschem Aktien-, Börsen- und Übernahmerecht, DB 2000, 557.
[725] Mit der Einführung ist zum 1. 1. 2002 zu rechnen. Siehe auch *Handelsrechtsausschuß des Deutschen Anwaltvereins e. V.*, Stellungnahme zur Ergänzung des AktG durch einen Titel „Aktienerwerb durch den Hauptaktionär", www.anwaltverein.de.
[726] §§ 320, 320b AktG.

eines Unternehmensvertrags[727] oder eine übertragende Auflösung[728]. Bei börsennotierten Gesellschaften kann auch ein Rückzug von der Börse die Entscheidung der Aktionäre für den Ausstieg aus der Gesellschaft forcieren[729].

9. Wettbewerbsrecht

Grenzüberschreitende Zusammenschlüsse berühren regelmäßig Fragen der **wettbewerbsrechtlichen Fusionskontrolle**[730]. Die nationalen Kartellbehörden sind befugt, die wettbewerbsrechtlichen Auswirkungen eines Zusammenschlusses für den jeweiligen geschützten Markt zu kontrollieren[731]. Der grenzüberschreitende Sachverhalt ist dabei nur von untergeordneter Bedeutung. Entscheidend sind die Auswirkungen der Zusammenführung auf den nationalen oder europäischen Markt. 316

Eine **grenzüberschreitende Fusion** kann demnach der Aufsicht verschiedener nationaler Behörden unterliegen[732], deren Anforderungen und Prüfungsmaßstäbe variieren[733]. **Unterschiedliche Anzeige- oder Anmeldepflichten** müssen eingehalten werden, woraus sich Wartepflichten ergeben. Dies kann zu erheblichen Verzögerungen der Fusion führen[734]. Gerade bei grenzüberschreitenden Unternehmenszusammenschlüssen sind zusätzlich oft Verhandlungen mit den Kartellbehörden erforderlich, bevor Genehmigungen erteilt oder mögliche Freistellungen erklärt werden. 317

Aufgrund dessen wäre zu wünschen, ein **Weltkartellamt** würde eingeführt[735]. Das Vorhaben ist derzeit nicht realisierbar, da nationale Vorbehalte einem internationalen Kartellrecht entgegenstehen. Zudem ist unklar, wie die Rechtsverbindlichkeit erreicht werden könnte. 318

Durch **zwischenstaatliche Koordinierungsabkommen** wird bereits heute erreicht, daß nationale kartellrechtlichen Regelungen soweit möglich aufeinander abgestimmt angewendet werden[736]. Im Einzelfall müssen dennoch die zuständigen Kartellbehörden und die jeweiligen Anforderungen ermittelt werden. Die Durchführung mehrerer Anzeige- oder Genehmigungsverfahren bleibt deshalb unerläßlich. 319

---

[727] § 311 AktG.
[728] § 179a AktG.
[729] Siehe auch *Than*, FS Claussen, S. 405, 419.
[730] Dazu ausführlich § 25.
[731] *Wiedemann*, Handbuch des Kartellrechts, 1999, 62ff.; entsprechendes gilt für die Kontrollbefugnis der europäischen Kommission.
[732] *Griffin* ECLR 1998, 12.
[733] *Griffin* ECLR 1998, 12ff. mit Übersichten zur Fusionskontrolle durch die amerikanische Kartellbehörde und die Europäische Kommission.
[734] *Horn* ZIP 2000, 473, 480.
[735] *Meessen*, Das Für und Wider eines Weltkartellrechts, WuW 2000, 5ff.; *Henkel*, Brauchen wir ein Weltkartellamt?, WM 1999, 1659; *Wolf*, Globalisierung und internationale Wettbewerbspolitik, ZRP 1998, 465; *Voigt*, Die globale Entdeckung der Fusionen, FAZ v. 31. 7. 1999, S. 15.
[736] Vgl. *OECD*, Merger Cases in the Real World. study of merger control procedures, 1994; *Lampert*, International Co-operation among Competition Authorities, EuZW 1999, 107.

III. Formen der Zusammenführung über die Grenze und Praktikabilität nach deutschem Recht

320 Für grenzüberschreitende Unternehmenszusammenführungen haben sich zwei Grundmodelle herausgebildet: Der **synthetische Zusammenschluß**, bei dem eine Gruppe von Gesellschaften an der Konzernspitze entsteht, und der **Zusammenschluß zu einer einheitlichen Gesellschaft** mittels Aktientausch. In beiden Modellen gibt es **Varianten**, die sich aus den individuellen Strukturen der beteiligten Unternehmen ergeben[737].

1. Synthetische Zusammenschlüsse

321 Bei synthetischen Zusammenschlüssen fügen die Gesellschaften ihre **Geschäftsbereiche** zusammen, ohne ihre rechtliche Selbständigkeit vollständig aufzugeben. An der Spitze der Unternehmensgruppe bestehen **selbständige Rechtspersonen** fort.

322 Synthetische Zusammenschlüsse sind in vielen Variationen denkbar und praktiziert worden. Gemeinsam ist allen Strukturen das **Konzept der Gleichstellung**: Die Rechte der Aktionäre an den Muttergesellschaften sollen sich in den wirtschaftlichen Verhältnissen widerspiegeln, die für den Zusammenschluß vereinbart werden.

323 **a) Strukturen synthetischer Zusammenschlüsse. aa) „Combined group structure".** Für **Zusammenschlüsse mit Doppelspitze** wird häufig das Modell der „combined group" herangezogen[738]. Bei diesem Verfahren bringen die Unternehmen ihre **Betriebsvermögen** – wie bei einem Joint Venture – in eine oder mehrere gemeinsame Tochtergesellschaften ein. Die Aktionäre sind dadurch weiterhin unmittelbar an den verbundenen Gesellschaften beteiligt, die zu **Holdinggesellschaften** werden. Ihre Geschäftsaktivitäten werden in einer gemeinsamen **Joint Venture-Gesellschaft** gepoolt. Während die Muttergesellschaften die Stimmrechte an der Joint Venture-Gesellschaft innehaben, ist diese Eigentümerin des Betriebsvermögens der Gruppe.

---

[737] *Martens*, Fusionsmodelle, FS Peltzer 2001, S. 279ff. differenziert nicht nach dem Ziel des Zusammenschlusses, sondern nach dem Weg dahin. Er untersucht vier Konstellationen: Fusion durch Aktientausch, Fusion durch Vermögensübertragung, Fusion durch Beitritt der übertragenden Gesellschaft oder ihrer Aktionäre sowie übertragende Auflösung.

[738] ZB: Royal Dutch/Shell, 1907; ABB Asea Brown Boveri, 1987/1988, Fortis, 1993; Dexia, 1996 (Abbildung 2); BAT/Zurich (Abbildung 3), 1998; Northbanken/Merita, 1998; siehe auch Abbildung 1.

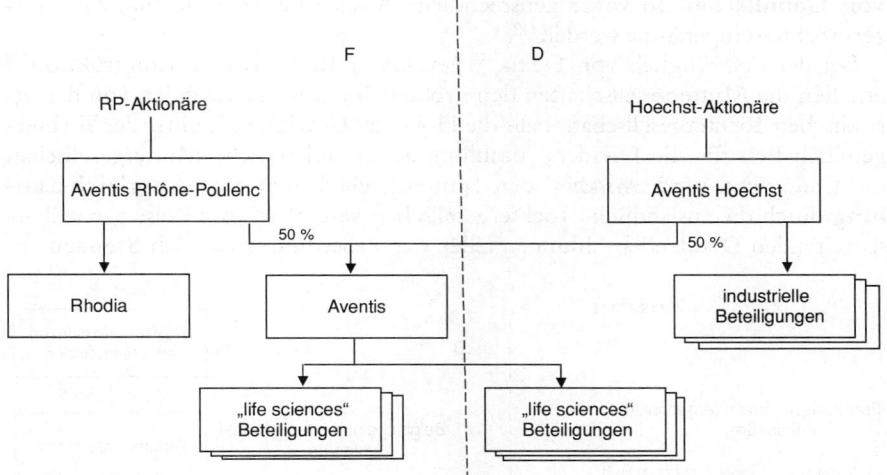

Abb. 1: Beispiel Hoechst/Rhône-Poulenc (1999), Planung Dezember 1998

Auch die **Muttergesellschaften** können in unterschiedlicher Weise strukturiert werden. So können einzelne Geschäftsbereiche aus dem Zusammenschluß ausgeklammert werden und bei den Muttergesellschaften verbleiben[739].

Die Aufteilung der Beteiligung an der (oder den) Holdingtöchter(n) zwischen den Mutterunternehmen hat bei **synthetischen Zusammenschlüssen** entscheidende Bedeutung. Häufig sind die sich zusammenschließenden Gesellschaften zu je 50% an den Holdinggesellschaften beteiligt[740]. Zwingend ist das nicht. So hält bei Royal Dutch/Shell die niederländische Konzernmutter 60% und die britische 40% an der zwischengeschalteten Holding; bei BAT/Zurich[741] wurde die britische Gesellschaft Allied Zurich plc. zu 43%, die schweizerische Zürich Allied AG zu 57% an der gemeinsamen Holding Zurich Financial Services beteiligt. In beiden Fällen wurde durch eine **Gleichstellungsvereinbarung** zwischen den Gesellschaften, die an der Spitze stehen, gewährleistet, daß dieses Beteiligungsverhältnis auch bei der Ausschüttung von Dividenden gewahrt wird.

Die steuerlichen Nachteile grenzüberschreitender Dividendenzahlungen gilt es bei den Spitzengesellschaften zu vermeiden. Dies kann erreicht werden, indem die Muttergesellschaften ihre Dividenden von inländischen Tochtergesellschaften erhalten. Auch können den nationalen Muttergesellschaften durch die **Ausgabe**

---

[739] Bei der ursprünglichen Planung des Zusammenschlusses von Hoechst/Rhône-Poulenc (Abbildung 1) war vorgesehen, daß nur die „life sciences"-Bereiche in die neue Aventis eingebracht werden sollten, während die industrielle Chemie bei den Muttergesellschaften Hoechst (dann: Aventis Hoechst) und Rhône-Poulenc (dann: Aventis Rhône-Poulenc) verbleiben sollte; zum später verwirklichten Zusammenschluß siehe Rn 365 ff.

[740] So bei: ABB, Reed Elsevier, siehe dazu *Jones/Baker,* The Reed Elsevier merger: Preserving separate identities, PLC 1993, IV (1) 15 ff.; ursprüngliche Planung von Hoechst/Rhône-Poulenc (Abbildung 1).

[741] Siehe Abbildung 3.

von Genußscheinen vermögensrechtliche Ansprüche gegen inländische Konzerntöchter eingeräumt werden[742].

327   Bei der ursprünglich von Dexia[743] gewählten Tower Bridge-Konstruktion[744] erhalten die Muttergesellschaften den größten Teil ihrer Dividenden von der inländischen Tochtergesellschaft. Falls die Höhe der Gewinne bei einer der Tochtergesellschaften für die Dividendenzahlung an die inländische Muttergesellschaft nicht ausreicht, wird zwischen den Muttergesellschaften eine **Ausgleichszahlung** durch die ausländische Tochtergesellschaft vereinbart. Auf diese grenzüberschreitenden Dividendenzahlungen fallen dann allerdings zusätzlich **Steuern** an.

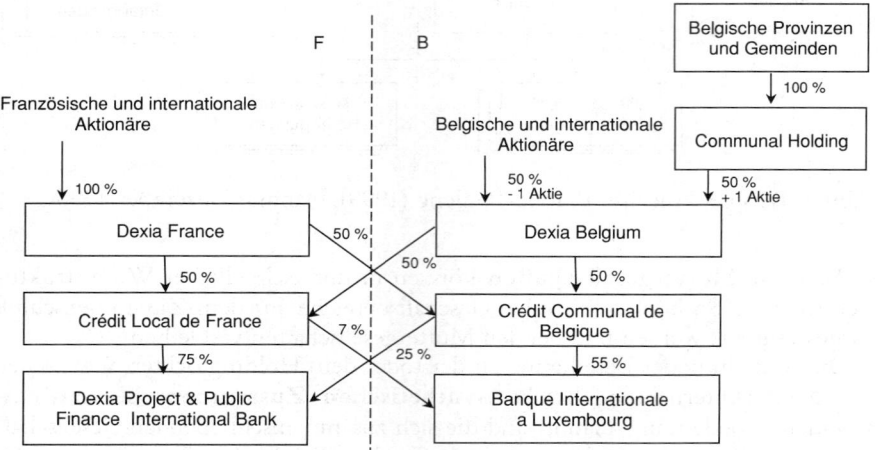

Abb. 2: Beispiel Dexia, Crédit local de France/Crédit communal de Belgique (1997)

328   Beim Zusammenschluß von BAT/Zurich[745] wurde eine **steuergünstige Dividendenausschüttung** an die britische Allied Zurich erreicht: Diese wurde mit Aktien, die besondere Dividendenrechte haben, unmittelbar an der auf dritter Ebene liegenden Holdinggesellschaft beteiligt. Dadurch wurde der Gewinn unmittelbar an die britische Konzernmutter ausgeschüttet. Auf Schweizer Seite wurden zur Dividendenzahlung unmittelbar an die Muttergesellschaft Genußscheine herangezogen.

---

[742] So bspw. beim Zusammenschluß von BAT/Zurich.
[743] Siehe Abbildung 2.
[744] Die Tochtergesellschaften sind über Kreuz verflochten, daneben bestehen weitere Überkreuzverflechtungen auf niedrigerer Ebene.
[745] Siehe Abbildung 3.

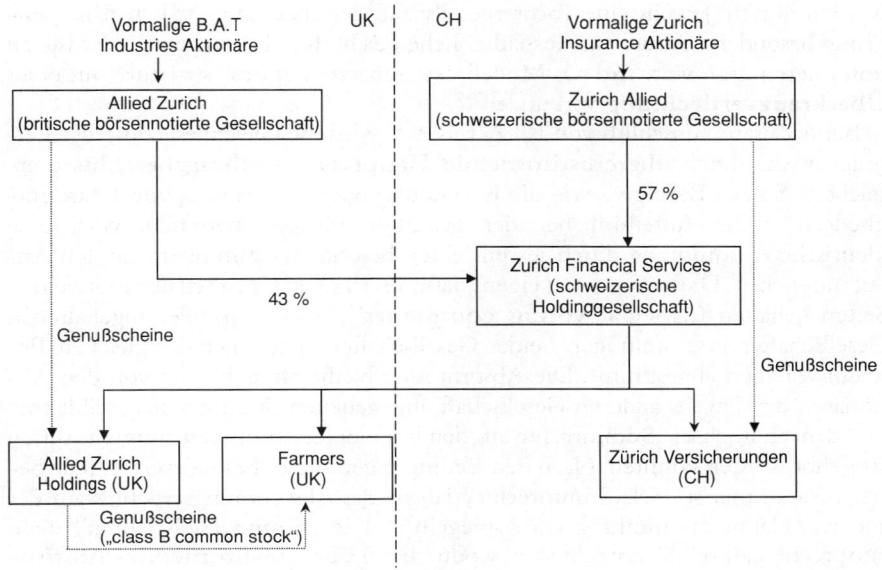

Abb. 3: Beispiel BAT/Zurich (Zurich Financial Services, Zürich Versicherungen/BAT Allied) (1998)

bb) „Separate entities structure". Das zweite Grundmodell synthetischer Zusammenschlüsse ist die „separate entities structure"[746]. Im Gegensatz zur „combined group structure" verbleiben bei dieser Struktur die einzelnen **Geschäftsbereiche jeweils im Eigentum der zusammengeführten Gesellschaften**. Nach außen handeln sie aber als Einheit.

Durch ein **„equalisation" oder „sharing agreement"** (Gleichstellungs- oder Beteiligungsvereinbarung) wird das Auftreten koordiniert. Darin können die Unternehmensleitung, die Dividendenausschüttung und die Gleichbehandlung der Anteilsinhaber aufeinander abgestimmt werden.

In der Vereinbarung ist zu berücksichtigen, daß
- die Anteilsinhaber beider Gesellschaften gleichberechtigt an Dividendenzahlungen und am Liquidationserlös teilnehmen;
- entsprechende Ausgleichszahlungen zwischen den Muttergesellschaften erfolgen, falls eine ihrer Betriebsgesellschaften nicht ausreichend Dividenden erhält, um ihren Anteilsinhabern die Dividenden auszuschütten;
- die Besetzung der unternehmensführenden Organe abgestimmt wird;
- ggf. gemeinsame oder koordinierte Hauptversammlungsbeschlüsse möglich sind.

Bei Unilever enthalten die **Satzungen der beiden Gesellschaften** Bestimmungen, wonach die Boardmitglieder nur aufgrund einer Vorschlagsliste gewählt

---

[746] Beispiele für diese Vorgehensweise sind Unilever (1929) und RTZ/CRA (1995) (Abbildung 4).

werden dürfen. Jeweils eine Tochtergesellschaft der anderen Gesellschaft hat aufgrund besonderer Aktien das ausschließliche Recht, Kandidaten für diese Liste zu nominieren. Insoweit wird das Modell der „separate entities" structure mit einer **Überkreuzverflechtung** verbunden[747].

333 Beim Zusammenschluß von RTZ/CRA[748] wird die Gleichbesetzung der Leitungsorgane durch **übereinstimmende Hauptversammlungsbeschlüsse** erreicht[749]. Sofern Belange – wie die Ernennung oder Abberufung von Boardmitgliedern – die Anteilsinhaber der gesamten Gruppe betreffen, wird eine identische Abstimmung durch jeweils einen besonderen stimmberechtigten Anteil möglich[750]. Dieser wird von eigens dafür errichteten Gesellschaften auf beiden Seiten gehalten („**special voting companies**"). In den parallel abgehaltenen Gesellschafterversammlungen beider Gesellschaften wird über die gleichen Beschlußvorlagen abgestimmt. Die Abstimmung bleibt offen, bis die von den Aktionären der jeweils anderen Gesellschaft abgegebenen Stimmen ausgezählt sind und danach noch die Stimmrechte aus den besonderen stimmberechtigten Aktien ausgeübt werden konnten. Nach den Bedingungen dieser besonderen Anteile besitzen sie immer so viele Stimmrechte, daß sie das Abstimmungsergebnis auf der anderen Hauptversammlung widerspiegeln[751]. Die „Stimmgesellschaften" üben entsprechend ihre Stimmrechte aus, wodurch ein **übereinstimmendes Abstimmungsergebnis** auf beiden Hauptversammlungen erzielt wird.

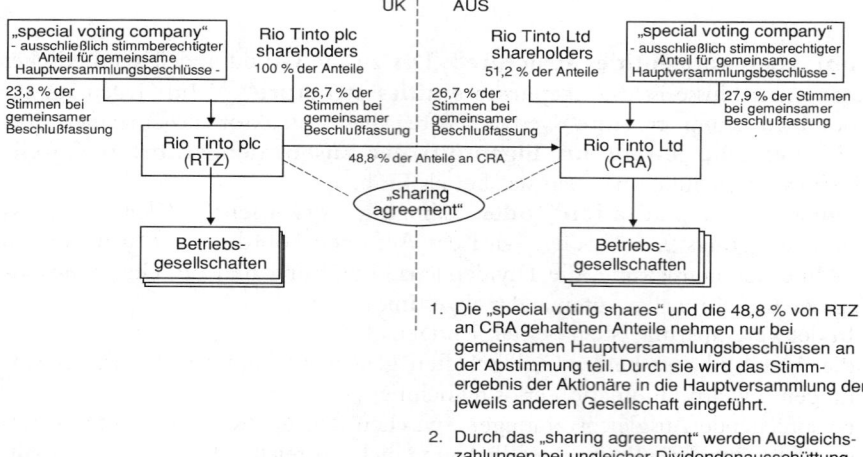

Abb. 4: Beispiel RTZ/CRA (1995)

---

[747] Siehe auch *Becker*, Steuerliche Möglichkeiten einer europäischen Zusammenarbeit und Unternehmensverschmelzung, BB 1978, 1321.
[748] Siehe Abbildung 4.
[749] Siehe Rn 345 f.
[750] *Radford/Read/King*, RTZ/CRA: The mining merger PLC 1996, VII (1), 27 ff.
[751] Die Beteiligung der RTZ an der CRA wird dabei berücksichtigt.

cc) „Twinned share structure"/„Stapled stock"[752]. Die dritte Grund- 334
form doppelköpfiger Unternehmenszusammenschlüsse ist die „twinned
share"[753] oder „stapled stock structure"[754]. „Stapled stock"-Strukturen werden gelegentlich auch bei internationalen **Joint Ventures verwendet**[755]. Hauptziel des Konzepts ist, die Anteilsinhaber so zu behandeln, als wären sie an einer **einzigen Gesellschaft** beteiligt. Gleichzeitig soll der Nachteil der Mehrfachbesteuerung von grenzüberschreitend gezahlten Dividenden vermieden werden. Dies wird erreicht durch gekoppelte Aktien der beiden Spitzengesellschaften, die nur als Paket erworben und veräußert werden können. Die Dividenden erhalten die Aktionäre weiterhin nur von einer der beiden Muttergesellschaften[756].

Folglich sind künftige **Kapitalerhöhungen** zur Neuausgabe von Aktien nur 335
einheitlich möglich und müssen koordiniert werden. Deshalb werden Hauptversammlungsbeschlüsse zur Kapitalerhöhung oder -herabsetzung unter der Bedingung gefaßt, daß ein entsprechender Beschluß der anderen Gesellschaft ergeht.

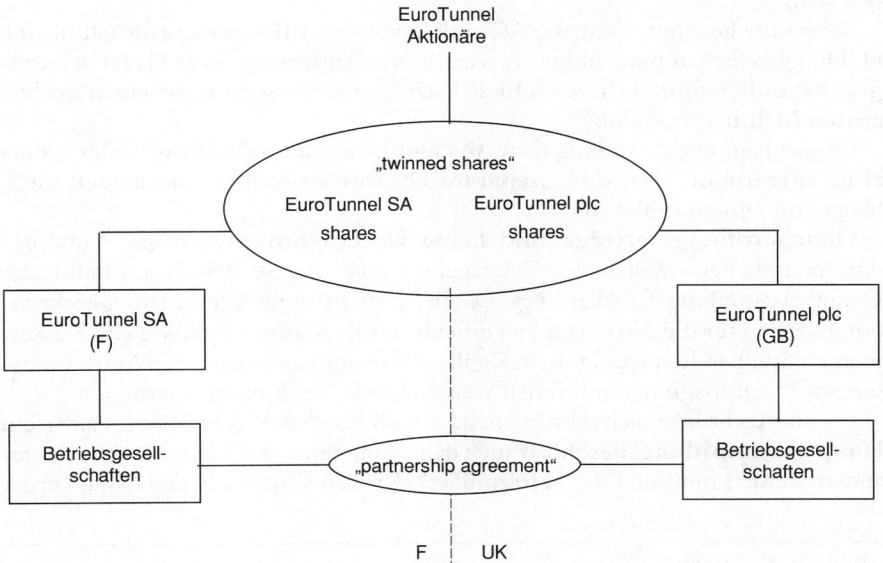

Abb. 5: Beispiel EuroTunnel (1989) – „twinned shares"

---

[752] Siehe auch Rn 347f.
[753] „Twinned share" = Zwillingsaktie.
[754] „Staple" = Heftklammer. Dem Begriff „stapled stock" liegt das Bild der untrennbar zusammengehefteten Anteilszertifikate zugrunde.
[755] Siehe *Breuninger* in Schaumburg (Hrsg.), Internationale Joint Ventures, S. 213 ff.
[756] Beispiele für ein derartiges Vorgehen sind EuroTunnel (1989) (Abbildung 5) und „Rothmans/Vendôme", Restructuring, PLC 1993, IV (8) 11 f.

336 **b) Synthetische Zusammenschlüsse und deutsches Recht. aa) Beteiligung der Hauptversammlung.** Der Zusammenschluß zweier rechtlich selbständiger Unternehmen, ohne daß diese voneinander abhängig sind, begründet einen (internationalen) **Gleichordnungskonzern**[757]. Der Vorstand ist für den Abschluß des **Gleichordnungsvertrags** zuständig[758]. Ob und wann der Vertrag der Hauptversammlung vorgelegt werden muß, ist schwierig zu beurteilen.

337 Bei der „combined group structure" wird – je nach Ausgestaltung[759] – das **ganze oder ein wesentlicher Teil des Vermögens** auf die gemeinsame Tochtergesellschaft übertragen[760]. Werden Gesellschaftsbeteiligungen auf die Ebene der gemeinsamen Tochtergesellschaft verlagert, sind auf die deutsche AG die Grundsätze der **„Holzmüller"-Entscheidung** des BGH[761] anzuwenden. Die **Hauptversammlung** muß je nachdem, welcher Meinung man folgt, mit einfacher oder Dreiviertelmehrheit **zustimmen**. Letzteres gilt jedenfalls kraft gesetzlicher Anforderung dann, wenn das gesamte oder beinahe gesamte Vermögen übertragen wird[762].

338 Sofern die beteiligte deutsche AG zudem von einer Betriebsgesellschaft in eine Holdinggesellschaft umstrukturiert wird, ist die **Änderung ihres Gesellschaftsgegenstands** erforderlich. Auch diese Satzungsänderung erfordert einen qualifizierten Mehrheitsbeschluß[763].

339 Ob die Hauptversammlung dem Abschluß eines **„equalisation" oder „sharing agreement" bei der „separate entities structure"** zustimmen muß, hängt von seinem Inhalt ab.

340 **Gleichordnungsverträge sind keine Unternehmensverträge**[764] und bedürfen nach dem Willen des Gesetzgebers nicht per se der Zustimmung der Hauptversammlung[765]. Allerdings ist die Entscheidung für einen Gleichordnungsvertrag für die Aktionäre von erheblicher Bedeutung. Synthetische Zusammenschlüsse bereiten häufig die endgültige Zusammenführung der Aktionärsbasen vor[766]. Oft beginnen mit ihnen weitreichende Strukturveränderungen.

341 Da die Rechtslage nicht abschließend entschieden ist, wäre vorsichtshalber ein **Hauptversammlungsbeschluß** auch dann zu fassen, wenn die Satzung nicht geändert werden muß und die „Holzmüller"-Kriterien unterschritten sind. Ferner

---

[757] § 291 Abs. 2 AktG.
[758] § 76, 77 AktG.
[759] Siehe hierzu Rn 323 ff.
[760] Siehe hierzu ausführlich: *Gromann*, Die Gleichordnungskonzerne im Konzern- und Wettbewerbsrecht, 1979, S. 36; *Milde* S. 229.
[761] BGHZ 83, 122 „Holzmüller"; siehe hierzu Rn 61 f., 64, 286 ff.
[762] § 179a AktG.
[763] § 179 Abs. 2 AktG.
[764] § 293 Abs. 2 AktG.
[765] ZB *Hüffer* § 291 AktG Rn 35; *Krieger* in MünchHdbGesR Bd. 4 § 68 Rn 84; *Milde* S. 229; zweifelnd bis ablehnend: *Habersack* in Emmerich/Habersack § 291 AktG Rn 61; *Schmidt*, Gleichordnung im Konzern: terra incognita? Vorstudien und Thesen zu einem Recht der Konzernschwestern, ZHR 155 (1991) 417; *Wellkamp*, Der Gleichordnungskonzern – Ein Konzern ohne Abhängigkeit?, DB 1993, 2517.
[766] ABB und Allied Zurich haben inzwischen die Einheitsaktie geschaffen.

muß der Zusammenschluß nach außen positiv dargestellt werden. Dafür ist es nahezu unverzichtbar, die Hauptversammlung in die Entscheidung einzubeziehen.

bb) Dividendenfluß. Dividendenzahlungen müssen so gestaltet sein, daß **Mehrfachbesteuerungen vermieden werden.** Deshalb sollten Zahlungen an die deutsche Kapitalgesellschaft von einem Doppelbesteuerungsabkommen erfaßt werden, um in Deutschland steuerfrei vereinnahmt werden zu können. Daneben können **Genußscheine an die deutsche Muttergesellschaft** ausgegeben werden[767]. Die Zahlungen auf Genußscheine können derart ausgestaltet werden, daß es sich bei ihnen nicht um Dividenden, sondern um Zinsen handelt[768]. 342

cc) Corporate Governance[769]. Die **Gleichbesetzung der Verwaltungs- und Überwachungsgremien** bereitet in Deutschland wegen der strikten personellen Trennung von Vorstand und Aufsichtsrat Probleme[770]. Daneben sind die zwingenden Vorschriften des Aktiengesetzes und der **Mitbestimmungsgesetze** zu beachten. 343

Der Aufsichtsrat bestellt den **Vorstand** der deutschen AG[771]. Die Aufgabe kann nicht auf einen Ausschuß oder gar ein anderes Gremium übertragen werden[772]. Der Aufsichtsrat entscheidet nach freiem unternehmerischen Ermessen, das nicht durch rechtsgeschäftliche Bindungen eingeschränkt werden darf[773]. Die **Gleichbesetzung des Vorstands** kann deshalb nicht vereinbart werden. Selbstverständlich ist nicht auszuschließen, daß das einzelne Aufsichtsratsmitglied einer Empfehlung folgt. Spätestens bei den Arbeitnehmervertretern im Aufsichtsrat endet aber die Gleichbesetzung. 344

dd) Koordinierte Hauptversammlungsbeschlüsse. Es ist sehr zweifelhaft, ob bei der **Beteiligung einer deutschen Gesellschaft** Hauptversammlungsbeschlüsse koordiniert werden können, wie das bei RTZ/CRA erreicht wird. 345

Ein einheitliches Abstimmungsverfahren in zwei Hauptversammlungen, bei dem durch ausschließlich **stimmberechtigte Aktien ohne Gewinnanspruch** identische Abstimmungsergebnisse in beiden Gesellschaften erreicht werden, ist nicht möglich. Prinzipiell können zwar ausschließlich stimmberechtigte Aktien ausgegeben werden[774]. Sobald Aktien jedoch von der Gesellschaft selbst gehalten werden, **ruht das mitgliedschaftliche Stimmrecht**[775]. Diese Regelung wird 346

---

[767] § 221 AktG.
[768] *Heinicke* in Schmidt KommEStG, 19. Aufl. 2000, § 20 EStG Rn 52; *Wassermeyer* in Kirchhof/Söhn KommEStG, Stand: Januar 1992, § 20 EStG Rn C45 ff.
[769] Vgl. auch Rn 293 ff.
[770] § 105 AktG.
[771] § 84 Abs. 1 AktG.
[772] § 107 Abs. 3 AktG; BGHZ 65, 190, 192 f.; 79, 38, 42 f.
[773] Gleichwohl getroffene Vereinbarungen sind gem. § 138 BGB nichtig, *Hüffer* § 84 AktG Rn 5 mwN.
[774] Aktien können verschiedene Rechte gewähren, der mitgliedschaftliche Gewinnanspruch kann für die Inhaber einzelner Aktien ausgeschlossen werden (*Hefermehl/Bungeroth* in Geßler/Hefermehl § 58 AktG Rn 119). Dies gilt jedoch nur, sofern dadurch nicht de facto Mehrstimmrechte geschaffen werden.
[775] § 71b AktG.

auf Dritte erweitert, die der Gesellschaft wirtschaftlich zurechenbar sind[776]. Daneben werden diese Aktien nicht mit einer entsprechenden Quote am Grundkapital beteiligt. Spätestens dann verstößt das Verfahren gegen das **Verbot von Mehrstimmrechten**[777].

347   ee) **Verknüpfung von Aktien.** Eine deutsche und eine ausländische Aktie **dinglich** zu „stapled stock" zu verbinden, dürfte **nicht möglich** sein. Auf eine Verpflichtung zum gemeinsamen Verkauf mit einer anderen Aktie kann die Ausnahmevorschrift zu Nebenleistungen nicht angewendet werden[778]. **Nebenleistungspflichten** können nur wiederkehrende Leistungen sein[779]. Das Ergebnis wird auch nicht durch **vinkulierte Namensaktien** erzielt[780]. Es ist fraglich, ob eine Satzungsbestimmung wirksam wäre, wonach die Zustimmung verweigert werden muß, wenn die ausländische Aktie nicht gleichzeitig veräußert wird. Ein generelles Verbot der Zustimmung für diesen Fall würde über den aktienrechtlichen Wortlaut („Gründe, aus denen die Zustimmung verweigert werden darf"[781]) hinausgehen und den **Grundsatz der freien Übertragbarkeit** zu stark beschränken[782]. Zudem müßte auch die ausländische Aktie vinkuliert werden.

348   Eine **depotrechtliche Verknüpfung** kann faktisch die gewünschte Verbindung herstellen. Dazu werden nicht die Aktien der beiden Gesellschaften, sondern lediglich Depot-Zertifikate am Markt gehandelt. Über das Depot entsteht Miteigentum an beiden Aktien. Auch Genußrechte an einer deutschen AG haben sich für „stapled stock" als geeignet erwiesen[783]. Da sie jedoch allenfalls mittelbare **Mitgliedschaftsrechte** an der deutschen Gesellschaft begründen, können sie nur eingeschränkt genutzt werden[784].

349   c) **Bewertung synthetischer Zusammenschlüsse.** Ein primärer Vorteil synthetischer Zusammenschlüsse liegt darin, daß auf der Ebene der Muttergesellschaften nur **geringe Strukturänderungen** erforderlich sind. Die Aktionäre beider Unternehmen sind weiter in der von ihnen ursprünglich akzeptierten Form beteiligt. Sie sind nicht gezwungen, künftig ein ausländisches Aktienpaket zu halten. Aus rechtlichen oder tatsächlichen Gründen kann dies für den Anleger entscheidend sein.

---

[776] § 71d Satz 4 AktG.
[777] § 12 Abs. 2 AktG.
[778] § 55 AktG.
[779] *Hüffer* § 55 AktG Rn 4.
[780] § 68 Abs. 2 AktG.
[781] § 68 Abs. 2 Satz 4 AktG.
[782] *Breuninger* in Schaumburg (Hrsg.), Internationale Joint Ventures, S. 213, 222; *Haarmann* in Herzig (Hrsg.), Körperschaftsteuerguthaben bei grenzüberschreitenden Kooperationen, S. 41, 48; *Smith/Thalhammer*, Die Verbundaktie. Ein Praxisbeispiel von Stapled Stock, Hefte zur Internationalen Besteuerung, Heft 113, 30 ff.
[783] Dieser Weg wurde bei der Schaffung der Verbundaktie der Redland plc bzw. Redland GmbH 1994 gewählt.
[784] *Breuninger* in Schaumburg (Hrsg.), Internationale Joint Ventures, S. 213, 222; *Haarmann* in Herzig (Hrsg.), Körperschaftsteuerguthaben bei grenzüberschreitenden Kooperationen, S. 41, 49.

350 Durch den synthetischen Zusammenschluß können zugleich die **Geschäftsaktivitäten** der Gruppe anders **strukturiert** werden, indem bestimmte Unternehmensteile aus dem gemeinsamen Unternehmen ausgeklammert werden. Dies war bei der ursprünglichen Planung des Zusammenschlusses von Rhône-Poulenc und Hoechst beabsichtigt[785].

351 Nachteilig ist dagegen, daß weder die **Aktionärsbasen** vereinigt werden noch die **Aktienindizes** neu gewichtet werden. Eine höhere Gewichtung bewirkt eine verstärkte Nachfrage. Dadurch ist der Zusammenschluß nach außen positiv darstellbar.

352 Ferner wird die Geschäftsleitung der operativen Gesellschaft abgeschirmt. Die zusammengeschlossenen Gesellschaften können nur mittelbar kontrolliert werden. Institutionellen Anlegern fehlt dann eine **funktionierende Corporate Governance-Struktur**.

353 Außerdem berücksichtigen die meisten synthetischen Konzepte den **Shareholder Value** nicht ausreichend. Dieser mißt den Unternehmenserfolg an dem für den Anteilseigner als Eigenkapitalgeber geschaffenen ökonomischen Wert, also am Marktwert des Eigenkapitals[786]. Übernahmespekulationen beeinflussen den als Markt für Unternehmenskontrolle verstandenen Aktienmarkt. Die operativen Gesellschaften können nur über die beiden an der Konzernspitze stehenden börsennotierten Gesellschaften in zwei getrennten Transaktionen übernommen werden. Die praktischen Schwierigkeiten dieses Vorgehens begründen effektiven Übernahmeschutz, verbunden mit den negativen Auswirkungen auf den Shareholder Value.

354 Durch die **Struktur der Doppelspitze** wird es erheblich schwieriger, die beiden Aktionärsgruppen gleich zu behandeln. Kapitalerhöhungen bei einer Gesellschaft führen zu Verlagerungsbewegungen zwischen den Aktien. Um die Gleichwertigkeit der Anteile an beiden Gesellschaften zu sichern, ist daher eine Reihe komplizierter **Anpassungs- und Abstimmungsmechanismen** erforderlich. Dadurch ist die Unternehmensleitung schwerfällig, und die erforderliche Flexibilität wird verhindert.

355 Ein Großteil dieser Probleme läßt sich lösen, das Hauptproblem aber nicht: Ein Unternehmen mit synthetischer Struktur kann nur erschwert seine **Aktien als Akquisitionswährung** einsetzen. Bei größeren Akquisitionen oder einem weiteren Zusammenschluß unter Gleichen müßten gleichmäßig Aktien beider Spitzengesellschaften ausgegeben werden. Das vermindert die Attraktivität dieses Modells erheblich.

2. Verschmelzungsähnliche Zusammenschlüsse durch Aktientausch

356 Verschmelzungsähnliche Zusammenschlüsse werden zunehmend durch den **Tausch von Aktien** verwirklicht. Der Zusammenschluß wird bei dieser Vorgehensweise rechtlich durch **Konzernbildung** erreicht. Ergebnis ist eine (neue oder schon vorhandene) Obergesellschaft, an der die Aktionäre beider „alten" Gesell-

---

[785] Siehe Abbildung 1.
[786] *Schilling*, Shareholder Value und Aktiengesetz, BB 1997, 373.

schaften beteiligt sind. Die Aktionärskreise werden also zusammengeführt. Die Obergesellschaft kann ihren Sitz in einem der beiden Ausgangsländer oder einem Drittstaat haben. Letzteres mag die Akzeptanz bei den Aktionären erhöhen, vergrößert aber die Probleme und wird daher kaum vorkommen.

357 **a) Strukturen verschmelzungsähnlicher Zusammenschlüsse. aa) Zusammenschluß durch Aktientausch.** Eine **einstufige Zusammenführung** kann erreicht werden, indem eine Gesellschaft ihr Kapital erhöht und den Aktionären der anderen Gesellschaft anbietet, ihre Aktien in junge Aktien der kapitalerhöhenden Gesellschaft umzutauschen. Das Angebot wird mit der Bedingung verbunden, daß eine bestimmte Umtauschquote erreicht wird[787]. Durch den **Aktienumtausch** werden die kapitalerhöhende Gesellschaft mehrheitlich an der anderen Gesellschaft und deren ehemalige Aktionäre an der neuen Muttergesellschaft beteiligt.

358 Bei den Zusammenschlüssen von Rhône-Poulenc/Hoechst[788] und Vodafone/Mannesmann wurde so vorgegangen.

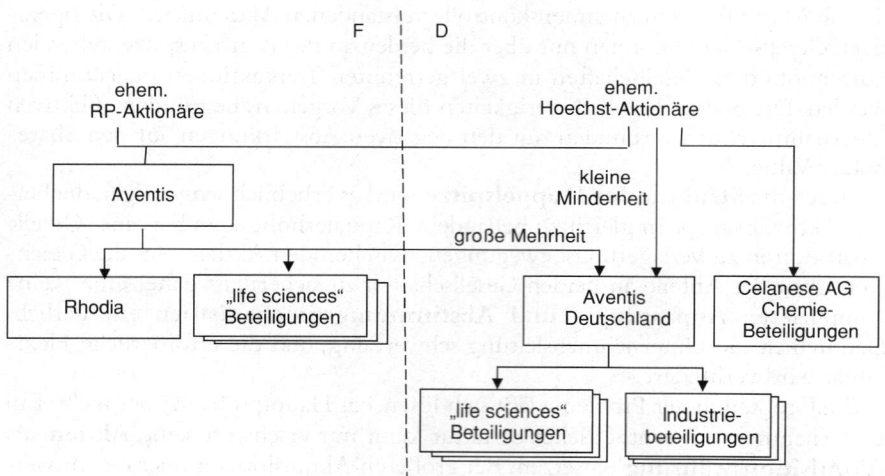

Abb. 6: Beispiel Hoechst/Rhône-Poulenc (1999); Durchführung Mai 1999

---

[787] Beim Zusammenschluß von Hoechst und Rhône-Poulenc war als Mindestannahmequote 90 % vorgesehen.
[788] *Hoffmann* NZG 1999, 1077; siehe Abbildung 6.

bb) Zusammenschluß durch Nutzung ausländischen Verschmelzungsrechts. In Ausnahmefällen können die Aktionärskreise **ohne Umtauschangebot** zusammengeführt werden. Bei einer Verschmelzung nach (dem deutschen) Umwandlungsgesetz erhalten die Aktionäre der übertragenden Gesellschaft zwingend Aktien der übernehmenden Gesellschaft als Gegenleistung, selbst wenn diese ein abhängiges Unternehmen einer (dritten) Konzernobergesellschaft ist. In den USA ist das anders; dort gibt es Möglichkeiten, den Aktionären Aktien einer nicht unmittelbar an der Verschmelzung beteiligten Gesellschaft als Abfindung oder Gegenleistung anzubieten. Der Aktientausch ist dann nicht Folge eines vertragsrechtlichen Umtauschangebots, sondern eines organisationsrechtlichen Umwandlungsvorgangs. Der offensichtliche Vorteil liegt darin, daß alle Aktionäre durch gesetzliche Rechtsfolge Aktionäre der Obergesellschaft werden, nicht nur die akzeptierenden.

Vodafone und AirTouch nutzten die Verschmelzungstechnik des **„reverse triangular merger"**[789]. Im Gegensatz zum Aktientausch genügt dabei ein qualifizierter Mehrheitsbeschluß, um den Erwerb aller Anteile an der Zielgesellschaft zu erreichen.

Auch das österreichische Verschmelzungsrecht ermöglicht es, als Gegenleistung **Aktien der Obergesellschaft** zu gewähren[790], und zwar unabhängig davon, ob diese eine österreichische Gesellschaft ist. Diese Besonderheit machten sich Bayerische HypoVereinsbank AG (HVB) und Bank Austria AG (BA) zunutze[791]. Zunächst wurde das gesamte Geschäft von BA in eine Mantelgesellschaft der Bank Austria-Gruppe, die Sparkasse Stockerau AG (BAneu) eingebracht. BA brachte daraufhin ihre Beteiligung an BAneu in HVB ein, die dafür ein genehmigtes Kapital nutzte. Dann wurde BA auf BAneu verschmolzen. Die BA-Aktionäre erhielten als Gegenleistung keine BAneu-Aktien, sondern die HVB-Aktien, die BA zuvor erworben hatte.

---

[789] Der „triangular merger" ist eine nach amerikanischem Recht vorgesehene Form der Verschmelzung im Dreiecksverhältnis. Dabei werden zwei Gesellschaften mit Hilfe einer Tochtergesellschaft der Erwerbergesellschaft verschmolzen. Die Erwerbergesellschaft bringt eigene Anteile in diese Tochtergesellschaft ein. Beim „reverse triangular merger" wird die Tochtergesellschaft auf die Zielgesellschaft verschmolzen. Die Aktionäre der Zielgesellschaft erhalten im Austausch für ihre Aktien die Anteile an der Erwerbergesellschaft. Dies hat zur Folge, daß die Tochtergesellschaft aufgelöst ist und die Zielgesellschaft zu 100 % der Erwerbergesellschaft gehört. Vergleichbare Möglichkeiten der Verschmelzung bestehen nach deutschem Recht nicht. *Baums* JITE 155 (1999) 119ff., ders., FS Zöllner, S. 65, 70ff.; vgl. auch *Cheyne/Haynes,* Vodafone AirTouch – A global merger, PLC 1999, 35.

[790] Ähnlich wie beim „triangular merger" nach US-Recht.

[791] Siehe Abbildung 7.

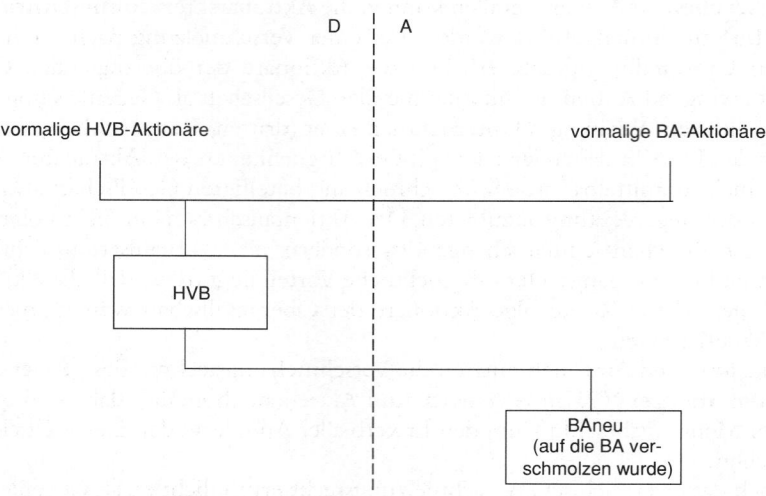

Abb. 7: Beispiel Bayerische HypoVereinsbank/Bank Austria (2000)

362 **cc) Zusammenschluß durch beidseitigen Aktientausch und Mischformen.** Gesellschaften können sich auch zusammenschließen, indem eine **dritte** – idR neugegründete – Gesellschaft den **Aktientausch anbietet**. Nach vollzogenem Umtausch sind beide Gesellschaften Tochtergesellschaften der neuen Gesellschaft. In einem zweiten Schritt kann die inländische Tochter auf die Konzernmutter verschmolzen werden. Die verbleibenden Minderheitsaktionäre werden entweder in die aufnehmende (neue) Gesellschaft gezwungen oder scheiden aus. Dieser Weg war für die Verschmelzung von VIAG AG mit Alusuisse Lonza Group AG vorgesehen, einer 1999 geplanten Transaktion, die nicht durchgeführt wurde.

363 Ein gemischtes Verfahren wurde bei der Fusion von Daimler-Benz AG und Chrysler Corp. herangezogen[792]. Die neue Gesellschaft (DaimlerChrysler AG) führte **zwei Kapitalerhöhungen** gegen Sacheinlagen durch. Den Aktionären von Daimler-Benz AG bot sie an, ihre Aktien gegen Aktien der DaimlerChrysler AG zu tauschen. Im Anschluß daran wurden durch einen **„reverse triangular merger"** sämtliche Anteile an Chrysler Corp. in DaimlerChrysler AG eingebracht. Nach erfolgreichem Aktientausch wurde Daimler-Benz AG nach Maßgabe des Umwandlungsgesetzes auf **DaimlerChrysler AG verschmolzen**[793].

---

[792] Siehe Abbildung 7; siehe dazu Baums JITE 155 (1999) 119; ders., FS Zöllner, S. 65; Thoma/Reuter, Shrinking the Atlantic, European Counsel May 1999, S. 45; Decher FAZ 13. 8. 1999 S. 22.

[793] Siehe zu den steuerlichen Folgen Fleischmann, Der Zusammenschluß der Daimler Benz AG und der Chrysler Corp. zur DaimlerChrysler AG aus steuerlicher Sicht, DB 1998, 1883.

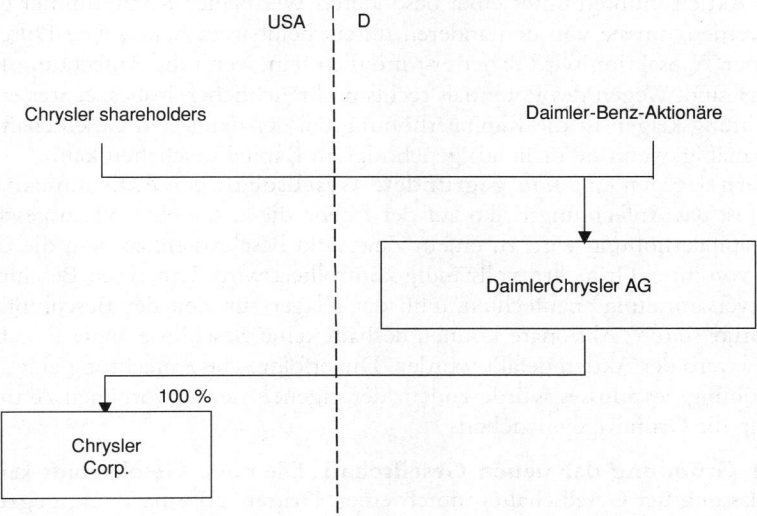

Abb. 8: Beispiel Daimler / Chrysler (1998)

b) Zusammenschlüsse durch Aktientausch und deutsches Recht. Verschmelzungsähnliche Zusammenschlüsse mit Hilfe eines Aktientauschs werfen Folgefragen zur rechtlichen und praktischen Umsetzung auf.

aa) Anfechtungsrisiken. Bei der Fusion von Hoechst und Rhône-Poulenc erhöhte die französische Rhône-Poulenc S. A. ihr Kapital und bot den Hoechst-Aktionären den **Umtausch** ihrer Hoechst-Aktien in Rhône-Poulenc-Aktien an. Die umgekehrte Vorgehensweise wäre zwar rechtlich möglich, aber aufgrund des deutschen Aktienrechts praktisch kaum realisierbar gewesen.

Bei der Kapitalerhöhung müßte das **Bezugsrecht ausgeschlossen werden.** Dies erfordert nicht nur einen Hauptversammlungsbeschluß mit Dreiviertelmehrheit[794], sondern auch eine sachliche Rechtfertigung[795]. Der Beschluß hätte **angefochten** werden können. Ist die Anfechtung erfolgreich, sind Zeichnung der Aktien und Zeichnungsverträge unwirksam und müssen rückabgewickelt werden[796]. Es hilft also nicht, daß der Registerrichter womöglich überzeugt werden kann, die Kapitalerhöhung einzutragen, anstatt das Verfahren auszusetzen[797], denn die Eintragung hat keine heilende Wirkung. Dieses Risiko müßte in den **Börsenzulassungsprospekt**[798] für die jungen Aktien aufgenommen werden,

---

[794] §§ 182, 183, 186 AktG.
[795] Grundlegend: BGHZ 71, 40, 43ff.; BGHZ 83, 319, 325; zu den Maßstäben an die sachliche Rechtfertigung: *Wiedemann* in Großkomm. § 186 AktG Rn 173; *Krieger* in MünchHdb-GesR Bd. 4 § 56 AktG Rn 74; *Volhard* in HV Hdb. I G 26f.
[796] § 158 Abs. 2 BGB; *Hüffer* § 185 AktG Rn 27.
[797] § 127 Satz 1 FGG; *Hüffer* § 181 AktG Rn 17.
[798] Siehe § 23 Rn 64, 69ff.

um Prospekthaftungsrisiken zu vermeiden. Die mit dem Anfechtungsrisiko belasteten Aktien müßten unter einer besonderen Wertpapier-Kennnummer gehandelt werden, um sie von den anderen unterscheidbar zu halten. Die Durchführung der Transaktion wird daher erst möglich sein, wenn die Anfechtungsklagen erledigt sind. Wegen des Potentials rechtsmißbräuchlicher, insbes. erpresserischer Anfechtungsklagen ist die Kapitalerhöhung bei der deutschen Gesellschaft nicht zweckmäßig, wenn sie nicht aus genehmigtem Kapital geschehen kann.

367   Sofern dagegen eine **neu gegründete Gesellschaft** den Aktienumtausch anbietet, ist das Anfechtungsrisiko auf der Ebene dieser Gesellschaft ausgeschaltet: Die Kapitalerhöhung wird zu einem Zeitpunkt beschlossen, zu dem die Gesellschaft von ihren Gründern vollständig kontrolliert wird. Um einen Beschluß der Hauptversammlung anzufechten, muß der Kläger zur Zeit der Beschlußfassung **Aktionär** sein[799]. Aktionäre können deshalb keine Beschlüsse angreifen, die vor dem Erwerb der Aktien gefaßt wurden. Die erfolgreiche Anfechtung eines Kapitalerhöhungsbeschlusses würde zudem der eigenen neu erworbenen Aktionärsstellung die Grundlage entziehen.

368   **bb) Gründung der neuen Gesellschaft.** Die **neue Gesellschaft** kann auf Veranlassung der Gesellschaften durch einen Dritten, zB eine Bank, **gegründet werden**. Die Gründer der neuen Gesellschaft können Treuhänder der Gesellschaften sein, die zusammengeführt werden sollen. Ggf. ist die neu gegründete Gesellschaft eine von den Parteien des Zusammenschlusses gemeinsam beherrschte Gesellschaft. Mit dem Umtauschangebot an die Aktionäre ihrer Konzernmütter würde sie versuchen, Aktien ihrer Muttergesellschaften zu erwerben.

369   Ein solcher Vorgang ist nur eingeschränkt zulässig[800]. Die Gesellschaft darf nicht mehr als **10% ihres Grundkapitals** besitzen[801]. Diese Grenze gilt auch für ein von der Gesellschaft abhängiges oder im Mehrheitsbesitz stehendes Unternehmen, das Aktien seiner Muttergesellschaft erwirbt[802]. Die neue Gesellschaft strebt aber den Erwerb aller Aktien der Gesellschaften des Zusammenschlusses an. Die **Erwerbsgrenze** würde deshalb immer überschritten und wäre – soweit es um den Erwerb der Anteile an der deutschen Gesellschaft geht – unzulässig. Die erworbenen Aktien müßten binnen eines Jahres veräußert werden[803].

370   Gleichwohl scheitert ein Unternehmenszusammenschluß durch Aktientausch nicht am Verbot des Erwerbs eigener Aktien[804]. Der Zweck des Verbots wird durch das Umtauschangebot der neuen Gesellschaft nicht berührt. Die Regelungen über den Erwerb eigener Aktien dienen dem **Kapitalschutz**[805] und sollen

---

[799] § 245 AktG; Ausnahme § 245 Nr. 3 AktG.
[800] §§ 71 ff. AktG.
[801] § 71 Abs. 2 AktG.
[802] § 71d Satz 2 AktG.
[803] § 71c AktG.
[804] Der Mehrheitsbesitz iSv. § 16 AktG könnte bei einem Merger of Equals zweifelhaft sein; falls die Vermutungsregel nach § 17 Abs. 2 AktG nicht eingreift, müßte eine Interessenkoordination angenommen werden können, vgl. BGHZ 62, 193, 196; 74, 359, 368; *OLG Hamm* AG 1998, 588; *Säcker*, „Mehrmütterklausel" und Gemeinschaftsunternehmen, NJW 1980, 801, 804; Grundlage dafür könnte das Business Combination Agreement sein.
[805] *Hüffer* § 71 AktG Rn 1.

verhindern, daß den Aktionären durch Rückkauf von Aktien ihre **Einlagen zurückgewährt** werden[806]. Diese Gefahr besteht bei einem Aktientausch nicht. Durch ein erfolgreiches Umtauschangebot erhalten die Aktionäre Aktien der neuen Konzernobergesellschaft. Zu einer Kapitalrückzahlung kommt es nicht. Wird die Umtauschquote dagegen nicht erreicht, unterbleibt die gesamte Transaktion. Ein Rückerwerb findet nicht statt. Außerdem wird die erwerbende neue Gesellschaft im Moment des Aktienumtauschs zur Muttergesellschaft. Das Mutter-/Tochterverhältnis wird also umgekehrt. §§ 71 ff. AktG sind dann **nicht mehr anwendbar.**

cc) **Beteiligung der Hauptversammlung.** Das Übernahmeangebot wird von einer rechtlich selbständigen Gesellschaft gemacht. Die Aktionäre sind frei, das Angebot anzunehmen oder abzulehnen. Eine **Beteiligung der Hauptversammlung** der Gesellschaften, die sich zusammenschließen, erscheint nicht erforderlich. Doch wird die Transaktion durch die **Vorstände der Gesellschaften** eingeleitet. Dem Vorstand obliegt die Geschäftsführung und Leitung der Gesellschaft[807], soweit Aufgaben der Unternehmensplanung, -koordination, -kontrolle und die Besetzung der Führungspositionen betroffen sind[808]. Der **Zuständigkeitsbereich** wird überschritten, indem ein Business Combination Agreement zur Vorbereitung des Zusammenschlusses abgeschlossen wird. Die Vereinbarung leitet eine grundlegende Umstrukturierung der Gesellschaft ein. Insofern läßt sich die Auffassung vertreten, daß zumindest aus Vorsicht nach den **Grundsätzen der „Holzmüller"-Entscheidung**[809] die Hauptversammlung beteiligt werden sollte[810].

371

Sofern unmittelbar dem **Business Combination Agreement** zugestimmt werden soll, ließe sich an eine Vertragsprüfung und einen entsprechenden Prüfungsbericht denken. Vergleicht man die Vereinbarung mit dem Abschluß **eines Unternehmensvertrags**, ist es nicht weit bis zur entsprechenden Anwendung der Vorschriften über dessen Prüfung[811]. Um die Aussichten einer Anfechtungsklage zu verringern, sollte die Hauptversammlung den **Zusammenschluß insgesamt** und nicht die Zustimmung zum Business Combination Agreement **beschließen** (sog. Konzeptbeschluß[812]).

372

dd) **Nachfolgende Umstrukturierung.** Die neue Gesellschaft hat künftig zwei Tochtergesellschaften. In diesen sind die Aktionäre als Minderheit verblieben, die das Umtauschangebot nicht angenommen haben. Deshalb ist eine **nachfolgende Reorganisation** zweckmäßig.

373

Falls im Ausland oder demnächst in Deutschland eine **Squeeze Out-Regelung** anwendbar ist, können Minderheitsaktionäre aus der Gesellschaft ausge-

374

---

[806] § 57 Abs. 1 AktG.
[807] §§ 76, 77 AktG.
[808] *Hüffer* § 76 AktG Rn 8, 9.
[809] BGHZ 83, 122.
[810] Siehe aber Rn 61 ff.
[811] §§ 293 ff. AktG.
[812] Siehe Rn 62.

schlossen werden[813]. Daneben ist bei Aktiengesellschaften mit Sitz im Inland eine **Eingliederung**[814] oder eine **Verschmelzung** möglich.

375   c) **Bewertung verschmelzungsähnlicher Zusammenschlüsse.** Der Zusammenschluß durch ein **einseitiges Umtauschangebot** kann **zügig** vorgenommen werden und ist **kostengünstig**. Innerhalb der Europäischen Union kann er häufig **steuerneutral** gestaltet werden. Nachteilig ist demgegenüber die Wirkung in der Öffentlichkeit. Ein einseitiges Umtauschangebot kann als Übernahme aufgefaßt werden[815].

376   Bei einem **beidseitigen Tauschangebot** wird der Zusammenschluß aufgrund der erforderlichen Umtauschaktionen **kostenintensiver, komplexer** und möglicherweise auch **langwieriger**. Steuerlich bedeutet es meist eine Verteuerung. So fiel bei der Verschmelzung von Daimler-Benz AG auf DaimlerChrysler AG Grunderwerbsteuer auf die Immobilien im Vermögen der Daimler-Benz AG an.

377   Vorteilhaft ist dagegen die Neugründung einer Gesellschaft mit **zunächst nur einem Aktionär**. Sonst aufwendige Beschlüsse können schnell gefaßt und eingetragen werden. Die Gesellschaften sind so außergewöhnlich **flexibel**. Inwieweit diese Möglichkeit ausgenutzt werden darf, ist noch ungeklärt.

378   Das beidseitige Tauschangebot ist auch der Möglichkeit vorzuziehen, nur den Aktionären der ausländischen Gesellschaft den Umtausch anzubieten und die inländische Gesellschaft auf die neue Gesellschaft zu verschmelzen. Die Umtauschtransaktion kann auf den Tag genau geplant werden. Der Zeitpunkt einer Verschmelzung ist dagegen nicht genau bestimmbar. **Anfechtungsklagen** können das Verfahren verzögern. Denkbar ist sogar, daß der im Ausland erfolgte Umtausch mit erheblichem Zeitabstand aufgrund einer erfolgreichen Anfechtungsklage **rückabgewickelt werden muß**, weil die Verschmelzung nach deutschem Recht nicht eintragungsfähig ist[816]. Diese Gefahr besteht bei der Zusammenführung nur durch Aktientausch nicht.

379   Die Verschmelzung betrifft nur noch die **verbliebenen Kleinaktionäre**. Das Scheitern gefährdet nicht die gesamte Transaktion. Zudem können nur die von der Verschmelzung betroffenen Aktionäre gerichtlich überprüfen lassen, ob das **Umtauschverhältnis angemessen** ist. Eine Neubewertung hat deshalb nur finanzielle Auswirkungen auf das neue Unternehmen[817] und stellt nicht das Umtauschverhältnis in Frage.

380   Angesichts des faktischen Verzichts auf das Spruchverfahren mag es auf den ersten Blick überraschen, warum **Umtauschangebote ganz überwiegend angenommen** werden[818]. Ein Grund hierfür liegt darin, daß sonst die wirtschaftlich

---

[813] Siehe § 2 Rn 39f. und Band 2.
[814] §§ 319ff. AktG; siehe § 2 Rn 73ff.
[815] *Horn* ZIP 2000, 473, 477, der anscheinend einen Zusammenschluß unter Gleichen nur annimmt, wenn die Aktionäre beider Gesellschaften zum Tausch ihrer Aktien aufgefordert werden; gleichwohl erachtet auch er den Zusammenschluß von Hoechst/Rhône-Poulenc als Zusammenschluß unter Gleichen, ZIP 2000, 473, 474; siehe auch *ders.*, FS Lutter, S. 1113, 1119ff.
[816] § 16 UmwG.
[817] *Decher* FAZ 13. 8. 1999 S. 22; *Horn* ZIP 2000, 473, 479; *ders.*, FS Lutter, S. 1113, 1121.
[818] Von den ehemaligen Daimler-Benz Aktionären haben über 98 % das Umtauschangebot angenommen.

sinnvolle Zusammenführung scheitern kann. Wichtiger dürfte für die Marktteilnehmer sein, daß die Investition in die alte Gesellschaft **nach dem Umtausch nicht mehr liquide** ist, wodurch der Marktwert der Aktien der alten Gesellschaft sinkt. Wem ein kleiner Prozentsatz des Kapitals einer börsennotierten Gesellschaft gehört, der kann seine Investition rasch liquidieren, es sei denn, dieser Prozentsatz macht einen maßgeblichen Teil der umlaufenden Papiere („free float") aus.

Das echte beidseitige Umtauschangebot erfordert **wechselseitige Bedingungen**. In einigen nationalen Rechtsordnungen sind beim Umtauschangebot nur bestimmte Bedingungen zulässig. So kann in manchen Ländern das Angebot ausschließlich an umtauschimmanente Faktoren, wie eine bestimmte Akzeptanzschwelle, geknüpft werden. Eine bestimmte Umtauschquote in Deutschland wäre als Bedingung in anderen Ländern unzulässig, weil der Vorgang außerhalb der Verhältnisse der dortigen Gesellschaft liegt. 381

IV. Synthetische Zusammenschlüsse und verschmelzungsähnliche Zusammenschlüsse im Vergleich

Während **synthetische Zusammenschlüsse** weniger Veränderungen erfordern und damit leichter zu implementieren sind, ist ein Zusammenschluß mittels **Aktientausch** zu einer einheitlichen Gesellschaft aufwendiger. Er gewährleistet aber, daß die Aktionärskreise abschließend zusammengeführt werden. 382

Die Schwierigkeiten synthetischer Zusammenschlüsse liegen in der anschließenden **Unternehmensführung** und der fehlenden Akquisitionswährung. Dies nimmt den Unternehmen Flexibilität[819]. 383

Dagegen vermeidet ein einstufiger Zusammenschluß Unsicherheit über den Zeitpunkt und die Bedingungen der endgültigen Zusammenführung. Eine einfache und transparente Organisationsstruktur kann sofort erreicht werden[820]. Aus **deutscher Sicht** kommen für den internationalen verschmelzungsähnlichen Zusammenschluß auf eine deutsche Gesellschaft nur zwei Wege in Betracht: Die Ausnutzung eines etwa vorhandenen **genehmigten Kapitals** mit Bezugsrechtsausschluß (dann muß der Partner deutlich kleiner sein) oder der **Aktientausch** gegen Aktien einer neu gegründeten AG. 384

V. Globale Aktien

Beim Daimler/Chrysler-Zusammenschluß wurde eine **weltweit einheitliche Namensaktie** eingeführt, durch die die ehemaligen Daimler-Benz- und Chrysler-Aktionäre unmittelbar an der DaimlerChrysler AG beteiligt werden konn- 385

---

[819] So sind ABB und Zurich Financial Services nach synthetischen Zusammenschlüssen zur Einheitsaktie übergegangen; siehe auch *Dries*, Zurich Financial wartet ungeduldig auf Akquisitionswährung, FAZ 4. 5. 2000 S. 30.
[820] Bericht über den Unternehmenszusammenschluß von Hoechst und Rhône-Poulenc, S. 58.

ten⁸²¹. Der Rückgriff auf die bei einer Notierung in den USA sonst üblichen American Depositary Receipts (ADR) wurde dadurch entbehrlich⁸²².

386   Dazu mußte eine Aktie geschaffen werden, die die Eigenarten der beiden Rechtssysteme soweit möglich berücksichtigt. Sämtliche Anforderungen können bei einem solchen Vorgehen nicht eingehalten werden. Die **globale Aktie** DaimlerChrysler wurde dennoch von der Frankfurter Wertpapierbörse und der New York Stock Exchange akzeptiert⁸²³.

387   **Namensaktien** setzen voraus, daß ein Aktienregister geführt und gepflegt wird⁸²⁴. Eine globale Namensaktie erfordert ein globales Aktienregister, in dem durch elektronischen Datenaustausch und -abgleich die Aktionäre verzeichnet werden. Eine Reihe von Großunternehmen hat in der Folge auf Namensaktien umgestellt. Das jüngste gesellschaftsrechtliche Reformgesetz **NaStraG**⁸²⁵ hat die Vorschriften für Namensaktien erheblich vereinfacht.

VI. Ausblick

388   Die Globalisierung der Wirtschaft hat ein **Fusionsfieber** ausgelöst, dessen Ende derzeit nicht abzusehen ist. Auch die Liste bislang nicht genannter Namen ist lang und ansehnlich: Astra/Zeneca, BP British Petroleum/Amoco, Deutsche Bank/Bankers Trust, Fortis, Seagram/Polygram, Unilever/Bestfoods sind weitere Beispiele grenzüberschreitender Zusammenschlüsse.

389   Natürlich kommen auch Bedenken auf⁸²⁶. Das mindert nicht die wirtschaftliche Bedeutung der Zusammenschlüsse. Dieser Bedeutung entsprechen die rechtlichen Gestaltungsmöglichkeiten nicht. Die **europäischen Rechtsordnungen** müssen weiter **harmonisiert** werden. Die Funktionalität der Rechtsordnung – einschließlich Geschwindigkeit und Qualität der Rechtsprechung – wird als Standortfaktor unterschätzt. Internationale Standards im Aktien-, Kapitalmarkt- und Bilanzrecht müssen aktiv entwickelt werden. Werden sie nicht oder erst bei unabweislicher Notwendigkeit Jahre zu spät aufgegriffen⁸²⁷, bleibt Deutschland von der Mitentwicklung ausgeschlossen.

---

[821] *hap*, Die globale Aktie von Daimler-Chrysler wird zum Vorbild, FAZ 6. 1. 1999 S. 17.
[822] *Brumm*, The DaimlerChrysler revolution, IFLR 1999, 19 ff.
[823] *Brunöhler*, Die ersten hundert Tage einer Fusion entscheiden, FAZ 5. 7. 1999 S. 27.
[824] § 67 AktG.
[825] BGBl. 2001 I S. 123 ff.
[826] *Bernhardt*, Übernahmen und Fusionen sind weder Allheilmittel noch Versicherung auf dem Weg in die unternehmerische Zukunft, FAZ 18. 6. 1999 S. 46.
[827] Beispiel ist das WpHG.

V. Teil
Sonderfälle von Unternehmensübernahmen

§ 18 Übernahmen im Bereich von Kreditinstituten und Finanzdienstleistern

Übersicht

	Rn
A. Aufsichtsrechtliche Grundlagen	1
B. Bedeutende Beteiligungen	4
I. Definition	5
1. Anteile am Kapital	6
2. Stimmrechtsanteile	9
3. Maßgeblicher Einfluß	11
II. Erforderliche Führungsqualitäten, insbesondere Zuverlässigkeit	13
III. Anzeigepflichten	15
1. Absicht, eine bedeutende Beteiligung zu erwerben	16
2. Erreichen und Überschreiten von Schwellenwerten sowie Erwerb und Aufgabe der Kontrolle	18
3. Untersagungsverfügung und Beschränkungen	19
4. Anzeigepflichten des Instituts	22
IV. Mitgliedschaft in einer Einlagensicherungs- oder Anlegerschutzeinrichtung	23
1. Allgemeines	23
2. Gesetzliche Sicherungssysteme	24
3. Freiwillige Einlagenschutzeinrichtungen	26
V. Konsolidierungsfragen	29
C. Weitere Unterschiede zum Unternehmenskauf	32
I. Prüfung auf etwaige aufsichtsrechtliche Beschränkungen	33
II. Ersatz nachrangigen Haftkapitals	37
III. Prüfung finanzieller Risiken, insbesondere Kreditrisiken	39
IV. Prüfung spezieller steuerlicher Risiken	45
V. „Weiche" Faktoren	48

Schrifttum: *Reischauer/Kleinhans*, Kreditwesengesetz (KWG), Loseblattsammlung für die Praxis nebst sonstigen bank- und sparkassenrechtlichen Aufsichtsgesetzen sowie ergänzenden Vorschriften, 2000.

A. Aufsichtsrechtliche Grundlagen

Deutsche Kreditinstitute und Finanzdienstleistungsinstitute unterliegen einer staatlichen Aufsicht, die den Schutz der Einleger und Anleger vor Verlusten und die Erhaltung der Funktionsfähigkeit des Finanzsystems im Interesse der Volks- 1

§ 18 2, 3   Übernahmen im Bereich von Kreditinstituten u. Finanzdienstleistern

wirtschaft gewährleisten soll. Für die Übernahme solcher Institute gibt es Vorgaben und Beschränkungen. Um die Einhaltung der Vorschriften zu gewährleisten, ist ein komplexes staatliches Aufsichtssystem geschaffen worden. Es hat seine geschichtliche Grundlage in den dreißiger Jahren, nämlich der Weltwirtschaftskrise und den vielfachen Bankenzusammenbrüchen[1]. Die zentralen Vorschriften zur Aufsicht über die Kredit- und Finanzdienstleistungsinstitute finden sich im **Kreditwesengesetz** (KWG).

2   Die Aufsicht über die Tätigkeit der Kredit- und Finanzdienstleistungsinstitute übernimmt in erster Linie das **Bundesaufsichtsamt für das Kreditwesen** (BAKred)[2]; hierbei arbeitet es eng mit der Deutschen Bundesbank und deren Filialen, den Landeszentralbanken, zusammen; letztere leisten tatsächlich einen erheblichen Teil der täglichen Aufsicht über die Kredit- und Finanzdienstleistungsinstitute[3]. Um Funktionsstörungen im Kreditwesen vorzubeugen, hat das BAKred dafür zu sorgen, daß die Institute ihre Geschäfte im Einklang mit Gesetz und Recht betreiben[4]. Wer gewerbsmäßig oder in größerem Umfang Bankgeschäfte betreiben oder Finanzdienstleistungen erbringen will, braucht dafür eine Erlaubnis[5]. Insgesamt handelt es sich bei der Aufsicht des BAKred um eine **Solvenzaufsicht**, im Unterschied zu der **Marktaufsicht**[6] durch das **Bundesaufsichtsamt für den Wertpapierhandel** (BAWe)[7], welches das Wohlverhalten[8] der Institute gegenüber deren Kunden und die Einhaltung der Insidervorschriften[9] überwacht.

3   **Keine Erlaubnis** durch das BAKred benötigen Einlagenkreditinstitute und Wertpapierhandelsunternehmen[10] aus einem **anderen Staat des Europäischen Wirtschaftsraums**, wenn sie über eine Zweigniederlassung oder im Wege des grenzüberschreitenden Dienstleistungsverkehrs Bankgeschäfte mit Ausnahme des Investmentgeschäfts betreiben. Allerdings muß das Unternehmen von den zuständigen Stellen des Herkunftsstaates zugelassen worden sein, die hiesigen Geschäfte müssen durch diese Erlaubnis abgedeckt sein und die beaufsichtigenden Stellen müssen den Anforderungen der einschlägigen EU-Richtlinien genügen[11].

---

[1] *Kümpel* Rn 19.1 ff.
[2] Kontakt: Graurheindorfer Straße 108, 53117 Bonn, Tel. 0228/207-0, Fax 0228/207-1550.
[3] § 7 KWG.
[4] *Reischauer/Kleinhans* § 6 KWG Rn 1.
[5] §§ 32 ff. KWG.
[6] *Reischauer/Kleinhans* § 6 KWG Rn 10.
[7] Kontakt: Lurgiallee 12, 60439 Frankfurt am Main.
[8] §§ 31 ff. WpHG.
[9] §§ 12 ff. WpHG.
[10] Zum Begriff des Einlagekreditinstituts und des Wertpapierhandelsunternehmens § 1 Abs. 3d Satz 1, 2 KWG.
[11] § 53b Abs. 1 KWG: Die Vorschrift nennt die Voraussetzungen der sog. Europäischen Pässe, die Einlagenkreditinstitute und Wertpapierhandelsunternehmen wahrnehmen können, *Marwede* in Boos/Fischer/Schulte-Mattler § 53b KWG Rn 3.

B. Bedeutende Beteiligungen

Wer beabsichtigt, eine bedeutende Beteiligung an einem Institut zu erwerben oder bestimmte Schwellenwerte zu überschreiten, unterliegt **umfangreichen Informationspflichten**. Dies gilt auch für das betroffene Institut selbst[12]. Der Zweck dieser Erfordernisse besteht darin, das BAKred und die Deutsche Bundesbank über jede relevante Änderung der Inhaberstruktur von Instituten zu informieren. Vor allem soll die Möglichkeit bestehen, die Übernahme von bedeutenden Beteiligungen durch Unternehmen oder Personen mit zweifelhaftem Hintergrund zu verhindern[13]. Weiter sollen diese Vorschriften die Solvenz des betroffenen Instituts sichern. Zudem soll Gefahren für die Funktionsfähigkeit von Instituten und den Gläubigerschutz begegnet werden, die sich aus der Neuordnung eines Instituts ergeben können[14].

I. Definition

Eine **bedeutende Beteiligung** liegt vor, wenn unmittelbar oder mittelbar über ein oder mehrere Tochterunternehmen oder ein gleichartiges Verhältnis oder durch Zusammenwirken mit anderen Personen oder Unternehmen **mindestens 10% des Kapitals oder der Stimmrechte** eines Unternehmens gehalten werden. Als gleichbedeutend gilt der Fall, daß auf die Geschäftsführung des Unternehmens, an dem eine Beteiligung besteht, ein maßgeblicher Einfluß ausgeübt werden kann[15]. Dabei sind wiederum Tochterunternehmen solche, die als Tochterunternehmen iSd. § 290 HGB gelten oder auf die ein beherrschender Einfluß ausgeübt werden kann, ohne daß es auf die Rechtsform und den Sitz ankommt[16].

1. Anteile am Kapital

Das Gesetz sagt nichts darüber, wie die mindestens 10% des Kapitals an einem Unternehmen zu verstehen sind. Das BAKred hat jedoch zum Begriff des Kapitals Stellung genommen[17]. Danach besteht eine bedeutende Beteiligung, wenn in der o. g. Form[18] mindestens **10% des Nennkapitals** eines Unternehmens gehalten werden. Bei Personengesellschaften ist auf das durch den Gesellschaftsvertrag festgelegte Beteiligungsverhältnis abzustellen; maßgebend ist der Stand der Kapitalkonten bzw. Festkonten oder das vom Stand der Kapitalkonten unabhängige Beteiligungsverhältnis der Gesellschafter.

Unter dem Begriff des Kapitals könnte statt des Nennkapitals auch haftendes Eigenkapital zu verstehen sein, da der Begriff des haftenden Eigenkapitals unter

---

[12] §§ 2b, 24 Abs. 1 Nr. 11 KWG.
[13] Vgl. § 2b Abs. 1 KWG sowie *Reischauer/Kleinhans* § 2b KWG Rn 1; *Fülbier* in Boos/Fischer/Schulte-Mattler § 2b KWG Rn 2.
[14] RegBegr. zur 4. KWG-Novelle, BT-Drucks. 12/3377.
[15] § 1 Abs. 9 Satz 1 KWG.
[16] § 1 Abs. 7 Satz 1 KWG.
[17] Schreiben des BAKred vom 27. 5. 1994 – Geschäftsnr.: I 3-271-12/93; abgedruckt bei *Reischauer/Kleinhans* § 1 KWG Rn 98.
[18] Siehe Rn 5.

§ 18 8–10   Übernahmen im Bereich von Kreditinstituten u. Finanzdienstleistern

bestimmten Umständen auch Kapital umfaßt, das gegen Gewährung von Genußrechten eingezahlt ist[19]. Damit wäre die Schwelle von 10% auch dann erreicht, wenn ein Teil des haftenden Eigenkapitals aus Genußrechten bestünde. Das BAKred hat sich jedoch für das Nennkapital als Berechnungsgrundlage entschieden. Somit ist das Nennkapital und **nicht das haftende Eigenkapital** für die Bemessung einer „bedeutenden Beteiligung" entscheidend. Damit wird der Begriff restriktiv ausgelegt, die bedeutende Beteiligung ist relativ schnell erreicht.

8   Vermögenseinlagen **stiller Gesellschafter** bleiben bei der Bestimmung des Beteiligungsbegriffs außer Betracht[20]. Anderes gilt, wenn Beteiligungen an Instituten unmittelbar oder mittelbar über Tochterunternehmen einen 10%-igen Stimmrechtsanteil gewähren; diese werden zugerechnet[21]. Werden Anteile an einem Kreditinstitut **treuhänderisch** von einem Dritten für Rechnung eines anderen Unternehmens oder für dessen Tochterunternehmen gehalten, werden auch diese Anteile berücksichtigt. Dagegen wird die Anteilsquote eines Unternehmens nicht durch seine Treuhandtätigkeit für einen Dritten beeinflußt[22].

2. Stimmrechtsanteile

9   Eine bedeutende Beteiligung ist auch erreicht, wenn 10% der **Stimmrechte** eines Unternehmens gehalten werden. Allerdings ist darunter nicht nur die direkte Beteiligung an einem Unternehmen zu verstehen. Es gelten zahlreiche **Zurechnungstatbestände**[23]. Der beteiligten Person werden dabei Stimmrechte zugerechnet, ohne daß sie zivilrechtlich Eigentümerin der entsprechenden Beteiligung wäre. Auf diese Weise sollen Stimmrechtseinflüsse jeglicher Art transparent werden. Den direkt gehaltenen Stimmrechten sind deshalb zB solche gleichzustellen, die einem Dritten gehören und von diesem für Rechnung der betreffenden Person oder eines von dieser Person kontrollierten Unternehmens gehalten werden. Gleiches gilt für Stimmrechte, die einem Unternehmen gehören, das die betreffende Person kontrolliert. Durch diese und weitere im WpHG einzeln aufgezählte Tatbestände[24] soll das Vorschieben von Mittelsmännern und das Umgehen der Anzeigepflichten verhindert werden.

10   Besonderheiten bestehen beim **Rückkauf eigener Aktien**[25]. Das BAWe sieht infolge des Eigenerwerbs der Gesellschaft keine Veränderung der Stimmrechtsgrenzen der übrigen Aktionäre, solange keine Einziehung der Aktien stattfindet[26]. Kauft also die Gesellschaft ihre eigenen Aktien zurück, müssen die übrigen

---

[19] § 10 Abs. 5 Satz 1 KWG.
[20] Schreiben des BAKred vom 27. 5. 1994 – Geschäftsnr.: I 3-271-12/93.
[21] Schreiben des BAKred vom 27. 5. 1994 – Geschäftsnr.: I 3-271-12/93.
[22] Schreiben des BAKred vom 27. 5. 1994 – Geschäftsnr.: I 3-271-12/93.
[23] § 1 Abs. 9 Satz 2 KWG iVm. 22 Abs. 1 WpHG. § 22 WpHG basiert auf Art. 7 Satz 1 der EG-Transparenz-Richtlinie 88/627/EWG vom 12. 12. 1988.
[24] § 22 Abs. 1 WpHG.
[25] § 71 AktG.
[26] Schreiben des BAWe vom 28. 6. 1999, Geschäftszeichen II 2-W 2310-53/98. Das Amt stützt sich dabei auf die Begründung zu Art. 5 des KonTraG. Dies ist nicht einleuchtend, da bereits der Besitz eigener Aktien durch das Unternehmen die Stimmrechtsverhältnisse ändert, denn Rechte aus eigenen Aktien, und damit auch Stimmrechte, können nicht ausgeübt werden, § 71b AktG; vgl. *Hüffer* § 71b Rn 5.

Aktionäre nicht kontrollieren, ob sich ihr Anteil an den Stimmrechten verändert hat. Werden die Aktien hingegen eingezogen und damit das Grundkapital gesenkt, obliegt es den Aktionären zu prüfen, ob die Meldeschwelle von 10% berührt worden ist.

3. Maßgeblicher Einfluß

Schließlich besteht eine bedeutende Beteiligung, wenn zwar weder 10% des Kapitals noch der Stimmrechte erreicht werden, dafür aber ein **maßgeblicher Einfluß auf die Geschäftsführung** ausgeübt werden kann. Dieser Begriff richtet sich nach dem HGB[27]. Ein Einfluß ist danach maßgeblich, wenn ein Unternehmen bei einem anderen Unternehmen einen Stimmrechtsanteil hat, welcher ebenso bedeutsam ist wie eine 20%-ige Beteiligung. Da nur Situationen praktisch relevant werden können, in denen das einflußnehmende Unternehmen unter 10% des Kapitals oder der Stimmrechte hält, kommen hier nur Fälle wirtschaftlichen Einflusses in Betracht: So genügen etwa eine personelle oder finanzielle Verflechtung, eine maßgebliche Kreditbeziehung oder eine technologische Abhängigkeit[28].

Im Gegensatz zum Begriff des maßgeblichen Einflusses im HGB muß der Einfluß nicht tatsächlich ausgeübt werden. Vielmehr genügt die **bloße Möglichkeit** dazu[29]. Konkret bedeutet dies, daß es im Ermessen des BAKred liegt, ob es die Möglichkeit des Einflusses als maßgeblich erachtet und damit die angestrebte Beteiligung als bedeutend ansieht. Für denjenigen, der eine größere Beteiligung erwerben will, folgt hieraus das Erfordernis einer sorgfältigen Überprüfung, ob ihn schon eine Anzeigepflicht treffen könnte.

II. Erforderliche Führungsqualitäten, insbesondere Zuverlässigkeit

Inhaber einer bedeutenden Beteiligung darf nur werden, wer die inhaltlichen und formellen Voraussetzungen der Anzeigenverordnung[30] erfüllt. Die wesentlichen Tatsachen zur Beurteilung der Zuverlässigkeit sind anzugeben[31]. Es ist ausreichend, wenn Tatsachen vorgetragen werden, die auch für die Zuverlässigkeitsprüfung eines Geschäftsleiters herangezogen werden[32]; es bedarf mithin keines – ohnehin praktisch nicht zu erbringenden – lückenlosen Nachweises darüber, daß Gründe fehlen, die eine Beurteilung als unzuverlässig nahelegen würden[33], vielmehr genügt regelmäßig eine kurze vorformulierte Erklärung[34].

---

[27] *Fülbier* in Boos/Fischer/Schulte-Mattler § 1 KWG Rn 191: Der Begriff richtet sich nach § 311 HGB.
[28] *Hopt* § 311 HGB Rn 1.
[29] *Fülbier* in Boos/Fischer/Schulte-Mattler § 1 KWG Rn 191; *Dusemond*, Die Abgrenzung des Konsolidierungskreises im engeren und weiteren Sinne, DB 1994, 1733, 1736.
[30] § 1 Verordnung über die Anzeigen und die Vorlage von Unterlagen nach dem KWG (Anzeigenverordnung), abgedruckt bei *Reischauer/Kleinhans* Nr. 245.
[31] § 2b Abs. 1 Satz 2 KWG.
[32] BT-Drucks. 12/3377.
[33] *Fülbier* in Boos/Fischer/Schulte-Mattler § 2b KWG Rn 5.
[34] Vordruck „Anzeige nach § 2b Abs. 1 oder 4 KWG" – Anlage 1 zur Anzeigenverordnung.

14 Handelt es sich beim Erwerber um eine juristische Person oder Personenhandelsgesellschaft, muß sich die Angabe der die Zuverlässigkeit begründenden Tatsachen auf diejenigen natürlichen Personen beziehen, die **gesetzliche Vertreter oder persönlich haftende Gesellschafter des erwerbenden Unternehmens** sind[35].

III. Anzeigepflichten

15 Den Inhabern bedeutender Beteiligungen bzw. solchen, die es werden wollen, werden verschiedene Anzeigepflichten auferlegt[36]. Eine komplementäre Anzeigepflicht besteht für das betreffende Institut selbst[37].

1. Absicht, eine bedeutende Beteiligung zu erwerben

16 **Jedermann, der beabsichtigt**, eine bedeutende Beteiligung an einem Institut **zu erwerben**, hat dem BAKred und der Deutschen Bundesbank die Höhe der beabsichtigten Beteiligung ohne schuldhaftes Zögern mitzuteilen[38]. Die Pflicht entsteht bereits mit der Absicht des Beteiligungserwerbs. Das BAKred soll nicht vor vollendete Tatsachen gestellt werden, sondern die Möglichkeit der Untersagung haben[39]. Eine Absicht dürfte vorliegen, wenn die Geschäftsleitung einen auf Beteiligungserwerb gerichteten Beschluß gefaßt hat und eine etwa erforderliche **Zustimmung des Aufsichtsrats** vorliegt[40].

17 Einzureichen sind insbes. die Unterlagen, mit Hilfe derer die Zuverlässigkeit des Erwerbers überprüft wird[41]. Auf Verlangen des BAKred können auch Jahresabschlüsse bzw. Konzernabschlüsse der letzten drei Geschäftsjahre nebst Prüfungsberichten von unabhängigen Abschlußprüfern verlangt werden[42].

2. Erreichen und Überschreiten von Schwellenwerten sowie Erwerb und Aufgabe der Kontrolle

18 Der Inhaber einer bedeutenden Beteiligung an einem Institut hat beiden Behörden seine Absicht mitzuteilen, den Betrag der bedeutenden Beteiligung so zu erhöhen, daß die Schwellen von 20, 33 oder 50% der Stimmrechte oder des Kapitals erreicht oder überschritten werden[43]. Gleiches gilt für die Aufgabe einer bedeutenden Beteiligung bzw. für das Herabsenken der Beteiligung unter einen der genannten **Schwellenwerte**[44]. Neben einem Über- oder Unterschreiten der Schwellenwerte besteht diese Anzeigepflicht auch, wenn das Institut unter die

---

[35] § 2b Abs. 1 Satz 2 KWG; § 1 Abs. 1 Satz 4 Anzeigenverordnung.
[36] Siehe Rn 16 ff.
[37] Siehe Rn 22.
[38] § 2b Abs. 1 Satz 1 KWG.
[39] *Fülbier* in Boos/Fischer/Schulte-Mattler § 2b KWG Rn 5.
[40] *Fülbier* in Boos/Fischer/Schulte-Mattler § 2b KWG Rn 5.
[41] Siehe Rn 13.
[42] § 2b Abs. 1 Satz 3 KWG iVm. § 32 Abs. 1 Satz 2 Nr. 6 lit. d, e KWG.
[43] § 2b Abs. 1 Satz 6 KWG.
[44] § 2b Abs. 4 Satz 1 KWG.

Kontrolle des Inhabers der bedeutenden Beteiligung kommt[45] oder wenn die **Kontrolle aufgegeben** wird[46]. Eine Kontrolle liegt vor, wenn ein Unternehmen im Verhältnis zu dem anderen als Mutterunternehmen gilt oder wenn zwischen einer natürlichen oder einer juristischen Person und einem Unternehmen ein gleichartiges Verhältnis besteht[47].

3. Untersagungsverfügung und Beschränkungen

Das BAKred kann den beabsichtigten **Erwerb der bedeutenden Beteiligung bzw. ihre Erhöhung untersagen**, 19
- wenn es sich nicht von der erforderlichen persönlichen Qualifikation des Inhabers des Erwerbers überzeugen kann;
- im Fall der Einbindung des Instituts in einen Unternehmensverbund, der eine wirksame Aufsicht über das Institut beeinträchtigt;
- wenn das Institut durch den Erwerb oder die Erhöhung der Beteiligung Tochterunternehmen eines Instituts mit Sitz im Ausland würde, des im Staat seines Sitzes oder seiner Hauptverwaltung nicht wirksam beaufsichtigt wird oder dessen zuständige Aufsichtsstelle zu einer befriedigenden Zusammenarbeit mit dem BAKred nicht bereit ist[48].

Neben einer Untersagungsverfügung kann das BAKred dem Inhaber einer bedeutenden Beteiligung sowie den von ihm kontrollierten Unternehmen die **Ausübung der Stimmrechte untersagen** und die Anordnung treffen, daß über die **Anteile nur mit Zustimmung des BAKred verfügt werden darf**. Dies droht dann, 20
- wenn die Voraussetzungen für eine Untersagungsverfügung vorliegen oder
- der Inhaber der bedeutenden Beteiligung seiner Anzeigepflicht[49] nicht nachgekommen ist und diese auch innerhalb einer vom BAKred gesetzten Frist nicht erfüllt hat. Eine solche Untersagungsverfügung wurde in jüngster Zeit aufgrund mangelnder persönlicher Qualifikation des Geschäftsführers einer Beteiligungs-GmbH sowie wegen unzureichender Erfüllung der Anzeigepflicht getroffen. Insbes. das unvollständige Einreichen der erforderlichen Unterlagen trotz mehrfacher Aufforderung veranlaßte das BAKred zu diesem Schritt.
- Schließlich besteht diese Möglichkeit der Stimmrechtsuntersagung, wenn die Beteiligung trotz vollziehbarer Untersagungsverfügung erworben oder erhöht worden ist[50].

In allen drei Fällen kann die Ausübung der Stimmrechte auf einen **Treuhänder** 21 übertragen werden, der bei dieser Tätigkeit den Interessen einer soliden und umsichtigen Führung des Instituts Rechnung zu tragen hat[51]. Liegen die Voraussetzungen einer Untersagungsverfügung vor oder wird gegen eine solche verstoßen,

---

[45] § 2b Abs. 1 Satz 6 aE KWG.
[46] § 2b Abs. 4 Satz 1 aE KWG.
[47] § 1 Abs. 8 KWG; den Begriff des Mutterunternehmens definiert § 1 Abs. 6 KWG, der auf § 290 HGB verweist. Siehe dazu *A/D/S* § 290 HGB Rn 6 ff.
[48] § 2b Abs. 1a Satz 1 KWG.
[49] Siehe Rn 16 ff.
[50] § 2b Abs. 2 Satz 1 KWG.
[51] § 2b Abs. 2 Satz 2 KWG.

kann darüber hinaus der Treuhänder mit der **Veräußerung der Anteile**, soweit diese eine bedeutende Beteiligung begründen, beauftragt werden. Dies geschieht jedoch nur, wenn der Inhaber der bedeutenden Beteiligung innerhalb einer angemessenen Frist dem BAKred keinen zuverlässigen Erwerber mitteilt[52].

4. Anzeigepflichten des Instituts

22 Spiegelbildlich zur Anzeigepflicht des Erwerbers besteht die **Pflicht des Instituts selbst**, den Erwerb oder die Aufgabe einer bedeutenden Beteiligung an ihm bzw. das Erreichen, Über- oder Unterschreiten der Schwellenwerte[53] dem BAKred und der Deutschen Bundesbank mitzuteilen[54]. Allerdings muß dies nicht im Vorfeld des Erwerbs geschehen, sondern erst, wenn die jeweiligen Beteiligungen tatsächlich erworben worden sind. Diese Meldepflicht ermöglicht es den Behörden, die Angaben der Erwerber von Beteiligungen mit denen der betroffenen Institute zu vergleichen und so auf ihre Übereinstimmung hin zu überprüfen. Wie diese Anzeigepflicht konkret ausgestaltet ist, ergibt sich aus der Anzeigenverordnung[55]. Daneben muß das Institut den Namen und die Anschrift des Inhabers einer an ihm bestehenden bedeutenden Beteiligung jährlich anzeigen[56].

IV. Mitgliedschaft in einer Einlagensicherungs- oder Anlegerschutzeinrichtung

1. Allgemeines

23 Das **Einlagensicherungs- und Anlegerentschädigungsgesetz** (EsAeG) setzt die EG-Richtlinien über Einlagensicherungssysteme und über Systeme für die Anlegerentschädigung um[57]. Es verpflichtet alle von ihm erfaßten Institute, einer Entschädigungseinrichtung anzugehören[58]. Darunter fallen Institute, die Einlagen entgegennehmen und Kredite vergeben (Einlagenkreditinstitute), sonstige Kreditinstitute und Finanzdienstleistungsinstitute, wenn sie Wertpapierdienstleistungen erbringen, sowie Kapitalanlagegesellschaften, die als Finanzportfolioverwalter tätig sind[59]. Die **Pflichtzugehörigkeit** hat zur Folge, daß kein neues Institut vom BAKred zugelassen wird, das nicht einer Entschädigungseinrichtung angehört[60].

---

[52] § 2b Abs. 2 Satz 3 KWG.
[53] Siehe Rn 18.
[54] § 24 Abs. 1 Nr. 11 KWG.
[55] § 12 Anzeigenverordnung.
[56] § 24 Abs. 1a Nr. 2 KWG.
[57] EG-Richtlinien 94/19/EWG über Einlagensicherungssysteme, ABl. Nr. L 135/5, und 97/9/EG über Systeme für die Entschädigung der Anleger, ABl. Nr. L 84/22.
[58] § 2 EsAeG.
[59] § 1 Abs. 1 EsAeG.
[60] Deshalb sieht § 32 Abs. 3 KWG die Beteiligung der Entschädigungseinrichtung am Verfahren zur Zulassung neuer Institute vor.

2. Gesetzliche Sicherungssysteme

Schon vor Inkrafttreten des EsAeG verfügte Deutschland über freiwillige, gut ausgebaute Einlagensicherungssysteme. Zur Umsetzung der EG-Richtlinien hätte sich eine staatliche Anerkennung dieser Einrichtungen unter Anpassung an die neuen Rahmenbedingungen angeboten, was jedoch aus verfassungsrechtlichen Gründen ausgeschlossen war. Die **Entschädigungseinrichtungen** wurden **öffentlich-rechtlich** organisiert. Sie wurden bei der Kreditanstalt für Wiederaufbau als nichtrechtsfähige Sondervermögen des Bundes errichtet und sind in drei Institutsgruppen unterteilt:
- Sondervermögen für privatrechtliche Einlagenkreditinstitute und
- öffentlich-rechtliche Einlagenkreditinstitute sowie
- ein Sondervermögen für die übrigen vom EsAeG erfaßten Institute[61].

Da die Richtlinien den Mitgliedstaaten die Organisation und Art der Finanzierung der Entschädigungssysteme überließ, wurde es auch juristischen Personen des Privatrechts ermöglicht, die gesetzliche Mindestdeckung zu gewährleisten. Dies ist aber nur möglich, wenn ein privatrechtlicher Entschädigungsfonds durch den Bundesfinanzminister mit einer solchen Sicherungsfunktion beliehen wird. Diese Möglichkeit hat der Bundesverband Deutscher Banken e.V.[62] genutzt, der mit seiner 100%-igen Tochtergesellschaft, der **Entschädigungseinrichtung deutscher Banken GmbH**, die Sicherung privatrechtlicher Einlagensicherungsinstitute und Bausparkassen übernommen hat[63]. Diese GmbH tritt an die Stelle des öffentlich-rechtlichen Sondervermögens und übernimmt dessen Rechte und Pflichten[64]. Da je Institutsgruppe nur eine Sicherungseinrichtung beliehen werden kann und diese einem Aufnahmezwang unterliegt, ergibt sich für die privatrechtlichen Institute eine Pflichtmitgliedschaft in dieser Einrichtung.

3. Freiwillige Einlagenschutzeinrichtungen

Parallel dazu bleibt der **Einlagensicherungsfonds des Bundesverbandes deutscher Banken e.V.** bestehen. Im Gegensatz zu den gesetzlichen Sicherungssystemen bietet er eine über die gesetzliche Mindestdeckung weit hinausgehende Anschlußdeckung, die subsidiär eintritt. Einlagen von Nicht-Banken und von Kapitalanlagegesellschaften bei Kreditinstituten, die beiden Einrichtungen angehören, sind bis zum Gegenwert von etwa einem Drittel des haftenden Eigenkapitals des Kreditinstituts gesichert[65]. Da öffentlich-rechtliche Institute und Genossenschaftsbanken über einen Institutsschutz verfügen, der jedes Insolvenzrisiko faktisch ausschließt (sog. Anstaltslast), erlaubt dieses Modell den privatrechtlich organisierten Banken, hinsichtlich der Einlagensicherung mit der Konkur-

---

[61] § 6 Abs. 1 EsAeG.
[62] Kontakt: Bundesverband deutscher Banken e.V., Postfach 040 307, 10062 Berlin.
[63] Für die öffentlich-rechtlichen Einlagenkreditinstitute hat der Bundesverband der öffentlichen Banken Deutschlands mit seiner Tochtergesellschaft, der Entschädigungseinrichtung des Bundesverbands der öffentlichen Banken Deutschlands GmbH, den gleichen Weg eingeschlagen.
[64] § 7 Abs. 2 EsAeG.
[65] § 6 Nr. 1 Statut des Einlagensicherungsfonds des Bundesverbandes deutscher Banken e.V.

renz aus den anderen Bankensektoren gleichzuziehen[66]. Für die Mitgliedschaft im Einlagensicherungsfonds bestehen jedoch nach wie vor strenge Aufnahmekriterien[67], so daß einige Institute keine Mitglieder werden konnten und folglich nur über die gesetzliche Mindestdeckung verfügen.

27 Parallel zur Mitwirkung am Einlagensicherungsfonds ist eine Mitgliedschaft im **Prüfungsverband deutscher Banken e. V.**[68] zwingend erforderlich[69]; der Prüfungsverband ist faktisch auch an der Prüfung zur Mitwirkung am Einlagensicherungsfonds zuzulassender Institute beteiligt[70].

28 Erwirbt jemand die **Kontrolle an einem Kreditinstitut**, das an dem Einlagensicherungsfonds mitwirkt, so hat er sich gegenüber dem Bundesverband deutscher Banken zu verpflichten, diesen von Verlusten freizustellen, die dem Bundesverband aus Maßnahmen zur Unterstützung des Kreditinstituts, insbes. durch Zahlungen an dessen Einleger, entstanden sind[71]. Diese **Freistellungserklärung** ist betragsmäßig und zeitlich unbeschränkt; sie erstreckt sich auf alle während der Zeit der Kontrolle entstandenen ersatzpflichtigen Verluste, also nur diejenigen, die im Zusammenhang mit dem Einlagengeschäft des Kreditinstituts und dadurch veranlaßten Maßnahmen des Bundesverbands stehen; nicht erfaßt werden jegliche anderen Risiken des Geschäftsbetriebs des Kreditinstituts. Unter Kontrolle ist in diesem Zusammenhang zu verstehen, daß einem Institut die Mehrheit der Anteile an einem anderen gehört oder über dieses ein beherrschender Einfluß ausgeübt werden kann. Die Freistellungserklärung wird aber auch dann verlangt, wenn mehrere Unternehmen oder Personen gemeinsam beherrschenden Einfluß auf die Bank ausüben können[72], also zB zwei Unternehmen mit jeweils 50% an einem anderen beteiligt sind.

V. Konsolidierungsfragen

29 Kredit- und Finanzdienstleistungsinstitute müssen nach dem KWG im Interesse ihrer Gläubiger angemessene Eigenmittel haben, die insbes. als Sicherheit für die ihnen anvertrauten Vermögenswerte dienen[73]. Bei jedem Beteiligungserwerb muß geklärt werden, **welche Eigenmittelausstattung notwendig ist**. Diese hängt von der Art der Verflechtung der Unternehmen ab[74]. Um der Risikosituation durch Verflechtung und Internationalisierung der Finanzmärkte Rechnung

---

[66] *Sethe*, Einlagensicherung und Anlegerentschädigung nach europäischem und deutschem Recht, ZBB 1998, 305, 319.
[67] § 3 Statut des Einlagensicherungsfonds.
[68] Kontakt: Prüfungsverband deutscher Banken e. V., Gereonstraße 32, 50670 Köln.
[69] §§ 3 Nr. 1 lit. e, 4 Nr. 1 lit. b Statut des Einlagensicherungsfonds.
[70] § 9 Statut des Einlagensicherungsfonds.
[71] § 5 Abs. 10 Statut des Einlagensicherungsfonds. Es ist hierbei ohne Einfluß, ob der Erwerber selbst ein Kreditinstitut ist oder nicht.
[72] § 5 Abs. 10 Statut des Einlagensicherungsfonds.
[73] § 10 Abs. 1 KWG.
[74] Ausführlich zu Konsolidierungsfragen in bankaufsichtsrechtlicher und steuerrechtlicher Hinsicht beim Erwerb von Beteiligungen: *Gondert/Schimmelschmidt*, Bankaufsichtsrechtliche und steuerrechtliche Gestaltungen beim Erwerb von Beteiligungen an Kreditinstituten vor dem Hintergrund der 6. KWG-Novelle, DB 1998, Beilage Nr. 10/98.

zu tragen, erfolgt die **Beaufsichtigung** sog. **Institutsgruppen auf konsolidierter Basis**[75]. Dadurch soll eine mehrfache Ausnutzung des haftenden Eigenkapitals durch Anteilsbesitz an Kreditinstituten verhindert werden[76]. Eine Institutsgruppe besteht aus gruppenangehörigen Unternehmen, d. h. aus einem übergeordneten Unternehmen mit Sitz im Inland und den nachgeordneten Unternehmen. Diese werden als Tochterunternehmen eines Instituts, die selbst Institute, Finanzunternehmen oder Unternehmen mit bankbezogenen Hilfsdiensten sind, definiert. Der Sitz der Tochterunternehmen kann im In- oder Ausland sein. Übergeordnetes Unternehmen der Gruppe ist das Institut, das keinem anderen Institut mit Sitz im Inland nachgeordnet ist[77].

Für die Frage, ob eine Institutsgruppe insgesamt über angemessene Eigenmittel verfügt, müssen die Eigenmittel einschließlich der Anteile anderer Gesellschafter und der weiteren im Rahmen dieser Grundsätze[78] maßgeblichen Posten der gruppenangehörigen Unternehmen zusammengefaßt werden[79]. Durch diese **Vollkonsolidierung** werden die Risiken der nachgeordneten Unternehmen in voller Höhe dem übergeordneten Unternehmen zugeordnet. Die bisherige Pflichtkonsolidierungsschwelle ist von 40% nunmehr auf Beteiligungen von mehr als 50% der Kapitalanteile oder Stimmrechte bzw. auf Tochterunternehmen angehoben worden[80]. Eine bloße Quotenkonsolidierung ist im Gegensatz zu früher[81] nur noch für nachgeordnete Unternehmen vorgesehen, die keine Tochterunternehmen sind[82]. Für das Verfahren gelten grundsätzlich die Bestimmungen für die Vollkonsolidierung. Der Unterschied gegenüber der früheren Situation besteht darin, daß das übergeordnete Institut seine Eigenmittel und die Risikopositionen mit denen der nachgeordneten Unternehmen nur jeweils quotal in Höhe des Anteils zusammenfassen muß, dem seine Kapitalbeteiligung an dem nachgeordneten Unternehmen entspricht[83].

Die Pflicht zur Vollkonsolidierung trifft nicht nur Institutsgruppen, sondern auch **Finanzholding-Gruppen**[84]. Eine solche ist grundsätzlich dann anzunehmen, wenn einer Finanzholding-Gesellschaft Kreditinstitute, Finanzdienstleistungsinstitute, Finanzunternehmen oder Unternehmen mit bankbezogenen Hilfsdiensten als Tochterunternehmen nachgeordnet sind, unter denen sich mindestens ein Einlagenkreditinstitut oder ein Wertpapierhandelsunternehmen mit

---

[75] § 10a KWG.
[76] Studienkommission des Bundesministers für Finanzen „Grundsatzfragen der Kreditwirtschaft" 1974, abgedruckt bei *Reischauer/Kleinhans* Nr. 112, S. 8cff.
[77] § 10a Abs. 2 KWG; der Begriff des Tochterunternehmens ist in § 1 Abs. 7 KWG definiert.
[78] Das BAKred stellt im Einvernehmen mit der Deutschen Bundesbank Grundsätze auf, nach denen es für den Regelfall beurteilt, ob ein Institut angemessene Eigenmittel hat, § 10 Abs. 1 Satz 2 KWG.
[79] § 10a Abs. 6 Satz 1 KWG.
[80] *Boos* in Boos/Fischer/Schulte-Mattler § 10a KWG Rn 10; Die Änderung erfolgte durch die 6. KWG-Novelle (BGBl. 1997 I S. 2518), die am 1. 1. 1998 in Kraft getreten ist.
[81] Mit der 5. KWG-Novelle (BGBl. 1994 I S. 2735), in Kraft getreten am 31. 12. 1995, ist das Regelverfahren der Konsolidierung bei Tochterunternehmen von der Quoten- auf die Vollkonsolidierung umgestellt worden.
[82] Zum Begriff dieser Unternehmen: § 10a Abs. 4 KWG.
[83] § 10a Abs. 7 KWG.
[84] § 10a Abs. 1 iVm. Abs. 6 KWG.

Sitz im Inland befindet[85]. Da es sich um eine Holding handelt, muß die Gruppe über **mindestens zwei nachgeordnete Unternehmen** der genannten Art verfügen[86]. Die Pflicht zur Konsolidierung stellt ein nicht unerhebliches Erschwernis des Beteiligungserwerbs dar und muß bei der Entscheidung über den Erwerb mit bedacht werden.

C. Weitere Unterschiede zum Unternehmenskauf

32   Nicht nur die Erwerberkontrolle, sondern auch weitere Elemente unterscheiden die Übernahme einer Bank oder eines Finanzdienstleisters von dem Erwerb eines keiner besonderen Aufsicht unterliegenden Unternehmens. Die Besonderheiten ergeben sich nur zum Teil aus der Aufsicht selbst, zum Teil dagegen unmittelbar aus der besonderen Art des betriebenen Geschäfts.

I. Prüfung auf etwaige aufsichtsrechtliche Beschränkungen

33   Wichtig ist es zunächst sicherzustellen, daß die von dem erworbenen Institut betriebenen Bank- oder Finanzdienstleistungen keinen anderen als den für alle einschlägigen Institute geltenden Beschränkungen unterliegen. Um dies zu überprüfen, ist bei der **Legal Due Diligence** die gesamte Korrespondenz mit den zuständigen Aufsichtsbehörden, insbes. dem BAKred, dem BAWe und der zuständigen Landeszentralbank durchzusehen.

34   Hierbei ist mit einer Prüfung des Erlaubnisschreibens selbst und dem regelmäßig damit übersandten Auflagenbescheid zu beginnen. Die **Erlaubnis** definiert den Rahmen des gestatteten Geschäftsbetriebs und damit die einzelnen Geschäftsarten, welche ausgeübt werden dürfen und die den im § 1 KWG aufgeführten Bank- und Finanzdienstleistungsgeschäften entsprechen. Deutsche Kreditinstitute verfügen traditionell über eine sog. **Vollbanklizenz**, die sämtliche der in dieser Vorschrift genannten Bankgeschäfte mit Ausnahme des Investmentgeschäfts[87] umfaßt. Hierbei ist es in vielen Fällen allerdings so, daß nicht alle der von der Erlaubnis umfaßten Geschäftsarten auch tatsächlich dauernd betrieben werden. Dies schadet nicht, solange sich das BAKred als die die Erlaubnis erteilende Behörde nicht veranlaßt gesehen hat, die Erlaubnis insoweit zurückzuziehen, wie von ihr kein Gebrauch gemacht worden ist[88]. Das Amt greift zu diesem Mittel lediglich

---

[85] § 10a Abs. 3: Diese Vorschrift nennt auch die Ausnahmen und definiert den Begriff der Finanzholding-Gruppe, wenn die Gesellschaft ihren Sitz in einem anderen Staat des Europäischen Wirtschaftsraums hat.
[86] *Boos* in Boos/Fischer/Schulte-Mattler § 10a KWG Rn 34.
[87] § 1 Abs. 1 Nr. 6 KWG. Investmentgeschäft ist das Geschäft von Kapitalanlagegesellschaften; Inhalt und Umfang sind im Gesetz über Kapitalanlagegesellschaften (§ 1 Abs. 1 und 6) definiert; andere als die dort genannten Geschäfte dürfen Kapitalanlagegesellschaften nicht betreiben.
[88] Dazu ist es gem. § 35 Abs. 2 Nr. 1 KWG befugt, wenn sechs Monate verstrichen sind, in denen die entsprechenden Geschäfte nicht mehr ausgeübt worden sind. Im übrigen erlischt die Erlaubnis gem. § 35 Abs. 1 Satz 2 KWG, wenn innerhalb eines Jahres seit ihrer Erteilung kein Gebrauch von ihr gemacht wird.

in Ausnahmefällen und tendenziell auch nur dann, wenn von einer Erlaubnis überhaupt kein Gebrauch gemacht worden ist. Im Zuge der größeren Spezialisierung werden zunehmend auch **beschränkte Bankerlaubnisse** beantragt und erteilt. Vor allem die den Finanzdienstleistungsinstituten erteilten Erlaubnisse sind regelmäßig genau auf die konkreten Bedürfnisse und den geplanten Geschäftsumfang zugeschnitten. Letzteres auch deswegen, weil die unterschiedlichen Erlaubnisse zugleich Unterschiede sowohl bei den erforderlichen Eigenmitteln als auch bei der **Zahl der erforderlichen Geschäftsleiter** zur Folge haben[89]. Bei Kreditinstituten sind mindestens zwei einschlägig qualifizierte Geschäftsleiter gesetzlich gefordert[90].

Der **Auflagenbescheid** kann zeitweilige oder auch dauernde qualitative oder auch quantitative Beschränkungen der Geschäfte des Instituts enthalten, wie zB das Betreiben des Kreditgeschäfts nur bei Vorhandensein von mindestens zwei Geschäftsleitern mit einschlägigen beruflichen Qualifikationen oder die Nicht-Ausweitung des Depotgeschäfts ohne Schaffung besonderer organisatorischer Voraussetzungen. Ggf. wird im Gespräch mit der Aufsicht zu klären sein, ob und unter welchen Voraussetzungen ein Verzicht auf die Auflagen in Frage kommt.

Einschränkungen des Geschäftsbetriebs können sich ferner infolge von **Sonderprüfungen**[91] ergeben, die das BAKred jederzeit anordnen und auch ohne jede Vorankündigung durchführen kann. Führen sie zu der Feststellung, daß nicht in allen Fällen die Vorschriften des KWG oder Erlasse und Anordnungen der Aufsichtsämter eingehalten worden sind, kann das Amt – neben der Anordnung von Disziplinarmaßnahmen – bis zur Behebung der festgestellten Mängel auch **vorübergehende Beschränkungen des Geschäftsbetriebs anordnen**[92], was empfindliche Auswirkungen auf das Institut haben kann.

II. Ersatz nachrangigen Haftkapitals

Das KWG bietet insbes. den Kreditinstituten vielfältige Möglichkeiten für die Aufbringung des haftenden Eigenkapitals, weit über die Stellung zB des Nominalkapitals von Kapitalgesellschaften hinaus. Hierzu zählt nachrangiges Haftkapital in Form von **Gesellschafterdarlehen**, was die Vorteile einer günstigeren steuerlichen Behandlung beim Gesellschafter mit der Möglichkeit einer vereinfachten Rückführung ohne förmliche Kapitalherabsetzung verbindet. Regelmäßig wird ein Veräußerer Gesellschafterdarlehen nicht bestehen lassen wollen, was für den Erwerber einen zusätzlichen Bedarf an einzusetzendem Kapital zur Folge hat. Aber auch von Dritten gestelltes Nachrangkapital kann auf Grund von **Change of Control-Klauseln** beim Erwerb möglicherweise kurzfristig abgezo-

---

[89] Finanzdienstleistungsinstitute, die sich Eigentum oder Besitz an Geldern oder Wertpapieren von Kunden verschaffen dürfen, benötigen mindestens zwei Geschäftsleiter, § 33 Abs. 1 Nr. 5 zweiter Fall KWG, bei allen anderen Finanzdienstleistungsinstituten genügt ein Geschäftsleiter, Art. 3 Abs. 3 Unterabs. 2 Wertpapierdienstleistungsrichtlinie; *Fischer* in Bosse/Fischer/Schulte-Mattler § 33 KWG Rn 61.
[90] § 33 Abs. 1 Nr. 5 erster Fall KWG.
[91] §§ 44 ff. KWG.
[92] §§ 45 ff. KWG.

gen werden und muß in einem solchen Fall im Zweifel zur Vermeidung von Nachteilen für den Geschäftsbetrieb kurzfristig ersetzt werden. Eine sorgfältige Prüfung der entsprechenden Verträge ist deswegen notwendig.

38 Der **tatsächliche Kapitaleinsatz des Erwerbers**, und sei es auch nur durch Übernahme von Darlehen, ist damit **potentiell erheblich höher**, als sich aus dem zu zahlenden Kaufpreis allein ergibt. Dies ist frühzeitig zu beachten und bei der Liquiditätsplanung des Erwerbers zu berücksichtigen.

III. Prüfung finanzieller Risiken, insbesondere Kreditrisiken

39 Jeder Unternehmenserwerb birgt für den Erwerber finanzielle Risiken, denn eine auch noch so gründliche Due Diligence kann letztlich nicht ausschließen, daß die vorgelegten Bilanzen die finanzielle Situation des Zielunternehmens nicht oder jedenfalls nicht vollständig richtig wiedergeben. Hat sich ein erworbenes Kreditinstitut zB in erheblichem Umfang **in Derivativgeschäften engagiert**, können sich daraus Risiken ergeben, die außer bei einer idR zu aufwendig erscheinenden Einzelprüfung jedes Engagements leicht in ihrem wahren Umfang verborgen bleiben. Hier wird es von besonderer Wichtigkeit sein, bei der Financial Due Diligence zu prüfen, nach welchen Kriterien die Bewertung dieser Geschäfte zu erfolgen hatte, verbunden mit einer stichprobenartigen Überprüfung der tatsächlichen Einhaltung dieser Vorgaben durch die Mitarbeiter des Instituts.

40 Am typischsten sind **Risiken aus Kreditgeschäften.** Bei der Gewährung von Krediten gibt es viele potentielle Fehlerquellen und Risiken; die Gefahr eines Totalverlusts ist besonders groß. So können sowohl bei der Einschätzung der Kreditwürdigkeit des Kreditnehmers als auch bei der Beurteilung der Güte des finanzierten Projekts Fehler unterlaufen sein. Zudem können konjunkturelle oder branchenspezifische Faktoren die Neubewertung eines ursprünglich „guten" Risikos erfordern. Weiter, und dies ist besonders häufig eine Quelle erheblicher Verluste, können die bestellten Sicherheiten schon bei der Bestellung falsch bewertet worden sein oder nachträglich einen Wertverlust erlitten haben, so daß sie keine volle Sicherheit mehr bieten. Schließlich können finanzielle Risiken ihren Ursprung auch in Mängeln der Vertragsdokumentation oder der wirksamen Bestellung von Sicherheiten haben. Kurz, besteht ein großes Kreditportfolio, so gibt es auch ein großes Risikopotential, dem durch geeignete Maßnahmen begegnet werden muß. Es muß nach Möglichkeit durch Gespräche mit Verantwortlichen des Kreditinstituts und bei der Due Diligence[93] geklärt werden, ob über das Normale hinausgehende Kreditrisiken bestehen. Nach geeigneten und gegenüber dem Veräußerer durchsetzbaren Maßnahmen muß gesucht werden, um diese Risiken zu begrenzen oder vorzugsweise vollständig zu neutralisieren.

41 Erkennt der Erwerber **wesentliche Kreditrisiken**, so hängt es von seinen eigenen Plänen mit dem zu erwerbenden Kreditinstitut ab, ob er bereit ist, diese zu übernehmen und nur nach Möglichkeit adäquat abzusichern, oder ob er ver-

---

[93] Siehe § 9 Rn 58 ff.

sucht, diese Risiken vollständig beim Veräußerer zu belassen. Dies ist zudem natürlich eine Frage dessen, was sich bei den Verhandlungen durchsetzen läßt.

Soll das Kreditgeschäft insgesamt oder in der bisherigen Form nicht fortgeführt werden, bietet es sich an, sämtliche **Kredite auf den Veräußerer zu übertragen**. Dies kann allerdings dann Schwierigkeiten bereiten, wenn der Veräußerer kein Kreditinstitut oder ein ausländisches Unternehmen ist. Alternativ können auch nur einzelne Problemkredite beim Veräußerer belassen oder vor Abschluß an einen Dritten veräußert werden. Sie können den Erwerber dann nicht mehr belasten.

Schließlich ist es auch denkbar, wenn auch mit größerem Aufwand verbunden, durch ein sogenanntes **„ring-fencing" Problemkredite** zwar auf den Erwerber überzuleiten, deren Risiko aber in voller Höhe beim Veräußerer zu belassen.

Läßt sich keine der dargestellten Maßnahmen realisieren oder in den Verhandlungen durchsetzen, verbleibt als letzte geeignete Möglichkeit, **umfassende Gewährleistungen**[94] zu vereinbaren und den Veräußerer nach Möglichkeit nicht nur für das Bestehen der bilanzierten Forderungen, sondern auch für deren Erfüllung durch die jeweiligen Schuldner haften zu lassen, soweit für die einzelnen Risiken nicht bereits ausreichende Rückstellungen gebildet worden sind. Es ist jedoch im Auge zu behalten, daß der Erwerber gleichwohl das Risiko der Durchsetzung möglicher Gewährleistungsansprüche und zugleich auch das Risiko der **Bonität des Veräußerers** trägt.

IV. Prüfung spezieller steuerlicher Risiken

Jeder Unternehmenserwerb birgt steuerliche Risiken[95]. Diese sind mit **umfassenden Gewährleistungen** möglichst weitgehend abzusichern. Es gibt darüber hinaus aber beim Erwerb von Kreditinstituten, in geringerem Umfange auch beim Erwerb von Finanzdienstleistern, spezifische steuerliche Risiken, denen besonderes Augenmerk geschenkt werden sollte:

Solange es in Deutschland ein Körperschaftsteueranrechnungsverfahren gab, wurden insbes. ausländische Aktionäre gegenüber deutschen Aktionären benachteiligt, weil die Körperschaftsteuergutschrift nur inländischen Aktionären zu Gute kam. Dies führte zu vielfältigen Versuchen, durch vorübergehende Übertragung der in ausländischer Hand gehaltenen Aktien auf einen körperschaftsteueranrechnungsberechtigten Inländer (regelmäßig über einen Dividendenstichtag hinaus) dieses Guthaben von einem Inländer vereinnahmen zu lassen und den Vorteil sodann mit dem ausländischen Aktionär zu teilen. Deutsche Kreditinstitute waren in nicht unerheblichem Umfang in diese sog. **„dividend stripping"-Geschäfte** verwickelt, haben damit zT ganz erhebliche Gewinne erzielt, nachfolgend aber häufig auch große Schwierigkeiten mit den Finanzbehörden und der Staatsanwaltschaft bekommen. Gibt es auch nur geringste Anhaltspunkte für derartige Geschäfte, muß durch geeignete Vereinbarungen sichergestellt werden, daß die

---

[94] Siehe auch § 9 Rn 39 ff.
[95] Siehe § 26.

47 Anderer Art sind die Risiken, die sich aus sog. **Luxemburg-Geschäften** ergeben; dabei handelt es sich regelmäßig um den Vorwurf der Mitwirkung inländischer Kreditinstitute an Steuerhinterziehungen von Kunden, denen durch den „diskreten" Transfer von Barmitteln nach Luxemburg und deren dortige Anlage (idR bei Tochter- oder Schwesterinstituten der deutschen Kreditinstitute) ermöglicht wurde, die nicht in Deutschland erzielten Erträge der deutschen Besteuerung zu entziehen. Hier liegt das steuerliche Risiko zwar bei den Kunden des Kreditinstituts. Aber auf den in diese Geschäfte verwickelten Angehörigen des Kreditinstituts – und dies waren häufig Personen aller Hierarchiestufen – lastet das strafrechtliche Risiko, **wegen Teilnahmehandlungen an Steuerhinterziehungen** der Kunden zur Verantwortung gezogen zu werden[96]. Damit einher gehen finanzielle Risiken wegen möglicherweise von dem Kreditinstitut zu übernehmender Geldstrafen von Mitarbeitern und wegen des wahrscheinlichen Abzugs von Kundengeldern im Fall der Aufdeckung dieser Transaktionen. Letztlich bereitet auch die Frage immer wieder große Schwierigkeiten, wie mit solchen Geschäften umzugehen ist, wenn sie zwar intern aufgedeckt worden, aber den Finanz- und Strafverfolgungsbehörden noch nicht bekannt sind.

V. „Weiche" Faktoren

48 Schon die Pflicht zur Anzeige der Beteiligungsabsicht[97] sowie die Notwendigkeit der Abgabe einer Verpflichtungserklärung für die Einlagensicherung beim Erwerb eines Einlagenkreditinstituts sind Anzeichen dafür, daß beim Erwerb eines Kreditinstituts gewisse zusätzliche Schritte zu ergreifen sind. Man sollte es aber nicht nur bei diesen Formalakten belassen. Der Erwerber wird es, ebenso wie das erworbene Institut, immer wieder sowohl mit der **Bankenaufsicht** als auch mit den Institutionen der Einlagensicherung zu tun haben. Er sollte daher frühzeitig den Kontakt zu diesen Institutionen suchen und sich ihrer **positiven Begleitung des Erwerbsvorgangs** versichern, damit nicht unerwartet „Sand ins Getriebe kommt" und den Vollzug des Erwerbs behindert. Mangelnde Umsicht oder schlichte Indifferenz gegenüber der Notwendigkeit solcher Maßnahmen hat schon manchen Erwerb wesentlich erschwert oder verzögert.

---

[96] §§ 26, 27 StGB.
[97] Siehe Rn 4 ff.

§ 19 Übernahmen im Versicherungsbereich

Übersicht

	Rn
A. Aufsichtsrechtliche Grundlagen	1
B. Bedeutende Beteiligungen	4
I. Definition	5
1. Anteile am Nennkapital	7
2. Stimmrechtsanteile	11
3. Maßgeblicher Einfluß	12
II. Erforderliche Führungsqualitäten, insbesondere Zuverlässigkeit	14
III. Anzeigepflichten	17
1. Absicht, eine bedeutende Beteiligung zu begründen	18
2. Überschreiten von Schwellenwerten; Verlust der Eigenschaft als Tochterunternehmen	20
3. Komplementäre Anzeigepflicht des Versicherungsunternehmens	23
C. Bestandsübertragung	25
I. Privatrechtlicher Vertrag	27
II. Aufsichtsbehördliche Genehmigung	28
III. Publizitätserfordernisse	30
IV. Umfang der Übertragung	32
V. Anpassung des Geschäftsplans	35
D. Besonderheiten bei grenzüberschreitender Bestandsübertragung	36
I. Innerhalb von EU/EWR	37
II. Außerhalb von EU/EWR	43

Schrifttum: *Müller-Magdeburg*, Die Bestandsübertragung nach § 14 VAG, Diss. Berlin 1996; *Prölss/Schmidt*, Versicherungsaufsichtsgesetz, 11. Aufl. 1997; *Scharping*, Die Bestandsübertragung im Versicherungsrecht, Diss. Hamburg 1965; *Weber-Rey/Krecek*, Aufsichtsrechtliche Aspekte der Übernahme von Versicherungsunternehmen, NVersZ 2000, 105.

A. Aufsichtsrechtliche Grundlagen

1 Übernahmen von Versicherungsunternehmen betreffen auch die Belange der Versicherten, die durch die speziellen Regelungen des **Versicherungsaufsichtsgesetzes** (VAG) gewahrt werden sollen[1]. Sämtliche Übernahmen im Versicherungsbereich sind daher stark durch aufsichtsrechtliche Besonderheiten geprägt. In aller Regel werden Transaktionen im Versicherungsbereich daher nicht nur von Anwälten und Investmentbanken begleitet, sondern auch von den Vertretern der wichtigsten Aufsichtsbehörde, des **Bundesaufsichtsamts für das Versicherungswesen** (BAV)[2].

2 Das BAV übt die rechtliche Aufsicht über den gesamten Geschäftsbetrieb der Versicherungsunternehmen aus mit dem Ziel, Mißstände zu vermeiden oder zu beseitigen. Diese Aufsicht erlangt bei Übernahmen insbes. dann Bedeutung, wenn „bedeutende Beteiligungen" begründet oder verändert werden[3] und wenn der von einer Gesellschaft gehaltene Versicherungsbestand übertragen wird[4].

3 Im Rahmen dieser **Rechtsaufsicht** unterscheidet man zwischen der **Finanzaufsicht** und der **Aufsicht im übrigen**[5]. Welche Aufsichtsart einschlägig ist, kann insbes. in grenzüberschreitenden Transaktionen entscheidende Auswirkungen haben. Da die Finanzaufsicht Sache der **Herkunftslandbehörde** ist, gehen mit der Zuordnung einzelner Aufsichtsfragen zur Finanzaufsicht oder zur Aufsicht im übrigen stets auch Fragen der behördlichen Zuständigkeit einher. Besondere Aufmerksamkeit ist insoweit den Fällen grenzüberschreitender Übertragung von Versicherungsbeständen zu widmen[6].

B. Bedeutende Beteiligungen

4 Bei der Übernahme eines Versicherungsunternehmens werden häufig beträchtliche Anteilsquoten am Gesellschaftskapital angestrebt. Damit das BAV zum

---

[1] Zuletzt geändert 1994 durch die Richtlinie 92/49/EWG zur Koordinierung der Rechts- und Verwaltungsvorschriften für die Direktversicherung (mit Ausnahme der Lebensversicherung) sowie zur Änderung der Richtlinien 73/239/EWG und 88/357/EWG vom 11. 8. 1992, ABl. Nr. L 228, 1 = VerBAV 1992, 269 (im folgenden als 3. Schadenversicherungsrichtlinie bezeichnet) und die Richtlinie 92/96/EWG zur Koordinierung der Rechts- und Verwaltungsvorschriften für die Direktversicherung (Lebensversicherung) sowie zur Änderung der Richtlinien 79/267/EWG und 90/619/EWG vom 10. 11. 1992, ABl. Nr. L 360, 1 = VerBAV 1993, 41 (im folgenden als 3. Lebensversicherungsrichtlinie bezeichnet).

[2] Kontakt: Graurheindorfer Straße 108, 53117 Bonn, Tel. 0228 / 22 84 22–80, http://www.BAV-bund.de; Adressennachweise für die Landesaufsichtsbehörden finden sich bei *Schmidt* in Prölss/Schmidt Vorb. Rn 70.

[3] Siehe Rn 4 ff.

[4] Siehe Rn 25 ff.

[5] Während § 81 Abs. 1 Satz 1 VAG die allgemeine Rechtsaufsicht und die besondere Finanzaufsicht als Gegenbegriffe gegenüberzustellen scheint, erklärt die amtliche Begründung, daß auch die Finanzaufsicht eine Rechtsaufsicht ist (BT-Drucks. 12/6959, 82).

[6] Siehe Rn 36 ff.

Schutz der Versicherten überwachen kann, welche Auswirkungen auf die Funktionsfähigkeit des Versicherungsunternehmens zu erwarten sind, muß es stets über Veränderungen im Kreis der Anteilseigner informiert sein. Zu diesem Zweck obliegen sowohl dem Inhaber einer bedeutenden Beteiligung als auch dem Versicherungsunternehmen selbst detaillierte Anzeigepflichten über den Erwerb und spätere Veränderungen in der Höhe solcher Beteiligungen[7]. Anhand der jeweils mitzuteilenden Informationen kann das BAV sicherstellen, daß jeder Inhaber einer bedeutenden Beteiligung die gesetzlich geforderte persönliche Eignung aufweist.

I. Definition

Eine **bedeutende Beteiligung**[8] besteht, wenn unmittelbar oder mittelbar über ein oder mehrere Tochterunternehmen mindestens 10% des **Nennkapitals** oder der **Stimmrechte** einer Versicherungsaktiengesellschaft[9] gehalten werden oder unterhalb dieser Schwelle ein maßgeblicher Einfluß auf die Geschäftsführung ausgeübt werden kann. Die gesetzliche Bezugnahme auf die Tatbestandsmerkmale „Tochterunternehmen" und „maßgeblicher Einfluß" bewirkt, daß auf mehrfach ineinander verschachtelte Legaldefinitionen zurückgegriffen werden muß, um das Vorliegen einer bedeutenden Beteiligung ermitteln zu können.

Siehe Grafik auf S. 934.

1. Anteile am Nennkapital

Um festzustellen, ob ein Anteilsinhaber die eine bedeutende Beteiligung begründenden 10% des Nennkapitals hält, sind sämtliche mittelbar durch seine Tochtergesellschaften gehaltenen Anteile zu den direkt gehaltenen Anteilen hinzuzurechnen.

Ein Unternehmen ist **Tochterunternehmen**, wenn mindestens 20% seiner Anteile von einem Mutterunternehmen gehalten werden und es in einem Konzern unter der einheitlichen Leitung dieses Mutterunternehmens steht[10]. Die einheitliche Leitung ist idR zu bejahen, wenn das Mutterunternehmen einen gesellschaftsrechtlich vermittelten Einfluß auf die Geschäfts- und Unternehmenspolitik hat und die gemeinsame Zielkonzeption der verbundenen Unternehmen auf ihr Gesamtinteresse ausgerichtet ist[11]. Die Stellung als Tochterunternehmen kann aber auch darauf beruhen, daß dem Mutterunternehmen entweder die Mehrheit der Stimmrechte oder das Recht zusteht, als Gesellschafterin die Mehrheit der

---

[7] Die Regelungen des VAG beruhen auf Art. 15 Abs. 1 der 3. Schadenversicherungsrichtlinie und Art. 14 Abs. 1 der 3. Lebensversicherungsrichtlinie; siehe Fn 1.
[8] Das Tatbestandsmerkmal der bedeutenden Beteiligung entspricht inhaltlich der „qualifizierten Beteiligung" im Sinne des Art. 1g 3. Schaden- und Art. 1h 3. Lebensversicherungsrichtlinie; siehe Fn 1.
[9] Gleiches gilt für die Inhaber entsprechender Beteiligungen am Gründungsstock eines Versicherungsvereins auf Gegenseitigkeit iSv. § 22 VAG.
[10] Vgl. § 7a Abs. 2 Satz 6 VAG iVm. § 290 HGB.
[11] *Hüffer* § 17 AktG Rn 8, § 18 AktG Rn 11.

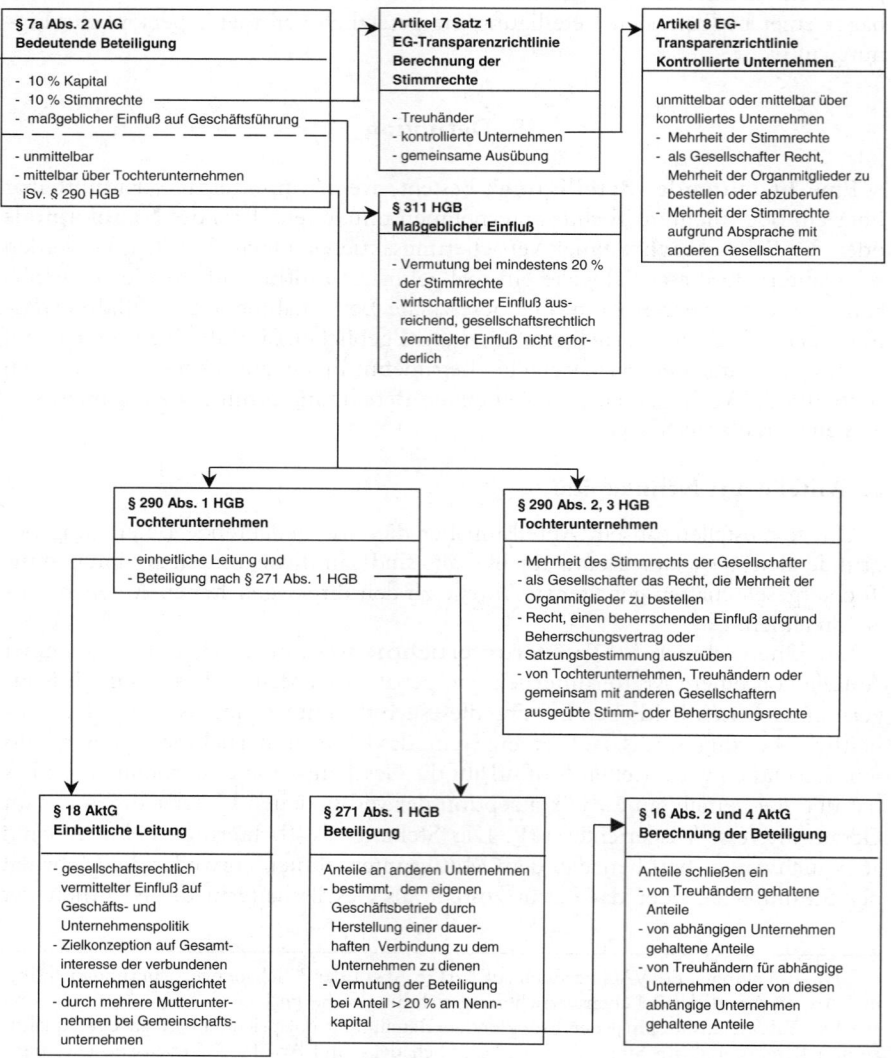

Organmitglieder zu bestellen oder abzuberufen oder das Recht, aufgrund eines Beherrschungsvertrags[12] oder der Satzung beherrschenden Einfluß auszuüben. Die VAG-Novelle 2000 erweitert den Zurechnungstatbestand der Stellung als Tochterunternehmen auf gleichartige Verhältnisse sowie das Zusammenwirken mit anderen Personen oder Unternehmen.

Im Fall einer Beteiligung von weniger als 20% werden, falls sie durch Herstellung einer dauerhaften Verbindung zu dem Tochterunternehmen dem Geschäftsbetrieb des Mutterunternehmens zu dienen bestimmt ist, die von beiden (Mutter- und Tochtergesellschaft) an dem betreffenden Versicherungsunternehmen gehaltenen Anteile zusammengerechnet. Bei der Ermittlung des prozentualen Anteils, in dessen Höhe das Mutterunternehmen am Tochterunternehmen beteiligt ist, sind sämtliche Anteile zu berücksichtigen, die von Treuhändern für das Mutterunternehmen, von abhängigen Unternehmen oder von Treuhändern für abhängige Unternehmen oder für von diesen abhängige Unternehmen gehalten werden.

Weder bei Mutter- noch Tochterunternehmen kommt es auf die Rechtsform oder den Sitz an. Auch **Enkelunternehmen** (Tochterunternehmen eines Tochterunternehmens) werden im Hinblick auf die zuzurechnenden Beteiligungen wie Tochterunternehmen behandelt.

2. Stimmrechtsanteile

Auch die Inhaberschaft von mehr als 10% der **Stimmrechte** begründet eine bedeutende Beteiligung. Bei der Berechnung der Höhe des Stimmrechtsanteils sind zunächst die im gesellschaftsrechtlichen Sinn gehaltenen Stimmrechte einzubeziehen. Ferner werden in einer Vielzahl von Fällen die Stimmrechte Dritter zugerechnet[13]. Dadurch können sich im Rahmen der Prüfung, ob eine im versicherungsrechtlichen Sinn bedeutende Beteiligung vorliegt, erheblich höhere Stimmrechtsquoten ergeben als bei rein gesellschaftsrechtlicher Betrachtung. Wer überprüfen will, ob er Inhaber einer solchen Beteiligung ist, muß zB alle Stimmrechte hinzurechnen, die andere Personen in deren Namen für seine Rechnung halten. Gleiches gilt für Stimmrechte aus Aktien, die ein Dritter als Sicherheit verwahrt, es sei denn, der Verwahrer hält die Stimmrechte und bekundet die Absicht, sie auszuüben. Zugerechnet werden auch Stimmrechte, die Unternehmen halten, die der Inhaber der Beteiligung kontrolliert. Durch diese und fünf weitere **Zurechnungstatbestände** soll verhindert werden, daß einflußreiche Beteiligungs-

---

[12] Zum Beherrschungsvertrag siehe § 28 Rn 37 ff., 55 ff.
[13] Vgl. Art. 7 Satz 1 der Richtlinie 88/627/EWG vom 12. 12. 1988 über die bei Erwerb und Veräußerung einer bedeutenden Beteiligung an einer börsennotierten Gesellschaft zu veröffentlichenden Informationen, ABl. EG Nr. L 348, 62. Die Richtlinie ist durch das 2. Finanzmarktförderungs G in deutsches Recht umgesetzt worden, vgl. §§ 22, 23 WpHG. Der durch die VAG-Novelle 2000 eingefügte § 7a Abs. 2 Satz 4 VAG verweist für die Zurechnung der Stimmrechte ausdrücklich auf § 22 Abs. 1 WpHG, der seinerseits zum Januar 2002 an das neue Wertpapiererwerbs- und Übernahmegesetz (WÜG) durch Erweiterung angepaßt wird. Ferner sieht die VAG-Novelle eine Definition des Begriffs „Kontrolle" vor, die als Satz 8 dem § 7a Abs. 2 VAG angefügt wird. Diese Definition bezieht sich auf den Begriff des „kontrollierten Unternehmens", der in § 83 Abs. 5a Nr. 2 sowie in § 104 Satz 4 und § 104 Abs. 3 VAG eingefügt wird.

inhaber sich durch das Vorschieben von Mittelsmännern den Anzeigepflichten des VAG entziehen.

3. Maßgeblicher Einfluß

12 Hält ein Unternehmen weniger als 10% der Anteile oder Stimmrechte, ist seine Beteiligung nur dann „bedeutend", wenn es dennoch **maßgeblichen Einfluß auf die Geschäftsführung** des betreffenden Versicherungsunternehmens ausüben kann.

13 Für die Interpretation des Begriffs „maßgeblicher Einfluß" verweist die amtliche Begründung auf § 311 Abs. 1 HGB. Danach ist die Möglichkeit der Einflußnahme dann „maßgeblich", wenn die Beteiligung eine Bedeutung erlangt, wie sie üblicherweise durch eine mindestens 20%-ige Beteiligung vermittelt wird[14]. Die Bedeutung der Beteiligung kann auch durch wirtschaftlichen Einfluß begründet werden, durch finanzielle oder personelle Verflechtung, maßgebliche Kreditbeziehung oder technologische Abhängigkeit[15].

II. Erforderliche Führungsqualitäten, insbesondere Zuverlässigkeit

14 Inhaber einer als bedeutend einzustufenden Beteiligung darf nur sein, wer den Ansprüchen genügt, die im Interesse einer soliden und umsichtigen Führung des Versicherungsunternehmens zu stellen sind. Beispielhaft für in Frage kommende Eigenschaften nennt das Gesetz die **Zuverlässigkeit**. Ist der Inhaber einer bedeutenden Beteiligung keine natürliche, sondern eine juristische Person oder eine Personenhandelsgesellschaft, sind die persönlichen Voraussetzungen durch die natürlichen Personen zu erfüllen, die als persönlich haftende Gesellschafter oder anderweitig geschäftsführungs- und vertretungsbefugt sind[16].

15 Die vom Gesetzgeber erstrebte aufsichtsrechtliche **Aktionärskontrolle** wird dadurch abgesichert, daß die fehlende Zuverlässigkeit zwingend die Versagung der Erlaubnis zum Betrieb des Versicherungsunternehmens zur Folge hat. Daher sollte die zuständige Aufsichtsbehörde möglichst früh im Verlauf der Unternehmensakquisition von der persönlichen Eignung der als Inhaber bzw. Organ einer bedeutenden Beteiligung vorgesehenen Personen überzeugt werden.

16 Nicht endgültig geklärt ist, ob das VAG eine Ausrichtung der Führungseigenschaften gerade auf das Versicherungswesen fordert[17] oder ob auch eine in anderen Wirtschaftsbereichen oder im Rahmen einer Tätigkeit für die öffentliche Hand erworbene Eignung ausreicht[18]. Falls aus versicherungsfremden Branchen stammende Führungskräfte aufsichtsrechtlich relevante Positionen einnehmen sollen, ist es daher dringend notwendig festzustellen, ob die zuständige Aufsichtsbehörde im konkreten Fall die nötigen Führungseigenschaften als gegeben ansieht.

---

[14] Vgl. *Hopt* § 311 HGB Rn 1. Kritisch dazu *Weber-Rey/Krecek* NVersZ 2000, 105, 106.
[15] *Hopt* § 311 HGB Rn 1.
[16] Vgl. § 7a Abs. 2 Satz 2 VAG.
[17] *Schmidt* in Prölss/Schmidt § 7a VAG Rn 10.
[18] *Schmidt* in Prölss/Schmidt § 7a VAG Rn 10; *Weber-Rey/Krecek* NVersZ 2000, 105, 107.

III. Anzeigepflichten

Den Inhabern bedeutender Beteiligungen wird vom VAG für verschiedene Situationen eine **Anzeigepflicht** auferlegt[19]. Diese wird durch eine **komplementäre Anzeigepflicht** des Versicherungsunternehmens selbst ergänzt[20].

1. Absicht, eine bedeutende Beteiligung zu begründen

Die Anzeigepflicht trifft jeden, der beabsichtigt, eine bedeutende Beteiligung an einem Versicherungsunternehmen zu erwerben. Der Aufsichtsbehörde müssen unverzüglich nach Entstehen der **Erwerbsabsicht** und jedenfalls vor ihrer Realisierung[21] neben der Höhe der bedeutenden Beteiligung auch die wesentlichen Tatsachen mitgeteilt werden, die zur Beurteilung der Anforderungen an die Führungseigenschaften erforderlich sind[22]. Auf Verlangen sind auch die Jahresabschlüsse und die konsolidierten Konzernabschlüsse der letzten drei Geschäftsjahre mitsamt den Prüfungsberichten unabhängiger Abschlußprüfer einzureichen[23]. Die Aufsichtsbehörde kann die verschiedenen Abschlüsse auf Kosten des den Erwerb Beabsichtigenden von einem Wirtschaftsprüfer prüfen lassen. Diese Maßnahmen kann die Aufsichtsbehörde auch dann anordnen, wenn erst nach dem Erwerb einer bedeutenden Beteiligung Zweifel entstehen, ob die persönlichen Eigenschaften ihres Inhabers den Anforderungen genügen.

In gleicher Weise muß unter Vorlage der eben aufgezählten Dokumente stets angezeigt werden, wenn eine juristische Person oder Personenhandelsgesellschaft zwar ihre bedeutende Beteiligung unverändert läßt, aber die im Hinblick auf persönliche Anforderungen als Inhaber fungierende natürliche Person auswechselt.

2. Überschreiten von Schwellenwerten; Verlust der Eigenschaft als Tochterunternehmen

Der Inhaber einer bedeutenden Beteiligung hat der Aufsichtsbehörde unverzüglich anzuzeigen, daß er beabsichtigt, seine Beteiligung auf jeweils mindestens 20, 33 oder 50% des Nennkapitals oder der Stimmrechte zu erhöhen. Umgekehrt ist die Absicht anzeigepflichtig, quantitativ eine bedeutende Beteiligung gänzlich aufzugeben, unter einen der **Schwellenwerte** von 20, 33 oder 50% zu senken oder qualitativ so zu verändern, daß das Versicherungsunternehmen nicht mehr als Tochterunternehmen einzustufen ist. Eine solche qualitative Änderung kann beispielsweise dadurch herbeigeführt werden, daß ein Entherrschungsvertrag abgeschlossen wird.

---

[19] Siehe Rn 18 ff.
[20] Siehe Rn 23 f.; Einzelheiten der Anzeigen werden in dem Rundschreiben R 4/98 des BAV vom 11. 8. 1998 dargelegt.
[21] *Kollhosser* in Prölss/Schmidt § 104 VAG Rn 2.
[22] Siehe Rn 14 ff.
[23] Dies gilt nur, sofern nach allgemeinen Regeln solche Abschlüsse und Berichte überhaupt zu erstellen sind.

21 Kann sich die Aufsichtsbehörde von der erforderlichen persönlichen Qualifikation des Inhabers nicht überzeugen, hat sie den geplanten **Erwerb oder** die **Erhöhung** der bedeutenden Beteiligung zu **untersagen**[24].

22 Ist der Erwerb einer bedeutenden Beteiligung schon vollzogen, kann die Aufsichtsbehörde in verschiedenen Fällen die **Ausübung der Stimmrechte** aus dieser Beteiligung **untersagen**. Das gilt insbes., wenn der Inhaber einer bedeutenden Beteiligung mit dem Versicherungsunternehmen in einer konzernrechtlichen Verbindung[25] steht und dies zu undurchsichtigen Strukturen führt, die eine wirksame Aufsicht behindern.

3. Komplementäre Anzeigepflicht des Versicherungsunternehmens

23 Sobald die anzeigepflichtigen Erwerbs- oder Veräußerungspläne realisiert worden sind, ist auch das davon betroffene Versicherungsunternehmen gehalten, seinerseits der Aufsichtsbehörde bestimmte Änderungen anzuzeigen[26]. Dies ermöglicht es der Aufsichtsbehörde, die Angaben von Inhabern bedeutender Beteiligungen und von betroffenen Versicherungsunternehmen durch Vergleich auf ihre Korrektheit zu überprüfen.

24 Die Anzeigepflicht betrifft zunächst die Tatsache, daß das Versicherungsunternehmen die Stellung eines Tochterunternehmens erlangt oder verliert. Ferner muß angezeigt werden, daß bestehende Beteiligungen an einem Versicherungsunternehmen die Schwellenwerte von 20, 33 oder 50% der Stimmrechte oder des Nennkapitals über- oder unterschreiten. Schließlich ist entgegen dem irreführenden Gesetzeswortlaut ebenfalls anzuzeigen, daß an dem betreffenden Versicherungsunternehmen eine bedeutende Beteiligung erworben oder aufgegeben worden ist[27].

C. Bestandsübertragung[28]

25 Besonderheiten gelten, wenn das Versicherungsunternehmen nicht im Wege des Anteilserwerbs übernommen wird, sondern die Transaktionsstruktur – eventuell auch nur als Zwischenschritt – die Übertragung der zum Geschäftsbetrieb des Unternehmens gehörenden Versicherungsverträge vorsieht[29].

26 Nach den allgemeinen Regeln des bürgerlichen Rechts bedürfte die Übertragung jedes einzelnen Versicherungsvertrages der Genehmigung des jeweiligen Versicherten[30]. Als Alternative zu diesem umständlichen, eher auf die Übertra-

---

[24] *Kollhosser* in Prölss/Schmidt § 104 VAG Rn 4.
[25] Siehe zum Konzernrecht § 28.
[26] Vgl. § 13d Nr. 4, 5 VAG.
[27] Zur Begründung vgl. *Weber-Rey/Krecek* NVersZ 2000, 105, 107.
[28] Die folgenden Ausführungen gelten ausschließlich für rein inlandsbezogene Bestandsübertragungen.
[29] Die Übertragung der Versicherungsverträge kann im Rahmen eines Asset Deal mit der Veräußerung anderer Vermögensgegenstände einhergehen; siehe Rn 32ff.
[30] Vgl. § 415 Abs. 1 Satz 1 BGB.

gung einzelner Verträge zugeschnittenen Vorgehen bietet das Gesetz mit dem Instrument der **Bestandsübertragung** einen praktikablen Lösungsweg an.

I. Privatrechtlicher Vertrag

Die Bestandsübertragung ermöglicht es, den Versicherungsbestand ganz oder teilweise **durch schriftlichen**[31] **Vertrag** auf den Erwerber zu übertragen. Gegenstand der Übertragung sind die Versicherungsverträge und die ihnen zuzuordnenden versicherungstechnischen Rückstellungen und Beitragsüberträge. Die sonst erforderlichen Einzelakte der Abtretung vertraglicher Rechte, Schuldübernahme vertraglicher Pflichten und zumindest die Verpflichtung zur Übertragung der die versicherungstechnischen Rückstellungen bedeckenden Vermögensgegenstände können somit **in einem einheitlichen Rechtsgeschäft** zusammengefaßt werden[32]. Der Vertrag muß den Gegenstand der Übertragung genau kennzeichnen, insbes. wenn ein Versicherungsbestand nur teilweise übertragen werden soll[33]. Im Fall einer solchen Teilübertragung sind die im einzelnen als Bedeckungswerte dienenden Vermögensgegenstände genau zu bezeichnen, da sie sich nicht schon anhand der bilanztechnisch gebildeten Rückstellungen identifizieren lassen[34]. Um Unklarheiten zu vermeiden, ist es ratsam, die dingliche Übertragung der **Bedeckungswerte** ausdrücklich in einem Übertragungsvertrag zu regeln, dem ein Inventarverzeichnis aller zu übertragenden Vermögensgegenstände beigefügt wird.

II. Aufsichtsbehördliche Genehmigung

Der Bestandsübertragungsvertrag bedarf zu seiner Wirksamkeit der **Genehmigung** durch die für die beteiligten Unternehmen zuständigen Aufsichtsbehörden[35]. Diese muß unter Beifügung des Vertrags beantragt werden. Üblicherweise wird dabei offengelegt, ob, von wem und in welcher Höhe die Zahlung von Provisionen oder vergleichbaren Leistungen mit der Bestandsübertragung verbunden ist[36]. Außerdem wird eine Erklärung darüber beigefügt, daß keine Nebenabreden getroffen worden sind.

Um zu verhindern, daß den Versicherten durch den infolge der Bestandsübertragung eintretenden Wechsel des Versicherers ein wirtschaftlicher Nachteil entsteht, muß das den Bestand übernehmende Unternehmen nachweisen, daß es nach vollzogener Übertragung über Eigenmittel in Höhe der gesetzlichen **Solvabilitätsspanne** verfügt[37]. Dazu ist eine konsolidierte Bilanz vorzulegen, die auf der (hypothetischen) Grundlage der bereits durchgeführten Bestandsübernahme erstellt ist.

---

[31] Vgl. § 14 Abs. 2 VAG.
[32] *Schmidt* in Prölss/Schmidt § 14 VAG Rn 21.
[33] BVerwG VersR 1990, 473, 474; *Scharping* S. 49.
[34] *Müller-Magdeburg* S. 21.
[35] Vgl. § 14 Abs. 1 Satz 1 VAG.
[36] *Schmidt* in Prölss/Schmidt § 14 VAG Rn 28.
[37] Vgl. § 14 Abs. 1 Satz 2 VAG; siehe auch Rn 35.

III. Publizitätserfordernisse

30 Die Aufsichtsbehörden fordern, daß sämtliche Versicherten, die natürliche Personen sind, nach Abschluß der Transaktion über alle Tatsachen und Rechte unterrichtet werden, die für die übertragenen Vertragsverhältnisse maßgeblich sind. Diese **Verbraucherinformation** muß eindeutig formuliert, übersichtlich gegliedert und verständlich in deutscher Sprache oder der Muttersprache des Versicherten schriftlich verfaßt sein.

31 Die aufsichtsbehördliche Genehmigung ist im Bundesanzeiger zu veröffentlichen, bei ausschließlicher Beteiligung von Landesaufsichtsbehörden in den Veröffentlichungsblättern der betroffenen Länder.

IV. Umfang der Übertragung

32 Rechtsfolge der wirksamen Bestandsübertragung ist der Übergang aller Rechte und Pflichten aus den übertragenen Versicherungsverhältnissen. Nicht eindeutig geklärt ist, ob die Vermögenswerte, welche die versicherungstechnischen Rückstellungen für die übergehenden Versicherungsverpflichtungen bedecken, durch die bloße Bestandsübertragung ebenfalls auf den Erwerber übergehen[38]. Es empfiehlt sich daher, diese Vermögensgegenstände im Vertrag nicht nur als Bedeckungswerte zu benennen, sondern ihre Übertragung ausdrücklich zu vereinbaren.

33 Die Übertragung lediglich des Versicherungsbestands kann in konzerninternen Transaktionen durchaus sinnvoll sein. Anlaß zu solchen Transaktionen ist häufig das Bestreben, bestimmte Versicherungssparten auf einzelne Konzerntöchter zu konzentrieren, um diese in einem späteren Schritt an Dritte zu veräußern. Bei derartigen konzerninternen Neuordnungen ist die Bestandsübertragung als solche alleiniger Gegenstand des Vertragswerks. In diesem Zusammenhang bedarf der **Grundsatz der Spartentrennung** besonderer Aufmerksamkeit, wonach eine Versicherungsgesellschaft neben dem Geschäft der Lebensversicherung keine anderen Versicherungsgeschäfte betreiben darf. Gleiches gilt für den Betrieb einer Krankenversicherung.

34 Will jedoch ein konzernfremdes Unternehmen den Versicherungsbestand erwerben, so wird es in aller Regel geboten sein, neben dem bloßen Versicherungsbestand auch die zu seiner Betreuung geschaffene Infrastruktur zu übertragen. In diesem Fall ist die Bestandsübertragung eingebettet in einen Unternehmenskauf durch Einzelübertragung der Vermögenswerte (sog. Asset Deal[39]). Der dafür erforderliche Kauf- und Übertragungsvertrag wird üblicherweise um ein Inventar der zu übertragenden Vermögensgegenstände ergänzt, auf das in den die Übertragung betreffenden Regelungen Bezug genommen wird. Teilweise werden dabei die gedanklich trennbaren Übertragungsvorgänge von Versicherungsbestand und betrieblichen Vermögenswerten in zwei verschiedenen Vertragsurkunden

---

[38] Vgl. *Schmidt* in Prölss/Schmidt § 14 VAG Rn 22 gegenüber Rn 31.
[39] Siehe § 13.

festgehalten, teilweise werden beide Vorgänge in einer Urkunde zusammengefaßt. Dies steht im wesentlichen im Belieben der Parteien und orientiert sich im einzelnen nur an den Geboten der Klarheit und Übersichtlichkeit. Zu beachten ist allerdings, daß wegen des erwähnten Grundsatzes der Spartentrennung Lebens- und Krankenversicherungsbestände zusammen mit anderen Versicherungsbeständen nicht auf denselben Erwerber übertragen werden dürfen.

V. Anpassung des Geschäftsplans

Das einen Versicherungsbestand übernehmende Unternehmen muß in seinem **Geschäftsplan** den infolge der Bestandsübernahme künftig zu seinen Lasten gehenden versicherten Risiken Rechnung tragen. Aus dem Geschäftsplan muß sich ergeben, wie künftige Verpflichtungen des Unternehmens erfüllt werden können. Zu diesem Zweck muß das erwerbende Unternehmen insbes. im Fall der Ausdehnung auf vorher nicht betriebene Versicherungssparten nachweisen, daß es auch nach der Integration des erworbenen Versicherungsbestands über eine angemessene Kapitalausstattung verfügen wird. Zum Nachweis der dafür nötigen Eigenmittel in Höhe der gesetzlich vorgeschriebenen **Solvabilitätsspanne** ist eine konsolidierte Bilanz zu erstellen, die auch die Verpflichtungen aus dem zukünftig zu betreuenden Versicherungsbestand einbezieht[40].

D. Besonderheiten bei grenzüberschreitender Bestandsübertragung

Im Rahmen internationaler Transaktionen[41] gilt es, die Zuständigkeiten der Aufsichtsbehörden in den involvierten Staaten zu unterscheiden, die Kooperation zwischen den Behörden verschiedener Staaten zu verfolgen und die teilweise erheblich abweichenden formellen Anforderungen zu erfüllen, die nach ausländischem Recht gestellt werden.

I. Innerhalb von EU/EWR

In Transaktionen, die Deutschland und ein anderes Land der Europäischen Union oder des Europäischen Wirtschaftsraums betreffen, ist es wichtig, die spezielle Finanzaufsicht und die allgemeine Rechtsaufsicht im übrigen klar voneinander abzugrenzen. Die Finanzaufsicht obliegt ausschließlich der Aufsichtsbehörde des Herkunftsmitgliedstaates. Die Aufsicht im übrigen hingegen wird vom BAV im Zusammenwirken mit der Aufsichtsbehörde des anderen Staates wahrgenommen[42]. Das BAV kooperiert sehr eng mit den Aufsichtsbehörden im euro-

---

[40] Siehe Rn 29.
[41] Zur Übernahme ausländischer Unternehmen allgemein § 35.
[42] Vgl. § 85 Satz 2 VAG.

päischen Ausland und kann schnell und flexibel darauf hinwirken, daß deutsche und ausländische Formalitäten sinnvoll aufeinander abgestimmt werden.

38 Beispielsweise sind die Versicherten über eine Bestandsübertragung in Großbritannien vor dem Vollzug, in Deutschland danach zu informieren. Da ein zweifacher Versand dieser Verbraucherinformationen (in England: „circular" genannt) erhebliche Kosten verursachen würde, ohne daß dies zum Schutz der Versicherten erforderlich wäre, erkennt das BAV im Einzelfall auch ein vor der Bestandsübertragung versandtes, den Anforderungen des englischen Rechts genügendes Rundschreiben als ausreichend an. In Deutschland ist es sonst ausreichend, den Übergang der Vertragsverhältnisse nach der Transaktion im Bundesanzeiger zu veröffentlichen, ohne jeden Versicherten individuell anzuschreiben. In den Niederlanden hingegen müssen die Versicherten gleichzeitig mit der Bekanntmachung der Transaktion einzeln informiert werden. Die Bekanntmachung ist nicht nur im amtlichen Veröffentlichungsblatt, sondern auch in drei landesweit verkauften Tageszeitungen zu veröffentlichen.

39 Neben den formellen Aspekten ist bei der Kooperation mit den Aufsichtsbehörden der verschiedenen Staaten im übrigen den **landesrechtlichen Eigenarten** des materiellen Rechts Rechnung zu tragen. Ein Beispiel dafür, wie unterschiedlich die nationalen Gesetzgeber die europarechtlichen Zielvorgaben umgesetzt haben, bietet gerade die rechtliche Ausgestaltung der Bestandsübertragung. Während sie in Deutschland als privatrechtlicher Vertrag mit der Genehmigung der zuständigen Aufsichtsbehörde Wirksamkeit erlangt, bedarf es in England eines rechtsgestaltenden Gerichtsbeschlusses. In den Niederlanden wiederum kann die Übertragung eines Lebensversicherungsbestands nur unter dem Vorbehalt eines Anfechtungsrechts behördlich genehmigt werden. Dieses greift ein, wenn so viele Versicherte dem Übergang ihrer Versicherungsverträge widersprechen, daß die Summe der ihnen im Schadensfall zustehenden Zahlungen ein Viertel der insgesamt möglichen Zahlungen erreicht. In der Praxis scheint dieses Anfechtungsrecht jedoch keine Rolle zu spielen. In anderen Versicherungssparten haben die Versicherten in den Niederlanden die Möglichkeit, den Übergang ihres individuellen Vertrags durch außerordentliche Kündigung zu verhindern.

40 Problematisch kann die **Abgrenzung** der verschiedenen Aufsichtsarten und damit der behördlichen Zuständigkeiten sein, wenn es um Niederlassungen von Versicherungsunternehmen mit Sitz in den Niederlanden geht. Prinzipiell sollte das BAV im Bereich der eigenen Finanzaufsicht federführend, im Bereich ausländischer Finanzaufsicht wie hinsichtlich der Aufsicht im übrigen unterstützend tätig werden. Ungeachtet der Zuweisung der Aufsicht im übrigen an das BAV beansprucht die niederländische Aufsichtsbehörde („Verzekeringskamer") jedoch die allumfassende Aufsicht für sich. Das kann im obigen Beispiel zur Folge haben, daß sie für die Wirksamkeit einer Bestandsübertragung der Verträge einer deutschen Niederlassung auch das oben beschriebene Sonderkündigungsrecht und das Anfechtungsrecht der Versicherten nach niederländischem Recht berücksichtigt.

41 Ferner existieren Spezialregelungen für den Fall, daß ein in der EU oder im EWR ansässiges Unternehmen einen Versicherungsbestand, den es durch eine Niederlassung oder in Ausübung der Dienstleistungsfreiheit in Deutschland aufgebaut hat, auf ein anderes in der EU oder im EWR ansässiges Unternehmen

überträgt[43]. Dazu bedarf es zunächst der Genehmigung der zuständigen Aufsichtsbehörde im Herkunftsland des übertragenden Unternehmens. Bevor die Genehmigung durch die Behörde des Herkunftslands erteilt werden darf, muß aber die **Zustimmung** des BAV vorliegen. Um diese Zustimmung zu erhalten, ist darzulegen, daß die Belange der Versicherten ausreichend gewahrt sind und daß die Verpflichtungen aus den zu übertragenden Versicherungen hinreichend und auf Dauer erfüllt werden können. Sollten die in Deutschland abgeschlossenen Versicherungsverträge ausnahmsweise keine im Inland belegenen Risiken absichern, schwächt sich das Zustimmungserfordernis ab. Es bedarf dann lediglich einer **Stellungnahme** des BAV.

Schweigt das BAV länger als drei Monate auf ein Ersuchen um Zustimmung oder Stellungnahme zu einer Bestandsübertragung, so gilt dies als schlüssig erteilte Zustimmung bzw. als befürwortende Stellungnahme. Dadurch soll sichergestellt werden, daß ein Schweigen der Aufsichtsbehörde einer (zuweilen unter engen zeitlichen Vorgaben stehenden) Transaktion nicht im Wege steht.

II. Außerhalb von EU/EWR

Sollen ein deutsches Versicherungsunternehmen oder ein deutscher Versicherungsbestand durch ein ausländisches Unternehmen übernommen werden, das bislang noch keine Niederlassung in der EU oder im EWR unterhält, ist zum Schutz der Verbraucher ein besonderes Verfahren zu durchlaufen. Über eine in Deutschland beim BAV beantragte erstmalige Erlaubnis zum Tätigwerden entscheidet der Bundesminister für Finanzen. Aus Drittländern stammende Unternehmen sind verpflichtet, hinreichende Eigenmittel bereitzustellen und Sicherheiten zu leisten. Mit Zustimmung der Aufsichtsbehörden aller EU-Länder, in denen das ausländische Unternehmen zugelassen ist oder eine Zulassung beantragt hat, können die Anforderungen an die Gewähr wirtschaftlicher Solidität erleichtert werden.

---

[43] Vgl. § 111 d VAG.

§ 20 Privatisierungen

Übersicht

	Rn
A. Begriff und Grundzüge der Privatisierung	1
I. Einleitung	1
II. Der Begriff „Privatisierung"	7
III. Ziele der Privatisierung	13
1. Privatisierung auf Bundesebene	13
2. Privatisierung auf Landesebene	16
a) Allgemein	16
b) Speziell: Das Privatisierungskonzept des Freistaats Sachsen	20
3. Privatisierung auf kommunaler Ebene	23
a) Beteiligung Privater	23
b) Veränderte Rahmenbedingungen für die Kommunalwirtschaft	24
c) Der bestehende rechtliche Rahmen für die kommunale erwerbswirtschaftliche Betätigung	27
d) Insbesondere: Das Territorialitätsprinzip	37
e) Abwehransprüche Privater	40
B. Die wirtschaftliche Betätigung der öffentlichen Hand in öffentlich-rechtlichen Organisationsformen	42
I. Regiebetrieb	43
II. Eigenbetrieb	48
III. Körperschaft	57
IV. Anstalt	64
C. Die wirtschaftliche Betätigung der öffentlichen Hand in privatrechtlichen Organisationsformen	69
I. Formelle Privatisierung (Organisationsprivatisierung)	69
1. Eigengesellschaft	73
2. Gemischtwirtschaftliche Unternehmen	85
II. Einschalten privater Dritter	89
1. Funktionale Privatisierung	89
a) Betreibermodell	92
b) Betriebsführungsmodell	104
2. Finanzierungsprivatisierung	109
a) Leasingmodell	110
b) Fondsmodell	119
c) Konzessionsmodell	122
d) Andere Formen	127
III. Materielle Privatisierung (Aufgabenprivatisierung)	131
D. Wege der Privatisierung	137
I. Überblick	137
II. Einzelübertragung	146

			Rn
	1. Direkte Veräußerung durch Einzelübertragung		147
	2. Einzelübertragung mit anschließender Beteiligungsveräußerung		153
	3. Anwendungsfälle		156
III.	Ausgliederung aus dem Vermögen einer Gebietskörperschaft		157
	1. Einleitung		157
	2. Voraussetzungen der Ausgliederung		160
		a) Ausgliederungsfähige Rechtsträger	161
		b) Unternehmen als Gegenstand der Ausgliederung und notwendige Umstrukturierungen	162
		c) Ausgliederung zur Neugründung und zur Aufnahme	166
	3. Verfahren der Ausgliederung von öffentlichen Unternehmen		167
		a) Ausgliederungs- und Übernahmevertrag bzw. -plan	168
		b) Beteiligung der Arbeitnehmervertretung	174
		c) Berichte und Prüfung	175
		d) Ausgliederungsbeschluß	178
		e) Anmeldung und Eintragung der Ausgliederung	179
		f) Steuerliche Folgen der Ausgliederung	184
	4. Anwendungsfälle		186
IV.	Anteilsveräußerung nach Formwechsel (rechtsfähige Körperschaft, Anstalt oder Verein)		188
	1. Einleitung		188
	2. Voraussetzungen des Formwechsels		190
		a) Formwechselnde Rechtsträger	191
		b) Gesetzliche Erlaubnis	192
		c) Begrenzung auf Formwechsel in Kapitalgesellschaft	194
	3. Vorrang des öffentlich-rechtlichen Umwandlungsrechts		195
	4. Verfahren des Formwechsels		197
		a) Umwandlungsbericht	198
		b) Umwandlungsbeschluß	199
		c) Gründung der neuen Gesellschaft	201
		d) Registeranmeldung und Wirkungen der Eintragung	205
		e) Steuerliche Folgen des Formwechsels und der Veräußerung	208
	5. Veräußerung der Gesellschaftsanteile		209
	6. Anwendungsfälle		210
V.	Stille Beteiligung an rechtsfähiger Anstalt oder Körperschaft		211
	1. Einleitung		211
	2. Das Modell der stillen Beteiligung		212
		a) Darstellung des Holding-Modells	213
		b) Rechtliche Grundlagen	215
		aa) Konsortialvertrag	216
		bb) Vertrag über eine stille Gesellschaft	217

		Rn
cc) Vertrag zur Begründung einer einheitlichen Leitung		221
dd) Interessenwahrungsvertrag		223
ee) Kauf- und Übertragungsvertrag		225
3. Zulässigkeit einer stillen Beteiligung an einer Anstalt oder Körperschaft des öffentlichen Rechts		226
a) Gesellschaftsrechtliche Zulässigkeit		227
b) Verfassungsrechtliche Zulässigkeit		228
4. Anwendungsfälle		235
E. Die Sicherung des Einflusses der öffentlichen Hand		**239**
I. Einleitung		239
II. Öffentlich-rechtliche Einwirkungs- und Kontrollpflichten		242
III. Der gesellschaftsrechtliche Einfluß		252
1. Die Gründungsphase		256
2. Die Betriebsphase		257
a) Weisungen an die Geschäftsführung		258
b) Weisungen an Mitglieder des Aufsichtsrats		259
c) Verschwiegenheit und Auskunft		263

Schrifttum: *Badura*, Wirtschaftliche Betätigung der Gemeinde zur Erledigung von Angelegenheiten der örtlichen Gemeinschaft im Rahmen der Gesetze, DÖV 1998, 818; *Bauer*, Verwaltungsrechtliche und verwaltungswissenschaftliche Aspekte der Gestaltung von Kooperationsverträgen bei Private Public Partnership, DÖV 1998, 89; *Bezzenberger/Schuster*, Die öffentliche Anstalt als abhängiges Konzernunternehmen, ZGR 1996, 481; *Bonk*, Rechtliche Rahmenbedingungen einer Privatisierung im Strafvollzug, JZ 2000, 435; *Bucher*, Die Privatisierung von Bundesfernstraßen, Diss. Saarbrücken 1996; *Busch*, Die Nachhaftung des Anstalts- bzw. Gewährträgers bei Privatisierung der Rechtsform öffentlich-rechtlicher Kreditinstitute, AG 1997, 357; *Cronauge*, Kommunale Wirtschaft zwischen Recht und Realität, AfK 1999, 24; *ders.*, Kommunale Unternehmen, 3. Aufl. 1997 (zitiert: *Cronauge*); *Ehlers*, Interkommunale Zusammenarbeit in Gesellschaftsform, DVBl. 1997, 137; *ders.*, Rechtsprobleme der Kommunalwirtschaft, DVBl. 1998, 497; *Erbguth/Stollmann*, Erfüllung öffentlicher Aufgaben durch private Rechtssubjekte? – Zu den Kriterien bei der Wahl der Rechtsform, DÖV 1993, 798; *Di Fabio*, Privatisierung und Staatsvorbehalt, JZ 1999, 585; *Fettig/Späth* (Hrsg.), Privatisierung kommunaler Aufgaben, 1997; *Gern*, Privatisierung in der Kommunalverwaltung, 1997; *ders.*, Deutsches Kommunalrecht, 2. Aufl. 1997; *ders.*, Kommunalrecht einschließlich kommunales Abgabenrecht, 7. Aufl. 1998; *Grupp*, Rechtsprobleme der Privatfinanzierung von Verkehrsprojekten, DVBl. 1994, 140; *Henneke*, Das Recht der Kommunalwirtschaft in Gegenwart und Zukunft, NdsVBl. 1999, 1; *Keßler*, Die Kommunale GmbH, gesellschaftsrechtliche Grenzen politischer Instrumentalisierung, GmbHR 2000, 71; *Knauss*, Privatisierungs- und Beteiligungspolitik in der Bundesrepublik Deutschland, 1993; *Koch*, Kommunale Unternehmen im Konzern, DVBl. 1994, 667; *Klaus König*, Rückzug des Staates – Privatisierung der öffentlichen Verwaltung, DÖV 1998, 963; *Krölls*, Rechtliche Grenzen der Privatisierungspolitik, GewArch 1995, 129; *Kummer/Giesberts*, Rechtsfragen der Privatisierung kommunaler Abfallentsorgung und Abwasserbeseitigung, NVwZ 1996, 1166; *Moraing*, Kommunales Wirtschaftsrecht vor dem Hintergrund der Liberalisierung der Märkte, WiVerw. 1998, 233; *Neumann/Rux*, Einbindung öffentlich-rechtlicher Einrichtungen in einen privatrechtlichen Konzern?, DB 1996, 1659; *Pagenkopf*, Einige Betrachtungen zu den Grenzen für privatwirtschaftliche Betätigung der Gemeinden – Grenzen für die Grenzzieher?, GewArch 2000, 177; *Peine*, Grenzen der Privatisierung – verwaltungsrechtliche Aspekte, DÖV 1997, 353; *Püttner*, Privatisierung, LKV 1994, 193; *Raiser*, Konzernverflechtung unter Einschluß öffentlicher Unternehmen, ZGR 1996, 458; *Ronellenfitsch*, Rechtliche Grenzen einer Privatisierung kommunaler Aufgaben, DÖV 1999, 705; *Schmidt*, Der Übergang öffentlicher Aufgabenerfüllung in private Rechtsformen, ZGR 1996, 345; *Schmidt-Jortzig*, Kommunalrecht, 1982; *Schmitt*, Bau, Erhaltung, Betrieb und Finanzierung von Bundesfernstraßen durch Private nach dem FstrPrivFinG, Diss. Konstanz, 1999; *Schoch*, Privatisierung von Verwaltungsaufgaben, DVBl. 1994, 962; *ders.*, Rechtsfragen der Privatisierung von Abwasserbeseitigung und Abwasserentsorgung, DVBl. 1994, 1; *Schraffer*, Der kommunale Eigenbetrieb, 1994; *Schwintowski*, Verschwiegenheitspflicht für politisch legitimierte Mitglieder der Aufsichtsrates, NJW 1990, 1009; *ders.*, Gesellschaftsrechtliche Bindungen für entsandte Aufsichtsratsmitglieder in öffentlichen Unternehmen, NJW 1995, 1316; *Spannowsky*, Der Einfluß öffentlich-rechtlicher Zielsetzungen auf das Statut privatrechtlicher Eigengesellschaften in öffentlicher Hand, ZGR 1996, 400; *ders.*, Öffentlichrechtliche Bindungen für gemischt-wirtschaftliche Unternehmen, ZHR 160 (1996) 560; *ders.*, Die Verantwortung der öffentlichen Hand für die Erfüllung öffentlicher Aufgaben und die Reichweite ihrer Einwirkungspflicht auf Beteiligungsunternehmen, DVBl. 1992, 1072; *Stelkens/Bonk/Sachs*, Verwaltungsverfahrensgesetz, 5. Aufl. 1998; *Steuck*, Die privatisierende Umwandlung, NJW 1995, 2887; *Stober*, Die privatrechtlich organisierte öffentliche Verwaltung, NJW 1984, 449; *Suppliet*, Ausgliederung aus dem Vermögen von Gebietskörperschaften, Teil 1, NotBZ 1997, 37; Teil 2, NotBZ 1997, 141; Teil 3, NotBZ 1998, 210; Teil 4, NotBZ 1999, 49; *Tettinger*, Die rechtliche Ausgestaltung von Public Private Partnership, DÖV 1996, 764; *Graf Vitzthum*, Gemeinderechtliche Grenzen der Privatisierung kommunaler Wirtschaftsunternehmen, AöR 104 (1979) 580; *Waechter*, Kommunalrecht, 2. Aufl. 1995; *Wolff/Bachof/Stober*, Verwaltungsrecht II, 5. Aufl. 1987; *Zeiß*, Das Recht der gemeindlichen Eigenbetriebe, 4. Aufl. 1993; *Ziche*, Rechte und Pflichten kommunaler Vertreter in Aufsichtsräten, Sachsenlandkurier, Zeitschrift des Sächsischen Städte und Gemeindetages 1997, 156.

A. Begriff und Grundzüge der Privatisierung

I. Einleitung

1   Für eine vollständige oder teilweise Übernahme kommen auch Unternehmen in Betracht, die Teile der öffentlichen Verwaltung sind oder in privater Rechtsform von der öffentlichen Hand betrieben werden. Hierbei sind besondere Motivationslagen, aber auch Rechtsregeln zu beachten, die deshalb mit einer gewissen Ausführlichkeit dargestellt werden sollen.

2   Die **Privatisierung von Staatsaufgaben**, also von staatlichen Einrichtungen und Leistungen, ist ein die heutige wirtschaftspolitische Diskussion prägendes Thema[1]. Der planende Sozialstaat ist an die Grenzen seiner finanziellen Möglich-

---

[1] Nach vorangegangenen Privatisierungen, bei denen unter dem Schlagwort „Wohlstand für alle" Beteiligungen an den staatlichen Unternehmen Preussag (1959), Volkswagen (1961),

keiten gestoßen[2]. Die hohe Staatsverschuldung, der Kostendruck, insbes. der steigende Investitionsbedarf, namentlich in den neuen Bundesländern, erzwingen Überlegungen zur Modernisierung der Verwaltung mit dem Ziel, durch Reduzierung und Konzentration auf die staatlichen Kernaufgaben und kostengünstigere Gestaltung der Verwaltungsabläufe die Ausgaben zu senken und die öffentlichen Haushalte zu entlasten. Neben dieser Entlastung der Haushalte werden die Vorteile der Privatisierung in der Entbürokratisierung, also größerer Flexibilität bei der Ausgestaltung der internen Aufbau- und Ablauforganisation, der Unabhängigkeit vom öffentlichen Dienst- und Besoldungsrecht und ganz generell in der Entpolitisierung, also einer Hinwendung zu einem mehr leistungsorientierten unternehmerischen Handeln gesehen[3]. Oft werden Anteile an Eigengesellschaften auch veräußert, um das Know-how Privater zu erlangen oder auch bloß, um Liquidität zu schöpfen. Jedenfalls ergeben sich aus dieser Tendenz vielfältige Möglichkeiten der Übernahme von Beteiligungen an Unternehmen der öffentlichen Hand.

Staatsaufgaben sind alle Aufgaben, die der Staat nach geltendem Verfassungsrecht zulässigerweise für sich in Anspruch nimmt. Da es einen gesetzlich definierten staatlichen Aufgabenbestand nicht gibt, kann der Staat sich von Aufgaben, die er einmal übernommen hat, auch wieder trennen[4]. Verfassungsrechtliche Schranken für die Privatisierung bestehen nicht, wenn man von den **klassischen Staatsaufgaben** wie Justiz, Polizei, Gefahrenabwehr, Militär, auswärtigen Angelegenheiten, der Finanzverwaltung und dem Währungswesen absieht[5]. Staatsorganisationsrechtliche Vorschriften[6], die in einigen Fällen einer Privatisierung entgegenstanden, weil sie staatliche Monopole verfassungsrechtlich verbürgten, sind geändert worden[7].

Aktueller **Hintergrund** der Privatisierungsbestrebungen sind insbes.[8]
– die Wiedervereinigung Deutschlands mit ihren finanziellen Herausforderungen,

---

VEBA (1965), später noch der Lufthansa und anderer breit gestreut wurden, stieß schon das Gutachten des wissenschaftlichen Beirats beim Bundesministerium der Finanzen zur Lage und Entwicklung der Staatsfinanzen, Bulletin der Bundesregierung vom 16. 8. 1975 Nr. 103, S. 1001, 1007 f. die Diskussion neu an.

[2] *Penski*, Staatlichkeit öffentlicher Verwaltung und ihre marktmäßige Modernisierung, DÖV 1999, 1 ff.

[3] *Stober* NJW 1984, 449, 452; *Erbguth/Stollmann* DÖV 1993, 798, 801 f.; *Spannowsky* ZHR 160 (1996) 560, 565.

[4] *Schoch* DVBl. 1994, 962; *Di Fabio* JZ 1999, 585, 592.

[5] Zu den Grenzen der Privatisierung siehe *Krölls* GewArch 1995, 129, 135; *Klaus König* DÖV 1998, 963; *Meyer-Teschendorf/Hormann*, Zwischenergebnisse des Sachverständigenrates „Schlanker Staat", DÖV 1997, 268, 270 mwN; *Peine* DÖV 1997, 353, 355, 357; *Ronellenfitsch* DÖV 1999, 705, 708; *Stelkens/Bonk/Sachs* § 1 Rn 102; *Di Fabio* JZ 1999, 585, 590; zur verfassungsrechtlichen Zulässigkeit und den Grenzen einer Privatisierung im Strafvollzug vgl. *Bonk* JZ 2000, 435, 438 ff.; zur Privatisierung der öffentlichen Sicherheit in Fußgängerzonen: *Krölls*, Privatisierung der öffentlichen Sicherheit in Fußgängerzonen?, NVwZ 1999, 233.

[6] Art. 83 ff. GG.

[7] *Peine* DÖV 1997, 353, 355.

[8] Bericht der Bundesregierung zur Zukunftssicherung des Standortes Deutschland vom 3. 9. 1993, BT-Drucks. 12/5620 S. 27 und 29; Fortschrittsbericht zum Bericht der Bundesregierung zur Zukunftssicherung des Standortes Deutschland vom 23. 6. 1994, BT-Drucks. 12/8090 S. 1.

– das EU-Recht mit der Wettbewerbskontrolle der europäischen Kommission, die insbes. staatliche Beteiligungen an privatwirtschaftlichen Unternehmen unter dem Blickwinkel des Subventionsverbots beurteilt[9],
– die Globalisierung der Wirtschaft, die Deutschland einem verschärften Wettbewerb mit anderen Industrieländern, aber auch mit Schwellenländern aussetzt, die zunehmend mit einem Angebot technisch hochwertiger Güter ihre Anteile auf dem Weltmarkt ausweiten, und mit Niedriglohnländern, die zu einem Bruchteil der Kosten in den Industrieländern produzieren. Fast weltweit ist im internationalen Standortwettbewerb der Rückzug des Staates aus der Wirtschaft durch Privatisierung zum Programm geworden[10].

5 Die **Ziele der Privatisierung** werden von den Organen der staatlichen Ebenen in Bund, Ländern, Landkreisen und Kommunen bestimmt. Sie sind Inhalt der Politik. Um wirtschaftliche Freiheit, ökonomische Effizienz und die Anpassung an sich ändernde Marktverhältnisse zu gewährleisten, sollte der Staat dort nicht mehr unternehmerisch tätig sein, wo private Initiative die entsprechenden Dienstleistungen und Güter effizienter bereitstellen kann.

6 Vor diesem ordnungspolitischen Hintergrund hat seit Anfang der 90er Jahre eine in der Geschichte der Bundesrepublik Deutschland bisher beispiellose **Privatisierungswelle** stattgefunden. Zahlreiche bislang im Monopol des Staates wahrgenommene Tätigkeiten wurden für den Wettbewerb geöffnet. Das Eisenbahnwesen wurde neu geordnet und die Deutsche Bundesbahn reorganisiert[11]. Im Telekommunikationssektor wurde das bislang im staatlichen Monopol befindliche Fernmeldewesen dem Wettbewerb geöffnet[12]. Durch das Postgesetz wurde der Wettbewerb für Postleistungen ermöglicht[13]. Auf europarechtliche Vorgaben geht die Privatisierung der Energiewirtschaft durch die Neuordnung des Energiewirtschaftsrechts zurück[14]; die Deregulierung der Märkte führt derzeit zu einer Privatisierungswelle in der Energiewirtschaft. Das Kreislaufwirtschafts- und Ab-

---

[9] Beteiligungsbericht 1999 des Freistaates Bayern S. 18.
[10] Frankfurter Institut für wirtschaftspolitische Forschung e.V.: „Privatisierung auch im Westen", Schriftenreihe, Bd. 26, S. 8.
[11] Gesetz zur Neuordnung des Eisenbahnwesens (Eisenbahnneuordnungsgesetz – ENeuOG) v. 27. 12. 1993, BGBl. I S. 2378; siehe dazu *Ronellenfitsch*, Privatisierung und Regulierung des Eisenbahnwesens, DÖV 1996, 1028; *Fromm*, Die Reorganisation der Deutschen Bahnen, DVBl. 1994, 187; zu arbeitsrechtlichen Problemen dieser Privatisierung vgl. etwa *Engels/Müller/Mauß*, Ausgewählte arbeitsrechtliche Probleme der Privatisierung – aufgezeigt am Beispiel der Bahnstrukturreform, DB 1994, 473 mwN.
[12] Mit dem Telekommunikationsgesetz vom 25. 7. 1996 (TKG) BGBl. I S. 1120; dazu *Scherer*, Das neue Telekommunikationsgesetz, NJW 1996, 2953; *ders.*, Die Entwicklung des Telekommunikationsrechts in den Jahren 1996 und 1997, NJW 1998, 1607.
[13] Gesetz vom 22. 12. 1997 BGBl. I 3294; siehe hierzu *Gramlich*, Von der Postreform zur Postneuordnung, NJW 1994, 2785; *ders.*, Ende gut, alles gut? – Anmerkungen zum neuen Postgesetz, NJW 1998, 866.
[14] Gesetz zur Neuregelung des Energiewirtschaftsrechts (EnWG) vom 29. 4. 1998 BGBl. I S. 730; dazu *Büdenbender*, Energierecht nach der Energierechtsreform, JZ 1999, 62; Richtlinie 96/92/EG des europäischen Parlamentes und des Rates betreffend gemeinsame Vorschriften für den Elektrizitätsbinnenmarkt vom 19. 12. 1996, ABl. 1997, L 27, 20; Richtlinie 98/30/EG des europäischen Parlamentes und des Rates betreffend gemeinsame Vorschriften für den Erdgasbinnenmarkt vom 22. 6. 1998, ABl. 1998, L 204, 1.

fallgesetz[15] hat die Verantwortung der Abfallerzeuger und -besitzer für die Entsorgung der Abfälle an die Stelle der hoheitlichen Entsorgungsverantwortung gesetzt. Die Privatisierung der Flugsicherung[16] sowie der Nebenbetriebe an Bundesautobahnen[17] ist abgeschlossen. Abwasserbeseitigung, Wasserversorgung, Fernstraßenbau[18], staatliche Wohnungsunternehmen[19] und der Strafvollzug sind Gegenstand der aktuellen Privatisierungsdiskussion[20].

II. Der Begriff „Privatisierung"

Privatisierung ist die vollständige oder teilweise **Übertragung bisher in öffentlicher Trägerschaft wahrgenommener Aufgaben auf Private**, was in diesem Zusammenhang heißt: auf nicht öffentlich-rechtliche Rechtsträger, seien dies natürliche Personen, Personengesellschaften oder nicht mit hoheitlichen Aufgaben betraute juristische Personen. Unter diesem weiten Begriff der Privatisierung wird eine Vielzahl von Gestaltungsformen zusammengefaßt: Unterschieden wird zwischen der formellen und materiellen Privatisierung, der funktionalen Privatisierung und der Finanzierungsprivatisierung[21]. 7

Bei der **formellen Privatisierung (Organisationsprivatisierung)**[22] entledigt sich der Verwaltungsträger nicht seiner Aufgaben, sondern nimmt sie in Formen des Privatrechts wahr, bspw. durch Eigengesellschaften in der Rechtsform der GmbH oder AG, deren Geschäftsanteile von der öffentlichen Hand gehalten werden[23]. 8

Bei der **materiellen Privatisierung (Aufgabenprivatisierung)**[24] überläßt die Verwaltung Aufgaben Privaten zur selbständigen Erfüllung[25]. Die materielle 9

---

[15] Gesetz zur Förderung der Kreislaufwirtschaft und Sicherung der umweltverträglichen Beseitigung von Abfällen (Kreislaufwirtschafts- und Abfallgesetz – KrW-/AbfG) vom 27. 9. 1994 BGBl. I S. 2705; siehe dazu *Wiedemann*, Übergangsprobleme bei der Privatisierung des Abfallwesens, NJW 1996, 2757; *Kahl*, Die Privatisierung der Entsorgungsordnung nach dem Kreislaufwirtschafts- und Abfallgesetz, DVBl. 1995, 1327.
[16] Gesetz zur Änderung des Luftverkehrsgesetzes vom 23. 7. 1992, BGBl. I S. 1370.
[17] Drittes Gesetz zur Änderung des Bundesfernstraßengesetzes (3. FStrÄndG) vom 25. 3. 1994 BGBl. I S. 673.
[18] Das Fernstraßenbauprivatfinanzierungsgesetz (FstrPrivFinG) vom 30. 8. 1994 BGBl. I S. 2243 ermöglicht Investitionen privater Unternehmer im Bundesfernstraßenbau.
[19] Dazu *Jenkis*, Die Wohnungsprivatisierung – ein fiskalisches und ein wohnungspolitisches Problem, WuM 1998, 133.
[20] Hierzu zuletzt etwa *Heuer*, Privatwirtschaftliche Wege und Modelle zu einem modernen (anderen?) Staat, DÖV 1995, 85; *Klaus König* DÖV 1998, 963; *Di Fabio* JZ 1999, 585; *Michael König*, Die Privatisierung im Landesorganisationsrecht, DÖV 1999, 322 jeweils mwN; zu den rechtlichen Rahmenbedingungen einer Privatisierung im Strafvollzug siehe *Bonk* JZ 2000, 435; ferner *Stollmann*, Aufgabenerledigung durch Dritte im öffentlichen Gesundheitsdienst, DÖV 1999, 183.
[21] Zu den Formen der Privatisierung vgl. *Kummer/Giesberts* NVwZ 1996, 1166; *Di Fabio* JZ 1999, 585, 588; *Ehlers* DVBl. 1997, 137.
[22] Siehe Rn 69 ff.
[23] *Ronellenfitsch* DÖV 1999, 705, 708; *Schoch* DVBl. 1994, 962.
[24] Siehe Rn 131 ff.
[25] *Graf Vitzthum* AöR 104 (1979) 580, 588; *Noch*, Ausschreibungspflicht privater Unternehmen, DÖV 1998, 623, 626; *Püttner* LKV 1994, 193, 195.

Privatisierung kann zur **Vermögensprivatisierung**, also der Liquidierung von bei dem Aufgabenträger gebundenem Vermögen führen und bereitet diese regelmäßig vor[26].

10 Bei der **funktionalen Privatisierung**[27] bleibt die Verwaltung für die Aufgaben zuständig; lediglich der Vollzug der Aufgabe (Leistungserstellung und Aufgabendurchführung) wird auf einen privaten Träger übertragen[28].

11 Bei der **Finanzierungsprivatisierung**[29] werden Aufgaben nicht übertragen, sondern nur privat vorfinanziert.

12 Für jede öffentliche Aufgabe ist im Einzelfall zu prüfen, ob sich aus gesetzlichen Vorschriften ergibt, daß sie **ausschließlich** durch öffentlich-rechtliche Verwaltungsträger **wahrgenommen werden kann**[30]; dann kann sie nicht privatisiert werden. Bei staatlichen Aufgaben, die den Kommunen vom Bund oder einem Land zugewiesen sind, wird die formelle, erst recht aber die materielle Privatisierung als ausgeschlossen angesehen[31]. Dies betrifft etwa die Erfüllung von Pflichtaufgaben nach Weisung als untere Baubehörde sowie die Zuständigkeiten nach den Gaststätten- und Landespolizeigesetzen[32].

III. Ziele der Privatisierung

1. Privatisierung auf Bundesebene

13 Die Privatisierungspolitik ist **Teil der Wirtschaftspolitik**[33]. Mit ihrem Bericht zur Zukunftssicherung des Standorts Deutschland vom 3. 9. 1993[34] definierte die damalige Bundesregierung ihre Politik einer umfassenden, mittelfristig angelegten Konzeption für die Anpassung der wirtschaftlichen Rahmenbedingungen in Deutschland an die veränderten binnen- und weltwirtschaftlichen Verhältnisse. Die Privatisierung als eines der Instrumente zur Verbesserung der Standortbedingungen für Deutschland bildete einen Schwerpunkt dieser Konzeption. Vorrangig ging es dabei um die Privatisierung in Form der Vermögensprivatisierung;

---

[26] Siehe Rn 133.
[27] Siehe Rn 89 ff.
[28] Dazu *Cronauge* Rn 663, 742, 743; *Kummer/Giesberts* NVwZ 1996, 1166, 1169; *Schoch* DVBl. 1994, 1, 10 f.
[29] Siehe Rn 109 ff.
[30] *Erbguth/Stollmann* DÖV 1993, 798, 800.
[31] *Hofmann,* Privatisierung kommunaler Verwaltungsaufgaben, VBlBW 1994, 121, 123.
[32] *Blanke/Trümner,* Handbuch Privatisierung, 1998, Rn 275.
[33] Je nach der gesamtpolitischen Zielsetzung hat die jeweilige Bundesregierung der Privatisierung unterschiedliche Bedeutung zugemessen. In der Zeit der großen Koalition und der SPD/FDP-Koalition (1966 bis 1982) gab es keine Privatisierung unmittelbarer Bundesbeteiligungen; *Knauss* S. 183. Nach dem Regierungswechsel im Jahr 1982 wurde von der neuen Bundesregierung die Privatisierungspolitik der Regierungen Adenauer und Erhardt wieder aufgenommen; *Knauss* S. 121. Inhalt dieser Privatisierungspolitik war in erster Linie die Vermögensprivatisierung. In den Jahren 1982 bis 1992 wurden die Beteiligungen des Bundes von 958 auf weniger als 400 zurückgeführt. Der Privatisierungserlös für diesen Zeitraum betrug DM 11,6 Mrd.; siehe dazu den Bericht der Bundesregierung zur Verringerung von Beteiligungen und Liegenschaften des Bundes vom 25. 2. 1994 BT-Drucks. 12/6889 S. 1.
[34] BT-Drucks. 12/5620.

aber auch die Aufgaben-, die Organisations- und die funktionale Privatisierung waren programmatischer Inhalt der Konzeption[35].

Ziel war es, die **Länder und Kommunen** in gleicher Weise wie die Bundesverwaltung zur Privatisierung zu verpflichten. Bei ihnen wurde das größte **Privatisierungspotential** im Bereich der Infrastruktureinrichtungen, wie zB im öffentlichen Personennahverkehr, bei öffentlichen Planungsleistungen, der Wasserver- und Abwasserentsorgung sowie der Elektrizität-, Gas- und Abfallwirtschaft gesehen[36]. Die dazu erforderliche Änderung des Haushaltsgrundsätzegesetzes (HGrG)[37] kam jedoch nicht zustande. Stattdessen wurde die Bundeshaushaltsordnung (BHO) dahin ergänzt, daß die Bundesverwaltung bei der Aufstellung und Ausführung des Haushaltsplans zu prüfen hat, inwieweit staatliche Aufgaben oder öffentlichen Zwecken dienende wirtschaftliche Tätigkeiten durch Ausgliederung und Entstaatlichung oder Privatisierung erfüllt werden können[38]. Außerdem wurde die Bundesverwaltung verpflichtet, für alle finanzwirksamen Maßnahmen Wirtschaftlichkeitsuntersuchungen durchzuführen und in geeigneten Fällen privaten Anbietern die Möglichkeit zu geben darzulegen, ob und inwieweit sie staatliche Aufgaben oder öffentlichen Zwecken dienende wirtschaftliche Tätigkeiten nicht ebenso gut oder besser erbringen können[39].

Die Privatisierung insbes. von **Unternehmen des Bundes** und **Bundesbeteiligungen** an privaten Unternehmen gehört zu den wirtschafts- und finanzpolitischen Zielen auch der derzeitigen Bundesregierung[40]. „Dabei steht die Zukunftssicherung der zu privatisierenden Unternehmen und deren Arbeitsplätze im nationalen und internationalen Wettbewerb im Vordergrund; die Privatisierungserlöse sollen vorrangig zur Tilgung der Schulden des Bundes verwendet werden, um finanzpolitische Handlungsspielräume zurückzugewinnen"[41].

2. Privatisierung auf Landesebene

a) **Allgemein.** Die Privatisierungspolitik in den Bundesländern steht in unlösbarem Zusammenhang mit der **Beteiligungspolitik** und ist wie diese ein Instrument der Wirtschaftspolitik. In fast allen Bundesländern geben die Landesregierun-

---

[35] BT-Drucks. 12/5620 S. 12, 41/42. Über die wesentlichen Privatisierungen der 12. Wahlperiode informiert der Bericht der Bundesregierung zur Verringerung von Beteiligungen und Liegenschaften des Bundes vom 25. 2. 1994 BT-Drucks. 12/6889.
[36] BT-Drucks. 12/5620 S. 52.
[37] Entwurf eines Gesetzes zur Änderung des Haushaltsgrundsätzegesetzes und der Bundeshaushaltsordnung BT-Drucks. 12/6720.
[38] § 7 Abs. 1 Satz 2 BHO. Entsprechende Regelungen haben die Länder Baden-Württemberg, Berlin und Mecklenburg-Vorpommern in ihre Landeshaushaltsordnung aufgenommen, jeweils § 7 Abs. 1 Satz 2 LHO.
[39] § 7 Abs. 2 Satz 2 BHO. Diese als Interessenbekundungsverfahren bezeichnete Regelung haben die Länder Bayern (Art. 7 Abs. 1 Satz 2 BayHO), Berlin (§ 7 Abs. 2 Satz 2 LHO) und Brandenburg (§ 7 Abs. 2 Satz 2 LHO) in ihre Haushaltsordnung aufgenommen.
[40] Siehe Beteiligungsbericht 2000, S. 4, BT-Drucks. 14/4696 S. 2f. Über die Ziele der Beteiligungs-/Privatisierungspolitik und die wesentlichen Privatisierungsvorhaben informiert der jährlich erscheinende Beteiligungsbericht des Bundesministers der Finanzen.
[41] Beteiligungsbericht 2000, S. 4; BT-Drucks. 14/4696 S. 2 und 3.

gen inzwischen – einige schon seit mehreren Jahren[42], andere erstmals 1999[43] – Beteiligungsberichte heraus, in denen die Beteiligungspolitik sowie durchgeführte und teilweise auch geplante Privatisierungen dargestellt und die bestehenden Beteiligungen ausgewiesen werden.

17   Die Entscheidung für eine Privatisierung kann sowohl die **Veräußerung** eines staatlichen Unternehmens oder einer staatlichen Unternehmensbeteiligung zum Inhalt haben als auch die **Gründung** eines neuen staatlichen Unternehmens oder den Erwerb einer Unternehmensbeteiligung. Im ersten Fall liegt eine Vermögensprivatisierung vor, die mit einer Aufgabenprivatisierung verbunden sein kann; häufig werden Beteiligungen zwecks Liquiditätsbeschaffung zunächst an eine staatliche Beteiligungsgesellschaft veräußert, die dann später die Veräußerung an einen privaten Dritten vornimmt[44]. Im zweiten Fall handelt es sich um eine bloße Organisationsprivatisierung mit dem Ziel, einen öffentlichen Zweck in der Rechtsform einer neu zu gründenden privaten Gesellschaft oder durch Erwerb einer Beteiligung an einer solchen zu verfolgen.

18   Die gesetzlichen Vorgaben für das **Eingehen** und **Halten von Beteiligungen** sind in den Landeshaushaltsordnungen festgelegt. Alle Landeshaushaltsordnungen[45] enthalten eine mit § 65 der BHO nahezu gleichlautende Regelung, die für die staatliche Aufgabenerfüllung in privater Rechtsform und damit für die Gründung einer Eigengesellschaft oder die Beteiligung an einem Unternehmen privater Rechtsform folgende Voraussetzungen festlegt:
– Es soll ein wichtiges (dringendes) Interesse des Landes vorliegen, und der öffentliche Zweck soll sich nicht besser und wirtschaftlicher auf andere Weise erreichen lassen;
– die Einzahlungspflicht und damit das Haftungsrisiko muß auf einen bestimmten Betrag begrenzt sein;
– ein angemessener Einfluß im Aufsichtsrat oder einem entsprechenden Überwachungsorgan muß gewährleistet sein, und schließlich
– müssen der Jahresabschluß und der Lagebericht in entsprechender Anwendung der Vorschriften des HGB für große Kapitalgesellschaften[46] aufgestellt und geprüft werden.

19   Nach dieser haushaltsrechtlichen Subsidiaritätsklausel sollte die **wirtschaftliche Tätigkeit des Staates** als Unternehmer eher die Ausnahme sein. Die Erfahrung lehrt indes, daß bei Anwendung der Vorschrift ein weiter Beurteilungsspielraum in Anspruch genommen wird. Ob ein wichtiges Interesse des Landes vorliegt, bestimmt sich nach den politischen und wirtschaftlichen Zielsetzungen der jeweiligen Landesregierung. Das gleiche gilt für die anderen Gebietskörperschaften.

---

[42] Berlin, Brandenburg, Freie und Hansestadt Hamburg, Nordrhein-Westfalen, Schleswig-Holstein, Thüringen.
[43] Bayern und Niedersachsen.
[44] Auf diesem Weg wird derzeit die Privatisierung der Anteile des Bundes und des Landes Nordrhein-Westfalen am Flughafen Köln-Bonn vorbereitet.
[45] Gleichartige Regelungen enthalten mit einer gewissen Variationsbreite auch die Gemeindeordnungen der Länder.
[46] §§ 264 ff. HGB.

b) Speziell: Das Privatisierungskonzept des Freistaats Sachsen. Soweit 20
ersichtlich, ist der Freistaat Sachsen das einzige Bundesland, das bisher ein **umfassendes Privatisierungskonzept** beschlossen hat[47]. Es bezieht die gesamte Verwaltungstätigkeit des Staates ein. Entbehrliche Verwaltungsaufgaben sollen abgebaut oder Privaten überlassen werden (Aufgabenprivatisierung), staatliche Aufgaben darauf überprüft werden, ob sie nicht besser in privater Rechtsform erledigt werden können (Organisationsprivatisierung), außerdem bisher vom Staat erfüllte Aufgaben soweit wie möglich auf private Dritte übertragen werden (funktionale Privatisierung), wobei privates Kapital und Know-how für die Erfüllung staatlicher Aufgaben nutzbar gemacht werden sollen.

Die Voraussetzungen für eine private Aufgabenerledigung sind[48]: 21
– Die Leistungssicherheit des Privaten, d. h. die Leistungsstellung muß auf Dauer gewährleistet sein;
– ebenso die Leistungsqualität;
– die Kosten der Privatisierung müssen für den Bürger zumutbar bleiben[49];
– die Übertragung der Aufgabenerledigung auf Private darf nicht zu einer Monopolbildung führen.

Das – vorläufige – **Privatisierungspotential** ist in einer umfangreichen Über- 22
sicht aufgelistet[50], deren Schwerpunkte die Verwaltungshilfsdienste und der technische Bereich bilden. In das Privatisierungskonzept sind auch die Kommunen einbezogen mit dem Ziel, private Investitionen für den Dienstleistungssektor zu mobilisieren. Auch für sie ist das Privatisierungspotential aufgelistet[51]. Ziel des Privatisierungskonzepts ist es, Gestaltungsspielraum für den Aufbau des Landes zu gewinnen und die Staatsfinanzen zu konsolidieren.

3. Privatisierung auf kommunaler Ebene

a) Beteiligung Privater. Mit Privatisierung auf der kommunalen Ebene ist 23
in erster Linie die weiterhin kommunale Aufgabenerfüllung in den Formen des Privatrechts angesprochen, also die Organisationsprivatisierung, aber auch die Beteiligung privater Dritter im Rahmen von Aufträgen an der Durchführung kommunaler Aufgaben. In beiden Fällen bleibt die Verantwortung für die Aufgabenerfüllung bei den Kommunen. Aufgrund des zunehmenden Wettbewerbs auch in den typischen kommunalen Aufgabenfeldern gehen viele Kommunen dazu über, **Anteile an ihren Eigengesellschaften** an private Investoren zu **veräußern**, um auf diese Weise privates Know-how für die städtischen Gesellschaften zu gewin-

---

[47] Privatisierungskonzept der Sächsischen Staatsregierung vom 24. 8. 1993 in „Neue Gedanken – Dokumentationen der Sächsischen Staatskanzlei". Inzwischen liegt der zweite Privatisierungsbericht (1999) vor.
[48] Privatisierungskonzept S. 8 f.: Voraussetzungskatalog für eine private Aufgabenerledigung.
[49] Hintergrund dieser Voraussetzung ist, daß die Gebühren für staatliche Leistungen oft nicht die Kosten decken, die Leistungen also subventioniert werden. Die Privatisierung führt somit zu einer Offenlegung bisher verdeckt gebliebener Subventionen, die durch private Leistungserbringung soweit wie möglich abgebaut werden sollen.
[50] Privatisierungskonzept S. 13 f.: Privatisierungspotential im Bereich der staatlichen Verwaltung.
[51] Privatisierungskonzept S. 15 f.: Privatisierungspotential auf kommunaler Ebene.

nen und diese damit wettbewerbsfähig zu machen, aber auch um durch die Veräußerung von Gesellschaftsanteilen Kapital zu mobilisieren. Der Verzicht auf die Erfüllung einer öffentlichen Aufgabe und deren Überlassung an die Gesellschaft ist auf kommunaler Ebene eher die Ausnahme.

24 **b) Veränderte Rahmenbedingungen für die Kommunalwirtschaft.**
Die Kommunalwirtschaft befindet sich aufgrund gravierend veränderter Rahmenbedingungen in einer **Umbruchsituation**[52]. Sie ist gekennzeichnet durch
– die Finanzkrise in den Kommunen und verbunden damit die Schwierigkeit, die Haushalte auszugleichen;
– die ständige Überweisung neuer Aufgaben von Bund und Ländern ohne entsprechenden finanziellen Ausgleich;
– allgemein die Anforderungen der Politik an eine effizientere und kostengünstigere Aufgabenerfüllung.

25 All dies hat betriebswirtschaftlich orientierte Modernisierungsbestrebungen ausgelöst, die zur Auslagerung abtrennbarer Verwaltungsaufgaben in Eigengesellschaften führen[53]. Durch EU- und Bundesrecht sind historisch gewachsene, klassische Bereiche der kommunalen Ver- und Entsorgungswirtschaft aus der bisherigen Monopolsituation herausgelöst und in den Wettbewerb überführt worden mit der Folge erheblicher Einnahmeverluste der Kommunen[54]. Um diese Verluste zu kompensieren, haben die Kommunen ihre erwerbswirtschaftliche Betätigung ausgeweitet und neue Geschäftsfelder erschlossen[55]. Dabei handelt es sich zum einen um die **Ausweitung von Geschäftsfeldern** in enger Anbindung an das Kerngeschäft[56], zum anderen um **völlig neue Geschäftsfelder**[57].

26 Diese Ausdehnung der wirtschaftlichen Betätigung der Kommunen hat die **Diskussion** über die Möglichkeiten und Grenzen der Gemeindewirtschaft neu entfacht[58]. Die einen fordern für die Zukunftssicherung der Gemeindewirtschaft deren Ausweitung und eine gleichberechtigte Teilhabe der Kommunen am Wettbewerb in den typischen kommunalen Aufgabenfeldern; hierzu müsse das geltende kommunale Wirtschaftsrecht entweder an die veränderten ordnungsrechtlichen Rahmenbedingungen angepaßt oder im Wege der „dynamischen Auslegung" entsprechend interpretiert werden[59]. Andere sehen durch die Ausweitung der Kommunalwirtschaft die Gemeinwohlorientierung der kommunalen Selbstverwaltung in Frage gestellt und damit zugleich die Wirtschaftsfreiheitsgrundrechte[60].

---

[52] *Cronauge* AfK 1999, 24, 25; *Moraing* WiVerw 1998, 233, 240, 241.
[53] *Held*, Ist das Kommunale Wirtschaftsrecht noch zeitgemäß?, WiVerw 1998, S. 264.
[54] *Cronauge* AwK 1999, 25, 28.
[55] *Moraing* WiVerw 1998, 233, 239 mwN.
[56] Installation und Wartung von Heizungsanlagen durch die Energieversorger, um eine stärkere Kundenbindung zu erreichen; Werkstattleistungen für Dritte im Kfz-Bereich, um durch den Wettbewerb entstandene Überkapazitäten auszulasten.
[57] Einstieg in den Telekommunikationsmarkt und Consulting-Dienstleistungen.
[58] Übersicht bei *Henneke*, Anm. zu VerfGH Rheinland-Pfalz DVBl. 2000, 997; *ders.* NdsVBl. 1999, 1 ff.
[59] *Cronauge* AfK 1999, 24, 43; *Moraing* WiVerw 1998, 233, 262 f.; Übersicht über die aktuelle Diskussion bei *Henneke* NdsVBl. 1999, 1, 8 bis 10.
[60] *Badura* DÖV 1998, 823; *Ronellenfitsch* DÖV 1999, 705, 711; *Henneke* NdsVBl. 1999, 1, 9.

c) **Der bestehende rechtliche Rahmen für die kommunale erwerbswirtschaftliche Betätigung.** Im Grundsatz gehört das Recht, die Angelegenheiten der örtlichen Gemeinschaft auch wirtschaftend wahrzunehmen und über die Daseinsvorsorge hinaus erwerbswirtschaftlich tätig zu werden, zum Wesensgehalt des verfassungsrechtlich garantierten Selbstverwaltungsrechts[61]. Das Recht der Kommunen zu wirtschaftlicher Betätigung ist durch die Bestimmungen des Gemeindewirtschaftsrechts in den Gemeindeordnungen der Bundesländer ausgeformt worden. Diese Bestimmungen sind in ihrer Grundstruktur § 67 DGO nachgebildet. Danach ist eine **wirtschaftliche Betätigung zulässig, wenn**
– ein öffentlicher Zweck das Unternehmen rechtfertigt;
– das Unternehmen nach Art und Umfang in einem angemessenen Verhältnis zur Leistungsfähigkeit der Gemeinde und zum voraussichtlichen Bedarf steht;
– der Zweck nicht besser und wirtschaftlicher durch einen anderen erfüllt werden kann.

Diese Voraussetzungen (sog. Schrankentrias) sind Inhalt der Mehrzahl der geltenden Gemeindeordnungen[62]. Mehrere Bundesländer haben allerdings jüngst in ihren Gemeindeordnungen die Voraussetzungen für die wirtschaftliche Betätigung der Kommunen abweichend von § 67 DGO[63] geregelt, so daß es heute ein einheitliches Gemeindewirtschaftsrecht nicht gibt. Die Innenministerkonferenz des Bundes und der Länder hat deshalb beschlossen, das **Gemeindewirtschaftsrecht** möglichst zu **vereinheitlichen**[64] und hierfür eine Arbeitsgruppe eingesetzt. Die weitere Entwicklung bleibt abzuwarten. Die Schrankentrias bezieht sich auf die Neuaufnahme einer wirtschaftlichen Betätigung. In einigen Gemeindeordnungen[65] wird nicht mehr auf den Organisationsakt für die Errichtung, Übernahme oder wesentliche Erweiterung des wirtschaftlichen Unternehmens abgestellt, sondern auf die wirtschaftliche Betätigung. Hier zeichnet sich eine gesetzlich institutionalisierte ständige Aufgabenkritik ab[66].

Entscheidende Voraussetzung für eine kommunalwirtschaftliche Betätigung ist das für alles staatliche Handeln geltende Erfordernis, daß ein **öffentlicher Zweck** das Unternehmen rechtfertigen muß[67]. Dieser liegt vor, wenn Leistungen eines Unternehmens im Aufgabenbereich der öffentlichen Hand liegen und eine im öffentlichen Interesse gebotene Versorgung der Einwohner zum Ziel haben[68]. Die

---

[61] Art. 28 Abs. 2 GG; siehe dazu: *Pagenkopf* GewArch 2000, 177, 178f.; *Badura* DÖV 1998, 818.
[62] ZB § 102 Abs. 1 GO Baden-Württemberg, § 108 Abs. 1 GO Niedersachsen, § 107 Abs. 1 GO Nordrhein-Westfalen, § 108 Abs. 1 KSVG Saarland, § 97 Abs. 1 GO Sachsen, § 116 Abs. 1 GO Sachsen-Anhalt, § 101 Abs. 1 GO Schleswig-Holstein.
[63] Art. 87 Abs. 1 GO Bayern, § 100 Abs. 2 GO Brandenburg, § 68 KV Mecklenburg-Vorpommern, § 85 Abs. 1 GO Rheinland-Pfalz, § 71 Abs. 1 KO Thüringen.
[64] *Gieche*, Wirtschaftliche Betätigung der Kommunen, Wirtschaftsreport Frankfurt-Rhein-Main, Ausgabe 14/00, S. 2.
[65] § 100 Abs. 2 GO Brandenburg, § 107 Abs. 1 GO Nordrhein-Westfalen, § 97 Abs. 1 „Unterhalten" GO Sachsen.
[66] *Schoch* DVBl. 1994, 762.
[67] *Badura* DÖV 1998, 821. Dies ergibt sich u. a. aus § 65 BHO und den Kommunalgesetzen der Länder; hierzu *Gern*, Kommunalrecht einschließlich kommunales Abgabenrecht, Rn 389
[68] BVerwGE 39, 334; siehe dazu *Cronauge* Rn 463 bis 465.

im öffentlichen Interesse der Einwohner liegenden Ziele lassen sich nicht abstrakt abschließend umschreiben. Anerkannt ist aber jedenfalls, den Begriff des öffentlichen Zwecks negativ eingrenzend, daß den Gemeinden eine rein erwerbswirtschaftliche, fiskalische, ausschließlich auf Gewinnerzielung ausgerichtete Tätigkeit untersagt ist[69].

30 In der Frage, worin im Einzelfall die Förderung des Gemeinwohls zu sehen ist, steht den Kommunen eine **Einschätzungsprärogative** zu mit der Folge, daß die Entscheidung der Vertretungskörperschaft der Überprüfung durch die Kommunalaufsicht und die Gerichte weitgehend entzogen ist. Die Bestimmung des öffentlichen Zwecks hat den Charakter einer Direktive für eine sachgerechte Kommunalpolitik[70].

31 Das Erfordernis eines angemessenen **Verhältnisses** zwischen Art und Umfang des kommunalen Unternehmens und der Leistungsfähigkeit der Kommune beschränkt die Verfolgung des öffentlichen Zwecks[71] durch die finanzielle **Leistungsfähigkeit** und die personellen Kapazitäten der Kommune[72].

32 Die **Subsidiarität** betrifft das Konkurrenzverhältnis der Gemeindewirtschaft zur Privatwirtschaft. Besonders bezüglich dieser Zulässigkeitsvoraussetzung für die wirtschaftliche Betätigung ergeben sich Abweichungen von § 67 DGO[73]. Unterschieden wird zwischen einfachen[74] und echten[75] (oder verschärften) Subsidiaritätsklauseln[76]: Nach der **einfachen Subsidiaritätsklausel**, auch als Funktionssperre bezeichnet, darf die Gemeinde wirtschaftlich tätig werden, wenn kein privater Anbieter beweisen kann, daß er den öffentlichen Zweck besser und wirtschaftlicher erfüllen kann. Demgegenüber wird durch eine **echte Subsidiaritätsklausel** der Kommune die wirtschaftliche Tätigkeit schon dann untersagt, wenn sie eine Aufgabe nicht besser und wirtschaftlicher erfüllen kann als der Private[77]. Einige Gemeindeordnungen fügen der echten Subsidiaritätsklausel in Anlehnung an das für die Bundesverwaltung vorgeschriebene Interessenbekundungsverfahren[78] ein Markterkundungsverfahren hinzu[79].

---

[69] *Ehlers* DVBl. 1998, 497, 499.
[70] BVerwGE 39, 334; *Badura* DÖV 1998, 821.
[71] *Pagenkopf* GewArch 2000, 177, 180.
[72] In der Praxis wie in Literatur und Rechtsprechung hat diese Voraussetzung bisher keine Bedeutung erlangt, siehe *Cronauge* AfK 1999, 32.
[73] *Henneke* NdsVBl. 1999, 1.
[74] § 102 Abs. 1 Nr. 3 GO Baden-Württemberg, § 108 Abs. 1 Nr. 3 GO Niedersachsen, § 107 Abs. 1 Nr. 3 GO Nordrhein-Westfalen; die Subsidiaritätsklausel gilt nicht für die Energieversorgung, die Wasserversorgung, den öffentlichen Verkehr und auch nicht für den Betrieb von Telekommunikationsnetzen einschließlich der Telefondienste. § 108 Abs. 1 Nr. 3 KSVG Saarland, § 97 Abs. 1 Nr. 3 Sächsische GemO, § 116 Abs. 1 Nr. 3 GO Sachsen-Anhalt, § 101 Abs. 1 Nr. 3 Schleswig-Holstein.
[75] Art. 87 Abs. 1 Nr. 4 GO Bayern, § 86 Abs. 1 Nr. 3 KV Mecklenburg-Vorpommern, § 85 Abs. 1 Nr. 3 GO Rheinland-Pfalz bestätigt durch Urt. des VerfGH Rheinland-Pfalz vom 28. 3. 2000, DVBl. 2000, 992 ff. m. Anm. von *Henneke*, § 71 Abs. 1 Nr. 3 KO Thüringen.
[76] Keine Subsidiaritätsklausel in Brandenburg und Hessen.
[77] *Cronauge* AfK 1999, 32.
[78] § 7 Abs. 2 BHO.
[79] § 71 Abs. 1 Nr. 3 KO Thüringen; siehe auch § 101 Abs. 4 GO Brandenburg.

Die meisten Gemeindeordnungen unterscheiden auch heute noch zwischen **wirtschaftlichen** und **nichtwirtschaftlichen Unternehmen**[80]. Die Bedeutung der Differenzierung besteht darin, daß die genannten Zulässigkeitsschranken für die nichtwirtschaftlichen Unternehmen nicht gelten: Der öffentliche Zweck wird bei ihnen gesetzlich fingiert, die beiden anderen Kriterien bleiben außer Betracht. Nichtwirtschaftliche Tätigkeit der Gemeinden ist uneingeschränkt zulässig. Es handelt sich dabei vor allem um drei Fallgruppen: 33

– Unternehmen, zu denen die Kommunen gesetzlich verpflichtet sind;
– Unternehmen der Daseinsvorsorge im engeren Sinn (sog. Hoheitsbetriebe);
– Betriebe der Gemeinden zur Deckung des kommunalen Eigenbedarfs.

In einigen Gemeindeordnungen ist der Bereich der **nichtwirtschaftlichen Unternehmen** außerordentlich weit gefaßt[81]. Soweit nichtwirtschaftliche kommunale Betriebe zu entsprechenden privaten Betrieben in Wettbewerb treten, ist dies vom Gesetzgeber gewollt[82]. 34

Unter dem Gesichtspunkt der Privatisierung ist der Bereich der nichtwirtschaftlichen kommunalen Unternehmen von besonderem Interesse. Schon seit Jahren ist eine starke Zunahme der Betriebe der Daseinsvorsorge in der Rechtsform der GmbH zu beobachten; dem entspricht ein Rückgang der Eigenbetriebe[83]. Hohe Anforderungen an ein spezialisiertes Fachwissen und gesetzlich verbindliche Standards – das gilt vor allem für den Bereich des Umweltschutzes – veranlassen viele Kommunen, Beteiligungen an ihren Unternehmen an Private zu veräußern (Teilprivatisierung). Diese Tendenz zur **Zunahme gemischtwirtschaftlicher Unternehmen** ist unverkennbar. 35

Insgesamt ist das kommunale Wirtschaftsrecht kaum geeignet, eine scharfe **Grenze für die Zulässigkeit** der erwerbswirtschaftlichen kommunalen Betätigung zu ziehen[84]. Das beruht im wesentlichen auf der Vielzahl unbestimmter Rechtsbegriffe, die zusammen mit der Einschätzungsprärogative der Kommunen dazu geführt haben, daß die Aufsichtsbehörden ihre Kontrollaufgaben nur sehr eingeschränkt wahrgenommen haben. Die Realität zeigt eine nahezu unbegrenzte Palette kommunaler Wirtschaftsunternehmen[85]. 36

d) Insbesondere: Das Territorialitätsprinzip. Eine aktuelle Problematik für die wirtschaftliche Betätigung der Kommunen ergibt sich aus dem Territorialitätsprinzip. Das Grundgesetz garantiert die Selbstverwaltung in **Angelegenhei-** 37

---

[80] Mit Ausnahme der Bayerischen GemO.
[81] § 107 Abs. 2 GO Nordrhein-Westfalen: Hier gehören zu den nichtwirtschaftlichen Unternehmen auch Einrichtungen der Straßenreinigung und des Umweltschutzes, der Abfallentsorgung und Abwasserbeseitigung sowie das Messe- und Ausstellungswesen; § 85 Abs. 3 GO Rheinland-Pfalz. Nichtwirtschaftliche Unternehmen sind auch Unternehmen des Wohnungs- und Siedlungswesens.
[82] *Cronauge* S. 243.
[83] *Koch* DVBl. 1994, 667.
[84] *Henneke* NdsVBl. 1999, 5; *Held* WiVerw. 1998, S. 283/284; *Schoch*, Der Beitrag des kommunalen Wirtschaftsrechts zur Privatisierung öffentlicher Aufgaben, DÖV 1993, 377 ff.
[85] So schon *Schmidt-Jortzig* in Püttner (Hrsg.), Handbuch der kommunalen Wissenschaft und Praxis, Bd. V, 2. Aufl. 1984, S. 62.

ten der „**örtlichen Gemeinschaft**"[86]. Eine solche Angelegenheit liegt vor, wenn die Betätigung in den „Bedürfnissen und Interessen der örtlichen Gemeinschaft wurzelt oder auf sie einen spezifischen Bezug hat"[87]. Die verfassungsrechtliche Vorgabe zieht also der wirtschaftlichen Betätigung der Kommunen keine räumlichen Grenzen. Ein Bezug zu den Bedürfnissen und Interessen der örtlichen Gemeinschaft kann bei die Gemeindegrenzen überschreitenden wirtschaftlichen Aktivitäten gegeben sein, wenn diese auch im Interesse der optimalen Versorgung der Gemeindeeinwohner liegen und damit die Erfüllung einer öffentlichen Aufgabe im Gebiet der Gemeinde sicherstellen oder fördern.

38   Das Territorialitätsprinzip hat seinen Niederschlag auch in den Gemeindeordnungen gefunden, worin die Gemeinden als eigenverantwortliche und ausschließliche Träger der öffentlichen Verwaltung „in ihrem Gebiet" für zuständig erklärt werden. Das schließt allerdings eine **überörtliche, interkommunale Zusammenarbeit** nicht aus[88].

39   In neueren Fassungen einiger Gemeindeordnungen[89] wird den Kommunen sogar die wirtschaftliche Betätigung auch **außerhalb der Gemeindegrenzen** ausdrücklich gestattet, wenn die berechtigten Interessen der betroffenen Gebietskörperschaft gewahrt werden[90].

40   **e) Abwehransprüche Privater.** Die **Frage der Reichweite der** zulässigen wirtschaftlichen **Betätigung** der Kommunen war und ist Gegenstand zahlreicher gerichtlicher Auseinandersetzungen. Obwohl als Zweck der Vorschriften des Gemeindewirtschaftsrechts auch der Schutz der privaten Wirtschaft vor der wirtschaftlichen Betätigung der Kommunen angenommen wird[91], hatten Klagen privater Unternehmer vor den Verwaltungsgerichten bisher keinen Erfolg, da ihnen ein individualisierbarer zu schützender Personenkreis nicht zu entnehmen sei[92].

41   Da die Kommunen an das **Wettbewerbsrecht** gebunden sind, genießen private Gewerbetreibende den Schutz gegen unlauteren Wettbewerb[93]. In erster Linie

---

[86] Art. 28 Abs. 2 GG.
[87] BVerfGE 79, 127, 151.
[88] *Held*, Ist das kommunale Wirtschaftsrecht noch zeitgemäß? WiVerW 1998, 266.
[89] Art. 87 Abs. 2 GO Bayern, § 107 Abs. 3 GO Nordrhein-Westfalen, § 71 Abs. 4 KO Thüringen.
[90] Siehe dazu *OLG Düsseldorf* NZBau 2000, 155 „AWISTA".
[91] *Badura* DÖV 1998, 818, 822.
[92] *Pagenkopf* GewArch 2000, 177; 182 und 184; *Badura* DÖV 1998, 818, 821. Anders, wenn die Betätigung der Kommune eine monopolistische Tendenz aufweist oder die Wettbewerbsfähigkeit privater Gewerbetreibender in unerträglicher Weise einschränkt (Verdrängungswettbewerb); dann können Abwehransprüche aus den Grundrechten (Art. 2 Abs. 1, Art. 12 Abs. 1, Art. 14 GG) in Betracht kommen; siehe dazu *Ehlers* DVBl. 1998, 497, 502; *Tettinger*, Rechtsschutz gegen kommunale Wettbewerbsteilnahme, NJW 1998, 3473, 3478.
[93] § 1 UWG; siehe dazu eingehend *Hefermehl* § 1 UWG Rn 914 ff., 932 f.; *David*, Wettbewerbsrechtliche Ansprüche gegen Betätigung von Kommunen und deren Gesellschaften, NJW 2000, 738, 740 mit zahlreichen Nachweisen. Immer wieder wird versucht, mit den Regelungen der Gemeindeordnung nicht vereinbares Verhalten (zB wegen Verletzung des Subsidiaritätsgrundsatzes oder Überschreitung der örtlichen Gemeindegrenzen) als unlauteren Wettbewerb untersagen zu lassen, §§ 1, 13 UWG, § 1004 BGB. Der BGH hat bisher Verstöße gegen die Bestimmungen des Gemeindewirtschaftsrechts ohne Hinzutreten weiterer Umstände nicht als gegen die guten Sitten im Wettbewerb verstoßendes Verhalten qualifiziert, *BGH* DÖV

wollen die Gemeindeordnungen allerdings nicht die private Wirtschaft vor unkontrollierter Ausweitung der wirtschaftlichen Betätigung der öffentlichen Hand schützen, sondern die zweckmäßige Verwendung öffentlicher Mittel sichern und die Eingehung nicht überschaubarer Risiken verhindern. Werden die Vorschriften des Gemeindewirtschaftsrechts in diesem Sinn als Regelung des „Innenbereichs" verstanden, kann das Verhalten der Gemeinde wettbewerbswidrig erst sein, wenn zu dem Gesetzesverstoß weitere, die Unlauterkeit begründende Umstände hinzukommen[94]. Die (ggf. teilweise) Privatisierung von Aufgaben kann für die Kommune auch unter dem Aspekt reizvoll sein, die grundsätzliche wettbewerbsrechtliche Zulässigkeit ihres Handelns außer Zweifel zu stellen.

B. Die wirtschaftliche Betätigung der öffentlichen Hand in öffentlich-rechtlichen Organisationsformen

Die öffentliche Hand kann wirtschaftliche Unternehmen entweder in öffentlich-rechtlicher Organisationsform oder privatrechtlich als Eigengesellschaften, zB als GmbH oder AG betreiben[95]. Als öffentlich-rechtliche Gestaltungen kommen der **Regiebetrieb**, der **Eigenbetrieb**, die **Körperschaft** (insbes. der Zweckverband) sowie die **Anstalt** in Betracht. Zwischen den einzelnen Bereichen und den jeweils möglichen Organisationsformen besteht für den Verwaltungsträger ein Wahlrecht[96]. Grundlegende Voraussetzung für die Errichtung oder den Betrieb öffentlicher wirtschaftlicher Unternehmen ist immer die Verfolgung eines öffentlichen Zwecks[97].

I. Regiebetrieb

Der Regiebetrieb[98] hat keine eigene Rechtspersönlichkeit, sondern ist organisatorisch und rechtlich in die Verwaltung der Kommune eingegliedert. Auch haushaltsrechtlich und personell ist er ein **unselbständiger Bestandteil der Ver-**

1974, 785, 786 „Kraftfahrzeugkennzeichen"; *BGH* NJW 1987, 60, 61 „Bestattungswesen. Das Urteil des *BGH* GRUR 1965, 373 „Blockeis II" beruht auf einer Besonderheit der GO Nordrhein-Westfalen. Die Rspr. der OLG ist nicht einheitlich; siehe dazu *Pagenkopf* GewArch 2000, 177, 184. Wo den Bestimmungen der Gemeindeordnungen auch eine den Wettbewerb regelnde Funktion zuerkannt wird, gilt deren Verletzung bereits als wettbewerbswidrig, so – wiederum für das Gebiet Nordrhein-Westfalen – *OLG Hamm* DVBl. 1998, 792 „Gelsengrün"; *OLG Düsseldorf* NJW-RR 1997, 1470 „Nachhilfeunterricht"; ebenso *OLG Düsseldorf* NZBau 2000, 155 „AWISTA", wo es für die Entscheidung darauf allerdings nicht ankam.
[94] *OLG München* WRP 1998, 430, 432f. „Photovoltaik".
[95] Zu wirtschaftlichen Unternehmen der öffentlichen Hand allgemein *Cronauge* Rn 38 bis 40.
[96] Zur Wahl der Rechtsform näher *Erbguth/Stollmann* DÖV 1993, 798; *Graf Vitzthum* AöR 104 (1979) 580; *von Danwitz*, Die Benutzung öffentlicher Einrichtungen – Rechtsformenwahl und gerichtliche Kontrolle, JuS 1995, 1, 2.
[97] Siehe Rn 29.
[98] Zum Regiebetrieb *Schraffer* S. 53; *Landsberg* in *Fettig/Späth* S. 34; *Cronauge* Rn 52 bis 59.

waltung. Für die Personalwirtschaft ist der allgemeine Stellenplan der Gemeinde maßgeblich[99].

44 Der Regiebetrieb entsteht durch **verwaltungsinterne Anordnung** der zuständigen Gemeindeorgane. Die Gemeindevertretung kann aufgrund dieser Organisationsform jederzeit umfassend Einfluß auf die Geschäftstätigkeit ausüben. Entscheidungen werden durch den Amtsleiter und in erster Linie durch den Gemeinderat getroffen. Die Rechnungsführung des Regiebetriebs ist von Haus aus eine kameralistische Einnahmen- und Ausgabenrechnung, allerdings ist heute zunehmend in Abkehr von der Kameralistik die Budgetierung eingeführt worden.

45 Im einzelnen werden Nettoregiebetriebe und Bruttoregiebetriebe unterschieden[100]. **Nettoregiebetriebe** haben ein eigenes Rechnungswesen; lediglich das Endergebnis wird in den Haushalt der Trägerkörperschaft eingestellt. Hierbei kann es sich um einen abzuliefernden Gewinn handeln oder auch um Beiträge, die zur Verlustdeckung von der Trägerkörperschaft zuzuführen sind. Ggf. wird dem Regiebetrieb bei Bedarf zusätzlich Kapital zugeführt, es können jedoch auch Kapitalrückzahlungen stattfinden[101]. Demgegenüber verfügen **Bruttoregiebetriebe** nicht über ein eigenes Rechnungswesen, so daß alle Ausgaben und Einnahmen sofort in den öffentlichen Haushalt einfließen.

46 In der Praxis wird die Organisationsform des Regiebetriebs hauptsächlich **für nichtwirtschaftliche Unternehmen** verwandt, deren Aufgabe in der Deckung des Eigenbedarfs von Gemeinden besteht, namentlich kommunale Hilfsbetriebe wie Bauhöfe, Fuhrparks, Reparaturbetriebe, Gärtnereien und behördliche Druckereien[102]. Auch für den Betrieb von Krankenhäusern, Theatern sowie Museen ist der Regiebetrieb als Organisationsform geeignet und gebräuchlich.

47 Der Regiebetrieb ist in der kommunalen Praxis nicht sehr bedeutsam, da es sich um eine **relativ schwerfällige** Form wirtschaftlicher Betätigung handelt. Die politischen Gremien der Kommunen sind für die Entscheidungen zuständig, so daß Regiebetriebe häufig nicht schnell und flexibel genug auf veränderte wirtschaftliche Bedingungen reagieren können. Deshalb bevorzugen Kommunen zur Erledigung wirtschaftlicher Aufgaben die Rechtsform des Eigenbetriebs[103].

II. Eigenbetrieb

48 Als öffentlich-rechtliche Organisationsform kommunaler wirtschaftlicher Unternehmen hat der Eigenbetrieb **große Bedeutung** erlangt[104]. Er ermöglicht eine wirtschaftliche Unternehmensführung unter Berücksichtigung kaufmännischer Gesichtspunkte und zugleich die weitgehende Kontrolle und Einflußnahme durch die jeweilige Trägerkörperschaft.

---

[99] *Kummer/Giesberts* NVwZ 1996, 1166.
[100] *Schraffer* S. 54.
[101] *Gern*, Deutsches Kommunalrecht, Rn 747.
[102] *Cronauge* Rn 53.
[103] *Schraffer* S. 55.
[104] *Zeiß* Rn 40.

49 Auch der Eigenbetrieb ist ein **rechtlich unselbständiger** Teil der Verwaltung. Seine Handlungen werden daher rechtlich ausschließlich der jeweiligen Trägerkörperschaft zugerechnet[105]. Er ist jedoch **organisatorisch verselbständigt**, wird finanzwirtschaftlich als Sondervermögen getrennt verwaltet und führt einen eigenen Namen. Der Eigenbetrieb hat einen eigenen haushaltsrechtlich selbständigen Wirtschaftsplan (Erfolgs- und Finanzplan), einen Stellenplan und eine eigene kaufmännische Buchführung mit Selbstkosten-, Gewinn- und Verlustrechnung[106]. Die Eigenbetriebsgesetze und Eigenbetriebsverordnungen regeln die organisationsrechtliche Ausgestaltung der Eigenbetriebe[107]. Eine von der jeweiligen Gemeinde zu beschließende Betriebssatzung regelt die interne Organisationsstruktur des Betriebs.

50 Die Selbständigkeit und die Flexibilität des Eigenbetriebs zeigen sich nicht nur in der gesonderten Wirtschaftsplanung und eigenen Buchführung, sondern vor allem darin, daß für ihn **besondere Organe** handeln, die die Willensbildung und Entscheidungskompetenzen wahrnehmen: Die Werkleitung, der Hauptverwaltungsbeamte (Bürgermeister bzw. Stadt- oder Gemeindedirektor), der Werksausschuß sowie die Gemeindevertretung. Hinzu kommt ein für das Finanzwesen zuständiger Beamter, der sog. Kämmerer[108].

51 **Oberstes Organ** des Eigenbetriebs ist die **Gemeindevertretung**. Sie entscheidet über Fragen von grundsätzlicher und finanziell weitreichender Bedeutung, zB die Bestellung der Werkleiter, die Feststellung und Änderung des Wirtschaftsplans, die Feststellung des Jahresabschlusses und die Verwendung des Jahresergebnisses. Sie beschließt über die Betriebssatzung und wählt die Mitglieder des Werksausschusses.

52 Die **Werkleitung** als Hauptorgan leitet den Eigenbetrieb selbständig, soweit die jeweilige Gemeindeordnung, die Eigenbetriebsverordnung oder die Betriebssatzung nicht anderes bestimmen. Sie ist für die laufende Betriebsführung verantwortlich und vertritt die Trägerkörperschaft in Angelegenheiten des Eigenbetriebs nach außen. Die Werkleitung besteht aus einem oder mehreren Werkleitern, deren Zahl von der Betriebsgröße abhängt.

53 Für die Angelegenheiten des Eigenbetriebs kann ein **Werksausschuß** gebildet werden, der als Ausschuß der Gemeindevertretung eine vorberatende und zumeist auch beschließende Funktion innehat und damit gewissermaßen als verlängerter Arm der Gemeindevertretung anzusehen ist. Die Werkleitung ist verpflichtet, zu den Beratungsgegenständen des Werksausschusses Stellung zu nehmen und hat ggf. auch darüber hinausgehend Auskünfte zu erteilen.

54 Der **Hauptverwaltungsbeamte** ist Vorgesetzter der Dienstkräfte des Eigenbetriebs, insoweit überwacht und kontrolliert er die Werkleitung. Die Werkleitung hat den Hauptverwaltungsbeamten über alle wichtigen Angelegenheiten des

---

[105] *Schmidt-Jortzig* Kommunalrecht Rn 697.
[106] *Wolff/Bachof/Stober* § 98 Rn 16; *BGH* DVBl. 1983, 1061.
[107] Siehe zu den verschiedenen Eigenbetriebsrechten in den Bundesländern *Zeiß* Rn 15 ff.; vgl. etwa für Hessen das Eigenbetriebsgesetz (EigBGes) in der Fassung vom 9. 6. 1989 GVBl. S. 154, und die Eigenbetriebsverordnung (EigVO) in der Fassung der Bekanntmachung vom 1. 6. 1988 GVBl. S. 290.
[108] Dazu *Cronauge* Rn 230 bis 297.

Eigenbetriebs zu unterrichten und ist auf Verlangen zu Auskünften verpflichtet. Außerdem ist der Hauptverwaltungsbeamte im Interesse der Einheitlichkeit der Verwaltung befugt, Weisungsrechte gegenüber der Werkleitung auszuüben[109].

55 Mehrere Eigenbetriebe werden häufig organisatorisch in einem sog. **Querverbund** zusammengefaßt, um rationellere Betriebsabläufe und Kostenersparnisse durch Synergieeffekte zu erreichen. Auch können sich Steuervorteile ergeben, wenn gewinnbringende und defizitäre Betriebe zusammengeführt werden[110].

56 Die Rechtsform des Eigenbetriebs ist in der Praxis besonders **bedeutsam für Versorgungsunternehmen** der Kommunen wie öffentlicher Personennahverkehr, Fuhrpark, Müllabfuhr, Straßenreinigung, Stadtentwässerungs- und Kläranlagen, Sporthallen sowie Krankenhäuser[111].

III. Körperschaft

57 Die Körperschaft ist ein durch staatlichen Hoheitsakt, also durch Gesetz oder aufgrund gesetzlicher Ermächtigung, errichteter, mitgliedschaftlich verfaßter, unabhängig vom Wechsel der Mitglieder bestehender, mit Hoheitsgewalt ausgestatteter **Verwaltungsträger**, der stets öffentlichen Zwecken dient, daneben aber auch zugleich private Interessen befriedigen kann[112].

58 Nach den Bindungen der Mitgliedschaft unterscheidet man zwischen Gebiets-, Real-, Personal- und Verbandskörperschaften. Die Mitgliedschaft ergibt sich bei den **Gebietskörperschaften** kraft Gesetzes aus dem Wohnsitz einer natürlichen oder dem Sitz einer juristischen Person. Bei den **Realkörperschaften** richtet sie sich nach dem Eigentum an einer Liegenschaft oder – etwa bei Industrie- und Handelskammern – nach dem wirtschaftlichen Sitz eines Betriebs, bei **Personalkörperschaften** – etwa der Rechtsanwaltskammer oder Krankenkassen – nach der Zugehörigkeit zu einem bestimmten Beruf oder sonstigen Eigenschaften einer natürlichen Person. Hingegen sind **Verbandskörperschaften** – zB Zweckverbände – dadurch gekennzeichnet, daß deren Mitglieder ausschließlich juristische Personen sind. Begründet werden kann die Mitgliedschaft durch Gesetz (Zwangsmitgliedschaft) oder freiwillig[113].

---

[109] Zu den Organen: *Cronauge* Rn 235 bis 270; *Zeiß* Rn 88 ff.

[110] *Cronauge* Rn 295 bis 301. Allerdings soll eine neue Transparenzrichtlinie der EU-Kommission („Richtlinie 80/723/EWG der Kommission über die Transparenz der finanziellen Beziehungen zwischen den Mitgliedstaaten und den öffentlichen Unternehmen sowie über die finanzielle Transparenz innerhalb bestimmter Unternehmen") derartige Quersubventionierungen zukünftig unterbinden. Zu diesem Zweck sind alle öffentlichen Unternehmen ab dem Jahr 2002 verpflichtet, ihre Kosten und Erlöse der jeweiligen Geschäftsbereiche getrennt auszuweisen. Zudem ist die Methode offenzulegen, nach der diese den verschiedenen Geschäftsbereichen zuzuordnen sind. Außerdem ist ein Verwendungsnachweis der von den einzelnen Wirtschaftsbereichen erzielten Nettoerlöse einzureichen, vgl. Art. 1 Abs. 2 des Richtlinienentwurfs (ABl. EG 1999 Nr. C 377 S. 2); siehe dazu *Bartosch*, Neue Transparenzpflichten – eine kritische Analyse des Kommissionsentwurfs einer neuen Transparenzrichtlinie, EuZW 2000, 333.

[111] *Schmidt-Jortzig* Kommunalrecht Rn 675; *Waechter* Rn 540; *Achterberg/Püttner*, Besonderes Verwaltungsrecht, Band II, 1992.

[112] *Wolff/Bachof/Stober* § 84 Rn 12.

[113] *Wolff/Bachof/Stober* § 84 Rn 29.

Derartige **Zweckverbände** sind eine besondere Form der interkommunalen Zusammenarbeit. Gemeinden und Gemeindeverbände können insbes. zur Erfüllung einzelner von vorneherein bestimmter Aufgaben einen Zweckverband bilden, soweit die Errichtung eines wirtschaftlichen Unternehmens ihre eigene Leistungsfähigkeit überschreiten würde.

Übernimmt der Zweckverband eine einzelne kommunale Aufgabe, geht die Aufgabe selbst, nicht lediglich die Aufgabenerfüllung auf ihn über. Demzufolge werden die abgebenden Kommunen von der Verpflichtung zur Aufgabenerfüllung befreit. Organisatorisch und rechtlich ist der Zweckverband **vollständig verselbständigt** und verwaltet seine Angelegenheiten unter eigener Verantwortung. Die hierfür erforderlichen finanziellen Mittel erhält er durch Erhebung von Gebühren und Beiträgen aufgrund einer eigenen Satzung oder durch Umlagen auf die Verbandsmitglieder. Als Organe fungieren die Verbandsversammlung und der Verbandsvorsteher.

Außer Gemeinden und Kreisen können auch der Bund, die Länder und andere Körperschaften, Anstalten oder Stiftungen des öffentlichen Rechts **Mitglieder** eines Zweckverbands sein. Auch natürliche und juristische Personen des Privatrechts können sich ggf. an einem Zweckverband beteiligen, wenn hierdurch die Erfüllung der Aufgabe, etwa durch die Einbringung privaten Fachwissens oder Kapitals, gefördert werden kann und Gründe des öffentlichen Wohls nicht entgegenstehen[114].

Beispiele für Körperschaften sind kommunale Zweckverbände, Industrie- und Handelskammern, berufsständische Kammern der freien Berufe oder des Handwerks, Innungen und Innungsverbände, Träger von Sozialversicherungen, Wasser- und Bodenverbände, Universitäten, Waldgenossenschaften sowie Jagd- und Fischereiwirtschaftsgenossenschaften[115].

In der Praxis finden sich vielfältige Bereiche, in denen öffentliche Aufgaben durch Zweckverbände erledigt werden, zB die Wasserversorgung, die Abwasserentsorgung (Großkläranlagen), die Abfallbehandlung und -beseitigung (Großdeponien, Recyclingbetriebe oder Anlagen zur Sondermüllaufbereitung) sowie den öffentlichen Personennahverkehr[116]. Auch Museen, Sportstadien sowie Krankenhäuser werden durch Zweckverbände betrieben, wenn einzelne Städte und Gemeinden hierfür nicht leistungsfähig genug sind.

IV. Anstalt

Die Anstalt des öffentlichen Rechts ist eine **verwaltungsorganisatorische Zusammenfassung** persönlicher und sachlicher Mittel in der Hand eines Verwaltungsträgers zur Erfüllung öffentlicher Aufgaben[117]. Sie wird ebenfalls durch staatlichen Hoheitsakt errichtet, beruht also mittelbar oder unmittelbar auf gesetz-

---

[114] Vgl. *Cronauge* Rn 396; *Gern*, Deutsches Kommunalrecht, Rn 934.
[115] Dazu *Vossius* in Widmann/Mayer § 301 UmwG Rn 18; *Schmidt* in Lutter § 301 UmwG Rn 4.
[116] *Schmidt-Jortzig* Kommunalrecht Rn 707.
[117] *Gern*, Kommunalrecht einschließlich kommunales Abgabenrecht, Rn 405.

licher Anordnung oder Ermächtigung[118]. Der Anstalt fehlt jedoch im Gegensatz zur Körperschaft die mitgliedschaftliche Organisationsstruktur, da sie zwar Benutzer bzw. Anstaltsunterworfene hat, von ihnen aber nicht getragen wird[119]. Die Anstalt wird mit eigenem Personal und Sachmitteln von der Trägerkörperschaft ausgestattet[120], die zugleich Gewährträger ist und für die Verbindlichkeiten der Anstalt unbeschränkt haftet[121]. Es sind rechtsfähige und nicht rechtsfähige Anstalten zu unterscheiden.

65 Die öffentliche Hand kann **rechtsfähige Anstalten** mit eigener Rechtspersönlichkeit nur durch Gesetz oder aufgrund Gesetzes errichten, verändern oder auflösen. Die näheren Einzelheiten, wie etwa Rechte, Pflichten und Zuständigkeiten der Organe, das Rechtsverhältnis zum Anstaltsträger sowie das Anstaltsvermögen, werden jeweils in den Errichtungsgesetzen geregelt. Rechtsfähige Anstalten können selbständig Satzungen erlassen, haben partielle Selbstverwaltungsrechte und nehmen am Wirtschaftsverkehr teil. Die Trägerkörperschaft ist aber in der Lage, durch die Bestellung von Organen Einfluß auf die Leitung und Geschäftstätigkeit der Anstalt zu nehmen[122].

66 Die **Organe** sind Vorstand, Aufsichts- oder Verwaltungsrat und die Gewährträgerversammlung.
– Der **Vorstand** leitet die Anstalt in eigener Verantwortung und ist zur Geschäftsführung und Vertretung befugt. Er hat dem Aufsichtsrat auf Verlangen Auskunft über Angelegenheiten der Anstalt zu erteilen.
– Der **Aufsichtsrat** ist als Kontrollorgan eingesetzt und überwacht die Geschäftsführung des Vorstands. Er entscheidet über die Bestellung und Abberufung der Vorstandsmitglieder sowie die Feststellung eines Wirtschaftsplans.
– Die **Gewährträgerversammlung** wird durch den jeweiligen Gewährträger bestellt. Sie entscheidet bspw. über die Bestellung und Abberufung der Mitglieder des Aufsichtsrats sowie die Genehmigung von Satzungsänderungen.

67 Die rechtsfähige Anstalt kann dem Regie- und Eigenbetrieb vorzuziehen sein, da sie als Unternehmen **selbständig** Entscheidungen treffen kann und von externen Einflußnahmen durch den Anstaltsträger **unabhängig** ist[123]. Auch deshalb wurde in den Ländern Berlin, Hamburg und Bayern die Möglichkeit geschaffen, Eigenbetriebe in rechtsfähige Anstalten umzuwandeln[124]. Als rechtsfähige Anstal-

---

[118] *Schneider/Schlaus*, Das neue Umwandlungsrecht (III) DB 1970, 237.
[119] *Vossius* in Widmann/Mayer § 301 UmwG Rn 19.
[120] *Gern*, Kommunalrecht einschließlich kommunales Abgabenrecht, Rn 405.
[121] *Gern*, Deutsches Kommunalrecht, Rn 752.
[122] *Berg*, Die öffentlich-rechtliche Anstalt, NJW 1985, 2294, 2296.
[123] *Schmidt* ZGR 1996, 345, 362.
[124] In Berlin zB wurden bisherige Eigenbetriebe (die Hafen- und Lagerhausbetriebe, die Stadtreinigungsbetriebe sowie die Wasser- und Verkehrsbetriebe) durch das Eigenbetriebsreformgesetz vom 9. 7. 1993 GVBl. 1993 S. 319 in rechtsfähige Anstalten des öffentlichen Rechts umgewandelt; als Organe dieser Anstalten fungieren nach der Umwandlung nunmehr Vorstand, Aufsichtsrat, Beirat und Gewährträgerversammlung. Auch in Bayern können nunmehr wirtschaftliche und nichtwirtschaftliche Unternehmen der Kommunen nunmehr zur Umwandlung von Regie- und Eigenbetrieben als sog. Kommunalunternehmen in der Form der rechtsfähigen Anstalt betrieben werden, Gesetz zur Änderung des kommunalen Wirtschaftsrechts vom 26. 7. 1995 GVBl. 1995 S. 376; siehe dazu *Cronauge* Rn 157; *Schmidt* ZGR 1996, 345, 361; *Mann*, „Die Kommunalunternehmen" – Rechtsformalternativen im kommunalen Wirtschaftsrecht, NVwZ 1996, 557.

ten des öffentlichen Rechts werden zB die Deutsche Bundesbank, die Landesbanken, die Deutsche Ausgleichsbank, öffentlich-rechtliche Versicherungen (zB die Provinziallebensversicherungsanstalten und Provinzialfeuersozietäten) sowie die öffentlich-rechtlichen Rundfunkanstalten geführt, aber auch öffentliche Sparkassen und andere in der Rechtsform des öffentlichen Rechts organisierte Kreditinstitute (etwa die Kreditanstalt für Wiederaufbau), öffentlich-rechtliche Schadens- und Feuerversicherungen, rechtlich selbständige Forschungsanstalten, Kranken- und Pflegeanstalten, Wasser-, Gas- und Kraftwerke sowie Datenzentralen[125].

Die **nichtrechtsfähigen Anstalten** sind unselbständiger Teil eines Hoheitsträgers ohne eigenständige Rechte und Pflichten. Im Innenverhältnis zur Trägerkörperschaft haben sie ein Sondervermögen, einen eigenen Wirtschaftsplan, eigene Buchführung sowie eigenes Personal, so daß ihnen ein beschränktes Selbstverwaltungsrecht zukommt. Ihre Organe sind meist zugleich Unterorgane des jeweiligen Anstaltsträgers. Die öffentliche Hand betreibt wirtschaftliche Unternehmen als nichtrechtsfähige Anstalten hauptsächlich in der Form des sog. Eigenbetriebs[126].

C. Die wirtschaftliche Betätigung der öffentlichen Hand in privatrechtlichen Organisationsformen

I. Formelle Privatisierung (Organisationsprivatisierung)

Die formelle (oder auch Organisations-) Privatisierung ist dadurch gekennzeichnet, daß sich die öffentliche Hand ihrer Aufgaben nicht entledigt, sondern sie in Formen des privaten Rechts durch Kapitalgesellschaften (wie AG oder GmbH) wahrnimmt[127]. Privatisiert wird lediglich die **Organisation der Aufgabe**, während die Aufgabe selbst vollständig im Verantwortungsbereich der öffentlichen Hand bleibt[128]. Die formelle Privatisierung kann aber Vorstufe einer materiellen Privatisierung sein, bei der dann die Gesellschaftsanteile ganz oder teilweise an Private veräußert werden.

Befinden sich alle Gesellschaftsanteile einer derartigen Gesellschaft in der Hand des Verwaltungsträgers, spricht man von einer **Eigengesellschaft**; wird das Kapital teils privat, teils von der öffentlichen Hand aufgebracht, handelt es sich um ein **gemischtwirtschaftliches Unternehmen**.

Die öffentliche Hand hat jedoch auch nach der Überführung einer öffentlichen Aufgabe in private Gesellschaften die Pflicht, sich einen entsprechenden Einfluß auf die Willensbildung der Gesellschaft zu sichern (sog. **Einwirkungspflicht**)[129]. Es muß dabei sichergestellt werden, daß keine für das Unternehmen wesentlichen Entscheidungen gegen den Willen der Trägerkörperschaft fallen können. Dies ist

---

[125] *Schmidt* in Lutter § 301 UmwG Rn 4.
[126] Siehe hierzu Rn 48 ff.
[127] *Gern*, Privatisierung in der Kommunalverwaltung, S. 15 ff.
[128] *Ronellenfitsch* DÖV 1999, 705, 708; *Schoch* DVBl. 1994, 962, 966.
[129] *Raiser* ZGR 1996, 458, 475, 477; *Püttner*, Die Einwirkungspflicht, DVBl. 1975, 353; *Spannowsky* DVBl. 1992, 1072; siehe hierzu Rn 242 bis 251.

72 Formelle Privatisierungen sind vor allem im Bereich der kommunalen Ver- und Entsorgung anzutreffen, zB bei der Abwasserentsorgung, der Abfallbeseitigung, dem öffentlichen Personennahverkehr, der Wasserversorgung sowie dem Betrieb von Krankenhäusern und anderen Sozialeinrichtungen[130]. Die Mehrzahl der städtischen Versorgungs- und Verkehrsbetriebe wird in der Rechtsform der GmbH oder AG betrieben[131].

bei Eigengesellschaften durch die alleinige Gesellschafterstellung und bei gemischtwirtschaftlichen Unternehmen im Regelfall durch eine Mehrheitsbeteiligung der öffentlichen Hand gewährleistet. Außerdem wird der öffentliche Zweck des Unternehmens meist in der Satzung festgeschrieben.

1. Eigengesellschaft

73 Die öffentliche Hand kann als wirtschaftliche Unternehmen Eigengesellschaften gründen und betreiben; meist geschieht das in der **Rechtsform der AG oder GmbH**, wobei der Verwaltungsträger dann alle Anteile hält. Nicht zulässig sind dagegen Beteiligungen als Gesellschafter einer OHG, einer BGB-Gesellschaft, als persönlich haftender Gesellschafter einer KG oder eines nicht rechtsfähigen Vereins, da die Haftung im Außenverhältnis hier nicht ohne weiteres beschränkbar ist[132].

74 Die **Wahl der Rechtsform** hängt jeweils von organisatorischen, finanzwirtschaftlichen oder steuerlichen Gründen ab[133]. Da die Zulässigkeit voraussetzt, daß die Zweckerfüllung durch Einwirkungs-, Mitsprache- und Kontrollrechte gesichert ist[134], werden im folgenden kurz die Organisationsstrukturen der beiden Gesellschaftsformen dargestellt[135].

75 Bei der **AG** leitet der **Vorstand** die Gesellschaft unter eigener Verantwortung[136]. Er ist dabei keinen Weisungen – weder des Aufsichtsrats noch der Hauptversammlung – unterworfen. Die öffentliche Hand ist daher nicht in der Lage, mit Hilfe von Weisungen oder sonstigen Kontrollmechanismen die Geschäftsführung der Gesellschaft zu beeinflussen. Im Gegensatz zur GmbH kann in der Satzung der AG nicht festgelegt werden, daß die Verwaltung unmittelbar ein Mitglied in den Vorstand entsendet. Die Bestellung der Vorstandsmitglieder obliegt ausschließlich dem Aufsichtsrat[137].

76 Der **Aufsichtsrat** ist das Kontrollorgan der AG und bestellt die Vorstandsmitglieder[138]. Die Aufsichtsratsmitglieder der Anteilseigner[139] werden grundsätzlich

---

[130] *Stober* NJW 1984, 449, 451.
[131] *Von Mutius*, Kommunalrecht, 1996, S. 508.
[132] *Steiner*, Besonderes Verwaltungsrecht, 6. Aufl. 1999, Rn 185; *Gern*, Deutsches Kommunalrecht, Rn 758; vgl. etwa Art. 92 Abs. 1 Nr. 3 Bayerische Gemeindeordnung; § 108 Abs. 1 Nr. 3 Gemeindeordnung für Nordrhein-Westfalen; § 102 Nr. 3 Gemeindeordnung für das Land Brandenburg.
[133] *Erbguth/Stollmann* DÖV 1993, 798.
[134] Siehe Rn 71 und ausführlicher Rn 239 ff.
[135] Hierzu *Cronauge* Rn 309 ff.; *Keßler* GmbHR 2000, 71, 72.
[136] § 76 Abs. 1 AktG.
[137] § 84 Abs. 1 AktG.
[138] §§ 84 Abs. 1, 111 Abs. 1 AktG.
[139] Wegen der Arbeitnehmermitbestimmung im Aufsichtsrat siehe § 27 Rn 122 ff.

von der Hauptversammlung gewählt, soweit die Satzung kein Entsendungsrecht zusteht[140]. Häufig wird der öffentlichen Hand ein solches Entsendungsrecht eingeräumt[141], so daß sie über ihre(n) Vertreter im Aufsichtsrat eine gewisse Kontrolle über die Gesellschaft ausüben kann. Die von der Verwaltung gewählten Aufsichtsratsmitglieder sind zwar rechtlich nicht weisungsgebunden, werden jedoch meist den Vorgaben der Verwaltung entsprechen. Die Mitglieder des Aufsichtsrats unterliegen grundsätzlich einer Verschwiegenheitspflicht; dies gilt jedoch nicht für die Vertreter der Verwaltung, soweit sie gegenüber ihrer Behörde zur Berichterstattung verpflichtet sind[142].

Durch ihre Vertreter in der **Hauptversammlung** kann die öffentliche Hand auf die Gesellschaft einwirken, soweit Beschlüsse zu fassen sind. Das betrifft abgesehen von der Gewinnausschüttung insbes. die Bestellung der Mitglieder des Aufsichtsrats, Kapitalmaßnahmen und sonstige Satzungsänderungen.

Die AG eignet sich insbes. für großstädtische öffentliche Einrichtungen mit hohem Kapitalbedarf und reger Teilnahme am Geschäftsverkehr, zB Verkehrs- und Versorgungsbetriebe[143].

Bei der **GmbH** hat die Verwaltung größere Einflußmöglichkeiten auf die Gesellschaft. Der Geschäftsführer ist nicht eigenverantwortlich tätig[144], sondern grundsätzlich verpflichtet, die Beschlüsse der Gesellschafter zu beachten. Durch Weisungen und entsprechende Gestaltung des Gesellschaftsvertrags kann die öffentliche Hand jederzeit Einfluß auf die Gesellschaft nehmen und jede Gesellschaftsangelegenheit bei Bedarf an sich ziehen. Im übrigen ist sie als Gesellschafterin unmittelbar berechtigt, die Geschäftsführer zu bestellen und jederzeit abzuberufen[145].

Die **Organisationsform** der GmbH ist **flexibler**; deshalb lassen sich Eigengesellschaften in dieser Rechtsform besser steuern als in der Form der AG. Die GmbH eignet sich vor allem für Unternehmen, die einen nicht unerheblichen Geschäftsverkehr entfalten, sich aber noch in überschaubaren Größenordnungen bewegen, zB kommunale Theater, Veranstaltungszentren und Stadthallen[146].

Die öffentliche Hand kann auch einen **Konzern** errichten, soweit ein öffentlicher Zweck diese Konstruktion rechtfertigt[147]. Der Konzern ist die Zusammen-

---

[140] §§ 101 Abs. 1, 119 Abs. 1 Nr. 1 AktG.
[141] § 101 Abs. 2 AktG; näher zum Entsendungs- und Weisungsrecht öffentlich-rechtlicher Körperschaften: *Fischer,* Das Entsendungs- und Weisungsrecht öffentlich-rechtlicher Körperschaften beim Aufsichtsrat einer Aktiengesellschaft, AG 1982, 85; zu gesellschaftsrechtlichen Bindungen für entsandte Aufsichtsratsmitglieder in öffentlichen Unternehmen: *Schwintowski* NJW 1995, 1316.
[142] §§ 394, 395 AktG; dazu *Martens,* Privilegiertes Informationsverhalten von Aufsichtsratsmitgliedern einer Gebietskörperschaft nach § 394 AktG, AG 1984, 29; *Schwintowski* NJW 1990, 1009, 1010; *Lutter/Grunewald*, Öffentliches Haushaltsrecht und privates Gesellschaftsrecht, WM 1984, 385, 394 ff. jeweils mit zahlreichen weiteren Nachweisen; vgl. ferner zu Loyalitätskonflikten des Repräsentanten der öffentlichen Hand im Aufsichtsrat *Decher*, Loyalitätskonflikte der Repräsentanten der öffentlichen Hand im Aufsichtsrat, ZIP 1990, 277.
[143] *Waechter* Rn 545.
[144] §§ 37, 45, 46 GmbHG.
[145] § 38 Abs. 1 GmbHG.
[146] *Waechter* Rn 544.
[147] Ausführlich hierzu *Raiser* ZGR 1996, 458 ff.; *Koch* DVBl. 1994, 667.

fassung eines herrschenden und eines oder mehrerer abhängiger Unternehmen unter der einheitlichen Leitung des herrschenden Unternehmens[148]. Ein Konzern wird von der öffentlichen Hand häufig in der Weise gebildet, daß eine Eigengesellschaft oder ein gemischtwirtschaftliches Unternehmen Unterbeteiligungen erwirbt[149].

82   Eine andere Strukturierung von Unternehmen der öffentlichen Hand ist möglich, indem eine Kapitalgesellschaft gegründet wird, die lediglich Holding-Funktionen ausübt. Diese verwaltet als Organträger lediglich die Beteiligungen an anderen wirtschaftlichen Unternehmen der öffentlichen Hand. Das operative Geschäft verbleibt demzufolge bei den im Beteiligungsbesitz der **Holding-Gesellschaft** befindlichen Unternehmen selbst. Als Holding-Gesellschaft wird von der öffentlichen Hand typischerweise eine Stadtwerke GmbH gegründet, die ihrerseits die Anteile der Tochtergesellschaften – bspw. einer „Verkehrs-AG" oder einer „Wasserversorgungs-AG" – hält.

83   Häufig führt der erste Schritt einer materiellen Privatisierung über die Schaffung von Eigengesellschaften, wobei die Gesellschaftsanteile zunächst vollständig in der Hand des öffentlichen Aufgabenträgers liegen und erst später (ganz oder teilweise) an private Dritte veräußert werden.

84   Eigengesellschaften können **vorteilhaft** sein, da sie eine effizientere Arbeitsweise, größere wirtschaftliche Beweglichkeit, einen leichteren Zugang zum Kapitalmarkt und eine flexible Personalakquisition und -verwendung ermöglichen.

2. Gemischtwirtschaftliche Unternehmen

85   Ist die öffentliche Hand neben privaten Dritten als Mehrheits- oder Minderheitsgesellschafter an Gesellschaften privater Rechtsform beteiligt, spricht man von einem **gemischtwirtschaftlichen Unternehmen**[150]. Sind dagegen nur unterschiedliche Träger der öffentlichen Hand (zB Landkreise oder Gemeinden) beteiligt, liegt eine **gemischt öffentlich-rechtliche Beteiligungsgesellschaft** vor.

86   Ein gemischtwirtschaftliches Unternehmen kann **entstehen**, indem ein Verwaltungsträger das Unternehmen gemeinsam mit privaten Dritten errichtet oder durch teilweise Privatisierung von Eigengesellschaften. Hierbei veräußert die öffentliche Hand Kapitalanteile an Private oder sie läßt diese bei Kapitalerhöhungen zur Zeichnung der neuen Anteile zu[151].

87   Das gemischtwirtschaftliche Unternehmen hat in der kommunalen Praxis **große Bedeutung** erlangt. Vielfach wurden Stadtwerke in der Rechtsform der

---

[148] § 18 Abs. 1 AktG. Siehe § 28 Rn 31 f.
[149] *Gern*, Kommunalrecht einschließlich kommunales Abgabenrecht, Rn 406.
[150] Hierzu *Habersack*, Private public partnership: Gemeinschaftsunternehmen zwischen Privaten und der öffentlichen Hand, ZGR 1996, 544; *Bös/Schneider*, Private Public Partnership: Gemeinschaftsunternehmen zwischen Privaten und der öffentlichen Hand, ZGR 1996, 519; *Tettinger* DÖV 1996, 764 ff.; ferner zu Public/Private Partnerships im Immobilienbereich aus vergaberechtlicher Sicht: *Horn*, Public/Private Partnerships im Immobilienbereich aus vergaberechtlicher Sicht, LKV 1996, 81.
[151] Dazu *Schoch* DVBl. 1994, 962, 963.

GmbH oder AG gegründet, an denen sich neben anderen Stadtwerken auch private Energieversorgungsunternehmen beteiligten.

Die Gründung und der Betrieb eines derartigen Unternehmens kann vor allem **sinnvoll** sein, um besondere Sachkunde und Erfahrung der beteiligten privaten Gesellschaften zu nutzen. Außerdem kann auf diesem Weg privates Kapital für Investitionen der öffentlichen Hand mobilisiert werden. 88

II. Einschalten privater Dritter

1. Funktionale Privatisierung

Bei der funktionalen Privatisierung werden **Private** als Verwaltungshelfer oder Erfüllungsgehilfen in den **Vollzug öffentlicher Aufgaben** eingebunden, indem sie bestimmte Leistungen erbringen oder öffentliche Aufgaben durchführen[152]. Die eigentliche Zuständigkeit und Aufgabenverantwortung verbleibt beim jeweiligen Verwaltungsträger. Die Grenze zur materiellen Privatisierung, d. h. zur vollständigen Verlagerung der Aufgabe in den privaten Bereich, ist dabei so lange nicht überschritten, wie die öffentliche Hand noch kontrollierend in die Tätigkeit des privaten Unternehmens eingreifen kann[153]. 89

Die funktionale Privatisierung wird u. a. bei der Durchführung und Abwicklung von **Verwaltungsverfahren** praktiziert: Bestimmte Aufgaben im Rahmen von Verwaltungs- oder Planungsverfahren, zB Bebauungsplanverfahren, Vorhaben- und Erschließungspläne oder Standortsuchverfahren für Abfallentsorgungsanlagen, werden durch private Auftragnehmer erledigt. 90

Von den **verschiedenen Formen** der funktionalen Privatisierung, die sich entwickelt haben, sind vor allem das Betreiber- sowie das Betriebsführungsmodell bedeutsam. 91

a) **Betreibermodell.** Beim Betreibermodell werden dem Privaten Planung, Bau, Ausrüstung, Finanzierung und Betrieb einer kommunalen Anlage, zB einer Abwasserentsorgungsanlage, für eine längere Laufzeit übertragen[154]. Auch die Sanierung bereits bestehender kommunaler Anlagen oder Anlagenteile kann Gegenstand eines **Betreibervertrags** sein. 92

Drei Grundformen von Betreibermodellen haben sich herausgebildet: das Dienstleistungs-, das Pacht- und das Eigentumsmodell. Die wesentlichen Unterschiede liegen in der Art und dem Umfang der Einbeziehung von Privaten in die Erledigung der öffentlichen Aufgabe. 93

Beim **Dienstleistungsmodell** ist Eigentümer der Anlage oder Einrichtung die öffentliche Hand. Sie tritt nach außen gegenüber dem Bürger sowohl im Beschaffungs- als auch im Absatzbereich als Vertragspartner auf. Der Betreiber wird als Betriebsleiter der Anlage oder Einrichtung tätig und verpflichtet sich im Innenverhältnis, gegen Zahlung eines entsprechenden Entgelts für den Abschluß der 94

---

[152] *Tettinger* DÖV 1996, 764, 765; *Bauer* DÖV 1998, 89, 90.
[153] *Jarass,* Wirtschaftsverwaltungs- und Wirtschaftsverfassungsrecht, 3. Aufl. 1997, S. 84.
[154] *Ehlers* DVBl. 1997, 137; *Gern,* Privatisierung in der Kommunalverwaltung, S. 21; *Schoch* DVBl. 1994, 1, 10; *Kummer/Giesberts* NVwZ 1996, 1166, 1169.

notwendigen Liefer- und Absatzverträge zu sorgen. Er beschäftigt nur zum Teil eigenes Personal, etwa Führungskräfte und Spezialisten, um sein Fachwissen einzubringen[155].

95 Beim **Pachtmodell** pachtet der Betreiber die Anlage oder Einrichtung, die auch hier im Eigentum der öffentlichen Hand verbleibt, gegen Entgelt, wird nach außen als Betreiber der Anlage im eigenen Namen und auf eigene Rechnung tätig und stellt selbst das erforderliche Personal ein[156].

96 Bei diesen **beiden Varianten** bleiben das Eigentum der Anlage, die Finanzierung und die Investitionsverpflichtung bei der öffentlichen Hand. Beim Dienstleistungsmodell übernimmt der Private lediglich die Betriebsleitung der Anlage, beim Pachtmodell dagegen zusätzlich die Organisation, Verwaltung und vertragliche Beziehungen – wie etwa Energie-, Personalanstellungsverträge oder Entsorgungsverträge.

97 Demgegenüber handelt der Private beim **Eigentumsmodell** als Betreiber nicht nur mit eigenem Personal und unter eigener Verantwortung, vielmehr ist er auch Eigentümer der Einrichtung oder Anlage. Er übernimmt die Bauherreneigenschaft und trägt das volle wirtschaftliche Risiko für das Projekt[157]. Für den ordnungsgemäßen Betrieb der Anlage erhält er von der öffentlichen Hand ein entsprechend höheres vertragliches Entgelt. Diese Ausgaben werden dann von der Verwaltung über die Gebühren an die Benutzer weiterberechnet.

98 Grundlage ist bei allen Modellen ein langfristig abgeschlossener **Betreibervertrag**, für den eine Vertragsdauer von 20 bis 30 Jahren gewählt wird. Dieser wird ggf. mit einem Erbbaurechtsvertrag, durch den die öffentliche Hand die erforderlichen Grundstücke zur Verfügung stellt, oder mit einem Personalübernahmevertrag kombiniert[158]. Die Einschaltung des Betreibers als **Erfüllungsgehilfe** läßt die öffentlich-rechtliche Zuständigkeit und Verantwortung der öffentlichen Hand unberührt. Zur Sicherung dieser Verantwortung nach außen werden der öffentlichen Hand im Betreibervertrag Eingriffs- und Kontrollrechte eingeräumt[159].

99 Weit verbreitet in der Praxis ist das sog. **Kooperationsmodell** (Public Private Partnership). Bei diesem erstellt und betreibt ein gemischtwirtschaftliches Unternehmen, an dem die öffentliche Hand gemeinsam mit einem privaten Unternehmen beteiligt ist, als Investitionsgesellschaft die Anlage oder Einrichtung. Es können auch zwei gemischtwirtschaftliche Unternehmen als Besitz- und Betriebsgesellschaft gegründet werden, an denen die öffentliche Hand idR die Mehrheit der Gesellschaftsanteile hält[160].

100 Beim Eigentums- wie beim Kooperationsmodell übernimmt demzufolge die Betreibergesellschaft/das gemischtwirtschaftliche Unternehmen idR vollständig Investition, Finanzierung und Betrieb der jeweiligen Anlage oder Einrichtung. Sie trägt das volle Risiko wie auch die Verantwortung für die Erledigung der Auf-

---

[155] *Seifert/Metschkoll*, Privatisierung öffentlicher Aufgaben – Betriebs- und kommunalwirtschaftliche Aspekte, DB 1991, 2449, 2452.
[156] *Kummer/Giesberts* NVwZ 1996, 1166, 1169.
[157] *Bauer* DÖV 1998, 89, 91.
[158] *Bauer* DÖV 1998, 89, 91.
[159] *Tettinger* DÖV 1996, 764, 765.
[160] *Kummer/Giesberts* NVwZ 1996, 1166, 1169.

gabe. Beim Eigentumsmodell übt die öffentliche Hand ihre Aufgabe lediglich über den Betreibervertrag aus, während sie beim Kooperationsmodell die private Gesellschaft mittels der Beteiligung führen und kontrollieren kann[161].

Die private Aufgabenerledigung in Form des Betreibermodells findet sich im Bereich der Wasserversorgung, Abwasserentsorgung sowie der Abfallbeseitigung wie etwa beim Bau und Betrieb von Kläranlagen, Müllheizkraftwerken oder Biokompostieranlagen.

Der in Deutschland als Betreibermodell bezeichneten Form der privaten Finanzierung von Anlagen und Einrichtungen entspricht der international verwendete Begriff **„Build Operate Transfer (BOT)-Modell"**. Dieses Modell gewinnt bei der Errichtung internationaler Großprojekte immer mehr an Bedeutung[162]. Es ähnelt dem Betreibermodell, wobei der rechtlichen Gestaltung ein Bündel von Verträgen, so etwa Anlagenbau-, Projektsteuerungs-, Management- sowie Beratungsverträge, zugrunde liegt. Mit der **Projektgesellschaft** wird ein Konzessionsvertrag abgeschlossen, in dem der Gesellschaft die Konzession – etwa zum Bau einer Straße oder einer Abfallentsorgungs- oder Abwasserbeseitigungsanlage – erteilt wird[163]. Die für Bau, Betrieb, Unterhaltung sowie Finanzierung erforderlichen Mittel hat die Projektgesellschaft während der Vertragslaufzeit zu erwirtschaften. Der Straßenbau wird durch die Erhebung von Mautgebühren finanziert[164]. Ein finanzieller Ausgleich durch die öffentliche Hand wird für den Fall vereinbart, daß sich das Projekt durch die von den Benutzern zu zahlenden Entgelte nicht trägt. Mit Ablauf des Konzessionsvertrags geht das Eigentum an der Anlage oder Einrichtung auf die öffentliche Hand über[165].

Bedeutsam ist diese Betreiberform beim Bau von Kläranlagen, Abfallentsorgungsanlagen und Fernstraßen. Der Kanaltunnel zwischen Großbritannien und Frankreich wurde auf der Grundlage eines BOT-Modells privat finanziert[166].

b) Betriebsführungsmodell. Eine andere Form der funktionalen Privatisierung ist das Betriebsführungsmodell. Bei ihm **überträgt die öffentliche Hand** einem privaten Unternehmen durch einen Vertrag **die kaufmännische und technische Leitung** eines öffentlich-rechtlichen wirtschaftlichen Unternehmens[167].

Die öffentliche Hand bleibt dabei Eigentümer der jeweiligen Einrichtung und für die Aufgabenerfüllung zuständig[168]. Der **Betriebsführer** ist lediglich berechtigt, den Betrieb im Namen und für Rechnung der öffentlichen Hand und nach ihren Weisungen zu führen und erhält hierfür ein vertraglich festgelegtes Entgelt[169]. Das Betriebsführungsunternehmen handelt nach außen als bevollmächtigter Vertreter der Verwaltung. Rechtsbeziehungen kommen einerseits zwischen

---

[161] *Kummer/Giesberts* NVwZ 1996, 1166, 1169.
[162] *Bucher* S. 78.
[163] *Schmitt* S. 65.
[164] Siehe Rn 122.
[165] *Bucher* S. 79.
[166] *Schmitt* S. 65.
[167] *Tettinger* DÖV 1996, 764, 765.
[168] *Cronauge* Rn 746.
[169] *Schoch* DVBl. 1994, 1, 11.

dem Betriebsführer und der öffentlichen Hand in Form des Betriebsführungsvertrags und andererseits zwischen der öffentlichen Hand und den Benutzern der öffentlichen Einrichtung zustande. Der Betriebsführer wird dabei als Verwaltungshelfer oder Erfüllungsgehilfe angesehen[170].

106 Dieses Modell hat gegenüber dem Betreibermodell den **Vorteil**, daß es wesentlich flexibler gestaltet werden kann. Der Betriebsführungsvertrag wird meist für eine kürzere Laufzeit geschlossen, so daß ggf. eine Auswechselung des Betriebsführers möglich ist; er muß sich daher in gewissen Abständen im Rahmen von Ausschreibungen dem Wettbewerb stellen[171]. Für die öffentliche Hand besteht bei diesem Modell der **Nachteil**, daß Planung, Finanzierung und Bauausführung des Projekts bei der öffentlichen Hand verbleiben[172].

107 Ein Sonderfall des Betriebsführungsmodells ist das schon erwähnte **Kooperationsmodell**. Bei diesem Modell beauftragt das von der öffentlichen Hand und einem Privaten gegründete Unternehmen (Public Private Partnership) als Eigentümerin den Betriebsführer mit dem Betrieb der Anlage. Das Unternehmen (Besitzgesellschaft) ist zuständig für Planung, Bau und Finanzierung der Anlage und schließt einen Pachtvertrag mit der Betriebsgesellschaft[173].

108 Dieses Modell wird bspw. im Bereich der öffentlichen Abwasserentsorgung praktiziert, indem die öffentliche Hand und ein privates Unternehmen eine Abwasserentsorgungs-GmbH gründen. Verbleiben die Anlagen und Grundstücke im Eigentum der jeweiligen Kommune, pachtet die GmbH die Entsorgungsanlage, anderenfalls wird sie deren Eigentümerin. Die Abwasserentsorgungs-GmbH schließt dann einen Entsorgungsvertrag mit der öffentlichen Hand, wonach sie für den ordnungsgemäßen Betrieb der Anlage verantwortlich ist. Als Gegenleistung erhält sie ein Versorgungsentgelt. Die Abwasserentsorgungs-GmbH beauftragt dann wiederum ein anderes privates Unternehmen mit der tatsächlichen Betriebsführung.

2. Finanzierungsprivatisierung

109 Bei der Finanzierungsprivatisierung werden öffentliche Aufgaben durch **privates Kapital** vorfinanziert. In der Praxis haben sich verschiedene Gestaltungsmöglichkeiten entwickelt, namentlich das Leasing-, das Fonds- und das Konzessionsmodell[174].

110 a) **Leasingmodell.** Weit verbreitet ist das sog. Leasingmodell, bei dem bewegliche oder unbewegliche Investitionsgüter langfristig von Privaten als Leasinggeber an die **öffentliche Hand als Leasingnehmer** vermietet werden[175].

111 Bei diesem Modell wird eine private Leasinggesellschaft mit der Planung, dem Bau, der Finanzierung, der Erhaltung oder dem Kauf eines Investitionsprojekts

---

[170] *Cronauge* Rn 746.
[171] Hierzu *Schoch* DVBl. 1994, 1, 11.
[172] *Bodanowitz*, Organisationsformen für die kommunale Abwasserbeseitigung, 1993, S. 159.
[173] Dazu *Landsberg* in Fettig/Späth S. 37.
[174] Dazu *Tettinger* DÖV 1996, 764, 765.
[175] *Grupp* DVBl. 1994, 140, 142; *Gern*, Privatisierung in der Kommunalverwaltung, S. 31.

betraut[176]. Die Konzeption der Anlage oder Einrichtung richtet sich dabei nach den Vorstellungen und Interessen der öffentlichen Hand als Leasingnehmer. Der private Leasinggeber stellt die Anlage dann dem Leasingnehmer gegen Zahlung einer bestimmten **Leasingrate** zur Nutzung zur Verfügung.

Der Leasingnehmer trägt die **Gefahr und Haftung** für Sachmängel, zufälligen Untergang sowie sonstige Einschränkungen der Verwendungsmöglichkeit während der Vertragszeit, da er auch in diesem Fall zur Zahlung der fälligen Leasingraten bzw. eines Ausgleichsbetrags verpflichtet bleibt. Gleiches gilt für Versicherungs-, Wartungs- und Reparaturaufwendungen[177].

In der Praxis haben sich unterschiedliche Formen zur Gestaltung des Leasingvertrags herausgebildet. Beim **Finanzierungsleasing** hat die öffentliche Hand für die Amortisation der vom Leasinggeber gemachten Aufwendungen und Kosten einzustehen; d. h. durch die Ratenzahlungen werden der Kaufpreis zuzüglich aller Kosten und Zinsen und ein Gewinn vergütet[178]. Sie ist die häufigste Leasingart, setzt eine längere Festmietzeit voraus und ist üblicherweise mit einer Verlängerungs- oder Kaufoption für den Leasingnehmer verbunden. IdR hat die öffentliche Hand das Recht, das Leasingobjekt nach einer bestimmten Laufzeit zu erwerben.

Das **Immobilienleasing** ist eine besondere Form des Finanzierungsleasings mit langer Vertragsdauer bis zu 30 Jahren, bei dem der Leasinggeber als Bauherr dem Leasingnehmer eine vormerkungsgesicherte Kaufoption einräumt, die nach Ablauf der Vertragszeit ausgeübt werden kann.

Beim **Operating-Leasing** ist dagegen die Vertragsdauer unbestimmt oder die Grundmietzeit sehr kurz, zudem die Kündigung erleichtert oder jederzeit möglich.

Mit der rechtlichen Ausgestaltung des Leasingverhältnisses werden Steuervorteile für den Leasinggeber angestrebt. Diesen Kostenvorteil gibt der Leasinggeber an die öffentliche Hand weiter, indem entsprechend niedrigere Leasingraten vereinbart werden. Der Leasingvertrag wird in der Weise ausgestaltet, daß das Leasingobjekt dem Leasinggeber steuerlich zugeordnet ist, während das volle Investitionsrisiko dem Leasingnehmer wie einem Käufer übertragen wird[179]. Die **steuerliche Zuordnung** beim Leasinggeber setzt allerdings voraus, daß er als wirtschaftlicher Eigentümer der Anlage anzusehen ist, weil er das Verwertungs- und Restwertrisiko zu tragen hat[180]. Nur dann ist er berechtigt, die für die Investition entstandenen Kosten steuerlich abzuschreiben.

Ist allerdings das Leasingobjekt auf die spezifischen Bedürfnisse der öffentlichen Hand als Leasingnehmer zugeschnitten und kann es nach seiner konkreten Beschaffenheit nach Ablauf der Grundmietzeit ohne wesentliche Veränderungen nur von ihr noch wirtschaftlich sinnvoll genutzt werden (**Spezialleasing**), ist wirtschaftlicher Eigentümer der Leasingnehmer. Dies kann bei kommunalen

---

[176] *Cronauge* Rn 748.
[177] *Gern*, Privatisierung in der Kommunalverwaltung, S. 32; *Cronauge* Rn 753.
[178] *Gern*, Privatisierung in der Kommunalverwaltung, S. 32.
[179] Zur Ausgestaltung des Vertrags vgl. *Cronauge* Rn 749 bis 754.
[180] Eingehend zur entsprechenden Gestaltung des Leasingvertrags *Grupp*, DVBl. 1994, 140, 142; *Cronauge* Rn 748 bis 755.

Bauprojekten oder Straßenbaumaßnahmen der Fall sein[181], bei denen für das Leasingobjekt kein Markt besteht, so daß ein späterer Wechsel des Leasingnehmers ausgeschlossen ist. Dieses Spezialleasing bietet keine steuerlichen Vorteile[182].

118 Leasingmodelle werden vielfältig praktiziert, etwa beim Bau von Entsorgungseinrichtungen, kommunalen Verwaltungsgebäuden oder Fernstraßen[183].

119 **b) Fondsmodell.** Eine weitere Form der Finanzierung öffentlicher Investitionen ist das Fondsmodell. Hierbei handelt es sich um eine Konzeption, die meist als geschlossener Immobilienfonds ausgestaltet ist[184]. Es wird eine **Fonds- oder Objektgesellschaft** gegründet, idR eine **GmbH & Co. KG**, die eine Anlage oder Einrichtung für die öffentliche Hand finanziert. Zu diesem Zweck räumt die Verwaltung dem Fonds ein Erbbau- oder Dauernutzungsrecht an dem ihr gehörenden Grundstück ein[185]. Die Finanzierung wird zum einen durch Verkauf von Anteilszertifikaten an eine begrenzte Zahl privater Investoren, zum anderen durch Aufnahme von Fremdkapital aufgebracht[186]. Sobald das Eigenkapital erbracht ist, wird der Fonds geschlossen, da nur das bestimmte Projekt finanziert wird. Die Anlage oder Einrichtung – etwa ein Büro- oder Verwaltungsgebäude – wird dann nach den Vorstellungen der jeweiligen Kommune errichtet.

120 Nach Fertigstellung **überläßt** die Fondsgesellschaft das **Objekt** der öffentlichen Hand durch einen langfristigen **Miet- oder Leasingvertrag**. Die laufenden Zahlungen decken dabei den Kapitaldienst für die Fremdfinanzierung, die Kosten der Ausschüttungen an die Anteilseigner und einen Verwaltungskostenzuschlag der Fondsgesellschaft. Nach Ablauf der Grundmietzeit kann die öffentliche Hand von einem vereinbarten Ankaufsrecht Gebrauch machen oder den Miet- oder Leasingvertrag verlängern[187].

121 Die Zahlungslast der Kommune für die öffentliche Investitionsmaßnahme wird durch dieses Modell in die Zukunft verlagert, da Miet- bzw. Leasingraten erst nach Fertigstellung des Objekts fällig werden. Das Fondsmodell unterscheidet sich vom Leasingmodell vor allem durch die Art der Kapitalbeschaffung: Beim Fondsmodell wird ein wesentlicher Anteil des benötigten Kapitals durch Verkauf der Anteilszertifikate, also durch Eigenkapital aufgebracht, beim Leasingmodell dagegen überwiegend durch Fremdkapital[188].

122 **c) Konzessionsmodell.** Nach dem sog. Konzessionsmodell werden häufig **Aufgaben** der Kommunen **zur Versorgung** der Einwohner mit Energie, Wärme oder Wasser auf private Versorgungsgesellschaften – etwa Energieversorgungsunternehmen – übertragen[189], aber auch Verkehrsprojekte privat finanziert

---

[181] Vgl. *Grupp* DVBl. 1994, 140, 142.
[182] *Schmitt* S. 50; *Cronauge* Rn 755.
[183] Hierzu *Bucher* S. 71.
[184] *Cronauge* Rn 759.
[185] *Cronauge* Rn 760.
[186] *Gern*, Privatisierung in der Kommunalverwaltung, S. 33.
[187] *Cronauge* Rn 760.
[188] *Cronauge* Rn 761.
[189] *Rodin* in Fettig/Späth S. 80.

und betrieben[190]. Außerdem finden sich Konzessionsverträge in den Bereichen des öffentlichen Nahverkehrs, der Müllbeseitigung sowie beim Betrieb von Autobahnrast- und -tankstellen.

Kennzeichnend ist der Abschluß eines **Konzessionsvertrags** zwischen dem Versorgungsunternehmen und der öffentlichen Hand. Darin wird der privaten Gesellschaft zunächst das ausschließliche Wegebenutzungsrecht an den öffentlichen Straßen, Wegen und Plätzen zum Zweck der Verlegung und des Betriebs von Versorgungsleitungen und Einrichtungen eingeräumt[191]. Gleichzeitig verzichtet die öffentliche Hand auf eine anderweitige Versorgung. Die Versorgungsgesellschaft wird im Gegenzug verpflichtet, gegen Zahlung von Gebühren die Kommune, ihre Einwohner und Unternehmen etwa mit Strom, Gas, Fernwärme oder Wasser zu versorgen. Der Konzessionsvertrag hat weiter im einzelnen die gegenseitigen Abstimmungs-, Fürsorge-, und Obhutspflichten einschließlich der Gewährleistungspflichten bei Baumaßnahmen des Versorgungsunternehmens im öffentlichen Verkehrsraum zu regeln. Als Gegenleistung für die Nutzung der öffentlichen Verkehrsräume wird die Zahlung einer Konzessionsabgabe durch das Versorgungsunternehmen vereinbart. Konzessionsverträge können mit einer Höchstlaufzeit von 20 Jahren abgeschlossen werden[192]. 123

Bedeutsam sind die vertraglichen Regelungen über die mögliche **Übernahme** der Anlage durch die öffentliche Hand zur künftigen Eigenversorgung **nach Ablauf** des Konzessionsvertrags. Hierunter fällt etwa eine Auskunftspflicht der Versorgungsgesellschaft in einem angemessenen Zeitraum vor Vertragsablauf, die interessengerechte Bewertung der Anlage oder die Personalübernahme durch die öffentliche Hand. 124

Auch im Bereich des Straßenbaus ist das Konzessionsmodell weit verbreitet. Beispielsweise verpflichten sich die in einer Projektgesellschaft zusammengeschlossene Investoren, ein bestimmtes Verkehrsvorhaben auf Grundstücken, die im Eigentum der öffentlichen Hand stehen, zu errichten und im eigenen Namen und auf eigene Rechnung zu finanzieren[193]. Im Gegenzug erhält die Projektgesellschaft das Recht, das Verkehrsprojekt für einen bestimmtem Zeitraum zu nutzen (Konzession). Die Projektgesellschaft überträgt der öffentlichen Hand nach Fertigstellung des Bauvorhabens das Nutzungsrecht an der Anlage. Hierfür erhält sie vom Verwaltungsträger für einen bestimmten Zeitraum ein regelmäßig zu zahlendes Nutzungsentgelt. Nach Beendigung des Konzessionsvertrags wird das Objekt an die öffentliche Hand übergeben[194]. 125

---

[190] Siehe auch Rn 125. Das Fernstraßenprivatfinanzierungsgesetz (FstrPrivFinG) vom 30. 8. 1994 BGBl. I S. 2243, eröffnet privaten Unternehmen die Möglichkeit, Investitionen im Bundesfernstraßenbau zu tätigen; danach soll als erstes Projekt die Warnow-Querung im Zuge der B 103 n bei Rostock mit privatem Kapital gebaut und über Mautgebühren finanziert werden. Die entstehenden Kosten werden auf rund 350 Mio. DM veranschlagt. Die Mautgebühr wird über einen Zeitraum von 30 Jahren erhoben und soll voraussichtlich 3 DM pro Kraftfahrzeug und pro Fahrt betragen; dazu und zu weiteren geplanten Projekten siehe *Schmitt* S. 19.
[191] Hierzu *Cronauge* Rn 606ff.
[192] §§ 103a Abs. 1 GWB; 13 Abs. 2 EnWG.
[193] Hierzu *Grupp* DVBl. 1994, 140, 143. Dabei müssen dem Privaten keine dinglichen Rechte an dem jeweiligen Grundstück bestellt werden, *Bucher* S. 74.
[194] Dazu *Schmitt* S. 54; *Grupp* DVBl. 1994, 140, 143.

126   Beim Konzessionsmodell handelt es sich wie beim Leasingmodell lediglich um eine **Vorfinanzierung staatlicher Investitionen** durch Private, ohne daß im Rahmen dieses Vertragsmodells dingliche Rechte bestellt werden müssen, um es für private Investoren attraktiv zu machen[195].

127   **d) Andere Formen.** Weitere **Möglichkeiten** der **Finanzierung öffentlicher Aufgaben** durch private Unternehmen bieten die Finanzierung über Factoring und die sog. Miet-Pacht-Forfaitierung.

128   Der Finanzierung über **Factoring** liegt idR ein langfristiger Vertrag zugrunde, in dem der private Investor die Errichtung und den Betrieb einer öffentlichen Einrichtung oder Anlage – etwa einer Abwasserbeseitigungsanlage – übernimmt[196]. Investor und Betreiber der Anlage sind dabei idR identisch. Das private Unternehmen finanziert die Anlage, indem es die ihm aus dem Betreibervertrag mit der öffentlichen Hand zustehenden künftigen Gebühren oder Entgeltforderungen an eine Bank verkauft[197]. Beim echten Factoring handelt es sich um eine Globalabtretung aufgrund eines Forderungskaufs. Demgegenüber gewährt die Bank beim unechten Factoring lediglich einen Kredit; sie stellt die notwendigen Finanzierungsmittel bereit und läßt sich die Forderungen nur zur Sicherung des Kredits abtreten. Der kreditgebenden Bank stehen somit Ansprüche gegen die öffentliche Hand zu, wobei der ausgezahlte Kaufpreis durch die im Betreibervertrag vereinbarten Ratenzahlungen verzinst und zurückgezahlt wird. Das private Unternehmen kann auf diesem Weg die Einrichtung ohne Eigenmittel vollständig finanzieren, doch wird üblicherweise eine Sicherheit zwischen 10% und 20% des Finanzierungsbetrags durch das Kreditinstitut gefordert[198].

129   Eine besondere Form ist die Finanzierung öffentlicher Aufgaben über eine eigens hierfür gegründete Objektgesellschaft. Bei dieser **Miet-Pacht-Forfaitierung** gründet eine Eigengesellschaft der öffentlichen Hand eine Objektgesellschaft etwa in der Rechtsform einer GmbH, um eine spezielle Investition außerhalb der Bilanz der Eigengesellschaft eigenständig durchzuführen und zu finanzieren[199]. Dieses Objekt wird dann an die öffentliche Hand vermietet oder verpachtet, wobei die Forderungen der Objektgesellschaft aus diesem Vertrag anschließend an ein Kreditinstitut verkauft werden. Dadurch wird die öffentliche Hand wie beim Factoring Kreditnehmer und ist in der Lage, das Objekt zu günstigen Konditionen voll zu finanzieren, ohne daß die Eigengesellschaft finanziell belastet wird[200].

130   Das Modell der Miet-Pacht-Forfaitierung kommt etwa beim Bau von Krankenhäusern, Altenpflegeheimen, Veranstaltungshallen, Rathäusern oder Kindergärten zur Anwendung[201].

---

[195] *Grupp* DVBl. 1994, 140, 143.
[196] *Tettinger* DÖV 1996, 764, 766; *Cronauge* Rn 764.
[197] *Gern*, Privatisierung in der Kommunalverwaltung, S. 34.
[198] *Cronauge* Rn 764.
[199] *Gern*, Privatisierung in der Kommunalverwaltung, S. 34.
[200] *Cronauge* Rn 767.
[201] *Schwegmann* in Fettig/Späth S. 116.

III. Materielle Privatisierung (Aufgabenprivatisierung)

Eine im Vergleich zur formellen Privatisierung weitergehende Form der Aufgabenübertragung ist die materielle Privatisierung. Dabei wird eine öffentliche **Aufgabe** vollständig oder zumindest teilweise aus der öffentlichen Verwaltung **ausgegliedert** und in den privaten Bereich verlagert. Die Wahrnehmung der öffentlichen Aufgabe als solche wird somit von der öffentlichen Hand aufgegeben[202].

Zu unterscheiden ist zwischen der vollständigen und der teilweisen Privatisierung. Bei einer **Teilprivatisierung** verbleibt ein Teil der Gesellschaftsanteile bei der öffentlichen Hand, so daß ein gemischtwirtschaftliches Unternehmen (Public Private Partnership) entsteht[203]. Von einer tatsächlichen Aufgabenverlagerung auf private Investoren kann freilich bei einer Teilprivatisierung allenfalls gesprochen werden, wenn die Mehrheit der Anteile übertragen wird. Andernfalls kann die öffentliche Hand weiterhin einen beherrschenden Einfluß auf die Gesellschaft ausüben, so daß keine Aufgabenverlagerung auf Private und folglich auch keine materielle Privatisierung vorliegt.

Die Aufgabenprivatisierung kann insbes. erfolgen in Form der **„Vermögensprivatisierung"**, indem Eigentumspositionen und Vermögenswerte der öffentlichen Hand an Private veräußert werden. Hierbei kann es sich um Grundvermögen, öffentliche Unternehmen oder auch Unternehmensbeteiligungen handeln[204].

Die materielle Privatisierung hat eine Verringerung der staatlichen Aufgaben zur Folge und führt damit zu einer **Entlastung der Verwaltung**. Sie ist jedoch nur zulässig, soweit keine zwingende gesetzliche Aufgabenzuordnung entgegensteht; ggf. bedarf die Privatisierung einer gesetzlichen Grundlage. Im Zug dieser umfassenden Aufgabenverlagerung ist jedoch durch die verantwortlichen Stellen zu erwägen, ob und wie die öffentliche Hand eine fortbestehende Verwaltungsverantwortung gewährleisten kann[205]. Dazu wurden in der Vergangenheit häufig Institutionen zur Überwachung der privatisierten Aufgabe geschaffen und mit Regulierungsaufgaben betraut. Ein Beispiel hierfür ist die Regulierungsbehörde für Telekommunikation und Post, die hoheitliche Aufgaben des Bundes wahrnimmt[206].

Materielle Privatisierungen pflegen durch **Umwandlung** öffentlicher Organisationsformen in private Rechtsformen vorbereitet zu werden. Dies kann zum einen durch Formwechsel rechtsfähiger öffentlich-rechtlicher Körperschaften oder öffentlich-rechtlicher Anstalten in Kapitalgesellschaften geschehen[207]. Zum anderen können öffentliche Unternehmen – etwa Eigen- oder Regiebetriebe – aus dem Vermögen einer Gebietskörperschaft ausgegliedert werden[208]. Erst anschließend werden die Gesellschaftsanteile an private Investoren veräußert.

---

[202] *Stelkens/Bonk/Sachs* § 1 Rn 109.
[203] Dazu *Püttner* LKV 1994, 193, 195. Siehe Rn 99.
[204] Vgl. *Krölls* GewArch 1995, 129, 131.
[205] *Wahl*, Die Einschaltung privatrechtlich organisierter Verwaltungseinrichtungen in den Straßenbau, DVBl. 1993, 517, 519.
[206] § 2 TKG. Ziele der Regulierung sind dabei u. a. die Wahrung des Fernmeldegeheimnisses, die Sicherung des Wettbewerbs, die Gewährleistung der Grundversorgung sowie die Wahrung der Interessen der öffentlichen Sicherheit, § 2 Abs. 2 TKG.
[207] §§ 301 ff. UmwG.
[208] § 168 ff. UmwG; dazu *Gern*, Deutsches Kommunalrecht, Rn 767.

136 Auf Bundesebene wurden solche materiellen Privatisierungen vornehmlich im Bereich des Beteiligungsbesitzes durchgeführt. Dazu gehören die Veräußerung von Industriekonzernen wie Veba, VIAG oder Volkswagen sowie die Rückführung der Bundesbeteiligungen an der Deutschen Siedlungs- und Landesrentenbank (DSL-Bank) und der Deutschen Lufthansa AG[209].

D. Wege der Privatisierung

I. Überblick

137 Nachdem die möglichen Organisationsformen für Unternehmen der öffentlichen Hand und verschiedene Modelle der Privatisierung dargestellt wurden, sollen entsprechend der Aufgabe dieses Arbeitshandbuchs die denkbaren Wege zur Überführung öffentlicher Unternehmen in private Hände aufgezeigt werden.

138 Die Entscheidung für die unter der Vielzahl für eine Privatisierung in Betracht kommender Gestaltungsmöglichkeiten im konkreten Fall zu wählende Variante hängt zunächst ganz wesentlich davon ab, ob ein Eigen- oder Regiebetrieb, eine Eigengesellschaft, eine öffentlich-rechtliche Körperschaft oder aber eine öffentlich-rechtliche Anstalt privatisiert werden soll. Daneben können gesellschafts- und konzernrechtliche Gesichtspunkte sowie steuerliche Auswirkungen auf Seiten der öffentlichen Hand und des privaten Investors bedeutsam sein. Ferner sind verfassungsrechtliche Schranken zu beachten, wenn öffentlich-rechtliche Unternehmen sich dem Einfluß privater Unternehmen aussetzen oder sich gar deren Leitung unterstellen. Dies zeigt, daß eine **Vielzahl rechtlicher und betriebswirtschaftlicher Aspekte** von der öffentlichen Hand und dem potentiellen Investor abzuwägen sind, bevor eine Entscheidung über Durchführung und Gestaltung einer anstehenden Privatisierung getroffen werden kann.

139 Die **Überführung** von Eigen- oder Regiebetrieben in private Gesellschaftsformen ist auf verschiedene Weisen möglich. Da die mittelbare oder unmittelbare Beteiligung privater Investoren an unselbständigen öffentlichen Unternehmen ausscheidet[210], müssen diese zunächst aus dem Vermögen der öffentlichen Verwaltung herausgelöst werden.

140 Eine Privatisierung kann direkt erfolgen, indem die öffentliche Hand die dem Regie- oder Eigenbetrieb zugeordneten Vermögenswerte (Wirtschaftsgüter und Verbindlichkeiten) im Wege der **Einzelübertragung** an private Investoren veräußert (Asset Deal)[211].

141 Die Privatisierung kann jedoch auch so gestaltet werden, daß der Regie- bzw. Eigenbetrieb zunächst in eine bereits bestehende oder von der öffentlichen Hand neu zu gründende private Kapitalgesellschaft eingebracht wird. Diese Sachgründung bzw. Sacheinlage vollzieht sich ebenfalls durch Einzelrechtsübertragung der dem jeweiligen Regie- oder Eigenbetrieb zugeordneten Vermögenswerte auf

---

[209] Siehe auch Rn 2 ff. und *Schmitt* S. 41.
[210] Abgesehen von der stillen Beteiligung, siehe Rn 211.
[211] Siehe dazu Rn 147 ff.

eine Kapitalgesellschaft[212]. In einem zweiten Schritt **veräußert** die öffentliche Hand die **Geschäftsanteile** an dieser Kapitalgesellschaft vollständig oder teilweise an einen privaten Investor (Share Deal)[213].

Die öffentliche Hand kann die von ihr betriebenen Unternehmen auch im Wege der Gesamtrechtsnachfolge in privatrechtliche Gesellschaftsformen, insbes. in eine GmbH oder AG, überführen. Diese **Ausgliederung aus dem Vermögen einer Gebietskörperschaft** geschieht wiederum entweder zur Neugründung oder zur Aufnahme in eine bereits bestehende Gesellschaft. Solange die öffentliche Hand auch nach der Ausgliederung sämtliche Anteile an der Gesellschaft hält, handelt es sich lediglich um eine formale Privatisierung. Erst wenn nach Vollzug der Ausgliederung die Anteile auf private Investoren übertragen werden, liegt eine materielle Privatisierung des jeweiligen Unternehmens vor[214].

Der **Vorteil** dieser privatisierenden Umwandlung im Wege der partiellen Gesamtrechtsnachfolge ist, daß sie die umständliche Einzelübertragung von Wirtschaftsgütern erspart und die Zustimmung betroffener Vertragspartner oder Gläubiger nicht erforderlich ist.

Die Privatisierung von Körperschaften und Anstalten des öffentlichen Rechts kann durch **Formwechsel** in eine private Kapitalgesellschaft, also eine AG, GmbH oder KGaA, erfolgen. In einem zweiten Schritt kann die öffentliche Hand die Geschäftsanteile an dieser Kapitalgesellschaft an private Investoren vollständig oder teilweise veräußern[215].

Eine weitere Form der Privatisierung ist die Beteiligung privater Kapitalgesellschaften – bspw. einer AG oder GmbH – an Körperschaften oder Anstalten des öffentlichen Rechts. Dies geschieht etwa in der Form, daß eine private Kapitalgesellschaft eine **stille Beteiligung an einer rechtsfähigen Anstalt/Körperschaft** erwirbt und dem öffentlich-rechtlichen Unternehmen Kapital zur Verfügung stellt[216].

II. Einzelübertragung

Die Privatisierung eines Eigen- oder Regiebetriebs im Wege der Einzelübertragung kann verschieden gestaltet werden. Die öffentliche Hand kann – wie ausgeführt[217] – entweder die einem Eigen- oder Regiebetrieb zugeordneten Vermögenswerte direkt an private Investoren veräußern (**Asset Deal**[218]) oder diese zunächst in eine Eigengesellschaft (Kapitalgesellschaft) einbringen und alsdann die Kapitalanteile an dieser Gesellschaft auf Private übertragen (**Share Deal**[219]).

---

[212] Dazu *Suppliet* NotBZ 1999, 56.
[213] Siehe Rn 153 ff.
[214] Siehe Rn 157 ff.
[215] Siehe Rn 188 ff.
[216] Siehe Rn 211 ff.
[217] Siehe Rn 140 f.
[218] Siehe § 13.
[219] Siehe § 12.

1. Direkte Veräußerung durch Einzelübertragung

147 Die direkte Veräußerung des Eigen- oder Regiebetriebs vollzieht sich durch Übertragung materieller und immaterieller Vermögensbestandteile im Wege der **Einzelrechtsnachfolge** (Singularsukzession – Asset Deal). Dieses Vorgehen ist notwendig, da der Eigen- oder Regiebetrieb als solcher nicht übertragen werden kann; folglich sind sämtliche zum öffentlichen Unternehmen gehörenden materiellen und immateriellen Wirtschaftsgüter, also die Aktiva und Passiva, einzeln an den privaten Investor zu übereignen[220].

148 Der Vertrag ist ein **Kaufvertrag** iSd. bürgerlichen Rechts, der sich auf den jeweiligen Eigenbetrieb als Sach- und Rechtsgesamtheit bezieht. Auf die Übertragung von Sachen finden die Vorschriften des Sachkaufs und auf die Übertragung von Rechten die Regelungen des Rechtskaufs Anwendung[221].

149 Es gehen insoweit nur diejenigen Vermögensbestandteile des Eigen- bzw. Regiebetriebs über, deren Übertragung von den Vertragsparteien gewollt ist. Dabei ist der **sachenrechtliche Bestimmtheitsgrundsatz** zu beachten, der es erforderlich macht, die einzelnen Gegenstände des öffentlichen Unternehmens, die übertragen werden sollen, genau zu bezeichnen. Aus diesem Grund bedarf es einer Auflistung sämtlicher betroffener Wirtschaftsgüter. Hat der zu veräußernde Regie- oder Eigenbetrieb bislang selbständig bilanziert, kann auf eine Bilanz nebst Inventarverzeichnis Bezug genommen werden. Die Einzelbestandteile des öffentlichen Unternehmens sind auf den Erwerber unter Beachtung der jeweiligen Formvorschriften zu übertragen.

150 Die Vertragsparteien müssen **zweifelsfrei bestimmen**, welche Verbindlichkeiten der private Investor übernehmen und in welche unternehmensbezogenen Verträge und sonstige Rechtsverhältnisse zu Dritten er eintreten soll.

151 Der **Übergang** von Verbindlichkeiten und Vertragsverhältnissen bedarf der **Zustimmung** der Gläubiger und Vertragspartner des jeweiligen öffentlichen Unternehmens. Nur Mietverträge, Arbeitsverhältnisse oder Sachversicherungsverträge gehen von Gesetzes wegen auf den Erwerber über[222].

152 Die Einzelübertragung kann sich einerseits auf die **Gesamtheit** der Vermögensgegenstände eines Eigenbetriebs beziehen, so daß das öffentliche wirtschaftliche Unternehmen vollständig übertragen wird. Andererseits kann die öffentliche Hand **einzelne Unternehmensbereiche** aus der Gesamtheit eines Eigenbetriebs ausgliedern und selbständig veräußern. Hierbei handelt es sich um für sich allein lebensfähige Teile des Gesamtunternehmens, die mit einer gewissen Selbständigkeit ausgestattet und organisatorisch abgeschlossen sind.

2. Einzelübertragung mit anschließender Beteiligungsveräußerung

153 Die Privatisierung eines Eigen- oder Regiebetriebs läßt sich auch so gestalten, daß die einem öffentlich-rechtlichen Unternehmen zugeordneten Vermögens-

---

[220] Ausführlich dazu *Picot* in Picot I Rn 28.
[221] Siehe § 13 Rn 2.
[222] §§ 571, 613a BGB, § 69 VVG. Siehe zum Übergang der Arbeitsverhältnisse § 27 Rn 13 f.

werte auf eine Kapitalgesellschaft im Wege der **Einzelrechtsübertragung** übertragen werden. Dabei kommt sowohl die Errichtung einer neuen Gesellschaft im Wege der **Sachgründung** in Betracht als auch die Einbringung der Vermögenswerte in eine bestehende Eigengesellschaft im Wege der **Sachkapitalerhöhung** gegen Gewährung von Gesellschaftsanteilen[223]. Danach kann die öffentliche Hand die Anteile an dieser Kapitalgesellschaft vollständig oder teilweise veräußern (Share Deal).

Besteht für die öffentliche Hand und den privaten Investor die Möglichkeit, die Veräußerung des öffentlichen Unternehmens als Asset Deal oder als Share Deal zu gestalten, sind bei der Entscheidung die **steuerlichen Auswirkungen** zu beachten[224]. Beim Asset Deal können die Buchwerte des Unternehmens in der Bilanz des Erwerbers bis zum anteiligen Anschaffungswert aufgestockt und auf diese Weise erhöhtes steuerminderndes Abschreibungsvolumen geschaffen werden, da der Erwerber die Wirtschaftsgüter einschließlich des erworbenen Firmenwerts steuerlich abschreiben kann. Dies ist beim Share Deal so nicht möglich, da Beteiligungsrechte grundsätzlich dauerhaft zu Anschaffungskosten zu aktivieren sind, so daß Abschreibungen auf den Teilwert nur unter bestimmten Voraussetzungen in Betracht kommen. Dafür kann der Investor hier etwa bestehende Verlustvorträge nutzbar machen[225]. 154

Die ertragsteuerlichen Folgen der Ausgliederung von Regie- und Eigenbetrieben im Wege der Einzelübertragung richten sich nach dem 8. Teil des Umwandlungssteuergesetzes. Danach kann die Ausgliederung durch Einzelrechtsnachfolge ebenso **ertragsteuerneutral** durchgeführt werden wie nach dem Umwandlungsgesetz. Dies gilt gleichermaßen bei der Ausgliederung auf eine Kapitalgesellschaft sowie auf eine Personengesellschaft[226]. 155

3. Anwendungsfälle

Ausgliederungen durch Einzelrechtsnachfolge bieten sich insbes. **bei kleineren Vermögensmassen** an, etwa bei der Veräußerung von kleineren Verkehrsbetrieben, Schlachthöfen und ähnlichen kommunalen Einrichtungen[227]. Bei höheren Geschäftswerten kann die Ausgliederung durch partielle Gesamtrechtsnachfolge wegen der geringeren Kosten vorzuziehen sein[228]. 156

---

[223] Dazu *Suppliet* NotBZ 1999, 56.
[224] Zur steuerrechtlichen Behandlung siehe § 26 und *Picot* in Picot V.
[225] Siehe dazu § 26 Rn 341 ff. und Rn 351 ff. und *Franz-Jörg Semler* in Hölters VI Rn 7; eingehend zu steuerlichen Erwägungen bei der Wahl zwischen dem Kauf von Unternehmensteilen oder Gesellschaftsrechten auch *Holzapfel/Pöllath* Rn 137 ff. und *Picot* in Picot V Rn 46.
[226] Siehe § 26 Rn 414 ff., 635.
[227] Dazu *Franz-Jörg Semler* in Hölters VI Rn 6.
[228] § 39 Abs. 4 KostO; dazu *Suppliet* NotBZ 1999, 57.

III. Ausgliederung aus dem Vermögen einer Gebietskörperschaft

1. Einleitung

157 Die öffentliche Hand kann von ihr betriebene öffentlichen Unternehmen auch nach den Regelungen des Umwandlungsgesetzes in private Gesellschaften überführen. Hierdurch wird eine privatisierende Umwandlung im Wege der **partiellen Gesamtrechtsnachfolge** ermöglicht, so daß die Vermögensbestandteile insgesamt übertragen werden.

158 Dieser Weg hat gegenüber der Einzelrechtsübertragung insbes. von Regie- oder Eigenbetrieben den **Vorteil**, daß Vertragsverhältnisse und Verbindlichkeiten ohne Zustimmung der Vertragspartner und Gläubiger übergehen. Außerdem bedarf es nicht einer umständlichen Übertragung der einzelnen Vermögensgegenstände, da das jeweilige Unternehmen als Ganzes auf eine private Gesellschaft übertragen wird. Stille Reserven müssen nicht offengelegt und versteuert werden. Zu beachten ist, daß die öffentliche Hand noch über einen Zeitraum von fünf Jahren ab Wirksamwerden der Ausgliederung für die Altverbindlichkeiten gesamtschuldnerisch mit dem übernehmenden oder neuen Rechtsträger haftet[229].

159 Die Ausgliederung durch partielle Gesamtrechtsnachfolge kann auch aus Kostengründen sinnvoll sein[230].

2. Voraussetzungen der Ausgliederung

160 Eine Gebietskörperschaft kann, soweit das für sie geltende Bundes- oder Landesrecht nicht entgegensteht[231], ein von ihr betriebenes Unternehmen – etwa einen Regie- oder Eigenbetrieb – im Wege der **Gesamtrechtsnachfolge** auf eine aufnehmende Personenhandelsgesellschaft, Kapitalgesellschaft oder Genossenschaft übertragen; sie erhält dafür Anteile an dieser Gesellschaft.

161 **a) Ausgliederungsfähige Rechtsträger.** Übertragende Rechtsträger können Gebietskörperschaften sein, also Bund, Länder, Kreise und Gemeinden, aber auch ein Zusammenschluß von Gebietskörperschaften, zB Verbände der Krankenkassen und Sparkassen, kommunale Versorgungsverbände sowie kommunale Zweckverbände und höhere Gemeindeverbände[232]. Insbes. Zweckverbände können Aufgaben im Bereich von Krankenhäusern, Versorgungs- und Verkehrsunternehmen, Wassergewinnungsanlagen, Kläranlagen sowie von kulturellen Einrich-

---

[229] §§ 172, 173 UmwG.

[230] Der durch einen Höchstwert limitierte Geschäftswert für Ausgliederungsverträge ergibt sich aus dem Aktivvermögen des Eigen- oder Regiebetriebs, wobei ein Schuldenabzug nicht vorgesehen ist, § 18 Abs. 3 KostO. Der Höchstwert für die Beurkundung des Ausgliederungsvertrags bzw. -plans ist DM 10 Mio., § 39 Abs. 4 KostO. Bei der Einzelrechtsübertragung in Kombination mit einer Sachgründung bzw. Sachkapitalerhöhung gibt es keinen Höchstwert. Zu den Vor- und Nachteilen der Ausgliederung siehe *Kallmeyer* in Kallmeyer § 123 UmwG Rn 16 ff.

[231] § 168 UmwG.

[232] Vgl. § 168 UmwG; *Suppliet* NotBZ 1997, 37, 38; *Schmidt* in Lutter § 168 UmwG Rn 6, 7.

tungen wahrnehmen[233] und Träger von Eigen- und Regiebetrieben zur Erfüllung überörtlicher öffentlicher Aufgaben sein[234].

b) Unternehmen als Gegenstand der Ausgliederung und notwendige Umstrukturierungen. Die öffentliche Hand kann nur ein vollständiges in öffentlich-rechtlicher Organisationsform betriebenes „Unternehmen" ausgliedern[235]. Maßgeblich ist insoweit ein funktionaler Unternehmensbegriff, so daß es ausreicht, wenn eine gewisse organisatorische Verselbständigung gegeben ist und das öffentliche Unternehmen planmäßig und dauerhaft Aufgaben wahrnimmt[236]. Als ausgliederungsfähige Unternehmen kommen daher insbes. **Eigen- und Regiebetriebe, nicht-rechtsfähige Anstalten sowie Zweckverbände** in Betracht[237].

Sind in einem Eigenbetrieb (zB Stadtwerke) mehrere Versorgungs- und Verkehrsbetriebe zusammengefaßt, kann er nur insgesamt auf eine privatrechtliche Gesellschaft ausgegliedert werden. In diesen Eigenbetrieben sind sowohl gewinnbringende Unternehmen, etwa aus dem Bereich Gas-, Elektrizitäts- oder Wasserversorgung, als auch verlustbringende Unternehmen, so bspw. Verkehrsbetriebe, enthalten, um Gewinne und Verluste miteinander zu verrechnen[238]. Ein potentieller privater Investor ist aber meist nur an bestimmten Unternehmensteilen interessiert. Deshalb kann es geboten sein, daß die öffentliche Hand zunächst eine **Entflechtung** dieser Eigenbetriebe vornimmt.

Eine solche **Entflechtung** defizitärer und rentabler Teilbereiche kann etwa nach Übertragung des gesamten Eigenbetriebs auf eine private Kapitalgesellschaft erfolgen, indem die öffentliche Hand anschließend die einzelnen Versorgungs- und Verkehrsgesellschaften auf separate Tochtergesellschaften ausgliedert. Das ausgegliederte Unternehmen fungiert danach als Holding-Gesellschaft und kann mit seinen Tochtergesellschaften Ergebnisabführungsverträge abschließen. So ist die Verrechnung von Verlusten etwa aus einem Verkehrsbetrieb mit Gewinnen aus den Versorgungsbetrieben weiterhin gewährleistet[239]. Die öffentliche Hand kann anschließend einzelne Gesellschaften im Wege des Share Deal an private Investoren veräußern.

---

[233] *Schmidt* in Lutter § 168 UmwG Rn 7.
[234] *Suppliet* NotBZ 1997, 37, 38.
[235] Die Ausgliederung einzelner Teile, etwa einzelner Wohnungsbestände einer kommunalen Wohnungsverwaltung oder einer bestimmten Abteilung eines Krankenhauses, ist idR nicht möglich, *Schmidt* in Lutter § 168 UmwG Rn 11; zur Frage, ob der übertragende Rechtsträger einen Gestaltungsspielraum bei der Ausgliederung bestimmter Vermögenswerte hat, siehe *Suppliet* NotBZ 1997, 37, 42.
[236] *Schmidt* in Lutter § 168 UmwG Rn 9; *Steuck* NJW 1995, 2887, 2888; ausführlich zum Unternehmensbegriff *Schindhelm/Stein*, Der Gegenstand der Ausgliederung bei einer Privatisierung nach dem UmwG, DB 1999, 1375, 1377.
[237] *Suppliet* NotBZ 1997, 37, 41.
[238] Siehe Rn 55.
[239] Dazu *Rodin* in Fettig/Späth S. 61, 79.

165 Die öffentliche Hand kann auch mehrere öffentlich-rechtliche Unternehmen – etwa in der gleichen Branche tätige Eigenbetriebe – gleichzeitig auf einen neuen Rechtsträger ausgliedern, um so größere Wirtschaftseinheiten zu schaffen[240].

166 **c) Ausgliederung zur Neugründung und zur Aufnahme.** Die Ausgliederung ist zulässig entweder zur Neugründung einer Kapitalgesellschaft oder einer eingetragenen Genossenschaft oder zur Aufnahme in eine bereits bestehende Kapitalgesellschaft, eingetragene Genossenschaft oder auch Personenhandelsgesellschaft[241]. Bei der **Neugründung** erhält die öffentliche Hand sämtliche Anteile an der neugegründeten Gesellschaft. Damit findet zunächst nur eine formelle Privatisierung statt, die materielle Privatisierung dagegen erst, wenn nach Vollzug der Ausgliederung die Gesellschaftsanteile an Private veräußert werden. Bei der Ausgliederung zur **Aufnahme** wird der Regie- oder Eigenbetrieb in einem Rechtsakt in eine bereits bestehende Gesellschaft eingebracht. An dieser erhält die öffentliche Hand Anteile, die sie an Private veräußern kann.

3. Verfahren der Ausgliederung von öffentlichen Unternehmen

167 Das Verfahren der Ausgliederung gliedert sich grundsätzlich in drei Phasen: **Vorbereitungs-, Beschluß- und Vollzugsphase.** Dabei ist eine Vielzahl formaler Vorschriften zu beachten.

168 **a) Ausgliederungs- und Übernahmevertrag bzw. -plan.** In der Vorbereitungsphase ist bei Ausgliederung zur Aufnahme in eine bestehende Gesellschaft zunächst ein **Ausgliederungs- und Übernahmevertrag**[242] zu erstellen, bei Ausgliederung zur Neugründung ein **Ausgliederungsplan**[243]. Ausgliederungsvertrag und -plan sind notariell zu beurkunden[244].

169 Zuständig für den Abschluß des Vertrags oder die Aufstellung des Plans sind die Vertretungsorgane der an der Ausgliederung beteiligten Rechtsträger. Das können auf Seiten der öffentlichen Hand etwa der Bürgermeister, Magistrat, Landrat, Zweckverbandsvorstand oder Minister sein.

170 Der **Ausgliederungs- und Übernahmevertrag** muß zunächst die Gebietskörperschaft oder deren Zusammenschluß als übertragenden Rechtsträger und den aufnehmenden Rechtsträger bezeichnen. Außerdem ist der Sitz eines Zweckverbands anzugeben[245]. Die Vereinbarung muß sich auf die Übertragung des Unternehmens, das von der Gebietskörperschaft oder deren Zusammenschluß be-

---

[240] *Heckschen* in Widmann/Mayer § 168 UmwG Rn 15; *Klette*, Die rechtliche Verselbständigung von Unternehmen der Gebietskörperschaften und Gemeindevorstände, BB 1970, 376; *Schmidt* in Lutter § 168 UmwG Rn 12.
[241] § 168 UmwG; ausführlich zu den übernehmenden Rechtsträgern *Schmidt* in Lutter § 168 UmwG Rn 13, 14. Dabei darf es sich nur um eine einzelne neue oder aufnehmende Gesellschaft handeln, *Schmidt* in Lutter § 168 UmwG Rn 15.
[242] Mit dem Inhalt nach § 126 UmwG.
[243] § 136 UmwG.
[244] §§ 125 Satz 1, 6 UmwG.
[245] § 126 Abs. 1 Nr. 1 UmwG; dazu *Suppliet* NotBZ 1998, 210; *Schmidt* in Lutter vor § 168 UmwG Rn 10. Die zusätzliche Angabe des Sitzes ist nur für Zweckverbände erforderlich, da Gebietskörperschaften keinen Sitz haben.

trieben wird, gegen die Gewährung von Anteilen an der übernehmenden Gesellschaft richten[246]. Daher muß der Vertrag auch Angaben zu Art und Umfang der für die öffentliche Hand vorgesehenen Beteiligung enthalten[247].

Außerdem ist zu regeln, von welchem Zeitpunkt an die öffentliche Hand an der aufnehmenden Gesellschaft gewinnbezugsberechtigt ist[248]. Aufzunehmen sind Sondervorteile für Personen, die für das Zustandekommen des Ausgliederungsvertrags oder -plans maßgeblich sind[249]. Zusagen über Mitgliedschaften in Organen der aufnehmenden Gesellschaft sind unverbindlich. In die Rechte der zur Bestellung zuständigen Gremien (bei der GmbH: Gesellschafterversammlung für Aufsichtsrat und Geschäftsführung, bei der AG: Aufsichtsrat für den Vorstand, Hauptversammlung für den Aufsichtsrat) kann der Ausgliederungsvertrag oder -plan nicht eingreifen. Solche Zusagen sollten darin trotzdem erwähnt werden, damit ersichtlich wird, ob Sonderinteressen die Entscheidung über die Ausgliederung beeinflußt haben könnten[250].

Die **Gegenstände** des Aktiv- und Passivvermögens, die ausgegliedert werden sollen, sind im Ausgliederungs- und Übernahmevertrag bzw. im Ausgliederungsplan genau zu bezeichnen[251]. Es muß nach dem Grundsatz der sachenrechtlichen Bestimmtheit festgelegt werden, welche Vermögensgegenstände auf die private Gesellschaft übergehen sollen[252].

Auf die Bilanzierungsfähigkeit der einzelnen Wirtschaftgüter kommt es hierbei nicht an. Auf **Urkunden** und **Bilanzen** des öffentlichen Unternehmens kann Bezug genommen werden, da auf diesem Wege eine Zuweisung der einzelnen Gegenstände möglich ist[253]. Diese Urkunden sind dem Ausgliederungs- und Übernahmevertrag bzw. dem Ausgliederungsplan dann als Anlage beizufügen[254].

b) Beteiligung der Arbeitnehmervertretung. Der Ausgliederungs- und Übernahmevertrag bzw. -plan hat die Folgen der Ausgliederung für die Arbeitnehmer und ihre Vertretungen sowie die insoweit vorgesehenen Maßnahmen zu enthalten[255]. Der Vertrag oder Plan ist außerdem der zuständigen Personalvertretung rechtzeitig zuzuleiten. Nach den Personalvertretungsgesetzen ist die Ausgliederung grundsätzlich **mitbestimmungspflichtig**[256].

---

[246] § 126 Abs. 1 Nr. 2 UmwG; Die Anteilsgewährungspflicht besteht auch, wenn sich im Zeitpunkt der Beschlußfassung alle Anteile der übernehmenden Gesellschaft in der Hand der Gebietskörperschaft befinden, *Kallmeyer* in Kallmeyer § 126 UmwG Rn 6; zu dieser Frage siehe auch *Suppliet* NotBZ 1998, 210, 211.
[247] § 126 Abs. 1 Nr. 7 UmwG.
[248] § 126 Abs. 1 Nr. 5 UmwG; dazu *Mayer* in Widmann/Mayer § 126 UmwG Rn 66; *Suppliet* NotBZ 1998, 210, 212.
[249] § 126 Abs. 1 Nr. 8 UmwG.
[250] *Dehmer* § 5 UmwG Rn 42; *Suppliet* NotBZ 1998, 210, 212; der übrige Inhalt des Ausgliederungsvertrags bzw. -plans ergibt sich aus § 126 UmwG.
[251] § 126 Abs. 1 Nr. 9 UmwG; ausführlich hierzu *Suppliet* NotBZ 1998, 210, 212 ff.
[252] *Suppliet* NotBZ 1998, 210, 212.
[253] *Steuck* NJW 1995, 2887, 2889.
[254] § 126 Abs. 2 Satz 3 UmwG.
[255] § 126 Abs. 1 Nr. 11 UmwG; dies gilt auf jeden Fall für die aufnehmende Gesellschaft, wenn ein Betriebsrat vorhanden ist.
[256] *Steuck* NJW 1995, 2887, 2890.

175 **c) Berichte und Prüfung.** Bei der Ausgliederung zur Neugründung sind die für die Rechtsform des neuen Rechtsträgers geltenden Gründungsvorschriften anzuwenden[257]. Daher ist bei der Neugründung einer GmbH oder AG ein **Sachgründungsbericht**[258] bzw. **Gründungsbericht**[259] erforderlich[260].

176 Das zu übertragende Vermögen muß bei der Neugründung einer Kapitalgesellschaft mindestens die **Höhe des Nennkapitals** erreichen; überschuldete Eigen- oder Regiebetriebe sind nicht ausgliederungsfähig[261].

177 Die Vertretungsorgane der ausgliedernden Gesellschaft haben außerdem einen **Ausgliederungsbericht** zu erstellen, auf den die Anteilsinhaber allerdings verzichten können[262]. Ein Ausgliederungsbericht ist dagegen für die jeweilige Gebietskörperschaft oder ihren Zusammenschluß nicht erforderlich[263]. Auch bedarf es keiner externen Prüfung des Ausgliederungs- und Übernahmevertrags bzw. -plans durch einen besonders bestellten Sachverständigen[264].

178 **d) Ausgliederungsbeschluß.** Für die öffentliche Hand ist **nicht ausdrücklich geregelt**, ob und unter welchen Voraussetzungen ein Ausgliederungsbeschluß erforderlich ist. Dies richtet sich nach den für die jeweilige Körperschaft geltenden öffentlich-rechtlichen Vorschriften[265]. Ein nach den Gemeindeordnungen vorgesehener Ratsbeschluß[266] bedarf nicht der notariellen Beurkundung[267], wohl dagegen der bei der aufnehmenden Gesellschaft notwendige Zustimmungsbeschluß der Anteilsinhaber[268].

179 **e) Anmeldung und Eintragung der Ausgliederung.** In der Vollzugsphase sind zunächst die erforderlichen **Genehmigungen** durch den Notar einzuholen. Dies können bspw. behördliche Genehmigungen nach der Grundstücksverkehrsordnung sein[269]. Ferner können Genehmigungsvorbehalte übergeordneter Institutionen – etwa der Rechts- oder Fachaufsichtsbehörden – bestehen[270].

180 Die Ausgliederung ist anschließend durch den Organvertreter der Gebietskörperschaft bzw. den Zweckverbandsvorstand zur Eintragung in das zuständige

---

[257] § 135 Abs. 2 Satz 1 UmwG.
[258] § 138 UmwG.
[259] § 144 UmwG.
[260] *Schmidt* in Lutter § 170 UmwG Rn 6 f.
[261] Siehe dazu *Supplies* NotBZ 1997, 141, 146.
[262] § 125 Satz 1 iVm. § 8 UmwG.
[263] § 169 Satz 1 UmwG.
[264] § 125 Satz 2 UmwG.
[265] § 169 Satz 2 UmwG. Gemeint sind hiermit etwa Gemeindeordnungen, Kommunalverfassungen und Zweckverbandgesetze.
[266] Dazu *Rodin* in Fettig/Späth S. 61, 78.
[267] Dazu *Supplies* NotBZ 1999, 49.
[268] § 125 Satz 1 iVm. § 13 Abs. 1, Abs. 3 UmwG; ggf. die notariell beurkundete Zustimmung einzelner Anteilsinhaber, siehe § 2 Rn 76.
[269] Hierzu *Mayer* in Widmann/Mayer § 152 UmwG Rn 140 bis 143; *Supplies* NotBZ 1998, 210, 215; 1999, 49, 52.
[270] *Schmidt* in Lutter § 168 UmwG Rn 16; § 169 UmwG Rn 8: Derartige Zustimmungs- oder Genehmigungsvorbehalte können dazu führen, daß die Ausgliederung selbst genehmigungsbedürftig ist.

Handelsregister anzumelden. Besteht der übernehmende Rechtsträger schon, können auch dessen Vertretungsorgane die **Anmeldung** vornehmen[271].

Die Anmeldung hat insbes. den Nachweis über den Zustimmungsbeschluß des zuständigen Organs der öffentlichen Hand – also etwa der Gemeinde-, Stadt- oder Verbandsversammlung – zu enthalten[272]. Ferner ist eine Bilanz des auszugliedernden Eigen- oder Regiebetriebs auf einen höchstens acht Monate vor der Anmeldung liegenden Stichtag beizufügen[273]. 181

Außerdem sind weitere **Unterlagen** der Anmeldung beizufügen, die den neuen oder aufnehmenden Rechtsträger betreffen, wie etwa eine Gesellschafterliste, ein Sachgründungsbericht, die testierte Einbringungsbilanz sowie eine im Zuge der Ausgliederung geänderte Satzung[274]. Eine Sachkapitalerhöhung ist vor der Ausgliederung durch die Vertretungsorgane der aufnehmenden Gesellschaft anzumelden. 182

Die Ausgliederung wird wirksam mit **Eintragung** bei dem Registergericht der aufnehmenden bzw. neu gegründeten Gesellschaft[275]. 183

f) Steuerliche Folgen der Ausgliederung. Die steuerlichen Folgen der Ausgliederung richten sich nach dem UmwStG, da es sich steuerlich um einen Einbringungstatbestand handelt[276]. Eine übernehmende Kapitalgesellschaft hat danach ein **Wahlrecht**, das übernommene Vermögen zum Buchwert, Teilwert oder einem Zwischenwert zu aktivieren[277]. Somit kann sich für die öffentliche Hand ein voll steuerpflichtiger Übertragungsgewinn ergeben, wenn die Gesellschaft das öffentliche Unternehmen zum Teil- oder Zwischenwert übernimmt. Bei der Aktivierung zum Buchwert ist die Ausgliederung dagegen für die öffentliche Hand steuerneutral. 184

Die **Ausübung** des Wahlrechts ist bedeutsam, wenn anschließend Kapitalanteile der übernehmenden Gesellschaft an private Investoren veräußert werden[278]. Wird etwa das eingebrachte Unternehmen zum Buchwert aktiviert, erzielt die öffentliche Hand bei Veräußerung von Anteilen einen voll steuerpflichtigen Gewinn in Höhe des Unterschiedsbetrags zwischen dem Buchwert der Anteile und dem Veräußerungserlös[279]. Aufgrund des seit 2001 geltenden neuen Körperschaftsteuerrechts ist eine Anteilsveräußerung allerdings nach Ablauf der Frist von sieben Jahren nach vollzogener Einbringung steuerfrei[280]. 185

---

[271] §§ 129, 137 Abs. 1 UmwG.
[272] §§ 125, 36 Abs. 1, 17 Abs. 1 UmwG; dazu *Suppliet* NotBZ 1999, 49, 53.
[273] §§ 125, 17 Abs. 2 UmwG.
[274] Eingehend zu den beizufügenden Unterlagen bei der Anmeldung eines neuen Rechtsträgers und der Anmeldung eines übernehmenden Rechtsträgers: *Suppliet* NotBZ 1999, 49, 53.
[275] § 171 iVm. § 131 UmwG.
[276] §§ 20ff. UmwStG.
[277] § 20 Abs. 2 UmwStG.
[278] § 21 UmwStG.
[279] Hierzu *Rodin* in Fettig/Späth S. 61, 79; allgemein zu den steuerlichen Folgen der Ausgliederung vgl. etwa die Kommentierungen der §§ 20 bis 23 UmwStG bei *Haritz/Benkert*, Kommentar zum Umwandlungssteuergesetz, 2. Aufl. 2000.
[280] § 8b Abs. 2, 4 KStG; dazu *Haritz/Slabon*, Unternehmenssteuerreform – Übergangsregelungen bis in das Jahr 2002?, GmbHR 2000, 593, 594; *Rödder*, Unternehmenssteuerreform 2001 – Eine erste Analyse des Regierungsentwurfs aus Beratersicht, DStR 2000, 353, 366, 367.

4. Anwendungsfälle

186 Für eine Privatisierung durch Ausgliederung kommen viele **Bereiche** in Betracht: Versorgungsbetriebe (Strom, Gas, Wasser, Fernwärme), kommunale Abwasserbeseitigung, Abfallbeseitigung und -verwertung, Straßen- und Gebäudereinigung, Verkehrsbetriebe, Krankenhäuser sowie kulturelle Einrichtungen wie Museen und Theater[281].

187 Eine Ausgliederung zur Neugründung hat es etwa bei der Umwandlung der Deutschen Bahn in die Deutsche Bahn AG gegeben[282]. Auch die Privatisierung der Unternehmen der Deutschen Bundespost in die Deutsche Post AG, Deutsche Postbank AG und Deutsche Telekom AG durch das Postumwandlungsgesetz geschah durch eine Sonderform der errichtenden Umwandlung, die der heutigen Ausgliederung entspricht[283].

IV. Anteilsveräußerung nach Formwechsel (rechtsfähige Körperschaft, Anstalt oder Verein)

1. Einleitung

188 Die öffentliche Hand kann eine Privatisierung auch **durch Formwechsel** einer rechtsfähigen Anstalt/Körperschaft des öffentlichen Rechts in eine andere Rechtsform mit anschließender Veräußerung der Anteile vollziehen[284]. Dieses geschah zB bei den Umwandlungen der Bayerischen Staatsbank[285], der Deutschen Genossenschaftsbank[286], der Deutschen Pfandbriefanstalt[287] sowie der Berliner Pfandbrief-Bank[288] in Aktiengesellschaften[289].

189 Der **Formwechsel** ist, soweit gesetzlich nichts anderes bestimmt ist, nur in die Rechtsform einer Kapitalgesellschaft, also einer AG, GmbH oder KGaA, möglich[290]. Dabei wird die Identität des Rechtsträgers gewahrt, d. h. die Anstalt/Körperschaft des öffentlichen Rechts besteht von der Eintragung der Kapitalgesellschaft

---

[281] *Steuck* NJW 1995, 2887, 2888.
[282] Dazu das Deutsche Bahn Gründungsgesetz, Art. 2 des Eisenbahnneuordnungsgesetzes vom 27. 12. 1993 BGBl. I S. 2378, 2386 ff.
[283] Vgl. Art. 3 des Postneuordnungsgesetzes vom 14. 9. 1994 BGBl. I S. 2325.
[284] §§ 272, 301 UmwG.
[285] Gesetz zur Umwandlung der Bayerischen Staatsbank in eine Aktiengesellschaft vom 23. 7. 1970 BayGVBl. S. 302 und die Bekanntmachung der Umwandlung vom 18. 12. 1970 BayGVBl. S. 682.
[286] Gesetz zur Umwandlung der Deutschen Genossenschaftsbank (DG-Bank-Umwandlungsgesetz) vom 13. 8. 1998 BGBl. I S. 2102.
[287] Gesetz über die Umwandlung der Deutschen Pfandbriefanstalt in eine Aktiengesellschaft vom 20. 12. 1988 BGBl. I S. 2310.
[288] Gesetz über die Umwandlung der Berliner Pfandbrief-Bank in eine Aktiengesellschaft vom 17. 9. 1992 GVBl. Berlin S. 282.
[289] Ein Sonderfall der Privatisierung war die Verschmelzung der öffentlich-rechtlichen Stadtsparkasse Frankfurt am Main mit der privatrechtlich organisierten Frankfurter Sparkasse von 1822; siehe das Gesetz über die Vereinigung der Stadtsparkasse Frankfurt am Main mit der Frankfurter Sparkasse von 1822 (Polytechnische Gesellschaft) vom 19. 10. 1988 GVBl. Hessen S. 345; dazu *Busch* AG 1997, 357, 359.
[290] § 301 Abs. 1 UmwG.

in das Handelsregister an unter Wahrung ihrer Identität in der neuen Rechtsform weiter[291]. Bei diesem Vorgang handelt es sich zunächst lediglich um eine formelle Privatisierung, da eine Eigengesellschaft der öffentlichen Hand entsteht. Wird eine materielle Privatisierung angestrebt, kann die öffentliche Hand anschließend die Gesellschaftsanteile an der entstandenen Kapitalgesellschaft ganz oder teilweise an Private veräußern. Insbes. kann es Ziel eines Formwechsels sein, eine Börseneinführung und damit den Zugang zum Kapitalmarkt zu ermöglichen, eine effizientere Unternehmensstruktur zu schaffen oder die Fusion mit anderen privatrechtlichen Unternehmen vorzubereiten[292].

2. Voraussetzungen des Formwechsels

Der Formwechsel einer öffentlich-rechtlichen Anstalt/Körperschaft in eine Kapitalgesellschaft ist dadurch gekennzeichnet, daß der **Rechtsträger identisch** bleibt und lediglich sein rechtliches Gewand wechselt. Ohne daß eine neue Gesellschaft gegründet wird, wird so aus einer Anstalt/Körperschaft eine Kapitalgesellschaft[293].

a) Formwechselnde Rechtsträger. Ein Formwechsel kommt nur für **rechtsfähige** Körperschaften und Anstalten des öffentlichen Rechts in Betracht[294]. Die Rechtsfähigkeit richtet sich nach öffentlichem Recht, insbes. nach dem staatlichen Errichtungsakt, der die Rechtsfähigkeit verleihen muß[295]. Ist eine Anstalt/Körperschaft nur **teilrechtsfähig**, scheidet ein Formwechsel aus, da es an einer ausreichenden vermögensmäßigen Abgrenzung und Verselbständigung des Vermögensträgers gegenüber der staatlichen Verwaltung fehlt. Diese ist notwendig, da beim Formwechsel in eine Kapitalgesellschaft das Vermögen ohne weitere Überleitungsakte eindeutig zugewiesen sein muß[296].

b) Gesetzliche Erlaubnis. Der Formwechsel ist nur zulässig, wenn das für die rechtsfähige Anstalt/Körperschaft maßgebliche Bundes- oder Landesrecht ihn vorsieht oder zumindest zuläßt[297]. Im Gegensatz zur Ausgliederung aus dem Vermögen einer Gebietskörperschaft ist damit stets eine **ausdrückliche gesetzliche Regelung** erforderlich. Dies liegt daran, daß Körperschaften oder Anstalten ihre Grundlage im öffentlichen Recht haben, weswegen nur das öffentliche Recht entscheiden kann, ob sie eine private Rechtsform annehmen dürfen. Außerdem sind die möglichen Arten dieser Rechtsträger so vielgestaltig, daß eine generelle Regelung über die Formwechselfähigkeit ausscheidet[298]. Vielmehr muß für die Durchführung des Formwechsels und die Regelung von Einzelfragen jeweils ein

---

[291] *Dehmer* § 304 UmwG Rn 2.
[292] Dazu *Schmidt* in Lutter Vor § 301 UmwG Rn 3; zu den Motiven für eine Umwandlung *Vossius* in Widmann/Mayer § 301 UmwG Rn 5; *Kollhosser*, Der Wandel der Westfälischen Landschaft (gem. § 385a AktG), AG 1988, 281 zur Ermöglichung einer Kapitalerhöhung.
[293] Daher stellt der Formwechsel keinen Betriebsübergang iSd. § 613a BGB dar.
[294] Siehe hierzu Rn 57 ff.
[295] *Dehmer* § 301 UmwG Rn 2.
[296] *Schmidt* in Lutter § 301 UmwG Rn 6.
[297] § 301 Abs. 2 UmwG.
[298] Dazu *Dehmer* § 301 UmwG Rn 3.

Gesetz erlassen werden. So wurden etwa die Umwandlungen der Bayerischen Staatsbank[299] und der Deutschen Genossenschaftsbank[300] in eine AG durch Gesetze geregelt.

193 Das für die Anstalt/Körperschaft maßgebliche Recht kann entweder den Formwechsel unmittelbar **regeln** oder die Organe der Anstalt/Körperschaft ermächtigen, über den Formwechsel zu entscheiden[301]. Auch die Satzung der Anstalt/Körperschaft kann den Formwechsel zulassen[302].

194 **c) Begrenzung auf Formwechsel in Kapitalgesellschaft.** Der Formwechsel ist **grundsätzlich** nur in die Rechtsform der **GmbH**, **AG** oder **KGaA** möglich, allerdings kann ein Gesetz den Formwechsel in eine andere Rechtsform zulassen, wenn hierfür ein Bedürfnis besteht. So kann etwa ein genossenschaftlich strukturiertes öffentlich-rechtliches Kreditinstitut in die Rechtsform der eingetragenen Genossenschaft umgewandelt werden[303].

3. Vorrang des öffentlich-rechtlichen Umwandlungsrechts

195 Die allgemeinen gesellschaftsrechtlichen Vorschriften über die formwechselnde Umwandlung sind nur anwendbar, wenn die Anstalt/Körperschaft nicht unter anders lautendes Bundes- oder Landesrecht fällt[304]. Dabei sind nicht nur Gesetze vorrangig, sondern auch Rechtsverordnungen, soweit sie auf gesetzlicher Ermächtigungsgrundlage erlassen worden sind. Vom allgemeinen Umwandlungsrecht abweichende Bestimmungen können aber auch in der Satzung der Anstalt/Körperschaft sowie in einem Verwaltungsakt einer Behörde getroffen werden[305]. Es bleibt daher **dem öffentlichen Recht überlassen**, auf welche Weise der Gesellschaftsvertrag der GmbH abgeschlossen oder die Satzung der AG festgestellt wird, wer die Gesellschaftsanteile halten soll und welche Personen den Gründern der Gesellschaft gleichstehen. Daneben kann das öffentliche Recht auch das Verfahren des Formwechsels festlegen, zB bestimmen, ob ein Umwandlungsbericht erforderlich und wie dieser ausgestaltet sein soll. Außerdem kann das öffentliche Recht Art, Inhalt und Erfordernis des Formwechselbeschlusses regeln[306].

196 Soweit jedoch die Kapitalaufbringung der neuen Gesellschaft und der damit verbundene Gläubigerschutz betroffen ist, greift das öffentlich-rechtliche Umwandlungsrecht nicht ein. So sind etwa die **gesellschaftsrechtlichen Regelungen** über das erforderliche Mindestkapital, die Mindestnennbeträge der Ge-

---

[299] Gesetz zur Umwandlung der Bayerischen Staatsbank in eine Aktiengesellschaft vom 23. 7. 1970 BayGVBl. S. 302.
[300] Gesetz zur Umwandlung der Deutschen Genossenschaftsbank (DG Bank-Umwandlungsgesetz) vom 13. 8. 1998 BGBl. I S. 2102.
[301] *Westermann*, Überlegungen zur Umwandlung einer juristischen Person öffentlichen Rechts in eine AG, FS Luther 1976, S. 191, 196.
[302] *Schmidt* in Lutter § 302 UmwG Rn 8.
[303] Hierzu *Vossius* in Widmann/Mayer § 301 UmwG Rn 30.
[304] § 302 Satz 1 UmwG.
[305] *Schmidt* in Lutter § 302 UmwG Rn 4.
[306] *Vossius* in Widmann/Mayer § 302 UmwG Rn 4.

schäftsanteile oder Aktien sowie über den Mindestinhalt des Gesellschaftsvertrags nicht abänderbar[307].

4. Verfahren des Formwechsels

Das Verfahren des Formwechsels gliedert sich nach dem UmwG in drei **Phasen**: Vorbereitungsphase, Beschlußphase und Vollzugsphase. Es steht jedoch immer unter dem Vorbehalt einer für die jeweilige Anstalt/Körperschaft abweichenden gesetzlichen Regelung. Eine Prüfung des Formwechsels findet nicht statt, soweit das öffentliche Recht nichts anderes bestimmt.

a) **Umwandlungsbericht.** Ob in der Vorbereitungsphase ein Umwandlungsbericht erstellt werden muß, ergibt sich zunächst aus dem für den Rechtsträger maßgeblichen Bundes- oder Landesrecht. Zu erstellen ist der Umwandlungsbericht durch die Vertretungsorgane der Anstalt/Körperschaft. In dem Bericht sind die rechtlichen und wirtschaftlichen **Gründe** für den Formwechsel **darzulegen** und unter Einbeziehung der Mitglieder der Körperschaft/Träger der Anstalt zu erläutern. Der Bericht hat weiter den Entwurf eines Umwandlungsbeschlusses zu enthalten, und es ist eine Vermögensaufstellung beizufügen, in der die Vermögensgegenstände und Verbindlichkeiten der öffentlich-rechtlichen Anstalt/Körperschaft mit ihrem wirklichen Wert angegeben sind[308]. Ein Bericht ist unnötig, wenn die öffentlich-rechtliche Anstalt/Körperschaft nur ein Mitglied oder einen Träger hat oder die Mitglieder/Träger auf die Erstattung eines Umwandlungsberichts verzichten[309]. Weist das öffentlich-rechtliche Umwandlungsrecht die Beschlußfassung einem bestimmten Organ zu, ist dieses auch für die Verzichtserklärung zuständig.

b) **Umwandlungsbeschluß.** Der Formwechsel erfordert grundsätzlich einen Umwandlungsbeschluß der Mitglieder einer Körperschaft bzw. der Träger einer Anstalt in notariell beurkundeter Form. Jedoch ergibt sich das **Erfordernis** und der **Inhalt** eines Umwandlungsbeschlusses wiederum primär aus dem für die Anstalt/Körperschaft maßgeblichen Bundes- oder Landesrecht. Hierin ist auch die für das Zustandekommen erforderliche Mehrheit geregelt. Das öffentlich-rechtliche Umwandlungsrecht kann bestimmen, daß der Umwandlungsbeschluß etwa durch einen Verwaltungsakt oder ein Gesetz ersetzt wird[310]. Der Formwechsel in eine KGaA bedarf allerdings immer der Zustimmung sämtlicher Anteilsinhaber, die in dieser Gesellschaft die Stellung eines persönlich haftenden Gesellschafters erhalten sollen[311]. So ist gewährleistet, daß niemand gegen seinen Willen die Stellung eines persönlich haftenden Gesellschafters mit der damit verbundenen unbeschränkten Haftung erlangt[312].

---

[307] Vgl. § 3 GmbHG und § 23 Abs. 2 AktG; dazu *Schmidt* in Lutter UmwG § 302 Rn 4.
[308] Vgl. zum Umwandlungsbericht § 302 iVm. § 192 UmwG.
[309] §§ 302 Satz 1, 192 Abs. 3 UmwG.
[310] Dazu *Schmidt* in Lutter Vor § 301 UmwG Rn 6; *Dehmer* § 302 UmwG Rn 2; *Vossius* in Widmann/Mayer § 302 UmwG Rn 19.
[311] § 303 Abs. 2 UmwG.
[312] *Dehmer* § 303 UmwG Rn 2.

200 Im Umwandlungsbeschluß ist insbes. zu regeln, wer Gesellschafter der Kapitalgesellschaft werden soll. Dies können etwa Mitglieder der formwechselnden Körperschaft, Anstaltsbenutzer bzw. -unterworfene oder auch der Anstaltsträger sein[313]. Daneben ist auf Folgen des Formwechsels für bestehende Beamtenverhältnisse einzugehen[314].

201 **c) Gründung der neuen Gesellschaft.** Beim Formwechsel sind die **für die neue Rechtsform geltenden Gründungsvorschriften** anzuwenden, mit Ausnahme der Regelungen über die Mindestzahl der Gründer und über die Bildung und Zusammensetzung des ersten Aufsichtsrats[315]. Wie der Gesellschaftsvertrag der GmbH abgeschlossen oder die Satzung der AG oder KGaA festgestellt wird, kann durch öffentlich-rechtliches Umwandlungsrecht, also abweichend von den für die Gesellschaftsform maßgeblichen Vorschriften[316] durch Gesetz, durch auf gesetzlicher Grundlage erlassene Rechtsverordnung oder durch Verwaltungsakt geregelt werden[317]. Die Zuständigkeit für den Abschluß des Gesellschaftsvertrags bzw. die Feststellung der Satzung kann hierin einer natürlichen oder juristischen Person oder einer Behörde übertragen werden. Auch ein Organ einer Anstalt/Körperschaft kann hierzu berechtigt sein, soweit dies in der Satzung, einem Gesetz oder einer Rechtsverordnung so vorgesehen ist[318].

202 Das öffentlich-rechtliche Umwandlungsrecht hat die **Gesellschafter** der GmbH, die Aktionäre der AG sowie die persönlich haftenden Gesellschafter und Kommanditaktionäre der KGaA zu bestimmen[319]. Anteilsinhaber können natürliche oder juristische Personen des privaten oder öffentlichen Rechts sein, also der Bund, ein Land, kommunale Gebietskörperschaften, Personengesellschaften oder Stiftungen[320].

203 Beim Formwechsel einer Anstalt/Körperschaft gibt es keine geborenen **Gründer** in Gestalt der bisherigen Anteilsinhaber. Deshalb muß das öffentliche Recht auch bestimmen, welche Personen als **Gründer** des Rechtsträgers neuer Rechtsform anzusehen sind. Als Gründer kommen natürliche und juristische Personen des privaten und öffentlichen Rechts in Frage[321].

204 Die **Kapitalaufbringung** in der neuen Gesellschaft wird dadurch sichergestellt, daß der Nennbetrag ihres im Gesellschaftsvertrag bzw. der Satzung festzusetzenden Stamm- bzw. Grundkapitals das nach Abzug der Verbindlichkeiten verbleibende Vermögen der Anstalt/Körperschaft nicht übersteigen darf[322]; er muß durch das

---

[313] *Vossius* in Widmann/Mayer § 302 UmwG Rn 21.
[314] Zu Fragen des Arbeitsrechts und der Beamtenverhältnisse *Vossius* in Widmann/Mayer § 302 UmwG Rn 39 bis 53.
[315] § 302 Satz 1 iVm. § 197 UmwG.
[316] § 2 Abs. 1 GmbHG und §§ 23 Abs. 1, 280 Abs. 1 AktG.
[317] § 302 Satz 2 UmwG.
[318] Dabei ist es nicht erforderlich, daß die Person, die den Gesellschaftsvertrag abschließt oder die Satzung feststellt, mit den Gründern oder den zukünftigen Anteilsinhabern identisch ist, *Schmidt* in Lutter § 302 UmwG Rn 6.
[319] *Schmidt* in Lutter § 302 UmwG Rn 8.
[320] *Schmidt* in Lutter § 302 UmwG Rn 9.
[321] *Vossius* in Widmann/Mayer § 302 UmwG Rn 68 bis 70.
[322] § 303 Abs. 1 iVm. § 220 Abs. 1 UmwG.

Reinvermögen des formwechselnden Rechtsträgers mindestens gedeckt sein. Dabei sind die Aktiva und Passiva der Anstalt/Körperschaft mit ihren wirklichen Werten anzusetzen[323]. Der Formwechsel wird nur in das Handelsregister eingetragen, wenn die Kapitalaufbringung dem Registerrichter in geeigneter Form – etwa im Gründungsbericht bei der GmbH oder Gründungsbericht und Gründungsprüfbericht bei der AG – nachgewiesen wird. Anderenfalls ist die Eintragung durch das Registergericht abzulehnen[324]. Im übrigen sind die allgemeinen Vorschriften über den Sachgründungsbericht, Gründungsbericht und die externe Gründungsprüfung der jeweiligen Kapitalgesellschaft auch beim Formwechsel anzuwenden[325].

d) Registeranmeldung und Wirkungen der Eintragung. Der Formwechsel ist bei einer GmbH[326] durch sämtliche Geschäftsführer, bei einer AG[327] durch sämtliche Mitglieder des Vorstands und des Aufsichtsrats sowie die Gründer bzw. bei einer KGaA[328] durch alle persönlich haftenden Gesellschafter, Gründer und Mitglieder des Aufsichtsrats zum zuständigen Handelsregister anzumelden. Die **Anmeldung in vertretungsberechtigter Zahl genügt hier nicht**. Gegenstand der Anmeldung ist die durch den Formwechsel im Wege der Sachgründung neu entstehende Kapitalgesellschaft[329].

Mit der Eintragung der Kapitalgesellschaft in das Handelsregister wird der Formwechsel wirksam. Die öffentlich-rechtliche Anstalt/Körperschaft besteht **identitätswahrend** als AG, KGaA oder GmbH weiter, so daß das Vermögen der Anstalt/Körperschaft durch die Kapitalgesellschaft ohne Übertragungsakte fortgeführt wird.

Der Formwechsel hat Auswirkungen auf bei der Anstalt/Körperschaft bestehende **Beamtenverhältnisse**, da die Kapitalgesellschaft nicht Dienstherr von Beamten sein kann. Zur Weiterbeschäftigung der Beamten haben sich deshalb unterschiedliche Lösungsmodelle entwickelt, etwa indem die bei der Anstalt/Körperschaft beschäftigten Beamten in den Geschäftsbereich eines anderen Dienstherrn wechseln und von diesem zur Kapitalgesellschaft zwecks Dienstleistungsüberlassung abgeordnet werden. So wurde bspw. bei der Umwandlung der Deutschen Bundespost und der Deutschen Bundesbahn in Aktiengesellschaften verfahren[330].

e) Steuerliche Folgen des Formwechsels und der Veräußerung. Der Formwechsel hat auf die Identität des Steuersubjekts keinen Einfluß, so daß keine Gewinne realisiert werden und die bisherigen Buchwerte fortzuführen sind. Der Formwechsel ist **umwandlungssteuerlich irrelevant**. Etwa vorhandene Verlustvorträge bestehen sowohl für körperschaftsteuerliche als auch für gewerbe-

---

[323] *Schmidt* in Lutter § 303 UmwG Rn 4.
[324] § 302 iVm. § 197 UmwG iVm. §§ 38 Abs. 1 AktG, § 9c GmbHG.
[325] Eingehend dazu *Vossius* in Widmann/Mayer § 303 UmwG Rn 12 ff.
[326] § 78 GmbHG.
[327] § 36 Abs. 1 AktG.
[328] §§ 278 Abs. 3, 283 Nr. 1, 36 Abs. 1 AktG.
[329] *Schmidt* in Lutter § 304 UmwG Rn 4.
[330] Eingehend zu den arbeitsrechtlichen Folgen des Formwechsels *Vossius* in Widmann/Mayer § 302 UmwG Rn 39 bis 53.

steuerliche Zwecke fort[331]. Erst die anschließende Veräußerung der Gesellschaftsanteile kann zu einer Gewinnrealisierung führen.

5. Veräußerung der Gesellschaftsanteile

209 Hält die öffentliche Hand an der neuen Kapitalgesellschaft weiterhin alle Gesellschaftsanteile, handelt es sich lediglich um eine formelle Privatisierung. Der bloße Formwechsel kann insbes. sinnvoll sein, wenn Unternehmen umstrukturiert werden sollen; dies ist in den Formen des Privatrechts leichter möglich. Die **materielle Privatisierung** kann durch teilweise oder vollständige Veräußerung der Gesellschaftsanteile an private Investoren vollzogen werden. Durch diesen Schritt verlagert die öffentliche Hand hoheitliche öffentliche Aufgaben auf Private.

6. Anwendungsfälle

210 Einen Formwechsel von Körperschaften und Anstalten des öffentlichen Rechts hat es zB bei den Umwandlungen der Deutschen Genossenschaftsbank[332], der Bayerischen Staatsbank[333], der Deutschen Pfandbriefanstalt[334] sowie der Berliner Pfandbrief-Bank[335] jeweils in Aktiengesellschaften gegeben. Die Umwandlung der Deutschen Bundespost in die Deutsche Post AG, die Deutsche Postbank AG und die Deutsche Telekom AG durch das Postumwandlungsgesetz geschah dagegen nicht durch Formwechsel, sondern wegen der fehlenden Rechtsfähigkeit der jeweiligen Teilsondervermögen durch Ausgliederung[336].

V. Stille Beteiligung an rechtsfähiger Anstalt oder Körperschaft

1. Einleitung

211 Eine Teilprivatisierung öffentlich-rechtlicher Körperschaften oder Anstalten ist andererseits auch möglich, indem die öffentlich-rechtliche Rechtsform beibehalten wird und sich eine Kapitalgesellschaft an deren Kapital **als stiller Gesellschafter** beteiligt. Auf diese Weise wurde die Teilprivatisierung der Deutschen Siedlungs- und Landesrentenbank (DSL-Bank) durchgeführt[337]. Eine ähnliche

---

[331] Zu den steuerlichen Auswirkungen vgl. *Schaumburg* in Lutter Anh. § 304 UmwG Rn 30 bis 33.
[332] Gesetz zur Umwandlung der Deutschen Genossenschaftsbank (DG Bank-Umwandlungsgesetz) vom 13. 8. 1998 BGBl. I S. 2102.
[333] Gesetz zur Umwandlung der Bayerischen Staatsbank in eine Aktiengesellschaft vom 23. 7. 1970 BayGVBl. S. 302.
[334] Gesetz über die Umwandlung der Deutschen Pfandbriefanstalt in eine Aktiengesellschaft vom 20. 12. 1988 BGBl. I S. 2310.
[335] Gesetz über die Umwandlung der Berliner Pfandbrief-Bank in eine Aktiengesellschaft vom 17. 9. 1992 GVBl. Berlin S. 282.
[336] Gesetz zur Neuordnung des Postwesens und der Telekommunikation vom 14. 9. 1994 BGBl. I S. 2325; *Busch* AG 1997, 357, 359.
[337] Gesetz über die Deutsche Siedlungs- und Landesrentenbank vom 11. 7. 1989 BGBl. I S. 1421.

Struktur findet sich bei der stillen Beteiligung der Bankgesellschaft Berlin AG an der Landesbank Berlin – Girozentrale und bei der Teilprivatisierung der Berliner Wasserbetriebe. Beispielhaft werden die beiden zuletzt genannten Strukturierungen im folgenden näher erläutert.

2. Das Modell der stillen Beteiligung

Das Land Berlin hat die Landesbank Berlin – Girozentrale[338] und die Berliner Wasserbetriebe[339] teilweise privatisiert, indem sich eine Holding AG als **stiller Gesellschafter** an dem Kapital der Anstalten beteiligte. Bei diesen Umstrukturierungen wurde somit die Rechtsform der rechtsfähigen Anstalt des öffentlichen Rechts beibehalten.

a) Darstellung des Holding-Modells. Die Teilprivatisierung iRd. sog. Holding-Modells wird durchgeführt, indem eine Kapitalgesellschaft – hier eine Holding AG – eine atypisch stille Beteiligung an einer Anstalt/Körperschaft erhält. Hierzu schließen die Holding AG und die Anstalt/Körperschaft einen Vertrag über eine stille Gesellschaft und zur Begründung einer einheitlichen Leitung, wonach die Holding AG mehrheitlich an dem von der Anstalt/Körperschaft betriebenen Handelsgewerbe beteiligt wird. Innerhalb des so **entstandenen Konzerns** übt die Holding AG die Funktion einer Dachgesellschaft aus, deren Zweck unter anderem darin besteht, die stille Beteiligung an der Anstalt/Körperschaft zu halten. Die öffentliche Hand ist zu mehr als 50% am Aktienkapital der Holding AG beteiligt, die übrigen Anteile hält eine private Beteiligungsgesellschaft, die wiederum eine atypisch stille Beteiligung an der Holding AG hält. Insoweit ist sie als atypisch stille Gesellschafterin ausschließlich und daher zu 100% an der atypisch stillen Beteiligung der Holding AG an der Anstalt/Körperschaft beteiligt. Durch diese Konstruktion ist zugleich sichergestellt, daß die öffentliche Hand die Hauptversammlungsmehrheit in der Holding AG behält und so Einfluß auf die Wahl des Aufsichtsrats und damit indirekt auf die Bestellung des Vorstands ausüben kann.

---

[338] Gesetz über die Errichtung der Landesbank Berlin – Girozentrale vom 27. 9. 1990 GVBl. Berlin S. 2115; hierzu auch der Gesetzentwurf vom 13. 9. 1990, Drucks. 11/1115, Abgeordnetenhaus von Berlin.

[339] Gesetz zur Änderung des Berliner Betriebegesetzes, zur Teilprivatisierung der Berliner Wasserbetriebe und zur Änderung des Berliner Wassergesetzes vom 17. 5. 1999 GVBl. Berlin S. 183.

214 Das Holding-Modell wird durch das nachfolgende Schaubild verdeutlicht:

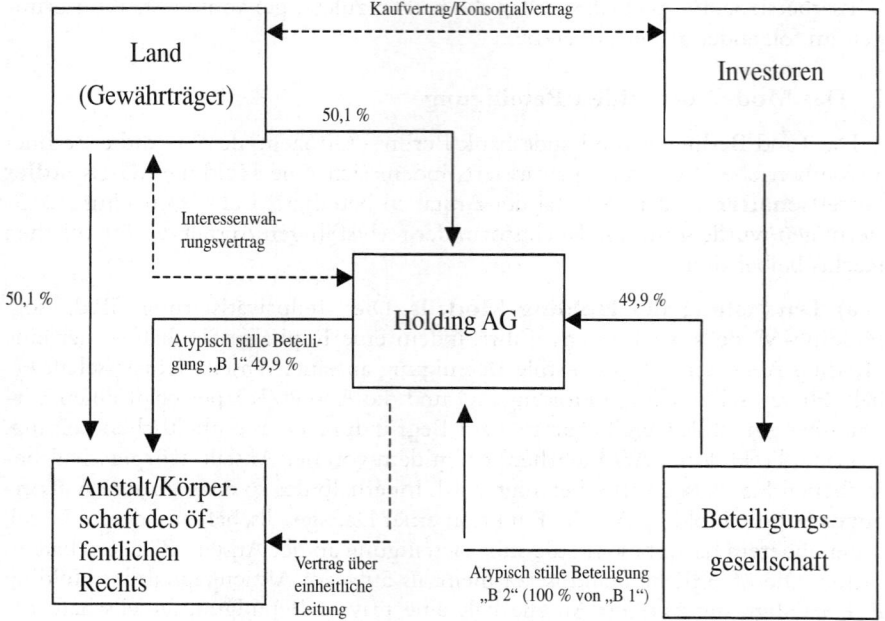

215 **b) Rechtliche Grundlagen.** Die Teilprivatisierung einer Anstalt/Körperschaft des öffentlichen Rechts durch eine stille Beteiligung bedarf zunächst eines **Privatisierungsgesetzes**. Auf dessen Grundlage werden die Beziehungen zwischen den Beteiligten durch ein umfangreiches **Vertragswerk** geregelt[340]. Dieses kann aus folgenden Einzelverträgen bestehen:
- Konsortialvertrag zwischen der öffentlichen Hand, den Investoren sowie der Holding AG;
- Vertrag über eine stille Gesellschaft zwischen der Holding AG und der Anstalt/Körperschaft des öffentlichen Rechts sowie zwischen der Beteiligungsgesellschaft und der Holding AG;
- Vertrag zur Begründung einer einheitlichen Leitung zwischen der Anstalt/Körperschaft des öffentlichen Rechts und der Holding AG;
- Interessenwahrungsvertrag zwischen der öffentlichen Hand und der Holding AG;
- Kauf- und Übertragungsvertrag hinsichtlich der Aktien an der Holding AG zwischen der öffentlichen Hand und den Investoren.

---

[340] Der Vertrag über eine stille Gesellschaft und zur Begründung einer einheitlichen Leitung zwischen der Landesbank Berlin – Girozentrale und der Bankgesellschaft wurde in seinem wesentlichen Inhalt mitgeteilt in der Einladung zur Hauptversammlung der Berliner Bank AG, BAnz. Nr. 196 vom 16. 10. 1993 S. 9574, 9575.

aa) Konsortialvertrag. Über die wesentlichen Grundlagen der Teilprivatisierung kann ein Konsortialvertrag **zwischen der öffentlichen Hand, den Investoren und der Holding AG** abgeschlossen werden. Dieser kann die mit der Privatisierung verfolgten gemeinsamen Ziele der Vertragsparteien regeln, namentlich wirtschafts-, unternehmens-, arbeitsmarkt-, sozial- und umweltpolitische Ziele. Außerdem können darin sonstige Verpflichtungen der Investoren niedergelegt werden. Der Vertrag kann Bestimmungen enthalten über die Durchführung der Privatisierung, die Bestellung der Organe der Anstalt/Körperschaft und der Holding AG sowie die Aufrechterhaltung der Beteiligungen.

bb) Vertrag über eine stille Gesellschaft. Die Holding AG beteiligt sich in einem Vertrag über eine stille Gesellschaft als **atypisch stiller Gesellschafter** schuldrechtlich am Vermögen der öffentlich-rechtlichen Anstalt/Körperschaft. Hierin ist u. a. geregelt, daß die Holding AG auch an etwaigen Verlusten der Anstalt/Körperschaft bis zur Höhe ihrer Einlage beteiligt ist. Es handelt sich bei dieser Konstruktion um eine stille Gesellschaft iSd. HGB[341] in Gestalt einer atypischen, mitunternehmerischen stillen Beteiligung[342].

Die Anstalt/Körperschaft hat der Holding AG auf Verlangen jederzeit **Auskunft über ihren Geschäftsbetrieb** zu geben und ihr die Einsicht in ihre Bücher und Schriften zu gestatten. Außerdem kann die Anstalt/Körperschaft verpflichtet werden, der Holding AG Informationen zu geben, die sie benötigt, um ihren Unterrichtungspflichten gegenüber Aktionären und Organen nachzukommen. Der Vertrag kann weitergehende Kontroll- und Informationsrechte des stillen Gesellschafters enthalten

Die Holding AG ist idR nach dem Vertrag **nicht berechtigt**, über die stille Beteiligung und über Gesellschaftsrechte ohne Zustimmung der Gewährträger- oder der Mitgliederversammlung der Anstalt bzw. Körperschaft **zu verfügen**.

Eine **weitere atypisch stille Beteiligung** hält die Beteiligungsgesellschaft an der Holding AG. Sie beteiligt sich damit als atypisch stille Gesellschafterin ausschließlich und insoweit zu 100% an der atypisch stillen Beteiligung der Holding AG an der Anstalt/Körperschaft. Auf diese Weise sollen die Ergebnisse aus der atypisch stillen Beteiligung der Holding AG an der Anstalt/Körperschaft an die Beteiligungsgesellschaft weitergeleitet werden.

cc) Vertrag zur Begründung einer einheitlichen Leitung. Die Holding AG schließt als herrschendes Unternehmen mit der Anstalt/Körperschaft als abhängigem Unternehmen außerdem einen Vertrag zur Begründung einer einheitlichen Leitung, durch den **die Anstalt/Körperschaft die Leitung ihres Unternehmens der Holding AG unterstellt**. Hiernach ist die Holding AG berechtigt, dem Vorstand der Anstalt/Körperschaft unter Beachtung bestimmter Maßgaben Weisungen zur Leitung der Anstalt bzw. Körperschaft zu erteilen, die jedoch nicht nachteilig für das öffentliche Unternehmen sein dürfen. Der notwendige Einfluß der öffentlichen Hand auf die Anstalt/Körperschaft wird dadurch sichergestellt, daß die Erteilung von Weisungen von der Zustimmung eines

---

[341] § 230 ff. HGB; eingehend hierzu *Bezzenberger/Schuster* ZGR 1996, 481, 487.
[342] § 15 Abs. 1 Nr. 2 EStG.

Weisungsausschusses bei der Holding AG abhängig ist. In diesem Ausschuß sind die von der öffentlichen Hand entsandten Aufsichtsratsmitglieder mehrheitlich vertreten. Über Weisungen ist in diesem Aufsichtsratsausschuß einstimmig zu beschließen, so daß gegen die Stimmen der Vertreter der öffentlichen Hand Weisungen nicht erteilt werden dürfen[343]. Im übrigen obliegt dem Vorstand der Anstalt/Körperschaft weiterhin die Geschäftsführung und die Vertretung des öffentlichen Unternehmens.

222　Ferner verpflichtet sich die Holding AG während der Vertragslaufzeit bei der Anstalt/Körperschaft entstehende **Verluste auszugleichen**, soweit dies nicht dadurch geschieht, daß den freien Rücklagen Beträge entnommen werden, die während der Vertragslaufzeit in sie eingestellt worden sind. Diese Verpflichtung zum Verlustausgleich besteht jedoch nur im Umfang des Weisungsrechts und damit nur, soweit Weisungen erteilt werden können.

223　**dd) Interessenwahrungsvertrag.** Der Abschluß des Vertrags über eine stille Gesellschaft und zur Begründung einer einheitlichen Leitung hängt sachlich zusammen mit einem zwischen der öffentlichen Hand und der Holding AG zu schließenden Interessenwahrungsvertrag. Durch diesen wird iRd. gesetzlichen Möglichkeiten die **Leitung der Anstalt/Körperschaft durch die Holding AG sichergestellt.** Der Vertrag bestimmt insoweit, daß die Mehrheit der Mitglieder des Aufsichtsrats der Anstalt/Körperschaft auf Vorschlag der Holding AG bestellt werden. Dies wird dadurch gewährleistet, daß der Vertrag der Holding AG ein Vorschlagsrecht für Personen einräumt, die von der Gewährträger- bzw. Mitgliederversammlung des öffentlichen Unternehmens als Mitglieder des Aufsichtsrats der Anstalt/Körperschaft zu bestellen sind. Außerdem wird die öffentliche Hand verpflichtet, von der Holding AG vorgeschlagene Aufsichtsratsmitglieder auf deren Wunsch abzuberufen.

224　Behält die öffentliche Hand ihre Mehrheitsbeteiligung an der Holding AG während der Dauer der stillen Beteiligung nicht bei, ist die Holding AG zur Kündigung des Interessenwahrungsvertrags berechtigt. Die Laufzeit des Vertrags entspricht der Laufzeit der Verträge über eine stille Gesellschaft und zur Begründung einer einheitlichen Leitung.

225　**ee) Kauf- und Übertragungsvertrag.** Die öffentliche Hand und die Investoren schließen weiter regelmäßig einen Kauf- und Übertragungsvertrag ab, durch den die Investoren von der öffentlichen Hand eine **Minderheitsbeteiligung am Aktienkapital der Holding AG** erwerben.

3. Zulässigkeit einer stillen Beteiligung an einer Anstalt oder Körperschaft des öffentlichen Rechts

226　Die Beteiligung einer privaten Kapitalgesellschaft als stiller Gesellschafter an einer öffentlich-rechtlichen Anstalt/Körperschaft ist grundsätzlich **gesellschaftsrechtlich** zulässig. Aus **verfassungsrechtlichen** Gesichtspunkten ergeben sich jedoch bei der Gestaltung der Weisungsrechte und der Regelung, wie die Organe

---

[343] § 1 des Vertrags.

der öffentlich-rechtlichen Anstalt/Körperschaft zu besetzen sind, gewisse Beschränkungen.

a) Gesellschaftsrechtliche Zulässigkeit. Die Errichtung einer stillen Gesellschaft zwischen einer Kapitalgesellschaft und einer öffentlich-rechtlichen Anstalt/Körperschaft richtet sich nach den handelsrechtlichen **Vorschriften des HGB**[344]. Danach ist die Errichtung einer stillen Gesellschaft zwischen jeder juristischen Person, Handelsgesellschaft oder natürlichen Person als stillem Gesellschafter und jedem Geschäftsinhaber möglich, der ein Handelsgewerbe mit der Absicht dauernder Gewinnerzielung betreibt. Hierzu sind auch Unternehmen von Gebietskörperschaften zu rechnen, die nicht in der Rechtsform von Handelsgesellschaften, sondern in öffentlich-rechtlichen Organisationsformen betrieben werden und deren Rechtsträger auch ohne Eintragung in das Handelsregister Kaufmann ist[345]. Die Erzielung von Gewinn ist zwar nicht Hauptzweck der Anstalt/Körperschaft, jedoch kann allgemein von einer Gewinnerzielungsabsicht ausgegangen werden[346]. Somit ist die Beteiligung einer Kapitalgesellschaft an dem Vermögen einer öffentlich-rechtlichen Anstalt/Körperschaft gesellschaftsrechtlich zulässig.

b) Verfassungsrechtliche Zulässigkeit. Die Begründung eines Vertragskonzerns zwischen einer privaten Kapitalgesellschaft als herrschendem Unternehmen und einer Anstalt/Körperschaft des öffentlichen Rechts als abhängigem Unternehmen unterliegt aus verfassungsrechtlichen Gründen gewissen **Beschränkungen**. Dies betrifft insbes. den mit der Konzernbildung verbundenen Einfluß privater Rechtsträger auf Entscheidungen und Maßnahmen der Organe und Amtswalter der Anstalt/Körperschaft. Zu beachten ist dabei das im Grundgesetz statuierte Demokratieprinzip, wonach die Staatsgewalt vom Volk ausgeht[347].

Das Demokratieprinzip erfordert, daß bei der **Ausübung von Staatsgewalt** alle wesentlichen Entscheidungen auf einer ununterbrochenen demokratischen Legitimationskette vom Volk zu den mit staatlichen Aufgaben betrauten Organen und Amtswaltern beruhen[348]. Diese verfassungsrechtlichen Grundsätze gelten für jegliches öffentlich-rechtliches Handeln und damit auch für eine Anstalt/Körperschaft des öffentlichen Rechts[349]. So muß die Möglichkeit der verbindlichen Letztentscheidung stets einem gegenüber Volk und Parlament verantwortlichen Amtsträger vorbehalten bleiben[350]. Es ist deshalb verfassungsrechtlich unzulässig, einen Amtsträger den Weisungen eines nicht selbst demokratisch legitimierten Dritten zu unterwerfen. Ein solcher Mangel demokratischer Legitimation kann jedoch dadurch ausgeglichen werden, daß die Weisungen des Dritten dem Vor-

---

[344] §§ 230 ff. HGB.
[345] Hierzu *Zutt* in Großkomm. § 230 HGB Rn 35 ff.
[346] Dazu *Bezzenberger/Schuster* ZGR 1996, 481, 491.
[347] Art. 20 Abs. 2 Satz 1 GG; BVerfGE 9, 268, 281; 83, 60, 71.
[348] BVerfGE 47, 253; 93, 37, 38.
[349] *VerfGH* NW DÖV 1987, 108.
[350] BVerfGE 93, 37, 72; *OLG Bremen* DÖV 1977, 899, 900.

behalt der Zustimmung einer in parlamentarischer Verantwortung stehenden Stelle unterliegen[351].

230 Diesen Anforderungen des Demokratieprinzips trägt das Modell der stillen Beteiligung in dem Vertrag zur Begründung einer einheitlichen Leitung dadurch Rechnung, daß Weisungen der herrschenden Holding AG der Zustimmung eines **Aufsichtsratsauschusses** der Holding AG bedürfen und für die Anstalt/Körperschaft nachteiligen Weisungen unzulässig sind. In dem Aufsichtsratsausschuß sind die von der öffentlichen Hand entsandten Aufsichtsratsmitglieder mehrheitlich vertreten. Zudem ist über zu erteilende Weisungen ein einstimmiger Beschluß des Aufsichtsratsausschusses zu fassen. Aus diesem Grund können ohne Zustimmung der von der öffentlichen Hand entsandten Aufsichtsratsmitglieder keine Weisungen ergehen[352]. Damit ist gewährleistet, daß der öffentlichen Hand ein Letztentscheidungsrecht in wichtigen Fragen der Anstalt bzw. Körperschaft des öffentlichen Rechts zusteht.

231 Durch die vertragliche Regelung wird sichergestellt, daß Weisungen nur ergehen dürfen, solange die öffentliche Hand die Mehrheit der Aktien an der Holding AG hält und daher ausreichenden Einfluß auf die Holding AG hat. Außerdem sieht der Vertrag zur Begründung einer einheitlichen Leitung vor, daß dem **Vorstand** der Anstalt/Körperschaft weiterhin die Geschäftsführung und Vertretung nach außen obliegt. Somit behält der Vorstand seine volle Entscheidungsbefugnis, soweit diese nicht durch zulässige Weisungen eingeschränkt ist.

232 Die Holding AG ist verpflichtet, bei der Erteilung von Weisungen den öffentlichen Auftrag des abhängigen Unternehmens in vollem Umfang zu beachten. Somit ist sichergestellt, daß die öffentlichen Aufgaben der Anstalt/Körperschaft erfüllt werden. Im Ergebnis wird daher das **Demokratieprinzip** in den Verträgen zur Begründung einer einheitlichen Leitung in ausreichender Weise berücksichtigt, so daß es der teilweisen Privatisierung aus diesen Gründen nicht entgegensteht.

233 Nach dem Demokratieprinzip muß der öffentlichen Hand das **Letztentscheidungsrecht über die Besetzung der Organe** der Anstalt/Körperschaft des öffentlichen Rechts verbleiben, da es mit dem Demokratieprinzip unvereinbar wäre, wenn der öffentlichen Hand von einer privaten Kapitalgesellschaft vorgeschrieben werden könnte, welche Organmitglieder bei der öffentlich-rechtlichen Anstalt/Körperschaft zu bestellen sind[353]. Nach dem zwischen der öffentlichen Hand und der Holding AG zu schließenden Interessenwahrungsvertrag wird die Mehrheit der Mitglieder des Aufsichtsrats der jeweiligen Anstalt/Körperschaft auf Vorschlag der Holding AG gewählt. Vor jeder Wahl von Aufsichtsratsmitgliedern durch die Gewährträger- bzw. Mitgliederversammlung leitet die Holding AG der öffentlichen Hand eine Vorschlagsliste zu, die eine bestimmte Zahl von Personen für jede zu besetzende Aufsichtsratsposition benennt. Die öffentliche Hand hat das Recht, von der Holding AG eine ergänzende Vorschlagsliste zu verlangen, wenn sie keinen der vorgeschlagenen Kandidaten wählen lassen will. Weiter wird

---

[351] Ausführlich hierzu *Bezzenberger/Schuster* ZGR 1996, 481, 496.
[352] Vgl. § 11 des Vertrags.
[353] *Bezzenberger/Schuster* ZGR 1996, 481, 497.

die öffentliche Hand verpflichtet, von der Holding AG vorgeschlagene Aufsichtsratsmitglieder auf deren Wunsch abzuberufen.

Auch in Bezug auf die Besetzung der Organe der Anstalt/Körperschaft ist somit die vorgenannte Regelung **mit dem Demokratieprinzip vereinbar**. Die öffentliche Hand kann aus den Vorschlägen für die Besetzung des Aufsichtsrats auswählen, sie ablehnen und ggf. neue Vorschläge verlangen, so daß das Letztentscheidungsrecht bei der öffentlichen Hand liegt[354].

4. Anwendungsfälle

Eine Teilprivatisierung im Weg einer stillen Beteiligung hat die öffentliche Hand zunächst bei der Deutschen Siedlungs- und Landesrentenbank (DSL-Bank) durchgeführt. Die DSL-Bank behielt ihre öffentlich-rechtliche Rechtsform bei, und eine AG beteiligte sich als stiller Gesellschafter an deren Kapital[355]. Die gleiche Struktur findet sich bei der stillen Beteiligung der Bankgesellschaft Berlin AG an der Landesbank Berlin – Girozentrale[356]. In dem neu geschaffenen Konzern übernahm die Bankgesellschaft Berlin AG als Obergesellschaft die Funktion einer Holding (Konzernleitung)[357]. Bei der Landesbank handelt es sich um eine Geschäftsbank, für deren Verbindlichkeiten das Land Berlin als Gewährträger uneingeschränkt haftet. Erklärtes Ziel des Vertragsschlusses war es, die Landesbank in einen Konzern mit der Bankgesellschaft zusammenzuführen. Möglich wurde die stille Beteiligung an der Landesbank und die Konzernbildung erst durch eine Gesetzesänderung, wonach als Grundkapital der Landesbank auch Beteiligungen juristischer Personen privaten Rechts als stille Gesellschafter gelten, denen mitunternehmerische Rechte eingeräumt werden und deren Einlagen als haftendes Eigenkapital iSd. KWG anerkannt sind[358]. Die Landesbank ist berechtigt, Unternehmensverträge iSd. AktG abzuschließen und ihre Leitung einer juristischen Person des Privatrechts zu unterstellen, wenn das Land Berlin mehrheitlich an dieser beteiligt ist und der Einfluß des Landes bei der Erteilung von Weisungen gewährleistet ist.

Der **Einfluß der öffentlichen Hand** auf die Landesbank ist dadurch sichergestellt, daß die Ausübung eines Weisungsrechts der Bankgesellschaft gegenüber der Landesbank auf einen Aufsichtsratsausschuß der Bankgesellschaft übertragen wurde, in dem die Vertreter des Landes Berlin die Mehrheit der Sitze erhalten haben und dessen Entscheidungen nur einstimmig getroffen werden können.

---

[354] So *Bezzenberger/Schuster* ZGR 1996, 481, 497.
[355] Gesetz über die Deutsche Siedlungs- und Landesrentenbank vom 11. 7. 1989 BGBl. I S. 1421.
[356] Gesetz über die Errichtung der Landesbank Berlin – Girozentrale vom 27. 9. 1990 GVBl. Berlin S. 2115; hierzu auch der Gesetzentwurf vom 13. 9. 1990 Drucks. 11/1115 Abgeordnetenhaus von Berlin. Der Vertrag über eine stille Gesellschaft und zur Begründung einer einheitlichen Leitung zwischen der Landesbank Berlin – Girozentrale und der Bankgesellschaft wurde in seinem wesentlichen Inhalt mitgeteilt in der Einladung zur Hauptversammlung der Berliner Bank AG, BAnz. Nr. 196 vom 16. 10. 1993 S. 9574, 9575.
[357] Gesetz zur Änderung des Gesetzes über die Errichtung der Landesbank Berlin – Girozentrale vom 25. 11. 1992 GVBl. Berlin S. 346.
[358] Gesetz zur Änderung des Gesetzes über die Errichtung der Landesbank Berlin – Girozentrale vom 25. 11. 1992 GVBl. Berlin S. 346.

237 Der **Grund für die Beteiligung** der Bankgesellschaft als stiller Gesellschafter an der Landesbank ist darin zu sehen, daß die Landesbank nicht in eine Gesellschaft des privaten Rechts umgewandelt werden konnte, weil sie dann die Bezeichnung „Sparkasse" nicht hätte fortführen können, außerdem kostspielige Ausgleichsmaßnahmen für die Beamten und Angestellten der Landesbank erforderlich geworden wären[359].

238 Eine ähnliche Struktur findet sich bei der Teilprivatisierung der Berliner Wasserbetriebe[360]. Die Berliner Wasserbetriebe – Anstalt des öffentlichen Rechts – sind das größte kommunale Wasserversorgungs- und Abwasserentsorgungsunternehmen in Europa. Die an der Teilprivatisierung beteiligten Investoren haben zum Zweck ihrer Beteiligung die BWB Beteiligungs AG gegründet. Nach dem Vollzug der teilweisen Privatisierung der Berliner Wasserbetriebe (BWB) ist das Land Berlin mit 50,1% und die BWB Beteiligungs AG mit 49,9% unmittelbar oder mittelbar am Unternehmen der Berliner Wasserbetriebe beteiligt[361].

E. Die Sicherung des Einflusses der öffentlichen Hand

I. Einleitung

239 Ausweislich der jährlichen Beteiligungsberichte des Bundesministers der Finanzen und der Länder schalten alle Gebietskörperschaften heute für die Erfüllung ihrer Aufgaben in erheblichem Umfang Eigen- und Beteiligungsgesellschaften ein. Besonders ausgeprägt ist dieser Trend in den Kommunen. Die zum Teil dramatische Haushaltskrise und die Forderung von Politik und Wirtschaft nach mehr Effizienz und Kostenbewußtsein haben dazu geführt, abtrennbare Verwaltungsaufgaben in immer größerem Umfang aus der Kernverwaltung auszugliedern und **öffentliche Leistungen durch Eigen- oder Beteiligungsgesellschaften** erbringen zu lassen[362].

240 Derartige Ausgliederungen sind **Organisationsprivatisierungen**: der Aufgabenträger bleibt für die Aufgabenerfüllung verantwortlich, soweit er zumindest mehrheitlich beteiligt bleibt.

241 Allerdings ist bei Privatisierungen, die das Unternehmen den Bedingungen des Markts aussetzen, allen voran beim Börsengang von Beteiligungsgesellschaften, der unternehmerische **Einfluß der öffentlichen Hand auf Dauer nicht zu verteidigen**. Bei der Entscheidung, nicht nur die private Rechtsform zu wählen,

---

[359] Näher dazu *Neumann/Rux* DB 1996, 1659; *Bezzenberger/Schuster* ZGR 1996, 481, 487.

[360] Gesetz zur Änderung des Berliner Betriebegesetzes, zur Teilprivatisierung der Berliner Wasserbetriebe und zu Änderung des Berliner Wassergesetzes vom 17. 5. 1999 GVBl. Berlin S. 183; näher dazu *Neumann/Rux* DB 1996, 1659; *Bezzenberger/Schuster* ZGR 1996, 481, 487. Vgl. zur Errichtung, Rechtsform und Sitz der Berliner Wasserbetriebe das Berliner Betriebegesetz (BerlBG) vom 9. 7. 1993 GVBl. Berlin S. 319 ff.

[361] Siehe hierzu die Vorlage zur Beschlußfassung über das Gesetz zur Änderung des Berliner Betriebegesetzes, zur Teilprivatisierung der Berliner Wasserbetriebe und zur Änderung des Berliner Wassergesetzes, Drucks. 13/3367.

[362] Siehe Rn 2.

sondern private Dritte am Unternehmen zu beteiligen, ist deswegen zu überlegen, ob unter Berücksichtigung aller Gemeinwohlgesichtspunkte der Verzicht auf Einfluß und Kontrolle vertretbar ist. Wird die Frage verneint, dürfte jedenfalls eine auf Dauer angelegte Beteiligung privater Dritter ausscheiden.

II. Öffentlich-rechtliche Einwirkungs- und Kontrollpflichten

Aus der Verantwortlichkeit des Aufgabenträgers für die Erfüllung der öffentlicher Aufgaben erwachsen für ihn **Einwirkungs- und Kontrollpflichten**, die sich aus dem Demokratie- und dem Rechtsstaatsprinzip ableiten[363].

Die Ausgliederung einer Verwaltungsaufgabe führt zwangsläufig zum Verlust parlamentarischer Kontrolle. An die Stelle öffentlich tagender Parlamente treten zur Verschwiegenheit verpflichtete Organe der Eigengesellschaften. Publizität und Transparenz werden der angestrebten höheren Effizienz geopfert. Wegen des Demokratieprinzips, das die Aufrechterhaltung einer ununterbrochenen Legitimationskette vom Volk über die Parlamente bis hin zu den Verwaltungsträgern fordert[364], ist ein **Ausgleich für den Verlust an demokratischer Steuerung und Kontrolle** erforderlich. Dieser Ausgleich liegt in der fortdauernden Einwirkung der öffentlichen Hand auf die Eigen- und Beteiligungsgesellschaften der öffentlichen Hand.

Daraus folgt zugleich, daß die Einwirkungspflicht mit steigendem Privatisierungsgrad der Eigengesellschaft – bis hin zu Gesellschaften mit Minderheitsbeteiligung des öffentlichen Aufgabenträgers – abnimmt. Allerdings sind gänzlich kontrollfreie Räume bei Einbeziehung Privater in die Wahrnehmung öffentlicher Aufgaben nicht zulässig. Die **Schutzpflichten des Staates** gebieten Einwirkungen auf die Eigengesellschaft, wenn anders der Grundrechtsschutz nicht gewährleistet wäre.

Das Bestehen von Kontroll- und Einwirkungspflichten ist heute anerkannt, ihre **Reichweite** allerdings umstritten und weitgehend ungeklärt[365]. Allgemein läßt sich sagen, daß aus den verfassungsrechtlichen Bindungen des Aufgabenträgers die Verpflichtung folgt, auf staatliche Unternehmen in dem für die ordnungsgemäße Aufgabenerfüllung erforderlichen Maß Einfluß zu nehmen[366].

Konkretisiert werden die **Einwirkungs- und Kontrollpflichten** des öffentlichen Aufgabenträgers im Haushaltsgrundsätzegesetz[367], dessen einschlägige Bestimmungen für den Bund und die Länder einheitlich und unmittelbar gelten[368], in der Bundeshaushaltsordnung[369] und in den entsprechenden Bestimmungen der Haushaltsordnungen der Länder sowie in den das Gemeindewirtschaftsrecht betreffenden Vorschriften der Gemeindeordnungen der Bundesländer.

---

[363] *Spannowsky* ZGR 1996, 400, 412 ff.
[364] Siehe Rn 228.
[365] *Spannowsky* DVBl. 1992, 1072, 1073.
[366] *Spannowsky* ZHR 160 (1996) 560, 574.
[367] §§ 53 und 54 HGrG.
[368] § 49 HGrG.
[369] § 65 BHO.

247 Gebietskörperschaften, die eine Anteilsmehrheit an einem Unternehmen privater Rechtform halten (oder denen mindestens 25% der Anteile gehören und zusammen mit anderen Gebietskörperschaften die Mehrheit zusteht), haben eine erweiterte **Kontrollbefugnis**[370]. Sie können verlangen, daß
- iRd. Abschlußprüfung auch die Ordnungsmäßigkeit der Geschäftsführung geprüft wird;
- Abschlußprüfer beauftragt werden, die in ihrem Bericht auch die Entwicklung der Vermögens- und Ertragslage sowie die Liquidität und Rentabilität der Gesellschaft, verlustbringende Geschäfte und die Ursachen der Verluste darzustellen haben, wenn diese Geschäfte und die Ursachen für die Vermögens- und Ertragslage von Bedeutung waren, ferner die Ursachen eines in der Gewinn- und Verlustrechnung ausgewiesenen Jahresfehlbetrags;
- der Prüfbericht des Abschlußprüfers und, wenn das Unternehmen einen Konzernabschluß aufzustellen hat, auch der Prüfbericht des Konzernabschlußprüfers dem Aufgabenträger übersandt wird.

248 Die Gebietskörperschaften können iRd. Betätigungsprüfung mit Dreiviertelmehrheit des vertretenen Kapitals verlangen, daß in der Satzung/im Gesellschaftsvertrag ein **Einsichtsrecht** in die Bücher und Schriften des Unternehmens **zu Gunsten der Rechnungsprüfungsbehörde** sowie deren Recht, sich unmittelbar bei dem staatlichen Unternehmen zu informieren, vorbehalten wird[371].

249 Die **Betätigungsprüfung**[372] bezieht sich darauf, ob die öffentlichen Aufgabenträger und ihre Vertreter innerhalb der Eigen- und Beteiligungsgesellschaften ihre Einwirkungs- und Kontrollpflichten im Einklang mit den öffentlichen Interessen erfüllt haben[373]. Der Bund und die Länder haben in den Haushaltsordnungen durchgängig ihre Behörden verpflichtet, die ihnen eingeräumten Befugnisse in der Satzung/dem Gesellschaftsvertrag zu verankern oder, soweit ihr die hierfür notwendige Mehrheit fehlt, auf eine entsprechende Regelung hinzuwirken. In einigen Bundesländern sind die Kommunen darüber hinaus gehalten, diese Befugnisse auch zu Gunsten der überörtlichen Prüfungsbehörde in die Satzung aufzunehmen[374].

250 Der Vorstand einer AG ist verpflichtet, „geeignete Maßnahmen zu treffen, insbesondere ein Überwachungssystem einzurichten, damit den Fortbestand der Gesellschaft gefährdende Entwicklungen früh erkannt werden"[375]. Im Lagebericht[376]

---

[370] § 53 Abs. 1 HGrG.
[371] § 54 HGrG.
[372] § 44 HGrG.
[373] *Spannowsky* ZGR 1996, 400, 418.
[374] § 103 Abs. 1 Nr. 5 lit. d) GO Baden-Württemberg; Art. 94 Abs. 1 Nr. 4 GO Bayern; § 87 Abs. 1 Nr. 7 lit. b) GO Rheinland-Pfalz; § 75 Abs. 4 Nr. 3 KO Thüringen. Diese zusätzlichen haushaltsrechtlichen Befugnisse hat der Gesetzgeber den Gebietskörperschaften eingeräumt, weil die handelsrechtliche Jahresabschlußprüfung nach den §§ 316 ff. HGB zur Sicherung des öffentlichen Zwecks des Unternehmens als nicht ausreichend erschien, *Spannowsky* ZGR 1996, 400, 417.
[375] § 91 Abs. 2 AktG.
[376] § 289 Abs. 1 HGB.

und im Konzernlagebericht[377] ist auf die **Risiken der künftigen Entwicklung** einzugehen bzw. der Prüfbericht daraufhin zu überprüfen, ob die Risiken der künftigen Entwicklung zutreffend dargestellt sind. Bei einer börsennotierten AG ist außerdem iRd. Prüfung zu beurteilen, ob der Vorstand die erforderlichen Maßnahmen[378] getroffen hat und das danach einzurichtende Überwachungssystem seine Aufgaben erfüllen kann[379].

Diese Einwirkungs- und Kontrollpflichten sind in neuerer Zeit durch Regelungen in den Gemeindeordnungen[380] ergänzt worden, wonach die Gemeinden verpflichtet sind, der Gemeindevertretung jährlich einen **Beteiligungsbericht** vorzulegen und diesen fortzuschreiben mit der Folge, daß zur Steuerung und Kontrolle der Eigengesellschaften anstelle der bisherigen Beteiligungsverwaltung zunehmend ein nach betriebswirtschaftlichen Methoden übliches Beteiligungsmanagement eingerichtet wird[381].

III. Der gesellschaftsrechtliche Einfluß

Während die vorstehend geschilderten Einwirkungs- und Kontrollpflichten ihre **Grundlagen** im öffentlichen Recht haben, richten sich die Möglichkeiten der Einflußnahme der öffentlichen Hand in den Eigen- und Beteiligungsgesellschaften ausschließlich nach Gesellschaftsrecht[382]. Nach dem Vorrang des Gesellschaftsrechts[383] sind die öffentlichen Aufgabenträger auf die rechtlichen Einwirkungsmöglichkeiten beschränkt, die sie als Gesellschafter haben[384].

Die haushaltsrechtliche Vorgabe einer **Haftungsbeschränkung**[385] führt in den meisten Fällen dazu, daß die Aufgabenträger sich für die Rechtsform einer GmbH oder einer AG entscheiden.

In der Praxis wird die Rechtsform der **GmbH bevorzugt**. Das GmbH-Recht gestattet eine Ausgestaltung der Leitungsstrukturen, die der Koordination kommunalpolitischer Ziele und unternehmenspolitischer Zielsetzungen mehr entgegenkommt als die Rechtsform der AG mit ihrem eigenverantwortlich handelnden

---

[377] §§ 315 Abs. 1, 317 Abs. 2 Satz 2 HGB. Die Vorschriften des Dritten Buchs des HGB werden in § 65 Abs. 1 Nr. 4 BHO und den entsprechenden Bestimmungen der Haushaltsordnungen der Länder und des Gemeindewirtschaftsrechts in Bezug genommen.
[378] Gem. § 91 Abs. 2 AktG.
[379] § 317 Abs. 4 HGB.
[380] § 105 Abs. 2 GO Baden-Württemberg, Art. 94 Abs. 3 GO Bayern, 105 Abs. 3 GO Brandenburg, § 73 Abs. 3 KV Mecklenburg-Vorpommern, § 109 Abs. 3 GO Niedersachsen, § 112 Abs. 3 GO Nordrhein-Westfalen, § 90 Abs. 2 GO Rheinland-Pfalz, § 115 Abs. 2 KSVG Saarland.
[381] *Widtmann/Grasser*, Bayerische Gemeindeordnung, Loseblattsammlung, 5. Aufl., Stand: 1. 3. 1986, Art. 93 Rn 4.
[382] Siehe dazu bereits Rn 73 ff.
[383] *Schmidt* ZGR 1996, 345, 350; *Schwintowski* NJW 1995, 1316, 1318.
[384] *Spannowsky* DVBl. 1994, 1074.
[385] Gem. § 65 Abs. 1 Nr. 2 BHO und den entsprechenden Bestimmungen in den LHO der Länder und den Bestimmungen des Gemeindewirtschaftsrechts, zB § 103 Abs. 1 Nr. 4 GO Baden-Württemberg; Art. 92 Abs. 1 Nr. 3 GO Bayern; § 122 Abs. 1 Nr. 2 GO Hessen; § 108 Abs. 1 Satz 1 Nr. 3 GO Nordrhein-Westfalen; § 87 Abs. 1 Nr. 4 GO Rheinland-Pfalz.

Vorstand[386] und den gesetzlich fixierten (beschränkten) Rechten der Hauptversammlung[387]. Die zentrale Stellung der Gesellschafterversammlung/des Alleingesellschafters der GmbH mit dem Recht, dem Geschäftsführer Weisungen zu erteilen, ermöglicht dem öffentlichen Aufgabenträger eine Steuerung des Unternehmens, wie sie das Aktienrecht nicht zuläßt. Einige Gemeindeordnungen enthalten deshalb die Vorgabe, daß ein Unternehmen in der Rechtsform der AG nur errichtet und übernommen werden darf bzw. eine Beteiligung an einem solchen Unternehmen nur zulässig ist, wenn der öffentliche Zweck des Unternehmens nicht ebenso gut in einer anderen Rechtform erfüllt werden kann[388].

255   Dieser **Einfluß** der öffentlichen Hand auf die Eigen-/Beteiligungsgesellschaft kann in Zusammenhang mit der Gründung bzw. Eingehung der Beteiligung oder iRd. laufenden Geschäftsbetriebs **gesichert werden**.

1. Die Gründungsphase

256   Entscheidend für die Sicherung des Einflusses ist die **Ausgestaltung der Satzung/des Gesellschaftsvertrags**. Die Einwirkungs- und Kontrollpflichten kommen nur zum Tragen, wenn sie gesellschaftsrechtlich darin verankert sind. Das betrifft insbes.:
– die Absicherung des Bundes-/Landesinteresses und des öffentlichen Zwecks im Zusammenhang mit der Festlegung des Gegenstands und des Unternehmensziels der Gesellschaft;
– die Einrichtung eines Aufsichtsrats[389], wobei auf der kommunalen Ebene die Schaffung eines fakultativen Aufsichtsrats von besonderer Bedeutung ist;
– die Bestellung der Aufsichtsratsmitglieder und das Recht des Aufgabenträgers, Vertreter in den Aufsichtsrat zu entsenden[390];
– die Steuerung der Gesellschaft über Zustimmungsvorbehalte zugunsten des Aufsichtsrats[391] und der Gesellschafterversammlung[392];
– die Kontrollpflichten aus dem Haushaltsgrundsätzegesetz[393];
– über die Bestimmungen des AktG[394] hinausgehende Berichtspflichten der in den Aufsichtsrat gewählten oder entsandten kommunalen Vertreter gegenüber der Gemeindevertretung (oder deren Ausschüssen), wie sie in verschiedenen Gemeindeordnungen, allerdings unter dem Vorbehalt, daß andere gesetzliche Vorschriften dem nicht entgegenstehen, festgelegt sind[395].

---

[386] § 76 Abs. 1 AktG.
[387] § 119 AktG.
[388] § 102 Abs. 2 GO Baden-Württemberg, § 108 Abs. 3 GO Nordrhein-Westfalen, § 87 Abs. 2 GO Rheinland-Pfalz.
[389] §§ 95 ff. AktG, 52 Abs. 1 GmbHG.
[390] Nach Maßgabe der Satzung und in den gesetzlichen Grenzen, siehe § 101 Abs. 2 AktG.
[391] §§ 111 Abs. 4 Satz 2 AktG; 52 Abs. 1 GmbHG.
[392] § 45 GmbHG.
[393] §§ 53 und 54 HGrG.
[394] § 394 AktG. Die Vorschrift findet auch auf die GmbH Anwendung, *Zöllner* in Baumbach/Hueck § 52 GmbHG Rn 40.
[395] Art. 93 Abs. 2 Satz 2 GO Bayern; § 104 Abs. 4 GO Brandenburg; § 71 Abs. 4 KV Mecklenburg-Vorpommern; § 101 Abs. 4 GO Niedersachsen; § 115 Abs. 1 KSVG Saarland.

2. Die Betriebsphase

Bei der Sicherung des Einflusses der öffentlichen Hand in der Betriebsphase 257
geht es vor allem um
- die Beziehung des GmbH-Anteilseigners zur Geschäftsführung;
- die Frage, ob und in welchem Umfang gewählte oder vom öffentlichen Aufgabenträger entsandte Mitglieder des Aufsichtsrats Weisungen unterliegen;
- die Verschwiegenheitspflicht dieser Aufsichtsratsmitglieder.

a) Weisungen an die Geschäftsführung. Anders als in der AG[396] kommt 258
in der GmbH den Gesellschaftern die übergeordnete Leitungskompetenz gegenüber der Geschäftsführung zu. Sie entscheiden über die Geschäftspolitik. Seine **Grenzen** findet das Weisungsrecht der Gesellschafter dort, wo der Gesetzgeber im öffentlichen Interesse oder zum Schutz der Gläubiger dem Geschäftsführer eigenverantwortliche Pflichten auferlegt und die Verletzung dieser Pflichten mit einer persönlichen Haftung des Geschäftsführers bewehrt hat. Weisungen der Gesellschafter,
- die das für die Erhaltung des Stammkapitals erforderliche Vermögen schmälern (verbotene Kapitalrückführung[397]);
- die einen erforderlichen Insolvenzantrag verzögern[398];
- die im Ergebnis geeignet sind, die Insolvenz der Gesellschaft herbeizuführen,

sind für die Geschäftsführung nicht verbindlich[399].

b) Weisungen an Mitglieder des Aufsichtsrats. Vertreter von Gebiets- 259
körperschaften erlangen die **Mitgliedschaft** in einem Aufsichtsrat durch die Wahl in der Gesellschafter-/Hauptversammlung, häufig auch auf Grund satzungsmäßigen Entsendungsrechts des Aufgabenträgers. Auf kommunaler Ebene ist oft der Hauptverwaltungsbeamte als geborenes Mitglied Vorsitzender des Aufsichtsrats.

Die **Auswahl** der Aufsichtsratsmitglieder innerhalb der Kommunen bestimmt 260
sich nach dem kommunalen Verfassungsrecht, ihre Bestellung zum Organ nach Gesellschaftsrecht.

Sowohl nach Bundes- als auch nach Landesrecht[400] sind Vertreter des öffentlichen 261
Aufgabenträgers im Aufsichtsrat gehalten, die Interessen der Gebietskörperschaft zu berücksichtigen[401]. Die Bestimmungen des Gemeindewirtschaftsrechts binden außerdem die kommunalen Vertreter in Aufsichtsräten vielfach, sei es direkt[402] oder

---

[396] § 119 Abs. 2 AktG.
[397] § 30 GmbHG.
[398] § 64 GmbHG.
[399] *Keßler* GmbHR 2000, 71, 74 mwN.
[400] § 65 Abs. 6 BHO und die entsprechenden landesrechtlichen Haushaltsbestimmungen.
[401] Gem. Nr. 118 der Hinweise des Bundesministers der Finanzen kann der zuständige Minister den Aufsichtsratsvertretern Weisungen erteilen, die befolgt werden müssen, es sei denn, das aufgetragene Verhalten ist strafbar.
[402] § 104 Abs. 2 GO Brandenburg; § 71 Abs. 2 GO Mecklenburg-Vorpommern; § 88 Abs. 3 GO Rheinland-Pfalz; § 119 Abs. 2 GO Sachsen-Anhalt; § 113 Abs. 1 Satz 2 GO Nordrhein-Westfalen, soweit gesetzliche Bestimmungen des Gesellschaftsrechts nicht entgegenstehen.

§ 20 262, 263 Privatisierungen

indirekt[403] an die Beschlüsse und Weisungen der Gemeindevertretung oder -verwaltung. Weisungen binden jedoch gesellschaftsrechtlich weder die gewählten noch die entsandten Aufsichtsratsmitglieder[404]. Das ergibt sich aus der gesellschaftsrechtlichen Stellung des Aufsichtsrats als eigenständiges Kontroll- und Überwachungsorgan. Das Kontrollorgan ist **keinen Dritteinflüssen** ausgesetzt, sondern allein dem Unternehmens- (Gesellschafts-) interesse verpflichtet[405].

262 Das „Unternehmensinteresse" ist ein Sammelbegriff[406], der die Interessen der Anteilseigner, der Gläubiger und der Arbeitnehmer sowie die Belange der Allgemeinheit umfaßt[407]. Daß die Aufsichtsratsmitglieder ihr Mandat weisungsfrei und ausschließlich an dem Interesse der Gesellschaft orientiert wahrzunehmen haben, schließt indessen nicht aus, daß sie eigenverantwortlich, aber eben frei von Weisungen, darüber entscheiden, inwieweit das Unternehmensinteresse eine Mitberücksichtigung öffentlich rechtlicher Ziele zuläßt[408]. Im übrigen besteht in der Frage, ob eine Maßnahme im Unternehmensinteresse liegt, ein weiter **Beurteilungsspielraum**, der umso größer ist, je weiter das Unternehmensziel in der Satzung gesteckt ist[409]. Die praktische Bedeutung der Frage ist allerdings gering[410], da öffentliche und unternehmerische Belange, staatliche Wirtschafts- und private Unternehmenspolitik einander nicht ausschließen, sondern sich decken oder überschneiden können; weder generell noch im Einzelfall läßt sich die öffentliche von der privaten Interessenverfolgung scharf trennen[411].

263 c) **Verschwiegenheit und Auskunft.** In verschiedenen Gemeindeordnungen sind **Auskunfts-** und **Berichtspflichten** der kommunalen Vertreter in Aufsichtsräten gegenüber der Gemeindevertretung oder deren Ausschüssen statuiert[412]. Gestützt auf derartige Bestimmungen verlangen Fraktionen oder einzelne Mitglieder der Gemeindevertretung immer wieder von kommunalen Aufsichtsratsmitgliedern Auskunft über geheimhaltungsbedürftige oder vertrauliche Informationen aus ihrer Aufsichtsratstätigkeit. Zu Unrecht. Welche Befreiung von der

---

[403] § 104 Abs. 4 GO Baden-Württemberg; Art. 93 Abs. 3 Satz 2 GO Bayern; § 104 Abs. 3 Satz 2 GO Brandenburg; § 125 Abs. 3 Satz 2 GO Hessen; § 71 Abs. 3 Satz 2 KV Mecklenburg-Vorpommern; § 111 Abs. 6 Satz 2 GO Niedersachsen; § 88 Abs. 6 Satz 2 GO Rheinland-Pfalz; § 114 Abs. 4 KSVG Saarland; § 98 Abs. 3 Satz 2 GO Sachsen; § 119 Abs. 3 Satz 2 GO Sachsen-Anhalt; § 74 Abs. 2 Satz 2 KO Thüringen.
[404] BGHZ 36, 296, 306/307 „VEBA/Gelsenberg".
[405] *Keßler* GmbHR 2000, 71, 76f.; *Schwintowski* NJW 1995, 1316, 1319. Das gilt ohne Einschränkung auch für den fakultativen Aufsichtsrat einer GmbH. Zum Rangverhältnis der etwa kollidierenden Interessen siehe *Marsch-Barner* in AR Hdb. Rn J 91 ff.
[406] *Hüffer* § 76 AktG Rn 15.
[407] *Raiser* § 6 Rn 12, § 14 Rn 11, § 15 Rn 99 und 104 jeweils mwN; *Keßler* GmbHR 2000, 71, 77.
[408] *Schwintowski* NJW 1995, 1316, 1318.
[409] *Raiser* § 15 Rn 105; *Ziche* Sachsenlandkurier 1997, 156, 159.
[410] *Ziche*, Sachsenlandkurier 1997, 156, 159.
[411] BGHZ 69, 334, 339.
[412] § 93 Abs. 2 Satz 2 GO Bayern; § 104 Abs. 4 GO Brandenburg; § 71 Abs. 4 GO Mecklenburg-Vorpommern; § 111 Abs. 4 GO Niedersachsen; § 115 Abs. 1 KSVG Saarland; allerdings ist in allen Regelungen die Einschränkung enthalten, daß gesetzliche Bestimmungen nicht entgegenstehen.

Verschwiegenheitspflicht[413] vorgesehen ist, ist für Aufsichtsratsmitglieder, die auf Veranlassung einer Gebietskörperschaft in einen Aufsichtsrat gewählt oder entsandt worden sind, gesetzlich geregelt[414]. Wo sie berichtspflichtig sind, gilt dies nur gegenüber Personen, die mit der Beteiligungsverwaltung einer Gebietskörperschaft betraut sind oder diese zu prüfen haben[415].

Außerdem sind Vorkehrungen zu treffen, damit die **Geheimhaltung** innerhalb der Gebietskörperschaft gewährleistet ist und vertrauliche Angaben und Geschäftsgeheimnisse des Unternehmens nicht veröffentlicht werden. Mit dieser gesellschaftsrechtlichen Regelung sind Bestimmungen des Gemeindewirtschaftsrechts, die als Berichtsadressaten die Gemeindevertretung oder ihr nach Zusammensetzung und Transparenz vergleichbare Organe der Gebietskörperschaft vorsehen, unvereinbar[416].

---

[413] § 116 iVm. § 93 Abs. 1 AktG; siehe dazu *Marsch-Barner* in AR Hdb. Rn J 1 ff., 50.
[414] § 394 AktG; siehe Fn 142.
[415] § 395 AktG.
[416] *Schwintowski* NJW 1990, 1009, 1014.

§ 21 Übernahmen von Grundstücksgesellschaften

Übersicht

	Rn
A. Besonderheit dieser Übernahmen	1
I. Grundstückskauf als Share Deal	2
1. Kein „Unternehmenskauf"	3
2. Das Ziel des Erwerbs einer Immobilie oder eines Immobilienportfolios entspricht trotz Share Deal dem eines Asset Deal	4
II. Kartellrecht	6
1. Europäische Zusammenschlußkontrolle	6
2. GWB	8
B. Gesellschaftsform und Besonderheiten des Anteilskaufs	9
I. GbR	9
1. Haftung der Gesellschafter	12
2. Form und Vollzug	17
3. Rechtsformbedingte Unsicherheiten der Abschlüsse	21
II. OHG, KG, GmbH & Co. KG	22
1. Handelsregister- und grundbuchfähig	22
2. Vollzug	26
III. GmbH	29
IV. AG	32
1. Personalistische AG	33
2. Kapitalistische AG	34
3. Rolle von Organen und Anteilseignern	35
C. Besonderheiten der Due Diligence	36
I. Grundstücksbezogene Prüfungen	37
1. Eigentumsverhältnisse	37
2. Miet- und andere Nutzungsverträge	38
3. Beschränkungen der Bebaubarkeit; Dienstbarkeiten und Baulasten	39
4. Altlasten	42
5. Sonstiges	44
II. Aktiva	47
III. Kapitalkonten bei Personengesellschaften	48
1. Verluste	49
2. Vereinnahmte Liquidität	50
IV. Schwebende Verträge und Verpflichtungen	52
1. Verträge mit Bezug auf die Fertigstellung des Objekts	53
2. Sanierungsvereinbarungen	54
3. Vereinbarungen zugunsten fremder Grundstücke	55
4. Kredite	56

	Rn
D. Kaufpreisbemessung und -anpassung	57
I. Kaufpreisbemessung	57
II. Planbilanz und Abrechnungsbilanz	60
E. Grundstücksbezogene Gewährleistungen	64
I. Fertiggestellte Objekte	65
II. Objekte im Bau	66
F. Steuerliche Besonderheiten	67

Schrifttum: *Bredow,* Vertragsgestaltung beim Erwerb von Grundstücksgesellschaften, WiB 1996, 102; *Brügelmann* (Begr.), Baugesetzbuch, Kommentar, Stand: Juli 2000; *Metzger/Neubacher,* Baulasten als Ursache für inhärentes Prüfungsrisiko bei Grundstücken, WPg 1996, 500; *Karsten Schmidt,* Die BGB-Außengesellschaft: rechts- und parteifähig, NJW 2001, 993; *Ulmer,* Die höchstrichterlich „enträtselte" Gesellschaft bürgerlichen Rechts, ZIP 2001, 585; *H.-P. Westermann,* Erste Folgerungen aus der Anerkennung der Rechtsfähigkeit der BGB-Gesellschaft, NZG 2001, 289.

A. Besonderheit dieser Übernahmen

1   Grundstücke werden häufig von **Grundstücks- oder Objektgesellschaften** gehalten, d. h. Personen- oder Kapitalgesellschaften, deren Vermögen auf der Aktivseite im wesentlichen aus bebauten und/oder unbebauten Immobilien besteht[1]. Der indirekte Erwerb von Immobilien durch Anteilserwerb kommt in verschiedenen Situationen vor, u. a.
- wenn der Veräußerer einzelne Grundstücke über eine Gesellschaft hält, um im Hinblick auf Anteilsveränderungen oder -verkauf flexibler zu sein und die Transaktionskosten gering zu halten;
- wenn sich zwei Projektentwickler zur Entwicklung eines Großprojekts in Form eines Joint Venture zusammengeschlossen haben und die Immobilie über ein Gemeinschaftsunternehmen halten;
- bei der Veräußerung großer Immobiliengesellschaften (zB im Rahmen der Privatisierung);
- wenn verschiedene Grundstücke in einer Gesellschaft zusammengefaßt sind und/oder es wirtschaftlich unerläßlich ist, eine Vielzahl von Vertragsbeziehungen zu übernehmen;
- wenn die Immobilie noch nicht fertig gestellt ist und die bestehenden Verträge ohne Änderungen übergeleitet werden sollen;
- falls ohnehin eine Immobiliengesellschaft – etwa mit dem Ziel der späteren Börseneinführung – gegründet werden soll.

---

[1] Nicht selten sind auch „Erbbaurechts-Gesellschaften", denen an den Grundstücken kein Eigentum, sondern ein Erbbaurecht zusteht. Sie machen etwa 10 bis 20% der immobilienbezogenen Transaktionen aus.

I. Grundstückskauf als Share Deal

Wesentliches Merkmal dieser Transaktionen ist es, daß das Grundstück wirtschaftlich durch den **Kauf der Anteile** an der Grundstücksgesellschaft erworben wird (Share Deal[2]). Daher sind auch das materielle Recht und die Formvorschriften zu beachten, die für Anteilsveräußerungen gelten. Besonderheiten ergeben sich in diesem Zusammenhang bei der Übernahme einer Gesellschaft bürgerlichen Rechts[3].

1. Kein „Unternehmenskauf"

Während es beim Unternehmenskauf entscheidend darauf ankommt, die Vielzahl von wertbildenden Faktoren und Prozessen als Einheit zu übernehmen, steht bei der Übernahme einer Grundstücksgesellschaft vor allem eines im Vordergrund: Die **Werthaltigkeit des Anlagevermögens**, d. h. der Grundstücke und Gebäude. Ist die Immobilie fertiggestellt, bestehen bei der Grundstücksgesellschaft im Gegensatz zum Unternehmen weder komplizierte Produktionsprozesse und Vertriebswege noch Abhängigkeiten von Lieferanten oder Dienstleistern. Dennoch bleibt bei aller Fokussierung auf die Immobilie zu beachten, daß der Erwerber durch den Anteilserwerb wie bei jedem anderen Unternehmenskauf wirtschaftlich in die Stellung der verkaufenden Gesellschafter eintritt.

2. Das Ziel des Erwerbs einer Immobilie oder eines Immobilienportfolios entspricht trotz Share Deal dem eines Asset Deal

Diese Dualität spiegelt sich auch in der vertraglichen Gestaltung, insbes. dem **Gewährleistungskatalog**, wider. Die Gewährleistungen dienen beim Erwerb von Grundstücksgesellschaften in großem Umfang der Beschreibung der erworbenen Immobilie und umfassen nahezu sämtliche Regelungen, die in vergleichbaren reinen Grundstückskaufverträgen zu finden sind. Gleichzeitig enthält der Kaufvertrag die üblichen gesellschafts- bzw. unternehmensbezogenen Gewährleistungen, wenngleich aufgrund des eingeschränkten Geschäftsbetriebs der Gesellschaft oft in erheblich verringertem Umfang[4].

Dies gilt im Grundsatz selbst für diejenigen Vereinbarungen, die die Übernahme großer **Wohnungsbau- oder Wohnungsgesellschaften** betreffen. Die Vielfalt der einzelnen Wirtschaftsgüter führt hier allerdings dazu, daß das einzelne Grundstück eher summarisch und als Teil einer Gruppe gleichartiger Wirtschaftsgüter behandelt wird, so daß die Elemente des klassischen Unternehmenskaufs stärker zum Vorschein treten.

---

[2] Siehe § 12.
[3] Siehe Rn 9 ff.
[4] *Bredow* WiB 1996, 102, 105.

II. Kartellrecht

1. Europäische Zusammenschlußkontrolle

6 Wenn die beteiligten Unternehmen die Umsatzschwellenwerte der EG-Fusionskontrollverordnung[5] erreichen, ist auch der Erwerb einer Beteiligung an einer Grundstücksgesellschaft ein **anmeldepflichtiger Zusammenschlußtatbestand**[6]. Allerdings führt die projektbezogene, punktuelle Zusammenarbeit von Gesellschaften in Gemeinschaftsunternehmen zur Errichtung und Verwaltung einer Immobilie nach Auffassung der Kommission nicht zu einer dauerhaften Änderung der Struktur der beteiligten Unternehmen. Weder für die Gründung noch für die Veräußerung der Anteile bedarf es daher einer Anmeldung.

7 Wenn jedoch der konkrete Projektbezug von Anfang an fehlt (zB weil zwei Parteien ganz allgemein die Zusammenarbeit in Immobilienprojekten vereinbaren) oder nach Gründung des Gemeinschaftsunternehmens verloren geht, wird eine **Strukturveränderung** angenommen, die für künftige Geschäfte zur Anwendung der EG-Fusionskontrolle führt[7].

2. GWB

8 Erzielen die Beteiligten entsprechende Umsätze, kommt zudem die Anmeldung des Zusammenschlusses beim **Bundeskartellamt** in Betracht[8]. Die projektbezogene Zusammenarbeit von Immobilien- oder Baufirmen in einem Gemeinschaftsunternehmen ist ein der Zusammenschlußkontrolle unterliegender Tatbestand. Daher werden die Anteile bei Transaktionen mit entsprechenden Volumina idR unter der aufschiebenden Bedingung kartellamtlicher Freigabe übereignet. Allerdings ergeben sich mangels wettbewerbsrelevanter Marktveränderungen nur selten kartellrechtliche Schwierigkeiten.

B. Gesellschaftsform und Besonderheiten des Anteilskaufs

I. GbR

9 Die Gesellschaft bürgerlichen Rechts (GbR)[9] ist der Urtyp der Personengesellschaft. Man sollte daher annehmen, daß die sie betreffenden Rechtsfragen umfassend geklärt seien. Jedoch ist das Gegenteil der Fall. Dies wird insbesondere deutlich, wenn man sich die letzten Entwicklungen der Rechtsprechung im Hinblick auf die Rechtsfähigkeit der GbR, deren Parteifähigkeit und die Gesellschafterhaftung betrachtet. Bislang ging man im Prinzip davon aus, daß die GbR

---

[5] VO (EWG) Nr. 4064/89 des Rates vom 21. 12. 1989 über die Kontrolle von Unternehmenszusammenschlüssen. Siehe § 25.
[6] Vgl. Art. 3 FKVO.
[7] Anmeldepflicht und -frist ergeben sich aus Art. 4 VO (EWG) Nr. 4064/89.
[8] § 24a GWB.
[9] § 705 BGB.

keine eigene Rechtspersönlichkeit habe, sie also nicht selbständig Trägerin von Rechten und Pflichten sein und handelnd im Rechtsverkehr auftreten könne. Auch das Gesellschaftsvermögen steht der GbR nicht als solcher, sondern den Gesellschaftern als Gesamthandsgemeinschaft zu[10].

Jedoch herrschte bereits seit langem eine eindeutige Tendenz in der Rechtsprechung, der GbR in bestimmten Bereichen Teilrechtsfähigkeit zu attestieren[11]. Nach dem Urteil des BGH[12] besitzt die (Außen-) Gesellschaft bürgerlichen Rechts nun aber sogar **Rechtsfähigkeit**, soweit sie durch Teilnahme am Rechtsverkehr eigene Rechte und Pflichten begründet. In diesem Rahmen kann sie selbst klagen und verklagt werden. Das ist eine erhebliche Erleichterung, da bisher alle Gesellschafter in ihrer Gesamtheit als notwendige Streitgenossen klagen mußten. Soll aber gegen sie vollstreckt werden, bleibt nach wie vor die Klage gegen die Gesellschafter nötig[13]. Das Urteil wirft eine Reihe von ungeklärten Fragen auf, die im folgenden aber nur kurz besprochen werden sollen, insbes. zu § 47 GBO.

Die Entscheidung gilt nur für eine **Außen-GbR**. Unzweifelhaft kann unter diesen Begriff die kleingewerbliche Außengesellschaft, die Freiberufler-Sozietät oder die eintragungsfähige Holding[14] subsumiert werden[15]. Der BGH hat indes in seinem Urteil nicht nur auf die sog. „höherstufige" GbR[16] abgestellt, sondern der Außen-GbR Rechtsfähigkeit zuerkannt, soweit sie durch Teilnahme am Rechtsverkehr eigene Rechte und Pflichten begründet. Ob hierunter auch die Ehegatten-GbR mit Gesamthandseigentum am eigenen Wohnhaus fällt, mag zweifelhaft sein. Andere, hier interessierende Formen der GbR sind aber erfaßt.

1. Haftung der Gesellschafter

Wiederholt wurde versucht, die **Haftung der Gesellschafter** auf deren Gesamthandsvermögen zu beschränken. Zuletzt hoffte man, dies durch die Bezeichnung als „GbR mit beschränkter Haftung" zu bewirken. Die gesetzliche Haftung der Gesellschafter der GbR mit ihrem Privatvermögen kann für die im Namen der Gesellschaft begründeten Verbindlichkeiten aber nur durch eine individuelle Vereinbarung mit dem Vertragspartner beschränkt werden, nicht durch einseitige Willenskundgabe, etwa in Form dieses Namenszusatzes[17]. Mit dieser Entscheidung hat der BGH auch der in Literatur und Rechtsprechung bislang herrschenden Theorie der Doppelverpflichtung eine Absage erteilt, nach der zur Begründung einer persönlichen Verpflichtung der Gesellschafter einer GbR neben dem

---

[10] §§ 718, 719 BGB.
[11] BGHZ 116, 86; 136, 254.
[12] *BGH* Urteil vom 29. 1. 2001, Az. II ZR 331/00, DB 2001, 423.
[13] § 736 ZPO.
[14] Gem. § 105 Abs. 2 HGB.
[15] *Karsten Schmidt* NJW 2001, 993, 1001.
[16] *Ulmer* ZIP 2001, 585, 592.
[17] *BGH* GmbHR 1999, 1134, 1136; *Ulmer*, Unbeschränkte Gesellschafterhaftung in der Gesellschaft bürgerlichen Rechts, ZGR 2000, 339.

Vertragsschluß mit der Gesellschaft eine zusätzliche rechtsgeschäftliche Verpflichtung erforderlich sei[18].

13   Diese Entscheidung wurde nun durch die neue Entscheidung des BGH vom 29. 1. 2001[19] fortgeführt. Einhergehend mit der Anerkennung der Rechtsfähigkeit der Außen-GbR spricht sich der BGH nunmehr auch für eine **akzessorische Haftung** der Gesellschafter für die Gesellschaftsverbindlichkeiten aus. Aus einer Gesamtschau der beiden Entscheidungen kann daher nunmehr gefolgert werden, daß die Gesellschafter einer Außen-GbR für die Verbindlichkeiten der Gesellschaft kraft Gesetzes auch persönlich haften und daß diese Haftung entsprechend §§ 128 f. HGB akzessorischen Charakter hat[20].

14   Die Beteiligung an einer GbR ist nicht ohne weiteres übertragbar. Der Gesellschaftsvertrag muß die Übertragung zulassen oder alle übrigen Gesellschafter müssen ihr zustimmen[21]. Das **Zustimmungserfordernis** beruht darauf, daß die Übertragung einen Eingriff in die Rechtssphäre der Mitgesellschafter darstellt. Ihnen soll nicht gegen ihren Willen ein neuer Gesellschafter aufgedrängt werden[22]. Daher bleibt die Abtretung schwebend unwirksam bis alle Gesellschafter ihre Zustimmung erteilt haben und wird endgültig unwirksam, sofern auch nur einer die Genehmigung verweigert[23]. Gestattet hingegen der Gesellschaftsvertrag ausdrücklich die Übertragung der Mitgliedschaft, ist die Zustimmung insoweit bereits vorweggenommen[24].

15   Bislang war allgemein anerkannt, daß ein neu eintretender GbR-Gesellschafter für **Altschulden** der GbR nicht persönlich, sondern nur mit dem Gesellschaftsvermögen einschließlich seiner diesem zugeflossenen Einlage haftet[25]. Mit seinem Privatvermögen haftete er nur, wenn dies mit dem Gläubiger besonders vereinbart worden war. Aufgrund der neuen Rechtsprechung drängt sich nunmehr allerdings die Frage auf, ob der neu eintretende Gesellschafter einer Außen-GbR in analoger Anwendung des § 130 HGB für Altschulden auch mit seinem Privatvermögen einzustehen hat. Zu dieser Frage hat der BGH in seinem Urteil vom 29. 1. 2001 nicht Stellung genommen, sie wird aber bereits in der Literatur kontrovers diskutiert. Gegen eine analoge Anwendung wird insbes. angeführt, daß das Tätigkeitsfeld für die GbR so weit und damit auch so verschwommen sei, daß die Anwendung einer so strikten Haftungsnorm wie der des § 130 HGB nicht allgemein angezeigt erscheine[26]. Für eine analoge Anwendung wird indes dargelegt, daß sonst die akzessorische Gesellschafterhaftung in einer für die Gläubiger unzumutbaren Weise relativiert werden würde und ihnen der schwer zu erbringende Nachweis obläge, im jeweiligen Fall nachzuweisen, daß der betreffende Gläubiger auch bei der Einge-

---

[18] Siehe dazu *Ulmer* in MünchKomm. § 714 BGB Rn 26 f.
[19] Siehe Fn 12.
[20] *Habersack*, Die Anerkennung der Rechts- und Parteifähigkeit der GbR und der akzsessorischen Gesellschafterhaftung durch den BGH, BB 2001, 477, 481.
[21] *von Gerkan* in Röhricht/von Westphalen § 105 HGB Rn 85.
[22] *Piehler* in MünchHdbGesR Bd. 1 § 66 Rn 8.
[23] *Sprau* in Palandt § 719 BGB Rn 6.
[24] *Piehler* in MünchHdbGesR Bd. 1 § 66 Rn 9.
[25] BGHZ 74, 240 = NJW 1979, 1821.
[26] *Westermann* NZG 2001, 289, 295.

hung der Verbindlichkeit bereits Mitglied war[27]. Eine höchstrichterliche Entscheidung bleibt abzuwarten, jedoch ist zu vermuten, daß sich die Gerichte für eine entsprechende Anwendung des § 130 HGB auf die Außen-GbR entscheiden werden.

Der Altgesellschafter haftet den Gesellschaftsgläubigern auch künftig für die zum Zeitpunkt seines Ausscheidens bestehenden Verbindlichkeiten weitere fünf Jahre. Nach Ablauf dieser Enthaftungsfrist, die mit Kenntnis des Gläubigers vom Ausscheiden beginnt, erlischt die Nachhaftung, sofern die Verbindlichkeit nicht vorher fällig und gerichtlich gegen ihn geltend gemacht wurde[28]. Ob er im Fall der Inanspruchnahme durch Gläubiger einen Freistellungsanspruch gegen den Erwerber hat, entscheidet der Kaufvertrag[29]. Wurden ein Risiko oder eine Verbindlichkeit nicht übernommen, müssen sie beim Veräußerer bleiben, zumal sie die Höhe des Kaufpreises nicht gemindert haben. Um den Altgesellschafter gegenüber Dritten zu enthaften, ist eine privative Schuldübernahme seitens des Neugesellschafters erforderlich, die allerdings der Zustimmung des betroffenen Gläubigers bedarf. Eine besondere Regelung empfiehlt sich. Wird der Kaufpreis auf Basis einer Stichtagsbilanz angepaßt, ist eine klare Regelung unerlässlich.

2. Form und Vollzug

Es muß weder der Anteilskaufvertrag beurkundet[30] noch eine Auflassung[31] erklärt werden, weil das Grundstück nicht Kaufgegenstand ist, sondern als Rechtsfolge der Anteilsverfügung indirekt ins Gesamthandseigentum des Erwerbers übergeht[32]. Ob dies auch dann gilt, wenn sämtliche Anteile an einer GbR übertragen werden, deren Zweck sich auf das Halten und Verwalten von Grundstücken beschränkt, ist zweifelhaft geworden[33]. Nimmt man in einem solchen Fall an, daß die für die Grundstücksübertragung geltenden Formvorschriften analog anzuwenden sind[34], bedarf die Anteilsübertragung der notariellen Beurkundung[35].

Die GbR verfügt zwar über Gesamthandsvermögen und ist nunmehr auch als rechtsfähig anzusehen, indes ist ihre **Grundbuchfähigkeit** auch weiterhin grundsätzlich abzulehnen[36]. Das Gesetz[37] schreibt die Eintragung der Gesellschafter persönlich unter Bezeichnung des für die Gemeinschaft zwischen ihnen maßgebenden Rechtsverhältnisses vor. Weiterhin spricht auch gegen eine Eintragung der GbR „als solche", daß es keine „Publizität des Objekts" ohne „Publizität des

---

[27] *Ulmer* ZIP 2001, 585, 598.
[28] § 736 Abs. 2 BGB iVm. § 160 Abs. 1 HGB.
[29] *BGH* NJW 1975, 166.
[30] § 313 Satz 1 BGB.
[31] §§ 873, 925 BGB.
[32] BGHZ 86, 367, 369f. = NJW 1983, 1110; zust. *Kanzleiter* in MünchKomm. § 313 BGB Rn 14; *Wufka* in Staudinger § 313 BGB Rn 40.
[33] *Ulmer* in MünchKomm. § 719 BGB Rn 26 ff.
[34] *Ulmer* in MünchKomm. § 719 BGB Rn 28.
[35] § 313 BGB. Einer Auflassung (§ 925 BGB) bedarf es auch dann nicht. Der Formmangel wird durch die Berichtigung des Grundbuchs geheilt. Bis dahin allerdings kann der formlos übertragene Anteil nach § 812 BGB zurückgefordert werden, so daß es sich in diesen Fällen vorsichtshalber empfiehlt, den Vertrag notariell beurkunden zu lassen.
[36] *Ulmer* ZIP 2001, 585, 595.
[37] § 47 GBO.

Subjekts" geben sollte[38]. Aufgrund der neuen Rechtsprechung des BGH könnte nun aber überlegt werden, ob es in den Fällen einer klar identifizierbaren GbR mit gesetzlich nicht vorgesehener eigener Identitätsausstattung (Name und Sitz) nicht möglich sein sollte, die GbR als solche an Stelle ihrer Mitglieder in das Grundbuch einzutragen[39]. Der Grundbuchakte müßte sodann eine Liste mit den jeweilgen Gesellschaftern beigefügt werden, die bei Änderungen in dem jeweiligen Bestand der Gesellschaft ergänzt und fortgeschrieben werden müßte. Dies hätte gerade bei großen Gesellschaften mit einer Vielzahl von Gesellschaftern den Vorteil eines erheblich geringeren Arbeitsaufwandes für das Grundbuchamt[40]. Fraglich erscheint dabei aber, ob in den Fällen des Ausscheidens eines Gesellschafters das Grundbuch materiell unrichtig werden würde, da an der Identität der Gesellschaft als solcher nichts geändert werden würde[41]. Diese und weitere Fragen sowie die derzeitige Gesetzeslage führen dazu, daß eine Eintragung der GbR als solcher wohl zunächst nicht möglich erscheint. Um eine entsprechende Eintragung zu ermöglichen, bedarf es hier einer Initiative des Gesetzgebers.

19 Daher sind auch weiterhin im Grundbuch die Gesellschafter in ihrer gesamthänderischen Verbundenheit persönlich einzutragen, dergestalt, daß zB nicht die „A und B GbR" als Eigentümerin, sondern (mit dem Zusatz „in Gesellschaft bürgerlichen Rechts") A und B als Eigentümer eingetragen werden, ggf. mit Angabe der Beteiligungsverhältnisse. Vollzieht sich in der GbR ein Gesellschafterwechsel, wird die Eintragung unrichtig. Konsequent muß das **Grundbuch** auf Antrag des Erwerbers mit öffentlich beglaubigter Bewilligung des Veräußerers und Zustimmung der Mitgesellschafter dahingehend **berichtigt** werden, daß statt A jetzt C Miteigentümer ist. Aufgrund der vorübergehenden Unrichtigkeit des Grundbuchs besteht für den Erwerber die Gefahr einer wirksamen Zwischenverfügung des Veräußerers zugunsten eines gutgläubigen Dritten[42]. Um eine solche auszuschließen, wird häufig so verfahren, daß der Übertragungsvertrag die Bewilligung der Grundbuchberichtigung enthält und die Unterschriften unter dem Vertrag notariell beglaubigt werden, oder eine gesonderte Bewilligung zeitgleich mit der Anteilsübertragung in notariell beglaubigter Form unterschrieben wird.

20 Die GbR ist als solche auch weiterhin **nicht handelsregisterfähig**[43]. Anmeldungen von Anteilsübertragungen erübrigen sich daher.

3. Rechtsformbedingte Unsicherheiten der Abschlüsse

21 Die Gesellschaftsform der GbR wird deswegen so oft gewählt, weil sie sehr flexibel ist. Die kaufmännischen Rechnungslegungs- und Prüfungsvorschriften finden auf sie grundsätzlich keine Anwendung. Auch wenn die GbR auf Dauer an-

---

[38] *Karsten Schmidt* NJW 2001, 993, 1002.
[39] *Ulmer* ZIP 2001, 585, 594.
[40] Vgl. zu den im Zusammenhang mit einer Eintragung entstehenden Problemen: *LG Stuttgart* NJW-RR 1999, 743.
[41] Hierzu vgl. *Westermann* NZG 2001, 289, 294.
[42] § 892 BGB.
[43] Nach der HGB-Reform von 1998 kann eine gewerbliche oder vermögensverwaltende GbR zwar ins Handelsregister eingetragen werden, sie wird dadurch jedoch zur OHG, vgl. § 105 Abs. 2 HGB.

gelegt ist und daher ein jährlicher Rechnungsabschluß zu erfolgen hat[44], bedeutet dies keineswegs die Pflicht, eine Bilanz sowie eine Gewinn- und Verlustrechnung nach handelsrechtlichen Maßstäben aufzustellen[45]. Der durch **fehlende geprüfte Abschlüsse** entstehenden Unsicherheit muß der Erwerber durch erhöhte eigene Sorgfalt im Rahmen der Due Diligence entgegenwirken.

II. OHG, KG, GmbH & Co. KG

1. Handelsregister- und grundbuchfähig

Die übrigen Personengesellschaften (OHG, KG und damit auch GmbH & Co. KG) sind **grundbuchfähig**[46]. Der Eintritt eines neuen Gesellschafters (auch wenn er durch rechtsgeschäftliche Übertragung der Mitgliedschaft erfolgt) ebenso wie der Austritt des Vorgängers ist in notariell beglaubigter Form zum **Handelsregister** anzumelden[47]. Die Eintragung hat jedoch nur deklaratorische Wirkung. Der neue Gesellschafter hat die Firma und seinen Namen zu zeichnen, ein namensgebender Anteilsveräußerer ggf. sein Einverständnis mit der Fortführung der Firma zu erklären[48]. Zur Anmeldung verpflichtet sind sämtliche Gesellschafter, die der Gesellschaft zum Zeitpunkt der Übertragung angehört haben, mithin auch der Anteilsveräußerer selbst[49].

Anmeldungspflichtig ist auch der Kommanditistenwechsel innerhalb einer bestehenden KG[50] mit der Besonderheit, daß im Falle der rechtsgeschäftlichen Anteilsübertragung zusätzlich zum Ausscheiden des alten und Eintritt des neuen Gesellschafters ein sog. **Nachfolgevermerk** einzutragen ist[51], der deutlich macht, daß der Wechsel im Wege der Rechtsnachfolge vollzogen wurde. Unterbleibt der Nachfolgevermerk, so daß der Eindruck einer zusätzlichen Kommanditistenbeteiligung entsteht, kommt die Einzahlung der Einlage dem Erwerber zugute[52]. Denn mit der Übertragung der Mitgliedschaft auf den Erwerber ist auf diesen auch das Recht übergegangen, sich auf die Einlageleistung seines Rechtsvorgängers zu berufen. Hingegen lebt die Haftung des Veräußerers wieder auf[53], da seine Einlage den Gläubigern gegenüber als nicht mehr geleistet gilt[54].

Die Handelsgesellschaften sind auch **grundbuchfähig**[55]. Der Erwerb der Beteiligung führt nicht dazu, daß das Grundbuch unrichtig wird, weil als Eigentümerin hier die jeweilige Gesellschaft eingetragen ist. Eine Grundbuchberichtigung ist daher nicht nötig.

---

[44] § 721 Abs. 2 BGB.
[45] *Gummert* in MünchHdbGesR Bd. 1 § 10 Rn 7.
[46] *Karsten Schmidt* HandelsR S. 110.
[47] §§ 12, 107, 143 Abs. 2 HGB.
[48] § 24 Abs. 2 HGB.
[49] § 108 Abs. 1 HGB; *von Gerkan* in Röhricht/von Westphalen § 108 HGB Rn 7.
[50] §§ 162 Abs. 3, 108 Abs. 1 HGB.
[51] *Hopt* § 162 HGB Rn 8.
[52] BGHZ 81, 82, 89.
[53] § 172 Abs. 4 Satz 1 HGB analog.
[54] BGHZ 81, 82, 89.
[55] *Karsten Schmidt* HandelsR S. 110.

25 Etwas anderes gilt jedoch dann, wenn alle Gesellschafter einer Personengesellschaft ihre Anteile auf einen Erwerber übertragen, der hierdurch **einziger Gesellschafter** wird. Durch das Zusammenfallen aller Anteile in einer Hand erlischt die Gesellschaft als solche; ihr Vermögen geht im Wege der Gesamtrechtsnachfolge auf die übernehmende Gesellschaft über[56]. Dadurch wird gleichzeitig die Eintragung der Zielgesellschaft als Eigentümerin im Grundbuch unrichtig, so daß die Berichtigung des Grundbuchs unter Vorlage eines beglaubigten Handelsregisterauszugs, der das Erlöschen der Zielgesellschaft nachweist, verbunden mit einem Hinweis auf die Anwachsung beantragt werden muß.

2. Vollzug

26 Verkauf und Übertragung bedürfen nur bei der GmbH & Co. KG notarieller Form, da Kaufgegenstand auch die GmbH-Anteile sind[57]. Der Gesellschafterwechsel ist jedoch in notariell beglaubigter Form zum Handelsregister anzumelden[58].

27 Bei der Kommanditgesellschaft sollte vereinbart werden, daß die Übertragung des Kommanditanteils erst mit der **Eintragung** im Handelsregister wirksam wird. Man vermeidet damit, daß der in die Gesellschaft und damit – anders als in der GbR – in ihre Verbindlichkeiten eintretende Kommanditist zu irgendeinem Zeitpunkt Gesellschafter ist, ohne daß die Haftungsbeschränkung auf die Hafteinlage im Handelsregister eingetragen ist. Die Haftungsbeschränkung gilt nämlich nur für Rechtsgeschäfte, die nach dieser Eintragung getätigt wurden.[59]

28 Um den Erwerb der Gesellschafterstellung kraft Kauf von einem Neueintritt zu unterscheiden und zu vermeiden, daß die Haftung des Altgesellschafters wieder auflebt, muß in der Anmeldung klargestellt und versichert werden, daß der Eintritt im Wege der **Sonderrechtsfolge** stattfand und der ausscheidende Kommanditist nicht von der Gesellschaft abgefunden wurde.

III. GmbH

29 Bei der Übertragung von GmbH-Geschäftsanteilen bedürfen sowohl der schuldrechtliche Kaufvertrag als auch der dingliche Abtretungsvertrag der **notariellen Beurkundung**[60]. Aus Kostengründen wird beides meist in einer Urkunde beurkundet. Die Beurkundungspflicht umfaßt das gesamte Rechtsgeschäft mit allen wesentlichen Nebenabreden[61]. Die Verletzung der Form führt zur Nichtigkeit und macht eine Neubeurkundung erforderlich[62]. Allerdings heilt der notarielle Vollzug der Abtretung den wegen Formmangels unwirksamen obligatorischen Vertrag[63].

---

[56] *BGH* NJW-RR 1990, 798, 799.
[57] Siehe Rn 29.
[58] §§ 107, 161 Abs. 2, 162 Abs. 3, 12 Abs. 1 HGB.
[59] § 176 Abs. 2 HGB.
[60] § 15 Abs. 3 und 4 GmbHG.
[61] *Lutter/Hommelhoff* § 15 GmbHG Rn 18.
[62] §§ 125, 141 Abs. 1 BGB.
[63] § 15 Abs. 4 GmbHG.

Bei einer **GmbH & Co. KG** stellt sich stets die Frage, ob die Verpflichtung zur Übertragung der oft werthaltigen KG-Anteile mitbeurkundet werden muß. Grundsätzlich ist dies zu bejahen, da der Übergang der GmbH- und KG-Anteile für die Parteien idR ein einheitlicher Geschäftsvorgang ist[64]. In der Praxis wird jedoch die Heilungsmöglichkeit durch formgültige Abtretung der GmbH-Anteile genutzt, um ohne Beurkundung die Wirksamkeit des privatschriftlichen Kaufvertrags einschließlich der den Kommanditanteil betreffenden Abreden zu erreichen[65]. Der zunächst formnichtige Kaufvertrag wird durch die formgültige Abtretung der GmbH-Anteile, die in engem zeitlichem Zusammenhang erfolgen muß[66], wirksam.

Allerdings werden Anteilsübertragungen häufig unter die **aufschiebende Bedingung** vorheriger Kaufpreiszahlung und Entlassung aus Bürgschaften und Garantien für die Fremdfinanzierung gestellt. In diesem Fall muß die Gesamtvereinbarung beurkundet werden, da die Heilungswirkung der formgültigen Abtretung erst mit Eintritt der aufschiebenden Bedingung eintritt[67] und kein Käufer bereit ist, aufgrund eines unwirksamen Kaufvertrags zu leisten. Andererseits will der Veräußerer seine Anteile nicht vor Kaufpreiszahlung dinglich übergehen lassen, so daß eine unbedingte Anteilsübertragung nur denkbar ist, wenn im Closing der Kaufpreis gezahlt wird.

IV. AG

In der Praxis wird die AG zunehmend als Alternative zu herkömmlichen **Immobilienanlageformen** gesehen[68]. Dies liegt zum einen am Erfolg ihres US-amerikanischen Pendants, den Real Estate Investment Trusts, zum anderen an der gegenüber geschlossenen Immobilienfonds unterschiedlichen Bewertung. Bewertet wird primär die Aktie und nicht, wie bei Immobilienfonds, primär der Grundbesitz. Die Deutsche Vereinigung für Finanzanalyse und Anlageberatung (DVFA) empfiehlt, den in den USA bei der Beurteilung von Real Estate Investment Trusts (REITs) verwendeten Net Asset Value (NAV) zugrunde zu legen[69]. Als Immobiliengesellschaft gelten Unternehmen, die in erster Linie die Erstellung bzw. den direkten oder indirekten Erwerb, den Besitz, die Verwaltung und die Verwertung von Grundstücksvermögen zum Zweck haben. Dabei handelt es sich um längerfristige Investitionen in nicht eigengenutzte Immobilien, die die Gesellschaft mit eigenem Kapital für eigene Rechnung tätigt. Der E & G-DIMAX, einziger deutscher Index für Immobilienaktiengesellschaften, bestimmt zudem, daß bei einer „reinen" Immobilienaktiengesellschaft mindestens 90% des Umsat-

---

[64] Vgl. *BGH* DNotZ 1986, 687.
[65] Vgl. *BGH* NJW-RR 1987, 807.
[66] *BGH* NJW-RR 1987, 807.
[67] BGHZ 127, 129.
[68] ZB *Loritz*, Die Immobilien-AG als alternative Anlageform, NZG 1999, 853.
[69] *Cadmus*, Zur Bewertung von Immobilien-Aktiengesellschaften, Finanzbetrieb 2000, 96, 98; *Rehkugler*, Die Immobilien-AG als attraktive Kapitalanlage, Finanzbetrieb 2000, 230, 235.

zes und Ertrags des Unternehmens aus dem Immobiliengeschäft kommen müssen[70].

1. Personalistische AG

33 Personalistische Aktiengesellschaften werden von drei Merkmalen geprägt: der Begrenztheit des Aktionärskreises, der Beteiligung der Aktionäre an der Verwaltung, sowie dem fehlenden Handel der Aktien an einem öffentlichen Kapitalmarkt. Der kleine Aktionärskreis beabsichtigt, durch gesellschafts- und schuldrechtliche Gestaltungen den ursprünglichen **Kreis der Mitglieder** möglichst **geschlossen** zu halten. Hierfür sorgt idR die Ausgabe vinkulierter Namensaktien[71], die nur mit Zustimmung des Vorstands übertragen werden dürfen, sowie die Vereinbarung von Vorkaufsrechten, Anbietungspflichten und Rückkaufsrechten[72]. Bis zur Zustimmung der Gesellschaft ist die Verfügung über eine vinkulierte Namensaktie schwebend unwirksam[73]. Der Vorstand erteilt die Zustimmung nach Ermessen, soweit die Satzung dieses nicht auf bestimmte Versagungsgründe beschränkt[74]. Allerdings kann die Zustimmung zur Weiterveräußerung nicht auf Dauer verweigert werden[75].

2. Kapitalistische AG

34 Bei der Publikums-AG, dem Idealtypus der AG, steht hingegen die **kapitalistische Beteiligung der Aktionäre** im Vordergrund. Die Aktien befinden sich jedenfalls auch in Streubesitz und werden am Kapitalmarkt gehandelt. Sie werden entweder wie eine Sache durch Übereignung der Urkunde (verbriefte Namensaktien sind zusätzlich zu indossieren) oder wie ein Recht durch Abtretung der Mitgliedschaft und Übergabe der Urkunde[76] übertragen. Allerdings genießt der Erwerber bei der Übertragung durch Abtretung keinerlei Gutglaubensschutz bei Mängeln im Recht des Veräußerers[77]. Da die Aktienpakete im Regelfall von einem Kreditinstitut bzw. einer Wertpapiersammelbank verwahrt werden, erfolgt die Übertragung in der Praxis nach den Vorschriften des Depotgesetzes[78]. Bei der Übernahme oder dem Erwerb einer Beteiligung an einer AG sind die Mitteilungspflichten nach dem Wertpapierhandels-[79] und Aktiengesetz[80] zu beachten.

---

[70] *Benkert/Nägele/Stengel* in Usinger Kap. 12 Rn 1, 2.
[71] § 68 Abs. 2 AktG.
[72] *Friedewald*, Die personalistische Aktiengesellschaft, S. 15.
[73] *Wiesner* in MünchHdbGesR Bd. 4 § 14 Rn 29.
[74] *Wiesner* in MünchHdbGesR Bd. 4 § 14 Rn 27.
[75] *Benkert/Nägele/Stengel* in Usinger Kap. 12 Rn 16.
[76] *Hüffer* § 68 AktG Rn 3.
[77] *Lutter* in Kölner Komm. § 68 AktG Rn 17.
[78] §§ 18, 24 DepotG.
[79] §§ 21 ff. WpHG.
[80] §§ 20, 21, 328 Abs. 4 AktG. Siehe § 7.

3. Rolle von Organen und Anteilseignern

Die Organe der AG führen das Unternehmen, nicht der Erwerber. Es muß die sofortige **Kontrolle dieser Organe** durch den Erwerber sichergestellt sein, um auf das Unternehmen in seinem Sinne einwirken zu können. Da die Abberufung von Aufsichtsräten sowie von Vorstandsmitgliedern nur mit qualifizierter Mehrheit oder aus wichtigem Grund möglich ist[81], macht der Erwerber zweckmäßigerweise die Amtsniederlegung der betreffenden Personen zur Kaufbedingung[82]. Zudem können, vor allem bei personalistischen Aktiengesellschaften, besondere Ausgestaltungen des Stimmrechts oder Entsendungsrechte in den Aufsichtsrat bestehen oder vereinbart werden, die einzelnen Aktionären oder Aktionärsgruppen eine Vormachtstellung einräumen[83].

C. Besonderheiten der Due Diligence

Die Due Diligence wird an anderer Stelle ausführlich behandelt[84]. Hier soll lediglich auf Schwerpunkte hingewiesen werden, die sich aus den Charakteristika der Grundstücksgesellschaft ergeben.

I. Grundstücksbezogene Prüfungen

1. Eigentumsverhältnisse

Auf den öffentlichen Glauben des Grundbuchs kann sich der Erwerber von Gesellschaftsanteilen nicht berufen, da ein gutgläubiger Erwerb – auch bei der GbR – mangels Grundstückserwerb ausscheidet. Ist das Grundbuch unrichtig und die Zielgesellschaft nicht Eigentümerin, kann der Erwerber lediglich aufgrund des Kaufvertrags gegen den Veräußerer vorgehen. Hat die Zielgesellschaft viele Grundstücke, kann die Überprüfung der Eigentumsverhältnisse einige Zeit in Anspruch nehmen.

2. Miet- und andere Nutzungsverträge

Die **Rechte und Pflichten** aus den bestehenden Nutzungsverträgen sind zu erfassen und zu überprüfen, insbes. im Hinblick auf das vereinbarte Nutzungsentgelt, Mietpreisanpassungsklauseln, Kündigungsrechte und -fristen, Laufzeiten, Betriebs- und Instandhaltungskosten, Reparatur-, Renovierungs-, Verkehrssicherungs- und Reinigungspflicht, eventuell eingetretene Mietrückstände oder -minderungen, Haftungsbeschränkungen, schwebende Rechtsstreitigkeiten etc. Diese

---

[81] §§ 103 Abs. 1 und 3, 84 Abs. 3 AktG.
[82] *Brauner/Fritzsche* in Berens/Brauner (Hrsg.), Due Diligence bei Unternehmensakquisitionen, 1999, S. 274.
[83] *Friedewald*, Die personalistische Aktiengesellschaft, S. 15.
[84] Siehe § 9.

Prüfung ist auch deshalb unverzichtbar, weil sie die notwendige Informationsgrundlage für die Ermittlung des Ertragswerts der Immobilie schafft.

3. Beschränkungen der Bebaubarkeit; Dienstbarkeiten und Baulasten

39 Soll auf dem Grundstück ein Bauvorhaben realisierbar sein, muß die Due Diligence ergeben, ob dieses Projekt zu verwirklichen ist. Liegt keine Baugenehmigung oder ein in seiner Befristung noch nicht abgelaufener Bauvorbescheid vor, ist die Vereinbarkeit des Vorhabens mit den bauplanungsrechtlichen Bestimmungen und den Festsetzungen des vorhabenbezogenen Bebauungsplans zu prüfen. Relevant ist auch, ob die Bebaubarkeit durch **Dienstbarkeiten** oder **Baulasten** beschränkt ist. Eine Grund- oder beschränkte persönliche Dienstbarkeit kann den jeweiligen Eigentümer des dienenden Grundstücks zB verpflichten, sein Grundstück überhaupt nicht oder nur in vorgegebener Weise zu bebauen, bestimmte Nutzungen (zB Betrieb einer Fabrik) können ausgeschlossen sein. Die Dienstbarkeit kann auch Duldungspflichten (zB vom Nachbargrundstück ausgehender übermäßiger Immissionen) oder spezifische Nutzungsrechte (zB Wegerecht) beinhalten, die mit dem geplanten Bauvorhaben unvereinbar sind[85]. Gegen die Beeinträchtigung der Dienstbarkeit stehen dem Eigentümer des herrschenden, d. h. idR des Nachbargrundstücks, Abwehr- und Schadensersatzansprüche zu. Ob Dienstbarkeiten bestehen, ist aus dem Grundbuch ersichtlich.

40 Einschränkungen der Bebaubarkeit können sich auch aus einer öffentlichen **Baulast** ergeben. Durch die Baulast stellt zB ein Grundstückseigentümer einen anderen von der Einhaltung bestimmter baurechtlicher Vorschriften (bezüglich Abstandsflächen, Stellplätzen, Zufahrten etc.) frei, indem er sich verpflichtet, diesen kompensatorisch auf seinem eigenen Grundstück Rechnung zu tragen. Die Baulast wird mit der Eintragung in das von der jeweiligen Baubehörde zu führende Baulastenverzeichnis wirksam und wirkt auch gegenüber Rechtsnachfolgern[86]. Im Rahmen der Due Diligence sind daher regelmäßig ein Auszug aus dem Baulastenverzeichnis anzufordern[87] und Anträge sowie Bewilligungen, die noch nicht eingetragen wurden, abzufragen.

41 Von erheblicher Bedeutung ist auch die Frage, ob das Grundstück in einem **Sanierungsgebiet**[88] liegt, da dies starke Einschränkungen der Bau- und Verfügungsfreiheit des Eigentümers zur Folge hat. In einem durch kommunale Satzung als Sanierungsgebiet festgelegten Gebiet unterliegen die Errichtung, Änderung, Nutzungsänderung oder Beseitigung baulicher Anlagen sowie die Veräußerung, Belastung oder Teilung des Grundstücks und der Abschluß von mehr als einjährigen Miet- oder Pachtverträgen einer besonderen Genehmigungspflicht[89]. Bei der Veräußerung eines Grundstücks besteht insoweit eine Preisbindung, als sich Werterhöhungen, die lediglich durch die Aussicht auf die Sanierung, ihre Vorbereitung oder Durchführung eingetreten sind, nicht auf den Kaufpreis auswirken dürfen; ande-

---

[85] *Baur/Stürner*, Sachenrecht, 17. Aufl. 1999, § 33 Rn 9 f.
[86] Baulasten sind in den Landesgesetzen jeweils fast gleichlautend geregelt. Vgl. zB § 81 HBO.
[87] *Metzger/Neubacher* WPg 1996, 500.
[88] §§ 136 bis 164 BauGB.
[89] § 144 Abs. 1 und 2 BauGB.

renfalls wird die sanierungsrechtliche Genehmigung versagt[90]. Die Ordnungsmaßnahmen im Rahmen der Sanierung werden von der Gemeinde auf eigene Kosten durchgeführt. Nach Abschluß der Sanierungsmaßnahmen hat der jeweilige Eigentümer für die hierdurch bedingte Bodenwerterhöhung eine Ausgleichszahlung zu leisten[91]. Die Tatsache, daß ein Grundstück von einer Sanierungssatzung mit Genehmigungspflicht betroffen ist, ist durch einen Sanierungsvermerk im Grundbuch ersichtlich[92]. Jedoch ist auch zu prüfen, ob eine Sanierungssatzung geplant oder in der Diskussion ist.

4. Altlasten

Eine **Haftung** des Grundstückseigentümers für schädliche Bodenveränderungen und Altlasten kann sich sowohl aus öffentlich- als auch aus zivilrechtlichen Haftungsgrundlagen ergeben[93]. Die möglichen Grundlagen einer Inanspruchnahme sind ebenso vielfältig wie die mit Umweltbelastungen verbundenen Risiken (Sanierungs-, Sicherungs-, Gefahrerforschungsrisiko etc.)[94]. Letztere betreffen den Erwerber deshalb unmittelbar, weil das Polizeirecht kein Verursacherprinzip kennt, sondern auch der Zustandsstörer, d.h. der Eigentümer, unabhängig von eigenem Verschulden zur Beseitigung verpflichtet ist[95]. Es bleibt dann lediglich die – ungewisse – Möglichkeit, den Verantwortlichen in Regreß zu nehmen[96]. 42

Vor dem Erwerb von Grundeigentum sollte regelmäßig eine **Umwelt Due Diligence** durchgeführt werden, um Schadstoffbelastungen des Bodens, der Gewässer und ggf. auch der Gebäude (Asbest) zu erkennen und den Beseitigungsaufwand zu beziffern. Bereits bekannte Belastungen sind aus dem in vielen Bundesländern bestehenden Altlastenkataster ersichtlich, vorausgesetzt der Eigentümer ist seiner Mitteilungspflicht nachgekommen. Im übrigen ist eine Prüfung vor allem dann angezeigt, wenn das Grundstück durch immissionsintensive Industrie genutzt wurde. Zudem dient die Due Diligence Dokumentationszwecken im Hinblick auf Gewährleistungsansprüche gegen den Veräußerer[97]. 43

5. Sonstiges

Geprüft werden sollte auch, ob alle **Erschließungs- und Anliegerbeiträge** bzw. -gebühren vollständig bezahlt worden sind. Auskunft hierüber gibt eine bei vielen Gemeinden erhältliche Anliegerbescheinigung. Sie wird allerdings nur dem im Grundbuch eingetragenen Eigentümer bzw. mit dessen schriftlicher Zu- 44

---

[90] § 153 Abs. 2 iVm. § 145 Abs. 2 BauGB.
[91] § 154 BauGB.
[92] § 143 Abs. 2 BauGB.
[93] Eine Haftung kann sich aus § 4 Abs. 2 BBodSchG, § 22 WHG, den Landeswassergesetzen, dem allgemeinen Polizei- und Ordnungsrecht der Länder, §§ 1, 2 UHG, Nachbar- oder Deliktsrecht ergeben. Siehe dazu ausführlicher § 29 Rn 115 ff.
[94] *Schlemminger* in Usinger Kap. 18 Rn 5 f.
[95] Diese strenge Verantwortlichkeit findet sich, wie im allgemeinen Polizeirecht, auch im neuen Bundesbodenschutzgesetz (§ 4 Abs. 2 BBodSchG). Siehe § 29 Rn 120.
[96] Ein entsprechender Ausgleichsanspruch ist mit § 24 BBodSchG bundesweit eingeführt worden.
[97] Siehe § 9 Rn 202 ff.

stimmung erteilt, da sich die Beitragserhebung nach dem Verfahren der AO richtet und dementsprechend das Steuergeheimnis eingreift.

45 Oft werden an Immobilien im Laufe der Zeit bauliche Veränderungen vorgenommen oder die Nutzung ändert sich (aus einer Gaststätte wird eine Spielhalle, aus einer Lagerfläche wird eine Verkaufsfläche etc.). Dabei handelt es sich um genehmigungspflichtige Änderungen, für die jedoch häufig keine Genehmigung eingeholt wurde. Es ist daher wichtig zu prüfen, ob die vorhandene **Baugenehmigung** die bestehende Bebauung und Nutzung deckt oder diese jedenfalls genehmigungsfähig sind. Überprüft werden sollte dabei auch, ob die bauordnungsrechtlich geforderten Stellplätze vorhanden oder durch Zahlung eines Ausgleichsbetrags an die Gemeinde abgelöst worden sind. Durch bauliche oder Nutzungsänderungen können (zusätzliche) Stellplätze erforderlich geworden sein.

46 Bei innerstädtischen Grundstücken kommt es häufig vor, daß ein Gebäude in den Boden oder in den Luftraum eines oder mehrerer Nachbargrundstücke hineinragt (**aktiver oder passiver Überbau**). Dies muß geprüft werden, da verschiedene nachbarrechtliche Ansprüche bestehen können. Sofern der Eigentümer des Nachbargrundstücks keine Zustimmung erteilt hat, muß er nur einen leicht fahrlässig errichteten Überbau, dem er nicht widersprochen hat, gegen Zahlung einer jährlichen Rente dulden („entschuldigter Überbau"). Anderenfalls stehen ihm Schadensersatz-, Beseitigungs- oder Abkaufansprüche zu („unentschuldigter Überbau")[98]. Im Zusammenhang mit Abriß und anschließender Neubebauung führen Überbauten idR zu nicht unwesentlichen Schwierigkeiten, da sich die Duldungspflicht des Nachbarn nur auf die ursprüngliche Immobilie bezieht und mit deren Beseitigung (zB durch Abriß) endet. Ein Wiederaufbau ist nur zu dulden, wenn noch Baureste von wirtschaftlicher Bedeutung stehen geblieben sind[99]. Soll die Neubebauung die gleichen oder größere Ausmaße als das ursprüngliche Gebäude erreichen, ist daher frühzeitig zu klären, ob der Eigentümer des Nachbargrundstücks bereit ist, seine Zustimmung zu erteilen oder ein Nutzungsrecht einzuräumen und welche Entschädigung er hierfür erwartet.

II. Aktiva

47 Neben den grundstücksbezogenen Prüfungen hat die Due Diligence zum Ziel, diejenigen **Aktiva** zu identifizieren, die aus Sicht des Erwerbers überflüssig, unerwünscht oder zwar erforderlich sind, für die er aber keinen Kaufpreis zahlt. Zu ersteren können die Gegenstände des Geschäftsbetriebs der Grundstücksgesellschaft gehören, wie zB Kraftfahrzeuge, Büroeinrichtung und andere Dinge der Betriebs- und Geschäftsausstattung. Zu letzteren gehören die von Mietern gewährten Sicherheiten. Die Verträge mit Mietern und die sonstigen mieterbezogenen Unterlagen müssen sorgfältig auf diese Sicherheiten überprüft und ihr Verbleib genau nachvollzogen werden, damit nicht bei Beendigung des Mietverhältnisses Rückgewähransprüche bestehen, die nicht ohne Verlust befriedigt werden können.

---

[98] §§ 912f. BGB.
[99] *BGH* LM § 912 BGB Nr. 8.

III. Kapitalkonten bei Personengesellschaften

Bei Personengesellschaften existieren neben dem Kapitalkonto des Gesellschafters, das im wesentlichen seine Beteiligung am Vermögen, Ertrag und der Willensbildung der Gesellschaft repräsentiert, häufig weitere Gesellschafterkonten, die ganz oder zum Teil eines gesonderten Rechtsübergangs oder -verbleibs fähig sein können[100]. Nach der Rechtsprechung gelten mangels abweichender Vereinbarung die aus dem Rechenwerk der Gesellschaft ersichtlichen Rechte und Pflichten als verkauft, und zwar in dem Umfang, den sie bei der Abtretung haben[101]. Da die Kontenpläne gerade bei kleinen Personengesellschaften variieren und ferner auf ein- und demselben Gesellschafterkonten oft sehr unterschiedliche Geschäftsvorfälle gebucht werden, empfiehlt sich eine Analyse zur Vorbereitung einer **besonderen Vereinbarung** im Kaufvertrag. Diese sollte im Grundsatz vorsehen, daß sämtliche Gesellschafterkonten übertragen werden, die Forderungen an die Gesellschaft und Eigenkapital darstellen[102]. Soweit die Gesellschafter Verbindlichkeiten gegenüber der Gesellschaft haben, sollten sie ausdrücklich nicht übernommen, sondern aus dem Kaufpreis getilgt werden. Sind Kapitalkonten negativ, muß analysiert werden, welche Geschäftsvorfälle zu diesem Ergebnis geführt haben.

1. Verluste

Verluste führen nie zu einer Haftung des Gesellschafters auf Einzahlung oder Ausgleich, wenn dies im Gesellschaftsvertrag nicht besonders vereinbart ist[103]. Soweit gebuchte Verluste daher zu einem **negativen Kapitalkonto** beigetragen haben, besteht für den Erwerber kein Risiko.

2. Vereinnahmte Liquidität

Die Kapitalkonten können aber auch dadurch negativ geworden sein, daß Liquidität entnommen wurde, der kein Gewinn zugrunde lag. Das ist bei vielen Immobiliengesellschaften, gerade auch geschlossenen Fonds, typisch, da die Gesellschafter einen Liquiditätsrückfluß („Ausschüttungen") erwarten. Da das Ergebnis der Gesellschaften durch Zinsen und Abschreibungen belastet ist, steht durch die laufenden Mieteinnahmen häufig zwar **kein verteilungsfähiger Gewinn** zur Verfügung, wohl aber überschüssige Liquidität. Soll sie nicht zur Tilgung der Finanzierung verwendet werden, kann sie nach einem entsprechenden Gesellschafterbeschluß ausgeschüttet werden.

Bei der BGB-Gesellschaft und der OHG birgt dies keine besonderen Risiken, da die Gesellschafter ohnehin – mangels abweichender Vereinbarung mit jedem Gläubiger – persönlich haften. Die Entstehung eines negativen Kapitalkontos führt daher zu keinem zusätzlichen **Haftungsrisiko**. Anders ist es bei der KG, da

---

[100] *Franz-Jörg Semler* in Hölters Rn 43.
[101] *BGH* DB 1988, 281; *BGH* WM 1986, 1314.
[102] Vgl. Rn 60.
[103] §§ 707 BGB, 105 Abs. 3, 161 Abs. 2 HGB.

dort die Haftungsbeschränkung des Kommanditisten nur greift, soweit die im Handelsregister eingetragene Kommanditeinlage eingezahlt und nicht zurückgezahlt wurde. Die Auszahlung überschüssiger Liquidität, die keine Gewinnverteilung ist, läßt als **Einlagenrückgewähr** die Haftung des Kommanditisten wieder aufleben.[104] Denn als Rückzahlung[105] gilt jede Zuwendung aus dem Vermögen der KG an den Kommanditisten bis zur Höhe seiner Einlage, sofern der KG dadurch Vermögenswerte ohne objektiven Gegenwert entzogen werden[106]. Der Kommanditist ist in aller Regel auch bei Empfang der Zahlung nicht gutgläubig. Dieses Problem kann dadurch gelöst werden, daß der Erwerber das negative Kapitalkonto übernimmt. Die Haftung entsteht nicht, wenn die verteilte Liquidität als Darlehen gebucht wird. In diesem Fall muß allerdings geklärt werden, was mit dem Rückforderungsanspruch der Gesellschaft geschieht. In aller Regel wird der Veräußerer erwarten, daß der Erwerber die Darlehensverbindlichkeit übernimmt oder die Gesellschaft auf die Forderung verzichtet. Die Folgen für den Kaufpreis und die Plan- bzw. Stichtagsbilanz sind zu regeln.

IV. Schwebende Verträge und Verpflichtungen

52 Verträge und Verpflichtungen, die noch nicht erfüllt worden sind, müssen auf **Vertragsrisiken** hin überprüft und aufgelistet werden. Die fehlende Handelsregisterfähigkeit der GbR erschwert in der Praxis den Nachweis der rechtlichen Verhältnisse, vor allem der Vertretungsmacht. Nach dem Gesetz ist die Vertretungsmacht mangels abweichender Bestimmungen im Gesellschaftsvertrag an die Geschäftsführungsbefugnis geknüpft und besteht im gleichen Umfang wie diese. Sie kann jedoch auch durch Rechtsgeschäft, d. h. Vollmacht, übertragen werden[107]. Anders als im Falle der OHG, deren Vertretung gesetzlich geregelt bzw. aus dem Handelsregister ersichtlich ist, kann die Vertretungsmacht des GbR-Gesellschafters also sowohl durch Gesellschaftsvertrag als auch durch Rechtsgeschäft beschränkt sein. Der Erwerber muß sich daher vergewissern, daß die Vertretungsmacht im erforderlichen Umfang vorliegt. Auch die Beteiligungsverhältnisse sind besonders nachzuprüfen.

1. Verträge mit Bezug auf die Fertigstellung des Objekts

53 Befindet sich eine Immobilie noch im Bau, sind sämtliche Verträge zu überprüfen, die sich auf ihre Fertigstellung beziehen (Bauträgerverträge, Verträge mit einzelnen Bauunternehmen und Handwerkerfirmen, Ingenieur- und Architektenverträge etc.). Insbes. geht es um die Frage, ob der vertragsgemäßen **Erfüllung** rechtliche oder tatsächliche Hindernisse entgegenstehen, der Schuldner sich in Verzug befindet oder ein Rechtsstreit anhängig ist bzw. bevorsteht.

---

[104] *BGH* WM 1982, 608.
[105] §§ 172 Abs. 4 HGB.
[106] BGHZ 47, 149, 155f.; *OLG Hamm* NJW-RR 1995, 489; *Fahse* in GK § 172 HGB Rn 6.
[107] *Thomas* in Palandt § 714 BGB Rn 1.

2. Sanierungsvereinbarungen

Liegt das Grundstück innerhalb eines Sanierungsgebiets, haben sich die Eigentümer möglicherweise der Gemeinde gegenüber zur Durchführung der Sanierung durch städtebaulichen (öffentlich-rechtlichen) Vertrag verpflichtet (Sanierungsvertrag)[108]. In diesem Fall ist zu überprüfen, welche Sanierungsmaßnahmen vertraglich übernommen worden sind (zB Beseitigung baulicher Anlagen, Erschließung, Bodensanierung[109])[110] und welche Kostenregelung besteht. Grundsätzlich werden Ordnungsmaßnahmen[111], deren Durchführung der Gemeinde obliegt, auf ihre Kosten vorgenommen. Der Eigentümer hat die Leistungen jedoch vorzufinanzieren[112], sofern nicht eine Vorauszahlungspflicht vereinbart worden ist[113]. Soweit der Eigentümer die Maßnahmen zum Anlaß nimmt, weitere Bauvorhaben zu realisieren, muß er die Kosten hierfür allerdings selber tragen. Zu prüfen ist auch, ob für den Fall, daß Leistungsstörungen auftreten, ein Rücktritts- oder Kündigungsrecht der Gemeinde, eine Vertragsstrafe oder Sicherheitsleistung vereinbart ist[114]. Da die Gemeinde verpflichtet ist, die zügige und zweckmäßige Durchführung der Sanierung zu überwachen und ggf. zu intervenieren[115], ist es für den Erwerber jedenfalls sinnvoll, sich frühzeitig mit der jeweiligen Baubehörde zu verständigen. 54

3. Vereinbarungen zugunsten fremder Grundstücke

Zu erfassen sind ferner Beschränkungen der Grundstücksbebauung oder -nutzung, die sich aus **schuldrechtlichen Vereinbarungen** ergeben. Häufig wird eine solche Beschränkung sowohl schuldrechtlich begründet als auch dinglich gesichert. Bei Baulasten liegt der öffentlich-rechtlichen Verpflichtung oft eine Abrede zwischen den beteiligten Grundstückseigentümern zugrunde, wonach die eine Partei der anderen, die ihr durch Übernahme der Baulast eine von bauordnungsrechtlichen Vorschriften befreite Bebauung ermöglicht, hierfür ein entsprechendes (uU laufendes) Entgelt zu zahlen hat[116]. 55

4. Kredite

IdR wird der Erwerber einer Grundstücksgesellschaft die bisherige Finanzierungsstruktur der Gesellschaft beibehalten wollen. Die Höhe der entsprechenden Verbindlichkeiten läßt sich durch eine Bankauskunft feststellen. In diesem Zusammenhang ist zu prüfen und später durch geeignete Gewährleistungen sicherzustellen, daß die auf den Grundstücken ruhenden Belastungen ausschließlich für 56

---

[108] § 146 Abs. 3 BauGB.
[109] Vgl. § 11 Abs. 1 Nr. 1 BauGB.
[110] *Krautzberger* in Battis/Krautzberger/Löhr, BauGB, Kommentar, 7. Aufl. 1999, § 146 BauGB Rn 9.
[111] § 147 BauGB.
[112] *Neuhausen* in Brügelmann BauGB § 146 BauGB Rn 25.
[113] *Fislake* in Schlichter/Stich, Berliner Kommentar zum Baugesetzbuch, 2. Aufl. 1995, § 147 BauGB Rn 25.
[114] *Neuhausen* in Brügelmann § 11 BauGB Rn 63f.
[115] § 146 Abs. 3 BauGB.
[116] *Metzger/Neubacher* WPg 1996, 500.

die **Fremdfinanzierung** der Immobilie haften, da die Belastungen selbst nicht als Bilanzposten auf der Passivseite auszuweisen sind[117]. Oft ist die Haftungslage den Veräußerern nicht bewußt. Zur Überprüfung sollten die Sicherungszweckerklärungen der Gläubigerbanken vorgelegt und Richtigkeit und Vollständigkeit durch eine Garantie abgesichert werden. Falls der Erwerber die bestehenden Kredite mittelbar durch eigene Fremdfinanzierung ablösen will, kann dies durch Abtretung der bestehenden Grundpfandrechte an seine Bank oder durch Bestellung eines neuen Grundpfandrechts durch die Gesellschaft geschehen, das dann mit den Ablösemitteln valutiert wird.

D. Kaufpreisbemessung und -anpassung

I. Kaufpreisbemessung

57 Da es dem Erwerber einer Grundstücksgesellschaft wirtschaftlich auf die Übernahme der **Immobilie** ankommt, ist deren Wert maßgeblich für den Kaufpreis. Für die Bewertung der Immobilie sind die Ergebnisse der Due Diligence, vor allem über die Werthaltigkeit der Mietverträge, Beschränkungen der Bebaubarkeit und vorhandene Altlasten, wesentlich[118]. Diese Faktoren werden daher über Gewährleistungen abgesichert. Detaillierte Ausführungen zur Immobilienbewertung würden den Rahmen dieses Beitrags sprengen.

58 Unmittelbarer Erwerbsgegenstand ist allerdings nicht das Grundstück, sondern sind die sämtlichen Anteile an der Gesellschaft. Da Grundstücksgesellschaften über das Grundstück und die Finanzierung hinaus noch **andere Aktiva und/oder Passiva** aufweisen, sind auch diese beim Kaufpreis zu berücksichtigen, wenn sie für den Erwerber von Interesse sind.

59 Die Finanzierungsstruktur von Grundstücksgesellschaften besteht idR aus Eigenkapital, Fremdmitteln und **Gesellschafterdarlehen**. Typischerweise werden bei der Übernahme auch die Gesellschafterdarlehen nebst Zinsen zum Abrechnungsstichtag erworben.

II. Planbilanz und Abrechnungsbilanz

60 Beim klassischen Share Deal findet regelmäßig eine Kaufpreisanpassung anhand einer zum Übertragungsstichtag aufzustellenden Bilanz (**Stichtagsbilanz**) statt, bei der als maßgebliche Größe häufig das zum Stichtag ausgewiesene Eigenkapital der Gesellschaft fungiert. Diese Vorgehensweise ist für den Erwerber einer Grundstücksgesellschaft jedoch nur begrenzt zweckmäßig, da ohne besondere Vereinbarung in die Berechnung des Eigenkapitals auch solche Aktivposten ein-

---

[117] *Bredow* WiB 1996, 102, 105.
[118] *Simon/Cors/Troll*, Handbuch für Grundstückswertermittlung, 4. Aufl. 1997, B.5 Rn 7; Wertermittlungsrichtlinien 1996/1991/1976, Abschnitt 5.3; *Tillmann*, Unternehmensbewertung und Grundstückskontaminationen, 1998, S. 168f.

gehen, die aus seiner Perspektive für den Gesellschaftszweck nicht erforderlich sind. Ihre Berücksichtigung wäre für ihn daher von Nachteil.

Zur Vermeidung des geschilderten Risikos sollten sich die Parteien über diejenigen Aktiva und Passiva einigen, die zum Stichtag in der Gesellschaft vorhanden sein sollen. Sie werden in einer **Planbilanz** aufgeführt, die Vertragsbestandteil wird. Zum Stichtag stellen die Parteien dann unter Einschaltung ihrer Wirtschaftsprüfer fest, ob gegenüber der Planbilanz diese Aktiva oder Passiva (ohne Eigenkapital) fehlen oder anders zu bewerten sind. Abweichungen von der Planbilanz sind zu saldieren und auszugleichen. Durch diese Regelung wird gewährleistet, daß im Kaufpreis angemessene Berücksichtigung findet, wenn nach Vertragsschluß noch Verbindlichkeiten eingegangen werden, denen keine Werterhöhung gegenübersteht (zB bei Immobilien im Bau), oder unzulässige Entnahmen durch die Altgesellschafter getätigt werden. Wesentlich bei diesem Vorgehen ist jedoch, daß diejenigen Aktiva, die nicht in den Kaufpreis eingehen sollen, nicht in die Planbilanz aufgenommen werden. Soweit zum Stichtag weitere Aktiva gegenüber der Planbilanz vorhanden sind, die der Erwerber nicht übernehmen will, werden sie bei der Kaufpreisanpassung nicht erhöhend berücksichtigt, die Veräußerer können jedoch ihre Übertragung verlangen. 61

Darin erschöpft sich die Funktion der Planbilanz aber nicht. Sie ist darüber hinaus in der Praxis ein wichtiges und zweckmäßiges Mittel, **Risiken** klar und abschließend zu **verteilen**. Was für die Planbilanz vereinbart ist, gilt dann auch für die zur Überprüfung zu erstellende Stichtagsbilanz. Neben der Fixierung des Anlagevermögens wird zB auch häufig geregelt, ob eine Rückstellung für erforderliche Reparaturen oder Sanierungsarbeiten in Ansatz zu bringen ist. Zudem können bestimmte, in einer Vertragsanlage genau zu beschreibende weitere Risiken pauschaliert werden. Dabei dürfen in die Planbilanz keine Rückstellungen für Risiken aufgenommen werden, die durch den Zustand des Anlagevermögens begründet sind und für die der Veräußerer im Kaufvertrag keine Gewährleistung übernommen hat, da hierdurch die Festsetzung des Werts des Anlagevermögens unterlaufen würde. Bei langfristigen Bankverbindlichkeiten stellt sich die Frage, ob diese unter Berücksichtigung einer bei Aufhebung des Darlehensvertrags anfallenden Vorfälligkeitsentschädigung angesetzt werden sollen. Dies ist besonders relevant, wenn der Erwerber die bestehende Fremdfinanzierung ablösen will. 62

Gesellschafterdarlehen sind ebenfalls in der Plan- und dann der Stichtagsbilanz auszuweisen. Für sie sind bei Grundstücksgesellschaften, die ein zu entwickelndes Projekt halten, häufig Rangrücktrittserklärungen abgegeben worden, um zu vermeiden, daß durch etwaige wegen des Grundsatzes der verlustfreien Bewertung während der Entwicklungsphase erforderliche Wertberichtigungen beim Anlage- oder Umlaufvermögen eine „technische Insolvenz" eintritt. Sie werden mit dem Nennbetrag in der Stichtagsbilanz passiviert, mindern das Eigenkapital laut Handelsbilanz, stellen aber wirtschaftlich, etwa in einer Überschuldungsbilanz, Eigenkapital dar. Übernimmt der Erwerber neben den Gesellschaftsanteilen Gesellschafterdarlehen, ist für sie ein gesonderter Kaufpreis anzugeben, der in aller Regel ihrem Nennbetrag entspricht. Der Umstand des Rangrücktritts rechtfertigt keinen Bewertungsabschlag, da er nur das genannte Risiko aus der Bewertung des Anlage- und Umlaufvermögens in der Handelsbilanz auffangen sollte. Diese Be- 63 wertung wird aber von der Kaufpreisfindung überholt und abschließend geregelt[119].

E. Grundstücksbezogene Gewährleistungen

64 Aufgrund des Doppelcharakters von Anteilskäufen an Grundstücksgesellschaften sind in den Kaufvertrag sowohl gesellschaftsbezogene als auch grundstücksbezogene Gewährleistungen aufzunehmen. Rechtlich sollten dabei selbständige Garantieerklärungen abgegeben werden, was im Vertragstext zu fixieren ist. Der Begriff „Gewährleistung" ist insoweit unscharf, aber dennoch üblich. Da sich bezüglich der gesellschaftsbezogenen Gewährleistungsregelungen keine Abweichung zu anderen Share Deal-Verträgen ergibt, soll hier nur auf die speziellen grundstücksbezogenen Gewährleistungen eingegangen werden.

I. Fertiggestellte Objekte

65 Ein möglicher **Gewährleistungskatalog** könnte die folgenden Zusagen enthalten:
– Gewährleistung, daß die Gesellschaft Eigentümerin des zu übertragenden Grundbesitzes ist, keine anderen als die aus dem als Anlage beizufügenden Grundbuchauszug ersichtlichen Belastungen bestehen, diese nur die übernommenen Verbindlichkeiten absichern und keine unerledigten Grundbucheintragungsanträge oder -bewilligungen existieren;
– Gewährleistung für Rechts- und Sachmängel des Grundstücks einschließlich aufstehender Baulichkeiten;
– Gewährleistung für Erschließungszustand und Baurechtsmäßigkeit;
– Gewährleistungen betreffs der objektbezogenen Verträge, d. h. in erster Linie Miet- und Pacht-, aber auch Wartungs-, Service-, Hausmeister- und Versicherungsverträge (Bestehen oder Nichtbestehen gemäß Anlage)[120];
– Gewährleistung der Richtigkeit und Vollständigkeit der Sicherungszweckerklärungen für die bestehenden Grundpfandrechte.

II. Objekte im Bau

66 Der genannte Gewährleistungskatalog läßt sich auf nicht fertig gestellte Objekte teilweise übertragen. Im übrigen muß der Schwerpunkt auf der Absicherung gegen **Vertragsrisiken** liegen. Entsprechende Garantien können ohne Anspruch auf Vollständigkeit enthalten, daß
– keine Umstände oder Tatsachen bestehen, die die Wirksamkeit der geschlossenen Verträge beeinträchtigen;

---

[119] *Bredow* WiB 1996, 102, 104.
[120] *Bredow* WiB 1996, 102, 105.

– keine Umstände oder Tatsachen bestehen, die die vertragsgemäße Erbringung der Leistung zu verhindern oder beeinträchtigen geeignet sind;
– keine Rechtsstreitigkeiten anhängig sind;
– sich keiner der Vertragspartner mit der Leistung in Verzug befindet;
– alle bisher fällig gewordenen Rechnungen durch die Gesellschaft vollständig bezahlt wurden.

F. Steuerliche Besonderheiten

Die steuerliche Behandlung von Unternehmensübernahmen wird an anderer Stelle ausführlich dargestellt. Der Anteilskauf einer Grundstücksgesellschaft hat demgegenüber lediglich die Besonderheit, daß zusätzlich die Frage auftaucht, ob der Beteiligungserwerb **grunderwerbsteuerbar** ist[121].

---

[121] Siehe § 26 Rn 495 ff.

VI. Teil
Wesentliche Begleitfelder bei Unternehmensübernahmen

§ 22 Übertragung und Umwandlung von Anteilsrechten

Übersicht

	Rn
A. Unternehmenskauf	1
I. Übertragung von Anteilsrechten an Personenhandelsgesellschaften	3
1. Übertragung von Anteilsrechten an einer Personenhandelsgesellschaft	5
a) Anteilsübertragung	5
b) Anwachsungs-Abwachsungs-Modell	11
c) Haftungsrechtliche Besonderheiten bei Übertragung eines Kommanditanteils	13
2. Übertragung von Anteilsrechten an einer GmbH & Co. KG	16
a) Übertragung der Kommanditanteile	16
b) Übertragung der Beteiligung der Komplementär-GmbH an der KG	17
c) Verknüpfung der Übertragung des Kommanditanteils mit der Übertragung der Beteiligung an der Komplementär-GmbH	18
II. Übertragung von GmbH-Anteilen	19
1. Originärer Erwerb von der Gesellschaft	20
a) Kapitalerhöhungsbeschluß	22
b) Zulassungsbeschluß	28
c) Übernahmevertrag	29
d) Kapitalaufbringung	32
e) Anmeldung der Kapitalerhöhung	34
f) Eintragung der Kapitalerhöhung	37
2. Derivativer Erwerb von Geschäftsanteilen im Wege der Einzelrechtsnachfolge durch Abtretung	38
a) Form	46
b) Abtretungsbeschränkungen	48
III. Übertragung von Inhaberaktien	54
1. Originärer Erwerb von der Gesellschaft	56
a) Abschluß eines Zeichnungsvertrags	59
b) Ausstellung der Aktienurkunde	62
c) Abschluß eines Begebungsvertrags zwischen Gesellschaft und Aktionär	67
d) Übereignung der ausgestellten Urkunde	68
2. Derivativer Erwerb effektiver Stücke durch Einigung und Übergabe	69
3. Derivativer Erwerb effektiver Stücke durch Abtretung der Mitgliedschaft	70
4. Derivativer Erwerb von Aktien in Verwahrung Dritter	74
a) Übertragung von Aktien in Sonderverwahrung	75
b) Übertragung von Aktien in Sammelverwahrung	77

§ 22   Übertragung und Umwandlung von Anteilsrechten

	Rn
IV. Übertragung von Namensaktien	80
1. Originärer Erwerb von der Gesellschaft	83
2. Derivativer Erwerb effektiver Stücke durch Indossierung und Übertragung des Eigentums an der indossierten Aktie	88
a) Form und Inhalt des Indossaments	89
b) Gutgläubiger Erwerb und Legitimationswirkung von Indossamenten	92
3. Derivativer Erwerb effektiver Stücke durch Abtretung der Mitgliedschaft	93
4. Derivativer Erwerb von Aktien in Verwahrung Dritter	95
5. Umschreibung im Aktienregister	96
a) Legitimations- und Rechtsscheinwirkung des Aktienregisters	97
b) Umschreibung im Aktienregister	98
6. Erfordernisse im Zusammenhang mit vinkulierten Namensaktien	101
B. Verschmelzung	104
I. Untergang der Anteile am übertragenden Rechtsträger	104
II. Erwerb der Anteile am übernehmenden Rechtsträger durch die Anteilsinhaber der übertragenden Rechtsträger	105
1. Anteilserwerb kraft Gesetzes	105
a) Aktienumtausch	106
b) Geschäftsanteilstausch	110
2. Ausnahmetatbestände für übernehmende Rechtsträger mit eigenen Anteilen oder Beteiligung am übertragenden Rechtsträger	112
3. Rechte Dritter an den Anteilen des übertragenden Rechtsträgers	113
C. Umwandlung von Anteilsrechten	115
I. Aktien	115
1. Inhaberaktien in Namensaktien	118
2. Namensaktien in Inhaberaktien	122
3. Begründung und Aufhebung von Vinkulierungen	123
4. Vorzugsaktien in Stammaktien	127
II. Geschäftsanteile	130
D. Meldepflichten	132
I. Aktienrechtliche Meldepflichten	132
1. Mitteilungspflichten über die Beteiligung an einer nicht börsennotierten AG	133
2. Mitteilungspflichten der AG an einer anderen nicht börsennotierten Kapitalgesellschaft	140
3. Mitteilungen als Auslöser von Rechtsbeschränkungen betreffend wechselseitig beteiligte Unternehmen	142
II. Meldepflichten gemäß WpHG	144

	Rn
1. Mitteilungspflichten über die Beteiligung an einer börsennotierten Gesellschaft	144
2. Rechtsfolgen unterlassener Mitteilungen	151

Schrifttum: *Burgard*, Die Berechnung des Stimmrechtsanteils nach §§ 21–23 Wertpapierhandelsgesetz, BB 1995, 2069; *Falkenhagen*, Aktuelle Fragen zu den neuen Mitteilungs- und Veröffentlichungspflichten nach Abschnitt 4 und 7 des Wertpapierhandelsgesetzes, WM 1995, 1005; *Schultze*, Die Reichweite des Formerfordernisses bei der Veräußerung einer Beteiligung an einer GmbH & Co. KG, NJW 1991, 1936; *Seibert*, Der Regierungsentwurf zum Namensaktiengesetz (NaStraG), ZIP 2000, 937.

A. Unternehmenskauf

Mitgliedschaften an einem Rechtsträger eines Unternehmens können unabhängig von der Rechtsform der jeweiligen Gesellschaft grundsätzlich auf drei verschiedene **Arten** erworben werden:
– Originär und anfänglich durch Beteiligung am Gründungsvorgang;
– originär und nachträglich durch Beitritt in eine bereits gegründete Gesellschaft;
– derivativ durch Rechtsnachfolge in einen bereits bestehenden Gesellschaftsanteil.

Bei Unternehmenserwerben und -zusammenschlüssen werden in aller Regel nur die beiden letztgenannten **Übertragungswege** vorkommen und in diesem Abschnitt für jede Rechtsform gesondert dargestellt. Dies schließt jedoch nicht aus, daß es im Einzelfall zur Anwendung von Gründungsvorschriften kommen kann. ZB gelten die **Nachgründungsvorschriften**[1] analog, wenn dem Erwerber der Beitritt in eine AG während des Zeitraums von zwei Jahren nach Gründung der Gesellschaft oder nach Eintragung der Sachkapitalerhöhung ermöglicht wird[2]. Die Beteiligung an einer Unternehmung kann im Rahmen eines Gründungsvorgangs zB dadurch erworben werden, daß zwei Parteien übereinkommen, als gleichberechtigte Gesellschafter eine Gesellschaft zu gründen, wobei eine Partei die Unternehmung als Sacheinlage, die andere Partei Barmittel in entsprechender Höhe einbringt und an beide neue Gesellschaftsanteile ausgegeben werden.

---

[1] §§ 52, 53 AktG.
[2] *Kraft* in Kölner Komm. § 52 AktG Rn 7; nach Maßgabe des Gesetzes zur Namensaktie und zur Erleichterung der Stimmrechtsausübung (NaStraG) gilt dies in der Neufassung des § 52 AktG nur noch für Erwerber, die mit mehr als 10% am Grundkapital einer AG beteiligt sind. Zur Anwendung auf die Kapitalerhöhung siehe § 2 Rn 92 mit Fn 241.

I. Übertragung von Anteilsrechten an Personenhandelsgesellschaften

3 Die Mitgliedschaft an einer Personenhandelsgesellschaft wird regelmäßig in einer der folgenden **Alternativen** übertragen:
- Originär und nachträglich durch Eintritt nach Maßgabe des sog. Anwachsungsmodells[3];
- derivativ durch Rechtsnachfolge in die Mitgliedschaft in Form der Anteilsübertragung[4].

4 Zwar führen beide Gestaltungsalternativen zum gleichen Ergebnis. Es empfiehlt sich jedoch wegen der unterschiedlichen rechtlichen Folgen im Zusammenhang mit der Kommanditistenhaftung[5] und bei fehlgeschlagener Verfügung, bereits in dem der Verfügung zugrunde liegenden Kausalgeschäft (zB Kaufvertrag) **Abreden** über die Art des Anteilserwerbs zu treffen.

1. Übertragung von Anteilsrechten an einer Personenhandelsgesellschaft

5 a) **Anteilsübertragung.** Die Anteilsübertragung ist weder im HGB genannt noch in den Normen des BGB zur Gesellschaft bürgerlichen Rechts, die subsidiär auch für die Personenhandelsgesellschaften gelten. Gleichwohl ist sie nach heute einhelliger Auffassung als Verfügung über das Mitgliedschaftsrecht möglich[6]. Die Anteilsübertragung ist jedoch nur wirksam, wenn sie im **Gesellschaftsvertrag** – und sei es unter bestimmten Bedingungen – zugelassen ist oder **alle Gesellschafter** ihr **zustimmen**[7]. Haftungssituation und persönliches Näheverhältnis der Personengesellschafter verbieten es, daß ohne ihre Zustimmung Mitgesellschafter aufgenommen werden, deren Bonität unter Umständen nicht derjenigen der ursprünglichen Gesellschafter entspricht.

6 Der Anteilserwerber sollte sich daher in jedem Fall vor Erbringung der Gegenleistung durch Einsicht in den aktuellen Gesellschaftsvertrag Gewißheit über die **Verfügungsbefugnis des Veräußerers** verschaffen. Verhält sich der Vertrag zur Frage der Übertragbarkeit nicht, bedarf die Übertragung – anders als bei der GmbH – grundsätzlich der Zustimmung aller Mitgesellschafter. Der Erwerber sollte sich die Zustimmung nachweisen lassen, da ihr Fehlen zur schwebenden Unwirksamkeit der Anteilsübertragung führt. Genehmigen die Mitgesellschafter die Übertragung nicht, wird sie endgültig nichtig[8]. Die Genehmigung wirkt auf den Zeitpunkt der Übertragung bzw. auf den im Übertragungsvertrag vereinbarten Zeitpunkt zurück[9]. Die Vereinbarung eines solchen Zeitpunkts empfiehlt sich, wenn die Parteien Gewinnanteile in bestimmter Weise zuweisen möchten.

---

[3] Siehe Rn 11 ff.
[4] Siehe Rn 5 ff.
[5] Siehe Rn 13 ff.
[6] BGHZ 44, 229, 231; *Ulmer* in Staub § 105 HGB Rn 298 ff.
[7] BGHZ 24, 106, 114; 77, 392, 394 f.
[8] *Karsten Schmidt* in Schlegelberger § 105 HGB Rn 193.
[9] § 184 BGB; BGHZ 13, 179, 185.

Grundsätzlich sind die Mitgesellschafter **zur Zustimmung nicht verpflichtet**; auch insoweit können jedoch abweichende gesellschaftsvertragliche Regelungen getroffen worden sein.

Die Anteilsübertragung ist ein **Verfügungsgeschäft über andere Rechte** iSd. § 413 BGB und daher formlos wirksam, wenn nicht der Gesellschaftsvertrag abweichende Bestimmungen trifft, und zwar auch dann, wenn zum Gesellschaftsvermögen Vermögensgegenstände gehören, die ihrerseits nur in notarieller Form übertragen werden können, wie zB Grundbesitz und GmbH-Anteile[10]. In gesondert gelagerten Fällen kann es bei einer GmbH & Co. KG dazu kommen, daß die Beurkundungsbedürftigkeit der GmbH-Anteilsübertragung die Verfügung über den KG-Anteil erfaßt[11]. Aus Gründen der Nachweisbarkeit der Anteilsübertragung, insbes. auch gegenüber dem Handelsregister, ist die Wahrung der Schriftform jedenfalls geboten.

Ist die Anteilsübertragung **fehlerhaft**, wird der Erwerber nur Scheingesellschafter; er kann nicht nach Maßgabe der Regeln über die fehlerhafte Gesellschaft die Behandlung als vollgültiger Gesellschafter verlangen[12]. In dieser Situation ist ein Erwerber, der im Wege des Anwachsungs-Modells in die Personengesellschaft eingetreten ist, privilegiert.

Bei der Anmeldung der Übertragung eines Kommanditanteils zur Eintragung des neuen Kommanditisten in das Handelsregister ist darauf zu achten, daß nicht fälschlicherweise der Übergang der Mitgliedschaft im Wege des Eintritts in die Gesellschaft eingetragen wird[13].

b) Anwachsungs-Abwachsungs-Modell. Die Beteiligung an einer Personengesellschaft kann auch dergestalt übertragen werden, daß der **Altgesellschafter ausscheidet** und der **Neugesellschafter eintritt**. Obgleich bei dieser Ausgestaltung des Anteilserwerbs Alt- und Neugesellschafter nicht Vertragsparteien des Verfügungsgeschäfts sind, sondern jeder von ihnen insoweit jeweils mit der Gesellschaft in Beziehung tritt, kann die schuldrechtlich vereinbarte Gegenleistung zwischen ihnen unmittelbar fließen. Durch Erfüllungsabreden kann erreicht werden, daß der Eintretende durch Zahlung an den Verkäufer seine Einlageschuld gegenüber der Gesellschaft tilgt[14] und die Gesellschaft einen Dritten (nämlich den Eintretenden) die dem Austretenden geschuldete Abfindung bezahlen läßt[15].

Der **Eintritt des Erwerbers** in die Personengesellschaft erfolgt grundsätzlich durch Abschluß eines Gesellschaftsvertrags mit den vorhandenen Gesellschaftern. In Bezug auf die Gesellschaft führt dieser Vertrag zur Änderung des bisherigen Gesellschaftsvertrags[16]. Dieser Änderungsvertrag kann unter Bedingungen abge-

---

[10] Wegen ausnahmsweiser Formbedürftigkeit, wenn der Gesellschaftszweck sich auf das Halten von Grundstücken beschränkt, siehe § 21 Rn 17.
[11] Siehe Rn 16 ff.
[12] *BGH* ZIP 1990, 371; *Karsten Schmidt* in Schlegelberger § 105 HGB Rn 196.
[13] Siehe Rn 15 ff.
[14] § 362 Abs. 2 BGB.
[15] § 267 BGB.
[16] *Karsten Schmidt* in Schlegelberger § 105 HGB Rn 180.

schlossen werden. Ein rückwirkender Eintritt, etwa zu einem bestimmten Bilanzstichtag, kann schuldrechtlich erreicht werden, indem vereinbart wird, daß der neue Gesellschafter für einen bereits zurückliegenden Zeitraum am Gewinn der Gesellschaft partizipiert; steuerrechtlich wird indessen eine solche Rückwirkung nicht anerkannt[17].

13 c) **Haftungsrechtliche Besonderheiten bei Übertragung eines Kommanditanteils.** Erfolgt der Gesellschafterwechsel durch Aus- und Eintritt von Kommanditisten, haftet der **neue Kommanditist** für Verbindlichkeiten, die vor und nach seinem Eintritt begründet worden sind, mit seiner Einlage bzw. bis zu deren Höhe, soweit sie nicht geleistet oder zurückgezahlt ist[18].

14 Der **austretende Kommanditist** haftet ebenfalls in Höhe seiner ehemaligen Einlage fort[19], und zwar unabhängig davon, ob die Gesellschaft eine Abfindung an ihn gezahlt hat und damit seine Einlage als an ihn zurückgezahlt gilt, oder ob er die Zahlung unmittelbar vom eintretenden Erwerber aufgrund einer Tilgungsabrede mit der Gesellschaft erhalten hat[20].

15 Der Verkäufer eines Kommanditanteils, der die Erfüllung über das Anwachsungs-Abwachsungsmodell abwickelt, muß daher für einen Zeitraum von fünf Jahren seit Eintragung seines Ausscheidens damit rechnen, daß der erzielte Veräußerungserlös durch eine Inanspruchnahme von Gläubigern der KG geschmälert wird[21]. Dieses Risiko kann durch Wahl der Anteilsübertragungsvariante vermieden werden: der Erwerber tritt in die Rechtsposition des Alt-Kommanditisten ein; mangels Gesellschaftereintritts wird keine neue Einlageverpflichtung geschaffen, sondern der Erwerber übernimmt – mit für den Alt-Gesellschafter befreiender Wirkung – dessen Hafteinlage. Es sollte daher im Interesse des Veräußerers schon im schuldrechtlichen Geschäft, das der Verfügung zugrunde liegt, vereinbart werden, daß über den Kommanditanteil im Wege der Anteilsübertragung verfügt wird. Sodann ist bei Anmeldung des Kommanditistenwechsels zum Handelsregister und durch Prüfung des Wortlauts der Eintragung sicherzustellen, daß der Vorgang als **Rechtsnachfolge**, nicht als Ein- und Austritt eingetragen wird. IdR wird hierzu von den Registergerichten die Versicherung aller Beteiligten verlangt, daß der Alt-Kommanditist keine Abfindung aus dem Gesellschaftsvermögen erhält[22].

2. Übertragung von Anteilsrechten an einer GmbH & Co. KG

16 a) **Übertragung der Kommanditanteile.** Strebt der Erwerber einer Beteiligung an einer GmbH & Co. KG eine ausschließlich kapitalistische Beteiligung und daher eine Kommanditisten-Stellung an, so vollzieht sich die Übertragung des Kommanditanteils nach Maßgabe der eben geschilderten Regeln entweder durch **Anteilsabtretung oder** durch **Aus- und Eintritt**[23].

---

[17] *BFH* BB 1986, 1144, 1145.
[18] §§ 171 Abs. 1, 173 Abs. 4, 173 Abs. 1 HGB.
[19] § 172 Abs. 4 HGB.
[20] *Karsten Schmidt* in GesR § 54 IV 2.
[21] § 160 Abs. 1 HGB.
[22] OLG Oldenburg DB 1990, 1909; LG München DB 1990, 1814.
[23] Siehe Rn 11 ff.

b) Übertragung der Beteiligung der Komplementär-GmbH an der 17
KG. Will der Erwerber auch in der geschäftsführenden GmbH als Gesellschafter vertreten sein, wie dies insbes. in der sog. personenidentischen GmbH & Co. KG regelmäßig der Fall ist, bestimmt sich die Übertragung des GmbH-Geschäftsanteils nach § 15 GmbHG[24].

c) Verknüpfung der Übertragung des Kommanditanteils mit der 18
Übertragung der Beteiligung an der Komplementär-GmbH. Der Erwerber, der zugleich in den GmbH-Geschäftsanteil und in die Rechtsstellung des Kommanditisten einrücken will, muß darauf achten, daß bereits das schuldrechtliche Verpflichtungsgeschäft (Kaufvertrag) auch im Hinblick auf die Abtretung des Kommanditanteils **notariell beurkundet** wird, wenn beide Erwerbstatbestände so miteinander verknüpft sind, daß der eine nicht ohne den anderen abgeschlossen worden wäre[25]. Die Beurkundungspflicht kann sich in Fällen einer rechtlichen Verknüpfung durch die Parteien auch auf die dingliche Abtretung des Kommanditanteils erstrecken[26]. Daraus kann indes nicht der Schluß gezogen werden, die Beurkundung des schuldrechtlichen Teils des Erwerbsvorgangs betreffend den Kommanditanteil könne unterbleiben, weil der Formmangel durch Beurkundung der Abtretung des GmbH-Anteils geheilt würde[27]. Es ist nämlich umstritten, ob die Heilungswirkung auch Rechtsgeschäfte erfaßt, die für sich allein betrachtet nicht beurkundungspflichtig wären[28].

II. Übertragung von GmbH-Anteilen

Will der Erwerber sich an einer in der Rechtsform der GmbH geführten Un- 19
ternehmung beteiligen, ist seine Aufnahme auf zwei Arten möglich:
– **Originär**: Es wird ein neuer Anteil geschaffen durch eine Kapitalerhöhung und Übernahme des dadurch entstandenen Anteils durch den Erwerber.
– **Derivativ**: Es wird ein bereits bestehender GmbH-Anteil an den Erwerber abgetreten.

1. Originärer Erwerb von der Gesellschaft

Dem originären Erwerb eines GmbH-Geschäftsanteils können zwei verschie- 20
dene Gegenleistungen zugrunde liegen: Der Erwerber beteiligt sich gegen **Einbringung von Liquidität** (Barkapitalerhöhung) oder er bringt **Vermögensgegenstände**, zB ein Unternehmen, ein (Sachkapitalerhöhung).

Der Erwerb eines GmbH-Geschäftsanteils im Wege einer Kapitalerhöhung 21
vollzieht sich in folgenden (teilweise kombinierbaren) Schritten:
– Fassung des Kapitalerhöhungsbeschlusses;

---

[24] Im einzelnen siehe Rn 19 ff.
[25] *BGH* NJW 1986, 2642, 2643; *Schultze* NJW 1991, 1936.
[26] *BGH* NJW 1986, 2642, 2643; *Schultze* NJW 1991, 1936, 1937.
[27] § 15 Abs. 4 Satz 2 GmbHG.
[28] *Kempermann*, Die Formbedürftigkeit der Abtretung einer Beteiligung an einer GmbH & Co. KG, NJW 1991, 684, 685; *Schultze* NJW 1991, 1936, 1937.

- Fassung des Zulassungsbeschlusses;
- Abschluß des Übernahmevertrags;
- Aufbringung des Kapitals bzw. der Sacheinlage;
- Anmeldung der Kapitalerhöhung zum Handelsregister;
- Eintragung und Bekanntmachung der Kapitalerhöhung.

22 a) **Kapitalerhöhungsbeschluß.** Da jede Kapitalerhöhung **Satzungsänderung** ist (das in der Satzung zwingend[29] zu nennende Stammkapital wird verändert), gelten die Bestimmungen über Satzungsänderungen, was insbes. die Beurkundungsbedürftigkeit des Beschlusses begründet[30].

23 Der **Beschluß** bedarf einer Mehrheit von drei Vierteln der abgegebenen Stimmen, wenn nicht der Gesellschaftsvertrag abweichende Bestimmungen enthält[31]. Es ist nicht erforderlich, daß der Beschluß in einer Gesellschafterversammlung gefaßt wird[32]. Bei Beschlußfassung außerhalb einer Versammlung müssen die Gesellschafter ihre Stimme zu Protokoll eines (etwa in ihrer Nähe amtierenden) Notars abgeben[33]. Im Gesellschaftsvertrag kann vorgesehen sein, daß Kapitalerhöhungsbeschlüsse nur wirksam sind, wenn einzelne Gesellschafter oder bestimmte Gesellschaftergruppen zugestimmt haben.

24 Der Beschluß muß **Angaben zum (Nenn-)Betrag** enthalten, um den das Stammkapital erhöht werden soll. Ist diese Ziffer noch nicht bekannt, kann ein Höchstbetrag angegeben werden („bis zu"), der dann die Obergrenze eines Erhöhungsrahmens vorgibt. In diesem Fall sollte allerdings eine Frist genannt werden, innerhalb derer die Übernahme des Geschäftsanteils erfolgt sein muß, damit den Gesellschaftern ein Zeitpunkt genannt ist, zu dem sie verbindlich wissen, ob und in welcher Höhe die Kapitalerhöhung zustande gekommen ist[34].

25 Die Kapitalerhöhung, mit der ein neuer Anteil geschaffen werden soll, muß mindestens € 100 betragen[35].

26 Handelt es sich ganz oder teilweise um eine **Sachkapitalerhöhung**, sind im Beschluß der Gegenstand der Sacheinlage, der Betrag der Stammeinlage, auf die sich die Sacheinlage bezieht, und die Person des Sacheinlegers zu benennen[36]. Soll der neue Anteil mit anderen Rechten ausgestattet sein als die bereits bestehenden Geschäftsanteile, zB im Hinblick auf die Gewinnberechtigung, ist dies ebenfalls im Beschluß aufzuführen. Anderenfalls nimmt der neue Anteil am Gewinn desjenigen Jahres teil, in dem die Kapitalerhöhung in das Handelsregister eingetragen wird. Da umstritten ist, ob in diesem Fall die Beteiligung am Gewinn für das

---

[29] § 3 Abs. 1 Ziff. 3 GmbHG.
[30] § 53 Abs. 2 GmbHG.
[31] § 53 Abs. 2 GmbHG.
[32] § 48 Abs. 2 GmbHG; Voraussetzung ist allerdings, daß sich alle Gesellschafter mit dem Verfahren einverstanden erklären und die Einberufungsformalia wie bei einer Versammlung unter Anwesenden beachtet werden.
[33] Die Notare übersenden dann eine Ausfertigung an den nach § 53 Abs. 2 GmbHG bestellten Notar, der die Urkunde über die Beschlußfassung erstellen kann; zum Verfahren siehe *Priester* in Scholz § 53 GmbHG Rn 66.
[34] *Priester* in Scholz § 55 GmbHG Rn 20.
[35] § 5 Abs. 1 GmbHG.
[36] § 56 Abs. 1 GmbHG; *Ulmer* in Hachenburg § 56 GmbHG Rn 18.

ganze Geschäftsjahr gilt[37] oder nur anteilig ab dem Zeitpunkt der Entstehung des Anteils[38], ist eine ausdrückliche Regelung im Beschluß dringend angeraten.

Regelmäßig werden auch Bestimmungen darüber getroffen, wann die vom neuen Gesellschafter zu leistenden Bar- oder Sacheinlagen **fällig** sind, und daß die Geschäftsführung angewiesen wird, die Kapitalerhöhung erst zur Eintragung in das Handelsregister anzumelden, wenn die Einlagen erbracht sind. Sonst kann bis zur Eintragung nur die Mindesteinlage gefordert werden, d. h. bei Bareinlagen ein Viertel der Stammeinlage[39]. Die übrigen Gesellschafter haften nach Eintragung den Gläubigern der Gesellschaft für die Differenz zwischen geleisteter Zahlung und übernommener Stammeinlage (Ausfallhaftung)[40]. Ihr Interesse geht daher dahin, durch die genannte Weisung an die Geschäftsführung sicherzustellen, daß es nicht zu einer Eintragung vor Leistung der vollen Bareinlage kommt. Sacheinlagen sind stets vor Anmeldung der Kapitalerhöhung vollständig zu leisten[41]. 27

b) Zulassungsbeschluß. Im Zulassungsbeschluß, der idR mit dem Erhöhungsbeschluß zusammengefaßt wird, ist anzugeben, wer zur **Übernahme der weiteren Stammeinlage** zugelassen wird, außerdem der Betrag der jeweiligen Stammeinlage und etwa sonst zu erbringende Leistungen (zB ein Agio)[42]. Er sollte auch regeln, ob – und wenn ja welche – Mitgesellschafter zur Übernahme berechtigt sein sollen, wenn der vorgesehene Übernehmer den Anteil nicht erwirbt, um Streitigkeiten über das (gesetzliche) Bezugsrecht auf diesen Anteil zu vermeiden. 28

c) Übernahmevertrag. Er wird zwischen dem mit dem Zulassungsbeschluß zugelassenen Erwerber und der Gesellschaft geschlossen. Die Gesellschaft wird dabei wegen des korporativen Charakters des Vertrags grundsätzlich durch die Gesellschafter vertreten, nicht durch die Geschäftsführer[43]. Die Übernahme kann in der Urkunde erklärt werden, die den Kapitalerhöhungsbeschluß mit der Zulassung zur Übernahme enthält. Dann kommt der **Vertrag mit Unterzeichnung** dieser Urkunde zustande. Wird die **Übernahmeerklärung außerhalb dieser Urkunde** abgegeben[44], kommt der Vertrag erst mit Zugang der Übernahmeerklärung zustande. Einer ausdrücklichen Annahme durch die Gesellschafter bedarf es nicht. Sie können nämlich die Geschäftsführer zum Abschluß des Vertrags ermächtigen[45]. Eine solche Ermächtigung wird angenommen bezüglich der Personen, die im Erhöhungsbeschluß zur Übernahme zugelassen werden. Mit Zugang 29

---

[37] So *Priester* in Scholz § 55 GmbHG Rn 28; *Ulmer* in Hachenburg § 55 GmbHG Rn 21.
[38] *Zöllner* in Baumbach/Hueck § 55 GmbHG Rn 30.
[39] § 56a iVm. § 7 Abs. 2 GmbHG.
[40] § 24 GmbHG.
[41] § 7 Abs. 3 GmbHG.
[42] § 55 Abs. 2 GmbHG.
[43] *Lutter/Hommelhoff* § 55 GmbHG Rn 29.
[44] Wegen Abwesenheit des zugelassenen Übernehmers oder aus Kostengründen (die bloße Beglaubigung der Unterschrift des Übernehmers ist billiger als die Beurkundung der Übernahmeerklärung).
[45] BGHZ 49, 117, 120.

der notariell beglaubigten Übernahmeerklärung bei der Geschäftsführung kommt der Übernahmevertrag daher auch ohne ausdrückliche Annahmeerklärung der Gesellschafter[46] zustande. Der Vertrag bedarf nicht der notariellen Beurkundung; diese ist nur für die Übernahmeerklärung vorgesehen, allerdings genügt insoweit auch die notarielle Beglaubigung[47].

30 Der Vertrag muß **Angaben** zur Person des Übernehmers und der Höhe der übernommenen Stammeinlage enthalten[48] sowie Angaben zur Gesellschaft und zum Kapitalerhöhungsbeschluß, auf den jedoch Bezug genommen werden kann[49]. Pflichten, die den Inhaber des Anteils kraft Satzung zusätzlich treffen (zB Nebenleistungs- und Nachschußpflichten), sind ebenfalls aufzunehmen. Zweckmäßig ist auch die Aufnahme einer etwaigen Verpflichtung zur Zahlung eines Agios[50]. Im Fall von Sachkapitalerhöhungen sind zusätzlich Angaben zum Gegenstand der Sacheinlage und zum Betrag der Stammeinlage, auf den sich die Sacheinlage bezieht, zu machen.

31 Da der Übernehmer mit Abschluß des Übernahmevertrags verpflichtet ist, seine Einlage zu erbringen[51], die Durchführung der Kapitalerhöhung und die Entstehung seines Geschäftsanteils an der GmbH aber noch von der Eintragung der Kapitalerhöhung in das Handelsregister abhängen, ist es zum Schutz des Übernehmers angeraten, **Abreden** zu treffen, die ihn vor dem Verlust seiner Einlageleistung oder zeitlichen Verzögerungen bewahren. Dazu kann die Gültigkeit der **Übernahmeerklärung zeitlich befristet** werden und damit entfallen, wenn die Kapitalerhöhung nicht bis zum vereinbarten Termin eingetragen ist[52]. Die Leistung auf die Einlage sollte nur unter der Bedingung der Eintragung der Kapitalerhöhung zum genannten Termin erfolgen. Eine solche bedingte Leistung ist zulässig[53].

32 **d) Kapitalaufbringung.** Nach Abschluß des Übernahmevertrags ist der Übernehmer verpflichtet, die vereinbarte **Sach- oder Bareinlage zu erbringen**. Ist ein Zeitpunkt nicht vereinbart, ist ein Viertel der vereinbarten Bareinlage zu leisten. Erst wenn diese Mindesteinlage – bei Sachkapitalerhöhungen die gesamte Sacheinlage[54] – erbracht ist, kann die Kapitalerhöhung zum Handelsregister angemeldet werden. Sie ist mit der Versicherung zu versehen, daß die (Mindest- und Sach-) Einlagen auf die neue Stammeinlage bewirkt sind und endgültig zur freien Verfügung der Geschäftsführer stehen[55]. Dies ist nur dann der Fall, wenn die Verfügungsmacht über Barmittel endgültig und ohne Vorbehalte zugunsten der Gesellschaft aufgegeben wurde[56]. Einzahlungen auf Konten, die in ein sog. „cash management" mehrerer miteinander verbundener Unternehmen einbezo-

---

[46] § 151 BGB.
[47] § 55 Abs. 1 GmbHG.
[48] § 55 Abs. 2 GmbHG.
[49] *Wegmann* in MünchHdbGesR Bd. 3 § 54 Rn 25.
[50] *Lutter/Hommelhoff*, 14. Aufl. 1995, § 55 GmbHG Rn 16.
[51] *Wegmann* in MünchHdbGesR Bd. 3 § 54 Rn 30.
[52] Wie dies bei der AG vorgeschrieben ist, § 185 Abs. 1 Nr. 4 AktG.
[53] *Lutter/Hommelhoff* § 7 GmbHG Rn 16.
[54] § 57 Abs. 2 iVm. § 7 Abs. 3 GmbHG.
[55] § 57 Abs. 2 GmbHG; *Hueck* in Baumbach/Hueck § 7 GmbHG Rn 4 und 9.
[56] BGHZ 113, 335, 348 f.

gen sind, genügen dem nicht, wenn der eingezahlte Betrag sofort wieder zurück überwiesen wird[57].

Sacheinlagen stehen nur dann zur freien Verfügung der Geschäftsführer, wenn die für den jeweiligen Einlagegegenstand maßgeblichen Verfügungen vorgenommen wurden; d. h. Forderungen sind abzutreten[58], bewegliche Sachen zu übereignen[59], Grundbesitz ist aufzulassen und für die GmbH in das Grundbuch einzutragen[60]. Stehen dem Übernehmer Forderungen gegen die Gesellschaft oder Dritte zu, so können diese nur im Wege der Sacheinlage als Leistung auf die Stammeinlage erbracht werden. Die Verpflichtung des Übernehmers, als Gesellschafter bestimmte Dienstleistungen zu erbringen (zB die Entwicklung eines Computer-Programms) ist nicht einlagefähig[61]. 33

e) Anmeldung der Kapitalerhöhung. Sie muß **durch sämtliche Geschäftsführer** der Gesellschaft erfolgen[62], die sich nach hM hierbei auch nicht vertreten lassen können[63], da die von ihnen bei der Anmeldung abzugebende Versicherung der Erbringung der Mindesteinlage[64] strafbewehrt ist[65]. 34

Die Anmeldung muß **notariell beglaubigt** werden[66] und zwei Bestandteile enthalten: Die Anmeldung der Kapitalerhöhung und die Abgabe der Versicherung der Geschäftsführer, daß die Mindesteinlagen endgültig zu ihrer freien Verfügung bewirkt sind[67]. 35

Als **Anlagen** sind der Anmeldung beizufügen: 36
– der notariell beurkundete Kapitalerhöhungsbeschluß in Ausfertigung oder beglaubigter Abschrift;
– die vollständige Neufassung des Satzungswortlauts mit der Notarbescheinigung[68];
– die Übernahmeerklärungen[69], sofern sie nicht mit dem Kapitalerhöhungsbeschluß notariell beurkundet wurden;
– die Liste der Übernehmer[70];
– im Fall von Sacheinlagen die schuldrechtlichen und dinglichen Vereinbarungen der Gesellschaft mit dem Sacheinleger, soweit diese in Schriftform vorliegen[71].

---

[57] *OLG Köln* mit Anm. *Hasselbach* EWiR 1999, 1123.
[58] § 398 BGB.
[59] §§ 929 ff. BGB.
[60] §§ 873, 925 BGB.
[61] Katalog einlagefähiger Sachen bei *Hueck* in Baumbach/Hueck § 5 GmbHG Rn 25 ff.
[62] § 78 GmbHG.
[63] *Ulmer* in Hachenburg § 57 GmbHG Rn 16; *Lutter/Hommelhoff* § 78 GmbHG Rn 2.
[64] § 57 Abs. 2 GmbHG.
[65] § 82 Abs. 1 Nr. 3 GmbHG.
[66] § 12 HGB.
[67] § 57 Abs. 1 und 2 GmbHG.
[68] § 54 Abs. 1 Satz 2 GmbHG.
[69] § 57 Abs. 3 Nr. 1 GmbHG.
[70] § 57 Abs. 3 Nr. 2 GmbHG.
[71] § 57 Abs. 3 Nr. 3 GmbHG. Das Registergericht kann verlangen, daß ein Sacherhöhungsbericht und Wertnachweisunterlagen vorgelegt werden, § 57a iVm. § 9c GmbHG. Da dies regelmäßig geschieht, empfiehlt sich zur Vermeidung von Verzögerungen die Abstimmung mit dem Registergericht.

37 f) Eintragung der Kapitalerhöhung. Nach **Prüfung** und **Eintragung** der Kapitalerhöhung hat das Registergericht die Eintragung bekanntzumachen[72]. Die **Bekanntmachung** hat jedoch keine konstitutive Wirkung. Mit Eintragung der Kapitalerhöhung ist der neue Geschäftsanteil entstanden und den Übernehmer, jetzt Anteilsinhaber, treffen Rechte und Pflichten, die mit dem Anteil verbunden sind. Er haftet nunmehr insbes. Gläubigern der Gesellschaft für ausstehende Einlagen seiner Mitgesellschafter, über deren Umfang er sich vor seinem Eintritt Kenntnis verschaffen sollte.

2. Derivativer Erwerb von Geschäftsanteilen im Wege der Einzelrechtsnachfolge durch Abtretung

38 GmbH-Anteile sind grundsätzlich veräußerlich und vererblich[73]. In der Mehrzahl der Fälle wird jedoch von der Möglichkeit Gebrauch gemacht, die Abtretung der Anteile durch **Satzungsregelungen** vom Vorliegen weiterer Voraussetzungen abhängig zu machen[74], namentlich der Zustimmung der Gesellschaft oder der Gesellschafter. Der Erwerber sollte daher vor Vornahme des Verfügungsgeschäfts durch Einsicht in die aktuelle Satzung prüfen, ob dort Verfügungsbeschränkungen vorgesehen sind. Ist dies nicht der Fall, ist – anders als bei der Personengesellschaft – die Verfügung wirksam, auch wenn die Gesellschafter außerhalb der Satzung untereinander ein Zustimmungserfordernis begründet haben.

39 Die Verfügung über einen GmbH-Geschäftsanteil erfolgt im Wege der **Abtretung**[75]. Dieses dingliche Rechtsgeschäft wird häufig mit dem schuldrechtlichen Verkauf des Anteils verbunden[76], um die bei getrennter Beurkundung von schuldrechtlichem und dinglichem Geschäft anfallenden höheren Kosten zu vermeiden.

40 Der **Abtretungsvertrag** muß die Parteien und den abzutretenden Geschäftsanteil genau bezeichnen und erkennen lassen, daß der Anteil auf den Erwerber übertragen werden soll.

41 Hält der Veräußerer nur einen Geschäftsanteil und will er weiterhin in der Gesellschaft bleiben, kann ein zu veräußernder (Teil-) Geschäftsanteil durch **Teilung des bestehenden Anteils** geschaffen werden, wenn die Gesellschaft dies genehmigt und die Zustimmung der Mitgesellschafter vorliegt oder nach dem Gesellschaftsvertrag entbehrlich ist[77].

42 Mit Beurkundung des Abtretungsvertrags wird der **Anteilsübergang** gegenüber den Parteien und Dritten (nicht jedoch gegenüber der Gesellschaft) **wirksam**, sofern nicht noch Übertragungshindernisse dem entgegenstehen[78]. Da der Erwerber in diesem Zeitpunkt den Geschäftsanteil mit allen Rechten und Pflichten erwirbt, sollte er sich zuvor durch Einsichtnahme in die Satzung Kenntnis über die Ausgestaltung des Geschäftsanteils verschafft haben. Ob der Veräußerer den Anteil mit Nießbrauchsrechten oder durch Pfandrechte belastet hat, kann der

---

[72] §§ 57b, 10 GmbHG.
[73] § 15 Abs. 1 GmbHG.
[74] § 15 Abs. 5 GmbHG.
[75] § 15 Abs. 3 GmbHG.
[76] „Hiermit wird der Geschäftsanteil... verkauft und abgetreten."
[77] § 17 Abs. 1 und 3 GmbHG.
[78] Siehe Rn 48 ff.

Erwerber dagegen weder der Satzung noch dem Handelsregister entnehmen. Soweit nicht die Satzung derartige Belastungen der Geschäftsanteile ausschließt, ist er lediglich durch kaufrechtliche Gewährleistungsansprüche[79] gegenüber dem Veräußerer gesichert[80]. Schuldrechtliche Pflichten, wie zB Stimmbindungsvereinbarungen oder die Verpflichtung zur Überlassung bestimmter Gegenstände des Anlagevermögens werden auf den Erwerber hingegen nur übertragen oder in seiner Person begründet, wenn insoweit zusätzlich zur Abtretung eine Schuldmitübernahme bzw. ein Leistungsversprechen des Erwerbers als Nebenabrede vereinbart und mit der Abtretung beurkundet werden[81].

43 Die Abtretung kann unter einer **Bedingung** oder einer **Befristung** vorgenommen werden[82]. Die Parteien können auch schuldrechtlich vereinbaren, daß bestimmte wirtschaftliche Wirkungen abweichend vom dinglichen Übergang des Geschäftsanteils eintreten sollen, zB mit Stichtagen zum Ende des jeweiligen Geschäftsjahrs[83].

44 Damit die Abtretung auch **im Verhältnis zur Gesellschaft Wirksamkeit entfaltet**, ist der Erwerb bei ihr anzumelden und dabei der Übergang des Geschäftsanteils nachzuweisen, üblicherweise durch Vorlage einer beglaubigten Abschrift des Abtretungsvertrags verbunden mit Nachweisen über das Vorliegen etwaig erforderlicher Genehmigungserklärungen[84]. Die **Anmeldung** ist gegenüber den Geschäftsführern der Gesellschaft zu erklären und bedarf nicht der Annahme durch diese[85]. Der Erwerber sollte, falls die Anmeldung nicht, wie häufig, dem Notar übertragen wird, mit Wirksamwerden der Abtretung umgehend für seine Anmeldung Sorge tragen, da bis dahin der Veräußerer gegenüber der Gesellschaft noch als Gesellschafter gilt und der Erwerber weder zum Bezug von Dividenden noch zur Teilnahme an Gesellschafterversammlungen berechtigt ist und sämtliche vor Anmeldung beschlossenen Satzungsänderungen auch gegenüber ihm wirksam sind, ohne daß er daran hätte mitwirken können[86]. Es ist ratsam, zwischen Veräußerer und Erwerber Abreden darüber zu treffen, zu welchem Zeitpunkt bzw. nach Eintritt welcher Bedingungen die Anmeldung vorgenommen werden soll. Soll dem Veräußerer noch die Dividende für das laufende Geschäftsjahr zustehen, muß die Anmeldung nicht bis zu dessen Ablauf aufgeschoben werden; die Dividende kann schuldrechtlich dem Veräußerer zugewiesen werden.

45 Ab Zugang der Anmeldung gilt, wenn sie nicht berechtigterweise durch die Geschäftsführer (zB mangels Übergangsnachweises) zurückgewiesen wurde, der Erwerber auch im Verhältnis zur Gesellschaft als Inhaber des Geschäftsanteils. Er **haftet** nunmehr auch für rückständige Einlagen auf den Geschäftsanteil, für die

---

[79] Dazu § 9 Rn 15.
[80] *Winter* in Scholz § 15 GmbHG Rn 165.
[81] *Lutter/Hommelhoff* § 15 GmbHG Rn 8.
[82] *Lutter/Hommelhoff* § 15 GmbHG Rn 10.
[83] BGH NJW-RR 1987, 807.
[84] § 16 Abs. 1 GmbHG.
[85] *Winter* in Scholz § 16 GmbHG Rn 4.
[86] § 16 Abs. 2 GmbHG.

Erfüllung von Nachschuß- und Nebenleistungspflichten und für die Erfüllung von Ansprüchen aus Differenz- und Vorbelastungshaftung[87].

46 **a) Form.** Die Abtretung von Geschäftsanteilen bedarf der notariellen Beurkundung[88], und zwar einschließlich aller Neben- und Zusatzabreden zum Verfügungsgeschäft, deren Nichtbeurkundung die Wirksamkeit der gesamten Abtretung beeinträchtigen kann[89]. Das **Formerfordernis** erfaßt auch Änderungen, Optionen auf dingliche Übertragung des Geschäftsanteils und die Aufhebung des Abtretungsvertrags. Nicht erforderlich ist, daß die am Abtretungsvertrag beteiligten Parteien gleichzeitig vor einem Notar ihre Erklärungen abgeben; Angebot und Annahme können getrennt beurkundet werden[90]. Lassen die Parteien sich bei der Beurkundung vertreten, ist die dem jeweiligen Vertreter erteilte Vollmacht formlos wirksam[91].

47 Eine **Auslandsbeurkundung**[92] ist möglich, wenn ein ausländischer Notar sie beurkundet, dessen Vorbildung und Rechtsstellung im Rechtsleben der eines deutschen Notars ebenso entspricht, wie der Beurkundungsvorgang[93]. Anerkannt – und in der Praxis wegen der erheblichen Kosteneinsparungsmöglichkeiten häufig genutzt – sind Beurkundungen in der Schweiz[94] und in Österreich[95]. Umstritten ist hingegen, ob die Wahrung der Ortsform[96] genügt und daher auf die Beurkundung im Ausland verzichtet werden kann, wenn das ausländische Recht für das Rechtsgeschäft keine Beurkundung verlangt[97].

48 **b) Abtretungsbeschränkungen.** Wegen der personalistischen Struktur vieler in der Rechtsform der GmbH geführter Unternehmen werden in die Gesellschaftsverträge Regelungen aufgenommen, die die **Übertragbarkeit der Anteile einschränken**[98], indem sie von der Zustimmung der Mitgesellschafter oder anderen Voraussetzungen abhängig gemacht wird. Für den Erwerber ist es besonders wichtig, sich durch Einsicht in die Satzung über etwaige Abtretungsbeschränkungen zu informieren, da ihre Einhaltung regelmäßig Wirksamkeitsvoraussetzung ist und er daher nur bei ihrer Beachtung wirksam in die GmbH eintreten kann.

49 Am häufigsten sind Satzungsbestimmungen anzutreffen, die eine wirksame Abtretung an die **Zustimmung** aller oder eines Teils der Gesellschafter, der Organe oder anderer Gremien (zB des Beirats) knüpfen[99]. Ist die Zustimmung der Gesellschaft selbst erforderlich, wird sie auch insoweit durch die Geschäftsführer in vertretungsberechtigter Zahl vertreten. Ob sie die Entscheidung selbst treffen

---

[87] § 16 Abs. 3 GmbHG; *Hueck* in Baumbach/Hueck § 16 GmbHG Rn 12.
[88] §§ 6 ff. BeurkG.
[89] *Jasper* in MünchHdbGesR Bd. 3 § 24 Rn 153 und 173.
[90] *Winter* in Scholz § 15 GmbHG Rn 89.
[91] *Hueck* in Baumbach/Hueck § 15 GmbHG Rn 22.
[92] Zur Auslandsbeurkundung siehe § 35 Rn 99.
[93] Art. 11 Abs. 1 1. Alt. EGBGB.
[94] *BGH* ZIP 1989, 1052, 1054.
[95] *BayObLG* NJW 1978, 500 f.
[96] Art. 11 Abs. 1 2. Alt. EGBGB.
[97] *Staudinger/Großfeld* IntGesR Rn 452 ff.
[98] § 15 Abs. 5 GmbHG.
[99] *Winter* in Scholz § 15 GmbHG Rn 89.

können oder eine Willensbildung durch die Gesellschafterversammlung herbeizuführen haben, bestimmt sich ebenfalls nach der Satzung. Bei Fehlen einer ausdrücklichen Kompetenzzuweisung an die Geschäftsführer ist im Zweifel ein Gesellschafterbeschluß herbeizuführen[100].

Alternativ oder zusätzlich sehen Satzungen häufig vor, daß die Geschäftsanteile vor Übertragung auf Dritte der Gesellschaft oder den Mitgesellschaftern **anzudienen** sind, wobei den Erwerbsberechtigten in der Satzung häufig mehrwöchige Fristen zur Entscheidung über die Inanspruchnahme solcher Vorkaufs- und Vorerwerbsrechte zugebilligt sein können. Ist die Abtretung – was grundsätzlich zulässig ist – schon erfolgt, bevor eine Entscheidung über die Ausübung der Vorerwerbsrechte getroffen ist, muß der Erwerber zuwarten, bis er sicher sein kann, den Anteil wirksam erworben zu haben.

Die **Satzung** kann daneben vorsehen, daß der Anteil des Veräußerers nur dann wirksam erworben werden kann, wenn der Erwerber zugleich Anteile von Mitgesellschaftern ganz oder pro rata übernimmt, oder andere Anforderungen an die Person des Erwerbers oder die von ihm zu übernehmenden Pflichten erfüllt sind[101].

Ein bereits vor Vorliegen aller Übertragungserfordernisse abgeschlossener Abtretungsvertrag ist bis zu ihrer Erfüllung **schwebend unwirksam**. Der Eintritt der Voraussetzungen führt zu seiner Wirksamkeit ex tunc, wenn nicht ein anderer Zeitpunkt im Abtretungsvertrag bestimmt ist[102]. Im Hinblick auf persönliche Eigenschaften ist eine entsprechende Wirkung nur dann herzustellen, wenn der Abtretungsvertrag mit einer Bedingung oder Befristung versehen war; anderenfalls ist er wegen Fehlens von Übertragungsvoraussetzungen von Anfang an unwirksam. Während des Schwebezustands ist der Veräußerer verpflichtet, sich für die Erteilung der Zustimmung einzusetzen und in einer etwaigen Gesellschafterversammlung für diese zu stimmen[103]. Zwischenzeitlich vorgenommene Satzungsänderungen muß der Erwerber gegen sich gelten lassen. Um davor geschützt zu sein, bei solcherart geänderten Rahmenbedingungen am Anteilserwerb festgehalten zu werden, sollte er sich für diesen Fall ein Recht zum Rücktritt vorbehalten.

Der Zustand der schwebenden Unwirksamkeit wird entweder dadurch **beendet**, daß die erforderliche Genehmigung erteilt wird bzw. etwaige Fristen für Vorkaufsrechte ohne Ausübung abgelaufen sind, dann ist die Abtretung wirksam, oder daß die Genehmigung endgültig nicht erteilt oder ein Vorkaufsrecht ausgeübt wird, dann ist die Abtretung endgültig unwirksam. Für den Erwerber ist es empfehlenswert, eine Befristung in den Abtretungsvertrag aufzunehmen, die einen Zeitpunkt bestimmt, bis zu dem die Genehmigung erteilt sein muß und nach dessen Eintritt die Abtretung unwirksam wird. Da umstritten ist, wer die Zustimmung erklären muß, sollte sich der Erwerber die Zustimmung schriftlich sowohl von den zustimmungsberechtigten Personen als auch von den Geschäftsführern in vertretungsberechtigter Zahl nachweisen lassen[104].

---

[100] *BGH* WM 1988, 704, 706.
[101] *Winter* in Scholz § 15 GmbHG Rn 86.
[102] *Winter* in Scholz § 15 GmbHG Rn 100.
[103] *Lutter/Hommelhoff* § 15 GmbHG Rn 33.
[104] *Jasper* in MünchHdbGesR Bd. 3 § 24 Rn 204.

III. Übertragung von Inhaberaktien

54 Aktien können auf den **Inhaber** lauten[105]; berechtigt ist dann der jeweilige Inhaber[106]. Seit Einführung des stückelosen Aktienverkehrs hat die Unterscheidung zwischen Inhaber- und Namensaktien an Bedeutung verloren; nach wie vor gelten jedoch für die Übertragung zT unterschiedliche Regelungen.

55 Beabsichtigt der Erwerber die Beteiligung an einem Unternehmen in der Rechtsform einer AG, die Inhaberaktien ausgegeben hat, so stehen ihm zwei **Möglichkeiten** offen:
– Er übernimmt im Rahmen einer Kapitalerhöhung neu entstandene Aktien (originärer Erwerb) oder
– er übernimmt bereits existierende Aktien eines Veräußerers (derivativer Erwerb).

1. Originärer Erwerb von der Gesellschaft

56 Eine Beteiligung im Rahmen einer **Kapitalerhöhung** bietet sich an, wenn entweder kein Altaktionär bereit ist, die Gesellschaft zu verlassen, und diese frische liquide Mittel benötigt, oder der Erwerber als Gegenleistung seinerseits ein Unternehmen oder Unternehmensteile einbringen will (im Wege einer Kapitalerhöhung gegen Sacheinlagen). Im letzteren Fall könnte eine AG, die über eigene Aktien verfügt[107], auch ohne Kapitalerhöhung seine Sacheinlage entgegennehmen und dafür die eigenen Aktien einsetzen. Dann handelte es sich allerdings wiederum um einen derivativen Erwerb.

57 Bevor es zur Ausgabe von Aktien an den Erwerber kommen kann, sind in der AG die mit einer Kapitalerhöhung einhergehenden **Formalia** zu erfüllen:
– Fassung eines Kapitalerhöhungsbeschlusses mit der nach Maßgabe der Satzung erforderlichen Mehrheit durch die Hauptversammlung unter Ausschluß des Bezugsrechts der Altaktionäre (es sei denn, es ist bereits ein bedingtes Kapital oder ein genehmigtes Kapital mit Ausschluß des Bezugsrechts zum Zwecke von Unternehmenserwerben beschlossen);
– Anmeldung des Kapitalerhöhungsbeschlusses zum Handelsregister;
– Zeichnung der Aktien[108] (bei bedingter Kapitalerhöhung: Abgabe der Bezugserklärung[109]);
– Leistung der vollständigen Einlagen[110];
– Anmeldung und Eintragung der Durchführung der Kapitalerhöhung.

58 Erst danach können die neuen Aktienurkunden ausgegeben werden. Zuvor ausgegebene Papiere sind nichtig und verbriefen keinerlei Rechte[111]. Für den

---

[105] § 10 Abs. 1 1. Alt. AktG.
[106] Das Recht aus dem Papier folgt dem Recht am Papier.
[107] Und unter der Prämisse, daß diese AG einen entsprechenden Beschluß im Hinblick auf diese Art der Veräußerung der Aktien gefaßt hat, § 71 Abs. 1 Nr. 8 Satz 5 AktG.
[108] § 185 AktG.
[109] § 198 Abs. 2 Satz 1 AktG.
[110] Vor vollständiger Einlageleistung können nur auf den Namen lautende Aktien oder Zwischenscheine ausgegeben werden, § 9 Abs. 2 AktG; *Hüffer* § 9 AktG Rn 6.
[111] § 191 Satz 2 AktG.

wirksamen Erwerb der Mitgliedschaft ist allerdings die Ausstellung der Urkunde unerheblich; es entsteht mit Eintragung der Durchführung der Kapitalerhöhung in das Handelsregister. Die Aktienurkunde ist lediglich **deklaratorisches Wertpapier**[112].

a) Abschluß eines Zeichnungsvertrags. Der Erwerb neuer Aktien aus einer (Bar- oder Sach-) Kapitalerhöhung setzt die „Zeichnung"[113] der Aktien voraus. Die **Rechtsstellung als Aktionär** wird jedoch erst durch die Eintragung der Durchführung der Kapitalerhöhung in das Handelsregister erlangt, wodurch die Kapitalerhöhung wirksam wird[114]. 59

Der Zeichnungsvertrag besteht aus der schriftlich abzugebenden Willenserklärung des Zeichners, Aktien aus der Kapitalerhöhung erwerben, zeichnen und übernehmen zu wollen (sog. **Zeichnungsschein**[115]) und der Annahme durch die Gesellschaft. Der Zeichnungsschein darf den Verpflichtungsinhalt nicht beschränken oder Bedingungen unterstellen[116]. Zulässig ist es jedoch, wenn der Zeichner eine Annahmefrist bestimmt, bis zu der die Gesellschaft seine Zeichnung angenommen haben muß, da diese Befristung lediglich die zeitliche Wirkung der Zeichnungsofferte beschränkt und nicht deren Inhalt[117]. Die Angabe einer Verfallfrist, mit deren Ablauf der Zeichnungsvertrag verfällt, wenn die Durchführung der Kapitalerhöhung nicht bis dahin eingetragen wurde, gehört zum Pflichtinhalt des Zeichnungsscheins[118]. Die Zeichnung wird dann unverbindlich, kann jedoch erneut vorgenommen werden. Geschieht das nicht, hat das Registergericht die Eintragung der Durchführung der Kapitalerhöhung abzulehnen[119]. 60

Mit Eintragung im Handelsregister entstehen die **neuen Aktienrechte**, und es können Aktienurkunden ausgestellt werden. Vorher können die neuen Anteilsrechte weder übertragen noch darüber Aktienurkunden oder Zwischenscheine ausgestellt werden[120]. Nach Eintragung der Durchführung der Kapitalerhöhung kann der Erwerber die noch unverkörperte Mitgliedschaft in der AG durch formlose Abtretung übertragen[121]. 61

b) Ausstellung der Aktienurkunde. Der Aktionär hat nach dem AktG im Grundsatz einen Anspruch auf **Verbriefung seines Anteils**, der jedoch durch die Satzung ausgeschlossen oder eingeschränkt sein kann[122]. Der Erwerber eines Anteils an einer AG, die Inhaberaktien ausgibt, sollte auf die Verbriefung seines Anteils nur in Ausnahmefällen und nur in einer Gesellschaft mit überschaubarem Aktionärskreis verzichten. Der verbriefte Anteil steigert die Verkehrsfähigkeit, er- 62

---

[112] *Brändel* in Großkomm. § 10 AktG Rn 20; *Heider* in MünchKomm. § 10 AktG Rn 6.
[113] § 185 Abs. 1 AktG.
[114] § 189 AktG.
[115] Muster finden sich bei *Happ* Aktienrecht, Handbuch – Mustertexte-Kommentar, 1995 11.01 f. für Bar-, 11.07 e. für Sachkapitalerhöhungen.
[116] § 185 Abs. 2 AktG.
[117] *Hüffer* § 185 AktG Rn 15.
[118] § 185 Abs. 1 Nr. 4 AktG.
[119] § 188 AktG; *Hüffer* § 185 AktG Rn 16.
[120] § 191 Satz 1 AktG.
[121] § 413 BGB iVm. §§ 398 ff. BGB; *Lutter* in Kölner Komm. Anh. § 68 AktG Rn 2 und 5.
[122] § 10 Abs. 5 AktG.

leichtert die Legitimation gegenüber der Gesellschaft, Mitaktionären und Dritten und ermöglicht bei späterer Veräußerung dem potentiellen Erwerber den gutgläubigen Erwerb, während bei unverbrieftem Aktienbesitz der Erwerber andere Nachweise betreffend die Aktionärsstellung des Veräußerers verlangen wird, so daß der veräußerungswillige Aktionär die Gesellschaft um Mitwirkung bei der Dokumentation seiner Inhaberschaft bitten muß und damit ggf. seine Veräußerungsabsicht offenkundig wird.

63 Die Gesellschaft darf **Inhaberaktien** erst **ausgeben**, wenn der Ausgabebetrag vollständig geleistet ist. Inhaltlich muß die Urkunde angeben, welchen Nennbetrag (bei Nennbetragsaktien) oder welche Stückzahl (bei Stückaktien) sie verkörpern soll. Hat der Übernehmer einer Barkapitalerhöhung lediglich die Mindesteinlage eingezahlt, können ihm zunächst nur auf den Namen lautende Aktien (mit der Angabe der geleisteten Teilzahlung) oder Zwischenscheine begeben werden[123]. Inhaberaktien dürfen dagegen erst ausgegeben werden, wenn der Ausgabebetrag vollständig geleistet ist; das gleiche gilt bei Sacheinlagen, da sie vollständig zu leisten sind[124].

64 Die **Urkunde** muß den Aussteller (die Gesellschaft), den Umstand, daß ein Mitgliedschaftsrecht verbrieft werden soll, und die Aktiengattung, wenn es in der Gesellschaft verschiedene gibt, angeben. Ausstellungsort bzw. -datum müssen nicht aufgenommen werden[125]. Ob Unterscheidungszeichen, zB **fortlaufende Nummern der Aktienzertifikate**, rechtlich erforderlich sind, ist umstritten[126]. Ihre Aufnahme ist jedoch dringend geboten (und bei Börsennotierung sogar Zulassungsvoraussetzung), um sicherzustellen, daß die Aktien voneinander unterschieden werden können, und um Nachweisprobleme, insbes. bei Kraftloserklärungen, zu vermeiden.

65 Die Aktienurkunde kann bereits angefertigt werden, wenn die Durchführung der Kapitalerhöhung noch nicht in das Handelsregister eingetragen wurde; die **Ausgabe** hingegen ist erst danach zulässig[127].

66 Die Aktie muß von den Vertretern der Gesellschaft, also Vorstandsmitgliedern in vertretungsberechtigter Zahl, **unterschrieben** sein, wobei es sich um vervielfältigte Unterschriften handeln kann[128].

67 **c) Abschluß eines Begebungsvertrags zwischen Gesellschaft und Aktionär.** Für die wertpapiermäßige Verkörperung der Mitgliedschaft in der AG ist die Ausstellung einer Urkunde allein nicht ausreichend. Hinzutreten muß nach hA ein gleichzeitig mit der Übereignung der Aktienurkunde geschlossener Begebungsvertrag zwischen der Gesellschaft und dem Inhaber der Mitgliedschaft, wo-

---

[123] Hierzu im einzelnen Rn 83 ff.
[124] § 36a Abs. 1 Satz 1 AktG. Anders bei Sacheinlagen, die in der Verpflichtung zur Übertragung von Vermögensgegenständen bestehen, § 36a Abs. 1 Satz 2 AktG; zur Tragweite dieser Bestimmung siehe *Kraft* in Kölner Komm. § 36a AktG Rn 9 ff.; *Heider* in MünchKomm. § 10 AktG Rn 49.
[125] *Wiesner* in MünchHdbGesR Bd. 4 § 12 Rn 10.
[126] *Hüffer* § 13 AktG Rn 4; *Kraft* in Kölner Komm. § 13 AktG Rn 9.
[127] *Kraft* in Kölner Komm. § 13 AktG Rn 7.
[128] § 13 Satz 1 AktG; *Kraft* in Kölner Komm. § 13 AktG Rn 12.

nach das Papier zukünftig die **Mitgliedschaft verkörpern** und der **Aktionär Eigentümer des Papiers** sein soll[129]. Fehlt der Begebungsvertrag oder ist er unwirksam, so erlangt die Urkunde keine Wertpapierqualität mit der Folge, daß ein gutgläubiger Erwerber der Inhaberaktie nicht Aktionär wird.

d) Übereignung der ausgestellten Urkunde. Die verbriefte Inhaberaktie wird übertragen wie eine bewegliche Sache[130]. Der Eigentumsübergang erfordert daher die dingliche **Einigung** über den Eigentumsübergang des Wertpapiers und die **Übergabe** bzw. ein Übergabesurrogat, zB die Abtretung des Herausgabeanspruchs, wenn das Wertpapier von Dritten verwahrt wird. 68

2. Derivativer Erwerb effektiver Stücke durch Einigung und Übergabe

Erwirbt ein Unternehmenskäufer Inhaberaktien nicht von der Gesellschaft, sondern von einem Dritten, so geschieht dies im Wege derivativen Erwerbs. Sind Aktienurkunden begeben worden, können diese dem Käufer der Aktien durch Übereignung übertragen werden[131]. Die Übereignung der Aktien folgt den Regeln, die für die Übereignung anderer beweglicher Sachen gelten[132], nämlich durch vertragliche Einigung über den Übergang des Eigentums an den Aktienurkunden und deren Übergabe oder Abtretung des Herausgabeanspruchs, wenn sie von Dritten verwahrt werden. In jedem Fall sollten die Aktien im **Übereignungsvertrag** mit ihren Stückenummern oder anderen aufgedruckten Ordnungskennzeichen benannt werden, um den Umfang und die Identität[133] der übertragenen Aktien zu dokumentieren. 69

3. Derivativer Erwerb effektiver Stücke durch Abtretung der Mitgliedschaft

Dem Käufer können Inhaberaktien auch durch **Abtretung der Mitgliedschaft** übertragen werden[134]. 70

Bei Abtretung verbriefter Inhaberaktien sind die Rechtsfolgen mit denen einer Übereignung identisch; das Eigentum an der Aktienurkunde steht dem Abtretungsempfänger zu, auch wenn es nicht ausdrücklich auf ihn übertragen wurde[135], denn das Eigentum an der Aktienurkunde folgt dem Recht an der abgetretenen Mitgliedschaft. Der Käufer verbriefter Aktien sollte jedoch stets auf Besitzverschaffung bestehen, da anderenfalls ein Dritter die Wertpapiere und damit die Mitgliedschaft gutgläubig erwerben könnte[136]. 71

---

[129] *Lutter* in Kölner Komm. Anh. § 68 AktG Rn 9; *Zöllner* S. 184; *Heider* in MünchKomm. § 10 AktG Rn 7; aA *Eckardt* in Geßler/Hefermehl § 10 AktG Rn 8.
[130] *Lutter* in Kölner Komm. Anh. § 68 AktG Rn 15.
[131] Zur Übertragung im Wege der Abtretung siehe Rn 70 ff.
[132] §§ 929 ff. BGB.
[133] ZB wenn sich später herausstellt, daß Aktien aus einer bestimmten Kapitalerhöhung nichtig sind.
[134] §§ 398, 413 BGB.
[135] § 952 Abs. 2 BGB; *Zöller* S. 10; aA *Lutter* in Kölner Komm. Anh. § 68 AktG Rn 15.
[136] *Wiesner* in MünchHdbGesR Bd. 4 § 14 Rn 4.

72 Sind keine Aktienurkunden ausgestellt, können Inhaberaktien[137] ausschließlich durch **Abtretung**, nicht nach sachenrechtlichen Vorschriften übertragen werden. Auch wenn es gesetzlich nicht gefordert ist, ist die schriftliche Dokumentierung der Abtretung ratsam. Die Gesellschaft ist nämlich zunächst nur dem Zeichner der Aktien verpflichtet und – wie jeder Schuldner – dessen Rechtsnachfolger nur, wenn er ihr eine vom bisherigen Gläubiger (dem Zeichner) ausgestellte Urkunde über die Abtretung vorlegt[138].

73 Werden die verkauften Aktien im **Ausland** verwahrt und von dort übertragen, bestimmt sich ihre Übertragung nach der lex rei sitae, da das deutsche IPR für die Urkunde als Sache das Recht als anwendbar bezeichnet, in dessen Bereich sich die Sache befindet[139].

4. Derivativer Erwerb von Aktien in Verwahrung Dritter

74 Auch wenn nicht der Verkäufer, sondern ein Kreditinstitut oder eine Wertpapiersammelbank die zu übertragenden Aktien verwahrt, vollzieht sich der Erwerb durch Übereignung der Aktienurkunden[140]. Besonderheiten ergeben sich jedoch aus den jeweils unterschiedlichen **Besitzmittlungsverhältnissen**.

75 a) **Übertragung von Aktien in Sonderverwahrung.** Hält ein Kreditinstitut die Aktien in Sonderverwahrung[141] in einem sog. „**Streifbanddepot**", ist das Aktienbündel des Veräußerers von den Aktienbeständen anderer Aktionäre derselben Emittentin körperlich getrennt, und er ist Eigentümer derjenigen individuellen effektiven Stücke (idR ausgewiesen durch Stücknummern), die er eingeliefert hat. Das Streifband wirkt wie ein Schließfach des Aktionärs, der stets die von ihm eingelieferten Stücke wieder heraus verlangen kann[142].

76 Der Käufer solcherart verwahrter Aktien erwirbt diese durch **Einigung** über den Eigentumsübergang und **Abtretung des Herausgabeanspruchs** des Verkäufers gegen das verwahrende Kreditinstitut an sich[143].

77 b) **Übertragung von Aktien in Sammelverwahrung.** Werden die Aktien in Sammelverwahrung[144] von einer Wertpapiersammelbank verwahrt, hat der Inhaber kein Eigentum an bestimmten, individuell definierbaren Aktienurkunden, sondern nur Miteigentum und Mitbesitz[145] am gesamten Bestand der dort verwahrten Aktien einer Gattung der jeweiligen Emittentin. Wie bei einem Girokonto hat der Aktionär nur Anspruch auf Herausgabe seines **Miteigentumsanteils**[146], also von Aktien in der Höhe eines bestimmten Nennbetrags oder einer

---

[137] Aber auch Namensaktien.
[138] § 410 BGB.
[139] *Lutter* in Kölner Komm. Anh. § 68 Rn 30; vgl. § 35 Rn 70 ff.
[140] Siehe Rn 69.
[141] § 2 DepotG.
[142] § 985 BGB.
[143] §§ 929, 931 BGB.
[144] § 5 DepotG.
[145] *Karsten Schmidt* in MünchKomm. § 1008 BGB Rn 30.
[146] *Karsten Schmidt* in MünchKomm. § 747 BGB Rn 18.

bestimmten Zahl von Stückaktien, jedoch nicht auf dieselben Stücke, die er eingeliefert hat.

Entsprechendes gilt, wenn ausschließlich **Globalurkunden** die Aktienrechte verbriefen und wenn überhaupt keine effektiven Stücke begeben sind, etwa weil die Emittentin den Anspruch auf (Einzel-)Verbriefung ausgeschlossen hat[147]. Dann werden die Aktien durch Einigung über den Übergang des verkauften Bruchteils am Sammelbestand übertragen. Für die Bestimmung des Bruchteils ist der Wertpapiernennbetrag, bei Stückaktien die Stückzahl maßgebend[148]. 78

Die Übergabe geschieht in beiden Fällen durch **Einräumung von Mitbesitz** in der Form der Umbuchung des jeweils übertragenen Bestands in das Depot des Erwerbers[149]. Technisch geschieht dies durch Umschreibung im Verwahrungsbuch der Wertpapiersammelbank[150] und Umbuchung des Bestands vom Wertpapierdepot des Veräußerers in das Depot des Erwerbers[151]. 79

IV. Übertragung von Namensaktien

Namensaktien lauten auf den Namen des Aktionärs, der aus der Aktienurkunde ersichtlich ist. Dies bedeutet nicht, daß zum Erwerb der Mitgliedschaft in der AG die Ausstellung einer Aktienurkunde auf den Namen des Erwerbers erforderlich wäre; vielmehr kann (zB bei blankoindossierten Aktien und insbes. im stückelosen Giroverkehr auf der Grundlage blankoindossierter Globalurkunden) der Erwerber auch Aktionär werden, wenn sein Name auf der Urkunde nicht vermerkt ist. Maßgeblich für die Aktionärseigenschaft ist bei – zumindest in einer Globalurkunde – verbrieften Namensaktien die Eintragung in das von der Namensaktien emittierenden Gesellschaft zu führende **Aktienregister**[152]. Nur wer dort eingetragen ist, gilt im Verhältnis zur Gesellschaft unwiderleglich als Aktionär[153]; nur ihm stehen Mitgliedschaftsrechte, wie Dividendenberechtigung und Stimmrecht zu, selbst wenn die zum eingetragenen Aktienbestand gehörende Urkunde auf einen anderen Namen lautet. Auch die Namensaktie ist lediglich ein deklaratorisches Wertpapier[154], und auch die unverkörperte Mitgliedschaft kann wirksam übertragen werden[155]. 80

---

[147] § 10 Abs. 5 AktG.
[148] § 6 Abs. 1 Satz 2 DepotG.
[149] *Karsten Schmidt* in MünchKomm. § 747 BGB Rn 18.
[150] §§ 14, 24 DepotG.
[151] *Karsten Schmidt* in MünchKomm. § 1008 BGB Rn 31.
[152] § 67 Abs. 1 AktG. Mit Inkrafttreten des NaStraG (Gesetz zur Namensaktie und zur Erleichterung der Stimmrechtsausübung BGBl. 2001 I S. 123 ff.) wurde das „Aktienbuch" durch das „Aktienregister" ersetzt. Dadurch wird dokumentiert, daß die Daten betreffend die Aktionäre auch in elektronischer Form aufbereitet werden können, Begründung zum Regierungsentwurf NaStraG vom 10. 5. 2000, ZIP 2000, 938, 939. Aufzeichnungen über nicht verbriefte Namensaktien haben nicht die Funktion des Aktienregisters, *Lutter* in Kölner Komm. § 67 AktG Rn 8 und 15; *Hüffer* § 67 AktG Rn 6 mwN (str.).
[153] § 67 Abs. 2 AktG.
[154] *Brändel* in Großkomm. § 10 AktG Rn 20; *Heider* in MünchKomm. § 10 AktG Rn 6.
[155] *Lutter* in Kölner Komm. Anh. § 68 AktG Rn 2.

81 Eine besondere Ausgestaltung der Namensaktie ist die **vinkulierte** Namensaktie, bei der die Übertragung der Aktie (und der Mitgliedschaft) an die Zustimmung der Gesellschaft gebunden ist[156]. Bei vinkulierten Namensaktien ist die Übertragung der Aktien bis zum Vorliegen dieser Zustimmung schwebend unwirksam[157]. Hat der Erwerber sich im Rahmen seines Beteiligungserwerbs ausbedungen, Mitglieder in den Aufsichtsrat entsenden zu dürfen[158], so ist die Vinkulierung seiner Anteile zwingend, denn der Gesellschaft sollen keine Aufsichtsorgane mit weitreichenden Befugnissen von Dritten aufgezwungen werden können, deren Aufnahme in den Aktionärskreis nicht gewünscht ist. Wird dem Erwerber ein **Entsendungsrecht** nicht eingeräumt, sollte er eine Vinkulierung seiner Aktien tunlichst vermeiden. Bei der Entscheidung über die Zustimmung zu einer späteren Übertragung hat der Vorstand nach pflichtgemäßem Ermessen zu handeln; die versagende Entscheidung bedarf keiner sachlichen Rechtfertigung[159]. Der veräußerungswillige Aktionär muß in diesem Fall die Pflichtverletzung durch den Vorstand behaupten und beweisen[160]. Das ist eine die Veräußerung uU erschwerende oder zeitlich verzögernde Last, die durch Nicht-Vinkulierung vermieden wird.

82 Eine etwaige Börsennotierung vinkulierter Namensaktien erleichtert zwar die **Verkehrsfähigkeit**, gewährt jedoch dem Erwerber gleichwohl nicht dieselbe Rechtssicherheit, die mit nicht vinkulierten Namensaktien verbunden ist. Zwar werden vinkulierte Namensaktien zum Börsenhandel zugelassen, wenn sie ein Blankoindossament tragen oder ein Blankoumschreibungsantrag des Veräußerers beigefügt ist[161] und wenn sie frei handelbar sind[162], insbes. die Vinkulierung nicht zu einer Störung des Börsenhandels führt[163]. Allerdings hatten selbst die früher üblichen Verpflichtungserklärungen gegenüber der Zulassungsstelle, die Zustimmung nur in bestimmten Ausnahmefällen zu verweigern, keine Wirkung gegenüber Aktionären und Aktienerwerbern[164]. Im Fall einer zu Unrecht verweigerten Zustimmung müßte der Aktionär die Gesellschaft auf Zustimmung verklagen[165], so daß eine nicht vinkulierte Aktie in jedem Fall vorzugwürdig bleibt, falls nicht der Aktionär selbst an einer solchen Zutrittsschranke Interesse hat.

1. Originärer Erwerb von der Gesellschaft

83 Für den originären Erwerb von Namensaktien gelten zunächst die für Inhaberaktien dargestellten Grundsätze[166]: Der **Ausgabetatbestand** erfordert eine Über-

---

[156] § 68 Abs. 2 AktG.
[157] BGHZ 13, 179, 187 für KG; *Lutter* in Kölner Komm. § 68 AktG Rn 38.
[158] § 101 Abs. 2 Satz 2 AktG.
[159] *Lutter* AG 1992, 369, 372, 373.
[160] *Hüffer* § 68 AktG Rn 15.
[161] § 26 Abs. 2 der Bedingungen für die Geschäfte an den deutschen Wertpapierbörsen, abgedruckt in *Kümpel/Ott*, Kapitalmarktrecht, Stand: Oktober 2000, Nr. 450.
[162] § 5 Abs. 1 BörsZulV.
[163] § 5 Abs. 2 Nr. 2 BörsZulV.
[164] *Wirth*, Vinkulierte Namensaktien: Ermessen des Vorstandes bei der Zustimmung zur Übertragung, DB 1992, 617, 619; *Lutter* AG 1992, 369, 371.
[165] *Lutter* in Kölner Komm. § 68 AktG Rn 37.
[166] Siehe Rn 56 ff.

nahmerklärung des Aktionärs (Zeichnungsvertrag), die Eintragung der Kapitalerhöhung in das Handelsregister und, soweit in der Satzung nicht ausgeschlossen, die Verbriefung der Mitgliedschaft. Folgende Besonderheiten sind jedoch bei Namensaktien zu berücksichtigen:

Nur Namensaktien können ausgegeben werden, solange der Ausgabebetrag noch nicht vollständig geleistet ist[167], um zu gewährleisten, daß die Gesellschaft über das Aktienregister jederzeit feststellen kann, wer Schuldner der jeweils zu leistenden Resteinzahlungen ist. Die einzige Alternative zu diesem Vorgehen bilden **Zwischenscheine**, die aber ebenfalls auf den Namen lauten müssen[168]. Soll im Rahmen eines originären Erwerbs – also vor Eintragung der Kapitalerhöhung – nur die Mindesteinlage[169] durch den Neu-Aktionär gezahlt werden, müssen entweder Namensaktien mit Angabe der auf sie erbrachten Teilleistungen[170] oder Zwischenscheine, die diese Angabe nicht zu enthalten brauchen, ausgegeben werden. Letztere unterscheiden sich von den Namensaktien nur durch den Charakter als vorläufige Wertpapiere[171], die nach Leistung der Resteinlagen in endgültige Aktienurkunden umzutauschen sind. Demgemäß empfiehlt sich bei Gesellschaften, die ausschließlich Inhaberaktien begeben wollen, die Ausstellung von Zwischenscheinen; wenn die Satzung ausschließlich Inhaberaktien vorsieht, ist dies die einzig mögliche Verbriefung vor Volleinzahlung[172].

Bei **Sacheinlagen**, die nicht vor Eintragung der Durchführung der Kapitalerhöhung in das Handelsregister, sondern erst binnen der Fünfjahresfrist des § 36a Abs. 2 Satz 2 AktG zu erbringen sind[173], kommt nur die Ausstellung von auf den Namen lautenden Aktien oder Zwischenscheinen in Betracht[174].

Die Verbriefung ist bei Namensaktien nicht in gleicher Weise geboten wie bei Inhaberaktien, kann für den Aktionär sogar nachteiliger sein, als wenn seine Mitgliedschaft unverbrieft wäre. Die **Legitimations-** und **Rechtsscheinwirkung** gegenüber Dritten beruht nicht, wie gegenüber der Gesellschaft[175], auf dem Aktienregister, sondern auf dem Besitz einer Aktienurkunde (ggf. dem Vorliegen einer ununterbrochenen Reihe von Indossamenten), so daß deren gutgläubiger Erwerb möglich ist[176], ein Risiko, dem der Aktionär einer unverbrieften Mitgliedschaft, die nicht gutgläubig erworben werden kann[177], nicht ausgesetzt ist.

Der Aktionär kann bei späterer Veräußerungsabsicht sich trotz Fehlens einer Aktienurkunde zum einen durch den Zeichnungsschein[178] **legitimieren**[179], zum anderen auf das Aktienregister verweisen, das bei Ausschluß des (Einzel-) Verbrie-

---

[167] § 10 Abs. 2 Satz 1 AktG.
[168] § 10 Abs. 3 AktG.
[169] Mindestens ein Viertel des Ausgabebetrags, § 36a Abs. 1 AktG.
[170] § 10 Abs. 2 Satz 2 AktG.
[171] *Heider* in MünchKomm. § 8 AktG Rn 118.
[172] § 23 Abs. 3 Nr. 5 AktG; *Heider* in MünchKomm. § 10 AktG Rn 50.
[173] *Heider* in MünchKomm. § 10 AktG Rn 49.
[174] § 10 AktG.
[175] § 67 Abs. 2 AktG.
[176] § 68 Abs. 1 AktG iVm. § 16 WG.
[177] *Heider* in MünchKomm. § 10 AktG Rn 8; *Brändel* in MünchKomm. § 10 AktG Rn 11.
[178] Dazu im einzelnen Rn 60.
[179] *Brändel* in MünchKomm. § 10 AktG Rn 11.

fungsrechts[180] als Rechtsscheinquelle gegenüber Dritten dienen kann. Allerdings steht Dritten auch nach Inkrafttreten des NaStraG kein Einsichtsrecht zu[181]. Der Aktionär kann von der Gesellschaft lediglich Auskunft über die ihn selbst betreffenden Daten verlangen[182]. Ob der Aktionär gegen Kostenerstattung Abschriften der ihn selbst betreffenden Eintragung von der Gesellschaft verlangen kann, ist umstritten[183] und kann insbes. in nicht börsennotierten Gesellschaften[184] ausgeschlossen sein. Der Erwerber sollte jedoch durchsetzen, daß er jederzeit einen ggf. in der Satzung zu verankernden Anspruch auf schriftliche Dokumentation seines Aktienbestands gegenüber der Gesellschaft hat, damit er in Verhandlungen über die Veräußerung seiner Beteiligung keine Nachweisprobleme gegenüber dem potentiellen Erwerber zu gewärtigen hat.

2. Derivativer Erwerb effektiver Stücke durch Indossierung und Übertragung des Eigentums an der indossierten Aktie

88 Hat der Erwerber Namensaktien gekauft, die in Form effektiver Stücke begeben sind, ist die Übertragung nach sachenrechtlichen Grundsätzen möglich[185]. Dazu ist – wie bei Inhaberaktien – die Übereignung der Aktienurkunde erforderlich[186]. Diese muß jedoch zuvor indossiert, d. h. auf die Aktienurkunde (idR auf die Rückseite) oder auf ein mit ihr verbundenes Blatt muß ein **Indossament** gesetzt und vom berechtigten Veräußerer (Indossanten) unterschrieben worden sein[187].

89 **a) Form und Inhalt des Indossaments.** Das Indossament ist eine spezifisch **wertpapierrechtliche Erklärung**, mit der Orderpapiere – die Namensaktie ist ein (geborenes) Orderpapier[188] – übertragen werden, indem ihr Inhalt dahingehend erweitert wird, daß nicht nur der auf der Aktie Genannte Berechtigter ist, sondern auch, wer durch Order des Genannten zum Berechtigten bestimmt wird[189]. Der erste auf der Aktie Genannte ist derjenige, auf dessen Namen sie ausgestellt wurde. Alle weiteren Berechtigten ergeben sich aus den auf die Aktie und die mit ihr verbundenen Anhänge gesetzten Indossamente. Der Aktienkäufer muß also bei der Übertragung der von ihm gekauften Namensaktien darauf achten, daß der Verkäufer seine Berechtigung durch Benennung auf der Aktie oder eine ununterbrochene Reihe von Indossamenten nachweisen kann[190].

---

[180] § 10 Abs. 5 AktG.
[181] § 67 Abs. 6 AktG.
[182] § 67 Abs. 6 Satz 1 AktG. Bei nichtbörsennotierten Aktiengesellschaften können in der Satzung weitere Bestimmungen über das Einsichtsrecht getroffen werden, § 67 Abs. 6 Satz 2 AktG.
[183] Bejahend: *Lutter* in Kölner Komm. § 67 AktG Rn 54; aA *Hefermehl/Bungeroth* in Geßler/Hefermehl § 67 AktG Rn 100.
[184] § 3 Abs. 2 AktG.
[185] Zur Übertragung im Wege der Abtretung siehe Rn 93 ff.
[186] §§ 929 ff. BGB.
[187] § 68 Abs. 1 AktG iVm. Art. 13 WG.
[188] *Hüffer* § 68 AktG Rn 1.
[189] *Zöllner* S. 13.
[190] Zur Legitimationswirkung von Indossamenten siehe Rn 92.

Das Indossament muß die Erklärung enthalten, sämtliche in der Urkunde ver- **90** brieften Mitgliedschaftsrechte übertragen zu wollen[191]. Die Übertragung nur eines Teils der verbrieften Rechte ist durch Indossament nicht möglich, da **Teilindossamente nichtig** sind[192]. Hat der Verkäufer von Namensaktien, der nur einen Teil davon verkauft hat, nur eine Urkunde über seinen gesamten Aktienbesitz in Händen, kann er den verbrieften Bestand an den Käufer per Indossament nur übertragen, wenn er sich zuvor gegen Rückgabe der Alt-Urkunde zwei neue Urkunden von der Gesellschaft ausstellen läßt, eine davon in Höhe des verkauften Bestands, die dann vollständig indossiert werden kann. Daneben verbleibt die Möglichkeit der Teilübertragung durch Abtretung[193], die jedoch für den Aktienerwerber nicht das gleiche Maß an Rechtssicherheit bietet[194].

Das Indossament muß den Erwerber nicht namentlich bezeichnen. Ein solches **91** **Blankoindossament** führt dazu, daß jeder zukünftige Inhaber der Urkunde ohne besondere Nennung Berechtigter aus der Aktie wird und sie insbes. ohne weitere Indossierung übertragen kann[195]. Für blankoindossierte Aktien gilt daher nicht mehr das Übertragungserfordernis der Indossierung, sondern sie können – wie Inhaberaktien – durch bloße Übereignung der Urkunde übertragen werden[196].

b) Gutgläubiger Erwerb und Legitimationswirkung von Indossamen- 92 ten. Als rechtmäßiger Inhaber einer Namensaktie gilt, wer sein Recht durch Benennung auf der Urkunde oder – wenn diese bereits indossiert wurde – durch eine **ununterbrochene Kette** von Indossamenten nachweisen kann[197]. Dabei ist es unbedenklich, wenn es sich bei dem letzten Indossament um ein Blankoindossament handelt[198]. Befindet sich das Blankoindossament dagegen innerhalb der Reihe, so tritt zwar eine Legitimationswirkung ein, wenn für diese Lücke andere Erwerbstatbestände (zB Abtretung) nachgewiesen werden. Dieser Nachweis reicht jedoch dann nicht aus, wenn einem Voreigentümer die Urkunde abhanden gekommen ist und der Aktienerwerber sich auf gutgläubigen Erwerb berufen will[199]. Weist die Indossantenkette daher an anderer als an letzter Stelle ein Blankoindossament auf, ist die Erfüllung der objektiven Voraussetzungen eines gutgläubigen Erwerbs unmöglich[200]. Der Aktienerwerber sollte sich daher in diesem Fall vom Veräußerer zusätzlich absichern lassen.

---

[191] *Wiesner* in MünchHdbGesR Bd. 4 § 14 Rn 8; siehe Muster nach Rn 155 (Rückseite einer auf den Namen lautenden Stückaktie der DaimlerChrysler AG, dort unten links).
[192] *Hefermehl/Bungeroth* in Geßler/Hefermehl § 67 AktG Rn 100.
[193] Siehe Rn 93 ff.
[194] Dazu Rn 92.
[195] § 68 Abs. 1 Satz 2 AktG iVm. Art. 14 Abs. 2 Nr. 3 WG; *Zöllner* S. 14.
[196] *Hefermehl/Bungeroth* in Geßler/Hefermehl § 68 AktG Rn 12; *Zöllner* S. 14.
[197] § 68 Abs. 1 Satz 2 AktG iVm. Art. 16 Abs. 1 WG.
[198] § 68 Abs. 1 Satz 2 AktG iVm. Art. 16 Abs. 3 WG.
[199] § 68 Abs. 1 Satz 2 AktG iVm. Art. 16 Abs. 2 WG.
[200] *Hefermehl/Bungeroth* in Geßler/Hefermehl § 68 AktG Rn 29.

3. Derivativer Erwerb effektiver Stücke durch Abtretung der Mitgliedschaft

93 Neben der Indossierung ist die Übertragung durch Abtretung möglich[201]. Für die Zession gelten dieselben **Regeln** wie für die Abtretung von Inhaberaktien[202]. Die Übertragung im Wege der Abtretung kommt insbes. dann in Betracht, wenn der Veräußerer seinen gesamten Aktienbestand in einer Urkunde verbrieft hat, jedoch nur ein Teil davon verkauft wurde. Da Teilindossamente unzulässig sind[203], kann der verkaufte Teil nur durch Abtretung übertragen werden. Der Erwerber sollte jedoch in jedem Fall sicherstellen, daß die Aktienurkunde des Verkäufers vernichtet und der von ihm erworbene Bestand zu seinen Gunsten verbrieft wird, um zu vermeiden, daß Dritte seine Aktien auf der Grundlage der Alt-Urkunde gutgläubig erwerben können, und um sicherzustellen, daß er seinerseits seinen Rechtsnachfolgern gutgläubigen Erwerb durch eine ununterbrochene Indossamentenkette ermöglichen kann, womit die Veräußerbarkeit seines Bestands gewährleistet ist[204].

94 Befinden sich die Aktien im **Ausland**, soll für ihre Übertragung anders als bei Inhaberaktien[205] ausschließlich deutsches Recht zur Anwendung gelangen und nicht das Recht am Ort der Belegenheit der Sache. Begründet wird dies damit, daß bei Namensaktien das verkörperte Recht neben der Urkunde stärker in Erscheinung trete als bei Inhaberaktien, was sich insbes. an der Möglichkeit der einfachen Abtretung zeige[206], so daß sie nicht als Sache im Sinne des deutschen IPR zu verstehen seien[207]. Da auch Inhaberaktien durch einfache Zession übertragen werden können, vermag das darauf rekurrierende Argument nicht zugunsten einer unterschiedlichen Betrachtungsweise von Namens- und Inhaberaktien zu überzeugen. Insbes. wenn ausländische Börsenzulassungsbestimmungen die Übertragbarkeit der Aktien nach den dort geltenden Gesetzen vorschreiben, muß daher die Übertragung auch von Namensaktien nach der lex rei sitae möglich sein[208].

4. Derivativer Erwerb von Aktien in Verwahrung Dritter

95 Befinden sich verbriefte Namensaktien nicht in der Verwahrung des Verkäufers, sondern bei Dritten (namentlich Depotbanken oder Wertpapiersammelbanken) oder sind die Aktien ausschließlich in Form von Globalurkunden verbrieft, geschieht die Übertragung in gleicher Weise wie bei Inhaberaktien[209]. Für den

---

[201] §§ 398, 413 BGB. *Lutter* in Kölner Komm. § 68 AktG Rn 17.
[202] Siehe Rn 70 ff.
[203] Siehe Rn 90.
[204] Siehe Muster nach Rn 155 (Rückseite einer auf den Namen lautenden Stückaktie der DaimlerChrysler AG, dort unten rechts).
[205] Siehe Rn 73.
[206] *Hefermehl/Bungeroth* in Geßler/Hefermehl § 68 AktG Rn 193.
[207] *Lutter* in Kölner Komm. Anh. § 68 AktG Rn 31.
[208] Siehe Muster nach Rn 155 (Rückseite einer auf den Namen lautenden Stückaktie der DaimlerChrysler AG, dort oben).
[209] Siehe Rn 74 ff.

Eigentumsübergang auf den Kommittenten ist die Absendung des Stückeverzeichnisses maßgeblich[210]. Um die Sammeldepotfähigkeit zu erlangen, ist es jedoch erforderlich, daß die Namensaktien mit einem Blankoindossament versehen sind[211].

5. Umschreibung im Aktienregister

Der Erwerber von Namensaktien sollte unmittelbar nach der Aktienübertragung für die **Dokumentation** des Inhaberwechsels Sorge tragen. Zwar ist er materiell Aktionär geworden; gegenüber der Gesellschaft ist er jedoch erst dann Aktionär, wenn er in das Aktienregister eingetragen ist[212]. Um in der Folge des Erwerbs zu Hauptversammlungen eingeladen zu werden, sein Stimmrecht ausüben und Dividenden beziehen zu können, muß er im Aktienregister eingetragen sein.

a) Legitimations- und Rechtsscheinwirkung des Aktienregisters. Derjenige, der im Aktienregister eingetragen ist, wird im Verhältnis zur Gesellschaft **unwiderleglich als Aktionär vermutet**. Dieser mit der Eintragung verbundene registerähnliche Rechtsschein[213] bedeutet, daß die Gesellschaft Dividendenzahlungen mit befreiender Wirkung nur gegenüber dem Eingetragenen erbringen kann, selbst bei Nachweis der materiellen Unrichtigkeit der Eintragung durch den Erwerber. Etwas anderes gilt nur dann, wenn gesonderte Gewinncoupons ausgegeben sind, die einer eigenen Legitimation unterliegen. Der Erwerber trägt damit das Insolvenzrisiko des Eingetragenen, wenn er nicht sogleich nach dem Erwerb seine Eintragung in das Aktienregister veranlaßt.

b) Umschreibung im Aktienregister. Seit Inkrafttreten des NaStraG ist der **Übergang der Aktien** der Gesellschaft unter Nachweis des Rechtsübergangs mitzuteilen[214]. Auf die Vorlage der Aktien[215] wird nunmehr verzichtet, weil in der heutigen Praxis die Umtragung im Wege der automatischen Einspeisung der Daten der Wertpapiersammelbanken, die den Aktienerwerb abwickeln, als Mitteilung zur Umschreibung zu betrachten ist, wenn nicht der Erwerber eine andere Bestimmung trifft[216].

Zur **Anmeldung** sind der Erwerber und der Veräußerer **berechtigt**, aber nicht verpflichtet[217], es sei denn, im Aktienkaufvertrag ist entsprechendes vereinbart, etwa weil der Käufer sicherstellen will, daß ihm etwaige Bezugsrechte sogleich zustehen oder weil der Verkäufer sichergehen will, nicht mehr aus Pflichten gegenüber der Gesellschaft in Anspruch genommen zu werden.

---

[210] § 18 Abs. 3 DepotG.
[211] *Lutter* in Kölner Komm. § 68 AktG Rn 16; *Kümpel*, Zur Girosammelverwahrung und Registerumschreibung der vinkulierten Namensaktien – Rationalisierung des Depot- und Effektengeschäfts, WM 1983, Sonderbeilage Nr. 8, S. 3 ff.
[212] § 67 Abs. 2 AktG.
[213] *Wiesner* in MünchHdbGesR Bd. 4 § 14 Rn 44.
[214] § 67 Abs. 3 AktG.
[215] § 68 Abs. 3 Satz 2 AktG aF.
[216] Begründung Regierungsentwurf zum NaStraG vom 10. 5. 2000, ZIP 2000, 938, 940.
[217] *Hüffer* § 68 AktG Rn 17.

100 Die **Nachweispflicht** bleibt indes bestehen, wobei die Gesellschaft grundsätzlich auf automatische Mitteilungen durch ein Kreditinstitut soll vertrauen dürfen[218].

6. Erfordernisse im Zusammenhang mit vinkulierten Namensaktien

101 Im Fall einer Vinkulierung[219] muß der Erwerber die **Zustimmung der Gesellschaft** erhalten, um wirksam die Mitgliedschaft in der AG erwerben zu können. Bei vinkulierten Namensaktien ist die Übertragung der Aktien bis zum Vorliegen der Zustimmung schwebend unwirksam[220]. Sie kann als Einwilligung[221] vor und als Genehmigung[222] nach der Verfügung über die Aktien eingeholt werden und ist durch den Vorstand zu erklären, auch wenn das „Ob" der Zustimmung einem anderen Gremium (Aufsichtsrat oder Hauptversammlung[223]) übertragen ist.

102 Enthält die **Satzung** keine Gründe, die eine Versagung der Zustimmung rechtfertigen, hat der Vorstand nach pflichtgemäßem Ermessen unter Beachtung des Gleichbehandlungsgrundsatzes[224] zu entscheiden[225].

103 Da das Zustimmungserfordernis nur für das Verfügungsgeschäft gilt[226], empfiehlt es sich für den Veräußerer, das schuldrechtliche Verpflichtungsgeschäft nur unter der Bedingung einzugehen, daß die Zustimmung erteilt wird, da ein Käufer, der die Vinkulierung nicht kannte, anderenfalls vom Verkäufer, dem sie bekannt war, wegen subjektiver Unmöglichkeit Schadensersatz wegen Nichterfüllung verlangen kann[227]. Kennt der Käufer die Vinkulierung, wird er von der Verpflichtung zur Gegenleistung frei und kann sie, soweit sie schon geleistet wurde, zurückverlangen, sofern die Zustimmung nicht erteilt wird[228]. Der Käufer sollte darauf achten, daß dieser Anspruch keinesfalls vertraglich ausgeschlossen ist.

---

[218] Begründung Regierungsentwurf zum NaStraG vom 10. 5. 2000, ZIP 2000, 938, 940.
[219] Siehe Rn 81.
[220] BGHZ 13, 179, 187 für KG; *Lutter* in Kölner Komm. § 68 AktG Rn 38.
[221] § 183 BGB.
[222] § 184 BGB.
[223] § 68 Abs. 2 Satz 3 AktG.
[224] § 53a AktG.
[225] *Hüffer* § 68 AktG Rn 15; *Lutter* AG 1992, 369, 370.
[226] *Lutter* in Kölner Komm. § 68 AktG Rn 41.
[227] §§ 434, 439, 440 BGB.
[228] § 323 Abs. 3 BGB.

B. Verschmelzung[229]

I. Untergang der Anteile am übertragenden Rechtsträger

Anteilsinhaber von Gesellschaften, die im Rahmen von Verschmelzungen als übertragende Rechtsträger fungieren und in Folge der Eintragung der Verschmelzung in das Handelsregister des übernehmenden Rechtsträgers erlöschen[230], verlieren wegen des Untergangs der Gesellschaft auch ihre Anteile daran, und zwar unabhängig von der Rechtsform des übertragenden Rechtsträgers. 104

II. Erwerb der Anteile am übernehmenden Rechtsträger durch die Anteilsinhaber der übertragenden Rechtsträger

1. Anteilserwerb kraft Gesetzes

Im Gegenzug erwerben die Anteilsinhaber die Mitgliedschaft in der übernehmenden Gesellschaft und werden mit Eintragung der Verschmelzung in das Handelsregister der übernehmenden Gesellschaft deren Gesellschafter[231]. Dieser Mitgliedschaftserwerb geschieht kraft Gesetzes und bedarf nicht der Übergabe von Aktienzertifikaten oder ähnlicher Akte[232]. 105

a) **Aktienumtausch.** Ist übertragende Gesellschaft eine AG, hat die übernehmende AG deren Aktionäre zur **Einreichung der Aktienurkunden** zwecks Umtauschs aufzufordern[233]. Dabei ist sogleich die Kraftloserklärung der Alt-Aktien anzudrohen, die durchgeführt wird, soweit Aktionäre ihre Urkunden nicht einreichen[234]. Für Aktionäre, die keine effektiven Stücke verwahren, sondern ihren Aktienbestand stückelos bei einer Depotbank halten, erfolgt der Umtausch durch **Umbuchung** ihres Depotkontos, auf dem die Aktien der Altgesellschaft ausgebucht und die neuen Aktien eingebucht werden. 106

Ist auch der übernehmende Rechtsträger eine AG, erfolgt der Aktienumtausch über einen **Treuhänder**[235]. Er erhält, je nach Gestaltung, von der übertragenden Gesellschaft oder deren Aktionären die Alt-Aktien und von der übernehmenden Gesellschaft die neuen Aktien und etwaige bare Zuzahlungen, die er im Gegenzug aushändigt[236]. Der Treuhänder, der selbst nicht Aktionär wird[237], kann sich zur Abwicklung einer Bank als Hilfsperson bedienen[238]; in der Praxis wird aber meist gleich eine Bank als Treuhänderin bestellt und bereits im Verschmelzungs- 107

---

[229] Zur Verschmelzung allgemein § 17.
[230] § 20 Abs. 1 Nr. 2 UmwG.
[231] § 20 Abs. 1 Nr. 3 UmwG.
[232] *Grunewald* in Lutter § 20 UmwG Rn 53.
[233] § 72 Abs. 1 UmwG iVm. § 73 Abs. 1 AktG.
[234] § 72 Abs. 1 UmwG iVm. § 73 Abs. 2 AktG.
[235] § 71 UmwG.
[236] *Grunewald* in Lutter § 72 UmwG Rn 4.
[237] *Marsch-Barner* in Kallmeyer § 71 UmwG Rn 14.
[238] *Grunewald* in Lutter § 71 UmwG Rn 11.

vertrag benannt. In der Zeit zwischen Eintragung der Verschmelzung beim übertragenden Rechtsträger und Abwicklung des Umtauschs haben die Aktionäre des übertragenden Rechtsträgers zwar noch keine Urkunden, die ihre mit Eintragung der Verschmelzung erworbene Mitgliedschaft verbriefen, gleichwohl können sie jedoch die Beteiligung bereits an Dritte übertragen[239], die dann später automatisch Eigentum an den neuen Aktienurkunden erhalten[240].

108 Ist nur der übernehmende, nicht aber der übertragende Rechtsträger in der Rechtsform einer AG organisiert, findet kein Umtausch von Aktien statt, weil Aktienurkunden nicht eingereicht werden können. Statt dessen fordert die übernehmende AG die Neuaktionäre auf, sich zu melden und die neuen Aktienurkunden abzuholen[241]. Das gleiche gilt, wenn die übertragende Gesellschaft die Einzelverbriefung ausgeschlossen hatte.

109 Sind die Aktien der übernehmenden Gesellschaft **vinkuliert** und sollen auch die hinzutretenden Aktionäre vinkulierte Namensaktien erhalten, bedarf es nicht der Zustimmung[242] jedes einzelnen betroffenen Aktionärs[243]. Der Schutz der Aktionäre des übertragenden Rechtsträgers vor einer Beeinträchtigung, die aus der reduzierten Übertragbarkeit der Aktien entstehen kann, wird in diesem Fall dadurch gewährleistet, daß den Aktionären bereits im Verschmelzungsvertrag der Austritt aus der Gesellschaft gegen Barabfindung anzubieten ist[244].

110 **b) Geschäftsanteilstausch.** Auch für die Neu-Gesellschafter einer übernehmenden GmbH entsteht die Mitgliedschaft in der GmbH mit Eintragung der Verschmelzung kraft Gesetzes. Da regelmäßig keine Urkunden ausgegeben werden, ist der Anteilswechsel durch **Änderung der Gesellschafterliste** und ggf. auch durch **Neugliederung** der Geschäftsanteile zu dokumentieren.

111 Besonderheiten können sich ergeben, wenn nach der Satzung der übertragenden GmbH die Zustimmung der Gesellschafter zur Übertragung von Geschäftsanteilen erforderlich ist. Dann bedarf der Verschmelzungsbeschluß der Zustimmung aller Gesellschafter, zu deren Gunsten ein **Zustimmungsvorbehalt** besteht[245].

2. Ausnahmetatbestände für übernehmende Rechtsträger mit eigenen Anteilen oder Beteiligung am übertragenden Rechtsträger

112 Eine Ausnahme vom automatischen Umtausch in Anteile des übertragenden Rechtsträgers gilt für Anteile am übertragenden Rechtsträger, die bislang vom übertragenden Rechtsträger gehalten wurden oder ihm zuzurechnen sind, weil sie von einem Dritten für seine Rechnung gehalten wurden[246]. Sie gehen ersatzlos unter; der übernehmende Rechtsträger erwirbt also im Zuge der Verschmelzung **keine eigenen Anteile**.

---

[239] §§ 398, 413 BGB; siehe dazu auch Rn 70 ff. und 93 f.
[240] § 952 BGB.
[241] *Marsch-Barner* in Kallmeyer § 72 UmwG Rn 5.
[242] Gem. § 180 Abs. 2 AktG; siehe Rn 123 ff.
[243] *Hüffer* § 180 AktG Rn 6.
[244] § 29 Abs. 1 Satz 2 UmwG.
[245] *Winter* in Scholz § 15 GmbHG Rn 86 b.
[246] § 20 Abs. 1 Nr. 3 Satz 1 2. Halbs. UmwG; *Marsch-Barner* in Kallmeyer § 20 UmwG Rn 30.

3. Rechte Dritter an den Anteilen des übertragenden Rechtsträgers

Dingliche Rechte Dritter an den Anteilen am übertragenden Rechtsträger gehen im Wege der dinglichen Surrogation automatisch auf die neuen Anteile über, müssen also nicht neu begründet werden[247]. Bei der Verschmelzung auf eine Gesellschaft, die Namensaktien ausgegeben hat, bietet es sich an, zB das Bestehen von Pfandrechten in das Aktienregister einzutragen, um bei Dividendenzahlungen mit befreiender Wirkung leisten zu können[248].

Ob **schuldrechtliche Abreden** im Hinblick auf die Anteile am übertragenden Rechtsträger (zB Vorkaufsrechte) auf die Beteiligung am übernehmenden Rechtsträger übergehen, ist durch Vertragsauslegung zu ermitteln, im Regelfall aber nicht anzunehmen[249]. Insoweit empfehlen sich Abreden zwischen den Parteien des schuldrechtlichen Geschäfts.

C. Umwandlung von Anteilsrechten

I. Aktien

Die Umwandlung von Aktien wird im Zusammenhang mit Unternehmensübernahmen Rechtsfragen idR nur aufwerfen, wenn der Erwerber Teile des Aktienbestands erworben hat und daher nicht in der Lage ist, allein die ihm genehme **Aktienart** zu beschließen.

Der Erwerber kann zB daran interessiert sein, anstelle von ausgegebenen Inhaberaktien Namensaktien zu erhalten, etwa weil er sich zugleich im Rahmen des Erwerbs das Recht ausbedungen hat, seine Aktien später in einem Secondary Offering auf internationalen Aktienmärkten, die nur Namensaktien notieren, zu plazieren. In diesem Fall kann er sich durch eine entsprechende **Satzungsregelung** das Recht einräumen lassen, daß auf sein Verlangen seine Inhaberaktien in Namensaktien umgewandelt werden[250].

Eine solche Regelung kann durch Satzungsänderung eingeführt und – auch ohne Sonderbeschluß der betroffenen Aktionäre – wieder aufgehoben werden[251], wenn nicht dem betroffenen Aktionär ein individuelles Vetorecht eingeräumt ist. Sie kann das Umwandlungsrecht an bestimmte Voraussetzungen knüpfen oder auf bestimmte Aktienarten oder -gattungen beschränken[252]. Die **Kosten** einer solchen Umwandlung sind vorbehaltlich einer abweichenden Regelung in der Satzung vom Aktionär zu tragen, da er den Umtausch veranlaßt[253].

---

[247] *Grunewald* in Lutter § 20 UmwG Rn 58.
[248] *Hüffer* § 67 AktG Rn 5.
[249] *Grunewald* in Lutter § 20 UmwG Rn 59.
[250] § 24 AktG.
[251] *Röhricht* in Großkomm. § 24 AktG Rn 3.
[252] *Pentz* in MünchKomm. § 24 AktG Rn 6.
[253] *Kraft* in Kölner Komm. § 24 AktG Rn 11; mit abweichender Begründung *Pentz* in MünchKomm. § 24 AktG Rn 9.

1. Inhaberaktien in Namensaktien

118 Ist der Erwerber daran interessiert, daß nicht nur seine, sondern **sämtliche Aktien** der Gesellschaft in Namensaktien umgewandelt werden, kann dies auch ohne Antrag von Aktionären auf Veranlassung des Vorstands oder durch einen vom Erwerber eingebrachten Tagesordnungsergänzungsantrag zur nächsten Hauptversammlung durch Satzungsänderung erreicht werden[254].

119 Umstritten ist allerdings, ob dafür neben der satzungsändernden Mehrheit, die durch Satzungsregelung bis zur einfachen Mehrheit abgesenkt werden kann[255], **weitere Voraussetzungen** erfüllt sein müssen[256]. Vereinzelt wird die Auffassung vertreten, es bedürfe dafür eines Sonderbeschlusses der betroffenen Aktionäre[257], während nach hA die Umwandlung wie jede andere Satzungsänderung beschlossen werden kann, weil es kein Sonderrecht auf Beibehaltung der Aktienart gebe[258]. Etwas anderes gilt, wenn die Namensaktien zugleich mit einer Vinkulierung versehen werden sollen[259].

120 Mit dem Beschluß allein ist die Änderung der Aktienart noch nicht herbeigeführt, aber er **verpflichtet** die Aktionäre **zur Mitwirkung** an der Umwandlung dergestalt, daß sie ihre Aktien zum Umtausch einreichen (soweit effektive Stücke begeben sind), und berechtigt die Gesellschaft, nicht eingereichte Aktien für kraftlos zu erklären[260]. Ist die Einzelverbriefung durch Satzungsregelung ausgeschlossen[261], kann die Gesellschaft die Umwandlung durch Austausch der Globalaktien herbeiführen.

121 Die **Kosten** einer Umwandlung von Inhaberaktien in Namensaktien im Wege der Satzungsänderung sind von der Gesellschaft zu tragen, wenn der Umtausch von ihr ausgeht[262]. Sie gelten als Betriebsausgaben, wenn für die Umwandlung ein betriebliches Interesse besteht[263], was zB dann anzunehmen ist, wenn die Gesellschaft ihre Aktien zur Notierung an US-amerikanischen Börsen zulassen will, die ausschließlich ein „listing" von Namensaktien vornehmen.

2. Namensaktien in Inhaberaktien

122 Für die Umwandlung von Namens- in Inhaberaktien gilt das zur Umwandlung von Inhaber- in Namensaktien Ausgeführte entsprechend[264].

---

[254] *Röhricht* in Großkomm. § 24 AktG Rn 10.
[255] § 179 Abs. 2 AktG.
[256] *Röhricht* in Großkomm. § 24 AktG Rn 11.
[257] *Kraft* in Kölner Komm. § 24 AktG Rn 18.
[258] *Hüffer* § 24 AktG Rn 6; *Pentz* in MünchKomm. § 24 AktG Rn 12.
[259] Siehe Rn 124.
[260] *Röhricht* in Großkomm. § 24 AktG Rn 13.
[261] § 10 Abs. 5 AktG.
[262] *Röhricht* in Großkomm. § 24 AktG Rn 13.
[263] OFD Düsseldorf WPg 1961, 220; *Pentz* in MünchKomm. § 24 AktG Rn 14.
[264] Siehe Rn 118 ff.

3. Begründung und Aufhebung von Vinkulierungen

Der Erwerber eines Aktienpakets kann ein Interesse daran haben, daß nach ihm nur noch Aktionäre, die bestimmte Voraussetzungen erfüllen, aufgenommen werden und daß dies durch eine **Vinkulierung** sichergestellt wird. Es können ausschließlich Namensaktien vinkuliert werden, so daß erforderlichenfalls zunächst eine Umwandlung der Aktienart vorzunehmen ist[265].

Sieht die Satzung der Gesellschaft eine Vinkulierung noch nicht vor oder wünscht der Erwerber die Verschärfung der Anforderungen an die Zulassung von Neuaktionären, ist eine Satzungsänderung durch **Hauptversammlungsbeschluß** vorzunehmen, der zudem der Zustimmung aller betroffenen Aktionäre bedarf, d. h. all derjenigen, deren Aktien von der Vinkulierung erfaßt werden sollen[266]. Die Zustimmung kann auch konkludent dergestalt erteilt werden, daß mit für den satzungsändernden Beschluß gestimmt wird[267], setzt dann allerdings voraus, daß alle betroffenen Aktionäre an der Abstimmung teilnehmen und zustimmen. Nachträgliche Vinkulierungen werden daher regelmäßig Gesellschaften mit überschaubarem Aktionärskreis vorbehalten bleiben.

Bis zur Zustimmung des letzten Betroffenen ist der Beschluß schwebend unwirksam[268].

Die **Aufhebung oder Erleichterung** von Vinkulierungen bedarf lediglich eines satzungsändernden Beschlusses, nicht auch der Zustimmung der betroffenen Aktionäre[269].

4. Vorzugsaktien in Stammaktien

Sind die vom Erwerber übernommenen Aktien Vorzugsaktien, kann er ein Interesse an ihrer Umwandlung in Stammaktien haben, etwa weil es sich um stimmrechtslose Vorzugsaktien handelt und er **Einfluß** auf die Beschlußfassungen in der Hauptversammlung ausüben möchte.

Die Umwandlung von Vorzugsaktien in Stammaktien geht einher mit der Aufhebung des Vorzugs und ist daher nur wirksam, wenn die betroffenen Vorzugsaktionäre dem satzungsändernden Hauptversammlungsbeschluß zustimmen[270]. Anders als bei der Einführung von Vinkulierungen ist indes nicht erforderlich, daß Einstimmigkeit sämtlicher betroffener Aktionäre erreicht wird, sondern es genügt, daß unter der Gruppe der Betroffenen ein **Sonderbeschluß** mit mindestens Dreiviertelmehrheit der abgegebenen Stimmen (nicht des vertretenen Kapitals) gefaßt wird[271]. Dieses Mehrheitserfordernis ist zwingend, kann also durch die Satzung weder verschärft noch gemildert werden[272].

---

[265] Siehe Rn 118 ff.
[266] § 180 Abs. 2 AktG; *Brändel* in Großkomm. § 11 AktG Rn 17.
[267] *Hüffer* § 180 AktG Rn 8.
[268] *Hüffer* § 180 AktG Rn 8.
[269] *Lutter* in Kölner Komm. § 68 AktG Rn 25.
[270] § 141 Abs. 1 AktG.
[271] § 141 Abs. 3 Satz 1 und 2 AktG.
[272] § 141 Abs. 3 Satz 3 AktG. *Bezzenberger* in Großkomm. § 141 AktG Rn 52; *Zöllner* in Kölner Komm. § 141 AktG Rn 21.

129 Der Beschluß ist zwingend in einer **gesonderten Versammlung** zu fassen, an der die Stammaktionäre nicht teilnehmen dürfen, die aber aus Praktikabilitätsgründen vor der oder im Anschluß an die Hauptversammlung abgehalten werden kann[273].

II. Geschäftsanteile

130 Sollen GmbH-Anteile nachträglich vinkuliert oder eine bereits vorhandene Vinkulierung verschärft werden, ist eine Satzungsänderung erforderlich. Ob insoweit die Zustimmung aller Gesellschafter erforderlich ist oder ob die satzungsändernde Mehrheit[274] ausreicht, ist umstritten[275]. Zum Teil wird eine Wirkung der Beschränkung nur für die Gesellschafter angenommen, die ihr zugestimmt haben[276].

131 Die nachträgliche Erleichterung oder Aufhebung von Vinkulierungen kann mit satzungsändernder Mehrheit erfolgen, es sei denn, die Vinkulierung sieht die Zustimmung eines oder aller Gesellschafter vor[277].

D. Meldepflichten

I. Aktienrechtliche Meldepflichten

132 Aktienrechtliche Mitteilungspflichten gelten ausschließlich für Beteiligungen an einer **AG oder KGaA**[278], die **nicht börsennotiert** sind. Für börsennotierte Gesellschaften gelten die Mitteilungsvorschriften des WpHG[279].

1. Mitteilungspflichten über die Beteiligung an einer nicht börsennotierten AG

133 Sobald einem Unternehmen **mehr als 25%** der Aktien an einer nicht börsennotierten Gesellschaft mit Sitz im Inland gehören oder es eine Mehrheitsbeteiligung daran erwirbt, hat es dies der Gesellschaft unverzüglich mitzuteilen[280]. Das gleiche gilt für den Veräußerer, wenn er aufhört, mehrheitlich oder mit mehr als 25% beteiligt zu sein[281].

134 Eine Mitteilungspflicht entsteht nur, wenn Erwerber oder Veräußerer das qualifizierende **Merkmal „Unternehmen"** erfüllen, nicht hingegen für Privat-

---

[273] *Hüffer* § 141 AktG Rn 19.
[274] § 53 Abs. 2 GmbHG.
[275] Für die Zustimmung aller Gesellschafter: *Reichert* BB 1985, 1496; *Zutt* in Hachenburg § 15 GmbHG Rn 101; *Zöllner* in Baumbach/Hueck § 53 GmbHG Rn 18. Für die satzungsändernde Mehrheit: *Lutter/Hommelhoff* § 15 GmbHG Rn 25; *Lutter/Timm* NJW 1982, 416.
[276] *Winter* in Scholz § 15 GmbHG Rn 81.
[277] *Lutter/Hommelhoff* § 15 GmbHG Rn 26; *Winter* in Scholz § 15 GmbHG Rn 81.
[278] Obgleich in § 20 AktG nicht ausdrücklich genannt, ergibt sich dies aus § 278 Abs. 3 AktG, *Hüffer* § 278 AktG Rn 20.
[279] Siehe dazu Rn 144 ff. und § 7 Rn 83 ff. und 154 ff.
[280] § 20 Abs. 1, 4 und 8 AktG.
[281] § 20 Abs. 5 iVm. Abs. 1, 4 und 8 AktG.

aktionäre, die nicht aus konzernrechtlichen Gründen die Unternehmenseigenschaft innehaben[282].

Für die Meldepflicht oberhalb der Schwelle von 25% ist die **Kapitalbeteiligung** maßgeblich, nicht die Stimmrechtsquote[283]. Mitteilungspflichtig ist daher auch der Erwerb von Vorzugsaktien. In Bezug auf die Erlangung von Mehrheitsbesitz kann sich der Tatbestand aus der Kapitalbeteiligung oder dem Stimmrechtsanteil ergeben[284]. Bei der Ermittlung des Aktienbesitzes werden solche Aktien zugerechnet, deren Übereignung der Aktionär oder ein von ihm abhängiges Unternehmen verlangen kann oder zu deren Abnahme er verpflichtet ist[285]. Ob dies – ähnlich wie bei den Mitteilungspflichten nach dem WpHG[286] – auch bei vinkulierten Namensaktien gelten soll, wenn die Zustimmung der Gesellschaft noch aussteht, ist umstritten[287]; das wird teilweise mit der Begründung abgelehnt, daß noch nicht feststehe, ob der Erwerber überhaupt Aktionär wird[288]. Die Mitteilungspflicht kann auch dadurch ausgelöst werden, daß der Inhaber einer mitteilungspflichtigen Beteiligung zu einem späteren Zeitpunkt die Unternehmenseigenschaft erwirbt[289]. 135

Bei der Mitteilung ist anzugeben, welcher **mitteilungspflichtige Tatbestand** erfüllt ist[290], insbes. um für die Gesellschaft kenntlich zu machen, ob der Schwellenwert durch Zurechnung[291] überschritten wurde[292]. 136

Kommt der Mitteilungspflichtige seinen Pflichten nicht nach, verliert er die Rechte aus seinen und den Aktien, die von einem von ihm abhängigen Unternehmen oder von Dritten für seine Rechnung gehalten werden, bis er die Mitteilung nachgeholt hat[293]. Der **Rechtsverlust** erfaßt indes nicht die zuzurechnenden Aktien, andererseits aber den gesamten Aktienbestand des Mitteilungspflichtigen, nicht nur den Teil, der die Mitteilungspflicht ausgelöst hat[294]. Der Rechtsverlust ergreift sämtliche Aktionärsrechte, namentlich Stimmrecht, Auskunfts- und Fragerecht, Bezugs- und Dividendenrecht. Letzteres kann indes bewahrt werden, wenn die Mitteilung nicht vorsätzlich unterlassen und vor Fassung der entsprechenden Beschlüsse nachgeholt wurde[295]. Der Wegfall des Stimmrechts kann dazu führen, daß gleichwohl unter Mitwirkung des Aktionärs gefaßte Beschlüsse angefochten werden, wenn der Mangel innerhalb der einmonatigen An- 137

---

[282] *Bayer* in MünchKomm. § 20 AktG Rn 6.
[283] *Bayer* in MünchKomm. § 20 AktG Rn 12.
[284] § 20 Abs. 4 iVm. § 16 Abs. 1 AktG; *Windbichler* in Großkomm. § 20 AktG Rn 36.
[285] § 20 Abs. 2 AktG.
[286] Dazu Rn 144 ff.
[287] Bejahend: *KG* ZIP 1990, 925, 926 f.
[288] *Bayer* in MünchKomm. § 20 AktG Rn 19.
[289] *Koppensteiner* in Kölner Komm. § 20 AktG Rn 21.
[290] § 20 Abs. 1 oder 2 oder 3 AktG.
[291] § 20 Abs. 2 AktG.
[292] *Windbichler* in Großkomm. § 20 AktG Rn 44.
[293] § 20 Abs. 7 AktG.
[294] *Bayer* in MünchKomm. § 20 AktG Rn 47.
[295] § 20 Abs. 7 Satz 2 AktG.

fechtungsfrist bemerkt wird[296] und der Beschluß auf der unzulässigen Mitwirkung des Aktionärs beruht[297], was wegen der Höhe der Schwellenwerte durchaus in Betracht kommen kann.

138 Umstritten ist, ob der Rechtsverlust ein **Verschulden** des Mitteilungspflichtigen voraussetzt[298]. Im Hinblick auf die weitreichenden Rechtsfolgen wird angenommen, daß wenigstens ein Kennenmüssen des Tatbestands vorliegen muß[299]. Indes wird dies nur in wenigen Ausnahmefällen von Rechtsirrtümern verneint werden können, so daß idR die Pflichtverletzung den genannten Rechtsverlust nach sich ziehen wird.

139 Die Regelungen betreffend die Mitteilungspflicht über Beteiligungen[300] sind Schutzgesetze und können daher zudem Schadensersatzansprüche auslösen.

2. Mitteilungspflichten der AG an einer anderen nicht börsennotierten Kapitalgesellschaft

140 Sind Erwerber oder Veräußerer in der Rechtsform der AG oder der KGaA organisiert, haben sie den Erwerb oder den Wegfall von Beteiligungen von mehr als 25% an anderen Kapitalgesellschaften[301] oder von Mehrheitsbeteiligungen an anderen (inländischen[302]) Unternehmen, gleich welcher Rechtsform[303], diesen Unternehmen mitzuteilen. Im ersteren Fall sollen damit wechselseitige Beteiligungen offengelegt werden, im zweiten Fall die Beteiligung gegenüber dem anderen Unternehmen. Während § 20 AktG die **Beteiligung an einer AG** oder KGaA offenlegen soll, dient § 21 AktG der Publikation der **Beteiligung einer AG** oder KGaA. Daher kann zB der Erwerb einer Mehrheit von Aktien durch eine AG Mitteilungspflichten nach beiden Tatbeständen auslösen.

141 Bei **Nichterfüllung** der Mitteilungspflicht tritt der Verlust der Rechte aus den Anteilen ein[304].

3. Mitteilungen als Auslöser von Rechtsbeschränkungen betreffend wechselseitig beteiligte Unternehmen[305]

142 Neben den genannten Rechtsfolgen[306] unterlassener Mitteilungen besteht das Risiko eines **dauerhaften (teilweisen) Rechtsverlusts** in den Fällen wechselseitiger Beteiligung. Sind eine AG oder KGaA und ein anderes Unternehmen aneinander wechselseitig beteiligt, kann derjenige, der als letzter die erforderliche Be-

---

[296] *Bayer* in MünchKomm. § 20 AktG Rn 55. Die Ausübung des Stimmrechts entgegen § 20 Abs. 7 AktG ist außerdem eine nach § 405 Abs. 3 Nr. 5 AktG mit Geldbuße bis zu € 25 000 bedrohte Ordnungswidrigkeit.
[297] *Hüffer* § 243 AktG Rn 19.
[298] *Windblichler* in Großkomm. § 20 AktG Rn 70; *Bayer* in MünchKomm. § 20 AktG Rn 49.
[299] *Windblichler* in Großkomm. § 20 AktG Rn 50.
[300] § 823 Abs. 2 BGB.
[301] § 21 Abs. 1 AktG.
[302] *Bayer* in MünchKomm. § 21 AktG Rn 3.
[303] § 21 Abs. 2 AktG.
[304] § 21 Abs. 4 AktG. Siehe im einzelnen Rn 137 f.
[305] Gem. § 328 AktG.
[306] Siehe Rn 137 ff. und Rn 141.

teiligungsmitteilung gemacht hat, nur Rechte bis zu 25% am jeweils anderen Unternehmen ausüben; der darüber hinausgehende Rest wird rechtlos, und zwar im Hinblick auf Stimm-, Vermögens- und andere Mitgliedschaftsrechte[307].

Mit dieser Regelung soll ein negativer Anreiz zur Bildung wechselseitiger Beteiligungen gegeben werden[308]. Da bei Beachtung der Mitteilungspflichten aus §§ 20, 21 AktG und § 21 WpHG der jeweils erste Erwerber zu einem Zeitpunkt mitteilt, in dem noch keine wechselseitige Beteiligung besteht, und dann der jeweils zweite Erwerber weiß, daß bereits das andere Unternehmen an ihm beteiligt ist, ist ihm die Aberkennung der über 25% hinausgehenden Rechte bekannt. Ist der erste Erwerber seiner Mitteilungspflicht nicht nachgekommen, konnte der zeitlich zweite Erwerber nicht erkennen, daß durch seine Beteiligung eine wechselseitige Beteiligung entstehen würde, so daß es – sofern er sofort seinen Mitteilungspflichten nachkommt – gerechtfertigt ist, nicht ihm, sondern dem ersten Erwerber den Rechtsverlust aufzubürden. Anders als bei den aktienrechtlichen Mitteilungspflichten[309] ist der Rechtsverlust oberhalb von 25% nicht zeitlich begrenzt und auch nicht durch Nachholung der Mitteilung heilbar. Aus diesem Grund sollten etwaige Erwerber stets auf das **Risiko**, das sich aus unterlassenen Mitteilungen im Hinblick auf wechselseitige Beteiligungen ergeben kann, hingewiesen werden und es ernst nehmen.

II. Meldepflichten gemäß WpHG

1. Mitteilungspflichten über die Beteiligung an einer börsennotierten Gesellschaft

Wer durch Erwerb, Veräußerung oder auf sonstige Weise **5%, 10%, 25%, 50% oder 75% der Stimmrechte** an einer börsennotierten Gesellschaft erreicht, über- oder unterschreitet, hat dies unverzüglich der Gesellschaft **und** dem BAWe zu melden[310].

Die **Mitteilung** betreffend die Schwellenwerte haben sowohl der Erwerber als auch der Veräußerer abzugeben. Sie muß schriftlich innerhalb von sieben Kalendertagen nach Erreichen, Über- oder Unterschreiten der Schwellenwerte erfolgen und die nachstehenden Angaben enthalten[311]:
– Name des Meldepflichtigen;
– Schwellenwert(e);
– Tag des Erreichens, Über- oder Unterschreitens der Schwelle(n);
– genaue Höhe des aktuellen Stimmrechtsanteils;
– Zurechnungssachverhalte[312].

---

[307] § 328 Abs. 1 und 2 AktG.
[308] *Grunewald* in MünchKomm. § 328 AktG Rn 1; *Koppensteiner* in Kölner Komm. § 328 AktG Rn 1.
[309] §§ 20, 21 AktG.
[310] § 21 Abs. 1 Satz 1 WpHG.
[311] § 21 Abs. 1 Satz 1 WpHG; Muster einer Mitteilung bei *Schneider* in Assmann/Schneider § 21 WpHG Rn 82.
[312] § 22 Abs. 2 WpHG.

146 Diese Mitteilungspflichten bestehen nur in Bezug auf **Aktien an einer börsennotierten AG oder KGaA mit Sitz im Inland**[313]. Die Börse muß keine deutsche sein, es genügt die Zulassung an Börsen anderer Mitgliedstaaten der Europäischen Gemeinschaften oder eines anderen Vertragsstaats des Abkommens über den europäischen Wirtschaftsraum.

147 Maßgeblich ist, daß die Mitteilungspflicht an den **Stimmrechtsanteil**[314] anknüpft, so daß der Erwerb und die Veräußerung von **Vorzugsaktien** zunächst nicht mitgeteilt werden müssen. Die Mitteilungspflicht kann jedoch für den Käufer zu einem späteren Zeitpunkt entstehen, dann nämlich, wenn die Gesellschaft in zwei aufeinanderfolgenden Jahren keine Vorzugsdividende hat zahlen können und das Stimmrecht daher aufgelebt ist[315].

148 Bei **nicht vinkulierten Namensaktien** tritt die Mitteilungspflicht mit dem **Zeitpunkt des Rechtsübergangs**[316] ein, ohne daß es auf die Eintragung im Aktienregister ankäme[317]. Dies erscheint auf den ersten Blick ungewöhnlich, da im Verhältnis zur Gesellschaft nur Aktionär und damit stimmberechtigt ist, wer auch im Aktienregister eingetragen ist. Gleichwohl ist es sinnvoll, an den Rechtsübergang anzuknüpfen, da es anderenfalls der Erwerber in der Hand hätte, durch Unterlassen des Umschreibungsantrags, zu dem er nicht verpflichtet ist, die Publikation des Stimmrechtswechsels zu vermeiden. Da die Mitteilungspflicht in erster Linie der Transparenz der Beteiligungsverhältnisse dienen soll, um die aktuellen und zukünftigen Mitaktionäre über den Aufbau wesentlicher Beteiligungen zu informieren[318], ist es richtig, den als mitteilungspflichtig zu betrachten, der es aufgrund der materiellen Inhaberschaft in der Hand hat, jederzeit seine Eintragung in das Aktienregister herbeizuführen oder den Eingetragenen Weisungen zur Abstimmung zu erteilen.

149 Bei **vinkulierten Namensaktien** ist die Übertragung bis zur Erteilung der Zustimmung durch die Gesellschaft schwebend unwirksam, so daß ein Erwerb der Stimmrechte erst mit Erteilung der Zustimmung vorliegt. Gleichwohl muß der Käufer vinkulierter Namensaktien schon mit Abschluß des Kaufvertrags seine Mitteilungspflicht erfüllen, da ihm die Stimmrechte bereits ab diesem Zeitpunkt zugerechnet werden und damit ebenfalls eine Mitteilungspflicht ausgelöst wird[319]. Das gleiche gilt, wenn der Übereignungsanspruch bedingt wurde[320]. In beiden Fällen bleibt der Verkäufer indes Eigentümer der Aktien bis der vollständige **Eigentumsübergang** bewirkt ist und wird auch erst dann mitteilungspflichtig.

---

[313] § 21 Abs. 2 WpHG.
[314] Zur Berechnung: *Burgard* BB 1995, 2069, 2070.
[315] § 140 Abs. 2 AktG; *Falkenhagen* WM 1995, 1005, 1008.
[316] Siehe Rn 80 ff.
[317] *Schneider* in Assmann/Schneider § 21 WpHG Rn 31.
[318] *Schneider* in Assmann/Schneider Vor § 21 WpHG Rn 12 ff.
[319] § 22 Abs. 1 Nr. 6 WpHG; *Schneider* in Assmann/Schneider § 21 WpHG Rn 31; *Burgard* BB 1995, 2069, 2076.
[320] *Schneider* in Assmann/Schneider § 22 WpHG Rn 100; *Cahn*, Probleme der Mitteilungs- und Veröffentlichungspflichten nach dem WpHG bei Veränderungen des Stimmrechtsanteils an börsennotierten Gesellschaften, AG 1997, 502, 508.

Selbst wenn der Erwerber aufgrund des Erwerbsvorgangs einen der Schwellen- **150** werte nicht erreicht, kann er mitteilungspflichtig sein. Er muß sich nämlich unter Umständen **Stimmrechte zurechnen lassen**[321], die einem von ihm kontrollierten Unternehmen[322] gehören[323] oder Dritten, mit denen er durch eine Stimmbindungsabrede verbunden ist[324].

2. Rechtsfolgen unterlassener Mitteilungen

Kommen Erwerber oder Veräußerer der Mitteilungspflicht nicht nach, stehen **151** ihnen Rechte aus den Aktien solange nicht zu, bis die Mitteilung nachgeholt ist[325]. Eine **Nichterfüllung** liegt bereits vor, wenn der Mitteilungspflichtige nur die Gesellschaft und nicht das BAWe – oder umgekehrt – informiert hat[326]. Gleiches gilt, wenn die Mitteilung nicht den geforderten Inhalt hat[327]. Auf ein Verschulden kommt es hier – im Gegensatz zur Verletzung aktienrechtlicher Mitteilungspflichten – im Grundsatz nicht an[328].

Der **Verlust** der Rechte aus Aktien erfaßt **alle Stimmrechte** des Meldepflich- **152** tigen, nicht nur diejenigen, die infolge Hinzuerwerbs oder Veräußerung die Meldepflicht ausgelöst haben[329]. Einbezogen sind auch Stimmrechte aus zugerechneten Aktien[330]. Ausgenommen sind Wertpapiere, die gekauft, aber noch nicht übertragen wurden, da der Veräußerer noch nicht meldepflichtig ist[331].

Der Verlust des Stimmrechts ist nicht zu unterschätzen, denn ein mit den ausge- **153** schlossenen Stimmen zustandegekommener Hauptversammlungsbeschluß ist anfechtbar[332], wenn diese Einfluß auf das Beschlußergebnis hatten[333]. Eine Anfechtung droht allerdings nur, wenn das Stimmverbot bis zum Ablauf der Anfechtungsfrist bekannt geworden ist. Ein aus der verbotenen Stimmrechtsausübung entstehender Schaden anderer Aktionäre kann darüber hinaus Schadensersatzansprüche auslösen[334].

Der Mitteilungspflichtige verliert ferner seinen Dividendenanspruch, wenn er **154** nicht bis zum Zeitpunkt des Gewinnverwendungsbeschlusses seine Mitteilung nachgeholt hat, ebenso die auf seine Aktien entfallenden Bezugsrechte. Der Dividendenverlust tritt nur dann nicht ein, wenn der Meldepflichtige nicht vorsätzlich gehandelt und die Mitteilung nachgeholt hat[335].

---

[321] § 22 Abs. 1 WpHG; *Falkenhagen* WM 1995, 1005, 1006.
[322] Definition in § 22 Abs. 2 WpHG.
[323] § 22 Abs. 1 Nr. 2 WpHG.
[324] § 22 Abs. 1 Nr. 3 WpHG; *Falkenhagen* WM 1995, 1005, 1007.
[325] § 28 Satz 1 WpHG.
[326] *Schneider* in Assmann/Schneider § 28 WpHG Rn 9.
[327] § 21 Abs. 1 WpHG; *Schneider* in Assmann/Schneider § 28 WpHG Rn 12.
[328] *Schneider* in Assmann/Schneider § 28 WpHG Rn 35.
[329] *Schneider* in Assmann/Schneider § 28 WpHG Rn 15.
[330] *Schneider* in Assmann/Schneider § 28 WpHG Rn 17 f.
[331] *Schneider* in Assmann/Schneider § 28 WpHG Rn 19.
[332] § 243 Abs. 1 AktG.
[333] *Hüffer* § 243 AktG Rn 19.
[334] § 823 Abs. 2 BGB.
[335] § 28 Satz 2 WpHG.

155 Schließlich begeht der Mitteilungspflichtige, der seinen Pflichten aus §§ 21, 22 WpHG nicht nachkommt, eine **Ordnungswidrigkeit**[336], die mit einer Geldbuße von bis zu € 250 000 geahndet werden kann[337].

Rückseite einer auf den Namen lautenden Stückaktie der DaimlerChrysler AG:

---

[336] § 39 Abs. 1 Nr. 1c WpHG.
[337] § 39 Abs. 3 WpHG.

§ 23 Gang an die Börse

Übersicht

	Rn
A. Zulassung an einer deutschen Börse	1
I. Allgemeines	1
1. Börseneinführung und Börsenzulassung	1
2. Aktienemission	3
II. Markt- und Handelssegmente	6
1. Amtlicher Handel	7
2. Geregelter Markt	8
3. Freiverkehr	10
4. Neuer Markt	11
5. Small Caps Exchange (SMAX)	15
III. Zulassungsvoraussetzungen	17
1. Amtlicher Handel	17
a) Vorgaben für den Emittenten	18
b) Ausgestaltung der Plazierungsaktie	19
c) Emissionsstruktur	21
d) Veräußerungssperre	24
2. Geregelter Markt	25
3. Freiverkehr	27
4. Neuer Markt	29
a) Vorgaben für den Emittenten, Ausgestaltung der Plazierungsaktie	29
b) Emissionsstruktur	33
c) Veräußerungssperre	36
aa) Veräußerungssperre der Altaktionäre	36
bb) Veräußerungssperre der Gesellschaft	42
d) Designated Sponsors; Übernahmekodex	43
5. SMAX	47
IV. Wirtschaftliche Voraussetzungen	49
V. Zulassungsverfahren	52
1. Antrag	53
a) Amtlicher Handel	53
b) Geregelter Markt	55
c) Freiverkehr	57
d) Neuer Markt	60
e) SMAX	63
2. Prospekt	64
a) Arten	64
aa) Zulassungsprospekt	64
bb) Verkaufsprospekt	65
b) Inhalt	69
aa) Börsenzulassungsprospekt; Emissionsprospekt	69
bb) Unternehmensbericht; Verkaufsprospekt	86

	Rn
c) Billigung und Veröffentlichung des Prospekts	98
aa) Billigung	98
bb) Veröffentlichung	100
d) Nachtrag	102
e) Verantwortlichkeit; Haftung	104
3. Zulassung der Aktien	105
VI. Zeitplan für Zulassung am Neuen Markt (Beispiel)	106
VII. Folgepflichten	107
1. Amtlicher Handel	107
a) Jahresabschluß; Zwischenberichte	107
b) Ad hoc-Publizität; Mitteilungspflichten	110
c) Weitere Pflichten	111
2. Geregelter Markt	113
a) Jahresabschluß; Zwischenberichte	113
b) Ad hoc-Publizität; Mitteilungspflichten	114
3. Freiverkehr	115
4. Neuer Markt	117
a) Rechnungslegung; Zwischenberichte	117
aa) Jahresabschluß und Lagebericht	117
bb) Quartalsberichterstattung	119
b) Ad hoc-Publizität; Mitteilungspflichten	120
c) Weitere Pflichten	121
5. SMAX	123
a) Rechnungslegung; Zwischenberichte	123
b) Weitere Pflichten	125
VIII. Gesellschaftsrechtliche Aspekte	127
1. Entscheidungskompetenz über das „Going Public"	127
a) Vorbemerkung	127
b) Kapitalerhöhung	128
c) Umplazierung	129
2. Bezugsrechtsausschluß	133
3. Aufteilung des Emissionsvolumens	136
4. Börsengang von Tochtergesellschaften	137
a) Vorbemerkung	137
b) Zustimmung der Hauptversammlung der Tochtergesellschaft	138
c) Zustimmung der Hauptversammlung der Obergesellschaft	139
d) Bezugs- und Vorerwerbsrecht der Aktionäre der Obergesellschaft	142
B. Zulassung von Aktien einer deutschen Aktiengesellschaft an einer US-amerikanischen Börse	144
I. Rechtliche Rahmenbedingungen	144
1. Einleitung	144
2. Anwendbare Gesetze	147
a) Übersicht	147
b) Securities and Exchange Commission	148
c) Securities Act	150

		Rn
d) Exchange Act		152
e) Investment Company Act		153
f) „Blue sky laws"		159

II. Der Registrierungsprozeß mit der SEC ... 161
  1. Übersicht ... 161
  2. Registrierung nach dem Securities Act und dem Exchange Act ... 165
  3. Registrierungsvorgang ... 170
     a) Publizitätsbeschränkungen ... 170
        aa) „Pre-filing period" ... 172
        bb) „Waiting period" ... 176
        cc) Wirksamkeitserklärung ... 178
     b) Vorbereitung des Registrierungsantrags und Due Diligence ... 179
     c) Überprüfung durch die SEC ... 186
     d) Anforderungen an die Prospektlieferung ... 191
  4. Die Registrierungsformulare ... 194
     a) Form F-1 ... 197
        aa) Angaben über den Antragsteller ... 197
        bb) Anforderungen an die Finanzinformationen ... 198
        cc) Darstellung und Analyse der Finanzlage und des betrieblichen Ergebnisses durch das Management ... 199
        dd) Vergütung des Managements ... 201
        ee) Einreichung wesentlicher Verträge ... 202
     b) Form F-2 und Form F-3 ... 203
     c) Form F-4 ... 205
     d) Form 20-F ... 206
  5. Haftung nach dem Securities Act und dem Exchange Act ... 210
  6. American Depositary Receipts ... 217
     a) „Unsponsored" ADR-Programm ... 219
     b) „Sponsored" ADR-Programm ... 222
     c) Level I ADR-Programm ... 225
     d) Level II ADR-Programm ... 227
     e) Level III ADR-Programm ... 229
  7. Anforderungen an das Rechnungswesen ... 230
     a) Darstellung der Finanzausweise ... 231
        aa) Bilanzierungsgrundsätze ... 231
        bb) Währung ... 233
        cc) Segmentberichterstattung ... 234
        dd) Pro-forma Finanzinformationen ... 235
     b) Umfang der Finanzinformationen im Registrierungsantrag ... 236
     c) Unabhängigkeit der Wirtschaftsprüfer ... 241
III. Zulassung an einer US-amerikanischen Börse und der NASDAQ ... 242
  1. Zulassung an der NYSE ... 242
     a) Zulassungsvoraussetzungen ... 242

	Rn
b) Zulassungsverfahren	246
2. Zulassung an der NASDAQ	248
a) Zulassungsvoraussetzungen	248
b) Zulassungsverfahren	251
3. Zulassung an der Amex	252
a) Zulassungsvoraussetzungen	252
b) Zulassungsverfahren	254
IV. Berichtsfolgepflichten	257
1. Form 20-F und Form 6-K	257
2. Schedule 13D und Schedule 13G	260
3. Rule 144	262
V. Ausblick	265

Schrifttum: *Becker/Fett*, Börsengang im Konzern, WM 2001, 549; *Benz/Kiwitz*, Der Neue Markt der Frankfurter Wertpapierbörse, Zulassung und Folgepflichten, DStR 1999, 1162; *Böckenhoff/Ross*, American Depositary Receipts (ADR) – Strukturen und rechtliche Aspekte – Teil I, WM 1993, 1781; Teil II, WM 1993, 1825; *Bosch/Groß*, Emissionsgeschäft, 1998; *Bungert/Paschos*, Börsennotierung und Emission deutscher Wertpapiere in den USA, DZWir 1995, 133; *Busch/Groß*, Vorerwerbsrechte der Aktionäre beim Verkauf von Tochtergesellschaften über die Börse, AG 2000, 503; *Claussen*, Bank- und Börsenrecht, 2. Aufl. 2000; *Ehlers/Jurcher*, Der Börsengang von Mittelstandsunternehmen, 1999; *Groß*, Kapitalmarktrecht, 2000; *ders.*, Zulassung von Wertpapieren zum Börsenhandel mit amtlicher Notierung, Finanz Betrieb 1999, 32; *Harrer/Heidemann*, Going Public – Eine Einführung in die Thematik, DStR 1999, 254; *Harrer/Mölling*, Verschärfung des Veräußerungsverbots für Altaktionäre im Neuen Markt, BB 1999, 2521; *Jäger*, Thema Börse, Teil 1, NZG 1998, 496; Teil 2, NZG 1998, 718; Teil 3, NZG 1998, 932; Teil 4, NZG 1999, 101; Teil 5, NZG 1999, 381; Teil 6, NZG 1999, 643; Teil 7, NZG 1999, 814; Teil 8, NZG 2000, 186; *Johnson/McLaughlin*, Corporate Finance and the Securities Laws, 2. Aufl. 1997; *Joyce, Gruson & Jungreis*, Offers and Sales of Securities by a Non-U. S. Company in the United States in Farmery & Walmsley (Hrsg.), United States Securities and Investments Regulation Handbook, 1992, 1; *Kersting*, Der Neue Markt der Deutsche Börse AG, AG 1997, 222; *Koch/Wegmann*, Praktiker-Handbuch Börseneinführung, 2. Aufl. 1998; *Korfsmeyer*, Die Bedeutung von lock-up agreements bei Aktienemissionen, Finanz Betrieb 1999, 205; *Kullmann/v. Aerssen*, Neuer Markt und EASDAQ – Ein Vergleich der Zulassungsvoraussetzungen und Zulassungsfolgepflichten, ZBB 2000, 10; *Lutter*, Das Vor-Erwerbsrecht/Bezugsrecht der Aktionäre beim Verkauf von Tochtergesellschaften an der Börse, AG 2000, 342; *Lutter/Drygala,* Rechtsfragen beim Gang an die Börse, FS Raisch, 1996, S. 239; *Maute*, Börsenfähigkeit mittelständischer Unternehmen, DStR 1999, 687; *Meyer-Sparenberg*, Deutsche Aktien auf dem US-amerikanischem Kapitalmarkt – Eine Alternative zu ADR-Programmen? –, WM 1996, 117; *Noller*, Der Zugang zum US-Kapitalmarkt für ausländische Emittenten, Die Bank 1992, 420; *Picot/Land*, Going Public – Typische Rechtsfragen des Ganges an die Börse, DB 1999, 570; *Potthoff/Stuhlfauth*, Der Neue Markt: Ein Handelssegment für innovative und wachstumsorientierte Unternehmen – kapitalmarktrechtliche Überlegungen und Darstellung des Regelwerks, WM 1997, Sonderbeilage Nr. 3, S. 3; *Rödl/Zinser*, Going Public, 1999; *Röhler*, American Depositary Shares, 1997; *Roquette/Stanger*, Das Engagement ausländischer Gesellschaften im US-amerikanischen Kapitalmarkt, WM 1994, 137;

von Rosen/Prechtel, Zugang deutscher Unternehmen zum US-Kapitalmarkt (I), Die Bank 1996, 388; *Schanz,* Börseneinführung, 2000; *Schlitt,* Rechtliche Rahmenbedingungen des Börsenganges kommunaler AG's, Finanz Betrieb 1999, 440; *Schürmann/ Körfgen,* Familienunternehmen auf dem Weg zur Börse, 1997; *Schwark,* Börsengesetz, 2. Aufl. 1994; *Technau,* Rechtsfragen bei der Gestaltung von Übernahmeverträgen („Underwriting Agreements") im Zusammenhang mit Aktienemissionen, AG 1998, 445; *Volk* (Hrsg.), Going Public, 2. Auflage 1998; *Weber,* Die Entwicklung des Kapitalmarktrechts 1998–2000: Organisation, Emission und Vertrieb, NJW 2000, 2061; *Dr. Wieselhuber & Partner* (Hrsg.), Börseneinführung mit Erfolg, 1996; *Wilhelm,* Die Registrierungs- und Publizitätspflichten bei der Emission und dem Handel von Wertpapieren auf dem US-amerikanischen Kapitalmarkt, Die Wirtschaftsprüfung 1998, 364; *Ziegenhain/Helms,* Der rechtliche Rahmen für das Going Public mittelständischer Unternehmen, WM 1998, 1417.

A. Zulassung an einer deutschen Börse

I. Allgemeines

1. Börseneinführung und Börsenzulassung

In vielen Fällen sollen die anläßlich einer Unternehmensübernahme ausgegebenen **Aktien an der Börse eingeführt werden**[1]. Dies gilt namentlich für im Rahmen einer Verschmelzung oder einer Kapitalerhöhung gegen Sacheinlagen bei Einbringung eines Unternehmens oder Unternehmensteils neu entstandenen Aktien.

Unter der **Börseneinführung** von Aktien versteht man die Aufnahme der ersten Notierung der Aktien, also die Herbeiführung von Umsätzen über eine Börse mit der damit einhergehenden Kursfeststellung[2]. Die Börseneinführung schafft für die Investoren eine Plattform für den Sekundärhandel mit den Aktien[3] und erhöht zudem die Preistransparenz der Aktie. Voraussetzung für die Börseneinführung ist die **Börsenzulassung**[4]. Mit der Zulassung zum Börsenhandel verbindet sich die Erlaubnis, die Börse für Geschäfte in der Aktie benutzen zu dürfen[5]. Dabei führt die Zulassung der Aktien zum Börsenhandel nicht automatisch zur Aufnahme der Börsennotierung; diese ist vielmehr gesondert zu beantragen[6]. In Deutschland können derzeit nur Aktien von **Aktiengesellschaften** und **Kommanditgesellschaften auf Aktien** zugelassen werden.

---

[1] Vgl. § 16 Abs. 1 Ziff. 10 BörsZulV.
[2] *Kümpel* Rn 9.33; *Claussen* § 9 Rn 60; *Schanz* § 12 Rn 57.
[3] *Bosch/Groß* Rn 10/82.
[4] Vgl. statt vieler *Groß* Finanz Betrieb 1999, 32. Eine Zulassung ist erforderlich in den Marktsegmenten Amtlicher Handel, Geregelter Markt und Neuer Markt. Die Einbeziehung in den Freiverkehr erfolgt demgegenüber auf privatrechtlicher Grundlage; siehe Rn 10 und Rn 27.
[5] *Ziegenhain/Helms* WM 1998, 1417, 1423; *Claussen* § 9 Rn 60.
[6] Jedoch erlischt die Zulassung, wenn die Wertpapiere nicht innerhalb von drei Monaten nach Veröffentlichung der Zulassungsentscheidung eingeführt werden, vgl. § 42 Abs. 4 Satz 1 BörsG.

2. Aktienemission

3 Von der Börseneinführung abzugrenzen ist die **Plazierung** bzw. **Emission** der Aktien. Hierunter versteht man die Veräußerung der entweder im Rahmen einer Kapitalerhöhung geschaffenen oder aus dem Eigentum von Altaktionären stammenden Aktien an die Investoren[7]. Eine Emission von Aktien geht häufig mit ihrer Zulassung zum Börsenhandel einher. Zwingend ist dies allerdings nicht. Vielmehr kommen in der Praxis auch Aktienplazierungen vor, bei denen die Aktien anschließend auf dem sog. grauen Kapitalmarkt gehandelt werden.

4 IdR bedient sich der Emittent für die Aktienplazierung eines Emissionshauses, das die Aktien übernimmt und sodann unmittelbar, d. h. zunächst ohne Einbeziehung der Börse, an die Investoren verkauft. In diesem Fall spricht man von einer **Fremdemission** oder mittelbaren Plazierung[8]. Die Emission, namentlich bei kleineren Volumina, kann aber auch durch unmittelbare Veräußerung der Aktien an den Anleger erfolgen. In diesem Fall werden die Anleger von dem Emittenten meist durch Telefon, Zeitungsinserate oder das Internet angesprochen. Dieser Vorgang wird als **Selbstemission** oder Direct Public Offering bezeichnet.

5 Die Veräußerung der Aktien kann entweder im Rahmen eines **öffentlichen Angebots** oder einer **Privatplazierung** (Private Placement) erfolgen[9]. Im Fall eines öffentlichen Angebots bedarf es, auch wenn eine Börsenzulassung nicht beabsichtigt ist, stets der Erstellung eines Verkaufsprospekts[10].

II. Markt- und Handelssegmente

6 In Deutschland können die Aktien entweder an der Frankfurter Wertpapierbörse (FWB) oder an einer der Regionalbörsen in Berlin, Bremen, Düsseldorf, Hamburg, Hannover, München oder Stuttgart gehandelt werden[11]. Dabei vollzieht sich der Börsenhandel in Deutschland in insgesamt drei verschiedenen **Marktsegmenten**, dem Amtlichen Handel, dem Geregelten Markt und dem Freiverkehr[12]. Ergänzend hierzu wurden mit dem Neuen Markt und dem SMAX zwei **Handelssegmente** geschaffen. Jedes dieser Segmente ist durch unterschiedliche Zugangsvoraussetzungen charakterisiert, die dem unterschiedlichen Charakter, insbes. dem Risikograd der dort gehandelten Wertpapiere Rechnung tra-

---

[7] *Bosch/Groß* Rn 10/283 ff.; *Groß* Finanz Betrieb 1999, 32. In letzterem Fall spricht man von einer sog. Umplazierung.

[8] *Bosch/Groß* Rn 10/73 ff.

[9] Vgl. dazu auch *Bosch/Groß* Rn 10/87; *Groß* Finanz Betrieb 1999, 32; *Jäger* NZG 1998, 718, 720.

[10] §§ 1, 8 VerkProspG. Vgl. auch *Ziegenhain/Helms* WM 1998, 1417, 1428; *Jäger* NZG 1999, 381, 385.

[11] Die Bedeutung der Regionalbörsen ist in der letzten Zeit zu Gunsten der FWB merklich zurückgegangen. Einer der Gründe für diese Entwicklung ist die Ausdehnung des elektronischen Handelssystems XETRA auf alle Börsensegmente. Eine (zusätzliche) Notierung an einer Regionalbörse kann aber insbes. für mittelständische Unternehmen mit einem regionalen Tätigkeitsschwerpunkt interessant sein. Dazu *Klenke*, Der Rückzug mehrfach notierter Unternehmen von deutschen Regionalbörsen, WM 1995, 1089 ff.

[12] Einige der Regionalbörsen haben spezielle Marktsegmente eingerichtet, so zuletzt die Bayerische Börse mit dem Top Quality Market.

gen sollen. Grundsätzlich kann jede Aktie an einer Börse nur in einem Segment gehandelt werden[13]. Bei Zulassung an verschiedenen Börsen können allerdings unterschiedliche Segmente gewählt werden. So ist es etwa möglich, daß eine Aktie zum Geregelten Markt der FWB zugelassen und zugleich in den Freiverkehr einer Regionalbörse einbezogen ist.

1. Amtlicher Handel

Der Amtliche Handel ist das am stärksten reglementierte Segment mit der bislang höchsten Reputation. In ihm werden vornehmlich Aktien der bekannten inländischen Großunternehmen und ausländischer Gesellschaften aus allen Wirtschaftszweigen gehandelt. Charakteristikum des Amtlichen Handels ist die **amtliche Feststellung** des Börsenpreises der dort zugelassenen Wertpapiere durch Kursmakler[14]. Rechtlich ist der Amtliche Handel als Anstalt des **öffentlichen Rechts** organisiert[15]. Der Handel mit amtlicher Notierung erfordert eine Zulassung durch die Zulassungsstelle. Im Amtlichen Handel sind die Aktien der dreißig in Bezug auf Marktkapitalisierung und Börsenumsatz größten Unternehmen im Deutschen Aktienindex (DAX) zusammengefaßt. Der Midcap DAX (M-DAX) umfaßt die siebzig nächst größeren Werte.

2. Geregelter Markt

Mit dem Geregelten Markt wurde durch die Änderung des Börsengesetzes vom 16. 12. 1986[16] ein weiteres Marktsegment geschaffen, um **kleineren und mittleren** in der Rechtsform der AG oder KGaA verfaßten **Unternehmen** einen erleichterten Zugang zum Börsenmarkt zu verschaffen. Im Vergleich zum Amtlichen Handel sind die Zulassungsvorgaben weniger streng und die Folgepflichten weniger weitreichend[17].

Wie der Amtliche Handel ist der Geregelte Markt als Anstalt des **öffentlichen** Rechts organisiert. Die Kursfeststellung erfolgt durch Kursmakler oder Freimakler[18]. Wichtigstes Unterscheidungsmerkmal zum Amtlichen Handel ist, daß es an einer amtlichen Feststellung des Börsenpreises fehlt[19]. Im wesentlichen gelten jedoch dieselben Qualitätsstandards[20], weswegen der Geregelte Markt zT auch als halbamtlicher Markt bezeichnet wird[21]. Die Reglementierung des Geregelten

---

[13] Vgl. §§ 71 Abs. 1, 78 Abs. 1 BörsG.
[14] Vgl. §§ 36 Abs. 1, 29 Abs. 1 BörsG.
[15] *Schwark* § 1 BörsG Rn 19; *Kümpel,* Amtlicher Markt und Freiverkehr an der Börse aus rechtlicher Sicht, WM 1995, Sonderbeil. Nr. 5, S. 3, 4 ff.
[16] BGBl. 1986 I S. 2478.
[17] §§ 71 ff. BörsG.
[18] § 75 Abs. 1 BörsG. Zur Preisfeststellung im Geregelten Markt ausführlich *Kümpel,* Die Preisfeststellung im Geregelten Markt, WM 1988, 1621 ff.
[19] Vgl. § 71 BörsG. Der Begriff des Geregelten Markts ist enger als der des organisierten Marktes iSv. § 2 Abs. 5 WpHG und des „regulated market" iSd. Wertpapierdienstleistungsrichtlinie. Der organisierte Markt umfaßt auch den Amtlichen Handel, nicht aber den Freiverkehr, vgl. *Kümpel* Rn 8.90 Fn 74, Rn 8.104 f.; vgl. auch *Assmann* in Assmann/Schneider § 2 WpHG Rn 96.
[20] Vgl. § 11 BörsG.
[21] *Kümpel* Rn 8.94; *Claussen* § 9 Rn 45; *Schwark,* Das neue Kapitalmarktrecht, NJW 1987, 2041; *Schäfer,* Grundzüge des neuen Börsenrechts, ZIP 1987, 953, 954.

Marktes erfolgt im wesentlichen durch die **Börsenordnungen** (BörsO) der FWB oder der jeweiligen Regionalbörse, die als öffentlich-rechtliche Satzung zu qualifizieren sind[22]. Für den Wertpapierhandel im Geregelten Markt der FWB gelten die „Bedingungen für Geschäfte an der FWB"[23].

3. Freiverkehr

10 Drittes Marktsegment an den deutschen Börsen ist der Freiverkehr. Im Gegensatz zu Amtlichem Handel und Geregeltem Markt ist der Freiverkehr **privatrechtlich** organisiert[24]. Da der Handel der in den Freiverkehr einbezogenen Aktien sich faktisch an den Börsen vollzieht, ist es gerechtfertigt, vom dritten Marktsegment der Börse zu sprechen. Hinsichtlich der Handelsbedingungen und der Preisstellung ist der Freiverkehr in die öffentlich-rechtliche Börsenorganisation einbezogen[25]. Die Börsen haben für die Einbeziehung inhaltlich weitgehend übereinstimmende **Richtlinien für den Freiverkehr** (RiLiFV) erlassen[26]. Mit der Feststellung des Börsenpreises wird ein skontroführender Börsenmakler betraut[27]. Die Bedeutung des Freiverkehrs, der aufgrund der geringen Kosten insbes. von Unternehmen mit regionalem Schwerpunkt und ausländischen Gesellschaften genutzt wird[28], hat in der Vergangenheit abgenommen. Hauptursachen hierfür sind die häufig geringe Liquidität der einbezogenen Werte und die vielfach als unzureichend empfundene Transparenz aufgrund der weniger strengen Publizitätsvorschriften[29].

4. Neuer Markt

11 Der im März 1997 von der FWB geschaffene Neue Markt ist ein **Handelssegment** der Deutsche Börse AG (DBAG) iRd. Marktsegments Freiverkehr[30]. Er ist für innovative in- und ausländische Unternehmen konzipiert, die neue Absatzmärkte erschließen, neue Verfahren, insbes. im Bereich der Beschaffung, der Produktion oder beim Absatz verwenden oder neue Produkte und/oder Dienstleistungen anbieten, dabei ein überdurchschnittliches Umsatz- und Gewinnwachstum erwarten lassen und bereit sind, die Transparenz- und Publizitätskriterien nach internationalem Standard zu erfüllen[31]. Der Neue Markt bietet gerade kleineren und mittleren Unternehmen mit hoher **Innovativität**, überdurchschnittlichem

---

[22] § 72 Abs. 1 BörsG. Die Frankfurter Börsenordnung (FWB-BörsO) ist abrufbar unter http://www.exchange.de.
[23] Ebenfalls abrufbar unter http://www.exchange.de.
[24] *Kümpel* Rn 8.96 f.; *Schanz* § 11 Rn 36; *Rödl/Zinser* S. 66 f.
[25] *Claussen* § 9 Rn 49.
[26] Für den Erlaß der Richtlinie an der FWB ist die DBAG zuständig, die von der Vereinigung Frankfurter Effektenhändler e. V. die Trägerschaft übernommen hat, vgl. § 66 Abs. 2 FWB-BörsO. Die „Richtlinien für den Freiverkehr an der FWB" sind abrufbar unter http://www.exchange.de.
[27] § 78 Abs. 2 BörsG. Dieser ist über alle Umstände, die für die Bewertung der jeweiligen Aktie von Bedeutung sein können, zu informieren. Sofern die Preise während der Börsenzeit an einer Wertpapierbörse ermittelt werden, hat die Preisfeststellung Börsenpreisqualität.
[28] *Ziegenhain/Helms* WM 1998, 1417, 1426.
[29] Optimistischer *Jäger* NZG 1999, 381, 382, 384.
[30] Vgl. etwa *Potthoff/Stuhlfauth* WM 1997, Sonderbeil. Nr. 3, S. 3 ff.
[31] Vgl. Abschn. 1 Ziff. 1 RWNM.

Wachstumspotential und gesteigerter **Publizitätsbereitschaft** eine Möglichkeit, zusätzliches Eigenkapital aufzunehmen. Der Neue Markt wendet sich zwar vornehmlich den Unternehmen der sog. „new economy" zu, steht aber durchaus auch Unternehmen der traditionellen Branchen offen, die innovative Produkte anbieten und überdurchschnittliches Wachstum versprechen[32]. Um die erwünschte zukunftsorientierte Bewertung zu ermöglichen und eine hohe Liquidität für die Einzelwerte zu schaffen, sind für den Neuen Markt erhöhte Zulassungsvoraussetzungen sowie zusätzliche Publizitäts- und Folgepflichten zu beachten[33].

Die rechtliche Struktur des Neuen Marktes ist durch die Trennung von **Zulassung** zum Geregelten Markt und **Handel** im privatrechtlichen Freiverkehr geprägt[34]. Während der Handel der Aktien im Freiverkehr erfolgt, setzt die Zulassung zum Neuen Markt voraus, daß der Emittent das öffentlich-rechtliche Zulassungsverfahren des Geregelten Marktes erfolgreich durchlaufen hat[35]. Diese Konstruktion, die auf die im Börsengesetz angelegte Unterscheidung zwischen Börsenzulassung einerseits und Notierungsaufnahme andererseits zurückgeht[36], hat es ermöglicht, strengere Zulassungsregeln zu erlassen, ohne daß hierfür zuvor eine gesetzliche Ermächtigungsgrundlage geschaffen werden mußte[37]. Um eine unzulässige Doppelnotierung in beiden Marktsegmenten zu vermeiden, muß der Emittent bei einer Zulassung zum Neuen Markt auf die **Notierung** im Geregelten Markt verzichten.

Seine rechtliche Verankerung findet der Neue Markt in der Börsenordnung der FWB[38]. Die Zulassung der Wertpapiere in den Neuen Markt, die vom Emittenten einzuhaltenden Folgepflichten und die Durchführung des Handels bestimmen sich nach dem von der DBAG als Trägerin der FWB erlassenen **Regelwerk Neuer Markt** (RWNM)[39].

Der Neue Markt ist in erster Linie als Segment für Unternehmen konzipiert, die ihre Aktien iRd. Börsengangs erstmals öffentlich zum Kauf anbieten (Initial Public Offering, IPO)[40]. Er steht jedoch auch solchen Unternehmen offen, die bereits im Geregelten Markt zugelassen oder in den Freiverkehr einbezogen sind[41]. Gesellschaften, deren Aktien bereits zum Amtlichen Handel oder Geregelten Markt zugelassen oder in den Freiverkehr einbezogen wurden, können den Antrag auf Zulassung zum Neuen Markt allerdings erst nach Ablauf von zwei Jahren ab dem Zeitpunkt der letzten Zulassung oder Einbeziehung stellen[42]. Keine Anwendung

---

[32] Dazu auch *Kersting* AG 1997, 222, 223.
[33] Die Emittenten am Neuen Markt notierter Aktien sind aufgrund der Zulassung im Geregelten Markt börsennotierte Gesellschaften iSv. § 3 Abs. 2 AktG, vgl. statt vieler *Hüffer* § 3 AktG Rn 6.
[34] *Potthoff/Stuhlfauth* WM 1997, Sonderbeil. Nr. 3, S. 4; *Claussen* § 9 Rn 48b; *Schanz* § 11 Rn 51.
[35] Teilweise wird daher auch von der „hybriden Natur des Neuen Marktes" gesprochen, vgl. *Potthoff/Stuhlfauth* WM 1997, Sonderbeil. Nr. 3, S. 3f.
[36] Vgl. §§ 36, 42 BörsG.
[37] *Potthoff/Stuhlfauth* WM 1997, Sonderbeil. Nr. 3, S. 4.
[38] § 66a FWB-BörsO.
[39] Das Regelwerk ist abrufbar unter http://www.exchange.de.
[40] *Kullmann/v. Aerssen* ZBB 2000, 10, 16.
[41] *Claussen* § 9 Rn 48 d.
[42] Abschn. 2 Ziff. 2.3 (3) RWNM.

findet diese Regelung auf ausländische Emittenten, die bereits im Heimatland börsennotiert sind und ein sog. „dual listing" anstreben[43]. Auch ein **Wechsel** vom Neuen Markt in ein anderes Marktsegment ist möglich, wenn der Emittent auf die Notierung im Neuen Markt verzichtet und die Notierung im Geregelten Markt beantragt.

5. Small Caps Exchange (SMAX)

15 Der im April 1999 geschaffene SMAX ist ebenfalls kein Marktsegment im engeren Sinn, sondern eine Handelsplattform für im Bereich des Amtlichen Marktes und des Geregelten Marktes zugelassene Aktien[44]. Im Gegensatz zum Neuen Markt ist der SMAX nicht für wachstumsstarke Start-up Unternehmen, sondern vornehmlich für **mittelständische Unternehmen** der sog. „old economy" gedacht. Wie beim Neuen Markt soll aufgrund erhöhter Transparenz- und Publizitätspflichten nach internationalen Standards ein weiteres **Qualitätssegment** geschaffen werden[45]. Gleichzeitig soll auf diese Weise das Interesse der Analysten und Investoren an den teilnehmenden Aktien erhöht werden.

16 Die **Teilnahme** am SMAX setzt die Zulassung zum Amtlichen Handel bzw. Geregelten Marktes voraus. Die Einzelheiten regeln die SMAX-Teilnahmebedingungen (SMAX-TB)[46].

III. Zulassungsvoraussetzungen

1. Amtlicher Handel

17 Die Notierung von Wertpapieren im Amtlichen Handel bedarf einer **Zulassung** durch die Zulassungsstelle der Börse. Voraussetzung für die Zulassung ist, daß die Vorgaben der **BörsZulV** erfüllt werden, der Emittent einen Börsenzulassungsprospekt veröffentlicht hat sowie keine Umstände bekannt sind, die bei einer Zulassung der Aktien zu einer Übervorteilung des Publikums oder einer Schädigung allgemeiner Interessen führen[47]. Ein solcher die Verweigerung der Zulassung rechtfertigender Umstand wäre bspw. die offensichtliche Überbewertung der Aktien. Befinden sich die Aktien der Gesellschaft ganz oder zum Teil in der Hand öffentlich-rechtlicher Gebietskörperschaften, namentlich der Kommunen, können sich aus den öffentlich-rechtlichen Bestimmungen weitere Voraussetzungen für eine Aktienemission und Börsenzulassung ergeben[48].

18 **a) Vorgaben für den Emittenten.** Nach der BörsZulV muß das Unternehmen, dessen Aktien zugelassen werden sollen, grundsätzlich mindestens **drei**

---

[43] *Kullmann/v. Aerssen* ZBB 2000, 10, 16.
[44] *Weber* NJW 2000, 2061, 2065.
[45] Vgl. Präambel der SMAX-TB.
[46] Siehe Rn 47 ff.
[47] § 36 Abs. 3 iVm. § 38 BörsG iVm. BörsZulV.
[48] Dazu ausführlich *Schlitt* Finanz Betrieb 1999, 440 ff.

Jahre als Unternehmen bestehen[49]. Dabei ist es nicht erforderlich, daß die Gesellschaft bereits seit drei Jahren in der Rechtsform der AG oder KGaA organisiert ist; es kommt lediglich auf die Bestehensdauer als Unternehmenseinheit an[50]. Zudem muß das Unternehmen seine **Jahresabschlüsse** für die drei dem Antrag vorangegangenen Geschäftsjahre offengelegt haben. Bestand das Unternehmen zunächst in einer anderen Rechtsform (zB GmbH, GmbH & Co. KG), werden in der Praxis häufig sog. Als-Ob-Abschlüsse aufgestellt, die die Rechnungslegung nachträglich an die §§ 264 ff. HGB anpassen, ihre Aufstellung ist für die Zulassung aber nicht zwingend erforderlich[51].

b) Ausgestaltung der Plazierungsaktie. Zum Amtlichen Handel können sowohl **Stammaktien** als auch Vorzugsaktien zugelassen werden. Allerdings ist die Zahl von Neuemissionen unter Ausgabe von **Vorzugsaktien** in der Vergangenheit stark zurückgegangen[52]. Zwar erweist sich die Vorzugsaktie aufgrund der Möglichkeit, das Stimmrecht auszuschließen, als ein geeignetes Mittel zur Sicherung des Einflusses der Altaktionäre. Allerdings kommt es bei der Plazierung von Vorzugsaktien regelmäßig zu einem Bewertungsabschlag, der sich in der Größenordnung von 20 bis 30% bewegt[53]. Ein weiterer Grund für den Rückzug der Vorzugsaktie ist die häufig bestehende Marktenge und die damit eingeschränkte Akzeptanz durch internationale institutionelle Anleger.

Gegenstand der Zulassung können **Inhaberaktien** und **Namensaktien** sein. Die Fungibilität von Namensaktien wurde durch die Einbeziehung in die Girosammelverwahrung der Clearstream Banking AG hergestellt. Die Aktien müssen frei handelbar sein. Jedoch stellt die **Vinkulierung** von Namensaktien kein Zulassungshindernis dar, wenn diese nicht zu einer Störung des Handels führt[54]. Eine Störung des Börsenhandels ist bei Einbeziehung in die Girosammelverwahrung idR nicht zu besorgen[55]. Die Namensaktie erfreut sich seit einigen Jahren zunehmender Beliebtheit. Ein Grund für diese Entwicklung ist, daß in den USA grundsätzlich nur „registered shares" zugelassen werden, bei Ausgabe von Inhaberaktien ein „listing" also nur mit Hilfe von Zertifikaten, die Aktien vertreten (American Depositary Receipts), möglich ist[56]. Die Umstellung auf Namens-

---

[49] § 3 Abs. 1 BörsZulV. Die Zulassungsstelle kann abweichend von dieser Vorgabe Aktien zulassen, wenn dies im Interesse des Emittenten und des Publikums liegt, § 3 Abs. 2 BörsZulV.
[50] *Claussen* § 9 Rn 65.
[51] Zutreffend *Groß* Kapitalmarktrecht §§ 1–12 Rn 5.
[52] Im Jahr 1999 war lediglich eine Emission von Vorzugsaktien zu verzeichnen (Schuler). Im Jahr 2000 sind überhaupt keine Vorzugsaktien plaziert worden. Im Gegenteil haben eine Reihe von Emittenten (Metro AG etc.) ihre Vorzugsaktien auf Stammaktien umgestellt.
[53] Vgl. etwa *Bergheim/Traub,* Der Gang an die Börse – ein Mittel zur Unternehmenssicherung, DStR 1993, 1260, 1264.
[54] § 5 Abs. 2 Nr. 2 BörsZulV.
[55] *Groß* Kapitalmarktrecht §§ 1–12 BörsZulV Rn 7.
[56] Zu American Depositary Receipts siehe eingehend Rn 217 ff.; ferner *Böckenhoff/Ross* WM 1993, 1781 ff., 1825 ff.; *Bungert/Paschos* DZWir 1995, 133 ff.; *dies.*, American Depositary Receipts – Gestaltungspotentiale, kollisionsrechtliche und aktienrechtliche Aspekte, DZWir 1995, 221 ff.; *Zachert*, Zugangsmöglichkeiten zum US-amerikanischen Kapitalmarkt durch American Depositary Receipts, ZIP 1993, 1426 ff.; *Harrer*, Der neue Markt der Frankfurter Wertpapierbörse im Vergleich zur NASDAQ und EASDAQ, RIW 1998, 661 ff.

aktien dient damit der Schaffung einer „Global Share", die als internationale Akquisitionswährung verwendet werden kann. Darüber hinaus ermöglicht die Namensaktie eine unmittelbare Ansprache der Aktionäre, was sie zu einem Instrument iRd. Investor Relations-Arbeit macht[57]. Schließlich lassen sich Veränderungen im Aktionärskreis früher erkennen.

21 c) **Emissionsstruktur.** Eine Vorgabe, daß die Plazierungsaktien ganz oder teilweise aus einer Kapitalerhöhung stammen müssen, macht die BörsZulV nicht. Theoretisch könnten die zuzulassenden Aktien daher vollständig aus dem Besitz der Altaktionäre stammen. Allerdings stößt eine solche reine **Umplazierung** bei den Investoren idR auf wenig Akzeptanz, die erwarten, daß ein Teil der Mittel aus der Börseneinführung dem Unternehmen selbst zufließt. Aus diesem Grund wird im Rahmen eines „going public" regelmäßig eine **Kapitalerhöhung** durchgeführt, aus der zumindest ein Teil der zu plazierenden Aktien stammt.

22 Um eine hinreichende Marktliquidität sicherzustellen, muß bei erstmaliger Zulassung von Aktien der Gesellschaft ihr voraussichtlicher **Kurswert** oder, falls eine Schätzung nicht möglich ist, das Eigenkapital der Gesellschaft mindestens 2,5 Mio. DM betragen[58]. Bei Ausgabe nennwertloser Stückaktien muß sich die **Mindestanzahl** von Wertpapieren auf mindestens 10 000 beziffern[59]. Ist die Zulassungsstelle überzeugt, daß sich für die zuzulassenden Aktien ein ausreichender Markt bilden wird, kann sie geringere Beträge zulassen[60].

23 Um die Gefahr zufälliger Kursentwicklungen durch unzureichende Liquidität im Markt[61] zu reduzieren, müssen die Aktien ausreichend gestreut sein. Grundsätzlich muß der sog. **„free float"** 25% des Gesamtnennbetrags bzw. bei nennwertlosen Aktien der Stückzahl der zuzulassenden Aktien betragen[62]. Ein geringerer Prozentsatz ist ausreichend, wenn wegen der großen Zahl von Aktien derselben Gattung und ihrer breiten Streuung ein ordnungsgemäßer Börsenhandel gewährleistet ist. Der Zulassungsantrag muß sich grundsätzlich auf **alle Aktien** einer Gattung beziehen[63].

24 d) **Veräußerungssperre.** Eine Haltefrist zu Lasten der Gesellschaft oder der Altaktionäre, wie sie das RWNM vorsieht[64], ist im Bereich des Amtlichen Handels nicht vorgeschrieben. Allerdings findet sich in den Übernahmeverträgen vielfach eine Regelung, nach der sich die **Gesellschaft** gegenüber dem konsortialführenden Kreditinstitut verpflichtet, innerhalb eines bestimmten Zeitraums, der idR zwischen sechs Monaten und zwei Jahren beträgt, keine Kapitalerhöhun-

---

[57] *Serfling/Großkopff/Röder*, Investor Relations in der Unternehmenspraxis, AG 1998, 272 ff.
[58] § 2 Abs. 1 BörsZulV. Zur Ermittlung des Emissionspreises vgl. etwa *Serfling/Pape/Kressin*, Emissionspreisfindung und Underpricing im Rahmen des Börsengangs junger Wachstumsunternehmen, AG 1999, 289 ff.; *Wallmeier/Rösl*, Underpricing bei der Erstemission von Aktien am Neuen Markt (1997-1998), Finanz Betrieb 1999, 134 ff.
[59] § 2 Abs. 3 BörsZulV; vgl. dazu auch *Claussen* § 9 Rn 64; *Schanz* § 11 Rn 22; aA *Groß* Kapitalmarktrecht §§ 1-12 BörsZulV Rn 3.
[60] § 2 Abs. 4 BörsZulV.
[61] *Jäger* NZG 1998, 932, 933, 934; *Bergheim/Traub* in Dr. Wieselhuber & Partner (Hrsg.), Börseneinführung mit Erfolg, S. 64.
[62] § 9 Abs. 1 BörsZulV.
[63] § 7 Abs. 1 BörsZulV.
[64] Siehe Rn 36.

gen durchzuführen oder Aktien zu veräußern oder deren Veräußerung anzubieten[65]. Flankiert werden solche Bestimmungen durch Verpflichtungen der **Altaktionäre**, innerhalb einer solchen Frist Aktien nicht oder nur mit Zustimmung der konsortialführenden Bank zu verkaufen.

2. Geregelter Markt

Die Voraussetzungen und das Verfahren für die Zulassung zum Geregelten Markt an der FWB und den Regionalbörsen bestimmen sich nach der jeweiligen Börsenordnung. Zwar erklären die Börsenordnungen im Grundsatz die Vorschriften für die Zulassung zur amtlichen Notierung für sinngemäß anwendbar[66]. Um auch kleinen und mittelgroßen Unternehmen den Zugang zum organisierten Kapitalmarkt zu eröffnen, sind die **Zulassungsvoraussetzungen** im Vergleich zum Amtlichen Handel jedoch an einigen Stellen **herabgesetzt**.

So muß bei erstmaliger Zulassung der (rechnerische) Nennbetrag der Aktien mindestens 250 000 € betragen[67]. Gibt der Emittent nennwertlose Stückaktien aus, gilt eine Mindeststückzahl von 10 000[68]. Auch kann der Zulassungsantrag auf einen Teil der Emission beschränkt werden[69]. Wie im Amtlichen Handel können sowohl Stamm- als auch Vorzugsaktien zugelassen werden. Vorgaben für die Dauer des Bestehens des Emittenten bestehen ebenfalls nicht[70]. Gleiches gilt für die Höhe des Streubesitzes[71]. Schließlich bestehen keine Vorgaben für eine Veräußerungssperre, wie sie das RWNM kennt.

3. Freiverkehr

Die **Einbeziehung** von Aktien in den Freiverkehr erfolgt aufgrund eines privatrechtlichen Verfahrens, das sich nach den jeweiligen Richtlinien für den Freiverkehr richtet[72]. Zum Schutz der Anleger setzt die Einbeziehung voraus, daß eine ordnungsgemäße Durchführung des Handels und der Geschäftsentwicklung gewährleistet erscheint[73].

Die **Voraussetzungen** für die Einbeziehung in den Freiverkehr sind im Vergleich zum Geregelten Markt weiter **herabgesetzt**. Vorgaben für ein Mindestvolumen bei erstmaliger Zulassung der Aktien bestehen ebensowenig wie für das Alter des Emittenten, sein Eigenkapital oder die Streuung und Herkunft der Aktien[74]. Fremd sind dem Freiverkehr schließlich auch Regelungen über eine Veräußerungssperre. Es können gleichermaßen Stamm- wie Vorzugsaktien einbezogen

---

[65] Zweifelnd an der Wirksamkeit solcher Regelungen *Technau* AG 1998, 445, 457.
[66] § 57 Abs. 3 FWB-BörsO.
[67] § 58 Abs. 1 FWB-BörsO.
[68] § 58 Abs. 2 FWB-BörsO.
[69] § 58 Abs. 4 FWB-BörsO.
[70] *Ziegenhain/Helms* WM 1998, 1417, 1425; *Rödl/Zinser* S. 52; *Ehlers/Jurcher* S. 83. Der Unternehmensbericht muß keinen Jahresabschluß enthalten, wenn dieser noch nicht vorliegt, vgl. § 14 Abs. 2 VerkProspG.
[71] *Ziegenhain/Helms* WM 1998, 1417, 1425; *Jäger* NZG 1999, 381, 383.
[72] Vgl. Nachweis in Fn 26.
[73] § 78 Abs. 1 BörsG iVm. § 5 RiLiFV FWB.
[74] *Harrer/Heidemann* DStR 1999, 254, 257.

werden[75]. Besonderheit des Freiverkehrs ist, daß die Einbeziehung in den Freiverkehr uU auch ohne hierauf gerichteten Antrag des Emittenten erfolgen kann[76].

4. Neuer Markt

29 **a) Vorgaben für den Emittenten, Ausgestaltung der Plazierungsaktie.** Während in allen anderen Marktsegmenten sowohl Aktiengesellschaften als auch KGaA gelistet werden können, steht der Neue Markt **nur** noch **Aktiengesellschaften** offen. Zwar geht das RWNM noch von einer Zulassungsmöglichkeit von KGaA aus[77]. Jedoch hat die DBAG verlautbart, KGaA zukünftig nicht mehr zuzulassen[78]. Da Unternehmen aufgrund des privatrechtlichen Rechtsrahmens im Bereich des Neuen Marktes keinen Anspruch auf Zulassung ihrer Aktien zum Neuen Markt haben, wird sich die Praxis hierauf einzustellen haben.

30 Wie bei einer Zulassung im Amtlichen Handel soll der Emittent mindestens **drei Jahre** als Unternehmen bestanden und seine Jahresabschlüsse für die dem Antrag vorangegangenen Geschäftsjahre entsprechend den hierfür geltenden Vorschriften offengelegt haben[79]. Da diese Regelung nicht zwingend ist, können auch Aktien von Unternehmen zugelassen werden, die erst kürzer existieren, wenn das Papier eine Plazierungschance verspricht[80]. Die Ausnahmeregelung ist insbes. dann von Bedeutung, wenn der **Unternehmenszusammenschluß**, ähnlich wie im Fall DaimlerChrysler, über die Gründung einer neugegründeten Gesellschaft (NEWCO) effektiviert wird, auf die dann eines der am Zusammenschluß beteiligten Unternehmen verschmolzen wird und deren Aktien dann zum Börsenhandel zugelassen werden sollen.

31 Anders als für die Zulassung zu den anderen Segmenten macht das RWNM Vorgaben für die Höhe des **Eigenkapitals** des Emittenten. Dieses muß sich vor der Kapitalerhöhung, mit der die Plazierungsaktien generiert wurden, auf mindestens 1,5 Mio. € beziffern[81]. Der Begriff des Eigenkapitals entspricht dem des Handelsrechts; es setzt sich also aus gezeichnetem Kapital, Kapital- und Gewinnrücklagen, Gewinn- bzw. Verlustvortrag sowie Jahresüberschuß bzw. Jahresfehlbetrag zusammen[82].

32 Anders als in den anderen Segmenten ist im Neuen Markt nur noch die Zulassung von **Stammaktien** möglich[83]. Die Möglichkeit, Vorzugsaktien im Rahmen einer nachfolgenden Kapitalerhöhung („secondary placement") zu plazieren, be-

---

[75] *Harrer/Heidemann* DStR 1999, 254, 257.
[76] Siehe Rn 58.
[77] Vgl. Abschn. 2 Ziff. 4.1.5 RWNM.
[78] Diese generelle Zulassungssperre dürfte zu weit gehen. Sicherlich birgt die Flexibilität bei der Ausgestaltung einer KGaA-Satzung das Risiko eines Anlegermißbrauchs. Die Inhaltskontrolle von Satzungen von Publikums-KGaA bietet jedoch ein ausreichendes Korrektiv, das auch iRd. Börsenzulassung effektiviert werden kann; vgl. dazu *Ihrig/Schlitt*, Die KGaA nach dem Beschluß des BGH vom 24. 2. 1997 – organisationsrechtliche Folgerungen, ZHR 1998, Sonderheft Nr. 67, S. 33, 39 ff.
[79] Abschn. 2 Ziff. 3.1 (2) RWNM.
[80] *Schanz* § 11 Rn 57.
[81] Abschn. 2 Ziff. 3.1 (2) RWNM.
[82] § 266 Abs. 3 HGB.
[83] Abschn. 2 Ziff. 3.4 RWNM.

steht seit dem 1.3.1999 nicht mehr. Es können jedoch sowohl **Inhaber-** als auch **Namensaktien** ausgegeben werden.

b) Emissionsstruktur. Der **Gesamtnennwert** der erstmals zugelassenen 33
Aktien muß 250 000 € betragen[84]. Der Zulassungsantrag muß sich grundsätzlich auf alle Aktien derselben Gattung beziehen[85]. Die **Mindeststückzahl** der emittierten Aktien hat 100 000 zu betragen[86]. Der Zulassungsausschuß kann einen niedrigeren Gesamtnennwert oder eine geringere Mindeststückzahl zulassen, wenn sich nach seiner Überzeugung für die zuzulassenden Aktien ein ausreichender Markt bilden wird[87]. Der voraussichtliche **Kurswert** der zu plazierenden Aktien (Emissionsvolumen) muß mindestens 5 Mio. € betragen[88].

Handelt es sich um eine Erstzulassung, müssen 50% des zu plazierenden Volu- 34
mens aus einer **Barkapitalerhöhung** stammen[89]. Damit soll sichergestellt werden, daß das Unternehmen die für sein Wachstum erforderlichen Mittel erhält und die Altaktionäre der Gesellschaft nicht durch reine Umplazierungen „Kasse machen". Da andererseits nicht alle Plazierungsaktien aus einer Kapitalerhöhung stammen müssen, wird Altaktionären, namentlich Venture Capital-Gesellschaften, die sich vor dem Börsengang an der Gesellschaft beteiligt haben, der Ausstieg („exit") ermöglicht[90]. Das Regelwerk enthält auch Vorgaben für die **Verwendung** des erzielten Emissionserlöses: Dieser ist auch zur Finanzierung des weiteren Wachstums zu verwenden[91], kann daher nicht ausschließlich zur Rückführung von Gesellschafterdarlehen dienen. Einer Ablösung von stillen Beteiligungen in angemessenem Umfang steht diese Regelung nicht entgegen, zumal stille Gesellschaftsverhältnisse aufgrund der Gewinnbeteiligung des stillen Gesellschafters aus Sicht des Anlegers ohnehin kritisch sind[92]. Das Erfordernis einer Barkapitalerhöhung ist jedoch in erster Linie auf IPO-Situationen zugeschnitten. Bei **Unternehmenszusammenschlüssen**, bei denen die Aktien einer neugegründeten Gesellschaft zugelassen werden sollen, auf die die bisherigen Unternehmensträger verschmolzen werden[93], ist die Erfüllung dieser Voraussetzung idR nicht möglich.

Nach der Plazierung soll der **Streubesitz** grundsätzlich 25% betragen[94]. Ist bei 35
breiter Streuung ein ordnungsgemäßer Handel sichergestellt, ist auch ein niedrigerer Anteil zulässig. Der „free float" muß jedoch mindestens 10% betragen. Bei einem Emissionsvolumen unter 100 Mio. € darf der Anteil 20% nicht unterschreiten. Bei der Berechnung des Emissionsvolumens wird eine Mehrzuteilungsoption

---

[84] Abschn. 2 Ziff. 3.7 (1) RWNM.
[85] Abschn. 2 Ziff. 3.9 RWNM.
[86] Abschn. 2 Ziff. 3.7 (2) RWNM.
[87] Abschn. 2 Ziff. 3.7 (3) RWNM.
[88] Abschn. 2 Ziff. 3.7 (4) RWNM.
[89] Abschn. 2 Ziff. 3.8 (1) RWNM.
[90] Vgl. auch *Benz/Kiwitz* DStR 1999, 1162, 1163.
[91] Abschn. 2 Ziff. 3.8 Abs. 2 RWNM.
[92] Zutr. *Kullmann/v. Aerssen* ZBB 2000, 10, 13.
[93] Siehe Rn 30.
[94] Abschn. 2 Ziff. 3.10 (1) RWNM.

(Greenshoe) nicht berücksichtigt[95]. Nicht eingerechnet in den Streubesitz werden bevorrechtigte Zuteilungen, wie etwa im Rahmen eines Friends & Family-Programms oder eines Management- und Mitarbeiterbeteiligungsprogramms. Auf diese Weise soll eine angemessene Liquidität im Handel sichergestellt werden. Denn ein liquider Markt ist Voraussetzung für die Bildung eines angemessenen Preises und die Möglichkeit des Anlegers, sich wieder von seiner Beteiligung zu trennen[96].

36 **c) Veräußerungssperre. aa) Veräußerungssperre der Altaktionäre.** Voraussetzung für die Zulassung ist ferner, daß der Emittent Erklärungen der Altaktionäre einholt, nach denen sich diese **gegenüber der Gesellschaft** verpflichten, innerhalb einer Frist von sechs Monaten ab dem Datum der Zulassung der Aktien keine Aktien direkt oder indirekt zur Veräußerung anzubieten, zu veräußern, dieses anzukündigen oder wirtschaftlich vergleichbare Maßnahmen zu ergreifen[97]. Durch diese Haltepflicht soll ein rascher „exit" der Altaktionäre verhindert werden, um durch eine zumindest vorübergehende Bindung der Altaktionäre an die Gesellschaft in einer Übergangsphase einen stabilen Sekundärmarkt zu gewährleisten[98]. Die Abgabe von Altaktien in den Markt unmittelbar nach dem Börsengang führt typischerweise zu sinkenden Kursen, wodurch sich andere Anleger veranlaßt sehen könnten, sich ebenfalls von ihrer Beteiligung zu trennen, was zu weiterem Sinken der Kurse führen würde. Neben den anderen Aktionären soll durch die Veräußerungssperre aber auch die Gesellschaft geschützt werden, da sinkende Kurse nicht nur ihrem Ansehen schaden, sondern auch die Eigenkapitalkosten bei zukünftigen Kapitalmaßnahmen erhöhen[99]. Bei **Unternehmenszusammenschlüssen**, bei denen, wie im Fall DaimlerChrysler, die Aktien einer NEWCO zugelassen werden[100], kann diese Voraussetzung in der Praxis im Hinblick auf die Vielzahl der (neuen) ausstehenden Aktionäre nicht eingehalten werden. In diesem Fall erscheint es gerechtfertigt, allenfalls Aktionäre, die über einen bestimmten Anteil am Grundkapital der aufnehmenden NEWCO verfügen (> 5%), dem „lock-up" zu unterwerfen und im übrigen eine Befreiung zu erteilen.

37 Die von den Altaktionären abzugebende Verpflichtungserklärung ist im RWNM im **Wortlaut** vorgegeben[101]. Der Aktionär hat sich darüber hinaus damit einver-

---

[95] Zum Greenshoe etwa *Hoffmann-Becking,* Neue Formen der Aktienemission, FS Lieberknecht, 1997, S. 25, 39; *Technau* AG 1998, 445, 458 ff.; *Trapp,* Erleichterter Bezugsrechtsausschluß nach § 186 Abs. 3 S. 4 AktG und Greenshoe, AG 1997, 115; *Oltmanns,* Schaffung zusätzlicher Aktien beim Börsengang in den USA: Das Greenshoe-Verfahren, DB 1996, 2319 ff.

[96] *Kersting* AG 1997, 222, 224.

[97] Abschn. 2 Ziff. 2.2 (1) Satz 5 RWNM. Zu der im Ergebnis zu verneinenden Frage, ob die Aktionäre bereits aufgrund der sie treffenden Treupflicht (BGHZ 129, 136 „Girmes") an einem Verkauf von Aktien gehindert sein können, vgl. *Bruchner/Pospischil* in Lutter/Scheffler/Schneider Rn 11.42.

[98] *Harrer/Mölling* BB 1999, 2521 ff.; *Korfsmeyer* Finanz Betrieb 1999, 205 ff.; *Bruchner/Pospischil* in Lutter/Scheffler/Schneider Rn 11.39 f.

[99] *Harrer/Mölling* BB 1999, 2521, 2522; ferner *Korfsmeyer* Finanz Betrieb 1999, 205, 206.

[100] Siehe Rn 30, 34.

[101] Anlage 1 RWNM. Zur Verlängerung dieser Frist durch „lock-up"-Vereinbarungen siehe Rn 40.

standen zu erklären, daß die Gesellschaft der DBAG Auskunft über den Aktienbestand erteilt, ihr eine Kopie seiner Erklärung übermittelt und daß sein Aktienbestand unter einer separaten Wertpapier-Kennummer bei der Depotbank und der Clearstream Banking AG eingebucht wird. Für den Fall einer Zuwiderhandlung hat sich der Aktionär zur Zahlung einer Vertragsstrafe in Höhe des Differenzbetrags zwischen dem Emissionspreis und dem Veräußerungserlös zugunsten der DBAG zu verpflichten. Korrespondierend hiermit besteht eine Verpflichtung der Gesellschaft, die DBAG von etwaigen Verstößen gegen das Veräußerungsverbot durch ihre Aktionäre zu unterrichten[102].

38 Die Einbuchung der Aktien erfolgt unter verschiedenen **Wertpapier-Kennnummern** bei der Depotbank und der Clearstream Banking AG, um die gesperrten Aktien von den zum sofortigen Handel zugelassenen unterscheiden zu können. Die eine Nummer wird für die zum sofortigen Handel zugelassenen, die andere für die dem Veräußerungsverbot unterliegenden Aktien vergeben. Nach Ablauf der Veräußerungssperre werden die getrennt geführten Depotbestände bei gleichzeitigem Erlöschen der zweiten Wertpapier-Kennnummer zusammengelegt.

39 Der Emittent kann auf Antrag von der Verpflichtung zur Vorlage der Verpflichtungserklärungen der Altaktionäre **befreit** werden[103]. Die Praxis der DBAG ist bislang allerdings recht restriktiv. Das Vorhandensein von Splitterbeteiligungen wird grundsätzlich für nicht ausreichend angesehen. Eine Befreiung ist etwa für ausländische Gesellschaften denkbar, deren Aktien bereits an einer anderen Börse notiert sind und für die eine vergleichbare sog. „lock-up"-Regelung bereits gegolten hat. Eine Befreiung sollte zudem dann gewährt werden, wenn die Gesellschaft bereits vor der Börsennotierung als Publikumsgesellschaft verfaßt ist und es ihr bereits aus praktischen Gründen kaum möglich ist, „lock-up"-Erklärungen der nur mit Splitteranteilen beteiligten Gesellschafter einzuholen[104].

40 In der Praxis wird die Sechs-Monats-Frist regelmäßig durch vertragliche Vereinbarung zwischen den Altaktionären und der **konsortialführenden Bank** verlängert[105]. Meist beträgt die „lock-up"-Periode insgesamt ein oder zwei Jahre. Es finden sich auch Regelungen, nach denen sich die Altaktionäre verpflichten, die von ihnen gehaltenen Aktien nach Ablauf der Sechs-Monats-Frist nur in Abstimmung mit der konsortialführenden Bank in den Markt zu geben[106]. Gegenstand einer solchen Marktschonungsklausel ist zuweilen auch eine Verpflichtung der Altaktionäre, die Aktien innerhalb eines bestimmten Zeitraums nach Börseneinführung nicht unter dem Emissionspreis zu veräußern[107].

41 Die Regelung über die Veräußerungssperre kann bereits im **Pre-IPO-Bereich** von Bedeutung sein. Dies gilt namentlich bei der Abfassung von Vereinba-

---

[102] Abschn. 2 Ziff. 7.2.9 (1) RWNM.
[103] Abschn. 2 Ziff. 2.2 Satz 7 RWNM.
[104] Vgl. dazu auch *Kullmann/v. Aerssen* ZBB 2000, 10, 15. Zur Befreiung bei Unternehmenszusammenschlüssen siehe Rn 36.
[105] *Harrer/Mölling* BB 1999, 2521.
[106] *Korfsmeyer* Finanz Betrieb 1999, 205, 207. Nach *Lutter/Drygala,* FS Raisch, S. 239, 246 ff. entfalten solche Vereinbarungen Schutzwirkung zugunsten der Gesellschaft, nicht aber zugunsten der Aktionäre; aA *Bruchner/Pospischil* in Lutter/Scheffler/Schneider Rn 11.45 f.
[107] *Bruchner/Pospischil* in Lutter/Scheffler/Schneider Rn 11.44.

rungen im Gesellschafterkreis über die Veräußerung von Aktien (Poolverträge, Mitarbeiterbeteiligungsgesellschaften, Pre-IPO-Stock-Option-Pläne etc.). Insoweit sollte auf eine Harmonisierung mit der Veräußerungssperre geachtet werden.

42 **bb) Veräußerungssperre der Gesellschaft.** Korrespondierend mit der Haltepflicht der Altaktionäre sieht das RWNM ein Veräußerungsverbot auch für die Gesellschaft vor[108]. Der Emittent darf danach während eines Zeitraums von **sechs Monaten** ab dem Datum der Zulassung zum Neuen Markt keine Aktien direkt oder indirekt anbieten, veräußern, dieses ankündigen oder andere Maßnahmen ergreifen, die einer Veräußerung wirtschaftlich entsprechen. Die DBAG kann den Emittenten auf begründeten Antrag von dieser Verpflichtung **befreien**[109]. Praktische Bedeutung gewinnt diese Ausnahmeregel dann, wenn die Gesellschaft während der „lock-up"-Periode Akquisitionen tätigt und diese durch Ausgabe neuer Aktien, etwa unter Ausnutzung eines hierfür geschaffenen genehmigten Kapitals, finanziert. In diesem Fall wird die Befreiung idR erteilt, wenn sich die Altaktionäre der Zielgesellschaft als Zeichner der neuen Aktien ihrerseits der Haltepflicht unterwerfen[110].

43 **d) Designated Sponsors; Übernahmekodex.** Bei der Antragstellung hat der Emittent das Vorhandensein von zwei Designated Sponsors nachzuweisen[111]. Zweck dieses sog. **Betreuermodells** ist es, ein Mindestmaß an Liquidität, also die jederzeitige Handelbarkeit der Aktie auch in größeren Mengen, und eine rasche Orderausführung herzustellen[112]. Die beiden Designated Sponsors müssen bereit sein, ihre Aufgabe mindestens zwölf Monate wahrzunehmen. Hinsichtlich der Rechte und Pflichten des Designated Sponsors verweist das RWNM auf die Börsenordnung der FWB. Danach ist der Designated Sponsor berechtigt und nach Eingang einer entsprechenden Anforderung auch im Grundsatz verpflichtet, unverzüglich eine Quote zu stellen und zu dieser Geschäftsabschlüsse ggf. auf eigene Rechnung zu tätigen[113]. Die so gestellten Kurse reflektieren Angebot und Nachfrage der jeweiligen Aktie. Die für die Erfüllung ihrer Tätigkeit erforderlichen Aktien werden den Sponsors im Rahmen eines Wertpapierdarlehens zur Verfügung gestellt, was im Börsenzulassungsprospekt darzustellen ist.

44 Die Verpflichtung, Kurse zu stellen, ist von der **Kurspflege** zu unterscheiden, bei der dafür Sorge getragen wird, daß der Kurs der Aktie nicht unter einen bestimmten Mindestkurs fällt[114]. Das Designated Sponsoring erfolgt nur iRd. elek-

---

[108] Abschn. 2 Ziff. 7.2.9 (1) RWNM.
[109] Abschn. 2 Ziff. 7.2.9 (2) RWNM.
[110] Hierfür auch *Kullmann/v. Aerssen* ZBB 2000, 10, 15.
[111] Abschn. 2 Ziff. 2.2 Satz 4, Abschn. 3 Ziff. 4 (1) Satz 1 RWNM.
[112] *Schanz* § 11 Rn 65.
[113] § 23a FWB-BörsO.
[114] Zur Zulässigkeit und den Grenzen der Kurspflege *Schäfer*, Zulässigkeit und Grenzen der Kurspflege, WM 1999, 1345, 1348 ff.; *Bruchner/Pospischil* in Lutter/Scheffler/Schneider Rn 11.48 ff.; *Schanz* § 11 Rn 67. Solche Stabilisierungsmaßnahmen, die zumeist auf eine Frist von 30 Tagen nach der Aufnahme des Handels befristet sind, sind im Prospekt darzustellen.

tronischen Handelssystems XETRA[115], nicht aber im Parketthandel[116]. In der Praxis wird die Aufgabe des Designated Sponsors meist von den konsortialführenden Banken übernommen.

Bis zum Inkrafttreten des Übernahmegesetzes muß der Emittent den **Übernahmekodex** akzeptieren[117], eine von der Börsensachverständigenkommission verabschiedete Empfehlung ohne Gesetzesqualität. Durch die Anerkennung des Übernahmekodexes verpflichtet sich das Unternehmen, bestimmte Verhaltenspflichten einzuhalten, wenn es entweder die Übernahme einer anderen Gesellschaft plant oder selbst Gegenstand eines Übernahmeversuchs ist[118]. 45

Schließlich setzt die Zulassung der Wertpapiere die Einhaltung der **Grundsätze für die Zuteilung von Aktienemissionen an Privatanleger** der Börsensachverständigenkommission beim BMF voraus[119]. 46

5. SMAX

Die Teilnahme am SMAX setzt die Zulassung an der FWB **zum Amtlichen Handel** oder zum **Geregelten Markt** voraus[120]. Sie kommt nicht in Betracht, wenn die Aktien der Gesellschaft zum Neuen Markt zugelassen oder in die Aktienindizes DAX oder M-DAX einbezogen sind oder wenn es sich um einen Emittenten mit Sitz im Ausland handelt, der bei einem Sitz im Inland die Aufnahmekriterien von DAX und M-DAX erfüllen würde[121]. Emittenten, die bereits zum Amtlichen Handel oder Geregelten Markt zugelassen sind, können den Antrag auf Teilnahme am SMAX sechs Monate nach der erstmaligen Zulassung stellen[122]. Im Fall eines IPO kann der Antrag auf Teilnahme im SMAX bereits anläßlich der Börseneinführung gestellt werden. 47

Die Teilnahme am SMAX setzt ebenfalls eine ausreichende **Streuung** der Aktien voraus. Nach den Teilnahmebedingungen ist dies der Fall, wenn mindestens 48

---

[115] Zum elektronischen Handelssystem XETRA eingehend *Beck*, Das neue elektronische Handelssystem Xetra der Frankfurter Wertpapierbörse, WM 1998, 417ff.

[116] Abschn. 3 Ziff. 4 (2) RWNM.

[117] Abschn. 2 Ziff. 7.2.10 RWNM. Zum voraussichtlich am 1.1.2002 in Kraft tretenden Wertpapiererwerbs- und Übernahmegesetz siehe Band 2.

[118] Eingehend dazu etwa *Assmann*, Verhaltensregeln für freiwillige öffentliche Übernahmeangebote, AG 1995, 563, 568ff.; *Diekmann*, Hinweise zur Anwendung des Übernahmekodex der Börsensachverständigenkommission, WM 1997, 897ff.; *Groß*, Übernahmekodex für öffentliche Übernahmeangebote – Anerkennung und Rolle des begleitenden Wertpapierdienstleistungsunternehmens, DB 1996, 1909ff.; *Habersack/Mayer* ZIP 1997, 2141ff.; *Kallmeyer*, Pflichtangebote nach dem Übernahmekodex und dem neuen Vorschlag 1997 einer Takeover-Richtlinie, ZIP 1997, 2147ff.; *ders.*, Die Mängel des Übernahmekodex der Börsensachverständigenkommission, ZHR 161 (1997) 435ff.; *Krause*, Zur Gleichbehandlung der Aktionäre bei Übernahmeangeboten und Beteiligungserwerb, WM 1996, 845ff.; 893ff.; *Mülbert*, Die Zielgesellschaft im Vorschlag 1997 einer Takeover-Richtlinie – zwei folgenreiche Eingriffe ins deutsche Aktienrecht, IStR 1999, 83ff.; *Thoma*, Der neue Übernahmekodex der Börsensachverständigenkommission, ZIP 1996, 1725ff.

[119] Abschn. 2 Ziff. 3.14 RWNM.

[120] Ziff. 2 SMAX-TB.

[121] Ziff. 2 (5), (6) SMAX-TB.

[122] Ziff. 2 (1) SMAX-TB.

20% des Grundkapitals vom Publikum erworben werden, wobei bevorrechtigte Zuteilungen im Rahmen von Friends & Family- und Mitarbeiterbeteiligungsprogrammen unberücksichtigt bleiben[123]. Die Teilnahme am SMAX setzt ferner voraus, daß der Emittent mindestens einen **Designated Sponsor** bestimmt[124]. Darüber hinaus hat die Gesellschaft den **Übernahmekodex** anzuerkennen und die Grundsätze für die Zuteilung von Aktienemissionen der Börsensachverständigenkommission einzuhalten[125]. Erfolgt der Teilnahmeantrag gleichzeitig mit der Zulassung der Aktien und handelt es sich um ein erstmaliges Angebot von Aktien, hat der Emittent Verpflichtungserklärungen der Altaktionäre über die Einhaltung einer sechsmonatigen **„lock up"-Periode** vorzulegen sowie sich selbst für diesen Zeitraum einem Veräußerungsverbot zu unterwerfen[126].

IV. Wirtschaftliche Voraussetzungen

49 Die Erfüllung der börsenrechtlichen Zulassungsvoraussetzungen[127] bedeutet nicht zwangsläufig, daß das Unternehmen tatsächlich auch **börsenreif** ist und eine Zulassung seiner Aktien an der Börse bewirken kann. Über die rechtlichen Rahmenbedingungen hinaus hat die Gesellschaft vor dem Börsengang weitergehende wirtschaftliche Anforderungen zu erfüllen. Soweit die Gesellschaft den Zulassungsantrag nicht allein stellen kann, ist sie auf die Bereitschaft eines Kreditinstituts angewiesen, den Börsengang zu begleiten und den erforderlichen Zulassungsantrag zu stellen. Die **Kriterien**, an denen die Börsenreife der Gesellschaft typischerweise gemessen wird, sind der Umsatz, das Umsatzwachstum, die Umsatzrendite, die Ertragskraft, die Stellung im Markt und Wettbewerb, die Wachstumschancen, die Transparenz der Unternehmensstruktur, die Qualität des Managements, die Effizienz des Planungs- und Berichtswesens sowie die Belastbarkeit der Planungen und der Unternehmensstrategie insgesamt[128]. Allgemeingültige Vorgaben lassen sich insoweit allerdings kaum definieren. Vielmehr variieren die Anforderungen je nach der Branche, in der das Unternehmen tätig ist, nach Marktsegment, in das die Aktien einbezogen werden sollen, und schließlich nach aktueller Marktverfassung.

50 Bei einer erstrebten Zulassung zum **Amtlichen Handel** oder zum **Geregelten Markt** sollte die Gesellschaft idR mindestens drei, besser jedoch fünf Jahre als Unternehmen existiert haben[129]. IdR wird ein Grundkapital von mindestens 10 Mio. € für erforderlich gehalten. Als Mindestjahresumsatz werden von den

---

[123] Ziff. 2 (7) SMAX-TB.
[124] Ziff. 2 (4), 3.3 SMAX-TB.
[125] Ziff. 2 (8) SMAX-TB.
[126] Ziff. 2.3., 3.5 (1) SMAX-TB, siehe im einzelnen Rn 36 ff.
[127] Siehe Rn 17 bis 46.
[128] Vgl. auch *Koch/Wegmann* Börseneinführung S. 27 ff.; *Jäger* NZG 1998, 932, 933 f.; *Benz/Kiwitz* DStR 1999, 1162; *Hein,* Der Gang des Unternehmens zur Börse, AnwBl. 1991, 633 ff.; *Maute* DStR 1999, 687.
[129] Vgl. *Koch/Wegmann* Börseneinführung S. 33; *Maute* DStR 1999, 687, 691.

Konsortialbanken Beträge zwischen 50 und 150 Mio. € erwartet[130]. Das Umsatzwachstum sollte mindestens 10%[131], die Umsatzrendite zwischen 4 und 6% betragen[132]. Eine geringere Umsatzrendite kann ausreichend sein, wenn langfristig eine nachhaltige Steigerung zu erwarten ist[133]. Umsatzwachstum und Umsatzrendite sollten jedenfalls über dem Börsendurchschnitt liegen[134]. Zudem sollte der Cash-flow eine kontinuierliche Dividendenausschüttungsfähigkeit sicherstellen[135].

Andere Maßstäbe gelten für den **Neuen Markt**. Hier erwiesen sich bislang 51 Umsätze unterhalb von 5 oder 10 Mio. €, in forschungsintensiven Bereichen wie BioTech auch darunter, sowie eine kurze Unternehmenshistorie keineswegs als Hinderungsgrund für einen Börsengang[136]. Auch kommt es weniger auf die gegenwärtige Ertragskraft an. Größere Bedeutung werden vielmehr den Wachstums- und Ertragsaussichten zugemessen[137]. Außerdem bestehen gewisse Erwartungen an die Höhe des Plazierungsvolumens. Dieses sollte nominal mindestens 2 bis 3 Mio. € betragen. Die größeren Emissionsbanken machen die Begleitung des Börsengangs zudem häufig davon abhängig, daß der Plazierungserlös nicht unter 50 Mio. € (mit zunehmender Tendenz) liegt.

V. Zulassungsverfahren

Die Aufnahme der Börsennotierung bedarf in den Segmenten Amtlicher Han- 52 del, Geregelter Markt und Neuer Markt der Zulassung, während die Einbeziehung in den Freiverkehr auf privatrechtlicher Grundlage erfolgt[138]. **Ziel** des Zulassungsverfahren ist es, dem Publikum ein möglichst vollständiges Bild über die angebotenen Aktien zu verschaffen und eine Beurteilung der wirtschaftlichen Entwicklungschancen des Emittenten zu ermöglichen[139].

1. Antrag

a) Amtlicher Handel. Im Amtlichen Handel kann der Emittent den Zulas- 53 sungsantrag nur zusammen mit einem **Kreditinstitut** oder einem Finanzdienstleistungsinstitut stellen, das an einer inländischen Börse mit dem Recht zur Teil-

---

[130] *Bergheim/Traub* in Dr. Wieselhuber & Partner (Hrsg.), Börseneinführung mit Erfolg, S. 64; *Koch/Wegmann* Börseneinführung S. 29; *Schürmann/Körfgen* S. 182; *Jäger* NZG 1998, 932, 933; *Maute* DStR 1999, 687, 688.
[131] *Koch/Wegmann* Börseneinführung S. 31.
[132] Vgl. *Harrer/Heidemann* DStR 1999, 254, 257; *Maute* DStR 1999, 687, 689.
[133] *Koch/Wegmann* Börseneinführung S. 28.
[134] *Harrer/Heidemann* DStR 1999, 254, 257; *Jäger* NZG 1998, 932, 933; *Bergheim/Traub* in Dr. Wieselhuber & Partner (Hrsg.), Börseneinführung mit Erfolg, S. 65.
[135] *Schürmann/Körfgen* S. 183; *Koch/Wegmann* Börseneinführung S. 35.
[136] *Koch/Wegmann* Börseneinführung S. 31; *Jäger* NZG 1998, 932, 933; *Maute* DStR 1999, 687, 688 ff.
[137] *Maute* DStR 1999, 687, 689; *Jäger* NZG 1998, 932, 933. *Ehlers/Jurcher* S. 85 nennen ein jährliches Wachstum von 20 %.
[138] Siehe Rn 57.
[139] Vgl. *Schwark* § 36 BörsG Rn 3.

nahme am Handel zugelassen ist und ein haftendes Eigenkapital von mindestens 730 000 € hat[140]. Dieses Erfordernis soll gewährleisten, daß nur tatsächlich börsenreife Unternehmen einen Zulassungsantrag stellen und der Prospekt den gesetzlichen Voraussetzungen genügt. Der Zulassungsantrag ist schriftlich zu stellen und muß Angaben über Firma und Sitz des Emittenten, Art und Betrag der zuzulassenden Wertpapiere enthalten sowie ein überregionales Börsenpflichtblatt für die Pflichtveröffentlichungen benennen[141]. Dem Zulassungsantrag ist der Entwurf des **Prospekts** beizufügen; darüber hinaus sind weitere Dokumente vorzulegen (beglaubigter Handelsregisterauszug, Satzung, Jahresabschlüsse und Lageberichte der letzten drei Geschäftsjahre etc.)[142]. Nach dem Wortlaut des Gesetzes sind diese Dokumente erst auf Verlangen der Zulassungsstelle einzureichen, doch werden sie üblicherweise bereits dem Zulassungsantrag beigefügt. Der Zulassungsantrag ist im Bundesanzeiger und in dem im Antrag angegebenen Börsenpflichtblatt sowie durch Börsenbekanntmachung zu **veröffentlichen**[143]. Die Bekanntmachung erfolgt durch die Zulassungsstelle auf Kosten des Antragstellers.

54 Über den Antrag auf Zulassung entscheidet die **Zulassungsstelle** als Organ der Börse. Die Zulassungsstelle hat die Vollständigkeit des Zulassungsantrags zu prüfen. Ihre Prüfung kann sich auch auf bekannte sonstige Umstände beziehen, von denen eine konkrete Gefahr für das Publikum ausgeht[144], und darauf, ob gesellschaftsrechtlich dem Erfordernis eines **Hauptversammlungsbeschlusses** Genüge getan ist und ob bei der Ausgestaltung der Emissionsstruktur der Gleichbehandlungsgrundsatz oder die gesellschaftsrechtliche Treupflicht verletzt wurde[145]. Entsprechen die Gesellschaft und die zuzulassenden Aktien den Bestimmungen der BörsZulV, wurde ein Börsenzulassungsprospekt erstellt und sind keine Umstände bekannt sind, die bei Zulassung der Wertpapiere zu einer Übervorteilung des Publikums oder einer Schädigung erheblicher allgemeiner Interessen führen, besteht ein Anspruch auf Börsenzulassung[146].

55 **b) Geregelter Markt.** Zuständiges Gremium für die Entscheidung über den Antrag auf Zulassung zum Geregelten Markt ist der **Zulassungsausschuß**, der Organ der Börse ist und dessen personelle Zusammensetzung der der jeweiligen Zulassungsstelle für den Amtlichen Handel entspricht[147]. Auch hier kann der Zulassungsantrag nur zusammen mit einem **Kreditinstitut** oder einem Finanzdienstleistungsinstitut gestellt werden, das an einer inländischen Börse mit dem Recht zur Teilnahme am Handel zugelassen ist[148]. Dem Zulassungsantrag ist eine Reihe weiterer in der Börsenordnung genannter Unterlagen beizufügen (Satzung, aktueller Handelsregisterauszug, Gründungsberichte bei noch nicht länger als zwei Jahre in das Handelsregister eingetragenen Gesellschaften, Protokollauszüge über die der

---

[140] § 36 Abs. 2 BörsG.
[141] § 48 Abs. 1 BörsZulV.
[142] § 48 Abs. 2 BörsZulV.
[143] § 49 BörsZulV.
[144] Vgl. *Schwark* § 36 BörsG Rn 14; *Claussen* § 9 Rn 67.
[145] *Schanz* § 6 Rn 44 ff.; *Vollmer/Grupp* ZGR 1995, 459, 470. Siehe Rn 129 ff. und 136.
[146] § 36 Abs. 3 BörsG.
[147] § 71 Abs. 2 Satz 1 BörsG, § 56 FWB-BörsO; *Franke* in Assmann/Schütze § 2 Rn 31.
[148] § 71 BörsG, 57 Abs. 1 FWB-BörsO.

Emission zugrundeliegenden Beschlüsse, Erklärungen über Betriebsstörungen, Patente, Rechtsstreitigkeiten, soweit nicht im Unternehmensbericht enthalten, Jahresabschlüsse und Lageberichte der letzten drei Geschäftsjahre etc.)[149]. Im übrigen gelten für die Zulassungsvoraussetzungen und das Zulassungsverfahren die Vorschriften für die Zulassung für den Amtlichen Handel entsprechend[150].

Der Zulassungsantrag ist zu **veröffentlichen**. Im Gegensatz zum Amtlichen Handel genügt die Veröffentlichung in der Börsen-Zeitung und durch Aushang im Börsensaal[151]. **56**

c) Freiverkehr. Die Einbeziehung in den Freiverkehr erfolgt aufgrund eines an die DBAG zu richtenden Antrags[152]. Er ist von einem an der FWB zum Börsenhandel zugelassenen Unternehmen zu stellen[153]. Der Antrag muß die einzubeziehenden Wertpapiere genau bezeichnen und angeben, an welcher in- oder ausländischen Börse die Wertpapiere bereits notiert sind[154]. **57**

Ob für die Einbeziehung in den Freiverkehr die **Zustimmung des Emittenten** erforderlich ist, regeln die Freiverkehrsrichtlinien unterschiedlich. Nach der Freiverkehrsrichtlinie der FWB muß der Emittent von der DBAG über die beabsichtigte Einbeziehung zunächst lediglich **unterrichtet** werden[155]. Der Einbeziehung widersprechen können nur Unternehmen, die ihren Sitz weder in einem Mitgliedstaat der EU noch des EWR haben[156]. Unternehmen mit Sitz in Deutschland oder einem anderen Land der EU können die Einbeziehung in den Freiverkehr daher nicht verhindern. **58**

Der Antrag auf Einbeziehung in den Freiverkehr ist nicht notwendigerweise zu **veröffentlichen**. Die Entscheidung über die Einbeziehung in den Freiverkehr wird durch Aushang in der Börse und durch Veröffentlichung bekanntgegeben[157]. **59**

d) Neuer Markt. Die Zulassung der Aktien zum Neuen Markt setzt die vorherige Zulassung der Aktien zum Geregelten Markt voraus. Die gesondert erforderliche Zulassung zum Neuen Markt ist – anders als beim Geregelten Markt – keine Verwaltungsentscheidung, sondern folgt aus der **Einführung der Aktien** zum Neuen Markt[158], also der Aufnahme der ersten Notierung[159]. Der Antrag auf Zulassung zum Neuen Markt ist vom Emittenten gemeinsam mit einem **Kreditinstitut** oder Finanzierungsleistungsinstitut zu stellen, das an einer inländischen Börse zugelassen ist und ein Eigenkapital von mindestens 730 000 € aufweist[160]. **60**

---

[149] § 59 Abs. 3 FWB-BörsO.
[150] § 57 Abs. 3 FWB-BörsO.
[151] § 62 Abs. 5 FWB-BörsO.
[152] § 1 RiLiFV FWB.
[153] § 2 RiLiFV FWB.
[154] § 3 Abs. 1 RiLiFV FWB.
[155] § 4 Satz 1 RiLiFV FWB.
[156] § 4 Satz 2 RiLiFV FWB.
[157] § 7 RiLiFW FWB.
[158] Abschn. 2 Ziff. 1 RWNM, vgl. dazu auch *Potthoff/Stuhlfauth* WM 1997, Sonderbeil. Nr. 3, S. 3, 8.
[159] Siehe Rn 2.
[160] Abschn. 2 Ziff. 2.3 (1) RWNM. Aufgrund der privatrechtlichen Organisation des Neuen Marktes kommt es mit der Zulassungsentscheidung der DBAG zum Abschluß eines Zulassungsvertrags, *von Rosen* in Assmann/Schütze § 2 Rn 207.

Die Zulassung zum Geregelten Markt und die Aufnahme in den Neuen Markt können gleichzeitig beantragt werden[161]. In dem schriftlich zu stellenden Zulassungsantrag sind Firma und Sitz der Antragssteller sowie Art und Betrag der zuzulassenden Wertpapiere anzugeben[162]. Hinsichtlich der dem Antrag beizufügenden Unterlagen verweist das Regelwerk auf die Börsenordnung der FWB für die Zulassung zum Geregelten Markt[163]. Über die Zulassung zum Neuen Markt entscheidet der Vorstand der DBAG unbeschadet der Zuständigkeit des Zulassungsausschusses der FWB über die Zulassung der Aktien zum Geregelten Markt[164].

61   Bei Zulassung zum Neuen Markt ist der Antrag in mindestens einem überregionalen Pflichtblatt der FWB zu **veröffentlichen**[165].

62   Voraussetzung für die Stellung eines förmlichen Zulassungsantrags ist eine erfolgreiche **Präsentation** des Unternehmens bei der DBAG[166]. Die Gesellschaft muß iRd. sog. **Zielgruppenprüfung** verdeutlichen, daß sie ein innovatives und wachstumsstarkes Unternehmen ist. Auf diese Weise soll sichergestellt werden, daß nur tatsächlich geeignete Unternehmen die Zulassung zum Neuen Markt beantragen. Die Präsentation, die eine Stunde dauert und in deutscher oder englischer Sprache gehalten werden kann, findet idR **zwei bis drei Monate** vor dem Börsengang statt. Wird der IPO verschoben, muß die Präsentation wiederholt werden. Die Präsentationsunterlagen sind mit einem von der DBAG vorbereiteten Formular sieben Börsentage vor der Präsentation einzureichen. Die begleitende Konsortialbank muß der DBAG bestätigen, daß die iRd. Präsentation vorgestellten Planzahlen durch die Emissionsbank oder einen unabhängigen Dritten auf Plausibilität geprüft worden sind. Zwar sollte diese Bestätigung grundsätzlich bereits im Zeitpunkt der Präsentation eingereicht werden. Da die Ergebnisse der Prüfung durch die Plausibilitätsprüfer jedoch regelmäßig erst später vorliegen, läßt es die DBAG meist ausreichen, wenn die Bestätigung im Zeitpunkt der Antragstellung auf Billigung des vorläufigen Emissionsprospekts bei der DBAG eingereicht wird. Die Entscheidung der DBAG wird dem Unternehmen in eindeutigen Fällen im Anschluß an die Sitzung, in den anderen Fällen innerhalb einer Frist von einer Woche nach der Präsentation mitgeteilt.

63   e) **SMAX.** Die Teilnahme zum SMAX erfolgt aufgrund eines **privatrechtlichen Vertrags** zwischen dem Emittenten und der DBAG[167], der aufgrund der Bestätigung des Teilnahmeantrags des Emittenten durch die DBAG zustande-

---

[161] Abschn. 2 Ziff. 2.3 RWNM. Vgl. dazu auch *Rödl/Zinser* S. 58.
[162] Abschn. 2 Ziff. 2.2 (2) RWNM.
[163] Abschn. 2 Ziff. 2.2 (3) iVm. § 59 BörsO. Vgl. Rn 55.
[164] Abschn. 2 Ziff. 2.1.1 RWNM.
[165] Abschn. 2 Ziff. 2.4 RWNM.
[166] Die Unternehmenspräsentation findet im RWNM bislang keine Erwähnung. Aufgrund der privatrechtlichen Struktur des Neuen Marktes liegt die Zulassung grundsätzlich im Ermessen der DBAG, die damit auch ein solches Vorauswahlverfahren etablieren kann. Die DBAG hat ihre Partnerunternehmen mit Schreiben vom 1. 7. 1998 und 22. 12. 2000 über die Unternehmenspräsentation informiert. Vgl. dazu auch *Rödl/Zinser* S. 61; *Benz/Kiwitz* DStR 1999, 1162, 1166. Der Ausschuß setzt sich aus Vertretern eines vom Vorstand der DBAG eingesetzten Gremiums zusammen.
[167] Ziff. 1 (1) SMAX-TB.

kommt[168]. Die Zulassung und die Notierung im Amtlichen Handel oder im Geregelten Markt wird durch die Aufnahme in den SMAX nicht berührt.

2. Prospekt

a) Arten. aa) Zulassungsprospekt. Voraussetzung für die Zulassung zum Amtlichen Handel ist ein **Börsenzulassungsprospekt**, der alle Angaben erhält, um dem Publikum ein zutreffendes Urteil über den Emittenten und die Wertpapiere zu ermöglichen[169]. Die Zulassung der Aktien zum Geregelten Markt hängt ebenfalls von der Erstellung eines Prospekts ab, der als **Unternehmensbericht** bezeichnet wird. Die inhaltlichen Anforderungen sind im Vergleich zum Börsenzulassungsprospekt herabgesetzt[170]. Für die (privatrechtliche) Zulassung der Aktien zum Neuen Markt bedarf es der Erstellung eines **Emissionsprospekts**, der gleichzeitig Unternehmensbericht für die (öffentlich-rechtliche) Zulassung zum Geregelten Markt ist[171]. Kein Prospekterfordernis im engeren Sinn besteht für die Einbeziehung von Aktien in den Freiverkehr. In diesem Fall ist dem Antrag ein **Exposé** beizufügen, das eine zutreffende Beurteilung des Emittenten ermöglicht[172]. 64

bb) Verkaufsprospekt. Eines Verkaufsprospekts bedarf es immer dann, wenn Wertpapiere öffentlich angeboten werden, die noch nicht an einer inländischen Börse zugelassen sind[173]. Ein Verkaufsprospekt ist daher zum einen dann zu erstellen, wenn eine **Zulassung** zum Amtlichen Handel oder Geregelten Markt **nicht beantragt** wurde und nicht beantragt werden soll[174]. Dies ist etwa der Fall bei einer Selbstemission[175] oder der beabsichtigten Einbeziehung in den Freiverkehr. In letzterem Fall ist Anknüpfungspunkt für die Prospektpflicht nicht die Einbeziehung in den Freiverkehr[176], sondern das damit regelmäßig einhergehende öffentliche Angebot zum Kauf der Aktien. Die an den **Inhalt** des Verkaufsprospekts gestellten Anforderungen ergeben sich aus der Verkaufsprospektverordnung (VerkProspVO). 65

Ein Verkaufsprospekt ist aber auch dann zu erstellen, wenn – wie bei einem beabsichtigten „going public" – die **Börsenzulassung** zum Amtlichen Handel oder Geregelten Markt zwar bereits **beantragt**, aber noch nicht erfolgt ist. In diesem Fall tritt die Pflicht, einen Verkaufsprospekt zu veröffentlichen, neben die Pflicht, einen Börsenzulassungsprospekt bzw. Unternehmensbericht zu erstellen. Für den Inhalt des Antrags auf Zulassung zum amtlichen Handel sind die Vorschriften der BörsZulV maßgebend[177]. Für den Antrag auf Zulassung zum Geregelten Markt ergeben sich die inhaltlichen Anforderungen an den Unternehmensbericht aus 66

---

[168] Ziff. 1 (2), (3) SMAX-TB.
[169] §§ 36 Abs. 3 Nr. 2 BörsG; vgl. auch § 13 BörsZulV.
[170] Siehe Rn 86 ff.
[171] Abschn. 2 Ziff. 4 RWNM.
[172] § 3 Abs. 2 RiLiFV FWB.
[173] § 1 VerkProspG.
[174] § 7 VerkProspG.
[175] Zum Begriff siehe Rn 4.
[176] Diese genügt für sich genommen nicht, um ein öffentliches Angebot zu begründen, vgl. Bekanntmachung des BAWe vom 6. 9. 1999 zu § 1 VerkProspG.
[177] § 5 Abs. 1 VerkProspG.

der Verkaufsprospektverordnung[178]. Der Sache nach wird auf diese Weise die Pflicht zur Veröffentlichung des Prospekts auf einen Zeitpunkt vor dem Beginn des öffentlichen Angebots vorverlagert[179]. In der Praxis wird stets ein einheitlicher Prospekt erstellt, der gleichzeitig Verkaufsprospekt und Zulassungsprospekt ist[180]. Anders ist es idR bei der Bezugsrechtsemission nach § 186 Abs. 5 AktG, bei der die Zulassung der neuen Aktien meist vor Beginn der Angebotsfrist erfolgt. In diesem Fall bedarf es keines Verkaufsprospekts, sondern nur eines abgekürzten Zulassungsprospekts bzw. erweiterten Bezugsangebots.

67 Stehen einzelne Angebotsbedingungen im Zeitpunkt der Veröffentlichung noch nicht endgültig fest, kann zunächst ein **unvollständiger Verkaufsprospekt** veröffentlicht werden, sofern daraus hervorgeht, wie die noch fehlenden Angaben nachgetragen werden[181]. Die nachzutragenden Angaben sind spätestens am Tag des öffentlichen Angebots zu veröffentlichen[182]. Diese Regelung findet ihren Hauptanwendungsbereich bei Plazierungen im sog. **Bookbuilding-Verfahren**, bei dem der endgültige Verkaufspreis erst am Ende des Emissionsverfahrens festgelegt wird[183].

68 Prospektpflichtig ist der **Anbieter** der Aktien[184]. Der Anbieter ist nicht notwendigerweise identisch mit dem Emittenten. Werden die Aktien von einem Bankenkonsortium übernommen, ist als Anbieter anzusehen, wer den Anlegern erkennbar als Anbieter gegenübertritt[185].

69 **b) Inhalt. aa) Börsenzulassungsprospekt; Emissionsprospekt.** Zweck der Prospektpflicht ist die Herstellung einer umfassenden Marktpublizität, die der Aufrechterhaltung der Funktionsfähigkeit des Kapitalmarktes und dem Schutz der Anleger dient. Der Börsenzulassungsprospekt muß über die rechtlichen und tatsächlichen Verhältnisse der Gesellschaft, die für die Beurteilung der zuzulassenden Wertpapiere wesentlich sind, Auskunft geben und richtig, vollständig und verständlich sein, um dem Investor so ein zutreffendes Bild über den Emittenten und die Aktien zu ermöglichen[186]. Die inhaltlichen Vorgaben für den Börsenzulassungsprospekt und den Emissionsprospekt entsprechen einander in weiten Teilen. Danach müssen die Prospekte insbes. folgende **Angaben** enthalten:

70 (1) Die Namen der natürlichen oder juristischen Personen, die für den Inhalt des Prospekts die **Verantwortung** übernehmen, sowie

---

[178] § 5 Abs. 2 VerkProspG iVm. § 73 Abs. 1 Nr. 2 BörsG.
[179] *von Rosen* in Assmann/Schütze § 2 Rn 224.
[180] So ist der Prospekt für die Zulassung zum Neuen Markt zugleich Unternehmensbericht für die (öffentlich-rechtliche) Zulassung zum Geregelten Markt, Emissionsprospekt für die (privatrechtliche) Zulassung zum Neuen Markt und Verkaufsprospekt für das öffentliche Angebot bis zur Zulassung der Aktien, insbes. während der Bookbuilding-Phase.
[181] § 10 Satz 1 VerkProspG.
[182] § 10 Satz 2 VerkProspG.
[183] Zum Bookbuilding-Verfahren instruktiv *Groß*, Bookbuilding, ZHR 162 (1998) 318 ff.; *Hein*, Rechtliche Fragen des Bookbuilding nach deutschem Recht, WM 1996, 1 ff.; *Weiler* in Volk S. 263 ff.
[184] Vgl. § 1 VerkProspG.
[185] Etwa in Form von Zeitungsanzeigen, vgl. Bekanntmachung des BAWe vom 6. 9. 2000 zu § 1 VerkProspG.
[186] § 13 BörsZulV; Abschn. 2 Ziff. 4.1.1 RWNM.

(2) eine **Erklärung** dieser Personen, daß die Angaben im Prospekt richtig sind und keine wesentlichen Umstände ausgelassen sind[187];

(3) **allgemeine Informationen über die Aktien**[188], namentlich
- die Beschlüsse und Eintragungen in das Handelsregister, die die Grundlage für die Ausgabe der Aktien sind;
- die Art, Stückzahl sowie den Gesamtnennbetrag der emittierten Aktien[189];
- die Steuern auf die Einkünfte aus den Aktien;
- die Übertragbarkeit der Aktien und ggf. Einschränkung ihrer freien Handelbarkeit;
- die Börsen, bei denen ein Zulassungsantrag gestellt worden ist bzw. an denen die Aktien bereits gehandelt werden;
- die Zahl- und Hinterlegungsstellen;
- die einzelnen Teilbeträge bei einer Ausgabe oder Unterbringung der Emission in verschiedenen Staaten;
- die Einzelheiten der Zahlung des Zeichnungs- und Verkaufspreises, bei nicht voll eingezahlten Aktien die Leistung der Einlage;
- das Verfahren über die Ausübung von Bezugsrechten, ihre Handelbarkeit und die Behandlung nicht ausgeübter Bezugsrechte;
- die Zeichnungsstellen, die Zeichnungs- bzw. Verkaufsfrist; die Möglichkeit die Zeichnung vorzeitig zu schließen oder Zeichnungen zu kürzen;
- die Ausstattung ausgedruckter Stücke sowie deren Auslieferung;
- die Personen oder Gesellschaften, die die Emission übernehmen oder übernommen oder ihre Unterbringung garantiert haben[190];
- den Nettoerlös der Emission sowie dessen vorgesehenen Verwendungszweck;
- die Wertpapier-Kennummer;

(4) **besondere Informationen über die Aktien**[191], namentlich
- ob die Aktien bereits untergebracht sind oder ob sie durch die Börseneinführung untergebracht werden sollen;
- die Merkmale der Aktien, namentlich ihr Nennbetrag bzw. bei nennwertlosen Stückaktien, ihr rechnerischer Wert sowie ihre Gattung;
- die mit der Aktie verbundenen Rechte, insbes. Stimmrecht, Dividendenberechtigung sowie die Beteiligung am Liquidationserlös;
- den Beginn der Dividendenberechtigung und der Verfallsfrist für den Dividendenbezug;
- den Zeichnungs- oder Verkaufspreis bzw. die Einzelheiten und den Zeitplan seiner Festsetzung, das Emissionsagio;
- die Ausübung, Beschränkung oder der Ausschluß des Bezugsrechts;

---

[187] § 14 BörsZulV; Abschn. 2 Ziff. 4.1.2 RWNM.
[188] § 15 BörsZulV; Abschn. 2 Ziff. 4.1.3 RWNM.
[189] Abschn. 2 Ziff. 4.1.3 (1) Nr. 2 RWNM schreibt weitergehend die Darstellung der mit den Aktien verbundenen Rechte vor. Nach § 15 Abs. 1 Nr. 2 BörsZulV sind auch die Nummern der Wertpapiere zu bezeichnen.
[190] Nach Abschn. 2 Ziff. 4.1.3. (1) Nr. 13 RWNM sind zudem der Ausgabepreis der Aktien oder der Zeitplan für seine Festsetzung anzugeben.
[191] § 16 BörsZulV; Abschn. 2 Ziff. 4.1.5 RWNM.

- die Zahl der untergebrachten Aktien und ihr Anteil am Grundkapital, ggf. nach Gattungen getrennt;
- die (voraussichtlichen) Emissionskosten, aufgegliedert nach den Beteiligten;
- öffentliche Kauf- und Umtauschangebote von Dritten für Aktien des Emittenten bzw. Angebote des Emittenten für Aktien anderer Gesellschaften unter Angabe des Preises, der Bedingungen und der Ergebnisse des Angebots;
- die Stellen, bei denen die Unterlagen für das Publikum einzusehen sind, aus denen sich die Einzelheiten des Umstrukturierungsvorgangs (Verschmelzung, Spaltung, Einbringung, öffentliches Umtauschangebot) ergeben, aus dessen Anlaß die Aktien begeben worden sind[192];
- den Zeitpunkt der Aufnahme der Notierung[193];
- die Zahl, der (rechnerische) Nennbetrag und ggf. Ausgabepreis der emittierten Aktien;
- die Zahl und Merkmale der Aktien, die gleichzeitig mit der Ausgabe der zuzulassenden Aktien öffentlich oder nicht öffentlich gezeichnet werden;

74 (5) den **Emittenten**[194], namentlich
- die Firma, den Sitz der Gesellschaft und ggf. der Hauptverwaltung, die Zweigniederlassungen sowie das Geschäftsjahr;
- das Datum der Gründung und ggf. die Dauer der Gesellschaft;
- die maßgebliche Rechtsordnung und Rechtsform, den Gegenstand des Unternehmens, die Registerangaben, bei einer KGaA Angaben zur Struktur der persönlich haftenden Gesellschafterin[195];
- den Gegenstand des Unternehmens;
- das Registergericht und die Nummer, unter der der Emittent in das Register eingetragen ist;
- die Stellen, bei der die im Prospekt genannten Unterlagen einzusehen sind;
- die Struktur des Konzerns und die Stellung des Emittenten in ihm;

75 (6) das **Kapital** des Emittenten[196], namentlich
- die Höhe des gezeichneten Kapitals, die Zahl und Gattungen der Aktien sowie die Höhe der noch ausstehenden Einlagen;
- den Nennbetrag der umlaufenden Wertpapiere, die ein Umtausch- oder Bezugsrecht einzuräumen, sowie die zugrundeliegenden Bedingungen;
- die Zahl, den Buchwert und den (rechnerischen) Nennbetrag der vom Emittenten oder einer abhängigen Gesellschaft gehaltenen eigenen Aktien;
- die Höhe eines genehmigten oder bedingten Kapitals sowie die Ausübungsbedingungen;
- die Zahl und Hauptmerkmale von Aktien, die keinen Anteil am Kapital gewähren;

---

[192] Vgl. auch § 41 BörsZulV.
[193] Das RWNM stellt in Abschn. 2 Ziff. 4.1.5. Nr. 11 auf die Zulassung der Aktien ab.
[194] § 18 BörsZulV, Abschn. 2 Ziff. 4.1.5 RWNM.
[195] Vgl. dazu auch *Schlitt,* Die Satzung der Kommanditgesellschaft auf Aktien, 1999, S. 31 f.
[196] § 19 BörsZulV, Abschn. 2 Ziff. 4.1.6 RWNM.

- die von der gesetzlichen Regel abweichenden Bestimmungen über die Änderungen des gezeichneten Kapitals und die mit den Aktiengattungen verbundenen Rechte;
- die Veränderungen des gezeichneten Kapitals und der Zahl und Gattungen der Aktien in den letzten drei Jahren;
- dem Emittenten bekannte Aktionäre, die mit mindestens 5 % am Kapital oder den Stimmen beteiligt sind;
- die Personen oder Gesellschaften, die unmittelbar oder mittelbar einen beherrschenden Einfluß auf den Emittenten ausüben können, Poolvereinbarungen zwischen Aktionären;
- die Vereinbarung eines Veräußerungsverbots und eine hierfür gewährte Befreiung[197];

(7) die **Geschäftstätigkeit** des Emittenten[198], namentlich
- die wichtigsten Tätigkeitsbereiche unter Angabe der Erzeugnisse und Dienstleistungen;
- die Umsatzerlöse für die letzten drei Geschäftsjahre, nach Tätigkeitsbereichen sowie geographisch bestimmten Märkten aufgegliedert, soweit sich die Märkte erheblich voneinander unterscheiden;
- die Standorte und Bedeutung von Betrieben, die jeweils mehr als 10 % zu Umsatz, Gütern oder Dienstleistungen beitragen;
- den unbebauten oder bebauten Grundbesitz;
- die Abhängigkeit von Patenten, Lizenzen und Verträgen oder neuen Herstellungsverfahren;
- Gerichts- oder Schiedsverfahren, die einen erheblichen Einfluß auf die wirtschaftliche Lage haben können oder in den letzten zwei Geschäftsjahren gehabt haben;
- Investitionen in den letzten drei Geschäftsjahren, wichtigste laufende und beschlossene künftige Investitionen;
- die durchschnittliche Zahl der Arbeitnehmer und ihre Entwicklung in den letzten drei Geschäftsjahren;
- die Tätigkeit auf dem Gebiet Forschung und Entwicklung während der letzten drei Geschäftsjahre;
- etwaige Unterbrechungen der Geschäftstätigkeit der Gesellschaft, die einen erheblichen Einfluß auf die Finanzlage haben können oder in den letzten zwei Jahren gehabt haben;

(8) die **Vermögens-, Finanz- und Ertragslage** des Emittenten[199], namentlich
- die Bilanzen und Gewinn- und Verlustrechnungen des Emittenten für die letzten drei Geschäftsjahre in Form einer vergleichenden Darstellung für die letz-

---

[197] Diese Vorgabe besteht nur für die Zulassung zum Neuen Markt, vgl. Abschn. 2 Ziff. 4.1.6 Nr. 9 RWNM.
[198] § 20 BörsZulV; Abschn. 2 Ziff. 4.1.7 RWNM.
[199] § 21 BörsZulV; Abschn. 2 Ziff. 4.1.8 RWNM. Sofern der Emittent noch nicht drei Jahre als Aktiengesellschaft organisiert ist, sind bei einer Zulassung zum Neuen Markt die Angaben in Form einer pro-forma-Darstellung zu machen.

§ 23 78

ten drei Geschäftsjahre sowie den Anhang und den Lagebericht für das letzte Geschäftsjahr[200];
- ggf. die Konzernabschlüsse der letzten drei Geschäftsjahre in Form einer vergleichenden Darstellung für die letzten drei Geschäftsjahre sowie den Anhang und den Lagebericht für das letzte Geschäftsjahr [201];
- ggf. ein Zwischenabschluß[202];
- eine Aufstellung über die Herkunft und Verwendung der Mittel für die letzten drei Geschäftsjahre in Form einer Bewegungsbilanz unter dem Gesichtspunkt der Mittelherkunft und -verwendung oder in Form einer Finanzflußrechnung[203];
- das Ergebnis pro Aktie für die letzten drei Geschäftsjahre sowie die Dividende pro Aktie für die letzten drei Geschäftsjahre[204];
- bei Zulassung zum Neuen Markt die Erläuterung der wesentlichen Kennzahlen der letzten drei Geschäftsjahre (Management Discussion & Analysis, MD&A)[205];

78 (9) **Beteiligungsunternehmen**[206], an denen der Emittent unmittelbar oder mittelbar Anteile hält, deren Buchwert mindestens 10% des Eigenkapitals beträgt oder die mit mindestens 10% zum Jahresergebnis beitragen[207], insbes.

---

[200] Der Stichtag des letzten Jahresabschlusses darf höchstens 16 Monate vor der Aufstellung des Emissionsprospekts liegen, vgl. Abschn. 2 Ziff. 4.1.9 (1) RWNM. Bei der Zulassung zum Amtlichen Handel beträgt die Frist 18 Monate; vgl. § 22 Abs. 2 BörsZulV. Bei einer Zulassung zum Neuen Markt müssen die Abschlüsse zudem den IAS bzw. US-GAAP entsprechen; eine Überleitungsrechnung von HGB nach IAS bzw. US-GAAP wird nicht mehr anerkannt, vgl. auch Rn 117.
[201] Besteht eine Verpflichtung zur Aufstellung auch von Konzernabschlüssen, sind beide Arten in den Prospekt aufzunehmen. Ist der Emittent nur zur Aufstellung von Konzernabschlüssen verpflichtet, sind diese aufzunehmen; die Zulassungsstelle kann dem Emittenten gestatten, nur Abschlüsse der einen Art aufzunehmen, wenn die Abschlüsse der anderen Art keine wesentlichen zusätzlichen Angaben enthalten, § 22 Abs. 1 BörsZulV, Abschn. 2 Ziff. 4.1.9 (1) RWNM.
[202] Bei Zulassung zum Neuen Markt ist ein Zwischenabschluß aufzustellen, wenn der Stichtag des letzten in den Emissionsprospekt aufgenommenen Jahresabschlusses mehr als vier Monate zurückliegt. Der Zwischenabschluß darf nicht älter als drei Monate sein; vgl. Abschn. 2 Ziff. 4.1.9 (4) RWNM. Bei der Zulassung zum Amtlichen Handel besteht die Pflicht zur Aufstellung eines Zwischenabschlusses, wenn der Antrag auf Zulassung länger als 18 Monate zurückliegt, vgl. § 22 Abs. 2 BörsZulV.
[203] § 23 BörsZulV; Abschn. 2 Ziff. 4.1.12 RWNM; sofern der Emittent noch nicht drei Jahre als Aktiengesellschaft organisiert ist, sind bei einer Zulassung zum Neuen Markt die Angaben in Form einer pro-forma-Darstellung zu machen.
[204] Zuweilen werden auch das Kurs-Gewinn-Verhältnis (KGV) oder das DVFA-Ergebnis mit angegeben, was allerdings nicht zwingend erforderlich ist, *Ziegenhain/Helms* WM 1998, 1417, 1424; *Claussen* § 9 Rn 62. Den Angaben ist ggf. auch der Konzernabschluß zugrunde zu legen. Bei Kapitalmaßnahmen in den letzten drei Geschäftsjahren ist zur Herstellung der Vergleichbarkeit eine Bereinigung vorzunehmen; in diesem Fall sind auch die Bereinigungsformeln anzugeben.
[205] Abschn. 2 Ziff. 4.1.8 (2) RWNM.
[206] § 24 BörsZulV; Abschn. 2 Ziff. 4.1.11 RWNM. Falls der Emittent ein Konzernunternehmen ist, bezieht sich die Angabepflicht auch auf solche Beteiligungsgesellschaften, deren Buchwert mindestens 10 % des konsolidierten Eigenkapitals darstellt oder die mit mindestens zehn vom Hundert zum konsolidierten Jahresergebnis des Konzerns beitragen.
[207] Für Unternehmen, die diese Anforderungen nicht erfüllen, an denen der Emittent aber mit mindestens 10 % am gezeichneten Kapital beteiligt ist, sind die Firma, der Sitz sowie die Höhe des Kapitals anzugeben.

- die Firma, den Sitz und den Tätigkeitsbereich;
- die Höhe des gezeichneten Kapitals und, sofern das Unternehmen seine Jahresabschlüsse veröffentlicht, die Höhe der Rücklagen und des Jahresüberschusses/-fehlbetrags;
- die Höhe der Anteile am gezeichneten Kapital und hierauf noch einzuzahlender Betrag;
- die Höhe der Erträge des letzten Geschäftsjahrs;
- der Buchwert der vom Emittenten gehaltenen Anteile und die Höhe der Forderungen/Verbindlichkeiten des Emittenten gegenüber dem Beteiligungsunternehmen;

(10) **Geschäftsführungs- und Aufsichtsorgane**[208], insbes.
- den Namen und die Anschrift der Mitglieder der Geschäftsführungs- und Vertretungsorgane sowie ihre Stellung beim Emittenten, sowie wichtigste Tätigkeiten dieser Personen außerhalb des Emittenten;
- den Namen und die Anschrift der Gründer des Emittenten, sofern die Gesellschaft vor weniger als fünf Jahren gegründet worden ist;
- die für das letzte Geschäftsjahr von dem Emittenten und etwaigen Konzernunternehmen gewährten Gesamtbezüge, jeweils getrennt nach Organen;
- die Zahl der Aktien und Anzahl der Bezugsrechte auf Aktien, jeweils getrennt nach Organen[209];
- die Art und den Umfang der Beteiligung an Geschäften außerhalb der Geschäftstätigkeit des Emittenten oder an anderen ungewöhnlichen Geschäften des Emittenten während des laufenden oder vorangegangenen Geschäftsjahrs;
- die Gesamthöhe der noch nicht zurückgezahlten von dem Emittenten gewährten Darlehen sowie der von dem Emittenten übernommenen Sicherheiten;
- die Möglichkeit für die Beteiligung der Arbeitnehmer am Kapital des Emittenten;

(11) die **Geschäftsentwicklung** nach dem Schluß des Geschäftsjahrs, auf das sich der letzte veröffentliche Jahresabschluß bezieht, und die Geschäftsentwicklung für die Zukunft, mindestens aber für das laufende Geschäftsjahr[210];

(12) **Risikofaktoren**, die einen erheblichen negativen Einfluß auf die wirtschaftliche Lage und den Geschäftserfolg haben könnten[211];

(13) **die Prüfung der Jahresabschlüsse**[212], insbes.
- Name, Anschrift und Berufsbezeichnung der Abschlußprüfer der letzten drei Geschäftsjahre;
- Erklärung, daß die Jahresabschlüsse geprüft wurden;
- Bestätigungsvermerke einschließlich zusätzlicher Bemerkungen.

---

[208] § 28 BörsZulV; Abschn. 2 Ziff. 4.1.14 RWNM.
[209] Bei einer Zulassung zum Neuen Markt sind diese Angaben für jedes Organmitglied getrennt zu machen.
[210] § 29 BörsZulV; Abschn. 2 Ziff. 4.1.15 RWNM.
[211] Diese Vorgabe besteht ausdrücklich nur für die Zulassung zum Neuen Markt, vgl. Abschn. 2 Ziff. 4.1.16 RWNM. Entsprechende Abschnitte (Anlageempfehlungen etc.) finden sich aber auch in Prospekten bei Zulassung zum Amtlichen Handel.
[212] § 30 BörsZulV; Abschn. 2 Ziff. 4.1.18 RWNM.

83 Der Börsenzulassungsprospekt muß grundsätzlich in deutscher **Sprache** abgefaßt sein[213]. Für ausländische Emittenten kann die Zulassungsstelle zulassen, daß der Prospekt in einer anderen Sprache geschrieben wird, wenn diese im Inland im grenzüberschreitenden Verkehr nicht unüblich ist[214]. Die englische Sprache wird jedenfalls als üblich angesehen[215]. Der Emissionsprospekt für den Neuen Markt muß in deutscher und englischer Sprache abgefaßt sein[216]. Der Zulassungsausschuß kann ausländischen Emittenten gestatten, daß der Prospekt ausschließlich in englischer Sprache abgefaßt ist[217].

84 In bestimmten Fällen kann die Zulassungsstelle **Erleichterungen** hinsichtlich des Prospektinhalts genehmigen. Dies gilt insbes. für die Zulassung von Aktien, die auf Grund eines Bezugsrechts zugeteilt werden, wenn die alten Aktien bereits an dieser Börse notiert sind[218]. Ist die Zulassungsstelle der Auffassung, daß einzelne Angaben nur von geringer Bedeutung und nicht geeignet sind, die Beurteilung der Vermögens-, Finanz- und Ertragslage des Emittenten zu beeinflussen, ihre Verbreitung dem öffentlichen Interesse zuwiderläuft oder dem Emittenten erheblichen Schaden zufügt, kann sie gestatten, daß diese Angaben nicht in den Prospekt aufgenommen werden müssen[219]. Letzterer Befreiungstatbestand hat insbes. für Informationen über gewerbliche Schutzrechte Bedeutung, deren Veröffentlichung der Gesellschaft erhebliche Wettbewerbsnachteile zufügen würde[220].

85 In anderen Fällen kann die Zulassungsstelle von der Prospektpflicht ganz oder teilweise **befreien**[221]. Eine Befreiungsmöglichkeit besteht etwa für den Fall, daß die zuzulassenden Aktien bei einem öffentlichen Umtauschangebot, einer Verschmelzung, Spaltung, Übertragung von Unternehmen oder Unternehmensteilen oder als Gegenleistung für Sacheinlagen ausgegeben worden sind, der letzte Prospekt nicht älter als zwölf Monate ist und die seit dessen Erstellung eingetretenen wesentlichen Änderungen in einem Nachtrag veröffentlicht werden[222]. Eine Befreiungsmöglichkeit kommt ferner in Betracht, wenn die Zahl der Aktien, ihr geschätzter Kurswert oder (rechnerischer) Nennbetrag niedriger als 10% des entsprechenden Werts der Aktien derselben Gattung sind, die an derselben Börse gehandelt werden, und der Emittent die mit der Zulassung verbundenen Veröffentlichungspflichten erfüllt[223]. Hauptanwendungsfall ist die Ausgabe neuer Aktien aus genehmigtem Kapital im Rahmen eines Secondary Public Offering unter Einhaltung der Voraussetzungen für den **erleichterten Bezugsrechtsaus-**

---

[213] § 13 Abs. 1 Satz 2 BörsZulV.
[214] § 13 Abs. 1 Satz 3 BörsZulV.
[215] *von Rosen* in Assmann/Schütze § 2 Rn 191.
[216] Abschn. 2 Ziff. 4.1.1 Satz 3 RWNM.
[217] Abschn. 2 Ziff. 4.1.1 Satz 5 RWNM. Entscheidet sich der Emittent etwa aus Marketinggründen dazu, auch einen deutschen Prospekt zu veröffentlichen, ist die deutsche Fassung die für das Zulassungsverfahren bindende Fassung.
[218] § 33 BörsZulV. Nach Abschn. 2 Ziff. 5.2 lit. b) RWNM besteht insoweit die Möglichkeit, von der Pflicht, einen Prospekt zu erstellen, zu befreien.
[219] § 47 BörsZulV; Abschn. 2 Ziff. 5.3 RWNM.
[220] Vgl. auch *Claussen* § 9 Rn 63.
[221] § 45 BörsZulV; Abschn. 2 Ziff. 5.2 RWNM.
[222] § 45 Nr. 1 b) BörsZulV; Abschn. 2 Ziff. 5.2. Nr. 1 b) RWNM.
[223] § 45 Nr. 3 b) BörsZulV; Abschn. 2 Ziff. 5.2. Nr. 3 b) RWNM.

schluß[224]. In diesem Fall bedarf es nur der Veröffentlichung einer kurzen Bekanntmachung[225].

bb) Unternehmensbericht; Verkaufsprospekt. Die Anforderungen an den Inhalt des Unternehmensberichts für die Aufnahme in den **Geregelten Markt** sind im Vergleich zum Börsenzulassungsprospekt für die Zulassung zum Amtlichen Handel herabgesetzt. So muß etwa der Unternehmensbericht nur den letzten Jahresabschluß enthalten, während in den Börsenzulassungsprospekt die Jahresabschlüsse der letzten drei Jahre aufgenommen werden müssen. Der Unternehmensbericht muß mindestens die Angaben enthalten, die nach der Verkaufsprospektverordnung erforderlich sind[226]. Danach sind **Angaben** insbes. zu machen über: 86

(1) Namen der natürlichen oder juristischen Personen, die für den Inhalt des Prospekts die **Verantwortung** übernehmen, sowie 87

(2) eine **Erklärung** dieser Personen, daß die Angaben im Prospekt richtig sind und keine wesentlichen Umstände ausgelassen sind[227]; 88

(3) die **Wertpapiere**[228], insbes. 89
– die Art, die Stückzahl sowie den Gesamtnennbetrag der angebotenen Aktien;
– die Steuern auf die Einkünfte aus den Aktien;
– die Übertragbarkeit der Aktien und ggf. die Einschränkung ihrer freien Handelbarkeit;
– die Börsen, an denen die Aktien gehandelt werden sollen;
– die Zahl- und Hinterlegungsstellen;
– die Einzelheiten der Zahlung des Zeichnungs- und Verkaufspreises;
– das Verfahren über die Ausübung von Bezugsrechten, ihre Handelbarkeit und die Behandlung nicht ausgeübter Bezugsrechte;
– die Zeichnungsstellen, die Zeichnungs- bzw. Verkaufsfrist; die Möglichkeit die Zeichnung vorzeitig zu schließen oder Zeichnungen zu kürzen;
– die einzelnen Teilbeträge, falls das Angebot gleichzeitig in verschiedenen Staaten mit bestimmten Teilbeträgen erfolgt;
– die Ausstattung ausgedruckter Stücke sowie deren Auslieferung;
– die Personen oder Gesellschaften, die die Emission übernehmen oder übernommen oder ihre Unterbringung garantiert haben;
– den Ausgabepreis für die Wertpapiere oder den Zeitplan seiner Festsetzung;

(4) den **Emittenten**[229], namentlich 90
– seine Firma und Sitz;
– das Datum der Gründung und ggf. die Dauer der Gesellschaft;
– die Rechtsform und maßgebliche Rechtsordnung;
– den Gegenstand des Unternehmens;

---

[224] § 186 Abs. 3 Satz 4 AktG.
[225] Vgl. *Bosch/Groß* Rn 10/313.
[226] § 73 Abs. 1 Nr. 2 BörsG; § 59 Abs. 2 FWB-BörsO.
[227] § 3 VerkProspVO.
[228] § 4 VerkProspVO.
[229] § 5 VerkProspVO.

- das Registergericht und die Nummer, unter der der Emittent in das Register eingetragen ist;
- falls der Emittent ein Konzernunternehmen ist, den Konzern und die Stellung des Emittenten;

91 (5) das **Kapital** des Emittenten[230], namentlich
- die Höhe des gezeichneten Kapitals, die Zahl und Gattungen der Aktien sowie die Höhe der noch ausstehenden Einlagen;
- den Nennbetrag der umlaufenden Wertpapiere, die ein Umtausch- oder Bezugsrecht einzuräumen, sowie die zugrundeliegenden Bedingungen;
- die Höhe eines genehmigten oder bedingten Kapitals sowie die Ausübungsbedingungen;
- die Zahl und die Hauptmerkmale von Aktien, die keinen Anteil am Kapital gewähren;
- dem Emittenten bekannte Aktionäre, die unmittelbar oder mittelbar einen beherrschenden Einfluß auf den Emittenten ausüben können, Poolvereinbarungen zwischen Aktionären;

92 (6) die **Geschäftstätigkeit** des Emittenten[231], namentlich
- die wichtigsten Tätigkeitsbereiche;
- die Abhängigkeit von Patenten, Lizenzen und Verträgen oder neuen Herstellungsverfahren;
- Gerichts- oder Schiedsverfahren, die einen erheblichen Einfluß auf die wirtschaftliche Lage haben können oder in den letzten zwei Geschäftsjahren gehabt haben;
- die wichtigsten laufenden Investitionen mit Ausnahme der Finanzanlagen;
- die Investitionen in den letzten drei Geschäftsjahren, wichtigste laufende und beschlossene künftige Investitionen;
- die Beeinflussung der Tätigkeit durch außergewöhnliche Ereignisse;

93 (7) die **Vermögens-, Finanz- und Ertragslage** des Emittenten[232], namentlich
- den letzten offengelegten Jahresabschluß[233];
- eine zwischenzeitlich veröffentlichte Zwischenübersicht;
- jede wesentliche Änderung seit dem Stichtag des letzten Jahresabschlusses oder der Zwischenübersicht;

94 (8) die **Prüfung der Jahresabschlüsse**[234], insbes.
- den Namen, die Anschrift und die Berufsbezeichnung der Abschlußprüfer der letzten drei Geschäftsjahre; aufzunehmen sind des weiteren
- die Erklärung, daß die Jahresabschlüsse geprüft wurden;
- die Bestätigungsvermerke einschließlich zusätzlicher Bemerkungen;

---

[230] § 6 VerkProspVO.
[231] § 7 VerkProspVO.
[232] § 8 VerkProspVO.
[233] Der Stichtag darf höchstens 18 Monate vor der Aufstellung des Jahresabschlusses liegen. Ist der Emittent auch zur Aufstellung von Konzernabschlüssen verpflichtet, ist dieser ebenfalls aufzunehmen.
[234] § 9 VerkProspVO.

(9) die **Geschäftsführungs- und Aufsichtsorgane**[235], insbes. 95
- den Namen und die Anschrift der Mitglieder der Geschäftsführungs- und Vertretungsorgane sowie ihre Stellung beim Emittenten;
- die für das letzte Geschäftsjahr von dem Emittenten und etwaigen Konzernunternehmen gewährten Gesamtbezüge, jeweils getrennt nach Organen;

(10) die **Geschäftsentwicklung** nach dem Schluß des Geschäftsjahres, auf das 96
sich der letzte veröffentlichte Jahresabschluß bezieht, und die Geschäftsaussichten mindestens für das laufende Geschäftsjahr[236].

In bestimmten Fällen muß ein Verkaufsprospekt nicht veröffentlicht werden[237]. 97
Eine **Befreiung** von der Prospektpflicht besteht etwa, wenn
- die Aktien den Arbeitnehmern der Gesellschaft oder eines verbundenen Unternehmens angeboten werden;
- die Aktien nur in Stückelungen von mindestens 40 000 € oder nur zu einem Kaufpreis von 40 000 € erworben werden können oder der Verkaufspreis für alle Aktien 40 000 € nicht übersteigt;
- die Aktien Teil einer Emission sind, für die bereits im Inland ein Verkaufsprospekt veröffentlicht worden ist;
- für die Aktien ein Antrag auf Zulassung zum Amtlichen Handel an einer inländischen Börse gestellt wurde und die Zahl der angebotenen Aktien, ihr geschätzter Kurswert oder (rechnerischer) Nennwert niedriger ist als 10% des entsprechenden Werts der Gattung der an derselben Börse amtlich notierten Aktien und der Emittent die mit der Zulassung verbundenen Veröffentlichungspflichten erfüllt[238];
- für die Aktien kein Antrag auf Zulassung zum Amtlichen Handel an einer inländischen Börse gestellt wurde und die Zahl der angebotenen Aktien, ihr geschätzter Kurswert oder (rechnerischer) Nennwert niedriger ist als 10% des entsprechenden Werts der Gattung der an einer inländischen Börse notierten Aktien und die Anleger sich aus aktuellen Informationsquellen unterrichten können, die einem Verkaufsprospekt vergleichbar sind[239];
- es sich um Aktien handelt, die den Aktionären aus einer Kapitalerhöhung aus Gesellschaftsmitteln zugeteilt werden;
- die Aktien nach der Ausübung von Umtausch- oder Bezugsrechten aus anderen Wertpapieren ausgegeben werden;
- Aktien bei einer Verschmelzung von Unternehmen ausgegeben werden.

c) Billigung und Veröffentlichung des Prospekts. aa) Billigung. Der 98
Prospekt für die Zulassung zum Amtlichen Handel, zum Geregelten Markt und zum Neuen Markt darf erst veröffentlicht werden, wenn die Zulassungsstelle bzw.

---

[235] § 10 VerkProspVO.
[236] § 11 VerkProspVO.
[237] §§ 2 bis 4 VerkProspG.
[238] § 4 Abs. 1 Nr. 2 VerkProspG. Der Hauptanwendungsfall dieses Befreiungstatbestands sind bezugsrechtsfreie Aktienemissionen nach Maßgabe von § 186 Abs. 3 Satz 4 AktG; dazu *Groß* Kapitalmarktrecht § 4 VerkProspG Rn 6. In diesem Fall bedarf es auch nach § 45 Nr. 3 lit. b) BörsZulV keiner Erstellung eines Börsenzulassungsprospekts, siehe Rn 85.
[239] § 4 Abs. 1 Nr. 3 VerkProspG; vgl. *Hamann* in Schäfer § 4 VerkProspG Rn 11.

§ 23 99–102　　　　　　　　　　　　　　　　　　　　　Gang an die Börse

der Zulassungsausschuß die Billigung erteilt hat[240]. Über die Billigung ist innerhalb von 15 Börsentagen nach Eingang des Prospekts zu entscheiden[241]. In der Praxis geht dem eigentlichen Zulassungsverfahren in vielen Fällen ein **Vorverfahren** voraus, im Rahmen dessen der Prospektentwurf durch den zuständigen Referenten geprüft wird[242]. Das Vorverfahren endet mit dem Büroreport.

99 Auch der Verkaufsprospekt darf erst veröffentlicht werden, wenn er zuvor von der Zulassungsstelle gebilligt wurde[243]. Auch hier gilt eine Frist von 15 Börsentagen[244].

100 bb) **Veröffentlichung.** Veröffentlicht wird der **Börsenzulassungsprospekt** durch Abdruck in den Börsenpflichtblättern, in denen der Zulassungsantrag veröffentlicht ist, oder im Wege der Schalterpublizität durch Bereithalten zur kostenlosen Ausgabe bei den im Prospekt benannten Zahlstellen und bei der Zulassungsstelle[245]. Außerdem bedarf es einer Hinweisbekanntmachung im Bundesanzeiger[246]. Der **Unternehmensbericht** bei Zulassung zum Geregelten Markt und der **Emissionsprospekt** für die Zulassung zum Neuen Markt sind in mindestens einem überregionalen Pflichtblatt zu veröffentlichen[247]. Die Schalterpublizität ist ausreichend, wenn hierauf in einem überregionalen Börsenpflichtblatt hingewiesen wird. Der Prospekt muß mindestens einen Werktag vor Einführung der Wertpapiere veröffentlicht werden[248].

101 Der **Verkaufsprospekt** ist mindestens einen Werktag vor dem öffentlichen Angebot zu veröffentlichen[249]. Der Tag der Prospektveröffentlichung soll dabei nicht mitzuzählen sein[250]. Bei Veröffentlichung zB am Mittwoch darf das Bookbuilding-Verfahren danach frühestens am Freitag beginnen. Die Veröffentlichung erfolgt ebenfalls im Wege der Zeitungs- und Schalterpublizität[251]. Eine Hinterlegung des Prospekts beim Bundesaufsichtsamt für den Wertpapierhandel (BAWe) ist nicht erforderlich, wenn die Zulassung zum Amtlichen Handel oder Geregelten Markt beantragt ist[252].

102 d) **Nachtrag.** Veränderungen bei Umständen, die für die Beurteilung des Emittenten oder der einzuführenden Aktien von wesentlicher Bedeutung sind, sind in einem Nachtrag zum **Börsenzulassungsprospekt** zu veröffentlichen[253].

---

[240] § 36 Abs. 3 a Satz 1 und 2 BörsG, § 43 Abs. 2 BörsZulV, § 57 Abs. 3 FWB-BörsO; Abschn. 2 Ziff. 6.3 (2) RWNM.
[241] § 36 Abs. 3 a Satz 2 BörsG.
[242] *Groß* Finanz Betrieb 1999, 32 ff.; *Gericke,* Handbuch für die Börsenzulassung von Wertpapieren, 1992, S. 146.
[243] § 6 Abs. 1 Satz 1 VerkProspG.
[244] § 6 Abs. 1 Satz 3 VerkProspG
[245] § 36 Abs. 4 Satz 1 BörsG.
[246] § 36 Abs. 4 Satz 2 BörsG.
[247] § 62 Abs. 2 FWB-BörsO; Abschn. 2 Ziff. 6.4 (1) RWNM.
[248] § 43 Abs. 1 BörsZulV; Abschn. 2 Ziff. 6.3 (1) RWNM.
[249] § 9 Abs. 1 VerkProspG.
[250] Bekanntmachung des BAWe vom 6. 9. 1999 zu § 9 VerkProspG; vgl. auch *Bosch/Groß* Rn 10/121b.
[251] § 9 Abs. 2, 3 VerkProspG.
[252] § 8 VerkProspG.
[253] § 52 Abs. 2 Satz 1 BörsZulV.

Allerdings gilt die Nachtragspflicht nicht unbegrenzt. Sie endet mit der **Einführung** der Wertpapiere, d. h. der Aufnahme der amtlichen Notierung der zugelassenen Wertpapiere an der Börse[254]. In einen Nachtrag aufzunehmen sind auch solche wesentlichen Umstände, die im Prospekt zunächst unrichtig oder unvollständig dargestellt wurden[255]. Der Nachtrag ist wie ein Börsenzulassungsprospekt zu behandeln[256]. Entsprechendes gilt für den Emissionsprospekt für die Zulassung zum Neuen Markt[257].

Eine Nachtragspflicht besteht auch bei der Veröffentlichung eines **Verkaufsprospekts**. Wesentliche, während der Dauer des öffentlichen Angebots eingetretene Veränderungen sind unverzüglich in einem Nachtrag zum Verkaufsprospekt zu veröffentlichen[258]. Das öffentliche Angebot endet mit Plazierung einer Anzahl von Aktien, die der Gesamtzahl der Emission entspricht[259]. Es endet spätestens mit der im Verkaufsangebot vorgesehenen Verkaufs- bzw. Zeichnungsfrist oder, wenn darin eine solche Regelung nicht enthalten ist, mit dem Ende der Erwerbsmöglichkeit[260].

e) **Verantwortlichkeit; Haftung.** Verantwortlich für die Erstellung des Prospekts ist in erster Linie die emittierende Gesellschaft. Eine Verantwortung trifft aber auch die Konsortialbanken, die den Zulassungsantrag gemeinsam mit der Gesellschaft stellen. Sind die Angaben im Prospekt **unrichtig** oder **unvollständig**, sind Emittent und die Konsortialbank gesamtschuldnerisch verpflichtet, die Aktien gegen Erstattung des Erwerbspreises zu übernehmen bzw., wenn der Erwerber nicht mehr Inhaber der Aktien ist, die Differenz zwischen dem Erwerbs- und dem Veräußerungspreis zu erstatten, sofern das Erwerbsgeschäft nach Veröffentlichung des Prospekts und innerhalb von sechs Monaten nach erstmaliger Einführung der Wertpapiere abgeschlossen wurde[261].

3. Zulassung der Aktien

Die Zulassung zum **Amtlichen Handel** und **Geregelten Markt** darf nicht vor Ablauf von drei Werktagen ab der ersten Veröffentlichung des Zulassungsantrags erfolgen[262]. Die Zulassung zum Amtlichen Handel ist in die Veröffentlichung des Prospekts aufzunehmen[263]. Lehnt die Zulassungsstelle die Zulassung ab, ist der ablehnende Beschluß mit Gründen zu versehen und den anderen Zu-

---

[254] *Groß* Kapitalmarktrecht §§ 48–52 BörsZulV Rn 13.
[255] *Groß* Kapitalmarktrecht §§ 48–52 BörsZulV Rn 13.
[256] § 52 Abs. 2 Satz 2 BörsZulV.
[257] Abschn. 2 Ziff. 6.4. RWNM.
[258] § 11 Satz 1 VerkProspG.
[259] Bekanntmachung des BAWe vom 6. 9. 1999 zu § 11 VerkProspG.
[260] *Groß* Kapitalmarktrecht § 11 VerkProspG Rn 7.
[261] §§ 45 ff., 77 BörsG; Abschn. 2 Ziff. 4 RWNM. Zur börsengesetzlichen Prospekthaftung eingehend *Kort,* Neuere Entwicklungen im Recht der Börsenprospekthaftung (§§ 45 ff. BörsG) und der Unternehmensberichterstattung (§ 77 BörsG), AG 1999, 9 ff.; *Groß,* Die börsengesetzliche Prospekthaftung, AG 1999, 199 ff.; *Grundmann/Selbherr,* Börsenprospekthaftung in der Reform, WM 1996, 985 ff.
[262] § 50 BörsZulV; § 57 Abs. 3 BörsO.
[263] § 51 BörsZulV.

lassungsstellen mitzuteilen[264]. Hierdurch wird eine Bindungswirkung für alle Zulassungsstellen hergestellt. Der Beschluß ist ein Verwaltungsakt. Wird die Zulassung versagt, kann der Beschluß nach allgemeinen verwaltungsrechtlichen Grundsätzen angefochten werden.

VI. Zeitplan für Zulassung am Neuen Markt (Beispiel)

106

Maßnahme	Tag
Präsentation vor dem Zulassungsausschuß	11. 9. 2000
Entscheidung des Zulassungsausschusses Neuer Markt	18. 9. 2000
Einleitung des Billigungsverfahrens	19. 10. 2000
Vorlage des Büroberichts der Zulassungsstelle	3. 11. 2000
Stellung des Zulassungsantrags zum Geregelten Markt[265]	7. 11. 2000
Billigung des Prospekts[266]	9. 11. 2000
Antrag auf Notierungsaufnahme (Zulassung zum Neuen Markt)[267]	10. 11. 2000
Hinweisbekanntmachung auf das Vorliegen des unvollständigen Verkaufsprospekts[268]; Veröffentlichung des Zulassungsantrags[269]	11. 11. 2000
Veröffentlichung des Verkaufsangebots[270]; Beginn des Bookbuilding	14. 11. 2000
Zeichnung der Aktien durch die Konsortialbank	17. 11. 2000 (morgens)

---

[264] § 39 Abs. 1, 2 BörsG.
[265] Der Zulassungsantrag ist vor dem Beginn des öffentlichen Angebots zu stellen, um zur Anwendbarkeit der §§ 55 ff. VerkProspG zu gelangen und die Hinterlegung des Verkaufsprospekts beim BAWe zu vermeiden.
[266] Die Veröffentlichung des Prospekts darf erst nach Billigung erfolgen, Abschn. 2 Ziff. 6.3. (2) Satz 1 RWNM, § 36 Abs. 3 a Satz 1 BörsG, § 6 Abs. 1 Satz 1 VerkProspG. Über die Billigung des Prospekts ist innerhalb von 15 Börsentagen nach Eingang des Prospekts zu entscheiden, § 6 Abs. 1 Satz 3 VerkProspG, § 36 Abs. 3 a Satz 2 BörsG.
[267] Der Antrag auf Zulassung zum Geregelten Markt und zum Neuen Markt kann auch gemeinsam gestellt werden, vgl. Abschn. 2 Ziff. 2.3 (2) RWNM.
[268] §§ 9, 10 VerkProspG. Der Verkaufsprospekt muß mindestens einen Werktag vor dem öffentlichen Angebot veröffentlicht werden.
[269] Der Zulassungsantrag wird von der Börse im Bundesanzeiger und in dem im Antrag angegebenen Börsenpflichtblatt sowie durch Börsenbekanntmachung veröffentlicht, § 51 BörsZulV.
[270] Die im unvollständigen Verkaufsprospekt noch nicht enthaltenen Angebotsbedingungen sind spätestens am Tag des öffentlichen Angebots zu veröffentlichen, § 10 Satz 2 VerkProspG. Der unvollständige Verkaufsprospekt bildet gemeinsam mit den Nachträgen den vollständigen Verkaufsprospekt, vgl. *Hamann* in Schäfer § 10 VerkProspG Rn 1.

Maßnahme	Tag
Anmeldung der Durchführung der Kapitalerhöhung und Eintragung in das Handelsregister	17. 11. 2000
Zulassungsbeschluß der Zulassungsstelle[271]	17. 11. 2000 (mittags)
Ende Bookbuilding	17. 11. 2000 (nachmittags)
Festlegung des Emissionspreises; Zuteilung der Aktien; Erstellung des vollständigen Verkaufs-/Emissionsprospekts	17. 11. 2000 (abends)
Hinweisbekanntmachung auf das Vorliegen des vollständigen Verkaufs-/Emissionsprospekts[272]; Veröffentlichung des Zulassungsbeschlusses	18. 11. 2000
Veröffentlichung des Emissionspreises; Notierungsaufnahme[273]	20. 11. 2000
Ausübung Greenshoe	20. 12. 2000

VII. Folgepflichten

1. Amtlicher Handel

a) **Jahresabschluß; Zwischenberichte.** Zwar muß die Rechnungslegung des Emittenten derzeit nicht den US-amerikanischen **Generally Accepted Accounting Principles** (US-GAAP) oder **International Accounting Standards** (IAS) entsprechen[274], doch gehen die Publizitätspflichten über die handelsrechtlichen Aufstellungs- und Veröffentlichungspflichten hinaus. So sind der **Jahresabschluß** und der Lagebericht sowie ein etwa aufgestellter Konzernabschluß unverzüglich nach der Feststellung dem Publikum bei den **Zahlstellen** zur Verfügung zu stellen, sofern die Unterlagen nicht bereits im Inland veröffentlicht

---

[271] Die Zulassung der Aktien darf nicht vor Ablauf von drei Werktagen seit der ersten Veröffentlichung des Zulassungsantrags zum Geregelten Markt erfolgen, Abschn. 2 Ziff. 6.1 RWNM, § 50 BörsZulV.
[272] Die Zulassung der Aktien zum Geregelten Markt ist in die Veröffentlichung des Emissionsprospekts mit aufzunehmen, Abschn. 2 Ziff. 6.2 Satz 1 RWNM, § 51 BörsZulV.
[273] Die Einführung der Aktien (Notierungsaufnahme) darf frühestens an dem auf die erste Veröffentlichung des Prospekts folgenden Werktag erfolgen, vgl. § 52 BörsZulV. Dem entspricht es, wenn der Emissionsprospekt mindestens einen Werktag vor der Zulassung der Aktien zum Neuen Markt (die gleichzeitig mit der Notierungsaufnahme erfolgt) veröffentlicht werden muß, Abschn. 2 Ziff. 6.3 (1) Satz 1 RWNM.
[274] Anderes gilt freilich für Teilnehmer des SMAX; siehe dazu Rn 123 f.

worden sind²⁷⁵. Gemeint ist damit eine Veröffentlichung nach Maßgabe der handelsrechtlichen Publizitätsvorschriften²⁷⁶.

108 Emittenten zum Amtlichen Handel zugelassener Aktien sind verpflichtet, innerhalb des Geschäftsjahrs regelmäßig mindestens einen **Zwischenbericht** zu veröffentlichen, der anhand seiner Zahlenangaben und Erläuterungen ein den tatsächlichen Verhältnissen entsprechendes Bild der Finanzlage und des allgemeinen Geschäftsgangs des Emittenten im Berichtszeitraum vermittelt²⁷⁷. Auf diese Weise soll den Anlegern eine Beurteilung ermöglicht werden, wie sich die Geschäftstätigkeit des Emittenten in den ersten sechs Monaten des Geschäftsjahrs entwickelt hat²⁷⁸. Der Zwischenbericht muß insbes. **Zahlenangaben** über die Umsatzerlöse und das Ergebnis vor und nach Steuern unter Einschluß der Vergleichszahlen für den entsprechenden Zeitraum des Vorjahrs enthalten²⁷⁹. Die Zahlenangaben sind durch **Erläuterungen** zu ergänzen²⁸⁰. Des weiteren sind Ausführungen zur Auftragslage, der Entwicklung der Kosten und Preise, der Zahl der Arbeitnehmer, zu den Investitionen und sonstigen Vorgängen von besonderer Bedeutung und den Aussichten für den weiteren Geschäftsgang zu machen. Veröffentlicht der Emittent einen Konzernabschluß, besteht ein Wahlrecht, den Zwischenbericht für die Einzelgesellschaft oder für den Konzern aufzustellen²⁸¹.

109 Der Zwischenbericht ist innerhalb von **zwei Monaten** nach dem Ende des Berichtszeitraums im Wege der Zeitungs- oder Schalterpublizität zu veröffentlichen²⁸². Wird der Zwischenbericht nicht im Bundesanzeiger veröffentlicht, muß dort durch eine Hinweisbekanntmachung veröffentlicht werden, wo er veröffentlicht und zu erhalten ist. Darüber hinaus besteht die Verpflichtung, den Zwischenbericht spätestens mit seiner ersten Veröffentlichung der Zulassungsstelle zu übermitteln²⁸³.

110 **b) Ad hoc-Publizität; Mitteilungspflichten.** Emittenten von im Amtlichen Handel gehandelten Aktien unterliegen der **Ad hoc-Publizität** nach dem Wertpapierhandelsgesetz (WpHG). Sie müssen unverzüglich alle neuen Tatsachen veröffentlichen, die nicht öffentlich bekannt sind, aber bei Bekanntwerden geeignet sind, den Börsenpreis erheblich zu beeinflussen²⁸⁴. Des weiteren gelten die **Mitteilungspflichten** über Veränderung des Stimmrechtsanteils nach dem Wertpapierhandelsgesetz (WpHG)²⁸⁵.

111 **c) Weitere Pflichten.** Darüber hinaus besteht für Emittenten, deren Aktien zum Amtlichen Handel zugelassen sind, die Pflicht, die Einberufung der **Haupt-**

---

[275] §§ 65 Abs. 1, 2 BörsZulV.
[276] Vgl. §§ 325 ff. HGB, siehe auch *Hamann* in Schäfer § 44 BörsG Rn 35.
[277] § 44b Abs. 1 BörsG.
[278] § 53 BörsZulV.
[279] § 54 BörsZulV.
[280] § 55 BörsZulV.
[281] § 56 BörsZulV.
[282] § 61 BörsZulV.
[283] § 62 BörsZulV.
[284] § 15 WpHG.
[285] §§ 21 ff. WpHG.

versammlung sowie Mitteilungen über die Ausschüttung und Auszahlung von **Dividenden**, die Ausgabe neuer Aktien und die Ausübung von Umtausch-, Bezugs- und Zeichnungsrechten zu veröffentlichen[286]. Die Mitteilungspflicht erstreckt sich auch auf beabsichtigte Änderungen der Satzung[287]. Da Satzungsänderungen jedoch auch in der Hauptversammlungseinladung bekanntgemacht werden[288], erweist sich insoweit eine gesonderte Mitteilung an die Zulassungsstelle als entbehrlich[289].

Veröffentlichungen, in denen die Zulassung zur amtlichen Notierung angekündigt und auf die wesentlichen Merkmale der Wertpapiere hingewiesen wird, müssen einen Hinweis auf den Prospekt und dessen Veröffentlichung enthalten[290].

2. Geregelter Markt

a) **Jahresabschluß; Zwischenberichte.** Für Emittenten von zum Geregelten Markt zugelassenen Wertpapieren sehen die Börsenordnungen überwiegend entsprechende Regelungen über die Zwischenberichterstattung wie für den Amtlichen Handel vor. So muß der Emittent bei Zulassung an der FWB einen **Zwischenbericht** für die ersten sechs Monate eines Geschäftsjahrs veröffentlichen, der ein den tatsächlichen Verhältnissen entsprechendes Bild der Finanzlage und des allgemeinen Geschäftsgangs ermöglicht[291]. Für den Inhalt gelten die Regelungen für den Amtlichen Handel entsprechend[292]. Er hat also Angaben und Erläuterungen zu Umsatz, Ertrag und weiteren Geschäftsaussichten zu enthalten. Für die Veröffentlichung, die innerhalb von zwei Monaten nach dem Ende des Berichtszeitraums zu erfolgen hat, genügt das Bereithalten bei den Zahlstellen und eine Hinweisbekanntmachung in einem überregionalen Pflichtblatt[293].

b) **Ad hoc-Publizität; Mitteilungspflichten.** Emittenten von im Geregelten Markt gehandelten Aktien unterliegen ebenfalls der **Ad hoc-Publizität** nach dem Wertpapierhandelsgesetz[294]. Es gilt entsprechendes wie für den Amtlichen Markt. Hingegen gelten die **Mitteilungspflichten** des WpHG bei einer Veränderung des Beteiligungsbesitzes nicht[295]. Es verbleibt insoweit bei den aktienrechtlichen Mitteilungspflichten[296]. Allerdings sieht der RefE des voraussichtlich am 1.1.2002 in Kraft tretenden Wertpapiererwerbs- und Übernahmegesetzes eine Ausweitung der Mitteilungspflichten nach dem WpHG auf den Geregelten Markt vor.

---

[286] § 63 Abs. 1 BörsZulV.
[287] § 64 Abs. 1 BörsZulV.
[288] Vgl. § 124 Abs. 2 Satz 2 AktG.
[289] *Groß* Kapitalmarktrecht §§ 53–70 BörsZulV Rn 11.
[290] § 68 BörsZulV.
[291] § 61 Abs. 1 FWB-BörsO.
[292] § 61 Abs. 3 FWB-BörsO.
[293] § 61 Abs. 2 FWB-BörsO.
[294] *Assmann/Schneider* § 2 WpHG Rn 96.
[295] Unzutreffend *Schanz* §§ 11 Rn 8, 12 Rn 8.
[296] §§ 20, 21 AktG.

3. Freiverkehr

115 Für Unternehmen, deren Aktien in den Freiverkehr einbezogen sind, bestehen **nahezu keine Folgepflichten**. Dies wäre auch kaum zumutbar, da die Gesellschaft die Einbeziehung in vielen Fällen gar nicht vermeiden kann[297]. Jahresabschluß und Lagebericht müssen nicht den US-GAAP oder IAS entsprechen. Es verbleibt bei den Rechnungslegungsbestimmungen des HGB. Auch besteht keine Pflicht zur Veröffentlichung von Zwischenberichten. Dem für die Preisfestsetzung zuständigen Makler sind die Hauptversammlungstermine, die Dividendenzahlungen und Kapitalveränderungen mitzuteilen[298]. Diese Verpflichtung trifft den Antragsteller, der nicht mit dem Emittenten identisch sein muß.

116 Anders als in den Marktsegmenten Amtlicher Handel und Geregelter Markt sind die Unternehmen mit in den Freiverkehr einbezogenen Aktien nicht der **Ad hoc-Publizität** unterworfen[299]. Für die Mitteilungspflichten bei Veränderung der Beteiligungsverhältnisse verbleibt es ebenfalls bei den aktienrechtlichen Bestimmungen. Die **Mitteilungspflichten** des WpHG gelten nicht[300].

4. Neuer Markt

117 **a) Rechnungslegung; Zwischenberichte. aa) Jahresabschluß und Lagebericht.** Gesellschaften, deren Aktien zum Neuen Markt zugelassen sind, müssen in Ergänzung zur Rechnungslegung nach HGB einen Jahresabschluß und Lagebericht nach den IAS oder den US-GAAP erstellen[301]. Zweck dieser Regelung ist, dem Publikum ein besseres Bild über das Ergebnis der letzten Rechnungsperiode und die wirtschaftliche Lage des Unternehmens zu eröffnen, als dies auf Grundlage der in erster Linie den Schutz der Gläubiger bezweckenden HGB-Rechnungslegung möglich ist. Eine Überleitungsrechnung von der nationalen Rechnungslegung nach IAS bzw. US-GAAP wird grundsätzlich nicht mehr anerkannt. Jahresabschluß und Lagebericht müssen, sofern sie nicht veröffentlicht

---

[297] Siehe Rn 58.
[298] § 5 RiLiFV FWB.
[299] *Kümpel* Rn 17 403.
[300] *Hüffer* Anh. § 22 AktG Rn 13; *Assmann/Schneider* § 21 WpHG Rn 50; aA *Schanz* § 11 Rn 8. Es verbleibt insoweit bei den aktienrechtlichen Mitteilungspflichten gem. §§ 320, 21 AktG.
[301] Abschn. 2 Ziff. 7.2.2 (1) RWNM. Welches Rechnungslegungssystem für den Emittenten das zweckmäßigere ist, hängt stets vom Einzelfall ab. Tendenziell wird die Implementierung von IAS als kostengünstiger angesehen. IAS soll zudem leichter an die deutschen Rechungslegungsvorschriften angeglichen werden können. Im Hinblick auf die Pläne der EU-Kommission, IAS für alle Unternehmen, die an einem organisierten Markt notiert sind, bindend vorzuschreiben, ist damit zu rechnen, daß sich zunehmend mehr Gesellschaften für IAS entscheiden, namentlich dann, wenn sie eine vornehmlich europäische Ausrichtung haben (Mitteilungen der Kommission an den Rat und das europäische Parlament vom 13. 6. 2000, abrufbar unter http://www.europa.eu.int). Andererseits hat die US-amerikanische SEC die Rechnungslegung nach IAS noch nicht anerkannt, so daß ein „dual listing" an einer US-amerikanischen Börse nur auf Grundlage US-GAAP möglich ist. Vgl. *Luttermann,* International Accounting Standards in der Europäischen Union, ZIP 2000, 1318 ff. sowie *d'Arcy/Leuz,* Rechnungslegung am Neuen Markt – Eine Bestandsaufnahme, DB 2000, 385 ff.; *Frey,* Auswirkungen des Börsenganges auf Rechnungslegung und Publizität, DStR 1999, 294 ff.

worden sind, unverzüglich nach Feststellung, spätestens aber innerhalb von drei Monaten nach Ende des Berichtszeitraums den **Zahlstellen** zur Verfügung gestellt werden; hierauf ist in einem überregionalen Pflichtblatt hinzuweisen[302]. Diese Regelungen gelten auch für einen etwaigen **Konzernabschluß**[303]. Die DBAG kann dem Emittenten gestatten, nur den Einzel- oder nur den Konzernabschluß zur Verfügung zu stellen, wenn der Abschluß der anderen Art keine zusätzlichen Aussagen enthält[304]. Für das Jahr der Börseneinführung kann die DBAG den Emittenten von der Verpflichtung, Abschlüsse nach US-GAAP oder IAS aufzustellen, **befreien**, wenn er glaubhaft macht, die Verpflichtung vorübergehend nicht erfüllen zu können. Von dieser Ausnahmeregelung wird in der Praxis allerdings nur selten Gebrauch gemacht.

Mit dem Jahresabschluß hat die Gesellschaft die Gesamtzahl der Aktien, die von Mitgliedern der **Geschäftsführungs- und Aufsichtsorgane** gehalten werden, und die Veränderungen dieser Zahl gegenüber dem Vorjahr getrennt nach Organen anzugeben[305].

bb) Quartalsberichterstattung. Um die wirtschaftliche Situation des Emittenten transparenter zu machen, sind die am Neuen Markt gelisteten Unternehmen einer Quartalsberichterstattung unterworfen[306]. Neben dem Jahresabschluß muß der Emittent jeweils einen Quartalsbericht für die ersten drei, sechs und neun Monate aufstellen. Der Quartalsbericht muß eine Beurteilung der Geschäftstätigkeit in dem jeweiligen Quartal ermöglichen. Der Quartalsbericht, der bei Emittenten mit Sitz im Inland in deutscher und englischer Sprache abgefaßt sein muß, hat unter Angabe der Vergleichszahlen für den entsprechenden Vorjahreszeitraum insbes. die Bilanz, die Gewinn- und Verlustrechnung, den Jahresüberschuß bzw. -fehlbetrag pro Aktie, die Anzahl der Mitarbeiter des Emittenten sowie eine Kapitalflußrechnung zu enthalten[307]. Diese **Zahlenangaben** sind ausführlich zu **erläutern**, damit das Publikum sich ein Bild von der Unternehmens- und Geschäftsentwicklung verschaffen kann. Dabei ist insbes. auf die Auftragslage, die Entwicklung der Kosten und Preise, Forschungs- und Entwicklungsaktivitäten, Arbeitnehmer, personelle Veränderungen in den Geschäfts- und Aufsichtsorganen sowie die Aussichten für das laufende Geschäftsjahr einzugehen[308]. Veröffentlicht die Gesellschaft einen **Konzernabschluß**, muß sie den Quartalsabschluß für den Konzern aufstellen[309]. Weiter sind die Zahl der Aktien, die von den Mitgliedern der Geschäftsführungs- und Aufsichtsorganen gehalten werden, und der Optionsrechte auf Aktien anzugeben, wobei die Angaben für jedes Organmitglied getrennt zu

---

[302] Abschn. 2 Ziff. 7.2.2 (2) Satz 1, 2 RWNM.
[303] Abschn. 2 Ziff. 7.2.2 (3) Satz 1 RWNM.
[304] Abschn. 2 Ziff. 7.2.2 (3) Satz 2 RWNM.
[305] Abschn. 2 Ziff. 7.2.2 (1) Satz 6 RWNM.
[306] Abschn. 2 Ziff. 7.1 RWNM.
[307] Abschn. 2 Ziff. 7.1.2 RWNM. Dabei sind die Zahlen des entsprechenden Vorjahreszeitraums gegenüberzustellen.
[308] Abschn. 2 Ziff. 7.1.2 RWNM.
[309] Wird darüber hinaus ein Quartalsbericht für die Einzelgesellschaft erstellt, kann die DBAG auch dessen Veröffentlichung verlangen, wenn er weitergehende wichtige Angaben enthält, Abschn. 2 Ziff. 7.1.4 RWNM.

machen sind. Der Bericht ist unverzüglich nach Fertigstellung, spätestens jedoch innerhalb von **zwei Monaten** nach Ende des Berichtszeitraums in elektronischer Form der DBAG zu übermitteln, die ihn dann dem Publikum elektronisch oder in anderer geeigneter Weise zur Verfügung stellt[310].

120 **b) Ad hoc-Publizität; Mitteilungspflichten.** Aufgrund der Zulassung zum Geregelten Markt unterliegen die im Neuen Markt gehandelten Werte der **Ad hoc-Publizität**. Während die Mitteilung nach dem WpHG in deutscher Sprache vorzunehmen ist, sieht das RWNM eine Veröffentlichung in englischer Sprache vor[311]. Für Wertpapiere des Geregelten Marktes gelten die **Mitteilungspflichten** des WpHG (derzeit noch) nicht[312]. Bis zum Inkrafttreten des Wertpapiererwerbs- und Übernahmegesetzes verbleibt es insoweit bei den aktienrechtlichen Mitteilungspflichten[313].

121 **c) Weitere Pflichten.** Die Gesellschaft ist verpflichtet, der DBAG jedes Geschäft mitzuteilen, das sie oder einzelne ihrer Vorstands- und Aufsichtsratsmitglieder in Aktien der Gesellschaft tätigen. Gleiches gilt für als Festpreis- oder Optionsgeschäft ausgestaltete Derivatgeschäfte, deren Preis unmittelbar oder mittelbar vom Börsen- oder Marktpreis der Aktien der Gesellschaft abhängt, sowie für Rechte, die den Vorstands- und Aufsichtsratsmitgliedern auf den Bezug solcher Wertpapiere eingeräumt sind (Optionsscheine, „stock-options", Wandelschuldverschreibungen etc.)[314]. Die Mitteilung solcher **„directors dealings"** hat unverzüglich, jedoch spätestens drei Börsentage nach Geschäftsabschluß zu erfolgen. Die Mitteilung ist der DBAG in elektronischer Form zu übermitteln und wird von der DBAG sodann elektronisch oder in anderer Weise veröffentlicht[315].

122 Wie im Amtlichen Handel hat die Gesellschaft die Einberufung der **Hauptversammlung** sowie Mitteilungen über die Ausschüttung und Auszahlung von Dividenden, die Ausgabe neuer Aktien und die Ausübung von Umtausch-, Bezugs- und Zeichnungsrechten zu veröffentlichen[316], und zwar mindestens in einer überregionalen Tageszeitung[317]. Zusätzlich ist die Veröffentlichung der DBAG zu übermitteln[318]. Die Gesellschaft ist verpflichtet, mindestens einmal jährlich eine **Analystenveranstaltung** durchzuführen[319]. Zu Beginn eines jeden Geschäftsjahrs hat sie für mindestens das jeweilige Geschäftsjahr einen **Unternehmenskalender** zu erstellen, der insbes. Auskunft über Zeit und Ort der Hauptversammlungen, Bilanzpressekonferenzen und Analystenveranstaltungen gibt[320]. Der Unternehmenskalender ist in deutscher und englischer Sprache abzufassen und muß der DBAG in elektronischer Form übermittelt werden, die ihn dem Publi-

---

[310] Abschn. 2 Ziff. 7.1.7 (1) RWNM.
[311] Abschn. 2 Ziff. 7.3.12 RWNM.
[312] Siehe auch die Nachweise in Fn 300.
[313] §§ 20, 21 AktG.
[314] Abschn. 2 Ziff. 7.2 (1), (2) RWNM.
[315] Einzelheiten des Inhalts der Mitteilung sind in Abschn. 2 Ziff. 7.2 (3) RWNM geregelt.
[316] Abschn. 2 Ziff. 7.3.1 RWNM.
[317] Abschn. 2 Ziff. 7.3.8 (1) RWNM.
[318] Abschn. 2 Ziff. 7.3.8 (3) RWNM.
[319] Abschn. 2 Ziff. 7.3.11 RWNM.
[320] Abschn. 2 Ziff. 7.3.4 RWNM.

kum sodann zur Verfügung stellt. Das Unternehmen ist verpflichtet, den Unternehmenskalender laufend zu aktualisieren.

5. SMAX

a) Rechnungslegung; Zwischenberichte. Bei den am SMAX teilnehmenden Gesellschaften muß die Rechnungslegung der Emittenten wie beim Neuen Markt entweder den **IAS** oder **US-GAAP** entsprechen[321]. Allerdings setzt diese Verpflichtung erst für Geschäftsjahre ein, die nach dem 31. 12. 2001 beginnen[322]. Der Jahresabschluß und der Lagebericht sind der DBAG spätestens innerhalb von vier Monaten nach Ende des Berichtszeitraums in elektronischer Form zu übermitteln.

Am SMAX teilnehmende Gesellschaften müssen ebenfalls **Quartalsberichte** erstellen, die den Investoren die Beurteilung ermöglichen, wie sich die Geschäftstätigkeit im vergangenen Jahr entwickelt hat[323]. Wichtigster Inhalt sind die Gewinn- und Verlustrechnung, der Jahresüberschuß/-fehlbetrag sowie die Anzahl der Mitarbeiter des Emittenten[324]. Die Quartalsberichte sind spätestens innerhalb von zwei Monaten nach Ablauf des Berichtszeitraums der DBAG zu übermitteln[325].

b) Weitere Pflichten. Da die Teilnehmer des SMAX notwendigerweise über eine Zulassung im Amtlichen Handel oder Geregelten Markt verfügen, unterliegen sie der **Ad hoc-Publizität** nach dem WpHG. Ob sie nach Maßgabe des WpHG Mitteilung über einen qualifizierten **Beteiligungsbesitz** machen müssen, hängt davon ab, ob die Aktien der Gesellschaft zum Amtlichen Handel oder zum Geregelten Markt zugelassen sind. Im letzten Fall gelten nur die aktienrechtlichen Mitteilungspflichten[326].

Im Jahresabschluß der Gesellschaft ist die Gesamtzahl der **Aktien und Bezugsrechte** auf Aktien anzugeben, die von Mitgliedern der Geschäftsführungs- und Aufsichtsorgane gehalten werden[327].

VIII. Gesellschaftsrechtliche Aspekte

1. Entscheidungskompetenz über das „Going Public"

a) Vorbemerkung. Im AktG finden sich keine Regelungen über den Börsengang der Gesellschaft. Einigkeit besteht jedoch insoweit, als das Betreiben des Zulassungsverfahrens in die **Geschäftsführungsbefugnis des Vorstands** fällt[328]. Allerdings handelt es sich hierbei nur um die organisatorische Umsetzung

---

[321] Ziff. 3.2 SMAX-TB.
[322] Vgl. dazu auch *Weber* NJW 2000, 2061, 2065.
[323] Ziff. 3.1 SMAX-TB.
[324] Ziff. 3.1.2 SMAX-TB. Vgl. dazu auch *Strieder/Ammedick*, Die Informationsverpflichtungen der Teilnehmer am SMAX, Finanz Betrieb 1999, 143 ff.
[325] Ziff. 3.1.7. (1) SMAX-TB.
[326] §§ 20, 21 AktG; aA *Schanz* § 11 Rn 8. Vgl. aber auch Rn 114.
[327] Ziff. 3.2.1 SMAX-TB.
[328] *Baums/Vogel* in Lutter/Scheffler/Schneider Rn 9.54.

der vorgelagerten Entscheidung, das „going public" zu betreiben. Ob auch diese **Grundlagenentscheidung** in der Zuständigkeit des Vorstands liegt, ist fraglich. Anlaß, die alleinige Entscheidungsbefugnis des Vorstands zugunsten einer Mitwirkungsbefugnis der Hauptversammlung in Zweifel zu ziehen, ist das aufgrund des keinesfalls immer gleichgelagerten Interesses der Beteiligten bestehende Kaufkraftpotential. So mag etwa eine Aktionärsgruppe den Börsengang im Hinblick auf die dadurch eröffnete „exit"-Möglichkeit anstreben und dabei Unterstützung durch den Vorstand finden, der sich eine größere Unabhängigkeit in der Entscheidungsfindung und eine Steigerung des Bekanntheitsgrads der Gesellschaft sowie ein höheres Gehalt erhofft, während eine andere Aktionärsgruppe einem „going public" angesichts des damit verbundenen Verlusts der Mehrheitsbeteiligung oder einer Sperrminorität reserviert gegenüber steht.

128   **b) Kapitalerhöhung.** Meist stammen die iRd. Börseneinführung zu plazierenden Aktien wenigstens teilweise aus einer Kapitalerhöhung. In diesem Fall bedarf es bereits aufgrund allgemeiner aktienrechtlicher Regelungen der **Mitwirkung der Hauptversammlung**[329]. Dabei ist es im Grundsatz gleichgültig, ob die Aktien im Rahmen einer ordentlichen Kapitalerhöhung generiert werden oder ein genehmigtes Kapital ausgenutzt wird. Zwar bezieht sich die Entscheidung der Hauptversammlung in beiden Fällen in erster Linie auf die Schaffung der neuen Aktien und nicht auf deren Zulassung. Doch zumindest wenn – wie idR – aus dem Kapitalerhöhungsbeschluß hervorgeht, daß die Aktien von einem Kreditinstitut übernommen, beim Publikum plaziert und zum Börsenhandel zugelassen werden sollen, wird man hierin eine implizite Zustimmung der Hauptversammlung zum Börsengang erblikken können[330].

129   **c) Umplazierung.** Nicht in allen Fällen wird das erforderliche Emissionskapital durch eine Kapitalerhöhung geschaffen. Denkbar ist auch, daß die Plazierungsaktien ganz von Altaktionären stammen. In diesem in der Praxis sicherlich seltenen Fall ist dann die oben aufgeworfene Frage zu beantworten, ob der Vorstand zusammen mit einem Teil der Aktionäre die Börseneinführung im Wege einer **Umplazierung** betreiben kann, ohne vorher einen zustimmenden Beschluß der Hauptversammlung einzuholen. Dies wäre zu verneinen, wenn es sich bei der Entscheidung über die Börsenzulassung um eine gesetzlich nicht geregelte Strukturmaßnahme iSd. **„Holzmüller"**-Rechtsprechung des BGH handelt, von der der Vorstand vernünftigerweise nicht annehmen kann, sie ausschließlich in eigener Verantwortung treffen zu können[331].

130   Aus Sicht sowohl der Gesellschaft als auch ihrer Aktionäre verbinden sich mit einem Börsengang eine Vielzahl von Vorteilen, zu denen etwa die erleichterte Kapitalbeschaffung, die Erhöhung des Bekanntheitsgrads des Unternehmens und die erleichterte Möglichkeit, die Aktien über einen organisierten Markt zu veräußern, zählen. Gleichwohl führt die Zulassung der Aktien zu einer **Strukturänderung** der Gesellschaft, die die Annahme eines Zustimmungsvorbehalts der

---

[329] §§ 182, 186 Abs. 3 AktG.
[330] *Lutter/Drygala*, FS Raisch, S. 239 ff.; *Vollmer/Grupp* ZGR 1995, 459, 460.
[331] BGHZ 83, 122 ff.

Hauptversammlung geboten erscheinen läßt[332]. So unterliegt die Gesellschaft im Fall einer Börsennotierung erhöhten Publizitätspflichten. Bereits für die Börsenzulassung muß sie im Prospekt umfangreiche Angaben zur Aktionärsstruktur und zu ihrer Vermögens- und Ertragslage machen[333]. Eine Börsenzulassung zum Amtlichen Handel, zum Geregelten und zum Neuen Markt unterwirft das Unternehmen außerdem der Ad hoc-Publizitätspflicht nach dem Wertpapierhandelsgesetz[334]. Je nach Börsensegment hat die Gesellschaft Quartalsabschlüsse zu erstellen[335]. Im Fall der Börsenzulassung ihrer Aktien gilt die Gesellschaft unabhängig von ihrer Bilanzsumme, den Umsatzerlösen und der Zahl der Arbeitnehmer als große Kapitalgesellschaft[336].

Die Veränderungen bleiben jedoch nicht auf die Gesellschaftsebene beschränkt, sondern wirken sich auch auf die **Gesellschafter** aus. Mit der Öffnung gegenüber dem organisierten Kapitalmarkt verbindet sich zunächst eine Änderung des Realtypus der Gesellschaft. Durch die Aufnahme der neuen Aktionäre wird aus dem zunächst personalistisch verfaßten Verband eine Publikumsgesellschaft; die Beziehungen der Gesellschafter, die zuvor personen- oder familienbezogen waren, werden anonymisiert[337]. Bei Zulassung zum Amtlichen Handel bestehen Mitteilungspflichten der Aktionäre gegenüber dem BAWe, sobald bestimmte Beteiligungsschwellen erreicht, überschritten oder unterschritten werden[338]. Die durch das Gesetz für kleine Aktiengesellschaften eröffneten Erleichterungen[339], namentlich bei der Einberufung und Durchführung der Hauptversammlung, können bei einer Börseneinführung nicht mehr genutzt werden[340]. Schließlich führt die Börsennotierung dazu, daß für die Bemessung der Schenkungs- und Erbschaftsteuer nicht mehr der Einheitswert bzw. gemeine Wert, sondern der regelmäßig deutlich höhere Kurswert maßgebend ist[341]. Diese geänderte Bemessungsgrundlage führt zu einer erheblich höheren Steuerlast für die Aktionäre. Aufgrund dieser Auswirkungen eines Börsengangs erscheint es gerechtfertigt, einen zustimmenden Hauptversammlungsbeschluß zu fordern. Nicht erforderlich ist ein solcher Beschluß dem gegenüber im Fall eines bloßen **Segmentwechsels**.

Umstritten ist, welcher **Mehrheit** der Beschluß der Hauptversammlung bedarf. Eine verbreitete Meinung hält eine Mehrheit von mindestens drei Vierteln des bei der Beschlußfassung vertretenen Grundkapitals für erforderlich[342]. Dem-

---

[332] *Vollmer/Grupp* ZGR 1995, 459, 466; *Picot/Land* DB 1999, 570, 571; *Lutter/Drygala*, FS Raisch, S. 239, 241; *Baums/Vogel* in Lutter/Scheffler/Schneider Rn 9.55f.; *Schanz* § 6 Rn 41.
[333] Vgl. § 19 Abs. 2 Nr. 5 BörsZulV.
[334] Siehe Rn 110, Rn 114 und Rn 120.
[335] Vgl. Rn 108, Rn 113 und Rn 119.
[336] § 267 Abs. 3 Satz 2 HGB.
[337] Dies ist nur dann ausnahmsweise anders, wenn die Aktien der Gesellschaft bereits auf dem „grauen" Kapitalmarkt plaziert worden sind.
[338] §§ 21 ff. WpHG. Siehe Rn 114, 120.
[339] BGBl. 1994 I S. 1961. So läßt etwa § 130 Abs. 1 Satz 3 AktG bei einer nicht börsennotierten Gesellschaft das privatschriftliche Hauptversammlungsprotokoll des Aufsichtsratsvorsitzenden ausreichen, sofern keine Grundlagenbeschlüsse gefaßt wurden. Vgl. ferner §§ 121 Abs. 4, 58 Abs. 2 AktG.
[340] *Lutter/Drygala*, FS Raisch, S. 239, 241.
[341] *Vollmer/Grupp* ZGR 1995, 459, 463f.
[342] *Picot/Land* DB 1999, 570, 571.

gegenüber läßt die wohl noch überwiegende Meinung die einfache Mehrheit ausreichen[343], was aufgrund des fehlenden satzungsändernden Charakters des Beschlusses als zutreffend erscheint.

2. Bezugsrechtsausschluß

133 Meist tragen alle, auch die Altaktionäre, die Entscheidung über den Börsengang mit. Sie sind dann auch regelmäßig bereit, bei der Kapitalerhöhung zur Schaffung des Emissionskapitals auf das ihnen zustehende Bezugsrecht zu verzichten. Dies muß jedoch keineswegs immer so sein. Mitunter stehen einzelne Aktionäre oder Aktionärsgruppen einem Börsengang ablehnend gegenüber. Die Gründe können in den oben beschriebenen Konsequenzen einer Börsenzulassung[344] oder in dem Verlust der Mehrheit in der Hauptversammlung oder der Sperrminorität liegen[345]. In diesem Fall bedarf es eines **förmlichen Ausschlusses** des Bezugsrechts der Aktionäre.

134 Der Bezugsrechtsausschluß bedarf neben einer Mehrheit von mindestens drei Vierteln des bei der Beschlußfassung vertretenen Grundkapitals[346] der **sachlichen Rechtfertigung**. Sachlich gerechtfertigt ist der Bezugsrechtsausschluß nur dann, wenn er im Interesse der Gesellschaft liegt, zur Erreichung des beabsichtigten Zwecks geeignet, erforderlich und überdies verhältnismäßig ist[347]. Bei Einführung der Aktien an einer ausländischen Börse oder der Erweiterung der Präsenz an einem ausländischen Finanzmarkt ist, wenn die neuen Aktien zur Erweiterung des Aktionärskreises genutzt und breit gestreut werden und der Ausgabekurs an den aktuellen Börsenkurs angenähert wird, ein Bezugsrechtsausschluß regelmäßig gerechtfertigt[348].

135 Mit der Frage, ob ein **„going public"** einen Bezugsrechtsausschluß rechtfertigen kann, mußte sich die Rechtsprechung bislang noch nicht befassen. Nach der herrschenden Meinung im Schrifttum ist ein Bezugsrechtsausschluß gerechtfertigt, wenn die für die Börsenzulassung erforderliche Zahl an Aktien nur auf diese Weise zur Verfügung gestellt werden kann und die Gesellschaft Gründe für die Erschließung des Kapitalmarktes für sich in Anspruch nehmen kann, die die Interessen der Aktionäre übersteigen[349]. Ob diese Voraussetzungen vorliegen, kann nur im Einzelfall beurteilt werden.

---

[343] *Baums/Vogel* in Lutter/Scheffler/Schneider Rn 9.56; *Schanz* § 6 Rn 41.
[344] Siehe Rn 130.
[345] *Vollmer/Grupp* ZGR 1995, 459, 465.
[346] § 186 Abs. 3 Satz 1 AktG.
[347] BGHZ 71, 40, 46 „Kali+Salz"; BGHZ 83, 319, 321 „Holzmann"; *Hefermehl/Bungeroth* in Geßler/Hefermehl § 186 AktG Rn 25; *Lutter* in Kölner Komm. § 186 AktG Rn 61 ff.; *Wiedemann* in Großkomm. § 186 AktG Rn 137 f.
[348] BGHZ 125, 239.
[349] *Hefermehl/Bungeroth* in Geßler/Hefermehl § 186 AktG Rn 133; *Wiedemann* in Großkomm. § 186 AktG Rn 159; *Hüffer* § 186 AktG Rn 31; *Picot/Land* DB 1999, 570, 574; *Krieger* in MünchHdbGesR Bd. 4 § 56 Rn 72; *Baums/Vogel* in Lutter/Scheffler/Schneider Rn 9.61; ähnlich auch *Lutter/Drygala*, FS Raisch, S. 239, 243; *Wiedemann* in Großkomm. § 186 AktG Rn 159 (allerdings Austrittsrecht und Barabfindungsanspruch des Aktionärs).

3. Aufteilung des Emissionsvolumens

Ein weiterer Konflikt droht, wenn im Fall einer Umplazierung die Zahl der Aktien, die die Altaktionäre für den Börsengang zur Verfügung zu stellen bereit sind, das von der konsortialführenden Bank akzeptierte Volumen übersteigt. Hier erhebt sich die Frage, ob der Vorstand in der Auswahl der abgebenden Aktionäre frei ist. Dies ist zu verneinen. Vielmehr zwingt der aktienrechtliche Gleichbehandlungsgrundsatz[350] den Vorstand dazu, die Aktionäre bei der Aufteilung des Emissionsvolumens gleich zu behandeln, so daß die Aktionäre eine **pro-rata-Aufteilung** verlangen können[351]. Da Treupflichten nicht nur im Verhältnis zwischen Gesellschaft und Aktionären, sondern auch im Verhältnis der Gesellschafter untereinander bestehen[352], handelt der Hauptaktionär idR treuwidrig, wenn er den durch seine Mehrheit vermittelten Einfluß auf die Verwaltung dazu nutzt, den Kreis der abgebenden Aktionäre festzulegen[353].

4. Börsengang von Tochtergesellschaften

a) Vorbemerkung. Besondere Probleme können sich stellen, wenn Aktien einer Tochtergesellschaft an der Börse eingeführt werden, wie das in den vergangenen Jahren zunehmend geschehen ist. Die Motive für einen solchen **Spin-off** sind verschiedenartig[354]. Anlaß kann etwa die Absicht der Muttergesellschaft sein, die Eigenkapitaldecke ihrer Tochtergesellschaft zu stärken. Ist die Tochtergesellschaft nicht im Kerngeschäftsfeld der Mutter tätig, kann Grund für ein Spin-off aber auch ein beabsichtigtes Teil-Desinvestment sein. Veranlassung für ein „going public" von Tochtergesellschaften kann schließlich die Sichtbarmachung bislang nicht transparenter Spartenergebnisse sein.

b) Zustimmung der Hauptversammlung der Tochtergesellschaft. Die Zustimmung der Hauptversammlung des Emittenten ist grundsätzlich auch beim Börsengang von Tochtergesellschaften **erforderlich**[355]. Praktisch relevant wird dieses Erfordernis allerding nur dann, wenn die Konzerngesellschaft außenstehende Aktionäre hat, da nur in diesem Fall schützenswerte Interessen Dritter zu beachten sind.

c) Zustimmung der Hauptversammlung der Obergesellschaft. Hiervon zu unterscheiden ist die Frage, ob auch eine Entscheidungszuständigkeit der Aktionäre der Obergesellschaft besteht. Nach der „Holzmüller"-Rechtsprechung des BGH unterliegen Grundlagenentscheidungen auf der Ebene der Tochtergesellschaft, wie etwa Kapitalerhöhungen, der Zustimmung der Hauptversammlung der

---

[350] § 53a AktG.
[351] *Lutter/Drygala*, FS Raisch, S. 239, 242; zustimmend *Baums/Vogel* in Lutter/Scheffler/Schneider Rn 9.58; *Schanz* § 6 Rn 42.
[352] BGHZ 103, 184 „Linotype"; BGH NJW 1992, 3167, 3171; *Hüffer* § 53a AktG Rn 2.
[353] *Baums/Vogel* in Lutter/Scheffler/Schneider Rn 9.58.
[354] Zu den Motiven eingehend *Hofmann* in Lutter/Scheffler/Schneider Rn 10.1 ff.; *Stangenberg-Haverkamp* in Dr. Wieselhuber & Partner (Hrsg.), Börseneinführung mit Erfolg, S. 75 f.; *Volk* in Volk S. 145 ff.; ders., Going Public bei Konzerngesellschaften, Finanz Betrieb 1999, 379 ff.
[355] Siehe Rn 129 f.

Obergesellschaft[356]. Damit fällt die Entscheidung über den Börsengang der Tochtergesellschaft in die Kompetenz der Hauptversammlung der Obergesellschaft, wenn das Emissionskapital ganz oder teilweise aus einer **Kapitalerhöhung** generiert wird[357]. Anders ist es, wenn das Emissionsvolumen ausschließlich aus Altaktien besteht. In einem solchen Fall der Umplazierung besteht nach zutreffender Meinung grundsätzlich keine Zuständigkeit der Hauptversammlung, sofern der Unternehmensgegenstand der Obergesellschaft nach wie vor ausgefüllt wird[358].

140 Eine Zuständigkeit der Hauptversammlung der Obergesellschaft setzt jedoch stets voraus, daß die Tochtergesellschaft im Verhältnis zum Gesamtkonzern qualitativ oder quantitativ **wesentliche Bedeutung** hat[359]. Die Strukturmaßnahme muß sich somit sowohl auf die Tochtergesellschaft als auch auf die Obergesellschaft erheblich auswirken[360]. Ist die Tochtergesellschaft bei Konzernbetrachtung nur eine unwesentliche Beteiligung, braucht die Hauptversammlung der Muttergesellschaft nicht zuzustimmen[361]. Hinzu kommen muß, daß der Börsengang der Tochter dadurch eine **Strukturänderung** mit sich bringt, daß in eine Tochtergesellschaft erstmals Minderheitsgesellschafter aufgenommen werden oder der Stimmrechtsanteil der Mutter unter eine aktienrechtlich relevante Schwelle (75%, 50%, 25%) sinkt[362].

141 Im übrigen spricht viel dafür, auch bei einer Kapitalerhöhung eine Zuständigkeit der Hauptversammlung der Obergesellschaft nur dann anzunehmen, wenn die Tochtergesellschaft zuvor im Wege der **Ausgliederung** entstanden ist und die Hauptversammlung der Obergesellschaft nicht bereits der **Ausgliederung** zugestimmt hatte[363]. In diesem Fall wird man in der Zustimmung zur Ausgliederung eine Zustimmung zum Verkauf der Aktien jedenfalls dann erblicken können, wenn sich aus dem Beschlußantrag an die Hauptversammlung oder seiner Be-

---

[356] BGHZ 83, 122, 138.
[357] *Lutter* AG 2000, 342, 343; *Baums/Vogel* in Lutter/Scheffler/Schneider Rn 9.57.; wohl auch *Habersack* in Emmerich/Habersack vor § 311 AktG Rn 23; siehe dazu auch *Henze*, Entscheidungen und Kompetenzen der Organe in der AG: Vorgaben der höchstrichterlichen Rechtsprechung, AG 2001, 53, 61; aA *Segna*, Bundesligavereine und Börse, ZIP 1997, 1901, 1909 (zum Verein).
[358] *Habersack* in Emmerich/Habersack vor § 311 AktG Rn 23; *Reichert/Schlitt* in HV Hdb. Rn I B 528; weitere Nachweise zum Meinungsstand bei *Busch/Groß* AG 2000, 503, 506 Fn 28. Die mit dem Börsengang verbundene Strukturveränderung auf der Ebene der Tochtergesellschaft (Rn 129) kann eine Hauptversammlungszuständigkeit der Obergesellschaft idR nicht begründen, da die Aktionäre der Obergesellschaft hiervon, auch vermögensmäßig, nicht betroffen sind.
[359] *Busch/Groß* AG 2000, 503, 505; *Reichert/Schlitt* in HV Hdb. Rn I B 529.
[360] In diesem Zusammenhang werden als Parametern Grundkapital, Bilanzsumme, Umsatz und Anteil an den Aktiva des Konzerns herangezogen. Die dabei als maßgeblich angesehenen Prozentsätze schwanken zwischen 10 und 50. Zutreffenderweise wird man eine Hauptversammlungszuständigkeit idR allenfalls dann annehmen können, wenn sich die Maßnahme auf 50% des Aktivvermögens bezieht und der Kernbereich der unternehmerischen Aktivitäten betroffen ist, vgl. dazu *Reichert/Schlitt* in HV Hdb. Rn I B 526.
[361] *Busch/Groß* AG 2000, 503, 507. Ein Zustimmungserfordernis unterhalb der „Holzmüller"-Schwelle läßt sich auch nicht aus der allgemeinen gesellschaftsrechtlichen Treupflicht herleiten.
[362] *Fuchs*, RWS-Form Gesellschaftsrecht 2001 (im Druck).
[363] *Busch/Groß* AG 2000, 503, 505; im Ergebnis auch *Becker/Fett* WM 2001, 549, 552; ähnlich *OLG Köln* ZIP 1993, 110, 113; offengelassen von BGHZ 83, 122, 138.

gründung ergibt, daß die Aktien in einem zweiten Schritt an der Börse plaziert werden sollen[364].

d) Bezugs- und Vorerwerbsrecht der Aktionäre der Obergesellschaft. Der Umstand, daß sich in einigen, wenn auch keineswegs allen Fällen die erste Notierung der Tochtergesellschaft deutlich über dem oberen Ende der Bookbuilding-Spanne bewegte und die Erstzeichner damit zT erhebliche Kursgewinne verbuchen konnten, hat zu Vorwürfen gegen das Management der betroffenen Gesellschaften geführt, den Ausgabekurs der plazierten Aktien zu niedrig festgesetzt und somit eine Vermögenseinbuße der Aktionäre der Obergesellschaft bewirkt zu haben[365]. Um der Gefahr eines solchen Vermögensverlustes zu begegnen, hat sich *Lutter* unter Bezugnahme auf die „Holzmüller"-Entscheidung des BGH für ein **Bezugsrecht der Aktionäre der Obergesellschaft** auf die neuen Aktien ausgesprochen, wenn die zu plazierenden Aktien im Wege einer Kapitalerhöhung generiert werden und die Obergesellschaft auf ihr Bezugsrecht verzichtet[366].

Dies erscheint jedoch als zu weitgehend[367]. Zunächst trifft es nicht zu, daß der BGH ausdrücklich entschieden hat, daß den Aktionären der Obergesellschaft ein Bezugsrecht auf die Aktien der Tochtergesellschaft zusteht. Zwar hat er festgestellt, daß der Hauptversammlung der Obergesellschaft die Entscheidung darüber obliegt, ob die neu geschaffenen Aktien der Tochtergesellschaft an Dritte ausgegeben werden oder ob den Aktionären der Obergesellschaft in entsprechender Anwendung des § 186 Abs. 1, 2 und 5 AktG ein Bezugsrecht eingeräumt wird[368]. Daß ein Bezugsrecht von Gesetzes wegen besteht, war jedoch nicht Gegenstand der Entscheidung. Zudem fehlt es an einer dogmatischen Grundlage für ein solches Bezugsrecht. Eine analoge Anwendung kommt bereits deswegen nicht in Betracht, da es an einer planwidrigen Regelungslücke fehlt, nachdem der Gesetzgeber, obwohl die Problematik im Grundsatz bereits seit vielen Jahren bekannt ist, untätig geblieben ist[369]. Hinzu kommt, daß – neben den praktischen Schwierigkeiten bei der Abwicklung eines solchen Bezugsrechts – die Aufnahmebereitschaft der institutionellen Investoren sinkt, wenn nicht der ganz überwiegende Teil der Emission frei plaziert wird, wodurch der Erfolg einer Plazierung gefährdet würde[370]. Diese Erwägungen gelten gleichermaßen, wenn iRd. Börsengangs Aktien aus dem Besitz der Obergesellschaft im Rahmen einer **Umplazierung** veräußert werden. Ein Vorerwerbsrecht der Aktionäre der Obergesellschaft sieht das Gesetz erst recht nicht vor[371].

---

[364] *Lutter* AG 2000, 342.
[365] *Lutter* AG 2000, 342 mwN; vgl. auch *Baums/Vogel* in Lutter/Scheffler/Schneider Rn 9.54.
[366] *Lutter* AG 2000, 342, 343; vgl. auch *Bruchner/Pospischil* in Lutter/Scheffler/Schneider § 11 Rn 25; ähnlich, wenn auch nicht so weitgehend, *Becker/Fett* WM 2001, 549, 555, die für ein „Zuteilungsprivileg" der Aktienmasse der Obergesellschaft eintreten.
[367] *Busch/Groß* AG 2000, 503, 506 ff.; *Habersack* in Habersack/Emmerich vor § 311 AktG Rn 23; ders., „Holzmüller" und die schönen Töchter, WM 2001, 545 ff.; *Koppensteiner* in Kölner Komm. vor § 291 AktG Rn 44; *Fuchs*, RWS-Forum Gesellschaftsrecht 2001 (im Druck).
[368] BGHZ 83, 122, 143 f.
[369] *Busch/Groß* AG 2000, 503, 508.
[370] *Busch/Groß* AG 2000, 503, 509.
[371] *Lutter* AG 2000, 342, 344.

B. Zulassung von Aktien einer deutschen Aktiengesellschaft an einer US-amerikanischen Börse*

I. Rechtliche Rahmenbedingungen

1. Einleitung

144 Eine deutsche AG kann sich auf verschiedenen Wegen Zugang zum US-amerikanischen Kapitalmarkt verschaffen. In jedem Fall muß die Gesellschaft US-rechtliche Bestimmungen beachten, sobald Schritte zur Vermarktung von Wertpapieren auf dem US-Markt unternommen werden. So findet eine Reihe US-amerikanisch-rechtlicher Bestimmungen Anwendung, wenn die Gesellschaft in den USA eine **Privatplazierung** (Private Placement) durchführt, ohne ihre Aktien der breiten US-amerikanischen Öffentlichkeit anzubieten und ohne die Aktien an einer US-amerikanischen Börse zu notieren[372]. Entschließt sich die Gesellschaft zur Notierung ihrer Aktien (oder sog. American Depositary Receipts[373]) an einer US-amerikanischen Wertpapierbörse, wie zB der New York Stock Exchange (NYSE), der American Stock Exchange (Amex) oder in dem National Association of Securities Dealers Automated Quotations (NASDAQ) System, nimmt der Umfang der anwendbaren US-rechtlichen Bestimmungen zu[374]. Beabsichtigt die Gesellschaft ein **öffentliches Angebot** (Public Offering) ihrer Aktien (oder American Depositary Receipts) in den USA, ist sie zur Einhaltung zusätzlicher Bestimmungen verpflichtet[375].

145 Ob und in welchem Umfang eine deutsche Emittentin den US-rechtlichen Bestimmungen und der US-amerikanischen Wertpapieraufsicht (der **Securities and Exchange Commission** oder **SEC**) unterliegt, richtet sich nach ihren Aktivitäten auf dem US-amerikanischen Kapitalmarkt, unabhängig von der Rechtsform der Gesellschaft oder der Regulierung der Gesellschaft nach ihrem nationalen Recht.

146 Während der letzten zehn Jahre unternahm die SEC große Anstrengungen, ausländischen Emittenten den Zugang zum US-amerikanischen Kapitalmarkt zu erleichtern. Dies geschah u. a. durch Erleichterung und Straffung der formalen Anforderungen und die Anpassung der Folgepflichten bei Wertpapieremissionen ausländischer Gesellschaften in den USA an die entsprechenden Erfordernisse im jeweiligen Herkunftsland. Die zunehmende Akzeptanz von Finanzausweisen, die gemäß den **International Accounting Standards** (IAS) erstellt wurden, durch

---

* Der Verfasser bedankt sich für die wertvolle Mitarbeit von Rechtsanwalt *Michael Mölling* und Attorney-at-Law *Mark Devlin* bei der Erstellung dieses Beitrags. In diesem Beitrag werden ausschließlich die Ansichten des Verfassers zum Ausdruck gebracht, die nicht notwendigerweise mit den Ansichten anderer Partner oder Mitarbeiter von Shearman & Sterling übereinstimmen.

[372] Einige wertpapierrechtliche Vorschriften erlauben ein Angebot von Wertpapieren in den USA und an US-Personen ohne Registrierung nach dem Securities Act von 1933, wie zB Regulation D SA, 17 C. F. R. 230 501-506, und Rule 144A SA, 17 C. F. R. 230 144A.

[373] Siehe Rn 217 ff.

[374] §§ 12 und 15 SEA, 15 U. S. C. 78l und 78o.

[375] Securities Act Regulations, 17 C. F. R. 230 100-1001, et seq; zu American Depositary Receipts siehe Rn 217.

die SEC ist ebenso wie verschiedene Lockerungen der sehr strengen US-amerikanischen Publizitätsbeschränkungen im Zusammenhang mit globalen Wertpapieremissionen nicht-amerikanischer Gesellschaften im Zusammenhang mit dieser Liberalisierung zu sehen.

2. Anwendbare Gesetze

a) Übersicht. Die USA verfügen mit dem **Securities Act von 1933** (Securities Act oder SA) und dem **Securities and Exchange Act von 1934** (Exchange Act oder SEA) über zwei grundlegende Bundesgesetze, die jeweils die Ausgabe von und den Handel mit Wertpapieren[376] in den USA regeln. Hauptanwendungsbereich des Securities Act ist das erstmalige öffentliche Angebot (das sog. **Initial Public Offering** – IPO) bzw. generell die Ausgabe von Wertpapieren, während der Exchange Act vor allem den **Sekundärhandel** mit bereits ausgegebenen und in Umlauf befindlichen Wertpapieren regelt[377]. Grundsätzlich müssen Emittenten, die Wertpapiere in den USA öffentlich anbieten wollen (gleichviel ob im Zusammenhang mit einer Kapitalaufnahme, einer Sekundärplazierung oder einem **Umtauschangebot** für eine Übernahme) zunächst diese registrieren lassen, indem sie einen **Registrierungsantrag** („registration statement") bei der SEC zur Genehmigung einreichen[378]. Allerdings gibt es für bestimmte Wertpapiere bzw. für bestimmte Arten von Plazierungen eng definierte Ausnahmen von der Registrierungspflicht. So haben deutsche Emittenten von Aktien in den USA in den vergangenen Jahren insbes. häufig Gebrauch von der Möglichkeit einer Privatplazierung gemäß § 4(2) SA iVm. **Rule 144A** gemacht, die den Verkauf von Wertpapieren an sog. qualifizierte institutionelle Käu-

---

[376] Der Begriff „Wertpapier" wird hier für den englischen Begriff „security" verwendet, der im US-amerikanischen Wertpapierrecht sehr weit ausgelegt wird. Der Begriff „security" wird durch den Securities Act definiert als „note, stock, bond, debenture, evidence of indebtedness, certificate of interest or participation in any profit-sharing agreement, collateral-trust certificate, preorganization certificate or subscription, transferable share, investment contract, voting-trust certificate, certificate of deposit for a security, fractional undivided interest in oil, gas or other mineral rights, any put, call, straddle, option, or privilege on any security, certificate of deposit, or group or index of securities (including any interest therein or based on the value thereof), or any put, call, straddle, option, or privilege entered into on a national securities exchange relating to foreign currency, or, in general, any interest or instrument commonly known as a 'security', or any certificate of interest or participation in, temporary or interim certificate for, receipt for, guarantee of, or warrant or right to subscribe to or purchase, any of the foregoing". Ähnliche Definitionen des Begriffs „security" werden vom Exchange Act, vom Investment Company Act von 1940 und den meisten anderen bundesstaatlichen US-amerikanischen Wertpapiergesetzen verwendet. Der nach europäischen Maßstäben sehr breit gefaßten Definition von „Wertpapier", die in den US-amerikanischen Wertpapiergesetzen enthalten ist und durch die US-Bundesgerichte weiterentwickeltet wurde, liegt der Leitgedanke zu Grunde, daß nicht rechtlicher Formalismus, sondern wirtschaftliche Realität für die Frage maßgeblich ist, ob die Bestimmungen des US-amerikanischen Wertpapierrechts Anwendung finden sollen. Dabei sind einige Instrumente (zB Aktien) ihrem Wesen nach ausnahmslos als Wertpapiere zu betrachten, siehe *Reves v. Ernst & Young*, 494 U. S. 56 (1990). UU können sogar Orangenbäume als „Wertpapiere" gelten, siehe *SEC v. W. J. Howey Co.*, 328 U. S. 293 (1946).
[377] *Wilhelm* Die Wirtschaftsprüfung 1998, 364, 365; *Noller* Die Bank 1992, 420, 421; *Böckenhoff/Ross* WM 1993, 1781, 1784; *Roquette/Stanger* WM 1994, 137, 138.
[378] § 5 SA, 15 U. S. C. 77e.

fer (**Qualified Institutional Buyers – QIBs**) ohne Registrierung mit der SEC gestattet[379]. Weitere Ausnahmen gelten u. a. für die Ausgabe bestimmter Wertpapiere, die durch Garantien von Banken oder staatlichen Organisationen (wie zB die Export-Import Bank of the United States) gedeckt sind[380].

148   **b) Securities and Exchange Commission.** Die Anwendung und Durchsetzung der US-Wertpapiergesetze obliegt der 1934 durch Verabschiedung des Exchange Act ins Leben gerufenen Wertpapieraufsichtsbehörde **SEC**[381], einer unabhängigen Verwaltungsbehörde auf Bundesebene[382]. Sie prüft die bei ihr gemäß den Bundesgesetzen gestellten Anträge und übt die **Regulierungskompetenz** über die Handels- und Marktpraktiken an den US-amerikanischen Wertpapierbörsen aus. Sie ist ebenfalls bestrebt, die fortlaufende Offenlegung aktueller Informationen seitens der Emittenten zu überwachen und sicherzustellen, daß die für eine fundierte Anlageentscheidung notwendigen Informationen vollständig und richtig offengelegt sind[383]. Außerdem fungiert die SEC als **Überwachungsbehörde** für den Insiderhandel sowie für Transaktionen mit verbundenen Unternehmen und andere mögliche Interessenkonflikte. Die SEC ist ermächtigt, Verordnungen mit Gesetzeskraft zu erlassen und Klagen zur Durchsetzung der Wertpapiergesetze und ihrer eigenen Verordnungen vor Bundesgerichten zu erheben[384].

149   Die SEC ist eine aus fünf Mitgliedern bestehende Kommission, von denen höchstens drei der gleichen politischen Partei angehören dürfen. Die fünf **Commissioners** werden vom US-amerikanischen Präsidenten für eine 5-jährige Amtszeit ernannt. Die Kommission ist befugt, sowohl neue Regeln zu verabschieden als auch formelle Befreiungen von den Erfordernissen des Regelwerks zu erteilen. Gleichwohl wird die gesetzliche Aufgabe der SEC zum Großteil von den der Kommission untergeordneten Beamten, dem sog. **Staff**, wahrgenommen. Der Staff prüft die Registrierungsanträge von Wertpapieremittenten auf Vollständigkeit und beantragt die Erhebung von Straf- und Zivilklagen durch die Kommission und das Ergreifen anderer Maßnahmen zur Ahndung von Verstößen gegen das US-amerikanische Wertpapierrecht. Dem Staff wird dabei ein sehr breiter **Ermessensspielraum** zugestanden. Wenn er der Auffassung ist, daß ein vom Antragsteller gewünschtes Rechtsgeschäft trotz formeller Abweichung vom

---

[379] Rule 144A, 17 C.F.R. 230.144A. Prinzipiell sind QIBs juristische Personen, die über Wertpapiere (mit Ausnahme der von ihren Konzerngesellschaften ausgegebenen) im Gesamtwert von mind. 100 Mio. US-$ verfügen (bzw. bestimmte Finanzdienstleister, die bei Wertpapiergeschäften im Namen und für die Rechnung einer solchen juristischen Person handeln, ohne ein eigenes Risiko einzugehen). Zu den konkreten Voraussetzungen des QIB-Status siehe Rule 144A(a)(1); siehe auch *Bungert/Paschos* DZWir 1995, 133, 140.
[380] § 3 SA, 15 U.S.C. 77c.
[381] § 4(a) SEA. Präsident Roosevelt ernannte als ersten Vorsitzenden der SEC Joseph Kennedy, Vater des späteren Präsidenten. Bemerkenswerterweise hat Chairman Kennedy seinerzeit von der Art von Wertpapiergeschäften profitiert, die später durch den Securities Act kriminalisiert wurden und deren Verhinderung und Ahndung heute eine Hauptaufgabe der SEC ist, zu seiner Zeit aber noch vollkommen legal waren.
[382] § 4 SEA, 15 U.S.C. 78d, sowie §§ 6 und 19 SA, 15 U.S.C. 77f und 77s.
[383] *Roquette/Stanger* WM 1994, 137, 138.
[384] § 19 SA, 15 U.S.C. 77s; §§ 21 bis 23 SEA.

Gesetz bzw. Regelwerk deren Schutzzweck nicht beeinträchtigt, kann er das Geschäft de facto genehmigen, indem er einen sog. **No Action Letter** erteilt, wonach der Staff der Kommission keine Strafverfolgungsmaßnahmen empfehlen wird („will not recommend enforcement action"), sofern der Antragsteller handelt, wie er es im Antrag für den No Action Letter bzw. im No Action Letter selbst dargestellt hat. Der Staff ist aber nicht berechtigt, formell Genehmigungen oder Befreiungen zu erteilen.

c) Securities Act. Von zentraler Bedeutung im US-amerikanischen Kapitalmarktrecht ist das Verständnis des dem Securities Act zugrundeliegenden **Offenlegungsgrundsatzes**. Danach haben Investoren Anspruch auf Offenlegung aller wesentlichen Informationen, die eine zukünftige Investitionsentscheidung betreffen. Der Securities Act regelt nicht die Ausgabebestimmungen und -bedingungen der angebotenen oder ausgegebenen Wertpapiere, sondern Zeitpunkt und Umfang der Offenlegung der für die Investitionsentscheidung wesentlichen Informationen[385]. Der Securities Act untersagt das öffentliche Angebot und den öffentlichen Verkauf von Wertpapieren, die nicht bei der SEC registriert worden sind. Es bestehen jedoch Ausnahmeregelungen für bestimmte Arten von Wertpapieren und Transaktionen[386]. Darüber hinaus verbietet der Securities Act betrügerische oder irreführende Praktiken beim Angebot und Verkauf von Wertpapieren[387].

Der Securities Act trat 1933 in Kraft. Auf Vorschlag von Präsident Roosevelt hin wurde der ursprüngliche, stark „quality control" betonte Entwurf durch einen fast vollständig neuen, offenlegungsorientierten Text ersetzt. Der endgültige Text wurde während eines einzigen Wochenendes von drei Juristen – einem Harvard-Professor, einem Staatsbeamten und einem Wall Street Praktiker – abgefaßt[388].

d) Exchange Act. Die Registrierung von Aktien nach dem Securities Act legt dem Emittenten **Berichtsfolgepflichten** nach dem Exchange Act auf, und zwar unabhängig davon, ob die Wertpapiere der Gesellschaft an einer US-amerikanischen Wertpapierbörse zugelassen sind oder anderweitig gehandelt werden[389]. Diese Berichtspflichten können ausgesetzt werden, wenn alle Wertpapiere der entsprechenden Gattung an keiner Wertpapierbörse zugelassen sind und zudem von

---

[385] Message to Congress with respect to Securities Act [Nachricht an den Kongress bezüglich des Securities Act], H. R. Rep. No. 85, 73d Cong., 1st Sess., at 1-2 (1933). Wie sich aus den einschlägigen Gesetzestexten sowie dem Schrifttum ergibt, ist die Offenlegung aller wesentlichen Tatsachen, und nicht etwa „quality control", d. h. eine behördliche inhaltliche Überprüfung der Sicherheit und Angemessenheit von Investitionen, das Ziel des US-amerikanischen Wertpapierrechts. Eine Ausnahme bilden der Investment Company Act von 1940 und die dazugehörigen Gesetze und Verordnungen, die bestimmten Personen treuhänderähnliche Pflichten auferlegen und den proaktiven Schutz des Anlegers betonen; siehe Rn 153 ff.; siehe auch *Wilhelm* Die Wirtschaftsprüfung 1998, 364, 366 und *Roquette/Stanger* WM 1994, 137, 138.
[386] § 5 SA, 15 U. S. C. 77e; siehe Rn 147 und Rn 162.
[387] §§ 11, 12 und 17 SA, 15 U. S. C. 77k, 77l and 77q; *Wilhelm* Die Wirtschaftsprüfung 1998, 364, 366.
[388] Siehe *James Landis*, The Legislative History of the Securities Act of 1933, 28 GEO. WASH. L. REV. 29 (1959), für eine Beschreibung der Genese des Securities Acts durch einen seiner drei Verfasser.
[389] §§ 12, 13 und 15 SEA, 15 U. S. C. 78l, 78m und 78o.

weniger als 300 Personen gehalten werden[390]. Wertpapiere, die zwar nach dem Securities Act registriert und in den USA öffentlich angeboten wurden, jedoch nicht an einer US-Börse zugelassen sind, können innerhalb der USA in dem liquiden, jedoch weniger formellen, sog. Over-the-counter-Markt (OTC) – allerdings ausschließlich zwischen Händlern – gehandelt werden. Wertpapiere einer deutschen AG, die an einer US-amerikanischen Wertpapierbörse als Zweitnotierung zugelassen und gehandelt werden, ohne daß sie öffentlich angeboten wurden, müssen nicht nach dem Securities Act, wohl aber nach dem Exchange Act registriert werden[391]. Diese Registrierung begründet vor allem die Anwendbarkeit der Berichtsfolgepflichten des Exchange Act[392].

153 **e) Investment Company Act.** Im Vorfeld eines öffentlichen Angebots von Wertpapieren in den USA sollte ein deutscher Emittent auch die mögliche Anwendbarkeit des **Investment Company Act von 1940** prüfen, der den Verkauf von Wertpapieren durch – und bestimmte interne Abläufe bei – Wertpapieremittenten regelt, die unter die im Gesetz vorgesehene Definition einer **Investment Company** (Anlagegesellschaft) fallen[393].

154 Der Investment Company Act unterscheidet sich konzeptionell von dem Securities Act und dem Exchange Act insbes. dadurch, daß ihm neben dem Offenlegungsgrundsatz auch die sonst in den US-amerikanischen Wertpapiergesetzen nicht so stark betonte **qualitative Inhaltskontrolle** („quality control") ein großes Anliegen ist[394]. Der Investment Company Act (einschließlich seiner ergänzenden Regelungen wie dem Investment Advisers Act von 1940 und dazugehörigen Verordnungen) legt Anlagegesellschaften und ihren geschäftsführenden Personen **treuhänderische Pflichten** und **betriebliche Beschränkungen**[395] auf und ermächtigt die SEC, straf- wie zivilrechtlich gegen deren Verletzung einzuschreiten[396].

155 Der Investment Company Act regelt primär das Angebot und den Verkauf von Wertpapieren durch Mutual Funds, Unit Trusts und ähnliche Emittenten. Die Definition des Begriffs „Investment Company" ist jedoch sehr weit gefaßt und kann auch Emittenten betreffen, die man im allgemeinen nicht als Kapitalanlagegesellschaft bezeichnen würde[397]. ZB können operative Gesellschaften, die umfangreiche Investmentportefeuilles oder wesentliche Minderheitsbeteiligungen an anderen Gesellschaften halten, als Investment Companies angesehen werden.

---

[390] § 15(d) SEA, 15 U.S.C. 78o, und Rule 12h-3 SEA, 17 C.F.R. 240.12h-3.
[391] Siehe Rn 206 ff.
[392] §§ 12 und 13 SEA, 15 U.S.C. 78l and 78m; siehe Rn 257 ff.
[393] § 3 des Investment Company Act, 15 U.S.C. 80a-3.
[394] § 1 des Investment Company Act. Gemäß diesem Paragraph ist das Ziel des Investment Company Act, u. a. Kollisionen zwischen den Interessen der Anleger und denen des Managements vorzubeugen sowie die Ausübung von Verwaltungsbefugnissen über Anlagegesellschaften durch sog. „irresponsible persons" zu verhindern.
[395] So zB § 12 des Investment Company Act (generelle Verbote, u. a. von Margin-Käufen und Leerverkäufen und vom Erwerb von mehr als einer kleinen Anzahl der von anderen Anlagegesellschaften emittierten Wertpapiere).
[396] §§ 35 bis 36, 42 ff. des Investment Company Act.
[397] § 3 des Investment Company Act, 15 U.S.C. 80a-3.

Für einen nicht in den USA ansässigen Emittenten bedeutet die Qualifizierung als Investment Company, daß es ihm grundsätzlich untersagt ist, seine Wertpapiere in den USA ohne Ausnahmegenehmigung der SEC öffentlich anzubieten[398]. Solche Ausnahmegenehmigungen werden ausländischen Investment Companies nur selten gewährt.

Weniger problematisch ist der Investment Company Act für Gesellschaften, die sich von vornherein als Anlagegesellschaften verstehen, sich dementsprechend als solche bei der SEC eintragen lassen und den sonstigen, ihnen vom Investment Company Act auferlegten Pflichten nachkommen. Dagegen kann der Investment Company Act durchaus unvorhergesehene Hürden enthalten für sog. **Inadvertent Investment Companies**, das sind Gesellschaften, die sich ausschließlich als **operative Unternehmen** verstehen, gleichwohl aber durch Erfüllung eher technischer Merkmale als Investment Companies iSd. Investment Company Act gelten. Nicht selten sind sich solche Gesellschaften weder ihrer Verletzung einer materiellen Rechtsnorm noch der potentiell schwerwiegenden Folgen einer solchen Verletzung bewußt[399].

Der Investment Company Act und die zugehörigen Verordnungen enthalten zahlreiche **Ausnahmen** von der Definition einer Investment Company[400]. Alle diese Ausnahmebestimmungen weisen strenge Anforderungen auf und sind Gegenstand zahlreicher **Auslegungen** durch die SEC, was ihre Anwendung auf einen bestimmten Emittenten erst nach gründlicher Prüfung der entsprechenden Voraussetzungen ermöglicht. Insbes. Emittenten, die über **umfangreiche Wertpapierportfolios** verfügen oder **bedeutende Minderheitsbeteiligungen** an dritten Gesellschaften halten, sollten die Anwendbarkeit des Investment Company Act bereits in der Anfangsphase einer Wertpapieremission oder Unternehmensübernahme in den USA prüfen lassen[401].

f) „**Blue sky laws**". Zusätzlich zur Bundesgesetzgebung verfügt jeder Bundesstaat der USA über eigene Wertpapiergesetze (sog. „**blue sky laws**"[402]), die eine Registrierung der innerhalb der Grenzen des Bundesstaats angebotenen

---

[398] § 7(d) des Investment Company Act, 15 U.S.C. 80a-7d.
[399] Neben Geldbußen sowie Geld- und Freiheitsstrafen sieht der Investment Company Act die Anfechtbarkeit der Verträge einer gegen seine Vorschriften verstoßenden Gesellschaft vor; §§ 42, 47, 49 des Investment Company Act.
[400] ZB: (i) Finanzierungsgesellschaften (Rule 3a-5 des Investment Company Act), (ii) ausländische Banken und Versicherungsgesellschaften (Rule 3a-6) und (iii) Transaktionen im Zusammenhang mit der Verbriefung von Forderungen („securitization") (Rule 3a-7).
[401] Auslösendes Kriterium für die Anwendbarkeit des Investment Company Act kann zB ein hoher Bestand an Barmitteln sein, wie zB bei Unternehmen aus der Biotech-Branche, die umfangreiche Forschungs- und Entwicklungstätigkeiten finanzieren müssen. Dies kann dazu führen, daß solche Gesellschaften nicht nur als Investment Companies sondern auch nach dem US-Steuerrecht als sog. Passive Foreign Investment Companies angesehen werden.
[402] Die „blue sky laws" verdanken ihren sonderbaren Namen einer alten Gerichtsentscheidung, die „speculative schemes which have no more basis than so many feet of blue sky" rügte. *Hall v. Geiger-Jones*, 242 U.S. 539 (1917). Der Wortlaut dieser Entscheidung spielt wiederum auf eine in den USA des 19. Jahrhunderts gängige Redewendung an, wonach unseriöse Geschäftsleute „Grundstücke im blauen Himmel" („land in the blue sky") oder gar den blauen Himmel selber verkaufen würden.

Wertpapiere bei den entsprechenden einzelstaatlichen Behörden vorschreiben. Im Gegensatz zum Securities Act auf Bundesebene gehen die „blue sky laws" vielfach über den Grundsatz der Offenlegung hinaus und verschreiben sich einer Inhaltskontrolle iSd. **„quality control"**-Ansatzes.

160 Aufgrund der stark föderalen Rechtsstruktur der USA ist es prinzipiell möglich, daß ein Emittent den Wertpapiergesetzen nicht nur des Bundes, sondern auch jedes Einzelstaats, in dem er Wertpapiere öffentlich anbietet, Folge zu leisten hat. Jedoch sind bestimmte Wertpapiere als sog. **„covered securities"** grundsätzlich von den Registrierungserfordernissen nach den verschiedenen einzelstaatlichen Gesetzen befreit[403]. Tatbestände für eine solche Ausnahme sind u. a. die Notierung von Wertpapieren an einer US-amerikanischen Wertpapierbörse oder die Erfüllung bestimmter Befreiungstatbestände nach dem Securities Act.

II. Der Registrierungsprozeß mit der SEC

1. Übersicht

161 Wie oben bereits erwähnt, muß grundsätzlich zwischen der Registrierung von Wertpapieren nach dem **Securities Act** und der nach dem **Exchange Act** un-

---

[403] § 18 SA; in den USA bricht, wie in Deutschland auch, Bundesrecht inhaltlich widersprechendes Landesrecht. Im allgemeinen gelten als „covered securities" Wertpapiere, die gem. § 3(a) SA von der Registrierungspflicht befreit sind, sowie Wertpapiere in einer gem. § 4 SA nicht registrierten Transaktion, § 18(6) SA. Solche Wertpapiere sind jedoch nicht ausnahmslos „covered securities". ZB gelten Wertpapiere, die allein auf Grund des Handels im Sekundärmarkt von der Registrierungspflicht befreit sind, nur dann als „covered securities", wenn deren Emittent gem. § 13 bzw. § 15(d) SEA öffentliche Berichte erstattet. Weiter sind einige (seltener vorkommende) Kategorien von Wertpapieren, die gem. § 3(a) SA nicht registrierungspflichtig sind, mangels eines anderen Tatbestands keine „covered securities" (bspw. Wertpapiere, die von einer religiösen oder gemeinnützigen Einrichtung ausgegeben oder ausschließlich innerhalb eines einzelnen Bundesstaats angeboten werden). Schließlich gewährt § 18 SA einem Bundesstaat die Befugnis, innerhalb seiner Grenzen öffentliche Wertpapiertransaktionen mit bestimmten geringfügigen Auflagen zu versehen (zB öffentliche Bekanntmachung der Transaktion), vor allem wenn der Emittent in jenem Staat seinen Sitz hat. Letztendlich gelten als „covered securities" solche Wertpapiere, die von Emittenten ausgegeben wurden, die sich gem. Investment Company Act bei der SEC als Anlagegesellschaften registriert haben. In den inzwischen eher selten gewordenen Konstellationen, in denen ein Emittent auch die „blue sky laws" beachten muß, ist es gängige Praxis der Rechtsberater des Emittenten bzw. der ihn begleitenden Konsortialbanken, ein sog. „blue sky survey" vorzubereiten, das dem Emittenten als Anleitung für das Einhalten der verschiedenen einzelstaatlichen Vorschriften bzw. als Entscheidungsgrundlage dafür dient, in bestimmten Einzelstaaten erst gar keine Wertpapiere anzubieten. Der Staat New Hampshire zB hat ein Gesetz erlassen, das eine nach außen sichtbare Offenlegung des Umstands verlangt, daß eine bestimmte Plazierung von den Aufsichtsbehörden in New Hampshire gebilligt wurde (sog. Notice to New Hampshire Residents). Diese Offenlegung „shall be reproduced in no smaller than 12 point boldface type, on any one of the first 5 pages of any prospectus or other offering document, when offered to New Hampshire residents in a private offering". N. H. Rev. Stat. Ann. § 421-3:20. Emittenten und ihre Finanzberater nehmen einen solchen „disclaimer" idR in einen Prospekt auf, um der Gefahr vorzubeugen, daß eine Person mit Sitz im Staat New Hampshire ein Angebot von nicht-„covered securities" annehmen könnte, wodurch der Emittent und seine Finanzberater einen (wenn auch eher technischen) Verstoß gegen New Hampshire Recht begehen würden.

terschieden werden[404]. Nach dem Securities Act wird nicht eine Wertpapiergattung, sondern eine Wertpapiertransaktion registriert. Nur die so angebotenen Wertpapiere, d. h. die durch Transaktion, Gattung und Anzahl individualisierten Papiere, gelten als iSd. Securities Act registriert[405]. Gemäß dem Exchange Act wird dagegen eine Gattung von Wertpapieren als Ganzes registriert und zwar ohne Rücksicht darauf, ob sämtliche oder nur einzelne Wertpapiere dieser Gattung öffentlich angeboten werden.

Gemäß dem **Securities Act** bedarf jede Ausgabe bzw. Veräußerung von Wertpapieren grundsätzlich der **Registrierung** mit der SEC[406] oder einer Befreiung von dieser Pflicht[407]. Dabei ist es unerheblich, ob ein Wertpapier bereits Gegenstand eines früheren Registrierungsantrags war, da jede Übertragung außerhalb der ursprünglichen Transaktion grundsätzlich einer erneuten Registrierung bedarf. Die überwiegende Mehrheit von Wertpapiertransaktionen fällt jedoch unter eine Befreiung von den Registrierungspflichten[408].

Gemäß dem **Exchange Act** bedürfen Wertpapiere der Registrierung, die an einer US-Börse oder im NASDAQ System gehandelt werden[409]. Nach dem Exchange Act werden alle zum Zeitpunkt der **Registrierung** ausgegebenen Wertpapiere einer Gattung registriert[410], und zwar unabhängig davon, ob diese zuvor öffentlich angeboten wurden oder nicht (eine Gattung Wertpapiere kann sogar dann nach dem Exchange Act registriert werden, wenn der Emittent weder deren

---

[404] Siehe Rn 147.

[405] Unter bestimmten Voraussetzungen ermöglicht Rule 415 SA, 17 C. F. R. 230 415, auch eine sog. „shelf registration", d. h. die Registrierung einer größeren, in variablen Tranchen abzugebenden Zahl von Wertpapieren. Wenn eine solche Tranche der registrierten Wertpapiere „vom Regal herunterzuholen" ist („to take securities off the shelf"), muß der Registrierungsantrag allenfalls in abgekürzter Form aktualisiert werden. Emittenten bedienen sich der „shelf registration" Vorschriften u. a., um Medium Term Note-Programme zu errichten (siehe Rule 415(a)(1)(x)) und um bestimmten Dritten wie Altaktionären (d. h. Inhabern von Aktien, die schon vor dem Börsengang des Emittenten in einer Privatplazierung ausgegeben wurden und so nie Gegenstand eines Registrierungsantrags waren), die keine mit dem Emittenten verbundenen juristischen Personen sind, die öffentliche Veräußerung ihrer Wertpapiere von Zeit zu Zeit und nach eigenem Ermessen zu ermöglichen (siehe Rule 415(a)(1)(i)).

[406] § 5 SA.

[407] §§ 4, 5 SA (teilweise iVm. den Vorschriften der nach dem Securities Act erlassenen Verordnungen; siehe zB Rule 144A).

[408] Wie schon erwähnt, enthalten der Securities Act und die dazugehörigen Verordnungen eine Reihe von Befreiungstatbeständen sowohl für bestimmte Wertpapierarten (zB für vom US-amerikanischen Staat garantierte Schuldscheine) als auch für bestimmte Transaktionen (zB Privatplazierungen); siehe Rn 147. Die wichtigste Befreiung gewährt § 4(1) SA (für „transactions by any person other than an issuer, underwriter or dealer"), der u. a. den öffentlichen Börsenhandel ausnimmt.

[409] § 12 SEA.

[410] § 12(g) SEA und die allgemeinen Instruktionen für die Erstellung von Registrierungsanträgen nach dem Exchange Act (Reg. Sec. 244 208a-250) stellen klar, daß die Registrierung nach dem Exchange Act die gesamte Gattung („class of securities") der entsprechenden Wertpapiere abdeckt. Dagegen setzt § 5 SA (vorbehaltlich der umfangreichen Befreiungen der §§ 3 und 4 SA) die Registrierung aller angebotenen und verkauften Wertpapiere (nicht aber der ganzen Gattung) voraus.

öffentliche Ausgabe vorsah noch vornahm)⁴¹¹. Selbst später ausgegebene Wertpapiere dieser Gattung gelten kraft der früheren Registrierung als registriert⁴¹²

164 Die Registrierungspflichten nach dem Securities Act und dem Exchange Act sind formell voneinander unabhängig. UU kann ein Emittent zur Registrierung gemäß dem einen Gesetz verpflichtet sein (oder sie freiwillig vornehmen), ohne einer Registrierungspflicht nach dem anderen Gesetz zu unterliegen. Dennoch haben die wohl am häufigsten vorkommenden Konstellationen (zB Ausgabe oder Umtausch von Wertpapieren, die börsennotiert sind bzw. im Zusammenhang mit einer Wertpapieremission börsennotiert werden) eine Registrierung nach beiden Gesetzen zur Folge. In beiden Registrierungsanträgen sind weitgehend die gleichen Informationen aufzuführen („**integrated disclosure system**")⁴¹³. Zudem ist Emittenten, deren Wertpapiere seit einer bestimmten Mindestzeit nach dem Exchange Act registriert sind, gestattet, die Informationserfordernisse des Securities Act weitgehend durch einen einfachen Verweis auf ihre gemäß dem Exchange Act einzureichenden und eingereichten Berichte zu erfüllen („**incorporation by reference**").

2. Registrierung nach dem Securities Act und dem Exchange Act

165 Ein deutscher Emittent, der in den USA öffentlich Wertpapiere anbieten will, muß die Wertpapiere – ebenso wie US-Emittenten – nach dem Securities Act re-

---

⁴¹¹ Gem. § 12 SEA ist die Registrierung nach diesem Gesetz nicht Voraussetzung für ein öffentliches Angebot, aber Voraussetzung für eine Börsennotierung (siehe § 12(a) SEA). Ein Emittent kann seine Aktien an einer US-amerikanischen Börse notieren lassen, ohne dabei ein öffentliches Angebot von Aktien zu unterbreiten, womit sich dieser Emittent den fortlaufenden Berichtspflichten des Exchange Act unterwerfen (nicht aber eine Registrierung nach dem Securities Act durchführen) muß. Umgekehrt können Aktien öffentlich angeboten werden (gemäß einer Registrierung nach dem Securities Act), ohne an einer Börse notiert zu sein. § 12(g)(1)(B) ermöglicht es dem Emittenten von Aktien und aktienähnlichen Wertpapieren, die weder öffentlich angeboten noch börsennotiert wurden, diese Wertpapiere freiwillig nach dem Exchange Act zu registrieren (und sich dabei der fortlaufenden Berichterstattungspflicht des Exchange Act zu unterwerfen).

⁴¹² Vor 1954 wurden nach dem Exchange Act wie auch dem Securities Act nur die tatsächlich ausgegebenen Wertpapiere registriert. Seit 1954 erfaßt die Exchange Act-Registrierung alle Stücke der registrierten Gattung, wobei in Zukunft emittierte Stücke mit ihrer Ausgabe als registriert gelten; siehe SEC Securities Exchange Act Release 4990 (1954). Der Emittent muß dann im Rahmen seiner fortlaufenden Berichterstattung den Markt über die Ausgabe der neuen Wertpapiere, insbes. die jeweilige Anzahl der registrierten Gattung, informieren.

⁴¹³ Vereinfacht gesehen funktioniert das „integrated disclosure system" dadurch, daß die Informationen in einem Registrierungsantrag (gleichgültig, ob nach Securities Act oder Exchange Act) bzw. in anderen der SEC (und damit der Öffentlichkeit) vorgelegten Unterlagen den Erfordernissen von Regulation S-X (für Finanzinformationen) oder Regulation S-K (für andere Informationen) entsprechen müssen. Statt Aussagen iRd. Exchange Act-Berichterstattung in Securities Act-Registrierungsanträgen zu wiederholen, ist es dem berechtigten Emittenten gestattet, seine Offenlegungspflichten nach dem Securities Act weitgehend mittels Verweis auf seine bisherige Berichterstattung zu erfüllen. Für eine eingehendere Diskussion der Philosophie und Praxis des „integrated disclosure system" siehe zB *Loss/Seligmann*, Fundamentals of Securities Regulation 2.D.1 (3d. ed., 1995).

gistrieren lassen[414]. Der Securities Act zielt insbes. darauf ab, die vollständige und richtige Veröffentlichung aller Informationen seitens des Emittenten sicherzustellen, die für eine fundierte Anlageentscheidung potentieller Investoren notwendig sind. Sollen die Wertpapiere an einer US-amerikanischen Wertpapierbörse zugelassen oder gehandelt werden, muß der Emittent sie zusätzlich nach dem Exchange Act registrieren lassen[415]. Da jedoch die Registrierungsanforderungen nach dem Securities Act und dem Exchange Act weitgehend identisch sind[416], ist das zusätzliche Erfordernis der Registrierung nach den Vorschriften des Exchange Act für den ausländischen Emittenten bei einem öffentlichen Angebot von Wertpapieren in den USA nicht mit großem Zusatzaufwand verbunden[417].

Die Registrierungserfordernisse des Securities Act werden im wesentlichen durch die **Einreichung des Registrierungsantrags** bei der SEC erfüllt. Der Antrag muß insbes. eine detaillierte Beschreibung der Geschäftstätigkeit des Emittenten, der auszugebenden Wertpapiere sowie die Finanzausweise des Emittenten enthalten[418]. Registrierungsanträge und andere Berichte[419] werden entweder auf Papier oder iRd. **EDGAR**-Systems („**e**lectronic **d**ata **g**athering, **a**nalysis and **r**etrieval") elektronisch bei der SEC eingereicht[420]. Der Registrierungsantrag besteht aus zwei Teilen: Der erste Teil ist im wesentlichen der an die Investoren zu verteilende **Prospekt**, wohingegen der zweite Teil bestimmte **technische Informationen** enthält, die nicht zur Verteilung an die Investoren vorgesehen sind, gleichwohl aber von der SEC überprüft werden und öffentlich zugänglich sind. Außerdem gibt es **Anlagen** zum Registrierungsantrag, die bei der SEC eingereicht werden müssen (zB wesentliche Verträge des Emittenten, gesellschaftsrechtliche Dokumente, sog. Legal Opinions usw.) und grundsätzlich ebenfalls öffentlich zugänglich sind.

Eine US-amerikanische Gesellschaft muß idR die Antragsformulare mit der Bezeichnung Form S-1, Form S-2, Form S-3 und Form S-4 zur Registrierung der in den USA anzubietenden Wertpapiere nach dem Securities Act benutzen.

---

[414] Allgemeine Instruktionen zu Form F-1 SA, 17 C. F. R. 239.31; Rule 405 SA, 17 C. F. R. 230 405 (zur Definition eines „foreign private issuer" siehe Fn 421).
[415] §§ 12 und 13 SEA, 15 U. S. C. 78l und 78m.
[416] Siehe Rn 164.
[417] Allerdings begründet eine Registrierung nach dem Exchange Act bestimmte laufende Berichtspflichten; siehe Rn 257 ff.
[418] Allgemeine Instruktionen zu Form F-1 SA, 17 C. F. R. 239.31.
[419] Siehe Rn 257 ff.
[420] Mit wenigen Ausnahmen müssen inländische und dürfen ausländische Emittenten das EDGAR-System benutzen, §§ 100(a), 601(b) der Regulation S-T, 17 C. F. R. 232 100, –.601. Ein ausländischer Emittent, der als „foreign private issuer" (siehe Fn 421) zur Benutzung von EDGAR sonst nicht verpflichtet wäre, müßte jedoch im Rahmen seiner Übernahme von bzw. Verschmelzung mit einer EDGAR-pflichtigen Gesellschaft den Registrierungsantrag (typischerweise auf Form F-4; siehe Rn 205) elektronisch einreichen, es sei denn, daß die EDGAR-pflichtige Gesellschaft nach Durchführung der Transaktion den Berichterstattungspflichten des Exchange Act nicht mehr unterliegt, § 100(c) iVm. § 601(a) der Regulation S-T; § 601(c) der Regulation S-T. Dagegen stellt der Registrierungsantrag auf Form F-6, wodurch der ausländische Emittent ein ADR-Programm in den USA errichtet (siehe Rn 217), eine Ausnahme von Regulation S-T dar: Weil das Regelwerk eine EDGAR-Einreichung von Form F-6 nicht gestattet, muß der Emittent diesen Antrag zwingend auf Papier einreichen, § 101(c)(15) der Regulation S-T.

Für eine deutsche Gesellschaft, wenn sie unter die Definition von „**foreign private issuer**" nach dem Securities Act fällt, kommen entsprechend die Anträge auf **Form F-1, F-2, F-3 und F-4** in Betracht[421]. Ein deutscher Emittent, der in den USA erstmals öffentlich Wertpapiere begibt, muß einen Registrierungsantrag auf Form F-1 stellen[422]. Ist eine deutsche Gesellschaft bereits nach dem Exchange Act registriert und hat sie die **Berichtsfolgepflichten** gemäß den Vorschriften des Exchange Act erfüllt, kann sie einen Registrierungsantrag auf Form F-2 oder F-3 stellen, was jeweils eine Erleichterung des Registrierungsvorgangs bedeutet. Mit diesen Anträgen wird dem Emittenten insbes. gestattet, Informationen durch Verweis auf seine periodisch gemäß dem Exchange Act eingereichten Berichte zu inkorporieren[423]. Registrierungsanträge auf Form F-4 werden insbes. im Zusammenhang mit Umtauschangeboten bei Unternehmensübernahmen verwendet.

168 Nach dem Exchange Act ist ein Registrierungsantrag auf **Form 20-F** zu stellen, wenn lediglich die Zulassung von Wertpapieren an einer US-amerikanischen Wertpapierbörse oder zum NASDAQ System angestrebt wird. Wird jedoch gleichzeitig ein öffentliches Angebot von Wertpapieren in den USA durchgeführt, ist der Antrag auf **Form 8-A** zu stellen, der wiederum auf die im Registrierungsantrag nach dem Securities Act enthaltenen Informationen verweist[424].

169 Die Formulare für die Registrierungsanträge nach dem Securities Act und dem Exchange Act sind keine auszufüllenden Blanko-Vordrucke, sondern vielmehr als Richtlinien für die Erstellung des darin enthaltenen Prospekts und der zusätzlichen Informationen zu verstehen. Nicht nur muß jede ausdrücklich spezifizierte Frage durch die Angaben im Registrierungsantrag beantwortet sein, sondern es

---

[421] Rule 405 SA, 17 C. F. R. 230 405. In diesem Zusammenhang ist zu bemerken, daß ein nichtamerikanischer Emittent nicht automatisch die Anträge auf Form „F-" benutzen und die einem ausländischen Emittenten gewährten, im Vergleich zu den US-amerikanischen Vorschriften vereinfachten Offenlegungs- und Berichterstattungspflichten erfüllen darf. Jedem nichtstaatlichen ausländischen Emittenten, der nicht unter die Definition eines „foreign private issuer" gemäß den Bestimmungen des Securities Act fällt, werden die Pflichten eines inländischen (d. h. US-amerikanischen) Emittenten in vollem Umfang auferlegt. Allerdings fällt ein ausländischer Emittent in aller Regel unter die Definition von „foreign private issuer", wenn er seine Wertpapiere in den USA zum ersten Mal anbietet bzw. an einer US-amerikanischen Börse notieren läßt. „Foreign private issuer" ist jeder ausländischer Emittent, sofern nicht (i) die – direkten oder indirekten – Inhaber von mehr als 50 % seiner stimmberechtigten Wertpapiere in den USA ansässige Personen sind und (ii) eines der folgenden Tatbestandsmerkmale erfüllt ist: (a) eine Mehrheit der Directors oder Führungskräfte (Executive Officers) hat ihren Wohnsitz in den USA bzw. ist amerikanischer Staatsangehöriger, (b) mehr als die Hälfte seiner Vermögenswerte befinden sich physisch in den USA oder (c) die Geschäftstätigkeit des Emittenten findet hauptsächlich in den USA statt bzw. wird von dort gesteuert. Siehe Rule 405 SA. Ausländische staatliche Gesellschaften sind von der Definition „foreign private issuer" ausgenommen und unterliegen in den USA einer Reihe von speziellen Vorschriften.
[422] Allgemeine Instruktionen zu Form F-1 SA, 17 C. F. R. 239.31.
[423] Allgemeine Instruktionen zu Form F-2 und F-3 SA, 17 C. F. R. 239.32 und 239.33.
[424] Aufgrund ihrer dualen Natur wird die Form 20-F auch von Emittenten benutzt, deren Wertpapiere im Rahmen eines öffentlichen Angebots auf Form F-1 nach dem Securities Act registriert wurden und die in diesem Zusammenhang die Exchange Act-Registrierung auf Form 8-A durchgeführt haben. In diesem Fall dient die Form 20-F der Einreichung der jeweiligen Jahresberichte bei der SEC iRd. fortlaufenden Berichterstattung des Emittenten; näheres siehe Rn 206 ff. und 257 ff.

sind grundsätzlich **alle wesentlichen**, den Emittenten betreffenden **Informationen** offenzulegen, auch wenn im Formular für den Registrierungsantrag nicht explizit danach gefragt wird. Eine Information ist „wesentlich", wenn eine erhebliche Wahrscheinlichkeit besteht, daß ein vernünftiger Investor ihr im Rahmen seiner Entscheidung zum Kauf oder zum Verkauf der Wertpapiere Bedeutung beimessen würde[425]. Der Emittent und die anderen Mitwirkenden des Angebots haften, falls die Angaben im Registrierungsantrag (insbes. in dem darin enthaltenen Verkaufsprospekt) erheblich falsche Angaben oder Lücken enthalten. Deswegen muß der Emittent sicherstellen, daß der Antrag vollständige und richtige Informationen enthält und nicht irreführend ist[426].

3. Registrierungsvorgang

a) Publizitätsbeschränkungen. Der Registrierungsvorgang mit der SEC bei einem öffentlichen Angebot von Wertpapieren läßt sich im wesentlichen in **drei Abschnitte** unterteilen[427]. Der erste Abschnitt reicht vom Entschluß, ein öffentliches Angebot durchzuführen, bis zur Einreichung des Registrierungsantrags bei der SEC (sog. **„pre-filing period"**), der zweite von der Einreichung des Registrierungsantrags bei der SEC bis zur Wirksamkeitserklärung durch die SEC (sog. **„waiting period"**), und der dritte von da an (sog. **„effectiveness"**). Der Securities Act legt während dieser drei Phasen Veröffentlichungen aller Art, die geeignet sind, den Markt für eine geplante Wertpapieremission zu konditionieren, sowie Angeboten zum Erwerb von Wertpapieren beträchtliche Beschränkungen auf.

Die ursprünglich verabschiedete Fassung des Securities Act enthielt u. a. die grundlegende Prämisse, daß Anlageentscheidungen grundsätzlich ausschließlich auf der Basis eines **Prospekts** zu treffen sind, der die gesetzlichen Vorschriften in § 10 SA erfüllt und daher eine vollständige und angemessene Offenlegung iSd. Gesetzes darstellt. Die SEC hat sich in den letzten 20 Jahren durch ihr **integriertes Offenlegungssystem** immer mehr auf das System der fortlaufenden Berichterstattung nach dem Exchange Act verlassen, um Investoren die notwendigen Informationen für eine informierte Anlageentscheidung zugänglich zu machen. Ungeachtet der Entwicklung hin zu einem integrierten Offenlegungssystem hat die SEC das grundlegende **Verbot einer Konditionierung des Markts** und von Angeboten außerhalb des Prospekts und der darin enthaltenen Informationen bis heute beibehalten.

aa) „Pre-filing period". Vor der Einreichung eines Registrierungsantrags bei der SEC dürfen generell **weder schriftliche noch mündliche Angebote** abgegeben werden[428]. Die SEC legt den Begriff „Angebot" sehr weit aus und schließt jegliche Veröffentlichungen ein, die geeignet sind, den Markt zu konditionieren

---

[425] Zur Definition von „wesentlich" siehe Rule 405 SA, 17 C. F. R. 230 405.
[426] Die materiellen Anforderungen der Formulare für die Registrierungsanträge und die Haftung gemäß den Bestimmungen des Securities Act und des Exchange Act werden unter Rn 194 ff. und Rn 210 ff. behandelt.
[427] § 5 SA, 15 U. S. C. 77e; *Wilhelm* Die Wirtschaftsprüfung 1998, 364, 366.
[428] § 5(c) SA, 15 U. S. C. 77e(c).

oder ein öffentliches Interesse an den Wertpapieren zu wecken[429]. Publizierte Informationen eines Unternehmens, die auf herkömmlichem Weg oder durch Verwendung einer Website verbreitet werden, können daher als ein unzulässiges Angebot von Wertpapieren und damit als Tatbestand einer vorzeitigen Bekanntmachung (sog. **„gun jumping"**) angesehen werden, wenn festgestellt wird, daß sie den Markt für eine bevorstehende Wertpapieremission konditionierten.

173   Der Staff der SEC hat in den letzten Jahren in Bezug auf **Veröffentlichungen** von Informationen eines Unternehmens, die **nicht in einem Registrierungsantrag** enthalten waren bzw. nicht durch Verwendung eines darin enthaltenen Prospekts verbreitet wurden, vor und während der Registrierungsphase einer Wertpapieremission eine sehr restriktive Haltung eingenommen. In zahlreichen Fällen wurde verlangt, in die Registrierungserklärungen Aussagen von Führungskräften oder Mitarbeitern der betroffenen Gesellschaft oder der Konsortialmitglieder aufzunehmen, wenn die SEC der Ansicht war, daß diese Aussagen geeignet waren, den Markt für die Wertpapiere zu konditionieren. Daneben wurde die Aufnahme von Risikofaktoren bezüglich möglicher Rücktrittsrechte der Investoren für Verstöße gegen § 5 SA gefordert oder aber eine beträchtliche Stillhaltezeit („cooling-off period") zwischen der unzulässigen Publizität und der Preisfestsetzung für die Emission verlangt. Der Staff hat sogar Veröffentlichungen am Tag der Notizaufnahme in Frage gestellt, wenn er der Ansicht war, daß die darin enthaltenen Angaben über die Angaben im Prospekt hinausgingen[430].

174   Die SEC erkennt an, daß eine Wertpapieremission eine wesentliche Maßnahme ist, die den Aktionären eines Unternehmens und den Kapitalmärkten rechtzeitig bekanntgegeben werden muß. Gemäß **Rule 135** SA ist es daher einem Emittenten unter bestimmten Auflagen bzw. in eingeschränktem Umfang gestattet, bereits vor der Einreichung eines Registrierungsantrags Informationen über eine Emission zu veröffentlichen. Eine solche Bekanntmachung gilt nicht als Angebot iSv. § 5 SA, sofern darin darauf hingewiesen wird, daß die Emission durch

---

[429] Siehe zB Guidelines for the Release of Information by Issuers Whose Securities are in Registration [Richtlinien für die Veröffentlichung von Informationen durch Emittenten, deren Wertpapiere sich in Registrierung befinden], SA Release No. 33-5180 (16. 8. 1971); Interpretations by the Commission re the publication of information [Auslegungen der SEC in Bezug auf die Veröffentlichung von Informationen], SA Release No. 33-5009 (7. 10. 1969); und Publication of Information Prior to or After the Effective Date of a Registration Statement [Veröffentlichung von Informationen vor oder nach Inkrafttreten eines Registrierungsantrags], SA Release No. 33-3844 (8. 10. 1957). Insbes. deutsche Emittenten müssen sich dieser sehr breiten Auslegung von „Angebot" bewußt sein. Auch in Deutschland ist die öffentliche Unterbreitung eines Wertpapierangebots vor der Veröffentlichung eines vorläufigen Verkaufsprospekts untersagt. Nach dem Securities Act bedeutet „Angebot" jedoch nicht, wie im schuldrechtlichen Sinn, eine Willenserklärung, bei deren Annahme durch den Empfänger ein Vertrag zustande kommt. Vielmehr gilt als „Angebot" iSd. Securities Act auch jeder Versuch, ein Wertpapier zu veräußern bzw. jede Aufforderung zum Angebot, das Wertpapier zu kaufen, selbst wenn dieser Versuch nicht als „Angebot" im vertragsrechtlichen Sinn gilt, § 2(3) SA.

[430] Siehe „Deals and Deal Makers: Chief Executives Touting IPO's Can Cause Jitters for Lawyers", C-21 Wall Street Journal (5. 9. 2000) – Artikel über einen Emittenten, von dem die SEC verlangt hat, den Prospekt abzuändern und die von seinem CEO den Nachrichtenmedien gegenüber gemachten Aussagen aufzunehmen.

einen Prospekt erfolgen wird, und sofern die Bekanntmachung nicht mehr als die folgenden zusätzlichen Informationen enthält[431]:
- den Namen des Emittenten;
- die Art, die Anzahl und die wesentlichen Bedingungen der anzubietenden Wertpapiere;
- den Teil der Emission, der etwaigen Altaktionären angeboten werden soll (sofern anwendbar);
- der erwartete Zeitpunkt des Angebots;
- einen kurzen Bericht über das Plazierungsverfahren und den Grund für die Emission, **ohne Bekanntgabe der beteiligten Konsortialbanken**;
- bestimmte zusätzliche Einzelheiten in den Fällen einer Bezugsrechtsemission an Altaktionäre des Emittenten, eines Umtauschangebots oder eines Angebots an Mitarbeiter.

Die Liste der nach Rule 135 zulässigen Informationen ist exklusiv; jede weitere in der Bekanntmachung enthaltene Information würde den Befreiungstatbestand vereiteln und als Angebot iSv. § 5 SA angesehen werden. Insbes. im Zusammenhang mit „dual listings" ist das Verbot der Bekanntgabe der Namen der die Transaktion begleitenden Konsortialbanken in den USA von besonderer praktischer Relevanz, da diese Bekanntgabe in Deutschland idR zu einem früheren Zeitpunkt erfolgt.

bb) „Waiting period". Nach Einreichung des Registrierungsantrags ist mündlichen Angeboten keine Beschränkung auferlegt, obwohl sie nach wie vor den Haftungsvorschriften gemäß § 12(a)(2)[432] SA unterliegen. Gemäß § 5(b)(1) SA darf im Zusammenhang mit einer Wertpapieremission nur ein Prospekt verwendet werden, der die Anforderungen von § 10 SA erfüllt. In § 2(a)(10) SA ist der Begriff „Prospekt" sehr weit definiert und umfaßt alle Arten schriftlicher Mitteilungen[433]

---

[431] Rule 135 SA, 17 C. F. R. 230-135.

[432] In § 12(a)(2) SA wird einer Person, die ein registriertes oder unregistriertes Wertpapier durch einen Prospekt oder ein mündliches Angebot, der bzw. das „eine unwahre Darstellung einer wesentlichen Tatsache enthält oder ... es unterläßt, eine wesentliche Tatsache anzugeben, die notwendig ist, damit die Darstellungen angesichts der Umstände, unter denen sie abgegeben wurden, nicht irreführend sind", anbietet oder verkauft, eine zivilrechtliche Haftung (Rückabwicklung oder Schadenersatz) auferlegt.

[433] Der Prospekt gem. § 10 SA schließt einen endgültigen Prospekt gem. § 10(a) SA und einen noch nicht vollständigen Prospekt gem. § 10(b) SA mit ein. Bisher wurde die in § 2(a)(10) SA enthaltene Definition von „Prospekt" von der SEC sehr weit gefaßt angewendet. Der oberste Gerichtshof der USA vertrat im Jahr 1995 allerdings eine etwas restriktivere Auffassung über den Geltungsbereich von § 2(a)(10) SA. Er bemerkte, daß sich die verschiedenen, in § 2(a)(10) SA verwendeten Begriffe, nämlich „Prospekt", „Mitteilung", „Verkaufsprospekt" und „Anzeige" auf „weit verbreitete" Dokumente beziehen und „Prospekt" ein Begriff ist, der sich auf ein Dokument bezieht, in dem eine öffentliche Emission von Wertpapieren beschrieben wird, und kein Begriff, der alle schriftlichen Mitteilungen, in denen ein Wertpapier zum Verkauf angeboten ist, mit einschließt, *Gustafson v. Alloyd Co., Inc.*, 115 S. Ct. 1061, 1070 (1995) (Entscheidung, daß § 12(a)(2) SA nicht bei Privatplazierungen oder Transaktionen auf Sekundärmärkten Anwendung findet). Nach Auslegung einiger Kommentatoren bedeutet dies, daß nur die in weit verbreiteten Dokumenten enthaltenen Verlautbarungen und Angebote im Rundfunk oder Fernsehen untersagte Angebote sind, schriftliches Material dagegen, das für einen beschränkten Adressatenkreis gedacht ist, selbst im Zusammenhang mit einer öffentlichen

§ 23 176

sowie auch Beiträge im Radio oder Fernsehen und die Verwendung des Internet[434]. Diese Definition umfaßt nicht
- eine eingeschränkte Mitteilung über eine Emission im Einklang mit **Rule 134** SA, in der die Wertpapiere und deren Preis genannt werden und angegeben wird, wo man einen Prospekt gemäß § 10 SA erhält und von wem die Aufträge ausgeführt werden sowie andere von der SEC genehmigte Informationen mitgeteilt werden; Rule 134 erlaubt somit eine Bekanntmachung über die Emission, die etwas über die in Rule 135 gestatteten Informationen hinausgeht, einschließlich der Namen der Konsortialmitglieder[435];

Emission außerhalb der Definition von „Prospekt" liegen kann, siehe zB *J. Strickland und D. Neier*, Regulation of Roadshows [Regulierung von Roadshows], 962 PLI/Corp 133 (1996). Allerdings geht die gängige internationale Kapitalmarktpraxis nach wie vor davon aus, daß auch bei Privatplazierungen und Transaktionen im Sekundärhandel ein Prospekthaftungsrisiko nach § 12(a)(2) SA besteht. Das ist einer der Hauptgründe dafür, weshalb sich Verkaufsprospekte für Privatplazierungen in den USA nach § 4(2) iVm. Rule 144A SA in Form und Umfang nur unwesentlich von Prospekten SEC-registrierter Transaktionen unterscheiden, und weshalb Konsortialbanken im Rahmen einer formalisierten Due Diligence-Verteidigung gegen mögliche Prospekthaftungsklagen auch bei Rule 144A Privatplazierungen auf den Erhalt marktüblichen Comfort Letters von Wirtschaftsprüfern und Disclosure Letters (gem. Rule 10b-5 des SEA) von Anwälten bestehen (siehe auch Rn 185 und Rn 210ff.).

[434] § 2(a)(10) SA. Der Verweis auf Rundfunk und Fernsehen in der Definition von „Prospekt" in § 2(a)(10) SA hat die Verwendung der elektronischen Kommunikation zur Durchführung von Roadshows bis vor kurzem aus rechtlicher Sicht ausgeschlossen. Die Sachbearbeiter der SEC haben jedoch eine Reihe von Stellungnahmen zu elektronischen Roadshows im Zusammenhang mit registrierten Emissionen veröffentlicht, siehe Private Financial Network, 1997 SEC No-Act. LEXIS 406 (erhältlich 12. 3. 1997); Net Roadshow, Inc., 1997 SEC No-Act. LEXIS 864 (erhältlich 8. 9. 1997); Bloomberg L. P., 1997 SEC No-Act. LEXIS 1023 (erhältlich 1. 12. 1997); und Thomson Financial Services, Inc., 1998 SEC No-Act. LEXIS 837 (erhältlich 4. 9. 1998). Die Sachbearbeiter der SEC veröffentlichten außerdem Stellungnahmen zu elektronischen Roadshows im Zusammenhang mit einer Emission gem. Rule 144A, siehe Net Roadshow, 1997 SEC No-Act. LEXIS 107 (erhältlich 30. 1. 1998) und Charles Schwab & Co. Inc., 1999 SEC No-Act. LEXIS 903 (erhältlich 15. 11. 1999). Bei Verwendung des Internet als Kommunikationsmedium im Rahmen einer Wertpapieremission läuft ein Unternehmen grundsätzlich Gefahr, eine vermeintlich nicht angebotsbezogene Website zu einem „Prospekt" zu machen, indem es den Seitenbesucher zB mittels Hyperlink zu einem auf der Website enthaltenen Dokument leitet, das rechtlich als ein „Angebot" von Wertpapieren zu qualifizieren ist. Die beiden Websites bzw. Dokumente würden als ein Angebot von Wertpapieren angesehen, so wie (so die Metapher der SEC) zwei schriftliche Mitteilungen, die im gleichen Briefumschlag versandt werden, ein einziges Dokument bilden. Ob ein Verstoß gegen § 10 SEA im Einzelfall vorliegt, hängt vom Inhalt der Dokumente und der Art und Weise ab, in der die entsprechenden Hyperlinks, Warnhinweise und Filter angebracht sind; siehe u. a. Use of Electronic Media for Delivery Purposes, SA Release No. 33-7233 (13. 10. 1995) sowie Use of Electronic Media, SA Release No. 33-7856 (28. 4. 2000)

[435] Rule 134 SA, 17 C. F. R. 230-134. Es ist zu beachten, daß Bekanntmachungen gem. Rule 134 als Angebote iSd. Securities Act angesehen werden und daher vor Einreichung des Registrierungsantrags bei der SEC nicht gestattet sind; mit Rule 134 wird die Bekanntmachung einfach außer Reichweite der Definition von „Prospekt" verlegt. In § 2(a)(10) SA ist ausdrücklich angegeben, daß bestimmte eingeschränkte, schriftliche Verlautbarungen nicht als Prospekt betrachtet werden, und der SEC wird die Befugnis erteilt, Durchführungsverordnungen gemäß dieser Bestimmung zu verabschieden. Rule 134 wurde im Rahmen dieser Befugnis verabschiedet. Mit Rule 134(d) wird die Aufforderung gestattet, ein Interesse schriftlich zum Ausdruck zu bringen, sofern sie von einem gesetzlich vorgeschriebenen Prospekt begleitet wird oder ein solcher Prospekt zuvor verteilt war.

– schriftliche Unterlagen, die nach dem Datum des Inkrafttretens eines Registrierungsantrags verwendet werden, sofern einer Person ein schriftlicher Prospekt, der die Bestimmungen von § 10(a) SA erfüllt (d. h. ein endgültiger Prospekt), vor oder zusammen mit solchen Unterlagen zugeschickt oder ausgehändigt wird.

Sobald die SEC den Registrierungsantrag für wirksam („effective") erklärt hat, dürfen gemäß § 5(a) SA Wertpapiere verkauft werden. Entweder vor oder zusammen mit der Bestätigung des Verkaufs oder der Lieferung der Wertpapiere muß einem Investor ein endgültiger Prospekt übergeben werden, der die Vorschriften von § 10(a) SA erfüllt[436].

cc) Wirksamkeitserklärung. Nachdem die SEC einen Registrierungsantrag für wirksam erklärt hat, gestattet der Securities Act, daß neben dem Prospekt weitere schriftliche Unterlagen an potenzielle Investoren verteilt werden. Allerdings muß jeder Käufer den endgültigen Prospekt, der Teil des wirksam gewordenen Registrierungsantrags ist, vor oder gleichzeitig mit dem Erhalt der schriftlichen Bestätigung des Kaufs oder der Lieferung der Wertpapiere bzw. sonstiger schriftlicher Unterlagen erhalten, je nachdem, welcher Zeitpunkt der frühere ist[437].

b) Vorbereitung des Registrierungsantrags und Due Diligence. Die Erstellung des Prospekts, der ein wesentlicher Teil des Registrierungsantrags ist, umfaßt im wesentlichen die Zusammenstellung detaillierter Informationen aus finanziellen und nicht-finanziellen Belangen, die die Gesellschaft und ihr operatives Umfeld betreffen[438]. Für einen erstmaligen Emittenten kann, wenn vorhanden, ein englischsprachiger Geschäftsbericht oder ein in Deutschland erstellter Verkaufsprospekt für Aktien oder Schuldverschreibungen als Ausgangsbasis dienen. Die erstmalige Erstellung eines Registrierungsantrags bei der SEC, insbes. die Erstellung von Finanzausweisen nach den allgemein anerkannten Bilanzierungsgrundsätzen in den USA (US-GAAP), macht idR einen beträchtlichen **Zeitaufwand** erforderlich.

Der in einem Registrierungsantrag enthaltene Prospekt ist ein Marketingdokument, zugleich begründet er die **Haftung** der Gesellschaft und aller an einem Angebot von Wertpapieren in den USA beteiligten Personen **für** dessen **Richtigkeit**

---

[436] § 5(b)(2) SA. In § 2(a)(10) SA wird eine solche Bestätigung ausdrücklich als Prospekt definiert; da die Bestätigung die Vorschriften von § 10(a) SA nicht erfüllt, würde ihre Übergabe gegen § 5(b)(1) SA verstoßen, es sei denn, sie fällt unter eine Ausnahme von der Definition des Begriffs „Prospekt". Daher muß der endgültige Prospekt dem Kunden gleichzeitig mit oder vor der Übergabe der Bestätigung geschickt oder ausgehändigt werden; dann fällt die Bestätigung unter die Ausnahme für bestimmte schriftliche Verlautbarungen nach dem Datum des Inkrafttretens. Es ist zu beachten, daß andere schriftliche Unterlagen (zB Verkaufsliteratur) ebenfalls iRd. gleichen Ausnahme von der Definition von „Prospekt" verwendet werden können, vorbehaltlich der gleichen Vorschrift, daß der Person, die Verkaufsliteratur erhält, dabei oder zuvor der endgültige Prospekt zugeschickt oder ausgehändigt wurde.
[437] § 5(b)(2) SA, 15 U.S.C. 77e.
[438] Regulation S-X (17 C.F.R. 210) bestimmt die Finanzinformationen, Regulation S-K (17 C.F.R. 229) die anderen Informationen, die in Registrierungsanträgen nach dem Securities Act und dem Exchange Act sowie iRd. fortlaufenden Berichterstattung nach dem Exchange Act offenzulegen sind. Damit bilden diese beiden Regelwerke das Fundament des sog. „integrated disclosure system"; siehe Rn 164.

und Vollständigkeit. Gemäß § 11 SA haften die folgenden Personen zivilrechtlich für alle wesentlichen falschen, unterlassenen oder irreführenden Angaben im Registrierungsantrag, einschließlich insbes. des Prospekts:
- jede den Registrierungsantrag unterzeichnende Person;
- jede Person, die zum Zeitpunkt der Einreichung des Registrierungsantrags bei der SEC Director des Emittenten war oder ein funktionell ähnliches Amt bekleidete;
- jede Person, die (i) der Registrierungsantrag als gegenwärtigen oder künftigen Director (oder als Inhaber eines funktionell ähnlichen Amtes) nennt und (ii) diese Nennung genehmigt hat;
- jeder Experte, d. h. Wirtschaftsprüfer, Ingenieur, Bewerter oder sonstige Sachverständige, den der Registrierungsantrag als Verfasser bzw. Gutachter von im Registrierungsantrag enthaltenen Informationen nennt und der diese Nennung genehmigt hat;
- jedes Mitglied des Bankenkonsortiums, das die Wertpapiere plaziert, die der Registrierungsantrag zum Gegenstand hat[439].

181 Während der Emittent der Wertpapiere für den Prospektinhalt unbedingt haftet, können sich die übrigen in § 11 SA genannten Personen entlasten, wenn sie den Nachweis erbringen, daß sie nach Durchführung aller angemessenen Sorgfaltsprüfungen (**„reasonable investigation"**) vernünftigerweise annehmen konnten und tatsächlich auch angenommen haben, daß die im Registrierungsantrag enthaltenen Aussagen vollständig und richtig sind und keine wesentliche Tatsache ausgelassen wurde, die angabepflichtig oder notwendig war, um die im Registrierungsantrag enthaltenen Informationen nicht irreführend erscheinen zu lassen[440].

182 § 11(c) SA sieht vor, daß angemessene Prüfungen und angemessene Gründe für eine Annahme, daß ein Registrierungsantrag keine wesentlichen falschen Informationen oder Auslassungen enthält, an dem Maß an Vernunft bzw. Sorgfalt gemessen werden, das von einem besonnenen und umsichtigen Menschen im Umgang mit seinem eigenen Vermögen erwartet werden kann. Die SEC hat Richtlinien festgelegt, die als Sorgfaltsmaßstab dienen und sich an den Besonderheiten der jeweiligen Transaktion, des Emittenten, der angebotenen Wertpapiere usw. orientieren[441].

183 Die in § 11 SA erwähnte angemessene Prüfung wird auch als **Due Diligence-Prüfung** bezeichnet. Aufgrund ihrer Bedeutung als Verteidigungsinstrument für Prospekthaftungsfälle aller an einem Angebot beteiligten Parteien (mit Ausnahme des Emittenten) ist die Durchführung einer rechtlichen, finanziellen, buchhalte-

---

[439] § 11(a) SA, 15 U. S. C. 77k(a); siehe zur Prospekthaftung Rn 210 ff. Anders als das deutsche Recht kennt das US-amerikanische Recht die Unterscheidung zwischen Vorstand und Aufsichtsrat nicht, sondern sieht das sog. Board of Directors als einziges Verwaltungsorgan vor (sog. „one board system"). Dieses Board of Directors besteht sowohl aus internen als auch aus externen Mitgliedern. Zur Frage, ob Mitglieder eines deutschen Aufsichtsrats im US-rechtlichen Sinne als Directors gelten, siehe Rn 196.
[440] § 11(b) SA, U. S. C. 77k(b); siehe auch Rn 211.
[441] Siehe zB Staff Accounting Bulletin 99, 12. 8. 1999 (Richtlinien zur Feststellung der Wesentlichkeit in Finanzberichten).

rischen und betriebswirtschaftlichen bzw. operationalen Due Diligence-Prüfung eine ganz wesentliche Voraussetzung jeder US-amerikanischen Wertpapiertransaktion.

Die rechtliche Due Diligence-Prüfung einer deutschen AG schließt in jedem Fall die Durchsicht der **Protokolle der Vorstandssitzungen** (sog. „**board minutes**") mit ein. Sie ist nach US-amerikanischem Recht eine conditio-sine-qua-non, um im Fall eines Prospekthaftungsprozesses den Nachweis der Anwendung der erforderlichen Sorgfalt erbringen zu können[442]. In diesem Zusammenhang sollte möglichst frühzeitig etwaigen Vertraulichkeitsbedenken der Gesellschaft Rechnung getragen werden. Ob die Protokolle der Sitzungen des Aufsichtsrats ebenfalls einer Durchsicht unterzogen werden müssen, ist im Einzelfall zu entscheiden. In den meisten Fällen sollte eine persönliche Rücksprache mit dem Vorsitzenden des Aufsichtsrats iRd. rechtlichen Due Diligence-Prüfung ausreichend sein. Zusätzlich zu der Due Diligence-Prüfung des Emittenten werden idR auch entsprechende Prüfungen der **wesentlichen Tochtergesellschaften** des Emittenten durchgeführt.

Im Sinne einer Formalisierung der **Due Diligence-Verteidigung** werden von den Rechtsberatern und Wirtschaftsprüfern entsprechende Gutachten verlangt. Die Rechtsberater des Emittenten und/oder der Konsortialbanken erstellen idR einen sog. **Disclosure Letter**, der die Aussage enthält, daß die von den Rechtsberatern durchgeführten Prüfungen keine wesentlichen falschen Aussagen oder Auslassungen im Registrierungsantrag haben erkennen lassen. Darüber hinaus erstellen die Rechtsberater sog. **Legal Opinions**[443], die sich auf ausgewählte Rechtsfragen beziehen (zB die Rechtswirksamkeit abgeschlossener Verträge oder

---

[442] Siehe *Escott v. BarChris Construction Corp.*, 283 F. Supp. 643 (S. D. N. Y. 1968). Die Firma BarChris war ein auf die Ausstattung von Kegelbahnen spezialisiertes Bauunternehmen, das Ende der 50er und Anfang der 60er Jahre zunächst großen wirtschaftlichen Erfolg hatte. Als nach einer Wertpapieremission von BarChris vor dem Hintergrund eines wirtschaftlichen Einbruchs im Kegelbahngeschäft ein starker Kursverfall zu verzeichnen war, behaupteten zahlreiche Investoren, daß die Offenlegung wesentlicher Informationen in der Verkaufsdokumentation für die Wertpapieremission fehlte oder irreführend war, und brachten Klagen bei Gericht ein. Dieses zeigte zwar ein gewisses Verständnis für die Führungskräfte der Gesellschaft, allesamt tüchtige Handwerker ohne Erfahrung in rechtlichen und buchhalterischen Angelegenheiten, nicht aber für das – nach Ansicht des Gerichts – sorgfaltswidrige Verhalten der involvierten Rechts- und Finanzberater. Eine der Schlußfolgerungen des Gerichts in dieser (sehr lesenswerten) Entscheidung bestand darin, daß die Nicht-Einsichtnahme in die Protokolle der Geschäftsführung („board minutes") der Gesellschaft iRd. Legal Due Diligence-Prüfung nicht den Mindeststandard der gebotenen Sorgfalt erreichte. Wären die „board minutes" eingesehen worden, hätten die Berater festgestellt, daß wichtige Kunden seit längerem ihre Verträge nicht erfüllt hatten, Kegelbahnen ohne Auftrag gebaut wurden und das Kegelbahngeschäft sich insgesamt in Schwierigkeiten befand, BarChris, 283 F. Supp. at 691. Alle diese Umstände hätten in den nach Ansicht des Gerichts auch handwerklich völlig unzureichend vorbereiteten Prospekt aufgenommen werden müssen, um den Investoren die Grundlage für eine ausgewogene Investitionsentscheidung zu geben. Obwohl über 30 Jahre alt, bleibt BarChris die wohl leitende Entscheidung in den USA zum Thema Due Diligence.

[443] Für eine umfassende Darstellung von Ursprung, Form und Inhalt von Legal Opinions siehe *Gruson/Hutter/Kutschera* (Hrsg.), Legal Opinions in International Transactions, 3. Aufl. 1997 [Bericht des Subcommittees on Legal Opinions des Committees on Banking Law der Section on Business Law der International Bar Association].

durchgeführter Kapitalmaßnahmen) und ebenso wie wesentliche Verträge des Antragstellers als Anlagen zum Registrierungsantrag bei der SEC eingereicht werden müssen[444]. Von den Wirtschaftsprüfern der Gesellschaft wird entsprechend verlangt, daß sie einen sog. **Comfort Letter** ausstellen[445]. Dieser hat hauptsächlich die im Prospekt enthaltenen ungeprüften Finanzinformationen (wie zB Quartalszahlen), pro-forma Zahlen und andere nicht aus den geprüften Zahlen oder der Buchhaltung ableitbare Zahlen zum Gegenstand.

186 c) **Überprüfung durch die SEC.** Während ein bei der SEC eingereichter Registrierungsantrag für eine US-amerikanische Gesellschaft öffentlich zugänglich ist, werden Registrierungsanträge ausländischer Emittenten von der SEC auf vertraulicher Basis geprüft (sog. „**confidential filing**"). Der Emittent wird idR innerhalb von ein bis zwei Wochen nach Einreichung von den Mitarbeitern der SEC informiert, ob das Dokument geprüft wird oder nicht. Registrierungsanträge auf Form F-1, insbes. erstmalige Registrierungen, werden fast immer geprüft, während Registrierungsanträge auf der Kurzform F-2 oder F-3 seltener geprüft werden. Neben der Prüfung des Registrierungsantrags im Hinblick auf die Einhaltung der Offenlegungsanforderungen vergleichen die Mitarbeiter der SEC die vom Antragsteller gelieferten Informationen idR mit Informationen von Gesellschaften des gleichen oder eines verwandten Geschäftsbereichs und prüfen die Klarheit und Verständlichkeit der im Registrierungsantrag verwendeten Sprache („**plain english review**")[446].

187 Zwischen der Einreichung eines Registrierungsantrags bei der SEC und dem Erhalt der ersten **Kommentare** vergehen idR, nach gängiger Praxis des SEC Staff **30 bis 45 Tage**. Die SEC erklärt einen Registrierungsantrag erst für wirksam, wenn der Emittent zufriedenstellende Antworten auf alle Fragen der SEC geliefert hat. Die zuständigen Mitarbeiter bei der SEC (idR zumindest je ein Staff-Mitglied für den allgemeinen Teil des Registrierungsantrags, die darin ent-

---

[444] Siehe Rn 166 und Rn 202.
[445] American Institute of Certified Public Accountants, Statement on Auditing Standards, AU Section 634, Letters for Underwriters and Certain other Requesting Parties (1. 1. 2000).
[446] §§ 7, 8 SA; Rule 421 SA, 17 C. F. R. 230.421. Die SEC wurde zur Verabschiedung der „plain english"-Verordnung durch die Befürchtung veranlaßt, daß die immer byzantinischer wirkende Fachsprache, in der Prospekte allzu oft verfaßt wurden, den Offenlegungsgrundsatz unterwandern könnte. Die „plain english"-Regeln sind leicht verständlich und entsprechen den ungeschriebenen Regeln einer effizienten schriftlichen Kommunikation in der englischen Sprache: kurze Sätze, aktive Sprachform, keine bzw. wenige Definitionen, mehr Graphiken, wenige technische Begriffe usw. In ihrem offiziellen on-line „Plain English Handbook" (http://www.sec.gov./pdf/handbook.pdf.) liefert die SEC mehrere Beispiele von „plain english"-Veröffentlichungen. Bspw. wird der herkömmliche Warnhinweis „This Summary does not purport to be completed and is qualified in its entirety by the more detailed information contained in the Proxy Statement and the Appendices hereto, all of which should be carefully reviewed." auf „plain english" folgendermaßen neu gefaßt: „Because this is a summary, it does not contain all the information that may be important to you. You should read the entire Proxy Statement and its appendices carefully before you decide to vote." Es ist zu erwarten, insbes. im Zusammenhang mit „dual listings" bzw. allgemein mit der fortschreitenden Anpassung internationaler Kapitalmarktstandards an die US-amerikanische Praxis, daß diese vereinfachte Form der Sprache und Darstellung auch in Prospekte in der deutschen Sprache Eingang finden wird.

haltenen Finanzinformationen sowie die „plain english review") schickt idR ein Schreiben an den Emittenten, das in detaillierter Form die Kommentare der SEC enthält, wobei sich normalerweise der Großteil der Kommentare auf den Finanzteil sowie die sprachliche Klarheit und Verständlichkeit („plain english") des Registrierungsantrags bezieht. Die SEC ist grundsätzlich bereit, diese Kommentare telefonisch zu besprechen, obwohl in einer ersten Runde die Antworten zumeist schriftlich vorbereitet werden. Abhängig von der Art der Kommentare werden die SEC-Mitarbeiter in der Folge entweder telefonische oder schriftliche Antworten akzeptieren. Einige Kommentare erfordern normalerweise Änderungen der im Prospekt offengelegten Informationen, andere können durch die Einreichung zusätzlicher Dokumente bzw. Informationen bei der SEC erledigt werden.

Gelangt die SEC zu der Auffassung, daß sie – zumeist nach zwei bis drei Runden von SEC-Kommentaren und Antworten – **zufriedenstellende Antworten** auf ihre Kommentare erhalten hat, zeigt sie dem Antragsteller die Bereitschaft an, den Registrierungsantrag für wirksam zu erklären. Dies kann an einem vom Antragsteller gewünschten Tag und zu einer gewünschten Zeit erfolgen[447].

Dem Emittenten steht nach **Rule 430A** die Möglichkeit offen, die Wirksamkeit des Registrierungsantrags noch vor der Festsetzung des Angebotspreises zu erlangen. Nur Informationen, die vom Angebotspreis, dem Datum des Angebots und der Zusammensetzung des Bankenkonsortiums abhängen, dürfen offen gelassen werden; nicht offen gelassen werden darf die Anzahl der angebotenen Wertpapiere[448]. Dieses Vorgehen ermöglicht die Preisfestsetzung und den Verkauf innerhalb von fünf Geschäftstagen nach Wirksamkeitserlangung, ohne weitere Handlungen seitens der SEC abzuwarten. Die noch ausstehenden Informationen müssen in einem endgültigen Prospekt enthalten sein, der bei der SEC innerhalb von zwei Geschäftstagen nach der Preisfestsetzung oder der Verteilung des endgültigen Prospekts an die Öffentlichkeit einzureichen ist, je nachdem, was früher geschieht. In jedem Fall muß der endgültige Prospekt binnen fünf Tagen, nachdem der Registrierungsantrag für wirksam erklärt wurde, eingereicht werden[449].

Ist der Registrierungsantrag für **wirksam** erklärt worden, dürfen die Konsortialbanken die Wertpapiere verkaufen. Die Lieferung der Wertpapiere gegen Zahlung mit nächsttägiger Valuta zugunsten des Emittenten findet idR ungefähr eine Woche später statt.

d) Anforderungen an die Prospektlieferung. Handelt es sich um einen erstmaligen Antragsteller, müssen die Konsortialbanken Exemplare des unvollständigen Prospekts an jede Person liefern, die voraussichtlich eine Verkaufsbestätigung erhalten wird, und zwar mindestens **48 Stunden** vor dem Versand der Verkaufsbestätigungen (d. h. 48 Stunden vor der Preisfestsetzung)[450].

Die Konsortialbanken müssen den Käufern, die von ihnen im Rahmen eines öffentlichen Angebots Wertpapiere erworben haben, **vor oder mit der schriftlichen Verkaufsbestätigung oder der Lieferung der Wertpapiere** – je nach-

---

[447] Rule 461 SA, 17 C. F. R. 230.461.
[448] Rule 430A SA, 17 C. F. R. 230.430A.
[449] Rule 424 SA, 17 C. F. R. 230.424.
[450] Rule 15c2-8(b) SEA, 17 C. F. R. 240.15c2-8(b).

dem, was zeitlich früher liegt – einen **Prospekt in der Endfassung** zukommen lassen[451]. Ferner enthält der Securities Act Vorschriften, nach denen Wertpapierhandelshäuser, die als Makler und Händler agieren (Broker-Dealer), den Anforderungen der Prospektverteilung für die von ihnen durchgeführten Wertpapierverkäufe unterliegen, und zwar unabhängig davon, ob sie als Mitglied des Bankenkonsortiums an der Emission teilgenommen haben oder nicht. Dies gilt für Verkäufe und Käufe innerhalb von 40 Tagen (90 Tage im Fall eines Börsengangs)[452] nach dem Tag, an dem die Wertpapiere erstmals dem Publikum angeboten wurden, oder dem Tag der Wirksamkeitserlangung des Registrierungsantrags (je nachdem, was zeitlich später liegt)[453]. Die SEC hat die Geltung dieser gesetzlichen Regelung auf Wertpapiere von Gesellschaften beschränkt, die noch nicht den Berichtspflichten des Exchange Act unterliegen und, sofern die Wertpapiere an einer nationalen Wertpapierbörse zugelassen sind, die Frist auf 25 Tage reduziert[454].

193 Für **an einer US-amerikanischen Wertpapierbörse notierte Unternehmen** kann die Forderung der Prospektverteilung dadurch erfüllt werden, daß für an dieser Wertpapierbörse abgewickelte Transaktionen Exemplare des Prospekts der Wertpapierbörse zur Verfügung gestellt werden[455]. Die Konsortialbanken werden deshalb im Zusammenhang mit einem ungesteuerten Angebot von Wertpapieren, die an einer US-amerikanischen Wertpapierbörse notiert sind, der Börse nach Rule 153 Exemplare des endgültigen Prospekts zur Verfügung stellen, um dadurch den Börsenhandel unmittelbar nach Wirksamkeitserlangung und Preisfestsetzung ohne vorherige Verteilung von Prospekten zu ermöglichen. Dies hat keine Auswirkung auf die Verpflichtung der Konsortialbanken, Käufern, die iRd. Angebots Aktien erwerben, den endgültigen Prospekt zuzustellen, da diese Verkäufe nicht über die Wertpapierbörse erfolgen.

4. Die Registrierungsformulare

194 Für deutsche Gesellschaften stellen die Registrierungsanträge auf **Form F-1, F-2 und F-3**, die jeweils im Zusammenhang mit dem öffentlichen Angebot von Wertpapieren eingesetzt werden, und die **Form F-4**, die bei Unternehmenszusammenschlüssen bzw. bei Umtauschangeboten zur Anwendung kommt, die wichtigsten Antragsformulare nach dem Securities Act im Zusammenhang mit Wertpapieremissionen dar[456]. Sämtliche Antragsformulare verlangen im Grundsatz die gleichen Informationen entweder durch Darstellung im Prospekt, durch Einreichung zusätzlicher Offenlegungsdokumente bei der SEC oder durch einen Verweis auf nach dem Exchange Act bereits bei der SEC eingereichte Unterlagen (sog. **„incorporation by reference"**).

---

[451] § 5(b) SA, 15 U. S. C. 77e.
[452] § 4(3) SA iVm. Rule 174 SA, 17 C. F. R. 230 174.
[453] Rule 174 SA, 17 C. F. R. 230 174.
[454] Rule 174(d) SA, 17 C. F. R. 230 174(d).
[455] Rule 153 SA, 17 C. F. R. 230 153.
[456] Voraussetzung dafür ist, daß diese Gesellschaften „foreign private issuers" iSd. Securities Act sind, was idR der Fall sein wird; siehe Fn 421.

Jeder Registrierungsantrag muß von folgenden Personen **unterzeichne**t werden[457]: **195**
- dem Emittenten als eigenständiger juristischer Person;
- dem Vorsitzenden der Geschäftsleitung (Principal Executive Officer; im Fall einer deutschen AG dem Vorstandsvorsitzenden), falls mehrere Personen des Emittenten als Principal Executive Officer fungieren, müssen sie alle unterzeichnen;
- dem Leiter Finanzen (Principal Financial Officer; entspricht in einer deutschen AG idR dem Finanzvorstand);
- dem Leiter Rechnungswesen (Controller or Principal Accounting Officer);
- zumindest einer Mehrheit der Directors (bzw. Personen, die ein funktionell ähnliches Amt bekleiden);
- einem autorisierten Vertreter der Gesellschaft in den USA[458].

Ob die **Mitglieder eines deutschen Aufsichtsrats** als Directors iSd. US-amerikanischen Wertpapiergesetze angesehen werden und somit den Registrierungsantrag ebenfalls unterzeichnen müssen, ist unklar und hängt im Einzelfall u. a. vom Umfang der tatsächlichen Einbindung des Aufsichtsrats in die Führung des Unternehmens (einschließlich des Umfangs der dem Aufsichtsrat gemäß Geschäftsordnung und/oder der Satzung gewährten Zustimmungsrechte) ab. Zum Zweck der Unterzeichnung von Registrierungsanträgen nach dem Securities Act werden die Mitglieder des Vorstands einer deutschen AG, nicht aber des Aufsichtsrats, als Directors angesehen. **196**

a) Form F-1. aa) Angaben über den Antragsteller. Form F-1 verlangt eine detaillierte Beschreibung der allgemeinen Geschäftsentwicklung des Emittenten während der letzten **fünf Jahre**, einschließlich bestimmter ausgewählter Finanzinformationen[459]. Ferner verlangt Form F-1 eine Darstellung der wichtigsten Produkte und Dienstleistungen, der Hauptmärkte und Absatzwege, des Stands neuer Produkte oder Dienstleistungen, die erhebliche zukünftige Investitionen erfordern, und der besonderen Charakteristika der Branche des Emittenten, sofern sie geeignet sind, das zukünftige Finanzergebnis zu beeinflussen (zB ungewöhnliche Wettbewerbssituationen, vorhandene oder wahrscheinliche staatliche Regulierung). Der Emittent muß auch seine Aktionärsstruktur, etwaige Aktionärsverträge sowie ggf. die Struktur des Konzerns, dem er angehört, beschreiben. Auch sind detaillierte Angaben über das Management und seine Vergütung **197**

---

[457] Zur Haftung der Personen, die den Registrierungsantrag unterzeichnen, siehe Rn 434 ff.
[458] Siehe zB „signatures" gemäß General Instructions to Form F-1 SA, 17 C. F. R. 239.31. Es ist vor allem bei kleineren Gesellschaften möglich, daß eine Person mehrere dieser Funktionen wahrnimmt. Andererseits ist es auch möglich, daß zB der Leiter Rechnungswesen nicht im Vorstand bzw. Aufsichtsrat vertreten ist. Obwohl dann kein Director, würde er nach § 11 SA dennoch als eine den Registrierungsantrag unterzeichnende Person haften. Zu beachten ist ferner, daß die Voraussetzung der Unterzeichnung durch zumindest einer Mehrheit der Directors nur die Formalitäten der Registrierung, nicht aber die Haftungsfrage adressiert: gem. § 11 SA haftet jeder Director, ob er den Registrierungsantrag unterzeichnet oder nicht (siehe auch Rn 180 und Rn 210.)
[459] Item 11 Regulation S-K SA, 17 C. F. R. 229.10; siehe Rn 198.

zu machen[460]. Außerdem sind **Risikofaktoren** betreffend die Geschäftstätigkeit der Gesellschaft, das wirtschaftliche Umfeld und die Kapitalmarktsituation aufzunehmen[461]. Schließlich ist eine genaue Beschreibung der Wertpapiere, auf die sich der Registrierungsantrag bezieht, erforderlich[462].

198 bb) **Anforderungen an die Finanzinformationen.** Ein Registrierungsantrag auf Form F-1 muß grundsätzlich die geprüften konsolidierten Bilanzen der beiden letzten Geschäftsjahre und die konsolidierten Gewinn- und Verlustrechnungen und Veränderungen der Finanzlage für die letzten drei vor dem Stichtag der jüngsten geprüften Bilanz liegenden Geschäftsjahre nach **US-GAAP** enthalten[463]. Bestimmte ausgewählte Finanzdaten (einschließlich Nettoumsatzerlöse oder betriebliche Erträge, Gewinn (Verlust) aus laufender Geschäftstätigkeit, Gewinn (Verlust) aus laufender Geschäftstätigkeit je Stammaktie, Summe der Aktiva, langfristige Verbindlichkeiten, Bardividenden je Stammaktien usw.) sind über einen Zeitraum von fünf Jahren darzustellen. Gesellschaften, die noch nicht fünf Jahre existieren, müssen diese Positionen für den kürzeren Zeitraum ihrer Existenz aufnehmen; in diesem Fall verlangt die SEC uU die Offenlegung der Bilanzen und Gewinn- und Verlustrechnungen etwaiger Vorgängergesellschaften[464].

199 cc) **Darstellung und Analyse der Finanzlage und des betrieblichen Ergebnisses durch das Management.** Form F-1 sieht auch eine detaillierte Darstellung und Analyse der Finanz- und Ertragslage des Emittenten durch dessen Geschäftsführung vor – allgemein als **MD&A** bezeichnet („**m**anagement's **d**iscussion and **a**nalysis of financial condition and results of operations")[465]. Diese Darstellung und Analyse betrifft insbes.
- alle bekannten Entwicklungen, Ereignisse oder Unsicherheiten, die möglicherweise einen Einfluß auf die Liquidität haben;
- alle bekannten wesentlichen günstigen und ungünstigen Entwicklungen der Kapitalbedürfnisse des Emittenten;
- alle wesentlichen Positionen für die Herleitung des Betriebsergebnisses einschließlich der Angabe von Gründen für Veränderungen der einzelnen Positionen im Jahresvergleich über einen Dreijahreszeitraum (d. h. zwei Jahresverglei-

---

[460] Im wesentlichen erfordert Form F-1 die gleiche Information, die im ersten Teil der Form 20-F nach dem Exchange Act anzugeben ist (siehe Rn 201) und Item 4(a) der Form F-1. Diese nur scheinbar doppelspurige Offenlegungspflicht kommt Emittenten iRd. „integrated disclosure system" zugute; siehe Rn 164.
[461] Item 503(c) Regulation S-K SA, 17 C. F. R. 229 503.
[462] Item 4(a) der Form F-1 iVm. Item 202 der Regulation S-K.
[463] Item 4(b) und (c) der Form F-1 iVm. Item 17(a) der Form 20-F und Items 301, 303 und 305 der Regulation S-K. Ausländische Emittenten können das US-GAAP Erfordernis dadurch erfüllen, daß sie nach den Bilanzgrundsätzen des Heimatlandes abgefaßte Finanzberichte vorlegen, zuzüglich einer Erläuterung der wesentlichen Unterschiede zwischen diesen Grundsätzen und US-GAAP sowie einer Überleitung („reconciliation") bestimmter wichtiger Positionen nach US-GAAP; siehe Item 17 (b) und (c) der Form 20-F.
[464] Für weitere Fragestellungen des Rechnungswesens im Zusammenhang mit der Erstellung eines Registrierungsantrags siehe Rn 230 ff.
[465] Item 303 und 305 Regulation S-K SA, 17 C. F. R. 229 303 und 229 305. Dieser wichtige Abschnitt eines jeden Registrierungsantrags wird seit September 2000 von der SEC nunmehr als „operating and financial review and prospects" bezeichnet.

che) zuzüglich aller zwischenzeitlichen Perioden, für die die Aufstellung von Bilanzen und einer Gewinn- und Verlustrechnung gefordert sind, einschließlich einer Darstellung aller außerhalb des ordentlichen Geschäftsverlaufs eingetretenen Ereignisse, die den Gewinn sowie bekannte Entwicklungen oder Unsicherheiten beeinflußt haben.

Die **Darstellung** durch das Management muß ferner die Auswirkungen von Inflation und veränderten Preisen auf den Umsatz, die sonstigen Erträge und das Ergebnis der gewöhnlichen Geschäftstätigkeit[466] beschreiben. Item 305 der Regulation S-K des Securities Act verlangt zudem eine quantitative und qualitative Offenlegung von Marktrisiken (Zinsrisiken, Währungsrisiken und Rohstoffpreisrisiken etc.). 200

dd) Vergütung des Managements. Form F-1 verlangt die **Offenlegung** der an die Vorstandsmitglieder und Aufsichtsräte als Vergütung gezahlten Summe für das der Registrierung vorangegangene Geschäftsjahr[467]. Weiter ist eine Beschreibung aller sonstigen Sonderkonditionen die Vergütung des Managements betreffend erforderlich (zB Abstandszahlungen bei Kontrollwechsel) sowie die Offenlegung wesentlicher Bonus- oder Gewinnbeteiligungspläne, an denen das Management partizipierte. Die geleisteten Gesamtbeträge für Vergütung, Pensions- und Ruhestandsleistungen können im Einklang mit den Offenlegungsvorschriften in Deutschland jeweils für Vorstand und Aufsichtsrat als Gruppe dargelegt werden. Die Offenlegung individueller Vergütungen oder Leistungen im Registrierungsantrag ist für ausländische Emittenten nicht gefordert, es sei denn, daß diese Information den Aktionären des Emittenten bereits mitgeteilt oder auf andere Art bekanntgemacht wurde. 201

ee) Einreichung wesentlicher Verträge. Alle wesentlichen Verträge eines Antragstellers müssen als Anlage zum Registrierungsantrag eingereicht werden[468], zB bedeutende Finanzierungsverträge, Lizenzverträge, Übernahmeverträge oder – unter Berücksichtigung der Umstände des Einzelfalls – Anstellungsverträge. Auch Gesellschafterverträge sind einzureichen, wenn sie Regelungen hinsichtlich der Ausübung von Stimmrechten, außergewöhnliche Zustimmungs- oder Vetorechte einzelner Aktionäre, Vorkaufsrechte oder ähnliche Bestimmungen enthalten. Da wesentliche Verträge häufig vertraulich sind, besteht die Möglichkeit, mit der SEC die **vertrauliche Behandlung** sensibler Bestimmungen zu vereinbaren. Ein entsprechendes Ersuchen um vertrauliche Behandlung muß der SEC zur Entscheidung im Einzelfall vorgelegt werden[469]. 202

---

[466] Die Begriffe „Umsatz", „sonstige Erträge" und „Ergebnis der gewöhnlichen Geschäftstätigkeit" sind deutsche Übersetzungen der in Item 303 (a)(3)(iv) der Regulation S-K SA verwendeten Begriffe „net sales", „revenues" und „income from continuing operations", die sich auf US-GAAP-Abschlüsse beziehen.
[467] Item 6 der Instruktionen zu Form 20-F SEA, 17 C. F. R. 249 220f.
[468] Item 601 Regulation S-K SA, 17 C. F. R. 229 601.
[469] Rule 406 SA. In der Praxis stimmt die SEC bei glaubhaftem Nachweis der geforderten Vertraulichkeit zu, bestimmte Worte, Zahlen oder Passagen (nicht aber ganze Sätze oder Absätze) in den eingereichten Dokumenten zu schwärzen.

203 **b) Form F-2 und Form F-3.** Form F-2 und Form F-3 sind Registrierungsanträge in **Kurzform**, die von Emittenten verwendet werden können, die bereits Wertpapiere nach den Bestimmungen des Exchange Act registriert haben und den entsprechenden periodischen Berichtspflichten sowie anderen Verpflichtungen des Exchange Act während der vorgeschriebenen Zeiträume nachgekommen sind[470]. Die Anträge auf Form F-2 und Form F-3 ermöglichen die Einbeziehung offenzulegender Angaben des Emittenten durch Verweise (**"incorporation by reference"**)[471], was den Umfang des neu zu erstellenden Prospekts, den Zeitaufwand und damit auch die Kosten der öffentlichen Plazierung von Wertpapieren in den USA verringert. Der in Form F-2 oder Form F-3 enthaltene Prospekt muß dann lediglich die Angebotsbedingungen, die Risikofaktoren, wesentliche jüngste Entwicklungen und den vorgesehenen Verwendungszweck des Erlöses darlegen. Alle anderen Informationen können durch Bezugnahme auf Einreichungen nach dem Exchange Act inkorporiert werden[472]. Nimmt ein Emittent zB aus Marketinggründen zusätzliche Informationen oder Informationen, die Angaben in den durch Verweis einbezogenen Dokumenten ersetzen oder korrigieren, in den Prospekt auf, gehen sie gemäß **Rule 412** SA so den in den einbezogenen Dokumenten dargelegten Offenlegungen vor[473].

204 Die Verwendung der **Form F-2** setzt voraus, daß der deutsche Emittent seit mindestens 36 Monaten nach dem Exchange Act an die SEC berichtet oder gehandelte, stimmberechtigte Wertpapiere im Wert von mind. 75 Mio. US-$ (gesamter Marktwert der im Umlauf befindlichen, nicht von verbundenen Unternehmen der Gesellschaft gehaltenen Aktien, und anderer Beteiligungen) hat. Die Verwendung eines Registrierungsantrags auf **Form F-3** setzt voraus, daß ein deutscher Emittent mindestens während 12 Monaten ununterbrochen den Berichtsfolgepflichten des Exchange Act unterlag, die Gesellschaft bereits mindestens einen Geschäftsbericht bei der SEC auf Form 20-F eingereicht hat und die öffentlich gehaltenen Wertpapiere einem Gegenwert von mind. 75 Mio. US-$ entsprechen[474]. Die jeweiligen Vorschriften erlauben ausländischen Gesellschaften auch den Gebrauch der Form F-3 für die Registrierung von Sekundärangeboten, Bezugsrechtsangeboten und für Aktien, die aus der Ausübung von Optionsscheinen und Wandelschuldverschreibungen resultieren, und zwar in diesem Fall unabhängig vom Wert bzw. Volumen der im Publikum plazierten Wertpapiere[475].

205 **c) Form F-4.** Form F-4 wird bei der Registrierung von Wertpapieren verwendet, die im Zusammenhang mit Verschmelzungen, Umwandlungen oder anderen Unternehmenszusammenschlüssen, die **Umtauschangebote** von Wertpapieren enthalten, ausgegeben werden. Während die Anforderungen an die Offenlegung von Informationen für Registrierungsanträge auf Form F-4 generell denen der Form F-1, F-2 und F-3 entsprechen, verlangt Form F-4 für Unterneh-

---

[470] Siehe Allgemeine Instruktionen zu Form F-2 und F-3 SA, 17 C. F. R. 239.32 und 239.33.
[471] Siehe Rn 164 und 194.
[472] Siehe Allgemeine Instruktionen zu Form F-2 and F-3 SA, 17 C. F. R. 239.32 und 239.33.
[473] Rule 412 SA, 17 C. F. R. 230.412.
[474] Allgemeine Instruktionen zu Form F-3 SA, 17 C. F. R. 239.33.
[475] Allgemeine Instruktionen zu Form F-3 SA, 17 C. F. R. 239.33.

menszusammenschlüsse darüber hinaus im Prospekt Informationen betreffend das Übernahmeangebot, einschließlich pro-forma Finanzinformationen, ausgewählte Finanzdaten des Emittenten und der erworbenen Gesellschaft für einen Zeitraum von fünf Jahren, Informationen zu behördlichen Genehmigungen, wesentliche Verträge zwischen den beteiligten Gesellschaften und Angaben zu den Weiterverkäufen der betroffenen Wertpapiere [476].

d) Form 20-F. Im Gegensatz zu den Registrierungsanträgen auf Form F-1 bis F-4 ist die Form 20-F nicht nach dem Securities Act, sondern nach dem Exchange Act einzureichen. Die Form 20-F hat eine **duale Funktion**: Sie dient einerseits als **Registrierungsantrag** nach dem Exchange Act im Zusammenhang mit der Notierung von Wertpapieren einer ausländischen Gesellschaft an einer US-amerikanischen Börse, andererseits als **Jahresbericht** der Gesellschaft im Rahmen ihrer fortlaufenden Berichterstattungspflicht[477].

Form 20-F besteht aus drei Teilen[478]. **Teil I** enthält u. a.:
– einen Überblick über die Finanzlage und Kapitalstruktur der Gesellschaft;
– eine Darstellung der mit einer Investition in Wertpapiere der Gesellschaft verbundenen Risiken;
– eine eingehende Beschreibung der Gesellschaft und ihrer Geschäftstätigkeit;
– eine Darstellung und Analyse des operativen Ergebnisses und der Finanzlage;
– Informationen über das Management (inklusive deren Vergütung und Beteiligung an der Gesellschaft);
– Informationen zu Transaktionen mit verbundenen Unternehmen und sonstigen nahestehenden Personen („affiliates");
– quantitative und qualitative Aussagen über Risiken (zB Zinsrisiko, Wechselkursrisiko), denen die Gesellschaft in ihren Märkten ausgesetzt ist.

Die in Teil I von Form 20-F enthaltenen Informationen entsprechen grundsätzlich denen in Form F-1 nach dem Securities Act[479]. Soweit sich der Emittent des **„integrated disclosure systems"** bedienen darf, kann ein Verweis auf Form 20-F diese Informationen durch Bezugnahme inkorporieren. **Teil II** enthält bestimmte weitere Informationen, die in nur sehr seltenen Fällen auf eine Gesellschaft Anwendung finden (zB Offenlegung eventueller Säumnisse bei Dividendenzahlung).

Teil III der Form 20-F bildet den Finanzteil des Dokuments. Die Gesellschaft hat die Wahl zwischen zwei Alternativen (Item 17 und Item 18)[480]. Entscheidet sie sich für eine Darstellung in voller Übereinstimmung mit Regulation S-X gemäß Item 18, kann sie die im Antrag nach dem Securities Act benötigten Finanzinformationen im Wege der „integrated disclosure" durch Bezugnahme auf Form 20-F liefern, vorausgesetzt sie erfüllt die Voraussetzungen, um Registrie-

---

[476] Siehe auch Rn 235 ff.; allgemeine Instruktionen zu Form F-4 SA, 17 C. F. R. 239.34.
[477] Siehe Rn 257 ff.
[478] Zu den Erfordernissen der Form 20-F siehe allgemein Form 20-F, General Instructions sowie die Instruktionen zu den verschiedenen Abschnitten der Form.
[479] Siehe Form F-1, Instruktion zu Item 4(a).
[480] Siehe Rn 232.

rungsanträge nach dem Securities Act auf der verkürzten Form F-2 bzw. F-3 zu erstellen[481].

5. Haftung nach dem Securities Act und dem Exchange Act

210 Enthält ein Registrierungsantrag zum Zeitpunkt der Wirksamkeitserlangung eine falsche Aussage zu einer wesentlichen Information oder ist es unterlassen worden, eine erhebliche Tatsache aufzuführen, die angabepflichtig oder notwendig ist, um die gemachten Aussagen nicht irreführend erscheinen zu lassen, besteht eine **zivilrechtliche Haftung**. Diese Haftung trifft den Emittenten, jede Person, die den Registrierungsantrag unterschrieben hat, jedes Vorstandsmitglied sowie jede Person, die ein funktionell ähnliches Amt bekleidet und im Registrierungsantrag genannt ist, jede Konsortialbank, die das Angebot begleitet hat, und in Bezug auf bestimmte Teile des Registrierungsantrags Wirtschaftsprüfer, Anwälte, Ingenieure oder sonstige Sachverständige, die mit ihrem jeweiligen Einverständnis im Registrierungsantrag als „Experten" genannt werden[482].

211 Mit Ausnahme des Emittenten kann sich jeder dieser Beteiligten **entlasten**, wenn er den Nachweis erbringt, daß er nach Durchführung aller angemessenen Sorgfaltsprüfungen (**Due Diligence**) vernünftigerweise annehmen konnte und tatsächlich auch angenommen hat, daß die im Antrag enthaltenen Aussagen vollständig und richtig sind und keine wesentliche Tatsache ausgelassen wurde, die angabepflichtig war oder notwendig, um die im Registrierungsantrag enthaltenen Informationen nicht irreführend erscheinen zu lassen[483]. In dem Umfang, in dem bestimmte Teile des Antrags von Sachverständigen (anderen als den genannten Beteiligten) bestätigt worden sind, muß ein Beteiligter nur beweisen, daß er keinen vernünftigen Grund zu der Annahme hatte und tatsächlich auch nicht annahm, daß wesentliche falsche Angaben oder Lücken vorgelegen haben[484].

212 Der **Umfang der Haftung** bemißt sich idR nach der Differenz zwischen dem Erwerbspreis des Wertpapiers (der nicht über dem Preis des öffentlichen Angebots liegen darf) und dem Marktpreis des Wertpapiers zum Zeitpunkt der Klageerhebung oder dem Preis, zu dem die Wertpapiere vor einer Klage veräußert wurden. Schadensersatzansprüche können sich in dem Umfang reduzieren, in dem die Wertminderung der Wertpapiere durch andere Gründe als die fehlenden oder falschen Angaben im Registrierungsantrag verursacht wurden[485].

213 Ferner kann ein Käufer, dem nicht bekannt war, daß Angaben im Registrierungsantrag falsch oder irreführend waren, Schadensersatzansprüche gegen jede Person geltend machen, die ihm die Wertpapiere verkauft hat, wenn der Verkauf mittels eines Prospekts oder einer mündlichen Mitteilung zustande kam, der bzw. die eine falsche Aussage zu einer wesentlichen Information enthielt, oder es unterlassen wurde, im Prospekt eine wesentliche Information aufzuführen, die not-

---

[481] Siehe Rn 203 ff.
[482] § 11 SA, 15 U. S. C. 77k; siehe auch Rn 180. Zur Frage, wer die Registrierungserklärung unterzeichnen muß, siehe Rn 195.
[483] § 11(b) SA, 15 U. S. C. 77k(b); siehe Rn 181 ff.
[484] § 11(b)(3) SA, 15 U. S. C. 77k(b).
[485] § 11(e) SA, 15 U. S. C. 77k.

wendig gewesen wäre, um die entsprechenden Angaben in den dargelegten Zusammenhängen nicht irreführend erscheinen zu lassen. In diesem Fall muß der Verkäufer nachweisen, daß er bei Anwendung angemessener Sorgfalt (**„reasonable care"**) keine Kenntnis von der Falschaussage oder Unterlassung hatte bzw. haben konnte[486].

Eine Person, die eine nach den o. g. Bestimmungen des Securities Act haftbare Person kontrolliert, ist **gesamtschuldnerisch** mit der kontrollierten Person haftbar, es sei denn, die kontrollierende Person hatte keine Kenntnis bzw. keinen angemessenen Grund für die Annahme des Vorhandenseins von Tatsachen, die zu der behaupteten Haftung der kontrollierten Person geführt haben[487].

Es ist üblich, daß der Emittent die Konsortialbanken von der Haftung aufgrund einer falschen oder fehlenden Aussage im Antrag bzw. Prospekt freistellt und schadlos hält, soweit es sich nicht um eine Falschaussage oder Unterlassung im Zusammenhang mit bestimmten begrenzten, von den Konsortialbanken schriftlich – mittels eines sog. **Blood Letters** – gelieferten Informationen hinsichtlich des geplanten Verkaufs der Wertpapiere und anderer Einzelheiten der Übernahme der Wertpapiere handelt[488].

Auch der Exchange Act enthält eine Anspruchsgrundlage für Prospekthaftung. Insbes. **Rule 10b-5**, die leitende Vorschrift des Exchange Act gegen betrügerische („anti-fraud") Aktivitäten, kann zur Sanktionierung unrechtmäßigen Verhaltens im Zusammenhang mit Wertpapiertransaktionen dienen. Grundsätzlich macht diese Vorschrift jede betrügerische Maßnahme sowie jede irreführende Falschaussage bzw. Unterlassung einer wesentlichen Tatsache („any untrue statement of a material fact or omission of a material fact necessary in order to make the statements made... not misleading") zu einer strafbaren Handlung, die auch eine Zivilklage begründen kann[489]. Im Vergleich mit der Haftung nach dem Securities Act (wonach ein Emittent für Falschaussagen in einem Prospekt auch ver-

---

[486] § 12(2) SA, 15 U. S. C. 77l(2).
[487] § 15 SA, 15 U. S. C. 77o; siehe auch Rn 180 und 210.
[488] Item 510 Regulation S-K verlangt vom Emittenten im Prospekt die Ansicht der SEC offenzulegen, daß eine solche Schadloshaltung sittenwidrig ist. Die Übernahmeverträge zwischen dem Emittenten und den Konsortialbanken enthalten idR alternative Zahlungsvorschriften, 17 C. F. R. 229.510. Nach gängiger Praxis halten die Konsortialbanken einen Emittenten gemäß den Bestimmungen des Übernahmevertrags lediglich für Schäden schadlos, die ihm aufgrund von Informationen entstehen, die von den Konsortialbanken ausdrücklich und schriftlich zur Aufnahme in den Prospekt zur Verfügung gestellt wurden. Die Konsortialbanken identifizieren diese Informationen (zB Bedingungen des Angebots, Anzahl der auszugebenden Aktien, Namen der Konsortialbanken) typischerweise in einem sog. Blood Letter. Seinen Namen erhielt dieses Schreiben der Überlieferung nach, weil es leichter sei, Blut aus einem Stein zu pressen, als im Zusammenhang mit einer Wertpapieremission von den beteiligten Konsortialbanken die Übernahme einer (auch nur eingeschränkten) Prospekthaftung zu erlangen.
[489] Rule 10b-5 SEA, 17 C. F. R. 240.10b-5. Die Begründung einer privaten Zivilklage durch Rule 10b-5 – die sog. „implied private remedy" – wurde erst 1946 durch die Entscheidung in *Kardon v. National Gypsum Co.*, 69 F. Supp. 512 (E. D. Pa. 1946) anerkannt und ist seitdem umstritten, wenngleich von der hM bejaht; siehe *Bloomenthal*, 2 Securities Law Handbook § 27.01 (2001 Edition). Rule 10b-5 ist nicht die einzige Anspruchsgrundlage für Prospekthaftungsklagen nach dem Exchange Act.; siehe *Bloomenthal* § 26.10. Darüber hinaus enthält der Exchange Act zB Anspruchsgrundlagen für „insider trading" nach § 21A.

schuldensunabhängig haftet) setzt die Haftung nach Rule 10b-5 SEA Vorsatz voraus[490].

6. American Depositary Receipts

217 Da in den USA nur **Namensaktien** („registered shares") an den Hauptbörsen (wie zB der NYSE und der Amex) sowie im NASDAQ System zugelassen werden können, bieten American Depositary Receipts (oder **ADRs**) einer deutschen börsennotierten Gesellschaft, die **Inhaberaktien** ausgegeben hat, die Möglichkeit, Wertpapiere an einer US-Wertpapierbörse notieren zu lassen, ohne die Inhaberaktien in Namensaktien umwandeln zu müssen.

218 ADRs sind übertragbare, auf den Namen des Investors lautende Zertifikate (eine Art Hinterlegungsschein), die eine oder mehrere oder ggf. nur Bruchteile einer Aktie der ausländischen Gesellschaft repräsentieren[491]. Die Zertifikate werden in US-$ notiert, wobei der Wert dem in US-$ umgerechneten Marktwert der den ADRs zugrundeliegenden Aktien an der Heimatbörse der Gesellschaft entspricht. Die ADR-Programme unterteilen sich in sog. „unsponsored" und „sponsored" Programme. Weiter unterscheidet man bei dem „sponsored" ADR-Programm zwischen einem Level I, Level II und Level III-Programm.

219 a) **„Unsponsored" ADR-Programm.** Kennzeichen des „unsponsored" ADR-Programms ist, daß es **ohne Beteiligung der Gesellschaft**, deren Aktien den ADRs zugrundegelegt werden, – ja sogar gegen dessen ausdrücklichen Willen – von einer US-Depotbank, einer Brokerfirma oder einer Investmentbank, die Aktien der ausländischen Gesellschaft erworben haben, errichtet werden kann[492]. Häufig bestehen mehrere „unsponsored" ADR-Programme für Aktien derselben ausländischen Gesellschaft.

220 Die ADRs müssen gemäß dem Securities Act registriert werden. Hierzu reicht die das „unsponsored" ADR-Programm auflegende Bank einen Registrierungsantrag nach **Form F-6** bei der SEC ein. ADRs können nur für Aktien ausgegeben werden, die schon bei der SEC registriert oder gemäß **Rule 12g3–2(b)** SEA von der Registrierungspflicht befreit sind[493]. Eine solche Befreiung setzt voraus, daß keine Notierung der Aktien an einer US-Börse oder im NASDAQ-System vorliegt und die Gesellschaft sich verpflichtet, der SEC diejenigen Informationen

---

[490] In *Ernst & Ernst v. Hochfelder*, 425 U.S. 185 (1978), entschied der Supreme Court, daß der Kläger beweisen muß, der Angeklagte habe nicht fahrlässig, sondern vorsätzlich („scienter") gehandelt. Die Hochfelder Entscheidung ließ offen, ob und inwieweit „recklessness" (d.h. grobe Fahrlässigkeit so besonders schweren Ausmaßes, daß sie dem Vorsatz moralisch gleichzusetzen ist), auch die Haftung unter Rule 10b-5 begründen könnte.

[491] Genau genommen sind ADRs die physischen Zertifikate, die sog. American Depositary Shares (oder ADSs) verbriefen. Der Unterschied zwischen ADR und ADS ist allerdings in der Praxis von geringer Bedeutung; siehe *Joyce, Gruson & Jungreis* in Farmery & Walmsley S. 94 und dortige Fn 316.

[492] Siehe auch *Böckenhoff/Ross* WM 1993, 1781, 1786; *Zachert*, Zugangshindernisse und Zugangsmöglichkeiten zum US-amerikanischen Eigenkapitalmarkt aus Sicht eines deutschen Unternehmens, AG 1994, 207, 217.

[493] *Johnson/McLaughlin* S. 603; *Noller* Die Bank 1992, 420, 423; *Böckenhoff/Ross* WM 1993, 1825, 1826.

(in englischer Sprache) zu übermitteln, die den Aktionären im Heimatmarkt der Gesellschaft sowie in den Ländern, in denen Aktien der Gesellschaft an einer Börse notiert sind, zur Verfügung gestellt werden[494]. Die Bank muß insofern mit der ausländischen Gesellschaft in Kontakt treten, um die für eine Befreiung erforderlichen Unterlagen zu erhalten und die fortlaufende Unterrichtung der SEC durch die Gesellschaft sicherzustellen.

Probleme bereiten „unsponsored" ADR-Programme, wenn die ausländische Gesellschaft beabsichtigt, ein „sponsored" ADR-Programm in den USA zu errichten. Die ausländische Gesellschaft ist dann verpflichtet, die im Markt befindlichen „unsponsored" ADRs gegen neue „sponsored" ADRs **umzutauschen** oder das „unsponsored" ADR-Programm aufzulösen (zB die „unsponsored" ADRs aufzukaufen), da sonst die SEC die Errichtung eines „sponsored" ADR-Programms nicht genehmigen würde[495]. In der Vergangenheit hatten die Gesellschaften in Einzelfällen sehr hohe Auflösungsgebühren an die Depotbank zu zahlen, die ein „unsponsored" ADR-Programm errichtet hatte. Besteht umgekehrt bereits ein „sponsored" ADR-Programm für Aktien einer ausländischen Gesellschaft, kann für dieselbe Aktiengattung der Gesellschaft ein „unsponsored" ADR-Programm nicht errichtet werden.

b) „Sponsored" ADR-Programm. Das „sponsored" ADR-Programm wird von einer **Depotbank gemeinsam mit dem ausländischen Unternehmen** errichtet. Basis für das Programm ist der zwischen der Gesellschaft und der Depotbank abgeschlossene und in Form und Inhalt weitgehend standardisierte **Depotvertrag**, bei dem die jeweiligen Inhaber der ADRs Drittbegünstigte („beneficial owners") sind. Das „sponsored" ADR-Programm gibt der Gesellschaft die Möglichkeit, gemeinsam mit der Depotbank die Bedingungen für das ADR-Programm festzulegen. Der Depotvertrag regelt neben der Verteilung der Kostentragungspflichten (der Großteil der Kosten für das ADR-Programm wird idR von den Inhabern der ADRs getragen) u. a. die Einzelheiten der Aktienhinterlegung, der Registrierung von ADR-Übertragungen in den Geschäftsbüchern der Depotbank sowie der Beendigung und Rückabwicklung des ADR-Programms. Jedes ADR-Zertifikat enthält die wichtigsten Bestimmungen des Depotvertrags sowie die Regelung, daß die jeweiligen Käufer mit Annahme der Zertifikate Partei des Depotvertrags werden und sich dessen Bestimmungen unterwerfen[496]. Grundsätzlich unterliegt der Depotvertrag dem am Sitz der Depotbank geltenden Recht[497].

Die Aufgabe der **Depotbank** besteht in erster Linie in der Ausgabe und Einziehung der ADR-Zertifikate, der Kommunikation mit den ADR-Inhabern zur Ausübung von Stimmrechten, der Weiterleitung von Informationen und Dividenden, der Verwertung von Bezugsrechten und der technischen Abwicklung des

---

[494] *Joyce, Gruson & Jungreis* in Farmery & Walmsley S. 95 und 96 und dortige Fn 322 zur Erlangung der Ausnahme nach Rule 12g3-2(b); *Böckenhoff/Ross* WM 1993, 1825, 1826.
[495] Item 9S, Securities Act Forms, SEC Telephone Interpretation Manual (Supplement March 1999); *von Rosen/Prechtel* Die Bank 1996, 388, 389.
[496] *Röhler,* American Depositary Shares, S. 149.
[497] *Röhler,* American Depositary Shares, S. 169.

224 ADR-Programms insgesamt. Ferner hat sie eine Aufstellung der Inhaber der ADR-Zertifikate zu führen[498].

Die ausländische Gesellschaft bestimmt im Depotvertrag gemeinsam mit der Depotbank auch eine Hinterlegungsbank (**„custodian bank"**), bei der die den ADRs zugrunde liegenden Aktien hinterlegt werden. IdR fungiert eine im Land des ausländischen Unternehmens ansässige Bank als Hinterlegungsbank.

225 c) **Level I ADR-Programm.** Zur Auflegung eines Level I ADR-Programms schließt die ausländische Gesellschaft mit einer Depotbank den Depotvertrag. Wie bei einem „unsponsored" ADR-Programm müssen die ADRs mit einem Registrierungsantrag nach **Form F-6** bei der SEC registriert werden. Form F-6 enthält bestimmte Informationen über die Hinterlegungsbedingungen. Ferner verlangt Form F-6 die Erläuterung der ADRs in einem Prospekt. Da jedes ADR-Zertifikat die wesentlichen Bestimmungen des Depotvertrags, der dem F-6 als Anlage beizufügen ist, enthält, stellt es bereits den Prospekt iSd. Securities Act dar[499]. Die weiteren Anlagen zum Registrierungsantrag auf Form F-6 bestehen in erster Linie aus Legal Opinions der Anwälte der Depotbank, (falls vorhanden) anderweitigen Verträgen bezüglich der Ausgabe der ADRs und wesentlichen Verträgen zwischen der ausländischen Gesellschaft und der Depotbank während der letzten drei Jahre. Schließlich müssen in Form F-6 die Kosten und Gebühren, die von einem Inhaber der ADRs zu tragen sind, genau dargestellt werden.

226 Die ausländische Gesellschaft muß ferner bei der SEC einen Antrag auf Befreiung ihrer hinterlegten Aktien von der Registrierungspflicht nach dem Exchange Act stellen, soweit die Gesellschaft nicht schon den entsprechenden Berichtspflichten unterliegt[500]. Für die hinterlegten Aktien greift der Ausnahmetatbestand nach **Rule 12g3–2(b)**. Danach ist eine Befreiung von der Registrierungspflicht möglich, wenn die Gesellschaft der SEC diejenigen Informationen (in englischer Sprache) übermittelt, die den Aktionären im Heimatmarkt der Gesellschaft sowie in den Ländern, in denen Aktien der Gesellschaft an einer Börse notiert sind, zur Verfügung gestellt werden[501]. Diese Informationen müssen der SEC während der gesamten Dauer des ADR-Programms zur Verfügung gestellt werden. Weitergehende Verpflichtungen gegenüber der SEC bestehen nicht. Insbes. müssen die Finanzinformationen der Gesellschaft nicht in US-GAAP ausgewiesen bzw. auf US-GAAP übergeleitet werden. Die Level I ADRs werden im OTC-Markt gehandelt[502].

227 d) **Level II ADR-Programm.** Bei einem Level II ADR-Programm werden die ADRs an einer US-Börse (zB NYSE oder Amex) oder im NASDAQ System gehandelt. Wie bei einem Level I ADR-Programm erfolgt die Registrierung der ADRs mit einem Registrierungsantrag auf **Form F-6**. Die hinterlegten Aktien

---

[498] *Joyce, Gruson & Jungreis* in Farmery & Walmsley S. 97.
[499] *Johnson/McLaughlin* S. 603; *Böckenhoff/Ross* WM 1993, 1825, 1826.
[500] Die ADRs selbst sind gem. Rule 12g3-2(c) SEA von der Registrierungspflicht befreit.
[501] *Johnson/McLaughlin* S. 616; *Roquette/Stanger* WM 1994, 137, 138.
[502] *Johnson/McLaughlin* S. 600.

der Gesellschaft müssen mit einem Registrierungsantrag auf **Form 20-F**[503] bei der SEC registriert werden.

Die Zulassung der ADRs an einer US-Börse oder im NASDAQ System erfolgt gemäß dem Exchange Act sowie den bei der jeweiligen Börse geltenden Zulassungsregeln. Mit Registrierung der hinterlegten Aktien der Gesellschaft auf Form 20-F unterliegt die ausländische Gesellschaft den **Berichtsfolgepflichten** nach dem Exchange Act. Die Finanzausweise der Gesellschaft müssen in US-GAAP erstellt oder auf US-GAAP übergeleitet werden[504].

e) **Level III ADR-Programm.** Ein Level III ADR-Programm enthält ein öffentliches Angebot der ADRs in den USA, wobei die ADRs zugleich an einer US-Börse oder im NASDAQ System notiert werden. Auch in einem solchen Programm werden die ADRs durch Einreichung eines Registrierungsantrags auf **Form F-6** bei der SEC registriert. Gleichzeitig erfolgt eine Registrierung der öffentlich zum Verkauf angebotenen Wertpapiere der Gesellschaft auf **Form F-1** bzw. **Form F-2 oder Form F-3** sowie bei Unternehmensübernahmen nach **Form F-4**, jeweils gemäß den Bestimmungen des Securities Act[505]. Im Zusammenhang mit der vorgenannten Registrierung der ADRs ist die Rechnungslegung der ausländischen Gesellschaft in **US-GAAP** bzw. eine Überleitung der Rechnungslegung auf US-GAAP erforderlich[506].

7. Anforderungen an das Rechnungswesen

Nachfolgend werden kurz einige Aspekte zum **Rechnungswesen** beschrieben, die für deutsche Emittenten bei der Vorbereitung eines Registrierungsantrags gemäß Securities Act und/oder Exchange Act von Bedeutung sind.

a) **Darstellung der Finanzausweise. aa) Bilanzierungsgrundsätze.** Die Finanzausweise können entweder nach **US-GAAP** oder nach den im Heimatland des ausländischen Emittenten anerkannten Bilanzierungsgrundsätzen (Foreign-GAAP) erstellt werden. In letzterem Fall muß der Registrierungsantrag eine zahlenmäßige **Überleitung ("reconciliation")** sowie eine beschreibende Darstellung der materiellen Abweichungen bestimmter Positionen zwischen Foreign-GAAP und US-GAAP enthalten[507].

Der **Umfang** der „reconciliation" ist von der Art des Registrierungsantrags abhängig. Für eine Registrierung nach dem Exchange Act auf Form 20-F ist eine weniger umfassende „reconciliation" (gemäß Item 17 in erster Linie eine Überleitung der Nettoeinkünfte und Bilanzpositionen, deren Darstellung nach US-GAAP im Vergleich zu Foreign-GAAP variieren würde) mit einer Beschreibung der wesentlichen Unterschiede zwischen U.S. und Foreign GAAP ausreichend. Eine umfassendere „reconciliation" (gemäß Item 18) der Finanzinformationen ist

---

[503] Siehe Rn 206 ff.
[504] *Böckenhoff/Ross* WM 1993, 1825, 1827; *von Rosen/Prechtel* Die Bank 1996, 388, 391; *Meyer-Sparenberg* WM 1996, 1117, 1118.
[505] Siehe Rn 194 ff.
[506] *Meyer-Sparenberg* WM 1996, 1117, 1118.
[507] Item 4.01(2) der Regulation S-X SEA, 17 C.F.R. 210.4-01.

auf Form 20-F fakultativ, im Fall einer Registrierung von Aktien nach dem Securities Act jedoch zwingend[508]. In diesem Fall müssen die nach Foreign-GAAP erstellten Finanzausweise so übergeleitet werden, daß alle gemäß US-GAAP und Regulation S-X erforderlichen Informationen dargestellt werden[509].

233   bb) **Währung.** Die **Finanzausweise** eines ausländischen Emittenten („foreign private issuer") sind in der Währung darzustellen, die der Emittent für angemessen hält. Falls der Emittent seine Finanzausweise in einer anderen Währung als US-$ darstellt, hat er den durchschnittlichen Wechselkurs der letzten fünf Jahre, sowie den monatlichen Durchschnittskurs der letzten sechs Monate und den Kurs zum jüngsten praktikablen Datum anzugeben[510]. Wesentliche Devisenkontrollen im Hinblick auf diese Währung sind in besonderer Weise offenzulegen[511].

234   cc) **Segmentberichterstattung.** US-Emittenten müssen in ihren Finanzausweisen die im **Statement of Financial Accounting Standards** (SFAS) No. 14 geforderten Segmentinformationen (Branchen- und geographische Informationen in Bezug auf Umsatzerlöse, Erträge, Aktiva und Investitionen) aufnehmen. Ausländische Emittenten, die den laufenden Berichtspflichten nach den Bestimmungen des Exchange Act unterliegen, können grundsätzlich wählen, ob sie die gemäß SFAS No. 14 geforderten Branchen- und geographischen Informationen liefern, oder statt dessen eine Aufschlüsselung von Gesamtumsatzerlösen und Gesamterträgen für die letzten drei Jahre gemäß den jeweiligen Geschäftsbereichen sowie nach regionalen Märkten darstellen wollen. Jede geschäftliche Aktivität, die kontinuierlich einen bedeutenden Beitrag zum Gesamtumsatz und Ertrag leistet, wird dabei als eigener Bereich der Geschäftstätigkeit angesehen. Neben dem zeitlichen und finanziellen Aufwand für die Einrichtung eines Rechnungswesens, das in der Lage ist, die erforderlichen Zahlen zu liefern, bedeutet die Veröffentlichung von Segmentinformationen uU auch eine Offenlegung von Daten, die die Gesellschaft in ihrem Heimatland so bisher nicht veröffentlicht hatte bzw. die deren Wettbewerbern bisher nicht zugänglich waren, und ist für viele ausländische Emittenten deshalb ein sensibler Punkt.

235   dd) **Pro-forma Finanzinformationen.** Hat der Emittent ein anderes Unternehmen von bedeutender Größe erworben oder plant er eine entsprechende Transaktion, muß er je nach Struktur und Zeitplan der Transaktion uU Bilanzen und Gewinn- und Verlustrechnungen, meist jedoch zumindest ausgewählte Finanzdaten auf Pro-forma Basis für sich und das Zielunternehmen vorlegen. Der Emittent muß Pro-forma Finanzinformationen grundsätzlich für den erfolgten oder wahrscheinlichen **Erwerb bzw. die Veräußerung** von Geschäftsaktivitäten

---

[508] Item 17 und Item 18 der Form 20-F; Item 4(b) der Form F-1 iVm. Item 18 der Form 20-F. Auch bei der Registrierung bestimmter Arten von Wertpapieren (außer Aktien) nach dem Securities Act darf ein Emittent die weniger strengen Anforderungen von Item 17 der Form 20-F erfüllen.
[509] Item 18 der Form 20-F.
[510] Item 3.A.3. der Form 20-F.
[511] Item 3-20 der Regulation S-X SEA, 17 C. F. R. 210.3-20.

vorlegen, falls diese Geschäftsaktivitäten mehr als **10%** des gesamten Vermögens oder des Vorsteuergewinns der Gesellschaft ausmachen[512].

b) Umfang der Finanzinformationen im Registrierungsantrag. Auf Grund des „**integrated disclosure systems**" legen die Instruktionen zu Form 20-F den Inhalt der im Registrierungsantrag aufzuführenden Finanzinformationen nicht nur für die Form 20-F nach dem Exchange Act, sondern auch für den Registrierungsantrag auf Form F-1 nach dem Securities Act weitgehend fest[513].

Bei beiden Arten von Registrierungsanträgen bestehen die Finanzinformationen hauptsächlich aus zwei Abschnitten. Zunächst muß der Emittent im Rahmen seiner Offenlegung einen vergleichenden Überblick über bestimmte wesentliche Positionen der Bilanz und der Gewinn- und Verlustrechnung für die letzten fünf Jahre (oder seit seiner Gründung, falls er noch nicht fünf Jahre besteht) erstellen. Diese Positionen („**selected financial data**") sind zB Umsatz, Nettoeinkünfte, Summe der Aktiva usw.; dem Emittenten ist es freigestellt, andere Positionen hinzuzufügen[514].

Der wichtigste Abschnitt der Finanzinformationen besteht aus den **geprüften Finanzausweisen** (Bilanz, Gewinn- und Verlustrechnung, Veränderungen im Eigenkapital, Barmittelzu- und -abfluß sowie den Anmerkungen) des Emittenten für die letzten drei Jahre mit dem sich darauf beziehenden Testat seines Wirtschaftsprüfers. Darüber hinaus müssen (u. U. ungeprüfte) Zwischenberichte vorgelegt werden, wenn die letzten geprüften Abschlüsse des Emittenten eine bestimmte Zeit zurückliegen[515].

Der **letzte geprüfte Abschluß** des Emittenten darf zum Zeitpunkt eines öffentlichen Wertpapierangebots bzw. der Notierung von Aktien an einer US-amerikanischen Börse, auf den sich der entsprechende Registrierungsantrag bezieht, im Regelfall bis zu 15 Monate zurückliegen. Bei einem Börsengang (d. h. der ersten Notierung bzw. dem ersten öffentlichen Angebot von Aktien in den USA) darf der letzte geprüfte Abschluß nicht älter als maximal 12 Monate sein; der geprüfte Abschluß darf sich in diesem Fall aber auf weniger als ein ganzes Jahr beziehen[516].

Datiert der Registrierungsantrag mehr als neun Monate nach Ende des letzten geprüften Jahresabschlusses, muß der Emittent dem Finanzteil des Registrierungsantrags einen **Zwischenbericht** hinzufügen, der zumindest die ersten sechs Monate des laufenden Geschäftsjahrs abdeckt, zuzüglich eines Vergleichs mit dem entsprechenden Vorjahreszeitraum[517]. Ein Testat für den Zwischenabschluß ist nicht erforderlich, allerdings werden die an einer Emission beteiligten

---

[512] Rules 210.11-01 bis 210.11-03 Regulation S-X SEA, 17 C. F. R. 210.11-01 – 210.11-03; SEC Staff Accounting Bulletin No. 99, Materiality (12. 8. 1999), 17 C. F. R. Part 211.

[513] Item 4 der Form F-1 weist den Emittenten an, die für Part I der Form 20-F (der u. a. die ausgewählten Finanzinformationen – sog. „selected financial data" – enthält) sowie die für Item 18 des Part 3 der Form 20-F (Finanzteil) erforderlichen Informationen anzugeben.

[514] Item 3.2 der Form 20-F

[515] Item 3-01 und 3-02 der Regulation S-X, 17 C. F. R. 210.3-01, -02, iVm. Item 8.A. der Form 20-F.

[516] Item 8.A.4. der Form 20-F.

[517] Item 8.A.5. der Form 20-F.

Konsortialbanken idR von den Wirtschaftsprüfern eine Bestätigung der prüferischen Durchsicht (sog. **„review"**) verlangen. In diesem Zusammenhang ist darauf hinzuweisen, daß ausländische Unternehmen – anders als US-amerikanische Unternehmen – nicht der Quartalsberichterstattungspflicht unterliegen.

241 **c) Unabhängigkeit der Wirtschaftsprüfer.** Es ist entscheidend, daß ein internationales Wirtschaftsprüfungsunternehmen, das genaue Kenntnis der Vorschriften der SEC hat, mit der Erstellung der Finanzausweise einer Gesellschaft beauftragt wird, die ein öffentliches Wertpapierangebot oder eine Notierung von Aktien in den USA beabsichtigt. Vor dem Hintergrund der rigorosen Anforderungen der SEC an die **Unabhängigkeit** der Wirtschaftsprüfer müssen Emittenten uU ihren gegenwärtigen Wirtschaftsprüfer wechseln, um diesen Anforderungen entsprechen zu können. Ein Wirtschaftsprüfer darf während der Zeit seiner beruflichen Tätigkeit für den Emittenten über keine direkten finanziellen Beteiligungen oder wesentlichen indirekten finanziellen Beteiligungen am Emittenten verfügen bzw. verfügt haben. Auch darf die Wirtschaftsprüfungsgesellschaft (oder ein Partner derselben) u. a. nicht als Konsortialmitglied, Treuhänder für Stimmrechtsausübung, Vorstandsmitglied, leitender Mitarbeiter, Angestellter oder Kunde seines Mandanten sowie im Zusammenhang mit Unternehmensbewertungen tätig (gewesen) sein[518].

III. Zulassung an einer US-amerikanischen Börse und der NASDAQ

1. Zulassung an der NYSE

242 **a) Zulassungsvoraussetzungen.** Eine ausländische Gesellschaft hat bei der Zulassung an der NYSE das **Wahlrecht** zwischen zwei Zulassungsstandards, dem sog. **Alternate Listing Standard** für ausländische Gesellschaften oder dem **NYSE Domestic Listing Standard** für US-Gesellschaften[519].

243 Wählt die ausländische Gesellschaft den Alternate Listing Standard, hat sie folgende **quantitative Voraussetzungen** zu erfüllen[520]:
- mind. 5.000 Aktionäre weltweit, von denen jeder mind. 100 Aktien der Gesellschaft oder mehr hält; mind. 2,5 Mio. öffentlich gehaltene Aktien weltweit, **und**
- Marktwert der öffentlich gehaltenen Aktien von mind. 100 Mio. US-$ weltweit[521], **und**
- Gesamteinkommen vor Steuern („pre-tax income") von mind. 100 Mio. US-$ in den letzten drei Geschäftsjahren, davon zumindest 25 Mio. US-$ in jedem der letzten beiden Geschäftsjahre, **oder**

---

[518] Auditor Independence Requirements, SEC Release No. 33-7919 (21. 11. 2000).
[519] Item 103.00 des NYSE Listed Company Manual (Stand: 14. 7. 2000).
[520] Item 103.01A und Item 103.01B des NYSE Listed Company Manual (Stand: 14. 7. 2000).
[521] Im Fall eines Börsengangs ist es ausreichend, wenn der NYSE von den Konsortialbanken schriftlich bestätigt wird, daß diese Marktkapitalisierung mit dem bzw. zum Zeitpunkt des IPO erreicht wird.

- einen Gesamt Cash-flow in den letzten drei Geschäftsjahren von mind. 100 Mio. US-$, davon mind. 25 Mio. US-$ in jedem der letzten beiden Geschäftsjahre bei Gesellschaften mit einer Marktkapitalisierung weltweit von nicht weniger als 500 Mio. US-$ und Umsätzen in den letzten 12 Monaten von nicht weniger als 200 Mio. US-$, **oder**
- eine Marktkapitalisierung von 1 Mrd. US-$ (weltweit) bei einem Umsatz im letzten Geschäftsjahr von 100 Mio. US-$.

Der NYSE Domestic Listing Standard setzt voraus, daß bereits Aktien der ausländischen Gesellschaft in gewissem Umfang von **US-Personen** gehalten werden. Im einzelnen hat eine ausländische Gesellschaft nach dem NYSE Domestic Listing Standard folgende Voraussetzungen im Bereich der **Aktionärsstruktur** bzw. alternativ im Zusammenhang mit der **Anzahl der Aktionäre** zu erfüllen[522]: **244**

- mind. 2.000 Aktionäre (in den USA), von denen jeder mind. 100 Aktien der Gesellschaft oder mehr hält, **oder**
- mind. 2.200 Aktionäre (in den USA), zusammen mit einem durchschnittlichen monatlichen Handelsvolumen in den letzten sechs Monaten von 100 000 Aktien, **oder**
- mind. 500 Aktionäre (in den USA) zusammen mit einem durchschnittlichen monatlichen Handelsvolumen für die letzten 12 Monate von 1 Mio. Aktien und mind. 1,1 Mio. öffentlich gehaltene Aktien sowie einem Marktwert der öffentlich gehaltenen Aktien von mind. 100 Mio. US-$ bei bereits börsennotierten Gesellschaften, bei IPOs, Spin-offs usw. mind. 60 Mio. US-$.

Weiter müssen beim NYSE Domestic Listing Standard folgende **finanzielle Standards** alternativ erfüllt sein[523]: **245**

- Vorsteuergewinn der letzten drei Geschäftsjahre von insgesamt 6,5 Mio. US-$, der wie folgt erreicht werden kann: 2,5 Mio. US-$ im letzten Geschäftsjahr und 2 Mio. US-$ in jedem der zwei vorangegangenen Geschäftsjahre oder mind. 4,5 Mio. US-$ im letzten Geschäftsjahr, **oder**
- bei Gesellschaften mit einer Marktkapitalisierung von mind. 500 Mio. US-$ und einem Umsatz von mind. 200 Mio. US-$ in den letzten 12 Monaten ein operativer Cash-flow in den letzten drei Geschäftsjahren von insgesamt mind. 20 Mio. US-$, **oder**
- Umsätze für das letzte Geschäftsjahr in Höhe von mind. 250 Mio. US-$ und eine durchschnittliche Marktkapitalisierung von mind. 1 Mrd. US-$.

b) Zulassungsverfahren. Das Zulassungsverfahren an der NYSE ist, ebenso wie das Zulassungsverfahren an der Amex und an der NASDAQ, verglichen mit dem Registrierungsverfahren mit der SEC verhältnismäßig einfach. Es besteht im wesentlichen aus dem **Zulassungsantrag** sowie einem **Vertrag mit der NYSE** („listing agreement") und steht unter dem Vorbehalt der Wirksamkeit des entsprechenden Registrierungsantrags. Auf Antrag der ausländischen Gesellschaft wird die NYSE zunächst vertraulich überprüfen, ob die Gesellschaft die Zulassungsvoraussetzungen erfüllt. In diesem Zusammenhang muß die Gesellschaft der **246**

---

[522] Item 102.01A des NYSE Listed Company Manual (Stand: 14. 7. 2000).
[523] Item 102.01C des NYSE Listed Company Manual (Stand: 14. 7. 2000).

NYSE einige **Dokumente** übersenden, wie zB eine beglaubigte Kopie der Satzung in englischer Sprache, Muster der Aktienurkunden bzw. der Zertifikate, die im US-Markt gehandelt werden sollen, eine Kopie des Depotvertrags (falls ADRs notiert werden sollen), die Einladung zur Hauptversammlung an die Aktionäre der Gesellschaft für die letzte Hauptversammlung in englischer Sprache, eine Liste der Börsen, an denen Wertpapiere der Gesellschaft gehandelt werden, unter Angabe der Kursspannen („price range") und der Handelsvolumina für das letzte Geschäftsjahr sowie weitere Informationen über die Aktionärsstruktur, das Management und wesentliche Entwicklungen der Gesellschaft[524]. Die meisten dieser Informationen werden idR bereits im Registrierungsantrag nach Form F-1 oder 20-F (oder einer Anlage dazu)[525], der für die Registrierung bei der SEC verwendet wurde, enthalten sein.

247 Nach der vertraulichen Überprüfung des (informellen) Zulassungsantrags der Gesellschaft durch die NYSE erhält die Gesellschaft sowohl eine mündliche als auch eine schriftliche Bestätigung (**Clearance Letter**), daß sie die Zulassungsvoraussetzungen erfüllt. Nach Erhalt dieser Bestätigung kann die Gesellschaft einen offiziellen **Zulassungsantrag** bei der NYSE stellen. Ferner muß die Gesellschaft mit der NYSE einen Vertrag abschließen, der die Einzelheiten der Notierung der Aktien an der NYSE regelt („**listing agreement**") sowie erforderlichenfalls weitere Dokumente und Informationen zur Verfügung stellen[526].

2. Zulassung an der NASDAQ

248 **a) Zulassungsvoraussetzungen.** Bei einer erstmaligen Notierung der Aktien an der NASDAQ kann die ausländische Gesellschaft zwischen **drei Zulassungsstandards** wählen[527]. Die Zulassungsvoraussetzungen unter **Standard 1** sind wie folgt:
– Nettovermögenswerte[528] („net tangible assets") von mind. 6 Mio. US-$;
– Einkommen vor Steuern im letzten Geschäftsjahr oder in zwei der drei letzten Geschäftsjahre von mind. 1 Mio. US-$;

---

[524] Item 104.02 des NYSE Listed Company Manual (Stand: 1. 8. 1999).
[525] Werden gleichzeitig mit der Zulassung von Aktien oder ADRs an einer US-amerikanischen Börse diese Wertpapiere öffentlich angeboten, erfolgt die Registrierung nach dem Exchange Act anstatt auf Form 20-F auf der vereinfachten Form 8-A, die auf den Registrierungsantrag, der im Zusammenhang mit dem öffentlichen Angebot nach dem Securities Act einzureichen ist (Form F-1, F-2, F-3 oder F-4), Bezug nimmt.
[526] Item 702.02 des NYSE Listed Company Manual (Stand: 1. 6. 1986).
[527] Neben der eigentlichen NASDAQ besteht auch ein sog. NASDAQ SmallCap Market. Die Zulassungsvoraussetzungen für dieses Marktsegment sind wie folgt: Nettovermögenswerte von mind. 4 Mio. US-$ oder eine Marktkapitalisierung von mind. 50 Mio. US-$ oder ein Nettoeinkommen („net income") im letzten Geschäftsjahr oder in zwei der drei letzten Geschäftsjahre von mind. 750 000 US-$ sowie mind. 1 Mio. Aktien, die öffentlich gehalten werden, mit einem Marktwert von mind. 50 Mio. US-$ und einem Mindestpreis pro Aktie von 4 US-$, drei Wertpapierhändler („market maker"), mind. 300 Aktionäre, die 100 oder mehr Aktien der Gesellschaft halten, sowie Dauer der operativen Tätigkeit von mind. einem Jahr oder eine Marktkapitalisierung von mind. 50 Mio. US-$ bei weniger als einem Jahr operativer Tätigkeit.
[528] Nettovermögenswerte sind Gesamtvermögenswerte (außer „goodwill") abzüglich der Gesamtverbindlichkeiten.

– mind. 1,1 Mio. Aktien, die öffentlich gehalten werden[529];
– Marktwert der öffentlich gehaltenen Aktien von mind. 8 Mio. US-$;
– Preis pro Aktie von mind. 5 US-$;
– mind. 400 Aktionäre, von denen jeder mind. 100 oder mehr Aktien der Gesellschaft hält; und
– drei Wertpapierhändler („market maker").

Die Zulassungsvoraussetzungen nach **Standard 2** sind wie folgt:
– Nettovermögenswerte („net tangible assets") von mind. 18 Mio. US-$;
– mind. 1,1 Mio. öffentlich gehaltene[530] Aktien;
– die Gesellschaft muß seit mind. zwei Jahren operativ tätig sein;
– Marktwert der öffentlich gehaltenen Aktien von mind. 18 Mio. US-$;
– Preis pro Aktie von mind. 5 US-$;
– mind. 400 Aktionäre, von denen jeder mind. 100 oder mehr Aktien der Gesellschaft hält; und
– drei Wertpapierhändler („market maker").

Die Zulassungsvoraussetzungen nach **Standard 3** sind wie folgt:
– entweder Marktkapitalisierung von mind. 75 Mio. US-$ oder Aktivvermögen von mind. 75 Mio. US-$ bei einem Gesamtumsatz von mind. 75 Mio. US-$;
– mind. 1,1 Mio. öffentlich gehaltene[531] Aktien;
– Marktwert der öffentlich gehaltenen Aktien von mind. 20 Mio. US-$;
– Preis pro Aktie von mind. 5 US-$;
– mind. 400 Aktionäre, von denen jeder mind. 100 oder mehr Aktien hält; und
– vier Wertpapierhändler („market maker").

b) Zulassungsverfahren. Das Zulassungsverfahren an der NASDAQ ist, ebenso wie das Zulassungsverfahren an der NYSE und an der Amex, verglichen mit dem SEC-Registrierungsverfahren, verhältnismäßig einfach. Es besteht ebenfalls im wesentlichen aus dem Zulassungsantrag sowie einem Vertrag mit der NASDAQ („**listing agreement**") und steht unter dem Vorbehalt der Wirksamkeit des entsprechenden Registrierungsantrags. Weitere Voraussetzungen für eine Zulassung an der NASDAQ sind u. a., daß die Gesellschaft Jahres- und Zwischenberichte an ihre Aktionäre verteilt, zwei unabhängige Mitglieder im Board of Directors („**independent directors**") hat (bei einer deutschen AG bezieht sich diese Vorschrift auf den Aufsichtsrat), einen Prüfungsausschuß **Audit Committee**) bildet, jährlich eine Hauptversammlung abhält, zu der sie die für die Stimmrechtsabgabe relevanten Unterlagen versendet, und Transaktionen mit nahestehenden Personen zur Vermeidung von Interessenskonflikten durch den Prüfungsausschuß überprüfen läßt. Wie im Zulassungsverfahren an der NYSE und an der Amex muß die Gesellschaft der NASDAQ zahlreiche Dokumente und Informationen zur Verfügung stellen.

---

[529] Öffentlich gehaltene Aktien sind Aktien, die nicht von einem Mitglied des Vorstands oder Aufsichtsrats gehalten werden und nicht von einem Aktionär, dessen Aktienbesitz 10 % erreicht bzw. übersteigt.
[530] Siehe Fn 529.
[531] Siehe Fn 529.

3. Zulassung an der Amex

252 **a) Zulassungsvoraussetzungen.** Bei der Zulassung von Aktien zur Amex muß die Gesellschaft bestimmte Voraussetzungen im **Finanzbereich** sowie in Bezug auf ihre **Aktionärsstruktur** erfüllen[532]. Bezogen auf den Finanzbereich stehen der Gesellschaft zwei Zulassungsstandards zur Verfügung. Nach dem **regulären Zulassungsstandard** muß eine Gesellschaft ein Einkommen vor Steuern („pre-tax income") in Höhe von 750 000 US-$ im letzten Geschäftsjahr oder in zwei der letzten drei Geschäftsjahre aufweisen. Der Marktwert der Gesellschaft muß sich auf mind. 3 Mio. US-$ belaufen, der Preis pro Aktie muß mind. 3 US-$ betragen und das Eigenkapital mind. 4 Mio. US-$. Der **alternative Zulassungsstandard** verlangt kein bestimmtes Einkommen vor Steuern. Der Marktwert der Gesellschaft muß hier jedoch mind. 15 Mio. US-$ betragen, der Preis pro Aktie mind. 3 US-$. Weiterhin muß die Gesellschaft seit drei Jahren operativ tätig sein und ein Eigenkapital von mind. 4 Mio. US-$ haben.

253 Bezogen auf ihre Aktionärsstruktur stehen einer ausländischen Gesellschaft **vier Alternativen** für die Zulassung von Aktien an der Amex zur Verfügung:

– Nach Alternative 1 ist eine Anzahl von 800 US-Aktionären gefordert, von denen jeder mind. 100 Aktien oder mehr hält, wobei mind. 500 000 Aktien öffentlich gehalten werden.
– Alternative 2 verlangt 400 US-Aktionäre, von denen jeder 100 Aktien oder mehr hält, sowie mind. 1 Mio. Aktien, die öffentlich gehalten werden.
– Alternative 3 verlangt 400 US-Aktionäre, von denen jeder 100 Aktien oder mehr hält, mind. 500 000 Aktien, die öffentlich gehalten werden, sowie zusätzlich ein durchschnittliches tägliches Handelsvolumen von 2.000 Aktien.
– Ausländischen Gesellschaften, die die drei vorgenannten Alternativen nicht erfüllen, steht noch eine vierte Alternative[533] zur Verfügung. Hierfür muß die ausländische Gesellschaft weltweit mind. 800 Aktionäre haben, von denen jeder mind. 100 Aktien oder mehr hält, die Anzahl der öffentlich gehaltenen Aktien weltweit mind. 1 Mio. und der Marktwert der öffentlich gehaltenen Aktien weltweit mind. 3 Mio. US-$ betragen.

254 **b) Zulassungsverfahren.** Vor der Stellung des offiziellen Zulassungsantrags wird die Amex **vertraulich überprüfen**, ob die Gesellschaft die Zulassungsvoraussetzungen erfüllt. Zur Durchführung der vertraulichen Überprüfung muß die Gesellschaft bestimmte Dokumente und Informationen an die Amex übersenden, insbes. eine Kopie des jüngsten Prospekts, der im Rahmen eines Aktienangebots in den USA oder außerhalb der USA verwendet wurde, Einladungen zu den letzten zwei Hauptversammlungen, die letzten drei Geschäftsberichte (in englischer Sprache), Informationen über die Aktienverteilung der Gesellschaft in den USA und weltweit, ein Muster der Aktienurkunde bzw. des ADR-Zertifikats der Gesellschaft sowie sämtliche Dokumente, die zuletzt bei der SEC eingereicht wurden.

---

[532] Amex Listing Standards, Policies and Requirements Part I §§ 101 und 102.
[533] Amex Listing Standards, Policies and Requirements Part I § 110.

Nach Durchführung der vertraulichen Überprüfung teilt die Amex in einem 255
sog. **Clearance Letter** mit, ob die Gesellschaft die Voraussetzungen erfüllt.
Wenn dies der Fall ist, kann sie sodann den formellen Zulassungsantrag bei der
Amex stellen. Zusammen mit dem Zulassungsantrag sind der Amex wiederum
bestimmte Dokumente bzw. Informationen zu übermitteln (soweit nicht schon
eingereicht)[534], insbes. allgemeine Informationen über die Gesellschaft und die
zuzulassenden Aktien bzw. ADRs, Kopien der Dokumente, die zuletzt bei der
SEC eingereicht wurden, die Einladung zur letzten Hauptversammlung, eine
Aussage über die jüngsten wesentlichen Entwicklungen und Ereignisse bei der
Gesellschaft, eine Kopie der Satzung der Gesellschaft (in englischer Sprache), eine
Kopie des Depotvertrags (wenn ADRs zugelassen werden sollen), Rechtsgutachten (Legal Opinions) von Anwälten sowie eine unterzeichnete Fassung des
„listing agreements".

Nach Einreichung des Zulassungsantrags genehmigt die Amex die Zulassung, 256
wobei die eigentliche **Notierungsaufnahme** der Aktien oder ADRs (wie auch
an der NYSE und an der NASDAQ) von der Wirksamkeit der Registrierung der
Wertpapiere mit der SEC abhängig ist.

IV. Berichtsfolgepflichten

1. Form 20-F und Form 6-K

Eine deutsche, an einer US-amerikanischen Wertpapierbörse notierte Gesell- 257
schaft muß **alljährlich** bei der SEC innerhalb von sechs Monaten nach Ende des
letzten Geschäftsjahrs einen umfangreichen Registrierungsantrag auf **Form 20-F**
einreichen. Das Offenlegungsdokument auf Form 20-F stellt den Geschäftsbericht nach dem US-amerikanischen Wertpapierrecht dar und entspricht in vielen
Punkten dem im Zusammenhang mit dem öffentlichen Angebot von Wertpapieren eingereichten Registrierungsantrag auf **Form F-1**[535]. Außerdem muß eine
ausländische Gesellschaft auf **Form 6-K Halbjahresberichte** einreichen[536]. Eine

---

[534] Amex Listing Standards, Policies and Requirements Part II § 221.

[535] § 13 SEA, 15 U. S. C. 77m, iVm. SEC Rule 12b-10, 17 C. F. R. 240.12b-10, und § A., General Instructions to Form 20-F. Insoweit entspricht Form 20-F für den nichtamerikanischen Emittenten der Form 10-K, die Grundlage für die nach dem Exchange Act eingereichten Jahresberichte US-amerikanischer Emittenten ist. Form 20-F dient dem nichtamerikanischen Emittenten zusätzlich als Grundlage für den Registrierungsantrag gemäß Exchange Act, analog der von US-amerikanischen Emittenten anzuwendenden Form 10. § 12 SEA, 15. U. S. C. 77l iVm. Rule 12b-10 und § A., General Instructions to Form 20-F; siehe auch Rn 206ff.

[536] § 13 SEA, 15 U. S. C. 78m. Grundsätzlich sind börsennotierte US-amerikanische Emittenten verpflichtet, ihre Registrierungsanträge binnen der für die jeweiligen Berichterstattungsformulare festgeschriebenen Frist auf den aktuellen Stand zu bringen. Hierzu stehen ihnen hauptsächlich drei Formulare bzw. Berichte zur Verfügung: für Jahresberichte Form 10-K, für Quartalsberichte Form 10-Q sowie für andere wesentliche Mitteilungen Form 8-K. § 13 SEA iVm. Rules 13a-1, 13a-11 und 13a-13, 17 C. F. R. 240.13a-1, 13a-11, 13a-13. Als regelmäßigen Bericht für ausländische Emittenten kennt der Exchange Act dagegen nur den Jahresbericht auf Form 20-F; siehe Rn 240. Dazu kommt die Verpflichtung, Mitteilungen über wesentliche Ereignisse auf Form 6-K einzureichen. In diesem Zusammenhang sind auch englische Übersetzungen bzw. Zusammenfassungen der vom Emittenten im nichtamerikanischen Ausland

Quartalsberichterstattung von ausländischen Emittenten ist nach den aktuellen Vorschriften der SEC nicht erforderlich. Die Bestimmungen der SEC sehen aber vor, daß wichtige **Pressemitteilungen**, einschließlich Mitteilungen über finanzielle Ergebnisse und wesentliche Vorgänge und Entwicklungen (wie zB wesentliche Akquisitionen, Rechtsstreitigkeiten oder Veräußerungen) umgehend (d. h. innerhalb von ein bis zwei Tagen nach dem entsprechenden Ereignis) veröffentlicht und bei der SEC mittels Form 6-K eingereicht werden.

258 Anders als in Deutschland werden in den USA für die Erstellung eines Jahresberichts auf **Form 20-F** idR neben den Wirtschaftsprüfern auch **externe Rechtsberater** involviert, die die Übereinstimmung der Offenlegung mit den einschlägigen Bestimmungen des Exchange Act sicherstellen. Insbes. die erstmalige Erstellung eines Registrierungsantrags auf Form 20-F kann sehr zeit- und kostenintensiv sein, und setzt idR die internen Kontroll- und Informationsbeschaffungssysteme eines ausländischen Unternehmens unter Druck. Zu beachten ist, daß eine verspätete Einreichung von nach dem Exchange Act vorgesehenen Berichten sowohl Haftungs- als auch **Insidertatbestände** hervorrufen kann, weshalb eine frühzeitige Befassung mit dieser Thematik zu empfehlen ist[537]. In der Praxis wird eine ausländische Gesellschaft idR eine Zusammenführung des im Heimatland erstellten Geschäftsberichts mit dem US-amerikanischen Jahresbericht auf Form 20-F in Erwägung ziehen, zumal eine unterschiedliche Informationspolitik gegenüber Aktionären in verschiedenen Ländern sowohl aus haftungsrechtlichen Gesichtspunkten als auch im Sinne einer glaubwürdigen **Investor Relations**-Politik bedenklich erscheint.

259 Die Berichtspflicht auf **Form 6-K** wird in der Praxis dadurch erfüllt, daß dem gesetzlich vorgegebenen (und meist von der Gesellschaft vorab unterschriebenen) Formular die Pressemitteilung bzw. das offenzulegende Dokument (in englischer Sprache) als Anlage beigefügt wird. Die Einreichung der Form 6-K bei der SEC

---

veröffentlichten Berichte auf Form 6-K bei der SEC einzureichen, wenn der Emittent (i) zur Veröffentlichung, (ii) zum Einreichen bei einer Börse, an der die Wertpapiere des Emittenten notiert sind und die den eingereichten Bericht öffentlich zugänglich macht, oder (iii) zur Verteilung an die Inhaber der von ihr emittierten Wertpapiere gemäß den Gesetzen seines Sitzes bzw. dem Regelwerk einer Börse verpflichtet ist, oder wenn er diese Veröffentlichung, Einreichung oder Verteilung freiwillig vornimmt, Rule 13a-16, 17 C. F. R. 240.13a-16 iVm. § B., General Instructions to Form 6-K. Demzufolge kann ein an einer US-amerikanischen Börse notierter ausländischer Emittent im Ergebnis auch in den USA zu einer unterjährigen Berichterstattung verpflichtet sein, obwohl ihm der Exchange Act und sein Regelwerk eine solche Pflicht nicht formell auferlegen. So müßte bspw. ein deutscher Emittent, der in Deutschland Halbjahres- oder Quartalsberichte verbreitet, solche Berichte auch der SEC vorlegen. Für die Einreichung ist allerdings keine feste Frist vorgesehen; vielmehr hat der Emittent diesen „umgehend" vorzulegen, nachdem er dies im Heimatland getan hat („promptly after the material ... is made public"); siehe *Gruson/Wiegmann*, Die Ad-hoc-Publizitätspflicht nach amerikanischem Recht und die Auslegung von § 15 WpHG, AG 1995, 173 ff.; siehe auch Rn 240.

[537] Neben eventuellen Bußgeldern oder anderweitigen Ahndungsmaßnahmen müßte der säumige Emittent u. a. mit dem Verlust der wesentlichen Vereinfachung der Securities Act-Registrierung durch Form F-3 rechnen; die Möglichkeit der integrierten Offenlegung durch Verweis auf die Berichterstattung nach dem Exchange Act (siehe Rn 164) setzt voraus, daß der Emittent diese Pflicht rechtzeitig erfüllt. § I. A., General Instructions to Form F-3.

kann (wie auch die Einreichung der Form 20-F) physisch oder auf elektronischem Weg erfolgen[538].

2. Schedule 13D und Schedule 13G

Eine weitere Berichtspflicht besteht für Aktionäre einer US-börsennotierten Gesellschaft, die direkt oder indirekt wirtschaftliche Eigentümer von **mehr als 5%** der ausstehenden Aktien einer Gesellschaft werden. Solche Aktionäre müssen innerhalb von 10 Tagen einen sog. **Schedule 13D** bei der SEC einreichen, in dem u. a. alle Transaktionen des entsprechenden Aktionärs in Wertpapieren der betroffenen Gesellschaft während der vorangegangenen 60 Tage offengelegt werden müssen[539]. Da die Erstellung von Schedule 13D sehr anspruchsvoll und zeitaufwendig sein kann, empfiehlt sich unter bestimmten Voraussetzungen die Verwendung einer Kurzform auf **Schedule 13G**[540].

Diese steht insbes. Personen zur Verfügung, die mehr als 5% der Aktien des betroffenen Unternehmens halten, aber nicht selbst erworben haben, Personen die von den Berichtspflichten nach § 13(d) SEA ausgenommen sind, sowie bestimmten institutionellen Anlegern, die die Wertpapiere im Rahmen ihrer gewöhnlichen Geschäftstätigkeit ohne die Absicht erworben haben, die Gesellschaft zu kontrollieren oder sich an einer Transaktion zu beteiligen, deren Ziel die Kontrolle über die Gesellschaft ist[541]. Darüber hinaus kann **Schedule 13G** von sog. passiven Investoren verwendet werden, die mehr als 5%, aber nicht mehr als 20% der stimmberechtigten Aktien der Gesellschaft halten und bestätigen, daß sie diese nicht mit der Absicht erworben haben, die Gesellschaft zu kontrollieren oder sich an einer Transaktion zu beteiligen, deren Ziel die Kontrolle über die Gesellschaft ist. Solche Investoren können alternativ Schedule 13D oder 13G verwenden, müssen sich aber innerhalb von 10 Tagen nach Erwerb der Aktien entscheiden. Schedule 13G muß innerhalb von 45 Tagen nach dem 31. Dezember des Jahres, in dem der Aktienbesitz über 5% gestiegen ist, eingereicht werden. Handelt es sich um die erstmalige Einreichung von Schedule 13G, muß dieser 10 Tage nach dem Ende des Monats eingereicht werden, in dem der Aktienbesitz eines Aktionärs über 10% gestiegen ist. Auch auf Schedule 13G müssen alle Transaktionen des entsprechenden Aktionärs in Wertpapieren der betroffenen Gesellschaft während der vorangegangenen 60 Tage offengelegt werden. Unter bestimmten Umständen können auch Aktienoptionen die Berichtspflichten nach § 13(d) oder 13(g) auslösen.

3. Rule 144

Mitglieder des Vorstands und des Aufsichtsrats einer an einer US-amerikanischen Börse notierten deutschen AG können einer Berichtspflicht in den USA gemäß **Rule 144** SA unterliegen. § 4(1) SA befreit jedes Wertpapier von den Re-

---

[538] Siehe Rn 166.
[539] Gem. § 13(d) SEA.
[540] Schedules 13D und 13G SEA, 17 C. F. R. 240.13d-101 und 240.13d-102.
[541] Gem. § 13(g) SEA.

gistrierungspflichten des Securities Act, das nicht von einem Emittenten, einer Konsortialbank oder einem Makler („issuer", „underwriter" or „dealer") erworben wurde. Diese sehr wichtige Vorschrift erlaubt u. a. den **freien Börsenhandel**[542].

263 Um Umgehungsversuche zu unterbinden, stellt Rule 144 sog. **„affiliates"** (d. h. dem Emittenten nahestehende Personen, wie zB Vorstand und Aufsichtsrat) sowie andere Personen, die Wertpapiere direkt vom Emittenten in einer Privatplazierung oder indirekt in einer Kette nicht-öffentlicher Transaktionen erworben haben, einer Konsortialbank gleich. Solche Wertpapiere gelten als nur beschränkt handelbar (**„restricted securities"**); ihre Veräußerung bedarf entweder der Registrierung nach dem Securities Act oder einer Befreiung von der Registrierungspflicht[543]. Für einen Zeitraum von einem Jahr nach Erwerb der „restricted securities" besteht in Bezug auf diese Aktien ein Verkaufsverbot. Nach Ablauf des ersten Jahres dürfen „restricted securities" in beschränkter Anzahl und unter bestimmten Auflagen ohne Registrierung veräußert werden. Eine dieser Auflagen ist – vorbehaltlich verschiedener Meldeschwellen betreffend die Anzahl bzw. den Wert der zu verkaufenden Aktien – die Verpflichtung, den Verkauf von Aktien der Gesellschaft **zeitgleich** auf **Form 144** bei der SEC und der US-amerikanischen Börse, an der die Aktien der Gesellschaft notiert sind, zu melden[544].

264 Die Beschränkungen der Handelbarkeit von „restricted securities" entfallen mit dem Ablauf von zwei Jahren nach deren Erwerb vom Emittenten bzw. einem seiner „affiliates". Von da an darf der Inhaber die Wertpapiere frei veräußern, solange weder er noch einer seiner Vorgänger in den letzten zwei Jahren ein „affiliate" des Emittenten war. Ob eine Person für die Zwecke von Rule 144 als „affiliate" zu betrachten ist, hängt u. a. von dem Grad der tatsächlichen Kontrolle dieser Person über die Gesellschaft bzw. von ihrer Einflußmöglichkeit auf das Management der Gesellschaft ab und muß immer im Einzelfall geprüft werden. Mitglieder des Vorstands, aber auch uU des Aufsichtsrats einer deutschen AG werden idR als „affiliates" iSv. Rule 144A zu qualifizieren sein, müssen aber über die Zweijahresfrist hinaus bzw. solange sie ihr Amt innehaben den Bestimmungen von Rule 144, insbes. der Berichterstattungspflicht auf Form 144, Folge leisten[545].

V. Ausblick

265 Das US-amerikanische Wertpapierrecht, insbes. der Securities Act und der Exchange Act, hat sich in den letzten sechs Jahrzehnten kontinuierlich weiterentwickelt. Dabei zeichnete sich das US-amerikanische System insbes. durch große

---

[542] Siehe Rn 162.
[543] Paragraph (a)(3)(i) der Rule 144 SA, 17 C. F. R. 230 144.
[544] Paragraphen (c)-(h), Rule 144. Falls die Zahl bzw. der Gesamtpreis der zu verkaufenden „restricted securities" zusammen mit allen anderen in den letzen drei Monaten gem. Rule 144 veräußerten „restricted securities" nicht 500 Stück bzw. 10 000 US-$ überschreitet, entfällt der Bericht auf Form 144.
[545] Diese Beschränkungen entfallen, wenn die betroffene Person seit drei Monaten nicht mehr als „affiliate" gilt. § (k) der Rule 144.

Flexibilität und zeitnahe Reaktion auf sich verändernde Rahmenbedingungen aus[546].

Diese Entwicklung setzt sich fort. Im Herbst 1998 legte die SEC im sog. **Aircraft Carrier Release**[547] einen sehr weitreichenden Reformvorschlag für den Securities Act und die danach erlassenen Verordnungen vor. Eine Umsetzung dieser Empfehlungen hätte eine grundlegende Änderung des US-amerikanischen Wertpapierrechtssystems zur Folge. 266

Zu den Reformvorschlägen der SEC im Aircraft Carrier Release zählen: 267
– **Neuordnung der Registrierungsanträge.** Ausländische und inländische Emittenten würden künftig die gleichen Registrierungsanträge benutzen: **Form A und B** für Wertpapieremissionen (in vereinfachter Form auch für Privatplazierungen), **Form C** für Umtauschangebote. Dabei würden einige besondere Registrierungsanträge (zB Form F-6 für ADRs) bestehen bleiben, andere dagegen wegfallen. Form A entspräche den Forms S-1 und F-1. Form B, Nachfolger der Short Forms S-2/F-2 und S-3/F-3, könnte von markterfahrenen Emittenten benutzt werden. Der Registrierungsprozeß würde auf fast alle Wertpapiertransaktionen ausgedehnt, aber vereinfacht. Das „integrated disclosure system" würde weiter ausgeweitet, so daß für größere, schon länger börsennotierte Emittenten der als Prospekt geltende Teil des Registrierungsantrags künftig wenig mehr als ein Term Sheet darstellen würde.
– **Lockerung von Publizitätsbeschränkungen.** Der Aircraft Carrier Release würde alle Mitteilungen von größeren, erfahrenen und schon länger börsennotierten Gesellschaften, die nach heute geltendem Recht unzulässige Angebote darstellen und Haftungstatbestände nach sich ziehen[548], grundsätzlich freigeben. Allerdings müßten alle während einer definierten Angebotsfrist, die 15 Tage vor der ersten Unterbreitung eines rechtmäßigen Angebots beginnen und bis zum Ende der Angebotsfrist laufen würde, verteilten Mitteilungen bei der SEC eingereicht werden, womit diese als öffentlich zugänglich gelten und der potentiellen Haftung gemäß § 12 SA unterliegen würden. Der Öffentlichkeitsarbeit kleinerer und marktunerfahrener Gesellschaften würden nach wie vor Beschränkungen auferlegt, allerdings in ihrer Anwendung differenziert und zeitlich beschränkt.

Die Empfehlungen des Aircraft Carrier Release stießen auf heftige Kritik aus den Reihen der Berufsverbände der Konsortialbanken sowie anderer auf dem Gebiet des US-amerikanischen Wertpapiergeschäfts tätiger Berufsgruppen[549]. Zwar begrüßte man die Anregungen der SEC, Wertpapiertransaktionen in den USA 268

---

[546] Als Beispiele siehe Fn 434 im Zusammenhang mit den Auswirkungen der elektronischen Medien auf die globale Kapitalmarktpraxis, sowie Fn 446 für eine Beschreibung der „plain english"-Initiative der SEC.
[547] SA Release No. 33-7606A (14. 11. 1998). Wie sich vermuten läßt, beschäftigt sich der Aircraft Carrier Release keineswegs mit dem militärischen Flugverkehr; vielmehr verdankt dieser sehr seitenreiche Reformvorschlag seinen Spitznamen dem erheblichen Umfang und Gewicht des Vorhabens.
[548] Siehe Rn 170 ff.
[549] Siehe zB Comment Letter from the Federal Regulation of Securities Committee of the Business Section of the American Bar Association (12. 9. 1999) und Comment Letter from the Securities Industry Association (12. 5. 1999).

künftig zu **vereinfachen** und weiter zu **liberalisieren**. Dennoch vertrat die Mehrheit der Berufsverbände und der im US-amerikanischen Wertpapiergeschäft tätigen Experten die Auffassung, daß die vorgeschlagenen Reformen zahlreiche Wertpapiergeschäfte, die nach heute geltendem Recht unter einer Befreiung von der Registrierungspflicht möglich sind und keine Befassung der SEC vorsehen, künftig der SEC vorgelegt bzw. bei dieser registriert werden müßten. Dies erhöhe den Zeit- und Kostenaufwand solcher Transaktionen. Ferner würden einige wichtige Anwendungsbereiche des modernen Wertpapiergeschäfts de jure oder de facto ganz abgeschafft[550].

269   In Anbetracht dieser Kritik hat die SEC ihre Pläne aufgegeben, den Aircraft Carrier Release als Ganzes umzusetzen und die Bestimmungen des Securities Act entsprechend anzupassen. Noch ist unklar, ob, in welchem Ausmaß und wann einzelne Abschnitte dieser Empfehlungen Rechtskraft erreichen werden.

---

[550] ZB die sog. „shelf registration"; siehe Fn 405.

§ 24 Verlassen der Börse

Übersicht

	Rn
A. Begriffsbestimmung und Rahmen der Darstellung	1
B. „Delisting"	9
I. Teil-„Delisting"	9
1. „Delisting" von Regionalbörsen bei Aufrechterhaltung des „listing" an der Frankfurter Wertpapierbörse (FWB)	10
2. „Delisting" von allen deutschen Börsen bei Aufrechterhaltung eines „listing" an einer ausländischen Börse	11
II. Vollständiges „Delisting" („Going Private")	13
1. Reguläres „Delisting"	14
a) Hauptversammlungsbeschluß mit qualifizierter Mehrheit	15
b) Kaufangebot an außenstehende Aktionäre gem. Übernahmekodex	18
c) Umtauschangebot in Aktien des Übernehmers	20
d) Übernahmepreis/Umtauschkurs	21
e) Fristen	22
f) Verfahren	23
g) Antrag auf Zulassungswiderruf	24
aa) Vorliegen eines Kaufangebots an die außenstehenden Aktionäre	25
bb) Alternative Maßnahmen zum Schutz der Anleger	26
cc) Ermessen der Zulassungsstelle	27
dd) Zeitpunkt der Wirksamkeit des Widerrufs der Zulassung	29
h) Rechte widersprechender Aktionäre	30
2. „Delisting" nach Verschmelzung oder Formwechsel	34
a) Hauptversammlungsbeschluß mit qualifizierter Mehrheit	37
b) Berücksichtigung der Interessen der außenstehenden Aktionäre	38
c) Weitere Voraussetzungen	41
d) Widerruf der Zulassung von Amts wegen	42
e) Rechte widersprechender Aktionäre	43
f) Frist	45
3. „Delisting" nach übertragender Auflösung	46
a) Berücksichtigung der Interessen der außenstehenden Aktionäre	47
b) Hauptversammlungsbeschluß mit qualifizierter Mehrheit	48

	Rn
c) Zahlung eines angemessenen Kaufpreises durch die Tochtergesellschaft	49
d) Widerruf der Zulassung von Amts wegen	50
e) Rechte widersprechender Aktionäre	51
f) Frist	53
4. Besonderheiten bei Notierungen im Freiverkehr	54
a) Andere Voraussetzungen für das „Delisting"	55
b) Verfahren	57
c) Frist	59
C. Börsenrechtliche Folgen des „Delisting"	60
D. Gesellschaftsrechtliche Folgen des „Delisting"	64
I. Erleichterte Einberufung und Durchführung der Hauptversammlung	65
II. Mehr Freiheit bei der Gewinnverwendung	68
III. Erleichterte Berichtspflichten	69
IV. Fortbestehende Minderheitsrechte der verbleibenden außenstehenden Gesellschafter	70

Schrifttum: *Eickhoff*, Der Gang an die Börse – und kein Weg zurück?, WM 1988, 1713; *Fluck*, Zum Verzicht des Begünstigten auf Rechte aus einem Verwaltungsakt am Beispiel der Börsenzulassung, WM 1995, 553; *Grupp*, Börseneintritt und Börsenaustritt: Individuelle und institutionelle Interessen, 1995; *Klenke*, Der Rückzug mehrfach notierter Unternehmen von den deutschen Regionalbörsen, WM 1995, 1089; *Richard/Weinheimer*, Der Weg zurück: Going Private, BB 1999, 1613; *Schwark/Geiser*, Delisting, ZHR 161 (1997) 739; *Steck*, „Going private" über das UmwG, AG 1998, 460.

A. Begriffsbestimmung und Rahmen der Darstellung

1 Verläßt ein Unternehmen die Börse, hat sich für diesen Schritt der Begriff des **„going private"** eingebürgert. Es handelt sich dabei um die Überführung einer „öffentlichen", weil börsennotierten („gelisteten") Gesellschaft in ein „privates", nicht an den öffentlichen Aktienmärkten gehandeltes Unternehmen. Unter den Begriff fallen auch Transaktionen, bei denen rechtlich selbständige oder unselbständige Teile eines an der Börse notierten Unternehmens oder Konzerns herausgelöst und in eine nicht börsennotierte Gesellschaft überführt werden[1]. Dabei kommt es beim „going private" nicht darauf an, ob die Unternehmung nach dieser Überführung in der Form einer Kapital- oder einer Personenhandelsgesellschaft betrieben wird. Der Eigentümerwechsel eines Staatsunternehmens in die Hände privater Investoren[2] wird – entgegen einigen angelsächsischen Stimmen[3] – nicht von dieser Definition erfaßt.

---

[1] *Richard/Weinheimer* BB 1999, 1613.
[2] „Privatisierung", siehe § 20.
[3] *Richard*, Ursachen und Argumente für ein Going Private börsengehandelter US-Gesellschaften, 1989, S. 3 ff.; *Richard/Weinheimer* BB 1999, 1613.

Die Einstellung der Börsennotierung beim „going private" bezeichnet man als **„delisting"**. Die Begriffe sind jedoch nicht gleichzusetzen, weil ein „delisting" sich auf einzelne nationale Börsenplätze bei bleibender Notierung an anderen Börsen dieses Staates beschränken kann. Auch kann das „listing" an einer oder mehreren ausländischen Börsen bestehen bleiben bei gleichzeitigem „delisting" an inländischen Handelsplätzen. In diesen Fällen liegt ein bloßes **Teil-„delisting"** vor. Das Unternehmen ist weiterhin eine „öffentliche", börsennotierte Gesellschaft. Ein vollständiges „delisting" liegt hingegen vor, wenn die Börsennotierung an allen Börsen erlischt. Erst dann handelt es sich auch um ein „going private"[4]. 2

Das „listing" selbst ist **weit zu verstehen**: Es umfaßt nicht nur die Börsennotierung im Amtlichen, im Geregelten oder im Neuen Markt, sondern auch im Freiverkehr[5]. 3

Die **Rechtsgrundlagen des „delisting"** finden sich im BörsG[6] und in den Börsenordnungen der Frankfurter Wertpapierbörse (FWB) bzw. der deutschen Regionalbörsen, zu deren Erlaß der Börsenrat nach dem BörsG verpflichtet ist[7]. 4

Bis zum Inkrafttreten des dritten Finanzmarktförderungsgesetzes war es mangels gesetzlicher Regelung umstritten, ob eine an der Börse notierte Gesellschaft auf ihr Recht aus der Zulassung ihrer Wertpapiere ohne weiteres einseitig verzichten kann. Zumindest das neuere Schrifttum hatte sich einhellig für die Möglichkeit des „delisting" auf Initiative der betreffenden Gesellschaft ausgesprochen[8]. Streitig blieb allerdings, ob dafür eine einseitige Verzichtserklärung des Unternehmens gegenüber der Zulassungsstelle genüge[9], oder ob die Durchführung eines sog. **„Marktentlassungsverfahrens"** erforderlich sein sollte[10]. 5

Für ein **geordnetes Rückzugsverfahren** sprechen vor allem Schutzzweckerwägungen zu Gunsten der Anleger und die Funktionsfähigkeit der Börse. Beim „delisting" erleiden die Anleger Fungibilitätseinbußen, da sie ihre Papiere nicht mehr über einen organisierten Wertpapierhandel veräußern können. Auch entstehen Informationsnachteile, da die Publizitäts- und Verhaltenspflichten des Börsen- und des Wertpapierhandelsgesetzes entfallen. Deshalb hat sich der Gesetzgeber im dritten Finanzmarktförderungsgesetz für ein geordnetes Verfahren entschieden[11]. Die Zulassungsstelle kann die Börsennotierung auf Antrag widerrufen. Diesem Antrag ist zu entsprechen, wenn der Widerruf dem Schutz der Anleger nicht widerspricht. Damit besteht nun verfahrensrechtliche Klarheit. Hinsichtlich der Voraussetzungen und Modalitäten des „going private" bzw. „delisting" verbleiben jedoch weiterhin offene Fragen. 6

---

[4] *Steck* AG 1998, 460.
[5] *Richard/Weinheimer* BB 1999, 1613. Zur Abgrenzung der einzelnen Marktsegmente siehe § 23 Rn 6 ff.
[6] § 43 Abs. 4 BörsG.
[7] § 4 BörsG.
[8] *Eickhoff* WM 1988, 1713, 1716 f.; *Fluck* WM 1995, 553, 560; *Grupp* S. 208; *Klenke* WM 1995, 1089, 1097.
[9] *Eickhoff* WM 1988, 1713, 1714 ff.; *Fluck* WM 1995, 553, 558 ff.
[10] *Grupp* S. 208; *Klenke* WM 1995, 1089, 1097.
[11] § 43 Abs. 4 BörsG.

7   Dabei stellt sich auch die gesellschaftsrechtliche Frage, unter welchen Voraussetzungen es sich noch um ein **Squeeze Out** und wann schon um ein sog. **Freeze Out** handelt. Unter einem Squeeze Out wird das Hinausdrängen von Minderheitsgesellschaftern unter Ausnutzung gesetzlich zulässiger Mittel der Strukturveränderung einer Gesellschaft verstanden[12]. Folge ist die alleinige Kontrolle des Unternehmens durch den früheren Mehrheitsgesellschafter. Ein Freeze Out überschreitet hingegen den zulässigen Rahmen und ist durch eine Verletzung der Treupflicht des Gesellschafters geprägt. Bislang sind die Voraussetzungen für ein zulässiges Hinausdrängen der Minderheitengesellschafter beim „going private" in Deutschland im Gegensatz zu den angelsächsischen Ländern noch nicht gegeben. Der Referentenentwurf des Gesetzes zur Regelung von Unternehmensübernahmen sieht nunmehr die Möglichkeit des Pflichtausscheidens einer Minderheit von bis zu 5% durch Barabfindung bei Mehrheitsbesitz von 95% vor[13]. Bis zur Verabschiedung dieses Gesetzes haben Minderheitsaktionäre jedoch einen Anspruch darauf, Teilhaber des „privatisierten" Unternehmens zu bleiben.

8   Die zulässigen Möglichkeiten, eine Gesellschaft zu delisten, gilt es im folgenden zu erläutern. Dabei kann vorweggenommen werden, daß **im Amtlichen und im Geregelten Markt die gleichen Grundsätze** gelten[14]. Besonderheiten sind lediglich bei Notierungen im Freiverkehr zu beachten[15].

B. „Delisting"

I. Teil-„Delisting"

9   Beim Teil-„Delisting", also der Konzentration der Börsenzulassung auf eine oder mehrere Börsen, muß zwischen der **verbleibenden Börsennotiz** an einer inländischen (meist an der FWB) und einer ausländischen Börse unterschieden werden.

1. „Delisting" von Regionalbörsen bei Aufrechterhaltung des „listing" an der Frankfurter Wertpapierbörse (FWB)

10   Will ein Unternehmen seine **Präsenz nur noch an einer inländischen Börse** beibehalten, wird es sich in aller Regel für die FWB entscheiden. Dann stellt sich für die Zulassungsstellen der Regionalbörsen die Frage, ob ein Verlassen der Regionalbörse dem Schutz der Anleger des sich zurückziehenden Unternehmens widerspricht[16]. Die Emittentenpflichten bleiben bei fortlaufender Notie-

---

[12] Siehe Band 2; *Land/Hasselbach,* „Going Private" und „Squeeze Out" nach deutschem Aktien-, Börsen- und Übernahmerecht, DB 2000, 557 ff.; *Kallmeyer,* Ausschluß von Minderheitsaktionären, AG 2000, 59 ff.

[13] Art. 6 (Änderung des AktG) Nr. 2 RefE-WÜG: Danach wird in das AktG ein neuer § 327a eingefügt.

[14] § 75 Abs. 3 BörsG verweist auf § 43 Abs. 4 BörsG.

[15] Siehe Rn 54 ff.

[16] § 43 Abs. 4 BörsG.

rung an der FWB erhalten. Auch bleibt der Schutz durch das neue Insiderrecht bestehen, da die Pflicht zur Veröffentlichung kursbeeinflussender Tatsachen an die Zulassung an einer inländischen Börse gebunden ist[17]. Zudem ist der Aktionär aufgrund der technischen Gegebenheiten weiterhin in der Lage, seine Papiere ohne nennenswerte Nachteile an der FWB zu veräußern. Deshalb sehen nun auch die Börsenordnungen der Regionalbörsen vor, daß der Anlegerschutz dem Widerruf der Zulassung dann nicht entgegensteht, wenn auch nach dem Wirksamwerden des Widerrufs der Handel des Wertpapiers an einem inländischen organisierten Markt gewährleistet ist und keine Zweifel bestehen, daß die Belange der Anleger dort hinreichend gewahrt sind[18]. Die nur von einigen Börsen geforderte letztere Voraussetzung[19] ist bei der FWB als erfüllt anzusehen. Das Teil-„delisting" in dieser Konstellation ist also unproblematisch.

2. „Delisting" von allen deutschen Börsen bei Aufrechterhaltung eines „listing" an einer ausländischen Börse

Anders liegt der Fall, wenn der **börsliche Handel nur an einer ausländischen Börse** aufrecht erhalten wird. Hierzu wurde die Ansicht vertreten, die Zulassungsstelle müsse in solchen Fällen ein „delisting" ablehnen, wenn ein signifikanter Teil der Aktien deutschen Anlegern gehöre. Erhöhte Transaktionskosten für Kleinanleger und erschwerte Beschaffung von Informationen über Wert und Entwicklung der Kurse widersprächen dem Schutz der Anleger[20]. Auch könne man nicht davon ausgehen, daß die an den ausländischen Börsen anzuwendenden Vorschriften den deutschen immer gleichwertig seien[21]. Die Gegenmeinung erachtet einen solchen Handelsverzicht als generell zulässig, da auch bei einem solchen „delisting" die Wertpapiere weiterhin börsenmäßig gehandelt werden. Im Zuge der Globalisierung der Wertpapiermärkte ergeben sich keine gravierenden Kostennachteile für Anleger, die nach dem deutschen „delisting" ihre Aktien verkaufen möchten[22].

In den Börsenordnungen der deutschen Börsen wird inzwischen ausnahmslos davon ausgegangen, daß der **Anlegerschutz** auch bei vollständigem Rückzug von deutschen Börsen **gewahrt** ist[23]. Bedingung ist lediglich, daß es sich bei der verbleibenden ausländischen Börse um einen organisierten Markt handelt, „der von staatlich anerkannten Stellen geregelt und überwacht wird, regelmäßig stattfindet und für das Publikum unmittelbar oder mittelbar zugänglich ist"[24]. Einige Börsen fordern darüber hinaus, daß die ausländische Börse die Belange der inlän-

---

[17] § 15 Abs. 1 WpHG.
[18] ZB § 54a Abs. 2a BörsO der Berliner Wertpapierbörse; § 53a Abs. 2a BörsO der Niedersächsischen Börse zu Hannover; § 54a Abs. 2 BörsO der Rheinisch-Westfälischen Börse zu Düsseldorf; § 54a Abs. 2a BörsO für die Bayerische Börse.
[19] ZB § 53a Abs. 2a BörsO der Niedersächsischen Börse zu Hannover.
[20] *Schwark/Geiser* ZHR 161 (1997) 739, 769.
[21] *Hamann* in Schäfer § 43 BörsG Rn 31.
[22] *Kümpel* Rn 17 252.
[23] ZB § 54a Abs. 1 Nr. 1 BörsO der FWB; § 54a Abs. 2 BörsO der Berliner Wertpapierbörse.
[24] § 2 Abs. 5 WpHG. Auf diese Vorschrift verweisen die Börsenordnungen.

dischen Anleger ebenso wahrt wie die jeweilige deutschen Börse[25]. In der Praxis dürfte sich durch diesen Zusatz nichts an der generellen Zulässigkeit des „delisting" in dieser Konstellation ändern. Dies gilt jedenfalls, wenn die Handelbarkeit an einer den genannten Kriterien entsprechenden ausländischen Börse bestehen bleibt. Ein Teil-„delisting" von einer deutschen Börse ist daher **durch Antrag auf Widerruf** bei der jeweiligen Zulassungsstelle in aller Regel **leicht zu erreichen.**

II. Vollständiges „Delisting" („Going Private")

13 Beim vollständigen „delisting" als Konsequenz des „going private" eines Unternehmens müssen zur Wahrung der Interessen der Minderheitsaktionäre dagegen einige wichtige Punkte berücksichtigt werden.

1. Reguläres „Delisting"

14 Wie beim Teil-„delisting" sieht das BörsG ein sog. Marktentlassungsverfahren vor[26]. Über die Voraussetzungen im einzelnen geben die Börsenordnungen der deutschen Börsen Auskunft, die nach dem BörsG verpflichtet sind, dahingehende Regelungen zu erlassen[27]. Jedoch müssen neben den börsenrechtlichen auch gesellschaftsrechtliche Anforderungen beachtet werden. Da diese **Voraussetzungen unklar** sind und eine gefestigte Rechtsprechung fehlt, haben sich neben dem regulären „delisting" alternative, rechtssichere „delisting"-Praktiken über das UmwG herausgebildet[28].

15 a) **Hauptversammlungsbeschluß mit qualifizierter Mehrheit.** Will sich ein Unternehmen von den Aktienmärkten zurückziehen, wird vielfach eine Beteiligung der Aktionäre an dieser Entscheidung über die Hauptversammlung gefordert[29]. Es sind vor allem die Kleinaktionäre, die durch ein „going private" Beeinträchtigungen erleiden. Für einen Minderheitsaktionär, dem ein Ausstieg über die Börse versperrt wird, besteht neben der Gefahr der hohen Transaktionskosten und fehlender Marktpreisbildung die Gefahr, daß er für immer an die Gesellschaft gebunden bleibt, es sei denn, er ist zur Veräußerung seiner Anteile unter erheblichem Wertabschlag bereit[30]. Es bietet sich daher an, diese Folgen durch die Mehrheit der Aktionäre in der Hauptversammlung legitimieren zu lassen. Dafür gibt es jedoch **keine gesetzliche Regel.** Nur in den seltenen Fällen, in denen die Börsennotiz satzungsmäßig festgelegt ist, erfordert ein Börsenrückzug eine Änderung der

---

[25] ZB § 53a Abs. 2b BörsO der Niedersächsischen Börse zu Hannover; § 54a Abs. 2 BörsO der Rheinisch-Westfälischen Börse zu Düsseldorf.
[26] § 43 Abs. 4 BörsG.
[27] § 43 Abs. 4 Satz 5 BörsG.
[28] Diese Möglichkeiten werden in Rn 34 ff. und Rn 46 ff. behandelt.
[29] *Grupp* S. 190 ff.; *Klenke* WM 1995, 1089, 1099; *Steck* AG 1998, 460, 461; *Lutter*, Gesellschaftsrecht und Kapitalmarkt, FS Zöllner, 1998, S. 363, 376 ff.; *Vollmer/Grupp* ZGR 1995, 459, 466.
[30] *Grupp* S. 191.

Satzung und damit zwingend einen entsprechenden Beschluß der Hauptversammlung[31].

Gleichwohl wird inzwischen, gestützt auf die **„Holzmüller"-Entscheidung** des BGH, das Erfordernis einer Beteiligung der Hauptversammlung beim Börsenrückzug im Interesse der Minderheitsaktionäre in der Praxis als gegeben angesehen[32]: Zwar bleibt der gesellschaftsrechtliche Typus der AG unverändert, doch ergibt sich durch die Umwandlung von einer publikumsoffenen in eine geschlossene Gesellschaft eine beträchtliche Strukturänderung. Die Möglichkeit der Gesellschaft zur Eigenkapitalaufnahme an der Börse entfällt, und die umfangreichen Verhaltens- und Publizitätspflichten der Gesellschaft werden eingeschränkt[33]. Bezeichnend ist es, daß der Gesetzgeber im AktG bestimmt hat, daß er bei nachträglicher Vinkulierung von Namensaktien eine Satzungsänderung wünscht[34]. Da auch hier eine Fungibilitätsbeschränkung eintritt, muß für das „going private" das gleiche gelten. Ein Heranziehen der „Holzmüller"-Grundsätze erscheint geboten. Auch rechtlich erfordert das „delisting" daher einen Beschluß der Hauptversammlung[35].

Uneinigkeit besteht über die erforderliche Hauptversammlungsmehrheit. Ein besonders weitgehender rechtsvergleichender Ansatz fordert die Zustimmung von 90% des vertretenen Grundkapitals[36]. Teilweise wird demgegenüber eine einfache Mehrheit als ausreichend erachtet[37]. Die überwiegende Meinung verlangt eine **Dreiviertelmehrheit** des vertretenen Grundkapitals[38]. Diese auf einer Analogie zu aktienrechtlichen Vorschriften[39] beruhende Ansicht kann heute als durch das UmwG bestätigt angesehen werden. Die dort geregelten Umwandlungen werden als Strukturentscheidungen gesehen, und es wird für sie eine Dreiviertelmehrheit verlangt[40]. Auf dem „Holzmüller"-Urteil beruhende Beschlüsse unterscheiden sich nur in rechtstechnischer Hinsicht (Gesamt- statt Einzelrechtsübertragung), nicht aber bzgl. des Aspekts von Mehrheit und Minderheit von den im UmwG geregelten Maßnahmen[41]. Aus Wertungsgesichtspunkten und zur Vermeidung

---

[31] § 179 Abs. 1 Satz 1 AktG.
[32] BGHZ 83, 122 „Holzmüller".
[33] §§ 14, 15 WpHG; §§ 44 ff. BörsG.
[34] § 68 Abs. 2 Satz 1 AktG.
[35] So nun auch die Rspr.: *LG München* ZIP 1999, 2017, 2019. Das Gericht hat hier auch entschieden, daß Hauptversammlungsbeschlüsse zum regulären „delisting" keinen schriftlichen Bericht analog § 186 Abs. 4 Satz 2 AktG, § 8 UmwG erfordern: „Das Delisting stellt rechtlich keinen Struktureingriff oder gar -wechsel dar, weil der gesellschaftsrechtliche Rahmen gleich bleibt und Mitgliedschaftsrechte unverändert fortbestehen". Allerdings wird der Verzicht auf die Börsenzulassung kaum je gegen den Willen eines Großaktionärs erwogen, weshalb die Mehrheit von drei Vierteln des Stammkapitals unproblematisch erreichbar sein wird; siehe dazu auch *Volhard* in HV Hdb. Rn II U 52. Zur materiellen Beschlußkontrolle siehe Rn 31.
[36] *Grupp* S. 198; jetzt anders in *Vollmer/Grupp* ZGR 1995, 459, 475.
[37] *Schwark/Geiser* ZHR 161 (1997) 739, 763.
[38] § 179 Abs. 2 Satz 1 AktG; *Vollmer/Grupp* ZGR 1995, 459, 475; *Steck* AG 1998, 460, 462; *Lutter/Leinekugel* ZIP 1998, 805, 806.
[39] §§ 179, 293 AktG.
[40] Vgl. § 65 UmwG für die Verschmelzung und § 125 iVm. § 65 UmwG für die Spaltung.
[41] *Lutter/Leinekugel* ZIP 1998, 805, 806; *Altmeppen*, Ausgliederung zwecks Organschaftsbildung gegen die Sperrminorität, DB 1998, 49, 50 f.

von Anfechtungsmöglichkeiten ist daher von diesem Mehrheitserfordernis auszugehen.

18 **b) Kaufangebot an außenstehende Aktionäre gem. Übernahmekodex.** Um die Mehrheit in der Hauptversammlung zu erreichen, muß ein potentieller Investor möglichst viele Aktien an der Gesellschaft erwerben. Dies läßt sich durch ein **freiwilliges öffentliches Kaufangebot** an die Aktionäre realisieren. Dabei ist der am 1. 10. 1995 in Kraft getretene **Übernahmekodex**[42] **der Börsensachverständigenkommission** beim Bundesministerium der Finanzen (BMF) zu beachten. Es handelt sich dabei um ein freiwilliges unverbindliches Regelwerk, das als Maßnahme zur Selbstregulierung Verhaltensregeln bei der Übernahme von börsennotierten Gesellschaften aufstellt. Wird ein „delisting" angestrebt, ist jedoch der Übernahmekodex faktisch verbindlich: Nach der BörsO der FWB steht dem Widerruf der Börsenzulassung der Anlegerschutz nicht entgegen, wenn das Übernahmeangebot nach den Regeln des Übernahmekodex in seiner jeweils geltenden Fassung erfolgt[43]. Zentrale Vorschrift des Übernahmekodex ist die Pflicht des Bieters, alle Inhaber von Wertpapieren im Rahmen eines Übernahmeangebots gleich zu behandeln[44].

19 Auch wenn ein Großaktionär schon über die erforderliche Hauptversammlungsmehrheit verfügt, sind die Grundsätze des Übernahmekodex zu beachten. Dieser Aktionär wird auch in diesem Fall ein **Interesse an den im Streubesitz befindlichen Aktien** haben, um sich mit „seinem" Unternehmen von der Börse zurückzuziehen. Doch liegt dies nicht nur im Interesse des Bieters: Von Seiten der Literatur wird sogar gefordert, daß neben dem Hauptversammlungsbeschluß über das „delisting" als flankierende Schutzmaßnahme ein Barabfindungsanspruch für außenstehende Aktionäre analog dem UmwG eingeräumt werden müsse[45]. Zwar sieht die BörsO der FWB keinen Barabfindungsanspruch vor: Da aber der Anlegerschutz einem Widerruf der Zulassung dann nicht entgegensteht, wenn ein dem Übernahmekodex entsprechendes Angebot vorliegt[46], kommt den außenstehenden Aktionären faktisch ein ähnlicher Schutz zugute[47].

20 **c) Umtauschangebot in Aktien des Übernehmers.** Sollte es sich bei dem Mehrheitsaktionär, der die AG „delisten" möchte, ebenfalls um eine AG handeln, deren Aktien an einer Börse gehandelt werden, kann an Stelle des Kaufangebots auch ein **Umtauschangebot an die Minderheitsaktionäre** erfolgen, gerichtet auf einen Umtausch der Aktien der Minderheitsaktionäre in Aktien der übernehmenden AG. Diese Möglichkeit ist vom Übernahmekodex als Alternative zum

---

[42] Siehe § 31. Dieser Übernahmekodex soll abgelöst werden durch das im Entwurf vorliegende Übernahmegesetz. Vgl. hierzu die ausführliche Darstellung in Band 2.
[43] § 54a Abs. 1 Nr. 2 Satz 2 BörsO der FWB; aus Vereinfachungsgründen wird im folgenden nur noch auf die Regelungen der BörsO der FWB Bezug genommen. Die Börsenordnungen der Regionalbörsen sind aber im großen und ganzen ähnlich.
[44] Art. 1 ÜK. Siehe § 31.
[45] *Vollmer/Grupp* ZGR 1995, 459, 476; *Steck* AG 1998, 460, 462.
[46] Siehe Rn 25.
[47] § 54a Abs. 1 Nr. 2 Satz 1 BörsO der FWB.

Kaufangebot vorgesehen⁴⁸ und kann vom Bieter, bei dem es sich um eine Gesellschaft mit Sitz im In- oder Ausland handeln kann⁴⁹, wahrgenommen werden. Das Resultat ist auch hier im Idealfall eine hundertprozentige Tochter-AG der Übernehmer-AG, die nicht mehr an der Börse notiert ist. Durch dieses Vorgehen des Mehrheitsaktionärs können die Kosten für das „going private" gedrückt werden, da die Minderheitsaktionäre nicht ausbezahlt werden müssen, sondern mit Aktien des Übernehmers abgefunden werden (wobei allerdings bei der Bestimmung des Umtauschkurses die Vorgaben des Übernahmekodex – soweit dieser anwendbar ist – zu beachten sind⁵⁰). Eine 100%-ige Annahme des Umtauschangebots wird freilich nur in den seltensten Fällen zustande kommen und der Übernehmer idR – solange es keine Möglichkeit zum erzwungenen Herauskauf von Aktionären gibt⁵¹ – mit einem Restbestand an Alt-Aktionären leben müssen.

d) Übernahmepreis/Umtauschkurs. Ein Pflichtangebot ist unverzüglich zu unterbreiten, wenn die Kontrolle über die Zielgesellschaft erreicht wurde; der Übernahmekodex gibt Auskunft darüber, wann dies der Fall ist⁵². Die Höhe des Kaufangebots bzw. die Umtauschquote müssen in einem **angemessenen Verhältnis zum höchsten Börsenpreis der letzten drei Monate** vor Erreichen der Kontrolle stehen, wenn der Mehrheitsaktionär nach Erreichen der Kontrolle und vor Abgabe dieses Pflichtangebots keine weiteren Käufe von Wertpapieren der Zielgesellschaft getätigt hat. Sind in diesem Zeitraum Käufe erfolgt und ist der gewogene Durchschnittspreis dieser Käufe höher als der Börsenpreis der letzten drei Monate, muß der Durchschnittspreis dieser Käufe dem Angebot, sei es ein Kauf- oder ein Umtauschangebot, zugrunde gelegt werden⁵³.

e) Fristen. Der Bieter, der ein öffentliches Angebot abgibt, muß den Minderheitsaktionären eine angemessene Frist einräumen, um das Angebot prüfen und sich entscheiden zu können. Dies Frist muß **mindestens 28 Tage und darf höchstens 60 Tage** betragen⁵⁴. Weiter muß der Bieter innerhalb einer im Angebot zu nennenden Frist, die nicht kürzer als 12 Monate sein darf, denen, die vom ursprünglichen Angebot Gebrauch machten, Nachbesserung gewähren. Dies ist der Fall, wenn er innerhalb der Frist ein besseres freiwilliges Angebot unterbreitet und kein Angebot eines Dritten vorliegt⁵⁵.

f) Verfahren. Das Übernahmeverfahren nach dem Übernahmekodex ist im allgemeinen gekennzeichnet durch die **Gleichbehandlung aller Aktionäre** durch den Bieter⁵⁶. Rein technisch muß dieser vor Abgabe seines Angebots die Gesellschaft, die inländischen Börsen, an denen die Aktien der Gesellschaft sowie

---

⁴⁸ Definition des „Öffentlichen Angebots", vor Art. 1 ÜK.
⁴⁹ *Übernahmekommission* (Hrsg.), Drei Jahre Übernahmekodex – Bericht der Übernahmekommission, 1999, S. 11.
⁵⁰ Siehe Rn 21.
⁵¹ Zum Squeeze Out siehe Rn 7 und Band 2.
⁵² Art. 16 ÜK.
⁵³ Art. 17 ÜK.
⁵⁴ Art. 11 ÜK.
⁵⁵ Art. 15 ÜK.
⁵⁶ Art. 1, 2, 10, 13 ÜK. Siehe § 31.

ggf. die zum Tausch angebotenen Aktien notiert sind, das Bundesaufsichtsamt für den Wertpapierhandel (BAWe) und die Geschäftsstelle der Übernahmekommission über den Inhalt des Angebots unterrichten und darauf unverzüglich das Angebot in mindestens einem überregionalen Pflichtblatt veröffentlichen[57]. Es sind Mindestanforderungen an den Inhalt des Angebots festgelegt[58] ebenso wie Verhaltenspflichten bei bestimmten Reaktionen der Aktionäre[59] bzw. bei Handlungen des Bieters oder der Zielgesellschaft selbst[60].

24 g) **Antrag auf Zulassungswiderruf.** Wie bereits ausgeführt, ist für das „delisting" ein Marktentlassungsverfahren vorgesehen. Der rückzugswillige Emittent hat dabei **bei der Zulassungsstelle der jeweiligen Börse, bei der er einst die Börsenzulassung erhielt**, einen Antrag auf Zulassungswiderruf zu stellen[61].

25 aa) **Vorliegen eines Kaufangebots an die außenstehende Aktionäre.** Da die Zulassung nur zurückgenommen werden darf, wenn die Rücknahme dem Schutz der Anleger nicht widerspricht, muß die Zulassungsstelle die Erfüllung dieses Erfordernisses sicherstellen. Nach der BörsO ist dies der Fall, wenn den **Inhabern der Wertpapiere ein Kaufangebot unterbreitet** wurde. Dabei muß der Preis für das Kaufangebot in einem angemessenen Verhältnis zum höchsten Börsenpreis der letzten sechs Monate vor Stellung des Antrags auf Widerruf der Zulassung stehen[62]. Die Berechnung des Preises weicht also etwas von der nach dem Übernahmekodex maßgeblichen ab[63] und kann je nach Entwicklung des Börsenkurses zu einem höheren oder niedrigeren Betrag führen.

26 bb) **Alternative Maßnahmen zum Schutz der Anleger.** Die BörsO der FWB nennt für den zulässigen Widerruf Voraussetzungen, die „insbesondere" gelten. Die Aufzählung ist danach nicht abschließend, so daß die Gewährleistung des Schutzes der Anleger auch auf anderem Wege möglich ist[64]. Dies gilt in erster Linie für ein **Umtauschangebot an die Minderheitsaktionäre** in Aktien des Übernehmers. Dies folgt schon daraus, daß der Übernahmekodex, dessen Vorschriften nach der BörsO entsprechend anwendbar sind[65], unter öffentlichem Übernahmeangebot sowohl öffentliche Kauf- als auch öffentliche Umtauschangebote versteht[66].

27 cc) **Ermessen der Zulassungsstelle.** Über den Antrag auf Widerruf der Börsenzulassung trifft die Zulassungsstelle eine **Ermessensentscheidung**. Dabei hat sie zwei gegenläufige Interessen gegeneinander abzuwägen – einerseits das Interesse der Gesellschaft, sich von der Börse zurückzuziehen, andererseits das In-

---

[57] Art. 5 ÜK.
[58] Art. 7, 9 ÜK.
[59] Art. 10 ÜK.
[60] Art. 3, 12, 13, 16 ÜK.
[61] § 43 Abs. 4 Satz 1 BörsG.
[62] § 54a Abs. 1 Satz 2 Nr. 2 BörsO der FWB.
[63] Art. 17 ÜK.
[64] *Richard/Weinheimer* BB 1999, 1613, 1619.
[65] § 54a Abs. 1 Satz 2 Nr. 2 Satz 2 BörsO der FWB.
[66] Definition „Öffentliche Angebote", vor Art. 1 ÜK.

teresse der Anleger, die von einer dauerhaften Börsennotierung ausgehen durften und somit auf die Handelbarkeit ihrer Aktie vertrauten. Unberücksichtigt bleibt hingegen das Interesse der Börse, möglichst viele Werte notieren zu können. Dies folgt nicht nur aus dem Umstand, daß bei der Beurteilung der Voraussetzungen einer Zulassung ausschließlich die Interessen der Emittenten und der Anleger maßgeblich sind[67] und gleiches nach allgemeinen Rechtsgrundsätzen (actus contrarius) auch für den Widerruf der Zulassung gelten muß. Auch aus kapitalmarktrechtlicher Sicht ergibt sich, daß die Börse Dienstleister für Emittenten und Anleger ist und somit dem Wettbewerb von Angebot und Nachfrage unterliegt; die Börse ist für die Anleger und Emittenten da, nicht umgekehrt[68].

Der rückzugswillige Emittent hat lediglich **Anspruch auf fehlerfreie Ermessensausübung** der Zulassungsstelle. Sind die Voraussetzungen für das Kauf- oder Umtauschangebot[69] erfüllt, wird die Zulassungsstelle dem Wunsch des Emittenten aber entsprechen.

dd) Zeitpunkt der Wirksamkeit des Widerrufs der Zulassung. Der Widerruf der Börsenzulassung ist nicht sofort wirksam. Er wird es vielmehr erst nach Ablauf einer **Frist von einem Jahr** ab seiner Veröffentlichung, wenn das betreffende Wertpapier bei Bekanntgabe des Widerrufs an keiner anderen inländischen Börse zugelassen ist und es auch nicht an einem ausländischen organisierten Markt gehandelt wird. Im Ermessen der Zulassungsstelle steht es, diese Frist auf Antrag des Emittenten zu verkürzen, wenn dies dem Interesse der Anleger nicht zuwiderläuft[70].

h) Rechte widersprechender Aktionäre. Der nach richtiger Auffassung erforderliche Beschluß der Hauptversammlung[71] zum Börsenaustritt unterliegt nach dem AktG einer allgemeinen Inhaltskontrolle der Gerichte. Widersprechende Aktionäre können daher nicht nur mit einer **Anfechtungsklage** vor Gericht behaupten, die formellen Voraussetzungen des Hauptversammlungsbeschlusses lägen nicht vor[72]. Die Anfechtungsklage kann auch darauf gestützt werden, daß ein (Mehrheits-)Aktionär mit der Ausübung des Stimmrechts für sich oder einen Dritten Sondervorteile zum Schaden der Gesellschaft oder der anderen Aktionäre zu erlangen sucht und der Beschluß geeignet ist, diesem Zweck zu dienen[73].

Daneben wird diskutiert, den Beschluß, durch den die Hauptversammlung dem „delisting" zustimmt, einer **materiellen Beschlußkontrolle** zu unterwerfen. Das Gericht hätte dann zu prüfen, ob das „delisting" im Gesellschaftsinteresse liegt und für den angestrebten Zweck geeignet, erforderlich und verhältnismäßig ist. Diese materielle Beschlußkontrolle setzte voraus, daß der Beschluß als schwerwiegender Eingriff in die Position der Minderheitsaktionäre zu qualifizieren ist[74].

---

[67] §§ 36 Abs. 3, 73 BörsG.
[68] *Pötzsch*, Das Dritte Finanzmarktförderungsgesetz, WM 1998, 949, 952.
[69] Siehe Rn 25 f.
[70] § 54 Abs. 2 Satz 3, 4 BörsO der FWB.
[71] Siehe Rn 15.
[72] §§ 246, 243 Abs. 1 AktG.
[73] §§ 246, 243 Abs. 2 AktG.
[74] BGHZ 103, 184, 194 f. = ZIP 1988, 301 „Linotype".

Zweifelsohne werden Minderheitsaktionäre durch das „delisting" stärker beeinträchtigt als Mehrheitsaktionäre, die ihre Anteile als große Aktienpakete auf dem außerbörslichen Markt veräußern können. Gleichwohl wird eine Ermessensmißbrauchskontrolle **nur in Einzelfällen** vorgeschlagen[75], denn hierdurch wird die Mehrheit in ihrer Handlungsfähigkeit zu sehr eingeengt[76]. Dafür spricht auch ein Heranziehen der „Kali + Salz"-Entscheidung des BGH[77]. Dort erweiterte das Gericht den Minderheitenschutz und verlangte als Voraussetzung für die Rechtmäßigkeit von Bezugsrechtsausschlüssen bei Kapitalerhöhungen, daß diese nicht nur den gesetzlich fixierten formellen Kriterien genügen, sondern auch der inhaltlichen Überprüfung standhalten müssen.

32 Beim „going private" liegt dagegen ein anders gearteter Eingriff in die Minderheitenrechte vor. Vermögensnachteile entstehen durch das „delisting" nur insofern, als Minderheitsbeteiligungen durch den Wegfall der Börse als Handelsmarkt an Liquidität und damit an Attraktivität einbüßen. Im Gegensatz zum Bezugsrechtsausschluß entsteht jedoch keine Verwässerung des Grundkapitals. Auch kommt es nicht zwangsläufig zu einer Verschiebung der Beteiligungsverhältnisse[78]. Bis auf nur **in Extremfällen gegebene Treupflichtverletzungen** bleibt es also dabei, daß Minderheitsaktionäre keine inhaltliche Überprüfung der Erforderlichkeit und Verhältnismäßigkeit des „delisting"-Beschlusses erzwingen können.

33 Stattdessen kommen für widersprechende Aktionäre **Entschädigungsansprüche** in Betracht. Wie bei der Umwandlung bspw. einer AG in eine GmbH kommt es beim „going private" einer AG zu schwerwiegenden Fungibilitätseinschränkungen. In beiden Fällen ist die Minderheit nach Durchführung dieser Maßnahmen nur unzureichend vor sie benachteiligenden Strategien der Mehrheit geschützt[79]. Daher sollte ein **Abfindungsanspruch analog dem UmwG** anerkannt werden[80]. Die Abfindung darf allerdings nicht zu einer Aufzehrung des Vermögens der AG führen, da sonst der unabdingbare Gläubigerschutz beeinträchtigt wird[81]. Auch ist das Erfordernis des AktG zu berücksichtigen, daß eigene Aktien nur bis zu 10% des Grundkapitals und nur aus freiem Vermögen erworben werden dürfen[82]. Diese Erfordernisse können das ganze Vorhaben scheitern lassen: Dort, wo die Gesellschaft die Abfindung aus Gründen des Gläubigerschutzes nicht gewähren darf oder nicht über die notwendigen Mittel verfügt, wäre ein „going private" dann nicht möglich[83]. Dies ist jedoch noch nicht ausdiskutiert.

---

[75] *Schwark/Geiser* ZHR 161 (1997) 739, 764: Genannt wird zB der Fall, daß eine AG, die einen Teil ihres Kapitals an die Börse gibt, „Kasse macht" und sich schon nach kurzer Zeit wieder zurückziehen will. Dieses Beispiel nennt auch *Grupp* S. 201.
[76] *Grupp* S. 201.
[77] BGHZ 71, 40 „Kali + Salz".
[78] *Grupp* S. 199.
[79] *Vollmer/Grupp* ZGR 1995, 459, 476.
[80] § 207 Abs. 1 UmwG.
[81] *Vollmer/Grupp* ZGR 1995, 459, 476.
[82] § 71 Abs. 2 AktG.
[83] *Grupp* S. 203.

2. „Delisting" nach Verschmelzung oder Formwechsel

Wegen der gesellschaftsrechtlichen Unsicherheiten muß über **Alternativen** 34 zum regulären „delisting" nachgedacht werden, deren Voraussetzungen klar geregelt sind und **die ebenfalls zum Erlöschen der Börsennotiz führen**. Auch wäre es vorteilhaft, wenn die Zulassungsstelle bei diesem alternativen Vorgehen verpflichtet wäre, das „delisting" ohne Ermessensausübung vorzunehmen. Solche Anforderungen erfüllen die Verfahren der Umwandlung (Verschmelzung, Formwechsel) bzw. der Eingliederung nach dem UmwG bzw. AktG. Die Minderheitsaktionäre bleiben in diesen Fällen durchaus nicht schutzlos, doch greifen anstelle börsenrechtlicher Schutzmechanismen solche aus dem Umwandlungs- bzw. Aktiengesetz; der Minderheitenschutz findet mithin ausschließlich auf der gesellschaftsrechtlichen Ebene statt.

Bei der **Verschmelzung** kann eine börsennotierte AG von einer nicht notierten AG aufgenommen werden[84]. Dabei bringt ein Großaktionär seinen gesamten Anteilsbesitz an einer börsennotierten AG im Wege der Sachgründung in eine ihm zu 100% gehörende nicht börsennotierte AG ein. Das Resultat ist der Untergang des übertragenden Rechtsträgers. Dieser sog. „going private-merger"[85] läßt sich auch über das AktG mittels einer **Mehrheitseingliederung** in eine nicht notierte AG erreichen[86]. 35

Als Alternative zur Verschmelzung kommt ein **Formwechsel** der börsennotierten AG in eine andere Gesellschaftsform in Betracht[87]. Gängig sind dabei die Umwandlung in eine KG oder GmbH. Auch hier geht die AG als Rechtsform unter. Angesichts des beträchtlichen gesellschaftsrechtlichen Organisationswandels von einer AG in eine KG oder GmbH wird diese Variante jedoch häufig gar nicht im Interesse eines Großaktionärs liegen, der lediglich eine Beendigung der Börsennotiz anstrebt. 36

a) Hauptversammlungsbeschluß mit qualifizierter Mehrheit. Nach dem UmwG ist für die Verschmelzung zweier Aktiengesellschaften eine **Hauptversammlungsmehrheit** von mindestens drei Vierteln des vertretenen Grundkapitals erforderlich, sofern die Satzung nicht eine größere Kapitalmehrheit verlangt[88]. Erfolgt der „going private-merger" durch Eingliederung nach dem AktG, ist eine Mehrheit von 95% des Grundkapitals auf der Hauptversammlung der einzugliedernden Gesellschaft nötig[89]. Wird die AG durch Formwechsel in eine KG oder GmbH umgewandelt, bedarf es eines Hauptversammlungsbeschlusses mit einer Mehrheit von 75% des vertretenen Grundkapitals[90]. 37

b) Berücksichtigung der Interessen der außenstehenden Aktionäre. Im Vorfeld einer Verschmelzung kommt es häufig zu einer Abfindung der Altaktionäre der börsennotierten Gesellschaft im Austausch gegen ihre Aktien. Die für 38

---

[84] § 2 Nr. 1 UmwG.
[85] *Richard/Weinheimer* BB 1999, 1613, 1615.
[86] § 320 AktG.
[87] §§ 226, 238 ff. UmwG.
[88] § 65 Abs. 1 UmwG.
[89] § 320 Abs. 1 AktG.
[90] §§ 233 Abs. 2, 240 Abs. 1 UmwG.

die Hauptversammlung erforderliche Mehrheit wird so zur bloßen Formsache. Die fusionierte Gesellschaft gehört dann idealerweise zu 100% dem ehemaligen Mehrheitsaktionär. Gelingt vor der Verschmelzung die Übernahme sämtlicher Altaktien nicht, müssen die Rechte der außenstehenden Aktionäre berücksichtigt werden. Das UmwG sieht vor, daß ein Altaktionär Anteile an der aufnehmenden Gesellschaft erhält[91]. Das Umtauschverhältnis muß angemessen sein, was durch ein Testat des Verschmelzungsprüfers bestätigt werden muß[92]. Seit der „Linotype"-Entscheidung des BGH[93] ist klargestellt, daß der Mehrheitsaktionär als Gegengewicht zu seiner Einflußmacht eine gesellschaftsrechtliche Pflicht zur Wahrung der Interessen seiner Mitgesellschafter hat[94]. Deshalb ist bei der Frage der Angemessenheit zu beachten, daß die nicht mehr an der Börse handelbaren Aktien wegen der eingeschränkten Fungibilität auch weniger wert sein werden. Folglich ist ein **Fungibilitätsausgleich** bei der Ermittlung der Angemessenheit des Austauschverhältnisses zu berücksichtigen[95].

39 Erfolgt die Zusammenführung der Unternehmen durch Eingliederung, ist auch hier die Minderheit von höchstens 5% des Grundkapitals nicht schutzlos. Ihre Aktien gehen auf die Hauptgesellschaft über[96] und sie haben **Anspruch auf angemessene Abfindung**. Diese besteht grundsätzlich in Aktien an der Hauptgesellschaft. Ist diese eine abhängige Gesellschaft, steht dem Minderheitsaktionär allerdings ein Wahlrecht zwischen Aktien der Hauptgesellschaft und einer Barabfindung zu[97].

40 Wird der Weg des Formwechsels gewählt, hat der formwechselnde Rechtsträger jedem Anteilsinhaber, der gegen den Umwandlungsbeschluß **Widerspruch zur Niederschrift** erklärt, den Erwerb seiner umgewandelten Anteile gegen eine angemessene Barabfindung anzubieten[98].

41 **c) Weitere Voraussetzungen.** Ferner müssen bei der Verschmelzung und dem Formwechsel nach dem UmwG[99] einige **Formalien** erfüllt sein:
– Vorzulegen ist der Entwurf eines Verschmelzungsvertrags, beim Formwechsel der Entwurf eines Umwandlungsbeschlusses, deren Inhalt gesetzlich vorgeschrieben ist[100].
– Weiter ist ein Verschmelzungs- bzw. ein Umwandlungsbericht erforderlich, in dem die Vertretungsorgane die Verschmelzung bzw. den Formwechsel erläutern und begründen müssen[101].

---

[91] §§ 2, 5 Abs. 1 Nr. 2 UmwG.
[92] § 12 Abs. 2 Satz 1 UmwG.
[93] BGHZ 103, 184 = ZIP 1988, 301 „Linotype".
[94] *BGH* BB 1988, 577 ff.
[95] *Steck* AG 1998, 460, 463; *Richard/Weinheimer* BB 1999, 1613, 1617.
[96] § 320a AktG.
[97] § 320b Abs. 1 AktG.
[98] § 207 Abs. 1 UmwG.
[99] Vgl. § 17 Rn 108 ff.; zu den Formalien bei einer Mehrheitseingliederung über das AktG: § 320 AktG.
[100] § 5 UmwG; siehe § 17 Rn 117 f.
[101] §§ 8, 192 UmwG; siehe § 17 Rn 184 ff.

- Bei der Verschmelzung ist außerdem ggf. eine Verschmelzungsprüfung nötig, die von Wirtschaftsprüfern oder vereidigten Buchprüfern vorzunehmen ist, bzw. eine Schlußbilanz[102].
- Wiederum für Verschmelzung und Formwechsel ist ein Beschluß der Gesellschafter der beteiligten Rechtsträger erforderlich, durch den sie dem Umwandlungsvertrag zustimmen (Verschmelzungsbeschluß bzw. Umwandlungsbeschluß)[103].
- Schließlich erfordert das UmwG für beide Umwandlungen eine Registeranmeldung und -eintragung[104] sowie die Bekanntmachung der Eintragung der Umwandlung durch die Registergerichte beider beteiligten Unternehmen[105].

d) Widerruf der Zulassung von Amts wegen. Im Vergleich zum regulären „delisting" ergibt sich börsenrechtlich eine deutliche Vereinfachung. Da die Alt-AG bei der Verschmelzung untergeht, beim Formwechsel in veränderter Rechtsform weiterbesteht, ist ein Handel der Aktien nicht mehr möglich. Die Börsennotierung der Aktien muß **zwingend eingestellt** werden. Die Zulassungsstelle hat entgegen dem nach dem BörsG vorgesehenen Marktentlassungsverfahren keinen Entscheidungsspielraum und ist zum Vollzug des „delisting" verpflichtet. Aktien einer untergegangenen (weil verschmolzenen) Gesellschaft verkörpern keine Mitgliedschaftsrechte mehr, sondern allenfalls ein Umtauschrecht. Die Zulassungsstelle hat keine Möglichkeit zu beurteilen, ob der Anlegerschutz in hinreichender Weise gewährleistet ist. Somit ist das „going private" über einen der hier erläuterten Wege die rechtsichere Variante, um sich von der Börse zurückzuziehen[106]. **42**

e) Rechte widersprechender Aktionäre. Soweit nach dem UmwG vorgegangen wird, können die außenstehenden Aktionäre versuchen, durch Klage gegen die Wirksamkeit des Umwandlungsbeschlusses die Eintragung der Umwandlung im Handelsregister zu verhindern oder wenigstens hinauszuzögern; der Registerrichter darf die Umwandlung nicht eintragen, wenn eine solche Klage erhoben wurde[107]. In diesen Fällen führt die **Klageerhebung faktisch zu einer Registersperre** bis zum Abschluß des Klageverfahrens. In einem solchen Fall bleibt der AG lediglich der Versuch, gerichtlich feststellen zu lassen, daß ein vorrangiges Interesse am sofortigen Vollzug der Umwandlung besteht[108]. Hier besteht die Gefahr, daß kostbare Zeit vertan wird. **43**

Beim Formwechsel besteht daneben das schon erwähnte **Abfindungsrecht**[109] derjenigen Anteilsinhaber, die gegen den Umwandlungsbeschluß Widerspruch zur Niederschrift erklärt haben[110]. **44**

---

[102] §§ 9, 10, 11 UmwG iVm. § 319 HGB; § 17 Abs. 2 UmwG; siehe § 17 Rn 200ff.
[103] §§ 13, 193 UmwG; siehe § 17 Rn 214ff.
[104] §§ 16 Abs. 1, 198; §§ 19, 198 UmwG; siehe § 17 Rn 100ff.
[105] §§ 19 Abs. 3, 201 UmwG.
[106] *Richard/Weinheimer* BB 1999, 1613, 1619; *Steck* AG 1998, 460, 462.
[107] §§ 198 Abs. 3, 16 Abs. 2 UmwG.
[108] §§ 198 Abs. 3, 16 Abs. 3 UmwG; näher dazu: *Veil*, Die Registersperre bei der Umwandlung einer AG in eine GmbH, ZIP 1996, 1065ff.
[109] Siehe Rn 39.
[110] § 207 Abs. 1 UmwG.

45 **f) Frist.** Die zwingende Entscheidung der Zulassungsstelle, die Alt-AG zu delisten, hat auch Auswirkungen auf die Frist, die nach dem regulären „delisting" ein Jahr ab Veröffentlichung des Widerrufs beträgt[111]. Da die AG untergeht, ist das „delisting" **ohne Einhaltung einer Frist** wirksam; schließlich sind Aktien einer nicht mehr existenten Gesellschaft nicht handelbar. Auch dies ist ein großer Vorteil gegenüber dem regulären „delisting".

3. „Delisting" nach übertragender Auflösung

46 Schließlich kann das „delisting" durch **den Verkauf des Vermögens der börsennotierten AG** herbeigeführt werden. Dabei werden die Aktiva an eine nicht an der Börse notierte Gesellschaft veräußert, die meist eine Tochtergesellschaft des Mehrheitsaktionärs oder der Mehrheitsaktionär selbst ist. Dem Verkauf folgt idR die Liquidation der Altgesellschaft. Die börsennotierte Gesellschaft schließt mit der übernehmenden Gesellschaft einen oder mehrere Kaufverträge über bestimmte Vermögensgegenstände ab. Um das „delisting" zu erreichen, wird dabei das Ziel verfolgt, das gesamte Vermögen der börsennotierten Gesellschaft zu übernehmen[112].

47 **a) Berücksichtigung der Interessen der außenstehenden Aktionäre.** Die Übertragung des Gesellschaftsvermögens richtet sich nicht nach den Vorschriften des UmwG und dem damit verbundenen Gläubiger- und Minderheitenschutz. Es handelt sich vielmehr um eine übertragende Auflösung gem. dem AktG, bei der weder eine nach dem UmwG bestehende Berichts- oder Prüfungspflicht[113], noch die Möglichkeit eines Spruchverfahrens[114] besteht. Daher stellt sich die Frage nach einer etwa gegebenen **Umgehung der Schutzmechanismen des UmwG**, die von einigen Stimmen in der Literatur bejaht wird[115]. Die Rechtsprechung folgt bislang dem Gesetzeswortlaut und lehnt eine analoge Anwendung der Schutzmechanismen des UmwG ab[116].

48 **b) Hauptversammlungsbeschluß mit qualifizierter Mehrheit.** Verpflichtet sich die börsennotierte Gesellschaft in einem Vertrag, ihr ganzes Gesellschaftsvermögen zu übertragen, ist nach dem AktG ein Beschluß der Hauptversammlung erforderlich. Auch hier ist eine qualifizierte **Mehrheit in Höhe von drei Vierteln** des bei der Beschlußfassung vertretenen Grundkapitals nötig[117].

49 **c) Zahlung eines angemessenen Kaufpreises durch die Tochtergesellschaft.** Die Gesellschaft, auf die das Vermögen der AG übertragen wird, zahlt als Gegenleistung einen angemessenen Kaufpreis. Wird nun die AG liquidiert, werden die **Aktionäre „ausbezahlt"**, indem der Liquidationserlös an sie ausge-

---

[111] § 54a Abs. 2 Satz 3 BörsO der FWB.
[112] *Richard/Weinheimer* BB 1999, 1613, 1615.
[113] §§ 30, 34 UmwG.
[114] ZB § 15 iVm. §§ 305 ff. UmwG.
[115] *Lutter/Leinekugel*, Planmäßige Unterschiede im umwandlungsrechtlichen Minderheitenschutz?, ZIP 1999, 261, 263.
[116] OLG Stuttgart ZIP 1997, 362; BayObLG ZIP 1998, 2002.
[117] §§ 179a Abs. 1, 179 AktG.

schüttet wird. Die Minderheitsaktionäre erhalten auf diese Weise ihren Anteil am Verkaufserlös.

d) Widerruf der Zulassung von Amts wegen. Wie bei der Verschmelzung bzw. beim Formwechsel führt auch der Verkauf des Vermögens zu einem zwingenden „delisting". Da die Gesellschaft liquidiert wird, ist kein Handel an der Börse mehr möglich. Daher hat auch hier die **Zulassungsstelle keinen Ermessensspielraum.** 50

e) Rechte widersprechender Aktionäre. Die außenstehenden Aktionäre können versuchen, die übertragende Auflösung durch **Klage gegen die Wirksamkeit des Zustimmungsbeschlusses** zu verhindern[118]. Im Gegensatz zum Vorgehen über das UmwG ist die Wirksamkeit der übertragenden Auflösung jedoch nicht von einer Handelsregistereintragung abhängig[119]. Dies bedeutet, daß die Klage **keine Vollzugssperre** herbeiführt. Trotz Anfechtungsklage kann daher der Verkauf vollzogen werden. Dabei besteht allerdings das Risiko, daß die Klage Erfolg hat. Das Urteil hebt dann die Wirksamkeit sowohl des Zustimmungsbeschlusses als auch des Kaufvertrags rückwirkend auf[120]. Solche Klagen haben jedoch kaum Aussicht auf Erfolg, falls der Kaufpreis angemessen ist und die außenstehenden Aktionäre die Möglichkeit hatten, ebenfalls ein Kaufangebot zu unterbreiten. 51

Ein weiterer Vorteil der übertragenden Auflösung besteht darin, daß die außenstehenden Aktionäre **keine angemessene Abfindung in Anteilen der Gesellschaft oder in bar** beanspruchen können, sondern nur ihren Anteil am Verkaufserlös[121]. 52

f) Frist. Wie bei der Verschmelzung oder dem Formwechsel ist das „delisting" nach auflösender Übernahme **nicht an eine Frist gebunden**. Da die AG liquidiert wird und ihre Aktien nicht mehr handelbar sind, muß die Zulassungsstelle ohne Einhaltung einer Frist die Handelbarkeit beenden. 53

4. Besonderheiten bei Notierungen im Freiverkehr

Besonderheiten müssen bei Notierungen im Freiverkehr beachtet werden. Das im BörsG geregelte **Marktentlassungsverfahren** gilt ausschließlich für Wertpapiere mit amtlicher Notierung und nicht-amtlicher Notierung im Geregelten Markt[122]. Für das „delisting" im Freiverkehr geben die diesbezüglichen Richtlinien der einzelnen deutschen Börsen einige Anhaltspunkte[123]. Nach dem Regelwerk Neuer Markt (RWNM) der Deutsche Börse AG (DBAG) kann der Neue Markt-Ausschuß **die Beendigung der Zulassung zum Neuen Markt** beschließen, wenn der Emittent gegen die ihm aus dem Regelwerk obliegenden Pflichten wie zB Handelbarkeit der Aktien verstößt, wenn ein ordnungsgemäßer 54

---

[118] § 243 AktG.
[119] *Holzapfel/Pöllath* Rn 274.
[120] *Hüffer* § 246 AktG Rn 8.
[121] OLG Stuttgart AG 1997, 136, 137; BayObLG ZIP 1998, 2002.
[122] §§ 43 Abs. 4, 75 Abs. 3 BörsG.
[123] Wie im folgenden anhand der RiLiFV an der FWB aufgezeigt wird.

Börsenhandel im Neuen Markt auf Dauer nicht mehr gewährleistet oder wenn dies zum Schutz des Publikums geboten erscheint[124].

55 a) **Andere Voraussetzungen für das „Delisting".** Auch bei Notierungen im Freiverkehr kann das „delisting" erzwungen werden. Dabei gelten die oben erläuterten Voraussetzungen[125] zum „delisting" **nach Verschmelzung, Formwechsel und übertragender Auflösung** entsprechend. Da die Aktien in diesen drei Fällen nicht mehr handelbar sind, muß auch die Notierung im Freiverkehr zurückgenommen werden.

56 Anders verhält sich der Fall des **regulären „delisting"**, wenn eine AG die Notierung ihrer Anteile im Freiverkehr beenden will. Laut den Richtlinien für den Freiverkehr an der FWB kann die DBAG die **Einbeziehung in den Freiverkehr widerrufen, wenn Voraussetzungen, die der Einbeziehung zugrunde lagen, weggefallen sind**[126]. Zu den Voraussetzungen zählt, daß die AG, deren Anteile im Freiverkehr gehandelt werden, einen ordnungsgemäßen Börsenhandel gewährleistet. Hierzu wiederum gehört insbes. die unverzügliche Unterrichtung der DBAG über bevorstehende Hauptversammlungen, Dividendenzahlungen, Kapitalveränderungen und sonstige Umstände, die für die Bewertung des Wertpapiers oder des Emittenten von wesentlicher Bedeutung sein können[127].

57 b) **Verfahren.** Anders als bei Aktien im Amtlichen und Nicht-Amtlichen Handel kann der **Widerruf nicht stets auf Antrag des Emittenten** erfolgen. Nur derjenige, der den Antrag auf Aufnahme des Börsenhandels gestellt hat, kann den Widerruf der Zulassung beantragen. Im Freiverkehr stammt schon der Antrag auf Aufnahme des Börsenhandels nicht zwingend vom Emittenten, sondern kann von jedem an der FWB zum Börsenhandel zugelassenen Unternehmen gestellt werden[128]. **Der Emittent ist** lediglich von der DBAG **über** eine von ihr beabsichtigte **Einbeziehung zu unterrichten**[129]. Ein **Widerspruch** des Emittenten ist grundsätzlich nur dann zu berücksichtigen und führt zur Ablehnung der Einbeziehung, wenn der Emittent seinen Sitz außerhalb des EWR hat[130]. Folglich kann der Emittent von im Freiverkehr an der FWB notierten Aktien lediglich bei der DBAG **anregen**, die Einbeziehung der Aktien in den Freiverkehr zu widerrufen; bei der Entscheidung darüber werden die Interessen des Emittenten nicht berücksichtigt[131]. Der Emittent hat weder ein Antragsrecht, noch einen Anspruch auf Rücknahme der Notierung seiner Wertpapiere im Freiverkehr.

58 Es empfiehlt sich daher, ggf. das „delisting" bei Notierung im Freiverkehr im Wege des Formwechsels, der Verschmelzung oder der übertragenden Auflösung

---

[124] Abschnitt 2.1.4 Abs. 2 Nr. 2 RWNM der DBAG.
[125] Siehe Rn 34.
[126] § 6 Abs. 2 RiLiFV an der FWB.
[127] § 5 RiLiFV an der FWB.
[128] § 2 Satz 1 RiLiFV an der FWB. Siehe § 23 Rn 57.
[129] § 4 Satz 1 RiLiFV an der FWB.
[130] Dagegen ist ein Widerspruch des Emittenten unbeachtlich, wenn er seinen Sitz in einem Mitgliedstaat der EU, des EWR oder in einem Staat hat, für den die DBAG das Widerspruchsrecht des Emittenten entsprechend entfallen läßt, § 4 Satz 3 RiLiFV an der FWB.
[131] Siehe Rn 54 ff.

herbeizuführen. Selbst wenn ein förmliches „delisting" durch das Unternehmen bewirkt werden könnte, wäre im Interesse der Aktionäre zu bedenken, daß bei einer Beendigung des Freiverkehrshandels die Aktie Objekt des außerbörslichen Handels würde. Dadurch würde diese möglicherweise noch volatiler, als dies bei Aktien im Freiverkehr ohnehin häufig der Fall ist.

c) Frist. Anders als das „delisting" im Amtlichen Handel und im Geregelten Markt nach der BörsO[132] sehen die Richtlinien für den Freiverkehr an der FWB keine Frist für das Wirksamwerden des Widerrufs vor. Der **Widerruf** der Einbeziehung in den Freiverkehr durch die DBAG ist daher **sofort wirksam**. 59

C. Börsenrechtliche Folgen des „Delisting"

Das vollständige „delisting" hat zahlreiche börsenrechtliche Folgen, die die Entscheidung für einen Börsenrückzug positiv beeinflussen können. Die an die Zulassung gekoppelten **Pflichten entfallen** mit dem „delisting". Da nachwirkende Pflichten nicht bestehen, sehen die Börsenordnungen der einzelnen deutschen Börsen Fristen für das Wirksamwerden des Widerrufs vor. Wird nicht das reguläre „delisting" gewählt, können diese Fristen vermieden werden[133]. 60

Die an die Börsennotierung gekoppelten Pflichten lassen sich in **Verhaltens- und Publizitätspflichten** einteilen. Wichtigste **Verhaltenspflicht** ist das nach dem WpHG bestehende Verbot von Insidergeschäften. Danach dürfen Insider ihr Wissen über kursbeeinflussende Tatsachen nicht für eigene oder fremde Rechnung nutzbar machen[134]. Ebenso wie diese Pflicht erlöschen mit dem „delisting" Pflichten, die sich aus dem BörsG ergeben: So hat der Emittent von notierten Wertpapieren das Gebot der Gleichbehandlung der Wertpapierinhaber zu beachten, Zahl- und Hinterlegungsstellen zu unterhalten und für später ausgegebene Aktien derselben Gattung gleichfalls die Zulassung zur amtlichen Notierung zu beantragen[135]. Das Gebot der Gleichbehandlung aller Aktionäre ist allerdings auch im AktG verankert und gilt völlig unabhängig von einer Börsennotierung[136]. 61

Daneben entfallen zahlreiche **Publizitätspflichten**: Nach dem WpHG besteht die Pflicht zur Veröffentlichung kursbeeinflussender Tatsachen[137]. Betroffen ist ferner die Mitteilungspflicht gegenüber dem BAWe bzw. der betroffenen Gesellschaft desjenigen, der bestimmte Beteiligungsquoten durch Beteiligungserwerb oder -veräußerung erreicht, über- oder unterschreitet[138]. Diese Pflicht gilt allerdings nur für zum Amtlichen Handel an einer Börse im EWR zugelassene Aktien, also weder für im Geregelten, noch für im Neuen Markt oder im Freiverkehr gehandelte Aktien. 62

---

[132] § 54a Abs. 2 BörsO der FWB.
[133] Siehe Rn 29 ff., 45 und 53.
[134] §§ 13, 14 WpHG.
[135] § 44 Abs. 1 Nr. 1, 2, 4 BörsG.
[136] § 53a AktG.
[137] § 15 WpHG.
[138] § 21 WpHG.

63 Auch **erlöschen börsengesetzliche Pflichten**: Dies ist in erster Linie die Pflicht zur Veröffentlichung mindestens eines Zwischenberichts im Geschäftsjahr[139]. Der Bericht soll ein realistisches Bild der Finanzlage und des allgemeinen Geschäftsgangs des Emittenten im Berichtszeitraum vermitteln[140]. Schließlich entfallen die Pflicht, Publikum und Zulassungsstelle über den Emittenten und die zugelassenen Wertpapiere angemessen zu unterrichten[141], und das Erfordernis, alle Auskünfte zu erteilen, die für die ordnungsgemäße Erledigung der Aufgaben der Zulassungsstelle oder der Geschäftsführung erforderlich sind[142].

D. Gesellschaftsrechtliche Folgen des „Delisting"

64 Nicht nur das Börsenrecht, sondern auch das **AktG** sieht **Differenzierungen** zwischen börsennotierten und nicht börsennotierten Gesellschaften vor. Diese Unterscheidung wurde 1994 eingeführt und durch das KonTraG 1998 verstärkt. Die Eigenschaft der Börsennotierung einer Gesellschaft umfaßt dabei die Marktsegmente Amtlicher Handel, Geregelter Markt und Neuer Markt[143].

I. Erleichterte Einberufung und Durchführung der Hauptversammlung

65 Eine Erleichterung für nicht (mehr) börsennotierte Gesellschaften besteht **bei der Einberufung der Hauptversammlung**. Lediglich bei an der Börse gehandelten Gesellschaften müssen mit Einberufung der Hauptversammlung einem Vorschlag zur Wahl von Aufsichtsratsmitgliedern Angaben zu deren Mitgliedschaft in anderen gesetzlich zu bildenden Aufsichtsräten beigefügt werden[144].

66 Auch bzgl. der **Durchführung** gibt es Unterschiede: Grundsätzlich muß jeder Beschluß der Hauptversammlung durch eine über die Verhandlung notariell aufgenommene Niederschrift beurkundet werden. Bei nicht börsennotierten Gesellschaften genügt eine vom Aufsichtsratsvorsitzenden zu unterzeichnende Niederschrift, falls keine Beschlüsse gefaßt wurden, die nach dem Gesetz eine Dreiviertel- oder größere Mehrheit erfordern[145].

67 Bei nicht börsennotierten Gesellschaften sind außerdem **Höchststimmrechte** zulässig[146].

---

[139] § 44b BörsG.
[140] *Hamann* in Schäfer § 44 BörsG Rn 1.
[141] § 44 Abs. 1 Nr. 3 BörsG.
[142] § 44c BörsG.
[143] § 3 Abs. 2 AktG; *Hüffer* § 3 AktG Rn 6; *Heider* in MünchKomm. § 3 AktG Rn 40.
[144] § 125 Abs. 1 Satz 3 AktG.
[145] § 130 Abs. 1 AktG.
[146] § 134 Abs. 1 Satz 2 AktG.

II. Mehr Freiheit bei der Gewinnverwendung

Zieht sich ein Unternehmen von der Börse zurück, hat es mehr Freiheit bei der Verwendung des Gewinns: Stellen Vorstand und Aufsichtsrat den Jahresabschluß fest und sieht die Satzung nichts anderes vor, kann ein Teil des Jahresüberschusses, höchstens jedoch die Hälfte, in andere **Gewinnrücklagen** eingestellt werden[147]. Dabei kann die Satzung die beiden Organe zur Einstellung eines größeren oder kleineren Teils in diese Gewinnrücklagen ermächtigen. Ist die Gesellschaft an der Börse notiert, darf die Satzung jedoch ausschließlich zur Einstellung eines größeren Teils in die Rücklagen ermächtigen[148].

III. Erleichterte Berichtspflichten

Den **Aufsichtsrat** treffen nach dem Börsenrückzug erleichterte Berichtspflichten: Ihm obliegt zwar weiterhin die Prüfung des Jahresabschlusses, des Lageberichts und des Vorschlags für die Verwendung des Bilanzgewinns, bei Mutterunternehmen auch die Prüfung des Konzernabschlusses und des Konzernlageberichts[149]. Auch hat er der Hauptversammlung über das Ergebnis sowie die Art und den Umfang seiner Prüfung der Geschäftsführung während des Geschäftsjahrs schriftlich zu berichten. Nach dem Börsenrückzug entfällt aber seine Berichtspflicht darüber,
– welche Ausschüsse gebildet worden sind,
– über die Zahl seiner Sitzungen und
– die Zahl der Sitzungen der Ausschüsse[150].

IV. Fortbestehende Minderheitsrechte der verbleibenden außenstehenden Gesellschafter

Auf die Minderheitsrechte der verbleibenden außenstehenden Aktionäre hat das „delisting" keinen Einfluß. Diese können sowohl die ihnen nach dem Gesetz zustehenden als auch die von Rechtsprechung und Lehre darüber hinaus entwickelten Rechte weiterhin geltend machen[151]. Die Notiz der Gesellschaft an der Börse ist dafür ohne Bedeutung.

---

[147] § 58 Abs. 2 Satz 1 AktG. Andere Gewinnrücklagen umfassen die durch Unternehmenstätigkeit erwirtschafteten Rücklagen, die nicht als Reservemittel, als Äquivalent für eigene Aktien oder kraft Satzungsbestimmung gebildet werden müssen, *Hüffer* § 58 AktG Rn 4.
[148] § 58 Abs. 2 Satz 2 AktG.
[149] § 171 Abs. 1 AktG.
[150] § 171 Abs. 2 Satz 1, 2 AktG.
[151] Eine Übersicht dazu findet sich bei *Wilhelm*, Kapitalgesellschaftsrecht, 1998, Rn 670.

§ 25 Unternehmensübernahmen im Wettbewerbsrecht*

Übersicht

Rn

A. **Grundlagen** 1
   I. Wettbewerbspolitische Grundlagen und Zielsetzungen
      der Kontrolle von Unternehmenskäufen 1
   II. Rechtliche Rahmenbedingungen für die wettbewerbs-
      rechtliche Kontrolle in Europa 6
   III. Zusammenwirken nationaler und supranationaler
      Kontrollsysteme – Interdependenzen zu Regelungen
      in Drittstaaten 8
   IV. Auswirkungen auf die (Zeit-)Planung eines
      Zusammenschlusses 14

B. **Fusionen, Erwerb von unternehmerischen
Teileinheiten, Mehrheitsbeteiligungen und Kontrolle** .. 18
   I. Bestimmung der erfaßten Sachverhalte 18
   II. Zusammenschlußkontrolle 20
      1. Voraussetzungen der Anwendbarkeit 21
         a) Zusammenschlußtatbestände 23
         b) Umsatzschwellen als Aufgreiftatbestände 40
         c) Berechnung der maßgeblichen Umsätze 45
      2. Inhalt, Umfang und Zeitpunkt der Anmeldung 50
      3. Verfahrensablauf 53
      4. Materielle Prüfungskriterien 60
      5. Untersagung, Auflagen, untersagungsabwendende
         Zusagen 89
      6. Geheimhaltung und Beteiligungsrechte Dritter 94
      7. Rechtsmittel 98
   III. Sonderaspekte in Verfahren bei öffentlichen
      Übernahmeangeboten 103

C. **Erwerb von Minderheitsbeteiligungen** 105
   I. Zusammenschlußkontrolle nach deutschem Recht 105
      1. Erwerb einer Minderheitsbeteiligung von
         mindestens 25% 106
      2. Erwerb wettbewerblich erheblichen Einflusses 107
   II. EG-Fusionskontrolle 109

D. **Gemeinschaftsunternehmen** 111
   I. Zusammenschlußkontrolle nach deutschem Recht 115
      1. Zusammenschlußtatbestand 115
      2. Berechnung der maßgeblichen Umsätze 118
      3. Materielle Prüfungskriterien 119

---

* Ich danke Frau Rechtsanwältin *Tamara Zieschang*, Berlin, für ihre wertvolle Unterstützung bei der Vorbereitung des Manuskripts.

	Rn
4. Beurteilung nach § 1 GWB	120
II. EG-Fusionskontrolle	121
1. Zusammenschlußtatbestand	121
2. Berechnung der maßgeblichen Umsätze	124
3. Materielle Prüfungskriterien	127
4. Bewertung nach Art. 81 EG	128
E. **Überblick über die Fusionskontrollsysteme in Europa (tabellarisch)**	130

Schrifttum: *Emmerich*, Fusionskontrolle 1998/99, AG 1999, 529; *ders.*, Fusionskontrolle 1996/97, AG 1997, 529; *von der Groeben/Thiesing/Ehlermann* (Hrsg.), Kommentar zum EU-/EG-Vertrag, Bd. 2/II, 1999; *Hirsbrunner*, Die Entwicklung der Europäischen Fusionskontrolle in den Jahren 1997 und 1998, EuZW 1999, 389; *ders.*, Neue Durchführungsbestimmungen und Mitteilungen zur EG-Fusionskontrolle, EuZW 1998, 613; *Schulte*, Änderungen der Fusionskontrolle durch die 6. GWB-Novelle, AG 1998, 297.

A. Grundlagen

I. Wettbewerbspolitische Grundlagen und Zielsetzungen der Kontrolle von Unternehmenskäufen

1   Unternehmensübernahmen erfordern nicht nur gesellschaftsrechtliche Planungen, steuerliche Strukturierungen und ggf. die Berücksichtigung der Anforderungen des Kapitalmarkts, sondern sie unterliegen auch **wettbewerbsrechtlichen Einschränkungen** nach Maßgabe der in Deutschland, Europa und vielen außereuropäischen Ländern bestehenden Fusionskontrollrechte. Gerade im Zeichen zunehmender Konzentration auf weniger Anbieter oder Nachfrager einer bestimmten Ware oder Leistung und der Beschränkung vieler Unternehmen auf ihre Kernkompetenzen, kann die Fusionskontrolle häufig darüber entscheiden, ob eine Unternehmensübernahme überhaupt durchführbar ist.

2   Die mit Unternehmenskäufen regelmäßig einhergehenden Abreden, wie zB Wettbewerbsverbote für den Veräußerer, Liefer- und Bezugsvereinbarungen, Regelungen über die Geheimhaltung technischen oder kaumännischen Wissens, Lizenzverträge etc., unterliegen kartellrechtlichen Grenzen. Die kartellrechtliche Bewertung solcher Vereinbarungen hängt sehr von den jeweiligen Umständen des Einzelfalls ab und es würde den Rahmen dieses Beitrags sprengen, wenn man die damit verbundenen Fragestellungen auch nur kursorisch erörtern wollte. Soweit europäisches Recht anwendbar ist, geben verschiedene **Gruppenfreistellungsverordnungen** und **Bekanntmachungen** der Europäischen Kommission[1] (EU-

---

[1] Vgl. insbes. Gruppenfreistellungsverordnung für Forschungs- und Entwicklungsvereinbarungen VO 2659/2000 ABl. Nr. L 304/7; Gruppenfreistellungsverordnung für Technologie-Transfervereinbarungen VO 240/96 ABl. Nr. L 31/2; Bekanntmachung der Kommission über

Kommission) wertvolle Orientierungshilfen für die Abfassung kartellrechtlich nicht zu beanstandender Verträge. Aber selbst außerhalb des Anwendungsbereichs des europäischen Rechts haben diese Verordnungen und Bekanntmachungen erhebliche Bedeutung, weil nationale Rechtsordnungen die Vorgaben auf europäischer Ebene entweder einfach übernommen haben oder doch jedenfalls die Behörden bei der Anwendung ihres nationalen Rechts die europäischen Vorgaben schon aus Gründen der Kohärenz nicht völlig ignorieren können.

Unternehmensübernahmen werden in Deutschland und der Europäischen Gemeinschaft durch ausschließlich dafür zuständige **Instanzen** – das Bundeskartellamt und die Merger Task Force der Generaldirektion Wettbewerb der EU-Kommission sowie ggf. durch nationale Gerichte oder den Europäischen Gerichtshof – wettbewerbsrechtlich kontrolliert und überwacht. Sie orientieren sich in ihrer Entscheidungsfindung und Beurteilung allein an wettbewerbsrechtlichen Kriterien. Allgemein wirtschafts- oder arbeitsmarktpolitische Aspekte werden in Deutschland nur ausnahmsweise und in einem gesonderten Verfahren[2] berücksichtigt. Auf der Ebene der EU-Kommission ist die Trennung der **Kompetenzen** und **Verfahren** nicht so strikt. Dennoch spielen außerwettbewerbsrechtliche Kriterien auch hier nur in wenigen Fällen eine erhebliche Rolle.

Die deutsche und europäische Fusionskontrolle beruht im wesentlichen auf folgender Systematik: Die Fusionskontrolle findet nur Anwendung, wenn ein Zusammenschlußtatbestand iSd. jeweiligen Gesetzes vorliegt und die dort genannten **Umsatzschwellen** von den an der Übernahme beteiligten Unternehmen erreicht werden. Zum Ausschluß reiner Auslandsfälle bedarf es in entsprechenden Fällen einer Kontrollprüfung, ob ein Zusammenschluß ungeachtet des Erreichens der Umsatzschwellen durch die Unternehmen überhaupt eine spürbare **Inlandsauswirkung** haben kann, die die Anwendung der deutschen oder europäischen Fusionskontrolle auf einen solchen Fall rechtfertigt[3].

Erst wenn diese Voraussetzungen gegeben sind, beginnt die wettbewerbsrechtliche Prüfung daraufhin, ob die Unternehmensübernahme zur **Begründung** oder **Verstärkung** einer **marktbeherrschenden Stellung** führen wird. Davon hängt es ab, ob ein Zusammenschluß freigegeben, mit Auflagen freigegeben oder untersagt wird. Diese Frage beurteilen die Wettbewerbsbehörden zunächst anhand eines Vergleichs der vorhandenen und der durch die Unternehmensübernahme zu erwartenden Marktstruktur. Denn das deutsche und europäische Wettbewerbsrecht ist in erheblichem Umfang durch marktstrukturpolitische Erwägungen geprägt. Wenn die durch den Zusammenschluß entstehende Marktstruktur Anlaß zu der Sorge gibt, es könne eine marktbeherrschende Stellung

---

Richtlinien für vertikale Wettbewerbsbeschränkungen vom 13. 10. 2000, ABl. Nr. C 291/1; Bekanntmachung der Kommission über Nebenabreden zu Zusammenschlüssen vom 14. 8. 1990, ABl. Nr. C 203/5.

[2] Sog. Ministererlaubnis gem. § 42 GWB.

[3] § 130 Abs. 2 GWB; siehe auch Informationsblatt des BKartA zu Inlandsauswirkungen iSd. § 130 Abs. 2 GWB bei Unternehmenszusammenschlüssen, Januar 1999, erhältlich über die Website des BKartA http://www.bundeskartellamt.de; zur Praxis der EU-Kommission vgl. „Boeing/McDonnell Douglas"-Entscheidung vom 30. 7. 1997, IV/M. 877, ABl. Nr. L 336 S. 16 ff. sowie Urteil des EuG vom 25. 3. 1999, „Gencor/Lonrho", ECR 1999, S. 753.

entstehen oder verstärkt und damit funktionierender Wettbewerb nicht mehr gewährleistet werden, dann wird im Rahmen einer – manchmal sehr umfangreichen – ökonomischen Analyse untersucht, ob die entstehende Struktur tatsächlich zu den befürchteten wirtschaftlichen Auswirkungen führen kann oder ob die besonderen Funktionsweisen des vom Zusammenschluß betroffenen Markts dafür sorgen, daß wirksamer Wettbewerb erhalten bleibt. Insbes. in Verfahren, die europäischem Zusammenschlußrecht unterliegen[4], muß dieser Analyse erhebliche Aufmerksamkeit gewidmet werden, denn sie erfordert zT beträchtlichen zeitlichen und finanziellen Aufwand.

II. Rechtliche Rahmenbedingungen für die wettbewerbsrechtliche Kontrolle in Europa

6 Das deutsche Wettbewerbsrecht hat seine **Grundlage** im Gesetz gegen Wettbewerbsbeschränkungen (GWB)[5] aus dem Jahr 1957, in das durch die zweite Novelle von 1973 eine Fusionskontrolle für Zusammenschlüsse eingeführt wurde. In der Europäischen Union basiert die wettbewerbsrechtliche Kontrolle von Unternehmensübernahmen auf der bereits erwähnten Verordnung Nr. 4064/89 des Rates über die Kontrolle von Unternehmenszusammenschlüssen vom 21. 12. 1989[6].

7 Die einzelnen Mitgliedstaaten der Europäischen Union verfügen – wie Deutschland auch – über jeweils eigene **nationale Regelungen**[7]. Dies gilt ebenso für die meisten europäischen Länder außerhalb der Europäischen Union. Bedauerlicherweise sind die Kriterien dieser nationalen Fusionskontrollrechte in keiner Weise harmonisiert. Aufgreifkriterien, Art und Umfang der erforderlichen Informationen und Verfahrensabläufe variieren zT erheblich. Bei Transaktionen, die multinationale Auswirkungen haben können, muß dies von Anfang an in die Zeitplanung und die Organisation des Projekts einbezogen werden[8].

---

[4] Verordnung (EWG) Nr. 4064/89 des Rates über die Kontrolle von Unternehmenszusammenschlüssen vom 21. 12. 1989 (FKVO), ABl. 1990 Nr. L 257/13 – geändert durch die Verordnung Nr. 1310/97 des Rates vom 30. 6. 1997, ABl. 1997 Nr. L 180/1 – berichtigt in ABl. 1997 Nr. L 199/69; ABl. 1998 Nrn. L 3/16 und L 40/17.

[5] BGBl. I S. 1081 vom 27. 7. 1957 Neufassung in BGBl. I S. 2546 vom 26. 8. 1998. Die aktuelle Fassung des GWB ist auf der Homepage des BKartA (http://www.bundeskartellamt.de) zu finden. Dies gilt im übrigen auch für erläuternde Hinweise, Merkblätter und seit 1999 auch für Entscheidungen des BKartA.

[6] Die aktuelle Fassung der FKVO ist über die Homepage der Generaldirektion Wettbewerb der Europäischen Gemeinschaft (http://www.europa.eu.int/comm/dgs/competition/index_de.html) abrufbar. Dies gilt ebenso für alle Mitteilungen der EU-Kommission und insbes. auch für die Entscheidungen des letzten Jahres.

[7] Eine kurze Einführung in das Wettbewerbsrecht Großbritanniens, Frankreichs, Österreichs und der Schweiz gibt *Ingo Schmidt*, Wettbewerbspolitik und Kartellrecht, 1999. Zu einzelnen nationalen Regelungen europäischer Länder siehe tabellarische Übersicht unter Gliederungspunkt E.

[8] Einen Überblick über das Wettbewerbsrecht von 37 europäischen und außereuropäischen Staaten gibt Global Competition Review, Special Report on Merger Control, 2000.

III. Zusammenwirken nationaler und supranationaler Kontrollsysteme – Interdependenzen zu Regelungen in Drittstaaten

Das Verhältnis der Europäischen Union zu den einzelnen Mitgliedstaaten ist in der Bekanntmachung über die Zusammenarbeit der Kommission und den nationalen Gerichten bei der Anwendung der EG-Wettbewerbsregeln[9] und der Bekanntmachung über die Zusammenarbeit zwischen der Kommission und den Wettbewerbsbehörden der Mitgliedstaaten[10] im einzelnen geregelt.

Die „großen" Unternehmenszusammenschlüsse, die in den Anwendungsbereich der europäischen FKVO fallen, profitieren vom Prinzip einer einzigen Anlaufstelle („one-stop shop"), denn die EU-Kommission ist für Zusammenschlüsse mit **gemeinschaftsweiter Bedeutung** ausschließlich zuständig[11]. Gleichzeitig ist es den Mitgliedstaaten verwehrt, ihr nationales Wettbewerbsrecht auf solche Zusammenschlüsse anzuwenden[12]. Nur in bestimmten Situationen kann ein Mitgliedstaat – vor allem zum Schutz bestimmter „berechtigter Interessen" – ausnahmsweise einen von der EU-Kommission genehmigten Zusammenschluß untersagen oder von Bedingungen und Auflagen abhängig machen[13].

Es besteht außerdem **ausnahmsweise** die Möglichkeit, daß die EU-Kommission auf Antrag eines Mitgliedstaates die Überprüfung eines Zusammenschlusses übernimmt, der die Voraussetzungen der Anwendbarkeit der europäischen Wettbewerbsregeln nicht erfüllt[14]. Umgekehrt kann die EU-Kommission einen bei ihr angemeldeten Zusammenschluß an einen Mitgliedstaat zurückverweisen, wenn sich dieser auf einem gesonderten Markt auswirkt, der keinen wesentlichen Teil des gemeinsamen Markts ausmacht[15].

Liegt weder eine ausschließliche Zuständigkeit der EU-Kommission noch eine ausnahmsweise Prüfung eines Zusammenschlusses auf Antrag eines Mitgliedstaates vor, dann sind die Wettbewerbsbehörden der betroffenen Mitgliedstaaten, ggf. auch die von mehreren Mitgliedstaaten, zuständig[16].

---

[9] ABl. 1993 Nr. C 39/6.
[10] ABl. 1997 Nr. C 313/3.
[11] Art. 21 Abs. 1 FKVO.
[12] Art. 21 Abs. 2 FKVO; § 35 Abs. 3 GWB.
[13] Art. 21 Abs. 3 FKVO. Als berechtigte Interessen sind die öffentliche Sicherheit, die Medienvielfalt und Aufsichtsregeln (zB im Bereich der Kredit- und Versicherungswirtschaft) ausdrücklich genannt. Vgl. auch *EU-Kommission*, Mitteilung über die Anerkennung eines berechtigten Interesses im Sinne der Fusionsverordnung, ABl. 1995 Nr. C 94/2.
[14] Art. 22 Abs. 2 FKVO. Zu diesem Verfahren siehe *Langeheine* in von der Groeben/Thiesing/Ehlermann Art. 22 Rn 6 ff. Auf Antrag eines Mitgliedstaates wurde u. a. in folgenden Fällen entschieden: *EU-Kommission* ABl. 1997 Nr. L 110/53 „Kesko/Tuko"; ABl. 1998 Nr. L 316/1 „Blokker/Toys 'R' Us". Siehe dazu auch *Hirsbrunner* EuZW 1999, 389, 394 f.
[15] Art. 9 FKVO. Siehe jeweils die Zusammenfassung von einzelnen (nicht veröffentlichten) Verweisungsentscheidungen: *EU-Kommission* WuW 1997, 34 „RWE/Thyssengas"; WuW 1997, 35 „Bayernwerke/Isarwerke"; WuW 1997, 598 „Rheinmetall/British Aerospace/STN ATLAS"; WuW 1998, 44 „Preussag/Hapag Lloyd"; WuW 1998, 967 „Krauss/Maffei/Wegmann". Siehe auch mwN *Hirsbrunner* in von der Groeben/Thiesing/Ehlermann Art. 9 Rn 11. Die EU-Kommission hat jüngst in Zusammenhang mit ihrer Entscheidung über den Zusammenschluß von VEBA und VIAG den Antrag des BKartA auf Zurückverweisung abgelehnt.
[16] Vgl. *BGH* WuW/E BGH 3026, 3029 f. „Backofenmarkt".

12 Eine ausschließliche Zuständigkeit kommt der EU-Kommission auch im Verhältnis zu den Staaten der Europäischen Freihandelsassoziation (EFTA) zu. Im EFTA-Raum wird die Zuständigkeit der **EFTA-Überwachungsbehörde** nur bei Zusammenschlüssen ohne gemeinschaftsweite, aber mit „EFTA-weiter" Bedeutung begründet. Gegenüber anderen europäischen Staaten hat sich die EU-Kommission im Rahmen von Europa-Abkommen verpflichtet, den nationalen Wettbewerbsbehörden Gelegenheit zur Stellungnahme zu geben, falls ein Zusammenschluß erhebliche Auswirkungen auf die Wirtschaft des betreffenden Landes hat[17].

13 Zwischen der Europäischen Union und den **USA** besteht ein **Kooperationsabkommen** über den Austausch von Informationen und gegenseitige Konsultationen[18]. Dies beinhaltet insbes. einen engen Austausch zwischen den Wettbewerbsbehörden der Vertragspartner sowie die Kooperation in den Fällen, in denen der Wettbewerb in beiden Vertragsstaaten berührt ist. Ein solches Abkommen besteht auch zwischen der Europäischen Union und **Kanada**[19].

IV. Auswirkungen auf die (Zeit-)Planung eines Zusammenschlusses

14 Wettbewerbsrechtliche Erwägungen sind von Beginn an in die Vorbereitungen und Planungen einer Unternehmensübernahme einzubeziehen. Denn sollten die deutschen oder europäischen Wettbewerbsregelungen Anwendung finden und damit das Vorhaben anmeldepflichtig sein, entscheiden am Ende (auch) die Wettbewerbsbehörden über Erfolg oder Mißerfolg der Übernahme.

15 In Deutschland und der Europäischen Union gilt das Prinzip der **präventiven Fusionskontrolle**, d. h. die Anmeldung des Zusammenschlusses muß vor seinem Vollzug erfolgen und die Unternehmensübernahme darf grundsätzlich erst dann vollzogen werden, wenn die Wettbewerbsbehörden sie genehmigt haben. Vor diesem Hintergrund sollte die jeweils zuständige Wettbewerbsbehörde (im Fall eines anmeldepflichtigen Vorhabens) durch frühzeitige, informelle Gespräche in die Vorbereitungen einbezogen werden. Dies begünstigt nicht nur eine zügige behördliche Entscheidung, sondern ermöglicht vor allem, durch eine entsprechende inhaltliche Ausgestaltung der Übernahme oder eventuelle Zusagen gegenüber den Wettbewerbsbehörden deren Bedenken in einem sehr frühen Stadium zu berücksichtigen und somit eine positive behördliche Entscheidung herbeizuführen.

16 Die Zeitdauer der jeweiligen Fusionskontrollverfahren ist durch strenge Fristen geregelt, an die die Wettbewerbsbehörden durch Gesetz gebunden sind und inner-

---

[17] Nähere Informationen zu den einzelnen Abkommen sind über die Homepage der Generaldirektion Wettbewerb der EU-Kommission (http://www.europa.eu.int/comm/dgs/competition/index_de.html) abrufbar.

[18] Abkommen zwischen der Kommission der Europäischen Gemeinschaften und der Regierung der Vereinigten Staaten von Amerika über die Anwendung der Wettbewerbsregeln, ABl. 1995 Nr. L 95/47; Entscheidung des Rates und der Kommission über den Abschluß dieses Abkommens, ABl. 1995 Nr. L 95/45. Siehe auch *EU-Kommission* ABl. 1997 Nr. L 336/16, 17 „Boeing/McDonnell Douglas".

[19] ABl. Nr. L 175/49.

halb derer sie eine Entscheidung treffen müssen. Das Bundeskartellamt muß nach Einreichung der vollständigen Unterlagen innerhalb eines Monats über eine formlose Freigabe oder den Eintritt in das Hauptprüfverfahren (sog. Monatsbrief) entscheiden[20]. Das Hauptprüfverfahren muß **in Deutschland** spätestens vier Monate nach Einreichung der vollständigen Unterlagen beendet sein und hat somit eine maximale Dauer von vier Monaten; es sei denn, die Verfahrensbeteiligten stimmen einer Verlängerung der Prüfungsfrist zu. Maßgeblich für den **zeitlichen Rahmen** ist das Einreichen der vollständigen Unterlagen bei der Wettbewerbsbehörde. Das Verfahren vor dem Bundeskartellamt kann durch Einreichen einer Anmeldung jederzeit in Gang gesetzt werden, sobald ein hinreichend konkretes Zusammenschlußvorhaben besteht und die Unternehmen bereit sind, auf die dann nicht mehr mögliche Geheimhaltung des Projekts zu verzichten. Bereits abgeschlossene oder auch nur in Detailfragen ausverhandelte Verträge sind dazu nicht erforderlich.

Im Gegensatz dazu kann ein Verfahren von der **EU-Kommission** erst dann formell eingeleitet werden, wenn die Verträge abgeschlossen oder öffentliche Übernahmeangebote abgegeben wurden[21]. Auch in diesem Verfahren beginnt der Lauf der – nicht verlängerbaren – Fristen erst mit Einreichung der vollständigen Anmeldungsunterlagen[22]. Wegen der Auslegbarkeit des Kriteriums „vollständig" und der Fülle der vorzulegenden Informationen liegt hier ein Ansatzpunkt für die EU-Kommission vor, um durch das Anfordern weiterer Informationen ein Verschieben des Fristbeginns und damit eine tatsächlich längere Prüfungsfrist zu erreichen.

B. Fusionen, Erwerb von unternehmerischen Teileinheiten, Mehrheitsbeteiligungen und Kontrolle

I. Bestimmung der erfaßten Sachverhalte

Eine Unternehmensübernahme ist in Gestalt jedes **wettbewerbsrechtlich relevanten** Zusammenschlusses denkbar: Ein Unternehmen kann durch eine Übernahme das Vermögen eines anderen Unternehmens ganz oder zum Teil (sog. Vermögenserwerb), die alleinige oder gemeinsame Kontrolle über ein anderes Unternehmen (sog. Kontrollerwerb) oder Anteile an einem anderen Unternehmen (sog. Anteilserwerb) erwerben[23]. Im europäischen Wettbewerbsrecht steht der Kontrollerwerb, der in Deutschland erst 1999 eingeführt wurde, im Vordergrund. Dabei wird das Tatbestandsmerkmal „Erwerb der Kontrolle" in der Praxis der **EU-Kommission** sehr weit ausgelegt. Unter bestimmten Voraussetzungen reicht auch der Erwerb einer Minderheitsbeteiligung aus, um einen Zusammenschluß iSd. Kontrollerwerbs zu bejahen. Welche Form des Zusammenschlusses

---

[20] Zum Verfahrensablauf siehe Rn 53 ff.
[21] Art. 4 FKVO.
[22] Art. 10 FKVO.
[23] Siehe zu den einzelnen Zusammenschlußtatbeständen im deutschen und europäischen Wettbewerbsrecht Rn 23 ff.

vorliegt und welcher Zusammenschlußtatbestand verwirklicht wird, muß in dem Zeitpunkt, in dem erste Überlegungen zu einer Unternehmensübernahme bestehen, geprüft werden. Den verschiedenen Möglichkeiten der Ausgestaltung einer Unternehmensübernahme steht eine weite Bandbreite von rechtlichen Zusammenschlußtatbeständen mit unterschiedlichen rechtlichen Folgen gegenüber.

19   Da die nachfolgend beschriebenen **Verfahren** in gleicher Weise auch für den Erwerb von Minderheitsbeteiligungen[24] und die Errichtung von Gemeinschaftsunternehmen[25] gelten, werden dort Ausführungen zum Verfahren nur noch insoweit gemacht, als es Besonderheiten zu berücksichtigen gilt.

II. Zusammenschlußkontrolle

20   Die Kontrolle von Zusammenschlüssen nach **deutschem und europäischem Recht** weist nicht zuletzt nach der Anpassung der deutschen Vorschriften an das europäische Wettbewerbsrecht durch die 6. Novelle des GWB, die im Januar 1999 in Kraft getreten ist, viele Gemeinsamkeiten auf. Häufig steht zu Beginn der Überlegungen anläßlich einer Unternehmensübernahme auch noch nicht genau fest, wie sie im einzelnen erfolgen soll. Beide Kontrollverfahren werden deshalb gemeinsam dargestellt, wobei auf bestehende Unterschiede jeweils hingewiesen wird.

1. Voraussetzungen der Anwendbarkeit

21   Sowohl das deutsche als auch das europäische Wettbewerbsrecht finden nur dann Anwendung, wenn ein **Zusammenschlußtatbestand** iSd. jeweiligen Gesetzes vorliegt und die beteiligten Unternehmen bestimmte **Umsatzschwellen** erreichen. Fehlt es an einer dieser Voraussetzungen, so unterliegt die Unternehmensübernahme keiner Fusionskontrolle. Liegen jedoch beide Voraussetzungen vor, dann ist das Vorhaben in Deutschland oder bei der EU-Kommission anmeldepflichtig, d. h. das Wettbewerbsrecht begleitet und beeinflußt den gesamten Ablauf der Unternehmensübernahme bis zu ihrem Vollzug.

22   Nach deutschem Recht ist ein Zusammenschluß ausnahmsweise nicht kontrollpflichtig (trotz Vorliegens der o. g. Voraussetzungen), wenn er keine Inlandsauswirkung[26] hat. Das ist durchaus praktisch relevant. Die Umsatzschwellen des deutschen Rechts sind relativ niedrig und die Inlandsaktivität eines beteiligten Unternehmens reicht bereits aus, um die Schwellenwerte, an die formal das Eingreifen der deutschen Fusionskontrolle geknüpft ist, zu erfüllen. Entsprechendes gilt schon aus völkerrechtlichen Gründen auch iRd. EG-Fusionskontrollverordnung, wenngleich nach dieser Verordnung mindestens zwei beteiligte Unternehmen hohe Umsätze in der Europäischen Union erreichen müssen, und es nicht

---

[24] Siehe Rn 105 ff.
[25] Siehe Rn 111 ff.
[26] ISd. § 130 Abs. 2 GWB. Vgl. dazu *BKartA*, Merkblatt über Inlandsauswirkungen bei Unternehmenszusammenschlüssen, Januar 1999, abrufbar über die Homepage des BKartA (http://www.bundeskartellamt.de). Zur Inlandsauswirkung siehe auch *BGH* WuW/E BGH 1276 „Ölfeldrohre"; 1613, 1616 ff. „Organische Pigmente".

sehr viele Fälle geben wird, in denen diese Schwellen erreicht werden und einem außereuropäischen Zusammenschluß dennoch eine spürbare Auswirkung auf den europäischen Markt fehlen könnte.

a) Zusammenschlußtatbestände. Das **deutsche Wettbewerbsrecht** enthält vier **Zusammenschlußtatbestände**: den Vermögenserwerb, den Kontrollerwerb, den Anteilserwerb und den Erwerb wettbewerblich erheblichen Einflusses, während die FKVO nur zwei erfaßt: die Fusion von zwei zuvor unabhängigen Unternehmen und den Kontrollerwerb.

Der **Vermögenserwerb**[27] erfaßt den Erwerb des ganzen Vermögens eines anderen Unternehmens sowie den Erwerb eines wesentlichen Teils des Vermögens. Das Vermögen eines Unternehmens umfaßt die Gesamtheit aller geldwerten Güter ohne Rücksicht auf Art, Verwendung und gesonderte Verwertbarkeit. Der Erwerb des ganzen Vermögens stellt einen Extremfall dar, bei dem im Ergebnis ein Unternehmen vom Markt verschwindet und beim **Veräußerer** nur ein Unternehmensmantel zurückbleibt.

Der **Begriff des wesentlichen Teils** des Vermögens wird weit ausgelegt: So bemißt sich ein Vermögensteil nicht nur aufgrund von quantitativen, sondern ebenso aufgrund von qualitativen Kriterien als wesentlich iSd. Vorschrift:

„Als ein wesentlicher Teil ist einmal ein solcher anzusehen, der in seinem Verhältnis zum Gesamtvermögen des Veräußerers quantitativ ausreichend hoch ist. Zum anderen ist darunter aber auch jede betriebliche Teileinheit zu verstehen, die im Rahmen der gesamten nach außen gerichteten wirtschaftlichen Tätigkeit des Veräußerten unabhängig von dessen Größe qualitativ eine eigene Bedeutung hat. Dabei kann als eine solche betriebliche Teileinheit jede Zusammenfassung von persönlichen und sachlichen Mitteln gewertet werden, die sich von den anderen Betriebsteilen, zB auf Grund ihrer organisatorischen Selbständigkeit oder ihrer räumlichen Trennung oder ihres speziellen Produktions- oder Vertriebsziels deutlich unterscheidet"[28].

Der BGH hat in Bezug auf die qualitative Eignung weiter präzisiert:

„Ob ein Vermögensteil... wesentlich ist, muß... nach der Zielsetzung der Zusammenschlußkontrolle bestimmt werden. Diese soll eine Unternehmenskonzentration verhindern, die die strukturellen Wettbewerbsbedingungen auf dem Markt derart verändert, daß die Funktionsfähigkeit des Wettbewerbs nicht mehr gewährleistet ist... Unter diesem Gesichtspunkt kann ein Teil eines Unternehmens wesentlich sein, wenn sein Erwerb qualitativ geeignet ist, die Stellung des Erwerbers auf dem relevanten Markt zu stärken. Dabei kommt es nicht auf die Auswirkungen des Erwerbs auf die Marktstellung dessen an, der im konkreten Fall den Vermögensteil erwirbt, sondern auf die abstrakte Eignung des Vermögensteils, die Stellung des Erwerbers, der bereits auf dem relevanten Markt tätig ist, zu verändern... Die Prüfung, ob ein Vermögensteil... wesentlich ist, muß deshalb marktbezogen, nicht erwerberbezogen durchgeführt werden"[29].

---

[27] § 37 Abs. 1 Nr. 1 GWB.
[28] *BGH* WuW/E BGH 1377, 1379 „Zementmahlanlage".
[29] *BGH* WuW/E BGH 2783, 2785 „Warenzeichenerwerb".

26 Wesentlich ist ein Vermögensteil also stets dann, wenn ihm im Hinblick auf die Produktion, die Vertriebsziele und die jeweiligen Marktverhältnisse eine **eigenständige Bedeutung** zukommt und er deshalb als ein vom übrigen Vermögen des Veräußerers **abtrennbarer einheitlicher Teil** erscheint[30]. Dies kann bspw. eine Betriebsstätte (zB Lebensmitteleinzelhandelsfilialen[31]), ein abgegrenzter Geschäftsbereich[32] oder ein Warenzeichen[33] sein.

27 Auf die zivilrechtliche Ausgestaltung der Vermögensübertragung kommt es dabei nicht an.

28 Der Zusammenschlußtatbestand des **Kontrollerwerbs**[34] ist 1999 neu in Anlehnung an das europäische Recht in das GWB aufgenommen worden. Das Bundeskartellamt orientiert sich bei seiner Anwendung an der Auslegungspraxis der EU-Kommission und des Europäischen Gerichtshofs[35]. Von diesem Zusammenschlußtatbestand wird die alleinige Kontrolle durch einen Erwerb ebenso wie die gemeinsame Kontrolle durch mehrere Erwerber erfaßt; Kontrolle wird jeweils erworben, wenn auf die Tätigkeit eines anderen Unternehmens ein **bestimmender Einfluß** ausgeübt werden kann[36]. Der Erwerb einer Mehrheitsbeteiligung ist nicht erforderlich, die Möglichkeit eines beherrschenden Einflusses reicht aus[37].

29 Der Zusammenschlußtatbestand des **Anteilserwerbs**[38] erfaßt den Erwerb von Anteilen oder Stimmrechten an Kapital- und Personengesellschaften sowie sonstigen Personenvereinigungen. Nach dieser Vorschrift liegt ein kontrollpflichtiger Zusammenschlußtatbestand vor, wenn die erworbenen Anteile oder Stimmrechte allein oder zusammen mit sonstigen, dem Unternehmen bereits gehörenden Anteilen oder Stimmrechten

– 25 % des Kapitals oder der Stimmrechte (lit. b) oder
– 50 % des Kapitals oder der Stimmrechte (lit. a)

erreichen oder übersteigen. Beide Schwellenwerte bilden jeweils einen selbständigen Zusammenschlußtatbestand. Erwirbt deshalb ein Unternehmen zunächst nur eine Viertelbeteiligung an einem anderen Unternehmen und stockt den Anteil später auf 50 % auf, dann liegen zwei Zusammenschlußtatbestände vor, die gesondert und nacheinander geprüft werden.

30 Zu den Anteilen, die dem erwerbenden Unternehmen gehören, werden auch treuhänderisch von anderen Unternehmen gehaltene Anteile hinzugerechnet (sog. **Zurechnungsklausel**)[39]:

---

[30] So *BKartA*, Merkblatt zur deutschen Fusionskontrolle, Januar 1999, S. 11. Siehe auch *BGH* WuW/E BGH 1570, 1572 ff. „Kettenstichnähmaschinen".

[31] Vgl. *KG* WuW/E OLG 3591, 3594 „Coop Schleswig-Holstein/Deutscher Supermarkt"; *BKartA* WuW/E BKartA 2114, 2115 f. – „Coop Schleswig-Holstein/Deutscher Supermarkt".

[32] Vgl. *BGH* WuW/E BGH 1570, 1572 ff. „Kettenstichnähmaschinen"; 1613, 1615 „Organische Pigmente".

[33] Siehe *BGH* WuW/E BGH 2783, 2785 „Warenzeichenerwerb".

[34] § 37 Abs. 1 Nr. 2 GWB.

[35] Ausführlich zum neuen Zusammenschlußtatbestand *Hoffmann*, Kontrollerwerb als neuer Zusammenschlußtatbestand des GWB, AG 1999, 538.

[36] Vgl. *BKartA*, Merkblatt zur deutschen Fusionskontrolle, Januar 1999, S. 11.

[37] Vgl. *BGH* WuW/E BGH 2321, 2323 „Mischguthersteller". Siehe auch Rn 105 ff.

[38] § 37 Abs. 1 Nr. 3 GWB.

[39] § 37 Abs. 1 Nr. 3 Satz 1 GWB. Vgl. *BKartA* WuW/E BKartA 2829, 2835 „Kolbenschmidt".

„... zu den Anteilen, die dem (erwerbenden) Unternehmen gehören, [sind] auch die Anteile [hinzuzurechnen], die einem anderen für Rechnung des Unternehmens gehören. In Zweifelsfällen kommt es folglich nicht auf die formalrechtliche Zuordnung der erworbenen Anteile an, sondern darauf, wem sie wirtschaftlich zuzurechnen sind. Entscheidend dafür ist, wer das wirtschaftliche Risiko des Anteilserwerbs trägt"[40].

„Nach dieser Zurechnungsklausel zählen zu den Anteilen, die dem Unternehmen gehören, auch die für seine Rechnung von einem anderen gehaltenen Anteile... für die Zurechnung [ist] nicht erforderlich, daß der andere, der für Rechnung eines Unternehmens Anteile hält, den Weisungsrechten dieses Unternehmens bei der Ausübung der Verwaltungs- und Stimmrechte unterliegt"[41].

Hinzugerechnet werden auf Seiten des Erwerbers ferner die Anteile, die von mit ihm **verbundenen Unternehmen** gehalten werden[42].

Mit der Aufnahme des Kriteriums des Erwerbs eines **wettbewerblich erheblichen Einflusses** sollen insbes. solche Fälle erfaßt werden, in denen der Formaltatbestand des Erwerbs einer 25%-igen Beteiligung nicht verwirklicht, aber gleichwohl die Grundlage für eine weitgehende Interessenabstimmung zwischen dem Erwerber und dem Unternehmen, an dem die Beteiligung erworben wurde, geschaffen wurde. Trotz seiner unklaren Konturen löst auch dieser Tatbestand die vorbeugende Fusionskontrolle aus. Im Falle eines Verstoßes gegen die Anmeldepflicht hat er dieselben Sanktionen zur Folge, die auch für die anderen Zusammenschlußtatbestände gelten.

In **zwei Ausnahmefällen** soll trotz Vorliegens der o. g. Voraussetzungen kein kontrollpflichtiger Zusammenschluß vorliegen:

– Die erste Ausnahme betrifft die Fälle, in denen zwei bereits zusammengeschlossene Unternehmen einen weiteren Zusammenschlußtatbestand erfüllen, dieser aber keine wesentliche Verstärkung der bestehenden Unternehmensverbindung herbeiführt[43]. Als Beispiel dafür mag der Abschluß eines Beherrschungsvertrags (Kontrollerwerb) zwischen einer Obergesellschaft und ihrer Tochtergesellschaft dienen[44].

– Die zweite Ausnahme betrifft Kredit- und Finanzinstitute sowie Versicherungsgesellschaften (sog. Bankenklausel)[45]. Ein Kontroll- oder Anteilserwerb durch diese Unternehmen ist dann von der Fusionskontrolle befreit, wenn er mit dem Ziel erfolgt, die Beteiligung innerhalb eines Jahres weiterzuveräußern. Beispielhaft sei in diesem Zusammenhang die Übernahme von Anteilen durch die plazierende Bank anläßlich einer (weniger erfolgreichen) Börseneinführung genannt.

Im Gegensatz zum GWB gibt es in der **FKVO** nur zwei Zusammenschlußtatbestände: die Fusion von zuvor unabhängigen Unternehmen und den Kontroll-

---

[40] BKartA WuW/E BKartA 2894, 2896 „Herlitz/Landré".
[41] BKartA WuW/E DE-V 40, 41 „WAZ/Iserlohner Kreisanzeiger".
[42] § 36 Abs. 2 GWB.
[43] § 37 Abs. 2 GWB.
[44] Schütz in Bosch/Schütz, Gemeinschaftskommentar zum GWB und Europäischen Kartellrecht, 5. Aufl. 2000, § 37 Rn 70; str.: aA BKartA, Tätigkeitsbericht 1974, S. 34 und 37.
[45] § 37 Abs. 3 GWB.

erwerb. Eine **Fusion von zuvor unabhängigen Unternehmen**[46] liegt vor, wenn zwei oder mehr bisher voneinander unabhängige Unternehmen zu einem neuen Unternehmen verschmelzen und keine eigene Rechtspersönlichkeit mehr bilden[47]. Dieser Zusammenschlußtatbestand erfaßt außerdem Fälle, in denen zwei zuvor unabhängige Unternehmen ihre Aktivitäten so zusammenlegen, daß eine wirtschaftliche Einheit entsteht, ohne daß rechtstechnisch von einer Fusion gesprochen werden kann (sog. wirtschaftliche Fusion)[48].

35 Ein Zusammenschluß liegt aber vor allem vor, wenn **Kontrolle** – in Form der alleinigen oder gemeinsamen Kontrolle – über ein anderes Unternehmen erlangt wird[49].

> „Nach Art. 3 Abs. 1 b) FKVO wird ein Zusammenschluß dadurch bewirkt, daß ein Unternehmen die unmittelbare oder mittelbare Kontrolle über die Gesamtheit oder über Teile eines anderen Unternehmens erwirbt. Begründet wird eine solche Kontrolle gemäß Art. 3 Abs. 3 durch Recht, Verträge oder andere Mittel, die die Möglichkeit gewähren, einen bestimmenden Einfluß auf ein Unternehmen auszuüben, insbesondere durch Eigentums- und Nutzungsrechte an der Gesamtheit oder an Teilen des Vermögens des Unternehmens. Kontrolle im Sinne der FKVO bedeutet die Möglichkeit, einen bestimmenden Einfluß auf ein Unternehmen auszuüben. Die Kontrolle über ein Unternehmen wird nicht allein durch die Übernahme der Rechtspersönlichkeit begründet, sondern kann auch durch den Erwerb von Vermögensgegenständen erfolgen. In diesem Fall müssen die fraglichen Vermögenswerte ein Geschäft bilden, dem sich eindeutig ein Marktumsatz zuweisen läßt"[50].

36 Als **Erwerbsgegenstand** kommen also sowohl materielle Vermögenswerte wie Betriebe oder Unternehmensteile als auch immaterielle Vermögenswerte wie Marken in Betracht. Der Kontrollerwerb der FKVO umfaßt damit praktisch alle Zusammenschlußtatbestände des deutschen Rechts mit Ausnahme des Erwerbs einer bloßen Minderheitsbeteiligung von mindestens 25% und des Erwerbs eines wettbewerblich erheblichen Einflusses.

37 **Alleinige Kontrolle** liegt idR dann vor, wenn ein Unternehmen die Stimmrechtsmehrheit eines anderen Unternehmens erwirbt, sofern nicht aufgrund von rechtlichen Besonderheiten auch in einer solchen Situation gerade kein allein bestimmender Einfluß auf das erworbene Unternehmen ausgeübt werden kann[51]. Die alleinige Kontrolle kann auch mit einer „qualifizierten Minderheit" erworben

---

[46] Art. 3 Abs. 1 lit. a) FKVO.
[47] So *EU-Kommission*, Mitteilung über den Begriff des Zusammenschlusses, ABl. 1998 Nr. C 66/5 Ziff. 6. Vgl. auch *EU-Kommission* ABl. 1997 Nr. L 218/15, 17 „Coca-Cola/Amalgamated Beverages GB"; ABl. 1998 Nr. L 149/21, 25 ff. „Anglo American Corporation/Lonrho".
[48] So *EU-Kommission*, Mitteilung über den Begriff des Zusammenschlusses, ABl. 1998 Nr. C 66/5 Ziff. 7.
[49] Art. 3 Abs. 1 lit. b) FKVO.
[50] *EU-Kommission* ABl. 1998 Nr. L 316/1, 3 „Blokker/Toys 'R' Us".
[51] Vgl. *EU-Kommission*, Mitteilung über den Begriff des Zusammenschlusses, ABl. 1998 Nr. C 66/5 Ziff. 13; Bruhn in von der Groeben/Thiesing/Ehlermann Art. 3 Rn 26. Vgl. auch *EU-Kommission* ABl. 2000 Nr. C 142/36 (im Volltext als CELEX-Dokument (CDE) Nr. 300 M1866) Ziff. 5 „Preussag/Hebel".

werden; dies kann entweder rechtlich oder faktisch geschehen[52]. Praktisch relevant sind in diesem Zusammenhang insbes. die Fälle, in denen eine Minderheitsbeteiligung etwa in einer Publikums-AG eine gesicherte Hauptversammlungsmehrheit gewährleistet, weil regelmäßig nicht alle Anteilseigner auf der Hauptversammlung vertreten sind.

Gemeinsame Kontrolle liegt vor, wenn die Anteilseigner (Muttergesellschaften) bei allen wichtigen Entscheidungen, die das beherrschte Unternehmen (Gemeinschaftsunternehmen) betreffen, Übereinstimmung erzielen müssen[53] oder eine solche Übereinstimmung bei wirtschaftlich vernünftigem Verhalten der Anteilseigner anstreben werden[54]. Typische Fälle sind die gemeinsame Beherrschung durch zwei Unternehmen mit gleichen Stimmrechten oder gleicher Besetzung der Entscheidungsgremien in einem paritätischen Gemeinschaftsunternehmen oder außergewöhnliche Sperr-Rechte für Minderheitsaktionäre bei Entscheidungen, die für das strategische Geschäftsverhalten eines Unternehmens wesentlich sind[55]. 38

Schließlich liegt auch bei einem **Wechsel von gemeinsamer zur alleinigen Kontrolle** ein Zusammenschluß vor, da ein wesentlicher Unterschied darin besteht, ob ein bestimmender Einfluß gemeinsam oder allein ausgeübt werden kann[56]. Entsprechendes gilt, wenn sich die Zusammensetzung des Kreises der Unternehmen ändert, die eine gemeinsame Kontrolle ausüben können[57]. 39

b) Umsatzschwellen als Aufgreiftatbestände. Nur solche Unternehmensübernahmen unterliegen der Fusionskontrolle, bei denen die beteiligten Unternehmen gewisse (**Umsatz-**) **Größenordnungen** erreichen. 40

Die **deutschen Vorschriften** über die Zusammenschlußkontrolle finden Anwendung, wenn im letzten Geschäftsjahr vor dem Zusammenschluß 41
— die beteiligten Unternehmen insgesamt weltweit Umsatzerlöse von mehr als 1 Mrd. DM **und**
— mindestens ein beteiligtes Unternehmen im Inland Umsatzerlöse von mehr als 50 Mio. DM
erzielt haben[58].

---

[52] Vgl. *EU-Kommission*, Mitteilung über den Begriff des Zusammenschlusses, ABl. 1998 Nr. C 66/5 Ziff. 14. Siehe auch unter Rn 109f.
[53] Vgl. *EU-Kommission*, Bekanntmachung über den Begriff des Zusammenschlusses, ABl. 1998 Nr. C 66/5 Ziff. 18.
[54] *EU-Kommission* ABl. 2001 Nr. C 51/9 (im Volltext als CELEX Dokument Nr. 300M2066), „Dana/Getrag".
[55] Vgl. *EU-Kommission*, Mitteilung über den Begriff des Zusammenschlusses, ABl. 1998 Nr. C 66/5 Ziff. 20ff. Vgl. auch *EU-Kommission*, ABl. 1994 Nr. L 158/24, 25 „Pilkington-Techinet/SIV"; ABl. 1995 Nr. L 161/27, 28f. „Siemens Italtel"; ABl. 1997 Nr. L 247/1, 3 „St. Gobian/Wacker Chemie/NOM"; WuW 1997, 594 „Siemens/HUF"; WuW 1997, 807 „Thomson/Siemens/ATM".
[56] Vgl. *EU-Kommission*, Bekanntmachung über den Begriff des Zusammenschlusses, ABl. 1998 Nr. C 66/5 Ziff. 16.
[57] Vgl. *EU-Kommission*, Bekanntmachung über den Begriff der beteiligten Unternehmen, ABl. 1998 Nr. C 66/14ff.
[58] § 35 Abs. 1 und 2 GWB.

42 Von diesem Grundsatz bestehen **zwei Ausnahmen**: Die Vorschriften über die deutsche Fusionskontrolle finden keine Anwendung, wenn die sog. de minimis-Klausel[59] erfüllt ist, d. h. sich ein Unternehmen, das nicht iSd. § 36 Abs. 2 GWB abhängig ist und im letzten Geschäftsjahr weltweit Umsatzerlöse von weniger als 20 Mio. DM erzielt hat, mit einem anderen Unternehmen zusammenschließt. Ein fusionskontrollpflichtiger Erwerb liegt ebenfalls nicht vor im Fall der Bagatellmarktklausel[60], d. h. wenn ausschließlich ein Markt betroffen ist, auf dem seit mindestens fünf Jahren Waren oder gewerbliche Leistungen angeboten werden und auf dem im letzten Kalenderjahr weniger als 30 Mio. DM umgesetzt wurden[61].

43 Ein Zusammenschluß hat **gemeinschaftsweite Bedeutung** und unterliegt damit den Regeln der FKVO, wenn folgende Umsätze erzielt werden:
– ein weltweiter Gesamtumsatz aller beteiligten Unternehmen zusammen von mehr als 5 Mrd. € **und**
– ein gemeinschaftsweiter Umsatz von mindestens zwei beteiligten Unternehmen von jeweils mehr als 250 Mio. €.

Dies gilt nicht, wenn die am Zusammenschluß beteiligten Unternehmen jeweils mehr als zwei Drittel ihres gemeinschaftsweiten Gesamtumsatzes in einem und demselben Mitgliedstaat erzielen[62].

44 Ein Zusammenschluß, der diese genannten **Schwellen nicht erreicht**, hat iSd. FKVO **gemeinschaftsweite Bedeutung**, wenn
– der weltweite Gesamtumsatz aller beteiligten Unternehmen zusammen mehr als 2,5 Mrd. € beträgt,
– der Gesamtumsatz aller beteiligten Unternehmen in mindestens drei Mitgliedstaaten jeweils 100 Mio. € übersteigt,
– in jedem von mindestens drei von den zuvor erfaßten Mitgliedstaaten der Gesamtumsatz von mindestens zwei beteiligten Unternehmen jeweils mehr als 25 Mio. € beträgt **und**
– der gemeinschaftsweite Gesamtumsatz von mindestens zwei beteiligten Unternehmen jeweils 100 Mio. € übersteigt.

Dies gilt nicht, wenn die am Zusammenschluß beteiligten Unternehmen jeweils mehr als zwei Drittel ihres gemeinschaftsweiten Gesamtumsatzes in einem und demselben Mitgliedstaat erzielen[63].

45 c) Berechnung der maßgeblichen Umsätze. Die allgemeine Regel für die Berechnung von Umsätzen bei der deutschen Fusionskontrolle ist in § 38 Abs. 1 GWB festgehalten: Danach ist bei der **Ermittlung der Umsatzerlöse** von § 277 Abs. 1 HGB auszugehen, d. h. Umsatzerlöse sind die Erlöse der gewöhnlichen Geschäftstätigkeit nach Abzug der Erlösschmälerungen und der Umsatzsteuer[64]. In die Berechnung sind auch Auslandserlöse einzubeziehen; Umsatz-

---

[59] § 35 Abs. 2 Nr. 1 GWB.
[60] § 35 Abs. 2 Nr. 1 GWB.
[61] Vgl. *BKartA*, Merkblatt zur deutschen Fusionskontrolle, Januar 1999, S. 3f. Vgl. auch *Schulte* AG 1998, 297, 305 ff. Siehe auch *BKartA* WuW/E DE-V 203, 204 ff. „Krautkrämer/Nutronik".
[62] Art. 1 Abs. 2 FKVO.
[63] Art. 1 Abs. 3 FKVO.
[64] Siehe dazu *Hopt* § 277 HGB Rn 1.

erlöse in fremder Währung sind nach dem amtlichen Jahresmittelkurs an der Frankfurter Börse[65] in Deutsche Mark oder Euro umzurechnen. Bei Umsatzangaben für mehrere miteinander verbundene Unternehmen insgesamt bleiben die Erlöse für Lieferungen und Leistungen der Unternehmen untereinander (Innenumsatzerlöse) außer Betracht[66].

Neben dieser allgemeinen Regel bestehen im **deutschen Recht** besondere Regelungen für **einzelne Branchen**:
- Soweit der Geschäftsbetrieb eines Unternehmens (nur) im Handel mit Waren besteht, sind die dabei erzielten Umsatzerlöse nur zu drei Vierteln in Ansatz zu bringen[67]; ein Handelsumsatz in diesem Sinn liegt nicht vor, wenn die von einem Unternehmen erzeugten und bearbeiteten Waren von einem mit ihm verbundenen Unternehmen bezogen oder weiterveräußert werden.
- Für Verlage, die Herstellung und den Vertrieb von Zeitungen oder Zeitschriften oder deren Bestandteilen sowie in der Herstellung, dem Vertrieb und der Veranstaltung von Rundfunkprogrammen und für den Absatz von Rundfunkwerbezeiten ist das Zwanzigfache der Umsatzerlöse in Ansatz zu bringen[68].
- Bei Versicherungsunternehmen sind für die Berechnung des Umsatzes die Prämieneinnahmen, d. h. die Einnahmen aus dem Erst- und Rückversicherungsgeschäft einschließlich der in der Rückdeckung gegebenen Anteile, maßgebend[69].
- Bei Kreditinstituten, Finanzinstituten und Bausparkassen tritt an die Stelle der Umsatzerlöse der Gesamtbetrag der in § 34 Abs. 2 Satz 1 Nr. 1 Buchstabe a bis e der Verordnung über die Rechnungslegung der Kreditinstitute vom 10. 2. 1992 genannten Erträge abzüglich der Umsatzsteuer und sonstiger direkt auf diese Erträge erhobener Steuern[70].

Die Umsätze von Unternehmen, an denen ein (mit-)beherrschender Einfluß besteht, sind dabei in vollem Umfang hinzuzurechnen. Maßgeblicher Bezugszeitraum ist jeweils das letzte abgeschlossene Geschäftsjahr.

Die allgemeine Regel zur Berechnung der Umsätze im europäischen Wettbewerbsrecht geht aus Art. 5 Abs. 1 FKVO hervor: Für die Berechnung des **Gesamtumsatzes** sind demzufolge die Umsätze zusammenzuzählen, welche die beteiligten Unternehmen im letzten Geschäftsjahr mit Waren und Dienstleistungen erzielt haben und die dem normalen geschäftlichen Tätigkeitsbereich der Unternehmen zuzuordnen sind (abzüglich Erlösschmälerungen, Mehrwertsteuer und anderer unmittelbar auf den Umsatz bezogener Steuern). Dieser Begriff stimmt mit demjenigen des deutschen Rechts überein[71].

---

[65] Siehe dazu die Devisenkursstatistik im Statistischen Beiheft zum Monatsbericht der Deutschen Bundesbank (abrufbar unter http://www.bundesbank.de).
[66] Vgl. *BKartA*, Merkblatt zur deutschen Fusionskontrolle, Januar 1999, S. 12f.
[67] § 38 Abs. 2 GWB.
[68] § 38 Abs. 3 GWB.
[69] § 38 Abs. 4 Satz 2 und 3 GWB.
[70] § 38 Abs. 4 Satz 1 GWB.
[71] Eine ausführliche Erläuterung zur Berechnung des Umsatzes in *EU-Kommission*, Mitteilung über die Berechnung des Umsatzes, ABl. 1998 Nr. C 66/25. Siehe auch *Bruhn* in von der Groeben/Thiesing/Ehlermann Art. 5.

49 Im Einzelfall sind folgende **Besonderheiten** zu berücksichtigen: Wenn sich die Übernahme nicht auf einen ganzen Konzern, sondern nur auf eines seiner Unternehmen oder einen Teil hiervon bezieht, sind bei der Berechnung des Umsatzes nur die Umsätze des erworbenen Teils zu berücksichtigen[72]. Das ist im deutschen Recht ebenso, auch wenn sich diese Vorschrift[73] dem Wortlaut nach nur auf Fälle des Vermögenserwerbs bezieht. In manchen Fällen stellen mehrere aufeinanderfolgende Erwerbsvorgänge nur einzelne Vorgänge innerhalb einer breiter angelegten Strategie zwischen denselben beteiligten Unternehmen dar (sog. gestaffelte Transaktionen). Sie sind zumindest dann als ein zusammenhängender Zusammenschluß zu bewerten, wenn die Erwerbsvorgänge in einem Zeitraum von zwei Jahren zwischen denselben Beteiligten erfolgen[74]. Gehört auf der Erwerbseite ein an dem Zusammenschluß beteiligtes Unternehmen[75] zu einem Konzern, so ist der Umsatz des Gesamtkonzerns bei der Berechnung des Umsatzes zugrunde zu legen (sog. Konzernumsatz)[76]. Für Kredit- und sonstige Finanzinstitute und Versicherungsunternehmen[77] gelten besondere Berechnungskriterien, die mit denjenigen des deutschen Rechts übereinstimmen[78].

2. Inhalt, Umfang und Zeitpunkt der Anmeldung

50 Der notwendige Inhalt der Anmeldung eines Zusammenschlusses ist gesetzlich festgelegt[79]. Die Anmeldung muß **Angaben** über die Form des Zusammenschlusses und die beteiligten Unternehmen enthalten[80]. Für jedes am Zusammenschluß beteiligte in- und ausländische Unternehmen sowie für die mit diesen verbundenen in- und ausländischen Unternehmen sind anzugeben:
– Firma, Sitz und Geschäftsbetrieb;
– Konzernbeziehungen und Abhängigkeits- und Beteiligungsverhältnisse.
Für jeden Unternehmensverbund, d. h. für jedes beteiligte Unternehmen einschließlich der mit ihm verbundenen Unternehmen sind für das letzte Geschäftsjahr anzugeben:
– die Umsatzerlöse im Inland, in der Europäischen Gemeinschaft und weltweit;
– die Marktanteile einschließlich der Grundlagen für ihre Berechnung oder Schätzung, wenn diese im Geltungsbereich des GWB oder in einem wesentlichen Teil desselben für die beteiligten Unternehmen mindestens 20% erreichen.

---

[72] Art. 5 Abs. 2 UAbs. 1 FKVO. Siehe auch *EuG* Slg. 1994 II-121, 131 „Air France/Kommission".
[73] § 38 Abs. 5 GWB.
[74] Art. 5 Abs. 2 UAbs. 2 FKVO.
[75] Vgl. *EU-Kommission*, Mitteilung über den Begriff der beteiligten Unternehmen, ABl. 1998 Nr. C 66/14.
[76] Art. 5 Abs. 4 FKVO bzw. § 36 Abs. 2 GWB. Dazu ausführlich *EU-Kommission*, Mitteilung über die Berechnung des Umsatzes, ABl. 1998 Nr. C 66/25 Ziff. 36ff.
[77] Siehe auch §§ 18 und 19.
[78] Art. 5 Abs. 3 FKVO; vgl. § 38 Abs. 4 GWB.
[79] § 39 Abs. 3 GWB.
[80] Siehe auch *BKartA*, Merkblatt zur deutschen Fusionskontrolle, Januar 1999, S. 8 f.

Umsätze und Marktanteile müssen also nur für jedes am Zusammenschluß beteiligte Unternehmen und für die mit ihm verbundenen Unternehmen insgesamt, aber nicht gesondert für jedes einzelne verbundene Unternehmen angegeben werden.

Der **Inhalt** einer Anmeldung **nach der FKVO** ergibt sich aus dem Formblatt CO[81]. Es gibt detailliert an, welche Informationen in der Anmeldung (insbes. unternehmensbezogene und marktbezogene Informationen) darzulegen sind, in welcher Systematik dies erfolgen soll und welche Unterlagen beizufügen sind. Das Formblatt CO ist zusammen mit allen Unterlagen im Original und in 23-facher Ausfertigung bei der EU-Kommission innerhalb der Dienstzeiten vorzulegen[82]. Die danach erforderlichen Angaben gehen – insbes. wenn bestimmte Marktanteilsgrenzen überschritten werden – weit über das hinaus, was bei einer Anmeldung beim Bundeskartellamt notwendig und üblich ist. Sehr umfangreiche Recherchen bzgl. der wirtschaftlichen Verhältnisse auf den Märkten und ggf. sogar die Einschaltung wirtschaftswissenschaftlicher Gutachter bereits zur Vorbereitung der Anmeldung sind nicht unüblich.

Sowohl nach deutschem als auch nach europäischem Recht besteht bei anmeldepflichtigen Zusammenschlüssen grundsätzlich ein **Vollzugsverbot**, d. h. die Unternehmensübernahme muß bei den Wettbewerbsbehörden angemeldet und kann erst nach deren Freigabe vollzogen werden; Verstöße gegen das Vollzugsverbot können jeweils mit Geldbußen geahndet werden[83]. Das deutsche Recht enthält keine darüber hinausgehende **Anmeldefrist**. Im Gegensatz zum deutschen Recht müssen Zusammenschlüsse von gemeinschaftsweiter Bedeutung innerhalb einer Woche nach dem Vertragsabschluß, der Veröffentlichung des Kauf- oder Tauschangebots oder des Erwerbs einer die Kontrolle begründenden Beteiligung bei der EU-Kommission angemeldet werden[84]. Nach deutschem Recht ist die Anmeldung sowohl früher als auch später möglich.

3. Verfahrensablauf

Die Prüfungsverfahren vor dem Bundeskartellamt und der EU-Kommission sind in zwei Phasen unterteilt: Die **erste Phase** beginnt mit dem Einreichen der vollständigen Unterlagen und endet nach einem Monat; an ihrem Ende steht die Entscheidung, ob ein Hauptprüfverfahren erforderlich ist[85] bzw. in eine zweite Prüfungsphase eingetreten werden muß[86] oder der Zusammenschluß freigegeben wird.

---

[81] *EU-Kommission*, Formblatt CO zur Anmeldung eines Zusammenschlusses, ABl. 1998 Nr. L 61/11. Siehe auch die erläuternden Informationen von *Hirsbrunner* EuZW 1998, 613, 615f.
[82] Die Anschrift und die Anmeldungszeiten bei der EU-Kommission sind den einleitenden Hinweisen zum Formblatt CO zu entnehmen.
[83] § 81 Abs. 2 iVm. § 81 Abs. 1 Nr. 1 GWB; Art. 14 Abs. 2 lit. b) FKVO. Unter bestimmten Voraussetzungen kann auf Antrag eine Befreiung vom Vollzugsverbot erteilt werden (§ 41 Abs. 2 GWB; Art. 7 Abs. 3 FKVO). Die Vorschrift ist praktisch allerdings kaum relevant.
[84] Art. 4 Abs. 1 FKVO.
[85] § 40 Abs. 1 GWB.
[86] Art. 10 Abs. 1 FKVO.

54 Typischerweise beginnt das Verfahren – vor allem bei umfangreichen Verfahren – mit informellen Vorgesprächen mit der zuständigen Beschlußabteilung des Bundeskartellamts[87]. Zu diesem Zeitpunkt kann ggf. ein Antrag auf Befreiung vom Vollzugsverbot gestellt werden, der jedoch strengen Anforderungen unterliegt[88]. Diese Möglichkeit ist jedoch praktisch kaum relevant. Das eigentliche Verfahren beginnt mit dem Einreichen der vollständigen Anmeldungsunterlagen; dieser Schritt setzt die Ein-Monats-Frist der ersten Phase in Gang. Die erste Phase endet in 90% der Verfahren mit einer formlosen Freigabe des angemeldeten Zusammenschlusses. Die **formlose Freigabe**, die nicht angefochten werden kann, erfolgt entweder durch Mitteilung an die Unternehmen oder ergibt sich (fiktiv) aus dem Fristablauf.

55 In den anderen Fällen teilt das Bundeskartellamt den beteiligten Unternehmen mit dem sog. **Monatsbrief** förmlich mit, daß es in das Hauptprüfverfahren eingetreten ist[89]. Im Gegensatz zum europäischen Wettbewerbsrecht „soll" diese **zweite Phase** bereits dann eingeleitet werden, wenn eine weitere Prüfung des Zusammenschlusses erforderlich ist; anders als nach der FKVO müssen also keine materiell-rechtlichen Bedenken bestehen. Das Hauptprüfverfahren, welches das Bundeskartellamt innerhalb einer Frist von vier Monaten nach Eingang der vollständigen Unterlagen abgeschlossen haben muß, kann mit einer **Untersagungsverfügung**[90] oder einer **Freigabeentscheidung** ohne mit Bedingungen und Auflagen[91] enden[92]. Wenn das Bundeskartellamt die Vier-Monats-Frist überschreitet, gilt der Zusammenschluß ohne Bedingungen und Auflagen als freigegeben (sog. Freigabefiktion)[93]. Sowohl die Freigabe- wie auch die Untersagungsverfügung eines Zusammenschlusses ist gebührenpflichtig[94]. Der Gebührenrahmen reicht in normalen Fällen bis 100 000 DM und in besonders bedeutenden Fällen bis 200 000 DM.

56 Die beteiligten Unternehmen können den Zusammenschluß erst nach erfolgter Freigabe vollziehen[95]. Der **Vollzug** des Zusammenschlusses ist dem Bundeskartellamt unverzüglich anzuzeigen[96]. Ausnahmsweise zuvor vollzogene Zusammenschlüsse können durch das Bundeskartellamt wieder entflochten werden[97]. Im Fall der Untersagung bleibt den Unternehmen neben dem Rechtsweg auch

---

[87] Die Zuständigkeiten der zehn Beschlußabteilungen richtet sich in erster Linie nach Wirtschaftsbereichen. Die einzelnen Zuständigkeiten sind der Homepage des BKartA zu entnehmen (http://www.bundeskartellamt.de).
[88] § 41 Abs. 2 GWB.
[89] § 40 Abs. 1 GWB.
[90] § 36 Abs. 1 GWB.
[91] § 40 Abs. 2 oder 3 GWB.
[92] Zum Verfahrensablauf siehe auch *Bechtold*, Das neue Kartellgesetz, NJW 1998, 2769, 2773; *Schulte* AG 1998, 297, 299 ff.
[93] Siehe zu den Grundzügen des deutschen Kontrollverfahrens *BKartA*, Merkblatt zur deutschen Fusionskontrolle, Januar 1999, S. 6 ff. Siehe auch das übersichtliche Ablaufdiagramm von *Schulte* AG 1998, 297, 298.
[94] § 80 Abs. 1 Satz 2 Nr. 1 und Satz 4 GWB.
[95] § 41 Abs. 1 GWB.
[96] § 39 Abs. 6 GWB.
[97] § 41 Abs. 3 GWB.

die Möglichkeit, eine **Ministererlaubnis** zu beantragen[98]. Eine solche Erlaubnis ist seit Bestehen des GWB in 16 Fällen beantragt worden, hatte aber nur sechsmal Erfolg.

Das Verfahren vor der **EU-Kommission** folgt einem **ähnlichen Ablauf**: Nach vorherigen informellen Kontakten mit der Wettbewerbsdirektion wird das einmonatige Vorprüfverfahren durch die Anmeldung eröffnet. In über 80% der Fälle werden die angemeldeten Zusammenschlüsse in dieser ersten Phase (ggf. mit Bedingungen und Auflagen) freigegeben; in den restlichen Fällen wird das Hauptverfahren eröffnet[99]. Wenn die EU-Kommission die **erste Phase** nicht innerhalb der Ein-Monats-Frist abschließt, dann wird die Freigabe fingiert (sog. Freigabefiktion)[100], sofern nicht ausnahmsweise unter den Voraussetzungen des Art. 10 Abs. 1 UAbs. 2 die Frist sechs Wochen beträgt[101].

Die **zweite Phase** „ist" einzuleiten, wenn Anlaß zu ernsthaften Bedenken hinsichtlich der Vereinbarkeit des Zusammenschlusses mit dem gemeinsamen Markt bestehen[102]. Nach Eröffnung des Hauptprüfverfahrens muß die EU-Kommission innerhalb von (weiteren) vier Monaten entscheiden[103]; ansonsten greift auch hier die **Freigabefiktion**. Die EU-Kommission kann den Zusammenschluß vorbehaltlos freigeben[104], unter Bedingungen und Auflagen freigeben[105] oder untersagen[106].

Der Zusammenschluß kann erst aufgrund einer Freigabeentscheidung **vollzogen** werden[107]. Wenn die EU-Kommission eine Ausnahme vom Vollzugsverbot[108] erteilt hat, der Zusammenschluß also im Zeitpunkt der Entscheidung der EU-Kommission bereits vollzogen ist, kann sie ggf. eine Entflechtung anordnen[109].

4. Materielle Prüfungskriterien

Nach deutschem und europäischem Recht ist iRd. Zusammenschlußkontrolle zu prüfen, ob der Zusammenschluß eine **marktbeherrschende Stellung** auf dem relevanten Markt begründet oder verstärkt[110]. Das in der FKVO zusätzlich enthaltene Kriterium, daß durch diese marktbeherrschende Stellung „wirksamer Wettbewerb im Gemeinsamen Markt oder einen wesentlichen Teil desselben er-

---

[98] § 42 GWB.
[99] Art. 6 Abs. 1 iVm. Art. 10 Abs. 1 FKVO.
[100] Art. 10 Abs. 6 FKVO.
[101] Zu Fragen der Fristberechnung, der Möglichkeit der Fristhemmung und Fristen bei Zusagen siehe *Hirsbrunner* EuZW 1998, 613 ff.
[102] Art. 6 Abs. 1 lit. c) FKVO.
[103] Im Gegensatz zum deutschen Verfahren orientiert sich die Frist bei der zweiten Phase des europäischen Verfahrens also nicht mehr an der Einreichung der Anmeldung, sondern am Beginn des Hauptprüfverfahrens.
[104] Art. 8 Abs. 2 UAbs. 1 FKVO.
[105] Art. 8 Abs. 2 UAbs. 2 FKVO.
[106] Art. 8 Abs. 3 FKVO.
[107] Art. 7 Abs. 1 FKVO.
[108] Art. 7 Abs. 3 FKVO.
[109] Art. 8 Abs. 4 FKVO.
[110] § 36 Abs. 1 GWB; Art. 2 Abs. 2 FKVO.

heblich behindert" werden muß[111], stellt in der Praxis keine Grundlage für eine großzügigere Beurteilungspraxis dar. Das Merkmal der Marktbeherrschung ist anhand des relevanten Markts und der dortigen Marktstruktur zu beurteilen. Als erster Schritt muß deshalb der im Einzelfall relevante sachliche und räumliche Markt, der vom Zusammenschluß betroffen ist, definiert werden.

61 Nach deutschem Recht ist für die Definition des jeweils sachlich relevanten Markts das Konzept der funktionellen Austauschbarkeit (oder **Bedarfsmarktkonzept**) maßgeblich. Danach gehören diejenigen Produkte, die aus Sicht des verständigen Verbrauchers nach Eigenschaft, Verwendungszweck und Preislage austauschbar sind, zum selben Markt [112]:

> „In den relevanten Markt sind ... nicht nur völlig gleichartige Produkte mit einzubeziehen, sondern auch die dem gleichen Zweck in etwa der gleichen Weise dienenden Substitutionsgüter. Voraussetzung dafür ist allerdings, daß diese nicht nur in atypischen, selteneren Fällen oder nur von wenigen Verbrauchern bzw. nur in Randbereichen unter speziellen, eingeengten Verwendungszwecken als funktionell austauschbar angesehen werden...
> Danach sind in den relevanten Wettbewerbsmarkt Anbieter solcher Waren mit einzubeziehen, die sich, nach ihren Eigenschaften, ihrem Verwendungszweck und ihrer Preislage so nahestehen, daß der verständige Verbraucher sie als für die Deckung eines bestimmten Bedarfs geeignet, in berechtigter Weise abwägend miteinander vergleicht und als gegeneinander austauschbar ansieht"[113].

62 Die Merkmale des **Verwendungszwecks**[114] und der **Preislage**[115] als Abgrenzungskriterien des relevanten Markts wurden bspw. herangezogen, um den Markt für Bestecke aus rostfreiem Edelstahl gegenüber versilberten Bestecken abzugrenzen:

> „Anders verhält es sich bei Bestecken aus Silber oder mit einer Silberauflage. Sie sind schon deshalb einem anderen Markt zuzuordnen, weil sie sich in ihren für die Benutzung bedeutsamen Eigenschaften von Edelstahlbesteck wesentlich unterscheiden. Edelstahlbesteck ist robuster und einer Dauerbeanspruchung besser gewachsen als Besteck mit einer Edelmetalloberfläche. Edelstahlbestecke laufen im Gegensatz zu Silber nicht an... Hinzu kommt, daß die Edelmetallausführungen – soweit es sich nicht nur um Ausführungen mit kleinerer ornamentaler Silber- oder Goldauflage handelt – einer weitaus höheren Preiskategorie angehören und auch insoweit ein Hinderungsgrund für die Austauschbarkeit mit Edelstahlbesteck besteht"[116].

---

[111] Art. 2 Abs. 2 FKVO.
[112] Vgl. *BGH* WuW/E BGH 2150, 2153f. „Edelstahlbestecke"; 3058, 3062 „Pay-TV-Durchleitung"; *KG* WuW/E OLG 4657, 4558 „Kaufhof/Saturn"; WuW/E OLG 5549, 5554ff. „Fresenius/Schiwa"; *BKartA* WuW/E DE-V 334, 335 „Holtzbrinck/Akzent"; WuW/E DE-V 275, 276 „Melitta/Airflo". Siehe auch *Emmerich* AG 1997, 529, 531; *ders.* AG 1999, 529ff., 530; *Sedemund* in Hölters VII Rn 103.
[113] *KG* WuW/E OLG 1599, 1602 „Vitamin B 12".
[114] Vgl. auch *KG* WuW/E OLG 2113, 2116 „Steinkohlestromerzeuger"; 5549, 5557ff. „Fresenius/Schiwa"; *BKartA* WuW/E DE-V 177, 178f. „Henkel/Luhns"; WuW/E DE-V 249, 250 „Ansell/Johnson&Johnson"; WuW/E DE-V 243, 45 „Saft/Tadiran".
[115] Vgl. auch *KG* WuW/E OLG 3577, 3584f. „Hussel/Mara"; 5879, 5880 „WMF/Auerhahn"; *BKartA* WuW/E DE-V 243, 45 „Saft/Tadiran".
[116] *KG* WuW/E OLG 3137, 3142 „Rheinmetall/WMF"; bestätigt in *KG* WuW/E OLG 5879, 5880f. „WMF/Auerhahn"; *BGH* WuW/E BGH 2150, 2153 „Edelstahlbestecke".

Als weiteres Abgrenzungskriterium sind auch unterschiedliche **Vertriebs-** 63
wege[117] denkbar:

„..., daß Batteriemärkte in Industriebatterien auf der einen und Konsumentenbatterien auf der anderen Seite abgegrenzt werden. Bei den Industriebatterien gibt es solche, die bereits von ihren technischen Eigenschaften ausschließlich auf industrielle Anwendungen ausgerichtet sind. Zum anderen gibt es aber solche Batterien, die sich sowohl für Konsumenten als auch für industrielle Einsatzzwecke eignen. Vom Preisniveau und dem unterschiedlichen Vertriebsweg her, sind auch hier jedoch Industriebatterien von Konsumentenbatterien deutlich unterschieden. Unter Konsumentenbatterien werden dabei solche Batterien verstanden, die von Endkunden in sog. Blisterverpackungen im Einzelhandel erworben werden"[118].

Beide Beispiele zeigen, daß die Abgrenzung des sachlich relevanten Markts jeweils auf mehrere Kriterien gestützt wird. 64

Das **Bundeskartellamt** tendiert insgesamt dazu, eine **enge Marktabgren-** 65
zung vorzunehmen, wie bspw. im „Lernmittel-Fall", in dem es den Bereich der Lernmittel in die Sektoren Schulhefte/Kladden, Mal- und Zeichenblocks, Ringbucheinlagen, Spiralblöcke sowie Brief-, Schreib- und Notizblocks untergliederte und gegeneinander abgrenzte[119]. Der engen Marktabgrenzung des Bundeskartellamts ist die Rechtsprechung nicht immer gefolgt, wie der Fall „Hochtief/ Philipp Holzmann" zeigte. Hier hatte das Bundeskartellamt einen Teilmarkt für Großprojekte mit einem Auftragsvolumen von 50 Mio. DM und mehr als eigenständigen Markt abgegrenzt[120]. Die Entscheidung ist aufgehoben worden[121].

Im europäischen Wettbewerbsrecht wird die sachliche Marktabgrenzung eben- 66
falls auf das **Kriterium der Substituierbarkeit**[122] gestützt:

„Die Wettbewerbskräfte, denen die Unternehmen unterliegen, speisen sich hauptsächlich aus drei Quellen: Nachfragesubstituierbarkeit, Angebotssubstituierbarkeit und potentieller Wettbewerb. Aus wirtschaftlicher Sicht... stellt die Möglichkeit der Nachfragesubstitution die unmittelbarste und wirksamste disziplinierende Kraft dar, die auf die Anbieter eines gegebenen Produkts wirkt, vor allem was die Preisunterscheidungen betrifft"[123].

In der Praxis grenzt die **EU-Kommission** den sachlich relevanten Markt auf 67
der **Grundlage des Bedarfsmarktkonzepts** in ähnlicher Weise und unter Berücksichtigung im wesentlichen gleicher Gesichtspunkte ab wie das Bundeskartellamt[124]. Die umfangreiche Entscheidungspraxis der EU-Kommission hat im

---

[117] Vgl. BKartA WuW/E DE-V 275, 276 „Melitta/Airflo".
[118] BKartA WuW/E DE-V 243, 245 „Saft/Tadiran".
[119] BKartA WuW/E BKartA 2894, 2896f. „Herlitz/Landré".
[120] BKartA WuW/E BKartA 2729, 2736ff. „Hochtief/Philipp Holzmann".
[121] KG WuW/E OLG DE-R 124 „Hochtief/Philipp Holzmann".
[122] Vgl. EU-Kommission WuW/E EV 1903, 1904ff. „Nestlé/Perier"; ABl. 1997 Nr. L 218/ 15, 18ff. „Coca-Cola/Amalgamated Beverages GB"; ABl. 1997 Nr. l 247/1, 4ff. „St. Gobian/ Wacker Chemie/NOM"; WuW 1997, 595 „Bank Austria/Creditanstalt"; WuW 1997, 806 „Mannesmann/Vallourec"; WuW/E EU-V 339ff. „Enso/Stora". Siehe auch *Emmerich* AG 1997, 529, 531f.
[123] *EU-Kommission*, Bekanntmachung zur Definition des relevanten Marktes im Wettbewerbsrecht, ABl. 1997 Nr. C 372/5 = WuW 1998, 261, 263.
[124] Vgl. *Sedemund* in Hölters VII Rn 236.

Lauf der Jahre dazu geführt, daß für einzelne Produktmärkte sehr konkrete Abgrenzungskriterien entwickelt worden sind[125].

68 Der **räumlich relevante Markt** wird nach den räumlich gegebenen Austauschmöglichkeiten aus Sicht der Abnehmer (für das jeweils relevante Produkt) abgegrenzt. Nach dem **GWB** kann der räumlich relevante Markt iSd. Zusammenschlußkontrolle allenfalls so groß sein wie das Bundesgebiet[126]. Unter bestimmten Voraussetzungen ist der geographische Markt auf einzelne Regionen zu beschränken:

> „Ein gesonderter räumlicher Markt ist regelmäßig dann anzunehmen, wenn die Wettbewerbsbedingungen innerhalb eines Marktes hinreichend homogen sind und sich die Wettbewerbsbedingungen dieses Marktes von den benachbarten Gebieten deutlich unterscheiden oder aus anderen Gründen Markteintrittsbarrieren bestehen. Bei dieser Beurteilung ist nach Praxis des BKartA wie auch nach Maßgabe des Art. 9 Abs. 7 FKVO insbes. auf die Art und die Eigenschaften der Produkte abzustellen, auf Markteintrittsbarrieren, Verbrauchergewohnheiten, erhebliche Marktanteilsunterschiede und nennenswerte Preisunterschiede"[127].

69 Das Vorliegen von regionalen Märkten wird angenommen, wenn bestimmte Kriterien eine **geographische Beschränkung** nahelegen (zB hohe Transportkosten[128], regional gebundene Leitungsnetze[129]); Regionalmärkte liegen insbes. im Lebensmitteleinzelhandel[130] und bei ähnlichen Gebrauchsgütern[131] vor. In der Bewertung von geographischen Märkten hält das Bundeskartellamt nicht starr an einmal festgelegten Märkten fest, sondern reagiert flexibel auf veränderte Rahmenbedingungen. So hat das Bundeskartellamt in der „RWE/VEW"-Entscheidung den Strommarkt im Gegensatz zur früheren Entscheidungspraxis nicht mehr regional abgegrenzt, sondern als Folge der Beseitigung früher bestehender Durchleitungshindernisse erstmals als nationalen Markt bewertet[132].

70 Die Definition des räumlich relevanten Markts **im europäischen Wettbewerbsrecht** entspricht der des deutschen Rechts weitgehend:

---

[125] Siehe bspw. zum Mediensektor eine umfassende Darstellung der sachlichen Marktabgrenzung von *Ablasser*, Medienmarkt und Fusionskontrolle, 1998, S. 123 ff. Siehe auch *EU-Kommission* ABl. 1999 Nr. L 53/1, 4f. „Bertelsmann/Kirch/Premiere". Zum Telekommunikationsmarkt siehe mwN: *EU-Kommission* WuW/E EU-V 460 „VodafoneAirTouch/Mannesmann". Siehe auch mwN in Bezug auf die Abgrenzung einzelner Pharma-Märkte: *EU-Kommission* WuW/E EU-V 335 „Hoechst/Rhône-Poulenc"; ABl. 1998 Nr. L 234/14, 15 f. „Hoffmann-La Roche/Boehringer Mannheim". Siehe mwN die Abgrenzung von sachlich relevanten Märkten im Bereich der Energiewirtschaft: *EU-Kommission*, WuW/E EU-V 509 „VEBA/VIAG".
[126] Vgl. *BGH* WuW/E BGH 3026, 3029 f. „Backofenmarkt"; *KG* WuW/E OLG 4537, 4541 „Linde-Lansing"; 4865, 4880 „Hotelgeschirr"; *BKartA* WuW/E DE-V 235, 237 „Dürr/Alstom".
[127] *BKartA* WuW/E DE-V 301, 305 „RWE/VEW".
[128] Vgl. *BKartA* WuW/E DE-V 145, 146 f. „Pfleiderer/Coswig".
[129] Vgl. *BKartA* WuW/E DE-V 91, 92 f. „LEW"; 195, 198 „Westfälische Ferngas".
[130] Vgl. *BGH* WuW/E 2771, 2773 „Kaufhof/Saturn"; *KG* WuW/E OLG 4657, 4659 f. „Kaufhof/Saturn".
[131] Vgl. *BKartA* WuW/E DE-V 162, 163 f. „Porta".
[132] Vgl. *BKartA* WuW/E DE-V 301, 305 f. „RWE/VEW".

„Der geographisch relevante Markt umfaßt das Gebiet, in dem die beteiligten Unternehmen die relevanten Produkte oder Dienstleistungen anbieten, in dem die Wettbewerbsbedingungen hinreichend homogen sind und das sich von benachbarten Gebieten durch spürbar unterschiedliche Wettbewerbsbedingungen unterscheidet"[133].

Im Gegensatz zum deutschen Recht ist der geographische Markt iRd. europäischen Fusionskontrolle aber **nicht auf das Gebiet der Europäischen Gemeinschaft beschränkt**. Der größte mögliche Markt ist daher der Weltmarkt[134]. Die räumliche Marktabgrenzung kann eine Beschränkung auf europaweite Märkte[135], nationale Märkte[136] (zB Fernsehmärkte[137], Energiemärkte[138], Mobilfunkmärkte[139]) und regionale Märkte[140] ergeben. Als Abgrenzungsmerkmale dienen produktbezogene Eigenschaften wie die Haltbarkeit des Produkts und seine Transportfähigkeit, die Transportkosten[141] und die Vertriebswege[142], aber auch das Verbraucherverhalten[143]. Oftmals läßt die EU-Kommission bei der Prüfung eines Zusammenschlusses eine genauere räumliche Abgrenzung offen und prüft den Zusammenschluß auf Grundlage des jeweils engsten in Betracht kommenden Markts[144]. So hat die EU-Kommission bisher bspw. offen gelassen, ob E-commerce als ein eigenständiger Markt oder als alternative Vertriebsschiene des jeweiligen Handelsmarkts anzusehen ist[145].

Ein Zusammenschluß ist zu **untersagen**, wenn auf dem relevanten Markt eine marktbeherrschende Stellung begründet oder verstärkt wird. Es reicht aus, wenn solche Auswirkungen des Zusammenschlusses zu erwarten sind, d. h. die Wettbe-

---

[133] *EU-Kommission*, Bekanntmachung zur Definition des relevanten Marktes im Wettbewerbsrecht, ABl. 1997 Nr. C 372/5 = WuW 1998, 261, 262.
[134] Vgl. *EU-Kommission* ABl. 1997 Nr. L 11/30, 39 „Gencor/Lonrho"; ABl. 1997 Nr. L 336/16, 19 „Boeing/McDonnell Douglas".
[135] Vgl. *EU-Kommission* ABl. 1996 Nr. L 75/38, 43 ff. „Crown Cork & Seal/Metalbox"; WuW 1997, 806 „Krupp/Thyssen"; WuW 1996, 584 „Nokia/Autoliv".
[136] Vgl. *EU-Kommission* ABl. 1996 Nr. L 53/20, 27 f. „Nordic Satellite Distribution"; ABl. 1997 Nr. L 201/1, 8 „Ciba-Geigy/Sandoz"; ABl. 1998 Nr. L 145/41, 48 „Coca-Cola Company/Carlsberg A/S"; ABl. 1998 Nr. L 234/14, 16 „Hoffmann-La Roche/Boehringer Mannheim".
[137] Vgl. *EU-Kommission* ABl. 1994 Nr. L 364/1, 8 ff. „MSG Media Service"; ABl. 1996 Nr. L 134/32, 36 „RTL/Veronica/Endemol"; ABl. 1999 Nr. L 53/1, 5 f. „Bertelsmann/Kirch/Premiere"; ABl. 1999 Nr. L 53/31, 34 „Deutsche Telekom/BetaResearch"; WuW/E EU-V 347, 349 „Kirch/Mediaset".
[138] Vgl. *EU-Kommission* WuW/E EU-V 368, 369 „Gaz de France/BEWAG/GASAG"; WuW/E EU-V 509, 510 „VEBA/VIAG".
[139] Vgl. *EU-Kommission* ABl. 2000 Nr. C 108/8 (Volltext als CELEX-Dokument Nr. 32000M1747), Ziff. 15 „Telekom Austria/Libro"; WuW/E EU-V 460, 463 „VodafoneAirTouch/Mannesmann".
[140] Vgl. *EU-Kommission* WuW/E EV 1555, 1556 f. „Promodes/Dirsa".
[141] Vgl. *EuGH* Slg. 1998 I-1375, 1496 „Frankreich u. a./Kommission". Vgl. auch *EU-Kommission* ABl. 1997 Nr. L 218/15, 27 „Coca-Cola/Amalgamated Beverages GB".
[142] Vgl. *EU-Kommission* ABl. 1997 Nr. L 110/53, 58 „Kesko/Tuko".
[143] Vgl. *EU-Kommission* WuW/E EU-V 460, 463 „VodafoneAirTouch/Mannesmann".
[144] Vgl. u. a. *EU-Kommission* ABl. 1998 Nr. L 211/22, 27 „Agfa-Gevaert/DuPont"; ABl. 2000 Nr. C 134/13 (Volltext als CELEX Dokument Nr. 300M1793)"Voith/Siemens".
[145] Vgl. *EU-Kommission* ABl. 2000 Nr. C 108/8 (Volltext als CELEX-Dokument Nr. 32000M1747), Ziff. 26 „Telekom Austria/Libro".

werbsbehörden haben eine diesbezügliche Prognose zu erstellen, wobei als Prognosezeitraum typischerweise drei bis fünf Jahre zugrunde gelegt werden. Der Zusammenschluß muß für die Entstehung der marktbeherrschenden Stellung kausal sein.

73 Im deutschen Recht wird ein Zusammenschluß vorrangig anhand von strukturellen Kriterien beurteilt[146]; im Mittelpunkt der wettbewerblichen Prüfung steht die **Veränderung der Marktstruktur**[147]. Sie erfordert eine Gesamtbetrachtung aller maßgebenden strukturbezogenen Faktoren des relevanten Markts (zB Marktanteile, Finanzkraft, Zugang zu Beschaffungsmärkten, Verflechtung mit anderen Unternehmen usw.)[148].

74 Der Begriff der **Marktbeherrschung** ist gesetzlich[149] definiert. Ein Unternehmen ist dann marktbeherrschend, wenn es ohne Wettbewerber agiert oder keinem wesentlichen Wettbewerb ausgesetzt ist[150]. Dieser Tatbestand ist bisher nur in verhältnismäßig wenigen Fällen, zB im Pressebereich[151] oder bei Zusammenschlüssen, die Märkte der leitungsgebundenen Energieversorgung betreffen, festgestellt worden[152].

75 Eine Marktbeherrschung liegt weiter vor, wenn ein Unternehmen im Verhältnis zu seinen Wettbewerbern eine **überragende Marktstellung** inne hat[153]. Eine überragende Marktstellung besteht, wenn ein Unternehmen aufgrund von markt- und unternehmensbezogenen Strukturkriterien über einen von Wettbewerbern nicht hinreichend kontrollierten Verhaltensspielraum verfügt, d. h. das Unternehmen eine Marktstrategie betreiben kann, ohne auf seine Konkurrenten Rücksicht nehmen zu müssen[154]. Im Einzelfall kann dies nur anhand einer umfassenden Gesamtbetrachtung verschiedener Kriterien festgestellt werden. Dem Marktanteil kann in diesem Zusammenhang große Bedeutung zukommen. Sehr hohe Marktanteile (von deutlich über 50%) führen regelmäßig zur Annahme einer marktbeherrschenden Stellung[155], dabei ist

„Ausgangspunkt für die Berechnung des Marktanteils als marktstrukturelles Merkmal... der Umsatz der Waren auf dem Markt, auf dem sich Angebot und Nachfrage begegnen"[156].

76 Der **Marktanteil** ist aber keinesfalls alleiniges oder gar notwendiges Kriterium für die Bewertung der Marktbeherrschung, denn

---

[146] Vgl. *BGH* WuW/E BGH 1749, 1754f. „Klöckner-Becorit".
[147] Vgl. die umfassende Darstellung der Praxis in den Auslegungsgrundsätzen des BKartA vom Oktober 1999, abrufbar auf der Homepage des BKartA (http://www.bundeskartellamt.de).
[148] Vgl. *BKartA* WuW/E BKartA 1799, 1802 „Blei- und Silberhütte Braubach".
[149] § 19 Abs. 2 und 3 GWB.
[150] § 19 Abs. 2 Nr. 1 GWB.
[151] Vgl. *BKartA* WuW/E BKartA 2909, 2911 „ASV/Postdienst-Service".
[152] Vgl. *BGH* WuW/E BGH 1824, 1825 „Tonolli/Blei- und Silberhütte Braubach"; *BKartA* WuW/E BKartA 2701, 2707 „Stadtwerke Garbsen".
[153] § 19 Abs. 2 Nr. 2 GWB.
[154] Vgl. *BKartA* WuW/E DE-V 53, 61 „Premiere".
[155] Vgl. *KG* WuW/E OLG 4835, 4855 „WAZ/Iserlohner Kreisanzeiger"; *BKartA* WuW/E BKartA 1799, 1800 „Blei- und Silberhütte Braubach"; 2829, 2837 „Kolbenschmidt"; 2894, 2898 „Herlitz/Landré"; WuW/E DE-V 275, 279 „Melitta/Airflo".
[156] *BGH* WuW/E BGH 1501, 1503 „Kfz-Kupplungen". Siehe auch *BKartA*, Merkblatt zur deutschen Fusionskontrolle, Januar 1999, S. 14.

"... auch ohne einen Marktanteilszuwachs [kann] eine vorhandene marktbeherrschende Stellung verstärkt werden. Eine Verstärkung kann ... zB darin liegen, daß hinter einem unverändert gebliebenen Marktanteil eine höhere Finanzkraft steht oder daß – bei bereits bestehender Monopolstellung – die Chancen für ein Wiederaufleben des Wettbewerbs unter veränderten Marktbedingungen sich verschlechtern"[157].

Vor diesem Hintergrund können auch nur geringfügige Marktanteilszugewinne von wenigen Prozentpunkten zur Verstärkung einer marktbeherrschenden Stellung führen[158], insbes. wenn ein beteiligtes Unternehmen bereits zuvor einen hohen Marktanteil hatte[159].

Neben dem Marktanteil sind stets **weitere Kriterien** in die (Gesamt-) Betrachtung einzubeziehen, wie die durch den Zusammenschluß zu erwartende Finanzkraft[160], die Marktzutrittsschranken für Wettbewerber[161] oder der Zugang zu den Absatzmärkten[162]. Darüber hinaus kann

"... eine Verstärkung ... auch in der Fähigkeit zur Abwehr des nachstoßenden Wettbewerbs durch Minderung des von Wettbewerbern zu erwartenden Wettbewerbsdrucks und damit auch allein in der (teilweisen) Erhaltung und Sicherung der errungenen Marktstellung liegen"[163].

Der **potentiell zu erwartende Wettbewerb** ist bei der Gesamtschau der verschiedenen Kriterien zu berücksichtigen[164]. Die Marktanteile der nächsten Wettbewerber sind ebenfalls in die Prüfung einzubeziehen[165].

Die marktbeherrschende Stellung eines Unternehmens wird vermutet, wenn es einen Marktanteil von mindestens einem Drittel hat[166]. Diese **Vermutungsregel** sagt nur etwas über die Marktbeherrschung, aber nichts über die Veränderung der Marktstruktur aus:

„Diese Vermutung ist dadurch gekennzeichnet, daß der Marktanteil des betroffenen Unternehmens Vermutungsvoraussetzung ist, gleichzeitig aber neben anderen die Struktur eines Markts kennzeichnenden Merkmalen nur ein Kriterium zur Beurteilung der Frage ist, ob die Vermutungsfolge vorliegt, nämlich eine marktbeherrschende Stellung des betroffenen Unternehmens. Im Rahmen des vom Untersuchungsgrundsatz beherrschten Verfahrens ... kann dies nur bedeuten, daß die

---

[157] *BKartA* WuW/E BKartA 1625, 1628 „GKN-Sachs". Bestätigt durch *BGH* WuW/E BGH 1501, 1505 „Kfz-Kupplungen".

[158] Vgl. *BGH* WuW/E BGH 1685, 1691f. „Springer-Elbe Wochenblatt", 2731, 2736f. „Inlandstocher".

[159] So *KG* WuW/E OLG 5549, 5560 „Fresenius/Schiwa".

[160] Vgl. *BGH* WuW/E BGH 2150, 2155f. „Edelstahlbestecke"; *KG* WuW/E OLG 3137, 3144 „Rheinmetall/WMF"; WuW/E DE-V 275, 278 „Melitta/Airflo".

[161] *BKartA* WuW/E BKartA 1719, 1721f. „BP/Gelsenberg"; 2247, 2250 „Hüls/Condea"; 2335, 2355f. „Daimler/MBB".

[162] Vgl. *BKartA* WuW/E DE-V 275, 278 „Melitta/Airflo".

[163] *BGH* WuW/E BGH 1533, 1537 „Erdgas Schwaben".

[164] Vgl. *BKartA* WuW/E DE-V 275, 278f. „Melitta/Airflo".

[165] Vgl. *BKartA* WuW/E 2894, 2898 „Herlitz/Landré"; 2905, 2908 „Merck/KMF"; zur Bedeutung dieser Kriterien in der Praxis des BKartA siehe Auslegungsgrundsätze, Fn 147 Pkt. B 1.1.2.

[166] § 19 Abs. 3 Satz 1 GWB.

gesetzliche Vermutung im Gegensatz zur Wirkung zivilrechtlicher Vermutungen – deren Voraussetzung ein tatbestandsfremder, jedoch den Beweis des gesetzlichen Tatbestands erleichternder Umstand ist – das Gericht nicht von der ihm obliegenden Würdigung des Marktanteils im Zusammenhang mit allen anderen Merkmalen und ihrer wechselseitigen Beeinflussung im Rahmen der Gesamtbetrachtung entbindet ... die gesetzliche Vermutung kann ihre bindende Wirkung aber erst entfalten, wenn das Gericht nach der ihm obliegenden freien Würdigung des gesamten Verfahrensergebnisses eine marktbeherrschende Stellung des Unternehmens weder auszuschließen noch zu bejahen vermag"[167].

80 Es wird vermutet, daß eine **Gesamtheit von Unternehmen** marktbeherrschend ist[168], wenn sie
– aus drei oder weniger Unternehmen besteht, die zusammen einen Marktanteil von 50% erreichen[169], oder
– aus fünf oder weniger Unternehmen besteht, die zusammen einen Marktanteil von zwei Dritteln erreichen.

81 Diese zwei gesetzlichen **Oligopolvermutungen** sind nur durch den Nachweis **widerlegbar**, daß die Wettbewerbsbedingungen zwischen den Oligopolmitgliedern wesentlichen Wettbewerb erwarten lassen oder das Oligopol im Verhältnis zu den übrigen Wettbewerbern keine überragende Marktstellung hat[170]:

„Die erste Widerlegungsmöglichkeit bezieht sich auf die Wettbewerbssituation, wie sie sich nach dem Zusammenschluß darstellt, erfordert also eine Prognose. Bisherige Wettbewerbsverhältnisse können Indiz für diese Prognose sein, sofern sie auf marktstrukturellen Ursachen beruhen und nicht das Ergebnis des Marktverhaltens der Unternehmen sind"[171].

Die zweite Widerlegungsmöglichkeit erfaßt u. a. die Fälle, in denen das Zusammenschlußvorhaben zu keiner Veränderung der wettbewerblichen Position der Oligopolgruppe führt[172].

82 Ein Zusammenschluß, der eine marktbeherrschende Stellung begründet oder verstärkt, ist nicht zu untersagen, wenn die beteiligten Unternehmen nachweisen, daß der Zusammenschluß auch Verbesserungen der Wettbewerbsbedingungen hervorruft und daß diese Verbesserungen gegenüber den Nachteilen überwiegen[173]. Die Voraussetzungen für die Anwendbarkeit dieser **Abwägungsklausel** dürften am ehesten in Fällen von Sanierungsfusionen vorliegen, wenn mit der Erhaltung eines Unternehmens zwar eine Marktbeherrschung in einem Bereich einhergeht, aber eine wettbewerbliche Struktur auf einem anderen (und eventuell bedeutenden) Markt gewährleistet werden kann[174].

---

[167] *BGH* WuW/E BGH 1749, 1754 „Klöckner-Becorit".
[168] § 19 Abs. 3 Satz 2 GWB.
[169] Vgl. *BKartA* WuW/E DE-V 53, 61f. „Premiere"; WuW/E DE-V 235, 238f. „Dürr/Alstom".
[170] § 19 Abs. 3 Satz 2 2. Halbs. GWB.
[171] *BKartA* WuW/E DE-V 109, 110 „Dow Chemical/Shell".
[172] Siehe *BKartA* WuW/E DE-V 235, 238f. „Dürr/Alstom".
[173] § 36 Abs. 1 GWB.
[174] *BKartA*, Tätigkeitsbericht 1984/85, S. 102; *KG* WuW/E, OLG 3767ff. „Niederrheinische Anzeigenblätter"; *BKartA* WuW/E BKartA 1700ff. „Springer/Elbe Wochenblatt".

83 Das europäische Wettbewerbsrecht enthält keine Legaldefinition der **marktbeherrschenden Stellung**. Lediglich im 15. Erwägungsgrund der FKVO ist explizit festgeschrieben, daß ein 25% nicht überschreitender Marktanteil das Fehlen von Marktbeherrschung indiziert. Aufgrund der Entscheidungspraxis der EU-Kommission sprechen Marktanteile von über 50% idR für das Vorliegen einer marktbeherrschenden Stellung[175]. Dennoch weisen die einzelnen Entscheidungen eine außerordentliche Spannweite in Bezug auf die jeweiligen Marktanteile und die Bejahung einer marktbeherrschenden Stellung auf[176]:

> „Hohe Marktanteile rechtfertigen im übrigen für sich genommen noch nicht die Annahme von Marktbeherrschung. Sie indizieren jedenfalls dann nicht die Annahme von Marktbeherrschung, wenn andere strukturelle Einflußfaktoren erkennbar sind, die in einem überschaubaren Zeitraum die Wettbewerbsbedingungen verändern können und die Bedeutung des Marktanteils der zusammengeschlossenen Unternehmen relativieren... Solche strukturellen Faktoren können zB die Fähigkeit aktueller Wettbewerber zur Begrenzung des Verhaltensspielraums der neuen Einheit, die Erwartung einer deutlichen Zunahme potentiellen Wettbewerbs potenter Wettbewerber, der Möglichkeit eines raschen Marktzutritts oder die Nachfragemacht bedeutender Abnehmer sein"[177].

84 Die europäische Entscheidungspraxis stellt – wie auch die deutsche Praxis – also nicht nur auf die jeweiligen Marktanteile bei der Beurteilung einer marktbeherrschenden Stellung ab, sondern zieht weitere Kriterien heran[178]. Dazu zählt unter anderem die **Marktgegenmacht der Abnehmer**[179]:

> „Angesichts der auf beiden Märkten wirkenden Nachfragemacht... bei größeren Aufträgen, den fehlenden Kooperationen zwischen den Parteien in der Vergangenheit und dem aufkommenden Wettbewerb auch ausländischer Wettbewerber, den... [der Nachfragende]... bereits für hinreichend hält, um eine wettbewerbliche Kontrolle auszuüben, kann auf beiden Produktmärkten insoweit weder vor noch nach dem Zusammenschluß nicht mit hinreichender Wahrscheinlichkeit prognostiziert werden, daß die Parteien und... [ein maßgebender Konkurrent]... nicht im wesentlichen Wettbewerb stehen werden"[180].

85 **Weitere Faktoren**, die bei der Bewertung der Marktbeherrschung als Folge eines Zusammenschlusses heranzuziehen sind, sind die Marktanteile der Wettbewerber[181], Zutrittsschranken für potentielle Wettbewerber[182] oder auch die nicht

---

[175] Vgl. *EU-Kommission* ABl. 1994 Nr. L 186/38, 45f. „Kali+Salz/MdK/Treuhand". Siehe auch mwN *Hirsbrunner* EuZW 1999, 389, 390.
[176] Vgl. u. a. *EU-Kommission* WuW/E EV 1616, 1622 „Alcatel/Telettra"; 2180, 2184f. „Rüttgerswerke AG/Hüls Troisdorf AG"; ABl. 1999 Nr. L 53/1, 6ff. „Bertelsmann/Kirch/Premiere".
[177] *EU-Kommission* ABl. 1995 Nr. L 211/1, 12f. „Mercedes-Benz/Kässbohrer".
[178] Vgl. *EU-Kommission* ABl. 1995 Nr. L 161/27, 34ff. „Siemens/Italtel".
[179] Vgl. *EU-Kommission* WuW/E EV 1740, 1747f. „Alcatel/AEG"; WuW 1997, 594 „Siemens/HUF"; WuW 1997, 806 „Mannesmann/Vallourec"; WuW 1997, 807 „Thomson/Siemens/ATM"; WuW 1997, 971 „Dupont/ICI".
[180] *EU-Kommission* ABl. 1997 Nr. L 11/1, 26 „ABB/Daimler Benz".
[181] Vgl. *EU-Kommission* ABl. 1995 Nr. L 251/18, 26ff. „Thyssen/Krupp/Riva/Falck/AST"; WuW 1997, 971f. „Dupont/ICI".
[182] Vgl. *EU-Kommission* ABl. 1995 Nr. L 211/1, 15ff. „Mercedes-Benz/Kässbohrer"; ABl. 1998 Nr. L 145/41, 53f. „Coca-Cola Company/Carlsberg A/S".

erhebliche Verstärkung einer bereits vor dem Zusammenschluß bestehenden marktbeherrschenden Stellung[183]. Auf Wirtschaftsmärkten, die infolge technologischen Fortschritts großen Veränderungen unterworfen sind, ist die Frage der Dauerhaftigkeit der Marktbeherrschung ein weiteres Bewertungskriterium[184]. Die EU-Kommission prüft außerdem, ob ein Unternehmen infolge eines Zusammenschlusses sein Marken- oder Produktsortiment ausbaut (sog. Portfolio-Theorie)[185]. Insgesamt wird bei der Beurteilung, ob ein Zusammenschluß zum Bestehen oder zur Verstärkung einer marktbeherrschenden Stellung beiträgt, eine Gesamtschau verschiedener Kriterien vorgenommen.

86 1996 hat die EU-Kommission erstmals einen Zusammenschluß mit der Begründung untersagt, daß er eine **kollektive Marktbeherrschung**[186] begründe:

„Ähnlich negative Auswirkungen wie die, die sich aus der beherrschenden Stellung eines einzelnen Unternehmens ergeben, hat auch die beherrschende Stellung eines Oligopols. Eine solche Situation kann eintreten, wenn die bloße Anpassung der Mitglieder des Oligopols an die Marktbedingungen ein wettbewerbswidriges Parallelverhalten verursacht, durch das das Oligopol beherrschend wird"[187].

87 Ebenso wie im deutschen Recht kann es an der **Kausalität des Zusammenschlusses** für eine marktbeherrschende Stellung (zB bei Sanierungsfusionen) fehlen:

„Ein Zusammenschluß, der normalerweise als zur Entstehung oder Verstärkung einer marktbeherrschenden Stellung des erwerbenden Unternehmens führend zu sehen wäre, kann als nicht ursächlich für diese Marktstellung angesehen werden, wenn der Erwerber im Fall einer Untersagung des Zusammenschlusses zwangsläufig ebenfalls eine marktbeherrschende Stellung erlangen oder verstärken würde. In diesem Sinne ist ein Zusammenschluß in der Regel nicht kausal für die Verschlechterung der Wettbewerbsstruktur, wenn feststeht,
– daß das erworbene Unternehmen ohne die Übernahme durch ein anderes Unternehmen kurzfristig aus dem Markt ausscheiden würde,
– daß die Marktposition des erworbenen Unternehmens im Falle seines Ausscheidens aus dem Markt dem erwerbenden Unternehmen zuwachsen würde,
– daß es keine weniger wettbewerbsschädliche Erwerbsalternative gibt"[188].

88 Das deutsche und europäische Wettbewerbsrecht weist bei der materiell-rechtlichen Bewertung von Zusammenschlüssen große **Gemeinsamkeiten** auf. In der Praxis hat sich jedoch gezeigt, daß die europäische Wettbewerbsbehörde bei der Beurteilung von Zusammenschlüssen oftmals noch umfassendere ökonomische Analysen vornimmt als das Bundeskartellamt.

---

[183] Vgl. *EU-Kommission* ABl. 1997 Nr. L 218/15 „Coca-Cola/Amalgated Beverages GB".
[184] Vgl. *EU-Kommission*, ABl. 1999 Nr. L 53/1, 9 ff. „Bertelsmann/Kirch/Premiere"; ABl. 1999 Nr. L 53/31, 35 ff. „Deutsche Telekom/BetaResearch".
[185] Vgl. *EU-Kommission* ABl. 1998 Nr. L 145/41, 56 f. „Coca-Cola Company/Carlsberg A/S". Siehe dazu auch mwN *Emmerich* AG 1999, 529, 534.
[186] Siehe zur kollektiven Marktbeherrschung auch: *EU-Kommission* ABl. 1999 Nr. L 59/27, 40 ff. „Price Waterhouse/Coopers&Lybrand"; WuW/E EU-V 509, 510 „VEBA/VIAG".
[187] Vgl. *EU-Kommission* ABl. 1997 Nr. L 11/30, 52 „Gencor/Lonrho".
[188] *EU-Kommission* ABl. 1994 Nr. L 186/38, 49 „Kali+Salz/MdK/Treuhand".

5. Untersagung, Auflagen, untersagungsabwendende Zusagen

Ein Zusammenschluß ist vom Bundeskartellamt als Ergebnis des Hauptprüfverfahrens zu **untersagen**, wenn zu erwarten ist, daß er eine marktbeherrschende Stellung begründet oder verstärkt[189]. Dem Bundeskartellamt kommt bei seiner Entscheidung **kein Ermessen** zu. **89**

Seit 1999 besteht die Möglichkeit, einen Zusammenschluß unter **Bedingungen und Auflagen** freizugeben[190]. Von dieser Möglichkeit hat das Bundeskartellamt bereits mehrfach Gebrauch gemacht[191]. So ist bspw. die Freigabeentscheidung im Fall „RWE/VEW" mit umfangreichen Auflagen (Veräußerungszusagen, Stromabsatzgarantien usw.) für die Strom-, Gas- und Entsorgungswirtschaft verbunden worden[192]. **90**

Die Bedeutung von **untersagungsabwendenden Zusagen** (zB Veräußerungszusagen)[193] hat mit Einführung der Möglichkeit, einen Zusammenschluß unter Bedingungen und Auflagen freizugeben, an Bedeutung verloren, ist aber nicht überflüssig geworden. In Zukunft können untersagungsabwendende Zusagen vor allem dann eine Lücke schließen, wenn ein Zusammenschluß (ohne Einleitung des Hauptprüfverfahrens) bereits in der ersten Phase freigegeben werden soll. Wegen der damit einhergehenden Beschränkung des Rechtsschutzes für Dritte ist diese Möglichkeit aber nicht unumstritten. **91**

Die EU-Kommission hat bisher in 13 Fällen einen Zusammenschluß für unvereinbar mit dem Gemeinsamen Markt erklärt[194]. Im Gegensatz zum deutschen Recht kann die EU-Kommission einen Zusammenschluß nicht nur im Hauptprüfverfahren[195], sondern auch im Vorprüfverfahren[196] mit Bedingungen und Auflagen freigeben. **92**

Die EU-Kommission hat die überwiegende Anzahl der im Hauptprüfverfahren abgeschlossenen Fälle unter **Bedingungen und Auflagen** freigegeben. Ihr konkreter Inhalt wird zwischen den beteiligten Unternehmen und der europäischen Wettbewerbsbehörde jeweils ausgehandelt und dann einem sog. Markttest unterzogen, d. h. Lieferanten, Abnehmer und Wettbewerber werden befragt, ob diese vorgesehenen Auflagen tatsächlich ausreichen, um fortbestehenden Wettbewerb auf dem Markt zu garantieren. Es kommen sowohl strukturelle Zusagen (zB Ver- **93**

---

[189] § 36 Abs. 1 GWB.
[190] § 40 Abs. 3 GWB.
[191] *BKartA* WuW/E DE-V 116, 120f. „Habet/Lekkerland"; 122, 124ff. „WITASS".
[192] Siehe *BKartA* WuW/E DE-V 301 „RWE/VEW".
[193] BAnz. Nr. 243 vom 31. 12. 1996 „Technische Werke Stuttgart"; BAnz. Nr. 106 vom 13. 6. 1997 „RWE/Thyssengas"; BAnz. Nr. 192 vom 15. 10. 1997 „Bewag"; BAnz. Nr. 6 vom 30. 1. 1998 „VEW/Erdgas West-Sachsen"; BAnz. Nr. 29 vom 12. 2. 1998 „VNG/British Gas Deutschland"; BAnz. Nr. 44 vom 5. 3. 1998 „Ruhrkohle/Saarberg".
[194] U. a. *EU-Kommission* ABl. 1991 Nr. L 334/42 „Aérospatiale-Alenia/de Havilland"; ABl. 1994 Nr. L 364/1 „MSG Media Service"; ABl. 1996 Nr. L 53/20 „Nordic Satellite Distribution"; ABl. 1996 Nr. L 134/32 „RTL/Veronica/Endemol"; ABl. 1997 Nr. L 11/30 „Gencor/Lonrho"; ABl. 1997 Nr. L 110/53 „Kesko/Tuko"; ABl. 1997 Nr. L 247/1 „St. Gobian/Wacker Chemie/NOM"; ABl. 1998 Nr. L 316/1 „Blokker/Toys „'R' Us".
[195] Art. 8 Abs. 2 UAbs. 2 FKVO. Siehe dazu die Mitteilung der EU-Kommission über im Rahmen der VO 4064/89 und 447/98 zulässige Abhilfemaßnahmen, ABl. 2001 Nr. C 68, 3ff.
[196] Art. 6 Abs. 2 UAbs. 2 FKVO.

äußerungszusagen[197], Entflechtungszusagen[198], Marktöffnungszusagen[199]) als auch verhaltensbezogene Zusagen[200] sowie begleitende Zusagen[201] in Betracht. Die Zusagen können jeweils sehr umfangreiche Zugeständnisse enthalten, wie bspw. die Veräußerungszusagen von VEBA und VIAG zeigen; beide Unternehmen verpflichteten sich u. a., ihre Geschäftsanteile an der VEAG, am ostdeutschen Braunkohleproduzenten LUBAG und an der BEWAG zu veräußern, an denen VEBA und VIAG jeweils Geschäftsanteile zwischen 20 und 30% hielten[202].

6. Geheimhaltung und Beteiligungsrechte Dritter

94 Entscheidungen des Bundeskartellamts im Hauptprüfverfahren sind im Bundesanzeiger zu veröffentlichen[203]. Dabei sind zumindest die Form des Zusammenschlusses, die beteiligten Unternehmen und deren Art des Geschäftsbetriebs bekanntzugeben. Das Bundeskartellamt unterliegt zu keinem früheren Zeitpunkt einer **Bekanntmachungspflicht**, so daß dem Wunsch der Beteiligten nach **Geheimhaltung** einer Übernahme bis zu einem gewissen Grad entsprochen werden kann. Allerdings kann die Geheimhaltung nur während informeller Vorgespräche gewährleistet werden. Danach erfordern es die Untersuchungsbefugnisse des Bundeskartellamts, an andere Unternehmen mit der Bitte um Auskünfte heranzutreten, womit der Zusammenschluß bekannt wird.

95 An dem Fusionskontrollverfahren sind auch diejenigen Unternehmen beteiligt, die nach § 54 Abs. 2 Nr. 3 GWB – also auf Antrag – beigeladen sind. Da ihre Beiladung einen Antrag und damit die Kenntnis von dem beabsichtigten Zusammenschluß voraussetzt, steht Dritten jedoch de facto nur ein eingeschränktes Recht zu.

96 Die EU-Kommission **veröffentlicht** bereits die **Tatsache der Anmeldung** eines Zusammenschlusses unter Angabe der Namen der Beteiligten, der Art des Zusammenschlusses sowie der betroffenen Wirtschaftszweige im Amtsblatt der Europäischen Gemeinschaften[204]. Im übrigen ist die EU-Kommission zur Geheimhaltung verpflichtet[205]. Um sicherzustellen, daß keine vertraulichen Angaben weitergegeben oder veröffentlicht werden, können die betreffenden Angaben, bei denen ein Interesse der beteiligten Unternehmen an ihrer Geheimhaltung besteht,

---

[197] *EU-Kommission* ABl. 1997 Nr. L 11/1, 26 „ABB/Daimler Benz"; ABl. 1998 Nr. L 145/41, 58ff. „Coca-Cola Company/Carlsberg A/S"; ABl. 1999 Nr. L 116/1 = WuW/E EU-V 322, 327f. „WorldCom/MCI"; WuW/E EU-V 460, 467 „Vodafone Airtouch/Mannesmann".
[198] Vgl. u. a. *EU-Kommission* WuW/EV 1616, 1625 „Alcatel/Telettra".
[199] Vgl. *EU-Kommission* WuW/E EV 1878, 1882 „Elf Aquitaine-Thyssen/Minol"; ABl. 1996 Nr. L 183/1, 33ff. „Kimberley-Clark/Scott".
[200] Siehe *EU-Kommission* ABl. 1994 Nr. L 186/38, 52f. „Kali+Salz/MdK/Treuhand"; EU-V 413, 419f. „Rewe/Meinl".
[201] Vgl. *EU-Kommission* ABl. 1998 Nr. L 234/14, 36ff. „Hoffmann-La Roche/Boehringer Mannheim".
[202] *EU-Kommission* WuW/E EU-V 509, 510 „VEBA/VIAG".
[203] § 43 Satz 1 Nr. 2 GWB.
[204] Art. 4 Abs. 3 FKVO.
[205] Art. 214 EG und Art. 17 Abs. 2 FKVO.

bei der Anmeldung in einer getrennten Anlage mit dem deutlichen Vermerk „Geschäftsgeheimnis" eingereicht werden.

In der FKVO sind formelle **Beteiligungsrechte Dritter** erst nach Einleitung des Hauptverfahrens vorgesehen. Dabei handelt es sich vor allem um die Möglichkeit, schriftlich über den Gegenstand des Verfahrens unterrichtet zu werden und dazu schriftlich Stellung nehmen zu können[206]. Voraussetzung dafür ist die Darlegung eines hinreichenden Interesses[207]. Ein Recht zur Akteneinsicht besteht nicht[208].

7. Rechtsmittel

Gegen Entscheidungen des Bundeskartellamts im Hauptprüfverfahren ist die **Anfechtungsbeschwerde** zum OLG Düsseldorf innerhalb eines Monats statthaft[209]. Eine Beschwerde gegen einen Untersagungsbeschluß hat keine aufschiebende Wirkung.

Dritte können gegen von dem Bundeskartellamt getroffene förmliche Freigabeentscheidungen (Entscheidungen im Hauptprüfverfahren) Beschwerde einlegen, wenn sie in eigenen Rechten betroffen sind und sie auf Antrag zu dem Verfahren beigeladen wurden[210]; eine **Drittklagebefugnis** während der ersten Phase besteht nicht[211].

Unter den Voraussetzungen der §§ 74 ff. GWB kann gegen eine Entscheidung des OLG **Rechtsbeschwerde** zum BGH eingelegt werden, sofern eine Rechtsfrage von grundsätzlicher Bedeutung zu entscheiden ist oder es im Sinne einer einheitlichen Rechtsprechung einer Entscheidung des BGH bedarf[212].

Gegen Entscheidungen der **EU-Kommission**[213] können die beteiligten Unternehmen innerhalb von zwei Monaten eine Nichtigkeitsklage[214] vor dem Europäischen Gericht erster Instanz erheben. Dritten steht ein Klagerecht zu, sofern sie unmittelbar und individuell von einer Entscheidung betroffen sind[215]. Gegen die Entscheidungen des Europäischen Gerichtshofs erster Instanz kann ein auf Rechtsfragen beschränktes Rechtsmittel zum Europäischen Gerichtshof eingelegt werden[216]. Vor allem aber haben Dritte im Verfahren vor der EU-Kommission ein Recht auf Teilnahme an der förmlichen Anhörung, in der sie ihre Position erläutern können[217]. Im Vorverfahren bestehen solche förmlichen Rechte nicht, aber tatsächlich bestehen nach Veröffentlichung des Zusammenschlußvorhabens (und

---

[206] Art. 16 Abs. 1 und 2 der Durchführungsverordnung (DVO) zur FKVO.
[207] Art. 11c DVO.
[208] *EuG* ECR 1992 II S. 2579 „CCE/CE/Syndicat".
[209] § 63 Abs. 1 und 4 iVm. § 66 GWB.
[210] § 63 Abs. 1 und 2 iVm. § 54 Abs. 2 Nr. 3 GWB.
[211] Zur Drittklagebefugnis und denkbaren Umgehungsmöglichkeiten siehe *Kahlenberg*, Novelliertes deutsches Kartellrecht, BB 1998, 1593, 1599. Siehe auch *Schulte* AG 1998, 297, 302.
[212] § 74 Abs. 2 GWB.
[213] Nach Art. 6 Abs. 1 lit. a) und b), Abs. 2 und Art. 8 FKVO.
[214] Art. 230 EG.
[215] Art. 230 Abs. 4 EG.
[216] Art. 225 EG.
[217] Art. 16 Abs. 2 und 3 DVO.

bei bereits zuvor bekannt gewordenem Vorhaben auch schon zu einem früheren Zeitpunkt) weiterreichende praktische Möglichkeiten für Dritte, eventuelle Bedenken gegenüber der Kommission zur Geltung zu bringen. Diese formlosen Interventionen haben sich in der Praxis zu einem nicht zu unterschätzenden Störfaktor entwickelt.

102 Die Entscheidung über die Eröffnung des Hauptverfahrens ist im deutschen wie auch im europäischen Verfahren als reine vorbereitende Maßnahme nicht justiziabel.

III. Sonderaspekte in Verfahren bei öffentlichen Übernahmeangeboten

103 Bei öffentlichen Übernahmeangeboten ergeben sich im europäischen Fusionsverfahren einige **verfahrensrechtliche Besonderheiten**: Zusammenschlüsse aufgrund einer öffentlichen Übernahme sind innerhalb einer Woche nach Veröffentlichung des Kauf- oder Tauschangebots anzumelden[218], d. h. in einem im Vergleich zu anderen Zusammenschlüssen sehr frühen Stadium. Die Anmeldung ist allein von dem öffentlichen Bieter vorzunehmen[219]. Andererseits steht das generell vor einer Entscheidung der Kommission bestehende Vollzugsverbot der Verwirklichung des bei der Kommission angemeldeten Zusammenschlußvorhabens, das im Wege eines öffentlichen Übernahmeangebots verwirklicht werden soll, nicht entgegen, wenn von der Entscheidung der Kommission die mit den übernommenen Anteilen verbundenen Stimmrechte nicht ausgeübt werden oder nur insoweit ausgeübt werden, als es zur Erhaltung des vollen Wertes der Investition erforderlich ist und von der Kommission gemäß Art. 1 Abs. 9 gestattet wurde[220].

104 Eine vergleichbare Regelung ist **im deutschen Recht** nicht enthalten. In unproblematischen Fällen hilft die Bereitschaft des Bundeskartellamts, dem Zeitdruck, unter dem die Unternehmen stehen, durch rasche Entscheidungen Rechnung zu tragen. Ob in schwierigen Fällen die Bereitschaft bestünde, eine Befreiung vom Vollzugsverbot zu erteilen, erscheint fraglich.

C. Erwerb von Minderheitsbeteiligungen

I. Zusammenschlußkontrolle nach deutschem Recht

105 Von den Zusammenschlußtatbeständen des GWB werden nicht nur die Fälle des Kontrollerwerbs oder des Erwerbs einer Mehrheitsbeteiligung, sondern auch der Erwerb von Minderheitsbeteiligungen erfaßt. Die deutsche Zusammenschlußkontrolle erfaßt also auch **Fälle unterhalb der Kontrollschwelle**, insbes. Minderheitsbeteiligungen ab 25%.

---

[218] Art. 4 Abs. 1 FKVO.
[219] Art. 4 Abs. 2 Satz 2 FKVO.
[220] Art. 7 Abs. 2 FKVO.

1. Erwerb einer Minderheitsbeteiligung von mindestens 25%

Ein Zusammenschluß liegt vor, wenn ein Unternehmen Anteile an einem anderen Unternehmen erwirbt, die allein oder zusammen mit sonstigen, dem erwerbenden Unternehmen bereits gehörenden Anteilen **25% des Kapitals oder der Stimmrechte** des anderen Unternehmens erreichen oder übersteigen[221].

2. Erwerb wettbewerblich erheblichen Einflusses

Das Gesetz[222] regelt einen Auffangtatbestand, welcher **sonstige Verbindungen**, die einen wettbewerblich erheblichen Einfluß herbeiführen, als Zusammenschluß iSd. GWB erfaßt. Dieser Tatbestand soll insbes. sog. 24,9%-Beteiligungen an Konkurrenten als Zusammenschluß erfassen; sein Anwendungsbereich erfaßt aber auch vertikale Beteiligungen[223]:

„Ein wettbewerblich erheblicher Einfluß ist also – unabhängig davon, ob es sich um eine horizontale oder vertikale Unternehmensverbindung handelt –, immer dann anzunehmen, wenn es dem sich beteiligenden Unternehmen möglich ist, ohne daß einer der Zusammenschlußtatbestände des [§ 37 Abs. 1 Nr. 1 bis 3 GWB] erfüllt ist, bei der Entscheidung über den Einsatz der Ressourcen des anderen Unternehmens die eigenen Wettbewerbsinteressen zur Geltung zu bringen"[224].

Die **Möglichkeit**, einen wettbewerblich erheblichen **Einfluß auszuüben**, reicht bereits aus; es kommt nicht darauf an, ob diese tatsächlich genutzt wird[225]. Die **Grenzen** dieses Tatbestands sind äußerst schwierig zu bestimmen.

II. EG-Fusionskontrolle

Im europäischen Recht fehlt es im Gegensatz zum deutschen Recht an einem Auffangtatbestand und damit an einem konkreten Anknüpfungspunkt für die Erfassung von Minderheitsbeteiligungen. Dennoch ist ein Kontrollerwerb[226] auch im Wege einer bloßen **Minderheitsbeteiligung** denkbar, sofern der Erwerber die **faktische Kontrolle** über das Beteiligungsunternehmen erlangt[227]. Für eine solche tatsächliche Kontrolle ist es bspw. ausreichend, wenn der Minderheitsbeteiligung nach der durchschnittlichen Hauptversammlungspräsenz eine stabile Hauptversammlungsmehrheit entspricht[228].

Soweit Minderheitsbeteiligungen erworben werden, die keine rechtliche oder faktische Kontrolle begründen, fallen solche Erwerbsvorgänge auch dann unter

---

[221] § 37 Abs. 1 Nr. 3 lit. b) GWB.
[222] § 37 Abs. 1 Nr. 4 GWB.
[223] Vgl. *BKartA* WuW/E DE-V 1, 3 – „ASV/Stilke". Vgl. auch *Emmerich* AG 1999, 529, 532.
[224] *BKartA* WuW/E DE-V 1, 3 – „ASV/Stilke".
[225] Siehe *BGH* WuW/E 2321, 2323 „Mischguthersteller".
[226] ISv. Art. 3 Abs. 1 lit. b) FKVO.
[227] Vgl. *EU-Kommission* ABl. 1999 Nr. L 183/1, 3 „Skanska/Scancem"; ABl. 1998 Nr. L 149/21, 25 ff. „Anglo American Corporation/Lonrho". Siehe auch *Sedemund* in Hölters VII Rn 229.
[228] Vgl. *EU-Kommission* ABl. 1999 Nr. L 183/1, 3 „Skanska/Scancem".

die deutsche Fusionskontrolle, wenn die darin beteiligten Unternehmen im übrigen die Größenkriterien des Art. 1 FKVO erfüllen.

D. Gemeinschaftsunternehmen

111 Die **Kooperation** insbes. von Großunternehmen vollzieht sich heute vielfach in sog. Gemeinschaftsunternehmen. Gemeinschaftsunternehmen sind Unternehmen, die von zwei oder mehr Unternehmen gemeinsam kontrolliert werden. Sie entstehen idR durch die Gründung eines neuen oder durch die gemeinsame Beteiligung an einem bereits bestehenden Unternehmen. Die Verbindung der Gründergesellschaften kann in beliebiger Rechtsform erfolgen. Insgesamt erfassen Gemeinschaftsunternehmen ein breites Spektrum an Handlungen von zusammenschlußähnlichen Vorhaben bis hin zur Zusammenarbeit in bestimmten Bereichen, wie zB Forschung und Entwicklung, Produktion oder Vertrieb[229].

112 In Bezug auf wettbewerbsrechtliche Erwägungen muß man bei den Gemeinschaftsunternehmen konzentrative von kooperativen Erscheinungsformen – vor allem in Hinblick auf deren wettbewerbsrechtliche Beurteilung – unterscheiden. **Kooperative Strukturen** zeichnen sich dadurch aus, daß sie für ihre Muttergesellschaften nur einzelne Unternehmensfunktionen wahrnehmen, d. h. sie werden gebildet, damit mehrere selbständig bleibende Unternehmen in ihnen zusammenarbeiten können, um bestimmte Aufgaben zu erledigen.

113 **Konzentrative Stukturen** zeichnen sich dagegen dadurch aus, daß sie wie selbständige Wirtschaftseinheiten agieren und insoweit neue selbständige Marktteilnehmer bilden. Nach den Grundsätzen des Bundeskartellamts hat ein Gemeinschaftsunternehmen dann konzentrativen Charakter, wenn
- es sich um ein funktionsfähiges Unternehmen mit den wesentlichen Unternehmensfunktionen handelt;
- es marktbezogene Leistungen erbringt und nicht ausschließlich auf einer vor- oder nachgelagerten Stufe für die Muttergesellschaften tätig ist;
- die Muttergesellschaften selbst auf dem sachlichen Markt des Gemeinschaftsunternehmens nicht oder nicht mehr tätig sind[230].

114 Der Zusammenschluß zwischen den Muttergesellschaften in einer eigenständigen Unternehmenseinheit – dem Gemeinschaftsunternehmen – hat zur Folge, daß der Wettbewerb auf der Ebene der Mütter eingeschränkt werden kann, und ist insoweit Gegenstand der Fusionskontrolle, während Gemeinschaftsunternehmen, die die zuvor genannten Kriterien nicht erfüllen, einer **doppelten Kontrolle** nach den Maßstäben der Fusionskontrolle und des § 1 GWB unterliegen.

---

[229] Vgl. *EU-Kommission*, Mitteilung über den Begriff des Vollfunktionsgemeinschaftsunternehmens, ABl. 1998 Nr. C 66/1 Ziff. 3.
[230] Vgl. *Sedemund* in Hölters VII Rn 209.

I. Zusammenschlußkontrolle nach deutschem Recht

1. Zusammenschlußtatbestand

Die Beteiligung an einem Gemeinschaftsunternehmen kann sowohl durch den Zusammenschlußtatbestand des Kontrollerwerbs als auch durch Anteilerwerb erfolgen. Die Gründung eines Gemeinschaftsunternehmens stellt dann einen Zusammenschluß dar, wenn mehrere Unternehmen unmittelbar oder mittelbar die Kontrolle über die Gesamtheit oder Teile eines oder mehrerer Unternehmen erwerben[231].

Ein sog. **paritätisches Gemeinschaftsunternehmen** liegt bei einer Beteiligung zu gleichen Anteilen oder bei einer vertraglichen Gleichstellung der Stimmrechte der Gesellschafter vor. Eine paritätische Beteiligung zweier Gesellschafter begründet nach Auffassung des BGH nicht als solche eine gemeinsame Beherrschung[232]; sie ist aber jedenfalls dann anzunehmen, wenn das Gemeinschaftsunternehmen gerade den Zweck hat, die unternehmerischen und insbes. wettbewerblichen Interessen der Gesellschaft auf einem bestimmten Gebiet zu bündeln.

Bei der Gründung eines Gemeinschaftsunternehmens sind verschiedene Zusammenschlüsse voneinander zu unterscheiden[233]: Ein **vertikaler** Zusammenschluß liegt zwischen dem Gemeinschaftsunternehmen und jeder Muttergesellschaft vor, wenn diese mit mindestens 25% am Gemeinschaftsunternehmen beteiligt sind; zugleich wird ein **horizontaler** Zusammenschluß zwischen den Müttern untereinander auf dem Markt des Gemeinschaftsunternehmens fingiert (sog. Fiktion einer Teilfusion)[234].

2. Berechnung der maßgeblichen Umsätze

Für die Ermittlung des Umsatzes sind die **gesamten Lieferungen** und **Leistungen** des Unternehmens auf allen Tätigkeitsbereichen zu berücksichtigen. Bei einem Gemeinschaftsunternehmen sind die Umsätze aller Unternehmen, die mit dem am Zusammenschluß beteiligten Unternehmen verbunden sind, hinzuzuziehen. Die Umsätze des Gemeinschaftsunternehmens, der jeweils erwerbenden Unternehmen und aller Muttergesellschaften sind also zusammen zu zählen.

3. Materielle Prüfungskriterien

Konzentrative Gemeinschaftsunternehmen unterliegen ausschließlich der Fusionskontrolle. Demgegenüber können die deutschen Wettbewerbsbehörden die Untersagung eines kooperativen Gemeinschaftsunternehmens sowohl auf § 39 GWB als auch auf § 1 GWB stützen (sog. **Zweischrankentheorie**); eine parallele Anwendung beider Vorschriften auf denselben Sachverhalt ist nicht ausgeschlossen[235]:

---

[231] § 37 Abs. 1 Nr. 2 Satz 1 GWB.
[232] Vgl. *BGH* WuW/E BGH 1608, 1611 „WAZ".
[233] § 37 Abs. 1 Nr. 3 Satz 3 GWB.
[234] § 37 Abs. 1 Nr. 3 GWB.
[235] Vgl. *BKartA* Tätigkeitsbericht 1997/98 S. 39.

„Bei dem Kartellverbot des § 1 GWB einerseits und bei der Fusionskontrolle ... andererseits geht es grundsätzlich um zwei verschiedene Sachverhalte ... So kommt es für die Fusionskontrolle wesentlich auf die tatsächlich bestehenden Macht- und Interessenverhältnisse sowie darauf an, ob der Zusammenschluß zu einer Entstehung oder Verstärkung einer marktbeherrschenden Stellung ... führen wird. Demgegenüber sind Größe und Marktanteile der beteiligten Unternehmen für das Kartellverbot nur als – wenn auch wichtige – Anhaltspunkte für die Frage von Bedeutung, ob eine durch die Verträge bewirkte Wettbewerbsbeschränkung die Eignung zur spürbaren Beeinflussung des Marktes besitzt"[236].

4. Beurteilung nach § 1 GWB

120   Für die Beurteilung eines kooperativen Gemeinschaftsunternehmens sind im wesentlichen drei **Möglichkeiten** für ein wettbewerbsbeschränkendes Verhalten zu unterscheiden:
– Die Gründerunternehmen können unmittelbar zusammenwirken,
– sie können ihre Marktbeziehungen gegenüber dem Gemeinschaftsunternehmen regeln und
– als Gesellschafter diesem Verhaltensbeschränkungen auferlegen.
Alle drei Fälle fallen in den Anwendungsbereich des § 1 GWB. Eine Freistellung kommt dann nur nach Maßgabe der §§ 2 ff. GWB in Betracht, was insbes. wegen der damit regelmäßig verbundenen zeitlichen Befristung der Freistellung problematisch sein kann.

II. EG-Fusionskontrolle

1. Zusammenschlußtatbestand

121   Ein Gemeinschaftsunternehmen kann von der Fusionskontrolle erfaßt werden, wenn von zwei oder mehr Unternehmen, d. h. von den Muttergesellschaften, **gemeinsame Kontrolle** erworben wird[237]. Ein Kontrollerwerb liegt vor, wenn die Möglichkeit besteht, bestimmenden Einfluß auf ein Unternehmen auszuüben, wobei sowohl rechtliche als auch tatsächliche Erwägungen maßgeblich sind[238]. Gemeinsame Kontrolle wird ausgeübt, wenn die beteiligten Unternehmen bei Entscheidungen über die Tätigkeit des Gemeinschaftsunternehmens aufeinander angewiesen sind. Dies ist nach Auffassung der EU-Kommission sowohl bei 50:50-Beteiligungen als auch bei einem Vetorecht jedes beteiligten Unternehmens gegen Entscheidungen über die Tätigkeit des Gemeinschaftsunternehmens der Fall.

122   Die Gründung eines Gemeinschaftsunternehmens stellt einen Zusammenschluß dar, wenn auf Dauer **alle Funktionen** einer selbständigen wirtschaftlichen Einheit erfüllt sind[239]. Denn allein Gemeinschaftsunternehmen, die diese

---

[236] *BGH* WuW/E BGH 2169 f. „Mischwerke".
[237] Art. 3 Abs. 1 lit. b) FKVO.
[238] Vgl. *EU-Kommission*, Mitteilung über den Begriff des Zusammenschlusses, ABl. 1998 Nr. C 66/5 Ziff. 19.
[239] Art. 3 Abs. 2 FKVO.

Anforderung erfüllen, bewirken eine dauerhafte Veränderung in der Struktur der beteiligten Unternehmen; sie werden als „**Vollfunktionsgemeinschaftsunternehmen**" bezeichnet [240]. In Art. 3 Abs. 2 FKVO wird nicht mehr zwischen kooperativen und konzentrativen Gemeinschaftsunternehmen unterschieden. Entscheidend für die Annahme eines Zusammenschlusses ist allein die **Vollfunktionsfähigkeit**. Das Merkmal der „selbständigen wirtschaftlichen Einheit" bedeutet

> „..., daß das Gemeinschaftsunternehmen auf einem Markt die Funktionen ausüben muß, die auch von den anderen Unternehmen in diesem Markt wahrgenommen werden. Deshalb muß das Gemeinschaftsunternehmen über ein sich dem Tagesgeschäft widmendes Management und ausreichende Ressourcen wie finanzielle Mittel, Personal, materielle und immaterielle Vermögenswerte verfügen, um im Rahmen der dem Gemeinschaftsunternehmen zugrunde liegenden Vereinbarung langfristig seine Tätigkeiten ausüben zu können. Übernimmt ein Gemeinschaftsunternehmen nur eine bestimmte Funktion innerhalb der Geschäftstätigkeiten der Muttergesellschaften und hat dabei keinen Zugang zum Markt, so handelt es sich nicht um ein Vollfunktionsgemeinschaftsunternehmen"[241].

Das Gemeinschaftsunternehmen muß schließlich nicht nur selbständig agieren, sondern auch **auf Dauer** angelegt sein[242]. **123**

2. Berechnung der maßgeblichen Umsätze

Die Umsätze aus Lieferungen und Leistungen zwischen dem Gemeinschaftsunternehmen und jedem der beteiligten Unternehmen sowie jedem anderen mit einem von diesen verbundenen Unternehmen[243] sind nicht in die **Berechnung** einzubeziehen[244]. Mit dieser Regelung soll eine doppelte Verbuchung vermieden werden. Was die Umsätze des gemeinsamen Unternehmens aus Geschäften mit Dritten betrifft, so sind sie zur Berücksichtigung der gemeinsamen Kontrolle zu gleichen Teilen den beteiligten Unternehmen zuzurechnen[245]. **124**

Analog zu diesem Grundsatz[246] ist die EU-Kommission bei Gemeinschaftsunternehmen von beteiligten Unternehmen und Dritten so verfahren, daß dem beteiligten Unternehmen jeweils ein **gleicher Umsatzanteil** wie den übrigen Muttergesellschaften zugerechnet wird[247]. In diesen Fällen muß allerdings nachgewiesen werden, daß eine gemeinsame Kontrolle ausgeübt wird. **125**

---

[240] Vgl. *EU-Kommission*, Mitteilung über den Begriff des Vollfunktionsgemeinschaftsunternehmens, ABl. 1998 Nr. C 66/1 Ziff. 11.
[241] *EU-Kommission*, Mitteilung über den Begriff des Vollfunktionsgemeinschaftsunternehmens, ABl. 1998 Nr. C 66/1 Ziff. 12, 13.
[242] Vgl. *EU-Kommission*, Mitteilung über den Begriff des Vollfunktionsgemeinschaftsunternehmens, ABl. 1998 Nr. C 66/1 Ziff. 15.
[243] ISd. Art. 5 Abs. 4 FKVO.
[244] Art. 5 Abs. 5 lit. a) FKVO.
[245] Art. 5 Abs. 5 lit. b) FKVO.
[246] Art. 5 Abs. 5 lit. b) FKVO.
[247] Vgl. *EU-Kommission*, Mitteilung über die Berechnung des Umsatzes, ABl. 1998 Nr. C 66/25 Ziff. 40.

126 Die EU-Kommission weist im übrigen darauf hin, daß ihre amtlichen Mitteilungen nicht die gesamte Bandbreite der möglichen Konstellationen in Bezug auf die Umsatzberechnung von Gemeinschaftsunternehmen enthalten können. Wenn Unklarheiten auftreten, soll den allgemeinen Grundsätzen der **Vermeidung der Doppelzählung** und der möglichst genauen Widerspiegelung der wirtschaftlichen Stärke der an dem Vorhaben beteiligten Unternehmen der Vorrang eingeräumt werden[248].

3. Materielle Prüfungskriterien

127 Ein konzentratives Vollfunktionsgemeinschaftsunternehmen wird wie jeder andere Zusammenschluß auch anhand der allgemeinen Grundsätze über die Beurteilung von Zusammenschlüssen[249] beurteilt. Kooperative Vollfunktionsgemeinschaftsunternehmen unterliegen demgegenüber der Kontrolle nach Art. 2 FKVO iVm. Art. 81 Abs. 1 und 3 EG.

4. Beurteilung nach Art. 81 EG

128 Ein kooperatives Vollfunktionsgemeinschaftsunternehmen liegt vor, wenn durch dessen Gründung die **Koordinierung des Wettbewerbsverhaltens** unabhängig bleibender Unternehmen bezweckt oder bewirkt wird[250]. Bei der Beurteilung von kooperativen Vollfunktionsgemeinschaftsunternehmen berücksichtigt die EU-Kommission insbes. zwei Kriterien: Es soll darauf ankommen[251], ob
- zwei oder mehr Gründerunternehmen neben dem Gemeinschaftsunternehmen (weiter) auf dessen Markt oder auf vor- oder nachgelagerten Märkten tätig sind;
- die unmittelbar aus der Gründung des Gemeinschaftsunternehmens resultierende Koordinierung den beteiligten Unternehmen die Möglichkeit eröffnet, den Wettbewerb für einen wesentlichen Teil von Waren oder Dienstleistungen auszuschalten.

129 Art. 2 Abs. 4 FKVO ist keine abschließende Regelung; die Vorschrift des Art. 81 EG bleibt vollständig anwendbar. Sofern die Verhaltenskoordination der Muttergesellschaften und des Gemeinschaftsunternehmens die Kriterien des Art. 81 Abs. 1 EG erfüllt, ist also auch die Möglichkeit einer Freistellung anhand der Kriterien des Art. 81 Abs. 3 EG zu prüfen.

---

[248] Vgl. *EU-Kommission*, Mitteilung über die Berechnung des Umsatzes, ABl. 1998 Nr. C 66/25 Ziff. 40.

[249] Art. 2 FKVO.

[250] Art. 2 Abs. 4 FKVO. Vorhaben mit kooperativen Aspekten werden von der EU-Kommission unter dem Aktenzeichen IV/JV geführt und von der Merger Task Force und der jeweiligen Fachdirektion gemeinsam bearbeitet.

[251] Art. 2 Abs. 4 Satz 2 FKVO.

E. Überblick über die Fusionskontrollsysteme in Europa (tabellarisch)

(Die in der Tabelle vorgenommenen Währungsumrechnungen sollen nur eine Orientierungshilfe geben und erheben keinen Anspruch auf Richtigkeit.)

Staat / Staatengemeinschaft	Umsatz- und Vermögensschwellenwerte	Anmeldeverfahren
EUROPA		
EU- und Mitgliedstaaten		
EU (Wenn die Schwellenwerte erreicht werden, sind keine nationalen Anmeldeverfahren in den Mitgliedstaaten erforderlich.)	€ 5 Milliarden gemeinsamer / weltweiter Umsatz aller beteiligten Unternehmen **Und** € 250 Millionen gesamter / gemeinschaftsweiter Umsatz / jedes von mind. 2 beteiligten Unternehmen **Außer** Jedes der beteiligten Unternehmen erwirtschaftet mehr als 2/3 seines gesamten gemeinschaftsweiten Umsatzes innerhalb ein und desselben Mitgliedstaates **Oder** € 2,5 Milliarden gemeinsamer / weltweiter Umsatz aller beteiligten Unternehmen **Und** € 100 Millionen gemeinschaftsweiter Umsatz / jedes von mind. 2 beteiligten Unternehmen **Und** € 100 Millionen gemeinsamer Umsatz aller beteiligten Unternehmen / in jedem von mind. 3 dieser Mitgliedstaaten	**Zeitpunkt:** Obligatorisch, innerhalb einer Woche nach Unterschrift unter den Kaufvertrag oder Veröffentlichung des Übernahmeangebots **Dauer:** Phase I: 1 Monat (ausnahmsweise 6 Wochen) Phase II: 4 Monate von der Entscheidung über die Eröffnung von Phase II. **Wirkung:** Suspensiv

Staat / Staatengemeinschaft	Umsatz- und Vermögensschwellenwerte	Anmeldeverfahren
	Und € 25 Millionen Umsatz / jedes von mind. 2 dieser Unternehmen / in jedem von mind. 3 dieser Mitgliedstaaten **Außer** Jedes der betreffenden Unternehmen erwirtschaftet mehr als 2/3 seines gesamten gemeinschaftsweiten Umsatzes innerhalb ein und desselben Mitgliedstaates	
Belgien	€ 40 Millionen (ca. BEF 1.613,6 Millionen) gemeinsamer / belgischer Umsatz **Und** € 15 Millionen (ca. BEF 605 Millionen) belgischer Umsatz / jedes von mind. 2 beteiligten Unternehmen	**Zeitpunkt:** Obligatorisch, innerhalb eines Monats ab Vertragsschluß, Kontrollerwerb oder Veröffentlichung des Übernahmeangebots **Dauer:** Phase I: 45 Tage ab Anmeldung Phase II: 60 Tage ab Einleitung der Untersuchung in Phase II **Wirkung:** Bis zur Entscheidung oder Ablauf der Frist können keine Maßnahmen getroffen werden, die die Reversibilität der Fusion beeinträchtigen oder zu einer andauernden Veränderung der Marktstruktur führen. Anteilskäufe durch ein Unternehmen sind nicht irreversibel, wenn nicht ausgeschlossen ist, daß das erworbene Unternehmen wieder unabhängig werden kann.

Staat / Staatengemeinschaft	Umsatz- und Vermögensschwellenwerte	Anmeldeverfahren
Bundesrepublik Deutschland	DM 1 Milliarde (€ 510 Millionen) gemeinsamer / weltweiter Umsatz **Und** Mind. 1 Partei hatte DM 50 Millionen (€ 25,2 Millionen) Umsatz / in Deutschland **Außer** Erworbenes Unternehmen hat einen Umsatz von weniger als DM 20 Millionen (€ 10,1 Millionen) weltweit im letzten Jahr **Oder** Ein Markt ist betroffen, auf dem Güter / Dienste für mind. 5 Jahre angeboten wurden und auf dem das gesamte Marktvolumen des letzten Kalenderjahrs unter 30 Millionen DM (€ 15,2 Millionen) liegt **Oder** Es gibt keine spürbaren Auswirkungen auf den / die relevanten deutschen Markt / Märkte	**Zeitpunkt:** Obligatorisch, vor Vollzug der Fusion **Dauer:** 4 Wochen für eine vorläufige Untersuchung, zusätzlich 3 Monate, wenn die Fusion eingehend untersucht wird (Hauptprüfungsverfahren): **Wirkung:** Suspensiv
Dänemark	DKK 3,8 Milliarden (€ 510 Millionen) gemeinsamer Umsatz aller beteiligten Unternehmen in Dänemark **Und** Umsatz von mind. 2 der beteiligten Unternehmen ist jeweils DKK 300 Millionen (€ 40 Millionen) **Oder** DKK 3,8 Milliarden (€ 510 Millionen) Umsatz eines beteiligten Unternehmen in Dänemark	**Zeitpunkt:** Obligatorisch, innerhalb einer Woche nach Abschluß des Fusionsvertrags, Veröffentlichung des Übernahmeangebots oder dem Kontrollerwerb **Dauer:** Phase I: 4 Wochen Phase II: 2 Monate **Wirkung:** Suspensiv

Staat / Staatengemeinschaft	Umsatz- und Vermögensschwellenwerte	Anmeldeverfahren
	Und Weltweiter Umsatz von mind. 1 anderem beteiligten Unternehmen DKK 3,8 Milliarden (€ 510 Millionen)	
Finnland	FIM 2 Milliarden (€ 334 Millionen) gemeinsamer / weltweiter Umsatz aller beteiligten Unternehmen **Und** FIM 150 Millionen (€ 25 Millionen) weltweiter Umsatz / jedes von mind. 2 beteiligten Unternehmen **Und** Zielgesellschaft ist in Finnland wirtschaftlich aktiv (d. h. örtliche Präsenz, zB Tochtergesellschaft oder Verkaufsbüro)	**Zeitpunkt:** Obligatorisch, innerhalb 1 Woche nach Vertragsschluß **Dauer:** Phase I: 1 Monat ab Anzeige Phase II: zusätzliche 3 (oder 5 Monate mit Erlaubnis) für die Entscheidung der Finnischen Wettbewerbsbehörde (FWB). Die FWB kann den Wettbewerbsrat anrufen, um die Fusion zu blockieren. Der Rat hat 3 Monate ab der Anrufung Zeit, um zu entscheiden (insgesamt 9 Monate). **Wirkung:** Suspensiv Die FWB kann die aufschiebende Wirkung vor der endgültigen Entscheidung aufheben.
Frankreich	FF 7 Milliarden (€ 1 Milliarde) Umsatz weltweit / gemeinsam / alle Unternehmen, die „wirtschaftlich verbunden" sind **Und** FF 2 Milliarden (€ 304,9 Millionen) Umsatz Frankreich / jeweils mind. 2 an der Fusion beteiligte Unternehmen (inkl. Unternehmen, die „wirtschaftlich verbunden" sind)	Freiwillig (Änderung in zwingend präventive Fusionskontrolle wird noch im Jahr 2001 in Kraft treten.)

Staat / Staatengemeinschaft	Umsatz- und Vermögensschwellenwerte	Anmeldeverfahren
	Oder 25% Marktanteil Frankreich / gemeinsam (inkl. Unternehmen, die „wirtschaftlich verbunden" sind)	
Griechenland	35% Marktanteil gemeinsam / Griechenland / alle beteiligten Unternehmen **Oder** € 150 Millionen Umsatz Griechenland / gemeinsam / alle beteiligten Unternehmen **Und** € 15 Millionen Umsatz in Griechenland / jeweils 2 beteiligte Unternehmen	**Zeitpunkt:** Obligatorisch, innerhalb von 10 Arbeitstagen nach Vertragsschluß oder Veröffentlichung eines Übernahmeangebots **Dauer:** Phase I: 1 Monat ab Anzeige Phase II: 2 Monate ab Einleitung einer eingehenden Untersuchung **Wirkung:** Suspensiv
Großbritannien	UKL 70 Millionen (€ 113,4 Millionen) Wert der übernommenen Brutto-Vermögenswerte / weltweit **Oder** 25% Marktanteil GB / gemeinsam	Freiwillig
Irland	IRL 10 Millionen (€ 12,7 Millionen) Brutto-Vermögenswerte (gesetzlich nicht auf Irland beschränkt*) von mind. 2 an der Fusion beteiligten Unternehmen (wovon ein Unternehmen Geschäfte in Irland tätigt) **Oder** IRL 20 Millionen (€ 25,4 Millionen) Umsatz (gesetzlich nicht auf Irland beschränkt) jedes von mind. 2 beteiligten Unternehmen (wovon ein	**Zeitpunkt:** Obligatorisch, innerhalb eines Monats ab Abgabe eines annahmefähigen Angebots **Dauer:** 3 Monate ab Anmeldung (in unkomplizierten Verfahren in der Praxis 30 Tage) **Wirkung:** Suspensiv **Praxis:** Sofern die Zielgesellschaft die Schwellenwerte in

Staat / Staatengemeinschaft	Umsatz- und Vermögensschwellenwerte	Anmeldeverfahren
	Unternehmen Geschäfte in Irland tätigt) ★ Eine vorherige Erkundigung über die Verwaltungspraxis zur gleichzeitigen Anwendung des Competition Act von 1991 ist angezeigt.	Irland nicht erreicht, wird eine Kurzform-Anzeige ausreichen.
Italien	LIT 714 Milliarden (€ 368,7 Millionen) Umsatz★ Italien / gemeinsam **Oder** LIT 71 Milliarden (€ 36,6 Millionen) Umsatz★ Italien / die fusionierten Unternehmen – Zielgesellschaft – das Joint Venture-Unternehmen ★ Von April 2000 an wird jährlich an die Inflation angepaßt.	**Zeitpunkt:** Obligatorisch, vor der Vollendung der Fusion **Dauer:** Phase I: 30 Tage ab Anzeige Phase II: 45 Tage ab Einleitung einer eingehenden Untersuchung **Wirkung:** Keine Verpflichtung zu suspendieren
Luxemburg	Keine nationale Fusionskontrolle	
Niederlande	NLG 250 Millionen (€ 113 Millionen) Umsatz weltweit / gemeinsam **Und** NLG 30 Millionen (€ 13,6 Millionen) Umsatz Niederlande / jedes von mind. 2 beteiligten Unternehmen	**Zeitpunkt:** Obligatorisch, jederzeit vor Vollzug **Dauer:** Phase I: 4 Wochen ab Anmeldung Phase II: 13 Wochen ab Einleitung einer eingehenden Untersuchung **Wirkung:** Suspensiv (in Ausnahmefällen aufhebbar)
Österreich	ÖS 4.2 Milliarden (€ 305,2 Millionen) gemeinsamer / weltweiter Umsatz **Und** ÖS 210 Millionen (€ 15,3 Millionen) gemeinsamer / österreichischer Umsatz	**Zeitpunkt:** Obligatorisch, vor derm Vollzug der Fusion **Dauer:** Phase I: 4 Wochen ab Anzeige; um 2 Wochen verlängerbar Phase II: 5 Monate ab Anzeige

Staat / Staatengemeinschaft	Umsatz- und Vermögensschwellenwerte	Anmeldeverfahren
	Und ÖS 28 Millionen (€ 2 Millionen) weltweiter Umsatz / jedes von mind. 2 der beteiligten Unternehmen	**Wirkung:** Suspensiv
Portugal	ESC 30 Milliarden (€ 149,6 Millionen) Umsatz Portugal / gemeinsam **Oder** 30% Marktanteil Portugal / gemeinsam	**Zeitpunkt:** Obligatorisch, vor dem Vollzug der Fusion **Dauer:** Phase I: 50 Tage ab der Anmeldung Phase II: 45 Tage ab Einleitung einer eingehenden Untersuchung **Wirkung:** Suspensiv
Spanien	PTAS 40 Milliarden (€ 240 Millionen) Umsatz in Spanien / gemeinsam **Und** PTAS 10 Milliarden (€ 60 Millionen) Umsatz in Spanien / jedes von mind. 2 beteiligten Unternehmen **Oder** 25% Marktanteil in Spanien gemeinsam	**Zeitpunkt:** Obligatorisch, vor dem Vollzug der Fusion; bei öffentlichem Übernahmeangebot innerhalb von 5 Tagen nach Anzeige an Börsenaufsicht **Dauer:** Phase I: 1 Monat ab Anmeldung Phase II: 4 Monate ab Anmeldung **Wirkung:** Suspensiv
Schweden	Gemeinsamer weltweiter Umsatz von SKR 4 Milliarden (€ 454,5 Millionen) **Und** Umsatz in Schweden von mind. 2 Parteien überschreitet jeweils SKR 100 Millionen (€ 11 Millionen)	**Zeitpunkt:** Obligatorisch, vor Vollendung der Fusion **Dauer:** Phase I: 25 Werktage Phase II: zusätzlich 3 Monate **Wirkung:** Obligatorische Suspendierung während Phase I; während Phase II Suspendierung möglich

Staat / Staatengemeinschaft	Umsatz- und Vermögensschwellenwerte	Anmeldeverfahren
EFTA-Staaten		
Island	Keine nationale Fusionskontrolle	
Liechtenstein	Keine nationale Fusionskontrolle	
Norwegen	Keine gesetzlichen Schwellenwerte Unwahrscheinlich, daß Wettbewerbsbehörde interveniert, wenn die Unternehmen keinen Marktanteil von 40% haben und der gemeinsame Marktanteil der drei größten Wettbewerber, inklusive des fusionierten Rechtssubjekts 60% nicht überschreitet.	Freiwillig
Schweiz	Weltweiter Umsatz der beteiligten Unternehmen mind. SFR 2 Milliarden (ca. € 1,25 Milliarden) **Oder** Umsatz dieser Unternehmen innerhalb der Schweiz mind. SFR 500 Millionen (ca. € 312 Millionen) **Und** (in beiden Fällen) Umsatz in der Schweiz von mind. 2 der Unternehmen jeweils mind. SFR 100 Millionen (ca. € 62 Millionen).	**Zeitpunkt:** Obligatorisch, vor der Vollendung der Fusion **Dauer:** Phase I: 1 Monat Wartezeit Phase II: zusätzlich 4 Monate Untersuchung **Wirkung:** Suspensiv Die Parteien können ein beschleunigtes Verfahren beantragen.
Sonstige Nicht-EU-Staaten		
Bulgarien	20% Marktanteil in Bulgarien / gemeinsam hinsichtlich aller Güter und Dienste, auf die sich die vorgeschlagene Fusion bezieht **Oder** Weltweiter Umsatz der beteiligten Unternehmen überschreitet Levs 15 Milliarden (ca. € 7,7 Milliarden)	**Zeitpunkt:** Obligatorisch, vor der Vollendung der Fusion **Dauer:** 1 Monat; wird eine eingehende Untersuchung angeordnet, wird die Frist um 3 Monate verlängert **Wirkung:** Suspensiv

Staat / Staatengemeinschaft	Umsatz- und Vermögensschwellenwerte	Anmeldeverfahren
Estland	Kroons 100 Millionen (€ 6,39 Millionen) Umsatz aller beteiligten Unternehmen **Oder** 40% Marktanteil der beteiligten Unternehmen, einzeln oder zusammen	**Zeitpunkt:** Obligatorisch, vor der Fusion **Dauer:** ★ **Wirkung:** Suspendierung für einen Monat ab vollständiger Anmeldung
Jugoslawien	Der gemeinsame Gesamtumsatz aller beteiligten Unternehmen in Jugoslawien mind. YUN 700 Million (ca. € 64 Millionen) **Und** Der Umsatz in Jugoslawien von mind. 2 beteiligten Unternehmen überschreitet jeweils YUN 90 Millionen (ca. € 8,23 Millionen)	**Zeitpunkt:** Obligatorisch, vor der Fusion **Dauer:** ★ **Wirkung:** ★
Kroatien	HRK 700 Millionen (€ 9,021 Millionen) gemeinsamer / weltweiter Umsatz **Oder** HRK 90 Millionen (€ 11,8 Millionen) Umsatz in Kroatien, jedes Unternehmen	**Zeitpunkt:** Obligatorisch, vor der Vollendung der Fusion **Dauer:** 90 Tage **Wirkung:** ★
Lettland	Gemeinsamer Umsatz der beteiligten Unternehmen in Lettland von mind. Lats 25 Millionen (€ 43 Millionen) **Und** Mind. 1 der beteiligten Unternehmen nimmt eine beherrschende Stellung in einem beliebigen relevanten Markt (vor der Fusion) ein, d. h.: (I) Marktanteil von über 40% und	**Zeitpunkt:** Obligatorisch, 1 Woche nach der Entscheidung zur Fusion **Dauer:** ★ **Wirkung:** Suspensiv

---

★ Keine abschließenden Informationen erhältlich.

Staat / Staatengemeinschaft	Umsatz- und Vermögensschwellenwerte	Anmeldeverfahren
	(II) Möglichkeit, erheblich den Wettbewerb in Lettland zu verhindern, einzuschränken oder zu verzerren	
Litauen	Gemeinsamer Umsatz der beteiligten Unternehmen überschreitet in Litauen Litai 30 Millionen (ca. € 7,5 Millionen) **Und** Der gesamte Umsatz von mind. 2 der Parteien in Litauen überschreitet jeweils Litai 5 Millionen (ca. € 1,25 Millionen)	**Zeitpunkt:** Obligatorisch, innerhalb einer Woche ab Abgabe eines Angebots (Vertrag, Aktien- oder Vermögenserwerb); spätestens innerhalb dieser Frist ab Vertragsschluß oder Erwerb **Dauer:** 4 Monate ab Anmeldung **Wirkung:** Suspensiv
Polen	Fusionen, bei denen der gemeinsame weltweite Umsatz aller beteiligten Unternehmen PLZ 96,5 Millionen (€ 25 Millionen) überschreitet **Oder** Unternehmenskäufe, bei welchen der Vermögenswert PLZ 19,2 Millionen (€ 5 Millionen) überschreitet **Oder** Anteilskäufe, bei denen der jährliche weltweite Gruppenumsatz, zu denen die beteiligten Unternehmen gehören, PLZ 96,5 Millionen (€ 25 Millionen) überschreitet	**Zeitpunkt:** Obligatorisch, innerhalb von 14 Tagen ab Abschluß des Kaufvertrags (Aktien / Unternehmen), der unter der Bedingung der Fusionsfreigabe steht **Dauer:** 2 Monate ab Anmeldung (verlängerbar) **Wirkung:** Nicht-suspensiv, wenn die Transaktion keine dominante Marktposition schafft oder stärkt
Rumänien	ROL 25 Milliarden (ca. 1,4 Millionen €) Umsatz in Rumänien	**Zeitpunkt:** Obligatorisch, nach dem Vollzug der Fusion **Dauer:** Phase I: 30 Tage Phase II: 4 zusätzliche Monate

Staat / Staaten-gemeinschaft	Umsatz- und Vermögens-schwellenwerte	Anmeldeverfahren
Russische Föderation	Vorherige Zustimmung des Ministeriums für Anti-Mono-pol-Politik und Unterstützung des Unternehmertums („MAP") ist erforderlich bei dem Erwerb in den folgenden 3 Fällen: (a) Der Erwerb durch eine Person oder eine Gruppe von Personen von Stimmenanteilen oder anderen Geschäftsbeteiligungen am Gründungskapital einer Wirtschaftsgesellschaft, in welcher eine solche Person oder Gruppe von Personen das Recht erhält, über mehr als 20% solcher Anteile oder anderer Geschäftsbeteiligungen zu verfügen. (b) Der Erwerb von produktiven Sachanlagen und immateriellen Vermögenswerten eines Wirtschaftssubjekts durch ein anderes Wirtschaftssubjekt, wenn der Buchwert der betreffenden Vermögenswerte 10% des Buchwerts der gesamten produktiven Sachanlage und immateriellen Vermögensgüter des Wirtschaftssubjekts, das über solche Vermögenswerte verfügt, überschreitet. (c) Der Rechtserwerb durch eine Person, der es ermöglicht, die Bedingungen für das Verhalten eines Wirtschaftssubjekts in Bezug auf seine unternehmerische Aktivitäten zu bestimmen oder die Funktionen des Exekutivkörpers auszuführen.	**Zeitpunkt:** Obligatorisch, vor der Fusion **Dauer:** 30 Tage Wartezeit-Periode (kann um 15 Tage verlängert werden) **Wirkung:** Suspensiv

Staat / Staatengemeinschaft	Umsatz- und Vermögensschwellenwerte	Anmeldeverfahren
	Und Die Zielgesellschaft hat eine rechtliche Niederlassung in Rußland Die angegebenen Vermögensschwellenwerte werden überschritten, wenn der gemeinsame Bilanzwert des Vermögens der beteiligten Unternehmen, auf den sich das relevante der drei oben dargestellten Kriterien bezieht (Erwerber und Zielgesellschaft), 100 000 mal den gesetzlichen monatlichen Mindestlohn (ca. € 374 722) überschreitet. Der gesetzliche Mindestlohn ist in Rubel und wird periodisch der Inflation entsprechend angepaßt.	
Slowakische Republik	Weltweiter Umsatz der beteiligten Unternehmen beträgt mind. Koruna 300 Millionen (ca. € 6,9 Millionen) **Und** Mind. 2 der beteiligten Unternehmen hatten jeweils einen weltweiten Umsatz von Koruna 100 Millionen (ca. € 2,33 Millionen) **Oder** Der weltweite Umsatz der beteiligten Unternehmen in Hinsicht auf die Fusion überschreitet 20% des gesamten Umsatzes von identischen oder substituierbaren Gütern auf dem relevanten Produktmarkt in der Slowakischen Republik	**Zeitpunkt:** Obligatorisch, innerhalb von 15 Tagen nach Vertragsschluß, Veröffentlichung des Übernahmeangebots oder des Kontrollerwerbs **Dauer:** Phase I: 60 Tage (verlängerbar bei Anforderung zusätzlicher Information durch die Regulierungsbehörde) Phase II: zusätzliche 3 Monate **Wirkung:** Suspensiv

Staat / Staatengemeinschaft	Umsatz- und Vermögensschwellenwerte	Anmeldeverfahren
Slowenien	Gemeinsamer weltweiter Umsatz aller beteiligten Unternehmen, der Tolars 8 Milliarden (€ 40 Millionen) vor Steuern auf dem Slowenischen Markt in den beiden letzten Jahren überschreitet **Oder** Alle beteiligten Unternehmen erreichen zusammen mehr als 40% der gesamten Verkäufe, Käufe oder anderer Transaktionen in einem erheblichen Teil des Slowenischen Markts in Bezug auf die Produkte, die Gegenstand der Transaktion oder substitutiv hierzu sind	**Zeitpunkt:** Obligatorisch, innerhalb einer Woche ab Vertragsschluß, Veröffentlichung des Übernahmeangebots oder des Kontrollerwerbs **Dauer:** 30 Tage ab Anmeldung **Wirkung:** Nur suspensiv, wenn durch die Wettbewerbsbehörde angeordnet
Tschechische Republik	Über 30% Marktanteil Tschechische Republik / gemeinsam	**Zeitpunkt:** Obligatorisch, innerhalb einer Woche nach Vertragsschluß **Dauer:** 30 Tage, in schwierigen Fällen 60 Tage, Verlängerung möglich **Wirkung:** Suspensiv
Türkei	25% Marktanteil Türkei **Oder** TRL 25 Billionen (ca. € 48 Millionen) Umsatz / Türkei / gemeinsam im relevanten Produktmarkt	**Zeitpunkt:** Obligatorisch, (vorzugsweise 30 Tage) vor Vollzug der Fusion **Dauer:** 30 Tage; Verfristung kann von den Behörden gehemmt werden **Wirkung:** Suspensiv

Staat / Staatengemeinschaft	Umsatz- und Vermögensschwellenwerte	Anmeldeverfahren
Ukraine	Gesamtvermögen oder -umsatz der beteiligten Unternehmen überschreitet 64,97 Millionen UAH (€ 12,7 Millionen) **Und** Mind. 1 Unternehmen hat jeweils Gesamtvermögen oder -umsatz von mind. UAH 5,42 Millionen (€ 1,06 Millionen) **Oder** Das zusammengefaßte Rechtssubjekt hat einen Marktanteil von 35% **Oder** Mindestens 1 Unternehmen hält eine Monopolposition auf dem Markt aufrecht **Und** Niederlassung in der Ukraine	**Zeitpunkt:** Obligatorisch, vor dem Vollzug der Fusion **Dauer:** 30 Tage; Überprüfungsfrist kann um 60 bis 90 Tage erweitert werden **Wirkung:** Suspensiv
Ungarn	Netto-Umsatz aller beteiligten Unternehmen in Ungarn überschreitet HUF 10 Milliarden (ca. € 40 Millionen) **Und** Netto-Umsatz der Zielgesellschaft oder mind. 2 der beteiligten Unternehmen überschreiten HUF 500 Millionen (ca. € 2 Millionen) **Oder** 1 beteiligtes Unternehmen tätigte Fusionen und / oder Erwerbungen von mind. HUF 500 Millionen (ca. € 2 Millionen) in den 2 vorherigen Jahren (inklusive die fragliche Fusion / Erwerbung).	**Zeitpunkt:** Obligatorisch, innerhalb von 8 Tagen ab Vertragsschluß, Veröffentlichung des Übernahmeangebots oder Kontrollerwerb **Dauer:** 90 (+ 60) Tage Wartezeit **Wirkung:** Suspensiv
Zypern	Keine Fusionskontrolle	

§ 26 Unternehmensübernahmen im Steuerrecht

Übersicht

	Rn
A. Vorbemerkung/Grundlagen	1
I. Allgemeines	1
II. Eckpunkte der Unternehmenssteuerreform 2001	5
1. Körperschaftsteuerreform	5
a) Einführung des Halbeinkünfteverfahrens	5
b) Gewinnbesteuerung auf Ebene der Körperschaft	6
c) Besteuerung der privaten Gesellschafter	7
d) Verschärfung der Hinzurechnungsbesteuerung	8
e) Übergangsregelung	9
f) Organschaft	11
2. Besteuerung von Personengesellschaften/Einzelunternehmen	13
3. Zeitliche Anwendung	14
4. Auswirkungen der Unternehmenssteuerreform auf die Steuerbelastung	18
III. Zu erwartende Gesetzesänderungen: Bericht zur Fortentwicklung des Unternehmenssteuerrechts	21
1. Veräußerung von Anteilen an Personengesellschaften	23
a) Veräußerung von Teilen von Anteilen an Personengesellschaften	23
b) Gewerbesteuerpflichtige Veräußerung von Anteilen an Personengesellschaften	24
2. Veräußerung von Anteilen an Kapitalgesellschaften	25
a) Grenzüberschreitender Anteilstausch	25
b) Steuerfreie Beteiligungsveräußerung durch natürliche Personen	26
3. Veräußerung von Kapitalgesellschaftsbeteiligungen durch Personengesellschaften	27
4. Organschaft	28
5. Begrenzung des Betriebsausgabenabzugs bei steuerfreiem Dividendenbezug	29
6. Grunderwerbsteuer im Konzern	30
7. Außensteuerrecht	31
B. Besteuerung des Unternehmensveräußerers	32
I. Veräußerung von Betrieben, Einzelunternehmen und Personengesellschaften	32
1. Veräußerung durch natürliche Personen	32
a) Grundlagen	32
b) Veräußerung des ganzen Unternehmens (Betriebs)	39
c) Veräußerung eines Teilbetriebs	47
d) Veräußerung eines Mitunternehmeranteils (Personengesellschaftsanteils)	52

	Rn
e) Zeitpunkt der Veräußerung	57
f) Bestimmung des Veräußerungsgewinns	59
g) Besteuerung des Veräußerungsgewinns	69
aa) Freibetrag nach § 16 Abs. 4 EStG 2001 für Veräußerungs- und Aufgabegewinne	69
bb) Tarifermäßigung des Veräußerungsgewinns	70
(1) Tarifermäßigung für außerordentliche Einkünfte	70
(2) Tarifermäßigung für aus dem Berufsleben ausscheidende Unternehmer	73
h) Auf Anteile an Kapitalgesellschaften entfallender Teil des Veräußerungsgewinns	77
i) Auf ausländische Betriebsstätten entfallende Veräußerungsgewinne	79
j) Besteuerung des Erwerbers	82
aa) Erwerb von Einzelunternehmen und Betrieben	82
bb) Erwerb von Anteilen an Personengesellschaften	83
cc) Verteilung der Anschaffungskosten	87
k) Besteuerungsaufschub bei Beteiligungserwerb durch Eintritt in eine bereits bestehende Personengesellschaft ohne Ausscheiden eines bisherigen Gesellschafters	93
l) Besonderheiten bei Sozietätsgründung/ Veräußerung einer freiberuflichen Praxis	95
aa) Praxisveräußerung	96
bb) Sozietätsgründung	97
m) Veräußerung von Anteilen an vermögensverwaltenden Personengesellschaften	98
aa) Im Betriebsvermögen gehaltene Anteile	99
bb) Anteile im Privatvermögen	100
2. Veräußerung durch Kapitalgesellschaften	101
a) Veräußerung von Anteilen an Personengesellschaften	102
b) Betriebsveräußerung	105
3. Gewerbesteuer	107
a) Veräußerung von Betrieben/Personengesellschaftsanteilen durch natürliche Personen bzw. Personengesellschaften	107
b) Veräußerung von Betrieben/Personengesellschaftsanteilen durch Kapitalgesellschaften	113
c) Veräußerung von Anteilen an Kapitalgesellschaften durch Personengesellschaften	114
II. Veräußerung von Anteilen an Kapitalgesellschaften	117
1. Veräußerung von Anteilen an Kapitalgesellschaften durch Kapitalgesellschaften	117
a) Rechtslage bis 2002: Veräußerung von Anteilen an inländischen Kapitalgesellschaften	117
b) Rechtslage ab 2002: Veräußerung von Anteilen an inländischen Kapitalgesellschaften	121

	Rn
aa) Veräußerungsgewinne	121
(1) Steuerbefreiung von Veräußerungsgewinnen ab 2002	121
(2) Steuerbefreiung ab 2001 bei Bildung eines Rumpfwirtschaftsjahrs	123
(3) Steuerbefreiung bei über Personengesellschaften gehaltenen Anteilen	125
(4) Steuerbefreiung bei vorangegangener Teilwertabschreibung, verdeckter Einlage und verdeckter Gewinnausschüttung	127
(5) Einbringungsgeborene Anteile, unter dem Teilwert erworbene Anteile	129
(6) Beteiligungen an Organgesellschaften/ eigene Anteile	133
bb) Veräußerungsverluste	135
c) Veräußerung von Anteilen an ausländischen Kapitalgesellschaften	139
aa) Rechtslage nach Inkrafttreten der Unternehmenssteuerreform 2001	139
bb) Rechtslage vor Inkrafttreten der Unternehmenssteuerreform 2001	141
d) Bestimmung des Veräußerungsgewinns, Veräußerungs- und Erwerbskosten	145
2. Anteilsveräußerung durch natürliche Personen	148
a) Veräußerung von Anteilen an Kapitalgesellschaften aus dem Betriebsvermögen	148
aa) Rechtslage bis 2002	148
bb) Rechtslage ab 2002	150
b) Veräußerung von Anteilen an Kapitalgesellschaften aus dem Privatvermögen	153
aa) Veräußerung von Beteiligungen iSd. § 17 EStG (wesentliche Beteiligungen)	154
(1) Rechtslage bei Veräußerung von Inlandsbeteiligungen bis 2002	154
(2) Rechtslage bei Veräußerung von Inlandsbeteiligungen ab 2002	160
(3) Rechtslage ab 2001 bei Veräußerung von Auslandsbeteiligungen	163
(4) Bestimmung des Veräußerungsgewinns/ Veräußerungskosten	165
(5) Gestaltungsüberlegungen	174
bb) Spekulationsgewinne	177
cc) Veräußerungsverluste	181
(1) Veräußerungsverluste bei im Betriebsvermögen gehaltenen Anteilen	181
(2) Verluste aus der Veräußerung wesentlicher Beteiligungen	182
(3) Spekulationsverluste	185

	Rn

3. Besonderheiten bei Kreditinstituten, Finanzdienstleistern und Finanzunternehmen (insbes. Holdinggesellschaften) 187
4. Besteuerung des ausländischen Verkäufers 193
    a) Veräußerung durch ausländische Kapitalgesellschaften 193
    b) Veräußerung durch ausländische private Anteilseigner............................. 197
    c) Spekulationsgewinne...................... 198
    d) Veräußerung von Anteilen an ausländischen Kapitalgesellschaften durch ausländische Veräußerer 199
5. Hinzurechnungsbesteuerung bei Veräußerung von Kapitalgesellschaftsbeteiligungen durch ausländische Kapitalgesellschaften 200
    a) Grundlagen 200
    b) Anwendung von § 8b Abs. 2 KStG 2001 auf Veräußerungsgewinne von Zwischengesellschaften? 206
6. Nutzung der Steuerfreiheit von Veräußerungsgewinnen ab 2002 bei steuerverhafteten Beteiligungen 207
    a) Gestaltungsziele......................... 207
    b) Grundlagen 209
    c) Joint Venture-Modelle..................... 213
    d) Wertpapierleihe......................... 216
    e) Kapitalerhöhung......................... 222
    f) Umwandlung der Zielgesellschaft in eine KGaA .. 226
7. Verminderung der Steuerbelastung des Veräußerers und/oder des Erwerbers durch Ausschüttungsgestaltung 227
    a) Ausschüttungsgestaltung bis 2002............. 228
        aa) Ausschüttung von steuerfreien Gewinnrücklagen aus Auslandseinkünften (EK 01) 228
        bb) Ausschüttung von belastetem verwendbaren Eigenkapital......................... 230
    b) Ausschüttungsgestaltung ab 2002 231
        aa) Kapitalgesellschaft als Veräußerer 231
        bb) Natürliche Personen als Veräußerer......... 232

C. **Besteuerung des Erwerbers** 233
    I. Transformation von Anschaffungskosten in Abschreibungspotential/Realisierung erworbener Körperschaftsteueranrechnungs- und -minderungsguthaben 233
        1. Erwerb von Einzelunternehmen und Anteilen an Personengesellschaften 234
        2. Erwerb von Anteilen an inländischen Kapitalgesellschaften 236
            a) Grundlagen 236

	Rn
aa) Share Deal	237
bb) Asset Deal	238
cc) Unternehmenskaufmodelle	239
b) Kombinationsmodell	240
aa) Grundlagen	240
bb) Wegfall des Kombinationsmodells ab 2002	243
cc) Anwendbarkeit des Kombinationsmodells bis 2002	244
c) Mitunternehmerschaftsmodell	246
aa) Grundlagen	246
bb) Durchführung des Mitunternehmerschaftsmodells durch Begründung einer atypisch stillen Beteiligung	247
d) Umwandlungsmodell	253
aa) Rechtslage bis 2001	254
bb) Rechtslage ab 2001	258
e) Organschaftsmodell	259
aa) Beteiligungserwerb durch natürliche Personen	260
bb) Beteiligungserwerb durch Kapitalgesellschaften	267
f) Verteilung der Anschaffungskosten auf die Wirtschaftsgüter der Zielgesellschaft	270
g) Sperrbetrag nach § 50c EstG	271
aa) Grundlagen	271
bb) Vermeidungsstrategien	273
h) Realisierung von Körperschaftsteuerminderungsguthaben	278
aa) Beteiligungserwerb an der Zielgesellschaft über eine ausländische Erwerbsgesellschaft	282
bb) Formwechsel in eine Personengesellschaft	283
i) Erwerb von Anteilen an ausländischen Kapitalgesellschaften	288
II. Steuerliche Abzugsfähigkeit von Finanzierungskosten	290
1. Grundlagen	290
2. Unternehmenserwerb durch inländische Erwerber	293
a) Erwerb von Anteilen an Kapitalgesellschaften	293
aa) Finanzierungskosten im Zusammenhang mit steuerbefreiten Inlandsdividenden bei Erwerb von Anteilen an inländischen Kapitalgesellschaften	293
(1) Abzugsbeschränkung bei Finanzierungskosten im Zusammenhang mit dem Beteiligungserwerb	293
(2) Veranlassungszusammenhang	294
(3) Keine Begrenzung des Betriebsausgabenabzugs, soweit die Refinanzierungsaufwendungen die ausgeschütteten Dividenden übersteigen	298
(4) Gestaltungshinweise	299

Rn

      bb) Finanzierungskosten im Zusammenhang mit steuerbefreiten Auslandsdividenden bei Erwerb von Anteilen an ausländischen Kapitalgesellschaften 300
      cc) Finanzierungskosten im Zusammenhang mit nach dem Halbeinkünfteverfahren hälftig steuerbefreiten Dividenden 305
   b) Erwerb von Personengesellschaften/Betrieben.... 308
  3. Erwerb inländischer Unternehmen durch ausländische Erwerber 312
   a) Erwerb von Anteilen an Kapitalgesellschaften (Begrenzung der Gesellschafterfremdfinanzierung nach § 8a KStG) 312
      aa) Grundlagen 312
      bb) Holding-Privileg. 322
      cc) Sonderprobleme beim Beteiligungserwerb ... 328
      dd) Vermeidungsstrategien. 333
        (1) Zwischenschaltung von Personengesellschaften 333
        (2) Direkte Fremdfinanzierung nachgeschalteter Personengesellschaften durch Steuerausländer. 337
        (3) Alternative Finanzierungsinstrumente ... 338
        (4) Kapitalmaßnahmen 339
   b) Erwerb von Einzelunternehmen/Personengesellschaften 340
III. Steuerliche Nutzung von Verlusten 341
  1. Grundlagen. 341
   a) Verwertung von Verlustvorträgen 341
   b) Verlustverrechnung bei Beteiligungserwerb an Personengesellschaften und Betriebserwerb 343
      aa) Verlustausgleichsbegrenzung nach § 2 Abs. 3 EStG 344
      bb) Verlustausgleichsbegrenzung nach § 2b EStG . 345
      cc) Verluste aus ausländischen Betriebsstätten 346
      dd) Gewerbesteuerliche Verluste von Personengesellschaften 347
  2. Verlustvorträge bei Erwerb von Anteilen an inländischen Personengesellschaften 348
  3. Verlustvorträge bei Erwerb von Anteilen an Kapitalgesellschaften 351
   a) Grundlagen 351
   b) Tatbestandsvoraussetzungen eines Wegfalls von Verlustvorträgen 354
      aa) Übertragung von mehr als 50% der Anteile .. 354
      bb) Zuführung von überwiegend neuem Betriebsvermögen. 356
      cc) Sanierungsfälle 358
   c) Gestaltungsmöglichkeiten 360

	Rn
aa) Forderungsverzicht gegen Besserungsschein	360
bb) Aufstockung stiller Reserven	362
cc) Leasingfinanzierungen/Betriebsverpachtung	363
dd) Zuführung neuen Betriebsvermögens durch die Altgesellschafter	364
IV. Vermeidung von Doppelbesteuerungen/Verminderung von Quellensteuer	365
1. Erwerb ausländischer Unternehmen durch Steuerinländer	366
a) Erwerb ausländischer Betriebsstätten, Einzelunternehmen oder Personengesellschaften	366
b) Erwerb von Anteilen an ausländischen Kapitalgesellschaften	369
aa) Beteiligungserwerb durch Kapitalgesellschaften	369
bb) Beteiligungserwerb durch natürliche Personen	371
2. Erwerb inländischer Unternehmen durch Steuerausländer	372
a) Erwerb von Anteilen an inländischen Personengesellschaften	372
b) Vermeidung von Kapitalertragsteuern bei Erwerb von Anteilen an inländischen Kapitalgesellschaften	373
aa) Zwischenschalten von ausländischen Gesellschaften	375
(1) Ausländische Gesellschaft	377
(2) Beteiligung von Personen, denen die Steuerentlastung bei direkter Beteiligung nicht zusteht	378
(3) Wirtschaftlich beachtlicher Grund	380
(4) Eigene wirtschaftliche Tätigkeit	382
(5) Rechtsfolge	383
bb) Zwischenschaltung von inländischen gewerblichen Personengesellschaften	384
D. Beteiligungserwerb durch Anteilstausch, Einbringung oder Umwandlung	**386**
I. Beteiligungserwerb durch Anteilstausch	386
1. Inländischer Anteilstausch	389
2. Grenzüberschreitender Anteilstausch	392
3. Steuerverstrickung der im Tauschwege erhaltenen Anteile	397
4. Veräußerung der im Wege des Anteilstauschs erworbenen einbringungsgeborenen Anteile ab 2002	400
a) Veräußerung durch natürliche Personen als Einbringende	400
b) Veräußerung durch Kapitalgesellschaften als Einbringende	407
c) Veräußerung durch die übernehmende Kapitalgesellschaft	411

	Rn
II. Beteiligungserwerb durch Einbringung von Betrieben, Teilbetrieben oder Mitunternehmeranteilen	414
1. Grundlagen	414
2. Rechtsfolgen	422
a) Aufnehmender Rechtsträger	423
b) Einbringender Rechtsträger	424
aa) Einbringung in eine Kapitalgesellschaft	425
bb) Einbringung in eine Personengesellschaft	428
III. Beteiligungserwerb im Wege der Verschmelzung/ Spaltung von Kapitalgesellschaften	429
E. Unternehmenskauf und Organschaft	**436**
I. Voraussetzungen und steuerliche Auswirkungen der körperschaft- und gewerbesteuerlichen Organschaft	436
1. Organgesellschaft	440
2. Organträger	441
3. Finanzielle Eingliederung	444
4. Organisatorische Eingliederung	445
5. Wirtschaftliche Eingliederung	447
6. Ergebnisabführungsvertrag	451
7. Mehrmütterorganschaft	458
II. Vororganschaftliche Verlustvorträge	464
1. Körperschaftsteuer	465
2. Gewerbesteuer	469
3. Vorteile und Nachteile der Organschaft	470
a) Vorteile	470
b) Nachteile	475
III. Begründung und Beendigung der Organschaft beim Unternehmenskauf	480
1. Verkauf von Organschaftsbeteiligungen	480
2. Umwandlung des Organträgers	487
3. Umwandlung der Organgesellschaft	491
F. Grunderwerbsteuer beim Unternehmenskauf	**495**
I. Grundlagen/Asset Deal	495
II. Erwerb von Anteilen an Kapitalgesellschaften	497
III. Erwerb von Beteiligungen an Personengesellschaften	505
1. Anteilsvereinigung iSd. § 1 Abs. 3 GrEStG	506
2. Wechsel von mindestens 95% der Gesellschafter	508
IV. Postakquisitorische Umstrukturierung	518
1. Umwandlung der Zielgesellschaft	518
2. Anteilsübertragungen im Konzern	520
3. Grundstückserwerb von der Gesellschaft durch den Gesellschafter	528
a) Grundstückserwerb von einer Personengesellschaft	528
b) Grundstückserwerb von einer Kapitalgesellschaft	529

	Rn
G. Sonderprobleme des Unternehmenskaufs	530
I. Beteiligung des Erwerbers am laufenden Jahresgewinn	530
1. Gewinnansprüche bei der Veräußerung von GmbH-Anteilen	530
2. Gewinnzuweisung bei der Veräußerung von Personengesellschaften	536
II. Übergang des wirtschaftlichen Eigentums an GmbH-Anteilen	537
1. Grundlagen	537
2. Kauf- und Verkaufsoptionen an Kapitalgesellschaftsanteilen	541
3. Aufschiebende Bedingungen	543
4. Auflösende Bedingungen	544
5. Rückwirkung	545
III. Ablösung von Gesellschafter-Pensionszusagen	546
H. Strukturierung von Managementbeteiligungen	549
I. Grundlagen	549
II. „Sweet Equity"	550
III. Aktienoptionen („stock-options")	556
IV. Leverage-Modelle	563
I. Beteiligungserwerb über Personengesellschaften/ Private Equity Fonds	566
I. Grundlagen	566
II. Beteiligung von inländischen Privatanlegern	568
III. Beteiligung von inländischen Kapitalgesellschaften (institutionellen Investoren)	573
IV. Besteuerungsrisiken aus dem Auslandinvestmentgesetz	577
J. Umsatzsteuer beim Unternehmenskauf	579
I. Grundlagen	579
II. Anteilsveräußerung (Share Deal)	580
1. Veräußerung von Anteilen an Personengesellschaften	580
2. Veräußerung von Anteilen an Kapitalgesellschaften	586
3. Umsatzsteueroption	588
III. Betriebsveräußerung (Asset Deal)	589
1. Geschäftsveräußerung	592
2. Übertragung der wesentlichen Betriebsgrundlage(n)	594
3. Gesondert geführter Geschäftsbetrieb	597
4. Erwerb durch einen Unternehmer für dessen Unternehmen	598
5. Vorsteuerabzug	599
6. Vorsteuerberichtigung	600
7. Fehlbeurteilungen	604
8. Abtretung des Vorsteuer-Erstattungsanspruchs	608
IV. Postakquisitorische Umstrukturierung	609
1. Verschmelzung	610
2. Spaltung	612
3. Formwechsel	616

	Rn
K. **Problembereiche der steuerlichen Due Diligence**	617
I. Gegenstand der steuerlichen Due Diligence	617
II. Ausgewählte Problembereiche der steuerlichen Due Diligence	620
1. Verdeckte Gewinnausschüttungen	620
2. Gesellschafterfremdfinanzierung	625
3. Organschaft	626
4. Verlustvorträge	627
a) Gefährdung von Verlustvorträgen durch Umstrukturierungen	628
b) Nachträglicher Wegfall von Verlustvorträgen	629
5. Spaltung	630
6. Einbringungsgeborene Anteile/unter dem Teilwert erworbene Anteile	631
7. Steuerneutrale Einbringung in Personengesellschaften	635
8. Sperrbetrag nach § 50c EStG	636
9. Hinzurechnungsbesteuerungsrisiken	637
10. Hinzurechnung von Verlusten aus ausländischen Betriebsstätten	640
11. Investitionszulagen/Sonderabschreibungen	641
12. Wertaufholungsrisiken	642
13. Forderungsverzichte	644
14. Unverzinsliche Darlehen	645
15. Grunderwerbsteuer	646
16. Abzugsteuern	647
a) Kapitalertragsteuerabzug bei Auslandsbeziehungen	647
b) Steuerabzug nach § 50a EStG	649
c) Umsatzsteuern im Abzugsverfahren	651
17. Lohnsteuer und Sozialversicherungsabgaben	653
a) Lohnsteuerpauschalierung für Teilzeitbeschäftigte	654
b) Scheinselbständigkeit	655
c) Arbeitnehmerfinanzierte Vorsorgemodelle („deferred compensation")	656
d) Aktienoptionspläne	657
18. Besonderheiten bei Kreditinstituten/Finanzdienstleistern	659
L. **Berücksichtigung der Steuerreform bei der Unternehmensbewertung**	660

Schrifttum: *Arthur Andersen,* Körperschaftsteuergesetz: Kommentar (Losebl.), Stand: November 2000; *Bärtels,* Zum Anteilsaustausch über die Grenze nach Abschaffung des Tauschgutachtens, IStR 1999, 462; *Bergemann,* Unternehmenssteuerreform 2001: Schwerpunkte des Steuersenkungsgesetzes, DStR 2000, 1410; *Birkenfeld,* Das große Umsatzsteuer-Handbuch, Bd. I und II, 3. Aufl. 1998; *Blumers/Beinert,* Unternehmenskauf und Mitunternehmermodelle, DB 1997, 1636; *Blumers/Beinert/Witt,*

Unternehmenskaufmodelle nach der Steuerreform, DStR 2001, 233; *Blümich,* Einkommensteuergesetz, Körperschaftsteuergesetz, Gewerbesteuergesetz: Kommentar (Losebl.), Stand: September 2000; *Bogenschütz/Striegel,* Gewerbesteuerliche Behandlung der Veräußerung von Anteilen an Kapitalgesellschaften durch Personengesellschaften, DB 2000, 2547; *Boruttau,* Grunderwerbsteuergesetz: Kommentar, 14. Aufl. 1997; *Braunschweig, Ph. von,* Steuergünstige Gestaltung von Mitarbeiterbeteiligungen in Management-Buy-Out-Strukturen, DB 1998, 1831; *Breuninger/Frey,* Erste Anmerkungen zum Entwurf des BMF-Schreibens zur Anwendung von § 8 Abs. 4 KStG n. F. und § 12 Abs. 3 UmStG nF, GmbHR 1998, 866; *Brinkmeier,* Vororganschaftliche Verluste in einem mehrstufigen Organkreis, GmbH-StB 2000, 129; *Debatin/Wassermeyer,* Doppelbesteuerung: Kommentar (Losebl.), Stand: September 2000; *Dötsch/Eversberg/Jost/Witt,* Die Körperschaftsteuer (Losebl.), Stand: Dezember 2000; *Dötsch/Pung,* Steuersenkungsgesetz: Die Änderungen bei der Körperschaftsteuer und bei der Anteilseignerbesteuerung, DB Beilage Nr. 10/2000; *Eilers/Wienands,* Konzerninterne Restrukturierungen im Lichte des neuen § 8 Abs. 4 KStG, FR 1998, 828; *Eilers/Wienands,* Gestaltungsüberlegungen zur Strukturierung von Unternehmenskäufen nach der BFH-Entscheidung vom 27. 3. 1996 – IR 89/95, GmbHR 1997, 577; *Eisgruber,* Unternehmenssteuerreform 2001: Das Halbeinkünfteverfahren auf der Ebene der Körperschaft, DStR 2000, 1493; *Flick, Hans,* Deutsche Aktivitäten von Ausländern über ausländische Zwischengesellschaften und die Missbrauchsgesetzgebung des § 50d Abs. 1a EStG, IStR 1994, 223; *Förster/van Lishaut,* Steuerliche Folgen der Umwandlung einer Kapitalgesellschaft in ein Personenunternehmen nach neuem Umwandlungsrecht, FR 2000, 1189; *Fuchs/Lieber,* Grunderwerbsteuer bei Organschaft – Inflation von Grunderwerbsteuertatbeständen?, DStR 2000, 1333; *Glanegger/Güroff,* Gewerbesteuergesetz: Kommentar, 4. Aufl. 1999; *Gondert/Behrens,* Vereinbarungen über den Gewinn des laufenden Geschäftsjahres bei der Veräußerung von GmbH-Anteilen, GmbHR 1997, 682; *Gondert/Schimmelschmidt,* Bankaufsichtsrechtliche und steuerrechtliche Gestaltungen beim Erwerb von Beteiligungen an Kreditinstituten vor dem Hintergrund der 6. KWG-Novelle, DB-Beilage Nr. 10/98; *Gottwald,* Verstärkte Grunderwerbsteuerbelastungen bei Unternehmensumstrukturierungen – Auswirkungen des Steuerentlastungsgesetzes 1999/2000/2002, BB 2000, 69; *Grotherr,* Änderungen bei der Hinzurechnungsbesteuerung durch das Steuersenkungsgesetz, IWB 2000, Gruppe 1 S. 1675; *Haritz,* Unternehmenssteuerreform 2001: Begünstigte Veräußerungsgewinne bei einbringungsgeborenen Anteilen, DStR 2000, 1537; *Haritz/Benkert,* Umwandlungssteuergesetz: Kommentar, 2. Aufl. 2000; *Häuselmann,* Wertpapier-Darlehen in der Steuerbilanz, DB 2000, 495; *Herrmann,* Unterjährige Veräußerung einer Organgesellschaft und Umstellung des Geschäftsjahres, BB 1999, 2270; *Herrmann/Heuer/Raupach,* Einkommensteuer- und Körperschaftsteuergesetz mit Nebengesetzen: Kommentar (Losebl.), Stand: Dezember 2000; *Herzig,* Steuerliche und bilanzielle Probleme bei Stock Options und Stock Appreciation Rights, DB 1999, 1; *Herzig/Förster,* Steuerentlastungsgesetz 1999/2000/2002: Die Änderung von § 17 und § 34 EStG mit ihren Folgen, DB 1999, 711; *Herzig/Förster,* Sperrertragsbelastete Anteile nach § 50c EStG, DB 1998, 438; *Herzig/Rieck/Gehring,* Vermeidung steuerpflichtiger Zuschreibungen bei Beteiligungen an Kapitalgesellschaften, BB 1999, 575; *Hild/Schuch,* Mitunternehmerischer Unternehmenskauf, DB 1993, 181; *Hoffmann,* Steuersenkungsgesetz: Die Bilanzierung von Beteiligungen an Kapitalgesellschaften, DB 2000, 1930; *Höppner,* Ausländische Holdinggesellschaften mit deutschen Einkünften, IWB Fach 3 Gruppe 3, 1153; *Höppner,* Nutzung von Doppelbesteuerungsabkommen und § 50d Abs. 1a EStG, in: Haarmann (Hrsg.), Finanzierungen, Ausschüttungen und Nutzungsüberlassungen im Internationalen Steuerrecht, 1999, S. 127;

IDW (Hrsg.), Die Unternehmenssteuerreform: Hinweise IDW-FN Sonderbeilage zu Heft 11/2000; *Jacobs, Otto,* Internationale Unternehmensbesteuerung, 199; *Kessler/ Schmidt,* Steuersenkungsgesetz: Umwandlung von Kapital- in Personengesellschaften – Vergleich der derzeitigen und zukünftigen Steuerwirkung im Erwerberfall, DB 2000, 208; *Kirchhof/Söhn* (Hrsg.), Einkommensteuergesetz: Kommentar (Losebl.), Stand: Januar 200; *Köhler,* Unternehmenssteuerreform 2001: Auswirkungen des Steuersenkungsgesetzes auf deutsche Auslandsinvestitionen, DStR 2000, 1849; *Krabbe,* Zweifelsfragen zu § 50d Abs. 1a EStG, IStR 1995, 382; *Kraft,* Auslegungs- und Anwendungsprobleme der speziellen Missbrauchsklausel des § 50d Abs. 1a EStG, IStR 1994, 370; *Littmann/Bitz/Hellwig* (Hrsg.), Das Einkommensteuerrecht (Losebl.), Stand: Februar 2001; *Luttermann,* Die Rechtsprechung des Bundesfinanzhofes zur Anerkennung von Basisunternehmen im Internationalen Steuerrecht, IStR 1993, 153; *Neu/Neumann/Neumayer,* Steueroptimierung nach der Unternehmenssteuerreform, EStB/GmbH-StB 2000, Sonderheft zum Steuersenkungsgesetz; *Ottersbach,* Ertragsteuerliche Behandlung der Mehrmütterorganschaft, NWB vom 14.8. 2000 Fach 5, 1457; *Pahlke/Franz,* Grunderwerbsteuergesetz, 2. Aufl. 1999; *Patt/Rasche,* Unternehmenssteuerreform: Tarifermäßigung nach § 34 EStG für Einbringungsgewinne (§§ 20 Abs. 5 und 24 Abs. 3 UmwStG) sowie für Gewinne aus der Veräußerung einbringungsgeborener Anteile (§ 21 UmwStG), FR 2001, 175; *Portner,* Stock Options – (Weitere) lohnsteuerliche Fragen, insbesondere bei Expatriates, DStR 1998, 1535; *Pung,* Steuersenkungsgesetz: Änderungen des UmwStG, DB 2000, 1835; *Rau/Dürrwächter/Flick/Geist,* Umsatzsteuergesetz: Kommentar (Losebl.), Stand: Dezember 2000; *Reiß,* Sacheinlagen, Geschäftseinbringungen, Umwandlungen von Unternehmensträgern und steuerfreie Umsätze von Gesellschaftsanteilen, UR 1996, 357; *Rödder/Hötzel,* Perspektiven für die steueroptimale Form des Unternehmenskaufs, FR 1994, 285; *Rödder/Schumacher,* Unternehmenssteuerreform: Wesentliche Änderungen des Steuersenkungsgesetzes gegenüber dem Regierungsentwurf und Regeln zu seiner erstmaligen Anwendung, DStR 2000, 1453; *Schaumburg* (Hrsg.), Unternehmenskauf im Steuerrecht, 1997; *Schmidt* (Hrsg.), Einkommensteuergesetz: Kommentar, 19. Aufl. 2000; *Schmidt/Müller/Stöcker,* Die Organschaft im Körperschaftsteuer-, Gewerbesteuer- und Umsatzsteuerrecht, 4. Aufl. 1993; *Schwedhelm/Orbing/Binnewies,* Gestaltungsüberlegungen zum Jahreswechsel 2000/2001 rund um die GmbH, GmbHR 2000, 1173; *Schwetlik,* Mantelkauf: Zuführung neuen Betriebsvermögens, GmbH-StB 2000, 212; *Streck,* Körperschaftsteuergesetz: Kommentar, 5. Aufl. 1997; *Thiede/Steinhauser,* Vorsteuerabzug bei Gründung, Umstrukturierung und Börsengang, DB 2000, 1295; *Töben,* Steuersenkungsgesetz: Steuerbefreiung von Anteilsveräußerungsgewinnen nach § 8b Abs. 2 KStG nF, FR 2000, 905; *Utescher/Blaufus,* Unternehmenssteuerreform 2001: Begrenzung des Betriebsausgabenabzugs bei Beteiligungserträgen, DStR 2000, 1581; *van Lishaut,* Steuersenkungsgesetz: Mitunternehmerische Einzelübertragungen iSd. § 6 Abs. 5 Satz 3 ff. EStG nF, DB 2000, 1784; *Völkel/Karg,* Umsatzsteuer, 7. Aufl. 1996; *Wendt,* StSenkG: Pauschale Gewerbesteueranrechnung bei Einzelunternehmen, Mitunternehmerschaft und Organschaft, FR 2000, 1173; *Wienands,* Unentgeltliche Übertragung von Aktien an verdiente Mitarbeiter der Gesellschaft, Gestaltende Steuerberatung 2000, 623.

A. Vorbemerkung/Grundlagen

I. Allgemeines

Beim Unternehmenskauf stehen unter steuerlichen Gesichtspunkten neben der eher auf Risikoanalyse angelegten steuerlichen Due Diligence **steuerorientierte Gestaltungsmaßnahmen** vor und nach dem Unternehmenskauf im Vordergrund.

Die möglichen Gestaltungsmaßnahmen müssen sich an den für den Unternehmenskauf maßgeblichen steuerlichen **Zielen** orientieren. Aus Verkäufersicht sind dies insbes. die Vermeidung bzw. Minderung einer Veräußerungsgewinnbesteuerung. Für den Erwerber des Unternehmens stehen die folgenden Gestaltungsziele im Vordergrund:
– Aufstockung der Abschreibungsbasis,
– Realisierung erworbener Körperschaftsteueranrechnungsguthaben bzw. -minderungsguthaben,
– steuerliche Abzugsfähigkeit von Finanzierungskosten,
– steuerliche Nutzung von Verlustvorträgen,
– Vermeidung von Doppelbesteuerungen,
– Vermeidung von Quellensteuern,
– Nutzung von Steuersatzgefällen und
– Vermeidung von Hinzurechnungsbesteuerungen.

Der Abschnitt „Unternehmensübernahmen im Steuerrecht" soll die Grundlagen der Besteuerung von Unternehmenskäufen und -verkäufen sowie wesentliche Gestaltungen aus Sicht des Erwerbers und des Veräußerers erläutern. Einen besonderen Schwerpunkt bildet dabei der grenzüberschreitende Unternehmenskauf. Nicht behandelt werden demgegenüber die besonderen Fragen der Unternehmensnachfolge.

Die Besteuerung des Erwerbers und des Veräußerers sowie die steuerlichen Gestaltungsüberlegungen iRd. Unternehmenskaufs sind in ganz erheblichem Maße von der im wesentlichen bereits im Jahr 2001 in Kraft getretenen **Unternehmenssteuerreform** (Gesetz zur Senkung der Steuersätze und zur Reform der Unternehmensbesteuerung (Steuersenkungsgesetz – StSenkG) in der vom Deutschen Bundestag am 6. 7. 2000 beschlossenen Fassung[1]) beeinflußt. Das nachfolgende Kapitel berücksichtigt den Rechtsstand nach dem Gesetz zur Ergänzung des Steuersenkungsgesetzes[2] und dem Gesetz zur Änderung des Investitionszulagengesetzes 1999[3]. Der Entwurf des Gesetzes zur Fortentwicklung des Unternehmenssteuerrechts (Unternehmenssteuerfortentwicklungsgesetz UntStFG) konnte vor Drucklegung nicht mehr berücksichtigt werden. Die Auswirkungen des Gesetzes auf den Unternehmenskauf werden in Band 2 dargestellt.

---

[1] StSenkG vom 23. 10. 2000, BGBl. I 2000, 1433.
[2] StSenkErgG vom 19. 12. 2000, BGBl. I 2000, 1812.
[3] BR-Drucks. 756/00.

II. Eckpunkte der Unternehmenssteuerreform 2001

1. Körperschaftsteuerreform

5 **a) Einführung des Halbeinkünfteverfahrens.** Kernstück der Körperschaftsteuerreform ist die Einführung des **Halbeinkünfteverfahrens,** bei dem die Gewinne von Kapitalgesellschaften zunächst auf Unternehmensebene und bei Ausschüttung nochmals hälftig auf Ebene der privaten Anteilseigner versteuert werden. Mit der Einführung des Halbeinkünfteverfahrens verbunden ist die Absenkung des Körperschaftsteuersatzes und die Abschaffung des **Körperschaftsteueranrechnungsverfahrens,** das bislang die Doppelbelastung der Gewinne von Kapitalgesellschaften (Besteuerung des Gewinns auf Gesellschafts- und Gesellschafterebene) vermieden hat. Im einzelnen ergeben sich hieraus die folgenden steuerlichen Änderungen:

6 **b) Gewinnbesteuerung auf Ebene der Körperschaft**
- **Absenkung des Körperschaftsteuersatzes** (von bisher 40% bei Thesaurierung bzw. 30% im Ausschüttungsfall) auf einheitlich 25%, unabhängig davon, ob Gewinne ausgeschüttet oder thesauriert werden.
- **Steuerfreistellung der Gewinnausschüttungen** von Kapitalgesellschaften an Kapitalgesellschaften bzw. sonstige der Körperschaftsteuer unterliegende Körperschaften[4].
- **Steuerbefreiung** von Gewinnen aus der Veräußerung von Anteilen an in- und ausländischen Körperschaften ab 2002[5]. Korrespondierend hierzu werden Verluste aus der Anteilsveräußerung und Teilwertabschreibungen auf Anteile an Kapitalgesellschaften steuerlich nicht berücksichtigt[6].

7 **c) Besteuerung der privaten Gesellschafter**
- **Gewinnausschüttungen** (Dividenden) von Kapitalgesellschaften an natürliche Personen sind auf Gesellschafterebene nach dem Halbeinkünfteverfahren nur zur Hälfte zu versteuern. Der von der Steuer befreite Teil der Dividenden unterliegt nicht dem Progressionsvorbehalt. Ausländische Steuern, die auf dem Halbeinkünfteverfahren unterliegende Dividenden entfallen, werden in vollem Umfang angerechnet.
- Absenkung der für die Besteuerung von **Veräußerungsgewinnen** maßgeblichen Grenze für wesentliche Beteiligungen nach § 17 EStG von bisher 10% auf 1%, wobei Veräußerungsgewinne nach dem Halbeinkünfteverfahren lediglich zur Hälfte (ohne Berücksichtigung eines Progressionsvorbehalts) der Besteuerung unterliegen[7].
- Anwendung des Halbeinkünfteverfahrens auch auf steuerpflichtige **Spekulationsgewinne,** die ebenfalls nur zur Hälfte der Einkommensteuer unterliegen.

---

[4] § 8b Abs. 1 KStG 2001.
[5] § 8b Abs. 2 KStG 2001; siehe Rn 121 ff. und Rn 139 ff.
[6] § 8b Abs. 3 KStG 2001; siehe Rn 135 ff.
[7] Siehe Rn 160 ff.

d) **Verschärfung der Hinzurechnungsbesteuerung**[8]. Eine volle bzw. hälftige steuerliche Freistellung von Gewinnen aus ausländischen Kapitalgesellschaften soll im Ergebnis nur bei ausreichender steuerlicher Vorbelastung im Ausland erfolgen. Aus diesem Grund wurde die Systematik der Hinzurechnungsbesteuerung nach dem Außensteuergesetz (AStG) geändert[9]. Der Hinzurechnungsbetrag wird nicht mehr wie eine Dividende besteuert, sondern unterliegt (bei Anrechnung der von der niedrig besteuerten ausländischen Zwischengesellschaft gezahlten Steuer) einer pauschalen Steuer von 38%[10]. Ferner können Einkünfte ausländischer **Holdinggesellschaften** aufgrund einer Änderung in § 10 Abs. 6 Satz 2 Nr. 2 AStG als sog. Zwischeneinkünfte mit Kapitalanlagecharakter qualifiziert werden, wenn diese aus Enkelgesellschaften stammen, deren Einkünfte mit weniger als 25% Ertragsteuer belastet sind. Anstelle der bisherigen Kürzung des Hinzurechnungsbetrags um Gewinnausschüttungen werden Gewinnausschüttungen der niedrig besteuerten ausländischen Gesellschaft bei der Besteuerung der inländischen Anteilseigner um die auf den Hinzurechnungsbetrag entfallende Steuer gekürzt[11]. Eine niedrige Besteuerung wird nunmehr bei einer Steuerbelastung von weniger als 25% angenommen[12].

8

e) **Übergangsregelung**[13]. Im Jahr 2001 (bzw. im Fall eines abweichenden Wirtschaftsjahrs bis zum Ablauf des in 2002 endenden Wirtschaftsjahrs) kann für die zurückliegenden Jahre noch nach Maßgabe des alten Rechts ausgeschüttet werden[14]. Die Anteilseigner sind insoweit noch zur Körperschaftsteueranrechnung berechtigt. Alle späteren Ausschüttungen unterliegen dem Halbeinkünfteverfahren.

9

Auf den 31. 12. 2001 bzw. im Fall eines abweichenden Wirtschaftsjahrs zum Ende des Wirtschaftsjahrs in 2002 wird ein **Körperschaftsteuerguthaben** ermittelt, das im Wege der Gewinnausschüttung mobilisiert werden kann. Das Körperschaftsteuerguthaben entspricht 1/6 des auf diesen Zeitpunkt ermittelten EK 40 und wird jeweils in Höhe von 1/6 der bis zum Jahr 2016 erfolgenden Gewinnausschüttungen durch Minderung der Körperschaftsteuer freigesetzt. Hierdurch ermäßigt sich die 40%-ige Körperschaftsteuerbelastung von **Altgewinnanteilen** auf die 30%-ige Ausschüttungsbelastung nach dem bis 2000 geltenden Anrechnungsverfahren. Für Zwecke der Körperschaftsteuerminderung gelten zunächst die mit Körperschaftsteuer belasteten Altgewinne und sodann die übrigen Gewinne als ausgeschüttet. Kommt es bis zum Jahr 2016 zur Ausschüttung von alt-EK 02 Bestandteilen, erhöht sich auf Gesellschaftsebene die Körperschaftsteuer entsprechend[15]. Im Fall einer nach dem Halbeinkünfteverfahren steuer-

10

---

[8] Siehe Rn 200 ff.
[9] *Becker*, Zur Besteuerung inländischer Gesellschafter von Auslandsholdings nach dem Steuersenkungsgesetz, IWB 2000, Gruppe 1, S. 1653.
[10] § 10 Abs. 2 AStG 2001, § 12 AStG 2001; *Grotherr* IWB 2000, Gruppe 1, S. 1675.
[11] § 11 AStG 2001.
[12] § 8 Abs. 3 AStG 2001.
[13] *Klapdor/Hild*, Die Übergangsregelungen im neuen Körperschaftsteuerrecht, DStZ 2000, 737.
[14] § 34 Abs. 10a KStG 2001.
[15] § 38 Abs. 2 KStG 2001.

freien Gewinnausschüttung an eine Kapitalgesellschaft erhöht sich bei der empfangenden Kapitalgesellschaft die Körperschaftsteuer und das Körperschaftsteuerguthaben um den Betrag der Körperschaftsteuerminderung bei der ausschüttenden Gesellschaft[16].

11 **f) Organschaft.** Auf die bisher erforderliche wirtschaftliche und organisatorische Eingliederung als Tatbestandsvoraussetzung der körperschaftsteuerlichen Organschaft wird verzichtet. Hierdurch ergeben sich insbes. Erleichterungen für **vermögensverwaltende Holdinggesellschaften**, die bislang nur bei aktiver Verwaltung von mindestens zwei Tochtergesellschaften als Organträger fungieren konnten.

12 Für die gewerbesteuerliche Organschaft bleibt es demgegenüber bei dem Erfordernis der wirtschaftlichen und organisatorischen Eingliederung[17].

2. Besteuerung von Personengesellschaften/Einzelunternehmen

13 – **Absenkung des Einkommensteuerhöchstsatzes** auf 48,5% im Jahr 2001, auf 47% im Jahr 2003 und auf 42% im Jahr 2005.
– **Ermäßigung der Einkommensteuer** um eine pauschale Gewerbesteuer durch Minderung der Einkommensteuer in Höhe des 1,8-fachen des Gewerbesteuermeßbetrags. Hiermit verbunden ist die Streichung der bisherigen Tarifbegrenzung für der Gewerbesteuer unterliegende Einkünfte nach § 32c EStG[18].
– Partielle Wiedereinführung des **Mitunternehmererlasses** durch Ermöglichung der steuerneutralen Übertragung vom Gesamthandsvermögen einer Mitunternehmerschaft in das (Sonder-)Betriebsvermögen des Gesellschafters und umgekehrt, soweit sich durch diese Übertragung nicht der Anteil eines körperschaftsteuerpflichtigen Gesellschafters (Kapitalgesellschaft) an den stillen Reserven des übertragenen Wirtschaftsguts erhöht[19].
– Wiedereinführung des **halben Steuersatzes für Betriebsveräußerungen** bei aus dem Berufsleben ausscheidenden Unternehmern[20].
– Die im ursprünglichen Gesetzentwurf vorgesehene Option zur Besteuerung als Kapitalgesellschaft wurde im Steuersenkungsgesetz **nicht** umgesetzt.

---

[16] § 37 Abs. 3 KStG 2001.
[17] § 2 Abs. 2 Satz 2 GewStG.
[18] Siehe *Förster*, Problembereiche der Anrechnung der Gewerbesteuer auf die Einkommensteuer gem. § 35 EStG 2000, FR 2000, 866; *Herzig/Lochmann*, Steuersenkungsgesetz: Steuerermäßigung für gewerbliche Einkünfte, DB 2000, 1728; *Schulze zur Wiesche*, StSenkG: Einbringung einzelner Wirtschaftsgüter des Betriebsvermögens in das Gesamthandsvermögen einer Personengesellschaft und umgekehrt sowie Realteilung nicht begünstigt?, FR 2000, 976; *van Lishaut* DB 2000, 1784; *Wendt* FR 2000, 1173.
[19] § 6 Abs. 5 Satz 3, 4 EStG 2001; *van Lishaut* DB 2000, 1784; *Brandenberg*, Wiedereinführung des Mitunternehmererlasses?, FR 2000, 1182.
[20] Siehe Rn 73 ff.

3. Zeitliche Anwendung

Die Unternehmenssteuerreform tritt im wesentlichen bereits im Jahr 2001 in Kraft. Soweit die Besteuerung von Gewinnen aus Anteilen an **inländischen Kapitalgesellschaften** betroffen ist[21], werden die Neuregelungen aber erst im Jahr 2002 in Kraft treten. Gewinnausschüttungen inländischer Kapitalgesellschaften und die Veräußerung von Anteilen an inländischen Kapitalgesellschaften unterliegen damit grundsätzlich erst ab 2002 der Besteuerung nach dem Halbeinkünfteverfahren (hälftige Steuerbefreiung bei privaten Anteilseignern; vollständige Steuerbefreiung bei Kapitalgesellschaften).

Unklar ist demgegenüber, ab wann das Halbeinkünfteverfahren bei Gewinnausschüttungen und Gewinnen aus der Veräußerung von Anteilen an **ausländischen** Kapitalgesellschaften greift. Die Anwendungsbestimmungen zu § 8b KStG 2001, § 3 Nr. 40 EStG 2001 und § 17 EStG 2001 knüpfen insoweit grundsätzlich an die erstmalige oder letztmalige Anwendbarkeit des Körperschaftsteuergesetzes auf Ebene der ausschüttenden Gesellschaft bzw. auf Ebene der Gesellschaft an, deren Anteile veräußert werden. Da im Hinblick auf ausländische Kapitalgesellschaften insoweit das deutsche Körperschaftsteuergesetz niemals Anwendung findet, ist nach der hier vertretenen Auffassung das Halbeinkünfteverfahren (hälftige bzw. völlige Steuerfreistellung von Dividenden- und Veräußerungsgewinnen) bei einer Beteiligung an ausländischen Kapitalgesellschaften bereits ab dem 1.1.2001 anwendbar[22].

Besonderheiten im Hinblick auf die Anwendung des neuen Rechts ergeben sich bei Kapitalgesellschaften mit **abweichendem Wirtschaftsjahr**. Für diese gilt das neue Körperschaftsteuerrecht grundsätzlich[23] erst ab dem Veranlagungszeitraum 2002. Außerdem verschiebt sich bei Gewinnausschüttungen von Kapitalgesellschaften und bei Veräußerung von Anteilen an Kapitalgesellschaften bei abweichendem Wirtschaftsjahr der ausschüttenden Gesellschaft bzw. der Gesellschaft, deren Anteile veräußert werden, die Anwendung des Halbeinkünfteverfahrens auf die Veräußerungsgewinnbesteuerung bzw. die Dividendenbesteuerung jeweils bis zum Ende des abgelaufenen Wirtschaftsjahrs der Zielgesellschaft in 2002[24].

Eine Besonderheit ergibt sich, wenn für die Zielgesellschaft **erstmalig im Jahr 2001** ein **abweichendes Wirtschaftsjahr** gebildet wird. In diesem Fall wäre eine nach § 8b Abs. 2 KStG 2001 bzw. § 3 Nr. 40 EStG 2001 (teilweise) steuer-

---

[21] § 8b Abs. 2, 3, 4, 6 KStG 2001, § 3 Nr. 40 EStG 2001, § 17 EStG 2001.
[22] *Töben* FR 2000, 905, 911 ff.; FN-IDW Sonderbeilage 11/2000, S. 45, 47.
[23] Ausnahme: In 2001 neu gegründete Kapitalgesellschaften mit abweichendem Wirtschaftsjahr.
[24] Für Gewinnausschüttungen siehe § 34 Abs. 10a KStG 2001 und § 52 Abs. 36 und Abs. 50b EStG 2001; für Veräußerungsgewinne siehe § 34 Abs. 6d KStG 2001 und § 52 Abs. 4a EStG 2001; zur erstmaligen Anwendung der Bestimmungen des Steuerentlastungsgesetzes siehe auch *Dötsch/Pung* DB Beilage Nr. 10/2000, 22 ff.; zur Veräußerung von Auslandsbeteiligungen siehe Rn 139 ff. und Rn 163 f.

befreite Veräußerung der Beteiligung an der Zielgesellschaft schon ab dem Ende des Wirtschaftsjahrs der Zielgesellschaft in 2001 möglich[25].

4. Auswirkungen der Unternehmenssteuerreform auf die Steuerbelastung

		GmbH Ausschüttung 2000	GmbH Thesaurierung 2001	GmbH Ausschüttung 2001	GmbH Ausschüttung 2005	Personengesellschaft 2001	Personengesellschaft 2005
1.	Gewinn vor Steuer	120	120	120	120	120	120
2.	GewSt Hebesatz 400%	20	20	20	20	20	20
3.	Gewinn nach GewSt	100	100	100	100	100	100
4.	KSt	30,3*	25	25	25		
5.	ESt	–	–	–	–	48,5	42
6.	§ 35 EStG	–	–	–	–	./. 9	./. 9
7.	SolZ	1,7	1,4	1,4	1,4	2,2	1,8
8.	Handelsbilanzgewinn	68	73,6	73,6	73,6	58,3	65,2
9.	Ausschüttung	97,1**	–	73,6	73,6	–	–
10.	ESt auf Ausschüttung	20,4***	–	17,8	15,5	–	–
11.	SolZ auf Ausschüttung	1,1***		1,0	0,8		
12.	Steuerbelastung	73,5	46,4	65,2	62,7	61,7	54,8
13.	Gesamtsteuerbelastung in % auf Gewinn vor Steuer	61,3	38,7	54,3	52,3	51,4	45,7

---

[25] *Töben* FR 2000, 905, 909; *Rödder/Schumacher,* Unternehmenssteuerreform 2001: Wesentliche Änderungen des Steuersenkungsgesetzes gegenüber dem Regierungsentwurf und Regeln zu seiner erstmaligen Anwendung, DStR 2000, 1453, 1457; *Orth,* Umstellung des Wirtschaftsjahres als Gestaltungsmöglichkeit, DB 2000, 2136; *Maier/Bosco,* Unternehmenssteuerreform 2001: Veräußerung von Anteilen an Kapitalgesellschaften durch natürliche Personen im Veranlagungszeitraum 2001, DStR 2000, 1763; FN-IDW Sonderbeilage 11/2000, 15; Voraussetzung einer steuerfreien Veräußerung in 2001 ist in diesem Fall nach der hier vertretenen Auffassung allerdings, daß der Veräußerer entweder ein kalendergleiches Wirtschaftsjahr hat oder aber bei abweichendem Wirtschaftsjahr des Veräußerers die Veräußerung nach Ablauf dieses abweichenden Wirtschaftsjahrs erfolgt.

* unter Berücksichtigung der Minderung von verwendbarem Eigenkapital durch den Solidaritätszuschlag (SolZ) als nichtabzugsfähige Betriebsausgabe
** einschließlich KSt-Anrechnungsguthaben
*** nach Abzug KSt-Anrechnungsanspruch

Die vorstehende Tabelle zeigt die unterschiedliche **Belastung** von Kapitalgesellschaften und Personengesellschaften **vor und nach der Steuerreform**. In einer Grenzbetrachtung ist die Besteuerung von Kapitalgesellschaften bei Gewinnthesaurierung günstiger als die von Personengesellschaften bzw. Einzelunternehmen. Demgegenüber ist im Ausschüttungsfall die Rechtsform der Personengesellschaft unter steuerlichen Aspekten der Kapitalgesellschaft vorzuziehen, wenn die Ausschüttungen beim Anteilseigner der Besteuerung unterliegen.

Für **ausländische Investoren** wird mit der Einführung des Halbeinkünfteverfahrens die unterschiedliche steuerliche Belastung der laufenden Einkünfte von Betriebsstätten bzw. Personengesellschaftsbeteiligungen und Kapitalgesellschaftsbeteiligungen beseitigt. Die Körperschaftsteuerbelastung inländischer Betriebsstättengewinne und der Gewinne inländischer Kapitalgesellschaften beträgt nach dem Halbeinkünfteverfahren einheitlich 25%. Signifikante Belastungsunterschiede hinsichtlich der inländischen Besteuerung der laufenden Gewinne können sich insbes. aber durch die unterschiedliche steuerliche Behandlung von Finanzierungskosten[26] und den Abzug von Kapitalertragsteuern[27] im Ausschüttungsfall ergeben.

III. Zu erwartende Gesetzesänderungen: Bericht zur Fortentwicklung des Unternehmenssteuerrechts

Die gesetzestechnische Umsetzung der Unternehmenssteuerreform wurde bereits kurze Zeit nach Veröffentlichung des Gesetzestextes in steuersystematischer Hinsicht erheblich kritisiert. Die Bundesregierung wurde aus diesem Grund vom deutschen Bundestag aufgefordert, dem Finanzausschuß des deutschen Bundestages einen Bericht zur steuerlichen Behandlung von Umstrukturierungen, zur Besteuerung von „verbundenen Unternehmen" sowie zur Besteuerung von Auslandsbeziehungen vorzulegen[28]. Zu diesem Zweck wurden auf Verwaltungsebene zu den oben genannten Bereichen Arbeitsgruppen mit Vertretern der Länder eingerichtet sowie eine „Expertengruppe zur Fortentwicklung der Unternehmensbesteuerung" aus Vertretern der Wirtschaft, der Wissenschaft, der Verwaltung, der Beraterschaft und der kommunalen Spitzenverbände gebildet. Auf Basis der Ergebnisse der Arbeitsgruppen und der Erörterungen mit der Expertengruppe zur Fortentwicklung der Unternehmensbesteuerung hat das BMF einen Bericht zur Fortentwicklung des Unternehmenssteuerrechts erstellt[29]. Der Bericht enthält Vorschläge zur rechtssystematischen Weiterentwicklung der Unternehmensbe-

---

[26] Siehe Rn 290 ff.
[27] Siehe Rn 372 ff.
[28] BT-Drucks. 14/3366 vom 16. 5. 2000 S. 10.
[29] Beilage zu FR 11/2001.

steuerung, die noch in der Legislaturperiode 2001 gesetzlich umgesetzt werden könnten.

22 Nachfolgend sind die für den **Unternehmenskauf** bedeutsamsten Vorschläge des Berichts zur Fortentwicklung des Unternehmenssteuerrechts für künftige Neuregelungen dargestellt[30]:

1. Veräußerung von Anteilen an Personengesellschaften

23 **a) Veräußerung von Teilen von Anteilen an Personengesellschaften.** Nach Auffassung der Verwaltung soll die Teilveräußerung eines Anteils an einer Personengesellschaft (Mitunternehmeranteils) von der **Tarifbegünstigung** nach §§ 16, 34 EStG ausgenommen werden. Rechtsfolge wäre, daß insbesondere die Tarifbegünstigung nach § 34 Abs. 3 EStG 2001 (halber durchschnittlicher Steuersatz)[31] nur noch gewährt würde, wenn der gesamte Anteil an der Personengesellschaft in einem einheitlichen Vorgang veräußert würde.

24 **b) Gewerbesteuerpflichtige Veräußerung von Anteilen an Personengesellschaften.** Gewinne aus der Veräußerung von Anteilen an Personengesellschaften sollen in Zukunft der Gewerbesteuer unterliegen, wenn die Beteiligung an der Personengesellschaft durch steuerneutrale Einbringung von Wirtschaftsgütern in die Personengesellschaft entstanden ist[32].

2. Veräußerung von Anteilen an Kapitalgesellschaften

25 **a) Grenzüberschreitender Anteilstausch.** Die Veräußerung von einbringungsgeborenen Anteilen an EU-Kapitalgesellschaften, die im Rahmen eines grenzüberschreitenden Anteilstauschs erworben wurden, sind nach den derzeitigen Regelungen bei Veräußerung durch Kapitalgesellschaften erst nach Ablauf einer 7-jährigen Mindesthaltefrist steuerbefreit[33]. Bei Veräußerung durch natürliche Personen kommt derzeit eine Begünstigung durch das Halbeinkünfteverfahren überhaupt nicht in Betracht[34]. Die insoweit bestehende **Diskriminierung** des grenzüberschreitenden Anteilstauschs soll beseitigt werden.

26 **b) Steuerfreie Beteiligungsveräußerung durch natürliche Personen.** Für natürliche Personen besteht derzeit die Möglichkeit der steuerneutralen Einbringung von wesentlichen Anteilen an Kapitalgesellschaften in eine Holding-Kapitalgesellschaft mit anschließender steuerfreien Veräußerung der eingebrachten Anteile durch die Holding-Kapitalgesellschaft[35]. Die hiermit bestehende **Möglichkeit der Vermeidung einer Veräußerungsgewinnbesteuerung** soll verhindert werden.

---

[30] Siehe hierzu auch *Köhler*, Vollendung der Unternehmenssteuerreform im Schneckentempo?, DStR 2001, V.
[31] Siehe Rn 73 ff.
[32] Siehe Rn 428.
[33] Siehe Rn 410.
[34] Siehe Rn 404.
[35] Siehe Rn 176.

3. Veräußerung von Kapitalgesellschaftsbeteiligungen durch Personengesellschaften

Die gewerbesteuerliche Behandlung des Gewinns von Personengesellschaften aus der Veräußerung von Beteiligungen an Kapitalgesellschaften ist derzeit unklar[36]. Der Veräußerungsgewinn soll künftig auf Ebene der veräußernden Gesellschaft grundsätzlich – unabhängig davon ob und inwieweit an der veräußernden Personengesellschaft natürliche Personen oder Kapitalgesellschaften beteiligt sind – von der **Gewerbesteuer** freigestellt werden.

4. Organschaft

Die derzeit unterschiedlich geregelten Voraussetzungen der körperschaftsteuerlichen und gewerbesteuerlichen Organschaft[37] sollen vereinheitlicht werden. Insoweit soll künftig auch für die gewerbesteuerliche Organschaft die finanzielle Eingliederung sowie der Abschluß eines Ergebnisabführungsvertrages ausreichend sein.

5. Begrenzung des Betriebsausgabenabzugs bei steuerfreiem Dividendenbezug

Die derzeit nach § 3c Abs. 1 EStG 2001 bestehende Abzugsbeschränkung für Betriebsausgaben, die im Zusammenhang mit steuerfreien Dividenden stehen[38], geht zu weit. Es wird vorgeschlagen, insoweit den Betriebsausgabenabzug zuzulassen.

6. Grunderwerbsteuer im Konzern

Für **konzerninterne Umstrukturierungen**[39] sollen grunderwerbsteuerliche Erleichterungen geschaffen werden.

7. Außensteuerrecht

Die derzeitigen Regelungen des Außensteuerrechts diskriminieren die Beteiligung von Steuerinländern an ausländischen Gesellschaften. Insbesondere im mehrstufigen Konzern besteht das Risiko einer deutschen (Hinzurechnungs-)Besteuerung von Dividenden und Gewinnen aus Anteilsveräußerung von ausländischen Gesellschaften[40]. Diese (europarechtlich bedenkliche) Diskriminierung soll beseitigt werden. Es ist insoweit nochmals eine grundlegende **Änderung der Systematik** der derzeit bestehenden Hinzurechnungsbesteuerung geplant.

---

[36] Siehe Rn 114f.
[37] Siehe Rn 436ff.
[38] Siehe Rn 293ff.
[39] Siehe Rn 520ff.
[40] Siehe Rn 200ff.

B. Besteuerung des Unternehmensveräußerers

I. Veräußerung von Betrieben, Einzelunternehmen und Personengesellschaften

1. Veräußerung durch natürliche Personen

32 **a) Grundlagen.** Werden gewerbliche inländische Betriebe, Einzelunternehmen oder Anteile an gewerblichen Personengesellschaften veräußert, unterliegt der **Veräußerungsgewinn** grundsätzlich der deutschen Einkommensteuer. Dies gilt unabhängig davon, ob es sich beim Veräußerer um einen Inländer oder einen Steuerausländer handelt.

33 Die Besteuerung der Veräußerung von Einzelunternehmen und von Anteilen an Personengesellschaften unterliegt ähnlichen Regeln, obwohl bei Veräußerung eines Einzelunternehmens die zum Einzelunternehmen gehörenden Wirtschaftsgüter einzeln übertragen werden (**Asset Deal**), während bei der Veräußerung von Anteilen an Personengesellschaften der Gesellschaftsanteil als solcher Gegenstand des Erwerbsvorgangs ist. Trotzdem wird steuerlich der Erwerb von Anteilen an Personengesellschaften wie der Erwerb der auf die Beteiligung anteilig entfallenden Wirtschaftsgüter der Personengesellschaft behandelt. Die Beteiligung an einer Personengesellschaft ist steuerlich kein selbständiges Wirtschaftsgut. Die steuerlichen Folgen der Veräußerung eines Anteils an einer Personengesellschaft sind weitgehend identisch mit den steuerlichen Folgen der Veräußerung eines Einzelunternehmens.

34 Gewinne, die bei der Veräußerung des ganzen Gewerbebetriebs, eines Teilbetriebs oder eines Anteils an einer gewerblichen Personengesellschaft entstehen, gehören zu den Einkünften aus Gewerbebetrieb[41]. Als Veräußerung gilt auch die **Aufgabe des Gewerbebetriebs**[42].

35 Die Abgrenzung zwischen einem Veräußerungsgewinn im obigen Sinne und einem laufenden Geschäftsvorfall (zB Veräußerung einzelner Wirtschaftsgüter) ist von Bedeutung für die Erlangung bestimmter steuerlicher Begünstigungen. So unterliegen Veräußerungsgewinne im obigen Sinne grundsätzlich der **Tarifermäßigung** nach § 34 EStG[43]; außerdem kommt bei Betriebsveräußerungen unter bestimmten Voraussetzungen ein **Freibetrag** nach § 16 Abs. 4 EStG in Betracht[44]. **Bedeutung** hat die Abgrenzung zwischen einem Veräußerungsgewinn iSd. § 16 EStG und einem laufenden Gewinn darüber hinaus **insbes. für die Gewerbesteuer**. Die Gewerbesteuer erfaßt bei natürlichen Personen und Personengesellschaften anders als bei Kapitalgesellschaften nur den laufenden Gewinn und Verlust, nicht aber Gewinne und Verluste aus der Veräußerung oder Aufgabe des ganzen Gewerbebetriebs, eines Teilbetriebs oder eines Mitunternehmeranteils (Anteil an einer Personengesellschaft). Der Veräußerungsgewinn iSd. § 16 EStG

---

[41] § 16 EStG.
[42] § 16 Abs. 3 Satz 1 EStG.
[43] Siehe Rn 70 ff.
[44] Siehe Rn 69.

unterliegt damit nicht der Gewerbesteuer[45]. Nach der Unternehmenssteuerreform 2001 ist dem allerdings nur noch geringere Bedeutung beizumessen, da Veräußerungsgewinne von natürlichen Personen, soweit sie der Gewerbesteuer unterliegen, beim Veräußerer zur **pauschalen Anrechnung der Gewerbesteuer auf die Einkommensteuer** nach § 35 EStG 2001 berechtigen. Hierdurch kann sich die paradoxe Situation ergeben, daß bei niedrigen Gewerbesteuerhebesätzen eine gewerbesteuerpflichtige Veräußerung beim Veräußerer zu einer niedrigeren Gesamtsteuerbelastung mit Einkommensteuer und Gewerbesteuer führt als im Fall der gewerbesteuerfreien Veräußerung.

Bei unbeschränkt steuerpflichtigen Steuerinländern erfaßt § 16 EStG auch die Gewinne aus der Veräußerung **ausländischer Betriebe, Teilbetriebe oder Mitunternehmeranteile.** Allerdings ist in diesem Fall der Veräußerungsgewinn, der auf ausländische Betriebsstätten entfällt, regelmäßig nach den von der Bundesrepublik Deutschland geschlossenen Doppelbesteuerungsabkommen (DBA) (sofern kein Aktivitätsvorbehalt besteht) von der inländischen Besteuerung befreit (es wird in diesem Fall aber regelmäßig zu einer Besteuerung im Ausland kommen). Ist der **Veräußerer ein Steuerausländer**, sind Veräußerungsgewinne, die auf ausländische Betriebsstätten des Einzelunternehmens bzw. der Personengesellschaft entfallen, in Deutschland grundsätzlich nicht steuerbar[46].

Veräußerungsgewinn iSd. § 16 EStG ist der Betrag, um den der Veräußerungspreis nach Abzug der Veräußerungskosten den Buchwert des Betriebsvermögens oder (bei Veräußerung von Anteilen an Personengesellschaften) den Buchwert des Anteils am Betriebsvermögen übersteigt. Der Buchwert des Betriebsvermögens oder des Anteils am Betriebsvermögen ist für den Zeitpunkt der Veräußerung durch Bestandsvergleich[47] zu ermitteln. Soweit auf der Seite des Veräußerers und der Seite des Erwerbers dieselben Personen Unternehmer oder Mitunternehmer sind (zB bei Veräußerung eines Einzelunternehmens an eine Personengesellschaft, an der der Veräußerer beteiligt ist), gilt der Gewinn insoweit jedoch als laufender Gewinn[48]. Eine Tarifermäßigung kommt insoweit nicht in Betracht[49].

Steuerliche **Gestaltungen** bei der Veräußerung von Betrieben bzw. Anteilen an Personengesellschaften durch natürliche Personen haben regelmäßig die Erlangung der **Tarifbegünstigung** nach § 34 EStG[50] zum Ziel. Insbesondere bei Veräußerung von Personengesellschaftsanteilen besteht daneben die Möglichkeit der (vorbereitenden) steuerneutralen **Einbringung** des Personengesellschaftsanteils **in eine Kapitalgesellschaft**[51]. Bei anschließender Veräußerung des Personengesellschaftsanteils durch die Kapitalgesellschaft[52] unterliegt der Veräußerungsge-

---

[45] Siehe Rn 107 ff.
[46] *BFH* vom 24. 2. 1988 BStBl. II 1988, 663.
[47] § 4 Abs. 1 EStG; § 5 EStG.
[48] § 16 Abs. 2 Satz 3 EStG.
[49] Zur gewerbesteuerlichen Behandlung des Veräußerungsgewinns in diesem Fall siehe *FG Berlin* vom 16. 2. 2000, GK 4411/97, nrkr. (BFH-Az: VIII B 12/00), GmbH-Steuerpraxis 2001, 32.
[50] Siehe Rn 70 ff.
[51] § 20 Abs. 1 Satz 1 UmwStG; siehe Rn 414 ff.
[52] Siehe Rn 102, 107 ff.

winn nur dem (regelmäßig niedrigeren) 25%-igen Körperschaftsteuersatz. Darüber hinaus kommt ggf. die (vorbereitende) **Umwandlung** des Betriebs **in eine Kapitalgesellschaft** in Betracht. Die Veräußerung der Anteile an der Kapitalgesellschaft wäre dann nach Ablauf einer 7-jährigen **Mindesthaltefrist** hälftig bzw. bei Veräußerung durch eine Kapitalgesellschaft völlig von der Steuer freigestellt[53].

39 b) **Veräußerung des ganzen Unternehmens (Betriebs).** Die Steuerbegünstigung für Veräußerungsgewinne und die Gewerbesteuerfreiheit des Veräußerungsvorgangs setzen bei der Veräußerung von Gewerbebetrieben (unabhängig davon, ob es sich um ein Einzelunternehmen oder eine Personengesellschaft handelt, die ihren Betrieb veräußert) voraus, daß der **gesamte Gewerbebetrieb** veräußert wird.

40 Eine **Veräußerung des gesamten Unternehmens** liegt vor, wenn
– alle wesentlichen Betriebsgrundlagen
– unter Aufrechterhaltung des geschäftlichen Organismus
– in einem einheitlichen Vorgang
– auf einen Erwerber übertragen werden,
– und zwar in der Weise, daß der Betrieb als lebender Organismus von dem Übernehmer fortgeführt werden kann und
– dadurch die bisherige unternehmerische (gewerbliche oder freiberufliche) Betätigung des Veräußerers endet.

41 Nicht erforderlich ist, daß der Erwerber den Betrieb tatsächlich fortführt[54].

42 Eine Betriebsveräußerung kann auch vorliegen, wenn der Veräußerer mit den veräußerten wesentlichen Betriebsgrundlagen die eigentliche Geschäftstätigkeit noch nicht ausgeübt hat[55].

43 Voraussetzung der Steuerbegünstigung nach §§ 16, 34 EStG und der Gewerbesteuerfreiheit des Veräußerungsgewinns ist insbes., daß alle **wesentlichen Betriebsgrundlagen** an den Erwerber veräußert werden. Die Annahme einer Betriebsveräußerung im ganzen wird demgegenüber nicht dadurch ausgeschlossen, daß der Veräußerer Wirtschaftsgüter, die nicht zu den wesentlichen Betriebsgrundlagen gehören, zurückbehält[56], bzw. daß einzelne, nicht zu den wesentlichen Betriebsgrundlagen gehörende Wirtschaftsgüter in zeitlichem Zusammenhang mit der Veräußerung in das Privatvermögen überführt oder anderen betriebsfremden Zwecken zugeführt werden[57].

44 Was zu den wesentlichen Betriebsgrundlagen gehört, wird sowohl nach **funktionalen** als auch nach **quantitativen Kriterien** bestimmt[58]. Danach gehören zu den wesentlichen Betriebsgrundlagen iSd. § 16 EStG sowohl Wirtschaftsgüter, die nach der Art des Betriebs (Fabrikation, Handel, Dienstleistung) und ihrer Funktion im Betrieb für diesen wesentlich sind – unabhängig davon, ob sie stille Reserven enthalten oder nicht – (funktionale Betrachtung), als auch Wirtschaftsgüter,

---

[53] Siehe Rn 427.
[54] R 139 Abs. 1 EStR 1999.
[55] *BFH* vom 18. 12. 1991 BStBl. II 1992, 280.
[56] *BFH* vom 7. 11. 1991 BStBl. II 1992, 380.
[57] *BFH* vom 24. 3. 1987 BStBl. II 1987, 705.
[58] *Wacker* in Schmidt § 16 EStG Rn 101; *Reiß* in Kirchhof/Söhn § 16 EStG Rn B 230 ff.

die funktional gesehen für den Betrieb nicht erforderlich sind, in denen aber erhebliche stille Reserven gebunden sind (quantitative Betrachtung)[59].

Die Bestimmung der wesentlichen Betriebsgrundlagen ist dem Einzelfall vorbehalten. Regelmäßig werden hierzu die Betriebsgrundstücke[60] sowie Maschinen und Betriebsvorrichtungen gehören, nicht aber kurzfristig wiederbeschaffbare einzelne Wirtschaftsgüter des Anlagevermögens. Wesentliche Betriebsgrundlagen können auch immaterielle Werte sein, wie zB **Lizenzen**, Fernverkehrsgenehmigungen, Bezirkshändlerverträge etc[61]. 45

Zu den wesentlichen Betriebsgrundlagen des Gewerbebetriebs einer Personengesellschaft gehören auch bestimmte Wirtschaftsgüter des **Sonderbetriebsvermögens** der Gesellschafter[62]. Sonderbetriebsvermögen von Gesellschaftern einer Personengesellschaft liegt insbes. vor, wenn diese der Personengesellschaft Wirtschaftsgüter (zB Grundstücke) zur Nutzung überlassen[63]. Voraussetzung einer begünstigten Betriebsveräußerung ist daher in diesen Fällen, daß das Sonderbetriebsvermögen – soweit wesentliche Betriebsgrundlage – mitveräußert wird[64]. 46

c) **Veräußerung eines Teilbetriebs.** Der Gewinn aus der Veräußerung eines Teilbetriebs ist einkommensteuerlich und gewerbesteuerlich[65] ebenso begünstigt wie der Gewinn aus der Veräußerung eines ganzen Betriebs. 47

Ein **Teilbetrieb** ist ein mit einer gewissen Selbständigkeit ausgestatteter organisch geschlossener Teil des Gesamtbetriebs, der für sich betrachtet alle Merkmale eines Betriebs iSd. EStG aufweist und für sich lebensfähig ist. Eine völlig selbständige Organisation mit eigener Buchführung ist nicht erforderlich. 48

Die **Veräußerung eines Teilbetriebs** erfordert, daß 49
– alle wesentlichen Betriebsgrundlagen des Teilbetriebs
– in einem einheitlichen Vorgang
– an einen Erwerber veräußert werden,
– dadurch die gesamten in dem veräußerten Teilbetrieb gebildeten stillen Reserven aufgedeckt werden und
– der Gewerbetreibende oder die Personengesellschaft die mit dem Teilbetrieb verbundene gewerbliche Tätigkeit aufgibt[66].

Merkmale der **Selbständigkeit eines Teilbetriebs** sind selbständiges Auftreten des Betriebsteils, örtliche (räumliche) Trennung vom Hauptbetrieb, Einsatz verschiedenen Personals, eigene Verwaltung, eigenständige Organisation, betriebliche Tätigkeit, Vorhandensein von eigenem Inventar, gesonderte Buchführung, getrennte Kostenrechnung, Möglichkeit eigener Preisgestaltung, eigenständiger 50

---

[59] BMF vom 16. 8. 2000 DStR 2000, 1603.
[60] *Wacker* in Schmidt § 16 EStG Rn 103; *Reiß* in Kirchhof/Söhn § 16 EStG Rn B 240.
[61] *Wacker* in Schmidt § 16 EStG Rn 104; *Reiß* in Kirchhof/Söhm § 16 EStG Rn B 239.
[62] *Wacker* in Schmidt § 16 EStG Rn 112; *Hörger* in Littmann/Bitz/Hellwig § 16 EStG Rn 42.
[63] § 15 Abs. 1 Satz 1 Nr. 2 EStG.
[64] Zur Übertragung von Sonderbetriebsvermögen in ein anderes Betriebsvermögen siehe *Wacker* in Schmidt § 16 EStG Rn 113; *Hörger* in Littmann/Bitz/Hellwig § 16 EStG Rn 42; *Gänger* in Bordewin/Brandt (Hrsg.), Kommentar zum Einkommensteuergesetz EStG (Losebl.), Stand: Dezember 2000, § 16 EStG Rn 69 b.
[65] Abschn. 39 Abs. 1 Satz 2 Nr. 1 Satz 1 GewStR 1998.
[66] Zuletzt *FG Saarland* vom 3. 1. 2000, 1 V 360/99.

Einkauf, eigenständiger Verkauf und eigener Kundenstamm[67]. Die vorgenannten Merkmale eines Teilbetriebs sind lediglich als Indizien für das Vorliegen eines Teilbetriebs anzusehen. Entscheidend ist grundsätzlich das Gesamtbild. Nicht erforderlich ist daher, daß sämtliche oben aufgeführten Merkmale erfüllt sind[68].

51 Die Veräußerung einer **100%-igen Beteiligung an einer Kapitalgesellschaft** gilt einkommensteuerlich als Veräußerung eines Teilbetriebs[69], wenn die gesamte Beteiligung der Kapitalgesellschaft zum Betriebsvermögen eines Einzelunternehmers oder einer Personengesellschaft gehört und die gesamte Beteiligung im Laufe eines Wirtschaftsjahrs veräußert wird[70]. Der Veräußerungsgewinn unterliegt in diesem Fall allerdings der **Gewerbesteuer**[71].

52 **d) Veräußerung eines Mitunternehmeranteils (Personengesellschaftsanteils).** Gem. § 16 Abs. 1 Nr. 2 EStG gehören Gewinne aus der Veräußerung eines Anteils eines Gesellschafters, der als Unternehmer (Mitunternehmer) des Betriebs[72] anzusehen ist, ebenfalls zu den Einkünften aus Gewerbebetrieb. Auch hier geht es vornehmlich um die Frage, ob bei dem Ausscheiden eines Gesellschafters aus der Gesellschaft bzw. im Fall des Wechsels eines Gesellschafters (Anteilsveräußerung an einen Dritten) der **Freibetrag** nach § 16 EStG und der **ermäßigte Steuersatz** nach § 34 EStG zur Anwendung kommen bzw. ob der Veräußerungsgewinn der **Gewerbesteuer** unterliegt.

53 **Veräußerung eines Mitunternehmeranteils** iSd. § 16 Abs. 1 Nr. 2 EStG ist das Ausscheiden eines Gesellschafters

– aus einer Personengesellschaft durch Übertragung des Gesellschaftsanteils auf einen neu eintretenden Gesellschafter bzw. einen der bisherigen Mitgesellschafter,
– aus einer mehrgliedrigen Personengesellschaft unter Fortbestand der Gesellschaft unter den bisherigen Gesellschaftern mit anteiliger Anwachsung des Mitunternehmeranteils bei den verbleibenden Gesellschaftern[73] oder
– aus einer zweigliedrigen Personengesellschaft unter Fortführung des Unternehmens als Einzelunternehmen durch den anderen Gesellschafter[74].

54 Umfaßt der Gesellschaftsanteil auch **Wirtschaftsgüter des Sonderbetriebsvermögens**, liegt eine begünstigte Veräußerung nur vor, wenn die Wirtschaftsgüter des Sonderbetriebsvermögens – sofern es sich um wesentliche Betriebsgrundlagen handelt – ebenfalls auf den Erwerber des Gesellschaftsanteils übertragen werden. Werden die Wirtschaftsgüter des Sonderbetriebsvermögens zurückbehalten und unter Auflösung der stillen Reserven in das Privatvermögen überführt, liegt in diesem Fall die (ebenfalls) begünstigte Aufgabe eines Mitunternehmeran-

---

[67] BFH vom 10. 3. 1998 DStZ 2000, 135; *Tiedtke/Wälzholz*, Neue Kriterien für die Bestimmung des Teilbetriebsbegriffs, DStZ 2000, 127.
[68] *Wacker* in Schmidt § 16 EStG Rn 148.
[69] § 16 Abs. 1 Nr. 1 Satz 2 EStG.
[70] Abschn. 139 Abs. 3 Satz 6 EStR 1999.
[71] Abschn. 39 Abs. 1 Satz 2 Nr. 1 Satz 13 GewStR 1998; siehe aber Rn 77 ff.
[72] § 15 Abs. 1 Satz 1 Nr. 2 EStG.
[73] Zur Darstellung von Abfindungszahlungen in der Handels- und Steuerbilanz siehe *Neu*, Ausscheiden von Gesellschaftern aus GmbH & Co. KG, GmbH-StB 2000, 158.
[74] *Wollny* Rn 2673.

teils vor[75]. Werden demgegenüber die Wirtschaftsgüter des Sonderbetriebsvermögens oder Wirtschaftsgüter der Personengesellschaft (wesentliche Betriebsgrundlage) aufgrund einheitlicher Planung und in engem zeitlichen Zusammenhang mit der Anteilsveräußerung zu Buchwerten (ohne Aufdeckung stiller Reserven) in ein anderes Betriebsvermögen des Veräußerers überführt, scheidet eine begünstigte Veräußerung des Mitunternehmeranteils aus[76]. Fraglich ist, ob in diesem Fall der Gewinn aus der Veräußerung des Mitunternehmeranteils der Gewerbesteuer unterliegt[77].

Eine begünstigte Veräußerung eines Mitunternehmeranteils liegt auch vor, wenn lediglich ein **Teil eines Mitunternehmeranteils** veräußert wird[78]. Strittig war bislang, ob die Begünstigung des Veräußerungsgewinns in diesem Fall auch erfordert, daß etwaiges **Sonderbetriebsvermögen** des Mitunternehmers – soweit es sich um wesentliche Betriebsgrundlagen handelt – anteilig mitveräußert wird[79]. Nach der neueren Rechtsprechung des BFH muß nunmehr davon ausgegangen werden, daß die Begünstigung des Veräußerungsgewinns nur gewährt wird, wenn der Gesellschafter auch einen entsprechenden Bruchteil seines (zu den wesentlichen Betriebsgrundlagen gehörenden) Sonderbetriebsvermögens mitveräußert[80]. 55

Nach dem **Bericht des BMF zur Fortführung der Unternehmenssteuerreform**[81] soll jedoch die bisherige Begünstigung der Veräußerung eines Mitunternehmerteilanteils im Rahmen einer künftigen Gesetzesänderung beseitigt werden. 56

e) **Zeitpunkt der Veräußerung.** Der Zeitpunkt der Veräußerung des ganzen Gewerbebetriebs, Teilbetriebs oder Mitunternehmeranteils ist maßgebend 57
– für den Zeitpunkt der Gewinnverwirklichung (Besteuerungszeitpunkt),
– für die Bewertung des Veräußerungsentgelts,
– für die Ermittlung des Buchwerts des veräußerten Betriebsvermögens und

---

[75] *Wacker* in Schmidt § 16 EStG Rn 414; H 139 EStR „Sonderbetriebsvermögen".
[76] *BFH* vom 6. 9. 2000 FR 2001, 75; *BFH* vom 19. 3. 1991 BStBl. II 1991, 635; *BFH* vom 6. 9. 2000 DB 2000, 2459.
[77] Für Gewerbesteuerpflicht in diesem Fall *Sarrazin* in Lenski/Steinberg, Kommentar zum Einkommensteuergesetz (Losebl.), Stand: Juli 2000, § 2 GewStG Rn 1635; gegen Gewerbesteuerpflicht *Pentar* in Glanegger/Güroff § 7 GewStG Rn 70 b.
[78] *Wacker* in Schmidt § 16 EStG Rn 409; R 139 Abs. 4 Satz 1 EStR 1999; aA evtl. *BFH* vom 21. 9. 2000 DStR 2000, 2183; siehe auch *Paus*, Der „Fluch des Sonderbetriebsvermögens" bei Teilanteilsübertragung, INF 2001, 109, 110; *Märkle*, Die Übertragung eines Bruchteils eines Gesellschaftsanteils bei vorhandenem Sonderbetriebsvermögen, DStR 2001, 685.
[79] *Wacker* in Schmidt § 16 EStG Rn 410; *Reiß* in Kirchhof/Söhn § 16 EStR Rn C 51; *FG Münster* vom 20. 5. 1998 EFG 1998, 1319, nrkr.; *Schulze zur Wiesche*, Übertragung von Bruchteilen eines Mitunternehmeranteils und Sonderbetriebsvermögen, FR 1999, 988; *FG Düsseldorf* vom 6. 5. 1999 EFG 1999, 699, nrkr.; *Tiedtke/Wälzholz*, Zur Übertragung eines Teilanteils an einem Mitunternehmeranteil und zur verdeckten Einlage nach altem und neuem Recht, DB 1999, 2026.
[80] *BFH* vom 24. 8. 2000 DStR 2000, 1768; *Geck*, Neue Erschwernisse bei vorweggenommener Erbfolge über Personengesellschaftsanteile, DStR 2000, 2031; zu möglicher Gewerbesteuerpflicht des Veräußerungsgewinns siehe Rn 109.
[81] Beilage zu FR 11/2001.

– für die zeitliche Abgrenzung von laufenden (nicht begünstigten) Einkünften und nach § 16 EStG begünstigten Veräußerungsgewinnen.

58 Veräußert ist der Betrieb zu dem Zeitpunkt, in dem der Betrieb nach dem Willen der Vertragsparteien auf Rechnung und Gefahr des Erwerbers fortgeführt wird. Das ist idR der Zeitpunkt der Übergabe des Betriebs[82]. Eine **Rückbeziehung** der Veräußerung, d. h. eine Vereinbarung, nach der sich die Vertragsparteien schuldrechtlich so stellen, als ob das wirtschaftliche Eigentum bereits zu einem vor dem Vertragsabschluß liegenden Zeitpunkt auf den Erwerber übergegangen wäre, kann grundsätzlich nicht dazu führen, daß der Betrieb einkommensteuerrechtlich als bereits zu diesem Zeitpunkt veräußert angesehen wird[83].

59 f) **Bestimmung des Veräußerungsgewinns.** Veräußerungsgewinn des ausscheidenden Gesellschafters ist der Veräußerungspreis abzüglich Veräußerungskosten und Buchwert der Beteiligung.

60 Der **Veräußerungspreis** ist grundsätzlich – störungsfreie Abwicklung der Veräußerung vorausgesetzt – gleich dem vereinbarten Entgelt[84]. Teil des Veräußerungspreises ist darüber hinaus auch die Freistellung von Schulden u. ä. Veräußerungspreis ist ferner der Betrag, der für die Abfindung eines **lästigen Gesellschafters** von den verbleibenden Gesellschaftern gezahlt wird[85].

61 Wird ein Gewerbebetrieb zusammen mit Wirtschaftsgütern des Privatvermögens zu einem **Gesamtkaufpreis** veräußert (zB bei Veräußerung eines Betriebs mit einem Grundstück, das nur teilweise zum Betriebsvermögen gehört), ist der Gesamtkaufpreis im Verhältnis der Verkehrswerte des Betriebs und der veräußerten Wirtschaftsgüter des Privatvermögens aufzuteilen.

62 Behält der Veräußerer einzelne Wirtschaftsgüter zurück, die nicht zu den wesentlichen Betriebsgrundlagen gehören, und überführt er diese ins Privatvermögen, müssen die gemeinen Werte (Zeitwerte) dieser Wirtschaftsgüter dem Veräußerungspreis zugerechnet werden.

63 Veräußert ein Steuerpflichtiger seinen Betrieb bzw. seinen Mitunternehmeranteil gegen eine **Leibrente**, so erhält er ein Wahlrecht. Er kann den bei der Veräußerung entstandenen Gewinn sofort versteuern. Veräußerungsgewinn ist in diesem Fall der Unterschiedsbetrag zwischen dem nach den Vorschriften des Bewertungsgesetzes ermittelten Barwert der Rente, vermindert um etwaige Veräußerungskosten des Steuerpflichtigen, und dem Buchwert des steuerlichen Kapitalkontos im Zeitpunkt der Veräußerung des Betriebs (Mitunternehmeranteils). Die in den Rentenzahlungen enthaltenen Ertragsanteile sind in diesem Fall sonstige Einkünfte iSd. § 22 Nr. 1 Satz 3 Ziff. a EStG. Der Steuerpflichtige kann statt dessen aber auch die Rentenzahlungen als nachträgliche Betriebseinnahmen iSd. § 15 EStG iVm. § 24 Nr. 2 EStG behandeln[86]. In diesem Fall entsteht ein nicht gem. §§ 16, 34 EStG begünstigter Gewinn, wenn die Rentenzahlungen das steu-

---

[82] *Wacker* in Schmidt § 16 EStG Rn 214; *Wollny* Rn 2761 ff.
[83] *FG Nürnberg* vom 15. 6. 1987 EFG 1988, 29; *Wacker* in Schmidt § 16 EStG Rn 115.
[84] Zu negativem Kaufpreis siehe *Holzapfel/Pöllath* S. 135.
[85] *Wacker* in Schmidt § 16 EStG Rn 459; *Reiß* in Kichhof/Söhn § 16 EStG Rn C 101.
[86] Zur Vorteilhaftigkeit siehe GmbH-StB 2000, 144 (oV).

erliche Kapitalkonto zuzüglich etwaiger Veräußerungskosten übersteigen[87]. Das gleiche gilt, wenn ein Betrieb gegen einen festen Barpreis und eine Leibrente veräußert wird; das Wahlrecht bezieht sich in diesem Fall jedoch nicht auf den durch den festen Barpreis realisierten Teil des Veräußerungsgewinns, der sofort zu versteuern ist[88].

Ist der tatsächlich erzielte **Erlös niedriger (oder höher)** als der tatsächliche Erlösanspruch (bzw. als der Wertansatz für diesen Anspruch), ist rückwirkend auf den Zeitpunkt der Veräußerung allein dieser Erlös der maßgebliche Veräußerungspreis. Entsteht zwischen den Vertragsparteien Streit über die Höhe eines vertraglich nicht eindeutig fixierten Veräußerungspreises und wird dieser Streit durch gerichtlichen oder außergerichtlichen Vergleich beigelegt, bestimmt der Inhalt des Vergleichs rückwirkend die Höhe des Veräußerungspreises. Entsprechendes gilt, wenn der Veräußerungspreis zB aufgrund eines Anspruchs auf Minderung einvernehmlich oder durch Urteil herabgesetzt wird. Eine bestandskräftige Veranlagung für das Jahr der Veräußerung ist gem. § 175 Abs. 1 Nr. 2 AO zu berichtigen[89]. **64**

Wird die Veräußerung zB aufgrund eines vertraglichen Rücktrittsrechts, eines Anspruchs auf **Wandelung**, wegen **Anfechtung** oder wegen **Nichtigkeit** des Kaufvertrags rückgängig gemacht, entfällt rückwirkend die ursprüngliche Veräußerung und damit die Gewinnverwirklichung[90]. Eine Veranlagung ist gem. § 175 Abs. 1 Nr. 2 AO zu berichtigen[91]. Unabhängig davon hat der Erwerber den laufenden Gewinn bis zum Vollzug der Rückgängigmachung zu versteuern, sofern er ihm verbleibt. Eine rückwirkende Aufhebung eines wirksamen und vollzogenen Kaufvertrags ist demgegenüber mit steuerlicher Wirkung nicht möglich[92]. **65**

Der Buchwert des veräußerten Mitunternehmeranteils ist nach allgemeinen bilanzsteuerrechtlichen Grundsätzen auf den Zeitpunkt der Veräußerung zu ermitteln. Bei der Veräußerung während eines Wirtschaftsjahrs ist eine Zwischenbilanz (**Abschichtungsbilanz**) aufzustellen. Maßgeblich ist der in der Gesamtbilanz der Mitunternehmerschaft auszuweisende Buchwert; er setzt sich zusammen aus den Buchwerten in der Steuerbilanz der Personengesellschaft, in einer (positiven oder negativen) Ergänzungsbilanz des veräußernden Gesellschafters[93], sofern der Ausgeschiedene seinen Gesellschaftsanteil bereits von einem anderen Gesellschafter erworben hatte, und in einer Sonderbilanz für Wirtschaftsgüter des Sonderbetriebsvermögens, gleichgültig, ob diese mitveräußert oder als Folge der Anteilsveräußerung Privatvermögen werden. **66**

---

[87] Abschn. 139 Abs. 11 EStR 1999; *Wacker* in Schmidt § 16 EStG Rn 454; *Hörger* in Littmann/Bitz/Hellwig § 16 EStG Rn 149.
[88] Abschn. 139 Abs. 11 Satz 8 EStR 1999.
[89] BFH vom 23. 6. 1998 BStBl. II 1998, 41; *Wacker* in Schmidt § 16 EStG Rn 384; *Bordewin*, Rückwirkender Wegfall von Veräußerungsgewinnen, FR 1994, 555, 559.
[90] *Wacker* in Schmidt § 16 EStG Rn 378.
[91] *Hörger* in Littmann/Bitz/Hellwig § 16 EStG Rn 114; *Wacker* in Schmidt § 16 EStG Rn 387; ebenso für Rücktritt und Wandelung, anders für Anfechtung und Nichtigkeit, *Erdweg* in Herrmann/Heuer/Raupach § 16 EStG Rn 194.
[92] BFH vom 24. 4. 1994 BStBl. II 1994, 745, 746.
[93] Zur Ergänzungsbilanz siehe Rn 84 ff.

67 Der Veräußerungsgewinn erhöht sich grundsätzlich[94] um den Betrag eines etwaigen **negativen Kapitalkontos** des ausscheidenden Gesellschafters. Dies gilt unabhängig davon, ob es sich bei dem ausscheidenden Gesellschafter um einen unbeschränkt oder um einen beschränkt haftenden Gesellschafter handelt.

68 Der Veräußerungsgewinn ist um die Veräußerungskosten zu reduzieren. **Veräußerungskosten** sind alle Nebenkosten der Veräußerung wie zB Honorare, Provisionen und sonstige Aufwendungen, die im unmittelbaren Zusammenhang mit der Veräußerung stehen[95]. Bei der Veräußerung von Betrieben, Teilbetrieben oder Personengesellschaftsanteilen durch natürliche Personen wird der Veräußerer daher grundsätzlich versuchen, diese Veräußerungskosten den laufenden Aufwendungen zuzuordnen, da die Veräußerungskosten in diesem Fall auch gewerbesteuerlich abzugsfähig sind und nicht den gewerbesteuerfreien Veräußerungsgewinn vermindern[96].

69 **g) Besteuerung des Veräußerungsgewinns. aa) Freibetrag nach § 16 Abs. 4 EStG 2001 für Veräußerungs- und Aufgabegewinne.** Hat der Steuerpflichtige bei Betriebsveräußerung das 55. Lebensjahr vollendet oder ist er im sozialversicherungsrechtlichen Sinn dauernd berufsunfähig, so wird der Veräußerungsgewinn auf Antrag zur Einkommensteuer nur herangezogen, soweit er 100 000 DM übersteigt. Der Freibetrag ist dem Steuerpflichtigen **nur einmal im Leben** zu gewähren, dann aber **stets in voller Höhe**. Dabei ist unerheblich, ob ein ganzer Gewerbebetrieb, ein Teilbetrieb, ein Mitunternehmeranteil oder nur ein Bruchteil eines Mitunternehmeranteils veräußert wird[97]. Der Freibetrag ermäßigt sich um den Betrag, um den der Veräußerungsgewinn 300 000 DM übersteigt.

70 **bb) Tarifermäßigung des Veräußerungsgewinns. (1) Tarifermäßigung für außerordentliche Einkünfte.** Der Gewinn aus der Veräußerung eines Betriebs, eines Teilbetriebs oder eines Mitunternehmeranteils (Anteils an einer Personengesellschaft) zählt grundsätzlich zu den tarifbegünstigten außerordentlichen Einkünften iSd. § 34 EStG. Die Anwendung der Tarifbegünstigung nach § 34 EStG setzt einen **Antrag** des Steuerpflichtigen voraus.

71 Die Tarifbegünstigung des § 34 Abs. 1 EStG wirkt über eine **Milderung der Einkommensteuerprogression**. Die für die außerordentlichen Einkünfte anzusetzende Einkommensteuer beträgt das 5-fache des Unterschiedsbetrags zwischen der Einkommensteuer für das um diese Einkünfte verminderte zu versteuernde Einkommen (verbleibendes zu versteuerndes Einkommen) und der Einkommensteuer für das verbleibende zu versteuernde Einkommen zuzüglich $^1/_5$ dieser Einkünfte. Die Tarifermäßigung wird nicht für auf Beteiligungen an Kapitalgesellschaften entfallende Veräußerungsgewinne gewährt, die nach dem Halbeinkünfteverfahren hälftig steuerbefreit sind[98].

---

[94] Zu Ausnahmen siehe *Wacker* in Schmidt § 16 EStG Rn 469 bis 473; *Hörger* in Littmann/Bitz/Hellwig § 16 EStG Rn 157 ff.
[95] Zur Vorfälligkeitsentschädigung *BFH* vom 25. 1. 2000 BStBl. II 2000, 458.
[96] Zum Vorsteuerabzug aus bezogenen Eingangsleistungen im Zusammenhang mit der Veräußerung siehe Rn 581 ff.
[97] *Wacker* in Schmidt § 16 EStG Rn 581; R 139 Abs. 13 Satz 3 EStR 1999.
[98] § 34 Abs. 2 Nr. 1 EStG 2001; § 3 Nr. 40b iVm. § 3c Abs. 2 EStG 2001.

Im Ergebnis führt die Tarifermäßigung für außerordentliche Einkünfte nur bei sehr geringen laufenden Einkünften (geringen verbleibenden zu versteuernden Einkommen) zu steuerlichen Vorteilen. Je höher die laufenden Einkünfte sind, desto geringer ist die Entlastungswirkung. Wird die obere Proportionalzone des Einkommensteuertarifs erreicht, ergibt sich keine Entlastungswirkung. Deshalb können Ehegatten, die nach § 26 EStG die Veranlagungsart wählen können, durch Wahl der getrennten Veranlagungen uU eine höhere Steuerentlastung herbeiführen, wenn der Ehegatte, der die außerordentlichen Einkünfte erzielt, keine laufenden Einkünfte mehr hat, während der andere Ehegatte weitere laufende und ins Gewicht fallende Einkünfte bezieht[99]. Wegen der bei höheren Einkünften praktisch fehlenden Entlastungswirkung empfiehlt sich bei Betriebsveräußerung ggf. die Vereinbarung einer **Leibrente**, Zeitrente oder von Ratenzahlungen mit aufgeschobener Versteuerung[100].

(2) Tarifermäßigung für aus dem Berufleben ausscheidende Unternehmer. Auf Basis der Entschließung des Bundesrats vom 14. 7. 2000[101] wurde mit dem Steuersenkungsergänzungsgesetz (StSenkErgG) die Wiedereinführung des halben durchschnittlichen Steuersatzes bei Betriebsveräußerungen für aus dem Berufsleben ausscheidende Unternehmer beschlossen. Danach können Unternehmer bei der Veräußerung von Betrieben, Teilbetrieben oder Mitunternehmeranteilen **ab 2001** unter bestimmten Voraussetzungen auf Antrag eine Besteuerung nach einem ermäßigten Steuersatz (**halber durchschnittlicher Steuersatz**) erlangen. Der ermäßigte Steuersatz beträgt die Hälfte des durchschnittlichen Steuersatzes, der sich ergäbe, wenn die tarifliche Einkommensteuer nach dem gesamten zu versteuernden Einkommen zuzüglich der dem Progressionsvorbehalt unterliegenden Einkünfte zu bemessen wäre, **mindestens** jedoch **19,9 %** (ab 2003: mindestens 17 % bzw. ab 2005: mindestens 15 %).

Die **Voraussetzungen** für eine Besteuerung nach dem halben durchschnittlichen Steuersatz sind[102]:
- Der Veräußerer ist eine (inländische oder ausländische[103]) natürliche Person.
- Der Veräußerer hat das **55. Lebensjahr** vollendet oder ist dauernd berufsunfähig.
- Begünstigt sind nur außerordentliche Einkünfte (Veräußerungsgewinne) bis zu **DM 10 Mio.** (ab 2002: € 5 Mio.).
- Inanspruchnahme **nur einmal im Leben** (für die Anwendung des halben durchschnittlichen Steuersatzes bei **aus dem Berufsleben ausscheidenden** Unternehmern ist allerdings unbeachtlich, wenn eine Steuerermäßigung nach § 34 EStG in Veranlagungszeiträumen vor dem 1. 1. 2001 in Anspruch genommen wurde[104]).

---

[99] *Hagen/Schynol*, Außerordentliche Einkünfte bei Ehegatten: Steuervorteil bei richtiger Wahl der Veranlagungsform, DStR 1999, 1430; *Urban*, Der Antrag nach § 34 EStG 1999 als Steuerfalle?, FR 1999, 781; *Herzig/Förster* DB 1999, 711.
[100] *Seeger* in Schmidt § 34 EStG Rn 4; *Herzig/Förster* DB 1999, 711, 715 Fn 34.
[101] BR-Drucks. 410/2/00.
[102] § 34 Abs. 3 EStG 2001; *Wendt* FR 2000, 1173, 1199.
[103] § 50 Abs. 1 Satz 3 EStG 2001.
[104] § 52 Abs. 47 EStG 2001.

- Inanspruchnahme nur für einen Veräußerungsgewinn und nicht für die Summe der Gewinne aus mehreren Veräußerungen in einem Veranlagungszeitraum.
- Keine (teilweise) Inanspruchnahme von § 6b bzw. § 6c EStG[105].

75 Veräußerungsgewinne aus Beteiligungen iSd. § 17 EStG sind nicht begünstigt. Begünstigt sind aber (trotz der mit dem StSenkG erfolgten Streichung der Verweisung auf § 34 Abs. 1 EStG in § 21 Abs. 1 Satz 2 UmwStG 1999) Gewinne aus der **Veräußerung einbringungsgeborener Anteile**[106]. Im Ergebnis wird dadurch die Siebenjahresfrist des § 3 Nr. 40 Satz 3 und 4 EStG 2001 in denjenigen Fällen abgemildert, in denen die Tatbestandsvoraussetzungen des § 34 Abs. 3 EStG 2001 erfüllt sind[107].

76 Mit der Wiedereinführung des halben Steuersatzes ist im Zusammenhang mit Unternehmensverkäufen insbesondere die Konzentration von Veräußerungsgewinnen (Zusammenlegen von Betrieben) zur vollen Ausschöpfung der begünstigten Grenze von DM 10 Mio. sowie die getrennte Veranlagung von Ehegatten zur doppelten Ausnutzung der DM 10 Mio.-Grenze in die **Gestaltungsüberlegungen** einzubeziehen.

77 **h) Auf Anteile an Kapitalgesellschaften entfallender Teil des Veräußerungsgewinns.** Soweit im Rahmen einer Betriebsveräußerung oder der Veräußerung eines Mitunternehmeranteils (anteilig) **Anteile an Kapitalgesellschaften** mitveräußert werden, ist der auf diese Kapitalgesellschaftsbeteiligungen entfallende Teil des Veräußerungsgewinns ab 2002 (bei abweichendem Wirtschaftsjahr der veräußerten Kapitalgesellschaftsbeteiligung ab dem Ende des Wirtschaftsjahrs der Beteiligungsgesellschaft im Jahr 2002)[108] beim Veräußerer (natürliche Person[109]) nach § 3 Nr. 40 Satz 1 lit. a und b EStG, § 3c Abs. 2 EStG hälftig von der Einkommensteuer befreit[110]. Bei sog. einbringungsgeborenen Anteilen, die nicht durch einen steuerneutralen Anteilstausch gem. § 20 Abs. 1 Satz 2 UmwStG entstanden sind, setzt die hälftige Steuerbefreiung des Veräußerungsgewinns eine Mindesthaltefrist von sieben Jahren voraus[111]. Soweit Veräußerungsgewinne nach § 3 Nr. 40 EStG 2001 hälftig von der Einkommensteuer befreit sind, kommt die Tarifermäßigung nach § 34 EStG 2001 für diese Veräußerungsgewinne nicht in Betracht.

78 Soweit der Veräußerungsgewinn bei Veräußerung durch eine gewerbliche Personengesellschaft auf Kapitalgesellschaften als Gesellschafter entfällt, ist der Veräu-

---

[105] § 34 Abs. 3 Satz 6 EStG 2001.
[106] *Haritz* DStR 2000, 1537; *Patt/Rasche* FR 2001, 175; siehe Rn 406.
[107] Die Tarifermäßigung kommt ggf. aber auch für Gewinne aus der Veräußerung einbringungsgeborener Anteile in Betracht, wenn diese hälftig steuerbefreit sind; siehe Rn 406.
[108] Bei Veräußerung von Anteilen an ausländischen Kapitalgesellschaften ab 2001, siehe Rn 139.
[109] Zur Anteilsveräußerung durch Mitunternehmerschaften bei Beteiligung von Kapitalgesellschaften siehe Rn 78, Rn 102f. und Rn 114ff.
[110] Unklar ist, ab wann die Befreiungsvorschriften nach § 3 Nr. 40 EStG 2001 bei der Veräußerung von Anteilen an ausländischen Kapitalgesellschaften anzuwenden sind; mE bereits ab 2001.
[111] § 3 Nr. 40 Satz 3, 4 EStG 2001.

ßerungsgewinn bei diesen gem. § 8 Abs. 6 KStG 2001 von der Körperschaftsteuer befreit[112]. Unklar ist aufgrund der Verweisung in § 8b Abs. 6 KStG 2001 auf die Zurechnung von Gewinnanteilen nach § 15 Abs. 1 Nr. 2 EstG, ob nur laufende Veräußerungsgewinne oder auch **Gewinne aus der Veräußerung bzw. Aufgabe des Betriebs** (Veräußerungsgewinn iSv. § 16 EStG) nach § 8b Abs. 6 KStG 2001 begünstigt sind. ME bedarf es für die anteilige Steuerbefreiung in § 8b Abs. 6 KStG 2001 nicht der expliziten Verweisung auf § 16 EStG, da § 16 EStG keinen eigenen Steuertatbestand schafft und insoweit nicht konstitutiv ist[113]. Eine Schlechterstellung des Gewinns aus der Veräußerung bzw. Aufgabe eines Betriebs einer Personengesellschaft im Vergleich zu laufenden Gewinnen aus Anteilsveräußerungen wäre auch durch nichts zu rechtfertigen. Der anteilig auf Gesellschafter in der Rechtsform der Kapitalgesellschaft entfallende Gewinn aus der Veräußerung von Anteilen an Kapitalgesellschaften sollte daher auch dann nach § 8b Abs. 6 KStG 2001 begünstigt sein, wenn er im Rahmen einer Betriebsveräußerung bzw. -aufgabe durch die Personengesellschaft entstanden ist[114]. Trotz der mißverständlichen Bezugnahme in § 8 Abs. 6 KStG 2001 auf gewerbliche Personengesellschaften iSd. § 15 Abs. 1 Satz 1 Nr. 2 und 3 EStG gilt die Steuerbefreiung dabei mE auch für Veräußerungsgewinne einer lediglich nach § 15 Abs. 3 Nr. 2 EStG gewerblich geprägten Personengesellschaft[115]. Bei einbringungsgeborenen bzw. unter dem Teilwert erworbenen Anteilen kommt eine Steuerbefreiung nach § 8b Abs. 6 KStG 2001 erst nach Ablauf der 7-jährigen Mindesthaltefrist in Betracht[116].

i) Auf ausländische Betriebsstätten entfallende Veräußerungsgewinne. Bei Veräußerung durch einen Steuerinländer ist der Teil des Veräußerungsgewinns, der auf ausländische Betriebsstätten entfällt, regelmäßig (sofern kein Aktivitätsvorbehalt besteht) von der inländischen Besteuerung befreit (es wird in diesem Fall allerdings regelmäßig zu einer Besteuerung im Ausland kommen).

Ist Veräußerer eine inländische Kapitalgesellschaft, kann grundsätzlich auch die Kapitalgesellschaft die Steuerbefreiung nach einem DBA in Anspruch nehmen. Werden die Gewinne an private Anteilseigner weiter ausgeschüttet, so unterliegen die Veräußerungsgewinne jedoch bei den Anteilseignern der Besteuerung. Im Ergebnis kommt es damit zu einer Doppelbesteuerung: Besteuerung der Veräußerungsgewinne im Ausland, außerdem hälftig bei Ausschüttung bei den Gesellschaftern. Diese **Doppelbelastung** kann dadurch vermieden werden, daß unter Zwischenschaltung einer gewerblichen Personengesellschaft zwischen den Gesellschaftern und der inländischen Kapitalgesellschaft eine körperschaftsteuerliche **Organschaft** hergestellt wird. Die steuerbefreiten ausländischen Veräußerungsgewinne können in diesem Fall über einen Ergebnisabführungsvertrag auf

---

[112] Zur Gewerbesteuer siehe Rn 114 ff.
[113] *Wacker* in Schmidt § 16 EStG Rn 5.
[114] *Blaas* u. a. in NWB Beilage zu Heft 51/2000, 12; *Bogenschütz* u. a. IDW-FN Sonderbeilage zu Heft 11/2000, 13.
[115] Siehe Rn 575.
[116] Siehe Rn 130 f.

die Gesellschafter ohne zusätzliche Besteuerung durchgeleitet werden[117]. § 15 Nr. 2 KStG steht dieser Gestaltung nicht entgegen. Die steuerfreien Auslandseinkünfte werden allerdings in den Progressionsvorbehalt einbezogen[118].

81 Ist der Veräußerer ein **Steuerausländer**, sind Veräußerungsgewinne, die auf ausländische Betriebsstätten des Einzelunternehmens bzw. der Personengesellschaft entfallen, in Deutschland grundsätzlich nicht steuerbar[119].

82 **j) Besteuerung des Erwerbers. aa) Erwerb von Einzelunternehmen und Betrieben.** Beim Erwerb eines Einzelunternehmens bzw. eines Betriebs (Asset Deal) setzt der Erwerber die Wirtschaftsgüter des Betriebs in seiner Bilanz mit den Anschaffungskosten an. Zur Ermittlung der Anschaffungskosten der erworbenen Wirtschaftsgüter werden die Gesamtanschaffungskosten auf die einzelnen Wirtschaftsgüter nach Maßgabe ihrer Teilwerte verteilt[120].

83 **bb) Erwerb von Anteilen an Personengesellschaften.** Beim Erwerb einer Beteiligung an einer Personengesellschaft sind Gegenstand der Anschaffung (und der Veräußerung) einkommensteuerrechtlich die ideellen Anteile des Veräußerers (ausgeschiedenen Gesellschafters) an den einzelnen Wirtschaftsgütern des Gesellschaftsvermögens, nicht etwa ein als einheitliches (immaterielles) Wirtschaftsgut zu wertender Gesellschaftsanteil als solcher. Bei dem Erwerber sind die an den Veräußerer zu leistenden Zahlungen aktivierungspflichtige Anschaffungskosten. Dies gilt sowohl, wenn der Gesellschaftsanteil auf einen neuen Gesellschafter oder einen der bisherigen Mitgesellschafter übergeht, als auch, wenn er erlischt und die Mitgliedschaft des Ausgeschiedenen allen bisherigen Mitgesellschaftern anteilig anwächst[121].

84 Geht der Gesellschaftsanteil auf einen neuen Gesellschafter oder auf einen der bisherigen Mitgesellschafter über, hat der Erwerber seine Aufwendungen für die Anteile an den Wirtschaftsgütern des Gesellschaftsvermögens als Anschaffungskosten dieser Anteile an den Wirtschaftsgütern entsprechend seiner prozentualen Beteiligung am Gesellschaftsvermögen in einer **Ergänzungsbilanz** zu aktivieren[122], soweit diese höher sind als die in der Steuerbilanz der Gesellschaft fortgeführten anteiligen Buchwerte (Kapitalkonto des ausscheidenden Gesellschafters). Aufwendungen für Wirtschaftsgüter des Sonderbetriebsvermögens sind in einer Sonderbilanz zu aktivieren, soweit diese Wirtschaftsgüter auch beim Erwerber Sonderbetriebsvermögen sind.

85 Zu den in einer Ergänzungsbilanz des Erwerbers zu aktivierenden Anschaffungskosten gehört grundsätzlich[123] auch der Betrag eines etwaigen **negativen**

---

[117] *Schaumburg* Unternehmenskauf S. 6; *Schmidt/Müller/Stöcker* S. 175 ff., S. 189 ff.
[118] § 32b Abs. 1a EStG; bei Vorliegen von tarifbegünstigten Einkünften nach § 34 EStG allerdings Einbezug in den Progressionsvorbehalt nur mit einem Fünftel, § 32b Abs. 2 Nr. 2 EStG 2001.
[119] *BFH* vom 24. 2. 1988 BStBl. II 1988, 663.
[120] Zur Aufteilung der Gesamtanschaffungskosten auf materielle Wirtschaftsgüter, immaterielle Wirtschaftsgüter und einen Geschäfts- und Firmenwert siehe Rn 87 ff.
[121] *Wacker* in Schmidt § 16 EStG Rn 480; *Reiß* in Kirchhof/Söhn § 16 EStG Rn C 71 ff.
[122] Zum Erwerb eines Anteils an der Obergesellschaft bei doppelstöckiger Personengesellschaft siehe *Wacker* in Schmidt § 15 EStG Rn 471, § 16 EStG Rn 13.
[123] *Wacker* in Schmidt § 16 EStG Rn 497 bis 502.

Kapitalkontos, das für den ausscheidenden Gesellschafter (Veräußerer) bei der Personengesellschaft geführt wurde. Die Anschaffungskosten des Erwerbers bestehen in diesem Fall aus einem etwaigen Barentgelt zuzüglich des Betrags des (übernommenen) negativen Kapitalkontos.

Scheidet ein Gesellschafter gegen Abfindung aus und wachsen daher die Anteile des Ausgeschiedenen am Gesellschaftsvermögen allen (verbleibenden) Gesellschaftern anteilig an, so ist auch diese Anwachsung einkommensteuerrechtlich eine Anschaffung; die Anschaffungskosten (= Abfindung) für die Anteile des Ausgeschiedenen an den Wirtschaftsgütern des Gesellschaftsvermögens sind durch anteilige Aufstockungen der Buchwerte der bereits bilanzierten Wirtschaftsgüter und eventuell durch anteiligen Ansatz bisher nicht bilanzierter Wirtschaftsgüter in der Steuerbilanz der Gesellschaft zu aktivieren[124]. 86

cc) Verteilung der Anschaffungskosten. Erhält der Veräußerer für den veräußerten Betrieb/Gesellschaftsanteil ein Entgelt, das höher ist als der Buchwert der veräußerten Wirtschaftsgüter bzw. seines in der Steuerbilanz der Gesellschaft und einer etwaigen Ergänzungsbilanz ausgewiesenen Kapitalkontos, so gilt für die Aktivierung beim Erwerber nach der „**Stufentheorie**" folgendes: Eine erste widerlegbare Vermutung spricht dafür, daß in den Buchwerten der (ggf. mit nur einer Mark) bilanzierten aktiven (materiellen und immateriellen) Wirtschaftsgüter stille Reserven enthalten sind, an denen der Veräußerer teilhatte. Demgemäß haben der oder die Erwerber ihre über diesen Buchwert hinausgehenden Aufwendungen (nur) als Anschaffungskosten für die erworbenen Anteile des Veräußerers an den stillen Reserven dieser Wirtschaftsgüter zu aktivieren, auch wenn feststeht, daß nicht bilanzierte Wirtschaftsgüter vorhanden sind[125]. Der Mehrbetrag ist auf die bilanzierten Wirtschaftsgüter im Verhältnis ihrer stillen Reserven[126] bis zu deren Höhe aufzuteilen[127]. Steht fest, daß das Entgelt höher ist als der Buchwert zuzüglich des Anteils an den stillen Reserven der bilanzierten Wirtschaftsgüter, dann spricht eine zweite widerlegbare Vermutung dafür, daß zum Gesellschaftsvermögen nicht bilanzierte (zB selbst geschaffene) immaterielle Einzelwirtschaftsgüter gehören und eine dritte widerlegbare Vermutung dafür, daß ein originärer Geschäftswert vorhanden ist, an dem der Ausgeschiedene teilhatte. Die Erwerber haben ihre über den Buchwert und die anteiligen stillen Reserven der bilanzierten Wirtschaftsgüter hinausgehenden Aufwendungen als Anschaffungskosten für die erworbenen Anteile primär an nicht bilanzierten (abnutzbaren) immateriellen Einzelwirtschaftsgütern, sekundär an einem Geschäftswert und tertiär an nicht abnutzbaren immateriellen Einzelwirtschaftsgütern zu aktivieren[128]. 87

Die Stufentheorie ist nicht unumstritten. Im Vordringen ist die (für den Erwerber ungünstigere) sog. „**modifizierte Stufentheorie**". Danach spricht die Ver- 88

---

[124] *Wacker* in Schmidt § 16 EStG Rn 482; ähnlich *Reiß* in Kirchhof/Söhn § 16 Rn C 107.
[125] Siehe zB *BFH* vom 25. 1. 1997 BStBl. II 1979, 302 mwN.
[126] Str.; ggf. auch Aufteilung im Verhältnis der Teilwerte.
[127] Zur Aufteilung auf Grund, Boden und Gebäude nach dem Ertragswertverfahren siehe *BFH* vom 24. 2. 1999 DStRE 1999, 621 sowie *BFH* vom 10. 10. 2000, BFH/NV 2001, 514.
[128] *BFH* vom 25. 1. 1979 BStBl. II 1979, 302 mwN; *Wacker* in Schmidt § 16 EStG Rn 489 mwN.

mutung in gleicher Weise für stille Reserven in bilanzierten materiellen und immateriellen Wirtschaftsgütern und das Vorhandensein nicht bilanzierter immaterieller Wirtschaftsgüter einschließlich Geschäftswert. Der Mehrbetrag wäre danach auf alle Wirtschaftsgüter proportional bzw. im Verhältnis ihrer Teilwerte zu verteilen[129].

89 Besonderheiten gelten im Fall des Ausscheidens eines sog. **„lästigen" Gesellschafters** aus einer Personengesellschaft. Ist nachgewiesen, daß der ausgeschiedene Gesellschafter „lästig" war, zB sich betriebsschädigend verhalten hat, ist damit die Vermutung widerlegt, daß die über den Buchwert hinausgehenden Aufwendungen einen Anteil des Ausgeschiedenen an stillen Reserven und an einem Geschäftswert abgelten. Für die über den Buchwert hinausgehenden Aufwendungen kommt in diesem Fall auch ein sofortiger Abzug als Betriebsausgaben in Betracht[130].

90 Liegen beim Betriebserwerb bzw. beim Erwerb einer Beteiligung an einer Personengesellschaft die Anschaffungskosten unter dem Buchwert der (anteilig) erworbenen Wirtschaftsgüter, sind die Buchwerte der (anteilig) erworbenen (bilanzierten) Wirtschaftsgüter nach Maßgabe dieser Anschaffungskosten anteilig herabzusetzen (sog. **„step-down"**). Es ist nicht zulässig, die Buchwerte der bilanzierten Wirtschaftsgüter fortzuführen und die Differenz zum niedrigeren Erwerbspreis durch Passivierung eines negativen Geschäftswerts auszugleichen[131]. Der „step-down" wird in vielen Fällen zu einer nicht gewünschten Minderung der Abschreibungsbasis des Erwerbers führen. Diese Minderung der Abschreibungsbasis ließe sich ggf. dadurch vermeiden, daß der Betrieb bzw. die Personengesellschaft vor Erwerb steuerneutral in eine Kapitalgesellschaft umgewandelt wird.

91 Aus steuerlicher Sicht (nicht notwendigerweise aber auch aus handelsbilanzieller oder betriebswirtschaftlicher Sicht) ist der Erwerber an einer möglichst schnellen **Abschreibung des gezahlten Kaufpreises** interessiert. Der Erwerber ist daher grundsätzlich an einem Nachweis hoher stiller Reserven und damit verbundenen hohen Wertansätzen in kurzlebigen Wirtschaftsgütern interessiert. Ziel des Erwerbers ist es daher, insbes. stille Reserven in

– sofort absetzbaren **geringwertigen Wirtschaftsgütern**[132],

– **günstigen Aufträgen**, die entsprechend mit Forderungen bei Lieferungen verrechnet werden können, oder

– **Vorräten**, sofern sich diese schnell umschlagen oder abgebaut werden sollen,

nachzuweisen[133]. Darüber hinaus sind zur Vermeidung bzw. Veränderung des Ausweises eines lediglich über 15 Jahre[134] abschreibbaren Geschäftswerts mög-

---

[129] *BFH* vom 30. 3. 1993 BStBl. II 1993, 706, 707; *Wacker* in Schmidt § 16 EStG Rn 490 mwN.

[130] *BFH* vom 5. 10. 1989 *BFH/NV* 1990, 496; *Wacker* in Schmidt § 16 EStG Rn 491; *Reiß* in Kirchhof/Söhn § 16 EStG Rn C 101.

[131] ZB *BFH* vom 7. 2. 1995 BStBl. II 1997, 770 mwN; *Wacker* in Schmidt § 16 EStG Rn 511.

[132] § 6 Abs. 2 EStG.

[133] Zu Einzelheiten der Aktivierung von beim Unternehmenskauf miterworbenen stillen Reserven und Abschreibungen siehe die Übersicht in *Holzapfel/Pöllath* S. 120 ff. und *Hötzel*, Unternehmenskauf und Steuern, 1997, S. 147 ff.

[134] § 7 Abs. 1 Satz 3 EStG.

lichst hohe stille Reserven in vom Geschäftswert separierbaren immateriellen Vermögensgegenständen wie zB **Patenten**[135] oder ähnlichen Rechten[136] nachzuweisen, die über einen kürzeren Zeitraum als ein Geschäftswert abgeschrieben werden können.

Bei der aus Erwerbersicht steueroptimalen Kaufpreisaufteilung kann es ggf. zu **Zielkonflikten** mit dem Veräußerer kommen, der unter Umständen eine abweichende Aufteilung des Kaufpreises präferiert. Solche Zielkonflikte bestehen insbesondere dann, wenn der Veräußerer in einem einheitlichen Vorgang **Privatvermögen** und Betriebsvermögen (zB bei Grundstücken) überträgt oder der Veräußerer auf den Veräußerungsgewinn (teilweise) **§ 6 b EStG** anwenden will. In diesem Fall wird der Veräußerer ein Interesse daran haben, einen möglichst hohen Kaufpreisanteil dem übertragenen Privatvermögen bzw. denjenigen Wirtschaftsgütern, bei denen der Veräußerungsgewinn durch eine § 6b-Rücklage neutralisiert werden kann, zuzuordnen. Die Finanzverwaltung wird in diesen Fällen regelmäßig keine unterschiedlichen Kaufpreiszuordnungen akzeptieren.

k) Besteuerungsaufschub bei Beteiligungserwerb durch Eintritt in eine bereits bestehende Personengesellschaft ohne Ausscheiden eines bisherigen Gesellschafters. Tritt ein weiterer Gesellschafter in eine Personengesellschaft ein, ohne daß einer der Gesellschafter ausscheidet und leistet der neue Gesellschafter (nur) eine (Bar-)Einlage in das Gesellschaftsvermögen, so liegt insoweit ein Anwendungsfall des § 24 UmwStG vor. Die bisherigen Gesellschafter bringen in diesem Fall wirtschaftlich betrachtet ihre Mitunternehmeranteile in eine neue erweiterte Mitunternehmerschaft ein[137]. Demgemäß haben die Gesellschafter ein Wahlrecht zwischen Buchwertfortführung und (voller oder teilweiser) Gewinnrealisierung[138]. Die Buchwerte können in der Weise fortgeführt werden, daß
— diese in der Steuerbilanz der Gesellschaft – abgesehen von der Bareinlage des neuen Gesellschafters – unverändert bleiben, gleichzeitig aber für den neuen Gesellschafter zwecks Ausweises seiner über die anteiligen Buchwerte hinausgehenden Anschaffungskosten für die erlangten Anteile an den Wirtschaftsgütern des Gesellschaftsvermögens eine positive und in gleicher Höhe für die bisherigen Gesellschafter eine negative Ergänzungsbilanz erstellt wird[139] oder
— in der Steuerbilanz der Gesellschaft die Wirtschaftsgüter mit dem Teilwert angesetzt werden und für die bisherigen Gesellschafter zwecks Neutralisierung des dadurch entstandenen Einbringungsgewinns eine entsprechende **negative Ergänzungsbilanz** erstellt wird[140].

Als Korrekturposten zu den Wertansätzen der Wirtschaftsgüter des Gesellschaftervermögens in der Steuerbilanz sind die in der positiven oder negativen Er-

---

[135] *Drenseck* in Schmidt § 7 EStG Rn 87: Abschreibungsdauer idR 5 bis 8 Jahre.
[136] Zu Warenzeichen siehe zuletzt *FG Düsseldorf* vom 9. 5. 2000 DStRE 2000, 1198: Abschreibungsdauer 5 Jahre (str.).
[137] Tz. 24.01 c) UmwStErlaß.
[138] § 24 Abs. 2 UmwStG.
[139] Tz. 24.14 UmwStErlaß mit Beispielen.
[140] BFH vom 8. 12. 1994 BStBl. II 1995, 599, 600; *Wacker* in Schmidt § 16 EStG Rn 562.

gänzungsbilanz ausgewiesenen Auf- bzw. Abstockungsbeträge korrespondierend entsprechend dem Verbrauch, der Abnutzung oder der Veräußerung dieser Wirtschaftsgüter gewinnwirksam aufzulösen[141]. Durch Eintritt in eine Personengesellschaft anstelle eines unmittelbaren Beteiligungserwerbs kann damit beim Unternehmenskauf ein **Besteuerungsaufschub** erreicht werden, da die auf den Einbringenden übergesprungenen stillen Reserven der bisherigen Gesellschafter nur sukzessive durch Auflösung der negativen Ergänzungsbilanzen realisiert werden. Problematisch sind in diesem Fall aber zeitnahe (steuerfreie) Entnahmen aus der Gesellschaft durch die bisherigen Gesellschafter[142].

95 **l) Besonderheiten bei Sozietätsgründung/Veräußerung einer freiberuflichen Praxis.** Bei Veräußerung oder Aufgabe einer freiberuflichen Praxis bzw. eines Anteils an einer freiberuflichen Sozietät gelten die obigen Ausführungen zur Veräußerung von Betrieben bzw. Mitunternehmeranteilen grundsätzlich entsprechend. Es liegt in diesem Fall ein nach § 18 Abs. 3 EStG begünstigter Veräußerungsgewinn vor. Es sind allerdings eine Reihe von Besonderheiten zu beachten:

96 **aa) Praxisveräußerung.** Eine begünstigte Veräußerung iSd. § 18 Abs. 3 EStG liegt nur vor, wenn die für die Ausübung der freiberuflichen Tätigkeit wesentlichen wirtschaftlichen Grundlagen, insbes. die immateriellen Wirtschaftsgüter wie Mandantenstamm und Praxiswert, entgeltlich auf einen anderen übertragen werden[143]. Die freiberufliche Tätigkeit in dem bisherigen örtlichen Wirkungskreis muß wenigstens für eine gewisse Zeit eingestellt werden. Unschädlich ist es, wenn der Veräußerer nach der Veräußerung frühere Mandanten auf Rechnung und im Namen des Erwerbers berät oder eine nicht selbständige Tätigkeit in der Praxis des Erwerbers ausübt. Ebenfalls unschädlich ist die Fortführung einer freiberuflichen Tätigkeit in geringem Umfang, wenn die darauf entfallenen Umsätze in den letzten drei Jahren weniger als 10% der gesamten Einnahmen ausmachten[144].

97 **bb) Sozietätsgründung.** Wird ein Anteil einer freiberuflichen Praxis zwecks Sozietätsgründung anteilig veräußert (Einbringung einer freiberuflichen Praxis in eine Sozietät gegen Ausgleichszahlung), ist die Ausgleichszahlung dann nicht nach § 18 Abs. 3, § 34 EStG begünstigt, wenn nicht alle stillen Reserven der Praxis aufgedeckt werden[145]. Für die Erlangung einer Begünstigung nach §§ 18, 34 EStG bei einer Praxisveräußerung hat sich daher folgendes **Gestaltungsmodell** bewährt: Der Gesellschafter, mit dem der Praxisinhaber eine Sozietät gründen will, wird an dieser Sozietät zunächst nur mit einem geringen Anteil (zB 1%) beteiligt. Zu einem späteren Zeitpunkt (zB nach 12 Monaten) wird dann ein weiterer Anteil an der Sozietät (zB 49%) an den eintretenden Gesellschafter ver-

---

[141] BFH vom 28. 9. 1995 BStBl. II 1996, 68; BFH vom 6. 7. 1999 BFH/NV 2000, 34; *Wacker* in Schmidt § 15 EStG Rn 472.
[142] *Wacker* in Schmidt § 16 EStG Rn 563; *Holzapfel/Pöllath* Rn 143.
[143] FG Baden-Württemberg vom 29. 3. 2000 EFG 2000, 685.
[144] H 147 EStR 1999.
[145] H 147 EStR 1999; BFH vom 18. 10. 1999 DStR 2000, 64; BFH vom 5. 4. 1984 BStBl. II 1984, 518.

äußert. Der Veräußerungsgewinn ist in diesem Fall nach § 18 Abs. 3, § 34 EStG begünstigt[146].

m) Veräußerung von Anteilen an vermögensverwaltenden Personengesellschaften. Vermögensverwaltende Personengesellschaften werden steuerlich weitgehend nach den für Bruchteilsgemeinschaften geltenden Regelungen behandelt. Vermögensverwaltend ist eine Personengesellschaft, die keinen originären Gewerbebetrieb unterhält und auch nicht gem. § 15 Abs. 3 Nr. 2 EStG als gewerblich geprägte Personengesellschaft strukturiert ist. Die vermögensverwaltende Personengesellschaft ist steuerlich weitgehend transparent. Die Gesellschafter werden weitgehend so behandelt, als wären sie (anteilig) direkt an den einzelnen Wirtschaftsgütern der Personengesellschaft beteiligt. Für die Besteuerung des Gewinns aus der Veräußerung von Anteilen an vermögensverwaltenden Personengesellschaften ist zu unterscheiden zwischen Anteilen, die im Betriebsvermögen, und Anteilen, die im Privatvermögen gehalten werden.

98

aa) Im Betriebsvermögen gehaltene Anteile. Steuerlich werden Wirtschaftsgüter einer vermögensverwaltenden Personengesellschaft, deren Anteile beim Gesellschafter im Betriebsvermögen gehalten werden, direkt dem Gesellschafter zugerechnet[147]. Der Veräußerungsgewinn unterliegt daher grundsätzlich ungemindert sowohl der Einkommen- bzw. der Körperschaftsteuer als auch der Gewerbesteuer.

99

bb) Anteile im Privatvermögen. Bei im Privatvermögen gehaltenen Anteilen an vermögensverwaltenden Personengesellschaften unterliegt der Gewinn aus der Veräußerung von Wirtschaftsgütern durch die Personengesellschaft und aus der Anteilsveräußerung der Steuer nur, wenn die Voraussetzungen für ein steuerpflichtiges **Spekulationsgeschäft** (privates Veräußerungsgeschäft iSv. § 23 EStG) vorliegen oder aber – sofern zum Vermögen der Personengesellschaft Anteile an Kapitalgesellschaften gehören – die Voraussetzungen des § 17 EStG (wesentliche Beteiligung) vorliegen[148]. Bei den Einkünften aus Spekulationsgeschäften ist zu berücksichtigen, daß die Anschaffung oder Veräußerung einer unmittelbaren oder mittelbaren Beteiligung an einer vermögensverwaltenden Personengesellschaft stets als Anschaffung oder Veräußerung der anteiligen Wirtschaftsgüter gilt[149]. Aus diesem Grund kann zB die Anschaffung und Veräußerung des Anteils an einer vermögensverwaltenden Personengesellschaft mit Grundbesitz (geschlossener Immobilienfonds) einen steuerpflichtigen Spekulationsgewinn

100

---

[146] *BFH* vom 6. 1. 1991 BStBl. II 1992, 335; zuletzt *BFH GrS* vom 18. 10. 1999 FR 2000, 143, 148 ff.; *Weßling*, Überlegungen zum Zwei-Stufen-Modell zur Übertragung von freiberuflichen Praxisanteilen, WPK-Mitt. 2000, 225, 226; *Hannes*, Zu Telos und Anwendungsbereich der §§ 16 und 34 EStG, DStR 1997, 685, 689; *Reiß* in Kirchhof/Söhn § 16 EStG Rn C 97; aA *Wacker* in Schmidt § 18 EStG Rn 224.
[147] *BMF* vom 29. 4. 1994 BStBl. I 1994, 282; *Söffing*, Die Zebragesellschaft, DB 1998, 896; *Jäschke*, Probleme der einkommensteuerlichen Behandlung geschlossener Immobilienfonds, 1997, S. 201 ff.
[148] Siehe Rn 571 und Rn 154 ff.
[149] § 23 Abs. 1 Satz 4 EStG.

auslösen, wenn Anschaffung und Veräußerung innerhalb der 10-jährigen Spekulationsfrist für Grundstücke[150] liegen.

2. Veräußerung durch Kapitalgesellschaften

101 Im Hinblick auf die steuerlichen Folgen der Veräußerung von Betrieben bzw. Anteilen an Personengesellschaften durch Kapitalgesellschaften gelten die Ausführungen zur Veräußerung durch natürliche Personen[151] grundsätzlich entsprechend. Allerdings ergeben sich im Einzelfall ganz erhebliche Abweichungen von der Besteuerung der Veräußerung durch natürliche Personen. So kommt bei Veräußerung durch Kapitalgesellschaften grundsätzlich eine Tarifermäßigung nicht in Betracht. Die Veräußerungsgewinne unterliegen in vollem Umfang und ohne Ermäßigung der Körperschaftsteuer. Außerdem ist zu beachten, daß bei Veräußerung eines Betriebs bzw. Teilbetriebs durch eine Kapitalgesellschaft der Veräußerungsgewinn grundsätzlich – anders als bei Veräußerung durch natürliche Personen – der Gewerbesteuer unterliegt.

102 **a) Veräußerung von Anteilen an Personengesellschaften.** Die Veräußerung von Anteilen an gewerblichen Personengesellschaften unterliegt nicht der Gewerbesteuer, aber in vollem Umfang der Körperschaftsteuer. Der Veräußerungsgewinn sollte nach der hier vertretenen Auffassung allerdings ab 2002 (bei abweichendem Wirtschaftsjahr der veräußerten Kapitalgesellschaftsbeteiligung ab Ende des Wirtschaftsjahrs der Beteiligungsgesellschaft in 2002) steuerbefreit sein, soweit er auf **Anteile an Kapitalgesellschaften** entfällt, die zum Betriebsvermögen der Personengesellschaft gehören[152]. Zwar könnte aus der Formulierung des § 8b Abs. 6 KStG 2001 gefolgert werden, daß der Verkauf von Mitunternehmeranteilen nicht von § 8b Abs. 6 KStG 2001 begünstigt wäre, da die Verweisung auf § 15 EStG nur laufende Bezüge erfaßt, für die Begünstigung der Veräußerung eines Mitunternehmeranteils aber eine Verweisung auf § 16 EStG erforderlich gewesen wäre[153]. Eine solche Folgerung würde allerdings verkennen, daß § 16 EStG keinen eigenen Steuertatbestand schafft und insoweit nicht konstitutiv ist[154]. Eine Ungleichbehandlung der laufenden (anteilig zuzurechnenden) Gewinne aus der Veräußerung von Kapitalgesellschaftsbeteiligungen durch die Mitunternehmerschaft selbst und der (anteiligen) Mitveräußerung dieser Beteiligungen bei Veräußerung des Mitunternehmeranteils durch den Gesellschafter wäre nicht zu rechtfertigen. Eine klarstellende Gesetzesänderung wäre wünschenswert.

103 Voraussetzung der Steuerbefreiung ist ferner, daß die Kapitalgesellschaftsanteile nicht von der Personengesellschaft (zB im Rahmen einer steuerneutralen Einbringung) zu einem Wert unterhalb des Teilwerts erworben wurden. Sofern die Anteile von der Personengesellschaft zu einem Wert unterhalb des Teilwerts erworben wurden, setzt die Steuerbefreiung nach § 8b Abs. 6 KStG 2001 eine **Mindesthaltefrist** von sieben Jahren voraus.

---

[150] § 23 Abs. 1 Nr. 1 EStG.
[151] Siehe Rn 32 ff.
[152] § 8b Abs. 6 KStG 2001.
[153] *Köhler* DStR 2000, 1849, 1852; FN-IDW Sonderbeilage 11/2000, 13.
[154] *Wacker* in Schmidt § 16 EStG Rn 5.

Die Steuerbefreiung nach § 8b Abs. 6 KStG 2001 sollte dabei in gleicher Weise 104
bei Betriebsveräußerung durch die Personengesellschaft selbst gelten. Soweit der
Veräußerungsgewinn auf Anteile an Kapitalgesellschaften entfällt, ist der Veräußerungsgewinn beim Gesellschafter (Kapitalgesellschaft) von der Körperschaftsteuer befreit[155].

b) Betriebsveräußerung. Die Veräußerung eines Betriebs/Teilbetriebs 105
durch eine Kapitalgesellschaft unterliegt in vollem Umfang der Gewerbesteuer
und der Körperschaftsteuer.

Ab 2002 können Kapitalgesellschaften ihre Anteile an Kapitalgesellschaften 106
steuerfrei veräußern[156]. Die Steuerbefreiung für Gewinne aus der Veräußerung
von Anteilen an Kapitalgesellschaften kann auch dazu genutzt werden, um Betriebe bzw. Anteile an Personengesellschaften steuerfrei zu veräußern. Zu diesem
Zweck werden die Betriebe bzw. Anteile an Personengesellschaften steuerneutral
nach § 20 UmwStG in eine Kapitalgesellschaft eingebracht. Nach Ablauf der 7-jährigen Sperrfrist des § 8b Abs. 4 KStG 2001 können dann, anstelle des eingebrachten Betriebs bzw. der in die Kapitalgesellschaft eingebrachten Anteile an der
Personengesellschaft, die Anteile an der übernehmenden Kapitalgesellschaft steuerfrei veräußert werden.

3. Gewerbesteuer

a) Veräußerung von Betrieben/Personengesellschaftsanteilen durch 107
natürliche Personen bzw. Personengesellschaften. Der Gewinn aus der
Veräußerung oder **Aufgabe** eines **Gewerbebetriebs** bzw. eines steuerlichen
Teilbetriebs gehört – außer bei Kapitalgesellschaften, Erwerbs- und Wirtschaftsgenossenschaften sowie Versicherungsvereinen auf Gegenseitigkeit – nicht zum
Gewerbeertrag. Dies gilt grundsätzlich auch für die Veräußerung des **Anteils an**
einer gewerblichen Personengesellschaft[157] (Mitunternehmerschaft), die
auch dann nicht der Gewerbesteuer unterliegt, wenn die Beteiligung zum Betriebsvermögen gehört[158]. Dementsprechend mindern Verluste aus solchen Veräußerungen auch nicht den Gewerbeertrag. Nach dem **Bericht des BMF zur**
Fortentwicklung des Unternehmenssteuerrechts[159] bestehen derzeit jedoch
Überlegungen, Gewinne aus der Veräußerung von Anteilen an Personengesellschaften künftig unter bestimmten Voraussetzungen der Gewerbesteuer zu unterwerfen.

Im Ergebnis können Einzelunternehmer (natürliche Personen) und Personen- 108
gesellschaften ihren gesamten Betrieb bzw. einen steuerlichen Teilbetrieb gewerbesteuerfrei veräußern.

Streitig ist, ob die Gewerbesteuerfreiheit des Gewinns aus der Veräußerung von 109
Anteilen an gewerblichen Personengesellschaften (Mitunternehmerschaften) auch

---

[155] Siehe Rn 78.
[156] § 8b Abs. 2 KStG 2001.
[157] Nicht aber an einer vermögensverwaltenden Personengesellschaft, siehe *Peuker* in Glanegger/Güroff § 7 GewStG Rn 14.
[158] Abschn. 38 Abs. 3 GewStR 1998; siehe auch *BFH* vom 28. 2. 1990 BStBl. II 1990, 699.
[159] Beilage zu FR 11/2001.

für Gewinne aus der Veräußerung von **Teilen von Mitunternehmeranteilen** gilt. Nach neuerer Auffassung von Teilen der Finanzverwaltung[160] soll – anders als bei der Veräußerung des gesamten Mitunternehmeranteils – bei Veräußerung lediglich von Teilen eines Mitunternehmeranteils (Teilanteilsveräußerung) der Veräußerungsgewinn der Gewerbesteuer unterliegen. Begründet wird dies damit, daß bei Veräußerung eines Mitunternehmeranteils darauf abzustellen sei, ob der Mitunternehmer seine Mitunternehmerstellung aufgibt. Da dies bei der Veräußerung nur eines Teils eines Mitunternehmeranteils nie der Fall sei, unterläge der Veräußerungsgewinn der Gewerbesteuer[161].

110 Nach der hier vertretenen Auffassung sollte demgegenüber für die Beurteilung, ob der Veräußerungsgewinn der Gewerbesteuer unterliegt, allein darauf abgestellt werden, ob der Veräußerungsgewinn als Gewinn iSv. § 16 EStG zu qualifizieren ist. Ist insoweit der Gewinn aus einer Teilanteilsveräußerung als Veräußerungsgewinn iSv. § 16 EStG zu qualifizieren[162], sollte der Veräußerungsgewinn nicht der Gewerbesteuer unterliegen[163]. Dies setzt allerdings – ähnlich wie die Tarifbegünstigung des § 34 EStG – voraus, daß auch etwaiges Sonderbetriebsvermögen (sofern wesentliche Betriebsgrundlage) des Gesellschafters anteilig mitveräußert wird. Sofern das Sonderbetriebsvermögen nicht (anteilig) mit dem (ideellen) Teil des Mitunternehmeranteils mitveräußert wird, unterliegt der Veräußerungsgewinn der Gewerbesteuer[164].

111 Nach der Unternehmenssteuerreform 2001 kommt bei Veräußerung durch natürliche Personen der Gewerbesteuerfreiheit des Veräußerungsgewinns nur noch eine geringere Bedeutung zu, da es im Falle der Gewerbesteuerpflicht des Veräußerungsgewinns grundsätzlich zu einer pauschalen Anrechnung der Gewerbesteuer auf die Einkommensteuer des Veräußerers nach § 35 EStG 2001 kommt. Hierdurch kann es zu dem paradoxen Ergebnis kommen, daß die Gesamtbelastung des Veräußerers mit Einkommensteuer und Gewerbesteuer bei niedrigen Gewerbesteuerhebesätzen im Fall der gewerbesteuerpflichtigen Veräußerung geringer ist, als im Fall der gewerbesteuerfreien Veräußerung.

112 Soweit bei der Veräußerung von Mitunternehmeranteilen Gewerbesteuer entsteht, ist **Steuerschuldner** die Personengesellschaft, deren Anteile veräußert werden[165]. Steuerliche Risiken sollten insoweit im **Anteilskaufvertrag** berücksichtigt werden.

113 **b) Veräußerung von Betrieben/Personengesellschaftsanteilen durch Kapitalgesellschaften.** Bei **Betriebsveräußerung durch Kapitalgesellschaften**, Erwerbs- und Wirtschaftsgenossenschaften sowie Versicherungsvereinen auf

---

[160] *OFD Düsseldorf* vom 18. 1. 2001 FR 2001, 215; *OFD Kiel* vom 28. 2. 2001 BB 2001, 1075.
[161] Ist der Veräußerer eine natürliche Person, dann sollte bei ihm in diesem Fall aber eine Gewerbesteueranrechnung nach § 35 EStG 2001 möglich sein.
[162] Siehe Rn 55.
[163] *Peuker* in Glanegger/Güroff § 7 GewStG Rn 14.
[164] *BFH* vom 24. 8. 2000 DStR 2000, 1768; *Kanzler*, Keine Tarifbegünstigung für Teilanteilsveräußerung unter Zurückbehaltung wesentlicher Betriebsgrundlagen im Sonderbetriebsvermögen, NWB Fach 3, 11351, 11353.
[165] *OFD Düsseldorf* vom 18. 1. 2001 FR 2001, 215.

Gegenseitigkeit gehört auch der Gewinn aus der Veräußerung eines Betriebs, eines Teilbetriebs oder einer betrieblichen Beteiligung zum Gewerbeertrag. Dagegen rechnet der Gewinn dieser Körperschaften aus der Veräußerung eines Anteils an einer **Personengesellschaft** (Mitunternehmerschaft) grundsätzlich nicht zum Gewerbeertrag[166]. Dies gilt bei Veräußerung eines (ideellen) Teils eines Personengesellschaftsanteils aber nur, wenn auch etwaiges Sonderbetriebsvermögen (sofern wesentliche Betriebsgrundlage) anteilig mitveräußert wird[167].

c) Veräußerung von Anteilen an Kapitalgesellschaften durch Personengesellschaften. Fraglich ist, welche gewerbesteuerlichen Folgen sich ergeben, wenn eine **Personengesellschaft** (Mitunternehmerschaft) Anteile an einer Kapitalgesellschaft veräußert und nicht (gleichzeitig) die Voraussetzungen einer tarifbegünstigten Veräußerung eines ganzen Gewerbebetriebs oder eines Teilbetriebs nach § 16 Abs. 1 Nr. 1 Satz 1 EStG vorliegen. Grundsätzlich ist in diesem Fall (auch bei Veräußerung einer 100%-igen Beteiligung an einer Kapitalgesellschaft)[168] der Veräußerungsgewinn gewerbesteuerpflichtig. Zu berücksichtigen ist allerdings, daß ab 2002 der bei Veräußerung von Anteilen an Kapitalgesellschaften durch eine Mitunternehmerschaft entstehende Veräußerungsgewinn bei deren Gesellschaftern – soweit diese natürliche Personen sind – hälftig von der Einkommensteuer befreit[169], und – soweit die Gesellschafter Kapitalgesellschaften sind – in vollem Umfang von der Körperschaftsteuer befreit[170] ist. Unklar ist, ob und inwieweit die Begünstigungsvorschriften der § 3 Nr. 40 Satz 1 lit. a, b EStG 2001 und § 8b Abs. 6 KStG 2001 auf Ebene der Personengesellschaft angewendet werden können. Sowohl bei § 3 Nr. 40 Satz 1 lit. a, b EStG 2001 als auch bei § 8b Abs. 6 KStG 2001 handelt es sich um Einkommensermittlungsvorschriften, die grundsätzlich auch für die Gewerbesteuer anzuwenden sind. Nach der hier vertretenen Auffassung sollten die Begünstigungsvorschriften daher auch den Gewerbeertrag auf Ebene der Personengesellschaft mindern, da für die Bestimmung dessen, was bei einer Personengesellschaft als Gewinn die Besteuerungsgrundlage der Gewerbesteuer bildet, keine anderen Grundsätze anzuwenden sind als bei der Einkommensbesteuerung[171].

Im Hinblick auf die Begünstigungsvorschrift des § 3 Nr. 40 Satz 1 lit. a, b EStG 2001 erscheint eine hälftige Gewerbesteuerbefreiung auf Ebene der Mitunternehmerschaft zwingend, soweit natürliche Personen beteiligt sind. Ausweislich der Begründung des Gesetzentwurfs[172] wirkt sich die durch § 3 Nr. 40 EStG 2001 eintretende Minderung des steuerpflichtigen Gewinns auch auf die Höhe des Gewerbeertrags[173] aus. Dasselbe müßte auch für Kapitalgesellschaften als Mitunternehmer einer Personengesellschaft gelten, um eine nicht-sachgerechte Benachtei-

---

[166] Abschn. 40 Abs. 2 GewStR 1998.
[167] *BFH* vom 24. 8. 2000 DStR 2000, 1768.
[168] Abschn. 39 Abs. 1 Satz 2 Nr. 1 Satz 13 GewStR 1998.
[169] § 3 Nr. 40 Satz 1 lit. b EStG 2001.
[170] § 8b Abs. 6 KStG 2001.
[171] *BFH* vom 9. 4. 1981 BStBl. II 1981, 621.
[172] Vgl. BT-Drucks. 14/2683 S. 162.
[173] § 7 GewStG.

ligung von Kapitalgesellschaften auszuschließen[174]. Dem Gesetzeswortlaut folgend findet § 8b Abs. 6 iVm. Abs. 2 KStG 2001 allerdings bei der Gewinnermittlung der Personengesellschaft unmittelbar nicht zwingend Anwendung, denn § 8b Abs. 6 KStG 2001 bewirkt eine Steuerfreistellung von Veräußerungsgewinnen nur, soweit diese Gewinne über eine Personengesellschaft einer unbeschränkt steuerpflichtigen Körperschaft zugerechnet werden[175]. Die Steuerfreistellung greift somit nach dem Gesetzeswortlaut erst auf der zweiten Stufe bei der Aufteilung des Gewinns der Personengesellschaft auf die einzelnen Mitunternehmer (Kapitalgesellschaften)[176]. Nach dem **Bericht des BMF zur Fortentwicklung des Unternehmenssteuerrechts**[177] ist derzeit geplant, Gewinne aus der Veräußerung von Anteilen an Kapitalgesellschaften durch Personengesellschaften auf Ebene der veräußernden Personengesellschaft völlig von der Gewerbesteuer freizustellen, unabhängig davon, ob und inwieweit an der Personengesellschaft natürliche Personen oder Kapitalgesellschaften beteiligt sind.

116 Wegen der bei Veräußerung von Kapitalgesellschaftsanteilen unterschiedlichen gewerbesteuerlichen Auswirkungen der Beteiligung von natürlichen Personen und Kapitalgesellschaften an der Personengesellschaft (Mitunternehmerschaft) sollte im Gesellschaftsvertrag der Personengesellschaft ggf. eine Regelung über die Verteilung von gewerbesteuerlichen Belastungen aus Beteiligungsveräußerungen getroffen werden[178].

II. Veräußerung von Anteilen an Kapitalgesellschaften

1. Veräußerung von Anteilen an Kapitalgesellschaften durch Kapitalgesellschaften

117 **a) Rechtslage bis 2002: Veräußerung von Anteilen an inländischen Kapitalgesellschaften.** Die Veräußerung von Anteilen an inländischen Kapitalgesellschaften durch eine inländische Kapitalgesellschaft unterliegt bei Veräußerungen bis 2002 (bzw. bei abweichendem Wirtschaftsjahr der Zielgesellschaft bis zum Ende des Wirtschaftsjahrs der Zielgesellschaft in 2002)[179] grundsätzlich der Be-

---

[174] Ausführlich zur Problematik *Bogenschütz/Striegel* DB 2000, 2547; *Strunk*, Mittelbare Beteiligung an der Kapitalgesellschaft über eine Personengesellschaft?, BB 2001, 857.
[175] Ggf. aber unmittelbare (anteilige) Anwendung von § 8b Abs. 2 KStG 2001; FN-IDW Sonderbeilage 11/2000, 13; ggf. auch iVm. § 8b Abs. 6 KStG 2001, siehe *Bogenschütz/Striegel* DB 2000, 2547.
[176] *Bergemann* DStR 2000, 1410, 1414ff.; *Grotherr*, Änderungen bei der Besteuerung von Einkünften aus ausländischen Beteiligungen durch das Steuersenkungsgesetz, IWB Gruppe 1, 1697, 1707; aA *Bogenschütz/Striegel* DB 2000, 2547, 2553, die von einer unmittelbaren Anwendung von § 8b Abs. 2 iVm. § 8b Abs. 6 KStG 2001 auf Ebene der Personengesellschaft ausgehen; in jedem Fall aber hälftige Freistellung nach § 3 Nr. 40a EStG 2001 iVm. § 7 GewStG; siehe auch *Neumann* in Neu/Neumann/Neumayer EStB/GmbH-StB 2000, Sonderheft zum StSenkG, 9, 14.
[177] Beilage zu FR 11/2001.
[178] Siehe auch die Beispiele bei *Hoffmann* DB 2000, 1930, 1935.
[179] Zur erstmaligen Bildung eines Rumpfwirtschaftsjahrs der Zielgesellschaft in 2001 *Töben* FR 2000, 905, 909: Steuerfreie Veräußerung bereits zum Ende des Rumpfwirtschaftsjahrs in 2001.

steuerung. Der Veräußerungsgewinn unterliegt uneingeschränkt der Körperschaft- und Gewerbesteuer, und zwar auch dann, wenn es sich um eine 100%-ige Beteiligung handelt[180].

Eine Ausnahme gilt insoweit nur bei **einbringungsgeborenen Anteilen**[181]. 118 In diesem Fall unterliegt der Veräußerungsgewinn der Gewerbesteuer nur, wenn der Einbringungsvorgang, aus dem die Anteile stammen, im Fall des Ansatzes von Teilwerten oder Zwischenwerten Gewerbesteuer ausgelöst hätte[182].

Ein **Gestaltungsbedarf** kann im Einzelfall bestehen, wenn die inländische Ka- 119 pitalgesellschaft **Betriebsstätten im Ausland** hat. In diesem Fall kann ggf. die inländische Kapitalgesellschaft vor der Veräußerung steuerneutral in eine Personengesellschaft umgewandelt werden. Bei einer späteren Veräußerung der Anteile an der inländischen Personengesellschaft unterliegen die auf die ausländischen Betriebsstätten entfallenden Veräußerungsgewinne bei Freistellung der Betriebsstättengewinne durch ein DBA nicht der deutschen Besteuerung.

Veräußerungsverluste sind grundsätzlich in vollem Umfang sowohl bei der 120 Körperschaftsteuer als auch bei der Gewerbesteuer abzugsfähig. Eine Ausnahme besteht insoweit lediglich für den Fall, daß die veräußerten Anteile mit einem Sperrbetrag nach § 50c EStG[183] behaftet sind und der Veräußerungsverlust auf Gewinnausschüttungen zurückzuführen ist.

b) **Rechtslage ab 2002: Veräußerung von Anteilen an inländischen Ka-** 121 **pitalgesellschaften. aa) Veräußerungsgewinne. (1) Steuerbefreiung von Veräußerungsgewinnen ab 2002.** Die Veräußerung von Anteilen an Kapitalgesellschaften durch Kapitalgesellschaften ist nach dem 1.1.2002 (im Fall eines abweichenden Wirtschaftsjahrs der Zielgesellschaft erst nach dem Ende des Wirtschaftsjahrs der Zielgesellschaft in 2002)[184] sowohl von der Körperschaftsteuer als auch von der Gewerbesteuer freigestellt[185]. Die Steuerbefreiung von Veräußerungsgewinnen gilt dabei unabhängig davon, ob es sich bei dem Veräußerer um eine inländische oder eine ausländische Gesellschaft handelt.

Für die Steuerfreistellung des Veräußerungsgewinns bestehen grundsätzlich 122 **keine Mindesthaltefristen**. Eine Ausnahme besteht insoweit nur bei bestimmten Arten von einbringungsgeborenen Anteilen oder unter dem Teilwert erworbenen Anteilen[186]. Bei Kreditinstituten, Finanzdienstleistungsinstituten oder Finanzunternehmen (insbes. **Holdinggesellschaften** bzw. **Beteiligungsunternehmen**)

---

[180] Abschn. 39 Abs. 1 Nr. 1 Satz 13 GewStR 1998; zur Gewerbesteuerfreiheit bei Veräußerung von Anteilen an Organgesellschaften, soweit der Veräußerungsgewinn auf während der Organschaft thesaurierte Gewinne der Organschaft entfällt, siehe Abschn. 41 Abs. 1 Satz 7 GewStR 1998.

[181] § 21 UmwStG.

[182] *BFH* vom 29.4.1982 BStBl. II 1982, 738; Abschn. 39 Abs. 1 Nr. 1 Satz 17 GewStR 1998; Abschn. 40 Abs. 2 Satz 7 GewStR 1998; Tz. 21.13 UmwStErlaß; zur Besteuerung einbringungsgeborener Anteile, siehe auch Rn 415 ff. und 426 f.

[183] Siehe Rn 271 ff.

[184] Bei erstmaliger Bildung eines abweichenden Wirtschaftsjahrs der Zielgesellschaft in 2001 ab Ende des abweichenden Wirtschaftsjahrs in 2001; *Töben* FR 2000, 905, 909.

[185] § 8b Abs. 2 KStG 2001.

[186] Zur 7-jährigen Mindesthaltefrist bei einbringungsgeborenen bzw. unter dem Teilwert erworbenen Anteilen siehe Rn 129 ff.

iSd. KWG kann der Veräußerungsgewinn unter bestimmten Voraussetzungen der Besteuerung unterliegen, wenn die veräußerten Anteile von diesen mit dem Ziel der kurzfristigen Erzielung eines **Eigenhandelserfolgs** erworben wurden[187].

123 **(2) Steuerbefreiung ab 2001 bei Bildung eines Rumpfwirtschaftsjahrs.** Eine Besonderheit hinsichtlich der erstmaligen Anwendbarkeit von § 8b Abs. 2 KStG 2001 ergibt sich bei einem **Rumpfwirtschaftsjahr der Zielgesellschaft im Jahr 2001**. In diesem Fall kann die Beteiligung an der Zielgesellschaft schon im Jahr 2001 nach Ablauf des Rumpfwirtschaftsjahrs der Zielgesellschaft verkauft werden[188]. Eine **steuerfreie Beteiligungsveräußerung im Jahr 2001** könnte daher durch die Bildung eines Rumpfwirtschaftsjahrs für die Zielgesellschaft durch Umstellung des Wirtschaftsjahrs[189] erreicht werden. Möglich wäre aber auch die folgende Gestaltung:

124 **Beispiel:** Die A-GmbH hält 100% der Anteile an der T-GmbH. Die A-GmbH bringt die Beteiligung an der T-GmbH am 1. 4. 2001 zu Buchwerten gem. § 20 Abs. 1 Satz 2 UmwStG in die am 1. 2. 2001 gegründete Z-GmbH ein. Die Z-GmbH hat ein Wirtschaftsjahr vom 1.5. bis 30.4., somit ein Rumpfwirtschaftsjahr für die Zeit vom 1.2. bis 30. 4. 2001. Am 1. 5. 2001 veräußert die A-GmbH die Beteiligung an der Z-GmbH. Die Veräußerung der Beteiligung an der Z-GmbH (und damit mittelbar an der T-GmbH) ist nach § 8b Abs. 2 steuerbefreit, da sie nach Ablauf des Rumpfwirtschaftsjahrs der Z-GmbH im Jahr 2001 erfolgt.

125 **(3) Steuerbefreiung bei über Personengesellschaften gehaltenen Anteilen.** Die Steuerbefreiung des § 8b Abs. 2 KStG 2001 gilt gem. § 8b Abs. 6 KStG 2001 auch für den Fall, daß Beteiligungen über eine **gewerbliche Personengesellschaft** gehalten werden[190]. Der auf Ebene der Personengesellschaft erzielte Gewinn aus der Veräußerung von Kapitalgesellschaftsbeteiligungen ist in diesem Fall beim Gesellschafter (Kapitalgesellschaft) befreit, soweit er auf dessen Beteiligung an der Personengesellschaft entfällt.

126 Werden dagegen Beteiligungen an Kapitalgesellschaften über eine **vermögensverwaltende** (nicht gewerblich geprägte) **Personengesellschaft** gehalten, könnte fraglich sein, ob der Gewinn aus der Veräußerung der Beteiligungen nach § 8b Abs. 2 KStG 2001 steuerfrei gestellt wäre[191]. § 8b Abs. 6 KStG 2001 greift in diesem Fall nicht, da keine Mitunternehmerschaft vorliegt. Allerdings kommt eine direkte Anwendung von § 8b Abs. 2 KStG 2001 in Betracht. § 8b Abs. 2 KStG 2001 knüpft tatbestandlich an die Veräußerung von Beteiligungen an, deren Leistungen (Ausschüttungen) beim Empfänger zu Dividendeneinkünften (§ 20 Abs. 1 Nr. 1 EStG) führen. Dividendeneinkünfte, die die Gesellschafter einer vermögensverwaltenden Personengesellschaft beziehen, werden zwar einheit-

---

[187] Siehe Rn 187 ff.
[188] Siehe Rn 17.
[189] Die Umstellung des Wirtschaftsjahrs erfordert in diesem Fall freilich die Zustimmung der Finanzverwaltung; § 7 Abs. 4 Satz 2 KStG.
[190] § 8b Abs. 6 KStG 2001; zur möglichen Gewerbesteuerpflicht bei Beteiligungsveräußerung durch die Personengesellschaft selbst siehe Rn 114.
[191] Siehe zu § 8b Abs. 1 KStG 1999 *FM Bayern* vom 9. 5. 2000 DB 2000, 1305; siehe auch *Bergemann* DStR 2000, 1410, 1413.

lich und gesondert festgestellt, sie ändern dadurch jedoch nicht ihren Charakter als Dividendeneinkünfte. Da § 8b Abs. 2 KStG 2001 kein unmittelbares Halten voraussetzt, ist der Veräußerungsgewinn im Durchgriff durch die vermögensverwaltende Personengesellschaft anteilig beim Gesellschafter nach § 8b Abs. 2 KStG 2001 steuerbefreit[192].

(4) Steuerbefreiung bei vorangegangener Teilwertabschreibung, verdeckter Einlage und verdeckter Gewinnausschüttung. Die Steuerbefreiung für Veräußerungsgewinne gilt nicht, soweit die veräußerten Anteile in früheren Jahren steuerwirksam auf den niedrigeren Teilwert abgeschrieben und die hierdurch entstandenen Gewinnminderungen nicht durch den Ansatz eines höheren Werts wieder ausgeglichen worden sind[193]. 127

Als Veräußerung iSd. § 8b Abs. 2 KStG 2001 gilt grundsätzlich auch die **verdeckte Einlage**[194]. Hieraus folgt, daß bspw. die Gewinnerhöhung bei einer Muttergesellschaft aus der verdeckten Einlage einer Kapitalgesellschaftsbeteiligung in eine Tochtergesellschaft ebenfalls von der Steuerbefreiung des § 8b Abs. 2 KStG 2001 erfaßt wird. Demgegenüber sind Teile von Veräußerungsgewinnen aus der Veräußerung von Kapitalgesellschaftsbeteiligungen, die als **verdeckte Gewinnausschüttungen (vGA)** zu behandeln sind, nicht unmittelbar von der Steuerbefreiung des § 8b Abs. 2 KStG 2001 erfaßt[195]. Veräußert demnach eine Tochtergesellschaft eine Beteiligung unter Wert an ihre Muttergesellschaft, so besteht das Risiko, daß die aus diesem Grund bei der Tochtergesellschaft nach § 8 Abs. 3 KStG vorzunehmende Gewinnerhöhung in Höhe des Unterschiedbetrags zwischen Teilwert und Veräußerungspreis nicht der Steuerbefreiung nach § 8b Abs. 2 KStG 2001 unterliegt. 128

(5) Einbringungsgeborene Anteile, unter dem Teilwert erworbene Anteile. Für sog. **einbringungsgeborene Anteile**[196], die nicht durch einen steuerneutralen Anteilstausch gem. § 20 Abs. 1 Satz 2 UmwStG entstanden sind, setzt die Steuerbefreiung für Veräußerungsgewinne voraus, daß der Veräußerer die veräußerten Anteile seit mindestens sieben Jahren gehalten hat (**7-jährige Mindesthaltefrist**)[197]. 129

Einbringungsgeborene Anteile, die aufgrund eines Einbringungsvorgangs nach § 20 Abs. 1 Satz 2 UmwStG (inländischer **Anteilstausch**) erworben worden sind, können demgegenüber unabhängig von der für einbringungsgeborene Anteile bestehenden 7-jährigen Mindesthaltefrist steuerfrei veräußert werden. Dies gilt allerdings nicht, wenn die einbringungsgeborenen Anteile unmittelbar oder 130

---

[192] Ebenso *Köhler* DStR 2000, 1849, 1852; FN-IDW Sonderbeilage 11/2000, 13.
[193] § 8b Abs. 2 Satz 2 KStG 2001.
[194] § 8b Abs. 2 Satz 3 KStG 2001.
[195] Abschn. 41 Abs. 5 KStR 1995; *Neumann* in Neu/Neumann/Neumayer EStB/GmbH-StB 2000, Sonderheft zum StSenkG, S. 15; siehe aber zu § 8b Abs. 2 KStG 1999 *BFH* vom 6. 7. 2000 DB 2000, 1940: Ernstlich zweifelhaft, ob die Anweisung in Abschn. 41 Abs. 5 Satz 5 KStR 1995, wonach Teile des Veräußerungsgewinns, die als vGA zu behandeln sind, nicht unter die Rechtsfolge des § 8b Abs. 2 KStG 1999 fallen, dem geltenden Recht entspricht; siehe auch FN-IDW Sonderbeilage 11/2000, 12.
[196] § 21 UmwStG.
[197] Zur Veräußerung einbringungsgeborener Anteile siehe Rn 407 ff. und Rn 426 f.

mittelbar auf eine Einbringung iSd. § 20 Abs. 1 Satz 1 oder des § 23 Abs. 1 bis 3 UmwStG innerhalb der 7-jährigen Mindesthaltefrist zurückzuführen sind[198].

131 Die **7-jährige Mindesthaltefrist** gilt auch für solche Anteile, die der Veräußerer (Kapitalgesellschaft) unmittelbar (oder mittelbar über eine Mitunternehmerschaft) von einem Einbringenden, der nicht zu den von § 8b Abs. 2 KStG begünstigten Steuerpflichtigen gehört (zB natürliche Personen), zu einem Wert unter dem Teilwert erworben hat. Die 7-jährige Mindesthaltefrist gilt insoweit lediglich nicht für solche Anteile, die der Veräußerer (Kapitalgesellschaft) aufgrund eines steuerneutralen Anteilstauschs nach § 20 Abs. 1 Satz 2 UmwStG erworben hat, soweit die erworbenen Anteile nicht unmittelbar oder mittelbar auf eine Einbringung iSd. § 20 Abs. 1 Satz 1 oder des § 23 Abs. 1 bis 3 des UmwStG innerhalb der 7-jährigen Mindesthaltefrist zurückzuführen sind[199].

132 Die 7-jährige Haltefrist gilt nicht für Anteile, die der Veräußerer im Rahmen einer der Anteilsveräußerung vorangegangenen **Aufspaltung**[200] der **Abspaltung**[201] erhalten hat[202]. Durch die Auf- bzw. Abspaltung entstehen keine Anteile iSd. § 8b Abs. 4 KStG 2001. Es eröffnet sich damit die Möglichkeit der steuerneutralen Teilbetriebsübertragung durch Abspaltung von Teilbetrieben zum Buchwert[203] und nachfolgendem Verkauf von Anteilen an der durch die Abspaltung entstehenden Gesellschaft durch die Gesellschafter des übertragenden Rechtsträgers. Allerdings entfällt die Steuerneutralität der Abspaltung, wenn innerhalb von 5 Jahren nach der Spaltung Anteile an einer an der Spaltung beteiligten Körperschaft, die (wertmäßig) mehr als 20% der vor Wirksamwerden der Spaltung an der Körperschaft bestehenden Anteile ausmachen, veräußert werden[204].

133 **(6) Beteiligungen an Organgesellschaften/eigene Anteile.** Die Befreiungsvorschrift des § 8b Abs. 2 KStG 2001 setzt voraus, daß die Ausschüttungen der Zielgesellschaft beim Empfänger zu Einkünften aus Kapitalvermögen iSd. § 20 Abs. 1 Nr. 1 und 2 EStG führen. Fraglich könnte daher sein, ob die Steuerbefreiung für Veräußerungsgewinne auch bei Veräußerung von Gesellschaften gilt, mit denen eine steuerliche **Organschaft** besteht[205], da Gewinnabführungen der Organgesellschaft gerade nicht zu Einkünften aus Kapitalvermögen führen. Nach der hier vertretenen Auffassung ist für die Anwendung des § 8b Abs. 2 KStG 2001 allein darauf abzustellen, ob die Beteiligungsgesellschaft ihren Gesellschaftern Einkünfte aus Kapitalvermögen iSd. § 20 Abs. 1 Nr. 1 und 2 EStG vermitteln kann. Damit sollten auch Gewinne aus der Veräußerung von Anteilen an Organgesellschaften von der Befreiung des § 8b Abs. 2 KStG 2001 erfaßt werden[206].

---

[198] § 8b Abs. 4 Satz 2 Nr. 2 KStG.
[199] Siehe Beispiel in Rn 409.
[200] § 123 Abs. 1 UmwG.
[201] § 123 Abs. 2 UmwG.
[202] Siehe auch Rn 429 ff.
[203] § 15 UmwStG.
[204] § 15 Abs. 3 UmwStG.
[205] *Neu* in Neu/Neumann/Neumayer EStB/GmbH-StB 2000, Sonderheft zum StSenkG, 31, 37.
[206] IDW vom 15. 5. 2001, FN-IDW Nr. 6/2001, 244, 246.

Zweifelhaft ist ferner, ob die Steuerbefreiung des § 8b Abs. 2 KStG 2001 für die **Veräußerung eigener Anteile** gilt, da § 8b Abs. 2 KStG 2001 gerade die Veräußerung von Anteilen an anderen Gesellschaften voraussetzt. **134**

bb) Veräußerungsverluste. Verluste aus der Veräußerung von Anteilen an Kapitalgesellschaften und Teilwertabschreibungen sind steuerlich grundsätzlich nicht abzugsfähig[207]. **135**

Verluste aus Aktienderivaten (zB Optionen) dürfen **nur mit gleichartigen Gewinnen ausgeglichen** werden[208]. Dies gilt auch für Verluste, die im Geschäftsbetrieb von Kreditinstituten anfallen, soweit es sich um Geschäfte handelt, die der Absicherung von Aktiengeschäften dienen, bei denen der Veräußerungsgewinn nach § 8b Abs. 2 KStG 2001 steuerbefreit wäre[209]. **136**

Veräußerungsverluste, die vor Ablauf der **7-jährigen Mindesthaltefrist** für einbringungsgeborene bzw. unter dem Teilwert erworbene Anteile realisiert werden, sind steuerlich nicht abzugsfähig[210]. Dies gilt unabhängig davon, daß Veräußerungsgewinne aus diesen Anteilen innerhalb der 7-jährigen Mindesthaltefrist der Besteuerung unterliegen würden. **137**

Das Verlustabzugsverbot des § 8b Abs. 3 KStG 2001 gilt nicht für **Verluste aus Gesellschafterdarlehen**, die nicht als verdeckte Einlage zu werten sind. Eine Verlustberücksichtigung kann somit zumindest begrenzt im Wege der Ausstattung von Tochtergesellschaften mit Fremdkapital anstatt mit Eigenkapital erreicht werden. **138**

c) Veräußerung von Anteilen an ausländischen Kapitalgesellschaften. aa) Rechtslage nach Inkrafttreten der Unternehmenssteuerreform 2001. Die Steuerbefreiung gem. § 8b Abs. 2 KStG 2001 für Gewinne aus Veräußerungen von Kapitalgesellschaftsbeteiligungen gilt grundsätzlich unabhängig davon, ob die veräußerte Beteiligung an einem in- oder ausländischen Unternehmen besteht. Unklar ist allerdings, ab wann die Befreiungsvorschrift des § 8b Abs. 2 KStG 2001 bei Veräußerung von Auslandsbeteiligungen anwendbar ist. Die Anwendungsregelung des § 34 Abs. 6d Nr. 2 KStG 2001 ist insoweit unscharf gefaßt, da sie auf den Übergang vom Anrechnungs- zum Halbeinkünfteverfahren (Abstellen auf die letztmalige Anwendbarkeit des KStG 1999 auf die Zielgesellschaft) zugeschnitten ist und insoweit im Hinblick auf Auslandsbeteiligungen nicht greifen kann. ME kann es nicht auf das Wirtschaftsjahr der ausländischen Zielgesellschaft ankommen. Die Steuerbefreiung des § 8b Abs. 2 KStG 2001 muß bei der Veräußerung von Auslandsbeteiligungen bereits ab **2001** greifen[211]. **139**

Bei der Veräußerung von Anteilen an einer ausländischen Gesellschaft durch einen inländischen Veräußerer hat die Bundesrepublik Deutschland im Regelfall als **Wohnsitzstaat** das alleinige Besteuerungsrecht[212]. Eine Besteuerung des Veräußerungsgewinns im Ausland kommt in diesem Fall nicht in Betracht, so daß der **140**

---

[207] Zu vGA siehe *Seibt* DStR 2000, 2061, 2070.
[208] § 15 Abs. 4 EStG 2001.
[209] § 15 Abs. 4 Satz 4 EStG 2001.
[210] Str., vgl. *Haritz* DStR 2000, 1537, 1544 mwN.
[211] Ebenso *Töben* FR 2000, 905, 911 ff.; *Dötsch/Pung* DB Beilage Nr. 10/2000, Rn III 4. b, aa.
[212] Artikel 13 Abs. 4 OECD-Musterabkommen.

Veräußerungsgewinn gänzlich (wie auch bei der Veräußerung von Anteilen an inländischen Kapitalgesellschaften) von der Besteuerung befreit ist.

141 **bb) Rechtslage vor Inkrafttreten der Unternehmenssteuerreform 2001.** Die Veräußerung von Anteilen an ausländischen Kapitalgesellschaften durch inländische Kapitalgesellschaften war bereits vor der Unternehmenssteuerreform 2001 unter bestimmten Voraussetzungen nach § 8b Abs. 2 KStG 1999 sowohl von der Körperschaft- als auch von der Gewerbesteuer befreit[213]. Sofern also entgegen der obigen Auffassung § 8b Abs. 2 KStG 2001 erst für Veräußerungsgewinne ab 2002 greifen würde, käme bei Veräußerung von Anteilen an ausländischen Kapitalgesellschaften bereits im Jahr 2001 eine Steuerbefreiung nach § 8b Abs. 2 KStG 1999 in Betracht. Danach sind Gewinne aus der Veräußerung von Anteilen an ausländischen Gesellschaften von der Steuer befreit, sofern Gewinnausschüttungen aus der ausländischen Gesellschaft nach dem jeweiligen DBA vom Veräußerer im Inland steuerfrei vereinnahmt werden könnten.

142 Die von der Bundesrepublik Deutschland geschlossenen **DBA** sehen im Regelfall eine Steuerfreistellung von Gewinnausschüttungen beim inländischen Gesellschafter bei einer Mindestbeteiligung von 25% vor. Gem. § 8b Abs. 5 KStG 1999 sind jedoch Gewinnanteile, die von einer ausländischen Gesellschaft ausgeschüttet werden, ungeachtet der im DBA vorgesehenen Mindestbeteiligungsgrenze bei einer Beteiligung des Steuerinländers von mindestens 10% von der Besteuerung freigestellt. Bis 2002 können daher Anteile an ausländischen Kapitalgesellschaften regelmäßig steuerfrei veräußert werden, wenn der Veräußerer (Kapitalgesellschaft) vor der Veräußerung an der ausländischen Gesellschaft zu mindestens 10% beteiligt war. Ist demgegenüber der Veräußerer an der ausländischen Gesellschaft (Kapitalgesellschaft) zu weniger als 10% beteiligt, unterliegt der Veräußerungsgewinn grundsätzlich der deutschen Körperschaft- und Gewerbesteuer.

143 Zu beachten ist, daß die Steuerbefreiung für die Veräußerung von Anteilen an ausländischen Kapitalgesellschaften gem. § 8b Abs. 2 KStG 1999 im Fall bestimmter einbringungsgeborener Anteile voraussetzt, daß sie während mindestens sieben Jahren vor der Veräußerung gehalten wurden[214].

144 Soweit Gewinnausschüttungen der ausländischen Gesellschaft vom Ausschüttungsempfänger steuerfrei vereinnahmt werden können bzw. im Hinblick auf die Gewinnanteile eine indirekte **Steueranrechnung**[215] oder eine fiktive Steueranrechnung[216] in Betracht kommt, sind Veräußerungsverluste steuerlich grundsätzlich nicht abzugsfähig, soweit die Veräußerungsverluste auf diese Gewinnausschüttungen zurückzuführen sind[217]. Ebensowenig sind nach § 2a EStG Verluste aus der Veräußerung ausländischer Gesellschaften steuerlich abzugsfähig, soweit die ausländischen Gesellschaften nicht überwiegend aktiv iSd. § 2a Abs. 2 EStG tätig sind.

---

[213] Abschn. 40 Abs. 2 Satz 8 GewStR 1998.
[214] § 8b Abs. 3 KStG 1999.
[215] § 26 Abs. 2 KStG.
[216] § 26 Abs. 3 KStG.
[217] § 8b Abs. 6 KStG 1999.

d) Bestimmung des Veräußerungsgewinns, Veräußerungs- und Erwerbskosten. Veräußerungsgewinn ist der Veräußerungspreis abzüglich Veräußerungskosten und Buchwert der Beteiligung[218]. Bei Beteiligungsveräußerung wird der Veräußerer regelmäßig bemüht sein, die mit der Beteiligungsveräußerung zusammenhängenden Kosten möglichst weitgehend den laufenden Aufwendungen zuzuordnen, um insoweit eine **steuerliche Abzugsfähigkeit** der Aufwendungen zu erreichen und eine Zuordnung der Aufwendungen als Veräußerungskosten zu den steuerfreien Veräußerungsgewinnen aus der Beteiligungsveräußerung zu vermeiden. Hierbei ist zu berücksichtigen, daß Veräußerungskosten auch abzugsfähig sein können, wenn sie sich auf andere Transaktionen mit oder ohne Zusammenhang zur Veräußerung beziehen, wie zB eine Ablöse- oder Abstandszahlung an einen Mieter bei der Mitveräußerung einer Immobilie aus dem Privatvermögen des Veräußerers[219]. 145

In gleicher Weise wie der Veräußerer wird auch der Erwerber bemüht sein, eine **Zuordnung von Erwerbsnebenkosten**[220] zu den (steuerlich im Regelfall nicht berücksichtigungsfähigen) Anschaffungsnebenkosten der Beteiligung zu vermeiden. 146

Oft werden die Kosten der Veräußerung und/oder des Erwerbs der Zielgesellschaft belastet, um auf diese Weise einen entsprechenden ertragsteuerlichen Betriebsausgabenabzug bzw. einen umsatzsteuerlichen Vorsteuerabzug[221] zu erreichen. Dabei besteht die **Gefahr der verdeckten Gewinnausschüttung**[222] (Nichtanerkennung des Betriebsausgabenabzugs und des Vorsteuerabzugs). Allerdings kann die Kostenbelastung der Zielgesellschaft im Zuge des Unternehmenskaufs auch angemessen sein, zB wenn im Zusammenhang mit dem Unternehmenskauf eine Umstrukturierung erfolgt, auch wenn diese durch die Veräußerung motiviert ist. 147

2. Anteilsveräußerung durch natürliche Personen

a) Veräußerung von Anteilen an Kapitalgesellschaften aus dem Betriebsvermögen. aa) Rechtslage bis 2002. Die Veräußerung von Beteiligungen an Kapitalgesellschaften unterliegt grundsätzlich sowohl der Gewerbesteuer als auch der Einkommensteuer. Eine Ausnahme gilt nur für einbringungsgeborene Anteile, bei denen unter bestimmten Voraussetzungen der Veräußerungsgewinn von der Gewerbesteuer befreit ist[223]. 148

Ab 2001 kann für Gewinne aus der Veräußerung von Anteilen an Kapitalgesellschaften unter den weiteren Voraussetzungen des § 34 Abs. 3 EStG 2001[224] der mit dem StSenkErgG wieder eingeführte halbe durchschnittliche Steuersatz für 149

---

[218] Für die Bestimmung des Veräußerungsgewinns gelten die Ausführungen unter Rn 59ff. und Rn 165ff. entsprechend.
[219] *Holzapfel/Pöllath* S. 117.
[220] Siehe Rn 173.
[221] Siehe Rn 586f.
[222] ZB *BFH* vom 17.5. 2000 GmbHR 2000, 947, zur Übernahme der Kosten eines Wertgutachtens.
[223] Siehe Rn 427.
[224] Siehe Rn 75.

Veräußerungsgewinne iSd. § 16 EStG (Betriebsveräußerungen) für aus dem Berufsleben ausscheidende Veräußerer bzw. Veräußerer älter als 55 Jahre beansprucht werden. Gewinne aus der Veräußerung von Kapitalgesellschaftsbeteiligungen sind als Veräußerungsgewinn iSd. § 16 EStG zu qualifizieren, wenn entweder **einbringungsgeborene Anteile**[225] oder eine **100%-ige Beteiligung** an einer Kapitalgesellschaft[226] veräußert werden.

150   bb) Rechtslage ab 2002. Ab 2002 (bzw. bei abweichendem Wirtschaftsjahr der Zielgesellschaft nach dem Ende des abweichenden Wirtschaftsjahrs der Zielgesellschaft im Jahr 2002) ist der Gewinn aus der Veräußerung von Anteilen an Kapitalgesellschaften – auch bei Veräußerung aus dem Betriebsvermögen heraus – nach dem Halbeinkünfteverfahren zur Hälfte von der Einkommen- und der Gewerbesteuer befreit[227]. Bei sog. einbringungsgeborenen Anteilen[228], die nicht durch einen steuerneutralen Anteilstausch gem. § 20 Abs. 1 Satz 2 UmwStG entstanden sind, setzt die hälftige Steuerbefreiung von Veräußerungsgewinnen eine **Mindesthaltefrist** von sieben Jahren voraus[229].

151   Steuertechnisch erfolgt die hälftige Steuerbefreiung des Veräußerungsgewinns dadurch, daß jeweils die Hälfte des Veräußerungserlöses[230], der Anschaffungs- und Veräußerungskosten[231] außer Ansatz bleiben. Die Veräußerung während der 7-jährigen Mindesthaltefrist ist in vollem Umfang steuerpflichtig. Allerdings besteht insoweit ein konzeptioneller Fehler in § 3c Abs. 2 EStG 2001, als bei der Veräußerung einbringungsgeborener Anteile während der 7-jährigen Mindesthaltefrist der Veräußerungserlös in vollem Umfang gewinnerhöhend zu berücksichtigen ist, die Anschaffungskosten aufgrund der Verweisung in § 3c Abs. 2 Satz 2 EStG 2001 aber nur zur Hälfte abgezogen werden können, so daß es insoweit nach dem Gesetzeswortlaut zur **Besteuerung von Scheingewinnen** käme[232].

152   Eine hälftige Steuerbefreiung des Veräußerungsgewinns kommt nicht in Betracht, soweit auf die Beteiligung eine **Teilwertabschreibung** vorgenommen wurde, die sich nach den Vorschriften des KStG 1999 noch in vollem Umfang gewinnmindernd auswirken konnte.

153   **b) Veräußerung von Anteilen an Kapitalgesellschaften aus dem Privatvermögen.** Die Veräußerung von zu einem Privatvermögen gehörenden Anteilen an inländischen oder ausländischen Kapitalgesellschaften durch inländische Veräußerer unterliegt der Einkommensteuer, wenn
– die Anteile eine (wesentliche) Beteiligung iSv. § 17 EStG darstellen oder

---

[225] § 21 Abs. 1 S. 1 UmwStG; *Patt/Rasche* FR 2001, 175; ggf. aber keine Tarifermäßigung nach § 34 EStG, wenn nicht alle einbringungsgeborenen Anteile in einem einheitlichen Vorgang veräußert werden und aus diesem Grund keine zusammengeballte und vollständige Aufdeckung stiller Reserven erfolgt; siehe *Patt/Rasche* FR 2001, 175, 179.
[226] § 16 Abs. 1 Nr. 1 S. 2 EStG.
[227] § 3 Nr. 40 Satz 1 lit. a EStG, § 3c Abs. 2 EStG 2001.
[228] § 21 UmwStG.
[229] Siehe Rn 427 und Rn 401 ff.
[230] § 3 Nr. 40 Satz 1 lit. a EStG 2001.
[231] § 3c Abs. 2 EStG 2001.
[232] *Dötsch/Pung* DB Beilage Nr. 10/2000, Fn 17

– ein steuerpflichtiges Spekulationsgeschäft vorliegt oder
– einbringungsgeborene Anteile veräußert werden[233].

aa) Veräußerung von Beteiligungen iSd. § 17 EStG (wesentliche Beteiligungen). (1) Rechtslage bei Veräußerung von Inlandsbeteiligungen bis 2002. Eine wesentliche Beteiligung iSv. § 17 EStG liegt bei Beteiligungsveräußerungen bis 2002 (bei vom Kalenderjahr abweichendem Wirtschaftsjahr der Zielgesellschaft bis zum Ende des Wirtschaftsjahrs der Zielgesellschaft in 2002[234]) vor, wenn der jeweilige Veräußerer entweder 154

– zu irgendeinem Zeitpunkt innerhalb der letzten fünf Jahre vor der Anteilsveräußerung zu mindestens 10% unmittelbar oder mittelbar an der Zielgesellschaft beteiligt war[235] oder
– für den Fall, daß der Veräußerer den veräußerten Anteil unentgeltlich (im Rahmen einer Schenkung oder einer Erbschaft) erworben hat, der Rechtsvorgänger des Veräußerers (Schenker oder Erblasser) oder, sofern der Anteil nacheinander unentgeltlich übertragen worden ist, einer der Rechtsvorgänger zu irgendeinem Zeitpunkt innerhalb der letzten fünf Jahre vor der Anteilsveräußerung zu mindestens 10% unmittelbar oder mittelbar an der Zielgesellschaft beteiligt war.

Zu beachten ist, daß zu den Anteilen iSd. § 17 EStG nicht nur Kapitalanteile zählen, sondern auch bloße Anwartschaften auf Beteiligungen und Genußscheine, soweit mit ihnen das Recht auf Beteiligung am Gewinn- und Liquidationserlös der Kapitalgesellschaft verbunden ist[236]. Anwartschaften auf solche Beteiligungen sind dabei grundsätzlich alle schuldrechtlichen oder dinglichen Rechte auf Erwerb eines Anteils an einer Kapitalgesellschaft, also zB Bezugsrechte oder auch Wandlungs- oder Optionsrechte aus Schuldverschreibungen. Ihre Veräußerung (vor Ausübung) fällt somit unter § 17 EStG, sofern eine wesentliche Beteiligung vorliegt[237]. 155

Für die Bestimmung, ob eine wesentliche Beteiligung vorliegt, ist grundsätzlich der **nominelle Anteil am Grund- oder Stammkapital der Kapitalgesellschaft maßgeblich**. Unerheblich ist, welcher Teil davon eingezahlt ist. Unerheblich ist ferner auch, welche konkreten Rechte mit diesem Anteil verbunden sind. Keine wesentliche Beteiligung liegt somit zB vor, wenn der Gesellschafter zwar am Stammkapital nominell zu nicht mehr als 10% beteiligt ist, ihm aber abweichend von § 29 Abs. 2 GmbHG und § 72 GmbHG durch die Satzung ein Recht auf mehr als 10% des Reingewinns und des Liquidationserlöses eingeräumt ist[238]. 156

Unklar ist, wie bei der Veräußerung von **Genußscheinen, Bezugsrechten und Wandlungs- oder Optionsrechten** zu bestimmen ist, ob eine wesentliche Beteiligung vorliegt. Nach der hier vertretenen Auffassung sind Bezugsrechte dem Grund- oder Stammkapital nicht hinzuzurechnen, ihre Veräußerung ist aber nach § 17 EStG einkommensteuerpflichtig, wenn der Bezugsrechtsveräußerer 157

---

[233] Siehe Rn 400 ff. und Rn 425 ff.
[234] Bei erstmaliger Bildung eines abweichenden Wirtschaftsjahrs der Zielgesellschaft in 2001 bereits ab Ende dieses Wirtschaftsjahrs in 2001, siehe Rn 17.
[235] Zu über vermögensverwaltende Personengesellschaften gehaltenen Anteilen siehe Rn 571.
[236] § 17 Abs. 1 Satz 3 EStG iVm. § 8 Abs. 3 Satz 2 KStG; siehe *Weber-Grellet* in Schmidt § 17 EStG Rn 22.
[237] *Weber-Grellet* in Schmidt § 17 EStG Rn 28 f.
[238] *Weber-Grellet* in Schmidt § 17 EStG Rn 40.

wesentlich am Kapital der Gesellschaft beteiligt war. Bei Genußscheinen, die auch eine Beteiligung am Liquidationserlös gewähren, wird es darauf ankommen, in welchem Verhältnis Gesellschafter und Genußscheininhaber am Gewinn und am Liquidationserlös teilhaben[239].

158 Streitig ist bei Beteiligungsveräußerungen bis 2002, unter welchen Voraussetzungen eine wesentliche Beteiligung iSd. § 17 EStG innerhalb der letzten fünf Jahre vor Anteilsveräußerung vorliegt. Die Wesentlichkeitsgrenze des § 17 EStG wurde mit Wirkung ab dem 1.1.1999 von (mehr als) 25% auf (mindestens) 10% abgesenkt. Dies bedeutet grundsätzlich, daß ein Anteilseigner, der eine zB 15%-ige Beteiligung an einer Kapitalgesellschaft vor dem 1.1.1999 erworben hat, mit dieser Beteiligung nach dem 1.1.1999 in die Besteuerung hineinwächst, also bei einer Beteiligungsveräußerung nach dem 31.12.1998 den Veräußerungsgewinn nach § 17 EStG zu versteuern hat. Fraglich ist allerdings, ob ein steuerpflichtiger Veräußerungsgewinn auch dann entsteht, wenn der Veräußerer die 15%-ige Beteiligung zB im Dezember 1998 (durch Veräußerung) auf zB 8% herabgesenkt hat und die verbleibende 8%-ige Beteiligung erst zB im Jahr 2000 veräußert. Nach der hier vertretenen Auffassung ist maßgeblich für die Anwendung des § 17 EStG die jeweils geltende Wesentlichkeitsgrenze; die Veräußerung der verbleibenden 8%-igen Beteiligung würde nach dieser Auffassung nicht gem. § 17 EStG der Besteuerung unterliegen[240].

159 Der Veräußerungsgewinn unterliegt der ermäßigten Einkommensteuer für **außerordentliche Einkünfte** nach § 34 Abs. 1 EStG[241]. Allerdings geht die **Steuerermäßigung** nach § 34 EStG bei hohen der Einkommensteuer unterliegenden Einkünften regelmäßig ins Leere.

160 **(2) Rechtslage bei Veräußerung von Inlandsbeteiligungen ab 2002.** Nach der Unternehmenssteuerreform 2001 wird eine wesentliche Beteiligung an einer Kapitalgesellschaft bereits dann vorliegen, wenn der Veräußerer innerhalb der letzten fünf Jahre vor Beteiligungsveräußerung zu mindestens 1% an der Zielgesellschaft beteiligt war. Die Beteiligungsgrenze soll dabei gem. § 52 Abs. 34a EStG erstmals ab dem Jahr 2002 (bzw. bei abweichendem Wirtschaftsjahr der Zielgesellschaft nach dem Ende des abweichenden Wirtschaftsjahrs der Zielgesellschaft im Jahr 2002[242]) abgesenkt werden.

161 Der Veräußerungsgewinn ist ab dem Jahr 2002 (bzw. bei abweichendem Wirtschaftsjahr der Zielgesellschaft nach dem Ende des abweichenden Wirtschaftsjahrs der Zielgesellschaft im Jahr 2002[243]) zur Hälfte von der Einkommensteuer be-

---

[239] *Weber-Grellet* in Schmidt § 17 EStG Rn 44f.
[240] Ebenso FG Baden-Württemberg vom 8.12.2000 DStR 2001, 119; *Weber-Grellet* in Schmidt § 17 EStG Rn 71; aA Finanzverwaltung R 140 Abs. 2 EStR 1999; ausführlich hierzu *Herzig/Förster* DB 1999, 711, 712; *Wendt*, Steuerentlastungsgesetz 1999/2000/2002. Änderungen bei betrieblichen und privaten Veräußerungsgeschäften, FR 1999, 333; *Eilers/Wienands*, Die Veräußerung von GmbH-Anteilen nach Maßgabe der geänderten §§ 17, 22 Nr. 2, 23 EStG, GmbHR 1997, 505.
[241] Siehe Rn 70 ff.
[242] Bei erstmaliger Bildung eines abweichenden Wirtschaftsjahrs in 2001 bereits ab Ende dieses Wirtschaftsjahrs in 2001, siehe Rn 17.
[243] Bei erstmaliger Bildung eines abweichenden Wirtschaftsjahrs in 2001 bereits ab Ende dieses Wirtschaftsjahrs in 2001, siehe Rn 17.

freit²⁴⁴. Die **Tarifermäßigung** nach § 34 EStG greift für diese (hälftig steuerbefreiten) Veräußerungsgewinne nicht.

Wegen der Absenkung der Besteuerungsgrenze für wesentliche Beteiligungen im Jahr 2002 von 10% auf 1% ist zu beachten, daß Beteiligungen, die in 2001 noch steuerbefreit veräußert werden könnten (zB eine 8%-ige Beteiligung nach Ablauf der Spekulationsfrist), im Jahr 2002 in die Besteuerung hineinwachsen, also bei einer Beteiligungsveräußerung im Jahr 2002 der Veräußerungsgewinn nach § 17 EStG zu versteuern wäre. Zur **Minimierung** künftiger **steuerpflichtiger Veräußerungsgewinne** ist im Hinblick auf diese Beteiligungen eine Realisierung stiller Beteiligungsreserven noch im Jahr 2001 zu erwägen. Dies kann bspw. dadurch geschehen, daß die Beteiligung noch 2001 steuerfrei auf eine Holdinggesellschaft übertragen wird, an der der Veräußerer zu 100% beteiligt ist²⁴⁵. **162**

(3) Rechtslage ab 2001 bei Veräußerung von Auslandsbeteiligungen. **163**
Unklar ist, ab welchem Zeitpunkt bei der Veräußerung von Auslandsbeteiligungen die Grundsätze des Halbeinkünfteverfahrens gelten. Nach § 52 Abs. 4a EStG 2001 ist § 3 Nr. 40 EStG 2001 erstmalig auf Veräußerungsgewinne anzuwenden, die nach Ablauf des ersten Wirtschaftsjahrs der Gesellschaft, an der die Anteile bestehen, für das das KStG 1999²⁴⁶ erstmals anzuwenden ist. Die Anwendungsbestimmung ist nicht auf Auslandsbeteiligungen zugeschnitten, da für diese das KStG 1999 weder erstmals noch letztmals anzuwenden ist. Insoweit muß nach der hier vertretenen Auffassung § 3 Nr. 40 EStG 2001 bereits für ab dem 1. 1. 2001 realisierte Veräußerungsgewinne angewendet werden²⁴⁷. Damit ist der Gewinn aus der Veräußerung von Auslandsbeteiligungen bereits **ab dem 1. 1. 2001** hälftig nach dem Halbeinkünfteverfahren von der Einkommensteuer befreit²⁴⁸.

Zu berücksichtigen ist, daß bei Veräußerung von Auslandsbeteiligungen die Absenkung der Besteuerungsgrenze für wesentliche Beteiligungen von 10% auf 1%²⁴⁹ bereits für Anteilsveräußerungen ab 2001 gilt²⁵⁰. **164**

(4) Bestimmung des Veräußerungsgewinns/Veräußerungskosten. **Veräußerungsgewinn** ist der Betrag, um den der Veräußerungspreis nach Abzug der Veräußerungskosten die Anschaffungskosten übersteigt²⁵¹. Der Veräußerungsgewinn wird zur Einkommensteuer nur herangezogen, soweit er den Teil von 20 000 DM übersteigt, der dem veräußerten Anteil an der Kapitalgesellschaft entspricht (Freibetrag). Dieser Freibetrag vermindert sich um den Betrag, um den der Veräußerungsgewinn den Teil von 80 000 DM übersteigt, der dem veräußerten Anteil an der Kapitalgesellschaft entspricht²⁵². **165**

---

²⁴⁴ § 3 Nr. 40c, § 3c Abs. 2 EStG 2001.
²⁴⁵ Zu möglichen Gestaltungen siehe Rn 174 ff.
²⁴⁶ Körperschaftsteuergesetz idF. vom 22. 4. 1999, BGBl. I 1999, 817.
²⁴⁷ Siehe Rn 15.
²⁴⁸ *PWC Deutsche Revision*, Unternehmenssteuerreform 2001, 147.
²⁴⁹ Siehe Rn 160.
²⁵⁰ Insoweit klarstellende Anpassung der Anwendungsvorschrift des § 52 Abs. 34a EStG 2001 durch das Steuer-Euroglättungsgesetz.
²⁵¹ § 17 Abs. 2 EStG.
²⁵² § 17 Abs. 3 EStG.

166 **Veräußerungspreis** ist alles, was der Veräußerer für die Anteile vom Erwerber aus dem Veräußerungsgeschäft als Gegenleistung erhält[253]. Besteht die Gegenleistung in einer erst nach dem Zeitpunkt der Veräußerung fälligen Geldforderung, ist Veräußerungspreis der gemeine Wert dieser Forderung am Stichtag, wobei grundsätzlich der Nennwert der Forderung in DM anzusetzen ist. Zinsen auf eine gestundete Kaufpreisforderung sind Einkünfte aus Kapitalvermögen und nicht Teil des Veräußerungspreises. Ist die Forderung zinslos gestundet, ist Veräußerungspreis der abgezinste Wert.

167 Für eine in **Fremdwährung** angeschaffte oder veräußerte wesentliche Beteiligung sind die Anschaffungskosten, der Veräußerungspreis und die Veräußerungskosten jeweils im Zeitpunkt ihrer Entstehung aus der Fremdwährung in Deutsche Mark umzurechnen[254].

168 Der Veräußerungsgewinn iSd. § 17 EStG entsteht im Zeitpunkt der Veräußerung (Übergang des wirtschaftlichen Eigentums). Bei der Ermittlung des Veräußerungsgewinns ist für alle beeinflussenden Faktoren eine **Stichtagsbewertung** auf den Zeitpunkt der Veräußerung vorzunehmen.

169 Eine vor Kaufpreiszahlung geschlossene **Rücktrittsvereinbarung** ist als Ereignis mit steuerlicher Rückwirkung auf den Zeitpunkt der Veräußerung der wesentlichen Beteiligung zurückzubeziehen[255]. Fällt eine mit dem Nennwert angesetzte Kaufpreisforderung ganz oder teilweise aus, führt dies zur rückwirkenden Änderung des Veräußerungspreises[256].

170 Wird im Zusammenhang mit der Veräußerung einer wesentlichen Beteiligung an einer Kapitalgesellschaft ein **Wettbewerbsverbot** mit eigener wirtschaftlicher Bedeutung vereinbart, gehört die Entschädigung für das Wettbewerbsverbot nicht zum Veräußerungspreis iSd. § 17 Abs. 2 EStG[257].

171 Als **Veräußerungskosten** iSd. § 17 Abs. 2 EStG können nur solche Aufwendungen geltend gemacht werden, die in unmittelbarer Beziehung zu dem einzelnen Veräußerungsgeschäft stehen[258]. Die Kosten der fehlgeschlagenen Veräußerung einer wesentlichen Beteiligung können weder als Veräußerungskosten nach § 17 EStG noch als Werbungskosten bei den Einkünften aus Kapitalvermögen berücksichtigt werden[259].

172 Bei der **Zuordnung von Veräußerungskosten** zu dem Veräußerungsvorgang ist im Hinblick auf die Interessenlage des Veräußerers zu unterscheiden: Wären Nebenkosten der Veräußerung auch ohne Zuordnung dieser Kosten zum Veräußerungsvorgang steuerlich abzugsfähig, so wird die Zuordnung der Kosten zur Veräußerung bei Steuerfreiheit des Veräußerungsgewinns regelmäßig ungünstig sein. Bei Veräußerung im Privatvermögen gehaltener Anteile ist eine solche Abzugsfä-

---

[253] Es gelten insoweit die Ausführungen unter Rn 60 ff. entsprechend.
[254] Abschn. 140 Abs. 7 EStR 1999; zur Aufspaltung in Kurs- und Währungsgewinne *Schultze*, Veräußerungsgewinne bei Fremdwährungsgeschäften, DStR 2000, 1680; siehe auch *BFH* vom 27. 4. 2000 IStR 2000, 683.
[255] Anders bei Rückabwicklung der Beteiligungsveräußerung, siehe *BFH* vom 21. 10. 1999 BStBl. II 2000, 424: Rückübertragung ist (erneute) Veräußerung.
[256] § 175 Abs. 1 Satz Nr. 2 AO; siehe *Wacker* in Schmidt § 17 EStG Rn 137.
[257] *BFH* vom 21. 9. 1982 BStBl. II 1983, 289.
[258] Abschn. 140 Abs. 6 EStR 1999.
[259] *BFH* vom 17. 4. 1997 BStBl. II 1998, 102.

higkeit von Nebenkosten der Veräußerung allerdings kaum denkbar (evtl. aber Abzugsfähigkeit von Steuerberatungskosten als Sonderausgaben). Bei Veräußerung im Privatvermögen gehaltener Anteile wird der Veräußerer daher grundsätzlich versuchen, Nebenkosten möglichst weitgehend der Veräußerung zuzuordnen, um seinen steuerpflichtigen Veräußerungsgewinn soweit wie möglich zu vermindern[260].

Zu den Anschaffungskosten der veräußerten Beteiligung zählt grundsätzlich alles, was der Veräußerer aufgewendet hat, um die Beteiligung zu erlangen. Die **Anschaffungskosten** sind somit:
– Der Anschaffungspreis,
– die Anschaffungsnebenkosten (vom Erwerber getragene Beurkundungs- und Beratungskosten, Provisionen, Maklerkosten sowie eventuelle Reisekosten) und
– die nachträglichen Aufwendungen auf die Beteiligung (insbes. Nachschüsse, verlorene Zuschüsse, Verzicht auf Gesellschafterforderungen in Höhe ihres gemeinen Werts bei Verzicht[261]).

(5) Gestaltungsüberlegungen. Werden zu einem Privatvermögen gehörende Anteile an **inländischen**[262] Kapitalgesellschaften veräußert, sind Gestaltungsmaßnahmen des Verkäufers primär darauf gerichtet, ein Überschreiten der für die Besteuerung maßgeblichen Beteiligungsgrenze von 10% zu verhindern[263]. Gestaltungen zu diesem Zweck erfordern idR einen erheblichen zeitlichen Vorlauf vor der Veräußerung. Zur Vermeidung des Überschreitens der für die Besteuerung maßgeblichen Beteiligungsgrenze ist es zB möglich, im Rahmen **vorweggenommener Erbfolge** Anteile von weniger als 1% (ggf. unter Ausnutzung der Begünstigungen des § 13a ErbStG)[264] unentgeltlich auf Angehörige zu übertragen, die diese erst nach Ablauf der für diesen Fall vorgesehenen Fünfjahresfrist nach § 17 Abs. 1 Satz 4 EStG veräußern.

Beteiligungen zwischen 1% und 10% sollten noch vor Inkrafttreten der Absenkung der Besteuerungsgrenze auf 1% ab 2002[265] im Jahr 2001 – ggf. an eine zwischengeschaltete GmbH – verkauft werden, um die bis dahin angesammelten **Altreserven** dem steuerlichen Zugriff zu entziehen[266]. Hierbei kann insbesondere ein **Verkauf auf Ziel** vorteilhaft sein, da in diesem Fall der bei späterer Veräußerung der Beteiligung durch die zwischengeschaltete GmbH von dieser (vorbehaltlich einer Besteuerung nach § 8b Abs. 7 KStG 2001[267]) steuerfrei realisierte Veräußerungsgewinn von dem Gesellschafter (Darlehensgeber) im Wege der Darlehenstilgung ohne steuerliche Belastungen entnommen werden kann.

---

[260] Zur Kostenbelastung der Zielgesellschaft mit Veräußerungskosten siehe Rn 147.
[261] *BFH* vom 9. 7. 1997 BStBl. II 1998, 307; zu einbringungsgeborenen Anteilen *BFH* vom 25. 8. 2000 BStBl. II 2000, 1689.
[262] Zur Veräußerung von Anteilen an ausländischen Gesellschaften siehe Rn 163.
[263] § 17 Abs. 1 Satz 4 EStG.
[264] Siehe aber *Ott*, Vorweg-Erbe, GmbH-Steuerpraxis 2001, 203.
[265] Siehe Rn 163.
[266] *Bornheim*, Die Erweiterung der Besteuerung nach § 17 Abs. 1 EStG durch das StSenkG, DB 2001, 162; *Brinkmeier*, Gestaltungsüberlegungen zur Anteilsveräußerung, GmbH-StB 2000, 170; FN-IDW Sonderbeilage 11/2000, 33; *Wienands*, Stille Reserven noch vor der Steuerverstrickung steuerfrei aufdecken, GStB 2001, 132.
[267] Siehe Rn 187 ff.

176 Die Besteuerung des Veräußerungsgewinns könnte ggf. ab 2002 auch dadurch vermieden werden, daß die wesentliche Beteiligung vor Beteiligungsveräußerung nach § 20 Abs. 1 Satz 2 UmwStG in eine **Holding**-Kapitalgesellschaft eingebracht wird, die dann die Beteiligung veräußert[268]. Die Anteile an der Zielgesellschaft sind in diesem Fall gem. § 8b Abs. 4 Satz 2 Nr. 2 KStG 2001 aufgrund eines Einbringungsvorgangs nach § 20 Abs. 1 Satz 2 UmwStG erworben worden, so daß die 7-jährige Mindesthaltefrist gem. § 8b Abs. 4 Satz 1 Nr. 2 iVm. Satz 2 Nr. 1 KStG 2001 nicht greift. Hiermit verbunden ist freilich keine endgültige Steuerersparnis, da die Veräußerungsgewinne, sofern eine Besteuerung vemieden werden soll, in der Holdinggesellschaft wieder angelegt werden müssen. Sofern die Veräußerungsgewinne ausgeschüttet werden, würden die Dividenden beim privaten Anteilseigner wiederum der Besteuerung nach dem Halbeinkünfteverfahren unterliegen. Darüber hinaus ist zu berücksichtigen, daß die Veräußerung durch die Holdinggesellschaft kurze Zeit nach der Einbringung ggf. einer Besteuerung nach § 8b Abs. 7 KStG 2001 unterliegen kann[269]. Nach dem **Bericht des BMF zur Fortentwicklung des Unternehmenssteuerrechts**[270] muß zudem mit einer (ggf. auch rückwirkenden) Gesetzesänderung dahingehend gerechnet werden, daß der von der Holding erzielte Veräußerungsgewinn erst nach Ablauf einer Mindesthaltefrist von der Steuer freigestellt ist.

177 **bb) Spekulationsgewinne.** Sind private Anteilseigner zu weniger als 10% bzw. ab 2002 zu weniger als 1% an der Kapitalgesellschaft beteiligt, können deren Veräußerungsgewinne (sofern nicht einbringungsgeborene Anteile nach § 21 UmwStG vorliegen) nur als Spekulationsgewinne (private Veräußerungsgeschäfte iSv. § 23 EStG) innerhalb der einjährigen Spekulationsfrist besteuert werden.

178 Ein steuerpflichtiges Spekulationsgeschäft mit Anteilen an einer Kapitalgesellschaft liegt vor, wenn der Zeitraum zwischen **Anschaffung** und **Veräußerung** der Beteiligung nicht mehr als ein Jahr beträgt[271]. Zeitpunkt der Anschaffung und Veräußerung iSd. § 23 EStG ist dabei grundsätzlich der Zeitpunkt des Abschlußes des Verpflichtungsgeschäfts (**Kaufvertragsabschluß**) und nicht der ggf. erst später erfolgende Übergang des wirtschaftlichen Eigentums[272]. Veräußerungsgewinn ist der Unterschied zwischen dem Veräußerungspreis und den Anschaffungskosten der Beteiligung[273].

179 Der Veräußerungsgewinn unterliegt bei **Veräußerung durch inländische Anteilseigner** bis 2002 (bzw. bei abweichendem Wirtschaftsjahr bis zum Ende des

---

[268] Siehe Rn 412; FN-IDW Sonderbeilage 11/2000, 34; aA *Bergemann* DStR 2000, 1410, 1415, *Dötsch/Pung* DB Beilage 10/2000, Rn III 4 und *Eisgruber* DStR 2000, 1493, 1494, die insoweit von einer 7-jährigen Veräußerungssperre ausgehen.
[269] Siehe Rn 187 ff.
[270] Beilage zu FR 11/2001.
[271] § 23 Abs. 1 Nr. 2 EStG; zu Sammelverwahrung und Streifbandverwahrung OFD München vom 12. 12. 2000, DStR 2001, 661.
[272] *Heinicke* in Schmidt § 23 EStG Rn 17; zum außerhalb des Anwendungsbereichs des § 23 EStG maßgeblichen Zeitpunkt des Übergangs des wirtschaftlichen Eigentums siehe Rn 209 ff. und Rn 537 ff.
[273] § 23 Abs. 3 EStG.

abweichenden Wirtschaftsjahrs in 2002) ungemindert der Einkommensteuer, wenn die Freigrenze von 1.000 DM gem. § 23 Abs. 3 Satz 5 EStG überschritten ist.

Der Spekulationsgewinn ist ab dem Jahr 2002 (bzw. bei abweichendem Wirtschaftsjahr der Gesellschaft ab dem Ende des abweichenden Wirtschaftsjahrs in 2002) zur Hälfte von der Einkommensteuer befreit[274]. 180

cc) Veräußerungsverluste. (1) Veräußerungsverluste bei im Betriebsvermögen gehaltenen Anteilen. Bei im Betriebsvermögen gehaltenen Anteilen und einbringungsgeborenen Anteilen an Kapitalgesellschaften können ab 2002 (korrespondierend mit der hälftigen Steuerbefreiung der Veräußerungsgewinne) Veräußerungsverluste ebenfalls grundsätzlich nur zur Hälfte abgezogen werden. Dies gilt (steuersystematisch verfehlt) auch für Verluste innerhalb der für einbringungsgeborene Anteile bestehenden 7-jährigen Mindesthaltefrist, innerhalb derer die Anteile im Gewinnfall nicht hälftig steuerfrei verkauft werden können. Das Gesetz bedarf insoweit zur Vermeidung einer **Übermaßbesteuerung** einer Korrektur. 181

(2) Verluste aus der Veräußerung wesentlicher Beteiligungen. Rechtslage bis 2002. Veräußerungsverluste können bei einer im Privatvermögen gehaltenen Beteiligung vom Veräußerer im Regelfall nur geltend gemacht werden, wenn es sich um eine **wesentliche Beteiligung** iSd. § 17 EStG handelt[275]. Hat der Gesellschafter seiner Gesellschaft Gesellschafterdarlehen gewährt, kommt es bei der Veräußerung von Verlustbeteiligungen oft zu **Darlehensverlusten** des Veräußerers. Diese können vom Veräußerer grundsätzlich steuerlich geltend gemacht werden. Eine Ausnahme besteht allerdings für Verluste aus Gesellschafterdarlehen, die vor der „Krise" der Gesellschaft gewährt wurden. Diese können steuerlich nur geltend gemacht werden, wenn es sich um sog. **Finanzplandarlehen** oder **krisenbestimmte Darlehen** handelt[276]. Um bei der Hingabe von Gesellschafterdarlehen die Gefährdung der steuerlichen Anerkennung möglicher künftiger Darlehensverluste zu vermeiden, sollte daher der Gesellschafter vor Krisenbeginn (ggf. bereits bei Darlehenshingabe) mit bindender Wirkung gegenüber der Gesellschaft erklären, daß er das Darlehen auch in der Krise stehen lassen wird. 182

Zu beachten ist, daß bei **Veräußerung wesentlicher Beteiligungen innerhalb der Spekulationsfrist** die Vorschriften über die steuerliche Behandlung von Spekulationsgeschäften vorrangig sind[277], so daß insoweit ein Ausgleich von Verlusten nur mit Gewinnen aus Spekulationsgeschäften möglich ist[278]. 183

---

[274] § 3 Nr. 40 lit. i, § 3c Abs. 2 EStG 2001.
[275] Ein Veräußerungsverlust wird nicht berücksichtigt, wenn die Voraussetzungen der „rechtsmißbräuchlichen" Beteiligungsaufstockung iSd. § 17 Abs. 2 Satz 4 EStG gegeben sind; siehe *Paus*, Änderungen bei der Besteuerung wesentlicher Beteiligungen, NWB Fach 3, 10 845 sowie zur Anwendung des § 17 Abs. 2 Satz 4 EStG idF. des Steuerentlastungsgesetzes 1999/2000/ 2002 für Veranlagungszeiträume vor 1999 *BMF* vom 3. 8. 2000 BStBl. I 2000, 1199.
[276] *BMF* vom 8. 6. 1999 BStBl. I 1999, 545; *FG Düsseldorf* vom 19. 10. 1999 GmbHR 2000, 502; *Weber-Grellet* in Schmidt § 17 EStG Rn 171 mwN.
[277] § 23 Abs. 2 Satz 2 EStG.
[278] Siehe Rn 185.

184 **Rechtslage ab 2002.** Ab 2002 werden bei der Veräußerung von wesentlichen Beteiligungen die Veräußerungskosten und die Anschaffungskosten nach § 3c Abs. 2 EStG nur noch zur Hälfte berücksichtigt. Dies korrespondiert insoweit mit der hälftigen Steuerbefreiung der Veräußerungsgewinne. Verluste iSd. § 17 EStG sind damit ab 2002 (bzw. bei abweichendem Wirtschaftsjahr der Zielgesellschaft ab dem Ende des Wirtschaftsjahrs der Zielgesellschaft in 2002) nur noch zur Hälfte abziehbar[279].

185 **(3) Spekulationsverluste.** Veräußerungsverluste aus Spekulationsgeschäften dürfen nur bis zur Höhe des Gewinns ausgeglichen werden, den der Steuerpflichtige im gleichen Kalenderjahr aus Spekulationsgeschäften erzielt hat. Sie mindern jedoch nach Maßgabe des § 10d EStG die Einkünfte, die der Steuerpflichtige in dem vorangegangenen Veranlagungszeitraum oder in den folgenden Veranlagungszeiträumen aus Spekulationsgeschäften erzielt hat bzw. erzielt[280].

186 Ab 2002 können Veräußerungsverluste aus Spekulationsgeschäften grundsätzlich nur noch zur Hälfte abgezogen werden.

3. Besonderheiten bei Kreditinstituten, Finanzdienstleistern und Finanzunternehmen (insbes. Holdinggesellschaften)

187 Veräußern Kreditinstitute, Finanzdienstleistungsinstitute oder Finanzunternehmen iSd. KWG[281] Anteile, die mit dem **Ziel der kurzfristigen Erzielung eines Eigenhandelserfolgs** erworben wurden, kommt für diese die Steuerbefreiung von Gewinnen aus der Veräußerung von Kapitalgesellschaftsbeteiligungen nach § 8b Abs. 2 KStG 2001 bzw. § 3 Nr. 40, § 3c Abs. 2 EStG 2001 nicht in Betracht[282]. Hierdurch soll verhindert werden, daß die dem Handelsbereich von Kreditinstituten, Finanzdienstleistungsinstituten und Finanzunternehmen zuzurechnenden Anteilsveräußerungen steuerfrei abgewickelt werden können und damit im Ergebnis ein Teil des Handelergebnisses unbesteuert bleibt.

188 Anknüpfungspunkt für die Besteuerung ist bei **Kreditinstituten** und **Finanzdienstleistungsinstituten** die Zurechnung der Anteile zum **Handelsbuch** iSd. § 1 Abs. 12 KWG. Die Einbeziehung von Positionen in das Handelsbuch hat nach institutsintern festgelegten nachprüfbaren Kriterien zu erfolgen, die dem Bundesaufsichtsamt für das Kreditwesen (BAKred) und der deutschen Bundesbank mitzuteilen sind[283]. Die Zuordnungsentscheidung wird sich regelmäßig an den handelsrechtlichen Bilanzierungsvorschriften[284] orientieren und insoweit alle Positionen des bilanziellen Handelsbestands ausweisen[285]. Im Regelfall sind nur handelbare

---

[279] *Neumann* in Neu/Neumann/Neumayer EStB/GmbH-StB 2000, Sonderheft zum StSenkG, S. 10.
[280] § 23 Abs. 3 Satz 6 und 7 EStG.
[281] § 1 Abs. 1, Abs. 1a und Abs. 3 KWG; Finanzunternehmen sind insbes. auch solche Unternehmen, deren Haupttätigkeit darin besteht, Beteiligungen zu erwerben (§ 1 Abs. 3 Nr. 1 KWG).
[282] § 8b Abs. 7 KStG 2001; § 3 Nr. 40 Satz 5 EStG 2001.
[283] § 1 Abs. 12 Satz 5 KWG.
[284] § 340c Abs. 1 KWG.
[285] *Mielk*, Die wesentlichen Neuregelungen der 6. KWG-Novelle, WM 1997, 2200, 2204; *Fülbier* in Boos/Fischer/Schulte-Mattler § 1 KWG Rn 207.

Anteile, die das Institut zum Zweck des Wiederverkaufs im Eigenbestand hält, dem Handelsbuch zuzurechnen. Handelbare Anteile in diesem Sinne sind mE im Regelfall nur Wertpapiere, nicht aber (unverbriefte) GmbH-Anteile[286]. Anteile können auch bei sog. Nichthandelsbuchinstituten (§ 2 Abs. 11 KWG) dem Handelsbuch zurechenbar sein, da auch diese verpflichtet sind, interne Zuordnungskriterien zur Zuordnung zum Anlagebuch oder Handelsbuch aufzustellen, um der Bankenaufsicht eine entsprechende Überprüfung der Zuordnung zu ermöglichen[287].

Bei **Finanzunternehmen** knüpft die Besteuerung von Veräußerungsgewinnen demgegenüber nicht an die Zuordnung zu einem Handelsbuch, sondern allein an das Erzielen eines kurzfristigen Eigenhandelserfolgs an[288]. Trotz der insoweit formal unterschiedlichen Anknüpfung ist jedoch davon auszugehen, daß auch bei Finanzunternehmen Veräußerungsgewinne nur besteuert werden, wenn bei deren Qualifikation als Kreditinstitut oder Finanzdienstleistungsinstitut die veräußerten Anteile dem Handelsbuch zuzurechnen wären. 189

Finanzunternehmen iSd. § 1 Abs. 3 KWG sind Unternehmen, die keine Institute sind und deren **Haupttätigkeit** darin besteht 190
– Beteiligungen zu erwerben,
– Geldforderungen entgeltlich zu erwerben,
– Leasingverträge abzuschließen,
– Kreditkarten oder Reiseschecks auszugeben oder zu verwalten,
– mit Finanzinstrumenten für eigene Rechnung zu handeln,
– Andere bei der Anlage in Finanzinstrumenten zu beraten (Anlageberatung),
– Unternehmensberatung iSd. § 1 Abs. 3 Nr. 7 KWG durchzuführen oder
– Darlehen zwischen Kreditinstituten zu vermitteln.

Damit können insbes. **Holdinggesellschaften**[289] oder **Beteiligungsunternehmen** als Finanzunternehmen zu qualifizieren sein. Es besteht damit bei diesen Gesellschaften das Risiko, daß der Veräußerungsgewinn aus einer kurzfristigen Beteiligungsveräußerung der Besteuerung unterliegt, sofern nicht nachgewiesen werden kann, daß die Beteiligung mit dem Ziel der langfristigen Anlage erworben wurde. Entscheidend ist für die Besteuerung damit zunächst allein ein subjektives Element, nämlich das bei Erwerb der Beteiligung bestehende und bis zu ihrer Veräußerung fortbestehende Ziel des Veräußerers, mit der Beteiligung einen kurzfristigen Eigenhandelserfolg zu erzielen. Unklar ist damit im Einzelfall freilich, wann bei Finanzunternehmen von einer kurzfristigen Beteiligungsveräußerung iSd. § 8b Abs. 7 KStG 2001 bzw. § 3 Nr. 40 Satz 5 EStG 2001 auszugehen ist[290]. ME sollte in typisierender Betrachtung jedenfalls dann von einer längerfristigen Beteiligungsabsicht und damit einer Steuerfreistellung des Veräußerungs- 191

---

[286] Rundschreiben Nr. 17/1999 des BAKred vom 8. 12. 1999 (I 3 – 119 – 3/98), III 1; *Milatz*, Steuerfreiheit von Anteilsveräußerungen durch vermögensverwaltende Beteiligungsgesellschaften, BB 2001, 1066, 1072.
[287] Rundschreiben Nr. 17/1999 des BAKred vom 8. 12. 1999 (I 3 – 119 – 3/98), III 2 Ziff. 1.
[288] Zum Begriff des Eigenhandels siehe *Krumnow/Sprißler/Bellavite-Hövermann/Kemmler/Steinbrücker*, Rechnungslegung der Kreditinstitute, Kommentar zum Bankbilanzrichtlinien-Gesetz und zur RechKredV, 1994, § 340c HGB Rn 19.
[289] Siehe auch BAKred Rundschreiben 19/99 vom 23. 12. 1999 (I 3-21-14/98).
[290] IDW vom 15. 5. 2001, FN-IDW 6/2001, 244, 248.

192 gewinns ausgegangen werden, wenn die Beteiligung nach Ablauf von 12 Monaten nach ihrem Erwerb veräußert wird[291].

Soweit Gewinne aus Anteilsveräußerung unter den vorgenannten Voraussetzungen steuerpflichtig wären, sind auch **Verluste aus Anteilsveräußerungen** in vollem Umfang steuerlich abzugsfähig.

4. Besteuerung des ausländischen Verkäufers

193 **a) Veräußerung durch ausländische Kapitalgesellschaften.** Die Steuerbefreiung für Anteilsveräußerungsgewinne nach § 8b Abs. 2 KStG 2001 gilt nicht nur für unbeschränkt steuerpflichtige, sondern auch für beschränkt steuerpflichtige ausländische Kapitalgesellschaften. Ausländische Kapitalgesellschaften können **ab 2002** ihre Beteiligung an inländischen Kapitalgesellschaften daher grundsätzlich auch dann steuerfrei verkaufen, wenn die Beteiligung an der inländischen Gesellschaft zum Vermögen einer **inländischen Betriebsstätte** des Veräußerers gehört.

194 Bei Veräußerung von in einem inländischen Betriebsstätten-Vermögen gehaltenen Beteiligungen **vor 2002** kommt eine Steuerfreistellung des Veräußerungsgewinns grundsätzlich nur in Betracht, wenn die weiteren Voraussetzungen des § 8b Abs. 4 KStG 1999 (insbes. 10%-ige Mindestbeteiligung) erfüllt sind. Werden dagegen vor 2002 nicht zu einem inländischen Betriebsstätten-Vermögen gehörende Beteiligungen an inländischen Kapitalgesellschaften durch eine ausländische Kapitalgesellschaft veräußert, ist der Veräußerungsgewinn im Inland grundsätzlich nur steuerbar, wenn die Voraussetzungen einer wesentlichen Beteiligung vorliegen[292]. Hat die Bundesrepublik Deutschland mit dem Sitzland des Veräußerers ein DBA abgeschlossen, ist der Veräußerungsgewinn danach im Regelfall[293] im Inland steuerbefreit.

195 Bei **Beteiligungsveräußerungen über** eine ausländische **Personengesellschaft** ist für die Abkommensberechtigung nicht auf das Sitzland der Gesellschaft, sondern auf den Sitz der Gesellschafter abzustellen. Der auf den Gesellschafter der Personengesellschaft entfallende Gewinnanteil wird von der Besteuerung freigestellt, wenn der Gesellschafter in einem Land ansässig ist, das mit der BRD ein DBA abgeschlossen hat, das den Veräußerungsgewinn von der inländischen Besteuerung freistellt. Auf den Sitz der Personengesellschaft selbst kommt es im Regelfall der fehlenden Abkommensberechtigung der Personengesellschaft[294] nicht an.

196 In gleicher Weise wie bei Beteiligung über eine ausländische Personengesellschaft kann der Veräußerungsgewinn auch bei Beteiligung über eine inländische vermögensverwaltende oder gewerblich geprägte Personengesellschaft[295] nach einem DBA befreit sein, soweit der Veräußerungsgewinn auf den ausländischen

---

[291] *Bogenschütz/Tibo*, Erneute Änderung des § 8b KStG betreffend den Eigenhandel von Banken und Finanzdienstleistern – Auswirkungen auf Unternehmen außerhalb der Kreditwirtschaft, DB 2001, 8, 10 f.; unzutreffend insoweit *Herold*, Bei der Veräußerung von Kapitalgesellschaftsanteilen § 8b Abs. 7 KStG beachten, PIStB 2001, 31.

[292] § 49 Abs. 1 Nr. 2 EStG.

[293] Ausnahmen finden sich insoweit insbes. bei Veräußerung von Immobilienobjektgesellschaften, siehe zB Art. 13 Abs. 2 b) DBA-USA.

[294] *Schaumburg*, Die Personengesellschaft im internationalen Steuerrecht, Stbg 1999, 156.

[295] Siehe Rn 569.

Gesellschafter mit Sitz in einem DBA-Staat entfällt. Wegen der Transparenz der Personengesellschaften im internationalen Steuerrecht beurteilt sich das Besteuerungsrecht der BRD auch in diesem Fall allein nach dem DBA mit dem jeweiligen Sitzland des Gesellschafters. Das Besteuerungsrecht der BRD ist damit auch dann ausgeschlossen, wenn der ausländische Gesellschafter mit Sitz in einem DBA-Land über eine inländische **gewerblich geprägte Personengesellschaft** an der inländischen Ziel-Kapitalgesellschaft beteiligt ist und die (lediglich gewerblich geprägte) Personengesellschaft keine (gewerbliche) Betriebsstätte iSd. jeweiligen DBA hat[296]. Der von der inländischen Personengesellschaft erzielte Veräußerungsgewinn ist in diesem Fall trotz originär bestehendem Besteuerungsrecht der BRD aufgrund fehlender Zurechenbarkeit des Veräußerungsgewinns zu einer inländischen Betriebsstätte iSd. DBA von der deutschen Steuer befreit.

b) Veräußerung durch ausländische private Anteilseigner. Die Veräußerung von Inlandsbeteiligungen durch ausländische private Anteilseigner ist ebenso wie die Anteilsveräußerung durch ausländische Kapitalgesellschaften[297] im Inland nur steuerpflichtig, wenn die Voraussetzungen einer wesentlichen Beteiligung erfüllt sind und der Veräußerungsgewinn nicht (wie im Regelfall) durch ein DBA von der inländischen Besteuerung freigestellt ist[298]. Kommt bei Veräußerung von wesentlichen Beteiligungen eine Steuerfreistellung nach einem DBA nicht in Betracht, so unterliegt der Veräußerungsgewinn – in gleicher Weise wie bei Beteiligungsveräußerung durch Steuerinländer – bis 2002 ohne Anspruch auf eine weitere Steuerbefreiung der Einkommensteuer. Ab 2002 (bzw. bei abweichendem Wirtschaftsjahr der Zielgesellschaft ab dem Ende des Wirtschaftsjahrs der Zielgesellschaft in 2002) greift auch für ausländische und private Anteilsveräußerer das Halbeinkünfteverfahren. Der Veräußerungsgewinn unterliegt lediglich der hälftigen Besteuerung.

c) Spekulationsgewinne. Spekulationsgewinne ausländischer Anteilseigner sind im Inland nur steuerpflichtig, wenn gleichzeitig die Voraussetzungen einer wesentlichen Beteiligung nach § 17 EStG erfüllt sind[299] und der Veräußerungsgewinn nicht durch ein DBA steuerfrei gestellt ist.

d) Veräußerung von Anteilen an ausländischen Kapitalgesellschaften durch ausländische Veräußerer. Werden Anteile an ausländischen Unternehmen durch ausländische Veräußerer veräußert, so unterliegt der Veräußerungsgewinn nicht der deutschen Besteuerung[300], es sei denn, die Anteile gehören zu einem inländischen Betriebsvermögen des beschränkt steuerpflichtigen Veräußerers. Die Steuerfreiheit der Veräußerung von Anteilen an ausländischen Kapital-

---

[296] *Lüdicke*, Neue Entwicklungen der Besteuerung von Personengesellschaften im internationalen Steuerrecht, StbJb 1997/98, 449, 459; *Farnschläder/Kahl*, Anwendung des § 15 Abs. 3 Nr. 2 EStG bei Beteiligung an ausländischen Personengesellschaften, IWB Fach 3 Gruppe 3, 1179; *Debatin* in Debatin/Wassermeyer MA Art. 7 Rz. 16 a und 49 sowie *Piltz* in Debatin/Wassermeyer MA Art. 7 Rz. 85: keine Unternehmensgewinne; aA evtl. *BMF* vom 24. 9. 1999 IStR 2000, 627.
[297] Siehe Rn 193 ff.
[298] Zur Abkommensanwendung bei Beteiligung über eine Personengesellschaft siehe Rn 195.
[299] § 49 Abs. 1 Nr. 8 EStG.
[300] Siehe aber Rn 200 ff.

gesellschaften können potentielle inländische Anteilsveräußerer durch **Wegzug in das niedrig besteuernde Ausland** nutzen. Die Wegzugsbesteuerung nach § 6 AStG greift nur bei Anteilen an inländischen Kapitalgesellschaften. Durch den Wegzug in das niedrig besteuernde Ausland kann somit im Ergebnis durch eine der Anteilsveräußerung vorausgehende Wohnsitzverlegung eine deutsche Besteuerung gänzlich vermieden werden.

5. Hinzurechnungsbesteuerung bei Veräußerung von Kapitalgesellschaftsbeteiligungen durch ausländische Kapitalgesellschaften

200   a) **Grundlagen.** Die Veräußerung von Anteilen an Kapitalgesellschaften durch eine ausländische Kapitalgesellschaft löst grundsätzlich zunächst keine inländische Steuerbelastung aus. Der Veräußerungsgewinn unterliegt zunächst (nur) auf Ebene des ausländischen Veräußerers (Kapitalgesellschaft) der Besteuerung.

201   Die Anteilsveräußerung kann ggf. aber eine deutsche Hinzurechnungsbesteuerung auslösen. Rechtsfolge der deutschen Hinzurechnungsbesteuerung wäre eine 38%-ige inländische Besteuerung des Veräußerungsgewinns, wobei allerdings die vom Veräußerer im Ausland bezahlte Steuer auf die inländische Steuer angerechnet würde.

202   Hinzurechnungsbesteuerungsrisiken ergeben sich immer dann, wenn
– an der ausländischen Gesellschaft inländische Gesellschafter zu insgesamt mehr als 50% beteiligt sind[301] oder bei Vorliegen von sog. Zwischeneinkünften mit Kapitalanlagecharakter an der ausländischen Gesellschaft ein inländischer Gesellschafter (allein) zu mindestens 10% beteiligt ist[302] und
– der Veräußerungsgewinn auf Ebene des Veräußerers (ausländische Kapitalgesellschaft) einer Ertragsteuerbelastung von weniger als 25% unterliegt[303] und
– der Veräußerer nicht als **Landesholding** bzw. **Funktionsholding** nach § 8 Abs. 2 AStG zu qualifizieren ist. Die Qualifikation des ausländischen Veräußerers (Kapitalgesellschaft) als Landes- bzw. Funktionsholding setzt dabei voraus, daß der Veräußerer am Nennkapital der veräußerten Gesellschaft zu mindestens einem Viertel unmittelbar beteiligt ist, die veräußerte Beteiligung ununterbrochen seit mindestens 12 Monaten vor dem für die Ermittlung des Gewinns maßgebenden Abschlußstichtag besteht und der Veräußerer nachweist, daß
  • die Zielgesellschaft Geschäftsleitung und Sitz in demselben Staat wie der Veräußerer hat und die Zielgesellschaft fast ausschließlich aktive Einkünfte iSv. § 8 Abs. 1 Nr. 1 bis 6 AStG bezieht (Landesholding) oder
  • der Veräußerer eine aktive Gesellschaft (insbes. also keine Holdinggesellschaft) ist und die Beteiligung an der Zielgesellschaft im Zusammenhang mit der eigenen aktiven Tätigkeit hält, wobei die Zielgesellschaft selbst wiederum eine (fast ausschließlich) aktiv tätige Gesellschaft iSv. § 8 Abs. 1 AStG sein muß (Funktionsholding).

203   Sind die obigen Voraussetzungen (Beteiligung von Steuerinländern, niedrige Besteuerung des Veräußerungsgewinns, Veräußerer ist keine Landes- oder Funk-

---

[301] § 7 Abs. 1 AStG.
[302] § 7 Abs. 6 AStG.
[303] § 8 Abs. 3 AStG; siehe auch Rn 637.

tionsholding) erfüllt, so ist im Hinblick auf eine deutsche Hinzurechnungsbesteuerung des Veräußerungsgewinns zwischen natürlichen Personen und Kapitalgesellschaften als Anteilseignern zu unterscheiden[304]:
- Soweit **natürliche Personen** an dem Veräußerer (ausländische Kapitalgesellschaft) beteiligt sind und die Beteiligung von Steuerinländern insgesamt mehr als 50% beträgt, unterliegt der vom ausländischen Veräußerer realisierte Gewinn aus der Beteiligungsveräußerung bei den inländischen Anteilseignern (natürliche Personen) grundsätzlich der 38%-igen deutschen Hinzurechnungsbesteuerung. Beträgt die Beteiligung von Steuerinländern an dem ausländischen Veräußerer (Kapitalgesellschaft) nicht mehr als 50%, so löst der Veräußerungsgewinn grundsätzlich keine deutsche Hinzurechnungsbesteuerung aus, soweit nicht mindestens ein Steuerinländer (natürliche Person) an der ausländischen Gesellschaft (Veräußerer) zu mindestens 10% beteiligt ist. Ist ein Steuerinländer (natürliche Person) an dem ausländischen Veräußerer (Kapitalgesellschaft) zu mindestens 10% beteiligt, so unterliegt der Veräußerungsgewinn (nur) bei diesem (anteilig) der 38%-igen Hinzurechnungsbesteuerung.
- Soweit **Kapitalgesellschaften** an dem ausländischen Veräußerer (Kapitalgesellschaft) beteiligt sind, ist für die Hinzurechnungsbesteuerung zu unterscheiden, ob
  - der Veräußerungsgewinn als sog. Zwischeneinkünfte mit Kapitalanlagecharakter zu qualifizieren ist und
  - der Anteilseigner (inländische Kapitalgesellschaft) Gewinnausschüttungen des Veräußerers (ausländische Kapitalgesellschaft) nach den Bestimmungen eines zwischen der Bundesrepublik Deutschland und dem Sitz-Land des Veräußerers abgeschlossenen DBA steuerfrei vereinnahmen könnte[305].

Ist der Veräußerungsgewinn als **Zwischeneinkünfte mit Kapitalanlagecharakter** zu qualifizieren, löst dieser grundsätzlich (anteilig) beim inländischen Anteilseigner (Kapitalgesellschaft) eine 38%-ige Hinzurechnungsbesteuerung aus, wenn Steuerinländer zu insgesamt mehr als 50% oder der einzelne inländische Anteilseigner allein zu mindestens 10% an der ausländischen Gesellschaft (Veräußerer) beteiligt ist. Der Veräußerungsgewinn ist dabei nach der Systematik des AStG grundsätzlich als Zwischeneinkünfte mit Kapitalanlagecharakter zu qualifizieren, wenn die Beteiligung des Veräußerers (ausländische Kapitalgesellschaft) an der Zielgesellschaft weniger als 10% betragen hat[306], es sei denn, es kann der Aktivitätsnachweis nach § 10 Abs. 6 Satz 2 Nr. 1 AStG erbracht werden. Fraglich ist, ob nach der Neufassung des § 10 Abs. 6 Satz 2 Nr. 2 AStG (sog. **Holding-Privileg**) auch Gewinne aus der **Veräußerung von Kapitalgesellschaftsbeteiligungen**, an denen der Veräußerer (ausländische Kapitalgesellschaft) zu mindestens 10% beteiligt ist, als Zwischeneinkünfte mit Kapitalanlagecharakter zu

---

[304] Auf die Bagatellregelungen nach § 7 Abs. 6 Satz 2 AStG, § 10 Abs. 6 Satz 1 AStG wird nicht eingegangen.
[305] Die von der BRD geschlossenen DBA sehen im Regelfall eine Steuerfreistellung von Gewinnausschüttungen von ausländischen Gesellschaften bei einer Mindestbeteiligung des Steuerinländers (Kapitalgesellschaft) von 25 % vor.
[306] § 10 Abs. 6 Satz 2 AStG.

qualifizieren sind[307]. Nach § 10 Abs. 6 Satz 2 AStG 2001 wäre Voraussetzung der Anwendung des Holding-Privilegs der Nachweis einer steuerlichen Vorbelastung von Gewinnen auf Ebene der Zielgesellschaft in Höhe von 25%. Der Nachweis einer solchen steuerlichen Vorbelastung erscheint bei der Veräußerung von Beteiligungen durch ausländische Gesellschaften per se ausgeschlossen, so daß nach dem Wortlaut des § 10 Abs. 6 Satz 2 AStG der Veräußerungsgewinn (sofern kein Aktivitätsnachweis für den ausländischen Veräußerer iSv. § 10 Abs. 6 Satz 2 Nr. 1 AStG erbracht werden kann) als Zwischeneinkünfte mit Kapitalanlagecharaker zu qualifizieren wäre[308]. Der Veräußerungsgewinn würde insoweit nach den vorgenannten Grundsätzen der deutschen Hinzurechnungsbesteuerung unterliegen.

205   Wäre demgegenüber der Veräußerungsgewinn nicht als **Zwischeneinkünfte mit Kapitalanlagecharakter** zu qualifizieren (weil entweder entgegen dem Wortlaut des § 10 Abs. 6 Satz 2 Nr. 2 AStG die Finanzverwaltung – im Wege einer Billigkeitsregelung – das Holding-Privileg des § 10 Abs. 6 Satz 2 Nr. 2 AStG bei Beteiligung des Veräußerers von mindestens 10% auch auf Veräußerungsgewinne anwendet oder der Aktivitätsnachweis nach § 10 Abs. 6 Satz 2 Nr. 1 AStG erbracht werden kann), löst der Veräußerungsgewinn grundsätzlich eine Hinzurechnungsbesteuerung beim inländischen Anteilseigner (Kapitalgesellschaft) nur aus, wenn
– die Beteiligung von Inländern am Veräußerer (ausländische Kapitalgesellschaft) insgesamt mindestens 50% beträgt und
– Gewinnausschüttungen des Veräußerers an den inländischen Anteilseigner nicht nach einem DBA von der inländischen Besteuerung freigestellt wären[309].

206   **b) Anwendung von § 8 b Abs. 2 KStG 2001 auf Veräußerungsgewinne von Zwischengesellschaften?** Die der deutschen Hinzurechnungsbesteuerung unterliegenden Zwischeneinkünfte werden nach den Vorschriften des deutschen Steuerrechts ermittelt[310]. Es könnte daher die Auffassung vertreten werden, daß auch auf Gewinne aus der Veräußerung von Beteiligungen durch ausländische Zwischengesellschaften § 8b Abs. 2 KStG 2001 anzuwenden wäre[311]. Dessen Anwendung wäre insofern zwingend, als es kaum gerechtfertigt erscheint, Veräußerungsgewinne ausländischer Gesellschaften schlechter zu stellen als die inländischer Kapitalgesellschaften. Bei Anwendung des § 8b KStG 2001 auf die Ermittlung

---

[307] Nach der bis zum Inkrafttreten der Unternehmenssteuerreform 2001 geltenden Rechtslage waren solche Veräußerungsgewinne nicht als Zwischeneinkünfte mit Kapitalanlagecharakter zu qualifizieren; siehe Anwendungsschreiben zum AStG des *BMF* vom 2. 12. 1994 BStBl. I 1995 Sondernr. 1 Tz. 10.6.4.
[308] ME europarechtlich nicht haltbar; siehe auch *Rödder/Schumacher* DStR 2000, 1453, 1459.
[309] Zu beachten ist insoweit, daß § 10b Abs. 5 KStG 1999, der Gewinnausschüttungen ausländischer Gesellschaften ungeachtet von Mindestbeteiligungsvoraussetzungen nach einem DBA bei einer Beteiligung eines Steuerinländers (Kapitalgesellschaft) von mindestens 10 % an der ausschüttenden Gesellschaft von der Steuer freistellt, mit dem Steuersenkungsgesetz entfallen ist.
[310] § 10 Abs. 3 Satz 1 AStG; *BFH* vom 21. 1. 1998 RIW 1998, 572.
[311] So im Ergebnis *Kessler/Teufel*, Läuft die Hinzurechnungsbesteuerung bei Beteiligungserträgen und Veräußerungsgewinnen leer?, IStR 2000, 545; *Rättig/Protzen*, Holdingbesteuerung nach derzeit geltendem und kommenden Außensteuergesetz, IStR 2000, 548; *Kessler/Teufel*, Hinzurechnungsbesteuerung bei mehrstufigen Beteiligungsstrukturen – derzeitige Rechtslage, künftige Rechtslage, Gestaltungsansätze, IStR 2000, 673, 676.

steuerpflichtiger Hinzurechnungsbeträge ginge allerdings die Hinzurechnungsbesteuerung weitgehend ins Leere, was kaum der Intention des Gesetzgebers entsprechen dürfte[312]. Nach dem **Bericht des BMF zur Fortentwicklung des Unternehmenssteuerrechts**[313] kann insoweit jedoch mit einer erneuten Änderung der Systematik der Hinzurechnungsbesteuerung gerechnet werden.

6. Nutzung der Steuerfreiheit von Veräußerungsgewinnen ab 2002 bei steuerverhafteten Beteiligungen

a) Gestaltungsziele. Die mit der Unternehmenssteuerreform 2001 eingeführte Steuerfreiheit bzw. hälftige Steuerfreistellung von Gewinnen aus der Veräußerung von Anteilen an Kapitalgesellschaften gilt erstmals für Veräußerungen ab dem 1.1.2002[314].

Bei beabsichtigter Beteiligungsveräußerung noch vor dem Zeitpunkt, zu dem eine steuerfreie Veräußerung möglich ist (Fristablauf zB bei geplanter Veräußerung vor 2002 oder bei einbringungsgeborenen Anteilen vor Ablauf der 7-jährigen Mindesthaltefrist), wird der Veräußerer oft bemüht sein, den Veräußerungsvorgang so zu gestalten, daß der Veräußerungserlös möglichst bereits schon bei Vertragsabschluß vereinnahmt werden kann, die steuerlichen Wirkungen der Beteiligungsveräußerung zur Nutzung der ab 2002 geltenden Steuerfreiheit für Veräußerungsgewinne aber erst nach Fristablauf eintreten. Die Ziele des Veräußerers (steuerliche Verlagerung des Veräußerungsvorgangs auf einen Zeitpunkt nach Fristablauf) werden hierbei regelmäßig mit den Zielen des Beteiligungserwerbers kollidieren, der die wirtschaftlichen Wirkungen des Beteiligungserwerbs (Übergang von Stimmrechten und Gewinnbezugsrecht) möglichst früh nach Vertragsabschluß erreichen will.

b) Grundlagen. Die steuerlichen Wirkungen einer Beteiligungsveräußerung treten grundsätzlich mit Übergang des **wirtschaftlichen Eigentums** an den Anteilen der Zielgesellschaft ein[315]. Dies gilt auch für die Anwendungsbestimmungen zur erstmaligen Anwendung der Vorschriften für die Steuerbefreiung von Veräußerungsgewinnen[316]. Für die Anwendungsbestimmungen ist insoweit nicht auf das obligatorische Geschäft (Kaufvertrag) abzustellen[317]. Die Neuregelungen sind daher auch dann anzuwenden, wenn vor ihrem erstmaligen Anwendungszeitpunkt eine schuldrechtliche Vereinbarung im Hinblick auf die Übertragung der Beteiligungen getroffen wird, aufgrund derer das wirtschaftliche Eigentum frühestens zum erstmaligen Anwendungszeitpunkt der neuen Regeln zur Veräußerungsgewinnbesteuerung übergeht.

---

[312] *Grotherr* IWB 2000 Gruppe 1, 1675, 1683; FN-IDW Sonderbeilage 11/2000, 21.
[313] Beilage zu FR 11/2001.
[314] Bei erstmaliger Bildung eines abweichenden Rumpfwirtschaftsjahrs in 2001 aber bereits ab Ende des Rumpfwirtschaftsjahrs in 2001; siehe *Töben* FR 2000, 905, 909.
[315] Siehe auch Rn 537 ff.; eine Ausnahme gilt insoweit lediglich für Spekulationsgeschäfte iSd. § 23 EStG, bei denen es auf den Zeitpunkt des Verpflichtungsgeschäfts (Kaufvertragsabschluß) ankommt, *Heinicke* in Schmidt § 23 EStG Rn 17.
[316] § 34 Abs. 6d KStG 2001; § 52 Abs. 4a EStG 2001.
[317] Dies hätte der Gesetzgeber ausdrücklich regeln müssen; siehe *Rödder/Schumacher* DStR 2000, 1453, 1457.

210 Gem. § 39 Abs. 1 AO geht das wirtschaftliche Eigentum grundsätzlich mit dem rechtlichen Eigentum über. Unabhängig davon kann das wirtschaftliche Eigentum aber auch schon vor dem rechtlichen Eigentum übergehen, wenn der Erwerber aufgrund eines bürgerlich-rechtlichen Rechtsgeschäfts bereits eine rechtlich geschützte, auf den Erwerb der Anteile gerichtete Position erworben hat, die ihm gegen seinen Willen nicht entzogen werden kann, und wenn die mit den Anteilen verbundenen wesentlichen Rechte (insbes. **Gewinnbezugsrecht** und **Stimmrecht**) sowie das **Risiko einer Wertminderung** und die **Chance einer Wertsteigerung** auf ihn übergegangen sind[318]. Eine Kaufoption des Erwerbers führt grundsätzlich nicht zu einem Übergang des wirtschaftlichen Eigentums an den Anteilen auf den Inhaber der Kaufoption[319]. Bei reinen Optionsvereinbarungen wird lediglich der künftige Beteiligungserwerb in Aussicht gestellt. Der potentielle Erwerber wird jedoch – wirtschaftlich betrachtet – noch nicht wie ein Eigentümer gestellt. Etwas anderes könnte sich nur ergeben, wenn nach dem typischen und für die wirtschaftliche Betrachtung maßgeblichen Geschehensablauf tatsächlich mit einer Ausübung des Optionsrechts gerechnet werden muß[320] und weitere Umstände (zB Überlassung der Ausübung der Gesellschafterrechte, Begrenzung von Gewinnentnahmerechten o. ä.) zusätzlich zur Kaufoption hinzutreten. Die Gewährung der Kaufoption kann auch durch Gewährung eines Darlehens ergänzt werden. In diesem Fall kann die Ausübung der Kaufoption aber nach den für **Umtauschanleihen**[321] geltenden Grundsätzen beim Erwerber einen Zinsertrag in Höhe des über den Rückzahlungsbetrag des Darlehens hinausgehenden Marktwerts der Anteile zur Folge haben[322].

211 Selbst eine **Kombination von Kauf- und Verkaufsoptionen** führt isoliert nicht zum Übergang des wirtschaftlichen Eigentums auf den Erwerber. Im Extremfall (gleiche Ausübungstermine, gleicher Ausübungspreis) liegt – von unterschiedlichen individuellen Wertvorstellungen abgesehen – wirtschaftlich ein Terminkauf vor, der keinen Übergang des wirtschaftlichen Eigentums zur Folge hat, wenn die wesentlichen Gesellschafterrechte (Stimmrechte, Gewinnbezugsrechte) bis zur dinglichen Übertragung dem Veräußerer zustehen[323]. Möglich wäre daher ggf. auch ein **Beteiligungsverkauf auf Ziel**, der nach den für den **Terminkauf** geltenden Grundsätzen auch dann nicht zum (vorzeitigen) Übergang des wirtschaftlichen Eigentums führen sollte, wenn der Erwerber eine **Anzahlung** leistet[324].

---

[318] *BFH* vom 10. 3. 1988 BStBl. II 1988, 832; *BFH* vom 15. 12. 1999 DStR 2000, 462; *FG Münster* vom 8. 11. 1999 EFG 2000, 374, nrkr.
[319] *BFH* vom 25. 8. 1993 BStBl. II 1994, 23; *FG München* vom 24. 6. 1999 DStRE 2000, 18.
[320] *BFH* vom 15. 12. 1999 DStR 2000, 462.
[321] *Rund*, Zeitliche Verlagerung der Besteuerung von Anteilsveräußerungen iSd. § 17 EStG in das Halbeinkünfteverfahren, GmbHR 2001, 96.
[322] Zur Umtauschanleihe siehe *Schumacher*, Besteuerung von Umtauschanleihen und vergleichbaren Anleiheformen, DStR 2000, 1218; *BMF* vom 2. 3. 2001 DB 2001, 618; *BMF* vom 24. 5. 2000 DStR 2000, 1227; *Harenberg*, Steuerrechtliche Behandlung von Umtauschanleihen mit Gläubigerwahlrecht (unechte Wandelanleihen), NWB Fach 3, 11 317.
[323] *Rödder/Schumacher* DStR 2000, 1453, 1457; *Seibt* DStR 2000, 2061, 2065 f.; *Weber-Grellet* in Schmidt § 5 EStG Rn 270 „Futures"; *OFD Berlin* vom 5. 10. 2000 DStR 2000, 2087.
[324] Kritisch insoweit FN-IDW Sonderbeilage 11/2000, 32; *Seibt* DStR 2000, 2061, 2066.

Durch die **Kombination von Kauf- und Verkaufsoptionen** kann der Verkäufer daher erreichen, daß er (durch Ausübung der Verkaufsoption) die Beteiligung unter Nutzung der Steuerfreiheit von Veräußerungsgewinnen nach Fristablauf tatsächlich verkaufen kann. Der Erwerber kann sicher sein, daß er die Beteiligung durch Ausübung der Kaufoption tatsächlich erwirbt. Aus Sicht des Erwerbers ist allerdings nachteilig, daß die Kaufoption ihm bis zum Zeitpunkt des Beteiligungserwerbs noch keinen Einfluß auf die Gesellschaft verschafft und er auch noch nicht an den Gewinnausschüttungen der Gesellschaft partizipiert. Ggf. kann aber zusätzlich zu den Kauf- und Verkaufsoptionen eine **Betriebspacht** vereinbart werden, die es dem Erwerber ermöglicht, im Betrieb die Unternehmensführung bereits vor Anteilserwerb als Pächter zu übernehmen.

c) **Joint Venture-Modelle.** Will der Erwerber nicht erst nach Fristablauf, sondern bereits im Zeitpunkt des Abschlusses der Optionsverträge die wirtschaftliche Kontrolle über die Zielgesellschaft erlangen, so bietet sich hierfür die steuerneutrale Einbringung der Beteiligung des Veräußerers in eine Joint Venture-Gesellschaft an[325]. Voraussetzung der steuerneutralen Einbringung ist, daß eine **Beteiligung von mehr als 50%**[326] eingebracht wird.

Zu diesem Zweck gründet der Erwerber eine Joint Venture-GmbH, die er mit Kapital in Höhe des Kaufpreises der zu erwerbenden Beteiligung ausstattet. Danach bringt der Veräußerer die (Mehrheits-)Beteiligung an der Zielgesellschaft steuerneutral gem. § 20 Abs. 1 Satz 2 UmwStG in die Joint Venture-GmbH ein. Als Gegenleistung erhält er neben einer Beteiligung an dem Joint Venture eine Zuzahlung von dem Joint Venture-Unternehmen. Die Zuzahlung darf den Buchwert der eingebrachten Beteiligung nicht übersteigen, da es sonst zu einer Aufdeckung stiller Reserven kommt[327]. Der Erwerber ist danach an der Joint Venture-GmbH mehrheitlich beteiligt und übt insoweit die **Kontrolle** über die vom Veräußerer in das Joint Venture eingebrachte Beteiligung aus.

Durch die Beteiligung an der Joint Venture-GmbH kann der Erwerber somit schon vor Fristablauf eine (mittelbare) Beteiligung an der Zielgesellschaft erwerben, ohne daß hierdurch eine Gewinnrealisierung ausgelöst wird. Über die von der Joint Venture-GmbH gewährte Zuzahlung bei der Anteilseinbringung fließt dem Veräußerer bereits im Einbringungszeitpunkt Liquidität zu. Der Käufer kann sich die Chance des Erwerbs der verbleibenden Beteiligung an der Gesellschaft dadurch sichern, daß er eine **Kaufoption** auf die Anteile des Veräußerers an der Joint Venture-GmbH erhält. Wird diese Kaufoption nach Fristablauf ausgeübt, ist der Gewinn aus der Veräußerung der (einbringungsgeborenen) Anteile des Veräußerers ab 2002 von der Steuer freigestellt. In gleicher Weise wie der Erwerber kann sich der Veräußerer dadurch absichern, daß er eine **Verkaufsoption** im Hinblick auf seine Anteile an der Joint Venture-GmbH erhält.

d) **Wertpapierleihe.** Bei Veräußerung von Minderheitsbeteiligungen ist die steuerneutrale Einbringung der Beteiligung in ein Joint Venture-Unternehmen

---

[325] Siehe auch FN-IDW Sonderbeilage 11/2000, 33.
[326] Siehe Rn 389.
[327] Siehe Rn 390.

im Regelfall nicht steuerneutral möglich[328]. Insbesondere für börsennotierte Anteile bietet sich in diesem Fall die Möglichkeit der steuerneutralen Gestaltung des Veräußerungsgeschäfts über ein Wertpapierleihe-Geschäft[329] an.

217 Bei einem Wertpapierleihe-Geschäft werden Wertpapiere mit der Verpflichtung übereignet, daß der „Entleiher" nach Ablauf der vereinbarten Zeit Papiere gleicher Art, Güte und Menge zurückübereignet und für die Dauer der „Leihe" ein Entgelt entrichtet.

218 IRd. Wertpapierleihe-Geschäfts wird das **zivilrechtliche Eigentum** an den Wertpapieren auf den Entleiher übertragen. Der Entleiher tritt in alle Rechte (Dividendenrecht, Stimmrecht etc.) aus den Wertpapieren ein. Er ist berechtigt, die Wertpapiere zu verkaufen, weiterzuverleihen oder zu verpfänden. Diese umfassende und uneingeschränkte Verfügungsbefugnis des Darlehensnehmers führt zu einem Übergang nicht nur des (zivil-)rechtlichen, sondern auch des wirtschaftlichen Eigentums an den Wertpapieren vom Verleiher auf den Entleiher[330]. Sowohl handels- als auch steuerbilanziell sind die übertragenen Wertpapiere beim Entleiher zu erfassen[331].

219 Mit dem **Wechsel des rechtlichen und wirtschaftlichen Eigentums** gehen die übertragenen Wertpapiere aus der Handels- und Steuerbilanz des Verleihers ab. Aufgrund seines Anspruchs auf Rückübertragung gattungsgleicher Wertpapiere bei Beendigung der Wertpapierleihe hat er eine Sachforderung auf Rückübertragung der Anteile zu aktivieren. Eine **Gewinnrealisierung** ist hiermit nicht verbunden. Die Sachforderung auf Rückgabe der Wertpapiere ist als Surrogat für die Sache selbst anzusehen und wird beim Verleiher mit dem Buchwert der hingegebenen Wertpapiere angesetzt[332].

220 Der Entleiher erwirbt das rechtliche und wirtschaftliche Eigentum an den übertragenen Wertpapieren. Als Sachdarlehensnehmer aktiviert er die entliehenen Wertpapiere mit dem Kurswert (Marktwert). Gleichzeitig ist in gleicher Höhe eine **Rückgabeverpflichtung** zu passivieren[333]. Aufgrund der Aktivierung mit dem Kurswert kann der Entleiher die Wertpapiere weiterverkaufen, ohne daß hierdurch eine Gewinnrealisierung ausgelöst wird.

221 Das Wertpapierleihe-Geschäft ist damit wegen der Möglichkeit der Übertragung des rechtlichen und wirtschaftlichen Eigentums ohne Gewinnrealisierung auf den Wertpapierentleiher und wegen der Möglichkeit der Weiterveräußerung der Wertpapiere durch den Entleiher geeignet, noch im Jahr 2001 bzw. vor Ablauf von Haltefristen eine steuerneutrale Übertragung **börsennotierter Minderheitsanteile** vorzunehmen. So können zB zur Plazierung von Minderheitsanteilen am Markt diese Minderheitsanteile im Rahmen eines Wertpapierleihe-

---

[328] § 20 Abs. 1 Satz 2 UmwStG.
[329] *Häuselmann*, Das richtige „Timing" bei der Kapitaleinkünftebesteuerung, DStR 2001, 597; siehe auch Handelsblatt vom 8. 6. 2000 zur Veräußerung einer Beteiligung an der Allianz AG durch eine Tochtergesellschaft der Deutschen Bank.
[330] *BMF* vom 3. 4. 1990 DB 1990, 863; *OFD Frankfurt* vom 15. 3. 1995 BB 1995, 1081; *OFD Frankfurt* vom 25. 6. 1996 DB 1996, 1702.
[331] *Häuselmann* DB 2000, 495.
[332] *Häuselmann* DB 2000, 495; *Oho/v. Hülst*, Steuerrechtliche Aspekte der Wertpapierleihe und des Repo-Geschäfts, DB 1992, 2582, 2584; *BMF* vom 3. 4. 1990 DB 1990, 863.
[333] *Häuselmann* DB 2000, 495, 497.

Geschäfts auf eine Bank übertragen werden, die diese dann am Markt verkauft. Die Rückgabeverpflichtung der Bank aus dem Wertpapierleihe-Geschäft könnte in diesem Fall bspw. dadurch abgesichert werden, daß der Veräußerer einen Teil des Wertpapierbestands zurückbehält und sich verpflichtet, diesen Teil des Wertpapierbestands nach Fristablauf auf Anforderung der Bank an diese zu dem Preis zu veräußern, den die Bank bei Veräußerung der Anteile am Markt erzielt hat[334]. Die Bank erwirbt dann vom Veräußerer andere Anteile, als sie dem Veräußerer bei Beendigung des Wertpapierleihe-Geschäfts rückübereignet.

e) Kapitalerhöhung. Ein steuerneutraler Teilverkauf von Anteilen im Jahr 2001 bzw. vor Ablauf der Haltefristen kann auch im Wege des Beteiligungserwerbs im Rahmen einer Kapitalerhöhung erreicht werden. Sofern der hinzutretende Gesellschafter (Erwerber) zum Ausgleich der stillen Reserven ein **Aufgeld** in das Gesellschaftsvermögen leistet, ist dies grundsätzlich keine steuerpflichtige Beteiligungsveräußerung der Altgesellschafter[335]. 222

Eine **Ausschüttung des Agios** an die Altgesellschafter führt bei diesen zur Verminderung der Anschaffungskosten auf ihre Beteiligungen, soweit für die Ausschüttung das steuerliche Einlagekonto (nach Ausschüttung der sonstigen Gewinnrücklagen) als verwendet gilt[336]. Die Ausschüttung kann – soweit hierdurch keine negativen Anschaffungskosten auf die Beteiligungen entstehen[337] – erfolgsneutral vereinnahmt werden. 223

Etwas anderes könnte sich nur ergeben, wenn das von dem hinzutretenden Gesellschafter (Erwerber) zu leistende **Agio als Entgelt für einen Bezugsrechtsverzicht** durch die Altgesellschafter zu werten wäre. Ein solcher entgeltlicher Bezugsrechtsverzicht kann vorliegen, wenn der neue Gesellschafter iRd. Kapitalerhöhung ein Agio an die Gesellschaft zahlt und das Agio unmittelbar danach an die Gesellschafter ausgeschüttet wird[338]. Dann kann eine mißbräuchliche Gestaltung angenommen werden, wenn dafür keine außersteuerlichen Gründe maßgebend waren[339]. Die Ausschüttung des Agios muß dabei nicht an alle Gesellschafter im Verhältnis ihrer Kapitalbeteiligung erfolgen. Möglich ist evtl. auch eine inkongruente Ausschüttung lediglich an die Altgesellschafter[340]. 224

---

[334] Zur Behandlung des Wertpapierleihe-Geschäfts nach der Steuerreform 2001 siehe auch *Mick*, Steuersenkungsgesetz: Gefährdung der Steuerfreiheit von Veräußerungsgewinnen nach § 8b Abs. 2 und 4 KStG n. F. bei bestimmten Formen des Wertpapierhandels, DB 2000, 1682; *Häuselmann/Mick*, Behaltungsfrist des § 8b Abs. 2 KStG n. F. und des § 3 Nr. 40 Satz 5 EStG, DB 2000, 2094.

[335] *Streck* § 8 KStG Rn 150 „Kapitalerhöhung"; siehe aber *Achenbach* in Dötsch/Ebersberg/Jost/Witt vor § 8 KStG Rn 28 mit der Annahme einer sog. Doppelmaßnahme.

[336] *Dötsch/Pung* DB Beilage Nr. 10/2000, S. 18ff.

[337] BFH vom 20. 4. 1999 BStBl. II 1999, 644 für Anteile im Betriebsvermögen; § 17 Abs. 4 Satz 1 EStG für Anteile im Privatvermögen; *Hoffmann*, Der GmbHR-Kommentar, GmbHR 1999, 780; BFH vom 13. 10. 1992 BStBl. II 1993, 477.

[338] BFH vom 13. 10. 1992 BStBl. II 1993, 477; noch weitergehend FG Baden-Württemberg vom 17. 2. 1997 EFG 1997, 743: Annahme der entgeltlichen Veräußerung eines Bezugsrechts iSd. § 17 EStG auch ohne engen zeitlichen Zusammenhang zwischen Ausschüttung und Kapitalerhöhung.

[339] BFH vom 23. 2. 1999 BFH/NV 1999, 1200.

[340] BFH vom 19. 8. 1999 DStR 1999, 1849; hierzu auch *Brinkmeier* GmbH-StB 2000, 290; BMF vom 7. 12. 2000 FR 1/2001, V (Nichtanwendungserlaß).

225 Wie im Joint Venture-Modell[341] kann der Beteiligungserwerb nach Ablauf der für die steuerfreie Veräußerung bestehenden Haltefristen durch Kauf- und Verkaufsoptionen abgesichert werden.

226 **f) Umwandlung der Zielgesellschaft in eine KGaA.** Der Einfluß auf die operative Geschäftsführung der Zielgesellschaft kann auch dadurch erreicht werden, daß der Erwerber zunächst nur einen Zwerganteil an der Zielgesellschaft erwirbt und anschließend die Zielgesellschaft in eine KGaA umgewandelt wird. Der Erwerber erhält die Stellung des Komplementärs und damit weitgehenden **Einfluß auf die Geschäftsleitung.** Der spätere Beteiligungserwerb von den Altgesellschaftern kann wiederum durch entsprechende Optionsvereinbarungen abgesichert werden.

7. Verminderung der Steuerbelastung des Veräußerers und/oder des Erwerbers durch Ausschüttungsgestaltung

227 Der Gestaltung von Gewinnausschüttungen kann im Zusammenhang mit dem Unternehmenskauf eine ganz erhebliche Bedeutung zukommen. Bei der Wahl der „richtigen Ausschüttungsgestaltung" steht neben der Frage nach der Besteuerung des vom Veräußerer erzielten Veräußerungsgewinns vor allem das Problem im Mittelpunkt, bei wem und in welcher Höhe eine spätere Ausschüttung des von der Zielgesellschaft im Zeitpunkt der Anteilsübertragung bereits erwirtschafteten Gewinns Steuerbelastungen auslöst[342].

228 **a) Ausschüttungsgestaltung bis 2002. aa) Ausschüttung von steuerfreien Gewinnrücklagen aus Auslandseinkünften (EK 01).** Verfügt die Zielgesellschaft über hohe Gewinnrücklagen, die aus steuerbefreiten ausländischen Einkünften entstanden sind (EK 01), so ist grundsätzlich vor Anteilsveräußerung durch eine Kapitalgesellschaft eine Ausschüttung der Gewinnrücklagen an den Veräußerer zu prüfen. Durch Ausschüttung von EK 01 gelingt es dem Verkäufer, im Ergebnis einen Teil des Kaufpreises steuerfrei zu vereinnahmen, soweit dieser bei alternativer Nicht-Ausschüttung auf die Gewinnrücklagen entfallen würde.

229 Ist die Zielgesellschaft an ausländischen Kapitalgesellschaften beteiligt, so ist es grundsätzlich vorteilhaft, die stillen Reserven in den Beteiligungsbuchwerten (zB durch **„Umhängen" der Auslandsbeteiligungen im Konzern**) steuerfrei nach § 8b Abs. 2 KStG zu realisieren. Die Zielgesellschaft in der Rechtsform der GmbH kann den hierbei entstehenden steuerfreien Veräußerungsgewinn an den Veräußerer noch im Jahr 2001 vorabausschütten, wobei die Vorabausschüttung bereits dem Halbeinkünfteverfahren unterliegt. Der Veräußerer (Ausschüttungsempfänger in der Rechtsform einer Kapitalgesellschaft) kann in diesem Fall die Ausschüttung nach § 8b Abs. 1 KStG 2001 steuerfrei vereinnahmen[343]. Wie im Fall der Ausschüttung von EK 01 kann der Veräußerer im Ergebnis damit einen Teil des Kaufpreises steuerfrei vereinnahmen, soweit dieser bei alternativer Nicht-

---

[341] Siehe Rn 213 ff.
[342] Allgemein hierzu sowie zur steuerlichen Vorteilhaftigkeit der Vereinbarungen über den Gewinn des laufenden Geschäftsjahres siehe *Gondert/Behrens* GmbHR 1997, 682.
[343] § 34 Abs. 6d Nr. 1 iVm. 10a Nr. 2 KStG 2001.

Durchführung der Auflösung der stillen Reserven in den Auslandsbeteiligungen auf die Beteiligungsreserven entfallen würde.

bb) Ausschüttung von belastetem verwendbaren Eigenkapital. Aufgrund des Übergangs vom Körperschaftsteuer-Anrechnungsverfahren zum Halbeinkünfteverfahren können Steuervorteile im Verbund von Veräußerer und Erwerber ggf. auch dadurch erreicht werden, daß vor der Anteilsveräußerung versteuerte Rücklagen (EK 45, 40 oder EK 30) ausgeschüttet werden. Nach dem Körperschaftsteuer-Anrechnungsverfahren lösen Gewinnausschüttungen aus versteuerten Rücklagen beim Anteilseigner regelmäßig keine oder nur geringe steuerliche Zusatzbelastungen aus. Als Folge der Gewinnausschüttung reduziert sich jedoch der steuerpflichtige Veräußerungsgewinn. Korrespondierend sinken die Anschaffungskosten des Erwerbers. Aus Sicht des Erwerbers hat dies den Vorteil, daß er die im Fall des alternativen Miterwerbs von Gewinnrücklagen bestehende latente Steuerbelastung auf die Gewinnrücklagen bei Ausschüttung nach dem Halbeinkünfteverfahren vermeiden kann. 230

b) Ausschüttungsgestaltung ab 2002. aa) Kapitalgesellschaft als Veräußerer. Ab 2002 können Kapitalgesellschaften ihre Gewinnrücklagen an Kapitalgesellschaften steuerfrei ausschütten[344]. Demgegenüber unterliegen Gewinnausschüttungen an private Anteilseigner nach dem Halbeinkünfteverfahren bei diesen der hälftigen Dividendenbesteuerung. Bei Veräußerung von Kapitalgesellschaftsanteilen durch eine Kapitalgesellschaft an private Anteilseigner ist insofern vor Anteilsveräußerung eine steuerfreie Gewinnausschüttung an den Veräußerer zu prüfen. Hierdurch kann beim Erwerber die latente Steuerbelastung auf die bei alternativer Nicht-Ausschüttung miterworbenen Gewinnrücklagen (hälftige Einkommensbesteuerung der Dividenden bei Gewinnausschüttung) vermieden werden. 231

bb) Natürliche Personen als Veräußerer. Ist der Anteilsveräußerer eine natürliche Person, die ihre Anteile im Privatvermögen hält, und handelt es sich bei den Anteilen nicht um wesentliche Beteiligungen iSd. § 17 EStG, so ist – verglichen mit der Situation der Gewinnthesaurierung – bei Beteiligungsveräußerung an einer Kapitalgesellschaft eine Gewinnausschüttung vor Anteilsveräußerung grundsätzlich steuerlich nachteilig. Der Anteilseigner (natürliche Person) hätte eine Gewinnausschüttung nach dem Halbeinkünfteverfahren hälftig zu versteuern, während er bei Veräußerung vor Gewinnausschüttung diese über einen entsprechend höheren Veräußerungspreis steuerfrei vereinnahmen kann. Wird in einem solchen Fall die Beteiligung an eine Kapitalgesellschaft veräußert, kann diese die Gewinnausschüttung steuerfrei vereinnahmen, so daß im Ergebnis sowohl die Beteiligungsveräußerung als auch die Gewinnausschüttungen in vollem Umfang steuerfrei bleiben[345]. Hierdurch können insbes. bei **thesaurierenden Fonds** erhebliche Steuervorteile erzielt werden. 232

---

[344] § 8b Abs. 1 KStG 2001.
[345] *Wagner/Wenger*, Dividenden-Stripping im Halbeinkünfteverfahren, BB 2001, 386.

C. Besteuerung des Erwerbers

I. Transformation von Anschaffungskosten in Abschreibungspotential/Realisierung erworbener Körperschaftsteueranrechnungs- und -minderungsguthaben

233 Der Käufer eines Unternehmens hat grundsätzlich ein Interesse daran, daß seine Anschaffungskosten möglichst schnell über Abschreibungen als Betriebsausgaben geltend gemacht werden können. Er will einen sog. „step-up", also eine Abschreibung der Wirtschaftsgüter der Zielgesellschaft, um die Differenz zwischen dem bezahlten Kaufpreis und dem Buchwert der Wirtschaftsgüter der Zielgesellschaft erreichen. Es ist insoweit der Anteilserwerb an Personengesellschaften vom Beteiligungserwerb an Kapitalgesellschaften zu unterscheiden.

1. Erwerb von Einzelunternehmen und Anteilen an Personengesellschaften[346]

234 Beim Erwerb von Einzelunternehmen wird der über den Buchwert hinausgehende Kaufpreis auf die erworbenen Wirtschaftsgüter nach Maßgabe der auf sie entfallenden stillen Reserven verteilt. Gestaltungen zur Transformation von Anschaffungskosten in Abschreibungspotential sind insoweit nicht erforderlich. Das gleiche gilt für den Erwerb von Anteilen an Personengesellschaften. Steuerlich ist der Erwerb von Anteilen an Personengesellschaften dem anteiligen Erwerb der zum Vermögen der Personengesellschaft gehörenden Wirtschaftsgüter gleichgestellt. Soweit der Kaufpreis den Buchwert der anteilig erworbenen Wirtschaftsgüter übersteigt, wird der Mehrwert in einer steuerlichen **Ergänzungsbilanz** des Erwerbers aktiviert und in Höhe des Mehrwerts somit steuerwirksames Abschreibungspotential geschaffen[347].

235 Beim Beteiligungserwerb an einer Personengesellschaft bleibt die **Handelsbilanz** von dem Gesellschafterwechsel unberührt. Die erhöhte steuerliche Abschreibung mindert damit nicht das Handelsbilanzergebnis.

2. Erwerb von Anteilen an inländischen Kapitalgesellschaften

236 **a) Grundlagen.** Steuerrechtlich optimal ist die Gestaltung des Beteiligungserwerbs an Kapitalgesellschaften, bei der die stillen Reserven der Gesellschaft steuermindernd geltend gemacht werden können. Zum besseren Verständnis der hierfür entwickelten Modelle[348] (**Kombinationsmodell, Mitunternehmerschaftsmodell** und **Umwandlungsmodell**) sollen im folgenden die steuerlichen Grundsatzfragen des Unternehmenskaufs skizziert werden. Dabei ist zunächst zu unterscheiden zwischen einem Anteilserwerb (Share Deal) und dem Erwerb von Vermögensgegenständen (Asset Deal).

---

[346] Siehe ausführlich Rn 82 ff.

[347] Siehe zur Verteilung der Anschaffungskosten auf die (anteilig) erworbenen Wirtschaftsgüter Rn 87 ff.

[348] Vgl. auch *Fahrholz* S. 19 ff.

aa) Share Deal. Der Erwerb von Anteilen an einer Kapitalgesellschaft läßt die Steuerbilanz der Zielgesellschaft unberührt. Infolge des Anteilserwerbs kommt es bei der Kapitalgesellschaft nicht zur Aufdeckung stiller Reserven; die Zielgesellschaft kann unverändert nur von ihren bisherigen Buchwerten abschreiben.

bb) Asset Deal. Beim Erwerb von Vermögensgegenständen geht das Unternehmen der Zielgesellschaft durch Übertragung aller materiellen und immateriellen Wirtschaftsgüter auf den Erwerber über. Die Übertragung der Vermögensgegen-stände unterliegt im Gegensatz zum Anteilserwerb auf Ebene der (ihre Wirtschaftsgüter übertragenden) Zielgesellschaft der Körperschaft- und Gewerbeertragsteuer. Der Erwerber setzt die Wirtschaftsgüter in seiner Bilanz mit den Anschaffungskosten an; die Anschaffungskosten können daher steuerwirksam abgeschrieben werden.

cc) Unternehmenskaufmodelle. Beim Anteilserwerb besteht der Nachteil, daß es bei der erworbenen Gesellschaft nicht zu einer Aufdeckung stiller Reserven kommt, die Zielgesellschaft mithin nur von ihren idR unter den Anschaffungskosten des Gesellschafters liegenden Buchwerten abschreiben kann. Als Alternativgestaltung wurden Unternehmenskaufmodelle[349] entwickelt, die die jeweiligen Vorteile des Anteilserwerbs und des Erwerbs der Vermögensgegenstände verbinden und die Umwandlung nicht abschreibungsfähiger Beteiligungen in abschreibungsfähige Wirtschaftsgüter ermöglichen sollen.

b) Kombinationsmodell. aa) Grundlagen. Der Käufer erwirbt Anteile an der Kapitalgesellschaft, die danach ihre Wirtschaftsgüter an ihn verkauft und den Gewinn aus der Veräußerung der Wirtschaftsgüter an ihn ausschüttet. Soweit die ausgeschütteten Gewinne aus der Veräußerung der Wirtschaftsgüter mit Körperschaftsteuer belastet sind, kann der Erwerber diese Körperschaftsteuer auf seine Einkommen- bzw. Körperschaftsteuerschuld anrechnen lassen. Die anrechenbare Körperschaftsteuer erhöht damit bei wirtschaftlicher Betrachtung die Gewinnausschüttung.

Durch die Gewinnausschüttung sind die Anteile des Erwerbers an der ausschüttenden Gesellschaft im Wert gemindert. Der Erwerber kann daher eine **ausschüttungsbedingte Teilwertabschreibung** auf die Anteile an der erworbenen Kapitalgesellschaft vornehmen[350]. Durch die Teilwertabschreibung wird die Gewinnausschüttung auf Ebene des Gesellschafters körperschaft- bzw. einkommensteuerlich neutralisiert, da die Wertminderung der Anteile genau der Höhe der

---

[349] *Gondert/Schimmelschmidt* DB Beilage Nr. 10/1998; *Rödder/Hötzel* FR 1994, 285, 286 mwN.
[350] Sofern lediglich Teilbereiche der Zielgesellschaft iRd. Asset Deal erworben werden, sollte anstelle der Teilwertabschreibung ggf. ein konzerninterner Verkauf der durch die Gewinnausschüttung im Wert geänderten Anteile erwogen werden, um etwaige spätere Zuschreibungsrisiken (§ 6 Abs. 1 Nr. 1 EStG) zu vermeiden; zu sonstigen Strategien zur Vermeidung steuerpflichtiger Zuschreibungen bei Beteiligungen an Kapitalgesellschaften siehe *Herzig/Rieck/Gehring* BB 1999, 575.

ausgeschütteten Gewinne entspricht[351]. Damit wird insbes. auch ein erworbenes Körperschaftsteueranrechnungsguthaben steuerneutral realisiert. Die ausschüttungsbedingte Teilwertabschreibung ist allerdings wegen der Rechtsfolge des § 50c EStG 1999 mit einkommen- bzw. körperschaftsteuerlicher Wirkung nur möglich, wenn die Beteiligung nicht von einem beschränkt steuerpflichtigen Anteilseigner (insbes. Steuerausländer oder öffentliche Hand) erworben wurde und der Veräußerungsgewinn beim Veräußerer der Beteiligung der Einkommen- bzw. Körperschaftsteuer unterliegt[352].

242 Die ausschüttungsbedingte Teilwertabschreibung mindert nicht die gewerbesteuerliche Bemessungsgrundlage[353]. Die Umwandlung nicht abschreibungsfähiger Beteiligungen in abschreibungsfähige Wirtschaftsgüter führt daher im Kombinationsmodell zur sofortigen **gewerbesteuerlichen (Einmal-) Belastung**, die nur durch künftige gewerbesteuerliche Minderbelastungen aufgrund höherer Abschreibungen ausgeglichen werden kann. Das Kombinationsmodell führt insoweit zu einem höheren **Finanzierungsbedarf**[354].

243 **bb) Wegfall des Kombinationsmodells ab 2002.** Wesentliches Element des Kombinationsmodells ist damit die „Übertragung" der Steuerbelastung aus dem Asset Deal von der Zielgesellschaft auf den Erwerber im Wege der Ausschüttung mit Körperschaftsteueranrechnung und anschließender steuerlicher Neutralisation der Gewinnausschüttung durch die **ausschüttungsbedingte Teilwertabschreibung**. Beide Elemente (Übertragung der Körperschaftsteuerbelastung im Wege der Ausschüttung und ausschüttungsbedingte Teilwertabschreibung) entfallen ab 2002 iRd. Steuerreform, so daß das Kombinationsmodell ab 2002 nicht mehr anwendbar ist.

244 **cc) Anwendbarkeit des Kombinationsmodells bis 2002.** Bis zum Jahr 2002 ist das Kombinationsmodell grundsätzlich noch anwendbar. Es ergibt sich insoweit allerdings die Erschwernis, daß im Jahr 2001 (bzw. im Fall eines abweichenden Wirtschaftsjahrs bis zum Ablauf des in 2002 endenden Wirtschaftsjahrs der Zielgesellschaft) nur Gewinnausschüttungen für ein abgelaufenes Wirtschaftsjahr beim Anteilseigner zur Anrechnung von Körperschaftsteuer berechtigen. Die Ausschüttung von Gewinnen, die iRd. Kombinationsmodells im Jahr 2001 aus dem Asset Deal entstehen, berechtigt dagegen – auch wenn der Gewinn 2001 im Wege der Ausschüttung von Vorabgewinnen ausgeschüttet wird – nicht zur Anrechnung von Körperschaftsteuer. Diese Gewinnausschüttungen können beim Gesellschafter (Kapitalgesellschaft) nach Maßgabe des Halbeinkünfteverfahrens steuerfrei verein-

---

[351] Kein Gestaltungsmißbrauch, siehe *Benkert* in Haritz/Benkert Einf. Rn 322; *Märkle*, Gestaltungen zur Vermeidung oder Minderung der Gewerbesteuer, DStR 1995, 1001, 1005; *BFH* vom 3. 2. 1993 BStBl. II 1993, 426; *BFH* vom 13. 7. 1994 DStR 1994, 1688; *BFH* vom 23. 10. 1996 BB 1997, 510; *Holzapfel/Pöllath* S. 247; siehe aber *FG Köln* vom 12. 8. 1999 EFG 2000, 921, nrkr.: keine Teilwertabschreibung, wenn dadurch der Teilwert unter den gemeinen Wert sinkt.
[352] Siehe Rn 271 ff.
[353] § 8 Nr. 10 GewStG.
[354] Außerdem entsteht doppelte Grunderwerbsteuer, wenn mehr als 95 % der Anteile an einer Zielgesellschaft erworben werden, die Grundbesitz hat, § 1 Abs. 3 GrEStG.

nahmt werden[355]. Der Erwerber (Kapitalgesellschaft) kann zwar – obwohl er die Gewinnausschüttungen nach § 8b Abs. 1 KStG 2001 vereinnahmen kann – im Anschluß an die Gewinnausschüttung eine **ausschüttungsbedingte Teilwertabschreibung** vornehmen. Die ausschüttungsbedingte Teilwertabschreibung kann jedoch die Steuerbelastung auf Ebene der Zielgesellschaft aus dem Asset Deal nur mindern, wenn der Ausschüttungsempfänger (Erwerber) über entsprechende andere sofort ausgleichsfähige Gewinne verfügt. Dies wird häufig nicht der Fall sein.

Um diese Problematik (Steuerbelastung aus dem Asset Deal auf Ebene der Zielgesellschaft, steuerlich nicht sofort ausgleichsfähige Teilwertabschreibung auf Ebene des Erwerbers) zu vermeiden, kann das Kombinationsmodell im Jahr 2001 auch innerhalb eines Organkreises durchgeführt werden: Der Erwerber begründet mit der Zielgesellschaft im Anschluß an den Beteiligungserwerb eine **körperschaftsteuerliche Organschaft**[356] und schließt mit ihr einen Ergebnisabführungsvertrag ab. Im Anschluß daran wird der Asset Deal durchgeführt und der hieraus entstehende Gewinn noch im Jahr 2002 iRd. Ergebnisabführungsvertrags an den Erwerber abgeführt[357]. Der Erwerber kann im Anschluß daran noch in der Schlußbilanz des Jahres 2002 eine abführungsbedingte Teilwertabschreibung auf die Beteiligung an der Zielgesellschaft vornehmen. Durch die Organschaft zwischen Erwerber und Zielgesellschaft kann in diesem Fall das Auseinanderfallen der Steuersubjekte und das damit verbundene Auseinanderfallen der Körperschaftsteuerbelastung auf der Ebene der Zielgesellschaft und der Minderung der steuerlichen Bemessungsgrundlage auf der Ebene des Erwerbers vermieden werden.

c) **Mitunternehmerschaftsmodell. aa) Grundlagen.** Die gewerbesteuerliche Einmalbelastung im Kombinationsmodell kann durch das Mitunternehmerschaftsmodell[358] vermieden werden: Die Zielkapitalgesellschaft bringt ihre Wirtschaftsgüter nach dem Anteilserwerb in eine Personengesellschaft (Mitunternehmerschaft) gem. § 24 UmwStG oder nach Maßgabe des § 6 Abs. 5 EStG steuerneutral zum Buchwert ein und veräußert dann die erhaltenen Anteile an der Mitunternehmerschaft gewerbesteuerfrei[359] zum Marktwert an den Erwerber[360]. Die

---

[355] § 8b Abs. 1 KStG 2001.
[356] Siehe Rn 436 ff. Die körperschaftsteuerliche Organschaft setzt voraus, daß die Zielgesellschaft zu Beginn des Wirtschaftsjahrs der Zielgesellschaft bereits finanziell in das Unternehmen des Organträgers eingegliedert ist (Mehrheitsbeteiligung des Organträgers ab dem Beginn des Wirtschaftsjahrs der Zielgesellschaft). Die Begründung einer Organschaft kann insoweit die Bildung eines Rumpfwirtschaftsjahrs der Zielgesellschaft erforderlich machen.
[357] Zur Frage, ob bei fehlender gewerbesteuerlicher Organschaft § 9 Nr. 2a GewStG auf die Gewinnabführung anzuwenden ist, *Rödder/Schumacher* DStR 2000, 1453, 1455.
[358] *Rödder/Hötzel* FR 1994, 285, 286; *Blumers/Beinert* DB 1997, 1636; *Eilers/Wienands* GmbHR 1997, 577; *Gondert/Schimmelschmidt* DB Beilage Nr. 10/1998.
[359] Siehe aber zu geplanten Einführung einer Gewerbesteuerpflicht des Veräußerungsgewinns nach steuerneutraler Einbringung Rn 24.
[360] Abschn. 40 Abs. 2 Satz 3 GewStR 1998; Abschn. 41 Abs. 2 Satz 5 GewStR 1990, nach dem die Veräußerung von einbringungsgeborenen Mitunternehmeranteilen Gewerbesteuer auslösen soll, ist nach dem Urteil des *BFH* vom 27. 3. 1996 BStBl. II 1997, 224 gegenstandslos. Siehe *OFD Kiel* vom 24. 7. 1997 DB 1997, 1644; *Patt*, Vollständige oder wesentliche Änderung des Gesellschafterbestands einer grundstücksbesitzenden Personengesellschaft, DStZ 1998, 156. § 18 Abs. 4 UmwStG ist auf den Veräußerungsgewinn nicht anwendbar, siehe *Dieterlen/Schaden*, Das Ende des Mitunternehmermodells?, BB 1998, 2457; *OFD Frankfurt* vom 16. 8. 2000 FR 2000, 1056.

eintretende Körperschaftsteuerbelastung kann wie im Kombinationsmodell durch Gewinnausschüttung und anschließende Teilwertabschreibung neutralisiert werden[361]. Im Hinblick auf die steuerliche Anerkennung der ausschüttungsbedingten Teilwertabschreibung und die Anwendbarkeit des Mitunternehmerschaftsmodells gelten die Ausführungen zum Kombinationsmodell entsprechend. Das **Mitunternehmerschaftsmodell** ist daher **grundsätzlich nur bis 2002 anwendbar**.

247 **bb) Durchführung des Mitunternehmerschaftsmodells durch Begründung einer atypisch stillen Beteiligung.** Die zivilrechtlich aufwendige Übertragung der Wirtschaftsgüter und die Fortführung der Zielgesellschaft in der Rechtsform der Personengesellschaft kann durch die Begründung einer atypisch stillen Beteiligung vermieden werden[362]. Der Erwerber begründet dabei zunächst nur eine geringe atypisch stille Beteiligung an der Zielgesellschaft, die später erhöht wird.

248 Steuerlich entsteht bei der atypisch stillen Beteiligung an einer Kapitalgesellschaft eine Mitunternehmerschaft zwischen dem Geschäftsherrn (der Kapitalgesellschaft) und dem stillen Gesellschafter. Die Mitunternehmerschaft wird weitgehend wie eine GmbH & Co. KG besteuert[363].

249 Die Begründung bzw. spätere Erhöhung der atypisch stillen Beteiligung ist aus Sicht des stillen Gesellschafters der Erwerb eines Mitunternehmeranteils. Dieser wird als anteiliger Erwerb der einzelnen Wirtschaftsgüter der Mitunternehmerschaft behandelt. Bei atypisch stiller Beteiligung an einer Kapitalgesellschaft wird damit für steuerliche Zwecke der anteilige Erwerb der im Eigentum der Kapitalgesellschaft stehenden Wirtschaftsgüter durch den stillen Gesellschafter fingiert. Soweit dem stillen Gesellschafter auf seinem Kapitalkonto in der Gesellschaftsbilanz ein geringerer Betrag als die geleistete Einlage gutgeschrieben wird, entsteht auf Ebene der Zielgesellschaft ein Veräußerungsgewinn in Höhe des Differenzbetrags. Der Erwerber aktiviert die in Höhe des Differenzbetrags erworbenen stillen Reserven an den (anteiligen) Wirtschaftsgütern der Zielgesellschaft in einer Ergänzungsbilanz und kann somit seine auf die erworbenen stillen Reserven entfallenden Anschaffungskosten im Wege der in der Ergänzungsbilanz möglichen Abschreibungen steuerlich geltend machen. Grunderwerbsteuerlich ist die Begründung der atypisch stillen Gesellschaft mangels Gesamthandsvermögens der stillen Gesellschaft ein irrelevanter Vorgang[364].

250 Die erstmalige Begründung einer atypisch stillen Beteiligung ist aus Sicht der Zielgesellschaft die Einbringung eines Betriebs in eine Mitunternehmerschaft[365].

---

[361] Kein Gestaltungsmißbrauch; vgl. *BFH* vom 27. 3. 1996 BStBl. II 1997, 226; *Blumers/Beinert* DB 1997, 1636, 1639; *Rödder/Hötzel* FR 1994, 285, 286.
[362] Siehe zum Beteiligungserwerb durch Begründung einer atypisch stillen Gesellschaft auch *Hild/Schuch* DB 1993, 181; *Hild*, Steuerorientierter Unternehmenskauf trotz der Regelung des § 50c Abs. 11 EStG – Das Düsseldorfer Modell, DB 1998, 153, 154.
[363] *BFH* vom 26. 11. 1996 HFR 1997, 469; *FG Köln* vom 18. 6. 1997 EFG 1997, 1503, nrkr.; *Schulze zur Wiesche*, Die atypisch stille Gesellschaft, FR 1997, 405.
[364] *Pahlke* in Pahlke/Franz § 1 GrEStG Rn 47; *Fischer* in Boruttau § 1 GrEStG Rn 174f.
[365] § 24 UmwStG; hierzu *Weber-Grellet* in Schmidt § 15 EStG Rn 350; *Knobbe-Keuk*, Bilanz- und Unternehmenssteuerrecht, 9. Aufl. 1993, S. 823.

Soweit auf Ebene der Zielgesellschaft ein Veräußerungsgewinn entsteht, weil dem stillen Gesellschafter auf seinem Kapitalkonto ein geringerer Betrag als die geleistete Einlage gutgeschrieben wird, unterliegt der Veräußerungsgewinn sowohl der Körperschaft- als auch der Gewerbesteuer. Demgegenüber unterliegt der Veräußerungsgewinn der Zielgesellschaft aus einer späteren Erhöhung der atypisch stillen Beteiligung nicht der Gewerbesteuer, da die Erhöhung der atypisch stillen Beteiligung ertragsteuerlich die Veräußerung eines (einbringungsgeborenen) Mitunternehmeranteils ist[366].

Im Anschluß an die Veräußerung des Mitunternehmeranteils kann die Zielgesellschaft den Veräußerungsgewinn an ihre Gesellschafter ausschütten, ohne daß die Gewinnausschüttung beim Gesellschafter der Gewerbesteuer unterliegt[367]. Die Gewinnausschüttung kann der Erwerber wie im Kombinationsmodell über eine ausschüttungsbedingte Teilwertabschreibung neutralisieren. 251

Will der Erwerber die stille Beteiligung nicht fortführen, kann diese zu einem späteren Zeitpunkt in Kapitalanteile an der Zielgesellschaft „umgewandelt" werden[368]. Das geschieht in der Weise, daß die stille Gesellschaft aufgelöst wird und der ehemalige Stille in Höhe des Werts seiner stillen Beteiligung eine Einlage gegen Gewährung von Gesellschaftsrechten tätigt[369]. 252

d) Umwandlungsmodell. Beim Umwandlungsmodell[370] kauft der Erwerber die Anteile an der Kapitalgesellschaft und wandelt anschließend die Kapitalgesellschaft formwechselnd in eine Personengesellschaft um. Dabei wird steuerrechtlich eine Übertragung des Vermögens der Kapitalgesellschaft auf die Personengesellschaft zu Buchwerten fingiert[371], so daß auf Ebene der Zielgesellschaft kein Übertragungsgewinn entsteht. 253

aa) Rechtslage bis 2001. Bei der Personengesellschaft gelten für Zwecke der Ermittlung eines Übernahmegewinns die Anteile an der übertragenden Gesellschaft als in das Betriebsvermögen der Personengesellschaft mit den Anschaffungskosten bzw. Buchwerten eingelegt[372]. Bei der übernehmenden Personengesellschaft entsteht ein Übernahmeverlust in Höhe der Differenz zwischen den 254

---

[366] *Hild/Schuch* DB 1993, 181, 185; *Wacker* in Schmidt § 16 EStG Rn 423; zur geplanten Einführung einer Gewerbesteuerpflicht bei Veräußerung von einbringungsgeborenen Mitunternehmeranteilen siehe Rn 24.
[367] § 9 Nr. 2a GewStG.
[368] Die „Umwandlung" in Kapitalanteile kann zB erforderlich werden, um zwischen dem Betrieb der Zielgesellschaft und dem Erwerber eine gewerbesteuerliche Organschaft zu begründen; vgl. *BFH* vom 25. 10. 1995 BFH/NV 1996, 504; Abschn. 14 Abs. 5 Satz 7 GewStR 1998.
[369] *Paulick/Blaurock*, Handbuch der stillen Gesellschaft, 5. Aufl. 1998, S. 408; *Friedrichs* in Haritz/Benkert § 20 UmwStG Rn 25; *Hild/Schuch* DB 1993, 181, 189.
[370] Zum Umwandlungsmodell *Benkert* in Haritz/Benkert Einf. Rn 320 ff. Zum Formwechsel bei beschränkt steuerpflichtigen Anteilseignern *Widmann*, Auslandsbeziehungen bei Umstrukturierungen, dargestellt am Beispiel einer formwechselnden Umwandlung einer Kapitalgesellschaft in eine Personengesellschaft mit beschränkt steuerpflichtigen Gesellschaftern, DStZ 1996, 449; *Thiel*, Umwandlung von Kapitalgesellschaften auf Personengesellschaften mit beschränkt steuerpflichtigen Gesellschaftern, GmbHR 1995, 708.
[371] § 14 UmwStG; vgl. *Dehmer*, Umwandlungssteuerrecht, 1994, vor §§ 14-17 UmwStG Rn 3 mwN.
[372] § 5 Abs. 2, 3 UmwStG 1999.

Buchwerten der übernommenen Wirtschaftsgüter der Zielkapitalgesellschaft und dem höheren Buchwert/Anschaffungskosten der (mit der Umwandlung wegfallenden) Anteile an der Zielkapitalgesellschaft. Der Übernahmeverlust wird zunächst um die anrechenbare Körperschaftsteuer der übertragenden Kapitalgesellschaft und einen Sperrbetrag nach § 50c EStG[373] gemindert[374]. Ein verbleibender **Übernahmeverlust** wird sodann durch stufenweise Aufstockung der Wertansätze der übergegangenen Wirtschaftsgüter bis zum Teilwert und durch den Ansatz eines Geschäfts- und Firmenwerts gemindert. Dadurch wird zusätzliches Abschreibungspotential geschaffen (sog. „step-up")[375]. Ein danach noch verbleibender Übernahmeverlust wird aktiviert und (wie ein Geschäfts- und Firmenwert) über einen Zeitraum von 15 Jahren gleichmäßig abgeschrieben[376].

255 Da die Identität des Rechtsträgers gewahrt bleibt, fällt iRd. Formwechsels keine Grunderwerbsteuer an[377].

256 Ein bei der Durchführung des Umwandlungsmodells entstehender steuerlicher „step-up" ist – anders als beim Mitunternehmerschaftsmodell – gewerbesteuerlich nicht zu berücksichtigen[378]. Sofern der Gewinn aus der Veräußerung der Anteile an der Zielgesellschaft beim Veräußerer der Gewerbesteuer unterliegt, kann es vorteilhaft sein, die Zielgesellschaft vor dem Anteilserwerb umzuwandeln. In diesem Fall unterliegt zwar der Veräußerungsgewinn nach § 18 Abs. 4 UmwStG 1999 der **Gewerbesteuer**. Die gewerbesteuerliche Belastung des Veräußerungsgewinns wäre jedoch auch eingetreten, wenn der Veräußerer die Anteile an der Zielkapitalgesellschaft anstelle der Anteile an der formwechselnd umgewandelten Personengesellschaft veräußert hätte. Beim Erwerber ergibt sich allerdings der Vorteil, daß die als Folge des Beteiligungserwerbs an der Personengesellschaft entstehende Aufstockung der Buchwerte auch für die Gewerbesteuer gilt.

257 Unklar ist, auf welcher Ebene der Veräußerungsgewinn nach § 18 Abs. 4 UmwStG der Gewerbesteuer unterliegt. ME kann eine Gewerbesteuerpflicht nur auf Ebene der Personengesellschaft selbst bestehen[379]. Insoweit müssen im Kaufvertrag entsprechende **Kostentragungsregelungen** getroffen werden.

258 **bb) Rechtslage ab 2001.** Nach dem StSenkG kann bei kalendergleichem Wirtschaftsjahr ein Übernahmeverlust für nach dem 31.12.2000 erfolgende Um-

---

[373] Siehe Rn 271 ff.
[374] § 4 Abs. 5 UmwStG 1999.
[375] Zu Steuerklauseln bei geplantem Formwechsel nach Anteilskauf *Herzberg*, Steuerklauseln in Anteilskaufverträgen und Formwechsel, DStR 2000, 1129.
[376] § 4 Abs. 6 UmwStG 1999.
[377] *BFH* vom 4.12.1996 DStR 1997, 112; *FG Münster* vom 23.7.1997 DStRE 1997, 770; *FG Niedersachsen* vom 30.5.1997 EFG 1997, 1404; *FM Baden-Württemberg* vom 18.9.1997 DB 1997, 2002; *Benkert* in Haritz/Benkert Einf. Rn 435 f.; *Courage*, Keine Grunderwerbsteuer beim Formwechsel zwischen Kapitalgesellschaften und Personengesellschaften, NWB Fach 8, 1267; *Pahlke* in Pahlke/Franz § 1 GrEStG Rn 22 ff.
[378] § 18 Abs. 2 UmwStG; zur gewerbesteuerlichen Berücksichtigung des Übernahmeverlusts bis 1998 siehe *BFH* vom 20.6.2000 DB 2000, 1795.
[379] So wohl auch *Patt*, Gewerbesteuerpflichtige Veräußerung oder Aufgabe „umwandlungsgeborener" (Teil-) Betriebe oder Mitunternehmeranteile, FR 2000, 1115, 1116.

wandlungen[380] nicht mehr berücksichtigt werden[381]. Ein „step-up" iRd. Umwandlungsmodells ist danach nicht mehr möglich. Dies gilt auch für den Fall einer rückwirkenden Umwandlung mit einem vor dem 1.1.2001 liegenden Übertragungsstichtag[382]. Bei vom Kalenderjahr abweichendem Wirtschaftsjahr der Zielgesellschaft ist das Umwandlungsmodell demgegenüber noch bis zum Ablauf des Wirtschaftsjahrs der Zielgesellschaft im Jahr 2001 durchführbar[383]. Bei einem Wirtschaftsjahr der Zielgesellschaft vom 1.10. zum 30.9. ist damit das Umwandlungsmodell noch bis zum 30.9.2001 durchführbar.

e) Organschaftsmodell. Ein steuerneutraler „step-up" auf Ebene der Zielgesellschaft kann ggf. (auch nach Inkrafttreten der Unternehmenssteuerreform 2001) mit dem Organschaftsmodell erreicht werden[384]. Beim Organschaftsmodell erfolgt der Erwerb von Anteilen an der Zielkapitalgesellschaft über eine Personengesellschaft, die anschließend mit der Zielkapitalgesellschaft eine steuerliche **Organschaft**[385] begründet. Das Organschaftsmodell setzt voraus, daß die Beteiligung an der Zielgesellschaft an eine Personengesellschaft verkauft wird, an deren Kapital (zunächst) nur natürliche Personen beteiligt sind. Hinsichtlich der Durchführung des Organschaftsmodells ist zu unterscheiden zwischen dem Beteiligungserwerb durch natürliche Personen und dem Beteiligungserwerb durch Kapitalgesellschaften.

aa) Beteiligungserwerb durch natürliche Personen. Bei Beteiligungserwerb durch natürliche Personen sind zur Durchführung des Organschaftsmodells die folgenden **Gestaltungsschritte** erforderlich:

Schritt 1: Gründung einer Personengesellschaft (GmbH & Co. KG, im folgenden „NewCo KG"), an der die Erwerber (natürliche Personen) 100% der Kapitalanteile halten.

Schritt 2: Erwerb der Anteile an der Zielgesellschaft durch die NewCo KG (Sofern der bzw. die Erwerber (natürliche Personen) bereits an einer Personengesellschaft beteiligt sind, an der sie 100% der Kapitalanteile halten, kann auch diese die Funktion der NewCo KG übernehmen. Schritt 1 kann dann entfallen.).

---

[380] § 27 Abs. 1a UmwStG 2001.
[381] § 4 Abs. 6 UmwStG 2001; unklar ist aufgrund der Formulierung des § 27 Abs. 1a UmwStG 2001, wann eine Umwandlung als vor oder nach dem 31.12.2000 erfolgt anzusehen ist. Abzustellen ist entweder auf den Umwandlungsbeschluß, die Anmeldung zur Eintragung ins Handelsregister oder auf die eigentliche Eintragung der Umwandlung in das Handelsregister. Siehe auch *Pung* DB 2000, 1835, 1839; *Förster/van Lishaut* FR 2000, 1189, 1195; *Kessler/Schmidt* DB 2000, 2088, 2093: Eintragung im Handelsregister maßgeblich; nach *BMF* vom 17.11.2000 DStR 2000, 2087: aus Billigkeitsgründen auf übereinstimmenden Antrag aller Beteiligten Anmeldung zum Handelsregister ausreichend; siehe auch DB 2000, 2453 (oV); *OFD Koblenz* vom 11.12.2000 DB 2001, 70.
[382] § 27 Abs. 1a UmwStG 2001; siehe *Kreisch/Kahl*, § 27 Abs. 1a UmwStG n. F. – Rechtsunsicherheit durch eine „zeitliche Anwendungsregelung", DB 2001, 727.
[383] § 27 Abs. 1a UmwStG 2001 iVm. § 34 Abs. 1a KStG 2001; *Pung* DB 2000, 1835, 1839; ggf. auch noch zu einem (noch) späteren Zeitpunkt, siehe *Förster/van Lishaut* FR 2000, 1189, 1195 ff.
[384] *Blumers/Beinert/Witt* DStR 2001, 233.
[385] Siehe Rn 436 ff.

Schritt 3: Begründung einer körperschaftsteuerlichen und gewerbesteuerlichen[386] Organschaft zwischen der NewCo KG als Organträgerin und der Zielgesellschaft als Organgesellschaft.

Schritt 4: (Teilweise[387]) Veräußerung der Wirtschaftsgüter der Zielgesellschaft einschließlich des „goodwill" an die NewCo KG (Asset Deal).

Schritt 5: Neutralisierung des auf Ebene der Zielgesellschaft entstehenden Veräußerungsgewinns durch eine **abführungsbedingte Teilwertabschreibung** auf Ebene der NewCo KG.

261 Im Prinzip entspricht das Organschaftsmodell von der Wirkungsweise her dem bisherigen **Kombinationsmodell**[388]. Die Analyse der steuerlichen Auswirkungen des Organschaftsmodells bei einer Durchführung des Modells nach der Unternehmenssteuerreform 2001 zeigt freilich, daß in der Gesamtschau sowohl aus Käufersicht wie auch aus Verkäufersicht die steuerlichen Wirkungen günstiger sind als bei Durchführung des Kombinationsmodells vor der Unternehmenssteuerreform 2001.

262 Aus Verkäufersicht ist die Anteilsveräußerung an die NewCo KG unter den weiteren Voraussetzungen des § 8b Abs. 2 KStG 2001 bzw. § 3 Nr. 40 EStG 2001 entweder völlig (Anteilsverkauf durch Kapitalgesellschaften) oder hälftig (Anteilsverkauf durch natürliche Personen) von der Steuer befreit. Hieraus ergeben sich im Modell jedoch **keine Restriktionen im Hinblick auf die Realisierung eines steuerneutralen „step-up"**. Insbesondere kommt es im Falle einer aus Veräußerersicht steuerfreien Beteiligungsveräußerung[389] für nach 2001 (bzw. bei abweichendem Wirtschaftsjahr nach Ablauf des abweichenden Wirtschaftsjahres im Jahr 2002) endende Wirtschaftsjahre der Zielgesellschaft nicht (mehr) zur Bildung eines Sperrbetrags nach § 50c EStG 1999[390].

263 Aus Käufersicht wird der Gewinn aus der Veräußerung der Wirtschaftsgüter wie beim Kombinationsmodell dadurch neutralisiert, daß die Zielgesellschaft den Gewinn im Rahmen des Ergebnisabführungsvertrages an die NewCo KG abführt. Durch die Gewinnabführung sind die Anteile der NewCo KG an der Zielgesellschaft im Wert gemindert. Die NewCo KG kann daher eine **abführungsbedingte Teilwertabschreibung** auf die Anteile an der erworbenen Kapitalgesellschaft vornehmen. Durch die Teilwertabschreibung werden die Auswirkungen des Verkaufs der Wirtschaftsgüter der Zielgesellschaft an den Erwerber (NewCo KG) einkommensteuerlich auf Ebene der Gesellschafter der NewCo KG neutralisiert, da die Wertminderung der Anteile insoweit (ohne Berücksichtigung

---

[386] Die Begründung einer gewerbesteuerlichen Organschaft ist nicht notwendige Modellvoraussetzung und kann ggf. problematisch sein, da NewCo als Holdinggesellschaft nur eine Beteiligung hält; siehe *Blumers/Beinert/Witt* DStR 2001, 233, 236 sowie Rn 450f.

[387] Siehe Rn 266.

[388] Siehe Rn 240ff.

[389] Veräußerung durch in- oder ausländische Kapitalgesellschaften (§ 8b Abs. 2 KStG 2001), Veräußerung durch Steuerausländer (natürliche Personen) bei denen der Veräußerungsgewinn nach einem Doppelbesteuerungsabkommen von der Steuer freigestellt ist, Veräußerung von im Privatvermögen gehaltenen nicht wesentlichen Beteiligungen durch inländische oder ausländische natürliche Personen jenseits der einjährigen Spekulationsfrist.

[390] Siehe Rn 271.

gewerbesteuerlicher Effekte) dem Gewinn der Zielgesellschaft aus der Veräußerung der Wirtschaftsgüter an die NewCo KG entspricht.

Der steuerlichen **Abzugsfähigkeit der abführungsbedingten Teilwertabschreibung** steht dabei nach der hier vertretenen Auffassung nicht die Abzugsbeschränkung des § 3c Abs. 2 EStG 2001 entgegen[391]. Die Abzugsbeschränkung des § 3c Abs. 2 EStG 2001 setzt explizit den (wenn auch nur indirekten) Zusammenhang einer Betriebsvermögensminderung mit (hälftig bei der Besteuerung außer Ansatz zu lassenden) Betriebsvermögensmehrungen iSd. § 3 Nr. 40 EStG 2001 voraus. Solche Betriebsvermögensmehrungen liegen jedoch bei einer Organschaft zwischen der NewCo KG und der Zielgesellschaft nicht vor. Die Teilwertabschreibung auf die Anteile an der Zielgesellschaft steht im Zusammenhang mit der Gewinnabführung und letztlich damit im Zusammenhang mit dem auf Ebene der Zielgesellschaft realisierten in vollem Umfang steuerpflichtigen Veräußerungsgewinn aus dem Asset Deal. Die Abzugsbeschränkung des § 3c Abs. 2 EStG 2001 kann damit nicht greifen.

Die abführungsbedingte Teilwertabschreibung mindert allerdings nicht die **gewerbesteuerliche Bemessungsgrundlage** (§ 8 Nr. 10 GewStG). Die Umwandlung nicht abschreibungsfähiger Beteiligungen in abschreibungsfähige Wirtschaftsgüter führt daher im Organschaftsmodell zunächst (wie auch im Kombinationsmodell) zu einer sofortigen gewerbesteuerlichen (Einmal-)Belastung, die nur durch zukünftige gewerbesteuerliche Minderbelastungen aufgrund von höheren Abschreibungen ausgeglichen werden kann. Allerdings ist zu berücksichtigen, daß es sich bei der NewCo KG um eine Personengesellschaft mit Beteiligung von natürlichen Personen handelt. Für diese kommt nach der hier vertretenen Auffassung grundsätzlich gem. § 35 Abs. 2 EStG 2001 eine pauschale Anrechnung der von der NewCo KG zu zahlenden Gewerbesteuer auf deren persönliche Einkommensteuer in Betracht[392]. Hierdurch kann im Einzelfall eine Gewerbesteuerbelastung aus dem Veräußerungsgewinn im Ergebnis weitgehend vermieden werden.

Im Ergebnis sollte damit durch das oben dargestellte Organschaftsmodell auch nach der Steuerreform 2001 ein steuerneutraler „step-up" bei Beteiligungserwerb über eine Personengesellschaft mit Beteiligung von natürlichen Personen möglich sein. Zu berücksichtigen ist allerdings, daß das Organschaftsmodell gegenüber den bisherigen Modellen zur Realisierung eines steuerneutralen „step-up" einen höheren **Strukturierungsaufwand** erfordert. Voraussetzung des Organschaftsmodells ist insbesondere die Begründung einer körperschaftsteuerlichen und – sofern eine Anrechnung von Gewerbesteuer auf die persönliche Einkommensteuer der Gesellschafter der NewCo KG (natürliche Personen) erreicht werden soll – gewerbesteuerlichen Organschaft zwischen der NewCo KG und der Zielgesellschaft. Insofern ist zu berücksichtigen, daß zur Vermeidung einer **Gefährdung der steuerlichen Organschaft** nicht das gesamte Vermögen der

---

[391] Ebenso *Schwedhelm/Orbing/Binnewies* GmbHR 2000, 1173, 1180; *Blumers/Beiner/Wittt* DStR 2001, 233, Fn 44.
[392] *Blumers/Beinert* DStR 2001, 233, 238 mwN; *Korezkig*, Anrechnung der Gewerbesteuer nach § 35 EStG (2. Teil), BB 2001, 389, 393.

Zielgesellschaft auf die NewCo übertragen, sondern eine Teil des Geschäftsbetriebs in der NewCo zurückbehalten werden sollte[393].

267 **bb) Beteiligungserwerb durch Kapitalgesellschaften.** Das obige für den Fall des Beteiligungserwerbs durch natürliche Personen dargestellte Organschaftsmodell basiert darauf, den auf Ebene der Zielgesellschaft erzielten Veräußerungsgewinn auf Ebene der NewCo KG steuerlich durch eine **abführungsbedingte Teilwertabschreibung** zu neutralisieren. Für Kapitalgesellschaften als Erwerber erscheint damit das obige Modell in der vorgeschriebenen Form nicht durchführbar.

268 Nach § 8b Abs. 3 KStG 2001 sind Gewinnminderungen, die durch den Ansatz des niedrigeren Teilwerts eines in § 8b Abs. 2 KStG 2001 genannten Anteils oder durch Veräußerung des Anteils entstehen, bei der Gewinnermittlung nicht zu berücksichtigen. Danach erscheint eine steuerliche Berücksichtigung einer abführungsbedingten **Teilwertabschreibung** auf Ebene des Erwerbers (Kapitalgesellschaft) **ausgeschlossen**. Zwar könnte formaliter argumentiert werden, daß Beteiligungen iSd. § 8b Abs. 2 KStG 2001 nur solche Beteiligungen sind, die bei dem Empfänger zu Dividendeneinkünften (Einkünfte iSd. § 20 Abs. 1 Nr. 1 EStG) führen, was bei Beteiligung an einer Organgesellschaft gerade nicht der Fall ist. Nach der hier vertretenen Auffassung ist für die Anwendung des § 8b Abs. 3 KStG 2001 jedoch allein darauf abzustellen, ob die Beteiligungsgesellschaft Dividendeneinkünfte nach § 20 Abs. 1 Nr. 1 EStG vermitteln kann[394]. Insofern besteht ein ganz erhebliches Risiko der steuerlichen Nichtanerkennung der Teilwertabschreibung[395].

269 Beim Beteiligungserwerb durch Kapitalgesellschaften kann das Organschaftsmodell somit nur in der Weise durchgeführt werden, daß der Beteiligungserwerb wie oben beschrieben zunächst durch eine Personengesellschaft (NewCo KG), deren Kapitalanteile von natürlichen Personen gehalten werden, erfolgt. Nach Durchführung der oben beschriebenen Gestaltungsschritte 1–5 könnte dann die Beteiligung an der NewCo KG an den Erwerber veräußert werden. Fraglich ist in diesem Fall allerdings, ob – sofern die Übertragung der Anteile an der NewCo KG an den Erwerber (Kapitalgesellschaft) im zeitlichen Zusammenhang mit dem Beteiligungserwerb an der Zielgesellschaft durch die NewCo KG steht – die steuerliche Anerkennung des Modells vor dem Hintergrund eines möglichen **Gestaltungsmißbrauchs** zu versagen wäre.

270 **f) Verteilung der Anschaffungskosten auf die Wirtschaftsgüter der Zielgesellschaft.** Bei Erwerb von Einzelunternehmen und Personengesellschaften wird der über den Buchwert (Kapitalkonto) hinausgehende Kaufpreis auf die erworbenen Wirtschaftsgüter nach Maßgabe der auf sie entfallenden stillen Reserven verteilt[396]. Dies gilt in gleicher Weise, wenn beim Kombinationsmodell oder beim Organschaftsmodell ein Betrieb im Rahmen eines Asset Deal erworben

---

[393] *Blumers/Beinert* DStR 2001, 233, 237 ff.
[394] Siehe auch Rn 133.
[395] *Schwedhelm/Olbing/Binnewies* GmbHR 2000, 1173, 1180.
[396] Siehe Rn 87 ff.

wird oder beim Mitunternehmerschaftsmodell Anteile an der Personengesellschaft erworben werden[397]. Für die Verteilung der Anschaffungskosten auf die Wirtschaftsgüter der Zielgesellschaft gelten dabei grundsätzlich die bereits dargelegten Grundsätze, auf die verwiesen wird[398]. In gleicher Weise sind auch beim Umwandlungsmodell – soweit es zu einem „step-up" kommt – die Anschaffungskosten auf die Wirtschaftsgüter der Zielgesellschaft zu verteilen[399].

g) Sperrbetrag nach § 50c EStG. aa) Grundlagen. Von Ausländern, sonstigen nicht zur Körperschaftsteueranrechnung berechtigten Anteilseignern und Anteilseignern, bei denen der Gewinn aus der Veräußerung der Anteile nicht der Besteuerung unterliegt, erworbene Anteile sind mit einem Sperrbetrag nach § 50c EStG 1999 behaftet. Sperrbetrag ist der Unterschiedsbetrag zwischen den Anschaffungskosten und dem Nennbetrag des Anteils[400]. Rechtsfolge dieses Sperrbetrags ist, daß ausschüttungsbedingte Gewinnminderungen beim Erwerber bis zur Höhe des Sperrbetrags im Jahr des Erwerbs und in den folgenden neun Jahren die steuerliche Anerkennung versagt wird. In gleicher Weise wird auch beim Umwandlungsmodell ein Übernahmeverlust durch den Sperrbetrag gemindert. Der Sperrbetrag steht damit der Durchführung der oben beschriebenen Unternehmenskaufmodelle[401] entgegen.

Mit der Einführung des Halbeinkünfteverfahrens durch die Unternehmenssteuerreform 2001 wird die Vorschrift des § 50c EStG 1999 künftig ihre bisherige Bedeutung weitgehend verlieren. Nach § 52 Abs. 59 EStG 2001 ist § 50c EStG 1999 (nur noch) weiter anzuwenden, wenn für die Anteile vor Ablauf des ersten Wirtschaftsjahrs, in dem das Körperschaftsteuergesetz idF. des StSenkG gilt, ein Sperrbetrag zu bilden war. Die Neubildung des Sperrbetrags ist damit bis zum Ablauf des Veranlagungszeitraums 2001 (bei abweichendem Wirtschaftsjahr: bis zum Ablauf des abweichenden Wirtschaftsjahrs im Jahr 2002) möglich[402]. Bis zum Ablauf der in § 50c EStG 1999 geregelten 10-jährigen Sperrzeit sind ausschüttungsbedingte Gewinnminderungen auch im neuen Recht nicht anzuerkennen. Ein bestehender Sperrbetrag wird darüber hinaus auch einen Übernahmegewinn nach § 4 Abs. 5 UmwStG 2001 erhöhen.

bb) Vermeidungsstrategien. Der Sperrbetrag nach § 50c EStG 1999 ist dem Grunde nach untrennbar mit den erworbenen Anteilen verbunden. Um die nachteiligen Auswirkungen des Sperrbetrags zu vermeiden, können Gestaltungen erwogen werden, die den Sperrbetrag untergehen lassen.

In der Vergangenheit konnte zu diesem Zweck ein **„upstream merger"** durchgeführt werden: Anstelle eines direkten Beteiligungserwerbs an der Zielgesellschaft wurde diese über eine zwischengeschaltete Kapitalgesellschaft erworben. Im Anschluß daran wurde die Zielgesellschaft auf die zwischengeschaltete Er-

---

[397] Siehe Rn 240ff. und Rn 246ff.
[398] Siehe Rn 87ff.
[399] Siehe Rn 254. Zu Besonderheiten der Verteilung der Anschaffungskosten beim Umwandlungsmodell siehe aber *Benkert* in Haritz/Benkert § 4 UmwStG Rn 200ff.
[400] § 50c Abs. 4 EStG 1999.
[401] Siehe Rn 239ff.
[402] *Dötsch/Pung* DB Beilage Nr. 10/2000, S. 15.

werbsgesellschaft verschmolzen. Als Folge des „upstream merger" gehen die Anteile an der Zielgesellschaft und der damit verbundene Sperrbetrag unter[403].

275   Diese Gestaltung ist seit 1999 nicht mehr möglich, da sich nach § 13 Abs. 4 UmwStG 2001 ein Sperrbetrag iSd. § 50c EStG 1999, der den Anteilen an der übertragenden Körperschaft anhaftet, an den Anteilen der übernehmenden Körperschaft fortsetzen soll.

276   Als Gestaltungsalternative kommt die **Kapitalerhöhung** mit anschließendem Erwerb eigener Anteile in Betracht. In diesem Modell erwirbt der Erwerber Anteile an der Zielgesellschaft im Wege einer Kapitalerhöhung mit Ausgabe neuer Anteile. In einem zweiten Schritt erwirbt sodann die Zielgesellschaft vom Veräußerer eigene Anteile. Nach dem Erwerb der eigenen Anteile werden diese von der Zielgesellschaft eingezogen. Durch den Einzug der eigenen Anteile geht der Sperrbetrag nach § 50c EStG 1999 unter, ohne mE auf die neu ausgegebenen Anteile „überzuspringen"[404]. Steuerrechtlich ist der Erwerb eigener Anteile durch eine Kapitalgesellschaft ein Anschaffungsgeschäft[405]. Bei der Einziehung der Anteile vermindert der Kaufpreis das EK 04 der Zielgesellschaft, soweit er das anteilig auf die Anteile entfallende Nennkapital übersteigt.

277   Im Ergebnis ist damit die steuerliche Situation nach einer Kapitalerhöhung mit anschließendem Erwerb eigener Anteile und Einziehung die gleiche wie beim Erwerb bestehender Anteile – allerdings mit dem Unterschied, daß die neuen Anteile nicht sperrbetragsbehaftet sind. Im Anschluß an die Einziehung der eigenen Anteile bestehen damit die oben beschriebenen Möglichkeiten der Transformation von Anschaffungskosten in Abschreibungspotential[406].

278   **h) Realisierung von Körperschaftsteuerminderungsguthaben.** Beim Übergang vom Körperschaftsteueranrechnungsverfahren zum Halbeinkünfteverfahren wird auf den 31.12.2001 bzw. im Fall eines abweichenden Wirtschaftsjahrs zum Ende des Wirtschaftsjahrs in 2002 ein Körperschaftsteuerguthaben ermittelt, das im Wege der Gewinnausschüttung mobilisiert werden kann. Das Körperschaftsteuerguthaben entspricht 1/6 des auf diesen Zeitpunkt ermittelten EK 40 und wird jeweils in Höhe von 1/6 der bis zum Jahr 2016 erfolgenden ordnungsgemäß beschlossenen Gewinnausschüttungen[407] durch Minderung der Körperschaftsteuer freigesetzt. Hierdurch ermäßigt sich die 40%-ige Körperschaftsteuerbelastung von **Altgewinnanteilen** auf die 30%-ige Ausschüttungsbelastung nach dem bis 2000 geltenden Anrechnungsverfahren[408].

---

[403] *Herzig/Förster* DB 1998, 438, 446; aA Tz. 04.25 UmwStErlaß.
[404] *Kröner/Hadzic,* Der Erwerb eigener Anteile nach § 71 Abs. 1 Nr. 8 AktG unter Berücksichtigung von § 50c EStG, DB 1998, 2133, 2138; *Mick/Wiese,* Erwerb eigener Anteile und § 50c EStG, DStR 1998, 1201, 1204; *Deutsches Anwaltsinstitut,* Die Kapitalgesellschaft 1999, S. 307.
[405] *BMF* vom 2.12.1998 BStBl. I 1998, 1509.
[406] Siehe Rn 239ff.
[407] Ordentliche Gewinnausschüttung für abgelaufene Wirtschaftsjahre und Vorabausschüttungen; keine Körperschaftsteuerminderung bei vGA, *Dötsch/Pung* DB Beilage Nr. 10/2000, S. 18f.
[408] § 37 Abs. 1, 2 KStG 2001.

Der Unternehmenskäufer will dieses Körperschaftsteuerminderungsguthaben 279
möglichst kurzfristig zur Finanzierung der Akquisition realisieren. Hierbei ist zu
berücksichtigen, daß sich im Fall einer nach dem Halbeinkünfteverfahren gem.
§ 8b Abs. 1 KStG 2001 steuerbefreiten Gewinnausschüttung an eine Kapitalgesellschaft bei der empfangenden Kapitalgesellschaft die Körperschaftsteuer jeweils um
den Betrag der Körperschaftsteuerminderung bei der ausschüttenden Gesellschaft
erhöht. Im Ergebnis führt dies dazu, daß in typischen Unternehmenskaufsituationen das Körperschaftsteuerminderungsguthaben niemals realisiert werden kann,
da der Körperschaftsteuerminderung beim ausschüttenden Unternehmen nach
§ 37 Abs. 2 KStG 2001 grundsätzlich eine korrespondierende **Körperschaftsteuererhöhung beim ausschüttungsempfangenden Unternehmen** gegenübersteht. Die Körperschaftsteuererhöhung beim Ausschüttungsempfänger wird dabei
unabhängig davon durchgeführt, ob bei diesem andere zu versteuernde (positive
oder negative) Einkünfte vorliegen. Eine Besteuerungsbegrenzung – vergleichbar
der Besteuerungsbegrenzung nach § 23 Abs. 2 Satz 3 KStG 1999 – ist nach dem
KStG 2001 nicht vorgesehen.

Hieraus ergibt sich bei der typischen Unternehmenskaufsituation die paradoxe 280
Situation, daß Körperschaftsteuerminderungsguthaben beim Beteiligungserwerb
durch eine inländische Kapitalgesellschaft niemals ohne entsprechende Gestaltungen zur Finanzierung des Kaufpreises realisiert werden können.

Zur Realisierung des Körperschaftsteuerminderungsguthabens bieten sich die 281
folgenden beiden Gestaltungen an:

aa) Beteiligungserwerb an der Zielgesellschaft über eine ausländische 282
Erwerbsgesellschaft. Die Körperschaftsteuerminderung bei Gewinnausschüttungen ist unabhängig davon, ob der Gewinn an einen inländischen oder einen
ausländischen Anteilseigner ausgeschüttet wird. Das Körperschaftsteuerminderungsguthaben kann daher durch Gewinnausschüttung an eine ausländische Erwerbsgesellschaft realisiert werden. Eine Körperschaftsteuererhöhung auf Ebene
der ausschüttungsempfangenden ausländischen Gesellschaft kommt – anders als
bei Ausschüttung an eine inländische Kapitalgesellschaft – nicht in Betracht. Zu
berücksichtigen ist bei dieser Gestaltung allerdings, daß bei Repatriierung der an
die ausländische Erwerbsgesellschaft ausgeschütteten Gewinne in das Inland 5 %
der Dividende nach § 8b Abs. 5 KStG 2001 der inländischen Besteuerung unterliegt[409]. Außerdem ist zu berücksichtigen, daß es sich bei der ausländischen Erwerbsgesellschaft zur Vermeidung von Kapitalertragsteuerrisiken nicht um eine
funktionslose Zwischenholding handeln sollte[410].

bb) Formwechsel in eine Personengesellschaft. Das Körperschaftsteuer- 283
minderungsguthaben kann auch durch formwechselnde Umwandlung der Zielgesellschaft in eine Personengesellschaft realisiert werden. Voraussetzung hierfür
ist, daß die Anschaffungskosten des Erwerbers den Nettobuchwert des Vermögens
der Zielgesellschaft übersteigen. Beim Formwechsel einer Kapitalgesellschaft in
eine Personengesellschaft entsteht in diesem Fall bei der übernehmenden Perso-

---
[409] Siehe Rn 301.
[410] Siehe Rn 373 ff.

nengesellschaft steuerrechtlich ein **Übernahmeverlust** in Höhe der Differenz zwischen den Buchwerten der übernommenen Wirtschaftsgüter der Zielkapitalgesellschaft und dem höheren Buchwert/Anschaffungskosten der (mit der Umwandlung wegfallenden) Anteile des Erwerbers an der Zielkapitalgesellschaft. Nach der Unternehmenssteuerreform 2001 verringert sich der Übernahmeverlust um einen etwaigen Sperrbetrag iSd. § 50c EStG[411]. Ein danach verbleibender Übernahmeverlust bleibt außer Ansatz[412], so daß ein „step-up" im Rahmen eines Formwechsels nach der Unternehmenssteuerreform 2001 nicht mehr realisiert werden kann[413].

284 Allerdings kann der Übernahmeverlust indirekt zur Realisierung des Körperschaftsteuerminderungsguthabens genutzt werden. § 10 UmwStG 2001 bestimmt hierzu, daß das **Körperschaftsteuerguthaben** – 1/6 des Bestands des Alt-EK 40 – im Veranlagungszeitraum der Umwandlung die Körperschaftsteuer der übertragenden Körperschaft mindert. Das Körperschaftsteuerguthaben vermindert die Steuerlast der übertragenden Körperschaft im letzten Veranlagungszeitraum ihrer Existenz. Das Körperschaftsteuerguthaben kommt somit der übertragenden Kapitalgesellschaft und nicht dem Gesellschafter der übernehmenden Personengesellschaft zugute.

285 Die Minderung der Körperschaftsteuer bei der übertragenden Körperschaft erhöht deren Eigenkapital in der steuerlichen Schlußbilanz nach § 3 UmwStG 2001. Hierdurch vermindert sich ein Übernahmeverlust oder es entsteht ein Übernahmegewinn bzw. der Übernahmegewinn iSd. § 4 Abs. 4 und 5 UmwStG 2001 steigt.

286 Negative steuerliche Folgen aus der formwechselnden Umwandlung der Zielgesellschaft in eine Personengesellschaft aus der Realisierung des Körperschaftsteuerminderungsguthabens können damit vermieden werden, soweit natürliche Personen iSd. § 17 EStG oder Kapitalgesellschaften an der Zielgesellschaft beteiligt sind und durch den Formwechsel kein **Übernahmegewinn** entsteht. Dem steht auch nicht die Bestimmung des § 37 Abs. 3 Satz 2 KStG 2001 entgegen.

287 Nach § 37 Abs. 3 Satz 2 KStG 2001 ist bei Gesellschaftern der Zielgesellschaft in der Rechtsform der Kapitalgesellschaft die Körperschaftsteuer als Folge des Formwechsels zu erhöhen, soweit beim Formwechsel ein Übernahmegewinn entsteht. Der Übernahmegewinn bleibt zwar nach der Grundaussage des § 4 Abs. 7 Satz 1 UmwStG 2001 bei der Ermittlung der Bemessungsgrundlage der Körperschaftsteuer beim Gesellschafter (Kapitalgesellschaft) außer Ansatz. Jedoch erhöht sich bei diesem die Körperschaftsteuer um den Betrag der Körperschaftsteuerminderung, soweit diese auf an der übernehmenden Personengesellschaft beteiligte Kapitalgesellschaften entfällt. Die **Erhöhung der Körperschaftsteuer** beim Anteilseigner ist hierbei jedoch grundsätzlich durch die Höhe des Übernahmegewinns der an der übernehmenden Personengesellschaft beteiligten Kapitalgesellschaft begrenzt[414]. Soweit das Entstehen eines Übernahmegewinns

---

[411] § 4 Abs. 5 UmwStG 2001.
[412] § 4 Abs. 6 UmwStG 2001.
[413] Siehe Rn 258.
[414] *Haritz* DStR 2000, 1537.

vermieden wird, kann somit auch für Gesellschafter in der Rechtsform der Kapitalgesellschaft durch formwechselnde Umwandlung der Zielgesellschaft in eine Personengesellschaft eine sofortige Realisierung des Körperschaftsteuerminderungsguthabens erreicht werden.

i) Erwerb von Anteilen an ausländischen Kapitalgesellschaften. Beim Erwerb von Anteilen an ausländischen Kapitalgesellschaften haben sich die Maßnahmen zur Schaffung von Abschreibungspotential grundsätzlich an den Vorgaben des ausländischen Rechts zu orientieren. Bestehen hier nach dem deutschen Steuerrecht vergleichbare Rechtsstrukturen, ist die Umsetzung der oben geschilderten Modelle[415] auch unter ausländischem Recht möglich[416]. Ggf. müssen andere Gestaltungen gefunden werden, um steuerwirksam erhöhtes Abschreibungsvolumen zu kreieren.

Die Funktionsweise solcher alternativer Strukturen zur Erlangung des „step-up" soll am Beispiel **Polen** (Rechtslage ab 2001) verdeutlicht werden:
Die Beteiligung an der Zielgesellschaft wird zum Preis von 100 erworben. Der Betrieb oder Teilbetrieb der Zielgesellschaft hat einen Buchwert von 10 und einen Teilwert von 100. Der Betrieb oder Teilbetrieb der Zielgesellschaft wird gegen Gewährung von Anteilen in eine weitere Gesellschaft eingebracht. Eingebracht wird zum Teilwert, also zum Wert von 100. Die Besteuerung der aufgedeckten stillen Reserven kann dadurch bis zur Veräußerung der Anteile hinausgeschoben werden.

II. Steuerliche Abzugsfähigkeit von Finanzierungskosten

1. Grundlagen

Der Sicherstellung der steuerlichen Abzugsfähigkeit von mit dem Beteiligungserwerb verbundenen Finanzierungskosten kommt beim Unternehmenskauf ganz erhebliche Bedeutung zu.

Das Steuerrecht kennt eine Vielzahl von Abzugsbeschränkungen für Finanzierungskosten:
- § 3c Abs. 1 EStG: Kein Abzug von Finanzierungskosten im unmittelbaren Zusammenhang mit steuerfreien Dividenden.
- § 3c Abs. 2 EStG 2001: Kein Abzug von Finanzierungskosten, soweit Beteiligungserträge nach dem Halbeinkünfteverfahren hälftig steuerbefreit sind.

---

[415] Siehe Rn 239 ff.
[416] Zum Unternehmenskauf in den USA siehe *Lee/Kowallik*, Steuerliche Rahmenbedingungen des Unternehmenskaufs in den USA, IWB 2001, Gruppe 2, 1085; zum Unternehmenskauf in der Tschechischen Republik siehe *Schleweit*, Unternehmenserwerb in der Tschechischen Republik, IStR 1998, 567; zum Unternehmenskauf in Frankreich siehe *Bärtels*, Der Unternehmenskauf im französischen Steuerrecht, IWB 2000, Gruppe 2, 1243; zum Unternehmenskauf in Dänemark siehe *Kriegbaum/Petersen*, Steuerliche Rahmenbedingungen für Unternehmenskäufe in Dänemark, IWB 2001, Gruppe 2, 147; zum Unternehmenskauf in China siehe *Stukken/Ley*, Die steuerliche Behandlung von Unternehmensübertragungen in China, IWB 2001, Gruppe 2, 87; zum Unternehmenskauf in Belgien siehe *Verstraelen/Rainer*, Steuerliche Aspekte des Unternehmenskaufs in Belgien aus deutscher Sicht, IWB 2001, Gruppe 2, 207.

- § 8a KStG: Begrenzung der Fremdfinanzierung durch beschränkt steuerpflichtige Gesellschafter.
- § 8b Abs. 5 KStG 2001: Pauschaliertes Abzugsverbot in Höhe von 5% der ausländischen steuerbefreiten Dividenden.
- § 9 Nr. 1 GewStG: Hälftiges gewerbesteuerliches Abzugsverbot für Dauerschuldzinsen.
- § 9 Nr. 2a GewStG: Kein gewerbesteuerlicher Abzug von Finanzierungskosten, soweit Dividenden nach § 9 Nr. 2a GewStG beim Empfänger von der Gewerbesteuer befreit sind.
- § 9 Nr. 4 GewStG: Kein gewerbesteuerlicher Abzug der Gewinnbeteiligung des typisch stillen Gesellschafters, wenn der Gewinnanteil beim Gesellschafter nicht der deutschen Gewerbesteuer unterliegt.
- § 4 Abs. 4a EStG: Einschränkung des Abzugs von Schuldzinsen bei Entnahmen aus Einzelunternehmen und Personengesellschaften[417].

292 Die Finanzierung des Unternehmenskaufs sollte nach Möglichkeit so strukturiert werden, daß die Finanzierungskosten tatsächlich mit anderen positiven Einkünften des Erwerbers ausgeglichen werden können. Sind keine ausgleichsfähigen Einkünfte des Erwerbers vorhanden, sind Maßnahmen zum Ausgleich der Finanzierungskosten mit positiven Einkünften der Zielgesellschaft zu prüfen (zB Organschaft oder Verschmelzung der (fremdfinanzierten) Erwerbsgesellschaft auf die Zielgesellschaft).

2. Unternehmenserwerb durch inländische Erwerber

293 **a) Erwerb von Anteilen an Kapitalgesellschaften. aa) Finanzierungskosten im Zusammenhang mit steuerbefreiten Inlandsdividenden bei Erwerb von Anteilen an inländischen Kapitalgesellschaften. (1) Abzugsbeschränkung bei Finanzierungskosten im Zusammenhang mit dem Beteiligungserwerb.** Gewinnausschüttungen von Kapitalgesellschaften an **Kapitalgesellschaften** sind beim Ausschüttungsempfänger (Erwerber) grundsätzlich nach § 8b Abs. 1 KStG 2001 von der Steuer befreit. Die Steuerbefreiung der Gewinnausschüttungen gilt dabei in gleicher Weise für Gewinnausschüttungen an Personengesellschaften, soweit an diesen Kapitalgesellschaften beteiligt sind[418]. Beim Erwerb von Anteilen an inländischen Kapitalgesellschaften ist in diesen Fällen der Abzug von Finanzierungskosten nach § 3c Abs. 1 EStG ausgeschlossen, soweit die Finanzierungskosten im Zusammenhang mit dem Beteiligungserwerb bzw. mit den aus der Beteiligung resultierenden steuerfreien Einnahmen stehen. Derzeit bestehen nach dem **Bericht des BMF zur Fortentwicklung des Unternehmenssteuerrechts**[419] Überlegungen, die Abzugsbeschränkung des § 3c Abs. 1 EStG für Gewinnausschüttungen einzuschränken.

294 **(2) Veranlassungszusammenhang.** Gem. § 3c Abs. 1 EStG dürfen Ausgaben, die in **unmittelbarem wirtschaftlichen Zusammenhang mit steuer-**

---
[417] BMF vom 22. 5. 2000 BStBl. I 2000, 588; siehe Rn 308 ff.
[418] § 8b Abs. 6 KStG 2001.
[419] Beilage zu FR 11/2001; siehe Rn 29.

freien Einnahmen stehen, nicht als Betriebsausgaben oder Werbungskosten abgezogen werden. Ein unmittelbarer wirtschaftlicher Zusammenhang von (nicht abzugsfähigen) Ausgaben und (steuerbefreiten) Einnahmen ist gegeben, wenn die Einnahmen und Ausgaben in der Wirtschaftsführung des Unternehmens nach Entstehung und Zweckbestimmung verbunden sind (Veranlassungszusammenhang)[420]. Bei steuerfreien Einnahmen aus Beteiligungen sind daher nur solche Ausgaben nicht abziehbar, die den steuerfreien Einnahmen (Dividenden) zugeordnet werden könnten. Die Betriebsausgaben sind erforderlichenfalls im Wege der Schätzung zuzuordnen.

Fraglich ist, wie eng der Zusammenhang zwischen Betriebsausgaben und steuerbefreiten Dividenden sein muß, damit eine Veranlassung der Betriebsausgaben durch die Dividenden vorliegt. Nach der Rechtsprechung des BFH[421] ist ein unmittelbarer wirtschaftlicher **Veranlassungszusammenhang** zwischen Darlehenszinsen und steuerfreien (Schachtel-)Dividenden anzunehmen, wenn das die Zinsen auslösende Darlehen zur Finanzierung des Erwerbs derjenigen Beteiligung verwendet wurde, durch welche die steuerfreie Dividende veranlaßt ist. Der Veranlassungszusammenhang bestimmt sich deshalb allein nach der tatsächlichen Darlehensverwendung und nicht nach einer wirtschaftlich wertenden Betrachtungsweise. Die Ausgaben müssen daher ursächlich und unmittelbar auf den Beteiligungserwerb zurückzuführen bzw. durch diesen veranlaßt sein[422].

Eine Zurechnung von Betriebsausgaben zu steuerfreien Dividenden ist daher nur möglich, wenn diese nachweisbar durch den Beteiligungserwerb oder die Beteiligungsverwaltung verursacht sind. Eine **schätzungsweise anteilige Zuordnung** von nicht unmittelbar zum Anteilserwerb verwendeten Refinanzierungskosten scheidet im allgemeinen aus.

Dies gilt auch für die Refinanzierung von Versicherungsunternehmen und Kreditinstituten:

— Die **Refinanzierung von Versicherungsunternehmen** erfolgt überwiegend über Versicherungsbeiträge und die iRd. Versicherungsgeschäfts zu bildenden Rückstellungen. Nach der Rechtsprechung des BFH[423] können steuerfreien Dividendeneinkünften einer Lebensversicherungsgesellschaft nur solche Betriebsausgaben zugeordnet werden, die geeignet wären, in die Bemessungsgrundlage von Einkünften aus Kapitalvermögen einzugehen. Aus diesem Grund dürfen die Zuführungen zu Deckungsrückstellungen und zu den Rückstellungen für Beitragsrückerstattung nicht den steuerfreien Dividendeneinkünften zugeordnet werden, da die Verpflichtung zur Zuführung zu diesen Rückstellungen allein durch den Betrieb des Versicherungsgeschäfts entsteht[424].
— Nach bisheriger Auffassung der Finanzverwaltung[425] sind demgegenüber bei Einnahmen inländischer **Kreditinstitute** aus ausländischen Quellen die für die Refinanzierung angefallenen Zinsaufwendungen durch anteilige Zuordnung

---
[420] *BMF* vom 20. 1. 1997 DStR 1997, 115.
[421] *BFH* vom 29. 5. 1996 IStR 1996, 437.
[422] *Heinicke* in Schmidt § 3c EStG Rn 32; *Utescher/Blaufus* DStR 2000, 1581, 1586.
[423] *BFH* vom 9. 4. 1997 BStBl. II 1997, 657.
[424] Siehe auch *BMF* vom 23. 12. 1997 BStBl. I 1997, 1022.
[425] *BMF* vom 23. 12. 1997 BStBl. I 1997, 1022.

bei der Ermittlung der ausländischen Einkünfte in Abzug zu bringen. In diesem Fall bestehe eine enge Verbindung zwischen dem Aktiv- und Passivgeschäft. Diese Auffassung kann nach der BFH-Entscheidung vom 29. 3. 2000[426] jedoch nicht mehr aufrecht erhalten werden. Entscheidend ist danach auch bei Kreditinstituten die tatsächliche Darlehensverwendung, die zur Versagung des Zinsabzugs in **unmittelbarem** Zusammenhang mit dem Beteiligungserwerb stehen muß.

298 **(3) Keine Begrenzung des Betriebsausgabenabzugs, soweit die Refinanzierungsaufwendungen die ausgeschütteten Dividenden übersteigen.** Finanzierungskosten im Zusammenhang mit steuerfreien Dividenden aus inländischen Beteiligungen sind nach § 3c Abs. 1 EStG vom Betriebsausgabenabzug ausgeschlossen, soweit in dem betreffenden Wirtschaftsjahr Dividenden vereinnahmt werden[427]. Werden in einem Wirtschaftsjahr keine Dividenden ausgeschüttet, bleiben die Betriebsausgaben voll abziehbar. Übersteigen die Finanzierungskosten die Dividenden, ist der Überhang abziehbar[428].

299 **(4) Gestaltungshinweise.** Zur Sicherstellung der Abzugsfähigkeit inländischer Finanzierungskosten kommen insbes. die folgenden Gestaltungen in Betracht:

– **Ballooning-Konzept:** Soweit die Finanzierungskosten die Dividenden übersteigen, ist der übersteigende Betrag grundsätzlich abzugsfähig[429]. Durch eine gezielte Ausschüttungssteuerung bei der Tochtergesellschaft kann daher die steuerliche Abzugsfähigkeit der Finanzierungskosten erreicht werden. Dies führt jedoch nur dann zur angestrebten tatsächlichen steuerlichen Berücksichtigung der Finanzierungskosten, wenn der Erwerber andere steuerpflichtige Einkünfte hat.

– **Organschaft:** Die Abzugsfähigkeit der Finanzierungskosten kann auch durch die Errichtung einer Organschaft zwischen Zielgesellschaft und Erwerber erreicht werden[430].

– Beteiligungserwerb über eine **Zwischenholding:** Kann eine Organschaft zwischen Zielgesellschaft und Erwerber nicht erreicht werden (zB weil keine Mehrheitsbeteiligung vorhanden ist oder aus Haftungsgründen kein Ergebnisabführungsvertrag abgeschlossen werden soll), läßt sich ein Finanzierungskostenabzug dadurch erreichen, daß die Zielgesellschaft über eine eigenkapitalfinanzierte Zwischenholding erworben wird. Wird zwischen der Zwischenholding und dem Erwerber eine Organschaft begründet, läuft die Abzugsbeschränkung des § 3c Abs. 1 EStG faktisch ins Leere. Auf Ebene der Zwischenholding fallen keine Zinsaufwendungen an, die unter das Abzugsverbot des § 3c Abs. 1 EStG fallen könnten. Die auf Ebene des Erwerbers anfallenden Finanzierungskosten fallen ebenfalls nicht unter das Abzugsverbot des § 3c Abs. 1 EStG, da das dem Erwer-

---

[426] *BFH* vom 29. 3. 2000 DB 2000, 1745.
[427] *Bergemann* DStR 2000, 1410, 1413.
[428] *BMF* vom 23. 12. 1997 BStBl. I 1997, 1022.
[429] Siehe Rn 298.
[430] Zur Organschaft siehe Rn 436 ff.

ber als Organträger zuzurechnende (steuerfreie) Einkommen (Dividendenerträge) der Zwischenholding nicht vom Anwendungsbereich des § 3c Abs. 1 EStG erfaßt wird.
- Bei **Beteiligungserwerb über eine fremdfinanzierte Erwerbs-Objektgesellschaft** kann die Abzugsfähigkeit der Finanzierungskosten auch dadurch erreicht werden, daß die Erwerbsobjektgesellschaft auf die Zielgesellschaft (oder umgekehrt) verschmolzen wird. Die Finanzierungskosten sind dann auf Ebene der Zielgesellschaft abzugsfähig.
- „**Debt-push-down**": Die Akquisitionsfinanzierung kann ggf. durch gezielte Maßnahmen wie etwa darlehensfinanzierte Ausschüttungen der Zielgesellschaft die der Erwerber zur Rückführung der Akquisitionsdarlehen verwendet, auf die Ebene der Zielgesellschaft verlagert werden. Die Finanzierungskosten sind dann auf Ebene der Zielgesellschaft abzugsfähig.
- Umwandlung der Zielgesellschaft in eine Personengesellschaft[431].

bb) Finanzierungskosten im Zusammenhang mit steuerbefreiten Auslandsdividenden bei Erwerb von Anteilen an ausländischen Kapitalgesellschaften. Gewinnausschüttungen von ausländischen Kapitalgesellschaften an inländische Kapitalgesellschaften sind ebenso wie die Ausschüttungen inländischer Kapitalgesellschaften nach § 8b Abs. 1 KStG 2001 beim Empfänger von der Steuer befreit.

Unabhängig davon sind Finanzierungskosten im Zusammenhang mit im Inland steuerbefreiten Dividenden aus Anteilen an einer ausländischen Gesellschaft unbegrenzt abzugsfähig. Zwar sind nach § 3c Abs. 1 EStG Ausgaben vom Betriebsausgabenabzug ausgeschlossen, soweit sie mit steuerfreien Einnahmen im unmittelbaren wirtschaftlichen Zusammenhang stehen. Nach § 8b Abs. 5 KStG 2001 als Spezialregelung werden aber bei steuerfreien Auslandsdividenden stets **5%** der Dividenden als Betriebsausgaben fingiert, die mit den steuerfreien Einnahmen in unmittelbarem Zusammenhang stehen. Dies gilt unabhängig davon, ob und in welcher Höhe tatsächlich Betriebsausgaben entstanden sind. Dies hat zur Folge, daß bei steuerfreien Auslandsdividenden stets 5% der Dividenden der Besteuerung unterliegen[432]. Nur im Hinblick auf diese fingierten Betriebsausgaben tritt die Rechtsfolge des § 3c Abs. 1 EStG ein. Auf die tatsächlichen, im Zusammenhang mit den steuerfreien Auslandsdividenden stehenden Betriebsausgaben findet § 3c EStG daneben keine Anwendung[433].

Aus steuerplanerischer Sicht ist hervorzuheben, daß das zur Vermeidung des Abzugsverbots nach § 3c EStG entwickelte **Ballooning-Modell**, bei dem während der Finanzierungsphase auf Gewinnausschüttungen aus der ausländischen Tochtergesellschaft verzichtet wird, auch für die Abzugsbeschränkung nach § 8b

---

[431] Siehe Rn 309.
[432] Zu den Besteuerungsfragen, wenn die tatsächlichen Betriebsausgaben geringer als die steuerfreien Schachteldividenden sind, siehe *Dötsch/Pung*, Steuerbereinigungsgesetz 1999: Die Änderungen des KStG, des UmwStG und des GewStG, DB 2000, 61; *Schmid/Wiese*, Nicht abziehbare Betriebsausgaben im Zusammenhang mit steuerfreien Schachteldividenden, IStR 1999, 583f.
[433] *BMF* vom 10. 1. 2000 DStR 2000, 112; *Utescher/Blaufus* DStR 2000, 1581, 1583.

Abs. 5 KStG 2001 verwendbar ist⁴³⁴. Unterbleibt eine Ausschüttung bei der ausländischen Tochtergesellschaft, kommt es nicht zu einer Besteuerung nach § 8b Abs. 5 KStG 2001. Der Schuldzinsenabzug bleibt auch bei unmittelbarer Fremdfinanzierung der ausländischen Beteiligung in vollem Umfang zulässig.

303 Soll zwar eine Besteuerung nach § 8b Abs. 5 KStG 2001 insgesamt vermieden werden, wird aber in der Muttergesellschaft Liquidität benötigt, kann es sich auch empfehlen, die Beteiligung nach der **Thesaurierungsphase** – ggf. im Konzern – steuerfrei zu veräußern. § 8b Abs. 5 KStG 2001 erfaßt nur Gewinnausschüttungen. Dagegen bleiben Veräußerungsgewinne unter den Voraussetzungen des § 8b Abs. 2 KStG 2001 steuerfrei⁴³⁵.

304 Die ausländische Tochtergesellschaft kann auch über eine ausländische Akquisitionsgesellschaft erworben und finanziert werden. In diesem Fall sind die Finanzierungskosten im Ausland abzugsfähig, wodurch im Regelfall eine Verrechnung mit den Ergebnissen der Zielgesellschaft erreicht werden kann. Es sind dann allerdings uU ausländische Unterkapitalisierungsregeln und Abzugs- bzw. Verrechnungsbeschränkungen zu beachten⁴³⁶.

305 **cc) Finanzierungskosten im Zusammenhang mit nach dem Halbeinkünfteverfahren hälftig steuerbefreiten Dividenden.** Bei Beteiligungserwerb durch **natürliche Personen** sind Gewinnausschüttungen der Zielgesellschaft beim Empfänger nach dem Halbeinkünfteverfahren hälftig von der Einkommensteuer befreit. Die hälftige Steuerbefreiung der Gewinnausschüttungen gilt dabei in gleicher Weise bei Beteiligungserwerb durch eine **Personengesellschaft**, soweit an dieser Personengesellschaft natürliche Personen beteiligt sind⁴³⁷.

306 Finanzierungskosten, die in wirtschaftlichem Zusammenhang mit nach dem Halbeinkünfteverfahren zur Hälfte steuerbefreiten Dividenden stehen, dürfen nach § 3c Abs. 2 EStG 2001 bei der Ermittlung der Einkünfte nur zur Hälfte abgezogen werden⁴³⁸. Die **hälftige Abzugsbegrenzung** nach § 3c Abs. 2 EStG 2001 gilt dabei unabhängig davon, ob tatsächlich steuerfreie Dividenden vereinnahmt werden oder nicht. Der Werbungskosten- oder Betriebsausgabenabzug ist

---

⁴³⁴ *Prinz*, Steuerorientierte Kaufpreisfinanzierung, in Schaumburg, S. 203, 226. Ggf. kann beim Ballooning-Modell auch der Erwerb der ausländischen Tochtergesellschaft über eine ausländische Zwischenholding erfolgen, die ihrerseits die für den Unternehmenskauf erforderlichen Mittel von der inländischen Muttergesellschaft als zinsloses Darlehen erhält. Die Ausschüttungen der ausländischen Tochtergesellschaft an die Zwischenholding werden sodann für Zwecke der Tilgung des zinslos zur Verfügung gestellten Darlehens an die vorgeschaltete inländische Muttergesellschaft weitergeleitet, die damit die für den Ausgleich der Finanzierungskosten erforderliche Liquidität erhält (vgl. hierzu *Schaumburg* Unternehmenskauf S. 1, 20; *Schaumburg/Jesse*, Die internationale Holding aus steuerrechtlicher Sicht in: Lutter Holding-Handbuch, 3. Aufl. 1998, S. 681, RnL 19ff.; ggf. aber Gestaltungsmißbrauch, siehe *Berndt/Wiesch*, Bemerkungen zu § 8b Abs. 7 KStG, BB 1999, 2325, 2327; *FG Köln* vom 11. 3. 1999 EFG 1999, 922, nrkr.

⁴³⁵ *Füger*, Betriebsausgabenabzug und steuerfreie Schachteldividenden, PIStB 1999, 47; Utescher/*Blaufus* DStR 2000, 1581, 1586; *Berndt*, Steuerfreie ausländische Schachteldividenden und Betriebsausgabenabzugsverbot, NWB Fach 4, 4365, 4374.

⁴³⁶ *Prinz*, Steuerliche Kaufpreisfinanzierung in: Schaumburg, Unternehmenskauf im Steuerrecht, S. 203, 227.

⁴³⁷ § 3 Nr. 40a EStG 2001.

⁴³⁸ Mit Beispielen *Hoffmann* DB 2000, 1930, 1935.

daher auch (hälftig) dann ausgeschlossen, wenn die Zielgesellschaft – wie etwa beim Ballooning-Modell[439] – Gewinne thesauriert.

Der Finanzierungskostenabzug kann aber ggf. mit einer der folgenden Gestaltungen sichergestellt werden[440]:
- **Organschaft**[441],
- Erwerb über fremdfinanzierte Akquisitionsgesellschaft mit anschließender **Verschmelzung** auf die Zielgesellschaft,
- Verlagerung der Finanzierung auf die Zielgesellschaft („**debt-push-down**").

b) Erwerb von Personengesellschaften/Betrieben. Beim Erwerb eines inländischen Unternehmens (Betriebs) oder einer Beteiligung an einer inländischen Personengesellschaft sind Gestaltungen zur Sicherstellung des Betriebsausgabenabzugs aus Finanzierungskosten regelmäßig nicht erforderlich, da die Finanzierungskosten „automatisch" die steuerlichen Einkünfte aus dem Betrieb bzw. dem Personengesellschaftsanteil mindern.

Beim Beteiligungserwerb an Personengesellschaften geschieht dies, indem die Finanzierungskosten des Erwerbers bei der einkommensteuerlichen und gewerbesteuerlichen Einkünfteermittlung auf Ebene der Personengesellschaft als sog. **Sonderbetriebsausgaben** berücksichtigt werden. Dies gilt auch dann, wenn der Erwerber zunächst (kreditfinanzierte) Anteile an einer Kapitalgesellschaft erworben hat, die im Anschluß an den Erwerb in eine Personengesellschaft umgewandelt wird[442]. Einkommensteuerlich hat dies zur Folge, daß die Finanzierungskosten unmittelbar den dem Gesellschafter zuzurechnenden Gewinnanteil mindern. Gewerbesteuerlich mindern die Finanzierungskosten (Sonderbetriebsausgaben) demgegenüber den Gewerbeertrag auf Ebene der Personengesellschaft. Der Sonderbetriebsausgabenabzug kommt damit gewerbesteuerlich mittelbar auch den übrigen Gesellschaftern der Personengesellschaft zugute, obwohl sie finanziell nicht mit den Sonderbetriebsausgaben des Erwerbers belastet sind. Im Gesellschaftsvertrag sollte insoweit eine entsprechende **Ausgleichsvereinbarung** vorgesehen werden.

Abzugsbeschränkungen können sich im Einzelfall bei Vorliegen sog. **Überentnahmen** gem. § 4 Abs. 4a EStG aus Personengesellschaften in Höhe von jeweils 6% der Überentnahmen ergeben. Eine Überentnahme ist der Betrag, um den die Entnahmen die Summe des Gewinns und der Einlagen des Wirtschaftsjahrs übersteigen. Bei einer Personengesellschaft ist für die Feststellung von Überentnahmen auf den steuerlichen Gesamtgewinn unter Einbeziehung von Ergänzungs- und Sonderbilanzen abzustellen[443]. Nach der hier vertretenen Auffassung können zwar Liquiditätsentnahmen aus der Personengesellschaft zur Bedienung der (dem Sonderbetriebsvermögen zuzurechnenden) Anteilsfinanzierung isoliert betrachtet grundsätzlich nicht zu einer Überentnahme führen, da der Entnahme aus der Personengesellschaft stets eine korrespondierende Einlage in das **Sonderbetriebsver-**

---

[439] Siehe Rn 299.
[440] Siehe Rn 299.
[441] *Neu/Rohde*, Finanzierung von Beteiligungskäufen, GmbH-StB 2001, 110, 113.
[442] Tz. 04.37 UmwStErlaß.
[443] *BMF* vom 22. 5. 2000 BStBl. I 2000, 588, Tz 30.

mögen gegenübersteht[444]. Allerdings können finanzierungsbedingte Sonderbetriebsausgaben im Einzelfall wegen der hiermit verbundenen Gewinnminderung faktisch zu Entnahmebeschränkungen führen[445].

311 Beim Erwerb eines ausländischen Unternehmens (Betriebs) oder der Beteiligung an einer ausländischen Personengesellschaft sollte ggf. durch entsprechende Gestaltungen (zB Erwerb durch eine fremdfinanzierte ausländische Holding) sichergestellt werden, daß die Abzugsfähigkeit der Finanzierungskosten des Erwerbers nicht durch eine abweichende Zuordnung der Kosten zu inländischen und ausländischen Betriebsstätten durch die jeweilige Finanzbehörde gefährdet wird.

3. Erwerb inländischer Unternehmen durch ausländische Erwerber

312 **a) Erwerb von Anteilen an Kapitalgesellschaften (Begrenzung der Gesellschafterfremdfinanzierung nach § 8a KStG). aa) Grundlagen.** Beim Beteiligungserwerb an Kapitalgesellschaften durch Steuerausländer[446] (aber auch durch steuerbefreite Inländer, zB Anteilserwerb durch eine Gemeinde) ist die Abzugsbeschränkung des § 8a KStG für Zinsaufwendungen (Finanzierungskosten) aus Gesellschafterdarlehen zu beachten.

313 § 8a KStG qualifiziert unter bestimmten Voraussetzungen Vergütungen für bestimmte Arten von Gesellschafterdarlehen als **vGA**. Rechtsfolge ist, daß die Zinsen auf diese Gesellschafterdarlehen körperschaftsteuerlich (**nicht jedoch bei der Gewerbesteuer**[447]) als vGA behandelt werden, soweit bestimmte Eigen-/Fremdkapital-Relationen (auch als „safe haven" bezeichnet) überschritten werden. Die Zinsen sind in diesem Fall insoweit steuerlich nicht abzugsfähig. Wegen der Qualifikation als vGA ist darüber hinaus auf die Vergütungen nach Auffassung der Finanzverwaltung[448] ein **Kapitalertragsteuerabzug** wie bei Dividenden vorzunehmen[449].

314 Im einzelnen setzt die Anwendung des § 8a KStG voraus, daß
– eine unbeschränkt steuerpflichtige Kapitalgesellschaft
– Fremdkapital von einem Gesellschafter erhalten hat, der zu einem Zeitpunkt im Wirtschaftsjahr wesentlich am Grund- oder Stammkapital der Gesellschaft beteiligt war,
– eine gewinn- oder umsatzabhängige Vergütung gezahlt wird oder das vom Gesellschafter gewährte Fremdkapital den „safe haven" übersteigt und

---

[444] *Ley,* Die nicht abziehbaren Schuldzinsen nach § 4 Abs. 4a EStG, NWB Fach 3, 11 167, 11 185.

[445] Fraglich ist freilich, inwieweit bei Entnahmen durch Kapitalgesellschaften überhaupt die Regelung des § 4a EStG greifen kann, siehe *Eggesiecker/Ellerbeck,* Stellungnahme zum Einführungsschreiben betr. die Neuregelung des Schuldzinsenabzugs nach § 4 Abs. 4a EStG, FR 2000, 689, 694.

[446] Zur Vereinbarkeit des § 8a KStG mit der Niederlassungsfreiheit nach Art. 43 EGV siehe *FG Münster* vom 24. 1. 2000 FR 2000, 561; *OFD Erfurt* vom 28. 9. 2000, FR 2001, 215 mit Anmerkung von *Dautzenberg; FG München* vom 16. 10. 2000 EFG 2001, 312 nrkr.

[447] § 9 Nr. 10 GewStG.

[448] AA *FG Düsseldorf* vom 5. 9. 2000 FR 2001, 79.

[449] Zu berücksichtigen ist ferner, daß die Zinsen wegen ihrer Qualifikation als vGA nicht zur Körperschaftsteuerminderung nach § 37 KStG 2001 berechtigen, siehe *Dötsch/Pung* DB Beilage Nr. 10/2000, S. 18 ff.

– die Vergütung für das Fremdkapital bei dem Gesellschafter nicht im Rahmen einer Veranlagung im Inland erfaßt wird.

Die Regelung des § 8a KStG erfaßt insbes. die Überlassung von Fremdkapital durch **wesentlich beteiligte ausländische Gesellschafter**, aber auch die Fremdkapitalüberlassung durch **steuerbefreite Inländer** (zB Körperschaften des öffentlichen Rechts oder steuerbefreite Körperschaften).

Eine **wesentliche Beteiligung** liegt bei einer mehr als 25%-igen (unmittelbaren oder mittelbaren) Beteiligung am Grund- oder Stammkapital vor[450]. Dabei ist zu beachten, daß bestimmte Vereinbarungen zwischen verschiedenen Gesellschaftern (zB **Stimmenpool**) zur Zusammenrechnung der betreffenden Beteiligungen führen können[451].

Die Eigen-/Fremdkapitalrelationen für eine unschädliche Gesellschafterfremdfinanzierung („**safe haven**") betrugen bis einschließlich 2000
– für gewinn- oder umsatzabhängige Vergütungen 1:0,5,
– für gewinn- oder umsatzunabhängige Vergütungen 1:3.

Durch die **Unternehmenssteuerreform 2001** wurde der „safe haven", der das steuerlich anzuerkennende Fremdfinanzierungsvolumen repräsentiert, mit Wirkung ab 2000 (bzw. bei abweichendem Wirtschaftsjahr ab dem Ende des abweichenden Wirtschaftsjahrs in 2001) ganz erheblich gekürzt:
– Der früher geltende „safe haven" für gewinn- oder umsatzabhängige Vergütungen wurde ganz gestrichen. Betroffen sind hiervon insbes. **stille Beteiligungen, partiarische Darlehen und Genußrechte**. Vergütungen für Fremdfinanzierungen, die nach umsatz- oder ertragsabhängigen Faktoren berechnet werden, führen daher künftig stets unter den weiteren Voraussetzungen des § 8a KStG zu einer **vGA**[452].
– Der „safe haven" für Vergütungen, die als Prozentsatz des Darlehensbetrags bemessen werden, wurde **von 1:3 auf 1:1,5 verringert** (§ 8a Abs. 1 Nr. 2 KStG 2001). Hervorzuheben ist, daß es für diese ertragsunabhängigen Vergütungen (Zinsen) auf Fremdkapital auch nach der Neufassung des § 8a KStG durch das StSenkG die Möglichkeit des Gegenbeweises geben wird.

Die Begrenzung des Finanzierungskostenabzugs für nicht gewinn- und umsatzabhängige Vergütungen greift nicht, soweit die Kapitalgesellschaft das zugeführte Fremdkapital nachweislich auch von einem **fremden Dritten** erhalten könnte (**Drittvergleich**) oder eine **Finanzierung banküblicher Geschäfte** vorliegt.

Die Abzugsbeschränkungen des § 8a KStG 2001 betreffen nicht nur Zinsaufwendungen aus Gesellschafterdarlehen, sondern auch **Darlehen von Kapitalgebern, die im Verhältnis zum ausländischen oder inländischen Gesellschafter nahestehende Personen iSd. § 1 Abs. 2 AStG sind**, soweit die

---

[450] § 8a Abs. 3 KStG.
[451] § 8a Abs. 3 Satz 2 KStG.
[452] In diesen Fällen gibt es auch keine Möglichkeit, die Angemessenheit der Vergütung durch Drittvergleich nachzuweisen.

Vergütungen bei diesen nicht im Inland steuerpflichtig[453] sind. Die Neufassung des § 8a KStG 2001 erfaßt nach ihrem Wortlaut insoweit auch Darlehen von ausländischen Tochtergesellschaften inländischer Anteilseigner an ihre inländischen Schwestergesellschaften. Die Abzugsbeschränkungen des § 8a KStG 2001 gelten darüber hinaus auch für **Darlehen von Dritten**, soweit diese auf den ausländischen Gesellschafter oder eine ihm nahestehende Person zurückgreifen können. Eine Ausnahme gilt hier jedoch für die Finanzierung durch inländische Banken, bei denen nur eine direkte Refinanzierung (sog. **Back-to-back-Finanzierung**[454]) durch den ausländischen Gesellschafter schädlich ist.

321 Die Umqualifizierung von Zinsen in eine vGA tritt ein, wenn das gewährte Fremdkapital zu irgendeinem Zeitpunkt des Wirtschaftsjahrs die Tatbestandsvoraussetzungen des § 8a KStG erfüllt. Dabei ist es ausreichend, wenn der Gesellschafter im jeweiligen Wirtschaftsjahr zu irgendeinem Zeitpunkt wesentlich beteiligt war[455]. Für die Frage, ob die „safe haven"-Grenzen überschritten sind, ist das anteilige **Eigenkapital zum Schluß des vorangegangenen Wirtschaftsjahrs maßgebend**[456]. Bei Neugründungen ist grundsätzlich auf die Eröffnungsbilanz abzustellen.

322 **bb) Holding-Privileg.** Die Begrenzung des Finanzierungskostenabzugs für nicht gewinn- oder umsatzabhängige Vergütungen von 1:1,5 kann durch den Beteiligungserwerb über eine zwischengeschaltete inländische Holdinggesellschaft vermieden werden. Nach § 8a Abs. 4 Satz 1 KStG gilt bei inländischen Holdinggesellschaften für nicht gewinn- oder umsatzabhängige Vergütungen ein erweitertes zulässiges Fremdkapital (**erweiterter „safe haven"** von 1:3). Durch Zwischenschaltung einer Holding kann somit der „safe haven" für nicht gewinn- oder umsatzabhängige Vergütungen verdoppelt werden[457]. Dafür ist bei den der Holdinggesellschaft nachgeordneten Gesellschaften eine Gesellschafterfremdfinanzierung nur noch zulässig, wenn die Finanzierung zu gleichen Bedingungen auch von einem Dritten hätte erlangt werden können oder es sich um die Finanzierung banküblicher Geschäfte handelt.

323 **Holdinggesellschaften** sind Kapitalgesellschaften, die nach § 8a Abs. 4 Satz 1 KStG zumindest einen der nachfolgenden Tatbestände erfüllen:
– Die Haupttätigkeit besteht darin, Beteiligungen an Kapitalgesellschaften zu halten und diese Gesellschaften zu finanzieren (erste Alternative), oder
– ihr Vermögen besteht zu mehr als 75% ihrer Bilanzsumme aus Beteiligungen an Kapitalgesellschaften (zweite Alternative).

---

[453] Eine Steuerpflicht der Vergütung im Inland liegt dabei auch dann vor, wenn die Vergütung dem Kapitalertragsteuerabzug unterliegt; siehe *Timmermans*, Über die Anwendbarkeit des § 8a KStG auf reine Inlandssachverhalte und eine neue Gestaltungsmöglichkeit, IStR 2001, 169, 170.

[454] BMF vom 15. 12. 1994 BStBl. I 1995, 25 Rn 23; zur Fortgeltung der bisherigen Billigkeitsregelung der Rn 23 des Anwendungserlasses zu § 8a KStG 1999 (*BMF* vom 24. 12. 1994 BStBl. I 1995, 25) siehe *BMF* vom 14. 12. 2000 DB 2001, 16.

[455] *BMF* vom 15. 12. 1994 BStBl. I 1995, 25 Rn 78.

[456] *BMF* vom 15. 12. 1994 BStBl. I 1995, 25 Rn 83.

[457] Der bis 2000 für Holdinggesellschaften geltende „safe haven" von 1:9 wurde durch das StSenkG auf 1:3 reduziert.

Der Begriff der Haupttätigkeit (erste Alternative) setzt voraus, daß das Halten 324
von Beteiligungen und die Finanzierung der Beteiligungsgesellschaften den
Schwerpunkt der Tätigkeit der Kapitalgesellschaft bildet. Eine geschäftsleitende
Tätigkeit oder die Organträgerstellung einer Gesellschaft steht einer Qualifizierung iSd. ersten Alternative grundsätzlich nicht entgegen[458].

Das Halten von Beteiligungen und die Finanzierung der Beteiligungsgesell- 325
schaften ist die Haupttätigkeit, wenn im Durchschnitt der letzten drei Jahre mindestens 75 % der Bruttoerträge aus diesen Tätigkeiten stammten. Dabei ist zu berücksichtigen, daß Erträge aus der **Beteiligung an Personengesellschaften**
keine relevanten Erträge sind[459].

Der Begriff der Beteiligung bestimmt sich nach § 271 Abs. 1 HGB, d. h. die 326
Beteiligung muß dem eigenen Geschäftsbetrieb der Holding durch Herstellung
einer dauernden Verbindung dienen[460].

Die Anwendung der Holding-Regelung setzt **mindestens zwei Beteiligun-** 327
gen voraus. Beteiligungen an nach § 42 AO unbeachtlichen sog. funktionslosen
Gesellschaften bleiben unberücksichtigt. Den Beteiligungsbegriff iSd. § 8a Abs. 4
KStG erfüllen aber auch **Beteiligungen an ausländischen Kapitalgesellschaften**[461]. Keine Beteiligungen iSd. § 8a KStG sind demgegenüber **Beteiligungen an Personengesellschaften**, die demzufolge schädlich für die Holding-Regelung sein können.

cc) Sonderprobleme beim Beteiligungserwerb. Häufig werden Anteile 328
an inländischen Kapitalgesellschaften nicht unmittelbar durch eine ausländische
Gesellschaft, sondern über eine zwischengeschaltete fremdfinanzierte inländische
Zwischenholding (Kapitalgesellschaft) erworben.

In diesem Fall ist § 8a KStG im Verhältnis zwischen der Erwerbergesellschaft 329
und der ausländischen Muttergesellschaft anwendbar, wenn der Beteiligungserwerb durch Darlehen der Muttergesellschaft (oder der Muttergesellschaft nahestehender Personen iSd. § 1 Abs. 2 AStG) finanziert wird oder die Muttergesellschaft
(oder eine dieser nahestehende Person) **Bürgschaften** für Finanzierungen durch
Dritte übernimmt oder andere **Sicherheiten** zur Verfügung stellt.

Die steueroptimale Umsetzung des Beteiligungserwerbs setzt in zeitlicher Hin- 330
sicht voraus, daß das für den steuerlichen „**safe haven**" erforderliche Eigenkapital bereits in der Handelsbilanz des vorangegangenen Wirtschaftsjahrs (bzw. bei
Neugründung: in der Eröffnungsbilanz) der Erwerbergesellschaft erfaßt ist. Um
Liquidität in der Erwerbergesellschaft nicht unnötig lange zu binden und Schwierigkeiten bei der Eintragung in das Handelsregister zu vermeiden, ist es empfehlenswert, die Erwerberkapitalgesellschaft mit einem unmittelbar vor dem Kaufstichtag endenden Wirtschaftsjahr zu gründen und die Erwergesellschaft vor
dem Ende des Wirtschaftsjahrs mit dem erforderlichen Eigenkapital auszustatten.
Bei Umstellung des Wirtschaftsjahrs der Erwerbergesellschaft auf ein vom Kalen-

---

[458] BMF vom 15. 12. 1994 BStBl. I 1995, 25 Rn 82.
[459] Sächs. FM vom 5. 7. 1996 DStR 1996, 1365.
[460] Streck § 8a KStG Rn 18.
[461] BMF vom 15. 12. 1994 BStBl. I 1995, 25 Rn 84.

derjahr abweichendes Wirtschaftsjahr wäre demgegenüber die Zustimmung des Finanzamts erforderlich. Zu beachten ist, daß bei Beteiligungserwerb über eine Erwerberkapitalgesellschaft, die nicht als Holdinggesellschaft iSd. § 8a Abs. 4 Satz 1 KStG zu qualifizieren ist, das **anteilige Eigenkapital der Erwerbergesellschaft um den Buchwert der Beteiligung** der Erwerbergesellschaft an der Zielgesellschaft **gekürzt wird**[462]. Im Erwerbsjahr unterbleibt jedoch eine solche Kürzung noch, da die Beteiligung in diesem Fall in der Schlußbilanz des dem Beteiligungserwerb vorangegangenen Wirtschaftsjahrs noch nicht ausgewiesen ist[463]. In den Folgejahren kann die Kürzung entweder durch die Verschmelzung der Zielgesellschaft auf die Erwerbergesellschaft („upstream merger") oder durch die Verschmelzung der Erwerbergesellschaft auf die Zielgesellschaft („downstream merger") vermieden werden.

331 Soll zur Erlangung des erhöhten „safe haven" im Zusammenhang mit dem Beteiligungserwerb die Erwerbergesellschaft als Holdinggesellschaft gegründet werden, ist zu berücksichtigen, daß für die Beurteilung der Holding-Eigenschaft bei bereits bestehenden Rechtsträgern ebenfalls auf die Verhältnisse zum Schluß des vorangegangenen Wirtschaftsjahrs bzw. in den Fällen der **Neugründung** auf die Verhältnisse im Zeitpunkt der Eröffnungsbilanz abzustellen ist[464]. Der Erwerb von Inlandsbeteiligungen sollte daher durch eine (ggf. neu gegründete) Erwerbergesellschaft erfolgen, deren Wirtschaftsjahr unmittelbar nach dem Erwerbsstichtag beginnt, damit die Holding-Regelung von Anfang an in Anspruch genommen werden kann.

332 Die zur Erlangung der Holding-Eigenschaft erforderliche Voraussetzung, daß die Erwerbergesellschaft an mindestens zwei Kapitalgesellschaften beteiligt ist, kann zB durch Erwerb einer zweiten (auch ausländischen) Kapitalgesellschaft durch die Erwerbergesellschaft oder – sofern möglich – durch eine **Spaltung** der Zielgesellschaft herbeigeführt werden. In Betracht kommt auch ein „Umhängen" von Tochtergesellschaften der Zielgesellschaft, so daß die Erwerbergesellschaft anschließend unmittelbar an diesen beteiligt ist.

333 dd) **Vermeidungsstrategien**[465]. **(1) Zwischenschaltung von Personengesellschaften.** Zur Vermeidung von Abzugsbeschränkungen nach § 8a KStG kann die inländische Kapitalgesellschaft über eine zwischengeschaltete Personengesellschaft erworben werden[466]. Die Refinanzierung der Beteiligung an der Personengesellschaft kann dabei auf Ebene der ausländischen Muttergesellschaft erfolgen. Die auf Ebene der ausländischen Muttergesellschaft entstehenden Refinanzierungskosten sind aufgrund der Regelung des § 15 Abs. 1 Nr. 2 EStG als **Sonderbetriebsausgaben** bei der Personengesellschaft abzugsfähig[467]. Es ist in-

---

[462] § 8a Abs. 4 Satz 3 KStG.
[463] *Bogenschütz*, Steuerliche Aspekte des Kaufs und Verkaufs inländischer Unternehmen durch Steuerausländer, in Schaumburg (Hrsg.), Unternehmenskauf im Steuerrecht, 1997, S. 267, 306.
[464] *Dehmer*, Umwandlungssteuererlaß 1998, S. 383
[465] Siehe auch *Jacobs* S. 659 ff.
[466] FN-IDW Sonderbeilage 11/2000, 40.
[467] Zur Anwendung von § 3c EStG 2001 in diesem Fall siehe *Starke*, Ungeliebte Abzugsbeschränkungen des neuen § 3c EStG, FR 2001, 25.

soweit kein Anwendungsfall des § 8a KStG gegeben. Insbes. greift die Mißbrauchsregelung des § 8a Abs. 5 Nr. 2 KStG nicht, da kein Fremdkapital über die Personengesellschaft an die Zielgesellschaft geleitet wird.

Die Finanzierung des Beteiligungserwerbs durch die zwischengeschaltete Personengesellschaft kann auch durch ein nicht unmittelbar vom Gesellschafter gewährtes Darlehen erfolgen, so daß die Zinsen grundsätzlich (ohne eine Beschränkung nach § 8a KStG) im Inland abzugsfähig sind.

Aufgrund der Refinanzierung des Beteiligungserwerbs im Ausland kann uU ein **„double-dip"** erreicht werden[468]. Die Abzugsfähigkeit der Refinanzierungskosten kommt zum einen als Sonderbetriebsausgabe auf Ebene der inländischen Personengesellschaft und zum anderen als Betriebsausgabe auf Ebene der ausländischen Muttergesellschaft in Betracht. Dies setzt allerdings voraus, daß die Beteiligung an der inländischen Kapitalgesellschaft tatsächlich einer inländischen Betriebsstätte der Personengesellschaft zugerechnet wird[469]. Darüber hinaus erfordert der Finanzierungskostenabzug auf Ebene der Erwerberpersonengesellschaft eine **Organschaft**[470] zur Zielgesellschaft, wenn die Erwerbergesellschaft keine eigenen steuerpflichtigen Einkünfte hat.

Der Erwerb über eine Holdinggesellschaft in der Rechtsform der Personengesellschaft kann zusätzliche Vorteile im Rahmen einer **Bankenakquisition**[471] bringen. Sofern eine Kreditinstitutsgruppe iSv. § 10a KWG besteht, müssen die Unternehmen der Kreditinstitutsgruppe zusammengefaßt über ein angemessenes Eigenkapital verfügen. Bei der Zwischenschaltung einer Holdinggesellschaft in der Rechtsform der Personengesellschaft, die handelsrechtlich und damit auch bankaufsichtsrechtlich ausschließlich mit Eigenkapital und lediglich für steuerliche Zwecke im Sonderbetriebsvermögen mit Fremdkapital ausgestattet ist, erhöht das Eigenkapital der Personengesellschaft das Eigenkapital der gesamten Gruppe.

(2) Direkte Fremdfinanzierung nachgeschalteter Personengesellschaften durch Steuerausländer. § 8a KStG ist nicht anwendbar, wenn eine der inländischen Kapitalgesellschaft nachgeschaltete (inländische) Personengesellschaft unmittelbar durch die ausländische Muttergesellschaft oder ein sonstiges verbundenes ausländisches Unternehmen mit Darlehen finanziert wird[472]. Das Fremdkapital wird hier nicht an eine unbeschränkt steuerpflichtige Kapitalgesellschaft, sondern an eine (nachgeschaltete) Personengesellschaft gewährt[473]. Ein Finanzierungskostenabzug ließe sich also zB dadurch erreichen, daß die über eine inlän-

---

[468] *Endres/Spengel*, Steuerstrategien beim Unternehmenskauf, BBK Fach 10, 569, 581 f.; *Jacobs* S. 692 ff.

[469] *Knebel*, Die ausländische Personengesellschaft – ein steuerliches Gestaltungsinstrument?, DStR 1999, 1421, 1423.

[470] Siehe dazu Rn 436 ff.

[471] Zu den steuerlichen und bankaufsichtsrechtlichen Grundlagen der Bankenakquisition siehe *Gondert/Schimmelschmidt* DB Beilage Nr. 10/1998.

[472] *Pyszka*, Gesellschafter-Fremdfinanzierung (§ 8a KStG) von inländischen Kapitalgesellschaften mit Beteiligungen an Personengesellschaften, DB 1998, 1886; *Prinz*, Gestaltungsmöglichkeiten und -grenzen bei § 8a KStG, FR 1994, 622, 626 f.; FN-IDW Sonderbeilage 11/2000, 40 f.

[473] Siehe aber *BFH* vom 6. 7. 1999 DStR 1999, 1436.

dische Holding erworbene Zielgesellschaft formwechselnd in eine Personengesellschaft umgewandelt und die Akquisitionsfinanzierung durch Verschmelzung der fremdfinanzierten Erwerbsgesellschaft auf die Ebene der Zielgesellschaft verlagert wird. Eine Versagung des Finanzierungskostenabzugs kann allenfalls unter den engen Voraussetzungen des § 42 AO erfolgen. Hieran wäre etwa für den Fall zu denken, daß eine inländische Kapitalgesellschaft ihren Geschäftsbetrieb nach § 24 UmwStG in eine Personengesellschaft einbringt, und zwar ausschließlich zu dem Zweck, die Anwendung des § 8a KStG zu vermeiden.

338 **(3) Alternative Finanzierungsinstrumente.** Die Begrenzung des § 8a KStG kann auch durch den Einsatz von finanzierungsähnlichen Mitteln wie Leasingfinanzierungen vermieden werden. Durch die **Leasingfinanzierung** wird ein inländischer Betriebsausgabenabzug erreicht, der nicht durch die Begrenzung des § 8a KStG erfaßt wird.

339 **(4) Kapitalmaßnahmen.** Eine Erweiterung der „safe haven"-Relationen bei der Gesellschafterfremdfinanzierung kann grundsätzlich auch durch alle Arten von kapitalerhöhenden Maßnahmen bei der Zielgesellschaft erreicht werden[474]. Bei der Unternehmensakquisition bietet es sich insoweit vor allem an, **stille Reserven** in Unternehmensbeteiligungen der Zielgesellschaft steuerfrei nach § 8b Abs. 2 KStG zu realisieren und auf diese Weise zusätzliches, bei der Bestimmung des „safe haven" zu berücksichtigendes Eigenkapital zu schaffen.

340 **b) Erwerb von Einzelunternehmen/Personengesellschaften.** Bei der Finanzierung von Einzelunternehmen oder Personengesellschaften durch den ausländischen Erwerber ergeben sich keine ausdrücklichen gesetzlichen Beschränkungen. Zwar sind Zinszahlungen auf direkte Gesellschafterdarlehen Sonderbetriebseinnahmen[475] des Gesellschafters und damit im Ergebnis steuerlich nicht abzugsfähige Betriebsausgaben[476]. Eine Abzugsfähigkeit der Zinsaufwendungen kann jedoch dadurch erreicht werden, daß die Gesellschafterdarlehen nicht direkt vom Erwerber, sondern von einer Schwester- oder Muttergesellschaft des Erwerbers[477] oder von einer Bank im Rahmen einer **Back-to-back-Finanzierung** gewährt werden. Hier gelten lediglich die allgemeinen Grenzen des Mißbrauchs von Gestaltungsmöglichkeiten[478] und der Drittvergleichsmaßstab iRd. Verrechnungspreisbestimmung zwischen verbundenen Unternehmen[479]. Allerdings ist zu beachten, daß die Finanzverwaltung ggf. die Grundsätze eines ausreichenden **Dotationskapitals** nach dem **Betriebsstättenerlaß** auch auf von Steuerausländern gehaltene Personengesellschaften anwenden will, so daß der Zinsaufwand nur in-

---

[474] Siehe im einzelnen FN-IDW Sonderbeilage 11/2000, 38f.
[475] § 15 Abs. 1 Nr. 2 EStG.
[476] Streitig ist, ob die Zinserträge nach dem jeweiligen DBA in Anwendung des *BFH*-Urteils vom 27. 2. 1991 BStBl. II 1991, 444 freizustellen wären; siehe *Jakobs* S. 673.
[477] Ausnahme Gestaltungsmißbrauch, siehe *Weber-Grellet* in Schmidt § 15 EStG Rn 624; siehe aber auch *BFH* vom 6. 7. 1999 DStR 1999, 1436.
[478] § 42 AO.
[479] § 1 AStG.

soweit abzugsfähig wäre, wie die Personengesellschaft über ein angemessenes, zur Erfüllung ihrer Funktion notwendiges Dotationskapital verfügt[480].

III. Steuerliche Nutzung von Verlusten

1. Grundlagen

a) Verwertung von Verlustvorträgen. Häufig verfügt die Zielgesellschaft im Zeitpunkt des Unternehmenskaufs über körperschaftsteuerliche und gewerbesteuerliche Verlustvorträge. Die Verlustvorträge können einen nicht unerheblichen Wert repräsentieren und erhöhen insoweit den Unternehmenswert. Der Erwerber muß sicherstellen, daß die Verlustvorträge nicht als Folge des Beteiligungserwerbs entfallen. Beim Beteiligungserwerb an Personengesellschaften sind der steuerlichen Verwertung von Verlustvorträgen enge Grenzen gesetzt, da Personengesellschaften nur für die Gewerbesteuer Steuerschuldner sind und die gewerbesteuerlichen Verlustvorträge mit dem Beteiligungserwerb anteilig entfallen[481].

Beim Beteiligungserwerb an Kapitalgesellschaften bleiben bestehende Verlustvorträge der Zielgesellschaft grundsätzlich vom Erwerbsvorgang unberührt. Zu beachten ist insoweit aber die Bestimmung des § 8 Abs. 4 KStG, nach der die Verlustvorträge der Zielgesellschaft entfallen, wenn mehr als 50% der Anteile an der Zielgesellschaft übertragen werden, der Zielgesellschaft überwiegend neues Betriebsvermögen zugeführt wird und keine Sanierungsmaßnahme vorliegt[482].

b) Verlustverrechnung bei Beteiligungserwerb an Personengesellschaften und Betriebserwerb. Beim Beteiligungserwerb an Personengesellschaften bzw. beim Betriebserwerb will der Erwerber oftmals etwaige Anlaufverluste des erworbenen Betriebs (zB bei Venture Capital Investments oder Beteiligung an sog. Start-ups) zum Ausgleich mit eigenen positiven Einkünften verwerten. Es sind insoweit insbes. die folgenden Restriktionen zu beachten.

aa) Verlustausgleichsbegrenzung nach § 2 Abs. 3 EStG. Natürliche Personen können Verluste aus Gewerbebetrieb (negative Einkünfte aus Gewerbebetrieb) grundsätzlich unbegrenzt nur mit positiven Einkünften aus Gewerbebetrieb ausgleichen[483]. Soweit ein solcher unbegrenzter Ausgleich (mangels positiver Einkünften aus Gewerbebetrieb) nicht möglich ist, kommt lediglich eine nach § 2 Abs. 3 EStG begrenzte Verlustverrechnung mit anderen positiven Einkünften (zB aus nicht-selbständiger Arbeit[484]) in Betracht (sog. **vertikaler Verlustausgleich**); voll ausgleichsfähig sind insoweit nur Verluste bis DM 100 000 bzw. bei Zusam-

---

[480] *BMF* vom 24. 12. 1999 BStBl. I 1999, 1076, Tz. 2.5.2; *BFH* vom 23. 8. 2000 BFH/NV 2001, 271; mE ohne Rechtsgrundlage, siehe auch *Kessler/Schmidt/Teufel*, GmbH & Co. KG als attraktive Rechtsformalternative für eine deutsche Euro-Holding, IStR 2001, 265, 270; FN-IDW Sonderbeilage 11/2000, 36.
[481] Siehe Rn 348 f.
[482] Siehe Rn 351 ff.
[483] Ggf. verfassungswidrig; *FG Münster* vom 7. 9. 2000 DStRE 2000, 1121 und vom 15. 11. 2000 DStRE 2001, 281.
[484] § 19 EStG.

menveranlagung bis DM 200 000. Der DM 100 000 bzw. DM 200 000 übersteigende Verlust kann lediglich bis zu 50% der verbliebenen positiven Einkünfte aus anderen Einkunftsarten ausgeglichen werden. Nicht ausgleichsfähige Verluste können allerdings in anderen Veranlagungszeiträumen im Wege des Verlustvortrags bzw. Verlustrücktrags berücksichtigt werden.

345 bb) **Verlustausgleichsbegrenzung nach § 2b EStG**[485]. Hiervon betroffen sind insbes. Beteiligungen an **Verlustzuweisungsgesellschaften** (Merkmale: Einwerben von Investoren mit Verlustzuweisungen; modellhafte Gestaltungen mit einer die Vorsteuerrendite um mehr als das doppelte übersteigenden Nachsteuerrendite). Verlustzuweisungen aus diesen Gesellschaften dürfen nur mit gleichartigen positiven Einkünften aus Verlustzuweisungsgesellschaften (auch im Wege des Verlustrücktrags oder des Verlustvortrags) ausgeglichen werden[486].

346 cc) **Verluste aus ausländischen Betriebsstätten.** Verluste aus der Beteiligung an ausländischen Betrieben bzw. Gesellschaften sind grundsätzlich vom Verlustausgleich ausgeschlossen, wenn entsprechende positive Einkünfte nach einem **DBA** im Inland von der Besteuerung freigestellt werden[487]. Sofern keine Freistellung nach einem DBA besteht, ist die Verrechnung von Verlusten aus ausländischen Betriebsstätten mit inländischen Einkünften nur möglich, wenn die ausländische Betriebsstätte die Aktivitätsanforderungen des § 2a Abs. 3 EStG erfüllt.

347 dd) **Gewerbesteuerliche Verluste von Personengesellschaften.** Beim Beteiligungserwerb an einer Personengesellschaft (Mitunternehmerschaft) ist zu berücksichtigen, daß gewerbesteuerliche Verluste der Personengesellschaft grundsätzlich nicht (auch nicht im Wege der Organschaft) beim Gesellschafter im Wege des gewerbesteuerlichen Verlustausgleichs berücksichtigt werden können.

2. Verlustvorträge bei Erwerb von Anteilen an inländischen Personengesellschaften

348 Einzelunternehmen und Personengesellschaften sind nicht selbst einkommen- bzw. körperschaftsteuerpflichtig. Steuerpflichtig sind vielmehr die hinter den Gesellschaften stehenden Personen. Sofern daher aus Verlusten der Vergangenheit einkommen- bzw. körperschaftsteuerliche Verlustvorträge entstanden sind, sind diese personengebunden und können nicht auf den Erwerber übertragen werden.

349 Das gleiche gilt grundsätzlich auch bei der Gewerbesteuer. Zwar belastet die Gewerbesteuer als Betriebsteuer den Gewerbebetrieb, also das Einzelunternehmen bzw. die Personengesellschaft. Bei der Personengesellschaft wird dies dadurch deutlich, daß Steuerschuldner die Gesellschaft ist[488]. Ungeachtet dessen ist jedoch der gewerbesteuerliche Verlustvortrag nach § 10a GewStG personengebunden. Ein **gewerbesteuerlicher Verlustvortrag** geht somit bei der Veräußerung von Einzelunternehmen grundsätzlich verloren. Bei der Veräußerung von

---
[485] Siehe BMF-Schreiben „Medienerlaß" vom 23. 2. 2001, BStBl. I 2001, 175.
[486] § 2b Satz 4 EStG.
[487] Zum Verlustausgleich in DBA-Fällen bis VZ 1999 siehe Rn 640.
[488] § 5 Abs. 1 Satz 3 GewStG.

Anteilen an Personengesellschaften geht der gewerbesteuerliche Verlustvortrag insoweit unter, wie er anteilig dem veräußernden Gesellschafter zuzurechnen ist[489].

Bei **unterjährigem Ausscheiden** eines Personengesellschafters entfällt der Verlustvortrag anteilig mit der Quote, mit der der ausgeschiedene Gesellschafter im Erhebungszeitraum der Verlustentstehung entsprechend dem Gewinnverteilungsschlüssel an dem negativem Gewerbeertrag der Personengesellschaft beteiligt war[490]. Eine Verlustverrechnung ist allerdings noch insoweit vorzunehmen, als der Gewerbeertrag der Personengesellschaft zeitanteilig auf den ausgeschiedenen Gesellschafter entfällt. Hierbei ist grundsätzlich (auch bei abweichendem Wirtschaftsjahr) auf das Wirtschaftsjahr der Personengesellschaft abzustellen[491].

3. Verlustvorträge bei Erwerb von Anteilen an Kapitalgesellschaften

a) **Grundlagen.** Beim Erwerb von Anteilen an Kapitalgesellschaften, die einen gewerbesteuerlichen oder körperschaftsteuerlichen Verlustvortrag ausweisen, sind die Restriktionen des § 8 Abs. 4 KStG zu beachten, die aufgrund des § 10a Satz 4 GewStG auch für die Gewerbesteuer gelten. Voraussetzung für die Nutzung von Verlustvorträgen ist bei einer Körperschaft gem. § 8 Abs. 4 KStG, daß diese nicht nur rechtlich, sondern auch wirtschaftlich mit der Körperschaft identisch ist, die den Verlust erlitten hat. Nach der Legaldefinition des § 8 Abs. 4 Satz 2 KStG liegt wirtschaftliche Identität insbes. dann nicht vor, wenn mehr als die **Hälfte der Anteile** an einer Kapitalgesellschaft übertragen werden und die Kapitalgesellschaft ihren Geschäftsbetrieb mit überwiegend neuem Betriebsvermögen fortführt oder wieder aufnimmt[492]. Die **Zuführung neuen Betriebsvermögens** ist unschädlich, wenn sie allein der Sanierung des Geschäftsbetriebs dient, der den Verlustvortrag verursacht hat, und die Körperschaft den Geschäftsbetrieb in einem nach dem Gesamtbild der wirtschaftlichen Verhältnisse vergleichbaren Umfang in den folgenden fünf Jahren fortführt.

Die Regelungen zum Wegfall des Verlustvortrags bei der erworbenen Kapitalgesellschaft sind nicht nur für Gestaltungsüberlegungen im Anschluß an den Unternehmenskauf, sondern auch für die **steuerliche Due Diligence** von Bedeu-

---

[489] Abschn. 68 Abs. 3 Nr. 1 GewStR 1998; siehe auch *Wingler*, Zur gewerbesteuerlichen Verlustnutzung bei Änderungen im Gesellschafterkreis von Personengesellschaften, BB 1998, 2087; *BFH* vom 26.6. 1997 DStRE 1998, 315; *Oberste Finanzbehörden der Länder*, gleichlautende Erlasse vom 16. 12. 1996 DStR 1997, 117. Dies gilt jedoch nicht für die Verluste der Tochtergesellschaft, wenn bei doppelstöckigen Personengesellschaften die Gesellschafter der Obergesellschaft wechseln, *Gail/Düll/Fuhrmann/Grupp/Eberhard*, Aktuelle Entwicklungen des Unternehmenssteuerrechts, DB-Beilage Nr. 15/2000, 23; zu Formwechsel der Obergesellschaft *OFD Düsseldorf* vom 12. 10. 2000 FR 2000, 1298; zum Wechsel von unmittelbarer zu mittelbarer Beteiligung *BFH* vom 6. 9. 2000 DStR 2000, 2125: Beschränkung des gewerbesteuerlichen Verlustvortrags auf die Sonderbetriebsvermögen entstandene Verluste.

[490] Abschn. 68 Abs. 3 Nr. 1 GewStR 1998.

[491] Mit Beispielen *OFD Kiel* vom 6. 1. 2000 DStR 2000, 823.

[492] Zur möglichen Verfassungswidrigkeit der Verschärfung von § 8b Abs. 4 KStG durch das Gesetz zur Fortführung der Unternehmenssteuerreform vom 29. 10. 1997 (BGBl. I 1997, 2590) siehe *BFH* vom 29. 11. 2000 GmbHR 2001, 211 mit Kommentar *Haritz/Wisniewski*; *Heimann/Frey*, Auswirkungen der formellen Verfassungswidrigkeit von Steuergesetzen, GmbHR 2001, 171.

tung, da bereits vor dem Unternehmenskauf vorhandene Verlustvorträge durch Anteilseignerwechsel oder nachfolgende Umstrukturierungen gefährdet sein könnten.

353 Nach dem Anwendungsschreiben zu § 8 Abs. 4 KStG und § 12 Abs. 3 Satz 2 UmwStG[493] gilt für die Anwendung der einzelnen Tatbestandsmerkmale des § 8 Abs. 4 KStG folgendes[494]:

354 **b) Tatbestandsvoraussetzungen eines Wegfalls von Verlustvorträgen. aa) Übertragung von mehr als 50% der Anteile.** Die Finanzverwaltung will grundsätzlich jede Veränderung der Gesellschaftsverhältnisse, die zu einer Anteilsverschiebung führt, iRd. § 8 Abs. 4 KStG erfassen. Nach Ansicht der Finanzverwaltung sind daher auch eine **Kapitalerhöhung**[495], eine Verschmelzung auf die Verlustgesellschaft und die Einbringung eines Betriebs, Teilbetriebs oder Mitunternehmeranteils einem Gesellschafterwechsel durch Übertragung von Anteilen gleichzusetzen[496]. Der Verlustabzug soll auch dann verlorengehen können, wenn lediglich **mittelbar gehaltene Beteiligungen** an der verlusttragenden Gesellschaft übertragen werden[497]. § 8 Abs. 4 KStG ist schließlich auch auf unentgeltliche Übertragungen anzuwenden, sofern es sich nicht um einen Erbfall oder eine Erbauseinandersetzung handelt[498].

355 Eine Übertragung von mehr als 50% der Anteile an einer Kapitalgesellschaft ist nach Auffassung der Finanzverwaltung grundsätzlich dann anzunehmen, wenn innerhalb eines Zeitraums von **fünf Jahren** mehr als 50% der Anteile an der Kapitalgesellschaft übertragen werden[499].

356 **bb) Zuführung von überwiegend neuem Betriebsvermögen.** Der Wechsel von mehr als 50% der Gesellschafter ist für den Verlustabzug nur schädlich, wenn zusätzlich der Kapitalgesellschaft überwiegend neues Betriebsvermögen innerhalb eines Zeitraums von fünf Jahren **nach**[500] der schädlichen **Anteilsübertragung** zugeführt wird[501]. Betriebsvermögen ist das mit den Teilwerten bewertete Aktivvermögen der Kapitalgesellschaft einschließlich der (nicht bilan-

---

[493] *BMF* vom 16. 4. 1999 BStBl. I 1999, 455.

[494] *Kröner*, Überlegungen zur Verlustnutzung vor dem Hintergrund des Erlassentwurfs zu §§ 8 Abs. 4 KStG und 12 Abs. 3 Satz 2 UmwStG, DStR 1998, 1495; *Breuninger/Frey* GmbHR 1998, 866; *Eilers/Wienands* FR 1998, 828; *Hörger/Endres*, Verlustnutzung beim Mantelkauf, DB 1998, 335; *Neyer*, Verlustabzug nach Anteilsübertragung, BB 1998, 869.

[495] Zur besonderen Problematik bei „dot.coms" bzw. Start-up-Unternehmen *Kraft* § 8 Abs. 4 KStG – Totgräber zahlreicher „dot.coms"?, DB 2001, 112; *Heßler/Mosebach*, Verlustabzug bei Start-up-Unternehmen, DStR 2001, 813.

[496] *BMF* vom 16. 4. 1999 BStBl. I 1999, 455 Rn 26.

[497] *BMF* vom 16. 4. 1999 BStBl. I 1999, 455 Rn 28; kritisch *Moog*, Der Verlust des Verlustvortrags bei mittelbaren Beteiligungen, DB 2000, 1638.

[498] *BMF* vom 16. 4. 1999 BStBl. I 1999, 455 Rn 4.

[499] *BMF* vom 16. 4. 1999 BStBl. I 1999, 455 Rn 6.

[500] Siehe aber *BMF* vom 16. 4. 1999 BStBl. I 1999, 455 Rn 31; *OFD Frankfurt* vom 3. 7. 2000 FR 2000, 890.

[501] *BMF* vom 16. 4. 1999 BStBl. I 1999, 455 Rn 12; *Schwetlik* GmbH-StB 2000, 274; *OFD Frankfurt* vom 3. 7. 2000, FR 2000, 890.

zierten) immateriellen Wirtschaftsgüter[502]. Um zu beurteilen, ob der Gesellschaft überwiegend neues Betriebsvermögen zugeführt wird, sind daher die Teilwerte des vorhandenen und des neu zugeführten Vermögens gegenüberzustellen. Gehören zum Betriebsvermögen **Beteiligungen an Organgesellschaften oder Personengesellschaften**, ist nach Verwaltungsauffassung das Aktivvermögen der Organgesellschaft in vollem Umfang bzw. das Aktivvermögen der Personengesellschaft zu dem Anteil der Beteiligung in den Vergleich einzubeziehen[503]. Übersteigen die Teilwerte des neu zugeführten Aktivvermögens die Teilwerte des vorhandenen Aktivvermögens (unter Berücksichtigung nicht bilanzierungsfähiger immaterieller Wirtschaftsgüter), liegt eine schädliche Zuführung überwiegend neuen Betriebsvermögens vor. Ob dieses neue Betriebsvermögen durch Einlagen oder Fremdfinanzierung zugeführt wird, ist unerheblich[504]. Der **Aktivtausch** ist grundsätzlich keine Zuführung von neuem Betriebsvermögen. Nach mE unzutreffender Auffassung der Finanzverwaltung soll jedoch im Fall des **Branchenwechsels** überwiegend neues Betriebsvermögen auch dann zugeführt sein, wenn für die von einer Kapitalgesellschaft wieder aufgenommene Tätigkeit neue Vermögensgegenstände verwendet werden[505].

Der **fremdfinanzierte Erwerb von Aktivvermögen** sollte jedoch nur schädlich sein, wenn er eine Beziehung zur Gesellschaftersphäre aufweist. Dies ist lediglich dann der Fall, wenn das Fremdkapital entweder durch den Gesellschafter gegeben oder durch diesen besichert wird.

cc) Sanierungsfälle. Die Zuführung neuen Betriebsvermögens ist unschädlich, wenn
- sie allein der Sanierung dient,
- der ursprüngliche Geschäftsbetrieb, der den Verlust verursacht hat, in einem nach dem Gesamtbild der wirtschaftlichen Verhältnisse vergleichbaren Umfang erhalten wird und
- die Körperschaft den Betrieb in diesem Umfang fünf Jahre fortführt.

Eine Sanierung liegt dabei nach Auffassung der Finanzverwaltung nur vor, wenn die Kapitalgesellschaft **sanierungsbedürftig** ist und das zugeführte Betriebsvermögen den für das Fortbestehen des Betriebs notwendigen Umfang nicht wesentlich überschreitet[506].

c) Gestaltungsmöglichkeiten. aa) Forderungsverzicht gegen Besserungsschein. Bestehende Verlustvorträge können auch durch einen Forderungsverzicht mit Besserungsschein gerettet werden. Ist die Forderung (teilweise) wertlos und verzichtet der Gesellschafter auf die Forderung, wird in Höhe des nicht

---

[502] *BMF* vom 16. 4. 1999 BStBl. I 1999, 455 Rn 9.
[503] *BMF* vom 16. 4. 1999 BStBl. I 1999, 455 Rn 9.
[504] *BFH* vom 13. 8. 1997 BStBl. II 1997, 829; *BMF* vom 16. 4. 1999 BStBl. I 1999, 455 Rn 9; zu Gläubigerwechsel *FG Münster* vom 14. 2. 2000, Az. 9 K 7835/97 F, nrkr., *BFH-Az*.: I R 29/00.
[505] *BMF* vom 16. 4. 1999 BStBl. I 1999, 455 Rn 10; siehe *Janssen*, Die Behandlung des Mantelkaufs nach § 8 Abs. 4 KStG – eine Fallstudie unter besonderer Berücksichtigung eines Branchenwechsels, DStR 2001, 837.
[506] Zu Einzelheiten *OFD Frankfurt* vom 3. 7. 2000 FR 2000, 890.

werthaltigen Teils der Forderung auf Ebene der Zielgesellschaft Gewinn realisiert[507]. Der Forderungsverzicht kann mit Besserungsvereinbarung unter der Bedingung ausgesprochen werden, daß eine Besserung der wirtschaftlichen Situation der Gesellschaft in der Zukunft eintritt. Die spätere Bedienung des Besserungsscheins ist aufwandswirksam[508].

361 Im Ergebnis werden bestehende Verlustvorträge durch den Forderungsverzicht aufgebraucht. Mit dem späteren Aufleben des Besserungsscheins leben zu einem späteren Zeitpunkt die Verlustvorträge jedoch wirtschaftlich wieder auf.

362 **bb) Aufstockung stiller Reserven.** Droht ein Verlustvortrag durch Anteilseignerwechsel wegzufallen, so besteht grundsätzlich auch die Möglichkeit, durch Auflösung stiller Reserven zusätzliches Abschreibungspotential zu schaffen und bestehende Verlustvorträge aufzubrauchen. Eine Möglichkeit hierfür wäre bspw. die gewinnrealisierende Übertragung von Wirtschaftsgütern auf Tochtergesellschaften vor Anteilsübertragung, wodurch bestehende Verlustvorträge in Form künftiger Abschreibungen ausgenutzt werden könnten[509].

363 **cc) Leasingfinanzierungen/Betriebsverpachtung.** Der Wegfall des Verlustabzugs setzt nach § 8 Abs. 4 KStG grundsätzlich die Zuführung weiteren Betriebsvermögens voraus. Der Wegfall des Verlustabzugs könnte daher dadurch vermieden werden, daß anstelle von Direktinvestitionen der Zielgesellschaft neues Betriebsvermögen im Wege von Leasingfinanzierungen zugeführt wird[510]. Möglich wäre ggf. auch die Verpachtung eines Geschäftsbetriebs an die Verlustgesellschaft. Die Gewinne aus dem gepachteten Geschäftsbetrieb könnten dann – bei Angemessenheit der Verträge – mit den Verlustvorträgen der Zielgesellschaft verrechnet werden[511].

364 **dd) Zuführung neuen Betriebsvermögens durch die Altgesellschafter.** Grundsätzlich sollte eine Verlustnutzung auch möglich sein, wenn anstelle der Anteilserwerber die Altgesellschafter neues Betriebsvermögen vor dem Anteilseignerwechsel zuführen. Zwar kann nach Verwaltungsauffassung die Zuführung neuen Betriebsvermögens im Einzelfall auch schädlich sein, wenn sie vor dem Zeitpunkt der Anteilsübertragung beginnt oder sogar schon abgeschlossen ist[512]. Dies kann jedoch mE nur gelten, wenn die Zuführung neuen Betriebsvermögens der Erwerbersphäre und nicht der Veräußerersphäre zuzurechnen ist[513].

---

[507] Entscheidung des Großen Senats des *BFH* vom 9. 6. 1997 GmbHR 1997, 851.
[508] *BFH* vom 30. 5. 1990 BStBl. II 1991, 588; *BFH* vom 3. 12. 1996 BFH/NV 1997, 265; *Weber-Grellet* in Schmidt § 5 EStG Rn 550 „Gesellschafterfinanzierung".
[509] Ggf. auch formwechselnde Umwandlung in Personengesellschaft mit Ausweis eines Übertragungsgewinns, siehe *FG München* vom 5. 10. 2000 EFG 2001, 32.
[510] *Breuninger/Frey* GmbHR 1998, 866, 875; *Eilers/Wienands* FR 1998, 828, 834; *OFD Frankfurt* vom 3. 7. 2000 FR 2000, 890. Allerdings stellt nach Auffassung des FG Hamburg auch die mietweise „Anschaffung" von Wirtschaftsgütern eine Zuführung neuen Betriebsvermögens dar, *FG Hamburg* vom 22. 8. 1995 EFG 1996, 332.
[511] *OFD Frankfurt* vom 3. 7. 2000 FR 2000, 890; *Schwetlik* GmbH-StB 2000, 212.
[512] *BMF* vom 16. 4. 1999 BStBl. I 1999, 455 Rn 31.
[513] So auch *Breuninger/Frey* GmbHR 1998, 866, 871.

IV. Vermeidung von Doppelbesteuerungen/ Verminderung von Quellensteuer

Beim grenzüberschreitenden Unternehmenskauf sind wesentliche Gestaltungsziele die Vermeidung von Doppelbesteuerungen bzw. die Reduktion von Kapitalertragsteuern auf Gewinnausschüttungen. Es ist zu unterscheiden zwischen dem Erwerb von ausländischen Unternehmen durch Steuerinländer und dem Erwerb von inländischen Unternehmen durch Steuerausländer.

1. Erwerb ausländischer Unternehmen durch Steuerinländer

a) Erwerb ausländischer Betriebsstätten, Einzelunternehmen oder Personengesellschaften. Gewinne aus gewerblichen ausländischen Einzelunternehmen, Betriebsstätten oder Personengesellschaften sind im Inland nach der deutschen Abkommenspraxis regelmäßig steuerbefreit. Die Gewinnentnahmen aus den ausländischen Unternehmen unterliegen regelmäßig keinem Kapitalertragsteuerabzug[514]. Gestaltungen sind insoweit nicht erforderlich.

Sieht das DBA mit dem jeweiligen Investitionsland einen **Aktivitätsvorbehalt** vor, kann eine inländische Besteuerung ggf. dadurch vermieden werden, daß die ausländische Gesellschaft über eine Holdinggesellschaft mit Sitz in einem Drittland erworben wird, das mit dem Investitionsland ein DBA ohne Aktivitätsvorbehalt abgeschlossen hat.

Weicht die steuerliche Qualifikation der Personengesellschaft im Sitzstaat von derjenigen im Inland ab, können im Einzelfall besondere Gestaltungsmaßnahmen erforderlich werden, um eine als Folge solcher **Qualifikationskonflikte** entstehende Doppelbesteuerung zu vermeiden.

b) Erwerb von Anteilen an ausländischen Kapitalgesellschaften. aa) Beteiligungserwerb durch Kapitalgesellschaften. Beim Anteilserwerb an ausländischen Kapitalgesellschaften durch eine inländische Kapitalgesellschaft steht regelmäßig die Vermeidung von Quellensteuern auf Gewinnausschüttungen im Vordergrund.

Beim Erwerb von EU-Kapitalgesellschaften können Kapitalertragsteuerbelastungen auf Gewinnausschüttungen regelmäßig vermieden werden. Beim Erwerb ausländischer Kapitalgesellschaften mit Sitz außerhalb der EU sind die Beteiligungen ggf. über Zwischenholdings so zu strukturieren, daß möglichst geringe Kapitalertragsteuern anfallen.

bb) Beteiligungserwerb durch natürliche Personen. Werden die Anteile an der ausländischen Kapitalgesellschaft von natürlichen Personen oder Personengesellschaften gehalten, kommt eine Steuerbefreiung der Gewinnausschüttungen der ausländischen Kapitalgesellschaft im Inland regelmäßig nicht in Betracht. Es sind insoweit Maßnahmen erforderlich, um eine hieraus resultierende Doppelbesteuerung zu vermeiden. Eine Doppelbesteuerung kann insbes.

---

[514] Auf die Besonderheiten der Besteuerung etwa von spanischen Personengesellschaften oder tschechischen Kommanditgesellschaften, die für die Besteuerung wie Kapitalgesellschaften behandelt werden, soll an dieser Stelle nicht eingegangen werden.

durch Umwandlung der ausländischen Kapitalgesellschaft in eine Personengesellschaft vermieden werden.

2. Erwerb inländischer Unternehmen durch Steuerausländer

372 a) Erwerb von Anteilen an inländischen Personengesellschaften. Die Besteuerung inländischer gewerblicher Einzelunternehmen oder inländischer gewerblicher Personengesellschaften beim ausländischen Anteilseigner entspricht grundsätzlich der Besteuerung beim inländischen Anteilseigner. Die Gewinnentnahmen unterliegen keinem Kapitalertragsteuerabzug. Gestaltungen sind insoweit regelmäßig nicht erforderlich.

373 b) Vermeidung von Kapitalertragsteuern bei Erwerb von Anteilen an inländischen Kapitalgesellschaften. Gewinnausschüttungen deutscher Kapitalgesellschaften unterliegen einer 20%-igen Kapitalertragsteuer[515] zuzüglich eines 5,5%-igen Solidaritätszuschlags[516]. Regelmäßig wird die deutsche Kapitalertragsteuer aber aufgrund von DBA gemindert[517]. Ist der ausländische Anteilseigner eine EU-Kapitalgesellschaft, kann unter den weiteren Voraussetzungen des § 44d EStG vom Kapitalertragsteuerabzug gänzlich abgesehen werden.

374 Fraglich ist, ob künftig aufgrund der Freistellung von Dividendeneinkünften von Kapitalgesellschaften gem. § 8b Abs. 1 KStG 2001 ggf auch eine völlige **Kapitalertragsteuerfreistellung** von Dividendeneinkünften ausländischer (beschränkt steuerpflichtiger) Kapitalgesellschaften erreicht werden könnte. Sofern ausländische Kapitalgesellschaften gem. § 2 Nr. 1, 8 Abs. 1 KStG 2001 iVm. § 49 Abs. 1 Nr. 5 EStG mit Gewinnausschüttungen aus inländischen Kapitalgesellschaften beschränkt steuerpflichtig sind, ist kein sachlicher Grund ersichtlich, warum diese Gewinnausschüttungen mit Kapitalertragsteuer belastet werden sollten. Da diese beschränkt steuerpflichtigen Einkünfte nicht im Rahmen einer inländischen Veranlagung erfaßt werden und die Körperschaftsteuer daher gem. § 32 KStG 2001 mit dem Kapitalertragsteuerabzug abgegolten ist, könnte eine **Erstattung** der einbehaltenen Kapitalertragsteuer gem. § 37 Abs. 2 AO in Betracht kommen[518]. Es ist allerdings zweifelhaft, ob dies so vom Gesetzgeber gewollt wäre.

375 aa) Zwischenschalten von ausländischen Gesellschaften. Aus Sicht des ausländischen Erwerbers ist die Beteiligung an der inländischen Kapitalgesellschaft – ggf. über Zwischenholdings – so zu strukturieren, daß bei Gewinnausschüttungen eine möglichst geringe oder gar keine Kapitalertragsteuer anfällt. In diesem Zusammenhang ist § 50d Abs. 1a EStG zu beachten. Danach hat eine ausländische Gesellschaft keinen Anspruch auf Steuerentlastung (Steuerbefreiung oder -ermäßigung nach § 44d EStG oder nach einem Abkommen zur Vermeidung der Doppelbesteuerung), sofern

---

[515] §§ 43, 43a iVm. § 20 Abs. 1 Nr. 1 EStG 2001.
[516] § 4 iVm. § 3 Abs. 1 Nr. 5 SolZG.
[517] Art. 10 Abs. 2 OECD-MA, Abkommensübersicht in *Vogel*, Doppelbesteuerungsabkommen der Bundesrepublik Deutschland auf dem Gebiet der Steuern von Einkommen: Kommentar, 3. Aufl. 1996, DBA Einl Rn 78.
[518] *Oppenhoff & Rädler*, Reform der Unternehmensbesteuerung, 2000, 231 f.

- Personen an ihr beteiligt sind, denen die Steuerentlastung nicht zustünde, wenn sie die Einkünfte unmittelbar erzielten, und
- für die Einschaltung der ausländischen Gesellschaft wirtschaftliche oder sonst beachtliche Gründe fehlen und
- sie **keine eigene Wirtschaftstätigkeit** entfaltet.

Diese Voraussetzungen müssen kumulativ vorliegen. Im einzelnen gilt folgendes[519]: 376

(1) **Ausländische Gesellschaft.** „Ausländische Gesellschaften" sind Gesellschaften, die weder ihre Geschäftsleitung, noch ihren Sitz im Inland haben[520]. Grundsätzlich sind auch Zwischengesellschaften in der Rechtsform von Personengesellschaften von dieser Regelung betroffen[521]. Da Personengesellschaften nicht nach § 44d EStG begünstigt bzw. idR nicht abkommensberechtigt sind, sind sie faktisch jedoch nur in Ausnahmefällen betroffen. 377

(2) **Beteiligung von Personen, denen die Steuerentlastung bei direkter Beteiligung nicht zusteht.** Den an der Gesellschaft beteiligten (natürlichen oder juristischen) Personen darf die Steuerentlastung bei direktem Bezug der Leistungen nicht zustehen. Bei der Beurteilung ist fiktiv von der Lage auszugehen, die ohne Zwischenschaltung der Gesellschaft bestanden hätte, wenn die Person die Einkünfte selbst erzielt hätte, auf die sich die Steuerentlastung bezieht[522]. 378

Hat die zwischengeschaltete Gesellschaft mehrere Anteilseigner, sind diese separat zu betrachten[523]. Die Anteilseigner, denen die Entlastung auch bei unmittelbarem Bezug gewährt worden wäre, bleiben von der Rechtsfolge des § 50d Abs. 1a EStG unberührt[524]. Unklar ist, ob bereits eine mittelbare Beteiligung an der zwischengeschalteten Gesellschaft ausreicht[525]. 379

(3) **Wirtschaftlich beachtlicher Grund.** Ein wirtschaftlich beachtlicher Grund liegt vor, wenn durch die Errichtung der zwischengeschalteten Gesellschaft ein konkreter wirtschaftlicher Vorteil angestrebt wird, der innerhalb eines übersehbaren Zeitraums tatsächlich erzielt werden kann[526]. Entscheidend für die 380

---

[519] Zur Frage, ob zusätzlich eine rechtsmißbräuchliche Einschaltung der ausländischen Gesellschaft vorliegen muß, siehe *FG Köln* vom 4.3.1999 EFG 1999, 963.
[520] *Kumpf* in Herrmann/Heuer/Raupach § 50d EStG, grüne Seiten, S. 7; *Höppner* IWB Fach 3 Gruppe 3, 1153, 1156.
[521] *Kraft* IStR 1994, 370, 373 f.
[522] *Flick* IStR 1994, 223.
[523] *Nieland* in Lademann/Söffing, Kommentar zum Einkommensteuergesetz (Losebl.), Stand: Juli 2000, § 50d EStG Rn 81; *Krabbe* in Blümich § 50d EStG Rn 71.
[524] *Höppner* IWB Fach 3 Gruppe 3, 1153, 1163.
[525] ZT wird die Auffassung vertreten, daß eine mittelbare Beteiligung ausreicht: *Krabbe*, Mittelbare Abkommensberechtigung nach § 50d Abs. 1a EStG, IStR 1998, 76; *Krabbe* IStR 1995, 382, 383; *Höppner* in Haarmann S. 127, 138; *Wied* in Blümich § 50d EStG Rn 36; aA sind *Kumpf* in Herrmann/Heuer/Raupach § 50d EStG, grüne Seiten, S. 7 ff. und *Flick* IStR 1994, 223, 224.
[526] Konkrete wirtschaftliche Vorteile liegen in der Steigerung der Erträge oder der Senkung der Aufwendungen. Die Beurteilung erfolgt aus der Sicht eines ordentlichen Kaufmanns; vgl. *BFH* vom 24.2.1976 BStBl. II 1977, 265.

Beurteilung ist allein das tatsächliche Handeln der Gesellschaft[527]. Wirtschaftlich beachtliche Gründe für die Errichtung einer Gesellschaft sind[528]:
- Die Funktion als Spitze eines weltweit aufzubauenden Konzerns[529],
- der Erwerb von Beteiligungen von einigem Gewicht in angemessenem zeitlichen und vernünftigem wirtschaftlichen Zusammenhang mit der Gründung[530],
- die Wahrnehmung zumindest ausgewählter geschäftsleitender Funktionen[531] und/oder
- die finanzielle Ausstattung mehrerer Tochtergesellschaften[532].

381 Das bloße Halten und Verwalten von Vermögensgegenständen reicht als wirtschaftlich beachtlicher Grund nicht aus[533]. Unklar ist, was unter „sonst beachtlichen Gründen" zu verstehen ist[534].

382 **(4) Eigene wirtschaftliche Tätigkeit.** Eine eigene wirtschaftliche Tätigkeit iSd. § 50d Abs. 1a EStG liegt vor, wenn die ausländische Gesellschaft sich über den Rahmen einer Vermögensverwaltung hinaus am allgemeinen wirtschaftlichen Verkehr beteiligt[535]. Fraglich ist jedoch, ob bereits eine gemischte Tätigkeit für die Annahme einer eigenen wirtschaftlichen Tätigkeit ausreicht[536]. Die Tätigkeit muß durch entsprechendes Handeln der zuständigen Organe tatsächlich in Erscheinung treten[537]. Dazu ist das Unterhalten eines geeigneten Ge-

---

[527] Nicht etwa der statuarisch festgelegte oder von den Gesellschaftern erklärte Zweck der Gesellschaft; *Luttermann* IStR 1993, 153, 157; *Kumpf* in Hermann/Heuer/Raupach § 50d EStG, grüne Seiten, S. 9; *Grützner*, Änderungen der Einkommensbesteuerung beschränkt Steuerpflichtiger durch das StMBG, IWB Fach 3 Gruppe 3, 1077, 1089.

[528] Zur Aufstellung eines Negativkatalogs (wirtschaftlich nicht beachtlicher Gründe) kann die Rechtsprechung des BFH zu den sog. Basisgesellschaften herangezogen werden. Keine beachtlichen Gründe stellen demnach dar: die Erzielung von Steuervorteilen als alleinige Zielsetzung (*BFH* vom 27. 7. 1976 BStBl. II 1977, 263), die Wahrnehmung der Geschäftsleitung von nur einer Tochtergesellschaft und Finanzierung dieser durch Darlehensgewährung (*BFH* vom 29. 7. 1976 BStBl. II 1977, 261; *BFH* vom 9. 12. 1980 BStBl. II 1981, 339), die alleinige Ausübung der Gesellschafterrechte einer oder mehrerer Gesellschaften ohne zusätzliche geschäftsleitende Funktion (*BFH* vom 24. 2. 1976 BStBl. II 1977, 265; *BFH* vom 2. 6. 1992 BFH/NV 1993, 416; *BFH* vom 9. 12. 1980 BStBl. II 1981, 339; *FM Nordrhein-Westfalen* Erlaß vom 2. 5. 1977), das alleinige Halten von mit Stamm- und Fremdkapital finanzierten Wertpapieren (*BFH* vom 9. 12. 1980 BStBl. II 1981, 339; *BFH* vom 21. 6. 1976 BStBl. 1977, 266; *BFH* vom 29. 7. 1976 BStBl. II 1976, 263), das Halten von Inlandsvermögen im Hinblick auf eine zukünftige Erbregelung (*BFH* vom 5. 3. 1986 BStBl. II 1986, 496), die Sicherung von Vermögen für Krisenzeiten (*BFH* vom 5. 3. 1986 BStBl. II 1986, 496) sowie das Halten von Gesellschaftskapital ohne weitere Tätigkeit (*BFH* vom 29. 7. 1976 BStBl. II 1977, 261).

[529] *BFH* vom 29. 7. 1976 BStBl. II 1977, 261; *BFH* vom 29. 1. 1975 BStBl. II 1975, 553.

[530] *BFH* vom 29. 7. 1976 BStBl. II 1977, 263, 264; *BFH* vom 9. 12. 1980 BStBl. II 1981, 339.

[531] *BFH* vom 9. 12. 1980 BStBl. II 1981, 339.

[532] *BFH* vom 23. 10. 1991 BStBl. II 1992, 1026.

[533] *Höppner* IWB Fach 3 Gruppe 3, 1153, 1160.

[534] *Luttermann* IStR 1993, 153, 157.

[535] *BFH* vom 29. 7. 1976 BStBl. II 1977, 263 „Basisgesellschaften".

[536] Pro: *Kumpf* in Hermann/Heuer/Raupach § 50d EStG, grüne Seiten, S. 10; contra: *Heinicke* in Schmidt § 50d EStG Rn 32.

[537] *BFH* vom 29. 7. 1976 BStBl. II 1977, 261; *BFH* vom 29. 7. 1976 BStBl. II 1977, 263; *BFH* vom 9. 12. 1980 BStBl. II 1981, 339; *BFH* vom 2. 6. 1992 StRK § 42 AO R 89; *BFH* vom 5. 3. 1986 BStBl. II 1986, 496; *BFH* vom 23. 10. 1991 BFH/NV 1992, 271.

schäftsapparats zur Durchführung der beabsichtigten Maßnahmen erforderlich[538].

(5) Rechtsfolge. Als Rechtsfolge des § 50d Abs. 1a EStG wird der Zwischengesellschaft der Anspruch auf die Steuerentlastung nach dem DBA oder nach § 44d EStG versagt. Neben Gewinnausschüttungen können Zinsen und Lizenzen[539] und nach Auffassung der Finanzverwaltung auch **Veräußerungsgewinne**[540] in den Anwendungsbereich dieser Regelung fallen. Allerdings wird die Anwendung des § 50d Abs. 1a EStG auf Veräußerungsgewinne wegen der Steuerfreistellung von Veräußerungsgewinnen von Kapitalgesellschaften ab 2002 weitgehend an Bedeutung verlieren.

bb) Zwischenschaltung von inländischen gewerblichen Personengesellschaften. Mit der Einführung des Halbeinkünfteverfahrens besteht ab 2001 auch die Möglichkeit der Vermeidung von Kapitalertragsteuern auf Gewinnausschüttungen inländischer Gesellschaften durch Beteiligungserwerb über eine inländische gewerbliche (gewerblich geprägte[541]) Personengesellschaft. Beim Beteiligungserwerb über eine gewerbliche Personengesellschaft werden die Gewinnausschüttungen der inländischen Zielgesellschaft iRd. Veranlagung der Personengesellschaft erfaßt. § 50 Abs. 5 Satz 1 EStG greift nicht. Dies hat zur Folge, daß für die Kapitalertragsteuer auf die iRd. inländischen Veranlagung erfaßten Gewinnausschüttungen grundsätzlich eine Steueranrechnung nach § 36 Abs. 2 Nr. 2 EStG oder eine Steuererstattung nach § 36 Abs. 4 Satz 2 EStG in Betracht kommt. Für den ausländischen Gesellschafter in der Rechtsform der Kapitalgesellschaft folgt hieraus, daß er die Gewinnausschüttung der inländischen Gesellschaft über die Befreiungsvorschrift des § 8b Abs. 6 KStG 2001 steuerfrei vereinnahmen kann, die hierauf entfallende Kapitalertragsteuer aber nach § 36 Abs. 2 Nr. 2 bzw. Abs. 4 Satz 2 EStG angerechnet wird. Im Ergebnis kann damit der ausländische Anteilseigner (Kapitalgesellschaft) die Gewinnausschüttungen ohne Kapitalertragsteuerbelastung vereinnahmen[542].

Die Zwischenschaltung einer Personengesellschaft wird insbes. solchen Anteilseignern steuerliche Vorteile bringen, die aufgrund des nationalen Steuersystems Gewinnausschüttungen von Kapitalgesellschaften ohnehin nicht steuerfrei vereinnahmen können (zB Anteilseigner mit Sitz in den Vereinigten Staaten oder in Großbritannien). Die Zwischenschaltung einer Personengesellschaft kann darüber hinaus vorteilhaft sein, wenn das nationale Steuerrecht des ausländischen Anteilseigners in Verbindung mit dem jeweiligen DBA eine Steuerbefreiung für

---

[538] *Höppner* in Haarmann S. 127, 143; *BFH* vom 2. 6. 1992 StRK § 42 AO R 89.

[539] *Flick* IStR 1994, 223, 225; *Schaumburg*, Internationales Steuerrecht, 2. Aufl. 1998, Rn 16, 153.

[540] *Krabbe* IStR 1995, 382; *Neyer*, Die Missbrauchsklausel des § 50d Abs. 1a EStG und ihre Anwendung auf Veräußerungsgewinne, IStR 1996, 120, 121; aA *Flick* IStR 1994, 223; *Kraft* IStR 1994, 370.

[541] § 15 Abs. 3 Nr. 2 EStG.

[542] *Bergemann* DStR 2000, 1410, 1414; *Neu*, GmbH mit ausländischen Gesellschaftern, GmbH-StB 2000, 303, 304; Unternehmenssteuerreform – Die Neuregelungen des Steuersenkungsgesetzes für Kapitalgesellschaften und ihre Anteilseigner, NJW Beilage zu Heft 51/2000, 11.

Schachteldividenden vorsieht und diese Steuerbefreiung nicht aufgrund der Beteiligung über eine zwischengeschaltete Personengesellschaft versagt wird.

D. Beteiligungserwerb durch Anteilstausch, Einbringung oder Umwandlung

I. Beteiligungserwerb durch Anteilstausch[543]

386   Beim Beteiligungserwerb durch Anteilstausch erwirbt der Käufer Anteile an dem Zielunternehmen im Austausch gegen eigene Anteile. Der Erwerber braucht dann keine eigenen Finanzmittel zum Beteiligungserwerb aufzubringen. Außerdem kann ein Beteiligungserwerb im Wege des Anteilstauschs auch handelsbilanzielle Vorteile bringen, wenn als Folge des Anteilstauschs iRd. Konzernbilanz die Pooling of Interests-Methode in Betracht kommt. Bei der **Pooling of Interests**-Methode[544] wird das Konzernergebnis weder durch Abschreibungen auf einen aktivierten „goodwill" noch durch höhere Abschreibungen auf die mit dem Verkehrswert („fair value") bewerteten Wirtschaftsgüter belastet, wie dies bei der Purchase Accounting-Methode[545] vielfach der Fall ist. Die Anwendung der Pooling of Interests-Methode ist allerdings – insbes. in der US-GAAP Konzernbilanz – an restriktive Voraussetzungen geknüpft. Voraussetzung ist insbes., daß das Mutterunternehmen im Tauschwege mindestens 90% der Anteile an dem Tochterunternehmen erworben hat[546].

387   Steuerlich kann der Anteilstausch aus Sicht des Veräußerers vorteilhaft sein, wenn dieser hierdurch im Vergleich zu einer Anteilsveräußerung einen **Besteuerungsaufschub** erreichen kann.

388   Es ist zwischen einem inländischen Anteilstausch und einem grenzüberschreitenden Anteilstausch zu unterscheiden.

1. Inländischer Anteilstausch

389   Der **Tausch von Anteilen an Kapitalgesellschaften**[547] ist steuerneutral möglich, wenn die Voraussetzungen einer steuerneutralen Einbringung von Anteilen an einer Kapitalgesellschaft in eine Kapitalgesellschaft nach § 20 Abs. 1 Satz 2 UmwStG gegeben sind. Danach können Anteile an Kapitalgesellschaften in eine Kapitalgesellschaft steuerneutral zum Buchwert gegen Gewährung von

---

[543] Vgl. auch *Bogenschütz,* Steuerliche Probleme bei europäischen Unternehmenszusammenschlüssen, IStR 2000, 609.
[544] Siehe § 32 Rn 138.
[545] Siehe § 32 Rn 88.
[546] § 302 Abs. 1 HGB; zur Konzernbilanz nach US-GAAP siehe APB Opinion No. 16; *Ballwieser,* US-amerikanische Rechnungslegung, 4. Aufl. 2000, S. 253 ff. Fraglich ist, ob ab 2001 ein Pooling of Interests in der US-GAAP Konzernbilanz noch zulässig ist. Siehe auch *Busse von Colbe,* Ist die Bilanzierung des Firmenwerts nach dem Nonamortization-Impairment-Ansatz des SFAS-Entwurfs von 2001 mit § 292a HGB vereinbar?, DB 2001, 877.
[547] Zur Einbringung von Anteilen an Kapitalgesellschaften in eine Personengesellschaft siehe *BFH* vom 19. 10. 1998 BStBl. II 2000, 230.

Gesellschaftsrechten eingebracht werden, sofern die folgenden Voraussetzungen erfüllt sind:
- Einbringung der Anteile in eine **unbeschränkt steuerpflichtige Kapitalgesellschaft**. Auf die Person des Einbringenden kommt es nicht an. Der Einbringende kann auch ein beschränkt steuerpflichtiger Steuerausländer sein.
- Die übernehmende Kapitalgesellschaft muß sog. **mehrheitsvermittelnde Anteile** an der Gesellschaft erwerben, deren Anteile eingebracht werden[548]. Mehrheitsvermittelnde Anteile an Kapitalgesellschaften[549] liegen vor, wenn die übernehmende Gesellschaft nach der Einbringung unmittelbar die Mehrheit der Stimmrechte an der Gesellschaft hat, deren Anteile eingebracht werden. Begünstigt ist sowohl der Fall, daß eine Mehrheitsbeteiligung erst durch den Einbringungsvorgang entsteht, als auch der Fall, daß eine zum Umwandlungsstichtag bereits bestehende Mehrheitsbeteiligung weiter aufgestockt wird[550].
- Die übernehmende Gesellschaft muß die Anteile zum Buchwert ansetzen. **Buchwert** ist der Wert, mit dem der Einbringende das eingebrachte Vermögen im Zeitpunkt der Sacheinlage nach den steuerrechtlichen Vorschriften über die Gewinnermittlung anzusetzen hat; bei der Sacheinlage von Anteilen an Kapitalgesellschaften aus einem Privatvermögen treten an die Stelle des Buchwerts die Anschaffungskosten der Anteile[551]. Der Wert, mit dem die übernehmende Gesellschaft die eingebrachten Anteile ansetzt, gilt für den Einbringenden als Veräußerungspreis und zugleich als Anschaffungskosten für die erhaltenen Anteile[552]. Der Einbringungsvertrag sollte daher die übernehmende Gesellschaft verpflichten, die erhaltenen Anteile zu dem vom Einbringenden gewünschten Wert anzusetzen.
- Die Gegenleistung der übernehmenden Kapitalgesellschaft (Erwerber) muß zumindest zum Teil in neuen Gesellschaftsanteilen (**Neugründung oder Kapitalerhöhung**) bestehen. Die übernehmende Gesellschaft muß dem Einbringenden daher im Rahmen einer Kapitalerhöhung zumindest einen neuen Gesellschaftsanteil gewähren. Soweit der Buchwert des eingebrachten Gesellschaftsanteils den Nominalwert des im Gegenzug gewährten Gesellschaftsanteils an der übernehmenden Kapitalgesellschaft übersteigt, kann der Differenzbetrag der Kapitalrücklage[553] zugeführt werden[554].

Neben den Gesellschaftsanteilen können als **Gegenleistung** auch andere Wirtschaftsgüter gewährt werden. In Betracht kommen insbes. die Gewährung „alter" Gesellschaftsanteile, die Übernahme von Schulden und die Gewährung sonstiger Wirtschaftsgüter (insbes. Geldzahlungen). Hierdurch wird die Möglichkeit eines steuerneutralen Buchwertverkaufs eröffnet. Bei der Gewährung von anderen Wirtschaftsgütern kommt es nur zu einem steuerpflichtigen Veräußerungsgewinn, wenn und soweit der Wert der Wirtschaftsgüter den Buchwert der eingebrachten

---

[548] § 20 Abs. 1 Satz 2 UmwStG.
[549] § 20 Abs. 1 Satz 2 UmwStG.
[550] Tz. 20.15 UmwStErlaß.
[551] Tz. 22.05 UmwStErlaß.
[552] § 20 Abs. 4 Satz 1 UmwStG.
[553] § 272 Abs. 2 Nr. 4 HGB.
[554] Tz. 20.03 UmwStErlaß.

Anteile übersteigt[555]. Soweit neben den Gesellschaftsanteilen auch andere Wirtschaftsgüter gewährt werden, vermindert deren Wert beim Einbringenden die Anschaffungskosten der erhaltenen Gesellschaftsanteile[556].

391 Die Einbringung wird steuerlich grundsätzlich zu dem Zeitpunkt wirksam, zu dem das wirtschaftliche Eigentum an den eingebrachten Anteilen auf die übernehmende Gesellschaft übergeht. Hiervon abweichend darf der steuerliche Übertragungsstichtag auf Antrag der übernehmenden Kapitalgesellschaft um bis zu acht Monate zurückbezogen werden[557]. Die **Rückbeziehung** hat zur Folge, daß mit Ablauf des steuerlichen Übertragungsstichtags sowohl die eingebrachten Anteile der übernehmenden Gesellschaft als auch die als Gegenleistung für das eingebrachte Vermögen gewährten Gesellschaftsanteile dem Einbringenden zuzurechnen sind[558].

2. Grenzüberschreitender Anteilstausch

392 Ein erfolgsneutraler grenzüberschreitender Anteilstausch ist nur innerhalb der Europäischen Union möglich. Das Umwandlungssteuergesetz schafft die Möglichkeit, bei der Einbringung von Anteilen an einer EU-Kapitalgesellschaft in eine andere EU-Kapitalgesellschaft den Buchwert der eingebrachten Anteile bei der übernehmenden Gesellschaft fortzuführen[559].

393 Wie beim inländischem Anteilstausch gilt der von der übernehmenden Gesellschaft angesetzte Wert für den Einbringenden als **Veräußerungspreis** und zugleich als Anschaffungskosten der im Tausch erhaltenen Gesellschaftsanteile. Während als Einbringender jeder Rechtsträger in Frage kommt, der auch in einem Staat außerhalb der Europäischen Union ansässig sein kann, muß sowohl die übernehmende Gesellschaft als auch diejenige Gesellschaft, deren Anteile eingebracht werden, eine EU-Kapitalgesellschaft sein. Der grenzüberschreitende steuerneutrale Anteilstausch setzt außerdem voraus, daß

– die übernehmende Kapitalgesellschaft **mehrheitsvermittelnde Anteile** an der Gesellschaft erwirbt, deren Anteile eingebracht werden[560];
– die übernehmende Gesellschaft dem Einbringenden neue Anteile (durch Neugründung oder Kapitalerhöhung) gewährt; werden neben den neuen Anteilen sonstige Gegenleistungen gewährt, ist der Anteilstausch nur steuerneutral, wenn deren Wert 10% des Nennwerts der gewährten Anteile nicht überschreitet;
– die übernehmende Gesellschaft die Anteile zum **Buchwert** ansetzt[561]; der Wert, mit dem die übernehmende Gesellschaft die Anteile ansetzt, gilt

---

[555] § 20 Abs. 2 Satz 5 UmwStG.
[556] § 20 Abs. 4 Satz 2 UmwStG.
[557] § 20 Abs. 7, 8 UmwStG.
[558] Tz. 20.19 UmwStErlaß.
[559] § 23 Abs. 4 Satz 1 UmwStG; EU-Kapitalgesellschaft ist eine Kapitalgesellschaft, die die Voraussetzungen des Art. 3 der Richtlinie 90/434/EWG des Rates vom 23. 7. 1990 ABl. EG Nr. L 225 Satz 1 erfüllt; dies sind im wesentlichen Kapitalgesellschaften mit Sitz in der Europäischen Union, die nicht von der Steuer befreit sind.
[560] Siehe Rn 389.
[561] Zum Buchwert siehe Rn 389; mE Ansatz in der Steuerbilanz maßgebend; aA *Wienands*, Der grenzüberschreitende Anteilstausch nach § 23 Abs. 4 UmwStG, PIStB 2000, 304, 306: ausländische Handelsbilanz maßgebend.

gleichzeitig als Anschaffungskosten der im Tausch erhaltenen Gesellschaftsanteile;
- das **Besteuerungsrecht der Bundesrepublik Deutschland** für den Gewinn aus einer Veräußerung der dem Einbringenden gewährten Gesellschaftsanteile zum Zeitpunkt der Sacheinlage nicht ausgeschlossen ist; das Besteuerungsrecht der Bundesrepublik Deutschland ist hinsichtlich der dem Einbringenden gewährten Gesellschaftsanteile nicht dadurch ausgeschlossen, daß dieser ggf. die Anteile an der (ausländischen) EU-Kapitalgesellschaft nach § 8b Abs. 2 KStG 2001 steuerfrei veräußern kann.

Aufgrund des Ansatzes der übernommenen Anteile mit ihrem bisherigen Buchwert kommt es zu einer **doppelten steuerlichen Verstrickung** der in den Anteilen enthaltenen stillen Reserven, sofern der Gewinn aus einer Veräußerung der Anteile durch die übernehmende Gesellschaft nicht wie zB in den Niederlanden, Belgien, Österreich oder Luxemburg von der Steuer befreit ist. Darüber hinaus kann dem Einbringenden auch der erfolgsneutrale Anteilstausch versagt sein, wenn der Ausweis der eingebrachten Anteile bei der übernehmenden EU-Kapitalgesellschaft nach dem (Steuerbilanz-)Recht ihres Ansässigkeitsstaates nicht zu dem bisherigen Buchwert möglich ist. Soweit also zB in Belgien, Frankreich, Italien, Niederlande, Spanien oder in England eine Buchwertverknüpfung nicht hergestellt werden kann[562], besteht für die deutsche Gesellschaft keine Möglichkeit, den Tatbestandserfordernissen des Umwandlungssteuergesetzes zu entsprechen und den Anteilstausch erfolgsneutral zu gestalten[563].

Zu beachten ist die **7-jährige Haltefrist** des § 26 Abs. 2 UmwStG. Danach entfällt die Steuerneutralität des Anteilstauschs rückwirkend, wenn die übernehmende Gesellschaft während eines Zeitraums von sieben Jahren nach der Einbringung die erhaltenen Anteile veräußert. Zur Vermeidung von steuerlichen Risiken des Einbringenden sollte daher der Vertrag im Fall eines Anteilstauschs vorsehen, daß die eingebrachten Anteile nicht innerhalb der Siebenjahresfrist veräußert werden dürfen.

Der grenzüberschreitende Anteilstausch kann für den Einbringenden **Hinzurechnungsbesteuerungsrisiken** im Hinblick auf Gewinnausschüttungen an die übernehmende Gesellschaft zur Folge haben. Insoweit sollten mögliche Hinzurechnungsbesteuerungsrisiken sorgfältig vor der Durchführung des Anteilstauschs geprüft werden.

3. Steuerverstrickung der im Tauschwege erhaltenen Anteile

Als Folge der steuerneutralen Einbringung von Gesellschaftsanteilen zum Buchwert erhält der Einbringende **einbringungsgeborene Anteile** an der übernehmenden Gesellschaft[564]. Die Veräußerung eines einbringungsgeborenen Anteils ist grundsätzlich steuerpflichtig, soweit nicht eine besondere Steuerbefreiung nach § 8b Abs. 2 KStG 2001 bzw. § 3 Nr. 40 EStG 2001 in Betracht kommt.

---

[562] *Bärtels* IStR 1999, 462.
[563] Zur unmittelbaren Anwendung der Fusionsrichtlinie sowie zur Einbringung in eine inländische Betriebsstätte siehe *Bärtels* IStR 1999, 462.
[564] § 21 UmwStG.

Dies gilt auch dann, wenn die Veräußerung der gewährten Anteile nicht nach allgemeinen Vorschriften steuerpflichtig wäre. Die Veräußerung der einbringungsgeborenen Anteile löst daher auch dann eine Steuerpflicht aus, wenn die Anteile im Privatvermögen gehalten werden und keine wesentliche Beteiligung iSd. § 17 EStG oder ein Spekulationsgewinn[565] vorliegt[566]. Als Folge des steuerneutralen Anteilstauschs ist es daher nicht mehr möglich, aus einer Steuerverstrickung der im Tauschwege hingegebenen Anteile herauszuwachsen (zB durch zeitliches Herauswachsen aus der Fünfjahresfrist bei unentgeltlich erworbenen Anteilen iSd. § 17 Abs. 1 Satz 4 EStG).

398 Sofern die im Wege des Anteilstauschs erworbenen Anteile im Betriebsvermögen gehalten werden, unterliegt die Anteilsveräußerung grundsätzlich auch der **Gewerbesteuer**[567].

399 Die Einbringung von im **Privatvermögen gehaltenen Anteilen**, die weder nach § 23 EStG noch nach § 17 EStG noch nach § 21 UmwStG steuerverstrickt sind, führt nicht zur Entstehung einbringungsgeborener Anteile, weil die unmittelbare Veräußerung der Anteile ebenfalls nicht zu einer Steuerpflicht führen würde[568]. Allerdings beginnt für die im Tauschwege erhaltenen Anteile eine neue Spekulationsfrist zu laufen[569].

4. Veräußerung der im Wege des Anteilstauschs erworbenen einbringungsgeborenen Anteile ab 2002

400 **a) Veräußerung durch natürliche Personen als Einbringende.** Bei Veräußerung der im Wege des **inländischen Anteilstauschs**[570] erworbenen einbringungsgeborenen Anteile durch natürliche Personen unterliegt der Veräußerungsgewinn ab 2002 (bzw. im Fall eines abweichenden Wirtschaftsjahrs der Zielgesellschaft nach Ablauf des Wirtschaftsjahrs in 2002) der Besteuerung nach dem Halbeinkünfteverfahren. Die Veräußerung der einbringungsgeborenen Anteile berechtigt damit grundsätzlich zur hälftigen Steuerbefreiung des Veräußerungsgewinns.

401 Die **hälftige Besteuerung** nach dem Halbeinkünfteverfahren[571] setzt bei im Wege des inländischen Anteilstauschs erworbenen einbringungsgeborenen Anteilen voraus, daß bei Anteilsveräußerung innerhalb von sieben Jahren nach Anteilserwerb die veräußerten Anteile nicht unmittelbar oder mittelbar auf eine steuerneutrale Einbringung nach § 20 Abs. 1 Satz 1 oder § 23 Abs. 1 bis 3 UmwStG zurückzuführen sind[572].

---

[565] § 23 EStG.
[566] Tz. 21.02 UmwStErlaß.
[567] Vermeidung von Gewerbesteuer nur möglich, soweit die Veräußerung der eingetauschten Anteile nicht der Gewerbesteuer unterlegen hätte, siehe Tz. 21.13 UmwStErlaß.
[568] Tz. 21.04 UmwStErlaß.
[569] *OFD Berlin* vom 7. 5. 1999 GmbHR 1999, 833 Rn 2.3.
[570] § 20 Abs. 1 Satz 2 UmwStG.
[571] § 21 UmwStG iVm. § 3 Nr. 40 Satz 1 lit. b EStG 2001.
[572] § 3 Nr. 40 Satz 4 lit. b EStG 2001.

402 Werden dagegen die einbringungsgeborenen Anteile ohne Beachtung der oben genannten Voraussetzungen (also zB innerhalb der 7-jährigen Mindesthaltefrist) veräußert, so unterliegt der Veräußerungsgewinn grundsätzlich in vollem Umfang der Besteuerung[573].

403 **Beispiel**: Wurden die Anteile an der T-GmbH dadurch erworben, daß der Einbringende (natürliche Person oder Personengesellschaft, an der natürliche Personen beteiligt sind) zunächst einen Teilbetrieb steuerneutral gem. § 20 Abs. 1 Satz 1 UmwStG in die Z-GmbH eingebracht hat und daran anschließend die Anteile an der Z-GmbH in die T-GmbH nach § 20 Abs. 1 Satz 2 UmwStG eingebracht hat, so wäre die Veräußerung von Anteilen an der T-GmbH innerhalb der 7-jährigen Mindesthaltefrist gem. § 3 Nr. 40 Satz 4 lit. b iVm. lit. a EStG 2001 in vollem Umfang steuerpflichtig.

404 Werden Anteile veräußert, die der Veräußerer im Rahmen eines **grenzüberschreitenden Anteilstauschs**[574] erworben hatte, so unterliegt der Veräußerungsgewinn nach dem Wortlaut von § 3 Nr. 40 Satz 3, 4 EStG 2001 grundsätzlich der vollen Besteuerung, und zwar auch dann, wenn die Anteile nach Ablauf der 7-jährigen Mindesthaltefrist veräußert werden. Die dauerhafte Nichtanwendung des Halbeinkünfteverfahrens auf derartige Anteile ergibt sich daraus, daß § 3 Nr. 40 Satz 4 lit. b EStG 2001 lediglich auf § 20 Abs. 1 Satz 2 UmwStG (inländischer Anteilstausch), aber nicht auf § 23 Abs. 4 UmwStG (grenzüberschreitender Anteilstausch) Bezug nimmt. Nach dem **Bericht des BMF zur Fortentwicklung des Unternehmenssteuerrechts**[575] kann insoweit jedoch in naher Zukunft mit einer Gesetzesänderung gerechnet werden.

405 Mit der hälftigen Steuerbefreiung des Gewinns aus der Veräußerung von Anteilen an Kapitalgesellschaften korrespondiert die Vorschrift des § 3c Abs. 2 Satz 2 EStG 2001, nach der die **hälftigen Veräußerungsverluste** aus der Veräußerung der Anteile grundsätzlich (auch bei Veräußerung innerhalb der 7-jährigen Mindesthaltefrist) nur hälftig geltend gemacht werden können. Problematisch ist die hälftige Nichtberücksichtigung von Veräußerungsverlusten auch dann, wenn die Veräußerungsverluste während der 7-jährigen Mindesthaltefrist realisiert werden, in der einbringungsgeborene Anteile der vollen Besteuerung unterworfen sind. Dies widerspricht dem Grundgedanken des § 3c EStG und könnte zu verfassungsrechtlichen Streitigkeiten Anlaß geben[576].

406 Der Gewinn aus der Veräußerung einbringungsgeborener Anteile gilt gem. § 21 Abs. 1 Satz 1 UmwStG als Veräußerungsgewinn iSd. § 16 EStG. Für diesen kommt grundsätzlich die **Tarifermäßigung** nach § 34 Abs. 1 EStG 2001 (Fünftelungs-Regelung[577]) bzw. § 34 Abs. 3 EStG 2001 (halber durchschnittlicher

---

[573] Fraglich ist insoweit wegen der unklaren Formulierung von § 3c Abs. 2 EStG 2001, ob bei der Bestimmung des Veräußerungsgewinns von aus dem Privatvermögen verkauften einbringungsgeborenen Anteilen die Anschaffungskosten bei voller Besteuerung des Veräußerungsgewinns in vollem Umfang abgezogen werden dürfen; mE ist hierzu eine klarstellende Gesetzesänderung erforderlich.
[574] § 23 Abs. 4 UmwStG.
[575] Beilage zu FR 11/2001.
[576] *Haritz* DStR 2000, 1537, 1544; *Neumann* in Neu/Neumann/Neumayer EStB/GmbHStB 2000, Sonderheft zum StSenkG, S. 12.
[577] Siehe Rn 70 ff.

Steuersatz für aus dem Berufsleben ausscheidende Veräußerer[578]) in Betracht. Die Tarifermäßigung kommt dabei immer dann zur Anwendung, wenn der **Gewinn aus der Veräußerung der einbringungsgeborenen Anteile beim Veräußerer nicht hälftig steuerbefreit** ist. Aufgrund der Verweisung in § 21 Abs. 1 Satz 1 UmwStG 2001 auf § 16 EStG könnte darüber hinaus aber auch im Fall der hälftigen Steuerbefreiung des Veräußerungsgewinns der steuerpflichtige Teil des Veräußerungsgewinns (zusätzlich zur hälftigen Steuerbefreiung) von der Tarifermäßigung erfasst werden. Die **Anwendung der Tarifermäßigung auf den der hälftigen Besteuerung unterliegenden Teil des Veräußerungsgewinns** hängt in diesem Fall davon ab, ob die hälftige Steuerbefreiung aus § 3 Nr. 40 Satz 1 lit. a oder lit. b EStG 2001 folgt[579]. Nach der hier vertretenen Auffassung wird in § 21 Abs. 1 S. 1 UmwStG 2001 bereits der Gewinn iSd. § 16 EStG ermittelt. Der Veräußerungspreis ist damit kein Veräußerungspreis iSd. § 16 Abs. 2 EStG 2001 für den eine Freistellung nach § 3 Nr. 40 Satz 1 lit. b EStG 2001 in Betracht käme. Die Freistellung erfolgt vielmehr bereits auf Basis von § 3 Nr. 40 Satz 1 lit. a EStG 2001, da der bei der Anteilsveräußerung entstehende Gewinn wegen der Verweisung in § 21 UmwStG 2001 auf § 16 EStG beim Veräußerer unmittelbar zu Einkünften aus Gewerbebetrieb führt[580].

407 **b) Veräußerung durch Kapitalgesellschaften als Einbringende.** Die Veräußerung im Rahmen eines **inländischen Anteilstauschs** erworbener einbringungsgeborener Anteile an einer Kapitalgesellschaft durch eine Kapitalgesellschaft ab 2002 (bzw. bei vom Kalenderjahr abweichendem Wirtschaftsjahr der Zielgesellschaft ab dem Ende des Wirtschaftsjahrs der Zielgesellschaft im Jahr 2002) ist von der Körperschaftsteuer und der Gewerbesteuer befreit, sofern die Anteile nicht unmittelbar oder mittelbar auf eine Einbringung iSd. § 20 Abs. 1 Satz 1 oder des § 23 Abs. 1 bis 3 UmwStG innerhalb von sieben Jahren vor der Anteilsveräußerung zurückzuführen sind[581].

408 Sind die o. g. Voraussetzungen nicht erfüllt, so unterliegt der Veräußerungsgewinn in vollem Umfang der Körperschaftsteuer und der Gewerbesteuer.

409 Steuerpflichtig wäre zB aber auch der folgende Vorgang:

Der Gesellschafter A ist an einer Kommanditgesellschaft beteiligt, die formwechselnd in die T-GmbH umgewandelt wird (Einbringungsvorgang nach §§ 25, 20 Abs. 1 Satz 1 UmwStG). Vier Jahre nach dem Formwechsel bringt A die Anteile an der T-GmbH steuerneutral nach § 20 Abs. 1 Satz 2 UmwStG in die M-GmbH ein. Die M-GmbH veräußert ein Jahr später die Anteile an der T-GmbH. In diesem Fall sind die durch die M-GmbH veräußerten Anteile auf eine Einbringung iSd. §§ 25, 20 Abs. 1 Satz 1 UmwStG innerhalb der Siebenjahresfrist des § 8b Abs. 4 Satz 2 Nr. 1 KStG 2001 zurückzuführen. Die Veräußerung innerhalb der Siebenjahresfrist ist damit steuerpflichtig[582].

---

[578] Siehe Rn 73 f.
[579] § 34 Abs. 2 Nr. 1 EStG 2001; ausführlich *Patt/Rasche* FR 2001, 175, 182.
[580] *Patt/Rasche* FR 2001, 175, 182; aA *Strahl* KÖSDI 2001, 12 728 Tz. 17.
[581] § 8b Abs. 4 KStG 2001.
[582] Zur Problematik des etwaigen erneuten Anlaufs einer Siebenjahresfrist siehe IDW vom 15. 5. 2001, FN-IDW 6/2001, 244, 246.

410 Werden Anteile veräußert, die der Veräußerer im Rahmen eines **grenzüberschreitenden Anteilstauschs**[583] erworben hatte, ist der Veräußerungsgewinn nach dem Wortlaut des § 8b Abs. 4 KStG 2001 gem. § 8b Abs. 2 KStG 2001 von der Körperschaft- und Gewerbesteuer nur im Fall der Veräußerung nach Ablauf der für die einbringungsgeborenen Anteile geltenden Mindesthaltefrist von sieben Jahren befreit. Nach dem **Bericht des BMF zur Fortentwicklung des Unternehmenssteuerrechts**[584] kann insoweit jedoch mit einer Gesetzesänderung (Freistellung des Veräußerungsgewinns ohne Mindesthaltefrist auch bei vorausgegangenem grenzüberschreitendem Anteilstausch) gerechnet werden.

411 **c) Veräußerung durch die übernehmende Kapitalgesellschaft.** Hat die übernehmende (inländische) Kapitalgesellschaft die Kapitalgesellschaftsanteile von einer **Kapitalgesellschaft als Einbringendem** erworben, kann sie sie ohne Berücksichtigung einer Mindesthaltefrist veräußern.

412 Hat die übernehmende Kapitalgesellschaft die (eingebrachten) Anteile dagegen von einer **natürlichen Person als Einbringendem** erworben, liegt (bei steuerneutraler Einbringung) bei der übernehmenden Kapitalgesellschaft ein Beteiligungserwerb unter Teilwert gem. § 8b Abs. 4 Satz 1 Nr. 2 KStG 2001 vor. Gem. § 8b Abs. 4 Satz 1 Nr. 2 iVm. Satz 2 KStG 2001 können solche Anteile, erst nach Ablauf einer 7-jährigen Mindesthaltefrist veräußert werden[585], sofern sie nicht aufgrund eines Einbringungsvorgangs nach § 20 Abs. 1 Satz 2 UmwStG erworben worden sind. Unklar ist dabei, ob aufgrund eines Einbringungsvorgangs nach § 20 Abs. 1 Satz 2 UmwStG (inländischer Anteilstausch) erworbene Anteile nur die einbringungsgeborenen Anteile sind, die beim Einbringenden selbst aufgrund des Einbringungsvorgangs entstehen, oder auch solche Anteile, die die übernehmende Gesellschaft im Rahmen eines solchen Einbringungsvorgangs erhält. ME muß der Gesetzeswortlaut in letzterem Sinne ausgelegt werden, so daß eine steuerneutrale Beteiligungsveräußerung durch die übernehmende Gesellschaft schon vor Ablauf der 7-jährigen Mindesthaltefrist möglich wäre[586]. Etwas anderes würde sich in diesem Fall nur ergeben, wenn die von der übernehmenden Gesellschaft im Rahmen eines Anteilstauschs erworbenen Anteile unmittelbar oder mittelbar auf eine Einbringung nach § 20 Abs. 1 Satz 1 oder § 23 Abs. 1 bis 3 UmwStG zurückzuführen wären. In diesem Fall wäre eine Veräußerung erst nach Ablauf der 7-jährigen Mindesthaltefrist möglich[587].

413 **Veräußerungsverluste** sind steuerlich nicht abzugsfähig[588]. Dies gilt auch im Fall der Veräußerung innerhalb der 7-jährigen Mindesthaltefrist, innerhalb derer ein Veräußerungsgewinn der Besteuerung unterliegen würde[589].

---

[583] § 23 Abs. 4 UmwStG.
[584] Beilage zu FR 11/2001.
[585] § 8b Abs. 4 Satz 2 Nr. 1 KStG 2001.
[586] Siehe auch Rn 176; gleicher Ansicht *Haritz* DStR 2000, 1537, 1543; *Hörger/Scheipers*, Steuersenkungsgesetz: Einschränkung der Steuerfreiheit für Veräußerungsgewinne gem. § 8b Abs. 2 KStG durch § 8b Abs. 4 KStG, DB 2000, 1988; aA *Bergemann* DStR 2000, 1410, 1415; *Dötsch/Pung* DB Beilage 10/2000, Rn III. 4; *Eisgruber* DStR 2000, 1493, 1494.
[587] Siehe Beispiel in Rn 409.
[588] § 8b Abs. 3 KStG 2001.
[589] Str., vgl. *Haritz* DStR 2000, 1537, 1544 mwN.

II. Beteiligungserwerb durch Einbringung von Betrieben, Teilbetrieben oder Mitunternehmeranteilen

1. Grundlagen

414 Der Erwerb von Anteilen an einer Personen- oder Kapitalgesellschaft kann auch im **„Tauschwege"** durch Einbringung von Betrieben, Teilbetrieben oder Mitunternehmeranteilen in die Zielgesellschaft gegen Gewährung von Anteilen an der Zielgesellschaft erfolgen. Die Einbringung, die entweder im Wege der Gesamtrechtsnachfolge[590] oder der Einzelrechtsnachfolge erfolgen kann, ist steuerneutral möglich, wenn die Voraussetzungen der §§ 20, 23 Abs. 1 bis 3, 24 UmwStG vorliegen.

415 § 20 UmwStG findet Anwendung, wenn ein Betrieb, Teilbetrieb oder Mitunternehmeranteil in eine **unbeschränkt körperschaftsteuerpflichtige Kapitalgesellschaft** eingebracht wird[591] und der Einbringende dafür neue Anteile an der Gesellschaft erhält. Die (hier nicht näher behandelten) Vorschriften des § 23 Abs. 1 bis 3 UmwStG finden in Fällen mit **Auslandsberührung** bei der Übertragung inländischer Betriebe, Teilbetriebe bzw. Betriebsstätten (**nicht jedoch von Mitunternehmeranteilen**) sowie von ausländischen EU-Betriebsstätten in EU-Kapitalgesellschaften Anwendung. 24 UmwStG findet Anwendung, wenn ein Betrieb, Teilbetrieb oder Mitunternehmeranteil in eine Personengesellschaft eingebracht wird[592].

416 Voraussetzung für eine steuerneutrale Einbringung ist, daß alle **wesentlichen Betriebsgrundlagen** des Betriebs bzw. Teilbetriebs übertragen werden. Bei der Einbringung von Mitunternehmeranteilen in eine Kapitalgesellschaft ist grundsätzlich auch das Sonderbetriebsvermögen (soweit wesentliche Betriebsgrundlage) mit einzubringen[593].

417 Ob bei der Einbringung von Teilen eines Betriebs die Voraussetzungen eines **Teilbetriebs** erfüllt sind, ist nach den zu § 16 EStG entwickelten Grundsätzen zu beurteilen[594]. Danach gilt als steuerlicher Teilbetrieb ein mit einer gewissen Selbständigkeit ausgestatteter, organisch geschlossener Teil des Gesamtbetriebs, der für sich allein lebensfähig ist[595]. Entscheidend ist das Gesamtbild der Verhältnisse. Es können die folgenden Abgrenzungskriterien herangezogen werden[596]: Örtliche (räumliche) Trennung der Teilbetriebe, eigener Kundenstamm, eigenes Anlagevermögen, eigenes Verkaufsprogramm (eigenes Sortiment), ungleichartige betriebliche Tätigkeit, eigene Werbung, Mitwirkung beim Wareneinkauf, Einfluß auf die Preisgestaltung, selbständiges Auftreten, eigenes Personal, eigene Verwal-

---

[590] § 123 Abs. 3 UmwG.
[591] Zur hier nicht behandelten Einbringung in eine EU-Kapitalgesellschaft siehe § 23 UmwStG.
[592] § 24 UmwStG begünstigt auch die Einbringung in die inländische Betriebsstätte einer ausländischen Personengesellschaft; siehe *Schlößer* in Haritz/Benkert § 24 UmwStG Rn 45.
[593] Tz. 20.08 UmwStErlaß.
[594] Tz. 15.02 UmwStErlaß.
[595] R 139 EStR 1999.
[596] *BFH* vom 10. 3. 1998 DStZ 2000, 135; *Hörger* in Littmann/Bitz/Hellwig § 16 EStG Rn 49.

tung, selbständige Organisation, getrennte Buchführung. Es ist nicht erforderlich, daß sämtliche Merkmale vorliegen.

418 Konstitutiv für den Betrieb bzw. Teilbetrieb sind jeweils nur die **wesentlichen Betriebsgrundlagen**[597]. Was zu den wesentlichen Grundlagen eines Betriebs iSd. § 20 UmwStG gehört, wird allein nach den sachlichen (funktionalen) Betriebserfordernissen beurteilt. Wesentliche Betriebsgrundlagen sind demnach solche, die für den Betrieb funktional wichtig sind[598].

419 Die wesentlichen Betriebsgrundlagen müssen vollständig übertragen werden. Bei Einbringung in eine **Kapitalgesellschaft** genügt es nicht, die Wirtschaftsgüter nur zur Nutzung zu überlassen[599].

420 Demgegenüber ist es bei der Ausgliederung auf eine **Personengesellschaft** ausreichend, daß die Wirtschaftsgüter im Rahmen von Miet- bzw. Leasingverträgen zur Nutzung überlassen werden[600].

421 Soweit bei Einbringung in eine Kapitalgesellschaft unter Berücksichtigung der übertragenen Verbindlichkeiten **negatives Betriebsvermögen** übertragen wird, erfolgt eine Buchwertaufstockung mit der Folge einer Gewinnrealisierung beim übertragenden Unternehmen[601].

2. Rechtsfolgen

422 Bei Vorliegen der Voraussetzungen der §§ 20, 24 UmwStG treten bei der Einbringung auf der Ebene des übertragenden Rechtsträgers und des aufnehmenden Rechtsträgers die nachfolgenden steuerlichen Wirkungen ein:

423 a) **Aufnehmender Rechtsträger.** Die aufnehmende Gesellschaft hat das Wahlrecht, die eingebrachten Wirtschaftsgüter zum Teilwert, zum Buchwert oder zu einem Zwischenwert anzusetzen[602]. Ausgeschlossen ist bei Einbringung in eine Kapitalgesellschaft (anders als bei Einbringung in eine Personengesellschaft) lediglich die Übertragung negativer Buchwerte. Der Buchwert wäre in diesem Fall zumindest so zu erhöhen, daß der Saldo von eingebrachten Aktiva und Passiva gleich null ist[603].

424 b) **Einbringender Rechtsträger.** Gem. §§ 20 Abs. 4, 24 Abs. 3 UmwStG gilt der Wert, mit dem die aufnehmende Gesellschaft das eingebrachte Betriebsvermögen ansetzt, für den Einbringenden als Veräußerungspreis und als Anschaffungskosten der Gesellschaftsanteile. Setzt die aufnehmende Gesellschaft das eingebrachte Betriebsvermögen mit dem Buchwert an, ist die Einbringung steuerlich neutral.

---

[597] Tz. 15.07 UmwStErlaß.
[598] *BFH* vom 24. 8. 1989 BStBl. II 1989, 1014, 1015; *BFH* vom 2. 10. 1997 DStR 1998, 76, 77; *BMF* vom 16. 8. 2000 DStR 2000, 1603; *Blumers*, Die Teilbetriebe des Umwandlungssteuerrechts, DB 2001, 722. Siehe auch zu Betriebsaufspaltung BFH vom 23. 5. 2000 FR 2001, 33: auch Verwaltungs-Bürogebäude kann wesentliche Betriebsgrundlage sein.
[599] Tz. 20.08 UmwStErlaß.
[600] Tz. 24.06 UmwStErlaß „Einbringung in das Sonderbetriebsvermögen".
[601] § 20 Abs. 2 Satz 4 UmwStG.
[602] § 20 Abs. 2 Satz 1 UmwStG; § 24 Abs. 2 UmwStG.
[603] § 20 Abs. 2 Satz 4 UmwStG; vgl. *Friederichs* in Haritz/Benkert § 20 UmwStG Rn 195.

425 **aa) Einbringung in eine Kapitalgesellschaft.** Als Folge der steuerneutralen Einbringung zum Buchwert erhält der Einbringende einbringungsgeborene Anteile an der übernehmenden Gesellschaft[604]. Zur steuerlichen Behandlung der einbringungsgeborenen Anteile wird auf die Ausführungen an anderer Stelle verwiesen[605].

426 Zu beachten ist allerdings, daß bei der Veräußerung von Anteilen an einer Kapitalgesellschaft, die im Wege der Einbringung von Betrieben, Teilbetrieben oder Mitunternehmeranteilen entstanden sind, der Veräußerungsgewinn grundsätzlich erst nach Ablauf der 7-jährigen **Mindesthaltefrist** des § 3 Nr. 40 Satz 4 EStG 2001, § 8b Abs. 4 KStG 2001 nach dem Halbeinkünfteverfahren begünstigt ist (anders als bei im Wege des Anteilstauschs erworbenen einbringungsgeborenen Anteilen[606]).

427 Bei Veräußerung einbringungsgeborener Anteile[607] später als sieben Jahre nach der Einbringung (7-jährige Mindesthaltefrist) unterliegt der Veräußerungsgewinn nur zur Hälfte der Einkommensteuer[608], bei Veräußerung durch Kapitalgesellschaften ist er in vollem Umfang von der Körperschaft- und Gewerbesteuer befreit. Werden einbringungsgeborene Anteile dagegen innerhalb der 7-jährigen Mindesthaltefrist veräußert, unterliegt der Veräußerungsgewinn in vollem Umfang der Einkommen- bzw. Körperschaftsteuer. Er unterliegt in diesem Fall auch der Gewerbesteuer, es sei denn, die Veräußerung des eingebrachten Vermögens durch den Einbringenden selbst hätte nicht der Gewerbesteuer unterlegen[609].

428 **bb) Einbringung in eine Personengesellschaft.** Der Einbringende erhält einbringungsgeborene Anteile an einer Personengesellschaft. Für die Veräußerung der einbringungsgeborenen Anteile gelten keine Besonderheiten. Sie unterliegt nach allgemeinen Grundsätzen der Einkommen- bzw. Körperschaftsteuer, nicht aber der Gewerbesteuer, letzteres auch dann nicht, wenn die Veräußerung des eingebrachten Betriebs selbst beim Einbringenden der Gewerbesteuer unterlegen hätte[610]. Nach dem **Bericht des BMF zur Fortentwicklung des Unternehmenssteuerrechts**[611] ist insoweit jedoch eine Gesetzesänderung zu erwarten, nach der die Veräußerung einbringungsgeborener Anteile an Personengesellschaften durch Kapitalgesellschaften der Gewerbesteuer unterliegt.

III. Beteiligungserwerb im Wege der Verschmelzung/Spaltung von Kapitalgesellschaften

429 Ein Sonderfall des Erwerbs eines Betriebs ist die Verschmelzung des Betriebs bzw. die Abspaltung des Betriebs auf den Erwerber.

---

[604] § 21 UmwStG.
[605] Siehe Rn 400 ff.
[606] Siehe Rn 400 ff.
[607] § 21 UmwStG.
[608] § 3 Nr. 40 Satz 1 lit. b, § 3 Nr. 40 Satz 3, 4 EStG 2001.
[609] Tz. 21.13 UmwStErlaß.
[610] Siehe Rn 246.
[611] Beilage zu FR 11/2001.

Die Verschmelzung ist wie die Ab- bzw. Aufspaltung[612] von Kapitalgesellschaften grundsätzlich unter den weiteren Voraussetzungen der § 11 ff. UmwStG steuerneutral möglich. Voraussetzung der steuerneutralen Abspaltung eines Betriebs auf einen Erwerber ist dabei insbes., daß der abgespaltene Betriebsteil einen steuerlichen Teilbetrieb darstellt[613]. **430**

Steuertechnisch ist die Verschmelzung bzw. die Auf- oder Abspaltung für die Gesellschafter der übertragenden Gesellschaft ein Anteilstausch. Die Gesellschafter der übertragenden Körperschaft tauschen ihre Anteile an der übertragenden Gesellschaft gegen Anteile an der übernehmenden Gesellschaft. Anteile an der übertragenden Kapitalgesellschaft, die zu einem Betriebsvermögen gehören, gelten dabei als zum Buchwert veräußert und die an ihre Stelle tretenden Anteile als mit diesem Wert angeschafft[614]. **431**

Befanden sich die Anteile an der übertragenden Kapitalgesellschaft nicht im **Betriebsvermögen**, so gelten sie für die Anwendung der §§ 17 und 23 EStG als zu den Anschaffungskosten veräußert und die an ihre Stelle tretenden Anteile als mit diesem Wert angeschafft[615]. **432**

Läuft für die Anteile an der übertragenden Kapitalgesellschaft eine Spekulationsfrist nach § 23 EStG, führt die Umwandlung aufgrund des hiermit verbundenen Anteilstauschs dazu, daß für die eingetauschten Anteile an der übernehmenden Kapitalgesellschaft eine neue Spekulationsfrist in Gang gesetzt wird[616]. Sind bei Anteilen, die nicht zu einem Betriebsvermögen gehören, die Voraussetzungen des § 17 EStG erfüllt (wesentliche Beteiligung), gelten die im Zuge der Umwandlung gewährten Anteile an der übernehmenden Gesellschaft ebenfalls als Anteile iSd. § 17 EStG, auch wenn der Anteilseigner an der übernehmenden Gesellschaft nicht mehr wesentlich iSd. § 17 EStG beteiligt ist. Ist ein nicht wesentlich beteiligter Anteilseigner nach der Umwandlung wesentlich an der übernehmenden Kapitalgesellschaft beteiligt, gilt für diese Anteile der gemeine Wert am steuerlichen Übertragungsstichtag als Anschaffungskosten[617]. **433**

Zu beachten ist bei einer **Spaltung**, daß die Spaltung steuerneutral nur durchgeführt werden kann, wenn nicht innerhalb von fünf Jahren nach dem steuerlichen Übertragungsstichtag Anteile an der übertragenden oder der übernehmenden Körperschaft verkauft werden, die mehr als 20% des bei der übertragenden Gesellschaft vor der Spaltung vorhandenen Vermögens ausmachen[618]. **434**

Vorsicht ist bei der Umwandlung inländischer Gesellschaften mit **Auslandsvermögen** geboten. Insbes. bei der Übertragung von ausländischem Betriebsstättenvermögen kann es im Ausland zu einer steuerpflichtigen Gewinnrealisierung kommen[619]. **435**

---

[612] § 123 Abs. 1, 2 UmwStG.
[613] § 15 Abs. 1 UmwStG.
[614] § 13 Abs. 1 UmwStG.
[615] § 13 Abs. 2 Satz 1 UmwStG.
[616] Tz. 13.08 UmwStErlaß.
[617] § 13 Abs. 2 Satz 3 UmwStG.
[618] § 15 Abs. 3 UmwStG. Zur Umwandlung des Anteilseigners anstelle Veräußerung der Anteile siehe *Bayerisches Staatsministerium der Finanzen* vom 31. 1. 2000 – 33 – S – 1978b – 10/2 – 57 919.
[619] *Dötsch*, Inländische Umwandlungsvorgänge mit Auslandsberührung, BB 1998, 1029.

E. Unternehmenskauf und Organschaft

I. Voraussetzungen und steuerliche Auswirkungen der körperschaft- und gewerbesteuerlichen Organschaft

436 Zur Herstellung eines steuerlichen **Verlustausgleichs** zwischen Zielgesellschaft und Erwerber ist es oft vorteilhaft, zwischen Zielgesellschaft und Erwerber eine gewerbesteuerliche und körperschaftsteuerliche Organschaft zu begründen[620]. Voraussetzung der Organschaft war bis einschließlich 2000 nach §§ 14, 17 KStG 1999, § 2 Abs. 2 GewStG 1999 die organisatorische, finanzielle und wirtschaftliche Eingliederung der Organgesellschaft (Tochtergesellschaft) in den Organträger (Muttergesellschaft). Ab 2001 ist für die körperschaftsteuerliche (nicht aber für die gewerbesteuerliche) Organschaft das Erfordernis der organisatorischen und wirtschaftlichen Eingliederung entfallen. Weitere Voraussetzung der körperschaftsteuerlichen Organschaft (nicht aber der gewerbesteuerlichen Organschaft) ist der Abschluß eines Ergebnisabführungsvertrags.

437 Ab 2001[621] ergeben sich damit die folgenden **Voraussetzungen der Organschaft:**
– Körperschaftsteuerliche Organschaft: Finanzielle Eingliederung und Abschluß eines Ergebnisabführungsvertrags.
– Gewerbesteuerliche Organschaft: Finanzielle, wirtschaftliche und organisatorische Eingliederung.

438 Nach dem **Bericht des BMF zur Fortentwicklung des Unternehmenssteuerrechts**[622] plant die Bundesregierung die Voraussetzungen der körperschaftsteuerlichen und gewerbesteuerlichen Organschaft zukünftig wieder zu vereinheitlichen.

439 **Rechtsfolge der Organschaft** ist die Zusammenrechnung des steuerpflichtigen Einkommens der Organgesellschaft und des Organträgers. Dabei werden Organgesellschaft und Organträger aber nicht wie ein einheitliches Unternehmen behandelt. Vielmehr werden nach wie vor der Gewinn der Organgesellschaft und der des Organträgers eigenständig ermittelt, ohne daß etwa innerorganschaftliche Gewinnrealisierungen zu eliminieren wären.

1. Organgesellschaft

440 Eine Organschaft ist grundsätzlich **nur mit einer Kapitalgesellschaft** (insbes. AG, KGaA, GmbH) mit Sitz und Geschäftsleitung im Inland als Organgesellschaft möglich.

---

[620] Zu weiteren Vor- und Nachteilen der Organschaft siehe Rn 470 ff.
[621] Zu den Sonderproblemen der erstmaligen Anwendung des KStG 2001 bei abweichendem Wirtschaftsjahr der Organgesellschaft und/oder des Organträgers siehe *Dötsch/Pung* DB Beilage 10/2000.
[622] Beilage zu FR 11/2001.

2. Organträger

Die **Rechtsform des Organträgers** ist grundsätzlich ohne Bedeutung. Organträger können natürliche Personen, Personengesellschaften, Kapitalgesellschaften und andere rechtsfähige oder nicht rechtsfähige Körperschaften, Personenvereinigungen oder Vermögensmassen iSd. § 1 KStG sein, also zB auch eine rechtsfähige Stiftung[623].

Voraussetzung ist allein, daß der Organträger ein inländisches gewerbliches Unternehmen betreibt. Insoweit ist auch eine Organschaft im Verhältnis zu einer inländischen **Zweigniederlassung eines ausländischen Unternehmens** möglich[624]. Auch eine im Inland unbeschränkt steuerpflichtige ausländische Kapitalgesellschaft kann Organträger sein[625].

Voraussetzung einer **Personengesellschaft als Organträger** ist, daß an der Personengesellschaft nur Gesellschafter beteiligt sind, die mit dem auf sie entfallenden Teil des zuzurechnenden Einkommens in Deutschland der Einkommen- oder Körperschaftsteuer unterliegen. Sind ein oder mehrere Gesellschafter der Personengesellschaft beschränkt steuerpflichtig, müssen die Voraussetzungen der finanziellen, wirtschaftlichen oder organisatorischen Eingliederung „im Verhältnis zur Personengesellschaft selbst" erfüllt sein[626].

3. Finanzielle Eingliederung

Nach § 14 Nr. 1 Satz 2 KStG muß der Organträger an der Organgesellschaft unmittelbar in einem solchen Maße beteiligt sein, daß ihm die Mehrheit der Stimmrechte aus dem Anteil an der Organgesellschaft zusteht (finanzielle Eingliederung). Notwendig ist für die finanzielle Eingliederung, daß dem Organträger aus den Anteilen an der Organgesellschaft die Mehrheit der Stimmrechte zusteht, nicht hingegen, daß der Organträger die Mehrheit der Anteile besitzt[627]. Nach § 14 Nr. 1 Satz 2 KStG kann die finanzielle Eingliederung auch über eine nur **mittelbare Beteiligung** erreicht werden. Voraussetzung war in diesem Fall nach § 14 Nr. 1 Satz 2 KStG 1999 allerdings, daß jede der Beteiligungen, auf denen die mittelbare Beteiligung beruht, die Mehrheit der Stimmrechte gewährt[628]. Nach § 14 Nr. 1 Satz 2 KStG 2001 sind mittelbare Beteiligungen nunmehr auch zu berücksichtigen, wenn die Beteiligung an jeder vermittelnden Gesellschaft die Mehrheit der Stimmrechte gewährt[629]. Die Gesetzesänderung durch das StSenkG wirkt insoweit jedoch nur bei der körperschaftsteuerlichen

---

[623] *Schmidt/Müller/Stöcker* Rn 51.
[624] § 18 KStG.
[625] *BFH* vom 10. 11. 1998 DB 1999, 783.
[626] Zu Einzelheiten der finanziellen, organisatorischen und wirtschaftlichen Eingliederung bei Personengesellschaften siehe *Schmidt/Müller/Stöcker* Rn 320ff.
[627] *Schmidt/Müller/Stöcker* Rn 79.
[628] Abschn. 49 KStR 1995 mit Beispielen.
[629] *Herlinghaus*, StSenkG: Änderung der Eingliederungsvoraussetzungen bei Organschaften (§ 14 KStG und § 2 Abs. 2 S. 2 GewStG), FR 2000, 1105; *Neu* in Neu/Neumann/Neumayer EStB GmbH-StB 2000, Sonderheft zum StSenkG, S. 34.

Organschaft, während bei der gewerbesteuerlichen Organschaft – ungewollt – alles beim Alten bleibt[630].

4. Organisatorische Eingliederung

445 Die organisatorische Eingliederung ist ab 2001 nur noch für die gewerbesteuerliche Organschaft von Bedeutung. Die organisatorische Eingliederung setzt voraus, daß der Organträger jederzeit Einfluß auf die operative Geschäftsführung der Organgesellschaft nehmen kann. Die organisatorische Eingliederung ist stets gegeben, wenn die Organgesellschaft sich durch Abschluß eines **Beherrschungsvertrags**, der im übrigen den Voraussetzungen des § 291 Abs. 1 AktG entspricht, dem Unternehmen des Organträgers unterordnet[631]. Zu beachten ist allerdings, daß die Voraussetzungen der organisatorischen Eingliederung bereits zu Beginn des Wirtschaftsjahrs, für das die Organschaft bestehen soll, vorgelegen haben müssen. Anders als der Ergebnisabführungsvertrag kann der Beherrschungsvertrag steuerliche Wirkung erst ab dem Zeitpunkt seines wirksamen Abschlusses entfalten. Voraussetzung der steuerlichen Wirksamkeit ist weiter die tatsächliche Durchführung des Beherrschungsvertrags, die aber nur bis zum Zeitpunkt des zivilrechtlichen Wirksamwerdens mit Eintragung des Beherrschungsvertrags im Handelsregister nachgewiesen werden muß[632].

446 Wenn kein Beherrschungsvertrag besteht, ist die **Personalunion** in der Geschäftsführung von Organgesellschaft und Organträger der häufigste Fall, wie in anderer Weise entsprechend Abschn. 51 Satz 1 KStR 1995 die organisatorische Eingliederung erreicht werden kann. Teilidentität der Geschäftsführung von Organträger und Organgesellschaft ist dabei nach hM ausreichend[633]. Ausreichend ist auch, wenn der Geschäftsführer der Organgesellschaft zugleich (leitender) Angestellter des Organträgers ist. Allerdings sind die bei nur partieller Personalunion in der Geschäftsführung gegebenen Fragen durch Rechtsprechung und/oder Verwaltungsanweisungen nicht eindeutig geklärt. Zur Verminderung des Restrisikos einer steuerlichen Nichtanerkennung der Organschaft empfiehlt es sich daher, bis zur Wirksamkeit des Beherrschungsvertrags (Organschaftsvertrags) für eine Dokumentation des tatsächlich ausgeübten Einflusses des Organträgers auf die Geschäftsführung der Organgesellschaft zu sorgen. Das kann zB durch die Aufzeichnung von Anweisungen des Organträgers zu Beteiligungserwerben der Organgesellschaft, durch die Protokollierung von Gesellschafterbeschlüssen und

---

[630] *Dötsch/Pung* DB Beilage Nr. 10/2000, S. 13; *Faulhaber*, Neuerungen im Bereich der Organschaft nach dem Steuersenkungsgesetz, INF 2000, 609.

[631] Dies gilt auch für Organträger in der Rechtsform der GmbH; siehe *BMF* vom 2. 1. 1990 DB 1990, 200; *Dötsch* in Dötsch/Eversberg/Jost/Witt § 17 KStG Rn 1 a; *Walter* in Arthur Andersen § 14 KStG Rn 494.

[632] *Walter* in Arthur Andersen § 14 KStG Rn 501; die Finanzverwaltung hat allerdings in Betriebsprüfungen in einigen Fällen den Nachweis über die Durchführung des Beherrschungsvertrags verlangt.

[633] *BFH* vom 17. 4. 1969 BStBl. II 1969, 505, 506; *Breuninger/Prinz*, Organschaft bei fehlendem Beherrschungsvertrag und mittelbarer Beteiligung, DB 1995, 2085, 2087; *Walter* in Arthur Andersen § 14 KStG Rn 446.

von gemeinsamen Geschäftsführersitzungen des Organträgers und der Organgesellschaft geschehen.

5. Wirtschaftliche Eingliederung

Die wirtschaftliche Eingliederung ist ab 2001 nur noch für die gewerbesteuerliche Organschaft von Bedeutung. Unter wirtschaftlicher Eingliederung ist eine wirtschaftliche Zweckabhängigkeit des beherrschten Unternehmens von dem herrschenden Unternehmen zu verstehen. Die wirtschaftliche Eingliederung hat kaum einen faßbaren rechtlichen Aussagewert. Aufgrund der wirtschaftlichen Eingliederung soll die Organgesellschaft in das Unternehmen des Organträgers „nach Art einer Geschäftsabteilung", als „unselbständige Betriebsstätte", „dienend", ggf. auch nur mittelbar, eingegliedert sein und die „Betätigung des herrschenden Unternehmens fördern und ergänzen", so daß sie die „Haupttätigkeit" bzw. die „übergeordnete Tätigkeit" übernimmt[634]. Ausreichend ist, daß die Unternehmen einer Gesamtkonzeption unterliegen und durch eine **einheitliche Leitung** verbunden sind. Die Organgesellschaft muß nicht im gleichen Wirtschaftszweig wie der Organträger tätig sein. Die Organgesellschaft muß nicht gewerblich tätig sein; sie kann sich auf die **Vermögensverwaltung** für den Organträger beschränken. Sie kann zB auch branchenfremde Beteiligungen halten oder den Haus- und Grundbesitz verwalten[635].

Wirtschaftliche Eingliederung kann bereits dann gegeben sein, wenn zwischen der Tätigkeit einer Organgesellschaft und dem Gewerbebetrieb des Organträgers kein irgendwie gearteter betrieblicher Zusammenhang besteht, der Organträger aber mit der Mehrheitsbeteiligung an der Organgesellschaft Sicherheit durch Risikoausgleich anstrebt[636]. Das Tatbestandsmerkmal der wirtschaftlichen Eingliederung dürfte vor diesem Hintergrund praktische Bedeutung nur noch für die Fragen haben, ob
– ein Organschaftsverhältnis zu einer Holding möglich ist oder
– in Fällen der Betriebsaufspaltung ein Organschaftsverhältnis zwischen dem Besitzunternehmen und der Betriebskapitalgesellschaft bestehen kann[637].

Die wirtschaftliche Eingliederung ist auch in ein Unternehmen möglich, das nur **Holdingfunktionen** ausübt. Nicht ausreichend ist es allerdings, wenn die Holdinggesellschaft sich allein auf die **Vermögensverwaltung** beschränkt oder aber als Unternehmen ohne sonstige unternehmerische Betätigung nur eine Untergesellschaft beherrscht[638].

Voraussetzung der wirtschaftlichen Eingliederung und damit der (gewerbesteuerlichen) Organschaft zu einer Holdinggesellschaft ist, daß diese als **geschäftsleitende Holding** zu qualifizieren ist. Dies setzt insbes. voraus, daß

---

[634] *BFH* vom 22. 4. 1998 DB 1998, 1998; *BFH* vom 17. 12. 1969 BStBl. II 1970, 257; *BFH* vom 21. 1. 1970 BStBl. II 1970, 348; *BFH* vom 15. 4. 1970 BStBl. II 1970, 554; *BFH* vom 21. 6. 1972 BStBl. II 1972, 722; *BFH* vom 18. 4. 1973 BStBl. II 1973, 740; *BFH* vom 21. 1. 1976 BStBl. II 1976, 389.
[635] *Streck* § 14 KStG Rn 19 mwN.
[636] *BFH* vom 21. 1. 1976 BStBl. II 1976, 389.
[637] *Schmidt/Müller/Stöcker* Rn 401 ff.
[638] Abschn. 50 Abs. 2 Nr. 3 KStR 1995.

– die Holdinggesellschaft als herrschendes Unternehmen die **einheitliche Leitung** über **mehrere abhängige Kapitalgesellschaften** in einer nach außen hin erkennbaren Form ausübt. Abhängige Kapitalgesellschaften können auch inländische Kapitalgesellschaften, mit denen ein Gewinnabführungsvertrag nicht abgeschlossen ist, oder ausländische Gesellschaften sein[639]. Eine Organschaft sollte aber auch anzuerkennen sein, wenn es sich bei der zweiten, von der geschäftsleitenden Holding beherrschten Gesellschaft um eine Personengesellschaft handelt[640].

– die **Ausübung der einheitlichen Leitung** im Konzern bei näherer Prüfung durch die dazu befugten Personen (zB Abschlußprüfer, Betriebsprüfer) aufgrund äußerer Merkmale **erkennbar** ist. Die Voraussetzungen hierfür sind im allgemeinen erfüllt, wenn das herrschende Unternehmen Richtlinien über die Geschäftspolitik der abhängigen Unternehmen aufstellt und den abhängigen Unternehmen zuleitet oder wenn es den abhängigen Unternehmen schriftliche Weisungen erteilt. Auch Empfehlungen, Besprechungen und gemeinsame Beratungen können genügen, wenn sie schriftlich festgehalten werden.

– das Bestehen des herrschenden Unternehmens nach außen in Erscheinung tritt. Hierfür dürfte die Eintragung einer Firma in das Handelsregister im Regelfall ausreichen.

6. Ergebnisabführungsvertrag

451 Voraussetzung der körperschaftsteuerlichen Organschaft ist neben der finanziellen (und bis einschließlich 2000 auch der organisatorischen und wirtschaftlichen) Eingliederung der Abschluß eines **Ergebnisabführungsvertrags (EAV)**. Darin muß sich die Organgesellschaft verpflichten, ihren gesamten Gewinn an den Organträger abzuführen, und der Organträger dazu, die Verluste der Organgesellschaft zu übernehmen. Bei einer GmbH als Organgesellschaft dürfen die Gewinnabführungen den in § 301 AktG genannten Betrag nicht überschreiten und muß eine Verlustübernahme entsprechend § 302 AktG vereinbart werden[641].

452 Beim Abschluß des EAV sind eine Reihe zivilrechtlicher Formalien zu beachten, die unabdingbare Voraussetzung für eine körperschaftsteuerlich wirksame Organschaft sind:

453 Der EAV muß bis zum Ende des Wirtschaftsjahrs der Organgesellschaft, für das er erstmals gelten soll, auf mindestens fünf Jahre abgeschlossen sein. Ausreichend ist, daß die **Wirksamkeit** des EAV erst zum Ende des folgenden Wirtschaftsjahrs eintritt. Der EAV wird wirksam mit Eintragung in das Handelsregister der Organgesellschaft. Bei der Bestimmung des Fünfjahreszeitraums zählt das erste Jahr mit, für das der EAV wirksam abgeschlossen wird. Dies gilt auch dann, wenn der EAV erst zum Jahresabschluß vereinbart wird[642], sofern die übrigen Voraussetzungen der Organschaft bereits von Beginn des ersten Jahrs an vorliegen.

---

[639] Abschn. 50 Abs. 2 Nr. 2 KStR 1995.
[640] *Streck* § 14 KStG Rn 26.
[641] BFH vom 29. 3. 2000 GmbHR 2000, 949.
[642] Abschn. 55 Abs. 2 KStR 1995.

Beim **Abschluß** des EAV genügt die private **Schriftform**. Der Vertrag muß 454 von den gesetzlichen Vertretern beider Gesellschaften unterzeichnet sein[643]. Um ggf. glaubhaft machen zu können, daß er tatsächlich rechtzeitig abgeschlossen wurde, empfiehlt es sich, eine Kopie des Vertrags noch vor Ende des ersten Organschaftsjahrs öffentlich (notariell) beglaubigen zu lassen[644].

Die Anteilsinhaber der beteiligten Gesellschaften müssen idR dem Vertrag zustimmen. Der **zustimmende Beschluß der Organgesellschaft** bedarf der **notariellen Beurkundung**[645]. Ist dies eine GmbH, müssen nach hM **alle** Gesellschafter zustimmen. Bei einer AG genügt die satzungsändernde Dreiviertelmehrheit[646]. 455

Ist Organträger eine Personengesellschaft, sollten vorsorglich sämtliche Gesellschafter zustimmen[647]. Bei einer GmbH oder AG als Organträger genügt die Dreiviertelmehrheit des vertretenen Kapitals[648]. Nur bei einer AG als Organträger ist für den Hauptversammlungsbeschluß die notarielle Beurkundung notwendig, bei einer GmbH oder Personengesellschaft als Organträger genügt einfache Schriftform, die allerdings auch erforderlich ist, weil das Protokoll des Zustimmungsbeschlusses dem Registergericht der Organgesellschaft vorzulegen ist[649]. 456

Und schließlich muß der EAV, um wirksam zu werden, aufgrund einer notariell beglaubigten Anmeldung der gesetzlichen Vertreter der Organgesellschaft in deren Handelsregister eingetragen worden sein[650]. 457

7. Mehrmütterorganschaft

Schließen sich mehrere gewerbliche Unternehmen zur **einheitlichen Willensbildung** gegenüber einer Kapitalgesellschaft zu einer GbR zusammen, kann eine Organschaft zur GbR anerkannt werden, wenn 458
– jeder Gesellschafter der GbR an der Organgesellschaft vom Beginn ihres Wirtschaftsjahrs an ununterbrochen beteiligt ist und diesen Gesellschaftern die Mehrheit der Stimmrechte an der Organgesellschaft zusteht;
– jeder Gesellschafter der GbR ein gewerbliches Unternehmen unterhält und die Organgesellschaft jedes dieser Unternehmen wirtschaftlich fördert oder ergänzt und
– durch die GbR gewährleistet ist, daß der koordinierte Wille ihrer Gesellschafter in der Geschäftsführung der Organgesellschaft tatsächlich durchgesetzt wird.

---

[643] *Walter* in Arthur Andersen § 14 KStG Rn 619; *Streck* § 14 KStG Rn 68.
[644] *Walter* in Arthur Andersen § 14 KStG Rn 621, 500.
[645] *Walter* in Arthur Andersen § 14 KStG Rn 479.
[646] § 293 Abs. 1 AktG; für die GmbH *Zöllner* in Baumbach/Hueck Schlußanhang I, GmbH-Konzernrecht, Rn 39.
[647] § 293 Abs. 2 AktG und analog bei der GmbH, siehe *Zöllner* in Baumbach/Hueck Schlußanhang I, GmbH-Konzernrecht, Rn 41; *Frotscher* in Frotscher/Maas, Körperschaftsteuergesetz Umwandlungssteuergesetz: Kommentar (Losebl.), Stand: Dezember 2000, § 14 KStG Rn 116 e; *Walter* in Arthur Andersen § 14 KStG Rn 477, 479.
[648] *Grotherr*, Zur gegenwärtigen Bedeutung der Organschaft in der Konzernsteuerplanung, BB 1993, 1986, 1992; *Walter* in Arthur Andersen § 14 KStG Rn 473 mwN.
[649] *Zöllner* in Baumbach/Hueck Schlußanhang I, GmbH-Konzernrecht, Rn 41; *Walter* in Arthur Andersen § 14 KStG Rn 479.
[650] § 294 AktG; *Zöllner* in Baumbach/Hueck Schlußanhang I, GmbH-Konzernrecht, Rn 41.

459 Soll neben der gewerbesteuerlichen noch eine **körperschaftsteuerliche Organschaft** begründet werden, muß zwischen der Organgesellschaft und der GbR ferner ein EAV abgeschlossen werden[651].

460 Nach der neueren Rechtsprechung des BFH[652] ist fraglich, inwieweit zur Begründung einer Mehrmütterorganschaft noch die Zwischenschaltung einer Willensbildungs-GbR erforderlich ist. ME führt die neue Rechtsprechung auf Basis der Lehre der **„mehrfachen Abhängigkeit"** des Gesellschaftsrechts dazu, daß die Bildung einer Willensbildungs-GbR als Voraussetzung der steuerlichen Mehrmütterorganschaft ebenso wegfällt, wie das Erfordernis des Abschlusses eines EAV mit der Willensbildungs-GbR selbst[653]. Nach dem **Bericht des BMF zur Fortentwicklung des Unternehmenssteuerrechts**[654] ist in naher Zukunft mit einer gesetzlichen Regelung der Mehrmütterorganschaft zu rechnen.

461 Auch bei der Mehrmütterorganschaft ist der Abschluß eines EAV nicht Voraussetzung der gewerbesteuerlichen Organschaft[655]. Entgegen der Rechtsprechung des BFH soll nach Auffassung der Finanzverwaltung bei der gewerbesteuerlichen Organschaft nur eine Zurechnung des Gewerbeertrags der Organgesellschaft zur **Willensbildungs-GbR** und nicht zu den Gesellschaftern der GbR möglich sein[656].

462 **Rechtsfolge** der Mehrmütterorganschaft ist, daß das Einkommen der Organgesellschaft anteilig den jeweiligen Muttergesellschaften zuzurechnen ist[657].

463 Zu beachten ist, daß nach (bisheriger) Verwaltungsauffassung die **Veräußerung der Organbeteiligung** durch einen Gesellschafter oder sein Ausscheiden aus der GbR während des Wirtschaftsjahres der Organgesellschaft zur Beendigung der Organschaft insgesamt führt[658].

II. Vororganschaftliche Verlustvorträge

464 Eine wesentliche Frage beim Unternehmenskauf, die auch die Höhe des Kaufpreises beeinflußt, ist, inwieweit Verlustvorträge des erworbenen Unternehmens genutzt werden können.

---

[651] Abschn. 52 Abs. 6 KStR 1995.

[652] *BFH* vom 9. 6. 1999 DStR 1999, 2070 mit Anmerkungen; siehe aber Nichtanwendungserlaß des *BMF* vom 4. 12. 2000, IV A 2-S 2770-3100.

[653] *Ottersbach* NWB Fach 5, 1457, 1465; *Walter/Groschupp,* Umsatzsteuerliche Mehrmütterorganschaft als Gestaltungsinstrument für Körperschaften des öffentlichen Rechts, UR 2000, 449, 454.

[654] Beilage zu FR 11/2001.

[655] *BFH* vom 14. 4. 1993 BStBl. II 1994, 124.

[656] *BMF* vom 4. 12. 2000 DStR 2000, 2188 (Nichtanwendungserlaß zu *BFH* vom 9. 6. 1999 DStR 1999, 2070); *OFD Hannover* vom 21. 12. 2000 FR 2001, 220.

[657] Keine Zurechnung des Gewerbeertrags der Organgesellschaft zur Willensbildungs-GbR, siehe *BFH* vom 9. 6. 1999 FR 2000, 155; siehe auch *Ottersbach* NWB Fach 5, 1457; *Menner/Broer,* Die umsatzsteuerliche Mehrmütter-Organschaft, UStB 2000, 241.

[658] Abschn. 52 Abs. 6 Satz 1 Nr. 1 Satz 4 KStR 1995.

1. Körperschaftsteuer

Nach § 15 Nr. 1 KStG ist bei der Ermittlung des Einkommens der Organgesellschaft ein Verlustabzug iSd. § 10d EStG nicht zulässig. Dies führt dazu, daß vororganschaftliche **Verlustvorträge** der Organgesellschaft körperschaftsteuerlich **für die Dauer der Organschaft nicht nutzbar** sind. Die Organgesellschaft kann vororganschaftliche Verluste aber mit Gewinnen verrechnen, die bei ihr nach der Beendigung der Organschaft entstehen.

Der „Untergang" bzw. das „Einfrieren" vororganschaftlicher Verlustvorträge der Organgesellschaft kann in Einzelfällen dadurch vermieden werden, daß vor Begründung der Organschaft **gewinnrealisierende Maßnahmen** wie etwa die Veräußerung von Wirtschaftsgütern mit erheblichen stillen Reserven vorgenommen werden.

Handelsrechtlich ist der Organträger nicht zum **Ausgleich vorvertraglicher Verluste** verpflichtet. Der Verlustvortrag mindert aber den nach § 301 AktG handelsrechtlich abzuführenden Gewinn, ohne daß dies Einfluß auf die steuerliche Anerkennung des EAV hat.

Ein **Verlustrücktrag** von bei der Organgesellschaft während der Organschaft entstehenden Verlusten, d. h. eine Verrechnung mit vorvertraglichen Gewinnen, ist wegen § 15 Nr. 1 KStG ebenfalls ausgeschlossen.

2. Gewerbesteuer

Gewerbesteuerlich findet § 15 Nr. 1 KStG keine Anwendung. Die vor Begründung des Organschaftsverhältnisses bei der Organgesellschaft entstandenen Verluste können daher von dem getrennt ermittelten positiven Gewerbeertrag der Organgesellschaft abgezogen werden[659]. Ein Abzug der vororganschaftlichen Verluste der Organgesellschaft vom positiven Gewerbeertrag des Organträgers ist jedoch ausgeschlossen[660]. Die Regelung des Abschn. 68 Abs. 5 Satz 6 GewStR 1998, wonach vororganschaftliche Verluste des Organträgers nicht mehr vom positiven Gewerbeertrag der Organgesellschaft abgezogen werden können, war systemwidrig und wird daher nicht (mehr) angewandt[661].

3. Vorteile und Nachteile der Organschaft

a) Vorteile. Finanzierungskostenabzug: Die Organschaft ermöglicht den sonst durch § 3c EStG eingeschränkten Abzug von Finanzierungskosten im Zusammenhang mit Inlandsbeteiligungen[662].

Uneingeschränkter Verlustausgleich: Die Organschaft ermöglicht einen uneingeschränkten Ausgleich von Verlusten der Organgesellschaft mit Gewinnen des Organträgers sowie von Verlusten und Gewinnen mehrerer Organgesellschaf-

---

[659] Abschn. 68 Abs. 5 Satz 1 GewStR 1998; siehe auch *Glanegger* in Glanegger/Güroff § 2 GewStG Rn 200; *OFD Frankfurt* vom 6. 7. 2000 DStR 2000, 1436; *OFD Frankfurt* vom 23. 2. 2000 FR 2000, 482; *Brinkmeier* GmbH-StB 2000, 129.
[660] Abschn. 68 Abs. 5 Satz 2 GewStR 1998.
[661] Gleichlautender Erlaß der *Obersten Finanzbehörden der Länder* vom 14. 12. 1999 BStBl. I 1999, 1134.
[662] Siehe Rn 293 ff.

ten untereinander[663]. Dem kommt durch den Wegfall des körperschaftsteuerlichen Anrechnungsverfahrens künftig eine noch größere Bedeutung zu als bisher[664].

472 **Vermeidung gewerbesteuerlicher Doppelbelastungen**: Die hälftige Hinzurechnung von **Dauerschuldzinsen** gem. § 8 Nr. 1 GewStG würde bei Darlehensgewährung vom Organträger an die Organgesellschaft dazu führen, daß die Zinsen einerseits als Einnahmen beim Organträger und andererseits zur Hälfte auch bei der Organgesellschaft erfaßt würden. Abschn. 41 Abs. 1 Satz 5 GewStR 1998 bestimmt daher, daß Hinzurechnungen im Organkreis unterbleiben, soweit die Hinzurechnung zu einer doppelten steuerlichen Belastung führt. Dies gilt auch im Verhältnis mehrerer Organgesellschaften desselben Organträgers[665].

473 **Vermeidung des gewerbesteuerlichen Abzugsverbots bei Schachteldividenden**: Nach § 9 Nr. 2a GewStG unterliegen Gewinne aus Anteilen an einer nicht steuerbefreiten inländischen Kapitalgesellschaft nicht der Gewerbesteuer, wenn die Beteiligung mindestens 10% beträgt[666]. In unmittelbarem Zusammenhang mit den Gewinnanteilen stehende Aufwendungen sollen nach Auffassung der Finanzverwaltung den Kürzungsbetrag mindern[667]. Dies bedeutet im Ergebnis ein gewerbesteuerliches Abzugsverbot für entsprechende Aufwendungen. Das Abzugsverbot kann durch die Begründung einer gewerbesteuerlichen Organschaft vermieden werden.

474 **Vermeidung von Kapitalertragsteuer auf Gewinnausschüttungen** und damit verbundener Liquiditätsnachteile.

475 **b) Nachteile.** Bis einschließlich 2001 ergab sich der Nachteil der **Einschränkung von Teilwertabschreibungen**: Bei dauerhaft defizitären Tochterkapitalgesellschaften kann die Begründung einer Organschaft nachteilig sein, da die Möglichkeiten einer steuermindernden Teilwertabschreibung der Beteiligung des Organträgers an der Organgesellschaft sowohl körperschaftsteuerlich[668] als auch gewerbesteuerlich[669] erheblich eingeschränkt sind. Eine Abschreibung der Organbeteiligung auf den niedrigeren Teilwert allein aus dem Grunde, daß die Organgesellschaft ständig Verluste erwirtschaftet, ist nicht möglich.

476 **Körperschaftsteuerlich** sind Teilwertabschreibungen jedoch anzuerkennen, wenn sie in keinem Zusammenhang mit bereits iRd. Gewinnabführungsvertrags übernommenen Verlusten stehen. Zulässig sind daher zB Teilwertabschreibungen wegen der Verflüchtigung eines Firmenwerts oder abführungsbedingte Teilwertabschreibungen aufgrund der Ausschüttung oder Abführung von vororganschaftlichen Gewinn- oder Kapitalrücklagen.

---

[663] Zur Einschränkung des Verlustausgleichs bei vororganschaftlichen Verlusten siehe Rn 464 ff.
[664] *Neu* in Neu/Neumann/Neumayer EStB/GmbH-StB 2000, Sonderheft zum StSenkG, S. 35.
[665] *Güroff* in Glanegger/Güroff § 2 GewStG Rn 201.
[666] Zur Anwendung von § 3 Nr. 40 Satz 1 lit. b EStG 2001 und § 8 Abs. 6 KStG 2001, wenn Ausschüttungsempfänger eine Personengesellschaft ist, siehe Rn 114 ff.
[667] Abschn. 61 Abs. 1 Satz 2 GewStR 1998.
[668] Abschn. 60 Abs. 1 KStR 1995.
[669] § 8 Nr. 10 GewStG, Abschn. 41 Abs. 1 Satz 8 ff. GewStR 1998.

Für Zwecke der **Gewerbesteuer** stellt § 8 Nr. 10 GewStG klar, daß abführungs- 477
bedingte Teilwertabschreibungen gewerbesteuerlich stets wieder hinzuzurechnen
sind[670]. Teilwertabschreibungen aufgrund mangelnder Ertragsaussichten[671] sind jedoch auch künftig mit gewerbesteuerlicher Wirkung möglich. Ab 2002 ist dieser
Nachteil aufgrund der weitreichenden Nichtanerkennung von Teilwertabschreibungen nach § 8b Abs. 3 KStG 2001, § 3c Abs. 2 EStG 2001 weitgehend entfallen.

Steuerfreiheit des Gewinns aus der Veräußerung der Organbeteili- 478
gung: Gewinne aus der Veräußerung von Anteilen an Kapitalgesellschaften durch
Kapitalgesellschaften sind nach § 8b Abs. 2 KStG 2001 steuerfrei, sofern die veräußerte Kapitalgesellschaftsbeteiligung beim Empfänger zu Einnahmen iSd. § 20
Abs. 1 Nr. 1 und 2 EStG führt. Dies ist bei einer körperschaftsteuerlichen Organschaft gerade nicht der Fall, so daß nach dem Wortlaut von § 8b Abs. 2 KStG 2001
die Steuerfreiheit für Gewinne aus der Veräußerung von Organbeteiligungen gefährdet sein könnte[672].

Grunderwerbsteuer bei Beherrschungs- und Gewinnabführungsver- 479
trag: Der Abschluß eines Beherrschungs- und Gewinnabführungsvertrags mit einer Gesellschaft, die Grundstücke hält, löst auch dann nicht nach § 1 Abs. 2
GrEStG Grunderwerbsteuer aus, wenn die Grundstücke im Umlaufvermögen gehalten werden[673].

III. Begründung und Beendigung der Organschaft beim Unternehmenskauf

1. Verkauf von Organschaftsbeteiligungen

Beim Verkauf von Organschaftsbeteiligungen ist regelmäßig beabsichtigt, daß 480
die Organschaft „nahtlos" vom Verkäufer (bisheriger Organträger) auf den Käufer (künftiger Organträger) übergeht. Da für die Anerkennung der körperschaftsteuerlichen Organschaft die Voraussetzungen während des gesamten Wirtschafts-
bzw. Geschäftsjahrs der Organgesellschaft vorgelegen haben müssen, ist es erforderlich, daß die Veräußerung zum Ende des Geschäftsjahrs der Organgesellschaft
erfolgt (sog. **„Mitternachtserwerb"**)[674]. Veräußert der Organträger seine Beteiligung an der Organgesellschaft zum Ende des Wirtschaftsjahrs, bedeutet dies, daß
der Organträger (Veräußerer) das Eigentum an den Anteilen an der Organgesellschaft bis zum letzten Tag, 24 Uhr, des Wirtschaftsjahrs der Organgesellschaft be-

---

[670] Zur Rechtslage vor Änderung des § 8 Nr. 10 GewStG durch das Steuerentlastungsgesetz 1999/2000/2002 siehe *BFH* vom 28. 10. 1999 GmbHR 2000, 506; *Brinkmeier* GmbH-StB 2000, 119; *Kohlhaas*, Die (unendliche?) Geschichte der abführungsbedingten Teilwertabschreibung im gewerbesteuerlichen Organkreis, GmbHR 1999, 747; *Thümler*, Neue Entwicklungen bei der Teilwertabschreibung von Organgesellschaften im Gewerbesteuerrecht, DB 1999, 1977.
[671] Zur Zulässigkeit nach bisherigem Recht vgl. *BFH* vom 22. 4. 1998 BStBl. II 1998, 748.
[672] Fraglich ist allerdings, ob eine solche Auslegung vom Gesetzgeber gewollt ist; siehe *Neu* in Neu/Neumann/Neumayer, EStB/GmbH-StB 2000, Sonderheft zum StSenkG, S. 37.
[673] *BFH* vom 1. 3. 2000 DStR 2000, 1088; *Fuchs/Lieber* DStR 2000, 1333; aA Vorinstanz FG Düsseldorf vom 14. 8. 1998 EFG 1998, 1661; *Fischer* in Boruttau § 1 GrEStG Rn 799f.
[674] Abschn. 53 KStR 1995; *Holzapfel/Pöllath* Rn 41ff., Rn 765; *BFH* vom 2. 5. 1974 BStBl. II 1974, 707; *FG Köln* vom 28. 4. 1981 EFG 1982, 80.

hält und der Erwerber dieses Eigentum am ersten Tag, 0 Uhr, des anschließenden Wirtschaftsjahrs der Organgesellschaft erwirbt. In diesen Fällen ist deshalb die Voraussetzung der finanziellen Eingliederung der Organgesellschaft beim Veräußerer bis zum Ende des Wirtschaftsjahrs der Organgesellschaft erfüllt. Allerdings ist wohl davon auszugehen, daß der Veräußerungsvorgang noch am letzten Tag des abgelaufenen Wirtschaftsjahrs der Organgesellschaft realisiert werden muß[675]. Der Unternehmenskaufvertrag muß zu diesem Zweck klare Vereinbarungen zum Zeitpunkt des Übergangs des rechtlichen und wirtschaftlichen Eigentums (Übergang von Besitz, Nutzen und Lasten) enthalten.

481 Sofern die Veräußerung unterjährig erfolgen soll, muß die Organgesellschaft ein auf den Veräußerungsstichtag endendes **Rumpfwirtschaftsjahr** bilden[676]. Die hierfür gem. § 7 Abs. 4 Satz 3 KStG erforderliche **Zustimmung des Finanzamts** hat dieses zu erteilen[677]. Bei einer Veräußerung zum Ende des Rumpfwirtschaftsjahrs ist die Voraussetzung der finanziellen Eingliederung beim Veräußerer bis zum Veräußerungsstichtag und beim Erwerber vom Beginn des anschließenden Wirtschaftsjahrs der Organgesellschaft an erfüllt[678].

482 Bei der Bildung eines Rumpfwirtschaftsjahrs ist zu beachten, daß die Änderung des Geschäftsjahrs grundsätzlich erst mit der **Eintragung ins Handelsregister** wirksam wird[679].

483 Nach hM kann das neue Geschäftsjahr erst nach der **Handelsregistereintragung** des Geschäftsjahreswechsels beginnen[680]. Soll also das Rumpfwirtschaftsjahr zB zum 30.6. eines Jahres enden, so muß die Satzungsänderung vor diesem Tag eingetragen werden.

484 Die Bildung eines Rumpfwirtschaftsjahrs kann auch erforderlich sein, um den EAV zum Stichtag beenden zu können, da eine ordentliche Kündigung ebenso wie eine einvernehmliche **Aufhebung des EAV** regelmäßig **nur zum Ende des Geschäftsjahrs der Organgesellschaft** möglich ist[681]. Zwar ist die Veräußerung der Anteile an einer Organgesellschaft steuerrechtlich ein wichtiger Grund, der zu einer unschädlichen vorzeitigen Beendigung der steuerlichen Organschaft berechtigt[682], zivilrechtlich ist sie nach der Rechtsprechung aber jedenfalls dann kein wichtiger Grund, wenn eine Vertragsaufhebung oder eine ordentliche Kündigung zumutbar ist[683]. Im EAV kann aber vereinbart werden, daß die Übertragung von Anteilen an der Organgesellschaft die **außerordentliche Kündigung** rechtfertigt[684]. Ggf. kann der EAV auch diesbezüglich vor der Anteilsveräußerung nachgebessert werden.

---

[675] *Witt* in Dötsch/Eversberg/Jost/Witt § 14 KStG Rn 45; *FG München* vom 15. 7. 1986 EFG 1987, 106.
[676] Abschn. 53 Abs. 2 Satz 3 KStR 1995.
[677] Abschn. 53 Abs. 3 KStR 1995.
[678] Abschn. 53 Abs. 2 KStR 1995.
[679] § 54 Abs. 3 GmbHG, § 181 Abs. 3 AktG.
[680] *Herrmann* BB 1999, 2270.
[681] § 296 Abs. 1 AktG; hinsichtlich ordentlicher Kündigung aA *Hüffer* § 297 AktG Rn 16.
[682] Abschn. 55 Abs. 7 Satz 2 KStR 1995,
[683] *OLG Düsseldorf* vom 18. 8. 1994 AG 1995, 137.
[684] Siehe *Kallmeyer*, Beendigung von Beherrschungs- und Gewinnabführungsverträgen, GmbHR 1995, 578.

Zu beachten ist, daß die **Beendigung des EAV innerhalb der Fünfjahresfrist** nur bei Beendigung aus wichtigem Grund nicht zur Unwirksamkeit der Organschaft mit steuerlicher Rückwirkung führt[685]. Ein wichtiger Grund kann – steuerrechtlich – insbes. in der Veräußerung der Organgesellschaft gesehen werden[686]. Stand allerdings bereits bei Abschluß des EAV fest, daß der EAV vor Ablauf der ersten fünf Jahre beendet werden wird, ist ein wichtiger Grund nicht anzunehmen und der EAV von Anfang an als steuerrechtlich unwirksam anzusehen[687]. 485

Besteht zwischen dem Veräußerer und der Zielgesellschaft eine Organschaft und wird der **EAV** bei Veräußerung der Anteile während des Wirtschaftsjahrs der Zielgesellschaft **nicht beendet** (**Veräußerung ohne Bildung eines Rumpfwirtschaftsjahrs**), so ergeben sich hieraus insbesondere die folgenden Konsequenzen: 486
– Zivilrechtlich steht das Ergebnis der Zielgesellschaft für das Wirtschaftsjahr der Veräußerung noch dem Veräußerer zu. Steuerrechtlich ist das Ergebnis der Zielgesellschaft demgegenüber dem Erwerber zuzurechnen[688]. Steuerlich sind die Zahlungen aufgrund des EAV somit als Korrektur des Veräußerungserlöses bzw. der Anschaffungskosten anzusehen[689].
– Die steuerliche Organschaft zum Veräußerer endet bereits mit Wirkung ab dem Beginn des Wirtschaftsjahrs der Veräußerung. Die Zielgesellschaft hat ab diesem Zeitpunkt ihr Einkommen selbst zu versteuern.

2. Umwandlung des Organträgers

Wenn der Organträger auf ein anderes gewerbliches Unternehmen verschmolzen wird, wird das Organschaftsverhältnis mit dem übernehmenden Rechtsträger fortgesetzt, wenn dieser in den EAV eintritt. Handelsrechtlich geht der EAV nach hM automatisch auf den Rechtsnachfolger über[690]. 487

Bei **Verschmelzung** zum Ende des Wirtschaftsjahrs der Organgesellschaft besteht die Organschaft zur Übernehmerin erstmals für das folgende Wirtschaftsjahr der Organgesellschaft. Wird der Organträger während des Wirtschaftsjahrs der Organgesellschaft verschmolzen, ist das Organschaftsverhältnis zur Übernehmerin erstmals für das an diesem Stichtag laufende Wirtschaftsjahr anzuerkennen[691]. Für die nach § 14 Nr. 4 KStG erforderliche 5-jährige Mindestlaufzeit des EAV wird die Laufzeit beim bisherigen Organträger mit der beim neuen Organträger zusammengerechnet[692]. 488

---

[685] § 14 Nr. 4 Satz 3 KStG.
[686] Fraglich ist, ob und inwieweit ein wichtiger Grund anzuerkennen ist, wenn lediglich Teile der Beteiligung an der Organschaft verkauft werden. ME ist ein wichtiger Grund immer dann anzuerkennen, wenn die Veräußerung zum Wegfall der finanziellen Eingliederung führt oder ein Fall des § 307 AktG vorliegt.
[687] Abschn. 55 Abs. 7 KStR 1995.
[688] § 20 Abs. 2a EStG.
[689] Siehe Rn 530 ff.
[690] *OLG Karlsruhe* vom 7. 12. 1990, Az. 15 U 256/89.
[691] Tz. Org. 02 Satz 2 UmwStErlaß.
[692] Tz. Org. 10 UmwStErlaß.

489 Bei **Abspaltung und Ausgliederung** besteht das Organschaftsverhältnis fort, wenn die Mehrheit der Stimmrechte an der Organgesellschaft beim bisherigen Organträger verbleibt[693]. Anderenfalls endet die Organschaft zum bisherigen Organträger und kann unter den allgemeinen Voraussetzungen mit dem abgespaltenen bzw. ausgegliederten Unternehmen als neuem Organträger fortgeführt werden. Wird der Organträger aufgespalten, hängt der Fortbestand der Organschaft von den Regelungen des Spaltungsplans hinsichtlich des Gewinnabführungsvertrags ab[694].

490 Ein **Formwechsel des Organträgers** hat auf den Bestand der Organschaft keinen Einfluß.

3. Umwandlung der Organgesellschaft

491 Wird die Organgesellschaft auf den Organträger oder einen anderen Rechtsträger verschmolzen, sind die **Voraussetzungen der Organschaft** unabhängig davon, ob die Verschmelzung zum Ende des Wirtschaftsjahrs der Organgesellschaft wirksam wird, grundsätzlich bis zum Übertragungsstichtag gegeben. Mit der Verschmelzung der Organgesellschaft endet auch der EAV[695].

492 Durch die Wahl eines vom Ende des Wirtschaftsjahrs abweichenden Verschmelzungsstichtags entsteht ein **Rumpfwirtschaftsjahr** der Organgesellschaft[696]; die Organgesellschaft muß dann zum Übertragungsstichtag einen regulären Jahresabschluß aufstellen.

493 Im Fall der **Abspaltung und Ausgliederung** bleibt das Organschaftsverhältnis zum bisherigen Organträger bestehen, wenn die Eingliederungsvoraussetzungen des § 14 KStG weiter erfüllt sind[697]. Bei Aufspaltung der Organgesellschaft endet der EAV[698]. Die Begründung eines Organschaftsverhältnisses zu den jeweils übernehmenden Kapitalgesellschaften erfordert den Abschluß eines neuen EAV sowie die Erfüllung der übrigen Eingliederungsvoraussetzungen. Wird die Organgesellschaft in eine andere Kapitalgesellschaft umgewandelt (zB die Umwandlung einer GmbH in eine AG), berührt dies den Bestand des Organschaftsverhältnisses nicht.

494 Bei **Umwandlung in eine Personengesellschaft** endet die Organschaft, da eine Personengesellschaft nicht Organgesellschaft sein kann. Die Organschaft bleibt aber bis einschließlich des steuerlichen Übertragungsstichtags wirksam[699].

---

[693] Tz. Org. 07 f. UmwStErlaß.
[694] § 131 Abs. 1 Nr. 1 UmwG.
[695] *Hüffer* § 295 AktG Rn 6.
[696] *Streck* § 14 KStG Rn 33.
[697] Tz. Org. 16 UmwStErlaß.
[698] Tz. Org. 17 UmwStErlaß.
[699] *Walter*, Steuerliche Rückwirkung des Formwechsels und Organschaft, GmbHR 1996, 905, 906.

F. Grunderwerbsteuer beim Unternehmenskauf

I. Grundlagen/Asset Deal

Die Grunderwerbsteuer besteuert den Umsatz von Grundstücken. Werden im Rahmen eines Asset Deal inländische Grundstücke[700] erworben, unterliegt der Grundstückserwerb grundsätzlich der Grunderwerbsteuer. Bemessungsgrundlage der Grunderwerbsteuer ist der Kaufpreis, soweit er auf das Grundstück entfällt. Der Grunderwerbsteuersatz beträgt 3,5 %[701].

Anders als beim direkten Grundstückserwerb im Rahmen eines Asset Deal unterliegt der Erwerb von Beteiligungen an Personen- oder Kapitalgesellschaften selbst grundsätzlich nicht der Grunderwerbsteuer. Allerdings kann der Erwerb von Anteilen an Personen- oder Kapitalgesellschaften mit Grundbesitz Grunderwerbsteuer auslösen, wenn der Anteilserwerb aufgrund der gesetzlichen Fiktion des § 1 Abs. 2a, Abs. 3 GrEStG dem direkten Grundstückserwerb gleichgestellt wird.

II. Erwerb von Anteilen an Kapitalgesellschaften

Gehören zum Vermögen einer Kapitalgesellschaft Grundstücke, unterliegt der Beteiligungserwerb gem. § 1 Abs. 3 GrEStG der Grunderwerbsteuer, wenn
– durch den Beteiligungserwerb unmittelbar oder mittelbar mindestens 95 % der Anteile der Gesellschaft in der Hand eines Erwerbers bzw. in der Hand von abhängigen und herrschenden Gesellschaften vereinigt werden[702] oder
– unmittelbar oder mittelbar mindestens 95 % der Anteile einer Gesellschaft von **einem Erwerber** erworben werden (Weiterveräußerung der bereits vereinigten Anteile iSd. § 1 Abs. 3 Nr. 3 und 4 GrEStG).

Sofern Anteile an einer Kapitalgesellschaft mit Grundbesitz mittelbar über zwischengeschaltete Kapitalgesellschaften gehalten werden, sind die von den zwischengeschalteten Kapitalgesellschaften gehaltenen Anteile bei der Prüfung, ob eine (mittelbare) Anteilsvereinigung vorliegt, nur zu berücksichtigen, wenn die Anteile an den zwischengeschalteten Kapitalgesellschaften selbst wiederum zu mindestens 95 % vom Erwerber (oder einer Gesellschaft an der der Erwerber zu mindestens 95 % beteiligt ist) gehalten werden[703]. Bei der Prüfung, ob eine grunderwerbsteuerpflichtige Anteilsvereinigung vorliegt, werden nicht nur die unmittelbar oder mittelbar von dem Erwerber gehaltenen Anteile berücksichtigt, sondern auch solche Anteile, die von **abhängigen Unternehmen oder Treu-**

---

[700] § 2 GrEStG.
[701] § 11 Abs. 1 GrEStG.
[702] Anteilsvereinigung iSd. § 1 Abs. 3 Nr. 1 und 2 GrEStG; § 1 Abs. 3 GrEStG erfaßt grundsätzlich auch die Anteilsvereinigung in der Hand ausländischer Gesellschaften; siehe *FG Hamburg* vom 28. 2. 2000 – I 10/99, nrkr. (Az. des BFH: II R 23/00).
[703] *FM Baden-Württemberg* vom 14. 2. 2000 DB 2000, 398; *Pahlke* in Pahlke/Franz § 1 GrEStG Rn 335; *Baumann*, Die Anwendungen des § 1 Abs. 3 Grunderwerbsteuergesetz, UVR 2000, 334, 338.

händern gehalten werden. Abhängige Unternehmen sind dabei insbes. Kapitalgesellschaften, bei denen die Voraussetzungen der umsatzsteuerlichen **Organschaft**[704] vorliegen (finanzielle, wirtschaftliche und organisatorische Eingliederung[705]).

499 **Beispiel:** An der Z-AG, zu deren Vermögen 3 Grundstücke gehören, sind die HoldCo1 und die HoldCo2 zu jeweils 50% beteiligt. An HoldCo1 ist E mit 70% beteiligt, zwischen E und HoldCo1 besteht eine umsatzsteuerliche Organschaft. Erwirbt E nun 95% der Anteile an HoldCo2, werden hierdurch 97,5% der Anteile an der Z-AG in der Hand von E und HoldCo1 vereinigt (50% der von HoldCo1 gehaltenen Anteile und (95% · 50% =) 47,5% der E über die HoldCo2 zuzurechnenden Anteile). Dies hat zur Folge, daß hinsichtlich der zum Vermögen der Z-AG gehörenden Grundstücke 3 Grunderwerbsteuerfälle vorliegen[706].

500 Ob ein Grundstück zum Vermögen einer Gesellschaft gehört, richtet sich nach rein grunderwerbsteuerlichen Gesichtspunkten. Ein Grundstück gehört dann zum Vermögen einer Gesellschaft, wenn es ihr im Zeitpunkt der Entstehung der Steuerschuld – d. h. bei Verwirklichung der in § 1 Abs. 3 GrEStG normierten Tatbestandsmerkmale – aufgrund eines unter § 1 Abs. 1, 2 (nicht 2a), oder 3 GrEStG fallenden Erwerbsvorgangs zuzurechnen ist. Damit gehört ein Grundstück auch dann zum Vermögen einer Gesellschaft, wenn diese zu 95% an einer grundbesitzenden Gesellschaft beteiligt ist[707].

501 Die Grunderwerbsteuer wird bereits durch den Abschluß des Kaufvertrags ausgelöst. Dabei setzt die Erhebung der Grunderwerbsteuer allerdings die Anteilsübertragung voraus. Kommt es – aus welchen Gründen auch immer – nicht zur Anteilsübertragung, kann trotz des Abschlusses des Kaufvertrags keine Grunderwerbsteuer festgesetzt werden[708]. Wird allerdings – etwa im Fall der Verschmelzung – gar kein Kaufvertrag abgeschlossen, unterliegt der Übergang der Grundstücke auf den Erwerber der Grunderwerbsteuer.

502 **Bemessungsgrundlage** der Grunderwerbsteuer ist in den Fällen des § 1 Abs. 3 GrEStG der sog. bewertungsrechtliche Bedarfswert der zum Gesellschaftsvermögen gehörenden Grundstücke[709]. Dieser typisierte Bedarfswert entspricht im Regelfall ca. 60 bis 80% des Verkehrswerts der Grundstücke.

503 **Steuerschuldner** ist bei der
— Anteilsvereinigung iSd. § 1 Abs. 3 Nr. 1 und 2 GrEStG der Erwerber bzw. bei Anteilsvereinigung in der Hand mehrerer Personen diese Beteiligten[710];
— Weiterveräußerung der bereits vereinigten Anteile iSd. § 1 Abs. 3 Nr. 3 und 4 GrEStG der Veräußerer und der Erwerber[711].

---

[704] Zur Grunderwerbsteuer bei Organschaft siehe auch *Fuchs/Lieber* DStR 2000, 1333: Keine (zusätzliche) Grunderwerbsteuer bei Organträger nach § 1 Abs. 2 GrEStG.
[705] § 1 Abs. 4 Nr. 2b GrEStG iVm. § 2 Abs. 2 Nr. 2 UStG.
[706] BFH vom 28. 6. 1972 BStBl. II 1972, 719.
[707] *Pahlke* in Pahlke/Franz § 1 GrEStG Rn 325.
[708] *Pahlke* in Pahlke/Franz § 1 GrEStG Rn 11; *Fischer* in Boruttau § 1 GrEStG Rn 281 ff.
[709] § 8 Abs. 2 Nr. 3 GrEStG; § 138 BewG.
[710] § 13 Nr. 5 GrEStG.
[711] § 13 Nr. 1 GrEStG; *Pahlke* in Pahlke/Franz § 13 GrEStG Rn 14.

Die Steuerschuldner haben den steuerpflichtigen Beteiligungserwerb nach § 19 **504**
Abs. 1 Nr. 4 bis 7 GrEStG innerhalb von zwei Wochen nach Abschluß des Kaufvertrags dem zuständigen Finanzamt anzuzeigen. Sofern diese ihrer **Anzeigepflicht** nicht nachkommen, hat dies – neben ggf. strafrechtlichen Konsequenzen – zur Folge, daß der grunderwerbsteuerpflichtige Erwerbsvorgang nicht rückgängig gemacht werden kann[712]. Die Anzeige hat gem. § 17 Abs. 3 Nr. 2 GrEStG bei dem Finanzamt zu erfolgen, in dessen Bezirk sich die Geschäftsleitung der Gesellschaft befindet. Steht der Kaufvertrag unter einer aufschiebenden Bedingung oder bedarf er einer Genehmigung, entsteht die Grunderwerbsteuer erst mit Bedingungseintritt bzw. Genehmigung[713]. Die Anzeigepflichten bleiben hiervon jedoch grundsätzlich unberührt[714]. Ist Steuerschuldner eine Gesellschaft, trifft die Anzeigepflicht nach § 19 Abs. 1 Nr. 4 bis 7 GrEStG die zur Geschäftsführung befugten Personen.

III. Erwerb von Beteiligungen an Personengesellschaften

Wie der Beteiligungserwerb an Kapitalgesellschaften löst auch der Beteili- **505**
gungserwerb an Personengesellschaften grundsätzlich keine Grunderwerbsteuer aus. Gehört jedoch zum Vermögen einer Personengesellschaft Grundbesitz, kann der Beteiligungserwerb Grunderwerbsteuer auslösen, wenn
– eine Anteilsvereinigung iSd. § 1 Abs. 3 GrEStG oder
– ein 95%-iger Gesellschafterwechsel innerhalb eines Zeitraums von fünf Jahren iSd. § 1 Abs. 2a GrEStG
vorliegt.

1. Anteilsvereinigung iSd. § 1 Abs. 3 GrEStG

Die Besteuerung der Anteilsvereinigung bei Personengesellschaften (Vereini- **506**
gung von mindestens 95% der Anteile in der Hand eines Erwerbers) entspricht der Besteuerung der Anteilsvereinigung bei Kapitalgesellschaften[715].
Bei Anteilserwerben an Personengesellschaften geht die Vorschrift des § 1 **507**
Abs. 2a GrEStG jedoch der Anwendung des § 1 Abs. 3 GrEStG vor. Eine grunderwerbsteuerpflichtige Anteilsvereinigung nach § 1 Abs. 3 GrEStG kommt insoweit nur in Betracht, als nicht die Voraussetzungen eines steuerpflichtigen Gesellschafterwechsels nach § 1 Abs. 2a GrEStG vorliegen[716].

---

[712] § 16 Abs. 5 GrEStG; zur Rückgängigmachung siehe auch *FG Brandenburg* vom 20.7.1999 EFG 2000, 285, nrkr.
[713] § 14 GrEStG.
[714] *Pahlke* in Pahlke/Franz § 14 GrEStG Rn 8.
[715] Siehe Rn 497 ff.
[716] Gleichlautender Erlaß der *Obersten Finanzbehörden der Länder* vom 7.2.2000 BStBl. II 2000, 344 Rn 8; *Gottwald* BB 2000, 69, 71.

2. Wechsel von mindestens 95% der Gesellschafter

508 § 1 Abs. 2a GrEStG fingiert eine grunderwerbsteuerpflichtige Übereignung eines Grundstücks, wenn zum Vermögen einer Personengesellschaft ein inländisches Grundstück gehört und sich innerhalb von **fünf Jahren** der Gesellschafterbestand der Personengesellschaft unmittelbar oder mittelbar dergestalt ändert, daß mindestens 95% der Anteile an der Gesellschaft auf neue Gesellschafter übergehen. Die Anteilsveräußerung an **Altgesellschafter** ist grundsätzlich kein Gesellschafterwechsel iSd. § 1 Abs. 3 GrEStG[717].

509 Anders als der Erwerb von Anteilen an Kapitalgesellschaften[718] löst der Beteiligungserwerb an einer grundbesitzenden Personengesellschaft nicht nur dann Grunderwerbsteuer aus, wenn 95% der Anteile in der Hand eines Gesellschafters unmittelbar oder mittelbar vereinigt werden bzw. von einer Person erworben werden, sondern auch, wenn innerhalb eines Zeitraums von fünf Jahren mindestens **95% der Anteile auf einen oder mehrere Gesellschafter** übertragen werden. Der Beteiligungserwerb kann Grunderwerbsteuer daher auch auslösen, wenn weniger als 95% der Anteile erworben werden, aber innerhalb der **Fünfjahresfrist** zusammen mit weiteren Anteilserwerben durch andere Gesellschafter 95% der Anteile auf neue Gesellschafter übertragen werden. Ein grunderwerbsteuerpflichtiger Gesellschafterwechsel kann auch durch den Beitritt neuer Gesellschafter bei gleichzeitiger Kapitalerhöhung ausgelöst werden. Grundsätzlich müssen aber innerhalb der Fünfjahresfrist 95% der Anteile der Gesellschaft auf neue Gesellschafter übergehen. Auch die mehrfache Übertragung von Anteilen löst daher keine Grunderwerbsteuer aus, solange nur ein Altgesellschafter innerhalb des Fünfjahreszeitraums eine Beteiligung von mehr als 5% hält.

510 Sofern Anteile an einer Personengesellschaft mit Grundbesitz mittelbar über zwischengeschaltete Kapitalgesellschaften gehalten werden, sind Änderungen in den Beteiligungsverhältnissen bei diesen zwischengeschalteten Gesellschaften iRd. Prüfung, ob eine **(mittelbare) Änderung des Gesellschafterbestands** der grundbesitzenden Personengesellschaft vorliegt, nur zu berücksichtigen, wenn sich die Beteiligungsverhältnisse der Gesellschaft, die unmittelbar oder mittelbar an der grundbesitzenden Gesellschaft beteiligt ist, zu mindestens 95% ändern. Bei mehrstufigen mittelbaren Beteiligungen ist die Frage, ob die 95%-Grenze erreicht ist, für jede Beteiligungsebene gesondert zu prüfen[719].

511 Sofern sich der **Gesellschafterwechsel sukzessive** vollzieht, beginnt die Fünfjahresfrist mit dem erstmaligen Übergang eines Anteils auf einen neuen Gesellschafter, wenn zu diesem Zeitpunkt ein Grundstück zum Vermögen der Gesellschaft gehört. Grunderwerbsteuer als Folge des Austauschs von 95% der Gesellschafter entsteht dabei nur insoweit, als Grundstücke in dem Zeitraum

---

[717] „Altgesellschafter" sind nur die Gründungsgesellschafter und schon vor dem Grundstückserwerb oder seit mehr als fünf Jahren an der Gesellschaft beteiligte Gesellschafter, *Pahlke* in Pahlke/Franz § 1 GrEStG Rn 288; *Pahlke*, Vollständige oder wesentliche Änderung des Gesellschafterbestands einer grundstücksbesitzenden Personengesellschaft, NWB Fach 8, 1291, 1292.
[718] Siehe Rn 497ff.
[719] Gleichlautender Erlaß der *Obersten Finanzbehörden der Länder* vom 7. 2. 2000 BStBl. I 2000, 344 Rn 4.1.

durchgängig zum Vermögen der Personengesellschaft gehört haben, in dem sich der Austausch von 95% der Gesellschafter vollzogen hat. Nach § 23 Abs. 3 GrEStG ist § 1 Abs. 2a GrEStG erstmals auf Rechtsgeschäfte anzuwenden, die die Voraussetzungen des § 1 Abs. 2a GrEStG nach dem 31. 12. 1996 erfüllen[720].

Möglich ist, daß nach Erwerb von weniger als 95% der Anteile aufgrund einer Anteilsveräußerung durch einen dritten Gesellschafter der Grunderwerbsteuertatbestand des § 1 Abs. 2a GrEStG ausgelöst wird. Der Anteilserwerber sollte deshalb sicherstellen, daß der **Gesellschaftsvertrag** der Zielgesellschaft zur Vermeidung einer Grunderwerbsteuerbelastung entweder **Veräußerungssperren** oder aber entsprechende Schadensersatzregelungen vorsieht. 512

Sollen 95% oder mehr der Anteile einer Personengesellschaft erworben werden, kann das Entstehen von Grunderwerbsteuer vermieden werden, indem in einem ersten Schritt weniger als 95% der Anteile auf den Erwerber übertragen werden und diesem im Hinblick auf die verbleibenden Anteile eine Kaufoption eingeräumt wird. Die Einräumung einer **Kaufoption** löst grundsätzlich keine Grunderwerbsteuer aus[721]. 513

Der Gesellschaft gehört ein Grundstück iSd. § 1 Abs. 2a GrEStG auch dann, wenn es im Eigentum einer anderen Gesellschaft steht, an der die Gesellschaft zu mehr als 95% beteiligt ist. Es genügt insoweit, daß (wie bei der Anwendung des § 1 Abs. 3 GrEStG) ein Tatbestand verwirklicht ist, der einen Erwerbsvorgang iSd. § 1 GrEStG darstellt[722]. 514

Die Grunderwerbsteuer entsteht unabhängig davon, ob es sich bei der Zielpersonengesellschaft um eine reine **Grundstücksgesellschaft** oder um eine operativ tätige Gesellschaft handelt[723]. 515

Bemessungsgrundlage ist der nach § 138 Abs. 2 oder 3 BewG zu ermittelnde Bedarfswert des Grundstücks[724]. 516

Steuerschuldner ist die Personengesellschaft[725]. Nach § 19 Abs. 1 Nr. 3a GrEStG hat die Personengesellschaft dem zuständigen Finanzamt innerhalb von zwei Wochen jeden einzelnen Gesellschafterwechsel oder -beitritt dann anzuzeigen, wenn eine vollständige oder wesentliche Änderung des Gesellschafterbestands iSd. § 1 Abs. 2a GrEStG eingetreten ist[726]. 517

---

[720] *BFH* vom 8. 11. 2000 DStR 2001, 166; *SenVerw Berlin* vom 23. 1. 2001 DStR 2001, 215; aA noch gleichlautender Erlaß der *Obersten Finanzbehörden der Länder* vom 24. 6. 1998 DB 1998, 1539 Rn 5.
[721] *Fischer* in Boruttau § 1 GrEStG Rn 306.
[722] *Fischer* in Boruttau § 1 GrEStG Rn 306.
[723] Gleichlautender Erlaß der *Obersten Finanzbehörden der Länder* vom 7. 2. 2000 BStBl. I 2000, 344 Rn 2; FN-IDW Nr. 4/1998, 132.
[724] § 8 Abs. 2 Nr. 3 GrEStG; siehe auch *Gottwald* BB 2000, 69, 76.
[725] § 13 Nr. 6 GrEStG.
[726] Gleichlautender Erlaß der *Obersten Finanzbehörden der Länder* vom 24. 6. 1998 DB 1998, 1539 Rn 15; zu weiteren Einzelheiten siehe Rn 504.

IV. Postakquisitorische Umstrukturierung

1. Umwandlung der Zielgesellschaft

518 Grundsätzlich löst jede Übertragung eines Grundstücks auf einen anderen Rechtsträger, auch die Grundstücksübertragung im Rahmen einer Umwandlung, Grunderwerbsteuer aus. Die Übertragung von Grundstücken durch Verschmelzung, Spaltung oder Vermögensübertragung ist infolgedessen nach § 1 Abs. 1 Nr. 3 bzw. § 1 Abs. 3 Nr. 2, 4 GrEStG steuerbar. Bemessungsgrundlage ist der nach § 138 Abs. 2 oder 3 BewG zu ermittelnde **Bedarfswert**. Die Steuer entsteht
– bei der Verschmelzung mit Eintragung der Verschmelzung in das Register des Sitzes des übernehmenden Rechtsträgers[727],
– bei der Spaltung (Aufspaltung, Abspaltung oder Ausgliederung) mit Eintragung der Spaltung in das Register des Sitzes des übertragenden Rechtsträgers[728] und
– bei der Vermögensübertragung mit Eintragung der Vermögensübertragung in das Handelsregister des Sitzes des übertragenden Rechtsträgers[729].

519 Demgegenüber unterliegt der **Formwechsel** (auch der Formwechsel von der Personen- in die Kapitalgesellschaft und umgekehrt) mangels Rechtsträgerwechsel nicht der Grunderwerbsteuer[730]. Allerdings können bei der formwechselnden Umwandlung einer Personengesellschaft in eine Kapitalgesellschaft die Vergünstigungen der §§ 5 und 6 GrEStG nachträglich entfallen. Hat daher ein Gesellschafter vor dem Formwechsel seiner Gesellschaft ein Grundstück unter Inanspruchnahme der Begünstigung des § 5 Abs. 2 GrEStG übertragen, entfällt die Befreiung rückwirkend, wenn die Personengesellschaft innerhalb von fünf Jahren nach der Grundstücksübertragung formwechselnd in eine Kapitalgesellschaft umgewandelt wird[731].

2. Anteilsübertragungen im Konzern

520 Die Grundstücksübertragung und die Anteilsvereinigung innerhalb eines Konzerns lösen grundsätzlich Grunderwerbsteuer aus[732]. Eine Ausnahme hiervon besteht jedoch für den Fall, daß eine bereits bestehende Anteilsvereinigung verstärkt wird; dies gilt auch dann, wenn eine mittelbare Anteilsvereinigung zu einer unmittelbaren Anteilsvereinigung verstärkt wird.

521 **Beispiel**: Alleingesellschafterin der D-GmbH, zu deren Vermögen ein Grundstück gehört, ist die C-GmbH. Gesellschafter der C-GmbH sind A und B zu gleichen Anteilen. A erwirbt 90% der bisher von B gehaltenen Anteile an der C-GmbH. Damit werden 95% der Anteile an der D-GmbH mittelbar (über die C-GmbH) in der Hand von A vereinigt. Der Anteilserwerb löst Grunderwerbsteuer nach § 1 Abs. 3 Nr. 1 GrEStG aus.

---

[727] § 20 Abs. 1 Nr. 1 UmwG.
[728] §§ 130, 131 Abs. 1 Nr. 1 UmwG.
[729] § 176 Abs. 3 UmwG; siehe *FM Bayern* vom 12. 12. 1997, 36-S 4521-16/154-60 799.
[730] *Benkert* in Haritz/Benkert Einf. Rn 435f.
[731] § 5 Abs. 3 GrEStG; *Pahlke* in Pahlke/Franz § 5 GrEStG Rn 28.
[732] *Niedersächsisches FG* vom 1. 6. 1999 EFG 2000, 1087; auch Anteilsübertragungen im Organkreis, *FG Münster* vom 20. 10. 1999 EFG 2000, 451.

Wenn A später alle bis dahin von der C-GmbH gehaltenen Anteile an der D- 522
GmbH erwirbt, wird mit dem Anteilserwerb die bisher zu 95% bestehende mittelbare Anteilsvereinigung lediglich zu einer ganz unmittelbaren verstärkt. Der Tatbestand des § 1 Abs. 3 Nr. 3 oder 4 GrEStG wird dadurch nicht ausgelöst[733].

Die Ausnahme von der Besteuerung des Übergangs von der mittelbaren zur 523
unmittelbaren **Anteilsvereinigung** gilt nicht nur hinsichtlich derjenigen Grundstücke, die der Gesellschaft bereits in dem Zeitpunkt grunderwerbsteuerrechtlich zuzurechnen waren, in dem die teils unmittelbare, teils durch die beherrschte Gesellschaft vermittelte Anteilsvereinigung eintrat, sondern auch bezüglich weiterer, in der Zwischenzeit erworbener Grundstücke.

Anders als bei der Verstärkung bestehender Anteilsvereinigungen löst jedoch 524
der Zuerwerb von Anteilen durch eine Konzerngesellschaft Grunderwerbsteuer aus, wenn dadurch erstmalig unmittelbar und/oder mittelbar mindestens 95% der Anteile einer Gesellschaft mit Grundbesitz in der Hand einer Konzerngesellschaft vereinigt werden. Betroffen sind hiervon insbes. Fälle der erstmaligen Anteilsvereinigung in der Hand von Tochtergesellschaften[734] oder die Fälle der erstmaligen Anteilsvereinigung in der Hand einer **Organmutter**.

Beispiel[735]: Die Organmutter A ist zu 90% an der Organtochter B beteiligt. 525
Die restlichen 10% sind Fremdanteile. B ist in A iSd. § 1 Abs. 4 Nr. 2 GrEStG finanziell, wirtschaftlich und organisatorisch eingegliedert. Außerdem ist A zu 40% und B zu 60% an der grundbesitzenden Gesellschaft C beteiligt. Es liegt somit hinsichtlich der Grundstücke der C eine Anteilsvereinigung im Konzern vor.

A erwirbt sodann die Anteile der B an der C. Es liegt ein Erwerbsvorgang gem. 526
§ 1 Abs. 3 Nr. 1 oder 2 GrEStG vor. Der Anteilsvereinigung in der Hand der Organmutter A geht keine mittelbare Anteilsvereinigung in ihrer Hand voraus. Der Grundbesitz der Gesellschaft C war nicht ihr, sondern dem Organkreis zuzurechnen. Durch den Erwerb der restlichen Anteile an der C vereinigen sich alle Anteile dieser Gesellschaft erstmals in der Hand der Organmutter. Die geänderte Zurechnung löst Grunderwerbsteuer nach § 1 Abs. 2 Nr. 1 oder 2 GrEStG aus.

Nach dem **Bericht des BMF zur Fortführung der Unternehmenssteu-** 527
erreform[736] erwägt die Bundesregierung derzeit grunderwerbsteuerliche Erleichterungen bei Anteilsübertragungen im Konzern.

3. Grundstückserwerb von der Gesellschaft durch den Gesellschafter

a) Grundstückserwerb von einer Personengesellschaft. Erwirbt ein Ge- 528
sellschafter einer Personengesellschaft im Anschluß an den Anteilserwerb an der Personengesellschaft von dieser ein Grundstück, so liegt grundsätzlich ein grund-

---

[733] Gleichlautender Erlaß der *Obersten Finanzbehörden der Länder* vom 2. 12. 1999 BStBl. I 1999, 991 Rn 3.

[734] *BFH* vom 4. 12. 1996 BFH/NV 1997, 440; *Stoschek*, Übertragung aller Gesellschaftsanteile auf eine vom Veräußerer zu 100 % beherrschte AG grunderwerbsteuerpflichtig, BB 1997, 1929; *FG Hamburg* vom 28. 2. 2000 EFG 2000, 696, nrkr.; *FG Münster* vom 20. 10. 1999 EFG 2000, 451.

[735] Nach gleichlautendem Erlaß der *Obersten Finanzbehörden der Länder* vom 2. 12. 1999 BStBl. I 1999, 991 Rn 4.

[736] Beilage zu FR 11/2001.

erwerbsteuerpflichtiger Erwerbsvorgang iSd. § 1 Abs. 1 Nr. 1 GrEStG vor. Es kann jedoch die Begünstigungsvorschrift des § 6 GrEStG in Anspruch genommen werden. Danach wird die Grunderwerbsteuer beim Grundstückserwerb von der Gesellschaft in Höhe desjenigen Anteils nicht erhoben, zu dem der Erwerber am Vermögen der Personengesellschaft beteiligt ist. Gem. § 6 Abs. 4 GrEStG kann diese Begünstigung jedoch insoweit nicht in Anspruch genommen werden, als der Erwerber innerhalb von fünf Jahren vor dem Erwerbsvorgang seinen Anteil an der Personengesellschaft erworben hat.

529 **b) Grundstückserwerb von einer Kapitalgesellschaft.** Der Grundstückserwerb von der Kapitalgesellschaft ist regelmäßig ein nach § 1 Abs. 1 Nr. 1 GrEStG steuerpflichtiger Vorgang. Hat jedoch der dem Grundstückserwerb vorangegangene Beteiligungserwerb nach § 1 Abs. 3 GrEStG der Grunderwerbsteuer unterlegen, so wird die Steuer für den nachfolgenden Grundstückserwerb gem. § 1 Abs. 6 GrEStG nur insoweit erhoben, als die Bemessungsgrundlage für diesen späteren Erwerbsvorgang den Betrag übersteigt, von dem beim vorausgegangenen Erwerbsvorgang iSd. § 1 Abs. 3 GrEStG die Grunderwerbsteuer für das entsprechende Grundstück berechnet wurde.

G. Sonderprobleme des Unternehmenskaufs

I. Beteiligung des Erwerbers am laufenden Jahresgewinn

1. Gewinnansprüche bei der Veräußerung von GmbH-Anteilen

530 Die **steuerliche Zurechnung** der Gewinnausschüttungen von Kapitalgesellschaften richtet sich nach § 20 Abs. 2a EStG. Danach sind Gewinnausschüttungen steuerlich demjenigen zuzurechnen, der im Zeitpunkt des Gewinnverteilungsbeschlusses Anteilseigner war. Anteilseigner im steuerlichen Sinne ist derjenige, dem das wirtschaftliche Eigentum[737] an den Anteilen zuzurechnen ist[738].

531 **Zivilrechtlich** richtet sich die Zuordnung von Gewinnausschüttungen nach der Parteivereinbarung im Anteilskaufvertrag und bei Fehlen einer solchen Vereinbarung nach § 101 Nr. 2 BGB. Danach stehen Gewinnansprüche dem Veräußerer zu, soweit sie auf einen Zeitraum vor dem im Kaufvertrag vorgesehenen Übertragungsstichtag entfallen.

532 Bei der Veräußerung von Anteilen an Kapitalgesellschaften kann somit die zivilrechtliche und die steuerrechtliche Zuordnung von Gewinnansprüchen, die aufgrund künftiger Gewinnverwendungsbeschlüsse entstehen, auseinanderfallen. Dieses **Auseinanderfallen von zivilrechtlicher und steuerlicher Zuordnung** tritt immer dann ein, wenn nach dem Übertragungsstichtag für das Wirtschaftsjahr, in dem die Anteile veräußert werden, eine Gewinnausschüttung beschlossen wird und der Gewinnanspruch nicht durch Parteivereinbarung im

---

[737] § 39 AO; Rn 538.
[738] Zur Zurechnung bis einschließlich VZ 1993 siehe *BFH* vom 14. 12. 1999 FR 2000, 515.

Anteilskaufvertrag vollständig dem Erwerber zugewiesen wird. In diesem Fall erhält der Erwerber zwar den in voller Höhe zu versteuernden Ausschüttungsbetrag einschließlich eines etwaigen Körperschaftsteuer- und Kapitalertragsteueranrechnungsanspruchs. Bei fehlender Zuordnung des Gewinnanspruchs im Kaufvertrag muß der Erwerber jedoch an den Veräußerer einen Ausgleichsbetrag nach § 101 BGB in Höhe des zeitanteilig auf den Veräußerer entfallenden Gewinnanspruchs zahlen. Diese Ausgleichszahlung führt beim Erwerber zu zusätzlichen Anschaffungskosten (kein sofortiger Betriebsausgaben- oder Werbungskostenabzug)[739]. Beim Veräußerer erhöht die Ausgleichszahlung korrespondierend den Veräußerungsgewinn[740].

Zur Vermeidung eines ungewollten Auseinanderfallens von zivilrechtlicher und steuerrechtlicher Zuordnung von Gewinnausschüttungen sollte im Anteilskaufvertrag unbedingt eine **Vereinbarung über die Zuordnung von Gewinnansprüchen** erfolgen[741]. 533

Ist eine solche **Vereinbarung versäumt** worden, stellt sich die Frage, in welcher Weise eine beim Erwerber aus der steuerlichen Zurechnung der Gewinnausschüttungen entstehende Steuerbelastung bei der Berechnung der vom Erwerber an den Veräußerer nach § 101 BGB zu leistenden Ausgleichszahlung zu berücksichtigen ist. In Betracht käme u. a. die Abführung der gesamten (zeitanteiligen) Bruttoausschüttung, die Abführung der (zeitanteiligen) Bruttoausschüttung abzüglich entsprechender Körperschaftsteuer- oder Kapitalertragsteueranrechnungsguthaben oder die Abführung der (zeitanteiligen) Nettoeinnahmen[742]. ME muß die Lösung dahin gehen, daß der Käufer von der ihm nach Steuern verbleibenden Ausschüttung die Ausgleichszahlung zu leisten hat. Er hat also an den Verkäufer die erhaltenen Netto-Ausschüttungen zzgl. Körperschaftsteuer- und Kapitalertragsteueranrechnungsanspruch abzüglich der hierauf entfallenden Steuerbelastungen herauszugeben. 534

Die steuerliche Gestaltung von Gewinnausschüttungen im Zusammenhang mit Beteiligungsveräußerungen ist ein ganz wesentliches Element der steuerlichen **Optimierung der Beteiligungsveräußerung** bzw. des Beteiligungserwerbs[743]. Auf die Ausführungen zu den Strategien einer steueroptimierten Ausschüttungspolitik im Zusammenhang mit Beteiligungsveräußerungen wird verwiesen[744]. 535

---

[739] *Weber*, Zurechnung von Dividendeneinkünften bei Veräußerung von GmbH-Anteilen, GmbHR 1995, 494, 496.
[740] *Gondert/Behrens* GmbHR 1997, 682; *Weber-Grellet* in Schmidt § 17 EStG Rn 135 mwN.
[741] *Görden*, Gewinnausschüttung nach Anteilsveräußerung, GmbH-StB 2000, 120, 121.
[742] *Lenz*, Steuerliche Gestaltung der Gewinnverwendung bei Anteilsveräußerung, GmbHR 1999, 701, 703.
[743] Zu den vielfältigen Fragen der steuerlichen Zurechnung von Gewinnausschüttung vor und nach Anteilsübertragung und den hiermit zusammenhängenden Gestaltungsmöglichkeiten siehe auch *Gondert/Behrens* GmbHR 1997, 682; *Herrmann*, Veräußerung einer Beteiligung, BB 1999, 2054; *Schuck*, Tücken bei der Abtretung von Kapitalgesellschaftsanteilen, DStR 1996, 371; *Holzapfel/Pöllath* Rn 1098 ff.
[744] Siehe Rn 227 ff.

2. Gewinnzuweisung bei der Veräußerung von Personengesellschaften

536 Bei Personengesellschaften gibt es keinen steuerlich irgendwie beachtlichen Gewinnanspruch, der vergleichbar mit dem Gewinnausschüttungsanspruch bei Kapitalgesellschaften wäre. Anders als bei Kapitalgesellschaften wird bei Personengesellschaften der von den Gesellschaftern zu versteuernde Gewinn in der Weise ermittelt, daß der auf Gesellschaftsebene ermittelte Gewinn den Gesellschaftern anteilig nach Maßgabe der gesellschaftsvertraglich getroffenen **Gewinnverteilungsabrede** zugerechnet wird. Beim Beteiligungserwerb an einer Personengesellschaft führt diese Zurechnung dazu, daß das Ergebnis des Wirtschaftsjahrs grundsätzlich zeitanteilig aufgrund einer Zwischenbilanz (eventuell auch durch Schätzung) auf die Zeit vor und nach dem Gesellschafterwechsel aufgeteilt und jeweils dem Veräußerer und dem Erwerber getrennt zugerechnet wird. Gestaltungsspielräume bestehen insoweit nur für die Zurechnung von Sonderabschreibungen, wenn ein (zusätzlicher) Gesellschafter während des Wirtschaftsjahrs in eine bestehende Personengesellschaft eintritt. In diesem Fall haben die Gesellschafter ein Wahlrecht zwischen einer anteiligen Zurechnung des Gesamtgewinns oder -verlusts einschließlich der Sonderabschreibungen entsprechend der zeitlichen Zugehörigkeit der Gesellschafter oder einer Beteiligung der erst später (zB am letzten Tag des Wirtschaftsjahrs) beigetretenen Gesellschafter an den vollen Sonderabschreibungen für das ganze Wirtschaftsjahr[745]. In gleicher Weise wie die Sonderabschreibungen kann auch der (Mehr-)Aufwand aus der Inanspruchnahme degressiver Abschreibungen zugerechnet werden, soweit die degressiven Abschreibungen zeitanteilig die linearen Abschreibungen übersteigen[746].

II. Übergang des wirtschaftlichen Eigentums an GmbH-Anteilen

1. Grundlagen

537 Beim **Erwerb von Anteilen** an Kapitalgesellschaften stellt sich die Frage, zu welchem Zeitpunkt die Anteile nach den kaufvertraglichen Vereinbarungen mit steuerlicher Wirkung auf den Erwerber übergehen. Die Bestimmung des steuerlichen Zeitpunkts der Anteilsübertragung ist insbes. von Bedeutung für die Ermittlung
— des Zeitpunkts der Gewinnrealisierung beim Veräußerer[747],
— des Zeitpunkts, zu dem die Anteile beim Erwerber mit steuerlicher Wirkung zu erfassen sind und ab dem dieser zB mit steuerlicher Wirkung Teilwertabschreibungen auf die Beteiligung vornehmen kann,
— des Zeitpunkts, ab dem Gewinnausschüttungen steuerlich dem Erwerber zuzurechnen sind[748],

---

[745] *Weber-Grellet* in Schmidt § 17 EStG Rn 453 mwN.
[746] OFD Hannover vom 27. 3. 2000 FR 2000, 576.
[747] *Weber-Grellet* in Schmidt § 17 EStG Rn 97; eine Ausnahme gilt insoweit im Anwendungsbereich des § 23 EStG, siehe Rn 178.
[748] Siehe Rn 530 ff.

- der punktgenauen Herstellung der Voraussetzungen einer Organschaft[749] (**Mitternachtserwerb**) und
- der Inanspruchnahme des gewerbesteuerlichen Schachtelprivilegs[750] für Gewinnausschüttungen der Zielgesellschaft. Das gewerbesteuerliche Schachtelprivileg setzt voraus, daß die Beteiligung zum Beginn des Erhebungszeitraums (1. 1.) vorgelegen hat[751].

Gem. § 39 AO sind Anteile an Kapitalgesellschaften grundsätzlich dem bürgerlich-rechtlichen Inhaber (Eigentümer) zuzurechnen. Eine Ausnahme besteht lediglich, wenn einem anderen als dem zivilrechtlichen Inhaber das wirtschaftliche Eigentum an den Anteilen zuzurechnen ist. Maßgebend für das **wirtschaftliche Eigentum** ist die tatsächliche Sachherrschaft über eine Sache. Wirtschaftlicher Eigentümer ist, wer die Substanz und den Wert einer Sache vollständig und auf Dauer hält. Dies schließt insbes. die Chance der Wertsteigerung und das Risiko der Wertminderung bzw. des Verlusts der Sache ein[752]. **538**

Unter dieser Voraussetzung können auch Rechte, also auch **Anteile an Kapitalgesellschaften**, Gegenstand des wirtschaftlichen Eigentums in der Weise sein, daß die Anteile nicht dem bürgerlich-rechtlichen, sondern dem wirtschaftlichen Rechtsinhaber zuzurechnen sind. Das ist jedenfalls dann der Fall, wenn aufgrund eines bürgerlich-rechtlichen Rechtsgeschäfts der Käufer eines Anteils bereits eine rechtlich geschützte, auf den Erwerb des Rechts gerichtete Position erworben hat, die ihm gegen seinen Willen nicht mehr entzogen werden kann, und auch die mit den Anteilen verbundenen wesentlichen Rechte (**Stimmrecht** und **Gewinnbezugsrecht**) sowie das **Risiko einer Wertminderung** und die **Chance einer Wertsteigerung** auf ihn übergegangen sind[753]. Ein schuldrechtlicher Anspruch auf Übertragung der Anteile reicht (allein) nicht aus, um wirtschaftliches Eigentum zu begründen[754]. Unklar ist, inwieweit sämtliche für die Bestimmung des wirtschaftlichen Eigentums maßgeblichen Bestimmungsgrößen (Wertsteigerungschance, Wertminderungsrisiko, Stimmrechte und Gewinnbezugsrecht) kumulativ erfüllt sein müssen, um einen Übergang des wirtschaftlichen Eigentums zu bewirken. Wertsteigerungschance und Wertminderungsrisiko gehen durch die Bestimmung eines fixen Anteilskaufpreises auf den Erwerber über. Die gesellschaftsrechtlich dem zivilrechtlichen Anteilseigner zustehenden Stimmrechte können durch Abschluß von **Stimmbindungsverträgen** auf den Erwerber übergehen[755]. **539**

---

[749] Siehe Rn 480 ff.

[750] § 9 Nr. 2a GewStG.

[751] Bei unterjährigem Erwerb kann insoweit die Neugründung der Erwerbergesellschaft erforderlich sein; Abschn. 61 Abs. 2 GewStR 1998.

[752] BFH vom 30. 5. 1984 BStBl. II 1984, 825; *Döllerer,* Leasing – wirtschaftliches Eigentum und Nutzungsrecht, BB 1971, 535.

[753] BFH vom 10. 3. 1988 BStBl. II 1988, 832, 834; zum Übergang des wirtschaftlichen Eigentums in sog. Dividendenstripping-Fällen siehe auch *Bippus,* Dividenden-Stripping, RIW 1994, 945; BFH vom 15. 12. 1999 BFH/NV 2000, 793; *BMF* vom 6. 10. 2000 DStR 2000, 2043; zur Wertpapierleihe siehe *OFD Frankfurt* vom 15. 3. 1995 BB 1995, 1081; zu Wertpapierpensionsgeschäften siehe § 340b HGB.

[754] *Brockmeyer* in Klein, Abgabenordnung (AO), 7. Aufl. 2000, § 39 AO Rn 4.

[755] BFH vom 10. 3. 1998 BStBl. II 1998, 832.

540 Grundsätzlich empfehlen sich im Anteilskaufvertrag klare Zeitangaben zum Übergang des rechtlichen und wirtschaftlichen (Übergang von Besitz, Nutzen und Lasten) Eigentums[756].

2. Kauf- und Verkaufsoptionen an Kapitalgesellschaftsanteilen

541 Die alleinige Vereinbarung einer Kauf- oder einer Verkaufsoption an Kapitalgesellschaftsanteilen führt nicht zu einem Übergang des wirtschaftlichen Eigentums[757]. Demgegenüber kann die Vereinbarung sowohl einer Kauf- als auch einer Verkaufsoption (sog. **Doppeloption**[758]) im Einzelfall zu einem Übergang des wirtschaftlichen Eigentums führen, wenn diese nach den Umständen des Einzelfalls dazu führt, daß die mit dem Kapitalgesellschaftsanteil verbundenen wesentlichen Rechte, Chancen und Risiken auf den Ankaufsberechtigten/-verpflichteten übergegangen sind. Das FG Hamburg[759] hat entschieden, daß bei gleichzeitiger Vereinbarung einer Kauf- und Verkaufsoption die Anteile jedenfalls dann dem bürgerlich-rechtlichen Anteilsinhaber und nicht dem Kaufoptionsberechtigten (Verkaufsoptionsverpflichteter) wirtschaftlich zuzurechnen sind, wenn beide Optionsrechte unter einer (im Urteilsfall 8- bis 12-jährigen) aufschiebenden Befristung stehen, die Fristen noch nicht abgelaufen sind und der Anteilsinhaber bis zu diesem Zeitpunkt in der Ausübung seiner Eigentumsrechte nicht eingeschränkt ist. Nach der Entscheidung des FG Hamburg wäre damit die Vereinbarung einer Doppeloption im Hinblick auf die Zurechnung des wirtschaftlichen Eigentums an den Anteilen zum zivilrechtlichen Eigentümer unschädlich.

542 Hieraus sollte jedoch in der Gestaltungsberatung nicht der Schluß gezogen werden, daß die Vereinbarung einer Doppeloption frei von **Risiken** hinsichtlich des vorzeitigen Übergangs des wirtschaftlichen Eigentums im Zeitpunkt der Optionsvereinbarung wäre. Zur Vermeidung des Risikos eines (vorzeitigen) Übergangs des wirtschaftlichen Eigentums sollten die Optionen mit einem zeitlichen Fenster versehen werden (zB ist die Kaufoption erst ausübbar, wenn die Verkaufsoption abgelaufen ist). Außerdem sollte bei einer Doppeloption vereinbart werden, daß der Verkaufsverpflichtete dem Ankaufsberechtigten etwaige steuerliche Nachteile aus einer steuerlichen Zurechnung von Gewinnausschüttungen zum Ankaufsberechtigten nach § 20 Abs. 2a EStG zu ersetzen hat. Anderenfalls bestünde das Risiko, daß der Ankaufsberechtigte Gewinne zu versteuern hat, die von der Zielgesellschaft an den Verkaufsverpflichteten (als Anteilsinhaber) ausgeschüttet werden.

3. Aufschiebende Bedingungen

543 Werden Anteile unter einer aufschiebenden Bedingung übertragen, geht das wirtschaftliche Eigentum an den Anteilen nach der hier vertretenen Auffassung

---

[756] *Holzapfel/Pöllath* Rn 45.
[757] *FG München* vom 24. 6. 1999 DStRE 2000, 18; *BFH* vom 25. 8. 1993 BStBl. II 1994, 23.
[758] Siehe hierzu sowie zu Gestaltungen zum Besteuerungsaufschub auch Rn 207 ff.
[759] *FG Hamburg* vom 24. 9. 1987 EFG 1988, 475.

grundsätzlich erst mit **Bedingungseintritt** auf den Erwerber über[760]. Etwas anderes kann nur in besonders gelagerten Einzelfällen gelten, wenn der Bedingungseintritt nicht von den Vertragsparteien zu beeinflussen ist und das wirtschaftliche Eigentum an den Anteilen nach dem Willen der Vertragsparteien zu dem im Kaufvertrag vorgesehenen Zeitpunkt (vor Bedingungseintritt) übergehen soll[761].

4. Auflösende Bedingungen

Steht eine Anteilsübertragung unter der auflösenden Bedingung, daß der Erwerber unter bestimmten Voraussetzungen den Anteil an den Veräußerer zurückzuübertragen hat (**Rückabwicklung des Unternehmenskaufs**), hindert eine solche auflösende Bedingung grundsätzlich nicht den Übergang des wirtschaftlichen Eigentums auf den Erwerber[762]. Der Erwerber wird in diesem Fall nicht nur zivilrechtlicher, sondern auch wirtschaftlicher Eigentümer der Anteile.

544

5. Rückwirkung

Rückwirkende Vereinbarungen zum Übergang der Anteile sind steuerlich unbeachtlich[763]. Entscheidend ist grundsätzlich der Übergang des wirtschaftlichen Eigentums, der nicht mit steuerlicher Wirkung rückwirkend vereinbart werden kann.

545

III. Ablösung von Gesellschafter-Pensionszusagen

Beim Erwerb von Anteilen an Kapitalgesellschaften kommt es häufig vor, daß der Veräußerer (Gesellschafter-Geschäftsführer) auf Wunsch des Erwerbers ohne entsprechende Gegenleistung der Gesellschaft vollständig oder teilweise auf seine Pensionsansprüche gegenüber der Gesellschaft verzichtet. Die neuere BFH-Rechtsprechung[764] behandelt den **Verzicht auf Pensionsansprüche** als verdeckte Einlage. Daraus ergeben sich auf Gesellschafts- und Gesellschafterebene die folgenden steuerlichen Auswirkungen[765]:

546

In der **Handelsbilanz** wird die für den Gesellschafter-Geschäftsführer bilanzierte Pensionsrückstellung gewinnerhöhend aufgelöst. Als Folge der fingierten verdeckten Einlage wird der Ertrag aus der gewinnerhöhenden Auflösung der Pensionsrückstellung um den Teilwert der Pensionsansprüche des Gesellschafter-

547

---

[760] Siehe *FG Münster* vom 18.11.1999 EFG 2000, 374, nrkr., zum wirtschaftlichen Eigentum bei Übertragung von Anteilen an einer Kapitalgesellschaft unter der aufschiebenden Bedingung der Zahlung des Kaufpreises; zur aufschiebenden Bedingung der Zustimmung des Kartellamtes siehe *BFH* vom 10.3.1988 BStBl. II 1988, 832.

[761] Zur Genehmigung von Kaufverträgen siehe *BFH* vom 5.3.1981 BStBl. II 1981, 435.

[762] *BFH* vom 7.3.1995 BStBl. II 1995, 693; *BFH* vom 17.6.1998 BFH/NV 1999, 9; *BFH* vom 21.10.1999 BStBl. II 2000, 424.

[763] *Holzapfel/Pöllath* Rn 32 ff.; *Seeger* in Schmidt § 2 EStG Rn 44 ff.

[764] *BFH* vom 9.6.1997 BStBl. II 1998, 307; *BFH* vom 15.10.1997 BFH/NV 1998, 826.

[765] *Arteaga*, Steuerliche Auswirkungen des Verzichts auf eine Pensionszulage durch einen GmbH-Gesellschafter, BB 1998, 977; *Harle*, Checkliste „Prüfungsfelder der steuerlichen Betriebsprüfung von GmbH", Gestaltende Steuerberatung 1998, S. 31.

Geschäftsführers gemindert. Der Teilwert der Pensionsansprüche ist aus Sicht des verzichtenden Gesellschafter-Geschäftsführers nach den Wiederbeschaffungskosten zu ermitteln und entspricht nicht notwendig dem Rückstellungsbetrag auf Gesellschaftsebene. Liegt der Teilwert der Versorgungszusage zB wegen schlechter Bonität des verpflichteten Unternehmens unter dem Buchwert, ist die Differenz zwischen Teilwert und Buchwert als Ertrag zu verbuchen. Ist der Teilwert der Versorgungszusage (wie im Regelfall) hingegen höher als der Buchwert der passivierten Pensionsrückstellung, hat die Gesellschaft die Differenz als Aufwand zu verbuchen.

548 Beim Gesellschafter führt der Verzicht auf die Pensionsanwartschaft zu einem steuerlich fingierten **Lohnzufluß**. Er erzielt in Höhe des Teilwerts Einnahmen aus nichtselbständiger Arbeit[766]. Zugleich erhöhen sich durch die fingierte Wiedereinlage des „zugeflossenen" Betrags seine Anschaffungskosten an der Beteiligung[767].

H. Strukturierung von Managementbeteiligungen

I. Grundlagen

549 Häufig werden dem Management von Finanzinvestoren **Vorzugskonditionen** beim Beteiligungserwerb eingeräumt[768]. Diese Vorzugskonditionen sind vor dem Gesamtvergütungspaket des Management für dessen Kapitaleinsatz, die Einbringung von Know-how und die Leistung künftiger Dienste für die Zielgesellschaft zu sehen[769]. Bei der Gewährung von Vorzugskonditionen besteht grundsätzlich das Risiko der Versteuerung eines geldwerten Vorteils in Höhe der Differenz von Verkehrswert[770] und Anschaffungskosten der Managementbeteiligung beim Management[771].

II. „Sweet Equity"

550 Im Regelfall werden Manager und Finanzinvestoren die Akquisition nicht unmittelbar, sondern unter **Zwischenschaltung einer Erwerbergesellschaft** tätigen. Oft wird das Management an der Erwerbsgesellschaft in der Weise beteiligt, daß es die Beteiligung zu einem Ausgabekurs unter dem anteiligen Verkehrswert der Erwerbsgesellschaft erwirbt („**sweet equity**").

---

[766] § 19 EStG.
[767] Zum Lohnsteuerabzug siehe *Gebhardt*, Lohnsteuerliche Probleme beim Verzicht auf Pensionszusagen, DB 1998, 1837.
[768] Zum Sonderfall der verbilligten Überlassung von Aktien an Mitarbeiter durch den Altgesellschafter siehe *Wienands*, Gestaltende Steuerberatung 2000, 623 („Musterfall").
[769] *von Braunschweig* DB 1998, 1831 ff.
[770] § 11 BewG; ggf. Bestimmung des Verkehrswertes der Managementbeteiligung nach dem „Stuttgarter Verfahren", § 19a Abs. 8 S. 8 EStG, R 96 ff ErbStR.
[771] Zu Vergütungsstrukturen bei Venture Capital-Fonds siehe *Lorenz*, Auswirkungen der Unternehmenssteuerreform 2001 auf die Gestaltung von Venture Capital-Fonds, DStR 2001, 821.

Für die steuerliche Behandlung ist zu unterscheiden, ob die vergünstigte Kapitalüberlassung zur **Abgeltung von Einlagen** der Management-Gesellschafter bzw. zur Abgeltung von durch die Management-Gesellschafter geschaffenen stillen Reserven bestimmt oder aber als **Arbeitslohn** zu werten ist.

Soll die vergünstigte Einräumung der Beteiligung von den Management-Gesellschaftern außerhalb des Dienstverhältnisses **eingebrachtes Know-how** abgelten, liegt kein Zusammenhang mit dem Dienstverhältnis vor[772]. Der wirtschaftliche Vorteil aus der vergünstigten Einräumung der Beteiligung ist dann kein Arbeitslohn und unterliegt nicht dem Lohnsteuerabzug. Ggf. käme aber eine Besteuerung als sonstige Leistung nach § 22 Nr. 3 EStG in Betracht[773].

Eine Besteuerung als Arbeitslohn scheidet auch aus, wenn die einseitigen Aufgeldzahlungen der Finanzinvestoren von den Management-Gesellschaftern geschaffene **stille Reserven** abgelten sollen. Dies wird insbes. der Fall sein, wenn die Erwerbergesellschaft zunächst vom Management gegründet und das Akquisitionskonzept in der Erwerbergesellschaft vor dem Beitritt der Finanzinvestoren entwickelt wird. Wenn bei einem späteren Beitritt der Finanzinvestoren die hierdurch entstandenen stillen Reserven durch entsprechende Aufgelder abgegolten werden, liegt weder Arbeitslohn (wegen fehlenden Zusammenhangs mit einem Anstellungsverhältnis) noch ein Leistungsentgelt nach § 22 Nr. 3 EStG vor.

Ein steuerbarer Vorteil liegt insbes. auch dann nicht vor, wenn (wie bei Start-ups im Venture Capital-Bereich üblich) die Zielgesellschaft zunächst vom Management gegründet worden ist und beim späteren Beitritt der Finanzinvestoren lediglich die durch die Entwicklung des Unternehmenskonzepts in der Zielgesellschaft entstandenen stillen Reserven über ein entsprechendes **Agio** abgegolten werden.

Steht das Aufgeld des Finanzinvestors nicht mit Einlagen des Managements oder stillen Reserven der Erwerbergesellschaft in unmittelbarem Zusammenhang, kann das Aufgeld – soweit es auf das Management entfällt – als **steuerpflichtiger Arbeitslohn** zu qualifizieren sein[774]. Indizien dafür sind insbes. die Festlegung der Konditionen der Kapitalbeteiligung im Anstellungsvertrag oder die Anteilsrückübertragungsverpflichtung des Managers für den Fall seines Ausscheidens aus dem Anstellungsverhältnis[775].

III. Aktienoptionen („stock-options")

Anstelle einer anfänglichen vergünstigten Kapitalbeteiligung erhält das Management häufig Aktienoptionen, die unter bestimmten zeitlichen und anderen Bedingungen das Recht einräumen, Anteile zu einem bestimmten Ausübungspreis („**strike price**") zu erwerben[776].

---

[772] *Holzapfel/Pöllath* Rn 375.
[773] *Portner*, Mitarbeiter-Optionen (Stock Options), DStR 1997, 786, 788.
[774] Zum Sonderfall, in dem das Management direkt vom Finanzinvestor verbilligt Anteile erwirbt, siehe *Wienands*, Gestaltende Steuerberatung 2000, 623 („Musterfall").
[775] *von Braunschweig* DB 1998, 1831, 1834f.
[776] Zu Formen der Mitarbeiterbeteiligung siehe auch *Wiese/Schäfer*, Die betriebswirtschaftlichen, steuerrechtlichen und gesellschaftsrechtlichen Auswirkungen von Kapitalmaßnahmen bei Börsengängen, DStR 1999, 2084, 2091.

557 Die verbilligte oder kostenlose Überlassung von Aktienoptionen ist regelmäßig durch das Anstellungsverhältnis (mit-)veranlaßt und nach hM ein zu versteuernder **Sachbezug**. Umstritten ist der Besteuerungszeitpunkt, von dem letztlich auch die Höhe des zu versteuernden geldwerten Vorteils (Sachbezug) abhängt. Nach hM ist der geldwerte Vorteil aus der Optionsgewährung erst im Zeitpunkt der Optionsausübung und nicht bereits schon im Zeitpunkt der Optionsgewährung zu versteuern[777].

558 Der Steuer unterliegt in diesem Fall die **Differenz** zwischen dem Börsenpreis (Marktpreis) am Tag der Optionsausübung und dem Ausübungspreis („strike price") der Option.

559 Eine Besteuerung der Option bereits im **Zeitpunkt der Optionsgewährung** kommt nur in Betracht, wenn die Option frei handelbar und nicht vom Fortbestand des Arbeitsverhältnisses abhängig ist[778]. Der zu versteuernde geldwerte Vorteil besteht dann in der ersparten Optionsprämie. Die Besteuerung bei Einräumung der Option ist vorteilhaft, wenn hohe Wertsteigerungen zu erwarten sind. Bei der späteren Ausübung des Optionsrechts befindet es sich im Privatvermögen, so daß die Wertsteigerung nicht besteuert wird. Andererseits kommt es zu einer Besteuerung von Scheingewinnen, wenn die Option später tatsächlich nicht ausgeübt wird.

560 Einer freien Handelbarkeit wird regelmäßig das Interesse des Finanzinvestors an einer länger andauernden zeitlichen Veräußerungs- und Ausübungsbeschränkung entgegenstehen, da gerade die Zielsetzung, das Management an das Unternehmen zu binden, Verfügungsbeschränkungen und Vereinbarungen erfordert, die das Optionsrecht an den Fortbestand des Arbeitsverhältnisses knüpfen[779].

561 Fraglich ist, ob und inwieweit der Arbeitgeber bei Ausgabe von „stock-options" die Kapitalrücklage dotieren darf und damit dem steuerpflichtigen Vorteil des Managements ein entsprechender steuerlich berücksichtigungsfähiger Personalaufwand gegenübersteht (Buchungssatz: Personalaufwand an Kapitalrücklage)[780].

---

[777] *Herzig* DB 1999, 1, 2ff.; *BMF* vom 28. 8. 1998, IV B 6-S-2332-29/98; *BFH* vom 24. 1. 2001 I R 100/98; *BFH* vom 24. 1. 2001 I R 119/98; zum Zufluß bei Wegfall von Veräußerungsbeschränkungen siehe *FG Baden-Württemberg* vom 24.6. 1999 EFG 2000, 64; zu Wandelschuldverschreibungen *FG München* vom 24. 6. 1999 EFG 2000, 494; *Kessler/Strnad*, Lohnsteuerlicher Zufluß bei Wandelschuldverschreibungen, INF 2000, 486; *Leopold*, Wandelungsgewinne als Einkünfte aus nichtselbständiger Arbeit bei Wandelschuldverschreibungen an Arbeitnehmer, FR 2000, 1332; siehe auch *Hartmann*, Unentgeltliche Zuwendungen an Arbeitnehmer unterliegen der Schenkungsteuer, FR 2000, 1014: ggf. Schenkungsteuerpflicht.

[778] Zu möglichen Gestaltungsvarianten siehe *Kessler/Strnad*, Der Besteuerungszeitpunkt bei Stock Options, BB 2000, 641.

[779] *von Braunschweig* DB 1998, 1831, 1836.

[780] *Ackermann/Strnad*, Betriebsausgabenabzug des Arbeitgebers bei Stock Options, DStR 2001, 477; *Esterer/Härtels*, Die Bilanzierung von Stock Options in der Handels- und Steuerbilanz, DB 1999, 2073; *Herzig* DB 1999, 1, 6ff.; *Lorenz*, Rückstellungsbildung bei Stock Options, DStR 2000, 1579; zur Bilanzierung nach US-GAAP *Kunzi/Hasbargen/Kahre*, Gestaltungsmöglichkeiten von Aktienoptionsprogrammen nach US-GAAP, DB 2000, 285; *Gelhausen/Hönsch*, Bilanzierung aktienkursabhängiger Entlohnungsformen, WPg 2001, 69; siehe auch DRSC, Bilanzierung von Stock Options, DB 2000, 1240 und FN-IDW 11/2000, 589.

Umstritten ist die Behandlung der Gewährung von „stock-options" im **Lohnsteuerabzugsverfahren**[781]. Der Lohnsteuer unterliegt auch der iRd. Dienstverhältnisses üblicherweise von einem Dritten für eine Arbeitsleistung gezahlte Arbeitslohn[782]. ME ist daher grundsätzlich von einer Lohnsteuereinbehaltungspflicht auszugehen. Man wird das lediglich für den nicht seltenen Fall verneinen können, daß der Arbeitgeber von der Einräumung und Ausübung der Optionsrechte keine Kenntnis erlangt hat[783].

IV. Leverage-Modelle

Der Nachteil der Besteuerung eines Ausübungsgewinns bei Aktienoptionen kann durch **direkte Beteiligung des Managements an der Akquisitionsgesellschaft** vermieden werden. Wertsteigerungen der Beteiligung an einer Kapitalgesellschaft kann das Management bei Verkauf nach Ablauf der einjährigen Spekulationsfrist steuerfrei realisieren, falls keine wesentliche Beteiligung iSd. § 17 EStG[784] vorliegt.

Grundprinzip des Leverage-Modells ist eine Beteiligung des Managements an der Akquisitionsgesellschaft, wobei der „leverage" der Akquisitionsgesellschaft und dadurch der „leverage" des Management durch Gesellschafterdarlehen der Finanzinvestoren erhöht wird[785]. Durch den strukturierten Einsatz von Gesellschafterdarlehen der Finanzinvestoren können so die ökonomischen Vorteile von Aktienoptionen (geringer Eigenmitteleinsatz, hohe **„leverage"-bedingte Wertsteigerungschance**) weitgehend nachgebildet (synthetisiert) werden. Im Vergleich zu den vom Finanzinvestor, bezogen auf dessen Kapitaleinsatz (Eigenkapital und Gesellschafterdarlehen) erzielbaren Wertsteigerungen partizipiert das Management überproportional an Wertsteigerungen (aber auch an möglichen Wertminderungen) der Beteiligung an der Akquisitionsgesellschaft. Bei Realisierung von Wertsteigerungen in den Anteilen an der Akquisitionsgesellschaft durch Beteiligungsveräußerung bleibt in diesem Fall der Veräußerungsgewinn – sofern keine wesentliche Beteiligung oder ein Spekulationsgewinn vorliegt – steuerfrei[786].

Eine wesentliche Beteiligung des Management an der Erwerbsgesellschaft kann ggf. vermieden werden, indem der Finanzinvestor anstelle der Bereitstellung von Gesellschafterdarlehen neben seiner Beteiligung am Kapital der Akquisitionsgesell-

---

[781] *Portner* DStR 1998, 1535; *Neyer*, Steuerliche Behandlung von Arbeitnehmer-Aktienoptionen, BB 1999, 130; zur sozialversicherungsrechtlichen Behandlung siehe *Buschermöhle*, Die sozialversicherungsrechtliche Behandlung ausländischer Aktienoptionen, Praxis Internationale Steuerberatung 2001, 104.

[782] § 38 Abs. 1 Satz 2 EStG.

[783] *BFH* vom 24. 1. 2001 DStR 2001, 931.

[784] Siehe dazu Rn 154 ff.

[785] Zur Wirkung des „leverage"-Effekts siehe auch *Fahrholz* S. 18 f.

[786] *Bächle/Hager,* Anreizstrukturen für das Management im Rahmen von Buy-Outs, M&A Review 9/1999, 380; zum Problem einer möglichen lohnsteuerlichen Erfassung von Zinsvorteilen aus den Gesellschafterdarlehen der Finanzinvestoren beim Management siehe *von Braunschweig* DB 1998, 1831, 1836.

schaft zusätzliche **Anteile am Stammkapital** erwirbt, die aufgrund der gesellschaftsvertraglichen **Gewinnverteilungsabrede** (zunächst) mit einem festen Gewinnanteil bedient werden. Die Anteile am Stammkapital mit fester Gewinnbeteiligung (zB 6% der Einlage p. a.) wirken dabei vom „leverage"-Effekt her wie ein Gesellschafterdarlehen, werden aber steuerlich bei entsprechender Ausgestaltung wie eine echte Beteiligung am (Stamm-)Kapital behandelt[787]. Der Vorteil der zusätzlichen Beteiligung des Finanzinvestors am Stammkapital (anstelle der Bereitstellung von Gesellschafterdarlehen) ist, daß hierdurch ceteris paribus die prozentuale Beteiligung des Management an der Akquisitionsgesellschaft sinkt und damit ein Überschreiten der Besteuerungsgrenze für Beteiligungen nach § 17 EStG (ab 2002: 1%) vermieden werden kann. Aber auch bei wesentlicher Beteiligung weist das Leverage-Modell gegenüber der Gewährung von „stock-options" den Vorteil auf, daß die Wertsteigerung der Management-Beteiligung beim Manager im Fall des „exit" (Veräußerung) nach dem Halbeinkünfteverfahren nur zur Hälfte besteuert wird.

I. Beteiligungserwerb über Personengesellschaften/ Private Equity Fonds

I. Grundlagen

566 Eine immer mehr im Vordringen befindliche Form der Kapitalanlage ist der Beteiligungserwerb an sog. Private Equity- oder Venture Capital-Fonds. Bei dieser Investitionsform sammeln Fondsgesellschaften in der Rechtsform der Personengesellschaft Kapital von institutionellen Anlegern und Privatanlegern ein und investieren dieses in in- und ausländische Beteiligungsgesellschaften[788]. Typisch für diese (aus dem angloamerikanischen Raum stammende) Form der Kapitalanlage ist, daß die Fondsgesellschaft die Beteiligungsgesellschaften über weitgehend fremdfinanzierte Objektgesellschaften mit dem Ziel erwirbt, während der meist nur kurzen (typischerweise 5- bis 7-jährigen) Haltedauer überdurchschnittliche Wertsteigerungen in den Beteiligungsgesellschaften zu realisieren.

567 Die Fondsgesellschaft kann aus steuerlicher Sicht entweder als vermögensverwaltende oder als gewerbliche Personengesellschaft strukturiert werden. IdR wird die Fondsgesellschaft in der Rechtsform der GmbH & Co. KG (bei ausländischer Personengesellschaft: Limited Partnership) geführt.

---

[787] *BFH* vom 25. 11. 1997 BStBl. II 1998, 257; *BFH* vom 25. 11. 1997 BFH/NV 1998, 691; *Weber-Grellet* in Schmidt § 17 EStG Rn 40; H 140 Abs. 2 EStR „Mißbrauch" und „Nominelle Beteiligung"; siehe aber zu mündlicher Gewinnverteilungsabrede *FG Berlin* vom 31. 7. 2000 EFG 2000, 1324.

[788] Siehe § 14.

II. Beteiligung von inländischen Privatanlegern

Inländische[789] private Investoren können Gewinne der Fondsgesellschaft aus der Veräußerung von Beteiligungen grundsätzlich nur dann steuerfrei realisieren, wenn die Fondsgesellschaft als vermögensverwaltende Personengesellschaft strukturiert ist.

Die steuerliche Qualifikation der Fondsgesellschaft als vermögensverwaltende (nicht-gewerbliche) Personengesellschaft setzt voraus, daß
- die Fondsgesellschaft ihre Tätigkeit auf **Vermögensverwaltung** beschränkt und nicht (auch nicht in geringem Umfang[790]) einen eigenen Gewerbebetrieb unterhält[791];
- die Fondsgesellschaft nicht als gewerblich **geprägte Personengesellschaft** strukturiert ist, also mindestens ein persönlich haftender Gesellschafter eine natürliche Person ist oder aber ein Kommanditist zur Geschäftsführung befugt ist[792]; aufgrund des eindeutigen Gesetzeswortlautes sollte es insoweit unerheblich sein, ob der zur Geschäftsführung befugte Kommanditist eine natürliche Person oder eine Kapitalgesellschaft ist[793];
- die Fondsgesellschaft sich nicht an gewerblichen Personengesellschaften beteiligt[794];
- im Fall einer ausländischen Fondsgesellschaft diese einer deutschen Personengesellschaft vergleichbar ist (**Typenvergleich**).

Ist die Fondsgesellschaft als vermögensverwaltende Gesellschaft zu qualifizieren, so wird sie für Zwecke der Besteuerung weitgehend als **transparent** behandelt. Die Besteuerung der Anteilseigner ist unabhängig davon, ob die Gesellschaft ihren Sitz und/oder ihre Geschäftsleitung im Inland oder im Ausland hat oder ob ein DBA zwischen dem jeweiligen Ansässigkeitsstaat der veräußerten Beteiligungsgesellschaft und dem Ansässigkeitsstaat der Fondsgesellschaft besteht.

Für die deutsche Besteuerung ist insbes. unbeachtlich, ob auf Ebene der vermögensverwaltenden Fondsgesellschaft selbst die Voraussetzungen für eine wesentliche Beteiligung nach § 17 EStG[795] vorliegen. Für die Frage, ob eine wesentliche Beteiligung vorliegt, ist nicht auf die Personengesellschaft (Fondsgesellschaft) selbst, sondern auf die **durchgerechnete Beteiligung** der Gesellschafter an den zum

---

[789] Zur Besteuerung ausländischer Investoren siehe Rn 193 ff.
[790] Siehe aber *BFH* vom 11. 8. 1999 FR 1999, 1182.
[791] Nach der derzeit im Vordringen befindlichen Auffassung der Finanzverwaltung ist insbes. dann eine Gewerblichkeit der Fondsgesellschaft anzunehmen, wenn die Fondsgesellschaft Mehrheitsbeteiligungen hält. Siehe *Rodin/Veith*, Zur Abgrenzung zwischen privater Vermögensverwaltung und gewerblicher Tätigkeit bei Private Equity-Pools, DB 2001, 883. Zum Wertpapierhandel siehe H 137 Abs. 9 EStR 1999.
[792] § 15 Abs. 3 Nr. 2 EStG; Abschn. 138 Abs. 6 EStR 1999; *Schmidt* in Schmidt § 15 EStG Rn 224 ff.
[793] Str., siehe *Schmidt* in Schmidt § 15 EStG Rn 222; zur möglichen Auslegung des § 15 Abs. 3 Nr. 2 EStG gegen seinen Wortlaut siehe auch BFH vom 8. 6. 2000 GmbHR 2001, 157.
[794] Abschn. 138 Abs. 5 Satz 4 EStR 1999.
[795] Siehe Rn 154 ff.

Vermögen der Fondsgesellschaft gehörenden Beteiligungen abzustellen[796]. Beträgt die durchgerechnete Beteiligung der Gesellschafter (Privatanleger) an der von der Fondsgesellschaft veräußerten Beteiligung an der Zielgesellschaft (Kapitalgesellschaft) weniger als 1%, unterliegt der auf Ebene der Fondsgesellschaft realisierte Veräußerungsgewinn bei dem Gesellschafter (bei Beteiligungsveräußerung nach Ablauf der einjährigen Spekulationsfrist) nicht der Besteuerung. Bei einer durchgerechneten Beteiligung des Gesellschafters an der veräußerten Zielgesellschaft von mindestens 1% unterliegt der Veräußerungsgewinn demgegenüber beim Gesellschafter (anteilig) der hälftigen Besteuerung nach dem Halbeinkünfteverfahren[797].

572 Ist die Fondsgesellschaft als gewerbliche Gesellschaft zu qualifizieren, so besteht für die (inländischen) privaten Anteilseigner grundsätzlich keine Möglichkeit, auf Ebene der Fondsgesellschaft realisierte Veräußerungsgewinne steuerfrei zu vereinnahmen. Dies gilt unabhängig davon, ob die Fondsgesellschaft ihren Sitz im Inland oder Ausland hat. Für eine **Fondsgesellschaft mit Sitz im Ausland** kommt eine Steuerbefreiung des Gewinns aus der Veräußerung von Anteilen an Kapitalgesellschaften nach einem DBA nur in Betracht, wenn die Fondsgesellschaft (im Ausnahmefall) die Tätigkeitsmerkmale einer Betriebsstätte erfüllt[798]. Der Veräußerungsgewinn unterliegt – sofern keine Veräußerung einbringungsgeborener Anteile innerhalb der Siebenjahresfrist vorliegt – der hälftigen Besteuerung nach dem Halbeinkünfteverfahren[799]. Hat die Fondsgesellschaft ihren Sitz bzw. eine **Betriebsstätte im Inland**, so unterliegt der Veräußerungsgewinn darüber hinaus ggf. auch der **Gewerbesteuer**[800].

III. Beteiligung von inländischen Kapitalgesellschaften (institutionellen Investoren)

573 Bei Beteiligung von inländischen[801] Kapitalgesellschaften an Fondsgesellschaften in der Rechtsform der Personengesellschaft ist im Hinblick auf die steuerliche Behandlung von Veräußerungsgewinnen zu unterscheiden, ob die Fondsgesellschaft als vermögensverwaltende oder als gewerbliche Personengesellschaft strukturiert ist.

574 Ist die Fondsgesellschaft als **vermögensverwaltende Personengesellschaft** strukturiert, so gilt die Steuerbefreiung von Gewinnen aus der Veräußerung von Anteilen an Kapitalgesellschaften durch Kapitalgesellschaften gem. § 8b Abs. 2 KStG nach der hier vertretenen Auffassung auch dann, wenn der Veräußerungsgewinn über eine zwischengeschaltete vermögensverwaltende Personengesellschaft realisiert wird[802].

---

[796] H 140 Abs. 2 EStR 1999 „Gesamthandsvermögen"; *BFH* vom 9. 5. 2000 DStR 2000, 1553; *BFH* vom 13. 7. 1999 DStR 1999, 1808; *Wacker*, Wesentliche Beteiligung gem. § 17 EStG, NWB Fach 3, 11 251.
[797] § 3 Nr. 40 Satz 1 lit. c EStG 2001.
[798] *BMF* vom 24. 9. 1999 FR 2000, 238.
[799] § 3 Nr. 40 Satz 1 lit. a EStG 2001.
[800] Siehe Rn 114 ff.
[801] Zur Besteuerung ausländischer Investoren siehe Rn 193 ff.
[802] Siehe Rn 126.

575 Insbes. ausländische Fondsgesellschaften sind im Regelfall als gewerbliche bzw. als gewerblich geprägte Gesellschaft iSv. § 15 Abs. 3 Nr. 2 EStG strukturiert. Eine **gewerblich geprägte Gesellschaft** in diesem Sinne liegt insbes. dann vor, wenn bei einer originär vermögensverwaltend tätigen Personengesellschaft (zB KG oder Limited Partnership) ausschließlich Kapitalgesellschaften[803] persönlich haftende Gesellschafter sind und nur diese oder Personen, die nicht Gesellschafter sind, zur Geschäftsführung befugt sind. Ist die Fondsgesellschaft danach als gewerbliche Personengesellschaft zu qualifizieren, sind die auf Ebene der Personengesellschaft erzielten Gewinne aus der Veräußerung von Anteilen an Kapitalgesellschaften bei den Gesellschaftern (Kapitalgesellschaften) nach § 8b Abs. 6 KStG 2001 von der Körperschaftsteuer befreit. Zwar nimmt der Wortlaut des § 8b Abs. 6 KStG 2001 nur originär gewerbliche Mitunternehmerschaften iSd. § 15 Abs. 1 Satz 1 Nr. 2 und 3 EStG in Bezug. Nach der hier vertretenen Auffassung muß die Befreiung des § 8b Abs. 6 KStG 2001 aber auch für gewerblich geprägte Gesellschaften iSd. § 15 Abs. 3 Nr. 2 EStG gelten. Die Veräußerungsgewinne unterliegen in diesem Fall bei den Gesellschaftern ebenfalls nicht der Gewerbesteuer[804]. Zu berücksichtigen ist insoweit allerdings, daß – sofern die Fondsgesellschaft ihren Sitz bzw. eine Betriebsstätte im Inland hat – der Veräußerungsgewinn auf Ebene der Fondsgesellschaft selbst der Gewerbesteuer unterliegen kann[805].

576 ME ist auch der Gewinn aus einer Veräußerung des Anteils an einer gewerblichen Personengesellschaft (Fondsgesellschaft) beim Gesellschafter (inländische Kapitalgesellschaft) nach § 8b Abs. 6 KStG 2001 von der Körperschaftsteuer befreit, soweit er auf von der Fondsgesellschaft gehaltene Anteile an Kapitalgesellschaften entfällt[806].

IV. Besteuerungsrisiken aus dem Auslandinvestmentgesetz

577 Hat die Fondsgesellschaft ihren Sitz im Ausland, können sich im Hinblick auf die Steuerfreistellung der Veräußerungsgewinne der Fondsgesellschaft im Einzelfall Risiken aus dem Auslandinvestmentgesetz (AIG) ergeben. Das AIG regelt den **Vertrieb** und die **Besteuerung von ausländischen Investmentanteilen**. Nach § 1 Abs. 1 Satz 1 AIG handelt es sich hierbei um Anteile an einem ausländischem Recht unterstehenden Vermögen aus **Wertpapieren**, Forderungen aus Gelddarlehen, über die eine Urkunde ausgestellt ist, Einlagen oder Grundstücken, das nach dem Grundsatz der **Risikomischung** angelegt ist. Auf die Rechtsform des ausländischen Vermögens kommt es nicht an. Es können somit auch Anteile an ausländischen Personengesellschaften den Besteuerungsregelungen des AIG unterliegen. Sofern das AIG somit auf die Beteiligung an der ausländischen Fondsgesellschaft anwendbar wäre, käme eine hälftige bzw. volle Steuerfreistellung der auf Ebene des Fonds erzielten Veräußerungsgewinne bei den inländi-

---

[803] Auch ausländische Kapitalgesellschaften, siehe *BMF* vom 24. 9. 1999 FR 2000, 238.
[804] Siehe Rn 113.
[805] Siehe Rn 114 ff.
[806] Siehe Rn 102.

schen Anteilseignern nicht in Betracht[807]. Die Besteuerung des AIG hat strafähnlichen Charakter[808]. Für die Gewinne aus der Veräußerung von Anteilen an Kapitalgesellschaften findet das Halbeinkünfteverfahren keine Anwendung[809].

578 Meist ist allerdings davon auszugehen, daß das AIG auf die Besteuerung ausländischer Private Equity-Fonds nicht angewendet wird. Zwar ist deren Vermögen risikogestreut, diese Risikostreuung muß sich jedoch auf ein **Wertpapiervermögen** (verbriefte Anteile) beziehen. Im Regelfall besteht das Vermögen von Private Equity-Fonds zum weit überwiegenden Teil aus nicht-verbrieften Anteilen (zB GmbH-Anteilen). Eine Anwendung des AIG auf diese Fonds kommt dann nach der hier vertretenen Auffassung nicht in Betracht[810]. Bei Beteiligung an ausländischen **vermögensverwaltenden** (nicht gewerblichen) Personengesellschaften erscheint darüber hinaus fraglich, ob die steuerlichen Vorschriften des AIG überhaupt greifen können. Die Wirtschaftsgüter (Beteiligungen) der Fondsgesellschaft sind in diesem Fall dem inländischen Gesellschafter nach § 39 Abs. 2 Nr. 2 AO anteilig zuzurechnen, so daß insoweit zweifelhaft ist, ob steuerrechtlich überhaupt von einer Beteiligung an einem ausländischen Vermögen iSd. AIG und damit einer Anwendbarkeit der steuerlichen Vorschriften des AIG ausgegangen werden kann[811].

J. Umsatzsteuer beim Unternehmenskauf

I. Grundlagen

579 Der Verkauf eines Unternehmens löst idR keine Umsatzsteuer aus. Sowohl der Verkauf von Anteilen an Personengesellschaften als auch der Verkauf von Anteilen an Kapitalgesellschaften ist grundsätzlich umsatzsteuerfrei. Ebenso unterliegt der Verkauf eines Unternehmens im ganzen (Betriebsveräußerung) nicht der Umsatzsteuer[812]. Der Umsatzsteuer unterliegt insoweit nur die Veräußerung von Betriebsteilen, die keine steuerlichen Teilbetriebe darstellen.

---

[807] Eine Zulassung der Anteile an der ausländischen Fondsgesellschaft zum öffentlichen Vertrieb in Deutschland kommt regelmäßig nicht in Betracht, so daß die Fondsgesellschaft als sog. grauer Fonds oder ggf. auch als schwarzer Fonds iSv. § 18 AIG zu qualifizieren wäre.

[808] *Jacob/Klein*, Investmentsteuerrechtliche Fragen des Steuersenkungsgesetzes, FR 2000, 918.

[809] § 18 Abs. 1 Satz 1 AIG 2001; mE Eu-rechtlich bedenklich; siehe *Tibo*, Steuersenkungsgesetz – Besteuerung von Erträgen aus Wertpapier Investmentfonds, DB 2000, 2291, 2293.

[810] Siehe auch *Baur*, Investmentgesetze, 2. Aufl. 1997, § 1 AIG Rn 47; BAK vom 31. 1. 2001, V2-X-14/2001; BAK-Schr. vom 30. 8. 1990 und 28. 8. 1991: Keine Anwendung des AIG, wenn die Fondsgesellschaft als Beteiligungsgesellschaft bzw. Holdinggesellschaft zu qualifizieren ist, die aktiv ihre Beteiligungen managed.

[811] *Pfaar/Welke* Steuerliche Fragen bei der Beteiligung privater Anleger an ausländischen Private Equity und Venture Capital Fonds, IWB Gruppe 3, 1317, 1332.

[812] § 1 Abs. 1a UStG.

II. Anteilsveräußerung (Share Deal)

1. Veräußerung von Anteilen an Personengesellschaften

Bei Veräußerung von Anteilen an Gesellschaften ist aus umsatzsteuerlicher Sicht zu unterscheiden zwischen Anteilen, die beim Veräußerer dessen Unternehmen und solchen Anteilen, die der außerunternehmerischen Sphäre zuzuordnen sind. Insbesondere bei Holdinggesellschaften wird das Halten und Verwalten von Anteilen nicht als unternehmerische Tätigkeit angesehen. Die Anteile werden insoweit der außerunternehmerischen Sphäre zugeordnet[813]. Die Anteilsveräußerung ist in diesem Fall nicht steuerbar (unterliegt nicht der Umsatzsteuer). Ist die Beteiligung demgegenüber bei operativ tätigen Unternehmen dem Unternehmensbereich zuzuordnen, so ist die Veräußerung von Anteilen an Personengesellschaften zwar bei Anteilsveräußerung durch einen Unternehmer grundsätzlich steuerbar, wird regelmäßig aber nach § 4 Nr. 8 lit. f UStG von der Umsatzsteuer befreit. Für den Veräußerer besteht in diesem Fall die Möglichkeit, zur Umsatzsteuer zu optieren[814].

Folge der **Umsatzsteuerbefreiung** bzw. der Nicht-Steuerbarkeit der Anteilsveräußerung ist, daß die mit der steuerfreien Anteilsveräußerung in wirtschaftlichem Zusammenhang stehenden und vom Veräußerer bezogenen Eingangsleistungen (zB Beratungsleistungen) den Veräußerer nicht zum Vorsteuerabzug berechtigen[815]. Hiervon betroffen ist insbes. die Umsatzsteuer auf die vom Veräußerer bezogenen Beratungsleistungen.

Besonderheiten gelten – in Abgrenzung zur Beteiligungsveräußerung – im Fall der Ausgabe von Anteilen an Personengesellschaften bei Eintritt eines neuen (weiteren) Gesellschafters.

Bei der Ausgabe von Anteilen an **Publikumsgesellschaften** liegt nach Auffassung von Rechtsprechung und Finanzverwaltung ein umsatzsteuerbarer, aber steuerbefreiter Umsatz vor[816]. Für die Publikumspersonengesellschaft ist daher ein Vorsteuerabzug im Hinblick auf diejenigen Aufwendungen ausgeschlossen, die im Zusammenhang mit der Anteilsveräußerung stehen. Die Finanzverwaltung zählt

---

[813] *Robisch*, Unternehmereigenschaft und Vorsteuerabzug von Holdinggesellschaften, UR 2001, 100; *EuGH* vom 14.11.2000 HFR 2001, 191; *EuGH* vom 20.6.1991 EuGHE 1991, I-3111; *BFH* vom 29.1.1998 BStBl. II 1998, 413.

[814] Siehe Rn 588.

[815] § 15 Abs. 2 Nr. 1 UStG; Ausnahme hiervon ist (bei Zuordnung der veräußerten Beteiligung zum Unternehmensbereich) die Veräußerung an einen Erwerber mit Sitz im Drittlandsgebiet, denn in diesem Fall ist die Leistung nach § 3a Abs. 3 und Abs. 4 Nr. 6a UStG nicht im Inland steuerbar und der Ausschluß des Vorsteuerabzugs nach § 15 Abs. 2 UStG greift gem. § 15 Abs. 3 Nr. 2b UStG nicht.

[816] § 4 Nr. 8 lit. f UStG; *BFH* vom 14.12.1995 BStBl. II 1996, 250, 251; *BFH* vom 18.12.1975 BStBl. II 1976, 265; *BMF* vom 10.8.1998, IV C 3-S-7300-34/98. Nach *BFH* vom 21.11.1991 BStBl. II 1992, 637 stellt auch die Beteiligung von Anlegern mittelbar über einen Treuhandkommanditisten eine steuerbare, aber steuerbefreite Leistung dar. Dies führt dazu, daß Aufwendungen, die mit der Ausgabe von Anteilen in Zusammenhang stehen, nach § 15 Abs. 1 Nr. 1 UStG vom Vorsteuerabzug ausgeschlossen sind.

zu diesen Aufwendungen insbes. die Gründungs-, Konzeptions-, Marketing-, Beratungs- und Vertriebskosten[817].

584 Streitig ist, ob auch bei Nicht-Publikumsgesellschaften die Anteilsausgabe ein umsatzsteuerbarer (aber steuerbefreiter) Umsatz ist[818]. Von Bedeutung ist dies für die Vorsteuerabzugsberechtigung. Ist die Veräußerung nicht umsatzsteuerbar, können die Vorsteuern abgezogen werden, die im Zusammenhang mit der Veräußerung bei der Personengesellschaft entstanden sind. Ist die Veräußerung hingegen steuerbar, aber von der Umsatzsteuer befreit, ist der Vorsteuerabzug insoweit ausgeschlossen.

585 ME ist in der Anteilsverschaffung keine steuerbare Leistung der Gesellschaft zu sehen. Durch den Abschluß des Aufnahmevertrags erhält der Neugesellschafter lediglich einen Anteil an der Gesellschaft, ohne daß hierin eine Leistung der Gesellschaft gesehen werden kann. Dies steht auch nicht im Widerspruch zur Rechtsprechung, wonach die Sacheinlage eines Gesellschafters eine entgeltliche sonstige Leistung darstellen kann[819].

2. Veräußerung von Anteilen an Kapitalgesellschaften

586 Die Veräußerung von Anteilen an einer Kapitalgesellschaft ist ebenso wie die Veräußerung von Anteilen an einer Personengesellschaft (bei Veräußerung durch einen Unternehmer und Zuordnung der Beteiligung zum unternehmerischen Bereich[820]) ein steuerbarer, aber gem. § 4 Nr. 8 lit. e, f UStG steuerbefreiter Umsatz. Dies gilt auch bei der Ausgabe von Anteilen an einer Kapitalgesellschaft im Wege einer Kapitalerhöhung, die einen steuerbaren, aber umsatzsteuerbefreiten Vorgang darstellt[821]. Umstritten ist, in welchem Umfang die Kapitalgesellschaft Vorsteuern abziehen kann, die im Zusammenhang mit der Kapitalerhöhung entstanden sind. Die Finanzverwaltung ordnet die im Zusammenhang mit einer Kapitalerhöhung bezogenen Leistungen (anders als bei der Gesellschaftsgründung[822]) generell ausschließlich und unmittelbar den steuerfreien Umsätzen aus der Ausgabe von Gesellschaftsanteilen zu[823]. Ein Vorsteuerabzug auf Seiten der Kapitalgesellschaft ist damit ausgeschlossen.

---

[817] *BMF* vom 10. 8. 1998, IV C 3 S 7300 34/98 sowie *OFD Nürnberg* vom 4. 11. 1998, S 7 300 417/St 43; *FG Berlin* vom 22. 2. 2000 UStB 2000, 170, nrkr.

[818] Die Ansicht, die Gesellschaft erbringe keine Leistung, wird vertreten von *Reiß* UR 1996, 357, 361; *Husmann* in Rau/Dürrwächter/Flick/Geist, § 1 UStG Rn 244; *Klenk* in Sölch/Ringleb, Umsatzsteuergesetz: Kommentar (Losebl.), Stand: September 2000, § 1 UStG Rn 229 ff.; *Birkenfeld* Bd. I Rn 530, 531; aA *Völkel/Karg* S. 407; *Günther* in Münchener Vertragshandbuch, 3. Auflage, II.1 Anm. 67; *Nieskens,* Gesellschaftsgründungen in der Umsatzsteuer, UStB 2000, 50, 51.

[819] *BFH* vom 15. 5. 1997 BStBl. II 1997, 705; *BFH* vom 8. 11. 1995 BStBl. II 1996, 114.

[820] Siehe Rn 580.

[821] *FG Hessen* vom 16. 10. 1995 EFG 1996, 396; *OFD München* vom 25. 5. 2000, S 7304 7 St 431; Abschn. 64, 66 Abs. 2 Satz 1 UStR 2000; kritisch *Thiede/Steinhauser* DB 2000, 1295.

[822] *Thiede/Steinhauser* DB 2000, 1295; *Reiß* UR 1996, 357 ff.; *Völkel/Karg* S. 408.

[823] § 4 Nr. 8 lit. e, f UStG; *BFH* vom 6. 5. 1993 BStBl. II 1993, 564; *OFD München* vom 25. 5. 2000, S 7304 St 431 für den Fall des Börsengangs; *OFD Saarbrücken* vom 20. 4. 1995, S 7104 39 St 241; *OFD Frankfurt am Main* vom 17. 10. 1995, S 7104 A 47 St IV 10. Insoweit besteht unter den Voraussetzungen des § 9 Abs. 1 UStG für die Kapitalgesellschaft die Möglichkeit, zur Umsatzsteuer zu optieren.

Eine Besonderheit besteht bei der **Veräußerung von Anteilen an einer Or-** 587
gangesellschaft. Veräußert der Organträger Anteile an einer Gesellschaft, mit der
bis zum Veräußerungszeitpunkt eine umsatzsteuerliche Organschaft[824] besteht, ist
mE die Veräußerung der Organgesellschaft als Veräußerung eines gesondert geführten Betriebs iSd. § 1 Abs. 1a UStG[825] anzusehen, da die Organgesellschaft bis
zur Beendigung der Organschaft umsatzsteuerlich Teil des Unternehmens des Organträgers ist. Rechtsfolge der Wertung als Betriebsveräußerung ist, daß der Veräußerer den Vorsteuerabzug für im Zusammenhang mit der Veräußerung bezogene
Eingangsleistungen erhält. In gleicher Weise kann der Erwerber die ihm entstehenden Vorsteuern zum Abzug bringen, wenn er mit der Zielgeselllschaft unmittelbar
nach dem Erwerb eine Organschaft begründet.

3. Umsatzsteueroption

Ist die Veräußerung bei Zuordnung der Beteiligung zum unternehmerischen 588
Bereich umsatzsteuerbar[826], aber von der Umsatzsteuer befreit, kann der Verkäufer
für die Umsatzsteuer optieren, soweit der Erwerber ebenfalls Unternehmer ist und
die Beteiligung dessem Unternehmen zuzuordnen ist[827]. Die Option bewirkt, daß
der Verkäufer die ihm in Rechnung gestellte Umsatzsteuer auf Eingangsleistungen
(zB Beratungskosten), die im Zusammenhang mit der Anteilsveräußerung stehen,
als Vorsteuern abziehen kann. Die Umsatzsteueroption kann allerdings nur vorteilhaft sein, wenn der Erwerber die Umsatzsteuer auf den Anteilskaufpreis wiederum
als Vorsteuer abziehen kann. Im Zweifelsfall sollte auf die Option zur Umsatzsteuer
wegen der hiermit verbundenen Risiken verzichtet werden.

III. Betriebsveräußerung (Asset Deal)

Die Übertragung eines Betriebs (Geschäftsveräußerung) im ganzen (Asset 589
Deal) an einen anderen Unternehmer ist kein nach dem Umsatzsteuergesetz steuerbarer Vorgang[828].

Eine nicht steuerbare Geschäftsveräußerung erfordert die Übertragung der we- 590
sentlichen Grundlagen eines Unternehmens oder eines gesondert geführten Betriebs[829]. Im Gegensatz zur Geschäftsveräußerung im ganzen ist die Veräußerung
von Einzelgegenständen umsatzsteuerpflichtig[830]. Der Qualifikation einer Be-

---

[824] § 2 Abs. 2 Nr. 2 UStG.
[825] Siehe Rn 592 ff.
[826] Siehe Rn 580.
[827] § 9 Abs. 1 UStG; *Kraeusel* in Reiß/Kraeusel/Langer, Umsatzsteuergesetz: Kommentar (Losebl.), Stand: Januar 2001, § 9 UStG Rn 34.
[828] § 1 Abs. 1a UStG.
[829] *BFH* vom 30. 8. 1962 BStBl. III 1962, 455; *FG Baden-Württemberg* vom 1. 9. 1997 EFG 1998, 145; Abschn. 5 Abs. 1 UStR 2000; st. Rspr.: Notwendig ist die Übertragung der organischen Zusammenfassung von Einrichtungen und dauernden Maßnahmen, die dem Teilbe-
trieb gedient oder zumindest seine wesentlichen Grundlagen ausgemacht haben, so daß der Erwerber das Unternehmen ohne nennenswerte finanzielle Aufwendungen fortführen könnte.
[830] Die unentgeltliche Übertragung eines Einzelgegenstands stellt einen Entnahmevorgang
dar.

triebsveräußerung als Geschäftsveräußerung im ganzen oder als Veräußerung von Einzelgegenständen kommt daher eine erhebliche Bedeutung zu[831]. Wegen der Risiken einer **Fehlbeurteilung**[832] sollte der Verkäufer im Zweifelsfall bei dem für den Verkäufer zuständigen Finanzamt eine verbindliche Auskunft beantragen.

591 Die Qualifikation der Geschäftsveräußerung als nicht steuerbarer Vorgang gilt nur soweit, wie inländisches Vermögen im Rahmen des Asset Deal übertragen wird. Soweit **im Ausland belegene Vermögensgegenstände** übertragen werden, **löst** dies **im Ausland** regelmäßig **Umsatzsteuer** aus. Zur Vermeidung von steuerlichen Nachteilen (Verlust des Vorsteuerabzugs, Geldstrafen etc.) ist (auch) im Ausland auf eine ordnungsgemäße steuerliche Abwicklung der Transaktion zu achten.

1. Geschäftsveräußerung

592 Eine Geschäftsveräußerung liegt vor, wenn ein Unternehmen oder ein in der Gliederung eines Unternehmens gesondert geführter Betrieb (Teilbetrieb) im ganzen entgeltlich oder unentgeltlich übereignet oder in eine Gesellschaft eingebracht wird.

593 Voraussetzung ist jeweils, daß die wesentlichen Betriebsgrundlagen übertragen werden. Eine nicht steuerbare Geschäftsveräußerung liegt in diesem Fall selbst dann vor, wenn der Erwerber von vornherein die Absicht hat, das Unternehmen stillzulegen, etwa weil er ein Konkurrenzunternehmen beseitigen will[833].

2. Übertragung der wesentlichen Betriebsgrundlage(n)

594 Was als wesentliche Betriebsgrundlage anzusehen ist, bestimmt sich nach dem Tätigkeitsfeld und hängt von den konkreten Umständen des Einzelfalls ab[834]. Daß einzelne unwesentliche Wirtschaftsgüter nicht übertragen werden, steht einer nicht steuerbaren Geschäftsveräußerung nicht entgegen[835].

595 Unschädlich ist es nach der hier vertretenen Auffassung ferner, wenn einzelne wesentliche **Betriebsgrundlagen** nicht mit dinglicher Wirkung übertragen werden, sondern lediglich **verpachtet** oder vermietet werden[836]. Besteht die unternehmerische Betätigung allein in der Vermietung bzw. Verpachtung eines Grundstücks, ist die Veräußerung des Grundstücks bereits als Geschäftsveräußerung anzusehen[837].

---

[831] Abschn. 192 Abs. 6 UStR 2000. Danach ist der Vorsteuerabzug beim Erwerber ausgeschlossen, soweit die Umsatzsteuer nicht geschuldet wird.

[832] Siehe Rn 604.

[833] Insoweit kann sich allerdings das Problem stellen, ob der Erwerber ein Unternehmer ist, der das Unternehmen für sein Unternehmen erwirbt.

[834] *Birkenfeld* Bd. I § 1 Rn 568.11.

[835] Zur Abgrenzung siehe *BFH* vom 15. 10. 1998 BStBl. II 1999, 41 ff.; Abschn. 5 Abs. 1 Satz 7 UStR 2000.

[836] *BFH* vom 15. 10. 1998 BStBl. II 1999, 41, 43; Abschn. 5 Abs. 1 Satz 8 UStR 2000; aA *FG Münster* vom 24. 10. 2000, 15 K 6391/99 U, nrkr; *FG Köln* vom 8. 1. 2000 EFG 2001, 317, nrkr.; siehe auch *Klünemann,* Geschäftsveräußerung im Ganzen durch Vermietung, UStB 2001, 77.

[837] Abschn. 5 Abs. 1 Satz 6 UStR 2000.

Nicht eigentumsfähige Güter, wie **Nutzungsrechte**, Geschäftsbeziehungen zu Kunden oder Dienstverträge, die für die Fortführung des Unternehmens von Bedeutung sind, müssen übertragen bzw. übergeleitet werden. Bei bestehenden Miet- und Pachtverträgen für Geschäftsräume, Geschäftsgrundstücke oder Maschinen, die eine wesentliche Betriebsgrundlage darstellen, ist das Miet- oder Pachtrecht auf den Erwerber zu übertragen. Der Verkäufer muß dem Erwerber die Möglichkeit verschaffen, mit dem Verpächter/Vermieter einen solchen Vertrag abzuschließen[838]. 596

3. Gesondert geführter Geschäftsbetrieb

Ein in der Gliederung eines Unternehmens gesondert geführter Betrieb liegt vor, wenn er wirtschaftlich selbständig ist. Dies setzt voraus, daß der veräußerte Teil des Unternehmens einen für sich lebensfähigen Organismus gebildet hat, der unabhängig von den anderen Geschäften des Unternehmens nach Art eines selbständigen Unternehmens betrieben worden ist und nach außen hin ein selbständiges, in sich abgeschlossenes Wirtschaftsgebilde gewesen ist. Soweit **einkommensteuerrechtlich** eine **Teilbetriebsveräußerung** angenommen wird, kann umsatzsteuerrechtlich von der Veräußerung eines gesondert geführten Betriebs ausgegangen werden[839]. Beim Verkauf eines von mehreren vermieteten Grundstücks ist von der Veräußerung eines Teilbetriebs auszugehen, wenn der Erwerber die Mietverträge übernimmt[840]. 597

4. Erwerb durch einen Unternehmer für dessen Unternehmen

Der Erwerber muß Unternehmer iSd. UStG sein und den Betrieb für sein Unternehmen erworben haben[841]. Dabei ist es ausreichend, wenn der Erwerber mit dem Unternehmen erst seine unternehmerische Tätigkeit beginnt[842]. 598

5. Vorsteuerabzug

Die Geschäftsveräußerung im ganzen ist kein umsatzsteuerbarer Vorgang. Für den Vorsteuerabzug aus Aufwendungen (bezogene Eingangsleistungen), die im Zusammenhang mit der Geschäftsveräußerung entstanden sind, gelten insoweit 599

---

[838] Abschn. 5 Abs. 2 Satz 3 UStR 2000.
[839] Abschn. 5 Abs. 3 UStR 2000.
[840] *Honisch*, Veräußerung von vermieteten Grundstücken, UStB 2000, 13; *OFD Karlsruhe* vom 31. 8. 1999 UR 2000, 89; *OFD Karlsruhe* vom 18. 10. 1999 UR 2000, 17; *Löhlein*, Vorsteuerberichtigung bei der Veräußerung von Immobilien, UStB 2001, 121; *Fritsch*, Outsourcing bei Kreditinstituten (BMF v. 30. 5. 2000), UStB 2000, 136; *OFD München* vom 1. 8. 2000, S 7100 b – 3 St 433. Steuerbare Grundstückslieferung aber bei Veräußerung von mit Veräußerungsabsicht errichteten Gebäuden.
[841] Ist der Erwerber nicht Unternehmer, stellt sich die Veräußerung beim Verkäufer als steuerbare Leistung dar.
[842] Abschn. 5 Abs. 1 Satz 2 UStR 2000; *Husmann* in Rau/Dürrwächter/Flick/Geist § 1 UStG Rn 1096; *OFD Frankfurt am Main* vom 28. 9. 1999, S 7100b A 1 St IV 10 Abschn. 3. Dient der Erwerb der Stillegung des Unternehmens, muß die Unternehmereigenschaft allerdings schon vor dem Erwerb gegeben sein, vgl. *Husmann* in Rau/Dürrwächter/Flick/Geist § 1 UStG Rn 1097, 1099.

die allgemeinen Regeln. Soweit der Verkäufer vor der Veräußerung vorsteuerschädliche Umsätze mit den veräußerten Gegenständen ausgeführt hat, ist der Verkäufer vom Vorsteuerabzug ausgeschlossen[843]. Der Erwerber kann Vorsteuern für Aufwendungen abziehen, die im Zusammenhang mit dem Erwerb entstanden sind, soweit er mit dem erworbenen Unternehmen keine vorsteuerschädlichen Umsätze ausführt[844].

6. Vorsteuerberichtigung

600   Die Geschäftsveräußerung löst für sich keine Vorsteuerberichtigung aus[845]. Der Erwerber tritt umsatzsteuerrechtlich in die Position des Verkäufers ein[846]. Die beim Verkäufer geltenden Berichtigungszeiträume für die einzelnen Wirtschaftsgüter werden durch die Veräußerung nicht unterbrochen[847]. Dies bedeutet, daß der Erwerber den vom Verkäufer begonnenen Berichtigungszeitraum fortzuführen hat und bei eintretenden **Nutzungsänderungen** den ursprünglichen Vorsteuerabzug des Verkäufers berichtigen muß.

601   Nutzt der Erwerber im Kalenderjahr der erstmaligen Verwendung ein Wirtschaftsgut zu demselben Prozentsatz vorsteuerunschädlich wie der Verkäufer, unterbleibt bei ihm eine Vorsteuerberichtigung. Ändert sich dagegen beim Erwerber der Anteil der vorsteuerunschädlichen Nutzung, hat der Erwerber insoweit eine Vorsteuerberichtigung vorzunehmen[848].

602   Der Verkäufer ist dem Erwerber gegenüber verpflichtet, die für die Vorsteuerberichtigung erforderlichen Angaben zu machen. Zur einfacheren Handhabung sollten die folgenden notwendigen Angaben bereits in den **Kaufvertrag** aufgenommen werden:
– Die insgesamt für die Anschaffung oder Herstellung angefallene Vorsteuer,
– der Beginn der erstmaligen Verwendung des Gegenstands,
– der Prozentsatz der vorsteuerunschädlichen Nutzung im Jahr der erstmaligen Verwendung und
– die zugrundegelegte Nutzungsdauer.

603   Werden die vorsteuerberichtigungsrelevanten Tatsachen nicht in den Vertrag aufgenommen, kann der Erwerber gegenüber dem Verkäufer einen zivilrechtlichen Auskunftsanspruch geltend machen[849]. Ob der Erwerber schließlich die be-

---

[843] *EuGH* vom 22. 2. 2001, DStR 2001, 318; *OFD Frankfurt am Main* vom 2. 4. 1996 UVR 1996, 223; *OFD Berlin* vom 17. 06. 1999, St 437 S 7300 8/98; *FM Hessen* vom 25. 3. 1996 UR 1996, 243 ff.; *FG Sachsen* vom 8. 2. 2000 EFG 2000, 827; kritisch *Wienands/Bahns*, Vorsteuerabzug und Geschäftsveräußerung im Sinne von § 1 Abs. 1a UStG, UR 1999, 265.
[844] *OFD Erfurt* vom 25. 4. 1996 DStR 1996, 1204; *OFD Frankfurt am Main* vom 2. 4. 1996 UVR 1996, 223; *FM Hessen* vom 25. 3. 1996 UR 1996, 243 ff.; *Weidmann* in Plückebaum/Malitzky, Umsatzsteuergesetz: Kommentar (Losebl.) Stand: Oktober 2000, § 1 Abs. 1a UStG Rn 46; *Reiß*, Umsatzsteuer und Grunderwerbsteuer in Schaumburg S. 231, 242.
[845] Vgl. für die Vorsteuerberichtigung die Regelung des § 15a UStG.
[846] § 1 Abs. 1a Satz 3 UStG.
[847] Der Berichtigungszeitraum von 5 Jahren bei Wirtschaftsgütern bzw. 10 Jahren bei Grundstücken einschließlich der wesentlichen Bestandteile wird durch die Veräußerung nicht unterbrochen, § 15a Abs. 4 iVm. § 15a Abs. 1 Satz 1 und 2 UStG.
[848] *Holzapfel/Pöllath* Rn 790.
[849] § 15a Abs. 6 UStG.

gehrten Informationen erhält, ist eine Frage der Durchsetzbarkeit. Der Anspruch stößt an seine Grenze, wenn zB etwaige Erben des früheren Unternehmers zur Auskunft herangezogen werden, da diese idR keine tauglichen Auskunftspersonen sind[850].

7. Fehlbeurteilungen

Der umsatzsteuerrechtlichen Qualifikation einer Betriebsveräußerung als nicht steuerbare Geschäftsveräußerung oder steuerpflichtige Veräußerung von einzelnen Wirtschaftsgütern kommt ganz erhebliche praktische Bedeutung zu.

Sind die Parteien bei der Betriebsveräußerung fälschlicherweise von einem nicht steuerbaren Umsatz ausgegangen, schuldet der Verkäufer dennoch die aus der Veräußerung resultierende Umsatzsteuer[851]. Auch wenn die Geschäftsveräußerung möglicherweise das Unternehmen des Verkäufers beendet, ist er bis zur vollständigen Abwicklung der Veräußerung als Unternehmer anzusehen. Der Verkäufer kann vom Erwerber den Umsatzsteuerbetrag grundsätzlich nur dann nachträglich fordern, wenn dies im zugrundeliegenden Vertrag explizit vereinbart wurde und keine Verjährung der Ansprüche eingetreten ist. Anderenfalls ist der Verkäufer auf eine entsprechende Vertragsanpassung wegen Wegfalls der Geschäftsgrundlage angewiesen[852]. Beide Vertragsparteien müßten hierfür irrtümlich von einer Geschäftsveräußerung im ganzen ausgegangen sein. Ggf. sollte das Risiko der Uneinbringlichkeit der Forderung des Verkäufers im Fall der **Insolvenz** des Käufers durch Stellung von Sicherheiten vermieden werden.

Sind die Parteien umgekehrt fälschlicherweise von einem steuerbaren Geschäft ausgegangen, schuldet der Verkäufer die ausgewiesene Umsatzsteuer[853]. Der Erwerber ist hingegen trotz des Rechnungsausweises nicht berechtigt, die Vorsteuer abzuziehen. Ein Vorsteuerabzug darf nur bei geschuldeter Umsatzsteuer vorgenommen werden[854]. Erkennen die Vertragsparteien die Fehlerhaftigkeit der Rechnungserstellung, ist der Verkäufer berechtigt, bei vertraglicher Vereinbarung sogar verpflichtet, die erstellte Rechnung zu berichtigen[855]. Die Rückgabe bzw. Berichtigung der Erstrechnung ist nicht erforderlich, vielmehr genügt eine **Korrekturmitteilung** des Verkäufers an den Erwerber[856]. Der Erwerber muß seinen Vorsteuerabzug korrigieren. Im Anschluß ist die auf den Kaufpreis gezahlte Umsatzsteuer durch den Verkäufer zurückzugewähren, da mit der Berichtigung der

---

[850] *Cissée* in Bunjes/Geist, Umsatzsteuergesetz: Komentar, 5. Aufl. 1997, § 15a UStG Rn 17.
[851] Ggf. schuldet der Verkäufer auch die Nachforderungszinsen nach § 233a AO.
[852] *Oldenburg*, Anwendungsrisiko und Planungsstörung bei der Regelung zur nicht-umsatzsteuerbaren Geschäftsveräußerung, DB 1996, 1999, 2001.
[853] § 14 Abs. 2 UStG; Abschn. 189 Abs. 1 Satz 2 Nr. 3 UStR 2000. Eine Berichtigung des fehlerhaften Steuerbetrags ist nach § 14 Abs. 2 Satz 2 UStG möglich. Die Regelung des § 17 Abs. 1 UStG findet entsprechende Anwendung.
[854] Abschn. 192 Abs. 6 Satz 2 UStR 2000; *BFH* vom 2. 4. 1998 BStBl. II 1998, 695; *OFD Frankfurt am Main* Verfügung vom 28. 9. 1999, S 7100b A 1 St IV 10 Punkt 9.
[855] § 14 Abs. 2 Satz 2 UStG iVm. § 17 Abs. 1 Satz 1 UStG.
[856] Abschn. 189 Abs. 6 UStR 2000; *BFH* vom 19. 9. 1996 UR 1997, 149; *BFH* vom 23. 4. 1993 BFH/NV 1993, 754; *BFH* vom 25. 2. 1993 BStBl. II 1993, 643, 777; *OFD Frankfurt am Main* vom 28. 9. 1999, S 7100b A 1 St IV 10 Abschn. 7; *OFD Karlsruhe* vom 28. 4. 2000 DStR 2000, 878, Tz. 6.

Rechnung ein Umsatzsteuererstattungsanspruch gegenüber dem Finanzamt entsteht. Dem Risiko der Uneinbringlichkeit der Forderung im Fall der **Insolvenz** des Verkäufers kann nur durch die Gewährung einer Sicherheit begegnet werden, die dem Gläubiger im Insolvenzverfahren eine bevorrechtigte Stellung einräumt[857]. Wird die Rechnung nicht korrigiert, kann dies zu einer Haftungsinanspruchnahme des Erwerbers führen, soweit der Verkäufer die Steuer nicht entrichtet[858].

607 In beiden Fällen der Fehlbeurteilung besteht das **Risiko einer Verzinsung von Umsatzsteueransprüchen**[859]. Bei der **fälschlichen Annahme einer nicht steuerbaren Leistung** kann es zu einer Verzinsung der vom Veräußerer abzuführenden Umsatzsteuer kommen. Der Zinslauf beginnt 15 Monate nach Ablauf des Kalenderjahrs, in dem die Steuer entstanden ist[860]. Die Umsatzsteuer entsteht im Zeitpunkt der Leistungsausführung. Dies gilt auch im Fall einer erst später durch den Veräußerer ausgeübten Option zur Umsatzsteuerpflicht[861]. Das Problem einer Verzinsung der vom Veräußerer nachträglich zu entrichtenden Umsatzsteuer ist, daß für den Erwerber **kein korrespondierender Zinsvorteil** entsteht, da dieser seinen korrespondierenden Vorsteuerabzug erst durch die vom Veräußerer auszustellende Rechnung geltend machen kann[862]. Hat der Veräußerer dagegen **fälschlich Umsatzsteuer in der Rechnung** ausgewiesen, kann er sie erst nach Korrektur der Rechnung vom Finanzamt zurückverlangen[863]. Eine Verzinsung seines Erstattungsanspruchs kommt deshalb erst 15 Monate nach Ablauf des Kalenderjahrs, in dem die Rechnung korrigiert wurde, in Betracht. Andererseits beginnt der Zinslauf für die vom Erwerber zu unrecht abgezogene Vorsteuer schon 15 Monate ab dem Ende des Kalenderjahrs, in dem der Vorsteuerabzug vorgenommen wurde. Es besteht insoweit das Problem, daß der Erwerber die an das Finanzamt zurückzuzahlende Vorsteuer zu verzinsen hat, der Veräußerer aber keine Zinsen auf die zurückerstattete Umsatzsteuer erhält.

8. Abtretung des Vorsteuer-Erstattungsanspruchs

608 Sofern die Unternehmensveräußerung/Betriebsveräußerung umsatzsteuerpflichtig ist, wird der Erwerber versuchen, dem Veräußerer zur Vermeidung von Liquiditätslücken und Haftungsrisiken[864] die Umsatzsteuer auf den Kaufpreis nicht

---

[857] In Betracht kommen Ab- und Aussonderungsrechte nach §§ 47 ff. InsO, also die Einräumung einer Sicherungsübereignung, einer Hypothek oder einer Grundschuld.
[858] Der Erwerber haftet als Betriebsübernehmer unter den Voraussetzungen des § 75 AO iVm. § 191 AO, vgl. *OFD Frankfurt am Main* vom 28. 9. 1999, S 7100b A 1 St IV 10 Abschn. 8.
[859] § 233a AO.
[860] § 233a Abs. 2 Satz 1 AO; Die Verzinsung der nachträglich aufgrund einer Außenprüfung festgesetzten Umsatzsteuer ist nicht deshalb sachlich unbillig, weil der Leistende von einer steuerfreien Leistung ausgegangen war (vgl. *BFH* vom 15. 2. 2000 BFH/NV 2000, 824).
[861] Vgl. *BFH* vom 13. 11. 1996 BFHE 181, 405.
[862] Zum Zeitpunkt des Vorsteuerabzugs siehe aber auch *Streit*, Zeitpunkt des Vorsteuerabzugs, UR 2001, 12: ggf. Vorsteuerentstehung schon vor Rechnungsstellung mit korrespondierendem Zinsvorteil.
[863] § 14 Abs. 1 Satz 1 UStG; die Umsatzsteuer des Veräußerers ist nach § 14 Abs. 2 UStG entstanden.
[864] § 75 AO.

auszuzahlen, sondern diese unmittelbar an das Finanzamt bei gleichzeitiger Verrechnung mit dem Vorsteuer-Erstattungsanspruch des Erwerbers zu zahlen. Voraussetzung hierfür ist, daß der Erwerber den Vorsteuer-Erstattungsanspruch an den Veräußerer abtritt. Hierbei ist zu berücksichtigen, daß es nicht möglich ist, isolierte Vorsteuerabzugsbeträge aus Einzelrechnungen abzutreten. Abtretbar ist vielmehr lediglich der Erstattungsanspruch (oder ein Teil des Erstattungsanspruchs) aufgrund einer Umsatzsteuervoranmeldung bzw. Umsatzsteuerveranlagung, also der **Saldo** aus allen geschuldeten Umsatzsteuern und allen abzugsfähigen Vorsteuern, nicht dagegen der einzelne Vorsteuerbetrag[865]. Hieraus ergibt sich für den Erwerber das praktische Problem, daß ein verrechenbarer Erstattungsanspruch oft nicht in der erforderlichen Höhe (Umsatzsteuer auf den Kaufpreis) besteht[866].

IV. Postakquisitorische Umstrukturierung

Das UmwStG sieht keine spezifischen Regelungen für die umsatzsteuerliche Behandlung der Reorganisation von Unternehmen vor. Die Besteuerung von Umwandlungen folgt damit den spezifischen umsatzsteuerrechtlichen Regelungen.

1. Verschmelzung

Bei der Verschmelzung handelt es sich um eine Übertragung des gesamten Vermögens eines Rechtsträgers auf einen anderen schon bestehenden oder erst neu zu gründenden Rechtsträger[867]. Die Verschmelzung ist eine Geschäftsveräußerung im ganzen iSd. UStG[868]. Beim übertragenden Rechtsträger liegt eine nicht steuerbare Veräußerung vor, sofern der übernehmende Rechtsträger Unternehmer ist bzw. mit der Übertragung eine unternehmerische Tätigkeit begründet[869]. Der übernehmende Rechtsträger gewährt im Gegenzug den Anteilseignern des übertragenden Rechtsträgers Gesellschaftsanteile[870].

Veräußerer und Erwerber können einen Vorsteuerabzug nach den allgemeinen Regeln geltend machen[871]. Für die Vorsteuerabzugsbeschränkung ist auf die vorsteuerschädlichen Umsätze vor der Verschmelzung abzustellen[872].

---

[865] *Holzapfel/Pöllath* Rn 799; *BFH* vom 15.6.1999 BFHE 189, 14; *BFH* vom 24.3.1983 BStBl. II 1983, 612.
[866] Zur Formulierung einer Abtretungsklausel siehe zB *Holzapfel/Pöllath* Rn 801.
[867] Siehe § 17.
[868] §§ 2ff. UmwG; *OFD Düsseldorf* vom 19.7.1999 UR 1999, 426. Dieser Auffassung folgt das überwiegende Schrifttum: *Ballreich*, Fallkommentar zum Umwandlungsrecht, 1999, S. 188; *Reiß* UR 1996, 357, 367; *Stadie* in Rau/Dürrwächter/Flick/Geist § 2 UStG Rn 600ff.
[869] § 1 Abs. 1a UStG; *Husmann* in Rau/Dürrwächter/Flick/Geist § 1 UStG Rn 286. Zur Verschmelzung auf einen Alleingesellschafter siehe *Birkenfeld* Bd. II § 4 Rn 246ff.
[870] *Benkert* in Haritz/Benkert Einf. Rn 420ff.
[871] *OFD Düsseldorf* vom 19.7.1999 UR 1999, 426; *Schwarz*, Nichtsteuerbare Umsätze im Rahmen von Geschäftsveräußerungen – ein Fortschritt?, UR 1994, 185, 187; *Schlienkamp*, Änderungen des Umsatzsteuergesetzes durch das Mißbrauchsbekämpfungs- und Steuerbereinigungsgesetz, UR 1994, 93, 96.
[872] *OFD Düsseldorf* vom 19.7.1999 UR 1999, 426 Abschn. 2 b.

2. Spaltung

612 Die Spaltung eines Unternehmens (Aufspaltung, Abspaltung oder Ausgliederung) kann umsatzsteuerbar, aber ggf. auch steuerbefreit sein. Für die Übertragung der Wirtschaftsgüter werden den Anteilseignern Gesellschaftsanteile am neuen Rechtsträger gewährt[873]. Insoweit ist die Entgeltlichkeit der Leistung gegeben. Die Leistung ist allerdings dann nicht steuerbar, wenn es sich um die Übertragung eines Teilbetriebs handelt[874].

613 Bei der Aufspaltung wird das Unternehmensvermögen zumindest auf zwei Unternehmen übertragen. Für die Nichtsteuerbarkeit ist somit die Übertragung zweier Teilbetriebe notwendig. Ist dies nicht der Fall, kann die eine Leistung steuerbar, die andere hingegen nicht steuerbar sein.

614 Die Abspaltung und die Ausgliederung sind nicht steuerbar, wenn ein jeweils „gesondert geführter Betrieb" in den neuen Rechtsträger eingebracht wird.

615 Für das Umsatzsteuerrecht gilt die ertragsteuerliche Fiktion nicht, daß ein Mitunternehmeranteil bzw. die 100%-ige Beteiligung an einer Kapitalgesellschaft als Teilbetrieb anzusehen ist[875].

3. Formwechsel

616 Umsatzsteuerrechtlich ist der Formwechsel ohne Auswirkungen, da es mangels Vermögensübergang auf einen anderen Rechtsträger an einer Leistung fehlt[876]. Der Vorsteuerabzug aus Umwandlungskosten beurteilt sich anhand der laufenden Umsätze des umgewandelten Rechtsträgers. Es ist darauf abzustellen, in welchem Umfang der umgewandelte Rechtsträger vorsteuerschädliche Umsätze ausführt[877].

K. Problembereiche der steuerlichen Due Diligence

I. Gegenstand der steuerlichen Due Diligence

617 Gegenstand der steuerlichen Due Diligence ist zunächst die Untersuchung und Aufdeckung steuerlicher Risiken vergangener Wirtschaftsjahre. Der Umfang der Untersuchungen wird davon abhängen, ob und inwieweit der Kaufvertrag Regelungen über steuerliche Risiken vorsieht und welche Veranlagungszeiträume bereits durch eine Betriebsprüfung abgedeckt sind. Methodisch gleicht die steuerliche Due Diligence im Hinblick auf vergangene Wirtschaftsjahre einer vorgezogenen Betriebsprüfung, bei der für die betreffenden Steuerarten eventuelle Nachzahlungen zu identifizieren sind.

---

[873] *Benkert* in Haritz/Benkert Einf. Rn 29 ff.
[874] § 1 Abs. 1a UStG.
[875] *Reiß* UR 1996, 357, 372.
[876] *OFD Düsseldorf* vom 19. 07. 1999 UR 1999, 429; *Husmann*, Nichtsteuerbare Geschäftsveräußerungen, UR 1994, 333; *Seer*, Die umsatzsteuerliche Behandlung der Umwandlung von Einzelunternehmen, Personen- und Kapitalgesellschaften, DStR 1988, 367. Das Umsatzsteuergesetz knüpft nicht an die ertragsteuerliche Beurteilung des Formwechsels an.
[877] § 15 Abs. 1 UStG; *OFD Düsseldorf* vom 19. 7. 1999 UR 1999, 426 Abschn. 3.

Neben der **Identifizierung steuerlicher Risiken** dient die steuerliche Due 618
Diligence der Vorbereitung der steuerlichen **Gestaltung der Akquisitionsstruktur**. Im Vordergrund stehen hierbei die Abschreibung des Kaufpreises, die steuerliche Absetzbarkeit der Finanzierungskosten, die Schaffung von Organschaftsvoraussetzungen und die Nutzung der in der Zielgesellschaft vorhandenen Verlustvorträge.

Die steuerliche Due Diligence hat außerdem die Berechnungslage für Steuer- 619
planungsrechnungen für die Unternehmensbewertung und die Cash-flow-Planrechnungen für die Strukturierung der Erwerbsfinanzierung bereitzustellen. Es sind insbes. Unterschiede in der handels- und steuerbilanziellen Bewertung zu ermitteln (Unterschiedsbeträge ergeben sich vor allem aus dem unterschiedlichen Ansatz von Rückstellungen in der Handels- und Steuerbilanz) und Prognoserechnungen zur Gliederung des verwendbaren Eigenkapitals bzw. zu dem beim Übergang zum Halbeinkünfteverfahren entstehenden Körperschaftsteuerguthaben[878] zu erstellen.

II. Ausgewählte Problembereiche der steuerlichen Due Diligence

1. Verdeckte Gewinnausschüttungen

Beim Beteiligungserwerb an einer Kapitalgesellschaft nimmt der Bereich der 620
verdeckten Gewinnausschüttungen (vGA) iRd. steuerlichen Due Diligence typischerweise einen großen Raum ein, da vGA regelmäßig zu Mehrsteuern auf Ebene der Kapitalgesellschaft führen, insbes. dann, wenn keine versteuerten Rücklagen (EK 45 oder EK 30) oder Gesellschaftereinlagen (EK 04) in ausreichender Höhe vorhanden sind.

Unter einer vGA iSd. § 8 Abs. 3 Satz 2 KStG versteht man eine Vermögens- 621
minderung oder verhinderte Vermögensmehrung, die durch das Gesellschaftsverhältnis veranlaßt ist, sich auf die Höhe des Einkommens der Gesellschaft auswirkt und nicht auf einem den gesellschaftsrechtlichen Vorschriften entsprechenden Gewinnverteilungsbeschluß beruht[879]. Rechtsfolge der vGA ist eine Einkommenserhöhung mit anschließender fingierter Gewinnausschüttung. Die vGA hat regelmäßig zur Folge, daß die den Altgesellschaftern zuzurechnende vGA bei diesen als Folge der Körperschaftsteueranrechnung zu einer zusätzlichen Vermögensmehrung auf Kosten der Neugesellschafter (Erwerber) führt[880].

Bei der Due Diligence sind sämtliche Rechtsbeziehungen zwischen der Gesell- 622
schaft und ihren bisherigen Gesellschaftern auf ihre Angemessenheit zu überprüfen. Diese Prüfung muß insbes. folgendes umfassen:
– Die Prüfung der Vergütung für Gesellschafter-Geschäftsführer;
– die Prüfung der Konzernfinanzierung, bei Auslandsberührung insbes. die Einhaltung der Regelungen des § 8a KStG zur Gesellschafter-Fremdfinanzierung[881];

---

[878] Siehe Rn 10.
[879] Abschn. 31 Abs. 3 Satz 1 KStR 1995.
[880] *Streck* § 8 KStG Rn 150 „Steuerbelastung".
[881] Siehe Rn 312 ff.

– die Überprüfung der Leistungsbeziehungen innerhalb des Konzerns, insbes. der konzerninternen Verrechnungspreise einschließlich der Überprüfung der formalen vertraglichen Anforderungen an diese Leistungsbeziehungen.

623 Bereits vor der Unternehmenssteuerreform bestand nach § 8b Abs. 2 KStG 1999 für inländische Kapitalgesellschaften die Möglichkeit, **Anteile an ausländischen Tochtergesellschaften** in der Rechtsform der Kapitalgesellschaft steuerfrei zu veräußern. Die Möglichkeit der steuerfreien Veräußerung von Auslandsbeteiligungen wird oft auch iRd. konzerninternen Umstrukturierung genutzt („Umhängen" von Beteiligungen). Nach Auffassung der Finanzverwaltung ist die Steuerbefreiung des § 8b Abs. 2 KStG nicht in Fällen der verdeckten Einlage und auf als vGA zu qualifizierende Teile des Veräußerungsgewinns zu gewähren[882]. Die Angemessenheit des Kaufpreises kann durch Verkehrswertgutachten nachgewiesen werden[883].

624 Nach dem iRd. Unternehmenssteuerreform neu gefaßten § 8 Abs. 2 KStG 2001 ist für die Steuerbefreiung von Gewinnen aus Anteilen weiterhin die „Veräußerung" der Anteile maßgebend, der Veräußerung wird aber die verdeckte Einlage gleichgestellt. Es ist daher zu erwarten, daß die Finanzverwaltung ihre restriktive Auffassung hinsichtlich einer Gewinnrealisierung durch vGA beibehalten wird[884].

2. Gesellschafterfremdfinanzierung

625 Sind an der Zielgesellschaft unmittelbar oder mittelbar ausländische Gesellschafter oder inländische steuerbefreite Gesellschafter beteiligt, so sind mögliche Risiken aus einer Überschreitung der „safe haven" bei Gesellschafterfremdfinanzierung zu prüfen[885]. Risiken ergeben sich insbes. bei einer Finanzierung der Zielgesellschaft durch ausländische Banken, die auf den ausländischen oder steuerbefreiten inländischen Gesellschafter zurückgreifen können. Außerdem ist insbes. im Hinblick auf die Reduzierung der „safe haven" durch das StSenkG zum 1. 1. 2001 zu prüfen, ob zu Beginn des Wirtschaftsjahrs der Zielgesellschaft in 2001 die erforderliche Eigenkapital-Fremdkapitalrelation (1:1,5 bzw. 1:3) eingehalten wurde.

3. Organschaft

626 Bei bestehenden Organschaftsverhältnissen ist zu prüfen, inwieweit die jeweiligen Voraussetzungen der Organschaft erfüllt sind[886]. Hierbei sind in besonderem Maße die Zeiträume der Begründung und Beendigung einer Organschaft zu prüfen.

---

[882] A 41 Abs. 5 KStR; siehe auch *FG Hessen* vom 12. 1. 2000 EFG 2000, 330; *BFH* vom 6. 7. 2000 DB 2000, 1940.

[883] *Niedersächsisches Finanzgericht* vom 11. 4. 2000 EFG 2001, 157.

[884] *Rödder/Schumacher*, Unternehmenssteuerreform 2001 – Eine erste Analyse des Regierungsentwurfs aus Beratersicht, DStR 2000, 353, 367; *Neumann* in Neu/Neumann/Neumayer EStB/GmbH-StB 2000, Sonderheft zum StSenkG, S. 15.

[885] Siehe Rn 312 ff.

[886] Siehe Rn 436 ff.

4. Verlustvorträge

IRd. steuerlichen Due Diligence ist zu prüfen, inwieweit ausgewiesene steuerlichen Verlustvorträge des Zielunternehmens oder dessen Tochtergesellschaften bestehen und ob ggf. diese Verlustvorträge durch den geplanten Beteiligungserwerb und die sich daran anschließenden Umstrukturierungen gefährdet werden.

a) Gefährdung von Verlustvorträgen durch Umstrukturierungen. Wurden vor dem Beteiligungserwerb Verlustgesellschaften auf die Zielgesellschaft verschmolzen, so bleiben die hierbei auf das Zielunternehmen übergegangenen Verlustvorträge nur erhalten, wenn der Betrieb oder Betriebsteil, der den Verlust verursacht hat, über den Verschmelzungsstichtag hinaus in einem nach dem Gesamtbild der wirtschaftlichen Verhältnisse vergleichbaren Umfang in den folgenden fünf Jahren fortgeführt wird[887]. Eine Umstrukturierung (zB Schließung des Betriebsteils, der den Verlust verursacht hat) kann insoweit zum Wegfall des Verlustvortrags führen[888].

b) Nachträglicher Wegfall von Verlustvorträgen. Nach § 8 Abs. 4 KStG idF des Gesetzes zur Fortführung der Unternehmenssteuerreform können ab 1997 Verlustvorträge bereits beim Erwerb von mehr als 50% der Anteile an einer Kapitalgesellschaft wegfallen. Bis 1997 war demgegenüber Voraussetzung des Wegfalls von Verlustvorträgen, daß mehr als 75% der Anteile übertragen wurden. § 8 Abs. 4 KStG idF des Gesetzes zur Fortführung der Unternehmenssteuerreform ist erstmals für den Veranlagungszeitraum 1997 anzuwenden. Nach Verwaltungsauffassung entfällt bei Vorliegen der Voraussetzungen des § 8 Abs. 4 KStG der Verlustvortrag dabei ab 1997 auch in den Fällen, in denen der **Verlust der wirtschaftlichen Identität schon vor 1997** (etwa aufgrund der Übertragung von 60% der Anteile im Jahr 1994 mit anschließender Zuführung von überwiegend neuem Betriebsvermögen in 1995) eingetreten war. Verlustvorträge der Zielgesellschaft können nach Verwaltungsauffassung daher allein aufgrund der Gesetzesänderung im Jahr 1997 und ohne weiteres Dazutun der Zielgesellschaft entfallen sein. IRd. steuerlichen Due Diligence ist insoweit die Historie der Zielgesellschaft genauestens zu prüfen.

5. Spaltung

Wurde vor dem Beteiligungserwerb Vermögen von der Zielgesellschaft steuerneutral im Wege einer Aufspaltung oder Abspaltung nach § 15 UmwStG auf eine andere Gesellschaft übertragen, so entfällt die Steuerneutralität der Vermögensübertragung rückwirkend[889], wenn innerhalb von fünf Jahren nach dem steuerlichen Übertragungsstichtag Anteile an einer der an der Spaltung beteiligten Gesellschaften, die mehr als 20% der vor Wirksamwerden der Spaltung an der Gesellschaft bestehenden Anteile ausmachen, veräußert werden[890]. Insofern kann

---

[887] § 12 Abs. 3 Satz 2 UmwStG.
[888] Zu Einzelheiten der Fortführungsvoraussetzungen siehe *Gehrke/Krohn*, Sind Verluste im Rahmen von Verschmelzungen von Kapitalgesellschaften steuerlich nutzbar?, StBp 1999, 230.
[889] Tz. 15.33 UmwStErlaß.
[890] § 15 Abs. 3 Satz 4 UmwStG.

sowohl der Anteilserwerb an der Zielgesellschaft selbst als auch die Veräußerung von Anteilen an der (übernehmenden) Gesellschaft, auf die Vermögen im Wege der Aufspaltung bzw. Abspaltung übertragen wurde, die Steuerneutralität der Vermögensübertragung mit Rückwirkung aufheben.

6. Einbringungsgeborene Anteile[891]/unter dem Teilwert erworbene Anteile[892]

631 Im Zuge des Systemwechsels vom Anrechnungs- auf das Halbeinkünfteverfahren und der Einführung der im Grundsatz ab 1. 1. 2002 geltenden Steuerfreiheit für Dividenden- und Veräußerungserlöse, die Kapitalgesellschaften aus Beteiligungen an anderen Kapitalgesellschaften erzielen, sind in § 3 Nr. 40 EStG 2001 und § 8b KStG 2001 eine Reihe von Ausnahmeregelungen vorgesehen, die insbes. einbringungsgeborene Anteile zum Gegenstand haben. Der Untersuchung einbringungsgeborener Anteile kommt damit auch iRd. steuerlichen Due Diligence eine erhöhte Bedeutung zu. Die Steuerbefreiung nach § 8b Abs. 2 KStG 2001 bzw. hälftige Steuerbefreiung nach § 3 Nr. 40 lit. a EStG 2001 für Gewinne aus der Veräußerung von Kapitalgesellschaftsbeteiligungen gilt nämlich nicht für den Fall, daß es sich bei den Anteilen um sog. einbringungsgeborene Anteile[893] handelt, die im Rahmen einer steuerneutralen Einbringung bzw. Umwandlung nach §§ 20, 23 UmStG entstanden sind. Diese einbringungsgeborenen Anteile können grundsätzlich – sofern sie nicht im Rahmen eines steuerneutralen Anteilstauschs nach §§ 20 Abs. 1 Satz 2, 23 Abs. 4 UmStG entstanden sind – erst nach Ablauf einer **7-jährigen Mindesthaltefrist** veräußert werden.

632 Sofern zum Betriebsvermögen der Zielgesellschaft daher Anteile an Kapitalgesellschaften gehören, sind diese iRd. steuerlichen Due Diligence daraufhin zu untersuchen, ob es sich bei diesen Anteilen um einbringungsgeborene Anteile handelt.

633 Sofern zum Betriebsvermögen der Zielgesellschaft Anteile an einer ausländischen Kapitalgesellschaft gehören, die im Rahmen eines grenzüberschreitenden Anteilstauschs nach § 23 Abs. 4 UmStG[894] zum Buchwert erworben wurden, ist darüber hinaus die Siebenjahresfrist nach § 26 Abs. 2 UmStG zu beachten. Danach entfällt rückwirkend die Steuerneutralität des Anteilstauschs, wenn die **ausländische Gesellschaft** die iRd. Anteilstauschs erhaltenen Anteile innerhalb eines Zeitraums von sieben Jahren nach der Einbringung veräußert.

634 Von erheblicher Bedeutung ist ferner § 8b Abs. 4 Satz 1 Nr. 2 KStG 2001, wonach eine steuerfreie Veräußerung von Kapitalgesellschaftsanteilen durch die Zielgesellschaft grundsätzlich dann nicht in Betracht kommt, wenn die Zielgesellschaft die Anteile an der Kapitalgesellschaft unmittelbar (oder mittelbar über eine Mitunternehmerschaft) von einem Einbringenden, der nicht zu den von § 8b Abs. 2 KStG 2001 begünstigten Steuerpflichtigen gehört (zB natürliche Person), zu einem Wert **unter dem Teilwert erworben** hat, sofern die Veräußerung in-

---

[891] § 21 UmStG.
[892] § 8b Abs. 4 Satz 1 Nr. 2 KStG 2001.
[893] Siehe Rn 397 ff. und Rn 424 ff.
[894] Siehe Rn 392 ff.

nerhalb der auch für diese Beteiligungen geltenden 7-jährigen **Mindesthaltefrist** erfolgt und die Anteile nicht im Rahmen eines steuerneutralen Anteilstauschs erworben wurden.

7. Steuerneutrale Einbringung in Personengesellschaften

Nach § 6 Abs. 5 Satz 3 EStG 2001 besteht ab 2001 die Möglichkeit der Überführung von Einzelwirtschaftsgütern in das Betriebsvermögen einer Personengesellschaft (partielle Wiedereinführung des mit dem Steuerentlastungsgesetz 1999/2000/2002[895] abgeschafften Mitunternehmererlasses). Hierbei ist zu beachten, daß die Steuerneutralität des Einbringungsvorgangs im nachhinein entfällt, wenn die Personengesellschaft, in die die Einzelwirtschaftsgüter (zB Grundstücke) eingebracht wurden, zur Vorbereitung einer steuerfreien Veräußerung in eine Kapitalgesellschaft umgewandelt wird[896]. Relevant wird dies insbes. für Immobilienobjektgesellschaften, in die Grundstücke mit stillen Reserven steuerneutral nach § 6 Abs. 5 Satz 3 EStG eingebracht wurden.

8. Sperrbetrag nach § 50c EStG

Die Anteile an der Zielgesellschaft sind darauf zu prüfen, ob sie mit einem Sperrbetrag nach § 50c EStG behaftet sind[897]. Aufgrund des Wegfalls des Anrechnungsverfahrens und der „step-up"-Modelle[898] im Jahr 2002 verliert die Überprüfung der Anteile nach einer möglichen Sperrbetragsverhaftung aber weitgehend ihre bisherige Bedeutung. Nachteile aus einem Sperrbetrag können sich allerdings auch nach 2001 noch im Fall von (bspw. zur Realisierung von **Körperschaftsteuerminderungsguthaben**[899]) geplanten Umwandlungen in eine Personengesellschaft ergeben.

9. Hinzurechnungsbesteuerungsrisiken

Beim Beteiligungserwerb an inländischen Gesellschaften, die Anteile an ausländischen Kapitalgesellschaften halten, kann sich das Problem einer möglichen Hinzurechnungsbesteuerung stellen. Ein Hinzurechnungsbesteuerungsproblem stellt sich immer dann, wenn
— an der ausländischen Gesellschaft inländische Gesellschafter insgesamt zu mehr als 50% beteiligt sind[900] bzw. bei Vorliegen von Zwischeneinkünften mit Kapitalanlagecharakter[901] ein inländischer Gesellschafter zu mindestens 10% beteiligt ist[902];

---

[895] Steuerentlastungsgesetz 1999/2000/2002 vom 24. 3. 1999 BGBl. I 1999, 402.
[896] *van Lishaut* DB 2000, 1784.
[897] Siehe Rn 271 ff.
[898] Siehe Rn 239 ff.
[899] Siehe Rn 278 ff.
[900] § 7 Abs. 1 AStG.
[901] Siehe Rn 638.
[902] § 7 Abs. 6 AStG.

- die ausländische Gesellschaft passive Einkünfte iSd. § 8 Abs. 1 AStG erzielt (insbes. Dividendeneinkünfte, Gewinne aus der Veräußerung von Beteiligungen, Zinserträge oder sonstige Erträge aus Vermögensverwaltung);
- diese Erträge einer niedrigen Besteuerung (Belastung mit Ertragsteuer von weniger als 30% bzw. ab 2001 weniger als 25%) unterliegen[903]. Bei der Bestimmung der Ertragsteuerbelastung ist dabei nicht auf den jeweiligen Ertragsteuersatz in dem Ansässigkeitsstaat der ausländischen Gesellschaft, sondern auf die **effektive Steuerbelastung** der Erträge abzustellen. Eine niedrige Besteuerung liegt daher zB auch vor, wenn die ausländische Gesellschaft steuerfreie **Schachteldividenden** vereinnahmt oder im Wege der indirekten Steueranrechnung Steuern vom Gewinn anrechnet, die von der ausschüttenden Gesellschaft entrichtet worden sind[904].

638 Rechtsfolge der Hinzurechnungsbesteuerung ist, daß die niedrig besteuerten Einkünfte der ausländischen Gesellschaft der inländischen Muttergesellschaft im Durchgriff durch die ausländische Gesellschaft für Zwecke der inländischen Besteuerung zugerechnet werden. Der Hinzurechnungsbetrag wird hierbei wie Dividendeneinkünfte behandelt (ab 2002: Pauschale Besteuerung des Hinzurechnungsbetrags mit 38%; keine Anwendung von § 3 Nr. 40 Satz 2 lit. d EStG 2001 und § 8b Abs. 1 KStG 2001 auf den Hinzurechnungsbetrag). Unter der Voraussetzung, daß die deutsche Gesellschaft Gewinnausschüttungen aus der ausländischen Gesellschaft steuerfrei hätte vereinnahmen können, ist demzufolge auch der Hinzurechnungsbetrag steuerfrei zu stellen[905]. Dies gilt allerdings nicht für den Fall, daß in dem Hinzurechnungsbetrag sog. **Zwischeneinkünfte mit Kapitalanlagecharakter**[906] (insbes. Zinserträge, Dividendeneinkünfte aus Beteiligungen von weniger als 10%[907] und Gewinne aus der Veräußerung solcher Beteiligungen) enthalten sind. Bei der etwaigen Freistellung eines Hinzurechnungsbetrags ist zusätzlich zu beachten, daß für den Fall, daß die ausländische Gesellschaft selbst wiederum an einer weiteren ausländischen Gesellschaft (nachgeschaltete Zwischengesellschaft) mit niedrig besteuerten „passiven" Einkünften beteiligt ist, die Steuerbefreiung des Hinzurechnungsbetrags für diese Einkünfte nur gewährt wird, wenn auch Gewinnausschüttungen dieser nachgeschalteten Zwischengesellschaft bei direkter Ausschüttung an die deutsche Muttergesellschaft (und direkte Beteiligung der deutschen Muttergesellschaft an der nachgeschalteten Zwischengesellschaft) von der inländischen Besteuerung aufgrund eines DBA freigestellt wären[908].

639 Typische Problembereiche der Hinzurechnungsbesteuerung iRd. steuerlichen Due Diligence sind daher:

---

[903] § 8 Abs. 3 AStG.
[904] Anwendungsschreiben zum Außensteuergesetz, *BMF* vom 2. 12. 1994 BStBl. I 1995, Sondernummer 1 Rn 8.3.3.
[905] § 10 Abs. 5 AStG.
[906] § 10 Abs. 6 AStG.
[907] Sog. Holding-Privileg gem. § 10 Abs. 6 Satz 2 AStG; zu beachten ist, daß ab 2001 das Holding-Privileg ab 2001 eine steuerliche Vorbelastung der Dividendeneinkünfte von 25 % bei der ausschüttenden Gesellschaft voraussetzt.
[908] § 14 Abs. 4 Satz 1 AStG.

- Die inländische Zielgesellschaft ist an einer ausländischen Gesellschaft beteiligt, die niedrig besteuerte passive Einkünfte bezieht, und das DBA sieht (zB bei der Beteiligung an einer **Schweizer Holdinggesellschaft**) keine Steuerbefreiung der Dividendenausschüttungen vor.
- Die inländische Zielgesellschaft ist (direkt oder indirekt) an einer ausländischen Finanzierungsgesellschaft beteiligt, die niedrig besteuerte Zinseinkünfte erzielt und mit diesen nicht den **Aktivitätsvorbehalt** des § 8 Abs. 1 Nr. 7 AStG erfüllt.
- Die inländische Zielgesellschaft ist an einer ausländischen Gesellschaft beteiligt, die steuerfreie Gewinnausschüttungen aus Beteiligungen von weniger als 10% oder aus der Veräußerung von solchen Beteiligungen erzielt (zB Niederländische Holdinggesellschaft). Nach der Änderung des § 10 Abs. 6 Satz 2 Nr. 2 AStG durch das StSenkG können sich darüber hinaus auch Hinzurechnungsbesteuerungsrisiken bei steuerfreier **Veräußerung von Beteiligungen** durch ausländische Holdinggesellschaften ergeben, wenn der Veräußerer (ausländische Holding) an der Zielgesellschaft zu mehr als 10% beteiligt war[909].
- Die inländische Zielgesellschaft ist an einer ausländischen Gesellschaft (zB aktiv tätige Niederländische BV) beteiligt, die wiederum an einer weiteren ausländischen Gesellschaft (zB Schweizer Holdinggesellschaft) beteiligt ist, die niedrig besteuerte passive Einkünfte erzielt und das DBA mit dem Ansässigkeitsstaat dieser Gesellschaft (im Beispiel DBA Deutschland/Schweiz) sieht im Fall direkter Gewinnausschüttung dieser Gesellschaft keine Steuerbefreiung der Dividendeneinkünfte vor.

10. Hinzurechnung von Verlusten aus ausländischen Betriebsstätten

Verluste aus ausländischen Betriebsstätten sind grundsätzlich nicht als negative Einkünfte zu berücksichtigen, wenn die Einkünfte nach einem DBA im Inland steuerfrei sind. Als Ausnahme von dieser Grundregel sah § 2a Abs. 3 EStG bis einschließlich Veranlagungszeitraum 1998 die Berücksichtigung von Verlusten aus aktiv tätigen ausländischen Betriebsstätten vor, wobei spätere Gewinne aus den Betriebsstätten entsprechend nachzuversteuern sind. Als Folge der (letztmals für den Veranlagungszeitraum 2008 vorzunehmenden) **Nachversteuerung**[910] kann es bei in der Vergangenheit vorgenommenen Verlustverrechnungen durch spätere Betriebsstättengewinne zu nicht unerheblichen steuerlichen Zusatzbelastungen kommen, die iRd. steuerlichen Due Diligence zu identifizieren sind.

11. Investitionszulagen/Sonderabschreibungen

Die Gewährung von Investitionszulagen und Sonderabschreibungen ist regelmäßig an eine bestimmte Nutzung der begünstigten Wirtschaftsgüter und eine bestimmte **Mindestbesitzdauer** dieser Wirtschaftsgüter geknüpft. So sieht § 2 InvZulG 1999 vor, daß die begünstigten Investitionen mindestens drei Jahre nach

---

[909] Siehe Rn 204.
[910] § 52 Abs. 3 EStG idF des Steuerentlastungsgesetzes 1999/2000/2002; siehe auch *OFD Frankfurt* vom 22. 5. 2000 FR 2000, 901.

ihrer Anschaffung oder Herstellung zum Anlagevermögen eines Betriebs oder einer Betriebsstätte im Fördergebiet gehören und in einer Betriebsstätte im Fördergebiet verbleiben müssen. § 2 FördergebietsG sieht bei beweglichen Wirtschaftsgütern des Anlagevermögens die Vornahme von Sonderabschreibungen nur vor, wenn die beweglichen Wirtschaftsgüter mindestens drei Jahre nach ihrer Anschaffung oder Herstellung zum Anlagevermögen einer Betriebsstätte des Steuerpflichtigen im Fördergebiet gehören und während dieser Zeit in einer solchen Betriebsstätte verbleiben. Bei Baumaßnahmen iSd. § 3 FördergebietsG ist gem. § 4 Abs. 2 Satz 2 Nr. 2 FördergebietsG Voraussetzung von Sonderabschreibungen, daß die Gebäude mindestens fünf Jahre nach ihrer Anschaffung oder Herstellung in einem Betrieb des verarbeitenden Gewerbes zu eigenbetrieblichen Zwecken verwendet werden oder aber Wohnzwecken dienen. Wurden insoweit Sonderabschreibungen oder Investitionszulagen in Anspruch genommen, sind iRd. Due Diligence die **Zugehörigkeits-** und **Verbleibensvoraussetzungen** zu einer Betriebsstätte im Fördergebiet zu prüfen.

12. Wertaufholungsrisiken

642 Das Steuerentlastungsgesetz 1999/2000/2002 hat das bislang geltende steuerliche Wahlrecht für die Beibehaltung niedrigerer Wertansätze des Anlage- und Umlaufvermögens durch ein umfassendes Wertaufholungsgebot ersetzt. Wurden in der Vergangenheit Teilwertabschreibungen vorgenommen und hat sich der Wert eines Vermögensgegenstands inzwischen ganz oder teilweise wieder erholt, so ist der Buchwert des Vermögensgegenstands grundsätzlich im Umfang der Werterholung – maximal bis zu den fortgeführten Anschaffungs- oder Herstellungskosten – wieder zuzuschreiben; zum höheren Teilwert angesetzte Verbindlichkeiten sind in analoger Anwendung dieser Wertaufholungsverpflichtung entsprechend mit einem niedrigeren Betrag anzusetzen, wenn der Erfüllungsbetrag mittlerweile gesunken ist[911].

643 IRd. Due Diligence sind Zuschreibungsrisiken zu identifizieren und ggf. Gestaltungsansätze zur Vermeidung steuerpflichtiger Zuschreibungen aufzuzeigen[912].

13. Forderungsverzichte

644 IRd. Due Diligence ist zu erfragen, inwieweit Gesellschafter der Zielgesellschaft in der Vergangenheit auf Forderungen gegenüber der Zielgesellschaft verzichtet haben. Während bis zum 31. 12. 1997 gem. § 3 Nr. 66 EStG Sanierungsgewinne steuerfrei blieben, wurde diese Vorschrift durch das Gesetz zur Fortsetzung der Unternehmenssteuerreform abgeschafft. Bei Forderungsverzichten durch Gesellschafter nach diesem Zeitpunkt ist daher insbes. zu prüfen, ob die Forderungen im Zeitpunkt des Forderungsverzichts werthaltig waren. Grundsätzlich führt zwar der Verzicht auf eine Forderung durch einen Gesellschafter zu einer steuerlich unbeachtlichen (verdeckten) Einlage des Gesellschafters. Dies gilt jedoch nur soweit, wie die Forderung im Zeitpunkt des Forderungsverzichts

---

[911] BMF vom 25. 2. 2000 BStBl. 2000 I, 372; § 6 Abs. 1 Nr. 1 Satz 4 und Nr. 2 Satz 3 EStG.
[912] Siehe *Herzig/Rieck/Gehring* BB 1999, 575.

werthaltig war. Soweit demgegenüber die Forderung im Zeitpunkt des Verzichts nicht werthaltig ist, hat dies auf der Ebene der Zielgesellschaft eine **Gewinnrealisierung** zur Folge.

14. Unverzinsliche Darlehen

Gem. § 6 Abs. 1 Nr. 3 EStG sind unverzinsliche Verbindlichkeiten[913] (zB aus Gesellschafterdarlehen) unter bestimmten Voraussetzungen mit einem Zinssatz von 5,5% abzuzinsen. Insbes. bei langfristigen Darlehen, die nach dem 31. 12. 1998 gewährt wurden, kann aus der Abzinsung ein erheblicher steuerpflichtiger Gewinn mit entsprechenden Steuernachforderungen resultieren. Eine Abzinsung kann durch Vereinbarung eines niedrigen Zinssatzes (zB 0,5%) vermieden werden[914].

15. Grunderwerbsteuer

Soweit die Zielgesellschaft Anteile an Gesellschaften mit Grundbesitz hält, sind die hiermit verbundenen Anteilserwerbe auf ihre grunderwerbsteuerliche Relevanz hin zu überprüfen, da in diesen Fällen oft die grunderwerbsteuerlich gebotene Erwerbsanzeige vergessen wird. Außerdem sind in der Vergangenheit vorgenommene gesellschaftsrechtliche **Umstrukturierungen** und die Einbringung von Grundstücken in Personengesellschaften auf grunderwerbsteuerliche Risiken zu untersuchen[915].

16. Abzugsteuern

a) Kapitalertragsteuerabzug bei Auslandsbeziehungen. Insbes. im Fall von Auslandsbeziehungen ist zu prüfen, ob die Zielgesellschaft bei Gewinnausschüttungen und Zinszahlungen im erforderlichen Umfang Kapitalertragsteuer einbehalten hat. Kapitalertragsteuer ist auch bei einer Quellensteuerreduktion nach einem DBA oder aufgrund des § 44d EStG ungeachtet der Quellensteuerermäßigung einzubehalten[916]. Die auf Ebene der auszahlenden Gesellschaft „zuviel" einbehaltene Quellensteuer muß sich der Gläubiger der Kapitalerträge erstatten lassen. Von der Einbehaltung von Kapitalertragsteuern kann grundsätzlich nur in den Fällen des § 44d EStG (Ausschüttung an eine EU-Muttergesellschaft) abgesehen werden, wenn eine **Freistellungsbescheinigung** des Bundesamts für Finanzen vorliegt[917]. Grundsätzlich ist aber auch bei Vorliegen einer Freistellungsbescheinigung zu prüfen, ob im Hinblick auf den Kapitalertragsteuereinbehalt Risiken aus der Zwischenschaltung einer funktionslosen Holdinggesellschaft iSd. § 50d Abs. 1a EStG bestehen[918].

---

[913] *Bayerisches Staatsministerium der Finanzen* vom 24. 7. 2000, S-2175-23/16-32452.
[914] *BMF* vom 23. 8. 1999 BStBl. I 1999, 818; die Vereinbarung eines geringen Zinssatzes kann im Einzelfall nach Auffassung der Finanzverwaltung als Gestaltungsmißbrauch zu beurteilen sein; siehe *OFD Frankfurt am Main* vom 6. 9. 1999 ESt-Kartei § 6 Fach 3 Karte 2.
[915] Siehe Rn 495 ff.
[916] § 50d Abs. 1 EStG.
[917] § 50d Abs. 3 EStG.
[918] Siehe Rn 373 ff.

648 Ein Kapitalertragsteuerabzug ist insbes. in den folgenden Fällen vorzunehmen:
- Bei Gewinnausschüttungen an EU-Muttergesellschaften, sofern keine Freistellungsbescheinigung vorliegt, und an Muttergesellschaften mit Sitz außerhalb der EU,
- bei Zinszahlungen auf Wandelanleihen, Gewinnobligationen[919] und Genußrechten[920] und
- bei Zahlungen auf die Gewinnbeteiligung des typisch stillen Gesellschafters und Zinszahlungen auf partiarische Darlehen[921].

649 **b) Steuerabzug nach § 50a EStG.** Nach § 50a EStG unterliegen bestimmte Zahlungen an beschränkt Steuerpflichtige einem 25%-igen bzw. 30%-igen Steuerabzug. Der Abzugsteuer unterliegen insbes.
- Aufsichtsratsvergütungen (die Aufsichtsratsteuer beträgt in diesen Fällen 30% der Vergütungen[922]) und
- bestimmte Zahlungen an Künstler, Sportler, Schriftsteller und Journalisten sowie alle Arten von **Lizenzzahlungen**; der Steuerabzug beträgt in diesen Fällen 25% der Einnahmen[923].

650 Auch in den Fällen der Abzugsteuern nach § 50a EStG gilt, daß der Steuerabzug grundsätzlich unabhängig von einer möglichen Ermäßigung nach einem DBA vorzunehmen ist, sofern kein Freistellungsbescheid durch das Bundesamt für Finanzen erteilt ist[924].

651 **c) Umsatzsteuern im Abzugsverfahren.** Bei umsatzsteuerpflichtigen Leistungen und Werklieferungen ausländischer Unternehmer an einen inländischen Unternehmer ist der Leistungsempfänger zur Einbehaltung und Abführung der Umsatzsteuer im Abzugsverfahren verpflichtet[925]. Der Leistungsempfänger kann von der Einbehaltung und Abführung der Umsatzsteuer (ausgenommen die Regelung in § 52 Abs. 1 UStDV) nur absehen, wenn er bei gesondertem Ausweis der Steuer den Vorsteuerabzug voll in Anspruch nehmen könnte und der leistende Unternehmer keine Rechnung mit gesondertem Ausweis der Steuer erteilt hat[926].

652 IRd. Due Diligence ist ggf. stichprobenweise zu überprüfen, ob Umsatzsteuer im Abzugsverfahren abgeführt wurde. Der Leistungsempfänger haftet für die nach § 54 UStDV anzumeldende und abzuführende Steuer[927].

17. Lohnsteuer und Sozialversicherungsabgaben

653 Die Lohnsteuer wird vom Arbeitslohn des Arbeitnehmers einbehalten und ist damit keine Steuer des Unternehmens selbst. Wegen der Haftung des Arbeitge-

---

[919] § 49 Abs. 1 Nr. 5a iVm. § 43 Abs. 1 Nr. 2 EStG.
[920] § 49 Abs. 1 Nr. 5c bb iVm. § 43 Abs. 1 Nr. 2 EStG.
[921] § 49 Abs. 1 Nr. 5b iVm. § 43 Abs. 1 Nr. 3 EStG.
[922] § 50a Abs. 1 und 2 EStG.
[923] § 50a Abs. 4 EStG.
[924] § 50d Abs. 1, 3 EStG.
[925] § 51 UStDV.
[926] § 52 Abs. 2 UStDV.
[927] § 55 UStDV.

bers für die Lohnsteuer gem. § 42d EStG können sich allerdings Risiken auch für das Unternehmen ergeben.

a) Lohnsteuerpauschalierung für Teilzeitbeschäftigte. Nach § 40a Abs. 1 EStG kann bei bestimmten Teilzeitarbeitsverhältnissen die Lohnsteuer mit einem Pauschalsteuersatz von zur Zeit 25% des Arbeitslohns erhoben werden. Es bestehen Dokumentationspflichten, deren Mißachtung zum Wegfall des Anspruchs auf Pauschalierung und zur Fälligkeit der regulären Lohnsteuer führt[928].

b) Scheinselbständigkeit. Freie Mitarbeiter, Berater oder in ähnlichen Vertragsverhältnissen tätige natürliche Personen können aufgrund der neuen gesetzlichen Regelungen zur Scheinselbständigkeit sozialversicherungspflichtig sein[929]. Problematisch im Zusammenhang mit einer Due Diligence sind die Folgen für den Arbeitgeber, wenn bei einer späteren Betriebsprüfung der BfA festgestellt wird, daß Scheinselbständigkeit vorliegt. Die Folge wäre, daß der Arbeitgeber die Gesamtbeiträge – d. h. auch die Arbeitnehmeranteile – für die **letzten vier Jahre** der Dauer des Vertragsverhältnisses nachzuzahlen hätte. Dagegen bestehen Ansprüche des Arbeitgebers gegen den Scheinselbständigen überhaupt nur, wenn das Vertragsverhältnis noch fortbesteht und auch dann lediglich in sehr eingeschränktem Umfang.

c) Arbeitnehmerfinanzierte Vorsorgemodelle („deferred compensation"). Bei Modellen der „deferred compensation" vereinbaren Arbeitgeber und Arbeitnehmer, rechtlich noch nicht entstandene Arbeitslohnansprüche (künftigen Arbeitslohn) zugunsten einer betrieblichen Altersversorgung herabzusetzen. Die „deferred compensation" kann dabei so strukturiert werden, daß ein steuerpflichtiger Arbeitslohn nicht bereits schon im Zeitpunkt der Vereinbarung über die Gehaltsänderung oder der Zuführung zur betrieblichen Altersversorgung, sondern erst im Zeitpunkt der Auszahlung aus der betrieblichen Altersversorgung vorliegt. Der hierdurch erreichte **Besteuerungsaufschub** ist von der Einhaltung einer Vielzahl von Detailvorschriften abhängig[930]. Sofern diese nicht eingehalten werden, kann es zu erheblichen Steuernachforderungen kommen.

d) Aktienoptionspläne. Den Führungskräften eines Unternehmens wird immer häufiger als zusätzlicher Vergütungsbestandteil das Recht auf Aktienbezug (Aktienoptionen) zu einem im vorhinein bestimmten Preis („strike price") eingeräumt[931]. Der wirtschaftliche Vorteil aus der Optionsgewährung bzw. Optionsausübung unterliegt der Lohnsteuer.

Die lohnsteuerlichen Fragen der Besteuerung des bei Optionsausübung entstehenden Ausübungsgewinns sind noch nicht abschließend geklärt[932]. Werden im Konzern Aktienoptionen auf Anteile an der Muttergesellschaft gewährt, weiß das jeweilige Arbeitgeberunternehmen (Tochtergesellschaft) oft nicht, ob und zu wel-

---

[928] Abschn. 128 Abs. 7 LStR.
[929] § 7 SGB IV.
[930] BMF vom 4. 2. 2000 DB 2000, 353.
[931] Siehe auch Rn 556 ff.
[932] BFH vom 23. 7. 1999 DB 1999, 1932; Portner DStR 1998 1535; Portner, Die Besteuerung von Stock Options, IWB Fach 3 Gruppe 3, 1203.

chem Zeitpunkt Aktienoptionen ausgeübt werden[933]. Übersteigt der bei der Ausübung von Aktienoptionen als Sachbezug zu qualifizierende Ausübungsgewinn den vom Arbeitgeber jeweils geschuldeten Barlohn, reicht dieser nicht zur Deckung der Lohnsteuer aus; dann hat der Arbeitnehmer dem Arbeitgeber den Fehlbetrag zur Verfügung zu stellen. Soweit der Arbeitnehmer dieser Verpflichtung nicht nachkommt und der Arbeitgeber den Fehlbetrag auch nicht durch Zurückhaltung anderer Bezüge des Arbeitnehmers aufzubringen in der Lage ist, kann der Arbeitgeber eine Lohnsteuerhaftung nur vermeiden, wenn er dies dem Betriebsstättenfinanzamt anzeigt[934].

18. Besonderheiten bei Kreditinstituten/Finanzdienstleistern

659 Beim Beteiligungserwerb an Kreditinstituten[935] sind die besonderen Haftungsrisiken zu prüfen, die sich aus dem Geschäft der Kreditinstitute ergeben, vor allem Risiken aus der Mitwirkung an Steuerhinterziehungshandlungen von Privatkunden (**Luxemburgtransfers**) oder aus „dividend stripping"-Aktivitäten.

L. Berücksichtigung der Steuerreform bei der Unternehmensbewertung

660 Aufgrund der Einführung des Halbeinkünfteverfahrens muß die Berücksichtigung von Steuern in bestehenden Unternehmensbewertungsmodellen neu überdacht werden[936]. Der Unternehmenskäufer wird beim Beteiligungserwerb an Kapitalgesellschaften die erworbenen stillen Reserven voraussichtlich nicht mehr über einen „step-up" im Wege der AfA steuerlich geltend machen können[937]. Dies wird in vielen Fällen zu einem Bewertungsabschlag führen[938]. Ebenso müssen ggf. Gewinnrücklagen von Kapitalgesellschaften künftig aufgrund der im Gewinnausschüttungsfall entstehenden hälftigen Einkommensteuerbelastung mit einem **Bewertungsabschlag** versehen werden. Außerdem ist die Körperschaftsteuerminderung[939] bei Ausschüttung von alt-EK 40 Beständen bzw. die Körperschaftsteuererhöhung bei Ausschüttung von alt-EK 02 Beständen im 15-Jahreszeitraum des Übergangs vom Körperschaftsteueranrechnungsverfahren zum Halbeinkünfteverfahren zu berücksichtigen. Beim Beteiligungserwerb durch eine Kapitalgesellschaft sind die steuerlichen Belastungen der Anteilseigner bei Weiterausschüttung der Erträge der Zielgesellschaft iRd. Halbeinkünfteverfahrens zu berücksichtigen.

---

[933] *FG Köln* vom 21. 10. 1998 EFG 1999, 116, nrkr.
[934] § 38 Abs. 4 EStG.
[935] Siehe § 18.
[936] *Schüler*, Unternehmensbewertung und Halbeinkünfteverfahren, DStR 2000, 1531.
[937] Siehe Rn 236 ff.
[938] *Kessler/Schmidt* DB 2000, 2088, 2094; *Löhr*, Bewertung von Kapitalgesellschaften mit dem Zukunftserfolgswert, BB 2001, 351.
[939] Siehe zu Gestaltungen zur Realisierung der Körperschaftsteuerminderung Rn 278 ff.

§ 27 Unternehmensübernahmen im Arbeitsrecht

Übersicht

	Rn
A. Betrieb, Unternehmen und Konzern im arbeits- und betriebsverfassungsrechtlichen Sinn	1
I. Betrieb, Betriebsteil und Nebenbetrieb	3
II. Unternehmen und Konzern	7
B. Übernahme durch Kauf	11
I. Asset Deal	11
1. Folgen für das Arbeitsverhältnis	12
a) Betriebsübergang	13
b) Gegenstand des Betriebsübergangs	15
c) Subjekte des Betriebsübergangs	20
d) Rechtsfolgen für den Inhalt der Arbeitsverhältnisse	26
e) Haftung des bisherigen und des neuen Arbeitgebers	35
f) Widerspruchsrecht des Arbeitnehmers	39
g) Kündigungsverbot und Wiedereinstellungsanspruch	44
h) Unabdingbarkeit und Geltung bei Auslandsberührung	49
2. Betriebsverfassungsrecht	51
a) Betriebsrat	51
aa) Bislang gültige Rechtslage	53
bb) Anerkennung eines allgemeinen Übergangsmandats	57
b) Beteiligung des Betriebsrats	59
c) Unterrichtung des Betriebsrats bei Betriebsänderung	60
d) Vereinbarung von Interessenausgleich und Sozialplan	73
e) Gesamtbetriebsrat und Konzernbetriebsrat	76
f) Unterrichtung des Wirtschaftsausschusses	79
g) Weitergeltung von Betriebsvereinbarungen	82
3. Tarifvertrag	85
II. Share Deal	89
1. Folgen für das Arbeitsverhältnis	90
2. Betriebsverfassungsrecht	92
III. Kombination von Asset Deal und Share Deal	94
C. Verschmelzung	95
I. Folgen für das Arbeitsverhältnis	96
1. Übergang der Arbeitsverhältnisse	96
2. Widerspruchsrecht und Kündigungsverbot	98
3. Haftung	100
4. Organe	103
II. Betriebsverfassungsrecht	106
1. Betriebsrat	106

                                                                    Rn
        2. Gesamt- und Konzernbetriebsrat 110
        3. Informationsrechte des Betriebsrats. 111
           a) Zuleitung des Umwandlungsvertrags 112
           b) Allgemeines Informationsrecht nach dem BetrVG. 115
           c) Betriebsänderung 116
        4. Wirtschaftsausschuß. 117
        5. Betriebsvereinbarungen 118
     III. Tarifrecht 119
  D. **Sonderfragen** 122
     I. Mitbestimmung der Arbeitnehmer im Aufsichtsrat. 122
        1. Formen der unternehmensbezogenen Mitbestimmung 123
        2. Auswirkungen gesellschaftsrechtlicher Vorgänge auf
           die Mitbestimmung (Asset Deal und Share Deal). . . . 127
           a) Veränderungen bei der Kommanditgesellschaft . . . 128
           b) Veränderungen auf Konzernebene und
              Mitbestimmung nach dem MitbestG 130
           c) Veränderungen auf Konzernebene und
              Mitbestimmung nach dem BetrVG 1952 133
           d) Veränderungen auf Unternehmensebene,
              Statusverfahren 134
        3. Auswirkungen einer Verschmelzung auf die
           unternehmensbezogene Mitbestimmung. 139
     II. Betriebliche Altersversorgung einschl. Individualzusagen 140
        1. Rechtsfolgen bei Betriebsübergang (Asset Deal). 140
           a) Versorgungsverpflichtung nur beim Veräußerer. . . 142
           b) Versorgungsverpflichtung nur beim Erwerber 146
           c) Betriebliche Altersversorgung sowohl beim
              erwerbenden als auch beim veräußernden
              Arbeitgeber 147
           d) Gleichbehandlungsgebot 150
           e) Gesamtschuldnerische Haftung. 151
           f) Änderungsmöglichkeiten. 152
           g) Gestaltung bei der Unternehmensübernahme 153
        2. Betriebliche Altersversorgung beim Share Deal 157
        3. Betriebliche Altersversorgung bei der Verschmelzung 158

Schrifttum: *Bauer/Diller*, Wettbewerbsverbote, 2. Aufl. 1999; *Boecken*, Unternehmensumwandlungen und Arbeitsrecht, 1996; *Blomeyer/Otto*, Gesetz zur Verbesserung der betrieblichen Altersversorgung, Kommentar, 2. Aufl. 1998; *Dieterich/Hanau/Schaub* (Hrsg.), Erfurter Kommentar zum Arbeitsrecht, 2. Aufl. 2001; *Fabricius/Kraft/Wiese/Kreutz/Oetker*, Gemeinschaftskommentar zum Betriebsverfassungsgesetz, 6. Aufl. 1997 (zit. GK); *Leinemann* (Hrsg.), Kasseler Handbuch zum Arbeitsrecht, 2. Aufl. 2000; *Oetker/Preis* (Hrsg.), Europäisches Arbeits- und Sozialrecht (zit. EAS), Dezember 2000; *Wiedemann* (Hrsg.), Tarifvertragsgesetz, 6. Aufl. 1999.

A. Betrieb, Unternehmen und Konzern im arbeits- und betriebsverfassungsrechtlichen Sinn

Der positive Verlauf einer Unternehmensübernahme setzt neben einer rechtlich einwandfreien Lösung auch die **Kooperation** mit den unmittelbar betroffenen Personenkreisen wie Geschäftsleitung, Belegschaft, Betriebsrat und sonstigen Aufsichtsgremien voraus. Jede Übernahme kann dadurch beeinträchtigt werden, daß in der Belegschaft Ungewißheit über die Arbeitsplätze und Arbeitsbedingungen entsteht oder Mitarbeiter kündigen. Die arbeits- und betriebsverfassungsrechtlichen Bestimmungen sehen überwiegend nur Informationsrechte, keine Kooperation vor. Die nachstehend aufgeführten arbeitsrechtlichen Schritte sollten daher stets durch vermittelnde Schritte wie Aufklärung und Kommunikation begleitet werden.

Betrieb, Unternehmen und Konzern sind organisatorische Einheiten iSd. Arbeits- und Betriebsverfassungsrechts, an die sich zahlreiche **individualrechtliche und kollektivrechtliche Folgen** knüpfen. Die Abgrenzung spielt bei vielen strukturellen Veränderungen eine Rolle, zB bei Veräußerung, Zusammenlegung oder Stillegung eines Betriebs oder eines Unternehmens.

I. Betrieb, Betriebsteil und Nebenbetrieb

Für die arbeitsrechtlichen Folgen einer Unternehmensübernahme ist der **Betrieb** die wesentliche organisatorische Einheit. Zahlreiche Rechtsfolgen, wie der Übergang der Arbeitsverhältnisse auf einen anderen Arbeitgeber und die Beteiligungsrechte des Betriebsrats, knüpfen an Veränderungen dieser Einheit an. Betrieb ist die „organisatorische Einheit, innerhalb derer ein Unternehmer allein oder in Gemeinschaft mit seinen Mitarbeitern mit Hilfe von sächlichen und immateriellen Mitteln bestimmte arbeitstechnische Zwecke fortgesetzt verfolgt"[1]. Dabei wird maßgeblich auf die **organisatorische Einheit** abgestellt. Sie besteht, wenn die vorhandenen Betriebsmittel „zusammengefaßt, geordnet und gezielt eingesetzt werden und die menschliche Arbeitskraft von einem einheitlichen Leitungsapparat gesteuert wird"[2]. Ein selbständiger Betrieb ist also regelmäßig gegeben, wenn er über eine einheitliche Leitung verfügt, die für die wesentlichen mitbestimmungspflichtigen sozialen und personellen Angelegenheiten innerhalb der Betriebsstätte zuständig ist[3].

Der **Betriebsteil** ist eine Untergliederung oder Teileinheit des (Haupt-)Betriebs. Er dient der Verwirklichung eines Teils des arbeitstechnischen Zwecks des Hauptbetriebs. Der Betriebsteil ist in die Organisation eines Hauptbetriebs eingegliedert, aber von diesem räumlich und organisatorisch abgrenzbar. Er muß

---

[1] St. Rspr., *BAG* AP BetrVG 1972 § 4 Nr. 5; *Kraft* in GK § 4 BetrVG Rn 5; *Fitting* § 1 BetrVG Rn 55.
[2] St. Rspr. des BAG, vgl. *BAG* AP BetrVG 1972 § 4 Nr. 5; AP BetrVG 1972 § 1 Nr. 9; AP BetrVG 1972 § 8 Nr. 6; *Eisemann* in Erfurter Komm. § 4 BetrVG Rn 2.
[3] *BAG* AP BetrVG 1972 § 1 Nr. 9; *Fitting* § 1 BetrVG Rn 63.

„relativ selbständig" sein[4]. Der Betriebsteil verfügt grundsätzlich nicht über einen umfassenden eigenständigen Leitungsapparat, der die wesentlichen personellen und sozialen Entscheidungen trifft, muß aber eine Leitung besitzen, die das **Weisungsrecht** des Arbeitgebers ausübt[5]. Sind in dem Betriebsteil mindestens fünf zur Wahl eines Betriebsrats berechtigte Arbeitnehmer beschäftigt, kann ein Betriebsteil unter bestimmten Voraussetzungen als eigenständiger Betrieb angesehen werden. Das ist zB der Fall, wenn er vom Hauptbetrieb weit entfernt liegt oder sein Aufgabenbereich und seine Organisation ihm Selbständigkeit verleihen[6].

5   Der **Nebenbetrieb** ist ein organisatorisch selbständiger Betrieb, der unter eigener Leitung den Zweck hat, den Hauptbetrieb zu unterstützen[7].

6   Nicht jede Unternehmensübernahme hat Auswirkungen auf den Bestand eines Betriebs oder eines Betriebsteils. Führt die Übernahme aber zu strukturellen Veränderungen auf betrieblicher Ebene, ist rechtlich idR zu differenzieren, ob ein Betrieb in einen anderen Betrieb **eingegliedert** wird oder ob ein **neuer Betrieb** entsteht. Ein Betrieb wird eingegliedert, wenn er bei der Aufnahme durch den anderen Betrieb seine Identität bzw. Selbständigkeit verliert. Der aufnehmende Betrieb dagegen bleibt in seiner Identität bestehen. Geht die Identität aller ehemaligen Betriebe und Betriebsteile in einer neu entstandenen betrieblichen Einheit verloren (zB bei der Zusammenlegung von Betrieben), entsteht ein neuer Betrieb[8]. Die Identität und Selbständigkeit eines Betriebs oder Betriebsteils wird anhand seiner einheitlichen Leitung sowie seiner sächlichen und immateriellen Mittel bestimmt.

II. Unternehmen und Konzern

7   Das **Unternehmen** setzt einen **Rechtsträger** in Form einer Kapital- oder Personengesellschaft voraus. Der Rechtsträger bildet jeweils ein einheitliches Unternehmen und markiert die Betätigungsgrenzen des Unternehmens, da es sich nicht „über den Geschäfts- und Tätigkeitsbereich seines Rechtsträgers hinaus erstrecken" kann[9].

8   Betrieb und Unternehmen unterscheiden sich durch ihren Zweck. Der Betrieb verfolgt einen arbeitstechnischen Zweck, das Unternehmen grundsätzlich einen **wirtschaftlichen Zweck**. Besteht in einem Unternehmen nur eine arbeitstechnische Organisation unter einer einheitlichen Leitung, können Betrieb und Unternehmen zusammenfallen. Bei dezentraler Organisationsstruktur ist der Betrieb ein Teil des Unternehmens[10].

---

[4] St. Rspr., *BAG* AP BetrVG 1972 § 7 Nr. 1; AP BetrVG 1972 § 8 Nr. 6; AP BetrVG 1972 § 4 Nr. 8; AP BetrAVG § 1 Betriebsveräußerung Nr. 16.
[5] *BAG* AP BetrVG 1972 § 8 Nr. 6; AP BetrVG 1972 § 4 Nr. 8; *Fitting* § 4 BetrVG Rn 5.
[6] § 4 BetrVG.
[7] Reine Hilfsfunktion, *BAG* AP BetrVG 1972 § 4 Nr. 5; *Eisemann* in Erfurter Komm. § 4 BetrVG 1972 Rn 12.
[8] *Hohenstatt* in Willemsen/Hohenstatt/Schweibert Teil D Rn 49f.
[9] *BAG* AP BetrVG 1972 § 47 Nr. 7.
[10] *Kraft* in GK § 4 BetrVG Rn 8 bis 11; *Fitting* § 1 BetrVG Rn 145 und 146.

Verfolgen mehrere Arbeitgeber mit ihren Arbeitnehmern arbeitstechnische 9
Zwecke innerhalb einer gemeinschaftlichen organisatorischen Einheit, die unter
einer gemeinsamen Leitung steht (etwa bei sog. „Arbeitsgemeinschaften"), liegt
ein **gemeinschaftlicher Betrieb** vor[11].

Auch im Arbeitsrecht knüpft die Definition des **Konzerns** an den gesellschafts- 10
rechtlichen Konzernbegriff an[12]. Danach besteht ein Konzern aus mehreren Unternehmen, die unter der einheitlichen Leitung eines herrschenden Unternehmens zusammengefaßt sind[13].

B. Übernahme durch Kauf

I. Asset Deal

Ein **Asset Deal**[14], der in der Übertragung der Gesamtheit der Wirtschaftsgüter, 11
also der gesamten Aktiva und Passiva eines Unternehmens oder eines Betriebs besteht, führt regelmäßig zu einem Wechsel des Inhabers und somit des Arbeitgebers (**Betriebsübergang** iSd. § 613a BGB). Der neue Arbeitgeber tritt kraft Gesetzes in sämtliche Rechte und Pflichten aus den im Zeitpunkt des Übergangs bestehenden Arbeitsverhältnissen ein[15].

1. Folgen für das Arbeitsverhältnis

Der Übergang der Arbeitsverhältnisse kraft Gesetzes auf den neuen Inhaber soll 12
die Arbeitnehmer vor Nachteilen schützen, die mit der Übertragung eines Unternehmens oder seiner Teile verbunden sein können[16].

a) **Betriebsübergang.** Der **Übergang** der Arbeitsverhältnisse setzt voraus, 13
daß eine wirtschaftliche Einheit, ein Betrieb oder Betriebsteil auf einen neuen Inhaber übergeht[17]. **Inhaber** eines Betriebs ist, „wer die organisatorisch und personell zusammengefaßten Betriebsmittel im eigenen Namen und auf eigene Rechnung führt"[18]. Der Betrieb geht auf einen neuen Inhaber über, wenn der bisherige Inhaber seine Tätigkeit in dieser wirtschaftlichen Einheit einstellt und der neue Inhaber sie weiterführt. Einer besonderen Übertragung der **Leitungsmacht** auf den neuen Inhaber bedarf es dabei nicht[19]. Deswegen ist es auch un-

---

[11] *BAG* AP BetrVG 1972 § 1 Nr. 5; AP BGB § 613a Nr. 77; AP BetrVG 1972 § 1 Nr. 9.
[12] § 18 AktG; *BAG* AP BetrVG 1972 § 47 Nr. 7; AP BetrVG 1972 § 47 Nr. 8.
[13] Siehe § 28.
[14] Siehe § 13.
[15] § 613a BGB.
[16] *Putzo* in Palandt § 613a BGB Rn 1.
[17] In § 613a BGB wird auf den „Betrieb" und den „Betriebsteil" abgestellt. Der EuGH (AP EWG-Richtlinie 77/187 Nr. 14) dagegen verwendet den Begriff der „wirtschaftlichen Einheit", der auch vom BAG (AP BGB § 613a Nr. 169) übernommen wurde. Diese Begriffe sind gleichzusetzen.
[18] *BAG* AP BGB § 613a Nr. 190; AP BetrVG § 113 Nr. 21.
[19] *BAG* AP BGB § 613a Nr. 186 und 189.

erheblich, ob dem Betriebsübergang eine unmittelbare vertragliche Beziehung zwischen altem und neuem Inhaber zu Grunde liegt. Ein Betrieb geht auch dann über, wenn zB ein Unternehmen in mehreren Schritten durch Einschaltung weiterer Beteiligter (zB Pächter oder Eigentümer) übertragen wird[20]. Entscheidend ist, daß ein anderer Inhaber die Leitungsmacht über die „wirtschaftliche Einheit" ausüben kann. Nur wenn der neue Inhaber den Betrieb gar nicht **selbst führt** oder der Betrieb **kraft Gesetzes** (zB bei Erbfolge) oder **kraft Hoheitsakt** (ggf. bei Zwangsversteigerung oder Zwangsverwaltung) übergeht, liegt kein Betriebsübergang iSd. § 613a BGB vor[21].

14 Der Betrieb geht zu dem **Zeitpunkt** über, in dem der neue Inhaber rechtlich die Möglichkeit erlangt, den Betrieb oder Betriebsteil fortzuführen oder wieder aufzunehmen (Übernahme der Organisations- und Leitungsmacht)[22]. Hängt die Wirksamkeit des Asset Deal von bestimmten **Voraussetzungen** ab (zB von der Erfüllung von Bedingungen oder der Zustimmung von Banken oder der Kartellbehörden[23]), gehen die Arbeitsverhältnisse über, sobald diese eingetreten sind bzw. vorliegen. Bei **schrittweiser Übertragung** gilt der Betrieb als übergegangen, wenn die wesentlichen Betriebsmittel auf den Erwerber übergegangen sind und die Entscheidung nicht mehr rückgängig gemacht werden kann[24]. Zur Vermeidung von Unklarheiten sollte stets ein **Übertragungstermin** vereinbart werden.

15 b) **Gegenstand des Betriebsübergangs.** Gegenstand des Betriebsübergangs ist der Betrieb, der Betriebsteil bzw. die wirtschaftliche Einheit[25]. Die Begriffe **Betrieb** und **wirtschaftliche Einheit** sind dabei weit auszulegen. Sie erfassen jede „organisierte Gesamtheit von Personen und Sachen zur Ausübung einer wirtschaftlichen Tätigkeit mit eigener Zielsetzung"[26].

16 Der Betriebsübergang setzt nicht voraus, daß sämtliche Wirtschaftsgüter des Betriebs oder der wirtschaftlichen Einheit auf den neuen Inhaber übergehen. Es genügt, daß die **Identität** der wirtschaftlichen Einheit erhalten bleibt[27]. Diese Identität ergibt sich aus den materiellen Gütern, dem Personal, den Führungskräften, der Arbeitsorganisation, den Betriebsmethoden und den Betriebsmitteln der Einheit. Welche dieser Kriterien die Identität prägen, hängt von der **Art des Betriebs** und der **Branche** ab. Im **produzierenden Gewerbe** wird die Identität maßgeblich über die sächlichen Betriebsmittel, zB die Gebäude, die Maschinen, das Material und die Lagerbestände definiert, daneben aber auch über immaterielle Betriebsmittel wie Patente, Lizenzen, Computerprogramme etc. Im **Dienstleistungsbereich** sind die persönlichen und immateriellen Mittel wie Hauptbelegschaft, Kundenstamm, Dienstleistungsverträge und Konzessionen ausschlagge-

---

[20] *EuGH* NJW 1999, 1697, 1698.
[21] *EuGH* NJW 1999, 1697, 1698; *BAG* AP BGB § 613a Nr. 189 und 197; ausführlich *Preis* in Erfurter Komm. § 613a BGB Rn 49f.
[22] *BAG* AP BGB § 613a Nr. 70 und 148.
[23] Siehe § 25.
[24] *Preis* in Erfurter Komm. § 613a BGB Rn 53.
[25] § 613a BGB.
[26] *EuGH* NJW 1999, 1697, 1698; *BAG* AP BGB § 613a Nr. 197.
[27] *BAG* AP BGB § 613a Nr. 197.

bend[28]; hier kann schon die Übernahme eines wesentlichen Teils des Personals als Betriebsübergang gewertet werden. Die Tätigkeit allein genügt für die Annahme einer wirtschaftlichen Einheit allerdings nicht aus; deswegen führt die bloße **Funktionsnachfolge** nicht zum Übergang der Arbeitsverhältnisse[29].

Wird nur ein **Betriebsteil** übertragen, ist ein Betriebsübergang gegeben, wenn die übertragenen Betriebsmittel bereits beim früheren Inhaber als Betriebsteil zu qualifizieren waren. Die Veräußerung **einzelner Wirtschaftsgüter**, die beim neuen Inhaber erstmals zu einem neuen Funktionszusammenhang zusammengeführt werden, ist kein Betriebsübergang[30].

Vom Übergang eines Betriebs ist die **Betriebsstillegung** zu unterscheiden. Sie setzt voraus, daß die zwischen dem Inhaber und seinen Arbeitnehmern bestehende Betriebs- und Produktionsgemeinschaft aufgelöst wird. Ein stillgelegter Betrieb kann nicht auf einen neuen Inhaber übergehen[31]. Die Abgrenzung wird schwierig, wenn der Betrieb nach einer längeren **Unterbrechung** wieder betrieben wird. Eine Stillegung wird dann angenommen, wenn der Arbeitgeber bei Einstellung der Tätigkeit den **ernstlichen und endgültigen Entschluß** gefaßt hatte, die Weiterverfolgung des bisherigen Betriebszwecks für einen unbestimmten und wirtschaftlich nicht unerheblichen Zeitraum aufzugeben[32]. Nach außen kommt die Stillegung durch die **Auflösung der Betriebsorganisation** zum Ausdruck[33]. Wird ein Betrieb nach einer bloßen Unterbrechung durch einen neuen Inhaber weitergeführt, spricht eine **Vermutung** dafür, daß eine definitive Stillegung von Anfang an nicht ernsthaft beabsichtigt war[34].

Ob ein Betrieb bzw. eine wirtschaftliche Einheit übergegangen ist, ist durch Prüfung der übernommenen Betriebsmittel und Vergleich der vor und nach dem Übergang verrichteten Tätigkeiten zu beurteilen (**wertende Gesamtbetrachtung**)[35]. Zu berücksichtigen sind dabei „die Art des betreffenden Unternehmens oder Betriebs, der etwaige Übergang der materiellen Betriebsmittel wie Gebäude und bewegliche Güter, der Wert der immateriellen Aktiva im Zeitpunkt des Übergangs, die etwaige Übernahme der Hauptbelegschaft, der etwaige Übergang der Kundschaft sowie der Grad der Ähnlichkeit zwischen den vor und nach dem Übergang verrichteten Tätigkeiten und die Dauer einer eventuellen Unterbrechung dieser Tätigkeiten"[36].

c) Subjekte des Betriebsübergangs. Geht ein Betrieb oder Betriebsteil auf einen neuen Inhaber über, tritt dieser in alle im Zeitpunkt des Übergangs **beste-**

---

[28] St. Rspr. des BAG im Anschluß an die Entscheidung „Ayse Süzen" des EuGH, vgl. *EuGH* NZA 1997, 433 ff.; *BAG* AP BGB § 613a Nr. 174, 190 und 197.
[29] *EuGH* NJW 1999, 1697, 1698; *BAG* AP BGB § 613a Nr. 190 und 169. Die Rspr., die bereits in einer Funktionsnachfolge einen Betriebsübergang sah, ist überholt, *BAG* AP BGB § 613a Nr. 169 und Nr. 174; *Putzo* in Palandt § 613a BGB Rn 10.
[30] *BAG* AP BGB § 613a Nr. 196.
[31] *BAG* AP BGB § 613a Nr. 67 und 154; *BAG* AP BetrVG 1972 § 4 Nr. 7.
[32] *BAG* AP BGB § 613a Nr. 39 und 154.
[33] *BAG* AP BGB § 613a Nr. 67 und 197.
[34] *BAG* AP BGB § 613a Nr. 39, 43, 67 und 154.
[35] *EuGH* NJW 1999, 1697, 1698; *BAG* AP BGB § 613a Nr. 197.
[36] *EuGH* NJW 1999, 1697, 1698; *BAG* AP BGB § 613a Nr. 197.

henden Arbeitsverhältnisse ein. Auch ein gekündigtes oder einvernehmlich beendetes Arbeitsverhältnis geht über[37], es sei denn, bei Betriebsübergang ist die Kündigungsfrist bereits abgelaufen oder der sonstige Beendigungszeitpunkt bereits eingetreten. Klarheit darüber, welche Arbeitsverhältnisse übergehen, sollte durch Aufstellung einer **Liste der Arbeitnehmer** und Vereinbarung eines **Übergangstermins** geschaffen werden.

21 Erfaßt werden die Arbeitsverhältnisse **aller Arbeitnehmer** des Betriebs, auch die Arbeitsverhältnisse der Auszubildenden, der leitenden Angestellten, der befristet und in Teilzeit beschäftigten Arbeitnehmer sowie die (zB wegen Wehrdienstes, Mutterschutz, Elternzeit etc.) ruhenden Arbeitsverhältnisse, nicht dagegen **Heimarbeitsverhältnisse**[38].

22 **Dienstverhältnisse**, die keine Arbeitsverhältnisse sind, gehen nicht über. Das gilt insbes. für die Dienstverhältnisse der **Organvertreter** wie die Geschäftsführer oder Vorstandsmitglieder einer Kapitalgesellschaft. Deren Dienstverhältnisse bleiben ebenso wie ihre **Organstellung** zum ehemaligen Betriebsinhaber bestehen.

23 Davon gibt es eine Ausnahme: Es kommt vor, daß das Organmitglied vor seiner Bestellung zum Geschäftsführer oder Vorstand bereits in einem Arbeitsverhältnis zum Unternehmen stand. Ist dieses Arbeitsverhältnis im Zeitpunkt der Übernahme der Organtätigkeit nicht – zumindest schlüssig – beendet worden, **ruht** es während der Ausübung der Tätigkeit als Geschäftsführer oder Vorstand, besteht aber fort[39] und kann mit dem Betriebsübergang wieder „aufleben" und auf den neuen Betriebsinhaber übergehen. Es empfiehlt sich, vor der Übernahme vertraglich zu regeln, ob die Organstellung beim neuen Inhaber neu begründet oder beim ehemaligen Betriebsinhaber bleiben soll, obwohl das „auflebende" Arbeitsverhältnis auf den Erwerber übergeht.

24 Wird ein Betrieb oder Betriebsteil übertragen, kann die Frage aufkommen, welche Mitarbeiter vom Betriebsübergang betroffen sind. Die organisatorische Verflechtung verschiedener Betriebe oder Betriebsteile führt häufig zur Notwendigkeit der **Zuordnung** der einzelnen Arbeitsverhältnisse zu bestimmten Betrieben und Betriebsteilen[40]. Wird ein Betriebsteil übertragen, geht das Arbeitsverhältnis eines Arbeitnehmers nur auf den neuen Inhaber über, wenn der Arbeitnehmer dem übertragenen Betriebsteil angehört[41]. War ein Arbeitnehmer in **mehreren Betrieben oder Betriebsteilen** oder gar für das **gesamte Unternehmen** tätig, hängt seine Zuordnung davon ab, wo er überwiegend eingebunden ist[42].

25 Zweifelhaft ist, was gilt, wenn nicht festgestellt werden kann, daß ein Arbeitnehmer überwiegend für einen übertragenen Betrieb oder Betriebsteil tätig war.

---

[37] *Putzo* in Palandt § 613a BGB Rn 14; *Preis* in Erfurter Komm. § 613a BGB Rn 67, 68.
[38] BAG AP BGB § 613a Nr. 178; BAG AP BGB § 613a Nr. 11; *Preis* in Erfurter Komm. § 613a BGB Rn 67; *Richardi/Annuß* in Staudinger § 613a BGB Rn 110.
[39] Es bleibt abzuwarten, ob das BAG noch an dieser Auffassung festhält, vgl. BAG AP ArbGG 1979 § 5 Nr. 16 und 24 und zuletzt BAG DB 2000, 1918, 1919.
[40] *Preis* in Erfurter Komm. § 613a BGB Rn 71, 72.
[41] Kein Übergang findet statt, wenn ein Arbeitnehmer Tätigkeiten für den Betriebsteil erbracht hat, ohne ihm anzugehören, BAG AP BGB § 613a Nr. 170.
[42] BAG AP BGB § 613a Nr. 31; *Richardi/Annuß* in Staudinger § 613a BGB Rn 112, 113.

Ob die Beteiligten sich darüber einigen können[43] oder die Zuordnung nach objektiven Kriterien maßgeblich ist, weil der Übergang der Arbeitsverhältnisse kraft Gesetzes eintrete und nicht der Disposition der Parteien unterliege, ist umstritten. Prinzipiell kann nicht zu Lasten von Arbeitnehmern bestimmt werden, welche Arbeitsverhältnisse auf den neuen Inhaber übergehen. Führen die objektiven Kriterien nicht zu einer eindeutigen Zuordnung, soll aber jedenfalls der Arbeitnehmer wählen können, für wen er nunmehr tätig sein möchte[44]. In der Praxis empfiehlt sich im Innenverhältnis zwischen Veräußerer und Erwerber eine **einvernehmliche Zuordnung**, zB in Form einer Liste der übergehenden Arbeitsverhältnisse. Anhand einer solchen Liste kann auch der Kaufpreis in Relation zur Zahl der übergehenden Arbeitnehmer gesetzt werden.

d) Rechtsfolgen für den Inhalt der Arbeitsverhältnisse. Die Arbeitsverhältnisse der Mitarbeiter des übertragenen Betriebs **bestehen unverändert fort**. Der Erwerber tritt kraft Gesetzes in alle Rechte und Pflichten aus den bestehenden Arbeitsverhältnissen ein. Er muß dieselben Entgelte und Gratifikationen zahlen wie sein Vorgänger, die bereits bewilligten Arbeitgeberdarlehen und Versorgungsanwartschaften erfüllen, seinen Verpflichtungen aus der Zusage von Werkdienstwohnungen nachkommen etc[45]. Auch vor Betriebsübergang entstandene Ansprüche (zB auf Zahlung rückständigen Entgelts oder aus betrieblicher Übung) gehen über[46]. Hiervon ausgeschlossen sind **rückständige Sozialversicherungsbeiträge**, da sie nicht als Forderung aus dem Arbeitsverhältnis angesehen werden[47]. Prokura, Handlungs- und sonstige vom Veräußerer erteilte Vollmachten gehen nicht auf den Erwerber über. Der Veräußerer muß sie widerrufen[48] und ggf. ihre Löschung im Handelsregister veranlassen. Ein Anspruch auf Erteilung von Prokura, Handlungs- oder sonstiger Vollmacht gegenüber dem Erwerber besteht mangels arbeitsvertraglicher Anspruchsgrundlage idR nicht[49].

Bei einem Betriebsübergang tritt der Erwerber auch in die Rechte und Pflichten aus gesetzlichen und vertraglichen Wettbewerbsverboten ein. Das gilt sowohl für Wettbewerbsverbote, die für die Dauer des Arbeitsverhältnisses bestehen, als auch für nachvertragliche Wettbewerbsverbote[50]. Ist das Arbeitsverhältnis auf den Erwerber übergegangen, schützt das Wettbewerbsverbot nur noch den Erwerber[51]. Der Arbeitnehmer kann uneingeschränkt mit dem Veräußerer in Wettbewerb treten. Dabei ist unerheblich, ob der Erwerber namentlich als Wettbewerber

---

[43] *BAG* AP BGB § 613a Nr. 31.
[44] *Preis* in Erfurter Komm. § 613a BGB Rn 71, 72.
[45] *BAG* AP BetrAVG § 1 Betriebsveräußerung Nr. 11; *Preis* in Erfurter Komm. § 613a BGB Rn 73 ff.; *Schaub* in MünchKomm. § 613a BGB Rn 95 ff.
[46] *BAG* AP BGB § 613a Nr. 4 und 12; *Schaub* in MünchKomm. § 613a BGB Rn 59, 99.
[47] *Preis* in Erfurter Komm. § 613a BGB Rn 81.
[48] Nach hM erlischt die Vollmacht gem. § 168 BGB automatisch, *Preis* in Erfurter Komm. § 613a Rn 78; *Schaub* in MünchKomm. § 613a BGB Rn 102; das erscheint zweifelhaft, da das zugrundeliegende Arbeitsverhältnis gem. § 613a BGB gerade fortbesteht, wenn auch nicht mehr mit dem Vollmachtgeber.
[49] Vgl. *BAG* DB 1987, 51.
[50] *Bauer/Diller* Rn 669; *Richardi/Annuß* in Staudinger § 613a Rn 157.
[51] *Preis* in Erfurter Komm. § 613a BGB Rn 80; *Bauer/Diller* Rn 673.

in dem Verbot benannt ist[52]. Will der Veräußerer dies verhindern, muß er vor Übergang des Arbeitsverhältnisses ein gesondertes nachvertragliches Wettbewerbsverbot mit dem Arbeitnehmer vereinbaren.

28   Ob ein nachvertragliches Wettbewerbsverbot nach dem Betriebsübergang unverändert wirksam ist, richtet sich nach den allgemeinen Regeln[53]. Die Wettbewerbsabrede muß demgemäß auch nach Betriebsübergang durch ein **berechtigtes Interesse** des Erwerbers gedeckt sein. Fehlt es an einem solchen Interesse (zB wenn das Wettbewerbsverbot mit dem Veräußerer auf eine bestimmte Branche beschränkt ist und der Erwerber in einer anderen Branche tätig ist), ist das nachvertragliche Wettbewerbsverbot ab Betriebsübergang unverbindlich[54].

29   Verfolgen Veräußerer und Erwerber unterschiedliche Interessen (zB einen anderen oder weiteren Unternehmenszweck), kommt ggf. eine **Anpassung** des sachlichen Inhalts des nachvertraglichen Wettbewerbsverbots im Wege der **ergänzenden Vertragsauslegung** in Betracht (sog. **dynamischer** Übergang des Wettbewerbsverbots)[55]. Dies ist häufig bei unternehmensbezogenen Wettbewerbsverboten der Fall, zB wenn einem Arbeitnehmer untersagt wird, nach Beendigung seines Arbeitsverhältnisses zu einem Wettbewerber des Veräußerers zu wechseln. Verfolgen Veräußerer und Erwerber unterschiedliche Unternehmenszwecke, erstreckt sich ein solches Verbot nach dem Betriebsübergang infolge Anpassung nur noch auf die Wettbewerber des Erwerbers. Eine Anpassung ist dagegen ausgeschlossen, wenn das nachvertragliche Wettbewerbsverbot auf eine bestimmte Tätigkeit oder eine bestimmte Branche beschränkt ist und der Arbeitnehmer beim Erwerber eine andere Tätigkeit verrichtet oder der Erwerber in einer anderen Branche als der Veräußerer tätig ist. In solchen Fällen ist das nachvertragliche Wettbewerbsverbot für den Erwerber nutzlos[56]. Zumeist hat der Erwerber hier auch kein berechtigtes Interesse, den Arbeitnehmer nach Vertragsbeendigung in der Wahl seiner Erwerbstätigkeit einzuschränken.

30   Ob Ansprüche aus **Aktienoptionen** auf den neuen Inhaber übergehen, ist in der Rechtsprechung – soweit ersichtlich – noch nicht entschieden worden. Hier wird zu differenzieren sein, ob diese Ansprüche **Bestandteil des Arbeitsverhältnisses** des Arbeitnehmers mit seinem bisherigen Arbeitgeber sind oder nicht. Sind die gewährten Aktienoptionen Bestandteil des Arbeitsverhältnisses, können sie beim Betriebsübergang auf den neuen Inhaber übergehen. Das ist der Fall, wenn sie vom **Arbeitgeber** auf der Grundlage eines Tarifvertrags, einer Betriebsvereinbarung oder eines Arbeitsvertrags etc. eingeräumt werden. Wird die Optionsvereinbarung dagegen mit einer anderen (juristischen) Person abgeschlossen (zB mit der **Muttergesellschaft** des Arbeitgebers), werden die Ansprüche auf die Optionen nicht Bestandteil des Arbeitsverhältnisses mit dem Arbeitgeber[57]. Logi-

---

[52] *Bauer/Diller* Rn 672, 674.
[53] §§ 74 ff. HGB und die hierzu ergangene Rspr.
[54] *Schaub* in Erfurter Komm. § 74a HGB Rn 2; *Bauer/Diller* Rn 673.
[55] *Richardi/Annuß* in Staudinger § 613a BGB Rn 157.
[56] *Bauer/Diller* Rn 673, 675.
[57] LAG Düsseldorf NZA 1999, 981; für Namensgewinnscheine *LAG Hessen*, 6 Sa 1610/99, Urteil vom 10. 7. 2000, n. v.

sche Konsequenz ist, daß diese Optionen nicht auf den Erwerber übergehen, sondern unverändert bestehen bleiben[58].

Unabhängig davon, ob die Rechte und Pflichten aus der Gewährung von Aktienoptionen gegenüber dem ehemaligen Inhaber bestehen bleiben oder auf den neuen Inhaber übergehen, wird dies der Interessenlage nach Betriebsübergang regelmäßig nicht gerecht. Der Veräußerer hat kein Interesse mehr, einem ehemaligen Arbeitnehmer Aktien seines Unternehmens zu gewähren. Der neue Inhaber kann durch Gewährung fremder Aktienoptionen die Treue und den Einsatz des Arbeitnehmers für sein eigenes Unternehmen nicht honorieren. Unklar ist, ob ggf. eine **Anpassung** der Vereinbarung über die Aktienoptionen im Wege der **ergänzenden Vertragsauslegung** oder infolge **Wegfalls der Geschäftsgrundlage** erfolgen kann[59]. Eine ergänzende **Auslegung** bietet sich zB an, wenn ein Dritter (zB die Muttergesellschaft des Arbeitgebers) die Aktienoptionen gewährt und die Vereinbarung mit dem Dritten eine Klausel enthält, wonach die Optionen bei Beendigung des Arbeitsverhältnisses verfallen. Diese Vereinbarung kann im Fall eines Betriebsübergangs ggf. dahingehend ausgelegt werden, daß die Verpflichtung zur Gewährung von Aktienoptionen endet, wenn das Arbeitsverhältnis mit dem Veräußerer auf den Erwerber übergeht. 31

Eine Anpassung über die Grundsätze des **Wegfalls der Geschäftsgrundlage** kann zB geboten sein, wenn die Verpflichtung zur Gewährung von Aktienoptionen Bestandteil des Arbeitsverhältnisses ist und beim Betriebsübergang auf den Erwerber übergeht. Wie die Verpflichtung zur Gewährung von Aktienoptionen anzupassen ist, kann davon abhängen, ob die Aktienoptionen als **Gegenleistung** für erbrachte Arbeit oder zur Förderung von **Leistung** und **Betriebstreue** gewährt werden. Sind sie ein **wesentlicher Bestandteil der Vergütung**, kann eine Anpassung der Verpflichtung aus der Aktienoptionsvereinbarung zB durch Gewährung anderer ähnlicher Rechte (zB Aktienoptionen des Erwerbers) oder durch eine entsprechende Erhöhung des Arbeitsentgelts erfolgen. Werden Aktienoptionen überwiegend zur Förderung der Betriebstreue gewährt, kann das Ausübungsrecht nach Betriebsübergang zB zeitlich begrenzt werden oder insgesamt verfallen[60]. Auch diese Fragen sollten bei Vereinbarung der Konditionen des Übernahmevertrags berücksichtigt werden. 32

Im Gegenzug zu den aufgezeigten Pflichten wird der neue Arbeitgeber auch aus den übergehenden Arbeitsverhältnissen berechtigt. Er hat Anspruch auf die **Arbeitsleistung**, kann das **Weisungsrecht** ausüben und ist Gläubiger der arbeitsvertraglichen Nebenpflichten (Schweigepflicht, Treupflicht etc.). Er wird auch Gläubiger der bereits vor Betriebsübergang entstandenen Ansprüche, zB des Herausgabeanspruchs wegen überzahlter Vergütung oder des Schadensersatzanspruchs wegen Pflichtverletzungen des Arbeitnehmers[61]. 33

---

[58] Für Namensgewinnscheine *LAG Hessen,* 6 Sa 1610/99, Urteil vom 10. 7. 2000, n. v.
[59] *Willemsen* in Willemsen/Hohenstatt/Schweibert Teil G Rn 184, 185; *Mechlem/Melms,* Verfall- und Rückzahlungsklauseln bei Aktienoptionsplänen, DB 2000, 1614, 1616.
[60] Vgl. auch *Willemsen* in Willemsen/Hohenstatt/Schweibert Teil G Rn 184, 185.
[61] *Putzo* in Palandt § 613a BGB Rn 16; *Schaub* in MünchKomm. § 613a BGB Rn 96; *Preis* in Erfurter Komm. § 613a BGB Rn 79.

34 Sind die übernommenen Mitarbeiter aufgrund der übergegangenen Arbeitsverhältnisse **besser gestellt** als die vorhandene Belegschaft, muß der neue Inhaber dies hinnehmen[62]. Er kann ihre Arbeitsverhältnisse nur durch Vereinbarung oder Änderungskündigung zu ihrem Nachteil abändern. Andererseits ist er grundsätzlich nicht verpflichtet, die übergegangenen Arbeitsverhältnisse besseren Bedingungen der vorhandenen Belegschaft anzupassen, falls nicht die Gleichbehandlung wegen der Integration von Arbeitnehmern in die betriebliche Struktur des Erwerbers notwendig oder eine Ungleichbehandlung infolge Zeitablaufs nicht mehr gerechtfertigt erscheint[63].

35 **e) Haftung des bisherigen und des neuen Arbeitgebers.** Mit Übergang der Arbeitsverhältnisse auf den Erwerber verliert der **Veräußerer** seine Eigenschaft als Arbeitgeber. Er **haftet** nur noch für die Verpflichtungen, die vor dem Zeitpunkt des Übergangs entstanden sind.

36 Er haftet **allein**, soweit Arbeitnehmer bereits vor Betriebsübergang aus dem Betrieb **ausgeschieden** sind, und zwar auch für Ansprüche, die erst nach dem Betriebsübergang fällig werden (zB Betriebsrenten- oder Provisionsansprüche)[64]. Der Erwerber kann solche Verpflichtungen übernehmen; das geschieht nicht selten bei Unternehmensübernahmen.

37 **Gesamtschuldnerisch** mit dem neuen Inhaber haftet er für Verpflichtungen aus übergegangenen Arbeitsverhältnissen, soweit diese vor dem Betriebsübergang **entstanden** sind und vor Ablauf **eines Jahres** nach dem Betriebsübergang **fällig** werden[65].

38 Für Verpflichtungen, die erst nach dem Betriebsübergang entstanden sind, ist allein der **Erwerber** verantwortlich.

39 **f) Widerspruchsrecht des Arbeitnehmers.** Der Arbeitnehmer kann verhindern, daß sein Arbeitsverhältnis auf den Erwerber übergeht, indem er diesem Übergang widerspricht. Das **Widerspruchsrecht** ist nicht gesetzlich verankert. Es beruht auf der Rechtsprechung des BAG und wird auf den Gedanken der freien Wahl des Arbeitsplatzes gestützt: Der Arbeitnehmer darf nicht „verkauft" werden[66].

40 Der Widerspruch bedarf keiner Begründung[67]. Er hat zur Folge, daß das Arbeitsverhältnis nicht auf den neuen Inhaber übergeht, sondern mit dem **alten Arbeitgeber fortbesteht**. In diesem Fall ist der Arbeitnehmer allerdings nicht vor einer **Kündigung** durch den ehemaligen Arbeitgeber geschützt. Beruht der Widerspruch auf triftigen Gründen (zB daß beim neuen Inhaber kein zumutbarer

---

[62] *Preis* in Erfurter Komm. § 613a BGB Rn 75.
[63] *Preis* in Erfurter Komm. § 613a BGB Rn 75.
[64] BAG AP BGB § 613a Nr. 6, 12 und 60.
[65] § 613a Abs. 2 Satz 1 BGB; *Schaub* in MünchKomm. § 613a BGB Rn 105, 106; *Preis* in Erfurter Komm. § 613a BGB Rn 118. Für Forderungen, die erst nach dem Betriebsübergang fällig werden (zB Weihnachtsgeld, Urlaubsanspruch etc.), haftet der ehemalige Inhaber nur zeitanteilig, § 613a Abs. 2 Satz 2 BGB.
[66] BAG AP BGB § 613a Nr. 177; *ArbG Münster* DB 2000, 1183, 1184.
[67] BAG AP BGB § 613a Nr. 37 und 177.

Arbeitsplatz besteht), kommen im Fall einer Kündigung Ansprüche aus einem **Sozialplan** oder **tarifvertragliche Abfindungen** in Betracht[68].

Der Widerspruch kann grundsätzlich bis zu dem **Zeitpunkt** erklärt werden, in dem der Betrieb auf den neuen Inhaber übergeht. Hat der Arbeitnehmer bis dahin nicht widersprochen, geht sein Arbeitsverhältnis über[69]. **41**

Der Arbeitgeber kann den Arbeitnehmern nach hinreichender **Information** über den neuen Inhaber und den Übergang der Arbeitsverhältnisse auch eine angemessene **Frist** für die Erklärung des Widerspruchs setzen[70]. **42**

Ist der Arbeitnehmer nicht **rechtzeitig** über den Betriebsübergang in Kenntnis gesetzt worden, kann er auch nach dem Betriebsübergang noch binnen einer **Frist** von drei Wochen ab Kenntniserlangung widersprechen[71]. Es liegt daher im Interesse aller Parteien, die Belegschaft rechtzeitig über den Betriebsübergang zu informieren[72]. **43**

g) **Kündigungsverbot und Wiedereinstellungsanspruch.** Die wegen des Übergangs eines Betriebs oder Betriebsteils ausgesprochene **Kündigung** eines Arbeitsverhältnisses ist unzulässig[73]. Der bei Betriebsübergang vorgesehene Arbeitnehmerschutz soll nicht durch eine hierauf gestützte Kündigung vereitelt werden können[74]. **44**

Eine Kündigung wird wegen des Betriebsübergangs ausgesprochen, wenn der Betriebsübergang „der tragende Grund", „die **überwiegende Ursache**" der Kündigung ist; der alleinige Beweggrund für die Kündigung muß er nicht sein[75]. Eine Kündigung ist zB unzulässig, wenn sie ausgesprochen wird, weil der Erwerber einen oder mehrere Arbeitnehmer nicht übernehmen will[76]. Selbst eine Eigenkündigung des Arbeitnehmers oder eine **Aufhebungsvereinbarung** kann unwirksam sein, wenn sie dazu bestimmt ist, das gesetzliche Kündigungsverbot auszuhebeln[77]. **45**

Unerheblich ist, wer (der alte oder der neue Inhaber, der Konkursverwalter) die Kündigung ausspricht und wann. Für die Beurteilung der Wirksamkeit einer Kündigung ist stets auf die Umstände zum **Zeitpunkt des Zugangs der Kündigung** abzustellen. Sie kann wegen des Betriebsübergangs auch schon lange vorher ausgesprochen worden sein[78], wenn der Betriebsübergang „**greifbare Formen**" angenommen hatte[79]. **46**

---

[68] *BAG* AP KSchG 1969 § 1 Soziale Auswahl Nr. 22 und Nr. 27; AP BetrVG 1972 § 102 Nr. 81.
[69] *BAG* AP BGB § 613a Nr. 37, 103 und 177. Ebenso wenn der Arbeitnehmer in Kenntnis des Betriebsübergangs seine Arbeit ohne Vorbehalt fortsetzt.
[70] *BAG* AP BGB § 613a Nr. 10, offengelassen in AP BGB § 613a Nr. 177.
[71] *BAG* AP BGB § 613a Nr. 102, 103 und 177.
[72] Ist der Arbeitnehmer weder vom alten noch vom neuen Betriebsinhaber über den Übergang informiert worden, kann er seinen Widerspruch sowohl gegenüber dem ehemaligen als auch gegenüber dem neuen Arbeitgeber erklären, *BAG* AP BGB § 613a Nr. 103.
[73] § 613a Abs. 4 BGB.
[74] *BAG* AP BGB § 613a Nr. 34 und 147.
[75] *BAG* AP BGB § 613a Nr. 147 und 169; *BAG* NZA 1999, 147, 149.
[76] *BAG* AP BGB § 613a Nr. 34.
[77] *Preis* in Erfurter Komm. § 613a Rn 82, 83, 135 ff.
[78] *BAG* AP BGB § 613a Nr. 75.
[79] *BAG* AP BGB § 613a Nr. 169; *Schaub* in MünchKomm. § 613a BGB Rn 66.

47 Das **Kündigungsverbot** schützt die Arbeitnehmer aber nicht vor Risiken, „die sich jederzeit unabhängig vom Betriebsübergang aktualisieren können"[80]. Kündigungen, die von anderen Gründen getragen werden, bleiben also zulässig. Das Kündigungsverbot hindert den Betriebsinhaber nicht, vor der Veräußerung des Betriebs etwa notwendige Umstrukturierungen und Rationalisierungen durchzuführen und auch **betriebsbedingte Kündigungen** auszusprechen[81]. Dasselbe gilt für **personenbedingte** und **verhaltensbedingte Kündigungen**. Voraussetzung ist aber, daß der weitere Grund (zB das dringende betriebliche Erfordernis der Rationalisierung oder die Vertragsverletzung des Arbeitnehmers) die Kündigung rechtfertigt, so daß der bevorstehende Betriebsübergang nur als der äußere Anlaß der Kündigung anzusehen ist[82].

48 Gegen eine hiernach unzulässige Kündigung kann der Arbeitnehmer **Kündigungsschutzklage** erheben[83]. Ausnahmsweise kommt ein Anspruch auf **Fortsetzung des beendeten Arbeitsverhältnisses** sogar dann in Betracht, wenn dem Arbeitnehmer wirksam betriebsbedingt (zB wegen Stillegung des Betriebs) gekündigt worden ist. Kommt es danach zu einem Betriebsübergang (zB weil sich nach Zugang der Kündigung unerwartet ein Erwerber zum Kauf des Betriebs entschlossen hat), kann der Arbeitnehmer verlangen, beim Erwerber zu unveränderten Arbeitsbedingungen und unter Wahrung seines Besitzstands weiterbeschäftigt zu werden[84].

49 h) Unabdingbarkeit und Geltung bei Auslandsberührung. § 613a BGB kann nicht **abbedungen** werden. Eine Vereinbarung, die den Übergang des Arbeitsverhältnisses ausschließt, ist grundsätzlich unzulässig. Ebenso unwirksam sind Versuche, den Schutz der Vorschrift zu umgehen, zB durch Kündigung des Arbeitsverhältnisses mit dem alten Arbeitgeber und sofortige Neueinstellung beim neuen Arbeitgeber oder bei **Aufhebung** des Arbeitsverhältnisses und sofortige Neueinstellung beim Erwerber und dgl.[85]

50 § 613a BGB gilt nur für Arbeitsverhältnisse, die deutschem Recht unterliegen, idR also im **Inland**. Unter bestimmten Umständen kann sich die Geltung allerdings nach den Regeln des IPR auf ausländische Erwerber erstrecken[86].

2. Betriebsverfassungsrecht

51 a) Betriebsrat. § 613a BGB dient nicht nur der Sicherung der Arbeitsverhältnisse, sondern auch der **Kontinuität der Betriebsratstätigkeit**[87]. Wird ein **Betrieb** im Wege des Asset Deal übertragen und besteht die **Identität** des Betriebs unter dem neuen Inhaber fort, bleibt die Stellung des **Betriebsrats** vom

---

[80] *BAG* AP BGB § 613a Nr. 147; § 613a Abs. 4 Satz 2 BGB.
[81] *BAG* AP BGB § 613a Nr. 147 und 173; *Preis* in Erfurter Komm. § 613a BGB Rn 135ff.
[82] *BAG* AP BGB § 613a Nr. 34.
[83] Hierbei ist er nicht an die dreiwöchige Frist des Kündigungsschutzgesetzes gebunden, *Preis* in Erfurter Komm. § 613a Rn 155; *Putzo* in Palandt § 613a BGB Rn 29.
[84] *BAG* AP BGB § 613a Nr. 169; *BAG* DB 1999, 485.
[85] *Preis* in Erfurter Komm. § 613a BGB Rn 139 bis 141; *Schaub* in MünchKomm. § 613a BGB Rn 62.
[86] *BAG* AP BGB § 613a Nr. 25; *Schaub* in MünchKomm. § 613a BGB Rn 14.
[87] *BAG* AP BGB § 613a Nr. 18, 34 und 60.

Betriebsübergang grundsätzlich unberührt[88]. Der beim Veräußerer gewählte Betriebsrat bleibt weiterhin berechtigt und verpflichtet, die Interessen der übergegangenen Belegschaft zu vertreten und seine betriebsverfassungsrechtlichen Aufgaben wahrzunehmen[89].

Veränderungen können eintreten, wenn die **Identität** des Betriebs iRd. Asset Deal verlorengeht (insbes. bei Änderung der organisatorischen Strukturen). Mit Verlust der Identität entfällt auch die Grundlage für die Betriebsratsfunktionen[90]. Die Amtszeit des Betriebsrats des übergehenden Betriebs endet; im übrigen aber ist zu unterscheiden: 52

aa) Bislang gültige Rechtslage. Wird ein Betrieb in einen anderen Betrieb **eingegliedert**, verliert er seine Identität. Die Amtszeit des Betriebsrats des eingegliederten Betriebs endet. Der aufnehmende Betrieb besteht dagegen fort. Sein Betriebsrat bleibt im Amt und vertritt ab dem Betriebsübergang auch die Interessen der Arbeitnehmer des eingegliederten Betriebs[91]. Hat die **Eingliederung** eine Veränderung der **Belegschaftsstärke** in dem neuen Betrieb zur Folge, ist ggf. eine Neuwahl des Betriebsrats notwendig[92]. Besteht in dem aufnehmenden Betrieb kein Betriebsrat, endet die Amtszeit des Betriebsrats des eingegliederten Betriebs. Nach der Eingliederung kann ein neuer Betriebsrat gewählt werden[93]. 53

Werden dagegen zwei oder mehrere Betriebe **zusammengelegt**, so daß alle Betriebe ihre Identität verlieren und ein neuer Betrieb entsteht, endet das Mandat aller Betriebsräte. Im neuen Betrieb kann ein neuer Betriebsrat gewählt werden[94]. 54

Geht nur ein **Betriebsteil** im Wege des Asset Deal auf einen neuen Inhaber über, endet die Zuständigkeit des Betriebsrats des abgebenden Betriebs für den abgetrennten Betriebsteil und dessen Arbeitnehmer. Etwas anderes gilt nur, wenn die Identität des Betriebs auch nach dem Betriebsteilübergang erhalten bleibt, zB weil der bisherige und der neue Inhaber einen gemeinsamen Betrieb führen[95]. Im Betrieb des ehemaligen Inhabers bleibt der Betriebsrat grundsätzlich bestehen. Wird der Betriebsteil beim Erwerber als selbständiger Betrieb fortgeführt, kann dieser einen neuen Betriebsrat wählen[96]. Wird die Organisationseinheit aufgehoben und der übergehende Betriebsteil in einen Betrieb eingegliedert, wird der Betriebsrat des aufnehmenden Betriebs auch für die Arbeitnehmer dieses Betriebsteils zuständig. Besteht kein Betriebsrat, kann er nach dem Übergang gewählt werden[97]. 55

---

[88] *BAG* AP BGB § 613a Nr. 77 und Nr. 89 und *BAG* DB 2000, 2482, 2484; *Fitting* § 21 BetrVG Rn 34.
[89] *BAG* AP BetrVG 1972 § 21 Nr. 2; AP BetrVG 1972 § 99 Nr. 5.
[90] *BAG* AP BGB § 613a Nr. 77; *Fitting* § 21 BetrVG Rn 37 f.; *Preis* in Erfurter Komm. § 613a BGB Rn 110.
[91] Vgl. e *BAG* AP ArbGG § 97 Nr. 4 und *BAG* DB 2000, 2482, 2484; *LAG Baden-Württemberg* DB 1996, 2084; *Fitting* § 21 BetrVG Rn 38; aA für den Fall, daß in dem eingegliederten Betrieb ein Betriebsrat amtierte, *Wiese/Kreutz* in GK § 21 BetrVG Rn 44.
[92] § 13 BetrVG; *Fitting* § 21 BetrVG Rn 38.
[93] *Fitting* § 21 BetrVG Rn 38.
[94] *Fitting* § 21 BetrVG Rn 39.
[95] *BAG* AP BGB § 613a Nr. 77.
[96] *Fitting* § 21 BetrVG Rn 40.
[97] AA *LAG Berlin* NZA 1998, 1354, 1356.

56 Um zu vermeiden, daß die Arbeitnehmer vorübergehend ohne Vertretung und somit ohne betriebsverfassungsrechtlichen Schutz (gegen Kündigungen, Betriebsänderungen etc.) sind, befürworten zahlreiche Meinungen im Schrifttum ein **Übergangsmandat** des Betriebsrats[98]. Umstritten ist allerdings, ob sich das Übergangsmandat inhaltlich auf sämtliche Arbeitnehmer erstreckt, also auch auf die Arbeitnehmer, die zuvor einem anderen Betrieb angehört haben und Arbeitnehmer, die bislang noch keinen Betriebsrat gewählt hatten[99].

57 **bb) Anerkennung eines allgemeinen Übergangsmandats.** Die vorstehend geschilderten Grundsätze sind im Wandel begriffen. Den Mitgliedstaaten ist nunmehr der Auftrag erteilt[100], die erforderlichen Maßnahmen zu treffen, um eine angemessene Vertretung der Arbeitnehmer in den Fällen sicherzustellen, in denen der übertragene Betrieb oder Betriebsteil seine Selbständigkeit verliert. Diese Vertretung soll übergangsweise bis zum Zeitpunkt der Bildung einer neuen Arbeitnehmervertretung bestehen. Im Einklang mit dieser Richtlinie hat das BAG nunmehr ein allgemeines Übergangsmandat anerkannt, wenn die Identität eines Betriebs oder Betriebsteils in Folge einer Umstrukturierung verlorengeht und die Arbeitnehmer wegen der Umstrukturierung keinen betriebsverfassungsrechtlichen Schutz mehr genießen[101]. Eine Umsetzung in das nationale Recht steht kurz bevor. Der Bundestag hat ein allgemeines Übergangsmandat in das Gesetz zur Reform des Betriebsverfassungsgesetzes aufgenommen[102]. Danach hat der Betriebsrat künftig bei jeder Betriebsspaltung oder bei Zusammenlegung von Betrieben oder Betriebsteilen ein Übergangsmandat. Voraussetzung ist, daß die Organisationsänderung zum Wegfall der Zuständigkeit des bisherigen Betriebsrats führt und die Arbeitnehmer dadurch ihren betriebsverfassungsrechtlichen Schutz verlieren würden. Dabei ist der Weg der Organisationsänderung unerheblich (schlichte Änderungen der Organisation, Betriebsübergang, Umwandlung)[103].

58 Unklar bleibt aber, ob sich das Übergangsmandat auch auf Arbeitnehmer erstreckt, die nicht dem betroffenen Betrieb oder Betriebsteil zugeordnet waren. Diese Frage wird inbes. im Rahmen von Umwandlungen kontrovers beantwortet[104].

59 **b) Beteiligung des Betriebsrats.** Bei einem Asset Deal ist der Veräußerer verpflichtet, den Betriebsrat über den bevorstehenden Betriebsübergang zu **unterrichten**[105]. Der Asset Deal selbst begründet aber kein darüber hinausgehendes

---

[98] Vgl. *Fitting* § 21 BetrVG Rn 42.
[99] *Fitting* § 21 BetrVG Rn 46 und § 111 BetrVG Rn 51; *Hohenstatt* in Willemsen/Hohenstatt/Schweibert Teil D Rn 66, 67; aA *Joost* in Lutter § 321 UmwG Rn 28; siehe Rn 106f.
[100] Mit Richtlinie 98/50/EG zur Änderung der Betriebsübergangsrichtlinie vom 29. 6. 1998, abgedruckt in EAS A 3042.
[101] *BAG* DB 2000, 2482, 2484.
[102] § 21a des Gesetzes zur Reform des BetrVG, das der Bundestag am 22. 6. 2001 verabschiedet hat, abrufbar unter www.bma.de. Vgl. *Krause*, Das Übergangsmandat des Betriebsrats im Lichte der novellierten Betriebsübergangsrichtinie, NZA 1998, 1201, 1204.
[103] Begründung des Gesetzes zur Reform des BetrVG zu Nr. 18 (§ 21a), abrufbar unter www.bma.de.
[104] Siehe Rn 107ff.
[105] § 2 Abs. 1 BetrVG; *Fitting* § 1 BetrVG Rn 105.

Beteiligungsrecht des Betriebsrats. Nur wenn iRd. Asset Deal eine **Betriebsänderung** erfolgt, ist der Betriebsrat auch hierüber rechtzeitig zu unterrichten und zu beteiligen. Geplante Betriebsänderungen sind mit ihm zu beraten[106]. Ziel der Beteiligung des Betriebsrats ist der Abschluß eines **Interessenausgleichs** und eines **Sozialplans**[107]. Neben dieser besonderen Form der Beteiligung gelten bei einem Asset Deal die üblichen Mitwirkungsrechte in **sozialen** Angelegenheiten (zB bei Einführung eines neuen EDV-Systems), **personellen** Einzelmaßnahmen (wie Einstellungen und Versetzungen), etc. Weitere Unterrichtungspflichten können sich unter dem Aspekt der **vertrauensvollen Zusammenarbeit** und der Personalplanung ergeben[108].

c) Unterrichtung des Betriebsrats bei Betriebsänderung. Die Übertragung eines Unternehmens, eines Betriebs oder Betriebsteils stellt für sich gesehen keine **Betriebsänderung** dar[109], sondern führt auch beim Asset Deal idR nur zu einem Wechsel des Inhabers. Betriebsänderungen kommen aber zB in Betracht, wenn die **Organisationseinheit** eines Betriebs im Rahmen eines Asset Deal verselbständigt wird oder wenn der Betrieb verlegt oder mit anderen Betrieben oder Betriebsteilen zusammengelegt wird[110].

Derartige Veränderungen unterliegen der Beteiligung des Betriebsrats, wenn das betreffende Unternehmen regelmäßig 20 wahlberechtigte Arbeitnehmer beschäftigt und die geplante Betriebsänderung **wesentliche Nachteile** für die Belegschaft zur Folge haben kann[111].

Verschiedene Betriebsänderungen sind im Betriebsverfassungsgesetz (BetrVG) ausdrücklich aufgeführt: Als Betriebsänderungen werden danach angesehen
– die **Einschränkung**, die **Stillegung** oder die **Verlegung** des Betriebs oder von wesentlichen Betriebsteilen;
– die **Spaltung** oder der **Zusammenschluß** von Betrieben;
– grundlegende Änderungen der **Betriebsorganisation**, des **Betriebszwecks** oder der **Betriebsanlagen**;
– die Einführung grundlegend neuer **Arbeitsmethoden** und **Fertigungsverfahren**[112].

Diese Aufzählung ist nicht abschließend; da die aufgeführten Betriebsänderungen aber regelmäßig für die Belegschaft Nachteile mit sich bringen, lösen sie stets ein Beteiligungsrecht des Betriebsrats aus[113].

Ein wesentlicher Nachteil ist im übrigen gegeben, wenn die Arbeitnehmer durch die Betriebsänderung eine **erhebliche und unzumutbare Verschlechterung** erfahren, zB durch Verlust des Arbeitsplatzes, Versetzung, Verlängerung der Anfahrtswege zur Arbeitsstätte, Verlust der sozialen Kommunikationsmög-

---

[106] § 111 BetrVG.
[107] §§ 111, 112 BetrVG.
[108] §§ 2, 80, 99 BetrVG.
[109] St. Rspr. des BAG, vgl. *BAG* AP BetrVG 1972 § 113 Nr. 37.
[110] § 111 BetrVG.
[111] § 111 Satz 1 BetrVG idF des Gesetzes zur Reform des BetrVG, das der Bundestag am 22. 6. 2001 verabschiedet hat, abrufbar unter www.bma.de.
[112] § 111 Satz 1 Nr. 1 bis 5 BetrVG.
[113] *BAG* AP BetrVG 1972 § 111 Nr. 10 und 15; *Fitting* § 111 BetrVG Rn 40 und 42.

lichkeiten am Arbeitsplatz etc. Nachteile, die sich nur vorübergehend auswirken, sind nicht erheblich[114].

65 Die Mitwirkung des Betriebsrats hängt maßgeblich davon ab, ob **erhebliche Teile der Belegschaft** hiervon betroffen sind. Das BAG orientiert sich für die Einstufung als „erheblich" an den Zahlen- und Prozentsätzen des § 17 des Kündigungsschutzgesetzes (KSchG), jedoch mit der Maßgabe, daß es mindestens 5% der Gesamtbelegschaft sein müssen[115]. Insgesamt kann nach der Rechtsprechung des BAG von folgender **Staffelung** ausgegangen werden[116]:

Zahl der Arbeitnehmer insgesamt	Arbeitnehmerzahl, die eine Beteiligung auslöst
21 bis 59 Arbeitnehmer	6 Arbeitnehmer
60 bis 499 Arbeitnehmer	10% der Arbeitnehmer oder mehr als 25 Arbeitnehmer
500 bis 599 Arbeitnehmer	30 Arbeitnehmer
ab 600 Arbeitnehmer	5% der Arbeitnehmer

66 Das BAG nimmt eine Betriebsänderung auch an, wenn diese Zahlen und Prozentsätze geringfügig unterschritten werden[117].

67 Die Zahl der betroffenen Arbeitnehmer wird besonders relevant, wenn die Betriebsänderung allein in einem **Personalabbau** besteht. Dann hängt das Mitwirkungsrecht des Betriebsrats davon ab, ob eine der Staffelung des BAG entsprechende Zahl von Arbeitnehmern abgebaut wird. Die Mitwirkung des Betriebsrats wird ausgelöst, wenn der Personalabbau in dem vorgenannten Umfang auf einer **einheitlichen unternehmerischen Planung** des Arbeitgebers beruht, mag er auch in mehreren Stufen durchgeführt werden[118]. Im übrigen muß der Personalabbau auch nicht innerhalb der in § 17 KSchG vorgeschriebenen 30 Kalendertage erfolgen[119].

68 Wird iRd. Asset Deal eine Betriebsänderung geplant, ist der Unternehmer verpflichtet, den Betriebsrat **rechtzeitig** davon zu unterrichten, damit der Betriebsrat schon in einem möglichst frühen Stadium an der Planung beteiligt wird. „Geplant" ist eine Betriebsänderung, wenn und sobald sich der Unternehmer dazu **entschlossen** hat. Unerheblich ist, daß er zB noch die Zustimmung des Aufsichtsrats oder eines anderen Gremiums abwarten muß. Verspätet ist die Information immer dann, wenn die Durchführung der Maßnahme schon **eingeleitet** worden ist[120].

---

[114] *Fabricius* GK § 111 BetrVG Rn 214, 216; *Fitting* § 111 BetrVG Rn 43.
[115] BAG AP BetrVG 1972 § 111 Nr. 10 und 26.
[116] *Fitting* § 111 BetrVG Rn 71.
[117] BAG AP BetrVG 1972 § 111 Nr. 36.
[118] *Fitting* § 111 BetrVG Rn 46; *Schweibert* in Willemsen/Hohenstatt/Schweibert Teil C Rn 22 bis 25.
[119] *Fitting* § 111 BetrVG Rn 46.
[120] BAG AP BetrVG 1972 § 113 Nr. 2; *Fabricius* GK § 111 BetrVG Rn 64, 73; *Fitting* § 111 BetrVG Rn 100.

69 Besteht zu dem Zeitpunkt, in dem die Betriebsänderung geplant wird, noch kein Betriebsrat, entfällt ein Beteiligungsrecht. Wird ein Betriebsrat erstmals gewählt, nachdem mit der Durchführung der geplanten Betriebsänderung begonnen wurde, kann er ebenfalls nicht mehr beteiligt werden; hier bleibt für den Versuch eines Interessenausgleichs kein Raum mehr[121].

70 Die Unterrichtung muß neben dem **Inhalt** der geplanten Änderung auch die **Gründe** dafür, ihre voraussichtliche **Auswirkungen** auf die Belegschaft und den **Zeitraum** umfassen, in dem sie umgesetzt werden soll. Eine Form ist nicht vorgeschrieben. Aus Beweisgründen empfiehlt sich aber die Einhaltung der Schriftform. Der Unternehmer muß dem Betriebsrat auf Verlangen die zur Durchführung der Betriebsänderung notwendigen **Unterlagen** zur Verfügung stellen[122]. Im Interesse einer positiven Kooperation sollte die Planung – soweit möglich – dem Betriebsrat möglichst transparent geschildert werden[123].

71 Sind mehrere Betriebe eines Unternehmens von der Betriebsänderung betroffen, ist grundsätzlich der **Gesamtbetriebsrat** zuständig. Ist ein Gesamtbetriebsrat nicht gebildet, sind die Betriebsräte der jeweiligen Betriebe zuständig. Dasselbe gilt für den **Konzernbetriebsrat**, wenn sich die Betriebsänderung auf mehrere Betriebe eines Konzerns bezieht[124]. Der Unterrichtung des Betriebsrats folgt eine **Beratung** zwischen Betriebsrat und Arbeitgeber.

72 Mißachtet der Arbeitgeber die Mitwirkungsrechte des Betriebsrats, kommen **Ausgleichsansprüche** der Arbeitnehmer in Betracht[125].

73 **d) Vereinbarung von Interessenausgleich und Sozialplan.** Zweck der Unterrichtung des Betriebsrats ist die Vereinbarung eines Sozialplans und eines Interessenausgleichs[126]. Der **Sozialplan** umfaßt Ausgleichsmechanismen für die der Belegschaft entstehenden **Nachteile**; er kann in eine abstrakt-generelle Regelung gekleidet werden, die künftige Fälle umfaßt. Der **Interessenausgleich** enthält dagegen konkrete Regelungen über die Art und Weise der Durchführung der Betriebsänderung und den hierzu vorgesehenen Zeitraum; er kann daher keine vorweggenommenen Regelungen für künftige Änderungen enthalten[127]. Wegen der inhaltlichen Unterschiede ist dem Mitwirkungsrecht des Betriebsrats nicht bereits dadurch genügt, daß er mit dem Arbeitgeber einen Sozialplan vereinbart. Es ist daher stets empfehlenswert, bei den Verhandlungen über einen Sozialplan konkret auf Einzelheiten der Betriebsänderungen einzugehen. Dies setzt natürlich voraus, daß die Planungen zu diesem Zeitpunkt so konkret sind, daß der Betriebsrat die Möglichkeit hatte, die Durchführung der Betriebsänderung „zu beurteilen und sie zu beeinflussen"[128].

---

[121] *BAG* AP BetrVG 1972 § 112 Nr. 63.
[122] *Fitting* § 111 BetrVG Rn 103.
[123] *Schweibert* in Willemsen/Hohenstatt/Schweibert Teil C Rn 147.
[124] *Fabricius* GK § 111 BetrVG Rn 57 bis 62.
[125] § 113 BetrVG.
[126] §§ 112, 112a BetrVG.
[127] *BAG* AP BetrVG 1972 § 113 Nr. 37.
[128] *BAG* AP BetrVG 1972 § 113 Nr. 37.

74 Führen die Beratungen zu keinem Resultat, kann jede Partei den Präsidenten des Landesarbeitsamts um **Vermittlung** ersuchen[129]. Geschieht dies nicht oder bleibt der Vermittlungsversuch ohne Erfolg, kann jede Partei die **Einigungsstelle** anrufen[130], die versucht, nach Vorlage der beiderseitigen Vorschläge eine Einigung der Parteien zu erzielen. Nur wenn diese scheitert, entscheidet die Einigungsstelle über die **Aufstellung eines Sozialplans**[131]. Mit Anrufung der Einigungsstelle kann der Betriebsrat also einen Sozialplan erzwingen. Besteht Uneinigkeit, empfiehlt es sich auch für den Arbeitgeber die Einigungsstelle einzuschalten; hierdurch vermeidet er etwaige Ausgleichsansprüche der Belegschaft.

75 Ist unklar, ob eine Betriebsänderung vorliegt oder ein Betriebsübergang, können Arbeitgeber und Betriebsrat **vorsorglich** einen **Sozialplan** vereinbaren. Kündigt der Veräußerer vorsorglich für den Fall, daß die Arbeitsverhältnisse nicht im Wege des Betriebsübergangs auf den Erwerber übergehen, kann dies als Betriebsänderung zu werten sein. Geschieht dies, haben Arbeitgeber und Betriebsrat durch vorsorgliche Vereinbarung des Sozialplans ihre betriebsverfassungsrechtlichen Pflichten erfüllt[132]. Ein solcher Sozialplan sollte allerdings klarstellen, daß er nur für den Fall geschlossen wird, daß entgegen der Annahme der Parteien eine Betriebsänderung, kein Betriebsübergang, vorliegt. Die Sozialleistungen können darin unter der aufschiebenden Bedingung versprochen werden, daß eine rechtskräftige Gerichtsentscheidung einen Betriebsübergang verneint[133].

76 e) **Gesamtbetriebsrat und Konzernbetriebsrat.** Bestehen in einem Unternehmen mehrere Betriebsräte, ist ein **Gesamtbetriebsrat** zu bilden[134]. Demnach kann die Übertragung bereits eines Betriebs zur Bildung eines Gesamtbetriebsrats führen, etwa wenn ein Unternehmen, das bislang nur einen Betrieb führte, einen weiteren Betrieb erwirbt. Der Gesamtbetriebsrat ist eine **Dauereinrichtung**. Er wird nicht für eine begrenzte Amtszeit errichtet[135]. Deswegen kann ein Betriebsübergang auch seine **Zusammensetzung** beeinflussen. Wird ein Betrieb auf ein Unternehmen übertragen, das bereits über einen Gesamtbetriebsrat verfügt, entsendet der entsprechende Betriebsrat seine Vertreter in den Gesamtbetriebsrat[136]. Umgekehrt entfallen, wenn ein Unternehmen nach einem Asset Deal nur noch aus einem Betrieb besteht, die Voraussetzungen für die Errichtung eines Gesamtbetriebsrats; sein Mandat endet[137].

77 Ein Gesamtbetriebsrat kann nur für **inländische Betriebe** gebildet werden. Dies gilt auch für inländische Betriebe eines ausländischen Unternehmens[138]. Ausländische Betriebe können durch Bildung eines Europäischen Betriebsrats

---

[129] § 112 Abs. 2 Satz 1 BetrVG.
[130] § 112 Abs. 2 Satz 2 BetrVG.
[131] § 112 Abs. 4 BetrVG.
[132] *BAG* AP BetrVG 1972 § 112 Nr. 123.
[133] *Meyer* in der Anm. zu *BAG* AP BetrVG 1972 § 112 Nr. 123.
[134] § 47 Abs. 1 BetrVG.
[135] *Fitting* § 47 BetrVG Rn 19.
[136] § 47 Abs. 2 BetrVG.
[137] *Fitting* § 47 BetrVG Rn 19.
[138] *Fitting* § 47 BetrVG Rn 16.

oder durch freiwillige Zusammenarbeit ausländischer Vertreter mit inländischen Betriebsräten an der betriebsverfassungsrechtlichen Arbeit beteiligt werden.

Ein Asset Deal kann sich auch auf den Bestand und die Zusammensetzung eines **Konzernbetriebsrats** auswirken. Entsteht durch die Übernahme eines Unternehmens erstmals ein Konzern mit mehreren Gesamtbetriebsräten, können diese einen Konzernbetriebsrat bilden[139]. Dabei können auch **ausländische Unternehmen** beteiligt werden, vorausgesetzt nur, das herrschende Unternehmen hat seinen Sitz im Inland. Der Konzernbetriebsrat kennt – wie der Gesamtbetriebsrat – **keine Amtszeit**. Sein Mandat endet mit Auflösung des Konzerns (zB wenn nach Ausscheiden eines Unternehmens aus dem Konzern nur noch ein Unternehmen übrigbleibt)[140]. Andere Veränderungen in der Zusammensetzung des Konzerns wirken sich nur auf die Mitglieder des Konzernbetriebsrats aus: Die Vertreter ausscheidender Unternehmen scheiden aus, und Vertreter hinzukommender Unternehmen werden neu in den Konzernbetriebsrat entsandt[141]. 78

f) Unterrichtung des Wirtschaftsausschusses. Der **Wirtschaftsausschuß** ist ein Hilfsorgan des Betriebsrats und wird von diesem gebildet[142]. Er hat die Aufgabe, wirtschaftliche Angelegenheiten mit dem Unternehmer zu beraten[143]. Hierunter fällt auch der **Übergang** des Unternehmens, eines Betriebs oder Betriebsteils auf einen anderen Inhaber, ebenso der **Zusammenschluß** von Unternehmen und Betrieben, die **Verlegung** von Betrieben und Betriebsteilen und die **Änderung** der Betriebsorganisation oder des Betriebszwecks[144]. Dieses Beteiligungsrecht kann sowohl im Betrieb des ehemaligen als auch im Betrieb des neuen Inhabers entstehen. 79

Der Arbeitgeber ist verpflichtet, den Wirtschaftsausschuß **unaufgefordert** und **umfassend** über die wirtschaftlichen Angelegenheiten zu unterrichten[145]. Umfassend ist die Unterrichtung, wenn sie sowohl die **Maßnahme** selbst als auch ihren **Grund** und ihre **Auswirkungen** umfaßt. Der Arbeitgeber ist auch verpflichtet, dem Wirtschaftsausschuß die für die Angelegenheit maßgeblichen Unterlagen vorzulegen (Jahresabschluß, Wirtschaftsprüfungsbericht, Organisations- und Rationalisierungspläne, Marktanalysen und dgl.). Er kann allerdings Informationen und Unterlagen zurückhalten, wenn Betriebs- und Geschäftsgeheimnisse des Unternehmens durch die Unterrichtung gefährdet würden[146]. Gegenstand der Unterrichtung ist aber nicht primär die Übertragung des Unternehmens, sondern vielmehr die durch den Inhaberwechsel bedingte Veränderung in der Zusammensetzung des Gesellschafterkreises und deren **Einfluß** auf die Unternehmenspolitik 80

---

[139] § 54 Abs. 1 BetrVG.
[140] *Fitting* § 54 BetrVG Rn 37.
[141] *Fitting* § 57 BetrVG Rn 7.
[142] § 107 BetrVG; *Fitting* § 106 BetrVG Rn 3.
[143] § 106 Abs. 1 Satz 2 BetrVG.
[144] *BAG* AP BetrVG 1972 § 106 Nr. 9; § 106 Abs. 3 Nr. 7 bis 10 BetrVG; *Fitting* § 106 BetrVG Rn 50; *Preis* in Erfurter Komm. § 613a BGB Rn 114.
[145] *Fitting* § 106 BetrVG Rn 26.
[146] *Fitting* § 106 BetrVG Rn 21 bis 25; *Hanau/Kania* in Erfurter Komm. § 106 BetrVG Rn 6.

und -strategie. Die Unterrichtung muß den Wirtschaftsausschuß in die Lage versetzen, die Angelegenheit zu beraten[147].

81 Der Wirtschaftsausschuß muß **rechtzeitig** informiert werden[148], und zwar anders als der Betriebsrat bereits im **Planungsstadium**. Hierdurch soll er in die Lage versetzt werden, die Willensbildung des Unternehmers zu beeinflussen, ehe dieser eine Entscheidung trifft[149]. Der Wirtschaftsausschuß muß wiederum den Betriebsrat in Kenntnis setzen, ist also jedenfalls **vor dem Betriebsrat** zu informieren[150].

82 **g) Weitergeltung von Betriebsvereinbarungen.** Wird ein Betrieb im Wege des Asset Deal übertragen und bleibt dessen Identität beim Erwerber im wesentlichen erhalten, gelten die bestehenden **Betriebsvereinbarungen** unverändert fort[151]. Die Betriebsvereinbarungen entfalten dann auch gegenüber dem Erwerber **kollektivrechtliche Wirkung**. Hiervon ausgenommen sind **Gesamt- und Konzernbetriebsvereinbarungen**, es sei denn, mehrere Betriebe oder Unternehmen werden unter Beibehaltung ihrer Identität auf denselben Erwerber übertragen[152].

83 Bleibt die **Identität** des Betriebs beim Betriebsübergang nicht bestehen, werden die beim Veräußerer durch Betriebsvereinbarungen geregelten Rechte und Pflichten **Inhalt des Arbeitsverhältnisses** zwischen dem Erwerber und den übergehenden Arbeitnehmern[153]. Sie gelten **individualrechtlich** fort und verlieren ihre **normative Wirkung**[154]. Eine Änderung dieser Rechte und Pflichten ist innerhalb des ersten Jahres nach Betriebsübergang nur zu Gunsten der Arbeitnehmer zulässig. Nach Ablauf dieser **Jahresfrist** kann der Inhalt der Arbeitsverhältnisse durch Vereinbarung mit den Arbeitnehmern oder durch Änderungskündigung verändert werden.

84 Die Fortgeltung der sich aus Betriebsvereinbarungen ergebenden Rechte und Pflichten des Arbeitsverhältnisses ist ausgeschlossen, wenn **dieselben Rechte und Pflichten** bei dem neuen Inhaber durch eine andere Betriebsvereinbarung oder einen Tarifvertrag geregelt werden[155].

3. Tarifvertrag

85 Ein Betriebsübergang hat keine Auswirkungen auf die Mitgliedschaft der beteiligten Arbeitgeber in einem **Arbeitgeberverband**, insbes. wird der neue Be-

---

[147] *BAG* AP BetrVG 1972 § 106 Nr. 9; *Schweibert* in Willemsen/Hohenstatt/Schweibert Teil C Rn 409; *LAG Düsseldorf* DB 1989, 1088.
[148] *Fitting* § 106 BetrVG Rn 20.
[149] *BAG* AP BetrVG 1972 § 106 Nr. 9; *Fitting* § 106 BetrVG Rn 20.
[150] §§ 106, 108 Abs. 4 BetrVG; aA *Bauer* in Hölters V Rn 268: Die Unterrichtung kann auch nachträglich erfolgen. Eine Beratung mit dem Wirtschaftsausschuß ist bei Erwerb oder Veräußerung von Gesellschaftsanteilen nicht zwingend.
[151] *BAG* AP BGB § 613a Nr. 89 und 118.
[152] Ausführlich: *Hohenstatt* in Willemsen/Hohenstatt/Schweibert Teil E Rn 48 bis 52.
[153] § 613a Abs. 1 Satz 2 BGB; *Kreutz* in GK § 77 BetrVG Rn 329, 330.
[154] *BAG* AP BGB § 613a Nr. 108.
[155] § 613a Abs. 1 Satz 3 BGB.

triebsinhaber grundsätzlich nicht Mitglied des Arbeitgeberverbands des bisherigen Betriebsinhabers.

Für die Fortgeltung von **Tarifverträgen** nach einem Betriebsübergang gilt folgendes[156]: Ein Tarifvertrag gilt unverändert nur weiter, wenn der Betrieb oder Betriebsteil nach dem Übergang auf den neuen Inhaber noch in den **betrieblichen Geltungsbereich** des bisherigen Tarifvertrags fällt und sowohl der Erwerber als auch die Arbeitnehmer **tarifgebunden** sind oder wenn die beteiligten Rechtsträger in den Geltungsbereich eines für **allgemeinverbindlich** erklärten Tarifvertrags fallen[157]. Ein **Firmentarifvertrag** gilt nur weiter, wenn das Unternehmen im Wege der Gesamtrechtsnachfolge übertragen wird[158]. 86

Fällt ein Betrieb oder Betriebsteil bei seinem Übergang aus dem Geltungsbereich des Tarifvertrags heraus, gelten die tarifvertraglichen Bestimmungen **individualrechtlich** weiter. Sie verlieren ihre unmittelbare und zwingende Wirkung und werden **Bestandteil der Arbeitsverhältnisse**[159]. Das ist zB der Fall, wenn der neue Inhaber nicht tarifgebunden ist. Die individualrechtliche Fortgeltung betrifft aber nur die Regelungen des Tarifvertrags, die im Zeitpunkt des Betriebsübergangs bereits bestehen. Regelungen, die erst nach dem Betriebsübergang geschaffen und rückwirkend in Kraft gesetzt werden, sind hiervon ausgeschlossen[160]. Auch die Regelungen eines **Firmentarifvertrags** werden bei Betriebsübergang Bestandteil der Arbeitsverhältnisse mit dem neuen Arbeitgeber. Sie gelten **individualrechtlich** fort. Der Erwerber kann aber durch Vereinbarung mit der Gewerkschaft und dem Veräußerer freiwillig in den Firmentarifvertrag eintreten. In diesem Fall entfaltet der Firmentarifvertrag auch **kollektivrechtliche** Wirkung[161]. 87

Die Fortgeltung tarifvertraglicher Bestimmungen ist ausgeschlossen, wenn die Rechte und Pflichten bei dem neuen Inhaber durch Rechtsnormen eines **anderen Tarifvertrags** geregelt werden[162]. Dies setzt aber voraus, daß der beim Erwerber geltende Tarifvertrag die gleichen Rechte und Pflichten regelt, also **Regelungsidentität** besteht. Schweigt der beim Erwerber gültige Tarifvertrag zu einem Regelungsgegenstand, gelten die Regelungen des alten Tarifvertrags individualrechtlich weiter. Unerheblich ist dagegen, ob derselbe Gegenstand in beiden Regelungen gleich oder abweichend behandelt wird[163]. Dies gilt auch, wenn die Regelungen des beim Erwerber bestehenden Tarifvertrags für die übergehenden Arbeitnehmer ungünstiger sind. Ebenfalls ohne Bedeutung ist, ob der beim neuen Inhaber anwendbare Tarifvertrag vor oder nach dem Betriebsübergang abgeschlossen wurde oder ob die Tarifbindung erst einige Zeit nach Betriebsübergang eingetreten ist[164]. 88

---

[156] *BAG* AP TVG § 3 Verbandszugehörigkeit Nr. 13 und AP TVG § 1 Rückwirkung Nr. 11; *Oetker* in Wiedemann § 3 TVG Rn 19, 165 und 179.
[157] §§ 3, 4 und 5 TVG; *BAG* AP BGB § 613a Nr. 89.
[158] *Preis* in Erfurter Komm. § 613a BGB Rn 95; *Oetker* in Wiedemann § 3 TVG Rn 152ff.
[159] § 613a Abs. 1 Satz 2 BGB; *BAG* AP BGB § 613a Nr. 108.
[160] *BAG* AP TVG Rückwirkung § 1 Nr. 11.
[161] *BAG* AP TVG § 4 Ordnungsprinzip Nr. 15; *Oetker* in Wiedemann § 3 TVG Rn 158.
[162] § 613a Abs. 1 Satz 3 BGB.
[163] *BAG* AP BGB § 613a Nr. 108 und 153.
[164] *BAG* AP TVG § 4 Ordnungsprinzip Nr. 15; *Oetker* in Wiedemann § 3 TVG Rn 198 bis 200.

II. Share Deal

89 Bei einem Share Deal[165] gehen Anteile an einem Unternehmen auf einen neuen Inhaber über. Die Identität des Unternehmens bleibt hiervon unberührt.

1. Folgen für das Arbeitsverhältnis

90 Ein Share Deal hat weder einen Arbeitgeberwechsel noch einen Betriebsübergang zur Folge. Die **Arbeitsverhältnisse** bleiben unverändert bestehen[166]. **Betriebsvereinbarungen** und **Tarifverträge** bleiben unverändert anwendbar. Für die **Haftung** des ausscheidenden Gesellschafters gelten die allgemeinen Bestimmungen sowie die vertraglichen Vereinbarungen.

91 Auch die **Organstellung** und die **Dienstverträge** von Organen (Geschäftsführer, Vorstand) werden durch den Share Deal nicht berührt. Noch vor dessen Vollzug sollte daher überlegt werden, ob die vorhandenen Organe das Unternehmen nach dem Gesellschafterwechsel weiter führen sollen. Zu diesem Zeitpunkt können besondere Vereinbarungen getroffen werden, die entweder das Organmitglied für eine längere Zeitspanne an das Unternehmen binden oder die Beendigung von Organstellung und Dienstvertrag vorsehen.

2. Betriebsverfassungsrecht

92 Der **Erwerb von Gesellschaftsanteilen** vollzieht sich auf gesellschaftsrechtlicher Ebene ohne Beteiligung des Betriebsrats. Unklar ist, ob der Betriebsrat nach dem Betriebsverfassungsrecht über einen Share Deal **zu unterrichten ist**. Das Gesetz sieht dies nicht vor. Dennoch gehen zahlreiche Stimmen im Schrifttum davon aus, daß der Betriebsrat nach den allgemeinen Regeln[167] über einen Share Deal in Kenntnis zu setzen ist[168]. Das soll jedenfalls dann gelten, wenn der Share Deal einen **konkreten Bezug** zu den **Aufgaben** des Betriebsrats haben kann. In diesem Fall soll der Betriebsrat durch Information und Vorlage von Unterlagen in die Lage versetzt werden, selbst zu prüfen, ob sich für ihn Aufgaben ergeben und ob er zur Wahrnehmung dieser Aufgaben tätig werden muß[169]. Jedenfalls liegt die Mitteilung der Veränderung der Beteiligungsverhältnisse im Sinn einer positiven Kooperation. Sie wird auch dem **Grundsatz der vertrauensvollen Zusammenarbeit** gerecht. Unklar bleibt allerdings, zu welchem **Zeitpunkt** der Betriebsrat zu unterrichten ist. Das Gesetz sieht grundsätzlich rechtzeitige Unterrichtung vor. Was „rechtzeitig" ist, kann im Einzelfall zweifelhaft sein. Der Abschluß des Erwerbsvertrags ist wohl der späteste Zeitpunkt[170].

---

[165] Siehe § 12.
[166] *BAG* AP BGB § 613a Nr. 87; *Preis* in Erfurter Komm. § 613a BGB Rn 43.
[167] § 80 Abs. 2 BetrVG.
[168] *Fitting* § 80 BetrVG Rn 41; *Hanau/Kania* in Erfurter Komm. § 80 BetrVG Rn 20; *Buschmann* in Däubler/Kittner/Klebe (Hrsg.), Betriebsverfassungsgesetz, Kommentar für die Praxis, 7. Aufl. 2000, § 80 BetrVG Rn 36.
[169] § 80 Abs. 1 BetrVG; vgl. *BAG* NZA 1991, 644, 646.
[170] Das wird sich ändern, wenn das Gesetz zur Regelung von öffentlichen Angeboten zum Erwerb von Wertpapieren und von Unternehmensübernahmen – WÜG (siehe ausführlich Band 2) oder die am 4. Juli 2001 zunächst gescheiterte EU-Übernahmerichtlinie in Kraft tre-

Besteht in dem Unternehmen ein **Wirtschaftsausschuß**, ist dieser über den 93
Share Deal zu unterrichten. Darüber hinaus kann ggf. eine Pflicht zur Unterrichtung des Betriebsrats und Wirtschaftsausschusses über eine etwaige personelle **Neubesetzung** der **Geschäftsführung** in Betracht kommen[171]. Schließlich ist der Betriebsrat auch bei einem Share Deal zwingend zu beteiligen, wenn der Share Deal mit **betrieblichen Veränderungen** verbunden ist (zB Personalabbau, Änderungen der betrieblichen Organisation etc.[172]).

III. Kombination von Asset Deal und Share Deal

Eine Unternehmensübertragung kann auch durch Kombination von Asset 94
Deal und Share Deal vollzogen werden. Diese Kombination ist eine beliebte Variante, die es ermöglicht, die Rechtsfolgen des § 613a BGB abzuschwächen. Wird das Vermögen des Unternehmens (ganz oder teilweise) in einem ersten Schritt auf eine selbständige Gesellschaft (zB auf eine Tochtergesellschaft) übertragen, findet ein Wechsel des Inhabers (anderer Rechtsträger) und somit ein **Betriebsübergang** statt. Bei dieser Übertragung auf eine eigene Gesellschaft kann grundsätzlich von einer höheren Akzeptanz der Belegschaft ausgegangen werden. In einem zweiten Schritt werden nunmehr die **Anteile der Tochtergesellschaft** an einen Dritten **veräußert**. Auf diesen Share Deal finden die Regelungen zum Betriebsübergang keine Anwendung.

C. Verschmelzung

Die **Verschmelzung**[173] besteht in der Übertragung des Vermögens eines 95
Rechtsträgers auf einen anderen (bestehenden oder neuen) Rechtsträger. Das Vermögen geht kraft Gesetzes mit der **Eintragung der Verschmelzung** in das Handelsregister des übernehmenden Rechtsträgers (Gesamtrechtsnachfolge und Auflösung ohne Abwicklung) über[174]. Deshalb ist die allgemeine Vorschrift zum Betriebsübergang nur eingeschränkt anzuwenden. Weitere Rechtsfolgen sind

---

ten. Beide sehen Informations- und Beteiligungsrechte für Betriebsrat und Arbeitnehmer vor. Diese gelten aber nur, wenn ein Bieter Wertpapiere einer AG oder KGaA erwerben möchte, die zum Handel an einem organisierten Markt zugelassen sind (§ 1 RefE-WÜG). In diesem Fall ist der Vorstand der Zielgesellschaft verpflichtet, den Betriebsrat bzw., wenn ein solcher nicht besteht, die Arbeitnehmer über ein bestehendes Kauf- oder Tauschangebot zu unterrichten (§ 10 Abs. 5 Satz 2 RefE-WÜG). Außerdem muß er dem Betriebsrat oder den Arbeitnehmern die Angebotsunterlagen des Bieters übermitteln (§ 14 Abs. 4 Satz 2 RefE-WÜG). Schließlich ist der Vorstand der Zielgesellschaft verpflichtet, eine eigene Stellungnahme zu veröffentlichen und in ihr auf die Folgen des Angebots für die Arbeitnehmer seiner Gesellschaft einzugehen (§ 27 Abs. 1 Nr. 1 RefE-WÜG). Der Betriebsrat der Zielgesellschaft kann dem Vorstand eine eigene Stellungnahme zu dem Übernahmeangebot übermitteln, die der Vorstand gemeinsam mit seiner eigenen Stellungnahme veröffentlichen muß (§ 27 Abs. 2 RefE-WÜG).

[171] Siehe Rn 79 ff. § 2 Abs. 1 und § 106 Abs. 3 Nr. 10 BetrVG; *Fitting* § 106 BetrVG Rn 50.
[172] §§ 111 ff. BetrVG; siehe Rn 60 ff.
[173] Siehe § 17.
[174] § 20 UmwG.

dem Umwandlungsgesetz zu entnehmen. Findet allerdings ausnahmsweise vor Wirksamwerden der Verschmelzung ein **Betriebsübergang** statt, weil etwa ein Betrieb bereits vor Eintragung der Verschmelzung im Handelsregister vom Erwerber geführt wird, können sich die Rechtsfolgen nach den allgemeinen Bestimmungen für den Betriebsübergang richten.

I. Folgen für das Arbeitsverhältnis

1. Übergang der Arbeitsverhältnisse

96 Die Verschmelzung von Rechtsträgern bewirkt regelmäßig einen **Wechsel des Arbeitgebers**. Sowohl bei der **Verschmelzung durch Neugründung** als auch bei der Verschmelzung **durch Aufnahme** erlöschen die übertragenden Rechtsträger, und die bei diesen bestehenden Arbeitsverhältnisse gehen auf den neuen bzw. aufnehmenden Rechtsträger über[175]. Sie unterliegen der Regelung zum Betriebsübergang[176]. Dagegen bleiben die beim aufnehmenden Rechtsträger bestehenden Arbeitsverhältnisse von der Verschmelzung unberührt.

97 Die Arbeitsverhältnisse gehen in dem **Zeitpunkt** über, in dem die Verschmelzung in das Register des Sitzes des übernehmenden Rechtsträgers eingetragen wird[177].

2. Widerspruchsrecht und Kündigungsverbot

98 Die Arbeitnehmer genießen weiterhin den bei Betriebsübergang bestehenden **Kündigungsschutz**[178]. Die Verschmelzung als solche rechtfertigt die Kündigung nicht, steht aber einer Kündigung aus anderen Gründen auch nicht entgegen[179].

99 Für das **Widerspruchsrecht** der Arbeitnehmer gilt bei der Verschmelzung eine Besonderheit: Da der ehemalige Arbeitgeber erlischt, kann das bisherige Arbeitsverhältnis nicht weiter bestehen und ein Widerspruch ginge ins Leere. Ob das Widerspruchsrecht dadurch gegenstandslos wird und das Arbeitsverhältnis trotz Widerspruchs auf den Erwerber übergeht, ist umstritten[180]. Den Vorzug verdient in Einklang mit der Rechtsprechung des EuGH die Auffassung, daß der Widerspruch die Beendigung des Arbeitsverhältnisses zur Folge hat. Damit wird dem Gedanken Rechnung getragen, daß einem Arbeitnehmer nicht ein Arbeitgeber aufgezwungen werden kann. Das Arbeitsverhältnis endet in dem Zeitpunkt, in dem der übertragende Rechtsträger erlischt[181].

---

[175] § 324 UmwG iVm. § 613a Abs. 1 BGB.
[176] § 324 UmwG iVm. § 613a Abs. 1 BGB.
[177] *Joost* in Lutter § 324 UmwG Rn 8. Die Rechtsfolgen einer Verschmelzung auf den Inhalt der Arbeitsverhältnisse richten sich wie bei einem Asset Deal nach § 613a BGB und der hierzu ergangenen Rspr., siehe Rn 26f.
[178] § 324 UmwG iVm. § 613a Abs. 4 BGB.
[179] Siehe Rn 44ff.
[180] *Willemsen* in Kallmeyer § 324 UmwG Rn 9.
[181] *EuGH* ZIP 1993, 221, 223; *ArbG Münster* DB 2000, 1182, 1183; *Boecken* Rn 84; *Joost* in Lutter § 324 UmwG Rn 36; *Bauer/Lingemann*, Das neue Umwandlungsrecht und seine arbeitsrechtlichen Auswirkungen, NZA 1994, 1057, 1061.

3. Haftung

Die für den Asset Deal geltenden Haftungsgrundsätze gelten bei der Verschmelzung nicht[182]. Ein **Haftungsverbund** zwischen altem und neuem Arbeitgeber scheidet aus; der übertragende Rechtsträger ist untergegangen. Es haftet allein der aufnehmende (oder neue) Rechtsträger[183]. **100**

Da sich die **Haftungsmasse** durch die Konzentration auf einen einzigen Rechtsträger möglicherweise verringert, können die Gläubiger sowohl des erlöschenden als auch des neuen oder des aufnehmenden Rechtsträgers verlangen, daß ihnen eine **Sicherheit** geleistet wird[184]. Dies setzt voraus, daß der Gläubiger einen **Anspruch** gegen den übertragenden oder den übernehmenden Rechtsträger hat, dessen **Erfüllung** durch die Verschmelzung **gefährdet** wird. Dieser Anspruch muß vor der Eintragung der Umwandlung begründet worden, darf aber noch nicht fällig sein[185]. Eine Sicherheit kann nicht verlangt werden, wenn der Gläubiger im Fall der Insolvenz durch vorzugsweise Befriedigung aus einer **Deckungsmasse**, die nach gesetzlicher Vorschrift zu seinem Schutz errichtet und staatlich überwacht ist, geschützt ist[186]. Das ist zB der Fall bei **Versorgungsansprüchen** oder bei **unverfallbaren Versorgungsanwartschaften**, die durch den **Pensions-Sicherungs-Verein** gesichert sind[187]. **101**

Die Sicherheit kann bereits vor Eintragung der Verschmelzung im Handelsregister, sie muß jedenfalls innerhalb von **sechs Monaten** nach dem Tag beantragt werden, an dem die Eintragung der Verschmelzung in das Register des Schuldners bekanntgemacht worden ist[188]. **102**

4. Organe

Mit Wirksamwerden der Verschmelzung endet die **Organstellung** von Geschäftsführern, Vorstands- und Aufsichtsratsmitgliedern der übertragenden Rechtsträger[189]. **103**

Der **Dienstvertrag** eines Organmitglieds geht auf den neuen oder aufnehmenden Rechtsträger über. Er bleibt von der Verschmelzung unberührt, falls sein Bestand nicht ausdrücklich an die Organstellung gekoppelt wurde. Die Verschmelzung allein berechtigt weder das Organmitglied noch die Gesellschaft, das Dienstverhältnis zu beenden. Etwas anderes kommt nur in Betracht, wenn das Dienstverhältnis (entweder ausdrücklich oder durch tatsächliche Konkretisierung) auf eine Organtätigkeit beschränkt ist und eine entsprechende oder eine zumutbare Tätigkeit nach der Verschmelzung nicht mehr angeboten werden kann. Dann **104**

---

[182] Vgl. § 324 UmwG und § 613a Abs. 3 BGB.
[183] *Joost* in Lutter § 324 UmwG Rn 40 und 41; *Preis* in Erfurter Komm. § 613a BGB Rn 122.
[184] § 22 UmwG.
[185] *Marsch-Barner* in Kallmeyer § 22 UmwG Rn 2, 3; *Grunewald* in Lutter § 22 UmwG Rn 5 bis 10.
[186] § 22 Abs. 2 UmwG; *Grunewald* in Lutter § 22 UmwG Rn 18.
[187] *Grunewald* in Lutter § 22 UmwG Rn 23.
[188] § 22 Abs. 1 Satz 1 UmwG.
[189] *Grunewald* in Lutter § 20 UmwG Rn 28. Ihre Entlastung oder die Geltendmachung von Ersatzansprüchen gegen sie ist nach Eintragung der Verschmelzung nicht mehr möglich, *Grunewald* in Lutter § 20 UmwG Rn 29; aA *Marsch-Barner* in Kallmeyer § 20 UmwG Rn 17.

ist das Organmitglied zur (ggf. außerordentlichen) Kündigung berechtigt. Im Zweifel kann das Dienstverhältnis nur durch eine **Aufhebungsvereinbarung** beendet werden, die eine Abfindung für das Organmitglied vorsehen kann. Um spätere Auseinandersetzungen zu vermeiden, empfiehlt es sich, die Beendigung des mit der Organstellung verbundenen Dienstverhältnisses bereits vor Wirksamwerden der Verschmelzung zu vereinbaren.

105 Der Fortbestand des Dienstverhältnisses gilt aber nur für Geschäftsführer und Vorstandsmitglieder. Mit **Aufsichtsratsmitgliedern** etwa bestehende Dienst- oder Geschäftsbesorgungsverträge enden mit Erlöschen des übertragenden Rechtsträgers[190].

II. Betriebsverfassungsrecht

1. Betriebsrat

106 **Betriebsräte** bleiben ungeachtet der Verschmelzung grundsätzlich unverändert im Amt. Der bloße Wechsel des Rechtsträgers hat keinerlei Auswirkungen auf die betrieblichen Strukturen und die **betriebsverfassungsrechtliche Stellung** der gewählten Betriebsräte. Etwas anderes gilt nur, wenn die Verschmelzung eine **Veränderung der betrieblichen Identität** zur Folge hat[191].

107 Werden Betriebe **eingegliedert** oder **zusammengelegt**, entsprechen die Auswirkungen auf das Amt der Betriebsräte denen beim Asset Deal[192]. Auch bei der Verschmelzung wird dem Betriebsrat ein **Übergangsmandat** zuerkannt[193]. Für den Fall, daß mehrere Betriebe **zusammengelegt** werden und ein **neuer Betrieb** entsteht, soll in Anlehnung an die Rechtslage bei der Spaltung der Betriebsrat das Übergangsmandat wahrnehmen, dem vor der Verschmelzung die **höchste Zahl wahlberechtigter Arbeitnehmer zugeordnet** war[194]. Dabei erstreckt sich das Übergangsmandat des Betriebsrats des ehemals größeren Betriebs auch auf die Arbeitnehmer der übrigen Betriebe[195]. Hatte keiner der Betriebe vor der Zusammenlegung einen Betriebsrat gewählt, ist auch eine Grundlage für ein Übergangsmandat nicht gegeben[196].

108 Unklar ist aber, was geschieht, wenn der ehemals größere Betrieb keinen Betriebsrat hat[197]. Vorzugswürdig ist die Auffassung, daß der ehemals kleinere bzw.

---

[190] *Grunewald* in Lutter § 20 UmwG Rn 28.
[191] *Fitting* § 1 BetrVG Rn 128; *Düwell* in Kasseler Handbuch 6.8 Rn 146.
[192] Siehe Rn 51 ff.; *Joost* in Lutter § 324 UmwG Rn 47; *Hohenstatt* in Willemsen/Hohenstatt/Schweibert Teil D Rn 46 f.
[193] *Joost* in Lutter § 321 UmwG Rn 6; *Hohenstatt* in Willemsen/Hohenstatt/Schweibert Teil D Rn 48, 55 ff.; *Eisemann* in Erfurter Komm. § 321 UmwG Rn 5 ff. und *Preis* in Erfurter Komm. § 613a BGB Rn 171.
[194] So auch § 21a Abs. 2 des Gesetzes zur Reform des BetrVG, das der Bundestag am 22. 6. 2001 verabschiedet hat, abrufbar unter www.bma.de.
[195] *Joost* in Lutter § 321 UmwG Rn 27, 28; *Hohenstatt* in Willemsen/Hohenstatt/Schweibert Teil D Rn 48; *Eisemann* in Erfurter Komm. § 321 UmwG Rn 5; *Boecken* Rn 374; *Fitting* § 21 BetrVG Rn 47.
[196] *Joost* in Lutter § 321 UmwG Rn 27, 26.
[197] Einige Autoren lehnen ein Übergangsmandat für den Betriebsrat des ehemals kleineren Betriebs ab (*Willemsen* in Kallmeyer § 321 UmwG Rn 9; *Hohenstatt* in Willemsen/Hohenstatt/

der übertragende Betrieb ein Übergangsmandat erhält, das sich allerdings nur auf die Arbeitnehmer erstreckt, die dem zuständigen Betriebsrat bereits vor der Verschmelzung zugeordnet waren. Die Arbeitnehmer der anderen Betriebe, die bislang keinen Betriebsrat gewählt haben, sind insofern nicht schutzwürdig. Diese Auffassung ist im Einklang mit den Vorgaben der sog. **Betriebsübergangsrichtlinie der EG**[198], wonach Arbeitnehmer, die vor dem Übergang vertreten waren, bis zur Neuwahl einer Vertretung „**angemessen vertreten** werden" müssen[199]. Eine Erstreckung der Zuständigkeit des Betriebsrats des kleineren oder des übertragenden Betriebs auf den größeren widerspräche dem aus dem Demokratieprinzip abgeleiteten **Repräsentationsprinzip**[200]. Derselbe Streit besteht auch bei der Eingliederung eines Betriebs, wenn der aufnehmende Betrieb keinen Betriebsrat gewählt hat.

Das Übergangsmandat ist ein **Vollmandat** und nicht nur auf Abwicklungsfragen beschränkt. Der Betriebsrat nimmt sämtliche betriebsverfassungsrechtlichen Beteiligungsrechte gegenüber dem neuen Rechtsträger wahr. Insbes. trifft den übergangsweise zuständigen Betriebsrat die Verpflichtung, die **Wahl** eines neuen Betriebsrats einzuleiten[201]. Das Übergangsmandat beginnt mit der **tatsächlichen Zusammenlegung**, die bereits vor Eintragung der Verschmelzung in das Handelsregister vorgenommen worden sein kann[202]; es endet mit der Wahl des neuen Betriebsrats, spätestens jedoch **sechs Monate** nach Eintragung der Verschmelzung im Handelsregister des übernehmenden Rechtsträgers[203].

2. Gesamt- und Konzernbetriebsrat

Das Mandat eines **Gesamtbetriebsrats** erlischt beim übertragenden Rechtsträger, wenn die Verschmelzung wirksam wird. Ein beim aufnehmenden Rechtsträger bestehender Gesamtbetriebsrat bleibt grundsätzlich bestehen. Veränderungen können sich ebenso wie beim Asset Deal ergeben[204], wenn sich die

---

Schweibert Teil D Rn 68) oder beschränken dieses Übergangsmandat auf die Arbeitnehmer des ehemals kleineren Betriebs (*Eisemann* in Erfurter Komm. § 321 UmwG Rn 4; *Joost* in Lutter § 321 UmwG Rn 26, 28); nach anderen kann der Betriebsrat des kleineren Betriebs das Übergangsmandat für alle Arbeitnehmer ausüben (*Fitting* § 21 BetrVG Rn 46 für die Eingliederung).

[198] Zuletzt geändert durch die Richtlinie 98/50/EG des Rates vom 29. 6. 1998 zur Änderung der Richtlinie 77/187/EWG zur Angleichung der Rechtsvorschriften der Mitgliedstaaten über die Wahrung von Ansprüchen der Arbeitnehmer beim Übergang von Unternehmen, Betrieben oder Betriebsteilen, abgedruckt in EAS A 3042.

[199] Art. 5 Abs. 1 Unterabs. 4 der Richtlinie 98/50/EG. Zwar widerspricht die Beschränkung des Übergangsmandats auf bestimmte Arbeitnehmer dem Prinzip, daß eine Vertretung von Arbeitnehmern nur für selbständige Betriebe gegeben sein soll. Dieser Widerspruch ist aber eine logische Konsequenz des Übergangsmandats. Wäre der Betrieb in seiner Identität erhalten geblieben, hätte es keines Übergangsmandats bedurft. Auch bei der Spaltung wird ein Übergangsmandat für einen Betriebsteil vorgesehen, § 321 Abs. 1 UmwG.

[200] *Joost* in Lutter § 321 UmwG Rn 28; *Hohenstatt* in Willemsen/Hohenstatt/Schweibert Teil D Rn 68.

[201] *Eisemann* in Erfurter Komm. § 321 UmwG Rn 8; *Joost* in Lutter § 321 UmwG Rn 30.

[202] *Eisemann* in Erfurter Komm. § 321 UmwG Rn 7.

[203] *Joost* in Lutter § 321 UmwG Rn 37; *Eisemann* in Erfurter Komm. § 321 UmwG Rn 7.

[204] Siehe Rn 76 ff.

Unternehmensstruktur durch die Verschmelzung ändert. Dasselbe gilt für den **Konzernbetriebsrat**.

3. Informationsrechte des Betriebsrats

111 Bei einer Verschmelzung ergeben sich für den Betriebsrat sowohl **gesellschaftsrechtliche** als auch **betriebsverfassungsrechtliche Beteiligungsrechte**.

112 **a) Zuleitung des Umwandlungsvertrags.** Der Verschmelzungsvertrag oder sein Entwurf ist dem Betriebsrat jedes beteiligten Rechtsträgers spätestens einen Monat vor dem Beschluß über die Verschmelzung zuzuleiten[205]. Besteht bei einem beteiligten Rechtsträger ein **Gesamtbetriebsrat**, ist er diesem zuzuleiten. Ob dies auch für den **Konzernbetriebsrat** gilt, ist streitig[206].

113 Der Verschmelzungsvertrag muß folgende **Pflichtangaben** über die arbeitsrechtlichen Folgen der Verschmelzung enthalten[207]:
– die Mitteilung des Übergangs der Arbeitsverhältnisse auf den aufnehmenden/ neuen Rechtsträger;
– die Tatsache, daß den Arbeitnehmern nicht aus Anlaß der Verschmelzung gekündigt werden kann;
– die Haftung des neuen Arbeitgebers (str.[208]);
– Aussagen über die Weitergeltung von Tarifverträgen und/oder Betriebsvereinbarungen;
– die Folgen für die Arbeitnehmervertretungen (Betriebsrat, Gesamt- und Konzernbetriebsrat, Wirtschaftsausschuß, Sprecherausschuß, Jugend- und Auszubildendenvertretung etc.);
– die Auswirkungen auf die Mitbestimmung in Unternehmensorganen[209].

114 Außerdem sind etwa **vorgesehene Maßnahmen** zu beschreiben, namentlich solche, die dem Ausgleich von Nachteilen der Arbeitnehmer dienen sollen (zB eine freiwillige Verlängerung des Kündigungsschutzes oder die Beibehaltung eines mitbestimmten Aufsichtsrats, wenn die Voraussetzungen hierfür entfallen sind)[210].

115 **b) Allgemeines Informationsrecht nach dem BetrVG.** Der Arbeitgeber muß den Betriebsrat auch unabhängig von der umwandlungsrechtlichen Zuleitungspflicht über die Verschmelzung in Kenntnis setzen[211]. Diese **Information**

---

[205] § 5 Abs. 3 UmwG.
[206] Das wird abgelehnt mit der Begründung, der Konzernbetriebsrat sei nicht der Betriebsrat eines an der Verschmelzung beteiligten Rechtsträgers, siehe *Boecken* Rn 333, 334; wegen weiterer Nachweise siehe § 17 Rn 168.
[207] Das gilt auch, wenn ein Betriebsrat nicht besteht und eine Zuleitung entfällt, *Düwell* in Kasseler Handbuch 6.8 Rn 37; *Boecken* Rn 336.
[208] So *Lutter* in Lutter § 5 UmwG Rn 44.
[209] Vgl. zu den unmittelbaren Folgen *Lutter* in Lutter § 5 UmwG Rn 40 bis 52; *Boecken* Rn 321 bis 331.
[210] *Lutter* in Lutter § 5 UmwG Rn 60; *Boecken* Rn 320. Allerdings müssen nur solche Angaben aufgenommen werden, mit deren Eintritt im Zeitpunkt der Zuleitung vernünftigerweise gerechnet werden kann, *Boecken* Rn 331.
[211] § 80 Abs. 2 BetrVG.

ist nicht an eine bestimmte Frist gebunden, muß aber **rechtzeitig** geschehen, d. h. sobald aus Sicht des Arbeitgebers eine Lösung gefunden ist und noch bevor diese umgesetzt wird[212]. Das wird idR vor dem Zeitpunkt der Zuleitung des Vertrags oder seines Entwurfs zu geschehen haben. Der **Umfang** der Unterrichtung sollte so sein, daß sie den Betriebsrat in die Lage versetzt zu prüfen, ob er im Rahmen seiner **betriebsverfassungsrechtlichen Aufgaben** tätig werden muß[213]. Die mitgeteilten Informationen sollten jedenfalls verständlich sein. Eine besondere Form ist dafür nicht vorgesehen. Auf Verlangen des Betriebsrats hat der Arbeitgeber ihm vorhandene **Unterlagen** zur Verfügung zu stellen (Schriftstücke, Statistiken, Datenträger etc.).

c) Betriebsänderung. Führt die Verschmelzung zu einer **Betriebsänderung**, hat der Betriebsrat ein Mitbestimmungsrecht[214]. Als besonderer Fall der Betriebsänderung wird der Zusammenschluß von Betrieben angesehen[215]. **116**

4. Wirtschaftsausschuß

Der Wirtschaftsausschuß ist rechtzeitig und umfassend über die **wirtschaftlichen Angelegenheiten** des Unternehmens zu unterrichten. Hierunter fällt auch die Umwandlung von Unternehmen[216]. Bei der Verschmelzung ist der Wirtschaftsausschuß insbes. darüber zu unterrichten, welche Betriebe oder Unternehmen von der Verschmelzung erfaßt werden, welche Auswirkungen die Verschmelzung auf die Arbeitsverhältnisse, Betriebsvereinbarungen und Tarifverträge hat und welche **Maßnahmen darüber hinaus geplant sind** (Stillegung oder Zusammenlegung von Betrieben oder Betriebsteilen, Einführung neuer Fabrikations- und Arbeitsmethoden, Investitionsprogramme, insbes. aber personelle Maßnahmen wie Rationalisierungen)[217]. **117**

5. Betriebsvereinbarungen

Ob eine Betriebsvereinbarung nach einer Verschmelzung fortgilt, hängt wie bei einem Asset Deal vom Fortbestand der **Identität** des Betriebs ab[218]. Wird die Identität des Betriebs durch die Verschmelzung nicht tangiert, gilt die Betriebsvereinbarung unverändert fort; anderenfalls werden ihre Regelungen kraft Gesetzes Inhalt der einzelnen Arbeitsverhältnisse[219]. **118**

---

[212] *Fitting* § 80 BetrVG Rn 44.
[213] *Fitting* § 80 BetrVG Rn 38.
[214] Siehe Rn 58 ff.
[215] § 111 Satz 2 Nr. 3 BetrVG.
[216] § 106 Abs. 3 Nr. 8 BetrVG.
[217] *Fitting* § 106 BetrVG Rn 44 ff.
[218] Siehe Rn 82 ff.
[219] § 324 UmwG iVm. § 613a Abs. 1 Satz 2 BGB; *Preis* in Erfurter Komm. § 613a BGB Rn 170.

III. Tarifrecht

119 Wie beim Asset Deal gehen **Verbandstarifverträge** bei einer Verschmelzung nicht automatisch auf den neuen Betriebsinhaber über. Die **normative Wirkung** eines Tarifvertrags entfällt, wenn die aufnehmende Gesellschaft nicht derselben Tarifbindung unterliegt wie der erlöschende Betriebsinhaber. Etwas anderes gilt nur, wenn in der **Satzung des Arbeitgeberverbands** explizit geregelt ist, daß die Verbandsmitgliedschaft in diesem Fall auf den Erwerber übertragen wird[220]. Ist der Tarifvertrag allgemeinverbindlich, gilt er unabhängig von einer Tarifbindung unverändert auch für den neuen Betriebsinhaber weiter, wenn dieser in seinen **Geltungsbereich** fällt[221].

120 Für **Firmentarifverträge** gilt bei Umwandlungen in Form der Verschmelzung eine Besonderheit: Sie gehören zu den Verbindlichkeiten, die mit dem Vermögen des übertragenden Rechtsträgers kraft **Gesamtrechtsnachfolge** auf den aufnehmenden/neuen Rechtsträger übergehen[222]. Diese Rechtsfolge ist bei Verschmelzung auf einen bereits bestehenden Rechtsträger allerdings insofern bestritten, als sich ein Firmentarifvertrag nur auf die Arbeitnehmer des alten Rechtsträgers erstrecken dürfe; den anderen Arbeitnehmern des aufnehmenden Rechtsträgers dürfe ein Firmentarifvertrag gegen ihren Willen nicht aufgedrängt werden. Folgerichtig wird dann die Geltung eines beim aufnehmenden Rechtsträger bestehenden Firmentarifvertrags auf die Arbeitnehmer dieses Rechtsträgers beschränkt (**Tarifpluralität**)[223].

121 Hat der Tarifvertrag nach der Verschmelzung keine normative Wirkung mehr, wird sein **Inhalt ab Wirksamwerden der Verschmelzung** Inhalt der übergehenden Arbeitsverhältnisse[224].

D. Sonderfragen

I. Mitbestimmung der Arbeitnehmer im Aufsichtsrat

122 Der **Aufsichtsrat** ist das **Zentralorgan unternehmerischer Mitbestimmung**. Er ist das Gremium, in dem Vertreter der Anteilseigner und der Arbeitnehmer gleichberechtigt die dem Kontrollorgan obliegenden Aufgaben wahrnehmen. Seine Zusammensetzung ist auch bei Unternehmensübernahmen von Bedeutung.

---

[220] §§ 38, 40 BGB; *Preis* in Erfurter Komm. § 613a BGB Rn 168; *Düwell*, Umwandlung von Unternehmen und arbeitsrechtliche Folgen, NZA 1996, 393, 395.
[221] *Joost* in Lutter § 324 UmwG Rn 17; *Hanau*, Arbeitsrecht in Umwandlung und Fusion, ZGR 1990, 548, 553.
[222] § 20 Abs. 1 Nr. 1 UmwG; *BAG* Urteil vom 24. 6. 1998 AP UmwG § 20 Nr. 1; *Joost* in Lutter § 324 UmwG Rn 18.
[223] *Preis* in Erfurter Komm. § 613a BGB Rn 169; *Joost* in Lutter § 324 UmwG Rn 19.
[224] § 324 UmwG iVm. § 613a Abs. 1 Satz 2 BGB. Das gilt auch für nachwirkende Tarifnormen, *Joost* in Lutter § 324 UmwG Rn 20.

1. Formen der unternehmensbezogenen Mitbestimmung

Für die **Vertretung** in Aufsichtsräten gelten je nach Rechtsform und Tätigkeitsbereich des Unternehmens vier verschiedene Gesetze.

Das **Betriebsverfassungsgesetz 1952** (BetrVG 1952) gilt für die AG und die KGaA mit idR nicht mehr als 2 000 Arbeitnehmern[225]. Eine ab 10. 8. 1994 eingetragene AG mit weniger als **500** Arbeitnehmern braucht keinen Aufsichtsrat zu bestellen; bei vorher eingetragenen Gesellschaften gilt dies nur, wenn es sich um Familiengesellschaften handelt[226]. Bei der GmbH ist ein Aufsichtsrat zu bilden, wenn sie mehr als 500, aber nicht mehr als 2 000 Arbeitnehmer beschäftigt[227]. Dieser Aufsichtsrat ist zu einem **Drittel mit Arbeitnehmervertretern** zu besetzen[228].

Das **Mitbestimmungsgesetz 1976** (MitbestG) gilt grundsätzlich für alle Unternehmen, die in der Rechtsform einer AG, KGaA, GmbH oder als eingetragene Genossenschaft betrieben werden und idR mehr als **2 000 Arbeitnehmer** beschäftigen, soweit diese Unternehmen nicht unter das Montan-Mitbestimmungsgesetz oder das Montan-Mitbestimmungsergänzungsgesetz fallen. Dieser Aufsichtsrat besteht aus einer geraden Zahl von Mitgliedern, je zur **Hälfte aus Anteilseigner-** und **Arbeitnehmervertretern**[229].

Weitere Mitbestimmungsgesetze sind das **Montan-Mitbestimmungsgesetz** und das **Montan-Mitbestimmungsergänzungsgesetz**; sie gelten nur für Kapitalgesellschaften des Bergbaus und der Eisen- und Stahl erzeugenden Industrie.

2. Auswirkungen gesellschaftsrechtlicher Vorgänge auf die Mitbestimmung (Asset Deal und Share Deal)

Für die Übertragung des Vermögens oder der Anteile einer Gesellschaft gelten grundsätzlich **keine mitbestimmungsrechtlichen Besonderheiten**; das Unternehmen und dessen Mitbestimmungsorgan bleiben hiervon unberührt. Veränderungen können aber auftreten, wenn der Asset Deal oder der Share Deal eine KG betrifft oder Veränderungen im Konzern herbeiführt. Schließlich können Umstrukturierungen im Rahmen eines Unternehmenskaufs Einfluß auf die Mitbestimmung haben.

a) Veränderungen bei einer Kommanditgesellschaft. Eine KG kann der Mitbestimmung nach dem MitbestG unterliegen, wenn ihr persönlich haftender

---

[225] Und für Unternehmen in weniger bedeutenden Rechtsformen, § 76 BetrVG 1952.
[226] § 76 Abs. 1 und 6 BetrVG 1952.
[227] §§ 76 Abs. 1, 77 BetrVG 1952.
[228] § 76 Abs. 1 BetrVG 1952.
[229] § 7 Abs. 1 MitbestG. Je nach der Zahl der idR beschäftigten Arbeitnehmer setzt sich der Aufsichtsrat aus 6: 6 (bis 10 000 Belegschaftsmitgliedern), 8:8 (bis 20 000 Belegschaftsmitgliedern) oder 10:10 Mitgliedern (bei über 20 000 Belegschaftsmitgliedern) zusammen. § 33 MitbestG sieht außerdem in paritätisch mitbestimmten Unternehmen mit über 2 000 Arbeitnehmern (ebenso für Unternehmen der Montanindustrie § 13 MontanMitbestG) eine Vertretung der Arbeitnehmer im Vorstand bzw. in der Geschäftsführung vor. Hier ist ein Arbeitsdirektor zu wählen, der als Mitglied des Vorstands oder der Geschäftsleitung insbes. mit Personal- und Sozialangelegenheiten betraut ist. Der Arbeitsdirektor hat seine Aufgaben in engstem Einvernehmen mit dem Gesamtorgan auszuüben.

Gesellschafter eine Kapitalgesellschaft ist, die nicht mehr als 500 Arbeitnehmer beschäftigt. Voraussetzung ist eine **Mehrheitsidentität** zwischen den Kommanditisten und der persönlich haftenden Gesellschaft[230]. Diese liegt vor, wenn die Mehrheit der Kommanditisten (berechnet nach der Mehrheit der Anteile oder der Stimmen) die Mehrheit der Anteile oder der Stimmen am Unternehmen des persönlich haftenden Gesellschafters inne hat[231]. Bei Mehrheitsidentität werden die bei der KG beschäftigten Arbeitnehmer für die Bildung eines Aufsichtsrats nach dem MitbestG der persönlich haftenden Gesellschaft zugerechnet. Überschreitet die Summe der Arbeitnehmer die Zahl von 2 000, ist ein mitbestimmter Aufsichtsrat bei der persönlich haftenden Gesellschaft zu bilden.

129 Verschieben sich die **Mehrheitsverhältnisse**, kann auch die Mehrheitsidentität entfallen und die Voraussetzungen für die Bestellung eines paritätischen Aufsichtsrats entfallen. Das ist zB der Fall, wenn der Inhaber der Mehrheit der Anteile an der KG und der Inhaber der Mehrheit der Anteile an der persönlich haftenden Gesellschaft auseinanderfallen[232].

130 **b) Veränderungen auf Konzernebene und Mitbestimmung nach dem MitbestG.** Veränderungen auf **Konzernebene** können sich ebenfalls auf die Mitbestimmung auswirken, etwa wenn ein Unternehmen aus dem Konzern ausscheidet oder Teil eines Konzerns wird. Bei der Bildung eines Konzernaufsichtsrats werden die **Arbeitnehmer der Konzernunternehmen** als **Arbeitnehmer des herrschenden Unternehmens** angesehen[233]. Ob das herrschende Unternehmen eigene Arbeitnehmer beschäftigt, ist irrelevant[234]. Sind unter Zurechnung der Arbeitnehmer der Konzernunternehmen mehr als 2 000 Arbeitnehmer beschäftigt, ist ein Konzernaufsichtsrat nach dem MitbestG zu bilden.

131 Scheidet ein Unternehmen durch Veräußerung aus dem Konzern aus, kann die Zahl der Arbeitnehmer unter 2 000 sinken. Die Voraussetzungen für einen Aufsichtsrat bei dem herrschenden Unternehmen sind dann nicht mehr gegeben. Umgekehrt muß ein Aufsichtsrat gebildet werden, wenn die für das herrschende Unternehmen maßgeblichen Arbeitnehmer durch Hinzukommen eines weiteren Unternehmens die Zahl 2 000 überschreitet.

132 Veränderungen der Mitbestimmung auf Konzernebene können auch durch rein **interne Umstrukturierungen** hervorgerufen werden, zB durch Gründung oder Wegfall einer Holding. Wird eine Holding gegründet und ist sie herrschendes Unternehmen, werden die Arbeitnehmer aller Konzernunternehmen zusammengerechnet und als Arbeitnehmer der Holding angesehen. Sind mehr als 2 000 Arbeitnehmer beschäftigt, ist bei der Holding ein paritätischer Aufsichtsrat zu bilden.

---

[230] § 4 Abs. 1 Satz 1 iVm. § 1 Abs. 1 Nr. 1 MitbestG; *Oetker* in Erfurter Komm. § 4 MitbestG Rn 3.
[231] § 4 Abs. 1 Satz 1 MitbestG.
[232] *Seibt* in Willemsen/Hohenstatt/Schweibert Teil F Rn 20.
[233] § 5 MitbestG.
[234] *Schneider* in Fabricius § 5 MitbestG Rn 23; *Fitting* in Fitting/Wlotzke/Wißmann § 5 MitbestG Rn 15.

c) Veränderungen auf Konzernebene und Mitbestimmung nach dem BetrVG 1952. Auch für die Beteiligung von Arbeitnehmern in einem nach dem BetrVG 1952 zu bildenden Aufsichtsrat eines herrschenden Unternehmens werden die **Arbeitnehmer der Konzernunternehmen** als **Arbeitnehmer des herrschenden Unternehmens** angesehen, falls zwischen den Unternehmen ein **Beherrschungsvertrag** besteht oder das abhängige Unternehmen in das herrschende Unternehmen **eingegliedert** ist[235]. Als Beherrschungsvertrag gilt dabei jede gesellschaftsrechtliche Vereinbarung, durch die ein Unternehmen dem Konzerninteresse eines anderen Unternehmens unterworfen wird[236]. Scheidet ein Unternehmen aus dem Konzernverhältnis aus, kann die Zahl der maßgeblichen Arbeitnehmer unter 500 sinken. Umgekehrt muß ein zu einem Drittel mit Arbeitnehmern besetzter Aufsichtsrat gebildet werden, wenn durch Eintritt eines Unternehmens in den Konzern die Zahl der Arbeitnehmer bei Zusammenrechnung 500 erreicht.

133

d) Veränderungen auf Unternehmensebene, Statusverfahren. Auch Umstrukturierungen auf Unternehmensebene können Auswirkungen auf die Mitbestimmung im Unternehmen haben. Das ist insbes. beim **Asset Deal** und bei der Verschmelzung relevant. Erwirbt ein Unternehmen ein anderes Unternehmen, einen Betrieb oder einen Betriebsteil, kann die Zahl der Arbeitnehmer steigen, so daß die Voraussetzungen für die Bildung eines Aufsichtsrats erfüllt sind[237]. Umgekehrt kann die Zahl der Arbeitnehmer unter die Schwellen der jeweiligen Mitbestimmungsgesetze sinken, wenn ein Betrieb oder Betriebsteil veräußert wird.

134

Entspricht der beim Erwerber bestehende Aufsichtsrat nach dem Betriebsübergang nicht mehr den **gesetzlichen Vorgaben** (insbes. wegen der veränderten Zahl der Arbeitnehmer), kann ein neuer Aufsichtsrat bestellt werden.

135

In bestimmten Konstellationen müssen bei der Bestellung des Aufsichtsrats gesetzlich zwingend vorgeschriebene Schritte beachtet werden (sog. **Statusverfahren**)[238]. Das ist stets der Fall, wenn das Unternehmen von dem Anwendungsbereich eines Mitbestimmungsgesetzes in den Anwendungsbereich eines anderen Mitbestimmungsgesetzes wechselt (zB bei Unternehmen, die bereits einen drittelparitätischen Aufsichtsrat bestellt haben und nunmehr über 2 000 Arbeitnehmer beschäftigen)[239]. Überwiegend wird die Durchführung des Statusverfahrens auch verlangt, wenn zwingende gesetzliche Schwellenwerte unter- oder überschritten werden, so daß die Zahl der Aufsichtsratsmitglieder angepaßt werden muß (zB wenn das Gesetz aufgrund des Anstiegs der Zahl der Arbeitnehmer eine größere Zahl von Aufsichtsratsmitgliedern verlangt). Dasselbe gilt, wenn das Unternehmen erstmals in den Anwendungsbereich eines Mitbestimmungsgesetzes fällt (die

136

---

[235] § 77a BetrVG 1952. Die Eingliederung bezieht sich nur auf Aktiengesellschaften, §§ 319 ff. AktG; *OLG Düsseldorf* ZIP 1997, 546, 548.
[236] *BayObLG* AP BetrVG 1952 § 77 Nr. 1; *Seibt* in Willemsen/Hohenstatt/Schweibert F Rn 33; *Fitting* § 77 BetrVG 1952 Rn 6.
[237] 2000 für einen paritätischen Aufsichtsrat, 500 für einen drittelparitätischen Aufsichtsrat, § 1 MitbestG; §§ 76, 77 BetrVG 1952.
[238] §§ 97 ff. AktG.
[239] *Fitting* § 76 BetrVG 1952 Rn 54, 129; *Kraft* in GK § 76 BetrVG 1952 Rn 89; *Klinkhammer* in Kasseler Handbuch 7.1 Rn 57 c.

Beschäftigtenzahl übersteigt oder unterschreitet erstmals die maßgeblichen Grenzen[240]).

137 Ist die Geschäftsleitung in diesen Fällen der Ansicht, daß der Aufsichtsrat nicht nach den für ihn maßgebenden gesetzlichen Vorschriften zusammengesetzt ist, muß sie dies unverzüglich in den **Gesellschaftsblättern** sowie durch **Aushang in allen Betrieben** der Gesellschaft und ihrer Konzernunternehmen **bekanntgeben**[241]. Diese Pflicht besteht sowohl bei fehlerhafter Zusammensetzung als auch bei unrichtiger Größe des Aufsichtsrats. Neben der Feststellung, daß der Aufsichtsrat nicht nach den für ihn maßgebenden gesetzlichen Bestimmungen zusammengesetzt ist, muß die Bekanntmachung auch die gesetzlichen Regelungen bezeichnen, nach denen der Aufsichtsrat nunmehr zu bilden ist. Schließlich muß die Geschäftsleitung auch darauf hinweisen, daß der Aufsichtsrat nach den angegebenen Vorschriften zusammengesetzt wird, wenn nicht ein **Antragsberechtigter** innerhalb eines Monats nach **Bekanntmachung im Bundesanzeiger** das zuständige Gericht anruft[242]. Gegenstand des Gerichtsverfahrens ist die Feststellung, nach welchen Vorschriften der Aufsichtsrat zusammenzusetzen ist[243]. Entspricht die Zusammensetzung nicht der gerichtlichen Entscheidung, ist der neue Aufsichtsrat nach den in der Entscheidung angegebenen gesetzlichen Vorschriften zusammenzusetzen[244]. Wird kein gerichtliches Verfahren eingeleitet, ist der neue Aufsichtsrat nach den in der Bekanntmachung angegebenen gesetzlichen Vorschriften zusammenzusetzen[245]. Die Geschäftsleitung kann anstelle der Bekanntmachung auch ihrerseits das gerichtliche Verfahren einleiten, insbes. wenn mit einem Widerspruch eines Antragsberechtigten zu rechnen ist.

138 Das Amt des bislang bestellten Aufsichtsrats erlischt mit der Beendigung der ersten **Hauptversammlung**, die nach Ablauf der Frist zur Anrufung des Gerichts einberufen wird, jedenfalls **sechs Monate** nach Ablauf dieser Anrufungsfrist[246]. Die Frist von sechs Monaten gilt auch im Fall der gerichtlichen Entscheidung über die Zusammensetzung des Aufsichtsrats; hier beginnt sie mit Eintritt der Rechtskraft der Gerichtsentscheidung zu laufen[247]. Eine Frist für die Bestellung eines (neuen) Aufsichtsrats sieht das Gesetz nicht vor. Steht keine Hauptversammlung binnen sechs Monaten bevor, empfiehlt es sich, während der sechsmonatigen Frist eine Versammlung der Anteilseigner einzuberufen, in der der neue Aufsichtsrat bestellt werden kann. Die Veränderungen des Aufsichtsrats sind in den Geschäftsblättern bekanntzumachen und beim Handelsregister einzureichen[248].

---

[240] *Fitting* § 76 BetrVG 1952 Rn 128; *Kraft* in GK § 76 BetrVG 1952 Rn 88.
[241] Für die AG nach § 97 AktG; für die GmbH nach § 27 EGAktG und § 77 Abs. 1 BetrVG 1952 iVm. § 97 AktG; für die KGaA nach § 278 Abs. 3 AktG iVm. § 97 AktG; im übrigen nach §§ 6 Abs. 2 MitbestG, 77 Abs. 1, 3 BetrVG 1952 iVm. §§ 97 ff. AktG.
[242] §§ 98, 97 Abs. 1 AktG.
[243] § 98 Abs. 1 AktG.
[244] § 98 Abs. 4 Satz 1 AktG.
[245] § 97 Abs. 2 Satz 1 AktG.
[246] § 97 Abs. 2 Satz 2 und 3 AktG.
[247] § 98 Abs. 4 Satz 2 iVm. § 97 Abs. 2 AktG.
[248] § 106 AktG.

Auch die Entscheidung des Gerichts ist nach Eintritt der Rechtskraft beim Handelsregister einzureichen[249].

3. Auswirkungen einer Verschmelzung auf die unternehmensbezogene Mitbestimmung

Im Unterschied zum Unternehmenskauf hat die Verschmelzung erhebliche Auswirkungen auf die Mitbestimmung im Unternehmen. Mit Wirksamwerden der Verschmelzung **erlöschen** die übertragenden Rechtsträger und damit die bei ihnen bestehenden Aufsichtsratsmandate[250]. Ggf. ist beim aufnehmenden/neuen Rechtsträger ein Aufsichtsrat neu zu bestellen. Ein beim übernehmenden Rechtsträger vorhandener Aufsichtsrat bleibt bestehen, muß aber uU der gestiegenen Zahl der Arbeitnehmer angepaßt werden. Dann muß die Geschäftsleitung das Statusverfahren für die Bestellung eines neuen Aufsichtsrats einleiten[251]. **139**

II. Betriebliche Altersversorgung einschl. Individualzusagen

1. Rechtsfolgen bei Betriebsübergang (Asset Deal)

Hat die Unternehmensübertragung durch Asset Deal einen **Betriebsübergang** zur Folge, kommt es darauf an, bei welchem Unternehmen eine betriebliche Altersversorgung besteht (beim Veräußerer, beim Erwerber oder bei beiden) und in welcher Rechtsform sie zugesagt wurde (individuelle Zusage, Gesamtzusage, Betriebsvereinbarung oder Tarifvertrag). **140**

Verpflichtungen aus Versorgungszusagen an Arbeitnehmer, die schon vor dem Betriebsübergang in den **Ruhestand** getreten waren, gehen nicht auf den neuen Inhaber über. Dasselbe gilt für die bei Betriebsübergang bereits **ausgeschiedenen Versorgungsanwärter**[252]. **141**

a) Versorgungsverpflichtung nur beim Veräußerer. Besteht eine betriebliche Altersversorgung **nur beim Veräußerer**, geht sie mit Betriebsübergang auf den Erwerber über[253]. Ist die Altersversorgung **einzelvertraglich** vereinbart, tritt der Erwerber mit Übernahme des Arbeitsverhältnisses auch in diesen Vertrag ein; das gleiche gilt, wenn die Anwartschaft auf betriebliche Altersversorgung auf **betrieblicher Übung** oder auf dem **Gleichbehandlungsgrundsatz** beruht[254]. **142**

Bei einer aufgrund einer **Betriebsvereinbarung** oder eines **Tarifvertrags** bestehenden Versorgungszusage des Veräußerers gilt das zur Weitergeltung von Betriebsvereinbarungen und Tarifverträgen Gesagte: Die auf einer Betriebsvereinbarung beruhende betriebliche Altersversorgung gilt bei Betriebsübergang unverändert normativ fort, wenn die **Identität** des **Betriebs** beim Übergang bestehen bleibt. Anderenfalls wird sie **Inhalt** der jeweiligen **Arbeitsverträge**. **143**

---

[249] § 99 Abs. 5 Satz 3 AktG.
[250] *Fitting* § 76 BetrVG 1952 Rn 127; *Klinkhammer* in Kasseler Handbuch 7.1 Rn 57c.
[251] Siehe Rn 136.
[252] *BAG* AP BGB § 613a Nr. 6 und 7.
[253] § 613a BGB.
[254] *Blomeyer/Otto* BetrAVG Einl. Rn 423.

144 Bei einem Betriebsübergang tritt der Erwerber allerdings nur in die **arbeitsvertraglichen Rechte** und Pflichten aus der Versorgungszusage ein. Etwaige Rechte an einer selbständigen Versorgungseinrichtung gehen nicht kraft Gesetzes auf ihn über[255].

145 Geht eine individuelle Anwartschaft auf den Erwerber über oder wird eine kollektivrechtliche Versorgungszusage Inhalt des übergehenden Arbeitsverhältnisses, kann sie erst nach Ablauf eines Jahres nach dem Betriebsübergang zum Nachteil der Arbeitnehmer geändert werden[256]. Der Betriebsübergang unterbricht nicht den Lauf der gesetzlichen Unverfallbarkeitsfristen. Das gilt auch, wenn die Versorgungszusage wegen des Betriebsübergangs Veränderungen erfährt[257].

146 **b) Versorgungsverpflichtung nur beim Erwerber.** Besteht eine betriebliche Altersversorgung nur **beim Erwerber**, kann die Teilnahme der neu hinzukommenden Arbeitnehmer daran nur begründet werden, wenn das Versorgungsmodell die Aufnahme von **Neuzugängen zuläßt**[258]. Ist der Erwerber zur Aufnahme der übergehenden Arbeitnehmer in das bestehende Versorgungsmodell verpflichtet, ist der Zeitpunkt des Betriebsübergangs maßgeblich für alle die betriebliche Altersversorgung anbelangenden Fristen (insbes. für die Berechnung der Unverfallbarkeitsfristen oder der anrechenbaren Dienstjahre)[259]. Schließt die beim Erwerber geltende betriebliche Altersversorgung den Eintritt weiterer Arbeitnehmer aus, besteht keine Möglichkeit der Teilnahme für die hinzukommenden Arbeitnehmer. Dies verstößt nicht gegen den **Gleichbehandlungsgrundsatz**; der Betriebsübergang wird als ein sachlicher Grund für die Ungleichbehandlung angesehen[260].

147 **c) Betriebliche Altersversorgung sowohl beim erwerbenden als auch beim veräußernden Arbeitgeber.** Besteht eine Versorgungszusage sowohl beim Erwerber als auch beim Veräußerer, kommt es auf die Grundlage der jeweiligen Versorgungszusage an.

148 Ist sie beim **Veräußerer individualrechtlich vereinbart**, gilt sie für die übergehenden Arbeitnehmer unverändert fort. Ggf. kommen auch Regelungen der beim Erwerber bestehenden Versorgungszusage zur Anwendung, wenn diese nach dem Betriebsübergang auch für die übergehenden Arbeitnehmer gelten[261].

149 Beruht die betriebliche Altersversorgung sowohl beim **Erwerber** als auch beim **Veräußerer** auf einer **kollektivrechtlichen Grundlage**, gelten die für den Betriebsübergang allgemeinen Grundsätze[262]. Ist die beim Erwerber versprochene Altersversorgung in einem **Tarifvertrag** verankert, gilt diese Zusage unverändert fort, wenn der Erwerber demselben Tarifvertrag unterliegt wie der Veräußerer

---

[255] *BAG* AP BGB § 613a Nr. 7, 15.
[256] § 613a Abs. 1 Satz 2 BGB.
[257] *Doetsch/Rühmann* in Willemsen/Hohenstatt/Schweibert Teil J Rn 44.
[258] *Blomeyer/Otto* BetrAVG Einl. Rn 428.
[259] *Blomeyer/Otto* BetrAVG Einl. Rn 428, differenzierend *Doetsch/Rühmann* in Willemsen/Hohenstatt/Schweibert Teil J Rn 113.
[260] *BAG* AP BGB § 242 Gleichbehandlung Nr. 41. Siehe auch Rn 150.
[261] *Blomeyer/Otto* BetrAVG Einl. Rn 426.
[262] Siehe Rn 82 ff.

(gleiche Verbandszugehörigkeit oder allgemeine Verbindlichkeit für beide) und die Arbeitnehmer tarifgebunden sind. Dasselbe gilt für einen **Firmentarifvertrag** des Veräußerers, den der Erwerber übernommen hat. Gelten kollektive Regelungen über eine betriebliche Altersversorgung nicht normativ fort, werden sie von der beim Erwerber bestehenden kollektivrechtlichen Zusage **abgelöst**[263]. Eine auf einem Tarifvertrag beruhende betriebliche Altersversorgung kann auch durch eine Betriebsvereinbarung abgelöst werden, wenn dem nicht ein Tarifvorbehalt entgegensteht[264]. Bei der Ablösung durch eine kollektivrechtliche Versorgungszusage ist der **„erdiente" Besitzstand** der übergehenden Arbeitnehmer zu wahren; dem Arbeitnehmer müssen jedenfalls die bis zum Betriebsübergang erdienten Anwartschaften erhalten bleiben[265]. Für die Zukunft kann der Arbeitnehmer nur noch Ansprüche nach der beim Erwerber gültigen Versorgungszusage erwerben.

d) **Gleichbehandlungsgebot.** Hat nur ein beteiligter Rechtsträger eine betriebliche Altersversorgung oder treffen unterschiedliche Systeme betrieblicher Altersversorgung aufeinander, ist der Erwerber nicht verpflichtet, alle Arbeitnehmer (etwa durch Anhebung auf das Niveau der vorteilhaftesten betrieblichen Altersversorgung) gleich zu behandeln. Der Betriebsübergang rechtfertigt eine **Ungleichbehandlung**. Allerdings wird in der Literatur die Meinung vertreten, daß der Betriebsübergang eine solche Ungleichbehandlung nach Ablauf einer bestimmten Zeitspanne (bislang 10 Jahre) nicht mehr rechtfertigt[266].

e) **Gesamtschuldnerische Haftung.** Bestand vor dem Betriebsübergang eine Versorgungszusage, haftet der Veräußerer gesamtschuldnerisch mit dem Erwerber, soweit Verpflichtungen im Lauf eines Jahres nach Betriebsübergang fällig werden[267].

f) **Änderungsmöglichkeiten.** Geht eine **einzelvertraglich** vereinbarte betriebliche Altersversorgung im Wege des Betriebsübergangs auf den Erwerber über, kann sie nach Ablauf eines Jahres durch **einvernehmliche Änderung** oder durch **Änderungskündigung** abgeändert werden. Bei einer **Gesamtzusage** oder einer **Einheitsregelung** kommt bei Wahrung des kollektiven **Günstigkeitsprinzips** auch eine Veränderung durch Betriebsvereinbarung in Betracht. Ist eine betriebliche Altersversorgung durch Betriebsvereinbarung oder Tarifvertrag zugesagt worden, kann sie bereits bei Betriebsübergang durch eine beim Erwerber bestehende oder einzuführende **kollektive Regelung** abgeändert werden. Daneben ist nach Ablauf eines Jahres seit dem Betriebsübergang auch die Abänderung durch einvernehmliche Einigung oder Änderungskündigung möglich[268].

---

[263] § 613a Abs. 1 Satz 3 BGB.
[264] § 77 Abs. 3 BetrVG.
[265] Insbes. wenn die betriebliche Altersversorgung des Erwerbers für den Arbeitnehmer ungünstiger ist als die bisherige. Der „erdiente" Besitzstand ist analog § 2 BetrAVG zu berechnen, vgl. *Blomeyer/Otto* BetrAVG Einl. Rn 608.
[266] *Blomeyer/Otto* BetrAVG Einl. Rn 220.
[267] § 613a Abs. 2 BGB.
[268] § 613a Abs. 1 Satz 2 bis 4 BGB; *Doetsch/Rühmann* in Willemsen/Hohenstatt/Schweibert Teil J Rn 103f.

153 **g) Gestaltung bei der Unternehmensübernahme.** Insgesamt betrachtet können bestehende betriebliche Altersversorgsanwartschaften die **Unternehmensübernahme erschweren.** Immerhin können Veräußerer und Erwerber im Innenverhältnis die **Freistellung** oder Übernahme der Kosten der betrieblichen Altersversorgung vereinbaren. Im Außenverhältnis allerdings ist die Haftung des Erwerbers gegenüber dem Arbeitnehmer zwingend. Die Bewertung dieser Verpflichtungen und ihre Auswirkung auf die Kaufpreisfindung sind meist kritische Punkte der Kaufvertragsverhandlungen.

154 Besondere Schwierigkeiten bereitet der Eintritt in betriebliche Versorgungsanwartschaften, die auf der Grundlage von Verträgen mit Dritten bestehen (Direktversicherung, Pensionskasse, Unterstützungskasse). Das **Versicherungsverhältnis** mit dem Dritten wird durch den Betriebsübergang nicht berührt[269]. Der Erwerber kann seinerseits in das Versicherungsverhältnis **eintreten**. Bei der Direktversicherung bedarf es hierzu eines Vertrags mit dem Versicherer und dem Betriebsveräußerer. Die Zustimmung des Versicherten ist nicht erforderlich[270]. Bei einer Pensionskassenversorgung hängt dies davon ab, ob die **Satzung der Pensionskasse** eine Fortsetzung durch den Erwerber zuläßt. Wenn dies nicht möglich ist, kann die Pensionskasse die Anwartschaften (den sog. Versorgungsbestand) auf eine andere Pensionskasse oder einen Lebensversicherer **übertragen**. Diese Änderung der Versicherung bedarf der Zustimmung des Arbeitnehmers[271].

155 Ein Wechsel des **Versorgungssystems** ist zB auch bei der Direktversicherung möglich. Hierzu bedarf es regelmäßig der Zustimmung der Arbeitnehmer, die ggf. durch eine Betriebsvereinbarung ersetzt werden kann[272].

156 Der Erwerber kann neu eintretende Arbeitnehmer auch von einer bei ihm bestehenden betrieblichen Altersversorgung **ausschließen**[273].

2. Betriebliche Altersversorgung beim Share Deal

157 Ein Wechsel der **Beteiligungsverhältnisse** hat regelmäßig keinen Einfluß auf die betriebliche Altersversorgung. Das Unternehmen bleibt als Arbeitgeber unverändert für die Erfüllung der Versorgungszusagen verantwortlich.

3. Betriebliche Altersversorgung bei der Verschmelzung

158 Versorgungsanwartschaften der aktiven Arbeitnehmer gehen mit dem Arbeitsverhältnis auf den neuen oder aufnehmenden Rechtsträger über[274]. Versorgungsansprüche und -anwartschaften ausgeschiedener Arbeitnehmer gehen mit dem Vermögen des übertragenden Rechtsträgers im Wege der Gesamtrechtsnachfolge auf den neuen oder aufnehmenden Rechtsträger ebenfalls über[275].

---

[269] *Blomeyer/Otto* BetrAVG Einl. Rn 763.
[270] *Blomeyer/Otto* BetrAVG Einl. Rn 764.
[271] *Blomeyer/Otto* BetrAVG Einl. Rn 852.
[272] *Doetsch/Rühmann* in Willemsen/Hohenstatt/Schweibert Teil J Rn 167 ff.
[273] *Doetsch/Rühmann* in Willemsen/Hohenstatt/Schweibert Teil J Rn 164, 165.
[274] § 324 UmwG iVm. § 613a Abs. 1 BGB.
[275] *Preis* in Erfurter Komm. § 613a BGB Rn 175.

§ 28 Unternehmensübernahmen im Konzernrecht

Übersicht

	Rn
A. Bedeutung des Konzernrechts für Unternehmensübernahmen	1
I. Berührungspunkte	1
II. Voraussetzung: Der Übernehmer ist ein „Unternehmen"	2
B. Übernahmehindernisse durch Konzerneingangsschutz	4
I. Grundgedanke	4
II. Konzerneingangsschutz in der Satzung	5
1. Aktiengesellschaft	5
a) Übertragung von Namensaktien	6
b) Begrenzung des Stimmrechts	7
2. GmbH	8
III. Treupflichten	9
1. Grundsätzlich	9
2. GmbH	10
3. Aktiengesellschaft	11
C. Die Vorentscheidung: Einheitsgesellschaft oder Konzern?	12
I. Die Alternative	12
II. Gesichtspunkte für die Einheitsgesellschaft	14
III. Gesichtspunkte für die Führung als Konzernunternehmen	16
IV. Zusammenfassung unter einer Holding	19
1. Begriff und konzernrechtliche Bedeutung	19
2. Gesichtspunkte für eine Holding	21
V. Einheitsbetrachtung trotz Konzernierung	22
D. Die Form der konzernmäßigen Verbindung	27
I. Die Bedeutung der Rechtsform des Unternehmens	27
II. Rechtliche Formen von Unternehmensverbindungen	30
1. Abhängigkeit	30
2. Konzern	31
3. Kontrolle	33
4. Unternehmensverträge	34
III. Zur Wahl der Konzernierungsform	35
1. Schlichte Abhängigkeit; Kontrolle	35
2. Vertragskonzern oder faktischer Konzern?	36
a) Aktiengesellschaft	36
aa) Beherrschungsvertrag	37
bb) Beherrschung auf faktischer Grundlage	43
cc) Möglichkeiten und Grenzen einheitlicher Leitung	50
b) GmbH	55

	Rn
aa) Rechtliche Beherrschung	55
bb) Beherrschung auf faktischer Grundlage	58
3. Eingliederung	61
IV. Ausländische herrschende Unternehmen	62

Schrifttum: *Binnewies*, Die Konzerneingangskontrolle in der abhängigen Gesellschaft, 1995; *Bühner*, Management-Holding, DBW 47 (1987) 40; *ders.*, Management-Holding, Ein Erfahrungsbericht, DBW 51 (1991) 141; *ders.*, Management-Holding in der Praxis, DB 1993, 285; *J. Götz*, Der Abhängigkeitsbericht der 100%igen Tochtergesellschaft, AG 2000, 498; *Keller*, Unternehmensführung mit Holding-Konzepten, 1990; *ders.*, Die Einrichtung einer Holding: Bisherige Erfahrungen und neuere Entwicklungen, DB 1991, 1633; *Lutter* (Hrsg.) Holding-Handbuch, Recht – Management – Steuern, 3. Aufl. 1998 (zit.: *Bearbeiter* in Holding-Hdb.); *Lutter/Timm*, Konzernrechtlicher Präventivschutz im GmbH-Recht, NJW 1982, 409; *Niethammer*, Erfahrungen mit dem Holding-Prinzip, FS Johannes Semler, 1993, S. 741; *Scheffler*, Konzernmanagement, 1992; *Theisen*, Der Konzern, Betriebswirtschaftliche und rechtliche Grundlagen der Konzernunternehmung, 1991.

A. Bedeutung des Konzernrechts für Unternehmensübernahmen

I. Berührungspunkte

1   Das Konzernrecht berührt Unternehmensübernahmen vor allem unter drei Gesichtspunkten.
– Ein erster Problembereich tritt bei der Übernahme im Wege des Anteilserwerbs auf, wenn nicht alle Anteile übernommen werden. Dann kann die Übernahme auf zum Schutz der anderen Gesellschafter bestehende konzernrechtliche Schranken stoßen, nämlich den **Konzerneingangsschutz**[1].
– Zweitens wird der Übernehmer bereits vor der Übernahme bedenken müssen, ob er sich das übernommene Unternehmen eingliedern, seine Interessen also in einem **Einheitsunternehmen** zusammenfassen will oder ob eine Führung des übernommenen Unternehmen in **rechtlich selbständiger** Form vorzuziehen ist[2]. Bei dieser Vorentscheidung ist auch ein gemeinsames Dach in Form einer **Holding**[3] in Betracht zu ziehen und ferner zu berücksichtigen, daß die Rechtsordnung auch bei dieser zweiten Lösung Übernehmer und übernommenes Unternehmen in zahlreichen Beziehungen als **Einheit** behandelt[4].

---

[1] Siehe Rn 4 ff.
[2] Siehe Rn 12 ff.
[3] Siehe Rn 19 ff.
[4] Siehe Rn 22 ff.

– Entscheidet man sich, wie es wohl meistens geschieht, für die Führung als rechtlich selbständiges Unternehmen, so ist drittens zu klären, in welcher Form der Übernehmer seine Interessen in diesem Unternehmen zur Geltung bringen will. Dazu bedarf es der Abwägung zwischen den von der Rechtsordnung zur Verfügung gestellten **Konzernformen** aus rechtlicher und betriebswirtschaftlicher Sicht[5].

II. Voraussetzung: Der Übernehmer ist ein „Unternehmen"

Als „Konzern" wird im Wirtschaftsleben meistens nur ein Unternehmensverbund von einer gewissen Größe und Bedeutung bezeichnet. Rechtlich kommt es nicht auf die Größe, sondern darauf an, daß zwischen einem anderen Unternehmen und der Gesellschaft eine gesellschaftsrechtliche Verbindung besteht, die die Gefahr einer Benachteiligung der Gesellschaft und damit ihrer Minderheiten und Gläubiger birgt. In aller Regel wird diese Verbindung durch eine **Beteiligung** vermittelt, die die Mehrheit der Stimmrechte oder sonstwie beherrschenden Einfluß verschafft. Allerdings können sich Unternehmen, auch ohne daß ein solcher Einfluß besteht, zu einem Gleichordnungskonzern[6] zusammenschließen. Doch hat der Gleichordnungskonzern im Wirtschaftsleben nur geringe Bedeutung. Für die Übernahme eines Unternehmens kommt er allenfalls als Vorstufe in Betracht.

2

Demgemäß wird der **Unternehmensbegriff** heute von der ganz hA nach dem Hauptzweck des Konzernrechts ausgelegt, die Minderheitsgesellschafter und die Gläubiger einer beherrschten Gesellschaft – zusammenfassend als **Außenseiter** bezeichnet – zu **schützen**. In ihrem Interesse darf die Gesellschaft, an der sie als Gesellschafter mitbeteiligt sind oder die ihnen als Gläubigern haftet, nicht benachteiligt werden. Die Gefahr solcher Nachteile ist besonders groß, wenn der Gesellschafter auch außerhalb der Gesellschaft weitere unternehmerische Interessen hat. Als Unternehmen wird daher grundsätzlich jeder Gesellschafter ohne Rücksicht auf seine Rechtsform angesehen, wenn er neben seiner Beteiligung an der Gesellschaft anderweitige wirtschaftliche Interessenbindungen aufweist, die ernsthaft die Sorge begründen, er könne ihretwegen zum Nachteil der Gesellschaft handeln[7]. Konsequent wird man als Unternehmen auch den Privatmann ansehen müssen, der unmittelbar oder mittelbar mehrere Unternehmen beherrscht[8] oder

3

---

[5] Siehe Rn 27 ff.
[6] § 18 Abs. 2 AktG.
[7] HA, namentlich st. Rspr. seit BGHZ 69, 334, 336 ff. = NJW 1978, 104 „Veba/Gelsenberg"; Nachweise auch der Differenzierungen im einzelnen bei *Bayer* in MünchKomm. § 15 AktG Rn 13 ff.; *Hüffer* § 15 AktG Rn 8 ff.
[8] HA, und zwar auch für den Fall, daß der Privatgesellschafter seine mehreren Beteiligungen in einer ihm als Alleingesellschafter gehörenden Zwischenholding zusammenfaßt; zu diesem Fall zB *Bayer* in MünchKomm. § 15 AktG Rn 27, 31 ff.; *Lutter* in Holding-Hdb. Rn A 35; *Altmeppen* in Roth/Altmeppen Anh. § 13 GmbHG Rn 7; alle mwN. Eine Minderheitsmeinung nimmt bei Beteiligung des Privatgesellschafters an mehreren Unternehmen einen Gleichordnungskonzern (§ 18 Abs. 2 AktG) an, namentlich *Karsten Schmidt*, Gleichordnung im Konzern: terra incognita?, ZHR 155 (1991) 417, 423 ff.

der sein Unternehmen im Wege der „Betriebsaufspaltung" in eine Besitz- und eine Betriebsgesellschaft teilt[9].

B. Übernahmehindernisse durch Konzerneingangsschutz

I. Grundgedanke

4 Das AktG will Minderheitsgesellschafter und Gläubiger vor allem vor Nachteilen aus einer bereits **entstandenen** Konzernverbindung schützen. Rechtsprechung und Schrifttum haben daneben über Ansätze hinaus, die sich schon im Gesetz finden, Grundsätze zum Schutz von Minderheitsgesellschaftern gegen das **Entstehen** einer Konzernverbindung entwickelt. Sie gehen dabei davon aus, daß Minderheitsgesellschafter im bestehenden Konzern gegen Nachteile nur unvollkommen geschützt werden können. Daher soll der Konzerneingangsschutz bereits das Entstehen einer beherrschenden Gesellschafterposition verhindern oder beschränken. Im wesentlichen geht es dabei um Erschwerungen für den Aufbau einer Großgesellschafterposition und für die Übertragung einer Beteiligung an unerwünschte Gesellschafter. In erster Linie kommen **Satzungsbestimmungen**[10] in Betracht[11]. Zunehmende Bedeutung wird daneben den in Rechtsprechung und Schrifttum herausgearbeiteten **Treupflichten** der Gesellschafter beigemessen[12]. Sie können die Übernahme eines Unternehmens ernsthaft erschweren oder doch das Interesse an ihr mindern.

II. Konzerneingangsschutz in der Satzung

1. Aktiengesellschaft

5 Das AktG läßt der Satzung nur wenig Spielraum[13]. Die Satzung kann daher einen Konzerneingangsschutz nur bestimmen, soweit das Gesetz dies vorsieht. Doch können sich aus der Satzung neben den nachstehenden gezielt gegen einen unerwünschten Aktienkauf verwendbaren Bestimmungen weitere mittelbare Erschwerungen ergeben. ZB kann genehmigtes Kapital zur Plazierung „in befreundeten Händen" verfügbar sein oder durch zeitversetzte Amtszeiten des Aufsichtsrats dessen Neubesetzung erschwert werden.

6 **a) Übertragung von Namensaktien.** Die Satzung kann vor allem die **Übertragung von Namensaktien**, die heute wieder auch bei großen Gesellschaften üblich geworden sind, an die Zustimmung der Gesellschaft binden (Vin-

---

[9] *Altmeppen* in Roth/Altmeppen Anh. § 13 GmbHG Rn 9; *Zöllner* in Baumbach/Hueck GmbHG Schlußanh. I Rn 73. Nach Anderen Gleichordnungskonzern, zB *Raiser* KapGesR § 56 Rn 4 mwN.
[10] Mit gemeint Bestimmungen eines GmbH-Gesellschaftsvertrags.
[11] Siehe Rn 5 ff.
[12] Siehe Rn 9 ff.
[13] § 23 Abs. 5 AktG.

kulierung)[14]. Über die Zustimmung entscheidet der Vorstand, wenn die Satzung sie nicht dem Aufsichtsrat oder der Hauptversammlung vorbehält[15]. Unterschiedlich wird beurteilt, ob die Satzung für bestimmte Fälle die Zustimmung verbieten kann[16]. Auch wenn man dies verneint, wird die Satzung zB durch Anführung von Beispielen deutlich machen können, daß durch die Vinkulierung vor allem der Aufbau einer beherrschenden Aktionärsposition verhindert werden soll. Dann wird das über die Zustimmung entscheidende Organ sein Ermessen vorrangig in diesem Sinne ausüben müssen.

b) Begrenzung des Stimmrechts. Entsprechendes gilt für eine in der Satzung bestimmte **Begrenzung des Stimmrechts auf einen Höchstbetrag**, die allerdings jetzt für börsennotierte Gesellschaften nicht mehr zulässig ist[17]. Sie hindert zwar nicht am Erwerb einer Beteiligung, macht ihn aber durch Entzug des Stimmrechts aus den Aktien, die den Höchstbetrag übersteigen, weniger interessant[18]. Zwar gilt die Beschränkung nicht für die bei qualifizierten Beschlüssen außer der Stimmenmehrheit notwendige Kapitalmehrheit[19]. Mit einer entsprechend hohen Beteiligung kann daher nur, wie bei einer Sperrminderheit, verhindert werden, daß die notwendige Kapitalmehrheit (meist 75%) zustande kommt. Hingegen ist die für eine positive Beschlußfassung notwendige Stimmenmehrheit nicht erreichbar.

2. GmbH

Bei ihr ist man in der Gestaltung von Erwerbsbeschränkungen wesentlich freier. Ihr Gesellschaftsvertrag kann **Hindernisse aller Art** vorsehen, wie Vinkulierungsklauseln[20], Wettbewerbsverbote, Abtretungsverbote, Vorkaufsrechte zugunsten der Gesellschafter oder die Bereitschaft des Erwerbers zur Übernahme bestimmter Verpflichtungen[21]. Meistens bestimmt der Vertrag, daß die Beschränkungen mit satzungsändernder Mehrheit aufgehoben werden oder daß die Gesellschafter Dispens erteilen können. Ein Übernahmeinteressent muß aber je nach den Umständen des Einzelfalls mit weitergehenden Anforderungen rechnen. Dienen zB derartige Bestimmungen dem Schutz bestimmter Gesellschafter oder räumen sie ihnen Sonderrechte, zB ein Erwerbsvorrecht ein, ist die Zustimmung

---

[14] § 68 Abs. 2 Satz 1 AktG.
[15] § 68 Abs. 2 Satz 2 AktG.
[16] Verneinend *Hefermehl/Bungeroth* in Geßler/Hefermehl § 68 AktG Rn 102, 103; *Hüffer* § 58 AktG Rn 14; *Wiesner* in MünchHdbGesR Bd. 4 § 14 Rn 23; für Zulässigkeit hingegen *Lutter* in Kölner Komm. § 68 AktG Rn 27; *Schrötter*, Vinkulierte Namensaktien als Bremse der Unternehmenskonzentration, DB 1977, 2265, 2269; eingehend *Binnewies* S. 295 ff.
[17] § 134 Abs. 1 Satz 2 bis 5 AktG.
[18] Zu den Gestaltungsmöglichkeiten des Höchststimmrechts und seiner Wirkung zB *Hüffer* § 134 AktG Rn 6 ff.; *Franz-Jörg Semler* in MünchHdbGesR Bd. 4 § 38 Rn 8 ff.
[19] ZB bei Satzungsänderungen, § 182 Abs. 1 AktG.
[20] § 15 Abs. 5 GmbHG.
[21] Zu den Gestaltungsmöglichkeiten *Hueck* in Baumbach/Hueck § 15 GmbHG Rn 36 ff.; *Altmeppen* in Roth/Altmeppen § 15 GmbHG Rn 66; *Binnewies* S. 145 ff., 153 f.

dieser Gesellschafter erforderlich²². Die Befreiung von einem Wettbewerbsverbot ist jedenfalls, wenn sie zur Abhängigkeit von einem Konkurrenzunternehmen führt, nur bei sachlichen Gründen im Interesse der Gesellschaft wirksam²³.

III. Treupflichten

1. Grundsätzlich

9 Auf unsicherem Boden bewegt man sich bei der Frage, inwieweit bei Schweigen der Satzung Treupflichten gegenüber den Mitgesellschaftern die Veräußerung und Übernahme einer Beteiligung beschränken. Zwar bestehen solche Treupflichten nach heute allgM unter den Gesellschaftern einer GmbH und nach hA auch, wenngleich in minderem Umfang, unter Aktionären. Doch ist ihre Tragweite unsicher, zumal sie wesentlich von der **kapitalistischen** oder **personalistischen Struktur** der Gesellschaft abhängig gemacht werden. Eine personalistische Struktur mit weitergehenden Treupflichten soll vorliegen, wenn nur wenige Gesellschafter vorhanden sind und zwischen ihnen enge, zB familiäre Beziehungen bestehen.

2. GmbH

10 Im GmbH-Recht werden Veräußerungs- und Übernahmebeschränkungen jedenfalls für die personalistisch strukturierte GmbH allgemein bejaht, ihr Umfang allerdings unterschiedlich beurteilt. Treupflichten sollen namentlich die vorhergehende Information der Mitgesellschafter gebieten, wenn ein maßgebend beteiligter Gesellschafter seine Geschäftsanteile veräußern will oder wenn er sich an einem weiteren Unternehmen beteiligt und damit selbst „Unternehmen" iSd. Konzernrechts wird²⁴. Treupflichten sollen es auch ohne eine entsprechende Regelung in der Satzung verbieten, Geschäftsanteile an einen Wettbewerber zu veräußern²⁵ oder an einen Erwerber, der die Gesellschaft konzernabhängig machen will²⁶. Mit unterschiedlichen Ergebnissen wird erörtert, ob und ggf. mit welcher

---

²² *Hueck* in Baumbach/Hueck § 15 GmbHG Rn 37 ff. und *Zöllner* in Baumbach/Hueck GmbHG Schlußanh. I Rn 69 ff.; *Koppensteiner* in Rowedder Anh. § 52 GmbHG Rn 26, 39; Binnewies S. 168 ff.
²³ BGHZ 80, 69, 73 ff.; zu der in der Lehre überwiegend positiv diskutierten Verallgemeinerung dieses Grundsatzes zB *Koppensteiner* in Rowedder Anh. § 52 GmbHG Rn 27 f.; *Lutter/Timm* NJW 1982, 409, 417 f.; *Rosenbach* in Beck Hdb. GmbH § 17 Rn 152. Der BGH dürfte in nächster Zeit Stellung nehmen (Revision gegen OLG Stuttgart NZG 2000, 159).
²⁴ Ganz hA; Einzelheiten bei *Lutter/Hommelhoff* Anh. § 13 GmbHG Rn 13; *Zöllner* in Baumbach/Hueck GmbHG Schlußanh. I Rn 72; *Koppensteiner* in Rohwedder Anh. § 52 GmbHG Rn 31; *Ulmer* in Hachenburg Anh. § 77 GmbHG Rn 67 f.; *Rosenbach* in Beck Hdb. GmbH § 17 Rn 154.
²⁵ *Zöllner* in Baumbach/Hueck GmbHG Schlußanh. I Rn 70; *Lutter/Hommelhoff* § 14 GmbHG Rn 20.
²⁶ Mit Unterschieden im einzelnen, namentlich differenziert nach der personalistischen oder kapitalistischen Struktur der GmbH *Emmerich/Sonnenschein* Konzernrecht § 4a IV 2b, S. 80 f.; Binnewies S. 195 ff.; *Lutter/Timm* NJW 1982, 409, 419 f., jeweils mwN; skeptisch *Koppensteiner* in Rowedder Anh. § 52 GmbHG Rn 31.

Mehrheit die Gesellschafter Befreiung erteilen können[27]. Allerdings dürfen Treupflichten nicht dazu dienen, einen Gesellschafter auf Dauer gegen seinen Willen in der Gesellschaft fest zu halten. Die stark vom Einzelfall abhängigen Grenzen können hier nicht vertieft werden.

3. Aktiengesellschaft

Die AG ist im Interesse der Kapitalbeschaffung offen für den Erwerb und Aufbau sowie die Veräußerung einer Beteiligung angelegt. Außenstehende Aktionäre haben jedenfalls im Grundsatz die Einbeziehung ihrer Gesellschaft in einen Konzern hinzunehmen[28]. Gleichwohl werden auch **im Aktienrecht** von Teilen des Schrifttums aus Treupflichten Schranken für Erwerb und Veräußerung einer Beteiligung hergeleitet. So sollen bei der personalistisch strukturierten AG vor einem Anteilsverkauf/-erwerb besondere Informationspflichten bestehen[29], soll der veräußerungswillige Großaktionär seine Aktien vor Eingehung vertraglicher Bindungen zunächst den Mitaktionären anbieten müssen[30] und/oder der Erwerb einer beherrschenden Beteiligung nur mit Zustimmung der Hauptversammlung möglich sein[31]. Aus Treupflichten wird auch ein Wettbewerbsverbot bei beherrschendem Einfluß teils allgemein[32], teils jedenfalls in der personalistisch strukturierten AG[33] hergeleitet. Im Aktienrecht steht man solchen der freien Handelbarkeit widersprechenden Treupflichten allerdings überwiegend skeptisch gegenüber[34]. Die Gerichte dürften sie nur in krassen Fällen anerkennen.

---

[27] *Zöllner* in Baumbach/Hueck GmbHG Schlußanh. I Rn 70 (einfache Mehrheit); *Emmerich/Sonnenschein* Konzernrecht § 4a IV 2b (Dreiviertelmehrheit nach § 53 GmbHG).

[28] BGHZ 119, 1, 7 = NJW 1992, 2760 = AG 1992, 450; ganz hA im Schrifttum, zB *Koppensteiner* in Kölner Komm. Vor § 311 AktG Rn 27; *Habersack* in *Emmerich/Habersack* Aktienkonzernrecht Vor § 311 AktG Rn 10; *Emmerich/Sonnenschein* Konzernrecht § 4a I, S. 74 und IV; *Binnewies* S. 352 ff.; einschränkend *Zöllner*, Schutz der Aktionärsminderheit bei einfacher Konzernierung, FS Kropff, 1997, S. 333, 342.

[29] *Burgard*, Die Offenlegung von Beteiligungen bei der Aktiengesellschaft, AG 1992, 41, 48 ff.; dagegen *Mülbert* S. 465 und *Joussen*, Die Treupflicht des Aktionärs bei feindlichen Übernahmen, BB 1992, 1075 ff.

[30] Jedenfalls bei personalistisch strukturierter AG Verpflichtung des veräußerungswilligen Großaktionärs, seine Aktien zunächst den Mitgesellschaftern anzubieten, *Ziemons/Jaeger*, Treupflichten bei der Veräußerung einer Beteiligung an einer Aktiengesellschaft, AG 1996, 358, 364 ff.; *Reul*, Die Pflicht zur Gleichbehandlung der Aktionäre bei privaten Kontrolltransaktionen, 1991, S. 260 ff.; *Emmerich/Sonnenschein* Konzernrecht, 5. Aufl. 1993, § 4 VI, 2d) bb (dazu ablehnend die Besprechung von *Koppensteiner* AG 1995, 95 f.), vorsichtiger in der 6. Aufl. § 4a IV, 3b, S. 83; überwiegend abgelehnt zB von *Koppensteiner* in Kölner Komm. Vor § 311 AktG Rn 27; *Krieger* in MünchHdbGesR Bd. 4 § 69 Rn 17 f.; zurückhaltend auch *Lutter*, Treupflichten und ihre Anwendungsprobleme, ZHR 162 (1998) 164, 172 ff., vgl. auch die Diskussion seines Referats S. 197.

[31] *Binnewies* S. 358; ablehnend *Krieger* in MünchHdbGesR Bd. 4 § 69 Rn 18.

[32] *Geiger*, Wettbewerbsverbote im Konzernrecht, 1996, S. 146 ff.; *Habersack* in Emmerich/Habersack Aktienkonzernrecht Vor § 311 AktG Rn 11.

[33] *Emmerich/Sonnenschein* Konzernrecht § 4a IV 3b, S. 83 f.

[34] Näher *Krieger* in MünchHdbGesR Bd. 4 § 69 Rn 17; *Koppensteiner* in Kölner Komm. Vor § 311 AktG Rn 28; *Kropff* in MünchKomm. Vor § 311 AktG Rn 60 ff.; *Salfeld*, Wettbewerbsverbote im Gesellschaftsrecht, 1987, S. 178 ff.; *Seydel*, Konzernbildungskontrolle bei der Aktiengesellschaft, 1995, S. 181 f.

C. Die Vorentscheidung: Einheitsgesellschaft oder Konzern?

I. Die Alternative

12 Der Übernehmer steht vor einer grundsätzlichen Alternative: Soll das übernommene Unternehmen – ggf. unter Aufgabe seiner rechtlichen Selbständigkeit – in das Unternehmen des Übernehmers eingegliedert, d. h. mit ihm zu einer Einheitsgesellschaft zusammengefaßt werden? Oder soll es als rechtlich selbständige Tochtergesellschaft, ggf. verschmolzen mit einer anderen Tochtergesellschaft, fortgeführt werden? Beeinflußt, aber nicht präjudiziert wird diese Entscheidung durch die Form der Übernahme als **Anteilserwerb** (Share Deal) oder **Erwerb von Vermögenswerten** (Asset Deal)[35].

13 Welcher Weg sachgerechter ist, hängt von den **Umständen des Einzelfalls** wie der Größe des übernommenen Unternehmens, seiner Nähe zur Tätigkeit des Übernehmers, dem Vorhandensein von Minderheitsgesellschaftern sowie davon ab, ob es sich um eine inländische oder ausländische Tochter handelt. Doch lassen sich dazu einige allgemeine Überlegungen anstellen.

II. Gesichtspunkte für die Einheitsgesellschaft

14 Die Einheitsgesellschaft wird selten in ganz reiner Form verwirklicht. Die für sie sprechenden Gründe führen aber häufiger zu einer Konzentration der Haupttätigkeit, zB der Produktion „unter einem Dach", während Hilfstätigkeiten, zB der Vertrieb, auf in- und ausländische Töchter ausgelagert werden. Für die Einheitsgesellschaft werden der **direkte Zugriff** der Unternehmensleitung auf alle Unternehmensbereiche, straffe Entscheidungswege und die Einheitlichkeit der Personalwirtschaft angeführt. Kostentreibende Tochter-Geschäftsführungen und -aufsichtsräte entfallen, ebenso die bei einer Arbeitnehmerbeteiligung im Aufsichtsrat auf unteren Ebenen mögliche Kumulierung der Mitbestimmung. Eine straffe Zentralisierung der Finanzwirtschaft ist ohne weiteres möglich. Publizitätspflichten und -kosten treffen nur das Einheitsunternehmen. Die derzeitige Entwicklung zur Internationalisierung des **Konzernabschlusses** kann zur Folge haben, daß die Einheitsgesellschaft geringeren Publizitätsanforderungen als der Konzern unterliegt.

15 Die Zusammenfassung in einer Einheitsgesellschaft ist bei einem Erwerb von Vermögensgegenständen (Asset Deal) durch die eigentumsmäßige Zusammenführung ohne weiteres gegeben[36]. Werden hingegen **Anteile übernommen**, besteht das übernommene Unternehmen zunächst in seiner bisherigen Rechtsform weiter, und zwar auch bei Vereinigung aller Anteile in einer Hand. Die Rechtsordnung eröffnet mehrere Wege, es durch weiteren Rechtsakt mit dem Übernehmer zu einem Einheitsunternehmen zusammenzufassen. In Betracht

---

[35] Zu den Typen und Abläufen von Unternehmenskäufen siehe § 11, zum Erwerb von Unternehmensanteilen (Share Deal) § 12, von Vermögenswerten (Asset Deal) § 13.
[36] Dazu näher § 13.

kommt namentlich eine Verschmelzung[37], bei der das Vermögen im Wege der Gesamtrechtsnachfolge übergeht[38]. Möglich ist aber auch die Übernahme des ganzen Vermögens des übernommenen Unternehmens im Wege der Einzelrechtsnachfolge[39]. Bei diesem Vorgehen kann das übernommene Unternehmen als Gesellschaftsmantel erhalten bleiben oder liquidiert werden.

III. Gesichtspunkte für die Führung als Konzernunternehmen

Dieser Weg überwiegt in der Praxis. In der Großwirtschaft sind tiefgestaffelte Konzerne mit hunderten von Tochter- und Enkelgesellschaften sowie weiteren nachgeordneten Stufen häufig. In manchen Fällen ist die Führung in Form einer rechtlich selbständigen Konzerntochter durch die Beteiligung von Minderheitsgesellschaftern vorgegeben. Im **Ausland** kann sich ein Unternehmen faktisch nur über dort ansässige Tochtergesellschaften betätigen[40].

Für die Form des Konzerns sprechen vor allem Gesichtspunkte der **Führung und Verantwortung**. Großunternehmen sind von der Spitze aus nicht mehr bis in die Teilbereiche zu übersehen. Die sinnvolle Aufgliederung der Konzernaktivitäten auf Tochtergesellschaften und ihnen nachgeordnete Enkelgesellschaften ermöglicht eine flexiblere **dezentrale Führung** und abgestufte Verantwortlichkeiten. Die Tochtergeschäftsführungen handeln marktnäher und können schneller auf neue Entwicklungen reagieren[41]. Relativ selbständige Geschäftsführungsorgane auf einer unteren Konzernebene ermöglichen es, Nachwuchskräften interessante Führungsstellen mit wachsender Verantwortlichkeit anzubieten, ihre Fähigkeit zu unternehmerischer Führung und zur Motivierung ihrer Mitarbeiter zu erproben und sie auf Spitzenpositionen vorzubereiten[42].

Ferner werden **Umstrukturierungen** durch die Möglichkeit erleichtert, Beteiligungen an Tochtergesellschaften zu veräußern oder innerhalb des Konzerns anders zu plazieren. Durch eigenständige **Rechnungslegung** der einzelnen Konzerntöchter wird die wirtschaftliche Entwicklung transparenter. Verlustquellen können früher erkannt, die Verantwortung für Fehlentwicklungen der zuständigen Geschäftsführung deutlicher zugeordnet werden. Vor allem im mittelständischen Bereich spielt auch die durch Tochtergesellschaften mit beschränkter Haftung gegebene Möglichkeit eine Rolle, das unternehmerische Risiko auf mehrere

---

[37] Dazu § 17.
[38] Die verschiedenen Formen sind im Zweiten Buch des Umwandlungsgesetzes – §§ 2 ff. – geregelt.
[39] Siehe § 2 Fn 69. Bei einer AG als übertragender Gesellschaft ist § 179a AktG zu beachten: Zustimmung der Hauptversammlung mit satzungsändernder Mehrheit.
[40] Ob innerhalb der EG die Betätigung über Zweigniederlassungen als Folge des „Centros"-Urteils des EuGH (AG 1999, 226) zunehmen wird, bleibt abzuwarten.
[41] Grundsätzlich *Theisen*, namentlich S. 203 ff.; *Scheffler*, Problematik der Konzernleitung, FS Goerdeler, 1987, S. 471 ff.; *Schenk*, Konzernbildung, Interessenkonflikte und ökonomische Effizienz, 1997; *ders.*, Ökonomische Analyse des Minderheitenschutzes im Konzern, ZfbF 1997, 652, 658 ff.
[42] *Niethammer*, FS Johannes Semler, S. 741, 746.

Haftungseinheiten aufzuspalten; allerdings stößt die Abschottung von Haftungsbereichen konzernrechtlich auf noch zu erörternde Grenzen[43].

IV. Zusammenfassung unter einer Holding

1. Begriff und konzernrechtliche Bedeutung

19 Die klassische Konzernform ist der **Stammhaus-Konzern**, bei dem sich ein selbst am Markt tätiges Unternehmen übernommene Unternehmen als Töchter angliedert[44]. Heute erfreuen sich Holding-Strukturen wachsender Verbreitung[45]. Sie sind dadurch gekennzeichnet, daß sich an der Spitze des Verbunds „eine Unternehmung (Kapital- oder Personengesellschaft, aber auch Stiftung oder natürliche Person) befindet, deren Hauptzweck und eigentliche Aufgabe in der Verwaltung ihrer Beteiligung an zumindest einem anderen rechtlich selbständigen Unternehmen besteht"[46]. Ist die Holding allerdings unmittelbar oder mittelbar nur an **einem** operativ tätigen Unternehmen beteiligt, fehlt die den konzernrechtlichen Unternehmensbegriff prägende Möglichkeit eines Interessenkonflikts[47]. Sie ist dann konzernrechtlich kein Unternehmen, die Verbindung kein Abhängigkeits- oder Konzernverhältnis[48].

20 Ist die Holding hingegen, wie es die Regel ist, an mehreren Unternehmen mit beherrschendem Einfluß beteiligt, so ist sie **herrschendes Unternehmen**[49]. Es wird dann vermutet, daß sie diese Unternehmen als Muttergesellschaft einheitlich leitet[50]. Doch ist diese Vermutung widerlegbar. Beschränkt sich die Holding auf das reine Halten und Verwalten ihrer Beteiligungen (Vermögensholding), wird ihr die Widerlegung möglich sein[51]. Auch dann bleiben aber die Vorschriften für Abhängigkeitsverhältnisse[52] anwendbar.

2. Gesichtspunkte für eine Holding

21 Die **Beschränkung** des an der Spitze stehenden Unternehmens – eben der **Holding – auf Aufgaben der unternehmerischen Führung** erleichtert die Ausrichtung auf das Gesamtinteresse des Konzerns. Denn Rücksichten auf das operative Eigeninteresse einer selbst am Markt tätigen Konzernmutter entfallen[53].

---

[43] Siehe Rn 39 ff., 47 ff.
[44] ZB VW, Bayer, Siemens.
[45] ZB Metallgesellschaft, Karstadt-Quelle, Veba, Viag und die aus ihrer Fusion hervorgegangene E.ON. Sehr verbreitet im Versicherungswesen, zB Allianz.
[46] *Lutter* in Holding-Hdb. Rn A 1; zu den Rechts- und Erscheinungsformen der Holding *Kraft* in Holding-Hdb. Rn B 3 ff. Ähnlich, aber unter Betonung des Dauercharakters der Holding *Theisen* S. 50; *Keller* S. 55.
[47] Siehe Rn 3.
[48] Näher zu der im einzelnen umstrittenen Abgrenzung *Lutter* in Holding-Hdb. Rn A 35 mwN.
[49] § 17 AktG.
[50] § 18 Abs. 1 Satz 3 AktG.
[51] *Lutter* in Holding-Hdb. Rn A 48, 49; *Hüffer* § 18 AktG Rn 19, jeweils mwN.
[52] Namentlich bei Aktiengesellschaften §§ 311 ff. AktG.
[53] „Operative Sachzielneutralität", *Keller* DB 1991, 1633, 1634; ferner *Theisen* S. 51.

Als weiterer Vorteil wird die größere Flexibilität bei der organischen Ordnung und Umorganisation des Konzerns gesehen. Beteiligungsgesellschaften können leichter zu sektoral geordneten „Konzernsäulen" (Divisions) zusammengefaßt[54], die Holding haftungsrechtlich gegen die spezifischen Risiken jeder dieser Säulen abgeschottet werden[55]. Vor allem in größeren Konzernen werden die Vorteile der Holding auf mehreren Ebenen genutzt[56]. ZB wird die unternehmerische Führung der einzelnen Konzernbereiche in einer „Zwischenholding" konzentriert, so daß sich die an der Spitze stehende „Management-Holding" auf strategische Aufgaben beschränken kann[57]. International tätige Konzerne fassen vielfach aus steuerlichen und haftungsrechtlichen Gründen ihre Auslandsgesellschaften jeweils für ein Land oder in ihrer Gesamtheit unter einer Zwischenholding zusammen[58]. Wo eine Unternehmensübernahme Anlaß zu Holding-Überlegungen gibt, ist auf das Spezialschrifttum zu verweisen[59].

V. Einheitsbetrachtung trotz Konzernierung

Auch wenn das übernommene Unternehmen in rechtlich selbständiger Form geführt wird, faßt die Rechtsordnung es in zahlreichen Beziehungen ganz oder teilweise mit dem Mutterunternehmen oder Konzern zu einer Einheit zusammen. Daraus können sich Nachteile, aber auch Vorteile[60] ergeben, die bei der Entscheidung zwischen Einheitsunternehmen und Konzern zu bedenken sind.

Besondere Bedeutung hat, daß im **Wettbewerbsrecht** Konzernunternehmen für die Berechnung der Umsatzerlöse und der Marktanteile als einheitliches Unternehmen anzusehen sind[61]. Daher werden nicht nur die kartellrechtlichen Anzeigepflichten und Erfordernisse im Fall der aktuellen Übernahme, sondern auch die Auswirkungen dieser Übernahme auf die kartellrechtlich relevante Marktstellung im Fall weiterer Übernahmen zu bedenken sein.

Ferner gelten im Kreditwesen Konzernunternehmen als **ein Kreditnehmer**[62]. Durch die Übernahme können daher uU die bankrechtlichen Grenzen für Großkredite überschritten werden mit der Folge, daß dem Konzern oder einzelnen Konzernunternehmen eingeräumte Kreditlinien nicht aufrechterhalten werden können. Übernimmt eine **Wirtschaftsprüfungsgesellschaft** ein anderes Unternehmen, so ist sie nicht nur als Prüfer dieses Unternehmens, sondern auch der mit ihm verbundenen Unternehmen ausgeschlossen[63].

---

[54] *Lutter* in Holding-Hdb. Rn A 4ff.; *Keller* DB 1991, 1633, 1634.
[55] *Keller* DB 1991, 1633, 1634.
[56] „Zwischenholding", *Kraft* in Holding-Hdb. Rn B 62.
[57] *Theisen* S. 54, *Bühner* DBW 47 (1987) 40, 43.
[58] Zu diesen und weiteren Vorteilen der Holding *Lutter* in Holding-Hdb. Rn A 2ff.
[59] Namentlich *Lutter* in Holding-Hdb.; ferner die im Schrifttumsverzeichnis genannten Abhandlungen von *Keller*, *Theisen*, *Bühner* und *Scheffler*.
[60] ZB durch die steuerliche Organschaft; dazu § 26 Rn 436 ff., und durch Fortfall von Publizitätspflichten, vgl. §§ 264 Abs. 3, 291 HGB.
[61] Vgl. § 35 Abs. 1 GWB; näher dazu § 25 Rn 49.
[62] § 19 Abs. 2 Nr. 1 KWG.
[63] Näher – auch zu weiteren Hinderungsgründen – § 319 Abs. 3 HGB.

25 Ist die Obergesellschaft eine Kapitalgesellschaft oder Genossenschaft, kann die Übernahme zur Folge haben, daß die Zahl der Arbeitnehmer im Konzern über den Schwellenwert des **Mitbestimmungsgesetzes**[64] ansteigt, so daß der Aufsichtsrat der Obergesellschaft künftig nach dem Mitbestimmungsgesetz zusammenzusetzen ist[65]. Etwas anders liegt es bei dem Schwellenwert, der nach dem BetrVG 1952 für die sog. Drittelbeteiligung der Arbeitnehmer maßgebend ist[66]. Hier werden dem herrschenden Unternehmen nur die Arbeitnehmer derjenigen Konzernunternehmen zugerechnet, mit denen ein Beherrschungsvertrag besteht oder die eingegliedert sind[67]. Auf einen bereits mitbestimmten Aufsichtsrat der Obergesellschaft wirkt sich die Übernahme dadurch aus, daß die Aufsichtsratsmitglieder der Arbeitnehmer künftig von den Arbeitnehmern der übernommenen Betriebe mitgewählt werden[68].

26 Zu beachten sind schließlich die Schwellenwerte der konzernrechtlichen **Rechnungslegung**[69]. Werden sie als Folge der Übernahme überschritten, muß die Obergesellschaft künftig einen Konzernabschluß aufstellen.

D. Die Form der konzernmäßigen Verbindung

I. Die Bedeutung der Rechtsform des Unternehmens

27 Selbstverständlich sollte bereits vor einer Übernahme nicht nur entschieden sein, ob das übernommene Unternehmen in rechtlich selbständiger Form weitergeführt wird. Vielmehr sollte auch über die **anzustrebende Konzernform** Klarheit bestehen. Denn von der Frage, in welcher Form der Übernehmer künftig seine Interessen in dem übernommenen Unternehmen zur Geltung bringen will, gehen vielfältige Wechselwirkungen auf die anzustrebende Beteiligungshöhe und andere Fragen der Übernahme aus.

28 Bei der **AG** geht es vor allem um die Entscheidung zwischen einer straffen Konzernführung mit Weisungsrechten, wie sie rechtlich nur bei Bestehen eines Beherrschungsvertrags oder einer Eingliederung gegeben ist, und einer nur koordinierenden Konzernführung ohne Weisungsrecht, wie sie auch im Rahmen schlichter Abhängigkeit aufgrund der dann nur faktisch gegebenen Beherrschung ausgeübt werden kann. Bei der **GmbH** besteht wesentlich größere Freiheit in der Gestaltung der Konzernbeziehungen. Sie können durch einen Beherrschungsvertrag, durch den Gesellschaftsvertrag und durch Beschluß der Gesellschafter sehr differenziert ausgestaltet werden.

29 Die Wahl der Konzernform wird daher erheblich durch die **Rechtsform** beeinflußt, in der das übernommene Unternehmen fortgeführt werden soll. Über

---

[64] § 5 MitbestG iVm. § 1 Abs. 1 Nr. 2 MitbestG – 2000 Arbeitnehmer.
[65] Siehe § 27 Rn 122 ff.
[66] 500 Arbeitnehmer, §§ 76 Abs. 6 (siehe dort die Ausnahmen), 77 BetrVG 1952.
[67] § 77 a BetrVG 1952.
[68] § 76 Abs. 4 BetrVG 1952; § 5 MitbestG.
[69] § 293 HGB. Siehe § 32 Rn 83 ff.

II. Rechtliche Formen von Unternehmensverbindungen

1. Abhängigkeit

Was die Art der Unternehmensverbindung angeht, so unterscheidet das AktG 30 zwischen **Abhängigkeit** und **Konzernverhältnis**. Ein Unternehmen ist abhängig, wenn es dem **beherrschenden Einfluß** eines anderen Unternehmens unterliegt[70]. Es genügt, daß dieser Einfluß besteht, es ist nicht nötig, daß er auch ausgeübt wird[71]. Besteht eine Mehrheitsbeteiligung[72], wird ein Abhängigkeitsverhältnis widerlegbar vermutet[73].

2. Konzern

Hingegen setzt der aktienrechtliche **Konzernbegriff** voraus, daß die konzern- 31 verbundenen Unternehmen **unter einheitlicher Leitung** zusammengefaßt sind[74], der Einfluß also ausgeübt wird. Im Wirtschaftsleben hat der Unterschied nur geringe Bedeutung. Denn wo beherrschender Einfluß besteht, wird er durchweg auch ausgeübt. Dieser Lebenserfahrung entsprechend wird gesetzlich bei Abhängigkeit ein Konzernverhältnis vermutet[75]. Auch diese Vermutung kann widerlegt werden[76].

IdR wird die Konzernleitung durch ein herrschendes Unternehmen ausge- 32 übt[77]. Das AktG erwähnt aber auch den **Gleichordnungskonzern**[78]. Bei ihm beruht die einheitliche Leitung nicht auf dem beherrschenden Einfluß eines Unternehmens, sondern zB auf Vertrag oder auf kapitalmäßiger oder personeller Verflechtung. Gleichordnungskonzerne spielen im Recht der Unternehmensübernahme allenfalls in vorbereitenden Phasen eine Rolle. Sie bleiben im folgenden außer Betracht.

---

[70] § 17 AktG.
[71] Vgl. § 17 Abs. 1 AktG: „... beherrschenden Einfluß ausüben kann".
[72] Begriff: § 16 AktG.
[73] § 17 Abs. 2 AktG. Zu den tauglichen Mitteln der Widerlegung – zB besondere satzungsmäßige Beschlußerfordernisse, Stimmbindungsverträge, Entherrschungsverträge – näher *Bayer* in MünchKomm. § 17 AktG Rn 97 ff.; *Hüffer* § 17 AktG Rn 19 ff., jeweils mwN. Ein Muster findet sich bei *Volhard* in HV Hdb. Rn II R 33.
[74] § 18 Abs. 1 AktG.
[75] § 18 Abs. 1 Satz 3 AktG.
[76] Vor allem durch den Nachweis, daß keine einheitliche Leitung, namentlich auch keine finanzielle Koordination erfolgt. Im einzelnen sind die Anforderungen streitig, vgl. *Hüffer* § 18 AktG Rn 19; *Bayer* in MünchKomm. § 18 AktG Rn 48 ff.
[77] § 18 Abs. 1 AktG.
[78] § 18 Abs. 2 AktG.

3. Kontrolle

33 Neuere Gesetze knüpfen an den angelsächsischen Begriff der **Kontrolle** an, den auch die EG-Richtlinien verwenden[79]. So ist ein Konzernabschluß aufzustellen, wenn einem „Mutterunternehmen" bei einem „Tochterunternehmen" die Mehrheit der Stimmrechte, das Recht, die Mehrheit der Verwaltungsmitglieder zu bestimmen, oder ein vertragliches oder satzungsmäßiges Beherrschungsrecht zusteht[80]. Während die Abhängigkeit nach dem Gesamtbild der tatsächlichen Verhältnisse zu beurteilen ist, kommt es für die Kontrolle maßgebend auf die rechtlichen Einflußmöglichkeiten an. Daher begründet eine stabile **Hauptversammlungsmehrheit** zwar beherrschenden Einfluß, aber noch keine Kontrolle[81]. Im übrigen sind die Unterschiede aber gering. Denn ähnlich wie beherrschender Einfluß wird auch die Möglichkeit zur Kontrolle idR zur Ausübung von Leitungsmacht genutzt. Zur Vereinfachung wird daher hier – wie auch in der Wirtschaft üblich – nur von Konzern und Konzernunternehmen, Konzernmutter (oder Obergesellschaft, Konzernleitung) und Konzerntochter (oder abhängige Konzerngesellschaft) gesprochen. Wenn nichts anderes gesagt ist, sind Abhängigkeits- und Kontrollverhältnisse mitgemeint.

4. Unternehmensverträge

34 Sie kommen im allgemeinen erst nach einer Übernahme in Betracht, da ihr Abschluß einer qualifizierten Mehrheit bedarf[82]. Im Vordergrund der Regelung im AktG stehen Beherrschungs- und Gewinnabführungsverträge und die ihnen nahestehende Eingliederung[83]. Das AktG führt daneben „andere Unternehmensverträge" auf, von denen die **Gewinngemeinschaft, Betriebspacht-, Betriebsüberlassungs-** und die nicht ausdrücklich genannten **Betriebsführungsverträge** konzernrechtliche Bedeutung haben. Bei ihrer Nutzung als Grundlage von Konzernbeziehungen ist aber Vorsicht geboten. Denn das Gesetz betrachtet sie als Austauschverträge, so daß die Leistung der Gesellschaft und die Gegenleistung des Gesellschafters in angemessenem Verhältnis stehen müssen. Anderenfalls verstoßen sie gegen die Kapitalerhaltungsvorschriften, wobei das AktG allerdings jedenfalls für Betriebspacht- und Betriebsüberlassungsverträge die sonst bei solchen Verstößen eintretende Rechtsfolge der Nichtigkeit ausschließt[84].

---

[79] So voraussichtlich auch das Wertpapiererwerbs- und Übernahmegesetz – WÜG, siehe Band 2.
[80] Im einzelnen § 290 Abs. 2 HGB.
[81] *Hoyos/Lechner* in BeckBilKomm. § 290 HGB Rn 45.
[82] § 293 Abs. 1 AktG.
[83] Siehe Rn 37 ff. und Rn 61.
[84] § 292 Abs. 3 Satz 1 AktG; allgemein gegen Nichtigkeit *Altmeppen* in MünchKomm. § 292 AktG Rn 116 ff., 174. Es bleibt aber bei Anfechtbarkeit, Rückgewähr der Leistungen nach § 62 AktG, uU auch Haftung nach §§ 311, 317 AktG. Nichtig ist ein solcher Vertrag allerdings, wenn er der Sache nach ein Beherrschungsvertrag ist, im einzelnen *Hüffer* § 292 AktG Rn 23 f.

III. Zur Wahl der Konzernierungsform

1. Schlichte Abhängigkeit; Kontrolle

Der Erwerb einer Mehrheitsbeteiligung oder sonst eine Unternehmensübernahme in entsprechender Form läßt – vorbehaltlich einer Widerlegung[85] – ohne weiteres ein Abhängigkeitsverhältnis[86] und – bei Stimmenmehrheit – eine Kontrollposition[87] entstehen. Der Übernehmer wird es aber idR nicht bei schlichter Abhängigkeit und Kontrolle belassen. Denn einerseits lassen sich die mit der Übernahme erstrebten Synergieeffekte normalerweise nur bei Einflußnahme auf die Leitung des Unternehmens erzielen. Andererseits greifen die konzernrechtlichen Beschränkungen[88], namentlich das Verbot der Nachteilszufügung[89], bereits bei schlichter Abhängigkeit ein. Auch eine (nur) abhängige AG hat einen Abhängigkeitsbericht zu erstatten[90]. Das Gesetz geht eben von der Erfahrung aus, daß beherrschender Einfluß idR zu einheitlicher Leitung genutzt wird. Daher schützt es die Außenseiter bereits in der Vorstufe. Aus entsprechenden Gründen verpflichtet nicht erst das Bestehen einer Konzernleitung, sondern bereits die bloße Kontrolle zur Konzernrechnungslegung[91].

35

2. Vertragskonzern oder faktischer Konzern?

a) Aktiengesellschaft. Nur das AktG enthält ein ausformuliertes Konzernrecht. Es bietet, ohne diese Ausdrücke zu verwenden, zur Integration eines übernommenen Unternehmens zwei Grundmodelle an, nämlich den auf dem Abschluß eines Beherrschungsvertrags[92] beruhenden Vertragskonzern und die auf tatsächliche Einflußnahme gestützte faktische Konzernleitung.

36

aa) Beherrschungsvertrag. Nur der Abschluß eines Beherrschungsvertrags mit der übernommenen AG berechtigt den Übernehmer, dem Vorstand der abhängigen Gesellschaft **Weisungen** in Fragen der Leitung zu erteilen[93]. Auch für die AG nachteilige Weisungen dürfen erteilt werden, wenn sie Konzerninteressen

37

---

[85] Siehe Rn 30
[86] Siehe Rn 30.
[87] Siehe Rn 33.
[88] ZB keine Übernahme von Aktien des herrschenden Unternehmens, § 56 Abs. 2 und 3 AktG; keine Rechte des abhängigen Unternehmens aus verbotswidrig übernommenen Aktien des herrschenden Unternehmens, § 71d; Kredite an das Führungspersonal des abhängigen Unternehmens nur mit Zustimmung des Aufsichtsrats, § 89 Abs. 2 AktG; siehe ferner §§ 100 Abs. 2 Nr. 2, 115 Abs. 1 Satz 2, 134 Abs. 1 Satz 4, 136 Abs. 2 Satz 1, 145 Abs. 3 AktG.
[89] Bei der AG §§ 311, 317, 318 AktG, denen bei der GmbH die Haftung aus Treupflichtverletzung entspricht; dazu Rn 58.
[90] §§ 312 bis 314 AktG; siehe Rn 46.
[91] § 290 HGB.
[92] § 291 AktG.
[93] § 308 Abs. 1 AktG. Zu Grenzen des Weisungsrechts – namentlich bei Existenzgefährdung – OLG *Stuttgart* AG 1998, 585; enger *Bayer* in MünchKomm. § 308 AktG Rn 115 ff.

dienen[94]. Der Vorstand der abhängigen AG hat sie zu befolgen[95]. Zustimmungsvorbehalte[96] des Aufsichtsrats der abhängigen AG können bei Verweigerung der Zustimmung durch Wiederholung der Weisung unwirksam gemacht werden; allerdings ist dazu, wenn das herrschende Unternehmen gleichfalls einen Aufsichtsrat hat, auch dessen Zustimmung erforderlich[97]. Der Beherrschungsvertrag ist damit die gegebene Grundlage für eine **straffe Konzernleitung**, die sich im Konzerninteresse auch uU über die Interessen der Tochter hinwegsetzen will. Er ermöglicht unbehinderten Informationszugang, straffes Controlling und Eingriffe auch in das Tagesgeschäft. Inhaltliche Beschränkungen können vereinbart werden, sind aber unüblich.

38 Diesen weitreichenden Rechten entsprechen strenge Voraussetzungen und Pflichten. Der Beherrschungsvertrag wird nur mit qualifizierter **Zustimmung der Hauptversammlung**[98] und, wenn der Übernehmer eine AG ist, nur mit Zustimmung auch von dessen Hauptversammlung wirksam[99]. **Minderheitsaktionäre** haben das Recht, nach ihrer Wahl mit einer Dividendengarantie in der Gesellschaft zu verbleiben[100] oder gegen eine Abfindung auszuscheiden[101]. Die Höhe der Dividendengarantie und Abfindung wird auf Antrag eines Aktionärs mit Wirkung für alle außenstehenden Aktionäre gerichtlich bestimmt[102]. Die Verfahrenskosten trägt der Übernehmer.

39 Das herrschende Unternehmen unterliegt zwar nicht mehr dem aktienrechtlichen Verbot der verdeckten Gewinnausschüttung[103]. Im Interesse des **Gläubigerschutzes** muß es aber Verluste der abhängigen Gesellschaft ausgleichen[104], also ihre bilanzmäßige Substanz zu Beginn des Vertrags erhalten. Damit haftet es mittelbar und bei Beendigung des Vertrags uU auch unmittelbar[105] für die Verbindlichkeiten der Gesellschaft.

40 Ein Beherrschungsvertrag kommt daher vor allem in Betracht, wenn eine **straffe Konzernleitung** mit der Möglichkeit angestrebt wird, jederzeit in die Tochtergeschäftsführung einzugreifen, ein einheitliches Auftreten am Markt zu sichern und die Geschäftsbeziehungen zwischen den Konzernunternehmen von der Spitze aus zu ordnen. Sind diese Geschäftsbeziehungen intensiv und vielfältig,

---

[94] § 308 Abs. 1 Satz 2 AktG. Unzutreffend *Müller-Eising* in Picot Rn 464, wonach bei Beherrschungsvertrag mit der Obergesellschaft eines Teilkonzerns lediglich das Teilkonzerninteresse berücksichtigungsfähig ist. „Konzernverbunden" sind alle, also auch die übergeordneten Konzernunternehmen.
[95] § 308 Abs. 2 AktG.
[96] § 111 Abs. 4 Satz 2 AktG.
[97] § 308 Abs. 3 AktG.
[98] § 293 Abs. 1 AktG: Dreiviertelmehrheit.
[99] § 293 Abs. 2 AktG.
[100] „Ausgleichszahlung", vgl. § 304 AktG.
[101] § 305 AktG.
[102] § 306 AktG.
[103] § 291 Abs. 3 AktG.
[104] § 302 AktG.
[105] § 303 AktG: Sicherheitsleistung; nach der Rspr. bei Vermögenslosigkeit der Gesellschaft auch unmittelbare Haftung; st. Rspr. seit BGHZ 95, 330, 347 „Autokran".

kann auch ihre sonst notwendige Darstellung in einem Abhängigkeitsbericht[106] so schwierig und problematisch sein, daß ein Beherrschungsvertrag vorzuziehen ist[107]. Die gewerbesteuerlich relevante organisatorische Eingliederung ist bei Bestehen eines Beherrschungsvertrags stets gegeben[108].

Andererseits geht durch die Verlustübernahmepflicht der Konzernvorteil der **Haftungsabschottung** verloren. In Sanierungsfällen wird intensiv zu prüfen sein, ob ein Durchschlagen der Verlustquellen auf den Gesamtkonzern droht. Die oft als Hauptvorteil der Konzernstruktur angesehene dezentrale Geschäftsführung mit abgestufter Verantwortlichkeit ist gefährdet. Denn die Konzernspitze kann und wird von ihrem Weisungsrecht umso eher Gebrauch machen, als sie die Tochterergebnisse zu übernehmen hat. Sind außenstehende Aktionäre vorhanden, birgt die Festsetzung von Ausgleichszahlungen und Abfindungen durch das im Regelfall angerufene Gericht schwer übersehbare Risiken.

IdR wird der Beherrschungsvertrag mit einem **Gewinnabführungsvertrag**[109] kombiniert. Er erfordert dann keinen zusätzlichen Aufwand, denn ein Gewinnabführungsvertrag bedarf der gleichen Hauptversammlungsmehrheit[110], und er ist auch mit entsprechenden Sicherungen zugunsten der Gesellschaft[111] und der außenstehenden Aktionäre[112] verknüpft. Für einen Gewinnabführungsvertrag wird oft sprechen, daß er Voraussetzung einer steuerlichen Organschaft ist[113]. Während ein Beherrschungsvertrag frühestens mit der für alle Unternehmensverträge vorgeschriebenen Eintragung in das Handelsregister[114] wirksam wird, kann sich ein Gewinnabführungsvertrag auch Rückwirkung auf ein früheres Geschäftsjahr beilegen, wenn dessen Jahresabschluß noch nicht festgestellt ist[115].

bb) **Beherrschung auf faktischer Grundlage.** Wird kein Beherrschungsvertrag abgeschlossen, besteht **kein Weisungsrecht** des herrschenden Unternehmens[116]. Vielmehr gilt weiterhin der Grundsatz, daß die Gesellschaft durch ihren Vorstand eigenverantwortlich zu leiten ist[117]. Bei der Ausübung seines Einflusses unterliegt das herrschende Unternehmen einem umfassenden **Benachteiligungsverbot**. Es darf die Gesellschaft nicht zu Rechtsgeschäften oder Maßnahmen veranlassen, die für sie nachteilig sind[118]. Das gilt für Veranlassungen in jeder

---

[106] § 312 AktG; siehe Rn 46.
[107] Mit diesem Gesichtspunkt haben Konzernleitungen wiederholt öffentlich die Absicht begründet, einen Beherrschungsvertrag abzuschließen, zB Daimler und Brown Boveri. Dazu auch die von *Hommelhoff*, Praktische Erfahrungen mit dem Abhängigkeitsbericht, ZHR 156 (1992) 295 ff. berichteten Ergebnisse einer Praktikerbefragung.
[108] § 26 Rn 436, 445.
[109] § 291 Abs. 1 AktG; zur Gewinnabführung § 301 AktG; zur steuerlichen Bedeutung § 27 Rn 451.
[110] § 293 AktG.
[111] Namentlich der Verlustübernahmepflicht, § 302 AktG.
[112] Ausgleich und Abfindung, §§ 304 bis 306 AktG.
[113] §§ 14 bis 19 KStG.
[114] § 294 AktG.
[115] *Hüffer* § 294 AktG Rn 20; zur Möglichkeit steuerlicher Rückwirkung § 14 Nr. 4 KStG.
[116] Ganz hA, zB *Koppensteiner* in Kölner Komm. § 311 AktG Rn 90; *Hüffer* § 311 AktG Rn 8.
[117] § 76 AktG.
[118] § 311 Abs. 1 AktG.

Form[119], zB auch über den Aufsichtsrat, durch Ausübung des Stimmrechts in der Hauptversammlung oder im Wege personeller Verflechtung[120].

44 **Nachteilig** ist dabei jedes Verhalten, das dem Pflichtenkreis des ordentlichen und gewissenhaften Geschäftsleiters einer unabhängigen Gesellschaft widerspricht[121]. Die Gesellschaft darf nicht gegen ihr Interesse in den Dienst von Konzerninteressen gestellt werden. Maßgebend sind die Umstände im Zeitpunkt der Vornahme des Geschäfts, denn nur diese konnte der zum Vergleich heranzuziehende Geschäftsleiter einer unabhängigen Gesellschaft berücksichtigen[122]. Nachteilig in diesem Sinne ist daher nicht ein Geschäft, das auch der Geschäftsleiter einer unabhängigen Gesellschaft in sonst gleicher Lage nach pflichtmäßiger Prüfung vornehmen durfte, das aber dann aus nicht vorhersehbaren Gründen fehlgeschlagen ist[123]. Die normalen geschäftlichen Risiken verbleiben mithin bei der Gesellschaft.

45 Eine **Ausnahme** von dem Benachteiligungsverbot sieht das Gesetz für den Fall vor, daß der Nachteil bis zum Ende des Geschäftsjahrs ausgeglichen wird[124]. Der Nachteil muß durch einen konkret auf ihn bezogenen Vorteil[125] voll, d. h. einschließlich eines Verspätungsschadens[126] ausgeglichen werden. Der Vorstand der Gesellschaft braucht sich nicht auf den nachträglichen Ausgleich einzulassen[127]. Das herrschende Unternehmen kann auch den Ausgleich nicht einseitig festsetzen[128]. Die Ausnahme scheint in der Praxis keine große Bedeutung zu haben[129].

---

[119] Im einzelnen *Kropff* in MünchKomm. § 311 AktG Rn 72 ff.; *Koppensteiner* in Kölner Komm. § 311 AktG Rn 2 ff.; *Habersack* in *Emmerich/Habersack* Aktienkonzernrecht § 311 AktG Rn 12 ff.

[120] Speziell zu dieser Form *Koppensteiner* in Kölner Komm. § 311 AktG Rn 18; *Kropff* in MünchKomm. § 311 AktG Rn 96 ff.; *Habersack* in Emmerich/Habersack Aktienkonzernrecht § 311 AktG Rn 17; *Emmerich/Sonnenschein* Konzernrecht § 20 I, 2.

[121] Heute die aus § 317 Abs. 2 AktG hergeleitete ganz hA, zB *Hüffer* § 311 AktG Rn 29; *Koppensteiner* in Kölner Komm. § 311 AktG Rn 34; *Kropff* in MünchKomm. § 311 AktG Rn 150 ff., jeweils mwN.

[122] Ganz hA, zB *Koppensteiner* in Kölner Komm. § 311 AktG Rn 23; *Kropff* in MünchKomm. § 311 AktG Rn 141 ff., jeweils mwN.

[123] Heute ganz hA, zB *Hüffer* § 311 AktG Rn 28.

[124] § 311 Abs. 2 AktG.

[125] § 311 Abs. 2 AktG: Allgemeine Konzernvorteile genügen nicht, *Koppensteiner* in Kölner Komm. § 311 AktG Rn 72; *Kropff* in MünchKomm. § 311 AktG Rn 235 ff., jeweils mwN auch aus den Gesetzesmaterialien.

[126] *Kropff* in MünchKomm. § 311 AktG Rn 227; *Koppensteiner* in Kölner Komm. § 311 AktG Rn 63.

[127] Zu den Verhaltenspflichten des Vorstands bei nachteiligen Veranlassungen *Koppensteiner* in Kölner Komm. § 311 AktG Rn 93 ff.; *Kropff* in MünchKomm. § 311 AktG Rn 332 ff., jeweils mwN.

[128] Bestritten. Einvernehmliche Festlegung verlangen *Altmeppen*, Zur Vermögensbindung in der faktisch abhängigen AG, ZIP 1996, 693, 696; *A/D/S* § 311 AktG Rn 69; *Kropff* in MünchKomm. § 311 AktG Rn 250 ff.; für die Art des Ausgleichs auch *Koppensteiner* in Kölner Komm. § 311 AktG Rn 77; für einseitiges Bestimmungsrecht des herrschenden Unternehmens *Hüffer* § 311 AktG Rn 41; *Habersack* in Emmerich/Habersack Aktienkonzernrecht § 311 AktG Rn 46; *Krieger* in MünchHdbGesR Bd. 4 § 69 Rn 77.

[129] *Kropff* in MünchKomm. § 312 AktG Rn 121, § 311 AktG Rn 43 mwN.

Der Durchsetzung des Benachteiligungsverbots dient der sog. **Abhängigkeits-** 46
bericht[130]. In ihm hat der Vorstand der abhängigen Gesellschaft alle „benachteiligungsverdächtigen" Geschäftsbeziehungen zu dokumentieren, das sind im wesentlichen alle Rechtsgeschäfte mit verbundenen Unternehmen sowie alle auf Veranlassung oder im Interesse verbundener Unternehmen vorgenommenen oder unterlassenen Rechtsgeschäfte und Maßnahmen[131]. Der Bericht ist vom Aufsichtsrat[132] und bei prüfungspflichtigen Gesellschaften auch vom Abschlußprüfer[133] – von diesem allerdings nur eingeschränkt[134] – auf Verstöße gegen das Benachteiligungsverbot zu überprüfen. Der Abhängigkeitsbericht und der Prüfungsbericht des Abschlußprüfers werden zwar nicht offengelegt. Sie schließen aber mit einem zusammenfassenden Testat ab, das – ebenso wie das abschließende Ergebnis der Prüfung des Aufsichtsrats – publiziert wird[135]. Bei Verdachtsmomenten kann eine Sonderprüfung beantragt werden[136].

Wird ein Verstoß festgestellt, **haftet** das herrschende Unternehmen für den 47
Schaden der Gesellschaft und etwaige unmittelbare Aktionärsschäden[137]. Mit ihm haften gesamtschuldnerisch persönlich die gesetzlichen Vertreter des herrschenden Unternehmens, die den Verstoß veranlaßt haben[138], und bei Pflichtverstoß auch die Verwaltungsmitglieder der abhängigen Gesellschaft[139].

In **mehrstufigen** Konzernen ist oft nicht das letztlich herrschende Unterneh- 48
men, sondern ein Unternehmen auf mittlerer Konzernstufe Partner des Beherrschungsvertrags, vor allem wenn die Konzernspitze ihren Sitz im Ausland hat. Ob dann auch die Konzernspitze aus eigenem Recht oder kraft Delegation weisungsberechtigt ist und wie sie ggf. haftet, wird unterschiedlich beurteilt. Mit der hA ist jedenfalls davon auszugehen, daß ein **Abhängigkeitsbericht** nicht aufgestellt zu werden braucht[140].

Steht zwar eine Nachteilszufügung fest, lassen sich aber ihre Auswirkungen 49
nicht einzeln erfassen und ausgleichen, ist das herrschende Unternehmen in gleicher Weise wie bei Bestehen eines Beherrschungsvertrags zur Verlustübernahme sowie zur Sicherung der außenstehenden Aktionäre verpflichtet. Man spricht dann von **qualifizierter Konzernierung** und denkt vor allem an Fälle, bei denen wegen der Fülle und Dichte der Einflußnahmen oder wegen undurch-

---

[130] § 312 AktG nennt ihn „Bericht über die Beziehungen zu verbundenen Unternehmen".
[131] Zur Abgrenzung im einzelnen *Kropff* in MünchKomm. § 312 AktG Rn 77 ff.; *Koppensteiner* in Kölner Komm. § 312 AktG Rn 47 ff.
[132] § 314 AktG.
[133] § 313 AktG.
[134] § 313 Abs. 1 Satz 2, vgl. auch § 313 Abs. 2 Satz 2 AktG.
[135] Das Testat des Vorstands im Lagebericht, § 312 Abs. 3 Satz 3 AktG; das Testat des Abschlußprüfers und das abschließende Prüfungsergebnis des Aufsichtsrats in dessen Bericht an die Hauptversammlung, § 314 Abs. 2 Satz 3, Abs. 3 AktG.
[136] Bei Testateinschränkung von jedem Aktionär, sonst von einer qualifizierten Minderheit, § 315 AktG.
[137] § 317 Abs. 1 AktG.
[138] § 317 Abs. 3 AktG.
[139] §§ 93, 116, 318 AktG.
[140] Zu den für die Praxis wichtigsten Gestaltungen *Kropff* in MünchKomm. Anh. zu § 311 AktG.

schaubarer Verbundbeziehungen ein **Einzelausgleich** undurchführbar ist. Entsprechendes gilt bei tiefgreifenden Strukturveränderungen der abhängigen Gesellschaft oder bei Zuweisung unkalkulierbarer oder existenzgefährdender Risiken. Die dann eingreifende „Konzernhaftung" hat in Lehre und Rechtsprechung zur **GmbH** zeitweilig eine außerordentlich starke Rolle gespielt. Sie ist jedoch auch dort in den Hintergrund getreten, nachdem der BGH abweichend von seiner früheren Rechtsprechung klargestellt hat, daß nicht bereits die dauernde und nachhaltige Einflußnahme auf die Tochter, sondern erst die Verletzung ihrer Interessen Haftungsgrund ist[141]. Im Aktienrecht sind derartige Fälle zwar in der Lehre umfassend behandelt, aber noch nicht gerichtlich entschieden worden. Mit der jetzt wohl jedenfalls tendenziell hA ist aber davon auszugehen, daß auch im Aktienrecht die Außenseiter erst dann wie bei einem Beherrschungsvertrag zu sichern sind, wenn der Schaden aus einer Nachteilszufügung auch bei Zuhilfenahme des richterlichen Schätzungsspielraums[142] einem Einzelausgleich nicht zugeführt werden kann[143].

50 cc) **Möglichkeiten und Grenzen einheitlicher Leitung.** Die Erfahrung zeigt, daß eine nur faktisch beherrschte AG trotz dieser Beschränkungen in einen Konzern integriert werden kann[144], allerdings mit deutlicher Tendenz zu dezentraler Konzernführung[145]. Das herrschende Unternehmen darf seinen Einfluß in den Gesellschaftsorganen am Konzerninteresse ausrichten, soweit dies nicht zum Nachteil der abhängigen Gesellschaft geschieht. Der Vorstand dieser Gesellschaft darf und muß bei seiner Unternehmensführung die Tatsache berücksichtigen, daß seine Gesellschaft in den Konzern eingebunden und mit dessen Interessen vielfältig verflochten ist.

51 Eine wesentliche Plattform zur Abstimmung dieser Interessen ist der **Aufsichtsrat**[146]. Zwar sind seine Mitglieder auf das Gesellschaftsinteresse verpflichtet. Diese vorrangige Verpflichtung hindert aber die Vertreter des herrschenden Unternehmens nicht, dort auch die besonderen Konzerninteressen zur Geltung zu bringen[147]. Sie werden diese Interessen vor allem bei personalpolitischen Entscheidungen, aber auch bei der Diskussion der Vorstandsberichte[148] und namentlich bei der Diskussion und Verabschiedung der **Unternehmensplanung** berücksichtigen. Anknüpfungspunkt für Leitungsmaßnahmen kann auch die Bestimmung von zu-

---

[141] BGHZ 122, 123, 131 „TBB"; siehe auch zur Rechtslage bei der GmbH Rn 60.
[142] § 287 ZPO.
[143] Speziell zur qualifizierten Konzernierung im Aktienrecht *Habersack* in Emmerich/Habersack Aktienkonzernrecht Vor § 311 AktG Rn 20ff. und *Kropff* in MünchKomm. Anh. § 317 AktG, zum Fehlen der Möglichkeit des Einzelausgleichs als qualifizierendes Element dort Rn 40ff.; zu den Rechtsfolgen im einzelnen dort Rn 102ff.
[144] Heute – durchaus im Einklang mit den Gesetzesmaterialien – ganz hA, zB gegen frühere Zweifel *Hüffer* § 311 AktG Rn 6; *Habersack* in Emmerich/Habersack Aktienkonzernrecht Vor § 311 AktG Rn 6ff.; *Mülbert* S. 285ff.
[145] *Habersack* in Emmerich/Habersack Aktienkonzernrecht Vor § 311 AktG Rn 8.
[146] Instruktiver Erfahrungsbericht bei *Niethammer*, FS Johannes Semler, 1993, S. 741.
[147] So für die Vertreter der öffentlichen Hand im Aufsichtsrat ausdrücklich § 65 Abs. 6 BHO.
[148] § 90 AktG.

stimmungspflichtigen Geschäften sein[149]. Allerdings darf die Zustimmung nicht versagt werden, wenn sie im Interesse der Gesellschaft geboten ist.

Das Benachteiligungsverbot schließt Einflußnahmen außerhalb der Gesellschaftsorgane nicht aus, sofern bei ihnen das Verbot, Nachteile zu veranlassen, beachtet wird. Der Konzerneinfluß kann auch über Konzerntagungen oder zB durch Erörterung der Unternehmensplanung mit den Stabsstellen des Konzerns geltend gemacht werden. **Auskunftspflichten** des Vorstands der abhängigen Gesellschaft bestehen rechtlich nur, soweit sie zur Erfüllung gesetzlicher Pflichten der Obergesellschaft notwendig sind[150]. Der Vorstand darf aber dem herrschenden Unternehmen die für Zwecke der Konzernleitung gewünschten Auskünfte erteilen, wenn keine Interessen seiner Gesellschaft dagegen sprechen. Solche Auskünfte unterliegen dann nicht dem Nachauskunftsrecht jedes Aktionärs nach § 131 Abs. 4 Satz 1 AktG[151].

Konzernumlagen können vereinbart werden, soweit sie Beratungsleistungen und andere spezielle Leistungen für die Tochter (Ausbildung, Schulung, Entwicklung, Datenverarbeitung) zu angemessenem Entgelt abdecken, nicht jedoch zur Abdeckung von Aufwendungen für die Konzernleitung selbst (Berichtswesen, Öffentlichkeitsarbeit, Konzernpublizität)[152]. Steuern, die die Muttergesellschaft im organschaftlichen Verbund trägt, können umgelegt werden; führt die Organschaft zu einem Steuervorteil, muß die Gesellschaft an ihm nach einem betriebswirtschaftlich sachgerechten Schlüssel beteiligt werden[153].

Ausreichender Einfluß auf die **Finanzierung** der Gesellschaft kann sich bereits aus der Mitwirkung des Aufsichtsrats bei der Feststellung des Jahresabschlusses[154] sowie dem Mehrheitseinfluß auf den Gewinnverwendungsbeschluß der Hauptversammlung[155] ergeben. Eine weitergehende **Zentralisierung des Finanzwesens** ist möglich, stößt aber im Hinblick auf das Benachteiligungsverbot auf Grenzen[156]. Eine zentrale Liquiditätserfassung und -planung („cash manage-

---

[149] Vgl. § 111 Abs. 4 Satz 2 ff. AktG.

[150] ZB für Zwecke des Konzernabschlusses, § 294 Abs. 3 HGB. Auch zur Erfüllung der aus § 90 Abs. 1 Nr. 2 AktG folgenden Pflicht, dem Aufsichtsrat eines Mutterunternehmens eine Konzernplanung vorzulegen, werden Auskünfte von Tochtergesellschaften verlangt werden können.

[151] Wohl hA, aber bestritten. Wie hier *Hüffer* § 131 AktG Rn 129; *Zöllner* in Kölner Komm. § 131 AktG Rn 69; *Habersack* in Emmerich/Habersack Aktienkonzernrecht § 312 AktG Rn 5; *Götz*, Leitungssorgfalt und Leitungskontrolle der Aktiengesellschaft hinsichtlich abhängiger Unternehmen, ZGR 1998, 524, 527; *Johannes Semler*, Leitung und Überwachung, 1996, Rn 310; *Hoffmann-Becking*, Das erweiterte Auskunftsrecht des Aktionärs nach § 131 Abs. 4 AktG, FS Rowedder, 1994, S. 155, 167; anders hingegen *Koppensteiner* in Kölner Komm. § 312 AktG Rn 5; *Eckardt* in Geßler/Hefermehl § 131 AktG Rn 148.

[152] Überblicke bei *Theisen* in Holding-Hdb. Rn H 42; *Wiedemann/Fleischer* in Lutter/Scheffler/Schneider Rn 29.31 ff.

[153] Kein „stand alone"-Prinzip, BGHZ 141, 79 = ZIP 1999, 708; *Marx*, Rechtfertigung, Bemessung und Abbildung von Steuerumlagen, DB 1996, 950, 954.

[154] § 172 AktG.

[155] § 174 AktG.

[156] Allgemein zum Finanzierungsverbund im Konzern vor allem *Lutter/Scheffler/Schneider*, zum Folgenden dort namentlich *U. H. Schneider*, Rn 25.46 ff.; ferner *Krieger* in MünchHdb-GesR Bd. 4 § 69 Rn 44 ff.; *Theisen* in Holding-Hdb. Rn H 1 ff.; *Zeidler*, Zentrales Cash-Management im faktischen Aktienkonzern, 1999.

ment") kann auch im Interesse der abhängigen Gesellschaft an niedrigeren Kosten der Finanzierung und Liquiditätsvorhaltung sowie an einem konzerninternen Ausgleich von Fremdwährungspositionen liegen. Doch müssen diese Vorteile den Nachteil aus dem Verzicht auf die eigene Anlage und Nutzung und Steuerung ihrer Liquidität, uU auch aus der Aufgabe gewachsener Kreditbeziehungen überwiegen. Der Vorstand muß sicherstellen, daß die Gesellschaft jedenfalls in dem Umfang, in dem sie Mittel an den Pool abführt, im Bedarfsfall die von ihr selbst zur Sicherung ihrer Existenz benötigten Mittel zurückerhält. Dazu wird eine Vereinbarung nötig sein, die auch die Verzinsung der in den Pool gegebenen Mittel regelt und sicherstellt, daß die einzelnen Geschäftsvorfälle innerhalb des „cash managements" ordnungsmäßig verbucht werden. Entsprechend ist auch das eigene Interesse der Gesellschaft Maßstab, wenn es um die Besicherung konzerninterner Darlehen oder um die Bestellung von Sicherheiten für die Verbindlichkeiten anderer Konzerngesellschaften geht.

55 **b) GmbH. aa) Rechtliche Beherrschung.** Das GmbH-Gesetz spricht nicht vom Konzern. Infolgedessen ist hier vieles im Fluß. Auf relativ sicherem Boden bewegt man sich noch bei den Konzernbegriffen und beim Konzernvertragsrecht. Die Konzernbegriffe entnimmt man dem Aktienrecht[157]. Der **Beherrschungsvertrag** hat aber im GmbH-Recht nicht die gleiche Bedeutung. Denn anders als im Aktienrecht können der oder die Gesellschafter einer GmbH deren Geschäftsführung im allgemeinen auch ohne Beherrschungsvertrag bestimmen[158]. Sein Wert besteht allerdings darin, daß er direkte Weisungen an die Geschäftsführer ohne den Umweg über die Gesellschafterversammlung ermöglicht[159], daß er das in der Gesellschafterversammlung bestehende Verbot der Stimmrechtsausübung bei Verträgen mit dem herrschenden Unternehmen überlagert[160] und daß er auch Weisungen, die für die Gesellschaft nachteilig sind, auf eine relativ eindeutige Rechtsgrundlage stellt[161]. Er wird idR nur kombiniert mit einem **Gewinnabführungsvertrag** abgeschlossen. Die für eine gewerbesteuerliche Organschaft vorausgesetzte organisatorische Eingliederung kann zwar auch ohne Beherrschungsvertrag gegeben sein, wird aber durch ihn klargestellt[162].

56 Für den **Abschluß** und die Änderung von Beherrschungs- und Gewinnabführungsverträgen gelten bei der GmbH weitgehend entsprechende Anforderungen wie im Aktienrecht. Die Rechtsprechung greift dazu statt der an sich näher liegen-

---

[157] Siehe Rn 30ff.
[158] Zu Problematik und Grenzen zuletzt *Mennicke*, Zum Weisungsrecht der Gesellschafter und der Folgepflicht der GF in der mitbestimmungsfreien GmbH, NZG 2000, 622 mwN aus Rspr. und Schrifttum.
[159] *Zöllner* in Baumbach/Hueck GmbHG Schlußanh. I Rn 50.
[160] § 47 Abs. 4 Satz 2 GmbHG; *OLG Stuttgart* AG 1998, 585; dazu *Rottnauer*, Kompetenzielle Schranken der Leitungsmacht im GmbH-Vertragskonzernrecht, NZG 1999, 337.
[161] Ob solche Einflußnahmen auch aufgrund der Satzung (so *Zöllner* in Baumbach/Hueck GmbHG Schlußanh. I Rn 50, dagegen *Emmerich/Sonnenschein* Konzernrecht § 25 II, 1) oder – jedenfalls bis zur Grenze des Stammkapitals – bei Zustimmung aller Gesellschafter auch ohne besondere Rechtsgrundlage zulässig sind, wird unterschiedlich beurteilt.
[162] *Altmeppen* in Roth/Altmeppen Anh. § 13 GmbHG Rn 16 mwN.

den Analogie zu §§ 293 ff. AktG auf das Recht der Satzungsänderung zurück[163]. Offen ist, ob die Gesellschafter nur mit Dreiviertelmehrheit oder einstimmig zustimmen müssen[164]; vorsichtshalber sollte vom Erfordernis der Zustimmung aller Gesellschafter ausgegangen werden. Auch die Zustimmung der Haupt- oder Gesellschafterversammlung des herrschenden Unternehmens ist entsprechend § 293 AktG erforderlich[165].

Beherrschungs- und Gewinnabführungsverträge verpflichten auch bei der GmbH zum **Verlustausgleich**. Die auf das Stammkapitalerhaltungsgebot beschränkte Kapitalbindung der GmbH spricht dafür, daß diese Pflicht zwingend erst eingreift, sobald das Stammkapital tangiert wird[166]. Große praktische Bedeutung scheint das nicht zu haben, da die steuerliche Organschaft voraussetzt, daß der Vertrag den Verlustausgleich entsprechend § 302 AktG vorsieht[167]. Ob und in welcher Form der Vertrag Minderheitsgesellschafter sichern muß, hängt naturgemäß von der Frage ab, ob er der Zustimmung aller Gesellschafter bedarf[168]. Nimmt man dies an, können Erfordernis und Form der Sicherung den Gesellschaftern überlassen werden[169]. Anderenfalls wird der Vertrag Ausgleichs- und Abfindungsansprüche analog §§ 304, 305 AktG vorsehen müssen. 57

bb) Beherrschung auf faktischer Grundlage. Hier wird man grundsätzlich danach unterscheiden müssen, ob neben dem herrschenden andere Gesellschafter beteiligt sind oder es sich um eine Einpersonengesellschaft handelt. Im Fall der **mehrgliedrigen** Gesellschaft hat der BGH[170] die Ersatzpflicht des herrschenden Gesellschafters bei überhöhten Umlagen nicht aus entsprechender Anwendung von Aktienrecht, sondern aus einer Verletzung der gegenseitigen Treupflicht der Gesellschafter hergeleitet. Dieser Weg dürfte bei Handeln des herrschenden Gesellschafters zum Nachteil der Gesellschaft – ausgenommen bei Zustimmung der Mitgesellschafter – zu im wesentlichen den gleichen Ergebnissen führen wie das aktienrechtliche Verbot der Nachteilzufügung[171]. Offen ist, ob, wie und bis wann auch hier ein nachträglicher Ausgleich das Handeln der herr- 58

---

[163] §§ 53, 54 GmbHG; vgl. BGHZ 105, 324; näher *Altmeppen* in Roth/Altmeppen Anh. § 13 GmbHG Rn 26 ff.; *Koppensteiner* in Rowedder Anh. nach § 52 GmbHG Rn 43 ff.; *Lutter/Hommelhoff* Anh. § 13 GmbHG Rn 52 ff.; jeweils dort auch zu den im einzelnen unterschiedlich gesehenen Anforderungen an eine Aufhebung, Kündigung oder sonstige Beendigung des Vertrags.

[164] Die hA fordert Einstimmigkeit, *Altmeppen* in Roth/Altmeppen Anh. § 13 GmbHG Rn 33 ff.; *Zöllner* in Baumbach/Hueck GmbHG Schlußanh. I Rn 39; eine Dreiviertelmehrheit genügt nach *Lutter/Hommelhoff* Anh. § 13 GmbHG Rn 63 f.; *Koppensteiner* in Rowedder Anh. § 52 GmbHG Rn 43. Die Rspr. war bisher nur mit Einpersonengesellschaften befaßt.

[165] BGHZ 105, 324, 333 ff., bestritten.

[166] HA, *Zöllner* in Baumbach/Hueck GmbHG Schlußanh. I Rn 78; *Altmeppen* in Roth/Altmeppen Anh. § 13 GmbHG Rn 65; *Koppensteiner* in Rowedder Anh. § 52 GmbHG Rn 82; bestritten.

[167] § 17 Satz 2 Nr. 3 KStG; vgl. auch *BFH* AG 1990, 304.

[168] Siehe Rn 56.

[169] *Zöllner* in Baumbach/Hueck GmbHG Schlußanh. I Rn 47.

[170] BGHZ 65, 18 „ITT".

[171] § 311 Abs. 1 AktG; im einzelnen siehe Rn 43 ff.

schenden Gesellschaft legitimieren kann[172]. Die aktienrechtliche Regelung über die Geltendmachung des Anspruchs durch Mitgesellschafter und Gläubiger wird man hier entsprechend anwenden können[173], so daß die Gläubiger mittelbar auch bei Treupflichtverletzungen geschützt sind.

59 Im für die GmbH typischeren Fall der Einpersonengesellschaft haftet der **Alleingesellschafter** jedenfalls bei Benachteiligungen, die das Stammkapital angreifen[174]. Einige halten einen darüber hinausgehenden Gläubigerschutz auch im Konzern im Prinzip nicht für erforderlich[175]. Denn solange das Stammkapital gedeckt ist, sei kein Gläubiger gefährdet. Dagegen verweist man auf die gerade im Konzern naheliegende Gefahr nachteiliger Maßnahmen, die sich auf das bilanzielle Kapital erst längerfristig auswirken oder die keine Vermögensverlagerung iSv. § 30 GmbHG, aber gleichwohl uU existenzbedohend sind[176]. Der Gedanke, in solchen Benachteiligungen eine Verletzung von Treupflichten des Alleingesellschafters gegenüber seiner Gesellschaft zu sehen, hat sich nicht durchgesetzt[177]. Am nächsten liegt es, eine Haftung auf den Rechtsgedanken des § 317 AktG zu stützen[178]. Die Rechtslage ist aber keineswegs geklärt.

60 Die unsichere Basis des Gläubigerschutzes bei der beherrschten Einpersonen-GmbH hat zeitweilig der sog. **Haftung im qualifizierten Konzern**[179] im GmbH-Recht einen breiten Anwendungsbereich verschafft. Dabei sind allerdings auch Gefahren für das Prinzip der GmbH-rechtlichen Haftungsbeschränkung[180] deutlich geworden. Sie haben den BGH im „TBB"-Urteil zu einer grundlegenden Einschränkung veranlaßt[181]. Danach setzt die Globalhaftung durch Verlustübernahmepflicht analog § 302 AktG jetzt „einen objektiven Mißbrauch der beherrschenden Gesellschafterstellung" voraus. Er soll vorliegen, wenn der herrschende Unternehmensgesellschafter „seine Leitungsmacht" in einer Weise aus-

---

[172] Grundsätzlich bejahend *Lutter*, Anm. zu „TBB", JZ 1993, 580; *Kölling*, Der qualifizierte faktische GmbH-Konzern, NZG 2000, 8, 12; verneinend *Zöllner* in Baumbach/Hueck GmbHG Schlußanh. I Rn 56.

[173] § 317 Abs. 4 AktG iVm. § 309 Abs. 4 AktG; dazu *Zöllner* in Baumbach/Hueck GmbHG Schlußanh. I Rn 99; *Lutter/Hommelhoff* Anh. § 13 GmbHG Rn 15.

[174] § 30 GmbHG.

[175] Tendenziell *Lutter/Hommelhoff* Anh. § 13 GmbHG Rn 41 ff. mit Hinweis auf § 826 BGB; *Assmann*, Der faktische GmbH-Konzern, FS 100 Jahre GmbHG, 1992, S. 657, 706 ff.; *Altmeppen* in Roth/Altmeppen Anh. § 13 GmbHG Rn 61, 132, 185 mwN; dagegen *Ulmer* in Hachenburg Anh. § 77 GmbHG Rn 75, 85.

[176] *Emmerich/Sonnenschein* Konzernrecht § 24 V; *Zöllner* in Baumbach/Hueck GmbHG Schlußanh. I Rn 75 ff.; *Ulmer* in Hachenburg Anh. § 77 GmbHG Rn 83, 84.

[177] BGHZ 119, 257, 262.

[178] *Koppensteiner* in Rowedder Anh. § 52 GmbHG Rn 56; *Bälz*, Verbundene Unternehmen; AG 1992, 277, 293; *Hoffmann-Becking* auf dem 59. Deutschen Juristentag 1993 Sitzungsbericht R S. 178 ff.; dagegen *Zöllner* in Baumbach/Hueck GmbHG Schlußanh. I Rn 99 mwN. Der BGH geht zwar seit BGHZ 122, 123, 131 „TBB" in st. Rspr. von einer Pflicht zum „Einzelausgleich als Mißbrauch einer beherrschenden Gesellschafterstellung" aus (bei deren Versagen der Globalausgleich eingreift, siehe Rn 49), vertieft aber die dogmatische Grundlage nicht.

[179] Siehe auch Rn 49.

[180] § 13 Abs. 2 GmbHG.

[181] BGHZ 122, 131 „TBB"; Überblicke über die nachfolgende, im wesentlichen „TBB" folgende Rspr. der obersten Bundesgerichte und der Instanzgerichte bei *Altmeppen* in Roth/Altmeppen Anh. § 13 GmbHG Rn 135 ff. und *Kropff* in MünchKomm. Anh. § 317 AktG Rn 14 ff.

übt, die keine angemessene Rücksicht auf die eigenen Belange der abhängigen Gesellschaft nimmt. Die wahrscheinlich wichtigste Weichenstellung des Urteils liegt darin, daß die Globalhaftung nur eingreift, wenn sich der der abhängigen Gesellschaft „insgesamt zugefügte Nachteil nicht durch Einzelausgleichsmaßnahmen kompensieren läßt". Diese von Instanzgerichten allerdings oft mißachtete Voraussetzung dürfte selten gegeben sein, da sich der Schaden – jedenfalls unter Nutzung des richterlichen Schätzungsspielraums[182] – idR betragsmäßig feststellen und ausgleichen läßt. Jedenfalls begründen jetzt eine straffe Konzernleitung oder eine personelle Verflechtung allein noch keine Globalhaftung. Angesicht der unscharfen Grenzen sollte aber zur Vermeidung einer Globalhaftung bei Interessenkonflikten und erst recht bei Nachteilszufügungen auf sorgfältige Dokumentation Wert gelegt werden.

3. Eingliederung

Als gesteigerte Form der Beherrschung sieht das AktG[183] die Eingliederung einer AG in die beherrschende AG vor. Die Eingliederung setzt voraus, daß die Hauptgesellschaft an der einzugliedernden Gesellschaft zu mindestens 95% beteiligt ist. Außer der Hauptversammlung der einzugliedernden Gesellschaft muß auch die Hauptversammlung der zukünftigen Hauptgesellschaft der Eingliederung mit qualifizierter Mehrheit zustimmen. Praktisch liegt die Bedeutung der Eingliederung z. Zt. noch vor allem darin, daß eine mit mindestens 95% beteiligte „Hauptgesellschaft" die noch vorhandene Minderheit mit eigenen Aktien abfinden kann[184]. Während im GmbH-Recht ein Gesellschafter aus wichtigem Grunde ausgeschlossen werden kann, können gegenwärtig aktienrechtlich nur im Wege der Eingliederung alle Anteile zwangsweise in einer Hand vereinigt werden[185]. Das kann u. a. auch im Hinblick auf dann entfallende Publizitätspflichten interessant sein[186]. Bei Eingliederung fallen außerdem gewisse Beschränkungen weg, die der Beherrschungsvertrag für Weisungen[187] und die der Gewinnabführungsvertrag für die Gewinnabführung[188] vorsieht. Anderseits haftet die Hauptgesellschaft unmittelbar für die Verbindlichkeiten der eingegliederten Gesellschaft[189].

IV. Ausländische herrschende Unternehmen

Inländische Gesellschaften können **Beherrschungs- und Gewinnabführungsverträge** auch mit ausländischen Unternehmen abschließen. Die Wirkungen bestimmen sich nach inländischem Recht[190]. Allerdings werden nachteilige

---

[182] § 287 ZPO.
[183] §§ 319 ff. AktG.
[184] §§ 320 ff. AktG. Ist allerdings die Hauptgesellschaft selbst wiederum abhängig, muß auch eine Barabfindung angeboten werden, § 320b Abs. 1 Satz 3 AktG.
[185] Siehe aber Band 2 zum Squeeze Out nach dem WÜG.
[186] Vgl. § 264 Abs. 3 HGB.
[187] § 323 AktG.
[188] § 324 AktG.
[189] § 322 AktG.
[190] AllgM, zB *Bayer* in MünchKomm. Vor § 291 AktG Rn 36 ff. mwN.

Weisungen nicht mehr befolgt werden dürfen, wenn zweifelhaft ist, ob die Pflicht zum Verlustausgleich durchsetzbar ist.

63 Entsprechendes gilt bei **faktischer Beherrschung**. Da es sich der Sache nach immer um die Haftung des unmittelbaren oder mittelbaren Gesellschafters einer deutschen Gesellschaft handelt, gilt das deutsche Gesellschaftsrecht. Namentlich gelten also die §§ 311 ff. AktG und die entsprechenden Grundsätze bei anderen Rechtsformen.

§ 29 Unternehmensübernahmen im Umweltrecht

Übersicht

	Rn
A. Bedeutung von Umweltthemen für den Unternehmenskauf	1
B. Aufnahme und Bewertung des Risikobestands	6
I. Erkenntnis- und Informationsquellen	6
1. Information-Memorandum	7
2. Interviews	8
3. Besichtigung der Produktionsstandorte	9
4. Umwelttechnische Gutachten	11
5. Außerhalb der Due Diligence erstellte (interne oder externe) Umweltaudits	13
6. Akten des Umweltschutzbeauftragten	15
7. Bestätigungsschreiben von Rechtsanwälten	17
8. Versicherungsverträge	18
9. Investitions- und Aufwandsbudgets	20
10. Grundstücksbezogene Verträge	21
11. Finanzunterlagen	22
12. Auskunftsansprüche nach dem Umweltinformationsgesetz (UIG)	23
13. Öffentlich zugängliche Datensammlungen	25
14. Umwelt-Questionnaires/Checklisten	27
15. Korrespondenz mit Behörden, Versicherern und Privaten	29
16. Web-Seiten im Internet	30
II. Bewertungsfaktoren: Der erste Eindruck	31
1. Betriebliche Organisation des Umweltschutzes	32
a) Umweltschutz als „Chefsache"	33
b) Alphabetische Übersicht der organisatorischen Umweltschutzmaßnahmen	35
c) Beauftragtenwesen	54
d) Umweltmanagementsysteme	59
2. Übereinstimmung mit gesetzlichen und behördlichen Vorgaben (Compliance)	60
a) Legalität des Anlagenbetriebs	60
b) Bestandsschutz	62
c) Verhältnis zu Genehmigungs- und Aufsichtsbehörden: Konfrontation oder Kooperation?	69
d) Transparenz des Unternehmens	75
e) Versicherung von Umweltschäden	76
III. Die straf- und zivilrechtliche Unternehmensverantwortung	77
1. Die strafrechtliche Verantwortung für Verstöße gegen Umweltvorschriften	77

                                                                    Rn
        a) Verschärfung des Umweltstrafrechts und der
           Strafverfolgungspraxis   77
        b) Sanktionen gegen das Unternehmen   81
     2. Zivilrechtliche Verantwortlichkeit für Umweltschäden   84
        a) (Verschuldensunabhängige) Gefährdungshaftung .   85
        b) Verschuldenshaftung (einschließlich Organisations-
           verschulden)   86
        c) Ursachenvermutung und Verdachtshaftung   89
        d) Haftungserleichterungen durch „gerichtsfeste"
           Umweltmanagementsysteme   91
  IV. Risiken aus sog. Altlasten   95
     1. Begriffliches   95
     2. Risikopotential für das Unternehmen   96
        a) Haftungsgrundlagen   97
        b) Die Altlastenrisiken im einzelnen 105
     3. Haftungsverschärfungen durch das neue
        Bundesbodenschutzgesetz 115
        a) Durchgriffshaftung (Haftung aus handels- oder
           gesellschaftsrechtlichem Rechtsgrund)........ 116
        b) Enthaftung durch Aufgabe des Eigentums 118
        c) Gesetzlicher Ausgleichsanspruch unter mehreren
           Sanierungsverantwortlichen 119
        d) Haftung durch Rechtsnachfolge 120
     4. Haftung von Kreditgebern 121
     5. Versicherungsschutz und Risikoabsicherung über
        Finanzmärkte 122
  V. Bilanzierung und steuerliche Behandlung 125
     1. Rückstellungen für drohende zivilrechtliche
        Altlastenhaftung 126
     2. Öffentlich-rechtliche Altlastenhaftung 127
        a) Finanzverwaltung 128
        b) Finanzgerichte 129
     3. Teilwertabschreibungen 131
     4. Einheitswert 132
     5. Zusammenspiel zwischen Bilanz- und Sachmängel-
        gewährleistung 133
C. Die Bewältigung von Umweltrisiken im Übernahme-
   vertrag 134
  I. Alphabetische Übersicht des Regelungsbedarfs 135
  II. Die vertraglichen Instrumentarien 178
     1. Kaufpreislösung 179
     2. Gewährleistung 181
     3. Nichtwissenserklärungen (Vorbereitung der
        Arglisthaftung) 182
     4. Freistellung 186
     5. Haftungsteilung 187
     6. Rücktritt 191
     7. Verlängerung der Verjährungsfrist 193
  III. Gewährleistungsversicherungen 196

Schrifttum: *Balzereit/Kassebom/Kettler,* Umwelthaftung und Versicherungsschutz, BB 1996, 117; *Eidam,* Unternehmen und Strafe, 1993; *Frenz,* Bundesbodenschutzgesetz, 2000; *Laxhuber/Kelnhofer/Schlemminger,* Maßgeschneiderte Umweltmanagementsysteme, 1998; *Jarass,* Bundesimmissionschutzgesetz, Kommentar, 4. Aufl. 1999; *Martens/Schlemminger* u. a. (Hrsg.), Deutsches Umweltrecht in der Praxis, Eine Gesamtdarstellung der Grundzüge mit den wichtigsten Gesetzestexten von Praktikern für die Praxis, 1996; *Schimikowski,* BBodSchG, Umwelthaftpflichtversicherung und Bodenkaskodeckungen, VersR 1998, 1452; *Schlemminger,* Die Gestaltung von Grundstückskaufverträgen bei festgestellten Altlasten oder Altlastenverdacht, BB 1991, 1433; *ders.,* Das neue Bodenschutzgesetz ist in Kraft getreten, FAZ vom 23. 4. 1999, Immobilienmarkt; *Schlemminger/Attendorn,* Überlagert die kurze mietrechtliche Verjährungsfrist bei konkurrierenden Ausgleichsansprüchen auch § 24 II BBodSchG?, NZM 1999, 97; *Schlemminger/Schreiber,* Erkenntnis- und Informationsquellen für die umweltrechtliche Due Diligence, Syndicus 2000, 8; *Schlemminger/Wissel,* German Environmental Law for Practitioners, 1996; *Schmidt-Salzer,* Kommentar zum Umwelthaftungsrecht, 1992; *Schmitz/Taschke,* Haftungsrisiken von Unternehmen bei der Begehung von Straftaten oder Ordnungswidrigkeiten durch Mitarbeiter, WiB 1997, 1169; *Vogel,* Deutschland: Neuerungen im Umfeld der Umwelt-Haftpflichtversicherungen, Teil I, PHI 1999, 1.

A. Bedeutung von Umweltthemen für den Unternehmenskauf

Umweltthemen spielen bei der Übernahme von Unternehmen längst keine Nebenrolle mehr. Umweltdelikte werden viel schärfer als früher verfolgt. Haftungen und erforderlich werdende Umweltschutzmaßnahmen können die **Profitabilität des Unternehmens** massiv beeinträchtigen. Im Mittelpunkt steht die Besorgnis des Käufers, er werde in bestehende oder drohende strafrechtliche Verantwortlichkeiten hineingezogen oder die Beseitigung umweltrechtlicher Mißstände im Unternehmen belaste massiv zukünftige Betriebsergebnisse. So verursacht die etwa erforderliche Nachrüstung einer Produktionsanlage nicht nur als solche erhebliche Kosten, sondern sie führt darüber hinaus zu empfindlichen Produktionsausfällen. Die notwendige Sanierung von Boden-, Bodenluft- und/oder Grundwasserverunreinigungen kann im Einzelfall zu einem existenzgefährdenden „Faß ohne (sichtbaren) Boden" ausufern. Umweltrisiken können somit den Wert des Unternehmens spürbar und nachhaltig beeinträchtigen. Das Risikospektrum ist dabei längst nicht mehr nur auf die Altlastenproblematik beschränkt, sondern wesentlich breiter geworden und erfaßt heutzutage jede Nichteinhaltung umweltrechtlicher Vorschriften, d. h. jede sog. **Non-Compliance**[1].

Besonders ausgeprägt ist die umweltrechtliche Sensibilität bei ausländischen, insbes. amerikanischen Kaufinteressenten; ihre Erfahrungen mit dem ausgesprochen weiten und verschuldensunabhängigen „Superfund"[2] sowie strikte und restriktive unternehmensinterne Umweltschutzvorgaben begründen eine tiefgreifende Angst, auch in Deutschland Opfer des sog. **„deep pocket"-Prinzips** zu

---

[1] So schon *Pföhler/Herrmann* in der FAZ 3. 6. 1996 S. 32.
[2] *Hein,* Umweltrechtliche Aspekte gesellschaftlicher Transaktionen in den USA, RIW 1991, 636 ff.

werden. Obwohl die sog. **„lender liability"** in Europa noch keine entscheidende Rolle spielt[3], machen immer mehr Käufer-Banken ihr Kreditengagement von zufriedenstellenden Ergebnissen einer vorherigen Umweltprüfung abhängig[4]. Strenge ausländische Prüfungsstandards[5] haben die Erwartungshaltung international orientierter Kaufinteressenten zusätzlich verstärkt.

3 Neuerdings hat der Umweltstatus eines Unternehmens jedoch auch abseits der juristischen Risiken Bedeutung. Umweltschutz kann gegenüber Wettbewerbern Vorteile bringen. Kunden, Verbraucher, Mitarbeiter und Versicherer des Unternehmens verlangen immer öfter – unterschiedlich motiviert – selbst ohne konkreten Anlaß nachhaltige Aktivitäten zur Verbesserung des betrieblichen Umweltschutzes[6]. Ein gutes betriebliches **Umweltmanagement** ist inzwischen sogar ein über originäre Umweltthemen hinausgehender Qualitätsindikator geworden; ein Unternehmen und sein Management, das die Umweltschutzbelange vorbildlich im Griff hat, erweckt insgesamt Vertrauen in Potential und Tatkraft.

4 **Umweltrisiken** können bei der Übernahme von Unternehmen auch als **Vehikel für andere Themen** ge- bzw. mißbraucht werden. Durch eine extensive Realisierung von Umweltgewährleistungen aus Unternehmenskaufverträgen läßt sich der Kaufpreis nachträglich reduzieren. Vertragliche Umweltklauseln, die mit ihrer Komplexität und Ausführlichkeit inzwischen oft viele andere Sachthemen in den Schatten stellen, können hierfür bei entsprechender Gestaltung ideale Grundlage sein. Die Zahl deutscher Umweltgesetze und untergesetzlicher Regelwerke (einschließlich Verwaltungsvorschriften) nähert sich – auch ohne das europäische Recht – bald der Zehntausendergrenze[7]. Jeder Käufer, dem Freiheit von Verstößen gegen Umweltvorschriften (Non-Compliance) gewährleistet worden ist, wird deshalb Anhaltspunkte für eine vertragliche Umwelthaftung finden. Verkäufern mag es umgekehrt gelingen, mit beherrschbaren Umweltthemen von gravierenden anderen Mißständen im Unternehmen abzulenken. Noch komplexer wird die verläßliche Beurteilung der Umweltrisiken, wenn bei einer internationalen Transaktion ausländische Grundstücke und Produktionsanlagen betroffen sind, für die andere (lokale) Umweltvorschriften gelten.

5 Nachfolgend soll kein, geschweige denn ein umfassender Überblick über deutsches Umweltrecht gegeben werden[8]. Die Darstellung orientiert sich an der für **Transaktionen typischen Kommunikationssituation** zwischen den Übernahmebeteiligten, wobei die entscheidenden Erkenntnis- und Informationsquellen, die eine umweltrechtliche Bestandsaufnahme und Bewertung eines Unternehmens erst ermöglichen, vorangestellt werden.

---

[3] Vgl. hierzu *Schlemminger/Wissel* S. 169.
[4] Vgl. hierzu allgemein *Keidel*, Ökologische Risiken im Kreditgeschäft, 1997, S. 54.
[5] Wie zB der „ASTM Standards on Environmental Site Assessments for Commercial Real Estate, E 1527–93 Standard Practice for Environmental Site Assessments: Phase I Environmental Site Process", vgl. The American Society for Testing Material, Philadelphia 1993.
[6] Vgl. *Laxhuber/Kelnhofer/Schlemminger* Rn 1 ff.
[7] Vgl. *Pföhler/Hermann* WPg 1997, 628.
[8] Ein solcher findet sich etwa bei *Kloepfer*, Umweltrecht, 2. Aufl. 1998.

B. Aufnahme und Bewertung des Risikobestands

I. Erkenntnis- und Informationsquellen

Aufnahme und Bewertung des Risikobestands aus umweltrechtlicher Sicht setzen ausreichende **Informationsbeschaffung** voraus[9]. Werden industriell aktive Unternehmen veräußert, gibt es kaum ein anderes Sachthema, für das sich die Beschaffung und Auswertung von Informationen vielschichtiger gestaltet. Je nach Unternehmensgegenstand und Zielsetzung der Prüfung[10] erschließen sich Umweltrisiken über verschiedenste Erkenntnisquellen, die jedenfalls in ihrer Gesamtheit ein zuverlässiges Bild über den Umweltstatus des Unternehmens vermitteln.

1. Information-Memorandum

Das sog. Information-Memorandum dient der ersten Information des Kaufinteressenten in einem **frühen (Vor-)Verhandlungsstadium**. Der Kaufinteressent wird eingeladen, ein erstes Angebot abzugeben, das Grundlage der weiteren Due Diligence-Phasen wird. Muß der Verkäufer befürchten, daß er Kaufinteressenten abschreckt, wenn er auf den ersten Blick komplexe und bedrohlich anmutende Umwelttatbestände nicht so aufbereitet und erläutert, daß Vertrauen und Kaufinteresse erhalten bleiben, wird er Umweltprobleme offen und offensiv im Information-Memorandum ansprechen. Es ist dann auch ein bereits konkret (intern) aufbereiteter Datenbestand vorhanden, auf den kurzfristig zurückgegriffen werden kann und der eine gezielte Vertiefung in Einzelfragen ermöglicht.

2. Interviews

Ein gut informierter Interviewpartner kann die mit Abstand **beste Informationsquelle** sein. Besonders hilfreich sind Umweltschutzbeauftragte, die kraft der ihnen zugedachten Funktion täglich mit etwaigen umweltrechtlichen Schwachstellen konfrontiert sind und die Produktionsstandorte kennen[11]. Sie verwalten und konzentrieren das Wissen um historische und aktuelle Nutzungen des jeweiligen Betriebsgeländes und den Anfall sowie die Verwertung/Entsorgung umweltgefährdender Stoffe. Der **Umweltschutzbeauftragte** kennt außerdem das Vollzugsverhalten der örtlich zuständigen Umweltbehörden am besten. Kein anderer weiß mehr darüber, ob und mit welcher Intensität sich das übergeordnete Management mit Umweltangelegenheiten befaßt oder Umweltthemen vernachlässigt, also welchen Stellenwert der Umweltschutz im Unternehmen hat. Im Zweifel wird der Umweltschutzbeauftragte den bei der täglichen Arbeit vermißten fachlichen Austausch mit einem kompetenten Interviewer sehr schätzen, was ihn zu einer ergiebigen Quelle macht. Das für Umwelt zuständige, den Gesamtkontext, nämlich die Transaktion als solche überschauende Mitglied der Ge-

---

[9] Hierzu sei zunächst allgemein auf die Darstellung der Due Diligence in § 9 verwiesen.
[10] Auf Altlasten beschränkt oder auch jede Nichteinhaltung umweltrechtlicher Vorschriften?
[11] *Schlemminger/Schreiber* Syndikus 2000, 8, 9; ähnlich auch *Pföhler/Hermann* WPg 1997, 628, 632.

schäftsleitung wird hingegen eher zu der „gefilterten", d. h. vorsichtigen und auf das Mindestmaß reduzierten Weitergabe von Informationen neigen. Die Ergebnisse der ersten Interviews erleichtern die Einordnung und Bewertung schriftlicher Daten ganz erheblich. Die Kommunikation mit den Interviewpartnern sollte bis zum Abschluß der Due Diligence ständig beibehalten und in Einzelpunkten bei Bedarf sogar noch intensiviert werden.

3. Besichtigung der Produktionsstandorte

9   Betriebsbegehungen werden als Informationsquelle meist überschätzt. Von eklatanten Mißständen abgesehen werden jedenfalls Juristen und Wirtschaftsprüfer immer auf die Unterstützung von Umwelttechnikern angewiesen sein, um Schwachstellen visuell erkennen und richtig einschätzen zu können. Immer mehr bewährt sich deshalb der Einsatz eines **interdisziplinären Teams**, das sich aus Naturwissenschaftlern (zB Geologen, Chemikern etc.) und Fachanwälten für Verwaltungsrecht zusammensetzt. Zwischen einigen Umweltberatungsunternehmen und Anwaltssozietäten bestehen deshalb mehr oder weniger lose dauerhafte Kooperationen, die schnelles gemeinsames und konzentriertes Handeln sicherstellen. Sich fachlich überlappende Schnittstellen gibt es dort, wo technische Regelwerke in untergesetzliche Regelwerke übergehen und auslegungsbedürftig sind.

10   Immerhin vermittelt die Ortsbesichtigung ein Bild von der Umgebung des Standorts. Es läßt sich vielleicht erkennen, ob Umweltgefährdungen von Nachbargrundstücken drohen oder gar **Wohnbebauung heranrückt**, die eine Erweiterung der Produktionsanlage erschwert oder unmöglich macht[12]. Die Betriebsbegehung gibt außerdem Gelegenheit, in kurzen Gesprächen mit Mitarbeitern ohne Leitungsfunktion über Einzelthemen zu überprüfen, ob sich die Darstellung der bisherigen Interviewpartner bestätigt.

4. Umwelttechnische Gutachten

11   Verkäufer von Unternehmen erhoffen sich vereinzelt einen Vorteil dadurch, daß sie nicht die umweltrechtlichen Audits der Berater der Kaufinteressenten abwarten, sondern im Vorgriff darauf selbst für jeden Betrieb und Standort Umweltgutachten anfertigen lassen. Es handelt sich dabei fast immer um sog. **Phase I-Berichte**, mit denen anhand bloßer historischer Recherchen unter Berücksichtigung aktueller Produktionsvorgänge eine erste Stellungnahme zur Risikowahrscheinlichkeit versucht wird. Oft werden für die Anfertigung noch nicht einmal vereinzelte Proben entnommen, analysiert und bewertet. Diese Gutachten haben meist das Ergebnis, daß anhand der durchgeführten summarischen Recherchen zwar keine Anhaltspunkte für nennenswerte Verunreinigungen etc. bestehen, ohne diese mit Sicherheit (ohne weitere Prüfung) ausschließen zu können. Sie sollten nicht überschätzt, allenfalls als Starthilfe in die eigene und tiefergehende umweltbezogene Due Diligence verstanden werden.

12   Unabhängig von solchen standortdeckenden Umweltgutachten finden sich in vielen Unternehmen umwelttechnische Stellungnahmen zu Einzelthemen. So

---

[12] Vgl. aus dem öffentlichen Baurecht BVerwGE 52, 122 „Schweinemaststall".

kann es zB Sanierungskonzepte mit Kostenschätzung für bestehende oder geschlossene Werksdeponien geben. Im Rahmen zurückliegender Genehmigungsverfahren werden wahrscheinlich **historische Recherchen** angefertigt worden sein, die einem Genehmigungsantrag beizufügen waren[13]. Gutachterlich behandelt sind gelegentlich unterirdische Kanalisationsanlagen, für die nach der Eigenkontrollverordnung turnusgemäß Schadensanalysen anzufertigen sind[14]. Vereinzelt wird es schließlich ältere Gutachten über den Verdacht kontaminierter Böden und Gewässer geben, die lediglich der Aktualisierung bedürfen.

5. Außerhalb der Due Diligence erstellte (interne oder externe) Umweltaudits

Unterhält das Unternehmen ein **Umweltmanagement nach EG-VO**[15] **oder ISO 14001**[16], sind Prüfungsberichte der beauftragten Umweltgutachter vorhanden, in denen Mißstände, insbes. technische Mängel festgestellt und durch Einordnung in Kategorien bewertet werden[17]. Zu beachten ist dabei allerdings, daß die ISO 14001 – anders als die EG-VO – nur einen systembezogenen Prüfungsansatz vorgibt, d. h. lediglich geprüft wird, ob das implementierte Umweltmanagementsystem den Anforderungen der Norm genügt und als solches kontinuierlich verbessert wird. Die Prüfung erfaßt nicht die Verbesserung des betrieblichen Umweltschutzes und der absoluten Umweltleistung, was die Praxis allerdings nicht davon abhält, das Zertifikat jedenfalls dann zu versagen, wenn ein Unternehmen erheblich gegen umweltrechtliche Vorgaben verstößt[18]. Ist ein Umweltmanagementsystem schon länger eingerichtet, haben zur Überprüfung der Funktions- und Leistungsfähigkeit bereits sog. (Folge-) **Umweltbetriebsprüfungen** bzw. **Umweltmanagement-Audits** stattgefunden, die darüber berichten, ob die einschlägigen Umweltvorschriften im Berichtsjahr eingehalten worden sind[19]. Alle diese externen Umweltberichte können sich als zuverlässige und detailreiche Informationsquelle erweisen.

Aber auch rein intern motivierte Umweltprüfungen sind denkbar[20]. So finden sich in Datenräumen gelegentlich für die Geschäftsleitung oder den Aufsichtsrat erstellte, ihrem Zweck entsprechend „ungeschönte" Zustandsbeschreibungen, die etwaigen Aktionsbedarf und bisherige Versäumnisse aufzeigen. Ergibt die Due Diligence umgekehrt, daß lediglich andere Sachthemen Gegenstand solcher internen Prüfungen waren, nicht dagegen die Organisation des betrieblichen Umweltschutzes, kann dies ein gewichtiges Indiz dafür sein, daß Umweltrisiken im

---

[13] So kann zB die Baugenehmigungsbehörde gem. § 1 Abs. 5 HessBauVorlVO umweltrelevante Unterlagen verlangen.
[14] Vgl. hierzu *Pföhler/Herrmann* WPg 1997, 628, 632 mit weiteren Hinweisen.
[15] EG-VO Nr. 1836/93 des Rates vom 29. 6. 1993, ABl. EG Nr. L 168/1–18.
[16] ISO 14001, angenommen vom Europäischen Komitee für Normung (CEN) als europäische Norm am 21. 8. 1996.
[17] Vgl. *Laxhuber/Kelnhofer/Schlemminger* Rn 457 ff.
[18] Vgl. *Waskow*, Betriebliches Umweltmanagement, 2. Aufl. 1997, S. 163; *Bohnen*, Umweltmanagementsysteme im Vergleich, BB 1996, 1679, 1680.
[19] Vgl. *Laxhuber/Kelnhofer/Schlemminger* Rn 511 ff.; *Schlemminger/Schreiber* Syndikus 2000, 8, 9.
[20] Vgl. hierzu *Pföhler/Herrmann* WPg 1997, 628, 632.

Unternehmen bisher vernachlässigt worden sind und sich dadurch ein **Maßnahmenrückstau** gebildet hat.

6. Akten des Umweltschutzbeauftragten

15   Je nach Aktivität können Unternehmen gesetzlich verpflichtet sein, **Umweltschutzbeauftragte** (im weiteren Sinne) zu benennen, deren Aufgabe die Gewährleistung eines effektiven betrieblichen Umweltschutzes ist. Dies können – geordnet nach Schutzgütern – etwa der Immissionsschutzbeauftragte[21], der Gewässerschutzbeauftragte[22], der Abfallbeauftragte[23] und – bei Großanlagen – der Störfallbeauftragte[24] sein. Manche Unternehmen benennen aus eigenem Antrieb einen Umweltschutzbeauftragten, ohne daß die Voraussetzungen einer gesetzlichen Verpflichtung bereits vorlägen, um damit Umweltpflichten besser kanalisieren und delegieren zu können. In großen Unternehmen ist das inzwischen sogar die Regel.

16   Die Umweltschutzbeauftragten überwachen die Einhaltung der umweltrechtlichen Vorgaben im Betrieb und Unternehmen[25]. In Erfüllung dieser Aufgabe entstehen zahlreiche Unterlagen, die regelmäßig als zuverlässige Informationsquelle angesehen werden können. So erstellen die Umweltbeauftragten jährlich Umweltberichte, die nicht nur erkannte Mißstände aufzeigen, sondern auch über getroffene oder beabsichtigte Maßnahmen (evtl. mit Kostenschätzung) Auskunft geben. Ein guter **Jahresumweltbericht** faßt alle relevanten Einzelsachverhalte übersichtlich zusammen und vermittelt ein umfassendes Bild der Umweltsituation. Für den Kaufinteressenten sind solche Berichte besonders deshalb interessant, weil der Umweltbeauftragte selbst mit persönlicher Haftung rechnen muß, wenn er die Geschäftsleitung in seinem Bericht nicht auf von ihm festgestellte Mißstände aufmerksam macht[26]. Noch zuverlässiger wird das Bild, wenn nicht nur der aktuelle Umweltbericht, sondern zusätzlich die Berichte der letzten Jahre mit herangezogen werden. Aus dem Vergleich und den Abfolgen läßt sich erkennen, mit welchem Engagement und Nachdruck festgestellte Umweltschutzdefizite in der Vergangenheit angegangen worden sind.

7. Bestätigungsschreiben von Rechtsanwälten

17   Schwebende und eventuell drohende umweltbezogene Rechtsstreitigkeiten sind mit hohem Erkenntniswert in jährlich eingeholten Bestätigungen derjenigen Rechtsanwälte dargestellt, die diese Streitigkeiten anwaltlich betreuen. Sie sind – weil mit besonderer Sachkunde erstellt – auch für die umweltrechtliche Due

---

[21] § 53 BImSchG.
[22] § 21a WHG.
[23] § 54 KrW-/AbfG.
[24] § 58a BImSchG.
[25] Siehe Rn 54 ff.
[26] *Rudolphi*, Strafrechtliche Verantwortung der Bediensteten von Betrieben für Gewässerverunreinigungen und ihre Begrenzung durch den Einleitungsbescheid, FS Lackner, 1987, S. 863, 878.

Diligence ein höchst **„effizientes Prüfungsmittel"**[27], zumal es nicht vorrangig auf den Zweck der Bestätigung, sondern auf deren umweltbezogenen Inhalt ankommt. In dem Umfang, in dem die Rechtsanwaltsbestätigung von den Wirtschaftsprüfern in den Jahresabschluß umgesetzt wurde, ist natürlich auch der **Jahresabschlußbericht** eine Informationsquelle für die Aufnahme und Bewertung des Unternehmensstatus aus umweltrechtlicher Sicht.

8. Versicherungsverträge

Die finanziellen Auswirkungen der Umweltrisiken hängen u. a. maßgeblich davon ab, ob und in welchem Umfang Versicherungsschutz besteht. Bis vor einigen Jahren waren Umweltschäden meist Gegenstand einer normalen – ggf. mit einer Gewässerschadenhaftpflichtdeckung ergänzten – Betriebshaftpflichtversicherung (sog. **altes Modell**)[28]. Demgegenüber bestehen Umweltversicherungen nach dem sog. **neuen Modell**[29] aus mehreren Risiko- und Deckungsbausteinen, die der Versicherte individuell für seine Bedürfnisse zusammenstellen kann[30]. Vereinzelt kommen auch besondere, maßgeschneiderte Versicherungsmodelle zur Anwendung, so zB das sog. **Fonding**[31].

Die Unterlagen, aus denen sich Art und Umfang des bestehenden Versicherungsschutzes ergeben, sind Versicherungspolicen, möglicherweise eine, von der Konzernspitze verwaltete sog. Master-Police mit Nachträgen zum Zwecke der Einbeziehung von Einzelunternehmen, Vereinbarungen über individuelle Ausschlüsse und sog. Exzedenten–Versicherungen. Erfahrungsgemäß ist die Materie so komplex, daß sich Unternehmen immer häufiger auf **spezialisierte Versicherungsmakler** ihres Vertrauens verlassen (müssen), die als weitere (besondere) Interviewpartner in Betracht kommen.

9. Investitions- und Aufwandsbudgets

Auch Investitions- und Aufwandsbudgets können bei der Einschätzung der Umweltsituation im Unternehmen hilfreich sind. Dort ist erfahrungsgemäß aufgelistet und beschrieben, ob Investitionen zur **Nach- und Aufrüstung von Produktionsanlagen** aus umweltrechtlichen Gründen erforderlich und geplant sind, eventuell als Bestandteil einer Maßnahme, mit der bereits in den Vorjahren begonnen wurde. Aussagekräftige Investitions- und Aufwandsbudgets zeigen außerdem verlässlich auf, wie sich anstehende Großprojekte in erträglicher Weise über einen längeren Zeitraum amortisieren lassen[32].

---

[27] So wörtlich *Pföhler/Herrmann* WPg 1997, 628, 632; ferner *Schlemminger/Schreiber* Syndicus 2000, 8, 10.
[28] Vgl. hierzu die Kurzbeschreibung von *Horn* in Martens/Schlemminger S. 161 f.
[29] Versicherungen nach dem neuen Modell bauen auf dem Umwelthaftpflichtmodell des damaligen HUK-Verbands auf, das vom Bundesaufsichtsamt für das Versicherungswesen und dem Bundeskartellamt Ende Dezember 1992 genehmigt und seit Januar 1993 von fast allen Versicherern in die Praxis umgesetzt worden ist.
[30] Siehe Rn 122 ff.
[31] Vgl. ausf. dazu *Laxhuber/Kelnhofer/Schlemminger* Rn 68 ff.
[32] *Pföhler/Herrmann* WPg 1997, 628, 633.

10. Grundstücksbezogene Verträge

21 Das Unternehmen ist entweder Eigentümer/Erbbauberechtigter und/oder Mieter/Pächter der Betriebsstandorte. Es gibt also zB Grundstückskaufverträge (Ankauf der Betriebsgrundstücke) und Nutzungsüberlassungsverträge (Pacht- oder Mietverträge) mit Umwelthaftungsklauseln[33], die sich für das Unternehmen negativ oder positiv auswirken oder jedenfalls für die Sachverhaltsklärung aufschlußreich sein können. So macht es einen Unterschied, ob das Unternehmen ein völlig unbelastetes Grundstücksareal angemietet hat und der Vermieter auf den Betrieb zurückgehende Verunreinigungen leicht beweisen kann[34], oder ob etwaige Verunreinigungsbeiträge des Unternehmens wegen massiver Hintergrundverunreinigungen (Vorbelastungen) Ansprüche gegen den Mieter bei Beendigung des Mietverhältnisses kaum auslösen werden. Aus Grundstückskaufverträgen resultieren einerseits Gewährleistungsansprüche, andererseits Freistellungsverpflichtungen des Unternehmens, die in die Risikobewertung einfließen. Sowohl in **Grundstückskauf-** als auch in **Miet- oder Pachtverträgen** kann schließlich der Verdacht auf Verunreinigungen aus früheren Nutzungen angesprochen sein, der zusätzliches Risikopotential birgt[35].

11. Finanzunterlagen

22 Die Bedeutung der Finanzunterlagen für die Bewertung der Umweltsituation wird gemeinhin unterschätzt. Auch bei der Financial Due Diligence werden zB Rechtsanwaltsbestätigungsschreiben eingeholt und ausgewertet, Investitions- und Aufwandsbudgets sowie Grundstückskauf- und Nutzungsüberlassungsverträge geprüft[36]. Wegen des identischen Interessentenkreises (hier: der Kaufinteressent) wäre eine strenge **Trennung der Disziplinen** ohnehin fehl am Platz.

12. Auskunftsansprüche nach dem Umweltinformationsgesetz (UIG)

23 Im Fall einer „unfreundlichen" Übernahme wird der Erwerbsinteressent vom Zielunternehmen keine Informationen bekommen, die eine Risikobewertung ermöglichen. Ähnlicher Bedarf für anderweitige Informationsbeschaffung könnte auch dann entstehen, wenn in einer frühen Phase der Übernahmeverhandlungen (zB im Bieterverfahren mit zahlreichen Bietern) zunächst nur wenige Informationen zur Verfügung gestellt werden. In solchen Fällen kann jetzt das Umweltinformationsgesetz (UIG)[37] weiterhelfen. Es gewährt jedem Interessenten – ohne Nachweis eines besonderen Interesses – weitgehende **Informationsrechte gegenüber Umweltbehörden**[38]. So kann sich der Kaufinteressent danach erkundi-

---

[33] Vgl. *Schlemminger* BB 1991, 1433, 1436.
[34] *Schlemminger/Attendorn* NZM 1999, 97, 98 f.
[35] Vgl. zu den Altlastenklauseln in immobilienbezogenen Verträgen: *Schlemminger* FAZ 23. 4. 1999.
[36] *Pföhler/Herrmann* WPg 1999, 628, 633 empfehlen ebenfalls die Verknüpfung der Umwelt-Due Diligence mit der Financial-Due Diligence.
[37] UIG vom 8. 7. 1994 BGBl. I S. 1490.
[38] Vgl. dazu *Turiaux/Knigge* BB 1999, 913, 917.

gen, ob für bestimmte Grundstücke „Altlasten"-Verdacht besteht und ob die Behörden irgendwelche Anordnungen beabsichtigen. Auch auf das Unternehmen bezogene Anfragen sind zulässig, es sei denn, sie dienen erkennbar der Ausforschung von Betriebs- und Geschäftsgeheimnissen zu Wettbewerbszwecken[39].

In der Praxis ist dieses Informationsmittel bisher vernachlässigt worden. Wurde es ausnahmsweise erwogen, scheiterte die Umsetzung meist an dem engen zeitlichen Rahmen. Umweltprüfungen müssen oft in wenigen Tagen oder Wochen durchgeführt und abgeschlossen werden; die Umweltbehörden können sich mit der Beantwortung von Anfragen nach dem Umweltinformationsgesetz bis zu zwei Monaten Zeit lassen[40]. Auch die **Formalisierung des Verfahrens** (Anfragen müssen schriftlich gestellt werden) scheint abzuschrecken. Wer allerdings den richtigen Ansprechpartner bei den Umweltbehörden findet und gezielt nachfragt, wird auch innerhalb weniger Tage (zumindest mündliche) Auskünfte erhalten und danach besser einschätzen können, wie die Umweltbehörden zu den Aktivitäten des Unternehmens stehen (Vollzugsschärfe).

13. Öffentlich zugängliche Datensammlungen

Nach dem BauGB[41] sollen Flächen, deren Böden erheblich mit umweltgefährdenden Stoffen belastet sind, **im Bebauungsplan** als solche **gekennzeichnet** werden. Kommunen machen von dieser Kennzeichnungsmöglichkeit neuerdings rege Gebrauch, da ihnen nach der Rechtsprechung des BGH[42] Amtshaftung droht, wenn sie Bauwillige nicht auf etwaigen Altlastenverdacht aufmerksam machen. Ein Blick in den öffentlich zugänglichen Bebauungsplan kann deshalb zu zusätzlichen Erkenntnissen verhelfen.

Auf Länderebene werden **Altlastenkataster, Bodendatenbanken und/oder Altflächendateien** geführt, in denen Erkenntnisse über Altablagerungen und Altstandorte festgehalten sind[43], und die unter Umständen sogar nach dem Grad der Gefährlichkeit unterscheiden[44]. Soweit in den einschlägigen Landesgesetzen nichts anderes geregelt ist, sind Eintragungen jedem Interessierten zu offenbaren, evtl. sogar einschließlich der Begründung, aus der sich die Belastung ergibt[45]. Ziel der Auskunft ist der **Schutz des guten Glaubens an die Schadstofffreiheit** eines Grundstücks. Weitere, aber sehr mühsame und nicht immer ertragreiche Umweltrecherchen könnten darin bestehen, in den **Archiven örtlicher Zeitungen** nachzuschlagen, evtl. sogar über Internet-Zugang[46]. Freilich bleibt für derartig detektivische Arbeit meist keine Zeit.

---

[39] § 8 Abs. 1 Satz 2 UIG.
[40] § 5 Abs. 2 Satz 1 UIG.
[41] § 9 Abs. 5 Nr. 3 BauGB.
[42] BGHZ 106, 323; 124, 363.
[43] Vgl. zB § 10 Hessisches Altlastengesetz.
[44] So werden in Baden-Württemberg verschiedene Einstufungen im Altlastenregister vorgenommen, zB „B" (Belassen), woran sich der Sanierungsbedarf orientiert.
[45] Vgl. zB für Hessen *Bickel*, Hessisches Altlastengesetz, 3. Aufl. 1996, § 10 Rn 13.
[46] So die hilfreiche Idee von *Turiaux/Knigge* BB 1999, 917.

14. Umwelt-Questionnaires/Checklisten

27 Wirtschaftsprüfungsgesellschaften, Unternehmensberater, auf Unternehmensübernahmen spezialisierte Anwaltsbüros sowie große Umweltberatungsunternehmen haben ausführliche Umwelt-Questionnaires oder Checklisten entworfen, die der Geschäftsleitung des Zielunternehmens und den Interview-Partnern iRd. Due Diligence mit der Bitte um kurzfristige vollständige Beantwortung ausgehändigt werden. Es handelt sich um unveröffentlichte Papiere[47], die jedoch wegen ihrer Verwendung Insidern auf dem Transaktionsmarkt bekannt sind und sich inhaltlich kaum voneinander unterscheiden. Sie erbitten zB eine **Auflistung** von Umweltschäden in der Vergangenheit, der umweltrelevanten Stoffe und Arbeitsmittel unter Angabe von Qualitäten, Mengen, Lagerstandorten und Schutzvorkehrungen, eine Beschreibung der Umgebung der Betriebsstandorte und der bisherigen Nutzung von Grundstücken sowie des Bestands umweltrelevanter Vertragsbeziehungen[48].

28 Die vollständige Beantwortung der mit einem ausführlichen Umwelt-Questionnaire gestellten Fragen wird mehrere Mitarbeiter des Zielunternehmens Tage oder gar Wochen beschäftigen und könnte deshalb kontraproduktiven Widerwillen auslösen. Für derartige Fälle empfehlen sich „**abgespeckte" Checklisten**[49].

15. Korrespondenz mit Behörden, Versicherern und Privaten

29 Einzelne Verdachtsmomente und Umweltthemen, die etwa bei der Betriebsbegehung, während des Interviews oder durch Beantwortung der Umwelt-Questionnaires aufgekommen sind, können gezielt durch Einsicht in konkrete weitere Unterlagen vertieft werden. Zu denken ist beispielsweise an **Genehmigungen**, **behördliche Anordnungen** und weiteren Schriftverkehr mit den zuständigen Umweltbehörden, aber auch an Korrespondenz mit Versicherern und privaten Dritten, deren Widerstand gegen Betriebsaktivitäten auch zukünftig eine Rolle spielen könnte.

16. Web-Seiten im Internet

30 Bestandteil eines guten Umweltmanagements ist eine gezielte **Öffentlichkeitsarbeit**[50]. Viele Unternehmen machen ihre jährlichen Umweltberichte über Internet zugänglich; sie werden in die entsprechenden Web-Seiten eingestellt und können dort abgerufen werden. Der Berater des Kaufinteressenten erhält uU über Internet nicht weniger Umweltinformationen als in einem (zB im frühen Stadium einer sog. offenen Auktion) bewußt kleingehaltenen Datenraum. Die der Öffentlichkeit über Internet zugänglichen Informationen enthalten ihrem Zweck entsprechend zwar keine kritische Auseinandersetzung mit brisanten Um-

---

[47] Vgl. zB *Pföhler/Herrmann* WPg 1997, 628, 631 die von einem „unveröffentlichten KPMG-Papier, Checkliste zur Prüfungsdurchführung (Gliederung), Anhang II"' sprechen.
[48] Ein Muster einer solchen Checkliste findet sich bei *Wegen*, Due Diligence-Checkliste für den Erwerber einer deutschen Gesellschaft, WiB 1994, 291 ff.
[49] Siehe § 9 Rn 145 f.
[50] Vgl. hierzu *Kummer* in Picot VII Rn 2.

weltthemen. Immerhin können sich aber erste Hinweise zu anstehenden Maßnahmen und Verbesserungsbedarf finden.

II. Bewertungsfaktoren: Der erste Eindruck

Meist bleibt vor der Übernahme des Zielunternehmens wenig Zeit für eine vertiefende Umweltprüfung. Deshalb spielt der erste Eindruck eine wichtige Rolle. In der Praxis haben sich **Bewertungsfaktoren** herausgebildet, die sich innerhalb kurzer Zeiträume „abprüfen" lassen und anhand derer sich ein vorläufiger Gesamteindruck gewinnen läßt. Im Vordergrund stehen dabei die betriebliche Organisation des Umweltschutzes im Unternehmen sowie die Legalität des Anlagenbetriebs.

1. Betriebliche Organisation des Umweltschutzes

Eine gute **betriebliche Organisation** des Umweltschutzes läßt vermuten, daß umweltrechtliche Mißstände im Zielunternehmen systematisch erfaßt und angegangen worden sind. Selbst wenn einzelne Umweltprojekte noch ausstehen, muß der Käufer nicht mehr mit Überraschungen rechnen. Umgekehrt indiziert eine mangelhafte Organisation des Umweltschutzes erheblichen Nachholbedarf bzw. Maßnahmenrückstau.

a) **Umweltschutz als „Chefsache".** Ein zufriedenstellender Umweltstatus des Unternehmens setzt zwingend voraus, daß Umweltschutz „Chefsache" geworden ist. Anders läßt sich nicht gewährleisten, daß das Unternehmen alle Umweltvorschriften unter Beachtung der behördlichen Vorgaben einhält. Die Verankerung des Umweltschutzes auf Geschäftsleitungsebene schließt keinesfalls aus, daß Aufgaben im Umweltbereich an geeignete Personen – etwa aus dem mittleren Management – delegiert werden.

Im Rahmen einer Umwelt-Due Diligence, insbes. anhand der Durchsicht der Geschäftsverteilungspläne **(Organigramme)** und **Umweltmanagement-Handbücher**, läßt sich meist ohne weiteres erkennen, ob Umweltschutz „Chefsache" ist oder ob bei der Organisation des betrieblichen Umweltschutzes gravierende Lücken und/oder Defizite bestehen, die zu umweltrechtlichen Mißständen geführt haben könnten[51].

b) **Alphabetische Übersicht der organisatorischen Umweltschutzmaßnahmen.** In Rechtsprechung und Literatur finden sich bestimmte Schlagwörter für Regelungsbedarf bzw. Maßnahmen bei der Strukturierung der Organisation des Umweltschutzes in Unternehmen. Deren Einordnung nach prakti-

---

[51] Wird das Zielunternehmen von einem ausländischen Unternehmen mit einer leistungsstarken Umweltschutzabteilung „beherrscht", fällt die Anfertigung eines Organigramms, das deutschen gesetzlichen Vorgaben (vgl. zB § 52a BImSchG) standhält, nicht immer leicht, weil das deutsche Umweltrecht von einer Weisungsunabhängigkeit der vertretungsberechtigten Organe des Zielunternehmens ausgeht.

scher Bedeutung fällt nicht immer leicht. Es handelt sich um folgende Begriffe (in alphabetischer Reihenfolge):

36 **Allzuständigkeit der Geschäftsleitung:** Sie ergibt sich aus dem **Grundsatz der Gesamtverantwortung**. Danach hat jedes Mitglied der Unternehmensleitung grundsätzlich unabhängig von der Ressortverteilung persönlich für die Gesetzmäßigkeit der Unternehmensleitung und für die Einhaltung der Regeln einer ordnungsgemäßen Unternehmensführung einzustehen[52]. Die Allzuständigkeit schließt die Wahrnehmung von Organisations- und Leitungspflichten durch einzelne Mitglieder nicht aus.

37 **Ausstattungspflicht:** Die Mitarbeiter, auf die Umweltschutzaufgaben delegiert worden sind, müssen von der Geschäftsleitung mit ausreichenden **sachlichen und personellen Mitteln** ausgestattet worden sein. Anderenfalls ist die Delegation fehlerhaft und kann den/die Delegierenden nicht persönlich entlasten.

38 **Auswahlverschulden:** Bei der Verteilung der Geschäfte und Verantwortlichkeiten auf horizontaler und/oder vertikaler Ebene ist darauf zu achten, daß diejenigen, denen Geschäfte zugewiesen werden, auch in ausreichendem Umfang die hierzu erforderlichen **fachlichen und persönlichen Fähigkeiten** besitzen. Sonst entlastet die Zuweisung von Aufgaben nicht.

39 **Delegation von Aufgaben:** Sie ist eine Form der **vertikalen Geschäftsverteilung** (Weitergabe von Verantwortung nach unten). Sie entlastet die Geschäftsleitung nur, wenn der Delegationsempfänger sachlich und persönlich ausreichend befähigt, in seine Aufgaben ausreichend eingewiesen, mit ausreichenden Mitteln ausgestattet und ausreichend überwacht ist sowie in seinem Aufgabengebiet ausreichend fortgebildet ist. Er muß auch korrespondierende Weisungsbefugnisse innehaben. Außerdem dürfen keine Aufgaben delegiert werden, die zum **Kernbereich der Leitungsverantwortung** der Geschäftsführung gehören[53].

40 **Einweisungspflicht:** Zur wirksamen **Delegation von Aufgaben** gehört auch die Einweisung des sorgfältig ausgewählten, ausgestatteten, fortgebildeten und überwachten Mitarbeiters in seinen Aufgabenbereich.

41 **Fortbildungspflicht:** Ein Mitarbeiter des Unternehmens, auf den Umweltschutzaufgaben delegiert werden sollen, muß dazu insbes. fachlich befähigt sein. Um diese Befähigung zu gewährleisten, ist der Mitarbeiter in seinem Aufgabengebiet ständig fortzubilden, was etwa durch die Teilnahme an Seminaren und besonderen Ausbildungsprogrammen geschehen kann.

42 **Fürsorgepflicht:** Sie beschreibt die Verpflichtung der Unternehmensleitung, Mitarbeiter vor Sach- und/oder Personenschäden zu schützen und hierzu alle zumutbaren Maßnahmen zu veranlassen.

43 **Gesamtverantwortung:** Siehe hierzu Stichwort Allzuständigkeit.

44 **Haftungsvervielfachung:** Trotz horizontaler und vertikaler Verteilung von Umweltschutzaufgaben können im Einzelfall mehrere Personen (Mitglieder der Geschäftsleitung, Abteilungsleiter, Umweltschutzbeauftragte, sonstige Mitarbeiter) für Umweltschäden haftbar gemacht werden.

---

[52] *BGH* NJW 1990, 2560.
[53] *Kummer* in Picot VII Rn 21.

Horizontale Geschäftsverteilung: Sie ist die Geschäftsverteilung auf gleicher Leitungsebene, insbes. innerhalb einer **mehrköpfigen Unternehmensleitung**. Im Fall nicht ordnungsgemäßer Erfüllung zugeteilter Aufgaben wirkt die Verteilung für die Anderen nur dann entlastend, wenn die **Zuständigkeiten und Kompetenzen** eindeutig abgegrenzt sind, der Zuweisungsempfänger ausreichende fachliche und persönliche Befähigung besitzt und ihm zugewiesene Aufgaben nicht derart existenziell für das Unternehmen sind, daß ihre Zuteilung auf einzelne Personen von vornherein ausscheidet.

Linienverantwortung: Die **horizontale** Linienverantwortung ist die Verantwortlichkeit für die ordnungsgemäße Geschäftsverteilung auf einer Leitungsebene, d. h. dafür, daß die Verteilung von Ressorts auf persönlich und fachlich ausreichend qualifizierte Personen und in eindeutiger Abgrenzung der jeweiligen Zuständigkeiten erfolgt. **Vertikal** ist die Linienverantwortung, wenn Umweltschutzaufgaben in einem Instanzenzug über mehrere Hierarchiestufen (Geschäftsleitung, mittleres Management, Werksleitung, Betriebsschichten etc.) weiterverteilt werden; für sie gelten insoweit die besonderen Anforderungen an die **Delegation von Aufgaben**.

Organisationsverschulden: Unternehmen und Betriebe sind so zu organisieren, daß Mitarbeiter und/oder Dritte nicht zu Schaden kommen können. Wird diese Organisationspflicht von der Geschäftsleitung verletzt, etwa dadurch, daß für bestimmte Umweltschutzaufgaben keine oder nicht ausreichend befähigte Mitarbeiter eingesetzt oder diese nicht ausreichend eingewiesen wurden, trifft das Unternehmen oder sogar zusätzlich die Mitglieder der Unternehmensleitung ein sog. Organisationsverschulden. Dieses Rechtsinstitut verhindert eine Entlastung der Verantwortlichen mit dem Argument, das Personal sei überlastet oder überfordert gewesen und habe deshalb den Umweltschaden gar nicht verhindern können.

Ressortverantwortung: Durch die horizontale Verteilung der Aufgaben auf Geschäftsleitungsebene werden Geschäftsbereiche (Ressorts) auf einzelne Mitglieder der Geschäftsleitung übertragen. Nach dem **Grundsatz der Gesamtverantwortung** bleiben die übrigen Mitglieder der Geschäftsleitung verpflichtet, den Ressortverantwortlichen ausreichend zu überwachen[54]. Im übrigen können sie jedoch grundsätzlich darauf vertrauen, daß der Ressortverantwortliche seinen Bereich sorgfältig organisiert und kontrolliert.

Sachverantwortung: Die Ressortverantwortung des aus der Geschäftsleitung Ausgewählten wird auch als Sachverantwortung bezeichnet. Damit wird zum Ausdruck gebracht, daß die anderen Mitglieder der Geschäftsleitung zwar nicht in der Sache, jedoch für die ordnungsgemäße Organisation auf Geschäftsleitungsebene verantwortlich bleiben.

Überwachungspflicht: Werden Umweltschutzaufgaben horizontal und/oder vertikal verteilt bzw. delegiert, bleibt der Verteilende bzw. Delegierende stets verpflichtet, den/die von ihm Ausgewählten in angemessener Art und Weise zu überwachen. Wird diese Pflicht verletzt, führt ein **Überwachungsverschulden** evtl. zu persönlicher Haftung.

---

[54] *BGH* DB 1994, 2534.

51 **Umwelt(schutz)management:** Dieser Begriff steht für die Gesamtheit der Erfassung, Planung, Organisation und Kontrolle der umweltbezogenen Tätigkeiten des Unternehmens[55]. Geschieht dies systematisch, ist von **Umweltmanagementsystemen** die Rede, wobei dann meist solche nach ISO 14001 oder EG-VO gemeint sind.

52 **Verkehrssicherungspflicht:** Die Unternehmensleitung muß durch organisatorische oder sonstige zumutbare Maßnahmen dafür Sorge tragen, daß Betriebsvorgänge und andere Aktivitäten des Unternehmens, die eine potenzielle Gefahrenquelle darstellen, keine Personen und/oder Sachen schädigen. Selbst wenn Verkehrssicherungspflichten für spezielle **Gefahrenquellen** übertragen/delegiert wurden, verbleiben übergeordnete Verkehrssicherungspflichten, insbes. Koordinierungs- und Überwachungspflichten, beim Unternehmen bzw. der Unternehmensleitung.

53 **Widerspruchs-/Anzeigepflicht:** Wer Versäumnisse bei der Geschäftsverteilung und/oder der Erledigung zugeteilter Aufgaben erkennt, muß sie der richtigen Stelle, im Zweifel der Geschäftsleitung, anzeigen, damit diese zB durch Klärung, Kontrollhandlungen und Umorganisation reagieren kann. Diese Pflicht ist umso stärker, je größer der Einfluß des Defizits auf die Wahrnehmung der eigenen Aufgaben des Erkennenden ist.

54 **c) Beauftragtenwesen.** Zu einer guten Organisation des Umweltschutzes im Unternehmen gehört ein funktionierendes Beauftragtenwesen. Umweltschutzrecht wird von Tag zu Tag komplexer; deshalb bedarf die Geschäftsleitung verstärkt der Hilfe eines **kompetenten Fachmanns**, der sich mit einem wesentlichen Teil seiner Arbeitskraft koordinierend, überwachend und innovativ um den betrieblichen Umweltschutz kümmert.

55 **Betriebsbeauftragte für Umweltschutz** sind für bestimmte Anlagen gesetzlich vorgeschrieben, so zB der Betriebsbeauftragte für Immissionsschutz[56], der Störfallbeauftragte[57], der Betriebsbeauftragte für Gewässerschutz[58], der Abfallbeauftragte[59] und der Gefahrstoffbeauftragte[60]. Oft werden sie in Einsicht ihrer besonderen Unterstützungs- und Steuerungsfunktion von größeren Unternehmen aber auch freiwillig eingesetzt und in die Unternehmensorganisation eingegliedert[61].

56 Die Betriebsbeauftragten sollen – für ihren Bereich – Sicherheits- und Erfolgskontrollen durchführen, Schwachstellen aufdecken, die Unternehmensleitung in allen Umweltschutzangelegenheiten beraten, insbes. bei Investitionen und der Einführung neuer Technologien, warnen und Verbesserungsvorschläge unterbreiten[62].

---

[55] *Laxhuber/Kelnhofer/Schlemminger* Rn 1.
[56] §§ 53 ff. BImSchG.
[57] § 58a BImSchG.
[58] § 21a WHG.
[59] §§ 54 f. KrW-/AbfG.
[60] § 2 Abs. 3 ChemikalienverbotsVO.
[61] Für die Behandlung der Bestellung, der Aufgaben, der Befugnisse und der persönlichen Haftung der einzelnen Betriebsbeauftragten sowie rechtlicher Besonderheiten ist hier kein Raum. Eine umfangreiche Darstellung findet sich etwa bei *Kummer* in Picot VII Rn 106 ff.
[62] *Laxhuber/Kelnhofer/Schlemminger* Rn 174.

Sie sollen ferner Mitarbeiter schulen und der Geschäftsleitung regelmäßig Bericht erstatten. Wegen dieser umfangreichen Aufgaben werden sie auch als **„Umweltnavigator"** des Unternehmens mit zentraler Schlüsselfunktion bezeichnet[63]. Der Umweltschutzbeauftragte ist – selbst wenn auf Grund gesetzlicher Verpflichtung bestellt – kein „verlängerter Arm" bzw. keine „Außenstelle" der Umweltbehörden, sondern ein **„Mann des Betriebs"**[64]. Insbes. bestehen idR keine Informations- und Rechenschaftsverpflichtungen gegenüber den Umweltbehörden[65].

Die **Mehrfachbeauftragung** von Einzelpersonen für verschiedene Umweltschutzbereiche ist grundsätzlich denkbar, ebenso die Bestellung eines mehrere Konzerngesellschaften abdeckenden **Konzernbeauftragten**. Auch der Einsatz externer Fachkräfte kommt in Betracht. Der Erfolg eines Umweltschutzbeauftragten hängt neben seiner Fach- bzw. Sachkunde und Zuverlässigkeit in erster Linie von seiner Fähigkeit ab, auf vertikaler und/oder horizontaler Ebene effektiv, kritisch, kooperativ, souverän und kreativ zu kommunizieren[66].

Die Qualität des Umweltstatus des Unternehmens korrespondiert oft mit den Leistungen seiner Umweltschutzbeauftragten, die somit auch bei der Risikobewertung eine bedeutende Rolle einnehmen. Idealiter sind sie nicht innerhalb der vertikalen Linienverantwortung angesiedelt, sondern direkt der Unternehmensleitung unterstellt[67], damit **Interessenkonflikte** schnelle und sachgerechte Entscheidungen nicht behindern. Vor der Übernahme des Unternehmens wird schließlich zu prüfen sein, ob die Umweltschutzbeauftragten einen ihrer Bedeutung entsprechenden **arbeitsrechtlichen Status** einnehmen, d. h. ausreichend von sonstigen Tätigkeiten freigestellt sind, ihnen ausreichende Weisungsbefugnisse eingeräumt sind und sie eine ihrer Funktion und Verantwortung angemessene Bezahlung erhalten. Defizite in diesem Bereich wären Delegationsfehler[68], die unverzüglich behoben werden müßten.

d) **Umweltmanagementsysteme.** Die Optimierung der Organisation des Umweltschutzes im Unternehmen ist die Einführung eines Umweltmanagementsystems. Ein solches System erleichtert nicht nur den Umgang mit den Behörden und entlastet von zivil- und strafrechtlicher Verantwortung, sondern verkörpert außerhalb rechtlicher Überlegungen einen **zusätzlichen Wert des Unternehmens**[69].

---

[63] Vgl. *Feldhaus,* Umweltschutzsichernde Betriebsorganisation, NVwZ 1991, 927, 929.
[64] *Kummer* in Picot VII Rn 71.
[65] *Tettinger,* Der Immissionsschutzbeauftragte – ein Beliehener?, DVBl. 1976, 752, 758; eine Ausnahme von diesem Grundsatz gilt für den Strahlenschutzbeauftragten, vgl. § 30 Abs. 1 Satz 3 Strahlenschutzverordnung, und die Beauftragten für biologische Sicherheit, die einer partiellen Auskunftspflicht unterliegen.
[66] Vgl. hierzu *Kummer* in Picot VII Rn 89, der von „sozialer Handlungskompetenz" spricht.
[67] *Knopp/Striegl,* Umweltschutzorientierte Betriebsorganisation zur Risikominimierung, BB 1992, 2009, 2016.
[68] Vgl. hierzu *Laxhuber/Kelnhofer/Schlemminger* Rn 143.
[69] Siehe Rn 3. Wegen der Unterschiede und Gemeinsamkeiten der Umweltmanagementsysteme nach der EG-VO Nr. 1836/93 des Rates vom 29. 6. 1993, ABl.EG Nr. L 168/1-18 einerseits, der ISO 14001, angenommen vom Europäischen Komitee für Normung (CEN) als europäische Norm am 21. 8. 1996, andererseits, siehe die Tabelle bei *Laxhuber/Kelnhofer/Schlemminger* Rn 29.

2. Übereinstimmung mit gesetzlichen und behördlichen Vorgaben (Compliance)

60 **a) Legalität des Anlagenbetriebs.** Vor der Übernahme eines Unternehmens gilt es zu prüfen, ob sämtliche Betriebsanlagen und Einrichtungen des Unternehmens in **Übereinstimmung mit sämtlichen gesetzlichen und behördlichen Vorgaben** betrieben bzw. genutzt werden. Anderenfalls drohen Nachforderungen und/oder Nutzungsuntersagungen bis hin zur Stillegungs- und Abbruchanordnung.

61 Werden Betriebsanlagen **ohne oder abweichend von Genehmigungen** errichtet und betrieben, kann dies in besonderen Fällen Strafbarkeit auslösen[70] oder regelmäßig zur Verhängung von Geldbußen führen[71]. Darüber hinaus drohen (vorübergehende) Nutzungsverbote[72] oder gar Stillegungs- bzw. Abbruchverfügungen[73], zumindest dann, wenn die Legalität des Anlagenbetriebs nicht schnellstens hergestellt, insbes. behördlichen Mindestanforderungen nicht sofort nachgekommen wird[74]. Diese Sanktionen und Maßnahmen können zu erheblichen Produktions- und sonstigen Umsatzausfällen führen. Die Legalität des Anlagenbetriebs ist deshalb eines der Kernstücke der umweltrechtlichen Prüfung eines Unternehmens.

62 **b) Bestandsschutz.** Die auf den Prüfungszeitpunkt bezogene Feststellung, daß mit der Errichtung und dem Betrieb von Betriebsanlagen und Einrichtungen sämtliche gesetzlichen und behördlichen Vorgaben eingehalten werden, sagt noch nichts darüber aus, ob nicht eine Behörde unmittelbar nach Übernahme des Unternehmens rechtmäßigerweise erhebliche Nachforderungen stellen kann. Der **Schutz** des Unternehmens **vor** solchen **Nachforderungen** wird unter dem Stichwort **Bestandsschutz** diskutiert. Abhängig davon, welchem Gesetzesregime die Anlage bzw. Einrichtung unterfällt, ist der Bestandsschutz unterschiedlich stark ausgeprägt. IdR ist zwischen dem öffentlichen Baurecht, Immissionsschutzrecht und Abfallrecht zu unterscheiden[75]. Eine wichtige Rolle spielen außerdem wasserrechtliche Zulassungen.

63 Für Anlagen, die weder einer Genehmigung nach Immissionsschutzrecht noch Abfallrecht, sondern lediglich einer Baugenehmigung nach der jeweiligen Landesbauordnung bedürfen, geht der Bestandsschutz recht weit. Er besagt, daß ein nach dem früheren materiellen Recht rechtmäßiges, aber mit neuem Baurecht nicht mehr vereinbares Bauwerk grundsätzlich erhalten und weiter wie bisher genutzt werden darf. Der Bestandsschutz ist auf die **Sicherung des vorhandenen Bauwerks und seiner Funktion** gerichtet[76]. Er umfaßt sowohl den Schutz gegen behördliche Nutzungsverbote als auch gegen Beseitigungsverfügungen. Er

---

[70] Vgl. § 327 StGB Unerlaubtes Betreiben von Anlagen.
[71] Siehe Rn 77 ff.
[72] Vgl. *Martens* in Usinger Kap. 27 Rn 92.
[73] Vgl. *Martens* in Usinger Kap. 27 Rn 94.
[74] Vgl. *Martens* in Usinger Kap. 27 Rn 95 ff.
[75] Aus speziellen Gesetzesmaterien wie zB dem Atomrecht oder dem Gentechnikrecht können sich zusätzlich Besonderheiten ergeben.
[76] *BVerwG* NJW 1970, 1054.

kann freilich bei Aufnahme einer andersartigen Nutzung erlöschen, sobald die jeder Nutzung eigene tatsächliche Variationsbreite überschritten wird und der neuen Nutzung unter städtebaulichen Gesichtspunkten eine andere Qualität zukommt[77]. Selbst bautechnisch unerhebliche Erweiterungen eines Gebäudes können deshalb neuerdings genehmigungsrechtlich problematisch werden[78].

Die meisten Produktionsanlagen bedürfen einer **immissionsschutzrechtlichen Genehmigung**. Diese garantiert dem Anlagenbetreiber nicht, daß er die Anlage ohne Rücksicht auf die allgemeine und technische Entwicklung immer so betreiben kann, wie sie genehmigt wurde[79]. Die Überwachungsbehörde kann finanziell erhebliche Nachforderungen stellen, ja sogar die Durchführung ganzer **Nachrüstungsprogramme** verlangen[80]. Schutz besteht nur vor unverhältnismäßigen Nachforderungen, d. h. solchen, die unter Berücksichtigung von Art, Menge und Gefährlichkeit der von der Anlage ausgehenden Emissionen außer Verhältnis zu dem mit der Anordnung angestrebten Erfolg stehen. Mit Blick auf die weitgehenden, dynamischen immissionsschutzrechtlichen Betreiberpflichten[81] sind dem Bestandsschutz für emittierende Anlagen danach enge Grenzen gezogen.

Nicht selten betreiben Unternehmen eigene **Abfallverbrennungsanlagen**. Diese unterliegen dem Immissionsschutzrecht und sind damit wie andere emittierende Anlagen zu behandeln. Gleiches gilt für **Abfallbeseitigungsanlagen** zur Lagerung und Behandlung von Abfällen zur Beseitigung, also zB betriebliche Abfall-Läger[82]. Dagegen bedürfen **Betriebsdeponien** einer **abfallrechtlichen Zulassung**[83]. Diese vermittelt dem Betreiber zwar Bestandsschutz in dem Sinne, daß für nachträgliche Anordnungen, Betriebsuntersagungen oder eine Aufhebung der Zulassung qualifizierte Voraussetzungen erfüllt sein müssen. Da der Vertrauensschutz insoweit aber eher schwach ausgebildet ist[84], reicht dieser Bestandsschutz weniger weit als im öffentlichen Baurecht[85]. Der Deponiebetreiber muß im Interesse einer gemeinwohlverträglichen Abfallbeseitigung jederzeit entschädigungslos nachträgliche, vom bisherigen Inhalt der Zulassungsentscheidung abweichende, behördliche Anordnung hinnehmen, solange die Verhältnismäßigkeit gewahrt bleibt.

Emittierende Anlagen, die in der Zeit vor Inkrafttreten des BImSchG (am 1. 4. 1974) unter Anwendung der jeweiligen Landesbauordnung und/oder der damaligen Gewerbeordnung genehmigt wurden, sind durch **Anzeige**[86] in das Regime des Immissionsschutzrechts **übergeleitet** worden. Für sie ist der Bestandsschutz noch geringer als für von vornherein nach dem BImSchG genehmigte Anlagen.

---

[77] BVerwGE 98, 235, 238.
[78] *BVerwG* NVwZ 1998, 842 ff.
[79] Vgl. BVerwGE 65, 313, 317; *Jarass* § 6 BImSchG Rn 26.
[80] Vgl. § 17 BImSchG.
[81] § 5 BImSchG.
[82] §§ 4, 19 BImSchG, 2 Abs. 1 4. BImSchV mit Anhang Spalten 1 und 2 Nr. 8, insbes. Spalte 1 und 2 Nr. 8.10 b) sowie Spalte 2 Nr. 8.9.
[83] § 31 KrW-/AbfG.
[84] BVerwGE 89, 215, 220.
[85] Vgl. *Kunig/Paetow/Versteyl*, Kreislaufwirtschafts- und Abfallgesetz, 1998, § 31 Rn 15.
[86] § 67 BImSchG.

Weil es nur einer Anzeige und keines besonderen immissionsschutzrechtlichen Genehmigungsverfahrens bedurfte, hat der Anlagenbetreiber weniger Anlaß, auf die Rechtmäßigkeit vorgenommener Investitionen zu vertrauen. Ihm werden deshalb mehr behördliche Nachforderungen zugemutet[87]. Auch Genehmigungen für Abfallverbrennungsanlagen und Abfall-Lagerplätze, die unter der Geltung des früheren Abfallrechts erteilt wurden, gelten als immissionsschutzrechtliche Genehmigungen fort. Da sie einem umfangreichen Prüfungsverfahren unterlagen, dürften die Anforderungen an die Verhältnismäßigkeit von Nachforderungen freilich strenger sein als für andere Anlagen, die lediglich durch Anzeige in das Regime des BImSchG übergeleitet wurden.

67 Insbes. für die Einleitung von **Abwässern** in Vorfluter oder die städtische Kanalisation sowie für **Betriebswasser-Kläranlagen** werden zusätzlich wasserrechtliche Zulassungen benötigt und als „**Erlaubnis**" oder „**Bewilligung**" erteilt[88]. Beide bieten nur eingeschränkten Bestandsschutz. Sie stehen unter dem Vorbehalt nachträglicher zusätzlicher Anordnungen, die zusätzliche Anforderungen an die Einleitung und Einbringung von Stoffen stellen können[89]. Bei erheblicher Beeinträchtigung des Allgemeinwohls kann auch eine rechtmäßige Bewilligung widerrufen werden, zB bei einer Gefährdung der öffentlichen Wasserversorgung[90]. Drittbetroffene können eventuell nachträgliche Auflagen im Drittinteresse verlangen, wenn ihre Einwendungen im Bewilligungsverfahren noch nicht beschieden werden konnten oder für sie nachteilige Wirkungen nicht vorauszusehen waren[91]. Darüber hinaus unterliegen im Bereich der Abwasserbeseitigung das Einleiten von Abwasser[92] und der Umgang mit wassergefährdenden Stoffen, sei es durch Benutzung außerbetrieblicher Rohrleitungsanlagen oder innerbetrieblicher Anlagen[93], besonderen wasserrechtlichen Anforderungen, die sogar in eine die staatliche Aufsicht ergänzende **Eigenüberwachung**[94] münden.

68 Im Rahmen dieser Darstellung können noch nicht einmal die für die Legalität des Anlagenbetriebs wichtigsten Umweltvorschriften annähernd umfassend abgehandelt werden. Nur beispielhaft sei noch erwähnt, daß die Prüfung des Umweltstatus des zu übernehmenden Unternehmens die ordnungsgemäße **Verwertung/ Entsorgung** anfallender Abfälle einschließlich der weitreichenden Verantwortlichkeit des Abfallerzeugers und die Lagerung und den Transport **umweltgefährdender Güter** ebenso umfaßt wie die Erfüllung umweltrechtlicher **Anzeige- und/oder Mitteilungspflichten**.

69 **c) Verhältnis zu Genehmigungs- und Aufsichtsbehörden: Konfrontation oder Kooperation?** Das Verhältnis eines Unternehmens zu den Umwelt-

---

[87] *Jarass* § 17 BImSchG Rn 30.
[88] Ein Überblick über die Zulassungsarten findet sich etwa bei *Martens* in Martens/Schlemminger S. 105 ff.
[89] § 5 WHG.
[90] § 12 Abs. 1 WHG.
[91] § 10 WHG.
[92] § 7a WHG.
[93] § 19 lit. a bis h WHG.
[94] § 21a WHG.

behörden kann – jeweils nach Betriebsstandort betrachtet – auf Konfrontation oder Kooperation ausgerichtet sein. **Ermessens- und Beurteilungsspielräume** der Behörden sind teils groß und von Standort zu Standort kann es erhebliche Unterschiede im Behördenvollzug geben, die entweder auf allgemeine regionale Besonderheiten oder das Verhalten des Unternehmens zurückzuführen sind. Derartige Konstellationen können für den Umweltstatus des Unternehmens eine große Bedeutung haben. Viele Unternehmen werden von Behörden nicht oder nur sehr eingeschränkt auf Einhaltung der umweltrechtlichen Vorschriften überprüft. Grund für derartige **Überwachungs- und Vollzugsdefizite** können Überlastung der Behörde, persönliche Kontakte zu Behördenvertretern und/oder die besondere Bedeutung des Unternehmens als regionaler Arbeitgeber sein. Ergibt die umweltrechtliche Prüfung vor Übernahme des Unternehmens in solchen Fällen, daß die zuständigen Umweltbehörden über Jahre hinweg keine Beanstandungen vorgebracht haben, rechtfertigt dies allein noch kein Vertrauen in das vermeintlich „gute" Verhältnis zu den Umweltbehörden. Wird publik, daß der Inhaber des Unternehmens wechselt[95], und ist dieser Inhaberwechsel gar mit weitreichenden Restrukturierungsmaßnahmen (zB Entlassungen) verbunden, kann dies zu einer erheblichen Verschärfung des Behördenvollzugs in der Zukunft führen.

Hat das Unternehmen sich in der Vergangenheit stets selbst gegen gerechtfertigte behördliche (Nach-)Forderungen gewehrt, kann dies zu einer besonders harten Haltung der Umweltbehörden, insbes. im Bereich der Ausnutzung von Ermessens- und Beurteilungsspielräumen geführt haben. Der Übernehmer hat in solchen Fällen die Chance, das von Konfrontation geprägte Verhältnis zu den Umweltbehörden in **kooperative Bahnen** zu lenken. Streitfälle und Ungewissheiten können zB über öffentlich-rechtliche Verträge zum Vorteil des Unternehmens ausgeräumt werden.

Mit Ausnahme von Behördenhandeln, das sich unmittelbar auf Dritte auswirkt, also zB Genehmigungen, läßt sich das Verhältnis zwischen dem Unternehmen und den Umweltbehörden in vielen Dingen mit öffentlich-rechtlichen Vereinbarungen ausgestalten[96]. Im Bereich der Altlastensanierung spielt dabei insbes. der **Sanierungsvertrag**[97] eine bedeutende Rolle. Öffentlich-rechtliche Verträge lassen sich aber zB auch darüber schließen, ob, in welchem Umfang und in welchem Zeitraum Betriebsanlagen nachgerüstet und bestimmte Umweltaudits durchgeführt werden müssen. Sie unterliegen der strengen **gesetzlichen Schriftform**[98], die grundsätzlich eine Urkundeneinheit sämtlicher wesentlicher Vertragsbestandteile verlangt[99].

Der **öffentlich-rechtliche Vertrag** kann dem Unternehmen insbes. folgende Vorteile bringen:
– **Investitions- und Rückstellungssicherheit** (verbindliche Klärung der Nachrüstungs- und Sanierungskosten);

---

[95] Anzeigepflichtig gemäß § 52a BImSchG.
[96] Vgl. §§ 54 ff. VwVfG.
[97] In § 13 Abs. 4 BBodSchG ausdrücklich erwähnt.
[98] §§ 57 VwVfG, 126 BGB.
[99] Zur Entwicklung in der Rechtsprechung siehe *Heinrichs* in Palandt § 126 BGB Rn 4.

- (Begrenzter) **Verzicht auf Nachforderungen** (nur bei völlig neuen Tatsachen kann ein neues Verfahren eröffnet werden; im übrigen jedoch Schutz vor „Umbesinnung" der Behörde in Auslegungsfragen[100]);
- **Verbesserung der Vermarktungsfähigkeit** (Kaufinteressenten erlangen Sicherheit über das Ausmaß von Nachrüstungs- und/oder Sanierungsbedarf);
- **Einflußnahme auf Beurteilungs- und Ermessensspielräume** der Behörde (zB bei der Festlegung von Sanierungszielwerten und in Fragen der Verhältnismäßigkeit);
- **Ansehenszuwachs und Erleichterungen** für andere Verwaltungsverfahren (Pflege des „guten" Verhältnisses zu den Umweltbehörden).

73 Der öffentlich-rechtliche Vertrag bringt aber auch **Erleichterungen für die Umweltbehörden**. So können dem Unternehmen die Kosten für Erkundungsmaßnahmen und behördliche Kontrollgutachten auferlegt werden, die über das Maß dessen hinausgehen, was rechtmäßigerweise hätte angeordnet werden dürfen. Das Unternehmen kann sich außerdem zur Übergabe einer **Vertragserfüllungsbürgschaft** verpflichten und sich der sofortigen Zwangsvollstreckung unterwerfen[101]. Auch die Beteiligung Dritter kommt in Betracht[102].

74 Unterhalb der förmlichen Vertragsebene sind sog. **informelle Absprachen** in Gestalt von „Verständigungen", „Gentlemen's Agreements" und „faktische Absprachen" über Sachverhaltsfragen und die Auslegung/Anwendung von Vorschriften denkbar und weit verbreitet. Es handelt sich meist um mündliche Absprachen, Protokolle über Behördentermine und die Einschätzung von Duldungen/Stillschweigen der Behörden, denen bestimmte Sachverhalte zur Kenntnis gegeben wurden. In der Praxis wird oft verkannt, daß solche informellen Absprachen erst dann Bindungswirkung zum Vorteil des Unternehmens erlangen, wenn sie **schriftlich zugesichert** worden sind[103]. Falschauskünfte oder sonst schädigendes Verwaltungshandeln in diesem informellen Rahmen kann nur in krassen Fällen zu Amtshaftungsansprüchen führen[104]; das Unternehmen wird sich idR erhebliches Mitverschulden vorhalten lassen müssen, weil es von der Möglichkeit der verbindlichen Einkleidung angeblicher Absprachen (auf eigenes Risiko) keinen Gebrauch gemacht hat.

75 **d) Transparenz des Unternehmens.** Dem Übernehmer muß bewußt sein, daß er ein **„gläsernes Unternehmen"**[105] erwirbt, welches nicht nur behördlichen Stellen, sondern grundsätzlich auch privaten Dritten freien Zugang zu allen umweltbezogenen Informationen ohne Rücksicht auf Ausforschungs- und Mißbrauchsverdacht gewähren muß. Die Verpflichtungen zur Offenlegung, Dokumentation und Mitteilung von Umweltdaten resultieren dabei aus verschiedensten

---

[100] §§ 49, 60 VwVfG.
[101] Vgl. § 61 VwVfG.
[102] So sieht zB § 13 Abs. 4 BBodSchG für den Sanierungsvertrag ausdrücklich die Einbeziehung Dritter vor.
[103] Vgl. allgemein *Kopp* VwVfG Kommentar, 6. Aufl. 1996, § 54 Rn 6 a; ferner § 38 VwVfG zur behördlich erteilten Zusicherung.
[104] Art. 34 GG; § 839 BGB.
[105] So zB bezeichnet von *Kummer* in Picot VII Rn 31 (Überschrift Gliederungspunkt 4).

Umweltgesetzen[106]. Betriebs- und Geschäftsgeheimnisse müssen zwar grundsätzlich nicht preisgegeben werden. Über die beschriebenen Informationsquellen können sich Dritte jedoch, auch gegen den Willen des Unternehmens, einen relativ weit gehenden Einblick in die Umweltsituation verschaffen.

e) Versicherung von Umweltschäden. Die maßgeschneiderte Versicherung von Umweltschäden ist Indiz für ein leistungsfähiges Umweltmanagement im Unternehmen. Je besser und umfangreicher der **Versicherungsschutz**, desto geringer ist die Gefahr für das Unternehmen, für Umweltschäden aus eigenen Finanzmitteln aufkommen zu müssen. Dies gilt insbes. für Risiken aus sog. Altlasten; neuere Entwicklungen in der Versicherungsbranche, marktgängige Policen und innovative Versicherungskonzepte werden deshalb dort ausführlicher abgehandelt[107]. Tendenziell sehen Umweltgesetze immer öfter spezielle zusätzliche Versicherungen vor. So wird für besonders gefährliche Anlagen eine besondere **Deckungsvorsorge** erforderlich, die auch durch Versicherungsdeckung erbracht werden kann[108], für die Verbringung notifizierungsbedürftiger Abfälle in das Ausland außerdem eine sog. **Abfallverbringungsversicherung**[109].

III. Die straf- und zivilrechtliche Unternehmensverantwortung

1. Die strafrechtliche Verantwortung für Verstöße gegen Umweltvorschriften

a) Verschärfung des Umweltstrafrechts und der Strafverfolgungspraxis. Ermittelt die Staatsanwaltschaft wegen angeblicher Verstöße gegen Umweltvorschriften oder drohen solche Ermittlungen, geht es nicht nur um die Strafbarkeit beteiligter natürlicher Personen, sondern verstärkt um die Finanzen des Unternehmens. Das **2. Gesetz zur Bekämpfung der Umweltkriminalität** (2. UKG)[110] hat die Umweltstraftatbestände[111] teilweise erheblich verschärft. Viele Strafverfolgungsbehörden bedienen sich mittlerweile spezialisierter Umweltdezernate, die selbst komplexen Umweltsachverhalten gewachsen sind und mit ehrgeizigen Aktionen auf sich aufmerksam machen[112].

Im Bereich der strafrechtlichen Haftung natürlicher Personen gehört längst zum allgemeinen Bewußtsein, daß Mitglieder der Geschäftsleitung eine **Gesamtverantwortung und Allzuständigkeit** trifft[113], sich die **Kriminalisierung des Managements** immer mehr auf mittlere Managementebenen wie Abteilungslei-

---

[106] ZB Auskunftsanspruch nach § 4 UIG; Auskunftsanspruch des vermeintlich Geschädigten nach § 8 Abs. 1 UHG, Mitteilungs- und Anzeigepflichten nach § 52a BImSchG, §§ 19 und 20 KrW-/AbfG, § 55 Abs. 1 BImSchG, § 58c BImSchG und § 54 KrW-/AbfG.
[107] Siehe Rn 122f.
[108] § 19 Abs. 2 UHG.
[109] Vgl. § 7 AbfVerbrG und Art. 25 bis 27 EG-VO.
[110] Art. 1 Einunddreißigstes Strafrechtsänderungsgesetz vom 27. 4. 1994, BGBl. I S. 1440ff.
[111] Vgl. hierzu ausf. *Laxhuber/Kelnhofer/Schlemminger* Rn 104.
[112] 1996 wurden 39 641 Umweltstraftaten registriert, siehe Presse- und Informationsamt der Bundesregierung (Hrsg.), Bulletin zur Kriminalstatistik vom 12. 6. 1997.
[113] „Lederspray"-Entscheidung *BGH* NJW 1990, 2516.

ter und Umweltschutzbeauftragte ausbreitet[114] und Ressortbegrenzungen in bestimmten Fällen nicht vor persönlicher Strafbarkeit schützen.

79 Vom Umweltstrafrecht zu unterscheiden ist das sog. Verwaltungsunrecht in Form von **Ordnungswidrigkeiten**, die weniger schwer wiegen[115]. Eine Art Schutzschild bildet die **Verwaltungsakzessorietät**, die die Strafbarkeit an die Verletzung verwaltungsrechtlicher Pflichten knüpft[116]. IdR scheidet danach Strafbarkeit aus, wenn sich der Betrieb der Anlagen im Rahmen erteilter Genehmigungen hält, auch wenn deren Inhalt rechtswidrig sein sollte.

80 Aus Sicht des Übernehmers ist hervorzuheben, daß Ermittlungsbehörden neuerdings verstärkt die Finanzen des Unternehmens im Visier haben. Der Staat kann Gewinne, die durch rechtswidrige Daten erwirtschaftet wurden, abschöpfen[117], Tatbegehungsgegenstände einziehen[118] und empfindliche Geldbußen gegen das Unternehmen verhängen[119]. Auf diese Sanktionen gegen das Unternehmen sei deshalb im folgenden näher eingegangen.

81 **b) Sanktionen gegen das Unternehmen.** Für die Risikobewertung aus Sicht des Übernehmers sind weniger die Sanktionen gegen Angestellte, insbes. Aufsichtspersonen von Interesse[120], sondern diejenigen, die gegen das Zielunternehmen verhängt werden können. Sie gehen darauf zurück, daß dem Unternehmen wirtschaftlicher Profit aus Umweltstraftaten abgeschnitten werden soll[121]. Am empfindlichsten trifft das Unternehmen die sog. **Gewinnabschöpfung durch Verfall**[122]. Danach kann sich der Staat die aus der Umweltstraftat geflossenen wirtschaftlichen Vorteile aneignen. Eine Limitierung dieser Gewinnabschöpfung auf bestimmten Höchstsummen gibt es grundsätzlich nicht. Sie entfällt lediglich bei unbilliger Härte oder bei bereits auferlegter Geldbuße, die ebenfalls Gewinnabschöpfung bezweckt[123]. Hat zB ein Zementwerk über Jahre hinweg Notstromaggregate illegal, d. h. ohne Genehmigung, als eigene Stromerzeugungsanlage für den Normalbetrieb genutzt und überschüssigen Strom an Dritte veräußert, so kann mindestens der Veräußerungserlös nach dem Bruttoprinzip, d. h. ohne Abzug der Aufwendungen[124] abgeschöpft werden. Ein besonders verfallrelevanter Rechtsbereich ist derzeit die illegale Abfallbeseitigung[125]. Darüber hinaus sieht das Strafrecht vor[126], daß durch ein Umweltdelikt entstandene oder als Tatbegehungsmittel dienende Gegenstände der **Einziehung** unterliegen. Auf diese Weise können zB

---

[114] Vgl. hierzu ausführlich *Laxhuber/Kelnhofer/Schlemminger* Rn 93 ff.
[115] Vgl. §§ 17, 22, 29a OWiG.
[116] Vgl. hierzu die Definition in § 330d Nr. 4 StGB.
[117] §§ 73 ff. StGB.
[118] § 74 StGB.
[119] § 30 OWiG.
[120] Vgl. hierzu den Überblick bei *Laxhuber/Kelnhofer/Schlemminger* Rn 114 f.
[121] Dazu ausf. *Schmitz/Taschke* WiB 1997, 1169 ff.
[122] §§ 73 ff. StGB.
[123] *Schmitz/Taschke* WiB 1997, 1169, 1174.
[124] BGH NStZ 1994, 123.
[125] Vgl. hierzu *Bock*, Illegale Abfallbeseitigung durch strafrechtliche Gewinnabschöpfung, Abfallpraxis 2000, 115 ff.
[126] § 64 StGB.

notwendige, aber illegal genutzte Betriebsmittel entschädigungslos verlorengehen und dadurch Produktionsvorgänge massiv behindert werden.

Die größte praktische Bedeutung besitzt die **Verbandsgeldbuße**. Sie hat zT generalpräventiven Charakter und kann bei der Verletzung straf- oder bußgeldbewehrter Pflichten des Zielunternehmens auferlegt werden[127]. IRd. Pflichtverletzung werden dem Unternehmen das Verhalten seiner Organe, der vertretungsberechtigten Gesellschafter, der Generalbevollmächtigten sowie Prokuristen oder Handlungsbevollmächtigten mit leitender Stellung zugerechnet. Auch die Nichtbeachtung von Aufsichtspflichten[128] gehört dazu. Neben der Verletzung der aus umweltschützenden Vorschriften resultierenden betriebsbezogenen Pflichten kann ebenso die bloße Bereicherung oder Bereicherungsabsicht zu einer Verbandsgeldbuße führen[129]. 82

Nach Inkrafttreten des Gesetzes zur Bekämpfung der Korruption im August 1997[130], ergibt sich für die **Höhe der Geldbuße** kurz zusammengefaßt folgendes Bild: Ist die Bezugstat (das Umweltdelikt) gleichzeitig Straf- und Ordnungswidrigkeit, bleibt das für die Ordnungswidrigkeit angedrohte Höchstmaß der Geldbuße maßgeblich, wenn diese DM 1 Mio. übersteigt, es sei denn, der aus dem Delikt resultierende wirtschaftliche Vorteil für das Unternehmen liegt höher. Bei der Bemessung der Geldbuße kann sich positiv auswirken, daß sich das Unternehmen um ein geeignetes Umweltmanagement, das ausnahmsweise versagte, bemüht hatte[131]. 83

2. Zivilrechtliche Verantwortlichkeit für Umweltschäden

Ein abgegrenztes deutsches „**Umwelthaftungsprivatrecht**", das die zivilrechtliche Haftung des Unternehmens für Umweltschäden regelt, existiert nicht[132]. Die Haftung ergibt sich stattdessen aus einzelnen Vorschriften in verschiedenen Gesetzen, die sich nicht nur in den Voraussetzungen unterscheiden (Gefährdungshaftung, Verschuldenshaftung mit oder ohne Ursachenvermutung), sondern auch in ihren Rechtsfolgen (nur bloße Entschädigung oder vollen Schadensersatz einschließlich Schmerzensgeld?)[133]. Bei der Bewertung von Umweltrisiken ist darauf Rücksicht zu nehmen. 84

a) **(Verschuldensunabhängige) Gefährdungshaftung.** Das bekannteste Beispiel einer Gefährdungshaftung im Umweltbereich findet sich im Wasserrecht[134]. Danach haftet der Verursacher für eine **Grundwasserverunreinigung** gegenüber geschädigten Dritten (zB Trinkwassergewinnungsbetrieben oder dem Eigentümer eines Fischteichs) verschuldensunabhängig. Auch der Anspruch eines 85

---

[127] § 30 OWiG.
[128] § 130 OWiG.
[129] Bereits die Verbesserung der Wettbewerbssituation, die in einen unmittelbaren Vorteil umschlägt, kann hierfür ausreichend sein, vgl. *Schmitz/Taschke* WiB 1997, 1169, 1171.
[130] BGBl. 1997 I S. 2038.
[131] Vgl. *Laxhuber/Kelnhofer/Schlemminger* Rn 125.
[132] Vgl. dazu *Schlemminger* in Brealy, Environmental Liabilities and Regulation in Europe, Den Haag 1993, S. 235 ff.
[133] Vgl. hierzu ausf. *Schlemminger* in Martens/Schlemminger S. 155 ff.
[134] § 22 WHG.

Nachbarn auf **Abwehr unzumutbarer Immissionen**[135] nimmt auf Verschuldensfragen keine Rücksicht. Mit Inkrafttreten des neuen Bundesbodenschutzgesetzes[136] ist ein **Ausgleichsanspruch zwischen Sanierungsverpflichteten** hinzugekommen[137], der lediglich auf Verursachungsbeiträge und nicht auf Verschulden des Ausgleichsverpflichteten abstellt.

86 b) **Verschuldenshaftung (einschließlich Organisationsverschulden).** Die verschuldensabhängige Haftung für Umweltschäden folgt aus allgemeinem **Deliktsrecht**. Zwar wird die „Umwelt" nicht ausdrücklich in § 823 Abs. 1 BGB als Schutzgut genannt. Verunreinigen schädliche Emissionen Nachbargrundstücke oder führen sie zu Gesundheitsverletzungen bei Anwohnern oder zur Beschädigung beweglicher Sachen, können Beeinträchtigungen der Umwelt jedoch mittelbar über die Schutzgüter „Gesundheit" und „Eigentum" bzw. die sonstigen eigentumsähnlichen Rechte zu einer deliktischen Haftung führen[138].

87 Zu Gunsten vermeintlich Geschädigter hat die Rechtsprechung **Darlegungs- und Beweiserleichterungen** kreiert[139]. Sie hat damit auf Beweisnotstand reagiert, der oft dadurch entsteht, daß es Betroffenen unmöglich ist, den Verursachungsbeitrag eines Anlagenbetreibers zu beweisen und außerdem darzulegen, daß letzterer rechtswidrig, also ohne Genehmigung oder unter Mißachtung behördlicher Vorgaben, gehandelt hat. Nach der Rechtsprechung muß der vermeintliche Geschädigte jetzt nur noch eine Art **Anfangsverdacht** darlegen und beweisen, und es ist dann Sache des Anlagenbetreibers nachzuweisen, daß die von seiner Anlage ausgegangenen Emissionen unterhalb der Schädlichkeitsgrenzwerte blieben und er alle erforderlichen und wirtschaftlich zumutbaren Maßnahmen ergriffen hatte, um Schäden von Dritten abzuwenden[140]. Diese Beweiserleichterungen verhelfen freilich nicht automatisch zum Erfolg einer deliktsrechtlichen Klage. Sie eröffnen dem Geschädigten aber die Möglichkeit, über den vollen Ersatz seiner materiellen Schäden hinaus zusätzlich eine billige Entschädigung in Geld[141] zu realisieren, wenn sein Körper oder seine Gesundheit beeinträchtigt wurden.

88 Der schuldhafte **Verstoß gegen ein Schutzgesetz**[142], der zu einer weiteren Delikthaftung führen kann, hat im Umweltbereich kaum Bedeutung. Es gibt nur wenige umweltrechtliche Vorschriften, die gerade den individuellen Schutz eines anderen bezwecken und denen damit ausreichende Schutzqualität[143] zukommt[144]. Der Vollständigkeit halber sei an dieser Stelle noch angemerkt, daß dem Unter-

---

[135] § 906 BGB.
[136] Siehe Rn 115 ff.
[137] § 24 Abs. 2 BBodSchG.
[138] Vgl. zB *BGH* NJW 1985, 47 f. für den Fall, daß parkende Autos durch über die Luft transportierte Schadstoffe geschädigt wurden; vgl. dazu ferner allgemein *Thomas* in Palandt § 823 BGB Rn 4 ff., 30.
[139] Vgl. zB *BGH* NJW 1985, 47 f.
[140] *BGH* NJW 1985, 47 f.
[141] Schmerzensgeld gem. § 847 BGB.
[142] § 823 Abs. 2 BGB.
[143] *Thomas* in Palandt § 823 BGB Rn 145.
[144] *Schlemminger* in Martens/Schlemminger S. 156.

nehmen auch vorbeugend **Unterlassung** umweltschädlicher Beeinträchtigungen abverlangt werden kann[145].

c) Ursachenvermutung und Verdachtshaftung. Das neue Umwelthaftungsgesetz (UHG) steht zwischen der Gefährdungs- und Verschuldenshaftung[146]. Es enthält eine Ursachenvermutung und Verdachtshaftung für Schadensfälle, die auf den Betrieb bestimmter, als gefährlich angesehener Industrieanlagen zurückgehen. Die Verursachung des Schadens durch die Anlage wird vermutet, falls diese als Schadensverursacher geeignet erscheint, wofür etwa die Art des Anlagenbetriebs und die der verwandten Materialien und die meteorologischen Bedingungen sowie weitere Fakten sprechen können[147]. Ist diese Schädigungseignung durch den Geschädigten nachgewiesen, obliegt dem Anlagenbetreiber die Beweislast dafür, daß er die Anlagen im Einklang mit der Genehmigung und seinen übrigen Pflichten störungsfrei betrieben hat. Eine für den Anlagenbetreiber (also zB das Zielunternehmen) ärgerliche Besonderheit des neuen Umwelthaftungsgesetzes ist ein weitgehender **Auskunftsanspruch** des vermeintlich Geschädigten[148], der der Erleichterung der Beweisführung dienen sollen. Er kann viel Aufwand bereiten, querulatorisch, wenn nicht gar mißbräuchlich ausgeübt werden und mit Geheimhaltungsinteressen kollidieren[149].

Die Haftung des Anlagenbetreibers nach dem UHG unterliegt geringfügigen Beschränkungen. Sie ist bei höherer Gewalt ausgeschlossen. Schmerzensgeld kann nicht verlangt werden. Die Haftung je Schadensfall ist der Höhe nach begrenzt auf jeweils DM 160 Mio. für Personen- und Sachschäden. Ansprüche nach dem Umwelthaftungsgesetz verjähren innerhalb von drei Jahren, nachdem der Geschädigte von dem Schaden und der Person des Schädigers Kenntnis erlangt hat, in jedem Fall spätestens 30 Jahre nach dem Schadensereignis[150]. Diese Haftungsbegrenzungen können nicht darüber hinwegtäuschen, daß das neue Umwelthaftungsgesetz eine wesentliche **Verschärfung** gegenüber dem Deliktsrecht bedeutet, auf die der Gesetzgeber auch abzielt[151]. Eine umweltrechtliche Due Diligence im Zielunternehmen beinhaltet deshalb stets die Prüfung, ob das Unternehmen als besonders gefährlich eingestufte Anlagen betreibt, die ausdrücklich in dem Anhang zum Umwelthaftungsgesetz (enumerativ) aufgezählt sind (zB Heizkraftwerke, Abfallentsorgungsanlagen, Anlagen zur Metallverarbeitung etc.). Auf die besondere Deckungsvorsorgeverpflichtung[152] wurde bereits bei der Versicherung von Umweltgefahren im Unternehmen ausführlicher eingegangen[153].

---

[145] Vgl. zB den sachenrechtlichen Aspekt aus § 1004 BGB.
[146] Vgl. dazu ganz allgemein *Schlemminger/Wissel* S. 177.
[147] § 6 UHG.
[148] §§ 8 und 9 UHG.
[149] *Schmidt-Salzer* § 8 Rn 6.
[150] § 17 UHG.
[151] Vgl. hierzu *Schmidt-Salzer* Einführung Rn 11 ff.
[152] § 19 UHG.
[153] Siehe Rn 76.

91 **d) Haftungserleichterungen durch „gerichtsfeste" Umweltmanagementsysteme.** Deliktsrechtlich haftet das Unternehmen für Sorgfaltsverpflichtungen seiner Bediensteten, also der Geschäftsführer, Angestellten und sonstigen Hilfspersonen, die durch Wirken in ihrem Aufgabenkreis Umweltschäden verursachen[154]. Eine Entlastung des Unternehmens kann bei **sorgfältiger Auswahl und Überwachung der Hilfspersonen** eintreten, die ein gutes Umweltmanagementsystem gewährleisten. Letzteres zeichnet sich dadurch aus, daß
– die Umweltaufgaben iRd. Aufbau- und Ablauforganisation ausreichend qualifizierten Verantwortungspersonen mit klarer Aufgabenverteilung zugeordnet worden sind;
– eine organisierte Kontrolle, Überwachung und Leitung gewährleistet ist;
– ein gut funktionierendes betriebsinternes Kommunikationssystem besteht, das Schwachstellen aufdeckt, vorhandene Systeme noch verbessert und damit übergeordnete Verantwortliche entlastet.

92 Will sich das Unternehmen kein **Organisationsverschulden** vorwerfen lassen, muß es durch ausreichende Anordnungen ohnehin dafür Sorge tragen, daß durch die betrieblichen Vorgänge und Arbeitsabläufe keine Dritten (insbes. über Umweltmedien) geschädigt werden[155]. Daneben besteht eine allgemeine **Verkehrssicherungspflicht** des Unternehmens mit dem Inhalt, alle diejenigen Vorkehrungen zu treffen, die erforderlich und zumutbar sind, um umweltrelevante Schäden abzuwenden, die aus der Schaffung von Gefahrenquellen resultieren[156].

93 Versuche des Unternehmens, derartige Pflichten auf Dritte oder qualifizierte Unternehmensangehörige so abzuwälzen, daß keine eigene Haftung verbleibt (sog. **Pflichtendelegation**), sind nicht selten zum Scheitern verurteilt. Die Delegation bedarf nicht nur einer klaren Absprache, die die Sicherung der Gefahrenstelle zuverlässig garantiert[157], sondern es muß darüber hinaus sichergestellt sein, daß der für die Delegation Ausgewählte in jeder Hinsicht qualifiziert ist und Zugriff auf alle erforderlichen Hilfsmittel hat. Mit der wirksamen Delegation wird der Übernehmende selbst deliktsrechtlich verantwortlich und die beim Unternehmen verbliebene Verkehrssicherungspflicht verengt sich dann auf Kontroll- und Überwachungspflichten[158]. Ob eine wirksame Pflichtendelegation das Unternehmen tatsächlich entlastet, wird von einer arbeitsrechtlichen Besonderheit in Frage gestellt: Nach den Grundsätzen über die eingeschränkte Arbeitnehmerhaftung wird sich ein Mitarbeiter des Unternehmens, auf den die Pflichten delegiert worden sind, wegen seiner Außenhaftung intern ganz oder teilweise beim Unternehmen schadlos halten können, wenn er nicht grob fahrlässig oder vorsätzlich gehandelt hat[159]. Möglicherweise ist das Unternehmen außerdem verpflichtet, für ausreichenden Versicherungsschutz des Ausgewählten zu sorgen.

---

[154] § 831 Abs. 1 BGB.
[155] *BGH* MDR 1968, 139.
[156] Allgemein dazu *BGH* NJW 1985, 1076.
[157] *BGH* NJW-RR 1988, 471.
[158] *BGH* NJW-RR 1989, 304.
[159] HM, *Blomeyer* in Münchener Handbuch zum Arbeitsrecht, 2. Aufl. 2000, Bd. 1, § 60 Rn 14.

Will ein Unternehmen im Bereich Organisationsverschulden, Verkehrssicherungspflicht und Pflichtendelegation, Eigenhaftung oder die Haftung bestimmter Leitungsebenen möglichst ausschließen oder reduzieren, dürfen Strukturen, Abläufe und Delegationen insbes. nicht an folgenden **Delegationsfehlern**[160] leiden:

– Zentrale Umweltentscheidungen, die in die Gesamtverantwortung und Allzuständigkeit der Geschäftsführung fallen, die also originäre „Chefsache" sind, können überhaupt nicht mit enthaftender Wirkung delegiert werden.
– Der ausgewählte Mitarbeiter darf nicht quantitativ und/oder qualitativ überlastet und überfordert werden (gilt nicht nur bei vertikaler Aufgabendelegation, sondern auch bei horizontaler Verteilung von Geschäftsfeldern und Ressorts).
– Der Beauftragte muß so mit Hilfsmitteln ausgestattet worden sein, daß dies zur Verantwortungsübernahme paßt[161].
– Es muß klare Absprachen über den Inhalt und die Abgrenzung delegierter Aufgaben geben, die die Sicherung der Gefahrenstelle zuverlässig garantieren[162].
– Der ausgewählte Mitarbeiter muß ausreichend in seinen Aufgabenbereich eingewiesen und fortgebildet werden.
– Dem Beauftragten erteilte Anweisungen dürfen sich nicht widersprechen und zu Entscheidungsnotständen führen.
– Der Delegationsempfänger muß die für die Sicherung der Gefahrenstelle ausreichende Entscheidungsbefugnis haben, weil sonst der Umfang seiner Befugnisse nicht zum Umfang seiner Verantwortung paßt.
– Der Beauftragte muß ausreichend kontrolliert und überwacht werden.
– Im vertikalen oder horizontalen Verhältnis festgestellte Defizite und/oder Behinderungen müssen angegangen werden[163], wobei freilich nicht ständig Pflichtvergessenheit der Kollegen geargwöhnt werden muß.
– Von oben nach unten muß sich ausreichend erkundigt und von unten nach oben ausreichend aufgeklärt und dies sichergestellt werden.
– Festgestellte Schwachstellen sind umgehend abzustellen[164].
– Der auf Mitarbeiter übertragenen Verantwortung steht eine angemessene Vergütung gegenüber[165].

---

[160] Vgl. weitere Fehlerbeispiele bei *Kummer* in Picot VII Rn 26 ff.
[161] *Salje*, Zivilrechtliche und strafrechtliche Verantwortung des Betriebsbeauftragten für Umweltschutz, BB 1993, 229 ff.
[162] Vgl. hierzu *BGH* NJW-RR 1988, 471; NJW-RR 1989, 394.
[163] Sog. Widerspruchpflicht, *Kummer* in Picot VII Rn 17.
[164] *Schmidt/Salzer*, Strafrechtliche Produktverantwortung, NJW 1990, 2966, 2970.
[165] Einem Mitarbeiter, der lediglich wie ein Vorarbeiter bezahlt wird, kann schlechterdings nicht abverlangt werden, das er übergeordnete Umweltverantwortung eigenverantwortlich trägt; daran – und an der nicht ausreichenden Freistellung von der regulären Arbeitsbelastung – kranken Pflichtendelegationen oft.

IV. Risiken aus sog. Altlasten

1. Begriffliches

95 Spektakuläre Giftfunde auf Industriegrundstücken im weiteren Sinne haben dafür gesorgt, daß die Altlastenproblematik vor Jahren zum wichtigsten Umweltthema geworden ist. Sie wird stets in Unternehmenskaufverträgen ausdrücklich behandelt. Obwohl das neue, am 1. 3. 1999 in Kraft getretene **Bundesbodenschutzgesetz** erstmals eine einheitliche und bundesweit gültige Definition des Altlastenbegriffs eingeführt hat[166], die von Altablagerungen, Altstandorten und schädlichen Bodenveränderungen spricht, ist der Sprachgebrauch bisher uneinheitlich geblieben[167]. Meist versteht man unter „Altlasten" nicht nur Altablagerungen und Altstandorte, sondern im viel allgemeineren Sinne jede Verunreinigung von Boden, Bodenluft und/oder Grundwasser, die zu einer Gefährdung der Umwelt führen und deshalb Untersuchungs-, Sicherungs- und/oder Sanierungsbedarf auslösen könnte. Es empfiehlt sich daher eine vertragliche Definition, die entweder auf die Regelungen im Bundesbodenschutzgesetz abstellt oder maßgeschneidert ist. Zu enge oder zu weite Begriffsbestimmungen können für den Verkäufer oder Käufer fatale Folgen haben[168].

2. Risikopotential für das Unternehmen

96 Die Verantwortlichkeit für Altlasten wurzelt in komplexen Materien des Öffentlichen Rechts (Bodenschutzrecht, Wasserrecht, Abfallrecht sowie Allgemeines Polizeirecht) und strahlt auf zivilrechtliche Vorgänge aus, ist also eine nicht leicht überschaubare **Mischung aus öffentlichem und privatem Recht.** Die daraus für das Unternehmen resultierenden Risikopotentiale sind ebenfalls vielschichtig. Im Zusammenhang mit Unternehmensübernahmen ist wichtig, daß eine Verantwortlichkeit in Betracht kommt, auch wenn der Übernehmer an der Entstehung der Altlasten unbeteiligt war. Das gilt vor allem für nachfolgende Fallgestaltungen.

97 a) **Haftungsgrundlagen.** Die zuständige **Umweltbehörde** kann gegenüber dem Verantwortlichen Sanierung oder Sicherung der Altlast, etwa im Wege der Auskofferung, der Grundwasserreinigung (zB „pump-and-treat"), der Bodenluftabsaugung und/oder des Einbringens von Spund- oder Dichtwänden, die eine weitere Ausbreitung der Schadstoffe verhindern, anordnen. Die Ermächtigungsgrundlagen hierfür finden sich zB im neuen Bundesbodenschutzgesetz[169]. In Fällen des bloßen Anfangsverdachts können – abweichend vom **Amtsermittlungsgrundsatz**[170] – dem Polizeipflichtigen notwendige weitere Untersuchungen zur Gefähr-

---

[166] § 2 Abs. 5 BBodSchG.
[167] *Schlemminger* in Usinger Kap. 18 Rn 1.
[168] So kann der Käufer eine sog. Luxussanierung verlangen, wenn der Verkäufer ihm Schadstofffreiheit unabhängig von der Umweltgefährdung versprochen hat; weitere Fehlerbeispiele finden sich bei *Schlemminger* in Usinger § 18 Rn 4.
[169] §§ 10, 16 BBodSchG.
[170] § 24 VwVfG.

dungsabschätzung aufgegeben werden[171]. Darüber hinaus hat das neue Bundesbodenschutzgesetz eine sog. **Vorsorgepflicht** eingeführt[172], wonach Nutzer und Eigentümer von Grundstücken verpflichtet sind, Vorsorge gegen das Entstehen schädlicher Bodenveränderungen zu treffen[173].

Die Verantwortung trifft **Zustandsstörer** (Eigentümer, Besitzer der Grundstücke), Handlungsstörer (**Verursacher** der Verunreinigungen) und neuerdings auch diejenigen Personen und Unternehmen, die für einen Grundstückseigentümer handels- oder gesellschaftsrechtlich einzustehen haben[174]. Auf Letzteres – und die besondere Möglichkeit der Enthaftung durch Eigentumsaufgabe (Dereliktion) – wird noch näher eingegangen[175]. Auf Verschulden kommt es nicht an; **Effizienz** der Inanspruchnahme geht **vor Gerechtigkeit**[176]. Dies kann insbes. den gutgläubigen Grundstückseigentümer, der keinen Verursachungsbeitrag geleistet hat und der mit Sanierungskosten konfrontiert wird, die den Grundstückswert übersteigen, unbillig hart treffen.

Das Bundesverfassungsgericht hat deshalb für bestimmte Fälle erst jüngst **Haftungsbeschränkungen** bestätigt[177], die sich kurz folgendermaßen zusammenfassen lassen:

Die Belastung des Eigentümers mit den Sanierungskosten kann in einzelnen Fällen unzumutbar und deshalb rechtswidrig sein, wenn
– das zu sanierende Grundstück den wesentlichen Teil des Vermögens des Eigentümers und damit Grundlage seiner privaten Lebensführung darstellt, es sei denn, die Kosten der Sanierung übersteigen die Vorteile aus der weiteren Nutzung des Grundstücks nicht;
– der Eigentümer für die Sanierung Vermögen heranziehen müßte, das in keinem rechtlichen oder wirtschaftlichen Zusammenhang mit dem sanierungsbedürftigen Grundstück steht und keine funktionale Einheit mit diesem bildet;
– die Sanierungskosten den Verkehrswert des Grundstücks nach der Sanierung übersteigen, insbes. dann, wenn die Gefahr durch Naturereignisse, durch Ursachen, die der Allgemeinheit zuzurechnen sind, oder durch Dritte, die nicht nutzungsberechtigt sind, verursacht wurde.

Die **Haftungsbeschränkungen gelten** allerdings **nicht**, sofern der Eigentümer ein individuelles, den Verkehrswert überwiegendes Interesse an dem Grundstück besitzt oder wenn er das Risiko der entstandenen Gefahr bewußt in Kauf genommen hat, indem er das Grundstück in Kenntnis oder fahrlässiger Unkenntnis der Altlasten erworben oder Vorteile aus dem Risiko erzielt hat. Sie werden zwar einigen Privatpersonen, Unternehmen allerdings nur in ganz seltenen Fällen, zu Gute kommen, da sich Betriebsgrundstücke schlecht von den sonstigen Aktivitäten des Unternehmens separieren lassen und Gutgläubigkeit oft fern liegt.

---

[171] §§ 9 Abs. 2, 24 Abs. 1 BBodSchG.
[172] § 7 BBodSchG.
[173] Zu den Auswirkungen dieser neuen Vorsorgepflicht, *Schlemminger* in Usinger Kap. 18 Rn 22.
[174] Vgl. § 4 Abs. 3 letzter Satz BBodSchG.
[175] Siehe Rn 118.
[176] Siehe Rn 101.
[177] *BVerfG* BB 2000, 1369 ff.

Die Altlastenbehörde hat jedoch stets vor Erlaß einer Anordnung zu prüfen, ob nicht die vom Bundesverfassungsgericht vorgegebenen haftungsbegrenzenden Umstände vorliegen, und wie sich dies auf ihre Entscheidung auswirkt. Tut sie das nicht, kann die Anordnung allein deshalb rechtswidrig sein[178].

101 Welchen von mehreren Verantwortlichen die Umweltbehörde in Anspruch nimmt (sog. **Störerauswahl**), obliegt ihrem pflichtgemäßen Ermessen. Dabei hat Effizienz einen höheren Stellenwert als Gerechtigkeit[179]. Eine verbindliche Regel, wonach der Verursacher stets vor dem Zustandsverantwortlichen heranzuziehen ist, gibt es gerade im Altlastenrecht nicht. Oft macht es sich die Altlastenbehörde leicht und hält sich an den Grundstückseigentümer, der durch Grundbucheinsicht sicher ermittelt werden kann und greifbar ist. Der neue **bodenschutzrechtliche Ausgleichsanspruch** zwischen mehreren Sanierungsverantwortlichen[180] soll – ebenso wie die beschriebene Rechtsprechung des Bundesverfassungsgerichts – die Folgen für den Eigentümer abmildern. Bei der Ermessensentscheidung spielt die Haftungsverteilung in privatrechtlichen Verträgen keine maßgebliche Rolle. So kann die Behörde einen Grundstückskäufer, der vom Grundstücksverkäufer von der Altlastenhaftung intern freigestellt worden ist, ohne weiteres öffentlich-rechtlich in Anspruch nehmen[181]. Bei der Bewertung der Umweltrisiken ist deshalb stets zwischen Außen- und Innenverhältnis zu unterscheiden.

102 Noch zu selten, aber immer öfter schließen Behörden und Sanierungsverantwortliche **Sanierungsverträge** ab, die Investitionssicherheit schaffen, weil die Behörde in bestimmtem Umfang auf Nachforderungen verzichtet[182]. **Verjährung** und **Verwirkung** behördlicher Eingriffsbefugnisse scheiden aus, d. h. das Unternehmen ist nicht deshalb vor einer Inanspruchnahme geschützt, weil die Behörde Verunreinigungen auf Betriebsgrundstücken über längere Zeit tatenlos geduldet hat[183]. Wegen der zivilrechtlichen Haftung für Altlasten kann auf die allgemeinen Ausführungen zur Verantwortlichkeit von Umweltschäden[184] verwiesen werden. Nicht selten führen Grundstücksverunreinigungen zu Ansprüchen von Nachbarn und Trinkwassergewinnungsbetrieben[185]. Der Umweltstatus des zu übernehmenden Unternehmens bestimmt sich ferner danach, ob das Unternehmen in immobilienbezogenen Verträgen (Kaufverträge, Pacht- oder Mietverträge etc.) bestimmten Dritten gegenüber privatrechtliche Haftungen übernommen hat, die über gesetzliche Ansprüche hinausgehen[186].

103 Neben den **Altlastenbehörden** können auch Wasserbehörden (zB bei akuter Gefährdung des Grundwassers) und Bauaufsichtsbehörden (im Zusammenhang mit Baugenehmigungsverfahren) für Sanierungs- und Sicherungsmaßnahmen zu-

---

[178] Zu den weiteren Auswirkungen *Schwartmann*, Bundesverfassungsgericht begrenzt Altlastenhaftung, FAZ 29. 7. 2000 Immobilienmarkt.
[179] Vgl. dazu *Schlemminger/Wissel* S. 163 f.
[180] Vgl. dazu unten Rn 119.
[181] Vgl. hierzu *Schlemminger* in Usinger Kap. 18 Rn 61 ff.
[182] *Frenz* § 13 BBodSchG Rn 85 ff.
[183] Vgl. dazu auch *Schlemminger* in Usinger Kap. 18 Rn 58 f.
[184] Siehe Rn 84 ff.
[185] Haftungsgrundlagen sind dann die §§ 823 und 1004 BGB sowie § 22 WHG.
[186] Einen Überblick über solche Verträge gibt *Schlemminger* in Usinger Kap. 18 Rn 96 ff.

ständig sein. Die Behördenvielfalt wird dadurch noch unübersichtlicher, daß in der Praxis oft technische **Fachbehörden** (Wasserwirtschaftsamt, Umweltamt) federführend sind, obwohl sie die eigentlich entscheidende Behörde nur intern fachlich unterstützen[187]. Finden sich bei der Due Diligence also Aussagen einer Behörde, die für die Bewertung von Altlastenrisiken wichtig sind, ist stets zu prüfen, ob auch die anderen in Betracht kommenden Behörden an sie gebunden wären.

Der behördlichen Duldung von Verunreinigungen kommt grundsätzlich **keine** **Legalisierungswirkung** zu. Das gilt mit wenigen Ausnahmen sogar für öffentlich-rechtliche Genehmigungen. Nur wenn die Prüfungsdichte im Genehmigungsverfahren die Unbedenklichkeit der geprüften umweltrelevanten Betriebsvorgänge auch ausdrücklich in altlastenrechtlicher Hinsicht ergab, kommt eine legalisierende Wirkung überhaupt (ausnahmsweise) in Betracht[188]. 104

b) Die Altlastenrisiken im einzelnen. Altlasten können die Profitabilität des Zielunternehmens unter vielerlei Gesichtspunkten beeinträchtigen. Nachfolgende Einzelrisiken sind zu betrachten. 105

Die Sanierungskosten übersteigen meist den eigentlichen **Verkehrswert** des Grundstücks im unbelasteten Zustand[189]. Die Grundstücke sind dann nicht mehr als (vollwertige) **Sicherheit für Bankdarlehen** geeignet, ehe eine Sanierung durchgeführt ist. Die Reduzierung des Grundstückswerts schlägt auch auf den Kaufpreis für das Unternehmen durch. 106

Das sog. **Sanierungsrisiko** realisiert sich dadurch, daß das Unternehmen von der zuständigen Behörde zur Sanierung des Bodens und/oder des Grundwassers in Anspruch genommen wird. Die Kosten der Auskofferung oder Installation und des dauerhaften Betriebs von Grundwasserreinigungsbrunnen können schwindelerregende Höhen erreichen[190]. 107

Nach dem neuen Bodenschutzgesetz[191] besteht die „Sanierung" neuerdings nicht nur aus der Beseitigung oder Verminderung von Schadstoffen (Dekontamination), sondern auch aus ebenfalls kostenintensiven Sicherungsmaßnahmen, die die Ausbreitung verhindern (zB Versiegelung oder Einkapselung). Dieses **Sicherungsrisiko** ist ein gesondert zu erwähnendes Altlastenrisiko. 108

Das **Gefahrerforschungsrisiko** besteht darin, daß das Unternehmen auf eigene Kosten Boden- und/oder Grundwasseruntersuchungen vornehmen lassen muß, weil die Behörde dies wegen eines sog. Anfangsverdachts angeordnet hat. Solche Untersuchungen sind bereits der erste Schritt zu einer etwa später erforderlichen Sanierung. Hatte der zur Untersuchung Herangezogene die den Ver- 109

---

[187] Vgl. die Übersicht zur Behördenstruktur bei *Schlemminger* in Usinger Kap. 18 Rn 36.
[188] Vgl. zu den strengen Anforderungen BVerwGE 55, 118 ff. Die Freistellung von der Altlastenverantwortlichkeit für Grundstücke im Beitrittsgebiet nach dem Art. 1 § 4 Abs. 3 des URG hat in der Praxis nicht die beabsichtigte Bedeutung erlangt. Auf ihre Darstellung wird deshalb im Rahmen dieses Handbuchs verzichtet. Vgl. dazu *Michel*, Die Freistellung von der Altlastenhaftung gem. Art. 1 § 4 Abs. 3 URG als Instrument des Risikomanagements beim Grundstückserwerb in den neuen deutschen Bundesländern, BauR 1991, 265 ff. Eine zusammenfassende Darstellung findet sich bei *Schlemminger* in Usinger Kap. 18 Rn 121 ff.
[189] Nachweise bei *Kummer* in Picot VII Rn 394.
[190] Vgl. *Schlemminger* BB 1991, 1433 mwN
[191] § 2 Abs. 7 BBodSchG.

dacht begründenden Umstände nicht zu vertreten, werden ihm die Kosten der Untersuchung erstattet, falls sich der Verdacht nicht bestätigt[192]. Im Vergleich zu den Sanierungs- und Sicherungskosten bleiben die Kosten solcher Untersuchungen relativ überschaubar.

110 Das **Abfallbeseitigungsrisiko** erlangt Bedeutung, wenn das Unternehmen auf den Industriegrundstücken bauliche Erweiterungen durchführen will. Verunreinigter Erdaushub muß oft mit hohem Kostenaufwand als **Sonderabfall** entsorgt/behandelt werden[193]. Dies führt zu einer außerordentlichen Belastung des Investitionsbudgets. Verunreinigter Erdaushub kann auch ein besonderes strafrechtliches Risiko begründen. Wird er zunächst im Baustellenbereich gelagert bis ein adäquater und vor allem kostengünstiger Entsorgungsweg gefunden ist, wird dies von manchen Strafgerichten bei bestimmten Verunreinigungen und Mengen nach wenigen Wochen nicht mehr als „Bereitstellen zum Abtransport" toleriert, sondern als unerlaubter **Betrieb eines Sondermüllzwischenlagers** bestraft[194].

111 Eine Sanierung des Betriebsgeländes, etwa die großflächige Auskofferung des Bodens, kann eine vorübergehende Einschränkung oder **Stillegung der Produktionsaktivitäten** bedingen. Selten werden die damit verbundenen Umsatz- und Gewinnverluste von einer Betriebsunterbrechungsversicherung gedeckt. Bei Erweiterungsbauten auf dem Betriebsgelände kann sich die Bauzeit erheblich verlängern, wenn die Behörde überraschend Bauabläufe stoppt, um Untersuchungen vornehmen zu lassen.

112 Die Bauzeitverlängerung führt auch zu einem **Baukostenerhöhungsrisiko**. Steht die Baustelle wegen Untersuchungs- oder Sanierungsmaßnahmen längere Zeit still, können sich Bauunternehmerpreise erhöhen[195].

113 Nicht zu vergessen ist das Risiko, daß das Unternehmen von **privaten Dritten**, etwa einem Gewässerbenutzer oder Grundstücksnachbarn auf Unterlassung, Beseitigung oder Schadensersatz in Anspruch genommen wird, weil sich Schadstoffe vom Betriebsgrundstück weg ausbreiten[196].

114 Wegen **Bodenverunreinigung**[197] macht sich **strafbar**, wer fahrlässig oder vorsätzlich unter Verletzung verwaltungsrechtlicher Pflichten Stoffe in den Boden einbringt, eindringen läßt oder dort freisetzt und diesen dadurch schädigt, verunreinigt oder sonst nachhaltig verändert. Hinzukommen kann eine strafbare **Gewässerverunreinigung**[198], die ebenfalls fahrlässig begangen werden kann. Die umweltrechtliche Due Diligence im Unternehmen kann deshalb akuten Handlungsbedarf außerhalb bzw. im Vorfeld von behördlichen Sanierungs- oder Sicherungsanordnungen ergeben, wenn weitere Untätigkeit des Unternehmens sonst zu einer Strafbarkeit führen würde[199].

---

[192] §§ 9 Abs. 2, 24 Abs. 1 BBodSchG.
[193] Etwa in einer Sondermüllverbrennungsanlage oder Sondermülldeponie.
[194] § 327 StGB.
[195] Vgl. dazu etwa § 6 Nr. 7 VOB/B (Verdingungsordnung für Bauleistungen Teil B).
[196] Siehe Rn 84 ff.
[197] § 324a StGB.
[198] § 324 StGB.
[199] Vgl. ausf. zur strafrechtlichen Verantwortung für Altlasten *Schlemminger* in Usinger Kap. 18 Rn 118 ff.

3. Haftungsverschärfungen durch das neue Bundesbodenschutzgesetz

Das neue Bundesbodenschutzgesetz hat Vereinheitlichungen, aber auch einige Verschärfungen gebracht[200]. Die wichtigsten Neuerungen sind die Kodifizierung der sog. **Durchgriffshaftung**, die Einschränkung der Enthaftung durch Dereliktion und der gesetzliche **Ausgleichsanspruch** unter mehreren Sanierungsverantwortlichen.

a) **Durchgriffshaftung (Haftung aus handels- oder gesellschaftsrechtlichem Rechtsgrund).** Der Kreis der Sanierungsverantwortlichen erstreckt sich neuerdings auch auf diejenigen, die aus handelsrechtlichem oder gesellschaftsrechtlichem Rechtsgrund für eine juristische Person einzustehen haben, der ein Altlastengrundstück gehört[201]. Dem Gesetzgeber geht es dabei um die Haftung insbes. im Fall der **Unterkapitalisierung** oder **qualifizierten Konzernabhängigkeit**[202]. Mit dieser Neuregelung soll es zB Unternehmen erschwert werden, innerhalb eines Konzerns Altlastengrundstücke in finanziell unzureichend ausgestattete Gesellschaften „zu verschieben". Ob die Umweltbehörden der Aufgabe gewachsen sind, die für die Durchgriffshaftung erforderlichen Umstände zu recherchieren, bleibt abzuwarten.

Wenn überhaupt, ergeben sich die die Durchgriffshaftung begründenden Sachverhalte, die qualifizierte Beherrschung und mißbräuchliche Ausübung von Konzernleitungsmacht aus einer **Gesamtheit von Indizien**[203], nämlich:
- Beratertätigkeit des Gesellschafters;
- aktive Einflußnahme auf die Personalpolitik;
- maßgebliche Einflußnahme auf Buchhaltung und Bilanzierung;
- massive Einflußnahme auf die Geschäftsführung;
- Hingabe ungesicherter hoher Kredite an andere Konzernunternehmen;
- unangemessener Abzug von Liquidität und Ressourcen;
- unangemessene Konzernverrechnungspreise für Lieferungen und Leistungen.

b) **Enthaftung durch Aufgabe des Eigentums.** Vor Inkrafttreten des neuen Bodenschutzrechts konnte sich ein Eigentümer ohne weiteres der Zustandsverantwortlichkeit durch Aufgabe des Eigentums am Grundstück entziehen, wozu nicht nur die Veräußerung des Grundstücks an einen Dritten, sondern auch der gegenüber dem Grundbuchamt erklärte Eigentumsverzicht verhalf (**Dereliktion**)[204]. Der Sanierungsbescheid durfte zu diesem Zeitpunkt allerdings noch nicht bestandskräftig oder vollziehbar gewesen sein. Das neue Bodenschutzgesetz sieht hingegen in bestimmten Fällen eine **Ewigkeitshaftung des früheren Eigentümers** vor[205]. Wer sein Grundstück nicht vor dem 1. 3. 1999 übertragen hat,

---

[200] Vgl. dazu *Schlemminger* FAZ 23. 4. 1999; *Knopp*, Bundesbodenschutzgesetz läßt viele Fragen offen, FAZ 28. 6. 2000 S. 25.
[201] § 4 Abs. 3 letzter Satz BBodSchG.
[202] *Schlemminger* in Usinger Kap. 18 Rn 53.
[203] Etwa zusammengefaßt von *Turiaux/Knigge*, Bundesbodenschutzgesetz-Altlastensanierung und Konzernhaftung, BB 1999, 377ff.; noch ausführlicher *Schmidt-Rode/Bank*, Die konzernrechtliche Haftung nach dem Bundesbodenschutzgesetz, DB 1999, 417ff.
[204] *VGH Baden-Württemberg* UPR 1998, 77.
[205] § 4 Abs. 6 BBodSchG.

wird künftig als ehemaliger Eigentümer (neben den anderen Sanierungsverantwortlichen) weiter haften, es sei denn, er war bis zuletzt gutgläubig.

119 **c) Gesetzlicher Ausgleichsanspruch unter mehreren Sanierungsverantwortlichen.** Mehrere Sanierungspflichtige haben untereinander einen **Ausgleichsanspruch**, dessen Bestand und Umfang davon abhängt, wie weit die Gefahr oder der Schaden vorwiegend von dem einen oder anderen Teil verursacht worden ist[206]. Dieser Ausgleichsanspruch verjährt drei Jahre nach Abschluß der Sanierung. Für Streitigkeiten steht der **Rechtsweg vor die ordentlichen Gerichte** offen[207]. Dieser gesetzliche Ausgleichsanspruch besteht unabhängig von den Gewährleistungsregelungen im Grundstücks- oder Unternehmenskaufvertrag[208]. Der bloße Gewährleistungsausschluß allein schützt den Verkäufer also nicht abschließend. Deshalb sollte im Vertrag ausdrücklich – am besten auch zu Gunsten verbundener Unternehmen – geregelt werden, ob auf die Geltendmachung des gesetzlichen Ausgleichsanspruchs verzichtet wird[209]. Dies gilt insbes. auch bei Miete von Gewerbegrundstücken, da Mieter auch nach Ablauf der kurzen mietrechtlichen Verjährungsfrist für Verschlechterungen der Mietsache durch Bodenverunreinigungen vom Vermieter haftbar gemacht werden können[210].

120 **d) Haftung durch Rechtsnachfolge.** Die Verantwortlichkeit für den Zustand des Grundstücks knüpft an die tatsächliche Verfügungsgewalt oder das Eigentum an und ist somit verdinglicht. Infolge dieser **Verdinglichung** geht sie mit der Übertragung über und entsteht beim Erwerber neu. Bei einem Share Deal[211] ändern sich die Eigentumsverhältnisse nicht, beim Asset Deal[212] wechselt die Zuständigkeitsverantwortlichkeit wegen Besitzes bei der Inbesitznahme und wegen des Eigentums mit Eintragung des Eigentumswechsels im Grundbuch. Das neue Bundesbodenschutzgesetz sieht mit der Regelung, daß auch der **Gesamtrechtsnachfolger** des Verursachers einer schädlichen Bodenveränderung oder Altlast haftet[213], die **Rechtsnachfolge in die abstrakte Verhaltensverantwortlichkeit** vor[214].

---

[206] § 24 Abs. 2 BBodSchG. Nach alter Rechtslage gab es keinen gesetzlichen Ausgleichsanspruch zwischen Sanierungsverantwortlichen bzw. nur in wenigen Bundesländern, allenfalls Ansprüche im Rahmen konkreter Vertragsbeziehungen; hierzu *Schlemminger* FAZ 23. 4. 1999.

[207] Umstritten ist, ob es sich um einen öffentlich-rechtlichen oder zivilrechtlichen Anspruch handelt; zum Streitstand siehe *Frenz* § 24 BBodSchG Rn 48 mwN.

[208] Siehe § 9 Rn 1 ff. und Rn 39 ff.

[209] Vgl. hierzu die Vorschläge zur Vertragsgestaltung von *Schlemminger* FAZ 23. 4. 1999; in der Literatur wird vereinzelt die Auffassung vertreten, aus einem Gewährleistungsausschluß ergebe sich stillschweigend zugleich der Verzicht des Käufers auf die Geltendmachung des gesetzlichen Ausgleichsanspruchs; diese Auffassung wurde bisher jedoch noch nicht höchstrichterlich bestätigt.

[210] Vgl. hierzu *Schlemminger/Attendorn* NZM 1999, 97, 100.

[211] Siehe § 12.

[212] Siehe § 13.

[213] § 4 Abs. 3 Satz 1 BBodSchG.

[214] Für die Rechtsnachfolge in die Verursacherhaftung war bisher zwischen der abstrakten und der bereits durch Verwaltungsakt konkretisierten Verantwortlichkeit zu unterscheiden, vgl. zB *OVG Münster* UPR 1984, 279, 280.

4. Haftung von Kreditgebern

Eine Haftung von Kreditgebern für umweltschädliches Verhalten ihrer Kreditnehmer, wie sie im amerikanischen Umweltrecht entwickelt wurde (sog. **„lender liability"**), gibt es in Deutschland nach wie vor nicht. Es fehlt dafür an der unmittelbaren Ursächlichkeit einer etwaigen Einflußnahme des Kreditgebers auf Betriebsvorgänge[215]. Daß sich die Banken inzwischen für etwaige Altlastenverantwortlichkeiten bei der Kreditprüfung interessieren, liegt an der Beleihbarkeit des Grundstücks und der persönlichen Kreditwürdigkeit eines Sanierungsverantwortlichen. 121

5. Versicherungsschutz und Risikoabsicherung über Finanzmärkte

Nach dem sog. neuen Versicherungsmodell sind Aufwendungen für die Sanierung oder Sicherung eigener kontaminierter Betriebsgrundstücke regelmäßig ausgeschlossen[216]. Dies gilt sowohl für reine Eigenschäden als auch für Aufwendungen zur Abwehr von Drittschäden. Für einige Unternehmen kann diese Einschränkung des Versicherungsschutzes existenzbedrohend sein[217]. Dem Ruf nach ergänzenden Versicherungslösungen Folge leistend und mit Blick auf die erweiterte Haftung nach dem neuen Bundesbodenschutzgesetz hat sich in den letzten Jahren ein **neuer Versicherungsmarkt** entwickelt, der die Bodenkaskodeckung in eingeschränkter Weise wieder einführt. Die verschiedenen Versicherungskonzepte sind uneinheitlich und nur schwer überschaubar[218]. Neben der Etikettierung mit „Bodenkaskoversicherung" finden sich auf dem Markt auch Namen wie „Öko-Boden-Protect-Police", „Allgemeine Bedingungen für die Versicherung von Kontaminationsschäden am eigenen Betriebsgrundstück" oder „Allgemeine Bedingungen für die Versicherung der Kosten zur Dekontamination von Grundstücken"[219]. 122

Angeboten werden gemischte Sach-/Haftpflichtdeckungen oder reine Sachdeckungen. Die **Haftpflichtversicherungslösung** bezieht Aufwendungen der Versicherung zur Abwendung eines sonst unvermeidbar eintretenden versicherten Schadens in den Versicherungsschutz ein. Es handelt sich also um keine Eigenschadenversicherung, sondern lediglich um eine Einbeziehung sog. vorgezogener Rettungskosten. Solche Haftpflichtversicherungslösungen setzen freilich immer voraus, daß die Bodenverunreinigungen aus plötzlichen unfallartigen Ereignissen entstanden sind. Für die Sanierung allmählich eingetretener Altlasten steht der Versicherer hingegen ausdrücklich nicht ein[220]. Andere Versicherer bevorzugen die **Sachversicherungslösung** außerhalb der Haftpflichtversicherung. Bei ihr sind die Aufwendungen zur Dekontaminierung von Betriebsgrundstücken Gegenstand einer eigenen Versicherung. Dabei sind das Grundwasser und die gesät- 123

---

[215] Vgl. hierzu *Schlemminger* in Usinger Kap. 18 Rn 57.
[216] Vgl. Nr. 5.6 der Umwelthaftpflicht-Versicherungsbedingungen.
[217] Ebenso *Schimikowski* VersR 1998, 1452 ff., 1458.
[218] Vgl. dazu *Vogel* PHI 1999, 1 ff., 11.
[219] Vgl. *Vogel* PHI 1999, 1 ff., 11.
[220] Vgl. *Schimikowski* VersR 1998, 1452, 1459.

tigte Bodenzone vom Versicherungsschutz ausgeschlossen[221], was freilich meist unschädlich ist, da Grundwassersanierungen als vorgezogene Rettungskosten regelmäßig iRd. Umwelthaftpflichtversicherung mitversichert sind. Auch die Sachversicherung ist keine reine Eigenschadendeckung, weil sie eine behördliche Anordnung verlangt und Langzeitbodenverschmutzungen nicht erfaßt. Für einzelne Unternehmen kann ratsam sein, sich trotz aller Unzulänglichkeiten mit einem maßgeschneiderten Bodenkasko-Versicherungsschutz einzudecken.

124   Besonders **innovativ** sind Produkte, die das Risiko der Überschreitung geschätzter Sanierungskosten versichern, oder gar die Absicherung über den Finanzmarkt, die für Sonderrisiken an die Stelle der Versicherungslösung tritt und mit ihr konkurriert[222].

V. Bilanzierung und steuerliche Behandlung

125   Anstehende Sanierungskosten und bereits der Altlastenverdacht können weitreichende Auswirkungen auf die **Unternehmensbilanz** haben und steuerlich relevant sein. Wie und in welchem Umfang derartige Umweltrisiken zu bilanzieren sind, entscheidet auch darüber, ob und in welchem Umfang es überhaupt noch umweltbezogener Gewährleistungsverpflichtungen des Verkäufers bedarf.

1. Rückstellungen für drohende zivilrechtliche Altlastenhaftung

126   Für sog. „**ungewisse Verbindlichkeiten**" müssen Rückstellungen in der Handels- und Steuerbilanz des Unternehmens gebildet werden. Sie mindern den Unternehmensgewinn[223] und damit idR die Steuern. Im Bereich der zivilrechtlichen Haftung für Altlasten genügt für die Rückstellungsbildung der **drohende Anspruch des Dritten**, also zB des Nachbarn. Nicht erforderlich ist, daß der Anspruch bereits geltend gemacht wurde. Allerdings muß mit der Inanspruchnahme ernsthaft zu rechnen[224] und die Verbindlichkeit wirtschaftlich betrachtet vor dem Bilanzstichtag verursacht worden sein[225].

2. Öffentlich-rechtliche Altlastenhaftung

127   Die **Voraussetzungen der Rückstellungsbildung** wegen öffentlich-rechtlicher Verpflichtungen zur Beseitigung von Umweltschäden sind umstritten. Finanzverwaltung und Finanzgerichte sowie die Literatur vertreten unterschiedliche Standpunkte[226]:

---

[221] Vgl. *Vogel* PHI 1999, 1 ff., 11 f.
[222] Auf dem Versicherungs- und Finanzmarkt finden sich hierzu Begriffe wie „Cost Overrun Insurance", „Clean-up Cap Insurance", „Catastrophe Bonds", „Catastrophe Cover", „Alternative Risk Transfer" etc.
[223] § 5 Abs. 1 EStG und § 249 Abs. 1 Satz 1 HGB.
[224] BFH DB 1991, 786: die bloße Möglichkeit des Bestehens oder Entstehens der Verbindlichkeit reicht noch nicht aus.
[225] BFH DB 1980, 2075.
[226] Ein ausf. Überblick darüber findet sich etwa bei *Kummer* in Picot VII Rn 565 ff.

a) Finanzverwaltung. Die Finanzverwaltung erkennt eine Rückstellung **128**
wegen Altlasten nur an, wenn gegen das Unternehmen bereits eine **Sanierungsverfügung** ergangen ist oder es sich durch **öffentlich-rechtlichen Vertrag** zu
Sanierungsmaßnahmen verpflichtet hat oder eine Sanierungsverpflichtung sich
direkt, d. h. ohne Umsetzung durch Verwaltungsakt, aus der **gesetzlichen Vorschrift** ergibt[227]. Dabei muß dem Unternehmen ein konkret bestimmtes, mit
Hilfe von Sanktionen durchsetzbares Verhalten vorgegeben sein.

b) Finanzgerichte. Die Finanzgerichte erkennen die Rückstellung nicht **129**
einmal dann immer an[228]. Etwas großzügiger ist der BFH, der es genügen läßt,
wenn das Unternehmen ernsthaft mit einer **Inanspruchnahme** rechnen muß,
zB weil die der Durchführungsverpflichtung zu Grunde liegenden Tatsachen der
zuständigen Fachbehörde – etwa durch „Selbstanzeige" des Unternehmens – bereits bekannt geworden sind oder dies jedenfalls unmittelbar bevorsteht[229].

Die **Bilanz** des Unternehmens verdient insoweit besondere Beachtung. Mög- **130**
licherweise sind Rückstellungsverpflichtungen nicht oder nicht vollständig erfüllt,
Rückstellungspotentiale nicht ausreichend oder übertrieben genutzt. Dies gilt
umso mehr, als sowohl die strikte Haltung der Finanzverwaltung als auch die
Rechtsprechung des BFH in der Literatur auf heftige Kritik gestoßen sind[230], und
die dadurch veranlaßte Diskussion noch längst nicht abgeschlossen ist.

3. Teilwertabschreibungen

Bei dauernder Wertminderung des Grundstücks infolge eingesickerter Schad- **131**
stoffe kommt – unabhängig von der Zulässigkeit einer Rückstellung – eine Teilwertabschreibung in Betracht[231]. Ob Rückstellung und Teilwertabschreibung einander ausschließen, ist noch ungeklärt. Die hM nimmt das an und geht von einem
Vorrang der Rückstellung aus[232].

---

[227] Vgl. den Erlaß des Bundesministers für Finanzen über die Behandlung von „Ertragsteuerlichen Fragen im Zusammenhang mit schadstoffbelasteten Wirtschaftsgütern".
[228] So hat das *FG Saarland* BB 1996, 2457, mit einer Entscheidung vom Juni 1996 Rückstellungen trotz konkreter behördlicher Ermittlungsmaßnahmen abgelehnt.
[229] *BFH* DB 1994, 18, 19. Die Finanzverwaltung legt dies für sich so aus, daß die zuständige
Fachbehörde bereits sowohl über die Schadstoffbelastung als auch über die von dem Unternehmen ergriffenen Maßnahmen – am besten bereits durch einen erarbeiteten Sanierungsplan –
unterrichtet worden sein muß. Dieses Stadium kann, aber muß nicht schon zwangsläufig mit
dem Erlaß einer Sanierungsverfügung oder dem Abschluß eines öffentlich-rechtlichen Sanie-
rungsvertrags erreicht sein, die zwar die grundsätzliche Sanierungsverantwortlichkeit des Unternehmens festlegen, jedoch die Art und Weise der Sanierung noch offen lassen.
[230] Vgl. Nachweise bei *Schmidt*, Einkommensteuergesetz, 19. Aufl. 2000, § 5 Rn 550 zum
Stichwort „Umweltschutz"; *Herzig* Anmerkung zu *BFH* DB 1994, 18, DB 1994, 20; *Kügel*, Die
Entwicklung des Altlastenrechts, NJW 1996, 2477 ff.
[231] *BFH* DB 1994, 18, 19 f.
[232] Vgl. *Herzig*, Konkurrenz von Rückstellungsbildung und Teilwertabschreibung bei Altlasten, WPg 1991, 610 ff.

4. Einheitswert

132 Die Finanzgerichte erkennen an, daß die zu einer Minderung des Grundstückswerts führenden Schadstoffanreicherungen auch eine entsprechende **Reduzierung** des Einheitswerts rechtfertigen.

5. Zusammenspiel zwischen Bilanz- und Sachmängelgewährleistung

133 Altlasten sind (wie andere Umweltverpflichtungen des Unternehmens auch) sowohl als Sachmangel des Unternehmens als auch bei der Bilanzierung (Rückstellung und Teilwertabschreibung) relevant. Dies spiegelt sich in der Vertragsgestaltung wieder: Die Verkäuferhaftung wird zum einen in den vertraglichen Bestimmungen über die Gewährleistung für den Zustand der zum Unternehmen gehörende Gegenstände (**Sachmängelgewährleistung**) abgehandelt; zum anderen steht der Verkäufer aber auch für die Richtig- und Vollständigkeit der der Veräußerung zu Grunde liegenden Unternehmensbilanz ein (Bilanzgewährleistung). Zur Vermeidung von Inkongruenzen müssen beide aufeinander abgestimmt werden. Sind bespielsweise in ausreichendem Umfang Rückstellungen für eine Bodensanierung an einem Betriebsstandort gebildet und in die **Kaufpreisbildung** eingeflossen, macht eine (zusätzliche) Sachmängelhaftung des Verkäufers für diese Bodenverunreinigung eventuell keinen Sinn mehr. Im Übernahmevertrag sollte deshalb wenigstens ausdrücklich und klar geregelt sein, daß eine etwaige Sachmängelgewährleistung des Verkäufers für den Zustand des Betriebsgrundstücks oder von Anlagen ausgeschlossen ist, wenn und soweit die anfallenden Kosten von gebildeten Rückstellungen gedeckt sind.

C. Die Bewältigung von Umweltrisiken im Übernahmevertrag

134 Die Bewältigung festgestellter oder befürchteter Umweltrisiken nimmt bei der **Vertragsgestaltung** immer breiteren Raum ein. Kurze und pauschale Regelungen wie voll umfängliche Gewährleistungsausschlüsse oder Freistellungen sind längst die Ausnahme. Komplexe Vertragsgestaltungen, die Beweislasten individuell verteilen, Mitwirkungs- und Informationsrechte des Verkäufers bei Sanierungsmaßnahmen regeln und an den Käufer gerichtete Initiativverbote sowie strikte Schadensgeringhaltungsverpflichtungen enthalten, haben stattdessen die Vorherrschaft übernommen. Die Regelungspunkte, die bei der Vertragsgestaltung nicht vergessen werden sollten, lassen sich in alphabetischer Reihenfolge folgendermaßen auflisten:

I. Alphabetische Übersicht des Regelungsbedarfs

135 **Abzug Neu für Alt:** Übernimmt der Verkäufer eines Unternehmens die Haftung für die Übereinstimmung der Betriebsanlagen mit sämtlichen Umweltvorschriften, besteht die Gefahr, daß der Käufer dies für eine Erneuerung von Anlagenteilen auf Kosten des Verkäufers ausnutzt. Es sollte ausdrücklich geregelt werden, daß sich der Käufer in solchen Fällen Wertsteigerungen und sonstige Vorteile (zB künftig niedrigeren Unterhaltungsaufwand) anrechnen lassen muß[233].

Zum Beispiel: 136
Der Käufer muß sich bei der Kostenerstattung zusätzliche Vorteile anrechnen lassen, die er infolge der Durchführung der Umweltschutzmaßnahmen unmittelbar oder mittelbar erlangt hat. Dies gilt insbes. für Wertzuwächse, Produktivitätssteigerungen, die Erhöhung der Lebensdauer von Anlagen und Teilen davon sowie die Reduzierung von Unterhaltungs- und/oder Reparaturaufwand (Vorteilsausgleichung).

Anspruchsanzeige: Haftungsansprüche des Käufers müssen innerhalb der 137 vereinbarten Fristen angezeigt bzw. geltend gemacht werden, damit sie nicht verjähren oder in eine niedrigere Stufe der sog. „sliding scale"[234] fallen. Nicht selten versäumen die Vertragsparteien, die Anforderungen an die **Bestimmbarkeit** und **Prüfbarkeit** einer Anspruchsanzeige konkreter festzuschreiben. So kann es zB dem Verkäufer passieren, daß er kurz vor Fristablauf ein pauschal verfaßtes Schreiben des Käufers erhält, wonach – ohne weitere Angaben – auf einem bestimmten Betriebsstandort eine Altlast festgestellt worden sei. Der Kaufvertrag sollte ausdrücklich regeln, welche Informationen eine Anspruchsanzeige konkret enthalten muß. Die **Sanktion bei Vertragswidrigkeit** kann als unwiederbringlicher Verfall des Anspruchs oder aber als Herabstufung in die nächst niedrigere Stufe der „sliding scale" ausgestaltet sein.

Zum Beispiel: 138
Ansprüche des Käufers wegen Umweltgewährleistung des Verkäufers verfallen ersatzlos, wenn sie dem Verkäufer nicht schriftlich bis zum ... angezeigt werden. Die Anzeige muß aussagekräftige Angaben über die Art und den Umfang des Umweltschadens/der Nichtübereinstimmung mit umweltrechtlichen Vorschriften enthalten, die vom Käufer beabsichtigte Umweltschutzmaßnahme räumlich und sachlich eindeutig begrenzen sowie im übrigen detailliert beschreiben. Ihr muß eine in Einzelpositionen aufgeschlüsselte nachprüfbare Kostenschätzung beigefügt sein. Ferner ist der für Rückfragen zuständige Sachbearbeiter des Käufers mit Kontaktadresse anzugeben. Bei angeblicher Nichtübereinstimmung mit Umweltvorschriften sind die Vorschriften, gegen die verstoßen sein soll,

---

[233] Dies scheint freilich aus Verkäufersicht ratsam. Der Bundesgerichtshof (BGHZ 30, 29 ff.) vertritt zwar den Standpunkt, daß ein Geschädigter durch die Ersatzleistung nicht besser gestellt werden soll als er vorher stand, und daß dieser Gedanke dem System des bürgerlichen Rechts innewohne. Wenngleich der Abzug Neu für Alt seine Grenzen in der individuellen Nützlichkeit hat (KG NJW 1971, 142), findet deshalb im Schadensrecht ein Vorteilsausgleich wegen Wertzuwachses statt, wenn sich die Lebensdauer eines Anlagenteils erhöht und künftige Reparaturen hinausgeschoben werden, BGHZ 30, 29, 31. Oft übersehen wird bei der Vertragsgestaltung aber, daß sich das im Schadensrecht entwickelte Prinzip „Abzug Neu für Alt" nicht ohne weiteres auf das Vertragsrecht übertragen läßt. Für den Schadensersatzanspruch nach § 463 BGB (Verkäuferhaftung für zugesicherte Eigenschaft) liegt dies noch nahe. Ob sich die Abwendbarkeit auch auf die originäre vertragliche Freistellungshaftung erstreckt, wie sie in den Unternehmenskaufverträgen häufig vorkommt, wird allerdings mit vertretbaren Argumenten in Frage gestellt werden können. Es spricht mehr dafür, die Grundsätze der Vorteilsausgleichung über eine entsprechende Anwendung des Befreiungsanspruchs nach § 257 BGB auch auf vertragliche Freistellungsansprüche zu erstrecken; vgl. hierzu *BGH* MDR 1955, 283, dennoch hat sich die Rechtsprechung bisher nur mit Gebäuden und Kraftfahrzeugen, nicht aber mit Produktionsanlagen befaßt.

[234] Siehe Rn 188 f.

ausdrücklich zu benennen. Sind zu den Umweltthemen bereits sachverständige Stellungnahmen eingeholt oder Korrespondenz mit Behörden geführt worden, sind diese der Anspruchsanzeige in Kopie beizufügen. Entspricht die Anzeige einer oder mehrerer der vorstehend beschriebenen Anforderungen nicht und schafft der Käufer auch innerhalb einer ihm vom Verkäufer gesetzten Nachfrist von einer Woche keine ausreichende Abhilfe, wird der Käufer so gestellt, als sei die Anzeige nicht rechtzeitig erfolgt.

139 **Anspruchsauslöser:** Es ist ein Unterschied, ob die vertragliche Umwelthaftung des Verkäufers bereits mit Feststellung einer Verunreinigung und/oder eines Verstoßes gegen Umweltvorschriften ausgelöst wird oder erst dann, wenn der Käufer mit einer bestandskräftigen oder sofort vollziehbaren **Behördenanordnung** oder einem rechtskräftigen **Urteil** konfrontiert ist. Schon in zeitlicher Hinsicht kann zwischen den beiden Fällen eine Spanne von mehreren Jahren liegen, was etwa bei Anwendbarkeit eines sog. „sliding scale"[235] große finanzielle Bedeutung erlangt. Im ersten Fall hätte der Verkäufer außerdem keine Möglichkeit, durch sein aktives Mitwirken bei der Abwehr behördlicher Anordnung oder Forderungen Dritter Ansprüche des Käufers gering zu halten.

140 Beispiel für eine verkäuferfreundliche Regelung:
Maßnahmen, von deren Kosten der Verkäufer den Käufer freizustellen hat, sind nur solche, die die zuständige Umweltbehörde bestandskräftig oder sofort vollziehbar angeordnet hat oder die in einer rechtskräftigen gerichtlichen Entscheidung tituliert sind. Diese Einschränkung gilt nicht, wenn und soweit unaufschiebbare Maßnahmen zur Abwehr unmittelbar drohender Gesundheitsgefahren ergriffen werden müßten. Auf Verlangen des Verkäufers ist der Käufer verpflichtet, behördliche Anordnungen und gerichtliche Entscheidungen auf Kosten des Verkäufers anzufechten.

141 **Anwendbares Recht:** Die Internationalisierung, insbes. Amerikanisierung **von Vertragsmustern** ist nicht mehr aufzuhalten. Je mehr individuell und ausdrücklich geregelt wird, desto bedeutungsloser wird das zu Grunde liegende Rechtssystem[236]. Dennoch kann es feine Unterschiede geben, die im Streitfall finanzielle Konsequenzen nach sich ziehen können. So wird sich zB nicht sicher vorhersagen lassen, wie ein deutsches Gericht – bei Anwendbarkeit deutschen Rechts – eine Vertragsklausel auslegen wird, die zB mit „representations and warranties" überschrieben ist, weil das deutsche Kaufrecht diese Begriffe nicht kennt. Außerdem spielt der Vertragswortlaut bei der Auslegung amerikanischer Vertragsmuster eine größere Bedeutung als im deutschen Recht, was bei der Vertragsgestaltung nicht unterschätzt werden sollte.

142 **Betriebsaufgabe:** Gibt der Käufer Produktionen oder Teile davon auf, kann dies zu sofortigem und erheblich umfangreicherem Handlungsbedarf führen, der bei Weiterbetrieb nicht oder nicht so entstanden wäre[237]. Aus Sicht des Verkäufers sollte die Betriebsaufgabe bzw. Stillegung deshalb ausdrücklich von der vertraglichen Umwelthaftung ausgenommen werden.

---

[235] Siehe Rn 188 f.
[236] Weitgehende Vertragsfreiheit unterstellt.
[237] Vgl. zu den umweltrechtlichen Anforderungen bei Stillegung einer Betriebsstätte § 5 Abs. 3 BImSchG.

143 Zum Beispiel:
Von der Freistellungsverpflichtung des Verkäufers ausgenommen sind solche Kosten, die dadurch entstehen, daß der Käufer bzw. das verkaufte Unternehmen den Weiterbetrieb der Anlagen oder Teilen davon aufgibt und/oder Betriebsgrundstücke in einer Art und Weise umnutzt, die über den Weiterbetrieb hinausgehende Umweltschutzanforderungen verursachen.

144 **Betriebsstandorte:** International tätige Zielunternehmen unterhalten Betriebsstandorte in mehreren Ländern, die wiederum **unterschiedlichen Umweltvorschriften** unterliegen. Dies hat auch Auswirkungen auf den Behördenvollzug, d. h. zB auf die Striktheit und Intensität, mit denen die Umweltbehörden mit ihren Forderungen auf Anlagenbetreiber zugehen. Bei der Vertragsgestaltung ist deshalb Wert darauf zu legen, daß Betriebsstandorte nach den jeweils örtlich geltenden Umweltvorschriften beurteilt werden. Aber auch innerhalb der Bundesrepublik kann es ein Gefälle, zumindest unterschiedlichen Behördenvollzug geben[238]. Deshalb ist es ratsam, auf bekannt gewordene örtliche Besonderheiten im Vertrag ausdrücklich einzugehen, zB bei der Festlegung der Sanierungsziele für eine Bodensanierung.

145 Zum Beispiel:
Der Verkäufer muß nur die Kosten derjenigen Umweltschutzmaßnahmen erstatten, die unter Berücksichtigung des für den jeweiligen Betriebsstandort maßgeblichen nationalen Rechts und des örtlichen Behördenvollzugs im Zeitpunkt der Übergabe zwingend erforderlich waren (Minimalmaßnahmen). Insbes. dürfen die für die Betriebsgrundstücke in Deutschland geltenden Umweltstandards nicht ohne weiteres auf die Betriebsgrundstücke in ... übertragen werden.

146 **Beweislastverteilung:** Auch für die Durchsetzung vertraglicher Umwelthaftung gilt grundsätzlich, daß jede Partei ihr günstige Sachverhalte darzulegen und zu beweisen hat. Die Beweisbarkeit stößt jedoch bei komplexen Umweltsachverhalten schnell an naturwissenschaftliche Grenzen. Oft läßt sich nicht sicher feststellen, wie alt ein im Boden vorgefundener Schadstoff ist (**Schadstoffalter**). Schwierig kann auch die Abgrenzung von Verunreinigungen, die durch die Produktion entstanden sind, zu solchen sein, die durch Auffüllungen zur Verbesserung der Fertigfestigkeit herbeigeführt wurden. Wer immer in solchen Fällen die Darlegungs- und Beweislast trägt, muß mit einer starken Gefährdung der Durchsetzbarkeit seiner vertraglichen Ansprüche/Einwände rechnen.

147 Vorsorge dagegen schafft eine komfortable vertragliche Beweislastverteilung. In diesem Zusammenhang haben sich in letzter Zeit sog. **„sliding scales"** bewährt, die bei Nichtbeweisbarkeit – gestuft nach bestimmten Zeitintervallen – das Schadstoffalter verbindlich fingieren[239].

148 Zum Beispiel:
Läßt sich nicht sicher feststellen, ob die vorgefundenen Schadstoffe, die Umweltschutzmaßnahmen nach sich ziehen, vor oder nach dem Übergabestichtag in den Boden eingetragen wurden, werden die Kosten für die Umweltschutzmaßnahmen zwischen Verkäu-

---

[238] Inoffiziell sprechen Praktiker von einem „Nord-Süd-Gefälle", das etwa die verhältnismäßig lockere Handhabung in Berlin/Nordrhein-Westfalen einerseits mit der strengeren Behördenpraxis in den Ländern Baden-Württemberg/Bayern andererseits vergleicht.
[239] Siehe Rn 188f.

fer und Käufer wie folgt aufgeteilt: Im ersten Jahr nach Übergabe trägt der Verkäufer 80%, im zweiten Jahr 60%, im dritten Jahr 40% und bis zum Ablauf des vierten Jahres 20%. Die Restanteile hat jeweils der Käufer selbst zu tragen. Maßgeblich für die Einstufung ist der Tag des Eingangs der vertragsgemäßen Anzeige der Verunreinigung beim Verkäufer.

149 **Deckungsansprüche gegen Versicherer:** IdR soll der Verkäufer dem Käufer nicht haften, wenn und soweit Umweltrisiken versichert sind. Der Vorrang von Versicherungsansprüchen vor der Inanspruchnahme des Verkäufers folgt eigentlich bereits aus der allgemeinen Schadengeringhaltungspflicht[240]. Der Regelung bedarf aber, wie weit die Bemühungen des Käufers um Durchsetzung vermeintlicher Dekkungsansprüche gehen müssen und ob der Bestand solcher Ansprüche nur als **Einwand des Verkäufers** oder gar als **Subsidiaritätsvorbehalt** ausgestaltet ist. Diese Unterscheidung hat vor folgendem Hintergrund große praktische Bedeutung:

150 Liegt die Verursachung von Bodenverunreinigungen lange Zeit zurück, ist der Bestand von Versicherungsschutz oft unklar und/oder bestritten, was den Käufer zur vorrangigen Inanspruchnahme des Verkäufers neigen läßt. Wäre bestehender Versicherungsschutz nur ein Einwand des Verkäufers, oblage es ihm, den Anspruch auf Deckungsschutz nachzuweisen; ist hingegen vertraglich geregelt, daß die Verkäuferhaftung erst einsetzt, wenn sich der Käufer beim Versicherer nicht befriedigen kann, könnte der Verkäufer seine Inanspruchnahme abwehren, bis der Käufer alles ihm zumutbare getan hat, um den Bestand des Versicherungsschutzes sicher zu klären.

151 Beispiel für eine verkäuferfreundliche Subsidiaritätsklausel:
Gewährleistungsansprüche wegen Umweltschäden kann der Verkäufer nur geltend machen, wenn und soweit er nachgewiesen hat, daß diese Schäden nicht durch eine Umweltversicherung gedeckt sind. Die Erklärung des oder der Versicherer(s), er/sie werde(n) keine Zahlung leisten, reicht als Nachweis nicht aus. Der Käufer ist erforderlichenfalls verpflichtet, Deckungsansprüche gerichtlich durchzusetzen. Die vorstehende Nachweispflicht entfällt für solche Schadenereignisse, die offenkundig nicht versicherbar waren und sind.

152 **Durchgriffshaftung:** In bestimmten Fällen trifft die Umweltverantwortlichkeit nicht nur die Vertragsparteien selbst, sondern auch mit ihnen **verbundene Unternehmen/Personen**[241]. Letztere sind nicht ohne weiteres in den Schutzbereich der vertraglichen Regelungen einbezogen. Deshalb ist erstrebenswert, daß auch sie aus eigenem Recht Freistellung beanspruchen können und erklärte Verzichte auf Gegenansprüche sich auch auf sie erstrecken[242]. Derartiger Gestaltungsbedarf ergibt sich zB für den neuen bodenschutzrechtlichen Ausgleichsanspruch[243], der unabhängig vom Gewährleistungsrecht anwendbar bleibt.

153 Beispiel für eine erweiternde Formulierung:
Die Freistellungsverpflichtung des Verkäufers erstreckt sich auch auf Rechtsvorgänger und Rechtsnachfolger des Unternehmens und des Käufers und solche Unternehmen und Per-

---

[240] Vgl. § 254 Abs. 2 Satz 1 BGB.
[241] Siehe Rn 116ff.
[242] Ausgestaltung als echter Vertrag zu Gunsten Dritter, § 328 BGB.
[243] Vgl. § 24 Abs. 2 BBodSchG und Rn 119.

sonen, die mit dem Käufer oder dem veräußerten Unternehmen gesellschaftsrechtlich verbunden sind. Der Verkäufer wird gegen den Käufer keine gesetzlichen Ausgleichsansprüche, insbes. nicht solche nach § 24 Abs. 2 BBodSchG, geltend machen. Dieser Verzicht wirkt auch zu Gunsten der in Satz 1 beschriebenen weiteren Unternehmen und Personen. Sämtliche Freistellungsbegünstigten können die Freistellungsverpflichtung als eigenes Recht geltend machen (echter Vertrag zu Gunsten Dritter).

Folgeschäden: Sanierungs- und Nachrüstungsbedarf kann bewirken, daß Betriebsteile vorübergehend stillgelegt werden müssen. Zu den Sanierungs- und Nachrüstungskosten kommen also noch Folgeschäden wie **Umsatz- und Gewinnausfälle** hinzu. Letztere sind möglicherweise durch eine Betriebsunterbrechungsversicherung gedeckt. Der Verkäufer sollte dennoch stets bemüht sein, seine Haftung für Folgeschäden vertraglich auszuschließen oder zumindest auf ein überschaubares Maß einzugrenzen.

Zum Beispiel:

Die Kostenerstattungspflicht des Verkäufers erfaßt lediglich die unmittelbar für die Vorbereitung und Durchführung von Sanierungs- und Nachrüstungsmaßnahmen anfallenden Kosten einschließlich Untersuchung, Planung und sonstiger fachlicher Beratung. Die Haftung für mittelbare Kosten und Folgeschäden, insbes. Ersatz von Umsatz- und Gewinnausfällen, wird ausgeschlossen.

Freistellung des Verkäufers: Der bloße **Gewährleistungsausschluß** schützt den Verkäufer vor künftiger behördlicher Inanspruchnahme nicht, weil er nur das Verhältnis zum Käufer regelt[244]. Aus Verkäufersicht ist es also sinnvoll, daß der Käufer ihn von derartigen Inanspruchnahmen freistellt, zumindest dann, wenn und soweit der Sachverhalt, der der Inanspruchnahme zu Grunde liegt, von der Verkäufergewährleistung ausgeschlossen wurde.

Zum Beispiel:

Der Käufer seinerseits stellt den Verkäufer von den Kosten frei, die dem Verkäufer dadurch entstehen sollten, daß dieser wegen Umweltsachverhalten, für die er dem Käufer nach diesem Kaufvertrag nicht haftet, öffentlich-rechtlich von Behörden oder von privaten Dritten in Anspruch genommen wird. Auf Verlangen des Käufers ist der Verkäufer verpflichtet, die Inanspruchnahme auf Kosten des Käufers abzuwehren.

Gerichtsstand: Kommt es zur Beweisaufnahme über den Bestand und den Umfang der vertraglichen Umwelthaftung des Verkäufers, ist es sinnvoll, den Rechtsstreit bei dem für den Betriebsstandort örtlich zuständigen Gericht anhängig zu machen. Meist sind am Ort amtliche Auskünfte einzuholen, private Sachverständige zu laden und Ortsbesichtigungen durchzuführen. Daß ein räumlich weit entferntes Gericht über die Notwendigkeit der Durchführung von Sanierungsmaßnahmen entscheidet, ist unzweckmäßig. **Gerichtsstandsvereinbarungen**[245] können auch für bestimmte Teile des Vertrags und seiner Abwicklung, also etwa für die Umwelthaftung, wirksam getroffen werden[246]. Auch muß das

---

[244] So könnte ein ehemaliger Gesellschafter – wenn auch nur in seltenen Ausnahmefällen – nachträglich wegen angeblicher Durchgriffshaftung angegangen werden (siehe Rn 116), der Verkäufer von Betriebsgrundstücken wegen seiner Verantwortlichkeit als ehemaliger Eigentümer (siehe Rn 118).
[245] Gem. § 38 ZPO
[246] Vgl. *Patzina* in MünchKomm. § 40 ZPO Rn 5.

örtlich zuständige Gericht nicht schon in der Gerichtsstandsvereinbarung ausdrücklich benannt werden; seine Bestimmbarkeit im Streitfall genügt[247].

159 Zum Beispiel:
Für Ansprüche des Käufers aus § . . . dieses Vertrags ist Gerichtsstand jeweils der Ort der Betriebsstätte, die Gegenstand der Umweltschutzmaßnahmen ist.

160 **Haftungshöchstsumme:** Will der Verkäufer sichergehen, daß sein Haftungsrisiko einen bestimmten Betrag nicht überschreitet, kann er auf die Vereinbarung einer Haftungshöchstsumme drängen. Sie kann sich nach einem Prozentsatz des Kaufpreises berechnen oder als fixer Betrag ausgestaltet sein. Es können unterschiedliche Haftungshöchstsummen für abgrenzbare Sachverhaltsgruppen vereinbart werden, etwa ein **„cap"**[248] für Boden- und Grundwasserverunreinigungen und eine weitere Haftungshöchstbegrenzung für Verstöße gegen Umweltvorschriften.

161 Zum Beispiel:
Die umweltbezogene Gewährleistungshaftung des Verkäufers ist für den Betriebsstandort X auf DM . . ., für den Betriebsstandort Y auf DM . . . und für sonstige (einschließlich übergreifende) Umweltthemen auf DM . . . begrenzt. Diese Regelung gilt unabhängig von sonstigen Haftungsbegrenzungen, die in diesem Vertrag für Gewährleistungsansprüche des Käufers vereinbart sind.

162 **Haftungsuntergrenzen:** Außerdem lassen sich Haftungsuntergrenzen oder -schwellen („thresholds") vereinbaren. Sie bestimmen, daß Umweltsachverhalte, für die der Verkäufer grundsätzlich nach dem Vertrag einstehen müßte, unerheblich bleiben, wenn sie einzeln oder insgesamt oder zusammen mit anderen des gleichen Typus einen bestimmten Wert nicht übersteigen und deshalb als geringfügig erachtet werden. Solchen Klauseln liegt die Erwägung zu Grunde, daß ein Anlagenbetreiber zukünftig ohnehin mit ständig **steigenden Umweltstandards** konfrontiert sein wird und deshalb Ausgaben für den Umweltschutz für ihn in gewissem Rahmen zum **Normalbetrieb** gehören.

163 Beispiel einer extrem verkäuferfreundlichen Regelung:
Von der Haftung des Verkäufers ausgenommen ist die Kostenerstattung für Umweltschutzmaßnahmen, die einen Wert von jeweils DM 100 000,– nicht überschreiten. Mehrere Einzelmaßnahmen dürfen nicht zu einer einzigen Umweltschutzmaßnahme in diesem Sinne zusammengefaßt werden, es sei denn, sie betreffen denselben Anlagenteil bzw. dasselbe Grundstück im grundbuchrechtlichen Sinne und resultieren aus einem identischen umweltrechtlichen Mißstand. Als Einzelmaßnahme gilt jede räumlich oder sachlich abgrenzbare Maßnahme, auch wenn sie zusammen mit anderen durchgeführt bzw. an Auftragnehmer vergeben wird.

164 **Initiativverbote:** Bei fast 10 000 Umweltgesetzen in Deutschland lassen sich für nahezu alle Betriebsstandorte mehr oder weniger gravierende Verstöße gegen Umweltvorschriften feststellen, sofern man planmäßig nach ihnen sucht. Für den Verkäufer birgt dies große Gefahren: Muß er nach dem Kaufvertrag für jede Nichtübereinstimmung einstehen, die von Behörden oder Dritten beanstandet wird, wird der Käufer geneigt sein, sich möglichst innerhalb der vertraglich ver-

---

[247] Vgl. Zöller/Vollkommer, ZPO, 21. Aufl. 1999, § 38 Rn 13.
[248] So die amerikanische Kurzbezeichnung für Haftungshöchstgrenzen.

einbarten Fristen mit Forderungen der Behörden oder Dritter „überziehen" zu lassen. Er wird beispielsweise die Behörde sofort und aktiv aufmerksam machen und in sonstiger geeigneter Weise die Initiative ergreifen wollen. Eine solche Initiative könnte ihm trotz **Schadengeringhaltungspflicht** kaum als Treuwidrigkeit vorgeworfen werden, weil es grundsätzlich nicht anstößig ist, wenn ein Anlagenbetreiber bzw. Eigentümer eines Betriebsgrundstücks durch Einbeziehung von Behörden auf die Beseitigung umweltrechtlicher Mißstände hinwirkt. Aus Verkäufersicht ist deshalb notwendig, daß sich der Käufer ausdrücklich einem vertraglichen Initiativverbot unterwirft. Verstößt der Käufer gegen dieses Verbot, verliert er seine Ansprüche gegen den Verkäufer[249].

Zum Beispiel:
Der Käufer verliert seine Ansprüche ersatzlos, wenn er behördliche Anordnungen und/oder gerichtliche Entscheidungen, die zur Durchführung von Umweltschutzmaßnahmen zwingen, selbst oder durch Dritte initiiert, provoziert und/oder gefördert hat, ohne dies vorher mit dem Verkäufer abzustimmen.

Mitwirkung bei der Abwehr von Umweltschutzforderungen: Ein Vertrag kann einerseits so gestaltet sein, daß die Abwehr vermeintlich unberechtigter Forderungen, die von Umweltbehörden oder Dritten an den Käufer bzw. das Zielunternehmen herangetragen werden, alleinige Sache des Käufers bleibt und der Verkäufer dem Käufer hinterher allenfalls Versäumnisse bei den Abwehrbemühungen vorwerfen kann, andererseits aber auch so, daß der Käufer das Recht hat, die **Federführung** bei der Abwehr (auf eigene Kosten) zu übernehmen. Letzteres rechtfertigt sich damit, daß der freistellende Verkäufer über die vertragliche Umwelthaftung ohnehin das wirtschaftliche Ergebnis tragen muß. Übertreibt es der Verkäufer jedoch mit der Abwehr in wenig aussichtsreichen Fällen, kann er leicht ein gutes **Verhältnis zu den Umweltbehörden und Nachbarn** zerstören und damit dem Käufer bzw. der Zielgesellschaft langfristig erheblich schaden. Der Käufer ist deshalb gut beraten, wenn er in solchen Fällen einen vertraglichen Schutzmechanismus vorsieht, wonach der Verkäufer Umweltschutzforderungen nur abwehren darf, wenn er vorher die Erfolgsaussichten seiner beabsichtigten Abwehrversuche nachgewiesen hat.

Beispiel für eine vertragliche Bestimmung, die einen angemessenen Interessenausgleich schafft:
Der Verkäufer ist berechtigt, die Federführung bei der Abwehr behördlicher Anordnungen und/oder von Ansprüchen privater Dritter zu übernehmen und hierzu insbes. geeignete juristische Berater einzuschalten. Die Vorgehensweise ist jeweils vorher mit dem Unternehmen bzw. dem Käufer abzustimmen. Das Unternehmen bzw. der Käufer kann Abwehrmaßnahmen widersprechen, wenn der Verkäufer nicht durch Vorlage einer sachverständigen Stellungnahme eines anerkannten Umweltexperten (Juristen und/oder Umwelttechnikers) nachweist, daß sie nicht aussichtslos sind oder wenn und soweit sie voraussichtlich erhebliche nachteilige Auswirkungen für den weiteren Geschäftsbetrieb des

---

[249] Freilich ist der Wert eines solchen Initiativverbots nicht zu überschätzen, da es sich in der Praxis leicht umgehen läßt, indem der Käufer für die Information der Behörden auf später nicht mehr nachvollziehbaren Wegen sorgt.

Unternehmens haben werden, die außer Verhältnis zu den Erfolgsaussichten stehen. Die Kosten der Abwehrmaßnahmen trägt . . .

168 **Nutzungsänderungen:** Hier gelten ähnliche Überlegungen wie bei der **Betriebsaufgabe**. Die Umwandlung von Industrienutzung in eine sensiblere Nutzung (zB Büro) bringt **erhöhte Umweltschutzforderungen** mit sich, die etwa als Auflagen in die Baugenehmigung integriert werden. Im Interesse des Verkäufers sollte deshalb klar geregelt sein, daß sich seine Gewährleistungshaftung nicht auf nachträgliche Nutzungsänderungen erstreckt, zumindest nicht auf solche, die nicht für den ordnungsgemäßen Weiterbetrieb unerläßlich sind[250].

169 **Schiedsgericht:** Wegen Überlastung zahlreicher Spruchkörper ziehen sich Rechtsstreite vor ordentlichen Gerichten nicht selten lange hin, insbes. auch in Fällen mit komplexen Umweltsachverhalten, die einer Beweisaufnahme bedürfen. Deshalb vereinbaren an schneller Klärung interessierte Vertragsparteien oft die Zuständigkeit eines Schiedsgerichts. Diesem sind, falls es sich um ein institutionelles Schiedsgericht handelt, Verfahrensregeln vorgegeben[251]; bei ad hoc zu bildenden Schiedsgerichten können die **Verhandlungssprache**, der **Verhandlungsort** sowie **Verfahrensregeln**, auch **Entscheidungsfristen**, vereinbart werden.

170 **Schiedsgutachter:** Bleibt vor Vertragsschluß nicht genug Zeit, um sich ein abschließendes Bild von den Umweltrisiken im Zielunternehmen zu machen, haben sich die Parteien aber auf eine Gewährleistung des Verkäufers für bestimmte Umweltschäden im Grundsatz geeinigt, kann die **Festlegung der Sanierungskosten** der nachträglichen Bestimmung durch einen geeigneten Schiedsgutachter vorbehalten werden. Das ist auch denkbar für die Bestimmung des Zeitpunkts des Schadstoffeintrags und/oder die Abgrenzung verschiedener Schadstoffarten. Die späteren Ergebnisse des Schiedsgutachtens sind nur noch eingeschränkt gerichtlich nachprüfbar[252]. Beide Vertragsparteien sollten deshalb darauf achten, daß dem Schiedsgutachter **präzise und umfassende Vorgaben** gemacht werden, also zB daß er die für den jeweiligen Betriebsstandort maßgebliche Behördenpraxis recherchiert und in seine Beurteilung einbezieht. War Aufgabe des Schiedsgutachters, Sanierungskosten zu schätzen, die der Käufer vom Verkäufer verlangen können soll, kann der Käufer aufgrund des Schiedsgutachtens **Urkundsklage** erheben, gegen die sich der Verkäufer idR erst im (zeit-)aufwendigen Nachverfahren erfolgversprechend verteidigen kann[253]. Zum Schutz des Verkäufers empfiehlt sich also zB ein vertraglicher Ausschluß der Verwertbarkeit des Schiedsgutachtens im Urkundsverfahren.

171 Zum Beispiel:

Der Käufer verpflichtet sich, von dem Schiedsgutachten nicht zum Zwecke der Geltendmachung von Zahlungsansprüchen im Urkundsverfahren Gebrauch zu machen, damit ein etwaiger Einwand des Verkäufers, die Ergebnisse des Schiedsgutachtens widersprächen billigem Ermessen, in einem ordentlichen Gerichtsverfahren ohne Einschränkung von Beweismitteln geklärt werden kann.

---

[250] Siehe Klauselbeispiel zum Stichwort „Betriebsaufgabe", Rn 143.
[251] Wie zB die Rules of Arbitration of the International Chamber of Commerce „ICC".
[252] Vgl. § 317 BGB.
[253] §§ 592ff. ZPO.

Schiedsverfahren können auch Nachteile haben. U. a. erschwert es die Entscheidungsfindung erheblich, wenn ausländische Schiedsrichter in englischer Sprache klären sollen, ob eine deutsche Produktionsstätte teure Nachrüstungsmaßnahmen aus Verhältnismäßigkeitsgründen verweigern darf. Maßgeblich hierfür werden vor allem Auskünfte der Vertreter der zuständigen deutschen Umweltbehörde sein, die sich hier von einem im Umgang mit deutschen Behörden vertrauten deutschen Schiedsrichter in deutscher Sprache besser einholen lassen. Oft werden Schiedsgerichten außerdem unter Fehleinschätzung des anstehenden Klärungsbedarfs zu **kurze Entscheidungsfristen** vorgegeben, die sich später nur im Einvernehmen mit der anderen Partei verlängern lassen[254].

Umweltstandards: Mit der Vorgabe von Umweltstandards läßt sich die **Gefahr von Luxussanierungen** auf Kosten des Verkäufers minimieren. Es macht zB einen erheblichen Unterschied, ob einer Bodensanierung Zielwerte zu Grunde liegen, die lediglich eine Fortsetzung der industriellen Nutzung ermöglichen, oder aber eine sensiblere Nachnutzung vorbereiten[255]. Als Kompromiß ließe sich vereinbaren, daß der Verkäufer die Kosten von Sanierungsmaßnahmen nur insoweit ersetzt, als sie (fiktiv) auch für eine industrielle Nach- bzw. Weiternutzung angefallen wären.

Zum Beispiel:
Der Käufer muß den Verkäufer nur von den Kosten für solche Sanierungsmaßnahmen freistellen, deren Sanierungsziele sich auf die industrielle Nachnutzung der Betriebsgrundstücke beschränken. Für anspruchsvollere Sanierungsziele entstehende Kosten gehen allein zu Lasten des Käufers. Bei der Festlegung der Sanierungsziele sind konkret risikobetrachtende Bewertungen anzustellen. In untergesetzlichen und/oder technischen Regelwerken vorgegebene Zielwerte dürfen nur im Rahmen der Verhältnismäßigkeit übernommen werden.

Verschärfung von Umweltvorschriften: Die einschlägigen Umweltstandards verschärfen sich fast täglich. Selbst in der kurzen Zeit zwischen Vertragsabschluß und dem Closing können sich Umweltvorschriften verändern und eine sog. **Non-Compliance** begründen. Verständlicherweise bestehen Verkäufer heutzutage fast ausnahmslos auf dem Ausschluß ihrer Haftung für derartige Verschärfungen von Umweltvorschriften.

Zum Beispiel:
Der Verkäufer haftet nicht für die Kosten von Umweltschutzmaßnahmen, die erst durch eine Verschärfung bestehender Umweltvorschriften oder die Einführung neuer Umweltvorschriften nach ... (dem Vertragsschluß oder dem Übernahmestichtag) erforderlich geworden sind. Abweichend von diesem Grundsatz soll jedoch zwischen den Parteien (fiktiv) gelten, daß das neue ...-Gesetz in der Fassung des Entwurfs vom ..., dem der Bundesrat noch nicht zugestimmt hat, bereits am Übernahmestichtag Gültigkeit hat.

Das vorstehende Formulierungsbeispiel zeigt, daß es den Parteien natürlich freisteht, das Inkrafttreten wesentlicher neuer Umweltgesetze, die schon längere Zeit diskutiert werden und deshalb im Bewußtsein aller Beteiligten verankert

---

[254] Muster einer Schiedsgerichtsvereinbarung finden sich bei *Lachmann* u. a. (Hrsg.), Handbuch für die Schiedsgerichtspraxis, 1998.
[255] Vgl. zur nutzungsbezogenen Sichtweise § 4 Abs. 4 Satz 1 BBodSchG.

sind, für ihr vertragliches Verhältnis vorwegzunehmen. Gegenstand derartiger Vereinbarungen war zuletzt häufig das neue **Bundesbodenschutzgesetz**, das das Altlastenrecht reformierte und in seinen groben Zügen bereits Monate und Jahre vor dem Inkrafttreten am 1. 3. 1999 bekannt geworden war.

II. Die vertraglichen Instrumentarien

178 Die alphabetische Übersicht des Regelungsbedarfs enthält Punkte und Details, die an passender Stelle ergänzend zu den Gewährleistungsregelungen im Kaufvertrag interessengerecht vereinbart werden sollten. Die wichtigsten vertraglichen Instrumentarien, die die **Grundstruktur bilden**, werden nachfolgend im Überblick dargestellt.

1. Kaufpreislösung

179 Umweltrisiken können im Vorfeld der Übernahme des Unternehmens ausfindig gemacht, beurteilt und mit einem angemessenen **Kaufpreisabschlag** bei der Kaufpreisbildung berücksichtigt werden. Im Gegenzug wird die Gewährleistung des Verkäufers für Umweltthemen ausgeschlossen. Diese sog. Kaufpreislösung kann auf bestimmte Sachverhalte, zB für Verstöße gegen Umweltvorschriften, festgestellte Verunreinigungen oder bestimmte Betriebsstandorte beschränkt werden. Sie ist deshalb ein probates Mittel der Vertragsgestaltung. Allerdings wird von ihr in der Praxis noch zu wenig Gebrauch gemacht. Für die Verkäufer scheint es attraktiver, erst einmal den höheren Kaufpreis zu erzielen und dann Gewährleistungsansprüche des Käufers abzuwarten. Unter dem Strich kann dies freilich die ungünstigere Variante sein.

180 Beispiel für die Offenlegung der Kaufpreislösung im Regelungsabschnitt „Gewährleistung":

Mit Rücksicht darauf, daß das Risiko der Notwendigkeit der Durchführung von Umweltschutzmaßnahmen seinen Niederschlag in der Kaufpreisbildung gefunden hat, wird die Gewährleistung des Verkäufers für umweltgefährdende Verunreinigungen von Betriebsgrundstücken und die Nichteinhaltung von umweltrechtlichen Vorschriften ausgeschlossen. Der Verkäufer versichert jedoch, daß ihm von Verunreinigungen und der Nichteinhaltung von Umweltvorschriften über die Sachverhalte hinaus, die in der Anlage . . . aufgelistet sind und Grundlage der Kaufpreisbildung waren, nach bestem Wissen nichts bekannt ist.

2. Gewährleistung

181 „Altlasten" sind nach der Rechtsprechung **Sachmängel**[256]. Im Einzelfall kann aber bereits der (unbestätigte) **Altlastenverdacht** ebenfalls als Sachmangel in Betracht kommen, nämlich wenn der Käufer ein Betriebsgrundstück erkennbar in

---

[256] Vgl. *Knoche*, Sachmängelgewährleistung bei Kauf eines Altlastengrundstückes, NJW 1995, 1985 ff. Auf die Unterschiede und Besonderheiten von normaler Gewährleistung, Zusicherung und Garantie ist bereits im in § 9 ausführlich eingegangen worden. An dieser Stelle werden deshalb nur umweltrechtliche Besonderheiten abgehandelt.

einer Art und Weise nutzen will, für die bereits der Altlastenverdacht schädlich ist[257]. Dies ist etwa denkbar, wenn Teile von Betriebsgrundstücken zukünftig als Erholungsflächen für Mitarbeiter genutzt werden sollen und der Käufer diese Nutzungsabsichten dem Verkäufer offen gelegt hat. Auch andere umweltrechtliche Mißstände wie insbes. das Fehlen ausreichender behördlicher Genehmigungen, defekte Anlagenteile als Verursachungsquelle für Umweltschäden oder Nachrüstungsbedarf sind als Sach- und nicht als Rechtsmangel anzusehen[258]. Sie sind deshalb gewährleistungsrechtlich nicht anders zu behandeln als andere Mängel an Kaufgegenständen[259].

3. Nichtwissenserklärungen (Vorbereitung der Arglisthaftung)

Ein Gewährleistungsausschluß läßt die Haftung des Verkäufers für Arglist unberührt. In der Praxis ist arglistiges Verhalten jedoch meist nur schwer nachzuweisen. Im Zweifel muß der Käufer darlegen und beweisen, daß vor Vertragsschluß ausdrücklich über bestimmte Umweltthemen gesprochen wurde und der Verkäufer – jeweils in Kenntnis der Bedeutung für die Kaufentscheidung – entweder bewußt **falsche oder unvollständige Auskünfte** erteilt oder aber **offenbarungspflichtige Umstände bewußt verschwiegen** hatte. Als Beweiserleichterung dienen dem Käufer sog. Nichtwissenserklärungen, die sich in nahezu allen Kaufverträgen finden. Mit ihnen erklärt der Verkäufer sinngemäß, daß er von bestimmten umweltrechtlichen Mißständen im Unternehmen nichts weiß, soweit er sie nicht offen gelegt hat. Je genauer und ausführlicher die Umweltthemen in dieser Klärung beschrieben sind, desto mehr verdichtet sich die Arglisthaftung des Verkäufers, wenn sich seine Erklärung später als unrichtig herausstellt.

Auch im übrigen wird die Engmaschigkeit des Haftungsnetzes nach der Formulierung der Klausel bestimmt. So macht es einen Unterschied, ob nur von einem „umweltrechtlichen Mißstand" oder weitergehend davon die Rede ist, daß „dem Verkäufer von Anhaltspunkten, die Forderungen der Umweltbehörden möglich erscheinen lassen, nichts bekannt" ist. Aus Käufersicht ist darauf zu achten, daß dem Verkäufer das Wissen möglichst aller Mitarbeiter des Unternehmens zugerechnet wird. Nach der Rechtsprechung[260] werden **Kenntnisse** den Personen **zugerechnet**, die solches Wissen in ihrer Funktion erwerben und das typischerweise aktenmäßig festgehalten wird. Will eine der Parteien von diesem Personenkreis abweichen, so sollte sie dies im Vertrag ausdrücklich regeln.

Im Bereich von Bodenverunreinigungen tendiert die Rechtsprechung zu einer weiten Offenbarungspflicht des Verkäufers. Er muß, falls dies für den Käufer bedeutsam erscheint, bereits über den **Altlastenverdacht** aufklären, selbst wenn er sicher ist, daß keine Altlast existiert und spätere Untersuchungen das auch bestä-

---

[257] Vgl. hierzu *OLG München* NJW 1995, 2566.
[258] *Putzo* in Palandt § 459 BGB Rn 22, 36.
[259] Siehe § 34 Rn 10ff.
[260] Vgl. BGHZ 132, 30; 135, 202; kritisch hierzu *Altmeppen*, Verbandshaftung kraft Wissenszurechnung am Beispiel des Unternehmenskaufs, BB 1999, 749ff.

tigen. Hat er den Altlastenverdacht verschwiegen, muß er dem Käufer die Kosten der Untersuchungen und Sachverständigen erstatten[261].

185 Eine Klausel, die die Wissenszurechnung zum Vorteil des Verkäufers einschränkt, könnte etwa lauten:

Wo immer es nach den Bestimmungen dieses Kaufvertrags auf das Wissen des Verkäufers ankommt, ist allein auf die Kenntnis oder grob fahrlässige Nichtkenntnis der Mitglieder der Geschäftsleitung des Verkäufers und des Unternehmers abzustellen.

4. Freistellung

186 Die Extremlösung ist, daß ein Vertragspartner den anderen von den Kosten jedweder Inanspruchnahme wegen umweltrechtlicher Mißstände (gleich, ob behördlicherseits oder durch einen privaten Dritten) freistellt. Oft erfolgt eine gegenseitige Freistellung dergestalt, daß der Verkäufer den Käufer von den Folgen einer Inanspruchnahme wegen Verunreinigungen und Verstößen gegen Umweltvorschriften, die vor dem Closing eingetreten sind, freistellt, der Käufer den Verkäufer im Gegenzug für den Fall, daß der Verkäufer wegen nach dem Closing eingetretener umweltrechtlicher Mißstände von Behörden oder Dritten in Anspruch genommen wird. Nicht selten ist der Freistellungsverpflichtete berechtigt, Ansprüche auf eigene Kosten abzuwehren. Der **Kreis der Freistellungsbegünstigten** wird häufig um verbundene Unternehmen und Personen erweitert[262].

5. Haftungsteilung

187 Haftungsteilungen sind oft der Kompromiß, der als Ergebnis engagierter Vertragsverhandlungen fixiert wird. Er besteht darin, daß es bei der grundsätzlichen – zeitlich limitierten – Gewährleistungshaftung des Verkäufers bleibt, der Käufer sich jedoch an den Kosten der Behebung von Umweltschäden und Mißständen mit einer Quote beteiligt. Je nach Ausgestaltung der Beteiligungsquote hat eine solche Haftungsteilung starke **Anreiz- bzw. Hemmfunktion**. Muß sich zB der Käufer im ersten Jahr nach dem Closing überhaupt nicht, im zweiten Jahr jedoch mit 50% an den Kosten beteiligen, wird er verständlicherweise sofort nach dem Closing das gesamte Haftungspotential aufdecken und etwaige Ansprüche vor Ablauf des ersten Jahres vertragsgemäß anmelden. Umgekehrt wird es der Käufer viel weniger eilig haben, wenn sich seine Beteiligungsquote zB nur in drei Jahresschritten und jeweils nur in geringem Umfang erhöht (wobei er freilich im Auge behalten muß, daß der Einwand des Verkäufers, der Mißstand sei erst nach dem Closing eingetreten, mit Zeitablauf immer aussichtsreicher würde). Durch die Gestaltung der Haftungsteilung kann somit das Käuferverhalten in gewisser Weise berechenbarer gemacht werden.

---

[261] Vgl. *OLG Düsseldorf* NJW 1996, 3184f.

[262] Siehe Rn 116 ff. Freistellungsklauseln sind in zahlreichen Varianten denkbar, die hier nicht im Überblick dargestellt werden können. Eines von vielen denkbaren Beispielen findet sich unter Rn 157.

In der Praxis haben die sog. **„sliding scales"** große Bedeutung erlangt. Es handelt sich um Vereinbarungen, nach denen die Beteiligungsquote des Käufers stufenweise mit Ablauf bestimmter Zeiträume steigt.

Eine sog. „sliding scale" mit starkem Anreiz für den Käufer, etwaige Ansprüche bereits im ersten Jahr nach dem Übergabestichtag geltend zu machen, könnte etwa folgendermaßen gestaltet sein:
Die Kostenerstattungspflicht des Verkäufers beschränkt sich — jeweils bezogen auf das Datum des Eingangs der vertragsgemäßen Anzeige von Ansprüchen wegen Umweltschäden oder der Nichteinhaltung umweltrechtlicher Vorschriften (nachfolgend kurz „Anzeige") —
— *bis zum Ablauf eines Jahres nach dem Übergabestichtag auf 90%;*
— *bis zum Ablauf des zweiten Jahres nach dem Übergabestichtag auf 50%;*
— *bis zum Ablauf des dritten Jahres nach dem Übergabestichtag auf 40%;*
— *bis zum Ablauf des fünften Jahres nach dem Übergabestichtag auf 20%.*
Die Bestimmungen über die Haftungshöchst- und Untergrenzen bleiben hiervon unberührt.

Solche „sliding scales" eignen sich auch als Beweislastregelung. So kann zB vorgesehen werden, daß ein abgestuftes Beweisergebnis verbindlich fingiert wird, wenn sich nicht mehr feststellen läßt, ob bestimmte Verunreinigungen vor oder nach dem Closing eingetreten sind[263].

6. Rücktritt

Rücktrittsrechte des Käufers sind in vielerlei Varianten denkbar, jedoch nicht in allen praktikabel. Umweltrechtliche Mißstände treten oft erst Monate oder gar Jahre nach Übernahme des Unternehmens zu Tage. Könnte der Käufer dann noch zurücktreten, müßte die gesamte **Übernahme rückabgewickelt** werden, was idR wirtschaftlich undenkbar ist. Anders zu beurteilen ist die Situation, daß ein Käufer noch keine oder noch nicht ausreichend Zeit für eine umweltrechtliche Due Diligence hatte, aus bestimmten Gründen jedoch mit dem Abschluß des Kaufvertrags nicht abwarten möchte. Ihm könnte vorbehalten bleiben, sich vor dem Beginn der Abwicklung der Unternehmensübernahme vom Kaufvertrag durch Rücktritt — eventuell gegen eine pauschale Aufwandsentschädigung — zu lösen, wenn sich bei der nachträglich durchgeführten Due Diligence gravierende umweltrechtliche Mißstände zeigen. Die **Rücktrittsschwelle** kann dabei vertraglich genau definiert werden (Festlegung einer bezifferten Wertgrenze etc).

Zum Beispiel:
Der Käufer kann durch schriftliche Erklärung gegenüber dem Verkäufer bis zum ... von diesem Kaufvertrag zurücktreten, wenn die mit der Anfertigung von Phase I-Berichten beauftragten Umweltexperten ... gravierende umweltrechtliche Mißstände feststellen, deren Beseitigung Kosten von insgesamt mehr als DM ... Mio. verursacht. Im Fall des Rücktritts sind gegenseitige Ansprüche (ggf. mit Ausnahme von ...) ausgeschlossen.

---

[263] Vgl. hierzu das Formulierungsbeispiel in Rn 148.

7. Verlängerung der Verjährungsfrist

193 Gewährleistungsansprüche des Käufers wegen umweltgefährdender Boden- und/oder Grundwasserverunreinigungen verjähren nicht vor Ablauf von fünf Jahren ab dem Übernahmestichtag. Die Verjährungsfrist beträgt, soweit Grundstücke betroffen sind, nur ein Jahr ab Übergabe[264]. Die kurze Frist gilt nicht nur für die Haftung des Verkäufers für umweltschädliche Verunreinigungen des Betriebsgrundstücks, sondern auch für Produktionsanlagen und Teilen davon sowie Gebäude, die durch Verbindung mit Grund und Boden wesentlicher Bestandteil des Grundstücks geworden sind[265]. Nach hM ist die kurze Verjährungsfrist auch auf den Unternehmenskauf anwendbar[266]. Sie kann[267] und sollte aber vertraglich verlängert werden. Mit der Ankündigung, er müsse bei Geltung der **kurzen gesetzlichen Verjährungsfrist** sofort nach Übernahme umweltrechtliche Mißstände aufdecken und auf Kosten des Verkäufers beheben lassen, wird es dem Käufer meist gelingen, die Vereinbarung einer erheblich längeren Verjährungsfrist durchzusetzen[268].

194 Die Verjährung kann normalerweise nur durch gerichtliche Geltendmachung unterbrochen werden[269]. Dies kann aufwendig sein und den Zeitdruck erhöhen; der klagende Käufer muß außerdem erhebliche Gerichtskosten verauslagen[270]. Aus Käufersicht ist deshalb erstrebenswert, daß für die **Einhaltung** der vertraglich vereinbarten **Verjährungs- bzw. Ausschlußfristen** die einfache schriftliche Anzeige des Gewährleistungsanspruchs ausreicht.

195 Beispiel für eine käuferfreundliche Regelung:
Für die Unterbrechung der Verjährungsfrist gem. § ... des Kaufvertrags genügt es, wenn der Käufer den Gewährleistungsanspruch mit knapper Zusammenfassung des wesentlichen Sachverhalts durch schriftliche Erklärung gegenüber dem Verkäufer vor Ablauf der Frist angezeigt hat.

III. Gewährleistungsversicherungen

196 Einige wenige spezialisierte **Versicherer** bieten Unternehmensverkäufern an, mit der Veräußerung verbundene umweltrechtliche Gewährleistungsrisiken vor oder auch erst nach Abschluß des Kaufvertrags zu versichern. Auch Käufern wird Versicherungsschutz für die mit der Übernahme verbundenen Umweltrisiken gewährt. Solche Versicherungsverträge werden größtenteils maßgeschneidert. Standardisierte Produkte werden kaum angeboten. Ohne Rückendeckung ihrer Rückversicherer haben deutsche Versicherungsunternehmen nur wenig Spielraum. Soll die Versicherungsprämie verhältnismäßig bleiben, wird der Spezialversicherer zum einen auf einer eigenen Due Diligence und zum anderen auf beson-

---

[264] Vgl. § 477 Abs. 1 BGB.
[265] Vgl. hierzu §§ 93 bis 95 BGB.
[266] *BGH* in st. Rspr. vgl. zB NJW 1979, 33 mwN.
[267] Vgl. § 477 Abs. 1 Satz 2 BGB.
[268] Nicht ungewöhnlich sind fünf oder gar zehn Jahre.
[269] Vgl. §§ 209ff. BGB.
[270] Nach § 11 Abs. 2 GKG berechnete Gerichtsgebühren; vgl. auch § 32 KostO.

dere Deckungsausschlüsse bestehen. Es kann sich auf Verkaufsverhandlungen sehr störend auswirken, wenn der Versicherer mit seinem eigenen Prüfungsteam recherchiert und – zur Wahrung seiner Interessen – die Risikopotentiale möglichst groß einschätzt. Das spricht dafür, Umweltlasten entweder deutlich vor den Verkaufsverhandlungen oder erst nach dem Closing zu versichern. Außerdem besteht die Gefahr, daß Deckungsschutz über Ausschlußklauseln im Versicherungsvertrag letztlich ausfällt, weil zB hoch gesteckte Anforderungen an Informations- und Mitteilungspflichten des Versicherungsnehmers nicht gänzlich erfüllt werden konnten.

Die meisten Spezialversicherer verlangen die Vorlage eines sog. **Phase I-Berichts** und beschränken den Versicherungsschutz ausdrücklich auf die in diesem Bericht festgestellten Sachverhalte. Von solchen Spezialversicherungen wird deshalb noch nicht häufig Gebrauch gemacht, obwohl auch für die Gewährleistungshaftung gebildete **Rückstellungen** über nachträglich eingeholten Versicherungsschutz **abgelöst** oder gegen Überschreitung abgesichert werden könnten. Spezielle Versicherungslösungen können auch – im Zusammenhang mit der Bildung von Rückstellungen – den Cash-flow des Unternehmens begünstigen und steuerlich interessant sein. Schließlich läßt sich mit ihnen gegensteuern, wenn marktbekannte Umweltprobleme des Unternehmens die Performance der Aktie behindern. Die Gestaltungsvielfalt und das Bestreben von Versicherungsunternehmen, ständig neue Geschäftsfelder zu erschließen, läßt erwarten, daß sich dieser noch kleine Versicherungsmarkt nachhaltig weiterentwickeln wird.

§ 30 Gewerbliche Schutzrechte bei Unternehmensübernahmen

Übersicht

	Rn
A. Bedeutung der gewerblichen Schutzrechte	1
I. Wirtschaftliche Bedeutung und Begriff der gewerblichen Schutzrechte	1
II. Bedeutung im Rahmen der Due Diligence	3
1. Einleitung	3
2. Rechtliche Verhältnisse	4
3. Wirtschaftliche Verhältnisse	16
B. Die gewerblichen Schutzrechte und ihre Übertragung	18
I. Grundsätzliche Probleme	18
1. Umfang der Rechtsübertragung	18
2. Die Schutzrechtsübertragung als Rechtsgeschäft	22
3. Bedeutung der Schutzrechtsregister	31
4. Gewährleistung des Veräußerers	32
II. Marken	38
III. Unternehmenskennzeichen, Firma	62
IV. Patente	68
V. Musterrechte	77
1. Geschmacksmuster	77
2. Gebrauchsmuster	82
VI. Ergänzender wettbewerbsrechtlicher Leistungsschutz	86
VII. Nutzungsrechte an Urheberrechten	87
VIII. Werktitelschutz	89
IX. Know-how	91
X. Sonstige gewerbliche Schutzrechte	93

Schrifttum: *Althammer/Ströbele/Klaka,* Markengesetz, 6. Aufl. 2000; *Benkard,* Patentgesetz Gebrauchsmustergesetz, 9. Aufl. 1993; *Bühring,* Gebrauchsmustergesetz, 5. Aufl. 1997; *Donle,* Gewerbliche Schutzrechte im Unternehmenskauf, DStR 1997, 74; *Gaul,* Die Arbeitnehmererfindung nach dem Betriebsübergang, GRUR 1994, 1; *Glanegger/Niedner/Ruß* (Hrsg.), Heidelberger Kommentar zum Handelsgesetzbuch, 5. Aufl. 1999 (zit. HK-HGB); *Goddar,* Die wirtschaftliche Bewertung gewerblicher Schutzrechte beim Erwerb technologieorientierter Unternehmen, Mitt. 1995, 357; *Ingerl,* Die Gemeinschaftsmarke, 1996; *v. Mühlendahl/Ohlgart,* Die Gemeinschaftsmarke, 1998; *Nirk/Kurtze,* Geschmacksmustergesetz, 2. Aufl. 1997; *Repenn,* Umschreibung gewerblicher Schutzrechte, 1994; *Stein/Ortmann,* Bilanzierung und Bewertung von Warenzeichen, BB 1996, 787; *Völker,* Das geistige Eigentum beim Unternehmenskauf, BB 1999, 2413.

A. Bedeutung der gewerblichen Schutzrechte

I. Wirtschaftliche Bedeutung und Begriff der gewerblichen Schutzrechte

1   Der Wert von Unternehmen wird zunehmend durch ihre gewerblichen Schutzrechte geprägt. Dabei stehen technische Schutzrechte, insbes. Patente, in den forschungsintensiven Technologiebranchen im Vordergrund. In der Markenartikelindustrie sind es demgegenüber eher die Zeichenrechte, wie Marken und Firmennamen, die den Wert der Sachanlagen bei weitem übersteigen können[1]. In der durch zunehmende Globalisierung gekennzeichneten Wirtschaft ist die Lage des Produktionsorts immer weniger relevant. Zusätzlich drängt die in den Industrieländern zu beobachtende Dienstleistungsorientierung die Bedeutung von Produktionsstätten und -maschinen in den Hintergrund. Schließlich besteht ganz allgemein die Tendenz zu einer Steigerung der Wertschöpfung ohne Kapitalbindung in Anlagevermögen. Daher stellen die gewerblichen Schutzrechte oft die **primäre Motivation für Übernahmeinteressenten** an solchen Unternehmen dar.

2   Der **Begriff der gewerblichen Schutzrechte** wird selbst vom Gesetzgeber als Auffangtatbestand verwendet[2]. Im Handels- und Steuerrecht wird in Anwendung einer eher betriebswirtschaftlichen Betrachtungsweise von immateriellen Anlagewerten[3] oder immateriellen Vermögensgegenständen bzw. Wirtschaftsgütern[4] gesprochen, die als Oberbegriffe zwar gewerbliche Schutzrechte im engeren Sinn umfassen, aber ebenso auch „ähnliche Rechte" sowie den Geschäfts- oder Firmenwert[5]. Im folgenden soll der Begriff der gewerblichen Schutzrechte – dem vorliegenden Thema der Unternehmensübernahmen entsprechend – nicht nur die subjektiven Ausschließlichkeitsrechte, sondern alle Formen des geistigen Eigentums einschließen, die einen eigenständigen Beitrag zum Wert des zu erwerbenden Unternehmens und damit auch für die dafür zu erbringende Gegenleistung bilden.

II. Bedeutung im Rahmen der Due Diligence

1. Einleitung

3   Die Due Diligence als erwerberseitige Prüfung der rechtlichen, wirtschaftlichen und technischen Verhältnisse[6] des Zielunternehmens in einem möglichst frühen Verhandlungsstadium besitzt wegen der oft schwer zu erfassenden gewerb-

---

[1] Vgl. *Goddar* Mitt. 1995, 357 ff.; *Güldenberg*, Der volkswirtschaftliche Wert und Nutzen der Marke, GRUR 1999, 843 ff.
[2] § 13 Abs. 2 Nr. 6 MarkenG erwähnt „sonstige gewerbliche Schutzrechte".
[3] Vgl. *Wollny* Rn 1681 f.
[4] *Franz-Jörg Semler* in Hölters Rn 39; *Stein/Ortmann* BB 1996, 787 ff.
[5] § 266 Abs. 2 HGB.
[6] *Günther* in MünchVertragsHdb. Bd. 2 II. 1 Anm. 3; siehe auch § 9 Rn 58 ff.

lichen Schutzrechte eine besonders wichtige Bedeutung. Dies gilt insbes. für den Asset Deal, also die Einzelübertragung der Wirtschaftsgüter, bei dem die Vermögensgegenstände des Unternehmens zu bestimmen sind, die vom Erwerb erfaßt werden sollen. Aber auch beim Share Deal, dem Erwerb der Beteiligungsrechte des Veräußerers an dem Rechtsträger des Unternehmens, dient die Due Diligence zur Überprüfung der Rechtsinhaberschaft des Veräußerers und zur sonstigen rechtlichen Beurteilung der einzelnen gewerblichen Schutzrechte[7]. Auch wenn der Veräußerer grundsätzlich nicht verpflichtet ist, ungefragt Auskünfte zu erteilen[8], trifft ihn in Ausnahmefällen doch eine weitgehende Offenbarungspflicht[9]. Auch sonst liegt es aber in seinem Interesse, durch eine umfassende und vollständige Mitwirkung zu vermeiden, dem Erwerber globale Zusicherungen und Garantiezusagen geben zu müssen[10]. Schließlich kann durch die Due Diligence auch die Grundlage zur aus steuerrechtlichen Gründen gebotenen Aufteilung des Kaufpreises auf die einzelnen erworbenen Wirtschaftsgüter geschaffen werden[11]. Alle mit gewerblichen Schutzrechten zusammenhängenden Punkte nehmen folglich auch in den für die Durchführung der Due Diligence-Prüfung vorliegenden Checklisten einen gebührenden Raum ein[12].

2. Rechtliche Verhältnisse

Bei der Prüfung der rechtlichen Verhältnisse der gewerblichen Schutzrechte ist bereits eine **Vielzahl von Einzelheiten** zu ermitteln, die für deren spätere Bewertung von erheblicher Bedeutung sind.

Hierfür sind die **gewerblichen Schutzrechte** des zu erwerbenden Unternehmens zunächst einmal ihrer Art nach zu **erfassen**[13]. Die diesbezüglichen Informationen des Veräußerers sollten durch entsprechende Dokumente verifiziert werden, zB durch Registerauszüge, Anmeldeunterlagen, vertragliche Unterlagen wie etwa Lizenzverträge, Vereinbarungen mit Inhabern von Drittrechten, Erfindern oder Urhebern, Unterlassungserklärungen des Unternehmens selbst oder Dritter, behördliche Beschlüsse oder Gerichtsentscheidungen.

Bei jedem gewerblichen Schutzrecht empfiehlt es sich, zuerst die **Rechtsinhaberschaft** zu klären, die auch bei den Registerrechten nicht notwendigerweise aus den jeweiligen Registerauszügen hervorgeht[14]. Stellt sich dabei heraus, daß die Inhaberschaft bei Dritten liegt, muß insbes. beim Asset Deal dafür Sorge getragen werden, daß diese gewerblichen Schutzrechte auch für den Erwerber nutzbar bleiben, falls er weiterhin davon Gebrauch machen möchte. Wenn nach den bestehenden Vereinbarungen zwischen diesem Dritten und dem Veräußerer eine

---
[7] *Donle* DStR 1997, 74ff.; *Völker* BB 1999, 2413ff.
[8] *Günther* in MünchVertragsHdb. Bd. 2 II. 1 Anm. 3, 86 (3); siehe auch § 9 Rn 24; *Picot* in Picot I. Rn 90; *Franz-Jörg Semler* in Hölters Rn 14.
[9] BGH GRUR 1982, 481, 483 „Hartmetallkopfbohrer" für die Veräußerung einer Schutzrechtsanmeldung durch Verkauf.
[10] *Günther* in MünchVertragsHdb. Bd. 2 II. 1 Anm. 3; siehe auch § 9 Rn 60, 68.
[11] *Günther* in MünchVertragsHdb. Bd. 2 II. 1 Anm. 66.
[12] Siehe § 9 Rn 138ff.
[13] Zu den dabei in Betracht zu ziehenden gewerblichen Schutzrechten siehe Rn 38ff.
[14] Siehe Rn 31.

Übertragbarkeit des Nutzungsrechts ausgeschlossen ist, bedarf es einer gesonderten vertraglichen Einräumung desselben durch den Dritten zugunsten des Erwerbers.

7 Ist der Veräußerer der Rechtsinhaber, hat er das Nutzungsrecht aber durch **Lizenzvertrag** einem Dritten übertragen, sollte der Erwerber prüfen, ob es sich um eine ausschließliche Nutzungseinräumung handelt, wie lange der Vertrag noch läuft, welche Kündigungsmöglichkeiten des Veräußerers bestehen und wie hoch die Lizenzgebühren sind. Der Lizenznehmer genießt in vielen Fällen gesetzlichen Sukzessionsschutz dadurch, daß sein Nutzungsrecht im Falle der Veräußerung des gewerblichen Schutzrechts bestehen bleibt[15]. Er kann es also weiter nutzen, ohne daß der Erwerber als nunmehriger Rechtsinhaber hiergegen Verbietungsrechte geltend machen könnte. Der Erwerber kann dann darauf hinwirken, daß der – ungeachtet der Veräußerung des gewerblichen Schutzrechts – zwischen seinen ursprünglichen Parteien fortbestehende Lizenzvertrag[16] durch den Veräußerer wirksam beendet wird oder, falls er an der Weiterführung des Lizenzverhältnisses interessiert ist, auf die Übernahme des Lizenzvertrags durch (dreiseitige) Vereinbarung mit dem Veräußerer und dem Lizenznehmer hinwirken oder er muß sich zumindest die Ansprüche auf die künftigen Lizenzgebühren vom Veräußerer abtreten lassen[17].

8 Der **rechtliche Bestand und Schutzumfang** der gewerblichen Schutzrechte ist vom Erwerber eingehend zu untersuchen. Hierzu gehört die Bestimmung der **Priorität**, also des Vorrangs vor anderen Rechten (Dritter), die sich normalerweise bei den Registerrechten nach dem Anmeldetag[18] und sonst nach dem Zeitpunkt der Entstehung des Rechts[19] durch Benutzungsaufnahme oder Erlangung von Verkehrsgeltung richtet.

9 Der Stand des Anmeldeverfahrens sollte insbes. bei solchen Registerrechten, deren Schutzfähigkeit von der Eintragungsbehörde geprüft wird (Patente, eingetragene Marken), genau untersucht und eine **Prognose über die endgültige Schutzerlangung** erstellt werden. So kann die Markenbehörde bei Markenanmeldungen absolute Schutzhindernisse geltend gemacht haben[20]. Gegen bereits eingetragene Marken können Widersprüche auf Grund älterer Markenrechte Dritter erhoben worden sein[21]. Bei Patenten ist festzustellen, ob bereits der Erteilungsbeschluß ergangen ist[22] und danach Einsprüche dagegen erhoben wurden[23].

10 Die Due Diligence-Prüfung sollte sich auch ganz allgemein darauf erstrecken, welche Stärke die gewerblichen Schutzrechte in ihrem **wettbewerblichen Um-**

---

[15] *Donle* DStR 1997, 74, 78 mit Hinweis auf § 15 Abs. 3 PatG, § 33 UrhG, § 30 Abs. 5 MarkenG, § 22 Abs. 3 GebrMG.
[16] *Fezer* § 30 MarkenG Rn 36; *Völker* BB 1999, 2413, 2418.
[17] *Donle* DStR 1997, 74, 78; *Picot* in Picot I. Rn 69.
[18] Vgl. § 6 Satz 3 PatG; § 6 Abs. 2 MarkenG; § 13 Abs. 3 GebrMG; im Geschmacksmusterrecht gelten Besonderheiten, vgl. hierzu *Nirk/Kurtze* § 1 GeschmMG Rn 19.
[19] Vgl. etwa § 6 Abs. 3 MarkenG.
[20] § 37 MarkenG.
[21] § 42 MarkenG.
[22] § 49 PatG.
[23] § 59 PatG.

feld besitzen, auch wenn dies im Einzelfall oft schwer feststellbar ist. Selbst bei den geprüften Registerrechten, denen die Eintragungsbehörden die absolute Schutzfähigkeit zuerkannt haben, gibt es solche, die von Haus aus stark sind, und andere, deren Schutzumfang nur gering ist. Letzteres gilt etwa für Marken, die eng an Begriffe angelehnt sind, die die angemeldeten Waren oder Dienstleistungen beschreiben und daher im Verkehr von jedermann frei verwendbar bleiben müssen. Bei Patenten kann deren gewerbliche Anwendbarkeit gering sein, oder der Konkurrenz können gemeinfreie Alternativtechnologien zur Verfügung stehen[24]. Den ungeprüften gewerblichen Schutzrechten fehlt es an einer behördlichen Beurteilung ihrer Schutzfähigkeit. Hier kann es jedoch – wie auch sonst – aufschlußreich sein, ob und mit welchem Erfolg sie **gegen Verletzungen durch Dritte verteidigt** worden sind. Neben außergerichtlichen Abmahnungen, die zu Unterlassungserklärungen der Verletzer geführt haben, sind hier besonders gerichtliche Entscheidungen von Bedeutung, durch die die Reichweite der Schutzrechte festgestellt worden ist. Ist das wettbewerbliche Umfeld nicht von Nachahmungen freigehalten worden, ist dies oft mit einer Schwächung der Schutzrechte verbunden.

Die Bestandskraft der Schutzrechte wird umgekehrt auch durch die **älteren Rechte Dritter** bestimmt. Unabhängig von der Durchführung des markenrechtlichen Widerspruchsverfahrens oder des patentrechtlichen Einspruchsverfahrens können die Inhaber älterer Rechte auch Löschungs- und Nichtigkeitsverfahren anstrengen oder Unterlassungs- und Schadensersatzansprüche wegen der Verletzung ihrer Rechte geltend machen. Auch wenn dies noch nicht eingetreten ist, sollte der Erwerber überprüfen, ob Anhaltspunkte dafür vorliegen, daß derartige Verfahren oder Inanspruchnahmen drohen könnten. Als Ergebnis früherer Auseinandersetzungen können **Vorrechtsvereinbarungen** mit Drittrechtsinhabern bestehen, in denen sich der Veräußerer zu einer nur eingeschränkten Nutzung sowie zur Auferlegung dieser Beschränkung auf seinen Rechtsnachfolger, also den nunmehrigen Erwerber, verpflichtet hat.

Der Schutzumfang von Marken ist schließlich auch von deren **Benutzungslage** abhängig. Zum einen steigt ihre Kennzeichnungskraft mit der Intensität ihrer Benutzung und damit ihrer Bekanntheit. Zum anderen kann eine eingetragene Marke für Waren und Dienstleistungen auf Antrag von jedermann wegen Verfalls gelöscht werden, für die sie innerhalb eines ununterbrochenen Zeitraums von fünf Jahren nach ihrer Eintragung oder Abschluß eines etwaigen Widerspruchsverfahrens nicht ordnungsgemäß benutzt worden ist[25]. Eine solche Löschungsreife kann erst durch (erneute) Benutzungsaufnahme mit Wirkung ex tunc geheilt werden[26]. Daher sollte der Erwerber bei allen seit mehr als fünf Jahren eingetragenen Marken der Benutzungssituation seine besondere Aufmerksamkeit schenken.

Schließlich ist bei den Registerrechten die verbleibende **Schutzdauer** zu bestimmen. Bei eingetragenen Marken ist diese zwar befristet, kann aber immer wieder verlängert werden[27]. Patente und Muster sind demgegenüber nur begrenzt

---

[24] *Donle* DStR 1997, 74, 76.
[25] §§ 26 Abs. 5, 49 MarkenG.
[26] *Althammer/Ströbele/Klaka* § 49 MarkenG Rn 7.
[27] § 47 Abs. 2 MarkenG.

verlängerbar[28]. Bei Patenten ist auf die Fälligkeit der Jahresgebühren[29], bei eingetragenen Marken und Musterrechten auf die Fälligkeit der Verlängerungsgebühren[30] zu achten.

14 Die Registerrechte bedürfen einer ordnungsgemäßen **Verwaltung**, die meist nicht nur beim Veräußerer selbst durchgeführt wird, sondern auch durch von ihm beauftragte Anwälte. Hierzu gehören die Beantragung von Schutzrechten und deren Verlängerungen, die Durchführung einer funktionierenden Kollisionsüberwachung im Hinblick auf prioritätsjüngere Marken, Muster und Patente Dritter sowie die Kontrolle aller hierfür einzuhaltenden Fristen.

15 Bei der vorstehend beschriebenen Überprüfung der Rechtsverhältnisse der gewerblichen Schutzrechte erhält der Erwerber zumeist auch **Einblick in diese Verwaltung** der Registerrechte und kann sich ein Bild davon machen, ob sie zufriedenstellend erfolgt. Besonders bei Übernahmen in Form des Share Deal sollte der Erwerber bereits in dieser Phase prüfen, ob er die Registerrechtsverwaltung in der bestehenden Form fortführen oder in sein eigenes System integrieren möchte. Da anhängige Verfahren nach der Rechtsübertragung unter Umständen noch von dem Veräußerer weiter zu führen sind, ist die Kenntnis der Qualität seiner Rechtsbetreuung aber auch beim Asset Deal für den Erwerber wertvoll. Ob der Veräußerer hierfür tatsächlich seine Anwälte von ihrer Schweigepflicht entbinden muß[31], wird davon abhängen, wie umfassend er bereits selbst den Erwerber über seine gewerblichen Schutzrechte informiert und ob er sie dokumentiert hat. In der Phase der Due Diligence kann der Veräußerer seine Interessen durch Geheimhaltungserklärungen des Erwerbers bzw. durch die Einschaltung eines zur Verschwiegenheit verpflichteten Wirtschaftsprüfers wahren[32].

3. Wirtschaftliche Verhältnisse

16 Die Ermittlung der **wirtschaftlichen Verhältnisse** bei der Due Diligence ist für die Bewertung der gewerblichen Schutzrechte ebenso unerläßlich wie deren rechtliche Überprüfung. Die Bilanz kann hierfür nur dann herangezogen werden, wenn der Veräußerer die gewerblichen Schutzrechte selbst entgeltlich erworben hat, da sie sonst einem Bilanzierungsverbot unterliegen[33] und auch steuerrechtlich nicht zu aktivieren sind[34]. Selbst bei entgeltlichem Erwerb fehlen sie in der Bilanz, wenn sie bereits voll abgeschrieben sind[35]. Wichtig ist es daher, den einzelnen gewerblichen Schutzrechten möglichst präzise wirtschaftliche Informationen über die Produkte des zur Veräußerung stehenden Unternehmens zuzuordnen[36]. Hierzu zählen die anteiligen Umsätze in der Vergangenheit und die diesbezügli-

---

[28] § 16 PatG, § 23 GebrMG und § 9 GeschmMG.
[29] § 17 Abs. 3 Satz 1 PatG.
[30] § 47 Abs. 3 Satz 2 MarkenG; § 9 Abs. 3 Satz 1 GeschmMG; § 23 Abs. 3 Satz 3 GebrMG.
[31] So *Donle* DStR 1997, 74, 78.
[32] Vgl. *Günther* in MünchVertragsHdb. Bd. 2 II. 1 Anm. 3, 23; siehe § 9 Rn 63 ff.
[33] § 248 Abs. 2 HGB.
[34] § 5 Abs. 2 EStG; *Donle* DStR 1997, 74; *Gold*, Steuerliche Abschreibungsmöglichkeit für Marken?, DB 1998, 956; *Stein/Ortmann* BB 1996, 787.
[35] *Wollny* Rn 727.
[36] Bzgl. Marken: *Stein/Ortmann* BB 1996, 787, 789.

chen Kostenfaktoren, aus denen sich der Ergebnisbeitrag der Produkte errechnen läßt. Schwierig ist dann aber die Zuordnung zu den einzelnen gewerblichen Schutzrechten, da an dem Ergebnisbeitrag eines Produkts oft mehrere gewerbliche Schutzrechte (Marken, Geschmacksmuster, Patente, Gebrauchsmuster usw.) beteiligt sind. Informationen über die Marktanteile, das Image und den Bekanntheitsgrad sind ebenso wichtige Anhaltspunkte wie die Höhe der Lizenzgebühren, die vom Veräußerer selbst oder üblicherweise für ähnliche gewerbliche Schutzrechte erzielt werden.

Unter Heranziehung derartiger wirtschaftlicher Daten und der rechtlichen Schutzsituation hat sich eine Vielzahl mehr oder weniger unterschiedlicher **Bewertungsmethoden** entwickelt[37]. Allerdings werden insbes. bei der Markenbewertung die vorliegenden Methoden nicht zuletzt wegen der Schwierigkeiten der Ermittlung und Gewichtung der zugrunde zu legenden Daten immer noch als teilweise zu wenig validiert empfunden. Dies zeigt sich dadurch augenfällig, daß ihre Anwendung auf dieselben bekannten Marken zu ganz unterschiedlichen Ergebnissen geführt hat[38]. Daher gilt letztlich der lapidare Grundsatz, daß sich der Wert des gewerblichen Schutzrechts danach bemißt, was der Erwerber dafür zu zahlen bereit ist. Sein Zahlungsangebot sollte er jedoch nach sorgfältig durchgeführter Due Diligence in Kenntnis aller rechtlichen und wirtschaftlichen Verhältnisse der gewerblichen Schutzrechte abgeben.

B. Die gewerblichen Schutzrechte und ihre Übertragung

I. Grundsätzliche Probleme

1. Umfang der Rechtsübertragung

Besitzt das Zielunternehmen gewerbliche Schutzrechte, richtet sich deren Übertragung danach, was **Vertragsgegenstand** des Unternehmenskaufs ist.

Sollen die Beteiligungsrechte des Veräußerers an dem Rechtsträger des Unternehmens erworben werden (**Share Deal**), wird eine Übertragung der einzelnen Wirtschaftsgüter, also auch der einzelnen gewerblichen Schutzrechte, vermieden. Das bedeutet grundsätzlich eine wesentliche Vereinfachung und Kostenersparnis gegenüber der Einzelrechtsübertragung[39]. Bei allen gewerblichen Schutzrechten, die sich in der Rechtsinhaberschaft des Unternehmens selbst befinden, bleibt der Rechtsträger dann unverändert[40]. Werden dort aber Rechte genutzt, die nicht dem Unternehmen selbst, sondern seinem Inhaber bzw. seinen Gesellschaftern

---

[37] *Fezer* § 27 MarkenG Rn 59 ff.; *Goddar* Mitt. 1995, 357 ff.; *Rohnke*, Bewertung von Warenzeichen beim Unternehmenskauf, DB 1992, 1941 ff.; *Stein/Ortmann* BB 1996, 787 ff.; *Repenn*, Handbuch der Markenbewertung und -verwertung, 1998, S. 27 f., S. 31 ff.; siehe auch die Vergütungsrichtlinien, die aufgrund des § 11 des Gesetzes über Arbeitnehmererfindungen erlassen wurden.
[38] *Fezer* § 27 MarkenG Rn 59.
[39] *Wollny* Rn 729; *Franz-Jörg Semler* in Hölters Rn 49.
[40] *Franz-Jörg Semler* in Hölters Rn 42.

persönlich oder auch rechtlich selbständigen Dritten gehören und dennoch vom Erwerb mit erfaßt werden sollen, bedarf es zusätzlich der Einzelübertragung dieser gewerblichen Schutzrechte durch ihre jeweiligen Inhaber[41]. Das kann dem Erwerber also weitere Vertragspartner bescheren, falls die gewerblichen Schutzrechte nicht noch vor der Übernahme von ihren Inhabern auf den Rechtsträger des Unternehmens übertragen werden[42].

20 Wird der Weg der Einzelübertragung der Wirtschaftsgüter des Unternehmens, also der **Asset Deal**, gewählt, handelt es sich zumeist um Fälle, in denen entweder Rechtsträger des zu übertragenden Unternehmensvermögens keine zum Beteiligungserwerb geeignete eigene Rechtspersönlichkeit, sondern der Veräußerer persönlich (einzelkaufmännisches Unternehmen) ist, oder bei denen lediglich rechtlich unselbständige Unternehmensteile erworben werden sollen[43]. Selbst wenn im letzteren Fall die arbeitsrechtlichen Voraussetzungen des Betriebsübergangs[44] erfüllt sind, werden in diesem Unternehmensteil genutzte gewerbliche Schutzrechte ohne ihre gesonderte Einzelübertragung nicht von der Betriebsübertragung erfaßt und verbleiben beim veräußernden Rechtsträger des Betriebs[45]. Eine gesetzliche Vermutung für die Miterfassung bei der Übertragung eines dazu gehörigen Geschäfts- oder Teilgeschäftsbetriebs existiert nur hinsichtlich der Marken, dort aber sowohl für die durch Eintragung als auch für die durch Benutzung oder notorische Bekanntheit begründeten Markenrechte[46]. Da somit die gewerblichen Schutzrechte einzeln zum Vertragsgegenstand gemacht werden müssen, ist deren Erfassung iRd. Due Diligence beim Asset Deal besonders wichtig.

21 Allerdings kommt eine rechtsgeschäftliche Übertragung nur in Betracht, soweit sie bei dem jeweiligen gewerblichen Schutzrecht möglich ist. Gesetzlich ausgeschlossen ist dies beim Urheberrecht[47], bei dem lediglich die Übertragung des hieran bestehenden Nutzungsrechts möglich ist[48]. Bei den durch Benutzung im geschäftlichen Verkehr entstandenen gewerblichen Schutzrechten ist zu unterscheiden. Handelt es sich um Benutzungsmarken bzw. Ausstattungsrechte und notorisch bekannte Marken[49], sind diese auch ohne den dazu gehörigen Geschäftsbetrieb frei übertragbar[50]. Da bei ihnen der Markenschutz aber von der tatsächlichen Benutzung abhängt, ist sicherzustellen, daß eine reibungslose alleinige Weiterbenutzung durch den Erwerber in dem Umfang erfolgen kann, der für den rechtlichen Fortbestand erforderlich ist[51]. Streitig ist demgegenüber[52], ob Werktitel[53] stets nur zu-

---

[41] *Wollny* Rn 733; *Franz-Jörg Semler* in Hölters Rn 50 f.
[42] *Günther* in MünchVertragsHdb. Bd. 2 II. 1 Anm. 39.
[43] *Günther* in MünchVertragsHdb. Bd. 2 II. 1 Anm. 1. (1) a).
[44] § 613a BGB. Zum Betriebsübergang siehe § 27 Rn 13 ff.
[45] *Gaul* GRUR 1994, 1.
[46] § 27 Abs. 2 MarkenG.
[47] § 29 Satz 2 UrhG.
[48] *Beisel/Klumpp* Rn 392; siehe Rn 88.
[49] § 4 Nr. 2 und 3 MarkenG.
[50] § 27 Abs. 1 MarkenG; *Althammer/Ströbele/Klaka* § 4 MarkenG Rn 26 und § 27 MarkenG Rn 4.
[51] *Günther* in MünchVertragsHdb. Bd. 2 II. 1 Anm. 23.
[52] Siehe Rn 90.
[53] § 5 MarkenG.

sammen mit dem Werk übertragen werden können. Nur für die Firma existiert nämlich eine ausdrückliche gesetzliche Regelung, wonach diese nicht ohne das dazu gehörige Handelsgeschäft veräußert werden kann[54].

2. Die Schutzrechtsübertragung als Rechtsgeschäft

Bei den zum Zweck der Unternehmensübernahme geschlossenen Vereinbarungen ist stets zwischen dem schuldrechtlichen **Verpflichtungsgeschäft** und dem zu dessen Erfüllung erforderlichen **Verfügungsgeschäft** zu unterscheiden[55], obwohl beide in einer Urkunde zusammengefaßt[56] und durch Parteivereinbarung in einen rechtlichen Zusammenhang gebracht werden können[57]. Diese der deutschen Zivilrechtsordnung entsprechende Trennung gilt sowohl für den Asset Deal als auch für den Share Deal[58]. Im Rahmen des letzteren genügt als Vollzugsgeschäft die Übertragung der Beteiligungsrechte am Unternehmen von dessen Rechtsträger an den Erwerber[59]. Diese erfolgt nach den Vorschriften über die Forderungsübertragung[60] und bei Verkörperung der Mitgliedschaftsrechte in einem Wertpapier (zB Aktie) daneben auch nach denjenigen zur Übertragung des Eigentums an beweglichen Sachen[61]. Einer gesonderten Übertragung der in der Rechtsinhaberschaft des Unternehmens befindlichen gewerblichen Schutzrechte bedarf es nicht. Deshalb beschränken sich die folgenden Ausführungen – soweit nicht anders erwähnt – auf deren Einzelübertragung im Rahmen eines Asset Deal. Bei diesem ist die Trennung zwischen Verpflichtungs- und Verfügungsgeschäft besonders einleuchtend. Die vom Veräußerer geschuldete dingliche Übertragung der einzelnen Vermögensgegenstände des Unternehmens (zB Grundstücke, bewegliche Sachen, Forderungen, gewerbliche Schutzrechte) vollzieht sich dort nämlich nach ganz unterschiedlichen Vorschriften[62].

Schuldrechtlich ist die entgeltliche Unternehmensübernahme als **Kaufvertrag** einzuordnen[63]. Soweit die Gesamtheit der Wirtschaftsgüter des Unternehmens den Vertragsgegenstand bildet, wird der Asset Deal, bezogen auf das gesamte Unternehmen, als Sachkauf behandelt[64]. Bei zum Unternehmen gehörenden gewerblichen Schutzrechten liegt hier gleichzeitig ein Rechtskauf vor[65], bei dem die Hauptpflicht des Veräußerers darin besteht, die Schutzrechte dem Erwerber zu verschaffen[66]. Auch der Share Deal, der zwar grundsätzlich Rechtskauf ist, weil er

---

[54] § 23 HGB; siehe Rn 65.
[55] *Wollny* Rn 454.
[56] *Franz-Jörg Semler* in Hölters Rn 29.
[57] *Fezer* § 27 MarkenG Rn 14.
[58] *Franz-Jörg Semler* in Hölters Rn 29.
[59] *Picot* in Picot I. Rn 71.
[60] § 413 iVm. § 398 BGB.
[61] § 929 BGB.
[62] *Picot* in Picot I. Rn 71.
[63] AllgM, vgl. *Westermann* in MünchKomm. § 433 BGB Rn 9; *Franz-Jörg Semler* in Hölters Rn 3; *Picot* in Picot I. Rn 28; *Wollny* Rn 455.
[64] *Westermann* in MünchKomm. § 433 BGB Rn 11; *Picot* in Picot I. Rn 29, 76.
[65] § 433 Abs. 1 Satz 2 BGB; *BGH* GRUR 1982, 481, 482 „Hartmetallkopfbohrer" zum Kauf von Patent- und Gebrauchsmusteranmeldungen sowie erteilten Patenten.
[66] *Donle* DStR 1997, 74, 76; *Picot* in Picot I. Rn 47.

Beteiligungsrechte zum Gegenstand hat, wird ab einer beherrschenden Beteiligungsquote als Kauf des Unternehmens selbst und damit als Sachkauf gewertet[67]. Diese Einordnungen werden insbes. bei der Gewährleistung relevant[68].

24 Die **dingliche Übertragung** der gewerblichen Schutzrechte erfolgt nach den Vorschriften über die Abtretung[69] sowie den im Einzelfall bestehenden besonderen gesetzlichen Regelungen, die bei den Ausführungen zu den einzelnen gewerblichen Schutzrechten[70] behandelt werden. Aufgrund des sachenrechtlichen **Bestimmtheitsgrundsatzes**[71], aber auch wenn, wie bei Forderungen, die bloße Bestimmbarkeit[72] für ausreichend gehalten wird, müssen die zu übertragenden Schutzrechte hinreichend individualisiert werden. Diese für eine wirksame Rechtsübertragung unabdingbare Voraussetzung sollte bereits in dem zugrunde liegenden Kaufvertrag ihren Niederschlag finden[73]. Sofern die Bezeichnung der einzelnen gewerblichen Schutzrechte Schwierigkeiten bereitet, können auch **Auffang- bzw. Allklauseln** qualifizierender Art verwendet werden, um eine wirksame Übertragung zu ermöglichen[74].

25 Ist das gewerbliche Schutzrecht ein übertragbares absolutes Recht, gehen zusammen mit dem Stammrecht auch sämtliche aus ihm resultierenden **Benutzungs- und Verbietungsrechte** auf den Erwerber über[75], so daß dieser gegenüber Dritten idR ab dem Übertragungszeitpunkt Ansprüche aus einer Verletzung des Schutzrechts geltend machen kann[76]. Bereits vor der Übertragung entstandene Schadensersatzansprüche gegen Schutzrechtsverletzer gehen allerdings nicht als Nebenrechte mit dem Stammrecht auf den Erwerber über, sondern gelten als selbständige Ansprüche, die der Erwerber nur kraft gesonderter Abtretung durch den Veräußerer erlangen kann[77]. Aufgrund der zwischen dem absoluten Recht und den Verbietungsrechten bestehenden Akzessorietät kann allerdings der Unterlassungsanspruch nicht ohne das Stammrecht übertragen werden[78].

26 Ist der Veräußerer selbst nicht der dingliche Rechtsinhaber, sondern nur einfacher schuldrechtlicher Lizenznehmer, stehen ihm auch keine eigenen weiter übertragbaren Rechte zu. Eine **einfache Lizenz** ist mithin nicht auf den Unter-

---

[67] Siehe § 9 Rn 17 ff.; *Picot* in Picot I. Rn 30, 77, 106; *Franz-Jörg Semler* in Hölters Rn 105 ff.
[68] Siehe Rn 32 bis 37.
[69] § 413 iVm. § 398 BGB; *Benkard* § 15 PatG Rn 4; *Donle* DStR 1997, 74, 77; *Wollny* Rn 573; *Fezer* § 27 MarkenG Rn 14.
[70] Siehe Rn 38 ff.
[71] *Benkard* § 15 PatG Rn 6; *Picot* in Picot I. Rn 48; *Franz-Jörg Semler* in Hölters Rn 32.
[72] Offen gelassen von *BGH* GRUR 1979, 145, 146 „Aufwärmvorrichtung"; *Günther* in MünchVertragsHdb. Bd. 2 II. 1 Anm. 19 (2).
[73] *Donle* DStR 1997, 74, 76; *Picot* in Picot I. Rn 49.
[74] BGH GRUR 1979, 145, 146 „Aufwärmvorrichtung"; *Günther* in MünchVertragsHdb. Bd. 2 II. 1 Anm. 19 (1); *Picot* in Picot I. Rn 49; *Franz-Jörg Semler* in Hölters Rn 32.
[75] § 413 iVm. § 401 Abs. 1 BGB analog; *Donle* DStR 1997, 74, 77.
[76] *Fezer* § 27 MarkenG Rn 20 und § 28 MarkenG Rn 12 ff. mit Hinweis auf verfahrensrechtliche Beschränkungen vor der Eintragung des Rechtsübergangs; zu Besonderheiten bei einzelnen Schutzrechten siehe Rn 38 ff.
[77] BGH GRUR 1958, 288 ff. „Dia-Rähmchen"; *Benkard* § 15 PatG Rn 4; *Donle* DStR 1997, 74, 77.
[78] § 413 iVm. § 399 BGB; RGZ 148, 146 ff. für das Patent.

nehmenserwerber übertragbar[79]. Etwas anderes gilt, wenn der Veräußerer Inhaber einer **ausschließlichen Lizenz** ist. Wegen ihres dinglichen Charakters[80] kann diese vom Lizenznehmer weiter übertragen werden, sofern nicht zwischen Lizenzgeber und -nehmer die Übertragbarkeit durch eine – möglicherweise auch konkludent getroffene – Vereinbarung ausgeschlossen wurde[81]. Für die Fälle, in denen der Veräußerer Lizenzgeber ist, wird auf die hierzu bereits gemachten Ausführungen[82] verwiesen.

Sowohl die schuldrechtlichen als auch die dinglichen Verträge zur Übertragung gewerblicher Schutzrechte im Rahmen eines Asset Deal bedürfen idR keiner besonderen **Form**[83]. Nur in besonderen Fällen ist die Schriftform ausdrücklich gesetzlich vorgeschrieben[84] mit der Folge, daß bei Nichtbeachtung die Vereinbarung nichtig ist[85]. Das auch für die Übertragung gewerblicher Schutzrechte relevante kartellrechtliche Schriftformerfordernis wurde mit Wirkung zum 1. 1. 1999 aufgehoben[86]. Durch seine extensive Anwendung hatte es die Möglichkeit eröffnet, sich durch den formalen Hinweis auf die Nichtigkeitsfolgen nachträglich aus unbequem gewordenen vertraglichen Verpflichtungen zu lösen[87]. Dies wurde als Mißbrauch empfunden und soll durch die Aufhebung dieses Schriftformerfordernisses verhindert werden[88]. Auch wenn keine Formvorschriften bestehen, sollte die schriftliche Abfassung der Vereinbarungen im Rahmen des Unternehmenskaufs selbstverständlich sein.

Für die Gestaltung des Unternehmenskaufvertrags gilt der **Grundsatz der Vertragsfreiheit**. Dieser erlaubt es den Vertragsparteien, eine den beiderseitigen Interessen gerecht werdende Lösung für alle bedeutsamen Einzelfragen zu erzielen, bei denen die gesetzliche Regelung nicht dem Parteiwillen entspricht oder die Rechtslage Unsicherheiten aufweist. Letzteres gilt insbes. für das Gewährleistungs- und Haftungsrecht im Unternehmenskauf[89]. In der Praxis wird der Veräußerer, gerade wenn er nicht in der Lage war, die maßgeblichen Verhältnisse iRd. Due Diligence hinreichend offen zu legen, gezwungen sein, Zusicherungen[90] oder sogar

---

[79] § 413 iVm. § 399 BGB; BGHZ 62, 272ff.; *Benkard* § 15 PatG Rn 58.
[80] *Benkard* § 15 PatG Rn 53.
[81] *Benkard* § 15 PatG Rn 58 mwN.; *Ingerl/Rohnke*, Markengesetz, 1998, § 30 MarkenG Rn 11; anders *Fezer* § 30 MarkenG Rn 22f.; hinsichtlich urheberrechtlicher Nutzungsrechte siehe Rn 87f.
[82] Siehe Rn 7.
[83] *Benkard* § 15 PatG, Rn 4; *Bühring* § 22 GebrMG Rn 7; *Fezer* § 27 MarkenG Rn 14; *Nirk/Kurtze* § 3 GeschmMG Rn 10; *Donle* DStR 1997, 74, 77; *Picot* in Picot I. Rn 139.
[84] Vgl. etwa § 17 Abs. 3 GMarkenV für die Gemeinschaftsmarke; Art. 72 EPÜ für die europäische Patentanmeldung; Art. 23 der VO (EG) Nr. 2100/94 des Rates zum Sortenschutz.
[85] § 125 BGB.
[86] § 34 GWB aF wurde gestrichen, vgl. § 131 Abs. 1 GWB.
[87] *Rainer Bechtold*, Das neue Kartellgesetz, NJW 1998, 2769, 2771 mwN.
[88] Vgl. Begr. des Entwurfs eines Sechsten Gesetzes zur Änderung des Gesetzes gegen Wettbewerbsbeschränkungen, BT-Drucks. 13/9720 S. 42, 75f., 81f.
[89] *Donle* DStR 1997, 74, 76f.; *Picot* in Picot I. 45, 76; *Franz-Jörg Semler* in Hölters Rn 121; siehe auch Rn 32 bis 37.
[90] § 459 Abs. 2 BGB.

selbständige Garantieversprechen[91] abzugeben[92]. Diese beziehen sich bei gewerblichen Schutzrechten etwa auf die fehlende Rechtshängigkeit von Nichtigkeits- und Löschungsklagen Dritter oder auf die Unkenntnis des Veräußerers von Nichtigkeitsgründen[93]. Die beim Asset Deal erforderliche Einzelübertragung gewerblicher Schutzrechte ist ebenfalls einer individuellen Regelung durch die Vertragspartner zugänglich. So kann zwischen dem dinglichen und dem schuldrechtlichen Rechtsgeschäft durch Vereinbarung von Bedingungen, Befristungen oder Bildung einer Geschäftseinheit[94] ein rechtlicher Zusammenhang hergestellt werden[95].

29 Eine Übertragung ist nicht nur bei vollendeten gewerblichen Schutzrechten möglich. Als Folge der Vertragsfreiheit können auch entsprechende **Anwartschaftsrechte**, die sich in Schutzrechtsanmeldungen manifestiert haben[96], **noch nicht angemeldete**[97] **und sogar künftige Rechte**[98] übertragen werden. Bei letzteren ist eine lediglich schuldrechtliche Verpflichtung zur Übertragung, aber auch eine bereits dingliche Vorausverfügung möglich[99].

30 Das Zielunternehmen ist nicht selten Inhaber gewerblicher Schutzrechte in einer Vielzahl von Ländern. Es ist dann hinsichtlich der beim Asset Deal erforderlich werdenden **multinationalen Schutzrechtsübertragungen** zwischen dem Verpflichtungs- und dem Verfügungsgeschäft zu unterscheiden[100]. Für das letztere gilt das Schutzlandstatut, wonach jedes einzelne Verfügungsgeschäft nach dem Recht des Staates zu beurteilen ist, für den das Schutzrecht übertragen wird[101]. Für das Verpflichtungsgeschäft sind die Regeln des Vertragskollisionsrechts anzuwenden, wonach grundsätzlich auf den objektiven Schwerpunkt des Rechtsgeschäfts abgestellt wird[102]. Da dies im Einzelfall wegen der Komplexität der vertraglichen Regelungen und der damit verbundenen möglichen Vielzahl von Anknüpfungspunkten zu Unsicherheiten führen kann[103], empfiehlt es sich, von der Möglichkeit der Rechtswahlvereinbarung Gebrauch zu machen[104].

---

[91] § 305 BGB; *Heinrichs* in Palandt Einf. vor § 305 BGB Rn 13; *Thomas* in Palandt Einf. vor § 765 Rn 16.
[92] *Günther* in MünchVertragsHdb. Bd. 2 II. 1 Anm. 3. Siehe auch § 9 Rn 40ff.
[93] *Donle* DStR 1997, 74, 77.
[94] § 139 BGB.
[95] *Benkard* § 15 PatG Rn 5, 8; *Fezer* § 27 MarkenG Rn 14.
[96] Vgl. etwa § 31 iVm. § 27 Abs. 1 MarkenG; § 15 Abs. 1 Satz 1 PatG und § 22 Abs. 1 Satz 1 GebrMG sprechen insoweit vom „Anspruch auf" Erteilung des Patents bzw. Eintragung des Gebrauchsmusters.
[97] Hierzu heißt es in § 15 Abs. 1 Satz 1 PatG und § 22 Abs. 1 Satz 1 GebrMG „das Recht auf das" Patent bzw. Gebrauchsmuster; *Nirk/Kurtze* § 3 GeschmMG Rn 1, 7, 18f. bezeichnen das geschmacksmusterfähige Muster/Modell bereits vor Anmeldung als Anwartschaftsrecht.
[98] Bei ausreichender Bestimmbarkeit bejaht von *Benkard* § 15 PatG Rn 6 für das Patentrecht mit Hinweis auf BGH GRUR 1979, 145, 146 „Aufwärmvorrichtung" und *Bühring* § 22 GebrMG Rn 4 für das Gebrauchsmusterrecht; *Nirk/Kurtze* § 3 GeschmMG Rn 23ff. fordern im Geschmacksmusterrecht nähere Kennzeichnung von Art, Gegenstand, Inhalt und Entstehungszeit der künftigen Werkschöpfung.
[99] *Bühring* § 22 GebrMG Rn 4; *Nirk/Kurtze* § 3 GeschmMG Rn 23ff.
[100] *Völker* BB 1999, 2413; vgl. zum Markenrecht: *Fezer* Einl. MarkenG Rn 201ff. mwN.
[101] *Fezer* Einl. MarkenG Rn 204 mwN.
[102] Art. 28 Abs. 1 Satz 1 EGBGB.
[103] *Fezer* Einl. MarkenG Rn 206ff. mwN.
[104] Art. 27 EGBGB. Zur Rechtswahlvereinbarung siehe § 35 Rn 21ff.

3. Bedeutung der Schutzrechtsregister

Die wichtigsten gewerblichen Schutzrechte, bei denen Registereintragungen möglich sind, sind Patente, Gebrauchsmuster, Registermarken, Geschmacksmuster und Firmen[105]. Für die ursprüngliche Rechtsentstehung wirkt die Eintragung der Registermarke in das Markenregister, die Eintragung des Gebrauchsmusters in die Rolle für Gebrauchsmuster und die der Firma des Kaufmanns kraft Eintragung in das Handelsregister konstitutiv[106]. IRd. Unternehmensübernahme bedeutet dies aber lediglich, daß diese Schutzrechte überhaupt einmal wirksam eingetragen worden sein müssen, um als Vollrecht auf den Erwerber übertragen werden zu können. Bei den übrigen eingangs genannten Registerrechten kommt der Eintragung sogar für ihre Entstehung nur deklaratorische Bedeutung zu[107]. Der **Eintragung des Inhabers und** damit auch **des Rechtsübergangs** auf den Erwerber kommt dagegen bei allen vorgenannten Registerrechten **grundsätzlich keine konstitutive Wirkung** zu[108]. Bereits deswegen ist **kein gutgläubiger Erwerb** von dem im Register eingetragenen Nichtberechtigten möglich[109]. Die Registerlage allein ist somit nicht geeignet, die rechtliche Ungewißheit beim Erwerb gewerblicher Registerschutzrechte zu beseitigen und verleiht der Due Diligence-Prüfung insoweit ihre besondere Bedeutung[110]. Als verfahrensrechtlicher Nachweis ist allerdings die Registereintragung des Rechtsübergangs, mindestens jedoch deren Beantragung, von erheblicher Bedeutung[111].

4. Gewährleistung des Veräußerers

Die gesetzlichen Gewährleistungsregelungen sind auf den Kauf einzelner Sachen und Rechte zugeschnitten und werden daher den Anforderungen des Unternehmenskaufs wegen seines umfassenden Vertragsgegenstands nicht in vollem Umfang gerecht[112]. Fehlen vertragliche Vereinbarungen für den Fall von Leistungsstörungen, versucht die Rechtsprechung, den jeweiligen Einzelfällen insbes. durch eine **modifizierte Anwendung der gesetzlichen Gewährleistungsvorschriften** und das Rechtsinstitut der **culpa in contrahendo (cic)** gerecht zu werden[113]. Die dabei zustande gekommene Kasuistik ist in der Literatur

---

[105] Weitere Registerschutzrechte sind Topographien von Halbleitererzeugnissen, Sortenschutzrechte und typographische Schriftzeichen, siehe Rn 95 bis 97.
[106] *Fezer* § 4 MarkenG Rn 16 und § 41 MarkenG Rn 3 zur Registermarke; *Benkard* § 8 GebrMG Rn 10 zum Gebrauchsmuster; *Nickel* in GK § 17 HGB Rn 6f. zur Firma.
[107] *Benkard* § 30 PatG Rn 8 zum Patent; *Nirk/Kurtze* § 8 GeschmMG Rn 6 zum Geschmacksmuster; *Nickel* in GK § 17 HGB Rn 4f. zur Firma, unter der ein Handelsgewerbe nach § 1 Abs. 2 HGB betrieben wird.
[108] *Fezer* § 27 MarkenG Rn 20, 35 zur Registermarke; *Benkard* § 22 GebrMG Rn 3; *Bühring* § 22 GebrMG Rn 7 jeweils zum Gebrauchsmuster.
[109] *Fezer* § 41 MarkenG Rn 4; *Bühring* § 22 GebrMG Rn 7; *Franz-Jörg Semler* in Hölters Rn 44 zum Registerrecht beim Erwerb von Gesellschaftsanteilen im Wege des Share Deal.
[110] *Donle* DStR 1997, 74, 76.
[111] Siehe im einzelnen bei der Behandlung der jeweiligen Registerschutzrechte.
[112] Siehe § 9 Rn 2. *Günther* in MünchVertragsHdb. Bd. 2 II. 1 Anm. 86; *Picot* in Picot I. Rn 76ff.; *Franz-Jörg Semler* in Hölters Rn 104.
[113] Siehe § 9 Rn 2 und § 34 Rn 9ff. *Günther* in MünchVertragsHdb. Bd. 2 II. 1 Anm. 86 mwN.

umstritten[114] und hat dazu geführt, daß diese Rechtsfragen als außerordentlich schwierig gelten und ihre Beantwortung mit großen Unsicherheiten behaftet ist.

33 Das gilt sowohl für den Asset Deal als auch für den Share Deal, da in beiden Fällen ein **Sachkauf des Unternehmens** selbst vorliegen kann[115]. Auf diesen Unternehmenskauf werden von der Rechtsprechung grundsätzlich die Regeln der **Sachmängelgewährleistung** angewendet, falls ein Mangel nicht nur einzelne Wirtschaftsgüter (Asset Deal) oder den rechtlichen Bestand der Beteiligung (Share Deal), sondern auch das gesamte Unternehmen in der Weise betrifft, daß die Tauglichkeit des Unternehmens nicht mehr gegeben und damit die wirtschaftliche Grundlage des Unternehmenskaufs erschüttert ist[116]. Ein solcher Sachmangel des gesamten Kaufgegenstands Unternehmen kann beim Asset Deal auch in dem Rechtsmangel eines Einzelgegenstands begründet sein[117].

34 Beruht ein Sachmangel des Unternehmens selbst auf der Mangelhaftigkeit eines zum Unternehmen gehörenden Vermögensgegenstands, wird nicht nur die Sachmängelhaftung für das Unternehmen, sondern auch die Sach- bzw. Rechtsmängelhaftung für den Einzelgegenstand ausgelöst[118]. Demnach kommt beim Unternehmenskauf in der Form des Asset Deal **hinsichtlich des Erwerbs gewerblicher Schutzrechte** auch die verschuldensunabhängige **Rechtsmängelhaftung** in Betracht. Diese wird von der Rechtsprechung allerdings stark eingeschränkt. Da der Erwerb gewerblicher Schutzrechte idR ein gewagtes Geschäft darstellt, haftet der Veräußerer zwar für den Bestand des Rechts im Zeitpunkt seiner Übertragung[119], im Zweifel jedoch nicht für seinen künftigen Bestand[120] oder für die künftige Erteilung angemeldeter Schutzrechte[121]. In diesen Fällen liegt das Risiko grundsätzlich beim Käufer, da er dafür zum einen vom Veräußerer, der sich der weiteren Nutzung des Schutzrechts enthält, das ausschließliche Nutzungsrecht und zum anderen auch eine faktische Monopolstellung gegenüber seinen Mitbewerbern erhalten hat. Dann ist auch eine Haftung des Veräußerers nach den Grundsätzen des Wegfalls der Geschäftsgrundlage regelmäßig ausgeschlossen[122]. Als Rechtsmangel anzuerkennen ist allerdings die dem Erwerber nicht offenbarte vorherige Lizenzer-

---

[114] Vgl. etwa *Günther* in MünchVertragsHdb. Bd. 2 II. 1 Anm. 86 ff.; *Picot* in Picot I. Rn 76 ff. jeweils mwN.
[115] Siehe Rn 23.
[116] Vgl. etwa BGH NJW 1979, 33; so auch die hL, vgl. *Westermann* in MünchKomm. § 459 BGB Rn 46 ff. mwN.; *Günther* in MünchVertragsHdb. Bd. 2 II. 1 Anm. 86 mwN.; *Picot* in Picot I. Rn 76 ff.; *Franz-Jörg Semler* in Hölters Rn 104 ff. Siehe § 9 Rn 6.
[117] *Günther* in MünchVertragsHdb. Bd. 2 II. 1 Anm. 86; *Picot* in Picot I. Rn 81; *Franz-Jörg Semler* in Hölters Rn 110; siehe auch § 34 Rn 11.
[118] So die hM, vgl. BGH NJW 1970, 556; *Westermann* in MünchKomm. § 437 BGB Rn 18 und § 459 BGB Rn 52; aA *Franz-Jörg Semler* in Hölters Rn 111 mwN.
[119] § 437 Abs. 1 BGB; vgl. *Benkard* § 15 PatG Rn 20 zum Patentkauf.
[120] BGH GRUR 1982, 481, 482 „Hartmetallkopfbohrer"; *Benkard* § 15 PatG Rn 23 jeweils für den Patentkauf; *Nirk/Kurtze* § 3 GeschmMG Rn 43 ff. zum Geschmacksmuster.
[121] BGH GRUR 1982, 481, 482 „Hartmetallkopfbohrer" für den Kauf einer noch ungeschützten Erfindung; *Benkard* § 15 PatG Rn 24.
[122] So die heutige Rspr., vgl. BGH GRUR 1982, 481, 482 „Hartmetallkopfbohrer"; *Benkard* § 15 PatG Rn 23; entgegen der früheren Rspr., vgl. BGH GRUR 1957, 595, 596 „Verwandlungstisch".

teilung an einen Dritten, die aufgrund des bestehenden Sukzessionsschutzes[123] auch dem Erwerber gegenüber wirksam ist[124].

Nur ausnahmsweise kann eine Haftung des Veräußerers wegen **anfänglicher objektiver Unmöglichkeit**[125] der Verschaffung des gewerblichen Schutzrechts in Betracht kommen, etwa wenn eine noch ungeschützte „Erfindung" verkauft wird, bei der die Entstehung eines Schutzrechts schon rechtlich überhaupt nicht möglich ist[126]. Gleiches gilt, wenn es der Veräußerer zuvor versäumt hatte, die Schutzdauer verkaufter Registerschutzrechte zu verlängern und dies bei Vertragsabschluß auch nicht mehr möglich ist. 35

In der Praxis ist es schwer abzuschätzen, wie die Rechtsprechung eine **Leistungsstörung** des Unternehmenskaufs beurteilen würde[127], zumal bei der Vertragsauslegung auch stillschweigende Vereinbarungen angenommen werden[128]. Es bestehen Unsicherheiten, ob ein Rechtsmangel eines gewerblichen Schutzrechts auch die Sachmängelhaftung bezüglich des gesamten Unternehmens auslöst, wobei die Verjährungsfristen in beiden Fällen nicht sachgerecht sind[129]. In letzterem Fall ist auch die Wandelung des ganzen Unternehmenskaufvertrags nicht ausgeschlossen, die mit nahezu unlösbaren Problemen verbunden ist[130]. Die Rechtsprechung lehnt in vielen Fällen eine Mängelgewährleistung im Ergebnis letztlich ab, weil auch die Anforderungen an wirksame Zusicherungen von Unternehmenseigenschaften sehr restriktiv gehandhabt werden[131]. Der Rückgriff auf die Haftung aus cic ist jedoch ebenfalls nicht unproblematisch[132]. Dabei ist oft unklar, ob überhaupt eine Offenbarungspflicht des Veräußerers besteht und ob er schuldhaft dagegen verstoßen hat[133]. Im übrigen ist auch die 30-jährige Verjährungsfrist der cic wenig praxisgerecht. 36

Vor diesem Hintergrund empfiehlt es sich, ein vertragliches System zur umfassenden Regelung der Gewährleistungsfragen bereits in den Unternehmenskaufvertrag aufzunehmen[134], was selbst von der Rechtsprechung angeraten wird[135]. Hierzu sollte der Veräußerer nicht nur Zusicherungen, sondern **selbständige Garantiezusagen** abgeben[136], soweit Umstände betroffen sind, die seiner 37

---

[123] Siehe Rn 7.
[124] *Benkard* § 15 PatG Rn 22.
[125] § 307 Abs. 1 iVm. § 306 BGB.
[126] *Benkard* § 15 PatG Rn 19 mwN.
[127] *Günther* in MünchVertragsHdb. Bd. 2 II. 1 Anm. 87.
[128] *Benkard* § 15 PatG Rn 21 mwN erwähnt die Annahme der stillschweigenden Abbedingung der verschuldensunabhängigen Gewährleistungshaftung durch die Rspr.
[129] *Günther* in MünchVertragsHdb. Bd. 2 II. 1 Anm. 86. Die Rechtsmängelhaftung verjährt gem. § 195 BGB in 30 Jahren; die Sachmängelhaftung dagegen gem. § 477 BGB in 6 Monaten.
[130] Siehe § 9 Rn 2; *Günther* in MünchVertragsHdb. Bd. 2 II. 1 Anm. 87, 99; *Franz-Jörg Semler* in Hölters Rn 117 ff.
[131] *Franz-Jörg Semler* in Hölters Rn 114 f.
[132] *Picot* in Picot I. Rn 87.
[133] *Günther* in MünchVertragsHdb. Bd. 2 II. 1 Anm. 87.
[134] Siehe § 9 Rn 39 ff.; *Donle* DStR 1997, 74, 76 f.; *Günther* in MünchVertragsHdb. Bd. 2 II. 1 Anm. 87; *Franz-Jörg Semler* in Hölters Rn 116, 121 ff.; *Picot* in Picot I. 98 ff.
[135] BGH GRUR 1982, 481, 482 „Hartmetallkopfbohrer" für den Fall der Schutzrechtsversagung oder -vernichtung.
[136] Vgl. *Franz-Jörg Semler* in Hölters Rn 116; *Picot* in Picot I. 98 ff.; siehe auch § 12 Rn 147 f.

Sphäre zuzurechnen sind und für die daher sein Einstehen zu erwarten ist. Auch sollten die **Rechtsfolgen**[137] der Nichteinhaltung der Garantiezusagen und ggf. ein **Ausschluß weitergehender Haftung** geregelt werden. Schließlich ist die Vereinbarung einer **einheitlichen Verjährungsfrist** zwischen den Parteien zu empfehlen[138].

II. Marken

38 Die Marke ist ein Zeichen, das geeignet ist, Waren oder Dienstleistungen eines Unternehmens von denjenigen anderer Unternehmen zu unterscheiden. Eine Marke ist der **Name eines Produkts**[139].

39 Das durch Eintragung, Benutzung oder die notorische Bekanntheit einer Marke begründete Recht an einer deutschen Marke kann auf Andere übertragen werden[140]. Die Übertragung des Geschäftsbetriebs oder eines Teils des Geschäftsbetriebs, zu dem die Marke gehört, ist nicht Voraussetzung der Übertragung des Markenrechts. In dieser Regelung kommt das Prinzip der **freien Übertragbarkeit des Markenrechts** zum Ausdruck. Noch bis zum Inkrafttreten des Erstreckungsgesetzes am 1. 5. 1992 verlangte das damalige Warenzeichengesetz für den Übergang des Markenrechts zwingend den Übergang des Unternehmens oder eines entsprechenden Unternehmensteils. Eine Vereinbarung, die die Übertragung der Marke ohne die Übertragung des dazugehörigen Geschäftsteils vorsah (sog. Leerübertragung), war unwirksam. Das Zeichen gehörte nach wie vor dem Übertragenden. Die vor dem 1. 5. 1992 vorgenommenen unwirksamen, weil ohne Übertragung des dazugehörigen Geschäftsbetriebs erfolgten Leerübertragungen werden nicht aufgrund des nunmehr geltenden Prinzips der freien Übertragbarkeit der Marken geheilt. Denn der Aufhebung des Verbots der Leerübertragung kommt keine Rückwirkung zu. Der wirksame Erwerb des Markenrechts erfordert somit eine erneute Rechtsübertragung[141].

40 Auch europäische Gemeinschaftsmarken können unabhängig von der Übertragung des Unternehmens Gegenstand eines Rechtsübergangs sein[142]. Im übrigen sind nunmehr auch in allen anderen EU-Staaten auch die jeweiligen nationalen Marken frei übertragbar[143].

---

[137] *Donle* DStR 1997, 74, 77 weist auf betragsmäßige Haftungsobergrenze und Ausschluß bestimmter Schadensarten (entgangener Gewinn) hin; *Picot* in Picot I. Rn 164 nennt Ersetzung von Wandelungs-, Rücktritts- und Anfechtungsrechten durch eine abschließende Schadensersatzregelung.

[138] *Picot* in Picot I. 104; *Franz-Jörg Semler* in Hölters Rn 122 hält insoweit 2 bis 4 Jahre für sinnvoll.

[139] *Fezer* § 3 MarkenG Rn 9, 12; siehe auch *Völker* BB 1999, 2413, 2414, 2416.

[140] § 27 Abs. 1 MarkenG; gem. § 31 MarkenG gelten die §§ 27 bis 30 MarkenG auch für angemeldete Marken.

[141] *Fezer* § 27 MarkenG Rn 28 mwN.

[142] Art. 17 Abs. 1 GMarkenV; die Art. 16 bis 23 GMarkenV gelten nach Art. 24 GMarkenV auch für angemeldete Marken.

[143] *Fezer* § 27 MarkenG Rn 6.

41 Für **internationale Marken** nach dem Madrider Markenabkommen (MMA)[144] oder dem Protokoll zum MMA[145] gelten für die Zulässigkeit von Leerübertragungen die jeweiligen nationalen Rechte der Markenverbandsstaaten. Jedoch sind internationale Marken in den ersten fünf Jahren vom nationalen Basisgesuch bzw. von der nationalen Basismarke abhängig[146]. Während der Dauer dieser Abhängigkeit zieht die Übertragung des Basiszeichens die Übertragung der internationalen Marke ohne weiteres nach sich, während nach Beendigung der Abhängigkeit vom Heimatschutz die internationale Marke gesondert übertragen werden muß[147]. Die Übertragung einer internationalen Marke an einen Dritten ist während der Dauer der Abhängigkeit zwar nicht ausgeschlossen. Änderungen der Basismarke (zB eine Teillöschung) berühren die internationale Marke jedoch im Fünfjahreszeitraum auch im Fall der Übertragung[148].

42 Das deutsche MarkenG ermöglicht, Markenrechte **nur für einen Teil der Waren oder Dienstleistungen zu übertragen**[149]. Dies wird sich insbes. dann anbieten, wenn nur ein Teil eines Unternehmens erworben wird und die Marke lediglich für die diesem Unternehmensteil zuzurechnenden Waren bzw. Dienstleistungen mitübertragen werden soll, während die Marke für den anderen Teil der Waren bzw. Dienstleistungen beim veräußernden Unternehmen verbleiben soll. Zu beachten ist jedoch, daß die Benutzung desselben Zeichens für ähnliche Waren/Dienstleistungen durch verschiedene Unternehmen zur Schwächung der Kennzeichnungskraft der jeweiligen Marken führen kann. Weiter besteht die Gefahr, daß das Ansehen einer der Marken leidet, wenn die andere Marke vom Veräußerer oder vom Erwerber (oder deren jeweiligen Rechtsnachfolgern) für Waren oder Dienstleistungen geringerer Qualität verwendet wird.

43 Für die Eintragung einer Teilübertragung einer Marke im Register ist eine Gebühr zu zahlen. Wird die Gebühr nicht gezahlt, gilt der Antrag als nicht gestellt[150]. Für jede der nunmehr verschiedenen Inhabern gehörenden Marken bleibt der Zeitrang der ursprünglichen Eintragung erhalten[151]. Der Zeitrang ist im Kennzeichenrecht von herausragender Bedeutung, denn er ist idR für die Bestimmung des Vorrangs kollidierender Rechte maßgeblich[152]. Zu beachten ist weiter, daß der einmal gestellte Antrag auf einen Teilübergang der Marke nicht widerrufen werden kann[153].

44 Auch eine europäische Gemeinschaftsmarke kann für einen Teil der Waren oder Dienstleistungen, für die sie eingetragen ist, übertragen werden[154]. Der Antrag

---

[144] Vom 14. 4. 1891, abgedruckt bei *Fezer* S. 1865 ff.
[145] Vom 27. 6. 1989, abgedruckt bei *Fezer* S. 2316 ff. Siehe *Fezer* Vorb. zum MMA Rn 8 zu den wesentlichen Unterschieden zwischen MMA und Protokoll zum MMA.
[146] Art. 6 Abs. 2 MMA; Art. 6 Abs. 2 Protokoll zum MMA.
[147] *Fezer* Art. 9bis MMA Rn 2.
[148] Zum Akzessorietätsgrundsatz bei internationalen Marken siehe *Fezer* Art. 6 MMA Rn 2.
[149] § 27 Abs. 1 MarkenG.
[150] § 27 Abs. 4 Satz 1 und 2 MarkenG.
[151] § 46 Abs. 1 Satz 2 iVm. § 27 Abs. 4 Satz 3 MarkenG.
[152] Siehe zur Bestimmung des Zeitrangs § 6 Abs. 2 und 3 MarkenG.
[153] § 46 Abs. 3 Satz 4 iVm. § 27 Abs. 4 S. 3 MarkenG; weitere Einzelheiten über das Verfahren finden sich in der MarkenV (§§ 31, 32 iVm. § 37 MarkenV).
[154] Art. 17 Abs. 1 GMarkenV; zum Verfahren siehe Regel 32 GMDV.

gilt erst als gestellt, wenn die Gebühr dafür entrichtet worden ist[155]. Eine Teilübertragung für einzelne EU-Staaten ist jedoch wegen des Prinzips der einheitlichen Wirkung der Gemeinschaftsmarke nicht möglich. Diese kann nur für das gesamte Gebiet der Gemeinschaft übertragen werden[156].

45 Demgegenüber kann eine internationale Marke nicht nur für einen Teil der eingetragenen Waren oder Dienstleistungen, sondern auch nur für einzelne Vertragsländer übertragen werden[157]. Die Eintragung der Änderung im internationalen Register ist gebührenpflichtig[158].

46 Nach dem deutschen MarkenG wird **der Rechtsübergang der Marke bei dem Rechtsübergang des Unternehmens vermutet**[159]. Beim Unternehmenskauf durch Einzelübertragung (Asset Deal) ist zunächst von dem Grundsatz auszugehen, daß die einzelnen Immaterialgüterrechte nicht automatisch auf den Erwerber übergehen[160]. Diese Rechte verbleiben daher ohne eine vertragliche Vereinbarung bei dem bisherigen Unternehmensinhaber[161]. Ob bei einer Übertragung des Unternehmens oder eines Teils des Unternehmens durch Einzelübertragung der dazu gehörenden Wirtschaftsgüter Markenrechte mitübertragen werden, bestimmt sich nach dem Willen der Vertragsparteien. Ist keine ausdrückliche Vereinbarung über Markenrechte getroffen worden, kommt es auf eine Auslegung des Vertrags an. Bei dieser Vertragsauslegung ist die gesetzliche Rechtsvermutung der Mitübertragung der Marke rechtserheblich[162]. Voraussetzung dafür ist aber, daß die betreffende Marke überhaupt zum erworbenen Geschäftsbetrieb (oder Teil eines Geschäftsbetriebs) und nicht etwa zu einem anderen, von der Veräußerung nicht betroffenen Geschäftsbetrieb oder Teilgeschäftsbetrieb gehört. Die Zuordnung von Marken zu einzelnen Unternehmen oder Unternehmensteilen kann insbes. bei unbenutzten Marken Schwierigkeiten bereiten. In jedem Fall empfiehlt es sich dringend, obwohl die Markenrechtsübertragung nach deutschem Recht nicht der Schriftform bedarf, diejenigen Marken, die – ganz oder teilweise – übertragen werden sollen, im einzelnen im Unternehmenskaufvertrag oder in einem separaten Markenkauf- und Übertragungsvertrag aufzuführen.

47 Für **europäische Gemeinschaftsmarken** gilt, daß die Übertragung des Unternehmens in seiner Gesamtheit (und die Verpflichtung hierzu) die Gemeinschaftsmarke erfaßt, es sei denn, es besteht eine entgegenstehende Vereinbarung oder es ergibt sich etwas anderes aus den Umständen[163]. Anders als bei deutschen Marken muß die rechtsgeschäftliche Übertragung der Gemeinschaftsmarke, soweit es sich nicht um eine Gesamtübernahme des Unternehmens handelt, schrift-

---

[155] Regel 32 Abs. 3 iVm. Regel 31 Abs. 4 GMDV.
[156] Art. 1 Abs. 2 Satz 2 GMarkenV.
[157] Art. 9ter MMA, Art. 9 Protokoll zum MMA.
[158] Art. 9 Abs. 4 MMA; Art. 9ter Protokoll zum MMA; Ausführungsordnung MMA/Protokoll zum MMA.
[159] § 27 Abs. 2 MarkenG.
[160] Anders ist die Situation beim Share Deal, bei dem eine gesonderte Übertragung der dem Unternehmen selbst gehörenden gewerblichen Schutzrechte nicht erfolgt, da der Rechtsträger unverändert bleibt; siehe Rn 19f.
[161] *Donle* DStR 1997, 74, 76 mwN.
[162] *Fezer* § 27 MarkenG Rn 29.
[163] Art. 17 Abs. 2 GMarkenV.

lich erfolgen und bedarf der Unterschriften der Vertragsparteien; anderenfalls ist sie nichtig.[164] Auch wenn diese Formvorschrift nicht anwendbar ist, weil das Unternehmen in seiner Gesamtheit übergeht, sollte Schriftform gerade in einem solchen Fall selbstverständlich sein.

Für internationale Marken nach dem MMA oder dem Protokoll zum MMA gelten insoweit die jeweiligen nationalen Rechte der Markenverbandsstaaten. **48**

Nach erfolgter rechtsgeschäftlicher Einigung sollte unverzüglich die **Eintragung des Rechtsübergangs** in das beim DPMA geführte Register beantragt werden. Die Eintragung in das Register ist allerdings nicht Wirksamkeitsvoraussetzung für den Rechtsübergang. Der Eintragung des Rechtsnachfolgers als Markeninhaber kommt keine konstitutive Wirkung zu[165], denn der Rechtsübergang vollzieht sich bereits aufgrund der rechtsgeschäftlichen Verfügung über das Markenrecht. Dementsprechend kann der Erwerber des Markenrechts Ansprüche wegen einer Markenverletzung bereits ab dem Zeitpunkt der wirksamen rechtsgeschäftlichen Übertragung geltend machen[166]. Die baldige Eintragung der Rechtsnachfolge im Register bzw. bereits der Zugang eines entsprechenden Antrags beim DPMA bringen aber erhebliche Vorteile, auf die weiter unten näher eingegangen wird[167]. Dennoch ist in der Praxis immer wieder zu beobachten, daß die Stellung des sog. Umschreibungsantrags verzögert wird und dem vollzogenen rechtsgeschäftlichen Markenübergang erst mit einer erheblichen Zeitverzögerung nachfolgt. Solche (oft überflüssigen) zeitlichen Lücken zwischen materiell-rechtlichem Rechtsübergang und formellem Vollzug lassen sich am besten dadurch vermeiden, daß unmittelbar bei Abschluß der materiell-rechtlichen Übertragungsvereinbarung auch die für die förmliche Umschreibung notwendigen Anträge mitunterzeichnet werden. **49**

Nach dem MarkenG wird der **Übergang** des durch die Eintragung einer Marke begründeten Rechts auf Antrag eines Beteiligten **in das Register eingetragen**, wenn er dem DPMA nachgewiesen wird[168]. Die Eintragung der Änderung wird im Markenblatt veröffentlicht. In welcher Weise der Nachweis des Rechtsübergangs geführt werden kann, ist in der MarkenV geregelt[169]. Da das DPMA – es sei denn, es ergeben sich begründete Zweifel[170] – nicht näher prüft, ob das Markenrecht materiell-rechtlich dem benannten Rechtsnachfolger zusteht, ist die Führung des Nachweises in einem vereinfachten Verfahren möglich. Es reicht aus, daß der Antrag vom eingetragenen Inhaber und dem Rechtsnachfolger unterschrieben ist[171]. Der Antrag kann auch von dem Rechtsnachfolger allein gestellt werden, jedoch muß dann eine Zustimmungserklärung des eingetragenen Inhabers vorgelegt werden oder es müssen Unterlagen beigefügt werden, aus denen sich die Rechtsnachfolge ergibt, wie zum Beispiel ein Übertragungsver- **50**

---

[164] Art. 17 Abs. 3 GMarkenV.
[165] *Fezer* § 27 MarkenG Rn 20; siehe auch Rn 31.
[166] *Fezer* § 27 MarkenG Rn 20.
[167] Siehe Rn 56 f.
[168] § 27 Abs. 3 MarkenG.
[169] § 31 MarkenV.
[170] § 31 Abs. 6 MarkenV.
[171] § 31 Abs. 3 Nr. 1 MarkenV.

trag¹⁷². Es wird sich idR schon aus Gründen der Vereinfachung empfehlen, daß der Antrag vom eingetragenen Veräußerer und dem Erwerber gemeinsam gestellt und, wie bereits empfohlen, ein entsprechendes Antragsdokument bei Abschluß der rechtsgeschäftlichen Markenübertragung unterzeichnet wird. Jedenfalls sollte die bei Antragstellung durch den Rechtsnachfolger in Frage kommende Beifügung von Unterlagen, aus denen sich die Rechtsnachfolge ergibt, mit Rücksicht auf das unbeschränkte Einsichtsrecht Dritter in die Akten eingetragener Marken¹⁷³ mit Vorsicht gehandhabt werden.

51 Der **Antrag** auf Eintragung des Markenübergangs soll unter Verwendung des vom DPMA herausgegebenen Formblatts gestellt werden. Eine große Erleichterung für die Praxis ist es, daß die Beglaubigung der Unterschriften nicht erforderlich ist. Der Antrag auf Eintragung des Übergangs kann auch für mehrere Marken gemeinsam gestellt werden, wenn der eingetragene Inhaber und der Rechtsnachfolger bei allen Marken dieselben Personen sind¹⁷⁴. Anders als bei der Eintragung eines Teilübergangs des Markenrechts wird für die Eintragung der vollständigen Übertragung des Markenrechts keine Gebühr erhoben.

52 Bei **europäischen Gemeinschaftsmarken** wird auf Antrag eines Beteiligten der Rechtsübergang vom Harmonisierungsamt in das Register eingetragen und veröffentlicht (im Blatt für Gemeinschaftsmarken). Es sind Unterlagen beizufügen, aus denen sich der Rechtsübergang ergibt, wobei es als Beweis für den Rechtsübergang, ähnlich der deutschen Regelung, ausreicht, daß der Antrag vom eingetragenen Markeninhaber und vom Rechtsnachfolger unterschrieben ist bzw. – wenn der Antrag vom Rechtsnachfolger gestellt wird – die vom eingetragenen Markeninhaber unterzeichnete Zustimmungserklärung vorgelegt wird. Es kann auch ein vom eingetragenen Markeninhaber und vom Rechtsnachfolger unterzeichnetes Formblatt verwendet werden. Wenn der eingetragene Inhaber und der Rechtsnachfolger in jedem Fall dieselben Personen sind, kann für zwei oder mehrere Marken ein einziger Antrag gestellt werden. Anders als nach deutschem Recht wird für die Eintragung der vollständigen Übertragung des Markenrechts eine Gebühr erhoben. Der Antrag gilt erst als gestellt, wenn die Gebühr entrichtet worden ist¹⁷⁵.

53 Das Harmonisierungsamt **weist den Antrag zurück**, wenn sich aus den eingereichten Umschreibungsunterlagen in offensichtlicher Weise ergibt, daß die Gemeinschaftsmarke aufgrund des Rechtsübergangs zur Irreführung – insbes. über die Art, die Beschaffenheit oder die geographische Herkunft der eingetragenen Waren oder Dienstleistungen – geeignet ist¹⁷⁶. Diese Regelung findet im deutschen Recht keine Entsprechung. Insbes. aufgrund der restriktiven Voraussetzungen für die Zurückweisung („offensichtlich") dürfte die Zahl der Anwendungsfälle der Bestimmung begrenzt sein¹⁷⁷.

---

¹⁷² § 31 Abs. 3 Nr. 2 MarkenV.
¹⁷³ § 62 Abs. 2 MarkenG.
¹⁷⁴ Vgl. zum Ganzen § 31 MarkenV; die §§ 31 bis 34 MarkenV gelten gem. § 35 MarkenV auch für angemeldete Marken.
¹⁷⁵ Zum Ganzen siehe Art. 17 Abs. 5 GMarkenV und Regel 31 GMDV, die Vorschrift gilt nach Regel 31 Abs. 8 auch für Anmeldungen von Gemeinschaftsmarken.
¹⁷⁶ Art. 17 Abs. 4 GMarkenV.
¹⁷⁷ Siehe *v. Mühlendahl/Ohlgart* § 9 Rn 6; *Ingerl* S. 111.

Gesuche um die Eintragung von Voll- oder Teilübertragungen von **internationalen Marken** werden über die Behörde des Landes des Markeninhabers an die Organisation Mondiale de la Propriété Intellectuelle (OMPI) weitergeleitet, die die Übertragung in das Register einträgt, sie den anderen Behörden mitteilt und in ihrem Blatt (Gazette OMPI des marques internationales/WIPO Gazette of International Marks) veröffentlicht[178]. Soweit es sich um internationale Marken mit deutschem Inhaber handelt, ist der Antrag beim DPMA zu stellen[179]. Für die Umschreibung gelten die gleichen Formerfordernisse wie für nationale Marken[180]. Die Umschreibung internationaler Marken ist gebührenpflichtig[181]. Dem Antrag an das DPMA ist ein Zahlungsbeleg über die an das Internationale Büro zu zahlende Gebühr beizufügen[182].

Bei der Übertragung von Auslandsmarken kann nach den jeweiligen ausländischen Rechtsordnungen die Verwendung von Beglaubigungen und Apostillen erforderlich sein.

Da das Markenrecht bereits mit der rechtsgeschäftlichen Übertragung übergeht, kommt es idR zu **einem Auseinanderfallen der materiell-rechtlichen Rechtsinhaberschaft und dem Stand des Registers**. In der kritischen Phase zwischen Rechtsübergang und Eintragung des neuen Inhabers kann es insbes. für den Erwerber zu Rechtsverlusten kommen. Nach dem Gesetz wird vermutet, daß das durch die Eintragung einer Marke begründete Recht dem im Register als Inhaber Eingetragenen zusteht[183]. Das bedeutet, daß er ungeachtet des Verlusts der Inhaberschaft an der Marke als Inhaber formell berechtigt bleibt. Es handelt sich hierbei um eine widerlegbare Rechtsvermutung der Rechtsinhaberschaft an der Marke[184]. Kann der Rechtsnachfolger insbes. durch Vorlage des Markenübertragungsvertrags den Erwerb des Markenrechts nachweisen und damit die Rechtsvermutung widerlegen, so kann er die Rechte aus der Marke, zB Unterlassungs- und Schadensersatzansprüche, auch schon vor dem Vollzug der Umschreibung im Register wirksam geltend machen.

Der Vollzug der Umschreibung der Marke auf den Rechtsnachfolger durch das DPMA kann erhebliche Zeit in Anspruch nehmen. Eine besondere Regelung gilt daher für **markenrechtliche Verfahren vor dem DPMA, in Beschwerdeverfahren vor dem BPatG oder in Rechtsbeschwerdeverfahren vor dem BGH**. Der Rechtsnachfolger kann in solchen Verfahren seine Rechte bereits von dem Zeitpunkt an geltend machen, in dem **der Antrag auf Eintragung des Rechtsübergangs** dem DPMA **zugegangen ist**[185]. Ab diesem Zeitpunkt sind Verfügungen und Beschlüsse des DPMA, die der Zustellung an den Inhaber der

---

[178] Art. 9bis MMA.
[179] Zum Verfahren siehe Ziffer 13 des Merkblatts für internationale Registrierungen (abgedruckt bei *Fezer* S. 2636 ff., 2641 f.).
[180] Ziffer 13 Abs. 3 des Merkblatts.
[181] Art. 9 Abs. 4 MMA; Art. 9ter Protokoll zum MMA; Ausführungsordnung MMA/Protokoll zum MMA.
[182] Ziffer 13 Abs. 6 des Merkblatts.
[183] § 28 MarkenG.
[184] *Fezer* § 28 MarkenG Rn 5 mwN.
[185] § 28 Abs. 2 MarkenG.

Marke bedürfen, neben dem als Inhaber Eingetragenen auch dem Rechtsnachfolger zuzustellen[186].

58 Diese Regelungen sind in der Praxis insbes. für das markenrechtliche **Widerspruchsverfahren**[187] von Bedeutung. Der Widerspruch ist innerhalb von drei Monaten nach der Veröffentlichung der anzugreifenden Marke zu erheben. Nach dem Rechtsübergang der eingetragenen Marke ist aber der Rechtsvorgänger nicht mehr zur Erhebung des Widerspruchs berechtigt, da er materiell-rechtlich nicht mehr Inhaber der Marke ist, auch wenn er formalrechtlich als der im Register Eingetragene noch legitimiert ist[188]. Die Rechtsvermutung, die sich aus der Eintragung ergibt, hilft insbes. dann nicht mehr, wenn der Unternehmenskauf und der Übergang der Marken publik gemacht worden sind. Deshalb sollte der Umschreibungsantrag so bald als möglich eingereicht werden. Säumigkeit in dieser Phase ist vermeidbar, insbes. da der Rechtsnachfolger als Beteiligter am Rechtsübergang der Marke selbst antragsberechtigt[189] und der Nachweis des Rechtsübergangs leicht möglich ist. Der tatsächliche Rechtsübergang ist von dem Antragsteller erst im Laufe des jeweiligen Verfahrens glaubhaft zu machen bzw. (im Umschreibungsverfahren) nachzuweisen, was in Fällen fristgebundener Verfahrenshandlungen durchaus auch erst nach Fristablauf geschehen kann[190].

59 Die baldige Beantragung der Umschreibung und damit die Möglichkeit der Widerspruchseinlegung bereits durch den Rechtsnachfolger vermeidet auch – jedenfalls für neu einzulegende Widersprüche – die Probleme, die sich aus der Rechtsprechung des BGH zum **Beteiligtenwechsel im markenrechtlichen Widerspruchs- und Beschwerdeverfahren** ergeben. Nach der „Sanopharm"-Entscheidung[191] hängt nämlich die Zulässigkeit des Parteiwechsels in solchen Verfahren nicht nur von der Zustimmung der bisherigen Partei (also des Rechtsvorgängers und Markenveräußerers), sondern auch der Gegenseite (zB des Inhabers einer jüngeren, mit dem Widerspruch angegriffenen Marke) ab. Verweigert der Widerspruchsgegner seine Zustimmung zum Parteiwechsel, ist das Verfahren vom Veräußerer weiterzuführen[192].

60 Für europäische Gemeinschaftsmarken gilt, anders als für deutsche Marken, daß der Rechtsnachfolger, solange der Rechtsübergang nicht in das Register eingetragen ist, seine Rechte aus der Gemeinschaftsmarke nicht geltend machen kann[193]. Folge dieser Regelung ist, daß zwischen dem materiell-rechtlichen Rechtsübergang und der Eintragung des Rechtsübergangs in das Register niemand zur Geltendmachung des Gemeinschaftsmarkenrechts berechtigt ist, weder der Rechtsvorgänger mangels materieller Berechtigung noch der Rechtsnachfolger mangels

---

[186] § 28 Abs. 3 MarkenG.
[187] § 42 MarkenG.
[188] *Fezer* § 28 MarkenG Rn 16.
[189] § 27 Abs. 3 MarkenG.
[190] *BPatG* MarkenR 1999, 37.
[191] *BGH* WRP 1998, 996.
[192] Der nicht als Partei zugelassene Rechtsnachfolger kann seine Interessen als Streithelfer im Wege der einfachen Nebenintervention in das Verfahren einbringen, *BPatG* MarkenR 2000, 228, 229 mwN.
[193] Art. 17 Abs. 6 GMarkenV.

formeller Berechtigung[194]. Insbes. kann der neue Inhaber vor seiner Eintragung keine Verletzungsklage erheben[195]. Zur Vermeidung solcher Nachteile empfiehlt es sich, daß der Veräußerer vom Erwerber ermächtigt wird, die Rechte aus der Gemeinschaftsmarke gegenüber Dritten für den Erwerber geltend zu machen[196]. Soweit jedoch dem Amt gegenüber Fristen zu wahren sind, können – wie im deutschen Recht – die entsprechenden Erklärungen von dem Rechtsnachfolger abgegeben werden, sobald der Antrag auf Eintragung des Rechtsübergangs beim Amt eingegangen ist[197]. Zustellbedürftige Dokumente sind vom Amt an den als Inhaber Eingetragenen zu richten[198]. Eine Zustellung (auch) an den Rechtsnachfolger ist anders als im deutschen MarkenG nicht vorgesehen.

Für internationale Marken gilt insofern das Recht der einzelnen Markenverbandsvertragsstaaten.

III. Unternehmenskennzeichen, Firma

Unternehmenskennzeichen sind Zeichen, die im geschäftlichen Verkehr als Name, als Firma oder als besondere Bezeichnung eines Geschäftsbetriebs oder eines Unternehmens benutzt werden. Die Firma eines Kaufmanns ist der Name, unter dem er seine Geschäfte betreibt und die Unterschrift abgibt[199].

Nach dem Erwerb des dazugehörigen Handelsgeschäfts darf die bisherige **Firma**, auch wenn sie den Namen des bisherigen Geschäftsinhabers enthält, mit oder ohne Beifügung eines das Nachfolgeverhältnis andeutenden Zusatzes fortgeführt werden; Voraussetzung ist die ausdrückliche Einwilligung des bisherigen Geschäftsinhabers[200]. Die Fortführung der bisherigen Firma ist – soweit der bisherige Geschäftsinhaber einwilligt – ein Recht des Erwerbers, nicht eine Pflicht[201]. Von einem Nachfolgezusatz abgesehen, ist die Firma grundsätzlich unverändert (oder gar nicht) fortzuführen. Das Weglassen von Firmenbestandteilen ist im Regelfall unzulässig, weil Zweifel über die Identität der bisherigen und der abgeleiteten Firma entstehen könnten. Andererseits können im Einzelfall geringfügige und unwesentliche Änderungen zulässig sein, insbes. wenn keine Täuschungsgefahr besteht. Zur Vermeidung von Täuschungen kann im Einzelfall sogar eine Pflicht zur Änderung der übernommenen Firma bestehen[202]. Will ein Übernehmer die Firma des Vorgängers verwenden, ohne seine eigene ursprüngliche Firma aufzugeben, kann er die übernommene Firma als Zweigstelle führen; es können auch bei Ver-

---

[194] *Fezer* § 28 MarkenG Rn 4; *Ingerl* S. 110.
[195] *v. Mühlendahl/Ohlgart* § 9 Rn 20.
[196] Siehe Rn 74 zur vergleichbaren Situation bei Patenten.
[197] Art. 17 Abs. 7 GMarkenV.
[198] Art. 17 Abs. 8 GMarkenV.
[199] § 5 Abs. 2 MarkenG; § 17 Abs. 1 HGB; siehe auch *Völker* BB 1999, 2413, 2416.
[200] § 22 HGB; eine vergleichbare Regelung enthält § 18 UmwG für die Verschmelzung.
[201] *Ruß* in HK-HGB § 22 HGB Rn 9.
[202] *Nickel* in GK § 22 HGB Rn 7 bis 12; vgl. auch *Ruß* in HK-HGB § 22 HGB Rn 10 bis 14; zu Firmenänderungen bei Änderung der Rechtsform des Unternehmens vgl. *Nickel* in GK § 22 HGB Rn 13 bis 22.

einigung zweier Handelsgeschäfte beide Firmen vollständig zu einer neuen Firma zusammengesetzt werden[203].

64 Der neue Unternehmensträger hat keinen Anspruch darauf, daß der bisherige Geschäftsinhaber die zur Weiterverwendung der Firma erforderliche Zustimmung gibt. Die Firmenübertragung steht zur freien Disposition der Veräußererseite. Die Einwilligung liegt nicht schon in der bloßen Übertragung des Handelsgeschäfts[204]. Eine eindeutige Regelung im Vertrag ist deshalb zu empfehlen. Die Einwilligung umfaßt im Zweifel die Gestattung der Weiterübertragung bei späterer Veräußerung des Handelsgeschäfts[205].

65 Anders als bei Marken ist eine isolierte Übertragung der Firma nicht möglich. Die Firma kann nicht ohne das Handelsgeschäft, für welches sie geführt wird, veräußert werden[206]. Entsprechende Vereinbarungen sind nichtig. Indem das Gesetz die **Leerübertragung** einer Firma für unzulässig erklärt, unterbindet es den Handel mit „Mondscheinfirmen"[207]. Ein Geschäft, bei dem die Übertragung des Handelsgeschäfts zwar vereinbart, tatsächlich aber nicht gewollt war, ist als Scheingeschäft unwirksam[208].

66 Zur Durchführung von Unternehmenskaufverträgen sind in vielen Fällen Handelsregisteranmeldungen erforderlich[209]. Ähnlich wie bei sonstigen Registeranmeldungen sollte zweckmäßigerweise so verfahren werden, daß für alle Handelsregisteranmeldungen, bei denen die Mitwirkung des Verkäufers und des Käufers sowie etwaiger sonstiger Personen erforderlich ist, bereits **bei Vertragsabschluß** geregelt wird, wer (üblicherweise der Käufer) die Registeranmeldungen in Verwahrung zu nehmen hat und zu welchem Zeitpunkt (zweckmäßigerweise unmittelbar nach dem Übergangsstichtag) die Anmeldungen zum Handelregister einzureichen sind[210].

67 Für **besondere Bezeichnungen eines Geschäftsbetriebs oder eines Unternehmens**[211] gilt, daß nach dem Grundsatz der Akzessorietät eine Übertragung nicht anders als die Übertragung einer Firma nur zusammen mit der Übertragung des Geschäfts oder Unternehmens auf den Erwerber zulässig und wirksam ist. Die Leerübertragung einer nicht mehr auf ein lebendes Unternehmen hinweisenden Geschäftsbezeichnung ist gegenstandslos. Die für die Firma geltenden Bestimmungen über die Firmenfortführung nach dem Erwerb des dazugehörigen Handelsgeschäfts gelten entsprechend[212].

---

[203] *Ruß* in HK-HGB § 22 HGB Rn 15.
[204] *Ruß* in HK-HGB § 22 HGB Rn 8.
[205] *Nickel* in GK § 22 HGB Rn 23.
[206] § 23 HGB.
[207] *Nickel* in GK § 23 HGB Rn 1.
[208] *Ruß* in HK-HGB § 23 HGB Rn 2; zum Mantelkauf vgl. *Beater*, Mantelkauf und Firmenfortführung, GRUR 2000, 119.
[209] Im einzelnen siehe *Günther* in MünchVertragsHdb. Bd. 2 II. 1 Anm. 112.
[210] *Günther* in MünchVertragsHdb. Bd. 2 II. 1 Anm. 112.
[211] Ihnen gleichgestellt sind bei Verkehrsgeltung Geschäftsabzeichen und sonstige betriebliche Unterscheidungszeichen, § 5 Abs. 2 MarkenG.
[212] *Fezer* § 15 MarkenG Rn 121; zur Akzessorietät des Namens und der Firma siehe auch *Fezer* § 15 MarkenG Rn 84, 106c.

IV. Patente

Patente sind Erfindungen, die neu sind, auf einer erfinderischen Tätigkeit beruhen und gewerblich anwendbar sind[213]. Eine solche Erfindung muß eine Lehre zum technischen Handeln darstellen, durch die ein technisches Problem gelöst wird[214]. Die dafür erforderliche erfinderische Tätigkeit wird auch als Erfindungshöhe bezeichnet und liegt dann vor, wenn die Erfindung sich für den Fachmann nicht in naheliegender Weise aus dem Stand der Technik ergibt[215]. Erteilte Patente werden in eine bei dem DPMA geführte Rolle, die Patentrolle, eingetragen[216]. Hierbei handelt es sich um ein öffentliches Register, dessen Eintragungen aber lediglich rechtsbekundende und keine rechtsbegründende Wirkung haben[217]. 68

Das Recht auf ein **deutsches Patent**, der Anspruch auf seine Erteilung und das Recht aus dem Patent können auf Andere übertragen werden[218]. Bei ausreichender Bestimmtheit wird sogar die Übertragbarkeit künftiger Erfinderrechte, Patentanmeldungen und Patente für möglich erachtet[219]. Die genannten Rechte stellen die vermögensrechtliche Komponente des Rechts an der Erfindung dar[220]. Demgegenüber ist dessen persönlichkeitsrechtliche Seite, die allein auf Grund der Tatsache des Erfindens entsteht, zwar als Rechtsposition anerkannt[221], aber als höchstpersönliches Recht nicht übertragbar[222]. 69

Das **Recht auf das Patent** hat seine Grundlage im Recht an der Erfindung und stellt die Gesamtheit der aus ihm herrührenden vermögensrechtlichen Positionen dar[223]. Es steht dem Erfinder oder seinem Rechtsnachfolger zu[224]. Seine Übertragbarkeit rührt daher, daß es bereits vor der Patentanmeldung ein absolutes Recht ist, welches zwar noch kein Benutzungs- und Verbietungsrecht an der Erfindung, aber einen ausschließlichen Rechtsanspruch auf Patenterteilung sowie Schadensersatzansprüche bei seiner schuldhaften Verletzung gewährt[225]. Das Recht auf das Patent geht durch die Erteilung des Patents an den materiell Berechtigten in dem Patent auf[226]. Das gesamte Recht an der Erfindung erlischt jedoch, wenn die Erfindung vor rechtzeitiger Patentanmeldung der Öffentlichkeit zugänglich gemacht wird[227]. 70

---

[213] § 1 Abs. 1 PatG; siehe auch *Völker* BB 1999, 2413, 2415, 2417.
[214] *Benkard* § 1 PatG Rn 40 ff.
[215] § 4 PatG.
[216] § 30 Abs. 1 PatG.
[217] *Benkard* § 30 PatG Rn 1, 8.
[218] § 15 Abs. 1 PatG.
[219] *Benkard* § 15 PatG Rn 6; siehe Rn 29.
[220] *Benkard* § 15 PatG Rn 2.
[221] Es gilt als „sonstiges Recht" iSv. § 823 Abs. 1 BGB, *BGH* GRUR 1979, 145, 148 „Aufwärmvorrichtung"; *OLG Frankfurt* GRUR 1987, 886, 887 „Gasanalysator".
[222] *Benkard* § 6 PatG Rn 16 f.
[223] *Benkard* § 15 PatG Rn 2.
[224] § 6 PatG, ähnlich Art. 60 Abs. 1 Satz 1 EPÜ für das Recht auf das europäische Patent.
[225] *OLG Frankfurt* GRUR 1987, 886 ff. „Gasanalysator"; *Benkard* § 6 PatG Rn 13 f.
[226] *Benkard* § 6 PatG Rn 22.
[227] *Benkard* § 6 PatG Rn 14, 22.

71 Der verfahrensmäßige **Anspruch auf Erteilung des Patents** ist zunächst öffentlich-rechtlicher Natur und steht dem Patentanmelder gegen die Erteilungsbehörde unabhängig davon zu, ob er das Recht auf das Patent hat, wenn die Patentanmeldung und ihr Gegenstand die gesetzlichen Voraussetzungen erfüllen[228]. Ist der Anmelder der sachlich Berechtigte, also der Erfinder oder dessen Rechtsnachfolger, ist der Anspruch auf Erteilung des Patents eine subjektive vermögensrechtliche Position, die von der Eigentumsgarantie umfaßt wird und aufgrund der Anmeldung nicht mehr durch die Veröffentlichung der Erfindung oder nachträgliche Änderungen der Rechtslage gefährdet werden kann[229]. Erst die Anmeldung verleiht dem materiell Berechtigten somit eine unentziehbare Anwartschaft auf Erteilung des Patents[230].

72 Das übertragbare **Recht aus dem Patent** umfaßt die gesamte Rechtsstellung, die das erteilte Patent dem Inhaber gewährt[231]. Es entsteht durch den Erteilungsbeschluß[232] und entfaltet seine gesetzlichen Wirkungen mit der Veröffentlichung der Patenterteilung im Patentblatt[233]. Die Patentdauer beträgt zwanzig Jahre[234], sofern es nicht schon vorher erlischt[235].

73 Die Erteilung des **europäischen Patents** nach dem Europäischen Patentübereinkommen (EPÜ) kann für einen, mehrere oder alle Vertragsstaaten beantragt werden[236]. Die Übertragbarkeit der europäischen Patentanmeldung für einen oder mehrere der benannten Vertragsstaaten ist im EPÜ ausdrücklich vorgesehen[237]. Während bei deutschen Patenten und Patentanmeldungen die Übertragung formfrei möglich ist[238], muß die rechtsgeschäftliche Übertragung der europäischen Patentanmeldung schriftlich erfolgen und bedarf der Unterschrift der Vertragsparteien[239], anderenfalls ist sie nichtig[240]. Nach seiner Erteilung hat das europäische Patent in jedem Vertragsstaat, für den es erteilt worden ist, grundsätzlich dieselbe Wirkung wie ein nationales Patent[241] und ist damit auch ebenso wie ein nationales Patent übertragbar. Daher wird das erteilte europäische Patent, falls darin die Bundesrepublik Deutschland benannt worden ist, in der deutschen Patentrolle vermerkt[242], ebenso ein Rechtsübergang. Solange die Einspruchsfrist läuft oder ein Einspruchsverfahren andauert, wird der Rechtsübergang eines er-

---

[228] § 7 Abs. 1 PatG, *Benkard* § 7 PatG Rn 2f. mwN; ähnlich Art. 60 Abs. 3 EPÜ für die Geltendmachung des Rechts auf das europäische Patent.
[229] *Benkard* § 7 PatG Rn 3.
[230] Dies ist bei dem Recht an der Erfindung noch nicht der Fall, vgl. *Benkard* § 6 PatG Rn 14.
[231] *Benkard* § 15 PatG Rn 2.
[232] § 49 Abs. 1 PatG.
[233] § 58 Abs. 1 Satz 3 PatG.
[234] § 16 Abs. 1 Satz 1 PatG.
[235] § 20 PatG, etwa bei nicht rechtzeitiger Entrichtung der Jahresgebühren gem. § 17 Abs. 3 PatG.
[236] Art. 3 EPÜ.
[237] Art. 71 EPÜ.
[238] *Benkard* § 15 PatG Rn 4; siehe Rn 27.
[239] Art. 72 EPÜ.
[240] BGH NJW 1993, 69 ff. „Magazinbildwerfer".
[241] Art. 2 EPÜ; *Benkard* Int PatG Rn 104 bezeichnet das europäische Patent als „europäisches Bündelpatent".
[242] *Benkard* § 30 PatG Rn 1.

teilten europäischen Patents allerdings auch noch in das europäische Patentregister eingetragen[243].

Auch wenn sich die dingliche Übertragung der Patentanmeldung und des Patents durch die bloße Einigung der Parteien hierüber vollzieht[244] und die Eintragung in die Patentrolle dafür nicht erforderlich ist[245], sollte der Inhaberwechsel eingetragen werden, um die **Legitimationswirkung für den Schutzrechtserwerber** herbeizuführen. Der bisher eingetragene Anmelder oder Patentinhaber bleibt formell berechtigt und verpflichtet, solange die Änderung nicht eingetragen ist[246]. Erst danach ist der Erwerber als Schutzrechtsnachfolger gegenüber dem DPMA und den Gerichten legitimiert[247], wobei die Legitimationsänderung auf bereits rechtshängige Prozeßrechtsverhältnisse keinen Einfluß hat[248]. Für die Zeit zwischen dem dinglichen Rechtserwerb und dem Vermerk des Rechtswechsels in der Patentrolle sollten die Parteien daher vereinbaren, daß der Veräußerer ermächtigt wird, die Rechte aus dem Schutzrecht gegenüber Dritten für den Erwerber wahrzunehmen[249].

In der Patentrolle wird eine Änderung des Anmelders oder Patentinhabers vom DPMA auf Antrag vermerkt, wenn sie nachgewiesen wird[250]. Gleiches gilt für die **Eintragung des Rechtsübergangs** einer europäischen Patentanmeldung in das europäische Patentregister durch das Europäische Patentamt auf Antrag eines Beteiligten[251], wobei dort ausdrücklich der Nachweis durch Vorlage von Urkunden vorgeschrieben ist. Auch im deutschen Recht wird grundsätzlich der Nachweis der Rechtsänderung durch Urkunden verlangt, obwohl dies dort nicht ausdrücklich geregelt ist[252]. Im allgemeinen reicht hierfür die Annahmeerklärung oder eigene Antragstellung des Erwerbers zusammen mit der Umschreibungsbewilligung des eingetragenen Inhabers, die früher von der Amtspraxis geforderte Beglaubigung der Umschreibungsbewilligung ist für die Eintragung in die Patentrolle heute grundsätzlich nicht mehr notwendig[253]. Beglaubigungen können allerdings für die Umschreibung ausländischer Schutzrechte nach wie vor erforderlich sein. Wegen des Einsichtsrechts Dritter in die Akten von Patenten und Patentanmeldungen[254] empfiehlt es sich, von der Einreichung umfangreicher Unterlagen, wie etwa des gesamten Unternehmenskaufvertrags, Abstand zu nehmen.

---

[243] Regel 61 Ausführungsverordnung zum EPÜ iVm. Regel 20 Ausführungsverordnung zum EPÜ.
[244] § 413 BGB iVm. § 398 BGB, siehe Rn 24.
[245] *Benkard* § 15 PatG Rn 4 und § 30 PatG Rn 17 jeweils mwN.
[246] § 30 Abs. 3 Satz 3 PatG, Regel 20 Abs. 3 Ausführungsverordnung zum EPÜ.
[247] *Benkard* § 30 PatG Rn 17; *Repenn* S. 96f.
[248] BGH GRUR 1979, 145, 147 „Aufwärmvorrichtung" wendet § 265 Abs. 2 ZPO an.
[249] *Repenn* S. 97; *Bühring* § 22 GebrMG Rn 7 erwähnt für das Gebrauchsmuster die Möglichkeit der Prozeßstandschaft.
[250] § 30 Abs. 3 Satz 1 PatG.
[251] Regel 20 Abs. 1 Ausführungsverordnung zum EPÜ.
[252] *Benkard* § 30 PatG Rn 13.
[253] Vgl. Mitteilung des Präsidenten des Deutschen Patentamts vom 28. 10. 1996, Bl. f. PMZ 1996, 426ff.; zur früheren Amtspraxis: *Benkard* § 30 PatG Rn 13; *Repenn* S. 102ff., S. 187ff.
[254] § 31 PatG.

76 Sowohl im deutschen Recht als auch bei der europäischen Patentanmeldung ist der Antrag **gebührenpflichtig** und gilt erst als gestellt, wenn die Gebühr entrichtet worden ist[255]. Nicht gebührenpflichtig ist lediglich der Umschreibungsvermerk in den Akten noch nicht offengelegter Patentanmeldungen, die nicht in der Patentrolle eingetragen sind und auf die die Regelungen im übrigen aber entsprechend angewendet werden[256].

V. Musterrechte

1. Geschmacksmuster

77 Geschmacksmuster sind neue und eigentümliche gewerbliche Muster oder Modelle[257]. Sie haben Schöpfungen zum Gegenstand, die im wesentlichen durch Formen und Farben in der Weise auf das ästhetische Empfinden einwirken können, daß sie über das Auge einen neuen Sinneseindruck bei dem Betrachter hervorbringen[258].

78 Das Geschmacksmusterrecht kann von seinem Urheber übertragen werden[259]. Es entsteht bereits ungeprüft durch die Werkschöpfung und ordnungsgemäße Anmeldung[260], also unabhängig von der späteren Eintragung im Musterregister[261]. Das **vollendete Recht** gilt als absolutes Immaterialgüterrecht[262]. Die vor der Anmeldung bestehende Rechtsposition des Musterschöpfers wird als dem patentrechtlichen Recht an der Erfindung ähnlich angesehen und als **Anwartschaftsrecht** mit noch nicht absolutem Rechtscharakter bezeichnet[263]. Dessen Übertragung ist ebenso möglich wie die dingliche Übertragung eines **künftigen Rechts** an einem erst noch zu schaffenden Werk[264]. Die Übertragung des Geschmacksmusterrechts umfaßt nur dessen vermögensrechtliche Elemente, nicht die persönlichkeitsrechtlichen Inhalte, die bei seinem Schöpfer verbleiben[265]. Erfüllt das Geschmacksmuster auch die Voraussetzungen des Urheberrechtsschutzes, kann in seiner Übertragung unter Umständen gleichzeitig die Einräumung des urheberrechtlichen Nutzungsrechts zu sehen sein[266]. Im übrigen umfaßt die volle Rechtsübertragung regelmäßig auch die Eigentumsübertragung an den niedergelegten Mustern bzw. Modellen[267].

---

[255] § 30 Abs. 3 Satz 2 PatG, Regel 20 Abs. 2 Satz 1 Ausführungsordnung zum EPÜ.
[256] *Benkard* § 30 PatG Rn 19.
[257] § 1 GeschmMG; siehe auch *Völker* BB 1999, 2413, 2415, 2417.
[258] *Nirk/Kurtze* § 1 GeschmMG Rn 77 ff.
[259] § 3 Satz 2 GeschmMG.
[260] § 7 Abs. 1 GeschmMG.
[261] *Nirk/Kurtze* § 3 GeschmMG Rn 1 und § 7 GeschmMG Rn 3 f.
[262] *Nirk/Kurtze* § 3 GeschmMG Rn 17.
[263] *Nirk/Kurtze* § 1 GeschmMG Rn 24 und § 3 GeschmMG Rn 18 f.
[264] Siehe Rn 29.
[265] *Nirk/Kurtze* § 3 GeschmMG Rn 21.
[266] *Nirk/Kurtze* § 3 GeschmMG Rn 16.
[267] § 929 ff. BGB; *Nirk/Kurtze* § 3 GeschmMG Rn 8 f.

Es besteht eine gesetzliche Tatsachenvermutung, daß als Urheber des Musters oder Modells gilt, wer es zur Eintragung in das Musterregister angemeldet hat[268]. Die Vermutung kommt dem Rechtsnachfolger des Anmelders insoweit zugute, als er sich ebenfalls darauf berufen kann, daß der das Geschmacksmuster anmeldende Rechtsvorgänger auch Urheber war, doch erstreckt sie sich nicht auf die Rechtsnachfolge selbst oder die Rechtsinhaberschaft[269]. Eine formelle Legitimationswirkung gegenüber Dritten kommt dem im Musterregister als Inhaber eingetragenen Rechtsnachfolger aufgrund dieser Vermutung demnach nicht zu. Er muß im Bestreitensfall also seine Rechtsinhaberschaft, notfalls durch alle Zwischenerwerbsstufen, nachweisen[270]. Gleichwohl sollte von der Möglichkeit, die **Eintragung der Rechtsnachfolge** in das Musterregister zu beantragen[271], schon deshalb Gebrauch gemacht werden, weil das Gesetz ab der Eintragung des Geschmacksmusters stets auf den als Inhaber Eingetragenen abstellt[272], auch wenn im Gegensatz zum Patent-, Gebrauchsmuster- und Markenrecht eine ausdrückliche Regelung der formellen Legitimation fehlt[273].

Änderungen in der Person des als Inhaber Eingetragenen werden im Geschmacksmusterblatt bekanntgemacht[274]. Für das Stadium zwischen der die Entstehung des Geschmacksmusters bereits bewirkenden Anmeldung und seiner Eintragung, also im Registrierungsverfahren, werden durch die Rechtsprechung die patentrechtlichen Vorschriften über die formelle Legitimationswirkung auf den **Inhaberwechsel** entsprechend angewendet[275]. Dies hat zur Folge, daß die verfahrensrechtliche Stellung erst dann auf den Rechtsnachfolger übergeht, wenn der Rechtsübergang dem Register angezeigt und nachgewiesen worden ist[276].

Muster oder Modelle können nach dem **Haager Abkommen**[277] mit einer einzigen Hinterlegung zugleich in allen benannten Vertragsstaaten geschützt werden, in denen sich die materiellen Schutzvoraussetzungen dann jedoch nach dem dortigen nationalen Recht richten[278]. Diese international hinterlegten Muster oder Modelle kann der Inhaber für alle oder nur für einen Teil der in einer Mengenhinterlegung enthaltenen Muster oder Modelle sowie für einen oder mehrere der benannten Vertragsstaaten übertragen[279]. Jeder Inhaberwechsel wird in das internationale Register eingetragen, wenn der Antrag vom Veräußerer unterzeichnet ist oder der Erwerber dem von ihm unterzeichneten Antrag eine behördliche

---

[268] § 13 GeschmMG; *Nirk/Kurtze* § 13 GeschmMG Rn 2f.
[269] *Nirk/Kurtze* § 13 GeschmMG Rn 7, 27.
[270] *Nirk/Kurtze* § 13 GeschmMG Rn 7.
[271] § 2 Abs. 2 Nr. 6 iVm. § 5 Musterregisterverordnung. Dem Antrag sind schriftliche Nachweise beizufügen. Er ist gebührenpflichtig.
[272] So wird etwa die Nachfristsetzung zur Zahlung der Verlängerungsgebühren vom DPMA an den „Eingetragenen" gerichtet, § 9 Abs. 3 Satz 3 GeschmMG.
[273] Vgl. § 30 Abs. 3 Satz 3 PatG, § 8 Abs. 4 Satz 3 GebrMG, § 28 MarkenG.
[274] § 8 Abs. 1 Nr. 1 iVm. § 2 Abs. 2 Nr. 6 Musterregisterverordnung.
[275] BPatG Bl. f. PMZ 1993, 345f. wendet hier § 30 Abs. 3 PatG analog an.
[276] BPatG Bl. f. PMZ 1993, 345f.; *Nirk/Kurtze* § 8c GeschmMG Rn 8.
[277] Haager Abkommen über die internationale Hinterlegung gewerblicher Muster oder Modelle vom 6. 11. 1925, abgedruckt bei *Nirk/Kurtze* GeschmMG Anhang 15.
[278] *Nirk/Kurtze* § 2 GeschmMG Rn 10.
[279] Art. 17 Abs. 3 Haager Abkommen.

Bescheinigung zum Beweis der Rechtsnachfolge beigefügt hat. Der Antrag ist gebührenpflichtig[280].

2. Gebrauchsmuster

82   Gebrauchsmuster sind Erfindungen, die neu sind, auf einem erfinderischen Schritt beruhen und gewerblich anwendbar sind[281]. Die Erfindung muß ebenso wie im Patentrecht technischen Charakter haben[282]. Der Begriff „erfinderischer Schritt" soll das im Verhältnis zum Patent geringere Maß an erfinderischer Leistung zum Ausdruck bringen[283]. Allerdings sind Verfahrenserfindungen nicht durch Gebrauchsmuster schützbar[284].

83   Das Recht auf das Gebrauchsmuster, der Anspruch auf seine Erteilung und das durch die Eintragung begründete Recht sind auf Andere übertragbar[285]. Die Regelung entspricht der im Patentrecht[286]. Allerdings entsteht das vollendete Gebrauchsmuster erst mit der Eintragung in die Musterrolle[287], nachdem eine lediglich eingeschränkte Prüfung der Anmeldung durchgeführt worden ist[288]. Auch hier ist bei ausreichender Bestimmbarkeit die Übertragung der Rechte an künftigen Erfindungen möglich[289].

84   Wie im Patentrecht ist für den dinglichen Rechtsübergang, der sich durch die bloße Einigung der Parteien hierüber vollzieht[290], dessen Eintragung in die Musterrolle nicht notwendig, aber für die **formelle Legitimation** des Erwerbers unumgänglich[291]. Erst nach Eintragung der Änderung in der Rolle ist der Erwerber als Schutzrechtsnachfolger gegenüber dem DPMA und den Gerichten legitimiert[292]. Auf Gebrauchsmusteranmeldungen werden diese Regelungen entsprechend angewendet und der Rechtswechsel in den Anmeldeakten vermerkt, so daß bis zum Eingang eines Änderungsantrags und des erforderlichen Nachweises des Anmelderwechsels der bisherige Anmelder als berechtigt und verpflichtet behandelt wird[293]. Jedoch kann der Erwerber für die Zeit vor Erlangung der formellen Legitimation den Veräußerer zur Rechtswahrnehmung ermächtigen[294].

85   Auf gebührenpflichtigen Antrag hin vermerkt das DPMA in der Musterrolle die Änderung des Gebrauchsmusterinhabers, wenn sie ihm nachgewiesen wird[295].

---

[280] Siehe im einzelnen Regel 19 der Ausführungsordnung zum Haager Abkommen.
[281] § 1 Abs. 1 GebrMG; siehe auch *Völker* BB 1999, 2413, 2415, 2417.
[282] *Benkard* § 1 GebrMG Rn 7.
[283] *Benkard* § 1 GebrMG Rn 25.
[284] § 2 Nr. 3 GebrMG.
[285] § 22 Abs. 1 Satz 2 GebrMG.
[286] *Benkard* § 22 GebrMG Rn 1 f.; siehe daher die Ausführungen zum Patent Rn 68 ff.
[287] § 11 GebrMG; *Bühring* § 11 GebrMG Rn 2.
[288] § 8 GebrMG; *Benkard* § 8 GebrMG Rn 2 f.; *Bühring* § 22 GebrMG Rn 4.
[289] *Bühring* § 22 GebrMG Rn 4; siehe Rn 29.
[290] § 413 BGB iVm. § 398 BGB, siehe Rn 24.
[291] *Benkard* § 22 GebrMG Rn 3; *Bühring* § 22 GebrMG Rn 7.
[292] *Bühring* § 8 GebrMG Rn 63.
[293] *Bühring* § 8 GebrMG Rn 67 mwN.
[294] Siehe Rn 74.
[295] § 8 Abs. 4 GebrMG.

Für diesen Nachweis gelten die gleichen Anforderungen wie beim Patent[296], wobei heute auch hier die Beglaubigung der Umschreibungsbewilligung grundsätzlich nicht mehr notwendig ist[297]. Der bisher eingetragene Rechtsinhaber bleibt formell berechtigt und verpflichtet, solange die Änderung nicht eingetragen ist[298]. Änderungen in der Person des als Inhaber Eingetragenen werden im Patentblatt bekanntgemacht[299].

VI. Ergänzender wettbewerbsrechtlicher Leistungsschutz

Der gesetzliche Unterlassungsanspruch[300] ist nicht selbständig übertragbar; der rechtsgeschäftliche Erwerber eines Unternehmens, der es fortführt, hat das Prozeßführungsrecht nur kraft Übergang des Unternehmens[301]. Vor dem Erwerb entstandene **wettbewerbsrechtliche Unterlassungsansprüche** gehen im Zweifel nicht automatisch mit über. Vielmehr ist eine gesonderte Übertragung auf den Erwerber geboten[302]. Die Übertragung ist formfrei möglich, Schriftform aber zur Geltendmachung zweckmäßig[303]. Der Rechtsnachfolger eines Unternehmens kann jedoch dann aus eigenem Recht klagen, wenn die vor Erwerb eingetretene Störung fortdauert[304].

VII. Nutzungsrechte an Urheberrechten

Urheberrechte sind die Rechte von Urhebern von Werken der Literatur, Wissenschaft und Kunst, soweit es sich um persönliche geistige Schöpfungen handelt[305]. Nach dem UrhG genießen auch Computerprogramme und den Urheberrechten verwandte Rechte Schutz[306].

Urheberrechte sind als solche unter Lebenden – von Erbauseinandersetzungen abgesehen – nicht übertragbar[307]. Wenn diese Rechte nach dem Unternehmensübergang weiter verwendet werden sollen, muß der Erwerber Inhaber der **urhe-**

---

[296] Siehe Rn 75.
[297] Vgl. Mitteilung des Präsidenten des Deutschen Patentamts vom 28. 10. 1996, Bl. f. PMZ 1996, 426 ff.; *Bühring* § 8 GebrMG Rn 48.
[298] § 8 Abs. 4 Satz 3 GebrMG; *Bühring* § 8 GebrMG Rn 53.
[299] § 8 Abs. 3 GebrMG, *Benkard* § 8 GebrMG Rn 13.
[300] Aus § 1 UWG.
[301] *Hefermehl* UWG Einl. 323.
[302] *Köhler*, Die Auswirkungen der Unternehmensveräußerung auf gesetzliche und vertragliche Unterlassungsansprüche, WRP 2000, 921, 924 f. mwN zum Meinungsstand; *Donle* DStR 1997, 74, 79.
[303] *Donle* DStR 1997, 74, 79.
[304] *Hefermehl* UWG Einl. 323 mwN.
[305] §§ 1, 2 UrhG; siehe auch *Völker* BB 1999, 2413, 2415, 2416 f.
[306] Siehe §§ 69 a ff. UrhG zum Schutz von Computerprogrammen und §§ 70 bis 95 UrhG zum Schutz wissenschaftlicher Ausgaben, nachgelassener Werke und von Lichtbildern sowie zum Schutz des ausübenden Künstlers, des Herstellers von Tonträgern, des Datenbankerstellers und der Rechte an Filmwerken und Laufbildern.
[307] § 29 Satz 2 UrhG.

berrechtlichen Nutzungsrechte[308] werden. Zwar können im Grundsatz – von Fällen abgesehen, in denen die Verweigerung der Zustimmung gegen Treu und Glauben verstoßen würde – urheberrechtliche Nutzungsrechte nur mit Zustimmung des Urhebers übertragen werden[309]. Für Unternehmensübernahmen gilt jedoch eine besondere Regelung. Urheberrechtliche Nutzungsrechte können iRd. Gesamtveräußerung eines Unternehmens oder der Veräußerung von Teilen eines Unternehmens ohne Zustimmung des Urhebers übertragen werden[310]. Die Übertragung der Nutzungsrechte ist formfrei möglich. Schriftform ist aber zu Nachweiszwecken empfohlen.

VIII. Werktitelschutz

89   Werktitel sind die Namen oder besonderen Bezeichnungen von Druckschriften, Filmwerken, Tonwerken, Bühnenwerken oder sonstigen vergleichbaren Werken[311].

90   Nach dem herkömmlichen Verständnis des Werktitelrechts besteht eine strenge **Akzessorietät** bei der Entstehung, Übertragung und Beendigung des Werktitels. Folge dieser Akzessorietät ist, daß eine wirksame Übertragung des Werktitelrechts grundsätzlich nur gemeinsam mit dem dazugehörigen Werk erfolgen kann[312]. Demgegenüber wird teilweise im Schrifttum eine freie Übertragbarkeit des Werktitelrechts in analoger Anwendung der für Marken geltenden Vorschriften befürwortet[313]. In der Praxis sollte jedenfalls bis auf weiteres von der strikten Bindung des Titels an das zugrundeliegende Werk ausgegangen werden.

IX. Know-how

91   Das Know-how umfaßt die gesetzlich nicht geschützten Erfindungsleistungen, Fabrikationsleistungen, Fabrikationsverfahren, Konstruktionen und sonstige die Technik bereichernde Leistungen[314].

92   Know-how aller Art, das oft den eigentlichen wertbildenden Faktor eines Unternehmens darstellt, gehört zum wirtschaftlichen Kaufgegenstand, weshalb sich der Vertragswille im Zweifel stets auf dessen Mitveräußerung erstreckt; eine klare

---

[308] §§ 31 ff. UrhG.
[309] § 34 Abs. 1 UrhG.
[310] § 34 Abs. 3 UrhG; zur besonderen Problemlage hinsichtlich Computersoftware siehe *Donle* DStR 1997, 74, 78 f. mwN (soweit in diesen Fällen nicht ohnehin § 34 Abs. 3 UrhG eingreift).
[311] § 5 Abs. 3 MarkenG; siehe auch *Völker* BB 1999, 2413, 2414, 2416.
[312] *Fezer* § 15 MarkenG Rn 168a.
[313] *Fezer* § 15 MarkenG Rn 168c mwN; vgl. zur Frage der isolierten Übertragbarkeit von Werktitelrechten auch *Fuchs*, Allgemeiner Kennzeichenschutz für geistige Produkte, GRUR 1999, 460, 466 f. und – erwidernd – *Deutsch*, Allgemeiner Kennzeichenschutz für geistige Produkte, GRUR 2000, 126, 129 f.
[314] *Hefermehl* § 17 UWG Rn 2 in Anlehnung an § 18 GWB; siehe auch *Völker* BB 1999, 2413, 2416, 2417.

vertragliche Regelung ist aber auch hier zum Ausschluß von Zweifelsfragen notwendig[315].

X. Sonstige gewerbliche Schutzrechte

Ansprüche aus **Arbeitnehmererfindungen**, d. h. auf Meldung und gemeldete Erfindungen und Verbesserungsvorschläge gehen idR durch den Eintritt des Unternehmenserwerbers in die Arbeitsverhältnisse über[316]. Vor Betriebsübergang schon entstandene Rechte müssen allerdings gesondert übertragen werden. Dies kann formfrei geschehen. Es ist deshalb rechtlich möglich, zugleich mit einem Betriebsübergang auch eine vertragliche Überleitung von Schutzrechtspositionen vorzunehmen, ohne daß es hierzu einer besonderen schriftlichen Vereinbarung bedarf. Ein solcher Formverzicht ist aber nicht empfehlenswert. Gegenüber ausgeschiedenen Arbeitnehmern haftet der Betriebsveräußerer weiter auf Erfindervergütung[317].

Die **Verlagsrechte** sind die dem Verleger vom Verfasser eines Werkes der Literatur oder der Tonkunst vertraglich eingeräumten Vervielfältigungs- und Verbreitungsrechte[318]. Sie sind, soweit nicht ein entsprechender Ausschluß vereinbart wurde, übertragbar[319]. Für die Übertragung ist zwar die Zustimmung des Verfassers erforderlich, soweit nur einzelne Werke übertragen werden sollen[320]. Dies wird aber regelmäßig bei Unternehmensübernahmen nicht der Fall sein, so daß – ähnlich der Regelung für die Übertragung urheberrechtlicher Nutzungsrechte – in Fällen der Veräußerung des gesamten oder einer Abteilung des Unternehmens für die Übertragung der Verlagsrechte die Zustimmung des Verfassers nicht erforderlich ist.

Für die Übertragung geschützter Topographien von mikroelektronischen **Halbleitererzeugnissen** sind die Vorschriften des GebrMG entsprechend anzuwenden[321].

Der Sortenschutz gewährt Schutz für neue Pflanzenzüchtungen. Das Recht auf **Sortenschutz** für eine Pflanzensorte nach dem deutschen Sortenschutzgesetz, der Anspruch auf Erteilung des Sortenschutzes und der Sortenschutz sind übertragbar[322]. Änderungen in der Person des Sortenschutzinhabers werden in der vom Bundessortenamt geführten Sortenschutzrolle nur eingetragen, wenn sie nachgewiesen sind. Der eingetragene Sortenschutzinhaber bleibt bis zur Eintragung der Änderung berechtigt und verpflichtet[323]. Auch der gemeinschaftliche Sortenschutz nach der VO (EG) Nr. 2100/94 kann Gegenstand eines Rechtsüber-

---

[315] *Beisel/Klumpp* Rn 394 mwN.
[316] Nach § 613a BGB, so *Donle* DStR 1997, 74, 79; ob dies auch für noch nicht gemeldete Erfindungen gilt, ist umstritten, siehe die Nachweise bei *Gaul* GRUR 1994, 1.
[317] *Gaul* GRUR 1994, 1 ff.; *Donle* DStR 1997, 74, 79.
[318] §§ 1, 8 VerlG.
[319] § 28 Abs. 1 Satz 1 VerlG.
[320] § 28 Abs. 1 Satz 2 VerlG.
[321] § 11 Abs. 2 Halbleiterschutzgesetz; siehe auch *Völker* BB 1999, 2413, 2415f., 2417.
[322] § 11 Abs. 1 Sortenschutzgesetz; siehe auch *Völker* BB 1999, 2413, 2415, 2417.
[323] § 28 Abs. 3 Sortenschutzgesetz.

gangs auf einen oder mehrere Rechtsnachfolger sein. Die rechtsgeschäftliche Übertragung muß schriftlich erfolgen und bedarf der Unterschrift der Vertragsparteien, es sei denn, daß sie auf einem Urteil oder einer anderen gerichtlichen Entscheidung beruht. Anderenfalls ist sie nichtig[324].

97 Für die Übertragung von Rechten an **typographischen Schriftzeichen** gelten die Bestimmungen des GeschmMG; bei international hinterlegten typographischen Schriftzeichen nach dem Wiener Abkommen trägt das internationale Büro auf Antrag den Wechsel des Inhabers ein[325].

98 Domainnamen dienen als technische Adressen im Internet. Bei Internetadressen ist zwischen Internet-Protokoll-Nummern und Domainnamen zu unterscheiden. Wegen der geringeren Akzeptanz von numerischen Adressen werden Namen als alphanumerische Adressen vergeben, die der Identifizierung des Inhabers des Internetanschlusses dienen[326]. Bei **Domainnamen** handelt es sich zwar nicht um eine neben geschäftlichen Bezeichnungen und Marken anerkannte eigenständige Kategorie gewerblicher Schutzrechte. Durch entsprechende Benutzung eines Domainnamens im geschäftlichen Verkehr kann aber, soweit die jeweiligen Voraussetzungen gegeben sind, ein Schutz als Unternehmenskennzeichen, Werktitel oder als Benutzungsmarke[327] erworben werden. IdR werden jedenfalls die Domainnamen[328] eines Unternehmens den bereits bestehenden Unternehmenskennzeichen und Marken entsprechen. Die betreffenden „web-sites" dienen teilweise der Präsentation des Unternehmens oder einzelner Produkte im Internet. Vielfach melden Unternehmen aber auch eine große Zahl von Markennamen als Domainnamen (teilweise auch mit Abwandlungen) an, ohne daß beabsichtigt ist, unter der jeweiligen Domain produktspezifische Informationen oder Werbung zu präsentieren. Stattdessen erfolgt oft bei Eingabe der Domain lediglich ein „link" auf die Startseite des Unternehmens. Die Praxis der Sicherungsregistrierung von Domains hat sich insbes. zur Abwehr des sog. „domain grabbing" entwickelt.

99 Beim Erwerb eines Unternehmens oder eines Unternehmensteils wird der Erwerber naturgemäß auch ein Interesse an der Übertragung der den geschäftlichen Bezeichnungen und Marken zuzuordnenden Domainnamen haben. Die bei der Denic[329] mit der deutschen Top-Level-Domain **de** registrierten Domains sind übertragbar[330]. Hat jedoch ein Dritter glaubhaft gemacht, daß er ein Recht auf die Domain hat, kann die Domain nicht übertragen werden (sog. Dispute-Eintrag)[331].

---

[324] Vgl. hierzu und zum Wirksamwerden des Rechtsübergangs dem gemeinschaftlichen Sortenamt und Dritten gegenüber Art. 23 der VO (EG) Nr. 2100/94 des Rates; zum Verfahren siehe Art. 79 der VO (EG) Nr. 1239/95 der Kommission (Durchführungsverordnung).
[325] Art. 2 Schriftzeichengesetz; Art. 20 des Wiener Abkommens iVm. Regel 16 der Ausführungsverordnung; BGBl. 1981 II S. 382ff.
[326] *Fezer* § 3 MarkenG Rn 297.
[327] § 5 Abs. 2 und 3 MarkenG, § 4 Ziffer 2 MarkenG.
[328] Unter den Länder Top-Level-Domains wie zB de, ch, uk oder generic Top-Level-Domains wie com.
[329] Deutsches Network Information Center (Denic), Frankfurt am Main.
[330] § 6 Abs. 2 Satz 1 der Registrierungsbedingungen der Denic; zum Wechsel des Internet Service Providers und zur Domain-Übertragung siehe im Einzelnen § 6 Abs. 1 und 2 der Registrierungsbedingungen unter http://www.denic.de.
[331] § 6 Abs. 2 Satz 3 iVm. § 2 Abs. 3 der Registrierungsbedingungen.

VII. Teil
Regelungen des Übernahmekodex

VII. Teil
Regelungen des Übernahmekodex

§ 31 Pflichten von Bieter und Zielgesellschaft

Übersicht

	Rn
A. Einführung	1
B. Pflichten des Bieters	2
I. Einführung	2
II. Aktuelle Gesetzeslage	3
1. Fehlen spezieller Regelungen/Bedeutung der allgemeinen Pflichten	3
a) Allgemeine Treupflicht	4
b) Gleichbehandlungsgrundsatz	5
c) Aufklärungspflichten	6
aa) Angebotsunterlage	6
bb) Prospekt bei Angebot eigener Aktien des Bieters	11
cc) Werbung	12
d) Pflichten nach Wertpapierhandelsgesetz (WpHG)	13
aa) Insiderhandelsverbot	13
bb) Ad hoc-Publizität	14
cc) Beteiligungspublizität	17
2. Informationspflichten	24
a) Gegenüber Aufsichtsrat und Aktionären der Bietergesellschaft	25
b) Gegenüber der Zielgesellschaft	28
3. Rücksichtnahmepflichten	31
III. Die Bietergesellschaft betreffende Regelungen des Übernahmekodex der Börsensachverständigenkommission	32
1. Bedeutung und Anwendungsbereich	32
2. Begriff des Bieters	36
3. Inhalt des Übernahmeangebots	37
4. Gleichbehandlungsgebot	39
5. Offenlegung von Handel in Wertpapieren der Zielgesellschaft	44
6. Weitere dem Bieter obliegende Pflichten	47
7. Pflichtangebot	49
a) Kontrollerwerb	50
b) Preisermittlung bei Pflichtangebot	53
8. Sanktionsmöglichkeiten nach dem Übernahmekodex	56
IV. Europäische Rahmenbedingungen für Bietergesellschaften	59
1. Gleichbehandlungsgrundsatz	60
2. Inhalt des Übernahmeangebots	61
3. Pflichtangebot	62
4. Informations- und Offenlegungspflichten	63

	Rn
a) Gegenüber der Zielgesellschaft	64
b) Gegenüber den Arbeitnehmern der Zielgesellschaft	65
c) Markttransparenz	66
V. Ausblick auf die vorgeschlagene gesetzliche Regelung	67
1. Anwendungsbereich des WpÜG	68
2. Verhaltenspflichten des Bieters	73
3. Squeeze Out	85
4. Sanktionen	86
C. Pflichten der Zielgesellschaft	**87**
I. Einführung	87
II. Aktuelle Gesetzeslage	88
1. Neutralitätsgebot und Unternehmensinteresse	88
2. Vorstandspflichten im einzelnen	93
a) Pflicht, für Bestand und dauerhafte Rentabilität zu sorgen	94
b) Gleichbehandlungsgrundsatz	95
c) Aufklärungs- und Informationspflichten gegenüber dem Aufsichtsrat	97
d) Auskunfts- und Mitwirkungspflichten gegenüber verkaufswilligen Aktionären (Due Diligence)	98
e) Stellungnahme und Auskunftspflicht gegenüber den Aktionären	103
f) Pflichten nach Wertpapierhandelsgesetz (WpHG)	104
aa) Insiderhandelsverbot	105
bb) Ad hoc-Publizität	109
III. Die Zielgesellschaft betreffende Regelungen des Übernahmekodex der Börsensachverständigenkommission	112
1. Begriff der Zielgesellschaft	112
2. Neutralitätsgebot	113
3. Vereinbarkeit von Abwehrmaßnahmen mit dem Übernahmekodex	117
a) Maßnahmen vor Bekanntmachung des Angebots	118
aa) Weißer Ritter	119
bb) Rückerwerb eigener Aktien	120
cc) Kronjuwelen-Praktiken	121
dd) Präventivangriff	122
ee) Werbekampagne	123
ff) Vinkulierte Aktien	124
b) Maßnahmen nach Bekanntmachung des Angebots	125
aa) Weißer Ritter	126
bb) Rückerwerb eigener Aktien	128
cc) Goldener Handschlag	129
dd) Kronjuwelen-Praktiken	130
ee) „Lock-up"	131
ff) Gegenangriff	132
gg) Werbekampagnen	133
c) Sonstige Aktivitäten der Zielgesellschaft	136

	Rn
4. Pflicht zur Stellungnahme	137
IV. Europäische Rahmenbedingungen für Zielgesellschaften	140
1. Neutralitätsgebot	141
2. Pflicht zur Stellungnahme/Information der Arbeitnehmer	146
V. Ausblick auf die vorgeschlagene gesetzliche Regelung	148
D. Zusammenfassung/Ausblick	152

Schrifttum: *Assmann*, Verhaltensregeln für freiwillige öffentliche Übernahmeangebote, AG 1995, 563; *Beckmann*, Der Richtlinienvorschlag betreffend Übernahmeangebote auf dem Weg zu einer europäischen Rechtsangleichung, DB 1995, 2407; *Börsensachverständigenkommission*, Standpunkte der Börsensachverständigenkommission zur künftigen Regelung von Unternehmensübernahmen, 1999; *Bungert*, Gesellschaftsrecht in den USA, 1994; *DAV/Handelsrechtsausschuß*, Anwendung des § 15 WpHG bei mehrstufigen Entscheidungsprozessen, AG 1997, 559; *Deutsche Börse AG/ BAWe* (Hrsg.), Insiderhandelsverbote und Ad hoc-Publizität nach dem Wertpapierhandelsgesetz, 2. Aufl. 1998; *Diekmann*, Hinweise zur Anwendung des Übernahmekodex der Börsensachverständigenkommission, WM 1997, 897; *Ebenroth/Daum*, Die Kompetenzen des Vorstands einer Aktiengesellschaft bei der Durchführung und Abwehr unkoordinierter Übernahmen, DB 1991, 1105 u. 1157; *Ekkenga*, Die Ad hoc-Publizität im System der Marktordnungen, ZGR 1999, 165; *Fürhoff/Wölk*, Aktuelle Fragen zur Ad hoc-Publizität, WM 1997, 449; *Götze*, Ad-hoc-Publizitätspflicht bei Zulassung einer Due Dilligence durch AG-Vorstand, BB 1998, 2326; *Groß*, Übernahmekodex für öffentliche Übernahmeangebote: Anerkennung und Rolle des begleitenden Wertpapierdienstleistungsunternehmens, DB 1996, 1909; *Happ/Semler*, Ad hoc-Publizität im Spannungsfeld von Gesellschaftsrecht und Anlegerschutz, ZGR 1998, 116; *Hauschka/Roth*, Übernahmeangebote und deren Abwehr im deutschen Recht, AG 1988, 181; *Hopt*, Aktionärskreis und Vorstandsneutralität, ZGR 1993, 534; *Kallmeyer*, Die Mängel des Übernahmekodex der BSK, ZHR 161 (1997) 435; *Kiem/ Kotthoff*, Ad hoc-Publizität bei mehrstufigen Entscheidungsprozessen, DB 1995, 1999; *Kirchner/Ehricke*, Funktionsdefizite des Übernahmekodex der Börsensachverständigenkommission, AG 1998, 105; *Kirchner*, Neutralitäts- und Stillhaltepflicht des Vorstands der Zielgesellschaft im Übernahmerecht, AG 1999, 481; *Knoll*, Die Übernahme von Kapitalgesellschaften, 1992; *Krause*, Der revidierte Vorschlag einer Takeover-Richtlinie (1996), AG 1996, 209; *Land/Hasselbach*, Das neue deutsche Übernahmegesetz, DB 2000, 1747; *Martens*, Der Einfluß von Vorstand und Aufsichtsrat auf Kompetenzen und Strukturen der Aktionäre – Unternehmensverantwortung contra Neutralitätspflicht, FS Beusch, 1993, S. 529; *Michalski*, Abwehrmechanismen gegen unfreundliche Übernahmeangebote („unfriendly takeover") nach deutschem Aktienrecht, AG 1997, 152; *Neye*, Der neue Übernahmekodex der Börsensachverständigenkommission, ZIP 1995, 1464; *Schander*, Selbstregulierung versus Kodifizierung – Versuch einer Standortbestimmung des deutschen Übernahmerechts, NZG 1998, 799; *Schlüter*, Wertpapierhandelsgesetz, 2000; *Thoma*, Der neue Übernahmekodex der Börsensachverständigenkommission, ZIP 1996, 1725; *Übernahmekommission*, Anmerkungen zum Übernahmekodex der Börsensachverständigenkommission, 1996; *dies.*, Drei Jahre Übernahmekodex, 1999; *Weisgerber*, Der Übernahmekodex in der Praxis, ZHR 161 (1997) 421; *Wilde*, Informationsrechte und Informationspflichten im Gefüge der

Gesellschaftsorgane, ZGR 1998, 423; *Witt*, Übernahmen von Aktiengesellschaften und Transparenz der Beteiligungsverhältnisse, 1998; *Ziegler*, „Due Diligence" im Spannungsfeld zur Geheimhaltungspflicht von Geschäftsführern und Gesellschaftern, DStR 2000, 249.

A. Einführung

1   Die aktuelle Börsensituation hat die **Attraktivität von Unternehmensübernahmen** für Bieter erhöht. Zahlreiche Gesellschaften weisen Unternehmenswerte, teilweise sogar Barmittel auf, die erheblich über ihrer derzeitigen Börsenkapitalisierung liegen. Einen weiteren Anreiz bietet die aufgrund der Unternehmensteuerreform ab 2002 für Kapitalgesellschaften mögliche steuerfreie Veräußerung von Beteiligungen. Viele Bieter haben in einem ersten Schritt ein Mehrheitspaket erworben, um dann anschließend ein Übernahmeangebot an die Minderheitsaktionäre auszulegen. Der Einstieg durch ein Übernahmeangebot an alle Aktionäre, etwa wie im Fall Vodafone/Mannesmann, bildet demgegenüber die Ausnahme. Aufgrund dieser Faktoren wird Ende 2001/Anfang 2002 ein erheblicher Anstieg von Übernahmen bzw. Übernahmeangeboten erwartet.

B. Pflichten des Bieters

I. Einführung

2   Die Situation des Bieters ist geprägt von dem derzeit noch anwendbaren Übernahmekodex der Börsensachverständigenkommission[1] und den sich hieran anknüpfenden Erwartungen an ein künftiges Übernahmegesetz, mit dessen Inkrafttreten, auch nach dem Scheitern der Übernahmerichtlinie, zum 1.1. 2002 gerechnet wird. Abhängig vom Ausgang der derzeitigen Diskussionen um den endgültigen Wortlaut des Gesetzes und etwaiger Übergangsregelungen wird sich für Bietergesellschaften die Frage stellen, ob 2001 oder 2002 der jeweils bessere Zeitrahmen für die Abgabe eines Übernahmeangebots ist.

II. Aktuelle Gesetzeslage

1. Fehlen spezieller Regelungen/Bedeutung der allgemeinen Pflichten

3   Weder das Aktien-, noch das Kapitalmarkt- und Börsenrecht sehen derzeit spezielle Regelungen für Unternehmensübernahmen vor[2]. Das gilt sowohl für freiwillige als auch pflichtgemäße Übernahmen, für freundliche, die im Einverständ-

---

[1] Abgedr. in AG 1998, 133. Die Börsensachverständigenkommission ist ein Gremium unabhängiger Experten, das dem BMF zugeordnet ist.
[2] Zum RegE-WpÜG siehe Rn 67ff. und 148ff. Ausführlich siehe Band 2.

nis mit dem Vorstand der Zielgesellschaft erfolgen, ebenso wie für feindliche, die gegen den Willen des Vorstands der Zielgesellschaft geschehen[3]. Damit befindet sich der Bieter jedoch nicht im rechtsfreien Raum. Jedes Übernahmeangebot berührt Regelungsbereiche des **Aktienrechts,** des **Kapitalmarkt-** und **Börsenrechts.**

a) Allgemeine Treupflicht. Nach der Rechtsprechung des BGH besteht eine **Treupflicht** sowohl im Verhältnis zwischen AG und Aktionär, als auch im Verhältnis der Aktionäre untereinander[4]. Das gilt auch, wenn der Aktionär nur in geringem Umfang an der Gesellschaft beteiligt ist[5]. Regelmäßig wird der Bieter bereits vor Abgabe eines Übernahmeangebots Aktionär der Zielgesellschaft sein[6], so daß er grundsätzlich einer Treuebindung unterliegt. Aufgrund seiner gesellschaftsrechtlichen **Treupflicht** ist der Aktionär gehalten, seine mitgliedschaftlichen Rechte möglichst so auszuüben, wie dies im Gesellschaftsinteresse liegt und die mitgliedschaftlichen Interessen anderer Aktionäre nicht unverhältnismäßig beeinträchtigt[7]. Dieser Grundsatz gilt auch während der Angebotsphase. Für den Bieter läßt sich daraus jedoch keine Pflicht ableiten, ein etwa unwillkommenes Angebot zu unterlassen oder alle Aktionäre der Gesellschaft gleich zu behandeln[8]. Der BGH hat einen solchen Gleichbehandlungsanspruch bereits im „VW/Audi-NSU"-Urteil[9] abgelehnt. Dies beruhte zwar auf der inzwischen revidierten Auffassung, daß zwischen den Aktionären keine Treupflicht besteht, gilt aber auch nach der neuen Auffassung[10]. Mit Unterbreitung eines Übernahmeangebots übt der Bieter keine mitgliedschaftlichen Befugnisse aus. Er tritt wie ein beliebiger Dritter an die Aktionäre heran. Für das Übernahmeangebot lassen sich daher **keine besonderen Pflichten** des Bieters aus der allgemeinen gesellschaftsrechtlichen Treupflicht ableiten.

b) Gleichbehandlungsgrundsatz. Die wesentliche Frage bei der Gleichbehandlung der Aktionäre im Zusammenhang mit Unternehmensübernahmen ist, ob den Aktionären ein **Pflichtangebot** unterbreitet werden muß, wenn der Bieter die Kontrolle über die Zielgesellschaft erlangt hat. Wie dargelegt, läßt sich ein solcher Anspruch aus der allgemeinen gesellschaftsrechtlichen Treupflicht nicht ableiten. Auch aus dem AktG[11] ergibt sich nach einhelliger Auffassung keine An-

---

[3] Siehe Band 2.
[4] BGHZ 103, 185, 194 „Linotype"; *Lutter* in Kölner Komm. Vor § 53a AktG Rn 6 mwN; *Henze,* Treupflichten der Gesellschafter im Kapitalgesellschaftsrecht, ZHR 162 (1998) 186, 187.
[5] BGHZ 129, 136, 142 „Girmes"; *Lutter,* Treupflichten und ihre Anwendungsprobleme, ZHR 162 (1998) 164, 184f. mwN.
[6] *Hauschka/Roth,* Übernahmeangebote und deren Abwehr im deutschen Recht, AG 1988, 181, 183.
[7] *Hüffer* § 53a AktG Rn 16; *Hüffer,* Zur gesellschaftsrechtlichen Treuepflicht als richterrechtlicher Generalklausel, FS Steindorff, 1990, S. 59, 69; *Raiser* in Hachenburg § 14 GmbHG Rn 52, 55f.
[8] Ebenso *Otto,* Die Verteilung der Kontrollprämie bei Übernahme von Aktiengesellschaften und die Funktion des Höchststimmrechts, AG 1994, 167, 169.
[9] *BGH* DB 1976, 1146.
[10] BGHZ 103, 185, 194 „Lynotype".
[11] § 53a AktG.

spruchsgrundlage für eine Gleichbehandlung[12]. Gleichbehandlung kann der Aktionär nur von der Gesellschaft selbst, nicht von seinen Mitaktionären verlangen[13].

6   c) **Aufklärungspflichten. aa) Angebotsunterlage.** Unterbreitet der Bieter ein Übernahmeangebot, zielt er damit auf den Abschluß eines **Kauf- oder Tauschvertrags** über die Aktien der Zielgesellschaft[14]. In beiden Fällen stellt der Bieter die Attraktivität seines Angebots in der Angebotsunterlage dar. Beim Barangebot beschränkt sich das werbende Moment auf den guten Preis, den der Bieter für die Aktien der Zielgesellschaft zu zahlen bereit ist. Offeriert der Bieter einen Aktientausch, treten weitere Umstände hinzu. IdR wird der Bieter das günstige Umtauschverhältnis, seine bessere Positionierung im Markt sowie die sich aus der Vereinigung mit der Zielgesellschaft für beide Gesellschaften ergebenden erhöhten Geschäftschancen herausstellen, insbes. das leichtere Erschließen neuer Märkte und das Erzielen von Synergieeffekten. Ein attraktives Übernahmeangebot wird den Aktionären die Erwartung aufzeigen, daß mit Annahme des Übernahmeangebots eine Wertsteigerung ihrer Beteiligung einhergehen wird.

7   Sowohl das bindende Angebot als auch eine unverbindliche invitatio fallen in den Bereich **vorvertraglicher Sorgfaltspflichten**[15]. Für den Bieter verbindet sich damit die Pflicht zur vollständigen und richtigen Information[16]. Verwendet der Bieter umfangreiche und verklausulierte Angebotsbedingungen, ist er verpflichtet, deren wesentlichen Inhalt unmißverständlich zusammenzufassen[17]. Verstößt der Bieter hiergegen, haftet er nach den Grundsätzen der culpa in contrahendo auf Schadensersatz. Wann die Angaben einer Angebotsunterlage in diesem Sinne unvollständig oder unverständlich sind, läßt sich abstrakt nur schwer beschreiben. Die Beurteilung hängt im wesentlichen von den Umständen des Einzelfalls, von Vorkenntnis, **Informationsbedarf und Informationsmöglichkeiten** der Aktionäre ab[18].

8   Der **Mindeststandard** an Informationen, die jede Angebotsunterlage enthalten muß, kann bis zur Verabschiedung des geplanten WpÜG dem Übernahmekodex der Börsensachverständigenkommission (BSK) entnommen werden[19]. Verbindlich sind diese Vorschriften aber nur für Bieter, die den Übernahmekodex anerkannt haben[20]. Bieter, die dies nicht getan haben, sollten sich jedoch aus Marketing- und Haftungsgründen ebenfalls an den Anforderungen des Übernahmekodex orientieren. Eine Genehmigung der Angebotsunterlagen durch die Ge-

---

[12] *Hirte/Schander* in von Rosen/Seifert S. 341, 346; *Beckmann* DB 1995, 2407, 2408; *Schander/Posten* ZIP 1997, 1534, 1535; *Knoll* S. 163.
[13] OLG Celle DB 1974, 525; *Hüffer* § 53a AktG Rn 4; *Hefermehl/Bungeroth* in Geßler/Hefermehl § 53a AktG Rn 5; *Lutter/Zöllner* in Kölner Komm. § 53a AktG Rn 25.
[14] *Assmann/Bozenhardt* ZGR Sonderheft 9/1990 S. 83.
[15] *Assmann/Bozenhardt* ZGR Sonderheft 9/1990 S. 76.
[16] RGZ 111, 233, 234 f.; *Emmerich* in MünchKomm. Vor § 275 BGB Rn 104.
[17] *Emmerich* in MünchKomm. Vor § 275 BGB Rn 97.
[18] *Löwisch* in Staudinger Vor § 275 ff. BGB Rn 80; *Emmerich* in MünchKomm. Vor § 275 BGB Rn 81.
[19] Vgl. Einleitung zum Übernahmekodex (ÜK).
[20] Siehe Rn 34 f.

schäftsstelle der Übernahmekommission oder das Bundesaufsichtsamt für den Wertpapierhandel (BAWe)[21] ist in diesem Fall nicht erforderlich.

Nach den Vorschriften des Übernahmekodex **muß** jedes Angebot **enthalten**[22]:   9
- Angaben zum Bieter, zum beratenden Wertpapierdienstleister und zur Zielgesellschaft;
- Bezeichnung der Wertpapiere (Angabe der WKN), die Gegenstand des Angebots sind;
- Höchst- und/oder Mindestzahl der Wertpapiere, die sich der Bieter zu erwerben verpflichtet, sowie eine Regelung des Zuteilungsverfahrens bei Überzeichnung;
- Angaben zum Kaufpreis bzw. Umtauschverhältnis und die Abwicklung des Angebots („settlement");
- Angaben der wesentlichen Faktoren, die bei der Bestimmung der Gegenleistung maßgebend waren;
- Aussage darüber, ob das Angebot bereits mit Annahmeerklärung des Aktionärs der Zielgesellschaft angenommen wird oder ob die Aktionäre der Zielgesellschaft lediglich aufgefordert werden, ihrerseits dem Bieter Wertpapiere der Zielgesellschaft anzubieten;
- Angaben über Zeitpunkt und Umfang der vom Bieter vor Abgabe des Übernahmeangebots erworbenen Wertpapiere der Zielgesellschaft sowie über abgeschlossene und noch nicht erfüllte Verträge, die solche Wertpapiere betreffen;
- Angabe der mittelbaren und unmittelbaren Beteiligungen der Zielgesellschaft an dem Bieter (soweit diesem bekannt);
- eine etwaige Stellungnahme der Zielgesellschaft;
- Angebotsfrist;
- etwaige Bedingungen des Angebots sowie etwaige Rücktrittsvorbehalte des Bieters;
- Angaben über die vom Bieter mit dem Angebot verfolgten Ziele und deren Auswirkungen auf die finanzielle Lage der Zielgesellschaft;
- den Zeitpunkt, zu dem das Ergebnis des Angebots veröffentlicht wird;
- Angaben über den Stand kartellrechtlicher Genehmigungsverfahren (soweit erforderlich).

Die in der Angebotsunterlage enthaltenen Informationen des Bieters können   10
während der Angebotsfrist unrichtig oder unvollständig werden. Der Bieter ist dann grundsätzlich verpflichtet, die neuen, angebotsrelevanten Umstände zu publizieren und unrichtig gewordene Angaben zu **korrigieren**[23].

bb) Prospekt bei Angebot eigener Aktien des Bieters. Richtet der Bieter kein Kauf-, sondern ein Umtauschangebot an die Aktionäre der Zielgesellschaft, wird er zusätzlich zur Angebotsunterlage einen deutschsprachigen Prospekt   11

---

[21] Anders ist die Rechtslage, wenn es sich um ein Umtauschangebot in Aktien der Bietergesellschaft handelt. Für diese ist zusätzlich ein entsprechender Verkaufsprospekt zu erstellen, der der vorherigen Genehmigung durch das BAWe bedarf.
[22] Art. 7 ÜK.
[23] *Assmann/Bozenhardt* ZGR Sonderheft 9/1990 S. 97.

erstellen[24], der sämtliche Angaben zu den zum Umtausch angebotenen Wertpapieren (idR eigene Aktien des Bieters) enthält. Dieser Prospekt ist nach den Maßgaben des Verkaufsprospektgesetzes zu erstellen und dem BAWe zur vorherigen Genehmigung vorzulegen. Handelt es sich bei dem Bieter um eine ausländische Gesellschaft, können weitere Besonderheiten, zB Clearing-Themen und Fragen der Besteuerung, insbes. „stamp duty" nach englischem Recht, zu klären sein.

12   cc) **Werbung.** Die Anforderungen, die an die Angebotsunterlage gestellt werden, sind nicht auf begleitende Werbemaßnahmen in Print- und Funkmedien übertragbar. Anders als bei der Angebotsunterlage fließen in die Werbung Erwartungen und Stimmungen ein. Werbekampagnen (auch in Form von Roadshows) sind weniger auf das Verbreiten von Information als vielmehr darauf ausgerichtet, Aufmerksamkeit zu erregen und die gewünschte Fusion mit einem bestimmten „image" zu versehen. Auf diese Weise werden vor allem Emotionen der Aktionäre angesprochen. Anders als bei der Angebotsunterlage nimmt der Bieter hier **kein persönliches Vertrauen** in Anspruch. Eine Haftung nach den Grundsätzen der cic dürfte daher bei Werbemaßnahmen im Regelfall ausscheiden[25].

13   d) **Pflichten nach Wertpapierhandelsgesetz (WpHG)**[26]. aa) **Insiderhandelsverbot.** Insider ist, wer eine **Insidertatsache** kennt[27]. Insidertatsache ist jeder Umstand, der nicht öffentlich bekannt ist, sich auf einen Emittenten börsengehandelter Wertpapiere bezieht und geeignet ist, im Fall seines öffentlichen Bekanntwerdens den Kurs dieser Wertpapiere erheblich zu beeinflussen. Der Aufkauf von Aktien der Zielgesellschaft nach der Entscheidung über die Herauslegung eines Übernahmeangebots, aber vor dessen Abgabe durch den Bieter wird idR kein Insidergeschäft sein[28]. Anteilskäufe, die der Bieter in dieser Phase tätigt, sind Teil des Gesamtplans des Bieters. Der Bieter setzt hier lediglich die eigene Strategie um und nutzt dabei keine Insiderinformation. Anders liegt es bei privaten Geschäften: Wer als Mitglied eines entscheidungsbeteiligten Organs oder als Beauftragter des Bieters für eigene Rechnung Aktien der beteiligten Gesellschaften erwirbt, verstößt gegen das Insiderhandelsverbot[29].

14   bb) **Ad hoc-Publizität.** Die Pflicht zur Ad hoc-Publizität soll dem Insiderhandel durch die Herstellung von **Markttransparenz** entgegenwirken[30]. Zur Ad hoc-Publizität verpflichtet sind alle Emittenten von Wertpapieren, die zum Han-

---

[24] Entgegen früherer Praxis akzeptiert das BAWe im Regelfall keine englischsprachigen Prospekte mehr.
[25] *Emmerich* in MünchKomm. Vor § 275 BGB Rn 102; *Wiedemann* in Soergel Vor § 275 BGB Rn 349; *Schulze*, Grundprobleme der Dritthaftung bei Verletzung von Auskunfts- und Beratungspflichten in der neueren Rechtsprechung, JuS 1983, 81, 87.
[26] Siehe § 7.
[27] § 13 WpHG; *Assmann* AG 1997, 50; *Kümpel*, Zum Begriff der Insidertatsache, WM 1984, 2137, 2137 ff.; *Schlüter* S. 97.
[28] *Assmann/Cramer* in Assmann/Schneider § 14 WpHG Rn 82; *Hopt*, Insiderwissen und Interessenkonflikte im europäischen und deutschen Bankrecht, FS Heinsius, 1991, S. 289, 296.
[29] § 14 WpHG; *Assmann/Cramer* in Assmann/Schneider § 14 WpHG Rn 83; *Schlüter* S. 97.
[30] *Witt* S. 166; *Ekkenga* ZGR 1999, 165, 170.

del an einer inländischen Börse zugelassen sind[31]. Der Ad hoc-Publizitätspflicht unterliegen damit die Emittenten von im Amtlichen Handel, am Geregelten Markt und am Neuen Markt gehandelten Wertpapieren[32]. Die im Freiverkehr gehandelten Wertpapiere gelten nicht als zum Handel an einer inländischen Börse zugelassen iSd. Ad hoc-Publizitätsvorschriften[33]. Emittenten von Freiverkehrswerten unterfallen damit generell nicht der Ad hoc-Publizitätspflicht.

Gegenstand der Ad hoc-Publizitätspflicht ist der Eintritt einer neuen, kursrelevanten Tatsache im Tätigkeitsbereich des Emittenten. Die Abgabe eines Übernahmeangebots ist für die Aktien des Bieters stets von besonderer Kursrelevanz. Ausnahmen könnten sich allenfalls dort ergeben, wo eine große Gesellschaft mit einer Vielzahl von Beteiligungen eine weitere kleine Gesellschaft erwirbt, die auf den Geschäftsbetrieb des Bieters keine nachhaltigen Auswirkungen hat. Bevor sich ein Bieter entscheidet, ein Übernahmeangebot abzugeben, durchschreitet er eine Phase der Beratung und der internen Willensbildung. IdR bedarf die Herauslegung eines Übernahmeangebots der Zustimmung des Aufsichtsrats[34]. Die Grundlagenkompetenz der Hauptversammlung[35] dürfte dagegen nur in besonders signifikanten Fällen berührt sein. Anders stellt sich der Sachverhalt dar, wenn der Erwerb, etwa aufgrund einer entsprechenden Ermächtigung, durch die Zielgesellschaft oder sonstige Dritte erfolgt. Bei solchermaßen **mehrstufig gestalteten Entscheidungsprozessen** handelt es sich idR um Maßnahmen von besonderer Bedeutung, die auch in besonderer Weise kursrelevant sein können[36]. 15

Hat der Vorstand der Bietergesellschaft den Beschluß gefaßt, ein Übernahmeangebot abzugeben und der Aufsichtsrat dem zugestimmt, ist diese Tatsache ad hoc zu publizieren. Vor **Beschlußfassung des Vorstands** liegen idR lediglich unternehmensinterne Pläne oder Absichten vor, die keiner Publizitätspflicht unterliegen[37]. Auch nach Beschlußfassung durch den Vorstand besteht keine Publizitätspflicht, solange der **Aufsichtsrat** die erforderliche **Zustimmung** noch nicht erteilt hat[38]. Zwar kann hiergegen eingewandt werden, daß bereits nach Beschlußfassung durch den Vorstand ein Informationsvorsprung besteht; auch mag im Einzelfall je nach dem Grad der Zuverlässigkeit vorheriger informeller Abstimmungen mit dem Aufsichtsrat, eine frühere Ad hoc-Publizität erforderlich sein. Der Vorstandsbeschluß allein ist jedoch noch nicht Garant dafür, daß die beabsichtigte Maßnahme auch tatsächlich umgesetzt wird. Als Grundsatz taugte somit eine solche vorzeitige Publizität nicht. Eine verfrühte Information der Öffentlichkeit kann sowohl für den Bieter als auch für die Zielgesellschaft erhebliche Nachteile mit sich bringen, insbes. wenn es nicht zur Umsetzung des geplanten Übernahmeangebots kommt. Auch eine noch so vorsichtige Ad hoc-Mitteilung wird zu allerlei Vermutungen am Markt und entsprechenden Reaktionen Anlaß geben, die sich bei Abstandnahme von der 16

---

[31] § 15 WpHG.
[32] §§ 36 ff., 71 ff. BörsG.
[33] § 78 BörsG.
[34] § 111 Abs. 4 AktG.
[35] Sog. „Holzmüller"-Kompetenz seit BGHZ 83, 122, 131.
[36] *Kiem/Kotthoff* DB 1995, 1999.
[37] *Kümpel* in Assmann/Schneider § 15 WpHG Rn 33.
[38] *Happ/Semler* ZGR 1998, 116, 131; *DAV/Handelsrechtsausschuß* AG 1997, 559, 566.

geplanten Umsetzung nicht ungeschehen machen lassen. Im Interesse der eigenen Aktionäre und mit Blick auf seine Publizitätspflichten wird ein Bieter daher Wert darauf legen, Vorstands- und Aufsichtsratsbeschluß möglichst gleichzeitig zu fassen, um sowohl das Risiko eines möglichen Insiderhandels als auch das Risiko einer vorschnellen Veröffentlichung des Vorhabens weitestgehend zu reduzieren.

17   cc) **Beteiligungspublizität.** Für Beteiligungen an einer börsennotierten Gesellschaft, die von Bedeutung für das Stimmverhältnis in der Hauptversammlung sind, schreibt das WpHG diverse **Meldepflichten** vor. Zunächst muß jeder Anteilsbesitz von 5, 10, 25, 50 und 75 % sowohl der betroffenen AG als auch dem BAWe binnen sieben Kalendertagen gemeldet werden[39]. Mitteilungspflichtig sind Name und Anschrift des Meldepflichtigen, der Tag, an dem eine der genannten Beteiligungsschwellen erreicht bzw. über- oder unterschritten wurde, sowie die exakte Höhe des gehaltenen Stimmrechtsanteils. Bei Verstoß gegen diese Meldepflichten kann der Meldepflichtige für die Zeit, in der eine unerfüllte Meldepflicht besteht, keine Rechte aus den Aktien ausüben. Davon sind sowohl Verwaltungs- als auch Vermögensrechte betroffen[40]. Besonders schwer dürfte bei hohen Beteiligungsschwellen der Verlust des Stimmrechts wiegen.

18   Grundsätzlich unterliegt der Bieter während der Angebotsphase uneingeschränkt den Publizitätsvorschriften des WpHG. Er ist daher grundsätzlich verpflichtet offenzulegen, wenn er Aktien der Zielgesellschaft erworben hat[41], d. h. Eigentum an den Aktien auf ihn übergegangen ist. Ob der Bieter während der Angebotsphase meldepflichtig wird, hängt wesentlich von der **Formulierung des Übernahmeangebots** ab:

19   Der Bieter kann sein Angebot als unverbindliche Aufforderung zur Angebotsabgabe (**„invitatio ad offerendum"**) formulieren. Dann liegt in der positiven Reaktion des Aktionärs hierauf ein Angebot[42] zum Abschluß eines Kaufvertrags. Es liegt dann weder ein Erwerb oder auch nur Kauf vor, noch ist ein die Publizitätspflicht auslösender Zurechnungstatbestand iSd. WpHG gegeben[43]. Der Bieter erhält erst mit Durchführung des „settlements" Eigentum an den eingelieferten Aktien. Eine Meldepflicht besteht daher erst nach Abschluß der Angebotsphase und bei Erreichen der entsprechenden Schwellenwerte.

20   Anders liegt es, wenn das **Angebot** des Bieters **als solches**[44] **formuliert** ist. Nimmt der Aktionär dieses Angebot an, kommt ein Kaufvertrag zustande, der dem Bieter einen Anspruch auf Übereignung der Aktien gewährt. Die im Schrifttum ganz hM bejaht hier die Entstehung von Meldepflichten[45]. Zwar liegt auch im Ab-

---

[39] § 21 Abs. 1 Satz 1 WpHG.
[40] § 28 WpHG; *Wittich* in von Rosen/Seifert S. 377, 392.
[41] §§ 21, 22 WpHG; *Schneider* in Assmann/Schneider § 21 WpHG Rn 45; *Wittich* in von Rosen/Seifert S. 377, 389.
[42] §§ 145 ff. BGB.
[43] § 22 WpHG.
[44] ISd. §§ 145 ff. BGB.
[45] *Schneider* in Assmann/Schneider § 22 WpHG Rn 95 ff.; *Hüffer* Anh. § 22 AktG, § 22 WpHG Rn 5; *Schwark*, Rezension von Assmann/Schneider Wertpapierhandelsgesetz, ZBB 1996, 261, 264; *Burgard*, Kapitalmarktrechtliche Lehren aus der Übernahme Vodafone – Mannesmann, WM 2000, 611, 613.

schluß des Kaufvertrags noch kein „Erwerb", doch ist zur Auslegung des § 22 WpHG die diesem zugrundeliegende europäische Richtlinie[46] heranzuziehen: „Erwerb einer Beteiligung [...] ist nicht nur der Kauf einer solchen Beteiligung, sondern auch jeder sonstige Erwerb ungeachtet seines Rechtsgrunds..."[47]. Insoweit ist zu berücksichtigen, daß andere Mitgliedstaaten der EU das dem deutschen Recht eigene **Abstraktionsprinzip** zwischen Verpflichtungs- und Verfügungsgeschäft nicht kennen. Im weiteren ist es gerade ratio der Beteiligungspublizität, sich aufbauende Mehrheitsbeteiligungen offenzulegen. Auch die aktienrechtliche Beteiligungspublizität[48] geht von einer Zurechnung von Verpflichtungsgeschäften aus[49].

Wieder anders liegt es, wenn der Bieter seine Angebotsbedingungen so ausgestaltet, daß der Aktionär mit der Annahme des Angebots **zugleich** einen **Eigentumsübertragungsvertrag**[50] schließt[51]. Dann greift der Zurechnungstatbestand betreffend der Aktien, „die der Meldepflichtige [...] durch einseitige Willenserklärung erwerben kann", direkt ein[52]. Diese Beurteilung ändert sich idR auch dann nicht, wenn der Bieter, wie üblich, sein Angebot unter die Bedingung stellt, daß so viele Aktionäre das Übernahmeangebot angenommen haben müssen, daß dem Bieter ein Kontrollerwerb ermöglicht wird. Die Einseitigkeit der Erwerbsmöglichkeit besteht so lange, wie der Bieter jederzeit einseitig auf den Eintritt der Bedingung verzichten kann.

Im Ergebnis wird der Bieter während der gesamten Angebotsphase jeweils publizitätspflichtig, wenn die **Zahl der Annahmeerklärungen** eine der im WpHG genannten **Schwellen erreicht oder überschreitet**[53]. Dies gilt nur dann nicht, wenn der Bieter statt eines Angebots[54] eine „invitatio ad offerendum" formuliert.

Diese Mitteilungspflicht entsteht auch dann, wenn der Bieter die Aktien nicht selbst, sondern ganz oder teilweise **durch einen Dritten erwirbt** oder hält. Es werden mehrere Zurechnungstatbestände unterschieden[55]. Zugerechnet werden solche Aktien, die einem Dritten gehören, von diesem aber für Rechnung des Bieters gehalten werden[56]. Außerdem werden Aktien zugerechnet[57], die ein vom Bieter kontrolliertes Unternehmen hält[58].

---

[46] Transparenzrichtlinie, RL (88/627/EWG).
[47] Art. 2 Transparenzrichtlinie, RL (88/627/EWG).
[48] § 20 Abs. 2 AktG.
[49] *Hüffer* Anh. § 22 AktG, § 22 WpHG Rn 5.
[50] § 929 Satz 1 BGB.
[51] So zB im Übernahmeangebot der Vodafone Airtouch plc für die Aktien der Mannesmann AG.
[52] § 22 Abs. 1 Nr. 6 WpHG.
[53] § 21 Abs. 1 Satz 1 WpHG.
[54] ISd. §§ 145 ff. BGB.
[55] § 22 WpHG.
[56] § 22 Abs. 1 Nr. 1 WpHG.
[57] § 22 Abs. 1 Nr. 2 WpHG.
[58] Von § 22 Abs. 3 WpHG näher bestimmt.

2. Informationspflichten

24 Ist Bieter eine AG, ergeben sich Informationspflichten in zwei Richtungen: Gegenüber den eigenen Aktionären und gegenüber der Zielgesellschaft.

25 **a) Gegenüber Aufsichtsrat und Aktionären der Bietergesellschaft.** Der Vorstand der Bietergesellschaft hat seinen Aufsichtsrat umfassend zu informieren[59]. Das KonTraG[60] hat den gesetzlichen Tatbestand erweitert und den Vorstand dazu verpflichtet, auch über die **künftige Geschäftspolitik** Bericht zu erstatten[61]. Darunter fällt auch eine geplante Übernahme. Das bedeutet, daß der Vorstand den Aufsichtsrat rechtzeitig von seinen Akquisitions- bzw. Übernahmeplänen in Kenntnis setzen muß[62]. Ein Auskunftsverweigerungsrecht des Vorstands besteht nicht.

26 Demgegenüber haben Aktionäre **keine uneingeschränkten Auskunftsansprüche**. Ihr Fragerecht beschränkt sich grundsätzlich auf die Hauptversammlung. Dort darf der Vorstand die Auskunft verweigern, soweit diese nach vernünftiger kaufmännischer Beurteilung geeignet ist, der Gesellschaft einen erheblichen Nachteil zuzufügen[63], oder er sich strafbar machen würde[64]. Hier ist vor allem das strafbewehrte Verbot für den Vorstand, Geschäftsgeheimnisse zu offenbaren, von Bedeutung[65]. Informationsansprüche hinsichtlich geplanter Übernahmen scheiden daher regelmäßig aus. Stimmt der Vorstand, was in der Praxis nicht unüblich ist, die Maßnahme zur Abwendung späterer Nachteile aufgrund entgegenstehender Abstimmungsergebnisse in der Hauptversammlung mit dem Hauptaktionär ab, wird er sich schwerlich Auskunftsansprüchen weiterer Aktionäre in der Hauptversammlung entgegenstellen können[66]. Je nach zeitlichem Zusammenhang von Herauslegung des Übernahmeangebots und Termin der Hauptversammlung dürfte ein etwa hieraus resultierendes Risiko unerwünschter Öffentlichkeit jedoch gering sein.

27 Der BGH hat in der sog. **„Holzmüller"-Entscheidung**[67] eine Hauptversammlungskompetenz für solche Maßnahmen des Vorstands geschaffen, die so tief in die Mitgliedschaftsrechte und die Vermögensinteressen der Aktionäre eingreifen, daß der Vorstand vernünftigerweise nicht annehmen kann, er dürfe sie in eigener Verantwortung treffen[68]. Allerdings genügt hierfür nicht jede Maßnahme von Bedeutung für die Gesellschaft, vielmehr muß es sich nach Auffassung des BGH um außergewöhnlich gravierende Fälle handeln. Hierfür genügt die jedem Beteiligungserwerb einhergehende Ausdünnung des Aktionärseinflusses idR nicht, auch wenn der Anteilskauf mit Aktien aus einer Kapitalerhöhung unter Bezugsrechtsausschluß finanziert wird. In diesem Fall ist gerade eine Berücksichti-

---

[59] § 90 AktG.
[60] Gesetz zur Kontrolle und Transparenz im Unternehmensbereich, BGBl. 1998 I S. 786.
[61] § 90 Abs. 1 Nr. 1 AktG.
[62] *Schander/Posten* ZIP 1997, 1534, 1535; *Knoll* S. 167.
[63] § 131 Abs. 3 Nr. 1 AktG.
[64] § 131 Abs. 3 Nr. 5 AktG.
[65] § 404 Abs. 1 Nr. 1 AktG.
[66] § 131 Abs. 4 AktG.
[67] BGHZ 83, 122 ff.; siehe auch § 2 Rn 91.
[68] BGHZ 83, 122, 131; siehe dazu § 17 Rn 64.

gung der Aktionärsinteressen gewährleistet: Sowohl die Kapitalerhöhung als auch der Bezugsrechtsausschluß bedürfen nach den aktienrechtlichen Bestimmungen eines Beschlusses der Hauptversammlung mit einer Mehrheit, die drei Viertel des bei Beschlußfassung vertretenen Grundkapitals umfaßt[69]. Damit kann nicht mehr von einem „schwerwiegenden Eingriff"[70], der dem Einfluß der Aktionäre entzogen ist, gesprochen werden. Auch für Barangebote ergibt sich nichts anderes. Zwar wirkt sich die Aufbringung von Barmitteln auch auf den wirtschaftlichen Wert der Beteiligung der Aktionäre der Bietergesellschaft aus, doch liegt darin kein gravierender Unterschied zu anderen Transaktionen, die einen vergleichbaren finanziellen Aufwand erfordern[71]. Eine „Holzmüller"-Kompetenz der Hauptversammlung könnte daher allenfalls in solchen Situationen bestehen, in denen die Übernahme der Zielgesellschaft zu einer signifikanten Änderung des Zuschnitts des Bieters und damit verbundener Notwendigkeit der Satzungsänderung führen würde. Ein solcher Fall dürfte aber aufgrund der regelmäßig mit einer solchen Übernahme verbundenen erhöhten Integrationsrisiken nicht realistisch sein.

b) Gegenüber der Zielgesellschaft. Grundsätzlich **muß** der Bieter die Zielgesellschaft **nicht** über das geplante Übernahmeangebot **informieren**. Da der Erfolg eines Übernahmeangebots auch davon abhängt, wie sich der Vorstand der Zielgesellschaft hierzu stellt[72], wird der Bieter ihn allerdings regelmäßig von den Konditionen des Übernahmeangebots in Kenntnis setzen und sich seiner Unterstützung vergewissern.

Verpflichtet ist der Bieter nur zur Mitteilung seiner Beteiligungshöhe, und zwar nicht nur nach WpHG[73], sondern bei nicht börsennotierten Gesellschaften auch nach aktienrechtlichen Vorschriften: Das AktG sieht Mitteilungspflichten vor[74], falls ein Unternehmen mehr als ein Viertel der Aktien oder die Mehrheit an einer Gesellschaft hält. Mehrheit wird dabei definiert als die Mehrheit der Stimmrechte oder die Mehrheit der Aktien[75]. Dabei werden dem Bieter die Aktien zugerechnet, deren Übereignung er verlangen kann[76]. Wie bei den Meldepflichten nach dem WpHG[77] kommt es auch hier darauf an, wie der Bieter sein Angebot formuliert. Gibt der Bieter ein bindendes Angebot ab, ob bedingt oder unbedingt, entstehen bereits während der Angebotsphase Meldepflichten. Sobald die genannten Beteiligungsschwellen[78] erreicht sind, muß der Bieter dies der Zielgesellschaft schriftlich anzeigen.

---

[69] §§ 182 Abs. 1 Satz 1, 186 Abs. 3 Satz 2 AktG.
[70] BGHZ 83, 122, 1. Leitsatz.
[71] *Assmann/Bozenhardt* ZGR Sonderheft 9/1990 S. 164.
[72] Sowohl nach den Vorschriften des Übernahmekodex als auch nach denen des geplanten WpÜG hat der Vorstand der Zielgesellschaft eine Stellungnahme zu dem Übernahmeangebot abzugeben und kann hierzu auch eine Empfehlung an die eigenen Aktionäre aussprechen.
[73] Siehe Rn 17.
[74] §§ 20, 21 AktG.
[75] § 16 Abs. 1 AktG.
[76] § 20 Abs. 2 AktG.
[77] Siehe Rn 13 ff.
[78] Siehe Rn 17.

30　　Ist das Übernahmeangebot nur als **„invitatio ad offerendum"** ausformuliert, so daß die verkaufswilligen Aktionäre dazu aufgefordert werden, dem Bieter ein Angebot zu machen, das dieser erst noch annehmen muß, kommt bis zur Annahmeerklärung durch den Bieter kein Vertrag zustande, aus dem der Bieter die Übereignung der Aktien verlangen kann. Mithin bestehen bis zur Annahmeerklärung des Bieters auch keine Meldepflichten nach AktG[79].

3. Rücksichtnahmepflichten

31　　Während der Angebotsphase unterliegt der Bieter **gesteigerten Sorgfaltspflichten**. Diese ergeben sich vor allem aus vorvertraglichen Schuldverhältnis[80]. Danach ist der Bieter im weitesten Sinne gehalten, alles zu unterlassen, was die Erreichung des Vertragsziels behindern könnte[81]. Knüpft der Bieter sein Angebot an die Bedingung, daß die Zahl der Annahmeerklärungen den Kontrollerwerb ermöglicht, ist zusätzlich zu beachten, daß sich der Bieter schadensersatzpflichtig macht[82], wenn er während des Zeitraums bis zum Erreichen der Kontrollmehrheit den Eintritt der Bedingung schuldhaft vereitelt. Dies wird freilich nur in extremen Ausnahmefällen gegeben sein, denn grundsätzlich ist nicht davon auszugehen, daß der Bieter binnen kürzester Frist das Interesse an der Zielgesellschaft verliert. Eine Pflicht zur Unterlassung sog. „along-side"-Geschäfte[83] läßt sich nach geltendem Recht nicht begründen. Die dogmatische Rechtfertigung einer solchen Verpflichtung steht und fällt mit der Annahme eines Gleichbehandlungsgebots, für das außerhalb der AG[84] keine Rechtsgrundlage besteht[85].

III. Die Bietergesellschaft betreffende Regelungen des Übernahmekodex der Börsensachverständigenkommission

1. Bedeutung und Anwendungsbereich

32　　Nach seinem Selbstverständnis ist der Übernahmekodex der Börsensachverständigenkommission eine **Empfehlung von Verhaltensnormen** für die an freiwilligen, öffentlichen Übernahmeangeboten beteiligten Parteien[86]. Als Angebot versteht der Übernahmekodex solche Kauf- oder Umtauschangebote, die ohne diesbezügliche Verpflichtung den Aktionären einer Zielgesellschaft mit dem Ziel unterbreitet werden, deren Wertpapiere käuflich oder im Tausch gegen andere Wertpapiere zu erwerben[87]. „Öffentlich" meint dabei, daß das Angebot an alle Aktionäre gerichtet ist, und nicht etwa nur an solche mit größerem Anteilsbesitz

---

[79] Nach §§ 20, 21 AktG.
[80] Siehe Rn 7.
[81] BGHZ 93, 29, 39; *Roth* in MünchKomm. § 242 BGB Rn 147; *Teichmann* in Soergel § 242 BGB Rn 134; *Heinrichs* in Palandt § 242 BGB Rn 49.
[82] § 160 Abs. 1 BGB.
[83] Siehe Rn 40.
[84] Dort § 53a AktG.
[85] *Assmann/Bozenhardt* ZGR Sonderheft 9/1990 S. 100.
[86] Einleitung ÜK; *Schuster/Zschocke* S. 16.
[87] Begriffsbestimmungen des ÜK.

(Pakethandel). Dabei ist der Wertpapierbegriff des Übernahmekodex denkbar weit gefaßt. Er umfaßt alle Rechte, die unmittelbar oder mittelbar Stimmrechte in der Hauptversammlung gewähren. Darunter fallen auch alle Wertpapiersurrogate, die zur Stimmabgabe berechtigen[88].

Nicht hierunter fallen, entgegen dem weit gefaßten Wortlaut des Übernahmekodex, jedoch **Optionen**, die noch nicht fällig sind und deren Fälligkeit vom Eintritt weiterer Bedingungen, etwa der Realisierung eines gewissen Gewinns, wie bei den gängigen Mitarbeiterbeteiligungsmodellen, abhängt.

Geltung erlangt der Übernahmekodex nur durch **individuelle Anerkennung** seitens potentieller Bieter, Zielgesellschaften und Wertpapierdienstleistungsunternehmen. In der Praxis wird die Frage, ob der Bieter den Übernahmekodex anerkennt, oftmals davon abhängen, ob er sich von einem anerkannten inländischen Kreditinstitut, das seinerseits den Übernahmekodex anerkannt hat, beraten läßt[89]. In diesem Fall ist das Kreditinstitut verpflichtet, darauf zu achten, daß auch der Bieter, wenn auch nur für den aktuellen Fall, den Übernahmekodex als verbindlich anerkennt. Ferner legen Bieter, die durch das Übernahmeangebot eine möglichst hohe Beteiligung an der Zielgesellschaft erreichen möchten, vielfach, nicht zuletzt aus Marketingaspekten, darauf Wert, die Zustimmung der Übernahmekommission zu dem von ihnen ausgelegten Übernahmeangebot zu erhalten. Der überwiegende Teil der ausgelegten Übernahmeangebote hält sich daher an die Regelungen des Übernahmekodex.

Die Anerkennung des Übernahmekodex selbst ist rein **privatrechtlicher Natur**. Weder die Börsensachverständigenkommission, noch die Übernahmekommission sind Träger öffentlicher Gewalt[90], womit ein öffentlich-rechtliches Verhältnis zwischen den Beteiligten ausscheidet. Aus der privatrechtlichen Natur des Anerkennungsverhältnisses kann indes nicht auf ein vertragliches Verhältnis geschlossen werden. Ein solches fehlt gerade, da weder die Börsensachverständigenkommission, noch die Übernahmekommission oder deren Geschäftsstelle rechtsfähig sind[91]. Das bedeutet, daß weder die Börsensachverständigenkommission, noch die Übernahmekommission die Einhaltung der statuierten Verhaltensregeln prozessual durchsetzen können[92]. Auch Dritte können mithin aus der bloßen Anerkennung des Übernahmekodex keine Ansprüche (etwa aus einem Vertrag mit Schutzwirkung für Dritte oder einem Vertrag zu Gunsten Dritter) ableiten[93]. Indes geht es zu weit, die Anerkennung des Übernahmekodex als „bloße Selbstbindung ohne rechtsgeschäftliche Konsequenz" zu qualifizieren[94]. Der Bieter muß in

---

[88] Begriffsbestimmungen des ÜK.
[89] Eine Pflicht zur Hinzuziehung eines Wertpapierdienstleistungsinstituts enthält Art. 6 ÜK; es kann sich hierbei jedoch auch um ein in einem anderen EU-Mitgliedstaat ansässiges Institut handeln, das den Übernahmekodex nicht anerkannt hat.
[90] *Groß* DB 1996, 1909.
[91] *Groß* DB 1996, 1909, 1910.
[92] *Schander* NZG 1998, 799, 800; *Neye* ZIP 1995, 1464, 1465; *Kallmeyer*, Der Übernahmekodex der Börsensachverständigenkommission, AG 1996, 169, 169; *Assmann* AG 1995, 563, 564.
[93] *Weisgerber*, Der Übernahmekodex in der Praxis ZHR 161 (1997) 421, 426; *Groß* DB 1996, 1909, 1910.
[94] So aber *Hopt* ZHR 161 (1997) 368, 401; ähnlich *Kirchner/Ehricke* AG 1998, 105, 107.

seinem Angebot klarstellen, daß er sich zur Einhaltung der Bestimmungen des Übernahmekodex verpflichtet hat[95]. Damit gewinnen die Vorschriften des Übernahmekodex vertragliche Qualität[96] gegenüber den Aktionären der Zielgesellschaft. Verstößt der Bieter gegen Vorschriften des Übernahmekodex, kann der Aktionär der Zielgesellschaft, soweit ihm durch den Verstoß ein Schaden entsteht, Ansprüche aus positiver Vertragsverletzung geltend machen[97]. Im übrigen kann auch die Übernahmekommission von den nach dem Übernahmekodex vorgesehenen Sanktionsmöglichkeiten Gebrauch machen[98].

2. Begriff des Bieters

36 Bieter iSd. Übernahmekodex ist jede natürliche oder juristische Person mit Sitz im In- oder Ausland, die allein oder gemeinsam mit anderen Personen ein öffentliches Angebot abgibt[99].

3. Inhalt des Übernahmeangebots

37 Der Bieter hat ein präzises Übernahmeangebot abzugeben[100]. Dazu gehört, daß er alle **Fakten**[101] und **Absichten** offenlegt, die für die Beurteilung des Angebots durch die Aktionäre der Zielgesellschaft erforderlich sind[102]. In der Angebotsunterlage müssen Angaben über den Bieter und bereits gehaltene Beteiligungen an der Zielgesellschaft offengelegt werden. Der Bieter muß angeben, welche Wertpapiere Gegenstand des Angebots sind und welche Gegenleistung er gewährt. Im übrigen sind sämtliche in Art. 7 des Übernahmekodex vorgeschriebenen Angaben zu machen[103]. Das Angebot kann ferner nur an solche **Bedingungen** geknüpft werden, deren Eintritt nicht vom Bieter selbst herbeigeführt werden kann[104]. Davon zu unterscheiden ist jedoch der Vorbehalt des Bieters, auf den Bedingungseintritt (etwa das Erreichen einer bestimmten Schwelle) zu verzichten, der jedenfalls bei freiwilligen Angeboten zulässig sein dürfte.

38 Handelt es sich um ein **Pflichtangebot**[105], wird der Bieter von der Möglichkeit Gebrauch machen, die Angebotsunterlage vor ihrer Veröffentlichung mit der Geschäftsstelle der Übernahmekommission abzustimmen. Hierdurch stellt der Bieter sicher, daß das von ihm herausgelegte Angebot den Anforderungen an ein Pflichtangebot genügt und er nicht, trotz des bereits abgegebenen Angebots, ein weiteres Pflichtangebot herauslegen muß.

---

[95] Art. 7 Nr. 18 ÜK.
[96] *Mayer* in Doralt/Nowotny/Schauer (Hrsg.), Takeover-Recht, 1997, S. 27, 32.
[97] Ähnlich, wenngleich zaghafter: *Hirte/Schander* in von Rosen/Seifert S. 341, 354.
[98] Siehe Rn 56.
[99] Vgl. Begriffsbestimmungen des ÜK.
[100] Art. 7 ÜK.
[101] Zum Pflichtinhalt des Angebots siehe Rn 8 ff.
[102] *Übernahmekommission* Anm. zu Art. 7 ÜK.
[103] Siehe Rn 9 zu den im einzelnen erforderlichen Angaben.
[104] Art. 9 ÜK.
[105] Siehe Rn 49 ff.

4. Gleichbehandlungsgebot

Der Gleichbehandlungsgrundsatz zählt heute zu den internationalen Standards der Regelwerke für Unternehmensübernahmen[106]. So ist Gleichbehandlung auch das zentrale Anliegen des Übernahmekodex[107]. Deswegen ist der Bieter zur Gleichbehandlung aller Anteilseigner der Zielgesellschaft verpflichtet, soweit deren Wertpapiere derselben Gattung angehören[108]. Das bedeutet, daß allein die **Aktiengattung** zulässiger Anknüpfungspunkt für Differenzierungen in den Angebotsbedingungen sein darf. Im übrigen muß allen Aktionären inhaltlich dasselbe Angebot unterbreitet werden[109]. Ausprägungen dieses Grundsatzes sind das Gebot der **Pro-rata-Erfüllung** im Fall einer Angebotsüberzeichnung[110] und die verschiedenen **Nachbesserungspflichten**[111].

Erwirbt der Bieter während der Laufzeit des Angebots von Dritten Wertpapiere der Zielgesellschaft zu besseren Bedingungen, sind diese besseren Bedingungen auch den Wertpapierinhabern zu gewähren, die das Übernahmeangebot bereits angenommen haben[112]. Unter diese Vorschrift fallen insbes. die sog. **„alongside"-Geschäfte**. Darunter versteht man alle Wertpapierkäufe, die parallel zum öffentlichen Übernahmeangebot über die Börse oder außerbörslich getätigt werden[113]. Gewährt der Bieter hier bessere Bedingungen, muß er sie allen Aktionären gewähren. Unter besseren Bedingungen sind keineswegs nur höhere Preise zu verstehen, sondern auch sonstige Vorteile, wie etwa eine unbedingte Abnahme von Wertpapieren[114], die Möglichkeit, den Umtausch erst nach Ablauf etwaiger steuerlicher Haltefristen durchzuführen oder eine steuer- oder gebührengünstigere Strukturierung etwa des Umtauschs in Wertpapiere der Bietergesellschaft. In der überwiegenden Zahl von Übernahmen, die nach dem Übernahmekodex abgewickelt wurden, haben sich die Bieter indes auf den Erfolg ihres öffentlichen Angebots verlassen und keine „along-side"-Geschäfte getätigt[115].

Legt der Bieter noch während der Angebotsfrist ein neues, besseres Übernahmeangebot heraus (etwa weil ein „weißer Ritter" ein konkurrierendes Angebot abgegeben hat[116]), muß er für eine Gleichbehandlung der Aktionäre sorgen, die bereits das erste Angebot angenommen haben[117]. **Staffelangeboten** wird entgegengewirkt[118], so daß die Aktionäre das jeweils beste Angebot annehmen können. Ohne eine solche Regelung könnte der Bieter die von ihm erworbenen Aktien

---

[106] *Assmann* AG 1995, 563, 566.
[107] *Übernahmekommission*, Drei Jahre Übernahmekodex, S. 10; *Diekmann* WM 1997, 897, 898; *Schuster/Zschocke* S. 23.
[108] Art. 1 ÜK.
[109] *Hirte/Schander* in von Rosen/Seifert S. 341, 351.
[110] Art. 10 ÜK.
[111] Art. 13 bis 15 ÜK; *Assmann* AG 1995, 563, 566.
[112] Art. 13 ÜK.
[113] *Diekmann* WM 1997, 897, 902.
[114] *Übernahmekommission* Anm. zu Art. 13 ÜK.
[115] *Übernahmekommission*, Drei Jahre Übernahmekodex, S. 39.
[116] Siehe Rn 126, 142.
[117] Art. 14 ÜK.
[118] Art. 14 ÜK.

dem zweiten Bieter andienen und so anstelle der Aktionäre der Zielgesellschaft die Differenz des Angebotspreises realisieren[119].

42 Weiter geregelt ist der Fall, daß der Bieter nach Ablauf der Angebotsfrist neuerlich ein Übernahmeangebot herauslegt[120]. Gewährt dieses Übernahmeangebot bessere Konditionen, muß der Bieter allen Aktionären, die das erste Angebot angenommen haben, die besseren Bedingungen des zweiten Angebots gewähren. Die **„Nachwirkung"** der Gleichbehandlungspflicht aus dem ersten Übernahmeangebot beträgt mindestens zwölf Monate, wobei es dem Bieter freisteht, eine längere Frist in seiner Angebotsunterlage zu benennen. Von dieser Pflicht zur Nachbesserung ist **eine Ausnahme** zu machen: Sollte innerhalb der Zwölfmonatsfrist ein Dritter ein öffentliches Übernahmeangebot abgeben, kann der Bieter ein konkurrierendes Angebot herauslegen, ohne die Nachbesserungspflicht auszulösen[121]. Hierdurch soll der Bieter im Wettbewerb mit anderen Bietern nicht ungerechtfertigt, nämlich nur aufgrund der von der neuerlichen Angebotssituation unabhängigen Tatsache des ursprünglichen Angebots des Bieters, benachteiligt werden[122].

43 Es besteht ferner **keine Nachbesserungspflicht** des Bieters, wenn dieser, etwa weil ihn Aktionäre der Zielgesellschaft, die die Angebotsfrist verpaßt haben, darauf ansprechen, in Einzelfällen nach Ablauf der Angebotsfrist Aktien der Zielgesellschaft (zu höheren Preisen) erwirbt. Die Grenze zu einem eine Nachbesserungspflicht auslösenden neuen Angebot dürfte dort zu ziehen sein, wo der Bieter diese Bereitschaft nicht im Einzelfall prüft und mitteilt, sondern öffentlich ankündigt.

5. Offenlegung von Handel in Wertpapieren der Zielgesellschaft

44 In Art. 12 des Übernahmekodex kommt dessen **Transparenzanliegen** am deutlichsten zum Ausdruck[123]. Mit Hilfe dieser Vorschrift sollen sich die Adressaten des Angebots einen Überblick über die Marktsituation verschaffen und vergleichen können. Der Bieter ist nach Bekanntgabe seines Übernahmeangebots gehalten, alle in Wertpapieren der Zielgesellschaft getätigten Geschäfte (Stückzahl und Preis) bis zum nächstfolgenden Geschäftstag der Geschäftsstelle der Übernahmekommission zu melden und öffentlich bekanntzugeben[124]. Die öffentliche Bekanntgabe muß in demselben Börsenpflichtblatt erfolgen, in dem auch das Übernahmeangebot publiziert wurde[125]. Diese Meldepflicht ist beschränkt auf „alongside"-Geschäfte. Keiner Meldepflicht unterliegen die unter dem Übernahmeangebot erworbenen Wertpapiere[126]. Insoweit finden alle Geschäfte zu denselben, öffentlich bekannten Bedingungen statt.

---

[119] *Übernahmekommission* Anm. zu Art. 14 ÜK.
[120] Art. 15 ÜK.
[121] *Übernahmekommission* Anm. zu Art. 15 ÜK.
[122] *Übernahmekommission* Anm. zu Art. 15 ÜK.
[123] *Übernahmekommission* Anm. zu Art. 12 ÜK; *Diekmann* WM 1997, 897, 901; *Schuster/Zschocke* S. 24.
[124] Art. 12 ÜK.
[125] *Übernahmekommission* Anm. zu Art. 12 ÜK.
[126] *Diekmann* WM 1997, 897, 901.

Mit **„Bekanntgabe"** des Übernahmeangebots ist nicht erst die Unterbreitung des Angebots, sondern bereits dessen Ankündigung gemeint[127]. Fallen Ankündigung und Unterbreitung des Angebots, was bei Publizitätspflichten auslösenden vorangegangenen Kontrollerwerben regelmäßig der Fall ist[128], zeitlich auseinander, sind alle Wertpapiergeschäfte, die in dieser Zeitspanne getätigt werden, uneingeschränkt meldepflichtig.

Von der Meldepflicht sind auch Wertpapiergeschäfte erfaßt, die auf den Erwerb von **Wertpapieren anderer Gesellschaften** gerichtet sind, wenn diese Gegenstand eines Tauschangebots an die Aktionäre der Zielgesellschaft sind.

6. Weitere dem Bieter obliegende Pflichten

Der Übernahmekodex sieht in Art. 4 und 5 die Verpflichtung des Bieters zur **Information der Zielgesellschaft** vor. Eine derartige Information dürfte auch bereits deshalb im Interesse des Bieters liegen, weil der Vorstand der Zielgesellschaft, sofern diese den Übernahmekodex als verbindlich anerkannt hat, zu dem vom Bieter unterbreiteten Angebot Stellung nehmen muß[129].

Ferner hat der Bieter, unabhängig von den ihm nach WpHG obliegenden Publizitätspflichten, die inländischen Börsen zu informieren, an denen die Wertpapiere der Zielgesellschaft, im Fall eines Tauschangebots diejenigen des Bieters, notiert sind. BAWe und Geschäftsstelle der Übernahmekommission sind vor Veröffentlichung des Übernahmeangebots zu unterrichten. Die Veröffentlichung selbst hat in einem überregionalen Pflichtblatt zu erfolgen.

7. Pflichtangebot

Das sog. Pflichtangebot zwingt den Bieter, nach Kontrollerwerb allen Aktionären der Zielgesellschaft ein Übernahmeangebot für ihre Wertpapiere zu unterbreiten. Dabei spielt es keine Rolle, ob die relevanten Aktien über die Börse oder außerbörslich erworben wurden[130]. Sinn des Pflichtangebots ist es, den Aktionären der Zielgesellschaft bei einem Kontrollwechsel einen adäquaten **Ausstieg** aus der Gesellschaft zu ermöglichen[131]. Ausgangspunkt dieser Überlegung ist, daß es den Aktionären freistehen muß, ob sie in einer Gesellschaft mit geänderten Mehrheitsverhältnissen und einem neuen dominierenden Mehrheitsgesellschafter verbleiben und eine idR damit einhergehende Änderung der Ausrichtung und/oder Politik der Gesellschaft mittragen wollen[132].

a) Kontrollerwerb. Das Pflichtangebot wird ausgelöst, wenn ein Aktionär die Kontrolle über die Zielgesellschaft erreicht hat. Mehrere **Formen der Kontrolle** sind zu unterscheiden[133]:

---

[127] *Übernahmekommission* Anm. zu Art. 12 ÜK.
[128] In diesem Fall enthält die Meldung zur Bekanntgabe der Transaktion oftmals die Ankündigung, der Erwerber werde den Minderheitsaktionären ein Übernahmeangebot unterbreiten.
[129] Art. 18 ÜK.
[130] *Diekmann* WM 1997, 897, 902.
[131] *Übernahmekommission*, Drei Jahre Übernahmekodex, S. 10.
[132] *Börsensachverständigenkommission* Standpunkte S. 12.
[133] Art. 16 ÜK.

– **Kontrolle qua Stimmrechtsmehrheit**
Nach diesem rein quantitativen Merkmal hat Kontrolle erlangt, wer über die Mehrheit der Stimmrechte verfügt (einschließlich der Stimmrechte, die zugerechnet werden[134]).
– **Kontrolle qua Vereinbarung**
Poolvereinbarungen oder Stimmbindungsverträge zwischen mehreren Aktionären können dazu führen, daß den Beteiligten die Mehrheit der Stimmrechte zusteht, wodurch sie die Kontrolle über die Gesellschaft erlangen.
– **Kontrolle qua Bestellungsbefugnis**
Die Kontrolle hat auch erlangt, wer die Mehrheit der Mitglieder des Aufsichtsrats oder des Vorstands bestellen oder abberufen kann.
– **Kontrolle qua Hauptversammlungsmehrheit**
Aufgrund niedriger Hauptversammlungspräsenzen kann ein Bieter schon mit einem relativ kleinen Aktienpaket die Mehrheit in der Hauptversammlung erreichen. Deshalb sieht der Übernahmekodex vor, daß auch derjenige die Kontrolle erreicht, der einen Stimmrechtsanteil erlangt hat, der auf drei vorangegangenen ordentlichen Hauptversammlungen zu einem Stimmrechtsanteil von mindestens drei Vierteln des vertretenen Grundkapitals geführt hätte.

51 Drei **Ausnahmen** vom Pflichtangebot sind vorgesehen[135]:
– **Wertpapiere werden nur zur Weiterveräußerung gehalten**
Ein Pflichtangebot ist ausnahmsweise nicht zu unterbreiten, wenn die Kontrolle durch den Erwerb solcher Wertpapiere erreicht wurde, die der Aktionär nur zum Zweck der Weiterveräußerung erworben hat und auch innerhalb angemessener Zeit weiterveräußert.
– **Unbeabsichtigtes Erreichen der Kontrolle**
Der Bieter ist von der Abgabe eines Pflichtangebots befreit, wenn er Kontrolle im vorgenannten Sinn nur unbeabsichtigt erreicht hat. Voraussetzung ist, daß er unverzüglich so viele Aktien abgibt, daß keine Form der Kontrolle mehr vorliegt.
– **Subsidiarität gegenüber Konzernierungsmaßnahmen**
Kein Pflichtangebot muß abgegeben werden, wenn der Bieter oder die Zielgesellschaft binnen 18 Monaten nach Erreichen der Kontrolle einen Umwandlungsbeschluß[136] oder einen Beschluß zur Herbeiführung eines Unternehmensvertrags[137] zu fassen beabsichtigen und ein solcher Beschluß auch tatsächlich innerhalb dieses Zeitraums gefaßt wird. Ein Pflichtangebot ist hier deshalb entbehrlich, weil den Minderheitsaktionären im Fall von Konzernierungsmaßnahmen eine angemessene Abfindung zusteht[138]. Diese Abfindungen entsprechen, jedenfalls seit der jüngsten Rechtsprechung des BVerfG[139], denen, die bei einem Pflichtangebot zu zahlen sind. Beide müssen sich am höchsten Börsenkurs inner-

---

[134] § 22 Abs. 1 Ziff. 1 bis 7 WpHG.
[135] Art. 16 Abs. 2 ÜK.
[136] §§ 2 ff., §§ 190 ff. UmwG.
[137] §§ 291 ff., 319 ff. AktG.
[138] Nach Maßgabe der § 29 UmwG bzw. § 305 AktG; *Thoma* ZIP 1996, 1725, 1729.
[139] *BVerfG* ZIP 1999, 1436, 1441 „DAT/Altana".

halb einer kurzen Zeitspanne vor dem relevanten Ereignis orientieren. Die Frist von 18 Monaten ist mit Bedacht lang gewählt. Für die erforderlichen Beschlüsse der Hauptversammlungen sind Vorbereitungshandlungen zu treffen, insbes. müssen die gesetzlichen Veröffentlichungs- und Ladungsfristen beachtet werden[140].

Der **Bieter** muß sich unmittelbar nach Kontrollerwerb **entscheiden**, ob er den Übernahmekodex anerkennt, soweit nicht bereits geschehen, und ob er eine vollständige Übernahme im Wege des Pflichtangebots anstrebt oder sich auf einen Ausnahmetatbestand berufen möchte[141]. Diese Entscheidung ist der Geschäftsstelle der Übernahmekommission mitzuteilen und öffentlich bekanntzumachen. 52

b) Preisermittlung bei Pflichtangebot. Handelt es sich um ein Pflichtangebot, muß über die vorgenannten Anforderungen hinaus der Angebotspreis in angemessenem Verhältnis zum höchsten Börsenkurs der Aktien der Zielgesellschaft im Zeitraum von drei Monaten vor Kontrollerwerb liegen.[142] Rechtsdogmatisch wäre damit an den Zeitpunkt des Eigentumserwerbs der eine Kontrollmehrheit auslösenden Aktien anzuknüpfen. Dieser liegt in zahlreichen Fällen nach dem Zeitpunkt des Abschlusses des zugrundeliegenden Kaufvertrags. In diesen Fällen knüpft die Geschäftsstelle der Übernahmekommission entgegen dem Wortlaut des Übernahmekodex nicht an den Zeitpunkt des Eigentumserwerbs (Closing), sondern an den **Zeitpunkt des Vertragsschlusses** an. Die hierbei maßgebliche Erwägung ist, daß der Börsenkurs bereits ab dem Zeitpunkt des Vertragsschlusses und der entsprechenden Publizität die geänderten Mehrheitsverhältnisse widerspiegelt und somit andere Erwartungen als den Wert der Zielgesellschaft zeigt. Andererseits ermöglicht dieses Vorgehen dem Bieter die konkrete Kalkulation der Kosten eines Pflichtangebots bereits bei Vertragsschluß. 53

Das Merkmal der **Angemessenheit** dient als Korrektur, um außergewöhnliche spekulative Spitzen und Einflüsse auszugleichen[143]; ein Einbruch der Kurse, wie er etwa im letzten Jahr am Neuen Markt stattgefunden hat, dürfte als Korrektiv im Regelfall nicht in Betracht kommen. Ebenso bleibt der vom Bieter für den Erwerb der Kontrollmehrheit gezahlte Betrag (abzüglich eines pauschal angenommenen Paketzuschlags) entgegen der früheren Fassung des Übernahmekodex bei der Bestimmung des Pflichtangebotspreises außer Betracht. Hat der Bieter nach Erreichen der Kontrolle, aber vor Abgabe des Übernahmeangebots weitere Aktien der Zielgesellschaft hinzu erworben, ist der gewogene Durchschnittspreis dieser Käufe zugrunde zu legen, wenn dieser höher liegt als der (angemessene) höchste Börsenkurs[144]. 54

Für den Fall, daß der Bieter anstelle eines Barangebots ein **Tauschangebot** herauszulegen beabsichtigt, enthält der Übernahmekodex keine ausdrückliche Bestimmung. Ein solches dürfte jedoch dann zulässig sein, wenn der Bieter nach Erwerb der Kontrolle Wertpapiere der Zielgesellschaft nur noch im Tausch gegen 55

---

[140] *Übernahmekommission* Anm. zu Art. 16 ÜK.
[141] *Übernahmekommission* Anm. zu Art. 16 ÜK.
[142] Art. 17 ÜK.
[143] *Übernahmekommission* Anm. zu Art. 17 ÜK.
[144] Art. 17 Abs. 2 ÜK.

eigene Aktien erwirbt. In analoger Anwendung der Preisfindungsregel[145] dürfte sich das Tauschverhältnis für das Pflichtangebot in angemessener Weise nach dem höchsten Umtauschverhältnis der Wertpapiere von Ziel- und Bietergesellschaft in dem Dreimonatszeitraum vor Kontrollerwerb bestimmen.

8. Sanktionsmöglichkeiten nach dem Übernahmekodex

56 Über die Einhaltung des Übernahmekodex wacht die Übernahmekommission. Die Geschäftsstelle der Übernahmekommission veröffentlicht regelmäßig eine Liste der Gesellschaften, die den Übernahmekodex anerkannt haben[146]. Außerdem kann die Geschäftsstelle bei Zuwiderhandlungen gegen die Bestimmungen des Übernahmekodex Bemerkungen, Empfehlungen und Entscheidungen veröffentlichen. Die vom Übernahmekodex vorgesehene Sanktionsmethode ist mithin die **Herstellung von Publizität**. Die Sanktionierung von Verstößen gegen den Übernahmekodex setzt nicht dessen Anerkennung voraus[147]. Die Geschäftsstelle kann auch solche Gesellschaften für ihre Übernahmestrategie rügen, die die Regeln des Übernahmekodex nicht anerkannt haben. Indessen fehlt jede Möglichkeit, die Befolgung der Verhaltensregeln mit Zwangs- oder Sanktionsmitteln, etwa durch eine Aussetzung von Stimmrechten, durchzusetzen[148]. Hier wird deutlich, daß der Übernahmekodex **„softlaw"** ist, dem die effektive Durchsetzungskraft fehlt.

57 Neben den durch den Übernahmekodex selbst statuierten Sanktionsmöglichkeiten hat die **Deutsche Börse AG** die Anerkennung des Übernahmekodex **forciert**. Den Aktiengesellschaften, die im Amtlichen Handel, im Geregelten Markt und im Freiverkehr notieren, wurde die Anerkennung des Übernahmekodex empfohlen, für die Aufnahme von Notierung und Handel am Neuen Markt ist die Anerkennung des Übernahmekodex Voraussetzung[149]. Die Anerkennung ist außerdem Voraussetzung zur Aufnahme in die DAX-[150] und SMAX-Werte[151].

58 Die **Erfahrung** mit dem Übernahmekodex sowie die Bestrebungen zur Verabschiedung eines Übernahmegesetzes zeigen jedoch, daß Publizität allein, obwohl anfänglich als hochwirksame Sanktionsmöglichkeit[152] eingeschätzt, nicht den gewünschten Erfolg bringt. Namhafte deutsche Aktiengesellschaften[153] haben den Übernahmekodex trotz entsprechender Öffentlichkeitsarbeit der Geschäftsstelle der Übernahmekommission bis heute nicht anerkannt.

---

[145] Gem. Art. 17 ÜK.
[146] Art. 21 Abs. 1 Satz 2 ÜK.
[147] *Assmann* AG 1995, 563, 564; *Hopt* ZHR 161 (1997) 368, 401; *Kallmeyer* ZHR 161 (1997) 435, 450; *Übernahmekommission* Anm. zu Art. 21 ÜK.
[148] *Krause* AG 1996, 209, 215; *Neye* ZIP 1995, 1464, 1465; *Schander* NGZ 1998, 799, 800.
[149] Zulassungsbedingungen des NM Abschn. 2, Punkt 7.2.10.
[150] Leitfaden zu den Aktienindizes der Deutschen Börse, Punkt 3.2.1.
[151] Punkt 2.8 der SMAX-Teilnahmebedingungen.
[152] *Thoma* sprach von der „Waffe Publizität" (*Thoma* ZIP 1996, 1725, 1726); *Krause* ging davon aus, man würde es sich kaum leisten können, an den Pranger gestellt zu werden (*Krause* AG 1996, 209, 215).
[153] So zB BMW, Volkswagen oder VIAG.

IV. Europäische Rahmenbedingungen für Bietergesellschaften

Mit der Ablehnung der Europäischen Übernahmerichtlinie im Juli 2001[154] ist der lange Zeit unternommene Versuch, zu einer gemeinsamen EU-weiten Regelung zu gelangen, vorerst gescheitert. Für einen neuen Versuch ist nun ein neues Gesetzgebungsverfahren nötig, das einige Jahre in Anspruch nehmen wird. Da davon auszugehen ist, daß sich ein neuer Versuch an den bislang erzielten Kompromissen orientieren wird und daß eine erfolgreiche europäische Gesetzgebung auch die nationalen Vorschriften beeinflussen wird, werden die Grundzüge der Richtlinie, die sich an dem Ergebnis des Vermittlungsausschusses zwischen europäischem Parlament und Rat hinsichtlich einer Übernahmerichtlinie vom 6. 7. 2001 (RL)[155] orientiert, nachfolgend überblickartig dargestellt.

1. Gleichbehandlungsgrundsatz

Ein Grundprinzip war, wie auch im Übernahmekodex, der Gleichbehandlungsgrundsatz[156]. Hiernach sollte der Bieter bei Abgabe eines Übernahmeangebots zur Gleichbehandlung aller Aktionäre der Zielgesellschaft, die Aktien derselben Gattung halten, verpflichtet sein.

2. Inhalt des Übernahmeangebots

Alle Mitgliedstaaten sollten dafür sorgen, daß Regelungen getroffen werden, die **Inhaber von Aktien der Zielgesellschaft** in die Lage versetzen, in ausreichender Kenntnis der Lage entscheiden zu können[157]. Nach den gescheiterten Entwürfen sollte die Angebotsunterlage die Konditionen des Angebots enthalten, die Personalien des Bieters oder, wenn es sich um eine Gesellschaft handelt, Rechtsform, Firma und Sitz[158]. Sie sollte bestimmen, was Gegenstand des Angebots ist, die Gegenleistung und die Mindest- und Höchstzahl bzw. -anteil der Aktien, zu deren Erwerb der Bieter sich verpflichtet, festlegen[159]. Die Unterlage sollte Angaben enthalten zu bereits gehaltenen Aktien der Zielgesellschaft, alle Bedingungen, an die das Angebot geknüpft ist, sowie die Absichten des Bieters in Bezug auf die Zukunft der Zielgesellschaft, ihrer Beschäftigten und der Geschäftsleitung[160]. Weiter enthalten sein sollten die Annahmefrist und Angaben zu den Wertpapieren, falls die Gegenleistung Wertpapiere jeglicher Art umfaßt[161]. Vorgeschrieben sein sollten Angaben zur Finanzierung sowie zu den mit dem Bieter oder der Zielgesellschaft gemeinsam handelnden Personen, bei Gesellschaf-

---

[154] O V FAZ 5. 7. 2001 S. 13; o V Economist 7. 7. 2001 S. 75.
[155] Ergebnis des Vermittlungsausschusses vom 6. 7. 2001 im Hinblick auf den Erlaß einer Richtlinie des Europäischen Parlaments und des Rates auf dem Gebiet des Gesellschaftsrechts betreffend Übernahmeangebote.
[156] Art. 3 Abs. 1 lit. a RL.
[157] Art. 6 Abs. 2 Satz 1 RL.
[158] Art. 6 Abs. 3 lit. a, b RL.
[159] Art. 6 Abs. 3 lit. c bis e RL.
[160] Art. 6 Abs. 3 lit. f bis h RL.
[161] Art. 6 Abs. 3 lit. i, j RL.

ten auch deren Rechtsform, Firma und Sitz sowie deren Verhältnis zum Bieter und (wenn möglich) zur Zielgesellschaft[162]. Schließlich sollte der Bieter auf seine Absichten bzgl. seiner Geschäftstätigkeit, seiner Beschäftigten und seines Managements[163] sowie auf die anwendbaren nationalen Vorschriften[164] hinweisen.

3. Pflichtangebot

62   Der Richtlinienentwurf enthielt **Vorgaben** für ein Pflichtangebot bei Unternehmensübernahmen[165]. Hierbei sollten Beteiligungen anderer Tochterunternehmen oder gemeinsam handelnder Personen hinzugerechnet werden. Dies bezweckte neben der Einführung geordneter Verfahrensverläufe vor allem den **Schutz der Minderheitsaktionäre**[166]. Der Richtlinienentwurf selbst beinhaltete keine Vorgaben zur Berechnung der Gegenleistung, es wurde lediglich auf einen „angemessenen Preis" verwiesen, der aus einer Geldleistung oder liquiden stimmberechtigten Aktien bestehen sollte[167]. Sollten in den letzen drei Monaten vor Bekanntgabe der Entscheidung zur Abgabe eines Übernahmeangebots mehr als 5% der Aktien oder Stimmrechte gegen Geldzahlung erworben werden, war ein Zwang zum Barangebot vorgesehen. Ferner wurde das Konkurrenzverhältnis von Pflichtangebot und freiwilligem Übernahmeangebot geregelt[168]. Hierbei ging der Entwurf der Richtlinie davon aus, daß die Abgabe eines Pflichtangebots nach erfolgreichem freiwilligem Übernahmeangebot, das den Vorgaben der Richtlinie genügte, nicht erforderlich ist. In diesem Fall wäre folgerichtig eine Umgehung der Schutzvorschriften nicht möglich gewesen. Weitere Schutzmechanismen sollten national zusätzlich und ohne zeitliche Begrenzung eingeführt werden können[169].

4. Informations- und Offenlegungspflichten

63   Das Ergebnis des Vermittlungsausschusses legte im Vergleich zum Übernahmekodex großes Gewicht auf eine **umfassende Information** von Aktionären und Mitarbeitern der Zielgesellschaft.

64   **a) Gegenüber der Zielgesellschaft.** Der Bieter sollte verpflichtet sein, die Entscheidung zur Abgabe eines Angebots unverzüglich zu veröffentlichen und dem zuständigen Aufsichtsorgan bekanntzumachen[170].

65   **b) Gegenüber den Arbeitnehmern der Zielgesellschaft.** Außerdem sollten die Arbeitnehmer der Zielgesellschaft durch den Vorstand unterrichtet werden. Eine unmittelbare Information des Vorstands durch den Bieter war in dem

---

[162] Art. 6 Abs. 3 lit. k, l RL.
[163] Art. 6 Abs. 3 lit. h RL.
[164] Art. 6 Abs. 3 lit. m RL.
[165] Art. 5 RL.
[166] *Neye* AG 2000, 289, 292.
[167] *Pötzsch/Möller* WM 2000 Sonderbeil. 2 S. 13.
[168] Art. 5 Abs. 2 RL.
[169] Art. 5 Abs. 4 RL; *Neye* AG 2000, 289, 293.
[170] Art. 6 Abs. 1 RL.

Richtlinienentwurf allerdings nicht vorgeschrieben. Nach dem Wortlaut des Richtlinienentwurfs hätte eine Veröffentlichung des Angebots genügt.

c) Markttransparenz. Zur Gewährleistung der erforderlichen Markttransparenz sollte die Entscheidung zur Abgabe eines Übernahmeangebots unverzüglich bekanntgemacht werden.

V. Ausblick auf die vorgeschlagene gesetzliche Regelung

Der Regierungsentwurf vom 11. 7. 2001 eines Gesetzes zur Regelung von öffentlichen Angeboten zum Erwerb von Wertpapieren und von Unternehmensübernahmen (RegE-WpÜG) sieht erstmals **rechtlich verbindliche Rahmenbedingungen und Regeln** für Unternehmensübernahmen vor[171]. Normiert werden sollen vor allem Verfahrensregeln für ein geordnetes Übernahmeverfahren. Weiter werden allgemeine Regeln, etwa die Gleichbehandlungspflicht oder Bestimmungen zur Abgabe von Pflichtangeboten, normiert. Mit der Verabschiedung des Regierungsentwurfs wird noch in diesem Jahr gerechnet, so daß das Gesetz, ggf. nach Änderung, zum 1. 1. 2002 in Kraft treten kann. Auf der Basis des derzeit vorliegenden Entwurfs sollen daher die wesentlichen, den Bieter betreffenden Regelungen dargestellt werden. Dabei ist allerdings zu bedenken, daß iRd. parlamentarischen Verfahrens Änderungen erfolgen können[172].

1. Anwendungsbereich des WpÜG

Der RegE-WpÜG differenziert nicht nur, wie der Übernahmekodex, zwischen freiwilligen und Pflichtangeboten, sondern führt eine dritte Stufe ein.

Die niedrigste Regelungsdichte ist für **Angebote zum Erwerb von Wertpapieren** vorgesehen, die nicht auf das Erlangen einer Kontrollmehrheit zielen[173]. Auch für solche Angebote sind allerdings die Anforderungen gegenüber der derzeitigen Rechtslage nach dem Übernahmekodex verschärft. Erwähnt sei hier nur die Pflicht zur Darlegung und Absicherung der Finanzierung des Angebots[174]. Der Bieter muß zum Zeitpunkt des Angebots alle Schritte unternommen haben, um die aus seinem Angebot folgenden Pflichten erfüllen zu können. Erfüllt der Bieter seine Pflicht nicht, so hat derjenige, der das Angebot angenommen hat, einen Schadensersatzanspruch[175]. Der Geschädigte ist so zu stellen, als hätte der Bieter ordnungsgemäß erfüllt[176].

Auf der zweiten Stufe, dem sog. **Übernahmeangebot**[177], durch das der Bieter den Erwerb der Kontrolle an der Zielgesellschaft anstrebt, sind Höhe und Mög-

---

[171] *Pötzsch/Möller* WM 2000 Sonderbeil. 2 S. 13; *Land/Hasselbach* DB 2000, 1747, 1747; *Kirchner/Ehricke* AG 1998, 105 ff.; siehe auch *Börsensachverständigenkommission* Standpunkte S. 9.
[172] Ausführlich siehe Band 2.
[173] § 13 RegE-WpÜG; dies ist in Übereinstimmung mit Art. 3 Abs. 1 lit. e RL.
[174] § 13 Abs. 1 RegE-WpÜG.
[175] § 13 Abs. 2 RegE-WpÜG.
[176] Begr. zum RegE-WpÜG S. 110.
[177] Abschn. 4 RegE-WpÜG.

lichkeiten der Gegenleistung vorgeschrieben. Ähnlich dem Pflichtangebot nach dem Übernahmekodex bestimmt sich der Angebotspreis nach dem Börsenkurs der Aktien der Zielgesellschaft, wobei nach dem RegE-WpÜG der durchschnittliche Börsenkurs sowie der vom Bieter für den (Kontroll-)Erwerb gezahlte Preis maßgeblich sind[178]. Zugelassen sind nur Barzahlung oder Tausch gegen liquide, d. h. zum Handel an einem organisierten Markt zugelassene Aktien[179]. Ferner hat das Angebot an die Inhaber sämtlicher Wertpapiergattungen der Zielgesellschaft gleichermaßen zu erfolgen.

71 Hat der Bieter, etwa durch eine Transaktion mit dem bisherigen Mehrheitsaktionär oder aufgrund eines Angebots zum Erwerb von Wertpapieren, die Kontrolle erlangt, besteht, ähnlich wie nach dem Übernahmekodex, die Verpflichtung zur Abgabe eines **Pflichtangebots**[180]. Eine solche Pflicht besteht nur dann nicht, wenn es sich um einen „Altfall" handelt, d. h. Kontrolle bereits bei Inkrafttreten des WpÜG bestand, oder wenn Kontrolle infolge eines Übernahmeangebots erlangt wurde oder einer der Ausnahmetatbestände vorliegt[181]. Das Pflichtangebot unterscheidet sich in seinen Anforderungen an den Bieter hinsichtlich der Zeitspanne innerhalb derer es auszulegen ist (vier Wochen nach Veröffentlichung der Erlangung der Kontrolle) und bei den Sanktionsmöglichkeiten, die eine Verzinsung der Gegenleistung des Bieters zugunsten der Aktionäre der Zielgesellschaft vorsehen, wenn der Bieter entgegen den Bestimmungen kein oder nur verspätet ein Pflichtangebot auslegt oder dieses fehlerhaft veröffentlicht[182].

72 Die Frage, welche Regelungsdichte der Bieter beachten muß, hängt entscheidend von der **Kontrolldefinition** ab. Dieser widmet der RegE-WpÜG daher auch breiten Raum. Kontrolle ist definiert als das Halten von mindestens **30% der Stimmrechte** an der Zielgesellschaft[183]. Die Einführung dieser Grenze wird in der Begründung zum RegE-WpÜG zum einen erklärt im Vergleich mit den weiteren europäischen Rechtsordnungen, die eine entsprechende Grenze vorsehen, und zum anderen mit der Notwendigkeit, den Erwerb von Minderheitsbeteiligungen unbeschränkt zuzulassen[184]. Im übrigen ersetzt die 30%-Regel die insoweit unbestimmtere Regelung des Übernahmekodex der Berücksichtigung der Hauptversammlungspräsenzen bei der Ermittlung des Vorliegens eines Kontrolltatbestands[185].

---

[178] § 31 Abs. 1 RegE-WpÜG; die nähere Bestimmung ist nach § 31 Abs. 7 RegE-WpÜG einer Rechtsverordnung des BMF überlassen, deren Entwurf eine Orientierung an dem vom Bieter gezahlten Preis (abzüglich eines maximalen Paketabschlags von 15 %) und dem gewichteten durchschnittlichen Börsenkurs der Aktien der Zielgesellschaft vor Veröffentlichung des Kontrollerwerbs bzw. Übernahmeangebots vorsieht.
[179] § 31 Abs. 2 RegE-WpÜG.
[180] Abschn. 5 RegE-WpÜG.
[181] *Pötzsch/Möller* WM 2000 Sonderbeil. 2 S. 17; §§ 35 Abs. 3, 37 RegE-WpÜG; Begr. zum RegE-WpÜG S. 153.
[182] §§ 35, 38 RegE-WpÜG.
[183] § 29 Abs. 2 RegE-WpÜG.
[184] Begr. zum RegE-WpÜG S. 133, verwiesen wird auf England, Frankreich, Österreich, Schweiz und Italien.
[185] Begr. zum RegE-WpÜG S. 133.

2. Verhaltenspflichten des Bieters

Der Bieter hat zunächst die **allgemeinen Grundsätze** zu beachten, die für alle Arten von Angeboten gleichermaßen gelten[186]. Dies sind insbes. das Gleichbehandlungsgebot aller Aktionäre der Zielgesellschaft, die Gewährung hinreichender Zeit und Informationen für die Aktionäre der Zielgesellschaft und die zügige Durchführung des Angebotsverfahrens, um die Zielgesellschaft nicht mehr als nötig in ihrer Geschäftstätigkeit zu behindern. Diese allgemeinen Grundsätze werden durch die einzelnen Bestimmungen der Pflichten des Bieters konkretisiert. Ausprägung des Gleichbehandlungsgebots[187] bei Übernahme- und Pflichtangeboten ist das Verbot der Abgabe von Teilangeboten[188]. 73

Die **Veröffentlichungspflichten** sind der Ad hoc-Mitteilungspflicht des WpHG[189] nachgebildet, jedoch, da sie konkrete Veröffentlichungspflichten für den Fall eines Übernahmeangebots festlegen, spezieller. Demgemäß findet die allgemeinere Regelung des WpHG bei Fragen der Veröffentlichung der Entscheidung zur Abgabe eines Übernahmeangebots keine Anwendung[190]. 74

Die **Angebotsunterlage** besteht aus dem Inhalt des Angebots und ergänzenden Angaben. Sie muß alle **für eine Entscheidungsfindung** der Aktionäre der Zielgesellschaft **notwendigen Angaben** enthalten. Wie die Veröffentlichung muß auch die Angebotsunterlage in deutscher Sprache abgefaßt sein[191]. Sie muß enthalten Firma bzw. Name, Sitz bzw. Anschrift von Zielgesellschaft und Bieter sowie die Rechtsform der Zielgesellschaft und, wenn es sich beim Bieter um eine juristische Person handelt, des Bieters sowie eine Beschreibung der angebotenen Gegenleistung[192]. 75

Die Angebotsunterlage hat zudem die **Bedingungen** zu benennen, von denen die Wirksamkeit des Angebots abhängt[193]. Deren Eintritt darf allerdings nicht dem ausschließlichen Einfluß des Bieters oder einer mit ihm gemeinsam handelnden Person unterliegen[194]. Das Angebot muß ferner die Wertpapiere bezeichnen, die **Angebotsgegenstand** sind[195]. Weiterer zwingender Inhalt der Angebotsunterlage ist die Bestimmung der **Annahmefrist**[196]. 76

Zu den die Angebotsunterlage **ergänzenden Angaben** gehören Angaben zur Finanzierung des Angebots sowie zu den erwarteten Auswirkungen eines erfolgreichen Angebots auf die Vermögens-, Ertrags- und Finanzlage des Bieters[197]; die Absichten des Bieters für die künftige Geschäftstätigkeit der Zielgesellschaft, vor 77

---

[186] § 3 RegE-WpÜG; sofern nachfolgend nur die Rede von Angeboten ist, gelten die Ausführungen gleichermaßen auch für Übernahmeangebote und Pflichtangebote.
[187] § 3 Abs. 1 RegE-WpÜG.
[188] § 32 RegE-WpÜG.
[189] § 15 WpHG.
[190] § 10 Abs. 6 RegE-WpÜG.
[191] § 11 Abs. 1 Satz 4 RegE-WpÜG.
[192] § 11 Abs. 2 Satz 1 Nr. 1, 2, 4 RegE-WpÜG.
[193] § 11 Abs. 2 Satz 1 Nr. 5 RegE-WpÜG.
[194] § 18 Abs. 1 RegE-WpÜG.
[195] § 11 Abs. 1 Satz 1 Nr. 3 RegE-WpÜG.
[196] § 11 Abs. 1 Satz 2 Nr. 6 RegE-WpÜG.
[197] § 11 Abs. 2 Satz 2 Nr. 1 RegE-WpÜG.

allem Sitz und Standort wesentlicher Betriebsteile, die Verwendung ihres Vermögens, ihre künftigen Verpflichtungen, die Arbeitnehmer und deren Vertretungen, die Mitglieder ihrer Geschäftsführungsorgane und Änderungen der Beschäftigungsbedingungen und die insoweit vorgesehenen Maßnahmen[198]. Hierzu zählen auch Angaben über den besonderen Vorteil, der einem Mitglied des Vorstands oder des Aufsichtsrats der Zielgesellschaft durch das Angebot entsteht[199].

78   Die Angebotsunterlage hat der Bieter **dem BAWe** (nicht mehr – wie nach dem Übernahmekodex – der Geschäftsstelle der Übernahmekommission) innerhalb von vier Wochen nach der Veröffentlichung der Übernahmepläne **zu übermitteln**[200]. Hierdurch soll insbes. den Aktionären der Zielgesellschaft eine realistische Einschätzung des Übernahmeangebots ermöglicht werden.

79   Die Angebotsunterlage ist **unverzüglich zu veröffentlichen**, wenn das BAWe die Veröffentlichung gestattet hat oder wenn seit Eingang der Angebotsunterlage **zehn Werktage** verstrichen sind.

80   Unverzüglich nach der Veröffentlichung hat der Bieter die Angebotsunterlage **dem Vorstand der Zielgesellschaft** zu übermitteln[201], um eine Stellungnahme des Vorstands und die Unterrichtung der Arbeitnehmer der Zielgesellschaft zu ermöglichen.

81   Für Unrichtigkeit oder Unvollständigkeit der Angebotsunterlage **haften** dem das Angebot annehmenden Aktionär diejenigen, die für die Angebotsunterlage die Verantwortung übernommen haben, sowie diejenigen, von denen der Erlaß der Angebotsunterlage[202] ausgeht. Ein Anspruch ist ausgeschlossen, wenn die Annahme des Angebots nicht aufgrund der Angebotsunterlage erfolgt ist, oder derjenige, der das Angebot angenommen hat, die Unrichtigkeit oder Unvollständigkeit der Angebotsunterlage kannte. Ferner kann nicht in Anspruch genommen werden, wer nachweist, daß er die Unrichtigkeit oder Unvollständigkeit der Angebotsunterlage nicht kannte, falls diese Unkenntnis nicht auf grober Fahrlässigkeit beruht.

82   Mit Abgabe der Angebotsunterlage hat der Bieter **rechtsverbindlich ein Angebot zur Übernahme** abgegeben, eine bloße „invitatio ad offerendum" oder die Abgabe unter Rücktrittsvorbehalt sind unzulässig. Bedingungen sind grundsätzlich zulässig, solange ihr Eintritt nicht allein vom Willen des Bieters abhängt. Modifikationen sind möglich, allerdings sind hierfür spezielle Fristen einzuhalten[203].

83   Während der Bieter bei Abgabe eines Angebots zum Erwerb von Wertpapieren in der Bemessung von **Art und Höhe der Gegenleistung** frei ist, ist der Spielraum bei Übernahme- und Pflichtangeboten geringer. Der Bieter hat nur die Möglichkeit, eine Gegenleistung in bar oder den Tausch gegen (eigene) Wert-

---

[198] § 11 Abs. 2 Satz 2 Nr. 2 RegE-WpÜG.
[199] § 11 Abs. 2 Satz 2 Nr. 3 RegE-WpÜG.
[200] § 14 Abs. 1 RegE-WpÜG; *Land/Hasselbach* DB 2000, 1747, 1749.
[201] § 14 Abs. 4 Satz 1 RegE-WpÜG.
[202] § 12 RegE-WpÜG, entspricht im wesentlichen den Vorgaben der §§ 45 ff. BörsG; *Pötzsch/Möller* WM 2000 Sonderbeil. 2 S. 21.
[203] *Pötzsch/Möller* WM 2000 Sonderbeil. 2 S. 22; *Land/Hasselbach* DB 2000, 1747, 1750.

papiere (liquide stimmberechtigte Aktien) anzubieten[204]. Den Aktionären der Zielgesellschaft muß jedoch immer die Wahl zustehen, Geld zu verlangen[205]. Die Höhe der Gegenleistung in Geld bestimmt sich neben dem durchschnittlichen Börsenkurs der Aktien der Zielgesellschaft auch nach im Vorfeld einer beabsichtigten Übernahme erfolgten Erwerben durch den Bieter, mit ihm gemeinsam handelnden Personen oder deren Tochterunternehmen[206].

Eine **Nachbesserung der Gegenleistung** ist erforderlich, wenn der Bieter Aktien der Zielgesellschaft in zeitlichem Zusammenhang mit dem Übernahmeverfahren zu einer wertmäßig höheren als der in der Angebotsunterlage genannten Gegenleistung erwirbt[207]. Grund für diese Regelung ist das Gleichbehandlungsgebot[208]: Die einseitige Bevorzugung von bestimmten Aktionären soll verhindert werden[209]. 84

3. Squeeze Out

Mit dem RegE-WpÜG soll auch eine Änderung des AktG erfolgen, die einen sog. **Minority Squeeze Out**[210] durch Aktionäre, die mindestens 95% des Grundkapitals halten, vorsieht. Damit bestünde auch im deutschen Recht die Möglichkeit des „going private" in einem geordneten, hierfür geschaffenen Verfahren. 85

4. Sanktionen

Im Gegensatz zum Übernahmekodex ist das geplante Übernahmegesetz kein „softlaw" mehr. So kann der Bieter Rechte aus Aktien der Zielgesellschaft nicht wahrnehmen, wenn er seinen Pflichten zu Veröffentlichung und Abgabe eines Pflichtangebots nicht nachkommt[211]. Er ist ferner zur Zinszahlung an die Aktionäre der Zielgesellschaft verpflichtet[212]. Außerdem sind zahlreiche der vorstehend beschriebenen Pflichten[213] bußgeldbewehrt. Schließlich besteht eine einjährige Sperrfrist bei untersagten und erfolglosen Angeboten[214]. 86

---

[204] § 31 Abs. 2 RegE-WpÜG.
[205] *Land/Hasselbach* DB 2000, 1747, 1750; Begr. zum RegE-WpÜG S. 140.
[206] Begr. zum RegE-WpÜG S. 138.
[207] § 31 Abs. 4 und 5 RegE-WpÜG.
[208] § 43 Abs. 1 RefE-WpÜG.
[209] Begr. zum RegE-WpÜG S. 142.
[210] §§ 327a bis 327f AktG; *Land/Hasselbach* DB 2000, 1747, 1753f. Siehe Band 2.
[211] § 60 RegE-WpÜG.
[212] § 38 RegE-WpÜG.
[213] § 61 RegE-WpÜG.
[214] § 26 RegE-WpÜG.

C. Pflichten der Zielgesellschaft

I. Einführung

87 Die wirtschaftliche und rechtliche Diskussion der Pflichten der Zielgesellschaft ist geprägt von den unterschiedlichen Vorstellungen zur Ausgestaltung der **Rechte des Vorstands, Abwehrmaßnahmen** gegen Übernahmeangebote **zu ergreifen**. Neben dieser Frage sind jedoch weitere Aspekte vom Vorstand der Zielgesellschaft zu berücksichtigen, wie etwa Ad hoc-Publizitätspflichten, Auskunfts- und Stellungnahmepflichten.

II. Aktuelle Gesetzeslage

1. Neutralitätsgebot und Unternehmensinteresse

88 Das geltende deutsche Gesetzesrecht enthält keine spezielle Regelung der **Pflichten des Vorstands der Zielgesellschaft** bei einem auf die Wertpapiere der Zielgesellschaft gerichteten Übernahmeangebot. In der Übernahmesituation können jedoch Pflichten aus aktienrechtlichen Grundsätzen des Vorstandshandelns hergeleitet werden: Bei Übernahmeangeboten ist von besonderer Bedeutung das **Neutralitätsgebot**[215], dem der Vorstand mit seinen Handlungen nach den aktienrechtlichen Grundsätzen unterliegt.

89 Der Vorstand ist das Leitungsorgan der Gesellschaft, deren Eigentümer die Aktionäre sind. Mit dieser Position ist eine Einflußnahme auf die Aktionärsstruktur nicht zu vereinbaren[216]. Der Vorstand muß sich also bei Übernahmeangeboten **grundsätzlich neutral** verhalten[217]. Auch darf er keine Maßnahme ergreifen, die darauf zielt, Auseinandersetzungen zwischen den Aktionären parteiisch zu beeinflussen[218]. Im Regelfall wird der Bieter bereits Aktionär der Zielgesellschaft sein, so daß sowohl in einer besonderen Förderung als auch in einer zielgerichteten Behinderung des Übernahmeangebots ein Verstoß des Vorstandshandelns liegen dürfte[219].

90 Diesem strikten Neutralitätsgebot kann in bestimmten Fällen die Kompetenz des Vorstands, im Interesse der Gesellschaft gebotene Maßnahmen zu ergreifen, widersprechen[220]. Demnach wäre die Reaktion auf eine bevorstehende Übernahme am **Unternehmensinteresse** zu messen. Aus dem Ergebnis dieser Prü-

---

[215] *Assmann/Bozenhardt* ZGR Sonderheft 9/1990 S. 114; *Hirte/Schander* in von Rosen/Seifert S. 341, 348; *Mertens* in Kölner Komm. § 76 AktG Rn 26; *Beckmann* DB 1995, 2407, 2408.
[216] *Hopt,* FS Lutter, S. 1361, 1376; *Hopt* ZGR 1993, 534, 545f.; *Mertens* in Kölner Komm. § 76 AktG Rn 26.
[217] Ganz hM im Schrifttum: Vgl. *Hopt* in Großkomm. § 93 AktG Rn 122ff.; *Assmann/Bozenhardt* ZGR Sonderheft 9/1990 S. 114; *Mertens* in Kölner Komm. § 76 AktG Rn 26; *Ebenroth/Daum* DB 1991, 1157; *Krause* AG 1996, 209, 214.
[218] *Mertens* in Kölner Komm. § 76 AktG Rn 18, das Neutralitätsgebot mit dem Gleichbehandlungsgrundsatz verknüpfend.
[219] *Hopt* in Großkomm. § 93 AktG Rn 122.
[220] *Martens,* FS Beusch, S. 529, 549f.

fung ergäben sich Konsequenzen für die weitere Unternehmenspolitik, auch im Sinne von Abwehrmaßnahmen[221]. Diese Ansicht überzeugt so nicht. Sowohl die Neutralitäts-, als auch die insoweit eingreifende Gleichbehandlungspflicht bestehen zur Wahrung der **Aktionärsinteressen**. Am Interesse der Aktionäre der Zielgesellschaft ist daher auch jede (Abwehr-)Maßnahme zu messen. Nimmt diese den Aktionären der Zielgesellschaft die Möglichkeit, ihre Aktien gewinnbringend zu veräußern, dürfte das zugrundeliegende Vorstandshandeln gegen das Neutralitätsgebot verstoßen[222].

Anders kann die Situation zu beurteilen sein, wenn der Vorstand der Zielgesellschaft Maßnahmen zur Abwehr des Übernahmeangebots ergreift, um den Aktionären einen **höheren Veräußerungserlös** durch andere Maßnahmen **zu sichern**. Dies dürfte auch im Fall Mannesmann/Vodafone das Motiv des Mannesmann-Vorstands gewesen sein. Ein solches Vorstandshandeln kann jedoch allenfalls in extremen Situationen überzeugen, wo der Bieter die Zerschlagung der Gesellschaft anstrebt und damit dem Aktionär die Möglichkeit nimmt, das im aktuellen Börsenkurs der Zielgesellschaft nicht reflektierte Potential der Gesellschaft zu realisieren. Allerdings hat in einer solchen Situation der Vorstand zumindest ein schlüssiges Konzept vorzulegen, das der Markt auch als solches anerkennt und das genau dieses Potential realisiert, so daß die Aktionäre der Zielgesellschaft dann ihre Aktien zu einem über dem Angebotspreis des Bieters liegenden Preis veräußern können. Dies dürfte im Regelfall äußerst schwierig sein, da der Bieter in die Zielgesellschaft nicht zuletzt gerade deshalb investiert, um gerade dieses verborgene Potential zu heben oder sie durch Nutzung von Synergieeffekten effizienter und damit gewinnbringender zu führen. Eine Abwehr des Übernahmeangebots würde demgegenüber dazu führen, daß den Aktionären der Zielgesellschaft die Teilnahme an einer Unternehmenswertsteigerung versagt bliebe. Insbes. wird der Vorstand der Zielgesellschaft zu erklären haben, warum er das für die Gesellschaft bestehende Potential zur Wertsteigerung bislang nicht selbst gehoben hat und weshalb ihm dies künftig gelingen soll. Zudem ist es in einer solchen Situation sachgerecht, den Aktionären der Zielgesellschaft die Entscheidung zu überlassen, welche Strategie, die des Bieters oder die des eigenen Vorstands, sie überzeugt.

Zusammenfassend ist damit festzuhalten, daß dem Vorstand **grundsätzlich kein Recht zu Abwehrmaßnahmen**, auch nicht unter dem Aspekt höheren Potentials der Zielgesellschaft, zusteht. Ausnahmen sind nur dort zuzulassen, wo keine Aktionärsinteressen entgegenstehen[223].

2. Vorstandspflichten im einzelnen

Über die vorstehend beschriebene Neutralitätspflicht hinaus ist der Vorstand der Zielgesellschaft den nachfolgend dargestellten Grundsätzen verpflichtet.

---

[221] Pointiert für eine Berücksichtigung von Stakeholderinteressen *Kirchner* AG 1999, 481, 489.
[222] *Ebenroth/Daum* DB 1991, 1157, 1158; *Kirchner* AG 1999, 481, 483.
[223] Generell zur Vereinbarkeit von Abwehrmaßnahmen mit dem geltenden deutschen Aktienrecht siehe Band 2.

94   **a) Pflicht, für Bestand und dauerhafte Rentabilität zu sorgen.** Der Vorstand leitet die Gesellschaft in eigener Verantwortung[224]. Dabei kommt ihm ein unternehmerisches Ermessen zu[225]. Dieses Ermessen muß der Vorstand im Rahmen seiner Pflicht betätigen, für Bestand und dauerhafte Rentabilität der Gesellschaft zu sorgen[226]. Daraus ergibt sich weder eine Pflicht, freundliche Übernahmeangebote zu fördern, noch eine Pflicht, feindliche Übernahmeangebote abzuwehren[227]. Soweit Übernahmeangebote im Interesse der Aktionäre und der Gesellschaft sind, wird der Vorstand berechtigt sein, sie zu unterstützen. Umgekehrt ist nicht jedes feindliche Übernahmeangebot gesellschaftsschädlich[228]. Vielmehr steht ein feindliches Übernahmeangebot regelmäßig nur in Widerspruch zu den Interessen oder Absichten des Vorstands. Es ist aber zugleich Ausdruck der Auffassung des Bieters, daß die Marktkapitalisierung nicht dem wahren Unternehmenswert entspricht. Ebenso kann mit der Übernahme eine Ausschaltung des Wettbewerbs bezweckt werden. Jedenfalls aber glaubt der Bieter, daß unter Anwendung einer anderen Strategie und ggf. auch durch Auswechslung des Managements die Gesellschaft effizienter und gewinnbringender geführt werden kann. Außer in dem oben angesprochenen extremen Ausnahmefall[229] der auch für die Aktionäre der Zielgesellschaft nachteiligen Zerschlagung läßt sich **keine Kollision** zwischen einem Übernahmeversuch und der Verpflichtung des Vorstands auf dauerhafte Unternehmensrentabilität feststellen.

95   **b) Gleichbehandlungsgrundsatz.** Auch in der Übernahmesituation kommt dem Gleichbehandlungsgrundsatz[230] Bedeutung zu. In den meisten Fällen wird der Bieter bereits vor Kontrollerwerb Aktionär der Zielgesellschaft sein[231], so daß der Vorstand grundsätzlich verpflichtet ist, Informationen, die er dem Bieter zur Verfügung stellt, auch allen anderen Aktionären in der Hauptversammlung und damit öffentlich zukommen zu lassen[232]. Diesem Auskunftsanspruch der Aktionäre stehen aber **Verschwiegenheitspflichten** und umfangreiche **Auskunftsverweigerungsrechte** des Vorstands gegenüber. Der Vorstand kann danach die Auskunft verweigern, soweit deren Verbreitung nach vernünftiger kaufmännischer Beurteilung geeignet ist, der Gesellschaft einen erheblichen Nachteil zuzufügen[233].

96   In der Übernahmesituation werden dem Bieter oft **detaillierte und vertrauliche Informationen** offenbart[234], deren Bekanntgabe an Aktionäre und Öf-

---

[224] § 76 Abs. 1 AktG.
[225] BGHZ 125, 239, 246 „Deutsche Bank".
[226] *Hüffer* § 76 AktG Rn 12 und 13; *Mertens* in Kölner Komm. § 76 AktG Rn 10; *Martens*, Der Grundsatz gemeinsamer Vorstandsverantwortung, FS Fleck, 1988, S. 191, 207, 208.
[227] Ebenso *Hirte/Schander* in von Rosen/Seifert S. 341, 348.
[228] *Mertens* in Kölner Komm. § 76 AktG Rn 26.
[229] Siehe Rn 91.
[230] § 53a AktG.
[231] *Hauschka/Roth* AG 1988, 181, 183.
[232] §§ 53a, 131 Abs. 4 AktG; zur Frage, unter welchen Voraussetzungen der Vorstand dem Bieter die Zielgesellschaft betreffende Informationen zugänglich machen darf bzw. muß, siehe Rn 98 ff.
[233] § 131 Abs. 3 Nr. 1 AktG.
[234] *Ziegler* DStR 2000, 249.

fentlichkeit der Gesellschaft überwiegend Schaden zufügen dürfte, so daß eine Weitergabe solcher Informationen von einem pflichtbewußten Vorstand abgelehnt werden muß. Über diese einfachen Auskunftsverweigerungsrechte hinaus sieht das AktG strafbewehrte Verschwiegenheitspflichten vor[235]. Auch sie hindern eine Auskunftserteilung in der Hauptversammlung[236]. Das Gleichbehandlungsgebot läuft in der Übernahmesituation, jedenfalls für den Informationsanspruch, damit weitgehend leer.

c) Aufklärungs- und Informationspflichten gegenüber dem Aufsichtsrat. Der Vorstand ist zu umfassender Information des Aufsichtsrats verpflichtet[237]. Gegenüber dem Aufsichtsrat gilt keine Verschwiegenheitspflicht[238]. Ein Informationsanspruch des Aufsichtsrats besteht bei wichtigem Anlaß[239]. Als wichtiger Anlaß werden Ereignisse angesehen, die von außen an die Gesellschaft herangetragen werden[240]. Darunter fällt jedenfalls ein Übernahmeangebot, so daß Informationsansprüche des Aufsichtsrats gegenüber dem Vorstand bestehen.

d) Auskunfts- und Mitwirkungspflichten gegenüber verkaufswilligen Aktionären (Due Diligence). Bieter und verkaufswilliger Aktionär sind auf Informationen über Ertragswert und Risiken der Gesellschaft und ihres Geschäfts angewiesen. Regelmäßig hat der Bieter das Interesse, vor Abgabe seines Angebots auch eine **Due Diligence** der Zielgesellschaft vorzunehmen[241]. Die dazu benötigten Unterlagen und Informationen versucht der Bieter zunächst vom verkaufswilligen Aktionär zu erhalten. Dieser wird idR nur über wenig Informationen über die Gesellschaft, ihr Unternehmen und die damit verbundenen Chancen und Risiken verfügen. Ein Auskunftsrecht hierzu hat der verkaufswillige Aktionär, wie jeder Aktionär der Gesellschaft, nur in der Hauptversammlung[242]. Wie dargelegt[243] hat der Vorstand ein umfassendes **Auskunftsverweigerungsrecht** bei sensiblen Gesellschaftsdaten. Demzufolge gibt es auch kein Informationsrecht des verkaufswilligen Aktionärs bezüglich der für eine Due Diligence relevanten Unterlagen[244]. Der verkaufswillige Aktionär kann also allein über das gesetzliche Fragerecht die benötigten Informationen nicht erlangen; er bedarf hierzu der Mitwirkung des Vorstands.

Der Vorstand ist seinerseits grundsätzlich zur Verschwiegenheit verpflichtet[245]. Die Schweigepflicht gilt indes nicht absolut. Sie besteht im Gesellschaftsinteresse und findet deshalb auch darin ihre Grenzen[246]. Daher hört die Schweigepflicht

---

[235] § 404 Abs. 1 Nr. 1 AktG.
[236] § 131 Abs. 3 Nr. 5 AktG.
[237] § 90 AktG.
[238] *Hüffer* § 90 AktG Rn 3; *Mertens* in Kölner Komm. § 93 AktG Rn 78.
[239] § 90 Abs. 1 Satz 2 AktG.
[240] *Hüffer* § 90 AktG Rn 8.
[241] Siehe zur Due Diligence § 9 Rn 61 ff.
[242] § 131 AktG.
[243] Siehe Rn 95 f.
[244] AllgM *Lutter* ZIP 1997, 613, 616; *Mertens* AG 1997, 541, 543; *Ziegler* DStR 2000, 249, 252.
[245] § 93 Abs. 1 Satz 2 AktG.
[246] *Wilde* ZGR 1998, 423, 460.

dort auf, wo das Gesellschaftsinteresse die Weitergabe von Informationen gebietet[247]. Der Vorstand hat daher **Risiken und Chancen einer Informationsweitergabe** im Einzelfall abzuwägen[248]. Abwägungskriterien sind dabei die Ernsthaftigkeit des Kaufinteresses, Ausmaß und Wahrscheinlichkeit der Vorteile für die Gesellschaft und die Gefahr der Informationsverwendung zum Nachteil der Gesellschaft[249]. Vom Ermessen ist auch umfaßt, zu welchem Zeitpunkt welche Daten und Informationen auf welche Weise offengelegt werden[250].

100 In Teilen der Literatur wird dabei unterschieden zwischen der Weitergabe von **Informationen**, die sich nur **auf Teilbereiche beziehen**, und solchen die die **Gesellschaft insgesamt** betreffen[251]. Während der Vorstand bei sektoralen Daten eine Abwägung vornehmen und differenziert entscheiden kann, soll die Weitergabe von globalen, die gesamte Gesellschaft betreffenden Informationen nur im Ausnahmefall, bei einer etwaige Nachteile überwiegenden und einmaligen unternehmerischen Chance zulässig sein[252]. Eine derart weite Einschränkung des Entscheidungs- und Handlungsspielraums des Vorstands würde, konsequent zu Ende gedacht, zu einer vermuteten Schweigepflicht[253] führen, die nur unter besonderen Umständen widerlegt werden kann. Für eine solche Vermutung fehlt aber jede Basis. Im Gegenteil: Dem Vorstand kommt nach der jüngeren Rechtsprechung des BGH[254] ein weiter Handlungsspielraum zu, ohne den unternehmerische Tätigkeit undenkbar ist. Danach ist es Sache des Vorstands, nach pflichtgemäßem, kaufmännisch verständigem **Ermessen** zu entscheiden, ob eine Informationsweitergabe im Gesellschaftsinteresse zulässig oder geboten sein kann. Dabei sind auch Fehlentscheidungen möglich und in Kauf zu nehmen[255].

101 Ob eine Informationsweitergabe im Einzelfall rechtswidrig ist, ist anhand der aus dem US-amerikanischen Recht stammenden **Business Judgment Rule**[256] zu ermitteln. Danach haftet der Vorstand nicht, wenn er kein Eigeninteresse an dem betreffenden Geschäftsvorfall hat, sich ausreichend informiert hat und vernünftigerweise annehmen darf, daß seine Entscheidung im Gesellschaftsinteresse liegt[257]. In Zweifelsfällen ist ein neutraler Sachverständiger, vornehmlich Wirtschaftsprüfer[258], einzuschalten.

102 Danach ist im einzelnen folgende Vorgehensweise angezeigt:
– **Nicht vertrauliche Informationen**, insbes. öffentlich eingängliche Dokumente wie Satzung, Auszüge aus dem Handelsregister etc., können an den ver-

---

[247] *Mertens* in Kölner Komm. § 93 AktG Rn 82.
[248] *Wilde* ZGR 1998, 423, 461; *Mertens* AG 1997, 541, 546.
[249] *Schroeder* DB 1997, 2161, 2162.
[250] *Mertens* AG 1997, 541, 547.
[251] *Lutter* ZIP 1997, 613, 617.
[252] *Lutter* ZIP 1997, 613, 617.
[253] *Schroeder* DB 1997, 2161, 2162; *Ziegler* DStR 2000, 249, 252 mit erweiterter Kritik.
[254] BGHZ 135, 245, 253 „ARAG/Garmenbeck"; fortgesetzt in BGHZ 136, 133ff. „Siemens/Nold".
[255] BGHZ 135, 245, 253.
[256] So *Mertens* AG 1997, 541, 546.
[257] *Bungert* S. 28 und fast kongruent BGHZ 135, 245, 253 „ARAG/Garmenbeck".
[258] *Mertens* AG 1997, 541, 547; *Ziegler* DStR 2000, 249, 253.

kaufswilligen Aktionär bzw. für diesen an den Bieter in Form von Kopien weitergegeben werden.
- **Informationen, deren Veröffentlichung für die Zielgesellschaft nachteilig** sein kann, dürfen an den verkaufswilligen Aktionär bzw. für diesen an den Bieter nur weitergegeben werden, nachdem diese eine Vertraulichkeitsvereinbarung unterzeichnet haben.
- **Vertrauliche Informationen**, deren Bekanntgabe gegenüber Unbefugten einen erheblichen Nachteil für die Gesellschaft darstellen kann, dürfen nur an solche Berater des Bieters gegeben werden, die einer beruflichen Schweigepflicht unterliegen und die sich verpflichtet haben, diese Informationen auch gegenüber dem Bieter soweit geheimzuhalten, daß eine Schädigung der Interessen der Gesellschaft nicht eintritt.
- **Streng vertrauliche Informationen**, deren Veröffentlichung schwere Nachteile für die Zielgesellschaft haben kann, dürfen nicht gegeben werden.

e) **Stellungnahme und Auskunftspflicht gegenüber den Aktionären.** Der Vorstand ist nach einhelliger Auffassung berechtigt und verpflichtet, zu einem bevorstehenden Übernahmeversuch Stellung zu nehmen[259]. Für den Vorstand besteht eine Treupflicht gegenüber der Gesellschaft und ihren Aktionären[260]. Das Verhältnis zwischen Vorstand und Aktionär hat fiduziarischen Charakter; der Vorstand wird als „**agent**"[261], als Treuhänder[262] im Interesse der Aktionäre tätig[263]. Für die Übernahmesituation bedeutet dies, daß er die Aktionäre über die Hintergründe informieren und über Vor- und Nachteile der geplanten Transaktion aufklären muß. Auf diese Weise wird sichergestellt, daß die Aktionäre der Zielgesellschaft nicht einseitig nur vom Bieter informiert werden[264], sondern sich aufgrund der Stellungnahme ihres Vorstands ein eigenes, ausgewogenes Urteil bilden können.

f) **Pflichten nach Wertpapierhandelsgesetz (WpHG).** Ziel des WpHG ist die Stärkung des **Anlegervertrauens** in die **Integrität des Kapitalmarkts** und die Sicherstellung von **Chancengleichheit** aller Investoren[265]. Das versucht das WpHG auf zwei Wegen zu erreichen: Mit dem strafbewehrten Verbot des Insiderhandels und mit besonderen Publizitätspflichten.

aa) **Insiderhandelsverbot.** Für das Insiderhandelsverbot[266] ist grundsätzlich zwischen freundlichen und sog. feindlichen Übernahmen zu unterscheiden[267].

---

[259] *Ebenroth/Daum* DB 1991, 1157, 1158; *Mertens* in Kölner Komm. § 76 AktG Rn 26; *Martens*, FS Beusch, S. 529, 549; *Assmann/Bozenhardt* ZGR Sonderheft 9/1990 S. 103 f.; *Beckmann* DB 1995, 2407, 2408; *Hirte/Schander* in von Rosen/Seifert S. 341, 348; *Hopt* ZGR 1993, 534, 556; *Hopt* in Großkomm. § 93 AktG Rn 129; vgl. auch Art. 18 ÜK.
[260] § 93 AktG.
[261] *Bungert* S. 26.
[262] *Ebenroth/Daum* DB 1991, 1157, 1159.
[263] *Hopt* in Großkomm. § 93 AktG Rn 123.
[264] *Mertens* in Kölner Komm. § 76 AktG Rn 26.
[265] *Weimann*, Insiderrechtliche Aspekte des Anteilserwerbs, DStR 1998, 1556.
[266] Zur Insiderdefinition und den weiteren Grundlagen siehe Rn 13 ff.
[267] § 14 WpHG.

Wird die Gesellschaft zum Ziel einer **feindlichen Übernahme**, erfahren die Mitglieder von Vorstand und Aufsichtsrat erst zugleich mit der Öffentlichkeit von den Plänen des Bieters[268]. Hier ergibt sich mangels Kenntnis von Insidertatsachen, also solchen, die nicht öffentlich bekannt und geeignet sind, den Börsenkurs der Wertpapiere der Zielgesellschaft zu beeinflussen, **keine Gelegenheit** zum Insiderhandel. Folglich greifen auch keine Handelsverbote, die vom Vorstand der Zielgesellschaft zu beachten wären.

106 Bei einer **freundlichen Übernahme** wird der Vorstand der Zielgesellschaft dagegen idR vom Bieter vor Information der Öffentlichkeit informiert. Sobald ein Mitglied eines Organs der Zielgesellschaft von einem Übernahmeangebot erfährt, wird der Betreffende aufgrund seiner Organstellung zum Primärinsider[269]. Ihm ist es untersagt, seine Kenntnis (mit Ausnahme der vorgeschriebenen Information der Organe) weiterzugeben oder für Wertpapiergeschäfte zu nutzen[270].

107 Bei einer freundlichen Übernahme dürfte zudem das Verhältnis zwischen Bieter und Zielgesellschaft auf **Kooperation** angelegt sein, wozu häufig auch die Durchführung einer Due Diligence der Zielgesellschaft gehört. Informationen, die als Ergebnis üblicherweise weitergegeben werden, dürften ebenfalls der Insiderverschwiegenheit[271] unterfallen. Immerhin erhalten Bieter, verkaufswilliger Aktionär und die Organmitglieder der Zielgesellschaft einen Informationsvorsprung gegenüber allen anderen Aktionären und potentiellen Investoren[272]. Fraglich ist jedoch, ob eine Informationsweitergabe durch den Vorstand der Zielgesellschaft zur Ermöglichung einer Due Diligence-Prüfung[273] der Verschwiegenheitspflicht nach dem WpHG unterliegt und somit eine Due Diligence-Prüfung durch den Vorstand der Zielgesellschaft aufgrund insiderrechtlicher Überlegungen gar nicht erst ermöglicht werden dürfte. Dies ist abzulehnen, denn das Insiderrecht setzt unbefugte Informationsweitergabe voraus[274]. Unbefugt ist eine Informationsweitergabe aber nur, wenn sie nicht iRd. Erfüllung der Vorstandsaufgaben liegt[275]. In diesem Rahmen handelt der Vorstand aber, wenn er nach pflichtgemäßem Ermessen entscheidet, daß er eine Informationserteilung für geboten hält[276].

108 Solchermaßen gegebene Informationen dürften idR kein Marktbeeinflussungspotential aufweisen[277]. Anderenfalls handelte der Vorstand bei der Weitergabe gerade nicht in pflichtgemäßem Ermessen, sondern hätte die Anforderungen der Ad hoc-Publizität zu beachten. Mit der Gesetzesbegründung[278] ist daher da-

---

[268] *Fürhoff/Wölk* WM 1997, 449, 452.
[269] § 13 WpHG; *Assmann,* Das künftige deutsche Insiderrecht (II), AG 1994, 237, 253; *Assmann/Cramer* in Assmann/Schneider § 14 WpHG Rn 88; *Wittich* in von Rosen/Seifert S. 377, 382.
[270] *Wittich* in von Rosen/Seifert S. 377, 382.
[271] § 14 Abs. 1 Nr. 2 WpHG.
[272] *Schroeder* DB 1997, 2161, 2165.
[273] Siehe Rn 98 ff.
[274] § 14 Abs. 1 Nr. 2 WpHG.
[275] *Assmann/Cramer* in Assmann/Schneider § 14 WpHG Rn 48; vgl. Art. 3 lit. a Insiderrichtlinie (RL 89/592/EWG; ABl. EG Nr. L 334/30 vom 18. 11. 1989).
[276] Siehe Rn 100 ff.
[277] *Assmann/Cramer* in Assmann/Schneider § 14 WpHG Rn 88b.
[278] Zu § 14 Abs. 1 Nr. 1 WpHG.

von auszugehen, daß es kein verbotenes Ausnutzen einer Insidertatsache darstellt, wenn der Bieter ihm mitgeteilte Tatsachen für den Kauf verwendet[279]. Konsequenterweise ist dann auch die Informationserteilung durch den Vorstand der Zielgesellschaft unbedenklich[280].

bb) Ad hoc-Publizität. Gegenstand der Ad hoc-Publizität ist der Eintritt einer neuen, kursrelevanten Tatsache im Tätigkeitsbereich des Emittenten[281]. Neu ist eine der Öffentlichkeit noch nicht bekannte Tatsache. Beim feindlichen Übernahmeangebot wird der Vorstand der Zielgesellschaft idR gleichzeitig mit der Öffentlichkeit informiert. Somit handelt es sich für den Vorstand der Zielgesellschaft nicht mehr um eine neue **Tatsache**, sie ist vielmehr öffentlich bekannt. Schon deshalb bestehen für die Zielgesellschaft keine Publizitätspflichten[282]. Aber selbst wenn der Vorstand der Zielgesellschaft von einem **feindlichen Übernahmeangebot** vor der Öffentlichkeit Kenntnis erlangt, besteht für ihn keine Ad hoc-Publizitätspflicht. Denn die Tatsache ist nicht in seinem **Tätigkeitsbereich** eingetreten. Der Begriff der nach dem WpHG publizitätspflichtigen Tatsache ist enger gefaßt als der der Insidertatsache[283]. Ein feindliches Übernahmeangebot, das allein durch den Bieter initiiert und organisiert wird, ist regelmäßig keine im Tätigkeitsbereich des Emittenten eingetretene Tatsache[284].

Anders ist die Situation bei einem **freundlichen Übernahmeangebot** zu beurteilen. Hier wird der Vorstand der Zielgesellschaft frühzeitig, jedenfalls aber vor der Öffentlichkeit, informiert[285] und kooperiert bis zu einem gewissen Umfang mit dem Bieter. Nach einer engen Auffassung wird der Vorstand der Zielgesellschaft unmittelbar ad hoc-publizitätspflichtig, sobald der Bieter mit einem Übernahmeangebot an ihn herantritt[286]. Nach anderer, zutreffender Auffassung genügt die bloße Information für eine Meldepflicht nicht, da die Tatsache damit (wie auch bei der Kenntniserlangung von einem feindlichen Übernahmeangebot) noch nicht im Tätigkeitsbereich der Zielgesellschaft eingetreten ist[287]. Dies ändert sich erst, wenn der Vorstand der Zielgesellschaft ggf. mit Zustimmung des Aufsichtsrats beschließt, das Übernahmeangebot zu unterstützen. Nach anderer Auffassung soll eine Ad hoc-Publizitätspflicht erst dann bestehen, wenn der Vorstand der Zielgesellschaft zur Vorbereitung einer Unternehmensübernahme bestimmte

---

[279] Begründung des RegE zum WpHG; BT-Drucks. 12/6679 S. 47; siehe auch Rn 13.
[280] Ebenso *Schroeder* DB 1997, 2161, 2165; *Roschmann/Frey* AG 1996, 449, 453; *Assmann* AG 1997, 50, 56; *Ziegler* DStR 2000, 249, 253; aA, soweit ersichtlich, nur *Schäfer* § 14 WpHG Rn 64.
[281] Siehe Rn 14 ff., ausführlich auch § 7.
[282] § 15 WpHG.
[283] §§ 14, 15 WpHG; *DBAG/BAWe* S. 19.
[284] *Schander/Lucas*, Die Ad hoc-Publizität im Rahmen von Übernahmevorhaben, DB 1997, 2109, 2112; *Kümpel* in Assmann/Schneider § 15 WpHG Rn 40a; *DB AG/BAWe* S. 35; *Witt* S. 173.
[285] Vgl. auch Art. 4 ÜK.
[286] ISd. § 15 WpHG; ebenso *DAV/Handelsrechtsausschuß* AG 1997, 559, 567; *Happ/Semler* ZGR 1998, 116, 140; *Nowak*, Ad hoc-Publizität bei M&A-Transaktionen, DB 1999, 601, 602; *Witt* S. 172.
[287] *DBAG/BAWe* S. 35; *Fürhoff/Wölk* WM 1997, 449, 452; *Wittich* in von Rosen/Seifert S. 377, 387; *Götze* BB 1998, 2326, 2328.

Maßnahmen ergreift, wie zB die Ermöglichung einer Due Diligence-Prüfung[288]. Dieser Anknüpfungszeitpunkt dürfte jedoch zu spät sein und wird darüber hinaus auch der ratio des WpHG nicht gerecht. Zweck ist die Herstellung von Chancengleichheit am Kapitalmarkt durch Abbau von Informationsasymmetrien[289]. Nimmt man diesen Zweck ernst, ist der Begriff des Tätigkeitsbereichs weit auszulegen[290]. Chancengleichheit wird nur gewährleistet, wenn einer Ungleichverteilung von Informationen entgegengewirkt wird, ohne daß sich jedoch Publizitätspflichten zwischen Bieter und Zielgesellschaft verschieben. Während für den Bieter die Tatsache der Herauslegung eines **Übernahmeangebots die publizitätspflichtige Tatsache ist**[291], ist dies **für die Zielgesellschaft die von ihr hierzu bezogene Position**. Die Zeitspanne, die zwischen dem Zugang der Information beim Primärinsider, dessen Entscheidungsprozeß und dem Moment der Herstellung einer (Bereichs-)Öffentlichkeit liegt, ist demnach so kurz wie möglich zu halten. Auf den Realisierungsgrad der vom Vorstand der Zielgesellschaft beabsichtigten Maßnahmen ist demgegenüber nicht abzustellen[292]. Sinn der Ad hoc-Publizität ist die sofortige, schnelle Meldung. Irritationen des Markts sind durch entsprechende Klarstellung in der Ad hoc-Mitteilung selbst zu vermeiden.

111 Voraussetzung für das Entstehen einer Ad hoc-Publizitätspflicht ist ferner die Eignung der Tatsache zur erheblichen **Kursbeeinflussung** des betreffenden Werts. Dabei kommt es auf die abstrakte Geeignetheit, nicht auf einen tatsächlichen Kursausschlag an[293]. Ein Übernahmeangebot für eine börsennotierte Gesellschaft ist idR geeignet, den Kurs erheblich zu beeinflussen.

III. Die Zielgesellschaft betreffende Regelungen des Übernahmekodex der Börsensachverständigenkommission

1. Begriff der Zielgesellschaft

112 Zielgesellschaft iSd. Übernahmekodex ist jede Gesellschaft mit Sitz im Inland, deren Wertpapiere Gegenstand eines öffentlichen Angebots sind und die an einer inländischen Börse **zum Handel zugelassen** oder mit ihrer Zustimmung in den Freiverkehr einbezogen sind[294]. Voraussetzung für eine Bindung an den Übernahmekodex ist dessen schriftliche Anerkennung durch die Zielgesellschaft[295].

---

[288] Zum Themenkomplex Ad hoc-Publizität und Due Diligence *Götze* BB 1998, 2326 bis 2330.
[289] *Ekkenga* ZGR 1999, 165, 188, 189; *Kümpel* in Assmann/Schneider § 15 WpHG Rn 15.
[290] *Kümpel* in Assmann/Schneider § 15 WpHG Rn 40.
[291] Zu den Publizitätspflichten des Bieters siehe Rn 14 ff.
[292] *Kiem/Kotthoff* DB 1995, 1999, 2003; *Kümpel*, Insiderrecht und Ad hoc-Publizität aus Bankensicht, WM 1996, 653, 654.
[293] *Fürhoff/Wölk* WM 1997, 449, 454; *DBAG/BAWe* S. 37.
[294] Vgl. Begriffsbestimmungen des ÜK; zum Anwendungsbereich des ÜK allgemein siehe Rn 32 ff.
[295] Zur Rechtsnatur des ÜK und den Wirkungen seiner Anerkennung siehe Rn 34 f.

2. Neutralitätsgebot

Nach dem Neutralitätsgebot des Übernahmekodex[296] hat der Vorstand nach Bekanntgabe des Übernahmeangebots **jegliche Maßnahmen zu unterlassen**, die dem Interesse der Wertpapierinhaber, von dem Übernahmeangebot Gebrauch zu machen, zuwiderlaufen. Dies gilt gleichermaßen für freundliche und feindliche Übernahmen[297]. Beispielhaft nennt der Übernahmekodex die Emission neuer Wertpapiere, die erhebliche Änderung des Aktiv- oder Passivbestands der Gesellschaft sowie den Abschluß von Verträgen, die außerhalb des gewöhnlichen Geschäftsbetriebs liegen. Darunter fallen weiter alle Verhaltensweisen, durch die der Wert der Zielgesellschaft erheblich verändert würde[298]. Das Neutralitätsgebot war Anlaß für namhafte Gesellschaften, den Übernahmekodex nicht anzuerkennen. 113

Der Wortlaut bedarf insofern einer korrigierenden Auslegung, als das Interesse der Wertpapierinhaber, von dem Übernahmeangebot Gebrauch zu machen, durch den Vorstand der Zielgesellschaft gar nicht beeinträchtigt werden kann: Hat der Bieter ein bindendes Übernahmeangebot abgegeben, kann er sich nicht mehr davon lösen[299]. Für nicht bindende Angebote verschafft der Übernahmekodex dem Aktionär Sicherheit[300]. So ist es dem Bieter untersagt, das Übernahmeangebot an solche Bedingungen zu knüpfen, deren Eintritt er selbst herbeiführen kann[301]; außerdem ist nur eine Verbesserung, nicht aber eine Rücknahme des Angebots vorgesehen[302]. Daran ändert auch nichts, wenn der Bieter, wie allgemein üblich, sein Angebot an die Bedingung knüpft, das Angebot müsse in einem Umfang angenommen werden, der ihm den Kontrollerwerb möglich macht. Denn das Verhalten der Aktionäre bezüglich des Angebots kann der Vorstand der Zielgesellschaft nicht steuern, sondern allenfalls beratend beeinflussen[303]. Eine Rücknahme des Angebots wäre somit, unter weiteren Voraussetzungen, nur dann möglich, wenn der Bieter den Übernahmekodex nicht anerkannt hat oder nur eine „invitatio ad offerendum"[304] abgegeben hat. Mit diesen Einschränkungen ist die Position der Aktionäre der Zielgesellschaft durch deren Vorstand also **unantastbar**. 114

Indes kann der Börsenkurs der Wertpapiere der Zielgesellschaft durch Abwehrmaßnahmen derart gesteigert werden, daß Angebot oder „invitatio" des Bieters unattraktiv werden. Dies kann aber im Sinne eines richtig verstandenen Shareholder Value-Ansatzes nur im Interesse der Aktionäre der Zielgesellschaft sein. Hielte man dennoch am Wortlaut des Art. 19 ÜK fest, würde der Aktionär darin geschützt, seine Wertpapiere gerade an den Bieter zu veräußern, oder überspitzt formuliert: Der Übernahmekodex würde den Schutz der Wertpapierinhaber vor 115

---

[296] Art. 19 ÜK.
[297] Wobei die Stillhalteverpflichtung nur bei unfreundlichen Übernahmen wirklich relevant wird, vgl. *Börsensachverständigenkommsion* Standpunkte S. 23.
[298] *Übernahmekommission* Anm. zu Art. 19 ÜK.
[299] § 145 BGB.
[300] Art. 9 Satz 1 und Art. 14 ÜK.
[301] Art. 9 Satz 1 ÜK.
[302] Art. 14 ÜK; siehe auch *Kallmeyer* ZHR 161 (1997) 435, 448f.
[303] Siehe dazu Rn 134.
[304] Dies muß der Bieter bereits in seiner Angebotsschrift nach Art. 7 Nr. 7 ÜK offenlegen.

werterhöhenden Maßnahmen fordern[305] und damit im Ergebnis lediglich den Bieter schützen. Eine solche Schutzrichtung kann sinnvoll nicht angenommen werden. Zwar erscheint die Ratio zunächst gerade nicht der Schutz der Aktionäre, sondern der **Schutz des Bieters** zu sein, da der Vorstand der Zielgesellschaft verpflichtet ist, alles zu unterlassen, was besondere Kursbewegungen (also auch die für Aktionäre der Zielgesellschaft positiven) auslösen könnte[306]. Dabei scheint es nicht um die Angebotsannahme, sondern um das Angebot selbst zu gehen. Der Wortlaut des Übernahmekodex ist insoweit sinnwidrig und würde bei buchstabengetreuer Anwendung zu Ergebnissen führen, die seinem Zweck[307] zuwiderliefen. Das räumt auch die Übernahmekommission ein, wenn sie in ihrem Bericht davon spricht, daß die Neutralitätspflicht des Vorstands[308] nicht nur im Interesse des Bieters, sondern auch im Interesse der Aktionäre der Zielgesellschaft zu sehen sei[309].

116 Um zu richtigen Ergebnissen zu kommen, ist daher auf den generalklauselartigen Vorbehalt aus der Einleitung zum Übernahmekodex zurückzugreifen, in der es heißt: Der Übernahmekodex ist „nicht nur nach seinem Wortlaut, sondern auch nach seinem hiermit verfolgten Zweck zu beachten"[310]. Die Neutralitätspflicht des Vorstands dürfte damit dort ihre **Grenze** finden, wo sie sich eindeutig zum Nachteil der Aktionäre der Zielgesellschaft auswirkt.

3. Vereinbarkeit von Abwehrmaßnahmen mit dem Übernahmekodex

117 Bei der Möglichkeit von Abwehrmaßnahmen ist nach dem Zeitpunkt der Aktivität zu unterscheiden. Werden sie vor Abgabe eines Übernahmeangebots umgesetzt, unterfallen sie nicht dem Regelungsbereich des Übernahmekodex.

118 **a) Maßnahmen vor Bekanntmachung des Angebots.** Hierbei steht dem Vorstand einer Zielgesellschaft eine große Bandbreite an Abwehrmaßnahmen zur Verfügung.

119 **aa) Weißer Ritter.** Als weißen Ritter („white knight") bezeichnet man eine der Zielgesellschaft freundlich gesonnene Gesellschaft, die ein konkurrierendes Angebot zu dem bereits bestehenden „unfreundlichen" Übernahmeangebot abgibt.

---

[305] *Kallmeyer* ZHR 161 (1997) 435, 449.
[306] Art. 3 Satz 1 ÜK; zur Feststellung, welche Maßnahmen unter diese Regel fallen, kann hier auf die Kommentierungen zu § 13 WpHG verwiesen werden, der insoweit von „erheblichem" Kursbeeinflussungspotential spricht. Der noch als herrschend zu bezeichnende Ansatz geht dabei von einem fixen Wert von 5 % Kursschwankung aus. Vgl. dazu *Assmann* in Assmann/Schneider § 13 WpHG Rn 66 ff.
[307] Dieser ist erklärtermaßen in der Verhinderung von Marktmanipulationen zur Sicherung einer sachgerechten Entscheidung durch die Wertpapierinhaber zu sehen; vgl. Einleitung des ÜK.
[308] Art. 19 ÜK.
[309] *Übernahmekommission*, Drei Jahre Übernahmekodex, S. 11.
[310] Einleitung zum ÜK.

bb) Rückerwerb eigener Aktien. Durch die preistreibende Wirkung des Rückerwerbs eigener Aktien am offenen Markt wird der Erwerb für den Bieter verteuert. **120**

cc) Kronjuwelen-Praktiken. Als Kronjuwelen-Praktiken („crown jewel options") bezeichnet man den Verkauf bestimmter Vermögenswerte der Zielgesellschaft, die den Bieter besonders interessieren könnten. Nach Scheitern oder Nichtabgabe des Übernahmeangebots werden die zuvor veräußerten Gegenstände idR zurückerworben. **121**

dd) Präventivangriff. Dem Vorstand ist es unbenommen, selbst als Bieter tätig zu werden, bevor ein Übernahmeangebot für die eigene Gesellschaft abgegeben wird. **122**

ee) Werbekampagnen. Es ist dem Vorstand jederzeit unbenommen, für die Attraktivität seiner Gesellschaft zu werben. Dies verstärkt das Vertrauen der Aktionäre und führt möglicherweise zu höheren Börsennotierungen. Eine Übernahme würde folglich bedeutend schwieriger. **123**

ff) Vinkulierte Aktien. Aktien, die nach Satzung nur mit Zustimmung des Vorstands[311] übertragen werden können[312], sollten eine geringe Bedeutung in diesem Zusammenhang haben. Bei Neunotierungen wird inzwischen darauf geachtet, daß sich solche Regelungen nicht mehr in der Satzung finden. Allerdings gibt es noch ältere und daher länger notierte Gesellschaften (vor allem im Versicherungsbereich, aber auch in der Automobilbranche) mit vinkulierten Aktien oder vergleichbaren Verkaufshindernissen. Auch bei Neugründungen von „startups" im Venture Capital-Bereich sind sie recht beliebt. Der Vorstand hat sich am Gesellschaftsinteresse auszurichten, wenn er über die Zustimmung entscheidet. Je mehr Aktionäre auf ein Angebot eingehen, umso höher wären die Anforderungen an das zu beschreibende Gesellschaftsinteresse, das die Ablehnung der Zustimmung rechtfertigen soll. Außerdem besteht die Möglichkeit einer Satzungsänderung durch die Hauptversammlung, wozu allerdings die Zustimmung der betroffenen Aktionäre nötig ist[313]. Vinkulierte Aktien erscheinen deshalb nur bedingt geeignet zur Abwehr eines Übernahmeangebots. **124**

b) Maßnahmen nach Bekanntmachung des Angebots. Die Maßnahmen nach Bekanntmachung des Übernahmeangebots fallen in den Regelungsbereich des Übernahmekodex. Dieser steht jeder Form der Abwehr eines Übernahmeangebots kritisch bzw. ablehnend gegenüber[314]. Indes kann der Übernahmekodex den Vorstand der Zielgesellschaft nicht von seinen **aktienrechtlichen Pflichten** dispensieren. Das AktG verpflichtet den Vorstand auf die effektive Wahrnehmung des Gesellschaftswohls. Insofern kann ihm nicht aufgegeben werden, den Ge- **125**

---

[311] Die Zustimmung erfolgt durch die AG, wird jedoch gem. § 68 Abs. 2 Satz 2 AktG vom Vorstand erteilt.
[312] *Hüffer* § 68 AktG Rn 10.
[313] *Hüffer* § 180 AktG Rn 6.
[314] Siehe Rn 113 f.

schäftsbetrieb während der Angebotsphase treiben zu lassen[315] oder wertsteigernde Maßnahmen wegen eines Übernahmeangebots zu unterlassen. Innerhalb des Anwendungsbereichs des Übernahmekodex bleibt also Spielraum, der hinsichtlich der Zulässigkeit der gesellschaftsrechtlich zulässigen (Abwehr-)Maßnahmen untersucht werden soll[316].

126   **aa) Weißer Ritter.** Zwei Tatbestände sind hier zu unterscheiden: Sucht und präsentiert der Vorstand den Aktionären ein **Alternativangebot**, verletzt er nicht seine Neutralitätspflicht[317]. Durch ein Alternativangebot werden die Optionen der Aktionäre erweitert, nicht beschnitten: Sie erhalten eine weitere Möglichkeit zur gewinnbringenden Veräußerung ihrer Anteile. Dem steht auch der Übernahmekodex nicht entgegen, der insoweit das Aktionärsinteresse in den Vordergrund stellt[318].

127   Davon zu unterscheiden ist der Fall, daß der Vorstand **genehmigtes Kapital**[319] ausnutzt und junge Aktien unter Ausschluß des Bezugsrechts beim weißen Ritter plaziert. Nach deutschem Aktienrecht bedarf der Vorstand zu einer solchen Maßnahme der besonderen Ermächtigung durch die Hauptversammlung, die gerade zu diesem Zweck (hier: „Abwehr unfreundlicher Übernahmen") erteilt worden sein muß. Liegt eine solche Ermächtigung vor, steht auch der Übernahmekodex nicht entgegen. Fehlt es an einer solchen Ermächtigung, verstößt der Vorstand der Zielgesellschaft gleichermaßen gegen geltendes deutsches Aktienrecht und den Übernahmekodex.

128   **bb) Rückerwerb eigener Aktien.** Der Vorstand ist verpflichtet, Geschäftschancen zu nutzen und diejenigen Maßnahmen zu ergreifen, die im Interesse der Gesellschaft sachlich gerechtfertigt sind[320]. Daraus könnte sich die Berechtigung des Vorstands ableiten lassen, ein Reakquisitionsprogramm in der Übernahmesituation durchzuführen, wenn und soweit damit Geschäftschancen verbunden sind. Indes verbietet der Übernahmekodex explizit jede Änderung des Aktiv- oder Passivbestands der Zielgesellschaft in erheblichem Umfang[321]. Zwar werden die zurückerworbenen Aktien in der Bilanz durch einen entsprechenden Ansatz in den Rücklagen neutralisiert[322]. Doch müssen für den Rückkauf liquide Mittel verwendet werden, was sich bilanziell in einer erheblichen Reduzierung des Umlaufvermögens niederschlägt[323]. Mithin ist im Rückerwerb eigener Aktien eines der Regelbeispiele zu sehen, die **expressis verbis untersagt** sind[324].

---

[315] *Thümmel,* Haftungsrisiken von Vorständen und Aufsichtsräten bei der Abwehr von Übernahmeversuchen, DB 2000, 461, 462.
[316] Zur Bandbreite möglicher Abwehrmaßnahmen siehe Band 2.
[317] Ebenso *Hopt* ZGR 1993, 534, 557.
[318] Art. 19 ÜK, eher deklaratorisch.
[319] §§ 202 ff. AktG.
[320] § 93 AktG; *Kallmeyer* ZHR 161 (1997) 435, 448.
[321] Art. 19 ÜK.
[322] §§ 272 Abs. 4, 266 Abs. 3 A III 2 HGB.
[323] § 266 Abs. 2 B IV HGB.
[324] Art. 19 ÜK.

cc) Goldener Handschlag. Beim sog. „goldenen Handschlag" („golden handshake" oder „golden parachute") läßt sich das Management für den Fall der Übernahme und des anschließenden Ausscheidens aus der Zielgesellschaft erhebliche Abfindungssummen zusagen[325]. Hat die Gesellschaft einen mehrköpfigen Vorstand, können bedeutende Dimensionen erreicht werden[326]. In Deutschland sind derartige Abfindungsvereinbarungen schon nach dem AktG unzulässig[327], so daß es gar nicht darauf ankommt, ob der Übernahmekodex anwendbar ist. Jedenfalls läge darin aber gleichfalls ein Verstoß gegen die Neutralitätspflicht.

dd) Kronjuwelen-Praktiken. Die Veräußerung von Vermögensgegenständen, die den Bieter derart interessieren, daß er ein Übernahmeangebot für die gesamte Gesellschaft abgibt, geht über den gewöhnlichen Geschäftsbetrieb hinaus. Kronjuwelen-Praktiken läßt der Übernahmekodex mithin nicht zu[328].

ee) „Lock-up". „Lock-up" meint im anglo-amerikanischen Rechtsraum jeden Vertrag, der für den Fall einer Übernahme bedingt eingegangen wird, und mit dem die Interessen eines potentiellen Bieters durchkreuzt werden sollen. In Betracht kommen Absprachen über konkrete Gegenstände oder gesellschaftsrechtliche Vereinbarungen[329]. Bei Verträgen über konkrete Vermögensgegenstände kann auf die Ausführungen zu den Kronjuwelen-Praktiken verwiesen werden. Die Vertragsgestaltungen entsprechen denen der „crown jewel options", sie sind nur aufschiebend bedingt auf ein Übernahmeangebot. Ein „lock-up" nach anglo-amerikanischem Vorbild scheidet deshalb aus. Gesellschaftsrechtliche Vereinbarungen stellen Grundlagengeschäfte dar, die dort, wo sie nicht der Zustimmung der Hauptversammlung bedürfen[330], jedenfalls als Verträge zu bewerten sind, die außerhalb des gewöhnlichen Geschäftsbetriebs liegen und deshalb mit dem Wortlaut des Übernahmekodex[331] unvereinbar sind.

ff) Gegenangriff. Von einem Gegenangriff[332] („**pac man**"[333]) spricht man, wenn die Zielgesellschaft ihrerseits einen Übernahmeversuch in Bezug auf den Bieter startet. „Pac man"-Strategien sind schon nach dem geltenden Aktienrecht **unzulässig**[334]. Dem Vorstand der Zielgesellschaft ist der Abschluß solcher Verträge verboten, die außerhalb des gewöhnlichen Geschäftsbetriebs liegen[335]. Gibt die Zielgesellschaft ein Übernahmeangebot auf die Aktien des Bieters ab, liegt

---

[325] *Hauschka/Roth* AG 1988, 181, 192; *Michalski* AG 1997, 152, 160; *Assmann/Bozenhardt* ZGR Sonderheft 9/1990 S. 142f.
[326] *Hauschka/Roth* AG 1988, 181, 192; *Michalski* AG 1997, 152, 160.
[327] Siehe Band 2.
[328] Kronjuwelen-Praktiken fallen unter den dritten Verbotstatbestand der in Art. 19 ÜK aufgezählten Regelbeispiele.
[329] *Hauschka/Roth* AG 1988, 181, 193.
[330] §§ 291 ff. AktG.
[331] Art. 19 ÜK.
[332] *Ebenroth/Daum* DB 1991, 1157, 1160.
[333] Benannt nach einem Videospiel, bei dem sich die Spieler gegenseitig aufzufressen versuchen; vgl. *Assmann/Bozenhardt* ZGR Sonderheft 9/1990 S. 145 (dort Fn 760).
[334] Siehe Band 2.
[335] Art. 19 ÜK.

darin zwar noch kein Vertrag, sondern nur das Angebot zum Abschluß eines Vertrags. Insoweit bedarf der Übernahmekodex aber einer ergänzenden teleologisch-systematischen Auslegung. Bindende Vertragsangebote sind deshalb ebenso erfaßt wie der Abschluß eines Vertrags selbst, da die Wirkung für den Bieter beim Zustandekommen des Vertrags dieselben sind[336].

133 **gg) Werbekampagnen.** Werbekampagnen in Print- und Funkmedien, sowie Aktionen an publikumswirksamen Orten (**Roadshows**) gehören insbes. bei Übernahmeschlachten um Gesellschaften, deren Aktien in Streubesitz gehalten werden, zu den gängigen Maßnahmen. Bieter und Zielgesellschaft legen hier die Auswirkungen der geplanten Transaktion auf Unternehmensstrategie und Unternehmenskonzept nicht immer nur sachlich dar. Im Gegenteil, teilweise werden durch großformatige Anzeigen gezielt Emotionen angesprochen, um die Aktionäre in die eine oder andere Richtung zu beeinflussen. Fest steht, daß Werbemaßnahmen zum gewöhnlichen Geschäftsbetrieb gehören[337]. Dennoch kann nicht bestritten werden, daß derart engagierte Einlassungen des Vorstands grundsätzlich geeignet sind, das Aktionärsverhalten zu beeinflussen. Der Vorstand ist zur Veröffentlichung einer Stellungnahme zu dem Angebot verpflichtet[338]. Dabei kann er es nicht frei kritisieren. Vielmehr muß er **Sachlichkeit der Information** walten lassen. Insoweit bedarf es einer begründeten Stellungnahme. Dies verbietet Äußerungen über nicht belegbare Umstände. Das heißt nicht, daß dem Vorstand Werturteile untersagt wären. Im Gegenteil sind auch Empfehlungen an die Aktionäre gestattet, soweit diesen eine **fundierte Tatsachenbasis** zugrunde liegt[339].

134 Bieter und Zielgesellschaft sind gehalten, die Aktionäre **korrekt und angemessen** über den Sachverhalt zu informieren[340]. Verläßt der Bieter die informative Ebene, um die Aktionäre durch eine unsachlich oder emotional geführte Kampagne zu beeinflussen, ist das keine angemessene Information der Aktionäre mehr. Auch hierauf darf der Vorstand der Zielgesellschaft nicht unsachlich antworten. Darin läge eine Verletzung seiner Neutralitätspflicht.

135 Der **Handlungsspielraum des Vorstands** ist während der Angebotsphase also weitgehend eingeschränkt[341]. Dies erscheint insofern problematisch, als die Angebotsphase bis zu 60 Tage andauern kann[342]. Eine derartige Einengung der unternehmerischen Tätigkeit der Zielgesellschaft rechtfertigt sich nur im Interesse eines fairen Verfahrens und um sicherzustellen, daß nicht der Vorstand, sondern die Aktionäre den Übernahmekampf entscheiden. Im Vordergrund steht damit das Interesse der Aktionäre. Hätte die Abgabe eines Übernahmeangebots zur Folge, daß die erfolgreiche Tätigkeit einer Gesellschaft für bis zu 60 Tage behin-

---

[336] Dieses Ergebnis entspricht auch einer Zusammenschau mit Art. 8 der geplanten europäischen Übernahmerichtlinie, deren Wortlaut an dieser Stelle denkbar weit alle Handlungen (nicht nur Verträge) des Vorstands umfaßt.
[337] Daran ändert sich auch in der Übernahmesituation nichts, vgl. *LG Düsseldorf* WM 2000, 528, 529.
[338] Art. 18 ÜK; siehe dazu auch Rn 137 ff.
[339] *Übernahmekommission* Anm. zu Art. 18.
[340] Art. 2 ÜK.
[341] *Kallmeyer* ZHR 161 (1997) 435, 447.
[342] Art. 11 ÜK.

dert wird, würden die Wertungen des Übernahmekodex, der gerade das Aktionärsinteresse betont, auf den Kopf gestellt. Deshalb muß trotz der strikten Neutralitätspflicht Raum für die Wahrnehmung von Geschäftschancen bleiben, soweit deren Ausnutzung nicht primär darauf gerichtet ist, dem Angebot des Bieters entgegenzuwirken.

c) Sonstige Aktivitäten der Zielgesellschaft. Der **Umtausch von Aktien** der Zielgesellschaft in Aktien des Bieters kann sich in einem Zwischenschritt über die Zielgesellschaft selbst vollziehen. Die Aktionäre kämen dann also nie direkt mit dem Bieter in Kontakt, sondern verkauften ihre Aktien an die eigene Gesellschaft und erhielten dafür von dieser Aktien des Bieters. Zahlte die Zielgesellschaft zusätzlich einen Baranteil aus, förderte dies das Angebot. Das ist jedoch nicht mit der Neutralitätspflicht des Vorstands zu vereinbaren.

4. Pflicht zur Stellungnahme

Grundsätzlich trifft den Vorstand der Zielgesellschaft ebenso wie den Bieter die Pflicht, alle Inhaber von Wertpapieren, die Gegenstand des Übernahmeangebots sind, mit den gleichen Informationen zu versorgen[343]. Damit ist indes noch nichts darüber gesagt, welche Aufklärungs- und Informationspflichten dem Vorstand der Zielgesellschaft gegenüber deren Aktionären obliegen.

Nach den Bestimmungen des Übernahmekodex ist der Vorstand der Zielgesellschaft verpflichtet, unverzüglich, spätestens zwei Wochen nach Bekanntgabe des Übernahmeangebots, eine **begründete Stellungnahme** zu dem Übernahmeangebot zu veröffentlichen[344]. Darin kann der Vorstand den Aktionären sowohl die Annahme als auch die Ablehnung des Übernahmeangebots empfehlen[345]. Voraussetzung ist, daß dem Urteil des Vorstands eine fundierte Tatsachenbasis zugrunde liegt[346]. Darin liegt kein Widerspruch zu dem Neutralitätsgebot[347], und zwar auch dann nicht, wenn der Vorstand den Aktionären die Ablehnung des Übernahmeangebots empfiehlt[348]. Die Stellungnahme des Vorstands stellt sicher, daß die Aktionäre der Zielgesellschaft nicht nur einseitig vom Bieter informiert werden, sondern sich ein möglichst umfassendes Bild von den durch das Übernahmeangebot eröffneten Chancen und den bestehenden Risiken einer Übernahme machen können.

In seiner Stellungnahme sollte der Vorstand die **Folgen** einer Übernahme bewerten und die Auswirkungen auf den Gesellschaftswert **darstellen**. Gesellschaftsbezogene Daten muß der Vorstand so weit offenlegen, wie die Aktionäre dies zu einer Beurteilung des Übernahmeangebots benötigen. Seine Angaben müssen korrekt und verständlich sein[349]. Auf der so vermittelten Wissensgrund-

---

[343] Art. 2 Abs. 1 ÜK.
[344] Art. 18 ÜK.
[345] *Weisner* ZRP 2000, 520, 522; aA *Kallmeyer* ZHR 161 (1997) 435, 446, der auf die Neutralitätspflicht verweist.
[346] *Übernahmekommission* Anm. zu Art. 18 ÜK.
[347] Gem. Art. 19 ÜK.
[348] *Übernahmekommission*, Drei Jahre Übernahmekodex, S. 34.
[349] *Übernahmekommission* Anm. zu Art. 2 ÜK.

lage sollen die Aktionäre in der Lage sein, das Übernahmeangebot auf seine Angemessenheit zu prüfen und eine Entscheidung zu treffen.

IV. Europäische Rahmenbedingungen für Zielgesellschaften

140 Das Ergebnis des Vermittlungsverfahrens zur Übernahmerichtlinie vom 6. 6. 2001[350] enthielt zwei Pflichten des Vorstands der Zielgesellschaft: Die Neutralitätspflicht und die Pflicht, eine begründete Stellungnahme zu dem Übernahmeangebot abzugeben[351]. Das europäische Parlament und später auch die Bundesregierung äußerten starke Bedenken gegen die Regelung der Neutralitätspflicht. Nicht zuletzt deswegen lehnte das europäische Parlament die Annahme des Richtlinienentwurfs ab. Wie bereits erwähnt, ist davon auszugehen, daß mit der jetzigen Ablehnung der Prozeß auf europäischer Ebene zwar einen erheblichen Rückschlag erlitten hat, dies aber nicht zugleich die Aufgabe der europäischen Bemühungen bedeutet. Der letzte Stand der europäischen Bemühungen, der den Ausgangspunkt für einen neuen Anlauf bieten dürfte, soll daher nachfolgend skizziert werden.

1. Neutralitätsgebot

141 Der Wortlaut der Übernahmerichtlinie in der zuletzt vorgeschlagenen Fassung sollte den Vorstand dazu verpflichten, **während des Übernahmeverfahrens**, d. h. ab Bekanntmachung des Übernahmeangebots bis zur Veröffentlichung des Ergebnisses, alle Maßnahmen zu unterlassen, die geeignet wären, das Übernahmeangebot zu verhindern[352]. In der **Phase, in der keine Übernahmeabsichten zu bedenken sind** oder der Bieter das Übernahmeangebot lediglich erwägt, sich aber noch nicht festgelegt und dieses noch nicht bekanntgemacht hat, sollte der Vorstand der Zielgesellschaft noch nicht zu einer solch strikten Neutralität verpflichtet sein.

142 Von dem Grundsatz strikter Neutralität waren drei Ausnahmen vorgesehen:
– Maßnahmen, die von der **Hauptversammlung während der Annahmefrist beschlossen** wurden;
– die Suche nach einem konkurrierenden Übernahmeangebot (**„white knight"**) und,
– sofern nach dem jeweiligen mitgliedstaatlichen Recht zulässig, **Vorratsbeschlüsse der Hauptversammlung** zur Kapitalerhöhung.

143 Die von der Bundesregierung auf Veranlassung von Unternehmens- und Gewerkschaftsvertretern in die Diskussion auf europäischer Ebene eingebrachten erweiterten Möglichkeiten zur Fassung geeigneter Vorratsbeschlüsse bzw. die generelle **Entbindung des Vorstands von der Verpflichtung zur Neutralität** durch

---

[350] Ergebnis des Vermittlungsausschusses vom 6. 7. 2001 im Hinblick auf den Erlaß einer Richtlinie des Europäischen Parlaments und des Rates auf dem Gebiet des Gesellschaftsrechts betreffend Übernahmeangebote.
[351] Art. 3, 8 RL.
[352] Art. 9 Abs. 1 lit. a RL.

Hauptversammlungsbeschluß[353] haben auf europäischer Ebene keine Zustimmung gefunden[354]. Dies mag daran gelegen haben, daß in anderen europäischen Rechtsordnungen[355], anders als in Deutschland, wo die letzten dieser Instrumentarien 1998 abgeschafft wurden, Mehrfachstimmrechte, Stimmrechtsbeschränkungen, Erwerbsverbote und Veto-Rechte begründende „golden shares" noch immer zulässig sind und damit ein wirksames Instrument gegen feindliche Übernahmen vorhanden ist[356].

Kernstück der Wahrung der **Interessen der Gesellschaft und der Aktionäre** bildete das Verbot für den Vorstand, den Aktionären die Möglichkeit vorzuenthalten, das Übernahmeangebot selbst zu beurteilen[357].

Anders als noch im Kommissionsentwurf der Richtlinie[358] enthielt der später geplante Entwurf keinen direkten Verweis auf die Berücksichtigung der **Interessen der Arbeitnehmer** mehr. Durch den Verweis auf die Belange der gesamten Gesellschaft wurde aber deutlich, daß neben den Interessen der Aktionäre auch die der Arbeitnehmer gewahrt werden sollten. Dies wurde dadurch verstärkt, daß die Stellungnahme des Vorstands der Zielgesellschaft auch die Interessen der Belegschaft mit einzubeziehen haben sollte[359].

2. Pflicht zur Stellungnahme/Information der Arbeitnehmer

Der Vorstand sollte ferner verpflichtet sein, eine **begründete Stellungnahme** zum Übernahmeangebot abzugeben[360]. Diese Stellungnahme sollte die Auswirkungen der Annahme des Übernahmeangebots auf sämtliche Interessen aufzeigen. Dabei hätte es einer Darstellung der Auswirkungen auf die Beschäftigten, deren Beschäftigungsbedingungen sowie der Standorte der Gesellschaft bedurft.

Schließlich sollte der Vorstand die **ausreichende Information** der Arbeitnehmer sicherstellen. Dies sollte in angemessener Zeit geschehen und sämtliche Bedingungen des Angebots, vor allem den möglichen Effekt auf Arbeitsplätze, umfassen.

V. Ausblick auf die vorgeschlagene gesetzliche Regelung

Der RegE-WpÜG[361] sieht auch für die Zielgesellschaft Pflichten im Zusammenhang mit einem Angebot zum Erwerb von Wertpapieren, einem Übernahme- oder Pflichtangebot[362] vor. Zu unterscheiden ist zwischen dem **Neutra-**

---

[353] *Weber-Rey* Handelsblatt 26. 4. 2001 S. B 3; *oV* FAZ 3. 5. 2001 S. 19; *oV* Börsen-Zeitung 15. 5. 2001 S. 13.
[354] FAZ 7. 6. 2001 S. 17.
[355] Auch in den USA, die in diesem Zusammenhang oft als Vorbild herangezogen werden.
[356] Vgl. statt aller die Hürde für das Übernahmeangebot von OM Gruppen an die Aktionäre der London Stock Exchange im Herbst 2000; siehe auch *oV* Börsen-Zeitung 15. 5. 2001 S. 13.
[357] *Pötzsch/Möller* WM 2000 Sonderbeil. 2 S. 7.
[358] Geänderter Richtlinienvorschlag der Kommission, ABl. C 378/710 v. 13. 12. 1997.
[359] Art. 3 Abs. 1 lit. c RL.
[360] Art. 9 RL.
[361] Zum RegE-WpÜG siehe insbes. Rn 67 ff.
[362] Zur Definition der einzelnen Angebotstypen siehe Rn 69 ff.

litätsgebot sowie der **Pflicht zu Stellungnahme und Information der Arbeitnehmer**[363].

149 Den Aktionären soll es ermöglicht werden, bei voller Kenntnis der Sachlage unvoreingenommen über die Annahme des Übernahmeangebots zu entscheiden[364]. Deshalb bedürfen alle Handlungen des Vorstands und des Aufsichtsrats der Zielgesellschaft, durch die der Erfolg des Angebots verhindert werden könnte, der Ermächtigung durch die Hauptversammlung[365]. Ausgenommen davon sind Handlungen, die ein ordentlicher und gewissenhafter Geschäftsleiter auch unabhängig von einem Übernahmeangebot vorgenommen hätte, sowie die Suche nach einem konkurrierenden Angebot („white knight")[366]. Der Vorstand kann sich jedoch bereits vor Vorliegen eines Angebots an die Aktionäre der Gesellschaft von der Hauptversammlung zu bestimmten Maßnahmen ermächtigen lassen, die den Erfolg eines späteren Angebots verhindern sollen (sog. Vorratsbeschlüsse)[367]. Eine solche Ermächtigung muß mit mindestens drei Vierteln des bei Beschlußfassung vertretenen Kapitals gefaßt werden und kann für höchstens 18 Monate erteilt werden[368]. Alle Handlungen aufgrund dieser Ermächtigung bedürfen außerdem der Zustimmung des Aufsichtsrats[369].

150 Der Vorstand hat den **Arbeitnehmern** der Gesellschaft bzw. den Arbeitnehmervertretern zeitnah die Unterlagen, die für eine sachgemäße Beurteilung des Angebots erforderlich sind, zu übermitteln. Dazu gehören die Entscheidung des Bieters zur Abgabe eines Übernahmeangebots, die Angebotsunterlage selbst und etwaige Änderungen des Angebots durch den Bieter.

151 Neben der so erfolgten Unterrichtung der Arbeitnehmer hat der Vorstand auch eine **begründete Stellungnahme zum Übernahmeangebot** und dessen Änderungen abzugeben[370]. In seiner Stellungnahme soll der Vorstand auf die voraussichtlichen Folgen für die Zielgesellschaft, die Arbeitnehmer und ihre Vertretungen, die Beschäftigungsbedingungen sowie die Standorte der Zielgesellschaft eingehen. Außerdem muß er sich zu den vom Bieter verfolgten Zielen und zu der Absicht von Vorstandsmitgliedern, die selbst Aktionäre der Zielgesellschaft sind, das Übernahmeangebot anzunehmen, äußern[371]. Übermitteln der Betriebsrat oder, wenn ein solcher nicht besteht, die Arbeitnehmer unmittelbar eine eigene Stellungnahme, ist diese der Stellungnahme des Vorstands beizufügen[372]. Da die Stellungnahme zu veröffentlichen ist, führt dies zu einer weitestmöglichen Publizität der Arbeitnehmerposition[373].

---

[363] *Pötzsch/Möller* WM 2000 Sonderbeil. 2 S. 24.
[364] Begr. zum RegE-WpÜG S. 145.
[365] § 33 Abs. 1 Satz 1 RegE-WpÜG.
[366] § 33 Abs. 1 Satz 2 RegE-WpÜG.
[367] § 33 Abs. 2 Satz 1 RegE-WpÜG.
[368] § 33 Abs. 2 Satz 2 RegE-WpÜG.
[369] § 33 Abs. 2 Satz 3 RegE-WpÜG.
[370] § 27 Abs. 1 Satz 1 RegE-WpÜG.
[371] § 27 Abs. 1 Satz 2 RegE-WpÜG.
[372] § 27 Abs. 2 RegE-WpÜG.
[373] § 27 Abs. 3 RegE-WpÜG.

D. Zusammenfassung/Ausblick

Das **geplante WpÜG** wird zahlreiche Änderungen, Klarstellungen und Verschärfungen der derzeitigen Rechtslage öffentlicher Übernahmeangebote bringen.

Bieter, die beabsichtigen, ein Übernahmeangebot auszulegen, sind gut beraten, die Phase vor Inkrafttreten des WpÜG zu nutzen. Der **Gesetzentwurf**, der als großen Pluspunkt die Möglichkeit eines Squeeze Out enthält, sieht eine Verschärfung wesentlicher Pflichten des Bieters vor. Sollte allerdings, wie geplant, das WpÜG zum 1.1. 2002 in Kraft treten, dürfte die infolge der Steuerreform erwartete höhere Verkaufsfreudigkeit entweder nur zu den Bedingungen des WpÜG zu nutzen sein oder nach dem derzeitigen Stand des Gesetzentwurfs eine gewisse Unsicherheit hinsichtlich etwaiger Übergangsbestimmungen in Kauf zu nehmen sein. Diese Unsicherheiten dürften sich jedoch im Lauf der **parlamentarischen Diskussion** rechtzeitig klären, so daß eine gesicherte Grundlage für die Gestaltung von Angeboten bestehen wird. Von Interesse könnte es vor allem sein, die geringeren Anforderungen des Kodex zu einem Angebot noch in 2001 zu nutzen, die Übernahme aber erst 2002 zu vollenden.

Die Regelungen des RegE-WpÜG zur Neutralität des Vorstands der Zielgesellschaft und zu möglichen Vorratsbeschlüssen zielen auf gesellschaftsrechtliche Regelungen in anderen Mitgliedstaaten der EU. Gerade in Ländern mit strenger Neutralitätsverpflichtung sind Mehrfachstimmrechte, Stimmbeschränkungen oder „goldene Aktien" im Gegensatz zu Deutschland zulässig. Vor allem die Untersuchungen der Kommission zu den **Schutzmechanismen gegen Übernahmeangebote** sollten hierüber Aufschluß geben. Der praktische Erfolg der nach dem RegE-WpÜG nunmehr zulässigen Vorratsbeschlüsse ist umstritten. Ein solcher Schutz birgt insbes. das Risiko der Belastung des Aktienkurses, dürfte aber auch zu kurz greifen. Die künftige Praxis wird daher zeigen müssen, inwieweit Gesellschaften und Aktionäre hiervon Gebrauch machen oder stattdessen den Kräften des Markts vertrauen.

VIII. Teil
Folgewirkungen einer Unternehmensübernahme

§ 32 Unternehmensübernahmen in der Rechnungslegung

Übersicht

	Rn
A. Grundlagen	1
I. Behandelte Fälle von Unternehmensübernahmen	1
II. Handelsrechtliche Rechnungslegung	2
1. Rechnungslegung im allgemeinen	2
2. Rechnungslegung bei Unternehmensübernahmen	5
a) Vorbemerkungen	5
b) Umfang und Inhalte einer besonderen Rechnungslegung bei Übernahmen	7
c) Ende der Rechnungslegung von übernommenen bzw. erworbenen Rechtsträgern/Unternehmensteilen	8
d) Beginn der (neuen) Rechnungslegung beim übernehmenden bzw. erworbenen Rechtsträger	10
e) Abgrenzungs- und Zurechnungsfragen zwischen den beteiligten Parteien	11
III. Steuerliche Gesichtspunkte	12
B. Behandlung von Unternehmensübernahmen im Einzelabschluß	15
I. Kauf	15
1. Behandlung des Asset Deal	16
a) Schuldrechtlicher Vorgang	16
b) Grundsätzliche Bilanzierung	17
c) Detailfragen beim Unternehmenserwerb als Asset Deal	18
aa) Anschaffungskosten für die erworbenen Vermögensgegenstände	18
bb) Geschäfts- oder Firmenwert/„Goodwill"	23
cc) Bestimmung neuer Nutzungsdauern	32
d) Auswirkungen auf das handelsrechtliche Ergebnis	33
2. Behandlung des Share Deal	35
a) Schuldrechtlicher Vorgang	35
b) Grundsätzliche Bilanzierung	36
c) Detailfragen der Bilanzierung eines Share Deal	37
aa) Anschaffungskosten	37
bb) Anschaffungsnebenkosten	40
cc) Beteiligungsbewertung/Beteiligungsabschreibung	43
d) Auswirkungen auf das handelsrechtliche Ergebnis	45
II. Verschmelzungen	48
1. Varianten der Verschmelzung	48
a) Verschmelzung durch Aufnahme oder durch Neugründung	48

	Rn
b) Verschmelzung entsprechend der Verschmelzungsrichtung	49
2. Beteiligte Rechtsträger („Upstream Merger")	50
a) Übertragender Rechtsträger	50
b) Übernehmender Rechtsträger	60
aa) Bilanzierung der Übertragung/Verschmelzungsergebnis	60
bb) Künftige Bilanzierung beim Übernehmer	63
c) Zeitliche Abgrenzung	67
d) Weitere Verschmelzungsvarianten	70
aa) „Downstream Merger"	70
bb) „Side step Merger"	73
e) Zusammenschluß über eine Drittgesellschaft	74
aa) Ausgangssituation	74
bb) Übertragung inländische AG	77
cc) Übertragung ausländische Corporation	80
dd) Bilanzielle Aspekte bei der NEWCO	82
C. Behandlung von Unternehmenszusammenschlüssen im Konzernabschluß	83
I. Grundsätzliche Bemerkungen zum Konzernabschluß	83
1. Funktion des Konzernabschlusses	83
2. Kapitalkonsolidierung	85
II. Erwerbsmethoden	88
1. Vorüberlegungen	88
2. Buchwertmethode	91
a) Einordnung	91
b) Erstkonsolidierung	92
aa) Erstkonsolidierung ohne Minderheitsgesellschafter	92
bb) Erstkonsolidierung mit Minderheitsgesellschaftern	97
c) Folgekonsolidierung	101
aa) Folgekonsolidierung ohne Minderheitsgesellschafter	101
bb) Folgekonsolidierung mit Minderheitsgesellschaftern	104
3. Neubewertungsmethode	107
a) Beschreibung	107
b) Erstkonsolidierung	109
aa) Erstkonsolidierung ohne Minderheitsgesellschafter	109
bb) Erstkonsolidierung mit Minderheitsgesellschaftern	111
c) Folgekonsolidierung	113
aa) Folgekonsolidierung ohne Minderheitsgesellschafter	113
bb) Folgekonsolidierung mit Minderheitsgesellschaftern	115

                                                                    Rn
   4. Vergleich zwischen Buchwertmethode und
      Neubewertungsmethode 116
   5. Behandlung eines Geschäfts- oder Firmenwerts/
      „Goodwill" 123
   6. Behandlung eines negativen Unterschiedsbetrags 131
   7. Umgekehrter Unternehmenserwerb 134
III. Verschmelzungsmethoden...................... 138
   1. Interessenzusammenführungsmethode 138
      a) Beschreibung 138
      b) Voraussetzungen und Vorgehensweise 141
   2. Fresh-Start-Methode 149
IV. Anhangangaben............................. 152
   1. Anhangangaben bei Erwerbsmethoden 152
   2. Anhangangaben bei Verschmelzungsmethoden 159

Schrifttum: *Baetge*, Konzernbilanzen, 4. Aufl. 1999; *Ballwieser/Coenenberg/v. Wysocki* (Hrsg.), Handwörterbuch der Rechnungslegung und Prüfung, 3. Aufl., voraussichtliche Veröffentlichung Sommer 2001; *Hans-Georg Bruns,* „Pooling of Interests" – der Zusammenschluß der Daimler-Benz AG und der Chrysler Corporation, DBW 1999, 831; *Dreissig*, Down-stream merger im deutschen Steuerrecht, DB 1997, 1301; *Eckes/ Weber*, § 302 Kapitalkonsolidierung bei Interessenzusammenführung, in: Küting/Weber (Hrsg.), Handbuch der Konzernrechnungslegung, Bd. II, 2. Aufl. 1998; *Financial Accounting Standards Board* (Hrsg.), Methods of Accounting for Business Combinations: Recommendations of the G4+1 for Achieving Convergence, 1998; *Financial Accounting Standards Board* (Hrsg.), Exposure Draft: Business Combinations and Intangible Assets (Proposed Statement of Financial Accounting Standards), 1999; *Knop/ Küting*, Anschaffungskosten im Umwandlungsrecht, BB 1995, 1023; *Küting/Harth*, Die Behandlung einer negativen Aufrechnungsdifferenz im Rahmen der Purchase-Methode nach APB 16 und nach IAS 22 – Vergleich und beispielhafte Darstellung, WPg 1999, 489; *dies.*, Vergleich der Kapitalkonsolidierung nach HGB, US-GAAP und IAS, BB 1999, 1370 und 1424; *Küting/Weber* (Hrsg.), Wertorientierte Konzernführung – Kapitalmarktorientierte Rechnungslegung und integrierte Unternehmenssteuerung, 2000; *dies.*, Der Konzernabschluß: Lehrbuch und Fallstudie zur Praxis der Konzernrechnungslegung, 5. Aufl. 1999; *dies.*, Handbuch der Rechnungslegung, 4. Aufl. 1995; *Welf Müller*, Zweifelsfragen im Umwandlungsrecht, WPg 1996, 857; *Pellens/Selhorn,* Kapitalkonsolidierung nach der Fresh-Start-Methode, BB 1999, 2125; *Schmitt/Hülsmann*, Verschmelzungsgewinn in der Handelsbilanz und Prinzip der Gesamtrechtsnachfolge, BB 2000, 1563; *Tischer*, Der Übergang des wirtschaftlichen Eigentums bei schwebender Verschmelzung, WPg 1996, 745; *Weber-Grellet*, Die Unmaßgeblichkeit der Maßgeblichkeit im Umwandlungsrecht, BB 1997, 653; WP-Handbuch 1998.

A. Grundlagen

I. Behandelte Fälle von Unternehmensübernahmen

1   Die nachstehenden Ausführungen zu den Auswirkungen von Unternehmensübernahmen auf die Rechnungslegung beschränken sich im wesentlichen auf Kapitalgesellschaften. Zwar unterscheiden sich die Personengesellschaften in ihren Folgewirkungen im Hinblick auf zivilrechtliche und insbes. steuerrechtliche Aspekte zu den Kapitalgesellschaften. In der hier zu behandelnden Thematik der (handelsbilanziellen) Rechnungslegung kommt der Tatsache, ob eine Personen- oder Kapitalgesellschaft Gegenstand oder Partei einer Unternehmensübernahme ist, in der Praxis allerdings keine Bedeutung zu. Weiter wird die Thematik auf den **Kauf** und auf **Verschmelzungen** von Unternehmen eingegrenzt, da in dieser Abgrenzung – mit ihren einzelnen Facetten – die wesentlichen Merkmale einer bilanziellen Behandlung von Fusionen im Rechnungswesen herausgearbeitet werden können.

II. Handelsrechtliche Rechnungslegung

1. Rechnungslegung im allgemeinen

2   Nach Handelsrecht[1] ist der Kaufmann verpflichtet, zum Schluß eines jeden Geschäftsjahrs einen **Jahresabschluß**, bestehend aus Bilanz und Gewinn- und Verlustrechnung, aufzustellen. Diese Vorschrift für alle Kaufleute wird für Kapitalgesellschaften[2] dahingehend ergänzt, daß diese die Bilanz und Gewinn- und Verlustrechnung um einen Anhang und um einen Lagebericht zu ergänzen haben (Jahresabschluß für Kapitalgesellschaften). Gemäß Publizitätsgesetz sind die Vorschriften für Kapitalgesellschaften ebenfalls für Nicht-Kapitalgesellschaften anzuwenden, falls sie am Abschlußstichtag mindestens zwei der drei festgelegten Größengrenzen[3] überschreiten.

3   Die im Anhang darzustellenden Informationen sind im Handelsrecht[4] beschrieben. Hiernach ist u. a. der wesentliche Anteilsbesitz einer Gesellschaft aufzuführen, wobei zusätzlich zu den im Anteilsbesitz befindlichen Gesellschaften der Anteil am Kapital, das Eigenkapital und das Ergebnis des letzten Geschäftsjahrs anzugeben sind[5].

4   Kapitalgesellschaften müssen ihren Jahresabschluß im **Bundesanzeiger** veröffentlichen und beim zuständigen **Handelsregister** hinterlegen. Für Nicht-Kapitalgesellschaften, die unter das Publizitätsgesetz fallen, gelten – mit Ausnahmen[6] – die gleichen Vorschriften.

---

[1] § 242 Abs. 1 HGB.
[2] § 264 HGB.
[3] § 1 Abs. 1 Nr. 1 bis 3 PublG.
[4] §§ 284 bis 288 HGB. Im Zusammenhang mit Unternehmenserwerben ist dabei insbes. der § 285 Nr. 11 HGB maßgebend.
[5] Der geforderte Inhalt des Lageberichts wird in § 289 HGB dargestellt.
[6] § 9 Abs. 2 und 3 PublG.

2. Rechnungslegung bei Unternehmensübernahmen

a) Vorbemerkungen. Abweichend von den o. g. Grundsätzen stellt sich im Zuge von Unternehmensübernahmen die Frage, welche **besonderen Rechnungslegungspflichten** vor, während und nach Abschluß der Übernahme bei den verschiedenen Rechtssubjekten bestehen. Im Umwandlungsrecht sind bilanzrechtliche Vorschriften hierzu lediglich in zwei Paragraphen[7] beschrieben, die jedoch auf spezifische Tatbestände bezogen sind und weiterer Erörterung von allgemein gültigen Rechnungslegungsvorschriften bis hin zu den Grundsätzen ordnungsmäßiger Buchführung bedürfen[8].

Es sind zu untersuchen
- Umfang und Inhalte einer besonderen Rechnungslegung bei Übernahmen;
- Ende der Rechnungslegung von übernommenen Rechtsträgern/Unternehmensteilen;
- Beginn der (neuen) Rechnungslegung bei übernehmenden und erwerbenden Rechtsträgern;
- Abgrenzungs- und Zurechnungsfragen zwischen den beteiligten Parteien.

b) Umfang und Inhalte einer besonderen Rechnungslegung bei Übernahmen. Der Übernahme von Vermögen und Schulden eines Unternehmens in ein anderes Unternehmen sowie dem Erwerb von Anteilen an einer Gesellschaft durch eine andere Gesellschaft geht idR eine **Bewertung** des Unternehmens oder Teilen davon voraus. Für bilanzielle Zwecke wird hierfür generell eine Bilanz des übertragenden Rechtssubjekts zum Erwerbsstichtag aufgestellt. Zur Vorbereitung einer Veräußerung von Betriebsteilen wird zB eine sog. **Ausgliederungs- oder Ausgründungsbilanz** erstellt, welche die dem Betriebsteil zuzurechnenden Vermögensgegenstände (Maschinen, Vorräte) und Schulden (Lieferverbindlichkeiten, aber auch Pensionsrückstellungen für dem Betriebsteil zuzurechnende Mitarbeiter) abbildet. Die Anmeldung einer Verschmelzung von zwei Rechtsträgern setzt neben den im Umwandlungsrecht[9] genannten Beschlüssen und Verträgen eine **Schlußbilanz** des übertragenden Rechtsträgers explizit voraus[10].

c) Ende der Rechnungslegung von übernommenen bzw. erworbenen Rechtsträgern/Unternehmensteilen. Die Übernahme eines Unternehmens, welches die Rechtssubstanz des Übertragenden erhält, also zB ein Unternehmenskauf im Wege des **Share Deal**[11], induziert grundsätzlich keine Änderung in dessen Pflichten zur Rechnungslegung aus Sicht des **Einzelabschlusses**. Ggf. kann eine Befreiung von der Erstellung eines **Konzernabschlusses** zum Tragen kommen, wenn die Obergesellschaft (Übernehmender, Käufer) einen Konzernabschluß aufstellt[12].

---

[7] §§ 17 und 24 UmwG.
[8] *Dörner* in WP-Handbuch 1998, Abschnitt E Rn 1.
[9] § 17 Abs. 1 UmwG.
[10] § 17 Abs. 2 UmwG. Weitere Erläuterungen hierzu siehe Rn 52 ff.
[11] Siehe § 12.
[12] § 291 HGB.

9 Wird im Wege einer Verschmelzung ein Rechtsträger auf einen anderen übertragen, erlischt das Rechtskleid der übertragenden Gesellschaft und damit folgend eine daran gebundene Pflicht zur Rechnungslegung. Die hier interessierende Frage ist jedoch gerade, wann diese Pflicht endet, da nach allgemeinen Bilanzierungsgrundsätzen die Zurechnung von wirtschaftlichem Eigentum zur bilanzierenden Einheit und eine mit dieser Zurechnung korrespondierende **Abgrenzung von Erfolgsgrößen** die entscheidenden Kriterien darstellen. Bekanntermaßen kann **zivilrechtliches und wirtschaftliches Eigentum** auseinanderfallen und damit zu Abgrenzungsproblemen führen wie zB bei der bilanziellen Zurechnung von Leasingvermögen. Da Unternehmensfusionen nicht selten über einen längeren Zeitraum andauern, kann dies zu Zuordnungsfragen zwischen den Parteien führen. Die wesentlichen im Zusammenhang mit der Verschmelzung entstehenden Bilanzierungsfragen werden an anderer Stelle[13] herausgearbeitet.

10 **d) Beginn der (neuen) Rechnungslegung beim übernehmenden bzw. erworbenen Rechtsträger.** Mit den vorangestellten Überlegungen zum übernommenen bzw. zum gekauften Rechtsträger geht folgerichtig auch die Beurteilung der Bilanzierung beim Käufer bzw. bei Verschmelzung beim übernehmenden Rechtsträger einher. Während beim Kauf – ob nun als **Asset Deal**[14] oder **Share Deal** – der **Übergang der wirtschaftlichen Verfügungsmacht** im Vertrag geregelt sein wird (zB 31.12. 24.00 Uhr/1.1. 00.00 Uhr als sog. Mitternachtsgeschäft), sind bei Verschmelzungen Fragen des **Verschmelzungsstichtags** und der **Eintragung der Verschmelzung** beim Registergericht[15] relevant. Liegt zwischen Verschmelzungsstichtag und Eintragung ein Abschlußstichtag der beteiligten Gesellschaften, kann regelmäßig noch nicht vom Übergang der wirtschaftlichen Verfügungsmacht gesprochen werden, es sei denn, daß von einer Eintragung mit Sicherheit ausgegangen werden kann[16]. Weiter ist die Bilanzierung zu klären, wenn die Eintragung zwar nach dem Bilanzstichtag, aber vor der Aufstellung des Abschlusses der Obergesellschaft (Übernehmer) erfolgt.

11 **e) Abgrenzungs- und Zurechnungsfragen zwischen den beteiligten Parteien.** Beginn und Ende von Bilanzierungspflichten setzen den Rahmen für die Zurechnung von Vermögen und Erfolgsgrößen der beteiligten Parteien. In einem **Verschmelzungsvertrag** wird – bezugnehmend auf den Verschmelzungsstichtag – geregelt, ab welchem Zeitpunkt die Handlungen des übertragenden Rechtsträgers als für Rechnung des übernehmenden vorgenommen gelten[17]. Unabhängig vom Eintragungszeitpunkt werden somit nach dem Stichtag angefallene Aufwendungen des Übertragenden in der Gewinn- und Verlustrechnung des Übernehmers ausgewiesen.

---

[13] Siehe Rn 48 ff.
[14] Siehe § 13.
[15] Zur Eintragung der Verschmelzung siehe § 17 Rn 100 ff.
[16] *Tischer* WPg 1996, 745 ff.
[17] § 5 UmwG.

III. Steuerliche Gesichtspunkte

Die Gestaltung einer Unternehmensübernahme wird – sobald die beabsichtigten Anteils- und Mehrheitsverhältnisse durch die Parteien geklärt sind – sehr stark durch die **steueroptimale Umsetzung** des Zielmodells getrieben[18]. Der Begriff steueroptimal ist hierbei auf die Gesamteinheit von übernehmendem und übertragendem Rechtsträger sowie deren Gesellschafter zu beziehen. Einseitige Vorteile einer Partei, die in Nachteilen der anderen münden könnten, würden die Verhandlungsposition bei der Kaufpreisbestimmung in die betreffende Richtung verschlechtern.

Die Verbindung von steuerlicher Einkunfts- bzw. Gewinnermittlung mit der handelsbilanziellen Rechnungslegung wird durch den **Maßgeblichkeitsgrundsatz**[19] hergestellt. In Fällen der Gestaltung von Unternehmensübernahmen wird die sog. **umgekehrte Maßgeblichkeit**[20] stärker in die Betrachtung einbezogen werden müssen, da hier die Ausübung von steuerlichen Wahlrechten und damit von Gestaltungsparametern handelsbilanziell entsprechende „Vorleistungen" erfordert, nämlich die Übereinstimmung mit der Handelsbilanz.

Die Frage der Auswirkung von handelsbilanziellen Wertansätzen auf die steuerliche Gestaltung wird ihren Fokus neben der Auslegung, ob ein steuerliches Wahlrecht vorliegt, darauf legen, ob eine steuerliche (Sonder-)Vorschrift greift, welche die allgemeine Maßgeblichkeit durchbricht. Im Fall der Verschmelzung konzentriert sich die Thematik auf das Verhältnis von handelsrechtlichen und steuerrechtlichen Vorschriften in Bezug auf die Wertansätze in der Schlußbilanz auf das Wahlrecht zur Bestimmung der Anschaffungskosten[21] sowie der Regelungen im Umwandlungssteuergesetz[22]. Die Problemstellungen sollen an dieser Stelle nicht weiter abgehandelt werden, da sie einer intensiven Auslegungsdiskussion der Vorschriften im UmwStG bedürfen, im vorliegenden Kapitel jedoch handelsrechtliche Überlegungen im Vordergrund stehen[23].

B. Behandlung von Unternehmensübernahmen im Einzelabschluß

I. Kauf

Aus zivilrechtlicher Sicht kann ein Unternehmenskauf grundsätzlich durch den **Erwerb aller Vermögensgegenstände** eines Unternehmens (Asset Deal) oder durch die **Übernahme von Gesellschaftsrechten** (Share Deal) erfolgen. Bei der handelsrechtlichen Rechnungslegung ist dieser Unterscheidung im Zusam-

---

[18] Siehe § 26.
[19] § 5 Abs. 1 Satz 1 EStG.
[20] § 5 Abs. 1 Satz 2 EStG.
[21] § 17 Abs. 2 UmwG und §§ 3 und 11 UmwStG, § 24 UmwG.
[22] §§ 4 Abs. 1, 12 Abs. 1 UmwStG.
[23] Hierzu ausführlich: *Haritz/Paetzhold*, Bilanzielle Verknüpfungen und der Maßgeblichkeitsgrundsatz bei Verschmelzungen, FR 1998, 352 ff.

menhang mit einem Unternehmenskauf zu folgen (ähnlich das Steuerrecht[24]). Die Auswirkungen der unterschiedlichen zivilrechtlichen Vorgehensweisen im Rechnungswesen werden im folgenden dargestellt.

1. Behandlung des Asset Deal

16 a) **Schuldrechtlicher Vorgang.** Beim Asset Deal werden alle Einzelwirtschaftsgüter und Schulden einer Gesellschaft erworben. Das veräußernde Unternehmen bleibt nur als „leere Hülle" bestehen.

17 b) **Grundsätzliche Bilanzierung.** Wird eine „Sachgesamtheit Unternehmen" im Sinne eines Asset Deal erworben, sind alle Vermögensgegenstände und Schulden gemäß **Einzelbewertungsgrundsatz**[25] gesondert zu bilanzieren. Insofern unterscheidet sich der Erwerb eines Unternehmens nicht von dem Erwerb einzelner Vermögensgegenstände. Die Bewertung dieser Vermögensgegenstände erfolgt mit dem Zeitwert (Anschaffungskostenprinzip). Übersteigt der Kaufpreis für das erworbene Unternehmen den Zeitwert der erworbenen Vermögensgegenstände abzüglich der Schulden (wie dies regelmäßig der Fall ist), kann dieser Unterschiedsbetrag[26] als **Geschäfts- oder Firmenwert**[27] bilanziert werden. Bilanziell ist der Geschäfts- oder Firmenwert unter der Position „Immaterielle Vermögensgegenstände"[28] anzusetzen. Dieser kann dann direkt über vier Jahre oder planmäßig über die voraussichtliche Nutzungsdauer abgeschrieben werden[29]. Bei der planmäßigen Abschreibung ist jedoch häufig eine Nutzungsdauer für einen Geschäfts- oder Firmenwert nicht zweifelsfrei zu bestimmen.

18 c) **Detailfragen beim Unternehmenserwerb als Asset Deal. aa) Anschaffungskosten für die erworbenen Vermögensgegenstände.** Beim Asset Deal werden, wie schon beschrieben, Vermögensgegenstände und Schulden einzeln erworben. Dabei wird allerdings im Kaufvertrag idR der Kaufpreis nicht auf alle Vermögensgegenstände aufgeteilt – obwohl theoretisch möglich –, sondern ein **Gesamtkaufpreis** vereinbart. Daraus folgend stellt sich für die Bilanzierung das Problem, den Gesamtkaufpreis den einzelnen Vermögensgegenständen und Schulden zuzuordnen.

19 Dabei können die Buchwerte bei der veräußernden Gesellschaft nur in beschränktem Ausmaß Hilfestellung für die **Zuordnung des Kaufpreises** auf die Vermögensgegenstände geben, da eine Abweichung zu diesen aus drei Gründen möglich ist:
– Ein beim veräußernden Unternehmen bilanzierter Vermögensgegenstand ist beim erwerbenden Unternehmen mit einem anderen (zB höheren Zeitwert) Bilanzansatz anzusetzen.
– Ein beim veräußernden Unternehmen nicht mehr bilanzierter Vermögensge-

---

[24] *Herzig*, Steuerorientierte Grundmodelle des Unternehmenskaufs, DB 1990, 133.
[25] §§ 240 Abs. 1, 252 Abs. 1 Nr. 3 HGB.
[26] § 255 Abs. 4 HGB.
[27] Der Begriff „goodwill" wird hierfür synonym verwandt.
[28] § 266 Abs. 2 A. I.2. HGB.
[29] § 255 Abs. 4 Satz 2 und 3 HGB.

genstand (zB vollständig abgeschrieben) ist aufgrund eines vorhandenen Zeitwerts beim erwerbenden Unternehmen zu bilanzieren.
– Ein beim veräußernden Unternehmen nicht bilanzierungsfähiger Vermögensgegenstand muß beim erwerbenden Unternehmen angesetzt werden (zB selbst geschaffene immaterielle Vermögensgegenstände).

Anhand der Analyse der möglichen Abweichungen zwischen dem Bilanzansatz beim erwerbenden Unternehmen und dem bisherigen Ansatz beim veräußernden Unternehmen läßt sich, in Anlehnung an die in der steuerlichen Praxis häufig angewandten **Stufentheorie**, folgende Vorgehensweise ableiten.
– Stufe 1
Ermittlung der Zeitwerte für die beim veräußernden Unternehmen bilanzierten materiellen und immateriellen Vermögensgegenstände;
– Stufe 2
Ermittlung der Zeitwerte für die nicht bilanzierten materiellen und immateriellen Vermögensgegenstände;
– Stufe 3
Ermittlung des Geschäfts- oder Firmenwerts als Differenz zwischen Kaufpreis und den Werten der ersten und zweiten Stufe.

Aufwendig ist in der Praxis insbes. die **Zeitwertermittlung** bei den Vermögensgegenständen des Anlagevermögens. So müssen die Zeitwerte für die beweglichen Anlagegüter zB über fundierte Schätzungen und die Zeitwerte von Immobilien im allgemeinen über Gutachten ermittelt werden. Bei Beteiligungen müßte eigentlich für jede Beteiligung eine Unternehmensbewertung stattfinden.

Die Ermittlung der Zeitwerte für das Umlaufvermögen gestaltet sich hingegen idR einfacher, da hier meist Marktwerte vorliegen (zB Wertpapiere, Liquidität).

bb) Geschäfts- oder Firmenwert/„Goodwill". Dem **Geschäfts- oder Firmenwert** bzw. „goodwill" kommt bei der Zuordnung des Gesamtkaufpreises auf die Vermögensgegenstände eine Sonderrolle zu. Diese Sonderrolle resultiert schon allein daraus, daß die Einordnung des Geschäfts- oder Firmenwerts als Vermögensgegenstand in der Literatur äußerst strittig ist[30].

Für das Vorliegen eines Vermögensgegenstands wird im allgemeinen als maßgebliches Kriterium die **selbständige Verkehrsfähigkeit** vorausgesetzt. Die selbständige Verkehrsfähigkeit ist dabei als – konkrete oder abstrakte – Möglichkeit zur Einzelveräußerung zu verstehen[31]. Diese selbständige Verkehrsfähigkeit liegt beim Geschäfts- oder Firmenwert nicht vor, so daß der Bilanzansatz deshalb als Bilanzierungshilfe gesehen wird[32]. Der Geschäfts- oder Firmenwert wird aber auch „als Wert eigener Art" gesehen, dessen Charakter als Vermögensgegenstand sich schon in der im HGB festgelegten Möglichkeit zur Abschreibung über die Nutzungsdauer widerspiegelt[33].

---

[30] *Küting/Weber*, Handbuch der Rechnungslegung, § 255 HGB Rn 426; *Veit*, Der derivative Firmenwert als Bilanzierungshilfe, DB 1989, 1093 ff.
[31] *Küting/Weber*, Handbuch der Rechnungslegung, § 255 HGB Rn 384.
[32] *Küting/Weber*, Handbuch der Rechnungslegung, § 255 HGB Rn 432.
[33] *A/D/S* § 309 HGB Rn 10.

25 Unabhängig von dem Charakter des „goodwill" als Vermögensgegenstand oder Bilanzierungshilfe wird im folgenden die Ermittlung, die Bilanzierung und der Inhalt dieses Unterschiedsbetrags beschrieben.

26 Wie schon bei der Darstellung der Stufentheorie angesprochen, ist der Geschäfts- oder Firmenwert der Betrag, um den der Kaufpreis die Summe aller Zeitwerte der erworbenen Vermögensgegenstände übersteigt (retrograde Bestimmungsweise). Es handelt sich also um den **Teil des Gesamtkaufpreises**, der nicht auf die materiellen und immateriellen erworbenen Vermögensgegenstände beim erwerbenden Rechtssubjekt verteilt werden kann.

27 **Beispiel:** Bestimmung des Geschäfts- oder Firmenwerts

Vermögensgegenstand	Bilanzansatz Veräußernde Gesellschaft	Bilanzansatz Erwerbende Gesellschaft
Bilanzierte Vermögensgegenstände (Stufe 1)	5 Mio. €	7 Mio. €
Nicht bilanzierte Vermögensgegenstände (Stufe 2) • Bilanzierungsfähig (zB schon abgeschriebene Vermögensgegenstände)	0	0,5 Mio. €
• Nicht bilanzierungsfähig (zB selbst geschaffene immaterielle Vermögensgegenstände)	0	1,5 Mio. €
Zwischensumme	5 Mio. €	9 Mio. €
Kaufpreis	–	10 Mio. €
Geschäfts- oder Firmenwert (Stufe 3)	–	1 Mio. €

28 Der Ansatz des „goodwill" ist als **Wahlrecht** ausgestaltet. Macht der Bilanzierende hiervon keinen Gebrauch, ist der Wertunterschied direkt als Aufwand in der Gewinn- und Verlustrechnung zu berücksichtigen. Entschließt sich die Gesellschaft jedoch zur Bilanzierung des Geschäfts- oder Firmenwerts, ist dieser Wertunterschied als Wertobergrenze zu interpretieren. Jeder Wert zwischen der Obergrenze und Null ist also zulässig; der verbleibende Differenzbetrag stellt Aufwand dar.

29 Inhaltlich läßt sich der erworbene Geschäfts- oder Firmenwert folgendermaßen interpretieren:
– **Divergenz von Wertermittlung und -zuordnung**
  Der Wert eines Unternehmen ergibt sich nicht ausschließlich aus der Summe der Zeitwerte der einzelnen Vermögensgegenstände, sondern entsteht erst durch den gezielten Einsatz und die Kombination der Vermögensgegenstände. Aufgrund dieser Überlegung zielt das heute meist verwendete Verfahren zur

Unternehmensbewertung, das **Ertragswertverfahren**, nicht auf die einzelnen Vermögenswerte (Substanzwertverfahren), sondern auf die zukünftigen Einnahmenüberschüsse des Unternehmens ab. Die unterschiedliche Vorgehensweise von bilanzieller Zuordnung von Werten und Wertermittlung (Kaufpreis) ist daher ein Aspekt zur Erklärung des Geschäfts- oder Firmenwerts.

— **Sondersachverhalte**
Eine andere Möglichkeit, die Entstehung eines „goodwill" zu erklären basiert darauf, daß mit dem Kaufpreis nicht nur der Unternehmenswert, sondern auch **andere Faktoren**, wie zB Auskauf von lästigen Gesellschaftern, **abgegolten** werden.

Liegt der Kaufpreis hingegen unter dem Wert der Vermögensgegenstände abzüglich der Schulden, liegt ein **negativer Unterschiedsbetrag** vor. Inhaltlich kann dies folgende Ursachen haben:
— Bei der Ermittlung des Kaufpreises wurden negative Erwartungen bzgl. Ertragskraft und Risiken berücksichtigt.
— Aufgrund geschickter Verhandlungsführung wurde ein günstiger Kaufpreis erreicht („lucky buy").

Dieser negative Unterschiedsbetrag ist durch „**Abstockung**" des Bilanzansatzes der erhaltenen Vermögensgegenstände zu berücksichtigen. Dies bedeutet, daß stille Reserven in geringerem Umfang aufgelöst bzw. die Vermögensgegenstände unter dem bei der veräußernden Gesellschaft geführten Buchwert angesetzt werden. Nominalgüter wie zB liquide Mittel oder Wertpapiere des Umlaufvermögens sind jedoch von dieser „Abstockung" auszunehmen. Die Passivierung eines negativen Geschäfts- oder Firmenwerts wird im allgemeinen abgelehnt[34].

cc) **Bestimmung neuer Nutzungsdauern.** Durch den Zugang der „neuen" Vermögensgegenstände stellt sich grundsätzlich das Problem, die **Nutzungsdauern** dieser Vermögensgegenstände neu zu bestimmen. Bei beweglichem Anlagevermögen (zB Maschinen) kann die Nutzungsdauer des Veräußerers meist übernommen werden. Schwieriger ist dies jedoch, wenn ein Vermögensgegenstand voll abgeschrieben war, ihm aber bei der Bilanzierung beim erwerbenden Unternehmen ein Zeitwert zugeordnet wurde. In diesem Fall muß eine Neueinschätzung der Nutzungsdauer vorgenommen werden. Die Problematik der Neueinschätzung der Nutzungsdauern ergibt sich insbes. daraus, daß das neu geschaffene Abschreibungspotenzial sinnvoll über die Folgeperioden verteilt werden muß.

d) **Auswirkungen auf das handelsrechtliche Ergebnis.** Beim Asset Deal entstehen für die Vermögensgegenstände neue (idR höhere) Anschaffungskosten in Höhe der Zeitwerte der Vermögensgegenstände („step up"). Daraus resultiert ein höheres **Abschreibungspotential**, das durch die Abschreibung eines evtl. bilanzierten Geschäfts- oder Firmenwerts noch erhöht wird.

Außerdem ist zu beachten, daß sich das Ergebnis des erworbenen Unternehmens unmittelbar im Ergebnis des erwerbenden Unternehmens niederschlägt.

---

[34] *Küting/Weber,* Handbuch der Rechnungslegung, § 255 HGB Rn 463.

Bilanzielle Gestaltungsmöglichkeiten sind daher beim Kauf eines Unternehmens in Form eines Asset Deal nur in geringem Umfang möglich.

2. Behandlung des Share Deal

35 **a) Schuldrechtlicher Vorgang.** Beim Share Deal werden alle Anteilsrechte an einem Unternehmen **erworben**. Der Kaufpreis bezieht sich hierbei auf den Saldo zwischen Vermögensgegenständen und Schulden[35]. Dabei bleibt die Gesellschaft als Rechtspersönlichkeit mit all ihren Vermögensgegenständen und Schulden erhalten.

36 **b) Grundsätzliche Bilanzierung.** Beim Share Deal werden **Gesellschaftsanteile** einer Gesellschaft (Aktien des Grundkapitals einer AG bzw. GmbH-Anteile einer GmbH) erworben. Die Aktien des erworbenen Unternehmens werden beim erwerbenden Unternehmen als Anteile an verbundenen Unternehmen im Finanzanlagevermögen[36] mit den Anschaffungskosten (Erwerbspreis + Anschaffungsnebenkosten) bilanziert. Ein eventuell vorhandener Geschäfts- oder Firmenwert ist damit in den Anschaffungskosten enthalten. Da dieser innerhalb der Anschaffungskosten für die Beteiligung nicht zu isolieren und zu quantifizieren ist, kann auch keine Abschreibung vorgenommen werden.

37 **c) Detailfragen der Bilanzierung eines Share Deal. aa) Anschaffungskosten.** Handelsrechtlich sind Anschaffungskosten **definiert** als die „Aufwendungen, die geleistet werden, um einen Vermögensgegenstand zu erwerben und in einen betriebsbereiten Zustand zu versetzen..."[37]. Dies erscheint für den Share Deal zunächst unproblematisch, da die Gegenleistung für die erworbenen Vermögensgegenstände abzüglich der Schulden der Kaufpreis ist.

38 Wird jedoch der Kaufpreis nicht in bar, sondern mit anderen Vermögensgegenständen abgegolten, stellt sich der Sachverhalt differenzierter dar. In diesen Fällen ist es unter bestimmten Bedingungen möglich, durch die Anwendung der sog. **„Tauschgrundsätze"** eine Aufdeckung von stillen Reserven zu vermeiden. Können die Tauschgrundsätze angewandt werden, darf der erworbene Vermögensgegenstand mit dem Bilanzansatz des hingegebenen Vermögensgegenstands angesetzt werden[38].

39 Die Tauschgrundsätze beziehen sich auf den Tausch von Anteilen an Kapitalgesellschaften. Voraussetzung für die Anwendung ist die **Nämlichkeit** der getauschten Anteile, die sich im einzelnen durch die Wert-, Art- und Funktionsgleichheit ausdrückt.

40 **bb) Anschaffungsnebenkosten.** Unter Anschaffungsnebenkosten werden alle Aufwendungen verstanden, die neben dem Erwerbspreis notwendig sind, um den Vermögensgegenstand zu erwerben und in Benutzung zu nehmen[39].

---

[35] *Sieben/Sielaff*, Unternehmensakquisition: Berichte des Arbeitskreises „Unternehmensakquisition", 1989, S. 64.
[36] § 266 Abs. 2.III.1 HGB.
[37] § 266 Abs. 2.III.1 HGB.
[38] *A/D/S* § 255 HGB Rn 89.
[39] *Küting/Weber*, Handbuch der Rechnungslegung, § 255 HGB Rn 27.

Der Grundgedanke der Qualifikation von Anschaffungsnebenkosten ist, den Anschaffungsvorgang insgesamt erfolgsneutral zu gestalten. Bei der Überlegung, was als Anschaffungsnebenkosten zu aktivieren ist, geht es daher darum, den Anschaffungsvorgang zeitlich und inhaltlich abzugrenzen. Der **Beginn des Anschaffungsvorgangs** ist der Zeitpunkt, an dem die Entscheidung feststeht, einen Vermögensgegenstand zu erwerben. Dies bedeutet, daß dem Anschaffungsvorgang vorgelagerte Aufwendungen der Entscheidungsfindung (zB Kosten eines Bewertungsgutachtens bei Erwerb von Beteiligungen) nicht in unmittelbarem Zusammenhang mit dem Erwerb stehen und keinen Bestandteil der Anschaffungsnebenkosten bilden[40]. Das **Ende des Anschaffungsvorgangs** ist erreicht, wenn der Vermögensgegenstand in einen betriebsbereiten Zustand gelangt ist[41].

Für die inhaltliche Zuordnung als Anschaffungsnebenkosten ist es erforderlich, daß die Kosten in unmittelbarem Zusammenhang mit dem Erwerb stehen und dem Vermögensgegenstand **einzeln zuzuordnen** sind. Hierzu gehören bei einem Unternehmenskauf in Form eines Share Deal im wesentlichen Notargebühren, Registerkosten, Genehmigungskosten (zB einer Kartellbehörde), u. ä.

cc) **Beteiligungsbewertung/Beteiligungsabschreibung.** Ist die Bilanzierung des Anteilserwerbs abgeschlossen, stellt sich in den folgenden Abschlüssen die Frage, ob dieser Bilanzansatz der Höhe nach weiterhin berechtigt ist. Dies bedeutet, daß zu jedem Jahresabschluß die **Werthaltigkeit** einer Beteiligung geprüft werden muß.

Ergibt sich bei dieser Prüfung der Werthaltigkeit, daß der Ertragswert eines Unternehmens voraussichtlich dauernd (**gemildertes Niederstwertprinzip**[42]) unter den Anschaffungskosten bei dem erwerbenden Unternehmen liegt, ist eine Abschreibung des Beteiligungsbuchwerts bei diesem Unternehmen vorzunehmen. Bei Unternehmen, mit denen ein Ergebnisabführungsvertrag[43] besteht, wird meist von einer Beteiligungsabschreibung abgesehen, da der Effekt aus dem negativen Ergebnis der Gesellschaft schon durch die Verlustübernahme berücksichtigt wurde[44].

d) **Auswirkungen auf das handelsrechtliche Ergebnis.** Ergebnisauswirkungen aufgrund von Einflüssen aus dem erworbenen Unternehmen sind beim Mutterunternehmen bei einem Share Deal nicht unmittelbar gegeben. Dies kann jedoch durch den Abschluß eines **Ergebnisabführungsvertrags** erreicht werden. Dabei ist zu beachten, daß bei der Entstehung dieses Ergebnisses nicht in gleicher Höhe von Abschreibungsmöglichkeiten Gebrauch gemacht werden kann wie dies beim Asset Deal der Fall ist (Abschreibung von den höheren Anschaffungskosten). Bei Existenz eines Ergebnisabführungsvertrags besteht jedoch bei nachhaltiger Ertragslosigkeit des Tochterunternehmens darüber hinaus die Mög-

---

[40] A/D/S § 255 HGB Rn 22.
[41] Zur möglichen Aktivierung von nachträglichen Anschaffungsnebenkosten *Küting/Weber*, Handbuch der Rechnungslegung, § 255 HGB Rn 43.
[42] § 253 Abs. 2 Satz 3 HGB.
[43] Beherrschungs- und Gewinnabführungsvertrag nach § 302 Abs. 1 AktG; dazu § 28 Rn 37 ff., 55 ff.
[44] Siehe hierzu auch Rn 46.

lichkeit, eine Rückstellung für drohende Verluste in Höhe des Barwerts der voraussichtlichen Verlustübernahmen in den folgenden Jahren zu bilden[45].

46 Besteht kein Ergebnisabführungsvertrag, können positive Ergebnisse der Tochtergesellschaft durch eine Ausschüttung im Abschluß der Muttergesellschaft wirken. Negative Effekte können durch eine Beteiligungsabschreibung Berücksichtigung finden; theoretisch lassen sich die gesamten Anschaffungskosten als **Abschreibungspotential** interpretieren.

47 Insgesamt besteht beim Share Deal für den Bilanzierenden ein größerer **Gestaltungsspielraum**, da der Erfolg des erworbenen Unternehmens nicht unmittelbar im Abschluß des erwerbenden Unternehmens wirkt, sondern es von Ermessensspielräumen abhängig ist, ob und wie dieser wirken soll.

II. Verschmelzungen

1. Varianten der Verschmelzung

48 **a) Verschmelzung durch Aufnahme oder durch Neugründung.** Die im Umwandlungsrecht[46] beschriebenen Möglichkeiten der Verschmelzung – durch **Aufnahme** oder durch **Neugründung** – unterscheiden sich letztendlich durch den Zeitpunkt der Existenz eines aufnehmenden Rechtsträgers. In beiden Fällen wird eine Verbindung zwischen zwei Rechtsträgern hergestellt, indem Vermögen und Schulden vom übertragenden auf den übernehmenden Rechtsträger transferiert werden und hierbei der übertragende Rechtsträger ohne Abwicklung erlischt[47]. Bei der Verschmelzung durch Aufnahme ist der aufnehmende Rechtsträger vor dem zivilrechtlichen Vermögensübertrag bereits vorhanden. Bei Neugründung ist dieser Übertrag konstitutiv für die Entstehung des neuen Rechtsträgers. Im Fall einer Neugründung ist zu beachten, daß eine **Eröffnungsbilanz** nach allgemeinen Grundsätzen des Handelsrechts[48] aufzustellen ist. Die folgenden Ausführungen konzentrieren sich auf die Verschmelzung durch Aufnahme, da anhand dieser die rechnungslegungsspezifischen Aspekte weitgehend abgearbeitet werden können.

49 **b) Verschmelzung entsprechend der Verschmelzungsrichtung.** Neben den im UmwG geregelten – grundsätzlichen – Varianten Aufnahme oder Neugründung ist in der Praxis die Richtung der Verschmelzung von Bedeutung. Im Zusammenhang mit Fusionen von Unternehmen ist zunächst die Verschmelzung der Tochtergesellschaft auf die Muttergesellschaft (**„upstream merger"**) voranzustellen. Dieser Verschmelzung geht meist der Erwerb einer Gesellschaft im Wege des Share Deal voraus. Die Variante ist dann besonderes einfach, wenn alle Anteile an der zu verschmelzenden Tochtergesellschaft von der Obergesellschaft gehalten werden. So entfallen zB die idR sehr zeitaufwendigen Verhandlungen über das **Umtauschverhältnis**, die Verschmelzungsprüfung, sowie Anfechtungs-

---

[45] *A/D/S* § 253 HGB Rn 267.
[46] § 2 UmwG.
[47] *Schmitt/Hülsmann* BB 2000, 1565.
[48] § 242 Abs. 1 Satz 2 HGB.

klagen, die eine Eintragung verzögern könnten[49]. Eine **Kapitalerhöhung** zur Verschmelzung scheidet hierbei ebenfalls aus[50]. Auf den umgekehrten Fall der Verschmelzung von der Muttergesellschaft auf die Tochtergesellschaft als übernehmende Rechtsträgerin („**downstream merger**") sowie auf die Verschmelzung von Tochtergesellschaften **miteinander** („**side step merger**") wird am Schluß dieses Abschnitts noch kurz eingegangen[51]. Die weiteren Ausführungen beschreiben die Auswirkungen beim „upstream merger".

2. Beteiligte Rechtsträger („Upstream Merger")

a) Übertragender Rechtsträger. Zu unterscheiden sind der **übertragende Rechtsträger**, der nach dem zivilrechtlichen Vollzug der Verschmelzung untergeht, und der **übernehmende Rechtsträger**, der die Geschäfte des Übertragenden weiterführt. Beide Rechtsträger (synonym hierfür wird in den weiteren Ausführungen auch der Begriff „Gesellschaften" oder „Unternehmen" verwendet[52]) sind iRd. für sie geltenden Vorschriften (für alle Kaufleute, für Kapitalgesellschaften etc.) rechnungslegungspflichtig. Im Fall einer Verschmelzung ist zu prüfen, welche besonderen Vorschriften die beteiligten Parteien zu beachten haben und welche für die Bilanzierung interessanten Frage- und Problemstellungen hieraus entstehen können. Hierbei ist auch verstärkt die zeitliche Dimension zu beachten[53].

Pflichtbestandteil eines Verschmelzungsvertrags[54] ist die Bestimmung des Zeitpunkts, „von dem an die Handlungen der übertragenden Rechtsträger als für Rechnung des übernehmenden Rechtsträgers vorgenommen gelten" (Verschmelzungsstichtag; idR werden zusätzliche Alternativstichtage in den Vertrag aufgenommen, die dann zur Geltung kommen, wenn der ursprüngliche Stichtag, zB wegen Anfechtungsklagen, nicht umsetzbar ist). Dieser **Verschmelzungsstichtag** wiederum ist entscheidend für die Auswirkungen auf die Rechnungslegung insbes. beim übertragenden Rechtsträger, da er auf diesen Stichtag eine Schlußbilanz aufzustellen hat.

Da für Erstellung und Prüfung dieser **Schlußbilanz** die Vorschriften über die „Jahresbilanz" (d. h. der Teil des Jahresabschlusses, der die Vorschriften für die Bilanz regelt) maßgebend sind[55], hat der Übertragende je nach Zeitpunkt der Anmeldung zusätzlich zu seinem Jahresabschluß umfangreich Rechnung zu legen. Hierbei ist der Anmeldungszeitpunkt nicht beliebig steuerbar, da u. a. die Anmeldung einen vorausgehenden **Verschmelzungsbeschluß** der **Hauptversammlung** einer (Publikums-)AG erfordert. Dies wiederum benötigt eine entsprechende Vorlaufzeit der Einladung einschließlich der Erstellung der beizufügenden Unterlagen.

---

[49] § 5 Abs. 2, § 9 Abs. 2 UmwG.
[50] § 54 Abs. 1 UmwG.
[51] Zum „downstream merger" siehe Rn 70 ff.; zum „side step merger" siehe Rn 73.
[52] Siehe Rn 48.
[53] Siehe Rn 67.
[54] § 5 Abs. 1 Nr. 6 UmwG. Zum obligatorischen Inhalt siehe § 17 Rn 117 ff.
[55] § 17 Abs. 2 Satz 2 UmwG.

53 Die Schlußbilanz ist Teil einer der **Anmeldung zur Verschmelzung** beizufügenden Anlage zu den Unterlagen gemäß Umwandlungsgesetz[56]. Der Stichtag, auf den diese Bilanz aufzustellen ist, darf bezogen auf den Anmeldungszeitpunkt (nicht Eintragungszeitpunkt) nicht mehr als acht Monate zurückliegen. Aufgabe der Schlußbilanz ist es, Vermögen und Schulden des Überträgers in einer den Vorschriften für einen Jahresabschluß entsprechenden Form unter Wahrung der Bilanzkontinuität gegenüberzustellen. Die Schlußbilanz bildet also zu einem beliebigen Zeitpunkt, der mit dem Stichtag eines „normalen" Jahresabschlusses zusammenfallen kann aber nicht muß, das Reinvermögen des übertragenden Rechtsträgers nach handelsrechtlichen Rechnungslegungsnormen ab. Einer besonderen Bewertung zum Anlaß der Verschmelzung auf einen anderen Rechtsträger bedarf es nicht und auch nicht einer Konformität mit den Vorschriften zur Schlußbilanz[57], die im Ergebnis die Anwendung der Bewertungsvorschriften eines Jahresabschlusses verlangt (im Steuerrecht besteht ein Wahlrecht[58] zur Aufdeckung stiller Reserven in der Übertragungsbilanz[59]).

54 Trotz des beabsichtigten Untergangs der Rechtspersönlichkeit ist grundsätzlich unter **„going concern"-Gesichtspunkten**[60] zu bilanzieren, es sei denn, daß die Weiterführung einzelner Unternehmens- oder Betriebsteile ausgeschlossen werden soll. Eine solche Vorgehensweise wäre als Ausnahmetatbestand[61] zu sehen. Die **Buchwerte** dienen in Anwendung des Wahlrechts[62] als **Wertmaßstab für die Anschaffungskosten** beim Übernehmer[63]. Hierin kann auch ein originärer Zweck der Erstellung einer Schlußbilanz gesehen werden, da eine solche Verknüpfung zum aufnehmenden Rechtsträger ohne vorherige Abschlußerstellung nicht möglich wäre[64]. Der Übernehmer kann auch in Form einer **Aufstockung** der **stillen Reserven** gewinnerhöhend den **Verkehrswert** ansetzen mit der Folge vermehrter Abschreibungen in den Folgejahren.

55 Obwohl eine Gewinn- und Verlustrechnung explizit nicht zu den Verschmelzungsunterlagen gehört, stellt diese Zeitpunktbetrachtung eine Erfolgsabgrenzung zwischen den Rechtsträgern sicher, da nach diesem Stichtag erzielte Erfolgs- oder Ergebnisgrößen der Gewinn- und Verlustrechnung des Übernehmers zuzurechnen sind, und zwar unabhängig vom Eintragungszeitpunkt. Die (Buch-) Werte der Bilanz (d. h. der Wert des bilanziellen Eigenkapitals) sind insofern dafür maßgebend, welches **Verschmelzungsergebnis** durch die Aufrechnung mit dem Beteiligungsbuchwert bei der Muttergesellschaft („upstream merger") erzielt wird[65].

---

[56] § 17 Abs. 1 UmwG.
[57] § 17 Abs. 2 UmwG.
[58] § 3 Abs. 1 UmwStG.
[59] Siehe auch Rn 12 bis 14.
[60] § 252 Abs. 1 Nr. 2 HGB.
[61] § 252 Abs. 2 HGB.
[62] § 24 UmwG.
[63] Siehe Rn 63 ff.
[64] So auch *Müller* WPg 1996, 858. Er fordert weiterhin eine Art Einbringungsbilanz bei der Übernehmergesellschaft, aus derer sich anhand des Vermögens die Fähigkeit zur Übernahme von Verbindlichkeiten der übertragenden Gesellschaft ableiten ließe.
[65] Siehe Rn 60 ff.

56 Die Bilanzierungsvorschriften der Schlußbilanz sind konsequent aus den Vorschriften der für die Gesellschaft in der Regelberichterstattung anzuwendenden Normen abzuleiten. So sind Forderungen gegen bzw. Verbindlichkeiten gegenüber der übernehmenden Gesellschaft weiterhin zu bilanzieren und zwar dem Grunde und der Höhe nach.

57 Strittig ist die Behandlung von verschmelzungsbedingten Aufwendungen, die am Verschmelzungsstichtag absehbar, aber noch nicht entstanden sind und somit zu einer Rückstellung führen würden. Es stellt sich die Frage, ob solche Aufwendungen zum Stichtag berücksichtigt werden können, wenn zu diesem Zeitpunkt noch kein Verschmelzungsbeschluß gefaßt worden ist. Das gleiche gilt, wenn der Verschmelzungsbeschluß zwar nach dem Stichtag, aber vor Aufstellung der Bilanz gefaßt wurde. Die gleiche Problematik stellt sich für die Frage nach dem Eintragungszeitpunkt. Bezüglich der Thematik, ob ein **wertbegründendes oder wertaufhellendes Ereignis** durch die Eintragung zu berücksichtigen ist, wird die Auffassung vertreten, daß die Eintragung auch nach dem Bilanzstichtag die Verhältnisse am Stichtag – nämlich die Sicherheit des Vollzugs der Verschmelzung – klärt. Die zivilrechtliche Wirkung der Löschung der Rechtsfähigkeit erst zum Eintragungszeitpunkt ändert hieran nichts[66].

58 Ein weiteres Abgrenzungsthema ist ferner in der Zuordnung von Aufwendungen der beteiligten Rechtsträger gegeben. Ist zB eine durch die Verschmelzung entstehende Grunderwerbsteuerschuld beim Übernehmer oder beim Überträger zu erfassen (den Fall vorausgesetzt, daß ein Erwerbstatbestand[67] überhaupt geschaffen wurde). Weiter ist zu prüfen, wie mit der Grunderwerbsteuer bilanziell zu verfahren ist, d. h. ob diese aktivierungspflichtige Anschaffungsnebenkosten oder Aufwand der Periode darstellt.

59 Da gemäß Umwandlungsrecht[68] nicht nach Vorschriften eines Jahres**abschlusses**, sondern einer Jahres**bilanz** Rechnung zu legen ist, kann ein Zwang zur Erstellung eines **Anhangs** aus dieser Vorschrift nicht abgeleitet werden. Zweckmäßigerweise wird der Bilanzierende allerdings die Schlußbilanz bzw. deren wesentliche Positionen in Form einer „**Anlage zur Schlußbilanz**" näher beschreiben, da sich die Bilanz ohne Erläuterungen für den Registerrichter als wenig aussagekräftig darstellt. Würde auf zusätzliche Erläuterungen verzichtet, müßten alle erforderlichen Angaben aus der Bilanz selbst ersichtlich sein. In einem „Quasi-Anhang" bzw. einer „Anlage zur Schlußbilanz" sollten die Bilanzierungs- und Bewertungsmethoden beschrieben und die wichtigsten Positionen erläutert werden. Der Abschluß enthält keinen Gewinnverwendungsvorschlag der Verwaltung, da die Gewinnverwendung nicht Gegenstand dieser besonderen Rechnungslegung ist.

60 **b) Übernehmender Rechtsträger. aa) Bilanzierung der Übertragung/ Verschmelzungsergebnis.** Vor der Vermögensübertragung durch Verschmelzung hat die aufnehmende Gesellschaft die Anteile an der übertragenden Gesell-

---

[66] Siehe Rn 68.
[67] § 2 GrEStG.
[68] § 17 Abs. 2 UmwG.

schaft mit ihren Anschaffungskosten, ggf. vermindert um eine außerplanmäßige Abschreibung bilanziert. Durch die Übertragung wird der Buchwert dieser Anteile mit den Buchwerten der Vermögensgegenstände und Schulden (= Eigenkapital der Schlußbilanz der Überträger-Gesellschaft) verrechnet. Ist der Buchwert der Anteile niedriger als das übertragene Eigenkapital, entsteht ein **Verschmelzungsgewinn**, ist er höher, entsteht ein **Verschmelzungsverlust**.

61 Nachstehend wird die Entstehung eines Verschmelzungsergebnisses dargestellt:
Erläuterungen:
AV = Anlagevermögen
BET = Beteiligung
EK = Eigenkapital
UV = Umlaufvermögen
Verb. = Verbindlichkeiten
VG = Verschmelzungsgewinn
VV = Verschmelzungsverlust

Verschmelzung von B auf A

A

BET an B	400	EK	300
UV	200	Verb.	300
	600		600

Fall 1:

B1

AV	700	**EK**	300
UV	300	Verb.	700
	1.000		1.000

AB1

AV	700	EK	300
UV	500	**VV**	**−100**
		Verb.	1.000
	1.200		1.200

Fall 2:

B2

AV	700	**EK**	600
UV	300	Verb.	400
	1.000		1.000

AB2

AV	700	EK	300
UV	500	**VG**	**200**
		Verb.	700
	1.200		1.200

62 Das **Verschmelzungsergebnis** ist in der Gewinn- und Verlustrechnung des übernehmenden Rechtsträgers zu erfassen und als **außerordentliches Ergebnis** auszuweisen[69]. Wird im Zuge der Verschmelzung eine Kapitalerhöhung vorge-

---

[69] Dörner in WP-Handbuch 1998, S. 275 Rn 73; ausführlich zum Ausweis des Verschmelzungsgewinns *Schmitt/Hülsmann* BB 2000, 1563 ff.

nommen, im Mutter-Tochter-Verhältnis zB wegen außenstehender Aktionäre des übertragenden Unternehmens, ist der anteilige Verschmelzungsgewinn in der **Kapitalrücklage**[70] auszuweisen. Ein Verschmelzungsverlust kann vermieden werden, wenn durch Verzicht des Wahlrechts[71] die aufnehmende Gesellschaft das übertragene Vermögen nicht mit den Buchwerten als Anschaffungskosten, sondern auf Basis der von der übernehmenden Gesellschaft aufgewendeten Gegenleistung ansetzt. Die Frage, ob hierbei der Zeitwert oder der Buchwert der untergehenden Beteiligung zu sehen ist, ist in der Literatur umstritten[72]. Aufgrund der teleologischen Auslegung einer Aufstockungsmöglichkeit zur Vermeidung eines Verschmelzungsverlusts kann davon ausgegangen werden, daß hier der Buchwert der Beteiligung herangezogen werden muß, da bei Aufstockung bis zum Buchwert das Verschmelzungsergebnis gerade Null wird.

bb) Künftige Bilanzierung beim Übernehmer. Der Übernehmer kann die Buchwerte der übertragenden Gesellschaft als Anschaffungskosten fortführen[73]. Die Anschaffungskostenfiktion bewirkt, daß aus dem **Anschaffungskostenprinzip** alle Folgerungen zu ziehen sind[74]. Wurden zB bei der übertragenden Gesellschaft außerplanmäßige Abschreibungen vorgenommen, deren Grund zu einem späteren Zeitpunkt nach der Verschmelzung wieder weggefallen ist, kann **keine Wertaufholung**[75] vorgenommen werden, da durch die Fiktion als Anschaffungskosten eine „Deckelung" als Wertobergrenze erfolgt.

Die ab dem Verschmelzungsstichtag beim Übernehmer bilanzierten Vermögensgegenstände und Schulden werden nach dessen Bilanzierungs- und Bewertungsmethoden fortgeführt. IdR werden sich diese Methoden durch das Beteiligungsverhältnis mit der übertragenden Gesellschaft und damit meist im Konzernverbund stehenden Tochter nicht wesentlich unterscheiden. Auch die Bilanzierung dem Grunde nach dürfte zunächst nicht zu ändern sein, da das Geschäft des übertragenden Rechtsträgers beim übernehmenden Rechtsträger fortgeführt wird, es sei denn, einzelne Betriebsteile sollen nach der Verschmelzung nicht mehr weitergeführt werden.

Die bilanzielle Darstellung im **Anlagenspiegel** erfolgt zweckmäßigerweise durch eine separate Spalte „Zugang aus Verschmelzung" sowohl bei den Anschaffungskosten als auch bei den Abschreibungen. In den anderen Positionen des Jahresabschlusses und damit des Anhangs bietet sich zur besseren Vergleichbarkeit eine **3-Spalten-Darstellung** an: Wurde zum Stichtag 31. 12. 2000/1. 1. 2001 eine Verschmelzung vorgenommen, die eine Vermögensposition um 30 erhöht hat, könnte eine Darstellung für den Abschluß zum 31. 12. 2001 wie folgt aussehen:

---

[70] § 272 Abs. 2 Nr. 1 HGB.
[71] § 24 UmwG.
[72] *Dreissig* DB 1997, 1301 mit weiteren Quellverweisen; *Knop/Küting* BB 1995, 1023.
[73] § 24 UmwG.
[74] Zur Problematik der Anschaffungskosten bei Umwandlungen/Verschmelzungen ausführlich *Knop/Küting* BB 1995, 1023 ff.; *Mujkanovic,* Zur Bewertung bei Verschmelzung am Beispiel von AG und GmbH, BB 1995, 1735 ff.
[75] § 280 HGB.

31.12.2001	1.1.2001 vergleichbar	31.12.2000
60	50	20

66 Der Bilanzleser erkennt hieraus, daß die Vermögensposition im Geschäftsjahr der neuen Gesellschaft um 10 zugenommen hat, und 30 aus dem Verschmelzungsvorgang resultieren. Ohne die mittlere Spalte könnte ein echter Zugang von 40 vermutet werden.

67 **c) Zeitliche Abgrenzung.** Im Verschmelzungsvertrag ist geregelt, ab welchem Zeitpunkt die Handlungen der übertragenen Gesellschaft als für Rechnung des Übernehmers gelten. Dieser Verschmelzungsstichtag regelt auch das Ende und den Beginn von **Bilanzierungsperioden** zwischen den beiden Rechtsträgern. Haben beide beteiligte Gesellschaften das Kalenderjahr als Geschäftsjahr und wird als Verschmelzungsstichtag der 1. Juli des Geschäftsjahrs gewählt, stellt das übertragende Unternehmen auf diesen Zeitpunkt (genauer: eine logische Sekunde vorher, zum 30.6., 24.00 Uhr) seine Schlußbilanz auf. Dies hat zur Folge, daß bis zum Stichtag erzielte Erfolgsbeiträge bei dem übertragenden, danach bei dem übernehmenden Unternehmen bilanziert werden.

68 Die Rechnungslegungspflicht der Gesellschaft bzw. ihrer Organe endet mit **Erlöschen der Rechtsfähigkeit** der übertragenden Gesellschaft, d.h. mit der Eintragung der Verschmelzung im Handelsregister. Die Eintragung kann aufgrund von Widersprüchen von Aktionären der übertragenden Gesellschaft in Form von **Anfechtungsklagen** verzögert werden[76]. Durch das Unbedenklichkeitsverfahren[77] läßt sich diese Konstellation allenfalls etwas abmildern, jedoch nicht beseitigen, da auch die in diesem Verfahren zu klärenden Fragen der Unzulässigkeit und Unbegründetheit erst einmal beantwortet sein müssen, bevor eingetragen wird[78]. Kann die Eintragung nicht bis zum Abschlußstichtag erfolgen, hat die übertragende Gesellschaft einen ihrer Rechtsform und Größe entsprechenden Jahresabschluß zu erstellen. Dieser kann entfallen, wenn bis zur Abschlußerstellung die Eintragung erfolgt ist und damit die Löschung der Rechtsfähigkeit als sicher angesehen werden kann. In diesem Fall wird nur der Abschluß bei der übernehmenden Gesellschaft, welche die Vermögensgegenstände und Schulden der übertragenden Gesellschaft in ihren Büchern übernommen hat, zu erstellen sein[79].

69 Die nachstehende Graphik zeigt die Abschlußsituation der beteiligten Gesellschaften bei unterschiedlichen Eintragungszeitpunkten.

---

[76] Siehe § 17 Rn 105.
[77] § 16 Abs. 3 UmwG. Siehe § 34 Rn 70ff.
[78] *Müller* WPg 1996, 859.
[79] Zur Thematik ausführlich *Tischer* WPg 1996, 745ff.

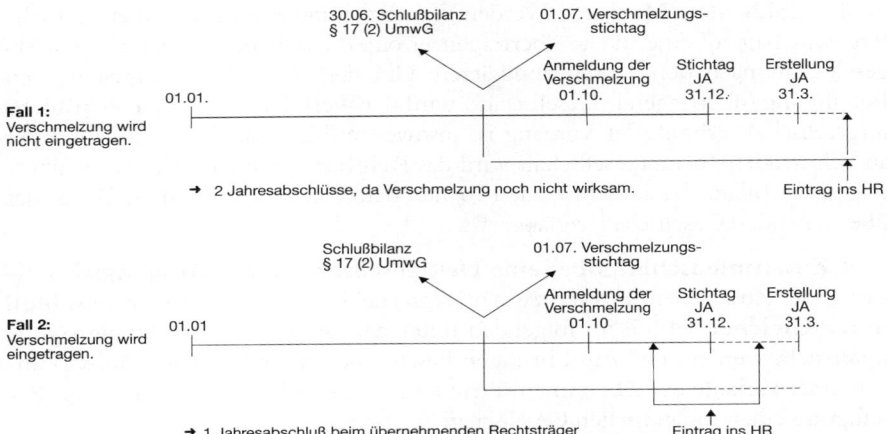

Fall 1: Die Verschmelzung wird weder im abgeschlossenen Geschäftsjahr noch vor der Erstellung des Abschlusses der übernehmenden Gesellschaft eingetragen. Es sind zwei getrennte Jahresabschlüsse durch die Organe der Gesellschaften zu erstellen.

Fall 2: Die Verschmelzung wird noch vor Abschlußerstellung eingetragen. Die Verschmelzung ist damit wirksam, die Rechtsfähigkeit des Übertragenden dinglich erloschen. Die übernehmende Gesellschaft bilanziert die Vermögensgegenstände und Schulden der übertragenden Gesellschaft in ihrem Abschluß, die Gewinn- und Verlustrechnung spiegelt auch die Erfolgsbeiträge des übertragenden Rechtsträgers im zweiten Halbjahr wider.

d) Weitere Verschmelzungsvarianten. aa) „Downstream Merger". In dieser Variante wird die Muttergesellschaft auf ihre **Tochtergesellschaft als übernehmende Gesellschaft** übertragen. Dies bedeutet wirtschaftlich, daß die Anteile, welche die Muttergesellschaft an der Tochter hält, von dieser an die Gesellschafter übertragen werden. Die Anschaffungskosten des übertragenen Vermögens (Reinvermögen) orientieren sich am Wert der untergegangenen Anteile an der Mutter, ohne den darin enthaltenen Wert an der Tochter (da diese ja weiterhin besteht und nicht aufgerechnet werden kann).

Ein **Motiv** für die Verschmelzung von der Mutter auf die Tochter wird idR steuerlicher Natur sein. So könnten steuerliche Verlustvorträge bei Übertragung der Tochter auf die Mutter verlorengehen[80]. Verfügt die Tochtergesellschaft über umfangreichen Grundbesitz, die Mutter jedoch nicht, kann im Wege des „downstream merger" eine sonst fällige Grunderwerbsteuer vermieden werden[81].

Für die weiteren Rechnungslegungsvorschriften gelten die vorstehend zum „upstream merger" beschriebenen Maßgaben[82].

---

[80] § 12 Abs. 3 Satz 2 UmwStG.
[81] § 1 Abs. 3 GrEStG.
[82] *Dreissig* DB 1997, 1301 ff.

73 **bb) „Side step Merger".** Werden Vermögen und Schulden von einer Tochtergesellschaft auf eine andere übertragen, erfolgt die Behandlung bei der Muttergesellschaft nach den Tauschgrundsätzen: Um den Wert der untergegangenen Beteiligung (übertragende Gesellschaft) wird der Wert der übernehmenden Tochtergesellschaft erhöht, der Vorgang ist insoweit erfolgsneutral. Im Abschluß der aufnehmenden Tochtergesellschaft wird das Reinvermögen zum Buchwert übertragen, die Bilanz der aufnehmenden Tochter damit letztendlich um die Bilanz der übertragenden Gesellschaft verlängert[83].

74 **e) Zusammenschluß über eine Drittgesellschaft. aa) Ausgangssituation.** Eine Zusammenführung zweier Unternehmen als **„Zusammenschluß unter Gleichen"**[84] soll im folgenden unter dem Aspekt der Rechnungslegung untersucht werden. Die Ausführungen beschreiben die bilanziellen Auswirkungen einer Variante der Zusammenführung über eine dritte Gesellschaft unter Beteiligung einer ausländischen Gesellschaft.

75 Eine inländische AG und eine amerikanische Corporation sollen mit dem Ziel einer engstmöglichen gesellschaftsrechtlichen Verflechtung zusammengeführt werden. Zu diesem Zweck wird von einer dritten Person zunächst eine neue AG mit einer geringen Grundkapitaleinlage gegründet (im folgenden: NEWCO). Diese dritte Partei steht nicht über Kapitalanteile oder Gesellschaftsverträge mit den beiden Fusionsparteien in Verbindung, da sie als neutrale Ausgangsplattform für die zukünftige gesellschaftsrechtliche Zusammenführung der Fusionsparteien dienen soll. IdR wird eine in die „merger"-Verhandlungen eingebundene Investmentbank diese dritte Person darstellen. Nach Abschluß der Unternehmensbewertungen und damit des feststehenden **Umtauschverhältnisses** wird den Aktionären der beteiligten Gesellschaften ein **Umtauschangebot** gemacht, ihre Aktien in Aktien der neuen Gesellschaft zu tauschen. Mit dem Umtausch wird ein sog. Exchange Agent – eine Bank – beauftragt. Auf der US-Seite wird dieser Umtausch im Wege eines sog. „triangular merger" durchgeführt. Es folgen zwei **Sachkapitalerhöhungen** bei der NEWCO, nach deren Abschluß die NEWCO die Beteiligungen an der AG und der Corporation hält. Danach wird die inländische AG auf die NEWCO verschmolzen, die Corporation verbleibt als Beteiligung an der NEWCO, da eine grenzüberschreitende Verschmelzung nach derzeitigem Recht nicht möglich ist[85]. Diese Konstellation wird in nachstehender Übersicht dargestellt.

76 In der Startstruktur stehen sich eine inländische AG und eine US-amerikanische Corporation mit weitgehend unterschiedlichem Gesellschafterkreis gegenüber. Nach Vollendung des ersten Schritts, d. h. Aktientausch und zwei Sachkapitalerhöhungen, stellt die durch die dritte Person gegründete NEWCO im Ergebnis eine Holding dar, welche zwei Beteiligungen hält. Gesellschafter der AG und der Corporation sind nun Gesellschafter der NEWCO. Im zweiten Schritt wird die AG auf NEWCO durch Aufnahme verschmolzen, die AG geht unter.

---

[83] *Fischer,* Verschmelzung von GmbH in der Handels- und Steuerbilanz, DB 1995, 485, 490.
[84] Siehe § 1 Rn 32.
[85] *Hans-Georg Bruns* DBW 1999, 831 ff.

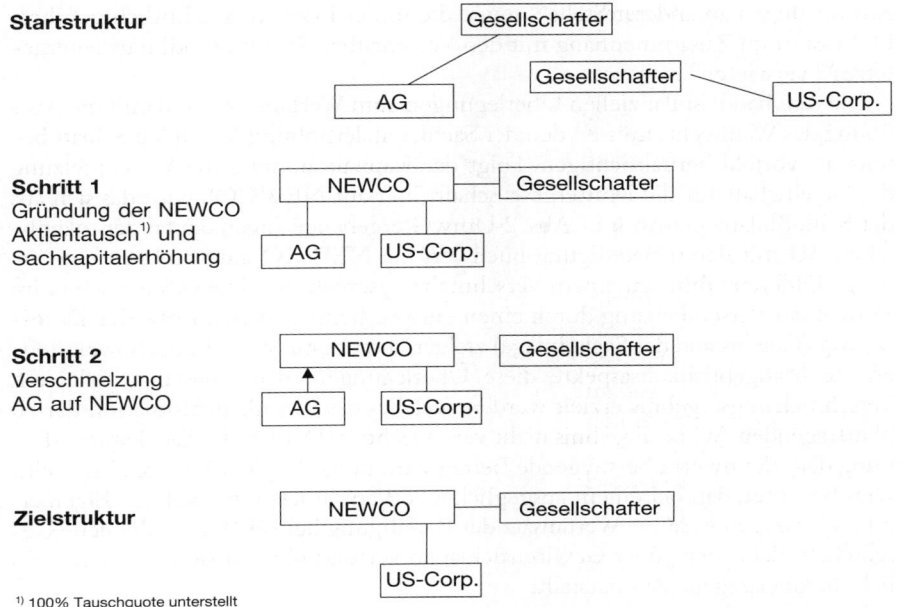

¹⁾ 100% Tauschquote unterstellt

Die US-Corporation verbleibt weiter als Beteiligung der NEWCO, da eine grenzüberschreitende Verschmelzung von Unternehmen nach inländischem Recht nicht möglich ist.

bb) Übertragung inländische AG. Die als Folge des Aktientauschs im Wege einer Sachkapitalerhöhung eingebrachten Aktien der inländischen AG sind bei der NEWCO zu bewerten. Entsprechende Bewertungsvorschriften gibt es im UmwG nicht, so daß auf die allgemeinen **Bewertungsvorschriften für Sacheinlagen** zurückzugreifen ist, die allerdings in der einschlägigen Literatur[86] nicht immer einheitlich kommentiert werden. Im Ergebnis ist zunächst festzuhalten, daß die Sacheinlage mit dem **Zeitwert** des Gegenstands der Sacheinlage angesetzt werden kann, bei börsennotierten Gesellschaftsanteilen also regelmäßig mit dem **Kurswert** der Anteile[87]. Ein Ansatz unter diesem Zeitwert ist ebenfalls möglich, wobei als Untergrenze der **Nennwert** der gewährten Anteile angesehen werden muß. Diese Untergrenze wird aus dem Verbot der Unter-pari-Emission abgeleitet[88]. Handelsbilanziell verbleibt im Ergebnis somit ein **Wahlrecht** zwischen Nominalbetrag und Zeitwert der Anteile. Hinsichtlich der Auswirkung in der Steuerbilanz durch die Ausübung des Wahlrechts in der Handelsbilanz wird auf die

---

[86] *A/D/S* § 255 HGB Rn 91 bis 94 mit zahlreichen weiteren Quellenverweisen; *Ellrott/Schmidt-Wendt* in BeckBilKomm. § 255 HGB Rn 246 bis 273; *Küting/Weber*, Handbuch der Rechnungslegung, § 255 HGB Rn 81 bis 89; WP-Hdb. 1996 Bd. I E Rn 80.
[87] *A/D/S* § 255 HGB Rn 94.
[88] § 9 Abs. 1 AktG.

§ 32 78–80 Unternehmensübernahmen in der Rechnungslegung

Ausführungen an anderer Stelle[89] sowie die in der Literatur ausführlich geführte Diskussion im Zusammenhang mit den Vorschriften des Umwandlungssteuergesetzes[90] verwiesen[91].

78 Die rein handelsbilanziellen Überlegungen zum Wertansatz und damit die Ausübung des Wahlrechts müssen den der Sachkapitalerhöhung folgenden Schritt bereits im Vorfeld berücksichtigen. Folgt der Kapitalerhöhung die Verschmelzung der Gesellschaft auf die Muttergesellschaft (hier auf NEWCO), wird das sich aus der Schlußbilanz gemäß § 17 Abs. 2 UmwG ergebende Eigenkapital der inländischen AG mit deren Beteiligungsbuchwert bei NEWCO aufgerechnet, eine etwaige Differenz führt zu einem Verschmelzungsergebnis[92]. Dieses kann schon im Vorfeld der Verschmelzung durch einen entsprechenden **Wertansatz der Beteiligung** (Gegenstand der Sacheinlage) zielgerichtet bestimmt werden. Soweit steuerliche Maßgeblichkeitsaspekte diese Überlegungen nicht einengen, sollte ein Verschmelzungsergebnis erzielt werden, welches die Eigenkapitalsituation der zu übertragenden AG im Ergebnis nicht verschlechtert: Der bei der Sachkapitalerhöhung den Nennwert übersteigende Betrag wird in die Kapitalrücklage eingestellt. Dies bedeutet, daß bei einem ausgeglichenen Verschmelzungsergebnis (Eigenkapital übertragende AG = Wertansatz der Beteiligung bei NEWCO) die neue Gesellschaft nicht mehr über Gewinnrücklagen verfügt, obwohl sie c. p. wirtschaftlich die übertragene AG darstellt.

79 Dies könnte negative Auswirkungen u. a. auf die **Ausschüttungspolitik** der Gesellschaft haben. Soll also der Status der Gewinnrücklagen vor und nach Verschmelzung gleich sein, ist der Wertansatz der Beteiligung in der aufnehmenden NEWCO so zu wählen, daß durch die Aufrechnung ein Verschmelzungsgewinn erzielt wird, der in dieser Höhe c. p. wieder in die Gewinnrücklagen eingestellt werden kann. Der Buchwert der Beteiligung darf in diesem Fall also die Differenz aus Eigenkapital abzüglich Gewinnrücklagen und Schlußbilanzergebnis nicht überschreiten.

80 cc) **Übertragung ausländische Corporation.** Für die Bewertung der Sacheinlage gelten die o. g. handelsrechtlichen Überlegungen entsprechend. Da eine anschließende Verschmelzung nach deutschem Recht ausscheidet, ist die Bestimmung des Wertansatzes nicht durch die Vermögensübertragung beeinflußt, sondern grundsätzlich iRd. o. g. Grenzen zwischen Nominal- und Zeitwert bestimmbar. Ein Ansatz des Zeitwerts und damit der Obergrenze kann dazu führen, daß in den folgenden Jahresabschlüssen ggf. eine **außerplanmäßige Abschreibung** auf die Beteiligung notwendig wird, wenn zB die wirtschaftliche Lage der Gesellschaft als dauerhaft kritisch anzusehen ist. Mit Einführung des steuerlichen Wertaufholungsgebots[93] kann die handelsrechtliche Möglichkeit, den niedrigeren Wertansatz beizubehalten wenn die Gründe entfallen sind[94], in der Zukunft nicht

---

[89] Siehe Rn 12 ff.
[90] § 20 UmwStG.
[91] Siehe auch Umwandlungssteuererlaß 1998.
[92] Siehe Rn 60.
[93] § 6 Abs. 1 Satz 4 EStG.
[94] § 280 Abs. 2 HGB.

mehr genutzt werden. Dies kann zum Teil zu **Wertschwankungen** in den Jahresabschlüssen der Gesellschaft führen. Ein vorsichtiger Wertansatz bei der Sacheinlage vermindert diesen latenten Abschreibungsdruck und beugt somit diesen Wertschwankungen vor.

Bei einem Zusammenschluß unter Gleichen könnte der Wertansatz der ausländischen Beteiligung im Verhältnis des Ansatzes der inländischen AG so gewählt werden, wie es dem Umtauschverhältnis zu einander entspricht. Ist die Verteilung der ehemaligen Aktionäre in der neuen Gesellschaft zB 60:40, werden die beiden Beteiligungen (vor Verschmelzung) ebenfalls in dieser Relation aktiviert. Das handelsbilanzielle Wahlrecht[95] erlaubt diesen Bewertungsspielraum. Im Konzernabschluß ist dieser Wertansatz nicht relevant, da der Beteiligungsbuchwert zu eliminieren ist. Diese Methode ist jedoch ausschließlich optischer Natur zur Darstellung eines Zusammenschlusses unter Gleichen im Einzelabschluß, dessen bilanzielle Abbildung sich im Konzernabschluß durch Anwendung der **Pooling of Interests-Methode** wiederfindet. Bilanzielle Vorteile für weitergehende Gestaltungsüberlegungen impliziert sie nicht.

dd) Bilanzielle Aspekte bei der NEWCO. Die der Sachkapitalerhöhung folgende Verschmelzung der inländischen AG auf die Zielgesellschaft beendet den Fusionsprozeß im engeren Sinne aus bilanzieller Sicht. Bis zur Eintragung der Verschmelzung sind die genannten Aspekte zur zeitlichen Abgrenzung[96] zu beachten. Bei nicht rechtzeitiger Eintragung vor Abschlußerstellung könnte dies dazu führen, daß die NEWCO einen Holdingabschluß erstellen müßte. Ggf. ist auch ein Abhängigkeitsbericht[97] zu erstellen, wenn entsprechende Beherrschungsverträge nicht bestehen.

C. Behandlung von Unternehmenszusammenschlüssen im Konzernabschluß

I. Grundsätzliche Bemerkungen zum Konzernabschluß

1. Funktion des Konzernabschlusses

Im Gegensatz zum Jahresabschluß mit seiner Gewinnermittlungs- und Steuerbemessungsfunktion steht beim Konzernabschluß die **Informationsfunktion** im Mittelpunkt des Interesses: In Deutschland ist der Konzernabschluß rechtlich weder Basis für die Ausschüttungsbemessung noch Ansatz für Steuerzahlungen. Aufgabe des Konzernabschlusses ist vielmehr die Darstellung entscheidungsrelevanter Informationen. Leitmotiv des Konzernabschlusses ist die **Darstellung des Unternehmens als wirtschaftliche Einheit** unabhängig von der juristischen Vielheit der im Unternehmensverbund enthaltenen einzelnen Gesellschaften. Aus diesem Grund besagt der Einheitsgrundsatz, daß im Konzernabschluß „die Ver-

---

[95] Siehe Rn 77.
[96] Siehe Rn 67.
[97] § 312 AktG.

mögens-, Finanz- und Ertragslage der einbezogenen Unternehmen so darzustellen [ist], als ob diese Unternehmen insgesamt ein einziges Unternehmen wären"[98]. Die einzelnen Gesellschaften werden daher quasi als unselbständige Betriebsstätten bzw. Werksteile des Unternehmens betrachtet, zwischen denen bspw. keine Forderungen oder Verbindlichkeiten bestehen können. Solche konzerninternen Beziehungen gilt es daher bei der Erstellung eines Konzernabschlusses auszublenden, d. h. zu konsolidieren bzw. zu eliminieren.

84 Ursächlich für die **zu korrigierenden Doppelzählungen** ist u. a. die Art der Erstellung des Konzernabschlusses. Einer der ersten Schritte (nach einer ggf. durchzuführenden einheitlichen Bewertung[99]) ist die Erstellung eines sog. Summenabschlusses. Dabei werden zunächst alle Jahresabschlußpositionen der in den Konzernabschluß einzubeziehenden Unternehmen aufaddiert. Der Summenabschluß enthält somit zB sowohl die Forderung eines Tochterunternehmens A gegen ein anderes Tochterunternehmen B als auch die bei B bilanzierte Verbindlichkeit gegenüber A. Vor dem Hintergrund des Einheitsgrundsatzes kann eine solche Beziehung nicht bestehen. Es gilt hier ausschließlich die Beziehungen des Konzerns als Ganzem zu fremden Dritten abzubilden. Daher handelt es sich um einen Sachverhalt, bei dem iRd. Schuldenkonsolidierung Forderung und Verbindlichkeit gegeneinander aufzurechnen sind. Der Konzernabschluß enthält diese internen Beziehungen nicht mehr. Analog sind auch interne Erträge und Aufwendungen und im Konzernverbund realisierte Gewinne bzw. Verluste zu behandeln.

2. Kapitalkonsolidierung

85 Im Zusammenhang mit Unternehmenszusammenschlüssen steht die **Kapitalkonsolidierung** im Vordergrund. Auch hier tritt zunächst in der Summenbilanz eine Doppelzählung auf. Es ist nämlich sowohl die in der Bilanz des Mutterunternehmens enthaltene Beteiligung am Tochterunternehmen als auch das in der Bilanz des Tochterunternehmens enthaltene Eigenkapital eingeflossen. Die Beteiligung repräsentiert allerdings nichts anderes als die Anschaffungskosten für den Anteil am Eigenkapital des Tochterunternehmens. Insofern liegt hier ebenfalls ein spiegelbildlicher Sachverhalt vor, der im Konzernabschluß zu korrigieren ist. Dabei ist zu beachten, daß der Beteiligungsbuchwert idR vom anteiligen Eigenkapital abweicht. Die Analyse und Behandlung dieser Differenz stellt einen wesentlichen Bereich der Kapitalkonsolidierung dar.

86 Die Kapitalkonsolidierung ist allerdings nicht nur unter konsolidierungstechnischen Aspekten zu betrachten. In der Kapitalkonsolidierung schlägt sich vielmehr zentral die hinter der Konzernrechnungslegung stehende Philosophie und Betrachtungsweise nieder. Beispielhaft sei hier auf die Frage hingewiesen, ob Anteile außenstehender Gesellschafter am Eigenkapital und Ergebnis wie nach deutschem Handelsrecht innerhalb des Konzerneigenkapitals oder wie im angelsächsischen Raum außerhalb des Konzerneigenkapitals darzustellen sind. Dahinter steht die Fragestellung, ob die Darstellung lediglich aus Sicht der Anteilseigner des Mut-

---

[98] § 297 Abs. 3 Satz 1 HGB.
[99] § 308 HGB.

terunternehmens (sog. **Interessentheorie**) oder aus Sicht aller an Konzernunternehmen beteiligten Anteilseigner (sog. **Einheitstheorie**) erfolgen soll[100].

Auch die **Umstände des Zusammenschlusses** von Unternehmen haben einen zentralen Einfluß auf die Art der Darstellung im Konzernabschluß. Von eminenter Bedeutung ist dabei die Unterscheidung, ob ein anderes Unternehmen erworben wird und die bisherigen Anteilseigner ausscheiden, oder ob zwei Unternehmen bzw. deren Anteilseigner ihre Aktivitäten künftig gemeinsam verfolgen wollen. Letzteres stellt quasi die Vereinigung zuvor getrennter Aktionärskreise – idealtypisch ohne Ausscheiden von Anteilseignern – unter einem neuen gemeinsamen Dach dar. Vor diesem Hintergrund werden im folgenden zunächst die Erwerbsmethoden und im Anschluß die Verschmelzungsmethoden dargestellt. Dabei wird die Darstellung auf die bei Unternehmenszusammenschlüssen ganz überwiegend anzuwendenden Formen der **Vollkonsolidierung** eingegrenzt.

II. Erwerbsmethoden

1. Vorüberlegungen

Der **Erwerbsmethode** („purchase method") liegt die Prämisse zugrunde, daß bei einem Unternehmenserwerb aus Sicht des Konzernabschlusses nicht ein Anteil am Eigenkapital eines Unternehmens, sondern vielmehr die Vermögensgegenstände und Schulden einzeln angeschafft werden[101]. Dies wirft die Frage auf, wie die (entgeltlich) erworbenen Vermögensgegenstände und Schulden zu bewerten sind. Darüber hinaus können im Erwerbspreis bspw. vom erworbenen Unternehmen vor Konzernzugehörigkeit selbst erstellte immaterielle Vermögensgegenstände abgegolten sein, die aus Konzernsicht und unter der Annahme des Einzelerwerbs als entgeltlich erworben anzusetzen sind.

Allen im folgenden darzustellenden Erwerbsmethoden gemeinsam ist das grundsätzliche Erfordernis, **stille Reserven und Lasten sowie ggf. einen Geschäfts- oder Firmenwert bzw. „goodwill"** iRd. erstmaligen Einbeziehung in den Konzernabschluß (Erstkonsolidierungszeitpunkt) **aufzudecken**. Im Wesentlichen unterscheiden sich die Methoden lediglich im Umfang und in der Zuordnung der aufzudeckenden stillen Reserven und Lasten.

Für nach § 290 HGB zur Aufstellung eines Konzernabschlusses verpflichtete Unternehmen ist für nach dem 31.12.2000 beginnende Geschäftsjahre der **Deutsche Rechnungslegungsstandard Nr. 4** (DRS 4) maßgebend. Der für die Erwerbsmethoden relevante DRS 4 engt die zuvor in den §§ 290 ff. HGB enthaltenen mannigfaltigen Wahlrechte im Sinne einer stärkeren Annäherung der handelsrechtlichen Vorschriften an internationale Grundsätze ein. Beispielsweise ist nun der Erstkonsolidierungszeitpunkt eindeutig auf den Erwerbszeitpunkt festgelegt[102]. Eine vereinfachte erstmalige Berücksichtigung zum Zeitpunkt der

---

[100] Vgl. hierzu zB *Pellens*, Internationale Rechnungslegung, 2. Aufl. 1998, S. 253 f.
[101] Annahme des Einzelerwerbs, vgl. *Baetge* Konzernbilanzen S. 198; *Küting/Weber*, Der Konzernabschluß, S. 166 f.
[102] DRS 4 Rn 9.

erstmaligen Einbeziehung in den Konzernabschluß, also dem auf den Erwerb folgenden Konzernabschlußstichtag, ist analog der Regelungen der International Accounting Standards (IAS) und der amerikanischen Rechnungslegungsvorschriften (US-GAAP) nicht mehr möglich.

2. Buchwertmethode

91 a) **Einordnung.** Bei der sog. **Buchwertmethode** handelt es sich um eine Technik der Kapitalkonsolidierung, die in Deutschland in der Vergangenheit weite Anwendung fand. Die neben der sog. Neubewertungsmethode alternativ zulässige Technik ist in § 301 Abs. 1 Nr. 1 HGB geregelt. Mit Einführung des DRS 4 ist diese Vorgehensweise jedoch für nach dem 31. 12. 2000 beginnende Geschäftsjahre nicht mehr zulässig.

92 b) **Erstkonsolidierung. aa) Erstkonsolidierung ohne Minderheitsgesellschafter.** Folgendes **Beispiel** soll die Vorgehensweise bei der Buchwertmethode veranschaulichen[103] (die jeweiligen Buchungssätze sind durch hochgestellte Zahlen gekennzeichnet):

Zeitpunkt t=0	Mutterunternehmen M	Tochterunternehmen T		Summenbilanz	Konsolidierungsspalte		Konzernbilanz K
	Bilanz	Bilanz	Zeitwert		Soll	Haben	
Aktiva „Goodwill"					44[2]		44
Sonstiges Anlagevermögen	400	300	340	700	40[2]		740
Beteiligung	500			500		500[1]	
Umlaufvermögen	300	500	520	800	20[2]		820
Unterschiedsbetrag					100[1]	100[2]	
Summe Aktiva	1.200	800		2.000			1.604
Passiva Eigenkapital	400	400		800	400[1]		400
Sonstige Passiva	800	400	404	1.200		4[2]	1.204
Summe Passiva	1.200	800		2.000			1.604

---

[103] In Anlehnung an *Baetge* Konzernbilanzen S. 208 ff.

Das Mutterunternehmen M habe zum Zeitpunkt t=0 **100% der Anteile** am 93
Tochterunternehmen T zu einem Preis von 500 erworben. Auf Basis der Zeitwerte seien bei T stille Reserven von 40 im sonstigen Anlagevermögen und von 20 im Umlaufvermögen festgestellt worden. Weiter haben sich stille Lasten von 4 ergeben.

Bei der Kapitalkonsolidierung nach der Buchwertmethode wird in einer ersten 94
Stufe der **Beteiligungsbuchwert** (=Kaufpreis 500) **mit dem anteiligen Eigenkapital** (400) **aufgerechnet**. Die Differenz zwischen Kaufpreis und Eigenkapital des Tochterunternehmens (zum Buchwert) wird zunächst als Unterschiedsbetrag erfaßt.

Auf der zweiten Stufe wird der **Unterschiedsbetrag** hinsichtlich seiner Ursachen 95
untersucht. Es stellt sich die Frage, für welche Sachverhalte der Erwerber bereit war, einen höheren Betrag als das anteilige Eigenkapital zu bezahlen. Im Beispiel erklärt sich ein Teilbetrag aus dem Vorhandensein von **stillen Reserven und Lasten**, die in die Kaufpreisverhandlungen eingeflossen sind.

Der Unterschiedsbetrag wird hieraus in folgendem Umfang erklärt:

Unterschiedsbetrag	100
./. stille Reserven im sonstigen Anlagevermögen	(40)
./. stille Reserven im Umlaufvermögen	(20)
+ stille Lasten bei den sonstigen Passiva	4
= verbleibender Unterschiedsbetrag	44

In Höhe von 44 läßt sich somit die Differenz zwischen Kaufpreis und bilanzi- 96
ellem Eigenkapital des Tochterunternehmens nicht durch stille Reserven und Lasten erklären. Der verbleibende aktive Unterschiedsbetrag wird in einer dritten Stufe daher als **Geschäfts- oder Firmenwert** ausgewiesen[104].

bb) Erstkonsolidierung mit Minderheitsgesellschaftern. Eine weitere 97
Konstellation, die insbes. den Unterschied zur im Anschluß behandelten Neubewertungsmethode klar zutage treten läßt, ist durch die **Beteiligung von außenstehenden Gesellschaftern** gekennzeichnet. Erwirbt bspw. das Mutterunternehmen in obigem Beispiel nicht 100% der Anteile, sondern lediglich **75%** zu einem entsprechenden Kaufpreis von 375, stellt sich die Kapitalkonsolidierung

---

[104] Siehe Rn 18ff. und Rn 23ff. zur Vorgehensweise im Einzelabschluß. Zur Behandlung eines passiven Unterschiedsbetrags sowie eines „goodwills" sei an dieser Stelle auf die Erläuterungen unter Rn 123ff. und Rn 131ff. hingewiesen.

nach der Buchwertmethode folgendermaßen dar[105] (die jeweiligen Buchungssätze sind durch hochgestellte Zahlen gekennzeichnet):

Zeitpunkt t = 0	Mutterunternehmen M	Tochterunternehmen T		Summenbilanz	Konsolidierungsspalte		Konzernbilanz K
	Bilanz	Bilanz	Zeitwert		Soll	Haben	
Aktiva							
„Goodwill"					33[2)]		33
Sonstiges Anlagevermögen	400	300	340	700	30[2)]		730
Beteiligung	375			375		375[1)]	
Umlaufvermögen	425	500	520	925	15[2)]		940
Unterschiedsbetrag					75[1)]	75[2)]	
Summe Aktiva	1.200	800		2.000			1.703
Passiva Übriges Eigenkapital	400	400		800	300[1)] 100[3)]		400
Anteile anderer Gesellschafter						100[3)]	100
Summe Eigenkapital	400	400		800			500
Sonstige Passiva	800	400	404	1.200		3[2)]	1.203
Summe Passiva	1.200	800		2.000			1.703

98 Im Fall außenstehender Gesellschafter erfolgt auch hier zunächst eine **Aufrechnung des Beteiligungsbuchwerts mit dem Anteil am Eigenkapital** des Tochterunternehmens. Aufgrund des geringeren anteiligen Eigenkapitals (75% von 400 = 300) und entsprechend niedrigeren Kaufpreises von 375 ergibt sich ein geringerer Unterschiedsbetrag (75).

---

[105] In Anlehnung an *Baetge* Konzernbilanzen S. 210 ff.

Bei der **Analyse des Unterschiedsbetrags** können lediglich die anteiligen stillen Reserven und Lasten berücksichtigt werden. Bei der Buchwertmethode werden die anteiligen stillen Reserven und Lasten der Minderheitsgesellschafter nicht aufgedeckt.
Der verbleibende Unterschiedsbetrag ergibt sich daher wie folgt:

Unterschiedsbetrag	75
./. anteilige stille Reserven im sonstigen Anlagevermögen	(30)
./. anteilige stille Reserven im Umlaufvermögen	(15)
+ anteilige stille Lasten bei den sonstigen Passiva	3
= verbleibender Unterschiedsbetrag	33

Da iRd. Vollkonsolidierung auch bei Beteiligung außenstehender Gesellschafter alle Vermögensgegenstände und Schulden des Tochterunternehmens zu 100% in den Konzernabschluß einfließen, ist ein **Ausgleichsposten für Anteile anderer Gesellschafter**[106] zu bilden. Im Fall der Buchwertmethode beinhaltet dieser Posten bei der Erstkonsolidierung den Anteil der Minderheitsgesellschafter am bilanziellen Eigenkapital des Tochterunternehmens (ohne Berücksichtigung stiller Reserven oder Lasten).

c) **Folgekonsolidierung. aa) Folgekonsolidierung ohne Minderheitsgesellschafter.** Wichtig für die Beurteilung der Methoden zur Kapitalkonsolidierung ist neben der erstmaligen Berücksichtigung (Erstkonsolidierung) auch die **Wirkungsweise in Folgeperioden**. Aufgabe der Folgekonsolidierung ist die Fortschreibung der iRd. Erstkonsolidierung ermittelten Anpassungsbuchungen. So teilen zB die aufgedeckten stillen Reserven und Lasten das Schicksal der zugrunde liegenden Vermögensgegenstände und Schulden. Resultiert bspw. die Anpassung aus stillen Reserven im abnutzbaren Anlagevermögen, sind die stillen Reserven entsprechend abzuschreiben. Zur Verdeutlichung werden die Beispiele zur Erstkonsolidierung um Vorgänge in der Periode $t=1$ erweitert[107].

Es wird unterstellt, daß sich im Vergleich zu $t=0$ die Aktivseite des Mutterunternehmens und des Tochterunternehmens nicht verändert hätte. In Höhe der Abschreibungen seien neue Anlagegüter zugegangen. Für die im Zusammenhang mit den aufgedeckten stillen Reserven stehenden Anlagegüter wird eine lineare Abschreibung auf die Restlaufzeit von 5 Jahren unterstellt. Das Umlaufvermögen sei in $t=1$ veräußert und in selber Höhe wieder ersetzt worden. Aufgrund der Anwendung der Lifo-Bewertung seien allerdings die stillen Reserven im Umlaufvermögen noch nicht realisiert worden. Weiter wird unterstellt, daß die stillen Lasten im Zusammenhang mit einer Rückstellung standen, die sich in $t=1$ konkretisiert hatte und beglichen wurde. Für das Mutter- und das Tochterunternehmen wird ein Gewinn von 60 bzw. 80 angenommen. Der in $t=0$ angesetzte „goodwill" werde über einen Zeitraum von 4 Jahren linear abgeschrieben. Bei der Konstellation ohne Minderheitsgesellschafter schlagen sich diese Sachverhalte in der Kon-

---

[106] Gem. § 307 HGB.
[107] Vgl. im folgenden *Baetge* Konzernbilanzen S. 216 ff.

§ 32 103

zernbilanz für t=1 wie folgt nieder[108] (die jeweiligen Buchungssätze sind durch hochgestellte Zahlen gekennzeichnet):

Zeitpunkt t=1	Mutterunternehmen M	Tochterunternehmen T	Summenbilanz	Konsolidierungsspalte		Konzernbilanz K
	Bilanz	Bilanz		Soll	Haben	
Aktiva „Goodwill"				44[2]	11[3]	33
Sonstiges Anlagevermögen	400	300	700	40[2]	8[3]	732
Beteiligung	500		500		500[1]	
Umlaufvermögen	300	500	800		20[2]	820
Unterschiedsbetrag				100[1]	100[2]	
Summe Aktiva	1.200	800	2.000			1.585
Passiva Übriges Eigenkapital	400	400	800	400[1]		400
Konzernergebnis	60	80	140	15[3]		125
Bilanzgewinn	60	80	140			125
Summe Eigenkapital	460	480	940			525
Sonstige Passiva	740	320	1.060	4[3]	4[2]	1.060
Summe Passiva	1.200	800	2.000			1.585

103 Während die Buchungen [1] und [2] denen der Erstkonsolidierung entsprechen, werden durch die Buchung [3] diese Ansätze fortgeschrieben.
Die Fortschreibung wirkt sich auf das Ergebnis wie folgt aus:

Abschreibung des „goodwill" auf 4 Jahre	(11)
Abschreibung der stillen Reserven im Anlagevermögen	(8)
Realisierung der stillen Lasten	4
= Ergebnisauswirkung	(15)

---

[108] In Anlehnung an *Baetge* Konzernbilanzen S. 217.

bb) **Folgekonsolidierung mit Minderheitsgesellschaftern.** Wird die Folgekonsolidierung beim Beispiel **mit außenstehenden Gesellschaftern** durchgeführt, stellt sich die Situation zum Zeitpunkt t=1 folgendermaßen dar[109] (die jeweiligen Buchungssätze sind durch hochgestellte Zahlen gekennzeichnet):

Zeitpunkt t=1	Mutterunternehmen M	Tochterunternehmen T	Summenbilanz	Konsolidierungsspalte		Konzernbilanz K
	Bilanz	Bilanz		Soll	Haben	
Aktiva „Goodwill"				33[2]	8,25[4]	24,75
Sonstiges Anlagevermögen	400	300	700	30[2]	6[4]	724
Beteiligung	375		375		375[1]	
Umlaufvermögen	425	500	925	15[2]		940
Unterschiedsbetrag				75[1]	75[2]	
Summe Aktiva	1.200	800	2.000			1.688,75
Passiva Übriges Eigenkapital	400	400	800	300[1] 100[3]		400
Konzernergebnis	60	80	140	11,25[4]		128,75
Bilanzgewinn	60	80	140	20[3]		108,75
Anteile anderer Gesellschafter					120[3]	120
Summe Eigenkapital	460	480	940			628,75
Sonstige Passiva	740	320	1.060	3[4]	3[2]	1.060
Summe Passiva	1.200	800	2.000			1.688,75

[109] In Anlehnung an *Baetge* Konzernbilanzen S. 219.

105 Als **Besonderheit** der Buchwertmethode ist hier zunächst festzustellen, daß die die Minderheitsgesellschafter betreffenden Buchungen alleine auf das bilanzielle Eigenkapital sowie auf den bilanziellen Gewinn des Tochterunternehmens abstellen. Effekte aus der Fortschreibung der aufgedeckten stillen Reserven und Lasten sowie des „goodwill" werden bei ihnen nicht berücksichtigt.

Das nur anteilige Aufdecken der stillen Reserven und Lasten sowie der geringere „goodwill" führt zu folgender Ergebnisauswirkung:

Abschreibung des „goodwill" auf 4 Jahre	(8,25)
Abschreibung der stillen Reserven im Anlagevermögen	(6)
Realisierung der stillen Lasten	3
= Ergebnisauswirkung	(11,25)

106 Zusätzlich wird der Bilanzgewinn durch den in Höhe von 20 den anderen Gesellschaftern zustehenden Gewinn des Tochterunternehmens gemindert. Im deutschen Handelsrecht werden jedoch auch die **Anteile anderer Gesellschafter** innerhalb des Eigenkapitals ausgewiesen, so daß das Konzerneigenkapital insgesamt von dieser Buchung nicht betroffen ist. Es sei an dieser Stelle darauf hingewiesen, daß Minderheitenanteile nach US-GAAP sowie nach IAS nicht als Bestandteil des Konzerneigenkapitals angesehen werden. Die Darstellung erfolgt aus Sicht der Anteilseigner der Muttergesellschaft mit der Folge, daß im Gegensatz zu den Regelungen des HGB auch das den Minderheitsgesellschaftern zustehende Ergebnis das Konzernergebnis beeinflußt.

3. Neubewertungsmethode

107 **a) Beschreibung.** Ein Unterschied der in Deutschland für nach dem 31. 12. 2000 beginnende Geschäftsjahre ausschließlich anwendbaren **Neubewertungsmethode** zur Buchwertmethode besteht in der Abfolge der Konsolidierungsschritte. Im Gegensatz zur Buchwertmethode wird hier zuerst eine Neubewertung der Vermögensgegenstände und Schulden und damit des Eigenkapitals des Tochterunternehmens vorgenommen. Erst im Anschluß daran erfolgt die Aufrechnung des Beteiligungsbuchwerts mit dem anteiligen neubewerteten Eigenkapital. Die im HGB[110] geregelte Neubewertungsmethode wurde durch DRS 4 konkretisiert. DRS 4 läßt nur noch die Anwendung der vollständigen Neubewertung zu[111]. Im Fall der vollständigen Neubewertung werden auch die Anteile der Minderheitsgesellschafter an stillen Reserven und Lasten angesetzt.

108 Die **vollständige Neubewertung** beinhaltet eine vollständige Aufdeckung der in den Vermögensgegenständen und Schulden des erworbenen Tochterunternehmens enthaltenen stillen Reserven und Lasten. Diese nach DRS 4[112] einzig zulässige Methode unterscheidet sich im Ausweis nur bei Vorhandensein von Minderheitsgesellschaftern von der Buchwertmethode. Zur Veranschaulichung

---

[110] § 301 Abs. 1 Nr. 2 HGB.
[111] DRS 4 Rn 23.
[112] DRS 4 Rn 23.

und zur Verdeutlichung von Unterschieden wird der oben dargestellte Fall zur Buchwertmethode zugrunde gelegt.

b) Erstkonsolidierung. aa) Erstkonsolidierung ohne Minderheitsgesellschafter. Ohne eine Beteiligung von **Minderheitsgesellschaftern** würde sich die vollständige Neubewertungsmethode wie folgt auswirken[113] (die jeweiligen Buchungssätze sind durch hochgestellte Zahlen gekennzeichnet):

Zeitpunkt t=0	Mutterunternehmen M	Tochterunternehmen T			Summenbilanz	Konsolidierungsspalte		Konzernbilanz K
	Bilanz	Bilanz	Zeitwert	neubewertete Bilanz		Soll	Haben	
Aktiva „Goodwill"						44[3]		44
Sonstiges Anlagevermögen	400	300	340	340	740			740
Beteiligung	500				500		500[2]	
Umlaufvermögen	300	500	520	520	820			820
Unterschiedsbetrag						44[2]	44[3]	
Summe Aktiva	1.200	800		860	2.060			1.604
Passiva Eigenkapital	400	400		456	856	456[2]		400
Sonstige Passiva	800	400	404	404	1.204			1.204
Summe Passiva	1.200	800		860	2.060			1.604

---

[113] In Anlehnung an *Baetge* Konzernbilanzen S. 220 ff.

110 Da die Tochtergesellschaft hier bereits einschließlich vollständig aufgedeckter stiller Reserven und Lasten in die Summenbilanz einfließt, muß nach Aufrechnung des Beteiligungsbuchwerts mit dem anteiligen Eigenkapital (Buchung²⁾) lediglich noch der verbliebene Unterschiedsbetrag als Geschäfts- oder Firmenwert ausgewiesen werden. Die sich ergebende Konzernbilanz unterscheidet sich in diesem Fall nicht von der Buchwertmethode.

111 **bb) Erstkonsolidierung mit Minderheitsgesellschaftern.** Ein Unterschied zur Buchwertmethode ergibt sich allerdings **im Fall von Minderheitsgesellschaftern**. Werden wie beim Beispiel zur Buchwertmethode lediglich 75% der Anteile am Tochterunternehmen erworben, stellt sich die Kapitalkonsolidierung nach der vollständigen Neubewertungsmethode wie folgt dar[114] (die jeweiligen Buchungssätze sind durch hochgestellte Zahlen gekennzeichnet):

Zeitpunkt t=0	Mutterunternehmen M	Tochterunternehmen T			Summenbilanz	Konsolidierungsspalte		Konzernbilanz K
	Bilanz	Bilanz	Zeitwert	neubewertete Bilanz		Soll	Haben	
Aktiva „Goodwill"						33³⁾		33
Sonstiges Anlagevermögen	400	300	340	340	740			740
Beteiligung	375				375		375²⁾	
Umlaufvermögen	425	500	520	520	945			945
Unterschiedsbetrag						33²⁾	33³⁾	
Summe Aktiva	1.200	800		860	2.060			1.718

---

[114] In Anlehnung an *Baetge* Konzernbilanzen S. 224.

Zeit-punkt t=0	Mutter-unter-nehmen M	Tochter-unternehmen T			Summen-bilanz	Konsolidie-rungsspalte		Konzern-bilanz K
	Bilanz	Bilanz	Zeit-wert	neube-wertete Bilanz		Soll	Haben	
Passiva Übriges Eigen-kapital	400	400		456	856	342[2)] 114[4)]		400
Anteile anderer Gesell-schafter							114[4)]	114
Summe Eigen-kapital	400	400		456	856			514
Sonstige Passiva	800	400	404	404	1.204			1.204
Summe Passiva	1.200	800		860	2.060			1.718

Unabhängig von der Beteiligungsquote werden alle stillen Reserven und Lasten vollständig aufgelöst. Dies führt dazu, daß auch die auf Minderheitsgesellschafter entfallenden Anteile aufgedeckt und berücksichtigt werden. Damit bestimmt sich auch der Anteil anderer Gesellschafter auf Basis des neubewerteten Eigenkapitals des Tochterunternehmens. Lediglich beim „goodwill" wird nur der durch das Mutterunternehmen entgeltlich erworbene Teil angesetzt.

c) Folgekonsolidierung. aa) Folgekonsolidierung ohne Minderheitsgesellschafter. Um die **Folgekonsolidierung** bei der Neubewertungsmethode mit den Effekten bei der Buchwertmethode vergleichen zu können, werden im folgenden die selben Annahmen für die Periode t=1 unterstellt[115]. Im Fall **ohne außenstehende Gesellschafter** ergibt sich die Konzernbilanz für t=1 wie

---

[115] Siehe Darstellung der Folgekonsolidierung unter Rn 101 ff.

§ 32 113

folgt[116] (die jeweiligen Buchungssätze sind durch hochgestellte Zahlen gekennzeichnet):

Zeitpunkt t=1	Mutterunternehmen M	Tochterunternehmen T		Summenbilanz	Konsolidierungsspalte		Konzernbilanz K
	Bilanz	Bilanz	neubewertete Bilanz		Soll	Haben	
Aktiva							
„Goodwill"					44[3)]	11[4)]	33
Sonstiges Anlagevermögen	400	300	340	740		8[4)]	732
Beteiligung	500			500		500[2)]	
Umlaufvermögen	300	500	520	820			820
Unterschiedsbetrag					44[2)]	44[3)]	
Summe Aktiva	1.200	800	860	2.060			1.585
Passiva							
Übriges Eigenkapital	400	400	456	856	456[2)]		400
Konzernergebnis	60	80	80	140	15[4)]		125
Bilanzgewinn		60	80	80	140		125
Summe Eigenkapital	460	480	536	996			525
Sonstige Passiva	740	320	324	1.064		4[4)]	1.060
Summe Passiva	1.200	800	860	2.060			1.585

---

[116] In Anlehnung an *Baetge* Konzernbilanzen S. 227.

Zu erkennen ist hier, daß sich – sofern keine außenstehenden Gesellschafter beteiligt sind – kein Unterschied zur Folgekonsolidierung nach der Buchwertmethode ergibt. Die sich ergebende Bilanzstruktur sowie das Konzernergebnis sind identisch.

bb) Folgekonsolidierung mit Minderheitsgesellschaftern. Demgegenüber führt das **Vorhandensein außenstehender Gesellschafter** zu von der Buchwertmethode abweichenden Ergebnissen. Unter denselben Annahmen ergibt sich die Konzernbilanz nach der Neubewertungsmethode für die Periode t=1 nach folgendem Schema[117] (die jeweiligen Buchungssätze sind durch hochgestellte Zahlen gekennzeichnet):

Zeitpunkt t=1	Mutterunternehmen M	Tochterunternehmen T		Summenbilanz	Konsolidierungsspalte		Konzernbilanz K
	Bilanz	Bilanz	neubewertete Bilanz		Soll	Haben	
Aktiva „Goodwill"					33[3)]	8,25[5)]	24,75
Sonstiges Anlagevermögen	400	300	340	740		6[5)] 2[6)]	732
Beteiligung	375			375		375[2)]	
Umlaufvermögen	425	500	520	945			945
Unterschiedsbetrag					33[2)]	33[3)]	
Summe Aktiva	1.200	800	860	2.060			1.701,75

---

[117] In Anlehnung an *Baetge* Konzernbilanzen S. 229.

§ 32 116   Unternehmensübernahmen in der Rechnungslegung

Zeitpunkt t=1	Mutterunternehmen M	Tochterunternehmen T		Summenbilanz	Konsolidierungsspalte		Konzernbilanz K
	Bilanz	Bilanz	neubewertete Bilanz		Soll	Haben	
Passiva							
Übriges Eigenkapital	400	400	456	856	342[2)] 114[4)]		400
Konzernergebnis	60	80	80	140	11,25[5)] 1[6)]		127,75
Bilanzgewinn	60	80	80		20[4)]	1[4)]	108,75
Anteile anderer Gesellschafter						133[4)]	133
Summe Eigenkapital	460	480	536	996			641,75
Sonstige Passiva	740	320	324	1.064	3[5)] 1[6)]		1.060
Summe Passiva	1.200	800	860	2.060			1.701,75

4. Vergleich zwischen Buchwertmethode und Neubewertungsmethode

116   Die **Unterschiede** zwischen der Kapitalkonsolidierung nach der Buchwertmethode und der Neubewertungsmethode werden am deutlichsten, wenn man die Konzernbilanzen zum Zeitpunkt der Erstkonsolidierung bzw. bei Folgekonsolidierung einander gegenüber stellt. Im Fall der **Erstkonsolidierung** ergibt sich folgendes Bild[118]:

---

[118] In Anlehnung an *Baetge* Konzernbilanzen S. 232.

Zeitpunkt t=0	Ohne Minderheits-gesellschafter		Mit Minderheits-gesellschafter	
	Buchwert-methode	Neube-wertungs-methode	Buchwert-methode	Neube-wertungs-methode
Aktiva „Goodwill"	44	44	33	33
Sonstiges Anlage-vermögen	740	740	730	740
Umlaufvermögen	820	820	940	945
Summe Aktiva	1.604	1.604	1.703	1.718
Passiva Übriges Eigenkapital	400	400	400	400
Anteile anderer Gesellschafter			100	114
Summe Eigenkapital	400	400	500	514
Sonstige Passiva	1.204	1.204	1.203	1.204
Summe Passiva	1.604	1.604	1.703	1.718

Zum **Erstkonsolidierungszeitpunkt** unterscheiden sich die aus der Buchwertmethode und der Neubewertungsmethode resultierenden Konzernbilanzen nicht, sofern keine Minderheitsgesellschafter beteiligt sind. Nur im Fall der Beteiligung außenstehender Aktionäre wird ein Unterschied offenkundig, der daraus resultiert, daß bei Anwendung der Buchwertmethode die auf die Minderheitsgesellschafter entfallenden Anteile an den stillen Reserven und Lasten des Tochterunternehmens nicht berücksichtigt werden. Aufgrund der bei der Neubewertungsmethode durchgeführten Vollaufdeckung führt dies daher zu höheren Ansätzen bei Vermögensgegenständen und Schulden, die sich zugleich auf die Folgeperioden auswirken. Der „goodwill" unterscheidet sich hingegen nicht zwischen beiden Methoden, da dieser stets ausschließlich auf die Mehrheitsgesellschafter entfällt.

118 Die Konzernbilanzen zum Zeitpunkt t = 1 (**Folgekonsolidierung**) stehen sich bei den beiden Methoden wie folgt gegenüber[119]:

Zeitpunkt t=0	Ohne Minderheitsgesellschafter		Mit Minderheitsgesellschafter	
	Buchwertmethode	Neubewertungsmethode	Buchwertmethode	Neubewertungsmethode
Aktiva "Goodwill"	33	33	24,75	24,75
Sonstiges Anlagevermögen	732	732	724	732
Umlaufvermögen	820	820	940	945
Summe Aktiva	1.585	1.585	1.688,75	1.701,75
Passiva Übriges Eigenkapital	400	400	400	400
Konzernergebnis	125	125	128,75	127,75
Bilanzgewinn	125	125	108,75	108,75
Anteile anderer Gesellschafter			120	133
Summe Eigenkapital	525	525	628,75	641,75
Sonstige Passiva	1.060	1.060	1.060	1.060
Summe Passiva	1.585	1.585	1.688,75	1.701,75
Ergebnis je Aktie (Annahme: 100 Aktien)	1,25	1,25	1,29	1,28
Eigenkapitalquote	33,1%	33,1%	37,2%	37,7%

---

[119] In Anlehnung an *Baetge* Konzernbilanzen S. 233.

Beim Vergleich der Konzernbilanzen der **Folgekonsolidierung** fällt zunächst wieder auf, daß sofern keine Minderheitsgesellschafter vertreten sind, sich keine Unterschiede zwischen Buch- und Neubewertungsmethode ergeben. Eine andere Situation ergibt sich beim Vergleich bei Vorhandensein von Minderheitsanteilen. Der bereits bei der Erstkonsolidierung festgestellte Unterschied aus anteiliger und vollständiger Aufdeckung von stillen Reserven und Lasten setzt sich hier fort. Allerdings bauen sich die unterschiedlichen Wertansätze bei Vermögensgegenständen und Schulden im Zeitablauf ab, sofern die stillen Reserven auf abnutzbare Vermögensgegenstände entfallen bzw. die stillen Lasten realisiert werden. Da allerdings die Differenzen bei Realisierung im Konzernergebnis berücksichtigt werden, ist das Konzerneigenkapital dauerhaft unterschiedlich hoch. Unter Berücksichtigung von Minderheitsanteilen ist auch auf die bei Anwendung der Neubewertungsmethode idR höhere Eigenkapitalquote sowie das idR geringere Konzernergebnis und Ergebnis je Aktie hinzuweisen. In den idR geringeren künftigen Ergebnisbelastungen ist ein wesentlicher Grund für die bisherige Bevorzugung der Buchwertmethode in Deutschland zu sehen.

Beim Vergleich im internationalen Bereich ist festzustellen, daß nach **US-GAAP** derzeit nicht eindeutig geregelt ist, ob bei der verpflichtend anzuwendenden Neubewertungsmethode die stillen Reserven und Lasten vollständig oder nur anteilsmäßig aufzudecken sind. Vor dem Hintergrund der in den USA dominierenden Interessentheorie wird allerdings in Schrifttum und Praxis die sog. beteiligungsproportionale Neubewertungsmethode bevorzugt[120]. Sofern der aktivische Unterschiedsbetrag nicht die Summe der anteiligen stillen Reserven und Lasten übersteigt (= in Deutschland geltende Anschaffungskostenrestriktion), unterscheiden sich indes die Resultate der beteiligungsproportionalen Neubewertung nicht von denen der Buchwertmethode. Im Bereich der **IAS**[121] sind sowohl die beteiligungsproportionale Neubewertungsmethode („benchmark treatment") als auch die vollständige Neubewertung („alternative treatment") zulässig. Im Gegensatz zu den deutschen Regelungen ist allerdings die Aufdeckung stiller Reserven weder nach US-GAAP noch nach IAS durch die Höhe der Anschaffungskosten für die Anteile begrenzt[122].

Interessanterweise haben die unterschiedlichen Methoden der Kapitalkonsolidierung nach US-GAAP bzw. IAS weder einen **Einfluß auf das Konzernergebnis** noch auf das Ergebnis je Aktie. Ursächlich hierfür ist der international übliche Ausweis der Minderheitenanteile außerhalb des Eigenkapitals. Daher werden auch die Ergebnisanteile der Minderheitsaktionäre aus dem Konzernergebnis herausgerechnet.

---

[120] Vgl. *Küting/Harth* BB 1999, 1374.
[121] IAS 22 (revised 1998).
[122] Vgl. *Küting/Harth* BB 1999, 1374f.

122 Auf Basis der oben dargestellten Gegenüberstellung der Buchwertmethode sowie der Neubewertungsmethode nach HGB läßt sich dies wie folgt veranschaulichen:

Zeitpunkt t = 1	Mit Minderheitsgesellschafter	
	Buchwertmethode	Neubewertungsmethode
Konzernergebnis nach HGB	128,75	127,75
Umgliederung des Anteils der Minderheitsgesellschafter am Ergebnis des Tochterunternehmens	(20)	(20)
Umgliederung des Anteils der Minderheitsgesellschafter an den realisierten stillen Reserven und Lasten	–	1
Konzernergebnis nach internationalen Regelungen	108,75	108,75

5. Behandlung eines Geschäfts- oder Firmenwerts/„Goodwill"

123 Wie in den Beispielen zur Buchwert- und zur Neubewertungsmethode dargestellt, handelt es sich bei dem **Geschäfts- oder Firmenwert**[123] bzw. „**goodwill**" um eine Residualgröße. Ein sich nach Verrechnung des Beteiligungsbuchwerts mit dem bilanziellen (Buchwertmethode) bzw. neu bewerteten (Neubewertungsmethode) Eigenkapital des erworbenen Unternehmens ergebender aktivischer Unterschiedsbetrag ist vorrangig durch die vollständige oder anteilige Aufdeckung stiller Reserven und Lasten zu berücksichtigen. Liegt der Beteiligungsbuchwert noch über dem Substanzwert einschließlich stiller Reserven und Lasten, ist dieser verbleibende Unterschiedsbetrag unter den immateriellen Vermögensgegenständen als „goodwill" auszuweisen.

124 Im Zusammenhang mit der Ermittlung stiller Reserven und Lasten ist auf die bei Unternehmenserwerben häufig durchgeführten **Due Diligences** hinzuweisen, die auch diesen Aspekt berücksichtigen sollten. Wird nämlich der Kaufpreis auf Basis von Ertragswerten ermittelt, sind stille Reserven und Lasten häufig erst in dieser Phase des Unternehmenserwerbs konkret ermittelbar. Meist kann der Erwerber auch erst zu diesem Zeitpunkt Einblick in Unterlagen des erworbenen Unternehmens nehmen.

125 Ist der aktivische Unterschiedsbetrag geringer als die Summe der anteiligen stillen Reserven und Lasten, entsteht kein „goodwill". In Deutschland ist die **Aufdeckung stiller Reserven und Lasten auf die Anschaffungskosten begrenzt**[124]. Nach welcher Logik in diesem Fall die stillen Reserven und Lasten den Vermögensgegenständen und Schulden **zuzuordnen** sind, ist weder im Gesetz

---

[123] § 301 Abs. 3 HGB.
[124] § 301 Abs. 1 Satz 4 HGB.

noch in der Literatur eindeutig geregelt. Unter dem Primat der Willkürfreiheit wird eine proportionale Zuordnung ebenso für zulässig erachtet wie eine Zuordnung nach der Liquidierbarkeit, also nach dem Zeitraum bis zur Realisierung der stillen Reserven oder Lasten[125]. Dies eröffnet gewisse Gestaltungsspielräume bzgl. der Höhe und des zeitlichen Anfalls der Ergebnisbelastungen.

126 Ein Unterschied zwischen Ertragswert (= Kaufpreis) und Substanzwert wird häufig darauf zurückgeführt, daß „**immaterielle positive Ertragserwartungen** abgegolten wurden"[126]. In diesem Zusammenhang werden u. a. der erworbene Kundenstamm, die besondere Marktstellung des Unternehmens sowie erworbenes Know-how der Mitarbeiter genannt. Diese Gründe schlagen sich auch in den Kriterien zur Einschätzung der voraussichtlichen Nutzungsdauer nieder[127].

127 Die **Behandlung eines „goodwill"** war in Deutschland bis zur Einführung des DRS 4 ein vor dem Hintergrund der Vermeidung künftiger Ergebnisbelastungen beliebtes Feld bilanzpolitischer Gestaltungsüberlegungen. Bisher wurde den Bilanzierenden ein Wahlrecht zwischen der erfolgswirksamen pauschalierten Abschreibung über höchstens 5 Jahre, der erfolgswirksamen planmäßigen Abschreibung über die voraussichtliche Nutzungsdauer sowie einer erfolgsneutralen (ggf. ratierlichen) offenen Verrechnung mit dem Eigenkapital eingeräumt[128]. Speziell bei letztgenannter Möglichkeit gab es darüber hinaus eine Vielfalt von in der Literatur diskutierten[129] und teilweise auch in der Praxis angewandten Spielarten. Im Zuge der Anpassung der deutschen Rechnungslegung an die international vorherrschende Praxis wird **nur noch die erfolgswirksame planmäßige Abschreibung** über die voraussichtliche Nutzungsdauer als zulässig erachtet[130]. In Übereinstimmung mit den Regelungen der IAS[131] und der zu erwartenden neuen Regelung der US-GAAP ist dabei die maximale Nutzungsdauer im Regelfall auf 20 Jahre festgelegt worden. Die Obergrenze nach US-GAAP liegt nach der derzeit noch gültigen Regelung[132] grundsätzlich bei 40 Jahren, ist aber seitens der SEC für bestimmte Branchen wie bspw. High-Tech-Unternehmen auf kürzere Zeiträume eingeschränkt worden[133].

128 Entsprechend den Regelungen des DRS 4 erfolgt die Abschreibung eines „goodwill" idR linear über die **voraussichtliche Nutzungsdauer**[134]. Zur Einschätzung der voraussichtlichen Nutzungsdauer werden die folgenden Anhaltspunkte genannt[135]:
– die Art und die voraussichtliche Bestandsdauer des erworbenen Unternehmens

---

[125] Vgl. zB *Baetge* Konzernbilanzen S. 241 ff.; *Küting/Harth* BB 1999, 1373; *Küting/Weber*, Der Konzernabschluß, S. 228 ff.
[126] Vgl. *Baetge* Konzernbilanzen S. 244.
[127] So zB in DRS 4 Rn 33.
[128] § 309 Abs. 1 HGB.
[129] Vgl. hierzu zB *Baetge* Konzernbilanzen S. 247 f.; *Küting/Harth* BB 1999, 1375; *Küting/Weber*, Der Konzernabschluß, S. 221 f.
[130] DRS 4 Rn 27 ff.
[131] IAS 22 Par. 44.
[132] APB 16 Par. 90 iVm. APB 17 Par. 29.
[133] Vgl. *Küting/Harth* BB 1999, 1375.
[134] DRS 4 Rn 31.
[135] DRS 4 Rn 33.

einschließlich der gesetzlichen oder vertraglichen Regelungen, die sich auf die Lebensdauer auswirken;
- die Stabilität und die voraussichtliche Bestandsdauer der Branche des erworbenen Unternehmens;
- der Lebenszyklus der Produkte des erworbenen Unternehmens;
- die Auswirkungen von Veränderungen der Absatz- und Beschaffungsmärkte sowie der wirtschaftlichen Rahmenbedingungen auf das erworbene Unternehmen;
- der Umfang von Erhaltungsaufwendungen, der erforderlich ist, um den erwarteten ökonomischen Nutzen des erworbenen Unternehmens zu realisieren, sowie die Fähigkeit des Unternehmens, diese Aufwendungen aufzubringen;
- die Laufzeit wichtiger Absatz- und Beschaffungsverträge des erworbenen Unternehmens;
- die voraussichtliche Dauer der Tätigkeit von wichtigen Mitarbeitern oder Mitarbeitergruppen für das erworbene Unternehmen;
- das voraussichtliche Verhalten von (potentiellen) Wettbewerbern des erworbenen Unternehmens;
- die voraussichtliche Dauer der Beherrschung des erworbenen Unternehmens.

129 Diese Kriterien entsprechen im wesentlichen denen der IAS[136] sowie den US-GAAP[137].

130 Ein „goodwill" ist jedoch auch in den Folgeperioden Gegenstand von Werthaltigkeitserwägungen. So ist bspw. eine **Überprüfung der Werthaltigkeit** und der Restnutzungsdauer zu jedem Konzernabschlußstichtag gefordert[138]. Dabei ist ggf. auf die auf Geschäftsfelder zugeordneten Teile des „goodwill" abzustellen[139]. Sollte eine außerplanmäßige Abschreibung erfolgt sein, ist zudem zu prüfen, ob die Gründe hierfür noch bestehen. Sind die Gründe entfallen, wird eine Wertaufholung erforderlich[140]. Die Werthaltigkeitsuntersuchungen und Abschätzungen der Restnutzungsdauer sind grundsätzlich auch nach IAS bzw. US-GAAP vorgesehen. Auch hier sind nur außerplanmäßige Abschreibungen zulässig. Im Gegensatz zu den deutschen Regelungen ist nach IAS eine Zuschreibung nur unter gewissen Voraussetzungen gefordert. Nach US-GAAP sind Zuschreibungen verboten.

6. Behandlung eines negativen Unterschiedsbetrags

131 Ist der die Anschaffungskosten repräsentierende Beteiligungsbuchwert geringer als das anteilige Eigenkapital, liegt ein sog. **negativer Unterschiedsbetrag** vor. Ursächlich für diese in der Praxis eher selten auftretende Konstellation können erwartete künftige negative Erfolgsbeiträge („badwill") oder auch ein günstiger Kauf („lucky buy") sein. Während vor Veröffentlichung des DRS 4 im HGB die Ursachen des passivischen Unterschiedsbetrags maßgebend für Bilanzierung und den Ausweis waren, spielt dies seit Inkrafttreten des DRS 4 bzgl. des Ausweises

---

[136] IAS 22 Par. 48.
[137] APB 17 Par. 27.
[138] DRS 4 Rn 34.
[139] DRS 4 Rn 30.
[140] DRS 4 Rn 36.

keine Rolle mehr. Die unterschiedlichen Ursachen sind nun nur noch für die Frage des zeitlichen Anfalls der Effekte relevant.

Die Regelungen des DRS 4[141] entsprechen weitestgehend denen des IAS 22[142]. Im Gegensatz zur nach US-GAAP durchzuführenden Abstockung des langfristigen Anlagevermögens wird der negative Unterschiedsbetrag **gesondert in der Bilanz ausgewiesen**[143]. Er ist offen von einem ausgewiesenen „goodwill" abzusetzen.

Die Behandlung eines passivischen Unterschiedsbetrags nach dem DRS 4 entsprechenden IAS 22 läßt sich **schematisch** wie folgt darstellen[144]:

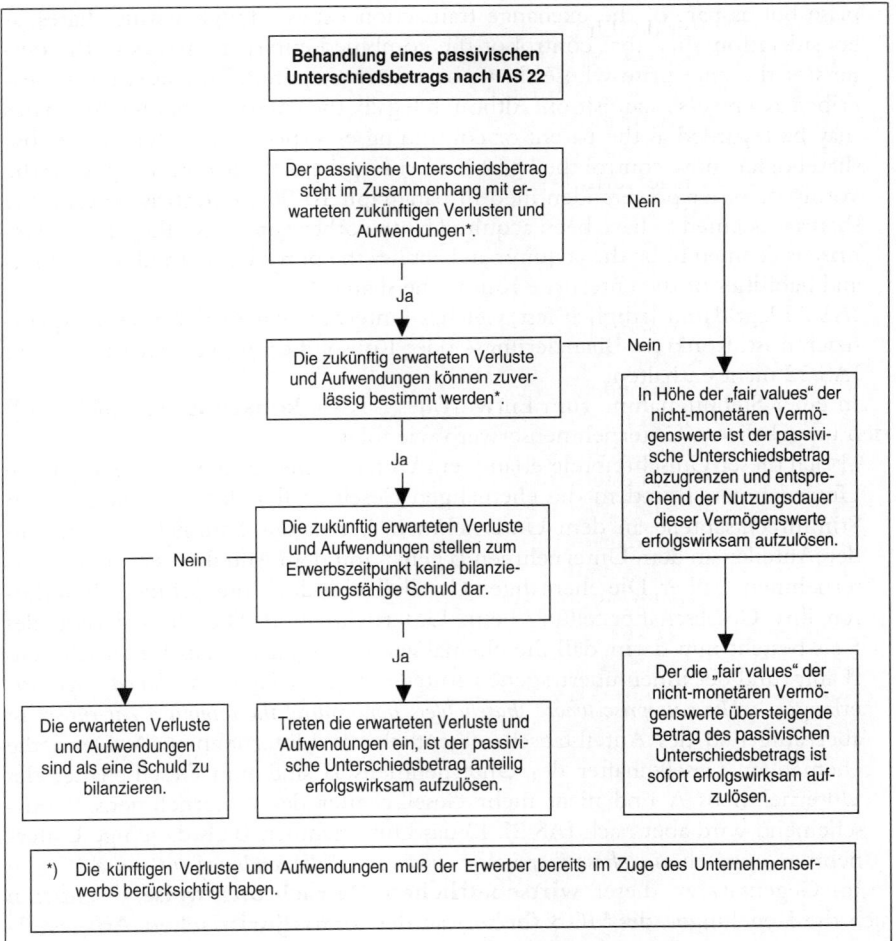

---

[141] DRS 4 Rn 38 bis 41.
[142] IAS 22 (revised 1998) Par. 59 ff.
[143] DRS 4 Rn 39.
[144] Vgl. *Küting/Harth* WPg 1999, 496.

7. Umgekehrter Unternehmenserwerb

134 Der auch unter dem Stichwort „reverse acquisition" diskutierte **umgekehrte Unternehmenserwerb** stellt auf in der Praxis bisher eher seltene Konstellationen ab. Im Bereich der US-GAAP ist die Thematik der umgekehrten Unternehmenserwerbe bisher lediglich in APB 16[145] angerissen worden. Im Zuge der Überarbeitung der US-Regelungen zu Business Combinations soll allerdings eine den IAS entsprechende **Definition** aufgenommen werden. Die IAS umschreiben den umgekehrten Unternehmenserwerb wie folgt[146]:

> „Occasionally an enterprise obtains ownership of the shares of another enterprise but as part of the exchange transaction issues enough voting shares, as consideration, such that control of the combined enterprise passes to the owners of the enterprise whose shares have been acquired. This situation is described as a reverse acquisition. Although legally the enterprise issuing the shares may be regarded as the parent or continuing enterprise, the enterprise whose shareholders now control the combined enterprise is the acquirer enjoying the voting or other powers identified in paragraph 10. The enterprise issuing the shares is deemed to have been acquired by the other enterprise; the latter enterprise is deemed to be the acquirer and applies the purchase method to the assets and liabilities of the enterprise issuing the shares."

IAS 22 legt damit lediglich fest, welches Unternehmen als Erwerber zu qualifizieren ist. Konkrete Bilanzierungs- oder Konsolidierungsvorschriften sind in IAS 22 nicht enthalten.

135 In einer Stellungnahme zum Entwurf des DRS 4 **konkretisiert** *Peffekoven*[147] den umgekehrten Unternehmenserwerb wie folgt:

> „Nach dieser Umschreibung erlangt ein Unternehmen A die Anteile an einem Unternehmen B, indem die ehemaligen Gesellschafter des Unternehmens B Stimmrechtsanteile an dem Unternehmen A erhalten. Sämtliche Rechte aus den Anteilen an dem Unternehmen B gehen mit dem Anteilstausch an das Unternehmen A über. Die ehemaligen Gesellschafter des Unternehmens B verlieren ihre Gesellschafterstellung beim Unternehmen B. Die Besonderheit des Falls besteht nun darin, daß die ehemaligen Gesellschafter des Unternehmens B aufgrund der ihnen übertragenen Anteile ‚*the control of the combined enterprise*' erlangen. ‚*The enterprise whose shareholders now control the combined enterprise*' ist aber aufgrund des Anteilstauschs eigentlich das Unternehmen A. Denn die ehemaligen Gesellschafter des Unternehmens B sind nun Gesellschafter des Unternehmens A und nicht mehr Gesellschafter des Unternehmens B. Anscheinend wird aber nach IAS 22.13 das Unternehmen B als dasjenige Unternehmen angesehen, ‚*whose shareholders now control the combined enterprise*'."

136 Im Gegensatz zu dieser **wirtschaftlichen Betrachtungsweise** orientieren sich die Regelungen des HGB (bisher) an der **formaljuristischen Ausgestaltung**. Damit würde nach HGB das Unternehmen A als Erwerber angesehen. In

---

[145] APB Par. 70.
[146] IAS 22 (revised 1998) Par. 12.
[147] Veröffentlicht auf der Web-Seite des DRSC http://www.drsc.de/ger/standards/comments/ 4_drfpeff.html.

diesem Fall würde folglich die Erwerbsmethode auf die Vermögensgegenstände und Schulden des Unternehmens B angewendet werden. Im Anhang des DRS 4 wird jedoch dem Bundesministerium der Justiz eine den IAS entsprechende Neuregelung zur Identifizierung eines Erwerbers bei umgekehrten Unternehmenserwerben vorgeschlagen. Diese Neuregelung erfordert allerdings eine vorausgehende Gesetzesänderung.

Vor dem Hintergrund fehlender Detailregelungen wurde von *Küting/Müller/Pilhofer*[148] auf Basis eines amerikanischen Literaturbeispiels[149] die wirtschaftliche **Bilanzierung eines umgekehrten Unternehmenserwerbs** untersucht. Die Erwerbsmethode wurde auf die Vermögensgegenstände und Schulden des erwerbenden Unternehmens angewendet. Der Ermittlung der Anschaffungskosten lag die Anzahl der ausgegebenen Aktien des erwerbenden Unternehmens unmittelbar vor der Transaktion zugrunde, die mit dem entsprechenden Aktienkurs bewertet wurden. Die anschließend durchgeführte Kapitalkonsolidierung förderte die folgenden Ergebnisse zutage:

– Der Eigenkapitalausweis erfolgt nicht durchgängig auf Basis der wirtschaftlichen Betrachtungsweise;
– in der Konzernbilanz wird das gezeichnete Kapital des rechtlichen Erwerbers ausgewiesen, andererseits sind allerdings für die Gewinnrücklagen die Beträge des erworbenen Unternehmens maßgebend;
– bis zum Erwerb, also auch in der Darstellung der Vergleichsperioden, fließen ausschließlich die Ergebnisse des erworbenen Unternehmens in die Gewinn- und Verlustrechnung ein; die Ergebnisse des rechtlichen Erwerbers werden erst ab dem Erwerbszeitpunkt berücksichtigt;
– bei der Ermittlung der „earnings per share" wird auf die Aktienanzahl des rechtlichen Erwerbers abgestellt.

III. Verschmelzungsmethoden

1. Interessenzusammenführungsmethode

a) Beschreibung. In Deutschland stellt die international unter dem Begriff **Pooling of Interests-Methode** bekannte **Interessenzusammenführungsmethode** eine Darstellungsalternative für ganz bestimmte Arten von Unternehmenszusammenschlüssen dar. Unternehmen vereinigen ihre wirtschaftlichen Interessen unter einem gemeinsamen Dach. Der Zusammenschluß wird grundsätzlich in Form eines Anteilstauschs vollzogen. Damit sind diese Situationen im Gegensatz zu Unternehmenserwerben insbes. durch eine im Idealfall unveränderte Anteilseignerstruktur gekennzeichnet. Eine weitere Besonderheit ist in der Tatsache zu sehen, daß zuvor „getrennte Ressourcen... ohne Verminderung des Ressourcenumfangs und ohne eine hieraus resultierende Reduzierung der ökonomi-

---

[148] Vgl. *Küting/Müller/Pilhofer,* ‚Reverse Acquisitions' als Anwendungsfall einer ‚Reverse Consolidation' bei der Erstellung von Konzernabschlüssen nach US-GAAP und IAS – ein Leitbild für die deutsche Rechnungslegung?, WPg 2000, 257 ff.
[149] Vgl. *Delaney/Epstein/Adler/Foran,* Interpretation and Application of Generally Accepted Accounting Principles, 1999, S. 413 ff.

schen Substanz der zu poolenden Unternehmen zusammengeführt werden. Das Unternehmerrisiko soll für jede Gruppe von Anteilseignern weiter erhalten bleiben und in Zukunft gemeinsam getragen werden"[150]. Insgesamt liegt der Interessenzusammenführungsmethode nicht wie bei der Erwerbsmethode die Einzelerwerbsfiktion von Vermögensgegenständen und Schulden zugrunde. Diese Methode ist vielmehr mit einer Verschmelzung vergleichbar. Im Endeffekt mündet damit die Interessenzusammenführungsmethode in einer Konzerndarstellung, als ob die beteiligten Unternehmen bereits seit Gründung vereinigt gewesen wären[151].

139 Im **HGB** wird den Unternehmen das **Wahlrecht** eingeräumt, unter bestimmten Anwendungsvoraussetzungen Unternehmenszusammenschlüsse nach der Interessenzusammenführungsmethode abzubilden[152]. Diese Konsolidierungsmethode ist im angelsächsischen Raum bereits seit langer Zeit etabliert[153]. Allerdings schreiben die **IAS und US-GAAP**[154] eine **verpflichtende Anwendung** vor, sofern alle dort aufgeführten Voraussetzungen erfüllt sind.

140 In der Vergangenheit wurde die Interessenzusammenführungsmethode in Deutschland nahezu nicht angewandt. In jüngerer Zeit haben jedoch internationale Unternehmenszusammenschlüsse, Aktivitäten zur internationalen Harmonisierung der Rechnungslegung sowie kontroverse Diskussionen über eine **mögliche Abschaffung der Pooling of Interests-Methode** in den USA[155] der Interessenzusammenführungsmethode eine erhöhte Aufmerksamkeit verschafft.

141 **b) Voraussetzungen und Vorgehensweise.** Im deutschen Handelsrecht sind die **Voraussetzungen** für die alternative Abbildung eines Unternehmenszusammenschlusses nach der Interessenzusammenführungsmethode wie folgt niedergelegt[156]:
– Die dem Mutterunternehmen gehörenden Anteile müssen mindestens 90% des Nennbetrags bzw. des rechnerischen Werts der Anteile des Tochterunternehmens repräsentieren;
– eine Übertragung der Anteile am Tochterunternehmen in Form eines Aktientauschs wird vorausgesetzt;
– eventuell vereinbarte Barzahlungen dürfen höchstens 10% des Nennbetrags bzw. des rechnerischen Werts der ausgegebenen Anteile betragen.

---

[150] Vgl. *Eckes/Weber* in Küting/Weber, Handbuch der Konzernrechnungslegung, § 302 Rn 4.
[151] Vgl. im folgenden *Hans-Georg Bruns* in Ballwieser/Coenenberg/v. Wysocki, Handwörterbuch der Rechnungslegung und Prüfung.
[152] § 302 HGB.
[153] Zur Historie der Pooling of Interests-Methode siehe *Financial Accounting Standards Board*, Methods of Accounting for Business Combinations: Recommendations of the G4+1 for Achieving Convergence, Appendix sowie *Simon*, Pooling und Verschmelzung – Harmonisierung der Rechnungslegung durch IAS 22 „Business Combinations", 1997; S. 73 ff.
[154] IAS 22 (revised 1998) und APB 16.
[155] Vgl. hierzu *Financial Accounting Standards Board*, Methods of Accounting for Business Combinations: Recommendations of the G4+1 for Achieving Convergence; *Financial Accounting Standards Board*, Exposure Draft: Business Combinations and Intangible Assets; *Mujkanovic*, Die Zukunft der Kapitalkonsolidierung – Das Ende der Pooling-of-Interests Method?, WPg 1999, 533 ff.; *Pellens/Selhorn* BB 1999, 2125 ff.; *Rammert*, Pooling of interests – Die Entdeckung eines Auslaufmodells durch deutsche Konzerne?, DBW 1999, 620 ff.
[156] § 302 Abs. 1 Nr. 1 bis 3 HGB.

Im internationalen Umfeld sind vergleichbare Anwendungsvoraussetzungen anzutreffen, die allerdings zum Teil modifiziert bzw. um weitere Einschränkungen erweitert wurden. Die Anwendungsvoraussetzungen der **International Accounting Standards** sind in IAS 22[157] sowie in der Interpretation SIC-9 niedergelegt. IAS 22 setzt bei der Anwendung der Interessenzusammenführungsmethode voraus, daß kein Erwerber identifiziert werden kann. Weiter findet sich in IAS 22 eine der 90%-Regel vergleichbare Vorschrift. Jedoch wird hierin nicht ein konkreter Prozentsatz vorgegeben. Es wird ein Austausch einer überwiegenden Mehrzahl der Stimmrechtsaktien verlangt. Im Gegensatz zum HGB wird dabei nicht auf den Nennwert, sondern auf die Stimmrechte abgestellt. Im Zuge des Aktientauschs dürfen nur Anteile des Mutterunternehmens ausgegeben werden. Als weitere Voraussetzung verlangt IAS 22 einen sich nur unwesentlich unterscheidenden Zeitwert der beiden sich zusammenschließenden Unternehmen. Eine vergleichbare Vorschrift ist weder im HGB noch in den US-GAAP zu finden. Letzte Voraussetzung des IAS 22 ist, daß die Aktionäre im zusammengeschlossenen Unternehmen im Verhältnis zueinander die gleichen Stimmrechte und Anteile wie vor dem Zusammenschluß behalten.

Im Bereich der **US-GAAP** stellt APB 16 die zentrale Regelung zur Interessenzusammenführungsmethode dar, die durch Stellungnahmen der Emergency Issues Task Force des FASB sowie Verlautbarungen der SEC ergänzt wird. APB 16[158] zählt insgesamt zwölf Voraussetzungen auf, die zu einer Pflicht zur Anwendung der Pooling of Interests-Methode führen. Damit beinhalten die US-GAAP die vergleichsweise umfangreichsten Anwendungsregelungen. Im Wesentlichen erstrecken sich die Voraussetzungen auf Eigenschaften der sich zusammenschließenden Unternehmen[159], auf die Art und Weise der Interessenzusammenführung[160] sowie auf geplante Maßnahmen nach dem Zusammenschluß[161]. Die wohl wichtigsten Voraussetzungen stimmen mit denen des IAS 22 überein. Allerdings erfordert APB 16 nicht, daß die sich zusammenschließenden Unternehmen wertmäßig in etwa entsprechen müssen. Darüber hinaus ergeben sich aus APB 16 zusätzliche Restriktionen hinsichtlich Vermögensdispositionen für einen gewissen Zeitraum nach Vollzug des Zusammenschlusses. Beispielsweise führt ein Aktienrückkauf innerhalb von sechs Monaten nach Vollzug des Zusammenschlusses nahezu unwiderlegbar zu einer Unzulässigkeit der Pooling of Interests-Methode[162].

Liegen alle Voraussetzungen zur Anwendung vor, kann (HGB) bzw. muß (IAS, US-GAAP) ein Unternehmenszusammenschluß entsprechend der Interessenzusammenführungsmethode abgebildet werden. Wichtigstes Merkmal der Interessenzusammenführungsmethode ist, daß die Vermögensgegenstände und Schulden mit ihren Buchwerten in den gemeinsamen Konzernabschluß einfließen; **stille Reserven und Lasten** beider zusammengeschlossener Einheiten **werden** folglich **nicht aufgedeckt**. Demgemäß entsteht auch **kein Geschäfts- oder Firmen-**

---

[157] IAS 22 (revised 1998) Par. 13 bis 16.
[158] APB 16 Par. 46 bis 48.
[159] APB 16 Par. 46.
[160] APB 16 Par. 47.
[161] APB 16 Par. 48.
[162] SEC Staff Accounting Bulletin No. 96.

wert, dessen Abschreibung in künftigen Perioden das Ergebnis belasten würde. Der Konzernabschluß ergibt sich damit als Summe der Abschlüsse der sich zusammenschließenden Unternehmen. Dabei ist zu beachten, daß nicht nur das Jahr des Zusammenschlusses, sondern auch die Vorjahre so dargestellt werden sollten, als ob beide Unternehmen bereits in der Vergangenheit zusammengeschlossen gewesen wären[163]. Im Gegensatz zum HGB wird diese Anpassung der Vergleichsperioden sowohl nach IAS[164] als auch nach US-GAAP[165] verbindlich vorgeschrieben[166].

145   Eine Ausnahme von der bloßen Zusammenrechnung ist die **Darstellung des Eigenkapitals**. Letztlich ergibt sich zwar das Eigenkapital des Konzerns auch bei Anwendung der Pooling of Interests-Methode aus der Addition der Eigenkapitalien beider Unternehmen vor Zusammenschluß. Jedoch müssen die einzelnen Bestandteile des Eigenkapitals angepaßt werden. Nach US-GAAP[167] wird das gezeichnete Kapital entsprechend dem Nennwert der nach Zusammenschluß ausgegebenen Aktien dargestellt. Die Kapitalkonsolidierung erfolgt zunächst durch Verrechnung des Beteiligungsbuchwerts im Einzelabschluß des Mutterunternehmens mit dem gezeichneten Kapital des Tochterunternehmens. Der Unterschiedsbetrag ist nach US-GAAP zuerst mit der Kapitalrücklage zu verrechnen, ein ggf. verbleibender Betrag mit den Gewinnrücklagen.

146   Zur Verdeutlichung der Vorgehensweise bei Anwendung der **Interessenzusammenführungsmethode** soll folgendes **Beispiel** dienen[168]:

	Vor Zusammenschluß	
	Bilanz A	Bilanz B
Anteile an B	–	–
Übriges Vermögen	8.000	6.000
	8.000	**6.000**
Schulden	2.000	1.500
Gezeichnetes Kapital	5.000	2.500
Kapitalrücklage	300	500
Gewinnrücklagen	700	1.500
Eigenkapital	6.000	4.500
	8.000	**6.000**
Ausstehende Aktien	1.000	500
Unternehmenswert	10.000	8.000
Tauschverhältnis		5 zu 8
Neue Aktien		800

---

[163] So auch *Eckes/Weber* in Küting/Weber, Handbuch der Konzernrechnungslegung, § 302 Rn 54.
[164] IAS 22 (revised 1998) Par. 78.
[165] APB 16 Par. 61.
[166] Zu einzelnen Beispielen vgl. hierzu *Hans-Georg Bruns* DBW 1999, 831 bis 840.
[167] APB 16 Par. 53.
[168] Vgl. *Hans-Georg Bruns* in Küting/Weber, Wertorientierte Konzernführung, S. 106 ff.

Bei den Unternehmen A und B liegen die Voraussetzungen für einen „Zusammenschluß unter Gleichen" vor. Die Aktionäre des Unternehmens B erhalten im Rahmen eines Anteilstauschs Aktien der Gesellschaft A. Das Umtauschverhältnis bestimmt sich auf Basis der relativen Unternehmenswerte. Das Tauschverhältnis von 8 A-Aktien für 5 B-Aktien ergibt sich daher wie folgt:

$$\frac{8.000 \text{ Unternehmenswert B}}{10\,000 \text{ Unternehmenswert A}} * 1.000 \text{ bisherige A-Aktien}$$

$= 800$ neue A-Aktien

Die Sachkapitalerhöhung erfolgt zum Buchwert. Bei einem Nominalwert von 5 Geldeinheiten (GE) je Aktie erhöht sich das gezeichnete Kapital der A-AG aufgrund des Aktientauschs um 800 * 5 GE = 4.000 GE. Der Differenzbetrag wird in die Kapitalrücklage eingestellt.

Sacheinlage in Gesellschaft A:

	Vor Sacheinlage		Nach Sacheinlage
Anteile an B	–	4.500	4.500
Übriges Vermögen	8.000		8.000
	8.000		**12.500**
Schulden	2.000		2.000
Gezeichnetes Kapital	5.000	4.000	9.000
Kapitalrücklage	300	500	800
Gewinnrücklagen	700		700
Eigenkapital	6.000		10.500
	8.000		**12.500**

148 Die sich hieraus ergebende Konzernbilanz stellt sich wie folgt dar:

	Nach Zusammenschluß		Summen-bilanz	Konsoli-dierung	Konzern
	A	B			
Anteile an B	4.500	–	4.500	(4.500)	–
Übriges Vermögen	8.000	6.000	14.000		14.000
	12.500	6.000	18.500		14.000
Schulden	2.000	1.500	3.500		3.500
Gezeichnetes Kapital	9.000	2.500	11.500	(2.500)	9.000
Kapitalrücklage	800	500	1.300	(1.300)	–
Gewinnrücklagen	700	1.500	2.200	(700)	1.500
Eigenkapital	10.500	4.500	15.000		10.500
	12.500	6.000	18.500		14.000

2. Fresh-Start-Methode

149 Im Zusammenhang mit der Diskussion auf internationaler Ebene um die Abschaffung der Interessenzusammenführungsmethode ist als Alternative in jüngerer Zeit auch die sog. **Fresh-Start-Methode** diskutiert worden. Die Fresh-Start-Methode wurde in Deutschland bislang kaum diskutiert[169], wurde allerdings iRd. G4+1-Prozesses zur Vereinheitlichung der Behandlung von Business Combinations als denkbare Alternative zur Interessenzusammenführungsmethode erwogen[170].

150 Die Fresh-Start-Methode wurde im Zusammenhang mit Unternehmenszusammenschlüssen diskutiert, bei denen zwei Unternehmen in eine neugegründete Gesellschaft eingebracht werden. Die **Besonderheit der Fresh-Start-Methode** besteht darin, den Zusammenschluß aus Sicht der neugegründeten Gesellschaft zu beurteilen, auf beide zuvor bestehenden Unternehmen die Erwerbsmethode anzuwenden und alle Vermögensgegenstände zu Zeitwerten zu

---

[169] Siehe zB *Pellens/Selhorn* BB 1999, 2125 ff. und *Telkamp/Carsten Bruns*, Pooling-of-interests-Methode versus Fresh-Start-Methode – ein Vergleich, WPg 2000, 744 ff. bzw. die Diskussionen und Stellungnahmen im Zusammenhang mit dem Diskussionspapier zum Thema einheitliche Bilanzierung von Unternehmenserwerben (E Disk Nr. 1) des DRSC.
[170] Vgl. *Financial Accounting Standards Board*, Methods of Accounting for Business Combinations: Recommendations of the G4+1 for Achieving Convergence.

bewerten. Darüber hinaus wurde eine vollständige Aufdeckung des gesamten „goodwill", also nicht nur des entgeltlich erworbenen Teils, erwogen[171]. Die Anwendung der Fresh-Start-Methode würde folglich zu einer **vollständigen Marktbewertung** beider Unternehmen bei Zusammenschluß führen.

Folge dieser Vorgehensweise wäre im Vergleich zur Interessenzusammenführungsmethode bzw. zur Neubewertungsmethode idR ein höheres Eigenkapital, eine höhere Bilanzsumme sowie ein aufgrund des vollständigen Ansatzes für beide eingebrachte Unternehmen höherer Geschäfts- oder Firmenwert. Dies würde grundsätzlich zur vergleichsweise höchsten Eigenkapitalquote führen. Andererseits entstünden zum Teil erhebliche künftige Ergebnisbelastungen durch Abschreibungen aufgrund des vollständigen Ansatzes aller stillen Reserven und des „goodwill". Die Fresh-Start-Methode wird derzeit in den Diskussionen zur Abschaffung der Interessenzusammenführungsmethode nicht mehr weiter verfolgt.

IV. Anhangangaben

1. Anhangangaben bei Erwerbsmethoden

Die Angabeerfordernisse ergeben sich nach deutschem Handelsrecht aus den im Wesentlichen mit den Regeln der IAS und US-GAAP[172] identischen Anforderungen des DRS 4[173]. Die Angabeumfänge unterscheiden sich danach, ob das Mutterunternehmen den Kapitalmarkt in Anspruch nimmt oder nicht. Nachfolgend aufgeführt sind die **notwendigen Anhangangaben** für kapitalmarktorientierte Mutterunternehmen.

Die Angaben **im Jahr des Erwerbs** eines Tochterunternehmens umfassen:
– Name und Beschreibung des erworbenen Unternehmens;
– der Erwerbszeitpunkt und die Höhe des erworbenen Anteils;
– die Anschaffungskosten für das erworbene Unternehmen und die Beschreibung der hierfür erbrachten Leistung sowie der in den Anschaffungskosten enthaltene „goodwill" und dessen geplante Abschreibungsdauer;
– bedingte Zahlungsverpflichtungen, Optionen oder sonstige ungewisse Verpflichtungen, die iRd. Unternehmenserwerbs eingegangen wurden, sowie deren Behandlung im Konzernabschluß;
– Unternehmen und Unternehmensteile, die aufgrund behördlicher Auflagen veräußert werden sollen.

Außerdem sind für das Jahr des Erwerbs sowie für das Vorjahr die Umsatzerlöse, das Ergebnis vor außerordentlichen Posten, der Jahresüberschuß und bei Erwerb eines börsennotierten Unternehmens das Ergebnis je Aktie für das erworbene Unternehmen anzugeben.

Sofern ein „goodwill" angesetzt wurde, sind folgende Angaben zu jedem Abschlußstichtag erforderlich:

---

[171] Vgl. *Pellens/Selhorn* BB 1999, 2126.
[172] IAS 22 Par. 86 ff. und APB 16 Par. 63 ff.
[173] DRS 4 Rn 52 ff.

- die Behandlung des „goodwill" einschließlich der Abschreibungsdauer sowie die Begründung, sofern eine Abschreibungsdauer von 20 Jahren überschritten wird;
- die Abschreibungsmethode sowie die Begründung, sofern von der linearen Abschreibung abgewichen wird.

156 IRd. Anlagespiegels ist eine detaillierte Entwicklung des „goodwill" darzustellen.

157 **Wird ein negativer Unterschiedsbetrag** bilanziert, sind folgende Angaben zu jedem Abschlußstichtag zu machen:
- Die Behandlung eines negativen Unterschiedsbetrags einschließlich seiner Verrechnung;
- falls der Betrag im Zusammenhang mit erwarteten künftigen Aufwendungen angesetzt wurde, eine Beschreibung dieser Aufwendungen hinsichtlich Art, Höhe und zeitlichem Anfall;
- der Zeitraum, über den er aufgelöst wird sowie der (die) Posten der Gewinn- und Verlustrechnung, in dem (denen) die aufgelösten Beträge enthalten sind;
- eine detaillierte Entwicklung des negativen Unterschiedsbetrags im Geschäftsjahr.

158 Weiter werden zusätzliche Angaben im Fall des Ansatzes von **Restrukturierungsrückstellungen** iRd. Erstkonsolidierung sowie im Fall der Veräußerung von Unternehmen gefordert[174].

2. Anhangangaben bei Verschmelzungsmethoden

159 Bei Anwendung der **Interessenzusammenführungsmethode** sind nach HGB[175] folgende Angaben in den Konzernanhang aufzunehmen[176]:
- Es ist auf die Anwendung der Interessenzusammenführungsmethode hinzuweisen.
- Die aus der Anwendung der Interessenzusammenführungsmethode resultierenden Rücklagenveränderungen sind darzustellen.
- Name und Sitz des nach der Interessenzusammenführungsmethode einbezogenen Tochterunternehmens müssen angegeben werden.

160 Darüber hinaus sollte im Fall der Anpassung der Vorperioden ein Hinweis im Anhang aufgenommen werden. Werden die Vorperioden – wie nach HGB auch zulässig – nicht angepaßt, ist eine Vergleichbarkeit durch zusätzliche Anhangangaben herzustellen.

161 Die **Angabepflichten nach IAS** sind im Vergleich zum HGB weiter gefaßt. Ergänzend zu den allgemeinen Angaben für alle Unternehmenszusammenschlüsse werden bei Anwendung der Pooling of Interests-Methode die folgenden zusätzlichen Angaben verlangt[177]:

---

[174] DRS 4 Rn 60.
[175] § 302 Abs. 3 HGB.
[176] Vgl. *Hans-Georg Bruns* in Ballwieser/Coenenberg/v. Wysocki, Handwörterbuch der Rechnungslegung und Prüfung.
[177] IAS 22 (revised 1998) Par. 94.

– Die ausgegebenen Aktien sind zu beschreiben und quantitativ anzugeben. Darüber hinaus ist je Unternehmen aufzuführen, zu welchem Prozentsatz Stimmrechtsaktien im Zuge der Interessenzusammenführung getauscht wurden.
– Die von jedem Unternehmen eingebrachten Vermögensgegenstände und Schulden sind darzustellen.
– Für die Zeit vor dem Zusammenschluß sind für jedes Unternehmen getrennt die Umsatzerlöse, andere betriebliche Erträge, außerordentliche Posten und das Periodenergebnis aufzuzeigen.

Auch im Bereich der **US-GAAP** sind zusätzliche, über die Angaben für alle Unternehmenszusammenschlüsse hinaus gehende Informationen im Anhang aufzunehmen. Die wesentlichen hieraus resultierenden Angabeerfordernisse sind[178]:
– Es ist auf die Anwendung der Pooling of Interests-Methode sowie auf die Anpassung der Vorjahresvergleichswerte hinzuweisen.
– Die zusammengeschlossenen Unternehmen sind zu nennen und zu beschreiben.
– Die im Zuge des Zusammenschlusses ausgegebenen Aktien sind zu beschreiben und quantitativ anzugeben.
– Für die Zeit vor dem Zusammenschluß sind je Unternehmen gesonderte Angaben erforderlich. Diese umfassen insbes. Umsatzerlöse, das operative Ergebnis, das außerordentliche Ergebnis sowie das Konzernergebnis. Es ist auf sonstige Eigenkapitalveränderungen einzugehen. Die Behandlung und der Umfang konzerninterner Beziehungen zwischen diesen Unternehmen ist darzustellen.
– Sofern aufgrund des Zusammenschlusses Bilanzierungs- und Bewertungsmethoden vereinheitlicht worden sind, ist deren Einfluß auf das Reinvermögen und das Ergebnis anzugeben.
– Werden im Zuge des Zusammenschlusses abweichende Geschäftsjahre vereinheitlicht, sind die sich hieraus ergebenden Effekte darzulegen.

---

[178] ABP 16 Par. 63 bis 65.

§ 33 Erfolgsfaktoren der „Post Merger"-Integration bei transatlantischen Fusionen

Übersicht

	Rn
A. „Post Merger"-Integration	1
I. Bedeutung der „Post Merger"-Integration	1
II. Bedrohungspotentiale	4
III. Aktionsfelder einer erfolgreichen „Post Merger"-Integration	8
B. Bedeutung der einzelnen Anspruchsgruppen bei transatlantischen Fusionen	9
I. Kunden, Mitarbeiter und Aktionäre als zentrale Anspruchsgruppen	12
II. Sonstige Anspruchsgruppen	24
C. Kritische Erfolgsfaktoren	28
I. Faktor Zeit	28
II. Vision und Strategie	32
III. Kulturelle Integration	38
1. Mentalität und Geschichte	40
2. Arbeitsweise und Sprache	45
3. Sieger/Besiegten-Problematik	48
4. Was ist die neue Kultur?	51
IV. „Verzahnung" der Organisation	55
1. Schaffung einer gemeinsamen Aufbauorganisation	56
2. Austausch von Schlüsselpersonal	57
3. Gehaltspolitik	58
4. Verantwortungsbereiche, Kompetenzen und Richtlinien	60
V. Ausrichtung auf den Kunden	64
VI. „Post Merger"-Projektorganisation und Managementunterstützung	68
1. Umsetzung der Synergiepotentiale	69
2. Controlling-, Informations- und Anreizsysteme	72
VII. Ganzheitliches Kommunikationskonzept	75
1. Öffentlichkeitsarbeit	76
2. Kapitalmarktkommunikation	77
3. Interne Kommunikation	82
D. Ergebnis	84

A. „Post Merger"-Integration

I. Bedeutung der „Post Merger"-Integration

1 Der **Erfolg von Fusionen** hat sich in der Vergangenheit häufig als **zweifelhaft** erwiesen. So wird in der Literatur überwiegend die Meinung vertreten, daß über die Hälfte der Fusionen ihre gesteckten Ziele verfehlen und keinen Mehrwert schaffen[1]. Damit stellt sich die Frage, welche Elemente für den Erfolg einer Fusion verantwortlich sind.

2 Als ein wesentlicher Erfolgsfaktor für Unternehmensübernahmen läßt sich die Umsetzung des Vorhabens, die „post merger"-Integration (PMI), nennen. Denn eine Fusion ist nicht mit der Unterzeichnung von Verträgen abgeschlossen. Danach beginnt erst die wichtige und aufwendige Arbeit der **Implementation und Umsetzung**. Zunächst müssen die organisatorischen Voraussetzungen für die Einführung der neuen Struktur geschaffen werden. Dazu gehören die „Verzahnung" der beiden alten Organisationen bzw. die Schaffung einer neuen gemeinsamen Aufbauorganisation. Ebenfalls wichtig ist das Schaffen einer gemeinsamen Identität und Vision und die Beseitigung der oft entstehenden Hemmschwelle einer Sieger/Besiegten-Einstellung. Ein effizientes Controlling mit der kontinuierlichen Überprüfung der Zielerreichung und einer ständigen Prüfung der Frage, ob die potentiellen Vorteile und Möglichkeiten der Fusion genutzt werden, sorgen für ein ziel- und wertorientiertes Management.

3 Anhand dieser kurzen Einführung läßt sich bereits die Bedeutung der **„post merger"-Integrationsphase** erkennen. Die einzelnen Faktoren mit ihren spezifischen Auswirkungen auf den Erfolg werden an anderer Stelle detaillierter dargestellt[2].

II. Bedrohungspotentiale

4 Eine Fusion birgt erhebliche **Bedrohungspotentiale**. Wird der „post merger"-Integration nicht genug Bedeutung beigemessen, droht die Fusion die gesteckten Ziele nicht zu erreichen oder sogar ganz zu scheitern. Dabei können die Gründe vielseitig sein. Im folgenden soll ein kurzer Überblick über mögliche Ursachen und deren Auswirkungen gegeben werden.

5 Die Bedrohungen lassen sich – wie die Aktionsfelder einer „post merger"-Integration[3] – in sog. **„harte und weiche Faktoren"** einteilen. Im Hinblick auf

---

[1] Interessante Literatur: *Bamberger,* Der Erfolg von Unternehmensakquisitionen in Deutschland. Eine theoretische und empirische Untersuchung, 1994; *Bühner,* Erfolg von Unternehmenszusammenschlüssen in der Bundesrepublik Deutschland, 1990; *Gaughan,* Mergers & Acquisitions, New York, 1991; *Gerpott,* Integrationsgestaltung und Erfolg von Unternehmensakquisitionen, 1993; *Huemer,* Mergers & Acquisitions, Strategische und finanzielle Analyse von Unternehmensübernahmen, 1991; *Jung,* Erfolgsfaktoren von Unternehmensakquisitionen, 1993; *Kerler,* Mergers & Acquisitions und Shareholder Value, Bern, 2000.
[2] Siehe Rn 28 ff.
[3] Siehe Rn 8 ff.

die harten Faktoren besteht die Gefahr, die anvisierten Zahlen und Ziele zu verfehlen. Dies können intern eingeplante Einsparungen in Form von Synergien sein, die häufig als entscheidender Grund für die Durchführung einer Fusion angegeben werden, oder eine Verfehlung des geplanten Marktwachstums zB durch Überschneidungen gleichartiger Geschäftsbereiche der beiden Unternehmen. Ebenso besteht die Möglichkeit, daß die Fusion durch eine verzögerte Implementation der gemeinsamen Organisation oder durch das Fehlen der gemeinsamen Vision gefährdet wird. Letztgenannter Punkt betrifft auch das Feld der weichen Faktoren. Wird es nicht geschafft, alle Mitarbeiter auf ein gemeinsames Ziel einzuschwören und für die Fusion zu begeistern, droht das Scheitern der Transaktion. Diese weichen Faktoren sind dabei besonders wichtig, da sich Menschen nicht durch Anordnungen überzeugen lassen. Die „soft facts" gelten als wesentliche Bedrohung für das Scheitern einer Fusion. Denn wirtschaftliche Verfehlungen lassen sich durch Umstrukturierungen leichter korrigieren als menschliche Probleme.

Nach einer Fusion ist es besonders wichtig, das **Tagesgeschäft** nicht zu vernachlässigen. Denn bei Bündelung aller Kräfte auf die Umsetzung der Fusion droht die Gefahr, das operative Geschäft aus den Augen zu verlieren und damit Kunden zu verärgern oder sogar Marktanteile zu verlieren.

Die „post merger"-Integrationsphase sollte eine zeitlich **begrenzte Übergangszeit** bleiben. Der Zeitplan sollte so ausgelegt sein, um sich auf wichtige Entscheidungen konzentrieren und diese schnell treffen zu können. Oft werden dabei zwei Jahre als Übergangszeit angesehen. Wird diese Phase zu lange ausgedehnt, droht die Umsetzung der Fusion zu scheitern und damit auch der Zusammenschluß selbst.

III. Aktionsfelder einer erfolgreichen „Post Merger"-Integration

Die **Aktionsfelder einer „post merger"-Integration** lassen sich – wie schon erwähnt – in harte und weiche Faktoren einteilen. Dabei versteht man unter den „hard facts" die mit Zahlen belegbaren Einflüsse, während die „soft facts" die menschlichen Aspekte erfassen und berücksichtigen. Beiden ist große Beachtung zu widmen. Die harten Faktoren werden in Zeit, Strategie, den Aufbau einer neuen Organisation, Kundenausrichtung, Projektorganisation und den Aufbau eines Kommunikationskonzepts aufgeteilt. Die weichen Faktoren werden bei der kulturellen Integration und in anderen Unterpunkten, in denen persönliche Interessen – wie etwa in der Gehaltspolitik – berührt werden, berücksichtigt[4].

---

[4] Einzelheiten siehe Rn 28.

B. Bedeutung der einzelnen Anspruchsgruppen bei transatlantischen Fusionen

9   Im Idealfall sind Unternehmensübernahmen von einer stringenten industriellen Logik getrieben. Die Ausnutzung operativer, finanzieller und administrativer Synergiepotentiale **verbessert die Marktstellung** signifikant und kann in einem nachhaltigen Wettbewerbsvorteil im globalen Konkurrenzkampf resultieren. Die singuläre Konzentration auf diejenigen Synergiepotentiale, die das neu entstehende Unternehmen im Kostenbereich entlasten, kann sich im Hinblick auf die Marktstellung aber sehr schnell als Risikofaktor im Zusammenführungsprozeß erweisen. Derartige Synergien dürfen nicht den Blick darauf verstellen, daß viele Unternehmen allzu leicht geneigt sind, ihre wichtigsten Vermögenswerte, ihre Kunden und ihre Mitarbeiter, aufs Spiel zu setzen. Ohne eine langfristig stabile Beziehung zu diesen wird das Unternehmen nicht erfolgreich am Markt bestehen können.

10 Insbes. bei transatlantischen Fusionen erhöhen **landesspezifische kulturelle Differenzen** auf der Makro- bzw. Landesebene – neben den kulturellen Unterschieden auf der Unternehmensebene – die Komplexität einer Fusion und erschweren den ohnehin schwierigen Integrationsprozeß zusätzlich. Ein solches Widerspiel der Kräfte kann sich letztlich in einer unterdurchschnittlichen oder sogar negativen Aktienkursperformance widerspiegeln, und damit die zumeist angestrebte oberste finanzwirtschaftliche Zielsetzung, die Steigerung des Shareholder Value, verletzen. In letzter Instanz belastet das Unternehmen damit auch die Beziehung zu einer weiteren zentralen Anspruchsgruppe: den Aktionären.

11 Schließlich gilt es ebenso, alle weiteren Anspruchsgruppen (die anderen sog. „stakeholder") zu beachten. Das Unternehmen als **Gebilde sozialer Beziehungen** muß um einen pragmatischen Ausgleich zwischen den unterschiedlichen Ansprüchen der einzelnen Bezugsgruppen bemüht sein. Es geht darum, einen solchen Ausgleich im Fusionsprozeß ebenfalls zu verwirklichen.

I. Kunden, Mitarbeiter und Aktionäre als zentrale Anspruchsgruppen

12 Eine positive Bewertung der Fusion durch die **Kunden** muß als wesentlicher Indikator für den (potentiellen) Erfolg eines Zusammenschlusses gesehen werden. Die Tatsache, daß die Logik vieler Unternehmenszusammenschlüsse durch die Ergänzung der Produktpaletten geprägt ist, demonstriert eindrucksvoll die offenkundige Bedeutung für die Kunden.

13 Dennoch wird bei vielen Fusionen häufig ein **unzureichendes Augenmerk** auf die Interessen der Kunden gerichtet. Das ist meist darauf zurückzuführen, daß die Unternehmen insbes. in der Anfangsphase vorwiegend mit der Veränderung der eigenen Strukturen beschäftigt sind, wie zB:
– frühzeitige Stabilisierung der Unternehmensorganisation,
– aktives Change Management und
– Management des Integrationsprozesses.

14 Zweifellos handelt es sich hierbei um essentielle Maßnahmen, die zügig und intensiv verfolgt werden müssen. Über den **langfristigen Erfolg einer Fusion**

oder **Akquisition** entscheidet aber in hohem Maße letztlich der Kunde. Die Gefährdung der Kundenbindung hat insofern den Charakter einer Zeitbombe, die bei vielen fusionierten Unternehmen zunächst unbemerkt tickt. Die Gefahr, durch eine Fusion die Kundenbeziehungen zu belasten, liegt hauptsächlich in einer möglichen Verunsicherung der Kunden hinsichtlich künftiger Leistungen des neu geformten Unternehmens. Eine solche Unsicherheit ist besonders stark ausgeprägt, wenn die Kundenbindung sich nicht in erster Linie auf das Unternehmen, sondern auf **Marken** bezieht.

Darüber hinaus besteht die inhärente Gefahr, daß **persönliche Beziehungen** zwischen Mitarbeitern und Kunden – etwa aufgrund von Umstrukturierungen oder Rationalisierungen – zerstört werden. Dies ist zweifellos das größte Risiko für die neue Einheit, da die Kunden in diesem Fall Angebote der Konkurrenz annehmen könnten. Die Wettbewerber werden solche Umbruchphasen im Regelfall nutzen, um mit gezielten Offerten existierende Kundenbeziehungen aufzubrechen. Die Konzentration insbes. auf wertvolle Kunden ist daher ein elementarer Erfolgsfaktor einer Fusion. Eine sinnvolle Maßnahme zur Vorbereitung einer Übernahme stellt in diesem Kontext beispielsweise die Evaluierung des Kundenstamms im Rahmen einer Kundenportfolioanalyse dar.

Zur Verunsicherung der Kunden kommen erschwerend die **Ängste und Sorgen der Mitarbeiter** der beteiligten Unternehmen hinzu. Die Mitarbeiter sorgen sich im Fusionsprozeß um ihre berufliche Zukunft und beschäftigen sich intensiv mit ihrer eigenen Situation. Die Bedrohung durch potenziellen Arbeitsplatzverlust muß als primäre Ursache eines häufig festzustellenden Leistungsabfalls der Mitarbeiter gesehen werden. Eine mangelnde Motivation als zwangsläufige Konsequenz schlägt sich regelmäßig in einer nachlassenden Dynamik innerhalb der Unternehmen nieder. Die Ängste der Mitarbeiter strahlen auf die Kunden aus und bestätigen im Zweifelsfall die Befürchtungen der ohnehin schon irritierten Kunden.

Das Management hat die Aufgabe, aus einer Fusion eine Integration zu machen, um derartige den Erfolg gefährdende Prozesse weitestgehend zu vermeiden. Hierin liegt ein Schlüssel zur Wertschöpfung, die durch Fusionen und Akquisitionen erzielt werden soll. Allerdings ist auch abzusehen, daß sich das **Personalkarussell** zu drehen beginnt. Untersuchungen zeigen, daß rund ein Viertel der Führungskräfte im ersten Jahr und nahezu zwei Drittel innerhalb von fünf Jahren das Unternehmen verlassen. Dabei ist besonders hervorzuheben, daß rund zwei Drittel davon aus eigenem Antrieb ausscheiden.

Neben der Tatsache, daß unter einer solchen Personalfluktuation die Kundenbeziehungen leiden, können mit dem **Verlust früher hochmotivierter Führungskräfte** auch erhebliche finanzielle Belastungen durch hohe Abfindungszahlungen („golden handshake") verbunden sein. Gleichzeitig geht dem Unternehmen mit dem Abgang fachkompetenter Mitarbeiter wichtiges Know-how verloren, wodurch häufig zusätzliche Irritationen auf den nachgeordneten Ebenen ausgelöst werden. Durch diese Verluste entstehen dem neuen Unternehmen Schäden, von denen die Wettbewerber profitieren.

Die **Personalfrage** wird in der Praxis häufig **unterschätzt**. Die fehlende Konsequenz bei der Besetzung von Führungspositionen im Unternehmen nach einer Unternehmensübernahme stellt de facto die größte Fehlerquelle einer Fusion dar.

§ 33 20–24   Erfolgsfaktoren d. „Post Merger"-Integration b. transatlant. Fusionen

Im Ergebnis ist es häufig nicht die unternehmerische Logik, die Fusionen scheitern läßt, sondern die Reaktion der Menschen – sowohl von Seiten der Betroffenen als auch von Seiten der handelnden Personen. Das fehlende Verständnis muß nicht zwangsläufig in der Anfangsphase zum Platzen der Fusion führen, es wird jedoch im Verlauf des Integrationsprozesses unabdingbar die Erfolgsaussichten des Unternehmens am Markt beeinträchtigen.

20   Studien der Unternehmensberatungen Mercer Management und A. T. Kearney zeigen, daß der **Marktwert** bei der Mehrheit aller Zusammenschlüsse in den letzten Jahren nicht schneller als der Branchenschnitt gewachsen ist. Zu einem ähnlichen Ergebnis gelangte die Investmentbank J. P. Morgan, die über 100 Fusionen in Europa zwischen 1985 und 1996 untersuchte und ebenfalls herausfand, daß bei knapp der Hälfte der Unternehmen kein Mehrwert geschaffen wurde.

21   Schließlich ist es zwingend, auch die Gruppe der **Aktionäre** als dritte zentrale Anspruchsgruppe zu berücksichtigen. Angesichts nicht erfüllter Erwartungen beruhigen sich viele Unternehmensführungen mit dem Hinweis, daß die Unternehmen anderenfalls noch schlechter abgeschnitten hätten oder gar im Zuge des globalen Wettbewerbs vollkommen vom Markt verschwunden wären. Dies kann nicht darüber hinweg täuschen, daß die Aktionäre in vielen Fällen die Verlierer einer Fusion sind. Dies kann aber nicht Ziel und Zweck einer Fusion sein, sind die Aktionäre doch die Eigentümer der Gesellschaft. Die Mehrung des Shareholder Value ist die oberste finanzwirtschaftliche Zielsetzung. Die gesellschaftsrechtlich begründete Trennung von Eigentum und Kontrolle gewinnt in diesem Kontext an neuer Brisanz.

22   Profitieren können die **Aktionäre** tendenziell eher im **Vorfeld von Fusionen**. Während eines sog. Übernahmekampfs, durch bloße Bestätigung von Fusionsgesprächen oder bei Verkündung der „guten Nachrichten" steigt der Kurs der beteiligten Firmen regelmäßig an und setzt sich häufig in der sog. „Honeymoon-Phase" fort. Das Management mehrt damit zumindest im Vorfeld der Fusion temporär das Vermögen der Aktionäre.

23   Eine solche positive Kursentwicklung knüpft zumeist an die Prämisse an, daß die Fusion ökonomischen Gesetzen folgt. Fehlt hingegen der Glaube des Kapitalmarkts in die industrielle Logik des Zusammenschlusses, ist die Gefahr groß, daß die Transaktion bereits im Entstehungsprozeß scheitert. Der **Kapitalmarkt als Kontrollinstanz der Aktionäre** hat in zahlreichen Fällen zum Platzen von Fusionsvorhaben beigetragen. Vor diesem Hintergrund ist es elementar, den Märkten eine überzeugende und klare Strategie zu kommunizieren, um das nachhaltige Vertrauen der Aktionäre zu gewinnen.

II. Sonstige Anspruchsgruppen

24   Das Unternehmen ist ein soziales Gebilde im Spannungsfeld mehrerer Anspruchsgruppen. Neben den Kunden, Mitarbeitern und Aktionären werden auch die Lieferanten, die Fremdkapitalgeber sowie die allgemeine Öffentlichkeit als wesentliche Interessentengruppen gesehen.

Weder die **Lieferanten** – als zentrale Bezugsgruppe auf der Beschaffungsseite zur Aufrechterhaltung der Produktion – noch die **Fremdkapitalgeber** – im Hinblick auf mögliche negative Ratingkonsequenzen und der daraus resultierenden Erhöhung der Fremdkapitalkosten – dürfen im Prozeßablauf der Fusion vernachlässigt werden. Im Vorfeld einer solchen Transaktion stellen aber häufig auch die Gesellschaft und die Politik – als repräsentative Gruppen der Öffentlichkeit – bedeutende Größen dar. 25

Insbes. bei transatlantischen Fusionen ist die **Öffentlichkeit** stark auf die nationalen Belange der Gesellschaft fokussiert, die dementsprechend von der Politik vertreten werden. Unternehmenszusammenschlüsse, an denen traditionelle Unternehmen beteiligt sind, die den historischen Wirtschaftsverlauf eines Landes geprägt haben, rufen eine starke emotionale gesellschaftliche Reaktion hervor. Gleichzeitig sind besondere rechtliche Rahmenbedingungen zu beachten. Ggf. gilt es, kartellrechtliche Bedenken auszuräumen und möglicherweise Zugeständnisse wie den Verkauf bestehender Beteiligungen anzubieten. 26

Eine **sensible Verhandlungsführung** und das Ausräumen von etwaigen Bedenken hochrangiger öffentlicher Vertreter wird deswegen erst das „grüne Licht" für die Bekanntgabe einer Fusion bedeuten. Vor Ankündigung der Fusion zwischen Daimler-Benz und Chrysler wurden beispielsweise der US-amerikanische Präsident und der deutsche Bundeskanzler informiert. Solche stark politisch geprägten Prozesse sind in ihrer ganzen Bandbreite zu berücksichtigen. Anderenfalls unvermeidbare lautstarke Presseaktivitäten und das Übersehen ihrer Bedeutung können schnell das Ende aller Fusionspläne herbeiführen. 27

C. Kritische Erfolgsfaktoren

I. Faktor Zeit

Die **Zeit** spielt als **Erfolgskomponente** einer Fusion eine wesentliche Rolle. Als Faustregel läßt sich angeben: Je schneller die Integration vollzogen ist, desto erfolgreicher wird die Fusion sein. 28

Wie bereits erwähnt, ist die **Verunsicherung der Mitarbeiter** der beteiligten Unternehmen nach der Ankündigung einer Fusion nicht zu vermeiden. Die Kostenreduktionspotentiale liegen bei vielen Zusammenschlüssen primär im Bereich des Personals durch Straffung der Organisation bzw. Zusammenlegung der Verwaltungen und teilweise des operativen Geschäfts. Da gerade bei der Neuorganisation eines Unternehmens die Unterstützung und der Einsatz der Mitarbeiter eminent wichtig sind, wird schnellstmögliche Klarheit über die Zukunft der Mitarbeiter zu einem Erfolgsfaktor. Durch schnelle Entscheidungen können eine potentielle Unzufriedenheit und die Abwanderung der tragenden Kräfte im Unternehmen vermieden oder bekämpft werden. 29

Auch der **Kapitalmarkt** verlangt eine zügige Durchführung und Vollendung einer Fusion. Die durch Ankündigung geweckten und im Börsenkurs bereits eskomptierten Erwartungen der Marktteilnehmer müssen durch Fakten bestätigt 30 werden. Anderenfalls droht eine Abwendung der Investoren von dem neu geschaffenen Unternehmen und ein Sturz des Marktwerts.

31 Allerdings darf eine Entscheidung aus Zeitgründen nicht auf Kosten der **unternehmerischen Ausgewogenheit** und der **rechtlichen Erwägungen** gehen. Die Gefahr eines Fehlgriffs und hoher Folgekosten ist zu berücksichtigen. Im Ergebnis existiert ein Zielkonflikt zwischen Schnelligkeit einerseits und Fundiertheit der Entscheidungen andererseits.

II. Vision und Strategie

32 Das „Einschwören" der Mitarbeiter auf eine **gemeinsame Vision** ist gleichfalls ein zentraler Erfolgsfaktor jeder Fusion. Die Vision ist der Unternehmensleitsatz, der als langfristiges Ziel ausgegeben wird. Die Vision von DaimlerChrysler lautete: „Die Integration der beiden Unternehmen innerhalb von drei Jahren zu dem weltweit erfolgreichsten Automobilhersteller und Anbieter von Serviceprodukten". Die Realität bedingt Änderungen der Strategie, neue Maßnahmen und mehr Zeit als veranschlagt.

33 Eine verinnerlichte Vision als gemeinsames Ziel stärkt das **Zusammengehörigkeitsgefühl** der neuen Kollegen aus vorher verschiedenen Unternehmen – die nicht selten Konkurrenten waren – und erhöht den Einsatz und die Motivation jedes Einzelnen.

34 Eine **klare Strategie** von Beginn an ist wichtig für den Erfolg einer Fusion. Denn diese gilt als Leitfaden und Meßlatte für alle Beteiligten. Die Festlegung der Strategie ist Aufgabe der beteiligten Unternehmensführungen und muß bereits vor Ankündigung der Fusion in einem wechselseitigen Prozeß erfolgen.

35 Erfolgreiche Unternehmensstrategien legen die **neue Wettbewerbsposition** gegenüber den aktuellen und auch potentiellen Wettbewerbern in den relevanten Märkten nach der Fusion fest. Die Strategie darf sich nicht nur mittelfristig auf die Durchführung der Fusion beschränken, sondern muß ebenso die langfristige Ausrichtung des vereinten Unternehmens definieren. Nur so lassen sich teure Fehlgriffe und spätere notwendige Korrekturen vermeiden.

36 Die **Umsetzung und Implementierung** der einzelnen Übernahmemaßnahmen erfolgt durch die Spezialisten der einzelnen Abteilungen. Diese werden jedoch erst nach öffentlicher Bekanntgabe der Fusion mit ihren Aufgaben betraut, um die Gefahr aufkommender Gerüchte einzudämmen.

37 Wichtig bei der Umsetzung ist ein kontinuierlicher **Controlling-Prozeß**, der von einem Integrationsteam, am besten mit Mitgliedern des Vorstands, geleitet wird. Dadurch lassen sich Abweichungen von der Planung bzw. Strategie frühzeitig erkennen und korrigieren.

III. Kulturelle Integration

38 Wie bereits angedeutet haben die sog. **„weichen Faktoren"** wesentlichen Einfluß auf den Erfolg einer Fusion. Der Mensch läßt sich nicht auf Anordnung verändern und in ein neues System integrieren. Er legt Wert auf Individualität und Kon-

tinuität. Daher müssen Anreize und Programme geschaffen werden, um die Mitarbeiter zu motivieren und zu hohem persönlichen Einsatz zu bewegen. Bei der strategischen Ausrichtung und Bewertung ist viel Technik im Spiel, bei der kulturellen Integration dagegen steht das Fingerspitzengefühl im Vordergrund.

Zu beachten sind bei einem transatlantischen Merger sowohl Aspekte der Makrokultur, d. h. der **Kultur des** entsprechenden **Landes**, als auch der Mikrokultur, d. h. der **Firmenkultur** der beteiligten Unternehmen.

1. Mentalität und Geschichte

Die **Mentalität der künftigen Kollegen** unterscheidet sich uU aufgrund der unterschiedlichen Kulturkreise erheblich. So lassen Beobachtungen des täglichen Lebens darauf schließen, daß Amerikaner tendenziell eher nach dem „let's do it"-Prinzip arbeiten und das damit verbundene höhere Risiko nicht scheuen. Deutsche Mitarbeiter neigen dagegen eher dazu, vor einer Entscheidung gründliche Diskussionen und Untersuchungen durchzuführen; sie verpassen so ggf. sich kurzfristig bietende Chancen. Diese Diskrepanz kann zu Schwierigkeiten im täglichen Arbeitsleben führen und aufgrund mangelnden Verständnisses des Gegenübers auch Konflikte hervorrufen.

Daneben legen Amerikaner vor allem in sprachlicher Hinsicht meist einen großen **Wert auf Höflichkeit**. Kritik wird eher umschrieben und nicht direkt auf eine Person bezogen geäußert. Das bedeutet jedoch nicht, daß die Ansprüche niedriger sind. Der Deutsche läßt seinen Unmut tendenziell schneller erkennen und neigt zu klaren Anweisungen.

Ohne **Stereotype und Vorurteile** bestätigen zu wollen oder in stupide Pauschalurteile zu verfallen, läßt sich teilweise beobachten, daß Amerikaner geneigt sind, Deutsche unhöflich zu finden, während die Deutschen die Amerikaner eher als oberflächlich und ungenau einschätzen. Damit kann es passieren, daß zwar im Kern der Sache Übereinstimmung herrscht, es aufgrund der unterschiedlichen Ausdrucksweise aber dennoch zu Differenzen kommt.

Weitere Unterschiede liegen in der geschichtlichen Entwicklung. In Zentraleuropa haben Unternehmen noch relativ wenig **Erfahrung mit Fusionen**. Diese wird zur Zeit erst aufgebaut. Die USA und UK dagegen blicken auf eine Geschichte mit zahlreichen (auch feindlichen) Übernahmen zurück. Die Unternehmen sind daher mit den Erfolgsfaktoren einer Fusion schon vertraut.

Darüber hinaus sind **das Verhalten und der Einfluß der Öffentlichkeit** unterschiedlich. In den angelsächsischen Ländern liegt der Fokus schon lange auf dem Shareholder Value, d. h. Fusionen werden hauptsächlich nach ihrem Nutzen für die Investoren beurteilt. In Zentraleuropa stand bzw. steht der Einfluß anderer Interessengruppen im Vordergrund. Dazu gehören primär die Kunden sowie die Belegschaft, die bei einer Fusion den Verlust ihrer Arbeitsplätze fürchtet. Daneben spielen die Gewerkschaften als Vertreter der Arbeiternehmer eine Rolle, die in Übernahmen vor allem die Gefahr der Vernichtung von Arbeitsplätzen sehen und diesen daher skeptisch gegenüber stehen. Schließlich hat auch die Politik, die teilweise aufgrund des öffentlichen Drucks ihre „schützende" Hand über mögliche Übernahmekandidaten hält, einen Einfluß auf Fusionsentscheidungen.

2. Arbeitsweise und Sprache

45 Bei einer transatlantischen Fusion, zB zwischen einem deutschen und einem amerikanischen Unternehmen, ist die **Sprache** eine natürliche Barriere. Die Feinheiten und Gebräuche eines Muttersprachlers werden von dem Gesprächspartner erst nach langer Übung beherrscht. Diese Feinheiten sind jedoch häufig für Sympathien und den Erfolg einer Verhandlung ausschlaggebend. Teil einer erfolgreichen Fusionsstrategie muß sein, die Mitarbeiter mit der gemeinsamen neuen Firmensprache (im Normalfall Englisch) vertraut zu machen.

46 Während ein Deutscher zB eine Anfrage mit „Bitte schicken Sie mir..." formulieren würde, ist die entsprechende englische Version „Please send me..." eher ein Befehl und wird als unhöflich und Affront empfunden. Ebenso wird Ablehnung mildernd geäußert: „I'm afraid, I don't agree" im Gegensatz zu dem deutschen „Ich bin dagegen". Die deutschen Mitarbeiter tendieren dazu, diese **höfliche Ausdrucksweise** häufig als überflüssig zu empfinden und diese deswegen im täglichen Gebrauch nicht anzuwenden. Dies wiederum erweckt bei ihren amerikanischen Kollegen leicht einen negativen Eindruck.

47 Die Unternehmen können nach einer Fusion vor der Schwierigkeit stehen, sowohl fachlich als auch sprachlich exzellente Mitarbeiter für die **Besetzung von Schlüsselstellen** zu finden. Denn aufgrund des wichtigen Kommunikationsaspekts[5] darf die sprachliche Komponente bei der Besetzung nicht vernachlässigt werden. Auf der anderen Seite muß auch die fachliche Kompetenz gegeben sein. UU ist vor allem zu Beginn der Ressortverteilung vorstellbar, daß eloquente, in der Fremdsprache versierte Mitarbeiter den Vorzug vor vielleicht fachlich besser geeigneten Kandidaten erhalten.

3. Sieger/Besiegten-Problematik

48 Bei einer Fusion – vor allem zwischen Firmen aus verschiedenen Ländern – darf es **keine Gewinner und keine Verlierer** geben. Der Eindruck, übernommen zu werden, kann zu einem Gefühl der Minderwertigkeit und damit zu großem Konfliktpotential führen. Wird ein Unternehmen übernommen, besteht die Gefahr, daß die Mitarbeiter mit der neuen Situation nicht zurechtkommen und statt dessen versuchen, ihre Position auf Kosten des unternehmensinternen Gemeinwohls zu stärken. Auf der anderen Seite ist die Versuchung groß, das übernommene Unternehmen an einer kurzen Leine zu führen. Bei grenzüberschreitenden Fusionen kommen zu der potenziellen Ablehnung der Übernahme noch nationale Aspekte und kulturelle Differenzen hinzu. Die Argumente geraten auf eine unsachliche Ebene und auch andere Interessengruppen wie Gewerkschaften und Analysten sowie die Öffentlichkeit verurteilen solche Fusionen schneller.

49 Diese Problematik läßt sich vermeiden, wenn die Fusion als **Partnerschaft** eingegangen wird und alle Beteiligten entsprechend handeln. Damit wird die Fusion zu einem sog. **„Merger of Equals"**. Die Kompetenzen werden zu beiderseitiger Zufriedenheit aufgeteilt. Die paritätische Besetzung der Gremien wie Vorstand und Integrationsteams ist ein Indiz für gleichberechtigte Partnerschaft.

---

[5] Siehe Rn 75ff.

Anderenfalls setzen sich solche Beteuerungen dem Verdacht der reinen Semantik aus.

Die aktive Einbindung von Mitarbeitern beider Seiten in den Fusionsprozeß steigert das Selbstvertrauen und hilft, Vorurteile abzubauen. Es muß das Prinzip „**blending of the best**" verfolgt werden, wobei die Fachkompetenz Priorität hat.

4. Was ist die neue Kultur?

Ähnlich dem oben genannten Aspekt einer gemeinsamen Vision ist es für das fusionierte Unternehmen eminent wichtig, **eine gemeinsame Kultur** zu etablieren. Sonst besteht die Gefahr, daß zwar rechtlich und finanziell fusioniert wurde, in den Köpfen aber weiterhin getrennte Unternehmen bestehen. Dadurch würden wertvolle Synergiepotentiale verloren gehen.

Eine **Unternehmenskultur** besteht aus der **Gesamtheit von Werten, Normen und Symbolen**, die sich aufgrund der Bedürfnisse der Mitarbeiter und des Umfelds über die Zeit entwickelte, und die Denk- und Verhaltensweisen der Mitarbeiter prägt.

Die Kultur durchzieht das gesamte Unternehmen. Sie läßt sich bspw. in folgenden Bereichen erkennen:

– **Unternehmensorganisation:**
Dazu gehören sowohl die Aufbauorganisation in Form der hierarchischen Struktur und des Formalisierungsgrads als auch die Ablauforganisation, die zB die Systeme der Planung und der Leistungskontrolle etc. umfaßt.

– **Unternehmenspolitik:**
Durch die Unternehmenspolitik werden die Ausrichtung und die langfristige Strategie des fusionierten Unternehmens festgelegt. Sie ist damit Ausdruck des geforderten Nachdrucks beim Erreichen des angestrebten Ziels.

– **Praktizierter Führungsstil:**
Der Führungsstil in dem neu formierten Unternehmen kann unterschiedliche Ausprägungen annehmen. Immer beliebter wird die Delegation von Verantwortung, bei der Kompetenzen an untere Ebenen abgegeben werden. Denkbar sind auch ein autoritärer oder hierarchischer Führungsstil. Letztlich geht es darum, eine gemeinsame Ausprägung zu finden, die von Vorgesetzten ausgeübt und von allen Mitarbeiter akzeptiert wird.

– **Handlungsstrukturen:**
Dazu gehört die Übernahme bzw. Angleichung von Bräuchen. So gibt es in den USA seit langem den „casual friday". Es ist darüber nachzudenken, dieses Konzept entweder einheitlich zu übernehmen oder abzulehnen, um eine optische Trennung bei Meetings der Fusionspartner zu vermeiden.

– **Verbales Verhalten:**
Dazu gehört auch die Etablierung einer neuen Firmensprache. Sie sollte so gewählt werden, daß alle Mitarbeiter der Fusionspartner ohne langwierige Vorbereitungszeit miteinander in Kontakt treten können. Bei einer transatlantischen Fusion fällt die Wahl damit im Regelfall auf Englisch. Aber auch dann gibt es Unterschiede bei den Anredeformen und der Bedeutung von Titeln. Es

besteht die Gefahr, daß sich ein deutscher Kollege nicht richtig gewürdigt fühlt, während es der amerikanische Partner gewöhnt ist, wenn auf Titel bei Anreden verzichtet wird.

– **„Corporate Identity":**
Unter „corporate identity" wird die nach außen sichtbare Kultur verstanden. Dazu gehören neben dem Logo und gemeinsamen Auftritten in den Medien auch banale Dinge, wie zB einheitliche Briefbögen. Diese Außendarstellung erhöht das Zusammengehörigkeitsgefühl der Mitarbeiter und schafft die Möglichkeit der Identifizierung mit dem neu entstandenen Unternehmen.

54 Anhand der Beispiele lassen sich viele Möglichkeiten erkennen, an denen **die neue Kultur** definiert werden kann. Sie sollte auf jeden Fall so geschaffen sein, daß sie den Ansprüchen aller Beteiligten genügt und die Zusammenarbeit der Fusionspartner unterstützt.

IV. „Verzahnung" der Organisation

55 Nach der Ankündigung einer Fusion folgt der Implementierungsprozeß, der oft auch erst die wahren **Probleme einer Fusion** aufzeigt. Ein wesentlicher Bestandteil der Umsetzung ist die Schaffung einer neuen Organisation aus ehemals mehreren Unternehmen.

1. Schaffung einer gemeinsamen Aufbauorganisation

56 Die Zusammenlegung der Organisationen zu einer gemeinsamen Aufbauorganisation bringt das Aufbrechen alter und gewachsener Strukturen mit sich. Bei diesem Vorgang sind daher neben den „harten Faktoren", d. h. der **Implementierung einer Organisationsstruktur**, die „weichen Faktoren" in Form der persönlichen Einstellung der Mitarbeiter nicht zu vernachlässigen. Denn die Mitarbeiter setzen die Fusion um und müssen daher für ihre neuen Aufgaben begeistert werden. Es ist notwendig, möglichst bald[6] – am besten schon bei Ankündigung der Fusion – ein Grobkonzept der neuen Organisation vorzulegen. Die Feinabstimmung kann später durch die Integrationsteams aus den jeweiligen Abteilungen beider Unternehmen erfolgen. Dabei sollten die Fähigkeiten und Interessen der Führungskräfte weitestgehend beachtet werden. Denn diese Spezialisten ermöglichen durch den erfolgreichen Aufbau einer neuen Organisation den späteren Erfolg des gemeinsamen Unternehmens.

2. Austausch von Schlüsselpersonal

57 Ein wichtiger Aspekt bei einer Fusion ist der Abbau von Vorurteilen zwischen den beiden Fusionspartnern, die vorher häufig Konkurrenten waren. Gelingt dies nicht, drohen Reibungsverluste und gegenseitiges Mißtrauen. Durch den **Austausch von Mitarbeitern** vor allem **in leitenden Positionen** können Vorurteile abgebaut und das Kennenlernen beschleunigt werden. Durch gemeinsames

---

[6] Siehe Rn 28 ff.

Erarbeiten der neuen Abläufe und Verfahren entsteht die Möglichkeit, die bisherigen Abläufe und die Arbeitsweisen des Fusionspartners zu untersuchen und dadurch gleich zu Beginn einen Know-how-Transfer durchzuführen. Bei der Implementierung der Abläufe im neuen Unternehmen können so die bewährten Vorgehensweisen berücksichtigt werden.

3. Gehaltspolitik

Bedingt durch die **unterschiedlichen Lohn- und Gehaltsniveaus** in den Ländern diesseits und jenseits des Atlantiks ist die Gefahr eines innerbetrieblichen Vergleichs und ein daraus entstehender Neid nach einer Fusion groß. So betragen zB die Gehälter für das mittlere und höhere Management in den USA vor allem aufgrund bereits weiträumig implementierter Aktienoptionspläne teilweise ein Vielfaches der deutschen Kollegen. Diese Diskrepanz weckt häufig Unbehagen und die Forderung nach gleicher Entlohnung bei gleicher Leistung. Eine sinnvolle Angleichung sollte möglichst schnell vor sich gehen. Ausschreibungen für neue Stellen sollten konzernweit bei einem ähnlichen Vergütungsniveau erfolgen.

Allerdings ist bei der **Neudotierung der vorhandenen Stellen** auch mit Vorsicht zu verfahren. Es ist sehr kostspielig, das Gehaltsgefüge bei einem Großkonzern nach oben zu korrigieren. Die Mehrkosten müssen durch die entstehenden Synergien kompensiert werden. Insgesamt gibt es nach einer Fusion regelmäßig eine Tendenz zu steigendem Lohnniveau. Dieser materielle Anreiz steigert die Motivation der Mitarbeiter, wenn ihre Einsatzbereitschaft richtig genutzt wird.

4. Verantwortungsbereiche, Kompetenzen und Richtlinien

Die **Verantwortungsbereiche** müssen schon vor der Bekanntgabe der Fusion durch das Top-Management grob vorgegeben werden. Dadurch lassen sich interne „Grabenkämpfe" um Kompetenzen im neu formierten Unternehmen und damit die Verschwendung von Energien vermeiden. So sollten die künftigen Mitglieder des Vorstands bereits bei Verkündung der Fusion feststehen, die der zweiten Führungsebene innerhalb weniger Wochen und im Anschluß daran die übrigen Führungskräfte des mittleren Managements.

Die bereits erwähnte Unsicherheit in der Belegschaft läßt sich durch **schnelles Festlegen der neuen Struktur** vermeiden. Die Feinabstimmung der Kompetenzen wird durch sog. Integrationsteams bzw. Teams aus den Abteilungen beider Unternehmen festgelegt. Diese müssen sich nach Richtlinien verhalten, die zuvor vom Top-Management für das fusionierte Unternehmen verabschiedet wurden.

Der **Übergangsprozeß** ist so reibungslos wie möglich zu gestalten, um unnötige Auseinandersetzungen zu vermeiden. Eine mögliche Vorgehensweise besteht in der Objektivierung der Festlegung der einzelnen Kompetenzen, zB durch eine Leistungsevaluierung der Mitarbeiter durch ein externes Personalberatungsunternehmen. Den internen Auseinandersetzungen um mehr Einfluß wird dadurch neutral begegnet.

63 Daneben darf das **Tagesgeschäft** nicht vernachlässigt werden. Bei allen Unternehmensübernahmen besteht die Gefahr, daß während der ersten ein bis zwei Jahre des Integrationsprozesses das operative Geschäft nicht genug Beachtung findet und damit die Performance des Unternehmens sinkt.

V. Ausrichtung auf den Kunden

64 Von besonderer Bedeutung während des Fusionsablaufs ist der **stete Blick auf die Kunden**. Schon unmittelbar nach Bekanntgabe einer Fusion oder Akquisition verursachen Gerüchte und Spekulationen Verunsicherung bei den bisherigen Kunden. Gezielte Aktivitäten der Konkurrenz können sehr schnell existierende Kundenbeziehungen aufbrechen und zu einem beängstigenden Kundenschwund führen, der die langfristigen Erfolgsaussichten des Unternehmens schmälert. Weiß der Kunde nicht genau, woran er ist, hat die Konkurrenz besonders leichtes Spiel.

65 Wichtig ist, daß Unternehmen bereits in der Integrationsphase mit ihren Kunden intensiv **kommunizieren** und auf deren zentrale Fragen, was, wie und wann sich etwas an der bisherigen Geschäftsbeziehung ändern wird, eingehen. Nur auf diesem Weg können verunsicherte Kunden dem Unternehmen erhalten bleiben. Es sollten bereits frühzeitig Aussagen hinsichtlich der vom fusionierten Unternehmen angebotenen Palette von Produkten und Dienstleistungen gemacht werden.

66 Der Kunde assoziiert mit einem Unternehmen oft bestimmte Marken und ein spezifisches Image. Nach einer Fusion besitzt das entstandene Unternehmen uU eine größere **Markenauswahl**, die aber in den Augen des Kunden auch verwässernd wirken kann. Dieses Problem besteht vor allem bei der Fusion eines High-End-Produzenten mit Premiumprodukten eines Massenherstellers.

67 Eine mögliche Lösung besteht darin, sich – seitens der Werbung und der öffentlichen Auftritte – stärker auf die spezifischen Marken zu konzentrieren. Dem Kunden wird dadurch das Gefühl vermittelt, daß sich an der bekannten Qualität und dem Anspruch des Produkts nichts ändert. Denn nur wer **in Kundenbedürfnissen statt in Produkten denkt**, wird letztlich die angestrebten Synergiepotentiale realisieren und die erhofften Umsatz- und Gewinnsteigerungen erzielen können.

VI. „Post Merger"-Projektorganisation und Managementunterstützung

68 Während und nach der Durchführung einer Fusion muß darauf geachtet werden, daß die möglichen Vorteile eines Zusammenschlusses auch wirklich ausgenutzt werden. Denn die Vergangenheit hat gezeigt, daß die Mehrzahl der Fusionen Wert vernichtet anstatt wirklich Mehrwert zu schaffen. Nur wenige Unternehmen erreichen die gesteckten Ziele. Deswegen ist auf die **Umsetzung der Synergiepotentiale** und die **Kontrolle des Fusionsprozesses** großer Wert zu legen.

1. Umsetzung der Synergiepotentiale

Die Synergiepotentiale nach einer Fusion lassen sich leicht anhand der **Wertschöpfungskette** nachvollziehen. Die nachfolgende Abbildung gibt einen kurzen Überblick über die einzelnen Bereiche und die realisierbaren Synergien:

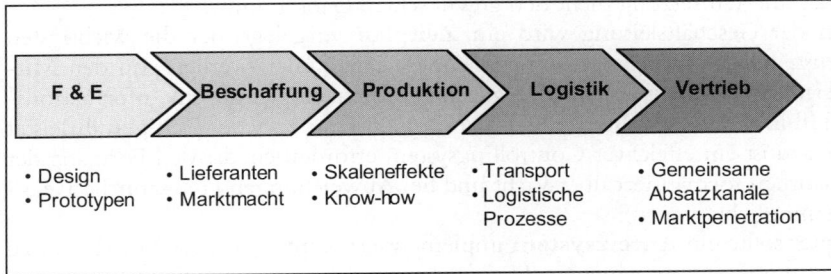

Abb. 1: Synergiepotentiale entlang der Wertschöpfungskette

Das vereinte Know-how der Entwicklung läßt sich für beide Fusionspartner effektiver einsetzen. Im Ergebnis steht häufig eine **höhere Innovationsfähigkeit**.
– Denn es besteht die Möglichkeit, auf **technische Neuerungen**, das Design und sonst gesperrte Patente oder Erfindungen zurückzugreifen. Auch beim Bau der Prototypen kann das Wissen gebündelt werden.
– Daneben kann der **Einkauf** durch gestiegene Marktmacht und mehr Lieferantenbeziehungen oft eine höhere Qualität zu niedrigeren Preisen erzielen, da er die Möglichkeit hat, die „besten" Lieferanten der beiden Fusionspartner zu behalten und den Kostendruck aufgrund der gestiegenen Volumina zu erhöhen.
– In der **Produktion** lassen sich vor allem Skaleneffekte aufgrund der gestiegenen Mengen erzielen. Auch das gebündelte technische Know-how erhöht die Gesamtwirtschaftlichkeit.
– In der **Logistik** lassen sich durch die gestiegenen Mengen und eine Neuorganisation des Verteilsystems ebenfalls Skaleneffekte erzielen.
– Der **Vertrieb** hat schließlich die Möglichkeit, seine Absatzkanäle zu bündeln und gewachsene Kundenbeziehungen für neue Verkäufe zu nutzen.

Neben den betrachteten Potentialen gibt es weitere auszunutzende Synergien. Ein wesentlicher Punkt ist die Reduktion des Personals[7]. Da viele Konzernfunktionen und Stabstellen nach einer Fusion doppelt besetzt sind, ergibt sich die Möglichkeit, Kostenreduktionen **im administrativen Bereich** durchzuführen. Dabei spielen die Datenverarbeitungssysteme eine große Rolle. Durch eine Standardisierung und die Konzentration auf die „besten" Produkte lassen sich erhebliche Einsparungen realisieren. Eine gemeinsame Datenbasis ist in der heutigen Zeit eminent wichtig für den Erfolg einer Fusion. Denn erst dadurch wird sichergestellt, daß das vereinigte Know-how auch wirklich genutzt werden kann.

---

[7] Siehe Rn 17 ff.

2. Controlling-, Informations- und Anreizsysteme

72 Wichtig ist die **Überwachung des Fusionsprozesses**. Dafür werden leistungsfähige Instrumentarien benötigt, die zu jeder Zeit über den Stand und den Fortgang des Integrationsprozesses Auskunft geben können. Sonst droht die Gefahr, daß die Umsetzung nicht den gewünschten Gang nimmt.

73 Von der Geschäftsleitung wird ein **Zeitplan** vorgelegt, der die wichtigsten Meilensteine der Integration festlegt. Diese Maßnahmen werden von den Mitgliedern der Integrationsteams ausgeführt. Gleichzeitig muß ein Informationsrückfluß in die Vorstandsetage über den Projektstatus zu jeder Zeit gewährleistet sein. Dazu ist ein effektives Controllingsystem erforderlich, das den Fortgang der Maßnahmen formalisiert überwacht und bei Abweichungen eine schnelle Reaktion ermöglicht.

74 Weiter sollte ein **Anreizsystem** implementiert werden, um die Mitarbeiter zu verstärktem Einsatz für das neue Unternehmen zu bewegen. Dieses Anreizsystem kann mit dem Controlling-System gekoppelt werden, um so eine leistungsgerechte Vergütung nach der Wertentwicklung – die mit dem Erfolg der Fusion korreliert – im Unternehmen zu ermöglichen.

VII. Ganzheitliches Kommunikationskonzept

75 Ein wichtiger Aspekt für den Erfolg einer Fusion ist die Implementierung eines **gemeinsamen Kommunikationskonzepts** bereits vor Bekanntgabe der Fusion. So kann frühzeitig den zahlreichen Fragen und oft auch Befürchtungen begegnet werden. Dabei müssen alle Interessengruppen des Unternehmens angesprochen werden. Entsprechend kann dieses ganzheitliche Kommunikationskonzept in die drei Bereiche Öffentlichkeitsarbeit, Kapitalmarktkommunikation und Interne Kommunikation unterteilt werden.

1. Öffentlichkeitsarbeit

76 Aufgabe der Öffentlichkeitsarbeit ist es, die nicht direkt mit dem Unternehmen in Verbindung stehenden Interessengruppen zu unterrichten. Dazu gehören in erster Linie die **Medien** und auch die **Politik**. Wesentliche Inhalte sind das Aufzeigen und Erläutern der Ziele der Fusion. Die oft negative Stimmung der Öffentlichkeit gegenüber einer Fusion vor allem aufgrund kartellrechtlicher Bedenken oder auch wegen des drohenden Verlusts von Arbeitsplätzen sollte durch aktives Vorstellen der Vorzüge bekämpft werden.

2. Kapitalmarktkommunikation

77 Die Kapitalmarktkommunikation soll die Investoren und damit die Eigentümer des Unternehmens ansprechen. Wichtig ist es, die **Großinvestoren und Portfoliomanager** schon frühzeitig in die Pläne mit einzubeziehen und sich damit deren Unterstützung zu sichern. Denn die Investoren wollen mit ihren Anteilen möglichst bald von der Fusion profitieren. Da in der Vergangenheit Fusionen häufig gescheitert sind, müssen die professionellen Anleger mit stichhaltigen Argumenten von der Vorteilhaftigkeit der Transaktion überzeugt werden.

Wichtige Ansprechpartner der Kapitalmarktkommunikation sind die **Analysten**, die Meinungsführer auf den Kapitalmärkten. Diese sollten wie die Portfoliomanager mit First Hand Informationen versorgt werden. Dabei ist es Aufgabe der Kommunikation, die Vorteile eines Zusammenschlusses glaubhaft zu vermitteln.

Durch die frühzeitige **Einbindung von Investor Relations** während der Vorbereitungsphase kann bereits bei Bekanntgabe den Großinvestoren zeitnah in Einzelgesprächen das neue Konzept aktiv vorgestellt werden. Dabei ist auf offenen Umgang und auch darauf zu achten, daß Probleme nicht verheimlicht werden. Die Erwartungshaltung des Kapitalmarkts sollte nicht zu stark erhöht werden. Sonst besteht die Gefahr, die Erwartungen nicht erfüllen zu können. Dies könnte zu einem Vertrauensverlust mit Konsequenzen in Form eines Kursrutsches nach Bekanntwerden der erreichten Ergebnisse führen.

Aufgabe von Investor Relations ist es, für die **Einheitlichkeit der Informationen** zu sorgen. Es ist darauf zu achten, daß dem Kapitalmarkt mit einer „one voice policy" begegnet wird. Alle Veröffentlichungen des Topmanagements und der Öffentlichkeitsarbeit sind aufeinander abzustimmen.

Bei einer **Fusion mit Aktientausch** der beteiligten Unternehmen – als ein Beispiel eignet sich die transatlantische Fusion der DaimlerBenz AG und der Chrysler Corp. zur DaimlerChrysler AG – soll die Kapitalmarktkommunikation die bisherigen Aktionäre von der Vorteilhaftigkeit eines Tauschs ihrer Aktien überzeugen. Die Anteilseigner entscheiden über die Durchführung der Fusion in der geplanten Form und deren Erfolg.

3. Interne Kommunikation

Auch die interne Kommunikation darf in der Phase während und nach einer Fusion nicht vernachlässigt werden. Die Mitarbeiter als tragende Kräfte des Zusammenschlusses müssen **für die „gemeinsame" Sache gewonnen** werden. Wie erwähnt sind die weichen Faktoren für das Gelingen oder das Scheitern einer Fusion vorrangig verantwortlich.

Die interne Kommunikation soll sich an ähnlichen Kriterien ausrichten wie die Kapitalmarktkommunikation. Die Kommunikation sollte aktiv und positiv ausgerichtet sein, um **für die Fusion** zu **werben**. Dabei dürfen Probleme nicht verheimlicht werden, sondern müssen offen und zeitnah diskutiert werden. Die Einrichtung eines Teams zur Beantwortung von Mitarbeiterfragen und Beruhigung aufkommender Ängste kann dabei die offizielle Kommunikation effizient unterstützen.

D. Ergebnis

Die Ausführungen machen deutlich, daß es sich bei der „post merger"-Integration (PMI) um einen wesentlichen Bestandteil einer Fusion handelt. Eine Unternehmensverbindung ist – entgegen der teilweise vorherrschenden und praktizierten Meinung – nicht mit der Unterzeichnung der Fusionsverträge abgeschlossen. Die Hauptarbeit in Form der **Implementation** der beschlossenen Änderungen und der **Verankerung** des neuen Unternehmens in den Köpfen der Mitarbeiter steht in der Phase nach dem rechtlich vollzogenen Zusammenschluß in der PMI-Phase an.

85   Die Anspruchsgruppen, die bei einer transatlantischen Fusion entstehen, und die Faktoren, die in der **PMI-Phase** berücksichtigt werden müssen, wurden detailliert behandelt. Dabei wurden Beispiele für konkrete Probleme und drohende Gefahren bei deren Nichtbetrachtung aufgezeigt.

86   Aufgrund der hohen Mißerfolgsrate bei Fusionen ist es umso verwunderlicher, daß dem Aspekt der PMI durch das Topmanagement der beteiligten Unternehmen in der Vergangenheit häufig nicht die erforderliche Aufmerksamkeit gewidmet wurde. In letzter Zeit läßt sich aber – auch bedingt durch vielfältige Veröffentlichungen in der Wirtschaftspresse – ein **Umdenken** erkennen.

§ 34 Mängel einer Unternehmensübernahme und ihre Folgen

Übersicht

Rn

A. **Der fehlerhafte Unternehmenskauf** 1
    I. Gleichstellung des Beteiligungskaufs mit dem Unternehmenskauf 3
    II. Auflistung möglicher Leistungsstörungen 8
    III. Voraussetzungen für die Haftung des Veräußerers nach den verschiedenen Rechtsinstituten 10
        1. Sachmängelhaftung 10
            a) Fehler des Unternehmens 11
            b) Zugesicherte Eigenschaften 14
            c) Arglist 18
        2. Rechtsmängelhaftung 19
        3. Culpa in contrahendo 20
        4. Wegfall der Geschäftsgrundlage 23
    IV. Rechtsfolgen der verschiedenen Haftungstatbestände ... 26
        1. Minderung 27
        2. Wandelung 29
        3. Schadensersatz 31
            a) § 463 BGB 31
            b) §§ 440 Abs. 1, 325 BGB 32
            c) Culpa in contrahendo 33
        4. Vertragsanpassung, Vertragsauflösung 34
        5. Verjährung 36
    V. Nichtigkeit des Unternehmenskaufvertrags 39
        1. Voraussetzungen 39
        2. Rechtsfolgen 40
    VI. Empfehlungen für die Vertragsgestaltung 45

B. **Die fehlerhafte Verschmelzung bzw. Spaltung zur Aufnahme nach dem Umwandlungsgesetz** 50
    I. Fehlerquellen 54
        1. Verschmelzungs-/Spaltungsvertrag 54
        2. Verschmelzungs-/Spaltungsbeschluß 55
        3. Kapitalerhöhungsbeschluß 59
    II. Klage gegen die Wirksamkeit des Verschmelzungs-/Spaltungsbeschlusses 61
        1. Frist für die Erhebung der Klage 64
        2. Negativerklärung der Vertretungsorgane 69
        3. Der Unbedenklichkeitsbeschluß als Durchbrechung der Registersperre 70
            a) Unzulässigkeit der Klage 72
            b) Offensichtliche Unbegründetheit der Klage 73
            c) Vorrangiges Eintragungsinteresse 75

		Rn
III.	Irreversibilität der Verschmelzung/Spaltung nach Eintragung im Register	80
IV.	Schadensersatzansprüche	84
V.	Das Spruchverfahren	88
VI.	Die fehlerhafte Ausgliederung zur Aufnahme nach den „Holzmüller"-Grundsätzen	93

Schrifttum: *Aderholt*, Culpa in contrahendo beim Unternehmenskauf, DStR 1991, 844; *Ballerstedt*, Das Unternehmen als Gegenstand des Bereicherungsanspruchs, FS Schilling, 1973, S. 289; *Bayer*, Kein Abschied vom Minderheitenschutz durch Information – Plädoyer für eine restriktive Anwendung des § 16 Abs. 3 UmwG, ZGR 1995, 613; *Bork*, Beschlußverfahren und Beschlußkontrolle nach dem Referentenentwurf eines Gesetzes zur Bereinigung des Umwandlungsrechts, ZGR 1993, 343; *Canaris*, Die Reform des Rechts der Leistungsstörungen, JZ 2001, 499; *ders.*, Leistungsstörungen beim Unternehmenskauf, ZGR 1982, 395; *Decher*, Die Überwindung der Registersperre nach § 16 Abs. 3 UmwG, AG 1997, 388; *Dietz*, Die Ausgliederung nach dem Umwandlungsgesetz und nach Holzmüller, Diss. Frankfurt am Main 2000; *Engelmeyer*, Die Spaltung von Aktiengesellschaften nach dem neuen Umwandlungsrecht, Diss. Köln 1995; *Ganske*, Umwandlungsrecht, 2. Aufl. 1995; *Grunewald*, Unerwartete Verbindlichkeiten beim Unternehmenskauf, ZGR 1981, 622; *Hommelhoff*, Die Sachmängelhaftung beim Unternehmenskauf durch Anteilserwerb, ZHR 140 (1976) 271; *ders.*, Die Sachmängelhaftung beim Unternehmenskauf, 1975; *Hommelhoff/Schwab*, Leistungsstörungen beim Unternehmenskauf, FS Zimmerer, 1997, S. 267; *Kreuznacht*, Wirkungen der Eintragung fehlerhafter Verschmelzungen, Diss. Münster, 1998; *Larenz/Canaris*, Lehrbuch des Schuldrechts, Bd. II/2, 13. Aufl. 1994; *Lieb*, Gewährleistung beim Unternehmenskauf, FS Gernhuber, 1993, S. 259; *Lutter/Bezzenberger*, Für die Reform des Spruchverfahrens im Aktien- und Umwandlungsrecht, AG 2000, 433; *Martens*, Verschmelzung, Spruchverfahren und Anfechtungsklage in Fällen eines unrichtigen Umtauschverhältnisses, AG 2000, 301; *Gerd Müller*, Umsätze und Erträge – Eigenschaften der Kaufsache?, ZHR 147 (1983) 501; *ders.*, Kaufrechtliche Sachmängelhaftung oder culpa in contrahendo, ZIP 1993, 1045; *Rettmann*, Die Rechtmäßigkeitskontrolle von Verschmelzungsbeschlüssen, Diss. Köln 1998; *Reichert*, Ausstrahlungswirkungen der Ausgliederungsvoraussetzungen nach UmwG auf andere Strukturänderungen, in Habersack/Koch/Winter, Die Spaltung im neuen Umwandlungsrecht und ihre Rechtsfolgen, 1999; *Riegger/Schockenhoff*, Das Unbedenklichkeitsverfahren zur Eintragung der Umwandlung ins Handelsregister, ZIP 1997, 2105; *Schmid*, Das umwandlungsrechtliche Unbedenklichkeitsverfahren und die Reversibilität registrierter Verschmelzungsbeschlüsse, ZGR 1997, 493; *Karsten Schmidt*, Zur gesetzlichen Befristung der Nichtigkeitsklage gegen Verschmelzungs- und Umwandlungsbeschlüsse, DB 1995, 1849; *Schöne*, Das rechtsgrundlos erlangte Unternehmen – Herausgabe oder Wertersatz?, ZGR 2000, 86; *ders.*, Die Spaltung unter Beteiligung von GmbH, Habil. Köln 1998; *ders.*, Die Klagefrist des § 14 Abs. 1 UmwG: Teils Rechtsfortschritt, teils „Aufforderung" zu sanktionslosen Geheimbeschlüssen?, DB 1995, 1317; *Schwintowski*, Das Unternehmen im Bereicherungsausgleich, JZ 1987, 588; *Timm*, Einige Zweifelsfragen zum neuen Umwandlungsrecht, ZGR 1996, 247; *Veil*, Die Registersperre bei der Umwandlung einer AG in eine GmbH, ZIP 1996, 1065; *Harm Peter Westermann*, Das neue Kaufrecht einschließlich des Verbrauchsgüterkaufs, JZ 2001, 530; *ders.*, Neuere Entwicklungen der Verkäuferhaftung beim Kauf von Unternehmensbeteiligungen, ZGR 1982, 45; *Willemsen*, Zum Verhältnis von Sachmängelhaftung und c. i. c. beim Unternehmenskauf, AcP 182 (1982) 515; *Zimmer*, Der Anwendungsbereich des Sachmängelgewährleistungsrechts beim Unternehmenskauf, NJW 1997, 2345.

A. Der fehlerhafte Unternehmenskauf[1]

Eine Untersuchung der Mängel einer Unternehmensübernahme und ihrer Folgen muß zwei große **Themenbereiche** unterscheiden: den fehlerhaften Unternehmenskauf mit der rechtskonstruktiven Differenzierung zwischen dem Unternehmenskauf (Asset Deal)[2] und dem Beteiligungskauf (Share Deal)[3] einerseits und die fehlerhafte Verschmelzung bzw. Spaltung zur Aufnahme nach dem Umwandlungsgesetz andererseits. Im Zusammenhang mit dem letztgenannten Themenkomplex ist schließlich auch die fehlerhafte Ausgliederung zur Aufnahme nach den „Holzmüller"-Grundsätzen zu behandeln. Dabei sind für jeden Themenbereich die typischen Fehlerquellen und die daran anknüpfenden Rechtsfolgen aufzuzeigen.

Der Erwerb eines Unternehmens kann in zwei unterschiedlichen rechtlichen Gestaltungen erfolgen: dem Unternehmenskauf (Asset Deal) und dem Beteiligungskauf (Share Deal). Es ist zu unterscheiden, ob bei dem Unternehmens- bzw. Beteiligungskauf **Leistungsstörungen** der verschiedensten Arten zutage treten oder ob bereits die vertragliche Grundlage für die Übertragung des Unternehmens bzw. der Beteiligung an einem **Nichtigkeitsmangel** leidet. Schließlich werden einige Empfehlungen für die Vertragsgestaltung gegeben.

I. Gleichstellung des Beteiligungskaufs mit dem Unternehmenskauf

Gegenstand des Unternehmenskaufs sind sämtliche Vermögensgegenstände des Aktiv- und Passivvermögens einschließlich der dazu gehörenden unkörperlichen Gegenstände (zB „goodwill", Know-how), sämtliche Rechte (zB Forderungen, Patente, Lizenzen) und Verbindlichkeiten sowie der Tätigkeitsbereich des Unternehmens. Gegenstand des Beteiligungskaufs ist die (maßgebliche) Gesellschaftsbeteiligung an dem Rechtsträger des Unternehmens. Mit beiden Gestaltungen lassen sich wirtschaftlich vergleichbare Ergebnisse erzielen. Grundsätzlich ist zwischen beiden Gestaltungen zu differenzieren, denn der Unternehmenskauf ist Sachkauf (genauer: Spezieskauf) und der Beteiligungskauf ist Rechtskauf.

---

[1] Vgl. auch die Darstellungen in § 9 „Haftung des Verkäufers und Unternehmensprüfung".
[2] Siehe § 13.
[3] Siehe § 12.

4 Der Kauf von Gesellschaftsanteilen ist ein **Rechtskauf**[4]. Das gilt auch dann, wenn der Käufer sämtliche Anteile oder eine beherrschende Mehrheit erwirbt. In diesem Fall erscheint indessen eine Haftung des Verkäufers nur für die Verität des Rechts[5] unangemessen, weil der Beteiligungskauf wirtschaftlich dem Kauf des Unternehmens gleichsteht. Auf den wirtschaftlich einem Unternehmenskauf gleichstehenden Beteiligungskauf können daher die Sachmängelgewährleistungsvorschriften analog angewandt werden[6].

5 Nicht abschließend geklärt sind die Voraussetzungen, die bei einem Beteiligungskauf eine **Anwendung der Sachmängelgewährleistungsvorschriften** des Veräußerers rechtfertigen[7]. Unstreitig ist dies in dem Fall, wenn der Erwerber en bloc sämtliche Gesellschaftsanteile von einem[8] Veräußerer übernimmt[9]. Auch der Verbleib einer nur unbedeutenden Restbeteiligung beim Verkäufer schadet nicht[10]. Noch nicht höchstrichterlich geklärt ist, ob der Erwerb der satzungsän-

---

[4] § 433 Abs. 1 Satz 2 BGB (= § 453 RegE-BGB idF des Entwurfs eines Gesetzes zur Modernisierung des Schuldrechts v. 14. 5. 2001, BT-Drucks. 14/6040 = http://www.bmj.bund.de/ggv/schuldr.pdf). Mit dem Gesetzesentwurf soll u. a. die Verbrauchsgüterkauf-RL (RL 1999/44/EG, veröffentlicht in NJW 1999, 2421 ff.; ZIP 2000, 1639 ff.; EuZW 1999, 498 ff.) in nationales Recht umgesetzt werden. Zu dem erforderlichen Umsetzungsbedarf vgl. *Brüggemeier*, Zur Reform des deutschen Kaufrechts – Herausforderungen durch die EG-Verbrauchsgüterkaufrichtlinie, JZ 2000, 529 ff.; *Ehmann/Rust*, Die Verbrauchsgüterkaufrichtlinie, JZ 1999, 853 ff.; *Ernst/Gsell*, Kaufrechtsrichtlinie und BGB, ZIP 2000, 1410 ff.; *Gsell*, Kaufrechtsrichtlinie und Schuldrechtsmodernisierung, JZ 2001, 65 ff.; *Reich*, die Umsetzung der Richtlinie 1999/44/EG in das deutsche Recht, NJW 1999, 2397 ff.; *Schäfer/Pfeiffer*, Die EG-Richtlinie über den Verbrauchsgüterkauf, ZIP 1999, 1829 ff.; *Staudenmeyer*, Die EG-Richtlinie über den Verbrauchsgüterkauf, NJW 1999, 2393 ff.; *Tonner*, Verbrauchsgüterkaufrichtlinie und Europäisierung des Zivilrechts, BB 1999, 1769 ff.; *v. Westphalen*, Die Umsetzung der Verbrauchsgüterkauf-Richtlinie auf den Regreß zwischen Händler und Hersteller, DB 1999, 2553 ff.

[5] § 437 BGB. Gem. § 453 RegE-BGB finden die §§ 433 ff. RegE-BGB auf den Kauf von Rechten entsprechende Anwendung. Danach haftet der Verkäufer eines Rechts künftig für Rechtsmängel in gleicher Weise wie für Sachmängel (vgl. § 453 Abs. 1 iVm. § 437 RegE-BGB). Die derzeit noch geltende Differenzierung zwischen der Sachmängelhaftung und Rechtsmängelhaftung wird mithin beseitigt; vgl. hierzu *Krebs*, Die große Schuldrechtsreform, DB Beilage Nr. 14/2000, S. 16; *H. P. Westermann* JZ 2001, 530, 532.

[6] AllgM, vgl. *Huber* in Soergel § 433 BGB Rn 61 und § 459 BGB Rn 289 ff.; *Canaris* § 8 Rn 40 ff.; *Karsten Schmidt* HandelsR § 6 II 3a) aa); *Franz-Jörg Semler* in Hölters Rn 105 ff.

[7] Vgl. die Darstellung des Streitstandes bei *Huber* in Soergel § 459 Rn 290 ff. Die für die Anwendung der Sachmängelgewährleistungsvorschriften bestehenden Abgrenzungsprobleme zwischen dem Beteiligungskauf und dem Unternehmenskauf werden nach künftigem Recht gegenstandslos sein; vgl. Fn 5.

[8] Der gleichzeitige Verkauf sämtlicher Anteile durch verschiedene Verkäufer aufgrund einer Absprache untereinander an einen Erwerber wird ebenfalls wie ein Unternehmenskauf behandelt. Dasselbe gilt auch im umgekehrten Fall, wenn alle Anteile aufgrund abgestimmten Verhaltens durch mehrere Personen erworben werden, vgl. hierzu BGHZ 85, 367, 370; *Grunewald* in Erman § 433 BGB Rn 15; *Huber* in Soergel § 459 BGB Rn 289.

[9] RGZ 98, 289, 292; 100, 200, 204; 120, 283, 287; 122, 378, 381; 150, 397, 401; BGHZ 65, 246, 248 f.; 85, 367, 370; 138, 195, 204 f.; *BGH* NJW 1991, 1223; *Canaris* § 8 Rn 41; *Karsten Schmidt* HandelsR § 6 II 3a) aa).

[10] RGZ 146, 120, 121; *BGH* WM 1970, 819 – Zwerganteil von 0,25%; vgl. auch *Hiddemann* ZGR 1982, 435, 441.

dernden Mehrheit ausreicht[11]. Dies wird in der Literatur verbreitet für ausreichend angesehen[12]. Das Verbleiben von Minderheitenrechten[13] beim Verkäufer oder anderen Gesellschaftern hindert daher nicht die haftungsrechtliche Gleichstellung des Beteiligungskaufs mit dem Unternehmenskauf[14]. Der Erwerb einer bspw. 60%-Mehrheit reicht indessen nicht aus[15].

Ungeklärt ist ebenfalls, unter welchen Voraussetzungen das **Aufstocken einer Beteiligung** einem Unternehmenskauf gleichgestellt werden kann. Werden die Beteiligungsrechte aufgrund eines Rahmenvertrags in mehreren Etappen erworben, steht die Aufstockung einer Beteiligung von 50% um die restlichen 50% einem Unternehmenskauf gleich[16].

Ist der Beteiligungskauf nicht als Unternehmenskauf sondern als **Rechtskauf** zu werten, haftet der Veräußerer nur für den rechtlichen Bestand und die rechtlichen Eigenschaften des Beteiligungsrechts. Als Mangel der rechtlichen Eigenschaften des Beteiligungsrechts anzusehen sind bspw. noch bestehende Einlagerückstände[17] und die Befindlichkeit der Gesellschaft im Insolvenz- oder Liquidationsverfahren[18].

II. Auflistung möglicher Leistungsstörungen

Dem Unternehmen als Sach- und Rechtsgesamtheit mit organisatorischer Dimension[19] als Gegenstand eines Unternehmenskaufvertrags können eine Vielzahl unterschiedlicher „**Fehler**" anhaften. So können, um nur einige Beispiele hervorzuheben,

---

[11] Eine Sachmängelhaftung beim Erwerb einer Beteiligungsquote von 80% hat das *OLG München* NJW 1967, 1326 bejaht. *Aderholt* DStR 1991, 844, 845 und *Hiddemann* ZGR 1982, 435, 441 interpretieren die Rspr. des BGH aber dahingehend, daß bei einem nicht mitveräußerten Anteilsrest von 5% bis 10% regelmäßig ein Unternehmenskauf nicht mehr angenommen werden könne.

[12] *Grunewald* in Erman § 433 BGB Rn 15; *Putzo* in Palandt vor § 459 BGB Rn 18; *Beisel/Klumpp* Rn 932; *Hommelhoff* ZHR 140 (1976) 271, 283ff.; *ders.* ZGR 1982, 366, 378ff., *Karsten Schmidt* HandelsR § 6 II 3a) aa). Vereinzelt wird darüber hinaus gefordert, eine Auslegung des Vertrags müsse den Parteiwillen ergeben, daß mit dem Beteiligungskauf wirtschaftlich der Erwerb des gesamten Unternehmens gewollt sei; vgl. *Westermann* in MünchKomm. § 433 BGB Rn 15f.; sympathisierend *Canaris* § 8 Rn 42; aA *Huber* in Soergel § 459 BGB Rn 291.

[13] §§ 50 Abs. 1 und 2, 61 Abs. 2 Satz 2, 66 Abs. 2 GmbHG, §§ 122, 258 Abs. 2, 265 Abs. 3 AktG.

[14] AA *Franz-Jörg Semler* in Hölters Rn 106; *Hiddemann* ZGR 1982, 435, 441.

[15] BGH NJW 1980, 2408, 2409; zustimmend *Karsten Schmidt* HandelsR § 6 II 3a) aa).

[16] BGH WM 1980, 284, 287; *Franz-Jörg Semler* in Hölters Rn 107; *Karsten Schmidt* HandelsR § 6 II 3a) aa). Die Entscheidung des BGH läßt aber verallgemeinerungsfähige Schlußfolgerungen für die Anwendbarkeit der Sachmängelhaftung bei sukzessivem Erwerb der Beteiligungsmehrheit nicht zu; vgl. *Hiddemann* ZGR 1982, 435, 441.

[17] RGZ 96, 227.

[18] RGZ 92, 73, 76. Nach BGH WM 1980, 2408, 2409 stellt die Überschuldung der Gesellschaft hingegen keinen Mangel des Beteiligungsrechts dar.

[19] Vgl. *Dilcher* in Staudinger vor § 90 BGB Rn 23; *Zimmer* NJW 1997, 2345, 2349; *Hommelhoff/Schwab*, FS Zimmerer, S. 267; *Canaris* § 8 Rn 24; *Karsten Schmidt* HandelsR § 6 II 2; *Franz-Jörg Semler* in Hölters Rn 1.

- einzelne Gegenstände des Anlagevermögens fehlerhaft sein (Qualitätsmängel);
- die Gegenstände des Umlaufvermögens in einem geringeren Umfang vorhanden sein als im Unternehmenskaufvertrag angegeben (Quantitätsmängel);
- die Übertragung einzelner zum Unternehmen gehörender Gegenstände oder Rechte nicht möglich sein;
- abzutretende Forderungen nicht oder nicht in dem angegebenen Umfang existieren;
- nicht vorhersehbare Verbindlichkeiten entstehen;
- rechtliche Beschränkungen dazu führen, daß die unternehmerische Tätigkeit ganz oder teilweise nicht mehr ausgeübt werden darf;
- die Angaben des Veräußerers zum Umsatz, zum Ertrag oder der Bilanz schuldhaft oder nicht schuldhaft fehlerhaft sein.

9 Die rechtliche Behandlung dieser „Fehler" wirft zahlreiche Zweifelsfragen auf. Der Grund hierfür ist insbes. darin zu sehen, daß das Sachmängelgewährleistungsrecht des BGB für das Unternehmen als Sach- und Rechtsgesamtheit mit organisatorischer Dimension nicht recht paßt[20]. In Rechtsprechung und Literatur werden daher verschiedene Ansichten vertreten, wie die unterschiedlichen Leistungsstörungen zu behandeln sind[21]. Während der BGH grundsätzlich die Sachmängelgewährleistungsregeln des BGB[22] für analog anwendbar hält[23] und daneben auf das Rechtsinstitut der culpa in contrahendo (cic)[24] zurückgreift, vertreten gewichtige Stimmen in der Literatur, daß Leistungsstörungen bei Unternehmenskäufen ausschließlich mit den Rechtsinstituten der cic und des Wegfalls der Geschäftsgrundlage[25] zu bewältigen seien[26]. Eine detaillierte dogmatische Auseinandersetzung mit den verschiedenen Ansichten kann an dieser Stelle nicht geleistet werden. Die nachfolgende Darstellung folgt daher im wesentlichen den in der höchstrichterlichen Rechtsprechung entwickelten Grundsätzen.

---

[20] Daran ändern auch die künftigen §§ 433 ff. RegE-BGB nichts.
[21] Vgl. den Überblick über den Streitstand bei *Huber* in Soergel § 459 BGB Rn 250 ff.; *Holzapfel/Pöllath* Rn 400 ff.; *Beisel/Klumpp* Rn 926 ff.
[22] §§ 459 ff. BGB (= §§ 437 ff. RegE-BGB).
[23] *Huber* in Soergel § 459 BGB Rn 240 mit zahlreichen Hinweisen auf die Rechtsprechung in Fn 1.
[24] BGHZ 69, 53; *BGH* WM 1980, 1006; *BGH* WM 1988, 1700. Die cic wird künftig in §§ 241 Abs. 2, 311 Abs. 2 RegE-BGB gesetzlich geregelt sein; vgl. hierzu *Canaris* JZ 2001, 499, 519 f.
[25] Zur künftigen Regelung des Wegfalls der Geschäftsgrundlage vgl. § 313 RegE-BGB sowie die knappen Ausführungen von *Canaris* JZ 2001, 499, 521.
[26] *Canaris* ZGR 1982, 395, 398 ff.; *ders.* § 8 Rn 38 f.; *Baur*, Die Gewährleistungsrechte des Unternehmensverkäufers, BB 1979, 381 ff.; *Müller* ZHR 147 (1983) 501, 537 ff.; *ders.* ZIP 1993, 1045, 1052 ff.

III. Voraussetzungen für die Haftung des Veräußerers nach den verschiedenen Rechtsinstituten

1. Sachmängelhaftung

Die **verschuldensunabhängige Sachmängelhaftung** des Unternehmensverkäufers[27] greift ein, wenn ein Fehler des Unternehmens[28] vorliegt, dem Unternehmen eine zugesicherte Eigenschaft[29] fehlt oder der Veräußerer Fehler des Unternehmens arglistig verschwiegen hat[30]. 10

a) **Fehler des Unternehmens.** Das Vorhandensein eines **Fehlers des Unternehmens** iSv. § 459 Abs. 1 BGB ist nach dem subjektiven Fehlerbegriff zu beurteilen. Danach muß eine für den Erwerber nachteilige Abweichung des Unternehmens von dem von den Parteien vorausgesetzten Zweck, Gebrauch oder Zustand des Unternehmens vorliegen. Fehler an einzelnen Gegenständen des Unternehmens sind grundsätzlich kein Fehler des Unternehmens[31]. Etwas anderes kann ausnahmsweise gelten, wenn die Fehler an einzelnen Gegenständen so gravierend sind, daß sie auf das Unternehmen durchschlagen und dadurch die wirtschaftliche Grundlage des Unternehmens erschüttert wird[32]. Dabei wird der Fehlerbegriff von der Rechtsprechung dahingehend eingeschränkt, daß die fragliche Eigenschaft dem Unternehmen ohne weiteres anhaften muß[33]. Unter denselben Voraussetzungen können auch Rechtsmängel an einzelnen Gegenständen einen Fehler des Unternehmens darstellen[34]. Die Rechtsprechung hat einen Fehler des Unternehmens u. a. angenommen bei 11

---

[27] Analog §§ 459ff. BGB. Die nur analoge Anwendbarkeit der §§ 459ff. BGB betonen zu Recht RGZ 63, 57; 67, 86; *Canaris* § 8 Rn 21; *H. P. Westermann* in MünchKommBGB, § 459 BGB Rn 46ff.; *Zimmer* NJW 1997, 2345, 2349; *Hommelhoff/Schwab*, FS Zimmerer, 1997, 267, 269; *Karsten Schmidt* HandelsR § 6 II 3a) aa); a. A. *Huber* in Soergel § 459 BGB Rn 260; *Hiddemann* ZGR 1982, 435, 438 – direkte Anwendung der §§ 459ff. BGB. Die analoge Anwendung der Sachmängelgewährleistungsvorschriften wird bei Geltung der künftigen Regelungen in §§ 437ff. RegE-BGB ebenfalls der zutreffende dogmatische Ansatzpunkt sein. Zur Behandlung des Unternehmenskaufs nach dem RegE-BGB vgl. *H. P. Westermann* JZ 2001, 530, 532.
[28] § 459 Abs. 1 BGB (vgl. § 434 RegE-BGB).
[29] § 459 Abs. 2 BGB (vgl. § 434 Abs. 1 Satz 3 RegE-BGB).
[30] § 463 Satz 2 BGB (vgl. § 437 Nr. 3 iVm. §§ 280, 276 Abs. 1 Satz 1 RegE-BGB).
[31] BGH NJW 1970, 556; *Honsell* in Staudinger § 459 Rn 86; *Karsten Schmidt* HandelsR § 6 II 3a) bb) unter Hinweis auf das Unternehmen als Funktionseinheit. Gleiches wird auf der Grundlage des § 434 RegE-BGB gelten.
[32] BGH NJW 1970, 556 = WM 1970, 819, 821; *Honsell* in Staudinger § 459 BGB Rn 86; *Beisel/Klumpp* Rn 935; *Holzapfel/Pöllath* Rn 407; *Franz-Jörg Semler* in Hölters Rn 110; großzügiger noch RGZ 98, 289, 292 – Beeinträchtigung des guten Funktionierens des Unternehmens. *Lieb*, FS Gernhuber, S. 259, 273 stellt auf eine nachhaltige Beeinflussung der Ertragskraft des Unternehmens ab. Andere fordern, daß die Tauglichkeit des Unternehmens als Ganzes nicht mehr gegeben ist; vgl. *Grunewald* in Erman § 459 BGB Rn 17; *Hiddemann* ZGR 1982, 435, 444 und 450; ähnlich *Hommelhoff* Sachmängelhaftung S. 41ff.
[33] BGH WM 1970, 132, 133. Es bleibt abzuwarten, ob die Rspr. ihre Auslegung des Eigenschaftsbegriffs in Bezug auf den Kaufgegenstand „Unternehmen" auf der Grundlage von § 434 Abs. 1 Satz 3 RegE-BGB ändern wird.
[34] Vgl. hierzu *Westermann* in MünchKomm. § 459 BGB Rn 52 mwN.

- schweren Mängeln an dem Betriebsgebäude[35];
- einem weitergehenden Abbau der Mineralvorkommen einer Grube als im Vertrag festgelegt[36];
- der chemischen Verseuchung des Betriebsgeländes[37];
- einer entgegen dem Vertrag bestehenden Baubeschränkung auf dem Nachbargrundstück[38];
- einem erheblichen Fehlbestand an Gerüsten beim Kauf eines Gerüstbauunternehmens[39] bzw. von Leergut beim Kauf eines Getränkegroßhandels[40];
- der technischen Unbrauchbarkeit des wesentlichen Produkts des Unternehmens[41];
- der Nichterteilung öffentlich-rechtlicher Erlaubnisse für die Fortführung eines Unternehmens[42].

12 Organisationsmängel des Unternehmens können ebenfalls einen Fehler iSv. § 459 Abs. 1 BGB darstellen[43].

13 Keinen Fehler des Unternehmens iSv. § 459 Abs. 1 BGB analog stellen unerwartete Verbindlichkeiten nach Abschluß des Unternehmenskaufvertrags dar, da sie keinen Einfluß auf die körperliche Beschaffenheit des Unternehmens haben[44]. Des weiteren stellen falsche Angaben über Erträge und Umsätze des Unternehmens keinen Fehler iSd. § 459 Abs. 1 BGB analog dar, da sie keine unmittelbar dem Unternehmen anhaftenden Eigenschaften sind[45]. Mit derselben Begründung hat der BGH es auch abgelehnt, eine unrichtige Bilanz als Fehler des Unternehmens anzunehmen[46].

14 **b) Zugesicherte Eigenschaften.** Die Rechtsprechung legt das Tatbestandsmerkmal „Eigenschaft" iSv. § 459 Abs. 2 BGB im Zusammenhang mit dem Unternehmenskauf restriktiv aus und stellt hohe Anforderungen an die Annahme einer Zusicherung.

15 **Eigenschaft** iSv. § 459 Abs. 2 BGB ist jedes der Kaufsache für eine gewisse Dauer anhaftende Merkmal, das für den Wert, Gebrauch oder aus sonstigen Gründen für den Käufer erheblich ist[47]. Als zusicherungsfähige Eigenschaften eines Unternehmens sind in der Rechtsprechung u. a. anerkannt

---

[35] RGZ 138, 354, 356.
[36] Vgl. *Holzapfel/Pöllath* Rn 417 unter Hinweis auf *RG* JW 1930, 3740.
[37] *OLG Hamm* NJW-RR 1987, 968, 969; *LG Bochum* BB 1989, 651, 652.
[38] RGZ 161, 330, 335.
[39] *BGH* NJW 1979, 33.
[40] *BGH* WM 1974, 312.
[41] *BGH* WM 1978, 59.
[42] RGZ 138, 354, 356.
[43] *Honsell* in Staudinger § 459 BGB Rn 42 mwN.
[44] RGZ 100, 200, 204; 146, 120, 124; *BGH* NJW 1969, 184; *BGH* WM 1970, 819, 821; WM 1980, 1006; *Grunewald* ZGR 1981, 622, 625 mwN.; *Franz-Jörg Semler* in Hölters Rn 110.
[45] RGZ 67, 86, 87; *RG* JW 1935, 1558; *BGH* WM 1970, 132 = NJW 1970, 653, 655; *BGH* WM 1974, 51 = BB 1974, 152; *BGH* WM 1977, 712 = NJW 1977, 1538, 1539; *BGH* WM 1979, 102 = JR 1979, 107 f.; *BGH* WM 1988, 1700, 1702; *BGH* BB 1995, 1258, 1259; zustimmend *Karsten Schmidt* HandelsR § 6 II a) bb); *Müller* ZHR 147 (1983) 501 ff.
[46] *BGH* WM 1974, 51 = BB 1974, 152; *BGH* NJW 1977, 1538, 1539.
[47] AllgM, vgl. BGHZ 87, 302; *Putzo* in Palandt § 459 BGB Rn 20.

– Umsatz- und Ertragsangaben, die einen mehrjährigen Zeitraum betreffen[48];
– die Höhe der Verbindlichkeiten des Unternehmens[49] bzw. die Freiheit von Verbindlichkeiten[50];
– die Ertragsfähigkeit des Unternehmens[51];
– ein längerfristiger Unternehmensertrag[52];
– der Reinertrag der letzten drei Jahre[53];
– die Rechtsbeziehungen des Unternehmens zu anderen Teilnehmern des Wirtschaftslebens, zB aufgrund von Lieferverträgen oder Nutzungsverhältnissen[54].

Dagegen lehnt die Rechtsprechung es ab, die Umsätze und Erträge des Unternehmens des dem Unternehmenskaufabschluß vorangegangenen Geschäftsjahrs als Eigenschaften des Unternehmens zu werten[55]. Dasselbe gilt für unrichtige Bilanzangaben[56]. In den genannten Fällen fehle es an der für die Eigenschaft definitionsgemäß geforderten **Dauerhaftigkeit** der Merkmale.

Die **Zusicherung** einer Eigenschaft setzt voraus, daß der Veräußerer dem Erwerber ausdrücklich oder stillschweigend zu erkennen gibt, daß er für den Bestand der betreffenden Eigenschaft einstehen wolle[57]. Die Zusicherung bedarf zu ihrer Wirksamkeit grundsätzlich der für den Unternehmenskaufvertrag geltenden Form[58]. Kann der Unternehmenskaufvertrag formlos geschlossen werden, ist auch eine stillschweigende Zusicherung wirksam[59]. Bei der Annahme einer Zusicherung ist Zurückhaltung geboten. Die bloße Angabe bestimmter Umstände wie zB die Vorlage von Bilanzen oder sonstigen Vermögensaufstellungen enthält keine Zusicherung des Veräußerers, daß die in diesen Unterlagen enthaltenen Informationen richtig sind[60].

c) **Arglist.** Die Sachmängelgewährleistungsvorschriften gelten auch, wenn der Veräußerer einen Fehler des Unternehmens arglistig verschwiegen hat[61].

---

[48] *BGH* NJW 1977, 1536, 1537.
[49] *RGZ* 100, 200, 204; 146, 120, 124.
[50] *OLG Koblenz* GmbHR 1992, 49.
[51] *RGZ* 134, 83, 86; *BGH* NJW 1959, 1584, 1585; NJW 1970, 653, 655; *BGH* WM 1988, 124, 125; *BGH* ZIP 1995, 655, 656.
[52] *RG* JW 1915, 1117; *BGH* NJW 1977, 1536, 1537.
[53] *BGH* NJW 1977, 1538, 1539; *BGH* ZIP 1995, 655, 656.
[54] Vgl. *Franz-Jörg Semler* in Hölters Rn 113.
[55] *BGH* NJW 1977, 1536, 1537; *BGH* NJW 1979, 33; *BGH* NJW-RR 1989, 306, 307; *BGH* DB 1990, 1911, 1912; kritisch hierzu *Franz-Jörg Semler* in Hölters Rn 113; *Hommelhoff/Schwab*, FS Zimmerer, S. 267, 275.
[56] *BGH* WM 1974, 51.
[57] AllgM, BGHZ 59, 303, 306; *BGH* NJW 1996, 1465, 1466; *Grunewald* in Erman § 459 BGB Rn 38; *Putzo* in Palandt § 459 BGB Rn 15.
[58] Zur Formbedürftigkeit der Zusicherung vgl. *BGH* WM 1970, 819; WM 1973, 612; *Heinrichs* in Palandt § 313 BGB Rn 31. Ist der Unternehmenskaufvertrag gem. § 313 Satz 1 BGB bzw. gem. § 15 Abs. 3 GmbH notariell zu beurkunden, erstreckt sich die Formbedürftigkeit daher auch auf die Zusicherung; eine Verletzung der Form kann nach Maßgabe von § 313 Satz 2 BGB bzw. § 15 Abs. 4 GmbHG geheilt werden.
[59] *Grunewald* in Erman § 459 BGB Rn 40.
[60] *RGZ* 146, 120; *BGH* WM 1970, 819.
[61] § 463 Satz 2 BGB. Zur künftig in § 437 Nr. 3 iVm. §§ 280, 276 Abs. 1 Satz 1 RegE-BGB „versteckten" Zusicherungshaftung vgl. *H. P. Westermann* JZ 2001, 530, 534.

Arglist setzt voraus, daß der Handelnde die Unrichtigkeit oder Unvollständigkeit seiner Angaben kennt oder mit der Möglichkeit der Unrichtigkeit seiner Angaben rechnen muß[62]. Der Veräußerer handelt also arglistig, wenn er einen ihm bekannten nicht unerheblichen Fehler des Unternehmens verschweigt oder trotz konkreten Verdachts nicht darauf hinweist[63]. Den Veräußerer trifft insoweit eine besondere Offenbarungspflicht. Des weiteren muß der Handelnde wissen oder damit rechnen[64], daß der andere Teil seine Willenserklärung bei wahrheitsgemäßer oder vollständiger Erklärung nicht oder nur zu anderen Bedingungen abgeschlossen hätte[65]. Der Veräußerer handelt also zum Beispiel arglistig, wenn er bei der Mitteilung von Mietverträgen oder sonstigen Einnahmen nicht auf erhebliche Rückstände hinweist[66].

2. Rechtsmängelhaftung

19 Ein Rechtsmangel des Unternehmens liegt vor, wenn der Veräußerer die ihm gem. § 433 Abs. 1 BGB **obliegenden Pflichten** nicht oder nicht vollständig erfüllt mit der Folge, daß der Erwerber die unternehmerische Tätigkeit ganz oder teilweise nicht ausüben kann[67]. Als Beispiele für Rechtsmängel können aufgeführt werden:
– die Verweigerung der Zustimmung des Vermieters des Betriebsgeländes zur Übertragung des Mietverhältnisses auf den Erwerber[68];
– ein fehlendes Bohrrecht einer Erdölgesellschaft[69];
– die notwendige Einschränkung oder Einstellung der Unternehmenstätigkeit auf Grund einer Nachbarklage[70];
– die Schließung eines Speiserestaurants wegen Verstoßes der Küche gegen baupolizeiliche Vorschriften[71];
– Nichtfortführbarkeit der mitveräußerten Firma wegen besseren Rechts eines Dritten gem. § 12 BGB oder § 15 Abs. 4 MarkenG[72].

3. Culpa in contrahendo

20 Ansprüche aus **culpa in contrahendo** (cic) sind ausgeschlossen, soweit die Sachmängelgewährleistung des Veräußerers eingreift[73]. Infolge des nach der

---

[62] Zu Behauptungen „ins Blaue hinein" als Arglist vgl. BGHZ 63, 382, 386; *BGH* NJW-RR 1986, 700; *BGH* NJW 1992, 1953, 1954; NJW 1994, 253, 254; NJW 1995, 1549, 1550; NJW 1996, 1205.
[63] *Grunewald* in Erman § 463 BGB Rn 5 f.
[64] Vgl. *BGH* NJW 1971, 1795 ff.
[65] *BGH* NJW 1992, 1953, 1954; NJW 1995, 1549, 1550; NJW 1996, 1465, 1466; *OLG Hamm* NJW-RR 1995, 286, 287.
[66] *OLG Celle* NJW-RR 1999, 280, 281.
[67] *Canaris* § 8 Rn 17; *ders.* ZGR 1982, 426 ff.; *Lieb*, FS Gernhuber, S. 259, 274 f.
[68] *BGH* WM 1970, 319; WM 1975, 1166.
[69] *RGZ* 86, 146, 149.
[70] *RG* LZ 1915, 47; *Canaris* § 8 Rn 17.
[71] *RGZ* 138, 354, 356.
[72] *Canaris* § 8 Rn 17.
[73] *BGH* NJW 1977, 1536, 1537; NJW 1977, 1538, 1539; *BGH* WM 1988, 124, 125; *BGH* 1990, 1344; *Huber* in Soergel § 459 BGB Rn 243.

Rechtsprechung des BGH engen Anwendungsbereichs für die Gewährleistungsansprüche des Erwerbers beim Unternehmenskauf ist damit breiter Raum für Ansprüche aus cic[74]. Praktisch relevant wird die Haftung des Veräußerers für schuldhaft fehlerhafte Angaben, die sich nicht auf Eigenschaften des Unternehmens, sondern auf „sonstige Umstände" beziehen, mithin auf Angaben zum Umsatz, zum Ertrag und sonstigen in der Bilanz ausgewiesenen Positionen[75]. Eine Pflichtverletzung liegt ebenfalls vor, wenn der Veräußerer den Erwerber nicht auf erkennbare Fehlvorstellungen hinweist, die auf lückenhaften Angaben beruhen[76].

Den Veräußerer muß bei der Angabe der fehlerhaften Unternehmenskennzahlen ein **Verschulden** treffen. In Betracht kommt fahrlässiges Verhalten[77]. Das Verschulden des Veräußerers wird vermutet[78]. Dem Veräußerer wird das Verschulden von Hilfspersonen wie eigenes Verschulden zugerechnet[79].

Der Erwerber muß sich ggf. eigenes **Mitverschulden** anrechnen lassen[80]. Er ist indes nicht verpflichtet, das Unternehmen eingehend zu untersuchen[81] oder die ihm überlassenen Bilanzen durch einen von ihm beauftragten Steuerberater prüfen zu lassen[82]. Dem Erwerber kann nicht der Vorwurf gemacht werden, er habe unvorsichtigerweise den Informationen des Veräußerers vertraut[83].

4. Wegfall der Geschäftsgrundlage

Dem Rechtsinstitut des **Wegfalls der Geschäftsgrundlage**[84] kommt beim Unternehmenskauf eine Ergänzungsfunktion zur cic-Haftung des Veräußerers zu[85]. Scheidet die Haftung des Veräußerers aus cic aus, weil die Mitteilung der unrichtigen bzw. unvollständigen Informationen bzw. die Versäumung der Offenbarungspflicht nicht schuldhaft geschah, kann dem Erwerber der Rechtsschutz gleichwohl nicht versagt bleiben. In diesem Fall liegt ein beiderseitiger Kalkula-

---

[74] Zur historischen Erklärung dieser Zweispurigkeit vgl. *Huber* in Soergel § 459 BGB Rn 250.
[75] *BGH* NJW 1970, 653ff.; *BGH* WM 1990, 1344 = DB 1990, 1911ff.; *BGH* NJW 1991, 1223ff.; *BGH* NJW-RR 1996, 429.
[76] Holzapfel/Pöllath Rn 431.
[77] § 276 Abs. 1 Satz 2 BGB (= § 276 Abs. 2 RegE-BGB). Bei vorsätzlich unrichtigen Angaben greifen hingegen die §§ 123, 823 Abs. 2, 826 BGB ein; vgl. *Huber* in Soergel § 459 Rn 243. *Aderholt* DStR 1991, 844, 845 hält bei vorsätzlich falschen Angaben des Veräußerers über Beschaffenheitsangaben und zusicherungsfähige Eigenschaften auch die cic für anwendbar.
[78] Vgl. § 282 BGB (entspricht § 286 Abs. 4 RegE-BGB).
[79] § 278 BGB; vgl. auch *BGH* WM 1974, 51, 52 – Erstellung der Bilanz durch vom Veräußerer hinzugezogenen Steuerberater oder Wirtschaftsprüfer.
[80] § 254 BGB.
[81] *BGH* NJW 1977, 1538, 1539.
[82] *BGH* WM 1974, 51.
[83] *BGH* NJW 1977, 1536, 1537; *Aderholt* DStR 1991, 844, 847.
[84] Vgl. hierzu die überblickartigen Darstellungen von *Heinrichs* in Palandt § 242 BGB Rn 110ff.; *Roth* in MünchKomm. § 242 BGB Rn 496ff.; *Teichmann* in Soergel § 242 BGB Rn 199ff.; *Werner* in Erman § 242 BGB Rn 166ff.
[85] Vgl. *Huber* in Soergel § 459 BGB Rn 268; *Canaris* § 8 Rn 33; ders. ZGR 1982, 395ff.; *Müller* ZHR 147 (1983) 501, 537ff.; ders. ZIP 1993, 1045ff.; gänzlich ablehnend *Willemsen* AcP 182 (1982) 515, 556ff.

tionsirrtum vor, der dem Unternehmenskaufvertrag die subjektive Geschäftsgrundlage entzieht[86].

24 Die Anwendung des Rechtsinstituts des Wegfalls der Geschäftsgrundlage setzt voraus, daß sich Risiken verwirklicht haben, die von beiden Vertragsparteien zu tragen sind[87]. Anders gewendet bedeutet dies: Handelt es sich bei den verwirklichten Risiken um solche, die nach dem Sinn des Vertrags vom Erwerber zu übernehmen sind, kann dieser sich nicht auf den Wegfall der Geschäftsgrundlage berufen. Vor der Anwendung des Rechtsinstituts Wegfall der Geschäftsgrundlage ist daher eine Auslegung des Unternehmenskaufvertrags mit Blick auf eine vertraglich vorgenommene **Risikoverteilung** vorzunehmen.

25 Es kann nicht jeder beiderseitige Kalkulationsirrtum zur Anwendung der Grundsätze über den Wegfall der Geschäftsgrundlage führen. Erforderlich ist vielmehr, daß die wirklichen Zahlen in so erheblichem Maße von den dem Vertrag zugrundegelegten Zahlen abweichen, daß dem Erwerber ein Festhalten am ursprünglichen Vertrag nach Treu und Glauben nicht zugemutet werden kann[88]. Geringfügige Abweichungen können daher keine Durchbrechung des Grundsatzes pacta sunt servanda rechtfertigen[89].

IV. Rechtsfolgen der verschiedenen Haftungstatbestände

26 Liegen die Voraussetzungen eines Fehlers vor oder fehlt dem Unternehmen eine zugesicherte Eigenschaft, kann der Erwerber nach der gesetzlichen Systematik Wandelung oder Minderung bzw. Schadensersatz wegen Nichterfüllung verlangen. Auch auf der Rechtsfolgenseite ist aber zu beachten, daß die Sachmängelgewährleistungsvorschriften auf den Unternehmenskauf nur analoge Anwendung finden. Das macht einige Modifikationen erforderlich.

1. Minderung

27 Die **Minderung** des Kaufpreises für das Unternehmen im Fall des Vorliegens eines Fehlers des Unternehmens wirft außer den Bewertungsfragen keine besonderen rechtlichen Schwierigkeiten auf. Der Kaufpreis ist in dem Verhältnis herabzusetzen, der sich aus dem Ergebnis der Multiplikation des Werts des Unternehmens mit dem Mangel einerseits und dem vereinbarten Kaufpreis für das Unternehmen andererseits, geteilt durch den Wert des Unternehmens ohne den Mangel ergibt[90].

---

[86] *Huber* in Soergel § 459 Rn 268; *Müller* ZHR 147 (1983) 501 ff.; *ders.* ZIP 1983, 1045, 1052 f.; aA *Canaris* ZGR 1982, 395, 406 ff., der eine Äquivalenzstörung annimmt. Die Geschäftsgrundlage wird künftig in § 313 RegE-BGB geregelt sein (vgl. Fn 25).

[87] Vgl. dazu allgemein *Teichmann* in Soergel § 242 BGB Rn 223 ff.; *Huber* in Soergel § 459 BGB Rn 268a.

[88] *Huber* in Soergel § 459 Rn 268a. Gleiches wird für das neue Recht gelten, vgl. „schwerwiegende Veränderung" in § 313 Abs. 1 RegE-BGB und „wesentliche Vorstellungen" in § 313 Abs. 2 RegE-BGB.

[89] *Canaris* ZGR 1982, 395, 407; *ders.* § 8 Rn 36 will eine erhebliche Abweichung bei einem Minderwert des Unternehmens von etwa 15% annehmen, bei sehr hohen absoluten Zahlen auch schon bei einem geringeren Prozentsatz.

[90] § 472 BGB (= § 441 Abs. 3 RegE-BGB).

Sind nur **einzelne Gegenstände** des Unternehmens fehlerhaft, ohne daß dies 28
gleichzeitig zu einem Fehler des Unternehmens als Ganzes führt, scheidet eine
Minderung des Kaufpreises – entgegen der Rechtsprechung des BGH[91] – aus.
Der Unternehmenskauf ist ein Chancen- und Risikogeschäft[92]; Gegenstand des
Unternehmenskaufvertrags ist das Unternehmen als Ganzes. Daher können Abweichungen einzelner Unternehmensgegenstände und -rechte von der Sollbeschaffenheit nur relevant sein, soweit sie Einfluß auf das Unternehmen als Ganzes
haben[93].

2. Wandelung

Nach der gesetzlichen Systematik kann der Erwerber wegen eines Fehlers des 29
Unternehmens oder wegen Fehlen einer zugesicherten Eigenschaft ohne weiteres
die Wandelung des Unternehmenskaufvertrags verlangen. In diesem Fall wandelt
sich der Unternehmenskaufvertrag in ein **Rückgewährschuldverhältnis** um; die
einander gewährten Leistungen müssen zurück gewährt werden[94]. Diese Rückgewähr gestaltet sich bei dem Unternehmen als Kaufgegenstand äußerst schwierig.
Das Unternehmen ist als ein auf Veränderung ausgerichteter Organismus zu begreifen. Im Zeitpunkt der Wandelung werden gegenüber dem Zeitpunkt des Gefahrübergangs idR erhebliche Bestandsveränderungen beim Anlage- und Umlaufvermögen eingetreten sein, Forderungen werden eingezogen und neu begründet
sowie Verbindlichkeiten erfüllt und neu eingegangen worden sein; des weiteren
kann das Unternehmen zwischenzeitlich deutliche organisatorische Veränderungen erfahren haben. Soweit das Unternehmen von dem Erwerber nicht so vollständig umgestaltet worden ist, daß die Wandelung ausgeschlossen ist[95], haftet er bis

---

[91] *BGH* NJW 1970, 556, 557; *BGH* WM 1975, 1166; zustimmend *Grunewald* in Erman § 459 BGB Rn 22; *dies.* ZGR 1981, 622, 632; *Huber* in Soergel § 459 BGB Rn 259 ff.; *Köhler* in Staudinger § 437 BGB Rn 3.
[92] Zutreffend *Canaris* § 8 Rn 24.
[93] *Franz-Jörg Semler* in Hölters Rn 111; *Hommelhoff/Schwab*, FS Zimmerer, S. 267, 269 f.; *Lieb*, FS Gernhuber, S. 259 ff., 272 f.; *Hommelhoff* Sachmängelhaftung S. 41 ff.; *Canaris* § 8 Rn 28.
[94] §§ 346 S. 1, 467, 465, 462, 459, 433 BGB. Die Wandelung wird nach künftigem Recht durch den Rücktritt ersetzt; vgl. §§ 437 Nr. 2, 440 RegE-BGB.
[95] §§ 467, 351 f. BGB. Die §§ 350 bis 354 BGB sollen durch das Schuldrechtsmodernisierungsgesetz aufgehoben werden. Statt dessen soll der Rückgewährschuldner Wertersatz leisten müssen, wenn er den empfangenen Gegenstand verbraucht, ... oder umgestaltet hat (§ 346 Abs. 2 Nr. 2 RegE-BGB). Die Wertersatzpflicht trifft den Rückgewährschuldner indes gem. § 346 Abs. 3 Satz 1 Nr. 1 RegE-BGB nicht, wenn sich der zum Rücktritt berechtigende Mangel erst während der Umgestaltung des Gegenstands gezeigt hat; in diesem Fall hat er lediglich eine verbleibende Bereicherung herauszugeben (§ 346 Abs. 3 Satz 2 RegE-BGB). Ob diese Regelungen dem Gegenstand „Unternehmen" als einem auf Veränderung angelegten Organisationsgefüge gerecht werden, bedarf einer näheren Untersuchung. Im Grundsatz kann man zwar eine Parallele zu den in §§ 812 Abs. 1 Satz 1, 818 Abs. 2 BGB enthaltenen Wertungen erkennen, wonach der Konditionsschuldner das Unternehmen nicht mehr herausgeben muß, wenn er es vor Erhebung der Herausgabeklage umgestaltet hat (siehe dazu näher Rn 42 f.). Die Differenzierung zwischen der Wertersatzverpflichtung nach § 346 Abs. 3 Satz 1 Nr. 1 RegE-BGB und der Bereicherungsherausgabe nach § 346 Abs. 3 Satz 2 RegE-BGB dürfte beim rückabzuwickelnden Unternehmenskauf aber zu nicht gerechtfertigten Zufälligkeiten führen. Zu den im DiskE enthaltenen Rücktrittsregelungen vgl. die kritischen Ausführungen von *Kohler*, Das Rücktrittsrecht in der Reform, JZ 2001, 325 ff.

zum Zeitpunkt der Kenntniserlangung des Wandelungsgrunds nach den Grundsätzen der ungerechtfertigten Bereicherung[96], nach diesem Zeitpunkt nach den Vorschriften über das Eigentümer-Besitzer-Verhältnis nach Eintritt der Rechtshängigkeit des Herausgabeanspruchs[97]. Der Erwerber hat daher die von ihm gezogenen Nutzungen herauszugeben, soweit es sich dabei nicht um solche handelt, die das Ergebnis seiner persönlichen Leistungen und Fähigkeiten sind. Des weiteren hat er dem Veräußerer die von ihm nach Kenntniserlangung vom Wandelungsgrund schuldhaft verursachten Verschlechterungen zu ersetzen. Der Erwerber seinerseits hat einen Verwendungsersatzanspruch gegen den Veräußerer.

30   Während die Rechtsprechung dem Erwerber eines Unternehmens den Anspruch auf Wandelung des Unternehmenskaufvertrags entsprechend der gesetzlichen Systematik[98] als gleichberechtigtes Recht neben der Minderung gewährt[99], wird in der Literatur überwiegend mit unterschiedlichen Begründungen eine **Einschränkung des Wandelungsrechts** gefordert[100]. So wird geltend gemacht, daß die Sachmängelgewährleistungsvorschriften auf den Unternehmenskauf nur sinngemäß anzuwenden sind, weshalb das Recht zur Wandelung nur ultima ratio sein könne und durch Nachbesserungs- und Minderungsrechte verdrängt werde[101]. Solange die gesetzliche Systematik der Gewährleistungsvorschriften nicht in diesem Sinne reformiert sind[102], bleibt zur Vermeidung der genannten Rückabwicklungsschwierigkeiten nur die Möglichkeit, das Wandelungsrecht im Unternehmenskaufvertrag abzubedingen.

---

[96] §§ 812 ff. BGB.
[97] §§ 987, 989 BGB.
[98] §§ 462, 463 BGB.
[99] RGZ 67, 86, 88 „Absteigequartier"; 138, 354, 358; *BGH* NJW-RR 1988, 744, 745; zustimmend *Zimmer* NJW 1997, 2345, 2350.
[100] *Beisel/Klumpp* Rn 973 ff.; *Hommelhoff* ZHR 140 (1976) 271, 299; *Huber* ZGR 1972, 395, 416 ff.; *Westermann* ZGR 1982, 45, 58; *Willemsen* AcP 182 (1982) 515, 562 ff.; *Canaris* § 8 Rn 26; *Karsten Schmidt* HandelsR § 6 II b) aa).
[101] *Karsten Schmidt* HandelsR § 6 II b) aa). Auch *Hommelhoff* Sachmängelhaftung S. 115 ff. will die Wandelung auf solche Fälle beschränken, in denen es dem Erwerber nicht zugemutet werden kann, am Unternehmenskaufvertrag festgehalten zu werden; vorsichtiger nunmehr *Hommelhoff/Schwab*, FS Zimmerer, S. 267, 272 ff.
[102] Im RegE-BGB ist vorgesehen, daß der Käufer die ihm zustehenden Gewährleistungsrechte künftig nur in einem Stufenverhältnis geltend machen können soll. Gem. §§ 437 Nr. 1, 439 RegE-BGB soll er zunächst Mängelbeseitigung oder Ersatzlieferung verlangen können. Eine Ersatzlieferung scheidet bei einem Unternehmenskauf aus. Dagegen ist die Mängelbeseitigung ggf. möglich. Scheidet eine Mängelbeseitigung aus, zB weil sie gem. § 439 Abs. 3 RegE-BGB für den Verkäufer mit unverhältnismäßigen Kosten verbunden ist, oder ist die dem Verkäufer gesetzte angemessene Frist zur Nacherfüllung erfolglos verstrichen (§ 323 Abs. 1 RegE-BGB), kann der Käufer gem. § 437 Nr. 2 RegE-BGB iVm. § 323 Abs. 1 RegE-BGB von dem Vertrag zurücktreten oder Minderung verlangen (vgl. § 437 Nr. 2 RegE-BGB). Die für den Unternehmenskauf problematische Wahlmöglichkeit des Käufers zwischen Rücktritt und Minderung bleibt mithin auch nach den neuen Gewährleistungsvorschriften bestehen. Zur geplanten Änderung der kaufrechtlichen Gewährleistungsleistungsvorschriften vgl. *Gsell* (Fn 4) JZ 2001, 65 ff.; *Krebs* (Fn 5) DB Beilage 14/2000, S. 14 ff.; *Schmidt-Räntsch*, Der Entwurf eines Schuldrechtsmodernisierungsgesetzes, ZIP 2000, 1639, 1641 ff.; *H. P. Westermann* JZ 2001, 530, 531 ff.

3. Schadensersatz

a) § 463 BGB. Der Erwerber kann **Schadensersatz** wegen Nichterfüllung gegen den Veräußerer geltend machen, wenn dem Unternehmen eine zugesicherte Eigenschaft fehlt oder der Veräußerer einen Fehler arglistig verschwiegen hat[103]. Bei der Geltendmachung des Schadensersatzes kann sich der Erwerber grundsätzlich zwischen dem „kleinen" und dem „großen" Schadensersatz entscheiden. Beim **„kleinen" Schadensersatz** behält er das Unternehmen und verlangt den Wertunterschied zwischen dem mangelhaften und dem mangelfreien Unternehmen[104]. Beim **„großen" Schadensersatz** hingegen stellt er dem Veräußerer das Unternehmen zur Verfügung und begehrt Schadensersatz für die Nichterfüllung des gesamten Vertrags[105]. Der Erwerber ist auf die Geltendmachung des „kleinen" Schadensersatzes beschränkt, wenn ihm von Gesetzes wegen der Anspruch auf Wandelung verwehrt ist[106], also stets dann, wenn er das Unternehmen nicht mehr herausgeben kann oder es wesentlich verschlechtert ist. Des weiteren kann der Erwerber gegen Treu und Glauben verstoßen, wenn er den „großen" Schadensersatz wegen des Fehlens geringfügiger zugesicherter Eigenschaften verlangt[107].

b) §§ 440 Abs. 1, 325 BGB. Die Haftung des Veräußerers für Rechtsmängel des Unternehmens[108] ergibt sich aus der Verweisungsnorm des § 445 BGB; das Unternehmen ist ein Gegenstand im Sinne dieser Vorschrift[109]. Wegen Rechtsmängel einzelner zu übertragender Gegenstände kann der Erwerber daher **Schadensersatz** wegen Nichterfüllung verlangen[110]. Nur wenn der Erwerber an der teilweisen Erfüllung des Unternehmenskaufvertrags kein Interesse hat, kann er Schadensersatz wegen Nichterfüllung des gesamten Vertrags verlangen oder von dem Vertrag zurücktreten[111].

c) Culpa in contrahendo. Rechtsfolge der Haftung des Veräußerers wegen cic ist dessen Verpflichtung, den Erwerber so zu stellen, als wenn der Veräußerer bei den Vertragsverhandlungen statt der unzutreffenden Informationen die zutreffenden Informationen mitgeteilt bzw. er seiner Offenbarungspflicht genügt hätte[112]. Die Haftung des Veräußerers geht mithin auf das **negative Interesse** des Erwerbers[113]. Dabei stehen dem Erwerber zwei Arten der Schadensberech-

---

[103] § 463 BGB; vgl. ausführlich *Kiethe*, Der Schaden beim Unternehmenskauf, DStR 1995, 1756 ff.
[104] Zum „kleinen" Schadensersatz vgl. *Grunewald* in Erman § 463 Rn 15.
[105] Zum „großen" Schadensersatz vgl. *Grunewald* in Erman § 463 Rn 11.
[106] *Honsell* in Staudinger § 463 BGB Rn 62; *Huber* in Soergel § 462 BGB Rn 47.
[107] BGH NJW 1986, 920, 922.
[108] Vgl. Rn 19.
[109] *Canaris* § 8 Rn 16.
[110] §§ 440 Abs. 1 iVm. § 325 Abs. 1 Satz 1, 1. Alt. BGB. Zur künftigen Rechtsmängelhaftung siehe Fn 5.
[111] §§ 440 Abs. 1 iVm. § 325 Abs. 1 Satz 2 BGB.
[112] BGH NJW 1981, 1035, 1036; NJW 1981, 2050, 2051; BGH WM 1981, 787, 788; WM 1988, 1700, 1702; *Huber* in Soergel § 459 BGB Rn 244; *Franz-Jörg Semler* in Hölters Rn 133.
[113] Vgl. hierzu näher *Huber* in Soergel § 459 BGB Rn 245; *Aderholt* DStR 1991, 844, 847.

nung zur Verfügung[114]. Er kann zum einen die Differenz zu dem geringeren Kaufpreis geltend machen, zu dem er den Unternehmenskaufvertrag bei Kenntnis der wahren Sachlage geschlossen hätte. Das läuft im praktischen Ergebnis auf eine Minderung hinaus[115]. Der Erwerber kann zum anderen auch Befreiung von seiner Kaufpreiszahlungsverpflichtung verlangen mit der Begründung, bei richtiger Information durch den Veräußerer hätte er den Kaufvertrag nicht abgeschlossen. Diese im Ergebnis einer Wandelung gleichstehende Schadensberechnung setzt allerdings voraus, daß feststeht, daß der Kaufvertrag bei zutreffender Information nicht zustandegekommen wäre; die Beweislast hierfür trägt der Veräußerer[116].

4. Vertragsanpassung, Vertragsauflösung

34 Die Rechtsfolge des Wegfalls der Geschäftsgrundlage besteht in erster Linie in einer **Anpassung des Vertrags** an die veränderte Geschäftsgrundlage. Das Anpassungsverlangen des Erwerbers geht daher in erster Linie auf Ermittlung des Kaufpreises unter Zugrundelegung der zutreffenden Unternehmenskennzahlen. Dabei kann der Käufer keine vollständige Kompensation des ihm entstandenen Nachteils im Vergleich zum vereinbarten Kaufpreis fordern, denn der Unternehmenskauf ist ein Chancen- und Risikogeschäft; der Nachteil ist daher zwischen beiden Parteien hälftig zu teilen[117]. Im Streitfall ist eine gerichtliche Festsetzung des korrigierten Kaufpreises erforderlich.

35 Der Erwerber kann auch bei Wegfall der Geschäftsgrundlage die **Auflösung** des Unternehmenskaufvertrags nur unter engen Voraussetzungen verlangen. Die Vertragsauflösung stellt die ultima ratio dar. Sie kommt nur in Betracht, wenn eine Vertragsanpassung nicht ausreicht, um die schutzwürdigen Belange des Erwerbers zu befriedigen, und die Rückabwicklung des Unternehmenskaufvertrags unter Berücksichtigung der Umstände des Einzelfalls nicht zu einem offenkundig sachwidrigen Ergebnis führt[118].

5. Verjährung

36 Die Rechte auf Minderung, Wandelung und Schadensersatz wegen Nichterfüllung verjähren auch bei einem Unternehmenskauf grundsätzlich in sechs Mona-

---

[114] Vgl. ausführlich *Zimmer* NJW 1997, 2345, 2350 f.

[115] Zutreffend *Huber* in Soergel § 459 BGB Rn 244. Dabei wird unwiderleglich vermutet, daß sich der Veräußerer auf einen für den Erwerber günstigeren Vertrag eingelassen hätte, vgl. *BGH* WM 1980, 1006, 1007.

[116] *BGH* NJW 1974, 849, 852; *BGH* WM 1988, 124, 125; WM 1988, 1700, 1702. Der Rspr. grundsätzlich zustimmend nunmehr *Canaris* § 8 Rn 32; *ders.*, Wandlungen des Schuldvertragsrechts – Tendenzen zu einer Materialisierung, AcP 200 (2000) 273, 304 ff.; damit hat er seine in ZGR 1982, 395, 416 ff. vertretene Ansicht, wonach diese Art der Schadensberechnung nur bei völliger Wertlosigkeit des Unternehmens gestattet sein soll, offenbar aufgegeben.

[117] *Canaris* § 8 Rn 36; aA *Müller* ZHR 147 (1983) 501, 537 ff.; *Willemsen* AcP 182 (1982) 515, 558.

[118] *Huber* in Soergel § 459 BGB Rn 268a; *Canaris* § 8 Rn 35.

ten vom Zeitpunkt des Gefahrübergangs an[119]. Die **sechsmonatige Verjährungsfrist** gilt auch, wenn zum Unternehmen ein Grundstück gehört[120]. Für den Zeitpunkt des Verjährungsbeginns stellt die Rechtsprechung auf die Übergabe der einzelnen zum Unternehmen gehörenden Gegenstände ab[121]. Die Parteien können den Zeitpunkt des Gefahrübergangs privatautonom regeln[122].

Die kurze Verjährungsfrist von sechs Monaten wird in der Literatur seit längerem kritisiert[123]. Sie passe nicht auf den Unternehmenskauf, weil der Mangel nicht selten wesentlich schwerer zu erkennen sei als beim Sachkauf[124]. Gerade die Rentabilität des Unternehmens lasse sich erst nach einem wesentlich längeren Zeitraum überprüfen[125]. Aus diesem Grund werden in der Literatur längere Verjährungsfristen für die Gewährleistungsrechte des Erwerbers gefordert[126]. De lege lata[127] wird dem Erwerber indes nichts anderes übrig bleiben, als eine **längere Verjährungsfrist** mit dem Veräußerer **vertraglich zu vereinbaren**[128]. Dies erscheint auch zumutbar, zumal die problematischen Fälle wie unrichtige Bilanzen und Erfolgsrechnungen über die Haftung aus cic gelöst werden[129].

Die Gewährleistungsansprüche des Erwerbers gegen den Veräußerer im Fall eines arglistigen Verschweigens von Fehlern des Unternehmens **verjähren in 30 Jahren** seit Abschluß des Unternehmenskaufvertrags[130]. Dasselbe gilt für die

---

[119] § 477 Abs. 1 Satz 1 BGB; vgl. RGZ 63, 57, 61; RGZ 98, 289, 293; RGZ 100, 200, 202; RGZ 138, 354, 357; *BGH* NJW 1977, 1536, 1537. Die Gewährleistungsansprüche des Käufers verjähren künftig gem. § 438 Abs. 1 Nr. 3 RegE-BGB grundsätzlich in zwei Jahren.
[120] RGZ 138, 354, 357.
[121] RGZ 63, 57, 61; 98, 289, 293; *BGH* NJW 1977, 1536, 1537. Kritisch insoweit *Hommelhoff/Schwab*, FS Zimmerer, S. 267, 280, die darauf hinweisen, dadurch werde die Verpflichtung des Veräußerers zur Einweisung des Erwerbers in den Tätigkeitsbereich des Unternehmens außer acht gelassen. Zutreffend sei vielmehr, die Verjährung erst nach Abschluß dieser Phase der Zusammenarbeit beider Parteien beginnen zu lassen. Erst nach der Einweisung in den Tätigkeitsbereich des Unternehmens könne der Erwerber feststellen, ob das Unternehmen „funktioniert".
[122] *Hommelhoff* ZHR 150 (1986) 254, 265 f.
[123] *Honsell* in Staudinger § 477 BGB Rn 7 f., 34; *Lieb* in MünchKomm. Anh. § 25 HGB Rn 108 ff.; *Huber* ZGR 1972, 395, 419 f., jeweils mwN.
[124] *Canaris* § 8 Rn. 26.
[125] Vgl. *Hommelhoff* Sachmängelhaftung S. 121 mwN.
[126] *Flume*, Eigenschaftsirrtum und Kauf, 1948 (Nachdruck 1975), S. 195 fordert, der Richter müsse die Länge der Verjährungsfrist im Einzelfall bestimmen. Andere wollen die Jahresfrist beim Grundstückskauf gem. § 477 Abs. 1 Satz 2 BGB entsprechend auf den Unternehmenskauf anwenden; vgl. *Hommelhoff/Schwab*, FS Zimmerer, S. 267, 278 f.; Mössle, Leistungsstörungen beim Unternehmenskauf – neue Tendenzen, BB 1983, 2146, 2153; *Westermann* ZGR 1982, 45, 61; *Willemsen* AcP 182 (1982) 515, 568.
[127] Nach § 438 Abs. 1 Nr. 3 RegE-BGB soll die Verjährungsfrist für Gewährleistungsansprüche künftig grundsätzlich zwei Jahre betragen; damit würde auch die Verjährungsproblematik beim Unternehmenskauf deutlich entschärft.
[128] § 477 Abs. 1 Satz 2 BGB; für diese Lösung auch *Karsten Schmidt* HandelsR § 6 II b) aa). Eine Vereinbarung über eine längere Verjährungsfrist wird auch künftig nach Maßgabe von § 202 Abs. 2 RegE-BGB möglich sein.
[129] Zutreffend *Karsten Schmidt* HandelsR § 6 II b aa).
[130] § 195 BGB; *Putzo* in Palandt § 477 Rn 9; *Huber* in Soergel § 477 BGB Rn 28 ff. Nach § 438 Abs. 3 iVm. § 199 Abs. 1 RegE-BGB soll die regelmäßige Verjährungsfrist von drei Jahren gem. § 195 RegE-BGB für Ansprüche, die eine Arglist des Verpflichteten voraussetzen, erst ab Kenntniserlangung des Gläubigers von den den Anspruch begründenden Umständen zu lau-

Rechtsmängelhaftung des Veräußerers[131] und für Ansprüche des Erwerbers aus cic[132] und wegen Wegfalls der Geschäftsgrundlage[133].

V. Nichtigkeit des Unternehmenskaufvertrags

1. Voraussetzungen

39 Der Unternehmenskaufvertrag kann formnichtig sein[134]. Zwar bedarf er grundsätzlich keiner Form. Gehört zu dem Unternehmen aber ein Grundstück, bedarf er der notariellen Beurkundung[135]. Der Mangel der Beurkundung wird indes durch formgerechte Auflassung des Grundstücks und Eintragung des neuen Eigentümers im Grundbuch geheilt[136]. Die **Nichtigkeit** des Unternehmenskaufvertrags kann auch darauf beruhen, daß eine erforderliche Zustimmung zum Verkauf des Unternehmens nicht vorliegt oder endgültig verweigert worden ist[137]. Ist eine Partei des Unternehmenskaufvertrags unerkannt geisteskrank, sind das Verpflichtungsgeschäft und die Verfügungsgeschäfte nichtig[138]. Rückwirkend kann der Unternehmenskaufvertrag nichtig sein, zB bei wirksamer Anfechtung wegen arglistiger Täuschung[139]. Schließlich kann die Nichtigkeit des Unternehmenskaufvertrags auf einem Verstoß gegen ein gesetzliches Verbot beruhen[140].

---

fen beginnen; der Kenntniserlangung wird die grob fahrlässige Unkenntnis gleichgestellt. Ohne Rücksicht auf die Kenntnis oder grob fahrlässige Unkenntnis verjährt der Anspruch gem. § 199 Abs. 3 RegE-BGB in dreißig Jahren von dem Zeitpunkt der arglistigen Täuschung an.

[131] §§ 445, 440, 325 BGB; siehe dazu *Holzapfel/Pöllath* Rn 455. Für die Rechtsmängelhaftung verweist § 453 RegE-BGB auf die §§ 433ff. RegE-BGB, so daß sich insoweit auch für die Verjährung keine Besonderheiten ergeben werden.

[132] *BGH* DB 1990, 1911; *Holzapfel/Pöllath* Rn 461 und 522; *Canaris* § 8 Rn 30; kritisch *Hommelhoff* ZHR 150 (1986) 254, 274; *Franz-Jörg Semler* in Hölters Rn 132; zweifelnd *Müller* ZIP 1993, 1045, 1048, der die Frist des § 447 Abs. 1 BGB auch auf die Haftung für cic für analog anwendbar hält. Ansprüche aus cic werden künftig der Regelverjährung gem. §§ 195, 199 RegE-BGB unterliegen. Zur Kritik an der Regelverjährung von drei Jahren gem. § 195 DiskE-BGB vgl. *Eidenmüller*, Zur Effizienz der Verjährungsregeln im geplanten Schuldrechtsmodernisierungsgesetz, JZ 2001, 283 ff.; *Honsell*, Einige Bemerkungen zum Diskussionsentwurf eines Schuldrechtsmodernisierungsgesetzes, JZ 2001, 18ff.; *Leenen*, Die Neuregelung der Verjährung, JZ 2001, 552ff.

[133] *Huber* in Soergel § 459 Rn 268a. Auch für Ansprüche wegen Wegfalls der Geschäftsgrundlage wird künftig die Regelverjährung gem. §§ 195, 199 RegE-BGB gelten.

[134] § 125 Satz 1 BGB.

[135] § 313 Satz 1 BGB. Nach *BGH* BB 1979, 598 f. ist die Beurkundung entbehrlich, wenn die Wirksamkeit des Grundgeschäfts deutlich unabhängig von dem übrigen Vertrag ist, d. h. der Grundstückswert im Verhältnis zum gesamten Unternehmen eine nachrangige Bedeutung hat.

[136] § 313 Satz 2 BGB.

[137] ZB die Zustimmung des Ehegatten gem. §§ 1365 f., 1423 BGB. In RGZ 123, 24 ff. und BGHZ 7, 208 ff. beruhte die Unwirksamkeit des Unternehmenskaufvertrags jeweils auf der fehlenden vormundschaftlichen Genehmigung gem. § 1822 Nr. 3 BGB.

[138] § 105 Abs. 1 BGB. Vgl. den Sachverhalt von *BGH* NJW 1994, 442 f. „Sonnenstudio".

[139] §§ 123, 142 Abs. 1 BGB.

[140] § 134 BGB. Vgl. *BGH* ZIP 1991, 402 ff. „Tageszeitungen" – Verstoß gegen § 1 GWB.

2. Rechtsfolgen

Die Nichtigkeit des Unternehmenskaufvertrags macht dessen **Rückabwicklung** nach den Vorschriften über die ungerechtfertigte Bereicherung notwendig. Der Erwerber hat als Kondiktionsschuldner das auf Kosten des Veräußerers erlangte „Etwas" herauszugeben. Da die Leistungskondiktion das Spiegelbild des von den Parteien gewollten unwirksamen Verpflichtungsgeschäfts ist[141], gilt für die bereicherungsrechtliche Rückabwicklung des Unternehmenskaufs auch die bei diesem zugrundegelegte Einheitsbetrachtung[142]: Das Unternehmen als einer durch die unternehmerische Tätigkeit dem beständigen Wandel unterworfenen Sach- und Rechtsgesamtheit[143] ist dem Kondiktionsgläubiger in dem Zustand herauszugeben, in dem es sich aktuell bei dem Kondiktionsschuldner befindet. Die im gewöhnlichen Geschäftsablauf eingetretenen Veräußerungen und Anschaffungen bewirken keine Veränderung der Identität des Unternehmens. Das Unternehmen stellt im gewöhnlichen Geschäftsgang einen Finanzierungs- und Tätigkeitskreislauf dar[144]. Daher können die einzelnen Veränderungen im Vermögensbestand „Unternehmen" nicht jeweils isoliert an der Meßlatte der §§ 812 ff. BGB gemessen werden, da dies zu einem schleichenden Übergang von der Verpflichtung zur **Herausgabe** des Unternehmens in Natur zum Wertersatz führen würde[145]. Den zur Herausgabe des Unternehmens in Natur verpflichteten Kondiktionsschuldner treffen grundsätzlich dieselben Pflichten wie den Veräußerer bei der Erfüllung des fehlgeschlagenen Unternehmenskaufs[146]; soweit die Herausgabe einzelner Sachen und Rechte an der erforderlichen Mitwirkung Dritter scheitert, ist **Wertersatz** zu leisten[147].

Die Herausgabe des Unternehmens als erlangtes „Etwas" wird nicht geschuldet, wenn dem Kondiktionsschuldner die Herausgabe wegen seiner Beschaffenheit nicht möglich ist oder er aus einem anderen Grund zur Herausgabe außerstande ist. In diesen Fällen schuldet der Kondiktionsschuldner **Wertersatz**. Die Entscheidung zwischen der Herausgabe des Unternehmens in Natur oder Wertersatz folgt ausschließlich nach den gesetzlichen[148] Kriterien; weder dem Kondiktionsschuldner noch dem Kondiktionsgläubiger steht insoweit ein Wahlrecht zu[149].

Maßgebliche Bedeutung für die Entscheidung zwischen Herausgabe des Unternehmens oder Verpflichtung zur Zahlung von Wertersatz kommt der Feststellung zu, ob dem Kondiktionsschuldner die Herausgabe des Unternehmens unmöglich ist. Dabei werden die objektive und subjektive **Unmöglichkeit** gleich

---

[141] *Ballerstedt*, FS Schilling, S. 289, 294 mwN.
[142] *Westermann* in Erman § 818 BGB Rn 7.
[143] *Schöne* ZGR 2000, 86, 92.
[144] *Ballerstedt*, FS Schilling, S. 289, 296; *Schöne* ZGR 2000, 86, 92.
[145] § 818 Abs. 2 BGB. *Ballerstedt*, FS Schilling, S. 289, 290; *Schwintowski* JZ 1987, 588; *Schöne* ZGR 2000, 86, 93.
[146] *Schöne* ZGR 2000, 86, 96.
[147] Vgl. *BGH* ZIP 1991, 402, 406 für die Rückübertragung von Kundenbeziehungen ohne deren Mitwirkung.
[148] § 818 Abs. 2 BGB.
[149] *Westermann* in Erman § 818 BGB Rn 4; *Lorenz* in Staudinger § 818 BGB Rn 21.

behandelt. Der Hauptanwendungsfall der objektiven Unmöglichkeit zur Herausgabe des Kondiktionsgegenstands ist dessen physische Zerstörung. Zählt zu dem Unternehmen ein Betriebsgrundstück, kann die Unmöglichkeit der Herausgabe des Unternehmens nicht mit dem Hinweis auf das Betriebsgrundstück verneint werden; eine ausschließlich sachenrechtliche Betrachtungsweise wird dem Leistungsgegenstand Unternehmen nicht gerecht. Vielmehr ist darauf abzustellen, ob der Kondiktionsschuldner dem Kondiktionsgläubiger noch eine im Wirtschaftsleben auftretende betriebliche Organisation mit unternehmerischer Tätigkeit zurückgewähren kann. Das ist nicht mehr der Fall, wenn der Kondiktionsschuldner das Unternehmen stillgelegt oder mit seiner „Ausschlachtung" begonnen hat[150].

43 Einen Unterfall der objektiven Unmöglichkeit zur Herausgabe des Unternehmens als erlangtes „Etwas" stellt dessen **Umgestaltung** dar. Veräußerungen und Neuanschaffungen im normalen Geschäftsablauf führen noch nicht zu einer Umgestaltung des Unternehmens. Hierzu bedarf es vielmehr tiefgreifender Maßnahmen des Kondiktionsschuldners, die es rechtfertigen, das Unternehmen in seinem gegenwärtigen Zustand als das Ergebnis seines schöpferischen Handelns zu werten[151]. Das umgestaltete Unternehmen darf in der Gesamtbetrachtung keine Ähnlichkeit mehr mit dem ursprünglich übertragenen Unternehmen besitzen; es muß ein **Identitätswechsel** stattgefunden haben[152]. Dabei darf die Entscheidung wiederum nicht von einem auf die dingliche Rechtslage verengten Blickwinkel getroffen werden[153]. Es ist vielmehr eine einzelfallbezogene Gesamtbetrachtung vorzunehmen, bei der der (satzungsmäßige) Unternehmensgegenstand, der Tätigkeitsbereich des Unternehmens und die Bedeutung der vom Kondiktionsschuldner vorgenommenen Veränderungen für das wirtschaftliche Ergebnis des Unternehmens angemessen zu berücksichtigen sind[154]. Letztlich sind an die Annahme einer Umgestaltung des Unternehmens durch den Kondiktionsschuldner strenge Anforderungen zu stellen.

44 Die Frage nach der **Gewinnhaftung** des zur Herausgabe des rechtsgrundlos erlangten Unternehmens verpflichteten Kondiktionsschuldners gehört zu den am meisten umstrittenen Problemen des Bereicherungsrechts. Zutreffender Ansatzpunkt zur Beantwortung dieser Frage ist die Auslegung des vom Gesetz verwendeten Begriffs „Nutzungen"[155]. Eine beachtliche Ansicht in der Literatur lehnt die Verpflichtung des Kondiktionsschuldners zur Gewinnherausgabe ab, da der Gewinn aus einem Unternehmen bereits begrifflich keine Nutzung darstelle, weil

---

[150] Vgl. ausführlich *Schöne* ZGR 2000, 86, 98 ff.
[151] Zutreffend *Schwintowski* JZ 1987, 588, 589.
[152] *Schwintowski* JZ 1987, 588, 590 f.
[153] So aber RGZ 133, 293, 295; 169, 65, 76; BGH NJW 1981, 2687 f., BGH WM 1987, 1533 f.; *Lieb* in MünchKomm. § 818 BGB Rn 31 f.
[154] Vgl. ausführlich *Schöne* ZGR 2000, 86, 103 ff.
[155] § 818 Abs. 1 BGB. Demgegenüber wird in der Literatur verbreitet § 818 Abs. 2 BGB herangezogen, um die Verpflichtung des Kondiktionsschuldners zur Gewinnherausgabe zu begründen; vgl. *Lorenz* in Staudinger § 818 BGB Rn 29; *Koppensteiner*, Probleme des bereicherungsrechtlichen Wertersatzes, NJW 1971, 1772; *Goetzke*, Subjektiver Wertbegriff im Bereicherungsrecht, AcP 173 (1973) 289, 321; dagegen vor allem *v. Caemmerer*, Bereicherung und unerlaubte Handlung, FS Rabel, 1954, S. 333, 356; *Larenz/Canaris* § 72 III 3 b).

er weder eine Sach- oder Rechtsfrucht noch ein Gebrauchsvorteil sei[156]; der Gewinn sei vielmehr dem Konditionsschuldner zugewiesen, weil er allein – und nicht der Veräußerer – die unternehmerische Verantwortung und das damit verbundene Risiko trage[157]. Demgegenüber befürwortet die Rechtsprechung unter beachtlicher Zustimmung in der Literatur die Verpflichtung des Konditionsschuldners zur Gewinnherausgabe[158]. Der Unternehmensgewinn sei am ehesten mit den Rechtsfrüchten vergleichbar, soweit er nicht auf dem Einsatz des Konditionsschuldners beruhe. Diesen Eigenanteil müsse der Konditionsschuldner nicht herausgeben[159]. Die Höhe des Eigenanteils sei ggf. zu schätzen[160].

VI. Empfehlungen für die Vertragsgestaltung

Bei der Abfassung des Unternehmenskaufvertrags[161] sollte den vorstehend dargestellten Schwierigkeiten bei der Anwendung der gesetzlichen Vorschriften im Fall nicht ordnungsgemäßer Vertragserfüllung durch den Veräußerer Rechnung getragen werden. Dabei sollte das Augenmerk sowohl auf eine **detaillierte Regelung** der Erfüllungspflichten des Veräußerers als auch auf die Rechtsfolgen im Fall ihrer Verletzung gelegt werden[162].

Die mit dem gesetzlichen Fehlerbegriff und Eigenschaftsbegriff verbundenen Unsicherheiten im Zusammenhang mit einem Unternehmenskaufvertrag lassen sich durch **selbständige Garantieabreden** vermeiden[163]. Dabei handelt es sich um einen zweiseitigen Vertrag eigener Art, der dem Berechtigten Erfüllungsansprüche gegen den Garantiegeber verschafft, die über die reine Vertragsmäßigkeit der gewöhnlichen Verkäuferleistung hinausgehen[164]. Garantieabreden sind insbes. für solche Umstände bedeutsam, die weder Fehler iSd § 459 Abs. 1 BGB noch Eigenschaft iSd. § 459 Abs. 2 BGB sind, also beispielsweise für Angaben über nicht bilanzierungsfähige Rechtsverhältnisse und Zusagen über künftige Umstände[165]. Von besonderer Bedeutung sind **Bilanzgarantien**[166], **Eigenkapitalgarantien**[167] und Garantien in Bezug auf **Umwelt- und Altlasten**[168].

---

[156] Vgl. § 100 BGB.
[157] Vgl. *Lorenz* in Staudinger § 818 BGB Rn 12; *Ballerstedt*, FS Schilling, S. 289, 298; *Schwintowski* JZ 1987, 588 f.; *Larenz/Canaris* § 72 II 3 c).
[158] BGHZ 63, 365, 368; *BGH* NJW 1982, 1154; zustimmend insbes. *Lieb* in MünchKomm. § 818 BGB Rn 20; *Westermann* in Erman § 818 BGB Rn 18.
[159] BGHZ 7, 208, 218; 63, 365; *Lorenz* in Staudinger § 818 BGB Rn 12.
[160] *Mühl* in Soergel § 818 BGB Rn 25.
[161] Vgl. das Vertragsmuster von *Günther* in MünchVertragsHdb. Bd. 2 S. 73 ff.
[162] Einen detaillierten Überblick über sinnvolle Möglichkeiten der Vertragsgestaltung geben *Holzapfel/Pöllath* Rn 462 ff.
[163] Vgl. hierzu *Honsell* in Soergel § 459 BGB Rn 170 ff.; *Westermann* in MünchKomm. § 459 BGB Rn 96 ff.; *Franz-Jörg Semler* in Hölters Rn 122 ff.; *Holzapfel/Pöllath* Rn 491 ff.
[164] Vgl. *Westermann* in MünchKommBGB § 459 Rn 96 mwN. Zum Garantievertrag nach künftigem Recht vgl. § 443 RegE-BGB.
[165] *Franz-Jörg Semler* in Hölters Rn 123 ff.
[166] *Franz-Jörg Semler* in Hölters Rn 126; *Holzapfel/Pöllath* Rn 492.
[167] *Franz-Jörg Semler* in Hölters Rn 127.
[168] Vgl. *Holzapfel/Pöllath* Rn 498. Zu Altlastenrisiken siehe § 29 Rn 95 ff.

47 Für den Garantievertrag gelten die allgemeinen Regelungen über Leistungsstörungen bei gegenseitigen Verträgen[169]. Bei Verletzung der Garantiezusage kann der Erwerber Schadensersatz wegen Nichterfüllung verlangen[170]. Die Haftung erstreckt sich zumeist auf den **Erfüllungsschaden**, also auch auf den entgangenen Gewinn[171]. Ein Verschulden des Garantierenden ist idR keine Haftungsvoraussetzung[172]. Vertragliche Regelungen über den Ausschluß von Schadensersatzansprüchen erstrecken sich nicht auf Garantiezusagen[173]. Der Schadensersatzanspruch des Garantieempfängers verjährt in dreißig Jahren[174].

48 Sehr eingehend sollten die **Rechtsfolgen von Vertragsstörungen** geregelt werden. Erwogen werden kann, ob ein Haftungsausschluß für bestimmte Pflichtverletzungen vereinbart werden soll; bei Arglist würde der Haftungsauschluß ohnehin nicht greifen. Den erheblichen rechtlichen und tatsächlichen Schwierigkeiten bei einer evtl. erforderlichen Rückgängigmachung des Unternehmenskaufs wird des weiteren verbreitet dadurch Rechnung getragen, daß die Geltendmachung der Wandelung durch den Käufer ausgeschlossen wird. Soll die **Rückabwicklung** auch in den Fällen der Verpflichtung des Veräußerers zur Leistung von Schadensersatz **ausgeschlossen** sein, muß ferner geregelt werden, daß der Erwerber bei der Ausübung von Schadensersatzansprüchen auf den „kleinen Schadensersatz" beschränkt ist. Wegen der Rechtsfolge rückwirkender Nichtigkeit des Rechtsgeschäfts[175] sollte auch daran gedacht werden, die Befugnis des Erwerbers zur Anfechtung einzuschränken. Mit der Privatautonomie ist es vereinbar, das Anfechtungsrecht wegen Irrtums[176] durch Individualabrede abzubedingen[177] und durch Schadensersatzansprüche des Irrenden zu ersetzen. Der Wirksamkeit eines individualvertraglichen Ausschlusses des Anfechtungsrechts wegen arglistiger Täuschung[178] dürfte jedoch die Wertung des § 276 Abs. 2 BGB entgegenstehen. Schließlich empfiehlt es sich, die Höhe des Schadensersatzes wegen Nichterfüllung oder wegen cic summenmäßig zu begrenzen oder zu pauschalieren.

49 Schließlich empfehlen sich vertragliche Abreden über den Beginn und die Dauer der **Verjährungsfrist**. So kann die Verjährung von Gewährleistungsansprüchen vertraglich verlängert[179], die Verjährung von Schadensersatzansprüchen aus cic auf einen angemessenen Zeitraum verkürzt werden[180]. Zu denken ist auch

---

[169] §§ 320 ff. BGB.
[170] § 325 Abs. 1 Satz 1 BGB.
[171] *Westermann* in MünchKomm. § 459 BGB Rn 96; vgl. hierzu auch näher *Franz-Jörg Semler* in Hölters Rn 129.
[172] *Westermann* in MünchKomm. § 459 BGB Rn 96; *Honsell* in Staudinger § 459 BGB Rn 172.
[173] *Honsell* in Staudinger § 459 BGB Rn 172.
[174] *Honsell* in Staudinger § 459 BGB Rn 172. Ansprüche aus einer Garantie werden der Regelverjährung gem. §§ 195, 199 RegE-BGB unterliegen.
[175] § 142 Abs. 1 BGB.
[176] § 119 BGB.
[177] Vgl. *Heinrichs* in Palandt § 119 BGB Rn 3; *Kramer* in MünchKomm. § 119 BGB Rn 128.
[178] § 123 BGB.
[179] § 477 Abs. 1 Satz 2 BGB.
[180] § 225 Satz 2 BGB. Die vertragliche Verkürzung von Verjährungsfristen wird nach Maßgabe des § 202 Abs. 1 RegE-BGB auch künftig möglich sein; dies folgt aus der allgemeinen Vertragsfreiheit.

an Differenzierungen bei den Verjährungsfristen für verschiedene Pflichtverletzungen.

B. Die fehlerhafte Verschmelzung bzw. Spaltung zur Aufnahme nach dem Umwandlungsgesetz

Die **Verschmelzung** von Unternehmensrechtsträgern stellt einen „klassischen" Fall der Unternehmensübernahme dar, der in den letzten Jahren infolge der Fusionswelle zunehmend an Bedeutung gewonnen hat. Das aus dem Verschmelzungsvertrag[181], dem Verschmelzungsbericht[182], der Verschmelzungsprüfung[183], dem Verschmelzungsbeschluß[184], dem ggf. erforderlichen Kapitalerhöhungsbeschluß des aufnehmenden Rechtsträgers[185] und dem Eintragungsverfahren[186] bestehende Verschmelzungsverfahren ist an anderer Stelle ausführlich dargestellt[187]. 50

Die **Spaltung** zur Aufnahme stellt für den übernehmenden beteiligten Rechtsträger einer Aufspaltung, Abspaltung oder Ausgliederung zur Aufnahme jeweils einen fusionsähnlichen Vorgang dar. Die Spaltung wird deshalb zutreffend als **spiegelbildlicher Vorgang zur Verschmelzung** bezeichnet, auf den die Vorschriften über die Verschmelzung entsprechend anzuwenden sind[188], soweit keine abweichenden gesetzlichen Regelungen gelten[189]. Das Spaltungsverfahren ist daher vom Umwandlungsgesetz in gleicher Weise konzipiert worden wie das Verschmelzungsverfahren. 51

Rechtsgeschäftliche Grundlage der **Spaltung** ist der Spaltungs- und Übernahmevertrag. Die Vertretungsorgane der an der Spaltung beteiligten Rechtsträger haben einen Spaltungsbericht[190] zu erstatten. Die Auf- und Abspaltung ist zu prüfen[191] und über die Prüfung ist ein Prüfungsbericht[192] zu erstatten. Die Anteilsinhaber jedes beteiligten Rechtsträgers müssen einen Spaltungsbeschluß mit der erforderlichen Mehrheit[193] fassen. Der aufnehmende Rechtsträger muß unter bestimmten Voraussetzungen[194] einen Kapitalerhöhungsbeschluß fassen. Rechtswirk- 52

---

[181] §§ 5 ff. UmwG.
[182] § 8 UmwG.
[183] §§ 9 ff. UmwG.
[184] §§ 13, 43, 45d, 50 f., 65, 76, 84, 98, 103, 112 Abs. 3, 116 Abs. 1 UmwG.
[185] §§ 55, 69 UmwG.
[186] §§ 16 ff. UmwG.
[187] Siehe § 17.
[188] § 125 Satz 1 UmwG.
[189] §§ 126 ff. UmwG.
[190] § 127 UmwG.
[191] §§ 125 Satz 1, 9 ff. UmwG; zur Ausgliederung vgl. die Ausnahme gem. § 125 Satz 2 UmwG.
[192] §§ 125 Satz 1, 12 UmwG.
[193] §§ 125 Satz 1, 13, 43, 45d, 50 f., 65, 76, 84, 98, 103, 112 Abs. 3, 116 Abs. 1, 128 Satz 1 UmwG.
[194] §§ 125 Satz 1, 55, 69 UmwG.

sam wird die Spaltung mit Eintragung im Register des übertragenden Rechtsträgers[195].

53 Das Verschmelzungs- und Spaltungsverfahren ist höchst fehleranfällig. In sämtlichen genannten Verfahrensabschnitten können zahlreiche Rechtsverletzungen auftreten. Nachfolgend werden die für die Verfahrensabschnitte Verschmelzungs-/Spaltungsvertrag, Verschmelzungs-/Spaltungsbeschluß und den Kapitalerhöhungsbeschluß jeweils **relevanten Mängel** kurz aufgezeigt.

I. Fehlerquellen

1. Verschmelzungs-/Spaltungsvertrag

54 Der Verschmelzungs-/Spaltungsvertrag unter Beteiligung einer Kapitalgesellschaft kann an Nichtigkeits- und Anfechtungsmängeln leiden. Die **Nichtigkeit** des Verschmelzungs-/Spaltungsvertrags kann unter anderem beruhen auf:
- Verstößen gegen zwingende umwandlungsrechtliche Bestimmungen, zB dem Fehlen der essentialia des Verschmelzungs-/Spaltungsvertrags[196];
- der Verletzung der gesetzlich vorgeschriebenen Form[197];
- dem Nichteintritt einer im Verschmelzungs-/Spaltungsvertrag vereinbarten aufschiebenden Bedingung, wonach die Verschmelzung/Spaltung bis zu einem bestimmten Stichtag im Handelsregister eingetragen sein muß;
- einem Verstoß gegen ein gesetzliches Verbot[198];
- der Mitwirkung eines geschäftsunfähigen Vorstandsmitglieds oder Geschäftsführers[199] bei Abschluß des Verschmelzungs-/Spaltungsvertrags;
- der Anfechtung des Verschmelzungs-/Spaltungsvertrags wegen Irrtums oder arglistiger Täuschung; praktisch relevant kann insbes. eine Anfechtung wegen Irrtums über verkehrswesentliche Eigenschaften[200] sein, wenn ein beteiligter Rechtsträger während der Vertragsverhandlungen unrichtige Angaben über Vermögensdispositionen oder Verbindlichkeiten macht und sich diese auf die Ermittlung des Umtauschverhältnisses auswirken.

2. Verschmelzungs-/Spaltungsbeschluß

55 Für Verschmelzungs-/Spaltungsbeschlüsse von Aktiengesellschaften sind die **aktienrechtlichen Vorschriften** über die Nichtigkeit von Hauptversammlungsbeschlüssen[201] unmittelbar anwendbar; für fehlerhafte GmbH-Beschlüsse gelten

---

[195] § 131 UmwG.
[196] § 5 Abs. 1 Nr. 1 bis 3 bzw. § 126 Abs. 1 Nr. 1 bis 3 UmwG; vgl. *OLG Frankfurt* WM 1999, 322; *Lutter* in Lutter § 5 UmwG Rn 92.
[197] § 6 UmwG bzw. §§ 125 Satz 1, 6 UmwG.
[198] Insbes. wenn die Verschmelzung/Spaltung mit Art. 86 Abs. 1 EWG-Vertrag (Art. 82 Abs. 1 EG) unvereinbar ist.
[199] Vgl. den der Entscheidung *OLG Düsseldorf* GmbHR 1994, 556 zugrundeliegenden Sachverhalt.
[200] § 119 Abs. 2 BGB.
[201] §§ 241 ff. AktG.

diese Vorschriften analog. Es ist zwischen solchen Mängeln zu unterscheiden, die zur Nichtigkeit oder zur **Anfechtbarkeit** des Beschlusses führen.

Zur **Nichtigkeit** des Verschmelzungs-/Spaltungsbeschlusses führen insbes.:   **56**
- die nicht ordnungsgemäße Einberufung der Hauptversammlung[202] bzw. der Gesellschafterversammlung[203];
- die Verletzung der Pflicht zur Beurkundung des Beschlusses[204];
- die Verletzung von Vorschriften, die ausschließlich oder überwiegend zum Schutz der Gesellschaftsgläubiger oder sonst im öffentlichen Interesse gegeben sind[205];
- ein Verstoß des Verschmelzungs-/Spaltungsbeschlusses gegen die guten Sitten[206].

Als Beispiele für die **Anfechtbarkeit** des Verschmelzungs-/Spaltungsbeschlus-   **57**
ses einer Kapitalgesellschaft können angeführt werden:
- das Fehlen der gesetzlich zwingend erforderlichen Mindestangaben im Verschmelzungs-/Spaltungsvertrag[207];
- das Fehlen von zur Beschlußvorbereitung erforderlichen Unterlagen (Verschmelzungs- bzw. Spaltungsbericht, Prüfungsbericht);
- unvollständige Verschmelzungs-/Spaltungsberichte oder Prüfungsberichte[208];
- keine oder nur unzureichende mündliche Erläuterung der Verschmelzung/Spaltung[209];
- Verletzung der Übersendungspflichten[210];

---

[202] § 241 Abs. 1 Nr. 1 AktG iVm.121 Abs. 2 bis 4 AktG.

[203] § 241 Abs. 1 Nr. 1 AktG analog; zum sog. Geheimbeschluß vgl. *Bork* ZGR 1993, 343, 355; *ders.* in Lutter § 14 UmwG Rn 11; *Schöne* DB 1995, 1317 ff.

[204] § 241 Abs. 1 Nr. 2 AktG. Die Pflicht zur Beurkundung des Verschmelzungs-/Spaltungsbeschlusses folgt für die Rechtsträger sämtlicher Gesellschaftsformen aus § 13 Abs. 1 Satz 1 UmwG bzw. §§ 125 Satz 1, 13 Abs. 1 Satz 1 UmwG.

[205] § 241 Abs. 1 Nr. 3 AktG. Als umwandlungsrechtliche gläubigerschützende Normen sind insbes. die §§ 22, 68 UmwG sowie § 324 UmwG iVm.§ 613a BGB zu nennen.

[206] § 241 Abs. 1 Nr. 4 UmwG. Das *LG Mühlhausen* DB 1996, 1967, 1968, hat die Sittenwidrigkeit eines Verschmelzungsbeschlusses angenommen, weil der Verschmelzungsvertrag den Gesellschaftern der übertragenden GmbH ein Übermaß an Vorteilen zum Nachteil der aufnehmenden Aktiengesellschaft und ihrer Aktionäre zubilligte, ohne daß ein entsprechendes wirtschaftliches Äquivalent gewährt wurde.

[207] §§ 5 Abs. 1 Nr. 4 bis 8, 126 Abs. 1 Nr. 4 bis 10 UmwG, vgl. im einzelnen *Lutter* in Lutter § 5 UmwG Rn 92; *Mayer* in Widmann/Mayer § 5 UmwG Rn 74. Fehlen Angaben der Folgen der Verschmelzung/Spaltung für die Arbeitnehmer und ihre Vertretungen sowie der insoweit vorgesehenen Maßnahmen im Verschmelzungs- bzw. Spaltungsvertrag oder sind sie unrichtig, stellt dies nach zutreffender Ansicht keinen Anfechtungsgrund dar, vgl. *Lutter* in Lutter § 5 UmwG Rn 92; *Priester* in Lutter § 126 UmwG Rn 60; *Willemsen*, Die Beteiligung des Betriebsrats im Umwandlungsverfahren, RdA 1998, 23, 34; aA *Engelmeyer*, Die Informationsrechte des Betriebsrats und der Arbeitnehmer bei Strukturänderungen, DB 1996, 2542, 2544; *A. Drygala*, Die Reichweite der arbeitsrechtlichen Angaben im Verschmelzungsvertrag, ZIP 1995, 1365, 1366 f.

[208] §§ 8, 127, 12 UmwG.

[209] Vgl. § 64 Abs. 1 Satz 2 UmwG bzw. §§ 125 Satz 1, 64 Abs. 1 Satz 2 UmwG; zur Verpflichtung zur mündlichen Erläuterung der Spaltung bei einer beteiligten GmbH vgl. *Schöne* Spaltung S. 435 ff.

[210] Vgl. zB §§ 42, 45c, 47, 63 UmwG.

§ 34 58   Mängel einer Unternehmensübernahme und ihre Folgen

– Mißachtung von Individualzustimmungsrechten einzelner Anteilsinhaber[211];
– die unangemessene Festsetzung des Umtauschverhältnisses und der baren Zuzahlungen für die Anteilsinhaber des übernehmenden Rechtsträgers[212];
– Verstoß gegen den Gleichbehandlungsgrundsatz;
– Verstoß gegen die gesellschafterliche Treupflicht.

58 Die strengen Anforderungen an den Verschmelzungs-/Spaltungsbericht[213] machen diese Berichterstattungen in besonders hohem Maße fehleranfällig, wie die aufsehenerregenden Rechtstreitigkeiten der Vergangenheit gezeigt haben[214]. In besonderem Maße streitig ist dabei idR, ob das Umtauschverhältnis in angemessener Weise erläutert worden ist[215]. In der Praxis dürfte auch häufig zweifelhaft sein, ob überhaupt ein Verschmelzungs- bzw. Spaltungsbericht oder ein Prüfungsbericht zu erstatten ist. Die Voraussetzungen für den **Verzicht** auf den Verschmelzungsbericht[216] bzw. auf den Spaltungsbericht[217] sind streitig[218]. Die Voraussetzungen für **die Entbehrlichkeit** des Verschmelzungsberichts[219] sind zwar weitgehend geklärt[220]. Insbes. der Anwendungsbereich der § 127 Satz 2 iVm. § 8 Abs. 1 2. Alt. UmwG für die Spaltung wirft aber noch zahlreiche Zweifelsfragen auf[221]. Streitig ist ebenfalls, ob ein Verschmelzungs-/Spaltungsbericht erforderlich ist, wenn alle GmbH-Gesellschafter zugleich Geschäftsführer sind[222]. Vergleichbare Zweifelsfragen bestehen für die Entbehrlichkeit des Spaltungsprüfungsberichts[223]. Insbes. die in § 125 Satz 1 UmwG statuierte Unanwendbarkeit des § 9 Abs. 2 UmwG bei Auf- und Abspaltungen führt zu Anwendungsschwierigkeiten[224]. Dabei stellt sich vor allem die Frage, ob ein Antrag eines GmbH-Gesell-

---

[211] Vgl. §§ 13 Abs. 2, 50 Abs. 2 UmwG, § 53 Abs. 2 GmbHG. Zum Individualzustimmungsrecht der GmbH-Gesellschafter im Fall einer Leistungsvermehrung vgl. *Lutter* in Lutter § 13 UmwG Rn 29 ff.; *Schöne* Spaltung S. 189 ff.

[212] Vgl. BGHZ 112, 9, 19 (Hypothekenbank-Schwestern); *Bork* in Lutter § 14 UmwG Rn 14; ders. ZGR 1993, 343, 354; *Marsch-Barner* in Kallmeyer § 14 UmwG Rn 16.

[213] Zu den inhaltlichen Anforderungen an den Spaltungsbericht vgl. ausführlich *Schöne* Spaltung S. 283 ff. sowie *Hommelhoff* in Lutter § 127 UmwG Rn 16 ff. jeweils mwN; zum Inhalt des Verschmelzungsberichts vgl. *Lutter* in Lutter § 8 UmwG Rn 13 ff.; *Marsch-Barner* in Kallmeyer § 8 UmwG Rn 6 ff., jeweils mwN.

[214] Vgl. BGHZ 107, 296 ff. „Kochs Adler"; BGH ZIP 1990, 168 ff. „DAT/Altana II"; BGH ZIP 1990, 1560 ff. „SEN".

[215] Zur Erläuterung des Umtauschverhältnisses im einzelnen vgl. *Lutter* in Lutter § 8 UmwG Rn 20 ff.; *Marsch-Barner* in Kallmeyer § 8 UmwG Rn 10 ff.; *Schöne* Spaltung S. 336 ff.

[216] § 8 Abs. 3 Satz 1, 1. Alt. UmwG.

[217] § 127 Satz 2 iVm. § 8 Abs. 3 Satz 1 1. Alt. UmwG.

[218] Zum Tatbestandsmerkmal „alle Anteilsinhaber aller beteiligten Rechtsträger" in § 8 Abs. 3 Satz 1 1. Alt. UmwG vgl. *Lutter* in Lutter § 8 UmwG Rn 48 ff. und *Hommelhoff* in Lutter § 127 UmwG Rn 49 ff. einerseits und *Schöne* Spaltung S. 373 ff. andererseits.

[219] § 8 Abs. 3 Satz 1 2. Alt. UmwG.

[220] Vgl. *Lutter* in Lutter § 8 UmwG Rn 52; *Marsch-Barner* in Kallmeyer § 8 UmwG Rn 39 f.

[221] Vgl. hierzu eingehend *Schöne* Spaltung S. 363 ff.; zustimmend *Hommelhoff* in Lutter § 127 UmwG Rn 51 ff.

[222] Für die analoge Anwendung des § 41 UmwG auf die GmbH-Verschmelzung vgl. *Lutter* in Lutter § 8 UmwG Rn 53; zur entsprechenden Rechtslage bei der GmbH-Spaltung vgl. *Hommelhoff* in Lutter § 127 UmwG Rn 53; *Schöne* Spaltung S. 385 ff.; aA *Bayer*, 1000 Tage neues Umwandlungsrecht – eine Zwischenbilanz, ZIP 1997, 1613, 1620.

[223] §§ 125 Satz 1, 9 Abs. 3, 8 Abs. 3 Satz 1 2. Alt. UmwG.

[224] Vgl. *Kallmeyer* in Kallmeyer § 125 UmwG Rn 9; *Dehmer* § 125 UmwG Rn 13.

schafters auf Spaltungsprüfung[225] bzw. eines Personengesellschafters[226] selbst dann berücksichtigt werden muß, wenn sich alle Anteile des übertragenden Rechtsträgers in der Hand des übernehmenden Rechtsträgers befinden[227].

3. Kapitalerhöhungsbeschluß

IdR ist bei der Verschmelzung ein Kapitalerhöhungsbeschluß der aufnehmenden AG oder GmbH erforderlich[228]; die an die Anteilsinhaber des übertragenden Rechtsträgers zwingend[229] zu gewährenden Aktien bzw. GmbH-Anteile müssen regelmäßig im Zusammenhang mit der Verschmelzung geschaffen werden. Gleiches gilt entsprechend für den aufnehmenden Rechtsträger in der Rechtsform der AG oder GmbH bei einer Auf- oder Abspaltung zur Aufnahme.

Der Kapitalerhöhungsbeschluß kann an verschiedenen Mängeln leiden, die zu seiner **Nichtigkeit** führen. Beispielhaft seien genannt:
- Mängel der Einberufung der Hauptversammlung bzw. Gesellschafterversammlung und Fehlen der notariellen Beurkundung des Beschlusses[230];
- Verstoß gegen die Kapitalerhöhungsverbote[231].

II. Klage gegen die Wirksamkeit des Verschmelzungs-/Spaltungsbeschlusses

Für Klagen gegen die Wirksamkeit des Verschmelzungs-/Spaltungsbeschlusses ist die umwandlungsrechtliche Systematik für die Geltendmachung von Beschlußmängeln zu berücksichtigen. Danach ist zu unterscheiden, ob die Verschmelzung/Spaltung bereits im Handelsregister eingetragen und demzufolge wirksam geworden ist oder noch nicht. Die Klage gegen die Wirksamkeit eines Verschmelzungsbeschlusses muß binnen eines Monats nach der Beschlußfassung erhoben werden[232]. Wegen eines zu niedrig festgesetzten Umtauschverhältnisses oder zu niedriger barer Zuzahlungen kann eine Klage gegen die Wirksamkeit des Verschmelzungsbeschlusses des übertragenden Rechtsträgers nicht erhoben werden[233]; insoweit steht den Anteilsinhabern des übertragenden Rechtsträgers „nur"

---

[225] §§ 125 Satz 1, 48 UmwG.
[226] §§ 125 Satz 1, 41 UmwG.
[227] Dies verneinend *Schöne* Spaltung S. 398 ff.
[228] § 69 UmwG bzw. § 55 UmwG.
[229] Vgl. § 2 UmwG; die Anteilsgewährungspflicht ist ein zwingendes Strukturmerkmal der Verschmelzung/Spaltung, das zugleich dem Schutz der Anteilsinhaber dient, vgl. *Schöne* Spaltung S. 117 ff.
[230] § 241 Nr. 2 iVm. § 130 Abs. 1 AktG bzw. § 241 Nr. 2 AktG analog iVm. § 53 Abs. 2 Satz 1 GmbHG.
[231] §§ 54 Abs. 1 Satz 1, 68 Abs. 1 Satz 1 UmwG. In diesen Fällen erhielte die übernehmende Kapitalgesellschaft eigene Anteile aus einer Kapitalerhöhung, verstieße damit gegen die gläubigerschützenden Grundsätze der Kapitalaufbringung und Kapitalerhaltung; *Winter* in Lutter § 54 UmwG Rn 39; *Mayer* in Widmann/Mayer § 54 UmwG Rn 73; *Grunewald* in Geßler/Hefermehl § 344 AktG Rn 14; aA *Marsch-Barner* in Kallmeyer § 68 UmwG Rn 16.
[232] § 14 Abs. 1 UmwG.
[233] § 14 Abs. 2 UmwG.

das Spruchverfahren zur Wahrung ihrer Rechte offen[234]. Demgegenüber können die Anteilsinhaber des übernehmenden Rechtsträgers eine zu niedrige Festlegung des Umtauschverhältnisses und der baren Zulagen durch Anfechtung des Verschmelzungsbeschlusses rügen[235].

62 Ist eine statthafte Klage gegen die Wirksamkeit des Verschmelzungsbeschlusses fristgerecht erhoben worden, besteht grundsätzlich eine **Eintragungssperre**[236], die insbes. durch einen **Unbedenklichkeitsbeschluß**[237] aufgehoben sein kann. Ist die Verschmelzung durch Eintragung in das Handelsregister wirksam geworden[238], lassen Mängel der Verschmelzung die Wirkungen der Eintragung unberührt[239]. In diesem Fall sind die Anteilsinhaber des jeweiligen Rechtsträgers auf die Geltendmachung von **Schadensersatzansprüchen** verwiesen[240]. Diese Regelungen gelten für fehlerhafte Spaltungsbeschlüsse entsprechend[241].

63 Der **Schutz der Anteilsinhaber** gegen Rechtsverletzungen im Zuge des Verschmelzungs-/Spaltungsverfahrens wird damit hauptsächlich in das Stadium vor der Eintragung der Verschmelzung/Spaltung ins Handelsregister verlegt. Damit wird dem Umstand Rechnung getragen, daß der Eintragung der Verschmelzung/Spaltung in das Handelsregister konstitutive Wirkung zukommt[242] und Mängel der Verschmelzung/Spaltung die Wirkungen der Eintragung unberührt lassen[243]. Daraus wird gefolgert, daß Mängel der Verschmelzung/Spaltung nicht dazu führen, daß eine im Handelsregister eingetragene fehlerhafte Verschmelzung/Spaltung mit Wirkung für die Zukunft beseitigt werden könne oder müsse[244]. Dem Schutz der Anteilsinhaber gegen rechtswidrige Verschmelzungs-/Spaltungsbeschlüsse im Vorfeld der Eintragung der Verschmelzung/Spaltung kommt daher besondere Bedeutung zu. Diesem Schutz dient die Registersperre, die eine gegen die Wirksamkeit eines Verschmelzungs-/Spaltungsbeschlusses erhobene Klage grundsätzlich zur Folge hat. Andererseits sind auch die Vollzugsinteressen der an der Verschmelzung/Spaltung beteiligten Rechtsträger angemessen zu berücksichtigen, denn die durch die Klage bedingte Verzögerung des Wirksamwerdens der Verschmelzung ist für die beteiligten Rechtsträger regelmäßig mit erheblichen Nachteilen verbunden. Dem Ausgleich der einander widerstreitenden Interessen der Anteilsinhaber und der beteiligten Rechtsträger bei einem Streit über die Rechtmäßigkeit des Verschmelzungs-/Spaltungsbeschlusses dient das Unbedenklichkeitsverfahren[245].

---

[234] §§ 15 Abs. 1, 305 ff. UmwG.
[235] Zur Kritik an dieser Differenzierung vgl. jüngst eindrucksvoll *Martens* AG 2000, 301, 303 ff. sowie schon früher *Bayer*, Informationsrechte bei der Verschmelzung von Aktiengesellschaften, AG 1988, 323, 325; *Timm*, Zur Bedeutung des „Hoesch-Urteils" für die Fortentwicklung des Konzern- und Verschmelzungsrechts, JZ 1982, 403, 411; *Engelmeyer* Spaltung S. 425 f.
[236] Vgl. § 16 Abs. 2 Satz 2 UmwG.
[237] § 16 Abs. 3 UmwG.
[238] § 20 Abs. 1 UmwG.
[239] § 20 Abs. 2 UmwG.
[240] §§ 16 Abs. 3 Satz 6, 25 ff. UmwG.
[241] § 125 Satz 1 UmwG.
[242] §§ 20 Abs. 1, 131 Abs. 1 UmwG.
[243] §§ 20 Abs. 2, 131 Abs. 2 UmwG.
[244] Siehe Rn 80 ff.
[245] § 16 Abs. 3 UmwG.

1. Frist für die Erhebung der Klage

Die Klage gegen die Wirksamkeit des Verschmelzungs-/Spaltungsbeschlusses muß **binnen eines Monats nach der Beschlußfassung** erhoben werden. § 14 Abs. 1 UmwG erfaßt rechtsformübergreifend für sämtliche verschmelzungs-/spaltungsfähigen Rechtsträger alle Klagen, die sich gegen die Wirksamkeit des Verschmelzungs-/Spaltungsbeschlusses richten, deren Ziel also die Feststellung der Unwirksamkeit des angegriffenen Verschmelzungs-/Spaltungsbeschlusses ist. Dazu zählen bei Kapitalgesellschaften die Anfechtungs- und Nichtigkeitsklage und bei Personenhandelsgesellschaften die allgemeine Feststellungsklage, sofern sie von einem **Anteilsinhaber oder Organmitglied** erhoben wird. Die Monatsfrist[246] gilt demnach auch für Nichtigkeitsklagen gegen einen Verschmelzungs-/Spaltungsbeschluß einer AG[247], ebenso für Anfechtungs- und Nichtigkeitsklagen gegen entsprechende Beschlüsse einer GmbH[248].

Eine von einem außenstehenden Dritten erhobene Feststellungsklage gegen die Wirksamkeit des Verschmelzungs-/Spaltungsbeschlusses einer Kapitalgesellschaft unterfällt hingegen nicht der Monatsfrist[249], ebensowenig Klagen der Anteilsinhaber, die sich gegen andere Beschlußfassungen richten, auch wenn diese mit der Verschmelzung/Spaltung in einem engen Zusammenhang stehen[250]; die Anfechtungs- oder Nichtigkeitsklage gegen einen Kapitalerhöhungs- oder Kapitalherabsetzungsbeschluß oder eine gleichzeitig beschlossene Satzungsänderung unterfallen daher nicht der Monatsfrist[251].

Die gesetzliche Monatsfrist ist **zwingend**. Sie kann weder gesellschaftsvertraglich noch durch Parteivereinbarung verlängert (oder verkürzt) werden[252]. Die Monatsfrist ist im Zusammenhang mit der erforderlichen Negativerklärung des Vertretungsorgans bei der Anmeldung der Verschmelzung bzw. Spaltung zur Eintragung in das Handelsregister zu sehen. Für die Berechnung der Frist gelten die Vorschriften des BGB[253]. Die ggf. erforderliche Zustimmung einzelner Anteilsinhaber zu dem Verschmelzungs- bzw. Spaltungsbeschluß ist für die Fristberechnung unbeachtlich; die Frist läuft daher ab Beschlußfassung, auch wenn solche Zustimmungen noch ausstehen[254].

Bei der Monatsfrist gem. § 14 Abs. 1 UmwG handelt es sich um eine **materiell-rechtliche Ausschlußfrist**[255]. Die Klagefrist ist gewahrt, wenn die Klage am

---

[246] In § 14 Abs. 1 UmwG angeordnet, § 246 Abs. 1 AktG nachgebildet.
[247] Die §§ 241 ff. AktG sehen eine Frist für die Erhebung einer Nichtigkeitsklage gegen einen Hauptversammlungsbeschluß nicht vor; insoweit ist aber § 242 AktG über die Heilung der Nichtigkeit zu beachten; vgl. hierzu *Hüffer* § 242 AktG Rn 7.
[248] Für die Erhebung einer Nichtigkeitsklage gegen einen GmbH-Gesellschafterbeschluß gilt das in Fn 245 Gesagte entsprechend. § 246 Abs. 1 AktG gilt für die Anfechtungsklage gegen einen GmbH-Gesellschafterbeschluß nicht strikt, sondern nur als Leitbild; vgl. *Lutter/Hommelhoff* Anh. § 47 GmbHG Rn 60.
[249] *Schöne* DB 1995, 1317, 1321.
[250] *Marsch-Barner* in Kallmeyer § 14 UmwG Rn 8.
[251] *Bork* in Lutter § 14 UmwG Rn 6; *Marsch-Barner* in Kallmeyer § 14 UmwG Rn 8.
[252] *Marsch-Barner* in Kallmeyer § 14 Rn 2.
[253] §§ 187, 188 BGB.
[254] *Marsch-Barner* in Kallmeyer § 14 UmwG Rn 3.
[255] *Bork* in Lutter § 14 UmwG Rn 7; *Rettmann* S. 64 ff.; *Karsten Schmidt* DB 1995, 1849.

letzten Tag der Monatsfrist beim zuständigen Gericht eingegangen ist und demnächst zugestellt wird[256]. Die Klageschrift muß alle Klagegründe in ihrem wesentlichen tatsächlichen Kern enthalten[257]. Nach Ablauf der Monatsfrist können neue Unwirksamkeitsgründe nur aus dem mit der Klage mitgeteilten Lebenssachverhalt hergeleitet, nachgeschobene neue Unwirksamkeitsgründe dagegen wegen Fristablaufs nicht mehr berücksichtigt werden[258].

68 Eine nach Verstreichen der Monatsfrist erhobene Klage gegen die Wirksamkeit des Verschmelzungs-/Spaltungsbeschlusses ist als unbegründet abzuweisen. Die Vertretungsorgane der an der Verschmelzung/Spaltung beteiligten Rechtsträger können in der **Negativerklärung**[259] angeben, daß nicht fristgerecht Klage gegen die Wirksamkeit des Verschmelzungs-/Spaltungsbeschlusses erhoben worden ist. Der Fristablauf bewirkt keine Heilung des Beschlußmangels[260]. Das Registergericht hat die Ordnungsmäßigkeit des Beschlusses weiterhin zu prüfen und seine Eintragung bei Fehlerhaftigkeit ggf. abzulehnen[261].

2. Negativerklärung der Vertretungsorgane

69 Bei der Anmeldung zur Eintragung einer Verschmelzung/Spaltung haben die Vertretungsorgane der beteiligten Rechtsträger grundsätzlich[262] eine sog. **„Negativerklärung"** abzugeben[263]. Sie haben zu erklären, daß eine Klage gegen den Verschmelzungs-/Spaltungsbeschluß nicht oder nicht fristgemäß erhoben oder eine solche Klage rechtskräftig abgewiesen oder zurückgenommen worden ist[264]. Ist eine Klage iSv. § 14 Abs. 1 UmwG gegen die Wirksamkeit des Verschmelzungs-/Spaltungsbeschlusses erhoben worden, können die Vertretungsorgane die geforderte Negativerklärung nicht abgeben. Dies führt grundsätzlich zu einer Registersperre; die Verschmelzung/Spaltung darf grundsätzlich nicht eingetragen werden[265].

---

[256] Vgl. hierzu *Marsch-Barner* in Kallmeyer § 14 UmwG Rn 4; *Bork* in Lutter § 14 UmwG Rn 8 f.
[257] *Bork* in Lutter § 14 UmwG Rn 10; *Marsch-Barner* in Kallmeyer § 14 Rn 5 mwN.
[258] AllgM, vgl. BGHZ 120, 141, 156 f.; *Marsch-Barner* in Kallmeyer § 14 UmwG Rn 5; *Bork* in Lutter § 14 UmwG Rn 10.
[259] § 16 Abs. 2 Satz 1 UmwG.
[260] Zutreffend *Bork* in Lutter § 14 UmwG Rn 12.
[261] Zur Bedeutung dieser Prüfungspflicht insbes. bei nicht angegriffenen gesetz- oder sittenwidrigen Beschlüssen vgl. *Bork* in Lutter § 14 UmwG Rn 12.
[262] Eine Negativerklärung ist gem. § 16 Abs. 2 Satz 2 UmwG bei einem wirksamen Verzicht aller klageberechtigten Anteilsinhaber entbehrlich; dem steht es gleich, wenn alle Anteilsinhaber dem Verschmelzungs-/Spaltungsbeschluß zugestimmt haben; vgl. *Schwarz* in Widmann/Mayer § 16 UmwG Rn 18.2.
[263] Zum Inhalt der Negativerklärung vgl. ausführlich *Schwarz* in Widmann/Mayer § 16 UmwG Rn 11 ff.
[264] § 16 Abs. 2 Satz 1 UmwG.
[265] § 16 Abs. 2, 3 UmwG.

3. Der Unbedenklichkeitsbeschluß als Durchbrechung der Registersperre

Das **Unbedenklichkeitsverfahren**[266] ist eine auf den Erfahrungen mit „räuberischen Aktionären" beruhende Neuschöpfung des Umwandlungsgesetzes, bei dem im wesentlichen die der höchstrichterlichen Rechtsprechung zu § 345 Abs. 2 Satz 1 AktG aF entwickelten Grundsätze[267] in Gesetzesform übernommen worden sind[268]. Seit dem Inkrafttreten des Umwandlungsgesetzes am 1.1.1995 ist das Unbedenklichkeitsverfahren bereits Gegenstand mehrerer Entscheidungen gewesen[269].

Ist eine Klage gegen die Wirksamkeit des Verschmelzungs-/Spaltungsbeschlusses erhoben worden, kann die damit verbundene Registersperre durch einen **Unbedenklichkeitsbeschluß** aufgehoben werden. Der Unbedenklichkeitsbeschluß darf nur ergehen, wenn die formellen und materiellen Voraussetzungen des § 16 Abs. 3 UmwG erfüllt sind. Formelle Voraussetzung für den Unbedenklichkeitsbeschluß ist ein Antrag des Rechtsträgers, gegen dessen Verschmelzungs-/Spaltungsbeschluß sich die Klage richtet. Antragsbefugt ist nur der im Hauptsacheverfahren beklagte Rechtsträger. Antragsgegner ist der im Hauptsacheverfahren klagende Anteilsinhaber[270]. Als materielle Voraussetzungen für den Unbedenklichkeitsbeschluß nennt das Gesetz abschließend drei Tatbestände: die Unzulässigkeit der Klage gegen den Verschmelzungsbeschluß[271], die offensichtliche Unbegründetheit der Klage[272] und den Vorrang des alsbaldigen Wirksamwerdens der Verschmelzung/Spaltung[273].

a) Unzulässigkeit der Klage. Der Unbedenklichkeitsbeschluß kann ergehen, wenn die Klage gegen den Verschmelzungs-/Spaltungsbeschluß **unzulässig** ist. Das Gericht muß die Zulässigkeit der Klage abschließend prüfen. Der Unbedenklichkeitsbeschluß kann nur auf nicht behebbare und damit zur Klageabweisung führende Zulässigkeitsmängel gestützt werden[274]. In Betracht kommt des-

---

[266] § 16 Abs. 3 UmwG.
[267] Vgl. BGHZ 197, 296 ff. = ZIP 1989, 980 ff. „Kochs Adler"; BGH ZIP 1989, 1388 ff. = WM 1989, 1765 ff. „DAT/Altana I"; BGH ZIP 1990, 168 ff. = WM 1990, 140 ff. „DAT/Altana II"; BGH ZIP 1990, 1560 ff. = WM 1990, 2073 ff. „SEN".
[268] Der Anwendungsbereich des § 16 Abs. 3 Satz 2, 3. Fall UmwG geht über das Ziel der Abwehr räuberischer Aktionäre hinaus; vgl. zutreffend *Kiem*, Umwandlungsrecht – Rückschau und Entwicklungstendenzen nach drei Jahren Praxis, in Hommelhoff/Röhricht S. 105, 111 f.; zustimmend *Bayer*, Umwandlungsrecht – Rückschau und Entwicklungstendenzen nach drei Jahren Praxis – Kurzstatement, in Hommelhoff/Röhricht S. 133, 135.
[269] Vgl. *LG Hanau* ZIP 1995, 1820 ff. „Schwab/Otto"; *LG Heilbronn* EWiR § 16 UmwG 1/97 und *OLG Stuttgart* ZIP 1997, 75 ff. „Kolbenschmidt"; *LG Wiesbaden* DB 1997, 671 ff. und *OLG Frankfurt* ZIP 1997, 129 1 ff. „Chemische Werke Brockhues AG"; *OLG Frankfurt* ZIP 1996, 379 ff. „Frankfurter Hypothekenbank"; *OLG Düsseldorf* ZIP 1999, 793ff. „Thyssen Krupp"; *OLG Hamm* ZIP 1999, 798ff. „Thyssen Krupp"; *OLG Nürnberg* DB 1996, 973 f. – zu § 319 Abs. 6 AktG.
[270] Zum Unbedenklichkeitsverfahren vgl. eingehend *Bork* in Lutter § 16 UmwG Rn 24 ff.; *Marsch-Barner* in Kallmeyer § 16 UmwG Rn 47 ff.; *Rettmann* S. 102 ff.; S. 159 ff.
[271] § 16 Abs. 2 Satz 2, 1. Fall UmwG.
[272] § 16 Abs. 2 Satz 2, 2. Fall UmwG.
[273] § 16 Abs. 2 Satz 2, 3. Fall UmwG.
[274] *Bork* in Lutter § 16 UmwG Rn 18.

halb zB eine gegen den falschen Beklagten gerichtete Klage[275] oder eine gegen den übertragenden Rechtsträger gerichtete Klage mit der Begründung, das Umtauschverhältnis sei zu niedrig bemessen[276]. Eine bei dem örtlich unzuständigen Gericht erhobene Klage kann den Erlaß eines Unbedenklichkeitsbeschlusses hingegen nicht rechtfertigen, wenn der Kläger einen Verweisungsantrag gestellt hat[277].

73 **b) Offensichtliche Unbegründetheit der Klage.** Der Unbedenklichkeitsbeschluß kann auch bei **offensichtlicher Unbegründetheit** der Klage ergehen. Das Tatbestandsmerkmal „offensichtlich" ist eng auszulegen[278]. Offensichtlich ist die Unbegründetheit, wenn das Gericht ohne weitere sachliche Ermittlungen und ohne schwierige rechtliche Überlegungen zu der Überzeugung kommt, daß die Klage unbegründet ist[279]. Dabei hat das Gericht die unstreitigen und glaubhaft gemachten Tatsachen im Rahmen einer summarischen Prüfung[280] zu würdigen[281]. Letztlich hat das Gericht unter Berücksichtigung aller tatsächlichen und rechtlichen Gesichtspunkte eine Prognose über die Erfolgsaussichten der Klage im Hauptsacheverfahren zu treffen[282]. Ist eine Beweisaufnahme erforderlich, fehlt es regelmäßig an der Offensichtlichkeit der Unbegründetheit[283]. Aus welchem Grund die Klage unbegründet ist, ist unerheblich. Insbes. die Versäumung der Monatsfrist für die Erhebung der Klage[284], die fehlende Klagebefugnis des Klägers[285] oder die Abweisung einer Klage als offensichtlich rechtsmißbräuchlich kann den Erlaß des Unbedenklichkeitsbeschlusses rechtfertigen[286].

74 Ist die Klage nach Ansicht des Gerichts nicht offensichtlich unbegründet, sondern offensichtlich begründet, kann der Antrag auf Erlaß des Unbedenklichkeitsbeschlusses nicht ohne weiteres abgewiesen werden. Vielmehr hat das Gericht in

---

[275] *Rettman* S. 128.
[276] *Bork* in Lutter § 14 UmwG Rn 15; *Rettmann* S. 128.
[277] *Bork* in Lutter § 16 UmwG Rn 18.
[278] Zur Auslegung des Merkmals „offensichtlich" in § 16 Abs. 2 Satz 2 UmwG vgl. ausführlich *Rettmann* S. 113 ff.
[279] OLG Düsseldorf ZIP 1999, 793; OLG Frankfurt ZIP 1997, 1291 f.; *Bork* in Lutter § 16 UmwG Rn 19a; *Marsch-Barner* in Kallmeyer § 16 UmwG Rn 41; *Schwarz* in Widmann/Mayer § 16 UmwG Rn 23.2; *Rettmann* S. 114 ff.; aA *Bayer* in Hommelhoff/Röhricht S. 133, 136; *Heckschen*, Die Entwicklung des Umwandlungsrechts aus Sicht der Rechtsprechung und Praxis, DB 1998, 1385, 1392; *Veil* ZIP 1996, 1065, 1070.
[280] Vgl. OLG Frankfurt ZIP 1997, 1291; *Decher* AG 1997, 388, 390; aA *Dehmer* § 16 UmwG Rn 52; *Veil* ZIP 1996, 1065, 1070 – umfassende rechtliche Prüfung.
[281] *Bork* in Lutter § 16 UmwG Rn 19a.
[282] Vgl. *Schwarz* in Widmann/Mayer § 16 UmwG Rn 23.2.
[283] *Bork* in Lutter § 16 UmwG Rn 19a; *Marsch-Barner* in Kallmeyer § 16 UmwG Rn 41.
[284] Vgl. *Decher* AG 1997, 388, 390; *Riegger/Schockenhoff* ZIP 1997, 2105, 2107.
[285] Dem Kläger fehlt bspw. die Klagebefugnis, wenn er nicht gem. § 245 Nr. 1 AktG Widerspruch gegen den Hauptversammlungsbeschluß zu Protokoll erklärt hat; auf GmbH-Gesellschafterbeschlüsse ist § 245 Nr. 1 AktG nicht analog anzuwenden; vgl. *Lutter/Hommelhoff* Anh. § 47 GmbHG Rn 62.
[286] Vgl. OLG Frankfurt WM 1996, 534, 536; *Marsch-Barner* in Kallmeyer § 16 UmwG Rn 41; *Decher* AG 1997, 388, 390 f. Der Nachweis der Rechtsmißbräuchlichkeit der Klage wird im Regelfall allerdings nur sehr schwierig zu führen sein, vgl. *Decher* AG 1997, 388, 390; *Kiem* in Hommelhoff/Röhricht S. 105, 111 f.; *Riegger/Schockenhoff* ZIP 1997, 2105, 2108.

diesem Fall das Vorliegen eines **vorrangigen Eintragungsinteresses** der an der Verschmelzung/Spaltung beteiligten Rechtsträger zu prüfen[287].

c) Vorrangiges Eintragungsinteresse. Der Erlaß des Unbedenklichkeitsbeschlusses wegen vorrangigen Eintragungsinteresses der beteiligten Rechtsträger macht eine Abwägung zwischen den Interessen der beteiligten Rechtsträger an dem alsbaldigen Wirksamwerden der Verschmelzung/Spaltung und ihren Anteilsinhabern an dem Aufschub der Eintragung erforderlich. Beide widerstreitenden Interessen sind grundsätzlich gleichgewichtig[288]. Bei der Interessenabwägung sind alle relevanten Umstände des Einzelfalls unter Beachtung der wirtschaftlichen Gesichtspunkte und geltend gemachten Rechtsverletzungen zu berücksichtigen. Der Unbedenklichkeitsbeschluß darf nur ergehen, wenn das Vollzugsinteresse das Aufschubinteresse überwiegt. Dabei entscheidet das Gericht nach freier Überzeugung[289].

Für das Vollzugsinteresse der beteiligten Rechtsträger ist deren **wirtschaftliches Interesse** daran maßgeblich, daß diejenigen Nachteile vermieden werden, die im Fall einer Verzögerung der Eintragung bis zu einer rechtskräftigen Entscheidung im Hauptsacheverfahren entstehen. Diese Nachteile sind konkret und substantiiert darzulegen und glaubhaft zu machen[290]. Eine konkrete Bezifferung der Nachteile unter Bezugnahme auf eine entsprechende Unternehmensbewertung oder einen Vermögensvergleich ist nicht erforderlich[291]. Nur sich aus der Verzögerung der Eintragung ergebende wesentliche Nachteile sind relevant. Sie können bspw. in dem zeitweiligen oder vorübergehenden Verlust von Synergieeffekten oder von steuerlichen Verlustvorträgen, aber auch in der Abwanderung qualifizierten Personals und der erheblichen Beeinträchtigung des Ansehens auf dem Markt liegen[292].

Dem Vollzugsinteresse der beteiligten Rechtsträger ist die **Schwere** der mit der Klage geltend gemachten Rechtsverletzungen gegenüberzustellen. Soweit sich die behaupteten Rechtsmängel im summarischen Verfahren nicht klären lassen, sind sie als gegeben zu unterstellen[293]. Das Gericht muß dann entscheiden, ob es gerechtfertigt erscheint, die Verschmelzung/Spaltung trotz dieser Mängel einzutragen und den Kläger wegen der Rechtsverletzung auf Schadensersatzansprüche zu

---

[287] Vgl. zutreffend *Bork* in Lutter § 16 UmwG Rn 19b; *Schmid* ZGR 1997, 493, 498; aA Decher AG 1997, 388, 391 – für wesentliche Mängel; *Rettmann* S. 146 ff.
[288] Zutreffend *Kiem* in Hommelhoff/Röhricht S. 105, 117; *Schwarz* in Widmann/Mayer § 16 UmwG Rn 27; in diese Richtung wohl auch *Decher* AG 1997, 388, 393 f.; aA *Bork*, Beschlußverfahren und Beschlußkontrolle nach dem Referentenentwurf eines Gesetzes zur Bereinigung des Umwandlungsrechts, ZGR 1993, 343, 364 und *Bayer* ZGR 1995, 613, 625; *ders.* in Hommelhoff/Röhricht S. 133, 135 f. – widerlegliche Vermutung für das Überwiegen des Aufschubinteresses; aA *Martens* in Hommelhoff/Röhricht S. 140 f. – Vorrang des Vollzugsinteresses.
[289] Vgl. näher *Bork* in Lutter § 16 UmwG Rn 23; *Schwarz* in Widmann/Mayer § 16 UmwG Rn 27.
[290] § 16 Abs. 3 Satz 4 UmwG.
[291] Zutreffend *Decher* AG 1997, 388, 392; aA LG Hanau ZIP 1995, 1820, 1821.
[292] Vgl. *Bork* in Lutter § 16 UmwG Rn 21; *Marsch-Barner* in Kallmeyer § 16 UmwG Rn 45; *Decher* AG 1997, 388, 292.
[293] *Schwarz* in Widmann/Mayer § 16 UmwG Rn 25.1.

verweisen²⁹⁴. Die in § 241 AktG aufgeführten Nichtigkeitsmängel sind vom Gesetzgeber allgemein als besonders schwerwiegend eingestuft worden und stehen damit einem Unbedenklichkeitsbeschluß im Regelfall entgegen²⁹⁵. Bei Mängeln, die zur Anfechtbarkeit des Verschmelzungs-/Spaltungsbeschlusses führen, also insbes. bei der Verletzung von überwiegend dem Individualinteresse der Anteilsinhaber dienenden Normen, ist die Schwere der Rechtsverletzung hingegen stets im Wege einer Einzelfallprüfung festzustellen²⁹⁶. Dabei sind die Bedeutung der verletzten Norm und das Ausmaß der Normverletzung zu berücksichtigen. Ein Verstoß gegen dispositive Vorschriften ist im Regelfall als geringfügig einzustufen²⁹⁷. Materiell-rechtliche Gesetzesverletzungen wie bspw. ein Verstoß gegen das **Verbot des Erlangens von Sondervorteilen**²⁹⁸, ein Verstoß gegen den **Gleichbehandlungsgrundsatz** oder die **Treupflicht** werden typischerweise schwerer wiegen als Verfahrensfehler und dem Erlaß eines Unbedenklichkeitsbeschlusses zumeist entgegenstehen²⁹⁹. Bei den **Verfahrensfehlern** ist zwischen schweren und leichten Mängeln zu unterscheiden. Diese Differenzierung fällt mangels gesetzlicher Vorgaben nicht leicht und bedarf der Herausbildung von Fallgruppen³⁰⁰. Die unzureichende Begründung oder Erläuterung des Umtauschverhältnisses bei einer Verschmelzung/Spaltung wird in den Gesetzesmaterialien als im Einzelfall nicht wesentlicher Mangel genannt³⁰¹. In diesem Fall werden die Belange der Anteilsinhaber als im Spruchverfahren ausreichend geschützt angesehen³⁰². Das gänzliche Fehlen eines Verschmelzungs-/Spaltungsberichts wird hingegen einen schweren Verfahrensmangel darstellen³⁰³.

78 Als allgemeine Leitlinie für die **Abgrenzung der Schwere** der Verletzung von Informationspflichten wird man festhalten können, daß ein Verfahrensverstoß dann nicht schwer wiegt, wenn dem Anteilsinhaber trotz dieses Mangels eine sachgerechte Vorbereitung auf die beschließende Anteilsinhaberversammlung möglich ist³⁰⁴. Kann der Anteilsinhaber im Verschmelzungs-/Spaltungsbericht fehlende Informationen ohne weiteres durch Ausübung seines Auskunftsrechts in der beschließenden Anteilsinhaberversammlung erlangen, ist die Verletzung der Informationspflicht demnach als nicht schwerwiegend einzustufen mit der Folge, daß dem Vollzugsinteresse der beteiligten Rechtsträger der Vorrang einzuräumen

---

²⁹⁴ *Schwarz* in Widmann/Mayer § 16 UmwG Rn 25.1 weist zutreffend darauf hin, daß damit der Minderheitenschutz teilweise zur Disposition gestellt wird.
²⁹⁵ So die überwiegende Ansicht, vgl. *Bork* in Lutter § 16 UmwG Rn 22; *Decher* AG 1997, 388, 391; *Rettmann* S. 140; aA *Marsch-Barner* in Kallmeyer § 16 UmwG Rn 44.
²⁹⁶ *Bork* in Lutter § 16 UmwG Rn 22.
²⁹⁷ Zutreffend *Rettmann* S. 140.
²⁹⁸ § 243 Abs. 2 AktG.
²⁹⁹ *Decher* AG 1997, 388, 391; *Rettmann* S. 141.
³⁰⁰ Gegen jegliche Pauschalierungen bei der Bewertung der Rechtsverletzungen zutreffend *Rettmann* S. 136 f.
³⁰¹ Vgl. *Ganske* S. 69; kritisch hierzu *Bork*, Das Unbedenklichkeitsverfahren nach § 16 Abs. 3 UmwG, in Lutter (Hrsg.) Umwandlungsrechtstage S. 261, 272.
³⁰² *Decher* AG 1997, 388, 392; *Riegger/Schockenhoff* ZIP 1997, 2105, 2110; *Rettmann* S. 138 f.
³⁰³ *Decher* AG 1997, 388, 392.
³⁰⁴ *Decher* AG 1997, 388, 392. *Schwarz* in Widmann/Mayer § 16 UmwG Rn 25.2 will hingegen darauf abstellen, ob trotz des Informationsfehlers eine sachgerechte Entscheidung über die Verschmelzung möglich ist.

ist. Liegen mehrere Verfahrensfehler vor, die jeweils einzeln für sich betrachtet nicht als schwerwiegend einzustufen sind, kann dies aber aufgrund einer Gesamtbetrachtung in eine insgesamt schwere Rechtsverletzung umschlagen[305].

Der rechtskräftige Unbedenklichkeitsbeschluß ersetzt die von den Vertretungsorganen abzugebende Negativerklärung[306]. Das bedeutet nicht, daß der Registerrichter nunmehr zur Eintragung der angemeldeten Verschmelzung/Spaltung verpflichtet ist. Der Registerrichter ist zwar an den rechtskräftigen Unbedenklichkeitsbeschluß **gebunden**. Diese Bindung geht indes nur so weit, wie die Rechtmäßigkeit des Verschmelzungs-/Spaltungsbeschlusses im Unbedenklichkeitsverfahren Gegenstand der gerichtlichen Überprüfung war[307]. Im übrigen bleibt die Verpflichtung des Registerrichters zur Prüfung der Ordnungsgemäßheit der Verschmelzung/Spaltung unberührt.

III. Irreversibilität der Verschmelzung/Spaltung nach Eintragung im Register

Ist die Verschmelzung/Spaltung im Handelsregister des maßgeblichen Rechtsträgers eingetragen, lassen Mängel der Verschmelzung/Spaltung die Wirkungen der Eintragung unberührt[308]. Diese Rechtswirkungen werden durch § 16 Abs. 3 Satz 6, 2. Halbs. UmwG ergänzt; danach kann der im Rechtsstreit um die Wirksamkeit des Verschmelzungs-/Spaltungsbeschlusses obsiegende Kläger nicht die Beseitigung der Wirkungen einer aufgrund eines Unbedenklichkeitsbeschlusses erfolgten Eintragung verlangen. Aus diesen Vorschriften wird das bereits zur alten Rechtslage[309] für die Verschmelzung verbreitet befürwortete Postulat der **Irreversibilität** der Verschmelzung/Spaltung im Fall ihrer Eintragung hergeleitet[310]. Diese Ansicht findet zudem ihre Stütze in dem ausdrücklichen Willen des Gesetzgebers[311]. Zu § 20 Abs. 2 UmwG wird in den Materialien ausgeführt, mit dieser Vorschrift solle der allgemeinen Tendenz, gesellschaftsrechtliche Akte möglichst zu erhalten, Rechnung getragen werden; zudem sei eine „Entschmelzung" im Sinne einer Rückübertragung jedes einzelnen Vermögensgegenstands praktisch nicht möglich[312]. Der Schutz der Anteilsinhaber vor einer rechtswidrigen Ver-

---

[305] Zutreffend *Decher* AG 1997, 388, 392.
[306] § 16 Abs. 3 Satz 1 UmwG.
[307] Vgl. im einzelnen *Bork* in Lutter § 16 UmwG Rn 30 f.; *Marsch-Barner* in Kallmeyer § 16 UmwG Rn 33 ff.; *Schwarz* in Widmann/Mayer § 16 UmwG Rn 36 f.; *Rettmann* S. 220 ff.
[308] §§ 20 Abs. 2, 131 Abs. 2 UmwG.
[309] § 352a AktG aF, vgl. *Grunewald* in Geßler/Hefermehl § 352 AktG Rn 2, 19; *Köhler*, Rückabwicklung fehlerhafter Unternehmenszusammenschlüsse, ZGR 1985, 307, 324; *Krieger*, Fehlerhafte Satzungsänderungen: Fallgruppen und Bestandskraft, ZHR 158 (1994) 35, 44; *Möller*, Der aktienrechtliche Verschmelzungsbeschluß, Diss. Münster, 1994, S. 167 f.
[310] AllgM, vgl. zur Verschmelzung *Dehmer* § 20 UmwG Rn 95 ff.; *Marsch-Barner* in Kallmeyer § 20 UmwG Rn 47; *Grunewald* in Lutter § 20 UmwG Rn 69 ff.; *Bork* in Lutter § 14 UmwG Rn 12, § 16 UmwG Rn 32; *ders*. in Lutter (Hrsg.) Umwandlungsrechtstage S. 264, 266 f.; *Bayer* ZGR 1995, 613, 621 ff.; zur Spaltung vgl. *Teichmann* in Lutter § 131 UmwG Rn 12; *Kallmeyer* § 131 UmwG Rn 16.
[311] *Ganske* S. 75.
[312] *Ganske* S. 75.

schmelzung/Spaltung werde durch das Unbedenklichkeitsverfahren sichergestellt; im übrigen stehe ihnen die Möglichkeit zur Geltendmachung von Schadensersatzansprüchen offen.

81 Die zu § 352 AktG aF vertretene rechtsdogmatisch auf die **Lehre von der fehlerhaften Gesellschaft** gestützte Ansicht, die Eintragung der Verschmelzung schließe lediglich eine Rückabwicklung der Verschmelzung mit Wirkung für die Vergangenheit, nicht aber mit Wirkung für die Zukunft aus[313], wird für die Nachfolgervorschrift des § 20 Abs. 2 UmwG nur noch vereinzelt vertreten[314]. Sofern von der Interessenabwägung im Unbedenklichkeitsverfahren zugunsten der beteiligten Rechtsträger restriktiv Gebrauch gemacht wird, dürften zwar verfassungsrechtliche Bedenken gegen die Irreversibilität der Verschmelzung/Spaltung nach ihrer Eintragung nicht zu erheben sein[315]. Indes kann die Irreversibilität der Verschmelzung/Spaltung von Aktiengesellschaften mit Art. 22 FusionsRL[316] bzw. Art. 19 SpaltungsRL[317] unvereinbar sein. Mit diesen Vorschriften wird das Ziel verfolgt, die Nichtigkeit und Rückabwicklung von Verschmelzungen/Spaltungen weitgehend einzuschränken. Aus der detaillierten Regelung der Einschränkung der Nichtigkeit in Art. 22 FusionsRL und Art. 19 SpaltungsRL dürfte zu folgern sein, daß der völlige Ausschluß der Geltendmachung von Nichtigkeitsfolgen für die Zukunft mit Rücksicht auf den hohen Stellenwert des von den Richtlinien beabsichtigten Minderheitenschutzes[318] nicht zulässig ist. Eine Klärung der Vereinbarkeit des Postulats der Irreversibilität mit Art. 22 FusionsRL und Art. 19 SpaltungsRL durch den EuGH im Vorlageverfahren gem. Art. 177 EGV (Art. 234 EG) erscheint jedenfalls erforderlich[319].

82 Hält man ausnahmsweise eine **„Entschmelzung"** bzw. **„Rückspaltung"** trotz Eintragung der Verschmelzung bzw. Spaltung für möglich und erforderlich, gilt es, die hierfür notwendigen Mängel der Verschmelzung/Spaltung herauszuarbeiten. Wegen des in §§ 20 Abs. 2, 131 Abs. 2, 16 Abs. 3 Satz 6, 2. Halbs. UmwG angeordneten weitgehenden Bestandsschutzes kann die Rückabwicklung der Verschmelzung/Spaltung mit Wirkung für die Zukunft jedenfalls nur unter **engen Voraussetzungen** befürwortet werden. Demnach soll die Verschmelzung/Spaltung bei Verletzung von Minderheitsrechten nur dann mit Wirkung für die Zu-

---

[313] *Martens*, Kontinuität und Diskontinuität im Verschmelzungsrecht der Aktiengesellschaften, AG 1986, 57, 63 f.; *Karsten Schmidt*, Die fehlerhafte Verschmelzung nach dem Aktiengesetz, AG 1991, 131, 133; *ders.*, Fehlerhafte Verschmelzung und allgemeines Verbandsrecht, ZGR 1991, 373; *Timm*, Mißbräuchliches Aktionärsverhalten, 1990, S. 1, 9 ff.

[314] *Karsten Schmidt* DB 1995, 1849, 1851; *ders.*, Haftungsrisiken bei „steckengebliebenen" Verschmelzungen, DB 1996, 1859 f.; sympatisierend *Schöne* DB 1995, 1317; *Schmid* ZGR 1997, 493, 504 ff.; *Engelmeyer* Spaltung S. 271 f.; *Kreuznacht* S. 52 ff.

[315] Vgl. *Schmid* ZGR 1997, 493, 506 f., der die Irreversibilität der eingetragenen Verschmelzung/Spaltung ausgehend von der Entscheidung BVerfGE 14, 263, 283 ff. „Feldmühle" am Rechtsstaatsprinzip und dem Justizgewährleistungsanspruch mißt.

[316] Dritte Richtlinie 78/855/EWG des Rates vom 9. 10. 1978 gem. Artikel 54 Abs. 3 Buchstabe g) des Vertrages betreffend die Verschmelzung von Aktiengesellschaften.

[317] Sechste Richtlinie 82/891/EWG des Rates vom 17. 12. 1982 gem. Artikel 54 Abs. 3 Buchstabe g) des Vertrages betreffend die Spaltung von Aktiengesellschaften.

[318] Vgl. 4. Erwägungsgrund der FusionsRL und 6. Erwägungsgrund der SpaltungsRL.

[319] Zutreffend *Schmid* ZGR 1997, 493, 507 f.

kunft beseitigt werden, wenn für die Verschmelzung/Spaltung bei einer erneuten Beschlußfassung unter Beachtung der Minderheitsrechte keine erforderliche Mehrheit erreicht wird[320]. Darüber hinaus soll die „Entschmelzung"/„Rückspaltung" vom Anteilsinhaber erzwungen werden können, wenn der Verschmelzungs-/Spaltungsbeschluß an einem materiellen Fehler leidet, zB wenn diese Umstrukturierungsentscheidungen ausschließlich durchgeführt worden sind, um sich des Einflusses „störender" Minderheitsaktionäre zu entledigen[321]. Nach anderer Ansicht soll eine Entschmelzung erforderlich sein, wenn die fehlerhafte Verschmelzung trotz rechtzeitig erhobener Klage gegen die Wirksamkeit des Verschmelzungsbeschlusses aufgrund einer falschen Negativerklärung oder vor Ablauf der Monatsfrist[322] eingetragen worden ist[323].

Sofern die ausnahmsweise erforderliche „Entschmelzung"/„Rückspaltung" materiell-rechtlich befürwortet wird, bereitet doch ihre **Durchführung** nahezu unüberwindliche Probleme. Zwar hebt die Gesetzesbegründung ausdrücklich die Spaltung als Rechtsinstitut für die Rückgängigmachung fehlerhafter Verschmelzungen hervor[324]. IdR wird aber eine nicht-verhältniswahrende Spaltung erforderlich sein, die zwingend einstimmig zu beschließen wäre[325]. Die Spaltung eignet sich mithin nicht als Rechtsinstitut zur streitigen Rückabwicklung der fehlerhaften Verschmelzung. Es verbleibt lediglich die (aufwendige) Möglichkeit einer Ausgründung durch Neuerrichtung des ehemaligen übertragenden Rechtsträgers. Die „Rückspaltung" wirft nicht minder große Probleme auf. Die Kassation des Spaltungsbeschlusses bei einem beteiligten Rechtsträger entfaltet keine Wirkungen für den Spaltungsbeschluß des anderen beteiligten Rechtsträgers, die für die „Rückspaltung" erforderlichen Verschmelzungsbeschlüsse aller beteiligten Rechtsträger sind typischerweise nicht durch ein Urteil erzwingbar. Ohne einen praktikablen Weg zur „Wiederherstellung des ursprünglichen Zustands" bleibt der Versuch, Ausnahmen vom Postulat der Irreversibilität der Eintragung der Verschmelzung/Spaltung zu begründen, ein weitgehend theoretisches Unterfangen.

IV. Schadensersatzanprüche

Als Konsequenz der Irreversibilität der Verschmelzung/Spaltung nach ihrer Eintragung in das Handelsregister gewährt das Gesetz den Anteilsinhabern einen verschuldensunabhängigen[326] **Schadensersatzanspruch** gegen denjenigen Rechts-

---

[320] *Schmid* ZGR 1997, 493, 516 f.
[321] *Schmid* ZGR 1997, 493, 517 f.
[322] § 14 Abs. 1 UmwG.
[323] *Kreuznacht* S. 136. Dasselbe soll gelten, wenn zur Vorbereitung der Verschmelzung ein nichtiger oder anfechtbarer Kapitalerhöhungsbeschluß gefaßt wurde, vgl. *Kreuznacht* S. 140 ff. Dogmatisch stützt *Kreuznacht* die Entschmelzung auf eine Nichtigkeitsklage analog § 275 AktG, § 75 GmbHG.
[324] *Ganske* S. 19.
[325] § 128 Satz 1 UmwG; vgl. näher *Schöne* DB 1995, 1317, 1312; ebenso *Schmid* ZGR 1997, 493, 518.
[326] *Bork* in Lutter § 16 UmwG Rn 33.

träger[327], der den Erlaß des Unbedenklichkeitsbeschlusses beantragt hat[328]. Für den Schadensersatz gelten grundsätzlich die §§ 249 ff. BGB. Der Grundsatz der **Naturalrestitution** ist insoweit eingeschränkt, als der Schadensersatz nicht in der Beseitigung der Wirkungen der Eintragung der Verschmelzung/Spaltung bestehen kann[329].

85 Ist die Verschmelzung/Spaltung deshalb fehlerhaft, weil das Umtauschverhältnis zum Nachteil der Anteilsinhaber des übertragenden Rechtsträgers unangemessen niedrig festgesetzt ist, kommt als Schadensersatz in Form der Naturalrestitution die **Gewährung weiterer Anteile am übernehmenden Rechtsträger** in Betracht; hierfür wäre allerdings die Durchführung einer Kapitalerhöhung unter Ausschluß des Bezugsrechts der übrigen Anteilsinhaber erforderlich[330]. Bei einem auf Geldzahlung gerichteten Schadensersatz ist derjenige Schaden zu ersetzen, der dem Anteilsinhaber durch die Eintragung der Verschmelzung/Spaltung entstanden ist. Für die Bemessung des Schadensersatzanspruchs hat der Anteilsinhaber den ihm entstandenen Individualschaden substantiiert darzulegen und zu beweisen. Bei der Verletzung von Minderheits- bzw. Individualrechten (zB Informationsrechten, Beteiligungsrechten an der Beschlußfassung) ist der Schadensersatzanspruch relativ wertlos, da sich diese Rechte nicht kommerzialisieren lassen[331]; ersatzfähig sind allenfalls die Kosten des Unbedenklichkeitsverfahrens[332]. Als Extremfall für einen auf Geld gerichteten Schadensersatzanspruch kommt die Situation in Betracht, daß infolge der Verschmelzung/Spaltung über das Vermögen des beklagten Rechtsträgers das Insolvenzverfahren eröffnet worden ist, der Rechtsträger aber ohne die Verschmelzung/Spaltung überlebensfähig gewesen wäre[333].

86 Die Anteilsinhaber des übertragenden Rechtsträgers können gegen die Verwaltungsträger des übertragenden Rechtsträgers (durch einen besonderen Vertreter[334]) Schadensersatzansprüche geltend machen wegen derjenigen Schäden, die sie durch die Verschmelzung erleiden[335]. Der hierfür vorausgesetzte **Sorgfaltspflichtverstoß** der Verwaltungsträger muß sich auf die Prüfung der Vermögenslage oder auf Pflichten bei Abschluß des Verschmelzungsvertrags beziehen[336]. Als ersatzfähiger Vermögensschaden der Anteilsinhaber kommen nur die über den

---

[327] Gem. § 25 Abs. 2 Satz 1 UmwG gilt der übertragende Rechtsträger für Schadensersatzansprüche aus der Verschmelzung/Aufspaltung als fortbestehend, vgl. *Marsch-Barner* in Kallmeyer § 25 UmwG Rn 12.

[328] § 16 Abs. 3 Satz 6 UmwG.

[329] § 16 Abs. 3 Satz 6, 2. Halbs. UmwG.

[330] Der umgekehrte Fall, nämlich die zu niedrige Festsetzung des Umtauschverhältnisses zum Nachteil der Anteilsinhaber des übertragenden Rechtsträgers, ist kein Anwendungsfall des § 16 Abs. 3 Satz 6 UmwG, da diese Anteilsinhaber ihre Rechte im Spruchverfahren gem. §§ 305 ff. UmwG wahrnehmen können, vgl. dazu Rn 88 ff.

[331] Vgl. *Bork* in Lutter § 16 UmwG Rn 34; *Schöne* DB 1995, 1317, 1321.

[332] *Bork* in Lutter § 16 UmwG Rn 34.

[333] *Bork* in Lutter § 16 UmwG Rn 34; *ders.* in Lutter (Hrsg.) Umwandlungsrechtstage S. 261, 272.

[334] § 26 UmwG, vgl. hierzu *Grunewald* in Lutter § 26 UmwG Rn 2 ff. und *Marsch-Barner* in Kallmeyer § 26 UmwG Rn 1 ff.

[335] § 25 Abs. 1 UmwG.

[336] § 25 Abs. 1 Satz 2 UmwG, vgl. näher *Grunewald* in Lutter § 25 UmwG Rn 9 ff.

Reflexschaden hinausgehenden Eigenschäden in Betracht[337]; der Anwendungsbereich der Vorschrift ist daher als gering einzuschätzen.

Für Schadensersatzansprüche der Anteilsinhaber des übernehmenden Rechtsträgers gegen die Verwaltungsträger des übernehmenden Rechtsträgers gelten die **allgemeinen Bestimmungen**[338]. Diese Schadensersatzansprüche verjähren in fünf Jahren seit Eintragung der Verschmelzung[339]. Die praktische Relevanz dieser Haftungstatbestände dürfte sehr gering sein.

V. Das Spruchverfahren

Das im Gesetz abschließend geregelte Spruchverfahren[340] ist ein Teil des „a posteriori"-Schutzes der außenstehenden Gesellschafter[341]. Es kommt in den in § 305 UmwG genannten Fällen in Betracht. Dabei sind für die Verschmelzung/Spaltung zwei Konstellationen zu unterscheiden. Zum einen kann überprüft werden, ob das **Umtauschverhältnis** zum Nachteil der Anteilsinhaber des übertragenden Rechtsträgers zu niedrig festgesetzt worden ist[342]. Zum anderen kann die Angemessenheit der den widersprechenden Anteilsinhabern bei einer rechtsformwechselnden Verschmelzung/Spaltung anzubietenden **Barabfindung**[343] überprüft werden[344]. Das Spruchverfahren ist das Korrelat für die fehlende Möglichkeit dieser Anteilsinhaber, die zu niedrige Festsetzung des Umtauschverhältnisses bzw. der Barabfindung durch Anfechtung des Verschmelzungs-/Spaltungsbeschlusses einer gerichtlichen Prüfung zu unterstellen. Eine andere Form der gerichtlichen Überprüfung der Angemessenheit des Umtauschverhältnisses oder des Barabfindungsangebots – etwa durch eine Zahlungsklage der Anteilsinhaber des übertragenden Rechtsträgers gegen den übernehmenden Rechtsträger – ist ausgeschlossen[345].

Die Einleitung des Spruchverfahrens setzt den **Antrag** eines Anteilsinhabers des übertragenden Rechtsträgers voraus[346]. Der Antrag muß innerhalb von zwei Monaten nach dem Tag, an dem die Eintragung der Verschmelzung/Spaltung als

---

[337] *Grunewald* in Lutter § 25 UmwG Rn 15.
[338] §§ 93, 116, 117 Abs. 2, 278 Abs. 3, 283, 310, 318 AktG, § 43 GmbHG, §§ 93, 116 AktG iVm. § 52 Abs. 1 GmbHG, §§ 823, 826 BGB.
[339] § 27 UmwG.
[340] §§ 305 ff. UmwG.
[341] Zur praktischen Bedeutung des Spruchverfahrens vgl. *Krieger* in Lutter § 305 UmwG Rn 6 mwN.; aufgrund der regelmäßig langen Verfahrensdauer des Spruchverfahrens von durchschnittlich fünf Jahren und länger wird eine Reform des Spruchverfahrens befürwortet, vgl. *Lutter/Bezzenberger* AG 2000, 433 ff.
[342] § 15 Abs. 1 UmwG; der zu niedrigen Festsetzung des Umtauschverhältnisses steht der zu niedrige Gegenwert der Mitgliedschaft im übernehmenden Rechtsträger gleich.
[343] Siehe § 29 UmwG.
[344] §§ 305, 34 UmwG.
[345] *Krieger* in Lutter § 305 UmwG Rn 4; *Schwarz* in Widmann/Mayer § 305 UmwG Rn 8 f.; *Krieger* in Lutter (Hrsg.) Umwandlungsrechtstage S. 275, 276.
[346] Die Pflicht zur Tragung der Gerichtskosten trifft gem. § 312 Abs. 4 UmwG grundsätzlich die übernehmenden Rechtsträger; gleiches gilt gem. § 13a Abs. 1 FGG für die außergerichtlichen Kosten, vgl. im einzelnen *Krieger* in Lutter § 312 UmwG Rn 2 ff. und Rn 6 ff.; kritisch zu dieser Rechtslage *Lutter/Bezzenberger* AG 2000, 433, 442 ff.

bekanntgemacht gilt[347], beim zuständigen Landgericht[348] eingegangen sein[349]. Der Antrag ist gegen den übernehmenden Rechtsträger zu richten[350]. Der Antrag muß auf Feststellung lauten, daß der übernehmende Rechtsträger einen angemessenen Geldbetrag als Ausgleich für das zu niedrig bemessene Umtauschverhältnis der Anteile zu zahlen hat bzw. daß die im Verschmelzungs-/Spaltungvertrag angebotene Barabfindung unzureichend ist[351]. Eine Begründung des Antrags ist nicht erforderlich[352].

90   Soll im Spruchverfahren die Angemessenheit des Umtauschverhältnisses überprüft werden, ist jeder Anteilsinhaber des übertragenden Rechtsträgers antragsbefugt. Für die **Antragsbefugnis** des Anteilsinhabers ist nicht erforderlich, daß er gegen den Verschmelzungs-/Spaltungsbeschluß Widerspruch zu Protokoll erklärt hat[353]. Für die Einleitung des Spruchverfahrens zur Nachprüfung der angebotenen Barabfindung sind nur solche Anteilsinhaber des übertragenden Rechtsträgers antragsbefugt, die gegen den Verschmelzungs-/Spaltungsbeschluß **Widerspruch zur Niederschrift** erklärt haben. In beiden Fällen ist die Höhe der Beteiligung des Anteilsinhabers für die Antragsbefugnis irrelevant[354]. Dasselbe gilt für den Zeitpunkt des Erwerbs der Beteiligung; ein Erwerb der Beteiligung nach Eintragung der Verschmelzung/Spaltung reicht aus[355]. Innerhalb von zwei Monaten, nachdem das Gericht den Antrag auf Einleitung des Spruchverfahrens im Bundesanzeiger und den Gesellschaftsblättern bekannt gemacht hat, können andere Anteilsinhaber des übertragenden Rechtsträgers noch eigene Anträge stellen[356].

91   Die Rechte der außenstehenden Anteilsinhaber werden im Spruchverfahren durch einen gerichtlich bestellten **gemeinsamen Vertreter** wahrgenommen[357]. Außenstehende Anteilsinhaber sind bei einem Spruchverfahren wegen Verbesserung des Umtauschverhältnisses alle diejenigen Anteilsinhaber des übertragenden Rechtsträgers, die nicht Antragsteller sind. Ist die Angemessenheit des Barabfindungsangebots Gegenstand des Spruchverfahrens, sind diejenigen nicht antragstellenden Anteilsinhaber des übertragenden Rechtsträgers außenstehende Anteilsinhaber, die Widerspruch zu Protokoll erklärt haben. Wird die Festsetzung einer baren Zuzahlung wegen unangemessenen Umtauschverhältnisses und die

---

[347] § 19 Abs. 3 Satz 2 UmwG.
[348] §§ 306 Abs. 1, 2; 307 Abs. 3 UmwG. Zur berechtigten Kritik an der örtlichen Zuständigkeit des Landgerichts, in dessen Bezirk der übertragende Rechtsträger seinen Sitz hat vgl. *Martens* AG 2000, 301, 302 f. Zu den durch Rechtsverordnung der Landesregierungen geschaffenen Zuständigkeiten einzelner Landgerichte vgl. *Meister/Klöcker* in Kallmeyer § 306 UmwG Rn 8.
[349] Die zweimonatige Frist ist eine Ausschlußfrist, vgl. *Krieger* in Lutter § 305 UmwG Rn 10.
[350] § 307 Abs. 2 UmwG.
[351] Zur Bekanntmachung des Antrags vgl. *Meister/Klöcker* in Kallmeyer § 307 UmwG Rn 8 ff.
[352] *Engelmeyer* Spaltung S. 432; für die stärkere Ausgestaltung des Spruchverfahrens als streitiges Verfahren vgl. *Lutter/Bezzenberger* AG 2000, 433, 437 f.
[353] *Krieger* in Lutter (Hrsg.) Umwandlungsrechtstage S. 275, 278; *Engelmeyer* Spaltung S. 429.
[354] *Krieger* in Lutter (Hrsg.) Umwandlungsrechtstage S. 275, 280.
[355] *Krieger* in Lutter (Hrsg.) Umwandlungsrechtstage S. 275, 279.
[356] § 307 Abs. 3 Satz 2 UmwG.
[357] § 308 Abs. 1 Satz 1 und Satz 2 UmwG. Zur Rechtsstellung des gemeinsamen Vertreters vgl. *Meister/Klöcker* in Kallmeyer § 308 UmwG Rn 20 ff.

Festsetzung einer angemessenen Barabfindung verlangt, ist für jeden Antrag ein gemeinsamer Vertreter zu bestellen[358]. Der gemeinsame Vertreter ist (Prozeß-)Vertreter der außenstehenden Anteilsinhaber[359]. Er kann das Spruchverfahren zugunsten aller Anteilsinhaber weiterführen, selbst wenn alle Antragsteller ihre Anträge zurücknehmen[360]. Damit soll im Interesse der Gleichbehandlung aller Anteilsinhaber verhindert werden, daß der übernehmende Rechtsträger das Spruchverfahren beenden kann, indem er die Antragsteller „auskauft"[361].

Das Gericht entscheidet durch einen mit Gründen versehenen **Beschluß**[362]. Hält es aufgrund seiner von Amts wegen erforderlichen Ermittlungen[363] die Festsetzung des Umtauschverhältnisses bzw. des Barabfindungsangebots für zu niedrig, setzt es die Höhe der baren Zuzahlungen bzw. des Barausgleichs fest. Die baren Zuzahlungen dürfen den zehnten Teil des Gesamtnennbetrags der gewährten Anteile übersteigen[364]. Die bare Zuzahlung ist zu verzinsen[365]. Die Zuweisung weiterer Anteile darf nicht zugesprochen werden[366]. Eine niedrigere Festsetzung des Umtauschverhältnisses oder des Barabfindungsangebots als im Verschmelzungs-/Spaltungsvertrag vorgesehen darf das Gericht nicht vorsehen; zum Schutz der Anteilsinhaber gilt die **reformatio in peius**[367]. Die bekanntzumachende[368] rechtskräftige Entscheidung im Spruchverfahren wirkt für und gegen alle[369]; auch diejenigen Anteilsinhaber, die bereits das ursprüngliche Barabfindungsangebot vorbehaltlos angenommen haben, können eine Nachzahlung in Höhe des gerichtlich festgesetzten Differenzbetrags beanspruchen[370]. Aus dem feststellenden Beschluß kann nicht vollstreckt werden[371]. Weigert sich der übernehmende Rechtsträger, den Anteilsinhabern die bare Zuzahlung oder den Barausgleich in der rechtskräftig festgestellten Höhe zu gewähren, muß er auf Zahlung verklagt werden.

---

[358] § 308 Abs. 1 Satz 3 UmwG; vgl. kritisch zu dieser Regelung *Lutter/Bezzenberger* AG 2000, 433, 440 f.
[359] § 308 Abs. 1 Satz 2 UmwG. Zum Auslagenersatz und der Vergütung des gemeinsamen Vertreters vgl. § 308 Abs. 2 UmwG, vgl. hierzu näher *Krieger* in Lutter § 308 UmwG Rn 12 f.
[360] § 308 Abs. 3 Satz 1 und Satz 2 UmwG.
[361] *Krieger* in Lutter § 308 UmwG Rn 10.
[362] § 307 Abs. 5 Satz 1 UmwG.
[363] Vgl. ausführlich *Krieger* in Lutter § 307 UmwG Rn 10 ff.; *Meister/Klöcker* in Kallmeyer § 307 UmwG Rn 3.
[364] § 15 Abs. 1 UmwG.
[365] § 15 Abs. 2 Satz 1 UmwG.
[366] *Engelmeyer* Spaltung S. 440
[367] *Meister/Klöcker* in Kallmeyer § 307 UmwG Rn 23.
[368] § 310 UmwG.
[369] § 311 Satz 2 UmwG, vgl. hierzu näher *Meister/Klöcker* in Kallmeyer § 312 UmwG Rn 4.
[370] *Krieger* in Lutter § 311 UmwG Rn 3. Gleiches gilt für die aus dem Spruchverfahren ausgeschiedenen Anteilsinhaber, sofern sie nicht im Rahmen eines Vergleichs auf die Nachbesserung verzichtet haben, vgl. *Meister/Klöcker* in Kallmeyer § 307 UmwG Rn 19.
[371] *Meister/Klöcker* in Kallmeyer § 307 UmwG Rn 23.

VI. Die fehlerhafte Ausgliederung zur Aufnahme nach den „Holzmüller"-Grundsätzen

93 In der „Holzmüller"-Entscheidung hat der BGH[372] für die Ausgliederung eines wesentlichen[373] Betriebsteils aus einer AG im Wege der Einzelrechtsnachfolge eine Beschlußfassung der Hauptversammlung gefordert. Die immer noch andauernde Diskussion um die Rechtsgrundlage für diese Beschlußkompetenz der Hauptversammlung soll hier nicht im einzelnen nachgezeichnet werden[374]. Die „Holzmüller"-Entscheidung wird in der Praxis akzeptiert[375].

94 An die **Vorbereitung** und Durchführung des Hauptversammlungsbeschlusses sind im Grundsatz dieselben Anforderungen zu stellen wie an satzungsändernde Beschlüsse[376]. Die Übertragung des wesentlichen Betriebsteils auf einen anderen Rechtsträger ist mit der Tagesordnung bekanntzumachen[377]. Bei der Einberufung der Hauptversammlung ist der wesentliche Inhalt des (schuldrechtlichen) Vertrags über die Vermögensübertragung bekanntzumachen[378]. Vorstand und Aufsichtsrat haben in der Bekanntmachung der Tagesordnung Vorschläge zur Beschlußfassung über diesen Gegenstand der Tagesordnung zu unterbreiten[379]. Ferner hat der Vorstand zum Zwecke der Vorabinformation der Anteilsinhaber einen ausführlichen schriftlichen „Ausgliederungsbericht" zu erstatten[380]. Eine „Ausgliederungsprüfung" und eine Berichterstattung hierüber ist hingegen zum Zwecke der Information der Anteilsinhaber nicht notwendig[381]. Der Vertrag über die Vermögensübertragung oder sein Entwurf ist von der Einberufung der Hauptversammlung an im Geschäftsraum der Gesellschaft auszulegen und jedem Aktionär auf dessen Verlan-

---

[372] BGHZ 83, 122 ff.; vgl. hierzu die ausführliche Darstellung der Entscheidung bei *Wilhelm*, Kapitalgesellschaftsrecht, 1998, Rn 799 ff. Die Entscheidung beruht auf Vorarbeiten in der Literatur, vgl. *Lutter*, Zur Binnenstruktur des Konzern, in FS Westermann, 1974, S. 347 ff.; *Timm*, Die Aktiengesellschaft als Konzernspitze, 1980.
[373] Zur Abgrenzung gegenüber den Bagatellfällen vgl. *Dietz* Ausgliederung S. 360 ff. mit eingehender Aufarbeitung des Streitstands.
[374] Aus der nahezu unübersehbaren Literatur zur „Holzmüller"-Entscheidung vgl. nur *Geßler*, Einberufung und ungeschriebene Hauptversammlungszuständigkeiten, FS Stimpel, 1985, S. 771; *Heinsius*, Organzuständigkeiten bei Bildung, Erweiterung und Umorganisation des Konzerns, ZGR 1984, 383 ff.; *Hirte*, Bezugsrechtsausschluß und Konzernbildung, 1986, S. 129 ff., 155 ff.; *Hommelhoff*, 100 Bände BGHZ: Aktienrecht, ZHR 151 (1987) 444, 506 ff.; *Lutter*, Organzuständigkeiten im Konzern, FS Stimpel, 1985, S. 791 ff.; *ders.*, FS Fleck, S. 169 ff.; *Timm*, Minderheitenschutz und unternehmerische Entscheidungsfreiheit im Mutterunternehmen, ZHR 153 (1989) 60, 65 ff.; *Westermann*, Organzuständigkeit bei Bildung, Erweiterung und Umorganisation des Konzerns, ZGR 1984, 352 ff.
[375] Zutreffend *Reichert* in Habersack/Koch/Winter S. 25, 38 f.
[376] Grundlegend *Lutter*, FS Fleck, S. 169, 175 ff.
[377] § 124 Abs. 1 Satz 1 AktG.
[378] § 124 Abs. 2 Satz 2 AktG.
[379] § 124 Abs. 3 Satz 1 AktG.
[380] Gesamtanalogie von §§ 186 Abs. 4 Satz 2, 293a, 319 Abs. 3, 320 Abs. 4 AktG, § 8 UmwG, vgl. *Dietz* Ausgliederung S. 371 ff.
[381] Zutreffend *Dietz* Ausgliederung S. 373 unter Hinweis auf gesetzgeberische Wertung in § 125 Satz 2 UmwG für die Parallelsituation bei der Ausgliederung nach dem UmwG; anders noch *Lutter*, FS Fleck, S. 169, 178 f.

gen in Abschrift zu übersenden[382]. Dasselbe gilt für den „Ausgliederungsbericht"[383]. Außerdem ist der Vertrag oder sein Entwurf in der Hauptversammlung auszulegen[384]. Schließlich hat der Vorstand den Vertrag über die Vermögensübertragung zu Beginn der Verhandlung über den relevanten Tagesordnungspunkt zu erläutern[385]. Für die Beschlußfassung über die Vermögensübertragung ist eine Dreiviertelmehrheit erforderlich[386].

Überträgt die AG ohne einen darauf gerichteten Hauptversammlungsbeschluß wesentliche Teile ihres Vermögens auf einen anderen Rechtsträger, sind die entsprechenden Verfügungsgeschäfte wegen der unbeschränkbaren Vertretungsmacht des Vorstands[387] wirksam[388]. Wegen der damit verbundenen Kompetenzverletzung der Hauptversammlung kann jeder Aktionär eine actio negatoria gegen die AG erheben[389]. Mit dieser binnen angemessener Frist[390] zu erhebenden **Abwehrklage** kann jeder Aktionär die Beseitigung rechtswidriger Eingriffe in seine Mitgliedschaft verlangen, wie dies bei der Kompetenzverletzung im Fall der Vermögensübertragung ohne entsprechende Beschlußfassung der Hauptversammlung der Fall ist. Liegt eine Kompetenzverletzung vor, ist die AG grundsätzlich zur Wiederherstellung des bisherigen Zustands verpflichtet. Bei Ausgliederung wesentlicher Vermögensbestandteile auf eine 100%-ige Tochtergesellschaft ist deren Rückübertragung auf die Muttergesellschaft ohne weiteres möglich und durchsetzbar. Anders ist die Lage, wenn die Vermögensbestandteile auf eine Gesellschaft übertragen worden sind, an der die ausgliedernde Gesellschaft nicht mit qualifizierter Mehrheit beteiligt ist und sie dort ebenfalls einen wesentlichen Betriebsteil darstellen. In diesem Fall fehlen dem übertragenden Rechtsträger die rechtlichen Möglichkeiten zur Rückabwicklung. Den Aktionären des übertragenden Rechtsträgers verbleiben dann nur Schadensersatzansprüche gegen den übertragenden Rechtsträger und dessen Organmitglieder.

Sind bei der Vorbereitung und dem Zustandekommen des die Ausgliederung eines wesentlichen Betriebsteils beschließenden Hauptversammlungsbeschlusses die Rechte der Aktionäre verletzt worden, können diese eine Nichtigkeits- oder Anfechtungsklage gegen die Gesellschaft erheben[391]. Diese Klage bewirkt keine

---

[382] § 179a Abs. 2 Satz 1 und 2 AktG analog.
[383] §§ 63 Abs. 1 Nr. 4, 64 Abs. 1 Satz 1 UmwG analog.
[384] § 179 Abs. 2 Satz 3 AktG analog.
[385] § 179 Abs. 2 Satz 4 AktG analog.
[386] Gesamtanalogie zu §§ 179 Abs. 1, 186 Abs. 3, 293 Abs. 1, 320 Abs. 1 AktG, §§ 13 Abs. 1, 65 Abs. 1 UmwG, vgl. *Dietz* Ausgliederung S. 378 mit zahlreichen weiteren Nachweisen.
[387] § 82 Abs. 1 AktG.
[388] Vgl. *Hüffer* § 119 AktG Rn 16.
[389] BGHZ 83, 122, 134 f.; vgl. grundlegend *Knobbe-Keuk*, Das Klagerecht des Gesellschafters einer Kapitalgesellschaft wegen gesetz- und satzungswidriger Maßnahmen der Geschäftsleitung, FS Ballerstedt, 1975, S. 239 ff.; ebenso *Lutter*, Theorie der Mitgliedschaft, AcP 180 (1980) 84, 142 f.; *Timm*, Hauptversammlungskompetenzen und Aktionärsrechte in der Konzernspitze, AG 1980, 172, 185 f.; *Karsten Schmidt* GesR § 21 V 3.
[390] Leitbild ist die Monatsfrist gem. § 246 Abs. 1 AktG mit der Maßgabe, daß die Frist erst ab Kenntniserlangung des Aktionärs von der kompetenzwidrigen Verwaltungsmaßnahme zu laufen beginnt, vgl. *Dietz* Ausgliederung S. 383 mwN.
[391] Nach Maßgabe der §§ 241 ff., 243 ff. AktG.

Registersperre[392]. Der Vorstand ist mithin nicht gehindert, die Übertragung des wesentlichen Betriebsteils trotz Rechtshängigkeit der Anfechtungsklage durchzuführen; hieran kann er lediglich durch eine vom Anfechtungskläger erwirkte einstweilige Verfügung gehindert werden[393]. Hat der Anfechtungskläger keine einstweilige Verfügung erwirkt und ist seine Anfechtungsklage erfolgreich, genießt die Ausgliederung keinen Bestandsschutz[394]. Die Gesellschaft ist daher zur Wiederherstellung des ursprünglichen Zustands verpflichtet; die Übertragung des wesentlichen Betriebsteils ist also nach den Grundsätzen über die fehlerhafte Gesellschaft rückgängig zu machen.

---

[392] § 16 Abs. 2 Satz 2 UmwG ist nicht analog anwendbar. Zur „Ausstrahlungswirkung" des UmwG auf nicht dem Umwandlungsgesetz unterfallende Strukturänderungen vgl. ausführlich *Reichert* in Habersack/Koch/Winter S. 25 ff. mit zahlreichen Hinweisen auf den Streitstand in Fn 4.
[393] *Hüffer* § 243 AktG Rn 66.
[394] Etwa analog § 131 Abs. 2 UmwG; zutreffend *Dietz* Ausgliederung S. 382.

IX. Teil
Übernahme ausländischer Unternehmen

§ 35 Prüfungsschwerpunkte bei Übernahme ausländischer Unternehmen

Übersicht

	Rn
A. Einleitung	1
B. Internationales Privatrecht	4
I. Internationales Recht?	4
1. Transnationales Recht	9
2. Lex mercatoria	14
3. Internationale Klauselwerke und Standardverträge	18
II. Internationales Privatrecht	20
1. Vertragsgegenstände, die der freien Rechtswahl unterliegen: Schuldrecht/Verpflichtungsgeschäfte	22
2. Rechtswahl	30
a) Ausdrückliche Rechtswahl: Zu wählendes Recht	31
b) Stillschweigende Rechtswahl	35
c) Muster-Rechtswahlklauseln	40
d) Mangels Rechtswahl anzuwendendes Recht	47
3. Schranken der Rechtswahlfreiheit	50
a) Sonderstatute	54
b) Eingriffsnormen	57
c) Ordre public	62
4. Sachenrecht (dingliche Rechte/Verfügungs-/Erfüllungsgeschäfte)	64
a) Share Deal	65
b) Asset Deal	66
aa) Sachen	67
bb) Forderungen	68
cc) Immaterialgüterrechte	69
dd) Rechte an Wertpapieren bei Verbriefung von Mitgliedschaftsrechten	70
5. Formvorschriften	74
a) Form für Verpflichtungsgeschäfte	77
b) Form für Verfügungsgeschäfte	80
c) Form für Vollmachten	82
aa) Kollisionsrecht der Form für Vollmachten	82
bb) Nachweis der Vertretungsmacht für ausländische Gesellschaften	87
d) Beurkundung durch ausländischen Notar	91
6. Sondergebiete	101
a) Gesellschaftsrecht	102
b) Arbeits- und Mitbestimmungsrecht	107
c) Wettbewerbsrecht	110
7. Empfangs- und Zustellungsbevollmächtigte	114

		Rn
	8. Konfliktlösungsregeln	116
	a) Gerichtsstandsvereinbarung	120
	b) Muster-Gerichtsstandsklauseln	124
	c) Schiedsvereinbarung/New Yorker Abkommen	126
	d) Muster-Schiedsklauseln	137
	e) Vorgeschaltete Mediation	139

C. Einzelfragen 141
  I. Charakter der Rechtsgrundlagen, Gesetze 142
  II. Bedeutung von Vermögensübernahmen 148
  III. Rechtliche Möglichkeiten zur Unternehmensübernahme 152
  IV. Besonderheiten bei den Vorbereitungen und bei der
      Begleitung einer Unternehmensübernahme 154
  V. Besonderheiten beim Unternehmenskauf 155
  VI. Besonderheiten bei Unternehmensverschmelzungen ... 160
      1. Grenzüberschreitende Verschmelzungen 160
      2. Kollisionsrecht 161
      3. Zulässigkeit nach deutschem Sachrecht 163
      4. Ersatzkonstruktionen 166
  VII. Bedeutung eines gesetzlichen oder auf freiwilliger
       Selbstkontrolle beruhenden Übernahmerechts 168

D. Rahmenbedingungen im Land der Zielgesellschaft 173
  I. Rechtskreis 173
      1. Die römisch-germanische Rechtsfamilie 175
      2. Der anglo-amerikanische Rechtskreis 177
      3. Die Rechtsordnungen des Fernen Ostens, Indiens,
         des Islam, Afrikas und Madagaskars 180
      4. Die sozialistischen Rechtsordnungen 181
      5. Zusammenfassung 182
  II. Investitionsschutz 184
      1. Investitionsschutzabkommen 184
      2. Investitionsgarantien 187
      3. Diplomatischer Schutz 190
      4. Stiftungsinitiative der deutschen Wirtschaft 191
  III. Doppelbesteuerungsabkommen 192
  IV. Visa/Aufenthaltserlaubnis 194
  V. Arbeitserlaubnis 195

Schrifttum: *Assmann/Schütze* (Hrsg.), Handbuch des Kapitalanlagerechts, 2. Aufl. 1997; *Berger*, Das neue deutsche Schiedsverfahrensrecht, DZWir 1998, 45; *David/Grasmann*, Einführung in die großen Rechtssysteme der Gegenwart, 2. Aufl. 1988; *Dürig*, Der grenzüberschreitende Unternehmenskauf, 1998; *Gätsch/Schulte*, Notarielle Beurkundung bei im Ausland erfolgenden GmbH-Anteilsveräußerungen, ZIP 1999, 1954; *Geimer*, Internationales Zivilprozeßrecht, 3. Aufl. 1997; *Habersack*, Europäisches Gesellschaftsrecht, 1999; *Immenga/Mestmäcker*, GWB, Kommentar zum Kartellgesetz, 2. Aufl. 1992; *Karl*, Internationaler Investitionsschutz – Quo vadis?, ZVglRWiss 99 (2000) 143; *Kegel/Schurig*, Internationales Privatrecht, 8. Aufl. 2000; *Loritz*, Rechtsfragen der notariellen Beurkundung bei Verkauf und Abtretung von GmbH-

Geschäftsanteilen, DNotZ 2000, 90; *Lutter,* Europäisches Unternehmensrecht, 4. Aufl. 1996; *Picot/Land,* Der internationale Unternehmenskauf, DB 1998, 1601 ff.; *Reithmann,* Beurkundung, Beglaubigung, Bescheinigung durch inländische und durch ausländische Notare, DnotZ 1995, 360; *Reithmann/Martiny* (Hrsg.), Internationales Vertragsrecht, 5. Aufl. 1996; *Sandrock,* Die objektive Anknüpfung von Verträgen nach § 1051 Abs. 2 ZPO, RIW 2000, 321; *ders.* (Hrsg.), Handbuch der internationalen Vertragsgestaltung, Bd. 1 und 2, 1980; *Schlechtriem* (Hrsg.), Kommentar zum Einheitlichen UN-Kaufrecht – CISG, 3. Aufl. 2000; *Schmidt/Riegger* (Hrsg.), Gesellschaftsrecht, 1999; *Schröder/Wenner,* Internationales Vertragsrecht: Das Kollisionsrecht der transnationalen Wirtschaftsverträge, 2. Aufl. 1998; *Schütze/Tscherning/Wais,* Handbuch des Schiedsverfahrens, 2. Aufl. 1990; *Triebel,* Anglo-amerikanischer Einfluß auf Unternehmenskaufverträge in Deutschland – eine Gefahr für die Rechtsklarheit?, RIW 1998, 1; *Wiedemann,* Handbuch des Kartellrechts, 1999.

A. Einleitung

Mit der Übernahme ausländischer Unternehmen betritt der Erwerber in vielfacher Hinsicht Neuland, und dies bedeutet, daß sich weitere **Risikofelder** eröffnen, die Gegenstand der Prüfung sein müssen. Bei einem Inlandserwerb besteht kein Zweifel über das anwendbare Recht: es ist das deutsche. Der Erwerber ist grundsätzlich auch mit der Psychologie seiner Verhandlungspartner, mit Verhandlungs- und Vertragspraktiken und mit dem soziologischen Umfeld vertraut. Er kennt die steuerlichen, wirtschaftlichen und politischen Rahmenbedingungen, er kann die Möglichkeit der Erlangung etwa notwendiger öffentlich-rechtlicher Zustimmungen abschätzen. Erforderlichenfalls kann er auch unschwer Berater für die verschiedenen vorgenannten Bereiche im Inland finden. 1

Alles dies ändert sich bei **grenzüberschreitenden Transaktionen**, und zwar umso stärker, je ferner geographisch das Land der Zielgesellschaft und je fremder seine Kultur ist. Die Erfahrung mit Inlandsübernahmen reicht also für erfolgreiches internationales Handeln nicht aus. Die zusätzlichen Risiken müssen erkannt und soweit möglich beherrschbar gemacht werden. 2

In diesem Kapitel sollen einige wichtige und generell zu beachtende Aspekte internationaler Unternehmensübernahmen behandelt werden, bevor in den Folgekapiteln die Sach- und Rechtslage in ausgewählten Ländern dargestellt wird. 3

B. Internationales Privatrecht

I. Internationales Recht?

Ein Prüfungsschwerpunkt bei grenzüberschreitenden Sachverhalten, wie der Übernahme ausländischer Unternehmen, ist die Frage, welches Recht auf einen solchen Akt des internationalen Rechtsverkehrs Anwendung findet; sie soll hier als erstes untersucht werden. 4

5   Ausgehend von dem Begriff Internationales Privatrecht könnte man bei unbefangener Betrachtung darauf schließen, es gäbe ein internationales Recht, das derartige Sachverhalte regelt. Dies wäre jedoch ein Trugschluß. Oberster Souverän für die Rechtsetzung auch in der heutigen Staatenwelt ist noch immer das verfassungsmäßig zuständige Organ des Einzelstaates, idR das Parlament. Oberhalb der Staaten gibt es grundsätzlich noch keinen **Gesetzgeber**, der ein global geltendes Recht, ein Weltrecht, setzen könnte.

6   Dies bedarf keiner Diskussion angesichts der Struktur einer Organisation wie den Vereinten Nationen: Sie hat keine Gesetzgebungskompetenz. Ansätze einer **supranationalen** Rechtsordnung finden sich allerdings bei regionalen Organisationen, am stärksten ausgeprägt in der **Europäischen Union** (EU). Auch in der EU wird aber im wesentlichen nur mit Maßnahmen gearbeitet, die zur Vereinheitlichung der nationalen Rechte führen: Richtlinien[1] der EU bedürfen der Umsetzung durch die einzelstaatlichen Gesetzgebungsorgane; lediglich auf ausgewählten und eng begrenzten Gebieten sind die Rechtsetzungsorgane der Gemeinschaft (Europäisches Parlament und der Rat gemeinsam, der Rat und die Kommission auch einzeln) ermächtigt, Verordnungen zu erlassen, die unmittelbare Rechtswirkung in den Mitgliedsstaaten entfalten[2].

7   Allerdings haben die souveränen Nationalstaaten durch eine Vielzahl multi- oder bilateraler zwischenstaatlicher Abkommen völkerrechtliche Rahmenbedingungen für den internationalen Wirtschaftsverkehr geschaffen[3]. Im Rahmen dieser völkerrechtlichen Abkommen gibt es „internationales" **Einheitsrecht**, wenn der Gegenstand der Abkommen von einer Vielzahl von Staaten in die nationale Gesetzgebung übernommen wird. Das Einheitsrecht tritt aber erst mit der **Transformation** in innerstaatliches Recht in Kraft, deren Verfahren sich nach dem jeweiligen nationalen Verfassungsrecht richtet. So beruht beispielsweise das deutsche Gesetz zur Neuregelung des Schiedsverfahrensrechts vom 1. 1. 1998 – wie die entsprechenden Gesetze einer zunehmenden Zahl anderer Länder – auf dem Vorbild des UNCITRAL-Modellgesetzes über die internationale Handelsschiedsgerichtsbarkeit[4]. Frühere Beispiele für diese Art der Rechtsvereinheitlichung sind die Genfer Wechsel- und Scheckrechtskonvention von 1930 oder das UN-Kaufrecht (CISG)[5] von 1980. Erkennbar handelt es sich aber auch bei diesem Einheitsrecht nicht um internationales Recht in dem hier zugrundegelegten Sinne von (objektivem) Recht als von einem souveränen Gesetzgeber geschaffenes Regelwerk.

8   Schließlich bedarf es einer kurzen Auseinandersetzung mit Begriffen, denen die Annahme zu Grunde liegt, es gebe zumindest auf gewissen Gebieten doch schon jetzt von den Nationalstaaten losgelöstes, überstaatliches Recht.

---

[1] Art. 249 Abs. 3 EGV.
[2] Art. 249 Abs. 2 EGV.
[3] *Horn* in Heymann HGB Einl. III Rn 10.
[4] Dazu *Sandrock* RIW 2000, 321; *Berger* DZWir 1998, 45, 46 mwN.
[5] United Nations Convention on Contracts for the International Sale of Goods v. 11. 4. 1980.

1. Transnationales Recht

Der zunehmend gebrauchte Begriff des Transnationalen Rechts ist schillernd. Teilweise werden darunter im internationalen Handelsverkehr gewohnheitsrechtlich verfestigte, **allgemein anerkannte Rechtsgrundsätze** verstanden, die als von nationalen Rechtsordnungen unabhängige Rechtsquelle angesehen werden[6]. (In diesem Sinne entspricht der Begriff des Transnationalen Rechts dem Begriff der lex mercatoria ieS[7].)

Nach anderer Meinung soll Transnationales Recht kein selbständiges überstaatliches Recht, sondern die **Summe übereinstimmender rechtlicher Überzeugungen und Grundsätze** sowie gleicher oder ähnlicher nationaler Normen sein[8]. Ein Transnationales Recht in diesem Sinne ist aber nur seinem Gegenstand nach international und hat somit keinen überstaatlichen Geltungsgrund.

Obwohl die Geltung eines „anationalen Weltrechts der internationalen Wirtschaftsbeziehungen"[9] im erstgenannten Sinne zunehmend bejaht wird[10], lehnt die hM es ab, transnationales Recht als **eigenständiges**, vom nationalen Rechtsanwendungsbefehl abgekoppeltes **Rechtssystem** anzusehen, auch wenn sie zugesteht, daß (soziologisch betrachtet) durch die Standardisierung von Vertragsmustern und -klauseln die Schaffung eines in gewissen Bereichen weitgehend geschlossenen, selbstgeschaffenen Rechts der internationalen Wirtschaft zu beobachten ist[11]. Nach hM kann Grundlage einer gerichtlichen Entscheidung nur das nationale Recht einschließlich der völkerrechtlichen Verträge sein[12].

Für die Vertragsgestaltung bedeutet dies, daß die Vereinbarung nicht-staatlicher allgemeiner Rechtsgrundsätze als Vertragsstatut (noch) nicht empfehlenswert ist[13]. Vielmehr sollte, auch wenn internationale Standardverträge oder -klauseln verwendet werden, daneben noch die **Rechtswahl** für ein nationales Vertragsstatut getroffen werden[14].

Etwas anderes gilt, soweit das **neue deutsche Schiedsverfahrensrecht** anwendbar ist. Aufgrund der Neuregelung[15] des Schiedsverfahrens in der Zivilprozeßordnung (ZPO) ist nunmehr anerkannt, daß die Parteien kraft ihrer Parteiautonomie nicht nur Rechtsvorschriften aus verschiedenen nationalen Rechten wählen können, sondern auch solche, die auf internationaler Ebene erarbeitet

---

[6] *Sonnenberger* in MünchKomm. BGB Einl. IPR Rn 233.
[7] Siehe Rn 14 ff.
[8] *Sonnenberger* in MünchKomm. BGB Einl. IPR Rn 233; vgl. auch Center for Transnational Law at Münster University, Germany (Hrsg.), Transnational Law in Commercial Legal Practice, 1999.
[9] *Stein*, Lex mercatoria: Realität und Theorie, 1995, S. 254.
[10] Umfassende Nachweise pro und contra bei *Kegel/Schurig* S. 109 bis 111; *Hausmann* in Reithmann/Martiny Rn 2431 Fn 95.
[11] *Schwab/Walter* Kapitel 41 Rn 21 mwN; *Sandrock/Steinschulte* in Sandrock Abschn. A Rn 206; *Kegel/Schurig* S. 110f.
[12] *Martiny* in MünchKomm. Art. 27 EGBGB Rn 32.
[13] Ebenso *Merkt* Rn 93 mwN. Etwas anderes mag gelten, wenn eine der Vertragsparteien ein ausländischer Staat ist. *Sandrock/Steinschulte* in Sandrock Abschn. A Rn 206.
[14] *Sandrock/Steinschulte* in Sandrock Abschn. A Rn 206.
[15] § 1051 Abs. 1 ZPO nF.

worden sind[16]. Als Rechtsvorschriften in diesem Sinne zu qualifizieren sind jedenfalls Regelungen, die in internationalen Übereinkommen enthalten sind oder die man als „general principles of law" im Sinne des Statuts des Internationalen Gerichtshofs in Haag (IGH)[17] anerkennen kann[18]. Hingegen sollen Handelsbräuche, international übliche Klauselwerke und Standardverträge, codes of conduct oder die lex mercatoria[19] keine Rechtsvorschriften im Sinne des deutschen Schiedsverfahrensrechts sein. Eine Rechtswahl bezüglich solcher Normengruppen soll bloß eine sog. materiell-rechtliche Verweisung darstellen. Die Geltung etwa eines vereinbarten Klauselwerks geht daher nur so weit, als sie mit den zwingenden Vorschriften des Vertragsstatuts vereinbar ist[20].

2. Lex mercatoria

14 Auch der seit längerem eingeführte Denkansatz der sog. lex mercatoria – also des Rechts der Kaufleute – führt nicht zu dem Ziel, die Existenz überstaatlichen Rechts nachzuweisen. Der Begriff der lex mercatoria wird teilweise sehr weit als **Sammelbegriff** für ungeschriebene oder von nichtstaatlichen Organisationen niedergelegte einheitliche Rechtsgrundlagen des internationalen Handelsverkehrs verstanden. Dazu werden internationales Gewohnheitsrecht (wozu gewisse Vertragstypen und Standardklauseln gerechnet werden), von internationalen Organisationen erarbeitete Regelwerke, Urteile der Schiedsgerichtsbarkeit, allgemein anerkannte Rechtsgrundsätze und Handelsbräuche gezählt[21]. Wird der Begriff lex mercatoria aber solchermaßen als Sammelbegriff verwandt, dann ist anerkannt, daß es sich hierbei um keine selbständige Rechtsquelle, also um kein wirklich internationales Recht handelt[22].

15 Nach einem engeren Verständnis umfaßt der Begriff der lex mercatoria nur die **international allgemein anerkannten und gewohnheitsrechtlich verfestigten Rechtsgrundsätze**[23]. Als solchermaßen autonome, supranationale Rechtsordnung wird der lex mercatoria allerdings von manchen nur ein schmaler Anwendungsbereich zugestanden[24]: Dazu werden u. a. der Grundsatz der Vertragsbindung (pacta sunt servanda), die Berufung auf höhere Gewalt (force majeur), der Wegfall der Geschäftsgrundlage (clausula rebus sic stantibus) oder etwa

---

[16] Begründung des Gesetzesentwurfs der Bundesregierung zum Gesetz zur Neuregelung des Schiedsverfahrensrechts BT-Drucks. 13/5274 S. 26; dazu *Hausmann* in Reithmann/Martiny Rn 2432 bei Fn 101; *Schröder/Wenner* Rn 111.
[17] Art. 38 Abs. 1 Buchst. (d) des Statuts des Internationalen Gerichtshofs.
[18] *Sandrock* RIW 2000, 321, 322.
[19] Siehe Rn 14ff.
[20] *Sandrock* RIW 2000, 321, 322; aA *Berger* DZWir 1998, 45, 52, wonach der Begriff „Rechtsvorschriften" iSv. § 1051 Abs. 1 ZPO nicht nur nationale Gesetze, sondern auch Transnationales Recht wie etwa die Regeln der lex mercatoria umfaßt. Hier wird also Transnationales Recht als Oberbegriff, lex mercatoria als Untergruppe gesehen.
[21] *Horn* in Heymann HGB Einl. III Rn 15; *Martiny* in Reithmann/Martiny Rn 61 bei Fn 92: Teilweise werden sogar die Einheitsrecht schaffenden völkerrechtlichen Abkommen der lex mercatoria hinzugerechnet.
[22] *Horn* in Heymann HGB Einl. III Rn 15.
[23] *Hausmann* in Reithmann/Martiny Rn 2432 bei Fn 100.
[24] *Horn* in Heymann HGB Einl. III Rn 12.

die Verpflichtung der Parteien zur Schadensminderung gezählt[25], also gewissermaßen die „kleinste Schnittmenge" der gemeinsamen Grundsätze aus beiden Herkunftsstaaten der Vertragsparteien[26].

Insbes. in der Praxis der **internationalen Schiedsgerichte** wird die lex mercatoria als eigenständiges Rechtssystem angewandt, dessen Geltung nicht von einem nationalstaatlichen Anwendungsbefehl abhängig sein soll[27]. ZB spricht die Schiedsgerichtsordnung der Internationalen Handelskammer (ICC) in Paris davon, daß die Parteien des Schiedsverfahrens die anwendbaren „Rechtsregeln" („rules of law") frei vereinbaren können[28]. „Rechtsregeln" iSd. ICC-Schiedsgerichtsordnung sind nicht nur nationale Gesetzesrechte („law"), sie umfassen auch die lex mercatoria[29]. Entsprechendes gilt für mehrere moderne Schiedsordnungen, darunter zB die International Arbitration Rules der American Arbitration Association (AAA) in New York von 1997[30]. Ebenso erkennt zB das Statut des im Jahr 1999 errichteten Schlichtungs- und Schiedsgerichtshofs deutscher Notare (SGH) eine Rechtswahl in den Grenzen des ordre public auch dann an, wenn das deutsche Internationale Privatrecht oder das sonst anwendbare Recht sie nicht zulassen sollte[31].

Jedenfalls vor der **staatlichen Gerichtsbarkeit** ist eine Verweisung auf die lex mercatoria aber nicht durchsetzbar, weil die staatlichen Gerichte nicht das nationale Sach- und Kollisionsrecht vernachlässigen können[32]. Die (bereits oben dargestellten) Erwägungen, die gegen die Qualität des Transnationalen Rechts als ein wirkliches internationales Recht sprechen, gelten somit auch für eine lex mercatoria nach dem geschilderten engeren Verständnis. Aber selbst iRd. internationalen Schiedsgerichtsbarkeit wird die Wahl der lex mercatoria als „die gefährlichste aller Fallen" bezeichnet, weil sich für sie bislang noch keine Gruppe hinreichend sicherer Rechtssätze herausgebildet hat[33].

3. Internationale Klauselwerke und Standardverträge

Es ist nicht zu leugnen, daß jedenfalls faktisch im Bereich der internationalen Handels- und Wirtschaftsbeziehungen seit längerem Vereinheitlichungstendenzen, insbes. auf dem Gebiet des Vertragsrechts vorhanden sind, die sich zunehmend verstärken. Sie haben auf dem Gebiet von Klauselwerken zB zu den

---

[25] *Hausmann* in Reithmann/Martiny Rn 2432 bei Fn 100 mwN.
[26] *Schäfer/Verbist/Imhoos*, Die ICC Schiedsgerichtsordnung in der Praxis, 2000, S. 117.
[27] *Hausmann* in Reithmann/Martiny Rn 2432 bei Fn 96.
[28] Vgl. Art. 17 Abs. 1 Satz 1 der ICC-Schiedsgerichtsordnung; abgedruckt in *Schwab/Walter* S. 637.
[29] *Schäfer/Verbist/Imhoos*, Die ICC Schiedsgerichtsordnung in der Praxis, 2000, S. 117; ausführlich *Derains/Schwartz*, A Guide to the New ICC Rules of Arbitration, 1998, S. 217 bis 220; vgl. weiter *Raeschke-Kessler*, Should an Arbitrator in an International Arbitration Procedure apply the UNIDROIT Principles?, in: The UNIDROIT Principles for International Commercial Contracts: A New Lex Mercatoria, ICCI Dossier of the Institute of International Law and Practice, 1995, 167 ff.
[30] Art. 28 Abs. 1 Satz 1 der Rules; abgedruckt bei *Schwab/Walter* S. 734.
[31] § 23 Abs. 1 Satz 2 des Statuts des Schlichtungs- und Schiedsgerichtshofs deutscher Notare (SGH); abgedruckt in NOTAR 1999, 124 bis 129.
[32] *Martiny* in Reithmann/Martiny Rn 62 bei Fn 101.
[33] *Triebel* RIW 1998, 1, 7.

INCOTERMS[34], einer im internationalen Verkehr gebräuchlichen Liste von Handelsklauseln und den sich daraus ergebenden Pflichten für Käufer und Verkäufer, geführt. Ein Beispiel für international weithin genutzte Standardverträge sind die von der **FIDIC**[35] entwickelten Verträge für das Bau- und Anlagengeschäft, deren neueste Ausgabe (FIDIC New Series) die Conditions of Contract for Construction, die Conditions of Contract for Plant and Design-Build sowie die Conditions of Contract for EPC Turnkey Projects umfaßt. Es unterliegt jedoch keinem Zweifel, daß solche Klauselwerke und Standardverträge nur mittels ausdrücklicher Einbeziehung bzw. Benutzung durch Vertragsparteien zur Anwendung auf deren Rechtsbeziehungen untereinander kommen[36], also keinesfalls die Qualität von objektivem Recht erlangt haben[37].

19 Nach alledem ist festzuhalten: Es gibt bis heute kein internationales Recht, von insgesamt betrachtet geringfügigen Ausnahmen abgesehen. Das jeweilige nationale Recht stellt die höchste Hierarchie-Stufe von Rechtsnormen dar.

II. Internationales Privatrecht

20 Die Tatsache, daß eine Fülle von nationalen Rechten nebeneinander existiert, ist der Ansatzpunkt für das Internationale Privatrecht (**IPR**). Es hat die Aufgabe, die im Einzelfall zur Anwendung auf einen Sachverhalt mit Auslandsberührung – zB auf einen Vertrag mit Vertragspartnern aus verschiedenen Ländern – berufene Rechtsordnung zu bestimmen. Der Name Internationales Privatrecht ist nach allem zuvor Ausgeführten irreführend: Es handelt sich auch hierbei eben nicht um internationales Recht, sondern um das jeweilige nationale, also innerstaatliche Recht zur Regelung internationaler Rechtsbeziehungen. Internationales Privatrecht enthält keine Sachnormen – zB über das Zustandekommen von Verträgen – sondern sog. **Kollisionsnormen**; für den eben genannten Fall also Regelungen darüber, nach welcher Rechtsordnung sich das Zustandekommen eines konkreten Vertrags bestimmt. Zutreffender erscheint der entsprechende Ausdruck des anglo-amerikanischen Rechts „Law of the Conflict of Laws". Der eingeführte Name Internationales Privatrecht ist aber schwerlich durch einen gelungenen Ausdruck zu ersetzen. Man muß sich nur dessen bewußt bleiben, daß nicht das Recht, sondern sein Gegenstand, also die Rechtsbeziehungen, international ist[38].

---

[34] International Commercial Terms, aufgestellt von der International Chamber of Commerce, Paris.

[35] Fédération des Ingénieur-Conseils, vgl. hierzu auch *Rosener* in MünchVertragsHdb. Bd. 2 III.1 Anm. 3; *ders.* in MünchVertragsHdb. Bd. 3 Halbbd. 2 Internationales Wirtschaftsrecht III.2.1 Anm. 2.

[36] Vgl. für die Incoterms *BGH* RIW 1975, 578; *Piltz* in Pfeiffer § 12 Rn 84 aE; *Schneider*, Incoterms 1990, RIW 1991, 91; für die FIDIC-Muster: *Goedel*, Die FIDIC-Bauvertragsbedingungen im internationalen Baurecht, RIW 1982, 81; eingehend *Mallmann*, Neue FIDIC-Standardbedingungen für Bau- und Anlagenverträge, RIW 2000, 532, 533: Änderungen und Neuauflagen der FIDIC-Musterbedingungen unterbrechen eine für die Entstehung von Handelsgewohnheitsrecht erforderliche ständige Übung.

[37] Vgl. auch Rn 14 aE.

[38] Vgl. *Dölle*, Internationales Privatrecht, 2. Aufl. 1972, § 1 I und III.

Bei der nachfolgenden knappen Behandlung des deutschen Internationalen Privatrechts, das im Einführungsgesetz zum Bürgerlichen Gesetzbuch (**EGBGB**) geregelt ist, soll von der bedeutsamen Unterscheidung zwischen Vertragsgegenständen, die der freien Rechtswahl unterliegen, und von solchen, bei denen keine Rechtswahl möglich ist, ausgegangen werden.

1. Vertragsgegenstände, die der freien Rechtswahl unterliegen: Schuldrecht/Verpflichtungsgeschäfte

Das deutsche Vertragsrecht ist – wie die Rechtsordnungen vieler anderer am internationalen Wirtschaftsverkehr teilnehmender Staaten[39] – beherrscht von dem Grundsatz der **Vertragsfreiheit (Parteiautonomie)**. Dieser Grundsatz gilt im Schuldrecht[40], dessen Kerngebiet das Vertragsrecht, also das Recht der Verpflichtungsgeschäfte ist. Das deutsche Recht unterscheidet davon die insbes. im Sachenrecht geregelten Erfüllungsgeschäfte[41].

Der Grundsatz der Vertragsfreiheit gilt nicht nur für nationale, sondern auch für die hier behandelten internationalen Vertragsbeziehungen, also solche mit ausländischen Vertragspartnern. In diesem Zusammenhang interessiert nicht primär der selbstverständliche und allgemeinste Inhalt des Begriffs Vertragsfreiheit – nämlich die Freiheit, Verträge zu schließen oder auch nicht zu schließen. Vielmehr steht hier im Vordergrund speziell die Freiheit, Verträge inhaltlich nach eigenem Wunsch und damit ggf. abweichend von den gesetzlichen Vorschriften auszugestalten, welche für die jeweils in Rede stehenden Vertragstypen gelten. Das deutsche Gesetzesrecht für Verträge im BGB ist demgemäß grundsätzlich sog. **„nachgiebiges Recht"**. Die Grenzen der Vertragsfreiheit stecken diejenigen Gesetzesvorschriften ab, die „zwingendes Recht" sind[42].

Hier ist von besonderem Gewicht, daß das deutsche Internationale Privatrecht den Vertragspartnern durch eine ausdrückliche Vorschrift grundsätzlich auch die Freiheit gibt, bei der Regelung ihrer vertraglichen Verhältnisse festzulegen, welche nationale Rechtsordnung ergänzend zu den im Vertrag niedergelegten Vereinbarungen anwendbar sein soll: Prinzip der **freien Rechtswahl**[43]. Entsprechend können die Vertragspartner also eine Rechtsordnung insgesamt, einschließlich ihrer (einfachen) zwingenden Vorschriften abbedingen[44]. Die vereinbarte anwendbare Rechtsordnung bezeichnet man auch als **Vertragsstatut**[45].

Zur Verdeutlichung seien diese wichtigen Zusammenhänge noch einmal anders ausgedrückt. Die Vertragsfreiheit ist nur insoweit in vollem Umfang gegeben, als nicht eine der beiden folgenden Schranken eingreift:

---

[39] Zu dem Grundsatz der Parteiautonomie in ausländischen Staaten und zu den Ausnahmen (zB einige arabische Staaten): *Schröder/Wenner* Rn 28 bis 41.
[40] 2. Buch des BGB.
[41] 3. Buch des BGB. Siehe Rn 64ff.
[42] Rn 50ff.
[43] Art. 27 EGBGB.
[44] *Rosener* in MünchVertragsHdb. Bd. 2 III. 1 Anm. 86; zu den einfachen zwingenden Vorschriften und den im Gegensatz dazu international zwingenden Vorschriften siehe Rn 57 und 58.
[45] *Martiny* in MünchKomm. Vor Art. 27 EGBGB Rn 5; *Schröder/Wenner* Rn 630 und 632.

- Die freie Wahl des anwendbaren Rechts (auch als **Parteiautonomie** im engeren Sinne bezeichnet) darf nicht ausgeschlossen sein.
- Die Freiheit zur autonomen inhaltlichen Vertragsausgestaltung (zur Unterscheidung auch als **Privatautonomie** bezeichnet) darf nicht durch zwingende Vorschriften des anwendbaren Rechts begrenzt oder ausgeschlossen sein[46].

26 Vereinbart ein deutscher Vertragspartner mit einem Ausländer eine Rechtswahlklausel, so ist natürlich nicht nur von Bedeutung, daß das deutsche Recht dies zuläßt. Vielmehr ist die Rechtswahlklausel nur dann und insoweit wirksam, als auch das **„konkurrierende" Internationale Privatrecht** des Staates, dem der andere Vertragspartner angehört, dies erlaubt. Hierauf ist das Augenmerk zu richten.

27 Zu Recht wird bei internationalen Verträgen empfohlen, die rechtlichen Regelungen umfassend und so eingehend wie möglich zu gestalten, damit in möglichst geringem Umfang auf eine mindestens einer Partei wenig oder gar nicht bekannte nationale Rechtsordnung zurückgegriffen werden muß[47]. Das gilt selbstverständlich auch für internationale Unternehmensübernahmeverträge. Dabei ist heute in vielen Fällen die teils ausufernde Vertragsformulierung durch angelsächsische Rechtsanwälte und die anglo-amerikanische Rechtspraxis geprägt[48]. Da es aber praktisch nie gelingen wird, alle denkbaren Konfliktpunkte vorauszusehen und abschließend zu regeln, ist es unrichtig, wenn in der Praxis gelegentlich die Frage des anwendbaren Rechts angesichts **umfassender Vertragstexte** als von geringer Bedeutung hingestellt wird[49].

28 Nach alledem bedarf es eines praktischen Hinweises, der gar nicht nachdrücklich genug gegeben werden kann: In internationalen Verträgen sollte stets von dem Recht **Gebrauch** gemacht werden, das anwendbare Recht zu wählen. Zwar enthalten das deutsche Internationale Privatrecht wie auch ausländische Normen des Internationalen Privatrechts Regelungen darüber, welches Recht Anwendung findet, wenn die Vertragsparteien nichts hierzu vereinbart haben[50]. Diese Regelungen sind aber – notwendigerweise – kompliziert; vor allem schaffen sie **Unsicherheit** über das anzuwendende Recht, weil für die mangels Rechtswahl erfolgende objektive Anknüpfung[51] das generalklauselartige Prinzip der engsten Verbindung gilt[52]. Und die deutschen Kollisionsnormen konkurrieren mit unter Umständen abweichenden internationalprivatrechtlichen Vorschriften des Rechts des ausländischen Vertragspartners.

---

[46] *Merkt* Rn 5; *Pfeiffer* § 21 Rn 4 mwN.
[47] Vgl. zB *Rosener* in MünchVertragsHdb. Bd. 2 III. 1 Anm. 2 aE mwN.
[48] Hierauf muß man sich einstellen, ungeachtet kritischer Stimmen: Zu der durch die anglo-amerikanisch bestimmte Praxis des internationalen Unternehmenserwerbs beeinflußte „wuchernde Formulierungsfülle" vgl. *von Teichman* in Merkt Rn 999ff., insbes. Rn 1008ff.; weiter *Triebel*, RIW 1998, 1, dessen Aufsatz dort als Überschrift die bezeichnende Frage stellt: „Anglo-amerikanischer Einfluß auf Unternehmenskaufverträge – eine Gefahr für die Rechtsklarheit?"
[49] Vgl. *Merkt* Rn 5.
[50] Siehe Rn 47.
[51] Art. 28 EGBGB.
[52] *Pfeiffer* § 21 Rn 4 mwN.

Entsteht Streit zwischen Vertragsparteien, die keine Rechtswahl getroffen haben, so ist die praktische Folge für den Prozeß oder das Schiedsverfahren leider klar: Es kommt zu unerträglichen **Verzögerungen** des Verfahrens. Denn derjenige Partner, der nun der Beklagte ist, wird – da ihm idR nicht an einer schnellen Entscheidung liegt – alles tun, um die komplexe Frage, welches Recht anwendbar ist, aufzuwerfen und umfassend zu diskutieren. Dadurch kann unnötigerweise die Entscheidung über die eigentlich interessierenden materiellen Streitpunkte weit hinausgeschoben werden.

2. Rechtswahl

Wie sich aus den vorstehenden Ausführungen ergibt, erscheint eine ausdrückliche Vereinbarung über die Rechtswahl unerlässlich.

a) Ausdrückliche Rechtswahl: Zu wählendes Recht. Regelmäßig wird die wirtschaftlich stärkere Partei ihr **Heimatrecht** durchsetzen können[53]. Hat aber keine von beiden Parteien einen solchen Verhandlungsvorteil, ist es denkbar, daß beide Seiten ablehnen, das Heimatrecht des Verhandlungspartners zu akzeptieren. Hier stellt sich zunächst die Frage, welches Recht gewählt werden sollte.

Der Ausweg ist in diesem Fall die Wahl eines sog. **neutralen Rechts**, zu dem der Vertrag sonst keine Beziehungen aufweist[54]. Aus deutscher Sicht kommen in Europa die Rechtsordnungen der Schweiz und Österreichs in Betracht, in den USA gelten die Staaten New York und Kalifornien als geeignete Drittstaaten[55]. Jedenfalls wenn die Rechtsordnung des neutralen Staates nicht beiden Vertragsparteien geläufig ist, kann vor einer Verweisung auf ein unbeteiligtes Drittland nur gewarnt werden[56]. Hier sollte der Erwerber überlegen, ob es für ihn wirklich unwägbare Risiken birgt, wenn er den Vertrag über die Unternehmensübernahme dem **Heimatrecht der Zielgesellschaft** unterwerfen sollte, da er ohnehin künftig im rechtlichen Umfeld der Zielgesellschaft agieren und sich über die Rechtsvorschriften im Heimatstaat der Zielgesellschaft informieren muß[57].

Zu bedenken ist ferner, daß außerhalb des Internationalen Schuldvertragsrechts keine Rechtswahlfreiheit besteht. Insbes. das Internationale Sachenrecht geht von der Anknüpfung nach dem Belegenheitsprinzip aus[58]. Für die Vertragsgestaltung stellt sich daher die Frage, ob nicht die auf schuldvertraglicher Ebene mögliche Rechtswahl de facto dahingehend eingeschränkt ist, daß allein eine Orientierung an dem für das Erfüllungsgeschäft geltenden Recht (lex rei sitae) – also regelmäßig das Heimatrecht der Zielgesellschaft – sinnvoll ist, weil andernfalls durch die Teilverweisung **Friktionen bei dem Zusammenspiel der berufenen Rechtsordnungen** auf schuldrechtlicher Ebene und auf dinglicher Ebene entstehen

---

[53] Anschaulich zu diesem „Kampf um das anwendbare Recht" *Triebel* RIW 1998, 1, 6.
[54] *Heldrich* in Palandt Art. 27 EGBGB Rn 3.
[55] So *Merkt* Rn 90; zu den Vorteilen der Schweiz *Sandrock/Steinschulte* in Sandrock Abschn. A Rn 29 f.
[56] *von Teichman* in Merkt Rn 1125.
[57] *von Teichman* in Merkt Rn 1124.
[58] Siehe Rn 64, 67.

können[59]. Aus demselben Grund ist vor der sog. **kleinen Vertragsspaltung** zu warnen, wonach folgende Kompromißlösung gefunden wird: Die vertraglichen Verpflichtungen des deutschen Vertragspartners sollen sich nach deutschem Recht richten und die Verpflichtungen des ausländischen Vertragspartners nach dessen Heimatrecht[60].

34 Bei manchen Ländern mit **föderativem Staatsaufbau** ist zu beachten, daß nicht pauschal auf das Recht des Gesamtstaates verwiesen wird, sondern nur auf die betreffende Einzelrechtsordnung des Bundesstaates, in dem sich die Zielgesellschaft befindet[61]. Geht es also um den Erwerb einer New Yorker Zielgesellschaft, dann darf sich die Rechtswahlklausel nicht auf das Recht der Vereinigten Staaten von Amerika beziehen, sondern auf das Recht des Bundesstaates New York. Denn das deutsche Internationale Privatrecht erkennt jede von mehreren Gebietseinheiten eines Staates, die eine eigene Teilrechtsordnung darstellt oder für vertragliche Schuldverhältnisse ihre eigenen Rechtsvorschriften hat, als eigenen Staat an[62]. Wird eine präzise Verweisung auf die einzelstaatliche Rechtsordnung versäumt, kann Rechtsunsicherheit entstehen, wenn beispielsweise bei einer dann insoweit objektiven Anknüpfung unklar ist, ob der Vertrag seine engste Verbindung zu New York oder Florida hat, weil die Partei, welche die charakteristische Leistung zu erbringen hat, ihren gewöhnlichen Aufenthalt gleichermaßen in beiden Staatsgebieten hat[63].

35 **b) Stillschweigende Rechtswahl.** Fehlt eine ausdrückliche Rechtswahl, muß geprüft werden, ob eine stillschweigende Rechtswahl getroffen worden ist. Die Rechtswahl muß sich dann „mit hinreichender Sicherheit aus den Bestimmungen des Vertrags oder aus den Umständen des Falls ergeben"[64]. Die Annahme einer stillschweigenden Rechtswahl muß sich auf **hinreichend sichere Indizien** für einen realen Parteiwillen stützen[65]. Die in der früheren Rechtsprechung angewandten Kriterien zur Ermittlung eines hypothetischen Parteiwillens sind nach heutiger Rechtslage nicht mehr maßgeblich[66].

36 Als Indizien für eine konkludente Rechtswahl kommen folgende Umstände in Betracht: **Gerichtsstandsvereinbarungen** erlauben den Schluß auf eine entsprechende Rechtswahl, wenn das gewählte Gericht die sichere Erwartung begründet, es werde nach dem Recht an seinem Sitz (lex fori) entscheiden und abweichende Anhaltspunkte nicht erkennbar sind. Wird eine ausschließliche Gerichtsstandsvereinbarung getroffen, dann handelt es sich um ein gewichtiges Indiz für eine entsprechende Rechtswahl[67].

37 Wird ein internationales **Schiedsgericht** vereinbart, welches regelmäßig nach seinem Sitzrecht entscheidet, ist von einer stillschweigenden Rechtswahl für das

---

[59] *von Teichman* in Merkt Rn 1023.
[60] Merkt Rn 103 mwN.
[61] Merkt Rn 68f.
[62] Art. 4 Abs. 3 EGBGB und Art. 35 Abs. 2 EGBGB.
[63] Näher zum Ganzen *Martiny* in MünchKomm. Art. 35 EGBGB Rn 8 bis 16.
[64] Art. 27 Abs. 1 Satz 2 EGBGB.
[65] *Peiffer* § 21 Rn 32.
[66] *Heldrich* in Palandt Art. 27 EGBGB Rn 5.
[67] *Pfeiffer* § 21 Rn 34 mwN.

Recht des Schiedsorts auszugehen[68]. Wird aber beispielsweise das Schiedsgericht der deutsch-französischen Handelskammer vereinbart, kann selbstverständlich allein aus diesem Umstand nicht gefolgert werden, ob deutsches oder französisches Recht anwendbar sein soll; ebensowenig ist bei der Wahl der Internationalen Handelskammer in Paris von einer schlüssigen Rechtswahl für französisches Recht auszugehen[69].

Im gerichtlichen Verfahren kann den Parteien, die übereinstimmend von der Anwendbarkeit des Rechts am Ort des erkennenden Gerichts ausgehen, eine **nachträgliche Rechtswahl** unterstellt werden. Doch häufig handelt es sich nur um – mehr oder weniger zutreffende – Rechtsansichten, die keine für das Gericht bindende Rechtswahl darstellen, da der erforderliche Rechtsbindungswille fehlt. Um das Gericht an einer „bequemen" Entscheidung für das ihm vertraute Recht zu hindern, ist im Prozeß ein klarstellender Hinweis empfehlenswert[70].

Wird auf Rechtsvorschriften oder Fachbegriffe einer fremden Rechtsordnung Bezug genommen oder geht der Vertrag nach seinem **Inhalt** oder seiner **Systematik** ersichtlich von einer bestimmten Rechtsordnung aus, dann liegen starke Indizien für eine stillschweigende Rechtswahl vor. Das gilt auch für die sog. „construction clauses" nach anglo-amerikanischem Recht, die die Auslegung des Vertrags einem bestimmten Vertragsstatut unterstellen[71]. Schwache Indizien sind die **Vertragssprache**, der **Erfüllungsort**, die vereinbarte **Währung** oder die gemeinsame **Staatsangehörigkeit** der Vertragsparteien[72].

c) **Muster-Rechtswahlklauseln.** Die Rechtswahl sollte **unmißverständlich** sein[73]. Das ist bei den bereits angesprochenen „construction clauses" (zB „This contract shall be construed in accordance with the laws of Illinois.") nicht der Fall, weil nicht klar ist, ob die Parteien nur die Auslegung der Rechtswahl unterstellen oder – wie dies in den USA mit solchen Formulierungen üblich ist – den gesamten Vertrag[74]. Die Formulierung der Rechtswahlklausel sollte an den Wortlaut von Art. 27 Abs. 1 Satz 1 EGBGB angelehnt sein[75].

Abschließend zum Thema Rechtswahl sollen im folgenden einige Musterklauseln aufgeführt und kurz kommentiert werden:

Dieser Vertrag einschließlich seiner Anlagen und aller zusätzlichen und künftigen Vereinbarungen der Parteien unterliegt ausschließlich deutschem Recht.[76]

Nach dem Wegfall der DDR muß nicht mehr auf das Recht der Bundesrepublik Deutschland hingewiesen werden, sondern es reicht der Hinweis auf deutsches Recht.

---

[68] *Pfeiffer* § 21 Rn 34 mwN.
[69] *Martiny* in Reithmann/Martiny Rn 79; OLG Hamm NJW 1990, 652, 653.
[70] *Martiny* in Reithmann/Martiny Rn 81 bis 83; *Pfeiffer* § 21 Rn 39; *Heldrich* in Palandt Art. 27 EGBGB Rn 7.
[71] Dazu näher *Pfeiffer* § 21 Rn 33; *Martiny* in MünchKomm. Art. 27 EGBGB Rn 45; *Schröder/Wenner* Rn 173.
[72] *Pfeiffer* § 21 Rn 35.
[73] *Picot/Land* DB 1998, 1601; *Schröder/Wenner* Rn 172.
[74] *Schröder/Wenner* Rn 173.
[75] *Picot/Land* DB 1998, 1601.
[76] *Picot/Land* DB 1998, 1601.

43 Zumindest beim Asset Deal kann die Wahl des deutschen Rechts – wie zB in der vorstehenden Rechtswahlklausel – dazu führen, daß das **Einheitliche UN-Kaufrecht (United Nations Convention on Contracts for the International Sale of Goods – CISG)** zur Anwendung berufen ist, weil das CISG nach der Transformation durch den deutschen Gesetzgeber geltendes deutsches Sachrecht ist[77]. Der Share Deal fällt zwar nicht in den Anwendungsbereich des CISG, doch auf den Asset Deal wird die Anwendbarkeit des CISG für möglich gehalten, wenn Waren iSd. CISG den überwiegenden Anteil des Unternehmensvermögens ausmachen[78]. IdR ist aber jedenfalls einem deutschen Verkäufer an der Nichtanwendbarkeit des CISG, welches als besonders **erwerberfreundlich** gilt, gelegen[79]. ZB übernimmt der Verkäufer danach eine verschuldensunabhängige Garantiehaftung für alle Fälle der Nicht- oder Schlechterfüllung, was wesentlich strenger ist, als das deutsche unvereinheitlichte Recht, wonach teilweise Verschulden erforderlich ist[80]. Soll das CISG unanwendbar sein, obwohl deutsches Recht gilt, muß eine Ausschlußvereinbarung getroffen werden, was zulässig ist[81].

44 Soll das CISG ausgeschlossen sein, kommt folgende Formulierung in Betracht: *Sämtliche Rechtsbeziehungen, die sich aus diesem Vertrag einschließlich aller Anlagen und Zusatz- sowie Nebenvereinbarungen ergeben, unterliegen dem deutschen Recht unter Ausschluß des UN-Übereinkommens vom 11. April 1980 über den internationalen Kauf beweglicher Sachen.*
Eine englische Version könnte lauten:
This Agreement is to be governed and construed under German law. Any claim, dispute or controversy arising out of the terms of this contract or in connection with this contract shall be resolved in accordance with German law. The United Nations Covention of 11 April 1980 on Contracts for the International Sale of Goods of 1980 shall not apply.[82]

45 Durch die vorstehende Formulierung wird auch klargestellt, daß nicht nur vertragliche, sondern auch **konkurrierende Ansprüche** aus Verschulden bei Vertragsschluß oder Delikt nach dem Vertragsstatut beurteilt werden sollen[83]. Das wäre bei folgenden Formulierungen unklar: *Auf das Vertragsverhältnis ist deutsches Recht anzuwenden.* Oder: *Für alle Ansprüche aus diesem Vertrag gilt deutsches Recht.*

46 Auch folgende weitreichende Rechtswahlklausel wird empfohlen:
Alle Rechtsbeziehungen, die im Zusammenhang mit der Eingehung, Durchführung und Abwicklung dieses Vertrags zwischen den Parteien entstehen, mögen sie auf vertraglicher, deliktischer oder sonstiger gesetzlicher Grundlage beruhen, sind nach dem materi-

---

[77] BGH NJW 1999, 1259; *Martiny* in Reithmann/Martiny Rn 645; *Ferrari* in Schlechtriem Art. 6 CISG Rn 22 mwN; *Staudinger/Magnus* (1999) Art. 6 CISG Rn 24.

[78] Merkt Rn 859 mwN.

[79] *Merkt* Rn 875; die Abwägungsgesichtspunkte für und gegen das CISG aus Sicht der Parteien *Staudinger/Magnus* (1999) Einl. 5 bis 8 zum CISG.

[80] *Sandrock/Steinschulte* in Sandrock Abschn. A Rn 23.

[81] Die Zulässigkeit folgt aus Art. 6 CISG. Zum Ausschluß *Staudinger/Magnus* (1999) Einl. 37 zum CISG.

[82] Zu verschiedenen Musterklauseln *Merkt* Rn 106 bis 110 und 878 bis 883; *Schröder/Wenner* Rn 185 ff.

[83] Dazu *Schröder/Wenner* Rn 188.

ellen Recht der Bundesrepublik Deutschland zu beurteilen. Die Anwendung des Wiener Übereinkommens über internationale Warenkäufe[84] wird ausgeschlossen.[85]

d) Mangels Rechtswahl anzuwendendes Recht. Zur Abrundung seien knapp die Grundprinzipien des deutschen Internationalen Privatrechts skizziert, die für die Ermittlung des anwendbaren Rechts gelten, wenn die Vertragsparteien keine Rechtswahlklausel vereinbart haben. Die Einzelheiten sind, wie erwähnt, kompliziert, so daß deren Erörterung im vorliegenden Zusammenhang zu weit führen würde[86]. 47

Wird von den Parteien keine ausdrückliche Rechtswahl getroffen und kann auch anhand von Indizien keine stillschweigende Rechtswahl[87] ermittelt werden, dann unterliegt der Vertrag nach deutschem Internationalen Privatrecht dem Recht des Staates, mit dem er die **engsten Verbindungen** aufweist[88]. Dabei wird vermutet, daß der Vertrag die engsten Verbindungen mit dem Staat aufweist, in dem die Partei, welche die **charakteristische Leistung** zu erbringen hat, im Zeitpunkt des Vertragsabschlusses ihren gewöhnlichen Aufenthalt oder, wenn es sich um eine Gesellschaft handelt, ihre Hauptverwaltung hat[89]. Wiederum ist zu beachten, daß möglicherweise das Internationale Privatrecht eines anderen Landes eingreifen kann, wobei heute aber international zunehmend für schuldrechtliche Verträge dieselbe Anknüpfung wie nach deutschem Internationalen Privatrecht gilt[90]. 48

Für einen einfach strukturierten internationalen Unternehmenskaufvertrag, der sich nicht auf mehrere Länder erstreckt, gilt somit folgendes[91]: Beim **Anteilskauf (Share Deal)** erbringt der Veräußerer die charakteristische Leistung mit der Übertragung seiner Beteiligung[92]. Beim **Asset Deal** erbringt der Verkäufer die charakteristische Leistung mit der Übertragung der einzelnen Wirtschaftsgüter. In beiden Fällen gilt daher grundsätzlich das Recht des Staates, in dem der veräußernde Rechtsträger, wenn er ein Unternehmen ist, seine Hauptverwaltung hat. Ist der Rechtsträger eine natürliche Person, wird an deren gewöhnlichen Aufenthaltsort angeknüpft, und es findet das dort geltende Recht Anwendung. Soweit ein Unternehmenskaufvertrag die Verpflichtung zur Übertragung eines Betriebsgrundstücks enthält, gilt hierfür grundsätzlich das Recht des Staates, in dem das Grundstück belegen ist[93]. 49

---

[84] Synonym für das Einheitliche UN-Kaufrecht – United Nations Convention on Contracts for the International Sale of Goods (CISG).
[85] *Schröder/Wenner* Rn 211.
[86] Zur Vertiefung wird verwiesen auf *Martiny* in Reithmann/Martiny Rn 101 bis 164; *ders.* in MünchKomm. Art. 28 EGBGB Rn 1 bis 276.
[87] Dazu weiter noch *Picot/Land* DB 1998, 1601, 1602.
[88] Art. 28 Abs. 1 Satz 1 EGBGB.
[89] Art. 28 Abs. 2 Satz 2 EGBGB.
[90] *Martiny* in MünchKomm. Art. 27 EGBGB Rn 1 mwN.
[91] Überblick zum Unternehmenskauf bei *Staudinger/Magnus*, 12. Aufl., Art. 28 EGBGB Rn 180 bis 193.
[92] *Martiny* in MünchKomm. Art. 28 EGBGB Rn 117.
[93] Art. 28 Abs. 3 EGBGB.

3. Schranken der Rechtswahlfreiheit

50 Für gewisse Rechtsgeschäfte ist eine freie Rechtswahl teilweise eingeschränkt oder insgesamt ausgeschlossen. Die Funktionsweise der verschiedenen Schranken der Rechtswahlfreiheit ist dabei unterschiedlich:

51 Bei **Sonderstatuten** wird insgesamt auf eine Normengruppe eines bestimmten nationalen Sachrechts verwiesen; diese Verweisung kann regelmäßig nicht durch freie Rechtswahl der Parteien abbedungen werden.

52 Bei **Eingriffsnormen**, das heißt international zwingenden Vorschriften[94], kommt es hingegen nur zu einer punktuellen Überlagerung des gewählten nationalen Rechts. Diese meist wirtschafts- oder sozialpolitischen Vorschriften setzen sich im übergeordneten Staatsinteresse gegen das gewählte Vertragsstatut durch[95]. Das Vertragsstatut bleibt aber grundsätzlich anwendbar.

53 Der **ordre public**[96], also die inländische öffentliche Ordnung, bildet die Grenze für die Anwendung ausländischen Rechts. Durch den ordre public wird die Anwendbarkeit einzelner ausländischer Vorschriften ausgeschlossen, die gegen wesentliche Rechtsgrundsätze der inländischen Rechtsordnung verstoßen[97].

54 **a) Sonderstatute.** Mit Statut wird eine **Sachnormengruppe** bezeichnet, auf die eine Kollisionsnorm verweist. Unterschiedliche Lebensverhältnisse werden nicht einheitlich einer Rechtsordnung zugewiesen, sondern es gibt besondere Statute für das Schuldrecht, Deliktsrecht, Erbrecht, Formvorschriften, Gesellschaftsrecht oder Sachenrecht usw.

55 Aus der Sicht der Vertragsgestaltung ist das Vertragsstatut das Hauptstatut. Das Gesellschafts- oder Sachenrecht beispielsweise sind aus dieser Perspektive **Sonderstatute**. Sonderstatute bestimmen für spezielle Lebenssachverhalte eigene Verweisungsregeln, um den Besonderheiten dieser Sachverhalte kollisionsrechtlich gerecht zu werden. So paßt zB für die gläubigerschützenden Kapitalerhaltungsgrundsätze nach deutschem Gesellschaftsrecht der Grundsatz der Rechtswahlfreiheit, wie er für das Vertragsstatut gilt, nicht. Das Sonderstatut für Gesellschaftsrecht, also das Gesellschaftsstatut, läßt folgerichtig keine freie Rechtswahl zu.

56 Soweit zB das (einheitliche) **Gesellschaftsstatut** reicht, ist die Rechtswahl nicht nur punktuell eingeschränkt, sondern für den umfaßten Regelungsbereich, das Gesellschaftsstatut, insgesamt ausgeschlossen. Das gilt für sämtliche gesellschaftsrechtliche Beziehungen, zB Gründung, Haftung, Geschäftsführung, organschaftliche Vertretung etc. Deshalb ist zwar nicht jeder vertragliche Gestaltungsspielraum ausgeschlossen, weil viele Vorschriften des Gesellschaftsrechts dispositiv sind. Zahlreiche zwingende Vorschriften des Gesellschaftsstatuts, wie etwa das Verbot des Erwerbs eigener Aktien, setzen sich aber gegen eine vertragliche Rechtswahl durch.

57 **b) Eingriffsnormen.** Eingriffsnormen setzen sich auch gegen die Wahl einer ausländischen Rechtsordnung durch. Sie sind daher nicht nur national zwingend,

---

[94] Art. 34 EGBGB.
[95] *Schröder/Wenner* Rn 616.
[96] Art. 6 EGBGB.
[97] *Schröder/Wenner* Rn 624.

sondern **international zwingende Vorschriften**. Für Unternehmensübernahmen relevante Beispiele sind Anlegerschutzvorschriften[98] oder kartellrechtliche Bestimmungen[99], aber auch Bestimmungen über den Grundstücksverkehr sowie gewerbe- und berufsrechtliche Bestimmungen[100]. Diese sog. **Sonderanknüpfung** gilt auch für weitere Eingriffsnormen, wie zwingende Vorschriften mit wirtschafts- oder sozialpolitischem Gehalt, zB Ausfuhrverbote, Devisenvorschriften, Mieter- und Verbraucherschutzvorschriften.

International zwingende Vorschriften sind von den **einfachen zwingenden Vorschriften** abzugrenzen[101]. Diese sind zwar bei Geltung der nationalen Rechtsordnung nicht abdingbar. Wird hingegen insgesamt eine andere Rechtsordnung gewählt, dann setzen sich einfache zwingende Vorschriften grundsätzlich nicht gegen die ausländische Rechtsordnung durch. Als einfach zwingende Vorschrift ist zB die Bestimmung[102] im BGB über die Erforderlichkeit der notariellen Form für die Verpflichtung zur Veräußerung eines Grundstücks anzusehen[103], so daß auch ein privatschriftlich geschlossener Grundstückskaufvertrag entsprechend der Ortsform des ausländischen Staates zur Veräußerung eines inländischen Grundstücks ausreichen kann.

Ausnahmsweise werden auch einfach zwingende Vorschriften international durchgesetzt, wenn abgesehen von der Rechtswahlklausel **keine Auslandsbeziehung** besteht[104]. Weist der Sachverhalt keine Verbindung zu dem Recht des Staates auf, auf das durch die Rechtswahlklausel verwiesen wird, dann setzt sich auch das einfach zwingende Recht des Staates durch, zu dem der Sachverhalt die engste Beziehung hat[105].

Nach der Rechtsprechung des BGH sind **ausländische Eingriffsnormen**, die allein der Verwirklichung wirtschaftlicher oder staatspolitischer Ziele des rechtsetzenden Staates selbst dienen, nur zu beachten, wenn und soweit dieser die Möglichkeit besitzt, die Bestimmungen durchzusetzen, etwa, wenn sie auf seinem Territorium belegene Sachen und Rechte oder Handlungen, die dort zu vollziehen sind, betreffen (**Territorialitätsprinzip** und **Machtprinzip**)[106]. Dies betrifft aber nur Regelungen des ausländischen Wirtschaftsrechts, die nach ihrem internationalen Geltungswillen – vornehmlich als Veräußerungsverbote oder Verfügungsbeschränkungen – in den Bereich des inländischen Vertragsstatuts hineinwirken[107].

Die Rechtsprechung berücksichtigt idR nur die faktischen Auswirkungen ausländischer Veräußerungsverbote oder Verfügungsbeschränkungen im Rahmen

---

[98] *Heldrich* in Palandt Art. 34 EGBGB Rn 3.
[99] *Heldrich* in Palandt Art. 34 EGBGB Rn 1; *Immenga* in MünchKomm. nach Art. 37 EGBGB Rn 15 f.
[100] *Merkt* Rn 469.
[101] *Martiny* in MünchKomm. Art. 34 EGBGB Rn 6 bis 8; *Staudinger/Magnus*, 12. Aufl., Art. 34 EGBGB Rn 10 bis 12.
[102] § 313 BGB.
[103] *OLG Köln* RIW 1993, 414, 415; *Picot/Land* DB 1998, 1601, 1603 bei Fn 25 f.
[104] Art. 27 Abs. 3 EGBGB.
[105] *Martiny* in MünchKomm. Art. 27 EGBGB Rn 71 bis 82.
[106] BGHZ 128, 41, 52 f.
[107] BGH NJW 1998, 2453.

von **Generalklauseln** des deutschen Sachrechts, zB indem ein Leistungshindernis iRd. Vorschriften über die Unmöglichkeit der Leistung oder die Grundsätze über den Wegfall der Geschäftsgrundlage berücksichtigt wird, wählt also **keine** vom Vertragsstatut abweichende kollisionsrechtliche Anknüpfung (**Sonderanknüpfung**)[108].

62 **c) Ordre public.** Zum Schutz der inländischen öffentlichen Ordnung wird die Anwendung des an sich im konkreten Fall – sei es durch Rechtswahlklauseln oder aufgrund der Regelungen des Internationalen Privatrechts (EGBGB) – berufenen ausländischen Rechts ausgeschlossen, wenn das Ergebnis der Rechtsanwendung mit wesentlichen Grundsätzen der deutschen Rechtsordnung offensichtlich unvereinbar ist[109]. **Prüfungsgegenstand** ist also das Ergebnis der Anwendung der durch Rechtswahl oder vom deutschen Internationalen Privatrecht berufenen ausländischen Rechtsnormen. **Prüfungsmaßstab** sind die wesentlichen Grundsätze des deutschen Rechts; das sind insbes. die Grundrechte, der Zweck der Gesetze und die guten Sitten[110]. Schließlich muß der zu beurteilende Sachverhalt eine ausreichende **Inlandsbeziehung** aufweisen; dabei gilt, daß umso geringere Anforderungen an die Intensität der Inlandsbeziehungen zu stellen sind, je krasser der Verstoß gegen die wesentlichen Grundsätze des deutschen Rechts erscheint[111].

63 Ein Gericht hat grundsätzlich nur den ordre public seines eigenen Landes anzuwenden[112]. Ob es einen **internationalen** (transnationalen) **ordre public** gibt, ist sehr zweifelhaft[113].

4. Sachenrecht (dingliche Rechte/Verfügungs-/Erfüllungsgeschäfte)

64 Abweichend von den dargestellten Grundsätzen für die Verpflichtungsgeschäfte, hier also für Unternehmenskaufverträge, ist eine freie Rechtswahl für Verfügungsgeschäfte in **Erfüllung** des Unternehmenskaufvertrags nicht zulässig[114]. Dies gilt nach deutschem Internationalen Privatrecht, aber auch nach dem Kollisionsrecht vieler anderer Staaten. Dabei unterliegen nicht alle Erfüllungsgeschäfte einem einheitlichen **Erfüllungsstatut**, vielmehr ist – hier wiederum nach deutschem Internationalen Privatrecht – wie folgt zu unterscheiden:

65 **a) Share Deal.** Beim Share Deal unterliegt die Übertragung, d. h. die Abtretung der Gesellschaftsanteile dem einheitlichen **Gesellschaftsstatut**[115].

---

[108] *Martiny* in MünchKomm. Art. 34 EGBGB Rn 49 bis 53.
[109] Art. 6 EGBGB.
[110] *Sonnenberger* in MünchKomm. Art. 6 EGBGB Rn 43 bis 55.
[111] *Heldrich* in Palandt Art. 6 EGBGB Rn 4 ff.
[112] *Sonnenberger* in MünchKomm. Art. 6 EGBGB Rn 73 mwN. Dort auch zu den Ausnahmen, nämlich den Fall der Weiterverweisung und wenn der Verstoß gegen den ausländischen ordre public zugleich einen Verstoß gegen den inländischen ordre public darstellt.
[113] Dafür *Horn* in Heymann HGB Einl. III Rn 14; dagegen *Sonnenberger* in MünchKomm. Art. 6 EGBGB Rn 71.
[114] *Picot/Land* DB 1998, 1601, 1602.
[115] *Merkt* Rn 320; *Heldrich* in Palandt Anh. Art. 12 EGBGB Rn 14.

b) Asset Deal. Beim Asset Deal, also bei der Übertragung der Wirtschaftsgüter im Wege der Einzelrechtsübertragung, ist nach der Art des zu übertragenden Vermögensgegenstands weiter zu **unterscheiden**:

aa) Sachen. Für Sachen, also Immobilien und bewegliche Sachen, gilt das **Belegenheitsprinzip (lex rei sitae)**[116]. Werden also Wirtschaftsgüter eines im Ausland belegenen Unternehmens erworben, dann findet auf die Verfügungsgeschäfte über die Unternehmensimmobilien oder andere Sachmittel das Recht des Staates Anwendung, in dem diese Gegenstände sich befinden.

bb) Forderungen. Das Belegenheitsprinzip, das an den Ort des Übertragungsgegenstands anknüpft, kann natürlich nicht für unkörperliche Gegenstände, wie zB Forderungen, gelten. Für Forderungen gilt daher ein besonderes **Forderungsstatut**[117]. Die Abtretung der Forderung, somit wiederum das dingliche Erfüllungsgeschäft, unterliegt dem Recht, dem die zu übertragende Forderung ihrerseits unterliegt[118]. Dies gilt auch für die Voraussetzungen einer wirksamen Abtretung, also insbes. die Übertragbarkeit der Forderung oder die Frage, an wen und unter welchen Umständen der Schuldner mit befreiender Wirkung leisten kann. Die Abtretung unterliegt folglich dem Schuldstatut des Rechtsverhältnisses, dem diese Forderung entstammt. Bei einem Unternehmenskaufvertrag richtet sich das Forderungsstatut somit nach dem für den Kaufvertrag geltenden Statut[119].

cc) Immaterialgüterrechte. Häufig werden in Erfüllung eines Unternehmenskaufvertrags betriebliche Immaterialgüterrechte übertragen. Die Übertragung von Immaterialgüterrechten (also Urheberrechte, Patente, Lizenzen etc.) unterliegt dem Recht desjenigen Staates, für dessen Gebiet der Schutz der Immaterialgüterrechte in Anspruch genommen wird (**Schutzland**)[120]. Eine Abbedingung dieser besonderen Kollisionsnorm für Immaterialgüterrechte ist nicht zulässig[121].

dd) Rechte an Wertpapieren bei Verbriefung von Mitgliedschaftsrechten. Der Erwerb und Verlust von Mitgliedschaftsrechten im Rahmen eines Asset Deal richtet sich grundsätzlich nach dem **Gesellschaftsstatut**. Der Erwerb von Aktien einer spanischen Sociedad Anónima zB richtet sich also grundsätzlich nach spanischem Recht[122].

Etwas anderes gilt, soweit die Mitgliedschaftsrechte verbrieft sind. ZB kann die Aktie als Inhaberpapier nach deutschem Recht entweder wie bewegliche Sachen durch Einigung und Übergabe der Urkunde[123] übertragen werden oder durch

---

[116] Art. 43 EGBGB.
[117] Art. 33 EGBGB.
[118] Art. 33 Abs. 2 EGBGB.
[119] *Heldrich* in Palandt Art. 33 EGBGB Rn 2.
[120] *Kreuzer* in MünchKomm. Nach Art. 38 EGBGB Anh. II Rn 13; *Merkt* Rn 443.
[121] *Kreuzer* in MünchKomm. Nach Art. 38 EGBGB Anh. II Rn 15.
[122] Beispiel nach *Schütze* in Assmann/Schütze § 10 Rn 76. Zum Gesellschaftsstatut siehe Rn 102 mwN.
[123] Gem. §§ 929 ff. BGB.

Abtretung[124]. Erfolgt die Übertragung des Mitgliedschaftsrechts in der Aktiengesellschaft nach den Regeln für die Übereignung beweglicher Sachen, dann unterliegt die Verfügung nicht dem Gesellschaftsstatut, sondern dem Recht an dem Ort, an dem sich die Urkunde bei Vollendung des Erwerbstatbestands[125] befindet (Lageort)[126]. Das Statut für die Übertragung eines Wertpapiers durch Übergabe der Urkunde oder Indossament nennt man **Wertpapiersachstatut** oder **lex cartae sitae**.

72 Wird hingegen über das verbriefte Recht durch Abtretung verfügt, dann richtet sich die Verfügung nach dem für das jeweilige verbriefte Recht geltenden Statut, dem sog. **Wertpapierrechtsstatut**[127]. Die Abtretung eines verbrieften Mitgliedschaftsrechts unterliegt demzufolge dann dem Gesellschaftsstatut.

73 Auch wenn sich die Übertragung des verbrieften Mitgliedschaftsrechts nach der lex cartae sitae richtet, sind **zwingende Vorschriften des Gesellschaftsstatuts** zu beachten. Sind zB Inhaberaktien eines deutschen Anlegers an einer spanischen Sociedad Anónima in Deutschland aufbewahrt, wäre die Übertragung nach deutschem Recht durch Einigung und Übergabe möglich. Das spanische Recht hat jedoch die Übertragung von Inhaberaktien durch einfache Übergabe ausgeschlossen und die Einschaltung eines Notars oder Handelsmaklers zwingend vorgeschrieben. Da diese Beschränkung bereits die Übertragbarkeit der Aktien betrifft, ist sie trotz Geltung des deutschen Wertpapiersachstatuts zu beachten[128].

5. Formvorschriften

74 Neben den bisher behandelten Kollisionsregeln, die über die Anwendbarkeit des jeweiligen nationalen materiellen Rechts entscheiden, gibt es besondere Kollisionsnormen für Formvorschriften. Ein Vertrag über die Übernahme eines Unternehmens im Ausland sollte die einschlägigen Formvorschriften keinesfalls unberücksichtigt lassen. Zwar führt ein Verstoß gegen Formvorschriften nicht in jedem Fall zur endgültigen **Nichtigkeit** des Rechtsgeschäfts, da vielfach die Möglichkeit besteht, den Formmangel zu heilen. Das Rechtsgeschäft kann aber anfechtbar und damit in seiner Wirksamkeit gefährdet sein. Auch ist denkbar, daß ein Vertragspartner in dem Zeitpunkt, in dem er den Formmangel erkennt, nicht mehr bereit ist, die erforderlichen Heilungsakte vorzunehmen. Schließlich kann nach manchen Rechtsordnungen ein Formmangel der gerichtlichen Durchsetzbarkeit des materiell-rechtlichen Anspruchs entgegenstehen[129].

75 Sowohl nach deutschem wie auch nach ausländischem Kollisionsrecht werden häufig die **Formvorschriften** der Heimatrechtsordnung der ausländischen **Ziel-**

---

[124] Gem. §§ 398, 413 BGB. Das Eigentum an der Aktienurkunde folgt dem abgetretenen Mitgliedschaftsrecht dann gem. § 952 Abs. 2 BGB.
[125] Also Übergabe oder Indossament.
[126] *Kreuzer* in MünchKomm. Nach Art. 38 EGBGB Anh. I Rn 120.
[127] *Heldrich* in Palandt Art. 43 EGBGB Rn 1. *Kreuzer* in MünchKomm. nach Art. 38 EGBGB Anh. I Rn 119: Die Abtretung zB einer in einer Schuldverschreibung verbrieften Forderung unterfällt dem Forderungsstatut und die Verfügung über den in einer Grundschuld verbrieften Anspruch dem sachenrechtlichen Statut.
[128] Beispiel wiederum nach *Schütze* in Assmann/Schütze § 10 Rn 77.
[129] Näher dazu *Müller* in Sandrock Bd. 1 Abschn. C Rn 3.

gesellschaft anwendbar sein: Entweder dem Schuldstatut[130] des Unternehmenskaufvertrags folgend oder weil die Parteien eine Rechtswahl für die Formvorschriften des Heimatstaates des ausländischen Vertragspartners getroffen haben[131] oder weil – etwa bei Verfügungsgeschäften über Sachen oder Schuldverträgen über dingliche Rechte an Grundstücken – das Internationale Privatrecht die Geltung des Belegenheitsrechts anordnet[132].

Dabei können unterschiedlichste Formvorschriften eine Rolle spielen: ZB die Schriftform, das Gebot der Verwendung vorgeschriebener Formulierungen, Eigenhändigkeit, die gleichzeitige Anwesenheit der Parteien, öffentliche Beurkundung oder Beglaubigung, Eintragung in öffentliche Register oder etwa dem deutschen Recht völlig fremde Formerfordernisse wie die „consideration" nach englischem Recht[133]. Hier ist sorgfältig zu prüfen, ob deutsche Formvorschriften wirksam vereinbart werden können, um nicht über die **„Fallstricke"** wenig bekannter ausländischer Formvorschriften zu stolpern; wo das nicht ohne weiteres möglich ist, erweist sich auch in diesem Zusammenhang die besondere Bedeutung der Empfehlung, einen zusätzlichen Anwalt, der in dem Heimatstaat der Zielgesellschaft zugelassen ist, als Berater einzuschalten[134]. 76

a) Form für Verpflichtungsgeschäfte. Da Verpflichtungsgeschäfte der Rechtswahl zugänglich sind, kann das Formstatut[135] für sie frei gewählt werden[136]. Eine **Teilrechtswahl** bezüglich des Formstatuts wird insbes. bei Unklarheit über die Auswirkung der Anwendung eines – im übrigen für den Vertrag vereinbarten oder kraft Gesetzes geltenden – fremden Rechts empfohlen, beispielsweise beim Verkauf ausländischer Geschäftsanteile, wenn deutsches Vertragsstatut gilt[137]. Eine Wahlklausel über die Form von Rechtsgeschäften kann sich auch anbieten, wenn die fremde Rechtsordnung weniger strenge Formvorschriften vorsieht[138]. 77

Sofern keine Teilrechtswahl für die Form des Rechtsgeschäfts getroffen wurde, gilt folgendes: Verpflichtungsgeschäfte, wie etwa ein Unternehmenskaufvertrag, sind grundsätzlich formgültig, wenn die Formvorschriften des Geschäftsrechts (sog. **Wirkungsstatut** oder Hauptstatut) oder **alternativ** diejenigen des Ortssta- 78

---

[130] Art. 11 Abs. 1 1. Alt. EGBGB.
[131] Zur Zulässigkeit der Rechtswahl auch der Formvorschriften eines Drittstaates: *Merkt* Rn 485 f.
[132] Für das deutsche Internationale Privatrecht: Art. 11 Abs. 4 und 5 EGBGB.
[133] Dazu eingehend *Müller* in Sandrock Bd. 1 Abschn. C Rn 17 ff.
[134] Siehe § 4 Rn 19.
[135] Art. 11 EGBGB.
[136] BGHZ 57, 337; *Spellenberg* in MünchKomm. Art. 11 EGBGB Rn 31.
[137] OLG München DZWir 1993, 512 = ZIP 1993, 508 = RIW 1993, 504; *Bungert*, Der internationale Anwendungsbereich von § 15 Abs. 3 und 4 GmbHG, DZWir 1993, 494; *Wrede*, Nochmals: Zur Beurkundungspflicht bei der Übertragung von Anteilen an einer ausländischen Kapitalgesellschaft, GmbHR 1995, 365; *Großfeld/Berndt*, Die Übertragung von deutschen GmbH-Anteilen im Ausland, RIW 1996, 625; für Anwendbarkeit § 15 Abs. 4 GmbHG *Merkt*, Vertragsform beim Kauf von Anteilen an einer ausländischen Gesellschaft, ZIP 1994, 1417; *Merkt* Rn 492 bis 505; OLG Celle GmbHR 1992, 815.
[138] *Picot/Land* DB 1998, 1601, 1603.

tuts – also des Orts des Vertragsabschlusses – eingehalten werden[139]. Das Geschäftsrecht beim Unternehmenskauf ist das Schuldvertragsrecht. Wurde für das Geschäftsrecht keine Rechtswahl getroffen, richtet sich auch das Formstatut nach dem kraft Gesetzes berufenen[140] Vertragsstatut.

79 Das Wahlrecht zwischen Ortsstatut und Vertragsstatut besteht bei **Grundstückskaufverträgen** insoweit nicht, als international zwingende Vorschriften dem entgegenstehen[141]. Das deutsche Internationale Privatrecht erhebt aber für schuldrechtliche Verträge über Grundstücke keinen Anspruch auf ausschließliche Geltung des Belegenheitsrechts[142]. Daher kann im Ausland, wenn es das Recht des Abschlußorts zuläßt, auch ein formloser Kaufvertrag über ein in Deutschland gelegenes Grundstück abgeschlossen werden[143]. Ausländische Rechtsordnungen sind von Fall zu Fall daraufhin zu überprüfen, ob sie das Belegenheitsprinzip für obligatorische Grundstücksverträge zwingend anordnen[144].

80 **b) Form für Verfügungsgeschäfte.** Auch für Verfügungsgeschäfte gilt nach deutschem Kollisionsrecht der Grundsatz, daß alternativ an die Formerfordernisse des für die Verfügung maßgeblichen Sachrechts oder an das Recht des Orts angeknüpft werden kann, an dem die Verfügung vorgenommen wird[145]. Bei Verfügungen über dingliche Rechte an **beweglichen Sachen** oder **Immobilien** richtet sich die Form hingegen – wie die Verfügungen über Sachen selbst[146] – ausschließlich nach dem Belegenheitsprinzip[147]. Ein in Deutschland belegenes Grundstück muß daher zwingend vor einem deutschen Notar aufgelassen werden. Eine „kollisionsrechtliche Substitution" ist nicht möglich; das bedeutet, auch die Beurkundung durch einen ausländischen Notar, die nach Verfahren und Stellung der Urkundsperson gleichwertig ist, erfüllt die Voraussetzungen einer Auflassung nicht[148].

81 Nach richtiger Ansicht besteht bei **Gesellschaftsanteilsabtretungen** ein Wahlrecht zwischen den Formvorschriften für das Geschäftsrecht oder der Ortsform. Kennt der Ort der dinglichen Einigung der Vertragspartner – also des Erfüllungsgeschäfts Anteilsabtretung – kein Erfordernis der notariellen Beurkundung wie im deutschen Recht bei der GmbH, ist die Anteilsübertragung formlos möglich[149]. Es bleibt jedoch stets im Einzelfall aus Praktikabilitätsgründen abzu-

---

[139] Art. 11 Abs. 1 EGBGB. Zum besonderen Fall des Verkaufs von GmbH-Geschäftsanteilen siehe Rn 91 bis 100.
[140] Art. 11 Abs. 1 Satz 1. Alt. EGBGB iVm. Art. 28 EGBGB.
[141] Art. 11 Abs. 4 EGBGB.
[142] *Heldrich* in Palandt Art. 11 EGBGB Rn 20.
[143] § 313 BGB ist nicht international zwingend. *Picot/Land* DB 1998, 1601, 1603.
[144] *Heldrich* in Palandt Art. 11 EGBGB Rn 20.
[145] Art. 11 Abs. 1 EGBGB.
[146] Art. 43 EGBGB.
[147] Art. 11 Abs. 5 EGBGB.
[148] *Merkt* Rn 534 mwN; zur Frage der Gleichwertigkeit bei Auslandsbeurkundung siehe Rn 97.
[149] *Gätsch/Schulte* ZIP 1999, 1954, 1955 mwN; insoweit unzutreffend *OLG Stuttgart* GmbHR 2000, 721, 724, wonach bei GmbH-Anteilsabtretungen das Gesellschaftsstatut gelten soll. Aber Art. 11 Abs. 5 EGBGB ist nicht analog anwendbar; *Picot/Land* DB 1998, 1601, 1603 f. Siehe noch näher Rn 94 und 99 mwN (str.).

wägen, ob nicht ungeachtet der zusätzlichen Kosten gleichwohl die notarielle Beurkundung gewählt werden soll: Verzögernde Auseinandersetzungen zB mit dem Bearbeiter beim Handelsregister, dem das IPR nicht vertraut ist, können so vermieden werden[150].

c) Form für Vollmachten. aa) Kollisionsrecht der Form für Vollmachten. Auch für die **Form** der Vollmacht gilt im deutschen Internationalen Privatrecht die Grundregel der Alternativanknüpfung (an das Wirkungsstatut oder die Ortsform)[151]. 82

Die Form der Vollmacht kann sich einerseits nach dem Wirkungsstatut, also dem Recht, das auf das ihren Gegenstand bildende Rechtsverhältnis anzuwenden ist[152], richten: Bei Vollmachten ist **Wirkungsstatut** das sog. **Vollmachtstatut** und nicht das Schuldstatut des Hauptvertrags (zB des Unternehmenskaufvertrags)[153] oder die Rechtsordnung, der das der Vollmacht im Innenverhältnis zugrunde liegende Rechtsverhältnis (zB Auftrag) unterliegt[154]. Das Vollmachtstatut ist im EGBGB nicht geregelt[155]. Die Vollmacht, also die rechtsgeschäftliche Vertretungsmacht, unterliegt einer kollisionsrechtlichen Sonderanknüpfung[156]. Das Vollmachtstatut folgt nach hM dem Recht des Staates, in dem von der Vollmacht Gebrauch gemacht werden soll oder in dem die Vollmacht ihre Wirkung entfaltet[157]. Eine Besonderheit gilt insofern für kaufmännische Bevollmächtigte mit fester Niederlassung im Ausland; für sie ist Vollmachtstatut das Recht der Niederlassung, was jedoch häufig mit dem **Gebrauchsort** übereinstimmen wird[158]. Bei Unternehmensübernahmen im Ausland richtet sich das Vollmachtstatut regelmäßig nach dem Heimatrecht der Zielgesellschaft, weil auch ausländische Kollisionsrechte für die Vollmacht überwiegend auf das Wirkungsstatut abstellen. 83

Würde sich die Formwirksamkeit der Vollmacht allein nach dem Wirkungsstatut, also dem Vollmachtstatut, beurteilen, so hätte dies für einen deutschen Investor erhebliche Rechtsunsicherheit zur Folge: Denn er wird in aller Regel die ausländischen Formvorschriften nicht kennen. Zudem kann es zu einer verwirrenden Aufsplitterung des für die Form der Vollmacht maßgeblichen Rechts kommen, wenn zB beim Kauf einer internationalen Unternehmensgruppe (etwa im Wege des Asset Deal) von der Vollmacht in mehreren Zielländern Gebrauch gemacht werden muß[159]. 84

Grundsätzlich genügt aber nach deutschem Internationalen Privatrecht auch die Einhaltung der Formvorschriften des Staates, in dem die Bevollmächtigung 85

---

[150] Wegen der Beurkundung durch einen ausländischen Notar siehe Rn 94 und 99.
[151] Art. 11 Abs. 1 EGBGB.
[152] Vgl. Wortlaut des Art. 11 Abs. 1 EGBGB.
[153] So aber *Spellenberg* in MünchKomm. Vor Art. 11 EGBGB Rn 246.
[154] *Hausmann* in Reithmann/Martiny Rn 1753.
[155] *Heldrich* in Palandt Anh. zu Art. 32 Rn 1.
[156] Allerdings richtet sich die organschaftliche Vertretungsmacht nach dem Gesellschaftsstatut. *Spellenberg* in MünchKomm. Vor Art. 11 EGBGB Rn 163, 181.
[157] *Heldrich* in Palandt Anh. zu Art. 32 Rn 1 mwN; BGHZ 128, 47 = st. Rspr.
[158] Keine Übereinstimmung etwa im Fall *BGH* NJW 1990, 3088; eingehend *Hausmann* in Reithmann/Martiny Rn 1730 bis 1734.
[159] Zum Vollmachtstatut *Müller* in Sandrock Bd. 2 Abschn. D Rn 14.

erklärt oder errichtet wird (sog. **Ortsform**)[160]. Das gilt nach hM in Deutschland auch bei Vollmachten für Verfügungen über Sachen sowie für obligatorische Rechtsgeschäfte über Grundstücke[161]. Wenn also eine Entscheidung durch ein ausländisches Gericht ausscheidet (zB weil wirksam eine Rechtswahl zugunsten des deutschen Rechts und eine Schiedsgerichtsvereinbarung oder eine Gerichtsstandsvereinbarung über die Zuständigkeit deutscher Gerichte getroffen wurde) und der deutsche Investor unter Beachtung der deutschen Ortsform die Vollmacht in Deutschland erteilt, lassen sich für ihn die Risiken einer mangelhaften Kenntnis fremden Rechts ausschließen.

86   Allerdings muß ein deutscher Vollmachtgeber damit rechnen, daß **ausländische staatliche Gerichte** die Form der Vollmacht nach ihrem eigenen Recht beurteilen[162]. Dabei kann es durchaus sein, daß das ausländische Gericht die Form des Orts der Erteilung der Vollmacht nicht anerkennt, sondern auf die Form des Gebrauchsorts oder auf andere Anknüpfungskriterien abstellt[163]. Im Zweifel sollte also sicherheitshalber (auch) die Form des Gebrauchsorts gewählt werden.

87   **bb) Nachweis der Vertretungsmacht für ausländische Gesellschaften.** Die zügige Durchführung einer internationalen Unternehmensübernahme ist häufig entscheidend für Erfolg oder Mißerfolg der Transaktion. Angesichts des erheblichen **Zeitaufwands**, den die Besorgung der nachfolgend beschriebenen Nachweise erfordert, spielen die Fragen des **Echtheitsnachweises** für ausländische Vollmachten, der Vertretungsbescheinigung und der Bescheinigung über die Existenz der ausländischen Gesellschaft eine häufig unterschätzte Rolle. Die nachstehende Darstellung orientiert sich beispielhaft an den Anforderungen, die in Deutschland an ausländische Vollmachten und Vertretungsbescheinigungen gestellt werden. Wie stets bleibt aber beim Erwerb einer Beteiligung im Ausland die entsprechende Rechtslage dort zu überprüfen.

88   Tritt eine natürliche Person für eine ausländische Gesellschaft auf, so ist deren Vertretungsmacht häufig nicht leicht nachweisbar[164]. Die deutschen Registergerichte verlangen den Nachweis der Vertretungsberechtigung des Anmelders. Gibt es ein **Handelsregister** oder eine vergleichbare Einrichtung in dem Heimatstaat des Anmelders (zB in Frankreich, Österreich, Italien oder der Schweiz) und erteilt die dort registerführende Behörde eine Bescheinigung, die einem gerichtlichen Zeugnis nach deutschem Registerrecht[165] vergleichbar ist, dann ist durch die Vorlage eines solchen beglaubigten Registerauszugs regelmäßig der Nachweis der (organschaftlichen) Vertretungsberechtigung gegenüber dem deutschen Handelsregister erbracht[166]. Zu beachten ist, daß ein beglaubigter ausländischer Handelsregisterauszug eine ausländische Urkunde darstellt; soll diese im Inland verwendet werden, so bedarf sie idR einer besonderen Echtheitsbestätigung durch **Legalisa-**

---

[160] *Spellenberg* in MünchKomm. Vor Art. 11 EGBGB Rn 248.
[161] Nach hM ist Art. 11 Abs. 4 und 5 EGBGB nicht entsprechend auf die Vollmachterteilung anwendbar. *Spellenberg* in MünchKomm. Vor Art. 11 EGBGB Rn 249.
[162] So zB für die USA: *Müller* in Sandrock Abschn. D Rn 366.
[163] ZB USA: *Müller* in Sandrock Abschn. D Rn 359 ff.
[164] *Reithmann* DNotZ 1995, 360, 367.
[165] Gem. § 9 Abs. 3 HGB.
[166] *Hüffer* in Großkomm. § 9 HGB Rn 25; *Bockelmann* in MünchKomm. § 13d HGB Rn 5.

tion oder (in vereinfachter Form) durch die **Apostille**[167]. Von dem Erfordernis der Echtheitsbestätigung durch bilaterale Abkommen völlig befreit sind zB die gerichtlichen oder notariellen Urkunden aus Belgien, Dänemark, Frankreich, Italien und Österreich[168]. Auch wenn sich ausländische Handelsregister ohne inhaltliche Überprüfung der Anmeldung auf eine bloße Registrierung beschränken, genügen solche Registerauszüge, wenn nicht berechtigte Zweifel an ihrer Richtigkeit bestehen[169].

Viele ausländische Rechtsordnungen – zB die der USA – kennen aber ein Handelsregister oder eine vergleichbare Einrichtung nicht: Dann kann der Nachweis der Vertretungsmacht durch andere öffentliche Urkunden erbracht werden, namentlich durch **Konsulatsbescheinigungen** oder durch **Bescheinigungen** eines **ausländischen Notars** mit der erforderlichen Echtheitsbestätigung (Apostille oder Legalisation)[170]. Die Regelung über deutsche Notarbescheinigungen[171] ist zwar auf ausländische Notarbescheinigungen nicht anwendbar; dennoch ist anerkannt, daß das deutsche Registergericht im Wege freier Beweiswürdigung ausländische Notarbestätigungen anerkennen kann[172]. Mangels eines Registerauszugs sollte aber – ggf. neben der Vollmacht (beglaubigt durch Notar und mit Apostille bzw. Legalisation) – eine sog. **Vertretungsbescheinigung**[173] vorgelegt werden, die beweist, daß die betreffende Person als Organ zur Vertretung bzw. zur Vollmachtserteilung befugt ist; möglichst verbunden mit einer Bescheinigung über die Existenz der Gesellschaft. Die letztgenannte Bescheinigung wird jedoch nur manchmal von den Handelsregistern verlangt. Innerhalb des lateinischen Notariats dürfte aber eine Notarbestätigung ausreichen.

Unter Umständen hilft auch die Gründungsurkunde oder die Gründungsbescheinigung weiter[174].

d) Beurkundung durch ausländischen Notar[175]. Die in Literatur und Rechtsprechung häufig und kontrovers behandelte Frage der **Wirksamkeit von Auslandsbeurkundungen** betrifft – abgesehen eben vom Beurkundungsvorgang selbst – regelmäßig rein innerdeutsche Sachverhalte und scheint auf den ersten Blick für die Übernahme ausländischer Unternehmen ohne Belang zu sein. Es sind aber Fälle des Erwerbs ausländischer Unternehmen denkbar, in denen

---

[167] Die sog. Apostille genügt im Rechtsverkehr mit Vertragsstaaten des Haager Übereinkommens vom 5. 10. 1961 zur Befreiung ausländischer Urkunden von der Legalisation; vgl. *Keidel/Winkler*, Beurkundungsgesetz, 14. Aufl. 1999, Einl. Rn 84.
[168] *Keidel/Winkler*, Beurkundungsgesetz, 14. Aufl. 1999, Einl. Rn 91.
[169] Näher *Bockelmann* in MünchKomm. § 13d HGB Rn 7 und zum Hintergrund Rn 6.
[170] *Hüffer* in Großkomm. § 9 HGB Rn 25; *Bockelmann* in MünchKomm. § 13d HGB Rn 5.
[171] § 21 BNotO.
[172] *Reithmann* DNotZ 1995, 360, 367; *Hüffer* in Großkomm. § 9 HGB Rn 25.
[173] In den USA beispielsweise wird die inhaltliche Bestätigung über die Vertretungsberechtigung vom „secretary of the company" erteilt. Der „notary public" beglaubigt nur dessen Unterschrift, nicht den Inhalt der Bestätigung. Diese Beglaubigung wiederum muß mit der Apostille versehen werden. Tritt nicht der Vertretungsberechtigte – das Organ – selbst auf, sondern erteilt er einem Dritten Vollmacht, so sollte die Bestätigung in die Vollmachtsurkunde integriert werden, damit die Bestätigung nicht einer gesonderten Apostille bedarf.
[174] So für das „certificate of incorporation" einer „private company limited" nach englischem Recht *BayObLG* 1985, 272, 276; *Bockelmann* in MünchKomm. § 13d HGB Rn 5.
[175] Siehe auch § 17 Rn 182 und Rn 242.

dennoch deutsche Formvorschriften anwendbar sind. Daher soll auch im vorliegenden Zusammenhang kurz auf dieses Thema eingegangen werden.

92 Wird beispielsweise eine internationale Unternehmensgruppe mit einer deutschen Holding-Gesellschaft an der Spitze erworben, so gelten – wiewohl es wirtschaftlich vor allem um den Erwerb der ausländischen Tochterunternehmen gehen mag – für den Erwerb der Holding (soweit nicht wirksam eine abweichende Rechtswahl getroffen wurde) deutsches Vertrags-, Form- und Gesellschaftsstatut. Auch wenn deutsches Recht gilt, kann eine Auslandsbeurkundung zweckmäßig oder erforderlich sein, etwa aus Kostengründen, also um die höheren **Notargebühren** in Deutschland zu vermeiden, oder weil der ausländische Veräußerer nicht bereit oder in der Lage ist, den Vertragsschluß in Deutschland zu vollziehen.

93 Jedoch ist bei einer Unternehmensübernahme nicht immer eindeutig, welche **Kollisionsnorm für die Beurkundung** der Transaktion gilt. In Betracht kommen das Formstatut[176], für das wie ausgeführt der Grundsatz der alternativ möglichen Anknüpfung an Wirkungs- oder Ortsstatut gilt, oder aber das Gesellschaftsstatut, das die Ortsform nicht genügen läßt.

94 Für die Übertragung eines **GmbH-Geschäftsanteils** wird in der Rechtsprechung[177] überwiegend davon ausgegangen, daß das Formstatut gilt, so daß die Parteien die Wahl haben zwischen der Einhaltung der Form des Wirkungsstatuts (Gesellschaftsstatuts), welches nach deutschem Sachrecht die notarielle Beurkundung des Verkaufs und der Abtretung von GmbH-Geschäftsanteilen verlangt[178], oder der – ggf. leichteren – Ortsform[179].

95 Für **strukturändernde** gesellschaftsrechtliche Maßnahmen – zB Verschmelzung[180], Eingliederung, Beherrschungsvertrag – hingegen gilt ausschließlich die nach dem Gesellschaftsstatut verlangte Form[181]. Teilweise wird sogar vertreten,

---

[176] Art. 11 EGBGB.

[177] *BayObLG* NJW 1978, 500; *OLG Frankfurt* DNotZ 1982, 186; ebenso wohl *BGH* EWiR Art. 11 EGBGB 2/2000, 487 (m. Anm. *Werner*); dem folgt auch die hM in der Literatur: *Gätsch/Schulte* ZIP 1999, 1954, 1955 mwN; vgl. auch Rn 81.

[178] § 15 Abs. 3 und 4 GmbHG.

[179] Zum Meinungsstand *Loritz* DNotZ 2000, 90, 105; für die Zulässigkeit der Ortsform *Behrens* in Hachenburg Einl. Rn 100; aA mit Blick auf § 15 Abs. 3 und 4 GmbHG die Geltung des Gesellschaftsstatuts bejahend: *Kindler* in MünchKomm. BGB IntGesR Rn 423 mwN; *Staudinger/Großfeld* (1998) IntGesR Rn 491 bis 507; *Lutter/Hommelhoff* § 15 GmbHG Rn 20. Siehe Rn 81.

[180] Siehe § 17 Rn 182.

[181] *Goette*, Auslandsbeurkundungen im Kapitalgesellschaftsrecht, DStR 1996, 709; *Röhricht* in Großkomm. § 23 AktG Rn 47 bis 56; *Limmer* in Eylmann/Vaasen, Bundesnotarordnung, Beurkundungsgesetz, 2000, § 2 BeurkG Rn 15 mwN; diese Ansicht stützt sich auf die Begründung des Regierungsentwurfs zum IPRG 1986, BT-Drucks. 10/504 S. 49, wonach in Art. 11 EGBGB die Form von Rechtsgeschäften nicht geregelt ist, die sich auf die Verfassung von Gesellschaften und juristischen Personen beziehen; aA *Heldrich* in Palandt Art. 11 EGBGB Rn 1 und 13; dazu auch *Loritz* DNotZ 2000, 90, 105 Fn 53 bis 55. Der BGH ließ obiter dicta in einem früheren Urteil eine gewisse Sympathie für die „liberalere" Ansicht erkennen, wonach Art. 11 Abs. 1 EGBGB auch für sämtliche gesellschaftsrechtlichen Vorgänge gelte, vgl. BGHZ 80, 76, 78. Nachdem sich einzelne Mitglieder des zuständigen 2. Zivilsenats des BGH (*Goette* DStR 1996, 709; *Röhricht* in Großkomm. § 23 AktG Rn 47 bis 56) zumindest bei Strukturänderungen für die ausschließliche Geltung des Gesellschaftsstatuts ausgesprochen haben, scheint die frühere liberalere Tendenz des BGH keine Geltung mehr zu haben.

daß im gesellschaftsrechtlichen Bereich Formfragen insgesamt dem Gesellschaftsstatut unterfallen[182].

ZB muß die **Hauptversammlung** einer börsennotierten Aktiengesellschaft mit Sitz in Deutschland (somit gilt das deutsche Gesellschaftsstatut) notariell beurkundet werden[183]. Sollte im Ausland ein privatschriftliches Hauptversammlungsprotokoll genügen, ist diese Ortsform im Geltungsbereich des Gesellschaftsstatuts nicht ausreichend. Die nach dem Gesellschaftsstatut erforderliche notarielle Beurkundung kann aber grundsätzlich unter gewissen Voraussetzungen auch von einem **ausländischen Notar** durchgeführt werden.

Fraglich ist aber, ob das zB auch für die Beurkundung von Hauptversammlungen gilt. Im Internationalen Privatrecht spricht man von **Substitution**: Dabei wird gefragt, ob die Tatbestandsvoraussetzungen einer inländischen Norm auch durch einen Vorgang erfüllt werden, der im Ausland stattfindet[184]. Demzufolge wirksam ist auch die Beurkundung durch einen ausländischen Notar, sofern sie der Beurkundung durch einen deutschen Notar in persönlicher und sachlicher Hinsicht **gleichwertig** ist. Das ist nach der Rechtsprechung des BGH[185] der Fall, wenn „die ausländische Urkundsperson nach Ausbildung und Stellung im Rechtsleben eine der Tätigkeit des deutschen Notars entsprechende Funktion ausübt und die Errichtung der Urkunde ein Verfahrensrecht zu beachten hat, das den tragenden Grundsätzen des deutschen Beurkundungsrechts entspricht." Dies wird überwiegend für das österreichische, niederländische, englische und generell für das lateinische Notariat im romanischen Rechtskreis bejaht; ebenso für Schweizer Notare der Kantone Basel, Bern, Luzern, Zürich und Zug[186]. Das Beurkundungsverfahren darf sich jedenfalls nicht im wesentlichen auf die Beglaubigung der überreichten Urkunden beschränken[187]. Zu den essentiellen Voraussetzungen des Beurkundungsverfahrens gehören die Identitätsfeststellung der Parteien, die Prüfungs- und Belehrungspflicht, die Aufnahme einer Verhandlungsniederschrift und das Vorlesen[188].

Aus der **Vertragspraxis** werden folgende Vorschläge[189] zur Erhöhung der Gleichwertigkeit von Auslandsbeurkundungen gemacht: Auftreten sollten deutsche Volljuristen als Parteivertreter, die in der Urkunde Erklärungen über ihre gesellschaftsrechtliche Sachkunde und über die Kaufmannseigenschaft der Parteien abgeben sowie mit Hinweis darauf auf eine Belehrung verzichten; Hinweis des ausländischen Notars auf Prüfung des Vorgangs nach deutschem Gesellschaftsrecht; keine Haftungsfreizeichnung[190] des beurkundenden ausländischen Notars.

---

[182] Dazu *Kröll*, Beurkundung gesellschaftsrechtlicher Vorgänge durch einen ausländischen Notar, ZGR 2000, 111, 115 mwN.
[183] § 130 Abs. 1 AktG.
[184] *Schröder/Wenner* Rn 631.
[185] BGHZ 80, 76, 78. Siehe aber § 17 Rn 242 mN in Fn 583.
[186] *Pentz* in MünchKomm. § 23 AktG Rn 35.
[187] *Röhricht* in Großkomm. § 23 AktG Rn 55.
[188] *Röhricht* in Großkomm. § 23 AktG Rn 51.
[189] *Reuter*, Keine Auslandsbeurkundung im Gesellschaftsrecht?, BB 1998, 116.
[190] *Schervier*, Beurkundung GmbH-rechtlicher Vorgänge im Ausland, NJW 1992, 593.

99 Insgesamt scheint es also zwar vertretbar, **GmbH-Geschäftsanteilsübertragungen** von einem ausländischen Notar beurkunden zu lassen. Wenn dabei auch nach hM die Einhaltung der Ortsform ausreichend ist, sollte (vorsichtshalber) auf die Gleichwertigkeit des Beurkundungsvorgangs geachtet werden. Denn die deutschen Gerichte entscheiden ungern über ausländische Formvorschriften, deren Einhaltung sie regelmäßig dahingestellt sein lassen, sondern stützen sich lieber auf die ihnen vertraute Einhaltung der Form nach deutschem Wirkungsstatut, bei Auslandsbeurkundungen eben in der Form der Gleichwertigkeit.

100 Bei gesellschaftsrechtlichen **Strukturmaßnahmen** (zB Verschmelzungen[191]) oder komplexeren gesellschaftsrechtlichen Vorgängen (zB Hauptversammlung der Aktiengesellschaft[192]) ist von einer Auslandsbeurkundung abzuraten. Die Gleichwertigkeit ist bei Strukturmaßnahmen zweifelhaft, weil die im öffentlichen Interesse liegende Richtigkeitsgewähr durch die Mitwirkung eines deutschen Notars nicht gegeben ist[193].

6. Sondergebiete

101 Schon mehrfach war darzulegen, daß gegenüber dem Geschäftsrecht des Unternehmensübernahmevertrags, also grundsätzlich dem Vertragsstatut als Haupt- oder Wirkungsstatut, **Sonderstatute**[194] für bestimmte Gebiete auf unterschiedliche Weise eingreifen und ggf. Vorrang haben, so zB beim Sachenrecht und im Bereich der Formvorschriften[195]. Hier ist kurz auf einige weitere für Unternehmensübernahmen wichtige Sondergebiete, die als Sonderstatute wirken, einzugehen.

102 a) **Gesellschaftsrecht.** Das **Gesellschaftsstatut** als ein für unser Thema besonders wichtiges Sonderstatut mit Vorrang vor dem Geschäftsstatut ist schon mehrere Male in anderen Zusammenhängen erwähnt worden. Hierauf ist zu verweisen[196]; ergänzend sei noch folgendes hervorgehoben.

103 Nach deutschem Internationalen Privatrecht, das keine gesetzlichen Regelungen für das Gesellschaftsstatut kennt, gilt gewohnheitsrechtlich das Gesellschafts-

---

[191] Ebenso *LG Augsburg* BB 1998, 120 gegen die Wirksamkeit der Beurkundung einer Verschmelzung durch einen Notar in Zürich; aA *LG Kiel* BB 1998, 120f., wonach die Beurkundung einer Verschmelzung durch einen österreichischen Notar zulässig sein soll. Angesichts des sich abzeichnenden Meinungsumschwungs im II. Zivilsenat des BGH – vgl. die zuvor in Fn 181 genannten Stellungnahmen der BGH-Richter *Röhricht* und *Goette* – sind Auslandsbeurkundungen bei Verschmelzungen ein gewagtes Unterfangen. Vgl. weiter noch § 17 Rn 182 einerseits und § 17 Rn 242 andererseits, jeweils mwN: dort wird zwischen Vertragsbeurkundungen und Versammlungsbeurkundungen (Beschlußbeurkundungen) im Ausland unterschieden und die Frage der Wirksamkeit für letztere noch kritischer beurteilt als für erstere.
[192] Ebenso *OLG Hamburg* DB 1993, 1232f.; *Harm Peter Westermann* in Scholz GmbHG Einl. Rn 95 bei Fn 470.
[193] *Röhricht* in Großkomm. § 23 AktG Rn 53.
[194] Auch Spezialstatute genannt, *Dölle*, Internationales Privatrecht, 2. Aufl. 1972, § 7 V, der diese als „Anknüpfung an besondere Rechtsordnungen für besondere Fragen" definiert.
[195] Siehe generell Rn 50ff.; für Sachenrecht Rn 64ff. und für Formvorschriften Rn 74ff.
[196] Siehe Rn 54ff., insbes. Rn 56, Rn 81, Rn 93ff. und auch Rn 164.

recht, das für den tatsächlichen Sitz der Hauptverwaltung Anwendung findet. Diese **Sitztheorie** gilt auch in vielen kontinentaleuropäischen Ländern[197].

Insbes. im anglo-amerikanischen Raum steht dem die sog. **Gründungstheorie** gegenüber: Gesellschaftsstatut ist nach dieser Theorie das Gesellschaftsrecht, das am Ort der Gründung der Gesellschaft gilt, mag sie auch später ihren Sitz verlegen[198].

Auswirkungen auf den Rechtszustand in den der Sitztheorie folgenden Ländern wird die **„Centros"-Entscheidung des EuGH**[199] haben[200].

Abweichungen vom nationalen deutschen Gesellschaftsstatut können sich – wie auch auf anderen Rechtsgebieten – aus **staatsvertraglichen Regelungen** in bi- oder multilateralen internationalen Abkommen ergeben. Erwähnt sei in diesem Zusammenhang, daß aufgrund des deutsch-amerikanischen Freundschafts-, Handels- und Schiffahrtsvertrags vom 29. 10. 1954 im Verhältnis zwischen Deutschland und USA die Gründungstheorie gilt[201] – so die hM[202].

b) Arbeits- und Mitbestimmungsrecht[203]. Die **unternehmerische Mitbestimmung**, zu der in Deutschland vor allem die Mitbestimmung nach dem Mitbestimmungsgesetz, dem Betriebsverfassungsgesetz 1952 sowie weiter nach dem Montan-Mitbestimmungsgesetz und dem Mitbestimmungsergänzungsgesetz gehören, ist intensiv mit dem Gesellschaftsrecht verflochten; sie ist daher vom Gesellschaftsstatut mitumfaßt und knüpft nach hM stets an den Sitz der Hauptverwaltung des Unternehmens an[204].

Die **betriebliche Mitbestimmung**, wie sie in Deutschland zB durch Betriebsrat und Gesamtbetriebsrat nach dem Betriebsverfassungsgesetz wahrgenommen wird, hat hingegen arbeitsrechtlichen Charakter; sie ist somit nicht Bestandteil des Gesellschaftsstatuts. Da es sich um die Sozialordnung gestaltendes Privatrecht handelt, unterliegt die betriebliche Mitbestimmung dem Recht am Ort der jeweiligen Betriebsstätte[205].

Für die arbeitsvertraglichen Regelungen gilt dagegen das **Arbeitsvertragsstatut**, es findet also das Recht Anwendung, dem der jeweilige Arbeitsvertrag unterliegt[206]. Diesem Aspekt kommt beim Share Deal zwar keine Bedeutung zu, da hier der Betriebsinhaber, die Zielgesellschaft, unverändert bleibt. Anders kann dies aber beim Asset Deal sein: Hier führt ggf. ein Betriebsübergang dazu, daß –

---

[197] Zum ganzen *Kindler* in MünchKomm. BGB IntGesR Rn 312 bis 377; *Staudinger/Großfeld* (1998) IntGesR Rn 17 bis 77 und 130 bis 136 zur Lage der EU; weiter *Merkt* Rn 286 mwN.

[198] *Kindler* in MünchKomm. BGB IntGesR Rn 265 bis 311; weiter *Merkt* Rn 292f.

[199] EuGH-Urt. vom 9. 3. 1999 – Rs. C – 212/97, NJW 1999, 2027.

[200] Näher zur „Centros"-Entscheidung siehe § 2 Rn 19 und § 17 Rn 267 ff.

[201] Art. XXV Abs. 5.

[202] *Kindler* in MünchKomm. BGB IntGesR Rn 242 mwN; aA *Staudinger/Großfeld* (1998) IntGesR Rn 210 mwN.

[203] Siehe § 27.

[204] *Heinze*, Arbeitsrechtliche Probleme bei der grenzüberschreitenden Sitzverlegung in der Europäischen Gemeinschaft, ZGR 1999, 54, 56; *Oetker* in Großkomm. AktG MitbestG § 1 Nr. 10 mwN; zur Frage einer ausnahmsweisen Überlagerung des ausländischen Gesellschaftsstatuts durch das deutsche MitBestG vgl. *Staudinger/Großfeld* (1998) IntGesR Rn 510 ff.

[205] *Martiny* in MünchKomm. Art. 30 EGBGB Rn 76; *Kindler* in MünchKomm. BGB IntGesR Rn 451.

[206] HM, Art. 30 EGBGB; *Merkt* Rn 751 mwN.

zB nach deutschem Recht[207] – die Arbeitsverhältnisse auf den Übernehmer als neuen Betriebsinhaber übergehen.

110   c) **Wettbewerbsrecht**[208]. Aus deutscher Sicht ist von der zentralen Kollisionsnorm des deutschen **Kartellrechts** auszugehen, wonach das Gesetz gegen Wettbewerbsbeschränkungen (GWB) Anwendung auf Unternehmensübernahmen immer dann findet, wenn und soweit diese sich im Geltungsbereich des Gesetzes, also in Deutschland, auswirken, auch wenn sie außerhalb des Geltungsbereichs veranlaßt werden: sog. **Auswirkungsprinzip**[209]. Dabei kommt als Wettbewerbsbeschränkung jeder der materiell-rechtlichen Tatbestände des GWB, also auch der internationale Zusammenschluß von Unternehmen in Betracht[210], wenn nur Inlandsauswirkungen zu spüren sind.

111   Die Regelung ist **zwingendes Kollisionsrecht** und verdrängt die allgemeinen Regeln des deutschen internationalen Vertrags- und Deliktrechts[211]. Abweichend vom allgemeinen Schuldkollisionsrecht gibt es im internationalen Kartellprivatrecht keine Privatautonomie. Durch Wahl eines fremden Rechts ist ein „outcontracting" des Kartellrechts nicht möglich[212].

112   Soweit das übergeordnete **europäische Kartellrecht** eingreift (in welchem Fall es auch dem deutschen Kartellrecht vorgeht)[213], gelten ganz ähnliche Grundsätze: Bei Vorliegen der Aufgreifkriterien fällt ein Zusammenschluß unter die Fusionskontrolle, wenn er einen wirksamen Wettbewerb im gemeinsamen Markt oder in einem wesentlichen Teil davon erheblich behindert[214]. Auch hier gilt also das Auswirkungsprinzip, das Schuldvertragsstatut greift also wiederum ebensowenig ein wie das Personal- oder Gesellschaftsstatut der Vertragsparteien des Unternehmenskaufs[215].

113   Bei einer grenzüberschreitenden Unternehmensübernahme wird somit einmal zu prüfen sein, ob aufgrund des Auswirkungsprinzips europäisches oder deutsches Zusammenschlusskontrollrecht Anwendung findet, zum anderen aber, ob aufgrund entsprechender Kriterien ebenfalls zwingend das Recht des Ziellandes oder sogar eines Drittlandes – ggf. zusätzlich – eingreift.

7. Empfangs- und Zustellungsbevollmächtigte

114   **Praktische Probleme** können bei grenzüberschreitender Unternehmensübernahme die Fragen der Zustellung im Ausland und des Zugangs von Erklärungen, Dokumenten und Urkunden bereiten. Nicht nur können im Absende-

---

[207] § 613a BGB. Siehe dazu § 27 Rn 11 ff.
[208] Siehe hierzu im einzelnen § 25.
[209] § 130 Abs. 2 GWB.
[210] *Rehbinder* in Immenga/Mestmäcker § 98 GWB Rn 221.
[211] *Wiedemann* in Wiedemann § 5 Rn 23.
[212] *Merkt* Rn 782 ff.
[213] EG-Fusionskontrollverordnung 4064, ABl. 1989 EG Nr. L 395/1 vom 21.12. 1989 – FKVO – abgedruckt in Kartellrecht: Textausgabe mit Einl. von *Herbert Sauter*, 3. Aufl. 2000, S. 605 ff.
[214] Art. 2 Abs. 2 FKVO.
[215] *Mestmäcker* in Immenga/Mestmäcker § 23 GWB Rn 233; *Wagemann* in Wiedemann § 115 Rn 17 bis 20 für die FKVO und *Wiedemann* in Wiedemann § 5 Rn 9 bis 22 zu Art. 85 EGV.

und Empfangsstatut unterschiedliche Theorien über den Zugang von Willenserklärungen gelten[216], auch die Verfahren für solche Zustellungen können sehr **zeitaufwendig** sein[217].

Es empfiehlt sich deshalb, im Unternehmensübernahmevertrag Empfangs- und Zustellungsberechtigte zu bestellen. Besonders zweckmäßig, wenn durchsetzbar, ist die Bestellung eines **Inländers** mit Wirkung für und gegen ausländische Vertragsparteien.

8. Konfliktlösungsregeln[218]

Wird in einem innerdeutschen Unternehmensübernahmevertrag keine Regelung für die Konfliktlösung getroffen, so ergibt sich der Gerichtsstand klar aus dem Gesetz. Die Zivilprozeßordnung (ZPO) enthält die **gesetzlichen Gerichtsstandsregeln**. Der allgemeine Gerichtsstand einer natürlichen Person wird durch deren Wohnsitz bestimmt, derjenige einer juristischen Person durch deren Sitz[219]. Für eine Klage ist demgemäß grundsätzlich das Gericht zuständig, bei dem der Beklagte seinen allgemeinen Gerichtsstand hat[220].

Ungleich schwieriger ist die Situation wiederum, wenn ein internationaler Unternehmensübernahmevertrag zur Frage der Konfliktlösung schweigt. Analog zur Situation beim Schweigen über das anwendbare Recht, in welchem Fall die oben geschilderten Grundsätze des Internationalen Privatrechts eingreifen, ist für die Frage nach dem zuständigen Gericht auf die Grundsätze des **internationalen Zivilprozeßrechts**[221] zurückzugreifen.

Dabei gilt der Grundsatz, daß das als zuständig gefundene Gericht stets das für seinen Standort geltende Prozeßrecht, die sog. **lex fori** anzuwenden hat[222], mag auch die Anwendbarkeit eines demgegenüber „ausländischen" materiellen Rechts von den Parteien vereinbart oder aus anderen Gründen anwendbar sein. Eine solche Diskrepanz kann wiederum zu schwer lösbaren Problemen führen, beispielsweise aufgrund des Umstands, daß nach deutschem Recht die Verjährung eine Frage des materiellen Rechts, nach englischem Recht dagegen eine solche des Prozeßrechts ist[223]. Gilt für einen Rechtsstreit deutsches materielles Recht und englisches Prozeßrecht, so muß zB im Fall voneinander abweichender Verjährungsfristen geklärt werden, welche Regelung den Vorrang haben soll.

Um Probleme auf solchen „Nebenschauplätzen" zu vermeiden, empfiehlt es sich dringend, den Gerichtsstand oder aber eine Schiedsklausel oder ähnliches zu **vereinbaren**.

---

[216] Vgl. *Merkt* Rn 962.
[217] Zum Zeitfaktor *H. Roth* in Stein/Jonas § 174 ZPO Rn 1. Die Auslandszustellung ist zeitaufwendig, weil die ausländischen Behörden um Rechtshilfe bei der Zustellung ersucht werden müssen.
[218] Siehe auch § 16.
[219] §§ 12, 13, 17 ZPO.
[220] Auf besondere und ausschließliche Gerichtsstände ist im vorliegenden Zusammenhang nicht einzugehen.
[221] *Kropholler*, Europäisches Zivilprozeßrecht, 6. Aufl. 1998; weiter insbes. *Geimer*.
[222] *Geimer* Rn 319.
[223] *Geimer* Rn 351 mwN.

120 **a) Gerichtsstandsvereinbarung.** Nach deutschem Zivilprozeßrecht kann die Zuständigkeit eines an sich unzuständigen deutschen Gerichts des ersten Rechtszugs von den Prozeß-Parteien grundsätzlich wirksam vereinbart werden (**forum prorogatum**)[224]. Die Wirksamkeit der Vereinbarung über die Zuständigkeit eines ausländischen Gerichts ist nach dem Prozeßrecht des betreffenden Landes zu beurteilen[225]; ist sie danach zu bejahen, so hindert auch das deutsche Recht eine solche Vereinbarung nicht[226]. Eine Ausnahme bildet der Fall des Bestehens eines nach deutschem Prozeßrecht ausschließlichen Gerichtsstands, also zB des sog. ausschließlichen dinglichen Gerichtsstands für Streitigkeiten über das Eigentum einer Sache, insbes. eines Grundstücks: Hier gilt ausschließlich der Gerichtsstand der Belegenheit der Sache (forum rei sitae)[227]. Dieser Grundsatz gilt allerdings auch weithin nach ausländischen Rechten.

121 Für die **Vertragspraxis** ist daraus folgendes abzuleiten: Eine Gerichtsstandsvereinbarung sollte möglichst derart getroffen werden, daß das prorogierte Gericht in dem Land liegt, dessen materielles Recht – im Zweifel gemäß Rechtswahlklausel der Parteien – anwendbar ist. Dabei sollten der Rechts- und Gerichtsstandswahl Anknüpfungspunkte an das gewählte Recht und Gericht zugrundeliegen. Wird eine Wahl getroffen, für die es daran völlig fehlt, könnte das gewählte Gericht selbst seine Zuständigkeit verneinen[228].

122 Bei der Wahl sind auch weitere Gesichtspunkte zu berücksichtigen, die sachgemäß idR nur durch Rechtsberater in den verschiedenen berührten Ländern geklärt werden können: Das Urteil des gewählten Gerichts muß im Land des Beklagten oder in dem Land, in dem der Beklagte Vermögenswerte hat, **vollstreckbar** sein. Das ist der Fall, wenn entsprechende internationale Abkommen über die Anerkennung und Vollstreckbarkeit ausländischer Urteile zwischen den in Frage kommenden Ländern bestehen[229] oder, so nach deutschem und vielen ausländischen Rechten, die Gegenseitigkeit bezüglich Anerkennung und Vollstreckung zwischen diesen Ländern gewährleistet ist[230].

123 Es sollten **Gerichtsstände vermieden** werden, die zur Anwendbarkeit eines jedenfalls aus kontinentaleuropäischer Sicht nicht zu bevorzugenden Prozeßrechts führen: ZB das US-amerikanische Prozeßrecht mit seinem extensiven Beweisauf-

---

[224] § 38 ZPO; *Geimer* Rn 1596 bis 1812.
[225] *Geimer* Rn 1675 f.
[226] *Geimer* Rn 1757.
[227] § 24 ZPO iVm. § 40 Abs. (2) ZPO.
[228] HM; BGH NJW 1985, 2090: Derogation ist nicht zu beachten, wenn sie unvernünftig und/oder unzweckmäßig ist („forum non conveniens"); aA *Hausmann* in Reithmann/Martiny Rn 1265.
[229] ZB das Übereinkommen der Europäischen Gemeinschaft über die gerichtliche Zuständigkeit und die Vollstreckung gerichtlicher Entscheidungen in Zivil- und Handelssachen (EuGVÜ) ergänzt durch das Lugano-Übereinkommen über die gerichtliche Zuständigkeit und die Vollstreckung gerichtlicher Entscheidungen in Zivil- und Handelssachen (16. 8. 1988), vgl. *Kropholler*, Europäisches Zivilprozeßrecht, 6. Aufl. 1998; *Geimer* in Zöller, ZPO, 21. Aufl. 1999, Anh. F.
[230] Vgl. § 328 Abs. 1 Nr. 5 ZPO; dazu *Hartmann* in Baumbach/Lauterbach/Albers/Hartmann § 328 ZPO Rn 46 f.

nahmeverfahren („pretrial discovery") und seiner Prozeßkostenverteilung, wonach jede Partei ihre Kosten trägt, unabhängig vom Prozeßausgang[231].

b) Muster-Gerichtsstandsklauseln. Hierzu seien abschließend Formulierungsvorschläge für Gerichtsstandsklauseln unterbreitet[232]. **Deutsche Fassungen:**
Ausschließlich international zuständig für sämtliche Klagen im Zusammenhang mit diesem Vertrag sind die Gerichte der Bundesrepublik Deutschland.
Der ausschließliche internationale Gerichtsstand für sämtliche Rechtsstreitigkeiten aus oder im Zusammenhang mit diesem Vertrag und sämtlichen bestehenden und künftigen Neben- und Zusatzvereinbarungen ist das Landgericht Frankfurt am Main.
Eine **englische Fassung**:
Exclusive international jurisdiction over any claim, dispute or controversy arising out of or in connection with this agreement, or any addendum thereto or modification thereof, shall be in the Landgericht Stuttgart, and the parties to this agreement expressly and irrevocably subject themselves to the personal jurisdiction of that court.

c) Schiedsvereinbarung/New Yorker Abkommen. Insbes. in internationalen Verträgen ist aber in aller Regel der Vereinbarung eines Schiedsverfahrens der Vorzug gegenüber einer Gerichtsstandsvereinbarung zu geben. Diese Einschätzung, die sich in den Kreisen der Wirtschaft und ihrer Berater immer weiter verbreitet, führt zu steigender Begünstigung von Schiedsvereinbarungen durch die am internationalen Wirtschaftsverkehr teilnehmenden Staaten, was umgekehrt wiederum der **Verbreitung des Schiedswesens** zugute kommt.

Eine wesentliche Grundlage für internationale Schiedsgerichtsbarkeit ist das UN-Übereinkommen über die Anerkennung und Vollstreckung ausländischer Schiedssprüche vom 10. 6. 1958[233], auch **„New Yorker Abkommen"** genannt, das neben anderen multi- und bilateralen Abkommen über die Schiedsgerichtsbarkeit wohl die größte praktische Bedeutung gewonnen hat. Es gilt im Verhältnis der Bundesrepublik Deutschland zu rund 100 Staaten. In diesem Rahmen kann es grundsätzlich keine Unsicherheit über die Durchsetzbarkeit von Schiedssprüchen mehr geben.

Von großem praktischen Gewicht ist auch das **UNCITRAL-Modellgesetz** über die internationale Handelsschiedsgerichtsbarkeit[234], das von einer zunehmenden Zahl von Staaten in unterschiedlichem Umfang in die nationale Gesetzgebung übernommen wird. So ist durch das Gesetz zur Neuregelung des Schiedsverfahrensrechts[235] in der Bundesrepublik Deutschland das Modellgesetz inhaltlich weitestgehend im Wege der vollständigen Neufassung des 10. Buches der ZPO „Schiedsrichterliches Verfahren" übernommen worden[236].

---

[231] Vgl. *Merkt* Rn 904 ff
[232] Die Vorschläge folgen im wesentlichen *Merkt* Rn 921 bis 923.
[233] BGBl. 1961 II S. 122; dazu auch *Hopt* Einl. vor § 1 HGB Rn 99.
[234] Vom 21. 6. 1985; siehe Rn 7, Fn 4 und wN bei *Hausmann* in Reithmann/Martiny Rn 2294 („UNCITRAL").
[235] Siehe Rn 13; wN *Hopt* Einl. vor § 1 HGB Rn 88.
[236] §§ 1025 bis 1066 ZPO.

129 **Vorzüge** einer Schiedsvereinbarung sind die freie Wahl bei der Zusammensetzung des Schiedsgerichts, wodurch gezielt einschlägiger Sachverstand gewonnen werden kann, bei der Bestimmung des Orts des Schiedsverfahrens, die Hand in Hand mit der Vereinbarung des anwendbaren Rechts und der Sprache des Schiedsverfahrens gehen sollte, ggf. das schnellere Herbeiführen einer Entscheidung – jedenfalls im Vergleich zum mehrinstanzlichen staatlichen Gerichtsverfahren – und die Vertraulichkeit des unter Ausschluß der Öffentlichkeit ablaufenden Schiedsverfahrens. Gerade letzteres schützt vor Gesichtsverlust, was für die Angehörigen einer Reihe von Nationen große Bedeutung hat, und macht es möglich, daß man auch nach einem Schiedsverfahren geschäftlich weiter zusammenarbeiten kann.

130 Diese Gesichtspunkte dürften idR die möglichen **Nachteile** überwiegen, die in insbes. nicht unerheblichen Kosten und einem für sich betrachtet häufig nicht geringen Zeitraum bis zur Entscheidung bei manchmal etwas schwerfälligem Verfahren liegen können, gerade bei der Wahl renommierter und kompetenter Schiedsrichter, die einer entsprechenden Arbeitsbelastung ausgesetzt sind[237].

131 Bei Unternehmensübernahmeverträgen bieten sich zwei verschiedene **Arten der Schiedsgerichtsbarkeit** an: Die institutionelle Schiedsgerichtsbarkeit und sogenannte Ad hoc-Schiedsgerichte[238].

132 Der Begriff **institutionelle Schiedsgerichtsbarkeit** bedeutet nicht etwa, daß die jeweilige Institution einen ständigen Schiedsgerichtshof unterhält, der dann von den Parteien angerufen werden müßte. Vielmehr handelt es sich dabei um internationale oder nationale Institutionen, die einen organisatorischen Rahmen für ein Schiedsverfahren bieten. Sie besitzen eine Verwaltung, mit deren Einschaltung idR das Schiedsverfahren beginnt, die Schriftsätze und Ladungen zustellt und eine Liste erfahrener Schiedsrichter zur Verfügung stellt, aus der die Parteien die von ihnen zu benennenden Schiedsrichter bzw. Schiedsobmänner auswählen können, wenn sie das wollen. Sie können auch organisatorische Hilfe bieten und überwachen den Ablauf des Verfahrens. Dies und die von ihnen erlassenen Schiedsordnungen, die bei der Wahl ihrer Institutionen für das Verfahren gelten, vermindern das Auftreten von Verfahrensfehlern und sichern auch auf diese Weise die spätere Anerkennung und Vollstreckung des Schiedsurteils – die nur durch die für den Ort der Vollstreckung zuständigen staatlichen Gerichte erfolgen kann. Dies hat praktische Bedeutung allerdings lediglich dann, wenn die unterlegene Partei dem Schiedsspruch nicht freiwillig nachkommt.

133 Einige der bekanntesten internationalen und nationalen **Institutionen** seien hier genannt[239]:

---

[237] Zu den Vor- und Nachteilen des Schiedsverfahrens vgl. zB *Sandrock*, Zügigkeit und Leichtigkeit versus Gründlichkeit, JZ 1986, 370; *Schütze/Tscherning/Wais* Rn 1 ff. Siehe auch § 16 Rn 129 ff.

[238] Die dritte Art, nämlich die Verbands-Schiedsgerichtsbarkeit, etwa des Deutschen Beton-Verein e. V., kommt hier nicht in Betracht. Dazu *Schütze/Tscherning/Wais* Rn 783; *Henn*, Schiedsverfahrensrecht, 3. Aufl. 2000, Rn 216 bis 221 mwN.

[239] Zu den Einzelheiten wird auf *Schütze/Tscherning/Wais* verwiesen, wo die Texte der Schiedsordnungen abgedruckt und erläutert sind (S. 598 ff. und Rn 835 ff.).

- Die renommierteste ist der Internationale Schiedsgerichtshof[240] der Internationalen Handelskammer in Paris (International Court of Arbitration of the International Chamber of Commerce – ICC);
- das Internationale Schiedsgericht der Züricher Handelskammer;
- das Schiedsgericht der Bundeskammer der gewerblichen Wirtschaft in Wien; wobei die letzteren drei ihren Ruf insbes. durch ihren Sitz in traditionell „neutralen Ländern" haben;
- das Schiedsgericht der Stockholmer Handelskammer;
- das Schiedsgericht des London Court of International Arbitration (LCIA);
- die Schiedsgerichtsbarkeit der American Arbitration Association (AAA);
- die Deutsche Institution für Schiedsgerichtsbarkeit (DIS).

Die **Ad hoc-Schiedsgerichtsbarkeit** läßt demgegenüber den Parteien volle Freiheit in der Gestaltung der Schiedsrichterwahl und des Verfahrensablaufs, es fallen auch nicht die Kosten einer Schiedsgerichts-Institution an. Die Last der zutreffenden Gestaltung ihrer Schiedsklausel und der für das Verfahren geltenden Regeln trifft dabei aber die Parteien selbst.

Hier helfen ggf. die für solche „bereitliegenden" Regelungswerke etwa der Wirtschaftskommission für Europa der Vereinten Nationen, die **ECE**-Schiedsordnung und die Schiedsgerichtsordnung der **UNCITRAL** in Wien (United Nations Commission on International Trade Law).

Seit der Neufassung des 10. Buchs der ZPO ist nach deutschem Recht, sollte dieses für den Vertrag und die Schiedsklausel gelten, grundsätzlich die **Schriftform** nötig, aber auch ausreichend[241]. Der strengeren Form einer vom Hauptvertrag gesonderten Schiedsvereinbarung bedarf es nur noch, wenn eine Partei Verbraucher im Sinne der ZPO ist[242]. Das wird bei Unternehmensübernahmen nicht in Betracht kommen.

d) Muster-Schiedsklauseln. Als Muster-Schiedsklausel für ein **institutionelles Schiedsgericht** seien die geltende deutsche und englische Fassung der Schiedsklausel der Internationalen Handelskammer Paris wiedergegeben:

Alle aus oder in Zusammenhang mit dem gegenwärtigen Vertrag sich ergebenden Streitigkeiten werden nach der Schiedsgerichtsordnung der Internationalen Handelskammer von einem oder mehreren gemäß dieser Ordnung ernannten Schiedsrichtern endgültig entschieden.

All disputes arising out of or in connection with the present contract shall be finally settled under the Rules of Arbitration of the International Chamber of Commerce by one or more arbitators appointed in accordance with the said Rules.

Zu dieser Klausel gibt die ICC folgenden Hinweis, dessen Befolgung dringend zu empfehlen ist.

„Die Parteien werden darauf hingewiesen, daß es in ihrem Interesse sein kann, unmittelbar in der Schiedsklausel das auf den Vertrag anwendbare materielle Recht, die An-

---

[240] Ungeachtet des Namens „Schiedsgerichtshof" gilt auch hier das vorstehend Gesagte.
[241] Abweichend vom Grundsatz der Schriftform ist auch „eine andere Form der Nachrichtenübermittlung, die einen Nachweis der Vereinbarung zuläßt", zB Fernkopie, ausreichend; § 1031 ZPO.
[242] § 1031 ZPO.

zahl der Schiedsrichter, den Schiedsort und die Sprache des Schiedsverfahrens zu vereinbaren.

Die freie Wahl der Parteien im Hinblick auf das anwendbare Recht, den Schiedsort und die Verfahrenssprache wird durch die Schiedsordnung der ICC nicht beschränkt. "

138 Für ein **Ad hoc-Schiedsgericht** folgen die deutsche und englische Fassung der UNCITRAL Schiedsklausel:

Jede Streitigkeit, Meinungsverschiedenheit oder jeder Anspruch, die sich aus diesem Vertrag ergeben oder sich auf diesen Vertrag, seine Verletzung, seine Auflösung oder seine Nichtigkeit beziehen, sind durch ein Schiedsverfahren nach der UNCITRAL-Schiedsgerichtsordnung in ihrer derzeit geltenden Fassung zu regeln.

Auch hierzu gibt es einen Hinweis:

„Die Parteien können, wenn sie es wünschen, folgende ergänzende Angaben machen:

a) Die ernennende Stelle ist ... (Name der Institution oder Person);
b) Die Anzahl der Schiedsrichter beträgt ... (einer oder drei);
c) Der Ort des Schiedsverfahrens ist ... (Stadt oder Land);
d) Die im Schiedsverfahren zu verwendende(n) Sprache(n) ist (sind) ..."

Die englische Fassung lautet:

Any dispute, controversy or claim arising out of or relating to this contract, or the breach, termination or invalidity thereof, shall be settled by arbitration in accordance with the UNCITRAL Arbitration Rules as at present in force.

Der Hinweis in der englischen Fassung lautet:

„Note

Parties may wish to consider adding:

a) The appointing authority shall be ... (name of institution or person);
b) The number of arbitrators shall be ... (one or three);
c) The place of arbitration shall be ... (town or country);
d) The language(s) to be used in the arbitral proceeding shall be ..."

139 **e) Vorgeschaltete Mediation.** In zunehmendem Maße werden heute, teilweise stark durch die Entwicklung in den USA beeinflußt, alternative Streitentscheidungswege – **Alternative Dispute Resolutions (ADR)** – diskutiert und auch angewandt[243]. Darauf kann hier nur hingewiesen werden. Sie zielen vor allem auf schnellere und flexiblere Konfliktlösung, weil auch ein internationales Schiedsverfahren – wiewohl in aller Regel schneller als ein mehrinstanzlicher Streit vor den ordentlichen staatlichen Gerichten – umfangreich, zeit- und kostenaufwendig werden kann.

140 Am weitesten verbreitet ist dabei wohl die Methode der **Mediation** oder Schlichtung[244]. Hier versucht ein von beiden Parteien bestellter Schlichter ohne

---

[243] Vgl. hierzu zB die Veröffentlichungen des Committee D, Arbitration and ADR, der Section on Business Law der International Bar Association (IBA), weiter *Weigand*, Alternative Streiterledigung, BB 1996, 2106; *Stadler*, Außergerichtliche obligatorische Streitschlichtung – Chance oder Illusion?, NJW 1998, 2479; *Schütze*, Alternative Streitschlichtung – Zur Übertragbarkeit ausländischer Erfahrungen, ZVglRWiss 97 (1998) 117.

[244] *Henssler/Koch*, Mediation in der Anwaltspraxis, 2000.

eigene Entscheidungsbefugnisse durch intensive Gespräche mit den einzelnen Parteien und Verhandlungen mit beiden, diese zum Abschluß einer vergleichsweisen Regelung zu bewegen und zu begleiten. Hier gehen rechtliche und psychologische Fähigkeiten Hand in Hand.

C. Einzelfragen

In diesem Unterabschnitt sollen, dem Charakter dieses Abschnitts entsprechend, nicht konkrete Einzelfragen zur Sach- und Rechtslage in einem bestimmten Staat behandelt werden. Dies ist den folgenden Kapiteln vorbehalten. Vielmehr wird in Form einer **Checkliste** auf Fragenkreise hingewiesen, auf die das besondere Augenmerk des Investors für das Land gerichtet werden soll, in dem er ein Unternehmen zu übernehmen beabsichtigt. Bei der Beurteilung wird es auch hier wieder vielfach erforderlich ein, sich des Rats landeskundiger Berater zu bedienen. 141

I. Charakter der Rechtsgrundlagen, Gesetze

Eine wesentliche Voraussetzung unternehmerischen Handelns ist die Berechenbarkeit des rechtlichen und steuerlichen Umfelds für eine Investition. Diese Voraussetzung ist im **Rechtsstaat** weithin gegeben. In Deutschland ist das Bekenntnis zur Rechtsstaatlichkeit im Grundgesetz[245] und in den Länderverfassungen verankert. 142

Der Begriff der **Rechtsstaatlichkeit** bedeutet nicht nur, daß der Staat eine Rechtsordnung aufstellt und garantiert (Rechtsstaatlichkeit im formellen Sinn), sondern umfaßt auch die Garantie bestimmter, teilweise ausdrücklich in die Verfassung aufgenommener rechtsstaatlicher Grundsätze (Rechtsstaatlichkeit im materiellen Sinn). 143

Dazu gehören in Deutschland, wie auch in vielen anderen Demokratien, der Grundsatz der **Gewaltenteilung** in Gesetzgebung, vollziehende Gewalt und Rechtsprechung[246] sowie die Prinzipien der Bindung der gesetzgebenden Gewalt an die verfassungsmäßige Ordnung und die Bindung der vollziehenden Gewalt – Regierung und Verwaltung – und der rechtsprechenden Gewalt an Gesetz und Recht[247]. 144

Es ist offensichtlich, daß in vielen Staaten diese Grundsätze nicht oder nur teilweise befolgt werden. Das gilt nicht nur für Diktaturen und ähnliche Formen der **Willkürherrschaft**. Es kann seinen Grund auch in einem abweichenden kulturellen Hintergrund haben. So gilt beispielsweise in den islamischen Staaten in un- 145

---

[245] Art. 20, 28 Abs. 1 Satz 1 GG.
[246] Art. 20 Abs. 2 Satz 2 GG; das Prinzip der Gewaltenteilung wurde literarisch maßgeblich entwickelt von *Montesquieu* (De L'Esprit des Lois, 1749).
[247] Art. 20 Abs. 3 GG.

terschiedlichem Umfang nach wie vor das auf den Koran gegründete Recht, die Scharia[248].

146   Wieder andere Gründe für ein abweichendes rechtliches Umfeld gibt es in **Entwicklungsländern**, die sich von der Rechtsordnung ihrer früheren Kolonialherren emanzipieren oder jedenfalls auf dem Gebiet der Wirtschaft eine rechtliche Infrastruktur überhaupt erst (wieder) aufbauen. Dabei kommt es zu Entwicklungen, wie zB in den letzten Jahren in China[249], wo nach dem Ende der Kulturrevolution mit ihrem totalen Bruch aller Rechtstraditionen und nach der Öffnung zunächst die dringend benötigten Spezialregelungen ohne Einbettung in eine allgemeine Gesetzgebung geschaffen wurden, die in Umkehrung langfristiger Entwicklungsprozesse in anderen Teilen der Welt hier erst nachfolgten: Zunächst wurde ein Joint Venture-Gesetz geschaffen, dem folgte ein neues Handelsgesetzbuch und schließlich wurde auch ein Zivilgesetzbuch verabschiedet. Ähnliches gilt für die Entwicklung in Rußland seit dem Ende der UdSSR.

147   Ungeachtet der oben dargestellten Konvergenz auf dem Gebiet des Wirtschaftsvertragsrechts[250], die zu teilweisen Überlagerungen sonst andersartiger Rechtsordnungen führen kann, sinkt in allen solchen Fällen naturgemäß die Berechenbarkeit. Die **Rechtssicherheit** bezüglich der Rechtsordnung und der Durchsetzbarkeit von Ansprüchen ist mehr oder weniger vermindert. Der Bewertung dieses Risikofaktors für das Zielland der ins Auge gefaßten Investition kommt erhebliches Gewicht zu.

II. Bedeutung von Vermögensübernahmen

148   Weiter wird es für die Übernahme eines Unternehmens in einem anderen Land, in dem der Erwerber als Ausländer bzw. ausländisches Unternehmen auftritt, bedeutsam sein, ob und ggf. in welchem Maße sich dort schon eine **„Übernahmekultur"** entwickelt hat. Wenn man bedenkt, welche Emotionen noch im Jahr 1999 selbst in Deutschland die Übernahme von Mannesmann durch Vodafone oder in England das Desinvestment von BMW bei Rover ausgelöst hat, wird die Bedeutung dieses Aspekts sogleich klar.

149   Kommt man zu dem Ergebnis, daß im Zielland die **Sensibilität** gegen Übernahmen durch Ausländer noch groß ist, so wird die Investitionsabsicht sorgsam zu überprüfen sein. Bei einer Entscheidung für den Übernahmeversuch wird es einer richtigen Einschätzung des soziologischen Umfelds und des bewußten Einsatzes psychologischen Einfühlungsvermögens bedürfen; nicht nur beim Zielunternehmen selbst, sondern auch bei den Gewerkschaften, den maßgebenden politischen Kräften, bei der Verwaltung werden flankierende Maßnahmen wie persönlicher Kontakt und Öffentlichkeitsarbeit erforderlich sein, um den Erfolg nicht durch Vernachlässigung der „weichen Faktoren" zu gefährden.

---

[248] *Klingmüller* in David/Grassmann S. 601 ff., Rn 482.
[249] Vgl. *Stricker* in David/Grassmann S. 555, Rn 439.
[250] Siehe Rn 11 und 18.

Auch ist zu überprüfen, ob besondere Hemmnisse für Auslandsbeteiligungen in bestimmten **Schlüsselindustrien** bestehen, zB Grundstoffindustrie, Energieerzeugung, Medien, Rüstung. Insbes. in Entwicklungsländern bestehen hier häufig gesetzliche Restriktionen, und selbst in Ländern, in denen das nicht der Fall ist, können jedenfalls politische Barrieren zu überwinden sein.

Bei der Prüfung der rechtlichen Infrastruktur müssen über das Unternehmens- und Umwandlungsrecht hinaus naturgemäß alle weiteren für die geplante Investition relevanten Regelungsbereiche betrachtet werden. Außer dem eingangs schon erwähnten Steuerrecht kommen dabei insbes. die übrigen oben im VI. Teil dieses Arbeitshandbuchs behandelten wesentlichen **Begleitfelder** bei Unternehmensübernahmen in Betracht.

III. Rechtliche Möglichkeiten zur Unternehmensübernahme

Bereits im Planungsstadium ist es zweckmäßig, darüber Aufschluß zu erhalten, wie im Zielland Unternehmensübernahmen gestaltet werden können. Nicht überall ist ein so umfassendes Instrumentarium von rechtlichen Formen der Übernahme gegeben, wie es in der Übersicht in § 2 dargestellt wird. So enthält das deutsche Umwandlungsgesetz eine kaum zu überbietende Fülle von **Gestaltungsmöglichkeiten**, die in vielen Ländern nicht anzutreffen sein wird. Umgekehrt sind beispielsweise nach den sogenannten **Antitakeover Statutes** einzelner Bundesstaaten in den USA weitreichende Abwehrmaßnahmen der Zielgesellschaft möglich, welche eine feindliche Übernahme für ein deutsches Bieterunternehmen stark behindern und verteuern können[251].

Auch ist, vornehmlich in Entwicklungsländern, mit **Beschränkungen** der Gestaltungsfreiheit zu rechnen, zumal für die bereits erwähnten Schlüsselindustrien. Als Beispiele dafür seien genannt: Höchstzulässige Beteiligungen von Ausländern von bis zu 49%, Beschränkungen für den Einsatz von Führungspersonal aus dem Heimatland oder Drittländern im Zielland, Unzulässigkeit der Zahlung von Lizenzgebühren an den ausländischen Investor und Know-how-Geber neben dem Gewinnbezug aufgrund der Kapitalbeteiligung. Unter Berücksichtigung sonstiger Gestaltungsmittel wie Stimmbindungsabreden, Treuhand-Verhältnisse, Zustimmungsvorbehalte bei Anteilsübertragungen durch den Mehrheitsgesellschafter im Zielland – deren Zulässigkeit und Wirksamkeit unter dem Aspekt der Umgehung aber sorgfältig zu prüfen sind – wird zu entscheiden sein, ob solche Beschränkungen die Investition uninteressant machen.

---

[251] *Sagasser* in Sagasser/Bula/Bränger, 2. Aufl. 2000, B Rn 2 spricht von „theoretisch nahezu 200" verschiedenen Umwandlungsmöglichkeiten des deutschen Umwandlungsgesetzes. Zu den Antitakeover Statutes vgl. *Ebenroth/Eyles*, Die Beschränkung von Hostile Takeovers in Delaware, RIW 1988, 413 bis 427; siehe § 3 Rn 122.

IV. Besonderheiten bei den Vorbereitungen und bei der Begleitung einer Unternehmensübernahme

154 An dieser Stelle mag es genügen, auf den II. Teil dieses Arbeitshandbuchs zu verweisen: Die Gliederungspunkte dieses Teils, welche sich auf die Zielgesellschaft beziehen, können als **Checkliste** für die Fragen dienen, hinsichtlich derer die wirtschaftlichen Gegebenheiten und die Rechtsordnung des Ziellandes auf zu beachtende Besonderheiten zu prüfen sind.

V. Besonderheiten beim Unternehmenskauf

155 Entsprechend dem vorstehend Ausgeführten gibt hier die Gliederung des III. Teils ein geeignetes Gerüst dafür, **Besonderheiten des Ziellandes** zu erkunden.

156 Erhebliche Bedeutung kommt hierbei der Frage der **Haftung** des Übernehmers zu. Auch in dieser Hinsicht ist wiederum die Unterscheidung von Share Deal und Asset Deal zu beachten. Grundsätzlich wird auch für andere Länder davon ausgegangen werden können, daß den Übernehmer beim Erwerb von Anteilen – seien es auch sämtliche[252] – an einem Unternehmen im Zielland keine unmittelbare Haftung für Verbindlichkeiten des Zielunternehmens trifft.

157 Das kann aber anders sein, wenn der Übernehmer nicht Anteile am Zielunternehmen erwirbt, insbes. das Zielunternehmen insgesamt auf diesem Weg übernimmt, sondern Vermögenswerte, vor allem also das Unternehmen als **Sachgesamtheit** aus dem dann verbleibenden, nicht erworbenen Unternehmensmantel erwirbt.

158 Hier ist besonders sorgfältig zu prüfen, ob es zu einem **gesetzlichen Haftungsübergang** kommt. Für die deutsche Rechtslage bei Inlandsübernahmen kann insoweit auf die entsprechenden Erläuterungen[253] verwiesen werden. Dort finden sich zivil-, handels-, steuer- und arbeitsrechtliche Haftungsübergänge, die idR unabdingbar sind oder jedenfalls besondere Maßnahmen für den Haftungsausschluß erfordern (zB Registerpublizität für Haftungsausschluß bei Firmenfortführung). Besonders weitgehend war die inzwischen geänderte Regelung des Bürgerlichen Gesetzbuchs in der bis 31. 12. 1998 geltenden Fassung[254], wonach bei Übernahme des (gesamten oder nahezu gesamten) Vermögens eines anderen die Haftung für dessen gesamte Verbindlichkeiten auf den Erwerber überging.

159 Es hat somit hohe Priorität festzustellen, ob und ggf. in welchem Umfang ein entsprechendes **Haftungsrisiko** beim Asset Deal in einem anderen Land besteht. Wenn das der Fall sein sollte und wenn die entsprechende Regelung – wie zu erwarten – weder vertraglich abdingbar noch durch Vereinbarung eines anderen Rechts auszuschließen ist, bleibt zu erwägen, ob nicht allein dieser Umstand für die Wahl der Gestaltung als Share Deal anstelle eines Asset Deal den Ausschlag gibt. Es handelt sich dabei um eine Situation, die derjenigen bei Neubeginn einer

---

[252] Siehe Band 2.
[253] Siehe § 13 Rn 76ff.
[254] § 419 BGB aF.

unternehmerischen Tätigkeit in einem anderen Land entspricht: Der Investor – gleichgültig ob Unternehmer oder Unternehmen – steht dann vor der Wahl, ob dies durch Eröffnung einer bloßen Zweigniederlassung mit voller Haftung für ihn selbst oder im Wege der Gründung einer Tochter(kapital-)gesellschaft mit der Folge der Haftungsbegrenzung auf diese geschehen soll. Hier wie dort spricht vieles für die (Gründung oder den Erwerb einer) **Tochtergesellschaft**.

VI. Besonderheiten bei Unternehmensverschmelzungen

1. Grenzüberschreitende Verschmelzungen

Wiederum ist zunächst auf die Darstellung zur Verschmelzung bei Inlandsübernahmen zu verweisen[255]. Ausgehend davon ist die Rechtslage im Zielland vergleichend zu prüfen. Eine bedeutsame Besonderheit stellt hier aber die **grenzüberschreitende Verschmelzung**[256] dar. Auf sie ist im folgenden einzugehen[257].

2. Kollisionsrecht

Die kollisionsrechtliche Anknüpfung grenzüberschreitender Verschmelzungen ist gesetzlich nicht geregelt. Auf den ersten Blick scheint sich aus dem Umwandlungsgesetz eine Kollisionsnorm zu ergeben, weil nach dem Gesetz nur „Rechtsträger mit Sitz im Inland" umgewandelt werden können[258]. Durch diese sachrechtliche Regelung im Umwandlungsrecht wird jedoch nur der territorialpersönliche Anwendungsbereich des Umwandlungsgesetzes bestimmt (sog. selbstbeschränkende oder autolimitierte Sachnorm)[259]; zuvor muß eine kollisionsrechtliche Norm anordnen, daß das deutsche Umwandlungsrecht überhaupt zur Anwendung berufen ist[260]. Nach hL bestimmt sich bei der grenzüberschreitenden Verschmelzung das anwendbare Sachrecht nach den **kumulativ geltenden Gesellschaftsstatuten** der beteiligten Rechtsträger (**sog. Vereinigungstheorie**)[261]. Bei diesem Zusammenspiel der Gesellschaftsstatute setzt sich die jeweils strengste Rechtsordnung durch[262]. Die Verschmelzungsregelungen in den beteiligten

---

[255] Siehe § 17.
[256] Siehe dazu aus steuerlicher Sicht oben § 26 Rn 25 ff., 392 ff., 435.
[257] Das Problem wird seit langem diskutiert; *Lutter* hat sich zB bereits 1970 in seinem Gutachten für den 48. Deutschen Juristentag in Mainz „Empfehlen sich für die Zusammenfassung europäischer Unternehmen neben oder statt der europäischen Handelsgesellschaft und der internationalen Fusion weitere Möglichkeiten der Gestaltung auf dem Gebiet des Gesellschaftsrechts?" (München, 1970) mit der Frage befaßt. Er kommt nach damaliger Rechtslage zu dem Ergebnis (Seite H 17): „Derzeit ist die grenzüberschreitende Fusion daher allenfalls *aus* dem italienischen Recht in das Rechtsgebiet Frankreichs, Belgiens oder Luxemburgs gesellschaftsrechtlich durchführbar."
[258] § 1 UmwG.
[259] *Lutter* in Lutter § 1 UmwG Rn 6; *Kronke*, Deutsches Gesellschaftsrecht und grenzüberschreitende Strukturänderungen, ZGR 1994, 26, 35.
[260] *Kindler* in MünchKomm. BGB IntGesR Rn 655.
[261] *Kindler* in MünchKomm. BGB IntGesR Rn 661; *Merkt* Rn 339.
[262] *Picot/Land* DB 1998, 1601, 1606.

Rechtsordnungen müssen sich weitgehend entsprechen[263]. Die Wirkungen der Verschmelzung richten sich zunächst nach dem Gesellschaftsstatut der übertragenden Gesellschaft; ab Erlöschen der übertragenden Gesellschaft ist das Gesellschaftsstatut des aufnehmenden Rechtsträgers maßgebend, wobei das Gesellschaftsstatut des übertragenden Rechtsträgers noch manchmal zum Schutz der „stakeholder" (Gläubiger, Arbeitnehmer etc.) fortwirkt[264].

162 Das Internationale Privatrecht verlangt also nur, daß die Gesellschaftsstatute aller beteiligten Rechtsträger beachtet werden; im übrigen richtet sich die Zulässigkeit grenzüberschreitender Verschmelzungen nach dem jeweiligen nationalen Sachrecht.

3. Zulässigkeit nach deutschem Sachrecht

163 Kehrt man von diesem Ausgangspunkt zum deutschen Recht zurück, so gilt allerdings folgendes: Mit der hM ist davon auszugehen, daß eine grenzüberschreitende Verschmelzung nach dem in Deutschland geltenden Sachrecht unzulässig ist, weil Umwandlungen nach dem UmwG **Rechtsträger mit Sitz im Inland** voraussetzen[265]. Selbst wenn man mit der Mindermeinung davon überzeugt sein sollte, daß das UmwG keine Aussage über die Zulässigkeit grenzüberschreitender Verschmelzungen enthält, ist es ein Gebot der Vorsicht – mangels neuerer Rechtsprechung bzw. Erfahrungswerten mit Handelsregistern seit Inkrafttreten des UmwG 1994 – von echten grenzüberschreitenden Verschmelzungen abzusehen[266]. Etwas anderes ergibt sich auch nicht für grenzüberschreitende Sachverhalte innerhalb der EU im Lichte der europäischen Grundfreiheiten, insbes. der Niederlassungsfreiheit[267].

164 Abweichende Grundsätze sollen, wie erwähnt[268], aufgrund eines besonderen völkerrechtlichen Vertrags, nämlich des Freundschafts-, Handels- und Schiffahrtsvertrags vom 29. 10. 1954, zwischen den USA und Deutschland gelten[269]. Nach diesem Abkommen gilt für die Anerkennung **US-amerikanischer Gesellschaften** die Gründungstheorie. Folglich kann die Hauptverwaltung einer amerikanischen Gesellschaft nach Deutschland verlegt werden, ohne daß dies zur Auflösung der Gesellschaft führt. Da nach deutschem Recht Rechtsträger mit Sitz im Inland verschmolzen werden können, wobei das UmwG den Verwaltungssitz meint, ist eine Verschmelzung mit einer US-amerikanischen Gesellschaft rein gesellschaftsrechtlich denkbar.

---

[263] *Kindler* in MünchKomm. BGB IntGesR Rn 674.
[264] *Staudinger/Großfeld* (1998) IntGesR Rn 688.
[265] *Kindler* in MünchKomm. BGB IntGesR Rn 678 mwN; aA *Lutter* in Lutter § 1 UmwG Rn 5 bis 17.
[266] Ebenso *Picot/Land* DB 1998, 1601, 1607; *Merkt* Rn 383; zu einer Handelsregisteranmeldung vor Inkrafttreten des neuen UmwG *Rixen/Böttcher*, Erfahrungsbericht über eine transnationale Verschmelzung, GmbHR 1993, 572.
[267] Art. 48 Abs. 2 EGV; *EuGH* NJW 1989, 2186 „Daily Mail"; *Kindler* in MünchKomm. BGB IntGesR Rn 687; aA *Lutter* in Lutter § 1 UmwG Rn 9 bis 17; vgl. zum Ganzen im Lichte der „Centros"-Entscheidung des EuGH § 2 Rn 19 und § 17 Rn 267 ff.
[268] Siehe Rn 106.
[269] *Hoffmann* NZG 1999, 1077, 1082.

Zusammenfassend muß aber betont werden, daß schon aus steuerlichen Grün- 165
den – insbes. bisher auch innerhalb der Europäischen Union mangels steuerlicher
Harmonisierung[270] – grenzüberschreitende Fusionen auf **praktisch unüberwindliche Schwierigkeiten** stoßen. Hinzu kommt im Verhältnis zu Deutschland die in dieser Form in keinem anderen Land existierende Mitbestimmung auf Unternehmensebene. Beide Problemkreise haben bislang nicht nur seit Jahrzehnten die Schaffung der Europäischen Aktiengesellschaft (S. E.)[271] verhindert, sondern auch die Realisierung einer Richtlinie der Europäischen Union zur grenzüberschreitenden Fusion[272].

4. Ersatzkonstruktionen

Eine „echte" grenzüberschreitende Verschmelzung ist nach geltendem deut- 166
schen Recht im Ergebnis praktisch nicht durchführbar. Über Ersatzkonstruktionen[273] hat die Beratungspraxis aber wirtschaftlich vergleichbare Ergebnisse erzielt, wobei zu den bekanntesten Beispielen aus jüngster Vergangenheit die Zusammenschlüsse von Daimler-Benz mit Chrysler zur DaimlerChrysler AG[274] sowie von Hoechst mit Rhône-Poulenc zur Aventis S. A.[275] zählen. Frühere bekannte Gestaltungen waren bzw. sind zB AGFA-GEVAERT, VFW-FOKKER und UNILEVER[276].

Als Ersatzkonstruktion wird zB die **Liquidationslösung** vorgeschlagen, also 167
die Erreichung des wirtschaftlichen Zwecks der Verschmelzung mittels Einbringung des gesamten Betriebsvermögens (oder der Gesellschaftsanteile) in eine neue Gesellschaft unter Übernahme sämtlicher Verbindlichkeiten durch Einzelübertragung und anschließender Liquidation der vermögensübertragenden Gesellschaften[277]. Problematisch kann hier sein, daß die Schuldübernahme die Zustimmung aller Gläubiger erfordert. Zudem kann die Liquidation zur Aufdeckung der stillen Reserven führen[278]. Oder man muß sich mit dem Fortbestand der **Holding-Konstruktion** abfinden[279]. Dann kann nach außen hin der Eindruck einer

---

[270] Dazu *Lutter*, Europäisches Unternehmensrecht, S. 69 bis 71 und insbes. zur Frage der Steuerneutralität der grenzüberschreitenden Verschmelzung.

[271] *Habersack* Rn 392 bis 402 mwN.

[272] Zu dem Vorschlag einer zehnten gesellschaftsrechtlichen Richtlinie über die grenzüberschreitende Verschmelzung vom H 8. 1. 1985 und das Problem der Mitbestimmung *Lutter,* Europäisches Unternehmensrecht, S. 257 bis 268 mwN; *Habersack* Rn 60 bis 62.

[273] *Staudinger/Großfeld* (1998) IntGesR Rn 701. Siehe dazu eingehend § 17 Rn 320ff.

[274] *Baums*, Verschmelzung mit Hilfe von Tochtergesellschaften, FS Zöllner, 1998, Bd. 1, S. 65.; *ders.*, Corporate Contracting around defective Regulations: The Daimler-Chrysler Case, JITE 155 (1999) 119; *Hoffmann* NZG 1999, 1077, 1082 f., *Feuring* in Schmidt/Riegger S. 153; *Rodewig* in Schmidt/Riegger S. 167.

[275] Dazu *Hoffmann* NZG 1999, 1077.

[276] Zu diesen drei Gestaltungen vgl. *Lutter*, Gutachten H zum 48. Deutschen Juristentag, 1970, S. H 50 ff.

[277] *Kallmeyer*, Das neue Umwandlungsgesetz, ZIP 1994, 1746, 1752 f.; *Hoffmann* NZG 1999, 1077, 1080 f.

[278] *Hoffmann* NZG 1999, 1077, 1080.

[279] *Kallmeyer* (Fn 277) ZIP 1994, 1746, 1753.

grenzüberschreitenden Fusion erweckt werden, tatsächlich entsteht aber ein Unterordnungskonzern[280].

VII. Bedeutung eines gesetzlichen oder auf freiwilliger Selbstkontrolle beruhenden Übernahmerechts

168 Der Schutz der Minderheitsaktionäre durch eine Konzernbildungskontrolle war im deutschen Recht bislang unterentwickelt[281]. Viele ausländische Rechtsordnungen bestimmen hingegen bei Vorliegen gewisser Voraussetzungen eine Pflicht zur Abgabe eines **öffentlichen Übernahmeangebots**, die auf gesetzlicher Grundlage oder (wie zur Zeit in Deutschland) auf einem freiwilligen Verhaltenskodex der beteiligten Wirtschaftskreise beruht[282]. Aus den verschiedenen Übernahmeregelungen können Melde- und Offenlegungspflichten, das Pflichtangebot, das Gebot der Gleichbehandlung der Aktionäre und Neutralitätspflichten der Verwaltungsorgane folgen. Auf die stark umstrittene kollisionsrechtliche Anknüpfung von öffentlichen Übernahmeangeboten[283] kann nachfolgend nur knapp eingegangen werden.

169 Für öffentliche Übernahmeangebote bestehen unterschiedliche kollisionsrechtliche Anknüpfungspunkte. Die aus der Treupflicht abgeleitete Pflicht zur Abgabe eines Übernahmeangebots ist gesellschaftsrechtlich zu qualifizieren. Ebenso unterfallen etwa die Verhaltenspflichten der Verwaltungsmitglieder (zB Neutralitätspflicht des Vorstands) dem **Gesellschaftsstatut**.

170 Die zivilrechtliche Wirksamkeit des Angebots auf Zeichnung von Aktien richtet sich dagegen nach dem **Vertragsstatut**. Fehlt es an einer – nach deutschem internationalen Privatrecht zulässigen[284] – Rechtswahl, dann erfolgt die objektive Anknüpfung[285] über den Hauptbörsenplatz der Zielgesellschaft, weil „der Markt in seiner Gesamtheit" Adressat des Übernahmeangebots ist[286].

171 Ordnungsrechtliche Regelungen unterliegen dem Recht am Ort des Aufsichtsorgans[287].

172 Ggf. wird also im Zielland ein öffentliches Übernahmeangebot erforderlich. Selbst wenn die entsprechende gesetzliche Regelung einen ausländischen Übernehmer nicht binden sollte, bleibt zu erwägen, ob eine **freiwillige Befolgung** unter Abwägung aller, auch politischer Umstände nicht empfehlenswert erscheint.

---

[280] *Hoffmann* NZG 1999, 1077, 1078.
[281] *Hopt* HGB 2. Teil Handelsrechtliche Nebengesetze VI. (18) Übernahmekodex Einl. Rn 1. Zu dem künftigen Übernahmerecht siehe Band 2.
[282] Einen Länderüberblick Europa und USA bietet *Zinser*, Unternehmensübernahmen in Europa und den USA, RIW 1999, 844 bis 850 mwN.
[283] Näheres *Dürig*, Kollisionsrechtliche Anknüpfung bei öffentlichen Übernahmeangeboten, RIW 1999, 746; *Assmann* in Großkomm. AktG Einl. Rn 712 bis 724.
[284] Art. 27 EGBGB. Dazu Rn 22 ff.
[285] Art. 28 Abs. 5 EGBGB.
[286] Str., *Kindler* in MünchKomm. BGB IntGesR Rn 469 mwN.
[287] *Kindler* in MünchKomm. BGB IntGesR Rn 471.

D. Rahmenbedingungen im Land der Zielgesellschaft

I. Rechtskreis

Auch das Recht hat sich historisch entwickelt. Dabei haben sich über die Jahrhunderte in den unterschiedlichen geographischen Räumen und den sie bewohnenden Nationen unterschiedliche nationale **Rechtssysteme** gebildet, die aber doch auf die verschiedenste Weise einander beeinflußten und auch zusammenwuchsen. Heute spricht man in diesem Zusammenhang von Rechtskreisen, Rechtsfamilien oder Rechtssystemen, wobei diese Begriffe weitgehend synonym gebraucht werden[288].

Diese Entwicklung ist keineswegs nur von historischem oder sonst wissenschaftlichem Interesse, sondern hat durchaus praktische Bedeutung. Innerhalb eines Rechtskreises trifft man aufgrund der gemeinsamen Entwicklung nämlich sehr viel mehr einander gleichende oder vergleichbare rechtliche Institute und Regelungen an, als bei Rechtsordnungen, die zu verschiedenen Rechtskreisen gehören. Deshalb lohnt eine kurze Betrachtung hierzu. Ein maßgebliches Standardwerk[289] gibt folgende **Haupt-Einteilung**:

1. Die römisch-germanische Rechtsfamilie

Sie wurzelt, wie der Name besagt, in dem prägenden Rechtssystem des römischen Reichs, das in einem jahrhundertelangen Prozeß unter Einbeziehung germanischen rechtlichen Gedankenguts in die großen Kodifikationen des europäischen Kontinents mündete, zu denen das Bürgerliche Gesetzbuch (BGB) in Deutschland, das AGB in Österreich, der Code Napoléon und später der Code Civil (CC) in Frankreich und der Codice Civile in Italien gehören[290]. Ein Hauptmerkmal ist die grundsätzliche Niederlegung des Rechts in Gesetzen und Verordnungen, eben in Kodifikationen. Natürlich wird auch dieses ergänzt durch die Rechtsprechung. Im Mittelpunkt steht hier jedoch das **Gesetzesrecht ("statutory law")**.

Dieser auf dem ius civile des Römischen Rechts beruhende Rechtskreis wird – insbes. aus der Sicht des anderen großen, europäisch begründeten Rechtssystems (nachfolgend 2.) – auch als **"civil law"** bezeichnet.

2. Der anglo-amerikanische Rechtskreis

Ausgangspunkt ist hier die angelsächsische Rechtsentwicklung in England. Sie ist unter anderem gekennzeichnet durch die Maßgeblichkeit der Spruchpraxis der Richter und Gerichte. Das Rechtssystem stellt sich dar in einem über die Jahrhunderte immer dichter gewachsenen Geflecht von am Einzelfall entwickelten Re-

---

[288] Vgl. zB *Neumayer* in David/Grassmann S. 46 Rn 22ff. und S. 50 Rn 23ff.
[289] *David/Grassmann*.
[290] Diese Rechtsfamilie umfaßt also auch den sog. romanischen Rechtskreis, siehe etwa oben Rn 97.

geln, es ist ein **Fallrecht** („**case law**"). Diese Rechtsfamilie umfaßt heute vor allem auch die USA und andere englischsprachige Staaten.

178 Sozusagen entgegengesetzt zur Entwicklung im römisch-germanischen Rechtskreis wird heute das den Ausgangspunkt bildende Richterrecht mehr und mehr durch Gesetze, „statutes", ergänzt oder ersetzt. Für diese Rechtsfamilie ist auch der Begriff **Common Law** gebräuchlich.

179 Wegen des – durch die Investment-Banken vermittelten – Einflusses anglo-amerikanischer Rechtsanwaltskanzleien auf das Unternehmensübernahme-Geschäft spielt das anglo-amerikanische Rechtssystem heute auf diesem Gebiet weltweit eine prägende Rolle, auch bei Verträgen zwischen Beteiligten aus Ländern außerhalb dieses Rechtskreises[291].

3. Die Rechtsordnungen des Fernen Ostens, Indiens, des Islam, Afrikas und Madagaskars

180 Während die beiden vorstehend skizzierten Rechtskreise, wenn auch mit Untergruppen, jeweils weitverbreitete Systeme sind, handelt es sich bei dieser dritten Gruppe erkennbar um eine Zusammenfassung verschiedener Rechtskreise, die untereinander sehr unterschiedlich sind, teilweise ebenfalls weite Verbreitung haben, sich aber auch im **Wandel** befinden. So waren Länder des britischen Empire, wie Indien, über längere Zeiträume Teil der Common Law-Familie und emanzipieren sich nun zunehmend. Umgekehrt wird die chinesische Rechtstradition nach dem totalen Bruch während der Kulturrevolution jetzt durch Neuregelungen ergänzt und ersetzt, die sich an westlichen Rechtsordnungen orientieren.

4. Die sozialistischen Rechtsordnungen

181 Schließlich sei der Vollständigkeit halber diese Gruppe genannt, wiewohl schon früh die Frage gestellt wurde, ob es sich hier um einen geschlossenen Rechtskreis handelt[292]. Heute sind die Rechtsordnungen der ehemals sozialistischen Staaten in so schneller **Entwicklung**, daß hier eine weitere Vertiefung nicht möglich ist.

5. Zusammenfassung

182 Zusammenfassend ist für einen Investor bedeutsam, daß er im römisch-germanischen Rechtskreis viel Vertrautes wiederfindet, während er sich bei Unternehmensübernahmen im anglo-amerikanischen Rechtskreis mit der sehr stark abweichenden Rechtskultur vertraut machen muß, auf die an anderer Stelle im einzelnen einzugehen ist[293]. Noch fremder sind die weiteren Rechtsordnungen, so auch die oben genannte[294] islamische der Scharia, so daß unter diesem Aspekt ein weiterer **Risikofaktor** in Rechnung gestellt werden muß.

---

[291] Siehe Rn 27 und Fn 48.
[292] *Westen* in David/Grassmann S. 226, Rn 122.
[293] Siehe § 36.
[294] Siehe Rn 145.

Auch soweit durch eine Rechtswahlklausel ein anderes Recht als das des Ziellandes vereinbart wird und wirksam vereinbart werden kann[295], bleibt zu beachten, daß die Partner aus dem Zielland einer anderen **Rechtskultur** entstammen und von ihr geprägt sind. Auch hier wird der Berater aus dem Zielland für den Investor ein unentbehrlicher Helfer sein. 183

II. Investitionsschutz

1. Investitionsschutzabkommen

Zu den relevanten Rahmenbedingungen für Unternehmensübernahmen im Ausland gehört die Existenz von Investitionsschutzabkommen. Dies ist nicht zuletzt deshalb der Fall, weil von deren Existenz die Gewährung von **Investitionsgarantien** des Bundes abhängen kann[296]. 184

Investitionsschutzabkommen treffen Regelungen im Hinblick auf die **politischen Risiken**, die sich einem deutschen Unternehmen insbes. bei Auslandsinvestitionen in Entwicklungsländern stellen. Zu den „klassischen" Investitionsrisiken gehören Enteignung (drohend zB in Simbabwe) und enteignungsgleiche Eingriffe, Krieg bzw. Bürgerkrieg und Kapitalverkehrskontrollen (zB Malaysia) oder ein Zahlungsmoratorium (zB Rußland)[297]. 185

Der internationale Investitionsschutz wird vor allem durch **bilaterale völkerrechtliche Abkommen** (weltweit mehr als 1500 Investitionsschutzverträge)[298] gewährleistet. Die Bundesrepublik Deutschland hat derzeit ca. 120 solcher Investitionsförderungs- und Schutzverträge unterzeichnet. Dagegen sind mehrere Anläufe zu einem umfassenden multilateralen Abkommen über Auslandsinvestitionen gescheitert[299]. 186

2. Investitionsgarantien

Der Bund übernimmt bei **Direktinvestitionen** im Ausland nur eine Deckung gegen politische Risiken wie zB Enteignung, Aufruhr oder Konvertierungszwänge, nicht aber gegen rein wirtschaftliche Risiken. Für eine Absicherung solcher politischen Risiken einer grenzüberschreitenden Unternehmensübernahme kann sich der deutsche Investor oder seine finanzierende Bank an die PwC Deutsche Revision Aktiengesellschaft Wirtschaftsprüfungsgesellschaft[300] wenden, die vom Bund mit der Abwicklung der **Investitionsgarantien des Bundes** beauftragt ist[301]. Durch die Investitionsgarantien können allerdings nur Beteiligungsrechte und die zur Finanzierung des Unternehmenserwerbs erforderlichen Darlehen abgesichert werden. Eine Sachabsicherung wird dagegen nicht über- 187

---

[295] Im Rechtskreis der Scharia zB nur beschränkt zulässig, siehe Fn 39.
[296] Siehe Rn 187.
[297] *Karl* ZVglRWiss 99 (2000) 143, 153.
[298] *Karl* ZVglRWiss 99 (2000) 143, 153.
[299] *Karl* ZVglRWiss 99 (2000) 143.
[300] New-York-Ring 13, 22297 Hamburg.
[301] Als Konsortialpartner der Hermes-Kreditversicherungs-AG.

nommen. Werden zB Sachmittel als Sacheinlage in ein ausländisches Unternehmen eingebracht, so kann über die Investitionsgarantien des Bundes nur das Beteiligungsrecht abgesichert werden, niemals die eingebrachte Sache. Es gelten folgende Voraussetzung für die Übernahme der Garantie:
- Investor muß ein Unternehmen mit Sitz in Deutschland sein, welches ausreichendes Know-how und Mittel für eine entsprechende Auslandsinvestition mitbringt;
- die Investition muß unter Berücksichtigung der Auswirkungen im Zielland und der Rückwirkungen in Deutschland förderungswürdig sein;
- schließlich muß ausreichender Rechtsschutz für das Investitionsvorhaben in dem Zielland gewährleistet sein, was zB zu bejahen ist, wenn ein Investitionsschutzabkommen besteht. Mit anderen Ländern, wie etwa Brasilien, ist zwar kein Investitionsschutzabkommen abgeschlossen worden, doch wird eine Deckung der Investitionsrisiken dennoch aufgrund des funktionsfähigen Rechtssystems Brasiliens übernommen.

Lediglich hingewiesen sei darauf, daß auch andere Länder ihren Unternehmen vergleichbare Investitionsgarantien anbieten.

188 Schutz bietet auch die mit der Weltbank assoziierte **Multilaterale Investitions-Garantie-Agentur** (MIGA), die eine Vielzahl von Investitionen gegen nicht-kommerzielle Risiken, beispielsweise Enteignungs- oder Kriegsrisiken, versichert[302]. Ansprüche gegen den Gaststaat gehen auf die MIGA über[303].

189 Die sog. **Hermes-Deckungen** hingegen bieten eine Absicherung von Risiken deutscher Exporteure und ihrer finanzierenden Banken im Zusammenhang mit der Ausfuhr deutscher Waren. Sie stellen eine Absicherung gegen das Risiko des Forderungsausfalls aus politischen, aber auch aus wirtschaftlichen Gründen dar[304]. Die **Ausfuhrgewährleistungen** des Bundes können neben den Garantien für Direktinvestitionen eine Rolle spielen, wobei eine doppelte Förderung ausscheidet.

3. Diplomatischer Schutz

190 Die Bundesrepublik Deutschland ist berechtigt, **diplomatischen Schutz** auszuüben, wenn deutsche Unternehmen von einem fremden Staat mit schädigenden Handlungen, zB Enteignungen, bedroht werden[305]. Insbes. die Geltendmachung von Wiedergutmachungsleistungen für geschädigte deutsche Staatsbürger stellt eine Form der Ausübung diplomatischen Schutzes dar.

---

[302] *Ebenroth* in MünchKomm. BGB IntGesR Rn 856.
[303] *Staudinger/Großfeld* (1998) IntGesR Rn 1063.
[304] Näheres *Kümpel* Rn 7.258 bis 7.261; Anträge an Hermes Kreditversicherungs-AG, Friedensallee 254, 22763 Hamburg.
[305] *Ebenroth* in MünchKomm. BGB IntGesR Rn 851; *Staudinger/Großfeld* (1998) IntGesR Rn 1051 ff.

4. Stiftungsinitiative der deutschen Wirtschaft

Ein besonderes und für einen Industriestaat ungewöhnliches Investitionsrisiko für deutsche Unternehmen bei Auslandsinvestitionen, insbes. in den USA, durch die Geltendmachung von **Entschädigungsansprüchen ehemaliger Zwangsarbeiter** zur Zeit des Nationalsozialismus vor amerikanischen Gerichten ist mittlerweile weitgehend ausgeschlossen worden[306]. In dieser Frage ist zwar keine hundertprozentige Rechtssicherheit durch den Abschluß eines völkerrechtlichen Abkommens erzielt worden. Es besteht aber nunmehr weitgehende Rechtssicherheit für deutsche Unternehmen in den USA aufgrund der Abgabe eines „statement of interest" seitens der US-amerikanischen Regierung nach Errichtung einer Stiftung zur Entschädigung von NS-Zwangsarbeitern[307], wonach es im „hohen und andauernden Interesse der USA" liegt, daß Entschädigungsklagen von den Gerichten in den USA abgewiesen werden. Damit hat die US-amerikanische Regierung den außenpolitischen Charakter der Entschädigungs- und Reparationsfrage unterstrichen, so daß solche Klagen nach der sog. „political question doctrine", einer Ausprägung des Gewaltenteilungsgrundsatzes im US-amerikanischen Verfassungsrecht, bereits als unzulässig abzuweisen sein müßten.

III. Doppelbesteuerungsabkommen[308]

Der Investitionsentscheidung sollten Überlegungen zur grenzüberschreitenden Steuerplanung vorausgehen. Das Bestehen oder Nichtbestehen eines Doppelbesteuerungsabkommens (**DBA**) gehört zu den maßgeblichen Entscheidungsfaktoren[309]. Das Netzwerk solcher DBA nimmt ständig zu. Deutschland hat z. Zt. rund 75 solcher Abkommen allein auf dem Gebiet der Steuern vom Einkommen und vom Vermögen geschlossen[310], vielfach auf der Grundlage des sog. OECD-Musterabkommens[311]. Einige weitere Abkommen bestehen auf den Gebieten Erbschaft- und Schenkungsteuern sowie für Schiffahrt- und Luftfahrt-Unternehmen.

Fehlt ein DBA zwischen Deutschland und dem Heimatstaat der Zielgesellschaft, dann wird eine Doppelbesteuerung nur durch die einseitigen nationalen Vorschriften des deutschen **Außensteuerrechts**, nämlich durch Anrechnung der Steuerbelastung im Ausland auf die im Inland erhobene Steuer, verhindert. Das Außensteuerrecht kann ausländische Sachverhalte aber nur generalisierend behan-

---

[306] Zu den Entschädigungsfragen *Heß*, Entschädigung für NS-Zwangsarbeit vor US-amerikanischen und deutschen Zivilgerichten, AG 1999, 145; *Safferling*, Zwangsarbeit vor US-amerikanischen Gerichten, NJW 2000, 1922; *Doehring*, Zwangsarbeit und Reparationen AG 2000, 69.
[307] Gesetz zur Errichtung einer Stiftung „Erinnerung, Verantwortung, Zukunft", BGBl. 2000 I S. 1263 bis 1269.
[308] Siehe hierzu auch § 26 Rn 36, 365 ff.
[309] *Jakobs*, Internationale Unternehmensbesteuerung, 4. Aufl. 1999, S. 706 ff.
[310] Zum Stand der DBA am 1. 1. 2000 vgl. BStBl. I S. 37, abgedruckt bei *Debatin/Wassermeyer*, Doppelbesteuerung, Kommentar, Bd. I, Übersichten.
[311] Vgl. hierzu *Debatin* in Debatin/Wassermeyer, Doppelbesteuerung, Kommentar, Vorb. Syst. Teil I Rn 15 bis 17 sowie ausführlich *Krabbe/Scherer/Wassermeyer* in Debatin/Wassermeyer, Doppelbesteuerung, Kommentar, MA Vor Art. 1 MK 2 bis 41.

deln, ohne auf die Besonderheiten des Wirtschaftsverkehrs mit bestimmten Ländern gezielt eingehen zu können[312].

IV. Visa/Aufenthaltserlaubnis

194 Der einer Erwerbstätigkeit dienende Aufenthalt eines deutschen Staatsbürgers im Ausland bedarf häufig für die Einreise und den Aufenthalt einer Aufenthaltsgenehmigung. Diese Aufenthaltsgenehmigung ist regelmäßig vor der Einreise in Form eines Sichtvermerks (Visum) bei der Auslandsvertretung des Ziellandes einzuholen. In den EG-Mitgliedsstaaten sind deutsche Staatsangehörige von der Visumpflicht befreit, nicht aber deren Angehörige aus Drittstaaten[313].

V. Arbeitserlaubnis

195 Regelmäßig muß für Ausländer eine **Arbeitserlaubnis** eingeholt werden. Auch die Arbeitserlaubnis kann in einigen Ländern nur außerhalb des Ziellandes beantragt werden. In EG-Mitgliedsstaaten jedoch ist für Deutsche eine Arbeitserlaubnis nicht erforderlich. In vielen Ländern ist es möglich, für Manager oder Spezialisten eine Arbeitserlaubnis zu erlangen, während für weniger qualifizierte Arbeitskräfte der Grundsatz gilt, daß ausreichend qualifizierte Einheimische vorrangig einzustellen sind oder zumindest durch die ausländische Arbeitskraft nicht verdrängt werden dürfen. Teilweise gibt es auch Quotenregelungen. Auch eine etwa bestehende **Sozialversicherungspflicht** ist zu beachten.

---

[312] *Jakobs,* Internationale Unternehmensbesteuerung, 4. Aufl. 1999, S. 35.
[313] Ein Länderüberblick für Europa findet sich in *Ellis/Storm*, Business Law in Europe: Legal, tax and labour aspects of business operations in the EEC and Switzerland, Stand: Februar 1999; etwas veraltet, aber mit einem weltweiten Länderüberblick: KMG, Doing Business Abroad, 1985.

§ 36 USA

Übersicht

	Rn
A. Einleitung	1
I. Investitionsklima in den USA	1
II. Unternehmensübernahmen in den USA	4
B. Wirtschaftliche Betätigung von Ausländern	7
I. Exon-Florio Gesetzgebung	8
II. Mitteilungs- und Publizitätspflichten	10
C. Rechtsformen wirtschaftlicher Betätigung	13
I. Allgemeines	13
II. Gesellschaftsformen	15
1. Sole Proprietorship (Einzelunternehmen)	15
2. Partnership (Personengesellschaft/Gesellschaft bürgerlichen Rechts)	16
a) General Partnership (Offene Handelsgesellschaft)	17
b) Limited Partnership (Kommanditgesellschaft)	19
3. Corporation (Kapitalgesellschaft)	23
4. Mischform: Limited Liability Company	27
5. Ausscheiden von Gesellschaftern	28
D. Rechtliche Gestaltung von Unternehmensübernahmen	31
I. Share Deal	32
II. Asset Deal	36
III. „Merger"	39
E. Due Diligence	44
I. Rechtsverhältnisse/Vertretungsmacht	45
II. Unbewegliches Vermögen	46
III. Bewegliches Vermögen	47
IV. Arbeitnehmer	49
V. Gewerbliche Schutzrechte	54
F. Gesetzliches Übernahmerecht – Wertpapierrechtliche Regelungen	55
I. Erwerb mittels Emission von Wertpapieren	56
II. „Proxy Statements"	57
III. Regeln für Übernahmeangebote an die Aktionäre („Tender Offers")	59
IV. Anmeldung von Anteilserwerb	63
G. Kartellrechtliche Erwägungen – Hart-Scott-Rodino Act	64
H. Finanzierung von Unternehmensübernahmen	68
I. Finanzierung in den USA	68
1. Kurzfristige Finanzierung	69

	Rn
2. Mittel- und langfristige Finanzierung	72
3. Eigenfinanzierung	73
II. Leveraged Buy-Out (LBO)	75

A. Einleitung

I. Investitionsklima in den USA

1 Die USA sind der wichtigste außereuropäische Handels- und Investitionspartner Deutschlands. Die sehr gut entwickelte Infrastruktur sowie die Mobilität der Arbeitskräfte nahezu jeder Qualifikation erlauben es dem ausländischen Investor, den US-amerikanischen Standort nach operativen Gesichtspunkten zu wählen. Zudem schaffen viele Einzelstaaten durch Steuererleichterungen, direkte Zuwendungen und sonstige Wirtschaftsförderungsmaßnahmen ein **attraktives Investitionsklima**.

2 Die hochentwickelten **Aktien- und Kapitalmärkte** gewährleisten die für eine Unternehmensübernahme notwendige Transparenz im Hinblick auf die Unternehmensbewertung sowie den Zugang zu Kapital, falls eine Finanzierung des Erwerbs im amerikanischem Markt angestrebt wird.

3 Das Recht der USA basiert auf dem angelsächsischen Common Law. Erheblich stärker als in der Bundesrepublik Deutschland ist Gesetz- und Regelungskompetenz im föderalen System bei den Einzelstaaten verblieben. Der ausländische Investor ist daher in nahezu allen Bereichen der wirtschaftlichen Betätigung sowohl **bundes-** als auch **einzelstaatlicher Gesetzgebung** und Exekutive ausgesetzt.

II. Unternehmensübernahmen in den USA

4 In den USA gibt es, wie in anderen Rechtsordnungen auch, im wesentlichen drei Möglichkeiten, ein Unternehmen oder Unternehmensteile zu übernehmen, nämlich durch
– Erwerb der Anteile des Zielunternehmens (Share Deal),
– Erwerb von Betriebsvermögen (Asset Deal) oder
– Verschmelzung mit dem Zielunternehmen („merger").

5 Diese drei Formen der Unternehmensübernahme können auch **miteinander kombiniert** werden[1].

6 Die Entscheidung über die Strukturierung einer Unternehmensübernahme erfordert Kenntnis der **verschiedenen Gesellschaftsformen** in den USA[2]. Bei Übernahmen von Publikumsgesellschaften sind weitere Besonderheiten zu beachten[3].

---

[1] Zu den einzelnen Erscheinungsformen siehe Rn 31 ff.
[2] Siehe Rn 13 ff.
[3] Siehe Rn 55 ff.

B. Wirtschaftliche Betätigung von Ausländern

Entsprechend der wirtschaftsliberalen Tradition der USA unterliegen ausländische Investoren bei ihrer wirtschaftlichen Betätigung grundsätzlich den **gleichen Regelungen** wie inländische. Allerdings sind einige Besonderheiten zu beachten.

I. Exon-Florio Gesetzgebung

Die Bestimmungen des Exon-Florio Amendment zum Omnibus Trade and Competitiveness Act of 1988, der als Teil des Defense Production Act of 1950 kodifiziert worden ist[4], ermächtigen den US-Präsidenten, eine Verschmelzung, eine Übernahme oder ein Übernahmeangebot unter Beteiligung von Ausländern zu untersagen, wenn dies zu einer ausländischen Kontrolle über ein US-Wirtschaftsunternehmen führt und die nationale Sicherheit der USA dadurch berührt ist. Die **Ermächtigung** umfaßt das Recht, eine Transaktion vorläufig zu untersagen, vollständig zu verbieten oder, wenn sie ohne Freigabe abgeschlossen wurde, deren Rückabwicklung anzuordnen.

Fällt eine Transaktion unter das Exon-Florio Amendment, ist sie beim Committee on Foreign Investments in the United States (CFIUS) anzumelden. Materiell-rechtlich wird es vor allem darauf ankommen, ob die Transaktion negative Auswirkungen auf die nationale Sicherheit der USA hat. Dies bedarf eingehender Prüfung im Einzelfall. Ggf. ist eine rein vorsorgliche Anmeldung zu erwägen.

II. Mitteilungs- und Publizitätspflichten

Nach Eintritt in den US-Markt unterliegen ausländische Investoren **fortlaufenden Meldepflichten**.

Hat ein ausländischer Investor ein US-Unternehmen erworben oder gegründet, muß innerhalb von 45 Tagen nach Vollendung des Erwerbs oder Errichtung des Unternehmens beim Department of Commerce – dem Handelsministerium – Form BE-13 **Initial Investment Report** eingereicht werden. Diese Verpflichtung besteht auch bei indirektem Erwerb über ein US-Tochterunternehmen von mindestens 10% an einem US-Unternehmen. Eine Ausnahme gilt für den Erwerb kleinerer Zielunternehmen mit einem Gesamtvermögen von bis zu 3 Mio. US-$, es sei denn, das Unternehmen hat umfangreichen Grundbesitz. Für Unternehmen, die dieser Ausnahmeregelung unterliegen, ist Form BE-13C einzureichen, ein gegenüber Form BE-13 weniger umfangreiches Berichtsformular.

Im Anschluß an diesen ersten Bericht unterliegen ausländische Investoren und US-Unternehmen mit ausländischen Beteiligungen weiteren Mitteilungspflichten (**Vierteljahresberichte**: Form BE-605 bzw. bei Banken Form BE-605 Bank und **Jahresberichte**: Form BE-15 (LF) bzw. Form BE-15 (SF).

---

[4] 50 U. S. C. app § 2170.

C. Rechtsformen wirtschaftlicher Betätigung

I. Allgemeines

13   Auch in den USA stehen für eine wirtschaftliche Betätigung verschiedene **Rechtsformen** zur Verfügung, nämlich das Einzelunternehmen (Sole Proprietorship), die Personengesellschaft (Partnership), die Körperschaft (Corporation) und die Mischform einer Gesellschaft mit beschränkter Haftung, die steuerlich wie eine Personengesellschaft behandelt wird (Limited Liability Company). Damit ist auch der Rahmen infrage kommender Zielunternehmen und etwaiger Akquisitionsvehikel angesprochen.

14   Das Gesellschaftsrecht unterliegt der Gesetzgebungskompetenz der Einzelstaaten, weicht also zT erheblich von Staat zu Staat ab, obwohl es in Form sog. Uniform Acts Harmonisierungsbestrebungen gibt. Häufig wird als Rechtssitz ein Staat gewählt (zB Delaware), der größtmögliche gesellschaftsrechtliche Flexibilität bietet. Der **Geschäftssitz** kann von der Wahl des **Gründungsstaates** abweichen. So sind die meisten US-Großunternehmen nach dem Recht Delawares gegründet, haben ihre Geschäftsleitung aber in den Wirtschaftszentren der Ostküste, Kaliforniens oder des Mittleren Westens.

II. Gesellschaftsformen

1. Sole Proprietorship (Einzelunternehmen)

15   Die rechtlichen Grundlagen entsprechen weitgehend der deutschen Rechtslage. Dem Einzelunternehmer steht der volle unternehmerische Gewinn zu. Er übernimmt aber auch das volle Verlustrisiko bei persönlicher Haftung.

2. Partnership (Personengesellschaft/Gesellschaft bürgerlichen Rechts)

16   Es gibt grundsätzlich zwei Formen von Personengesellschaften, die General Partnership und Limited Partnership.

17   **a) General Partnership (Offene Handelsgesellschaft).** Die General Partnership (Offene Handelsgesellschaft) ist definiert als ein „**Zusammenschluß** von zwei oder mehreren Personen, die als Miteigentümer einen auf **Gewinnerzielung gerichteten** Betrieb zu führen" beabsichtigen[5]. Es bedarf keiner formellen Eintragung, um eine Partnership zu errichten. Es genügt vielmehr, daß das Unternehmen in der genannten Art und Weise betrieben wird, wenngleich die Rechte und Pflichten der Gesellschafter idR vertraglich fixiert werden.

18   Die **Charakteristika** einer General Partnership entsprechen weitgehend denen der deutschen OHG: Persönliche Haftung und Geschäftsführungsbefugnis der Gesellschafter sowie steuerliche Transparenz. Gesellschaftszweck muß nicht ein Handelsgewerbe sein.

---

[5] § 6 des Uniform Partnership Act.

b) Limited Partnership (Kommanditgesellschaft). Diese Gesellschafts- **19**
form läßt sich mit der deutschen Kommanditgesellschaft vergleichen. Für ihre
Gründung sind einige formale Voraussetzungen zu erfüllen. Für die **Errichtung**
der Limited Partnership ist ein Antrag beim Innenminister des jeweiligen Bundesstaates erforderlich. Während die „general partners" für die Verbindlichkeiten
der Gesellschaft persönlich haften, ist die **Haftung** der „limited partners", Kommanditisten ähnlich, auf den Betrag beschränkt, den sie in die Gesellschaft einbringen.

Als Korrelat der unbeschränkten Haftung hat der „limited partner" **keinen** **20**
Einfluß auf die Geschäftsführung. Anderenfalls droht die Gefahr der konstruktiven Haftung als „general partner" und des Verlusts der Haftungsbeschränkung. Es existieren allerdings Ausnahmen. So kann ein „limited partner" etwa an
Abstimmungen über Grundlagenentscheidungen teilnehmen, zB über die Auflösung der Gesellschaft.

Limited Partnerships und General Partnerships sind jeweils steuerlich transparent, d. h. die **Besteuerung** findet nicht auf Ebene der Partnership, sondern der **21**
Gesellschafter statt.

Auch in den USA kann der Komplementär der Limited Partnership eine Corporation sein, so daß – wie bei der deutschen GmbH & Co. KG – steuerliche **22**
Transparenz bei gleichzeitiger Beschränkung der persönlichen Haftung erzielt
werden kann.

3. Corporation (Kapitalgesellschaft)

Als **Standard-Rechtsform** bietet die Corporation den Vorteil der rechtlichen **23**
Selbständigkeit als juristische Person. Daher ist auch die Haftung für die Verbindlichkeiten der Kapitalgesellschaft grundsätzlich auf diese selbst beschränkt. Weitere
Konsequenz ist die getrennte Besteuerung auf Gesellschafts- und Gesellschafterebene. Außerdem ist die zentrale, von den Anteilseignern getrennte Geschäftsführung oft ein attraktiver Gesichtspunkt. Eine Unterscheidung wie zwischen GmbH
und AG gibt es in den USA nicht.

Die **Rechte an der Kapitalgesellschaft** sind in Anteile („shares") aufgeteilt. **24**
Die Anteilseignerschaft ist frei übertragbar. Ähnlich der deutschen Rechtslage
üben die Anteilseigner ihre Rechte iRd. „shareholder meetings" (Hauptversammlung) aus.

In der **inneren Struktur** einer Kapitalgesellschaft gibt es keine Trennung von **25**
Aufsichtsrat und Vorstand. Wichtigstes Organ (neben der Gesellschafterversammlung), ist der Board of Directors, dem sowohl Funktionen zukommen, die in
Deutschland der Vorstand erfüllt, als auch solche, die dem Aufsichtsrat zufallen
(„one tier system"). Die laufende Geschäftsführung obliegt (oft in Personalunion
mit der Funktion als „director") den leitenden Angestellten („officers").

Jedoch hat die Rechtsform der Kapitalgesellschaft den prinzipiellen Nachteil **26**
der **zweifachen Besteuerung** von Gewinnen auf Gesellschafts- und Gesellschafterebene (Dividende). Hier können mögliche negative Effekte – insbes. für den
ausländischen Investor – durch Steueroptimierungsstrukturen unter Nutzung von
Doppelbesteuerungsabkommen reduziert werden.

4. Mischform: Limited Liability Company

27 Die Limited Liability Company, LLC (Gesellschaft mit beschränkter Haftung) ist eine Mischform, die einige US-Bundesstaaten zur Verfügung stellen (zB New York und Delaware). Die LLC-Gesellschafter haften beschränkt, werden steuerlich aber wie Personengesellschafter behandelt. Diese **neue Form** erfreut sich zunehmender Beliebtheit bei Ausländern, weil andere steuerliche Sonderformen, wie die Subchapter S-Corporation idR Ausländern nicht zugänglich sind. Im wesentlichen wird die LLC wie eine normale Personengesellschaft besteuert (keine zweistufige Besteuerung), solange sie überwiegend personengesellschaftsrechtliche Kriterien aufweist. Darüber hinaus ist es der LLC gestattet, die Art ihrer Besteuerung zu wählen. Nach diesen Bestimmungen können die Gesellschafter auf einem Formular ankreuzen (man spricht daher auch von „check-the-box"-Bestimmungen), ob sie die LLC steuerrechtlich als Corporation oder als Partnership eingeordnet sehen wollen.

5. Ausscheiden von Gesellschaftern

28 Eine **General Partnership** wird **aufgelöst**, wenn ein „general partner" stirbt oder aus der Gesellschaft austritt. Diese Regelung ist dispositiv, d. h. die Gesellschafter können eine andere Regelung, zB Nachfolgeklauseln, im Gesellschaftsvertrag treffen.

29 Eine **Limited Partnership** ähnelt insofern einer Körperschaft, als Tod oder Austritt eines Kommanditisten **nicht** unbedingt zur **Auflösung** der Gesellschaft führen.

30 Anteile an einer Personengesellschaft sind idR **nicht** ohne Zustimmung der anderen Gesellschafter **übertragbar**.

D. Rechtliche Gestaltung von Unternehmensübernahmen

31 Wie bereits erwähnt[6] gibt es in den USA im wesentlichen drei Möglichkeiten, ein US-amerikanisches Unternehmen zu übernehmen, nämlich den Share Deal, den Asset Deal oder den „merger".

I. Share Deal

32 Der **Erwerb von Anteilen** ist rechtlich relativ unkompliziert und die wohl gebräuchlichste Vorgehensweise, wenn auf Verkäuferseite eine einzelne Person steht oder eine Personenmehrheit, die gemeinsam verkaufsbereit sind.

33 Hat das Zielunternehmen als Publikumsgesellschaft eine Vielzahl von Gesellschaftern, ist es praktisch unmöglich, 100% seiner Anteile rechtsgeschäftlich zu erwerben. Selbst bei den attraktivsten Transaktionen werden sich Anteilseigner finden, die das Übernahmeangebot nicht verstehen, nicht davon erfahren oder es

---

[6] Siehe Rn 4.

ignorieren. Daher wird bei einer Publikumsgesellschaft der **Share Deal** gewöhnlich **mit einem „merger" kombiniert**: Zuerst versucht der Käufer, so viele Anteile wie möglich zu erwerben[7] („tender offers"). Hat er mehr als 90% aller Anteile an der Zielgesellschaft erworben, kann er die verbleibenden Gesellschafter der Zielgesellschaft im Wege eines „short form merger" aus der Gesellschaft ausschließen, ohne daß es einer Abstimmung über den „merger" bedarf. Werden über den „tender offer" weniger als 90% der Anteile erworben, muß der „merger" den Gesellschaftern zur Abstimmung vorgelegt werden. Gesellschafter, die entweder aufgrund des „short form merger" ausgeschlossen sind oder überstimmt wurden, erhalten im Zuge der Verschmelzung dieselbe Gegenleistung, die sie erhalten hätten, wenn sie ihre Aktien vorher zum Kauf angeboten hätten. Aktionäre, die der Verschmelzung nicht zustimmen, können jedoch die Bewertung ihrer Gesellschaftsanteile gerichtlich überprüfen lassen und verlangen, daß sie den gerichtlich festgestellten Wert ihrer Anteile in bar ausgezahlt bekommen[8].

Beim Kauf aller Anteile übernimmt der Erwerber das Zielunternehmen mit **sämtlichen Aktiva und Passiva**. Umfassende **Freistellung** des Erwerbers von gewissen Verbindlichkeiten (etwa Steuer- oder Produkthaftungsverbindlichkeiten) ist üblich, aber nach Art und Umfang oft Gegenstand langwieriger Verhandlungen. Derartige Regelungen sind bei Publikumsgesellschaften selten, insbes. weil eine Freistellung praktisch nur gewährleistet werden könnte, indem ein Teil des Kaufpreises einstweilen hinterlegt oder seine Zahlung auf andere Art und Weise verzögert wird. Dies schätzen die Aktionäre gemeinhin nicht.

Das US-amerikanische **Wertpapierrecht** enthält detaillierte Bestimmungen für Übernahmeangebote für Publikumsgesellschaften. Wenn es sich um ein Barangebot handelt, gelten die Regeln über „tender offers"[9]. Wenn der Kaufpreis in Aktien oder Schuldverschreibungen entrichtet werden soll, müssen diese Wertpapiere nach dem Securities Act von 1933 registriert werden[10]. Die Registrierung kann zeitraubend sein und unter Umständen dazu führen, daß detaillierte Informationen über das Zielunternehmen und die bevorstehende Transaktion in der Öffentlichkeit bekannt werden, bevor das eigentliche Übernahmeangebot ausgesprochen wird, was den Erfolg der Übernahme in Frage stellen oder zumindest verteuern kann.

II. Asset Deal

Bei einem Asset Deal erwirbt der Käufer das **Vermögen** des Zielunternehmens und übernimmt damit idR auch dessen **Verbindlichkeiten**.

Der entscheidende Vorteil eines Asset Deal liegt auch in den USA darin, daß der Erwerber nicht gezwungen ist, alle Verbindlichkeiten der Zielgesellschaft zu übernehmen. Zudem kann er **bestimmte Vermögensteile auswählen**. Allerdings sind Asset Deals äußerst **komplex** und können deswegen zeit- und kosten-

---

[7] Siehe Rn 59 ff.
[8] Siehe Rn 41.
[9] Siehe Rn 59 ff.
[10] Nähere Einzelheiten siehe Rn 56.

intensiv sein. Immobilien und Mobilien des Zielunternehmen müssen einzeln übertragen werden, bei Immobilien bedarf es eines formellen Übertragungsakts. Gesonderter Übertragung unterliegen auch Arbeitsverhältnisse, Mietverträge etc. Zur Übertragung gewerblicher Schutzrechte, von Forderungen, Kraftfahrzeugen und einiger weiterer Vermögensgegenstände bedarf es der Mitwirkung Dritter, zT auch staatlicher Stellen.

38   Nach den Gesetzen der meisten Bundesstaaten ist für den Verkauf „aller oder im wesentlichen aller" Vermögensgegenstände einer Gesellschaft die Zustimmung der Anteilseigner und des Board of Directors erforderlich. Wenn es sich bei der Zielgesellschaft um eine Publikumsgesellschaft handelt, wird die Zustimmung der Anteilseigner regelmäßig im Wege von Stimmrechtsvollmachten („proxy statements")[11] eingeholt, was eine Anmeldung bei der SEC (Securities and Exchange Commission, amerikanische Börsenkontrollbehörde) 20 Tage vor der Abstimmung erforderlich macht. Die Anmeldung muß detaillierte Angaben über das verkaufte Unternehmen enthalten und ist öffentlich zugänglich. Dies kann Wettbewerber auf den Plan rufen und die Durchführung der Transaktion erschweren. Auch können Anteilseigner gerichtliche Schritte ergreifen, um die Transaktion untersagen zu lassen oder Änderungen in deren Bedingungen zu erwirken. Im Gegensatz zu einer Verschmelzung[12] verlangen die Gesetze der Bundesstaaten hier nicht die Zustimmung der Anteilseigner des Erwerbers. Steuerlich erlaubt der Asset Deal dem Erwerber grundsätzlich die Abschreibung der erworbenen Vermögensgegenstände auf der Grundlage des Kaufpreises („step-up in basis").

III. „Merger"

39   Das Recht der Bundesstaaten bestimmt, wie ein „merger" (Verschmelzung) rechtlich zu vollziehen ist. Im allgemeinen verlangt das jeweilige Gesellschaftsrecht, daß der **Board of Directors** und die **Anteilseigner jedes beteiligten Unternehmens** der Verschmelzung **zustimmen**. Vorbehaltlich gewisser Mindestmehrheiten kann die Satzung der Gesellschaft abweichende Mehrheitserfordernisse vorsehen. Bspw. verlangt der Staat New York seitens jeder der beteiligten Gesellschaften die Zustimmung von zwei Dritteln aller stimmberechtigten Anteilseigner. Wenn die Verschmelzung Einfluß auf Rechte hat, die mit einer bestimmten Gattung ausgegebener Anteile verbunden sind, verlangt der Staat New York auch die Mehrheit der Anteilseigner an einer solchen Gattung. Delaware verlangt nur die einfache Zustimmung der Mehrheit der Anteilseigner jeder beteiligten Gesellschaft.

40   Erwerber und veräußernde Anteilseigner (bzw. der Board of Directors des Zielunternehmens) schließen daher den Verschmelzungsvertrag **aufschiebend bedingt** durch die erforderlichen Zustimmungen (Board, Anteilseigner je nach einzelstaatlichen Vorschriften) ab. Wie bereits erwähnt, sieht das Recht vieler Bundesstaaten eine **erleichterte Form** der Verschmelzung, den „short form

---

[11] Siehe zu „proxy statements" Rn 57f.
[12] Siehe Rn 39ff.

merger"[13] vor, wenn der Erwerber mehr als 90% aller Anteile des Zielunternehmens hält. In diesem Fall ist die Zustimmung der verbleibenden Anteilseigner des Zielunternehmens entbehrlich.

Das Recht aller Staaten sieht vor, daß Anteilseigner, die gegen die Verschmelzung sind, ein **Recht auf Barabfindung** („appraisal right") haben müssen, was ihnen zu einer gerichtlich zu bestimmenden Abfindung für den angemessenen Wert ihrer Anteile verhilft.

Als **alternative Übernahmestrategie** bietet sich uU an, den Abschluß des Verschmelzungsvertrags mit einem Übernahmeangebot an die Anteilseigner des Zielunternehmens zu verbinden. Wenn es dem Erwerber gelingt, so mindestens 90% der ausgegebenen Anteile zu erlangen, hat er die nötige Stimmenzahl, um die übrigen Anteilseigner des Zielunternehmens ohne Abstimmung zum „merger" aus der Gesellschaft zu drängen und einen „short form merger" zu vollziehen. Aber auch unterhalb dieser Schwelle kann der Erwerber die Anteilseigner, die sich der Verschmelzung verweigern, zwingen, ihre Gesellschafterstellung gegen das in der Übernahmevereinbarung vorgesehene Entgelt aufzugeben (sog. Squeeze Out). Am Ende verfügt der Erwerber über 100% der Anteile des Zielunternehmens.

Der Erwerb eines Unternehmens kann als **direkte Verschmelzung** von erwerbendem und Zielunternehmen („straight merger") oder als **„Dreiecksverschmelzung"** zwischen einem (zu gründenden) Tochterunternehmen des Erwerbers und dem Zielunternehmen („triangular" oder „subsidiary merger") konstruiert werden. Bei einer „Dreiecksverschmelzung" wird entweder das Zielunternehmen auf die Tochtergesellschaft des Erwerbers verschmolzen, und für ihre Anteile erhalten Anteilseigner der Zielgesellschaft solche des Mutterunternehmens („forward triangular merger"); oder die Tochtergesellschaft des Erwerbers wird auf die Zielgesellschaft verschmolzen, die als aufnehmende Gesellschaft eine neue Tochter des Erwerbers wird („reverse triangular merger"). Dreiecksverschmelzungen können so strukturiert werden, daß auf der Ebene der Zielgesellschaft bzw. der Zielgesellschafter die US-Steuerbelastung minimiert wird. Die Besteuerung hängt im wesentlichen davon ab, ob der Erwerber in bar oder mit Geschäftsanteilen bezahlt.

E. Due Diligence

Auch in den USA sollte keine Unternehmensübernahme ohne angemessene Überprüfung der rechtlichen Verhältnisse des Zielunternehmens, die sog. Due Diligence, erfolgen. Hier gibt es vor allem folgende Besonderheiten zu beachten:

---

[13] Siehe Rn 33 ff.

I. Rechtsverhältnisse/Vertretungsmacht

45 In den USA gibt es kein dem deutschen Handelsregister vergleichbares öffentliches Register. Ein Investor muß sich deswegen auf anderem Wege **Gewißheit über die rechtlichen Verhältnisse** des Zielunternehmens und darüber verschaffen, daß die Person, die im Namen einer US-Gesellschaft auftritt und Verträge unterzeichnet, tatsächlich dazu berechtigt ist. Dies geschieht idR durch Vorlage der Dokumente bei der Gesellschaft selbst oder bei deren Anwalt, der für die gesellschaftsrechtliche Dokumentation verantwortlich ist. Flankierend geben die Veräußerer persönliche Zusicherungen ab. Außerdem ist auszuschließen, daß sich das US-Unternehmen bereits in einem Insolvenzverfahren befindet.

II. Unbewegliches Vermögen

46 In den USA fehlt es an einem dem deutschen Grundbuch vergleichbaren öffentlichen Register. **Immobilien** werden belastet und übertragen durch sog. „deeds", d. h. Urkunden, die regelmäßig beim „county", in dem das Grundstück belegen ist, hinterlegt sind. Der Nachweis des Eigentums oder der Lastenfreiheit wird mittels eines sog. „title search" erbracht, d. h. der Überprüfung der beim „county" hinterlegten Urkunden. Ein „title search" wird regelmäßig von darauf spezialisierten „title insurances" durchgeführt, die das Ergebnis ihrer Recherche auch durchweg versichern.

III. Bewegliches Vermögen

47 Anders als in Deutschland, können Sicherheiten an beweglichen Sachen („personal property") in den USA **öffentlich registriert** werden[14]. Die Registrierung erfolgt in den einzelnen Bundesstaaten, teilweise nur beim Secretary of State oder auch zusätzlich beim örtlich zuständigen „county clerk".

48 Gewisse bewegliche Vermögensgegenstände unterliegen spezialgesetzlichen Regelungen[15], wie zB die Registrierung von Sicherheiten an Kraftfahrzeugen oder Flugzeugen. Darüber hinaus gibt es Belastungen, die nicht in Registern erscheinen müssen, zB für Steuerforderungen, Werkunternehmerpfandrechte usw.

IV. Arbeitnehmer

49 Bei der arbeitsrechtlichen Due Diligence sind in den USA u. a. folgende Besonderheiten zu beachten:

50 Zwar können Arbeitnehmer in den USA leichter (zB ohne wichtigen Grund und ohne längere Kündigungsfristen) **entlassen** werden. Dies gilt allerdings nur,

---

[14] IdR geschieht dies aufgrund von Article 9 des Uniform Commercial Code (UCC), der im Jahr 2000 umfassend novelliert worden ist.

[15] In diesen Fällen fallen sie nicht unter Article 9 UCC.

wenn keine abweichenden einzelvertraglichen oder tarifvertraglichen Abreden bestehen.

Gewerkschaftliche Organisation erfolgt auf betrieblicher Ebene und tätigkeitsspezifisch, d. h. nicht branchenweit, und nur insoweit, als sich Mitarbeiter eines Unternehmens individuell einer Gewerkschaft anschließen. 51

US-Unternehmen unterhalten häufig betriebliche **Alterversorgungssysteme**. Die Leistungen sind idR nicht durch Rücklagen gedeckt („unfunded"). Weiter stehen steuerbegünstigte vom Arbeitgeber organisierte und zT mitfinanzierte Anlageformen zur Verfügung. Erfolgsabhängige Vergütung und Aktienoptionspläne sind generell weiter verbreitet als in Deutschland. 52

Diskriminierung („discrimination") jeder Art und sexuelle Belästigung („sexual harrassment") setzen Arbeitgeber einem erhöhten Prozeßrisiko aus, weil hierauf spezialisierte Klägeranwälte auf Erfolgshonorarbasis arbeiten und Parteien in den USA idR nur ihr eigenes Kostenrisiko tragen. Was sozial und rechtlich akzeptabel ist, weicht zuweilen erheblich von deutschen Standards ab. Die Gewährung staatlicher Beihilfen kann von der Umsetzung eines positiven Anti-Diskriminierungs-Programms („equal opportunity employer") abhängig sein. 53

V. Gewerbliche Schutzrechte

Ggf. sind Kundenstamm, Patente, Marken, Know-how usw. zu überprüfen. Hier gelten ähnliche Grundsätze wie in Deutschland, das Verfahren weicht allerdings auch in diesem Bereich zum Teil erheblich ab. 54

F. Gesetzliches Übernahmerecht – Wertpapierrechtliche Regelungen

Der Erwerb von Gesellschaften, die von einer Vielzahl von Gesellschaftern gehalten werden oder an US-amerikanischen Börsen notiert sind, ist zusätzlichen Bestimmungen unterworfen. 55

I. Erwerb mittels Emission von Wertpapieren

Soll der Kaufpreis etwa in Form von nicht zugelassenen Aktien des Erwerbers beglichen werden, so kommen die Regeln über öffentliche Angebote von Wertpapieren zur Anwendung. Danach ist regelmäßig ein **Zulassungsantrag bei der SEC**[16] erforderlich. Dem Zulassungsantrag muß ein Prospekt beigefügt werden, der für den Erwerb wesentliche Informationen über das Verkäuferunternehmen offenlegen muß, die dem Kauf zugrundeliegenden Erwägungen offenlegt, die Abschlüsse der letzten Geschäftsjahre und das Testat der Wirtschaftsprüfer enthält. Solange die SEC diesen Börsenzulassungsantrag nicht formell und inhaltlich für 56

---

[16] Nach den Vorschriften des Wertpapiergesetzes von 1933 (Securities Act of 1933, „1933 Act").

ausreichend befunden hat, dürfen in den Vereinigten Staaten Wertpapiere öffentlich weder angeboten noch verkauft werden. Für besondere Arten von Wertpapieren und für Privatplazierungen enthält das Gesetz einen abschließenden Katalog von Ausnahmen.

II. „Proxy Statements"

57 Die ggf. erforderliche Zustimmung von Aktionären einer öffentlich gehandelten Gesellschaft wird durch Einholung von **Stimmrechtsvollmachten** („proxy statements") erwirkt[17]. Die Gesellschafter werden darin aufgefordert, für die entsprechende Gesellschafterversammlung Stimmrechtsvollmachten zu erteilen.

58 „Proxy statements" müssen, bevor sie an die Anteilseigner verschickt werden, bei der **SEC** eingereicht werden. Form und Inhalt von „proxy statements" und des Verfahrens sind im Detail geregelt.

III. Regeln für Übernahmeangebote an die Aktionäre („Tender Offers")

59 Durch ein **öffentliches Übernahmeangebot („tender offer")** versucht der Erwerber, die Kontrolle über das Zielunternehmen zu erlangen, um im Anschluß daran die Verschmelzung mit diesem Unternehmen zu vollziehen. Dabei handelt es sich genau genommen um ein Angebot an sämtliche Anteilseigner, auch wenn das Angebot nur für einen Teil aller Anteile des US-Zielunternehmens gilt. Tender offers sind gesonderten SEC-Regelungen unterworfen.

60 „Tender offers" haben den Vorteil, daß sie in aller Stille vorbereitet werden **(Überraschungseffekt)**. Sie erlauben dem potentiellen Erwerber die Anhäufung einer großen Anzahl von Anteilen des Zielunternehmens, was den späteren „merger" ggf. erheblich erleichtert[18]. Der Begriff des „tender offer" ist gesetzlich nicht definiert. Die Gesetzgebungsgeschichte des einschlägigen Williams Act läßt aber erkennen, daß eine Erstreckung auch über konventionelle Übernahmeangebote „für öffentlich oder privat getätigte Anteilskäufe" hinaus gewollt war.

61 Vor Abgabe des **Übernahmeangebots** muß der Bieter ein fragebogenartiges Formblatt[19] bei der SEC einreichen und Kopien an verschiedene Beteiligte senden. Darin muß die beabsichtigte Transaktion beschrieben werden, eine Darstellung der zugrundeliegenden Verträge erfolgen und der Gang der Verhandlungen mit dem Zielunternehmen in der Vergangenheit erläutert werden. Wenn die finanzielle Lage des Bieters für die Entscheidung der Anteilseigner des Zielunternehmens von entscheidender Bedeutung ist, sind dem Formular aktuelle und ausreichende Informationen über die Finanzlage des bietenden Unternehmens beizufügen. Wenn der Jahresabschluß des Bieterunternehmens nach anderen Rechnungslegungsgrundsätzen als den US-GAAP (Generally Accepted Accounting Principles) erstellt worden ist, hat in einigen Fällen (wie bei Aktientauschan-

---

[17] Gem. Section 14 des Wertpapierhandelsgesetzes von 1934 (Securities Exchange Act of 1934, „1934 Act") und der dazu ergangenen Regulation 14A.
[18] Siehe Rn 39 ff.
[19] Schedule TO.

geboten) eine Anpassung an den US-GAAP-Standard zu erfolgen bzw. muß erläutert werden, inwieweit sich die Abschlüsse bei Zugrundelegung von US-GAAP ändern würden („reconciliation"). Auf der anderen Seite sind weit weniger umfangreiche begrenzte Angaben über das Bieterunternehmen erforderlich, wenn es sich um ein sog. freundliches Übernahmeangebot handelt, d. h. wenn das Management des Zielunternehmens und der Bieter den Erwerb aller ausgegebenen Anteile im Wege eines Bargeschäfts anbieten; die Bezahlung muß gesichert sein.

Ein Übernahmeangebot muß 20 Geschäftstage ab seiner Wirksamkeit offen bleiben. Der Bieter kann wahlweise eine „nachfolgende Angebotsfrist" setzen[20], d. h. die Frist verlängern. Das verlängernde Angebot muß auf alle Anteile des Zielunternehmens ausgedehnt werden.

IV. Anmeldung von Anteilserwerb

Für den Anteilserwerb bei Publikumsgesellschaften gelten dem deutschen Wertpapierhandelsgesetz vergleichbare **Anzeigeerfordernisse**. So muß, wer allein oder in Abstimmung mit anderen 5% einer börsennotierten Gesellschaft erwirbt, innerhalb von 10 Tagen ab dem Erwerb ein Formblatt[21] bei der SEC einreichen. Der 5%-ige Anteil bezieht sich auf direkte oder indirekte „beneficial ownership" an dem Unternehmen. Dabei liegt ein „beneficial ownership" bereits vor, wenn jemand das Recht hat, Anteile zu erwerben, und er dieses Recht innerhalb von 60 Tagen ausüben kann. Angezeigt werden muß außerdem, wenn mit dem Beteiligungserwerb die Einflußnahme auf die Führung des Unternehmens beabsichtigt ist. Bei einem 10%-igen Anteilserwerb gelten weitere Mitteilungspflichten. Mitzuteilen sind jeweils Name und Nationalität des Erwerbers, die Höhe seiner Beteiligung etc. Nach einmaligem Überschreiten dieser und weiterer Schwellenwerte ist nicht nur eine erste Anmeldung erforderlich, es können vielmehr **fortlaufende Mitteilungspflichten** entstehen. Oft handelt es sich um Vierteljahres- oder Jahresberichte.

G. Kartellrechtliche Erwägungen – Hart-Scott-Rodino Act

Der Hart-Scott-Rodino Act (HSR Act) ist gesetzliche Grundlage für die **Fusionskontrolle**. Der HSR Act kommt idR zur Anwendung, wenn
– mindestens eines der an der Transaktion beteiligten Unternehmen einschließlich verbundener Unternehmen einen weltweiten Netto-Umsatz oder Aktiva von mehr als 100 Mio. US-$ und das andere Unternehmens einen weltweiten Netto-Umsatz oder Aktiva von mindestens 10 Mio. US-$ aufweist und
– eine Unternehmensübernahme mit einem Transaktionsvolumen von mehr als 50 Mio. US-$ vorliegt. Zu diesem Grundsatz gibt es einige Ausnahmen. So

---

[20] Nach der neuen Rule 14d-11.
[21] Form 13 D.

kommt zB für ausländische Investoren der HSR Act schon unterhalb dieser Schwellen zur Anwendung, nämlich wenn die Transaktion entweder den Erwerb von stimmberechtigten Gesellschaftsanteilen oder Aktiva im Wert von mindestens 15 Mio. US-$ oder den Erwerb von mindestens 50% der ausstehenden stimmberechtigten Anteile an einer Gesellschaft mit einem Netto-Umsatz oder Aktiva von weltweit mindestens 25 Mio. US-$ betrifft.

65 Der HSR Act verlangt, daß sowohl der Erwerber als auch das Zielunternehmen bereits **vor der beabsichtigten Verschmelzung** bei der Bundeskartellbehörde (Federal Trade Commission) und dem Bundesjustizministerium (Department of State) eine **Anmeldung** einreichen (Notification and Report Form), in der umfangreiche Informationen zur Geschäftätigkeit der beteiligten Unternehmen (zB zu Marktanteilen, Ertragsquellen, Wettbewerb, Wettbewerber, Märkte, Potential für Umsatzwachstum und Expansion in Produktlinien oder geographischen Märkten) abgefragt werden. Grundsätzlich sind Informationen lediglich über Tätigkeiten in den USA erforderlich. Die Behörden können aber weitere Informationen über Aktivitäten außerhalb der USA anfordern. Sämtliche Informationen werden vertraulich behandelt, sie dürfen von den Behörden nicht veröffentlicht werden.

66 Ab Eingang der Mitteilung haben die Behörden idR 30 Tage (bei „cash tender offer"-Transaktionen nur 15 Tage) Zeit, die beabsichtigte Transaktion kartellrechtlich zu überprüfen. Während dieser **Wartezeit** darf die Transaktion nicht vollzogen werden. Auf Antrag kann die Wartezeit jedoch verkürzt werden, wenn keine kartellrechtlichen Bedenken bestehen. Für die Durchführung des Verfahrens erheben die Behörden derzeit eine **Gebühr** von 45 000 bis 280 000 US-$, deren genaue Höhe vom Transaktionsvolumen abhängt.

67 Neben der kartellrechtlichen Aufsicht durch die Bundeskartellbehörde und das Bundesjustizministerium kann die Staatsanwaltschaft in den jeweiligen Bundesstaaten gegen die beteiligten Unternehmen **Klage** erheben, und zwar im Namen der Bürger ihres Staates oder eines Privatunternehmens, falls sie der Ansicht ist, daß die beabsichtigte Transaktion sich nachteilig auf Personen ihres Bundesstaates auswirkt.

H. Finanzierung von Unternehmensübernahmen

I. Finanzierung in den USA

68 Neben den auch in Deutschland üblichen Finanzierungsformen für Unternehmenskäufe gibt es einige Besonderheiten.

1. Kurzfristige Finanzierung

69 Für kurzfristige Finanzierungsmodelle (bis zu einer Dauer von einem Jahr) bieten sich vor allem Geschäftsbanken an. Üblicherweise sind dort aber sehr hohe Zinssätze zu erwarten. Ein Erwerber wird an kurzfristige Finanzierungsmöglichkeiten vor allem als **Überbrückungsmöglichkeit** bis zu einer langfristigen Finanzierung denken bzw. bis Mittel am Kapitalmarkt beschafft werden können.

Geschäftsbanken bieten auch **mittelfristige Kredite** an, die sich auf zwei bis fünf Jahre erstrecken und gemeinhin zu besseren Konditionen erhältlich sind.

Die Ausgabe von **kurzfristigen Schuldverschreibungen** („commercial paper") auf dem offenen Markt stellt ein Finanzierungsmittel dar, das sich gegenüber Bankkrediten als günstiger erweisen kann. Commercial Paper haben durchschnittliche Laufzeiten von bis zu 30 Tagen. Die Papiere werden von spezialisierten Unternehmen bewertet und sind in hohem Maße liquide, solange der Emittent kreditwürdig ist. Da sie nicht registriert werden müssen, stellen diese Papiere für den Emittenten eine kostengünstige Finanzierung dar, während er sich um eine längerfristige Finanzierungsmöglichkeit auf dem Kapitalmarkt bemüht.

2. Mittel- und langfristige Finanzierung

Für längerfristige Finanzierungen kann ein Auslandsinvestor neben Geschäftsbanken die Möglichkeit der Kapitalaufbringung durch **Schuldverschreibungen mit mittlerer Laufzeit** oder die Ausgabe von **Anleihen** auf dem Heimat- oder dem US-Markt in Erwägung ziehen. Private Plazierungen von Schuldverschreibungen sind oft attraktiver als solche auf dem offenen Markt, da weniger Regulierungen bestehen.

3. Eigenfinanzierung

Um Kapital durch die Ausgabe von Anteilen auf dem US-Markt aufbringen zu können, muß ein ausländischer Investor verschiedene **Anmelde- und Registrierungserfordernisse** der SEC erfüllen. Ausländische Investoren sind nicht von den Regelungen des 1933 und des 1934 Act ausgenommen, aber die SEC hat versucht, ihnen in verschiedenen Bereichen entgegenzukommen.

Weiter besteht die Möglichkeit, sich den US-Kapitalmarkt durch die Emission von **American Depositary Receipts** (ADRs) zu erschließen. Bei einem ADR handelt es sich um einen auf US-$ lautenden Empfangsschein für Anteile an einem ausländischen Unternehmen, die von einer US-amerikanischen Depotbank gehalten werden. Diese Bank übernimmt die Abwicklung im Verhältnis zu US-Anteilsinhabern. Die ADRs können an US-Börsen oder im Tafelgeschäft gehandelt werden. Der Wert orientiert sich am Börsenpreis der zugrundeliegenden Auslandsaktie und der Währungskursrelation. Für den US-Investor werden damit Nachteile und Unbequemlichkeiten vermieden, die der direkte Erwerb ausländischer Gesellschaftsanteile in den USA mit sich bringt.

II. Leveraged Buy-Out (LBO)

Ein Leveraged Buy-Out (LBO) ist eine Finanzierungstechnik, die in den USA in den achtziger Jahren beliebt geworden ist. US-Erwerber refinanzierten sich damals entweder durch Ausgabe **hochverzinslicher, unbesicherter Schuldverschreibungen** (sog. „high yield" oder „junk bonds") und/oder durch **Darlehen**, für die Vermögensgegenstände des Zielunternehmens selbst als Sicherheit verwendet wurden. Hintergrund ist, daß das amerikanische Gesellschaftsrecht nicht den Grundsatz der Kapitalerhaltung und damit auch keine Regeln über Eigenkapitalersatz[22] kennt.

76   Eine Fortentwicklung stellt der Management Buy-Out (MBO) dar, bei dem die Geschäftsleitung eines Unternehmens das Unternehmen übernimmt. Auch hier wird der Erwerbspreis finanziert, indem die Vermögensgegenstände des Unternehmens als Sicherheit verwendet werden.

77   Man unterscheidet LBOs auch nach der Strategie, mit der die Rückführung des Fremdkapitals erfolgen soll: Der traditionelle Weg besteht in der Abzahlung der aufgenommenen Kredite durch die Rückzahlung aus dem Cash-flow. Natürlich kann dies nur dann funktionieren, wenn eine Wertschöpfung tatsächlich möglich ist und es einen hinreichenden und stabilen Cash-flow gibt.

78   Eine weitere Form, der sog. „bust-up-LBO", geht von der Prämisse aus, daß die einzelnen Teile des zu erwerbenden Unternehmens einen höheren Wert besitzen als das Unternehmen in seiner Gesamtheit. Das Unternehmen wird also „zerschlagen" („busted up"). Die Rückzahlung wird aus dem Erlös aus der Veräußerung der Unternehmensteile beglichen.

79   Die dritte denkbare Form ist die **Plattformstrategie**. Hier geht man von der umgekehrten Annahme aus: Das gesamte Unternehmen ist mehr wert als seine Einzelteile. Dieses Geschäft bezeichnet man oft als Plattformgeschäft, denn der Ersterwerb wird getätigt, um als „Plattform" für weitere Akquisitionen zu dienen, an deren Ende ein verkaufsfähiges Unternehmen steht. Die Methode wird auch als „buy-and-build"-Verfahren bezeichnet.

80   Schließlich spricht man von „turnaround"- bzw. „cyclical"-LBOs. In diesen Fällen ist kein bedeutender Cash-flow vorhanden. Hier gründet sich die Strategie auf einen attraktiv niedrigen Erwerbspreis und darauf, daß der Wert des Unternehmens durch Restrukturierungs- oder Sanierungsmaßnahmen bzw. durch positive konjunkturelle Entwicklungen mittelfristig steigt.

---

[22] Wie etwa § 32a dGmbHG.

§ 37 Russische Föderation

Übersicht

	Rn
A. Wirtschaftliche Betätigung von Ausländern	1
B. Gesellschaftsformen	8
I. Allgemeiner Überblick	8
II. Rechtsformen	11
1. Personengesellschaften	11
a) Einfache Gesellschaft	11
b) Vollgesellschaft	12
c) Kommanditgesellschaft	13
2. Kapitalgesellschaften	14
a) Aktiengesellschaft	14
b) Gesellschaft mit beschränkter Haftung	21
C. Rechtliche Wege zu Unternehmensübernahmen	27
I. Formen von Unternehmensübernahmen	27
II. Share Deal	28
1. Kauf von Aktien	28
2. Kauf von Anteilen einer GmbH	34
3. Erwerb von Aktien/Anteilen im Rahmen einer Kapitalerhöhung	40
a) Aktiengesellschaft	40
b) GmbH	44
III. Asset Deal	47
IV. Übernahmeregelungen	51
V. Kartellrechtliches Zustimmungserfordernis	56
VI. Devisenrecht	61
VII. Vertragsgestaltung	67
1. Vertretungsfragen	67
2. Organvorbehalte (Großgeschäft und interessierte Person)	69
3. Gerichtsstand, Rechtswahl, Form und Vertragssprache	73
VIII. Unternehmensverschmelzungen	80
D. Besonderheiten der Due Diligence	85
E. Besonderheiten in den Begleitfeldern	88
I. Immobilienrecht	88
1. Rechtsgrundlagen	89
2. Gegenstand des Eigentums	90
a) Eigentum an Grund und Boden	91
b) Eigentum an Gebäuden	94
3. Immobilienrecht beim Unternehmenskauf	98
II. Wertpapierrecht	101
III. Der Handel mit russischen Aktien	103
1. Die russischen Börsen MICEX und RTS	103

		Rn
	2. Ausländische Börsen und ADRs	106
IV.	Sonderrecht für ausländische Beteiligungen	108
V.	Arbeitsrecht	109
VI.	Steuerrecht	111
	1. Quellensteuerpflichtigkeit von Zinsen und Dividenden	112
	2. Mehrwertsteuer	113
	3. Vermögensteuer	115
	4. Gewinnsteuer	116
	5. Abzugsfähigkeit von Zinsen	117
	6. Wertpapiersteuer	118
	7. Verlustvortrag	119
	8. Steuerfragen der passiven Vermietung	120
F.	**Finanzierung von Unternehmensübernahmen**	121
I.	Finanzierungsquellen	121
II.	Rechtliche Rahmenbedingungen	123
III.	Sicherheiten	124

A. Wirtschaftliche Betätigung von Ausländern

1 Nach Öffnung des russischen Markts 1990 erfolgten ausländische Investitionen in der Russischen Föderation in der Mehrzahl der Fälle durch Gründung von 100%-igen Tochtergesellschaften oder allenfalls Joint Ventures mit russischen Partnern in neuen, eng definierten Bereichen, wie zB zum gemeinsamen Vertrieb (**Greenfield Projekte**). Nur wenige russische Unternehmen erschienen wirtschaftlich stabil und zukunftsträchtig genug, daß ausländische Investoren die mit einer Unternehmensbeteiligung verbundenen Risiken auf sich genommen hätten. Aus rechtlicher Sicht waren (und sind) dies insbes. steuerliche Risiken, Unregelmäßigkeiten iRd. Privatisierung und Defizite der Corporate Governance.

2 Dennoch haben ausländische Unternehmen Beteiligungen an russischen Unternehmen insbes. in Schlüsselindustrien – etwa in der Gasindustrie, der holzverarbeitenden Industrie oder der Zellstoffproduktion – erworben. Zehn Jahre nach Beginn der russischen Wirtschaftsreformen erscheinen heute die rechtlichen und fast drei Jahre nach der 1998 zu Tage getretenen Finanzkrise mittlerweile auch die wirtschaftlichen Rahmenbedingungen so zufriedenstellend, daß neuerdings vermehrt Akquisitionen von Unternehmensbeteiligungen in Betracht gezogen werden (**Brownfield Projekte**). Zudem ist die Übertragung russischer Beteiligungen oder deren Konsolidierung aufgrund der in den vergangenen Jahren in diesem Bereich rasant angestiegenen Aktivität immer öfter Bestandteil von Unternehmenskäufen und Zusammenschlüssen auf internationaler Ebene.

3 Für ausländische Investitionen gilt teilweise immer noch ein **Sonderrecht** in Form des am 4. 7. 1991 ursprünglich erlassenen, kürzlich[1] neugefaßten russischen Gesetzes „Über ausländische Investitionen" (rAuslInvG). Dieses Gesetz garantiert

---
[1] Mit Wirkung zum 9. 7. 1999; siehe auch Rn 108.

ausländischen Investoren u. a. das Recht, Aktien, andere Wertpapiere und Beteiligungen zu erwerben sowie an der Privatisierung staatlicher Unternehmen teilzunehmen und Gewinne und Liquidationserlöse ins Ausland zu transferieren (sog. Inländergleichbehandlung). Diese Garantien ergeben sich allerdings ohnehin bereits aus anderen allgemeinen Rechtsvorschriften, wie u. a. der Verfassung, dem russischen Zivilgesetzbuch (rZGB), den Privatisierungsgesetzen usw. Deshalb ist die Bedeutung des rAuslInvG gering. In Zukunft könnte die **„Versteinerungsklausel"** uU relevant werden. Diese Regelung zielt auf den Schutz ausländischer Investitionen[2] vor ungünstigen Rechtsänderungen ab, gilt allerdings nur zugunsten von russischen Unternehmen, an denen der ausländische Anteil 25% übersteigt, und für durch Regierungsverordnungen zu bestimmende sog. vorrangige Investitionsprojekte. Dieser für höchstens sieben Jahre gewährte Schutz ist ferner auf bestimmte Veränderungen beschränkt, wie u. a. auf die Erhöhung von Einfuhrzöllen und neue föderale (landesweit geltende) Steuern.

Die durch das rAuslInvG garantierte Inländergleichbehandlung kann im Interesse des „Schutzes der verfassungsmäßigen Ordnung, der Moral und Gesundheit oder der Rechte und gesetzlich geschützten Interessen Dritter sowie der Sicherung der Verteidigungsfähigkeit des Landes und seiner Sicherheit" **zum Nachteil ausländischer Investoren** eingeschränkt werden. Beschränkungen bzw. Sonderregelungen bestehen derzeit u. a. im Banken- und Versicherungssektor, zB darf der Anteil ausländischer Beteiligungen am Gesamtkapital aller russischen Banken 12% nicht übersteigen[3]. Bei Versicherungen ist dieser Grenzwert auf 15% festgelegt; ausländische Unternehmen dürfen russischen Residenten keine Versicherungsleistungen anbieten.

Sofern ein Unternehmen mit Sitz in Deutschland Anteile an einer russischen Gesellschaft erwirbt, erhält nach einem Zusatzprotokoll zum Doppelbesteuerungsabkommen zwischen Deutschland und Rußland[4] das **russische Unternehmen** bestimmte steuerliche **Vorteile** gegenüber russischen Unternehmen ohne deutsche Beteiligung, insbes. das Recht, bei der Ermittlung des steuerlichen Gewinns Zinsaufwand für Kredite im Zusammenhang mit der Finanzierung von Anlagevermögen zum Abzug zu bringen (was sonst nicht vorgesehen ist; es wird aber voraussichtlich zum 1. 1. 2002 ein im Juni 2001 im russischen Parlament in zweiter Lesung verabschiedetes Steueränderungsgesetz in Kraft treten, das den Abzug dieses Zinsaufwands generell zuläßt). Die russische Finanzverwaltung verweigert jedoch wegen einer von ihr behaupteten Unklarheit des Zusatzprotokolls bisher konsequent die Anwendung dieses Zinsabzugsprivilegs.

Sacheinlagen ausländischer Gesellschafter russischer Gesellschaften können ferner von Zöllen und Einfuhrmehrwertsteuer **befreit** werden. Repräsentanzen ausländischer Unternehmen aus den meisten Ländern sind von der sonst auf Mietzahlungen anzuwendenden Mehrwertsteuer[5] befreit. Zur Förderung von Bodenschätzen können sog. Production Sharing Agreements (PSA) vereinbart wer-

---

[2] Art. 9 rAuslInvG.
[3] Beschluß des Direktorenrats der Zentralbank der Russischen Föderation Nr. 13 vom 29. 3. 1993.
[4] DBA Deutschland-Rußland vom 29. 5. 1996.
[5] Siehe Rn 113.

den⁶ mit der Folge, daß die ausländischen Investoren von den meisten Steuern befreit sind. Weil die Bestimmungen nicht ausreichend waren, fehlt es an einschlägigen Erfahrungen. Dies könnte sich nach der letzten Neufassung des PSA-Gesetzes bald ändern. Sonstige Privilegien für Ausländer gibt es in Rußlands Wirtschaftsgesetzen nicht.

7   Der **rechtliche Rahmen** für den Erwerb von Unternehmensbeteiligungen ist in den vergangenen zehn Jahren strukturell weitgehend in Anlehnung an **westliche Vorbilder** gestaltet worden. Zu bemängeln sind die Trägheit und der Hang zur Förmelei der Verwaltung bei der Gesetzesanwendung auf fast allen Ebenen. Unbefriedigend ist ferner, daß die Gerichte schwach und nicht ausreichend unabhängig von der Verwaltung und von Interessengruppen sind, so daß Gerichtsentscheidungen oft unter geradezu evidenter Verletzung prozessualer und materieller Rechte einer Partei zustande kommen und bestehende Gesetzeslücken und Widersprüchlichkeiten nur unzureichend und zögernd durch die Rechtsprechung geklärt werden.

B. Gesellschaftsformen

I. Allgemeiner Überblick

8   In Rußland gibt es die sog. einfache Gesellschaft (entspricht etwa der deutschen BGB-Gesellschaft), verschiedene Personenhandelsgesellschaften (u. a. die mit einer OHG vergleichbare sog. Vollgesellschaft und die einer Kommanditgesellschaft vergleichbare sog. Gesellschaft auf Vertrauen) sowie Kapitalgesellschaften (die GmbH und die – geschlossene und offene – AG). Ein Handelsgesetzbuch, in dem das Recht dieser Gesellschaften geregelt wäre, gibt es nicht.

9   Die **Grundlagen für alle Gesellschaftsformen** sind im rZGB geregelt. Das später entstandene Aktiengesetz (rAktG)⁷ und das GmbH-Gesetz (rGmbHG)⁸ enthalten für diese Gesellschaften nunmehr die vollständige Regelungsmaterie. Neben den genannten Gesellschaften können auch natürliche Personen einzeln gewerblich tätig werden, wenn sie steuerlich als Einzelunternehmer registriert sind. Außerdem gibt es weitere Gesellschaftsformen, die jedoch – soweit ersichtlich – in der Praxis überhaupt nicht angenommen wurden, so daß auf ihre Behandlung hier verzichtet wird. Kapitalgesellschaften – AG und GmbH – sind die bevorzugte Unternehmensrechtsform⁹.

10 Die **staatliche Registrierung** hat für praktisch alle Fälle (Ausnahme siehe unten¹⁰) konstitutive Wirkung, ein Konzept einer Vorgesellschaft oder Gründungs-

---

⁶ Gesetz vom 30. 12. 1995 „Über die Vereinbarungen zur Teilung der Produktion" (Fassung vom 7. 1. 1999).
⁷ Gesetz „Über Aktiengesellschaften" vom 26. 12. 1995.
⁸ Gesetz „Über Gesellschaften mit beschränkter Haftung" vom 8. 2. 1998.
⁹ Laut statistischen Angaben (Auskunft des Staatlichen Statistikkomitees auf Anfrage des Autors vom 20. 8. 2000) haben von den 3 266 404 in Rußland registrierten Unternehmen 46,3 % die Rechtsform der GmbH und 13,02 % sind Aktiengesellschaften (davon 86 % geschlossene Aktiengesellschaften).
¹⁰ Siehe Rn 46.

gesellschaft hat sich bis jetzt nicht entwickelt. Zuständig für die staatliche Registrierung sind die bei den örtlichen Administrationen angesiedelten Registrierungskammern. Für Gesellschaften mit ausländischen Investitionen bei einem Satzungskapital von über 100 000 RUB[11] wird von der Registrierungskammer beim Justizministerium der Russischen Föderation ein zusätzliches föderales Register geführt. Die Registrierung von Unternehmen richtet sich derzeit noch nach einem Registrierungserlaß des Präsidenten[12].

II. Rechtsformen

1. Personengesellschaften

a) Einfache Gesellschaft. Die einfache Gesellschaft[13] ist mit der deutschen BGB-Gesellschaft vergleichbar. Sie kann auch einer gewerblichen Tätigkeit nachgehen. Die Gesellschaft wird von mindestens zwei natürlichen oder juristischen Personen durch Vertrag gegründet. Sie ist **keine juristische Person**. Die Gesellschafter haften persönlich und unbeschränkt. Zur Geschäftsführung ist jeder Gesellschafter allein befugt, es sei denn, daß der Gesellschaftsvertrag Gesamtgeschäftsführung festlegt. Wenn eine einfache Gesellschaft gewerblich („unternehmerisch") tätig wird, ist sie verpflichtet, ihre Registrierung bei der Staatlichen Registrierungskammer zu beantragen[14].

b) Vollgesellschaft. Die Vollgesellschaft besitzt eigene Rechtspersönlichkeit. Eine Mindesthöhe des Stammkapitals ist zwar nicht gesetzlich vorgesehen, ergibt sich jedoch bei Registrierung der Gesellschaft aus dem Registrierungserlaß des Präsidenten. Sofern vertraglich nichts anderes vereinbart wird, besteht Einzelvertretungsmacht, es sei denn, einem Gesellschafter wurde die Vertretungsmacht entzogen. Die Gesellschafter haften zwar gesamtschuldnerisch, jedoch lediglich subsidiär, also erst dann, wenn die Gesellschaft ihre Schulden nicht aus eigenen Mitteln begleichen kann. Die Firma einer Vollgesellschaft muß den Rechtsformzusatz „Vollgesellschaft" enthalten. Anscheinend kann eine Vollgesellschaft, obwohl sie eine juristische Person ist, auch ohne staatliche Registrierung gegründet werden. (Sie kann jedoch dann keine Bankkonten eröffnen und kein Siegel erhalten, so daß sie praktisch nicht geschäftsfähig wäre.)

c) Kommanditgesellschaft. Die Kommanditgesellschaft[15] ist eine juristische Person. Sie hat neben den persönlich haftenden Gesellschaftern (Komplementäre) mindestens einen Gesellschafter, der nur mit seiner Einlage haftet (Kommanditist).

---

[11] RUB = Russische Rubel (Währung).
[12] Präsidialerlaß „Über die staatliche Registrierung von Unternehmen und Unternehmern auf dem Gebiet der Russischen Föderation" vom 8. 7. 1994 („Registrierungserlaß"), ein Entwurf eines das Registrierungsverfahren neu regelnden Registrierungsgesetzes wird derzeit im russischen Parlament (der Duma) behandelt. Ob, wann und mit welchem Inhalt dieses Gesetz in Kraft tritt, ist noch so unklar, daß von einer Darstellung des Entwurfs abgesehen wird.
[13] Geregelt in Art. 1041 ff. rZGB.
[14] Gem. Registrierungserlaß.
[15] Geregelt in Art. 82 ff. rZGB.

Ein persönlich haftender Gesellschafter darf nicht gleichzeitig Komplementär in einer anderen KG oder Gesellschafter einer Vollgesellschaft sein[16]. Die einzige Verpflichtung des Kommanditisten ist die Einlage seines Anteils in die Gesellschaft. Zur Geschäftsführung und Vertretung der Gesellschaft ist jeder Komplementär allein befugt. Kommanditisten dürfen die Gesellschaft nicht vertreten. Wie bei der Vollgesellschaft ist das Stammkapital im Gesellschaftsvertrag festzulegen. Die Firma der KG muß den Zusatz „Kommanditgesellschaft" enthalten.

2. Kapitalgesellschaften

14 **a) Aktiengesellschaft.** Bei Gründung einer Kapitalgesellschaft sind zunächst nur 50% des Satzungskapitals aufzubringen. Für die **Vollzahlung** des übernommenen und in der Satzung ausgewiesenen Anteils läuft dann eine Frist von idR einem Jahr. Es kommt vor, daß die Leistung des zweiten Teils der Einlage vergessen oder verspätet vorgenommen wird. Ein solcher Einzahlungsmangel kann Folgen für den rechtlichen Bestand der Gesellschaft haben. Die Frage ist nicht abschließend geklärt.

15 Es werden geschlossene und offene Aktiengesellschaften unterschieden. Die **geschlossene** AG ist der GmbH angenähert. Sie kann höchstens 50 Aktionäre haben. Ein gesetzliches Vorkaufsrecht an den Aktien – auch den bereits ausgegebenen – soll die Aktionäre gegen den Eintritt von neuen Aktionären absichern. Bei der **offenen** AG ist die Anzahl der Aktionäre unbeschränkt, und es existiert kein Vorkaufsrecht der vorhandenen Aktionäre. Dies sind bereits die wesentlichen Unterschiede. Die folgenden Ausführungen beziehen sich daher auf beide Aktiengesellschaftsformen, soweit nicht ausdrücklich nur über eine gesprochen wird.

16 Eine AG kann auch als Einpersonen-Gesellschaft gegründet werden, jedoch darf ein einzelner Gesellschafter nicht **zugleich eine andere Einpersonen-Kapitalgesellschaft** sein[17]. Dies gilt auch für ausländische Einpersonen-Kapitalgesellschaften. Eine Kontrolle scheint insoweit aber bisher nicht stattzufinden.

17 Die Gründung der AG erfolgt durch Beschluß ihrer Gründungsgesellschafter in einer Gründungsversammlung. Die auf der Gründungsversammlung zu beschließende **Satzung** muß mindestens folgende Angaben enthalten[18]:
– Firma der AG;
– Sitz der AG;
– Typ der AG (offen oder geschlossen);
– Höhe des Satzungskapitals;
– Aktien, Zahl, Nominalwert und Kategorien (Stammaktien = sog. gewöhnliche Aktien oder Vorzugsaktien);
– Rechte der Aktionäre;
– Leitungsorgane der Gesellschaft, Zuständigkeiten, Verfahrensfragen;
– Verfahren der Vorbereitung und Durchführung der Hauptversammlung („allgemeine Versammlung der Aktionäre");
– Angabe von Niederlassungen und Vertretungen der AG.

---

[16] Art. 82 Abs. 3 rZGB.
[17] Art. 10 Abs. 2 Satz 2 rAktG.
[18] Art. 11 Abs. 3 rAktG.

Die Höhe des **Mindestsatzungskapitals** ist für beide Typen der AG an die Inflationsentwicklung gekoppelt[19]. Bei einer offenen AG liegt es beim 1 000fachen Betrag des gesetzlichen Monatsmindestlohns[20] (umgerechnet ca. 7 700 DM im Dezember 2000[21]), bei einer geschlossenen AG beim 100-fachen Betrag des gesetzlichen Monatsmindestlohns (umgerechnet ca. 800 DM im Dezember 2000). Das rAktG steht im Widerspruch zum Registrierungserlaß, der speziell für die geschlossene AG mit ausländischer Beteiligung ein Mindestsatzungskapital in Höhe von 1 000 Monatsmindestlöhnen vorschreibt[22]. Was nun gelten soll, ist umstritten, spielt aber wegen der geringen Werte keine große Rolle.

Gesetzlich vorgeschrieben sind drei **Organe**:
— die allgemeine Versammlung der Aktionäre (entspricht der Hauptversammlung),
— der Direktorenrat (entspricht dem Aufsichtsrat) bei der offenen AG, wenn sie mehr als 50 stimmberechtigte Aktionäre hat (ansonsten und bei geschlossener AG ist der Direktorenrat fakultativ), sowie
— ein Vorstand, der aus einer oder mehreren Personen bestehen kann.

Der Hauptversammlung obliegen Fragen, die in einem Katalog gesetzlich abschließend festgeschrieben sind (insbes. Feststellung und Änderung der Satzung, Kapitalerhöhung, Feststellung des Jahresberichts, Wahlen, Auflösung der Gesellschaft und andere meist grundlegende Beschlüsse). Es handelt sich um ausschließliche **Zuständigkeiten**, die nicht auf ein anderes Organ übertragbar sind. Der Direktorenrat besteht aus dem Generaldirektor (also dem Geschäftsleiter) und weiteren Mitgliedern oder auch nur aus dem Generaldirektor. Er ist insbes. für die Festlegung der Geschäftspolitik zuständig. Die laufende Geschäftsführung und die Vertretung obliegt dem Generaldirektor (meist als Mitglied eines mehrköpfigen Vorstands), der jedoch für eine Reihe von Geschäften die Zustimmung des Direktorenrats und für manche Geschäfte der Hauptversammlung[23] benötigt.

b) Gesellschaft mit beschränkter Haftung. Die GmbH wird durch einen **Gründungsvertrag** errichtet. Er enthält Vereinbarungen zwischen den Gesellschaftern.

---

[19] Art. 26 rAktG.
[20] Bei dem Monatsmindestlohn handelt es sich um eine durch ein Spezialgesetz festgelegte Rechnungsgröße. Derzeit erfolgt die Festlegung des Mindestlohns durch das Gesetz „Über den Mindestlohn" vom 19. 6. 2000. Dieses Gesetz sieht eine schrittweise Erhöhung des Monatsmindestlohns von 83,49 RUB auf 300 RUB bis 1. 7. 2001 vor. Für zivilrechtliche Verpflichtungen wird jedoch eine Sonderregelung getroffen, wonach der monatliche Mindestlohn ab dem 1. 1. 2001 vorerst konstant 100 RUB beträgt. Eine durch Änderungen des Monatsmindestlohns erfolgende Dynamisierung gilt im Bereich des Gesellschaftsrechts schon immer nur für Neugründungen, nicht für bestehende Gesellschaften (Verordnung 4/8 des Gemeinsamen Senats des Obersten Gerichts vom 2. 4. 1997).
[21] Bei einem zugrundegelegten Umtauschkurs von 13 RUB für 1 DM. In den folgenden Umrechnungen wird auf diesen Kurs Bezug genommen.
[22] Vgl. hierzu *Schwarz,* Investieren in Rußland, 1995, S. 28 (in der Praxis sind die Registrierungsbehörden mittlerweile dazu übergegangen, bei Kapitalgesellschaften mit ausländischer Beteiligung ein Satzungskapital von 100 Monatsmindestlöhnen ausreichen zu lassen).
[23] Siehe Rn 69 ff.

22   Für die **Satzung** der GmbH ist der notwendige Inhalt gesetzlich vorgegeben[24]. Sie muß mindestens Regelungen zu folgenden Punkten enthalten:
– Firma der GmbH;
– Sitz der Gesellschaft;
– Höhe des Satzungskapitals;
– Betrag und Höhe der Gesellschafteranteile;
– Rechte und Pflichten der Gesellschafter;
– Organe der Gesellschaft und Zuständigkeiten;
– das Austrittsverfahren und die Folgen des Austritts eines Gesellschafters;
– Regelungen zur Übertragung von Anteilen;
– Angaben über die Verwahrung von Gesellschaftsdokumenten und über die Erlangung von Informationen durch die Gesellschafter und Dritte.

23   Die Anzahl der **Gesellschafter** darf 50 nicht überschreiten. Anderenfalls ist eine GmbH binnen eines Jahres in eine offene AG (oder in eine hier nicht behandelte und in der Praxis nicht relevante Produktionsgenossenschaft) umzuwandeln. Zulässig ist auch die Gründung einer Einpersonen-GmbH. Auch bei der GmbH darf der einzige Gesellschafter nicht selbst eine Einpersonen-Kapitalgesellschaft sein.

24   Das gesetzliche **Mindestkapital** einer GmbH liegt beim 100-fachen Wert des gesetzlichen Monatsmindestlohns[25]. Auch bei der GmbH besteht ein Widerspruch zwischen dem rGmbHG, das kein höheres Stammkapital für Gesellschaften mit ausländischer Beteiligung vorsieht, und dem Registrierungserlaß, der für Gesellschaften mit ausländischer Beteiligung ein Mindestkapital in Höhe des 1 000-fachen gesetzlichen Monatsmindestlohnes vorschreibt[26].

25   Die GmbH hat mindestens zwei **Organe**, die Hauptversammlung und das Exekutivorgan (Generaldirektor, ggf. mit mehrköpfigem Vorstand). Ein Direktorenrat kann gebildet werden.

26   Eine **Besonderheit des russischen GmbHG** ist, daß Anteilsinhaber ein an keine Frist gebundenes Recht zum Austritt aus der Gesellschaft gegen Auszahlung des Anteilswerts haben[27]. Dem Schutz der Dispositionsfreiheit des einzelnen Gesellschafters wurde damit der Vorrang gegenüber der Planungssicherheit und der Kontinuität der Gesellschaft eingeräumt[28]. Auch nur restriktive Ausgestaltungen dieses Rechts durch die Satzung – selbst wenn sie einstimmig beschlossen werden – werden soweit ersichtlich nicht anerkannt. Die GmbH hat daher insbes. Bedeutung als Einpersonen-Gesellschaft.

---

[24] Art. 12 Abs. 2 rGmbHG.
[25] Ca. 800 DM im Dezember 2000.
[26] Ca. 7 700 DM im Dezember 2000, siehe hierzu auch Rn 18.
[27] Art. 26 rGmbHG.
[28] Man kann fragen, ob eine Gesellschaft, aus der jederzeit ausgetreten werden kann, überhaupt eine Gesellschaft im Rechtssinn ist oder eher eine Gemeinschaft.

C. Rechtliche Wege zu Unternehmensübernahmen

I. Formen von Unternehmensübernahmen

Auch das russische Recht unterscheidet beim Unternehmenskauf zwischen dem Erwerb von Anteilen bzw. Aktien an einer Gesellschaft (Share Deal) und der Übernahme einiger oder sämtlicher Wirtschaftsgüter eines Unternehmens (Asset Deal). Schließlich kommt der Erwerb eines Unternehmens auch durch Verschmelzung (Aufnahme/Eingliederung) auf eine andere Gesellschaft sowie durch eine Kapitalerhöhung, die der Erwerber übernimmt, in Betracht.

II. Share Deal

1. Kauf von Aktien

Aktien russischer Aktiengesellschaften sind Namensaktien. Die Ausgabe kann in **verbriefter Form** (also mit Aktienurkunden) oder in **unverbriefter Form** erfolgen. In verbriefter Form ausgegebene Aktien gehen mit der Übergabe des Zertifikats und der Vornahme einer Eingangseintragung auf dem persönlichen Konto des Erwerbers im Aktionärsregister auf den Erwerber über. Gibt die AG – wie praktisch immer der Fall – ihre Aktien in unverbriefter Form aus, ergibt sich die Inhaberschaft von Aktien nur aus der Eintragung der Person im Aktionärsregister[29]. Solche Aktien gehen also durch Zession der Rechte und Eintragung des Erwerbers im Register auf den Erwerber über.

Eine AG mit über 500 Aktionären ist verpflichtet, die **Führung des Aktionärsregisters** einem „spezialisierten Registrar" zu überlassen[30]. Die Registerführung bei sonstigen Aktiengesellschaften ist nicht geregelt, weshalb es oft erst einem Erwerber überlassen ist, durch Einrichtung eines ordnungsgemäßen Registers die Voraussetzungen zu schaffen, die ihm einen wirksamen Erwerb der Aktien in Übereinstimmung mit dem geltenden Recht ermöglichen.

Die **Umschreibung der Aktien im Aktionärsregister** nimmt der Registerführer nur dann vor, wenn der Veräußerer ihn durch Erstellung einer „Übergabeverfügung" (eine Art Bewilligung) anweist, die Aktien von dem persönlichen Aktienkonto des Veräußerers auf das – ggf. gleichzeitig zu eröffnende – Aktienkonto des Erwerbers umzubuchen. Auch der Vertrag über den Kauf der Aktien ist vorzulegen. Dieser unterliegt den Regelungen des allgemeinen Kaufrechts und bedarf der Schriftform. Die Wahl des materiellen Rechts ist idR nach allgemeinen kollisionsrechtlichen Vorschriften frei[31].

Voraussetzung dafür, daß Aktien wirksam übertragen werden können ist, daß diese bei der Erstausgabe von den Gründern der AG **voll bezahlt** wurden und die Aktienausgabe – der Beschluß über die Ausgabe von Aktien und die Bestäti-

---

[29] Hier werden die Aktien gem. Art. 149 Ziff. 1 Satz 1 rZGB auf Konten der Aktionäre gebucht.
[30] Art. 44 Abs. 3 rAktG.
[31] Siehe Rn 75.

gung des Berichts über die Ergebnisse der Aktienausgabe – anschließend **registriert** wurde. Rechtsgeschäfte über nichtregistrierte Aktien sind unzulässig und unwirksam[32].

32 Handelt es sich um eine geschlossene AG, muß das **Vorkaufsrecht der anderen Aktionäre** beachtet werden[33]. Die Satzung einer AG kann zusätzlich ein Vorkaufsrecht der AG für den Fall vorsehen, daß die Mitaktionäre von ihrem Vorkaufsrecht keinen Gebrauch machen. Das Vorkaufsrecht besteht für eine Frist von 30 Tagen ab Zugang der Kaufbedingungen bei den anderen Aktionären zu denselben Bedingungen. Das Vorkaufsrecht gilt nach hM nicht bei der Übertragung von Aktien auf einen Erwerber, der bereits Aktien besitzt (eine genügt).

33 Insbes. Satzungen von geschlossenen Aktiengesellschaften nennen manchmal die Aktionäre der Gesellschaft namentlich. Nach dem Erwerb der Aktien durch den Erwerber entspricht der Inhalt der Satzung dann nicht mehr der Rechtslage. Es ist dann eine **Satzungsänderung** vorzunehmen und bei den staatlichen Registrierungsbehörden zu registrieren.

2. Kauf von Anteilen einer GmbH

34 Für den **Kaufvertrag** über Anteile an einer GmbH gilt ebenfalls die **Schriftform**, wobei die Satzung das Erfordernis einer notariellen Beglaubigung vorsehen kann. Der Kaufvertrag[34] sollte insbes. eine Zusicherung enthalten, daß der Anteil voll und ordnungsgemäß, insbes. rechtzeitig vor Ablauf der Jahresfrist, eingezahlt wurde. Eine Übertragung eines GmbH-Anteils ist nur in dem Umfang wirksam möglich, in dem vorher die Einlage geleistet wurde[35].

35 Die Übertragung von GmbH-Anteilen auf eine andere Person macht immer eine **Satzungsänderung** erforderlich, da die Satzung Angaben über die Höhe und den Nennbetrag des Anteils eines jeden Gesellschafters enthält[36] und damit auch die Gesellschafter benennen muß. Auch der **Gründungsvertrag** muß im Zusammenhang mit der Aufnahme einer neuen Partei geändert werden.

36 Änderungen in den Gründungsdokumenten einer GmbH werden gegenüber Dritten erst mit der **staatlichen Registrierung** wirksam[37]. Im Innenverhältnis gilt, daß der Erwerber eines Anteils die Gesellschaft über die erfolgte Abtretung zu benachrichtigen hat und mit Eingang der Benachrichtigung die Rechte und Pflichten eines Gesellschafters wahrnimmt[38].

37 Nach dem Gesetz kann die **Veräußerung eines Anteils an einen Gesellschafter** durch die Satzung von der Zustimmung der übrigen Gesellschafter abhängig gemacht werden. Ein völliger Ausschluß des Rechts zur Veräußerung an einen Gesellschafter kann durch die Satzung nicht eingeführt werden[39].

---

[32] Art. 5 Abs. 2 des Gesetzes „Über den Schutz von Rechten und geschützten Interessen von Investoren auf dem Wertpapiermarkt" vom 5. 3. 1999.
[33] Art. 7 rAktG.
[34] Siehe Rn 76.
[35] Art. 21 Abs. 3 rGmbHG.
[36] Art. 12 Abs. 2 rGmbHG.
[37] Art. 12 Abs. 4 rGmbHG.
[38] Art. 21 Abs. 6 rGmbHG.
[39] Art. 21 Abs. 1 rGmbHG.

Die **Veräußerung an einen Außenstehenden** (jemanden, der noch nicht 38
Gesellschafter ist) kann die Satzung ganz ausschließen. Ist in der Satzung davon
nicht Gebrauch gemacht worden, haben die Gesellschafter ein gesetzliches Vorkaufsrecht[40].

Die Übertragung auf einen Außenstehenden **anders als durch Verkauf** ist – 39
sofern nicht anders in der Satzung bestimmt – ohne Zustimmung der übrigen Gesellschafter zulässig[41]. Es besteht auch kein Vorerwerbsrecht.

3. Erwerb von Aktien/Anteilen im Rahmen einer Kapitalerhöhung

a) Aktiengesellschaft. Zur Durchführung einer Kapitalerhöhung beschließt 40
die Hauptversammlung die Schaffung sog. angekündigter Aktien (entspricht etwa
genehmigtem Kapital). Dieser Beschluß bedarf einer Mehrheit von 75%. Die angekündigten Aktien können auch bereits bei der Gründung der Gesellschaft in der
Satzung verankert werden. Dann bedarf es keines weiteren Beschlusses der Aktionärsversammlung zur Schaffung der angekündigten Aktien.

IRd. vorhandenen – entweder in der Satzung vorgesehen oder durch Be- 41
schluß geschaffenen – angekündigten Aktien beschließt die Aktionärsversammlung oder, wenn die Satzung oder ein Beschluß der Aktionärsversammlung dies
vorsehen, der Direktorenrat mit einfacher Mehrheit über die **Unterbringung
und Ausgabe** der Aktien.

Sofern der Nennwert der auszugebenden Aktien insgesamt das 50 000-fache 42
des gesetzlichen Monatsmindestlohns übersteigt[42], muß ein **Emissionsprospekt**
erstellt werden. Dies gilt selbst dann, wenn es sich um eine Einpersonen-AG handelt. Die neu auszugebenden Aktien sind zu registrieren, was durch **Registrierung** des Ausgabebeschlusses und ggf. des Emissionsprospekts bei der Wertpapierkommission erfolgt.

Nach der Registrierung werden die **Zeichnungsverträge** geschlossen. Die 43
Bezahlung der Aktien hat innerhalb der im Beschluß über die Kapitalerhöhung
angegebenen Frist, spätestens bis zum Ablauf eines Jahres zu erfolgen. Erfolgt die
Zeichnung gegen eine Sachleistung, ist diese sofort zu erbringen, falls im Kapitalerhöhungsbeschluß nicht ausdrücklich etwas anderes festgelegt wurde[43].

b) GmbH. Bei der **Kapitalerhöhung** einer GmbH wird danach unterschie- 44
den[44], ob alle bisherigen Gesellschafter gleichberechtigt teilnehmen[45] (Regelfall)
oder nur bestimmte Gesellschafter oder Außenstehende ihren Anteil am Satzungskapital erhöhen bzw. erstmals erwerben sollen[46] (bedingte Kapitalerhöhung).

Der Gesellschafter, der eine bestehende Beteiligung ausbauen bzw. der Dritte, 45
der erstmals einen Anteil erwerben möchte, stellt einen **Antrag auf Durchführung einer Kapitalerhöhung** gegen Einbringung seiner Einlage. Der Antrag

---

[40] Art. 21 Abs. 4 rGmbHG.
[41] Art. 21 Abs. 7 rGmbHG.
[42] Ca. 385 000 DM im Dezember 2000.
[43] Art. 34 Abs. 2 rAktG.
[44] Art. 21 rGmbHG.
[45] Art. 19 Abs. 1 rGmbHG.
[46] Art. 19 Abs. 2 rGmbHG.

bedarf eines einstimmigen Beschlusses der anwesenden Gesellschafter[47]. Im Beschluß ist auch bereits über die durch die Veränderung der Anteilsverteilung erforderlich werdenden Änderungen der Satzung und des Gründungsvertrags sowie über die Frist für die Erbringung der Einlage zu beschließen.

46 Innerhalb eines Monats nach Erbringung der Einlage, spätestens sechs Monate nach Beschlußfassung über die Kapitalerhöhung, sind die **Satzungsänderungen zu registrieren**. Zu diesem Zeitpunkt muß die Einlage erbracht sein, worüber den Registrierungsbehörden entsprechende Nachweise vorzulegen sind (durch eine Bankbestätigung bei Bareinlagen bzw. Vorlage eines sog. Übergabe-/Übernahmeakts und Prüfungsvermerks bei Sacheinlagen).

III. Asset Deal

47 Der Verkauf eines Unternehmens im Wege des **Asset Deal** ist selten. Insbes. die Inventarisierung des von dem Verkauf erfaßten Vermögens, die notwendige Registrierung des Kaufvertrags sowie nicht eindeutig geklärte Haftungsfragen sind hierfür möglicherweise die Gründe. Im Rahmen von Privatisierungen staatlicher Unternehmen oder von insolvenzrechtlichen Sanierungsverfahren kommt es allerdings manchmal zu Asset Deals.

48 **Unternehmenskaufverträge** – Verträge über den Kauf eines ganzen Unternehmens als Sachgesamtheit – sind gesetzlich geregelt[48]. Sie bedürfen der Schriftform und werden erst im Zeitpunkt der staatlichen Registrierung wirksam. Dem Vertrag sind eine Inventaraufnahme, der letzte Jahresabschluß, das Gutachten eines unabhängigen Wirtschaftsprüfers sowie eine Liste der Verbindlichkeiten beizufügen[49]. Von der Registrierung des Unternehmenskaufs zu unterscheiden ist die zusätzlich erforderliche Registrierung des Eigentums am Unternehmen[50]. Die Übergabe des Unternehmens durch den Verkäufer erfolgt auf der Grundlage eines Übergabeprotokolls.

49 Die Gläubiger des Unternehmens müssen vor seiner Übertragung auf den Käufer durch eine der Parteien **schriftlich benachrichtigt werden**[51]. Sie haben das Recht, innerhalb von drei Monaten nach dem Erhalt der Benachrichtigung über den Unternehmenskauf die Erfüllung bestehender Verbindlichkeiten vor Fälligkeit zu verlangen. Ferner können sie Ersatz des ihnen ggf. durch den Kauf zugefügten Schadens durch den Verkäufer oder die Erklärung der Unwirksamkeit des Unternehmenskaufvertrags im Ganzen oder teilweise fordern[52]. Nicht benachrichtigte Gläubiger können innerhalb eines Jahres, nachdem sie von der Unternehmensübernahme Kenntnis erlangen oder hätten erlangen müssen, dieselben Rechte geltend machen[53].

---

[47] Art. 19 Abs. 2 rGmbHG.
[48] Art. 559 ff. rZGB.
[49] Art. 561 Abs. 2 rZGB.
[50] Erforderlich nach Art. 22 des Gesetzes „Über die Registrierung von Immobilien und der Rechtsgeschäfte mit ihnen" (Registrierungsgesetz) vom 21. 7. 1997.
[51] Art. 562 Abs. 1 rZGB.
[52] Art. 562 Abs. 2 rZGB.
[53] Art. 562 Abs. 3 rZGB.

Die allgemeinen Vorschriften des **Gewährleistungsrechts** im Kaufrecht finden durch Verweis auf die entsprechenden Vorschriften weitgehend auch iRd. Asset Deal Anwendung[54]. Der Käufer kann im Fall eines Sach- oder Rechtsmangels Minderung des Kaufpreises, Mangelbeseitigung durch den Verkäufer und Erstattung der Kosten für die Behebung des Mangels verlangen. Es ist unklar, ob sich diese Rechte ausschließen lassen. Die Wandelung ist ausdrücklich ausgeschlossen, falls nicht eine Zweckverfehlung vorliegt[55] und Mangelbeseitigung nicht möglich ist oder nicht gelingt.

IV. Übernahmeregelungen

Für Aktiengesellschaften gelten für den Fall von Unternehmensübernahmen noch besondere, an entsprechende **börsenrechtliche Vorgaben** des englischen Rechts angelehnte Regelungen. Die Interessen von Minderheitsaktionären werden dadurch geschützt, daß diese bei Erwerb einer relativen Mehrheit von Aktien der betreffenden AG durch einen Aktionär oder bei Veräußerung von 50% der „assets" einer Gesellschaft den Übernehmer oder die Gesellschaft zum Aufkauf ihrer Aktien verpflichten können.

Das rAktG schützt die Aktionäre einer AG zunächst vor einer **überraschenden Übernahme** einer (auch relativen) Mehrheitsbeteiligung[56]. Bei einem Erwerb von 30% oder mehr aller Stammaktien einer AG mit über 1000 Inhabern von Stammaktien muß der Gesellschaft spätestens 30 Tage vorher die Erwerbsabsicht schriftlich angezeigt werden[57].

Hat ein Aktionär allein oder gemeinsam mit ihm verbundenen Personen 30% oder mehr der Stammaktien einer AG erworben, ist den übrigen Aktionären sodann ein 30 Tage gültiges **Übernahmeangebot** zu machen. Der Übernahmepreis darf nicht niedriger sein als der mittlere Preis, der für Aktien dieser Gesellschaft innerhalb der vorangegangenen sechs Monate gezahlt wurde[58]. Wegen des nur ansatzweise entwickelten Markts für Aktien russischer Aktiengesellschaften ist die Bestimmung des Übernahmepreises schwierig.

Die Satzung einer AG kann eine **Befreiung von dieser Angebotspflicht** vorsehen. Ist dies nicht der Fall, kann die allgemeine Aktionärsversammlung – unter Ausschluß der Stimmen des übernehmenden Aktionärs – eine Aussetzung der Angebotspflicht für den Einzelfall beschließen. Für Übernahmen unter Verletzung der beschriebenen Regelungen gilt, daß der Erwerber auf ein Stimmrecht von maximal 30% – berechnet für die jeweilige Aktionärsversammlung und nicht auf die insgesamt ausgegebenen Aktien – beschränkt ist[59] (seine weiteren Aktien bleiben stimmrechtslos).

---

[54] Art. 565 Abs. 1 rZGB.
[55] Art. 565 Abs. 5 rZGB.
[56] Art. 80 rAktG.
[57] Art. 80 Abs. 1 rAktG.
[58] Art. 80 Abs. 2 rAktG.
[59] Art. 80 Abs. 2 rAktG.

55 Beim Erwerb einer AG durch einen Asset Deal kann der Erwerber auf weiteren Widerstand der Minderheitsaktionäre stoßen. Der Erwerb von **„assets" in bedeutendem Umfang** wird in aller Regel ein – zustimmungsbedürftiges – „bedeutendes Rechtsgeschäft" darstellen[60]. Eine Veräußerung von Vermögen der Gesellschaft, dessen Wert 50% des Bilanzwerts der Aktiva ausmacht, bedarf der Zustimmung von 75% der auf der entsprechenden Aktionärsversammlung vertretenen Stimmen. Überstimmte Aktionäre sind berechtigt, den Aufkauf ihrer Aktien zum Marktwert durch die AG zu verlangen. Auch in diesem Zusammenhang stellt sich die Frage nach der Bestimmung des Marktwerts.

V. Kartellrechtliches Zustimmungserfordernis

56 Seit der 1995 erfolgten Neufassung des russischen Antimonopolgesetzes[61] (rAntimonopolG) gelten in Rußland dem europäischen Recht angenäherte kartellrechtliche Grundlagen. Die **Konzentrationskontrolle** beim Erwerb von Unternehmensbeteiligungen knüpft dabei allerdings an einen so niedrigen Schwellenwert an, daß praktisch jede ausländische Investition ein Kartellverfahren mit sich bringt. Die Dauer der Verfahren beträgt in einfachen Fällen einen Monat, wenn die Behörde Ermittlungen einleitet auch länger.

57 Nach russischem Kartellrecht[62] ist der Erwerb von Aktien/Anteilen von den russischen Kartellbehörden **zu genehmigen**, wenn:
– die zu erwerbenden Aktien/Anteile mehr als 20% aller ausgegebenen stimmberechtigten Aktien/Anteile des Unternehmens ausmachen und zugleich
– der Bilanzwert der Aktiva des Erwerbers und der Gesellschaft, an der Aktien/Anteile erworben werden, zusammen das 100 000-fache des Monatsmindestlohns (etwa 770 000 DM im Dezember 2000) übersteigt.

58 Liegt der gemeinsame Bilanzwert zwischen dem 50 000-fachen und dem 100 000-fachen eines monatlichen Mindestlohns, genügt eine (nachträgliche) Benachrichtigung der Kartellbehörden. Bei Werten darunter ist keine Information der Kartellbehörden erforderlich.

59 Als Erwerb gelten auch der **Erwerb unter Einschaltung eines Treuhänders** und die Übernahme von Aktien oder eines Anteils im Rahmen einer **Kapitalerhöhung**. Auch wenn bereits einmal – in genehmigter Weise – die 20%-Grenze überschritten wurde, muß bei einem weiteren Ausbau derselben Beteiligung erneut eine Genehmigung eingeholt werden bzw. eine Benachrichtigung erfolgen.

60 Der **Erwerb von „assets"** unterliegt einer kartellrechtlichen Kontrolle, wenn der Bilanzwert der zu erwerbenden Vermögenswerte 10% des Gesamtbilanzwerts der wichtigsten Produktionsmittel und immateriellen Aktiva des veräußerten Wirtschaftssubjekts übersteigt und die o. g. Schwellenwerte der Unternehmensgröße erreicht werden.

---

[60] ISv. Art. 78 rAktG; siehe auch Rn 70.
[61] Gesetz „Über den Wettbewerb und die Begrenzung monopolistischer Tätigkeiten auf den Warenmärkten" vom 22. 3. 1991.
[62] Art. 18 rAntimonopolG.

VI. Devisenrecht

Mit den Mitteln des Devisenrechts versucht der russische Staat, die massive Kapitalflucht[63] einzudämmen und auf eine Stärkung des Rubels hinzuwirken. Die Grundlagen des russischen Devisenrechts sind im **Devisengesetz**[64] (rDevRegG) niedergelegt. In der Praxis ebenso bedeutsam sind die Instruktionen und Erlasse der Zentralbank.

Bei der Bewertung der Zulässigkeit bestimmter Zahlungen in Fremdwährung sind insbes. die folgenden Unterscheidungen des russischen Devisenrechts zu beachten:

– **Devisenausländer** („Nichtresidenten") und **Deviseninländer** („Residenten"): Als Devisenausländer gelten insbes. juristische Personen mit Sitz außerhalb der Russischen Föderation; als Deviseninländer gelten juristische Personen mit Sitz innerhalb der Russischen Föderation. In den meisten Fällen findet das russische Devisenrecht nur Anwendung, wenn mindestens auf einer Seite ein Deviseninländer beteiligt ist (zB Betriebsstätten ausländischer Unternehmen in Rußland können im wesentlichen ohne Beschränkungen Devisenzahlungen ins Ausland vornehmen und Devisen auf russischen Konten besitzen, russische GmbHs und Aktiengesellschaften können dies nicht, selbst wenn sie 100%-ige Tochtergesellschaften eines ausländischen Unternehmens sind).

– **Laufende Devisenoperationen und Devisenoperation mit Kapitalbewegungscharakter**: Die laufenden Devisenoperationen sind im Gesetz[65] abschließend aufgezählt und können von Deviseninländern abgewickelt werden, ohne daß es hierfür einer Lizenz der Zentralbank bedarf (zB Bezahlung eines Imports von Waren mit Zahlungsziel unter 90 Tagen, Ausschüttung von Dividenden, Zahlung von Zinsen). Alle anderen Devisenoperationen, die nicht ausdrücklich zu den laufenden Devisenoperationen gezählt werden, stellen hingegen Devisenoperationen mit Kapitalbewegungscharakter dar und sind Deviseninländern verboten, es sei denn der Deviseninländer erhält eine Genehmigung der Zentralbank (Lizenz) oder es liegt eine Freistellung (Instruktion der Zentralbank) vor.

Erwirbt ein Devisenausländer **von einem Deviseninländer** Aktien bzw. GmbH-Anteile an einem russischen Unternehmen, ist der Empfang der Zahlung auf den Kaufpreis beim Veräußerer nach Ansicht der russischen Zentralbank eine Devisenoperation mit Kapitalbewegungscharakter. Der russische Verkäufer benötigt zur Durchführung dieser Devisenoperation eine vorher zu beantragende **Lizenz der Zentralbank**. Nach welchen Kriterien die Zentralbank in diesen Fällen über einen Lizenzantrag entscheidet, ist nicht geregelt. Lizenzerteilungsverfahren ziehen sich über drei bis sechs Monate hin.

Die Bezahlung erfolgt daher idR in RUB. Dazu muß der Devisenausländer ein Konto bei einer durch die Russische Zentralbank autorisierten Bank eröffnen.

---

[63] Laut der Zeitung „Die Welt" vom 16. 6. 2000 seit 1991 schätzungsweise 250 Mrd. US-$.
[64] Föderales Gesetz Nr. 3615-1 „Über die Devisenregulierung und -kontrolle" vom 9. 10. 1992 (zuletzt geändert am 5. 7. 1999).
[65] Art. 1 Ziff. 9 rDevRegG.

Am 7. 3. 2001 ist die **Instruktion 93-I der Russischen Zentralbank** über Rubeltransaktionen von Nichtresidenten („Instruktion 93-I") in Kraft getreten[66]. Unterschieden werden darin nunmehr zwei Typen von Konten für ausländische juristische Personen: „K"-Konten (Konversion) und „N"-Konten (Non-Konversion). Den Kauf und Verkauf von russischen Aktien und Gesellschaftsanteilen von Deviseninländern müssen Devisenausländer **über ein „K"-Konto** abwickeln[67]. Gleiches gilt für die Zahlung von Dividenden an Devisenausländer[68]. Die Bezahlung von sonstigen Wertpapieren durch Devisenausländer an Deviseninländer kann **sowohl von „K"- als auch von „N"-Konten** aus erfolgen[69]. Verkauft ein Devisenausländer Wertpapiere, die keine Aktien sind, an einen Deviseninländer, ist der überwiesene Betrag **einem „N"-Konto** gutzuschreiben[70].

65 Guthaben auf „K"- und „N"-Konten können zum **Erwerb von Devisen auf dem russischen Devisenmarkt** verwendet werden. Inhaber von „N"-Konten erhalten aber erst 365 Tage nach Erteilung des Umtauschauftrages ausländische Währung[71]. Hingegen werden Rubelbeträge auf „K"-Konten sofort umgetauscht[72].

66 Der Erwerb von Aktien und GmbH-Anteilen **bei Gründung und Kapitalerhöhung** ist seit Oktober 1999 auch gegen **Devisen** lizenzfrei möglich[73]. Die russische Zentralbank hatte bis dahin die Ansicht vertreten, daß auch die Entgegennahme eines Fremdwährungsbetrags durch das die Beteiligung ausgebende Unternehmen selbst eine lizenzpflichtige Devisenoperation im Zusammenhang mit einer Kapitalbewegung darstelle. Der ausländische Aktionär/Gesellschafter hatte folglich immer ein Investitionskonto zu eröffnen[74]. Solche RUB-Bareinlagen nahmen dementsprechend an einer Rubelabwertung teil.

VII. Vertragsgestaltung

1. Vertretungsfragen

67 Der **gesetzliche Vertreter** russischer Kapitalgesellschaften ist das sog. Einzelexekutivorgan, der Generaldirektor. Existiert außerdem ein sog. kollektives Exekutivorgan, ein Vorstand, können dessen Mitglieder die Gesellschaft nur vertreten, wenn dies durch die Satzung, eine vom Generaldirektor ausgegebene Voll-

---

[66] Instruktion der Russischen Zentralbank Nr. 93-I vom 12. 10. 2000, bekanntgemacht am 7. 12. 2000. Sie ersetzt die bestehende Instruktion Nr. 16 vom 16. 7. 1993, so daß hier nur noch das neue Verfahren dargestellt wird.
[67] Tabelle A Nr. 313 und 314 der Instruktion 93-I.
[68] Tabelle A Nr. 309 der Instruktion 93-I.
[69] Tabelle A Nr. 316 der Instruktion 93-I.
[70] Tabelle A Nr. 315 der Instruktion 93-I.
[71] Nr. 3.8.2 der Instruktion 93-I.
[72] Nr. 3.7 der Instruktion 93-I.
[73] Weisung Nr. 660-u „Über das Durchführungsverfahren von Devisenoperationen, die im Zusammenhang mit der Gewinnung und Rückzahlung von ausländischen Investitionen stehen".
[74] Für den Aktienerwerb vgl. zB den Brief der russischen Zentralbank Nr. 12-3-s-10/7392 vom 31. 1. 1995.

macht oder durch einen Beschluß der Aktionärs- oder der Gesellschafterversammlung gedeckt ist[75].

In Rußland gibt es **keine** mit öffentlichem Glauben ausgestatteten **Handelsregister**. Es ist daher Prüfung der Satzung und des Protokolls der Aktionärs-/Gesellschafterversammlung, in der der Generaldirektor oder Vorstand gewählt wurde, erforderlich. Eine Gewähr, daß seit dieser Versammlung keine Änderungen eingetreten sind, gibt es nicht. Die Beglaubigung der Unterschrift des auf Verkäuferseite Unterzeichnenden mit dem Siegel der Gesellschaft ist kraft Handelsbrauchs ein Indiz, daß dieser zur Vertretung berechtigt ist. Es ist empfehlenswert, darauf zu bestehen, daß der Vertragsabschluß durch einen entsprechenden Beschluß der Aktionärs-/Gesellschafterversammlung oder des Direktorenrats des Verkäufers gesondert gedeckt wird.

2. Organvorbehalte (Großgeschäft und interessierte Person)

Liegt bei einer AG oder einer GmbH ein sog. **Großgeschäft** oder ein sog. **Geschäft mit einer interessierten Person** vor, greifen gesetzliche Organvorbehalte.

Ein **Großgeschäft** liegt vor, wenn der Geschäftswert 25 % des Werts der Aktiva des Veräußerers übersteigt. In diesem Fall muß es bei der AG durch den Direktorenrat einstimmig und, wenn der Geschäftswert 50 % des Werts der Aktiva übersteigt, von der Aktionärsversammlung mit einer Mehrheit von 75 % bestätigt werden[76]. Bei der GmbH ist ab dem Grenzwert von 25 % die Zustimmung der Gesellschafterversammlung erforderlich[77].

Ein **Geschäft mit einer interessierten Person** liegt bei einer AG oder GmbH vor, wenn ein Interessenkonflikt besteht. Dieser wird gesetzlich unwiderlegbar vermutet, wenn der Vertragspartner, dessen Vertreter oder Vermittler eine Person ist, die zugleich für die AG oder GmbH Verantwortung trägt. Dabei kann es sich um ein Mitglied des Direktorenrats oder der Geschäftsführung oder auch um einen Aktionär oder Gesellschafter (mit einer Beteiligung von 20 %) handeln. Das Gesetz weitet diese Regelung auch auf mit diesen Personen verbundene Personen und Angehörige aus. Geschäfte mit diesen Personen sind durch den Direktorenrat oder die Aktionärsversammlung der AG bzw. die Gesellschafterversammlung der GmbH mit einfacher Mehrheit der an dem Geschäft nicht interessierten Personen zu beschließen.

Rechtsgeschäfte, die unter Mißachtung dieser gesetzlichen Organvorbehalte abgeschlossen wurden, können gerichtlich angefochten werden und **Schadensersatzansprüche** auslösen[78].

3. Gerichtsstand, Rechtswahl, Form und Vertragssprache

Gesetzlicher Gerichtsstand für eine Klage gegen einen russischen Verkäufer ist idR das Staatliche Wirtschaftsarbitragegericht (eine Art staatliches Gericht für

---

[75] Zum Erfordernis der Mitzeichnung des Hauptbuchhalters siehe Rn 78.
[76] Art. 79 Abs. 1 rAktG.
[77] Art. 46 Abs. 3 rGmbHG.
[78] Art. 84 rAktG, Art. 45 Abs. 5, Art. 46 Abs. 5 rGmbHG.

Handelssachen) am Sitz des Verkäufers. Abweichende Gerichtsstandsvereinbarungen sind zulässig. Nach russischem Recht unterliegen Gerichtsstandsvereinbarungen der Schriftform. Niederlegung in einem gesonderten Dokument ist nicht erforderlich.

74 **Urteile staatlicher deutscher Gerichte** werden in der Russischen Föderation nicht anerkannt und können nicht vollstreckt werden (und umgekehrt). Schiedssprüche ausländischer Schiedsgerichte werden nach der New Yorker Konvention von 1958 in der Russischen Föderation in einem speziellen Gerichtsverfahren ohne inhaltliche Nachprüfung anerkannt und anschließend wie ein inländisches Urteil vollstreckt. Es sollte daher idR ein Schiedsgericht vereinbart werden.

75 Wenn an dem Vertrag ein Ausländer beteiligt ist, ist die **Rechtswahl** frei. Wenn keine Rechtswahl getroffen wird, gilt das Recht des Verkäufers[79] (was den russischen Gerichten aber nicht immer bekannt ist).

76 Nach russischem Recht genügt beim Kauf von Aktien und GmbH-Anteilen[80] die **einfache Schriftform**. Die Satzung kann indes zumindest bei der GmbH wirksam vorsehen, daß eine notarielle Beglaubigung erforderlich ist. Diese empfiehlt sich auch aus Gründen der Sicherheit und zur Erleichterung des Verkehrs mit den Behörden, wenn sie nicht vorgeschrieben ist. Die russischen Formvorschriften sind nach russischem Kollisionsrecht zwingend, auch wenn ein ausländisches Recht ansonsten wirksam gewählt wurde. Auch die Regelungen über die Vertretung des russischen Unternehmens, Organvorbehalte beim russischen Unternehmen und das Verbot einer zweistufigen Einpersonen-Beteiligung werden von der Rechtswahl bzw. davon, daß der Erwerber ein Ausländer ist, nicht berührt.

77 Es gibt keine Vorschriften hinsichtlich der **Vertragssprache**, so daß diese ebenfalls frei gewählt werden kann. Zur Registrierung angenommen werden allerdings nur Dokumente, die zumindest in beglaubigter russischer Übersetzung vorliegen. Eine beglaubigte russische Übersetzung ist idR nur erhältlich, wenn das Originaldokument mit einer Apostille versehen ist.

78 Nach dem russischen Buchhaltungsgesetz[81], das nach dem Inkrafttreten des Zivilgesetzbuchs erlassen wurde, sind finanzwirksame Verträge russischer Unternehmen nur „gültig", wenn sie die **Unterschrift des Hauptbuchhalters** tragen. Ob sie für Kaufverträge gilt, ist wie überhaupt die Einordnung dieser Vorschrift in die bestehenden Vertretungsregeln[82] unklar. Vorsorglich wird in der Praxis empfohlen, bei Verträgen aller Art immer auf Mitunterzeichnung des Hauptbuchhalters zu bestehen.

79 Rußland ist Mitglied des Haager Übereinkommens zur Befreiung **ausländischer öffentlicher Urkunden** von der Legalisierung von 1961. In Deutschland notariell beglaubigte Dokumente können daher nach Apostillierung (durch den

---

[79] „Grundlagen der Zivilgesetzgebung der UdSSR und der Unionsrepubliken" vom 31. 5. 1991, Art. 166 Ziff. 1 Abs. 2 Unterziffer 1.
[80] Zu Registrierungserfordernissen siehe Rn 31, 36.
[81] Vom 21. 11. 1996.
[82] Nach einer Entscheidung des Moskauer Föderalen Arbitragegerichts vom 4. 8. 2000 (Az. KG-A40/3318-00) ist diese Bestimmung nichtig.

Landgerichtspräsidenten) in Rußland verwendet werden. Als Nachweis der ordnungsgemäßen Vertretung eines deutschen Unternehmens genügt ein beglaubigter und apostillierter Handelsregisterauszug, sofern das Unternehmen durch den oder die eingetragenen Geschäftsführer bzw. Prokuristen vertreten wird.

VIII. Unternehmensverschmelzungen

Eine Unternehmensübernahme kann auch durch Verschmelzung erfolgen. Eine Verschmelzung ist ein **Verfahren der Umwandlung** einer Gesellschaft. Das russische Recht hat aber nicht – wie das deutsche Recht – ein Umwandlungsgesetz. Einige allgemeine Vorschriften zum russischen Umwandlungsrecht finden sich im rZGB, das rAktG und das rGmbHG enthalten ergänzende Vorschriften. Eine Aufdeckung stiller Reserven findet nicht statt. Der Vorgang ist mit Ausnahme der Wertpapiersteuer im Fall einer Kapitalerhöhung[83] insgesamt steuerfrei. Insgesamt ist die Materie nur sehr lückenhaft geregelt. 80

Bedeutung haben insbes. zwei Formen der Verschmelzung, die **Verschmelzung im eigentlichen Sinne und die Eingliederung**[84]. Bei der **Verschmelzung** im eigentlichen Sinne entsteht eine neue Gesellschaft, auf die sämtliche Vermögenswerte und Schulden einschließlich aller Rechte und Pflichten der Ursprungsgesellschaften übergehen. Die zu verschmelzenden Gesellschaften werden aufgelöst. Bei der Eingliederung werden alle bestehenden Rechte und Pflichten der einzugliedernden Gesellschaft auf eine andere bereits existierende Gesellschaft übertragen. 81

Über Verschmelzungen und Eingliederungen entscheiden die **Gesellschafterversammlungen**, wobei der jeweilige Beschluß mit einer Mehrheit von 75% der anwesenden stimmberechtigten Aktionäre bei einer AG[85] oder einstimmig bei einer GmbH[86] gefaßt werden muß. 82

Die Verschmelzung **in Form der Eingliederung (Aufnahme in eine bestehende Gesellschaft)** umfaßt im wesentlichen die folgenden Schritte: 83
– Getrennte Beschlußfassung der aufzunehmenden und der aufnehmenden Gesellschaft über die Aufnahme;
– Unterzeichnung des Aufnahmevertrags;
– Benachrichtigung der Gläubiger der aufzunehmenden Gesellschaft innerhalb von 30 Tagen (Folge: Recht auf vorfällige Befriedigung offener Forderungen);
– Erstellung des Übertragungsakts;
– Beschluß durch die Aktionärs- bzw. die Gesellschafterversammlung der aufzunehmenden Gesellschaft;
– Annahme der geänderten Satzung der aufnehmenden Gesellschaft;
– staatliche Registrierung der Änderungen der Satzung der aufnehmenden Gesellschaft;

---

[83] Siehe Rn 118.
[84] Art. 58 Abs. 2 rZGB.
[85] Art. 48 Ziff. 1 Abs. 2 iVm. Art. 49 Abs. 3 rAktG.
[86] Art. 33 Abs. 11 iVm. Art. 37 Abs. 8 rGmbHG.

– Eintrag eines Vermerks in das staatliche Register über die Beendigung der aufgenommenen Gesellschaft.

84 Mit der staatlichen Registrierung wird die Verschmelzung wirksam.

D. Besonderheiten der Due Diligence

85 Meist ermöglicht erst eine Due Diligence eine einigermaßen aussagekräftige Risikoeinschätzung beim Unternehmenskauf. Beim Management russischer Gesellschaften bestand in der Vergangenheit oft nur bedingt die Bereitschaft, sämtliche für eine Prüfung erforderlichen Informationen offenzulegen, wobei sich hier ein gewisses Umdenken abzuzeichnen scheint. Die notwendigen Fragestellungen entsprechen den international üblichen Due Diligence-Checklisten.

86 Folgende Fragen sollten aber bei einem Erwerb in Rußland **besondere Aufmerksamkeit** erfahren:
– Gründungsverfahren (Häufig anzutreffen sind insbes. die folgenden Fehler: Das Satzungskapital wurde nicht rechtzeitig eingezahlt oder die von einer AG ausgegebenen Aktien wurden nicht registriert. Die Föderale Wertpapiermarktkommission ermöglicht allerdings eine nachträgliche Durchführung dieses Verfahrens.);
– Privatisierungsverfahren (Das russische Privatisierungsrecht wird in weiten Teilen durch untergesetzliche und lokale Vorschriften bestimmt. Eine abschließende Überprüfung, ob das zur fraglichen Zeit einschlägige Recht verletzt wurde und wenn ja, welche Folgerungen sich daraus ergeben, ist nur schwer möglich; selbst grundlegende Fragen nach der Veräußerungsbefugnis auf staatlicher Seite – föderale oder lokale Behörde – sind oft nicht oder widersprüchlich geregelt.);
– Vorkaufsrechte und Zustimmungserfordernisse;
– Durchführung eines Kartellverfahrens bei früheren Transaktionen, insbes. wenn Beteiligungen von über 20% veräußert wurden;
– Bestand der Rechte an Gebäuden und Grundstücken;
– steuerliche Risiken;
– Vorliegen der Lizenzen für ausgeübte Tätigkeiten;
– umweltrechtliche Haftungsrisiken, insbes. Bescheide der Behörden im Zusammenhang mit der Genehmigung der Überschreitung von Grenzwerten.

87 **Ergänzende Auskünfte** können bei Behörden, wie der Steuerinspektion, den Registrierungskammern, der Föderalen Wertpapiermarktkommission und dem Staatlichen Komitee für Statistik der Russischen Föderation oft relativ unproblematisch eingeholt werden.

E. Besonderheiten in den Begleitfeldern

I. Immobilienrecht

Beim Unternehmenskauf spielen oft Fragen der Rechte an Immobilien und ggf. deren gesonderter Erwerb eine Rolle. Da in Rußland das Immobilienrecht nur teilweise reformiert wurde und die bestehenden Regelungen für Ausländer ungewohnt sind, sollen die **Grundzüge** hier kurz dargestellt werden.

1. Rechtsgrundlagen

Die russische Verfassung unterscheidet zwischen privatem, staatlichem, kommunalem und sonstigem Eigentum. Sie räumt ferner den „Bürgern" das **Recht auf Privateigentum an Grund und Boden** ein. Es fehlt bislang aber an einer ausreichenden gesetzlichen Ausgestaltung des privaten Bodenrechts. Seit 1992 gibt es Bemühungen, ein Bodengesetz zu erlassen, jedoch stimmte die Duma, das russische Parlament, den bisherigen Entwürfen nicht zu. Die im rZGB enthaltenen Regelungen[87] zum Bodenrecht sind am 27. 4. 2001 (kurz vor Drucklegung) nach einer Verzögerung von fünf Jahren in Kraft getreten. Ferner wird aller Voraussicht nach in Kürze ein Bodengesetzbuch in Kraft treten, das weitere Einzelheiten zum Kauf von Grund und Boden regelt. Es ist davon auszugehen, daß zumindest innerstädtischer Grund und Boden künftig sowohl von Privatpersonen als auch von gewerblichen Unternehmen als Eigentum gehalten und Handel damit getrieben werden kann. Die nachfolgenden Ausführungen befassen sich noch mit der gegenwärtigen Rechtslage, jedoch ist zum 1. 1. 2002 bereits mit dem Inkrafttreten wesentlicher Änderungen zu rechnen.

2. Gegenstand des Eigentums

Das russische Recht sieht eine **Trennung** des Rechts am **Boden** von dem Recht am **Gebäude** vor. Daher beziehen sich Rechte eines Eigentümers isoliert auf ein Grundstück und auf das daraufstehende Gebäude.

a) **Eigentum an Grund und Boden.** Sowohl natürliche als auch juristische Personen haben das Recht, Boden zu erwerben, zu verkaufen, zu vererben, zu verschenken, zu belasten, zu tauschen und in Kapital- sowie Personengesellschaften mit und ohne ausländische Beteiligung einzubringen[88]. Die Frage, ob auch **ausländische** Personen Eigentum an Grund und Boden erwerben können, kann anhand der Verfassung nicht eindeutig bejaht werden. Bis zum Inkrafttreten eines Bodengesetzes bleibt es ungewiß, ob von Ausländern aufgrund regionaler Vorschriften erworbene Eigentumsrechte an Grund und Boden Bestand haben werden.

Auch **staatliches Eigentum** an Grund und Boden und dessen Veräußerung wird von den Subjekten der Russischen Föderation teilweise unterschiedlich geregelt. Staatseigentum wird zunächst durch Negativdefinition bestimmt. Alles Vermögen, das weder natürlichen oder juristischen Personen noch den Kommunen

---

[87] Vgl. Abschnitt 17 (Art. 260 ff.) rZGB.
[88] Präsidialerlaß Nr. 1767 vom 27. 10. 1993.

gehört, ist staatlich. Nach dem im **Moskauer Gebiet** (die Stadt Moskau selbst gehört nicht dazu) geltenden Recht[89] kann staatliches Eigentum an Grund und Boden auf gewerbliche Organisationen übertragen werden. Diese Übertragungsbefugnis gilt nicht für landwirtschaftlich genutzte Grundstücke, Waldgrundstücke, Grundstücke mit sozialer, kultureller oder kommunaler Zweckbestimmung, für zum Wohnungsbau bestimmte Grundstücke sowie für Grund und Boden mit Bodenschätzen[90]. Es bleiben also im wesentlichen Flächen für Büro- und Geschäftsgebäude sowie Gewerbeflächen. Nach einer Verordnung[91] des Oberbürgermeisters der **Stadt Moskau** wird hingegen städtischer Grund und Boden bis zum Inkrafttreten eines neuen Bodengesetzes **nicht veräußert** (während etwa im Moskauer Gebiet, im Gebiet Saratow und anderen Subjekten tatsächlich Verkäufe stattfinden).

93 In Moskau ist aber auch eine langfristige **Verpachtung** (49 Jahre mit Option auf Verlängerung und auf Eigentumserwerb bei Inkrafttreten eines Bodengesetzes) möglich[92]. Das Pachtrecht an einem Grundstück hat anscheinend fast dinglichen Charakter, denn es bedarf der staatlichen Registrierung[93]. Es kann auf einer öffentlichen Versteigerung oder durch freihändigen Verkauf von der Stadt Moskau erworben werden. Eine Weiterübertragung des Pachtrechts ist je nach Vertragsinhalt mit oder ohne Zustimmung der Stadt möglich. Sie schließt sodann einen neuen Pachtvertrag mit dem Erwerber und registriert die Rechtsänderung.

94 **b) Eigentum an Gebäuden.** Mit dem Übergang des Eigentums an einem Gebäude geht kraft Gesetzes ein **Anspruch auf Einräumung des Pachtrechts** an dem Teil des Grundstücks, auf dem das Gebäude steht, auf den Erwerber über[94]. Die Einzelheiten werden in einem nach Erwerb des Gebäudes zu schließenden neuen Pachtvertrag mit der Verwaltung (zB der Stadt Moskau) festgelegt. Der Pachtzins im Zentrum von Moskau betrug zuletzt 11,10 € je m². Der Anstieg ist durch Gesetz der Stadt Moskau auf jährlich 7% begrenzt[95].

95 Der automatische Übergang des Anspruchs auf das Pachtrecht gilt nur für überbaute Grundstücksteile. Befindet sich das Gebäude auf einem **Grundstück mit freier Fläche**, muß der Erwerber für die Einräumung des Pachtrechts an der nicht überbauten Fläche ein Entgelt bezahlen (Basiswert derzeit 76 US-$ je m² multipliziert mit einem Faktor je nach Lage im Stadtgebiet)[96]. Anschließend ist der o. g. reguläre Pachtzins zu zahlen.

---

[89] Art. 2 des Gesetzes des Moskauer Gebiets vom 7. 6. 1996 „Über die Verfügung über Grundstücke, die staatliches Eigentum sind und zur Ausübung einer unternehmerischen Tätigkeit innerhalb des Moskauer Gebiets genutzt werden".
[90] Zentner, Rechte an Grund und Boden in der Russischen Föderation, WIRO 2000, 333, 366.
[91] Verordnung Nr. 23-M vom 17. 1. 1994.
[92] Gem. Präsidialerlaß Nr. 96 vom 6. 2. 1995 „Über die zweite Stufe der Privatisierung in der Stadt Moskau" hat der Eigentümer einer in der Stadt Moskau gelegenen Immobilie das Recht, das darunter gelegene Grundstück langfristig zu pachten.
[93] Art. 26 Registrierungsgesetz.
[94] Art. 37 Bodengesetz.
[95] Gem. dem Gesetz der Stadt Moskau Nr. 34 „Über die Grundlagen der entgeltlichen Bodennutzung in der Stadt Moskau" vom 16. 7. 1997 und der Verfügung des Bürgermeisters der Stadt Moskau Nr. 980-RM vom 25. 9. 1998 „Über den Bodenmietzins in der Stadt Moskau".
[96] Gem. der Verfügung des Bürgermeisters der Stadt Moskau Nr. 254-RM vom 24. 5. 1995.

Eigentum an Gebäuden wird **durch Vertrag** von einer Person auf eine andere übertragen. Es wird nicht zwischen Verpflichtungs- und Verfügungsgeschäft unterschieden. Der Vertrag bedarf nur der Schriftform. Zur Vollendung des Eigentumsübergangs ist nach dem Registrierungsgesetz die **staatliche Registrierung** des Vertrags erforderlich[97]. 96

Gebäude können zweifelsfrei von **ausländischen Unternehmen und Privatpersonen** erworben, gehalten und vermietet werden. Entsprechendes gilt für die Pacht des dazugehörigen Grundstücks. 97

3. Immobilienrecht beim Unternehmenskauf

Beim **Share Deal** ergibt sich aus dem Vorhandensein von Rechten an Gebäuden und Grundstücken in rechtlicher Hinsicht nichts besonderes. Dies gilt auch, wenn alle Anteile an einem Unternehmen erworben werden. Beim GmbH- und Aktiengesellschaftskauf sind keine gesteigerten Formerfordernisse zu beachten. 98

Eine praktische Schwierigkeit besteht darin, daß die Rechte am Boden nicht ordnungsgemäß dokumentiert sein können. Dies ist vor allem bei nicht überbauten, aber betriebsnotwendigen Flächen ein häufiges Problem, das iRd. Due Diligence[98] erkannt und vor dem Anteilskauf behoben werden sollte. 99

Beim **Asset Deal** kommt es darauf an, ob es sich um den Erwerb des ganzen Unternehmens oder einzelner Teile davon handelt. Beim Erwerb des ganzen Unternehmens ist stets die Registrierung der Rechte an Gebäuden und am Boden notwendig, und zwar zusätzlich zur Registrierung des Unternehmenskaufvertrags und des neuen Inhabers. Gleiches gilt bei Unternehmensverschmelzungen. 100

II. Wertpapierrecht

Wie bereits ausgeführt[99] unterstehen **Aktiengesellschaften** nicht nur den aktiengesellschaftsrechtlichen, sondern auch den **wertpapierrechtlichen Regelungen** des Wertpapiergesetzes (rWertPG). Auch geschlossene Aktiengesellschaften müssen – selbst wenn ein Aktionär sämtliche Aktien hält – bereits bei Ausgabe von Aktien in einem Gesamtwert von 50 000 gesetzlichen Mindestlöhnen[100] einen Emissionsprospekt erstellen. Sie unterliegen Berichtspflichten (Quartalsberichte und Ad hoc-Publizität). 101

Eine AG, deren Aktien zu mehr als 20% von einer anderen Gesellschaft gehalten werden, ist nach russischem Recht eine **„abhängige Aktiengesellschaft"**[101]. Der Erwerber ist verpflichtet, der Föderalen Wertpapierkommission den Erwerb der Aktien binnen eines Monats mitzuteilen. Eine Person, die mehr als 25% der Aktien einer russischen AG erwirbt, ist nach dem Aktienrecht eine sog. **„affiliierte Person"**. Affiliierte Personen sind verpflichtet, unter Angabe der Anzahl der von ihr 102

---

[97] Gesetz „Über die Registrierung von Immobilien und der Rechtsgeschäfte mit ihnen" vom 21. 7. 1997.
[98] Siehe Rn 85 ff.
[99] Siehe Rn 42.
[100] Ca. 385 000 DM im Dezember 2000.
[101] Art. 6 Abs. 4 rAktG.

gehaltenen Aktien und der Aktienkategorien die AG innerhalb von zehn Tagen über den Erwerb des entsprechenden Aktienpakets zu informieren[102]. Darüber hinaus ist jeder **ausländische Erwerber** von Aktien einer russischen AG verpflichtet, die Föderale Wertpapierkommission von einem Aktienerwerb unabhängig von der Anzahl der erworbenen Aktien zu unterrichten[103].

III. Der Handel mit russischen Aktien

1. Die russischen Börsen MICEX und RTS

103 Aktien offener Aktiengesellschaften werden an Wertpapierbörsen gehandelt. **MICEX** (Moscow Interbank Currency Exchange) **und RTS** (Russian Trading System) sind die wichtigsten Wertpapierhandelsplätze auf dem russischen Markt.

104 **MICEX** wurde 1992 gegründet und ist mit einem Marktanteil von mehr als 60% die größte Wertpapier- und Devisenbörse Rußlands[104]. Die rund 500 Händler stammen aus allen Teilen des Landes und handeln ausschließlich auf elektronischem Weg (Computerhandel). Decken sich ein Kauf- und ein Verkaufsauftrag, dann ist ein Vertrag automatisch geschlossen. Ausländische Banken dürfen nicht am Handel teilnehmen.

105 **RTS** ist ein überregionales elektronisches Handelssystem für Wertpapiere und hat nach eigenen Angaben einen Marktanteil von 30%[105]. Den Mitgliedern stehen 30 verschiedene Handelsplätze auf dem Gebiet der Russischen Föderation zur Verfügung. RTS ermöglicht Direktverkäufe von Händler zu Händler. Jedes Mitglied von RTS kann Angebote zum Kauf bzw. Verkauf von Wertpapieren abgeben sowie abrufen. Es handelt sich nicht um bindende Angebote, sondern lediglich um Hinweise auf den möglichen Preis. RTS bietet keine Hilfe beim Vertragsschluß.

2. Ausländische Börsen und ADRs

106 Einige russische Werte werden auch an ausländischen Börsen gehandelt, wie zB an der **NEWEX** (New European Exchange) in Wien. Muttergesellschaften sind die Deutsche Börse und die Wiener Börse. Rußland als größter osteuropäischer Markt ist dort vertreten[106].

107 Ein wichtiger Bestandteil des Marktes an russischen Aktienwerten sind **American Depository Receipts (ADR)**. Dies sind Hinterlegungsscheine für Aktien, die anstelle dieser selbst an ausländischen Börsen gehandelt werden[107]. Der

---

[102] Art. 93 Abs. 1 rAktG.
[103] Art. 29 rWertPG.
[104] Insgesamt wurden dort im Juni 2000 rund 140 Aktien mit einer Marktkapitalisierung von 50 Mrd. US-$ gehandelt. Der durchschnittliche Tagesumsatz lag im März 2000 bei rund 70 Mio. €.
[105] Fast 400 Wertpapiere von ca. 250 Unternehmen werden derzeit bei RTS gehandelt. Der durchschnittliche Tagesumsatz im Monat Dezember 2000 lag bei 13,2 Mio. US-$, der Umsatz im Jahr 2000 bei 5,8 Mrd. US-$.
[106] Lukoil Stämme, Lukoil Vorzüge, Sibneft, Samara, Svyazinform und Tatneft.
[107] Nur russische Investoren dürfen Aktien des Energie-Riesen Gazprom erwerben, Ausländer sind auf ADRs beschränkt.

Preis eines ADR hängt davon ab, wie viele dieser Scheine für eine Aktie (oder umgekehrt) herausgegeben wurden. Das herausgebende ausländische Kreditinstitut haftet den Anlegern im Rahmen des von ihr herausgegebenen Emissionsprospekts über die ADR für den Bestand der Rechte und übernimmt bestimmte Dienstleistungen für den Inhaber des ADR (u. a. Weiterleitung der Dividenden).

IV. Sonderrecht für ausländische Beteiligungen

Nach dem rAuslInvG ist die Einfuhr von Vermögenswerten, die von Gesellschaftern als Sacheinlage in das Satzungskapital von „Unternehmen mit ausländischen Investitionen" zu leisten sind und bei der Gesellschaft verbleiben, von Einfuhrzöllen und von der Einfuhrmehrwertsteuer dann freizustellen, wenn es sich um **„vorrangige Investitionsprojekte"** handelt. Darunter sind solche Investitionsprojekte zu verstehen,
– bei denen der Gesamtumfang ausländischer Investitionen mind. 1 Mrd. RUB oder
– bei denen der Umfang der Einlagen ausländischer Investoren in das Satzungskapital eines Unternehmens mind. 100 Mio. RUB beträgt, wenn sie in einer von der russischen Regierung festgesetzten Auflistung enthalten sind. Eine solche Auflistung wurde bisher noch nicht veröffentlicht.

V. Arbeitsrecht

Das russische Arbeitsrecht ist arbeitnehmerfreundlich. Der Wechsel des Eigentümers des Unternehmens oder die Reorganisation (Fusion, Angliederung, Teilung oder Umbildung) eines Unternehmens beendet nicht das **Arbeitsverhältnis** mit dem früheren Unternehmensinhaber[108]. Bei Einwilligung des Arbeitnehmers wird das Arbeitsverhältnis mit dem übernehmenden Unternehmen fortgeführt. **Tarifverträge** bleiben vom Betriebsübergang unberührt[109].

Eine Kündigung im Rahmen eines Betriebsübergangs ist nur möglich, wenn die Unternehmensleitung die **Kündigung** mit „Personalabbau" oder „Stellenplankürzung" begründen kann. Es ist möglich, Aufhebungsvereinbarungen mit Mitarbeitern zu schließen, wobei allerdings hohe Anforderungen an die Freiwilligkeit der Unterzeichnung derartiger Verträge gestellt werden. Einseitige Gehaltskürzungen bei Unternehmensübernahmen und Unternehmenskäufen sind nicht erlaubt. Die gesetzlichen Vorgaben werden allerdings nicht selten verletzt, ohne daß die Arbeitnehmer sich beschweren.

VI. Steuerrecht

Im folgenden werden die wichtigsten steuerlichen Belastungen im Zusammenhang mit dem Erwerb von Beteiligungen in der Russischen Föderation skizziert.

---
[108] Art. 19 Arbeitsgesetzbuch.
[109] Art. 22 des Gesetzes „Über Betriebsvereinbarungen und Tarifverträge" vom 11. 3. 1992.

1. Quellensteuerpflichtigkeit von Zinsen und Dividenden

112 Auf die an einen ausländischen Gesellschafter gezahlten Dividenden und Zinsen ist von der zahlenden Gesellschaft eine **Quellensteuer** in Höhe von 15% einzubehalten[110]. Der Quellensteuersatz wird zB nach dem DBA Deutschland-Rußland auf Antrag auf 5% bei Dividenden und auf Null bei Zinsen herabgesetzt (und die Einkünfte in Deutschland freigestellt). Bei Dividenden an russische Gesellschaften beträgt die Steuer 35% (ab 1.1.2002 voraussichtlich 24%) auf jeder Stufe beim Empfänger. Eine Anrechnung auf der nächsten Stufe gibt es nicht. Deshalb sollten Beteiligungen an russischen Unternehmen durch das ausländische Erwerberunternehmen selbst oder eine für diesen Zweck errichtete andere ausländische Gesellschaft gehalten werden, wenn mit Dividenden oder Zinsen zu rechnen ist.

2. Mehrwertsteuer

113 Bei der Bezahlung von Lieferungen und Leistungen russischer Unternehmen ist auf die entsprechenden Vertragswerte die Mehrwertsteuer in Höhe von 20% zu zahlen. Nach dem Empfängerortprinzip unterliegen auch in Rußland empfangene Leistungen ausländischer Unternehmen der Mehrwertsteuer[111]. Beim **Asset Deal** greift die Mehrwertsteuer von 20% für alle Teile des Geschäfts. Bei Immobilien wurde bisher nur die Differenz zwischen Kaufpreis und Buchwert erfaßt (mit Wegfall des Vorsteuerabzugs), seit 1.1.2001 unterliegen Immobilien voll der Mehrwertsteuer (mit Vorsteuerabzug). Beim **Share Deal** ist zu differenzieren: Aktien waren schon immer eindeutig von der Mehrwertsteuer freigestellt, GmbH-Anteile dagegen nicht ausdrücklich, jedoch wurden sie – soweit ersichtlich – wie Aktien behandelt. Seit 1.1.2001 sind sie auch ausdrücklich freigestellt. Die Vermietung von **Immobilien** in Rußland ist mehrwertsteuerpflichtig, jedoch gilt das nicht bei Mietern, die akkreditierte ausländische natürliche oder juristische Personen aus in einer Liste enthaltenen Ländern sind[112].

114 Die gezahlte Mehrwertsteuer kann im wesentlichen (seit 1.1.2001 auch bei Immobilien) nach den international üblichen Regeln unbeschränkt als **Vorsteuer abgezogen** werden. Auch die Erstattung ist vorgesehen, jedoch in der Praxis nicht leicht durchzusetzen.

3. Vermögensteuer

115 Die Vermögensteuer beträgt 2% des Buchwerts (Anschaffungswert gemindert um die kumulativen Abschreibungen). Anschaffungsaufwand wird nicht berücksichtigt. Der jährliche Abschreibungssatz für Vermögensteuerzwecke bei Immobilien ist davon abhängig, ob die Immobilie von einer russischen Objektgesellschaft oder als Betriebsstätte des ausländischen Unternehmens gehalten wird. Während im ersten Fall der russische Satz von jährlich 0,4 bis 5% (in den meisten

---

[110] Art. 10 Ziff. 1 Gewinnsteuergesetz.
[111] Art. 4 Ziff. 5 lit. a) des Gesetzes Nr. 1992-1 vom 6.12.1991 „Über die Mehrwertsteuer".
[112] Brief des Staatlichen Steuerdienstes der Russischen Föderation Nr. JuU-6-06/80n vom 13.4.1994 idF vom 11.1.2001.

Fällen nur 1%) gilt[113] (ab 1. 1. 2002 bis zu 3,24%), richtet sich der Abschreibungssatz bei Betriebsstätten nach den insofern in Rußland für anwendbar erklärten Werten des Auslands, höchstens 5%.

4. Gewinnsteuer

Die Gewinnsteuer[114] beträgt seit 1. 1. 2001 35% (die Einkommensteuer für alle natürlichen Personen, auch für Einzelunternehmen einheitlich nur 13%, was sich jedoch bei den Personengesellschaften mit Ausnahme der einfachen Gesellschaften ohne gewerbliche Tätigkeit nicht auswirkt, weil diese als juristische Personen gelten). Beim Verkauf von Anlagevermögen – bei einem Asset Deal der Wirtschaftsgüter einschließlich Gebäude, beim Share Deal der Aktien oder GmbH-Anteile – gilt die Differenz zwischen Buchwert und Kaufpreis als Ertrag. Eine Kapitalerhöhung ist gewinnsteuerfrei, wenn sie staatlich registriert wird oder wenn der Zahlende eine Beteiligung von mehr als 50% besitzt, ansonsten greift die Gewinnsteuer. Bei der Verschmelzung und der Eingliederung kommt es nicht zur Aufdeckung stiller Reserven. Ab 1. 1. 2002 beträgt die Gewinnsteuer voraussichtlich nur noch bis zu 24%.

5. Abzugsfähigkeit von Zinsen

Gegenwärtig sind lediglich Zinsen für Kredite zur **Finanzierung laufender Kosten** abzugsfähig, nicht jedoch Zinsen für Darlehen im Zusammenhang mit der Anschaffung von Anlagevermögen und Bauten[115]. Wenn Abzugsfähigkeit besteht, sind Zinsen auf RUB-Darlehen bis zur Höhe des Diskontsatzes der Russischen Zentralbank (im Dezember 2000 25%) plus 3% und Devisendarlehen bis zu 15% p. a. abzugsfähig. Eine steuerliche Geltendmachung von Zinsen – ebenso wie von Aufwendungen für die Tilgung – im Zusammenhang mit der Anschaffung von Sachanlagevermögen ist derzeit über einen Sonderabzug möglich. Danach darf der jährliche zu versteuernde Gewinn eines Unternehmens bis zu maximal 50% um den die Abschreibungen überschreitenden Betrag der im Geschäftsjahr entstandenen Aufwendungen (Zinsen und Tilgungen) zur Anschaffung von Sachanlagevermögen und Bauten gemindert werden. Nach Verabschiedung eines Steuerreformpakets bereits in zweiter Lesung durch das russische Parlament im Juni 2001 ist damit zu rechnen, daß die Abzugsfähigkeit von Zinsaufwand in vollem Umfang – also auch für Darlehen, die im Zusammenhang mit Kapitalinvestitionen aufgenommen werden – zum 1. 1. 2002 hergestellt sein wird.

6. Wertpapiersteuer

Bei einer Kapitalerhöhung durch Ausgabe neuer Aktien (nicht bei Gründung) wird eine Wertpapiersteuer von 0,8% auf den Erhöhungsbetrag fällig. Dies gilt

---

[113] Verordnung des Ministerrats Nr. 1072 vom 22. 10. 1990.
[114] Entspricht der deutschen Körperschaftsteuer.
[115] Ziff. 2 lit. s) Regierungsverordnung Nr. 552 vom 5. 8. 1992 „Über die Zusammensetzung der Betriebskosten und die Errechnung der bei der Gewinnbesteuerung zu berücksichtigenden Finanzergebnisse"; anders jedoch nach dem Protokoll zum DBA, siehe Rn 5.

auch bei Kapitalerhöhung im Zusammenhang mit einer Unternehmensverschmelzung.

7. Verlustvortrag

119   Kapitalgesellschaften sind – anders als Betriebsstätten – zum Verlustvortrag berechtigt. Eine Anrechnung der Verluste hat aber über fünf Jahre zu gleichen Teilen zu erfolgen und ist lediglich bis zu 50% des Gewinns eines Geschäftsjahrs möglich.

8. Steuerfragen der passiven Vermietung

120   Auch Gebäude können durch Ausländer abgesehen von der Vermögensteuer ohne Besteuerung in der Russischen Föderation gehalten und vermietet werden (passive Vermietung). Es obliegt den Mietern dieser Objekte, die **Quellensteuer**, die bei Vermietung 20% auf die Mieteinnahmen beträgt, sowie die Mehrwertsteuer abzuführen. Der Vorteil der passiven Vermietung liegt nicht nur darin, daß die idR höheren ausländischen **Abschreibungssätze** für die Vermögensteuerbestimmung Anwendung finden, sondern auch, daß keine den lokalen Anforderungen entsprechende **Buchhaltung** erforderlich ist und die **devisenrechtlichen** Beschränkungen weitestgehend nicht gelten. Da der Abzug von Zinsen für den Erwerb der Immobilien, der eigentlich für russische Kapitalgesellschaften mit deutschen Gesellschaftern und deutsche Betriebsstätten nach dem Protokoll zum DBA Deutschland-Rußland zugelassen ist, noch auf Widerstand stößt[116], ist die Steuerbelastung der Mieteinnahmen derzeit auch dann kaum unter 20% der Mieteinnahmen zu drücken, wenn es sich um aktive Vermietung handelt. Mit Einführung des neuen Höchstsatzes von 24% voraussichtlich zum 1.1.2002 dürfte die passive Vermietung an Bedeutung verlieren.

F. Finanzierung von Unternehmensübernahmen

I. Finanzierungsquellen

121   Als Folge der noch immer bestehenden politischen und finanziellen Instabilität Rußlands und des damit verbundenen schlechten internationalen Kreditrankings ist die Finanzierung einer Investition in diesem Land schwierig. **Russische Banken** scheiden als Finanzierungsquelle meist aus, weil ihre eigenen Refinanzierungsmöglichkeiten aus demselben Grund beschränkt sind. Ausländische Banken gewähren Darlehen meistens nur, wenn eine volle Absicherung des Risikos außerhalb Rußlands erfolgt.

122   Alternative ist die Finanzierung mit eigenen Mitteln des Investors mit oder ohne Inanspruchnahme von Bundesgewährleistungen (Hermes) für eine Investition oder einen gewährten Kredit. Außerdem kommen als **Darlehensgeber** die

---

[116] Siehe Rn 5.

EBRD (Osteuropabank mit Sitz in London) und die IFC (International Finance Corporation mit Sitz in Washington) in Betracht, die beide bereit sind, das Länderrisiko Rußland zu akzeptieren. Ausländische Investoren müssen aber auch bei diesen Darlehensgebern für eine Reihe von Risiken selbst haften, insbes. für die Fertigstellung eines Projekts, die Abnahme von Produkten und das Vorhandensein von ausreichenden Drittmitteln. Außerdem lassen sich diese Institute die Übernahme des Länderrisikos durch hohe Zinsen und Prämien bezahlen.

II. Rechtliche Rahmenbedingungen

Aus russischer Sicht lassen sich die wesentlichen rechtlichen Rahmenbedingungen **für eine Finanzierung** in Rußland wie folgt zusammenfassen:
- Es gibt derzeit **keine Obergrenze** für eine Fremdfinanzierung im Verhältnis zum Eigenkapital. Fremdkapital wird nicht in Eigenkapital umqualifiziert. Ab dem 1.1.2002 gilt voraussichtlich eine Obergrenze der Fremdfinanzierung von 3:1.
- Da nach dem DBA Deutschland-Rußland eine Herabsetzung des Quellensteuersatzes im Falle von Zinszahlungen auf Null vorgesehen ist, während bei Dividenden nur eine Herabsetzung auf 5% möglich ist, ist bei einer Investition aus Deutschland aus russischer Sicht **Zinsaufwand** selbst dann gegenüber Dividenden vorzuziehen, wenn der Zinsaufwand selbst gewinnsteuerlich nicht absetzbar ist (die Dividenden werden auch aus dem versteuerten Gewinn bezahlt).
- Devisenrechtlich gibt es keine Genehmigungserfordernisse, wenn die Finanzierung einer ausländischen Bank entweder eine Frist von **180 Tagen** unterschreitet (und dann ggf. als revolvierender Kredit erneut gewährt wird) oder bei einer **russischen Bank** in Anspruch genommen wird. Russische Banken können sich selbst ohne Zentralbanklizenz im Ausland in Devisen refinanzieren, wenn sie – was idR der Fall ist – über eine entsprechende Generallizenz verfügen.
- Darlehen **ausländischer Banken** können durch Zwischenschaltung einer russischen Bank im Ergebnis auch dann ohne Zentralbanklizenz gewährt und zurückgezahlt werden, wenn die genannte Frist von 180 Tagen überschritten wird (russische Banken in diesem Sinne sind auch die Tochterinstitute der rund 20 ausländischen Banken, die in den vergangenen zehn Jahren in Rußland eröffnet wurden).
- Eine Finanzierung durch **Eigenkapital** ist devisenrechtlich ebenfalls unproblematisch[117], da nunmehr das Lizenzerfordernis für eine Einzahlung des Kapitals in Fremdwährung entfallen ist. Nach dem rDevRegG sind Dividendenzahlungen und auch die Rückführung des eingesetzten Kapitals bei Liquidation (oder Teilliquidation) ebenfalls lizenzfrei möglich.

---

[117] Siehe Rn 66.

III. Sicherheiten

124 Als gesetzlich vorgesehene **Sicherungsmittel** nennt das rZGB das Pfand, das Zurückbehaltungsrecht, die Bürgschaft, die Bankgarantie, die Draufgabe, den Eigentumsvorbehalt und die staatliche Garantie. Die Sicherungsübereignung wird von der russischen Rechtsprechung bisher nicht anerkannt, da es nach dem russischen Pfandrecht auch bei Verpfändung beweglicher Sachen möglich ist, daß der Verpfänder den Pfandgegenstand weiter besitzt und nutzt. Auch Aktien und GmbH-Anteile können verpfändet werden. Pfand und Hypothek berechtigen im Konkurs nicht zur Aussonderung. Sie verbessern nur die Rangstelle des Inhabers.

125 Nach russischem Recht können Gebäude mit einer **Hypothek** belastet werden[118]. Die Hypothek bedarf (anders als die Vollrechtsübertragung) eines notariell beurkundeten Vertrags (und der staatlichen Registrierung)[119]. Da die Notargebühren linear 1,5% vom Gegenstandswert betragen, sind Hypotheken meist schon aus diesem Grund wenig attraktiv. Staatliches und kommunales Eigentum sowie im Eigentum von Landwirtschaftsbetrieben stehende Flächen sind von einer Belastung durch Hypotheken ausgeschlossen.

126 Alle Sicherungsmittel sind bisher nur **von geringer Bedeutung**, da sie zum einen wenig erprobt sind und zum anderen – und dies ist entscheidend – zur Durchsetzung einen Zugriff in Rußland erforderlich machen. Sie haben deshalb für die Gläubiger wegen des Länderrisikos nur einen geringen Wert. Gegenwärtig spielen die Sicherungsmittel bei der Rückversicherung von Institutionen, die das Rußland-Risiko selbst absichern bzw. übernehmen, wie Hermes, EBRD und IFC sowie in gewissem Umfang für Banken in Rußland eine Rolle.

127 Nachdem am 24. 4. 2001 der Widerstand der kommunistischen Fraktion und der Agrarfraktion im russischen Parlament gegen das Inkrafttreten der bodenrechtlichen Vorschriften im rZGB gebrochen und das 17. Kapitel in Kraft gesetzt wurde und nunmehr ein **Entwurf eines umfassenden Bodengesetzbuchs** beraten wird, wird sich die Rechtslage in Bezug auf dingliche Sicherheiten an unbeweglichem Vermögen aber vermutlich grundlegend ändern. Nach der Einleitung der Unternehmensprivatisierung durch das Privatisierungsgesetz von 1991 ist dies genau zehn Jahre später der zweite strategisch wichtige gesetzgeberische Schritt zur Rückkehr Rußlands in eine Privatrechtsordnung nach bürgerlichen Maßstäben. Im Zusammenwirken mit der seit dem Amtsantritt von Präsident Putin erreichten wirtschaftlichen und politischen Stabilität wird diese Rechtsreform einen wesentlichen Schritt dazu beitragen, die bisher bestehende Gesetzgebungslücke bei der Bestellung von Sicherheiten im Zusammenhang mit ausländischen Investitionen zu schließen und damit die Voraussetzungen für mehr nennenswerte Auslandsinvestitionen ohne staatliche Garantien der Exportförderungsagenturen der westlichen Länder zu schaffen.

---

[118] Hypothekengesetz Nr. 102-FZ vom 16. 7. 1999.
[119] Art. 10 Abs. 1 Hypothekengesetz; Art. 29 Registrierungsgesetz.

§ 38 Volksrepublik China

Übersicht

	Rn
A. Einleitung	1
B. Wirtschaftliche Betätigung von Ausländern	5
C. Gesellschaftsformen	8
I. Allgemeiner Überblick	8
II. Equity Joint Venture	9
III. Contractual Joint Venture	12
IV. 100%-ige Tochtergesellschaft	14
V. Holding	15
VI. Aktiengesellschaft	19
D. Rechtliche Wege zu Unternehmensübernahmen	22
I. Bedeutung von Unternehmensübernahmen	22
II. Asset Deal	25
1. Direkte ausländische Kapitalbeteiligung	25
2. Indirekte ausländische Kapitalbeteiligung	30
3. Wirtschaftsreform durch Asset Deals	31
III. Share Deal	33
1. Anteilsübertragung innerhalb eines FIE	33
2. Anteilserwerb durch ein FIE	37
3. Anteilserwerb an einer chinesischen Gesellschaft	41
4. Unternehmenszusammenschluß	45
E. Besonderheiten der Due Diligence	48
F. Besonderheiten in den Begleitfeldern	53
I. Gewerbliche Schutzrechte	53
II. Arbeitsrecht	55
III. Steuern	58
G. Finanzierung von Unternehmensübernahmen	62
I. Kapitaleinlagen	62
II. Finanzierung und Kreditsicherung	67

Abkürzungen:

FIE	Foreign Investment Enterprise, Unternehmen mit ausländischer Kapitalbeteiligung
MOFTEC	Ministry of Foreign Trade and Economic Cooperation of the People's Republic of China, Außenhandelsministerium der Volksrepublik China
RMB	Renminbi (Währung der Volksrepublik China)
WFOE	Wholly Foreign Owned Enterprise, 100%-ige Tochtergesellschaft

A. Einleitung

1 Von einer weltwirtschaftlich wenig beachteten und auch wenig bedeutsamen Stellung im Jahre 1978, dem Beginn der chinesischen Öffnungspolitik, hat sich die Volksrepublik China („China") zu einem der wichtigsten **Mitspieler in der Weltwirtschaft** entwickelt. Ab 1980 lag die durchschnittliche jährliche Wachstumsrate des Bruttoinlandsprodukts bei über 10%. Sie liegt seit 1998 immer noch im Durchschnitt bei 7% bis 8%[1]. Als neuem Mitglied der Welthandelsorganisation (WHO) wird China auch zukünftig eine bedeutende Rolle in der Weltwirtschaft zufallen, und es entspricht allgemeinen Prognosen, daß die WHO-Mitgliedschaft kurz- und mittelfristig zu einem erheblichen Anstieg des Investitions- und Handelsvolumens in und mit China führen wird.

2 Gleichzeitig kämpft die chinesische Regierung im binnenwirtschaftlichen Raum mit den maroden Strukturen überschuldeter **Staatsunternehmen**. Die weitere wirtschaftliche wie politische Entwicklung des Landes wird wesentlich davon abhängen, ob es gelingt, einen Reformkurs einzuschlagen, der neue Unternehmensstrukturen schafft und dabei soziale Unruhen vermeidet. Im Rahmen dieser makro-ökonomischen Umstrukturierungen werden Unternehmensübernahmen durch internationale Gesellschaften eine wesentliche Rolle spielen.

3 Von Bedeutung wird dabei auch sein, wie sich in China die beiden nationalen Börsen in Shanghai und Shenzhen entwickeln werden und ob es gelingt, über den Börsengang in- und ausländisches Kapital anzuziehen. Ob sich in diesem Zusammenhang die Bedeutung der Börse in **Hong Kong** reduzieren wird, wie nach der Übergabe Hong Kongs an China im Jahre 1997 vielfach prognostiziert worden ist, bleibt noch abzuwarten. Hong Kong ist zwar Teil Chinas, als sogenannte „Special Administrative Region" unterliegt es jedoch einem eigenen Rechtssystem, das im wesentlichen[2] unabhängig vom Rechtssystem Chinas ist und dem angloamerikanischen Rechtskreis zugerechnet werden kann. Dieser Status wurde Hong Kong von China für einen Zeitraum von 50 Jahren ab dem Datum des „hand over" zugesichert; auch das Recht der Unternehmensübernahmen in Hong Kong wird also voraussichtlich noch für eine erhebliche Zeit deutlich von dem Chinas abweichen.

4 Nicht nur die wirtschaftliche Rolle Chinas, sondern auch das chinesische **Rechtssystem** hat seit 1978 einen dramatischen Aufschwung zu verzeichnen: Innerhalb von weniger als zwei Jahrzehnten hat die chinesische Regierung ein völlig neues[3] Rechtssystem aufgebaut, das u. a. dadurch geprägt ist, daß wirtschaftliche Betätigungen von ausländischen Unternehmen einer strikten Kontrolle unterliegen. Es sind Sondergesetze für Investitionen durch ausländische Unter-

---

[1] Anmerkungen zu den Angaben des chinesischen Staatlichen Amtes für Statistik bei *Taube*, Die chinesische Volkswirtschaft zum Jahrhundertwechsel, Zeitschrift für Politik 1/2000, 32 ff.
[2] Für Aufsehen sorgte allerdings die Entscheidung vom 26. 6. 1999, wonach das volkschinesische National People's Congress Standing Committee die Letztentscheidung bei der Interpretation des Rechts von Hong Kong (Basic Law) hat, und nicht der Hong Kong Court of Final Appeal, Renmin Ribao vom 27. 6. 1999.
[3] Reste des nur wenig ausgeprägten Rechtssystems waren während der Kulturrevolution von 1966 bis 1976 endgültig zerschlagen worden.

nehmen erlassen worden, wobei inzwischen eine Tendenz feststellbar ist, eine Rechtsvereinheitlichung für internationale und binnenchinesische Unternehmen herzustellen. Dieser Beitrag wird sich auf Unternehmensübernahmen im Zusammenhang mit Auslandsinvestitionen konzentrieren.

B. Wirtschaftliche Betätigung von Ausländern

Fast jede Form der Geschäftstätigkeit in China durch ein nicht-chinesisches Unternehmen unterliegt dem Erfordernis der **Genehmigung** durch staatliche Behörden, namentlich des Aussenhandelsministeriums (MOFTEC). Selbst die Gründung einer Repräsentanz[4] durch ein ausländisches Unternehmen bedarf einer Genehmigung. Hinzu kommen bei Unternehmensgründungen die Genehmigungen durch die industriespezifische Kontrollbehörde. In einigen Bereichen ist die Investitionstätigkeit von ausländischen Unternehmen eingeschränkt oder verboten, so bspw. im Automobilsektor (maximal 50%-ige Beteiligung des ausländischen Unternehmens bei der Herstellung von Automobilen) oder im Telekommunikationsbereich[5].

In einem vergleichbaren Umfang, in dem die Unternehmensgründung einer behördlichen Genehmigung unterliegt, können auch **Unternehmensübernahmen** durch ausländische Unternehmen in China genehmigungspflichtig sein. Es bestehen keine Anzeichen, daß dieser Kontrollmechanismus in absehbarer Zeit abgeschafft oder auch nur deutlich eingeschränkt wird. Allerdings wird versucht, je nach Bedeutung des Projekts für die makro-ökonomische Planung Chinas die Genehmigungskompetenz unabhängig vom Investitionsvolumen auf lokale, Provinz- und nationale Ebene zu verteilen[6]. Beim Erwerb von Aktien wird die Kontrolle ausländischer Betätigung dadurch umgesetzt, daß Ausländer bislang nur spezielle Aktien, sog. B-Shares erwerben dürfen[7].

---

[4] Der erlaubte Tätigkeitsbereich einer Repräsentanz umfaßt Liaison und Marktforschung, nicht jedoch den Abschluss von Verträgen.

[5] Grundsätze zu den Einschränkungen finden sich im Foreign Investment Guidance Catalogue, gültig in seiner neuesten Fassung vom 1. 1. 1998, der allerdings fortlaufend durch behördeninterne Regularien überarbeitet wird. Der Foreign Investment Guidance Catalogue unterscheidet zwischen Projekten, die als „gefördert", „eingeschränkt zulässig" (Kategorien A und B) und „verboten" eingestuft werden; Investitionsbereiche, die nicht erwähnt sind, gelten als „erlaubt".

[6] Während bislang der Grundsatz galt, wonach Projekte mit einem Investitionsvolumen von über US-$ 30 000 000 in jedem Fall von MOFTEC auf nationalem Level zu genehmigen sind, ist durch jüngste Regelungen dieses Prinzip aufgeweicht worden (Notice of the State Development Planning Commission and the State Economic and Trade Commission On Relevant Issues Concerning Expanding Local Approval Power Over Foreign Investment Projects of Encouraged Category which are not Subject to State Overall Planning Control, vom 6. 12. 1999). Nicht mehr das Investitionsvolumen, sondern die industriespezifischen Bereiche sind nun entscheidend, wobei dies allerdings zu einer gewissen Unschärfe bei der Feststellung der zuständigen Genehmigungsbehörde führt.

[7] Ausländische Investoren sollen allerdings in absehbarer Zeit die Möglichkeit erhalten, auch sog. A-Aktien zu handeln (zu den Unterscheidungen siehe noch im folgenden Text), *Anthony Francis Neoh*, Chief Advisor der Wertpapierkommission des Staatsrats, China Daily vom 25. 7. 2000; ähnlich *Li Bin*, Vize Minister der State Development Planning Commission, China Daily vom 19. 8. 2000.

7   Die Genehmigungspflicht zur Gründung von Unternehmen und für Unternehmensübernahmen wird ergänzt durch andere **Kontrollmechanismen** in China: Die chinesische Währung Renminbi (RMB) ist nur beschränkt konvertierbar und unterliegt einer strikten Devisenkontrolle, die es der chinesischen Regierung ermöglichen soll, über Deviseneinnahmen, sowie Ausgaben und Schulden in Fremdwährung einen Überblick zu erhalten. China will gezielt bestimmte Industriebereiche fördern und erwartet daher Technologieimporte. Diese unterliegen ebenfalls einer Inhaltskontrolle.

C. Gesellschaftsformen

I. Allgemeiner Überblick

8   Für ausländische Investitionen steht in China eine breite Palette von **Gesellschaftsformen** zur Verfügung: Sie reicht von einem partnerschaftlich organisierten Joint Venture (vergleichbar einer BGB-Gesellschaft) ohne Haftungsbeschränkungen über eine Gesellschaft mit beschränkter Haftung bis hin zur Aktiengesellschaft (im folgenden werden Unternehmen mit ausländischer Kapitalbeteiligung der Üblichkeit entsprechend als „FIE(s)" – Foreign Investment Enterprise(s) – bezeichnet). Insbes. unterscheidet das chinesische Recht bei FIEs zwischen Joint Venture Gesellschaften (in der Form von Contractual Joint Venture oder Equity Joint Venture) unter Beteiligung von chinesischen und ausländischen Gesellschaftern, und der 100%-igen Tochtergesellschaft (üblicherweise Wholly Foreign Owned Enterprise genannt – WFOE), einer Gesellschaft, die ausschließlich mit ausländischem Kapital gegründet ist, aber auch ein Joint Venture zwischen zwei oder mehr ausländischen Investoren mitumfaßt. Soweit investitionsrechtlich erlaubt, besteht eine deutliche Tendenz zur Gründung eines WFOE, um die sehr weitgehenden Minderheitsschutzrechte bei Joint Venture Gesellschaften zu vermeiden.

II. Equity Joint Venture

9   Ein **Equity Joint Venture** kann nur in Form einer Gesellschaft mit beschränkter Haftung gegründet werden; Gesellschafter sind ein oder mehrere ausländische und ein oder mehrere chinesische Investoren[8].

10 Ein ausgeprägter **Minderheitsschutz** verlangt, daß unabhängig von der Höhe der Beteiligungen am Stammkapital Entscheidungen zur Satzungsände-

---

[8] Wesentliche gesetzliche Grundlagen sind das „Law of the People's Republic of China on Joint Ventures using Chinese and Foreign Investment" vom 1. 7. 1979, in der revidierten Fassung vom 15. 3. 2001, und die hierzu erlassenen Durchführungsbestimmungen „Regulations for the Implementation of the Law of the People's Republic of China on Joint Ventures using Chinese and Foreign Investment" vom 20. 9. 1983. Eine Vielzahl weiterer Regelungen und Vorschriften ergänzen und modifizieren diese Regelungen.

rung, zur Auflösung des Joint Venture, zur Erhöhung, Herabsetzung (nur unter sehr beschränkten Voraussetzungen) oder Übertragung des Stammkapitals sowie der Zusammenschluß mit anderen Unternehmen einer einstimmigen Entscheidung des Board of Directors bedarf. Im **Board of Directors** sind die Gesellschafter im ungefähren Verhältnis ihrer Kapitalbeteiligung vertreten. Es gelten keine Stimmrechte gemäß den Anteilen am Stammkapital, sondern Stimmrechte nach dem Prinzip „one man, one vote". Auch der Chairman of the Board, der zugleich gesetzlicher Vertreter des Equity Joint Venture ist, hat nach dem chinesischen Gesetz nur eine einfache Stimme[9].

Nicht die Vorschriften, die speziell für FIEs erlassen worden sind, jedoch das Gesellschaftsrecht der Volksrepublik China schreibt ein absolutes **Mindeststammkapital** für Gesellschaften mit beschränkter Haftung gestaffelt nach dem Geschäftsbereich der Gesellschaft vor[10]. Grundsätzlich müssen 25% des Stammkapitals von dem ausländischen Gesellschafter gezeichnet werden, wenn das Unternehmen die Vorteile genießen soll, die einem FIE nach chinesischem Recht zustehen[11].

III. Contractual Joint Venture

Die Rechtsform des **Contractual Joint Venture** ermöglicht es den Gesellschaftern, zwischen einer Gesellschaft mit beschränkter Haftung und einer nichtjuristischen Person, insbes. einer Arbeitsgemeinschaft, zu wählen[12]. Die zweite Alternative gewährt den Gesellschaftern einen erheblichen Freiraum bei der Ausgestaltung der internen Organisationsstruktur. Wird das Contractual Joint Venture als Gesellschaft mit beschränkter Haftung gegründet, besteht der wesentliche Unterschied gegenüber dem Equity Joint Venture darin, daß Gewinne nicht entsprechend den Kapitalanteilen verteilt werden müssen. Ist vereinbart, daß der ausländische Gesellschafter durch die Gewinnausschüttung bei der Rückführung seiner Investition gegenüber dem chinesischen Investor bevorzugt wird, also eine höhere Gewinnausschüttung als nach dem Stammkapitalverhältnis berechnet erhält[13], ist allerdings die gesetzliche Folge, daß bei der Auflösung der Gesellschaft das gesamte vorhandene Vermögen dem chinesischen Gesellschafter zufällt.

---

[9] Es sind nur wenige Fälle in der Praxis bekannt, in denen dem Chairman of the Board vertraglich ein zusätzliches, entscheidendes Stimmrecht im Fall von Patt-Situationen eingeräumt werden konnte.

[10] Für Produktionsunternehmen gilt bspw. ein Mindeststammkapital in Höhe von RMB 500 000 (gegenwärtig etwa DM 120 000). Siehe Rn 63 zu dem prozentual zu errechnenden Mindeststammkapital.

[11] Dazu gehören insbes. steuerliche Vergünstigungen, wie bspw. eine Steuerbefreiung für produktiv tätige Unternehmen in den beiden ersten Jahren, in denen Gewinne erwirtschaftet werden. Dies gilt für alle FIEs, also auch für die in Rn 12 bis 14, 19 bis 21 genannten Gesellschaftsformen.

[12] Wesentliche gesetzliche Grundlagen sind das „Contractual Joint Venture Law" vom 13. 4. 1988 in der revidierten Fassung vom 31. 10. 2000 und die hierzu erlassenen Durchführungsbestimmungen vom 4. 9. 1995 sowie die MOFTEC-Erläuterungen zu den Durchführungsbestimmungen vom 22. 10. 1996.

[13] Diese Variante wird gerne für BOT-Strukturen gewählt.

13 Das in Form einer Gesellschaft mit beschränkter Haftung gegründete Contractual Joint Venture muß einen Board of Directors einrichten, im Fall einer nicht juristischen Person muß das Contractual Joint Venture ein sog. „Joint Management Committee" haben (das allerdings – ebenso wie der Board of Directors – nicht im Tagesgeschäft tätig ist). In beiden Fällen gilt derselbe **Minderheitenschutz** wie beim Equity Joint Venture, hinzu kommt das Einstimmigkeitserfordernis bei der Verpfändung von Gesellschaftsvermögen[14].

IV. 100%-ige Tochtergesellschaft

14 Eine **100%-ige Tochtergesellschaft** (WFOE) wird grundsätzlich als Gesellschaft mit beschränkter Haftung gegründet; erlaubt – in der Praxis jedoch unüblich – sind andere vertragliche Ausgestaltungen[15]. Ausländische Investoren sind frei in der Gestaltung der internen Organisation eines WFOE; zwingende Minderheitenschutzrechte sind nicht vorgesehen[16]. Auch für den Fall, daß mehrere ausländische Gesellschafter gemeinsam eine 100%-ige Tochtergesellschaft gründen, ist es diesen überlassen, vertraglich ihre Rechte nach eigenen Vorstellungen auszugestalten; entsprechende Vereinbarungen können, müssen aber nicht chinesischem Recht unterliegen und sind den chinesischen Genehmigungsbehörden (in chinesischer Übersetzung) lediglich zu den Akten mit vorzulegen.

V. Holding

15 Die Gründung einer **Holding** in China unterliegt nicht nur den allgemeinen Regeln (insbesondere denen zur Gründung einer 100%-igen Tochtergesellschaft, falls – wie üblich – kein chinesischer Gesellschafter in die Holding mitaufgenommen wird), sondern auch Spezialregelungen, die die Vorstellungen des chinesischen Gesetzgebers reflektieren, daß Holdinggesellschaften nur als reine Investitionsgesellschaften zur Verwaltung von in China gegründeten Unternehmen mit ausländischer Kapitalbeteiligung tätig werden sollen[17]. Da die Holdinggesellschaft in China im wesentlichen der Koordination verschiedener Investitionen dient, kann sie gerade bei Unternehmensübernahmen eine besondere Rolle spielen.

16 Allerdings kann das **Mindeststammkapital** einer Holding in China in Höhe von US-$ 30 000 000 nicht dadurch erbracht werden, daß Anteile in FIEs übertragen werden, für die das Stammkapital bereits eingezahlt ist. Die Holding-Regelungen zielen auf multinationale Unternehmen, die zu einer Neu-Investition

---

[14] In der Praxis dürfte dieses Erfordernis aber wohl auch für Equity Joint Venture gelten.
[15] Gesetzliche Grundlagen sind insbes. das „Law of the People's Republic of China on Wholly Foreign Owned Enterprises" vom 12. 4. 1986 in der revidierten Fassung vom 31. 10. 2000 und die hierzu erlassenen Durchführungsbestimmungen vom 12. 12. 1990.
[16] Dies liegt im wesentlichen daran, daß typischerweise eine 100 %-ige Tochtergesellschaft von einem einzigen Gesellschafter gegründet wird.
[17] Regelungen sind insbes. die „Interim Regulations for the Establishment of Holding Companies by Foreign Investors" vom 4. 4. 1995 sowie die am 16. 4. 1996 dazu erlassenen MOFTEC-Erläuterungen sowie die vom 24. 8. 1999 stammenden „Supplementary Regulations to the Interim Provisions on the setting up of Investment Companies by Foreign Investors".

in Höhe des Mindeststammkapitals bereit sind; das Mindeststammkapital einer Holding kann allerdings für noch nicht geleistete Kapitaleinlagen in FIEs verwendet werden, an denen sich die Holding beteiligt.

Die **Beteiligungsquote** einer Holdinggesellschaft in einem FIE soll mindestens 10% betragen; sie muß mindestens 25% betragen, wenn die Holding neben der reinen Finanzfunktion auch zusätzliche Aufgaben bei der Koordination ihrer Tochtergesellschaften übernehmen soll (bspw. Unterstützung bei der Rekrutierung von Personal, Garantien für Bankdarlehen, Koordinationsaufgaben bei Ein- und Verkauf). 17

Steuerliche Überlegungen spielen (in Deutschland) bei der Gründung einer Holdinggesellschaft keine Rolle, da eine steuerliche Konsolidierung bislang nicht möglich ist. Für Dividenden gilt eine **Steuerfreistellung** auf beiden Ebenen (Dividendenausschüttung von den Tochtergesellschaften an die Holding und von der Holding an deren Muttergesellschaft), wie sie auch für die direkte Dividendenausschüttung durch ein FIE greift[18]. 18

VI. Aktiengesellschaft

Die Gründung einer **AG** in China unterliegt im wesentlichen den Vorschriften des chinesischen Gesellschaftsrechts[19], bei Aktiengesellschaften mit einem ausländischen Investitionsvolumen von mindestens 25% gelten weitere Sonderregelungen[20]. Das Mindeststammkapital einer rein chinesischen AG beträgt RMB 10 000 000, im Fall einer AG mit Auslandsbeteiligung RMB 30 000 000[21]. Die Errichtung der Gesellschaft kann entweder nach der „promoter method"[22] durch mindestens fünf Gesellschafter erfolgen oder durch die „share float method", bei der ein Teil der Aktien von den Promotern (also mindestens fünf Gesellschaftern) übernommen und der Rest der Aktien an das Publikum ausgegeben wird. 19

Eine Besonderheit börsennotierter Aktiengesellschaften ist die Unterscheidung zwischen **A-, B-, H- und N-Aktien** nach chinesischem Gesellschaftsrecht: 20
– A-Aktien sind Aktien, die auf einen Nennbetrag in RMB lauten und die nur von chinesischen Staatsbürgern oder chinesischen juristischen Personen gehalten werden dürfen.
– B-Aktien, die ebenfalls auf einen Nennbetrag in RMB lauten, dürfen nur gegen Devisen gekauft oder verkauft und nur an Börsen innerhalb Chinas gehandelt werden[23].

---

[18] Zu weiteren Details *Peusch*, Steering it all: Coordinating Multiple Investments in the PRC, China Direct Investor, May 1998, S. 12ff.
[19] In Kraft seit dem 1. 7. 1994.
[20] Insbes. die „Interim Regulations on Certain Issues concerning the Establishment of Companies limited by Shares with Foreign Investment" vom 10. 1. 1995.
[21] Dies entspricht in etwa DM 2 500 000 bzw. DM 7 500 000 nach gegenwärtigem Wechselkurs.
[22] Nach chinesischem Recht müssen mindestens fünf Gründer an der Errichtung einer AG beteiligt sein.
[23] Eine chinesische AG darf B-Aktien nur dann ausgeben, wenn sie eine entsprechende Genehmigung der Wertpapierkommission des Staatsrats erhalten hat.

– H- bzw. N-Aktien sind solche, die auf einen Nennbetrag in RMB lauten, aber nur gegen Devisen gekauft oder verkauft werden dürfen und an der Börse in Hong Kong (H-Aktien) oder an der Börse in New York (N-Aktien) gehandelt werden[24].

21 Grundsätzlich gilt bei den Entscheidungen der Gesellschafterversammlung das **Mehrheitsprinzip**. Entscheidungen zur Erhöhung oder Herabsetzung des Kapitals, Umstrukturierung einschließlich Merger sowie Auflösung und zu jeder Form der Änderung der Satzung bedürfen allerdings einer Zweidrittelmehrheit. Stimmrechte in der Gesellschafterversammlung sind grundsätzlich entsprechend den Kapitalanteilen verteilt.

D. Rechtliche Wege zu Unternehmensübernahmen

I. Bedeutung von Unternehmensübernahmen

22 Jede dem chinesischen Recht unterliegende Unternehmensübernahme mit Beteiligung von ausländischen Investoren bedarf der **Genehmigung**. Deswegen wird häufig zur Erleichterung eventueller Umstrukturierungen bei der Gründung eines FIE eine **Off-Shore-Gesellschaft** eingeschaltet, um im Fall der Übertragung von Gesellschaftsanteilen des ausländischen Gesellschafters eine Genehmigungspflicht zu verhindern. Solche Off-Shore-Gesellschaften werden bspw. auf den British Virgin Islands zu keinem anderen Zweck gegründet, als die Anteile eines FIE zu halten; dies wird aber von den chinesischen Gesellschaftern eines FIE und/oder den Genehmigungsbehörden zT dann abgelehnt, wenn auf die unmittelbare Gesellschafterstellung des ausländischen Investors (wie bspw. in der Automobilindustrie) Wert gelegt wird. Ein weiterer Vorteil der Off-Shore-Gesellschaftsstruktur ist der Wegfall des Zustimmungserfordernisses durch den chinesischen Joint Venture-Gesellschafter zu einer FIE Umstrukturierung.

23 Zuständige Behörde für die Genehmigung von Unternehmensübernahmen in China ist, soweit ausländische Investitionen bei der Transaktion involviert sind, u. a. **MOFTEC**. Ausnahmen gelten im vorgenannten Fall der Einschaltung einer Off-Shore-Gesellschaft oder dann, wenn ein FIE „assets" von einem chinesischen Unternehmen erwirbt, das nicht Gesellschafter des FIE wird.

24 In der Praxis erfolgt die Gründung von Joint Venture Gesellschaften häufig als Unternehmensübernahme in Form von oder mit Elementen eines Asset Deal. Erhebliche praktische Bedeutung haben weiterhin Umstrukturierungen von FIEs durch Anteilsverkäufe, einschließlich der Umstrukturierung eines Joint Ventures in ein WFOE durch Übernahme aller vom chinesischen Gesellschafter gehaltenen Anteile. Zunehmend von Bedeutung sind Unternehmensübernahmen bei Aktiengesellschaften.

---

[24] Auch hierfür ist eine besondere Genehmigung der Wertpapierkommission des Staatsrats erforderlich.

II. Asset Deal

1. Direkte ausländische Kapitalbeteiligung

Die einzige gegenwärtige in China erlaubte Form des Asset Deal mit direkter ausländischer Kapitalbeteiligung ist die Gründung eines FIE, regelmäßig eines Equity Joint Ventures zwischen einem ausländischen und einem chinesischen Gesellschafter. Die Struktur der Unternehmensgründung sieht dann typischerweise vor, daß der ausländische Gesellschafter Bareinlagen erbringt, die von dem Joint Venture verwendet werden, um damit das Unternehmen des chinesischen Gesellschafters (dessen „assets") zu erwerben. Häufig bringt der chinesische Gesellschafter dabei einen Teil seiner „assets" bereits als **Kapitaleinlagen** ein; der restliche Teil der Unternehmens-„assets" wird dann auf der Basis eines **Kaufvertrags** zwischen dem Joint Venture und dem chinesischen Gesellschafter übertragen.

Unabhängig davon, ob „assets" insgesamt oder nur teilweise als Kapitaleinlage bzw. im Rahmen eines Kaufvertrags an das Joint Venture übertragen werden, unterliegt der chinesische Gesellschafter dabei der Verpflichtung zur staatlichen **Bewertung** der Vermögensgegenstände, wenn es sich bei dem chinesischen Gesellschafter um ein Staatsunternehmen handelt[25]. Der Asset Deal ist als Teil der Gründung eines Joint Venture genehmigungspflichtig (unterliegt aber nicht als solcher einer Genehmigungspflicht, mit der Ausnahme der soeben beschriebenen Vermögensbewertung).

Der **Kaufvertrag** ist üblicherweise Anlage zum Joint Venture-Vertrag und unterliegt – als Vertrag zwischen zwei chinesischen Rechtspersonen – chinesischem Recht[26]. Der Kaufvertrag kann dabei die notwendigen Gewährleistungen des chinesischen Gesellschafters vorsehen; oftmals werden in einem Vertrag beide (sofern vereinbart) Aspekte der „asset"-Übertragung (nämlich die Kapitaleinlage und die Übertragung auf der Grundlage eines Kaufvertrags) miteinander verbunden, so daß Gewährleistungen und Garantien die gesamten übertragenen „assets" erfassen.

Wettbewerbsklauseln sind dann von besonderer Bedeutung, wenn der Asset Deal nur einen Teil des Unternehmens des chinesischen Gesellschafters erfaßt und dieser im übrigen sein bestehendes Unternehmen weiterführt (häufig in unmittelbarer Nachbarschaft des neu gegründeten Joint Venture). Hier besteht Verhandlungsfreiheit, allerdings muß sich der ausländische Gesellschafter darauf einrichten, daß ihm unabhängig von der Höhe seiner Beteiligung Wettbewerbsverbote auferlegt werden, wie er sie auch vom chinesischen Gesellschafter verlangt[27].

---

[25] Die Vorschriften zur Bewertung lassen den Wirtschaftsprüfern und staatlichen Bewertungsbehörden viel Spielraum bei der Anwendung von Bewertungsmethoden; in der Praxis besteht allerdings (bevor die staatliche Bewertungsbehörde eingeschaltet worden ist) ein Verhandlungsspielraum. Wesentliche gesetzliche Grundlage sind die „Administration of State Asset Evaluation Procedures" vom 16.11.1991 und die dazu erlassenen Durchführungsbestimmungen, die u. a. neben einer Bewertung aufgrund des Marktwerts auch eine Bewertung nach der Ersatzkostenmethode erlauben.

[26] Insbes. dem zum 1.10.1999 in Kraft getretenen Vertragsgesetz.

[27] Dies entspricht der in China häufig anzutreffenden Verhandlungsstrategie, wonach chinesische und ausländische Gesellschafter auf gleicher Ebene in die Verhandlungen eintreten und insoweit auch gleichen Pflichten unterliegen sollen, wenn das Joint Venture gegründet ist.

Ebenso wichtig sind **Vertraulichkeitsvereinbarungen** bei räumlicher Nähe des bestehenden chinesischen Unternehmens, fast noch wichtiger klare räumliche Abgrenzungen in der Praxis und entsprechende Sicherheitsvorkehrungen.

29   Während die Gesellschafter bei der Gründung des Joint Venture den **Gerichtsstand** frei wählen können (üblich ist die Vereinbarung eines ausländischen Schiedsgerichts), gilt für den rein chinesischen Kaufvertrag, aufgrund dessen dem Joint Venture die „assets" übertragen werden, allenfalls die Möglichkeit der Vereinbarung eines chinesischen **Schiedsgerichts** (das einem chinesischen ordentlichen Gericht vorzuziehen ist). Dabei ist es inzwischen auch möglich, das chinesische internationale Schiedsgericht anzurufen[28].

2. Indirekte ausländische Kapitalbeteiligung

30   Ist bereits ein FIE gegründet worden, so kann auch über dieses Vehikel eine Unternehmensübernahme durch Asset Deal erfolgen. Beschränkungen für solche Unternehmensübernahmen liegen aufgrund der in China geltenden ultra-vires-Lehre in dem für das übernehmende FIE genehmigten **Geschäftsbereich**. Ist der Erwerb von Unternehmensteilen mit einer Ausweitung des bisher erlaubten Geschäftsbereichs verbunden, ist eine Genehmigung von MOFTEC/Unterbehörden von MOFTEC für diese Ausweitung erforderlich. Auch die Finanzierung der Unternehmensübernahme kann zu einer Genehmigungspflicht des Asset Deal führen: Ein FIE kann nur in dem behördlich genehmigten Umfang **Fremdfinanzierung** aufnehmen und muß unter Umständen – wegen der zwingenden Regelungen zur Mindestkapitalausstattung[29] – vor einer Fremdfinanzierung eine Kapitalerhöhung durchführen, die ebenfalls genehmigungspflichtig ist (und im Fall eines Joint Venture zwingend der Zustimmung des chinesischen Gesellschafters bedarf).

3. Wirtschaftsreform durch Asset Deals

31   Regelungen zum Asset Deal sind seit 1998 wesentlicher Teil der wirtschaftlichen Neustrukturierung der maroden chinesischen Staatsunternehmen[30]. Zuständige Behörde für die Genehmigung von FIE-Gründungen im Zusammenhang mit Asset Deals ist – neben MOFTEC – die **State Economic and Trade Commission**, die Asset Deals danach unterscheidet, ob sie zu einer Verschmelzung führen, der Kapitalbeschaffung dienen oder der Rückzahlung von Schulden. Der ausländische Investor muß, wenn er ein FIE durch Erwerb von „assets" eines Staatsunternehmens gründet, seine (Bar-)Kapitaleinlage innerhalb erheblich kürzerer Frist erbringen als es für ein FIE erforderlich ist, das „auf der grünen Wiese"

---

[28] Die neueste Fassung der Regeln der China International Economic and Trade Arbitration Commission sehen eine Zuständigkeit für alle Rechtsstreitigkeiten vor, an denen ein FIE beteiligt ist.
[29] Insbes. niedergelegt in den „Provisional Regulations for the Proportion of Registered Capital to Total Amount of Investment of Joint Ventures Using Chinese and Foreign Investment" vom 1. 3. 1987, vgl. auch Rn 63 und 67.
[30] Siehe die „Tentative Provisions on Asset Reorganisation by State-owned Enterprises Using Foreign Investment" vom 14. 9. 1998.

ohne „asset"-Erwerb gegründet wird[31]. Problematisch sind die kurzen Fristen im Fall der Vereinbarung von durch Kaufpreiszurückhaltung gesicherten Gewährleistungen des chinesischen Gesellschafters/Verkäufers hinsichtlich der übertragenen „assets". Es ist dann im Einzelfall zu klären, ob und in welchem Umfang die Genehmigungsbehörden von ihrem Recht Gebrauch machen, längere Fristen zu genehmigen[32].

Spezielle Vorschriften regeln seit kurzem den Erwerb von „assets" durch börsennotierte **Aktiengesellschaften**[33]. Das administrative Verfahren für die folgenden drei Fälle wird darin im Detail geregelt:
– Kauf oder Verkauf von über 50% des Bruttovermögens,
– Kauf oder Verkauf von über 50% des Nettovermögen,
– Kauf oder Verkauf im Umfang von über 50% des Gewinns (vor Steuern), jeweils berechnet aufgrund der letztveröffentlichten Bilanz des Erwerbers.

III. Share Deal

1. Anteilsübertragung innerhalb eines FIE

Dieselbe Genehmigungsbehörde, die die Gründung eines FIE genehmigt hat, ist auch für die Genehmigung der Übertragung von Anteilen an diesem FIE zuständig[34]. Der Mindestinhalt eines **Anteilsübertragungsvertrags** ist zwingend vorgeschrieben[35]. Gewährleistung und Garantien des Veräußerers können umfassend und nach internationaler Üblichkeit vereinbart werden. Der Anteilsübertragungsvertrag kann, wenn er zwischen zwei ausländischen Unternehmen abgeschlossen wird, einem anderen als dem chinesischen Recht unterliegen. Die Genehmigungsbehörden verlangen dann jedoch, daß der Vertrag zugleich auch zwingendem chinesischen Recht, insbes. den „Changes in Equity Interest Provisions" entspricht. Bei der Wahl des Gerichtsstands sind die Vertragsparteien ebenfalls frei, ein internationales Schiedsgericht zu benennen. Wird der Vertrag zwischen zwei ausländischen Unternehmen abgeschlossen, kann er in einer nicht chinesischen Sprache abgefaßt und den Genehmigungsbehörden zur Genehmi-

---

[31] Im Grundsatz ist die gesamte Kapitaleinlage innerhalb von drei Monaten nach Gründung des FIE zu erbringen (im Gegensatz dazu gilt für andere FIE Gründungen, daß nur 15 % innerhalb der ersten drei Monate eingelegt sein müssen).

[32] Mindestens 60 % sind jedoch in jedem Fall innerhalb der ersten sechs Monate nach Gründung des FIE und der verbleibende Teil innerhalb eines Jahrs nach Gründung des FIE zu zahlen.

[33] „Notice of the China Securities Regulatory Commission on the Substantial Purchase or Sale of Assets by Listed Companies" vom 26. 6. 2000.

[34] Diese Genehmigungspflicht sowie weitere gesetzliche Vorgaben im Fall der Übertragung von Anteilen in FIEs sind geregelt in den „Changes in Equity Interests of Investors in Foreign Investment Enterprises Several Provisions" vom 28. 5. 1997, im folgenden Text „Changes in Equity Interest Provisions".

[35] Name der Vertragsparteien, Bezeichnung der Anteile und deren Kaufpreis, Frist und Form für die Durchführung der Veräußerung; Rechte und Pflichten des Erwerbers mit Blick auf das bestehende FIE (Joint Venture-Vertrag und Satzung), Haftung für Vertragsbruch, anwendbares Recht und Streitbeilegung, Regelungen zur Wirksamkeit und zur Kündigung sowie Zeit und Ort des Vertragsabschlusses.

gung vorgelegt werden; dem Vertrag ist dann eine Übersetzung nur aus Referenzgründen beizufügen[36].

34　Da jeder Gesellschafter eines Joint Venture ein gesetzliches **Vorkaufsrecht** im Fall einer Anteilsübertragung des Mitgesellschafters hat, sehen die „Changes in Equity Interest Provisions" ausdrücklich vor, daß der an der Anteilsübertragung nicht beteiligte Gesellschafter den Übertragungsvertrag entweder mitunterzeichnen oder in anderer Weise schriftlich seine Zustimmung zum Übertragungsvertrag erklären muß. Dies bedeutet nicht nur eine allgemeine Zustimmung zur Anteilsübertragung selbst, sondern eine ausdrückliche Zustimmung zum Inhalt des Anteilsübertragungsvertrags[37]. Handelt es sich bei dem Anteilsveräußerer um ein chinesisches Unternehmen, das in das Joint Venture **Staatseigentum** investiert hat, so sind weitere Voraussetzungen für eine Anteilsübertragung zu erfüllen, insbes. eine Zustimmung der für den chinesischen Gesellschafter zuständigen Industriebehörde sowie eine staatliche Bewertung der zu übertragenden Anteile beizubringen[38].

35　Gleichzeitig mit dem Anteilsübertragungsvertrag müssen den Genehmigungsbehörden weitere **Dokumente** vorgelegt werden, zu denen die neu vereinbarten Vertragsdokumente (Joint Venture-Vertrag und Anlagen, Satzung) gehören, ebenso wie eine einstimmige Zustimmung des Board of Directors des (bisherigen) Joint Venture zur Anteilsübertragung. Weiterhin muß eine Liste der neuen Mitglieder des Board of Directors vorgelegt werden, Kopie der bisherigen Genehmigungsdokumente und der Geschäftslizenz sowie der ursprüngliche Joint Venture-Vertrag und die ursprüngliche Satzung. Die Genehmigungsbehörde muß innerhalb von 30 Tagen nach Antragstellung über die Anteilsübertragung entscheiden; erwirbt der chinesische Gesellschafter alle Anteile, so sind die Genehmigungsdokumente sowie die Geschäftslizenz des Joint Venture innerhalb weiterer 30 Tage den Behörden zur Einziehung und Nichtigerklärung zu übergeben.

36　Ein **Ausstieg** des ausländischen Gesellschafters nach einer Gesamtübernahme aller Joint Venture-Anteile durch den chinesischen Gesellschafter ist in der Praxis weniger häufig als der umgekehrte Fall, nämlich die Umwandlung eines Joint Venture in ein WFOE. Hier übernimmt entweder der ausländische Gesellschafter alle Anteile oder ein zweiter ausländischer Gesellschafter erwirbt von dem chinesischen Gesellschafter dessen Anteile. Auslöser für diese Umstrukturierung ist oft, daß der chinesische Gesellschafter an weiteren Finanzierungen des Joint Venture nicht teilhaben kann, er aber auch nicht einer einseitigen Kapitalerhöhung (mit entsprechendem Anteilsverlust) zustimmen möchte. Während die Weiterführung eines FIE als Joint Venture nach der Anteilsübertragung regelmäßig unproblema-

---

[36] Dies sollte allerdings in jedem Einzelfall mit der zuständigen Genehmigungsbehörde abgesprochen werden, da die Praxis hier zum Teil differiert.

[37] Dieses Erfordernis gilt selbst dann, wenn im konkreten Fall ein Vorkaufsrecht – soweit möglich – vertraglich ausgeschlossen worden ist, bspw. bei einem Verkauf innerhalb des Konzerns. In diesem Fall sollte ein vertraglicher Anspruch auf Zustimmung zum Übertragungsvertrag bestehen, wenn im übrigen sichergestellt ist, daß der Erwerber die gleichen Pflichten wie der Veräußerer übernimmt.

[38] Art. 16 der „Changes in Equity Interest Provisions".

tisch ist, sind bei der Weiterführung als **WFOE** die Sondervoraussetzungen zu beachten, die für die Gründung eines WFOE und dessen Zulässigkeit gelten. Insbes. ist in bestimmten Industriebereichen die Gründung eines WFOE bislang nicht zulässig ist oder aber von den Genehmigungsbehörden nicht gestattet[39].

2. Anteilserwerb durch ein FIE

Spezielle Regelungen greifen ein, wenn ein **FIE** Anteile an einem anderen Unternehmen erwerben will. Dabei gilt zunächst der allgemeine Grundsatz des Gesellschaftsgesetzes, wonach Unternehmen (die keine Holding-Gesellschaften sind) in einem anderen Unternehmen nur bis zu 50% des eigenen Gesellschaftsvermögens investieren dürfen[40]. Eine staatliche Bewertung der Anteile ist erforderlich, wenn diese von einem Unternehmen in Staatseigentum erworben werden.

Ferner[41] dürfen FIEs in Gesellschaften mit beschränkter Haftung oder Aktiengesellschaften (Investitionen in andere Gesellschaftsformen sind nicht geregelt) nur bei Erfüllung der folgenden Voraussetzungen **investieren**:
– Das Stammkapital des FIE ist vollständig erbracht.
– Das FIE erwirtschaftet bereits Gewinne.
– Es liegen keine behördlich registrierten Informationen über gesetzwidrige Geschäftsaktivitäten vor[42].

MOFTEC vertritt gegenwärtig die Auffassung, daß eine **indirekte ausländische Beteiligung** durch ein FIE an einem anderen Unternehmen grundsätzlich nicht genügt, der übernommenen Gesellschaft ebenfalls den Status einer FIE zu verschaffen. Damit können im Fall eines Anteilserwerbs durch ein FIE an einem anderen FIE die speziell für FIEs geltenden steuerlichen und anderen Vergünstigungen bei dem übernommenen FIE entfallen[43]. Eine Ausnahme wird aus Gründen des Investitionsanreizes allerdings für Gesellschaften im mittleren Westen Chinas gemacht, die bei 25% indirekter ausländischer Beteiligung gegenwärtig als FIE klassifiziert werden.

Abweichend von bislang geltendem Recht ist die **Genehmigungsbehörde** für Unternehmensübernahmen in sog. „geförderten" Industriebereichen die Administration for Industry and Commerce, in Industriebereichen, die als „eingeschränkt zulässig" eingestuft sind, die lokale Unterabteilung von MOFTEC[44].

---

[39] In der Praxis laufen diese beiden Fälle auf dasselbe Ergebnis hinaus; insbes. im Servicebereich bestehen nach wie vor erhebliche Bedenken und Einschränkungen für die Genehmigung von WFOEs.
[40] Art. 12 Gesellschaftsgesetz.
[41] „Preliminary Regulations on the Domestic Investment by Foreign Investment Enterprises", die am 1. 9. 2000 in Kraft getreten sind und die die zuvor geltende, zum Teil striktere „Notice of the State Administration for Industry and Commerce concerning Several Provisions on FIEs becoming Shareholders or Promoters of Companies" vom 10. 10. 1995 ersetzen.
[42] Dies könnten insbes. die Überschreitung des genehmigten Geschäftsbereichs, aber eventuell auch Unregelmäßigkeiten bei der Erbringung des Stammkapitals sein.
[43] Steuerliche und andere Vergünstigungen gelten für FIEs nur, wenn mindestens 25 % des Stammkapitals aus Auslandsinvestitionen stammen.
[44] Die Kategorien sind im Foreign Investment Guidance Catalogue näher definiert, siehe Fn 5.

Erlaubt ist nach diesen Vorschriften ein verwaltungsrechtliches Beschwerdeverfahren für den Fall, daß die Genehmigungsbehörde einem mit der Unternehmensübernahme verbundenen Wechsel im Geschäftsbereich nicht zustimmt.

40 Dieselben Vorschriften gelten auch für den Anteilserwerb eines FIE an einem anderen FIE[45]. Der Erwerb von Anteilen durch ein FIE fällt in den Zuständigkeitsbereich des **Board of Directors** und kann nur **einstimmig** entschieden werden.

3. Anteilserwerb an einer chinesischen Gesellschaft

41 Ein **direkter** (nicht durch das Vehikel FIE erfolgender) Erwerb von Anteilen an einer chinesischen Gesellschaft mit beschränkter Haftung durch ein ausländisches Unternehmen führt zur Gründung einer Joint Venture-Gesellschaft, ist jedoch eine selten praktizierte Form der Unternehmensübernahme (im Gegensatz zur Gründung eines Joint Venture durch einen Asset Deal oder „auf der grünen Wiese"). Es gelten hier die allgemeinen Regelungen zur Gründung eines FIE[46].

42 Der Erwerb von **Aktien** durch ein ausländisches Unternehmen kann nur an den offiziellen Wertpapierhandelsplätzen erfolgen, wobei ausländische Investoren bislang an chinesischen Börsen lediglich sog. B-Aktien erwerben dürfen[47]. Namensaktien werden grundsätzlich durch Indossament übertragen, die Übertragung von Inhaberaktien wird mit Übergabe der Aktie an den Übertragungsempfänger wirksam[48]. Ein Aktienübertragungsverbot besteht für die ersten drei Jahre nach Gründung einer AG im Wege der „promoter method".

43 Die Übernahme einer börsennotierten AG ist ferner im **Wertpapiergesetz** geregelt[49]. Das Wertpapiergesetz bietet erstmals die Möglichkeit einer Unternehmensübernahme im Wege der Vereinbarung mit anderen Aktieninhabern zusätzlich zu der Übernahme aufgrund öffentlichen Angebots zum Aktienkauf[50]. Das Verhältnis zwischen beiden Formen der Unternehmensübernahme ist bislang kaum geklärt. Dies gilt insbes. mit Blick auf die gesetzlichen Verfahrensvorschriften für den Fall der Übernahme aufgrund eines Angebots: Bei einer 5%-igen Aktieninhaberschaft greift lediglich eine Mitteilungspflicht gegenüber Behörden und AG ein, zusammen mit einem befristeten Verbot für den Anbieter, Aktien zu

---

[45] Ursprünglich hatte MOFTEC die Auffassung vertreten, daß FIEs generell in anderen FIEs nicht investieren sollten, mit Ausnahme von Holding-Gesellschaften, deren Geschäftszweck ausdrücklich die Investition in FIEs darstellt.

[46] Siehe insbes. Rn 9 bis 13; MOFTEC bereitet inoffiziellen Informationen zufolge neue Vorschriften für dieses Rechtsgebiet vor.

[47] Nach dem Erwerb von A-Aktien durch zwei japanische Unternehmen in der Beijing Travel Bus AG im Jahr 1995 haben der Staatsrat sowie die China Securities Regulatory Commission ein striktes Verbot erlassen, nicht nur öffentlich gehandelte A-Aktien, sondern auch (nicht öffentlich gehandelte) A-Aktien im Staatsbesitz an Ausländer zu verkaufen.

[48] Art. 143 bis 147 Gesellschaftsgesetz.

[49] Art. 78 bis 94 des Wertpapiergesetzes. Das Wertpapiergesetz ist in Kraft seit dem 1. 7. 1999. Es regelt nicht, wie im Fall einer AG zu verfahren ist, die ebenfalls H- und/oder N-Aktien ausgegeben hat; auch im übrigen bestehen zahlreiche Unklarheiten, die durch Praxis oder zusätzliche Gesetzgebung noch zu regeln sind.

[50] Erstmals geregelt in den „Tentative Regulations of the Issuing and Trading of Shares" vom 22. 4. 1993.

kaufen oder zu verkaufen; ab einer 30%-igen Aktieninhaberschaft gilt die Verpflichtung, den anderen Aktieninhabern anzubieten, alle Aktien zu erwerben. Erwirbt der Anbieter daraufhin mindestens 75%, wird die Börsennotierung der AG eingestellt; ab dem Erwerb von 90% besteht eine Put-Option der übrigen Aktieninhaber entsprechend den Bedingungen des Übernahmeangebots. Es ist unklar, ob diese Verfahren analog bei der Unternehmensübernahme in Form der Vereinbarung mit anderen Aktieninhabern eingehalten werden müssen.

Handelt es sich bei der AG um eine **Joint Venture-AG** mit ausländischer Beteiligung von mindestens 25%, gelten zudem die für die Anteilsübertragung innerhalb eines FIE[51] dargelegten Grundsätze. Erwirbt eine Joint Venture-AG Anteile an einem chinesischen Unternehmen, gelten die Grundsätze zum Anteilserwerb durch ein FIE[52].

4. Unternehmenszusammenschluß

Für den **Zusammenschluß** eines FIE mit einem ausschließlich chinesisch kapitalisierten Unternehmen müssen nach kürzlich erlassenen Vorschriften[53] folgende Voraussetzungen erfüllt sein:
- Das chinesische Unternehmen muß eine Gesellschaft mit beschränkter Haftung oder eine AG sein.
- Die speziellen Vorschriften der Industriebranche, in der die zusammengeschlossene Gesellschaft tätig sein soll, müssen beachtet werden (also insbes. Einschränkungen, die für ausländische Investitionen in bestimmten Industriebereichen gelten).
- Der Anteil am Stammkapital, der von dem ausländischen Gesellschafter übernommen wird, muß mindestens 25% betragen.
- Es ist sicherzustellen, daß eine Übernahme oder „angemessene Umplazierung" der Arbeitnehmer (des chinesischen Gesellschafters) erfolgt.

Diese Voraussetzungen gelten auch bei einem Zusammenschluß **mit einem anderen FIE**.

Grundvoraussetzung für einen Unternehmenszusammenschluß ist die vollständige Einzahlung des Stammkapitals und der Beginn der operativen Phase des/der involvierten FIEs. Sollte durch den Zusammenschluß eine **marktbeherrschende Stellung** entstehen oder der lautere Wettbewerb eingeschränkt werden können, besteht ein Recht der Genehmigungsbehörden zur Anordnung, relevante Daten für eine vermutete Marktbeherrschung oder Wettbewerbseinschränkung zu ermitteln[54]. Da es bislang fast keine Regelungen zu kartellrechtlichen

---

[51] Siehe Rn 33 bis 36.
[52] Siehe Rn 37 bis 40.
[53] „Interim Regulations on Merger and Division of Foreign Investment Enterprises" vom 1. 11. 1999, die Unternehmenszusammenschlüsse und -teilungen von FIEs sowie Umstrukturierungen betreffen, an denen FIEs und rein chinesische Unternehmen beteiligt sind. Dabei umfaßt der Begriff des Unternehmenszusammenschlusses sowohl den Zusammenschluß durch Absorption einer anderen Gesellschaft in ein fortbestehendes Unternehmen als auch den Zusammenschluß mehrerer Gesellschaften in einer zu diesem Zweck neu errichteten.
[54] Art. 24 der „Interim Provisions on Merger and Division of Foreign Investment Enterprises".

Fragen im chinesischen Recht gibt, wird man diese Vorschrift besonders beachten müssen. Die Behörden haben bei enger Auslegung der Vorschrift sicherlich die Möglichkeit, Zusammenschlüsse aus kartellrechtlichen Gründen zu verzögern oder gar zu verhindern.

E. Besonderheiten der Due Diligence

48 Einer der problematischsten Aspekte bei der Due Diligence für eine Unternehmensübernahme in China ist die Prüfung der ordnungsgemäß erworbenen **Landnutzungsrechte**. Während das Land selbst im Staats- (oder Kollektiv-) Eigentum steht, können Unternehmen Nutzungsrechte am Land erwerben. Staatsunternehmen haben oftmals Landnutzungsrechte gegen eine geringe Gebühr zur ausschließlich eigenen Nutzung zugeteilt erhalten. Diese Landnutzungsrechte[55] sind grundsätzlich nicht übertrag- oder belastbar. Auf dem Gelände errichtete Gebäude dürfen in diesem Fall grundsätzlich weder übertragen, vermietet noch belastet werden. Übertragbar sind nur gegen Entgelt erworbene Landnutzungsrechte[56]; bei der Due Diligence dieser Landnutzungsrechte muß überprüft werden, ob die Erwerbsgebühren in voller Höhe gezahlt worden sind, da anderenfalls die Landnutzungsrechte nicht ordnungsgemäß erworben wurden (selbst bei Vorliegen eines behördlichen Landnutzungszertifikats). Es sind weitere Auflagen zu prüfen, wie bspw. die Erschließung und Bebauung des Landes innerhalb gesetzlich vorgesehener Fristen, bei deren Überschreitung ebenfalls die Landnutzungsrechte vom Staat zurückgefordert werden können.

49 Werden „assets" eines FIE übernommen, muß ggf. überprüft werden, ob der Verkauf zu einer Nachbelastung mit **Importzöllen und Steuern** führt. FIEs können Importzoll- und Steuervergünstigungen für „assets" in Anspruch nehmen, die als Sacheinlage oder sonst iRd. FIE-Errichtung importiert werden. Diese Vergünstigungen entfallen jedoch, wenn die „assets" innerhalb von fünf Jahren nach dem Import weiterveräußert werden.

50 Generell gilt, daß chinesische Unternehmen, einschließlich FIEs, das Anlagevermögen häufig unzulänglich dokumentieren (bspw. nicht hinreichende Spezifizierung von Sacheinlagen des chinesischen Gesellschafters eines FIE, der unter Umständen bestimmte Gegenstände weiterhin bei der eigenen Fertigung nutzt). Problematisch ist oft auch die Feststellung, ob „assets" belastet sind, da die Registrierung von **Pfand- und Hypothekenrechten** in China zT unzureichend ist.

51 **Gesellschafterdarlehen** bedürfen ebenfalls einer kritischen Analyse im Rahmen einer Due Diligence. Während chinesische Gesellschafter eines FIE grundsätzlich überhaupt nicht berechtigt sind, Gesellschafterdarlehen zu vergeben, sind Gesellschafterdarlehen des ausländischen Gesellschafters bei den Devisenkontrollbehörden registrierungspflichtig. Ohne entsprechende Registrierung ist die Rückzahlung des Darlehens einschließlich Zinsen nicht durchsetzbar.

---

[55] Sog. „allocated land use rights".
[56] Sog. „granted land use rights".

Bei der Unternehmensübernahme von Staatsbetrieben können die sog. „triangular debts" ein erhebliches Hindernis darstellen: Es handelt sich dabei um Schulden zwischen Staatsunternehmen und staatlichen Banken, die regelmäßig zur Belastung von „assets" führen, sowie um **Garantien**, die oft nicht hinreichend dokumentiert sind. Da „assets", die mit Rechten Dritter belastet sind, nicht als Sacheinlagen bei der Gründung eines FIE eingebracht werden können, muß bei der Due Diligence auch hierauf – gerade im Fall der Übernahme von Staatsunternehmen – ein besonderes Augenmerk gerichtet werden. 52

F. Besonderheiten in den Begleitfeldern

I. Gewerbliche Schutzrechte

Für Unternehmensübernahmen, die zur Neugründung eines FIE führen (mit Ausnahme von Holding- und Aktiengesellschaften), gehört in der Praxis üblicherweise zu den Genehmigungsvoraussetzungen die Lizenzierung von Know-how und Technologie durch das ausländische Unternehmen. **Technologielizenzverträge** sind dann notwendiger Bestandteil der Gründungsdokumente eines FIE. Das chinesische Gesetz erlegt dem Technologielizenzgeber weitreichende Garantieverpflichtungen auf, die oftmals zwingenden Charakter haben[57] und bei Gründung eines FIE gesondert von den Behörden überprüft werden. 53

Namens- und Markenschutzrechte werden häufig ebenfalls iRd. Gründung eines FIE lizenziert. Das chinesische Markenrecht entspricht internationalem Standard; China ist Mitglied aller wesentlichen internationalen Markenschutzabkommen. Markenlizenzverträge sind beim chinesischen Markenamt zu registrieren; sie dürfen nur solche Markenrechte erfassen, die auch in China entweder direkt oder im Wege der Erstreckung einer internationalen Markenanmeldung registriert sind. Der ausländische (nicht chinesische) Name eines FIE ist nicht registrierungsfähig, jedoch über die Pariser Verbandsübereinkunft geschützt, soweit er den Handelsnamen eines ausländischen Unternehmens enthält. Der chinesische Name eines FIE unterliegt bei der Gründung einem besonderen Registrierungsverfahren und sollte regelmäßig in gesetzlich vorgeschriebener Weise strukturiert sein[58]. 54

II. Arbeitsrecht

Arbeitnehmer, die im Rahmen einer Unternehmensübernahme vom bisherigen chinesischen Arbeitgeber zum FIE als neuem Arbeitgeber wechseln, haben nach chinesischem Arbeitsgesetz bei Ablauf und einvernehmlicher Verlängerung 55

---

[57] Insbes. in den „Implementing Rules on the Administration of Technology Import Contract Regulations" vom 20. 1. 1988.
[58] Detaillierte Regelungen insbes. in den „Implementary Measures Governing Administration on the Registration of Enterprise Names" vom 8. 12. 1999.

eines befristeten Arbeitsvertrags einen Anspruch auf Abschluß eines **unbefristeten Arbeitsvertrags**, wenn der Arbeitnehmer länger als zehn Jahre für den Arbeitgeber tätig war[59]. Bei der Berechnung der Zehnjahresfrist wird nicht nur die Beschäftigungszeit bei dem FIE, sondern auch die Beschäftigungszeit bei dem vorherigen chinesischen Arbeitgeber, dem chinesischen Gesellschafter des FIE, miteinberechnet. Dies führt in den meisten Fällen der Übernahme von chinesischen Arbeitnehmern zu einem Anspruch auf ein unbefristetes Beschäftigungsverhältnis nach Ablauf eines befristeten Arbeitsvertrags.

56   Auch bei der **Abfindung** im Fall der Entlassung von Arbeitnehmern (bspw. bei Restrukturierung) wird die Arbeitszeit vor der Tätigkeit beim FIE berücksichtigt. Provinzregelungen zum Arbeitsrecht schreiben fast durchgängig vor, daß die gesamte Arbeitszeit eines Arbeitnehmers zur Berechnung der Abfindung herangezogen wird. Üblicherweise ist die Abfindung allerdings auf zwölf Monatsgehälter beschränkt[60].

57   Diese für die Zukunft des Unternehmens entstehenden Belastungen sollten daher bei einer Unternehmensübernahme berücksichtigt werden; bei Verträgen mit **Staatsunternehmen** besteht häufig eine Art Zwang, eine (meist zu hohe) Zahl der chinesischen Arbeitnehmer des Staatsunternehmens in das FIE mit zu übernehmen. Oft werden zusätzliche finanzielle Unterstützungsleistungen für Arbeitnehmer verlangt, die im Zusammenhang der Unternehmensübernahme entlassen werden[61].

III. Steuern

58   Bei Asset Deals ist zu klären, ob und in welchem Umfang **Umsatzsteuern** vom Veräußerer zu zahlen sind. Dabei gilt für Anlagevermögen, sofern dieses von dem bisherigen Eigentümer selbst genutzt worden ist, eine grundsätzliche Befreiung von der Mehrwertsteuer[62]. Diese Mehrwertsteuerbefreiung greift allerdings nur ein, wenn das Anlagevermögen in den Büchern des Unternehmens geführt wird, tatsächlich benutzt worden ist und der Verkaufspreis den ursprünglichen Wert (bei erstmaliger Einstellung in die Bücher) nicht überschreitet[63]. Anderenfalls unterliegt die Veräußerung einer Mehrwertsteuer von 6%. Immaterielle Vermögenswerte allerdings unterliegen der sog. **Business Tax** in Höhe von 5% (also insbes. Landnutzungsrechte, gewerbliche Schutzrechte) ebenso wie unbewegliches Vermögen (Gebäude). Es gibt keine der vorgenannten Mehrwertsteuerbefreiung vergleichbare Steuerbefreiung von der Business Tax. Für Landnut-

---

[59] Art. 20 des Arbeitsgesetzes.
[60] Als Beispielsfall die „Fujian Provincial Labour Contract Administrative Regulations".
[61] Gesetzliche Grundlagen hierfür gibt es nicht; soziale Unruhen sind in letzter Zeit im Zusammenhang mit Unternehmensübernahmen durch ausländische Unternehmen jedoch häufiger bekannt geworden.
[62] Steuermitteilung des Ministery of Finance und des State General Tax Bureau vom 5. 5. 1994 (Dokument Cai Shui Zi 026); Automobile sind von dieser Steuerbefreiung nicht erfaßt.
[63] Mitteilung des State General Tax Bureau, Dokument Nr. Guo Shui Han Fa (1995) 288.

zungsrechte fällt außerdem die sog. **„Land Appreciation Tax"** an mit einem Steuersatz zwischen 30% und 60%[64].

Mit Genehmigung der Steuerbehörden kann der Erwerber von „assets" aus einem FIE bei Schwierigkeiten der Aufteilung des Kaufpreises auf die verschiedenen Vermögensgegenstände die vom verkaufenden FIE angesetzten Nettobuchwerte als **Besteuerungsgrundlage** verwenden. Die Differenz zwischen dem Kaufpreis und dem Nettobuchwert wird als „acquisition goodwill" behandelt, der als immaterieller Vermögenswert über einen Zeitraum von 10 Jahren mit steuerlicher Wirkung abschreibbar ist[65].

Die Steuerhoheit bei der Besteuerung von Gewinnen aus Anteilsveräußerungen steht dem chinesischen Staat zu[66]. Beim Verkauf von Anteilen in einem FIE wird chinesische **Körperschaftsteuer** auf den Gewinn erhoben, der sich aus der Differenz zwischen den Anteilskosten (also insbes. dem Betrag der Kapitaleinlage) und dem Anteilsübertragungspreis ergibt[67]. Der Steuersatz beträgt 20% (lokal zum Teil auf 10% reduziert). Business Tax in Höhe von 5% fällt nur insoweit an, als ursprünglich durch den Veräußerer immaterielle oder nicht bewegliche Vermögenswerte als steuerfreie Kapitaleinlage erbracht worden sind. Für ausländische Veräußerer, die in China keine Betriebsstätte haben, werden die vorgenannten Steuern als Quellensteuern erhoben[68]. Von der Körperschaftsteuer können allerdings Anteilsübertragungen im Rahmen einer Konzernumstrukturierung innerhalb des Konzerns befreit sein, wenn die veräußerten Anteile zu 100% direkt oder indirekt innerhalb des Konzerns gehalten werden[69].

Besondere Probleme wirft die **Verschmelzung** von zwei FIEs auf, die unterschiedliche Steuerbefreiungen oder -vergünstigungen erhalten. Dies kann bspw. dann der Fall sein, wenn ein FIE erheblich später als das andere begonnen hat, Gewinne zu erwirtschaften, da bei produktiven FIEs eine Körperschaftsteuer erst ab dem dritten gewinnbringenden Jahr erhoben wird. Grundsätzlich kann das durch Verschmelzung entstandene FIE die Steuervergünstigungen der ursprünglichen FIEs weiter in Anspruch nehmen, allerdings verbunden mit einer Aufteilung der Steuervergünstigungen auf den jeweiligen übernommenen Geschäftsbe-

---

[64] Art. 4 und 6 der „Provisional Regulations of the People's Republic of China on Land Appreciation Tax", wonach Besteuerungsgrundlage der Kaufpreis abzüglich der Kosten für die Entwicklung des Landes und weiterer Ausgaben (einschließlich Steuern) ist.

[65] „Tentative Provisions on the Income Tax Treatment of Reorganisation of Foreing Investment Enterprises Such as Mergers, Splits, Reorganisation of Equity and Asset Transfer", erlassen vom State General Tax Bureau, Dokument Guo Shui Fa (1997) Nr. 71 (im folgenden „Steuerzirkular Nr. 71").

[66] Dies regelt Art. 13 Abs. 4 des Doppelbesteuerungsabkommens zwischen China und Deutschland, in Abweichung vom OECD-Musterabkommen.

[67] „Tentative Provisions on Several Issues Concerning Income Tax Arising from Enterprise Reorganisations or Restructurings", erlassen von State General Tax Bureau, Dokument Guo Shui Fa (1998) Nr. 97, und bestätigt vom Steuerzirkular Nr. 71.

[68] „Circular on Strengthening the Administration of the Withholding of Foreign Enterprise Income Tax" des State General Tax Bureau, Dokument Guo Shui Fa (1998) Nr. 85.

[69] „Circular on Questions Regarding the Handling of Income Tax on the Assignment of Equity by Foreign Investment Enterprises and Foreign Enterprises" des State General Tax Bureau, Dokument Guo Shui Han (1997) Nr. 207.

reich⁷⁰. Verlustvorträge der verschmolzenen FIEs können ebenfalls genutzt werden, wiederum aufgeteilt nach den Geschäftsbereichen der ursprünglichen FIEs[71].

G. Finanzierung von Unternehmensübernahmen

I. Kapitaleinlagen

62 Ausländische Investoren können in FIEs Bareinlagen ebenso wie Sacheinlagen erbringen. Sacheinlagen müssen lastenfrei sein[72]. **Technologie** kann dabei sowohl als Sacheinlage erbracht als auch gegen Zahlung einer Lizenzgebühr an das FIE lizenziert werden. Eine Kombination dieser beiden Formen ist ebenfalls möglich und dann notwendig, wenn der Wert der Technologie mehr als 20% des (gesamten) Stammkapitals betragen würde, da eine Überschreitung dieser Grenze durch Sacheinlagen nicht erlaubt ist[73]. Technologie ist die einzige Form der Sacheinlage, für die eine behördliche Wertfeststellung der von ausländischer Seite zu erbringenden Sacheinlage bislang nicht vorgesehen ist[74].

63 Eine Besonderheit des chinesischen Rechts ist die Unterscheidung zwischen Stammkapital einerseits und **Gesamtinvestitionen** andererseits. Beide Beträge müssen bei der Gründung eines FIE und bei jeder Unternehmensübernahme durch ein ausländisches Unternehmen festgelegt und genehmigt sein. Der Betrag der Gesamtinvestitionen ist dabei gesetzlich nur unzureichend definiert und eher eine prognostizierte Zahl der insgesamt benötigten Finanzmittel für den Aufbau eines Unternehmens, bestehend aus Stammkapital einerseits und zusätzlicher Finanzierung andererseits[75]. Auch wenn damit der Betrag der Gesamtinvestitionen lediglich eine Plangröße ist, hängt von ihm gleichwohl die exakte Berechnung des Stammkapitals ab:
– Bei Gesamtinvestitionen von bis zu 3 Mio. US-$ müssen 70% durch Stammkapital erbracht werden,

---

[70] Nach dem Steuerzirkular Nr. 71 bedeutet dies die Anwendung entweder einer weiterhin gesonderten Buchführung für die Geschäftsbereiche der verschmolzenen FIEs, oder eine Steueraufteilung nach dem Verhältnis der beiden FIEs, berechnet aufgrund der Verhältnisse von Anlagevermögen, Anzahl der Arbeitnehmer sowie Kosten der verschmolzenen FIEs.

[71] Hier bestehen in der Praxis noch Unsicherheiten in der Durchführung.

[72] Zum Mindeststammkapital siehe auch Rn 11.

[73] Die chinesischen Vorschriften sprechen sogar allgemein von immateriellen Vermögensgegenständen, die bei einer engen Interpretation auch Landnutzungsrecht mit umfassen würden; in der Genehmigungspraxis beschränken sich die Behörden jedoch auf Technologie, Knowhow und Markenlizenzen.

[74] Details zur Bewertung von ausländischen Sacheinlagen sind geregelt in den „Procedures on the Administration of the Appraisal of Assets Invested by Foreign Investors" vom 1. 5. 1994.

[75] In Art. 20 der Durchführungsbestimmungen zum „Law of the People's Republic of China on Joint Ventures Using Chinese and Foreign Investment" heißt es: „The total amount of investment (including loans) of a Joint Venture refers to the sum of capital construction funds and the circulating funds needed for the Joint Venture's production scale as stipulated in the Contract and the Articles of Association of the Joint Venture."

- bei Gesamtinvestitionen bis zu 10 Mio. US-$ sind 50% (mindestens 2,1 Mio. US-$) durch Stammkapital zu erbringen,
- für Gesamtinvestitionen zwischen 10 und 30 Mio. US-$ 40% (mindestens 5 Mio. US-$).
- Für Gesamtinvestitionen über 30 Mio. US-$ ist ein Drittel durch Stammkapital zu finanzieren, mindestens jedoch 12 Mio. US-$[76].

Es gelten zwingende **Fristen**, innerhalb derer für FIEs das Stammkapital erbracht werden muß[77]. In jedem Fall müssen 15% des Stammkapitals innerhalb von drei Monaten nach Gründung (Ausstellung der Geschäftslizenz des FIE) geleistet sein. Während bei einem Stammkapital bis zu 0,5 Mio. US-$ der verbleibende Betrag des Stammkapitals innerhalb von einem Jahr nach Ausstellung der Geschäftslizenz einzuzahlen ist, kann dieser Zeitraum, abhängig von der Höhe des Stammkapitals, für Unternehmen mit einem Stammkapital von bis zu 10 Mio. US-$ bis auf drei Jahre gestreckt werden. Bei darüberliegenden Beträgen können die Genehmigungsbehörden längere Einbringungszeiträume genehmigen[78].

Nichterbringung oder nicht fristgerechte Erbringung der Kapitaleinlagen kann Rechtsfolgen bis hin zur automatischen Auflösung des Joint Venture (wenn beide Seiten ihre Kapitaleinlagen nicht geleistet haben) auslösen[79]; bei einseitigem Fehlverhalten kann der andere Gesellschafter dem säumigen Gesellschafter eine Nachfrist setzen und entweder die **Auflösung** des Joint Venture herbeiführen oder die Gesellschaftsanteile an einen Dritten übertragen.

Der Betrag der (eingebrachten) Kapitaleinlagen ist im übrigen entscheidend dafür, in welchem Umfang das FIE **Devisen** auf seinen Konten halten darf (mit Ausnahme der Konten für Kapitaleinzahlungen, die insoweit keiner Devisenkontrolle unterliegen). Bei einem eingebrachten Stammkapital von bspw. zwischen 6 Mio. US-$ und 30 Mio. US-$ darf das FIE nur bis zu 4,5 Mio. US-$ Devisen auf seinen Konten halten; der überschießende Betrag ist in RMB zu tauschen[80].

II. Finanzierung und Kreditsicherung

Ein FIE kann eine Finanzierung nur in dem durch den genehmigten Betrag der Gesamtinvestition vorgegebenen Rahmen aufnehmen[81]. Bei einer Überschreitung des vorgegebenen **Finanzierungsspielraums** besteht das Risiko einer Un-

---

[76] „Provisional Regulations for the Proportion of Registered Capital to Total Amount of Investment of Joint Ventures Using Chinese and Foreign Investment" vom 1. 3. 1987.
[77] „Notice on Tightening Up of Control over the Examination and Approval of the Establishment of FIEs and their Business Registration" vom 3. 11. 1994.
[78] Siehe aber die abweichenden Regelungen für Asset Deals unter Rn 31.
[79] „Certain Provisions on Contributions by the Parties to Chinese Foreign Equity Joint Ventures" vom 1. 1. 1988; allerdings wird diese Rechtsfolge von den Behörden in der Praxis kaum beachtet.
[80] Zu den Details siehe die „Regulations for the Administration of Foreign Exchange Accounts in the People's Republic of China".
[81] Unterschreitungen dieses Rahmens sind möglich.

wirksamkeit entsprechender Darlehensvereinbarungen[82]. Darlehen müssen in China für einen bestimmten Zweck vergeben und dürfen auch nur für diesen vom Darlehensnehmer genutzt werden. Zinssätze werden von der People's Bank of China vorgegeben.

68   **Gesellschafterdarlehen** dürfen von einem chinesischen Unternehmen – aufgrund der in China geltenden ultra-vires-Lehre – nur dann gegeben werden, wenn dies im Geschäftsbereich[83] des Unternehmens vorgesehen ist. Das ist üblicherweise nicht der Fall. Ist der chinesische Gesellschafter verpflichtet, die Finanzierung eines FIE über die Erbringung der Kapitaleinlagen hinaus zu sichern, so wird häufig die Konstruktion gewählt, daß ein Bankdarlehen gegeben wird, für das der chinesische Gesellschafter Sicherheit geleistet hat (oft in Form der Hinterlegung eines entsprechenden Geldbetrags). **Devisendarlehen** zwischen FIEs sind ebenso verboten wie zwischen einem FIE und einem rein chinesischen Unternehmen (es sei denn, daß der Darlehensgeber eine Lizenz für Finanzgeschäfte besitzt)[84].

69   Für Gesellschafterdarlehen durch ein ausländisches Unternehmen wie auch für Darlehen durch ausländische Banken sind Devisenkontrollbestimmungen zu beachten[85]. Jedes durch ein FIE aufgenommene Devisendarlehen bedarf einer **Registrierung bei der Devisenkontrollbehörde** innerhalb von 15 Tagen nach Abschluß des Darlehensvertrags[86]. Für die Aufnahme eines Devisendarlehens durch ein FIE müssen gesetzliche Voraussetzungen erfüllt werden: Unter anderem müssen die Kapitaleinlagen im FIE vertragsgemäß erbracht sein und die Darlehenszinsrate darf nicht die für vergleichbare Darlehen auf internationalen Märkten üblichen Zinsen überschreiten[87].

70   Die Rückzahlung eines Devisendarlehens oder von Zinsen auf ein Devisendarlehen bedarf der Genehmigung durch die Devisenkontrollbehörden; hierfür sind die notwendigen Dokumente, insbes. die Registrierung des Devisendarlehens vorzulegen. Ist die Registrierung des Devisendarlehens nicht erfolgt, verweigern die Devisenkontrollbehörden die **Rückzahlung** des Darlehens ebenso wie die Zahlung von Devisenzinsen. Vorgeschrieben ist ferner, daß ein FIE für die Rückzahlung eines Devisendarlehens zunächst die eigenen, bereits vorhandenen Devi-

---

[82] Hier vertreten die Behörden zum Teil unterschiedliche Auffassungen; besonders strikt sind in der Praxis die Devisenkontrollbehörden, die keinerlei Überschreitung des Finanzierungsrahmens zulassen, während andere Behörden gestatten, daß Darlehen für Betriebskapital, nicht jedoch für Investitionen über den Finanzierungsrahmen hinausgehen dürfen.

[83] Bei dem Begriff „Geschäftsbereich" handelt es sich um den in der Satzung und der Geschäftslizenz eines chinesischen Unternehmens definierten und von den zuständigen Behörden so genehmigten Tätigkeitsbereich eines chinesischen Unternehmens. Tätigkeiten außerhalb des genehmigten Geschäftsbereichs sind unzulässig.

[84] „Notice on the Prohibition of Foreign Exchange Loans Between Non Financial Institutions".

[85] Insbes. die „Measures for Adminstration of the Taking Out of International Commercial Loans by Organisations in the People's Republic of China".

[86] Details sind geregelt in den „Provisional Regulations for Statistical Monitoring of Foreign Debts" und den dazu erlassenen Durchführungsbestimmungen.

[87] „Notice on Relevant Issues Concerning Prohibition of the Purchase of Foreign Exchange for Prepayment of Loans".

sen nutzen muß und nur für den überschießenden Betrag berechtigt ist, Devisen gegen RMB einzutauschen[88]. Vor dem Hintergrund strikter Devisenkontrolle ist zu beachten, daß die vorzeitige Rückführung von Devisendarlehen unter bestimmten Voraussetzungen verboten ist[89].

FIEs ebenso wie rein chinesische Unternehmen oder chinesische Banken können als **Garantiegeber** für ein Devisendarlehen an ein FIE oder ein chinesisches Unternehmen auftreten. Solche Garantien bedürfen der Genehmigung durch die Devisenkontrollbehörden, anderenfalls sind sie unwirksam. Zusätzlich bedürfen derartige Garantien der Registrierung bei den Devisenkontrollbehörden innerhalb von 15 Tagen nach Abschluß des Garantievertrags. Zahlt der Darlehensnehmer nicht, und wird der Garantiegeber in Anspruch genommen, bedarf es erneut einer Genehmigung durch die Devisenkontrollbehörden, bevor Devisenzahlungen an den Garantienehmer vorgenommen werden dürfen[90].

---

[88] Insbes. „Notice on Several Issues in Strengthening the Control of Foreign Exchange Relating to Capital Account Items" und „Notice on Relevant Issues Concerning Prohibition of the Purchase of Foreign Exchange for Prepayment of Loans".

[89] Insbes. „Notice on Strengthening Administration of the Verification and Approval of Repayment of the Principal of, and Payment of Interest on, Foreign Debts".

[90] Das Verfahren ist geregelt in den „Measures for Control of the Provision of Security to Foreign Parties by Organisations in the People's Republic of China" und den hierzu ergangenen Durchführungsbestimmungen. Sie gelten ebenso für Verpfändungen, nicht jedoch für Garantien oder Verpfändungen durch ausländische Banken in China (einschließlich Joint Venture-Banken und Niederlassungen ausländischer Banken).

§ 39 Indonesien

Übersicht

	Rn
A. Einleitung	1
B. Wirtschaftliche Betätigung von Ausländern	6
I. Wirtschaftliche Betätigungsformen von Ausländern	6
II. Beschränkungen des ausländischen Anteilsbesitzes	11
III. Beschränkungen hinsichtlich einzelner Branchen	15
1. Allgemeine Negativliste	15
2. Vorbehaltsliste zum Schutz von Kleinbetrieben	17
IV. Aufenthalts- und Betätigungsbedingungen für Ausländer	20
C. Gesellschaftsformen	22
I. Allgemeines	22
II. Gesellschafterzahl und Kapitalausstattung	26
III. Gesellschaftsorgane	30
D. Rechtliche Wege für Unternehmensübernahmen	34
I. Bedeutung von Unternehmensübernahmen	34
II. Erwerb einer Beteiligung (Share Deal)	36
1. Allgemeines	36
2. Beteiligung einer PMA-Gesellschaft an bestehenden Gesellschaften	37
3. Gründung von Tochtergesellschaften durch die PMA-Gesellschaft	38
4. Direkte ausländische Beteiligung an einer bestehenden Gesellschaft	39
III. Erwerb von Vermögenswerten (Asset Deal)	40
IV. Verschmelzungen und Übernahmen	41
1. Verschmelzungsverfahren	42
2. Allgemeines Übernahmeverfahren	46
3. Schutz von Interessen Beteiligter	51
E. Besonderheiten der Due Diligence	52
F. Besonderheiten in den Begleitfeldern	55
I. Arbeitsrecht	55
II. Umweltrecht	59
III. Technologietransfer und gewerbliche Schutzrechte	60
IV. Landnutzungsrechte	66
G. Gesetzliches Übernahmerecht	72
I. Übernahmekontrolle	72
II. Öffentliche Übernahmeangebote	76
III. Offenlegungspflichten von am indonesischen Kapitalmarkt registrierten Gesellschaften	81

                                                                    Rn
H. **Finanzierung von Unternehmenskäufen** 82
   I. Investitionsförderung und Devisenkontrolle 82
   II. Kreditsicherung 86
      1. Pfandrecht (hak gadai) 86
      2. Hypothek (hak tanggungan) 87
      3. Sicherungsabtretung und Sicherungsübereignung 90
      4. Sonstige Sicherungsrechte 93

Abkürzungen:

BAPEPAM	Badan Pengawas Pasar Modal, Aufsichtsbehörde für den Kapitalmarkt
BKPM	Badan Koordinasi Penanaman Modal, Aufsichtsbehörde für ausländische Investitionen
IDR	Indonesische Rupiah
Meninves	Menteri Investasi, Ministerium für Investitionen
PräsVO	Präsidialverordnung
PT	Perseroan Terbatas, Kapitalgesellschaft
RegVO	Regierungsverordnung
UU	Undang-undang, Gesetz
UU Agraria	Undang-undang tentang Peraturan Dasar Pokok-pokok Agraria, Landnutzungsgesetz von 1960
UUHC	Undang-undang Hak Cipta, Urheberrechtsgesetz, Gesetz Nr. 6/1982, zuletzt geändert durch Gesetz Nr. 12/1997 vom 7. 5. 1997
UUJF	Undang-undang tentang Jaminan Fidusia, Gesetz über treuhänderische Sicherheiten, Gesetz Nr. 42/1999 vom 30. 9. 1999
UU Merek	Undang-undang Merek, Markengesetz, Gesetz Nr. 19/1992 vom 28. 8. 1992, zuletzt geändert durch Gesetz Nr. 14/1997 vom 7. 5. 1997
UU Paten	Undang-undang Paten, Patentgesetz, Gesetz Nr. 1/1989 vom 1. 11. 1989, zuletzt geändert durch Gesetz Nr. 13/1997 vom 7. 5. 1997
UUPM	Undang-undang Republik Indoensia tentang Larangan Praktek Monopoli dan Persaingan Tidak Sehat, Gesetz gegen Monopole und unlauteren Wettbewerb, Gesetz Nr. 5/1999 vom 5. 3. 2000
UUPMA	Undang-undang tentang Penanaman Modal Asing, Gesetz über ausländische Investitionen, Gesetz Nr. 1/1967 vom 10. 1. 1967
UUPPh	Undang-undang tentang Pajak Penghasilan, Einkommenssteuergesetz, Gesetz Nr. 7/1983, zuletzt geändert durch Gesetz Nr. 10/1994 vom 9. 11. 1994
UUPT	Undang-undang Perseroan Terbatas, Kapitalgesellschaftsgesetz, Gesetz Nr. 1/1995 vom 7. 3. 1996.
UUT	Undang-undang Tanggungan, Hypothekengesetz, Gesetz Nr. 4/1996 vom 9. 4. 1996

A. Einleitung

1   Nachdem Indonesien Ende der 90er Jahre von einer Währungs-, Wirtschafts- und Vertrauenskrise erschüttert wurde, welche die Volkswirtschaft des Archipels in die schwersten Turbulenzen seit vielen Jahren gestürzt hat, läßt sich zur Zeit

ein **langsamer Trend wirtschaftlicher Erholung** erkennen. Allerdings ist nach dem Rücktritt von Präsident Soeharto, der kurzen Amtsperiode von Präsident Habibie und seit dem Amtsantritt von Präsident Abdul Rachman Wahid 1998 noch keine politische Stabilität zurückgekehrt, wie sich aus den innenpolitischen Auseinandersetzungen um die Bank Indonesia sowie den fortbestehenden regionalen Konfliktherden zeigt.

Aufgrund seiner Ausdehnung und geographischen Zersplitterung ist der indonesische Archipel unterschiedlich stark erschlossen, wobei ein starkes West-Ost-Gefälle zu verzeichnen ist. Java als Kernland verfügt über das dichteste Straßen- und Eisenbahnnetz des Landes. Ebenfalls gut entwickelt ist die **Infrastruktur** der Singapur vorgelagerten Sonderwirtschaftszone Batam sowie der stark durch die Tourismusindustrie geprägten Insel Bali. Während auch einzelne Teile von Sumatra recht gut erschlossen sind, bleiben in Kalimantan, Sulawesi, Irian Jaya und in den Tiefländern Sumatras bis auf weiteres die Flüsse die wichtigsten Verkehrsträger. Als Bindeglied zwischen den Inseln gewinnt der Flugverkehr gegenüber dem Schiffsverkehr zunehmend an Bedeutung.

Mit über 200 Mio. Einwohnern ist Indonesien das **viertgrößte Land der Welt** und verfügt so über ein unerschöpfliches Reservoir an teilweise gut ausgebildeten und einsatzwilligen Arbeitskräften. Das schon vor der Wirtschafts- und Währungskrise niedrige Lohnniveau hat sich abwertungsbedingt noch weiter von dem der westlichen Industrieländer entfernt. Die Arbeitslosigkeit ist hoch. In jüngster Zeit haben die Englischkenntnisse bei der jüngeren Generation beachtlich zugenommen.

Bedingt durch die in Teilen des Landes mehr als 350 Jahre andauernde niederländische Kolonialherrschaft gehört Indonesien dem **kontinental-europäischen Rechtskreis** an. Das niederländische Recht blieb mit den für Indonesien geltenden Modifikationen auch nach Erlangung der staatlichen Unabhängigkeit im Jahr 1945 zunächst weiter in Kraft. Es wird jedoch seitdem durch die Bestimmungen der neuen Verfassung Indonesiens[1] überlagert und entfernt sich zunehmend von der niederländischen Rechtsordnung. Die für ausländische Investoren besonders bedeutsamen Materien wie Gesellschaftsrecht[2], Kapitalmarktrecht, gewerblicher Rechtsschutz, Insolvenzrecht, Wettbewerbsrecht und Schiedsrecht sind inzwischen einer umfassenden Modernisierung unterzogen worden. Darüber hinaus ist auf die zunehmende Bedeutung von Staatsverträgen für die Rechtsordnung Indonesiens hinzuweisen, insbes. auf den Gebieten des gewerblichen Rechtsschutzes oder des Schiedswesens.

Neben dem kodifizierten Recht spielt in gewissen Rechtsbereichen auch weiterhin noch das traditionelle, regional unterschiedliche **Gewohnheitsrecht** (sog. Adat) eine gewisse Rolle.

---

[1] Undang-undang Dasar Republik Indonesia 1945, UUD RI 1945.
[2] Vgl. Inkrafttreten des UUPT am 7. 3. 1996.

B. Wirtschaftliche Betätigung von Ausländern

I. Wirtschaftliche Betätigungsformen von Ausländern

6   Die Errichtung von **Zweigniederlassungen** ausländischer Unternehmen ist nur in seltenen Fällen möglich und beschränkt sich auf Banken[3] sowie die Bau- und Bergbaubranche.

7   Zwar kennt das indonesische Recht generell ähnliche Rechtsformen für Handelsgesellschaften wie das deutsche Recht, ausländischen Investoren steht jedoch nur die Rechtsform der **Perseroan Terbatas (PT)** zur Verfügung, die als Handelsgesellschaft Elemente der GmbH mit solchen der AG vereint. Die Gesellschaft muß in ihrer Firma vorangestellt die Bezeichnung „Perseroan Terbatas" bzw. „PT" führen. Führt die Gesellschaft in ihrer Firma zusätzlich ein nachgestelltes „Tbk" (Terbuka), bedeutet dies, daß es sich um eine Public Company handelt.

8   Für **börsennotierte Gesellschaften** gelten sowohl in gesellschaftsrechtlicher als auch in investitionsrechtlicher Hinsicht zahlreiche Besonderheiten, da diese Gesellschaften dem indonesischen Kapitalmarktrecht unterliegen, welches das allgemeine Gesellschaftsrecht teilweise verdrängt.

9   Daneben besteht investitionsrechtlich eine **Differenzierung** in
 – PMA (Penanaman Modal Asing)-Gesellschaften;
 – PMDN (Penanaman Modal Dalam Negeri)-Gesellschaften sowie
 – non-PMA/PMDN-Gesellschaften.

10 PMA-Gesellschaften sind auf der Grundlage des Foreign Investment Law errichtet, PMDN-Gesellschaften auf der Grundlage des Domestic Investment Law. **Investitionen von Ausländern** sind grundsätzlich nach den Vorschriften des Foreign Investment Law vorzunehmen. Die direkte Gründung von PMDN-Gesellschaften steht Ausländern nicht offen, jedoch bestehen insoweit für Ausländer bestimmte indirekte Gründungs- und Beteiligungsmöglichkeiten[4]. Die Bezeichnung einer Gesellschaft als PMA- oder PMDN-Gesellschaft betrifft nur deren investitionsrechtlichen Status, nicht aber ihre Gesellschaftsform.

II. Beschränkungen des ausländischen Anteilsbesitzes

11 **Ausländische Investitionen** können sowohl als Gemeinschaftsunternehmen mit indonesischer Beteiligung als auch als Direktinvestition (nur) ausländischer Staatsangehöriger oder ausländischer juristischer Personen erfolgen[5]. Im ersten Fall hat der Anteil des indonesischen Partners im Zeitpunkt der Gründung min-

---

[3] Art. 21 Abs. 3 Bankgesetz (UU tentang Perbankan) No. 7/1991 idF des Änderungsgesetzes No. 10/1998 vom 10. 11. 1998 iVm. der PräsVO No. 24/1999 vom 3. 5. 1999.

[4] Vgl. Art. 3 Abs. 1 UUPMA iVm. Art. 1 RegVO No. 20/1994 betreffend das Eigentum an Geschäftsanteilen im Rahmen einer ausländischen Kapitalinvestition gegründeter Gesellschaften vom 19. 5. 1994 (Peraturan Pemerintah RI tt. Pemilikan Saham Dalam Perusahaan Yang Didirikan Dalam Rangka Penanaman Modal Asing).

[5] Art. 2 RegVO No. 20/1994 iVm. Art. 2 Meninves/BKPM-Verordnung No. 15/SK/1994.

destens 5% des eingezahlten Kapitals zu betragen[6], im zweiten Fall sind innerhalb eines Zeitraums von 15 Jahren ab Aufnahme der Produktion „einige" Geschäftsanteile an Indonesier zu veräußern[7]. Der genaue Umfang dieser Veräußerungspflicht ist gesetzlich nicht bestimmt. Seitens des BKPM wurde hierzu verlautbart, daß „einige" Geschäftsanteile als Beteiligung in Höhe von (mindestens) 5% zu verstehen seien, so daß nach Ablauf der 15-Jahresfrist für Gemeinschaftsunternehmen sowie für Unternehmen in bis dahin ausländischem Alleinbesitz gleichartige Beteiligungsmöglichkeiten bestehen.

Bei wichtigen **Infrastrukturprojekten des Staates** können die Ausschreibungsbedingungen im Einzelfall eine höhere Beteiligung indonesischer Investoren vorschreiben. Zudem wird die auf 30 Jahre befristeten Betriebserlaubnis des Ausländerinvestitionsunternehmens nur dann verlängert, wenn dies „der Volkswirtschaft oder der nationalen Entwicklung förderlich" ist. Ist dies nicht der Fall, so ist der ausländische Anteilseigner zu einer Veräußerung seiner Anteile verpflichtet, wenn der Gesellschaftsvertrag für diesen Fall nicht die Auflösung der Gesellschaft vorsieht oder die Gesellschafter die Auflösung beschließen[8].

Einem **Unternehmen, das sich allein in ausländischer Hand befindet**, sind gewisse Branchen verschlossen, die als wesentlich für das Wohlergehen der Mehrheit der Bevölkerung angesehen werden. Hierzu zählen beispielsweise die Erzeugung, Leitung und Verteilung von elektrischer Energie oder von Trinkwasser, Telekommunikation und Massenmedien, Schiff- und Luftfahrt, der öffentliche Schienenverkehr sowie die Entwicklung von Kernenergie[9].

Sondervorschriften gelten für den **Erwerb von Anteilen an börsennotierten Gesellschaften** über den inländischen Kapitalmarkt. Hier sind die einschlägigen Beschränkungen für den Erwerb von Aktien durch ausländische Investoren im Rahmen des Deregulation Package vom 4. 9. 1997 aufgehoben worden[10].

III. Beschränkungen hinsichtlich einzelner Branchen

1. Allgemeine Negativliste

Ausländische und teilweise auch inländische **Investitionen** sind **in bestimmten Branchen** nur eingeschränkt zulässig oder sogar generell unzulässig. Grundlage hierfür ist eine allgemeine Negativliste vom 20. 7. 2000[11], die zunächst für

---

[6] Art. 2 Abs. 1 lit. a iVm. Art. 6 Abs. 1 RegVO No. 20/1994.
[7] Art. 2 Abs. 1 lit. b iVm. Art. 7 Abs. 1 RegVO No. 20/1994.
[8] Art. 13 Abs. 7, Art. 14 Meninves/BKPM-Verordnung No. 38/SK/1999 iVm. Art. 3 RegVO No. 20/1994.
[9] Diese Beschränkungen gelten dagegen grundsätzlich nicht für Gemeinschaftsunternehmen mit indonesischer Beteiligung, vgl. Art. 6 Abs. 1 UUPMA iVm. Art. 5 Abs. 1 und Abs. 2 RegVO No. 20/1994 und Art. 8 Meninves/BKPM-Verordnung No. 15/SK/1994; allerdings enthält die allgemeine Negativliste teilweise weitergehende Beschränkungen.
[10] Verordnung des Finanzministers No. 455/KMK 01/1997 vom 4. 9. 1997.
[11] PräsVO No. 96/2000 betreffend die für Kapitalinvestitionen verschlossenen Sektoren und die für Kapitalinvestitionen nur unter bestimmtem Bedingungen geöffneten Sektoren (Bidang Usaha Yang Tertutup Dan Bidang Usaha Yang Terbuka Dengan Persyaratan Tertentu Bagi Penanaman Modal) vom 20. 7. 2000.

drei Jahre mit dem Vorbehalt einer jährlichen Überprüfung gilt[12] und nach vier Branchenkategorien differenziert:
- Branchen, die für jegliche in- wie ausländische Investitionen geschlossen sind[13];
- Branchen, die für Investitionen mit ausländischer Beteiligung geschlossen sind[14];
- Branchen, die für Investitionen mit ausländischer Beteiligung nur im Fall eines Joint Venture mit inländischer Kapitalbeteiligung geöffnet sind, wobei in bestimmten Branchen die ausländische Beteiligung bis zu 95%, in anderen dagegen nur bis zu 49% betragen darf[15];
- Branchen, die für in- wie ausländische Investoren nur unter bestimmten Bedingungen bzw. mit bestimmten Einschränkungen geöffnet sind[16].

16 Diese Beschränkungen gelten nur für **Direktinvestitionen**, nicht dagegen für den Anteilserwerb über den inländischen Kapitalmarkt. Erwerbs- und Beteiligungsbeschränkungen nach anderen Vorschriften bleiben unberührt[17].

2. Vorbehaltsliste zum Schutz von Kleinbetrieben

17 Neben der allgemeinen Negativliste gibt es seit 1998 eine gesonderte **Vorbehaltsliste zum Schutz von Kleinbetrieben**[18], die zwischen zwei Branchenkategorien unterscheidet:
- Branchen, die Kleinbetrieben vorbehalten sind[19], und
- Branchen, die für Mittel- und Großbetriebe nur auf der Grundlage einer Partnerschaft mit Kleinbetrieben zugänglich sind[20].

18 Während PMA-Gesellschaften (nicht aber PMDN-Gesellschaften) der Zutritt zu den für Kleinbetriebe vorbehaltenen Branchen verschlossen ist, dürfen sich PMA-Gesellschaften **mit Genehmigung** des BKPM in den für Mittel- und Großbetriebe auf der Grundlage einer Partnerschaft mit Kleinbetrieben zugänglichen Branchen engagieren, soweit ihnen der Zutritt zu diesen Bereichen nicht aufgrund der Negativliste oder anderer Vorschriften verwehrt ist[21].

19 Hinsichtlich der **Formen zulässiger Partnerschaft** enthält die PräsVO No. 99/1998 keine abschließenden Vorgaben, sondern nennt beispielhaft als Alternativen:
- Kapitalbeteiligung von mindestens 20% und ggf. schrittweise Erhöhung dieser Beteiligung;

---

[12] Art. 4 PräsVO No. 96/2000.
[13] Anlage I zur PräsVO No. 96/2000.
[14] Anlage II zur PräsVO No. 96/2000.
[15] Anlage III zur PräsVO No. 96/2000 mit den Abschnitten A (95%) und B (49%).
[16] Anlage IV zur PräsVO No. 96/2000.
[17] Art. 2 PräsVO No. 96/2000.
[18] PräsVO No. 99/1998 vom 14. 7. 1998 über Sektoren und Arten von Unternehmen, welche für Kleinbetriebe vorbehalten sind, und Sektoren und Arten von Unternehmen, welche für Mittel- und Großbetriebe unter der Auflage einer Partnerschaft offen sind (Bidang/Jenis Usaha Yang Dicadangkan Untuk Usaha Kecil Dan Bidang/Jenis Usaha Yang Terbuka Untuk Usaha Menengah Atau Usaha Besar Dengan Syarat Kemitraan).
[19] Art. 2 Abs. 1 iVm. Anlage 1 zur PräsVO No. 99/1998.
[20] Art. 2 Abs. 2 iVm. Anlage 2 zur PräsVO No. 99/1998.
[21] Art. 2 Abs. 4, Art. 4 Abs. 1 PräsVO No. 99/1998.

– Vertragslandwirt;
– Subkontraktor;
– Franchising;
– Allgemeiner Handel;
– Agentur;
– sonstige Kooperationsformen,

wobei die konkrete Partnerschaft auf einem schriftlichen Vertrag beruhen muß[22]. Ferner hat der betreffende Mittel- oder Großbetrieb iRd. Partnerschaft zur Entwicklung des Kleinbetriebs und seiner Management-Fähigkeiten beizutragen, und zwar mindestens unter einem der Aspekte Produktion und Be- bzw. Verarbeitung, Marketing, Personalentwicklung, Technologie, Versorgung mit Rohmaterialien, Management und Finanzwesen[23]. Weitere Einzelheiten über die Formen zulässiger Partnerschaften wurden am 1. 10. 1998 durch einen gemeinsamen Beschluß der zuständigen Behörden bekanntgemacht[24].

IV. Aufenthalts- und Betätigungsbedingungen für Ausländer

Ausländische Arbeitskräfte dürfen nur für solche Positionen eingestellt werden, für die kein entsprechend qualifizierter Indonesier zur Verfügung steht[25]. Die PMA- oder PMDN-Gesellschaft muß einen **Einstellungsplan** für ausländische Arbeitnehmer aufstellen und vom BKPM genehmigen lassen[26]. Weiterhin ist sie zur Durchführung von Trainingsmaßnahmen mit dem Ziel der künftigen Ersetzung ausländischer Arbeitnehmer durch indonesische Staatsbürger verpflichtet[27]. Der Einstellungsplan für ausländische Arbeitnehmer muß neben den Personaldaten der ausländischen Arbeitnehmer und der Nennung ihrer künftigen Position auch eine Beschreibung der Trainingsmaßnahmen enthalten, mit denen der Arbeitgeber indonesische Staatsbürger auf eine künftige Übernahme dieser Tätigkeiten vorbereiten will[28].

Ist der Einstellungsplan gebilligt worden, dient er als Grundlage für das **aufenthalts- und arbeitserlaubnisrechtliche Verfahren** bei der Einstellung des ausländischen Arbeitnehmers[29].

---

[22] Art. 2 Abs. 3, Art. 3 Abs. 2 PräsVO No. 99/1998.
[23] Art. 3 Abs. 1 PräsVO No. 99/1998.
[24] Richtlinien für die Durchführung der Förderung von Kleinbetrieben durch Partnerschaften im Rahmen von Investitionen (Petunjuk Pelaksanaan Pemberdayaan Usaha Kecil Melalui Kemitraan Dalam Rangka Penamanan Modal).
[25] Art. 11 UUPMA. Das Arbeitsministerium veröffentlicht regelmäßig Listen für jeweils einzelne Sektoren der Wirtschaft, welche Positionen aufführen, die nicht mit Ausländern besetzt werden dürfen.
[26] Das BKPM erteilt die Zustimmung im Namen des Außenministers; vgl. Art. 31 Abs. 1 der Meninves/BKPM-Verordnung No. 38/SK/1999 vom 6. 10. 1999 und Art. 153 Arbeitsgesetz (UU tentang Ketenagakerjaan).
[27] Art. 12 UUPMA.
[28] Anlage 16 der Meninves/BKPM-Verordnung No. 38/SK/1999.
[29] Art. 32ff. der Meninves/BKPM-Verordnung No. 38/SK/1999.

C. Gesellschaftsformen

I. Allgemeines

22 Ausländische Investoren sind bei der Gründung einer indonesischen Gesellschaft, wie bereits in investitionsrechtlichem Zusammenhang erwähnt, auf die **Rechtsform der Perseroan Terbatas (PT)** beschränkt, welche Elemente einer GmbH mit solchen einer AG vereint[30].

23 Kennzeichnend für die PT ist neben der Rechtsfähigkeit die Beschränkung der Haftung der Gesellschafter auf ihre Einlage. Ein gesetzlicher **Haftungsdurchgriff** auf die Gesellschafter findet in folgenden Fällen statt[31]:
- die gesetzlichen Voraussetzungen für das wirksame Bestehen einer juristischen Person sind nicht oder noch nicht erfüllt;
- die Gesellschaft wird direkt oder indirekt durch einen bösgläubigen Gesellschafter für dessen persönliche Interessen mißbraucht;
- ein Gesellschafter ist in kriminelle Handlungen der Gesellschaft verstrickt;
- ein Gesellschafter verwendet in gesetzwidriger Weise direkt oder indirekt Vermögen der Gesellschaft mit der Folge, daß die Gesellschaft nicht mehr in der Lage ist, ihre Verbindlichkeiten zu erfüllen;
- ein Gesellschafter war mindestens sechs Monate lang Alleingesellschafter, ohne während dieser Zeit einen Teil seiner Anteile veräußert zu haben.

24 Nicht abschließend geklärt ist bislang, ob über diese Haftungsvoraussetzungen hinaus weitere Umstände zu einer unmittelbaren Haftung des Gesellschafters führen können.

25 Darüber hinaus gilt in Indonesien wie auch sonst auf der Welt, daß eine Finanzierung von Tochtergesellschaften oder die Teilnahme an Ausschreibungsverfahren häufig von der Stellung von **Garantien der Muttergesellschaften** abhängig sein wird.

II. Gesellschafterzahl und Kapitalausstattung

26 Eine PT bedarf zu ihrer **Gründung** mindestens zweier Gesellschafter[32], die sowohl natürliche, wie auch juristische Personen sein können[33]. Eine Unterschreitung der Mindest-Gesellschafterzahl führt nach einer Frist von sechs Monaten zur persönlichen Haftung des Alleingesellschafters und stellt einen Grund zur gerichtlichen Auflösung der Gesellschaft auf Antrag einer interessierten Partei dar[34]. Soll eine 100%-ige Tochtergesellschaft gegründet werden, so behilft sich die Praxis mit der Einschaltung eines Treuhänders, der mindestens einen Geschäftsanteil zeich-

---

[30] Art. 3 UUPMA iVm. Art. 1 RegVO No. 20/1994. Zur PT allgemein vgl. *Stiller/Sommer*, Das neue indonesische Gesetz über Gesellschaften mit beschränkter Haftung, RIW 1997, 564 bis 570.
[31] Art. 3 Abs. 2 und Art. 7 Abs. 4 UUPT.
[32] Art. 7 Abs. 1 UUPT.
[33] Art. 7 Abs. 1 des Auslegungserlasses (Penjelasan) zum UUPT.
[34] Art. 7 Abs. 3 und 4 UUPT.

net und dauerhaft hält. Soweit in investitionsrechtlichen Gesetzen und Verordnungen von 100%-igen Tochtergesellschaften die Rede ist, handelt es sich um eine wirtschaftliche Betrachtung, welche das gesellschaftsrechtliche Gebot eines zweiten Gesellschafters unberührt läßt.

Das **Grundkapital** (modal dasar) der PT beträgt mindestens 20 Mio. IDR. Für bestimmte Branchen können abweichende Mindestkapitalvorschriften festgelegt werden[35]. Generell soll der zu investierende Betrag nach den wirtschaftlichen Erfordernissen der Geschäftstätigkeit der Gesellschaft bestimmt werden, wobei nach der Genehmigungspraxis des BKPM das Betriebskapital für die ersten drei Monate sichergestellt sein muß und eine Debt-Equity-Ratio von 3:1 nicht überschritten sein sollte. Gesetzliche Debt-Equity-Ratios bestehen derzeit nicht, allerdings bestehen in steuerrechtlicher Hinsicht entsprechende Ermächtigungsgrundlagen, welche derzeit nicht ausgeschöpft sind[36]. 27

Das Gesetz schreibt vor, daß mindestens 25% des Grundkapitals bei der Gründung **gezeichnet** und das gezeichnete Kapital zu 50% **eingezahlt** sein muß[37]. Im Zeitpunkt der Genehmigung der Gründung muß das gezeichnete Kapital voll eingezahlt sein; die Einzahlung ist nachzuweisen[38]. 28

Sacheinlagen sind grundsätzlich zulässig, unterliegen aber der Bewertung durch einen Gründungsprüfer. Für Public Companies sind Sacheinlagen generell ausgeschlossen[39], wobei bestimmte Rückausnahmen von diesem Verbot zur Ermöglichung von Dept-Equity Swaps (Umwandlung von Verbindlichkeiten in Eigenkapital)[40] bestehen. 29

III. Gesellschaftsorgane

Die **Gesellschafterversammlung** (Rapat Umum Pemegang Saham/RUPS) ist als höchstes Organ der Gesellschaft für die wesentlichen Grundlagenentscheidungen (zB Satzungsänderungen[41], Kapitalerhöhungen und -herabsetzungen[42], Verschmelzungen und Übernahmen[43]) zuständig. Ferner obliegen ihr die Bestellung der Geschäftsführer (Anggota Direksi) und Aufsichtsratsmitglieder (Komisaris)[44], die Feststellung des Jahresabschlusses sowie die Entscheidung über die Gewinnverwendung[45]. Gesellschafterversammlungen sind grundsätzlich am Sitz der Gesellschaft oder dort durchzuführen, wo die Gesellschaft ihre Geschäftsaktivitäten entfaltet, soweit in der Satzung nicht anderweitig bestimmt. Die Gesellschaf- 30

---

[35] Art. 25 Abs. 1 und Abs. 2 UUPT.
[36] Art. 18 Abs. 1 UUPPh.
[37] Art. 26 Abs. 1 und 2 UUPT.
[38] Art. 26 Abs. 3 UUPT.
[39] Art. 27 und 28 UUPT.
[40] Siehe Rn 35.
[41] Art. 14 Abs. 1 UUPT.
[42] Art. 34, 37 UUPT.
[43] Art. 105 UUPT.
[44] Art. 80, 95 UUPT.
[45] Art. 60, 62 UUPT.

terversammlungen sind innerhalb der Republik Indonesien durchzuführen[46]. Wenn die Satzung dies zuläßt, sind schriftliche Gesellschafterbeschlüsse auch außerhalb einer Gesellschafterversammlung zulässig, soweit die Gesellschaft keine Inhaberaktien ausgegeben hat und soweit sämtliche Gesellschafter sowohl der Abstimmungsmethode als auch dem Beschluß selbst zugestimmt haben[47]. Gesellschafter dürfen sich in Gesellschafterversammlungen zwar vertreten lassen, es ist jedoch nicht zulässig, einem Mitglied der Geschäftsführung, einem Aufsichtsratsmitglied oder einem Angestellten der Gesellschaft Stimmrechtsvollmacht zu erteilen[48].

31 Gesellschafter, die zusammen mindestens **10% der stimmberechtigten Anteile** halten, können die Einberufung einer außerordentlichen Gesellschafterversammlung verlangen; diese Grenze darf statuarisch gesenkt, aber nicht erhöht werden[49].

32 Für **Beschlüsse der Gesellschafterversammlung** besteht grundsätzlich ein Quorum von 50% der stimmberechtigten Anteile, wenn nicht Gesetz oder Satzung ein höheres (kein niedrigeres) Quorum festlegen[50]. Grundsätzlich sollen die Gesellschafter eine Konsensentscheidung anstreben[51]; falls diese nicht erreicht wird, ist eine Entscheidung mit einfacher Mehrheit zulässig, soweit nicht in der Satzung für bestimmte Entscheidungen eine größere Mehrheit vorgeschrieben ist[52]. Für Satzungsänderungen und andere Grundlagenentscheidungen gelten gesetzliche, qualifizierte Mehrheitserfordernisse[53]. Darüber hinaus bedürfen Änderungen gewisser Satzungsgegenstände einer Genehmigung des Justizministers. Sonstige Satzungsänderungen bedürfen einer Anzeige an den Justizminister. In sämtlichen Fällen ist die Satzungsänderung zum Handelsregister anzumelden[54].

33 **Geschäftsführung** (Direksi) und **Aufsichtsrat** (Dewan Komisaris) bestehen jeweils mindestens aus einer natürlichen Person, die voll geschäftsfähig sein muß und in den letzten fünf Jahren weder privat noch als Organmitglied einer anderen Gesellschaft in einen Konkurs verstrickt sein durfte[55]. Gesellschaften, die Mittel von der Öffentlichkeit aufnehmen oder Schuldverschreibungen ausgeben wollen, sowie Public Companies benötigen dagegen jeweils zwei Geschäftsführer und Aufsichtsratsmitglieder[56]. Während der Geschäftsführung die Leitung der Geschäfte der Gesellschaft und ihre gerichtliche wie außergerichtliche Vertretung obliegt[57], ist dem Aufsichtsrat die Aufgabe übertragen, die Geschäftsführung zu überwachen und zu beraten[58]. Auf der Grundlage näherer Bestimmungen in der

---

[46] Art. 64 UUPT.
[47] Art. 78 Abs. 1 und 2 UUPT sowie Art. 78 des Auslegungserlasses dazu.
[48] Art. 71 UUPT.
[49] Art. 66 UUPT.
[50] Art. 73 UUPT.
[51] Art. 74 Abs. 1 UUPT.
[52] Art. 74 Abs. 2 UUPT.
[53] Vgl. Art. 75 UUPT.
[54] Art. 15 UUPT.
[55] Art. 79 Abs. 3; Art. 96 Abs. 2 UUPT.
[56] Art. 79 Abs. 2; Art. 94 Abs. 2 UUPT.
[57] Art. 82 UUPT.
[58] Art. 97 UUPT.

Satzung oder eines Gesellschafterbeschlusses können dem Aufsichtsrat unter gewissen Voraussetzungen für eine beschränkte Zeit auch Geschäftsführungsaufgaben übertragen werden[59]. Sind zwei oder mehr Geschäftsführer bestellt, so vertritt jeder Geschäftsführer die Gesellschaft allein, wenn nicht durch Satzung etwas anderes bestimmt ist[60].

D. Rechtliche Wege für Unternehmensübernahmen

I. Bedeutung von Unternehmensübernahmen

Nach Beginn der Wirtschafts- und Währungskrise 1997 erlebte Indonesien eine **Übernahmewelle**, die mit komplizierten Fragen der Schuldenrestrukturierung verbunden war.

Hierbei spielte in der Praxis insbes. das Instrument Debt-Equity Swap, d. h. Umwandlung von Verbindlichkeiten in Eigenkapital, eine besondere Rolle. Die Voraussetzungen eines Debt-Equity Swaps, welcher eine Durchbrechung des allgemeinen Verbots darstellt, Forderungen gegen die Gesellschaft als Sacheinlage einzubringen, sind in allgemeiner Form in einer RegVO aus dem Jahr 1999 geregelt worden[61]. Für börsennotierte Gesellschaften wird diese RegVO durch eine Vielzahl von Verordnungen der Börsenaufsichtsbehörde BAPEPAM ergänzt und überlagert.

II. Erwerb einer Beteiligung (Share Deal)

1. Allgemeines

Die **Geschäftsanteile** an einer PT sind grundsätzlich **übertragbar**, und zwar Namensanteile durch einen notariellen Vertrag und Inhaberanteile durch Übertragung des Anteilspapiers[62]. Urkunden betreffend die Übertragung von Namensanteilen sind der Gesellschaft im Original oder in Kopie zu übermitteln. Die Übertragung wird dann von den Geschäftsführern in den Gesellschafterlisten der Gesellschaft verzeichnet[63]. Die Satzung der Gesellschaft kann Andienungspflichten gegenüber anderen Gesellschaftern sowie Zustimmungsvorbehalte zu Gunsten der Organe der Gesellschaft vorsehen[64]. Die Übertragung von Anteilen an börsennotierten Gesellschaften richtet sich nach den einschlägigen Regelungen des Kapitalmarktrechts[65].

---

[59] Art. 100 UUPT.
[60] Art. 83 Abs. 1 UUPT.
[61] RegVO No. 15/1999 betreffend Formen bestimmter Forderungen, die zur Kompensation der Einzahlung auf Anteile verwandt werden dürfen (Bentuk-Bentuk Tagihan Tertentu Yang Dapat Dikompensasikan Sebagai Setoran Saham).
[62] Art. 49 Abs. 1 und Abs. 4 UUPT.
[63] Art. 49 Abs. 2 und Abs. 3 UUPT.
[64] Art. 50 UUPT.
[65] Art. 49 Abs. 4 UUPT.

2. Beteiligung einer PMA-Gesellschaft an bestehenden Gesellschaften

37 Wie bereits erwähnt[66], erhalten **Gesellschaften mit ausländischer Beteiligung** PMA-Status. Eine PMA-Gesellschaft kann sich an fremden Gesellschaften beteiligen, selbst wenn diese fremden Gesellschaften nicht den Status einer PMA-Gesellschaft oder einer PMDN-Gesellschaft besitzen, soweit die entsprechende Branche für ausländische Investitionen offen ist[67]. Die Gesellschaft, deren Anteile erworben werden sollen, hat eine Umwandlung ihres investitionsrechtlichen Status in den einer PMA-Gesellschaft zu beantragen[68]. Zudem bestehen die folgenden Beschränkungen:
— Die erwerbende PMA-Gesellschaft muß bereits ihre kommerzielle Produktion aufgenommen haben[69] und
— handelt es sich bei der erwerbenden PMA-Gesellschaft nicht um eine Joint Venture-Gesellschaft mit indonesischer Beteiligung[70], sondern um eine 100%-ige Tochtergesellschaft, darf der Erwerb nur zur „Rettung und Sanierung" des betreffenden Unternehmens erfolgen. Hierunter fallen definitionsgemäß die folgenden Fallkonstellationen:
  • Fortsetzung des Aufbaus der Produktion;
  • Umwandlung von Verbindlichkeiten in Eigenkapital;
  • Ausweitung des Vertriebs der erzeugten Produkte;
  • Ausweitung des Exports und/oder Nutzung neuer Technologien[71].

3. Gründung von Tochtergesellschaften durch die PMA-Gesellschaft

38 Eine PMA-Gesellschaft darf, soweit sie bereits ihre kommerzielle Produktion aufgenommen hat, **eigene Tochtergesellschaften** gründen[72].

4. Direkte ausländische Beteiligung an einer bestehenden Gesellschaft

39 Eine **ausländische natürliche oder juristische Person** kann Anteile an einer inländischen PMDN-Gesellschaft oder an einer inländischen Gesellschaft ohne PMA- oder PMDN-Status erwerben, soweit die betreffende Branche im Zeitpunkt des Anteilserwerbs für fremde Investitionen offen ist[73] und der Erwerb entweder über die Börse erfolgt oder — wenn außerbörslich — der „Rettung und Sanierung" der Zielgesellschaft dient[74]. Diese hat wiederum eine Umwandlung ihres investitionsrechtlichen Status in den einer PMA-Gesellschaft zu beantragen[75].

---

[66] Rn 9 f.
[67] Art. 23 Abs. 2 Meninves/BKPM-Verordnung No. 38/SK/1999; vgl. auch Art. 15 Abs. 2, Art. 17 Abs. 2 Meninves/BKPM-Verordnung No. 15/SK/1994.
[68] Art. 23 Abs. 1 Meninves/BKPM-Verordnung No. 38/SK/1999.
[69] Art. 8 Abs. 1 RegVO No. 20/1994, vgl. auch Art. 14 Abs. 1 Meninves/BKPM-Verordnung No. 15/SK/1994.
[70] Vgl. Art. 8 Abs. 2 RegVO No. 20/1994.
[71] Art. 18 Meninves/BKPM-Verordnung No. 15/SK/1994.
[72] Art. 8 Abs. 1 Buchst. a RegVO No. 20/1994.
[73] Vgl. Art. 9 Abs. 2 RegVO No. 20/1994 und Art. 16 Abs. 1 Meninves/BKPM-Verordnung No. 15/SK/1994.
[74] Art. 9 Abs. 4 RegVO No. 20/1994.
[75] Art. 23 Abs. 1 Meninves/BKPM-Verordnung No. 38/SK/1999.

Ferner können ausländische natürliche oder juristische Personen sich an bereits bestehenden PMA-Gesellschaften beteiligen.

III. Erwerb von Vermögenswerten (Asset Deal)

Eine **Übertragung des gesamten Gesellschaftsvermögens oder wesentlicher Teile davon** bedarf der Zustimmung der Gesellschafterversammlung, für die ein Quorum von drei Vierteln der stimmberechtigten Anteile und ein Mehrheitserfordernis von drei Vierteln der Stimmen vorgesehen ist. Allerdings werden gutgläubige Vertragspartner im Vertrauen auf die Verfügungsmacht der Geschäftsführung geschützt[76]. 40

IV. Verschmelzungen und Übernahmen

Das indonesische Recht kennt die **Verschmelzung durch Aufnahme** (penggabungan), bei der eine Gesellschaft Teil einer anderen bereits bestehenden Gesellschaft wird, und die **Verschmelzung durch Neugründung** (peleburan), bei der unter Auflösung mehrerer Gesellschaften eine neue Gesellschaft gegründet wird. Unter **Übernahme** (pengambilalihan) wird der Erwerb aller Anteile eines anderen Unternehmens oder der Erwerb so vieler Anteile eines anderen Unternehmens, daß hierdurch ein Kontrollwechsel bewirkt wird, verstanden[77]. Hinsichtlich des Begriffs der Kontrolle gibt es keine einheitliche Legaldefinition: Während im allgemeinen Gesellschaftsrecht auf das Vorliegen einer Beteiligung abgestellt wird, die entweder 50% übersteigt oder die Rolle des stärksten Gesellschafters vermittelt[78], gelten für börsennotierte Gesellschaften strengere Anforderungen; dort ist von Kontrolle bereits bei einer Beteiligung von mindestens 20% aller Anteile und eigenkapitalähnlichen Wertpapieren auszugehen sowie im Fall der Möglichkeit einer direkten oder indirekten Steuerung des betroffenen Unternehmens durch Besetzungs- oder Abberufungsrechte hinsichtlich der Mitglieder des Vorstands oder Aufsichtsrats oder der Möglichkeit zur Herbeiführung von Satzungsänderungen[79]. 41

1. Verschmelzungsverfahren

Sollen mehrere Gesellschaften miteinander verschmolzen werden, müssen zunächst die Geschäftsführer der beteiligten Gesellschaften einen **Plan für eine Verschmelzung** durch Aufnahme oder Neugründung aufstellen, dem zumindest 42

---

[76] Art. 88 UUPT.
[77] Art. 102 Abs. 1 UUPT, Art. 103 Abs. 1 UUPT iVm. Art. 1 Nr. 1 bis Nr. 3 RegVO Nr. 27/1998; *Tabalujan,* Indonesian Company Law, Hong Kong – Singapore, 1997, S. 217; zur Entwicklung des Rechts der Verschmelzung vgl. *Silalahi,* Fusionskontrolle in Indonesien gem. RegVO Nr. 27/1998 und Gesetz Nr. 5/1999 im Vergleich zur deutschen und europäischen Fusionskontrolle (Diss.), Erlangen, 2001, S. 177f.
[78] Auslegungserlaß (Penjelasan) zu Art. 1 Nr. 3 RegVO Nr. 27/1998.
[79] Art. 1d. der BAPEPAM-Verordnung No. IX. H.1 (Kep-04/PM/2000).

- die Namen der an der Verschmelzung beteiligten Gesellschaften;
- die Gründe für die Verschmelzung;
- ein Erläuterungsbericht der Geschäftsführer nebst den Bedingungen der Verschmelzung;
- das Verfahren für den Umtausch der Anteile;
- die vorgeschlagenen Satzungsänderungen bzw. der Entwurf der Satzung der neuen Gesellschaft;
- die Bilanzen und Gewinn- und Verlustrechnungen der letzten drei Jahre;
- sonstige für die jeweiligen Gesellschafter relevanten Informationen

beizufügen sind[80].

43 Nach Zustimmung des Aufsichtsrats[81] muß der Verschmelzungsplan von den Geschäftsführern den Gesellschafterversammlungen zur Entscheidung **vorgelegt** und mit diesem Mindestinhalt mindestens 14 Tage vor dem jeweiligen Zusammentreten der Gesellschafterversammlungen in zwei Tageszeitungen **veröffentlicht** werden[82]. Über den Inhalt der Gesellschafterbeschlüsse ist jeweils eine notarielle Urkunde in indonesischer Sprache zu erstellen[83].

44 Die Gesellschafterversammlungen sollen den **Verschmelzungsbeschluß** einstimmig fassen. Kann Einstimmigkeit nicht erzielt werden, ist der Verschmelzungsbeschluß mit einer Mehrheit von drei Vierteln der abgegebenen Stimmen zu fassen, wobei die an der Abstimmung teilnehmenden Gesellschafter mindestens drei Viertel der Gesamtzahl der stimmberechtigten Anteile auf sich vereinen müssen[84]. Der Verschmelzung widersprechende Gesellschafter haben gegenüber der Gesellschaft, an der sie beteiligt sind, ein Andienungsrecht bezüglich ihrer Anteile zu einem angemessenen Kaufpreis (harga yang wajar)[85].

45 Im Regelfall ist eine Verschmelzung durch Aufnahme mit **Satzungsänderungen** verbunden. Wenn dies der Fall ist, gelten hierfür die allgemeinen Genehmigungs- bzw. Anzeigepflichten[86]. Die Verschmelzung darf in diesen Fällen nicht vor Genehmigung durch den Justizminister bzw. – bei nur anzeigepflichtigen Änderungen – vor der Eintragung der Änderungen im Handelsregister in Kraft treten[87].

2. Allgemeines Übernahmeverfahren

46 Für Übernahmen gelten im wesentlichen dieselben **Regeln** wie für Verschmelzungen[88].

47 Die Geschäftsführer der übernehmenden Gesellschaft sind verpflichtet, die Geschäftsführung der Zielgesellschaft über die geplante Übernahme aller oder eines

---

[80] Art. 102 Abs. 2 UUPT; Art. 7 Abs. 2 iVm. Art. 20 RegVO Nr. 27/1998.
[81] Art. 7 Abs. 2 iVm. Art. 20 RegVO Nr. 27/1998.
[82] Art. 105 Abs. 2 UUPT.
[83] Art. 13 Abs. 2 iVm. Art. 20 RegVO Nr. 27/1998.
[84] Art. 105 Abs. 1 iVm. Art. 74 Abs. 1, Art. 76 UUPT; Art. 6 Abs. 2 iVm. Art. 13 Abs. 1, 20 RegVO Nr. 27/1998.
[85] Art. 55 UUPT iVm. Art. 4 Abs. 3 RegVO 27/1998.
[86] Siehe Rn 32.
[87] Art. 14 RegVO 27/1998.
[88] Art. 103, Art. 105, Art. 55 UUPT; Art. 26 bis 32 RegVO 27/1998.

wesentlichen Teils der Anteile der Zielgesellschaft zu **informieren**[89]. Die Geschäftsführer beider Gesellschaften haben daraufhin jeweils **Übernahmeplanentwürfe** zu erstellen, die von den Aufsichtsräten der betroffenen Gesellschaften genehmigt werden und mindestens Angaben über
– die an der Übernahme beteiligten Gesellschaften bzw. natürlichen Personen;
– die Gründe für die Übernahme;
– die Geschäftsberichte und geprüften Jahresbilanzen der übernehmenden Gesellschaft;
– das Verfahren zum Umtausch der Anteile der beteiligten Gesellschaften, wenn die Zahlung des Übernahmepreises in Form der Begebung von Anteilen an der übernehmenden Gesellschaft erfolgt;
– den Entwurf der geplanten Satzungsänderungen;
– die Anzahl der zu übernehmenden Anteile;
– die Bereitstellung der Finanzierung;
– eine Proforma-Bilanz der übernehmenden Gesellschaft nach erfolgter Übernahme nebst
– Erwartung der Vor- und Nachteile sowie der Zukunft der betreffenden Gesellschaft auf der Grundlage der Bewertung durch einen unabhängigen Sachverständigen;
– einen Plan zur Behandlung der widersprechenden Anteilsinhaber;
– einen Plan über den Status der Arbeitnehmer der Zielgesellschaft;
– die voraussichtliche Dauer des Übernahmeverfahrens
enthalten müssen[90].

Auf der Grundlage der beiden Übernahmeplanentwürfe ist von den Geschäftsführern der übernehmenden Gesellschaft und der Zielgesellschaft ein **gemeinsamer Übernahmeplan** mit gleichem Mindestinhalt aufzustellen, der mindestens vierzehn Tage vor dem Termin der Gesellschafterversammlungen beider Gesellschaften in zwei Tageszeitungen zu veröffentlichen und den Mitarbeitern der beteiligten Unternehmen schriftlich bekanntzugeben ist[91]. Über den gebilligten Übernahmeplan ist eine notarielle Urkunde in indonesischer Sprache zu erstellen[92].

Die Gesellschafterversammlungen sollen den **Übernahmebeschluß** einstimmig fassen. Kann Einstimmigkeit nicht erzielt werden, ist der Übernahmebeschluß mit einer Mehrheit von drei Vierteln der abgegebenen Stimmen zu fassen, wobei die an der Abstimmung teilnehmenden Gesellschafter mindestens drei Viertel der Gesamtzahl der stimmberechtigten Anteile auf sich vereinen müssen[93]. Der Übernahme widersprechende Gesellschafter haben gegenüber der Gesellschaft, an der sie beteiligt sind, ein Andienungsrecht bezüglich ihrer Anteile zu einem angemessenen Kaufpreis[94].

---

[89] Art. 26 Abs. 1 RegVO Nr. 27/1998.
[90] Art. 26 Abs. 2 und Abs. 3 RegVO Nr. 27/1998.
[91] Art. 27 bis Art. 29 RegVO Nr. 27/1998.
[92] Art. 31 RegVO Nr. 27/1998.
[93] Art. 105 Abs. 1 iVm. Art. 74 Abs. 1, Art. 76 UUPT; Art. 6 Abs. 2 RegVO Nr. 27/1998.
[94] Art. 55 UUPT iVm. Art. 4 Abs. 3 RegVO Nr. 27/1998.

50 Im Regelfall ist eine Übernahme mit **Satzungsänderungen** verbunden. Wenn dies der Fall ist, gelten hierfür die allgemeinen Genehmigungs- und Anzeigepflichten[95]. Die Übernahme darf in diesen Fällen nicht vor Genehmigung durch den Justizminister bzw. – bei anzeigepflichtigen Änderungen – vor Eintragung der Änderung im Handelsregister in Kraft treten[96].

3. Schutz von Interessen Beteiligter

51 Bei Verschmelzungen und Übernahmen sind die **Interessen** der beteiligten Unternehmen, der Minderheitsgesellschafter, der Belegschaft und die Interessen der Allgemeinheit **an einem gesunden Wettbewerb** zu beachten[97].

E. Besonderheiten der Due Diligence

52 Die für eine Due Diligence zur Verfügung stehenden Unterlagen werden im Regelfall ganz überwiegend **in indonesischer Sprache** verfaßt sein. Viele Dokumente wie Sicherheiten-, Franchise-, Gesellschaftsverträge und behördliche Registrierungen müssen zwingend in der Landessprache erstellt werden. Englische Übersetzungen sind zwar für die Verständigung hilfreich, machen aber den Rückgriff auf die allein authentische indonesische Fassung nicht entbehrlich.

53 Die **indonesischen Rechnungslegungsvorschriften** (Standar Akuntansi Keuangan) entsprechen zwar in weiten Teilen internationalen Rechnungslegungsgrundsätzen, weisen aber auch spezifische indonesische Besonderheiten auf. Eine Beratung auch durch lokale Wirtschaftsprüfer, die einerseits mit den Grundsätzen indonesischer Bilanzierung vertraut sind, andererseits aber auch Grundkenntnisse ausländischer Bilanzierungsmaßstäbe besitzen sollten, ist deshalb im Regelfall unverzichtbar.

54 Indonesien verfügt über eine gute **anwaltliche Infrastruktur** mit namhaften Kanzleien, von denen viele mit internationalen Kanzleien assoziiert sind. Da wichtige Transaktionen häufig in weitem Umfang von behördlichen Mitwirkungshandlungen oder Genehmigungen abhängig sind, ist die Einschaltung lokaler Anwälte mit entsprechenden Kontakten in die wichtigsten Behörden (BKPM, BAPEPAM, etc.) im allgemeinen unverzichtbar. Der aus dem Zusammenwirken lokaler Anwälte und internationaler Kanzleien resultierende finanzielle und zeitliche Aufwand sollte nicht gescheut werden, da sich nur so landesspezifische Risiken zuverlässig einschätzen und abarbeiten lassen.

---

[95] Siehe Rn 32.
[96] Art. 32 RegVO 27/1998.
[97] Art. 104 UUPT; Art. 4 Abs. 1 RegVO 27/1998.

F. Besonderheiten in den Begleitfeldern

I. Arbeitsrecht

Für indonesische Arbeitnehmer gelten gesetzliche **Mindestlöhne**, die idR zum 55
1.4. eines Jahres je nach Provinz verschieden angepaßt werden[98]. Hinzu kommt ein dreizehntes Monatsgehalt als Weihnachts- bzw. Lebaran[99]-Gratifikation, bezahlter Urlaub von mindestens zwei Wochen im Jahr[100] sowie finanzieller Ausgleich bei Überstunden bei einer gesetzlichen Arbeitszeit von 40 Wochenstunden[101]. PMA- und PMDN-Gesellschaften mit mehr als 25 Arbeitnehmern oder einer monatlichen Lohnsumme von mehr als 1 Mio. IDR sind zudem verpflichtet, nach dem sog. JASTEK-System insgesamt 5 bis 7% des Arbeitslohns ihrer Beschäftigten an die Arbeitsunfall-, Kranken- und Lebensversicherung abzuführen sowie in Rentenfonds einzuzahlen. Insgesamt betragen die Lohnnebenkosten in Indonesien ungefähr 35% des Hauptlohns.

Nach Ablauf einer Probezeit von bis zu drei Monaten kann das Arbeitsverhält- 56
nis nur mit Genehmigung der Arbeitsbehörden **gekündigt** werden, soweit nicht bestimmte Ausnahmetatbestände eingreifen[102].

In Betrieben mit mindestens 50 Arbeitnehmern ist ein sog. **Zweiseitiges Ko-** 57
operationsorgan (Lembaga Kerjasama Bipartit) einzurichten, das als Plattform für die innerbetriebliche Kommunikation, als Beratungsstelle der Arbeitnehmer und als Verhandlungsstelle zur Lösung arbeitsrechtlicher Probleme dient[103].

Zu Zeiten Soehartos existierte in Indonesien nur eine branchengegliederte 58
Einheitsgewerkschaft, als deren Dachorganisation die regierungsnah und arbeitgeberfreundlich einzustufende Vereinigung der Arbeiter Gesamt-Indonesiens (Serikat Pekerja Seluruh Indonesia – SPSI) fungierte. Seit der Liberalisierung des **Gewerkschaftsrechts** Mitte 1998 ist die Zulassungspflicht für Gewerkschaften weggefallen. Seither konnte sich auch in Indonesien ein aktives gewerkschaftliches Leben entwickeln.

II. Umweltrecht

Indonesien verfügt zwar über eine Vielzahl inzwischen teilweise moderner 59
umweltrechtlicher Vorschriften, doch lassen sich in der Praxis auch weiterhin erhebliche **Vollzugsdefizite** beobachten. Ausländische Investoren sollten sich je-

---

[98] Peraturan Menaker No. Per-01/Men/1999 vom 12.1.1999 iVm. Kep Menaker No. KEP-20/20/MEN/2000 vom 18.2.2000.
[99] Islamischer Feiertag.
[100] Verordnung des Arbeitsministers PER-03/MEN/1989.
[101] Verordnungen des Arbeitsministers No. KEP-608/MEN/1989 bzw. KEP-72/MEN/1984.
[102] Zuständige Behörde ist bei Einzelkündigungen Panitia Daerah, bei Massenentlassungen Panitia Pusat; zu den Ausnahmetatbeständen vgl. Kep. Mennaker No. Kep-150/Men/2000 tentang Penyelesaian Pemutusan Hubungan Kerja dan Penetapan Uang Pesangon, Uang Penghargaan Masa Kerja dan Ganti Kerugian di Perusahaan vom 20.6.2000.
[103] Art. 37 UU tentang Ketenagakerjaan.

doch nicht auf solche Vollzugsdefizite verlassen, da von Unternehmen mit ausländischer Beteiligung eine strikte Einhaltung aller relevanten Umweltvorschriften erwartet wird.

III. Technologietransfer und gewerbliche Schutzrechte

60   Der Ausgestaltung von Technologietransferverträgen ist besondere Sorgfalt zu widmen, da es in Indonesien – anders als in anderen asiatischen Schwellenländern – kein umfassendes Spezialgesetz zum Technologietransfer gibt[104] und nur für einzelne gewerbliche Schutzrechte gesetzliche Regelungen bestehen.

61   Indonesien ist Mitgliedstaat der wichtigsten **internationalen Abkommen auf dem Gebiet des gewerblichen Rechtsschutzes** und hat insbes. im Zuge des Beitritts zum GATT Agreement of Trade-related Aspects of Intellectual Property Rights (TRIPS) durch Gesetzesänderungen große Anstrengungen unternommen, um den Schutz gewerblichen Eigentums zu verbessern. Das indonesische Patentgesetz schützt Patente auf Produkte und Produktionsprozesse grundsätzlich für eine einmalige Dauer von 20 Jahren, beginnend mit dem Eingang des kompletten Patentantrags[105]. Die Schutzdauer für Gebrauchsmuster beträgt einmalig 10 Jahre.

62   Durch das **Markengesetz** werden Trade Marks (Merek Dagang), Service Marks (Merek Jasa) und Collective Marks (Merek Kolektif) für die Dauer von 10 Jahren mit der Möglichkeit mehrfacher Verlängerung um jeweils weitere 10 Jahre geschützt[106]. Die Schutzdauer des Urheberrechtsgesetzes, von dem auch Computerprogramme und die Rechte der aufführenden Künstler, der Hersteller von Tonaufzeichnungen sowie der Rundfunkanstalten erfaßt werden, erstreckt sich grundsätzlich auf die Lebenszeit des Urhebers sowie weitere 50 Jahre für Bücher, Architektur, Kompositionen und sonstige Kunstwerke, regelmäßig 50 Jahre seit Erstveröffentlichung für Computer-Programme, Filmwerke und Tonaufzeichnungen bzw. 25 Jahre für zB Fotografien[107].

63   Im Fall von **Patentverletzungen** stehen dem Patentinhaber sowie einem Lizenznehmer die folgenden Ansprüche zu:
– Anspruch auf Schadensersatz, soweit der Verletzer nicht nachweist, von der Patentverletzung weder Kenntnis noch grob fahrlässige Unkenntnis gehabt zu haben[108];
– Anspruch auf Einstellung der Verletzungshandlung[109];
– Anspruch auf Herausgabe der durch die Verletzung erzeugten Güter oder deren Gegenwerts[110].

---

[104] Aus Art. 2 UU PMA ergibt sich lediglich, daß der Begriff „Auslandsinvestition" auch „Ausrüstungsgegenstände" für ein Unternehmen einschließlich neuer technologischer Entwicklungen im Eigentum von „Ausländern" umfaßt.
[105] Art. 9 Abs. 1 UU Paten.
[106] Art. 7 iVm. Art. 36 Abs. 1 UU Merek.
[107] Art. 26 und Art. 27 UUHC.
[108] Art. 122 UU Paten.
[109] Art. 123 UU Paten.
[110] Art. 123 UU Paten.

Die patentrechtlichen Regelungen gelten entsprechend für Gebrauchsmuster[111]; äquivalente Regelungen gelten im Markenrecht[112]. 64

Neben diese zivilrechtlichen Ansprüche tritt der **strafrechtliche Schutz** des Patentrechts, des Gebrauchsmusterrechts und des Markenrechts. 65

IV. Landnutzungsrechte

Das indonesische Immobilienrecht und Investitionsrecht gewährt Ausländern und juristischen Personen mit ausländischer Beteiligung **nur beschränkten Zugang zu Rechten an Grundstücken**. Rechtsgrundlage sind das Landnutzungsgesetz[113] sowie das Gesetz über ausländische Investitionen[114] und die RegVO No. 40/1996. Auch religiöses und traditionelles (adat) Recht kann im Einzelfall noch eine Rolle spielen[115]. Zusätzliche Rechtsprobleme ergeben sich darüber hinaus häufig aus wilden Ansiedlungen von Landbesetzern. 66

Eigentumsrechte (hak milik) an Grund und Boden können grundsätzlich nur von indonesischen natürlichen Personen erworben und innegehabt werden. PMA-Gesellschaften können damit kein Eigentum an einem Grundstück erwerben[116]. 67

Demgegenüber steht das **Recht zur Bewirtschaftung** in den Bereichen Landwirtschaft, Fischerei und Viehzucht (Hak Guna Usaha) für die Dauer von jeweils bis zu 25 oder 35 Jahren, verlängerbar um bis zu 25 Jahre, auch PMA-Gesellschaften offen[117]. 68

Gleiches gilt für das **Recht auf Errichtung und Besitz von Gebäuden** (Hak Guna Bangunan), die dann im Eigentum des Erbauers stehen[118]. Hier wird das Recht für einen Zeitraum von bis zu 30 Jahren gewährt und kann mit Zustimmung der örtlichen indonesischen Behörden um weitere bis zu 20 Jahre verlängert werden[119]. Sowohl das Recht zur Bewirtschaftung als auch das Recht auf Errichtung und Besitz von Gebäuden kann übertragen, verkauft oder hypothekarisch belastet werden[120]. 69

Inländischen wie ausländischen natürlichen und juristischen Personen steht ferner das **Recht zur Nutzung** (Hak Pakai) offen, wobei ausländische natürliche Personen ihren Wohnsitz in Indonesien haben und ausländische juristische Personen zumindest über eine Vertretung in Indonesien verfügen müssen[121]. Das Recht zur Nutzung beinhaltet die Befugnis, alle Rechte auszuüben, welche in einem Vertrag mit dem Eigentümer vereinbart sind. Es ist allerdings nur dann übertrag- 70

---

[111] Art. 109 UU Paten.
[112] Art. 72 bis 74 UU Merek.
[113] UU Agraria.
[114] UUPMA.
[115] Art. 5 UU Agraria.
[116] Art. 21 Abs. 1, Abs. 2, Art. 49 UU Agraria.
[117] Art. 29, 30, 53 Abs. 2 UU Agraria iVm. Art. 14 UUPMA.
[118] Art. 36 UU Agraria iVm. Art. 14 UUPMA.
[119] Art. 35 UU Agraria.
[120] Art. 28 Abs. 3, Art. 33, Art. 35 Nr. 3, Art. 39, Art. 51 UU Agraria.
[121] Art. 42 lit. b. und d. UU Agraria.

bar, wenn der zugrundeliegende Vertrag dies gestattet[122]. Eine hypothekarische Belastung ist nicht zulässig[123].

71   Gleiches gilt für das **Leasingrecht zur Bebauung** (Hak Sewa untuk Bangunan), mit dem die Befugnis zur Errichtung von Gebäuden und das Eigentumsrecht am Gebäude selbst gewährt wird. Es ist jedoch nicht hypothekarisch belastbar[124]. Ferner ist dieses Recht beim indonesischen Land Registry Office nicht eintragungsfähig. Aus diesen Gründen sollte stets das stärkere Recht zur Bebauung vereinbart werden.

G. Gesetzliches Übernahmerecht

I. Übernahmekontrolle

72   Das am 5. 3. 2000 in Kraft getretene Gesetz gegen Monopole und unlauteren Wettbewerb[125] verbietet Übernahmen sowie Verschmelzungen, wenn hierdurch ein **Monopol entstehen** oder der Wettbewerb verzerrt werden könnte[126].

73   Unzulässig ist ferner der Besitz der Mehrheit der Anteile an verschiedenen gleichartigen Unternehmen, welche auf dem gleichen Gebiet im gleichen Markt Aktivitäten entfalten, oder die Gründung **verschiedener Unternehmen mit Aktivitäten auf dem gleichen Markt**, wenn der betreffende Anteilsbesitz dazu führt, daß
– ein Unternehmer oder eine Gruppe von Unternehmern einen Marktanteil von mehr als 50% bei Produkten oder Dienstleistungen gleicher Art erreicht oder
– zwei oder drei Unternehmer oder eine Gruppe von Unternehmern einen Marktanteil von mehr als 75% bei Produkten oder Dienstleistungen gleicher Art erreichen[127].

74   Verschmelzungen und Übernahmen, die dazu führen, daß der Wert der übernommenen bzw. verschmolzenen Wirtschaftsgüter oder der Transaktionswert einen durch RegVO festzulegenden Schwellenwert übersteigen, sind binnen 30 Tagen ab der Verschmelzung oder Übernahme **bei der Kommission zur Überwachung des Unternehmenswettbewerbs** (Komisi Pengawas Persaingan Usaha) **anzuzeigen**[128].

75   Die **Kommission** hat Untersuchungsrechte, stellt Rechtsverstöße fest und hat die Befugnis zur Verhängung von Verwaltungssanktionen bei Verstößen gegen das Gesetz gegen Monopole und unlauteren Wettbewerb[129].

---

[122] Art. 43 UU Agraria.
[123] Vgl. Art. 51 UU Agraria.
[124] Art. 44, 45 UU Agraria, Art. 51 UU Agraria.
[125] UUPM.
[126] Art. 28 Abs. 1 und Abs. 2 UUPM.
[127] Art. 27 UUPM.
[128] Art. 29 UUPM.
[129] Art. 35, 36 UUPM.

II. Öffentliche Übernahmeangebote

Um ein geordnetes **Verfahren bei der Unternehmensübernahme über den Kapitalmarkt** zu gewährleisten, hat die Aufsichtsbehörde für den Kapitalmarkt (Badan Pengawas Pasar Modal/BAPEPAM) eine Verordnung für die Übernahme börsennotierter Unternehmen erlassen[130]. 76

Nach dieser Verordnung hat bei Übernahme eines börsennotierten Unternehmens derjenige, der das Unternehmen nach der Übernahme kontrolliert, ein **öffentliches Übernahmeangebot** für sämtliche verbliebenen Anteile oder eigenkapitalähnlichen Wertpapiere des betreffenden Unternehmens abzugeben. Das Übernahmeangebot braucht sich nicht auf die Anteile des größten Gesellschafters oder sonstiger kontrollierender Gesellschafter des betreffenden Unternehmens zu erstrecken[131]. 77

Die **Durchführung des öffentlichen Übernahmeangebots** bemißt sich nach der Verordnung für öffentliche Übernahmeangebote[132]. 78

Danach muß das **Übernahmeangebot** in mindestens zwei indonesisch-sprachigen Tageszeitungen, davon mindestens eine mit landesweiter Verbreitung, **veröffentlicht** werden[133]. Das Angebot hat die Identität des Übernehmers, die Bedingungen der geplanten Übernahme, den Umfang der vom Übernehmer bereits gehaltenen Anteile oder eigenkapitalähnlichen Wertpapiere an der Zielgesellschaft, sowie die Erklärung eines Wirtschaftsprüfers, einer Bank oder einer Wertpapiergesellschaft zu enthalten, nach der der Übernehmer über ausreichende Mittel verfügt, um das Übernahmeangebot zu finanzieren[134]. Hat der Übernehmer in den letzten 180 Tagen vor Abgabe des Übernahmeangebots bereits ein Übernahmeangebot abgegeben, so muß der Preis des nunmehrigen Angebots mindestens dem des ersten Angebots entsprechen; ferner muß das Übernahmeangebot mindestens dem höchsten Kurswert der Anteile in den letzten 90 Tagen vor Abgabe des Angebots entsprechen. Ausnahmen können vom Präsidenten der BAPEPAM zugelassen werden[135]. 79

Nach der Veröffentlichung kann das **Übernahmeangebot** nur noch mit Zustimmung der BAPEPAM **zurückgenommen** werden[136]. Ist das Übernahmeangebot angenommen worden, so ist die Transaktion bis zum zwölften Tag nach Ablauf der Übernahmefrist abzuwickeln[137]. 80

---

[130] BAPEPAM-Verordnung No. IX. H.1 (Kep-04/PM/2000) vom 13. 3. 2000.
[131] Art. 2 der BAPEPAM-Verordnung No. IX. H.1 (Kep-04/PM/2000).
[132] BAPEPAM-Verordnung No. IX. F.1 (Kep-10/PM/2000) vom 13. 3. 2000.
[133] Art. 4 der BAPEPAM-Verordnung IX. F.1 (Kep-10/PM/2000).
[134] Art. 4 der BAPEPAM-Verordnung IX. F.1 (Kep-10/PM/2000).
[135] Art. 11 der BAPEPAM-Verordnung IX. F.1 (Kep-10/PM/2000).
[136] Art. 5 der BAPEPAM-Verordnung IX. F.1 (Kep-10/PM/2000).
[137] Art. 12 der BAPEPAM-Verordnung IX. F.1 (Kep-10/PM/2000).

III. Offenlegungspflichten von am indonesischen Kapitalmarkt registrierten Gesellschaften

81 Am indonesischen Kapitalmarkt registrierte Gesellschaften haben jegliche **Informationen** sowie Umstände, die den Wert der von ihnen ausgegebenen Anteile oder die Entscheidung von Anlegern beeinflussen können, **dem BAPEPAM zu melden sowie diese zu veröffentlichen**. Die Frist für die Meldung und Veröffentlichung beträgt zwei Werktage ab der betreffenden Beschlußfassung oder dem Eintritt der betreffenden Umstände[138]. Zu dem nicht abschließenden Katalog kursrelevanter Umstände gehören insbes. Verschmelzungen und Übernahmen, sowie Wechsel von beherrschenden Gesellschaftern oder wichtige Veränderungen im Management[139].

H. Finanzierung von Unternehmenskäufen

I. Investitionsförderung und Devisenkontrolle

82 Da **indonesische Banken** aufgrund regulatorischer Beschränkungen regelmäßig **keine Finanzierung ausländischer Investoren** vornehmen können, ist der Investor auf heimische oder internationale Finanzinstitute angewiesen. Die Kreditanstalt für Wiederaufbau (KfW) fördert Projekte in Indonesien durch ihr Mittelstandsprogramm – Ausland – sowie durch das BMZ-Niederlassungs- und Technologieprogramm, mit dem Finanzmittel zur Gründung von Niederlassungen deutscher Unternehmen in Entwicklungsländern sowie für Projekte des Technologietransfers zur Verfügung gestellt werden. Indonesien ist dabei in die Ländergruppe I eingestuft, für die besonders günstige Konditionen gelten.

83 Alternativ dazu bestehen **Förderprogramme** weiterer Institutionen, wie zB der Deutschen Investitions- und Entwicklungsgesellschaft mbH (DEG) und der Europäischen Investitionsbank. Die Inanspruchnahme entsprechender Förderungen erfolgt regelmäßig über die Hausbank des Investors.

84 Im Jahr 1982 wurden nahezu alle indonesischen **Devisenkontrollbestimmungen** aufgehoben. Gewisse Beschränkungen bestehen aber weiterhin für die Kreditaufnahme im Ausland. Die für einen Finanzier jeweils zulässigen Höchstgrenzen für im Ausland aufgenommene Kredite werden getrennt für fünf Schuldnerkategorien durch Regierungsanordnung festgelegt. Ferner müssen Kapitalzuflüsse aus dem Ausland zur Finanzierung von Auslandsinvestitionen der indonesischen Staatsbank (Bank Indonesia) gemeldet werden.

85 Im Zuge der Währungs- und Wirtschaftskrise seit 1992 wurden Beschränkungen der Ein- und Ausfuhr von Münzen und Geldscheinen, die auf IDR lauten, eingeführt. Danach bedarf die Ein- und Ausfuhr von Barbeträgen über 5 Mio.

---

[138] Art. 1 der BAPEPAM-Verordnung X. K.1 (Kep-86/PM/1996).
[139] Art. 2 der BAPEPAM-Verordnung X. K.1 (Kep-86/PM/1996).

IDR der Deklaration, die Ein- und Ausfuhr von Barbeträgen über 10 Mio. IDR zusätzlich einer vorherigen Genehmigung durch die Bank Indonesia[140].

II. Kreditsicherung

1. Pfandrecht (hak gadai)

Während Inhaberanteile an einer PMA-Gesellschaft (wie generell an jeder PT) von der Verpfändung ausgeschlossen sind, können Namensanteile verpfändet werden, soweit der Gesellschaftsvertrag kein entsprechendes Verbot enthält[141]. Allerdings ist das **indonesische Pfandrecht** als Besitzpfandrecht ausgestaltet[142] und daher als Sicherungsmittel für die Praxis kaum geeignet. 86

2. Hypothek (hak tanggungan)[143]

Da grundsätzlich außer der indonesischen Regierung nur indonesische natürliche Personen Eigentum an Grundstücken erwerben dürfen, können Eigentumsrechte an Grundstücken nur dann hypothekarisch belastet werden, wenn diese sich im **Eigentum der hinter dem indonesischen Vertragspartner stehenden natürlichen Personen** befinden[144]. Für PMA-Gesellschaften kommt als Kreditsicherheit zugunsten ihrer Gläubiger regelmäßig nur die Bestellung einer Hypothek an einem Recht auf Errichtung und Besitz von Gebäuden (hak guna bangunan) in Betracht[145]. 87

Voraussetzung für das Entstehen der Hypothek ist die **Eintragung** im Hypothekenregister, das durch eine Urkundsperson für das Landregister (PPAT – Pejabat Pembuat Akta Tanah) geführt wird. Diese Eintragung war in der Vergangenheit mit sehr hohen Kosten verbunden, weshalb sich die Praxis früher mit unwiderruflichen Eintragungsvollmachten behalf. Die Wirksamkeit der Eintragungsvollmacht des Hypothekenschuldners unterliegt nunmehr nach neuem Recht einer zeitlichen Befristung von ein bzw. drei Monaten[146]. Die Hypothek indonesischen Rechts ist wie die Hypothek deutschen Rechts akzessorisch[147]. Ein gewichtiger Unterschied besteht jedoch darin, daß im Fall einer Veräußerung des belasteten Rechts dessen Erwerber eine Begrenzung der Hypothek auf den von 88

---

[140] RegVO No. 18/1998 betreffend die Aus- und Einfuhr indonesischer Währung aus bzw. in das Territorium der Republik Indonesien (PP No. 18/1998 tentang Pengeluaran atau Pemasukan Mata Uang Rupiah dari atau ke dalam Wilayah Republik Indonesia) vom 2. 2. 1998 iVm. dem Beschluß des Direktoriums der Bank Indonesia (Surat Keputusan Direksi Bank Indonesia) No. 30/191A/KEP/DIR vom 2. 2. 1998; RegVO No. 1/1982 betreffend die Durchführung von Exporten, Importen und den Devisenverkehr (PP No. 1/1982 tentang Pelaksanaan Ekspor, Impor, dan Lalu Lintas Devisa).
[141] Art. 53 Abs. 1 und Abs. 2 UUPT.
[142] Art. 1152 Abs. 1 des indonesischen BGB.
[143] Das indonesische Hypothekenrecht wurde durch das UUT umfassend novelliert.
[144] Vgl. Art. 21 UU Agraria; Art. 4 UUT.
[145] Art. 39 UU Agraria.
[146] Art. 15 Abs. 3 und Abs. 4 UUT.
[147] Art. 16 UUT.

ihm gezahlten Kaufpreis verlangen kann[148]. Vor den damit verbundenen Risiken kann sich der Hypothekengläubiger für den Fall einer freiwilligen Veräußerung dadurch schützen, daß er mit dem Inhaber des belasteten Rechts die **Zustimmungspflichtigkeit einer Veräußerung** des belasteten Rechts und/oder den Ausschluß der Herabsetzung des Hypothekenbetrags vereinbart. Diese Vereinbarungen bedürfen der Aufnahme in die Hypothekenurkunde[149].

89 Die **gerichtliche Durchsetzung einer Hypothek** hat sich in der Vergangenheit als äußerst schwierig erwiesen. Nur sehr selten gelang es den Hypothekengläubigern, Befriedigung ihrer Forderung zu erlangen. Die Ursachen dafür sind u. a. in der nach indonesischem Recht sehr starken Stellung des Grundstückseigentümers und Defiziten im gerichtlichen Vollstreckungsverfahren zu suchen.

3. Sicherungsabtretung und Sicherungsübereignung[150]

90 Zur **Sicherung gegenwärtiger und künftiger Geldforderungen**, deren Betrag bereits bestimmt ist oder im Zeitpunkt der Verwertung bestimmbar sein wird[151], können bewegliche körperliche wie unkörperliche Sachen, Rechte und Forderungen sowie unbewegliche Sachen, insbes. Gebäude, die nicht mit einer Hypothek belastbar sind, zur Sicherheit abgetreten oder übereignet werden[152].

91 Die **Bestellung der Sicherheit** bedarf notarieller Form, wobei die Urkunde in indonesischer Sprache abzufassen ist[153]. Das Sicherungsgut ist beim Amt für die Eintragung von Sicherheiten (Kantor Pendafteran Fidusia) einzutragen, und zwar auch dann, wenn sich das Sicherungsgut im Ausland befindet[154]. Der Sicherungsnehmer erhält als Bescheinigung einen Auszug aus dem Sicherheitenregister, der als vollstreckbare Urkunde einem rechtskräftigen Urteil gleichkommt[155]. Bei der Übertragung der gesicherten Forderung geht das Sicherungsrecht kraft Gesetzes auf den neuen Eigentümer über. Das Sicherheitenregister ist entsprechend zu berichtigen[156].

92 Die treuhänderische Sicherheit gewährt dem Sicherungsnehmer ein **konkursfestes Vorrecht** vor anderen Gläubigern[157]. Im Fall der Existenz mehrerer treuhänderischer Sicherheiten am selben Sicherungsgut gilt der Prioritätsgrundsatz[158]. Der Verkauf des Sicherungsguts im Verwertungsfall erfolgt grundsätzlich durch öffentliche Versteigerung, soweit nicht zwischen Sicherungsgeber und Sicherungsnehmer ein freihändiger Verkauf vereinbart worden ist. Darüber hinaus setzt ein freihändiger Verkauf eine vorherige schriftliche Mitteilung an alle Parteien voraus, deren Interessen hierdurch berührt sind, eine Veröffentlichung in minde-

---

[148] Art. 19 Abs. 1 UUT.
[149] Art. 11 Abs. 2 Buchst. f. und g. UUT.
[150] Vgl. das UUJF.
[151] Art. 7 UUJF.
[152] Art. 1, 3 und 9 UUJF.
[153] Art. 5 UUJF.
[154] Art. 11, 12 UUJF.
[155] Art. 14, 15 UUJF.
[156] Art. 19 UUJF.
[157] Art. 27 UUJF.
[158] Art. 28 UUJF.

stens zwei Tageszeitungen, sowie den Ablauf einer Frist von einem Monat ab erfolgter Mitteilung und Veröffentlichung[159].

4. Sonstige Sicherungsrechte

Daneben kennt das indonesische Recht die (akzessorische) **Bürgschaft** sowie Sondervorschriften für **Schiffs- und Flugzeughypotheken**.

Die früher als Quasi-Kreditsicherung etablierte **unwiderrufliche Verkaufsvollmacht** ist heute als Sicherungsinstrument nicht mehr gangbar, da sie sich wohl als Umgehung der zwingenden Vorschriften des Gesetzes über treuhänderische Sicherheiten darstellt.

---

[159] Art. 15 Abs. 2, 29 UUJF.

§ 40 Korea

Übersicht

	Rn
A. Einleitung	1
B. Wirtschaftliche Betätigung von Ausländern	7
I. Zweigniederlassungen und Handelsvertretungen	10
II. Beteiligung an koreanischen Handelsgesellschaften und Kapitalausstattung	12
1. Sachlicher Anwendungsbereich des Ausländerinvestitionsförderungsgesetzes (AIFG)	13
2. Mindestinvestitionserfordernis	15
3. Investitionsbeschränkungen	16
a) Liste der verschlossenen Bereiche	18
b) Liste der noch nicht oder nur eingeschränkt zugänglichen Bereiche	19
4. Investitionsverfahren	20
5. Ausländerinvestitionszonen	22
6. Investitionsgarantien	23
7. Steuervergünstigungen für förderungswürdige Ausländerinvestitionen	24
III. Aufenthalts- und Beschäftigungsbedingungen für Ausländer	30
C. Gesellschaftsformen	36
I. Allgemeines	36
II. Grundstrukturen des AG- und GmbH-Rechts	38
1. Mindestkapital und Gesellschafterzahl	38
2. Geschäftsführung und Aufsichtsrat	39
3. Schutzrechte für Minderheitengesellschafter	42
D. Rechtliche Wege zu Unternehmensübernahmen	45
I. Bedeutung von Unternehmensübernahmen	45
II. Rechtswahl und Rechtsdurchsetzung	48
III. Erwerb von Vermögenswerten (Asset Deal)	50
1. Rechtslage bei der AG	51
2. Rechtslage bei der GmbH	54
3. Besonderheiten bei der Vertragsgestaltung	55
4. Transferbesteuerung	58
IV. Erwerb einer Beteiligung (Share Deal)	61
1. Erwerb von Aktien	61
2. Erwerb von Geschäftsanteilen einer GmbH	65
3. Besteuerung beim Anteilserwerb und bei der Anteilsveräußerung	66
V. Verschmelzungen	67
E. Besonderheiten der Due Diligence	75

§ 40   Korea

	Rn
F. **Besonderheiten in den Begleitfeldern**	79
I. Arbeitsrecht	79
II. Altersvorsorge	83
III. Umweltrecht	84
IV. Gewerbliche Schutzrechte	85
V. Immobilienrecht	89
G. **Gesetzliches Übernahmerecht**	91
I. Übernahmekontrolle	91
II. Öffentliche Übernahmeangebote	94
III. Anzeigepflichten	97
IV. Verbotene Handlungen	99
V. Übernahmebeschränkungen und -verbote	102
H. **Finanzierung von Unternehmenskäufen**	104
I. Allgemeines	104
II. Kreditsicherung	105
1. Pfandrecht	105
2. Hypothek	108
3. Sicherungsübereignung und Sicherungszession	113

Schrifttum: *Chung,* Vorlesung zum Gesellschaftsrecht (會社法講義/hoe'sa'beob gang'eui), Seoul, 1997; *Deutsch-Koreanische Industrie- und Handelskammer,* Steuern in Korea, Seoul, Juli 2000; *Gwag,* Sachenrecht, Vorlesung zum Zivilrecht (物權法 民法講義/mul'gweon'beob, min'beob gang'eui), Bd. II, Seoul, 2000; *KISC* (Korea Investment Service Center) (Hrsg.), The New Foreign Direct Investment Regime, Oktober 1998; *Lee,* Der Eigentumsvorbehalt im koreanischen Recht im Vergleich zur rechtlichen Ausgestaltung im deutschen Recht, Diss. Köln, 1999; *Sonn/Jeong,* Kommentar zum Handelsgesetzbuch (註釋商法/ju'seog sang'beob), Seoul, Bd. II (2000), Bd. III bis VI (1999); *Sonn,* Das Koreanische Aktienrecht, Frankfurt, 1989; *Stiller,* Ausländische Investitionen in der Republik Korea nach dem Foreign Investment Promotion Act, RIW 1999, 283.

Abkürzungen:
Bei den in diesem Länderbeitrag zitierten Gesetzen und Verordnungen handelt es sich um solche der Republik Korea, soweit nicht ausdrücklich etwas anderes vermerkt ist.

AIFG: Ausländerinvestitionsförderungsgesetz (外國人投資促進法/oe'gug'in tu'ja chog'jin'beob/Foreign Investment Promotion Act) Nr. 5559 vom 16. 9. 1998, zuletzt geändert durch Gesetz Nr. 6317 vom 29. 12. 2000.

ALG: Ausländerlandgesetz (外國人土地法/oe'gug'in to'ji'beob) Nr. 5544 vom 25. 5. 1998, zuletzt geändert durch Gesetz Nr. 5656 vom 21. 1. 1999.

ASG: Arbeitsstandardgesetz (勤勞基準法/keun'ro gi'jun'beob/Labor Standard Act) Nr. 5309 vom 13. 3. 1997, zuletzt geändert durch Gesetz Nr. 5885 vom 8. 2. 1999.

BABG: Gesetz zur Beschränkung von Ausnahmeregelungen bei der Besteuerung (租税特例制限法/jo'se teug'rye je'han'beob) Nr. 5584 vom 28. 12. 1998, zuletzt geändert durch Gesetz Nr. 6372 vom 16. 1. 2001.

BGB: Koreanisches Bürgerliches Gesetzbuch (民法/min'beob) Nr. 471 vom 22. 2. 1958, zuletzt geändert durch Gesetz Nr. 5454 vom 13. 12. 1997.

BörsG:	Koreanisches Börsengesetz (證劵去來法/jeung'gwon geo'rae'beob) Nr. 2920 vom 22. 12. 1976, zuletzt geändert durch Gesetz Nr. 6176 vom 21. 1. 2000.
EKG:	Ein- und Ausreise-Kontrollgesetz (出入國管理法/chul'ib'gug gwan'li'beob) Nr. 4522 vom 8. 12. 1992, zuletzt geändert durch Gesetz Nr. 5755 vom 5. 2. 1999.
FHG:	Gesetz über Fabrikhypotheken (工場抵當法/gong'jang jeo'dang'beob) Nr. 749 vom 17. 10. 1961, zuletzt geändert durch Gesetz Nr. 5592 vom 28. 2. 1998.
GebrMG:	Gebrauchsmustergesetz (實用新案法/shil'yong shin'an'beob) Nr. 5577 vom 23. 9. 1998.
GeschMG:	Geschmacksmustergesetz (意匠法/eui'jang'beob) Nr. 4208 vom 13. 1. 1990, zuletzt geändert durch Gesetz Nr. 5576 vom 23. 9. 1998.
HGB:	Koreanisches Handelsgesetzbuch (商法/sang'beob) Nr. 1000 vom 20. 1. 1962, zuletzt geändert durch Gesetz Nr. 6086 vom 31. 12. 1999.
KIPO:	Amt für Gewerbliche Schutzrechte (特許廳/teng'heo'cheong/Korean Industrial Property Office)
KOTRA:	Korea Trade Investment Promotion Agency (대한무역투자진흥공사/dae'han mu'yeog tu'ja jin'heung gong'sa).
KRW:	Koreanischer Won (Währungseinheit).
KStG:	Koreanisches Körperschaftsteuergesetz (法人稅法/beob'in'se'beob) Nr. 5581 vom 28. 12. 1998, zuletzt geändert durch Gesetz Nr. 6293 vom 29. 12. 2000.
MarkG:	Markengesetz (商標法/sang'pyo'beob) Nr. 4218 vom 13. 1. 1990, zuletzt geändert durch Gesetz Nr. 5576 vom 23. 9. 1998.
MKlHG:	Gesetz zur Kontrolle der Monopole und für lauteren Handel (獨占規制및公正去來에관한法律/dog'jeom gyu'je mit gong'jeong geo'rae'e gwan'han beob'ryul/Monopoly Regulation and Fair Trade Act) Nr. 4198 vom 13. 1. 1990, zuletzt geändert durch Gesetz Nr. 6371 vom 16. 1. 2001.
MOCIE:	Minister für Handel, Industrie und Energie (産業資源部長官/san'eob ja'uon'bu jang'gwan/Ministry of Commerce, Industry and Energy).
PatG:	Patentgesetz (特許法/teug'heo'beob) Nr. 4207 vom 13. 1. 1990, zuletzt geändert durch Gesetz Nr. 5576 vom 23. 9. 1998.
PVAIFG:	Präsidialverordnung zum Ausländerinvestitionsförderungsgesetz (外國人投資促進法施行令/oe'gug'in tu'ja cheog'jin'beob shi'haeng'ryeong) Nr. 15 931 vom 14. 11. 1998, zuletzt geändert durch Präsidialverordnung Nr. 17 135 vom 24. 2. 2001.
PVALG:	Präsidialverordnung zum Ausländerlandgesetz (外國人土地法施行令/oe'gug'in to'ji'beob shi'haeng'ryeong) Nr. 15 819 vom 24. 6. 1998.
PVBörsG:	Präsidialverordnung zum koreanischen Börsengesetz (證劵去來法施行令/jeung'gwon geo'rae'beob shi'haeng'ryeong) Nr. 8436 vom 9. 2. 1977, zuletzt geändert durch Präsidialverordnung Nr. 16 966 vom 8. 9. 2000.
PVEKG:	Präsidialverordnung zum koreanischen Ein- und Ausreise-Kontrollgesetz (出入國管理法施行令/chul'ib'gug gwan'li'beob shi'haeng'ryeong) Nr. 13 872 vom 30. 3. 1993, zuletzt geändert durch Präsidialverordnung Nr. 16 603 vom 27. 11. 1999.
PVMKLHG:	Präsidialverordnung zum Gesetz zur Kontrolle der Monopole und für den unlauteren Handel (獨占規制및公正去來에관한法律施行令/dog'jeom gyu'je mit gong'jeong geo'rae'e gwan'han beob'ryul shi'haeng'ryeong/

Enforcement Decree of the Monopoly Regulation and Fair Trade Act) Nr. 12 979 vom 14. 4. 1990, zuletzt geändert durch Präsidialverordnung Nr. 16 777 vom 1. 4. 2000.

RStG: Regionalsteuergesetz (地方税法/ji'bang'se'beob) Nr. 827 vom 08. 12. 1961, zuletzt geändert durch Gesetz Nr. 6372 vom 16. 1. 2001.

UrhG: Urheberrechtsgesetz (著作權法/jeo'jag'gwon'beob) Nr. 3916 vom 31. 12. 1986, zuletzt geändert durch Gesetz Nr. 6134 vom 12. 1. 2000.

A. Einleitung

1 Die Republik Korea hat sich in den rund fünfzig Jahren ihres Bestehens von einem durch Kolonialzeit und Bürgerkrieg verarmten Land zu einer der bedeutendsten asiatischen Wirtschaftsnationen entwickelt[1], die auch die Finanz- und Währungskrise von 1997 in relativ kurzer Zeit weitgehend überwunden hat. Die Regierung unter Präsident Kim Dae Jung verfolgt eine konsequente Politik der wirtschaftlichen Öffnung des Landes. Wichtige Meilensteine auf diesem Weg waren der Beitritt Koreas zur Welthandelsorganisation am 1. 1. 1995, sowie die weitgehende **Liberalisierung des Rechts für ausländische Investitionen**. Die fortschreitende Demokratisierung der koreanischen Gesellschaft, die Erfolge bei der Bekämpfung der Korruption und der Abbau der Spannungen mit dem nordkoreanischen Nachbarn sind weitere Faktoren, die Investitionen in der Republik Korea attraktiv machen.

2 Die **Infrastruktur** ist gut entwickelt. Alle Landesteile sind durch ein leistungsfähiges Straßen-, Bahn- und Flugnetz miteinander verbunden. Die Eröffnung des neuen Großflughafens in Incheon, der Neubau und die Erweiterung mehrerer Häfen und die jüngsten Projekte für eine Erneuerung der Verkehrverbindungen über Nordkorea nach China und Rußland spiegeln die Bedeutung der Republik Korea als Brücke zwischen dem asiatischen Festland und Japan wider.

3 Es herrscht kein Mangel an gut ausgebildeten **Arbeitskräften**, da in der konfuzianisch geprägten Gesellschaftsordnung Koreas eine gute schulische und fachliche Ausbildung unabdingbare Voraussetzung für ein berufliches Weiterkommen ist. Dementsprechend konnte die Regierung bei ihren Kampagnen zur Verbesserung der Englischkenntnisse der Bevölkerung nicht zuletzt dank der Eigeninitiative der Koreaner deutliche Fortschritte erzielen. Allerdings haben viele, insbes. ältere koreanische Arbeitnehmer noch immer Vorurteile gegenüber einer Beschäftigung in Unternehmen mit westlichem Management. Denn in der hierarchisch aufgebauten Gesellschaftsstruktur Koreas mit ihrer starken Fixierung des Einzelnen auf eine bestimmte Gruppe sind flache Entscheidungsebenen und eine an der Leistung des Einzelnen ausgerichtete Entlohnung bislang kaum verbreitet. Doch hat auch dort wegen steigender Arbeitslosenzahlen infolge der Währungs- und Finanzkrise ein Prozeß des Umdenkens eingesetzt. Die Gewerkschaften genießen dagegen weiterhin einen starken Rückhalt bei der Arbeitnehmerschaft

---

[1] Weiterführend *Kindermann*, Der Aufstieg Koreas in der Weltpolitik, 1994.

und nehmen durch oftmals erbittert ausgetragene Arbeitskämpfe auf die Unternehmensführung Einfluß.

Die Republik Korea gehört im weiteren Sinne zu den Staaten des **kontinental-europäischen Rechtssystems**. Insbes. in den Bereichen des Zivilrechts, des Strafrechts und des Verfahrensrechts hat die durch das japanische Kolonialregime bewirkte Rezeption des deutschen Rechts die koreanische Gesetzgebung der ersten Jahrzehnte nach dem Korea-Krieg bestimmt[2]. Gleichwohl hat in den letzten Jahren das amerikanische Recht einen immer stärkeren Einfluß gewonnen und insbes. im Aktienrecht sowie im Kapitalmarktrecht deutliche Spuren hinterlassen.

Das **Rechtswesen** und die **Rechtspflege** haben mittlerweile einen hohen Entwicklungsstand erreicht. Gesetze und nachgeordnete Präsidial- und Ministerialverordnungen weisen eine beachtliche Regelungsdichte auf. Von vielen Gesetzen gibt es englische Übersetzungen. Sie können zwar dem ausländischen Leser den Zugang zu koreanischen Rechtsquellen erleichtern, machen aber den Rückgriff auf die allein verbindlichen Originaltexte nicht entbehrlich. Gerichts- und Amtssprache ist ausschließlich Koreanisch. Bei Schiedsverfahren nach den Regeln des Korean Commercial Arbitration Board können die Parteien zwar eine andere Sprache als Verfahrenssprache wählen, der Schiedsspruch ist jedoch (auch) in Koreanisch zu verfassen, wobei im Fall von sprachlichen Divergenzen allein die koreanische Version maßgeblich ist[3].

Inzwischen hat sich eine Reihe von **Rechtsanwaltskanzleien** amerikanischen Zuschnitts etabliert, in denen ausländische Unternehmen von qualifizierten, in Korea und im englischsprachigen Ausland ausgebildeten Anwälten koreanischer Nationalität beraten werden. Wenn hierdurch auch die Sprachbarriere zwischen ausländischem Mandanten und koreanischem Anwalt verringert werden kann, bleiben doch oft kulturelle Barrieren bestehen. Auch sollten die Unterschiede bei der Rechtsanwendung nicht unterschätzt werden. In vielen Fällen kann daher die Einschaltung eines heimischen Anwalts mit Korea-Erfahrung von Vorteil sein.

B. Wirtschaftliche Betätigung von Ausländern

Die Furcht vor einer Überfremdung der koreanischen Volkswirtschaft und vor einem „Ausverkauf" nationaler Interessen, die lange das **Investitionsklima** in Korea bestimmte, ist inzwischen der Erkenntnis gewichen, daß ausländische Investitionen einen positiven Beitrag zur Entwicklung der koreanischen Volkswirtschaft leisten können. Seit der Finanz- und Währungskrise 1997 ist das Investitionsrecht weitgehend liberalisiert worden[4]. Korea gewährt ausländischen Investoren neben den international üblichen Investitionsgarantien eine Reihe von Steuervergünstigungen.

---

[2] Grundlegend *Rehbinder/Ju-Chan Sonn* (Hrsg.), Zur Rezeption des deutschen Rechts in Korea, 1990.
[3] Zur Schiedsgerichtsbarkeit in Handelssachen vgl. Art. 50 der Schiedsregeln des Korean Commercial Arbitration Board (仲裁規則/jung'jae gyu'chik) vom 16. 11. 1989 idF vom 27. 4. 2000.
[4] Zusammenfassung bei *Stiller* RIW 1999, 283 f.

8 Ausländern steht ein weites Feld **rechtlicher Gestaltungsmöglichkeiten** in Korea offen. Sie können u. a.
- Zweigniederlassungen und Handelsvertretungen errichten;
- sich an bestehenden koreanischen Unternehmen durch Erwerb von Anteilen beteiligen;
- koreanische Tochtergesellschaften gründen;
- koreanische Gesellschaften langfristig mit Kapital ausstatten.

9 Beschränkungen bestehen allerdings nach wie vor für bestimmte Branchen[5] und für Holding-Strukturen[6].

I. Zweigniederlassungen und Handelsvertretungen

10 Die Gründung einer Niederlassung oder einer Repräsentanz in der Republik Korea bedarf idR nur einer devisenrechtlichen **Registrierung** und einer Eintragung ins **Handelsregister**[7]. In bestimmten Branchen – wie dem Bankwesen – bestehen allerdings besondere Genehmigungserfordernisse[8].

11 Die Errichtung einer Niederlassung oder Repräsentanz erfährt jedoch keine besondere Förderung durch das koreanische Investitionsförderungsrecht und ist wegen der steuerlichen Gewinnzurechnung oft problematisch. Außerdem ist es einer Repräsentanz weitgehend untersagt, Handelsgeschäfte abzuschließen. IdR bevorzugen ausländische Investoren daher andere Rechtsformen.

II. Beteiligung an koreanischen Handelsgesellschaften und Kapitalausstattung

12 Die Beteiligung an einem koreanischen Unternehmen im Wege der Gründung, der Kapitalerhöhung, des Erwerbs bestehender Anteile oder in sonstiger Weise sowie die langfristige Kapitalausstattung einer koreanischen Tochtergesellschaft werden durch das AIFG und die dem AIFG nachgeordneten Verordnungen besonders gefördert, andererseits aber auch reguliert[9]. Hierzu müssen folgende **Voraussetzungen** vorliegen:

---

[5] Siehe Rn 18 f.
[6] Siehe Rn 92.
[7] Zur Registrierung vgl. Art. 14-24 und Art. 14-25 Foreign Exchange Management Regulations (FEMR) und Ministry of Foreign Affairs & Trade/Korea Exchange Bank (Hrsg.), Guide for the Establishment of Domestic Branches and Offices by Foreign Companies, Januar 1999; zur handelsrechtlichen Eintragung vgl. Art. 614 Abs. 2 HGB. Mit der Eintragung gilt die Niederlassung als sog. ausländische Gesellschaft iSd. Art. 614 bis 621 HGB.
[8] Art. 58 Abs. 1 des Bankgesetzes (銀行法/eun'haeng'beob) Nr. 5499 vom 13. 1. 1998, zuletzt geändert durch Gesetz Nr. 6256 vom 28. 1. 2000 iVm. Art. 24-5 der Präsidialverordnung zum Bankgesetz (銀行法施行令/eun'haeng'beob shi'haeng'ryeong) Nr. 15 651 vom 20. 2. 1998, zuletzt geändert durch Präsidialverordnung Nr. 16 844 vom 23. 6. 2000: Genehmigung der Finanzaufsichtskommission.
[9] Vgl. hierzu insgesamt *Stiller* RIW 1999, 283, 284 ff.; vwd (Vereinigte Wirtschaftsdienste GmbH) China mit vwd Ostasien vom 3. 7. 1998 S. 4: Seoul wirbt um ausländische Investoren; KISC (Hrsg.) S. 23 ff.

1. Sachlicher Anwendungsbereich des Ausländerinvestitionsförderungsgesetzes (AIFG)

Dem sachlichen Anwendungsbereich des AIFG unterliegt der Erwerb von **Anteilen** (Aktien oder Geschäfts- bzw. Gesellschaftsanteile) an einer koreanischen Gesellschaft, der die Schaffung einer dauerhaften wirtschaftlichen Beziehung bezweckt[10]. Dies ist von Gesetzes wegen immer anzunehmen, wenn der Ausländer:
- mindestens 10% der ausgegebenen stimmberechtigten Anteile hält[11] oder
- soweit er weniger als 10% der ausgegebenen stimmberechtigten Anteile hält, mit den betreffenden Unternehmen Verträge abgeschlossen hat, die eine Organentsendung oder Organbestellungsrechte oder mindestens einjährige Zuliefer- oder Abnahmebeziehungen, Technologietransfer oder gemeinsame Forschung und Entwicklung zum Gegenstand haben[12].

Dem Gesetz unterfallen weiter **Darlehen** mit einer Laufzeit von mindestens fünf Jahren, die einem koreanischen Unternehmen von dessen ausländischer Muttergesellschaft oder einem verbundenen Unternehmen gewährt werden[13]. Ein Unternehmen gilt dann als verbunden, wenn
- es an der ausländischen Muttergesellschaft zu mindestens 50% beteiligt ist[14] oder
- die ausländische Muttergesellschaft an dem Ausländerinvestitionsunternehmen zu mindestens 50% beteiligt ist und
  - das betreffende Unternehmen an der ausländischen Muttergesellschaft zu mindestens 10% beteiligt ist oder
  - die ausländische Muttergesellschaft an ihm zu 50% beteiligt ist[15].

2. Mindestinvestitionserfordernis

Gefördert werden nur Projekte mit einer Mindestinvestitionssumme von **50 Mio. KRW** pro Projekt[16]. Bisher reduzierte sich bei mehreren ausländischen Investoren für ein Projekt die Mindestinvestitionssumme pro Investor auf 25 Mio. KRW. Diese Privilegierung ist mit Wirkung zum 24. 5. 2001 entfallen, so daß nunmehr jeder Investor im Fall einer Beteiligung von mindestens 10% mindestens 50 Mio. KRW beisteuern muß[17]. Eine Ausnahme vom Mindestinvestitionserfordernis gilt für sog. Zusatzinvestitionen wie die Aufstockung einer bereits bestehenden Beteiligung anläßlich einer Kapitalerhöhung[18].

---

[10] Art. 2 Abs. 1 Nr. 4 Buchst. „ga" AIFG.
[11] Art. 2 Abs. 2 Nr. 1 PVAIFG.
[12] Art. 2 Abs. 2 Nr. 2 PVAIFG.
[13] Art. 2 Abs. 1 Nr. 4 Buchst. „na" AIFG.
[14] Art. 2 Abs. 3 Nr. 1 PVAIFG.
[15] Art. 2 Abs. 3 Nr. 2 PVAIFG.
[16] Art. 6 der Regulations on Foreign Direct Investment (外國人投資관한規定/oe'gug'in tu'ja gwan'han gyu'jeong), Bekanntmachung des Finanz- und Wirtschaftsministeriums Nr. 1998-46 vom 17. 11. 1998.
[17] Art. 2 Abs. 2 PVAIFG.
[18] Vgl. *Stiller* RIW 1999, 283, 285.

3. Investitionsbeschränkungen

16 Grundsätzlich genießen Ausländer in der Republik Korea **Investitionsfreiheit**. Beschränkungen bestehen nur, wenn mindestens eines der folgenden **Negativkriterien**[19] vorliegt:
- Beeinträchtigung der Sicherheit des Staates oder der öffentlichen Ordnung,
- Gefahr eines Schadens für Gesundheit und Hygiene der Staatsbürger oder für die Umwelt sowie offensichtliche Unvereinbarkeit mit den guten Sitten,
- Unvereinbarkeit mit Gesetzen oder Verordnungen der Republik Korea.

17 Diese **Negativliste** wird jeweils von Zeit zu Zeit an investitionspolitische Entwicklungen angepaßt[20]. Sie enthält einige wichtige Bereiche, in denen Investitionen durch Ausländer entweder untersagt oder an besondere Zulässigkeitsvoraussetzungen geknüpft sind. Die Brancheneinteilung ergibt sich aus dem **„Standard Industrial Classification Code"**. Die Negativliste ist in zwei Teile gegliedert:

18 **a) Liste der verschlossenen Bereiche.** In diese Kategorie fallen insbes. Tätigkeiten, die dem Staat oder staatsnahen Bereich vorbehalten sind, wie das Zentralbankwesen, die Überwachung des Kapitalmarkts, der Betrieb von Schulen und Hochschulen und die Kirchen, insgesamt 47 Bereiche.

19 **b) Liste der noch nicht oder nur eingeschränkt zugänglichen Bereiche.** In diese Kategorie fallen Betätigungen in Branchen, die für ausländische Unternehmen erst in Zukunft geöffnet werden oder nur bei Erfüllung besonderer Zulässigkeitsvoraussetzungen, etwa der Wahrung bestimmter Beteiligungsgrenzen, zugänglich sind. Hierunter fallen zB Investitionen im Bereich der Telekommunikation, der Presse oder der Energieerzeugung. Zu dieser Liste gehören insgesamt 21 Branchen, von denen zur Zeit Ausländern 5 vollständig verschlossen und 16 unter Einschränkungen geöffnet sind.

4. Investitionsverfahren

20 Ausländische Investitionen nach dem AIFG bedürfen idR nur einer **Anzeige** an das MOCIE. Beim Erwerb von Anteilen eines koreanischen Unternehmens in der Verteidigungsindustrie ist dagegen eine **Genehmigung** des MOCIE erforderlich. Dieses bedient sich zur Erfüllung seiner Aufgaben der koreanischen Devisenbanken sowie der KOTRA[21]. Unter dem Dach der KOTRA wurde ein besonderes Korea Investment Service Center (외국인투자지원센터/oe'gug'in tu'ja ji'uon center) (KISC) als Anlaufstelle für ausländische Investoren eingerichtet[22]. Es besteht aber auch die Möglichkeit, einen koreanischen Rechtsanwalt mit der Vornahme der notwendigen Verfahrensschritte zu beauftragen. Anzeige und Genehmigungsantrag können wahlweise in koreanischer oder englischer Sprache abgefaßt werden. Eine koreanische Übersetzung der beigefügten Dokumente ist ge-

---

[19] Art. 4 Abs. 2 AIFG.
[20] Die Negativliste idF vom 8. 5. 1998 ist in englischer Sprache abgedruckt in *Sam Seon Baek* (Hrsg.), Act on Foreign Direct Investment and Foreign Capital Investment, 1998.
[21] Art. 5 Abs. 1 und Art. 31 Abs. 1 AIFG iVm. Art. 40 Abs. 2 PVAIFG.
[22] *Stiller* RIW 1999, 283, 286; KISC (Hrsg.) S. 34 f.

setzlich nicht vorgeschrieben, aber aus Gründen der Verfahrensbeschleunigung zu empfehlen.

Die koreanische Tochtergesellschaft ist innerhalb von 30 Tagen nach Einfuhr des Kapitals oder der als Sacheinlage vorgesehenen Kapitalgüter als Ausländerinvestitionsunternehmen beim MOCIE zu **registrieren**[23]. Ist der Erwerb in unzulässiger Weise erfolgt, berechtigen die erworbenen Anteilsrechte nicht zur Ausübung von Stimmrechten und die Regierung kann ihre Veräußerung anordnen[24].

5. Ausländerinvestitionszonen

Die Provinzgouverneure und die Oberbürgermeister der provinzfreien Städte können im Benehmen mit der Kommission für Ausländerinvestitionen (外國人投資委員會/oe'gug'in tu'ja ui'uon'hoe) zur Förderung der Ansiedlung von durch ausländische Investoren finanzierten Unternehmen „Ausländerinvestitionszonen" (外國人投資地域/oe'gug'in tu'ja ji'yeog) ausweisen, in denen ausländischen Investoren besondere Unterstützungsmaßnahmen gewährt werden[25]. Um zur Ansiedlung in einer Ausländerinvestitionszone berechtigt zu sein, müssen die betreffenden Unternehmen eine der folgenden **Mindestvoraussetzungen** erfüllen:
– Ausländische Investitionssumme von mindestens 100 Mio. US-$;
– ausländische Beteiligungsquote von mindestens 50% bei der Schaffung von mindestens 1.000 Dauerarbeitsplätzen;
– ausländische Investitionssumme von mindestens 30 Mio. US-$ bei Schaffung von mindestens 500 neuen Dauerarbeitsplätzen;
– ausländische Investitionssumme von mindestens 30 Mio. US-$ bei Schaffung von mindestens 300 neuen Dauerarbeitsplätzen anläßlich der Umwandlung bereits erschlossener nationaler oder regionaler Gewerbezonen in Ausländerinvestitionszonen;
– Errichtung gewisser Touristenhotels oder internationaler Konferenzeinrichtungen bei einer Investitionssumme von mindestens 30 Mio. US-$;
– Errichtung von Freizeitanlagen in bestimmten Ferienregionen von mindestens 50 Mio. US-$[26].

6. Investitionsgarantien

Das AIFG garantiert den Transfer von Dividenden und von Erlösen aus der Veräußerung der Anteilsrechte. Gleiches gilt für die Rückzahlung, Zinsen und Gebühren bei Darlehen[27]. Der ausländische Investor sowie das Ausländerinvestitions-

---

[23] Art. 21 Abs. 1 AIFG, Art. 27 Abs. 1 PVAIFG; der MOCIE kann die Eintragung auch schon vor vollständiger Einfuhr der als Sacheinlage vorgesehenen Kapitalgüter vornehmen, vgl. Art. 21 Abs. 2 AIFG.
[24] Art. 6 Abs. 7 AIFG.
[25] Art. 18 AIFG iVm. Art. 25 PVAIFG; *KISC* (Hrsg.) S. 43 ff.
[26] Art. 25 PVAIFG iVm. Art. 2 Nr. 2 Buchst. „ga" und „na" sowie Nr. 3 der Präsidialverordnung zum Tourismusförderungsgesetz (觀光振興法施行令/gwan'gwang jin'heung'beob shi'haeng'ryeung) Nr. 16 295 vom 10. 5. 1999.
[27] Art. 3 Abs. 1 AIFG.

unternehmen sind inländischen natürlichen und juristischen Personen **gleichgestellt**, soweit das AIFG oder andere Gesetze nichts anderes regeln[28]. Weitere Investitionsgarantien ergeben sich im Verhältnis zur Bundesrepublik Deutschland aus dem Vertrag über die Förderung und den gegenseitigen Schutz von Kapitalanlagen[29]. Dort sind insbes. die Gleichbehandlung, der Schutz vor Enteignung sowie die Transferierbarkeit von Kapital, Erträgen, Liquidationserlösen und Entschädigungsleistungen garantiert. Das staatsvertragliche Gleichbehandlungsgebot steht den Investitionsbeschränkungen im AIFG oder in sonstigen Gesetzen nicht entgegen[30].

7. Steuervergünstigungen für förderungswürdige Ausländerinvestitionen

24 Bestimmte förderungswürdige Auslandsinvestitionen profitieren von Steuerbefreiungen und Steuerermäßigungen bei der Körperschaftsteuer (法人税/beob'in'se), der Einkommensteuer (所得税/so'deug'se), der Erwerbsteuer (取得税/chui'deug'se), der Eintragungsteuer (登錄税/deung'rog'se), der Vermögensteuer (財産税/jae'san'se) und der Allgemeinen Grundsteuer (綜合土地税/jong'hab to'ji'se)[31]. Hierbei handelt es sich um folgende Investitionen:
- durch Verordnung näher bestimmte Projekte im industriellen Dienstleistungssektor oder Projekte der Spitzentechnologie, die zur Stärkung der internationalen Wettbewerbsfähigkeit der koreanischen Produktion erforderlich sind,
- Projekte in **Ausländerinvestitionszonen** oder
- bestimmte durch Präsidialverordnung festzusetzende Projekte, zu deren Realisierung Steuervergünstigungen zur Anziehung ausländischen Kapitals für notwendig gehalten werden[32].

25 Hingegen erfährt der Erwerb bereits bestehender Anteile an einem koreanischen Unternehmen (Share Deal) durch einen ausländischen Investor **keine steuerliche Förderung**[33].

26 Ist mindestens eines der genannten Förderkriterien erfüllt, so ist das Unternehmen mit ausländischer Beteiligung quotal (bezogen auf den ausländischen Investitionsanteil) sieben Jahre von der **Körperschaftsteuer** bzw. **Einkommensteuer** befreit. Diese Frist beginnt ab dem Steuerjahr, in dem zum ersten mal ein Gewinn erwirtschaftet worden ist, spätestens mit dem fünften Geschäftsjahr seit Aufnahme der Geschäftstätigkeit. Weitere drei Jahre wird die quotale Steuerlast um jeweils 50% gekürzt[34]. Entsprechende Steuervergünstigungen im gleichen Umfang werden auch für die an den ausländischen Investor auszuschüttenden **Dividenden** gewährt[35].

---

[28] Art. 3 Abs. 2 und 3 AIFG.
[29] BGBl. 1966 II S. 842ff.
[30] Vgl. *Stiller* RIW 1999, 283, 288.
[31] Art. 9 AIFG und Art. 121-2 Abs. 1 BABG.
[32] Art. 9 Abs. 1 AIFG iVm. Art. 9 PVAIFG.
[33] Art. 121-2 Abs. 9 BABG iVm. Art. 6 Abs. 1 AIFG.
[34] Art. 121-2 Abs. 2 BABG.
[35] Art. 121-2 Abs. 3 BABG.

Weitere Steuerbefreiungen bestehen für die **Erwerbsteuer**, die **Vermögen-** 27
steuer, die **Eintragungsteuer** und die **Allgemeine Grundsteuer**, wobei hier
eine quotale Steuerbefreiung fünf Jahre lang ab Aufnahme der Geschäftstätigkeit
vorgesehen ist. Auch hier reduziert sich die quotale Steuerlast für die nächsten
drei Jahre um 50%[36].

Kommunale Satzungen können diese Förderfristen auf insgesamt 15 Jahre ver- 28
längern und auch eine Erhöhung der Steuerentlastung vorsehen[37].

Alle genannten Steuervergünstigungen werden nur auf **Antrag** gewährt, der 29
beim Minister für Finanzen und Wirtschaft (財政經濟部長官/'jae'jeong'gyeong'jae
bu'jang'gwan) bis zum Ende des Steuerjahrs zu stellen ist, in dem das Unternehmen seine Tätigkeit aufnimmt[38].

III. Aufenthalts- und Beschäftigungsbedingungen für Ausländer

Die Anstellung nicht-koreanischer Führungskräfte und Arbeitnehmer setzt stets 30
die Erteilung eines speziellen **Visums** voraus[39]. Für ausländisches Personal gibt es
– der Art der Tätigkeit angepaßt – verschiedene Typen von Visa[40].

Das **D-7 Aufenthaltsvisum** (주재/ju'jae D-7) gilt für einen ausländischen Ar- 31
beitnehmer, der von der Hauptniederlassung, einer Zweigniederlassung oder einer sonstigen Niederlassung der ausländischen Muttergesellschaft zur koreanischen Tochtergesellschaft oder Zweigniederlassung entsandt wird, vorausgesetzt,
daß er bei der ausländischen Muttergesellschaft bereits mindestens ein Jahr beschäftigt war[41].

Das **D-8 Visum für Investitionen in Unternehmen** (기업투자/gi'eob tu'ja 32
D-8) gilt für ausländische Mitarbeiter eines nach den Vorschriften des AIFG
durch ausländische Investitionen finanzierten koreanischen Unternehmens in der
Form einer 100%-igen Tochtergesellschaft oder eines Joint Ventures. Der Mitarbeiter muß die notwendigen Fachkenntnisse besitzen und in der Produktion oder
im technischen Bereich als Führungskraft eingesetzt werden[42].

Das **D-9 Visum für die Ausübung eines Handelsgewerbes** (무역경영/ 33
mu'yeog gyeong'yeong D-9) gilt für Ausländer, die zur Ausübung eines Handelsgewerbes oder einer auf den Erwerb von Geld gerichteten Tätigkeit eine Gesellschaft in der Republik Korea gegründet haben, wenn sie die notwendigen Fachkenntnisse besitzen[43].

Das **E-7 Visum für besondere Tätigkeiten** (특정활동/teug'jeong hwal'dong 34
E-7) gilt für ausländische Arbeitskräfte, die aufgrund besonderer, in der Republik
Korea nicht verfügbarer Fähigkeiten in vom Justizministerium durch Verordnung
besonders bestimmten Bereichen für ein koreanisches Unternehmen tätig werden

---

[36] Art. 121-2 Abs. 4 BABG.
[37] Art. 121-2 Abs. 4 BABG.
[38] Art. 121-2 Abs. 6 BABG.
[39] Art. 7 Abs. 1 EKG.
[40] Art. 10 Abs. 1 EKG iVm. Art. 12 PVEKG, Anhang 1 zur PVEKG.
[41] Nr. 16 Anhang 1 zur PVEKG.
[42] Nr. 17 Anhang 1 zur PVEKG.
[43] Nr. 18 Anhang 1 zur PVEKG.

wollen. Zum Schutz der heimischen Arbeitskräfte wird das E-7 Visum allerdings nur in Ausnahmefällen vergeben[44].

35   Das **C-2 Kurzzeit-Geschäftsvisum** (당기상용/dan'gi sang'yong C-2) gilt für Geschäftsreisen in die Republik Korea von nicht mehr als 90 Tagen. Dieses Visum kann in Korea nicht verlängert werden[45].

C. Gesellschaftsformen

I. Allgemeines

36   Nach dem koreanischen Handelsgesetzbuch kann eine Handelsgesellschaft als offene Handelsgesellschaft (合名會社/hap'myeong hoe'sa)[46], Kommanditgesellschaft (合資會社/hap'ja hoe'sa)[47], AG (株式會社/ju'shik hoe'sa)[48] oder als Gesellschaft mit beschränkter Haftung (有限會社/yu'han hoe'sa)[49] gegründet werden. Daneben bestehen diverse Sonderrechtsformen (Genossenschaften, Versicherungsverein auf Gegenseitigkeit etc.). Das koreanische Handelsgesetzbuch enthält Sondervorschriften für ausländische Gesellschaften (外國會社/oe'gug hoe'sa)[50], auf die die Vorschriften über diejenige koreanische Gesellschaftsform Anwendung finden, die dieser Gesellschaft ihrem Wesen nach am nächsten kommt. Anders als in Deutschland gelten in Korea oHG und KG als juristische Personen[51], gemeinsam ist beiden Rechtsordnungen dagegen das Fehlen einer umfassenden Haftungsbeschränkung der oHG-Gesellschafter bzw. Komplementäre. Da allerdings eine juristische Person[52] nicht unbeschränkt haftender Gesellschafter einer oHG oder KG werden kann[53], scheiden beide Gesellschaftsformen idR als Investitionsvehikel für ausländische Investoren aus.

37   Die AG spielt im wirtschaftlichen Leben Koreas eine ungleich wichtigere Rolle als die GmbH, da bis 1984 für die Gründung einer AG kein Mindestkapital vorgeschrieben war[54]. Diese Bevorzugung der AG bei der Wahl der Rechtsform hat zwar bis heute Bestand, doch sollten ausländische Investoren die **Vorteile der GmbH** (weniger Formvorschriften, größere Einflußmöglichkeiten der Gesellschafter auf die Geschäftsführung etc.) bedenken.

---

[44] Nr. 25 Anhang 1 zur PVEKG.
[45] Nr. 7 Anhang 1 zur PVEKG.
[46] Art. 178 bis 267 HGB.
[47] Art. 267 bis 287 HGB.
[48] Art. 288 bis 542 HGB.
[49] Art. 543 bis 613 HGB.
[50] Art. 614 bis 621 HGB.
[51] Art. 171 HGB.
[52] Hierzu zählen nach koreanischem Recht auch die oHG und KG, vgl. Art. 171 Abs. 1 HGB.
[53] Art. 173 HGB.
[54] Nach *Sonn* S. 16 standen im Jahr 1986 30 174 Aktiengesellschaften nur 829 Gesellschaften mit beschränkter Haftung gegenüber.

II. Grundstrukturen des AG- und GmbH-Rechts

1. Mindestkapital und Gesellschafterzahl

Eine **AG** muß durch mindestens drei Gründer errichtet werden[55], wobei sich nach ihrer Eintragung alle Aktien in einer Hand vereinigen können[56]. Demgegenüber ist die Bildung einer Einpersonen-GmbH nicht zulässig. Eine **GmbH** muß mindestens zwei Gesellschafter haben. Vereint ein Gesellschafter alle Anteile auf sich, wird die Gesellschaft kraft Gesetzes aufgelöst[57]. Das Grundkapital einer AG beträgt mindestens 50 Mio. KRW, das in Aktien mit einem Nennwert von mindestens 100 KRW pro Aktie zerlegt ist[58]. Die koreanische GmbH hat zwingend ein Stammkapital von mindestens 10 Mio. KRW zu gleichen Anteilen von jeweils mindestens 5.000 KRW[59].

2. Geschäftsführung und Aufsichtsrat

Die **Geschäfte** in einer koreanischen AG führt der Vorstand (理事會/ i'sa'hoe), der bei kleinen Gesellschaften mit einem Stammkapital von bis zu 500 Mio. KRW aus einem oder zwei Mitgliedern bestehen kann, bei Gesellschaften mit einem Stammkapital von über 500 Mio. KRW aus mindestens drei Mitgliedern bestehen muß. Diese werden von der Hauptversammlung für eine Amtszeit von höchstens drei Jahren bestellt[60]. Anders als in Deutschland ist das Vorstandsmitglied einer koreanischen AG nicht schon per Gesetz zur Vertretung der Gesellschaft berechtigt. Vielmehr hat der Gesamtvorstand durch Beschluß einem oder mehreren seiner Mitglieder Einzel- oder Gesamtvertretungsmacht zu erteilen (sog. vertretungsberechtigte Vorstandsmitglieder/代表理事/dae'pyo i'sa)[61]. Allerdings muß die Gesellschaft Handlungen, die nicht vertretungsberechtigte Vorstandsmitglieder unter der Bezeichnung „Präsident", „Vizepräsident", „geschäftsführendes Vorstandsmitglied" und dergleichen im Namen der Gesellschaft gegenüber gutgläubigen Dritten vorgenommen haben, gegen sich gelten lassen[62].

Die Geschäfte einer koreanischen GmbH führt mindestens ein Geschäftsführer (理事/i'sa). Sind mehrere Geschäftsführer bestellt, haben die Gesellschafter mindestens einem dieser Geschäftsführer Vertretungsmacht zu erteilen (sog. vertretungsberechtigte Geschäftsführer/代表理事/dae'pyo i'sa), soweit hierfür in der Satzung keine abweichenden Bestimmungen getroffen wurden[63]. Für Handlungen

---

[55] Art. 288 HGB.
[56] AllgM, vgl. *Sonn/Jeong* Bd. III, Vor § 329 HGB Anm. II; *Sonn* S. 19 und *Chung* S. 251, der darauf hinweist, daß Art. 517 HGB für die AG nicht auf Art. 227 Nr. 3 HGB verweist, wonach die Konzentration aller Anteile einer oHG in der Hand eines Gesellschafters einen zwingenden Auflösungsgrund darstellt.
[57] Art. 542 Abs. 1 HGB iVm. Art. 609 Abs. 1 Nr. 1 HGB, der auf Art. 227 Nr. 3 HGB verweist.
[58] Art. 329 Abs. 1 und Abs. 4 HGB.
[59] Art. 546 HGB.
[60] Art. 383 Abs. 1 und Abs. 2 HGB.
[61] Art. 389 HGB.
[62] Art. 395 HGB.
[63] Art. 561 und Art. 562 HGB.

eines Geschäftsführers ohne Vertretungsmacht gegenüber gutgläubigen Dritten gilt das zur AG Gesagte entsprechend.

41 Während bei der koreanischen GmbH die Errichtung eines **Aufsichtsrats** (監事/gam'sa) fakultativ ist, muß bei einer AG entweder ein mindestens einköpfiger Aufsichtsrat oder ein sog. **internes Revisionskomitee** (監査委員會/gam'sa ui'won'hoe) aus mindestens drei Vorstandsmitgliedern eingesetzt werden[64]. Bei bestimmten börsennotierten Gesellschaften ist dieses interne Revisionskomitee obligatorisch[65].

3. Schutzrechte für Minderheitengesellschafter

42 Mit der Gesetzesänderung 1998 sind die Rechte von Minderheitsaktionären und -gesellschaftern **exzessiv ausgeweitet** worden. Ein Aktionär, der mindestens 3% der insgesamt ausgegebenen Aktien besitzt, kann u. a. auf Entlassung von Vorstands- und Aufsichtsratsmitgliedern klagen, Einsicht in die Bücher und Geschäftsunterlagen der Gesellschaft nehmen, die Einberufung einer außerordentlichen Hauptversammlung verlangen, Tagesordnungspunkte für die Hauptversammlung benennen und die Bestellung eines Sonderprüfers fordern[66]. Bei börsennotierten Gesellschaften werden diese Minderheitsrechte auch auf Aktionäre ausgedehnt, die – je nach Art des betreffenden Minderheitsrechts – seit mehr als sechs Monaten Anteile von 0,25% bis 1,5% besitzen[67].

43 Für die Erhebung einer Aktionärsklage betreffend die Haftung von Vorstandsmitgliedern, Übernehmern oder bevorzugten Aktionären reicht bei nichtbörsennotierten Gesellschaften ein Anteilsbesitz von 1%, bei börsennotierten Gesellschaften sogar von nur 0,01% aus[68].

44 Minderheitsrechte in der GmbH können durchweg von Gesellschaftern ausgeübt werden, die mindestens mit 3% am Stammkapital der Gesellschaft beteiligt sind[69].

D. Rechtliche Wege zu Unternehmensübernahmen

I. Bedeutung von Unternehmensübernahmen

45 Seit der Finanz- und Währungskrise 1997 hat auch in der Republik Korea die Zahl der Unternehmensübernahmen stark zugenommen, wobei auch namhafte europäische Unternehmen in herausragender Weise beteiligt waren.

---

[64] Art. 409 und Art. 415-2 HGB.
[65] Art. 54-6 Abs. 1 BörsG iVm. Art. 37-7; Art. 37-6 Abs. 1 PVBörsG und Art. 191-17 BörsG iVm. Art. 84-24 PVBörsG.
[66] Art. 385 Abs. 2, 415, 466, 366, 363-2, 467 HGB.
[67] Art. 191-13 und 191-14 BörsG iVm. Art. 84-20 Abs. 1 PVBörsG.
[68] Art. 403, 324, 415, 424-2 Abs. 2; 467-2 HGB; Art. 191-13 Abs. 1 BörsG iVm. Art. 84-20 Abs. 1 PVBörsG.
[69] ZB Art. 574 (Einberufung der Gesellschafterversammlung), Art. 581 (Einsichtsrecht in die Bücher), Art. 582 (Bestellung eines Sonderprüfers) HGB.

Ursache dieser Übernahmewelle waren die Liquiditätsschwäche der koreanischen Unternehmen und – damit zusammenhängend – die Bemühungen der koreanischen Regierung unter Präsident Kim Dae-Jung zur Änderung der Strukturen dieser Unternehmen und zur Rückführung ihrer Schuldenlast durch eine Liberalisierung der Regelungen zum Unternehmenskauf für in- und ausländische Investoren. Bei den als **„Chaebol"** (財閥) bekannt gewordenen koreanischen Großkonzernen werden die Bindungen der einzelnen Gesellschaften untereinander nicht nur durch gesellschaftsrechtliche Abhängigkeitsverhältnisse, sondern auch durch **familiäre Beziehungen** bestimmt. Dies führte in der Vergangenheit u. a. dazu, daß die Gesellschaften eines Konzerns zur Sicherung der kurzfristigen Verbindlichkeiten ihrer Schwestergesellschaften wechselseitige Garantieerklärungen abgaben, was beim Zahlungsausfall eines Unternehmens der Gruppe Kettenreaktionen im gesamten Konzern auslöste.

Obwohl das koreanische Recht Unternehmensübernahmen in der Form einer Übertragung des Geschäftsbetriebs, eines Share Deal, eines Management-Buy-Out oder einer Verschmelzung kennt, werden angesichts der finanziellen Situation der meisten koreanischen Unternehmen Übernahmen meist in der Form eines **Asset Deal** betrieben. **Share Deals** sind in erster Linie bei der Zerschlagung und Umstrukturierung der Chaebol auf Betreiben und mit finanzieller Unterstützung der Regierung abgewickelt worden.

II. Rechtswahl und Rechtsdurchsetzung

Das auf den Unternehmenskauf anwendbare Recht kann von den Parteien grundsätzlich **frei vereinbart** werden. Ausnahmen bestehen für Regelungsgegenstände, die nach koreanischem IPR zwingend dem koreanischen Recht unterworfen sind. Hierzu gehören **dingliche Rechte** an in Korea belegenen Sachen und die zwingenden Vorschriften des **koreanischen Gesellschaftsrechts**[70].

Korea ist Vertragsstaat des New Yorker Übereinkommens vom 10. 6. 1958 über die Anerkennung und Vollstreckung ausländischer Schiedssprüche sowie des Washingtoner Übereinkommens vom 18. 3. 1965[71] über die Beilegung von Investitionsstreitigkeiten zwischen Staaten und Angehörigen anderer Staaten (ICSID). Ob die **Verbürgung der Gegenseitigkeit** für die Anerkennung und Vollstreckung deutscher Urteile in Korea gewährleistet ist, erscheint für Handelssachen nicht allgemein gesichert, obwohl es für andere als Handelsstreitigkeiten eine Reihe von Präjudizien gibt, in denen deutsche Urteile in Korea für vollstreckbar erklärt wurden[72]. Zur Durchführung von Schiedsverfahren bei Streitigkeiten in Handelssachen wurde ein spezielles „Korean Commercial Arbitration Board"

---

[70] Vgl. Art. 12 Abs. 1 (dingliche Rechte) und Art. 29 (Geschäftsfähigkeit von Handelsgesellschaften) des Gesetzes über das Privatrecht mit Außenbezug (涉外私法/seob'ue sa'beob) Nr. 966 vom 15. 1. 1962, zuletzt geändert durch Gesetz Nr. 5809 vom 5. 2. 1999.

[71] Vgl. *Stiller* in Bülow/Böckstiegel/Geimer/Schütze, Internationaler Rechtsverkehr in Zivil- und Handelssachen, Bd. III, (EL 1990), 1073-11.

[72] *Geimer* in Zöller, Zivilprozeßordnung, Anh. IV; *Hartmann* in Baumbach/Lauterbach/Albers/Hartmann Anh. § 328 ZPO Rn 12; *Stiller* in Bülow/Böckstiegel/Geimer/Schütze, Internationaler Rechtsverkehr in Zivil- und Handelssachen, Bd. III, (EL 1990), 1073-8f.

(大韓商事仲裁院/dae'han sang'sa jung'jae'uon) eingerichtet. Damit dort ein Schiedsverfahren nach internationalem Standard stattfindet, ist allerdings höchstes Augenmerk auf eine **sorgfältige Auswahl der Schiedsrichter** und eine genaue Festlegung bestimmter Verfahrensfragen schon in der Schiedsvereinbarung zu legen. Als Alternative empfiehlt sich besonders für ausländische Parteien die Durchführung von ICC-Schiedsverfahren.

III. Erwerb von Vermögenswerten (Asset Deal)

50   Zur Durchführung der Investition bedarf es der Gründung einer **lokalen Tochtergesellschaft** in Korea, die als Erwerber iRd. Asset Deal auftreten kann. Ausländerinvestition im investitionsrechtlichen Sinn ist dann die Gründung der lokalen Tochtergesellschaft nebst deren Kapitalausstattung[73], nicht hingegen die eigentliche Durchführung des Asset Deal.

1. Rechtslage bei der AG

51   Verträge über die Veräußerung des **gesamten Betriebs oder eines wesentlichen Teils davon**[74] bedürfen der Zustimmung der Hauptversammlung der veräußernden Gesellschaft. Der Beschluß bedarf der Mehrheit von zwei Dritteln der Stimmrechte der anwesenden Aktionäre und mindestens einem Drittel der Gesamtzahl der ausgegebenen Aktien. Für die erwerbende Gesellschaft gilt nur im Fall der Übernahme des ganzen Geschäftsbetriebs einer anderen Gesellschaft das gleiche Zustimmungserfordernis[75].

52   Ist ein Aktionär der übertragenden Gesellschaft mit der Beschlußfassung nicht einverstanden, so hat er der Gesellschaft bereits vor dem Termin der Hauptversammlung seine Absicht, dem Beschluß zu widersprechen, schriftlich mitzuteilen[76]. Er hat dann das Recht, binnen 20 Tagen ab dem Beschlußtag den **Ankauf seiner Aktien durch die Gesellschaft** zu verlangen[77]. Die Gesellschaft ist zum Erwerb **verpflichtet**. Die Frist für den Erwerb der Aktien durch die Gesellschaft beträgt bei börsennotierten Gesellschaften einen Monat ab Zugang des Verlan-

---

[73] Siehe zum Investitionsverfahren Rn 20f.; zu den Gründungserfordernissen Rn 38ff.

[74] Ab wann ein Betriebsteil als „wesentlich" einzustufen ist, wird in Korea ähnlich wie in Deutschland kontrovers diskutiert, vgl. *Sonn/Jeong* Art. 374 HGB Anm. II. Da nach dem Obersten Gerichtshof, Urteil vom 8. 4. 1997, Az. 96 da 54 249, 54 256 die „vollständige Übertragung des ganzen oder eines wesentlichen Teils des zu einem bestimmten Geschäftszweck benötigten und organisch zusammengehörenden Betriebsvermögens" zustimmungspflichtig ist, ist ein Betriebsteil dann als „wesentlich" einzuschätzen, wenn die „Veräußerung auf das Schicksal der Gesellschaft wesentlichen Einfluß nimmt" (so die sog. Substanztheorie, *Sonn/Jeong* Art. 374 HGB Anm. II.2). Für börsennotierte Gesellschaften setzt Art. 84-8 Abs. 1 PVBörsG nunmehr einen Schwellenwert von mindestens 10 % des Vermögenswerts nach der letzten Bilanz an.

[75] Art. 374 Abs. 1 Nr. 1 iVm. Art. 434 HGB.

[76] Art. 374-2 Abs. 1 HGB.

[77] Art. 191 Abs. 1 BörsG für börsennotierte Gesellschaften, Art. 374-2 HGB für nichtbörsennotierte Aktiengesellschaften.

gens, sonst zwei Monate[78]. Bei börsennotierten Gesellschaften steht das Andienungsrecht auch Inhabern stimmrechtsloser Aktien zu[79].

Der **Übernahmepreis** der Aktien soll grundsätzlich zwischen dem widersprechenden Aktionär und der Gesellschaft ausgehandelt werden[80]. Mißlingt eine Einigung, gilt bei nicht börsennotierten Gesellschaften als Kaufpreis der von einem Wirtschaftsprüfer berechnete Wert, im Fall einer börsennotierten Gesellschaft der allgemeine Börsenwert am Tag vor der Entscheidung des Vorstands zur Veräußerung des Betriebsvermögens[81]. Widersprechen die Gesellschaft oder mindestens 30% der Aktionäre, die ihr Andienungsrecht geltend gemacht haben, dem so festgesetzten Preis, entscheidet bei nichtbörsennotierten Gesellschaften das Gericht, bei börsennotierten Gesellschaften die Finanzaufsichtskommission (金融監督委員會 / keum'yung gam'dog ui'uon'hoe)[82].

2. Rechtslage bei der GmbH

Bei der GmbH bedürfen Verträge über die Veräußerung des gesamten Betriebsvermögens oder eines wesentlichen Teils davon der Zustimmung von mindestens der Hälfte aller bei der Abstimmung anwesenden Gesellschafter, die mindestens drei Viertel der Stimmen aller Gesellschafter auf sich vereinen müssen[83]. Ein **Andienungsrecht** widersprechender Gesellschafter ist von Gesetzes wegen **nicht vorgesehen**[84].

3. Besonderheiten bei der Vertragsgestaltung

Da sich aufgrund der Chaebol-Struktur einzelne betriebsnotwendige Assets im Eigentum anderer Unternehmen der Gruppe befinden können, das übertragende Unternehmen selbst aber in seinen Büchern Wirtschaftsgüter führen könnte, die de facto von anderen Unternehmen der Gruppe genutzt werden, werden ggf. **flankierende Zukäufe** betriebsnotwendiger Assets von anderen Mitgliedern der Gruppe erforderlich.

Aufgrund der weiterhin hohen Verschuldung koreanischer Unternehmen muß damit gerechnet werden, daß die zu übernehmenden Gegenstände in großem Umfang mit **Sicherungsrechten** zu Gunsten der finanzierenden Banken oder sonstiger Dritter belastet sind.

---

[78] Vgl. Art. 374-2 Abs. 2 HGB einerseits und Art. 191 Abs. 2 BörsG andererseits.
[79] Art. 191 Abs. 1 BörsG.
[80] Art. 374-2 Abs. 3 Satz 1 HGB; Art. 191 Abs. 3 Satz 1 BörsG.
[81] Vgl. Art. 374-2 Abs. 3 Satz 2 HGB einerseits und Art. 191 Abs. 3 Satz 2 BörsG iVm. Art. 84-9 Abs. 2 PVBörsG andererseits.
[82] Art. 374-2 Abs. 4 HGB; Art. 191 Abs. 3 Satz 2 BörsG.
[83] Art. 576 Abs. 1 iVm. Art. 374, 585 HGB.
[84] *Sonn/Jeong* Art. 576 HGB Anm. I weisen darauf hin, daß nach japanischem Recht die Vorschriften über das Andienungsrecht des Aktionärs nach Art. 245-2 des japanischen Handelsgesetzbuchs für die GmbH durch Verweisung entsprechend gelten (Art. 41 des japanischen GmbHG). Bei der Einführung des Andienungsrechts ins HGB im Jahr 1995 sei eine entsprechende Regelung aber unterblieben. Hieraus lasse sich schließen, daß nach dem Gesetzeswillen dem Gesellschafter einer koreanischen GmbH kein Andienungsrecht zustehen solle.

57 Da die **Verträge** des übertragenden Unternehmens mit Geschäftspartnern **nicht automatisch** auf den Erwerber **übergehen**, müssen sie entweder durch dreiseitigen Vertrag auf den Erwerber übergeleitet oder von diesem neu abgeschlossen werden. Angesichts der Struktur der koreanischen Chaebol kann dies in wesentlich weiterem Umfang der Fall sein, als bei Unternehmensübernahmen im allgemeinen.

4. Transferbesteuerung[85]

58 Der Erwerb von bestimmten Arten von Wirtschaftsgütern wie Immobilien, Kraftfahrzeugen, Maschinen und Ausrüstungsgegenständen sowie zahlreichen weiteren Rechten unterliegt der **Erwerbsbesteuerung**[86]. Der Steuersatz beträgt idR 2% des Erwerbspreises bzw. der im Veranlagungszeitraum fälligen Kaufpreisrate[87]. Der Steuersatz erhöht sich auf 6%, wenn der steuerpflichtige Erwerb in Gebieten erfolgt, die als Sonderzonen zur Begrenzung des Bevölkerungswachstums ausgewiesen sind, es sei denn, ein Grundstück soll bis zum 31. 12. 2001 zur Neuerrichtung oder Ausweitung eines durch Ausländerinvestitionen finanzierten Unternehmens erworben werden[88]. Der Steuersatz für den Erwerb nicht betrieblich genutzter Grundstücke liegt dagegen bei 10%[89].

59 Die beim Erwerb von Immobilien, Kraftfahrzeugen, Baumaschinen, etc. anfallende Eintragungsteuer beträgt idR zwischen 0,01% und 5% des Werts des betroffenen Wirtschaftsguts im Zeitpunkt der Eintragung, wobei in gewissen städtischen Ballungszentren der dreifache Tarif erhoben wird[90].

60 Ebenfalls steuerbar sind die **Gewinne**, die bei der **Veräußerung von Immobilien** anfallen. Besteuerungsgrundlage ist grundsätzlich der Gewinn, der sich aus der Differenz zwischen dem Veräußerungspreis und den Anschaffungskosten zuzüglich der Kosten anläßlich der Veräußerung ergibt. Der Steuersatz beträgt bei einer Veräußerung vor Registrierung 30%, in allen sonstigen Fällen 15%[91].

IV. Erwerb einer Beteiligung (Share Deal)

1. Erwerb von Aktien

61 Grundsätzlich können Aktien koreanischer Gesellschaften **frei übertragen** werden. Jedoch kann durch Satzung die Übertragung von Aktien an die **Zustim-**

---

[85] Vgl. allgemein Deutsch-Koreanische Industrie- und Handelskammer S. 95 ff.
[86] Art. 105 Abs. 1 RStG; Steuererleichterungen können sich im Einzelfall nach Art. 120 BABG ergeben, zB für den Erwerb gewisser Sacheinlagen und beim Erwerb des Geschäftsvermögens bei mittelständischen Betrieben, etc.
[87] Art. 112 Abs. 1 RStG.
[88] Art. 112 Abs. 3 RStG.
[89] Art. 112 Abs. 2 RStG.
[90] Art. 125 ff., 131 ff. und 138 RStG; Der dreifache Tarif wird allerdings für Investitionen zur Neuerrichtung oder Erweiterung eines Ausländerinvestitionsunternehmens bis zum 31. 12. 2001 nicht erhoben.
[91] Art. 99 Abs. 1 und Abs. 3 iVm. Art. 101 Abs. 1 KStG.

mung des Vorstands geknüpft werden[92]. Dies soll wiederum bei börsennotierten Gesellschaften nicht gelten[93].

Die Aktienübertragung geschieht idR durch den **Abschluß eines Kaufvertrags** und die sich daran anschließende **Übergabe der Aktienurkunde**, mit der die Übertragung wirksam wird[94]. Bei Namensaktien sind zusätzlich Name und Wohnsitz des Erwerbers im Aktienbuch einzutragen, bis zur Eintragung kann der Erwerb gegenüber der Gesellschaft nicht geltend gemacht werden[95]. 62

Bei börsennotierten Gesellschaften sind die Aktienurkunden bei einem Wertpapierhandelshaus (證券預託院/jeung'gwon yae'tag'uon) hinterlegt, bei dem der Aktionär ein Anteilskonto unterhält. Die Übertragung erfolgt hier nicht durch Übergabe der Aktienurkunde, sondern in Form der **„Überweisung"** der Anteilsrechte vom Konto des Veräußerers auf das Konto des Erwerbers[96]. 63

Widersprechende Aktionäre haben bei Zustandekommen des Share-Deals einen Anspruch auf Ankauf ihrer Aktien[97]. 64

2. Erwerb von Geschäftsanteilen einer GmbH

Die Übertragung von Geschäftsanteilen einer GmbH bedarf der **Zustimmung** von mindestens der Hälfte der bei der Beschlußfassung anwesenden Gesellschafter, die mindestens drei Viertel der Stimmen aller Gesellschafter auf sich vereinen[98]. Allerdings kann die Satzung Erleichterungen oder zusätzliche Beschränkungen bestimmen[99]. Unzulässig ist die Übertragung von Geschäftsanteilen, wenn dadurch die Zahl der Gesellschafter auf über 50 anwächst[100]. 65

3. Besteuerung beim Anteilserwerb und bei der Anteilsveräußerung

Beim Erwerb von mindestens 50% der Anteile der koreanischen Zielgesellschaft lösen die im Eigentum dieser Gesellschaft stehenden Assets grundsätzlich eine **Erwerbsbesteuerung**[101] bei der ausländischen Erwerbergesellschaft aus[102]. Bei der **Veräußerung** von Anteilen einer koreanischen Gesellschaft ist grundsätz- 66

---

[92] Art. 335 Abs. 1 HGB; dagegen ist ein satzungsmäßiger Ausschluß der Übertragbarkeit von Aktien für fünf Jahre unzulässig: Oberster Gerichtshof, Urteil vom 26. 9. 2000, Az. 99 da 48 429.
[93] So *Sonn/Jeong* § 335 HGB Anm. IV. 1. „ga", wonach Art. 335 Abs. 1 HGB nur für kleine Aktiengesellschaften Anwendung finden soll.
[94] Art. 336 Abs. 1 HGB; Oberster Gerichtshof, Urteil vom 10. 11. 1987, Az. 87 nu 620.
[95] Art. 337 Abs. 1 HGB.
[96] Art. 173 ff. BörsG; *Chung* S. 304 f.
[97] Art. 335-6 HGB
[98] Art. 556 Abs. 1 iVm. Art. 585 HGB.
[99] Art. 565 Abs. 1 Satz 2 und Abs. 3 HGB, ein Andienungsrecht widersprechender Gesellschafter besteht auch hier nicht (siehe Rn 54).
[100] Art. 565 Abs. 1 Satz 2 und Abs. 3 HGB.
[101] Siehe Rn 58 ff.
[102] Art. 105 Abs. 6 RStG; bis zum 29. 12. 2000 verwies Art. 105 Abs. 6 RStG auf Art. 22 Nr. 2 RStG, womit erst der Erwerb von 51 % der Anteile steuerbar war. Die Möglichkeit, eine Mehrheit der Anteile (50,9 %) einer koreanischen Gesellschaft zu erwerben, ohne die Erwerbsbesteuerung auszulösen, ist zum 29. 12. 2000 abgeschafft worden. Zu Ausnahmen von der Erwerbsbesteuerung vgl. Art. 120 Abs. 5 BABG.

lich der Gewinn zu versteuern. Die Ausführungen zur Besteuerung des Gewinns an der Veräußerung von Immobilien gelten entsprechend[103].

V. Verschmelzungen

67　Das koreanische Recht kennt die Verschmelzung sowohl durch Aufnahme (吸收合併/heub'su hab'byeong) als auch durch Neugründung (新設合併/shin'seol hab'byeong)[104].

68　In beiden Fällen ist ein **Verschmelzungsvertrag** abzuschließen, der von den Haupt- bzw. Gesellschafterversammlungen der beteiligten Gesellschaften **beschlossen** werden muß[105]. Der Beschluß der Hauptversammlung einer AG bedarf einer Mehrheit von zwei Dritteln der Stimmen der anwesenden Aktionäre, die selbst mindestens ein Drittel der Gesamtzahl der ausgegebenen Aktien auf sich vereinen müssen[106]. Für den Beschluß der Gesellschafterversammlung einer GmbH ist die Zustimmung von mindestens der Hälfte der Stimmen der bei der Abstimmung anwesenden Gesellschafter erforderlich, die mindestens drei Viertel der Stimmrechte aller Gesellschafter auf sich vereinen müssen[107].

69　Besonderheiten bestehen bei der AG für Zustimmungsbeschlüsse zu einfachen und kleinen Verschmelzungen zur Aufnahme. Die Zustimmung der Hauptversammlung der übertragenden AG kann durch die Zustimmung des Vorstands ersetzt werden, wenn sich alle Aktionäre mit diesem Verfahren einverstanden erklärt haben oder 90% des Gesamtbetrags der ausgegebenen Aktien der übertragenden Gesellschaft auf die aufnehmende Gesellschaft übertragen werden sollen (sog. „**einfache Verschmelzung**")[108]. Umgekehrt kann die Zustimmung der Hauptversammlung der aufnehmenden AG durch die Zustimmung des Vorstands ersetzt werden, wenn die anläßlich der Verschmelzung neu auszugebenden Aktien 5% des Gesamtbetrags der ausgegebenen Aktien der aufnehmenden Gesellschaft nicht übersteigen (sog. „**kleine Verschmelzung**"), falls nicht ein Aktionär der aufnehmenden Gesellschaft mit einem Anteil von 20% an der Gesamtzahl der ausgegebenen Aktien diesem Verfahren widerspricht[109].

70　Widersprechende Aktionäre haben bei Zustandekommen der Verschmelzung einen Anspruch gegen die Gesellschaft auf **Ankauf ihrer Aktien**[110]. Bei der GmbH ist ein solches Recht nicht vorgesehen[111].

---

[103] Siehe Rn 60.
[104] Art. 523 und 524 HGB zur AG, die gem. Art. 603 HGB auch für die GmbH gelten.
[105] Art. 522 und Art. 603 HGB.
[106] Art. 522 Abs. 3 iVm. Art. 434 HGB.
[107] Art. 598 iVm. Art. 585 HGB.
[108] Art. 527-2 HGB.
[109] Art. 527-3 HGB.
[110] Art. 522-3 HGB; siehe Rn 52.
[111] Siehe hierzu die Ausführungen in Rn 54 (Andienungsrecht von Minderheitsgesellschaftern).

Die an einer Verschmelzung beteiligten Gesellschaften haben innerhalb von **71**
zwei Wochen seit dem Tag, an dem die Verschmelzung beschlossen wurde, eine
Frist von mindestens einem Monat zu bestimmen, innerhalb derer Gesellschaftsgläubiger **Einwendungen** gegen die Verschmelzung erheben können[112]. Die
Frist ist öffentlich bekanntzumachen und den der Gesellschaft bekannten Gläubigern einzeln mitzuteilen. Werden innerhalb der Frist keine Einwendungen erhoben, gilt die Zustimmung zur Verschmelzung als erteilt. Erhebt ein Gesellschaftsgläubiger Einwendungen, muß die Gesellschaft die Verpflichtung ihm gegenüber
erfüllen, eine angemessene Sicherheit leisten oder zu diesem Zweck einer Treu-
handgesellschaft Vermögen mit entsprechendem Gegenwert übertragen[113].

Soll eine GmbH mit einer AG zu einer AG verschmolzen werden, ist vorab **72**
eine **gerichtliche Genehmigung** einzuholen. Umgekehrt ist die Verschmelzung einer AG mit einer GmbH unzulässig, bevor die AG Schuldverschreibungen
nicht vollständig eingelöst hat[114]. Weitere Erfordernisse und Beschränkungen sind
in Spezialgesetzen geregelt[115].

Die Verschmelzung wird wirksam mit **Eintragung** in das Handelsregister[116]. **73**
Gegen die Verschmelzung können nur Aktionäre, Gesellschafter, Vorstandsmitglieder, Geschäftsführer, Aufsichtsratsmitglieder oder Gläubiger innerhalb von
sechs Monaten seit Eintragung Nichtigkeitsklage erheben, die der Verschmelzung
nicht zugestimmt haben[117].

Die Verschmelzung muß, wenn mindestens eine börsennotierte Gesellschaft **74**
beteiligt ist, der Finanzaufsichtskommission und der Börse **angezeigt** werden[118].
Soll ein börsennotiertes Unternehmen mit einem nichtbörsennotierten Unternehmen verschmolzen werden, ist das nichtbörsennotierte Unternehmen bei der
Finanzaufsichtskommission zu registrieren. Die Aktionäre der beteiligten Gesellschaften müssen der Verschmelzung innerhalb von zwei Monaten seit der Registrierung zustimmen. Ansonsten ist die Verschmelzung gescheitert[119].

E. Besonderheiten der Due Diligence

Das koreanische **Bilanzrecht** unterscheidet sich in vielen Details grundlegend **75**
von deutschen und internationalen Rechnungslegungsvorschriften. Aus deutscher
Sicht bewirken diese Unterschiede tendenziell eine Überbewertung der Aktiva,
da Wertverluste bestimmter Aktiva nicht oder nicht zeitnah in der Bilanz realisiert
werden. Hinzu kommt, daß die gesetzliche Pflicht zur Aufstellung konsolidierter

---

[112] Für die AG vgl. Art. 527-5 Abs. 1 HGB; für die GmbH die nahezu identische Regelung in Art. 603 iVm. 232 Abs. 1 HGB.
[113] Art. 526-5 Abs. 3 bzw. Art. 603 iVm. Art. 232 Abs. 2 und Abs. 3 HGB.
[114] Art. 600 HGB.
[115] ZB Genehmigung der Bankenkommission bei Bankfusionen nach Art. 55 Abs. 1 Bankge-setz; zur Fusionskontrolle nach dem MKlHG vgl. Rn 91 ff.
[116] Art. 528 HGB für die AG; Art. 602 HGB für die GmbH.
[117] Art. 529 HGB für die AG; der für die GmbH nach Art. 603 HGB entsprechend gilt.
[118] Art. 190-2 Abs. 1 BörsG.
[119] Art. 190 BörsG iVm. Art. 3 BörsG.

Bilanzen der Struktur der koreanischen Chaebol nicht gerecht wird. Dementsprechend wurde die Verpflichtung zur Aufstellung konsolidierter Konzernabschlüsse mit Wirkung für alle ab dem 1. 1. 1999 beginnenden Geschäftsjahre durch die Pflicht zur Aufstellung eines „**konsolidierten Gruppenabschlusses**" (結合財務諸表/gyeol'hab jae'mu je'pyo)[120] ergänzt.

76 In der Vergangenheit war es in Korea übliche Praxis, daß einander nahestehende Unternehmen eines Chaebol sich für ihre jeweiligen Verbindlichkeiten in weitestem Umfang „**cross guarantees**" ausreichten. Zins- und Währungsrisiken wurden normalerweise nicht „gehedged". Die sich hieraus ergebenden Risiken sind aus den Bilanzen nicht ersichtlich.

77 Beim Erwerb der Anteile oder des Vermögens eines koreanischen Unternehmens ist daher besonderer Wert auf eine **sorgfältig durchgeführte Due Diligence** zu legen. Hierzu wird die Einschaltung erfahrener Rechtsanwälte oder Wirtschaftsprüfer, die einerseits mit den Grundsätzen koreanischer Bilanzierung vertraut sind, andererseits aber auch über Grundkenntnisse über ausländische Bilanzierungsmaßstäbe verfügen sollten, empfohlen. Der daraus entstehende zeitliche und finanzielle Aufwand darf nicht gescheut werden. Denn nur so lassen sich Bewertungsunterschiede und Risiken, die sich im Vergleich zu ausländischen Bilanzierungssystemen ergeben, zuverlässig feststellen und beurteilen.

78 Die anläßlich einer Due Dilligence zur Verfügung stehenden Unterlagen dürften großteils in **koreanischer Sprache** verfaßt sein. Zusätzliche Informationen über die Zielgesellschaft lassen sich zB über das Handelsregister (商業登記/sang'eob deung'gi), das KIPO, die Finanzaufsichtskommission oder den Staatsanzeiger (官報/gwan'bo) beschaffen.

F. Besonderheiten in den Begleitfeldern

I. Arbeitsrecht

79 Das koreanische Recht enthält bislang keine ausdrücklichen Vorschriften zum Schicksal von Arbeitsverhältnissen beim Betriebsübergang. Nach der Rechtsprechung **gehen** im Fall einer Verschmelzung oder der Übertragung des Betriebsvermögens (Asset Deal) die Arbeitsverhältnisse auf die übernehmende Gesellschaft **über**, sofern die generelle Geschäftstätigkeit und Geschäftsstruktur gewahrt

---

[120] Art. 1-3 Abs. 1 des Gesetzes über die externe Prüfung von Aktiengesellschaften (株式會社의外部監査에관한法律/ju'shik hoe'sa'ie oe'bugam'sa'e gwan'han beob'ryul) Nr. 3297 vom 31. 12. 1980, zuletzt geändert durch Gesetz Nr. 6108 vom 21. 1. 2000 iVm. Art. 1-4 Abs. 1 der Präsidialverordnung zum Gesetz über die externe Prüfung von Aktiengesellschaften (株式會社의外部監査에관한法律施行令/ju'shik hoe'sa'ie oe'bugam'sa'e gwan'han beob'ryul shi'haeng'ryeong) Nr. 12 929 vom 3. 3. 1990, zuletzt geändert durch Präsidialverordnung Nr. 16 912 vom 27. 7. 2000.

bleiben[121]. Der neue Arbeitgeber muß daher die allgemeinen Kündigungsregeln einhalten.

Das Arbeitsverhältnis kann vom Arbeitgeber nur bei Vorliegen eines **billigenswerten Grundes** gekündigt werden[122]. Solche billigenswerten Gründe können in der Person oder im Verhalten des Arbeitnehmers liegen, aber auch betrieblich veranlaßt sein. Eine betriebsbedingte Kündigung ist nur in Fällen **dringlicher betrieblicher Notwendigkeit** zulässig, die allerdings bei einer Übertragung des Geschäftsbetriebs, einer betrieblichen Übernahme und einer Verschmelzung zur Verhinderung einer betrieblichen Verschlechterung von Gesetzes wegen vermutet wird[123].

Der Arbeitgeber muß jedoch nachweisen, das er alles getan hat, um den Ausspruch einer betriebsbedingten Kündigung zu vermeiden, und daß er bei der Auswahl der zu entlassenden Arbeitnehmer rationell nachvollziehbare Maßstäbe angelegt hat. Sind mehr als die Hälfte der Arbeitnehmer Gewerkschaftsmitglieder, ist die **Gewerkschaft** bei den Maßnahmen zur Vermeidung von Entlassungen und bei der Auswahl der betroffenen Arbeitnehmer zu beteiligen[124].

Sofern der Arbeitnehmer den Arbeitgeber nicht vorsätzlich geschädigt oder den Geschäftsbetrieb gestört hat, muß der Arbeitgeber eine **Kündigungsfrist** von 30 Tagen einhalten oder den Arbeitslohn über 30 Tage hinweg weiter zahlen[125].

II. Altersvorsorge

In Korea existiert zur Zeit noch kein europäischen Maßstäben vergleichbares System der Altersversorgung. Arbeitnehmer, die länger als ein Jahr beim selben Arbeitgeber beschäftigt waren, erhalten zur Alterssicherung bei Beendigung des Arbeitsverhältnisses lediglich eine **Abfindung** von mindestens 30 Tagesgehältern, multipliziert mit der Zahl der Jahre des Bestands des Arbeitsverhältnisses[126]. Allerdings beteiligen sich viele koreanische Unternehmen an der privaten Alterssicherung ihrer Arbeitnehmer durch periodische Zuzahlungen[127].

---

[121] St. Rspr. vgl. Oberster Gerichtshof, Urteil vom 27. 10. 1999, Az. 98 na 10 052; Urteil vom 29. 9. 1995, Az. 94 da 54 245; Urteil vom 28. 6. 1994, Az. 93 da 33 173: Die Arbeitsverhältnisse gehen grds. mit dem Betrieb auf den Erwerber über, soweit zwischen Veräußerer und Erwerber keine abweichenden Vereinbarungen getroffen worden sind. Eine anderweitige Vereinbarung ist allerdings dann unwirksam, wenn kein Kündigungsgrund nach dem ASG besteht. Unzulässig ist eine Vereinbarung zwischen Veräußerer und Erwerber, wonach die Arbeitnehmer mit dem Erwerber neue Arbeitsverträge abschließen müssen, vgl. Oberster Gerichtshof, Urteil vom 12. 11. 1991, Az. 91 da 12 806.
[122] Art. 30 Abs. 1 ASG.
[123] Art. 31 Abs. 1 ASG.
[124] Art. 31 Abs. 2 und 3 ASG.
[125] Art. 32 Abs. 1 ASG.
[126] Art. 34 Abs. 1 ASG.
[127] Einzelheiten bei *Korea International Labour Foundation* (KOILAF), A Manual for Labor Management for Foreign Investors, 1998, S. 30.

III. Umweltrecht

84 In den letzten Jahren ist eine Fülle sich ständig ändernder gesetzlicher Regelungen zum Schutz der Umwelt geschaffen worden, die auch für den Experten **kaum noch überschaubar** ist. Dabei wird von Seiten der Behörden verstärkt auf die Durchsetzung dieser Bestimmungen geachtet.

IV. Gewerbliche Schutzrechte[128]

85 Mag auch die Regierung in den letzten Jahren durch eine umfangreiche Gesetzgebung zum Schutz von Marken, Patenten, Gebrauchs- und Geschmacksmustern, Urheberrechten und Firmenrechten versucht haben, dem Mißbrauch gewerblicher Schutzrechte Einhalt zu gebieten, so stellen auch heute noch **Verletzungen des geistigen Eigentums** Anderer ein nicht zu unterschätzendes – zu gewissem Teil auch mentalitätsbedingtes – Problem dar[129]. Dies sollte beim Erwerb eines koreanischen Unternehmens bedacht werden.

86 Geistiges Eigentum wird in der Republik Korea grundsätzlich nur nach **Eintragung** geschützt. Für die Eintragung von Patenten, Gebrauchs- und Geschmacksmustern sowie von Marken ist allein das KIPO zuständig[130]. Die Firma eines Unternehmens wird dagegen im Handelsregister eingetragen, dessen Schutz allerdings nicht über den Bezirk des Registergerichts am Sitz des Unternehmens hinausreicht[131].

87 Ist ein Schutzrecht nach einer Verfahrensdauer von üblicherweise bis zu 1 $^{1}/_{2}$ Jahren eingetragen, ist es für einen **Zeitraum** von 10 Jahren (Marken und Gebrauchsmuster), 15 Jahren (Geschmacksmuster) oder 20 Jahren (Patente) geschützt[132]. Urheberrechte, die nicht eintragungsfähig sind, sind für die gesamte Lebenszeit des Autors und zusätzlich 50 Jahre nach seinem Tod geschützt[133]. Für urheberrechtsähnliche Rechte (Filmrechte, Rechte an Tonaufzeichnungen etc.) bestehen besondere gesetzlich geregelte Schutzfristen. Der Schutz von Marken kann nach Ablauf der Schutzdauer um jeweils 10 Jahre **verlängert** werden[134].

88 Gegen **Verletzungshandlungen** steht der Rechtsweg offen, wobei neben Unterlassungs-, Schadensersatz- und Bereicherungsansprüchen die strafrechtlichen Sanktionsmöglichkeiten nicht außer Acht gelassen werden sollten[135]. Grundsätz-

---

[128] Vgl. (zur früheren Rechtslage) allgemein *Heiter*, Das Patentrecht in Südkorea, RIW 1996, 740ff. und *Kim*, Rechtsgrundlagen des Schutzes vor unlauterem Wettbewerb in Korea, GRUR Int. 1997, 237ff.
[129] *IP Asia Intellectual Property and Communications Law*, Report damns Korea for Breaches of IP protection, Mai 2000, Nr. 4, S. 7.
[130] Art. 85 Abs. 1 PatG; Art. 32 GebrMG; Art. 39 Abs. 1 MarkG; Art. 37 Abs. 1 GeschMG.
[131] Art. 22 HGB.
[132] Zur Verfahrensdauer vgl. Asia Bridge vom 12. 1. 1999, S. 15; zur Schutzdauer vgl. Art. 42 Abs. 1 MarkG, Art. 36 Abs. 1 GebrMG, Art. 40 Abs. 1 GeschMG, Art. 88 Abs. 1 PatG.
[133] Art. 70 UrhG.
[134] Art. 42 Abs. 2 MarkG.
[135] Vgl. hierzu Art. 225ff. PatG, Art. 84ff. UrhG, Art. 78ff. GebrMG, Art. 82ff. GeschMG, Art. 93ff. MarkG.

lich sind auch Maßnahmen des einstweiligen Rechtsschutzes denkbar, doch sollte hier die Dauer des Verfahrens nicht unterschätzt werden.

V. Immobilienrecht

Der Immobilienerwerb durch Ausländer ist 1998 weitgehend **liberalisiert** worden. Einer Genehmigung durch die Stadt, den Bezirk oder die Provinzverwaltung, in der das Grundstück belegen ist, bedarf nur noch der Erwerb von der Landesverteidigung vorbehaltenen Flächen, zum Schutz von bestimmten Kulturgütern bezeichneten Flächen und von Grundstücken in ökologischen Schutzgebieten[136]. In allen anderen Fällen reicht eine **Anzeige** an die besagten Stellen innerhalb von 60 Tagen nach Vertragsschluß aus[137].

Eine Anzeige bzw. eine Genehmigung ist auch dann erforderlich, wenn sich der Erwerbsvorgang außervertraglich vollzieht oder wenn eine ursprünglich koreanische natürliche oder juristische Person im nachhinein Ausländerstatus erlangt. In diesen Fällen beträgt die **Anzeigefrist** sechs Monate[138].

G. Gesetzliches Übernahmerecht

I. Übernahmekontrolle

Der direkte oder indirekte Erwerb von Anteilen einer koreanischen Gesellschaft ist **untersagt**, wenn hierdurch in einem bestimmten Marktsegment der Wettbewerb wesentlich beschränkt würde. Entsprechendes gilt für die Verschmelzung von Gesellschaften und die Übernahme des Geschäftsbetriebs einer anderen Gesellschaft[139]. Eine **Ausnahme** besteht dann, wenn betriebliche Rationalisierungseffekte oder die Revitalisierung bestimmter angeschlagener Gesellschaften eine Marktkonzentration erfordern und die Kommission für lauteren Wettbewerb (公正去來委員會/gong'jeong geo'rae ui'uon'hoi/Fair Trade Commission) auf dieser Grundlage ihre **Zustimmung** erteilt[140].

Die Errichtung einer koreanischen **Holdinggesellschaft** ist der Kommission für lauteren Wettbewerb anzuzeigen. Untersagt ist insbes. die Errichtung einer Holdinggesellschaft, die weniger als 50% (30% bei börsennotierten Gesellschaften) der Anteile einer koreanischen AG erwerben soll. Einschränkungen bestehen für Holding-Strukturen im Finanz- und Versicherungssektor[141].

Internationale Verträge unterliegen der Kontrolle durch die Kommission für lauteren Wettbewerb im Hinblick auf mögliche wettbewerbsrelevante Tatbe-

---

[136] Art. 4 Abs. 2 ALG iVm. Art. 3 Abs. 2 PVALG.
[137] Art. 4 Abs. 1 ALG iVm. Art. 3 Abs. 1 PVALG.
[138] Art. 5 und 6 ALG.
[139] Art. 7 Abs. 1 Nr. 1, 3 und 4 MKlHG.
[140] Art. 7 Abs. 2 MKlHG iVm. Art. 12-4 PVMKlHG.
[141] Art. 8 und Art. 8-2 MKlHG.

stände[142]. Die Kommission hat hierzu Kriterienkataloge für eine Vielzahl von Vertragstypen veröffentlicht, worunter u. a. auch Urheberrechtsverträge, Know-how-Verträge und Franchise-Verträge fallen[143].

II. Öffentliche Übernahmeangebote

94 Personen, die innerhalb eines Zeitraums von sechs Monaten Aktien eines börsennotierten Unternehmens im Umfang von mindestens 5% der Gesamtzahl aller ausgegebenen Aktien von mindestens 10 verschiedenen Veräußerern erwerben wollen, müssen grundsätzlich ein **öffentliches Übernahmeangebot abgeben**[144]. Dies gilt nicht, soweit einer der durch Präsidialverordnung bestimmten Befreiungstatbestände eingreift, wozu u. a. der Aktienkauf als Antwort auf ein öffentliches Übernahmeangebot sowie der Ankauf von Aktien in Ausübung eines Bezugsrechts für neu ausgegebene Aktien oder eines Umtauschrechts gehören[145].

95 Das öffentliche Übernahmeangebot ist in Form eines **schriftlichen Übernahmeantrags** an die Börsenkommission zu richten und **öffentlich bekanntzumachen**[146]. In dem Antrag ist eine Wertpapierhandelsgesellschaft zu bezeichnen, die die mit der Übernahme zusammenhängenden Aufgaben in Vertretung des Übernehmers wahrnehmen soll. Weiter muß der Antrag neben den Angaben zur Person des Übernehmers u. a. Angaben zum Zweck der beabsichtigten Übernahme, zum Erwerbsverfahren, zu Preis, Zahl und Gattung der zu erwerbenden Aktien sowie zur Übernahmefrist enthalten[147]. Die Frist, innerhalb derer die Übernahme erfolgen soll, muß zwischen 20 und 60 Tagen betragen und beginnt am achten Tag nach der öffentlichen Bekanntmachung zu laufen[148].

96 Nach Ablauf der Übernahmefrist hat der Übernehmer die Aktien zu den im Übernahmeantrag beschriebenen Bedingungen und in der dort beschriebenen Art und Weise unverzüglich **zu übernehmen**.

III. Anzeigepflichten

97 Wer „**Großaktionär**" einer börsennotierten Gesellschaft wird, hat dies grundsätzlich der Börsenkommission und der Börse anzuzeigen. Als Großaktionär gilt, wer allein oder zusammen mit verbundenen natürlichen oder juristischen Personen einen Anteil von mindestens 5% der Gesamtzahl der Aktien besitzt. Alle weiteren Veränderungen der Beteiligungsquote, sobald diese jeweils 1% der Gesamtzahl der Aktien erreichen oder übersteigen, sind binnen fünf Tagen ebenfalls anzuzeigen[149].

---

[142] Art. 32 MKlHG iVm. Art. 47 PVMKlHG.
[143] Bekanntmachung 1997-23 der Kommission für lauteren Wettbewerb vom 21. 4. 1997.
[144] Art. 21 Abs. 1 BörsG iVm. Art. 10-2 Abs. 1 und 2 PVBörsG.
[145] Art. 11 PVBörsG.
[146] Art. 21-2 Abs. 1 und Art. 22 Abs. 2 BörsG.
[147] Art. 21-2 Abs. 1 BörsG iVm. Art. 11-4 Abs. 2 und 3 PVBörsG.
[148] Art. 11-5 PVBörsG iVm. Art. 23 BörsG.
[149] Art. 200-2 Abs. 1 BörsG.

Verstößt der „Großaktionär" gegen seine Anzeigepflicht, kann er sein **Stimm-** 98
recht insoweit nicht ausüben, als seine Beteiligung die 5%-Quote übersteigt. Die
Börsenkommission kann den Verkauf der die 5%-Quote übersteigenden Anteile
anordnen[150].

IV. Verbotene Handlungen

Wer ein öffentliches Übernahmeangebot abgegeben hat, kann innerhalb des 99
Zeitraums, in dem er die Aktien im öffentlichen Verfahren beziehen kann, diese
nicht auf andere Weise erwerben[151]. Dadurch soll insbes. verhindert werden,
daß Anteile heimlich und zu anderen als den im Übernahmeangebot angegebenen Konditionen erworben werden[152].

Wer Aktien im Rahmen eines öffentlichen Übernahmeangebots erworben hat, 100
kann innerhalb eines Jahres kein neues öffentliches Angebot zum Erwerb von Aktien dieser Gesellschaft abgeben[153].

Schließlich ist auch die Verwendung von **Insidertatsachen** verboten. So dür- 101
fen u. a. während der Durchführung oder der Suspendierung eines öffentlichen
Übernahmeverfahrens Insider keine Aktien des betreffenden Unternehmens erwerben[154].

V. Übernahmebeschränkungen und -verbote

Früher bestehende gesetzliche Regelungen zur Beschränkung des Anteilser- 102
werbs durch Ausländer wie Beteiligungsgrenzen an börsennotierten Gesellschaften oder Zustimmungserfordernisse von Organen der Zielgesellschaft wurden in
den letzten Jahren schrittweise **aufgehoben**[155].

Abwehrmöglichkeiten der Zielgesellschaft (zB Ausgabe stimmrechtsloser 103
oder Umwandlung in stimmrechtslose Aktien, Erwerb eigener Aktien, Einräumung von Vorkaufsrechten, Verschmelzung etc.) bestehen nur in den vom koreanischen Gesellschafts- und Börsenrecht gezogenen Grenzen[156]. Insoweit ist insbes. die seit dem 1. 7. 2000 bestehende Möglichkeit der Ausgabe von **„stock
options"** (株式買受選擇權/ju'shig mae'su seon'taeg'gwon) in Höhe von bis zu 10%
des Gesellschaftskapitals hervorzuheben, wenn dies in der Satzung der AG vorgesehen ist[157].

---

[150] Art. 200-3 BörsG.
[151] Art. 23 Abs. 2 BörsG.
[152] *Sonn/Jeong* Nach § 637 HGB, M&A, 4. Abschnitt, VII.1.
[153] Art. 23 Abs. 3 BörsG.
[154] Art. 188-2 Abs. 3 BörsG.
[155] Besonderheiten gelten allerdings in den für Ausländerinvestitionen verbotenen Bereichen, siehe Rn 16 ff.
[156] Einen Überblick über die verschiedenen Abwehrmöglichkeiten nach koreanischem Recht geben *Sonn/Jeong* Bd. VI, Nach § 635 HGB, M & A, 6. Abschnitt.
[157] Art. 340-2 ff. HGB.

H. Finanzierung von Unternehmenskäufen

I. Allgemeines

104 Die Finanzierung der koreanischen Tochtergesellschaft durch **Eigenkapital** in Form von Bar- oder Sacheinlagen ist uneingeschränkt zulässig. **Darlehen**, welche die Kriterien einer Ausländerinvestition nach dem AIFG erfüllen, bedürfen einer Anzeige an den Finanz- und Wirtschaftsminister, der dem Anzeigeerstatter unverzüglich eine Anzeigebestätigung ausstellt. Auch **Transaktionen** nach dem Devisenverkehrsgesetz sind weitgehend **liberalisiert** worden und bedürfen grundsätzlich nur noch einer Anzeige an den Finanz- und Wirtschaftsminister.

II. Kreditsicherung

1. Pfandrecht (質權/jil'gwon)

105 Für die Bestellung eines Pfandrechts an **Inhaberaktien** muß dem Pfandgläubiger die Aktienurkunde übergeben werden[158]. Da allerdings die Aktionärsrechte generell bei Inhaberaktien nur ausgeübt werden können, wenn die Aktienurkunde bei der Gesellschaft hinterlegt ist[159], ist dieses Sicherungsmittel in der Praxis kaum geeignet.

106 Auch an **Namensaktien** kann durch Aushändigung der Aktienurkunde an den Pfandgläubiger ein Pfandrecht bestellt werden[160]. Sind zusätzlich auf Antrag des Verpfänders der Name und Wohnsitz des Pfandgläubigers im Aktienbuch eingetragen worden, so ist der Pfandgläubiger aus der Gewinnverteilung, einer etwaigen Verzinsung der Einlagen und hinsichtlich sonstiger Zahlungen an den Aktionär vorrangig vor anderen Gläubigern des Aktionärs zu befriedigen[161].

107 An **Geschäftsanteilen einer GmbH** kann mit Zustimmung der Hälfte der Gesellschafter, die mindestens drei Viertel aller Geschäftsanteile halten, ein Pfandrecht bestellt werden, wobei durch Satzung weitere Beschränkungen vorgesehen werden können. Name und Adresse des Pfandgläubigers sowie die betroffenen Einlagen müssen im Gesellschafterverzeichnis eingetragen werden[162].

2. Hypothek (抵當/jeo'dang)

108 An Kraftfahrzeugen, Baumaschinen, Schiffen und Luftfahrzeugen, die in Korea zugelassen sind, kann eine **Mobiliarhypothek** (動産抵當權/dong'san jeo'dang'

---

[158] Art. 351 BGB.
[159] Art. 358 HGB.
[160] Art. 338 Abs. 1 HGB.
[161] Art. 340 Abs. 1 HGB.
[162] Art. 559 iVm. Art. 556, Art. 557 und Art. 558 HGB.

gwon) eingetragen werden[163]. Obwohl eigens zur Befriedigung der Sicherungsbedürfnisse von Gläubigern geschaffen, hat sich insbes. die Mobiliarhypothek an Kraftfahrzeugen und an Baumaschinen in der Praxis nicht durchgesetzt. Aufgrund des raschen Wertverfalls und des vergleichsweise umständlichen Eintragungsverfahrens wird eine Sicherungsübereignung für diese Gegenstände bevorzugt[164].

An Grundstücken des Schuldners, die in Korea belegen sind, kann für Forderungen des Gläubigers eine **Immobiliarhypothek** bestellt werden. Diese sichert neben den Forderungen des Gläubigers auch Zinsen hierauf und die Kosten der Hypothekenbestellung[165]. Die Immobiliarhypothek wird mit der Eintragung wirksam[166] und erstreckt sich auf die mit dem Grundstück verbundenen Bestandteile, auf dessen Zubehör und Erzeugnisse[167]. Die Hypothek kann nur zusammen mit der gesicherten Forderung übertragen werden und erlischt mit dieser (Grundsatz der Akzessorietät)[168].

Sonderformen von Hypotheken sind die **Fabrikhypothek** (工場財團抵當/gong' jang jae'dan jeo'dang) und die **Bergwerkhypothek** (鑛業財團抵當/gwang'eob jae'dan jeo'dang), die beide als Hypotheken an Sachgesamtheiten ausgestaltet sind[169].

Bei der Fabrikhypothek können eine oder mehrere Produktionsstätten samt den sich hierauf befindlichen Erzeugnissen, Maschinen, Werkzeugen und sonstigen Gegenständen, dinglichen Mietrechten[170] und gewissen sonstigen Rechten als Belastungsobjekt einer Hypothek **zusammengefaßt** werden[171]. Die Fabrikhypothek wird mit der Eintragung wirksam und umfaßt alle in einem Vermögensverzeichnis eingetragenen beweglichen und unbeweglichen Gegenstände[172]. Vom Haftungsverband der Fabrikhypothek sind allerdings Gegenstände ausgeschlossen, auf die Dritte einen Rechtsanspruch haben oder die Gegenstand einer Beschlagnahme oder einer Maßnahme des vorläufigen Rechtsschutzes sind[173]. Um solche Gegenstände zu identifizieren, hat das Grundbuchamt bei der Bekanntmachung der Eintragung die Betroffenen öffentlich aufzufordern, innerhalb einer vom

---

[163] Kraftfahrzeughypothekgesetz (自動車抵當法/ja'dong'cha jeo'dang'beob) Nr. 4646 vom 27. 12. 1993, zuletzt geändert durch Gesetz Nr. 5981 vom 24. 5. 1999; Baumaschinenhypothekgesetz (建設機械抵當法/geon'seol gi'gye jeo'dang'beob) Nr. 1855 vom 23. 12. 1996, zuletzt geändert durch Gesetz Nr. 5454 vom 13. 12. 1997; Luftfahrzeughypothekgesetz (航空機抵當法/hang'gong'gi jeo'dang'beob) Nr. 867 vom 23. 12. 1961, zuletzt geändert durch Gesetz Nr. 5454 vom 13. 12. 1997; für Schiffe vgl. Art. 871ff. HGB.
[164] *Gwag* Rn 238; *Lee* S. 19ff.
[165] Art. 356, Art. 360 BGB.
[166] Art. 186 BGB.
[167] Art. 358, Art. 359 BGB.
[168] Art. 361, Art. 369 BGB.
[169] Vgl. allgemein *Gwag* Rn 237.
[170] Das dingliche Mietrecht (傳貰權/jeon'sae'gwon) gewährt dem Berechtigten gegen Leistung einer Einmalzahlung nach Eintragung das Recht, das Grundstück seiner wirtschaftlichen Bestimmung nach zu benutzen. Die Einmalzahlung wird bei Beendigung des dinglichen Mietvertrags dem Mieter zurückerstattet, die Zinsen verbleiben dem Eigentümer; vgl. Art. 303ff. BGB; *Gwag* Rn 164 bis 171.
[171] Art. 15 FHG.
[172] Art. 39 iVm. Art. 12 und 13 FHG.
[173] Art. 17 FHG.

Grundbuchamt festzusetzenden Frist zwischen einem und drei Monaten ihre Rechte anzumelden. Hat sich ein Berechtigter innerhalb der so festgesetzten Frist nicht gemeldet, wird vermutet, daß er auf die Ausübung seiner Rechte verzichtet hat. Beschlagnahme und Maßnahmen einstweiligen Rechtsschutzes verlieren ihre Wirkung[174].

112 Entsprechendes gilt für die Bergwerkhypothek[175].

3. Sicherungsübereignung und Sicherungszession (讓渡擔保/yang'do dam'bo)

113 Zur Sicherung gegenwärtiger und künftiger Forderungen, deren Betrag bestimmt ist oder im Zeitpunkt der Verwertung bestimmbar sein wird, können bewegliche Sachen, Forderungen, Aktien, Grundstücke und sonstige Rechtspositionen zur Sicherheit abgetreten oder übereignet werden[176].

114 Dabei ist insbes. auf das in Korea weit verbreitete Sicherungsmittel des **Sicherungsverkaufs** (賣渡擔保/mae'do dam'bo)[177] hinzuweisen. Beim Sicherungsverkauf wird zwischen dem Verkäufer als Sicherungsgeber und dem Käufer als Sicherungsnehmer ein Kaufvertrag mit der Abrede geschlossen, daß der Verkäufer berechtigt sein soll, die an den Käufer übereignete Sache binnen einer bestimmten Frist durch Zahlung einer bestimmten Geldsumme zurückzuverlangen. Damit erhält der Verkäufer den Kaufpreis als Kredit und kann die übereignete Sache durch Rückzahlung des Darlehens wiedererlangen. Auf eine solche Vertragskonstruktion wendet die Rechtspraxis die Vorschriften über den **Wiederkauf**[178] an. Das hat zur Folge, daß die Rückkaufsfrist bei Grundstücken fünf Jahre und bei beweglichen Sachen drei Jahre nicht übersteigen darf[179]. Weiter ist darauf zu achten, daß bei der Übereignung eines Grundstücks eine **Rückkaufsvormerkung** zugunsten des Verkäufers eingetragen wird, die zwischenzeitliche Verfügungen des Käufers ihm gegenüber unwirksam macht.

115 Während die Sicherungsübereignung beweglicher Sachen formlos möglich ist, muß die Sicherungsübereignung von Grundstücken im Grundbuch **eingetragen**[180] werden. Bei der Sicherungsübereignung eines Warenlagers mit wechselndem Bestand ist zu bedenken, daß in Korea an den Bestimmtheitsgrundsatz be-

---

[174] Art. 41, Art. 42 FHG.
[175] Vgl. das Gesetz über die Bergwerkhypothek (鑛業財團抵當法/gwang'eob jae'dan jeo'dang'beob) Nr. 750 vom 17. 10. 1961, zuletzt geändert durch Gesetz Nr. 5824 vom 8. 2. 1999.
[176] *Gwag* Rn 253.
[177] *Gwag* Rn 251; *Lee* S. 31 f.
[178] Art. 590 bis 595 BGB.
[179] Art. 591 Abs. 1 BGB.
[180] Nach *Gwag* Rn 253 kann als Eintragungsgrund „Sicherungsübereignung" angegeben werden; im übrigen wird vertreten, daß auch für die Sicherungsübereignung von Mobilien eine Eintragung notwendig sei. Begründet wird dies mit einem Verweis auf das Gesetz über die einstweilige Eintragung von Sicherheiten (假登記擔保등에관한法律/ga'deung'gi dan'bo'deung'e gwan'han beob'ryul) vom 30. 12. 1983, zuletzt geändert durch Gesetz Nr. 5454 vom 13. 12. 1997. Diese Ansicht wird jedoch von der weitaus herrschenden Lehre abgelehnt, vgl. *Gwag* Rn 252.

sonders strenge Anforderungen gestellt werden[181]. Wo immer möglich, sollte daher auf die Bestellung einer Fabrikhypothek hingewirkt werden. Soll die Sicherungszession von Forderungen dem Drittschuldner gegenüber wirksam werden, ist eine **Anzeige** an diesen oder dessen **Einwilligung** erforderlich[182].

Die treuhänderische Sicherheit gewährt dem Sicherungsnehmer ein **Absonderungsrecht** im Konkurs[183]. Der Verkauf des Sicherungsguts im Verwertungsfall kann freihändig oder durch Versteigerung betrieben werden, wobei sich der Kaufpreis an einem „vernünftigen billigen Maßstab" zu orientieren hat[184].

---

[181] *Lee* S. 37f. weist darauf hin, daß die Bedeutung der Sicherungsübereignung von Warenlagern nur gering ist, weil die Gerichte entsprechende Sicherungsabreden dem Grunde nach zwar anerkennen, das Erfordernis der Bestimmtheit der Sicherungsabrede aber sehr restriktiv auslegen.
[182] Art. 450 Abs. 1 BGB.
[183] Nach Art. 84 des koreanischen Konkursgesetzes (破産法/pa'san'beob) Gesetz Nr. 998 vom 20. 1. 1962, zuletzt geändert durch Gesetz Nr. 6111 vom 12. 1. 2000; vgl. *Lee* S. 41.
[184] *Lee* S. 39.

§ 41 Philippinen

Übersicht

	Rn
A. Einleitung	1
B. Wirtschaftliche Betätigung von Ausländern	8
I. Möglichkeiten	8
II. Beschränkungen der wirtschaftlichen Betätigung durch Ausländer	10
1. Verfassungsrechtliche Beschränkungen	11
2. Gesetzliche Beschränkungen	15
a) Liste A	17
b) Liste B	25
3. Beschränkungen im Finanzwesen	29
4. Beschränkungen im Grundstücksrecht	32
5. Sanktionen bei Nichteinhaltung der Beschränkungen	37
6. Ausblick	39
III. Aufenthalts- und Beschäftigungsbedingungen für Ausländer	40
1. Nationalisierte Sektoren	40
2. Übrige Bereiche	43
C. Rechtsformen wirtschaftlicher Betätigung	47
I. Gründung einer Gesellschaft philippinischen Rechts	47
1. Gesellschaftsformen	47
2. Besonderheiten der Aktiengesellschaft	50
3. Formalitäten der Registrierung	54
II. Direkte Betätigung auf den Philippinen	57
D. Rechtliche Wege zu Unternehmensübernahmen	60
I. Bedeutung von Unternehmensübernahmen	60
II. Erwerb einer Beteiligung (Share Deal)	62
1. Vertrag	64
2. Steuerrecht	70
III. Erwerb von Vermögenswerten (Asset Deal)	74
IV. Verschmelzungen	76
E. Besonderheiten der Due Diligence	82
F. Besonderheiten in Begleitfeldern	85
G. Gesetzliches Übernahmerecht	86
I. Offenlegungspflichten	87
II. Öffentliche Übernahmeangebote	91
1. Pflichtangebote	91
2. Freiwillige Übernahmeangebote	103

Schrifttum: *Wrede/Biene*, Auslandsinvestitionsrecht der Philippinen, RIW 1999, 604.

A. Einleitung

1   Nach dem Sturz des Diktators Marcos 1986 ist auf den Philippinen unter der Präsidentschaft von Corazon Aquino, Fidel Ramos und Joseph Estrada wieder ein vergleichsweise hoher Grad von Demokratisierung eingekehrt. Gleichzeitig mit der **Reform der Staatsstrukturen** unternahmen die Regierungen Aquino und vor allem Ramos in Zusammenarbeit mit dem Internationalen Währungsfonds bedeutende Anstrengungen zur Stärkung der Wirtschaft und Sanierung der Staatsfinanzen. Unter Präsident Estrada geriet der Reformprozeß allerdings ins Stocken, und die zunehmende Günstlingswirtschaft, die seiner Regierung angelastet wurde, ließ nicht nur im Ausland ungute Erinnerungen an die Marcos-Ära wach werden. Ein bleibendes Problem ist die weit verbreitete Korruption, die alle drei Staatsgewalten gleichermaßen durchzieht und schließlich auch zum Sturz Estradas geführt hat.

2   Als Mitglied der Welthandelsorganisation haben die Philippinen einen vergleichsweise liberalen Handel und eine freie Wirtschaft. Ausländische Investitionen sind vor allem im **Exportsektor** und in Bereichen willkommen, in denen ein **Technologietransfer** zugunsten der Philippinen stattfinden kann.

3   In zahlreichen Wirtschaftssektoren bestehen jedoch **Einschränkungen** für eine unternehmerische Betätigung von Ausländern, die entweder gar nicht oder nur mittels einer Beteiligung an einem philippinischen Unternehmen zulässig ist.

4   Die **Infrastruktur** ist für die Bedürfnisse von Industrie und Handel mancherorts noch unzulänglich. Eine zufriedenstellende Erschließung des gesamten Landes mit seinen über 7100 Inseln würde einen riesigen Investitionsaufwand erfordern, dem chronisch knappe öffentliche Finanzmittel entgegenstehen. Der Ausbaustand der Infrastruktur ist regional sehr unterschiedlich. Während in Manila vornehmlich die ständige Verkehrsüberlastung negativ zu erwähnen ist, bestehen abseits der Ballungszentren zum Teil erhebliche Mängel in Kommunikation, Stromversorgung und vor allem im Transportwesen. Um diesem Mißstand abzuhelfen, propagiert die Regierung seit einigen Jahren Build-Operate-Transfer (BOT) Projekte, die namentlich in den Bereichen der Strom- und der Wasserversorgung spürbare Verbesserungen gebracht haben.

5   Es herrscht kein Mangel an gut ausgebildeten **Arbeitskräften**, mit überdies weitaus besseren Englischkenntnissen als in anderen Ländern Asiens. So sollen die Philippinen hinter Indien die höchste Zahl an englischsprechenden Computerfachleuten im asiatischen Raum haben. Die Arbeitslosigkeit beträgt an die 10%. Arbeiter sind häufig in Gewerkschaften organisiert, die vor allem in den traditionellen Industrie- oder Hafenzentren über einen beträchtlichen Einfluß verfügen. Streiks sind grundsätzlich legal, aber gesetzlichen Beschränkungen und Regeln unterworfen. In Sonderwirtschaftszonen wird von Behörden wie Investoren starker Widerstand gegen Gewerkschaften ausgeübt, so daß Arbeitsausstände dort verhältnismäßig selten sind.

6   Das philippinische **Rechtssystem** ist ein Abbild der bewegten Geschichte des Landes. Das spanische Recht bestimmte über Jahrhunderte hinweg die Entwicklung und Ausgestaltung des philippinischen Rechts. Insbesondere das philippinische Privatrecht basiert auch heute noch im wesentlichen auf dem Spanischen Zivilgesetzbuch von 1889, das bis 1950 in den Philippinen direkt anwendbar war.

Im Zuge der Kolonialisierung durch die Vereinigten Staaten von Amerika hat jedoch auch das Common Law einen stark prägenden Einfluß auf das philippinische Recht gewonnen. Die Gerichte üben ihre Rechtsprechung auf der Basis von Präjudizien aus, wobei sie sich häufig auch an amerikanischen Gerichtsentscheidungen orientieren. Die Verfassung und die Organisation und Aufteilung der Staatsorgane folgen ebenfalls US-amerikanischem Vorbild. Das philippinische Recht wird daher heute als Mischsystem zwischen auf Römischem Recht beruhenden Civil Law und angelsächsischem Common Law bezeichnet[1].

Das **Rechtswesen** ist gut entwickelt, und zahlreiche Rechtsanwälte weisen neben dem Abschluß an einer philippinischen Hochschule auch eine in den USA erhaltene Zusatzausbildung auf. Alle Gesetzestexte sind auf Englisch erhältlich, und auch die faktische Gerichts- und Amtssprache ist Englisch. Negativ zu erwähnen ist jedoch die Überlastung und teilweise Korruption der Justiz.

B. Wirtschaftliche Betätigung von Ausländern

I. Möglichkeiten

Ausländische Investoren sind grundsätzlich frei in der **Wahl der Form** ihrer wirtschaftlichen Betätigung auf den Philippinen. Im Unterschied dazu bestehen für die möglichen Geschäftsaktivitäten zur Zeit noch erhebliche **sachliche Schranken**[2].

Grundsätzlich können sich Ausländer auf drei Arten betätigen:
– Erwerb einer Beteiligung an einem bestehenden philippinischen Unternehmen[3],
– Gründung einer Gesellschaft philippinischen Rechts[4],
– direkte Betätigung auf den Philippinen[5].

II. Beschränkungen der wirtschaftlichen Betätigung durch Ausländer

Wesentliche Bereiche der Wirtschaft sind **Einschränkungen** in Bezug auf ausländische Investitionen unterworfen, wenn auch nur wenige Sektoren Ausländern völlig verschlossen sind. Diese Einschränkungen sind sowohl auf Verfassungs- wie auf Gesetzesebene verankert.

1. Verfassungsrechtliche Beschränkungen

Die Verfassung von 1987 enthält mehrere **Beschränkungen** der wirtschaftlichen Tätigkeit von Ausländern.

---

[1] *Medalla De Leon/King*, CCH Asia Limited, Doing Business in Asia, Philippines, 20–001 ff.
[2] Siehe Rn 10 ff.
[3] Siehe Rn 62 ff.
[4] Siehe Rn 47 ff.
[5] Siehe Rn 57 ff.

12 **Natürliche Ressourcen** sind von der Verfassung als öffentliche Sachen eingestuft und somit jeglichem Privateigentum entzogen. Dazu gehören zB fossile Brennstoffe, Gewässer, Fischgründe oder Wälder. Die Erforschung, Entwicklung und Ausbeutung natürlicher Ressourcen ist nur unter Kontrolle und Aufsicht des Staates zulässig, wobei der Staat diese Aktivitäten auch in Zusammenarbeit mit Filipinos und philippinischen Unternehmen wahrnehmen kann. Der Präsident der Republik kann allerdings mit ausländischen Unternehmen Kooperationsverträge für die Erforschung, Entwicklung und Ausbeutung von Mineralien oder Erdöl in großem Maßstab abschließen[6].

13 **Untersagt** bzw. **beschränkt** ist ferner die Beteiligung von Ausländern an Massenmedien[7], der Kauf von Grundstücken[8] und der Betrieb von Public Utilities, also Versorgungs- und Transportunternehmen, für die eine Konzession notwendig ist[9]. Auf diese Einschränkungen wird nachfolgend näher eingegangen[10].

14 Diese verfassungsmäßigen Einschränkungen sind **nicht abschließend**, sondern werden durch einfaches Gesetz noch ergänzt und erweitert. Der Verfassungsrang ist jedoch insofern von Bedeutung, als eine Lockerung dieser Bestimmungen zwingend eine Verfassungsänderung bedingt, ein langwieriger und mit Unsicherheiten behafteter Prozeß.

2. Gesetzliche Beschränkungen

15 Alle von Gesetzes oder Verfassungs wegen bestehenden Beschränkungen ausländischer Geschäftstätigkeit auf den Philippinen werden in einer **Negativliste** (Foreign Investment Negative List, FINL) abschließend aufgeführt, die als Anhang im Foreign Investments Act von 1991 enthalten ist[11]. Der Foreign Investments Act ist nicht anwendbar auf Banken[12], auf welche weiter unten[13] eingegangen wird.

16 Die Negativliste enthält zwei Teillisten, A und B.

17 a) **Liste A.** Liste A führt **Wirtschaftszweige** auf, die von Gesetzes oder Verfassungs wegen ausländischer Betätigung ganz oder teilweise entzogen sind.

18 Gemäß Liste A **ganz ausgeschlossen** ist eine ausländische Beteiligung zunächst an Massenmedien und an Unternehmen, die Dienstleistungen in staatlich geregelten Berufen anbieten, wie etwa Ingenieurwesen, medizinischen und paramedizinischen Berufen, Buchhaltung, Architektur, Geologie oder Recht. Weiter dürfen sich Ausländer auch nicht an der Ausbeutung von Meeresressourcen beteiligen.

---

[6] 1987 Constitution, Art. XII, Sec. 2.
[7] 1987 Constitution, Art. XVI, Sec. 1(1).
[8] 1987 Constitution, Art. XII, Sec. 7.
[9] 1987 Constitution, Art. XII, Sec. 11.
[10] Siehe Rn 15 ff.
[11] Die gegenwärtig gültige Fassung der Negativliste (Fourth Regular Foreign Investment Negative List) wurde vom Präsidenten der Philippinen durch Executive Order No. 286 am 24. 8. 2000 erlassen.
[12] Implementing Rules and Regulations of RA 7042, Rule II, Sec. 1.
[13] Siehe Rn 29 ff.

Bei Bauunternehmen, die bestimmte öffentliche Aufträge ausführen, oder bei Personalvermittlungsbüros beträgt die **Beteiligungsgrenze 25 %**. An Werbeagenturen können bis zu 30 % des Kapitals gehalten werden.

Aufgrund der verfassungsmäßigen Einschränkung ist die ausländische Beteiligung an Versorgungs- und Transportunternehmen (Public Utilities) **auf 40 % beschränkt**. Zu den ersteren gehören etwa Unternehmen in den Bereichen der Tele- und Radiokommunikation, Gas, Erdöl, Wärme, Wasser, Abwasser und Elektrizität. Zu den letzteren gehören zB öffentliche Passagier- oder Frachtunternehmen zu Land, Wasser und Luft, alle Arten von Schienenverkehrsmitteln, aber auch Hafenanlagen, Werften und Flughäfen[14].

Ebenfalls **auf 40 % beschränkt** ist die ausländische Beteiligung an Unternehmen, die im Bereich der Gewinnung von Bodenschätzen tätig sind[15], Bildungsstätten betreiben, Anlagen für die nationale Verteidigung errichten oder BOT-Projekte betreiben, für die eine Konzession (Franchise) nötig ist.

Schließlich dürfen sich Ausländer **bis zu 60 %** an Finanz- und Investmentgesellschaften beteiligen, deren Geschäftätigkeit der Regulierung durch die SEC unterstellt sind.

Der **Einzelhandel**, lange Zeit ausschließlich philippinischen Personen vorbehalten, ist kürzlich für ausländische Investoren geöffnet worden[16]. Diese dürfen bis zu 100 % des Kapitals an Gesellschaften halten, deren einbezahltes Kapital mindestens 7,5 Mio. US-$ beträgt und deren Niederlassungen ein Kapital von mindestens 830 000 US-$ aufweisen. Bei kleineren Gesellschaften ab 2,5 Mio. US-$ Kapital besteht für die ausländische Beteiligung vorerst eine Begrenzung von 60 %, welche nach zwei Jahren aber wegfällt.

Unbegrenzt zulässig ist die ausländische Beteiligung an Unternehmen, die hochentwickelte (High End-)Produkte oder Luxusgüter anbieten und pro Niederlassung ein einbezahltes Kapital von mindestens 250 000 US-$ haben.

b) Liste B. Liste B enthält **zusätzliche Beschränkungen**, die erstens aus Gründen der inneren und äußeren Sicherheit, zweitens zum Schutz von Gesundheit und Moral und drittens zum Schutz von kleinen und mittleren Unternehmen erlassen wurden. Im Unterschied zu Liste A, die in Verfassung und Gesetz vorgesehene Beschränkungen aufführt und deshalb ständig angepaßt wird, kann Liste B nur alle zwei Jahre geändert werden[17]. In sämtlichen in der Liste B aufgeführten Bereichen ist der Investitionsanteil von Ausländern auf **40 % des Kapitals** begrenzt.

---

[14] Es gibt keine Legaldefinition der Public Utility. Unter Verweis auf amerikanische Rspr. hält das Department of Justice fest, daß dieser Begriff fallweise auszulegen ist und neben den in gewissen Gesetzen erwähnten Sektoren generell all diejenigen Personen und Unternehmen einschließt, die einen öffentlichen Dienst erbringen (DOJ Opinion No. 074/1998). Zu den erwähnten Versorgungsunternehmen vgl. Commonwealth Act No. 146 (Public Service Act), Chp. II, Sec. 13 (b).

[15] Ein ausländischer Investor hat jedoch die Möglichkeit, ein Financial oder Technical Assistance Agreement mit dem Präsidenten der Philippinen abzuschließen, aufgrund dessen er sich bis zu 100 % am entsprechenden Unternehmen beteiligen darf (1987 Constitution, Art. XII, Sec. 2).

[16] Retail Trade Law of March 7, 2000.

[17] RA 8179 amending RA 7042, Sec. 8.

26 Aus Gründen der **Verteidigung** und **öffentlichen Sicherheit** besteht die 40%-Grenze für die ausländische Beteiligung an Unternehmen, die Waffen, Munition, Zielgeräte sowie Sprengstoff oder Sprengstoffbestandteile herstellen, reparieren, lagern oder verteilen, sofern für diese Tätigkeit eine Bewilligung der Philippine National Police (PNP) oder des Verteidigungsministeriums (Department of National Defense, DND) notwendig ist.

27 Zum Schutz der **öffentlichen Gesundheit** und der **Sitten** beschränkt Liste B zudem die ausländische Beteiligung an Unternehmen, die Saunen, Dampfbäder, Massagekliniken und ähnliche Einrichtungen betreiben. Ferner fallen darunter Unternehmen, die irgendeine Form von Glücksspiel anbieten[18].

28 Ebenfalls auf eine ausländische Beteiligung von 40% limitiert sind **kleine und mittelgroße Unternehmen** (KMU) mit weniger als 200 000 US-$ Eigenkapital. Eine Ausnahme bilden jedoch Unternehmen, die fortschrittliche Technologie anwenden oder mindestens 50 Mitarbeiter aufweisen. An solchen dürfen Ausländer Kapital bis zu einem Gegenwert von 100 000 US-$ halten[19].

3. Beschränkungen im Finanzwesen

29 Die Tätigkeit ausländischer Bankinstitute auf den Philippinen oder die ausländische Beteiligung an einer philippinischen Bank wird nicht durch den Foreign Investments Act sondern durch die **einschlägige Bankgesetzgebung** geregelt. 1994 wurde die bis dahin recht restriktive Gesetzgebung geändert und der Marktzugang für ausländische Banken in dreierlei Hinsicht liberalisiert[20]. Eine ausländische Bank kann

– bis zu 60% der Stimmrechte einer existierenden philippinischen Bank erwerben,
– auf den Philippinen eine Tochtergesellschaft gründen, an der sie ebenfalls bis zu 60% der Stimmrechte halten darf,
– eine oder mehrere Niederlassungen mit voller Geschäftstätigkeit auf den Philippinen eröffnen.

30 Eine ausländische Bank darf aber **nur eine dieser drei Möglichkeiten** benutzen, sie kann sich zB nicht an einer philippinischen Bank beteiligen und gleichzeitig eine eigene Niederlassung auf den Philippinen betreiben. Auch kann sie nicht an mehr als einer philippinischen Bank oder Tochtergesellschaft beteiligt sein[21]. **Weitere Vorschriften** bestehen hinsichtlich Mindestgröße der ausländischen Bank, Besitzstruktur, Bürgschaften durch die Muttergesellschaft und Mindestkapitalisierung. Dem zuständigen Monetary Board, einer Abteilung der Zentralbank, steht zudem ein nicht unerheblicher Ermessensspielraum bei der Bewilligung des Marktzugangs einer ausländischen Bank zu[22].

---

[18] RA 7042 as amended by RA 8179, Section 8. Die Liste B spricht in diesem Zusammenhang lückenhaft nur von „other forms of gambling".

[19] RA 7042 as amended by RA 8179, Section 8.

[20] RA 7721 of May 18, 1994 Liberalizing the Entry and Scope of Operations of Foreign Banks in the Philippines and for Other Purposes.

[21] RA 7721, Sec. 2.

[22] RA 7721, Sec. 3 – 5.

Aufgrund einer kürzlichen Revision des Bankengesetzes (General Banking **31** Law) werden spätestens 2007 ausländische Banken die Möglichkeit erhalten, an einer philippinischen Bank bis zu **100% der Stimmrechte** zu erwerben[23]. Allerdings darf eine ausländische Bank nicht mehr als eine philippinische Bank erwerben, und das Monetary Board hat dafür zu sorgen, daß mindestens 70% der Finanzmittel des gesamten Bankensektors weiterhin in philippinischer Hand bleiben.

4. Beschränkungen im Grundstücksrecht

Grundstückseigentum ist philippinischen Bürgern oder Gesellschaften vor- **32** behalten. Ausländische Personen können Grundstücke außer durch Erbfall nicht erwerben[24], sie können sich jedoch an philippinischen Gesellschaften beteiligen, die Grundstückseigentümer sind. Eine solche Beteiligung ist auf 40% des stimmberechtigten Kapitals der Gesellschaft limitiert[25].

Um dennoch den Bedürfnissen der ausländischen Investoren Rechnung zu tra- **33** gen, läßt das philippinische Recht **Langzeitmietverträge** zu, die dem Mieter dem Erbbaurecht vergleichbare Rechte einräumen. Voraussetzung dafür ist, daß ein entsprechend bewilligtes und registriertes Investitionsprojekt vorliegt, etwa die Errichtung von Industriebauten, Fabriken, Montage- oder Verarbeitungswerken, landwirtschaftlichen Industrieunternehmen, oder die Grundstücke für Industrie oder Handel, Tourismus und andere bevorzugte Projekte entwickelt werden. Die Mietverträge werden direkt mit den privaten Eigentümern abgeschlossen und dürfen die Dauer von 50 Jahren nicht übersteigen. Sie sind einmal um höchstens 25 Jahre verlängerbar.

Das gemietete Grundstück muß für das **Investitionsprojekt** eingesetzt wer- **34** den. Die Größe des Grundstücks muß der für das Investitionsprojekt benötigten Fläche entsprechen. Wird das Investitionsprojekt vor Ablauf der Mietdauer beendet oder die Bewilligung dazu entzogen, so wird auch das Mietverhältnis automatisch aufgelöst. Die Rechte aus dem Mietvertrag können vom Mieter verkauft oder anderweitig abgetreten werden; an Ausländer jedoch nur, wenn diese dieselben Bedingungen wie der ursprüngliche Mieter erfüllen[26].

Auch Unternehmen oder Privatpersonen, die **nicht über ein Investitions-** **35** **projekt** verfügen, können langfristige Mietverträge für Grundstücke eingehen. Allerdings beträgt die maximale Mietdauer in diesem Fall nur 25 Jahre, einmal erneuerbar um weitere 25 Jahre[27].

Neben Langzeitmietverträgen ist auch **Teileigentum** an Gebäuden (sog. Con- **36** dominium Units) möglich, nicht nur für Wohnzwecke, sondern auch für Betriebs- oder Industriegebäude mit dazugehörigem Land[28]. Es ist allerdings not-

---

[23] RA 8791 (The General Banking Law of 2000), Sec. 73.
[24] 1987 Constitution, Art. XII, Sec. 7.
[25] 1987 Constitution, Art. XII, Sec. 7; Commonwealth Act No. 141, Sec. 22.
[26] RA 7652 of 4 June 1993 (An Act Allowing the Long-Term Lease of Private Lands by Foreign Investors).
[27] Presidential Decree No. 471 of 24 May 1974 (Fixing a Maximum Period for the Duration of Leases or Private Lands to Aliens).
[28] Vgl. RA 4726 of 18 June 1966 (The Condominium Act).

wendig, daß mindestens 60% der Betriebsgesellschaft des Condominiums bzw. der Grundfläche in philippinischem Eigentum stehen[29].

5. Sanktionen bei Nichteinhaltung der Beschränkungen

37   Der Versuchung, die Eigentumsbeschränkungen für Ausländer zu umgehen, hat der Gesetzgeber mit dem sog. **Anti-Dummy Law** einen Riegel vorgeschoben[30]. Das Gesetz verbietet jede Art von Strohmann-Konstruktionen, wie das bloß treuhänderische Halten einer Beteiligung durch einen philippinischen Staatsangehörigen[31] zugunsten eines Ausländers[31] oder die Einräumung eines der direkten Beteiligung gleichzusetzenden Nutzungs-, Gebrauchs- oder Kontrollrechts[32]. Darüber hinaus verbietet das Gesetz eine überproportionale Vertretung von Ausländern im Vorstand (Board of Directors) einer Gesellschaft, für die Eigentumsbeschränkungen für Ausländer bestehen: Ausländer dürfen nur mit der Quote vertreten sein, die das Gesetz für eine ausländische Beteiligung am Kapital der betreffenden Gesellschaft zuläßt[33].

38   Bei **Verstößen** gegen das Anti-Dummy Law haben sowohl der philippinische Strohmann wie der ausländische Auftraggeber – bei einer Gesellschaft deren Verantwortliche – Haft- und Geldstrafen zu gewärtigen.

6. Ausblick

39   Auf Druck von Wirtschaftskreisen sind verschiedene **Anstrengungen** im Gange, **die Wirtschaft für Ausländer weiter zu öffnen**. So versuchte Präsident Estrada wie schon sein Vorgänger Ramos, die zum Teil auf Verfassungsebene verankerten Eigentumsbeschränkungen durch eine Verfassungsänderung abzubauen. Das stieß jedoch auf starken Widerstand breiter Bevölkerungskreise, die hinter jeder Änderung der zuletzt im Anschluß an den Marcos-Umsturz revidierten Verfassung eine Gefährdung der unlängst errungenen demokratischen Rechte befürchten. Auch Estradas Nachfolgerin im Staatspräsidium, Gloria Arroyo, die eine wirtschaftsfreundliche Politik vertreten will, muß eine etwaige Verfassungsänderung sehr behutsam angehen.

III. Aufenthalts- und Beschäftigungsbedingungen für Ausländer

1. Nationalisierte Sektoren

40   Unternehmen, die in sog. nationalisierten Sektoren tätig sind, also in den Bereichen, welche in der Foreign Investment Negative List aufgeführt sind, dürfen Ausländer nur als technisches Personal beschäftigen und benötigen dazu die **Erlaubnis des Justizministers**[34].

---

[29] Vgl. Condominium Act, Sec. 5.
[30] Commonwealth Act No. 108, an Act to Punish Acts of Evasion of the Laws on the Nationalization of Certain Rights, Franchises or Privileges, as amended (Anti-Dummy Law).
[31] Anti-Dummy Law, Sec. 1.
[32] Anti-Dummy Law, Sec. 2a.
[33] Anti-Dummy Law, Sec. 2a.
[34] Commonwealth Act No. 108, Sec. 2-A.

Was unter **„technischem Personal"** zu verstehen ist, wird vom Gesetz nicht 41
ausgeführt. Gemäß einer „Opinion" des Justizministeriums kommt es dabei auf
das konkrete Anforderungsprofil der Stelle und die Qualifikation der anzustellenden Person an. Das Justizministerium stellt bei seiner Entscheidung maßgeblich
auf die Einschätzung der Verwaltungsstelle ab, die für die Aufsicht über das betreffende Unternehmen zuständig ist[35].

In der Praxis erteilt das Justizministerium eine Bewilligung nicht nur für rein 42
technisches Personal wie etwa Ingenieure, sondern manchmal auch **für beratende Positionen** wie etwa Berater des Finanzdirektors.

2. Übrige Bereiche

Auch in Bereichen, in denen die Aktivitäten ausländischer Unternehmer nicht 43
eingeschränkt sind, ist die Anstellung nicht-einheimischer Arbeitskräfte an den
Erhalt eines **Aufenthaltsvisums** oder einer **Arbeitsbewilligung** gebunden.

Im Bestreben, Investitionen aus dem Ausland zu fördern, ist eine Reihe von 44
Einreise- und Arbeitsvisa geschaffen worden, die auf die unterschiedlichen Bedürfnisse der Investoren zugeschnitten sind. **Spezialvisa** gibt es etwa für
– ausländische natürliche Personen, die einen gewissen Betrag in den Philippinen investiert haben (Investors Resident Visa)[36];
– Führungskräfte von Off-Shore-Banken oder von Regionalzentralen multinationaler Unternehmen (Multiple Entry Special Visa)[37];
– leitende Mitarbeiter deutscher, US-amerikanischer und japanischer Unternehmen, die eine substantielle Beteiligung an einer philippinischen Gesellschaft halten (Treaty Trader's Visa)[38];
– Führungskräfte oder hochspezialisiertes technisches Personal von in den Sonderwirtschaftszonen Subic Bay oder Clark angesiedelten Unternehmen[39].

Vermag das Unternehmen, das ausländische Arbeitskräfte einstellen will, kei- 45
nen Anspruch auf ein Spezialvisum geltend zu machen, muß beim Department
of Labor and Employment um eine **Arbeitsbewilligung** nachgesucht werden[40].
Eine solche wird grundsätzlich nur erteilt, wenn erstens keine geeignete philippinische Arbeitskraft für die zu besetzende Stelle verfügbar ist und zweitens die
Anstellung im nationalen Interesse liegt. Bevorzugt behandelt werden dabei Gesuche, die durch das Board of Investments oder eine andere Regierungsstelle unterstützt werden. Solche Unterstützung wird idR für Projekte in vom Gesetz genannten bevorzugten Investitionsbereichen gewährt[41].

Zusammenfassend kann gesagt werden, daß ausländische Unternehmen ver- 46
hältnismäßig einfach Beschäftigungsvisa respektive Arbeitsbewilligungen für ihre

---

[35] Department of Justice Opinion No. 120 of 30 June 1982.
[36] Omnibus Investments Code, Sec. 74.
[37] Omnibus Investments Code, Sec. 59.
[38] Commonwealth Act No. 613 (Philippine Immigration Act), Sec. 9(d); Quisumbing Torres, Primer: Doing Business in the Philippines, S. 34.
[39] RA 7227 (Bases Conversion and Development Act), Sec. 12(g); Executive Order No. 464, Sec. 8.
[40] Presidential Decree No. 442 (Labor Code), Art. 40,
[41] *Liban*, Philippines Investment Manual, 1997, S. 151.

nicht-philippinischen Arbeitskräfte erhalten können, zumindest für Führungskräfte oder technisches Personal. Jedoch sollte der **bürokratische Aufwand** nicht unterschätzt werden, der auch bei kleinen Unternehmen die Beauftragung einer spezialisierten Agentur nahelegt.

C. Rechtsformen wirtschaftlicher Betätigung

I. Gründung einer Gesellschaft philippinischen Rechts

1. Gesellschaftsformen

47   Vorbehaltlich der Eigentums- bzw. Beteiligungsschranken für Nicht-Filipinos in gewissen Wirtschaftssektoren[42] stehen ausländischen Investoren **sämtliche Gesellschaftsformen** des philippinischen Rechts für eine Beteiligung oder eine Neugründung offen. Auch sind die Genehmigungserfordernisse für Gesellschaften mit ausländischer Beteiligung dieselben wie für rein philippinische Unternehmen[43].

48   Ähnlich wie das deutsche kennt auch das philippinische Recht Personen- und Kapitalgesellschaften. Bei **Personengesellschaften** wird grundsätzlich zwischen General Partnership und Limited Partnership unterschieden, je nachdem, ob die Haftung der Gesellschafter beschränkt ist oder nicht[44]. Beide Formen von Partnerships sind juristische Personen[45]. Die General Partnership gleicht der deutschen OHG, während die Limited Partnership am ehesten mit der KG zu vergleichen ist[46].

49   Es gibt zwei Arten von **Kapitalgesellschaften**: Aktiengesellschaften (Stock Corporations) und Gesellschaften mit beschränkter Haftung (Non-Stock Corporations)[47], wobei die Stock Corporation in der Praxis weit überwiegt. Eine Corporation entsteht als juristische Person, wenn sie vom Staat als solche anerkannt wird[48]. Obwohl bei Erfüllung bestimmter Voraussetzungen von Gesetzes wegen ein Anspruch auf Anerkennung besteht, ist die Gründung einer Kapitalgesellschaft verhältnismäßig umständlich und formalistisch. Handelt es sich bei der zu gründenden Gesellschaft um eine Bank, Finanzgesellschaft oder Versicherung oder ist diese im Ausbildungs-, Transport- oder Versorgungswesen tätig, sind zur Gründung noch besondere Auflagen der zuständigen Aufsichtsbehörden oder Regierungsstellen zu beachten[49].

---

[42] Siehe Rn 10 ff.
[43] *Wrede/Biene* RIW 1999, 606.
[44] Civil Code, Art. 1776. Die Partnership ist im Civil Code, Title IX, Art. 1767 ff. geregelt. Die Limited Partnership ist gesondert im Civil Code, Chp. 3, Art. 1843 ff. behandelt.
[45] Civil Code, Art. 1768.
[46] *Wrede/Biene* RIW 1999, 607.
[47] Corporation Code, Sec. 3.
[48] So ausdrücklich Corporation Code, Sec. 2, welcher die Kapitalgesellschaft als „artificial being created by operation of law" bezeichnet.
[49] Corporation Code, Sec. 17.

2. Besonderheiten der Aktiengesellschaft

Eine AG kann **verschiedene Aktiengattungen** ausgeben. Außer Stammaktien („common shares") werden häufig Vorzugsaktien („preferred shares") geschaffen, die einen bevorzugten Anspruch auf die Gewinnverteilung haben, und mit oder ohne Stimmrecht versehen sein können. Weiter gibt es zB wandelbare Aktien, die in Anteile einer anderen Gattung umgetauscht werden können („convertible shares"), oder Aktien, die mit einer Rückkaufsoption (ausübbar je nachdem durch die Gesellschaft oder den Aktionär) versehen sind („redeemable shares"). 50

Die Schaffung verschiedener Aktiengattungen kann auch der Überwachung der **Anteilsbeschränkung von Ausländern** dienen. Eine Gattung (A Shares) kann dabei ausschließlich Filipinos oder philippinischen Unternehmen vorbehalten werden, während Aktien einer weiteren Gattung (B Shares) sowohl durch einheimische als auch durch ausländische Investoren erworben werden dürfen. Die von Ausländern erwerbbaren Anteile werden dabei nur im Verhältnis des zulässigen Ausländeranteils am gesamten Aktienkapital ausgegeben, um die Einhaltung der gesetzlichen Beteiligungsschranken sicherzustellen. 51

Andere Gesellschaften überwachen die Einhaltung der gesetzlichen Anteilsbeschränkungen für Ausländer nicht über verschiedene Aktiengattungen, sondern durch das **Aktienbuch** der Gesellschaft. Die Gesellschaft kann den Eintrag eines ausländischen Erwerbers unter Hinweis auf die Anteilsbeschränkungen verweigern. 52

Anteilsscheine in Aktiengesellschaften sind idR verbrieft in Aktienzertifikaten. Diese haben jedoch bloße Beweisfunktion. Eine **Anteilsübertragung** mittels Übertragungsvertrag und Übergabe des Aktienzertifikats ist zwar zwischen den Parteien wirksam, gegenüber der Gesellschaft hingegen nur, wenn der Erwerber auch im Aktienbuch der Gesellschaft eingetragen wurde. Diese Eintragung kann vom Gesellschaftssekretär („corporate secretary") der Gesellschaft erst vorgenommen werden, wenn die Übertragungssteuern bezahlt und die Steuerbehörde (Bureau of Internal Revenue, BIR) eine entsprechende Bescheinigung (Clearance Certificate) ausgestellt hat[50]. Diese Bescheinigung ist zusammen mit den Aktienzertifikaten dem „corporate secretary" der Zielgesellschaft vorzulegen, damit die Eintragung vorgenommen werden kann. 53

3. Formalitäten der Registrierung

Die Gründung einer Personen- oder Kapitalgesellschaft philippinischen Rechts durch Ausländer bedingt eine **Registrierung** bei der Securities and Exchange Commission (SEC)[51]. Halten Ausländer an der zu gründenden Kapitalgesellschaft mehr als 40% des Kapitals (oder sind bei einer Personengesellschaft Ausländer beteiligt), muß dem Antrag eine Reihe von Dokumenten beigefügt werden, die den 54

---

[50] Documentary Stamp Tax und Capital Gains Tax, siehe dazu nachfolgend Rn 70ff.
[51] Corporation Code, Sec. 14. Hingegen ist die Registrierung sog. Single Proprietorships beim Bureau of Trade Regulation Consumer Protection oder beim Department of Trade and Industry vorzunehmen (Implementing Rules and Regulations of RA 7042, Rule IV Section 2 (a)).

Ausführungsbestimmungen zum Foreign Investment Act von 1991 zu entnehmen sind und deren Art und Umfang je nach beabsichtigter Geschäftsform variiert[52]. Die ausländische Person oder das ausländische Unternehmen benötigt für die Investition eine Geschäftserlaubnis[53]. Soll das zu registrierende Unternehmen in einem Bereich tätig werden, in dem für Ausländer Einschränkungen existieren, muß dem Antrag eine Erlaubnis oder eine Bestätigung der zuständigen Behörde beigelegt werden[54].

55 Für die **Gründung kleiner und mittlerer Unternehmen** mit einem Eigenkapital zwischen 100 000 US-$ und 200 000 US-$ bestehen zusätzliche Regeln, da der Gesetzgeber diese Art von Unternehmen möglichst Filipinos vorbehalten will. Ausländische Investoren sind nur zugelassen, wenn das Zielunternehmen entweder in der Spitzentechnologie tätig ist oder verhältnismäßig viele neue Arbeitsplätze schafft. Deshalb bedarf die Gründung eines solchen Unternehmens entweder einer Bestätigung des Wissenschaftsministeriums (Department of Science and Technology), wonach das Unternehmen in einem Bereich fortgeschrittener Technologie tätig sein wird, oder des Arbeitsministeriums (Department of Labor and Employment, DOLE), wonach das Unternehmen mindestens fünfzig Arbeitnehmer anstellen wird[55]. Die SEC entscheidet nach eigenem Ermessen; es besteht also kein Anspruch auf die Erteilung einer Bewilligung[56].

56 Sind alle Bedingungen erfüllt, stellt die SEC ein **Certificate of Registration** aus[57], womit die Gesellschaft als Rechtsperson entsteht.

II. Direkte Betätigung auf den Philippinen

57 Will sich der ausländische Investor direkt auf den Philippinen wirtschaftlich betätigen, stehen ihm **mehrere Möglichkeiten** dazu offen.
– Die wohl üblichste und unkomplizierteste Art ist die Eröffnung einer Repräsentanz oder einer Zweigniederlassung.
– Das ausländische Unternehmen kann aber auch direkt auf den Philippinen tätig werden und sich entsprechend registrieren lassen.
– Weiter besteht die Möglichkeit, eine Regionalzentrale zu eröffnen, wofür besondere steuerliche Anreize bestehen.
– Schließlich ist es auch denkbar, daß der ausländische Investor im Rahmen eines BOT-Projekts tätig wird.

58 Allen Formen ist gemeinsam, daß der Investor eine **Geschäftserlaubnis** (License to Do Business) bei der SEC beantragen muß. Der Antragsprozeß verläuft

---

[52] Siehe dazu Implementing Rules and Regulations of RA 7042, Rule IV, a.
[53] Siehe Rn 58.
[54] Implementing Rules and Regulations of RA 7042, Rule IV, Sec. 3-b-1.
[55] Implementing Rules and Regulations of RA 7042, Rule IV, Sec. 3. Ausländer dürfen aber an einem solchen Unternehmen bis zu 40 % des Kapitals erwerben, bzw., wenn das Unternehmen fortgeschrittene Technologie einsetzt oder arbeitsintensiv produziert, bis zu US-$ 100 000.
[56] *Medalla/Mercado*, CCH Asia Limited, Doing Business in Asia, Philippines, 45-002.
[57] Corporation Code, Sec. 126; Implementing Rules and Regulations of RA 7042, Rule IV, Sec. 3 (d)

ähnlich wie bei dem Gesuch um Erteilung eines Certificate of Registration für eine philippinische Gesellschaft[58].

Eine für die Geschäftstätigkeit auf den Philippinen lizensierte ausländische Gesellschaft ist grundsätzlich den gleichen **Regeln** wie eine einheimische Gesellschaft unterworfen. Doch gilt das (ausländische) Recht des Geschäftssitzes für die Gründung, Organisation oder Auflösung der Gesellschaft und für die Verantwortung und Beziehungen der Aktionäre, Vorstandsmitglieder oder Direktoren gegenüber der Gesellschaft oder untereinander[59].

D. Rechtliche Wege zu Unternehmensübernahmen

I. Bedeutung von Unternehmensübernahmen

Unternehmensübernahmen sind auf den Philippinen dank eines entwickelten Kapitalmarkts und eines recht robusten Bankwesens **verhältnismäßig häufig**. Außerdem können ausländische Investoren wegen gesetzlicher Einschränkungen oft nur über eine Beteiligung an einem philippinischen Unternehmen auf den Philippinen aktiv werden und tragen so zur Belebung des Übernahmemarkts bei.

Da viele Gesellschaften von Großaktionären bzw. Familien kontrolliert werden, sind Übernahmen **mittels Börsenkäufen** oder **öffentlichen Übernahmeangebots** hingegen selten. Nur rund 220 Unternehmen sind an dem Philippine Stock Exchange notiert. Unfreundliche Übernahmen sind fast unbekannt.

II. Erwerb einer Beteiligung (Share Deal)

Der **Erwerb einer Beteiligung** an einem philippinischen Unternehmen kann sowohl durch Subskription neuer Aktien als auch durch Aktienerwerb entweder an der Börse, über ein öffentliches Übernahmeangebot oder privat erfolgen. Soweit keine Beschränkungen für ausländische Investitionen bestehen[60], können bis zu 100% einer philippinischen Gesellschaft erworben werden. Da die Negativliste verhältnismäßig umfangreich ist, muß diesem Aspekt allerdings bei jedem Beteiligungserwerb besondere Beachtung geschenkt werden.

Abgesehen von diesen Beschränkungen besteht zwischen ausländischen und einheimischen Investoren grundsätzlich kein Unterschied, d. h. der ausländische Investor untersteht bei seinem Beteiligungserwerb **keiner besonderen Bewilligungs- oder Registrierungspflicht**[61].

---

[58] Siehe Rn 54 ff. Implementing Rules and Regulations of RA 7042, Rule IV, a.
[59] Corporation Code, Sec. 129.
[60] Siehe Rn 11 ff.
[61] Implementing Rules and Regulations of RA 7042, Rule I Sec. 1 (f) (1).

1. Vertrag

64 Es wird gemeinhin zwischen zwei Phasen des Vertragsabschlusses unterschieden: der **Unterzeichnung** des Vertrags (Signing) und dessen **Vollzug** (Closing). Mit der Unterzeichnung des Vertrags werden die darin enthaltenen Rechte und Pflichten verbindlich, doch erfolgt der eigentliche Abschluß des Geschäfts – zB die Übertragung der Aktienzertifikate – jeweils beim Closing.

65 Die **Übertragung von Aktien** erfolgt mittels eines Übertragungsvertrags (Deed of Assignment), der stark standardisiert ist und dessen Form vorzugsweise schon im Kaufvertrag festgelegt wird. Nach Indossierung und Übergabe der Aktienzertifikate an den Käufer ist die Übertragung zwischen den Parteien wirksam. Damit der Käufer aber Aktionärseigenschaft erlangt, muß er, wie ausgeführt, im Aktienbuch eingetragen werden, was erst nach Bezahlung der Übertragungssteuern geschehen kann[62]. Wegen des somit entstehenden Zeitintervalls zwischen Übertragung der Anteile und Eintragung in das Aktienbuch ist es empfehlenswert, die Ausübung der Stimmrechte während der Übergangszeit mittels einer **Vollmacht** zugunsten des Käufers im Übertragungsvertrag zu regeln.

66 Auch sollte im Kaufvertrag vereinbart werden, welche Partei die durch die Veräußerung ausgelösten **Steuern** trägt[63], und die Pflicht des Verkäufers verankert werden, allenfalls unter Mitwirkung des Käufers das Clearance Certificate der Steuerbehörde einzuholen.

67 Für Verträge im Zusammenhang mit Unternehmensübernahmen gelten neben der Schriftform **keine besonderen Formvorschriften**. Inbes. ist eine notarielle Beurkundung nicht notwendig, wenn auch aus Beweisgründen bei größeren Transaktionen durchaus üblich und empfehlenswert. Da die faktische Rechtssprache Englisch ist, werden Verträge idR in dieser Sprache verfaßt.

68 **Das anwendbare Recht** kann von den Vertragsparteien grundsätzlich frei gewählt werden, solange der Vertragsinhalt eine Beziehung dazu aufweist. Bei Zusammenarbeit mit philippinischen Partnern bevorzugen diese idR die Anwendung des philippinischen Rechts. Gerichtsstandsvereinbarungen sind unüblich, und es ist umstritten, ob vor philippinischen Gerichten eine Klausel durchsetzbar ist, die einem ausländischen Gericht ausschließliche Kompetenz zugesteht[64]. Zudem ist die Anerkennung und Vollstreckung ausländischer Urteile zwar grundsätzlich möglich, jedoch mit erheblichen Unwägbarkeiten verbunden[65].

69 Nicht zuletzt aus diesem Grund werden von ausländischen Parteien häufig **Schiedsklauseln** bevorzugt, die dem üblichen UNCITRAL- oder ICC-Muster folgen. Anerkennung und Vollstreckung ausländischer Schiedssprüche auf den Philippinen folgen dem New Yorker Übereinkommen vom 10. 6. 1958, das die Philippinen 1967 ratifiziert haben.

---

[62] Siehe Rn 53.
[63] Siehe Rn 70 ff.
[64] *Medalla/De Leon*, CCH Asia Limited, Doing Business in Asia, PHL 70-014.
[65] Vgl. Rules of Court of January 1, 1964.

2. Steuerrecht

Die Übertragung von Gesellschaftsanteilen unterliegt der **Stempelsteuer** 70 (Documentary Stamp Tax), die gegenwärtig 1,50 PHP[66] je 200 PHP Anteilsnennwert (oder Bruchteilen davon) beträgt[67].

Der Veräußerer muß etwaige **Veräußerungsgewinne** versteuern (Capital 71 Gains Tax). Bei außerbörslich abgewickelten Aktienübertragungen wird ein Veräußerungsgewinn bis zu 100 000 PHP mit 5% besteuert, darüber mit 10%[68]. Bei Übertragungen über die Börse unterliegt stattdessen der Bruttoverkaufspreis der Aktien einer Steuer von 0,5%[69].

Die Bezahlung der Steuern ist Voraussetzung für den Übergang der Aktien[70]. 72 Erst wenn die Steuerbehörde (Bureau of Internal Revenue, BIR) die Bezahlung dieser Steuern quittiert und eine **Übertragungsbescheinigung** (Certificate of Clearance) ausgestellt hat, kann der neue Anteilseigner in das Aktienbuch der Zielgesellschaft eingetragen werden.

Keine Steuer fällt an, wenn im Rahmen einer Verschmelzung ein reiner **Akti-** 73 **entausch** vorgenommen wird. Das gleiche gilt für Aktientauschgeschäfte, durch die eine Person allein oder im Verbund mit anderen die Kontrolle über eine Gesellschaft erwirbt[71].

III. Erwerb von Vermögenswerten (Asset Deal)

Asset Deals sind auf den Philippinen verbreitet und verhältnismäßig **unkom-** 74 **pliziert**. Das Bulk Sales Law[72] verpflichtet den Verkäufer dazu, vor dem Erhalt des Kaufpreises eine eidesstattliche Erklärung mit der Liste aller Gläubiger und der ihnen geschuldeten Beträge abzugeben. Vor einer Übertragung muß der Verkäufer ein Inventar der zu übertragenden Güter anfertigen, das u. a. den Anschaffungspreis und die Verkaufskonditionen enthält, und jedem Gläubiger zustellen. Ein automatischer Schuldenübergang findet nicht statt. Der Kaufpreis muß vom Verkäufer für die anteilsmäßige Befriedigung aller ausstehenden Forderungen verwendet werden, ob diese fällig sind oder nicht.

Übertragungen, die ohne eine solche Gläubigerliste abgewickelt werden oder 75 bei denen der Kaufpreis nicht zur anteilsmäßigen Befriedigung der Gläubiger verwendet wird, sind **nichtig**. Der Verkäufer macht sich **strafbar**. Das Bulk Sales Law verbietet die Übertragung von Unternehmensteilen, für die kein oder nur ein nominelles Entgelt bezahlt wird.

---

[66] PHP = Philippinische Peso (Währung).
[67] National Internal Revenue Code, as amended, Sec. 176.
[68] National Internal Revenue Code, as amended, Sec. 24(C).
[69] National Internal Revenue Code, as amended, Sec. 127.
[70] Siehe Rn 53.
[71] National Internal Revenue Code, as amended, Sec. 40(C).
[72] Act. No. 3952.

IV. Verschmelzungen

76 Das philippinische Recht kennt sowohl die Verschmelzung durch Aufnahme („merger") als auch die Verschmelzung durch Neugründung („consolidation")[73].

77 In beiden Fällen verabschiedet das Board of Directors bzw. Board of Trustees jedes zu verschmelzenden Unternehmens einen **Verschmelzungsplan**. Diesem Verschmelzungsplan müssen anschließend die Versammlungen der Anteilsinhaber dieser Unternehmen zustimmen. Der Verschmelzungsbeschluß bedarf im Fall von Stock Corporations der Zustimmung von Aktionären, die mindestens zwei Drittel des Kapitals vertreten, bei Non-Stock Corporations der Zustimmung von zwei Dritteln der Teilhaber[74]. Dissentierende Aktionäre haben bei Zustandekommen der Verschmelzung ein Austrittsrecht (Appraisal Right), das es ihnen erlaubt, ihre Anteile zu fairem Wert an die Gesellschaft zu verkaufen.

78 Nach Zustimmung aller beteiligten Gesellschaften muß jede Gesellschaft die sog. Articles of Merger bzw. Articles of Consolidation, die den Verschmelzungsplan, die Kapital- bzw. Mitgliedschaftsstruktur der betroffenen Gesellschaften und die Einzelheiten der Beschlußfassung enthalten, der SEC zur **Zustimmung** vorlegen. Erst mit **Genehmigung durch die SEC** wird die Verschmelzung wirksam.

79 In bestimmten Bereichen ist allerdings eine **Empfehlung der zuständigen Verwaltungsbehörde** erforderlich, bevor an die SEC herangetreten wird[75]. Gegenwärtig handelt es sich dabei um folgende Sektoren: Bankwesen, Bausparkassen, Trusts, Versicherungswesen, Versorgungs- und Transportunternehmen (Public Utilities), Bildungsstätten und andere in Spezialgesetzen besonders geregelte Wirtschaftsbereiche.

80 Ist eine der zu verschmelzenden Gesellschaften im Besitz einer **Konzession**, die vom Kongress der Philippinen gewährt worden ist, sieht diese Konzession idR vor, daß eine Verschmelzung nur nach Genehmigung durch den Kongreß erfolgen darf. Dies ist ein mit zahlreichen Unsicherheiten belastetes, eminent politisches Verfahren, das sich über Monate oder auch Jahre hinziehen kann.

81 Verschmelzungen **zwischen philippinischen und ausländischen Gesellschaften** sind nur möglich, wenn die ausländische Gesellschaft über eine Geschäftserlaubnis (License to Do Business) auf den Philippinen verfügt[76] und das Recht des Sitzstaates der ausländischen Gesellschaft eine solche Verschmelzung erlaubt. Im übrigen gelten die Bestimmungen für inländische Verschmelzungen.

E. Besonderheiten der Due Diligence

82 Aufgrund der Dominanz von **Englisch** im Rechtsverkehr sind die meisten, wenn nicht alle für die Due Diligence relevanten Dokumente in dieser Sprache verfaßt. Dies hat u. a. den Vorteil, daß der ausländische Erwerber seine eigenen Mitarbeiter oder nicht-philippinische Fachleute zur Due Diligence-Prüfung ein-

---

[73] Vgl. Corporation Code, Sec. 76 – 80.
[74] Corporation Code, Sec. 77.
[75] Corporation Code, Sec. 79.
[76] Corporations Code, Sec. 132. Zum Begriff der „License to Do Business" siehe Rn 58.

setzen kann, was deren Planung und Durchführung zielgerichteter und effizienter gestalten kann.

Neben den von der Zielgesellschaft zur Verfügung gestellten Informationen sind gewisse **Dokumente** auch **öffentlich zugänglich**. Die Eintragung von Immaterialgüterrechten kann beim Intellectual Property Office erfragt werden, das für die Registrierung von Marken, Patenten und Mustern zuständig ist. Über Grundstücksbesitz gibt das Registry of Deeds des betreffenden Orts Auskunft. Die Gründungsurkunde und die Satzung einer Gesellschaft (Articles of Incorporation bzw. By-Laws) können bei der SEC beschafft werden. Bei börsennotierten Gesellschaften können zusätzlich auch Quartalsberichte, die der SEC zu erstatten sind, dort eingesehen werden. Philippinische Anwälte sind manchmal imstande, noch weitere amtliche Dokumente über die Zielgesellschaft zu besorgen, etwa Konzessionen, Lizenzen oder Behörden- und Gerichtsentscheidungen.

Bei der Beurteilung der **Rechtskonformität** der Zielgesellschaft darf nicht der gleiche Maßstab wie in westlichen Industrienationen angewendet werden. Besonders in regulierten Wirtschaftsbereichen sind häufig nur die wenigsten Gesellschaften in der Lage, den ihnen erteilten Auflagen voll zu entsprechen. So kann es zB vorkommen, daß eine Gesellschaft auf der Basis einer abgelaufenen Betriebserlaubnis weiter operiert, weil die Aufsichtsbehörde diese (noch) nicht verlängert hat. In gewissen Bereichen ist das Regulierungsumfeld vergleichsweise neu und die Gesetze sind wenig marktgerecht ausgerichtet, so daß der Rechtsanwendung durch die Aufsichtsbehörde eine große Rolle zukommt. Diese ist jedoch für Außenstehende schwer einschätzbar. Eine korrekte Beurteilung der Rechtskonformität bedingt danach in manchen Fällen die Hinzuziehung einheimischer Fachleute, die auch die Einhaltung der Regeln durch Konkurrenzunternehmen in die Betrachtung einbeziehen können.

F. Besonderheiten in Begleitfeldern

Devisenrecht: Der Philippinische Peso ist frei konvertierbar und die Devisenein- und -ausfuhr im großen und ganzen frei. Es bedarf aber einer **Registrierung** der ausländischen Investition bei der Zentralbank (Bangko Sentral), falls zum Zweck der Kapitalrückführung, Dividendenzahlung oder Übermittlung von Gewinnen Devisen über das philippinische Banksystem eingetauscht werden sollen. Diese Registrierung soll in erster Linie sicherstellen, daß das ausländische Kapital (bestehend aus Devisen oder Sacheinlagen) tatsächlich in die Philippinen eingeflossen ist[77]. Ist die Registrierung ordnungsgemäß erfolgt, kann der für die Kapital- oder Gewinnrückführung benötigte Betrag vollständig und ohne Verzögerung eingetauscht werden. Ausländische Unternehmen im Besitz einer License to Do Business sind zwar von dieser Registrierungspflicht befreit[78]; trotzdem ist eine Registrierung bei der Zentralbank in der Praxis empfehlenswert[79].

---

[77] CB Circular 1389.
[78] Implementing Rules and Regulations of RA 7042, Rule V, Sec. 1.
[79] *Wrede/Biene* RIW 1999, 605.

G. Gesetzliches Übernahmerecht

86 Das **Übernahmerecht** ist neu im Securities Regulation Code verankert, der Mitte des Jahres 2000 erlassen wurde und die Regelung des Revised Securities Acts und die darauf gestützten Tender Offer Rules der SEC ersetzt hat[80]. Die SEC hat eine detaillierte Ausführungsverordnung zu diesen Regeln verabschiedet, die am 1.1.2001 in Kraft getreten ist[81].

I. Offenlegungspflichten

87 Führt ein Erwerb von Aktien dazu, daß der Erwerber mehr als 5% der entsprechenden Aktiengattung besitzt, muß dies innerhalb von zehn Tagen nach Erwerb der SEC, der Gesellschaft und, ist die Gesellschaft börsennotiert, der entsprechenden Börse mitgeteilt werden[82]. Die **Offenlegungspflicht** besteht nicht nur bei Börsennotierung der Zielgesellschaft. Sie findet auch Anwendung, wenn die betroffene Aktiengattung bei der SEC registriert ist, was bei den meisten Aktien, die in irgendeiner Form dem Publikum offeriert wurden, der Fall ist. Schließlich besteht die Offenlegungspflicht bei Erwerb von Aktien einer Zielgesellschaft, die Aktiva von mindestens 50 Mio. PHP ausweist und an der mindestens 200 Aktionäre mit je über 100 Aktien beteiligt sind (Publikumsgesellschaft)[83].

88 Die **Mitteilung** muß Aufschluß geben über den Erwerber, beabsichtigte Änderungen in der Geschäftspolitik der Zielgesellschaft falls eine Kontrollübernahme angestrebt wird, die genaue Anzahl gehaltener Aktien und Optionen, die zum Kauf dieser Aktien berechtigen, sowie sämtliche diese Aktien betreffenden Abreden oder Verträge.

89 Treten **substantielle Änderungen** der Beteiligung oder anderer in der Mitteilung enthaltenen Angaben ein, muß eine neue Meldung an dieselben Stellen erstattet werden[84]. Als substantiell gelten etwa der Verkauf von 5% der Aktien oder der Erwerb von Aktien, die dem Erwerber die Mehrheit einer Aktiengattung verschaffen[85].

90 **Zusätzliche Offenlegungspflichten** gelten für Aufsichtsrat und Management einer Gesellschaft sowie für Aktionäre, die mindestens 10% der Aktien dieser Gesellschaft halten. Diese Personen müssen innerhalb von zehn Tagen, nachdem sie die entsprechende Position eingenommen bzw. die Beteiligungsschwelle überschritten haben, der SEC und, bei börsennotierten Gesellschaften, der Börse Mitteilung über die Höhe ihrer Beteiligung an der Gesellschaft erstatten. Danach hat eine entsprechende Mitteilung innerhalb von zehn Tagen nach Ablauf jedes

---

[80] Securities Regulation Code, RA 8799, (SRC).
[81] Implementing Rules and Regulations of the Securities Regulation Code of 15 December 2000 (SRC Implementing Rules).
[82] SRC, Sec. 18.
[83] SRC, Sec. 18 iVm. Sec. 17.2.
[84] SRC, Sec. 18.
[85] SRC Implementing Rules, Rule 18.1 (6).

Monats zu erfolgen und neben der Höhe der Beteiligung auch Angaben zu etwaigen Veränderungen daran zu enthalten[86].

II. Öffentliche Übernahmeangebote

1. Pflichtangebote

Die **Pflicht zur Abgabe eines Übernahmeangebots** wurde gegenüber der alten Regelung erheblich ausgeweitet und **besteht beim beabsichtigten Erwerb von**: 91
- 15% der Aktien einer Aktiengattung einer börsennotierten Gesellschaft;
- 15% aller Aktien einer Publikumsgesellschaft;
- mindestens 30% solcher Aktien über den Zeitraum von zwölf Monaten[87];
- Aktien einer börsennotierten Gesellschaft oder einer Publikumsgesellschaft, wenn durch diesen Zukauf die Beteiligung des Erwerbers an dieser Gesellschaft auf über 50% anwachsen würde[88].

Eine „Absicht" des Erwerbers wird unwiderlegbar **vermutet**, und die Angebotspflicht entsteht, wenn der Erwerber die o. g. Schwellenwerte tatsächlich überschreitet[89]. 92

Keine Pflicht zur Abgabe eines Übernahmeangebots besteht beim bloßen Erwerb von Aktien einer börsennotierten Gesellschaft oder einer Publikumsgesellschaft im offenen Handel und zu aktuellen Marktpreisen, also zB an der Philippine Stock Exchange[90]. Die Ausnahme besteht aber nur dann, wenn der Börsenkauf nicht mit „matched orders" oder sonstigen Absprachen durchgeführt wird, aus denen auf die Umgehung der regulären Angebotspflicht geschlossen werden könnte, und auch keine einem öffentlichen Angebot vergleichbare Ankündigung an die Aktionäre erfolgt. 93

Teilangebote sind zulässig. Der Erwerber kann das Pflichtangebot auf die Anzahl und Gattung der Aktien beschränken, die er zu erwerben beabsichtigt[91]. Hat der Erwerber zB die Absicht, 20% der Aktien einer börsennotierten Gesellschaft zu erwerben, muß sich sein Angebot nur darauf erstrecken. 94

Beschränkt der Anbieter sein Übernahmeangebot auf eine bestimmte Anzahl Aktien und wird das Angebot überzeichnet, muß der Erwerber die angedienten Aktien proportional übernehmen, damit alle Aktionäre gleich behandelt werden[92]. Dieses **Prinzip der Gleichbehandlung** gilt auch für den Erwerb von Aktienpaketen vom bisherigen Hauptaktionär. Will der Erwerber zB 75% der Aktien des bisherigen Hauptaktionärs erwerben, muß das öffentliche Übernahmeangebot allen Aktionären den Verkauf von 75% ihrer Aktien erlauben. 95

---

[86] SRC, Sec. 23.
[87] SRC, Sec. 19.1(a).
[88] SRC Implementing Rules, Rule 19.1 (2).
[89] SRC Implementing Rules, Rule 19.1 (2) (b).
[90] SRC Implementing Rules, Rule 19.1 (3) (c).
[91] SRC, Sec. 19.1 (d), SRC Implementing Rules, Rule 19.1 (2) (a).
[92] SRC, Sec. 19.1 (d).

96　Die Angebotspflicht besteht auch für **mehrere Erwerber**, die aufgrund einer Absprache bzw. als Verbund eine Kontrollbeteiligung erwerben[93] wollen. Unklar ist allerdings, ob die Pflicht solidarisch allen Beteiligten auferlegt wird oder nur der Person, die als Haupterwerber erscheint.

97　Der **Preis** des Übernahmeangebots hat dem höchsten Kaufpreis zu entsprechen, den der Erwerber in den sechs Monaten vor dem Übernahmeangebot für die gleiche Aktiengattung der Zielgesellschaft bezahlt hat[94].

98　Die Zielgesellschaft ist in ihren **Verteidigungsmöglichkeiten** weitgehend eingeschränkt. So kann sie während des Übernahmeangebots keine neuen Aktien bzw. Optionen oder Wandelrechte darauf ausgeben, Vermögenswerte verkaufen oder kaufen, die mehr als 5% ihrer gesamten Aktiva entsprechen, oder Verträge eingehen, die nicht in den Rahmen ordentlicher Geschäftsführung fallen. Allerdings sind solche Maßnahmen zulässig, falls die Aktionäre der Zielgesellschaft sie bewilligt oder die SEC eine Ausnahmebewilligung erteilt hat[95].

99　Der Erwerber muß bei der SEC vor dem Übernahmeangebot einen Report **registrieren** lassen, der u. a. Angaben zu seiner Person und zur Zielgesellschaft, zum Zweck des Übernahmeangebots sowie zu sämtlichen Verträgen, Vereinbarungen und Abreden betreffend die Anteile der Zielgesellschaft enthalten muß[96].

100　Außerdem muß der Erwerber einen Prospekt veröffentlichen, der u. a.
- Angaben zur Person des Erwerbers und der Zielgesellschaft,
- Angaben zum Übernahmeangebot (Anzahl und Aktiengattung der zu erwerbenden Anteile, gebotener Preis, Dauer des Übernahmeangebots, Abwicklungsprozedur, usw.),
- eine Bestätigung der Finanzberater des Erwerbers, wonach dieser über genügend Geldmittel für das Übernahmeangebot verfügt,
- bei Teilangeboten, wie der Erwerber mit überzählig angedienten Aktien verfahren will, und
- die im Report an die SEC enthaltenen Angaben

zu enthalten hat[97].

101　Die SEC kann einen Erwerber **von der Angebotspflicht entbinden**, wenn der Aktienerwerb in folgendem Zusammenhang erfolgt[98]:
- Zeichnung von Aktien aus dem genehmigten Kapital,
- Pfandverwertung durch den Gläubiger oder Schuldner,
- Privatisierungen, die von der philippinischen Regierung veranlaßt wurden, oder
- Unternehmenssanierungen unter gerichtlicher Aufsicht.

102　Die Bewilligung einer Ausnahme von der Angebotspflicht muß bei der SEC **schriftlich beantragt** werden. Wird sie erteilt, ist der Erwerber verpflichtet, sie

---

[93] SRC, Sec. 19.1 (a).
[94] SRC Implementing Rules, Rule 19.1 (9) (b).
[95] SRC Implementing Rules, Rule 19.1 (9) (c).
[96] SRC Implementing Rules, Rule 19.1 (6); Varona, Tender Offer Rules, Capital Asia, 20.
[97] SRC Implementing Rules, Rule 19.1 (7).
[98] SRC Implementing Rules, Rule 19.1 (3).

per Zeitung zu veröffentlichen[99]. Der Erwerber ist weiterhin an die Offenlegungspflichten gebunden.

2. Freiwillige Übernahmeangebote

Freiwillige Übernahmeangebote sind zwar im Securities Regulation Code nicht erwähnt, fallen aber unter die von der SEC erlassene **Ausführungsverordnung**[100].

Ein freiwilliges Übernahmeangebot iSd. Regeln wird **vermutet** bei einem Angebot, das
- sich an einen weiten Kreis von Publikumsaktionären richtet und Aktien einer börsennotierten oder Publikumsgesellschaft betrifft;
- sich auf einen substantiellen Teil der Aktien einer Zielgesellschaft erstreckt;
- die Bezahlung einer Prämie zusätzlich zum Marktpreis anbietet, zu festen Konditionen gemacht wird, und entweder zeitlich beschränkt oder durch die Andienung einer bestimmten Anzahl von Aktien bedingt ist.

Freiwillige Übernahmeangebote fallen grundsätzlich unter dieselben Regeln wie Pflichtangebote, doch muß statt eines Prospekts vor der Abgabe des Übernahmeangebots lediglich eine öffentliche Mitteilung davon gemacht werden[101].

---

[99] SRC Implementing Rules, Rule 19.1 (3).
[100] SRC Implementing Rules, Rule 19.1 (4).
[101] SRC Implementing Rules, Rule 19.1 (4).

§ 42 Hinweise zu anderen Fernost-Staaten

Übersicht

	Rn
A. Einleitung	1
B. Singapur	5
I. Allgemeines	5
II. Rechtssystem	7
III. Wirtschaftliche Betätigungsformen für Ausländer	8
IV. Unternehmensübernahmen	11
1. Share Deal	12
a) Allgemeines	12
b) Anteilsübertragung	15
c) Übernahmerecht	19
2. Asset Deal	24
a) Besonderheiten im Grundstücksrecht	25
b) Besonderheiten im Arbeitsrecht	27
C. Malaysia	29
I. Allgemeines	29
II. Rechtssystem	31
III. Wirtschaftliche Betätigungsformen für Ausländer	32
IV. Unternehmensübernahmen	36
1. Allgemeines	36
2. Share Deal	39
a) Anteilsübertragung	40
b) Übernahmerecht (Code on Takeovers and Mergers)	44
3. Asset Deal	47
a) Besonderheiten im Grundstücksrecht	48
b) Besonderheiten im Arbeitsrecht	51
D. Thailand	52
I. Allgemeines	52
II. Rechtssystem	54
III. Wirtschaftliche Betätigungsformen für Ausländer	55
1. Investitionsbeschränkungen	55
2. Investitionsförderung	59
3. Investitionsformen	60
IV. Unternehmensübernahmen	62
1. Allgemeines	62
2. Share Deal	63
a) Anteilsübertragung	63
b) Übernahmerecht (Takeover Rules)	65
3. Asset Deal	69
a) Besonderheiten im Grundstücksrecht	70
b) Besonderheiten im Arbeitsrecht	74

	Rn
E. **Taiwan**	76
I. Allgemeines	76
II. Rechtssystem	78
III. Wirtschaftliche Betätigungsformen für Ausländer	80
1. Investitionsformen	80
3. Investitionsbeschränkungen	84
3. Staatliche Investitionsförderung	88
IV. Unternehmensübernahmen	90
1. Allgemeines	90
2. Share Deal	91
a) Anteilsübertragungen	91
b) Beschränkungen für inländische Erwerber	93
c) Takeover Rules	94
d) Aktienerwerb durch Ausländer	95
3. Asset Deal	96
a) Besonderheiten im Grundstücksrecht	97
b) Besonderheiten im Arbeitsrecht	99
F. **Vietnam**	101
I. Allgemeines	101
II. Rechtssystem	104
III. Wirtschaftliche Betätigungsformen für Ausländer	105
IV. Unternehmensübernahmen	109
1. Share Deal	110
a) Rein Vietnamesische Unternehmen	110
b) Erwerb von Anteilen an einem JVE oder einem WFOE	111
c) Übernahmerecht (Takeover Rules)	114
2. Asset Deal	116
a) Besonderheiten im Grundstücksrecht	117
b) Besonderheiten im Arbeitsrecht	121

A. Einleitung

1 Neben den in diesem Handbuch genauer behandelten asiatischen Rechtsordnungen stellt dieser Beitrag die Grundzüge des Unternehmenskaufs in einigen der anderen **relevanten Investitionsstandorten in Asien** dar. Im einzelnen werden Singapur, Malaysia, Thailand, Taiwan und Vietnam behandelt. Dabei wird zwischen Unternehmensübernahmen mittels Share Deal und Asset Deal unterschieden.

2 In **Singapur und Malaysia** ähneln sich die gesellschaftsrechtlichen Rahmenbedingungen für Unternehmensübernahmen infolge der gemeinsamen Common Law Tradition. Allerdings verfolgen die beiden Länder unterschiedliche Strategien und Ziele in ihrem Umgang mit ausländischen Investoren. Während Singapur versucht, ausländische Investoren durch ein liberales Investitionsumfeld nach Singapur zu ziehen, verfolgt Malaysia eine aktive Industriepolitik.

Die Rechtssysteme in **Thailand und Taiwan** bauen auf zivilrechtlichen Fundamenten auf, haben sich allerdings stark lokal geprägt und weisen weniger Gemeinsamkeiten auf, als dies für die Common Law Jurisdiktionen gilt. Beide Länder verfolgen ähnlich wie Malaysia eine aktive Industriepolitik.

Daneben behandelt dieser Beitrag **Vietnam**, das dem sozialistischen Rechtskreis zuzuordnen ist. Vietnam hat noch nicht denselben Entwicklungsgrad erreicht, der in den anderen hier behandelten Staaten zu finden ist und nimmt auch insoweit eine Sonderstellung ein.

B. Singapur

I. Allgemeines

Singapur besteht aus der Hauptinsel Singapur und ca. 58 kleineren Inseln. Mit einer Fläche von nur 646 km² und knapp über drei Mio. Einwohnern ist der Stadtstaat etwa halb so groß wie Hongkong. Singapur wurde 1867 britische Kolonie, erlangte 1958 die Unabhängigkeit und schloß sich 1963 mit Malaya, Sabah und Sarawak zum Staat Malaysia zusammen. Der „merger" war nicht erfolgreich. 1965 trennte sich Singapur von Malaysia und ist seither wieder selbständig.

Singapurs wirtschaftspolitisches Ziel ist es, den Inselstaat zum **internationalen Finanz- und Wirtschaftszentrum** für den südostasiatischen Wirtschaftsraum auszubauen. Bei der Verfolgung dieses Ziels ist Singapur durchaus erfolgreich; der Stadtstaat beherbergt einen international konkurrenzfähigen Kapitalmarkt und ist für ausländische Investoren offen. Das rechtlich liberale Umfeld darf aber nicht darüber hinweg täuschen, daß „Singapore Inc.", also der Staat, auch weiterhin erheblichen Einfluß auf die wichtigsten Bereiche der lokalen Wirtschaft und die wichtigsten singapurischen Unternehmen ausübt.

II. Rechtssystem

Das Rechtssystem Singapurs basiert auf dem englischen **Common Law**, ergänzt durch Einflüsse des chinesischen und malaysischen Gewohnheitsrechts[1]. Nach der Unabhängigkeit von Großbritannien wurde das **Rechtssystem eigenständig weiterentwickelt**, um den Bedürfnissen des Landes gerecht werden zu können[2]. Dennoch ist der englische Einfluß unverkennbar.

---

[1] *Pentony* in Tomasic, Company Law in Singapore, Hants, 1999, S. 417.
[2] *Pentony* in Tomasic, Company Law in Singapore, S. 417.

III. Wirtschaftliche Betätigungsformen für Ausländer

8 Ausländer können **grundsätzlich wie Inländer** Personen- und Kapitalgesellschaften[3] oder Zweigniederlassungen gründen oder erwerben. Ferner ist die Gründung einer Repräsentanz möglich. Für die Errichtung einer solchen bedarf es allerdings einer Genehmigung des Trade Development Boards[4].

9 **Investitionsbeschränkungen** für Ausländer bestehen lediglich in einigen Schlüsselbereichen wie dem Banken-, Medien- oder dem Wohnungssektor. Diese Beschränkungen werden jedoch nach und nach gelockert. Die Regierung Singapurs hat ein 5-Jahresprogramm zur Liberalisierung des Bankensektors vorgestellt, wonach die Beschränkung der maximalen Beteiligung von Ausländern an inländischen Banken in Höhe von derzeit 40% aufgehoben werden soll. Das Telekommunikationsrecht wurde kürzlich und früher als erwartet liberalisiert und insbes. für ausländische Investoren geöffnet[5]. Von der Liberalisierungswelle bislang nicht erfaßt ist der Medienbereich. Die singapurische Regierung ist auch weiterhin darauf bedacht, eine ausländische Kontrolle über die Medien zu vermeiden. Demzufolge gibt es im Presse-, Rundfunk- und Internetbereich besondere Investitionsbeschränkungen.

10 Neben den gesetzlichen Investitionsbeschränkungen können der Übernahme von singapurischen Unternehmen durch Ausländer **Beschränkungen in der Gesellschaftssatzung** der Zielgesellschaft entgegenstehen. Nach diesen Satzungsbestimmungen darf die prozentuale Beteiligung ausländischer Aktionäre bestimmte Schwellen nicht überschreiten[6].

IV. Unternehmensübernahmen

11 Infolge des gut entwickelten Kapitalmarkts und der liberalen Marktwirtschaft sind Unternehmensübernahmen in Singapur häufig. Sowohl im Ablauf als auch in der Vertragsdokumentation folgt eine Übernahme in Singapur dem **englisch geprägten Standard**. Unternehmensübernahmen können sowohl mittels Share Deal als auch mittels Asset Deal durchgeführt werden.

1. Share Deal

12 a) **Allgemeines.** Die in Singapur am weitesten **verbreitete Rechtsform** ist die Company Limited by Shares. Entsprechende Bedeutung kommt dieser Gesellschaftsform bei Unternehmensübernahmen zu.

13 Bei der **Company Limited by Shares** ist die Haftung der Gesellschafter auf die Leistung der Stammeinlage beschränkt. Companies Limited by Shares kön-

---

[3] Gem. Sec. 17 des Companies Act sind folgende Kapitalgesellschaften möglich: Public or Private Company Limited by Shares, Public or Private Company Limited by Guarantee, Unlimited Company.
[4] *Price Waterhouse*, Doing Business in Singapore, 1996, S. 75 f.
[5] Mitteilung der Monetary Authority of Singapore vom 17. 3. 2000.
[6] *Koh und Bakri*, Asian CLR, 5, 1996, Regulation of Foreign Investment in Singapore and Malaysia.

nen entweder als Public oder als Private Companies gegründet werden. Ob es sich bei einer Company Limited by Shares um eine Private Company oder um eine Public Company handelt, ist anhand der Firma nicht erkennbar, dies ist aber für den Rechtsverkehr im Normalfall auch nicht erforderlich. Die Unterscheidung von Private und Public Companies geht auf Sec. 18 des Company Act zurück, wonach bei Private Companies die Übertragbarkeit der Anteile in der Gesellschaftssatzung zu beschränken und der Gesellschafterkreis auf maximal 50 Anteilsinhaber zu begrenzen ist. Die Umwandlung einer Private Company in eine Public Company erfolgt durch Aufhebung der Beschränkung der Übertragbarkeit[7].

Unternehmensübernahmen einer singapurischen Company im Wege eines Share Deal richten sich nach den Vorschriften des Companies Act[8]. Dabei wird nicht zwischen singapurischen und ausländischen Erwerbern unterschieden. Ist die Zielgesellschaft eine Public Company, gelangt zusätzlich der Code on Takeovers and Mergers zur Anwendung[9].

b) Anteilsübertragung. Die **Übertragung** nichtbörsennotierter Anteile erfolgt grundsätzlich durch Einigung des Käufers und Verkäufers über deren Übertragung und der anschließenden Registrierung im Aktienbuch der Zielgesellschaft[10]. Einer Übergabe der üblicherweise ausgestellten Anteilszertifikate bedarf es zur Wirksamkeit der Anteilsübertragung nicht. Der Besitz eines Anteilszertifikats stellt aber einen prima facie-Beweis für die Inhaberschaft dar[11]. Die Gesellschaft darf den Anteilsübergang in ihren Gesellschafterregistern nur bei Vorlage der vollständigen Übertragungsdokumentation eintragen[12]. Die Registrierung ist regelmäßig von dem Verkäufer bei der Gesellschaft schriftlich zu beantragen. Stellt die Gesellschaft daraufhin dem Käufer neue Anteilszertifikate aus, so gilt dieser gegenüber gutgläubigen Dritten als Gesellschafter[13].

Nach dem „Stamp Duties Act" ist für den Aktientransfer umgehend nach Unterzeichnung der Abtretungsurkunde eine **Stempelsteuer** zu entrichten (sog. „shares transfer tax")[14]. Der Stempel wird auf die Übertragungsdokumente gesetzt. Sofern die Abtretungsurkunde nicht ordnungsgemäß gestempelt worden ist, soll die Anteilsübertragung nicht in das Gesellschafterregister eingetragen werden, das Übertragungsdokument ist vor Gericht als Beweismittel unzulässig. Daneben kommen steuerrechtliche Sanktionen (insbes. Verspätungszuschläge) zur Anwendung.

Gesetzlich wird die Übertragbarkeit von Anteilen nicht durch **Veto- oder Vorkaufsrechte** der Mitgesellschafter beschränkt. Gleichwohl schränken die Gesellschaftsstatute die Übertragbarkeit der Anteile bei Private Companies zwingend

---

[7] *Pentony* in Tomasic, Company Law in Singapore, S. 424.
[8] Sec. 213 (1) Companies Act.
[9] Der Takeover Code ergeht gem. Sec. 213 (17) und (18) des Company Act als Ministerialerlaß des Finanzministeriums.
[10] Sec. 122 Companies Act. Siehe auch *Woon, Walter C. M.*, Basic Business Law in Singapore, Singapur, 1999, S. 468.
[11] Sec. 123 Companies Act.
[12] Sec. 126 Companies Act.
[13] Sec. 129 Company Act.
[14] *Woon* S. 469.

ein und schreiben insbes. regelmäßig Zustimmungserfordernisse entweder seitens der Mitgesellschafter oder seitens der Gesellschaft selbst fest[15].

18 Für die börsennotierten Companies werden mit der Einführung eines **elektronischen Buchungssystems** (Central Depository System – CDS) besondere Regeln für die Übertragung der Gesellschafterstellung aufgestellt[16]. Die Anteile werden im Aktienbuch der Gesellschaft im Namen der Central Depository registriert, das wiederum ein eigenes Register führt. Die Anteilsübertragung erfolgt durch Umbuchung im System und nicht nach sonstigen Formvorschriften[17]. Die Übertragung der Anteile einer börsennotierten Gesellschaft muß nicht zwingend über die Singaporean Stock Exchange erfolgen. Die Übertragung kann auch direkt über die der Central Depository angeschlossenen Clearingstellen abgewickelt werden.

19 c) **Übernahmerecht.** Der singapurische Code on Takeovers and Mergers (Takeover Code) geht auf den **englischen City Code on Takeovers and Mergers** zurück[18]. Der Takeover Code gilt für die Übernahme einer nach singapurischem Recht gegründeten Public Company, sofern sich auch der Sitz ihrer zentralen Unternehmensleitung in Singapur befindet, und gilt auch für die Übernahme eines an einer ausländischen Börse notierten singapurischen Unternehmens. Der Takeover Code ist gleichermaßen auf börsennotierte und nicht notierte Gesellschaften anwendbar[19]. Ist die Zielgesellschaft in Singapore notiert, sind zusätzlich die Zulassungsvorschriften der Singapore Stock Exchange zu beachten.

20 Ein **Takeover iSd. Takeover Codes liegt vor**, wenn der Erwerber (entweder allein oder im Zusammenwirken mit anderen) die Absicht hat, die Kontrolle über das Zielunternehmen zu übernehmen[20], wenn der Erwerber entweder mindestens 25% der Stimmrechte erworben hat[21] oder wenn der Erwerber zwischen 25 und 50% der Stimmrechte der Zielgesellschaft hält und innerhalb eines Jahres nochmals wenigstens 3% der Stimmrechte akquiriert[22]. Unter diesen Voraussetzungen ist der Erwerber verpflichtet, ein öffentliches Übernahmeangebot zu machen (sog. „mandatory offer").

21 Das **Pflichtangebot** sollte grundsätzlich in bar erfolgen[23]. Der Preis muß wenigstens dem Höchstpreis entsprechen, den der Übernehmer während der letzten

---

[15] *Woon* S. 468f.
[16] Sec. 130A ff. Companies Act.
[17] *Woon* S. 468.
[18] *Woon* S. 585.
[19] Vgl. zum einen Sec. 213 (8) Company Act, zum anderen Art. 1 Code on Takeover and Mergers, der von einem allgemeinen gesellschaftsrechtlichen Kodex ausgeht. Vgl. *Pentony* in Tomasic, Company Law in Singapore, S. 462.
[20] Nach Sec. 213 (3) Company Act besteht eine effektive Kontrolle dann, wenn mindestens 25% der Stimmrechte der Zielgesellschaft gehalten werden.
[21] Es wird erwartet, daß bei der anstehenden Novellierung des Codes diese Quote auf 30 bis 35% angehoben wird, vgl. *Busching/Kilgus* in ASIA BRIDGE 2000/3, S. 17.
[22] Diese „creeping control provision" wird im Rahmen einer künftigen Revision wohl dahin geändert werden, daß innerhalb eines halben Jahrs 1% nicht überschritten werden darf, ohne das Pflichtangebot auszulösen, vgl. *Busching/Kilgus* in ASIA BRIDGE 2000/3, S. 17.
[23] Rule 33 Takeover Code.

zwölf Monate für Anteile des Zielunternehmens gezahlt hat. Das Angebot kann aber auch eine Tauschkomponente enthalten, wenn die zum Tausch angebotenen Aktien leicht veräußerlich sind. Ein Pflichtangebot muß grundsätzlich an alle Anteilsinhaber ergehen[24] und alle stimmberechtigten Anteile erfassen. Teilangebote sind nur nach ausdrücklicher Genehmigung des Security Industry Council zulässig.

Freiwillige öffentliche Übernahmeangebote unterliegen ebenfalls den Übernahmeregeln. Damit soll auch für freiwillige öffentliche Übernahmeangebote gewährleistet sein, daß die elementaren Prinzipien des Übernahmerechts eingehalten werden[25]. Freiwillige öffentliche Übernahmeangebote können allerdings als Teilangebote ausgestaltet, der Angebotspreis kann frei festgelegt werden.

Die Übernahmeregeln enthalten sowohl für freiwillige Angebote als auch für Pflichtangebote **besondere Verhaltens- und Offenlegungspflichten**[26]. Das Übernahmeangebot muß zB Informationen über die Person des Erwerbers, die Anzahl der von diesem gehaltenen Anteile sowie die Einzelheiten des Angebots enthalten. Unabhängig vom Vorliegen eines öffentlichen Angebots ist ein Anteilseigner, der mehr als 5% der Anteile an dem Unternehmen hält, verpflichtet, jede Veränderung seiner Beteiligung der Gesellschaft mitzuteilen[27].

2. Asset Deal

Asset Deals sind auch in Singapur durchaus üblich und unterliegen **keinen wesentlichen gesetzlichen Beschränkungen**. Der Übernehmer ist insbes. nicht gesetzlich verpflichtet, für die Verbindlichkeiten des Veräußerers und/oder der Gesellschaft einzustehen. Die Übernahme von Verbindlichkeiten muß also vertraglich vereinbart werden und hat auch dann bis zur Genehmigung durch den Gläubiger nur Innenwirkung. In der Praxis ist die vertragliche Übernahme der Verbindlichkeiten die Regel.

a) Besonderheiten im Grundstücksrecht. Ausländer können ohne Einschränkungen **Grundstücke und Gebäude für gewerbliche oder industrielle Zwecke** erwerben und veräußern. Nach dem Residential Property Act (RPA) ist der Erwerb von unbebauten, für Wohnungszwecke vorgesehenen oder mit Wohngebäuden bebauten Grundstücken allerdings Staatsbürgern Singapurs und Unternehmen, deren Inhaber oder Anteilseigner singapurische Staatsbürger sind, vorbehalten. Es gibt Befreiungstatbestände von den Regelungen des RPA[28].

Die Beschränkungen gelten nur für die Übertragung der Grundstücke, sie erstrecken sich nicht auf die Gewährung von **Grundpfandrechten** als Kreditsicherheit zugunsten von ausländischen Kreditgebern[29].

b) Besonderheiten im Arbeitsrecht. Nach den Bestimmungen des Employment Act gehen beim Erwerb eines Betriebs im Wege eines Asset Deal **die**

---

[24] Rule 26 Takeover Code.
[25] Singapore Code on Takeovers and Mergers, SEC Practice Note No. 1, Sec. 1 ff.
[26] Vgl. Anlage 10 zum Companies Act.
[27] Sec. 83 ff. Company Act.
[28] Vgl. Sec. 32 RPA.
[29] CCH Doing Business in Asia, Vol. 2, SGP 25–103.

betroffenen **Arbeitsverhältnisse auf den Erwerber über**. Den Verkäufer treffen zudem vor dem Verkauf Mitteilungspflichten gegenüber den betroffenen Arbeitnehmern und – falls vorhanden – gegenüber Gewerkschaften[30].

28   Ausländer können grundsätzlich nur mit einer **Arbeitserlaubnis** beschäftigt werden (sog. „employment pass")[31]. Für ausländische Investoren werden regelmäßig eine der Investition angemessene Zahl von „employment passes" ohne weiteres ausgestellt.

C. Malaysia

I. Allgemeines

29   Malaysia besteht aus einer im Norden an Thailand grenzenden Halbinsel Malay und den auf Borneo gelegenen Provinzen Sabah und Sarawak. Malaysia ist ein föderaler Bundesstaat mit einer **starken Zentralregierung**. Das Parlament wird seit jeher von der United Malays Nations Organization beherrscht, die das Land faktisch monokratisch regiert und die Traditionen der islamischen Religion mit den Anforderungen an eine moderne Industrienation zu kombinieren versucht. Malaysia hat etwa 23 Mio. Einwohner und erstreckt sich über eine Fläche von 329,8 km^2. Das Land ist zu vier Fünfteln mit tropischem Regenwald bedeckt.

30   Malaysia hat sich ehrgeizige Entwicklungsziele gesetzt, die bereits zu beachtlichen Teilen verwirklicht worden sind. Bis zum Jahr 2020 soll der Aufstieg zu einer Industrienation geschafft sein. Zur Durchsetzung dieses Ziels betreibt die Regierung eine **aktive Industriepolitik**, im Rahmen derer ausländische Investitionen einer umfänglichen Kontrolle unterliegen. Zuständig ist das Foreign Investment Committee (FIC), das dem Premierministerium angegliedert ist.

II. Rechtssystem

31   Das malaysische Recht ist eine Mischung aus dem englischen Common Law[32] und islamischen Rechtsgrundsätzen, wobei letztere im Wirtschaftsrecht meist von untergeordneter Bedeutung sind[33]. Wie auch in England wurden die gerichtlich entwickelten Grundsätze durch gesetzliche Regelungen kodifiziert und ergänzt. Das Gesellschaftsrecht in Malaysia wird durch den Companies Act von 1965 und die Companies Rules von 1972 geregelt, die ebenfalls auf englischen Vorbildern basieren.

---

[30] Sec. 18A Employment Act.

[31] Im einzelnen gibt es zahlreiche Varianten der Arbeitserlaubnis, vgl. näher http://www.ecitizen.gov.sg, Mai 2001.

[32] Zur Bedeutung der Adaption englischen Rechts in Malaysia vgl. *Schütze*, Handels- und Wirtschaftsrecht von Singapur and Malaysia, 1987, S. 19 mwN.

[33] Dazu *Klötzel*, Islamic Banking in Malaysia, FS Schütze, 1999, S. 381 ff. Siehe auch *Arjunan* in Tomasic, Company Law in Malaysia, Hants, 1999, S. 391 ff.

III. Wirtschaftliche Betätigungsformen für Ausländer

Ausländische Investoren können Unternehmen aller in Malaysia vorgesehenen **Rechtsformen** gründen oder erwerben. Die gebräuchlichste Rechtsform ist die der Company Limited by Shares (Pte. Ltd.)[34]. Ausländische Unternehmen können sich an einer der Offenen Handelsgesellschaft ähnlichen Partnership beteiligen, eine Zweigniederlassung gründen sowie Repräsentations- oder Regionalbüros eröffnen. Repräsentations- und Regionalbüros sind aber in ihrer Geschäftsfähigkeit beschränkt und dürfen im Inland keine eigenständige Geschäftstätigkeit entwickeln[35]. Sie dienen daher vorrangig dem Zweck, Kontakte zu knüpfen und Geschäfte zu vermitteln oder die Geschäftstätigkeiten des Unternehmens in der Region zu koordinieren.

Regelmäßig bedürfen erhebliche Investitionen durch ausländische Investoren unabhängig von der gewählten Rechtsform einer staatlichen **Genehmigung**. Der Erwerb von mindestens 15% der Anteile an einer malaysischen Gesellschaft durch ein einzelnes ausländisches Unternehmen oder die Beteiligung von mehreren ausländischen Unternehmen an mehr als 30% des Kapitals einer malaysischen Gesellschaft sind genehmigungspflichtig. Ebenso bedürfen Unternehmensübernahmen, bei denen Anteile oder Unternehmensaktiva im Wert von mehr als 5 Mio. MR[36] von Ausländern erworben werden, der Genehmigung. Zuständige Genehmigungsbehörde ist je nach Industriesparte entweder das Ministerium für internationalen Handel und Industrie (MITI) und/oder das FIC[37].

Die Zustimmung durch die jeweilige Behörde ist eine **freie Ermessensentscheidung**. Rechtlich bindende Vorgaben in der Entscheidungsfindung existieren nicht. Allerdings hat das FIC eine Reihe von Richtlinien (Guidelines) und Rundschreiben (Circulars) ausgegeben, an denen sich die zuständige Behörde bei ihrer Entscheidung orientiert. Diese Richtlinien sind zwar nicht rechtlich verbindlich, aber praktisch außerordentlich wichtig[38]. Letztlich entscheidet die Genehmigungsbehörde danach, ob die beabsichtigte Investition der Fortentwicklung Malaysias dienlich ist.

Die FIC Guidelines enthalten eine Reihe von **Richtlinien**, an denen sich der potentielle Erwerber orientieren kann. Die allgemeine Regel ist, daß die Beteiligung von Ausländern auf 30% beschränkt ist. Ausnahmen bestehen insbes. im exportierenden Gewerbe und im Hochtechnologiebereich. Im Zuge der Bewältigung der Asienkrise wurde die zulässige Beteiligungsquote für Ausländer in verschiedenen Industriesparten angehoben. Im Telekommunikationsbereich liegt

---

[34] Daneben kennt das malaysische Recht noch die folgenden körperschaftsähnlichen Rechtsformen: Unlimited Company, Company Limited by Guarantee und Company Limited by both Shares and Guarantee. Vgl. Sec. 14 Companies Act; *Arjunan* in Tomasic, Company Law in Malaysia, S. 394.
[35] CCH Doing Business in Asia, Vol. 2, MAL 30–102.
[36] MR = Malaysische Ringgit (Währung).
[37] Eine Übersicht über die Genehmigungserfordernisse enthält FIC Circular No. 20 vom 24. 4. 1989.
[38] Vgl. CCH Doing Business in Asia Mal. 45–102; ferner *Koh und Bakri*, Asian CLR 5, 1996, Regulation of Foreign Investment in Singapore and Malaysia.

die maximale Beteiligungsquote bspw. z. Zt. bei 61%. Allerdings sind diejenigen ausländischen Unternehmen, die sich bis zu diesem Schwellenwert engagieren, verpflichtet, die Beteiligung innerhalb von 5 Jahren auf nicht mehr als 49% zu reduzieren. Im Bankensektor liegt die maximale Beteiligungsgrenze für Ausländer nach wie vor bei 30%. Ausnahmen gelten für Investitionen auf der Insel Labuan, die langfristig in Konkurrenz zu Hongkong und Singapur treten soll.

IV. Unternehmensübernahmen

1. Allgemeines

36   Für Unternehmensübernahmen findet man in Malaysia gut entwickelte wirtschaftliche Rahmenbedingungen vor. Es gibt ein **Spezialbankensystem** mit nationalen Banken und zahlreiche Niederlassungen internationaler Institute[39]. Es gibt einen aktiven **Aktienmarkt**, an dem sowohl Aktien als auch Derivate gehandelt werden, und dessen Marktkapitalisierung 1999 fast 700 Mrd. MR betrug[40].

37   Rechtlich möglich und in der Praxis üblich ist die Unternehmensübernahme sowohl im Wege des Share Deal als auch im Wege des Asset Deal. Die englisch geprägte Rechtstradition Malaysias hat ihre Spuren auch in der **Praxis des Unternehmenskaufs** hinterlassen. Der Ablauf von Unternehmenskäufen sowie die dafür übliche Dokumentation entspricht im wesentlichen dem Vorgehen im englischen Rechtssystem.

38   Neben der für Ausländer relevanten Genehmigung durch das FIC (oder ggf. das MITI) können Unternehmensübernahmen in den einer besonderen staatlichen Kontrolle unterworfenen Wirtschaftsbereichen (u. a. Telekommunikation, Bankwesen und Transport) **weiteren behördlichen Genehmigungserfordernissen** unterliegen. Dazu können insbes. bei einem Asset Deal lokale behördliche Genehmigungen erforderlich werden, so etwa bei der Grundstücksübertragung die der State Authority. Zudem können devisenrechtliche Genehmigungen erforderlich sein[41].

2. Share Deal

39   Der großen praktischen Bedeutung der **Company Limited by Shares** im Wirtschaftsleben entsprechend kommt dieser Rechtsform eine wichtige Bedeutung auch bei Unternehmensübernahmen zu. Wie in Singapur ist dabei zwischen der Public Company Limited by Shares und der Private Company Limited by Shares zu unterscheiden. Bei der Private Company ist die Zahl der Gesellschafter

---

[39] Neben dem traditionellen Bankwesen besteht in Malaysia ein „Islamic Banking" System, welches nicht mit den üblichen Zinssätzen kalkuliert, sondern über ein „profit-sharing" arbeitet. Dazu *Klötzel*, Islamic Banking in Malaysia, FS Schütze, 1999, S. 381 ff.

[40] Das entsprach 1999 etwa 420 Mrd. DM.

[41] Das malaysische Devisenrecht ist derzeit wieder im Fluß, nachdem es über Jahre liberalisiert worden war. Die Regierung hat sich im Zuge der Asienkrise entschlossen, den Ringgit vor den Kräften des Markts zu schützen. Das ging mit Beschränkungen der Konvertierbarkeit einher, vgl. hierzu http://www.bnm.gov.my/feature/ecm/overview.htm, November 1999.

auf maximal 50 beschränkt[42]. Der Gesellschaftsvertrag muß hinsichtlich der Übertragbarkeit der Anteile Mindestbeschränkungen enthalten.

a) Anteilsübertragung. Die **Übertragung** der Anteile an einer **nichtbörsennotierten Gesellschaft** erfolgt durch Vertrag, dessen Wirksamkeit von der Erteilung der einschlägigen behördlichen Genehmigungen und etwaigen zusätzlichen, in der Satzung vorgeschriebenen Voraussetzungen abhängt. Der Übertragungsvertrag bedarf der Schriftform. Einer notariellen Beurkundung bedarf er nicht. Die Anteilsübertragung wird im Verhältnis zur Gesellschaft erst durch Eintragung in das Gesellschafterregister wirksam. Die Eintragung hat aber keine Auswirkungen auf die sonstige Wirksamkeit der Anteilsübertragung[43]. Die Übergabe von Anteilszertifikaten ist keine Wirksamkeitsvoraussetzung für die wirksame Übertragung, stellt allerdings – wie auch in Singapur – einen Beweis des ersten Anscheins dafür dar, daß der Besitzer Inhaber des Anteils geworden ist[44].

Auch in Malaysia unterliegt die Anteilsübertragung einer **Stempelsteuer** (sog. „shares transfer tax")[45]. Fehlt ein ordnungsgemäßer Stempel auf der Übertragungsurkunde, soll die Anteilsübertragung nicht im Gesellschafterregister eingetragen werden und die Übertragungsurkunde kann nicht als Beweismittel in Gerichtsverfahren zugelassen werden[46]. Zudem drohen steuerrechtliche Sanktionen.

Gesetzliche Vorkaufsrechte oder Zustimmungserfordernisse für Mitgesellschafter bestehen nach malaysischem Recht nicht. Solche Rechte ergeben sich aber vielfach aus dem Gesellschaftsvertrag der Zielgesellschaft oder sonstigen einzelvertraglichen Vereinbarungen.

Die **Übertragung von börsennotierten Anteilen** wird regelmäßig über die Börse in Kuala Lumpur (Kuala Lumpur Stock Exchange) abgewickelt. Die Umschreibung der Anteilsbestände erfolgt dabei über ein Central Depository System, bei dem die Central Depository als Anteilsinhaber in den Gesellschafterregistern eingetragen ist und bleibt und die Anteile durch sie nur auf den neuen Erwerber umgebucht werden. Die dargestellten Formerfordernisse[47] entfallen hierbei. Die Abwicklung der Übernahme von börsennotierten Anteilen muß nicht zwingend über den allgemeinen Börsenhandel erfolgen. Die Übertragung kann auch direkt über zugelassene Clearing Houses[48] erfolgen. Ein solches „clearing" muß aber immer im Inland erfolgen[49].

---

[42] Sec. 15 Companies Act.
[43] Sec. 103 Companies Act. Stellt die Gesellschaft, gestützt auf die Registereintragung, dem Erwerber aber ein neues Anteilszertifikat aus, so gilt dieses gutgläubigen Dritten gegenüber als Prima-Facie-Beweis dafür, daß gebräuchliche Übertragungsdokumente vorgelegt wurden, vgl. Sec. 106 Companies Act.
[44] Vgl. Sec. 100 Companies Act.
[45] Sec. 46 Stamp Act.
[46] Sec. 52 Stamp Act.
[47] Siehe Rn 40f.
[48] Sec. 8A Securities Industry Act.
[49] Diese in der Asienkrise eingeführte Restriktion des Aktienhandels soll den Kapitalfluß kontrollieren. Namentlich an der Börse von Singapur kam es in der Folge zur Rückübertragung von malaysischen Aktienpaketen mit großen Kursverlusten und zum Zusammenbruch des Off-Shore-Markts malaysischer Aktien, vgl. allgemein http://www.sc.com.my/html/publications/fr_public.html, Oktober 2000.

44 **b) Übernahmerecht (Code on Takeovers and Mergers).** Sofern Zielgesellschaft eines Unternehmenskaufs eine **Public Company Limited by Shares**[50] ist, unterliegt die Übernahme den Bestimmungen des malaysischen Code on Takeovers and Mergers von 1998 und dem Securities Commissions Act[51] von 1993. Die Takeover Regelungen gelten nicht nur für börsennotierte Gesellschaften, sondern sind auch auf den Kauf einer nichtbörsennotierten Public Company anzuwenden. Der Takeover Code basiert auf dem englischen City Code on Takeovers[52].

45 Ein **Pflichtangebot** wird ausgelöst, wenn der Erwerber die Kontrolle über das Zielunternehmen erlangt hat. Kontrolle ist definiert als die Erlangung von mehr als 33% der Stimmrechte[53]. Zudem wird eine Pflicht zum öffentlichen Angebot ausgelöst, sofern ein Anteilseigner, der bereits mehr als 33% der Stimmrechte an der Zielgesellschaft hält, innerhalb von sechs Monaten mehr als 2% der Stimmrechte erwirbt (sog. „creeping-control-clause")[54]. Das Pflichtangebot muß sich grundsätzlich auf die Übernahme aller ausstehenden Aktien erstrecken und muß wenigstens dem höchsten Kurs der letzten sechs Monate entsprechen, zu dem der Übernehmer Anteile der Zielgesellschaft erworben hat. Die Gegenleistung des Übernehmers hat grundsätzlich in bar zu erfolgen[55]. Ein Umtauschangebot ist allerdings zulässig, soweit die zum Umtausch angebotenen Aktien leicht veräußerlich sind. Die Securities Commission kann den Übernehmer von einzelnen Vorschriften der Takeover Regeln befreien und etwa Teilangebote zulassen[56]. Eine Nichteinhaltung der Übernahmevorschriften kann mit Geldstrafe und dem Entzug der Börsenzugangsrechte geahndet werden.

46 Für Ausländer kann ein Erwerb einer Beteiligung von mehr als 30% an einem börsennotierten Unternehmen in Malaysia praktisch nur mit einer **Ausnahmegenehmigung** durch die Security Commission erfolgen: Bei börsennotierten Gesellschaften ist es – zumindest derzeit und mit Ausnahme von exportorientierten Fertigungsunternehmen – undenkbar, daß die FIC eine 100% Übernahme durch Ausländer zulassen würde. Entsprechend darf der Ausländer wegen der Vorgaben der ihm erteilten FIC-Genehmigung einen bestimmten Schwellenwert für seine Beteiligung nicht überschreiten. Andererseits ist der Erwerber einer kontrollierenden Beteiligung nach dem Takeover Code verpflichtet, ein Vollangebot – also ein Angebot für alle ausstehenden Anteile – zu unterbreiten. Diesem Normenkonflikt kann sich ein ausländisches Unternehmen nur durch einen entsprechenden Dispens der Security Commission entziehen.

---

[50] Siehe insoweit Rn 39.
[51] Sec. 33A Securities Commissions Act stellt die Ermächtigungsgrundlage für den Takeover Code dar, der als ministerieller Erlaß ergeht. Zu den Texten vgl. http://www.sc.com.my/html/publications/fr_public.html, Oktober 2000.
[52] *Arjunan* in Tomasic, Company Law in Malaysia, S. 405.
[53] Sec. 33 des Securities Commissions Act.
[54] Vgl. Sec. 6 Takeover Code. Nachdem der Übernehmer die 50 % Schwelle überschritten hat, bedarf es keiner weiteren Angebote, auch wenn der Übernehmer weitere Anteile erwirbt.
[55] Sec. 9 Takeover Code.
[56] Sec. 33C Securities Commissions Act; *Arjunan* in Tomasic, Company Law in Malaysia, S. 406.

3. Asset Deal

Asset Deals sind in Malaysia möglich und üblich. Eine automatische Haftung für sonstige Verbindlichkeiten des veräußernden Unternehmens besteht nicht, vielmehr müssen Verbindlichkeiten nach den allgemeinen Regeln übertragen werden. In der Praxis ist die Vereinbarung einer Schuldübernahme beim Asset Deal üblich.

a) Besonderheiten im Grundstücksrecht. Beim Asset Deal sind Besonderheiten im Grundstücksrecht zu beachten. Nachdem das malaysische Recht ursprünglich privates Grundeigentum nicht erlaubte, ist mittlerweile im Zuge der Liberalisierung des Wirtschaftsrechts privates Grundeigentum möglich. Allerdings ist das Grundstücksrecht infolge der historischen Entwicklungen komplex.

Zunächst ist zwischen Grundstücken in Staatseigentum und solchen in Privateigentum zu unterscheiden. Grundstücke im **Staatseigentum** können nicht an Private veräußert werden. Es können aber dem deutschen Erbbaurecht ähnliche Nutzungsrechte für einen Zeitraum von maximal 99 Jahren eingeräumt werden. **Privates Grundeigentum** ist dagegen übertragbar. Die Eigentumsübertragung ist in Malaysia allerdings eher die Ausnahme als die Regel. Im Markt überwiegt die Gewährung von Erbbaurechten.

Der **Rechtserwerb an einem Grundstück durch Ausländer** unterliegt grundsätzlich einer behördlichen Genehmigungspflicht. Die Zulässigkeit des Erwerbs von Rechten an Grundstücken durch Ausländer richtet sich sowohl nach der Art des Grundstücksrechts als auch nach der jeweiligen Grundstückskategorie. Es werden Bau-, Industrie- und Landwirtschaftsflächen unterschieden. Bei Bau- und Landwirtschaftsflächen richtet sich die Genehmigungsfähigkeit nach Größe, Lage und Verwendungszweck[57]. An Industrieflächen können Eigentumsrechte von Ausländern nicht direkt, sondern allenfalls mittels einer malaysischen Gesellschaft erworben werden, an der wenigstens 49% der Anteile von malaysischen Personen gehalten werden müssen.

b) Besonderheiten im Arbeitsrecht. Eine Unternehmensübernahme hat auf die Arbeitsverträge regelmäßig keine Auswirkungen. Eine automatische Übernahme der Arbeitnehmer entsprechend dem deutschen § 613a BGB gibt es in Malaysia nicht. Die Übernahme von Arbeitsverhältnissen bedarf also einer entsprechenden einzelvertraglichen Abrede.

D. Thailand

I. Allgemeines

Thailand hat eine Fläche von 515 000 km², eine Bevölkerung von ca. 60 Mio. Einwohnern. Das Land ist seit 1932 in der Form einer **konstitutionellen Monarchie** verfaßt. Seit der Einführung demokratischer Staatsprinzipien unterlag

---

[57] CCH 25/003.

Thailand häufigen Regierungswechseln, sei es durch Neuwahlen, Umbildung von Koalitionen oder Putsch[58]. Dennoch hat sich Thailand wirtschaftlich erheblich entwickelt.

53 Thailand ist das einzige Land in der Region, das in seiner Geschichte nicht kolonialisiert oder besetzt worden ist. Diese **Unabhängigkeit** und das damit verbundene Selbstverständnis haben erhebliche Auswirkungen auf die rechtlichen und kulturellen Rahmenbedingungen für ausländische Investoren in Thailand. Gerade in Thailand stehen sich daher die Skepsis gegenüber ausländischen Investoren auf der einen Seite und der Bedarf für solche Investitionen auf der anderen Seite in einem Spannungsverhältnis gegenüber.

II. Rechtssystem

54 Das thailändische Recht hat sich – anders als die Rechtsordnungen in Malaysia, Singapur, den Philippinen und Indonesien – ohne die Einflußnahme der jeweiligen Kolonialmächte entwickeln können. Es basiert auf der römisch-germanischen Rechtstradition im Sinne eines **kodifizierten Civil Law**, wobei sich der Gesetzgeber vornehmlich an den Rechtssystemen von Deutschland, Frankreich, Japan und der Schweiz orientierte[59]. Es sind aber auch Einflüsse des Common Law unverkennbar.

III. Wirtschafliche Betätigungsformen für Ausländer

1. Investitionsbeschränkungen

55 Thailand hat sich im Laufe der letzten Jahrzehnte kontinuierlich für ausländische Investoren geöffnet und die inhaltlichen Beschränkungen für Investitionen durch Ausländer nach und nach fallen lassen. Die derzeit noch bestehenden Investitionsbeschränkungen ergeben sich vor allem aus dem **Alien Business Act**, der am 4. 3. 2000 in Kraft getreten ist und das bis dahin geltende Alien Business Law abgelöst hat[60]. Daneben ergeben sich – gerade im Hinblick auf Unternehmensübernahmen – aus dem Grundstücksrecht indirekte Investitionshemmnisse, da Ausländer nur in beschränktem Maß Grundeigentum in Thailand erwerben dürfen.

56 **Ausländer** iSd. Alien Business Acts sind natürliche Personen ohne thailändische Staatsbürgerschaft und juristische Personen, die entweder nicht in Thailand eingetragen sind oder an denen Ausländer zu wenigstens 50% beteiligt sind[61]. Entgegen der bisherigen Regelung kommt es jetzt nicht mehr auf die Kopfzahl der ausländischen Anteilseigner, Partner oder Mitglieder an, sondern nur noch auf

---

[58] Thailand Law Yearbook 1995, Thailand's Politics, S. 7.
[59] CCH Doing Business in Asia, 1999, Vol. 2, THA 20-002.
[60] Bei dem bis dahin geltenden Alien Business Law handelte es sich nicht um ein Gesetz im formellen Sinn, sondern um ein National Executive Council Announcement 281 aus dem Jahr 1972.
[61] Sec. 4 Alien Business Act.

die Beteiligungshöhe. Entsprechend gelten Unternehmen, an denen Ausländer eine Minderheitsbeteiligung halten, als thailändische Unternehmen und unterliegen grundsätzlich nicht den im Alien Business Act enthaltenen Beschränkungen.

Nach dem Alien Business Act ist es Ausländern grundsätzlich erlaubt, in Thailand wirtschaftlich tätig zu werden und sich an thailändischen Unternehmen zu beteiligen. Allerdings enthält der Alien Business Act als Anhang drei Listen, in welchen die Geschäftsgebiete genannt werden, in denen Ausländer nicht frei tätig werden dürfen. In den Bereichen der Liste 1 (zB Medien, Grundstückshandel, Handel mit thailändischen Antiquitäten) ist eine Betätigung durch Ausländer generell ausgeschlossen. Die Listen 2 (zB Waffentechnik, Bergbau, Holzverarbeitung) und 3 (zB Groß- und Einzelhandel mit einem Startkapital von weniger als 100 Mio. Bath[62]) enthalten eine Aufzählung der Bereiche, in denen ein **Betätigungsverbot mit Erlaubnisvorbehalt** besteht. Genehmigungsbehörde ist grundsätzlich das Handelsministerium. Während bei Vorliegen einer solchen Genehmigung Geschäfte der Liste 3 für ein ausländisches Unternehmen uneingeschränkt zulässig sind, können die in Liste 2 genannten Tätigkeiten nur von Unternehmen aufgenommen werden, die in Thailand registriert sind und an denen sich Thailänder zu wenigstens 40% (in manchen Fällen reduziert bis auf 25%) beteiligt haben. Zudem müssen mindestens 2/5 der Mitglieder der Geschäftsführung (Board of Directors) Thailänder sein[63].

Die Beschränkungen des Alien Business Act gelten nicht für **US-amerikanische Unternehmen**, sofern diese als solche registriert sind und sich auf den Freundschaftsvertrag über wirtschaftliche Beziehungen zwischen den USA und Thailand berufen. Insofern kann es sich uU anbieten, eine US-amerikanische Gesellschaft als Vehikel für eine Investition zu benutzen.

2. Investitionsförderung

Eine besondere Bedeutung für ausländische Investoren kommt dem **Board of Investment (BOI)** zu, der zentralen Behörde für die Förderung ausländischer Investitionen[64]. Unter bestimmten Voraussetzungen können ausländische Unternehmen auf Antrag durch das BOI gefördert werden. Eine BOI-Förderung ist Grundlage einer Vielzahl von Vergünstigungen. Rechtsgrundlage hierfür ist der **Investment Promotion Act**, der für geförderte Unternehmen Vergünstigungen vor allem im Bereich der Visapflicht für ausländische Arbeitnehmer, der Importzölle und des Grundstücksrechts vorsieht und auch Steuerbefreiungen und -vergünstigungen erlaubt. Die Entscheidung über eine Förderung steht weitgehend im Ermessen des BOI, das hierbei jedoch eine zunehmend freizügigere Linie verfolgt[65]. Eine Förderung durch das BOI erlaubt ausländischen Investoren,

---

[62] Thailändische Bath (Währung); Jahresdurchschnittskurs 1999: 1 Euro zu 40,31 Bath.
[63] Sec.15 Alien Business Act.
[64] http://www.boi.go.th., Oktober 2000.
[65] Vgl. hierzu die am 1.8.2000 in Kraft getretenen Auswahlrichtlinien gem. Board of Investment Announcement No. 1/2543, www.boi.go.th/english/main/newpolicy_text.html., Oktober 2000.

sogar den in Listen 1 und 2 genannten Geschäftstätigkeiten ohne weitere Einschränkungen nachzugehen[66].

3. Investitionsformen

60   Vorbehaltlich den beschriebenen Investitionsbeschränkungen[67] stehen ausländischen Investoren grundsätzlich **alle Gesellschaftsformen des thailändischen Rechts** als Investitionsform zur Verfügung[68]. Die praktisch wichtigsten Rechtsformen sind die Private Limited Company und die Public Limited Company. Diese beiden Gesellschaftsformen unterscheiden sich u. a. in der gesetzlich vorgeschriebenen ständigen Mindestzahl der Anteilsinhaber (die Private Limited Company muß mindestens 7, die Public Limited Company mindestens 15 Gesellschafter haben) und vor allem darin, daß nur die Anteile an einer Public Limited Company öffentlich angeboten und an der Börse gehandelt werden dürfen[69]. Anders als in Singapur und Malaysia ist die Public Limited Company bereits durch den Rechtsformzusatz „PlC" von einer Private Limited Company (Rechtsformzusatz „Ltd.") zu unterscheiden.

61   Neben der Beteiligung an oder der Gründung einer einheimischen Gesellschaft können ausländische Unternehmen in Thailand auch eine **Zweigniederlassung oder Repräsentations- bzw. Regionalbüros** unterhalten. Voraussetzung für jede dieser drei Betätigungsformen ist, daß über einen Zeitraum von vier Jahren in bestimmten Intervallen Betriebskapital von insgesamt 5 Mio. Bath in das Land gebracht wird[70].

IV. Unternehmensübernahmen

1. Allgemeines

62   Grundsätzlich sind auch bei Unternehmensübernahmen die **Beschränkungen des Alien Business Act** zu berücksichtigen. Insbes. können Ausländer eine Mehrheitsbeteiligung an einem thailändischen Unternehmen nicht ohne eine Ausnahmegenehmigung übernehmen, wenn das Zielunternehmen in einem für Ausländer noch nicht geöffneten Geschäftsfeld tätig ist. Ein ähnlich gelagertes Problem ergibt sich, sofern das zu übernehmende Unternehmen Grundeigentum hält. In diesem Fall ist es allerdings oftmals möglich, im Zuge des Unternehmenserwerbs durch sog. Sale-and-Lease-Back-Strukturen den grundstücksrechtlichen Regelungen gerecht zu werden. Sofern ein zu übernehmendes Unternehmen

---

[66] Sec. 12 Alien Business Act.
[67] Siehe Rn 55 ff.
[68] Die möglichen Gesellschaftsformen stellen sich im Überblick wie folgt dar: Unregistered Ordinary Partnership bzw. Registered Ordinary Partnership, entsprechen in etwa der deutschen Offenen Handelsgesellschaft; Limited Partnership, entspricht in etwa der deutschen Kommanditgesellschaft; schließlich die Private Limited Company und die Public Limited Company als Kapitalgesellschaften.
[69] CCH Doing Business in Asia, 1999, Vol. 2, THA 30-101.
[70] http://www.boi.go.th/english/business/g8.html (p. 5 ff), Oktober 2000.

durch das BOI gefördert wird, sind die Förderungsbedingungen einzuhalten, anderenfalls kann die BOI-Förderung entzogen werden[71].

2. Share Deal

a) Anteilsübertragung. Anteile an einer **Private Limited Company** werden mittels Indossierung der Anteilszertifikate übertragen, wobei die Unterschriften des Veräußerers, des Erwerbers sowie mindestens eines Zeugen nötig sind. Der Veräußerer gilt solange als Inhaber der Anteile, bis die Übertragung in das Gesellschaftsregister eingetragen worden ist. Gesetzliche Vorkaufsrechte oder Zustimmungserfordernisse zugunsten der Mitgesellschafter oder der Zielgesellschaft selbst existieren nicht. Solche Rechte oder Zustimmungserfordernisse können sich allerdings aus dem Gesellschaftsvertrag oder sonstigen vertraglichen Vereinbarungen ergeben.

Anteile an **Public Limited Companies** können entweder an der Börse (sofern an der Stock Exchange of Thailand (SET) notiert) oder an einem sog. Over-The-Counter Centre (OTC) gehandelt werden.

b) Übernahmerecht (Takeover Rules). Das thailändische **Übernahmerecht** ist im Securities and Exchange Act von 1992 geregelt[72]. Danach obliegt die Aufsicht über Unternehmensübernahmen der Securities and Exchange Commission (SEC), die auch berechtigt ist, entsprechende Ausführungsregeln zu erlassen. Die SEC hat von dieser Berechtigung durch den Erlaß der Takeover Rules Gebrauch gemacht[73]. Die Übernahmeregeln[74] gelten für den Erwerb von Anteilen (bzw. von Wertpapieren, die in Anteile umgetauscht werden können) an allen Public Limited Companies. Auf Übernahmen von Private Limited Companies finden die Regeln indes keine Anwendung.

Das thailändische Übernahmerecht sieht ein **Pflichtangebot** vor, sofern ein Gesellschafter beim Erwerb von Aktien an der Zielgesellschaft bestimmte Schwellenwerte (sog. „**trigger-points**") überschreitet. Die Schwellenwerte sind 25%, 50% und 75% der Aktien des Zielunternehmens[75]. Es besteht eine Angebotspflicht, sofern der Erwerber bereits mehr als 25%, aber weniger als 50% der Aktien gehalten hat und seine Beteiligung binnen einer Zeitspanne von 12 Monaten um mehr als 5% erhöht[76]. Unter bestimmten Umständen kann der Anteilserwerber jedoch von der SEC eine Befreiung von der Verpflichtung zur Abgabe eines öffentlichen Übernahmeangebots erlangen. Die Befreiung kann erteilt werden, wenn der Anteilserwerb nicht zu einer Änderung in der Kontrolle über das Un-

---

[71] Sec. 54 Investment Promotion Act iVm. Sec. 12 Alien Business Act.
[72] Zu finden unter http://www.sec.or.th/indexe.html, Oktober 2000.
[73] Die SEC hat die weitere Ausgestaltung des Übernahmerechts insbes. in der „Notification of the SEC No. KorKor. 4/2538, Rules, Conditions and Procedures for Acquisition of Securities for Business Takeovers, dated 18 May 1992", in Kraft seit 3. 4. 1995, geregelt; vgl. auch *Asawaroj/Clark* in Tomasic, Company Law in Thailand, Hants, 1999, S. 375.
[74] Sec. 245 Securities and Exchange Act.
[75] Sec. 247 Securities and Exchange Act iVm. Clause 4 der Takeover Rules (No. KorKor. 4/2538).
[76] Vgl. zu dieser „creeping control clause" 4 der Takeover Rules (No. KorKor. 4/2538) und die Auslegung bei *Asawaroj/Clark* in Tomasic, Company Law in Thailand, S. 375.

ternehmen führt, wenn er der Unterstützung oder Sanierung des Unternehmens dient oder wenn die SEC die Befreiung aus anderen Gründen für angemessen erachtet[77].

67 Die Takeover Rules regeln neben dem Pflichtangebot auch **freiwillige öffentliche Angebote**, sofern der Erwerber im Fall der Annahme des Angebots mindestens 25% der ausstehenden Anteile hält[78]. Sofern nicht bereits ein Anteilsbestand von 90% überschritten ist, muß ein solches freiwilliges öffentliches Kaufangebot auf mindestens 10% der restlichen Anteile lauten[79]. Auch Teilangebote sind grundsätzlich zulässig. Allerdings ist immer dann ein Angebot für alle noch ausstehenden Anteile abzugeben, wenn die Anteile der Zielgesellschaft zukünftig nicht mehr an der Börse oder dem OTC-Markt gehandelt werden sollen, das Hauptbetätigungsfeld der Gesellschaft geändert werden soll oder wenn mehr als 75% der Anteile erworben werden sollen. Außerdem kann die SEC im Einzelfall den Erwerb aller Anteile vorschreiben.

68 Neben der Verpflichtung ein Pflichtangebot zu machen, bestehen bei Erwerb oder Veräußerung von mehr als 5% der Anteile eines Unternehmens **Offenlegungspflichten**. Die Transaktion muß der SEC binnen eines Geschäftstags gemeldet werden[80].

3. Asset Deal

69 Auch Asset Deals sind in Thailand ein anerkannter Weg zur Unternehmensübernahme. Besondere Bestimmungen hinsichtlich der Übernahme von Verbindlichkeiten bestehen nicht, die Übernahme der Verbindlichkeiten kann also vertraglich entweder vorgesehen werden oder der Verkäufer bleibt allein haftend.

70 a) **Besonderheiten im Grundstücksrecht.** In Thailand kann durch den Erwerb eines sog. „title deed" („cha-nod") eine dauerhafte, dem deutschen Eigentumsrecht vergleichbare Rechtsposition erlangt werden. Dieses Eigentum ist mit Sicherungsrechten belastbar, was in den entsprechenden Registern vermerkt werden muß.

71 Zumindest dem Grundsatz nach können Ausländer in Thailand allerdings **kein Grundeigentum** erwerben[81]. Als Ausländer im grundstücksrechtlichen Sinn gelten auch thailändische Limited Companies, bei denen mehr als 49% der Anteile in ausländischem Besitz oder mehr als die Hälfte der Anteilseigner (gezählt nach Köpfen) Ausländer sind, oder wenn sie von einem ausländischen Direktor geleitet werden[82].

72 Von diesem Grundsatz gibt es jedoch einige **Ausnahmen für gewerblich genutzte Grundstücke**. So kann ein ausländisches Unternehmen, das durch das

---

[77] Clauses 6-9 der Takeover Rules (No. KorKor. 4/2538).
[78] Clause 15 der Takeover Rules (No. KorKor. 4/2538).
[79] Clause 34 der Takeover Rules (No. KorKor. 4/2538).
[80] Sec. 246 Securities and Exchange Act; vgl. *Asawaroj/Clark* in Tomasic, Company Law in Thailand, S. 375.
[81] Ausnahmen bestehen mittlerweile für den Erwerb von Eigentumswohnungen und kleinen Grundstücken zur privaten Nutzung.
[82] Sec. 97 Land Code.

BOI gefördert wird, mit Genehmigung des BOI Grundeigentum für gewerbliche Zwecke erwerben[83]. Zudem ist die Industrial Estate Authority of Thailand (IEAT) berechtigt, Industriegebiete auszuweisen, in denen ausländische Unternehmen Grundeigentum erwerben dürfen[84]. In beiden Fällen ist jedoch das Grundstück wieder zu verkaufen, wenn die geförderte Tätigkeit eingestellt oder das Unternehmen an Dritte veräußert wird. Im Fall einer BOI-Förderung muß die Veräußerung dann innerhalb eines Jahres erfolgen, bei Grundstücken in Industriegebieten beträgt die Frist drei Jahre[85].

Seit 1999 können Ausländer zudem für gewerblich genutzte Grundstücke **langfristige Mietrechte** erwerben, die frei übertragbar, belastbar und vererblich sind. Das Recht ist zeitlich auf zunächst maximal 50 Jahre begrenzt, die Frist kann aber einmalig um weitere maximal 50 Jahre verlängert werden. Das Mietrecht muß als Landrecht in die öffentlichen Register eingetragen werden[86]. Für die Belastung des Mietrechts finden die Vorschriften über Grundpfandrechte entsprechende Anwendung, insbes. bedarf die Belastung einer Eintragung in das Grundbuch[87]. Mit dem Mietrecht ist ein dem deutschen Erbbaurecht zumindest vergleichbares Recht geschaffen worden.

b) Besonderheiten im Arbeitsrecht. Die Rechte der Arbeitnehmer in Thailand sind vor allem durch das Arbeitsschutzgesetz von 1998 (**Labour Protection Act**) inzwischen ausführlich gesetzlich geregelt. Bei Übernahmen von gesamten Betriebseinheiten tritt der neue Arbeitgeber automatisch in die Rechte und Pflichten aus den Arbeitsverträgen der einzelnen Arbeitnehmer mit dem vorherigen Arbeitgeber ein[88].

Ausländische Arbeitnehmer benötigen sowohl eine **Aufenthaltsgenehmigung** als auch eine **Arbeitserlaubnis**. Die Aufenthaltsgenehmigung (üblicherweise ein sog. „non-immigrant visum") wird regelmäßig für ein Jahr gewährt und ist danach jeweils um ein weiteres Jahr verlängerbar. Gleiches gilt für die Arbeitserlaubnis, wobei für deren Erteilung bzw. Verlängerung eine gültige Aufenthaltsgenehmigung stets Voraussetzung ist[89]. Einige Berufe sind jedoch thailändischen Arbeitnehmern vorbehalten, wie etwa Bauingenieur, Architekt, Auktionator, viele handwerkliche Berufe u. a.[90] Ausnahmegenehmigungen können erlangt werden, sofern die Beschäftigung im Zusammenhang mit einer vom BOI geförderten Investition steht[91].

---

[83] Sec. 27 Investment Promotion Act.
[84] Sec. 44 Industrial Estate Authority of Thailand Act.
[85] Sec. 27 Investment Promotion Act; Sec. 44 Industrial Estate Authority of Thailand Act.
[86] Sec. 4 Act Governing Leasing of Immovable Property for Commercial and Industrial Purposes.
[87] Sec. 6 Act Governing Leasing of Immovable Property for Commercial and Industrial Purposes; Sec. 703 ff. CCC.
[88] Sec. 13 Labour Protection Act.
[89] Sec. 8 ff. Alien Work Permit Act.
[90] Zur aktuellen Liste siehe http://www.boi.go.th/english/business/g5a.html2, Oktober 2000.
[91] Sec. 25 f. Investment Promotion Act; Sec. 45 f. Industrial Estate Authority of Thailand Act.

E. Taiwan

I. Allgemeines

76 Die **Republik China auf Taiwan** (Taiwan) entstand, als die bis dahin in China herrschende Kuomintang Partei 1949 nach der Machtübernahme durch Mao Zedong nach Taiwan flüchtete und sich dort etablierte. Seither ist Taiwan de facto unabhängig, als solches jedoch nur von wenigen Drittländern anerkannt. Die Volksrepublik China sieht Taiwan weiterhin als Teil ihres Staatsgebiets an und droht offen mit einer nötigenfalls mit Gewalt erzwungenen „Wiedervereinigung".

77 Die völkerrechtliche Sonderlage und die daraus resultierende politische Spannung hat dem wirtschaftlichen Erfolg Taiwans jedoch keinen Abbruch getan. Taiwan bekennt sich zur freien Marktwirtschaft. Wegen der strategisch günstigen Insellage an der Südostküste des chinesischen Festlands dient Taiwan für viele Unternehmen als Brückenkopf in der Asien-Pazifik-Region, und auch die einheimischen Unternehmen stellen sich erfolgreich dem internationalen Wettbewerb. Taiwan konnte daher mit etwa 22 Mio. Einwohnern 1997 ein Bruttoinlandsprodukt von 284,8 Mrd. US-$ erwirtschaften und damit unter die 20 größten Wirtschaftsnationen der Welt aufrücken. Die bedeutendsten Exportmärkte Taiwans sind mit einem Exportanteil von jeweils über 20% die USA und die Volksrepublik China (mit Hongkong), gefolgt von Japan und Europa. Einen erheblichen Anteil an den Exporterfolgen Taiwans haben technologieintensive Industrien. Taiwan will seine Rolle als High-Tech-Standort für die Kommunikations- und Informationsindustrie, für Präzisionsmaschinen, für Umwelttechnik und für Medizin- und Gesundheitstechnologien weiter ausbauen.

II. Rechtssystem

78 Das Rechtssystem Taiwans basiert auf dem System des Civil Law, es handelt sich also um ein **weitestgehend kodifiziertes Recht**. Die meisten der grundlegenden Gesetze wurden in der Zeit um 1930 erlassen und sind stark an die entsprechenden Regelungen in Japan, Deutschland, Frankreich und der Schweiz angelehnt. Dagegen orientieren sich das Steuer- und Gesellschaftsrecht sowie weite Teilbereiche des Wirtschaftsrechts, die erst nach 1949 kodifiziert worden sind, inhaltlich stark an den US-amerikanischen Vorbildern[92].

79 Für Unternehmensübernahmen **relevante Gesetze** finden sich in dem Statute for Investment by Foreign Nationals, der Negative List for Investment by Overseas Chinese and Foreign Nationals, dem Statute for Upgrading Industries mit den dazugehörigen Enforcement Rules und dem Company Law.

---

[92] CCH Doing Business in Asia, Vol. 2, TWN 20-002.

III. Wirtschaftliche Betätigungsformen für Ausländer

1. Investitionsformen

Vorbehaltlich dargestellten Beschränkungen für ausländische Investoren[93] stehen diesen in Taiwan grundsätzlich die gleiche Bandbreite wirtschaftlicher Betätigungsformen zur Verfügung wie Inländern. Die praktisch wichtigsten Gesellschaftsformen sind die Limited Company und die Company Limited by Shares[94].

Die **Limited Company** entspricht in etwa der deutschen GmbH, allerdings ist die Übertragbarkeit der Gesellschaftsanteile hier schon von Gesetzes wegen eingeschränkt: Jede Anteilsübertragung bedarf der Zustimmung der Mehrheit der übrigen Gesellschafter[95]. Außerdem muß sich die Zahl der Anteilseigner zu jedem Zeitpunkt zwingend zwischen 5 und 21 bewegen[96].

Die **Company Limited by Shares** hingegen ist am ehesten der deutschen AG vergleichbar: Die Anteile sind grundsätzlich frei übertragbar, vorausgesetzt die Mindestzahl von sieben Anteilseignern wird nicht unterschritten[97].

Neben der Beteiligung an oder der Gründung von einheimischen Gesellschaften können ausländische Unternehmen in Taiwan auch eine **Zweigniederlassung** gründen[98]. Daneben besteht auch die Möglichkeit, ein **Repräsentationsbüro** zu eröffnen[99].

2. Investitionsbeschränkungen

Das taiwanesische Company Law enthält, unabhängig von der Art der wirtschaftlichen Betätigung der betroffenen Gesellschaft, **umfassende Beschränkungen** für die Beteiligung ausländischer Investoren.

Für eine **Limited Company** sieht das Gesetz vor, daß mindestens die Hälfte der Anteilseigner chinesische Staatsangehörige mit Wohnsitz in der Republik China auf Taiwan sein müssen. Diese müssen mindestens die Hälfte des Kapitals der Gesellschaft besitzen[100]. Ferner muß der die Gesellschaft nach außen vertretende Geschäftsführer Taiwan-Chinese sein[101].

Für die **Company Limited by Shares** muß die Mehrzahl der Aktionäre (gerechnet nach Köpfen) Taiwanesen sein, eine Mindestbeteiligungsquote gibt es in-

---

[93] Siehe Rn 84 ff.
[94] Daneben existieren: Die Unlimited Company (entspricht in etwa der deutschen Offenen Handelsgesellschaft); die Unlimited Company with Restricted Liability Shareholder (entspricht ungefähr der deutschen KG). All diese Gesellschaftsformen sind geregelt im sog. Company Law.
[95] Art. 111 Company Law.
[96] Art. 98 Company Law.
[97] Art. 128 Company Law.
[98] Zum Verfahren zur Gründung einer Zweigniederlassung *Andrews/Francis* in Tomasic, Company Law in Taiwan, Hants, 1999, S. 236 f.
[99] Art. 386 Company Law; ausführlicher dazu *Klatt* in Gutterman/Brown (Hrsg.), Commercial Laws of East Asia, Hongkong, 1997, S. 526.
[100] Art. 98 Abs. 1 Company Law.
[101] Art. 108 Abs. 2 Company Law.

des nicht[102]. Berücksichtigt man, daß eine Company Limited by Shares wenigstens sieben Aktionäre haben muß, ergibt sich, daß Ausländer bis auf vier Aktien alle Aktien an einer taiwanesischen Company Limited by Shares erwerben können[103]. In jedem Fall müssen jedoch der Vorstandsvorsitzende, dessen Stellvertreter und wenigstens ein Aufsichtsratsmitglied Taiwan-Chinesen sein[104]. Einer Company Limited by Shares obliegt die Verpflichtung, ein IPO zu machen, sofern das Grundkapital 200 Mio. NT-$[105] erreicht[106]. Im Ergebnis führt dies dazu, daß viele Unternehmen in Taiwan ihr Kapital bewußt knapp unter diesem Schwellenwert halten. Bei einer Neuemission von Aktien an einer Company Limited by Shares sind 10 bis 15% der Anteile den Arbeitnehmern des Unternehmens anzubieten[107].

87   Neben diesen im Gesellschaftsrecht verankerten Investitionsbeschränkungen sind ausländische Investitionen nach dem Statute for Investment by Foreign Nationals in **bestimmten Wirtschaftszweigen verboten**. Die von dem Verbot erfaßten Wirtschaftszweige sind in einer sog. „**Negativliste**" katalogartig aufgezählt. U. a. genannt sind die Tierzucht, die Herstellung bestimmter Chemikalien, die Produktion von Waffen sowie Rundfunk und Fernsehen[108].

3. Staatliche Investitionsförderung

88   Ausländische Investoren können in den Genuß einer **staatlichen Förderung** kommen, sofern die Investition ein sog. Foreign Investment Approval (**FIA**) erhalten, also von Taiwan als besonders förderungswürdig eingestuft wird. Das FIA wird von der Investment Commission des Wirtschaftsministeriums gewährt und berechtigt den Investor zu einer Reihe von Vergünstigungen wie zB Steuererleichterungen[109] und Erleichterungen hinsichtlich der Begrenzung ausländischer Beteiligungen an taiwanesischen Unternehmen. Mit der Gewährung von FIA entfallen sämtliche Beschränkungen für ausländischen Investoren an Unternehmen in Taiwan[110]. Außerdem genießen FIA-Investitionen 20 Jahre lang Schutz

---

[102] Art. 128 Abs. 1 Company Law.
[103] So auch *Andrews/Francis* in Tomasic, Company Law in Taiwan, S. 244.
[104] Art. 208 Abs. 5 Company Law (bzgl. Vorstand) und Art. 216 Abs. 1 Company Law (bzgl. Aufsichtsrat). Der Aufsichtsrat kann auch aus nur einer einzigen Person bestehen, vgl. *Klatt* in Gutterman/Brown (Hrsg.), Commercial Laws of East Asia, S. 524.
[105] NT-$ = New Taiwan Dollar (Währung); Jahresdurchschnittskurs 1999: 1 Euro zu 34,37 NT-$.
[106] Art. 156 Abs. 4 Company Law.
[107] Art. 267 Abs. 1 Company Law.
[108] Negative List For Investment By Overseas Chinese and Foreign Nationals, S. 1: Prohibited Industries.
[109] So werden Dividenden aus Gesellschaftsanteilen etwa nur mit 20 % statt mit den üblichen 25 bis 35 % besteuert, vgl. *Klatt* in Gutterman/Brown (Hrsg.), Commercial Laws of East Asia, S. 526; zu Einzelheiten siehe auch CCH Doing Business in Asia, Vol. 3, TWN 45-112.
[110] Art. 15 Statute For Investment By Foreign Nationals bezieht sich ausdrücklich auf die Art. 98 Abs. 1, 108 Abs. 2, 128 Abs. 1, 208 Abs. 5 und 216 Abs. 1 Company Law. Die Verpflichtung zur Reservierung von Arbeitnehmeraktien bei Neuemissionen nach Art. 267 Company Law entfällt jedoch nur dann, wenn die ausländische Investition tatsächlich mind. 45 % des Gesamtkapitals des Unternehmens ausmacht.

vor Enteignung, sofern die FIA-geförderte Beteiligung an dem betroffenen Unternehmen mindestens 45% beträgt[111] und die Verpflichtung zum „going public" entfällt[112].

Die **für die Gewährung einer FIA maßgeblichen Vorschriften** finden sich im Statute for Investment by Foreign Nationals. Für Investitionen, die nach dem im Statute for Investment by Foreign Nationals ausländischen Investoren gänzlich verboten sind, besteht keine Möglichkeit, eine FIA zu erhalten. Daneben kennt das Gesetz aber auch sog. beschränkte Investitionsbereiche, in denen eine FIA nur mit Zustimmung der entsprechenden Fachbehörde erteilt wird[113].

IV. Unternehmensübernahmen

1. Allgemeines

Unternehmensübernahmen sind auch in Taiwan üblich, unterliegen allerdings einer Reihe von besonderen und teilweise ungewöhnlichen **Beschränkungen**, die den Erwerb taiwanesischer Unternehmen durch Ausländer erheblich erschweren.

2. Share Deal

a) **Anteilsübertragungen.** Die Anteile an einer **Limited Company** sind übertragbar, die Übertragung bedarf allerdings der **Zustimmung** der Mehrheit der übrigen Gesellschafter. Die Mitgesellschafter haben zudem ein **gesetzliches Vorkaufsrecht**. Die Zustimmung zur Übertragung gilt als erteilt, wenn die Mitgesellschafter ihr Vorkaufsrecht nicht ausüben und der Übertragung nicht ausdrücklich widersprechen[114]. Die Übertragung von Gesellschaftsanteilen, die von Direktoren einer Limited Company gehalten werden, können nur mit Zustimmung aller Mitgesellschafter veräußert werden[115].

Im Gegensatz dazu sind die Anteile an einer **Company Limited by Shares** frei übertragbar. Etwaige Beschränkungen der Übertragbarkeit durch den Gesellschaftsvertrag sind vom Gesetz ausdrücklich verboten[116]. Die Anteilsübertragung erfolgt durch Indossierung des Anteilszertifikats und dessen Eintragung in das Gesellschafterverzeichnis[117].

b) **Beschränkungen für inländische Erwerber.** Taiwanesische Gesellschaften sind beim Erwerb anderer Unternehmen beschränkt[118]. Danach darf eine taiwanesische Gesellschaft nicht mehr als **40% ihres eigenen Kapitals** in eine

---

[111] Art. 14 Abs. 1 Statute For Investment By Foreign Nationals.
[112] Art. 15 Abs. 2 Statute For Investment By Foreign Nationals.
[113] Art. 7 Abs. 2 Statute For Investment By Foreign Nationals; Negative List For Investment By Overseas Chinese and Foreign Nationals, S. 2: Restricted Industries.
[114] Art. 111 Abs. 1 und 2 Company Law.
[115] Art. 111 Abs. 3 Company Law.
[116] Art. 163 Abs. 1 Company Law.
[117] Art. 165 Abs. 1 Company Law. (Dies gilt entsprechend auch für die Übertragung von Anteilen an einer Limited Company, Art. 104 Abs. 2 Company Law.).
[118] Art. 13 Company Law.

andere Gesellschaft investieren, wenn dies nicht ausdrücklich in der Satzung der Erwerbergesellschaft vorgesehen oder durch einen entsprechenden Gesellschafterbeschluß genehmigt ist. Im Falle einer Limited Company bedarf ein solcher Beschluß der Einstimmigkeit, bei einer Company Limited by Shares genügt ein Mehrheitsbeschluß.

94   c) **Takeover Rules.** Für die Übernahme eines öffentlich gehandelten Unternehmens gelten die Vorschriften des **Securities and Exchange Law (SEL)** sowie der entsprechenden Durchführungsverordnungen, insbes. den 1995 erlassenen Takeover Rules[119]. Sie gelten für den Erwerb von Anteilen, die entweder an der Börse oder auf einem der OTC-Märkte gehandelt werden. Die Regeln enthalten eine Reihe von **Mitteilungs-, Offenlegungs- und Handlungspflichten.** Insbes. sehen die Takeover Rules ein Pflichtangebot vor, sofern ein Investor (entweder allein oder im Zusammenwirken mit anderen) einen Schwellenwert von 33% überschreitet[120]. Zudem sind Investoren, die mehr als 10% der öffentlich gehandelten Anteile einer Gesellschaft erworben haben, verpflichtet, den Erwerb innerhalb von 10 Tagen der SEC anzeigen. Dabei ist sowohl der Zweck der Akquisition als auch die Herkunft der Mittel offenzulegen[121].

95   d) **Aktienerwerb durch Ausländer.** Der Erwerb von Aktien eines in Taiwan öffentlich gehandelten Unternehmens durch Ausländer unterliegt zudem den Regulations Governing Securities Investment by Overseas Chinese and Foreign Nationals. Danach sind Beteiligungen durch Ausländer an öffentlich gehandelten Unternehmen auf maximal 10% pro ausländischem Investor und maximal 25% ausländische **Gesamtbeteiligung begrenzt.**

3. Asset Deal

96   Auch in Taiwan ist die Unternehmensübernahme mittels Asset Deal möglich und unterliegt **keinen speziellen gesetzlichen Regelungen.** Allerdings enthält das Taiwanesische Zivilgesetzbuch in Art. 305, 306 eine dem ehemaligen § 419 BGB entsprechende Bestimmung, derzufolge der Erwerber aller Vermögenswerte eines Betriebs oder Teilbetriebs automatisch für die Verbindlichkeiten dieses Betriebs oder Teilbetriebs haftet.

97   a) **Besonderheiten im Grundstücksrecht.** In Taiwan ist das **Privateigentum** an Grundstücken anerkannt[122]. Allerdings finden sich im Land Act Restriktionen für den Eigentumserwerb an land- und forstwirtschaftlichen Grundstücken.

98   Auch ausländische Gesellschaften haben über zugelassene Zweigniederlassungen das Recht, **Eigentum** an Grundstücken zu **erwerben**[123], soweit dies für die zugelassenen **geschäftlichen Zwecke** notwendig ist und ein taiwanesisches Unternehmen im Heimatland der ausländischen Gesellschaft entsprechende Rechte

---

[119] *Andrews/Francis* in Tomasic, Company Law in Taiwan, S. 265.
[120] Dazu *Andrews/Francis* in Tomasic, Company Law in Taiwan, S. 266.
[121] Art. 43-1 Abs. 1 Securities and Exchange Law.
[122] Art. 143 der taiwanesischen Verfassung.
[123] Art. 376 des Company Law.

genießt[124]. Der Erwerb von Grundeigentum durch eine Zweigniederlassung bedarf allerdings einer das Vorliegen dieser Voraussetzungen bestätigenden behördlichen Genehmigung[125].

b) Besonderheiten im Arbeitsrecht. Das taiwanesische Arbeitsrecht sieht vor, daß im Fall der Unternehmensübernahme der Veräußerer das Arbeitsverhältnis zu **kündigen** hat (mit der Verpflichtung, eine Abfindung zu zahlen) und daß der Erwerber den Arbeitnehmern bei **Neueinstellung** dieselbe Seniorität anzubieten hat, die der betroffene Arbeitnehmer beim Verkäufer genoß[126].

Einheimische Arbeitnehmer sind bevorzugt einzustellen. **Ausländische Arbeitnehmer** bedürfen einer Arbeitserlaubnis, die entsprechend dem Grundsatz der bevorzugten Behandlung von einheimischen Arbeitnehmern der besonderen Begründung bedarf. Für einzelne Arbeitsgebiete sind besondere Zulassungsregeln zu beachten. Schließlich ist zu beachten, daß Arbeitnehmern bei Kapitalerhöhungen zwischen 10 und 15% des neuen Kapitals angeboten werden muß. Für Gesellschaften, an denen Investoren mit einer FIA beteiligt sind, gilt diese Arbeitnehmerförderung nicht, wenn die Ausländer 45% oder mehr der Kapitalanteile halten[127].

F. Vietnam

I. Allgemeines

Nach der Vereinigung Vietnams im Jahre 1975 war Vietnam das bevölkerungsmäßig drittgrößte **kommunistische Land** der Welt. Wirtschaftliche Aktivitäten waren den Staatsbetrieben vorbehalten, privaten Handel gab es nach offizieller Lesart nicht. Die Regulierung der Wirtschaft erfolgte mittels Verwaltungsanweisungen, durch die Produktionsziele und Preise festgelegt wurden[128]. Vietnams wirtschaftliche Entwicklungsmöglichkeiten waren daher eng mit den Wirtschaftsplänen der Kommunistischen Partei verbunden. Schon bald zeigte sich jedoch, daß die hochgesteckten Ziele nicht im entferntesten erreicht wurden. Vietnam zählte zu den ärmsten Ländern der Welt und Ursachen hierfür waren u. a. die zentral gelenkte, unflexible Planwirtschaft, die übermäßige Bürokratisierung der Wirtschaft und die Ineffizienz der Staatsbetriebe.

Auch die Parteiführung konnte ihren Blick nicht mehr vor der ausufernden Inflation, der zunehmenden Schattenwirtschaft und vor allem dem wirtschaftlichen

---

[124] Darüber hinaus kann eine „branch" aber keine Grundstücke erwerben, vgl. *Cassingham* International Tax Review (http://www.perkinscoie.com/Resource/intldocs/JV_in_uncommon.htm), Oktober 2000.
[125] Art. 376 S. 2 Company Law.
[126] Art. 20 des Employment Law.
[127] *Cassingham* International Tax Review (http://www.perkinscoie.com/Resource/intldocs/JV_in_uncommon.htm, Oktober 2000).
[128] *Gillespie* in Tomasic, Corporations in Vietnam, Hants, 1999, S. 299.

Erfolg der kapitalistischen Nachbarstaaten verschließen, und so kam es auf dem Sechsten Parteikongreß der Kommunistischen Partei Vietnams im Dezember 1986 zur Verabschiedung einer umfassenden **Reformpolitik** unter der Bezeichnung „**Doi Moi**". Diese leitete eine fundamentale Veränderung des bisherigen Wirtschaftssystems – weg von der zentral gelenkten Planwirtschaft hin zu einer Art Staatskapitalismus (von offizieller Seite „sozialistisch orientierte Marktwirtschaft" genannt) – ein[129]. Vor allem die neue Verfassung von 1992 und eine Reihe neuer Gesetze haben den Übergang zu einer marktorientierten Wirtschaftsordnung weiter vorangebracht. 1995 wurde ein Civil Code verabschiedet, dem folgte 1996 das Foreign Investment Law (FIL) und 1997 ein Handelsgesetzbuch. Am 1. 1. 2000 trat schließlich mit dem Law on Enterprises eine Neufassung des gesamten Gesellschaftsrechts in Kraft. Die Rückkehr von Vietnam in die Weltwirtschaftsgemeinschaft wurde durch die Aufhebung des US-amerikanischen Wirtschaftsembargos im Jahr 1994 sowie die Aufnahme Vietnams in die Gemeinschaft südostasiatischer Staaten (ASEAN) im Jahr darauf weiter erleichtert.

103 Dennoch darf diese insgesamt positive Entwicklung nicht darüber hinwegtäuschen, daß Vietnam nach wie vor ein **sozialistisches Entwicklungsland** ist, in dem sich ein Investor mit einer Vielzahl von praktischen und rechtlichen Problemen konfrontiert sieht. Unklare Gesetzeslage, mangelnde Rechtssicherheit, Korruption und die immer noch allgegenwärtige Bürokratie haben gerade in den letzten Jahren wieder zu einem Rückgang der Investitionen geführt[130].

II. Rechtssystem

104 Unabhängig von der Reformgesetzgebung der letzten 15 Jahre ist Vietnam dem **sozialistischen Rechtskreis** zuzurechnen. Das höchste Gesetzgebungsorgan, die Nationalversammlung, erläßt die oftmals allgemein gehaltenen Gesetze (Laws, Ordinances, Resolutions). Die Gesetze werden dann durch Erlasse des Präsidenten (Orders, Decisions) und Verordnungen und Ausführungsbestimmungen der Regierung bzw. der einzelnen Ministerien (Decrees, Regulations, Circulars) konkretisiert. Diese Ausführungsbestimmungen spielen in der Praxis oft eine wichtigere Rolle als das eigentliche Gesetz[131]. Die Tatsache, daß die einzelnen Behörden die bestehenden Bestimmungen jederzeit und unabhängig voneinander ändern können, hat dabei zu einer verwirrenden Komplexität und oft auch Widersprüchlichkeit der Rechtslage geführt[132]. Diese Unübersichtlichkeit wird durch die schrittweise Anpassung an die marktwirtschaftliche Entwicklung eher noch verstärkt.

---

[129] *Gillespie* in Tomasic, Corporations in Vietnam, S. 299.
[130] *Robert Frank*, US Firms Leave Vietnam, The Asian Wall Street Journal 25. 4. 2000; vwd Südostasien, Auslandsinvestitionen im freien Fall, 22. 8. 2000, S. 3; vertiefend *Wrede/Siems*, Auslandsinvestitionen in Vietnam, ZVglRWiss 2000, 210 ff.
[131] *Bergling* in Gutterman/Brown (Hrsg.), Commercial Laws of East Asia, S. 610.
[132] The Economist Intelligence Unit, Country Commerce Vietnam, April 2000, S. 16.

III. Wirtschaftliche Betätigungsformen für Ausländer

Ausländer können in Vietnam nach dem auf sie anwendbaren Foreign Investment Law (FIL) nur in den dort geregelten drei Betätigungsformen tätig werden:
- Gründung eines Joint Venture Enterprise mit einem vietnamesischen Partner (im folgenden **JVE**);
- Gründung einer Gesellschaft mit ausschließlich ausländischem Kapital (Wholly Foreign Owned Enterprise, im folgenden **WFOE**);
- vertragliches Joint Venture (Business Co-operation Contract, im folgenden **BCC**)[133].

Während es sich sowohl bei dem JVE als auch bei einem WFOE um eigenständige Kapitalgesellschaften handelt, die zwingend in der Form einer Limited Liability Company zu errichten sind[134], werden durch den BCC lediglich vertragliche Beziehungen zwischen den beteiligten Unternehmen geschaffen. Sowohl ein WFOE als auch ein JVE können jeweils Partner eines weiteren, neuen JVE werden[135]. Für keine der genannten Investitionsformen ist eine Mindestsumme vorgeschrieben. Allerdings muß bei einem JVE die ausländische Kapitalbeteiligung mindestens 30% betragen[136].

Außerhalb des FIL besteht noch die Möglichkeit, in Vietnam ein **Repräsentationsbüro** oder eine **Zweigniederlassung** zu eröffnen. Repräsentanzen dürfen allerdings weder selbst Waren oder Dienstleistungen anbieten noch direkt Verträge für das repräsentierte Unternehmen abschließen[137]. Die Gründung von Zweigniederlassungen ist erst durch das 1997 in Kraft getretene Handelsgesetzbuch eröffnet worden. Allerdings gibt es noch keine die Gründung und den Betrieb solcher Zweigniederlassungen regelnden Ausführungsbestimmungen[138].

Allen Formen wirtschaftlicher Betätigung von Ausländern in Vietnam ist gemeinsam, daß hierfür eine besondere **Investitionslizenz** nötig ist[139]. Für die Erteilung dieser Lizenz ist idR das Ministerium für Planung und Investition zuständig, in bestimmten Fällen liegt die Kompetenz jedoch beim Premierminister oder auch bei lokalen Behörden, soweit ihnen diese Aufgabe von der Regierung übertragen wurde[140]. Das Genehmigungsverfahren ist durch eine Vielzahl von Formalitäten geprägt und die Zeitvorgaben werden oft nicht eingehalten. In diesem Zusammenhang ist auch die „ultra vires"-Regel zu beachten: Geschäftstätigkeiten, die sich außerhalb des in der Investitionslizenz definierten Rahmens bewegen, sind unzulässig und nichtig[141].

---

[133] Art. 4 Foreign Investment Law.
[134] Art. 6 Abs. 3 und Art. 15 Abs. 2 Foreign Investment Law.
[135] Art. 6 Abs. 2 und Art. 15 Abs. 3 Foreign Investment Law.
[136] Art. 8 Foreign Investment Law.
[137] Art. 42 Commercial Law.
[138] Art. 43 Commercial Law.
[139] Art. 8 Abs. 2, Art. 12 No. 4, Art. 26 Abs. 3 Decree No. 12-CP (1997); Art. 41 No. 1, Art. 43 No. 1 Commercial Law.
[140] Vgl. Art. 4 und 93 Decree No. 12-CP (1997).
[141] *Gillespie* in Tomasic, Company Law, S. 310; *Wrede/Siems,* Auslandsinvestitionen in Vietnam, ZVglRWiss 2000, 210, 220.

IV. Unternehmensübernahmen

109 Mit Blick auf die Zielgesellschaft ist klar zu trennen zwischen rein vietnamesischen Unternehmen einerseits und ausländischen Investitionsgesellschaften (WFOE, JVE) andererseits. Während bei einheimischen Gesellschaften eine Übernahme durch Ausländer jedenfalls im Sinne einer Mehrheitsbeteiligung mittels eines Share Deal ausscheidet, ist eine Übertragung der Anteile an Investitionsgesellschaften (WFOE, JVE) durchaus möglich.

1. Share Deal

110 **a) Rein Vietnamesische Unternehmen.** Lange Zeit war es für ausländische Investoren nicht möglich, überhaupt in vietnamesische Gesellschaften zu investieren[142]. Investitionen aus dem Ausland sollten sich auf die o. g. Formen der Direktinvestition beschränken. Inzwischen erlaubt jedoch die Gesetzeslage in beschränktem Rahmen auch den Erwerb von Anteilen an vietnamesischen Gesellschaften durch Ausländer[143]. Tatsächlich beschränkt sich diese Investitionsmöglichkeit jedoch auf einzelne Unternehmen in wenigen Wirtschaftbereichen[144]. In jedem Fall darf die ausländische Beteiligung **nicht mehr als insgesamt 30%** betragen[145].

111 **b) Erwerb von Anteilen an einem JVE oder einem WFOE.** Sowohl die Anteile an einem WFOE als auch der ausländische Anteil an einem JVE und einem BCC können durch Abtretung auf ein anderes ausländisches Unternehmen übertragen werden[146]. Jede Form der Abtretung erfordert jedoch für ihre Wirksamkeit eine **Genehmigung** durch die zuständige Behörde. Die notwendigen Abtretungsdokumente umfassen
– den Abtretungsvertrag;
– den entsprechenden Beschluß der Geschäftsführung;
– einen Bericht über die momentanen Geschäfte des Zielunternehmens;
– einen Bericht über die rechtliche Stellung, die Finanzkraft und die Identität der vertretungsberechtigten Repräsentanten des erwerbenden Unternehmens.

112 Bei der Übertragung der Anteile eines WFOE ist zu beachten, daß vietnamesischen Unternehmen diesbezüglich ein gesetzliches **Vorkaufsrecht** zukommt.

---

[142] Art. 1 Law on Companies (1990); dieses Gesetz ist jedoch mittlerweile durch das am 1.1. 2000 in Kraft getretene Law on Enterprises ersetzt worden, welches in Art. 10 Nr. 2 eine ausländische Beteiligung an vietnamesischen Gesellschaften grundsätzlich zuläßt.

[143] Art. 5 Ziff. 2 Law on Promotion of Domestic Investment; Art. 6 Regulations on Sales of Shares to Foreign Investors (veröffentlicht mittels Decision 145-1999-QD-TTg).

[144] Die Bereiche sind im Anhang zur Decision 145-1999-QD-TTg genannt. Es handelt sich dabei vor allem um die Bekleidungs- und Konsumgüterindustrie sowie die Landwirtschaft und das Hotelgewerbe.

[145] Art. 6 Regulations on Sales of Shares to Foreign Investors (veröffentlicht mittels Decision 145-1999-QD-TTg); Art. I/3 Circular 132-1999-TT-BTC.

[146] Die hierfür maßgeblichen Bestimmungen finden sich in Art. 34 Foreign Investment Law und Art. 64 Decree Nr. 12-CP. Bei einem WFOE und einem JVU werden die Kapitalanteile abgetreten, bei einem BCC erfolgt de facto eine Vertragsübernahme.

Wird nur ein Teil der Anteile veräußert, so kann auf diesem Weg aus einem WFOE ein JVE werden[147].

Für den Fall, daß die Anteile an einem JVE oder die vertragliche Stellung in einem BCC übertragen werden sollen, steht den jeweiligen vietnamesischen Partnern **ebenfalls** ein **Vorkaufsrecht** zu. Mit außenstehenden Dritten dürfen dann keine günstigeren Bedingungen vereinbart werden als sie in den Vorzugsangeboten enthalten waren. In jedem Fall bedarf die Abtretung zudem der Zustimmung der anderen an dem JVE bzw. BCC beteiligten Parteien.

c) **Übernahmerecht (Takeover Rules).** Übernahmeregeln stehen üblicherweise in engem Zusammenhang mit dem Vorhandensein einer Wertpapierbörse und einem funktionierenden öffentlichen Handel von Anteilen. Eine Börse existiert in Vietnam aber erst seit der Eröffnung des ersten Securities Transaction Center in Ho-Chi-Minh-City am 20.7.2000. Eine spezielle Regelung des Übernahmerechts vergleichbar den Takeover Codes anderer Staaten steht derzeit noch aus. Nach den Regeln der Börse in Ho-Chi-Min-City besteht jedoch eine Mitteilungsfrist, sofern ein Aktionär mehr als 5% der Stimmanteile eines Unternehmens erwirbt[148]. Ferner muß ein **öffentliches Angebot** gemacht werden, wenn 25% oder mehr der Stimmanteile gehandelt werden sollen[149]. Praktische Erfahrungen mit diesen Bestimmungen gibt es bislang noch nicht.

Besondere Regeln gelten für **die Beteiligung von Ausländern am Wertpapierhandel**. Danach darf ein einzelnes ausländisches Unternehmen maximal 7% und eine ausländische natürliche Person maximal 3% der Anteile an einem Unternehmen halten. Die ausländische Beteiligung insgesamt darf **nicht mehr als 20%** betragen[150]. Ausländer in diesem Sinn sind auch vietnamesische Staatsbürger, die ihren dauerhaften Wohnsitz im Ausland haben[151].

2. Asset Deal

Auch ein Asset Deal im herkömmlichen Sinn ist in Vietnam **nicht ohne weiteres möglich**. Die bedeutendsten Einschränkungen ergeben sich aus dem Verbot des Privateigentums an Grundstücken sowie aus der bereits angesprochenen Notwendigkeit, daß jede wirtschaftliche Betätigung von Ausländern einer Investitionslizenz bedarf, die nicht frei übertragbar ist.

a) **Besonderheiten im Grundstücksrecht.** Die Besitzverhältnisse an Grund und Boden werden durch das Law on Land geregelt. Entsprechend der sozialisti-

---

[147] Art. 34 Abs. 3, Art. 15 Abs. 4 Foreign Investment Law.
[148] Art. 58 Ziff. 1 Regulations on Membership, Listing, Disclosure of Information and Trading of Securities (veröffentlicht mittels Decision 04-1999-QD-UBCK 1).
[149] Art. 58 Ziff. 2 Regulations on Membership, Listing, Disclosure of Information and Trading of Securities (veröffentlicht mittels Decision 04-1999-QD-UBCK 1).
[150] Art. 1 Decision 139-1999-QD-TTg; Art. 4 Circular 01-1999-TTLT-BXD-TCDC. Nicht ganz eindeutig ist das Verhältnis dieser Regelung zu der o. g. 30%-Regel (Rn 110). Man darf wohl annehmen, daß die 30%-Regel für nicht öffentlich gehandelte Anteile gilt, während der öffentliche Handel mit Anteilen den hier behandelten Vorschriften unterliegt.
[151] Art. 2.1 Circular 01-1999-TTLT-BXD-TCDC.

schen Weltanschauung gehört das Land dem Volk[152], **privates Eigentum daran gibt es nicht**. Die Verwaltung von Grundstücken wird durch den Staat in Form der **Vergabe von Landnutzungsrechten** – vor allem von Pachtrechten – vorgenommen.

118 Auch ausländische Investoren können **Land** vom Staat **pachten**. Hierfür ist ein Land Leasing Contract zwischen der zuständigen Behörde und dem Pächter notwendig[153]. Das Land darf nur für den im Vertrag vorgesehenen Zweck genutzt werden. Die Dauer des Nutzungsrechts ist unmittelbar an die Laufzeit der entsprechenden Investitionslizenz gebunden[154]. Allerdings kann nach Ablauf der ursprünglich festgelegten Pachtzeit eine Verlängerung beantragt werden[155].

119 Obwohl der Benutzer kein Eigentum an dem Land hat, kann er das **Nutzungsrecht** als solches als Kreditsicherheit **verpfänden**, dies allerdings nur gegenüber einer vietnamesischen Bank. Das Pfandrecht muß in das Register der Landesverwaltung eingetragen werden[156].

120 Das vietnamesische Recht **trennt** mit Blick auf die Eigentumsfrage zwischen dem **Land und** den darauf errichteten **Immobilien**. An letzteren ist durchaus Privateigentum möglich, das sich, etwa im Fall eines WFOE, auch bis zu 100% in ausländischer Hand befinden kann. Allerdings gilt dies nur solange, als die Investitionslizenz für das ausländische bzw. zum Teil ausländische Unternehmen gültig ist. Nach Ablauf der Lizenz darf der ausländische Investor auch an den Gebäuden kein Eigentum mehr besitzen. Das Gebäude ist dann an einen vietnamesischen Rechtsträger zu veräußern[157].

121 **b) Besonderheiten im Arbeitsrecht.** Die grundlegenden Bestimmungen für das vietnamesische Arbeitsrecht finden sich in dem 1995 in Kraft getretenen **Labour Code**. Daneben existiert eine Vielzahl von Verordnungen und Ausführungsbestimmungen[158]. Jenseits der gesetzlichen Regelung sind jedoch auch die **sozialistische Tradition des Landes** und die damit verbundene Rolle der Gewerkschaften und staatlichen Arbeitsorganisationen zu berücksichtigen. Auch die öffentliche Meinung in Form der lokalen Medien kann in der Praxis leicht eine größere Bedeutung erlangen als die eigentliche gesetzliche Regelung[159].

122 Im Fall eines **Betriebsübergangs** tritt der neue Arbeitgeber in die Rechte und Pflichten des bisherigen Arbeitgebers ein. Davon erfaßt ist insbes. auch der Fall,

---

[152] Art. 1 Law on Land.
[153] Art. 2 und 7 Decree No. 11-CP (1995).
[154] Art. 8 Ziff. 1 Ordinance on Rights and Obligations of Foreign Individuals and Organizations Leasing Land in Vietnam (im folgenden Land Ordinance); Art. 83 Abs. 1 Law on Land.
[155] Art. 9 Land Ordinance; Art. 10 Decree No. 11-CP (1995).
[156] Art. 7 Ziff. 2 Land Ordinance; Art. 13 und 15 Decree No. 11-CP (1995).
[157] Vietnam Government Office (Legal Department): Vietnamese Law and the Issue of Ownership of Foreign Investors in Vietnam, www.hg.org/guide-vietnam.html4, Oktober 2000.
[158] Schon 1990 wurden per Decree No. 233-HDBT die Regulations on Labour for Enterprises with Foreign Owned Capital erlassen (im folgenden Labour Regulations). Viele der darin enthaltenen Bestimmungen sind jetzt durch den Labour Code neu geregelt, der gem. Art. 3 auch für Unternehmen mit ausländischem Kapital gilt. Sofern der Labour Code jedoch keine entsprechenden Regelungen enthält, dürften die Vorschriften der Labour Regulations weiterhin Anwendung finden (vgl. dazu auch CCH Doing Business in Asia, Vol. 2, VIT 60-001).
[159] The Economist Intelligence Unit, Country Commerce Vietnam, April 2000, S. 42.

daß ein Unternehmen das Nutzungsrecht an wesentlichen Betriebsgegenständen weiterveräußert[160].

Ein ausländischer Arbeitgeber kann seine Arbeitnehmer nicht ohne weiteres auf dem freien **Arbeitsmarkt** rekrutieren. Vielmehr muß er zunächst die Dienste des örtlichen Arbeitsamts und der Arbeitsvermittlungsdienste in Anspruch nehmen. Nur wenn auf diesem Weg keine geeigneten Arbeitnehmer zu finden sind, kann er direkt und überregional Arbeitskräfte anwerben[161].

Ausländische Arbeitnehmer dürfen nur für diejenigen Tätigkeiten eingestellt werden, für die ausreichend qualifizierte vietnamesische Arbeitnehmer nicht vorhanden sind. Der Arbeitgeber ist dann allerdings gleichzeitig verpflichtet, zur Weiterbildung der einheimischen Bevölkerung vietnamesisches Personal in den entsprechenden Bereichen zu schulen[162]. Ausländische Arbeitnehmer benötigen eine Arbeitserlaubnis, deren Gültigkeitsdauer an den jeweiligen Arbeitsvertrag gekoppelt ist[163].

---

[160] Art. 31 Labour Code.
[161] Art. 3 Labour Regulations; vgl. auch CCH Doing Business in Asia, Vol. 2, VIT 60-001: Die abzuwartende Mindestfrist für die Tätigkeit der Arbeitsvermittlungsstellen beträgt dabei 30 Tage.
[162] Art. 5 Ziff. 1 Decree No. 58-CP (1996); Art. 1 Ziff. 2 Decree No. 169-1999-ND-CP.
[163] Art. 13 Ziff. 1 Decree No. 58-CP (1996); Art. 1 Ziff. 5 Decree No. 169-1999-ND-CP.

§ 43 Polen

Übersicht

	Rn
A. Einführung	1
B. Privatisierung	2
I. Überblick zum polnischen Privatisierungsrecht	2
II. Privatisierung durch Umwandlung (Kommerzialisierung)	4
III. Mittelbare Privatisierung	5
IV. Unmittelbare Privatisierung	7
V. Massenprivatisierung	9
C. Grundzüge des polnischen Gesellschaftsrechts	12
I. Gründung einer Gesellschaft	12
1. Rechtsgrundlagen	13
2. Zulässige Gesellschaftsformen für Ausländer	14
3. Zustimmungen	18
4. Allgemeine Pflichten von Wirtschaftssubjekten	19
II. Grundzüge der GmbH (Sp. z o. o.)	24
1. Grundlegende Änderungen auf einen Blick	24
2. Gründungsverfahren und Vor-GmbH	25
3. Inhalt und Bedeutung des Handelsregisters	35
4. Kapitalaufbringung, Kapitaleinlagen und Kapitalerhaltung	37
5. Gesellschaftsvertrag	40
6. Gesellschaftsorgane	44
a) Vorstand	45
b) Gesellschafterversammlung	49
c) Aufsichtsrat, Revisionskommission	55
7. Rechte von Minderheitsgesellschaftern	60
8. Haftung der Gesellschafter	62
9. Haftung der Vorstandsmitglieder	70
10. Finanzierung einer GmbH	80
III. Aktiengesellschaft (Spółka Akcyjna, S. A.)	86
1. Satzung der AG	89
a) Zwingender Inhalt	89
b) Fakultativer Inhalt	90
2. Besonderheiten und wichtige Unterschiede zur GmbH (Sp. z o. o.)	91
3. Mitbestimmung	92
IV. Weitere Gesellschaftsformen	94
V. Umwandlungsrecht	96
D. Due Diligence	99
I. Bedeutung	99
II. Einzelne Prüfungsfelder	102
1. Immobilien	102
a) Eigentum und Erbnießbrauch	103
b) Genehmigungsverfahren	107

	Rn
c) Grundbuchsituation/-verfahren	110
d) Miet- und Pachtverträge	111
e) Reprivatisierung	112
2. Gewerbliche Schutzrechte	115
a) Patente	115
b) Markenschutz	119
3. Arbeitsrecht	125
a) Überblick	125
b) Beendigung des Arbeitsverhältnisses	127
c) Kollektives Arbeitsrecht	131
d) Besondere Folgen beim Betriebsübergang	133
4. Umweltrecht	136
a) Einführung	136
b) Altlasten	142
E. **Varianten von Unternehmensübernahmen**	147
I. Erwerb von Anteilen an einer bestehenden Gesellschaft (Share Deal)	149
II. Erwerb des Vermögens eines anderen Unternehmens (Asset Deal)	153
III. Ausgestaltung von Unternehmenskaufverträgen	160
1. Vorvertrag	160
2. Gewährleistungen und Garantien	162
3. Rechtswahlklausel	163
4. Schiedsgerichtsbarkeit und ordentliche Gerichtsbarkeit	165
F. **Öffentliche Übernahmen börsennotierter Unternehmen**	167
I. Einführung	167
II. Der Handel mit wesentlichen Aktienpaketen	168
G. **Kartellrecht/Fusionskontrolle**	174
I. Unzulässige Absprachen	175
II. Fusionskontrolle	178

A. Einführung

1   Der Markt für Unternehmensübernahmen in Polen ist nach wie vor stark durch den Übergang von der ehemals staatlich gelenkten Wirtschaft in die Privatwirtschaft geprägt. Die größten Transaktionswerte werden bei **Privatisierung** großer, staatlicher Betriebe bzw. Handelsgesellschaften, die im mehrheitlichen Besitz des polnischen Staates sind, erreicht. In neuerer Zeit stehen die Telekommunikation, der Energiesektor, das Hüttenwesen und der Bergbau zur Privatisierung an. Neben dem Unternehmenserwerb iRd. Privatisierung nimmt der Erwerb von privaten Unternehmen ständig an Bedeutung zu. In den vergangenen Jahren ist eine Vielzahl kleinerer und teilweise auch größerer Unternehmen entstanden, die immer häufiger von ausländischen Unternehmen erworben werden oder die in Gemeinschaftsunternehmen eingebracht werden.

B. Privatisierung

I. Überblick zum polnischen Privatisierungsrecht

Das Privatisierungsrecht ist im Gesetz über die Kommerzialisierung und die Privatisierung staatlicher Unternehmen vom 30. 8. 1996 (pPrivG) geregelt. Danach bestehen folgende **Privatisierungsmöglichkeiten** bzw. **-methoden**:
- Privatisierung durch Umwandlung (Kommerzialisierung)[1] des staatlichen Unternehmens in eine Einpersonen-AG als Vorstufe des Aktienverkaufs;
- mittelbare Privatisierung[2], früher sog. Kapitalprivatisierung;
- unmittelbare Privatisierung, früher sog. Privatisierung durch Liquidation[3];
- Umwandlung des staatlichen Unternehmens in eine GmbH (Sp. z o. o.)[4] mit anschließender Umwandlung der Verbindlichkeiten in Geschäftsanteile der GmbH, so daß bisherige Gläubiger des staatlichen Unternehmens gegen Verzicht auf ihre Forderungen Geschäftsanteile an dem ehemaligen Staatsunternehmen erwerben;
- Massenprivatisierung.

Gegenwärtig stehen der Energiesektor, die Ölindustrie, der Bergbau, das Hüttenwesen sowie die Telekommunikationsbranche zur Privatisierung an. Allgemein greifen neben den Privatisierungsprogrammen mehr und mehr sog. **Restrukturierungsprogramme,** durch welche die Unternehmen in Zusammenarbeit verschiedener polnischer Institutionen zunächst wettbewerbs- und marktfähig gemacht werden und erst dann zur Privatisierung zur Verfügung stehen.

II. Privatisierung durch Umwandlung (Kommerzialisierung)

Die Kommerzialisierung besteht in der **Umwandlung** des staatlichen Unternehmens **in eine (Kapital-)Gesellschaft**[5]. Soweit die gesetzlichen Vorschriften keine anderweitige Bestimmung treffen, tritt diese Gesellschaft in alle Rechtsverhältnisse, an denen das staatliche Unternehmen beteiligt war, ein, und zwar unabhängig vom rechtlichen Charakter dieser Verhältnisse. Entsprechendes gilt für die Arbeitsverhältnisse, jedoch mit der Besonderheit, daß der Direktor kraft Gesetzes als Vorstandsvorsitzender der Gesellschaft eingesetzt wird. Nach der Streichung des Unternehmens als „staatliches" Unternehmen im Register erlöschen sämtliche „berufene" Arbeitsverhältnisse (Direktor, sein Stellvertreter, der Hauptbuchhalter). Die Kommerzialisierung erfolgt auf Antrag entweder vom Direktor des Unternehmens gemeinsam mit dem Arbeiterrat oder dem Gründungsorgan (zuständiges Ministerium oder Wojewodschaft).

---

[1] Art. 1 Abs. 2, 3 ff. iVm. Art. 31a bis 38 pPrivG.
[2] Art. 31 ff. pPrivG.
[3] Art. 1 Abs. 2 Nr. 2 iVm. Art. 39 pPrivG.
[4] Art. 21 ff. pPrivG.
[5] Art. 1 Abs. 1 pPrivG.

III. Mittelbare Privatisierung

5 Ziel der mittelbaren Privatisierung ist die **Veräußerung der Aktien an in- oder ausländische Investoren** nach der Umwandlung oder der **Börsengang** mit anschließender Beteiligung ausländischer Unternehmen. Beachtenswert ist, daß nach der Veräußerung von mehr als 50% der Aktien die Regelungen der Satzung über die Besetzung des Aufsichtsrats nur unter der Einschränkung des Art. 14 PPrivG geändert werden können. Dieser bestimmt, daß auch in nachfolgenden Amtszeiten Mitarbeiter und die an der Belieferung des (noch staatlichen) Unternehmens beteiligten Landwirte oder Fischer berechtigt sind, einen Teil des Aufsichtsrats zu wählen. Außerdem stehen den Mitarbeitern (mit Arbeitsvertrag/Managementvertrag) unentgeltlich 15% der Aktien mit Haltefristen von grundsätzlich zwei Jahren zu. Ganz iSd. Restrukturierungsprogramme erfolgt die Veräußerung marktorientiert nach Eignung, Bedarf und Investoreninteresse.

6 Der **Ablauf** nach der Umwandlung bis zur Veräußerung kann stichwortartig wie folgt dargestellt werden:
– Vorbereitung des Verkaufs durch Erstellen eines Verkaufsprospekts; Durchführung einer wirtschaftlichen und rechtlichen Bewertung und ggf. Umstrukturierungsmaßnahmen;
– Investorensuche mittels öffentlichen Angebots, von Banken oder öffentlichen Ausschreibungen;
– Einholen von Angeboten interessierter Investoren und Erstellen einer „short list" mit bis zu drei der besten Angebote;
– Durchführung einer Due Diligence durch die Interessenten und anschließende Verkaufsverhandlungen mit Hilfe von Banken/Beraterunternehmen;
– Entscheidung über Zuschlag, insbes. unter Berücksichtigung der Konditionen (Kaufpreis, Sozialpaket, Investitionsvolumen) und Aktienübergabe gegen Kaufpreiszahlung.

IV. Unmittelbare Privatisierung

7 Die unmittelbare Privatisierung bedeutet **Auflösung (Liquidation)** des staatlichen Unternehmens durch **Übertragung der Aktiva** auf den Erwerber. Die Übertragung kann erfolgen durch:
– Veräußerung des staatlichen Unternehmens (meist an eine von den Erwerbern gegründete Sp. z o.o. (GmbH));
– Einbringung des Unternehmens in eine Gesellschaft als Sacheinlage für idR 49% der Anteile (Joint Venture);
– Überlassung des Unternehmens zur entgeltlichen Nutzung (eher selten).

8 Der typische **Ablauf** bis zur Veräußerung kann wie folgt dargestellt werden:
– Interessierter Investor findet ein passendes/interessantes Unternehmen mit an einer Privatisierung interessiertem Arbeiterrat und Gründungsorgan, die durch Antrag das Privatisierungsverfahren offiziell einleiten;
– Due Diligence;

- öffentliche Ausschreibung zur Einholung des besten Angebots (gesetzlich vorgeschrieben);
- Verhandlungen mit dem Gründungsorgan über Sozialpakete (bspw. häufig Beschäftigungsgarantien bis zu 36 Monaten oder mehr gefordert) und Einholung erforderlicher Genehmigungen;
- Liquidation und Einbringung des Gesellschaftsvermögens in die neue Gesellschaft (aufgrund der oft langwierigen Verhandlungen/Antragstellungen ist die unmittelbare Privatisierung nicht für eine schnelle Investition geeignet).

V. Massenprivatisierung

Die Massenprivatisierung hat in Polen seit 1995 große Bedeutung erlangt, nachdem mehr als 500 staatliche Unternehmen in **Einpersonen-Gesellschaften des Fiskus** umgewandelt und auf 15 Nationale Investitionsfonds (NIF) verteilt wurden. Die Anteile wurden an die polnische Bevölkerung weitergegeben und werden von einem Fondsmanagement-Unternehmen aus polnischen und westlichen Banken/Beraterunternehmen verwaltet. Die **Verteilung**: 33% auf sog. „Leitfonds"; 27% auf die dann übrigen NIFs; 15% Belegschaftsaktien und 25% Restbestand des Fiskus.

Folgende **Modelle** sind für den ausländischen Investor interessant:
- Veräußerung der Anteile durch den Leitfonds und die (idR dem Vorschlag des Leitfonds folgenden) 14 Minderheitenfonds an den Investor mit dem Ziel, die satzungsändernde Mehrheit von 75% der Anteile erwerben zu können;
- Abschluß von Verträgen über die Zusammenarbeit zwischen polnischem Unternehmen und westlichem Investor in den verschiedensten Formen denkbar und iRd. allgemeinen Gesetze zulässig;
- Durchführung einer Kapitalerhöhung beim polnischen Unternehmen, in deren Rahmen ein ausländischer Investor eine wesentliche Beteiligung am polnischen Unternehmen erhält (ggf. gekoppelt mit einer Börseneinführung).

Nach über sechs Jahren hat sich der erwartete Erfolg dieser Privatisierungsmethode nicht eingestellt. Gegenwärtig wird auf der politischen Ebene stark über das Schicksal der NIF nachgedacht.

C. Grundzüge des polnischen Gesellschaftsrechts

I. Gründung einer Gesellschaft

Die Gründung einer polnischen Gesellschaft wird vielfach für eine Investition in Polen unentbehrlich sein. Nachfolgend werden daher die wichtigsten Grundsätze dargestellt.

1. Rechtsgrundlagen

Seit 1. 1. 2000 gelten allgemein die Vorschriften des Gesetzes über die wirtschaftliche Betätigung (pGWB)[6] hinsichtlich der Aufnahme und Ausübung wirt-

---

[6] IdF vom 19. 11. 1999.

schaftlicher Tätigkeit und die des Gesetzes über Handelsgesellschaften (pHGB)[7] zur Regelung der Bildung und Organisation von Gesellschaften in Polen[8]. Für einzelne Wirtschaftsbereiche, insbes. Banken und Versicherungen, gelten zusätzlich die Regelungen der einschlägigen Spezialgesetze[9].

2. Zulässige Gesellschaftsformen für Ausländer

14   Ausländische natürliche oder juristische Personen mußten sich bei wirtschaftlicher Tätigkeit in Polen bisher einer polnischen GmbH (Sp. z o. o.) oder einer AG (S. A.) bedienen[10].

15   Mit dem pGWB kamen weitere Möglichkeiten dazu: Schon seit 1. 1. 2000 gelten nach Art. 100 pGWB die Vorschriften der Art. 35 ff. pGWB, wonach ausländische Unternehmer nach Registereintragung und unter Beachtung des Prinzips der Gegenseitigkeit **Niederlassungen mit Sitz in Polen** gründen können, ohne jedoch den Unternehmensschwerpunkt verlagern zu dürfen. Ebenso ist die Gründung von **Repräsentanzen** ausländischer Investoren möglich, deren Tätigkeit allerdings im wesentlichen auf Werbetätigkeit für das jeweilige Unternehmen beschränkt ist.

16   Für kleine und mittlere Unternehmen (bis 50 Arbeitnehmer bzw. einem Umsatz unter 5 Mio. €) sind bei Beachtung gleichheits- wie wettbewerbsrechtlicher Prinzipien erleichterte Bedingungen vorgesehen, so u. a. **staatliche Fördermaßnahmen** hinsichtlich Finanzierung, Informationsbeschaffung und Beratung[11].

17   Nach dem pHGB können seit dem 1. 1. 2001 entsprechend dem Prinzip der Reziprozität ausländische Investoren (natürliche und juristische Personen) grundsätzlich wie inländische Unternehmer wirtschaftliche Tätigkeiten aufnehmen und ausüben. Für ausländische natürliche Personen gelten jedoch gewisse Einschränkungen, auf die hier nicht näher eingegangen wird.

3. Zustimmungen

18   Die Gründung von Gesellschaften mit ausländischer Beteiligung bedarf seit Mai 1996 grundsätzlich keiner besonderen Erlaubnis mehr. **Zustimmungserfordernisse** bestehen in Form allgemeiner gewerberechtlicher Erlaubnisvorbehalte, Konzessionen, Zulassungsverfahren und Anzeigepflichten, die sowohl für Ausländer als auch für polnische Staatsbürger gelten. Dies betrifft zahlreiche Wirtschaftsbereiche, für die idR auch in Deutschland entsprechende Regelungen bestehen (zB Herstellung und Vertrieb von militärischem Gerät, Handel mit giftigen Substanzen, Erzeugung, Durchleitung, Vertrieb elektrischer Energie, Handel mit

---

[7] IdF vom 15. 9. 2000.
[8] Bis zum bis 31. 12. 2000 galten das Gesetz über die wirtschaftliche Betätigung vom 23. 12. 1988, sowie das Gesetz über Gesellschaften mit ausländischer Beteiligung vom 14. 6. 1991, vgl. Art. 99 Abs. 2 und 3 pGWB. Letzteres galt als lex specialis neben dem pHGB, falls eine nicht polnische natürliche oder juristische Person an einer polnischen (Kapital-)Gesellschaft direkt oder indirekt beteiligt war.
[9] Bankgesetz vom 29. 8. 1997 mit späteren Änderungen; Versicherungsgesetz vom 28. 7. 1990 mit späteren Änderungen.
[10] Art. 1 Abs. 1 pAuslBG.
[11] Art. 53 f. pGWB.

Arzneimitteln, bestimmte Außenhandelsgeschäfte). Entsprechendes gilt für die Gründung von Banken, Versicherungen und Fondsgesellschaften.

4. Allgemeine Pflichten von Wirtschaftssubjekten

Das pGWB begründet im Hinblick auf den Geschäftsbetrieb **allgemeine Pflichten**. Gleichzeitig garantiert es die wirtschaftliche **Betätigungsfreiheit** iRd. Gesetze.

Das pGWB verpflichtet den Unternehmer zur **Registereintragung** bei der zuständigen Gemeinde am Ort des Wohnsitzes bzw. Gesellschaftssitzes. Als Wirtschaftssubjekt hat er sich im folgenden an den deutschen Regeln vergleichbaren wettbewerbs- wie auch verbraucherschutzrechtlichen **Grundsätzen** zu orientieren.

Etliche der **bestehenden Pflichten** sind im pGWB ausdrücklich aufgeführt, deren Verletzung ist mit Geldbuße bedroht. So hat der Unternehmer eine Gefährdung von Leib und Leben sowie der öffentlichen Moral zu vermeiden. Er muß darauf achten, daß – soweit es das Gesetz fordert – für die seinem Unternehmensbereich zurechenbaren Handlungen die erforderlichen Handlungsvollmachten vorliegen. Beim direkten Vertrieb, dem Vertrieb über Massenmedien oder einem sonstigen Informationsnetz (Handzettel) sind – ebenso beim Inverkehrbringen von Gütern selbst – genaue Angaben über das Unternehmen, die Registernummer und den Sitz des Unternehmers zu machen.

Damit möglichst alle Umsatzgeschäfte über ein Bankkonto laufen, sind die Wirtschaftssubjekte verpflichtet[12], ein Konto einzurichten und hierüber sämtliche Geldeingänge und -ausgänge abzuwickeln, soweit Forderungen/Verbindlichkeiten einen Gegenwert von 3000 € übersteigen bzw. bei einem Gegenwert in Höhe von mind. 1000 €, falls der Gesamtumsatz des vergangenen Monats 10 000 € übersteigt. Das Fehlen einer Buchführung, in der diese Zahlungseingänge erfaßt sind, ist bußgeldbewehrt[13].

Wesentliche Neuerungen aufgrund der Einführung des neuen pHGB werden im folgenden gesondert erläutert.

II. Grundzüge der GmbH (Sp. z o. o.)

1. Grundlegende Änderungen auf einen Blick

Seit 1. 1. 2001 gelten in Bezug auf die GmbH (Sp. z o. o.) die Regelungen der Art. 151 bis 300 des neuen pHGB.
– Die Eingangsvorschriften[14] enthalten allgemeine Änderungen. Im Gegensatz zum alten Gesetzbuch ist nun die Gründung einer GmbH zu jedem beliebigen Zweck sowie die Schaffung einer Einpersonen-GmbH[15] möglich. Dabei gelten für den Alleingesellschafter die Regeln über Befugnisse der Gesellschafterversammlung entsprechend.

---

[12] Art. 13 Abs. 1 pGWB.
[13] Gem. Art. 66 pGWB.
[14] Art. 151 ff. pHGB.
[15] Art. 151 § 1 pHGB.

– Verschärft wurden die Formvorschriften. Danach bedarf die Veräußerung von Gesellschaftsanteilen der notariellen Beglaubigung der Unterschriften. Gleiches gilt für rechtsgeschäftliche Handlungen des Alleingesellschafters gegenüber der Gesellschaft.
– Das Stammkapital muß nun mind. 50 000 PLN[16] betragen (bisher 4 000 PLN).
– Neu ist die gesetzliche Erfassung der Vor-GmbH (Gründungsgesellschaft), d. h. der Gesellschaft vom Abschluß des Gesellschaftsvertrags bis zur Registereintragung.

2. Gründungsverfahren und Vor-GmbH

25 Das Gründungsverfahren einer Sp. z o. o. umfaßt die **notarielle Beurkundung** des Gesellschaftsvertrags und die Eintragung der Gesellschaft in das **Handelsregister**. Die **Gründung** einer Sp. z o. o. wird durch notarielle Beurkundung des sog. Gründungsakts, also des Gesellschaftsvertrags der Gesellschaft, eingeleitet. Hierbei schließen der oder die Gründer den Gesellschaftsvertrag, übernehmen die Anteile und bestellen den ersten Vorstand. Die Beteiligung eines polnischen Staatsbürgers als Gesellschafter ist rechtlich in keinem Fall erforderlich. Die Gründung einer Sp. z o. o. mit einer Sp. z o. o. als einzigem Gesellschafter ist zulässig, falls deren Gründungsgesellschafter nicht wiederum eine Einpersonen-Gesellschaft ist[17]. Bei dieser Vorschrift sind genauer Inhalt und Rechtsfolge einer Verletzung im einzelnen unklar, so daß ihre Überprüfung zu Verzögerungen bei der Eintragung der Gesellschaft ins Handelsregister führen kann und daher ggf. ein zweiter Gesellschafter hinzugenommen werden sollte.

26 Der oder die Gründungsgesellschafter können sich bei der Gründung aufgrund einer notariell beurkundeten **Vollmacht** vertreten lassen. Eine deutsche Vollmachtsurkunde bedarf der Legalisation durch das örtlich zuständige polnische Konsulat.

27 **Die Gründung** erfordert außerdem die Berufung des Vorstands sowie, falls erforderlich, die Gründung eines Aufsichtsrats oder Kontrollausschusses, die vollständige Leistung der Bareinlagen bzw. Sicherstellung der Leistung von Sacheinlagen (was der Vorstand strafbewehrt zu versichern hat) und die Anmeldung zum Handelsregister (spätestens sechs Monate nach Abschluß des Gesellschaftsvertrags). Beizufügen sind eine Gesellschafterliste, ein Zeichnungsbogen und eine Versicherung des Vorstands über die Einzahlung der Bareinlagen. Die Eintragung der Gesellschaft erfolgt idR innerhalb von vier bis sechs Wochen nach Antragstellung, mancherorts jedoch erheblich später.

28 Es empfiehlt sich, rechtzeitig vor Geschäftsaufnahme die sog. **REGON-Nummer** (Erfassungsnummer des statistischen Amts) und die Steuernummern, insbes. die **NIP** (Mehrwertsteuernummer) zu beantragen, weil ohne diese Nummern kaum eine Geschäftstätigkeit möglich ist. Innerhalb von zwei Wochen nach der Registrierung ist durch beglaubigte Abschrift des Gesellschaftsvertrags der zuständigen Finanzverwaltung die Gründung anzuzeigen.

---

[16] PLN = Polnische Zloty (Währung).
[17] Art. 151 § 2 pHGB.

Die **Gründungskosten** für Notar, Gerichtskosten und Steuern liegen bei ca. 1 500 DM.

Bis zur Registereintragung hat die Firma den Zusatz „Vorgesellschaft" bzw. „in Gründung" zu enthalten. Es handelt sich um ein Novum in Polen. Bis zum 31. 12. 2000 war die **Vorgesellschaft** nicht gesetzlich geregelt. Bis auf einige Besonderheiten gelten für die wirtschaftliche Tätigkeit die Vorschriften über die eingetragene Gesellschaft entsprechend. So kann die Vorgesellschaft im eigenen Namen Verbindlichkeiten eingehen und Rechte erwerben, klagen und verklagt werden. Die Vertretung erfolgt dabei durch von der Gesellschafterversammlung berufene Geschäftsführer oder Bevollmächtigte. Nach der Eintragung ins Handelsregister gehen dann Rechte wie Pflichten im Wege der Gesamtrechtsnachfolge auf die nun eingetragene GmbH über. Es gibt jedoch Unterschiede zwischen einzelnen Rechtsgebieten:

Unstreitig werden sämtliche **zivilrechtliche Rechtsverhältnisse** erfaßt. Ob die Kapitalgesellschaft auch auf dem Gebiet des **Verwaltungsrechts** die Rechtsnachfolge der Vorgesellschaft antritt, ist hingegen fraglich. Bei Verschmelzung, Spaltung oder Umwandlung gehen die öffentlich-rechtlichen Rechte und Pflichten, insbes. Konzessionen, Genehmigungen und Ermäßigungen, wie Steuernachlässe, aufgrund der jeweiligen Bestimmungen auf die neu entstandene Gesellschaft über. Eine entsprechende Regelung hinsichtlich der Vorgesellschaft fehlt jedoch im pHGB. Demzufolge ist Gesamtrechtsnachfolge auf zivilrechtliche Rechtsverhältnisse beschränkt.

Ebenso fraglich ist die Rechtsnachfolge im Bereich des **Steuerrechts**. Die Vorstandsmitglieder haften für die Steuerverpflichtungen der Vorgesellschaft gesamtschuldnerisch[18]. In Bezug auf Verschmelzung und Umwandlung von Gesellschaften tritt die neue Gesellschaft gemäß der Abgabenordnung in die steuerrechtlichen Rechte und Pflichten der alten Gesellschaft ein. Daraus folgt, daß die GmbH für die Steuerverpflichtungen der Vorgesellschaft haftet.

Für die Verbindlichkeiten der Vorgesellschaft **haften** die im Namen der Gesellschaft Handelnden sowie die (entstandene) Gesellschaft. Neben der Gesellschaft haften die Gesellschafter gesamtschuldnerisch bis zur Höhe der nicht geleisteten Stammeinlage. Die Höhe der Stammeinlage ergibt sich aus dem Gesellschaftsvertrag bzw. der Satzung. Die im Namen der Vor-GmbH Handelnden haften nicht, wenn die von ihnen vorgenommenen Rechtsgeschäfte nach der Eintragung durch die Gesellschafterversammlung bestätigt werden.

In der Praxis sorgt derzeit insbes. die fehlende Anpassung der steuerrechtlichen Vorschriften für Verwirrung. Hier ist der Gesetzgeber gefordert, Abhilfe zu schaffen.

3. Inhalt und Bedeutung des Handelsregisters

Im Handelsregister werden folgende **Angaben** eingetragen:
– Firma, Sitz und Adresse;
– Unternehmensgegenstand;
– Sitz und bestehende Niederlassungen;

---

[18] Gem. Art. 116 § 1 der polnischen Abgabenordnung.

- Namen der Gesellschafter sowie Vorstandsmitglieder/Prokuristen;
- Stammkapital; Art, Anzahl und Höhe der jeweiligen Anteile;
- Datum des Gründungsakts und spätere Änderungen.

36 Bezüglich der Angaben im Handelsregister besteht **Gutglaubensschutz**, d. h. die Gesellschaft kann sich gegenüber gutgläubigen Dritten nicht darauf berufen, das Handelsregister sei unrichtig. Es ist deshalb ratsam, sich bei Vertragsabschlüssen mittels (aktuellen) Handelsregisterauszugs des Vertragspartners die Vertretungsverhältnisse offenlegen zu lassen.

4. Kapitalaufbringung, Kapitaleinlagen und Kapitalerhaltung

37 Das Mindeststammkapital beträgt 50 000 PLN (ca. 25 000 DM). Nach oben sind keine Grenzen gesetzt. Das **Stammkapital** ist anteilsmäßig entsprechend dem jeweiligen Beteiligungsverhältnis von den Gründern zu übernehmen. Die Anteile werden in der Praxis, anders als in Deutschland, mit bestimmtem festem Nennbetrag ausgegeben und sind dann nicht teilbar. Die Ausgabe von Anteilen mit unterschiedlichem Nennbetrag ist jedoch möglich. Eine Erhöhung des Stammkapitals bis zu einer Obergrenze ist ohne Änderung des Gesellschaftsvertrags möglich, muß jedoch im Gesellschaftsvertrag vorgesehen werden.

38 Die Aufbringung des Stammkapitals erfolgt durch **Bar- oder Sacheinlage**. Sacheinlagefähig sind nach höchstrichterlicher Rechtsprechung alle aktivierbaren Wirtschaftsgüter (auch dingliche Nutzungsrechte, wie Erbnießbrauch, Knowhow etc.; bei letzterem sind jedoch strenge Anforderungen an Art und Dokumentation des Know-how zu stellen). Unzulässige Einlagen sind dagegen alle nicht übertragbaren Rechte, zB Arbeitsleistungen. Sacheinlagen sind dabei nach Anzahl und Nennbetrag detailliert im Gesellschaftsvertrag aufzuführen. Es ist zu beachten, daß bei Überbewertung der Sacheinlage und Kenntnis eine Differenzhaftung des einlegenden Gesellschafters und des Vorstands besteht[19]. Die vollständige Einbringung aller (Bar- wie Sach-) Einlagen ist schon bei Anmeldung der Gesellschaft erforderlich[20].

39 Der Schutz des Stammkapitals ist bei der Sp. z o. o. im wesentlichen durch das **Verbot der Rückzahlung des Stammkapitals** außerhalb einer ordnungsgemäßen Kapitalherabsetzung oder Liquidation gewährleistet. Außerdem ist eine Verzinsung der Einlagen nicht erlaubt. Durch die neu eingeführten Regelungen zu Gesellschafterdarlehen werden diese als Stammeinlagen angesehen, wenn die Gesellschaft innerhalb von zwei Jahren nach Gewährung des Darlehens in die Insolvenz fällt (sog. **eigenkapitalersetzendes Darlehen**).

5. Gesellschaftsvertrag

40 Die **inhaltliche Gestaltung** des Gesellschaftsvertrags hängt weitgehend von der Zahl der Gesellschafter sowie den konkreten Bedürfnissen und wirtschaftlichen Vereinbarungen der Gesellschafter ab.

---

[19] Art. 14 § 2 pHGB.
[20] Art. 167 iVm. Art. 163 pHGB.

Zwingender Inhalt des Gesellschaftsvertrags ist in jedem Fall[21]: 41
- Firma und Gesellschaftssitz;
- Unternehmensgegenstand;
- Höhe des Stammkapitals;
- Bestimmung, ob ein Gesellschafter mehr als einen Anteil halten darf;
- Dauer der Gesellschaft (bestimmt oder unbestimmt);
- Anzahl und Nennbetrag der von den Gründungsgesellschaftern übernommenen Anteile.

Neben diesem Mindestinhalt können weitere, im pHGB erwähnte **Regelungsgegenstände** Eingang in den Gesellschaftsvertrag finden, bspw. Abtretungsbeschränkungen, Ausschluß von Gesellschaftern, Einrichtung eines Aufsichtsrats, Gewinnverwendungsregelungen, Erbfallregelungen, etc. 42

Wegen der Publizität der Handelsregisters empfiehlt sich bei Gemeinschaftsunternehmen mit polnischen Partnern (Joint Venture), wirtschaftliche und rechtliche Einzelheiten in einem gesonderten, schuldrechtlichen **Joint Venture-Vertrag** zu regeln. Die Zulässigkeit eines Nebeneinander von Gesellschaftsvertrag und Joint Venture-Vertrag ist seitens der Rechtsprechung bisher jedoch nicht geprüft worden. 43

6. Gesellschaftsorgane

Die Organe einer Sp. z o. o. sind: 44
- der Vorstand (Geschäftsführung, bestehend aus einem oder mehreren Vorstandsmitgliedern);
- die Gesellschafterversammlung;
- der (im Regelfall fakultative) Aufsichtsrat.

a) Vorstand. Der durch Gesellschafterbeschluß **bestellte Vorstand** besteht aus einem oder mehreren Mitgliedern. Er vertritt die Gesellschaft nach außen. Der gesetzliche Regelfall ist die Vertretung der Gesellschaft durch jeweils zwei Vorstandsmitglieder bzw. ein Vorstandsmitglied und einen Prokuristen. Der Gesellschaftsvertrag kann jedoch die Möglichkeit der Einzelvertretung durch Vorstandsmitglieder vorsehen. Beschränkungen der Vertretungsbefugnis des Vorstands durch Gesellschaftsvertrag, Gesellschafterbeschluß oder Anstellungsvertrag sind gegenüber Dritten unwirksam. Allerdings sind Beschränkungen im Innenverhältnis möglich, bei deren Überschreitung Haftungsansprüche begründet werden können. Nicht erforderlich ist es, daß Vorstandsmitglieder die polnische Staatsbürgerschaft besitzen. 45

Die **Abberufung** von Vorstandsmitgliedern ist jederzeit ohne besondere Begründung möglich, soweit der Gesellschaftsvertrag keine diesbezüglichen Beschränkungen enthält. Die Dienstverträge der Vorstandsmitglieder sind von der Abberufung grundsätzlich nicht betroffen und müssen regulär erfüllt werden, falls kein Kündigungsgrund vorliegt. Die Dienstverträge mit den Vorstandsmitgliedern sind nach polnischer Auffassung Arbeitsverträge, d. h. Vorstandsmitglieder werden in jeder Beziehung wie Arbeitnehmer behandelt. 46

---

[21] Art. 157 pHGB.

47 In ihrer **Tätigkeit** sind die Vorstandsmitglieder nach allgemeiner Auffassung den Weisungen der Gesellschafterversammlung unterworfen, soweit kein gesetzwidriges Verhalten verlangt wird. Im übrigen ist der Vorstand der Sp. z o. o. stärker als bei der deutschen GmbH als Kollegialorgan ausgestaltet. Soweit der Gesellschaftsvertrag keine anderweitige Regelung trifft, ist jedes Vorstandsmitglied (im Innenverhältnis) nur zur Erledigung der üblichen Geschäfte befugt. Darüber hinausgehende Maßnahmen erfordern einen Vorstandsbeschluß. Ein Vorstandsbeschluß ist auch erforderlich, wenn ein Vorstandsmitglied einer Geschäftsführungsmaßnahme eines anderen Vorstandsmitglieds widerspricht. Dessen ungeachtet hat jedes Vorstandsmitglied das Recht und die Pflicht, die Geschäfte der Gesellschaft zu führen, wobei unklar ist, ob durch eine Geschäftsverteilung innerhalb des Vorstands die zivilrechtliche und strafrechtliche Einzelverantwortlichkeit der Vorstandsmitglieder wirksam beschränkt werden kann. Diese Frage ist von besonderer praktischer Bedeutung für ausländische Vorstandsmitglieder, die vielfach kein Polnisch sprechen und nicht in die Verwaltung der Gesellschaft involviert sind, aber dennoch für die Ordnungsmäßigkeit der Geschäftsführung, zB Abführung von Steuern und Sozialabgaben, haften.

48 Für Vorstandsmitglieder besteht darüber hinaus ein weitgehendes gesetzliches **Wettbewerbsverbot**[22]. Wegen möglicher Schadensersatzansprüche der Gesellschaft sollte stets erwogen werden, Vorstandsmitglieder, die gleichzeitig bei einer anderen Gesellschaft tätig sind (etwa der deutschen Muttergesellschaft), von dem Wettbewerbsverbot durch einfachen Gesellschafterbeschluß zu befreien. Dies gilt vor allem dann, wenn ein Vorstandsmitglied bei mehreren Konzerngesellschaften in Polen tätig sein soll.

49 b) **Gesellschafterversammlung.** Die Gesellschafterversammlung ist das **willensbildende Organ** der Sp. z o. o. Beschlüsse werden iRd. Gesellschafterversammlungen gefaßt. Stimmen alle Gesellschafter dem Verfahren zu, kann die Stimmabgabe auch schriftlich erfolgen. Die Gesellschafterversammlung soll mindestens einmal jährlich nach Ablauf der ersten Hälfte des Geschäftsjahrs am Sitz der Gesellschaft oder an einem anderen, im Gesellschaftsvertrag genannten Ort in Polen stattfinden[23]. Gegenstand der Tagesordnung dieser Gesellschafterversammlung muß sein[24]:
– Prüfung und Feststellung des Jahresabschlusses für das abgelaufene Geschäftsjahr;
– Gewinnausschüttung bzw. Deckung der Verluste;
– Entlastung von Vorstand und ggf. Aufsichtsrat;
– Bestellung des Abschlußprüfers, bei kleineren Gesellschaften alle drei Jahre, sonst jährlich[25].

50 Weiter **beschließt** die Gesellschafterversammlung im Rahmen ihrer Allzuständigkeit über die ihr nach Gesellschaftsvertrag und Bestimmungen des pHGB zugewiesenen Beschlußgegenstände. Zu letzteren gehören:

---

[22] Art. 211 pHGB.
[23] Art. 231 pHGB.
[24] Art. 228 pHGB.
[25] Art. 64 des Rechnungslegungsgesetzes vom 29. 9. 1994 (pRLG).

– Verträge über Immobilien oder Einrichtungen zum Dauergebrauch mit einem Preis über 50 000 PLN, die innerhalb von zwei Jahren nach Eintragung geschlossen werden, es sei denn, diese Verträge waren im Gesellschaftsvertrag vorgesehen;
– Änderungen des Gesellschaftsvertrags;
– Erhöhung des Stammkapitals;
– Veräußerung, Verpachtung von Unternehmensteilen;
– Rückerstattung von Nachschüssen;
– Bestellung und Abberufung von Vorstandsmitgliedern und Aufsichtsratsmitgliedern.

Die **Einberufung** der Gesellschafterversammlung erfolgt durch den Vorstand sowie unter bestimmten Voraussetzungen durch den Aufsichtsrat oder durch im Gesellschaftsvertrag bestimmte Personen. Einzelne Gesellschafter können die Einberufung einer Gesellschafterversammlung durch einen Beschluß des Registergerichts erzwingen.

Für die Beschlußfähigkeit der Gesellschafterversammlung besteht gesetzlich kein Quorum. Die Gesellschafterversammlung beschließt grundsätzlich mit einfacher Mehrheit der abgegebenen Stimmen, soweit Gesellschaftsvertrag oder Gesetz keine größeren Mehrheiten vorsehen. Letzteres ist insbes. bei Satzungsänderungen der Fall, für die eine Zweidrittelmehrheit erforderlich ist. **Beschlüsse**, durch die Leistungspflichten der Gesellschafter erhöht oder Sonderrechte geschmälert werden sollen, erfordern die Zustimmung des oder der betroffenen Gesellschafter[26].

Beschlüsse der Gesellschafterversammlung sind zu protokollieren und können binnen sechs Monaten ab Kenntnisnahme (jedoch nicht später als drei Jahre nach Beschlußfassung) angefochten werden[27]. **Anfechtungsberechtigt** sind:
– Mitglieder des Vorstands und Aufsichtsrats;
– Gesellschafter, die gegen den angefochtenen Beschluß gestimmt haben;
– Gesellschafter, denen die Teilnahme an der Gesellschafterversammlung grundlos verweigert wurde;
– Gesellschafter, deren Stimme unbeachtet blieb oder die mit einer schriftlichen Beschlußfassung nicht einverstanden waren und innerhalb von zwei Wochen nach der Benachrichtigung Widerspruch erhoben haben.

Die Anfechtung erfolgt durch Erhebung einer **Anfechtungsklage** beim zuständigen Gericht. Sie ist begründet, wenn der angefochtene Beschluß gegen Gesellschaftsvertrag oder Gesetz verstößt oder der Beschluß geeignet ist, die Interessen der Gesellschaft zu beeinträchtigen.

c) **Aufsichtsrat, Revisionskommission.** Die **Einrichtung eines Aufsichtsrats** oder einer (auf eher buchprüferische Aufgaben beschränkte) Revisionskommission ist nur bei Gesellschaften mit einem Stammkapital über 1 Mio. PLN und/oder mehr als 25 Gesellschaftern obligatorisch. Der Gesellschaftsvertrag kann deren Einrichtung aber vorsehen. Die Regelungen des pHGB gelten auch für einen freiwillig eingerichteten Aufsichtsrat.

---

[26] Art. 246 pHGB.
[27] Art. 252 pHGB.

56 Die Aufsichtsratsmitglieder können durch Gesellschaftsbeschluß unmittelbar bestellt und abberufen werden. Vorstandsmitglieder, Prokuristen, Direktoren o. ä. können nicht gleichzeitig Mitglieder des Aufsichtsrats sein.

57 Der Aufsichtsrat übt die **ständige Aufsicht** über die Tätigkeit der Gesellschaft aus, insbes. durch Überprüfung des jeweiligen Jahresabschlusses und des Rechenschaftsberichts des Vorstands. Er kann Bücher und Gesellschaftsunterlagen einsehen sowie Erklärungen und Rechenschaftsberichte vom Vorstand und den Beschäftigten der Gesellschaft verlangen und überprüfen.

58 Anforderungen an die Mitgliedschaft von Arbeitnehmervertretern im Aufsichtsrat oder sonstige gesellschaftsrechtliche **Mitbestimmungsregelungen** bestehen bei Gesellschaften, die nicht vom polnischen Staat kontrolliert werden, nicht.

59 Die Vorteile eines Aufsichtsrats sind vor allem bei Gesellschaften mit mehr als drei bis vier Gesellschaftern erkennbar, da die Gesellschafterversammlung **Kompetenzen** auf den Aufsichtsrat **übertragen** kann und ein kleines Gremium leichter und schneller Entscheidungen treffen kann. In diesem Zusammenhang ist wichtig, daß die persönlichen Kontrollrechte der Gesellschafter durch Gesellschaftsvertrag beschränkt oder ausgeschlossen werden können, falls ein Aufsichtsrat oder eine Revisionskommission eingerichtet ist[28].

7. Rechte von Minderheitsgesellschaftern

60 Die Rechte von Gesellschaftern im allgemeinen und **Minderheitsgesellschaftern** im besonderen spielen vor allem dann eine Rolle, wenn sich ein westlicher Investor entschlossen hat, einen polnischen Partner in die polnische Gesellschaft aufzunehmen. Umgekehrt kommt es auch vor, daß westliche Unternehmen als „strategische Investoren" in polnische Gesellschaften aufgenommen werden (sei es bei den von den Nationalen Investitionsfonds mehrheitlich gehaltenen Gesellschaften oder sei es bei mehrheitlich vom polnischen Staatsschatz gehaltenen Gesellschaften).

61 Für die Rechte von (Minderheits-)Gesellschaftern ist in erster Linie der Gesellschaftsvertrag maßgeblich. Grundsätzlich erlaubt das polnische pHGB nahezu alle Möglichkeiten des Minderheitenschutzes. Es kann nur dringend empfohlen werden, bei der Gestaltung der Gesellschaftsverträge sorgfältig darauf zu achten, entweder Minderheitenrechte des oder der übrigen Gesellschafter auf ein angemessenes Maß zu beschränken bzw. umgekehrt auf der Wahrung der eigenen Rechte zu bestehen. Die nachfolgend beschriebenen **Minderheitenrechte** bestehen **kraft Gesetzes** und können nicht im Gesellschaftsvertrag abbedungen werden (wohl aber sind strengere Regelungen zulässig):
– Einsichtsrecht jedes einzelnen Gesellschafters in die Bücher und Unterlagen der Gesellschaft[29], (kann abbedungen werden, wenn ein Aufsichtsrat bzw. eine Revisionskommission bestellt wurde[30]);

---

[28] Gem. Art. 213 § 3 pHGB.
[29] Art. 212 pHGB.
[30] Siehe Rn 59.

- Pflicht des Vorstands zur Einberufung einer Gesellschafterversammlung, wenn mindestens 10% des Stammkapitals dies verlangen[31];
- Änderungen des Gesellschaftsvertrags, Veräußerung des Geschäftsbetriebs und Liquidation erfordern eine Zweidrittelmehrheit der abgegebenen Stimmen[32];
- Anfechtungsmöglichkeiten (Möglichkeit der Zivilklage) für einzelne Gesellschafter bezüglich der Beschlüsse der Gesellschafterversammlung[33] sowie bestimmter Personen(-gruppen), bspw. Gesellschafter, denen grundlos die Teilnahme an der Versammlung verweigert wurde[34].

8. Haftung der Gesellschafter

Die Haftung der Gesellschafter für Verbindlichkeiten der Gesellschaft ist auch im polnischen Recht grundsätzlich **auf die geleistete Einlage beschränkt**. Von diesem Grundsatz bestehen jedoch **Ausnahmen**, die sich in folgende Gruppen aufteilen lassen: 62

Allgemeine Haftungsvorschrift **für Gründungsgesellschafter** ist Art. 292, wonach eine Haftung begründet wird, soweit der Gesellschaft durch eine rechtswidrige und schuldhafte Handlung vor Eintragung in das Handelsregister Schaden entstanden ist. Es handelt sich damit um eine an der Verletzung allgemeiner Normen orientierte Haftung. 63

Der zweite Fall einer Haftung besteht[35], wenn Gesellschafter, die entgegen den Regelungen des pHGB oder den Bestimmungen des Gesellschaftsvertrags eine **Auszahlung** erhalten haben. Sie sind verpflichtet, diese zurückzuzahlen. Soweit die Rückzahlung von den Empfängern oder den Vorstandsmitgliedern, die für die Auszahlung verantwortlich sind, nicht zurückerlangt werden kann, haften die übrigen Gesellschafter pro rata ihrer Beteiligung, auch wenn sie selbst keine rechtswidrige Auszahlung erhalten haben. 64

Der Tatbestand der **rechtswidrigen Auszahlung** ist im polnischen Handelsrecht weiter gefaßt als im deutschen GmbH-Recht. Zunächst ist hierzu die Rückzahlung der Einlagen zu nennen, wobei die polnische Rechtsprechung bisher noch keine Gelegenheit hatte, die genaue Reichweite dieses Verbots näher zu definieren. Da aber auch das polnische Zivilrecht die Figur der Gesetzesumgehung kennt[36], dürfte davon auszugehen sein, daß nicht nur die unmittelbare Auszahlung der Einlage an eine Gesellschaft rechtswidrig ist, sondern auch Rechtsgeschäfte, die wirtschaftlich zum gleichen Ergebnis führen, wie bspw. Darlehensgewährung, Sicherheitenbestellung für Verbindlichkeiten des Gesellschafters am Gesellschaftsvermögen etc. Es ist allenfalls denkbar, daß solche Geschäfte dann zulässig sind, wenn sie das Stammkapital selbst nicht angreifen (also aus Gewinnrücklagen, Kapitalrücklagen etc. gezahlt werden) und entsprechende Konditionen wie mit unabhängigen Dritten vereinbart sind. 65

---

[31] Art. 236 pHGB.
[32] Art. 246 pHGB.
[33] Art. 249 pHGB.
[34] Art. 252 iVm. 250 pHGB.
[35] Art. 198 pHGB.
[36] Art. 58 Abs. 1 polnisches Zivilgesetzbuch (pZGB).

66 Zusätzlich sieht das polnische PHGB vor, daß die Gesellschafter **Anspruch auf** den sich aus einer Jahresbilanz ergebenden **Gewinn** haben, falls die Ausschüttung nach dem Gesellschaftsvertrag möglich ist und ein entsprechender Gesellschafterbeschluß vorliegt. Daraus dürfte im Umkehrschluß die Folgerung zu ziehen sein, daß, ähnlich wie bei der deutschen AG, jede weitere aus dem Gesellschaftsverhältnis begründete Zahlung an die Gesellschafter auch gesellschaftsrechtlich unzulässig sein dürfte, es sei denn, im Rahmen von formellen Kapitalherabsetzungen oder der Rückzahlung von Nachschüssen[37].

67 Schließlich haften Gesellschafter, die bei der Gründung der Gesellschaft (oder bei einer Kapitalerhöhung) Sacheinlagen zu einem überhöhten Wert einbringen, für die Differenz zwischen dem Wert der für die **überbewertete Sacheinlage** übernommenen Anteile und dem wahren Wert der Sacheinlage[38]. Zeitlich ist die Haftung für Forderungen im Fall der Zahlungsunfähigkeit (Konkurs) der Gesellschaft auf zwei Jahre nach Entstehung der Forderung beschränkt.

68 Mit Inkrafttreten der Steuerordnung vom 29. 4. 1997 ist die bis dato bestehende Durchgriffshaftung der Gesellschafter für **uneinbringliche Steuerschulden** entfallen.

69 Soweit im Gesellschaftsvertrag der Gesellschaft die **Leistung von Nachschüssen** vorgesehen ist, kann die Gesellschafterversammlung alle Gesellschafter zur Leistung von Nachschüssen verpflichten. Da dies, soweit die Satzung keine andere Regelung trifft, auch mit einfacher Mehrheit der Stimmen möglich ist, können auf diese Weise zusätzliche Zahlungsverpflichtungen eines Gesellschafters gegen seinen Willen entstehen.

9. Haftung der Vorstandsmitglieder

70 Die **Haftungsrisiken der Vorstandsmitglieder** einer polnischen GmbH sind weitergehend als die der Gesellschafter. Im Hinblick auf die weit verbreitete Praxis, deutsche Vorstandsmitglieder bei polnischen Kapitalgesellschaften einzusetzen, die nicht selbst dauerhaft vor Ort sind und häufig auch nicht polnisch sprechen, sollte auf diese Haftungsrisiken besonderes Augenmerk gerichtet werden. Es kommt dabei sowohl eine zivilrechtliche wie auch eine strafrechtliche Haftung deutscher Vorstandsmitglieder in Betracht. Im einzelnen gilt folgendes:

71 Die **zivilrechtliche Haftung** des Vorstandsmitglieds einer polnischen GmbH kann sich aus einer Vielzahl von Vorschriften des pHGB und anderer Gesetze ergeben, woraus nachfolgend nur die wichtigsten Haftungstatbestände dargestellt sind. Die zivilrechtliche Haftung kann sich sowohl gegenüber der Gesellschaft selbst als auch gegenüber Dritten, insbes. Gläubigern der Gesellschaft, ergeben. Bezüglich der Haftung gegenüber der Gesellschaft ist das Vorstandsmitglied in Fällen, in denen es gleichzeitig Allein- oder Mehrheitsgesellschafter ist, nur scheinbar vor der Haftung sicher, da im Konkursfall der Konkursverwalter Ansprüche der Gesellschaft geltend machen kann. Letzteres kam jedoch in Polen bisher kaum vor.

---

[37] Im Einklang mit Art. 179 pHGB.
[38] Gem. Art. 175 iVm. Art. 14 pHGB.

Ein besonderer Haftungstatbestand³⁹ kommt in Betracht, falls das Vorstandsmitglied **gleichzeitig Gründungsmitglied** ist⁴⁰. Danach haften die Mitglieder des Vorstands auch für vorsätzlich oder fahrlässig falsche Angaben, die sie bei der Anmeldung der Gesellschaft bei Gründung gegenüber dem Registergericht machen. Konkret handelt es sich um die Versicherung, wonach die Vorstandsmitglieder zu erklären haben, daß die Einlagen zur Deckung des Stammkapitals vollständig erbracht wurden⁴¹. Hier haften die Vorstandsmitglieder den Gläubigern der Gesellschaft (also nicht der Gesellschaft selbst) für die Dauer von drei Jahren seit Eintragung der Gesellschaft.

Für Vorstandsmitglieder (Mitglieder des Aufsichtsrats, der Revisionskommission, Insolvenzverwalter) ist eine Haftung für jedes rechtswidrige, schuldhafte und zum Schaden der Gesellschaft führende Tun oder Unterlassen normiert⁴². Dabei ist der Sorgfaltsmaßstab wie in Deutschland zu verstehen⁴³, d. h. es ist bei Wahrnehmung der gesellschaftsrechtlichen Pflichten die **Sorgfalt eines ordentlichen Kaufmanns** zu beachten. Wichtige Fallkonstellationen sind der Abschluß von Geschäften, die nach dem Gesellschaftsvertrag der vorherigen Zustimmung durch die Gesellschafterversammlung unterliegen (falls vorgesehen) oder die Verweigerung der Durchführung von Gesellschafterbeschlüssen.

Durch die Aufstellung des allgemeinen Sorgfaltsmaßstabs⁴⁴ ist bemerkenswert, daß hierdurch auch Bereiche erfaßt werden, in denen keine ausdrückliche gesetzliche Regelungen oder gesellschaftsvertragliche Vereinbarungen bestehen. Damit haftet ein Vorstandsmitglied auch für fahrlässig oder vorsätzlich fehlerhafte geschäftliche Entscheidungen, wie beispielsweise Fehlkalkulationen, Lieferungen oder Darlehensgewährung an „schlechte" Kunden, etc. Da auch in diesem Bereich keine einschlägige Rechtsprechung vorliegt, bleibt die Konkretisierung dieser Verhaltensanforderung abzuwarten. Es ist mit einem **sehr weitgehenden Haftungsrisiko** zu rechnen.

Des weiteren haften die Vorstandsmitglieder persönlich und gesamtschuldnerisch für die Verbindlichkeiten der Gesellschaft⁴⁵, wenn die **Zwangsvollstreckung** gegen die Gesellschaft fruchtlos bleibt und das Vorstandsmitglied schuldhaft nicht rechtzeitig den Konkurs der Gesellschaft angemeldet bzw. die Einleitung des Ausgleichsverfahrens betrieben hat. Dies gilt auch für Steuerverbindlichkeiten.

Die Vorstandsmitglieder haften bei Kenntnis neben den Gesellschaftern aufgrund der **besonderen Haftungstatbestände**⁴⁶ bei einer rechtswidrigen Auszahlung an Gesellschafter und bei einer Überbewertung von Sacheinlagen⁴⁷.

Unabhängig von den genannten gesellschaftsrechtlichen Haftungstatbeständen, die teils eine Haftung gegenüber der Gesellschaft und teils gegenüber Dritten be-

---

³⁹ Art. 292 pHGB.
⁴⁰ Siehe Rn 63.
⁴¹ Art. 167 § 1 Nr. 2 pHGB.
⁴² Art. 293 § 1 pHGB.
⁴³ Art. 293 § 2 pHGB.
⁴⁴ Art. 293 § 2 pHGB.
⁴⁵ Art. 299 pHGB.
⁴⁶ Art. 198 pHGB.
⁴⁷ Art. 175 iVm. 14 pHGB.

gründen, haften die Vorstandsmitglieder nach allgemeinen Vorschriften, soweit sie in Ausübung ihrer Tätigkeit Dritten **schuldhaft** einen **Schaden zufügen** (zB im Rahmen eines von einem Vorstandsmitglied schuldhaft verursachten Verkehrsunfalls bei einer Dienstreise).

78 Im Zusammenhang mit der Haftung der Vorstandsmitglieder gegenüber der Gesellschaft ist auch das **Institut der Entlastung**[48] zu erörtern. Die Entlastung bewirkt den Verzicht der Gesellschaft auf die ihr gegen den Vorstand zustehenden Ansprüche, wobei der Verzicht allerdings nur diejenigen Tatsachen und Umstände betreffen kann, die der Versammlung bekannt waren oder hätten bekannt sein müssen. Die Schutzwirkung eines solchen Entlastungsbeschlusses ist jedoch beschränkt[49]. Sie entfällt, wenn die Schadensersatzklage von einem Gesellschafter und nicht von der Gesellschaft erhoben wird und die Gesellschaft nicht innerhalb eines Jahres nach Eintritt des Schadens auf Schadensersatz geklagt hat.

79 Die Schadensersatzforderung der Gesellschaft gegen die Vorstandsmitglieder und sonstige Organe verjähren innerhalb von drei Jahren ab Kenntnis der Gesellschaft vom Schaden und der schadensersatzpflichtigen Person, spätestens aber nach 10 Jahren[50].

10. Finanzierung einer GmbH

80 Die Finanzierung einer GmbH ist stets von großer Bedeutung, da zahlreiche, insbes. steuerrechtliche Konsequenzen, die Wahl beeinflussen.

81 Als **Eigenkapital** gelten
— satzungsmäßiges, im Handelsregister eingetragenes Stammkapital: per Gründung/Satzungsänderung;
— erhöhtes nicht satzungsmäßiges, aber im Handelsregister eingetragenes Stammkapital: per einfachem Gesellschafterbeschluß, falls im Gesellschaftsvertrag vorgesehen;
— Nachschüsse[51]: per einfachem Gesellschafterbeschluß, falls im Gesellschaftsvertrag vorgesehen und Zahlung proportional zu den gehaltenen Geschäftsanteilen erfolgt;
— Aufgeld bei Ausgabe neuer Anteile, neu bei der Sp. z o. o.

82 Als **Fremdkapital** sind zu qualifizieren
— Bankdarlehen aus Polen oder dem Ausland;
— Gesellschafterdarlehen.

83 Nach den neuesten Änderungen im Devisenrecht ist bei **Darlehen aus dem Ausland** gegenwärtig keine besondere Erlaubnis der polnischen Nationalbank erforderlich; es bestehen jedoch uU Anzeigepflichten. Darlehen, auch aus dem Ausland, sind, soweit sie nicht von Banken gewährt werden, steuerpflichtig, wobei Einzelheiten zwischen den Finanzämtern streitig sind.

84 **Gesellschafterdarlehen** sind erlaubnisfrei, jedoch bei Beträgen über 10 000 € anzeigepflichtig. In Bezug auf die Steuern sind sie der Zahlung von Nachschüssen

---

[48] Art. 231 § 2 pHGB.
[49] Art. 295 pHGB.
[50] Art. 297 pHGB.
[51] Art. 177 pHGB.

und erhöhten Kapitaleinlagen gleichgestellt, wobei von den Steuerbehörden vielfach die Ansicht vertreten wird, daß die Möglichkeit, Gesellschafterdarlehen zu gewähren, im Gesellschaftsvertrag vorgesehen sein müsse, um die Vergünstigung in Anspruch nehmen zu können.

Nach den jüngsten Änderungen im Körperschaftsteuergesetz ist zu beachten, daß bei Erreichen eines Beteiligungsverhältnisses von mehr als 25% **Zinsen** auf Gesellschafterdarlehen bei der polnischen Gesellschaft **nicht mehr als Betriebsausgaben** abzugsfähig sind, wenn das Verhältnis von Stammkapital und Darlehen 1:3 überschreitet (sog. „safe haven"-Regel). Bei verzinslichen Nachschüssen sind die Zinsen hingegen überhaupt nicht abzugsfähig.

III. Aktiengesellschaft (Spółka Akcyjna, S. A.)

Die gesetzlichen Regelungen zur polnischen AG[52] entsprechen vielfach den Regelungen des deutschen Aktiengesetzes.

Die **praktische Bedeutung** der S. A. als Neugründung für ausländische Investoren wächst. Eine bedeutende Rolle spielt die AG iRd. mittelbaren Privatisierung[53], bei der Staatsunternehmen in Aktiengesellschaften umgewandelt werden, um die Aktien an Investoren zu veräußern.

Gesetzlich fixiert und möglich sind die **Gründung** einer Einpersonen-AG[54], deren rechtsgeschäftliches Handeln gegenüber der Gesellschaft einer notariellen Beurkundung bedarf, sowie die Möglichkeit der Berechtigung und Verpflichtung von Vor-Gesellschaften, d. h. der S. A. („in Gründung") im Zeitraum bis zur Handelsregistereintragung[55]. Gleichzeitig kann die Vor-Gesellschaft klagen und verklagt werden.

1. Satzung der AG

a) **Zwingender Inhalt.** Die Satzung muß folgende Angaben enthalten:
– Firma, Sitz und Gegenstand des Unternehmens;
– Dauer des Gesellschaftsbestehens, soweit bestimmt;
– Höhe des Grundkapitals (in Polen: „Stammkapital") und Art der Aufbringung;
– Nennbeträge der Aktien (mind. jedoch 1 PLN);
– Angabe, ob Inhaber- oder Namensaktien;
– Sonderrechte für Aktiengattungen;
– Namen und Anschriften der Gründer;
– Organisation der Verwaltungs- und Aufsichtsorgane;
– eventuelle Nebenleistungspflichten der Aktionäre;
– Einziehung von Aktien.

---

[52] Art. 301 ff. pHGB.
[53] Siehe Rn 5 ff.
[54] Art. 303 § 1 pHGB.
[55] Art. 11 iVm. Art. 323 pHGB.

90   **b) Fakultativer Inhalt.** Die Satzung kann von den gesetzlichen Vorschriften abweichen, soweit es das Gesetz zuläßt[56]. **Zusätzliche** fakultative Bestimmungen können zur Vermeidung von Unklarheiten sein:
- Fristen und Höhe der Einzahlungen auf das Stammkapital;
- Umtauschbarkeit von Namens- und Inhaberaktien;
- Übertragungsbeschränkungen für Namensaktien;
- Gewinnverteilungsregelungen;
- Vorzugsrechte, Gründervorteile;
- Wahl oder Bestellung von Vorstandsmitgliedern, Amtsdauer;
- Vertretungsbeschränkungen im Innenverhältnis;
- Art der Berufung von Aufsichtsratsmitgliedern;
- Erweiterung der Befugnisse des Aufsichtsrats;
- Geschäftsordnungsregeln für den Aufsichtsrat;
- Zustimmungserfordernisse für die Hauptversammlung;
- Geschäftsordnungsregeln für die Hauptversammlung;
- Bezugsrechtsregelungen;
- Auflösungsgründe.

2. Besonderheiten und wichtige Unterschiede zur GmbH (Sp. z o. o.)

91   Die S. A. unterscheidet sich von der Sp. z o. o. vor allem durch folgendes:
- Einheitsgründung oder Stufengründung;
- Mindestkapital beträgt nunmehr 500 000 PLN (bisher 100 000 PLN); Bareinlagen und Sacheinlagen möglich. Anders als bei der Sp. z o. o. ist ein Sachgründungsbericht erforderlich. Eine bereits vor Inkrafttreten des neuen pHGB bestehende S. A. kann in zwei Stufen das Grundkapital aufstocken (nach drei Jahren auf 250 000 PLN, nach weiteren zwei Jahren auf 500 000 PLN).
- Unterschiedliche Arten von Aktien sind möglich:
  - Namensaktien;
  - Inhaberaktien;
  - Vorzugsaktien in Bezug auf Stimmrecht oder Dividendenbezug (wobei Vorzugsaktien mit Stimmrecht als Namensaktie ausgegeben werden müssen; max. zwei Stimmen).
- Einzahlung von Bareinlagen: mindestens 25% vor Eintragung; Sacheinlagen sind spätestens ein Jahr nach Registereintragung einzubringen[57];
- Beurkundungspflicht für Beschlüsse der Hauptversammlung;
- Qualifizierte Mehrheit für Satzungsänderungen: 75%.

3. Mitbestimmung

92   Mitbestimmungsregeln gibt es **nur für die privatisierte S. A.** Neugründungen sind mitbestimmungsfrei. Eine durch Kommerzialisierung entstandene Gesellschaft muß nach dem pPrivG einen Aufsichtsrat haben. Solange der polnische Staatsschatz alleiniger Aktionär ist, werden 2/5 des Aufsichtsrats durch die Arbeit-

---

[56] Nach Art. 304 § 3 pHGB.
[57] Art. 309 § 3 pHGB.

nehmer gewählt[58]. Nach der Veräußerung von mehr als der Hälfte der Aktien des Staatsschatzes können die Bestimmungen der Satzung über die Berufung/Abberufung der Aufsichtsratsmitglieder geändert werden. Die Arbeitnehmer behalten jedoch das Recht, Aufsichtsratsmitglieder zu stellen[59]. Die Zahl der Mitarbeitervertreter ist abhängig von der Größe des Aufsichtsrats: Bei einem Aufsichtsrat, bestehend aus bis zu sechs Mitgliedern, sind zwei Mitarbeitervertreter und bei einem Aufsichtsrat von über zehn Mitgliedern sind vier Mitarbeitervertreter im Aufsichtsrat vertreten.

Bei Unternehmen, die im Jahresdurchschnitt mehr als 500 Arbeitnehmer beschäftigen, wird darüber hinaus ein **Vorstandsmitglied durch die Arbeitnehmer** der Gesellschaft **gewählt**[60], und zwar unabhängig davon, ob der Staatsschatz alleiniger Eigentümer der Aktien ist oder nicht.

IV. Weitere Gesellschaftsformen

Neben der Sp. z o. o. und der S. A. sind im Hinblick auf das neue pHGB folgende **Handelsgesellschaften** möglich, wobei weitgehend eine Orientierung an den aus dem deutschen Recht bekannten Grundsätzen möglich ist:
– offene Handelsgesellschaft;
– Partnerschaftsgesellschaft;
– Kommanditgesellschaft (auch GmbH & Co. KG);
– Kommanditgesellschaft auf Aktien.

Nicht geregelt ist die **stille Gesellschaft**. Es ist jedoch beabsichtigt, diese Gesellschaft als besondere Form der Spółka Cywilna (Gesellschaft bürgerlichen Rechts) bei der ausstehenden Novellierung des Zivilgesetzbuches zu berücksichtigen.

V. Umwandlungsrecht

Ebenfalls neu sind durch das pHGB umwandlungsrechtliche Vorschriften für die Verschmelzung, Spaltung und den Rechtsformwechsel eingeführt worden.

Die **Verschmelzung** ist zwischen den gesetzlich zulässigen Kapital- wie auch Personengesellschaften durchführbar. Neuer Rechtsträger kann jedoch nur eine Kapitalgesellschaft sein. Sie entsteht (im Wege der Gesamtsrechtsnachfolge) mit dem Tag der Eintragung in das Handelsregister (nach Löschung der „alten" Gesellschaften). Wesentliche Vorbereitungshandlungen sind
– die Aufstellung eines Verschmelzungsplans (mit Sachverständigengutachten in wirtschaftlicher/rechtlicher Hinsicht);
– die Beschlüsse beider Gesellschafterversammlungen.

Eine Spaltung ist möglich durch
– teilweise Übertragung des Gesellschaftsvermögens gegen Anteile/Aktien der übernehmenden Gesellschaft oder durch

---

[58] Art. 12 Abs. 1 pPrivG.
[59] Gem. Art. 14 Abs. 1 pPrivG.
[60] Gem. Art. 16 pPrivG.

– Neugründung und Anteils- bzw. Aktienübertragung. Das Spaltungsverfahren ist dem der Verschmelzung angeglichen (Spaltungsplan).

98 Ein **Rechtsformwechsel** von Gesellschaften ist mit Wirkung ab Registereintragung in verschiedenen Variationen zulässig, d. h. Personengesellschaften können in Kapitalgesellschaften umgewandelt werden und umgekehrt, und der Wechsel einer Kapitalgesellschaft in eine andere ist möglich. Das Verfahren erfordert
– die Aufstellung eines Umwandlungsplans mit entsprechendem Gutachten;
– den Gesellschafterbeschluß (Erfordernis der Einstimmigkeit von persönlich haftenden Gesellschaftern bei der Personengesellschaft; bei einer Kapitalgesellschaft: Mehrheitsbeschluß).

D. Due Diligence

I. Bedeutung

99 Der Due Diligence-Prozeß ist mittlerweile ein durchweg bekanntes und anerkanntes Institut beim Unternehmenserwerb in Polen. Die Bedeutung der Untersuchung hängt im wesentlichen davon ab, ob es sich um einen Privatisierungsprozeß handelt, bei dem Veräußerer der polnische Staat ist oder ob ausschließlich private Unternehmen beteiligt sind. Im ersten Fall wird der Erwerber feststellen, daß eine umfangreiche Due Diligence mitunter zahlreiche Probleme ans Tageslicht bringt, diese jedoch bei den Vertragsverhandlungen mit dem Staatsschatz nur eine untergeordnete Rolle spielen. Bis auf einige wenige Standardgewährleistungen ist dieser nämlich nicht bereit, die Gewähr für risikobehaftete Sachverhalte des betroffenen Unternehmens zu übernehmen. Dies gilt insbes. für Umweltrisiken. Hier dient die Due Diligence-Prüfung im wesentlichen dazu, die **Risikopositionen zu erkennen** und entsprechend bei der Preiskalkulation zu berücksichtigen, was jedoch nur in Ausnahmefällen möglich sein wird. Meist befindet sich der potentielle Erwerber in einer Wettbewerbssituation mit weiteren Bewerbern. Strategische Erwägungen werden dann den Ausschlag geben müssen. Die Due Diligence-Prüfung hilft dabei, die eigene Position nach oben oder unten mit Grenzen zu versehen.

100 Anders ist die Situation dann, wenn sowohl auf Veräußerer- als auch auf Erwerberseite private Unternehmen stehen. Hier kann das Ergebnis der Due Diligence-Prüfung in Form von Garantien bzw. Freistellungen im Kaufvertrag Eingang finden. Inwieweit dies gelingt, ist meist vom Verhandlungsgeschick und der Situation des Verkäufers abhängig. Stets ist zu beachten, daß der umfangreichste Katalog nichts hilft, wenn der Verkäufer (wie dies nicht selten der Fall ist) nur über begrenztes Vermögen verfügt.

101 Im folgenden werden einige Prüfungsfelder behandelt, auf die im Zuge der Due Diligence besonderes Augenmerk gerichtet werden sollte.

II. Einzelne Prüfungsfelder

1. Immobilien

Jegliche geschäftliche Tätigkeit eines Unternehmens in Polen bedarf in der einen oder anderen Form der **Nutzung einer Immobilie**.

a) Eigentum und Erbnießbrauch. Grundsätzlich besteht für natürliche und juristische, in- wie ausländische Personen die Möglichkeit, Immobilien bzw. Rechte daran zu erwerben, zu veräußern oder zu belasten.

Das Eigentum stellt wie im deutschen Recht ein absolutes dingliches Recht dar, das iRd. „sozioökonomischen Zweckbestimmung" nach dem Willen des Berechtigten gebraucht werden darf. Gebäude gelten grundsätzlich als Grundstücksteile und stehen damit im Eigentum des Grundstückseigentümers (Ausnahme zB Erbnießbrauch)[61]. Entsprechend dem deutschen Recht ist der Erwerb von **Mit-, Bruchteils- und Gesamthandseigentum** möglich.

Der **Erbnießbrauch** ist ein – dem deutschen Institut vergleichbares – vom Eigentum abgeleitetes dingliches Recht, das dem Inhaber über einen gewissen Zeitraum (mind. 40 bis max. 99 Jahre) eine weitgehend eigentümerähnliche Stellung verschafft[62]. Die Bestellung des Erbnießbrauchs erfolgt durch Vertrag oder Hoheitsakt; es ist veräußerbar und belastbar und folgt weitgehend den Vorschriften über das Eigentum. Besondere Bedeutung hat der Erbnießbrauch in Polen, da vor allem ehemalige Staatsbetriebe nach der Umwandlung lediglich Erbnießbraucher der genutzten Immobilien sind und der Staat (bzw. die Gemeinde) Grundstückseigentümer ist. Den Berechtigten trifft die Pflicht, bei Bestellung des Erbnießbrauchs (Tag der notariellen Beurkundung) die erste Gebühr in Höhe von ca. 15 bis 25% des Werts zu entrichten, wobei eine Ermäßigung von bis zu 50% erreicht werden kann, falls die Immobilie unter Denkmalschutz steht. Je nach Art der Grundstücksbewirtschaftung beläuft sich die weitere jährlich fällige Gebühr auf Beträge zwischen 0,3 bis 3% des Grundstückswerts[63].

Für den Eigentumserwerb bzw. Erbnießbrauch einer Immobilie ist für die Wirksamkeit des Vertrags die notarielle Beurkundung notwendig. Beachtenswert ist, daß im Gegensatz zum deutschen BGB in Polen schon mit der schuldrechtlichen Einigung das **Eigentum** am Grundstück übergeht, die Auflassung demnach nicht erforderlich ist. Dagegen hat die Grundbucheintragung bei Bestellung des **Erbnießbrauchs** konstitutive Bedeutung.

b) Genehmigungsverfahren. Ausländer (natürliche Personen ohne polnische Staatsangehörigkeit bzw. juristische Personen mit Sitz im Ausland oder polnische Gesellschaften mit ausländischer Mehrheitsbeteiligung) müssen vor Erwerb einer Immobilie (oder des Erbnießbrauchs) die hierzu erforderliche **Erlaubnis des Innenministeriums** einholen (Gebühr ca. 1 000 PLN); anderenfalls gilt das Rechtsgeschäft als von Anfang an unwirksam. Das Antragsverfahren dauert von Gesetzes wegen bis zu zwei Monaten, in der Praxis jedoch oft länger. Vom Er-

---

[61] Art. 48 pZGB.
[62] Art. 232 ff. pZGB.
[63] Art. 72 des polnischen Gesetzes über Grundstücksbewirtschaftung.

laubnisvorbehalt ausgenommen sind der Erwerb von unbebauten innerstädtischen Grundstücken bis zu 0,4 ha durch juristische Personen zu deren satzungsgemäßem Gebrauch sowie der Erwerb von Wohnungen. Grundstücke können durch natürliche Personen ferner durch Erbgang oder Ehegatten polnischer Staatsbürger genehmigungsfrei erworben werden.

108 **Voraussetzung** für die Erlaubniserteilung ist zum einen die Entfaltung wirtschaftlicher Tätigkeit in Polen und zum anderen bei juristischen Personen der Unternehmenssitz in Polen. Die Konstruktion, über den Erwerb einer Gesellschaft mit Immobilieneigentum die Erlaubniserteilungspflicht zu umgehen, wird als unzulässiges und damit unwirksames Umgehungsgeschäft angesehen. Der Anteilserwerb ist dann zulässig, wenn die polnische Gesellschaft nicht (indirekt) ausländischer Kontrolle unterworfen ist.

109 Der Erwerb eines Unternehmens mit Immobilieneigentum kann daher stets nur aufschiebend bedingt durch die Erteilung der Genehmigung erfolgen bzw. zunächst in der Form eines Vorvertrags.

110 **c) Grundbuchsituation/-verfahren.** Wie bereits erwähnt, ist die Grundbucheintragung für den **Eigentumserwerb** nicht erforderlich. Die allgemeine Zuständigkeit nach dem Gesetz über Grundbücher und Hypotheken liegt bei den Grundbuchrichtern der jeweiligen Amtsgerichte. Für zahlreiche Immobilien sind allerdings keine Grundbücher, sondern sog. „Dokumentensammlungen" vorhanden. Anders als das Grundbuch wird durch diese Unterlagensammlung der gute Glaube nicht geschützt, so daß sich noch vor dem Erwerb die Anlage eines Grundbuchs mit Hilfe eines Notars empfiehlt. Der Gutglaubensschutz besteht allerdings nur bei unrichtiger Ausweisung des Verfügungsberechtigten, nicht aber bei Doppelveräußerungen. Hier ist mangels („regelnder") höchstrichterlicher Rechtsprechung zu raten, im Vorfeld umfangreich zu recherchieren, volle Zahlung des Kaufpreises erst nach (lastenfreier) Eintragung zu veranlassen oder sich einer Vormerkung zu bedienen, deren Eintragung etwa zwei Wochen nach Antragstellung erfolgt.

111 **d) Miet- und Pachtverträge.** Bei der Prüfung der Miet- bzw. Pachtverträge ist neben den üblichen, aus westlichen Verträgen bekannten Klauseln stets die rechtlich dogmatische Einordnung zu prüfen. Oftmals werden Mietverträge als Pachtverträge bezeichnet. Materiellrechtlich ist der Unterschied von großer Bedeutung. Während Pachtverträge befristet auf 30 Jahre abgeschlossen werden können, sind Mietverträge grundsätzlich nach Ablauf von 10 Jahren mit gesetzlichen Kündigungsfristen kündbar. Auch im Hinblick auf den Vermieterwechsel (besonders wichtig beim Asset Deal) ist zu beachten, daß zwar der bekannte Grundsatz „Verkauf bricht nicht Miete" in Polen auch bekannt ist. Ist der Mietvertrag jedoch nicht mit dem sog. „sicheren Datum" versehen, ist er durch den Mieter kündbar. Diese Aspekte können bei der Bewertung des Unternehmens eine wesentliche Rolle spielen.

112 **e) Reprivatisierung.** Die Regelungen zur Reprivatisierung finden sich – nach 10-jähriger Vorbereitung – in dem vom Sejm (Erste Kammer des polnischen Parlaments) am 8. 1. 2001 beschlossenen Reprivatisierungsgesetzentwurf, der

allerdings noch der Zustimmung des Senats (Zweite Kammer des polnischen Parlaments) und der Ausfertigung durch den Präsidenten bedarf.

Wesentlicher Punkt der derzeitigen Fassung ist die **Rückerstattung** von (lediglich) 50% der durch die Enteignung entstandenen **Vermögenseinbuße**. Soweit als möglich, soll die Reprivatisierung im Sinne einer Naturalrestitution durchgeführt werden. In den übrigen Fällen ist den Geschädigten ein Ausgleich in Form von (übertragbaren) Wertpapieren (ausgegeben vom Fiskus) zu gewähren. Diese können vom Inhaber zum Kauf von staatlichen bzw. kommunalen Immobilien oder zur Anlage bei speziell gegründeten Investitionsfonds verwendet werden. Allgemeine Anwendungsvoraussetzung dieses Gesetzentwurfs ist jedoch die polnische Staatsbürgerschaft im Zeitpunkt der Enteignung und in der Zeit bis zum 31. 12. 1999.

Die Ausfertigung des Gesetzes ist kürzlich vom Präsidenten der Republik Polen **abgelehnt** worden. Damit muß ein neues Gesetzgebungsverfahren eingeleitet werden. Die Reprivatisierung bleibt damit weiterhin ein offenes Thema.

2. Gewerbliche Schutzrechte

a) Patente. Gegenstand des Patentschutzes ist die Erfindung. Näheres regelt das Erfindungsgesetz von 1972. Patente müssen wie in Deutschland zum Patentamt angemeldet werden. Eine Erfindung ist jede neue technische, zur Anwendung geeignete Problemlösung, die nicht lediglich offensichtlicher Erfolg des derzeitigen Technikstands ist[64]. **Patentschutz** wird für 20 Jahre gewährt. Vorläufiger Schutz wird bis zur Eintragung nach Einreichung des Patentantrags gewährt. Das Patent gewährt dem Inhaber ein positives, alleiniges Benutzungsrecht und ein negatives Verbotsrecht gegenüber Dritten.

Das Patent kann **aufgehoben** werden, falls es im Wege eines rechtswidrigen Verfahrens erlangt wurde. Erlöschensgründe hingegen können im Patentverzicht, der vor dem Patentamt erklärt werden muß, sowie in der Nichtzahlung von Gebühren innerhalb einer Zahlungsfrist von 6 Monaten liegen.

Patentverletzungen führen zu zivilrechtlichen Ansprüchen. Es kann Unterlassung und Schadensersatz verlangt werden.

Das Patent selbst und das Recht zum Patent sind **übertragbar**. Ein Vertrag hierüber bedarf zu seiner Wirksamkeit der Schriftform und wird mit Registereintragung gegenüber Dritten wirksam. IRd. schriftlich abzuschließenden Lizenzvertrags steht es dem Patentinhaber frei, einem Dritten die Nutzung des Patents zu überlassen. Die Lizenz kann auf Antrag im Patentregister eingetragen werden. Die Erteilung einer Unterlizenz ist grundsätzlich möglich, kann aber auf dem Vertragsweg ausgeschlossen werden. Für den Schutz der Gebrauchsmuster finden die Grundsätze über Patente entsprechende Anwendung.

b) Markenschutz. Die Entstehung des Markenschutzes erfolgt wie beim Patent durch die Anmeldung und **Registrierung** der Marke beim Patentamt. Markenfähig sind alle Zeichen, die geeignet sind, Waren oder Dienstleistungen im normalen Geschäftsverkehr voneinander zu unterscheiden und nicht lediglich

---

[64] ISd. Art. 10 des polnischen Erfindungsgesetzes.

Eigenschaftsmerkmale (Qualität, Beschaffenheit, etc.) sind. Unzulässig ist die Registrierung, falls das Zeichen gesetzeswidrig ist, Persönlichkeitsrechte Dritter verletzt, unwahre Angaben enthält, Staatssymbole (Wappen) oder Namen polnischer Städte/Ortschaften darstellt, etc., aber auch bei zu großer Ähnlichkeit mit einem bereits registrierten Zeichen sowie allgemeinen Zeichen, die geeignet sind, die jeweilige Zielgruppe zu täuschen.

120 Das Markenrecht verleiht dem Inhaber ein umfassendes positives Benutzungs- und negatives Verbietungsrecht.

121 Grund für das **Erlöschen** des Rechts ist außer der Nichtbenutzung des Zeichens innerhalb von drei Jahren auch der Verlust der Unterscheidungskraft des Zeichens sowie der Verzicht des Markeninhabers auf sein Schutzrecht.

122 Das Markenzeichen ist durch schriftlichen Vertrag mit „sicherem Datum" **übertragbar**[65] und wird mit Registereintragung gegenüber Dritten wirksam. Die Übertragung des Zeichens ohne gleichzeitige Unternehmensveräußerung ist nur zulässig, soweit keine Gefahr besteht, die Abnehmer hinsichtlich der Herkunft der Ware zu täuschen bzw. der Erwerber nicht für ein ähnliches Zeichen im Register eingetragen ist.

123 Eine **Verletzung der Schutzrechte** ist gegeben, wenn Unbefugte die Marke bzw. ein ihr ähnliches Zeichen für gleiche oder ähnliche Waren oder Dienstleistungen in einer Weise benutzen, die Verwechslungen mit der geschützten Bezeichnung hervorrufen können (Bewertung nach visuellen, semantischen, phonetischen bzw. grafischen Gesichtspunkten). Aufgrund der jeweiligen Einzelfallbetrachtung sollte vor Benutzung einer Marke beim zuständigen Patentamt die evtl. bestehende Ähnlichkeit mit eingetragenen Marken überprüft werden.

124 Die Verletzung von Schutzrechten kann sowohl **zivil- wie auch strafrechtliche Konsequenzen** haben. Im ersten Fall können neben Unterlassungs- auch (vorsatzunabhängige) Schadensersatzansprüche gerichtlich geltend gemacht werden, die einer dreijährigen Verjährungsfrist unterliegen. Eine strafrechtliche Verfolgung setzt dagegen neben einem Antrag des Geschädigten die vorsätzliche unbefugte Benutzung einer geschützten Marke voraus.

3. Arbeitsrecht

125 a) **Überblick.** Das polnische (Individual-) Arbeitsrecht ist im Arbeitsgesetzbuch[66] sowie in verschiedenen Gesetzen und Verordnungen geregelt. Es gilt **für alle abhängig beschäftigten Arbeitnehmer** in Polen, wobei im Unterschied zu Deutschland die Besonderheit besteht, daß es auch für die Dienstverträge der Organmitglieder einer Sp. z o. o. oder S. A. gilt. Zur Vermeidung der Abgabenlast eines Arbeitsverhältnisses ist der Abschluß eines „Dienstvertrags" anstelle eines Arbeitsvertrags weit verbreitet. Es ist jedoch anzunehmen, daß dies über kurz oder lang als Umgehung der gesetzlichen Regelung bewertet werden wird.

126 Die gesetzlichen Vorschriften geben insgesamt einen Mindeststandard vor, der individualvertraglich nicht abbedungen werden kann. Der **Arbeitsvertrag** kann mündlich geschlossen werden, wobei auf Verlangen des Arbeitnehmers die Schrift-

---

[65] Art. 15 pMarkenG.
[66] Kodeks Pracy (KP) 1997.

form einzuhalten ist. Bei Kettenarbeitsverhältnissen über einen kurzen Zeitraum oder ein bestimmtes Arbeitsprojekt ist darauf zu achten, daß mit Abschluß des dritten Arbeitsvertrags dieser Art das Arbeitsverhältnis als für unbestimmte Dauer geschlossen gilt. Beachtenswert ist auch das geltende Diskriminierungsverbot hinsichtlich der Auswahl von Arbeitnehmern bzw. deren innerbetrieblichen Behandlung.

b) Beendigung des Arbeitsverhältnisses. Die **Beendigung** des Arbeitsverhältnisses kann **erfolgen** 127
— mit Fristablauf oder Abschluß eines Aufhebungsvertrags;
— durch ordentliche Kündigung (Fristen: 2 Wochen/Beschäftigung unter sechs Monate; ein Monat/Beschäftigung bis drei Jahre; drei Monate/Beschäftigung über drei Jahre) bzw.
— außerordentliche Kündigung bei Vorliegen eines speziellen Grunds (grobe Pflichtverletzungen: Störung des Betriebsfriedens, Alkoholkonsum, Selbstbeurlaubung, etc.).

Die **Kündigungserklärung** erfordert die Schriftform, eine Begründung der 128 Beendigung sowie eine Rechtsmittelbelehrung[67]. Außerdem ist die jeweilige betriebliche Gewerkschaftorganisation zu beteiligen:
— Bei der ordentlichen Kündigung ist die Kündigung mit Begründung schriftlich anzukündigen, wobei der Gewerkschaftsorganisation ein fünftägiges Widerspruchsrecht zusteht. Der Widerspruch führt letztlich jedoch nur zur Stellungnahme der überbetrieblichen Gewerkschaftsorganisation, so daß die Entscheidung endgültig beim Arbeitgeber verbleibt.
— Bei der außerordentlichen Kündigung ist die Widerspruchsfrist auf drei Tage verkürzt; die Entscheidungsgewalt liegt wiederum beim Arbeitgeber.

Kündigungsbeschränkungen gelten für Schwangere, Wehrpflichtige, ge- 129 werkschaftliche Funktionsträger und Arbeitnehmer zwei Jahre vor Eintritt ins Rentenalter. Die Kündigung selbst kann mit einer Klage vor dem zuständigen Rayongericht angegriffen werden.

Bei **Massenentlassungen** gelten besondere Vorschriften: Soweit mind. 10% 130 der Belegschaft oder mehr als 100 Arbeitnehmer innerhalb von drei Monaten entlassen werden sollen, müssen entweder wirtschaftliche oder organisatorische Gründe bzw. produktionsbedingte/technische Veränderungen vorliegen. Der Informationspflicht des Arbeitgebers gegenüber der Belegschaft muß dabei bis 45 Tage vor der Kündigung nachgekommen werden. Die zu zahlenden Abfindungen betragen zwischen ein bis drei (bei mind. 20-jähriger Betriebszugehörigkeit) Monatsgehältern.

c) Kollektives Arbeitsrecht. Grundsätzlich von der Koalitionsfreiheit be- 131 herrscht, weist das polnische Recht hier erhebliche Unterschiede zum deutschen Recht auf. So bedarf es eines von der Belegschaft mitbestimmten Aufsichtsrats nur bei Kapitalgesellschaften mit mind. 50%-iger Staatsbeteiligung. Eine dem Betriebsrat vergleichbare Einrichtung existiert nicht. **Beteiligungs- bzw. Kontrollrechte** gibt es allenfalls bei der Kündigung oder — soweit mit der Unterneh-

---

[67] Art. 30 ff. KP.

mensleitung vereinbart – für die Belegschaft bei wesentlichen wirtschaftlichen Maßnahmen der jeweiligen Gewerkschaftsorganisation.

132 Im Tarifvertragssystem gibt es hauptsächlich betriebsgebundene **Tarifverträge** zwischen Arbeitgeber und betrieblicher Gewerkschaftsorganisation (Betriebskollektivvereinbarung). Überbetriebliche Tarifverträge zwischen Arbeitgeberverbänden und überbetrieblichen Gewerkschaftsorganisationen sind gesetzlich zulässig, aber (noch) kaum verbreitet.

133 **d) Besondere Folgen beim Betriebsübergang.** Beim Betriebsübergang gibt es eine dem deutschen § 613a BGB vergleichbare Regelung[68]. Dieser Artikel bestimmt, daß im Fall des Betriebsübergangs bzw. eines Teilbetriebsübergangs der **neue Arbeitgeber** von Gesetzes wegen in die bestehenden Arbeitsverhältnisse **eintritt**. Für die Verpflichtungen aus den Arbeitsrechtsverhältnissen haften der bisherige und der neue Arbeitgeber als Gesamtschuldner.

134 Über den Betriebsübergang sind die Mitarbeiter vor Vornahme der den Rechtsübergang begründenden Handlung zu **informieren**. Das Problem von Pensionsverpflichtungen taucht bisher in Polen so gut wie gar nicht auf.

135 Das Unternehmen haftet auch für die Sozialversicherungsbeiträge gegenüber dem Sozialversicherungsträger (ZUS). Hierbei kann jedoch das Risiko dahingehend minimiert werden, daß vor Erwerb des Unternehmens der Verkäufer vom zuständigen Sozialversicherungsträger eine verbindliche Negativbescheinigung einholt.

4. Umweltrecht

136 **a) Einführung.** Das Gebiet des Umweltrechts ist für den in- wie ausländischen Investor von besonderer Bedeutung, spielt es doch von Beginn an eine **wichtige Rolle** bei Planung, Errichtung und Aufnahme der Unternehmenstätigkeit. Die gesetzlichen Grundlagen klingen vertraut: Regelungen finden sich im Gesetz über den Schutz und Gestaltung der Umwelt (1980), im Naturschutzgesetz (1991), im Wassergesetz (1974) oder im Abfallgesetz (1997) und in allgemeinen Vorschriften des Zivilgesetzbuchs. Insbes. auf dem Weg zur EU-Mitgliedschaft erhielt das Umweltrecht verstärkt Bedeutung und hat zunehmend Einfluß auf die wirtschaftliche Gestaltungsfreiheit.

137 Die **verwaltungsrechtliche Kontrolle** von Luft und Wasser ist zweistufig: Zum einen gelten nationale Emissionsgrenzwerte, die von jeder Anlage eingehalten werden müssen. Orientieren sich die Grenzwerte noch an den wirtschaftlichen Möglichkeiten der polnischen Industrie (also kein Vorsorgeprinzip), so ist vorauszusehen, daß sich im Zuge der EU-Angleichung die Standards erhöhen werden. Auf einer zweiten Stufe ist den Verwaltungsbehörden die Möglichkeit gegeben, spezifische, auf einen konkreten Sachverhalt abgestimmte Parameter bzw. zusätzliche Anforderungen aufzustellen.

138 Hinsichtlich des **Lärmschutzes** besteht keine Erlaubnispflicht für die Tätigkeitsaufnahme, doch können durch während der Unternehmenstätigkeit durch-

---

[68] Art. 23 KP.

geführte Kontrollen die Emissionswerte festgestellt und infolgedessen von den Behörden konkrete Grenzwerte festgesetzt werden[69].

139 Fallen jährlich mehr als eine Tonne Abfall oder **Abfälle** mit gefährlichen Substanzen an, so ist die Tätigkeitsaufnahme erlaubnispflichtig. Soweit eine Wiederverwertung der Abfälle technisch und wirtschaftlich möglich (vertretbar) ist, besteht die Pflicht zur Rückführung in den Produktionskreislauf[70].

140 Es besteht eine **allgemeine Pflicht**, schädliche Einwirkungen auf die Umwelt zu unterlassen[71]. Dabei steht der Verwaltung ein Eingriffs- wie Ausführungsermessen im konkreten Fall zu.

141 Die **zivilrechtliche Haftung** ist im Sinne einer verursacherorientierten, dem deutschen Recht der unerlaubten Handlungen[72] vergleichbaren Haftung für Umweltschäden ausgestaltet[73]. Ersatzfähig sind hiernach Personen- wie auch Vermögensschäden, falls nicht höhere Gewalt vorliegt. Daneben ist die Nichtbeachtung umweltrechtlicher Vorschriften zum Teil als Ordnungswidrigkeit bzw. Straftat sanktioniert[74].

142 **b) Altlasten.** Beim Unternehmenskauf tritt der Käufer in die Haftungssituation des Verkäufers in die zivilrechtlichen Ansprüche Dritter, behördliche Anordnungen sowie strafrechtliche Ermittlungsverfahren ein. Hier bietet eine systematische Ermittlung und rechtliche Bewertung technischer Risiken ein gutes Argument für Kaufpreisverhandlungen. Die **Umweltrisiken** müssen in der Kaufvertragsgestaltung Berücksichtigung finden. Allerdings wird dies nur gelingen, wenn auf der Verkäuferseite ein Privater steht. Bei Privatisierungen werden Gewährleistungen bzw. Freistellungen vom Staatsschatz nur in absoluten Ausnahmefällen gewährt[75].

143 Die in Deutschland seit Jahren bekannte Problematik der Altlasten ist in Polen **relativ unbekannt**. Die Problematik der Altlasten ist rechtlich in Teilen des öffentlichen Rechts, u. a. im Wassergesetz, Abfallgesetz, Umweltschutzgesetz, verankert. Darüber hinaus wird auf die zivilrechtlichen Vorschriften verwiesen. Es gibt keine ausdrückliche Regelung bezüglich der Kostenteilung bei der Beseitigung von Altlasten. Die Lösung muß daher in den bestehenden Gesetzen sowie in der (wenn möglich) vertraglichen Vereinbarung gesucht werden. Die Rechtsprechung und die Kommentarliteratur zu diesem Themenkreis sind äußerst bescheiden.

144 Das öffentliche Recht unterscheidet zwischen dem Handlungs- und dem Zustandsstörer. Durch eine sog. **Umweltverfügung (Beseitigungsverfügung)**[76] kann sowohl der Verursacher als auch der jeweilige Grundstücksinhaber in die Pflicht genommen werden. Somit ist jeder Besitzer, also auch der Mieter oder Pächter potentieller Verantwortlicher.

---

[69] Art. 51 Abs. 6 pUmweltG.
[70] Art. 16 Abs. 1 pAbfallG.
[71] Art. 82 pUmweltG.
[72] §§ 823 ff. pBGB.
[73] Art. 80 f. iVm. 415 ff. pBGB.
[74] Art. 106, 109 pUmweltG.
[75] Siehe Rn 99.
[76] Art. 82 pUmweltG.

145 Während das Risiko der Haftung beim Erwerb von Privaten, zumindest im Innenverhältnis, durchaus im Vertragswege möglich ist, kommt iRd. Privatisierung die **Haftungsübernahme durch den Staat** nicht in Betracht. Es fehlen im polnischen Recht Bestimmungen, die zu einer Haftung des Staates für die Sanierung von Grundstücken im ehemaligen Staatseigentum führen würden. Die ehemaligen Staatsbetriebe, die oftmals hochgradig verseucht sind, bieten bei der Privatisierung somit immer einen Angriffspunkt, bei dem der Investor jedoch lediglich zwei Möglichkeiten hat: Er kann entweder das Risiko übernehmen oder von dem Vorhaben absehen. Unklar ist nach gegenwärtiger Rechtslage, ob eine Vollversiegelung des Grundstücks vor einer Inanspruchnahme des Staates für Verunreinigungen aus der Vergangenheit schützt. Die bestehenden Risiken müssen daher bei der Preiskalkulation besonders berücksichtigt werden.

146 Derzeit wird an einem **neuen Umweltschutzgesetz** gearbeitet. Die ersten Entwürfe zeigen, daß das Thema Altlasten nunmehr gesetzlich gesondert geregelt werden soll. Es läßt sich derzeit jedoch kein einheitlicher Trend erkennen. Hier bleibt die zukünftige Entwicklung abzuwarten.

E. Varianten von Unternehmensübernahmen

147 Neben dem Erwerb von Unternehmen iRd. Privatisierung **nimmt der Erwerb** von privaten Unternehmen stetig **an Bedeutung zu**. In den vergangenen Jahren ist eine Vielzahl kleinerer und teilweise auch größerer Unternehmen entstanden, die immer häufiger auf den Markt kommen und von westlichen Unternehmen erworben werden oder die in Gemeinschaftsunternehmen eingebracht werden.

148 Grundsätzlich unterscheidet sich der Unternehmenskauf in Polen nicht von entsprechenden Gestaltungen in Deutschland. Ein Unternehmen kann entweder im Rahmen eines **Share Deal** oder eines **Asset Deal** erworben werden. In beiden Fällen ist an die Anmeldung bei der polnischen Kartellbehörde zu denken. Im Einzelfall können weitere Genehmigungserfordernisse eingreifen, insbes. falls das Erwerbsobjekt Grundbesitz (Eigentum oder Erbnießbrauch) hat[77].

I. Erwerb von Anteilen an einer bestehenden Gesellschaft (Share Deal)

149 In diesem Fall werden die Anteile an einer Gesellschaft übernommen, so daß sich an den rechtlichen Verhältnissen der Gesellschaft grundsätzlich nichts ändert. Die erworbene Gesellschaft erhält lediglich **einen oder mehrere neue Gesellschafter**; Vermögen und Verbindlichkeiten verbleiben unverändert in der Gesellschaft. Soweit die Tätigkeit der Gesellschaft Erlaubnisse, Lizenzen oder Konzessionen bedarf, sind die Auswirkungen des Anteilsübergangs auf deren Bestand im einzelnen zu prüfen. Der Erwerber muß sich deshalb vor dem Kauf iRd. Due

---

[77] Siehe Rn 103 ff.

Diligence[78] ein umfassendes Bild über die rechtlichen und wirtschaftlichen Verhältnisse der Gesellschaft verschaffen. Im Anteilskaufvertrag können und sollten die auch in Deutschland üblichen Regelungen zur Sicherung des Käufers (Gewährleistungsregelungen, Sicherheitseinbehalt etc.) getroffen werden. Soweit es sich um Anteile an einer polnischen GmbH handelt, ist nach polnischem Recht keine Beurkundung erforderlich, die notarielle Beglaubigung der Unterschriften reicht aus. Allerdings wird vielfach auf einer Beurkundung bestanden. Falls der Kaufvertrag in Deutschland abgeschlossen wird, ist zu beachten, daß manche Oberlandesgerichte der Auffassung sind, die Abtretung polnischer Gesellschaftsanteile in Deutschland unterliege dem Beurkundungserfordernis[79]. In jedem Fall müssen auch etwaige Übertragungserschwerungen in der Satzung der Gesellschaft beachtet werden.

Bei einer AG werden Inhaberaktien durch Übergabe übertragen. Bei Namensaktien sind die jeweiligen Bestimmungen der Satzung der AG zu beachten. Weiter sind das Indossament auf der Aktie und die Eintragung im Aktienbuch der Gesellschaft erforderlich.

Falls Aktien an der Warschauer Börse oder Aktien am geregelten außerbörslichen Markt erworben werden sollen, sind die Regelungen des Gesetzes über den öffentlichen Wertpapierhandel (pWPG) zu beachten[80]. Danach bestehen bei Überschreiten bestimmter **Beteiligungsquoten** an den betroffenen Gesellschaften **Meldepflichten** gegenüber der Gesellschaft, dem Kartellamt und der Wertpapierkommission[81]. Außerdem ist für den Erwerb von Aktien der betroffenen Gesellschaften die Erlaubnis der Wertpapierkommission erforderlich, wenn infolge des Erwerbs jeweils 25%, 33% bzw. 50% der in der Hauptversammlung vertretenen Stimmen auf den Erwerber entfallen[82]. Ferner muß beim Erwerb von Aktien, die zusammen mit den bereits gehaltenen Aktien mehr als 50% der Stimmen in der Hauptversammlung vermitteln, ein öffentliches Übernahmeangebot an die übrigen Aktionäre abgegeben bzw. vor Ausübung des Stimmrechts den die 50% der Stimmen überschießenden Teil der Aktien wieder veräußert werden[83].

Weitere besondere Anforderungen bestehen beim Erwerb von Aktien an Banken und Versicherungen.

II. Erwerb des Vermögens eines anderen Unternehmens (Asset Deal)

Falls ein Unternehmen im Rahmen eines Asset Deal übernommen wird, sei es durch Kauf oder durch Sacheinlage in eine andere Gesellschaft, erfolgt zivilrechtlich eine **Übertragung der einzelnen Vermögensgegenstände** des Unternehmens. Der Begriff „Unternehmen" ist gesetzlich definiert[84]; dort ist auch geregelt, daß im Zweifel „alles, was zum Unternehmen gehört" Gegenstand des Kaufs

---

[78] Siehe Rn 99.
[79] § 15 Abs. 3 dGmbHG.
[80] Siehe Rn 167.
[81] Art. 147 pWPG.
[82] Art. 149 pWPG.
[83] Art. 155 pWPG.
[84] Art. 55 f. pZGB.

eines „Unternehmens" ist. Lizenzen, Erlaubnisse und Konzessionen bedürfen aber idR der Neuerteilung an den Erwerber. Verträge und Verbindlichkeiten können ebenfalls auf den neuen Unternehmensträger übertragen werden, falls die jeweiligen Vertragspartner und Gläubiger zustimmen. Einige Verbindlichkeiten gehen jedoch per Gesetz automatisch über, ohne daß der Übergang vertraglich ausgeschlossen werden könnte. Insofern ist auch beim Asset Deal eine sorgfältige Due Diligence erforderlich. Im einzelnen gilt es, folgende Regelungen besonders zu beachten:

154   Der Erwerber eines Unternehmens **haftet** mit dem Veräußerer **gesamtschuldnerisch** für die mit der Führung des Unternehmens zusammenhängenden Verpflichtungen[85], es sei denn, daß ihm trotz Beachtung der erforderlichen Sorgfalt (Due Diligence) im Zeitpunkt des Erwerbs diese Verpflichtungen nicht bekannt gewesen sind. Die Haftung ist auf den Wert des übernommenen Unternehmens beschränkt. Genaue Reichweite und die Voraussetzungen zum Ausschluß der Haftung sind von der polnischen Rechtsprechung noch nicht präzisiert worden.

155   Für **Steuerverbindlichkeiten** gilt die entsprechende Regelung der neuen Abgabenordnung[86], die die Haftung des Erwerbers von Betrieben und einzelnen Vermögensgegenständen regelt. Allerdings gibt es eine interessante Regelung[87]: Hiernach kann sich der Erwerber eines Unternehmens oder einzelner Vermögensgegenstände den Bestand und die Höhe von Steuerverbindlichkeiten des Verkäufers vom zuständigen Finanzamt (mit Zustimmung des Verkäufers) bestätigen lassen. Die Haftung des Erwerbers ist dann auf den bescheinigten Betrag beschränkt.

156   Die **Arbeitsverhältnisse** der in einem Unternehmen beschäftigten Arbeitnehmer sowie die daraus resultierenden Verbindlichkeiten gehen automatisch auf den Erwerber des Unternehmens über[88]. Die Regelung ist mit der des § 613a dBGB vergleichbar.

157   Bei bestehenden **Mietverhältnissen** tritt der Erwerber der Mietsache in den bestehenden Mietvertrag ein, hat jedoch, soweit der Mietvertrag nicht mit einem sog. „sicheren Datum"[89] abgeschlossen ist, ein Kündigungsrecht innerhalb der gesetzlichen Kündigungsfristen.

158   Besondere gesetzliche **Gewährleistungsregelungen**, die über das allgemeine Kaufrecht hinausgehen, bestehen nicht. Es empfiehlt sich daher auch, beim Asset Deal einen ausführlichen Gewährleistungskatalog mit dem Verkäufer zu vereinbaren.

159   Beim Unternehmenserwerb im Wege des Asset Deal bedarf der Vertrag zu seiner Wirksamkeit der notariell beglaubigten Unterschriften der Parteien[90].

---

[85] Art. 526 pZGB.
[86] Art. 112 polnischen Abgabenordnung.
[87] Art. 112 polnischen Abgabenordnung.
[88] Art. 23 KP.
[89] Siehe Rn 111.
[90] Art. 75 pZGB.

III. Ausgestaltung von Unternehmenskaufverträgen

1. Vorvertrag

Wegen der genannten Genehmigungserfordernisse wird bei polnischen Unternehmensakquisitionen häufig die Form des **Vorvertrags** gewählt. Der Vorvertrag enthält die Verpflichtung einer oder beider Parteien zum Abschluß eines bestimmten (zukünftigen) Hauptvertrags und dient dessen gegenwärtiger Sicherung bei (noch) bestehenden rechtlichen oder tatsächlichen Hindernissen.

Notwendiger Vertragsinhalt ist die Aufnahme der wesentlichen Bestimmungen des Hauptvertrags sowie die Frist, innerhalb derer dieser abgeschlossen werden soll. Dabei ist empfehlenswert, die Formerfordernisse des zukünftigen Vertrags einzuhalten, da nur dann ein einklagbarer Anspruch auf Abgabe der zum Hauptvertrag führenden Willenserklärung besteht. Anderenfalls ergibt sich bei grundloser Nichterfüllung des ansonsten wirksamen Vorvertrags zugunsten der vertragstreuen Partei lediglich ein Schadensersatzanspruch. Die vorgenannten Ansprüche verjähren innerhalb eines Jahres beginnend mit dem Ablauf der vorvertraglichen Abschlußfrist.

2. Gewährleistungen und Garantien

Die Gewährleistungen des Verkäufers richten sich im polnischen Zivilrecht nach den Bestimmungen des KC[91]. Diese unterscheiden, wie das deutsche BGB, zwischen Sach- und Rechtsmängeln. Die **Gewährleistungshaftung** kann dabei erweitert, beschränkt oder ausgeschlossen werden, jedoch nur soweit der Verkäufer den Mangel nicht arglistig verschwiegen hat. Die Haftung unterliegt einer Verjährungsfrist von einem Jahr (bei Gebäuden von drei Jahren). Ebenso muß der Verkäufer für zugesicherte Eigenschaften („Qualitätsgarantien") einstehen[92].

3. Rechtswahlklausel

Bei grenzüberschreitenden Verträgen empfiehlt es sich, eine vertragliche Rechtswahlklausel zu vereinbaren. Dies gilt bei fehlender Rechtswahl der Parteien um so mehr, als in Polen keine gesicherte Rechtsprechung auf dem Gebiet des Internationalen Privatrechts hinsichtlich des anzuwendenden Rechts besteht. Das polnische Internationale Privatrecht erlaubt grundsätzlich die **freie Rechtswahl**[93], es sei denn, es liegen Gesellschaftsverträge oder Verträge über polnische Liegenschaften vor.

Trotz der Rechtswahlmöglichkeit zwischen deutschem und polnischem Recht zeigen sich die polnischen Vertragspartner in der Praxis häufig nicht willens, ein anderes als das eigene Recht zu vereinbaren. Beachtenswert ist aber, daß unabhängig von der Wahl des deutschen bzw. polnischen Rechts seit 1. 5. 1996 das **Einheitliche UN-Kaufrecht** (Convention on Contracts of International Sale of

---

[91] Art. 556 bis 581 pZGB.
[92] Art. 577 ff. pZGB.
[93] Art. 25 polnisches Internationales Privatrecht.

Goods, CISG) zur Anwendung kommt, sofern dieses nicht ausdrücklich abbedungen wurde.

4. Schiedsgerichtsbarkeit und ordentliche Gerichtsbarkeit

165 Die Grundsätze über das **Schiedsgericht** in Polen entsprechen im wesentlichen den deutschen Bestimmungen. Die Parteien stimmen darin überein, vermögensrechtliche, nicht aber arbeitsrechtliche oder unterhaltsrechtliche Streitfragen einem nicht mit Berufsrichtern besetzten Gremium zu unterwerfen, das eine einem Urteil vergleichbare und durchsetzbare Entscheidung fällt. Nach der polnischen ZPO sind Ad hoc-Schiedsgerichte, berufen durch schriftlichen Schiedsvertrag, wie auch stationäre Schiedsgerichte (bei Handelskammer oder Genossenschaften) vorgesehen[94].

166 Die örtliche Zuständigkeit zu den **ordentlichen Gerichten** kann durch schriftliche Vereinbarung bestimmt werden, während die sachliche Zuständigkeit an der Höhe des Streitgegenstands orientiert ist (grundsätzlich fallen Ansprüche aus Vertrag (Miete oder Garantie) bis 15 000 PLN in die Zuständigkeit des Rayongerichts – höherer Streitwert, nichtvermögensrechtliche oder urheberrechtliche Streitigkeiten in die Zuständigkeit des Wojewodschaftsgerichts). Sonderzuständigkeiten bestehen für arbeits-, wettbewerbs- oder familienrechtliche Sachverhalte und Mahnverfahren. Beachtenswert ist die Tatsache, daß polnische Gerichte die eigene Zuständigkeit annehmen, obwohl das Verfahren in dieser Sache anderweitig im Ausland anhängig ist (unter diesem Gesichtspunkt ist zudem immer auf die Bestimmungen des Internationalen Prozeßrechts zu achten, die die Zuständigkeit abhängig vom Sitz des Schuldners oder Leistungsgegenstand/-ort bestimmen).

F. Öffentliche Übernahmen börsennotierter Unternehmen

I. Einführung

167 Die einschlägigen Regelungen zu diesem Themenkomplex finden sich im Gesetz über den Wertpapierhandel (pWPG) vom 21. 9. 1997. Die Bestimmungen über den **Geregelten Markt**, der sich in einen (amtlichen und nichtamtlichen) börslichen wie (nichtamtlichen) außerbörslichen Handel teilen läßt[95], sind in den Art. 89 ff. pWPG enthalten. Beachtenswert sind die Genehmigungserfordernisse bei öffentlichen Übernahmen bzgl. der „wesentlichen Aktienpakete"[96].

---

[94] Art. 698 iVm. Art. 705 pZPO.
[95] Art. 90 pWPG.
[96] Art. 147 ff. pWPG; siehe Rn 168.

II. Der Handel mit wesentlichen Aktienpaketen

Die Unternehmensübernahme einer Publikumsgesellschaft, d. h. eines börsennotierten Unternehmens, kann börslich wie außerbörslich durch die **Übertragung** der (meist einfachen) **Aktienmehrheit** erfolgen. Der Preis des Aktienanteils hat sich am Durchschnittswert der letzten sechs Monate zu orientieren[97]. Dem Wunsch des Investors an einer schnellen, unbürokratischen Abwicklung stehen allerdings oft die Vorschriften des pWPG[98] über „wesentliche Aktienpakete" mit diversen Informations- und Zustimmungserfordernissen entgegen.

In bestimmten Fällen besteht eine **Benachrichtigungspflicht** des Aktionärs[99] über das Erreichen bestimmter Schwellenwerte sowie zusätzlich über Pläne bzgl. der Veränderung des Anteilsbesitzes in den auf den Erwerb folgenden 12 Monaten gegenüber der Wertpapier- und Börsenkommission, der Gesellschaft selbst sowie der Kartellbehörde. Dieser Pflicht muß derjenige Aktionär innerhalb von vier Tagen nach Eintragung im Wertpapierverzeichnis nachkommen[100], der den Erwerb von 5% oder 10% der Stimmen der Hauptversammlung anstrebt bzw. der vor dem Verkauf eines Aktienpakets in dieser Höhe steht (oder mit dem Verkauf seinen Anteil in dieser Höhe unterschreitet). Gleiches gilt, wenn der Erwerb bzw. Verkauf von Anteilen durch einen Aktionär mit 10% Stimmanteil zu einer Veränderung hinsichtlich der Gesamtzahl der Stimmen auf der Hauptversammlung von 2% (bzw. 5%) – unabhängig von der Anzahl der Transaktionen – führt[101] (die gleiche Pflicht besteht beim Erwerb bzw. Verkauf von 25%, 50% oder 75% Stimmanteilen).

Eine **Publikumsgesellschaft** ist verpflichtet[102], die **Informationen** nach Art. 147 pWPG an die Informationsagentur der börsenführenden (bzw. außerbörslichen marktführenden) Gesellschaft **weiterzugeben**. Der Wertpapierkommission ist bis spätestens einen Tag vor der Hauptversammlung ein Verzeichnis der berechtigten Aktionäre sowie innerhalb von 14 Tagen nach der Hauptversammlung eine Liste aller Aktionäre mit mind. 5%-igem Anteilsbesitz der Kommission und Informationsagentur zuzuleiten.

Der Erwerb (bzw. das Überschreiten) von 25%, 33% oder 50% des Aktienbesitzes ist **genehmigungspflichtig**[103] (nach Antrag des Erwerbers an die Wertpapierkommission), es sei denn, die Aktien nehmen ausschließlich am nichtamtlichen, außerbörslichen Handel teil. Eine Entscheidung erfolgt innerhalb von 14 Tagen. Der Antrag wird abgelehnt, falls der Antragssteller seinen Verpflichtungen aus Art. 147 bis 150 pWPG in den vergangenen 24 Monaten nicht pflichtgemäß nachgekommen ist.

Der **Erwerb auf dem Sekundärmarkt**, d. h. der Erwerb von anderen als dem Emittenten bzw. Submittenten, erfolgt bei Erreichen von 10% der Stim-

---

[97] Art. 155 pWPG.
[98] 9. Kapitel des pWPG.
[99] Art. 147 pWPG.
[100] Gem. Art. 147 Abs. 1 pWPG.
[101] Gem. Art. 147 Abs. 2 pWPG.
[102] Art. 148 pWPG.
[103] Gem. Art. 149 pWPG.

men innerhalb von 90 Tagen ausschließlich durch öffentliche Bekanntmachung der Aufforderung zur Eintragung der Veräußerung bzw. durch Aktientausch[104]. Bei Aktienpaketen in Höhe von 100% der Stimmen erfolgt die Aufforderung jedoch erst nach Feststellung der finanziellen Deckung des in Rede stehenden Aktienpaketes.

173 Neben den genannten Pflichten ist grundsätzlich immer an die kartellrechtliche Anmeldung[105] sowie bei bestehendem Grundbesitz der zu übernehmenden Gesellschaft an die Einholung der Zustimmung des Innenministeriums zu denken[106].

G. Kartellrecht/Fusionskontrolle

174 Bei Vertragsgestaltungen sind stets die Bestimmungen des polnischen **Antimonopolgesetzes** (pAMG) zu beachten.

I. Unzulässige Absprachen

175 Zu den unzulässigen Absprachen[107] zählen:
- direkte/indirekte Preisabsprachen zwischen Konkurrenten;
- Produktionsbeschränkungen;
- Aufteilung der Absatz- und Einkaufsmärkte;
- marktzugangsbeschränkende oder -verdrängende Absprachen;
- Absprachen bei Teilnahme an Ausschreibungsverfahren.

176 Die vorgenannten Verbote gelten nicht bei einem gemeinsamen Marktanteil der beteiligten Unternehmen von unter 5%. Bei branchenfremden Unternehmen liegt die Grenze bei 10%.

177 Außerdem kann der Ministerrat auf Verordnungswege weitere Ausnahmen zulassen, sofern die Absprachen zu einer Verbesserung der Produktion, Distribution sowie des technischen Fortschritts führen und den Erwerbern bzw. Verbrauchern Vorteile schaffen. Von dieser Ermächtigungsgrundlage wurde jedoch bisher kein Gebrauch gemacht.

II. Fusionskontrolle

178 Die Zuständigkeit der Kartellbehörde erstreckt sich auch auf die **Verhütung monopolistischer Zusammenschlüsse**, die den Wettbewerb verzerren. Zu diesem Zweck besteht eine Meldepflicht für die Gründung, Fusion oder Umwandlung von Unternehmen.

179 Nach polnischem Recht ist eine Anzeige und die Freigabe durch das polnische Kartellamt (genau: Amt zum Schutze des Wettbewerbs und der Verbraucher) er-

---

[104] Art. 150 pWPG.
[105] Siehe Rn 174 ff.
[106] Siehe Rn 107 ff.
[107] Nach Art. 5 pAMG.

forderlich. Die **Melde- und Freigabepflicht** betrifft den Fall der beabsichtigten „Konzentration" (wobei der gemeinsame Jahresumsatz der an der Konzentration beteiligten Unternehmen mehr als 50 Mio. € beträgt)[108].

Folgende **Tatbestände** sind anmelde- und freigabepflichtig:
- Zusammenschluß von zwei oder mehreren selbständigen Unternehmen;
- Übernahme (durch Erwerb von Aktien, Anteilen sowie Vermögen bzw. Vermögensteilen) einer direkten oder indirekten Kontrolle über ein Unternehmen bzw. dessen Teil oder mehrere Unternehmen durch ein oder mehrere Unternehmen;
- Gründung eines gemeinschaftlichen Unternehmens durch andere Unternehmen;
- Übernahme bzw. Erwerb von Aktien bzw. Anteilen eines anderen Unternehmens in Höhe von mindestens 25 % der Stimmen in der Hauptversammlung bzw. Gesellschafterversammlung;
- Übernahme durch dieselbe Person eines Vorstandspostens bzw. eines Aufsichtsratspostens gleichzeitig bei Unternehmen, die miteinander in Wettbewerb stehen.

Von der vorgenannten Pflicht gibt es zahlreiche **Ausnahmen**. Die wesentlichen werden nachfolgend genannt. Eine Anmeldung ist nicht erforderlich, wenn:
- der Jahresumsatz der Zielgesellschaft in keinem der der Konzentration vorangegangenen zwei Geschäftsjahre 10 Mio. € erreicht hat;
- der gemeinsame Marktanteil der beteiligten Unternehmen 20 % nicht übersteigt;
- die beteiligten Unternehmen derselben Kapitalgruppe angehören; als Kapitalgruppe ist nach deutschem Verständnis der Konzern gemeint.

Die Konzentration wird **freigegeben**, wenn keine marktbeherrschende Stellung (unwiderlegliche Vermutung bei mehr als 40 % Marktanteil) entsteht oder verstärkt wird und der Wettbewerb nicht wesentlich behindert wird.

Wenn das Kartellamt nicht angerufen worden ist und die Voraussetzungen einer Untersagung vorliegen, kann das Kartellamt **Maßnahmen** treffen, die zur Aufteilung des Zusammenschlusses führen, insbes. die Veräußerung von Vermögen bzw. Vermögensteilen, Aktien bzw. Anteilen anordnen. Ferner kann das Kartellamt die Abberufung von Vorstandsmitgliedern anordnen. Die vorgenannten Berechtigungen erlöschen innerhalb von fünf Jahren nach Vornahme des Zusammenschlusses. Außerdem können bei Nichtbeachtung der Fusionskontrollvorschriften Bußgelder verhängt werden.

---

[108] Art. 12 pAMG.

§ 44 Ungarn

Übersicht

		Rn
		Rn

A. **Einleitung** 1
    I. Markt 1
    II. Infrastruktur 4
    III. Arbeitskräfte 5
    IV. Rechtsgrundlagen 6

B. **Wirtschaftliche Betätigung von Ausländern** 7
    I. Wirtschaftliche Betätigungsformen von Ausländern 7
        1. Gesellschaften mit ausländischer Beteiligung 9
        2. Zweigniederlassungen und Handelsvertretungen 11
        3. Einzelunternehmer 15
    II. Aufenthalts- und Betätigungsbedingungen für Ausländer 17
        1. Aufenthaltsgenehmigung 17
        2. Arbeitsgenehmigung 19

C. **Gesellschaftsformen** 22
    I. Rechtsformen 22
    II. Häufigkeit, Handhabbarkeit der einzelnen Gesellschaftsformen 27

D. **Rechtliche Wege für Unternehmensübernahmen** 33
    I. Bedeutung von Unternehmensübernahmen 33
    II. Form und Inhalt des Unternehmenskaufvertrags 36
        1. Form des Vertrags 36
        2. Bevollmächtigung durch Ausländer 37
        3. Selbstkontrahieren 42
        4. Spezielle gesellschaftsrechtliche Probleme 43
        5. Trennung von Kauf und Vollzug 48
        6. Gewährleistungen, Garantien 49
        7. Anwendbares Recht 51
        8. Gerichtswahl 53
        9. Besonderheiten des Vollzugs 54

E. **Besonderheiten der Due Diligence** 57
    I. Handelsregister 58
    II. Grundbuch 59
    III. Publikationen 60

F. **Besonderheiten in den Begleitfeldern** 61
    I. Arbeitsrecht 61
    II. Altersvorsorge 66
    III. Umweltrecht 67
    IV. Gewerbliche Schutzrechte 71
    V. Immobilienrecht 75
    VI. Devisenrecht 78

	Rn
G. Gesetzliches Übernahmerecht	81
I. Konzernrecht	81
1. Anwendungsbereich	81
2. Rechte und Pflichten des Bieters	82
3. Rechte und Pflichten der Zielgesellschaft	85
II. Takeover-Regelungen	86
1. Anwendungsbereich	86
2. Rechte und Pflichten des Bieters	88
H. Finanzierung von Unternehmenskäufen	92
I. Besonderheiten der Finanzierung	92
II. Kreditsicherung	97
1. Pfand, Hypothek	98
2. Kaution	100
3. Zession	101
4. Devisenrechtliche Beschränkungen bei den vertraglichen Sicherheiten	102
I. Umwandlungsrecht	104

A. Einleitung

I. Markt

1 Ungarn hat bereits in den sozialistischen Zeiten eine wichtige politische und wirtschaftliche Rolle in der Mittel-Osteuropäischen Region gespielt, weil es noch Ansätze einer Marktwirtschaft gab. Da das Land durch seine sehr günstige geographische Lage in Europa schon immer als Brücke zwischen dem Westen und dem Osten fungiert hat, haben ausländische Investoren nach der Wende ihre Geschäftsmöglichkeiten in Ungarn schnell entdeckt.

2 Im Jahr 1989, unmittelbar nach der Wende, wurden die staatlichen Unternehmen und die landwirtschaftlichen Genossenschaften in mehreren Schritten privatisiert. Die **Privatisierung** ist praktisch abgeschlossen. Als Folge der Privatisierung haben ausländische Investoren nicht nur an Produktionsbetrieben und an Dienstleistungsunternehmen Beteiligungen erworben, sondern auch an einem Großteil des Bankensystems und der Energiewirtschaft. Der Staat hat allerdings in strategisch wichtigen Unternehmen seinen Einfluß gesichert.

3 Der **Eigentumserwerb durch Ausländer** wurde allein bezüglich landwirtschaftlicher Flächen beschränkt. Gewerbe- oder Wohnimmobilien können Ausländer dagegen durch ein relativ einfaches Genehmigungsverfahren erwerben. Nur in Budapest hat das zuständige Verwaltungsamt die Anzahl der Wohnimmobilien, die jährlich durch Ausländer erworben werden können, stark eingeschränkt. Besonders die gewerblichen Immobilieninvestitionen erleben in Ungarn in letzter Zeit einen Aufschwung.

II. Infrastruktur

Zur wirtschaftlichen Entwicklung in den letzten zehn Jahren hat nicht zuletzt die immer weiter entwickelte Infrastruktur Ungarns beigetragen. Seit Anfang der 90er Jahre wurden Autobahnen gebaut, die Kommunikationsnetze erweitert und modernisiert. Vor allem Budapest (mit seinem internationalen Flughafen, mit der Donau und den Eisenbahnlinien) ist ein wichtiger Verkehrsknotenpunkt zwischen West- und Osteuropa. Die Entwicklung der Infrastruktur wurde nicht nur durch den ungarischen Staat, sondern auch durch internationale Förderprogramme unterstützt. Auf diesem Gebiet sind allerdings noch weitere Maßnahmen zu ergreifen.

III. Arbeitskräfte

Ungarn verfügt über zahlreiche international anerkannte Universitäten und Hochschulen. Die ungarischen Arbeitskräfte sind bekanntermaßen gut ausgebildet. Das Lohnniveau ist niedriger als in Westeuropa. Angesichts der Tatsache, daß in den letzten zehn Jahren die **Löhne und Gehälter** in Ungarn angestiegen sind, verlagerte sich das Interesse ausländischer Produktionsbetriebe weiter nach Osten (wie zB Rumänien, Bulgarien, die Nachfolgestaaten der ehemaligen Sowjetunion). Da allerdings die Arbeitskosten nicht das einzige Auswahlkriterium eines Standorts sind, ist Ungarn weiterhin ein beliebter Standort für ausländische Unternehmen. Die Führungskräfte in Ungarn sprechen meist fließend Fremdsprachen, was eine enge Kooperation mit der ausländischen Muttergesellschaft ermöglicht. Bereits seit einigen Jahren ist die Tendenz zu erkennen, daß die örtliche Führung aus einem überwiegend ungarischen Management besteht, dessen Mitglieder hochqualifiziert sind, nicht selten im Ausland Praxiserfahrung gesammelt haben, eine oder mehrere Fremdsprachen beherrschen und die örtlichen Gegebenheiten kennen. In Anlehnung an Westeuropa oder Amerika werden immer häufiger leistungsfördernde Vergütungssysteme eingeführt, wobei die Höhe der Vergütung des Managements das westeuropäische Niveau meist noch nicht erreicht hat.

IV. Rechtsgrundlagen

Investitionsfördernd wirken auch die rechtlichen Rahmenbedingungen in Ungarn. Seit Ende der 80er Jahre wurden die rechtlichen Grundlagen der **Marktwirtschaft** gelegt. Bei der Vorbereitung der ungarischen Wirtschaftsgesetze der letzten zehn Jahre wurden die Rechtsvorschriften und die Rechtspraxis Westeuropas – insbesondere des deutschsprachigen Raums – berücksichtigt. Da Ungarn als EU-Kandidat in der nächsten Runde der EU-Erweiterung der EU beitreten möchte, wird die rechtliche Umgebung in Ungarn bereits jetzt weitgehend EU-konform gestaltet.

B. Wirtschaftliche Betätigung von Ausländern

I. Wirtschaftliche Betätigungsformen von Ausländern

7   Das Gesetz über die **Investitionen** von Ausländern in Ungarn[1] bestimmt, in welcher Form sich Ausländer betätigen können:
- **Gesellschaften mit ausländischer Beteiligung**,
- **Zweigniederlassungen** und **Handelsvertretungen** eines ausländischen Unternehmens und
- **Einzelunternehmer**.

8   Ausländer dürfen in Ungarn abgesehen von diesen Niederlassungsformen nur sehr wenige Tätigkeiten ausüben, zB Universitätsunterricht, Sport- oder Künstlertätigkeiten sowie Bau- oder Konstruktionsarbeiten zur Erfüllung eines Außenhandelsvertrags.

1. Gesellschaften mit ausländischer Beteiligung

9   Ausländer können idR ohne Beschränkungen eine Gesellschaft in Ungarn **gründen** oder Anteile an einer Gesellschaft erwerben. Eine Genehmigung dazu ist nur erforderlich in streng regulierten Industriezweigen, zB Bankwesen oder Versicherungswesen. Es besteht kein wesentlicher Unterschied zwischen Neugründung und Anteilserwerb. Gesellschaften mit ausländischer Beteiligung werden als ungarische Unternehmen betrachtet, und es gelten für sie die allgemeinen ungarischen Rechtsvorschriften, auch wenn Ausländer alle Anteile an einer ungarischen Gesellschaft halten.

10   Daraus ergibt sich, daß Gesellschaften mit ausländischer Beteiligung – ebenso wie die rein ungarischen Gesellschaften – ihre Bücher in HUF[2] führen müssen und das Vermögen der Gesellschaft in HUF auszudrücken ist. Nach den geltenden **Devisenvorschriften**[3] können Ausländer allerdings ihre Einlagen sowie den Kaufpreis für Anteile an einer Gesellschaft ohne Genehmigung in konvertierbarer ausländischer Währung leisten und ihre Dividenden konvertiert ins Ausland überweisen.

2. Zweigniederlassungen und Handelsvertretungen

11   Das Gesetz über die Zweigniederlassungen und Handelsvertretungen von Unternehmen mit ausländischem Sitz[4] sichert den ausländischen Unternehmen die Möglichkeit, sich zwecks wirtschaftlicher Betätigung ohne Gesellschaftsgründung oder Gesellschaftsübernahme in Ungarn niederzulassen.

12   Eine **Zweigniederlassung** ist die über keine Rechtspersönlichkeit verfügende, aber mit einer wirtschaftlichen Eigenständigkeit ausgestattete Organisationseinheit eines ausländischen Unternehmens, die als solche ins Handelsregister

---

[1] Gesetz Nr. XXIV von 1988.
[2] Ungarische Forint (Währung).
[3] Gesetz Nr. XCV von 1995.
[4] Gesetz Nr. CXXXII von 1997.

eingetragen wird. Die Eintragung setzt allerdings voraus, daß Ungarn mit dem Herkunftsstaat, in dem das ausländische Unternehmen seinen Sitz hat, oder mit einer internationalen Organisation ein Abkommen abgeschlossen hat, das die Gründung von Zweigniederlassungen in Ungarn ermöglicht. Solche Abkommen bestehen mit den EU- und den OECD-Mitgliedstaaten.

Seit Inkrafttreten des Gesetzes wird in Ungarn in der Praxis darüber diskutiert, ob ausländische Unternehmen **Dienstleistungen** direkt aus dem Ausland grenzüberschreitend anbieten dürfen oder ob sie zumindest eine Zweigniederlassung gründen müssen. Wie bereits erwähnt, wurde der Kreis der Tätigkeiten, die ohne eine Niederlassungsform ausgeübt werden können, durch das Gesetz über die Investitionen von Ausländern in Ungarn stark eingeschränkt. So wurde aus dem Recht zur Gründung einer Zweigniederlassung eine Art Niederlassungspflicht. Somit unterliegen wirtschaftliche Tätigkeiten, die im internationalen Wirtschaftsverkehr große Bedeutung haben, wie zB Bankdarlehensgewährung oder gewerbliche Immobilientransaktionen seitens ausländischer Unternehmen, in Ungarn der Niederlassungspflicht. Dies kann in den grenzüberschreitenden Rechtsbeziehungen wesentliche steuerrechtliche Nachteile verursachen. Allerdings ist in nächster Zeit eine Liberalisierung des Gesetzes zu erwarten.

Eine **Handelsvertretung** ist eine Organisationseinheit des (ausländischen) Unternehmens, die weder über eine eigene Rechtspersönlichkeit verfügt noch mit wirtschaftlicher Eigenständigkeit ausgestattet ist. Ihre Tätigkeit beschränkt sich auf die Vermittlung und Vorbereitung von Verträgen zugunsten des ausländischen Unternehmens sowie auf Informations-, Werbe- und Propagandatätigkeit.

3. Einzelunternehmer

Seit dem 1. 2. 1999[5] sind Ausländer berechtigt, sich in Ungarn als Einzelunternehmer niederzulassen, vorausgesetzt, daß ein internationales Abkommen dieses Recht ausdrücklich gewährt. In dem Abkommen zwischen Ungarn und der EU über den Beitritt Ungarns[6] hat sich Ungarn dazu verpflichtet, die Niederlassungsfreiheit für EU-Staatsbürger als Einzelunternehmer zu gewährleisten.

Der ausländische Einzelunternehmer genießt in Ungarn Gleichbehandlung mit ungarischen. Die gesetzlichen Erfordernisse für ungarische Einzelunternehmer[7] gelten auch für Ausländer.

II. Aufenthalts- und Betätigungsbedingungen für Ausländer

1. Aufenthaltsgenehmigung

Laut Gesetz über die Einreise, den Aufenthalt und die Einwanderung von Ausländern[8] darf ein Ausländer zum Zwecke der Arbeitsverrichtung oder zur Aus-

---

[5] Gesetz Nr. LXXII von 1998.
[6] Bekanntgemacht in Ungarn durch Gesetz Nr. I von 1994.
[7] Gesetz Nr. V von 1990.
[8] Gesetz Nr. LXXXVI von 1993.

übung einer anderen steuerpflichtigen Erwerbstätigkeit nur mit einem zu diesem Zweck ausgestellten **Visum** nach Ungarn einreisen.

18 Der Visumsantrag ist bei der ungarischen Außenvertretung persönlich einzureichen. Bei der Beantragung eines Visums für eine Tätigkeit, die einer Arbeitsgenehmigung bedarf, ist die Arbeitsgenehmigung dem Visumsantrag beizufügen. Das gültige Visum berechtigt den Ausländer, nach Ungarn einzureisen und höchstens 90 Tage zu arbeiten. Soll das Arbeitsverhältnis darüber hinaus fortgesetzt werden, ist vor Ablauf des Visums in Ungarn eine Aufenthaltsgenehmigung zu beantragen.

2. Arbeitsgenehmigung

19 Arbeiten können Ausländer in Ungarn grundsätzlich nur aufgrund einer Arbeitsgenehmigung[9]. Der Arbeitgeber hat im Arbeitsgenehmigungsverfahren nachzuweisen, daß die Beschäftigung einer ausländischen Arbeitskraft **notwendig** ist, und daß vom Arbeitsamt kein ungarischer Arbeitnehmer vermittelt werden konnte, der über eine entsprechende Ausbildung bzw. über entsprechende Fähigkeiten verfügt.

20 Ein einfacheres Verfahren gilt bei sog. „**Schlüsselpersonal**". Dieser Begriff umfaßt solche Personen, die mit dem ausländischen Inhaber der ungarischen Gesellschaft, der ungarischen Zweigniederlassung (Handelsvertretung) oder dem Einzelunternehmer seit mindestens einem Jahr im Arbeitsverhältnis stehen und in Ungarn leitende Positionen innehaben, ohne der Geschäftsführung anzugehören. Bei diesen Angestellten muß nicht nachgewiesen werden, daß das Arbeitsamt keinen entsprechenden ungarischen Arbeitnehmer vermitteln konnte; die Arbeitsgenehmigung kann direkt beantragt werden.

21 Keine Arbeitsgenehmigung benötigen dagegen ausländische Geschäftsführer (Vorstandsmitglieder) und Aufsichtsratsmitglieder einer Gesellschaft mit ausländischer Beteiligung oder Leiter der Zweigniederlassung oder Handelsvertretung eines ausländischen Unternehmens.

C. Gesellschaftsformen

I. Rechtsformen

22 In Ungarn sind die Gesellschaftsformen im Gesetz über die Gesellschaften[10] geregelt (mit Ausnahme der Gesellschaft des bürgerlichen Rechts, die im ungarischen Zivilgesetzbuch enthalten ist). 1988 wurde als ein Zeichen der neu eingeführten Marktwirtschaft das erste Gesetz über die Gesellschaften verabschiedet. Bereits dieses Gesetz wurde nach westeuropäischen Mustern – vor allem nach deutschem Vorbild – vorbereitet. Die Praxis zeigte allerdings in wenigen Jahren, daß das Gesetz ergänzungsbedürftig war. Die Änderungen waren letztlich so um-

---

[9] Verordnung des Sozial- und Familienministeriums Nr. 8/1999.
[10] Gesetz Nr. CXLIV von 1997.

fangreich, daß das Gesetz im Jahr 1997 gänzlich außer Kraft gesetzt und das zur Zeit geltende, umstrukturierte Gesetz in Kraft getreten ist.

In Ungarn gibt es folgende Gesellschaftsformen:

- közkereseti társaság (im weiteren: **Kkt.**); vergleichbar mit der **offenen Handelsgesellschaft**;
- betéti társaság (im weiteren: **Bt.**); vergleichbar mit der **Kommanditgesellschaft**;
- korlátolt felelősségű társaság (im weiteren: **Kft.**); vergleichbar mit der **Gesellschaft mit beschränkter Haftung**;
- részvénytársaság (im weiteren: **Rt.**); vergleichbar mit der **Aktiengesellschaft**. Das ungarische Recht kennt zwei Formen der Aktiengesellschaften: die Aktien können entweder durch einen geschlossenen Aktionärskreis übernommen oder der Öffentlichkeit angeboten werden. Im ersten Fall spricht man von einer „geschlossenen Aktiengesellschaft", im zweiten von einer „Publikumsaktiengesellschaft".

Diese Gesellschaftsformen haben viele Ähnlichkeiten mit den entsprechenden Gesellschaftsformen in Deutschland. Bei einer Kkt. haften die Gesellschafter unbeschränkt und gesamtschuldnerisch für die Schulden der Gesellschaft. Die Komplementäre einer Bt. haften ebenfalls unbeschränkt, die Kommanditisten hingegen nur beschränkt. Erscheinen ihre Namen in der Firma, haften die Kommanditisten allerdings ebenfalls unbeschränkt. Die Gesellschafter einer Kft. und die Aktionäre einer Rt. haften nur für die Leistung ihrer Einlagen, die Haftung für die Schulden der Gesellschaft darüber hinaus ist ausgeschlossen. Die konzernrechtlichen Regelungen[11] können allerdings eine strengere Haftung festlegen.

Da bei der Gesellschaftsgründung Formzwang gilt, können Gesellschaften nur in der gesetzlich vorgesehenen Form gegründet werden. Die Vorschriften des Gesetzes über die Gesellschaften sind zwingend. Die Gründung einer GmbH & Co. KG ist in Ungarn zwar möglich, aber diese Mischform ist aus dem Namen der Gesellschaft nicht ersichtlich. Es handelt sich in diesem Fall um eine „normale" KG.

Die Kft. und die Rt. können als Einpersonen-Gesellschaft gegründet werden. Dann gelten allerdings einige Beschränkungen: Eine Einpersonen-Gesellschaft darf keine Anteile an einer weiteren Einpersonen-Gesellschaft halten. Die Amtsträger einer Einpersonen-Gesellschaft (Geschäftsführung, Vorstand, Aufsichtsrat) dürfen diese Funktion nicht gleichzeitig bei der Muttergesellschaft innehaben. Beide Beschränkungen gelten auch, wenn eine ausländische Gesellschaft in Ungarn eine Einpersonen-Gesellschaft gründen oder erwerben will.

II. Häufigkeit, Handhabbarkeit der einzelnen Gesellschaftsformen

Die verbreitetste Gesellschaftsform in Ungarn ist die Kft. Es gibt allerdings **zwingende gesetzliche Vorschriften**, die in speziellen Fällen eine bestimmte Gesellschaftsform oder sogar die Beteiligungsstruktur der Gesellschafter festlegen.

---

[11] Siehe Rn 81 ff.

So können zB Kreditinstitute, Versicherungsgesellschaften und Finanzleasinggesellschaften nur in Form einer Rt., Apotheken nur in Form einer Bt. gegründet werden.

28 Bei der Wahl der Rechtsform werden oft **finanzielle Gesichtspunkte** berücksichtigt. Die Kapitalausstattung der ungarischen Gesellschaften ist sehr unterschiedlich. Zur Gründung einer Personengesellschaft (Kkt. oder Bt.) ist kein Mindestkapital vorgeschrieben. Das Mindestkapital einer Kft. beträgt 3 000 000 HUF (z. Zt. etwa 22 000 DM), das Mindestkapital einer Rt. 20 000 000 HUF (z. Zt. etwa 147 000 DM). Bei der Gründung einer Kft. oder Rt. ist das Verhältnis zwischen Bareinlage und Sacheinlage festgelegt. Die Bareinlage darf nicht weniger als 30% des Stamm- bzw. Grundkapitals betragen und muß bei einer Kft. mindestens 1 Mio. HUF und bei einer Rt. mindestens 10 Mio. HUF betragen. Bei Kapitalerhöhungen gelten diese Beschränkungen allerdings nicht mehr.

29 Die Gesellschaftsform einer Kft. ist am flexibelsten. Bei **Personengesellschaften** (Kkt. oder Bt.) ist die Beschlußfassung in wichtigen Fragen (wie Satzungsänderung oder Entscheidung in Angelegenheiten außerhalb des ordentlichen Geschäftsbetriebs) kompliziert, weil das Gesetz in diesen Fällen – im Gegensatz zu einer Kft. oder Rt. – die einstimmige Entscheidung verlangt. Bei **Kapitalgesellschaften** ist zur Satzungsänderung gesetzlich eine Dreiviertelmehrheit ausreichend. Darüber hinaus ist der Gesellschafterwechsel in einer Kkt. oder Bt. sehr problematisch. Die Beteiligung an einer Personengesellschaft ist nicht verkehrsfähig; ein „Kaufvertrag" oder eine „Kaufpreiszahlung" zwischen einem austretenden und einem eintretenden Gesellschafter kommen rechtlich nicht in Betracht. Vielmehr muß der alte Gesellschafter aus der Gesellschaft austreten, und die verbleibenden Gesellschafter müssen den neuen Gesellschafter in die Gesellschaft einstimmig aufnehmen. Laut Gesetz erfolgt eine Abrechnung zwischen der Gesellschaft und den Gesellschaftern. Wirtschaftlich gesehen hat eine Gesellschafterposition selbstverständlich auch hinsichtlich einer Kkt. oder Bt. Geldwert; eine diesbezügliche vertragliche Vereinbarung zwischen dem austretenden und dem eintretenden Gesellschafter ist nicht ausgeschlossen; das Rechtsgeschäft bedarf allerdings bei einer Personengesellschaft einer sehr sensiblen Formulierung.

30 Eine Rt. unterliegt im Vergleich zu einer Kft. einer strengen staatlichen Kontrolle. Die **Aufsichtsbehörde** der Finanzorganisationen (Pénzügyi Szervezetek Állami Felügyelete; im weiteren: PSZÁF) ist zB über die Gründung oder Kapitalerhöhung einer Aktiengesellschaft in Kenntnis zu setzen. Eine Publikumsaktiengesellschaft hat sowohl gegenüber der PSZÁF als auch gegenüber den Aktionären Bekanntmachungspflichten hinsichtlich ihrer Tätigkeit. Darüber hinaus muß eine Rt. entweder gedruckte oder dematerialisierte (virtuelle) Aktien emittieren. Letztere werden nicht gedruckt, sondern nur elektronisch erstellt und registriert. Die Aktienemission bringt weitere Anmeldpflichten gegenüber der staatlichen Clearingstelle (KELER Rt.) mit sich, die den ISIN-Kode der Aktien vergibt.

31 Oft sind es im internationalen Wirtschaftsverkehr auch steuerrechtliche Überlegungen aufgrund des **Doppelbesteuerungsabkommens** zwischen Ungarn und anderen Staaten, die die Wahl der einen oder anderen Gesellschaftsform beeinflussen.

Seit Inkrafttreten des neuen Gesetzes im Jahr 1997 entsteht eine Gesellschaft mit **32 Eintragung im Handelsregister**, nicht mehr wie früher rückwirkend zum Zeitpunkt der Gründung. Zwischen der Gründung und der registergerichtlichen Eintragung besteht die Gesellschaft als Vorgesellschaft, die zwar grundsätzlich schon ihre Wirtschaftstätigkeit ausüben, aber bestimmte gesellschaftsrechtliche Änderungen, wie zB Gesellschafterwechsel oder Satzungsänderung, noch nicht durchführen kann. Ein Unternehmenskauf ist in diesem Stadium dementsprechend nur unter der aufschiebenden Bedingung der Eintragung der Gesellschaft möglich.

D. Rechtliche Wege für Unternehmensübernahmen

I. Bedeutung von Unternehmensübernahmen

Die günstige geographische Lage des Landes, die entwickelte Infrastruktur und **33** die qualifizierten, für westeuropäisches Niveau billigen Arbeitskräfte haben dazu beigetragen, daß Ungarn als „Schaltstelle" zwischen West- und Osteuropa dient. In Ungarn lassen sich sowohl diejenigen ausländischen Unternehmen nieder, die im Land Produktion betreiben oder Dienstleistungen anbieten, als auch diejenigen, die ihre Wirtschaftsbeziehungen nach Osten aus Ungarn koordinieren. Finden diese Unternehmen eine ausbaufähige Objektgesellschaft in Ungarn, bietet die Unternehmensübernahme die Möglichkeit, die Synergieeffekte zwischen internationalen und örtlichen Erfahrungen optimal zu nutzen.

Bei Unternehmensübernahmen spielen steuerrechtliche Aspekte eine wesent- **34** liche Rolle. In Ungarn ist zB der Immobilienerwerb im Rahmen eines Asset Deal **grunderwerbsteuerpflichtig**. Wurde eine Immobilie in eine Gesellschaft als Sacheinlage eingebracht, war die Einbringung bis vor kurzem nicht grunderwerbsteuerpflichtig. Es lag nahe, die zu veräußernde Immobilie in eine Gesellschaft einzubringen und später die Anteile an der Gesellschaft zu verkaufen. Dadurch wurde die Grunderwerbsteuer eingespart. Obwohl die Einbringung einer Immobilie in eine Gesellschaft seit Anfang 2000 grunderwerbsteuerpflichtig ist, hat das genannte Modell seine Aktualität trotzdem nicht ganz verloren. Rechnet zB ein Immobilienprojektentwickler mit einer großen Wertsteigerung der Immobilie, bringt er diese in der Anfangsphase in eine Gesellschaft ein und verkauft nach der Projektentwicklung die Gesellschaftsanteile. In diesem Fall ist die Grunderwerbsteuer für den niedrigeren Wert der Immobilie zum Zeitpunkt der Einbringung zu zahlen.

Es kommt in der Praxis häufig vor, daß ausländische Unternehmen Forderun- **35** gen gegen ihre ungarischen Handelspartner haben und, im Falle von Zahlungsschwierigkeiten der ungarischen Seite, Geschäftsanteile an einer ungarischen Gesellschaft als Gegenleistung übernehmen. Die jetzige Praxis der Ungarischen Nationalbank als Devisenbehörde erlaubt jedoch eine **Aufrechnung** des Anteilskaufpreises gegen Forderungen nicht. Somit muß ein gegenseitiger Geldtransfer erfolgen, der mit Überweisungskosten und Kursverlusten verbunden ist.

II. Form und Inhalt des Unternehmenskaufvertrags

1. Form des Vertrags

36 Für **Anteilskaufverträge** sieht das ungarische Recht keine Formerfordernisse vor. Eine notarielle Beurkundung oder Beglaubigung oder anwaltliche Gegenzeichnung ist nicht zwingend erforderlich. Um zu vermeiden, daß der Anteilskaufvertrag einer Kft. beim Registergericht eingereicht werden muß und dadurch öffentlich zugänglich wird, ist es jedoch in der Praxis üblich, daß eine Gesellschafterversammlung abgehalten wird, in der die Anteilsübertragung schriftlich festgehalten wird mit dem Hinweis, daß der Anteilskauf zu den in einem separaten Vertrag festgehaltenen Bedingungen erfolgt. Da das Registergericht über die Aktionäre einer Rt. kein Register führt, wird der **Aktienkaufvertrag** nicht angemeldet, es sei denn, konzernrechtliche Regelungen müssen berücksichtigt werden[12].

2. Bevollmächtigung durch Ausländer

37 Es kommt oft vor, daß die Organvertreter des ausländischen Käufers den Kaufvertrag oder damit verbundene weitere Dokumente nicht persönlich unterzeichnen können. Damit müssen hinsichtlich der Bevollmächtigung uU spezielle **Formvorschriften** berücksichtigt werden.

38 Gemäß der ungarischen Zivilprozeßordnung[13] gibt es zwei besondere Formen von Urkunden: die **notariellen Urkunden** sowie die **Privaturkunden mit voller Beweiskraft**. In die erste Gruppe gehören die durch Notare, Gerichte oder Behörden ausgestellten Dokumente. Eine Privaturkunde mit voller Beweiskraft liegt vor, wenn das Dokument persönlich geschrieben und unterzeichnet oder vor zwei Zeugen unterzeichnet wurde. Als Privaturkunde gilt auch ein Dokument mit notariell beglaubigter oder firmenmäßiger Unterschrift.

39 Bei einigen gesellschaftsrechtlichen Transaktionen **schreibt** das Gesetz die oben erwähnten **Formen** (notarielle Urkunden oder Privaturkunden) **vor**. Die Satzung einer Gesellschaft bedarf zB der Form einer notariellen Urkunde oder einer Privaturkunde mit anwaltlicher Gegenzeichnung, die Vollmacht für die Vertretung in einer Gesellschafterversammlung der Kft. (oder der Hauptversammlung einer Rt.) einer notariellen Urkunde oder einer Privaturkunde.

40 **Vollmachten** müssen den Formvorschriften genügen, die für das Hauptgeschäft gelten[14]. Demnach müssen Vollmachten für die Unterzeichnung der Satzung einer Gesellschaft oder für die Vertretung in einer Gesellschafterversammlung oder Hauptversammlung den genannten besonderen Formvorschriften entsprechen. Eine im Ausland ausgestellte Vollmacht entspricht diesen Formvorschriften nur, wenn sie von der dortigen ungarischen diplomatischen Vertretung beglaubigt wurde. Diese Beglaubigung kann in Staaten, die dem Haager Abkommen[15] beigetreten sind, durch eine Apostille ersetzt werden. Ungarn hat darüber

---

[12] Siehe Rn 81 ff.
[13] §§ 195 bis 198 des Gesetzes Nr. III von 1952.
[14] § 223 des Gesetzes Nr. IV von 1959.
[15] Verordnung mit Gesetzeskraft Nr. 11 von 1973.

hinaus mit einigen Staaten bilaterale Abkommen getroffen, die sogar eine Apostille unnötig machen[16].

Da das ungarische Recht – wie bereits erwähnt – für Anteilskaufverträge oder Aktienkaufverträge keine besonderen **Formerfordernisse** vorsieht, können grundsätzlich auch die Bevollmächtigungen für die Unterzeichnung dieser Dokumente formlos erfolgen. Müssen allerdings weitere Dokumente im Zusammenhang mit dem Anteils- oder Aktienerwerb unterzeichnet werden, kann uU die Berücksichtigung der oben dargestellten besonderen Formvorschriften notwendig sein.

3. Selbstkontrahieren

Bei der Vertretung kann das Problem des Selbstkontrahierens entstehen. Laut ungarischem BGB darf eine Person keinen Vertrag abschließen, wenn sie auch die Gegenseite vertritt oder wenn ein Interessenkonflikt besteht. Eine Befreiung vom Selbstkontrahieren ist möglich, die **Befreiung** kann aber nur dann erteilt werden, wenn der Vertreter eine juristische Person ist[17].

4. Spezielle gesellschaftsrechtliche Probleme

Vertragsgegenstände bei Unternehmenskäufen in Ungarn können die Geschäftsanteile an einer Kft. oder die Aktien an einer Rt. sein. Wie bereits erwähnt sind die Beteiligungen an einer Kkt. oder Bt. grundsätzlich verkehrsunfähig.

Jeder Gesellschafter einer Kft. kann nur **einen Geschäftsanteil** halten. Dieser Grundsatz gilt sowohl bei der Gründung als auch beim Anteilserwerb. Mehrere Anteile im Besitz eines Gesellschafters werden zusammengerechnet. Sollte die Absicht bestehen, einen Geschäftsanteil nicht gänzlich zu verkaufen, muß dieser zuvor aufgespalten werden. Dies bedarf der Zustimmung der Gesellschafterversammlung.

Bei jedem Geschäftsanteilsverkauf an Dritte steht den anderen Gesellschaftern, der Gesellschaft und den durch die Gesellschaft benannten Dritten ein **gesetzliches Vorkaufsrecht** zu. Der unter Verletzung des Vorkaufsrechts abgeschlossene Anteilskaufvertrag ist zwar nicht nichtig, aber der Berechtigte des Vorkaufsrechts kann innerhalb eines Jahres auf Feststellung der Unwirksamkeit des Rechtsgeschäfts klagen. Wird die Unwirksamkeit des Vertrags festgestellt, ist der ursprüngliche Zustand wiederherzustellen. Dieses Vorkaufsrecht gilt nur für die Übertragung eines Geschäftsanteils an Dritte (nicht aber an einen anderen Gesellschafter) und nur für die entgeltliche Veräußerung (nicht aber für die Einbringung eines Geschäftsanteils als Sacheinlage in eine andere Gesellschaft oder für anderweitige Übertragungen). Vor dem Anteilskauf ist die Satzung der Kft. außerdem zu prüfen, da das Gesetz erlaubt, daß über das gesetzliche Vorkaufsrecht hinaus ein Zustimmungsrecht der Gesellschaft für den Fall festgelegt wird, daß Dritte in die Gesellschaft eintreten möchten. Die erwähnten Vorkaufsrechtsregelungen können außerdem vertraglich verschärft werden.

---

[16] Wie zB das Abkommen zwischen Ungarn und Österreich.
[17] § 221 des Gesetzes IV von 1959.

46 Aktien können in Ungarn als **Inhaberaktien** oder als **Namensaktien** emittiert werden. Eine geschlossene Aktiengesellschaft kann nur Namensaktien haben. Dematerialisierte (virtuelle) Aktien können ebenfalls ausschließlich als Namensaktien registriert werden.

47 Die gedruckten Namensaktien werden mit Indossament, die dematerialisierten Aktien durch Gutschrift auf dem Wertpapierkonto **übertragen**. Bei den Aktiengesellschaften ist ein sog. Aktienbuch über die Inhaber der Namensaktien zu führen. Die Ausübung der Aktionärsrechte ist von der Eintragung ins Aktienbuch abhängig, die Eintragung ist aber nicht Voraussetzung für die Wirksamkeit der Aktienübertragung.

5. Trennung von Kauf und Vollzug

48 Das ungarische Zivilrecht kennt kein Abstraktionsprinzip. Zwischen dem schuldrechtlichen Kaufgeschäft und der sachenrechtlichen Eigentumsübertragung wird rechtsdogmatisch nicht unterschieden. Diese **zwei Rechtsakte** können aber vertraglich getrennt bzw. zeitlich versetzt werden. Der Unternehmenskauf in Ungarn besteht oft aus zwei Schritten: der Kaufvertrag enthält einen sog. Closing-Tag, an dem das Eigentum am Kaufgegenstand übertragen und der endgültige Kaufpreis bezahlt wird, vorausgesetzt daß bestimmte Bedingungen erfüllt sind. Bis zum Closing-Tag haben die Vertragsparteien bei Vertragsverletzung nur schuldrechtliche Ansprüche (Schadensersatz-, Vertragsstrafansprüche usw.).

6. Gewährleistungen, Garantien

49 Dem Abschluß des Unternehmenskaufs geht idR eine rechtliche und wirtschaftliche Due Diligence-Prüfung voraus, die die geschäftlichen Risiken im geprüften Umfang aufdecken soll. Die Prüfung wird zu einem Stichtag durchgeführt. Da der Closing-Tag meist nach dem Stichtag liegt, werden die geschäftlichen Risiken in der Zwischenzeit durch besondere **Vertragsklauseln** abgedeckt. Darüber hinaus werden in den Unternehmenskaufvertrag auch umfangreiche Gewährleistungs- bzw. Garantievorschriften aufgenommen, um die durch die Due Diligence-Prüfung erkannten Gefahren zu sichern. Das ungarische Recht kennt – im Gegensatz zum deutschen Recht – keine zugesicherten Eigenschaften.

50 Da die Garantien eine strengere Haftung für einen längeren Zeitraum ermöglichen als die Gewährleistungen, werden in einen käuferfreundlichen Vertrag im Regelfall Garantieklauseln und in einen verkäuferfreundlichen Vertrag Gewährleistungsklauseln aufgenommen. Rechtsfolgen der Verletzung der Garantie- oder Gewährleistungsvorschriften sind Kaufpreisminderung, Schadensersatz wegen Nichterfüllung oder, wenn dem Käufer die Aufrechterhaltung des Vertrags nicht mehr zumutbar ist, der Rücktritt vom Vertrag.

7. Anwendbares Recht

51 Der Unternehmenskaufvertrag gilt als schuldrechtliche Kaufvereinbarung. Gemäß dem ungarischen IPR[18] gilt für schuldrechtliche Rechtsgeschäfte **freie**

---

[18] Verordnung mit Gesetzeskraft Nr. 13 von 1979.

Rechtswahl, vorausgesetzt das Rechtsverhältnis enthält ein internationales Element. Ist mindestens eine Vertragspartei Ausländer, kann der Kaufvertrag ausländischem Recht unterstellt werden. In diesem Fall ist es nicht zwingend vorgeschrieben, daß das gewählte Recht das Heimatrecht der ausländischen Vertragspartei sein muß. Wenn die Parteien keine Rechtswahl getroffen haben, gilt das Recht des Staates, auf dessen Gebiet der Verkäufer seinen Sitz hat.

Sollte der Vertrag den Formvorschriften des anwendbaren ausländischen Rechts nicht entsprechen, ist er nach ungarischem Recht trotzdem **formwirksam**, wenn er die Anforderungen des ungarischen Rechts erfüllt. Da das ungarische Recht für die Anteilsübertragung keine besonderen Formerfordernisse vorsieht, ist ein nach deutschem Recht abgeschlossener Anteilskaufvertrag in Ungarn auch dann wirksam und die Anteilsübertragung beim Registergericht eintragungsfähig, wenn er nicht notariell beurkundet wurde.

8. Gerichtswahl

Für internationale Verträge gilt grundsätzlich nicht nur freie Rechtswahl, sondern auch freie Gerichtswahl. Dies gilt sowohl für ordentliche als auch für Schiedsgerichte. Das ungarische IPR regelt nicht nur das für internationale Rechtsbeziehungen anwendbare Recht, sondern auch die internationale Gerichtszuständigkeit. In bestimmten Angelegenheiten können ausschließlich ungarische Gerichte tätig werden, zB bei Geltendmachung von dinglichen Rechten an ungarischen Immobilien bzw. bei Streitigkeiten im Zusammenhang mit der Vermietung von ungarischen Immobilien. Diese Regelungen sind insbes. deswegen zu beachten, weil die Anerkennung und Vollstreckung der Entscheidung eines ausländischen Gerichts in Ungarn ausscheidet, wenn ausschließlich die ungarischen Gerichte zuständig gewesen wären.

9. Besonderheiten des Vollzugs

Die Anerkennung und Vollstreckung ausländischer Gerichtsentscheidungen in Ungarn setzt grundsätzlich entweder die Mitgliedschaft Ungarns in einem **internationalen Abkommen** oder eine **Gegenseitigkeitsvereinbarung** voraus[19]. Ungarn führt bereits seit längerer Zeit Verhandlungen über seinen Beitritt zum Luganer Abkommen, bis jetzt allerdings noch ohne Erfolg. Mit Deutschland besteht eine Gegenseitigkeitsvereinbarung bezüglich der Anerkennung und Vollstreckung von Gerichtsurteilen, soweit es sich um vermögensrechtliche Ansprüche in Zivil- und Handelssachen handelt. Die Gegenseitigkeitsvereinbarung wurde in den beiden Ländern mit geringfügig abweichendem Wortlaut veröffentlicht[20]. Dies hat allerdings dazu geführt, daß in der Praxis nur Gerichtsurteile, nicht jedoch Gerichtsentscheidungen anderer Art anerkannt und vollstreckt werden. Bis vor kurzem konnte aus diesem Grund kein Kostenfestsetzungsbeschluß deutscher Gerichte in Ungarn anerkannt und vollstreckt werden, was umgekehrt

---

[19] Gesetz Nr. LIII von 1994.
[20] In Ungarn veröffentlicht in „Igazságügyi Közlöny" Nr. 4 von 1992; in Deutschland veröffentlicht im BGBl. 1992 II S. 598.

möglich war, weil Entscheidungen über Prozeßkosten in Ungarn im Gerichtsurteil ergehen. Diese sehr formelle Auslegung der Gegenseitigkeitsvereinbarung wurde mittlerweile beseitigt. Ungarn hatte mit Österreich und mit der Schweiz bisher keine Gegenseitigkeitsvereinbarung abgeschlossen, somit war bis vor kurzem die Anerkennung und Vollstreckung der österreichischen und schweizerischen Gerichtsentscheidungen in Ungarn nicht möglich. Diese Lage änderte sich durch die Modifizierung des ungarischen IPR. Seit dem 1. 5. 2001 ist die Gegenseitigkeit keine Voraussetzung mehr für die Vollstreckbarkeit vermögensrechtlicher Ansprüche in Ungarn, wenn die Zuständigkeit des ausländischen Gerichts durch die Parteien vereinbart wurde und diese Vereinbarung den Vorschriften des ungarischen IPR entspricht.

55 Die Anerkennung und Vollstreckung von **Schiedsgerichtsurteilen** ist weniger problematisch. Ungarn ist dem New Yorker-Abkommen[21] beigetreten, so daß ausländische Schiedsgerichtsentscheidungen anerkannt und vollstreckt werden können.

56 Soll eine ausländische Gerichtsentscheidung in Ungarn vollstreckt werden, hat der Vollstreckungsgläubiger einen **ungarischen Vollstreckungstitel** zu erlangen. Dies setzt ein Anerkennungsverfahren voraus, in dem die ausländische Entscheidung durch das ungarische Vollstreckungsgericht geprüft wird. Erst wenn über die Vollstreckbarkeit ein rechtskräftiger Beschluß gefaßt wurde, kann das ungarische Vollstreckungsverfahren eingeleitet werden.

E. Besonderheiten der Due Diligence

57 Während einer **Due Diligence-Prüfung** werden einerseits die von der Zielgesellschaft überreichten Dokumente, andererseits die öffentlichen Informationsquellen geprüft.

I. Handelsregister

58 Das Handelsregister wird von Handelsgerichten geführt, die bei den Bezirksgerichten und beim hauptstädtischen Gericht bestehen. Das Handelsregister enthält **Angaben** über Namen, Form, Sitz und Kapital der Gesellschaft, Unternehmensgegenstand, Geschäftsführung, Vertretungsbefugnis, Aufsichtsrat, Wirtschaftsprüfer, sowie – außer den Aktionären – auch über die Gesellschafter. Ferner enthält das Handelsregister Angaben über die Einleitung eines Vergleichs-, Konkurs- oder Liquidationsverfahrens.

---

[21] Verordnung mit Gesetzeskraft Nr. 25 von 1962.

II. Grundbuch

Die **Grundbücher** werden in Ungarn nicht von den Gerichten geführt, sondern von den Grundbuchämtern, die Teil der Verwaltung sind. Das Grundbuch hat öffentlichen Glauben. Eintragungen oder Löschungen dürfen nur aufgrund der im Gesetz[22] genannten Dokumente erfolgen, die teilweise strengen Formerfordernissen unterliegen (wie zB die notarielle Urkunde oder die durch einen Anwalt gegengezeichnete Privaturkunde). Einen Grundbuchauszug kann jeder einholen. 59

III. Publikationen

Das Blatt „Cégközlöny" wird vom hauptstädtischen Gericht als Handelsgericht herausgegeben und enthält Informationen über **Unternehmen in ganz Ungarn**. Hier werden u. a. sämtliche Vergleichs-, Konkurs- und Liquidationsverfahren, Kapitalherabsetzungen und Umwandlungen veröffentlicht. 60

F. Besonderheiten in den Begleitfeldern

I. Arbeitsrecht

Bei jedem Unternehmenskauf stellt sich die Frage, ob die bisherige Belegschaft übernommen werden soll, und wenn nicht, wie sie entlassen werden kann. Das ungarische **Arbeitsgesetzbuch**[23] wurde aufgrund der europäischen Rechtsharmonisierung dahingehend modifiziert, daß eine Betriebsübernahme bzw. eine Rechtsnachfolge auf der Arbeitgeberseite die ordentliche Kündigung nicht rechtfertigt. Vielmehr muß der neue Arbeitgeber die allgemeinen Kündigungsvorschriften einhalten. Darüber hinaus haftet der alte Arbeitgeber mit dem neuen Arbeitgeber gemeinsam ein Jahr lang gesamtschuldnerisch für diejenigen Arbeitnehmeransprüche, die vor der Rechtsnachfolge entstanden sind und innerhalb eines Jahres nach der Rechtsnachfolge geltend gemacht werden. 61

Ein **Arbeitsverhältnis** auf unbestimmte Zeit kann im gemeinsamen Einvernehmen, durch ordentliche Kündigung, durch außerordentliche Kündigung oder während der Probezeit fristlos **aufgelöst** werden. Für die Auflösung eines Arbeitsverhältnisses auf bestimmte Zeit gelten die gleichen Bestimmungen jedoch mit der Ausnahme, daß es durch ordentliche Kündigung nicht beendet werden kann, es sei denn, der Arbeitgeber zahlt dem Arbeitnehmer sein Gehalt für die verbleibende Zeit, höchstens jedoch ein Jahresgehalt. 62

Die **ordentliche Kündigung** ist vom Arbeitgeber zu begründen. Die Begründung muß kausal und wahr sein. Die Gründe dürfen nur in den Fähigkeiten oder im Verhalten des Arbeitnehmers oder in der Tätigkeit des Arbeitgebers liegen. Beim Vorliegen besonderer Umstände (wie zB Erwerbsunfähigkeit durch 63

---

[22] Gesetz Nr. CXLI von 1997.
[23] Gesetz Nr. XXII von 1992.

Krankheit) darf der Arbeitgeber das Arbeitsverhältnis nicht kündigen. Die Kündigungsfrist ist abhängig von der Dienstzeit. Im Fall einer ordentlichen Kündigung seitens des Arbeitgebers hat der Arbeitnehmer idR Anspruch auf eine Abfindungszahlung, die maximal sechs Monatsgehälter beträgt.

64 Eine **außerordentliche Kündigung** ist nur unter besonderen Umständen und unter Einhaltung strenger Fristen möglich.

65 Auch der **gruppenweise Abbau** ist in Ungarn geregelt. In diesem Fall hat der Arbeitgeber vor Ausspruch von Kündigungen einer Konsultationspflicht mit den Arbeitnehmervertretungen nachzukommen. Außerdem hat der Arbeitgeber das Arbeitsamt zu informieren. Verletzt der Arbeitgeber die gesetzlichen Vorschriften, können die ordentlichen Kündigungen vom Gericht auf Klage für unwirksam erklärt werden.

II. Altersvorsorge

66 In Ungarn gibt es ein komplexes staatliches **Sozialversicherungssystem**, das die Arbeitnehmer für den Fall der Krankheit, Arbeitslosigkeit und Pensionierung absichert. Seit einiger Zeit ist allerdings parallel die private Altersvorsorge bei privaten Rentenversicherungskassen möglich. Bei Berufsanfängern ist der Beitritt in eine private Rentenversicherung zwingend. Der Arbeitgeber ist verpflichtet, den gesetzlich vorgeschriebenen Rentenversicherungsbeitrag im Fall einer privaten Rentenversicherungsmitgliedschaft des Arbeitnehmers zu teilen und einen Teil an die staatliche, den anderen Teil an die private Versicherung zu zahlen. Darüber hinaus kann der Arbeitgeber an die private Rentenversicherung als zusätzliche Leistung einen höheren als den gesetzlich vorgeschriebenen Anteil an Rentenversicherungsbeitrag abführen.

III. Umweltrecht

67 Das Umweltschutzgesetz[24] enthält die wichtigsten Grundbestimmungen des Umweltrechts. Wenn die zum Erwerb vorgesehene Gesellschaft eine **umweltbeeinträchtigende Tätigkeit** ausübt, ist zu prüfen, ob die erforderlichen umweltrechtlichen Genehmigungen vorhanden sind. In diesem Fall besteht meistens auch eine umweltrechtliche Gebührenzahlungsverpflichtung. Ebenfalls ist zu prüfen, ob ein Verfahren wegen Verletzung der Umweltvorschriften anhängig ist oder ob eine Strafe oder eine andere Zahlungsverpflichtung besteht.

68 Wer durch eine Tätigkeit oder Unterlassung die **Umwelt gefährdet**, verschmutzt oder schädigt bzw. eine Tätigkeit unter Verletzung der umweltrechtlichen Vorschriften ausübt, ist dafür strafrechtlich, zivilrechtlich und verwaltungsrechtlich verantwortlich.

69 IdR **haftet** der Eigentümer der Immobilie, auf der die Tätigkeit ausgeübt wird, mit dem Nutzer der Immobilie gesamtschuldnerisch. Der Eigentümer wird von der Haftung nur befreit, wenn er beweist, daß die Umweltverschmutzung vom

---

[24] Gesetz Nr. LIII von 1995.

Nutzer verursacht wurde. Die Umweltverschmutzung gilt als Gefährdungshaftung (Haftung für einen gefährlichen Betrieb). Ändert sich die Person des Umweltverschmutzers durch Rechtsnachfolge, haftet der Rechtsnachfolger.

Wer haftet, ist verpflichtet, nicht nur entstandene Schäden zu ersetzen, sondern auch den **rechtswidrigen Zustand zu beenden** und den ursprünglichen Zustand wiederherzustellen.

IV. Gewerbliche Schutzrechte

Immaterielle Vermögenswerte bilden laut Rechnungslegungsgesetz[25] einen Teil des Unternehmens und sind dem Anlagevermögen zuzuordnen. Hierunter fallen u. a. die verkehrsfähigen Rechte, der Geschäfts- oder Firmenwert sowie das geistige Eigentum.

Das **geistige Eigentum** wird durch verschiedene Rechtsvorschriften und Rechtsbereiche geschützt. Aufgrund des ungarischen BGB wird ein allgemeiner Schutz sowohl für das geschützte als auch für das ungeschützte geistige Eigentum gewährt. Das BGB enthält auch die allgemeinen Rechtsfolgen für den Fall der Verletzung des geistigen Eigentums. Die gewerblichen Schutzrechte wurden darüber hinaus in den letzten Jahren in speziellen Gesetzen neu geregelt, u. a. in den Rechtsvorschriften über das Markenzeichen und das Ursprungszeugnis[26], über den Patentschutz[27], über die Geschmacksmuster[28], über die Gebrauchsmuster[29] sowie über den Schutz der Topographie von mikroelektronischen Halbleitern[30].

Beim **Unternehmenskauf** wird idR geprüft, ob das von der Gesellschaft benutzte fremde geistige Eigentum (insbes. Software, Know-how und Lizenzen) rechtmäßig benutzt wird, und inwieweit und für welchen Zeitraum eigenes geistiges Eigentum geschützt wurde.

Bei Verletzung gewerblicher Schutzrechte können objektive und subjektive Rechtsfolgen geltend gemacht werden. Als objektive Rechtsfolge gelten insbes. die Beendigung des rechtswidrigen Zustands und die Wiederherstellung des ursprünglichen Zustands. Als subjektive Rechtsfolge kann der Geschädigte Schadensersatz verlangen. Für diese Fälle werden üblicherweise besondere Gewährleistungs- oder Garantievorschriften in den Unternehmenskaufvertrag aufgenommen.

V. Immobilienrecht

Bei einer Due Diligence-Prüfung werden die Immobilien einer Gesellschaft entsprechend ihrem rechtlichen Status geprüft. Bei im **Eigentum** der Gesellschaft stehenden Immobilien werden die Kaufverträge geprüft und das Grundbuch eingesehen. Jede Immobilie hat eine Eigentumskartei, die aus drei Teilen besteht. Im

---

[25] Gesetz Nr. XVIII von 1991.
[26] Gesetz Nr. XI von 1997.
[27] Gesetz Nr. XXIII von 1995.
[28] Verordnung mit Gesetzeskraft Nr. 28 von 1978.
[29] Gesetz Nr. XXXVIII von 1991.
[30] Gesetz Nr. XXXIX von 1991.

ersten Teil wird die Immobilie beschrieben (Parzellennummer, Größe, die mit dem Grundstück verbundenen Rechte). Im zweiten Teil sind die Rechte an bzw. die Tatsachen bezüglich der Immobilie (Eigentum, Verwaltungsrecht, Konkursverfahren usw.) und deren Begünstigte aufgezählt. Im dritten Teil sind die Lasten der Immobilie (wie Hypothek, Option, Veräußerungs- und Belastungsverbot) registriert. Die Eintragung bestimmter Rechte bzw. Tatsachen ins Grundbuch ist die Voraussetzung für die Wirksamkeit ihrer Entstehung. Dies gilt zB für das durch Kaufvertrag erworbene Eigentumsrecht sowie für die Hypothek.

76 Da die Grundbuchämter – vor allem in Budapest – trotz staatlicher Bemühungen immer noch erheblich im Rückstand sind, sind bei einem Großteil der Immobilien zahlreiche **Randvermerke** im Grundbuch zu prüfen. Die Randvermerke sind meistens nicht sehr aussagekräftig, und die Akten können nur mit Vollmacht eingesehen werden. Randvermerke weisen darüber hinaus nur auf die zeitliche Reihenfolge der Eintragungsanträge hin, begründen aber keinen Anspruch auf Eintragung. Somit sind sie mit der Vormerkung im deutschen Recht nicht identisch. Die gründliche Prüfung der Grundbuchakten ist deshalb sehr wichtig.

77 Bei **gemieteten Immobilien** ist vor allem zu beachten, ob und wenn ja, wie die Verträge gekündigt werden können. Das Mietrecht ist einerseits im ungarischen BGB, andererseits im Gesetz über die Vermietung und Veräußerung von Wohnungen und von anderen, nicht als Wohnung benutzten Räumlichkeiten[31] geregelt. In Ungarn gilt bei der Gestaltung der Mietverträge gewerblicher Räumlichkeiten grundsätzlich Vertragsfreiheit. Die gesetzlichen Kündigungsvorschriften sind jedoch zwingend, so daß die vertraglichen Kündigungsbedingungen nur insoweit zu beachten sind, als sie dem Gesetz nicht widersprechen.

VI. Devisenrecht

78 Der Devisenverkehr war in Ungarn zur Zeit des Sozialismus streng geregelt. Nach der Wende wurde es in großem Maße liberalisiert, aber es bestehen immer noch einige **Beschränkungen**. Im Jahr 2001 ist eine weitere Lockerung des Devisenrechts zu erwarten. Die Kapitaleinfuhr aus dem Ausland nach Ungarn zu Investitionszwecken (Erwerb von Beteiligungen, Kauf von Wertpapieren oder Immobilien usw.) ist nur in konvertierbarer Währung erlaubt.

79 Ausländer können im Falle der Gründung eines Unternehmens, einer Kapitalerhöhung oder eines Unternehmenskaufs ihre **Zahlung** entweder aus dem Ausland in konvertierbarer Währung oder von ihrem ungarischen Devisenkonto' bzw. konvertierbaren Forint-Konto leisten. Eine Aufrechnung gegen Forderungen ist nicht erlaubt. Eine Genehmigung oder Anmeldung bei der Ungarischen Nationalbank als Devisenbehörde ist nicht erforderlich.

80 Das konvertierbare **Forint-Konto** eines Ausländers in Ungarn dient als Schaltstelle für grenzüberschreitende Finanztransaktionen; zB werden Dividenden der Gesellschaft zunächst auf das konvertierbare Forint-Konto gezahlt und erst danach können sie ins Ausland transferiert werden.

---

[31] Gesetz Nr. LXXVIII von 1993.

G. Gesetzliches Übernahmerecht

I. Konzernrecht

1. Anwendungsbereich

Bis zum Inkrafttreten des neuen Gesetzes über Wirtschaftsgesellschaften beschränkte sich das **Konzernrecht**, das einen Teil des Gesetzes bildet, auf die gegenseitigen Beteiligungen von inländischen Aktiengesellschaften. Gemäß der jetzt geltenden Regelung können herrschende Gesellschafter sowohl ausländische als auch inländische Gesellschaften oder auch Privatpersonen sein, beherrschte Gesellschaften dagegen nur ungarische Gesellschaften mit beschränkter Haftung und Aktiengesellschaften. Die konzernrechtlichen Vorschriften enthalten unterschiedliche Regelungen, je nachdem, ob der herrschende Gesellschafter durch die Beteiligung an der beherrschten Gesellschaft über 25% (wesentliche Beteiligung), über 50% (mehrheitliche Beteiligung) oder über 75% (unmittelbare Beteiligung) der Stimmen hält. Wenn die genannten Schwellen erreicht werden, treten die im folgenden dargestellten Anmelde- und Ankaufspflichten ein oder es entstehen – teils wegen Versäumnis der Anmeldepflichten, teils aufgrund der Tatsache des Einflusses – strenge Haftungen.

2. Rechte und Pflichten des Bieters

Der Anteilserwerb ist beim Registergericht durch den Erwerber anzumelden und im offiziellen Blatt (Cégközlöny) zu veröffentlichen. Bis zur **Anmeldung** kann der Erwerber seine Stimmrechte nur bis zur Höhe der überschrittenen konzernrechtlichen Schwelle ausüben. Hat der Erwerber über 50% oder 75% der Stimmen erlangt und diese Tatsache nicht angemeldet, haftet er im Konkurs für die bis zur Anmeldung entstandenen Forderungen bis zur Höhe der unbefriedigten Gläubigerforderungen unbeschränkt. Hat ein Gesellschafter eine Beteiligung über 75% erworben, können die Gläubiger der beherrschten Gesellschaft innerhalb von 90 Tagen nach der Veröffentlichung der Tatsache des Einflusses eine Sicherheit für solche Forderungen verlangen, die vor der Veröffentlichung entstanden, aber noch nicht fällig sind.

Ist die erworbene Gesellschaft eine **geschlossene Aktiengesellschaft** (keine Publikumsaktiengesellschaft), können die Aktionäre innerhalb von 60 Tagen nach der registergerichtlichen Eintragung der mehrheitlichen oder unmittelbaren Beteiligung verlangen, daß der Erwerber ihre Aktien zum Verkehrswert kauft.

Hat ein Gesellschafter einen Stimmenanteil von über 50% an der Gesellschaft und führt die Gesellschaft anhaltend eine nachteilige Geschäftspolitik, können die Gläubiger der Gesellschaft in einem **Konkursverfahren** durch das Gericht feststellen lassen, daß der Gesellschafter für die Schulden der Gesellschaft unbeschränkt haftet, wenn das Vermögen der Gesellschaft die Schulden nicht deckt. Das Gericht kann auf Antrag der Gesellschafter oder der Gläubiger die gleiche Haftung feststellen, wenn ein Gesellschafter über 75% der Stimmen verfügt und die Gesellschaft anhaltend eine nachteilige Geschäftspolitik führt, so daß dies die Erfüllung der Verpflichtungen der Gesellschaft gefährdet.

3. Rechte und Pflichten der Zielgesellschaft

85 Das Konzernrecht verhindert, daß Gesellschaften gegenseitig Anteile halten. Sollten zwei Gesellschaften gegenseitig **mehr als 25%** der Stimmen erwerben, ist diejenige Gesellschaft berechtigt, ihre Anteile zu behalten, die den Beteiligungserwerb zuerst beim Registergericht angemeldet und im offiziellen Blatt veröffentlicht hat. Der andere Erwerber ist verpflichtet, seinen 25% übersteigenden Anteil zu veräußern; bis dahin kann er seine Stimmrechte nur bis zu 25% ausüben. Im Fall einer mehrheitlichen Beteiligung darf die beherrschte Gesellschaft keine Anteile an der herrschenden Gesellschaft halten; solche Anteile sind innerhalb von 180 Tagen zu veräußern. Die beherrschte Gesellschaft ist nicht berechtigt, Stimmrechte aus ihren Anteilen an der herrschenden Gesellschaft auszuüben.

II. Takeover-Regelungen

1. Anwendungsbereich

86 Das durch das neue Gesellschaftsrecht modifizierte Wertpapiergesetz[32] enthält seit 1998 ausführliche **Übernahmeregelungen**. Aktienübertragungsverträge, die unter Verletzung der Übernahmeregelungen abgeschlossen werden, sind nichtig.

87 Wer mehr als 33% der stimmberechtigten Aktien an einer Publikumsaktiengesellschaft durch Aktienübertragung erwirbt, muß ein **öffentliches Angebot** für mindestens weitere 50% der Aktien abgeben. Der Begriff der Aktienübertragung ist weit auszulegen, und die Regelung ist sowohl für den unmittelbaren als auch für den mittelbaren Aktienerwerb anzuwenden. Das Angebot muß sich auch auf eventuelle Wandelschuldverschreibungen der Gesellschaft erstrecken. Das Übernahmeverfahren ist zwingend durch eine Investmentgesellschaft abzuwickeln.

2. Rechte und Pflichten des Bieters

88 Den notwendigen Inhalt des **öffentlichen Angebots** bestimmt das Wertpapiergesetz. Bevor das Angebot veröffentlicht wird, ist es der staatlichen Aufsichtsbehörde der Finanzinstitute sowie dem Vorstand der zu übernehmenden Aktiengesellschaft vorzulegen. Der Aufsichtsbehörde stehen 15 Tage zur Verfügung, um das Übernahmeverfahren zu untersagen, wenn das Angebot den gesetzlichen Erfordernissen nicht entspricht. Nach dieser Frist kann das Angebot veröffentlicht werden. Für die Annahme des Angebots stehen den Aktionären mindestens 30, höchstens 60 Tage zur Verfügung. Die Mindesthöhe des Kaufpreises ist gesetzlich festgelegt. Sind die Aktien börsennotiert, wird der Mindestkaufpreis aufgrund des Durchschnittspreises der Aktie in den letzten 90 Tagen vor der Abgabe des Angebots festgelegt. Wenn die Aktien am OTC-Markt gehandelt werden, erfolgt die Preisbestimmung aufgrund des durch die Aufsichtsbehörde der Finanzinstitutionen bekanntgemachten OTC-Preises, gerechnet mit dem Durchschnittspreis der letzten 180 Tage.

---

[32] Gesetz Nr. CXI von 1996.

Der **Vorstand der Zielgesellschaft** darf während des öffentlichen Angebots 89
keine Entscheidungen treffen, die das Verfahren stören könnten, insbes. keine Kapitalerhöhung oder keinen Erwerb eigener Aktien beschließen. Der Vorstand ist verpflichtet, bereits im Vorfeld des öffentlichen Angebots mitzuwirken und dem Anbieter die zur Abgabe des Angebots erforderlichen Informationen zu erteilen.

Während des Verfahrens kann auch ein **Gegenangebot** abgegeben werden, 90
wenn es günstiger ist als das des ersten Bieters. Als günstigeres Angebot gilt, wenn der angebotene Kaufpreis oder der zu übernehmende Aktienanteil 5% höher ist als der des ursprünglichen Angebots bzw. wenn die Zahlung des Kaufpreises ausschließlich in bar erfolgt. Sind diese Bedingungen erfüllt, wird das ursprüngliche Angebot ungültig.

Nach **Ablauf der Übernahmefrist** wird das Ergebnis des Verfahrens der Aufsichtsbehörde gemeldet und veröffentlicht. 91

H. Finanzierung von Unternehmenskäufen

I. Besonderheiten der Finanzierung

Unternehmenskäufe werden oft durch Bankkredite oder konzernintern finanziert. 92

Wenn ein ausländischer Kreditgeber einen ungarischen Kreditnehmer finanziert, sind **devisenrechtliche Vorschriften** zu beachten. Ist die Laufzeit des Kredits kürzer als ein Jahr, ist die Kreditaufnahme von der Ungarischen Nationalbank als Devisenbehörde vorher zu genehmigen. Ist die Laufzeit länger als ein Jahr, ist die Kreditaufnahme nur anzumelden, in diesem Fall kann im ersten Jahr der Rückzahlung nicht mehr zurückgezahlt werden, als für die Laufzeit des Kredits gerechnet anteilsmäßig fällig wäre. Die Rückzahlung bedarf keiner Genehmigung oder Anmeldung mehr, wenn bei Darlehensgewährung den devisenrechtlichen Vorschriften entsprochen wurde. 93

Der Kreditgeber hat zu beachten, daß die Kreditvergabe aus dem Ausland eine 94
Zweigniederlassungspflicht begründen kann, wenn Geschäftsmäßigkeit feststellbar ist. Gesellschafterdarlehen begründen die Zweigniederlassungspflicht nicht.

Wenn das Fremdkapital das Eigenkapital der ungarischen Gesellschaft um das 95
Dreifache überschreitet, können die anteiligen Zinsen eines Darlehens **steuerrechtlich** nicht als Aufwendungen geltend gemacht werden. Diese Beschränkung gilt ab dem 1. 1. 2001 nicht mehr für Bankdarlehen.

Wird der Unternehmenskauf nicht durch Darlehen, sondern durch **Gesellschafterzuschuß** finanziert, ist die Einzahlung in die Kapitalrücklage nur mit einer gleichzeitigen – ggf. geringfügigen – Kapitalerhöhung möglich. 96

II. Kreditsicherung

97 Vertragliche **Sicherheiten** im Zusammenhang mit einem Unternehmenskauf in Ungarn sind idR folgende: Pfand (Hypothek), Kaution, Zession, Bürgschaft und Bankgarantie.

1. Pfand, Hypothek

98 Bezüglich Sachen kann zwischen dem **besitzlosen Pfand**, das registriert wird, und dem **Faustpfand**, bei dem der Pfandgläubiger den Pfandgegenstand in seinen Besitz nimmt, unterschieden werden. Besitzloses Pfand an Immobilien ist die Hypothek, die ins Grundbuch eingetragen wird und mit der Eintragung entsteht. Seit der Novellierung des BGB besteht allerdings auch die Möglichkeit, bewegliche Sachen (zB Maschinen) ohne Besitzübergabe zu verpfänden. Die Verpfändung bedarf der notariellen Beurkundung und der Eintragung in ein Register bei der Notarkammer. Laut ungarischem BGB können auch bestimmte **Rechte und Forderungen**, so zB Geschäftsanteile, verpfändet werden.

99 Seit 1996 ist es darüber hinaus möglich, ein **selbständiges Pfandrecht** zu begründen. Diese Regelung soll die Grundlage schaffen, das Pfandrecht ohne eine Grundforderung bzw. unabhängig davon zu begründen. Dies weist einige Ähnlichkeiten mit der deutschen Grundschuld auf. Das selbständige Pfandrecht wird in Ungarn zur Zeit kaum praktiziert. Eine weitere Neuheit ist das **„floating charge"**. Der Pfandgläubiger kann sein ganzes Vermögen oder einen Teil davon in der Weise verpfänden, daß das Pfand über den verpfändeten Gegenständen nur „schwebt" und die Pfandgegenstände im Lauf der Geschäftstätigkeit des Pfandschuldners wechseln.

2. Kaution

100 Die Kaution ist in Ungarn eine allgemeine **vertragliche Sicherheit**. Kautionsgegenstände können nur Geld, Wertpapiere oder Sparbücher sein. Sollte eine Kaution mit anderen Gegenständen begründet werden, so gilt dies als Pfand. Die Kaution kommt durch Besitzübergabe oder durch Hinterlegung zustande. Der Vorteil der Kaution im Gegensatz zum Pfand ist, daß die Befriedigung unmittelbar aus dem Kautionsgegenstand erfolgen kann, wenn der Schuldner nicht leistet.

3. Zession

101 Die Zession von Forderungen erfolgt durch Vereinbarung zwischen dem Zessionar und dem Zedenten. Die Zustimmung des Schuldners ist zur Wirksamkeit nicht erforderlich. Der Zedent haftet für die **abgetretenen Forderungen** gegenüber dem Zessionar bis zur Höhe des Gegenwerts der Zession als Bürge, es sei denn, die Forderung wurde als unsichere Forderung übertragen oder der Zedent hat seine Haftung ausdrücklich ausgeschlossen.

4. Devisenrechtliche Beschränkungen bei den vertraglichen Sicherheiten

Nach den zur Zeit gültigen devisenrechtlichen Regelungen bedarf die **Sicherheitsgewährung** in Form von Bürgschaft, Garantie, Kaution oder ähnlichen Sicherheiten einer **Devisengenehmigung**, wenn diese einem Devisenausländer von einem Deviseninländer gewährt werden, oder wenn ein Deviseninländer einen Devisenausländer mit der Gewährung solcher Sicherheiten beauftragt. Das gilt allerdings nur, wenn das Grundgeschäft genehmigungs- oder anmeldepflichtig ist.

Die Abtretung von Forderungen in ausländischer Währung durch einen Deviseninländer bedarf ebenfalls einer devisenrechtlichen Genehmigung.

I. Umwandlungsrecht

Das Umwandlungsrecht ist im Gesetz über die Gesellschaften geregelt und umfaßt die Umwandlung, die Verschmelzung (Verschmelzung durch Aufnahme und Verschmelzung durch Neugründung) sowie die Spaltung (Aufspaltung und Abspaltung) von Gesellschaften (im weiteren zusammen: Umwandlung); das ungarische Recht kennt die Ausgliederung hingegen nicht. Eine Gesellschaft kann **nicht umgewandelt** werden, wenn ein Konkurs- oder Liquidationsverfahren gegen sie anhängig ist oder die Einlagen noch nicht vollständig geleistet wurden.

Der **Umwandlungsprozeß** wird durch den ersten Beschluß des obersten Organs der Gesellschaft eingeleitet. Die Beschlußfassung erfolgt aufgrund des Umwandlungsvorschlags der Geschäftsführung und des Aufsichtsrats.

Im **ersten Beschluß** wird die Absicht der Umwandlung sowie die Form der neuen, umgewandelten Gesellschaft und der Stichtag der vorläufigen Umwandlungsbilanzen und -inventare (im weiteren: Stichtag) festgelegt. Die vorläufigen Bilanzen und die vorläufigen Inventare werden sowohl für die alte Gesellschaft (als „Abschlußdokumente") als auch für die neue, umgewandelte Gesellschaft (als „Eröffnungsdokumente") erstellt. Die von der Gesellschaft erstellten Bilanzen bzw. Inventare müssen durch den Aufsichtsrat geprüft und durch einen unabhängigen Wirtschaftsprüfer attestiert werden. Der Wirtschaftsprüfer, der diese Unterlagen attestiert, darf drei Jahre lang ab dem Zeitpunkt der Eintragung der Umwandlung ins Handelsregister nicht zum Wirtschaftsprüfer der Gesellschaft bestellt werden. Im ersten Umwandlungsbeschluß muß auch der unabhängige Wirtschaftsprüfer bestellt werden.

Bezüglich der vorläufigen Bilanzen und Inventare müssen **strenge gesetzliche zeitliche Vorgaben** berücksichtigt werden. Der Stichtag muß idR zwischen dem ersten und dem zweiten Umwandlungsbeschluß liegen. Um die Erstellung der Bilanzen und der Inventare zu vereinfachen, ermöglicht das Gesetz allerdings, daß der Jahresabschluß der Gesellschaft gleichzeitig als vorläufige Umwandlungsbilanz verwendet wird. In diesem Fall dürfen beide Umwandlungsbeschlüsse nach dem Stichtag gefaßt werden. Im Regelfall dürfen zwischen dem Stichtag und dem zweiten Umwandlungsbeschluß nicht mehr als drei Monate liegen. Wird der Jahresabschluß verwendet, verlängert sich dieser Zeitraum jedoch um weitere drei Monate.

108 Zwischen den beiden Umwandlungsbeschlüssen müssen die vorläufigen Umwandlungsbilanzen bzw. -inventare erstellt werden. Weiter muß der Gesellschaftsvertrag der neuen Gesellschaft aufgesetzt werden. Gibt es mehrere Gesellschafter, muß ein Plan darüber erstellt werden, wie mit den Gesellschaftern abzurechnen ist, die an der Umwandlung nicht teilnehmen möchten. Im Fall einer Verschmelzung oder Spaltung muß der Verschmelzungs- oder Spaltungsvertrag erstellt werden, der die wichtigsten Eckdaten der umzuwandelnden Gesellschaften enthält.

109 Nach Erstellung und Prüfung der vorläufigen Umwandlungsbilanzen und -inventare sowie der sonstigen Dokumente wird der **zweite Umwandlungsbeschluß** gefaßt. Im zweiten Umwandlungsbeschluß wird über die Umwandlung endgültig entschieden. Über diesen Beschluß sind die Arbeitnehmervertretungen zu informieren. Bei einer Verschmelzung ist darüber hinaus zu prüfen, ob die Verschmelzung wettbewerbsrechtliche Konsequenzen hat.

110 Innerhalb von acht Tagen nach dem zweiten Umwandlungsbeschluß muß die Umwandlung im offiziellen Blatt der Registergerichte („Cégközlöny") zweimal nacheinander veröffentlicht werden. Die **Veröffentlichungen** nehmen erfahrungsgemäß etwa fünf bis sechs Wochen in Anspruch.

111 Die Gesellschaft ist verpflichtet, die Umwandlung innerhalb von 60 Tagen nach dem zweiten Umwandlungsbeschluß beim Registergericht **anzumelden**. Zu den Anmeldungsunterlagen gehören auch die Nachweise über die Veröffentlichungen im Cégközlöny.

112 Die umgewandelte neue Gesellschaft kann – im Gegensatz zu einer Neugründung – bis zu ihrer **Eintragung im Handelsregister** nicht als Vorgesellschaft tätig sein. Sie entsteht erst mit Eintragung im Handelsregister. Bis dahin besteht noch die alte Gesellschaft, die in ihren Dokumenten auf die Umwandlung hinweisen muß.

113 Spätestens innerhalb von 90 Tagen nach Eintragung der umgewandelten Gesellschaft müssen sowohl für die alte als auch für die neue Gesellschaft die **endgültigen Umwandlungsbilanzen und -inventare** erstellt werden. Der Stichtag dieser Bilanzen ist der Tag der Eintragung der Umwandlung ins Handelsregister. Sollten diese Bilanzen bzw. Inventare von den vorläufigen Bilanzen und Inventaren wesentlich abweichen, kann eventuell eine Kapitalherabsetzung nötig sein. Die endgültigen Bilanzen bzw. Inventare müssen ebenfalls von einem unabhängigen Wirtschaftsprüfer attestiert und beim Registergericht eingereicht werden.

§ 45 Bulgarien

Übersicht

	Rn
A. Einleitung	1
I. Statistische Informationen	2
II. Rechtsgrundlagen	5
B. Wirtschaftliche Betätigung von Ausländern	6
I. Allgemeines	6
II. Aufenthalts- und Betätigungsbedingungen für Ausländer	9
III. Wirtschaftliche Betätigungsformen bei Gründung durch Ausländer	13
1. Tochtergesellschaft einer ausländischen Person	13
2. Zweigniederlassung einer ausländischen Person	14
3. Repräsentanz einer ausländischen Person	15
4. Betriebsstätte einer ausländischen Person	16
5. Effektive Verwaltung ausländischer Handelsgesellschaften in Bulgarien	17
C. Gesellschaftsformen	18
I. Allgemeines	18
II. Rechtsformen	24
1. Personenhandelsgesellschaften und Einzelkaufmann	24
2. Gesellschaft mit beschränkter Haftung	26
3. Aktiengesellschaft	29
4. Publikumsaktiengesellschaft	32
5. Kommanditgesellschaft auf Aktien	35
6. Konsortium und Holding	36
7. Stille Gesellschaft	38
8. Staatsunternehmen und Gemeindeunternehmen	39
D. Rechtliche Wege zu Unternehmensübernahmen	40
I. Bedeutung der Unternehmensübernahmen	40
II. Form des Vertrags	42
1. Übernahme durch Erwerb der Unternehmenssubstanz (Asset Deal)	42
2. Übernahme durch Erwerb der Unternehmensanteile (Share Deal)	49
a) Erwerb von Geschäftsanteilen einer GmbH	49
b) Erwerb von Aktien	50
III. Unternehmensverschmelzungen	55
1. Verschmelzung von Nichtpublikumsgesellschaften	55
2. Verschmelzung von Publikumsaktiengesellschaften	59
3. Verschmelzung über die Grenze	61
E. Besonderheiten der Due Diligence	62

	Rn
F. Besonderheiten in den Begleitfeldern	67
I. Börsennotierte Gesellschaften	67
II. Arbeitsrecht	71
III. Altersversorgung	75
IV. Umweltrecht	77
V. Gewerbliche Schutzrechte	78
G. Übernahmerecht	79
I. Anwendungsbereich	79
1. Publikumsaktiengesellschaft und stimmberechtigte Aktien	80
2. Tatbestand	81
3. Verfahrensgrundsätze	84
II. Rechte und Pflichten der Bieter	85
III. Rechte und Pflichten der Zielgesellschaft	91
H. Finanzierung von Unternehmensübernahmen	94
I. Inländische Finanzierung	94
1. Finanzierungsmöglichkeiten einer AG	94
2. Finanzierungsmöglichkeiten einer GmbH	99
II. Ausländische Finanzierung	101
III. Kreditsicherung	102
1. Faustpfand	102
2. Hypothek	103
3. Besondere Pfänder	104
4. Bürgschaft	106
5. Bankgarantie	107

Schrifttum: Герджиков, Коментар на Търговския Закон, кн. I, II, III, София, 1991, 1994, 1998 (*Gerdzhikov*, Kommentar des Handelsgesetzes, Sofia); *Brunner/Schmid/Westen*, Wirtschaftsrecht in den osteuropäischen Staaten (WOS), Loseblattsammlung; *Gerdzikov/Marev*, Business Activity and Investments of Foreign Persons in Bulgaria, Sofia, 2000; *Schmitz* in Rehm (Hrsg.), Gesellschaftsrecht in Bulgarien, 1996.

A. Einleitung

1 Die politische Wende in Bulgarien hat im November 1989 begonnen. Im Juli 1991 wurde die derzeit geltende demokratische Verfassung der Republik Bulgarien[1] beschlossen. Erste marktwirtschaftliche Gesetze wurden verabschiedet. Im Juli 1997 wurde ein **Currency Board**[2] eingeführt und die bulgarische Währung in einem fixen Verhältnis an die Deutsche Mark bzw. an den Euro gebunden. Als

---

[1] StBl. 56/1991. Deutsche Übersetzung von *Jessel-Holst* in *Brunner/Schmid/Westen*, WOS-Wirtschaftsrecht der osteuropäischen Staaten, III 2, Bulgarien. Dort auch weitere deutsche Übersetzungen verschiedener bulgarischer Gesetze und Verordnungen.
[2] Gesetz über die Bulgarische Nationalbank (StBl. 46/1997 idF 54/1999). Deutsche Übersetzung in *Brunner/Schmid/Westen*.

Folge der Denominierung³ im Jahr 1999 ist das derzeitige Verhältnis BGL⁴ 1 = DM 1. Am 1. 2. 1995 trat das **Assoziationsabkommen**⁵ zwischen der Europäischen Union und Bulgarien in Kraft, das unter anderem eine Verpflichtung Bulgariens zur **EU-Rechtsanpassung** enthält. Im März 2000 wurden die **Beitrittsverhandlungen** mit der Europäischen Union aufgenommen.

I. Statistische Informationen

Zum 5. 7. 2000 gibt es in Bulgarien 111 407 nach dem bulgarischen Handelsgesetz (bHG)⁶ eingetragene **Handelsgesellschaften** und 502 045 **Einzelkaufleute**. Von den Handelsgesellschaften sind 54 623 GmbHs, 34 222 Einpersonen-GmbHs, 6934 AGs, 540 Einpersonen-AGs, 10 KGAs, 14 978 OHGs, 100 KGs. Weiter gibt es 1663 **Zivilgesellschaften**⁷ nach dem bulgarischen Gesetz über die Schuldverhältnisse und die Verträge (bSVG)⁸. Von den Handelsgesellschaften sind 22 224 solche mit **ausländischer Beteiligung**, davon 14 763 GmbHs, 6754 Einpersonen-GmbHs und 707 AGs⁹.

Im Register der Staatskommission für Wertpapiere gibt es zum 21. 8. 2000 insgesamt 693 **Publikumsaktiengesellschaften** nach dem Gesetz über das öffentliche Angebot von Wertpapieren (bÖAWG)¹⁰. Davon sind 27 zum amtlichen Handel und 604 zum geregelten Freiverkehr an der „Bulgarian Stock Exchange – Sofia AG" zugelassen. Bei 301 Publikumsaktiengesellschaften werden 50% bis 75% und bei 160 Publikumsaktiengesellschaften 75% bis 100% der stimmberechtigten Aktien von einer Person iSd. bÖAWG gehalten. Zu demselben Datum und in demselben Register gibt es fünf **Pflichtangebote**, die nach Art. 149 bÖAWG registriert sind¹¹.

Die direkten **ausländischen Investitionen** im Zeitraum 1992 bis incl. 1999 betragen 2778 Mio. US-$. Davon wurden 2006 Mio. US-$ im Zeitraum 1997 bis 1999 investiert. Prognostiziert für das Jahr 2000 sind 1000 Mio. US-$. Das größte Investitionsvolumen kommt von den folgenden zehn Ländern bzw. Institutionen (in Mio. US-$): Deutschland: 426, Belgien: 373, Zypern: 249, USA: 198, Nie-

---

³ Gesetz über die Denominierung der Lewa (StBl. 20/1999 idF 65/1999).
⁴ Bulgarische Lewa (Währung).
⁵ ABl.EG Nr. L 358 v. 31. 12. 1994.
⁶ StBl. 48/1991 idF 114/1999. Deutsche Übersetzung in *Brunner/Schmid/Westen*. Das Gesetz über Änderung und Ergänzung des Handelsgesetzes (StBl. 84/2000) konnte teilweise berücksichtigt werden. Die Änderungen betreffen nicht die Ausführungen über den Erwerb der Unternehmenssubstanz und der Unternehmensanteile.
⁷ Quelle: Webseite BULSTAD des bulgarischen Nationalen Statistikinstituts www.bulstat.nsi.bg/About.
⁸ StBl. 275/1950 idF 103/1999. Deutsche Übersetzung in *Brunner/Schmid/Westen*.
⁹ Quelle: Schriftliche Information vom 23. 8. 2000 des bulgarischen Nationalen Statistikinstituts auf Anfrage der Abteilung für Information und öffentliche Beziehungen des bulgarischen Ministerrats.
¹⁰ StBl. 114/1999. Englische Übersetzung in der Webseite der bulgarischen Staatskommission für Wertpapiere www.ssec.bg/law.
¹¹ Quelle: Schriftliche Information vom 24. 8. 2000 vom Vorsitzenden der bulgarischen Staatskommission für Wertpapiere auf Anfrage des Forschungsinstituts für mittel- und osteuropäisches Wirtschaftsrecht an der Wirtschaftsuniversität Wien.

derlande: 166, Großbritannien: 158, Rußland: 154, Österreich: 125, EBRD: 110, Spanien: 110[12].

II. Rechtsgrundlagen

5   Die wichtigsten die Unternehmensübernahmen betreffenden **Rechtsgrundlagen** sind außer den bereits erwähnten bHG, bSVG und bÖAWG nebst dazu ergangenen Verordnungen das Gesetz über die ausländischen Investitionen (bAInvG)[13], das Gesetz über die Ausländer (bAuslG)[14], die Ministerratsverordnung 267/1992 über die Arbeitsgenehmigungen für Ausländer[15], das Gesetz über die besonderen Pfänder (bBPG)[16], das Gesetz über den Schutz des Wettbewerbs (bWettbSG)[17], das Eigentumsgesetz (bEigentumsG)[18], das Gesetz über die Umgründung und Privatisierung der Staats- und Gemeindeunternehmen (bUPSGUG)[19] nebst dazu ergangenen Ministerratsverordnungen, das Gesetz über die Buchführung (bBuchführungsG)[20], das Devisengesetz (bDevisenG)[21], das Körperschaftsteuergesetz (bKöStG)[22], das Mehrwertsteuergesetz (bMwStG)[23] und der Steuerprozeßkodex (bStPK)[24].

B. Wirtschaftliche Betätigung von Ausländern

I. Allgemeines

6   Die Bedingungen für die Durchführung von ausländischen Investitionen in Bulgarien sind grundsätzlich im Gesetz über die ausländischen Investitionen geregelt[25]. Jede ausländische Person kann Investitionen in den für bulgarische Personen vorgesehenen Verfahren durchführen, soweit gesetzlich nicht Abweichen-

---

[12] Quelle: Webseite der bulgarischen Agentur für ausländische Investitionen www.bfia.org/Investment_Statistics.
[13] StBl. 97/1997 idF 110/1999. Deutsche Übersetzung in *Brunner/Schmid/Westen*.
[14] StBl. 153/1998 idF 70/1999. Deutsche Übersetzung in *Brunner/Schmid/Westen*.
[15] StBl. 4/1993 idF 64/1997. Deutsche Übersetzung in *Brunner/Schmid/Westen*.
[16] StBl. 100/1996 idF 42/1999. Deutsche Übersetzung in *Brunner/Schmid/Westen*.
[17] StBl. 52/1998 idF 81/1999. Deutsche Übersetzung in *Brunner/Schmid/Westen*.
[18] StBl. 92/1951 idF 90/1999. Deutsche Übersetzung in *Brunner/Schmid/Westen*.
[19] StBl. 38/1992 idF 96/1999. Deutsche Übersetzung in *Brunner/Schmid/Westen*.
[20] StBl. 4/1991 idF 57/1999. Deutsche Übersetzung in *Brunner/Schmid/Westen*.
[21] StBl. 83/1999.
[22] StBl. 115/1997 idF 111/1999. Deutsche Übersetzung in *Brunner/Schmid/Westen*.
[23] StBl. 153/1998 idF 102/2000.
[24] StBl. 103/1999.
[25] Vgl. *Gerdzikov/Marev*, Business Activity and Investments of Foreign Persons in Bulgaria, Sofia, 2000; *Daskalov*, Rechtliche Rahmenbedingungen für Auslandsinvestitionen in Bulgarien, Arbeitspapier Nr. 20 des Forschungsinstituts für mittel- und osteuropäisches Wirtschaftsrecht an der Wirtschaftsuniversität Wien, 1999; Найденов, Коментар на Закона за чуждестранните инвестиции, София, 1999 (*Najdenov*, Kommentar des Gesetzes über die ausländischen Investitionen, Sofia).

des vorgesehen ist (**Inländergleichbehandlung**). Internationale Verträge, die günstigere Bedingungen für die Ausübung einer Wirtschaftstätigkeit durch ausländische Personen vorsehen, haben vor innerstaatlichen Vorschriften Vorrang (**Vorrang der internationalen Verträge**).

Eine **ausländische Person** iSd. bAInvG ist: 7
- eine juristische Person, die in Bulgarien nicht registriert ist,
- eine Gesellschaft, die keine juristische Person ist und im Ausland registriert ist, und
- eine natürliche Person, die ausländischer Staatsbürger ist und ihren ständigen Aufenthalt im Ausland hat.

Die von ausländischen Personen in Bulgarien eingetragenen Handelsgesellschaften sind bulgarische Personen. Sie können zB uneingeschränkt **Bodeneigentum** erwerben. 8

II. Aufenthalts- und Betätigungsbedingungen für Ausländer

Der Aufenthalt der Ausländer in Bulgarien ist durch das Gesetz über die Ausländer (bAuslG)[26] geregelt. Ausländer iSd. bAuslG ist, wer nicht die bulgarische Staatsbürgerschaft hat. Die Einreise und der Aufenthalt sind grundsätzlich an die Erteilung einer **Aufenthaltserlaubnis** gebunden. Erteilungsgründe für die sog. langfristige Aufenthaltserlaubnis sind u. a. die Ausübung einer Handelstätigkeit oder die Ausübung einer Tätigkeit nach dem bAInvG. Die Staatsbürger bestimmter Staaten[27], darunter die Mitgliedsstaaten der Europäischen Union, dürfen **ohne Visum** nach Bulgarien einreisen und sich dort bis zu 30 Tagen aufhalten. 9

Die Aufenthaltserlaubnis ist grundsätzlich nicht Voraussetzung für die Eintragung eines **ausländischen Gesellschafters** in das Handelsregister. Ausgenommen davon sind die Komplementäre einer Personenhandelsgesellschaft und der Einzelkaufmann, die eine ständige Aufenthaltserlaubnis vorlegen müssen[28]. Die Eintragung eines **ausländischen Geschäftsführers** oder eines anderen Leitungsorgans in das Handelsregister ist weder an eine Aufenthaltserlaubnis noch an einen **Wohnsitz** in Bulgarien gebunden. Für den rechtmäßigen Aufenthalt in Verbindung mit der Ausübung der Tätigkeit eines Geschäftsführers ist aber nachträglich die Erteilung einer langfristigen Aufenthaltserlaubnis notwendig. Das ausländische Leitungsorgan einer bulgarischen Handelsgesellschaft oder der Leiter einer ausländischen Zweigniederlassung braucht keine **Arbeitsgenehmigung**[29]. 10

Ausländische Personen dürfen kein **Bodeneigentumsrecht** in Bulgarien erwerben, auch nicht über eine eingetragene Zweigniederlassung[30], wohl aber **Eigentumsrecht** an **Gebäuden** bzw. **Wohnungen** und beschränkte Sachen- 11

---

[26] StBl. 153/1998 idF 70/1999. Deutsche Übersetzung in *Brunner/Schmid/Westen*.
[27] Ministerratsverordnung Nr. 35/1999 über die Erteilung von Visa (StBl. 20/1999).
[28] Art. 9 bAInvG. Deutsche Übersetzung in *Brunner/Schmid/Westen*.
[29] Art. 4 Abs. 6 Z. 4 Ministerratsverordnung Nr. 267 über die Erteilung von Arbeitsgenehmigungen für Ausländer (StBl. 4/1999 idF 64/1997). Deutsche Übersetzung in *Brunner/Schmid/Westen*.
[30] Art. 22 Abs. 1 der bulgarischen Verfassung und Art. 23 Abs. 2 bAInvG. Deutsche Übersetzung in *Brunner/Schmid/Westen*.

rechte an Immobilien, nämlich **Baurecht** und **Nutzungsrecht**. Zusammen mit dem Gebäudeeigentum wird das entsprechende Baurecht am Boden übertragen. Alle Immobiliengeschäfte bedürfen der Form eines **Notariatsakts**[31] und müssen im **Immobilienregister**[32] des zuständigen Bezirksgerichts eingetragen werden. Ausländische Personen und Gesellschaften mit ausländischer Beteiligung benötigen eine **Genehmigung** des **Ministerrats** für den Erwerb des Eigentumsrechts an Gebäuden und von beschränkten Sachenrechten an Immobilien in Grenzgebieten und anderen Territorien, die in einer Ministerratsverordnung zu bestimmen sind[33]. Die in Bulgarien errichteten juristischen Personen einschließlich solcher mit 100%-iger ausländischer Beteiligung (zB **Einpersonen-GmbH**), sind nach der Definition des bAInvG keine ausländischen, sondern bulgarische Personen und können **Eigentumsrecht** an Gebäuden und an **Boden** erwerben.

12   Ausländischen und bulgarischen Personen können für bestimmte Tätigkeiten **Konzessionen**[34] für eine Dauer von bis zu 35 Jahren (verlängerbar bis zu insgesamt 50 Jahren ab Erteilung) erteilt werden. Eine Konzession ist
   – die Überlassung eines besonderen Nutzungsrechts an Objekten im öffentlichen Staatseigentum, inkl. im ausschließlichen Staatseigentum (zB Bodenschätze, Mineral- und Energieressourcen des Kontinentalschelfs etc.) oder
   – die Erteilung einer Genehmigung zur Ausübung von Tätigkeiten, die im Staatsmonopol stehen (Postdienstleistungen, Nutzung von Kernenergie etc.).

III. Wirtschaftliche Betätigungsformen bei Gründung durch Ausländer

1. Tochtergesellschaft einer ausländischen Person

13   Ausländischen Personen stehen die gleichen wirtschaftlichen Betätigungsformen frei wie bulgarischen Personen, nämlich Einzelkaufmann, OHG, KG, KGA, **GmbH** und **AG** sowie Konsortien und Holdings[35]. Staatliche **Genehmigungen** für die Gründung oder die Beteiligung an einer Handelsgesellschaft sind grundsätzlich nicht notwendig (Gewerbefreiheit). Nur für die Tätigkeit als Bank, Versicherung, Investmentmakler u. ä. sind Genehmigungen erforderlich[36]. Weiter gibt es besondere Vorschriften über das öffentliche Angebot von ausländischen Personen emittierter Wertpapiere und über Investmentgesellschaften[37]. Folgende

---

[31] Art. 18 bSchVVG. Deutsche Übersetzung in *Brunner/Schmid/Westen*.
[32] Ministerratsverordnung Nr. 1486/1951 über die Eintragungen (StBl. 101/1951 idF 86/1997).
[33] Art. 24 bAInvG. Deutsche Übersetzung in *Brunner/Schmid/Westen*; *Gerdzikov/Marev*, Business Activity and Investments of Foreign Persons in Bulgaria, Sofia, 2000, 91.
[34] Gesetz über die Konzessionen (StBl. 92/1995 idF 23/1999). Deutsche Übersetzung in *Brunner/Schmid/Westen*.
[35] Siehe Rn 18 ff.
[36] Bankengesetz (bBankG) (StBl. 52/1997 idF 54/1999), Versicherungsgesetz (bVersG) (StBl. 86/1996 idF 88/1999). Deutsche Übersetzung in *Brunner/Schmid/Westen*; bÖAWG (StBl. 114/1999). Englische Übersetzung in der Webseite der bulgarischen Staatskommission für Wertpapiere www.ssec.bg/law.
[37] Art. 141 bis 143 bÖAWG (StBl. 114/1999). Englische Übersetzung in der Webseite der bulgarischen Staatskommission für Wertpapiere www.ssec.bg/law.

Möglichkeiten der Betätigung ausländischer Personen kommen insbes. in Betracht:

2. Zweigniederlassung einer ausländischen Person

Die Bedingungen für die Eintragung einer **Zweigniederlassung** einer ausländischen Person in Bulgarien sind im bAInvG und im bHG geregelt[38]. Für Zweigniederlassungen von Banken und Versicherungsgesellschaften bestehen besondere Vorschriften[39]. Jede ausländische juristische Person darf in Bulgarien eine Zweigniederlassung eröffnen. Eine ausländische natürliche Person und eine eingetragene Gesellschaft, die keine juristische Person ist, können eine Zweigniederlassung eröffnen, sofern sie nach ihrem Heimatrecht mit der Befugnis zur Ausübung einer Handelstätigkeit registriert sind. Die Zweigniederlassung wird aufgrund eines **Antrags** in das Handelsregister bei dem Landesgericht eingetragen, in dessen Bezirk sich ihr Sitz befindet. Die Zweigniederlassung ist keine juristische Person. Sie führt Handelsbücher wie ein selbständiger Kaufmann und erstellt auch eine Bilanz.

3. Repräsentanz einer ausländischen Person

Ausländische Personen, die nach ihrem Heimatrecht das Recht zur Ausübung einer Handelstätigkeit haben, können in Bulgarien nach bAInvG eine Repräsentanz (vom Gesetz als **Handelsvertretung** bezeichnet) eröffnen, die bei der Bulgarischen Handels- und Industriekammer registriert werden muß. Die Repräsentanz ist keine juristische Person und darf keine selbständige Wirtschaftstätigkeit ausüben[40], mit Ausnahme von **Außenhandelsgeschäften**. Es handelt sich bei der Repräsentanz um einen Fall der abhängigen Handelsvertretung[41].

4. Betriebsstätte einer ausländischen Person

Die **Betriebsstätte** ist ein lediglich steuerlicher Begriff[42]. Er bedeutet eine feste Geschäftseinrichtung, durch welche die Tätigkeit eines Unternehmens ganz oder teilweise ausgeübt wird.

---

[38] Art. 7 bAInvG iVm. Art. 17 bis 20 bHG. Deutsche Übersetzung in *Brunner/Schmid/Westen*.

[39] Art. 1 Abs. 4 Z. 2 und Art. 12 bBankG (StBl. 52/1997 idF 54/1999) und Art. 4 Abs. 1 und Art. 36 bis 42 bVersG (StBl. 86/1996 idF 88/1999).

[40] Art. 6 bAInvG. Deutsche Übersetzung in *Brunner/Schmid/Westen*.

[41] Русков, Търговско представителство за външнотърговски сделки, сп. Данъчна практика, бр. 7 1998, с. 15 (*Ruskov*, Handelsvertretung für Außenhandelsgeschäfte, Danachna Praktika, Heft 7, 1998, 15).

[42] Doppelbesteuerungsabkommen (DBA) zwischen Deutschland und Bulgarien (BGBl. 1988 II S. 770); DBA zwischen Österreich und Bulgarien (öBGBl. 425/1984) und § 1 Z. 13 Ergänzende Bestimmungen bKöStG (StBl. 115/1997 idF 111/1999). Deutsche Übersetzung in *Brunner/Schmid/Westen*.

5. Effektive Verwaltung ausländischer Handelsgesellschaften in Bulgarien

17 Ausländische Handelsgesellschaften, deren **effektive Verwaltung** von Bulgarien aus ausgeübt wird, haben sich nach dem bulgarischen Steuerprozeßkodex[43] durch eine Erklärung in das Steuerregister einzutragen.

C. Gesellschaftsformen

I. Allgemeines

18 Das Recht der **Handelsgesellschaften** in Bulgarien ist überwiegend im bHG geregelt[44]. Es besteht ein numerus clausus der Gesellschaftsformen. Der Allgemeine Teil des bHG[45] gilt für alle Handelsgesellschaften, weil sie Formkaufleute sind. Das bHG hat sich das deutsche HGB zum Vorbild genommen[46]. Zum Teil beruht das Gesetz auf dem ersten bulgarischen Handelsgesetz von 1897, das damals unter dem Einfluß des deutschen ADHGB entstand.

19 Die wichtigsten **Besonderheiten** des bulgarischen Gesellschaftsrechts im Vergleich zum deutschen und österreichischen sind:
– Alle Handelsgesellschaften sind im bHG geregelt.
– Die Personengesellschaften sind juristische Personen.
– Der Gesellschaftsvertrag bzw. die Satzung der Kapitalgesellschaften bedürfen keiner notariellen Beglaubigung der Unterschriften und keiner notariellen Beurkundung.
– Die Anmeldung zur Eintragung in das Handelsregister bedarf keiner notariellen Beglaubigung der Unterschriften.
– Die **Sacheinlagen** bei allen Handelsgesellschaften müssen von drei gerichtlich bestellten Sachverständigen bewertet werden.
– Derzeit bestehen Nachgründungsvorschriften nur für die AG[47].
– Es gibt keine getrennten Handels- und Steuerbilanzen, obwohl für die Besteuerung die Vorschriften des Körperschaftsteuergesetzes zu beachten sind.
– Es gibt keine Mitbestimmung der Arbeitnehmer[48].
– Kommanditgesellschaft auf Aktien.

---

[43] Art. 28 Abs. 1 Z. 9 und Art. 29 Abs. 3 Z. 7 bStPK (StBl. 103/1999).
[44] Art. 63 bis 283 bHG.
[45] Art. 1 bis 55 bHG.
[46] *Schrameyer*, Handelsgesellschaften in Bulgarien, in Gralla/Sonnenberger, Handelsgesellschaften in Osteuropa, 1993, Rn 1. Daneben spielen u. a. noch das französische Handelsgesetz und das italienische Recht eine beispielgebende Rolle sowie Richtlinien der EG und der Entwurf der Satzung der „Europäischen Aktiengesellschaft".
[47] Art. 73b bHG.
[48] Nur bei einer GmbH, bei der mehr als 50 Personen beschäftigt werden, hat ein Belegschaftsvertreter, ein Teilnahme- und Anhörungsrecht in der Hauptversammlung (Art. 136 Abs. 3 und Art. 137 Abs. 5 bHG).

– Freie Wahl zwischen dem Einstufen- und dem Zweistufensystem bei der Verwaltung der AG.
– Einpersonengründung der AG.

Im übrigen ist die **Rechnungslegung** überwiegend im Gesetz über die Buchführung geregelt, die Firma kann frei gewählt werden, es gibt die juristische Person als Komplementär, und die GmbH kennt keinen zwingenden Aufsichtsrat.

Alle Handelsgesellschaften sind von dem jeweiligen Leitungsorgan in das **Handelsregister** des Landesgerichts[49] bzw. des Stadtgerichts Sofia zur Eintragung anzumelden. Die Zuständigkeit richtet sich nach dem in der Satzung bestimmten Sitz der Gesellschaft. Mit der Eintragung entsteht die Gesellschaft als juristische Person und erlangt die Kaufmannseigenschaft kraft Rechtsform. Die darauf folgende Veröffentlichung im Staatsblatt ist deklarativ.

Innerhalb von sieben Tagen nach der gerichtlichen Eintragung muß die Gesellschaft bei der **Steuerbehörde** eingetragen werden. Voraussetzung dafür ist die vorherige Registrierung beim Nationalen **Statistikinstitut** (BULSTAD-Register) und beim Nationalen **Versicherungsinstitut**[50].

Jahresabschluß. Bei Erreichen bestimmter im Gesetz über die Buchführung[51] festgelegten Kriterien muß der Jahresabschluß aller Unternehmen von einem **Wirtschaftsprüfer**, der von der Gesellschafterversammlung vor Ablauf des betreffenden Geschäftsjahrs zu bestellen ist, geprüft und bestätigt werden. Der geprüfte und bestätigte Jahresabschluß ist beim Handelsregister einzureichen. Eine Mitteilung dafür wird im Staatsblatt veröffentlicht. Alle Handelsgesellschaften müssen bis zum 31. März dem zuständigen **Steueramt** eine Steuererklärung nebst Jahresabschluß einreichen.

II. Rechtsformen

1. Personenhandelsgesellschaften und Einzelkaufmann

Die **Personenhandelsgesellschaften** in Bulgarien sind die OHG und die KG[52]. Der wesentliche Unterschied zur deutschen und österreichischen Regelung besteht darin, daß die Personenhandelsgesellschaften juristische Personen sind. Sie unterliegen der Körperschaftsteuer. Ausländische natürliche Personen, die sich als Komplementäre an diesen Gesellschaften beteiligen wollen, müssen dem Registergericht eine **ständige Aufenthaltserlaubnis**[53] vorlegen. Aus diesem Grund und wegen der unbeschränkten Haftung gibt es in bulgarischen Personenhandelsgesellschaften kaum ausländische Komplementäre.

---

[49] Wörtlich lautet die Übersetzung „Kreisgericht", das Gericht entspricht aber dem Landesgericht in Deutschland und Österreich.
[50] Art. 28 Abs. 1 Z. 3 bStPK (StBl. 103/1999).
[51] StBl. 4/1991 idF 57/1999. Deutsche Übersetzung in *Brunner/Schmid/Westen*.
[52] Art. 76 bis 98 bzw. Art. 99 bis 112 bHG.
[53] Art. 9 bAInvG. Deutsche Übersetzung in *Brunner/Schmid/Westen*.

25 **Einzelkaufmann**[54] kann jede natürliche geschäftsfähige Person mit Wohnsitz im Inland sein. Ausländische natürliche Personen bedürfen auch für die Eintragung als Einzelkaufmann einer **ständigen Aufenthaltserlaubnis**.

2. Gesellschaft mit beschränkter Haftung

26 Die **GmbH**[55] hat unter den ausländischen Investoren in Bulgarien eine große Verbreitung erfahren. Die **Firma** der Gesellschaft hat die Bezeichnung „GmbH" („ООД") zu enthalten. Das **Kapital** der GmbH muß mindestens **5 000 Lewa** (5 000 DM) betragen. Die **Stammeinlage** eines Gesellschafters muß mindestens 10 Lewa (10 DM) betragen. Die Geschäftsführer haben ein **Stammeinlagenbuch** zu führen, in dem auch die Leistungen auf die übernommene Stammeinlage eingetragen werden. Notwendige **Organe** der GmbH sind die Hauptversammlung und der/die Geschäftsführer[56]. Die Bestellung eines Aufsichtsrats ist nicht vorgeschrieben. Statt dessen kann der Gesellschaftsvertrag die Bestellung von sog. Kontrolleuren vorsehen, welche die Tätigkeit der Geschäftsführung überwachen.

27 **Einpersonen-GmbH**[57]. Eine GmbH kann auch von lediglich einer (natürlichen oder juristischen) Person gegründet werden. Die Firma der Einpersonen-GmbH muß die Bezeichnung **„Einpersonen-GmbH"** (= „Еднолично ООД" oder „ЕООД") enthalten. Es ist dem Handelsregister ein **Gründungsakt** vorzulegen, der den obligatorischen Inhalt des Gesellschaftsvertrags enthält.

28 Die Zulässigkeit der Gründung der im deutschsprachigen Raum verbreiteten **GmbH & Co. KG** wird in der Fachliteratur bejaht. Inzwischen sind einige GmbH & Co. KG im Zuständigkeitsbereich des Stadtgerichts Sofia eingetragen[58].

3. Aktiengesellschaft[59]

29 Die **Firma** der AG muß die Bezeichnung „Aktiengesellschaft" oder „AG" (= „Акционерно дружество" oder „АД") enthalten. Das **Kapital** der AG muß mindestens 50 000 Lewa (= 50 000 DM) betragen. Für Banken, Versicherungen, Investmentfonds und Investmentmakler gelten andere Anforderungen an das Mindestkapital. Die AG hat einen **Reservefonds** zu bilden, der mindestens 1/10 des Kapitals erreichen muß. Die Einpersonengründung der AG ist zulässig. Die Organe der AG sind:
– die Generalversammlung der Aktionäre und
– der Direktorenrat (**Einstufensystem**) bzw. der Verwaltungsrat und der Aufsichtsrat (**Zweistufensystem**). Welches der beiden Leitungssysteme gewählt wird, kann von den Gründern frei entschieden werden.

---

[54] Art. 56 bis 60 bHG.
[55] Art. 113 bis 157 bHG.
[56] Art. 135 bis 142 bHG.
[57] *Ivanov*, GmbH-Einpersonengründung in Bulgarien. Praktische Hinweise und Mustergründungsunterlagen, Arbeitspapier Nr. 72 des Forschungsinstituts für mittel- und osteuropäisches Wirtschaftsrecht, Wirtschaftsuniversität Wien, 2000.
[58] *Schmitz* in Rehm (Hrsg.), Gesellschaftsrecht in Bulgarien, 1996.
[59] Art. 158 bis 252 bHG.

Gesetzlich sind **Inhaberaktien** und **Namensaktien** vorgesehen. Die Namensaktien können verbrieft oder **unverbrieft, stimmrechtslose** oder stimmberechtigte **Vorzugsaktien** oder **vinkuliert** sein.

Für die auf die gezeichneten Aktien geleisteten Einlagen erhalten die Aktionäre einen **Zwischenschein**, der von den Gründern unterzeichnet ist[60].

4. Publikumsaktiengesellschaft

Die **Publikumsaktiengesellschaft**[61] ist eine Aktiengesellschaft, welche
— Aktien unter den Bedingungen des erstmaligen öffentlichen Angebots[62] (Veröffentlichung eines von der Staatskommission für Wertpapiere bestätigten Prospekts) oder
— eine im Register der Staatskommission für Wertpapiere eingetragene Aktienemission zum Zweck des Handels an den regulierten Märkten[63]
ausgegeben hat.

Die Aktien der Publikumsaktiengesellschaft sind **unverbriefte Aktien**. Das Stimmrecht in der Generalversammlung entsteht mit der Einzahlung des Ausgabebetrags der Aktie[64]. Die Gesellschaften mit Emissionen unverbriefter Wertpapiere sind verpflichtet, diese in das Register des **Zentraldepositars** einzutragen[65]. Die Ausgabe von und die Verfügung über unverbriefte Aktien werden mit der Eintragung wirksam[66].

Auf Antrag des Inhabers der unverbrieften Aktien stellt der Zentraldepositar eine **Bestätigung** über die unverbrieften Aktien aus, die ein Mitglied des Zentraldepositars für den Inhaber hält[67]. Der Handel mit unverbrieften Wertpapieren, auch Aktien, ist nur an den **regulierten Märkten** (amtlicher Handel an der Börse und geregelter Freiverkehr) zulässig[68]. Rechtsgeschäfte mit Wertpapieren für eigene oder fremde Rechnung können nur von **Investmentmaklern** gewerblich durchgeführt werden[69]. Die Publikumsaktiengesellschaft ist verpflichtet, der Staatskommission für Wertpapiere einen **Halbjahres-** und einen **Jahresbericht** vorzulegen[70]. Für nicht geregelte Fragen der Publikumsgesellschaft sind die Vorschriften des bHG anwendbar[71].

---

[60] Die Zwischenscheine werden wie die verbrieften Namensaktien mit Indossament übertragen. Art. 167 iVm. Art. 187 bHG. Deutsche Übersetzung in *Brunner/Schmid/Westen*.
[61] Art. 110 bis 126 bÖAWG. Vgl. *Kalaidzhiev*, Publikumsgesellschaft, Handelsrecht, Heft 1 und 2, 2000.
[62] Art. 78 bis 100 iVm. Art. 5 bÖAWG. Englische Übersetzung in: www.ssec.bg/law.
[63] Art. 20 bis 25 bÖAWG. Englische Übersetzung in: www.ssec.bg/law.
[64] Art. 111 Abs. 1 und 3 bÖAWG.
[65] Art. 135 Abs. 1 bÖAWG und Verordnung nach Art. 140. Englische Übersetzung in: www.ssec.bg/law.
[66] Art. 127 Abs. 1 iVm. Art. 111 Abs. 3 bÖAWG. Englische Übersetzung in: www.ssec.bg/law.
[67] Art. 137 Abs. 2 bÖAWG. Englische Übersetzung in: www.ssec.bg/law.
[68] Art. 101 Abs. 1 bÖAWG. Englische Übersetzung in: www.ssec.bg/law.
[69] Art. 54 Abs. 1 bÖAWG. Englische Übersetzung in: www.ssec.bg/law.
[70] Art. 94 bis 100 bÖAWG. Englische Übersetzung in: www.ssec.bg/law.
[71] Art. 121 bÖAWG; vor allem Art. 63 bis 75 und Art. 158 bis 260 bHG.

5. Kommanditgesellschaft auf Aktien

35 In der Kommanditgesellschaft auf Aktien (KGA)[72] werden für die geleisteten Einlagen der Kommanditisten Aktien ausgegeben. Die Firma muß die Bezeichnung „KGA" (= „КДА") enthalten. Auf die KGA finden die Bestimmungen für die AG sinngemäß Anwendung, soweit gesetzlich nicht Abweichendes geregelt ist.

6. Konsortium und Holding

36 Auf das **Konsortium**[73] finden die Vorschriften über die Gesellschaft des bürgerlichen Rechts[74] oder über die Handelsgesellschaft[75], in deren Form das Konsortium organisiert ist, Anwendung.

37 Die **Holding**[76] wird als eine AG, GmbH oder KGA gegründet. Eigene Produktions- oder Handelstätigkeit ist möglich. Mindestens 25% des Kapitals der Holdinggesellschaft müssen unmittelbar in Tochtergesellschaften eingebracht sein.

7. Stille Gesellschaft

38 Die **stille Gesellschaft** ist in Bulgarien nicht gesetzlich geregelt. In der Fachliteratur wird sie als zulässig angesehen[77].

8. Staatsunternehmen und Gemeindeunternehmen

39 **Staatsunternehmen** und Gemeindeunternehmen[78] gibt es als
- Einpersonen-Handelsgesellschaften (Einpersonen-GmbH und Einpersonen-AG), deren Einpersoneneigentümer der Staat oder eine Gemeinde ist, und
- Staats- oder Gemeindeunternehmen, die keine Handelsgesellschaften sind und durch Gesetz gegründet wurden.

D. Rechtliche Wege zu Unternehmensübernahmen

I. Bedeutung der Unternehmensübernahmen

40 Die Unternehmensübernahmen im Zuge der **Privatisierung**[79] der Staats- und Gemeindeunternehmen haben in den vergangenen zehn Jahren in Bulgarien eine

---

[72] Art. 253 bis 260 bHG.
[73] Art. 275 bis 276 bHG.
[74] Art. 357 bis 364 bSVG.
[75] Art. 63 bis 274 bHG.
[76] Art. 277 bis 280 bHG.
[77] *Schmitz* in Rehm (Hrsg.), Gesellschaftsrecht in Bulgarien, 1996, 7.
[78] Art. 61 bis 62 bHG. Weitere relevante Gesetze sind das Gesetz über die Umgründung und Privatisierung der Staats- und Gemeindeunternehmen (StBl. 38/1992) und das Gesetz über das Gemeindeeigentum (StBl. 44/1996 idF 96/1999). Deutsche Übersetzung in *Brunner/Schmid/Westen*.
[79] Gesetz über die Umgründung und Privatisierung der Staats- und Gemeindeunternehmen (StBl. 38/1992 idF 96/1999). Deutsche Übersetzung in *Brunner/Schmid/Westen*.

große Rolle gespielt. Derzeit sind mehr als 75% der geplanten Privatisierungen durchgeführt[80]. Mit Zunahme der privaten Wirtschaftssubjekte nimmt auch die Bedeutung des Unternehmenskaufs zu.

Die Unternehmen sind verpflichtet, ihr Zusammenschlußvorhaben im voraus bei der **Wettbewerbskommission** anzuzeigen, wenn der zusammengerechnete Umsatz der Beteiligten für das Vorjahr 15 Mio. Lewa (=15 Mio. DM) oder der zusammengerechnete Marktanteil der Waren oder Leistungen 20% übersteigt[81]. Das Handelsregistergericht trägt eine Verschmelzung in das Handelsregister nach der Vorlage der Genehmigung der Wettbewerbskommission ein[82]. 41

II. Form des Vertrags

1. Übernahme durch Erwerb der Unternehmenssubstanz (Asset Deal)

Das **Handelsunternehmen**[83] in Bulgarien wird gesetzlich als Gesamtheit von Rechten, Verbindlichkeiten und faktischen Beziehungen definiert. Das Unternehmen wird als Rechtsobjekt verstanden. 42

Das Handelsunternehmen kann durch Rechtsgeschäfte übertragen werden[84]. Das Handelsgesetz regelt diese Materie nur knapp[85]. Soweit das Gesetz keine speziellen Anordnungen trifft, finden die allgemeinen Regeln über den Kauf nach dem Gesetz über die Schuldverhältnisse und die Verträge[86] Anwendung, wenn das Rechtsgeschäft als Handelsgeschäft angesehen werden kann, die allgemeinen Regeln über die Handelsgeschäfte und den Handelskauf[87]. 43

In erster Linie kann das Handelsunternehmen durch **Kaufvertrag** übertragen werden. Es geht um den Kauf eines Sondervermögens als Gesamtheit von Rechten, Verbindlichkeiten und faktischen Beziehungen. Der Unternehmenskaufvertrag ist ein einheitlicher und komplexer Vertrag. Er besteht aus einer Reihe einzelner Rechtsgeschäfte, die als Einheit anzusehen sind, wie Kauf von Immobilien und Mobilien, Übertragung von Forderungen und anderen Rechten, Übernahme von Schulden etc. Wenn nichts anderes vereinbart ist, wird vermutet, daß Vertragsgegenstand der gesamte rechtliche und faktische Bestand am Tag des Vertragsabschlusses ist. Die Vertragsparteien können vereinbaren, welche Elemente des Unternehmens vom Vertragsgegenstand erfaßt sind und welche nicht[88]. 44

---

[80] Die Unternehmensübernahme im Zuge der Privatisierung wird hier nicht behandelt.
[81] Art. 24 Abs. 1 bWettbG. Deutsche Übersetzung in *Brunner/Schmid/Westen*.
[82] Art. 262a bHG. Deutsche Übersetzung in *Brunner/Schmid/Westen*.
[83] Art. 15 Abs. 1 Satz 1 bHG. Vgl. Герджиков, Коментар на Търговския Закон, кн. I, София, 1991, 84f. (*Gerdzhikov*, Kommentar des Handelsgesetzes, Sofia); Василев, Юридически изследвания върху търговското предприятие, 1937/1994 (*Vasilev*, Das Handelsunternehmen).
[84] Art. 15 Abs. 1 Satz 1 bHG. Deutsche Übersetzung in *Brunner/Schmid/Westen*.
[85] Art. 15 bis 16a bHG. Deutsche Übersetzung in *Brunner/Schmid/Westen*.
[86] Art. 183 bis 200 bSVG. Герджиков, Коментар на Търговския Закон, кн. I, София, 1991, 84 (*Gerdzhikov*, Kommentar des Handelsgesetzes, Sofia).
[87] Art. 286 bis 317 und 318 bis 328 bHG.
[88] Герджиков, Коментар на Търговския Закон, кн. I, София, 1991, 84f. (*Gerdzhikov*, Kommentar des Handelsgesetzes, Sofia).

45 Der Unternehmenskaufvertrag ist schriftlich abzufassen mit **notarieller Beglaubigung** der Unterschriften. Auch wenn **Immobilien** als Teil des Unternehmens verkauft werden, ist die für Übertragung von Immobilien grundsätzlich notwendige Form eines Notariatsakts nicht erforderlich.

46 Die Übertragung des Unternehmens muß bei dem Verkäufer und dem Käufer in das **Handelsregister** eingetragen werden, außerdem in das **Immobilienregister**, wenn mit ihm auch eine Immobilie oder beschränkte Sachenrechte an Immobilien übertragen werden.

47 Der Verkäufer ist verpflichtet, die Gläubiger und die Schuldner von der Unternehmensübertragung zu benachrichtigen[89]. Die **Benachrichtigung** ist in Bezug auf die Übertragung der Rechte wie auch der Schulden notwendig.

48 Für die übertragenen **Schulden** des Unternehmens haften der Verkäufer und der Käufer den Gläubigern gegenüber solidarisch (Schuldbeitritt). Mit Zustimmung der Gläubiger kann eine andere Vereinbarung getroffen werden (Schuldübernahme). Bezüglich der **solidarischen Haftung** enthält das Handelsgesetz eine besondere Regelung: Die Gläubiger von Holschulden (zB Geldschulden) sind verpflichtet, sich zuerst an den Verkäufer des Unternehmens zu halten. Die Verjährungsfrist beträgt fünf Jahre. Für den Verkäufer beginnt die Frist bei fälligen Schulden ab der Eintragung des Unternehmenskaufs in das Handelsregister zu laufen.

2. Übernahme durch Erwerb der Unternehmensanteile (Share Deal)

49 **a) Erwerb von Geschäftsanteilen einer GmbH**[90]. Der Hauptfall der Übertragung des Geschäftsanteils einer GmbH ist der **Kauf**. Die Übertragung erfordert den Abschluß eines schriftlichen Kaufvertrags und die notarielle Beglaubigung der Unterschriften. Bei Übertragung des Geschäftsanteils an einen neuen Gesellschafter, ist die Gültigkeit des Vertrags gesetzlich bedingt durch den Zustimmungsbeschuß der Hauptversammlung mit einer Dreiviertelmehrheit des Kapitals. Bei Übertragung an einen Mitgesellschafter besteht dieses Erfordernis nicht. Die Übertragung des Gesellschaftsanteils ist zur Eintragung in das Handelsregister anzumelden. Außerdem ist der neue Gesellschafter in das Anteilsbuch der GmbH einzutragen. Der Rechtsnachfolger haftet gesamtschuldnerisch mit seinem Rechtsvorgänger für die im Augenblick der Übertragung geschuldeten Einlagen auf die Stammeinlage[91].

50 **b) Erwerb von Aktien.** Aktien können grundsätzlich frei übertragen werden. Die Satzung kann aber die Übertragung von Namensaktien an die Zustimmung der Leitungsorgane binden (**vinkulierte Aktien**). Der Erwerb **eigener Aktien** ist beschränkt[92].

51 Die Aktien können durch **Kaufvertrag** (Rechtstitel) oder andere Veräußerungsgeschäfte erworben werden. Der Kaufvertrag ist an keine **Form** gebunden. Mit der Einigung der Vertragsparteien über Vertragsgegenstand und Preis ist der

---

[89] Art. 15 Abs. 1 Satz 2 bHG.
[90] Art. 127 iVm. 122 bHG.
[91] Art. 130 bHG. Deutsche Übersetzung in *Brunner/Schmid/Westen*.
[92] Art. 187a bHG.

Kaufvertrag wirksam. Die Art der **Übertragung** der Aktie hängt von der Art der Aktie ab.

Inhaberaktien werden durch **Übergabe** der Aktie (traditio) übertragen[93]. **52** Der gutgläubige Erwerb der Inhaberaktie von einem Nichteigentümer ist möglich[94]. Inhaberaktien dürfen dem Inhaber nur ausgegeben werden, wenn ihr Nenn- oder Ausgabewert bezahlt ist. Ist die Inhaberaktie noch nicht ausgegeben, erfolgt die Übertragung durch Indossament des Zwischenscheins.

Verbriefte Namensaktien werden durch **Indossament**, das idR auf der **53** Rückseite der Namensaktie geschrieben wird, übertragen[95]. Die Übertragung verbriefter Namensaktien muß in das **Aktionärsbuch** eingetragen werden, um gegenüber der Aktiengesellschaft wirksam zu werden. Das Eigentum an der Aktie ist mit dem Indossament auf den Käufer übergegangen und er kann sie wirksam weiter veräußern. Die Mitgliedschaftsrechte (Stimmrecht, Dividendenanspruch etc.) können aber von ihm bis zur Eintragung nicht ausgeübt werden. Wenn Namensaktien übertragen werden, die nicht voll bezahlt sind, haftet der Verkäufer mit dem Erwerber solidarisch gegenüber der AG für die Einzahlung. Die Haftung verjährt zwei Jahre nach der Eintragung der Übertragung der Aktie in das Aktionärsbuch.

Unverbriefte Aktien werden durch **Zession**, also Abtretung der Rechte, die **54** in der unverbrieften Aktie verkörpert sind[96], und Eintragung in das Register des **Zentraldepositars**[97], der das Aktionärsbuch der Gesellschaften mit unverbrieften Aktien führt und entsprechende Wertpapierkonten (Depot) eröffnet. Die Ausgabe von und die Verfügung über unverbriefte Wertpapiere ist ab der Eintragung in das Register des Zentraldepositars wirksam[98]. Im Register werden der Name des Aktieninhabers und weitere Daten eingetragen[99]. Der Aktieninhaber kann einen Antrag beim Zentraldepositar auf die Ausstellung einer **Bescheinigung** für die Aktien, die er durch ein Mitglied des Zentraldepositars innehat, stellen.

III. Unternehmensverschmelzungen

1. Verschmelzung von Nichtpublikumsgesellschaften

Die **Verschmelzung** aller Handelsgesellschaften (AG, GmbH, OHG, KG, **55** KGA) in Bulgarien ist zusammen mit der Spaltung und der formwechselnden Umwandlung unter dem Oberbegriff „**Umgründung**" im bHG geregelt[100].

Das bHG kennt drei **Formen** der Umgründung: Verschmelzung, Spaltung und **56** formwechselnde Umwandlung. Die **Verschmelzung** hat zwei Arten: **zur Auf-**

---

[93] Art. 185 Abs. 1 bHG.
[94] Art. 78 Abs. 1 des bEigentumsG, StBl. 92/1951 idF 100/1997. Deutsche Übersetzung in *Brunner/Schmid/Westen*.
[95] Art. 185 Abs. 2 bHG.
[96] Касабова, Акции и способи за прехвъляне, София, 1999, 51 (*Kasabova*, Aktien und Übertragungsarten, Sofia).
[97] Art. 127 bis 140 bÖAWG. Englische Übersetzung in: www.ssec.bg/law.
[98] Art. 127 Abs. 1 bÖAWG.
[99] Das Verfahren der Eintragung ist in der Verordnung Nr. 19/1996 geregelt.
[100] Art. 261 bis 265 bHG. Für die Publikumsaktiengesellschaften müssen die besonderen Umgründungsregeln des Art. 122 bis 126 bÖAWG beachtet werden.

nahme und **zur Neubildung**. Zur Genehmigung der Verschmelzung durch die Wettbewerbskommission siehe an anderer Stelle[101].

57 Das **Verfahren** der Verschmelzung läuft wie folgt ab:
— einstimmiger Beschluß der Gesellschafter aller beteiligten Handelsgesellschaften (Verschmelzungsbeschluß);
— Anmeldung zur Eintragung des Beschlusses innerhalb von zwei Monaten in das Handelsregister aller beteiligten Handelsgesellschaften. Die Eintragung in das Handelsregister hat konstitutive Wirkung;
— Veröffentlichung im Staatsblatt.

58 Innerhalb einer Frist von sechs Monaten nach der Veröffentlichung im Staatsblatt können die **Gläubiger** der beteiligten Gesellschaften Erfüllung oder Sicherstellung entsprechend ihren Rechten verlangen. Die Vermögen der beteiligten Gesellschaften müssen bis zum Ablauf der sechs Monate getrennt verwaltet werden. Die Gläubiger und alle dritten Personen können die Verschmelzung gerichtlich anfechten, wenn mit ihr die Schädigung Dritter bezweckt wird. Die ausgesprochene Nichtigkeit der Verschmelzung wirkt für die Zukunft (ex nunc).

2. Verschmelzung von Publikumsaktiengesellschaften

59 Seit 1.1.2000 gelten besondere Regeln für die Umgründung (einschließlich Verschmelzung) von **Publikumsaktiengesellschaften**[102]. Die Eintragung der Verschmelzung in das Handelsregister ist nur zulässig nach Vorlage folgender Unterlagen:
— Verschmelzungsplan,
— Verschmelzungsberichte der Verwaltungsorgane der beteiligten Gesellschaften,
— Bericht der gerichtlich bestellten Verschmelzungsprüfer sowie
— neue bzw. geänderte Satzung.

60 Bei Verschmelzungen, an denen mindestens eine Publikumsaktiengesellschaft beteiligt ist, wird die neugebildete bzw. aufnehmende Gesellschaft auch eine Publikumsaktiengesellschaft. Sie muß die Verschmelzung innerhalb von sieben Tagen nach deren Eintragung in das Handelsregister zur Eintragung und in das Register sowohl der **Staatskommission für Wertpapiere** als auch des **Zentraldepositars** anmelden.

3. Verschmelzung über die Grenze

61 Die Zulässigkeit und die Bedingungen der Umgründung (inkl. Verschmelzung) der Handelsgesellschaften bestimmen sich nach dem Recht des Staates, in dem die Gesellschaft registriert ist (**Gründungstheorie**)[103]. Das bHG trifft keine Aussage über die Zulässigkeit der **grenzüberschreitenden Verschmelzung.** In der Fachliteratur wird sie uU als zulässig betrachtet[104].

---

[101] Siehe Rn 41.
[102] Art. 110 ff. bÖAWG.
[103] Art. 282 Abs. 1 bHG.
[104] Тодоров, Международно частно право, София, 1993, 104 (*Todorov*, Internationales Privatrecht, Sofia).

E. Besonderheiten der Due Diligence

Zum Zweck der **Unternehmensbewertung** und zur Aufdeckung von Risiken wird eine **Unternehmensprüfung** durchgeführt. Das Verfahren und die Kriterien für die Bewertung von (staatlichen) Unternehmen sowie Aktien und Anteilen sind in der Ministerratsverordnung Nr. 105 über die Bewertung der zu privatisierenden Objekte geregelt[105]. Die Prüfung und die Bewertung **privater** Unternehmen und Unternehmensanteile orientiert sich grundsätzlich an den Vorschriften dieser nicht unmittelbar anwendbaren Verordnung.

Die Bewertung setzt die Durchführung einer Analyse der rechtlichen Lage des Unternehmens voraus. Die **Rechtsanalyse** muß von Volljuristen durchgeführt werden[106]. Die **Bewertung** der Unternehmen erfolgt nach mindestens zwei der folgenden **Methoden**:
- auf Grundlage des Nettowerts der Aktiva;
- nach dem Liquidationswert;
- nach der Methode der Kapitalisierung der Einkünfte durch Diskontierung der erwarteten Nettogeldeinnahmen;
- unter Nutzung von Marktmultiplikatoren oder durch analoge Bewertung;
- durch sonstige, in der Weltpraxis angewandte Methoden;
- durch Kombination der obigen Methoden.

Mindestens zwei der Methoden müssen bei der Bewertung angewendet werden. Bei der Bewertung sind die Einwirkungen der Produktion auf die **Umwelt** zwingend zu berücksichtigen[107].

Die Unternehmensbewertungen werden von bulgarischen oder ausländischen natürlichen oder juristischen Personen durchgeführt, die von der **Privatisierungsagentur** eine **Lizenz** erhalten haben[108]. Die Personen, die eine Lizenz für die Bewertung von ganzen Unternehmen haben, werden in der Praxis oft nicht nur für die Bewertung staatlicher Unternehmen für die Zwecke der Privatisierung, sondern auch für die Bewertung von privaten Unternehmen im Rahmen einer Unternehmensübernahme herangezogen.

Beratungen und Dienstleistungen bei der Übertragung von Unternehmen oder Umgründung von Handelsgesellschaften können auch von **Investmentmaklern** durchgeführt werden[109]. Wenn das Unternehmen als Sacheinlage eingebracht wird, sind drei gerichtliche **Sachverständige**, die das Unternehmen bewerten, zu bestellen[110]. Die Jahresabschlüsse in Bulgarien können nur von einem **Wirtschaftsprüfer** oder einer Wirtschaftsprüfungsgesellschaft geprüft und bestätigt werden[111].

---

[105] StBl. 50/1992 idF 39/1999. Im weiteren zitiert als Ministerratsverordnung Nr. 105/1992.
[106] Art. 4 und 11 der Ministerratsverordnung Nr. 105/1992.
[107] Art. 5 der Ministerratsverordnung Nr. 105/1992.
[108] Art. 7 der Ministerratsverordnung Nr. 105/1992.
[109] Art. 54 Abs. 5 Z. 2 bÖAWG. Englische Übersetzung in: www.ssec.bg/law.
[110] Art. 72 Abs. 2 bHG. Deutsche Übersetzung in *Brunner/Schmid/Westen*.
[111] Art. 51 Abs. 3 bBuchführungsG. Deutsche Übersetzung in *Brunner/Schmid/Westen*.

F. Besonderheiten in den Begleitfeldern

I. Börsennotierte Gesellschaften

67 Die allgemeinen Voraussetzungen für die Zulassung der Wertpapiere zum amtlichen Handel an der Börse werden durch Verordnung bestimmt. Wertpapiere, für die ein Prospekt zum erstmaligen öffentlichen Angebot veröffentlicht wurde, werden zum amtlichen Handel nach Vorlage eines gekürzten Prospekts zugelassen[112].

68 Die **Beteiligungspublizität**[113]: Die Mitteilungspflicht gegenüber der Publikumsgesellschaft, der Staatskommission und dem regulierten Markt entsteht, wenn das Stimmrecht einer Person folgende Prozentsätze erreicht, über- oder unterschreitet:

(1) 5% oder eine durch 5 teilbare Zahl der Stimmen in der Generalversammlung einer Publikumsgesellschaft, deren Aktien auf einem **offiziellen Markt einer Effektenbörse** zum Handel zugelassen sind;

(2) 10%, 1/3, 1/4, 1/2, 2/3, oder 3/4 der Stimmen in der Generalversammlung einer Publikumsgesellschaft, deren Aktien auf einem **geregelten inoffiziellen Markt** zum Handel zugelassen sind.

69 **Verpflichtete Personen** sind nach Pkt. (1) der Zentraldepositar und die Person, deren Stimmrechte eine Änderung durch direkten Erwerb oder direkte Übertragung der Aktien erfahren haben, und nach Pkt. (2) die Person, deren Stimmrechte durch Erwerb oder Übertragung[114] (Strohmänner, Gatte, Kinder etc.) einschließlich direkten Erwerb oder direkte Übertragung von Aktien geändert wurden. Die **Mitteilungsfrist** beträgt sieben Tage von der Eintragung der Gesellschaft in das Handelsregister oder von dem Erwerb oder der Übertragung der Aktien. Das Verfahren, der Inhalt und die Form der Mitteilung werden durch Ministerratsverordnung bestimmt.

70 Das **Insiderhandelsverbot**[115]. Insiderinformationen sind alle Daten über eine Publikumsgesellschaft oder über einen Emittenten von an regulierten Märkten gehandelten Wertpapieren sowie über die Wertpapiere selbst, für die keine Veröffentlichungspflicht besteht oder die noch nicht veröffentlicht sind oder andere ähnliche Daten, deren Veröffentlichung den Preis der Wertpapiere beeinflussen kann. Insider ist jedes Mitglied der Leitungsorgane einer Publikumsgesellschaft oder eines Emittenten sowie die Mitglieder von Leitungsorganen der mit diesen verbundenen Handelsgesellschaften. Insider ist auch jede Person, die mehr als 10% der Stimmen in der Generalversammlung einer Publikumsgesellschaft oder eines Emittenten innehat, wenn sie Insiderinformationen oder Zugang dazu hat, sowie jede andere Person, die wegen ihres Berufs oder der Verbundenheit mit den zuletzt erwähnten Personen oder Gesellschaften über Insiderinformationen verfügt oder Zugang dazu hat. Dem Insider und jeder anderen Person, die selbst

---

[112] Art. 102 bÖAWG. Englische Übersetzung in: www.ssec.bg/law.
[113] Art. 145 bis 148 bÖAWG.
[114] Gem. Art. 148 Abs. 1 bÖAWG.
[115] Art. 145 bis 148 bÖAWG.

nicht Insider ist, aber Informationen durch einen Insider erhalten hat, ist verboten:
– Wertpapiere zu erwerben oder zu übertragen, wenn er Insiderinformationen hat;
– die Insiderinformation ohne die Zustimmung der Generalversammlung an Nichtinsider weiterzugeben;
– einem Dritten aufgrund von Insiderinformation Erwerb oder Übertragung von Wertpapieren zu empfehlen.

II. Arbeitsrecht

Übergang der **Dienstverhältnissen**. Infolge der Unternehmensübertragung tritt der Erwerber in die Rechte und Pflichten aus den bestehenden Arbeitsverhältnissen ein[116]. **71**

Das bulgarische Arbeitsgesetzbuch kennt u. a. folgende **Kündigungsgründe**[117]: **72**
– Schließung des Unternehmens;
– Schließung eines Teils des Unternehmens oder Personalkürzung (Kürzung der Planstellen);
– Verminderung des Umfangs der Arbeit;
– Unterbrechung der Arbeit für mehr als 30 Tage;
– fehlende Eigenschaften des Dienstnehmers für eine effektive Verrichtung der Arbeit;
– Fehlen der notwendigen Ausbildung oder beruflichen Qualifikation für die zu verrichtende Arbeit;
– Weigerung des Dienstnehmers, dem Unternehmen oder der Abteilung, in der er arbeitet, bei Übersiedlung in eine andere Gegend zu folgen;
– Erwerb des Anspruchs auf volle Beitragszeit- und Altersrente;
– Änderung der Anforderungen für die Ausübung der Funktion, wenn der Dienstnehmer sie nicht erfüllt;
– objektive Unmöglichkeit der Erfüllung des Arbeitsvertrags.

Die gesetzlichen Kündigungsgründe sind abschließend. Der Dienstnehmer kann aus disziplinären und anderen gesetzlich aufgezählten Gründen **fristlos entlassen** werden. **73**

Die **Kündigungsfrist** bei unbefristeten Dienstverhältnissen beträgt 30 Tage, wenn nicht Abweichendes vereinbart ist, jedoch nicht länger als drei Monate. Bei befristeten Dienstverhältnissen beträgt die Kündigungsfrist drei Monate, jedoch nicht mehr als die restliche Dauer des Dienstvertrags[118]. **74**

---

[116] Art. 15 bHG.
[117] Art. 328 Arbeitsgesetzbuch (bAGB) (StBl. 26/1986 idF 67/1999). Deutsche Übersetzung in *Brunner/Schmid/Westen*.
[118] Art. 328 Abs. 1 iVm. Art. 326 Abs. 2 bAGB.

III. Altersversorgung

75 Die Altersversorgung ist im Kodex über die Pflichtsozialversicherung (bPSVK)[119] geregelt. **Pflichtsozialversicherte Personen** (unter anderem für das Versicherungsrisiko Alter) sind die Dienstnehmer, Geschäftsführer und Vorstandsmitglieder, Selbständige (incl. Werkvertrag) und Gesellschafter. Dienstnehmer, die **ausländische Staatsbürger** sind, werden ebenfalls nach bulgarischem Recht sozialversichert[120]. Die Höhe der **Sozialversicherungsbeiträge** für alle Versicherungsrisiken nach dem Kodex wird im Gesetz über das Budget der Staatssozialversicherung[121] bestimmt. Der Kodex über die Pflichtsozialversicherung regelt zwei Arten von Altersversicherung, die **Pflichtpensionsversicherung** und die zusätzliche Pflichtpensionsversicherung[122].

76 Eine freiwillige Pensionsversicherung ist nach dem Gesetz über die freiwillige Pensionsversicherung möglich[123].

IV. Umweltrecht

77 Die Bewertung der Einwirkungen auf die Umwelt, die als **Umweltverträglichkeitsprüfung** bezeichnet werden könnte, ist im Gesetz über den Schutz der Umwelt[124] und in der Verordnung über die Bewertung der Einwirkung auf die Umwelt[125] geregelt. Über die **Altlasten** im Zuge einer Unternehmensübernahme enthält das Gesetz keine Aussage. Nach der Verordnung über die Bewertung der zu privatisierenden Objekte muß in der Bewertung der Objekte die Einwirkung der Produktion auf die Umwelt berücksichtigt werden[126]. Weiter ist eine Reihe relevanter Umweltgesetze zu beachten[127].

V. Gewerbliche Schutzrechte

78 Mit der Unternehmensübertragung gehen die **gewerblichen Schutzrechte** als Element des Handelsunternehmens auf den Erwerber über[128]. Außer der vorgeschriebenen Schriftform mit notarieller Beglaubigung der Unterschriften des

---

[119] StBl. 110/1999.
[120] Art. 30 Abs. 1 bAInvG. Deutsche Übersetzung in *Brunner/Schmid/Westen*.
[121] StBl. 1/2000.
[122] Art. 68 bis 120 bzw. 121 bis 203 bPSVK.
[123] StBl. 60/1999.
[124] StBl. 86/1991 idF 12/1999.
[125] StBl. 84/1998.
[126] Art. 5 Abs. 3 leg. cit. (StBl. 50/1992 idF 39/1999).
[127] Gesetz über den Schutz der Gewässer und des Bodens (StBl. 84/1963 idF 11/1998). Verordnung über die Sanktionen bei Überschreitung der zulässigen Normen der Umweltverschmutzung (StBl. 15/1993). Gesetz über die Einschränkung der schädlichen Einwirkung der Abfälle auf die Umwelt (StBl. 86/1997 idF 56/1999). Gesetz über die Reinheit der atmosphärischen Luft (StBl. 45/1996).
[128] Art. 15 bHG. Герджиков, Коментар на Търговския Закон, кн. I, София, 1991, 84 (*Gerdzhikov*, Kommentar des Handelsgesetzes, Sofia).

Veräußerungsvertrags sind zur Übertragung der Immaterialgüterrechte aber noch die gesetzlich vorgeschriebenen Eintragungen erforderlich[129]. 1999 wurde eine Reihe von Gesetzen beschlossen, die das gewerbliche Eigentum neu regeln[130].

G. Übernahmerecht

I. Anwendungsbereich

Das **Pflichtangebot**[131] ist im Gesetz über das öffentliche Angebot von Wertpapieren[132] geregelt. Darin werden weiter das öffentliche Angebot und der Handel mit Wertpapieren, die regulierten Wertpapiermärkte, die Investmentmakler, die Investmentgesellschaften, die Verwaltungsgesellschaften sowie ihre Tätigkeit und staatliche Aufsicht geregelt.

1. Publikumsaktiengesellschaft und stimmberechtigte Aktien

Die Regelung des Pflichtangebots in Bulgarien findet Anwendung auf **Publikumsaktiengesellschaften**[133]. Das Übernahmeangebot muß auf den Erwerb durch Kauf aller **stimmberechtigten Aktien** der Zielgesellschaft und/oder auf den Erwerb der genannten Aktien durch Tausch mit vom Bieter ausgegebenen Aktien lauten.

2. Tatbestand

Wer direkt oder über verbundene Personen mehr als **50%** der Stimmen in der Generalversammlung einer Publikumsgesellschaft erwirbt, ausgenommen die Fälle des erstmaligen öffentlichen Angebots[134] (**Mehrheitsposition**), ist verpflichtet, innerhalb von 14 Tagen ab dem Erwerb oder der Kenntnis davon entweder
– bei der Wertpapierkommission ein Angebot (Pflichtangebot) den anderen stimmberechtigten Aktionären gegenüber auf Kauf ihrer Aktien und/oder Tausch mit von ihm (Bieter) zu diesem Zweck ausgegebenen Aktien zu registrieren oder
– die notwendige Anzahl von Aktien zu übertragen, so daß er weniger als 50% der Stimmen in der Generalversammlung hält.

---

[129] Vgl. Герджиков, Коментар на Търговския Закон, кн. I, София, 1991, Fn 145 (*Gerdzhikov*, Kommentar des Handelsgesetzes, Sofia).
[130] Gesetz über das industrielle Design (StBl. 81/1999); Gesetz über die Marken und geographischen Angaben (StBl. 81/1999); Gesetz über die Topographien integrierter Schaltungen (StBl. 81/1999); Gesetz über die Züchtung, den Schutz und die Nutzung neuer Pflanzensorten und Rassen (StBl. 81/1999); Patentgesetz (StBl. 27/1993 idF 11/1998).
[131] Das Gesetz spricht vom Übernahmeanbieten als Tatbestand, welcher vereinfacht ausgedrückt das Übernahmeangebot und dessen Annahme erfaßt.
[132] Art. 149 bis 157 bÖAWG.
[133] Art 110 bis 126 bÖAWG. Englische Übersetzung in: www.ssec.bg/law.
[134] Art. 5 iVm. 78 ff. bÖAWG. Englische Übersetzung in: www.ssec.bg/law.

82   Die Pflicht zur Stellung eines Angebots bzw. zur Übertragung der Aktien gilt ferner
   – für alle Personen, die zusammen mehr als 50% der stimmberechtigten Aktien halten und einen **Stimmbindungsvertrag** geschlossen haben und
   – wenn andere Personen auf Rechnung des Bieters (**Strohmänner**) stimmberechtigte Aktien halten und die zusammengerechneten Stimmen mehr als 50% ausmachen.

83   Durch Ministerratsverordnung können **Ausnahmen** von der Pflicht zur Registrierung bzw. Veröffentlichung des Angebots, sowie andere Fristen festgelegt werden.

3. Verfahrensgrundsätze

84   Das Übernahmeverfahren muß nach den folgenden **Grundsätzen** durchgeführt werden: Alle Aktionäre der Zielgesellschaft, die sich in gleichen Verhältnissen befinden, müssen gleich behandelt werden (**Gleichbehandlungsgrundsatz**) sowie über genügend Zeit und hinreichende Information verfügen, um das Angebot zu prüfen und eine begründete Entscheidung über dessen Annahme zu treffen (**Transparenzgebot**). Die Leitungsorgane der Zielgesellschaft müssen im Interesse der Gesellschaft, der Aktionäre und der Arbeitnehmer handeln (**Neutralitätsgebot**). Marktmanipulationen mit den Wertpapieren der Zielgesellschaft sowie der anderen betroffenen Gesellschaften müssen vermieden werden (**Verbot der Marktmanipulation**).

II. Rechte und Pflichten der Bieter

85   Der Bieter ist verpflichtet, innerhalb von 14 Tagen ab dem Erlangen von mehr als 50% der Stimmen in der Generalversammlung ein Angebot auf Kauf und/oder Tausch von Aktien bei der Wertpapierkommission zu registrieren. Am Tag der Registrierung ist der Bieter verpflichtet, das Angebot dem Leitungsorgan der Zielgesellschaft und dem regulierten Markt, auf dem die Aktien gehandelt werden, **bekanntzugeben**.

86   Das Angebot kann 14 Arbeitstage nach dessen Registrierung bei der Staatskommission für Wertpapiere in zwei zentralen **Tageszeitungen** veröffentlicht werden, wenn die Kommission kein (vorläufiges oder endgültiges) Verbot erläßt.

87   Das Übernahmeangebot muß durch einen vom Bieter bevollmächtigten **Investmentmakler** durchgeführt werden. Das Angebot wird vom Bieter und dem Investmentmakler unterschrieben. Beide haften solidarisch für unwahre Angaben.

88   Der angebotene **Preis** darf nicht niedriger als der Durchschnittspreis der Aktien der Zielgesellschaft auf dem Markt mit dem höchsten Umfang des Handels für die letzten drei Monate sein. Für Aktiengattungen, die keinen Marktpreis haben, darf der angebotene Preis nicht niedriger sein als der höchste Preis, den der Bieter in den letzten sechs Monaten vor der Registrierung des Angebots bezahlt hat.

89   Dem Angebot wird eine **Begründung** des angebotenen Preises mit Beschreibung der Kriterien und Methoden der Bewertung der Zielgesellschaft und der

Preisgestaltung sowie andere durch Verordnung bestimmte Angaben angeschlossen[135].

Das Angebot auf Erwerb durch **Tausch** von Aktien muß alternativ auch den Erwerb durch Kauf anbieten. Bis zur Veröffentlichung des Angebots bzw. zur Übertragung der Aktien kann der Bieter sein Stimmrecht in der Generalversammlung nicht ausüben (**Verbot** der **Stimmrechtsausübung**).

III. Rechte und Pflichten der Zielgesellschaft

Das Leitungsorgan der Zielgesellschaft hat die Möglichkeit, innerhalb einer Frist von drei Tagen ab der Bekanntgabe des Angebots bei der Wertpapierkommission und beim Bieter eine **Stellungnahme** dazu abgeben.

Nach der Bekanntgabe des Angebots bis zur Veröffentlichung der Ergebnisse des Übernahmeverfahrens bzw. zu seiner Einstellung durch die Wertpapierkommission sind der Zielgesellschaft **Maßnahmen** verboten, deren Ziel die **Vereitelung** der Annahme des Angebots oder das Schaffen von erheblichen Schwierigkeiten oder Kosten für den Bieter ist.

Das Angebot wird durch schriftliche Erklärung und durch das Deponieren der Bestätigungsscheine über die Aktien in einer Bank oder bei dem Zentraldepositar sowie Durchführung allenfalls notwendiger weiterer Handlungen für die Übertragung von den Aktionären der Zielgesellschaft angenommen. Die **Annahme** kann innerhalb der Frist zur Annahme des Angebots zurückgezogen werden.

H. Finanzierung von Unternehmensübernahmen

I. Inländische Finanzierung

1. Finanzierungsmöglichkeiten einer AG

Die AG hat die Möglichkeit, ihre liquiden Mittel dadurch zu erhöhen, daß sie ihr Kapital durch die Ausgabe neuer Aktien aufstockt oder Wandelschuldverschreibungen oder Schuldverschreibungen ausgibt.

Ordentliche Kapitalerhöhung bzw. **genehmigtes Kapital**[136]. Es gibt zwei Formen der Kapitalerhöhung durch Ausgabe **neuer Aktien**, die ordentliche Kapitalerhöhung und das genehmigte Kapital.

Der Beschluß der Hauptversammlung für die ordentliche Kapitalerhöhung wird mit einer Mehrheit von zwei Dritteln der Stimmen der vertretenen Aktien gefaßt, sofern die Satzung keine höhere Mehrheit und zusätzliche Voraussetzungen vorsieht. Die Satzung kann den Aufsichtsrat bzw. beim einstufigen System[137] den Direktorenrat ermächtigen, innerhalb von fünf Jahren ab dem Entstehen der

---

[135] Der zwingende Inhalt des Angebots ist in Art. 150 Abs. 2 bÖAWG geregelt.
[136] Art. 192 bzw. 196 bHG.
[137] Siehe Rn 29.

Gesellschaft bzw. der Satzungsänderung das Kapital bis zu einem bestimmten Nennbetrag durch Ausgabe neuer Aktien zu erhöhen.

97 **Schuldverschreibungen**[138]. Mehr als zwei Jahre nach ihrer Gründung kann die AG Schuldverschreibungen ausgeben, sofern vom bestellten Wirtschaftsprüfer geprüfte und bestätigte Jahresabschüsse für zwei Jahre vorliegen. Der Beschuß wird von der Hauptversammlung gefaßt. Die Schuldverschreibungen können verbrieft oder unverbrieft sein. Die Einlagen gegen die Schuldverschreibungen sind kein Teil des Kapitals der AG.

98 **Wandelschuldverschreibungen**[139]. Die Hauptversammlung kann die Ausgabe von Schuldverschreibungen beschließen, die in Aktien umgewandelt werden können[140]. Die Aktionäre haben ein Bezugsrecht auf die Wandelschuldverschreibungen. Das Bezugsrecht kann mit Beschuß der Hauptversammlung, der mit einer Mehrheit von 2/3 der Stimmen der vertretenen Aktien gefaßt wurde, ausgeschlossen werden. Das Verfahren für die Umwandlung der Schuldverschreibungen in Aktien wird durch den Beschluß der Hauptversammlung auf Ausgabe der Schuldverschreibungen bestimmt.

2. Finanzierungsmöglichkeiten einer GmbH

99 **Nachschüsse**[141]. Die Hauptversammlung kann im Falle zeitweilig erforderlicher Mittel die Gesellschafter durch Beschuß verpflichten, für eine bestimmte Zeitdauer zusätzliche Geldeinlagen zu leisten. Die Nachschüsse entsprechen den Stammeinlagen am Kapital, sofern nichts Abweichendes vorgesehen ist. Für die Einzahlung der Nachschüsse haften die Gesellschafter wie bei Nichterbringung der Stammeinlagen. Die Nachschüsse wirken sich nicht auf das Kapital der Gesellschaft aus. Es kann vereinbart werden, daß die Gesellschaft Zinsen auf sie bezahlt.

100 **Aufnahme neuer Gesellschafter**[142]. Ein neuer Gesellschafter wird von der Hauptversammlung auf seinen schriftlichen Antrag hin, in dem er erklärt, die Bedingungen des Gesellschaftsvertrags annehmen zu wollen, durch einstimmigen Aufnahmebeschluß aufgenommen. Der Beschluß, der auch die notwendige Kapitalerhöhung enthält, ist in das Handelsregister einzutragen. Das Kapital der GmbH kann selbstverständlich auch ohne Aufnahme neuer Gesellschafter erhöht werden (**Kapitalerhöhung**)[143].

II. Ausländische Finanzierung

101 Folgende Geschäfte bedürfen nach dem Devisengesetz einer **Genehmigung** der Bulgarischen **Nationalbank**:

---

[138] Art. 204 bis 214 bHG.
[139] Art. 215 bis 217 bHG.
[140] Wandelschuldverschreibungen können von Aktiengesellschaften mit mehr als 50 % staatlicher Beteiligung nicht ausgegeben werden.
[141] Art. 134 bHG.
[142] Art. 127 bHG.
[143] Art. 148 bHG.

- Finanzkredite zwischen inländischen und ausländischen Personen;
- Eröffnung von Konten inländischer Personen bei ausländischen Banken;
- Besicherungen einer inländischen Person zugunsten eines ausländischen Gläubigers.

III. Kreditsicherung

1. Faustpfand[144]

Der Pfandrechtsvertrag bedarf der **Schriftform**. Bei Geldforderungen oder wenn eine Konventionalstrafe in Geld vereinbart ist, muß zum Erlangen eines Exekutionstitels kein streitiges Zivilverfahren angestrengt werden[145]. Die **Übergabe** der Pfandsache ist Voraussetzung für die Gültigkeit des Pfandrechtsvertrags. Besondere Regelungen bestehen über das kaufmännische Faustpfand[146].

2. Hypothek[147]

Der Hypothekenvertrag muß in der Form eines **Notariatsakts** abgeschlossen werden und in das zuständige **Immobilienregister** eingetragen werden. Die Eintragung der Hypothek gilt zehn Jahre lang und kann verlängert werden. Für die Reihenfolge der Befriedigung aus einer mit mehreren Hypotheken belasteten Liegenschaft ist der Zeitpunkt der Eintragung der Hypothek maßgeblich (**Rang**). Wenn der Notariatsakt die wichtigsten Merkmale des Kreditvertrags enthält, kann ein Exekutionstitel ohne die Anstrengung eines Zivilverfahrens erteilt werden.

3. Besondere Pfänder

Das Gesetz über die **besonderen Pfandrechte**[148] regelt das Pfandrecht, das ohne die Übergabe des Pfandguts begründet wird. Der Pfandrechtsvertrag wird grundsätzlich in Schriftform geschlossen. Folgende Gegenstände können verpfändet werden:
- Forderungen, unverbriefte Wertpapiere und bewegliche Sachen mit Ausnahme von Schiffen und Luftfahrzeugen,
- Geschäftsanteile an Handelsgesellschaften,
- Gesamtheiten von Forderungen, Maschinen und Anlagen, Waren oder Material sowie von unverbrieften Wertpapieren,
- Handelsunternehmen.

Das Pfandrecht an einer Forderung, der **Eigentumsvorbehalt** aus einem Kaufvertrag, der **Leasingvertrag** sowie das Pfandrecht können dem Gläubiger nicht entgegengehalten werden, wenn sie nicht im Zentralregister über die besonderen Pfandrechten eingetragen sind. Dem Antrag auf Eintragung muß die

---

[144] Art. 149 bis 155 und 156 bis 165 bSVG.
[145] Art. 160 bSVG. Deutsche Übersetzung in *Brunner/Schmid/Westen*.
[146] Art. 310 bis 314 bHG. Deutsche Übersetzung in *Brunner/Schmid/Westen*.
[147] Art. 149 bis 155 und 166 bis 179 bSVG.
[148] StBl. 100/1996 idF 86/1997. Deutsche Übersetzung in *Brunner/Schmid/Westen*.

schriftliche Zustimmung zur Eintragung mit notariell beglaubigter Unterschrift des Verpfänders, des Käufers auf Teilzahlung bzw. des Nutzers aufgrund des Leasingvertrags beigefügt werden. Die Eintragung wirkt fünf Jahre und kann verlängert werden. Die Reihenfolge der besonderen Pfandrechte an ein und demselben Vermögensgegenstand bestimmt sich nach der Reihenfolge ihrer Eintragung. Weiter enthält das Gesetz besondere Regelungen über die verschiedenen Pfandsachen.

4. Bürgschaft[149]

106   Der Bürgschaftsvertrag muß in **Schriftform** geschlossen werden. Der Bürge haftet mit dem Hauptschuldner als Gesamtschuldner. Es kann vereinbart werden, daß der Bürge nur für den Ausfall haftet. Der Bürge bleibt nach Fälligkeit der Hauptschuld verpflichtet, wenn der Gläubiger innerhalb von sechs Monaten gegen den Schuldner Klage erhoben hat.

5. Bankgarantie[150]

107   Für **Bankgarantien**, die in Bulgarien ausgestellt werden, gelten automatisch die „**Einheitlichen Richtlinien**"[151] der Internationalen Handelskammer in Paris. Die Anwendung dieser Richtlinien kann ausdrücklich außer Kraft gesetzt werden. Wird die Bankgarantie von einer ausländischen Bank ausgestellt, muß auf die Anwendung der Einheitlichen Richtlinien ausdrücklich verwiesen werden[152].

---

[149] Art. 138 bis 148 bSVG.
[150] Art. 138 bis 148 bSVG.
[151] Es geht um die „ICC Einheitlichen Richtlinien für auf Aufforderung zahlbare Garantien", ICC-Publication Nr. 458 sowie „ICC Einheitlichen Richtlinien für Vertragsgarantien", ICC-Publikation Nr. 325.
[152] Кристиан Таков, Банковата гаранциа, София, 1998, Fn 217 (*Takov*, Die Bankgarantie, Sofia).

§ 46 Kroatien

Übersicht

	Rn
A. Einleitung	1
B. Wirtschaftliche Betätigung von Ausländern	7
C. Gesellschaftsformen	14
I. Allgemeines (Häufigkeit, Handhabbarkeit)	14
II. Rechtsformen	16
1. Einzelkaufmännische Unternehmen	17
2. Personenhandelsgesellschaften	19
a) Offene Handelsgesellschaft (OHG)	20
b) Kommanditgesellschaft (KG)	23
c) Stille Gesellschaft	24
3. Kapitalgesellschaften	25
a) Aktiengesellschaft (AG)	25
b) Gesellschaft mit beschränkter Haftung (GmbH)	30
D. Rechtliche Wege zu Unternehmensübernahmen	33
I. Bedeutung von Unternehmensübernahmen (Häufigkeit)	33
II. Form des Vertrags	34
III. Unternehmensverschmelzungen	37
E. Besonderheiten der Due Diligence	38
F. Besonderheiten in den Begleitfeldern	39
I. Börsennotierte Gesellschaften	39
II. Arbeitsrecht	40
III. Altersversorgung	41
IV. Umweltrecht	42
V. Gewerbliche Schutzrechte	43
G. Übernahmerecht	44
I. Anwendungsbereich	44
II. Pflichten und Rechte des Bieters	45
III. Pflichten und Rechte der Zielgesellschaft	52
H. Finanzierung von Unternehmensübernahmen	54
I. Inländische Finanzierung	54
II. Ausländische Finanzierung (devisenrechtliche Vorschriften)	55
III. Kreditsicherung	58

Schrifttum: *Boric/Petrovic*, Gesellschaftsrecht und Wirtschaftsprivatrecht in Kroatien, Wien, 2000; *Petrovic*, Preuzimanje dionickih drustava, Zbornik Pravnog fakulteta Zagreb 1/1999; *Vanovac*, Die Übertragung von GmbH-Anteilen nach kroatischem Recht, WIRO 5/1999.

A. Einleitung

1 1992 wurde Kroatien ein selbständiger, souveräner und international anerkannter Staat. Durch seine geographische Lage ist Kroatien ein wichtiger Knotenpunkt von Fremdenverkehrs-, Transit- und anderen Verkehrswegen in Richtung Ost-West bzw. Nord-Süd. Die von der Nordgrenze bis zur Adria verlaufenden Bahn- und Straßenwege sind die kürzesten Verbindungen der Donauländer mit der Adria.

2 Die kroatische Industrie wird von der metallverarbeitenden, der petrochemischen, der chemischen sowie der Textilindustrie und der Holzverarbeitung dominiert. Die wirtschaftliche Gesamtleistung beruht vor allem auf dem Schiffbau und dem Fremdenverkehr. Alle Wirtschaftsbereiche erfahren zur Zeit eine strukturelle Transformation – sie werden den veränderten wirtschaftlichen Bedingungen und dem internationalen Wirtschaftsrahmen angepaßt. Darin spiegelt sich das Ziel der **strategischen Orientierung** Kroatiens: die Integration in die Wirtschaft Europas und der Welt. Dieser Prozeß ist schon relativ weit fortgeschritten: So entfielen bereits 1997 57% des kroatischen Exports auf die EU[1].

3 Seit dem Regierungswechsel zu Beginn des Jahres 2000 kam es zu einer raschen politischen **Annäherung an die internationale (Wirtschafts-) Gemeinschaft** (Aufnahme in die WTO, Beitritt zur NATO-Partnerschaft für den Frieden) und an die EU: Auf Basis einer Machbarkeitsstudie hat die Europäische Kommission den Abschluß eines „Stabilisierungs- und Assoziierungsabkommens" mit Kroatien vorgeschlagen. Mit der Aufnahme der konkreten Verhandlungen ist im Herbst 2000 zu rechnen. Im Einklang mit diesem Prozeß soll die Hilfe für Kroatien spürbar erhöht werden. Sie wird sich in Zukunft vorrangig auf die Hilfe bei der Umstrukturierung der Wirtschaft, der vollständigen Herstellung der Rechtsstaatlichkeit, der Verwaltungsreform und der Annäherung an die EU-Standards beziehen und im Rahmen des EU-Finanzierungsinstruments CARDS (Community Assistance for Reconstruction, Development and Stabilisation) abgewickelt.

4 Für **ausländische Anlagevermögen** (Direktinvestitionen) wurde mit Inkrafttreten des Gesetzes über die Handelsgesellschaften (kroHGG)[2], am 1.1.1995, eine völlig neue und verbesserte **Rechtsgrundlage** in Kroatien geschaffen. Gleichzeitig wurde das „Gesetz über Auslandsinvestitionen" außer Kraft gesetzt. Für ausländische Investitionen gibt es nur wenige spezielle Vorschriften, die gänzlich unkompliziert sind. Das kroHGG geht vom Grundsatz der Inländergleichbehandlung aus. Zum Erwerb von Anteilen an Kapitalgesellschaften bedarf es keinerlei besonderer Vorkehrungen. Zur Aufnahme eines operativen Geschäfts müssen ausländische Gesellschaften lediglich eine Zweigniederlassung in Kroatien gründen, andernfalls dürfen sie keine gewerbliche Tätigkeit im Inland ausüben. Unter dem Erfordernis der Gegenseitigkeit kann eine ausländische Person[3] wie ein Inländer in Kroatien Handelsgesellschaften gründen. Sie hat im übrigen die

---

[1] *Gligorov*, Delying Integration, Wiener Institut für Internationale Wirtschaftsvergleiche (WIIW), Forschungsberichte Nr. 267, 2000, S. 29.
[2] Gesetz über die Handelsgesellschaften (kroHGG) [Zakon o trgovackim drustvima, NN 111/1993, idF 34/1999].
[3] Gemäß Art. 620 Abs. 1 kroHGG.

gleichen Rechte und Pflichten wie eine inländische (juristische) Person. Eine ausländische Kapitalgesellschaft kann persönlich haftendes Mitglied in einer Personengesellschaft sein, aber nur insoweit, als daneben zumindest noch eine inländische Kapitalgesellschaft oder inländische natürliche Person als persönlich haftendes Mitglied zur Verfügung steht. Eine besondere öffentlich-rechtliche Erlaubnis ist für alle diese Unternehmungen heute nicht mehr erforderlich.

Geltende kroatische **internationale Vereinbarungen**, die in Einklang mit der Verfassung (kroVerf) abgeschlossen und ratifiziert werden, bilden einen Bestandteil der kroatischen Rechtsordnung[4]. Sie sind im Hinblick auf ihre Rechtswirkung einfachen Gesetzen übergeordnet. Gemäß Art. III des vom Parlament erlassenen Verfassungsbeschlusses „über die Souveränität und Selbständigkeit" vom 25. 6. 1991 betrachtet sich Kroatien als Vertragspartei der von der Sozialistischen Föderativen Republik Jugoslavien (SFR-Jugoslawien) abgeschlossenen Verträge, sofern diese nicht im Widerspruch zur Verfassung bzw. zur Rechtsordnung stehen. All dies zeigt deutlich, daß es in Kroatien eine Entscheidung zugunsten einer marktorientierten Wirtschaftsordnung gibt.

Im internationalen Vergleich verfügt Kroatien sowohl über ein konkurrenzfähiges Ausbildungssystem als auch über ein großes Reservoire an gut ausgebildeten **Arbeitskräften**. 1999 gab es 1 338 000 unselbständig Beschäftigte, die Arbeitslosigkeit betrug 21 %.

B. Wirtschaftliche Betätigung von Ausländern

Neben den allgemeinen Freiheits- und Gleichheitsprinzipien sind die grundlegenden Prinzipien der Wirtschaftsverfassung im allgemeinen und der Wirtschaftstätigkeit von ausländischen Personen im besonderen schon in Art. 3 KroVerf enthalten. Ausländer (ausländische Staatsangehörige und Personen ohne Staatsangehörigkeit) können mit einer **Arbeitserlaubnis** in der Republik Kroatien ein Arbeitsverhältnis eingehen, wobei sie allgemeine und besondere im Gesetz vorgeschriebene Bedingungen für die Gründung eines Arbeitsverhältnisses erfüllen müssen. Die Arbeitserlaubnis für Ausländer wird von der Zentrale des kroatischen Arbeitsamts in Zagreb auf die Dauer des Arbeitsvertrags ausgestellt, wobei die längstmögliche Frist ein Jahr beträgt. Wenn einem Ausländer ein Daueraufenthalt in Kroatien genehmigt wurde, kann auch eine unbefristete Arbeitserlaubnis ausgestellt werden.

Die kroatische Verfassung legt die Unternehmens- und Marktfreiheit als Grundlage der kroatischen Wirtschaftsstruktur[5] sowie ein Verbot von Monopolen[6] fest und garantiert allen Unternehmern die gleiche rechtliche Stellung am Markt. Die durch eine Kapitaleinlage erworbenen Rechte können durch Gesetz oder andere Rechtsvorschriften nicht eingeschränkt werden[7]. Ausländischen In-

---

[4] Art. 34 kroVerf.
[5] Art. 49 Abs. 1 kroVerf.
[6] Art. 49 Abs. 2 kroVerf.
[7] Art. 49 Abs. 4 kroVerf.

vestoren wird die freie Ausfuhr des angelegten Kapitals gewährleistet[8]. Die Verfassung gewährleistet das „Eigentumsrecht" und führt einen einheitlichen Eigentumsbegriff ein[9]. Gerade diese Bestimmung verdient besondere Aufmerksamkeit, da mit ihr das „gesellschaftliche Eigentum", das die vorangegangenen Jahrzehnte der kroatischen Wirtschafts- und Gesellschaftsordnung nachhaltig geprägt hat, zunächst einmal „formal" beseitigt worden ist. Ausländern (natürlichen und juristischen Personen) wird das **Recht auf Erwerb von Eigentum** – insbes. an unbeweglichen Sachen – unter den gesetzlich festgelegten Bedingungen zugestanden[10].

9   Das Gesetz über das Eigentum und andere dingliche Rechte (kroEDRG)[11] enthält in Teil 8 Bestimmungen zum **Eigentumserwerb von Ausländern**. Die Bestimmungen des kroEDRG sind auf ausländische natürliche und juristische Personen anzuwenden, „soweit durch ein anderes Gesetz oder durch internationale Vereinbarung nicht etwas anderes festgelegt ist"[12]. Das kroEDRG unterscheidet im Rahmen des Eigentumserwerbs an unbeweglichen Sachen durch Ausländer, ob der Erwerb im Erbweg oder auf der Grundlage eines sonstigen Rechtsgeschäfts erfolgt.

– Der Eigentumserwerb von Liegenschaften durch ausländische natürliche oder juristische Personen im Erbweg setzt lediglich das Vorliegen der Gegenseitigkeit voraus, also das Erfordernis der grundsätzlichen Möglichkeit des Liegenschaftserwerbs von kroatischen natürlichen bzw. juristischen Personen im durch Staatsangehörigkeit bzw. Sitz indizierten Staat des Eigentumserwerbers. Die Erfüllung des Gegenseitigkeitserfordernisses wird nach kroatischem internationalen Privatrecht vermutet, so daß eine Überprüfung nur im Zweifelsfall erfolgt[13].

– Für den auf einem Rechtsgeschäft unter Lebenden beruhenden Erwerb von Eigentum an unbeweglichen Sachen durch ausländische natürliche oder juristische Personen legt Art. 356 Abs. 2 kroEDRG das Erfordernis der Zustimmung des Außenministers fest, welche der vorherigen Einholung der Stellungnahme des Justizministers bedarf[14]. Als weitere Voraussetzung für den Erwerb von Eigentum an unbeweglichen Sachen durch Ausländer nennt Art. 356 kroEDRG das Vorliegen der **Gegenseitigkeit**. Es besteht die Möglichkeit einer Beschränkung der unternehmerischen Freiheit und des Eigentumsrechts, allerdings nur in Ausnahmefällen und ausschließlich zum Schutz der Interessen und der Sicherheit Kroatiens, der Natur sowie der menschlichen Gesundheit und Umwelt[15].

---

[8] Art. 49 Abs. 5 kroVerf.
[9] Art. 48 Abs. 1 kroVerf.
[10] Art. 48 Abs. 3 kroVerf.
[11] Art. 354 bis 358 Gesetz über Eigentum und andere dingliche Rechte (kroEDRG) [Zakon o vlasnistvu i drugim stvarnim pravima, NN 91/1996].
[12] Gem. Art. 354 kroEDRG.
[13] Siehe *Tomljenovic*, Stranci kao stjecatelji prava vlasnistva nekretnina prema Zakonu o vlasnistvu i drugim stvarnim pravima, Zbornik Pravnog fakulteta Sveucilista u Rijeci 1998, S. 529.
[14] Gem. Art. 115 Abs. 3 kroEDRG bedarf die Gültigkeit des rechtsgeschäftlichen Erwerbs von unbeweglichen Sachen ausdrücklich der Schriftform.
[15] Gem. Art. 50 kroVerf.

Die Tendenz zur Angleichung des kroatischen Wirtschaftsrechts an die Standards mitteleuropäischer Länder wird auch an den Regelungen für ausländische Investitionen und für Zweigniederlassungen ausländischer Gesellschaften deutlich. Diese Regelungen ersetzen das bisherige „Gesetz über die ausländischen Investitionen" und garantieren ausländischen Investoren unter der Voraussetzung der Gegenseitigkeit dieselbe Position wie kroatischen Personen. Dabei wird das Bestehen der Gegenseitigkeit bis zum Beweis des Gegenteils vermutet[16]. Diese vollständige **Gleichstellung ausländischer Gesellschafter und Gesellschaftsgründer** mit Einheimischen hat gleichzeitig zur Folge, daß ausländischen Investoren – anders als bisher – keine Sondergarantien für den Fall einer Verschlechterung der Rechtslage mehr gewährt werden.

Was die Geschäftstätigkeit ausländischer Personen in Kroatien anbelangt, legt Art. 612 kroHGG fest, daß ausländische Handelsgesellschaften und Einzelkaufleute unter den gesetzlich vorgeschriebenen Bedingungen inländischen Personen im Rahmen ihrer Geschäftstätigkeit in Kroatien gleichgestellt sind. Zur Ausübung einer Geschäftstätigkeit in Kroatien bedarf es aber zuvor der Gründung einer **Zweigniederlassung**. Diese wird nach denselben Bestimmungen errichtet und in das Gerichtsregister eingetragen wie die Zweigniederlassung einer kroatischen Handelsgesellschaft bzw. eines kroatischen Einzelkaufmanns[17]. Weiter ist ein Nachweis darüber zu erbringen, daß die vom Gründer zur Ausübung der Geschäfte in Kroatien bestimmten, zur Vertretung befugten Personen ihren Wohnsitz in Kroatien haben. Falls das nicht der Fall ist, lehnt das Gericht die Eintragung ab. Die Eintragung wird auch bei fehlendem Nachweis des Vorliegens der Gegenseitigkeit im Staat des Gründers abgelehnt[18]. Der Nachweis der Gegenseitigkeit gilt nicht für Mitgliedsländer der WTO; diese sind ausdrücklich ausgenommen[19]. Im Hinblick auf die Zweigniederlassung einer ausländischen Bank sind die Sonderbestimmungen des Bankengesetzes (kroBankenG)[20] zu beachten.

Das kroHGG ermöglicht es ausländischen Investoren, für ihre Tätigkeit in Kroatien und ihr Wirken am Markt jene **Rechtsformen** zu wählen, die auch in anderen marktwirtschaftlichen Staaten zur Verfügung stehen. Zur Ausübung einer Geschäftstätigkeit kann eine ausländische Person in Kroatien
– eine Repräsentanz[21] eröffnen,
– eine Zweigniederlassung eröffnen oder
– alleine oder mit anderen ausländischen oder inländischen Personen eine Handelsgesellschaft gründen.

Da eine **Repräsentanz** selbst keine Rechtspersönlichkeit hat[22], dient ihre Errichtung nur der Erforschung des Markts und der Durchführung von Vorarbeiten

---

[16] Art. 620 Abs. 1 kroHGG.
[17] Art. 613 Abs. 1 kroHGG.
[18] Art. 613, Abs. 4, Zi. 3 kroHGG.
[19] KroHGG-Novelle 1999; Art. 613 Abs. 6 kroHGG.
[20] Art. 17ff. kroBankenG [Zakon o bankama, NN 161/1998].
[21] Art. 53 Handelsgesetzbuch (kroHGB) [Zakon o trgovini, NN 11/1996, 101/1998, 30/1999, 75/1999].
[22] Es handelt sich nur um einen organisatorischen Teil einer ausländischen Person (Handelsgesellschaft oder Einzelkaufmann); vgl. *Boric/Petrovic* S. 328f.

zur Aufnahme einer Geschäftstätigkeit. Mit der Gründung einer Zweigniederlassung werden alle Rechte und Pflichten von deren Gründer, somit vom ausländischen Einzelkaufmann oder von einer ausländischen Handelsgesellschaft, erworben bzw übernommen. Aus diesem Grund ist davon auszugehen, daß eine „wirtschaftliche Tätigkeit" im Sinne einer Auslandsinvestition seitens eines ausländischen Interessenten erst dann vorliegt, wenn dieser im Wege einer Handelsgesellschaft fremdes Kapital in eine bestehende Gesellschaft einbringt oder selbst eine Handelsgesellschaft – nach den durch das kroHGG festgelegten Bestimmungen – errichtet.

C. Gesellschaftsformen

I. Allgemeines (Häufigkeit, Handhabbarkeit)

14 Das **kroHGG** wurde nach dem Vorbild der entsprechenden Gesetze Deutschlands und Österreichs unter Berücksichtigung der Richtlinien der Europäischen Union ausgearbeitet. Das kroHGG faßt alle zur Ausübung einer wirtschaftlichen Tätigkeit zur Verfügung stehenden Handelsgesellschaften zusammen. Es ist somit die zentrale gesetzliche Grundlage, auf der die kroatische Wirtschaft basiert. Dennoch ist bei der Anwendung des kroHGG die Bezugnahme auf andere Rechtsvorschriften unentbehrlich[23].

15 Das kroHGG regelt die Handelsgesellschaften relativ detailliert. Zur privatautonomen Gestaltung des Innenverhältnisses der Handelsgesellschaft wird den Gesellschaftern dennoch ausreichend **Gestaltungsfreiraum** gewährt. In einigen Fällen des Schutzes der Rechte bestimmter Personen (zB in Haftungsfragen) ist ein Abweichen von den Normen des kroHGG nicht möglich. Mit der damit erzielten Rechtssicherheit wird den Interessenten ausreichend **Entscheidungsfreiraum** dabei gelassen, ob sie spezifische Satzungen bzw. Gesellschaftsverträge ausarbeiten wollen, oder in diese Regelungen nur jenes Minimum an Inhalt übernehmen, das zur Individualisierung der zu gründenden Gesellschaft notwendig ist.

---

[23] *Boric/Petrovic*, Gesellschaftsrecht und Wirtschaftsprivatrecht in Kroatien, Wien, 2000. In diesem Zusammenhang weisen die Autoren dieses Standardwerks auf S. 219 auf folgende Gesetze hin:
– das Gesetz über die Rechnungslegung [Zakon o racunovodstvu, NN 90/1992];
– das Gesetz über das Notariatswesen (kroNotG) [Zakon o javnom bilježnistvu, NN 78/1993 idF 29/1994];
– das kroRevisionsG [Zakon o reviziji, NN 90/1992];
– das kroGerichtsregisterG [Zakon o sudskom registru, NN 1/1995, 57/1996, 1/1998, 30/1999, 45/1999].
In enger inhaltlicher Beziehung zum kroHGG stehen ebenso
– das kroBankenG [Zakon o bankama, NN 161/1998] sowie
– das kroVersicherungsG [Zakon o osiguranju, NN 9/1994, 20/1997, 46/1997, 50/1999, 116/1999].

II. Rechtsformen

Als **Rechtsformen** stehen laut kroHGG – neben dem einzelkaufmännischen 16
Unternehmen – die OHG und die KG bei den Personengesellschaften, sowie die
AG und die GmbH bei den Kapitalgesellschaften zur Verfügung. Daneben beinhaltet das kroHGG die Möglichkeit zur Gründung der auf EU-Recht beruhenden wirtschaftlichen Interessensvereinigung (WIV). Anders als im deutschen
Recht können sämtliche oben genannten Arten von Handelsgesellschaften zur
Ausübung einer wirtschaftlichen oder jeder anderen Tätigkeit gegründet werden[24]. Die **Freiheit bei der Wahl der Gesellschaftsform** wird nur in einigen
Bereichen aufgrund ausdrücklicher gesetzlicher Bestimmungen eingeschränkt[25].

1. Einzelkaufmännische Unternehmen

Der erste Teil des kroHGG regelt neben allgemeinen Bestimmungen auch die 17
Rechtsform des **einzelkaufmännischen Unternehmens**[26]. Neben juristischen
Personen (Handelsgesellschaften) kann auch einer natürlichen Person die Eigenschaft eines Kaufmanns zukommen, wenn sie eine wirtschaftliche Tätigkeit selbständig und dauerhaft in Einklang mit den gewerberechtlichen Vorschriften ausübt, und der Umfang ihrer Tätigkeit dabei ein bestimmtes Ausmaß erreicht (ihre
jährlichen Einnahmen sollten den in kroatischen Kuna ausgewiesenen Gegenwert
von DM 500 000 überschreiten). Mit der Anerkennung als Kaufmann kann das
einzelkaufmännische Unternehmen eine Firma verwenden, Prokura bzw. eine
Handlungsvollmacht erteilen, Filialen gründen etc. Die Eigenschaft als Einzelkaufmann wird mit der Eintragung in das Handelsregister erworben und erlischt
mit der Streichung. Dies kann auf Antrag des Einzelkaufmanns und von Amts wegen geschehen[27].

Wie die Handelsgesellschaften haftet auch der Einzelkaufmann mit seinem ge- 18
samten Vermögen für die entstandenen Verpflichtungen[28]. Ein **ausländischer
Einzelkaufmann** ist eine natürliche Person, der diese Eigenschaft außerhalb der
Republik Kroatien zuerkannt wurde, die im jeweiligen Land einen Sitz hat und
ein Unternehmen führt, das in der Republik Kroatien geschäftlich tätig ist (eine
Zweigniederlassung ist erforderlich)[29].

2. Personenhandelsgesellschaften

Der zweite Teil des kroHGG[30] regelt die einzelnen **Gesellschaftsformen**. 19
Neben der Regelung der Personengesellschaften[31] und der Kapitalgesellschaften[32]

---

[24] Art. 2 Abs. 4 kroHGG.
[25] Art. 32 Abs. 4 kroHGG.
[26] Art. 3 kroHGG.
[27] Art. 3 Abs. 8 kroHGG.
[28] Art. 9, Abs. 2 kroHGG.
[29] Art. 611 Abs. 2 kroHGG.
[30] Art. 68 bis 582 kroHGG.
[31] OHG (Art. 68 bis 130 kroHGG), KG (Art. 131 bis 147 kroHGG) sowie der stillen Gesellschaft (Art. 148 bis 158 kroHGG), die keine eigentliche Handelsgesellschaft im engeren Sinne ist.
[32] AG (Art. 159 bis 164 kroHGG), GmbH (Art. 385 bis 472 kroHGG).

finden sich weiter Bestimmungen über verbundene Gesellschaften[33], die Verschmelzung von Gesellschaften durch Aufnahme und durch Neubildung[34], die Vermögensübertragung[35] sowie die Umwandlung von Gesellschaften[36]. Mischformen (Kapital & Co Gesellschaften) sind gesetzlich nicht geregelt, jedoch zulässig.

20 **a) Offene Handelsgesellschaft (OHG).** Nach den Bestimmungen des kroHGG ist die **OHG**[37] immer als Kaufmann anzusehen. Sie wird durch einen Vertrag (Gesellschaftsvertrag) zwischen zwei oder mehreren Personen, die eine Tätigkeit unter gemeinschaftlicher Firma betreiben und bei der jeder Gesellschafter gegenüber den Gesellschaftsgläubigern unbeschränkt mit seinem ganzen Vermögen haftet, gegründet.

21 Sie ist eine juristische Person, die durch die Eintragung in das Handelsregister entsteht. Die Anmeldung zur **Eintragung der OHG** hat zu enthalten:
– die Firma;
– den Sitz und den Geschäftsgegenstand der Gesellschaft;
– die Gesellschafter;
– die Namen der zur Vertretung berechtigten Personen sowie den Umfang ihrer Vertretungsmacht.[38]

22 Als Personengesellschaft steht bei der OHG der einzelne Gesellschafter und nicht primär das Gesellschaftskapital im Vordergrund. Auf Grund der Tatsache, daß die OHG über **kein** vorgeschriebenes **Mindestgrundkapital** verfügt, werden Gläubiger dadurch geschützt, daß neben der Gesellschaft auch die Gesellschafter unbegrenzt und solidarisch mit ihrem gesamten Vermögen haften[39]. Ohne Zustimmung der übrigen Gesellschaftsmitglieder kann ein Gesellschafter nicht über seinen Anteil an der Gesellschaft verfügen[40].

23 **b) Kommanditgesellschaft (KG).** Auf die **Kommanditgesellschaft**[41] finden, soweit nichts anderes bestimmt ist, die für die OHG geltenden Vorschriften Anwendung[42]. Sie ist eine Handelsgesellschaft, in der sich zwei oder mehrere Personen zum Zweck der dauernden Ausübung wirtschaftlicher Tätigkeiten unter einer gemeinsamen Firma zusammenschließen, von denen für die Verbindlichkeiten der Gesellschaft wenigstens eine Person unbeschränkt und gesamtschuldnerisch mit ihrem gesamten Vermögen (Komplementär) und wenigstens eine Person für die Verpflichtungen der Gesellschaft bis zum Betrag ihrer Vermögenseinlage haftet (Kommanditist)[43]. Die KG ist eine juristische Person, die ihre Rechtspersönlichkeit mit der Eintragung in das Handelsregister erwirbt und mit der Löschung aus dem

---

[33] Art. 473 bis 511 kroHGG.
[34] Art. 512 bis 550 kroHGG.
[35] Art. 551 bis 552 kroHGG.
[36] Art. 553 bis 582 kroHGG.
[37] Art. 68 bis 130 kroHGG.
[38] Art. 70 Abs. 1 kroHGG.
[39] Art. 94 Abs. 1 kroHGG.
[40] Art. 90 kroHGG.
[41] Art. 131 bis 147 kroHGG.
[42] Art. 132 kroHGG.
[43] Art. 131 kroHGG.

Register verliert. Neben den üblichen für die Anmeldung einer Handelsgesellschaft erforderlichen Angaben, hat die Anmeldung der KG in das Gerichtsregister auch Angaben über die Kommanditisten und die Höhe der jeweiligen Einlage zu enthalten[44]. Die Gesellschaft wird ausschließlich von den Komplementären vertreten[45]. Kommanditisten sind von der Vertretung ausgeschlossen[46]. Durch einstimmigen Beschluß aller Komplementäre kann einem Kommanditisten die Prokura oder eine Handelsvollmacht erteilt werden.[47]

c) **Stille Gesellschaft**[48]. Eine **stille Gesellschaft**[49] ist, obwohl keine Handelsgesellschaft, mit Handelsgesellschaften eng verbunden. Sie entsteht durch einen Vertrag, durch den eine Person (der stille Gesellschafter) in ein Unternehmen einer anderen Person (des Inhabers der Handelsgesellschaft bzw. des tätigen Teilhabers) einen Vermögenswert einlegt. Aufgrund dieser Einlage ist er am Gewinn und am Verlust des Inhabers beteiligt. Die Einlage geht in das Vermögen des Unternehmers über. Die stille Gesellschaft besitzt keine Firma und wird nicht in das Handelsregister eingetragen. Sie ist eine streng nach innen organisierte Gesellschaft, die als solche nicht nach außen auftritt. Die Auflösung der Gesellschaft und der Schutz des stillen Gesellschafters, wenn der Inhaber Konkurs anmeldet, werden gesetzlich geregelt[50]. Der Tod des stillen Gesellschafters ist kein Auflösungsgrund.

3. Kapitalgesellschaften

a) **Aktiengesellschaft (AG).** Das kroHGG definiert die **AG (dionicko drustvo – d. d.)** als eine Handelsgesellschaft, in der die Mitglieder (Aktionäre) mit Einlagen, die auf Aktien aufgeteilt sind, am Grundkapital beteiligt sind[51]. Die Aktionäre haften nicht für die Verbindlichkeiten der AG. Der **Mindestnennbetrag des Grundkapitals** der Gesellschaft beträgt den in der Währung der Republik Kroatien ausgedrückten Gegenwert von 30 000 DM[52]. Dieser Kurs wird nach dem mittleren Währungskurs berechnet, der auf der Devisenbörse bzw. von der Nationalbank Kroatiens bestimmt und kundgemacht ist, und zwar am Tag der Einreichung des Antrags zur Eintragung der Gründung der Gesellschaft, bzw. am Tag der Einreichung der Anmeldung zur Eintragung von Veränderungen am Grundkapital in das Handelsregister. Der **Mindestnennbetrag einer Aktie** kann nicht geringer als der nach dem geltenden Währungskurs bestimmte Gegenwert von 10 DM sein. Die Aktien können auf Inhaber oder auf den Namen lauten. Sie

---

[44] Art. 134, Abs. 1 kroHGG.
[45] Entsprechend den Bestimmungen für die OHG ist – außer in den gesetzlich bestimmten Fällen – von der Möglichkeit der Einzelvertretung auszugehen. Vgl. *Boric/Petrovic* S. 256.
[46] Art. 142 Abs. 1 kroHGG.
[47] Art. 142 Abs. 2 kroHGG.
[48] Im kroHGG wird die „stille" Gesellschaft aus historischen Gründen als „geheime" Gesellschaft bezeichnet.
[49] Art. 148 bis 158 kroHGG.
[50] Art. 154, 157 kroHGG.
[51] Art. 159 Abs. 1 kroHGG.
[52] Art. 163 kroHGG.

müssen auf den Namen lauten, wenn sie vor der vollen Erbringung des Nennbetrags oder des höheren Ausgabebetrags ausgegeben werden.

26 Bezüglich der **Gründung** einer AG bestehen nach kroHGG zwei Möglichkeiten: die Einheitsgründung bzw. Simultangründung[53] und die Stufengründung[54]. Die **Einheitsgründung** erfolgt durch die Übernahme aller Aktien durch die Gründungsmitglieder, Festlegung und Unterschrift der Satzung, Beurkundung und die Eintragung in das Handelsregister.

27 Die **Stufengründung** erfolgt dann, wenn die Gründungsmitglieder nach der Feststellung der Satzung nur einen Teil der Aktien übernehmen und durch einen öffentlichen Zeichnungsschein die Zeichnung der übrigen Aktien ermöglichen[55]. Von Bedeutung ist die Unterscheidung der Gesellschaftsgründer von den übrigen Aktionären insbes. in zweierlei Hinsicht: in Bezug auf ihre Verantwortlichkeit im Gründungsstadium der Gesellschaft[56] sowie in Bezug auf das Stimmrecht in der Gründungsversammlung. Letzteres ist bei den Gesellschaftsgründern hinsichtlich einiger Fragen eingeschränkt[57].

28 Ähnlich dem deutschen und österreichischen Recht haftet den Gläubigern für Verbindlichkeiten der AG nur das Gesellschaftsvermögen. Das bedeutet, daß die Aktionäre den Gläubigern nur insoweit persönlich haften, als sie entgegen den gesetzlichen Vorschriften Zahlungen von der AG empfangen haben. Haben sie Beträge unberechtigterweise als Gewinnanteile bezogen, so besteht die **Haftung** nur insoweit, als sie wußten oder fahrlässig nicht wußten, daß sie zum Bezug nicht berechtigt waren. Die Hauptverpflichtung der Aktionäre, nämlich die Leistung der Einlagen, wird durch Einzahlung des Nennbetrags erfüllt[58]. Die Einlagen sind nach Aufforderung durch den Vorstand zu zahlen. Wenn die Satzung nichts anderes bestimmt, ist die Aufforderung in den Gesellschaftsblättern bekanntzumachen. Die Beteiligung der Aktionäre am Gewinn bestimmt sich nach dem Verhältnis zum Aktienbetrag[59].

29 Die Gesellschaft muß einen Vorstand, einen Aufsichtsrat und eine Hauptversammlung besitzen. Diese **Organe** werden durch die Satzung bestimmt, wobei

---

[53] Art. 177ff. kroHGG.
[54] Art. 195ff. kroHGG.
[55] In den Art. 16ff. kroWertpapierG, in der Ordnung über den Inhalt des verkürzten Prospekts und in den Bedingungen der Ausgabe von Aktien durch private Ausgabe aus 1997 finden sich Detailbestimmungen über die Ausgestaltung des Prospekts.
[56] Gemäß Art. 191 kroHGG haften die Gründer gesamtschuldnerisch für den der Gesellschaft entstandenen Schaden, wegen:
– der Unrichtigkeit oder Unvollständigkeit von Angaben des Gründungsberichts;
– der nicht freien Verfügung des Vorstands über die für die Aktien der Gesellschaft eingezahlten Beträge;
– absichtliche oder grob fahrlässige Zufügung von Schaden durch Sach- bzw. Rechtseinlagen, Sach- bzw. Rechtsübernahmen oder Gründungskosten;
– Unfähigkeit eines Aktionärs zur Zahlung seiner Einlage in bar bzw. Leistung der Einlage in Sachen oder Rechten.
[57] Art. 208 Abs. 2 und 209 Abs. 5 kroHGG.
[58] Vor der Eintragung der Gesellschaft in das Gerichtsregister ist die Zahlung von mindestens einem Viertel des Betrags jeder Aktie ausreichend, sofern die Einlagen in Geld geleistet werden. Nach oben abweichende Regelungen in der Satzung sind möglich. Vgl. *Boric/Petrovic* S. 284.
[59] Art. 223 Abs. 1 kroHGG.

es genügt, wenn die Anzahl der Vorstands- und Aufsichtsratsmitglieder bestimmt wird. Für alle weiteren Fragen gewährt das kroHGG subsidiäre Lösungen. Das Gesetz enthält Vorschriften über die Arbeitsweise des Aufsichtsrats, die Vergütung der Aufsichtsratsmitglieder und ihre Verantwortlichkeit.

b) Gesellschaft mit beschränkter Haftung (GmbH). In der kroatischen Wirtschaftspraxis ist die GmbH die häufigste Gesellschaftsform. Das kroHGG definiert die **GmbH (drustvo s ogranicenom odgovornoscu – d. o. o.)** als eine Handelsgesellschaft, in die eine oder mehrere juristische oder natürliche Personen Stammeinlagen einbringen, mit denen sie an einem im voraus vertraglich vereinbarten Stammkapital teilhaben[60]. In- oder ausländische natürliche bzw. juristische Personen können Mitglieder einer GmbH sein. Die Gesellschaft kann von einer oder mehreren Personen gegründet werden[61]. Eine Stufengründung ist bei der GmbH im Unterschied zur AG nicht möglich. Die Gesellschaft wird durch einen Vertrag (Gesellschaftsvertrag) in Form einer öffentlich-notariellen Urkunde gegründet. Das **Mindestkapital** ist der in der Währung der Republik Kroatien ausgedrückte Gegenwert von 5 000 DM. Die **Stammeinlage** kann nicht kleiner sein als der in der erwähnten Währung nach dem erwähnten Kurs ausgedrückte Gegenwert von 200 DM. Die Summe der Stammeinlagen muß dem Betrag des gesamten Grundkapitals der Gesellschaft entsprechen. Die Eintragung der GmbH ins Handelsregister erfolgt nach Abschluß des Gesellschaftsvertrags, nachdem die Einlagen in Einklang mit dem Gesetz und dem gesellschaftlichen Vertrag eingezahlt wurden, der oder die Geschäftsführer bestellt worden sind und – sofern die Gesellschaft einen Aufsichtsrat haben soll – dieser eingerichtet worden ist.

Die Rechtsverhältnisse zwischen den Gesellschaftern und der Gesellschaft sind im **Gesellschaftsvertrag** geregelt. Der Geschäftsanteil eines jeden Gesellschafters wird nach der Höhe der von ihm übernommenen Stammeinlage festgesetzt (diese ist veräußerlich und vererblich). Die Gesellschaft muß einen Vorstand (Geschäftsführer) und eine Gesellschafterversammlung (Generalversammlung) haben, sowie auch einen Aufsichtsrat, wenn dies das kroHGG vorschreibt[62]. Eine Änderung des Gesellschaftsvertrags kann nur durch einen Beschluß der Gesellschafter, der notariell beurkundet werden muß, erwirkt werden[63]. Die Änderungen werden erst mit Eintragung ins Handelsregister wirksam. Der Beschluß bedarf grundsätzlich der Mehrheit von mindestens drei Vierteln der in der Generalversammlung abgegebenen Stimmen, soweit der Gesellschaftsvertrag keine größere Stimmenmehrheit und weitere Voraussetzungen bestimmt[64]. Sollen durch die Änderungen des Gesellschaftsvertrags Gesellschaftsrechte verkürzt oder Pflichten erweitert werden, so ist dies nur mit Zustimmung der betroffenen Gesellschafter möglich[65].

Jede **Änderung des Stammkapitals** bedeutet gleichzeitig eine Änderung des Gesellschaftsvertrags bzw. setzt einen entsprechenden Gesellschafterbeschluß vor-

---

[60] Art. 385 kroHGG.
[61] Art. 386 kroHGG.
[62] Art. 434 Abs. 2 kroHGG.
[63] Art. 454 Abs. 1 kroHGG.
[64] Art. 455 Abs. 1 kroHGG.
[65] Art. 455 Abs. 4 kroHGG.

aus: Erhöhung des Stammkapitals durch neue Leistungen[66]; Erhöhung durch Umwandlung von Rücklagen in Stammkapital[67]; Herabsetzung des Stammkapitals[68]. Sämtliche Beschlüsse über die Änderung des Gesellschaftsvertrags sind zur Eintragung in das Handelsregister anzumelden[69]. Ein Änderungsbeschluß entfaltet erst ab dem Zeitpunkt der Eintragung rechtliche Wirkung[70]. Die Beendigung und die Liquidation der Gesellschaft erfolgt aus den im kroHGG bestimmten Gründen[71].

D. Rechtliche Wege zu Unternehmensübernahmen

I. Bedeutung von Unternehmensübernahmen (Häufigkeit)

33   Die Häufigkeit der **Unternehmensübernahmen** in der Republik Kroatien ist dem Wirtschaftsblatt[72] zu entnehmen. Als dieses im Jahr 1994 mit der Veröffentlichung einer Liste mit den 400 größten Unternehmen Kroatiens begann, war ein Viertel der Unternehmen in staatlichem Eigentum und ein weiteres Viertel entfiel auf eine Mischform mit überwiegend staatlichem Kapital, d. h. ca. die Hälfte war in staatlichem oder überwiegend in staatlichem Eigentum. Bis zum Jahr 1999 hat sich diese Zahl im wesentlichen durch Übernahmen halbiert. Nunmehr sind 241 der 400 größten kroatischen Unternehmen gänzlich im privaten Eigentum. Die am häufigsten verwendeten Formen sind AG und GmbH, gefolgt von OHG und KG. Auch Stille Gesellschaften werden vielfach vereinbart.

II. Form des Vertrags

34   Einen allgemeinen Überblick über die Form der Rechtsgeschäfte im kroatischen Recht bietet Momcinovic[73]. Die Form der **Übertragung von Aktien** ist nach kroatischem Recht vom Aktientyp abhängig. Inhaberaktien werden durch Übergabe, Namensaktien durch Indossament oder Zession übertragen. Nach kroHGG[74] sind hinsichtlich der Form des Indossaments, der rechtlichen Legitimation der Inhaber und ihrer Verpflichtungen zum Verkauf der Aktien die Bestimmungen des Wechselgesetzes[75] entsprechend anzuwenden. Für die Übertragung durch Zession sind die Bestimmungen des kroSchuldG anzuwenden[76]. Aktien, die in einem öffentlichen Angebot ausgegeben wurden, können lediglich

---

[66] Art. 457, 458 u. 461 kroHGG.
[67] Art. 457 und 459 bis 461 kroHGG.
[68] Art. 462 bis 465 kroHGG.
[69] Art. 456 kroHGG.
[70] Art. 454 Abs. 2 kroHGG.
[71] Art. 466 kroHGG.
[72] Privredni vjesnik Nr. 3155.
[73] *Momcinovic*, Oblik (forma) ugovora, Pravo i porezi 1997, S. 368.
[74] Art. 227 Abs. 1 kroHGG.
[75] kroWechselG (WG) [Zakon o mjenici, NN 74/1994].
[76] Art. 436 bis 443 Gesetz über Schuldverhältnisse (kroSchuldG) [Zakon o obveznim odnosima, NN 53/1991, idF 73/1991, 111/1993, 3/1994, 7/1996, 112/1999].

an der Börse und an anderen geregelten öffentlichen Märkten gehandelt werden[77]. Die Übertragung von dematerialisierten Aktien[78] ist auch im Wertpapiergesetz (kroWertpapierG)[79] geregelt. Weiter sind die Bestimmungen des Übernahmegesetzes zu berücksichtigen[80].

Die Übertragung der **Anteile an einer GmbH**[81] ist an die Form einer Notariatsurkunde gebunden[82]. Die Formpflicht bezieht sich ebenso wie nach deutschem und österreichischem Recht sowohl auf das Verpflichtungs- als auch auf das Verfügungsgeschäft. Ebenso bedürfen Vorverträge sowie sonstige der Übertragung gleichzuhaltende Geschäfte der Notariatsaktsform[83]. Beim Asset Deal sind die jeweiligen Formvorschriften für die zu übertragenden Wirtschaftsgüter zu beachten (zB Liegenschaften). 35

Weiter von Bedeutung für die Unternehmensübernahme ist auch die Art der Streitbeilegung. Die örtliche Zuständigkeit des Handelsgerichts bestimmt sich nach dem Sitz der Gesellschaft. Diese Bestimmung schließt die Vereinbarung eines **Schiedsgerichts** nach den Bestimmungen des kroStreitverfG nicht aus, da die ausschließliche gerichtliche Zuständigkeit nur in einigen Fällen und bei Vorliegen einer ausdrücklichen gesetzlichen Regelung gegeben ist[84]. Der ausländische Investor hat die Möglichkeit, mit dem kroatischen Partner die Zuständigkeit eines kroatischen oder ausländischen Schiedsgerichts zu vereinbaren[85]. Die Vereinbarung eines Schiedsgerichts ist auch dann möglich, wenn beide Streitparteien ausländische Personen sind. Der Vertrag über das gewählte Gericht muß in schriftlicher Form aufgesetzt werden. Der kroatische ständige Schiedsgerichtshof für 36

---

[77] Art. 39 Gesetz über Ausgabe und Verkehr von Wertpapieren (kroWertpapierG) [Zakon o izdavanju i prometu vrijednosnim papirima, NN 107/1995, idF 142/1998].

[78] Diese bestehen nur in der Form einer elektronischen Datei im Computersystem der Zentralen Depositaragentur.

[79] Art. 81 kroWertpapierG.

[80] Siehe Rn 44 ff.

[81] *Vanovac* WIRO Heft 5/1999, S. 177 f.

[82] Art. 412 Abs. 3 kroHGG.

[83] Rechtsgültige ausländische Notariatsakte haben gem. Art. 111 Notariatsgesetz (kroNotG) [Zakon o javnom bilježnistvu, NN 78/1993 idF 29/1994] unter der Voraussetzung der Gegenseitigkeit dieselbe Wirkung wie kroatische Notariatsakte. Vgl. *Vanovac*, WIRO 5/1999, S. 178.

[84] Im Hinblick auf die Bestimmungen des kroHGG ist die Vereinbarung eines Schiedsgerichts bei folgenden Streitigkeiten nicht möglich:
– Klage des Gesellschafters einer OHG auf Auflösung der Gesellschaft aus wichtigem Grund nach Art. 99 kroHGG;
– Streit bezüglich des Antrags eines Aktionärs an die Hauptversammlung auf Auskunft über die Geschäfte der Gesellschaft gem. Art. 288 kroHGG;
– (Nichtigkeits-) Klage des Aktionärs, Vorstands oder von Mitgliedern des Vorstands oder Aufsichtsrats einer AG gegen die Gesellschaft, mit der die Feststellung der Nichtigkeit eines Hauptversammlungsbeschlusses begehrt wird gem. Art. 357 kroHGG;
– (Anfechtungs-) Klage gem. Art. 363 kroHGG, mit der ein Beschluß der Hauptversammlung angefochten wird;
– (Nichtigkeits-) Klage eines GmbH-Gesellschafters, die auf Feststellung der Nichtigkeit eines Generalversammlungsbeschlusses gerichtet ist gem. Art. 447 kroHGG;
– Klage der Gesellschafter einer GmbH auf Auflösung der Gesellschaft gem. Art. 468 kroHGG;
– Klage auf Auflösung einer WIV gem. Art. 608 kroHGG.

[85] Gem. Art. 469 des Gesetzes über das Streitverfahren (kroStreitVerfG) [Zakon o parnicnom postupku, NN 53/1991, 91/1992, 112/1999].

internationale Rechtsstreitigkeiten besteht bei der kroatischen Wirtschaftskammer[86]. Kroatien ist auch Mitglied der Europäischen Konvention über die internationale Handelsschiedsgerichtsbarkeit sowie des Genfer Abkommens zur Vollstreckung ausländischer Schiedssprüche und der Haager Konvention von 1899 über die friedliche Lösung internationaler Streitigkeiten.

III. Unternehmensverschmelzungen

37 Gemäß dem kroHGG sind **Verschmelzungen**[87] nur bei Kapitalgesellschaften zulässig. Sie erfolgen durch Neubildung (zwei oder mehr Gesellschaften gründen eine neue Gesellschaft, an die sie ihr ganzes Vermögen übertragen) oder durch Aufnahme (eine oder mehr Gesellschaften werden von einer anderen Gesellschaft mit ihrem ganzen Vermögen übernommen, wodurch diese Gesellschaften ohne Liquidationsverfahren ihre Existenz beenden und nur die übernehmende Gesellschaft weiter besteht). Das kroHGG hat im Bereich der **verbundenen Gesellschaften** bei der Regelung der Verschmelzung von Handelsgesellschaften deutliche Anleihen beim deutschen Recht genommen, welches wiederum die dritte EU-Gesellschaftsrechts-RL[88] widerspiegelt. Ergeben sich aus Verschmelzungen marktbeherrschende Konzentrationen, findet das Gesetz über den Schutz des Marktwettbewerbs (kroGSchMW)[89] Anwendung.

E. Besonderheiten der Due Diligence

38 Bezüglich der Verfahren zur Durchleuchtung (**Due Diligence**) von zum Erwerb anstehenden Unternehmen unterscheiden sich die Details in Kroatien kaum von jenem Standard, der für vorbildliche Rechtssysteme gilt[90]. Eine dem deutschen Standard weitgehend entsprechende Liste der bereitzustellenden Informationen existiert für Kroatien[91]. An gesetzlichen Grundlagen sind dieselben wie für die Unternehmensübernahme allgemein zu berücksichtigen: das Gesetz über Eigentum und andere dingliche Rechte[92], das Gesetz über Schuldverhältnisse[93], das Gesetz über die Ausgabe und den Verkehr von Wertpapieren[94] sowie das kroHGG[95].

---

[86] Ordnung des Ständigen Schiedsgerichtshofs bei der Kroatischen Wirtschaftskammer [Pravilnik o stalnom izbranom sudistu pri Hrvatskoj komori, NN 1/1998, idF 15/1990, 69/1991, 25/1992, 113/1993 (bereinigte Fassung)].
[87] Art. 512 ff. kroHGG.
[88] Amtsblatt der Europäischen Gemeinschaft 1978 Nr. L295.
[89] Gesetz über den Schutz des Marktwettbewerbs (kroGSchMW) [Zakon o zastiti trzisnog natjecanja, NN 48/1995, 52/1997, 89/1998].
[90] Siehe *Franz-Jörg Semler* in Hölters Anhang I S. 661 ff.
[91] *Barbic*, Pravo drustava, Zagreb, Organizator 1999, S. 209 ff.
[92] Art. 116 Abs. 1 und Art. 119 kroEDRG.
[93] Art. 145, 436 bis 446, 451 kroSchuldG.
[94] Art. 95 Abs. 1 Gesetz über Ausgabe und Verkehr von Wertpapieren (kroWertpapG).
[95] Art. 227 Abs. 1 kroHGG.

F. Besonderheiten in den Begleitfeldern

I. Börsennotierte Gesellschaften

Im kroatischen Gesellschaftsrecht wird nicht zwischen börsennotierten und anderen Gesellschaften unterschieden. **Börsenrechtliche Vorschriften** zum Unternehmenskauf (bzw. Anteilskauf) sind im kroÜbernahmeG geregelt[96]. 39

II. Arbeitsrecht

Laut **Arbeitsgesetz (kroArbG)**[97] werden Arbeitsverhältnisse bei der Unternehmensübernahme unabhängig vom Rechtsgrund (Erbfall, Veräußerung, Verschmelzung durch Neubildung oder durch Aufnahme, Betriebsteilungen oder Änderungen der Rechtsform von Handelsgesellschaften) auf den neuen Arbeitgeber übertragen[98]. 40

III. Altersversorgung

In Kroatien wird die **Altersversorgung** durch den Staat getragen. Der Abschluß von privater Zusatzvorsorge ist möglich. Angesichts der angespannten wirtschaftlichen Situation in Kroatien sehen sich bisher kaum Arbeitgeber veranlaßt, freiwillige Sozialleistungen in Form von „Betriebspensionen" zu gewähren. 41

IV. Umweltrecht

Der Umweltschutz ist in der kroatischen Verfassung als einer der höchsten Werte[99] verankert. Zusätzlich wurde am 5. 6. 1992 vom Kroatischen Parlament eine Deklaration über den Umweltschutz verabschiedet. Nähere Bestimmungen enthält das **Umweltschutzgesetz**[100]. Durch die Annäherung an die EU ist in Zukunft mit einer Übernahme der entsprechenden Richtlinien in kroatisches Recht zu rechnen. 42

V. Gewerbliche Schutzrechte

In Kroatien sind die **gewerblichen Schutzrechte** im Gesetz über industrielles Eigentum aufgezählt[101]. Durch Inkrafttreten der nachstehenden Gesetze zum 1. 1. 43

---

[96] Gesetz über das Verfahren der Übernahme von Aktiengesellschaften (kroÜbernahmeG) [Zakon o postupku preuzimanja dionickih drustava, NN 124/1997]. Siehe Rn 44 ff.
[97] Art. 129 Arbeitsgesetz (kroArbG) [Zakon o radu, NN 38/1995, 54/1995, 65/1995].
[98] Das Gesetz führt nicht aus, ob die Arbeitsverhältnisse ipso iure übergehen oder – nach zwingendem Recht – übertragen werden müssen.
[99] Art. 3, 50 Abs. 2, 69 Abs. 3 kroVerf.
[100] Gesetz über den Umweltschutz [Zakon o zastiti okolisa, NN 82/1994].
[101] Gesetz über industrielles Eigentum [Zakom o industrijskom vlasnistvu, NN 53/1991, 19/1992, 26/1993].

2000 traten die entsprechenden Bestimmungen des Gesetzes über das industrielle Eigentum außer Kraft: Jetzt gelten das Markengesetz[102], das Patentgesetz[103], das Industrieformengesetz[104] sowie das Gesetz über die Bezeichnung der geographischen Herkunft von Produkten und Dienstleistungen[105]. Grundsätzlich gehen gewerbliche Schutzrechte auf den Erwerber eines Unternehmens über. Über gewerbliche Schutzrechte können gesonderte Vereinbarungen getroffen werden; diese sind jedoch dem kroatischen Staatsamt für intellektuelles Eigentum zu melden. Kroatien ist Mitglied bzw. Vertragspartner der wichtigsten internationalen Verträge für gewerbliche Schutzrechte[106].

G. Übernahmerecht

I. Anwendungsbereich

44   Mit dem Gesetz über das Verfahren der **Übernahme von Aktiengesellschaften** wurde der in der Praxis häufigste[107] Teilbereich bereits geregelt. Dieses Gesetz regelt die Voraussetzungen für das obligatorische Abgeben eines Angebots zur Übernahme einer AG durch juristische und natürliche Personen, das Übernahmeverfahren sowie die Rechte und Pflichten der an der Übernahme Beteiligten. Das Gesetz bezieht sich nicht auf den Kroatischen Privatisierungsfonds, die Kroatische Pensionsversicherung, die Privatisierungs-Investmentfonds und die Staatliche Agentur für die Sicherung von Spareinlagen und die Sanierung von Banken. Erwerber von Aktien der angeführten Institutionen unterliegen ebenfalls nicht den Bestimmungen dieses Gesetzes[108].

II. Pflichten und Rechte des Bieters

45   **Melde- und Veröffentlichungspflicht:** Erwirbt eine juristische oder natürliche Person einen Aktienanteil, aufgrund dessen ihr in der Hauptversammlung mehr als 25% der Stimmen zustehen, ist sie prinzipiell verpflichtet, über den Erwerb unverzüglich die Kommission für Wertpapiere der Republik Kroatien zu unterrichten und das Übernahmeangebot binnen einer Woche nach Erwerb zu veröffentlichen[109]. Ausnahmen regelt Art. 3 Abs. 2 bis 7 und Art. 4. Ob bereits die Absicht informationsbedürftig ist oder nicht, ist unklar.

---

[102] KroMarkenG [Zakon o zigu, NN 78/1999].
[103] KroPatentG [Zakon o patentima, NN 78/1999].
[104] KroIndustrieformG [Zakon o industrijskom obliciu, NN 78/1999].
[105] Gesetz über die Bezeichnung der geographischen Herkunft von Produkten und Dienstleistungen [Zakon o oznakama zemljopisnog podrijetla proizvoda i usluga, NN 78/1999].
[106] Vgl. *Cizmic*, Ogledi iz prava industrijskog vlasnistva, Tiskara Maslina, Split 1998.
[107] Selbstverständlich ist laut *Petrovic* auch die Übernahme von anderen Formen von Handelsgesellschaften – wie zB GmbH – möglich. Vgl. *Petrovic*, Preuzimanje dionickih drustava, Zbornik Pravnog Fakulteta u Zagrebu, 1/1999.
[108] Art. 5 kroÜbernahmeG.
[109] Art. 3 Abs. 1 kroÜbernahmeG.

Sicherstellung der Zahlungsfähigkeit: Vor Veröffentlichung des Übernahmeangebots hat der Bieter die für die Zahlung sämtlicher Aktien, auf die sich das Übernahmeangebot bezieht, erforderlichen Geldmittel auf ein besonderes Konto abzuführen bzw. einen entsprechenden Kreditvertrag zu schließen oder eine entsprechende Bankgarantie einzuholen[110]. **46**

Vertragsabschluß mit der Zentralen Depositaragentur: Vor Veröffentlichung des Übernahmeangebots ist der Bieter weiter verpflichtet, mit der Zentralen Depositaragentur einen Vertrag über die Verwahrung von Aktien zwecks Annahme des Übernahmeangebots abzuschließen[111]. **47**

Auskunftspflicht: Bei Abschluß dieses Vertrags ist der Bieter verpflichtet, der Zentralen Depositaragentur sämtliche für die Vorbereitung und Ausübung von Geschäften betreffend die Verwahrung von Aktien erforderlichen Angaben zu machen[112]. **48**

Pflichtinhalte des Übernahmeangebots: Das Übernahmeangebot hat eine Reihe im Gesetz erschöpfend aufgezählter Inhalte zu enthalten[113]. Bedingte Übernahmeangebote sind nur ausnahmsweise zulässig. **49**

Angebots-, Zahlungsfrist: Die Angebotsfrist beträgt 30 Tage seit dem Tag der Veröffentlichung des Übernahmeangebots. Bei konkurrierenden Angeboten kann der Bieter sie bis zum Ablauf der Frist für das letzte Angebot verlängern[114]. Die Zahlungsfrist beträgt 14 Tage nach Ende der Angebotsfrist[115]. **50**

Übernahmebericht: Nach Ablauf der Zahlungsfrist ist der Bieter verpflichtet, binnen drei Tagen einen Bericht über die Übernahme zu veröffentlichen und diesen der Kommission für Wertpapiere und dem Aussteller[116] zu übermitteln[117]. **51**

III. Pflichten und Rechte der Zielgesellschaft

Informationspflicht: Unverzüglich nach der Veröffentlichung des Angebots ist der Aussteller verpflichtet, jeden Aktionär darüber zu informieren, daß das Übernahmeangebot veröffentlicht wurde und daß nähere Informationen bei ihm eingeholt werden können[118]. **52**

Erklärungspflicht: Innerhalb einer Frist von 7 Tagen nach der Veröffentlichung des Übernahmeangebots ist der Aufsichtsrat der Zielgesellschaft verpflichtet, seine begründete Stellungnahme zum Übernahmeangebot in derselben Art wie das Übernahmeangebot selbst zu veröffentlichen[119]. **53**

---

[110] Art. 8 Abs. 1 kroÜbernahmeG.
[111] Art. 9 Abs. 1 kroÜbernahmeG.
[112] Art. 9 Abs. 3 kroÜbernahmeG.
[113] Art. 11 Abs. 1 kroÜbernahmeG.
[114] Art. 13 Abs. 1 kroÜbernahmeG.
[115] Art. 13 Abs. 3 kroÜbernahmeG.
[116] Gem. Art. 2c) kroÜbernahmeG ist „... der Aussteller eine Aktiengesellschaft mit Sitz in der Republik Kroatien, die Aktien, welche Gegenstand des Übernahmeangebots sind, ausgegeben hat".
[117] Art. 21 Abs 1 kroÜbernahmeG.
[118] Art. 14 Abs 6 kroÜbernahmeG.
[119] Art. 26 kroÜbernahmeG.

H. Finanzierung von Unternehmensübernahmen

I. Inländische Finanzierung

54 Der Prozeß der Anpassung des **kroatischen Finanzsystems** an die internationalen Standards ist noch nicht abgeschlossen. Insbes. hinsichtlich der Eigentümerstruktur und hinsichtlich der Reduktion von politischen Einflußmöglichkeiten besteht noch Reformbedarf. Für die zunehmend an Bedeutung gewinnenden Aktivitäten ausländischer Banken gelten allerdings die international üblichen Usancen. Angesichts des zwar sinkenden, aber im internationalen Vergleich noch immer sehr hohen Zinsniveaus in Kroatien erscheinen die Möglichkeiten der einheimischen Kreditfinanzierung als nicht sehr vorteilhaft. Dennoch ist die inländische Finanzierung in der Praxis die häufigste Form. Der Kreditvertrag ist im Gesetz über die Schuldverhältnisse, Abschnitt XXXV[120], der **Wertpapiermarkt** durch das kroWertpapG geregelt.

II. Ausländische Finanzierung (devisenrechtliche Vorschriften)

55 Die Grundgarantien für Wirtschaftstätigkeiten sind in der Verfassung der Republik Kroatien festgelegt[121]. Sie werden u. a. durch nachstehende Gesetze konkretisiert. So gewährt Art. 41 des Gesetzes über die Grundlage des Devisensystems, der Devisengeschäfte und des Goldverkehrs[122] dem ausländischen Kapitalanleger freien Transfer jener Gewinne ins Ausland, die durch die **Anlage des Kapitals** in Kroatien erwirtschaftet wurden. Gleiches gilt für das nach Beendigung der Investition bestehende Kapital bzw. für jenes Kapital, das durch den Aktienverkauf sowie durch den Verkauf von Anteilen lukriert wird. Weiter ist von Bedeutung, daß es sowohl inländischen als auch ausländischen Personen möglich ist, bei befugten Banken in Kroatien Devisenkonten in konvertiblen Valuten zu eröffnen, sowie über die Devisen, die sich auf diesen Konten befinden, frei zu verfügen[123].

56 Zusätzlich sind die Bestimmungen des Gesetzes über **Kreditgeschäfte mit dem Ausland**[124] zu beachten. Laut diesem Gesetz kann eine einheimische juristische Person:
– einen Kredit im Ausland aufnehmen und für ausländische Personen garantieren unter der Voraussetzung, daß der Kredit für einen bei der Nationalbank[125] registrierten Zweck verwendet wird;

---

[120] Art. 1065 ff. kroSchuldG.
[121] Art. 48 Abs. 1 und 3, Art. 49 Abs. 1, 2, 4 und 5 kroVerf.
[122] Gesetz über die Grundlagen des Devisensystems, der Devisengeschäfte und des Goldverkehrs [Zakon o osnovama deviznog sustava, deviznog poslovanja i prometu zlata, NN 91A/1993, idF 36/1998].
[123] Art. 30 Gesetz über die Grundlagen des Devisensystems, der Devisengeschäfte und des Goldverkehrs.
[124] Gesetz über Kreditgeschäfte mit dem Ausland [Zakon o kreditnim poslovima s inozemstvom NN 43/1996].
[125] Narodna banka Hrvatske.

– ausländischen Personen Warenkredite einräumen;
– ausländischen Personen Finanzkredite gewähren unter der Voraussetzung, daß die einheimische juristische Person Muttergesellschaft der ausländischen Gesellschaft ist oder Stimmenmehrheit an ihr besitzt.

Nichtregistrierte Gewerbetreibende[126] und Einzelkaufleute können ebenfalls im eigenen Namen und auf ein eigenes Konto **Kredite im Ausland** aufnehmen, sofern der Kredit dem eigenen Betriebsbedarf dient. Diesbezüglich und hinsichtlich der Möglichkeit der Einräumung von Warenkrediten an ausländische Personen sind nichtregistrierte Gewerbetreibende und Einzelkaufleute juristischen Personen gleichgestellt. Bezüglich der Gewährung von Finanzkrediten gibt es aber keine Gleichstellung: Sie können vom genannten Personenkreis nicht gewährt werden. Auslandskredite bedürfen der Schriftform und sind bei der kroatischen Nationalbank zu registrieren[127].

III. Kreditsicherung

In der Republik Kroatien gibt es wie in anderen westeuropäischen Ländern mehrere Instrumente der rechtsgeschäftlichen Kreditsicherung. Von den **persönlichen Sicherheiten** werden oft Bürgschaft[128], Wechsel und Garantie – einschließlich der Spezialformen Bankgarantie[129], Warenakkreditiv und Dokumentenakkreditiv[130] – eingesetzt. Im Bereich der **Sachsicherheiten** (dingliche Sicherheiten) bietet das Pfandrecht (Hypothek) die größte Sicherheit[131]. Es können allerdings auch andere Sicherungsmittel wie Eigentumsvorbehalt[132], Sicherungsübereignung[133] und Sicherungsabtretung zur Sicherung der Forderungen eingesetzt werden.

Der **Liegenschaftserwerb** durch ausländische natürliche und juristische Personen im Erbweg setzt lediglich das Vorliegen der Gegenseitigkeit voraus. Für den auf einem Rechtsgeschäft beruhenden Erwerb von Eigentum an unbeweglichen Sachen durch ausländische natürliche und juristische Personen legt das kroEDRG das Erfordernis der Zustimmung des Außenministers fest[134]. Weiter ist Schriftform verlangt[135].

Hinsichtlich der **zwangsweisen Pfandbegründung** brachte das kroExekG eine deutliche Erweiterung der Möglichkeiten einer pfandrechtlichen Sicherung mit sich. Im einzelnen ergeben sich für die Sicherung von Forderungen folgende

---

[126] Eine Registrierung erfolgt erst nach Überschreiten eines bestimmten Jahreseinkommens.
[127] NN 132/1999, 147/1999 Beschluß über die Registrierung von Kreditgeschäften mit dem Ausland. Ein detaillierter Problemaufriß der Aufnahme und Einräumung von Auslandskrediten findet sich in RRiF, Nr. 7/2000, S. 112 (Rechnungslegung, Revision und Finanzen [Racunovodstvo Revizija i Financije RRiF]).
[128] Art. 997ff. kroSchuldG.
[129] Art. 1083 bis 1087 kroSchuldG.
[130] Art. 1072 bis 1082 kroSchuldG.
[131] Art. 297ff. kroEDRG.
[132] Art. 540 bis 541 kroSchuldG.
[133] Art. 34 kroEDRG.
[134] Art. 356 Abs 2 kroEDRG.
[135] Art. 115 kroEDRG.

Möglichkeiten: die zwangsweise Pfandrechtsbegründung an einer Liegenschaft[136], die gerichtliche und notarielle Sicherung auf der Grundlage einer Parteienvereinbarung[137], die gerichtliche und notarielle Sicherung durch Übertragung des Eigentums an Sachen und durch Übertragung von Rechten[138], die Sicherung durch „vorangehende" Exekution[139], die Sicherung durch „vorangehende" Maßnahmen[140] sowie durch einstweilige Maßnahmen[141].

---

[136] Art. 257 bis 260 Exekutionsgesetz (kroExekG) [Ovrsni zakon, NN 57/1996, idF 29/1999]. Die zwangsweise Pfandrechtsbegründung setzt das Bestehen einer Geldforderung, das Vorliegen einer Vollstreckungsurkunde sowie die Begründung eines Pfandsrechts an der Liegenschaft durch Eintragung in das Grundbuch voraus (Art. 258 kroExekG).
[137] Art. 261 bis 272 kroExekG.
[138] Art. 273 bis 279 kroExekG.
[139] Art. 280 bis 282 kroExekG.
[140] Art. 283 bis 291 kroExekG.
[141] Art. 292 bis 307 kroExekG.

§ 47 Rumänien

Übersicht

	Rn
A. Einleitung	1
B. Wirtschaftliche Betätigung durch Ausländer	7
C. Gesellschaftsformen	11
I. Allgemeines	11
II. Rechtsformen	12
D. Rechtliche Wege für Unternehmensübernahmen	17
I. Bedeutung von Unternehmensübernahmen (Häufigkeit)	17
II. Form des Vertrags	19
III. Unternehmensverschmelzungen	29
E. Besonderheiten der Due Diligence	32
F. Besonderheiten in den Begleitfeldern	33
I. Börsennotierte Gesellschaften	33
II. Arbeitsrecht	34
III. Altersversorgung	38
IV. Umweltrecht	39
G. Gesetzliches oder gewohnheitsrechtliches Übernahmerecht	42
I. Anwendungsbereich	42
II. Pflichten und Rechte des Bieters	43
H. Finanzierung von Unternehmensübernahmen	46
I. Inländische Finanzierung	46
II. Ausländische Finanzierung	48
III. Kreditsicherung	50

Schrifttum: *Agenția Română de Dezvoltare,* Reussir en Roumanie (Erfolg in Rumänien), 2000; *Institutul Național de Statistică,* Date statistice 1999 (Statistische Daten 1999), 2000; *Scheaua,* Legea 31/1990 comentată și adnotată (Kommentar zum rumänischen HGG), 2000.

A. Einleitung

Rumänien ist mit einer Fläche von 238 000 km² das zweitgrößte Land und mit 22,76 Mio. Einwohnern (1998) der **zweitgrößte Markt Osteuropas**. Nach der Wende wurden durch umfangreiche wirtschaftliche und politische Reformen die Rahmenbedingungen für die Marktwirtschaft geschaffen. Trotz der politisch und finanziell instabilen Lage gibt es derzeit mehr als 65 000 ausländische Firmenbeteiligungen bzw. Niederlassungen, die rund 6 Mrd. US-$ investiert haben. Für ausländische Unternehmen ist der rumänische Markt wegen seiner günstigen Importwaren, zB Möbel und Holzwaren, Textilien und Lederprodukte, Obst und Gemüse, wegen seiner kostengünstigen Arbeitskräfte und als Absatzmarkt für westeuropäische Waren interessant.

2   Die Wirtschaft Rumäniens hat aber, 10 Jahre nach den Umbruchereignissen von 1989, wesentliche und grundlegende Defizite auf dem Weg zur Marktwirtschaft. Einige der wichtigsten Probleme, die der rumänische Markt zu bewältigen hat, sind:
– die Privatisierungsprogramme, die schleppend verlaufen;
– die Schließungswelle der staatlichen (meist insolventen) Firmen und Banken;
– die massive Inflation;
– der Verfall der Kaufkraft bei großen Teilen der Bevölkerung;
– die politische Instabilität;
– die Schattenwirtschaft;
– die unzureichende Entwicklung der Infrastruktur.

3   Der am besten funktionierende Verkehrsweg ist die Bahn. Es gibt 11 380 km Eisenbahnstrecken. Auf den Straßen kann man die entferntesten Ortschaften erreichen. Es gibt aber so gut wie keine Autobahn, und der Straßenzustand ist nicht immer sehr gut. Die Donau und die anderen Wasserstraßen mit einer Länge von insgesamt 1690 km sowie die 17 Flughäfen ergänzen die Verkehrsmöglichkeiten in Rumänien[1].

4   Ein Vorteil des rumänischen Markts sind die billigen **Arbeitskräfte**. Das durchschnittliche Monatseinkommen war im Dezember 1 999 111 US-$ netto, die Inflation lag bei 42%[2], beide mit steigender Tendenz.

5   Die für die Marktwirtschaft notwendigen **Rechtsgrundlagen** wurden weitgehend geschaffen. Hierzu zählen die Zulassung privater Firmen, die Liberalisierung des Außenhandels, die Wiederzulassung von Eigentum an Grund und Boden für rumänische natürliche und juristische Personen, die Privatisierung der Landwirtschaft, die Liberalisierung der Preise, die Privatisierung von Staatsbetrieben und Banken, die Wiedereröffnung von Waren- und Wertpapierbörsen etc.

6   Die gesetzlichen Grundlagen, auch wenn sie nicht alle Einzelheiten der Geschäftstätigkeiten decken, wären ausreichend für die Entfaltung wirtschaftlicher Tätigkeiten, wenn sie nicht so oft geändert worden wären. Die Rahmenbedingungen für Investitionen wurden jährlich oder sogar halbjährlich geändert. Auch die Wahl des Nationalrats, die im Herbst 2000 stattfindet, wird höchstwahrscheinlich nicht die notwendige Stabilität bringen.

B. Wirtschaftliche Betätigung durch Ausländer

7   Ausländische Personen iSd. rumänischen Rechts sind natürliche Personen, die keine rumänische Staatsbürgerschaft haben, oder staatsbürgerschaftslose natürliche

---

[1] Vgl. *Agenţia Română de Dezvoltare,* Reussir en Roumanie (Erfolg in Rumänien), 2000, 10.
[2] *Institutul Naţional de Statistică,* Date statistice 1999 (Statistische Daten 1999), 2000, 230.

Personen mit Wohnsitz im Ausland sowie juristische Personen mit Sitz im Ausland. Die **ausländischen Investoren** sind seit der Dringlichkeitsverordnung Nr. 92/1997[3] den inländischen Investoren gleichgestellt. Sie haben prinzipiell die Möglichkeit, in allen Bereichen und in jeder gesetzlich zulässigen Form Investitionen vorzunehmen. Zur Ausübung gewisser Tätigkeiten brauchen sowohl inländische als auch ausländische Unternehmer eine besondere Genehmigung. ZB braucht man für die Ausübung von Banktätigkeiten[4] eine Genehmigung der Nationalbank; Versicherungen[5] können nur mit Genehmigung des Finanzministeriums gegründet werden.

Die wirtschaftliche **Betätigung** von Ausländern in Rumänien ist in folgenden Formen möglich:

— Als **Beteiligung** an oder durch **Gründung** von Kapital- oder Personengesellschaften inklusive Einmann-GmbH. Die ausländischen Unternehmen können alleine oder mit rumänischen juristischen oder natürlichen Personen in Rumänien Handelsgesellschaften gründen in vom Art. 2 rumänisches HGG[6] einschränkend aufgezählten Formen. Eine Handelsgesellschaft mit Sitz in Rumänien ist eine rumänische juristische Person unabhängig davon, ob es sich um in- oder ausländisches Kapital handelt, und ob die Gesellschafter rumänische oder ausländische Personen sind. Es gibt keine Restriktionen für den Anteilserwerb durch Ausländer von Inländern.

— Das Dekret-Gesetz Nr. 54/1990 (ruDekrG)[7] enthält Vorschriften für **Familienbetriebe** und **Einzelkaufleute**[8]. Diese benötigen eine Gewerbeerlaubnis, die von der Verwaltungsbehörde gegen Vorlage von Zeugnissen über die berufliche Qualifikation und/oder Erfahrung ausgestellt wird, und werden im Firmenbuch eingetragen. Es gibt wenige ausländische Unternehmen, die unter dieser Form in Rumänien tätig sind, denn meist wird die Form der Kapitalgesellschaft bevorzugt, weil Stammkapital und Gründungskosten einer GmbH relativ günstig sind.

---

[3] Dringlichkeitsverordnung Nr. 92/1997 zur Förderung von Direktinvestitionen, [Ordonanța de urgență nr. 92/1997, M. Of. Nr. 386 din 30 decembrie 1997].

[4] Gesetz Nr. 58/1998 über die Banktätigkeit [Legea nr. 58/1998, M. Of. Nr. 121 din 23 martie 1998].

[5] Das Versicherungswesen wird durch das Gesetz Nr. 47/1991 [Legea nr. 47/1991, M. Of. Nr. 151 din 19 iulie 1991], das Gesetz Nr. 136/1995 [Legea nr. 136/1995, M. Of. Nr. 303 din 30 decembrie 1995], die Verordnung Nr. 79/1997 [Ordonanță nr. 79/1997, M. Of. Nr. 48 din 20 martie 1997] geregelt.

[6] Das rumänische Handelsgesellschaftsgesetz (ruHGG) mit der Novellierung bis in die Gegenwart [Legea nr. 31/1990, M. Of. Nr. 126–127 din 17 noiembrie 1990, modificată de Legea nr. 41/1991, Legea nr 44/1991, Legea nr 80/1991, Legea nr. 78/1992, Ordonanța de urgență nr. 32/1997 și republicată cu o nouă numerotare a articolelor în M. Of. Nr. 33 vom 29. 1. 1998] weiter nur rumänisches HGG. Siehe auch *Scheaua*, Legea nr. 31/1990 comentată și adnotată (Kommentar zum rumänischen HGG).

[7] Das ruDekrG Nr. 54/1990 über die Organisierung und die Ausführung wirtschaftlicher Tätigkeiten aufgrund freier Initiative, [Decretul-Legea nr. 54/1990 privind organizarea activităților economice pe baza liberei inițiative, M. Of. Nr. 20 din 6 februarie 1990].

[8] Das ruDekrG Nr. 54/1990 ist eigentlich vor allem für kleine Gewerbe bestimmt. Die Regierungsentscheidung Nr. 201/1990 bestimmt in Beilage Nr. 1, für welche Tätigkeiten dieses ruDekrG Anwendung findet.

- Als **Zweigniederlassung ohne Rechtspersönlichkeit**[9].
- Unter bestimmten Bedingungen als **Arbeitnehmer**, als Fachangestellte oder in Führungspositionen.

9   EU-Staatsbürger brauchen für die Einreise nach Rumänien ein **Visum,** das an den Grenzstationen und bei rumänischen Konsulaten erhältlich ist. Im Fall eines längeren Aufenthalts in Rumänien sowie bei der Anstellung in einer Gesellschaft in Rumänien brauchen ausländische Personen eine **Aufenthaltsbewilligung,** die vom Innenministerium – Direktion Reisepässe – auf Antrag ausgestellt wird. Die Laufzeit beträgt 6 Monate, eine Verlängerung ist möglich.

10 Ausländer können in Rumänien nur in **Führungspositionen** oder als **Fachpersonal** angestellt werden[10]. Die **Beschäftigungsbewilligung** in Form eines **Arbeitsbuchs** wird auf Antrag vom Ministerium für Arbeit und Sozialschutz ausgestellt. Diesem sind folgende Schriftstücke beizufügen:
- eine Begründung der Anstellung des Ausländers auf diese Stelle in Anbetracht des Unternehmensgegenstands und der besonderen Ausbildung des Arbeitnehmers;
- die Gründungsunterlagen der Gesellschaft;
- die Bonitätsauskunft;
- der Arbeitsvertrag;
- Zeugnisse betreffend Qualifikation und Berufserfahrung des Arbeitnehmers;
- Leumundszeugnis;
- Gesundheitszertifikat;
- Reisepaß mit gültiger Aufenthaltsbewilligung.

C. Gesellschaftsformen

I. Allgemeines

11 Während der Zeit der kommunistischen Herrschaft ist das rumänische Handelsrecht praktisch bedeutungslos geworden. Es wurden in diesem Bereich keine neuen Gesetze verabschiedet. Die wirtschaftlichen Beziehungen zwischen den staatlichen Betrieben verliefen nach den sozialistischen Wirtschaftsgesetzen, die zentralisierte Strukturen schufen. Nach der Wende fand der **Handelskodex von 1867** wieder Anwendung und es wurde eine ganze Reihe von Handelsgesetzen verabschiedet. Das **Gesetz 31/1990 (ruHGG)**[11] mit den bis in die Gegenwart reichenden Novellierungen beinhaltet wesentliche Rechtsvorschriften betreffend Gründung, Organisation und Auflösung von Handelsgesellschaften.

---

[9] ruDekrG Nr. 122/1990 über die Zulassung und Tätigkeit von ausländischen Handels- und Organisationsvertretungen in Rumänien [Decretul-Legea nr. 122 privind activitatea reprezentanţelor şi birourilor societăţilor străine în România, M. Of. Nr. 54 din 25 aprilie 1990] geändert durch Regierungsanordnung Nr. 24/1996 [Ordonanţa nr. 24/1996, M. Of. Nr. 175 din 5 august 1996].

[10] Gesetz Nr. 241/1998 betreffend die Förderung von Direktinvestitionen [Legea nr. 241/1998 privind stimularea investiţiilor directe, M. Of. Nr. 483 din 16 decembrie 1998].

[11] Siehe Fn 6.

II. Rechtsformen

Inländische und ausländische Unternehmer können zur Ausübung wirtschaftlicher Tätigkeiten in Rumänien, in den im ruHGG[12] einschränkend aufgezählten Formen **Handelsgesellschaften** gründen:
- Die Offene Handelsgesellschaft mit unbeschränkter Haftung aller Gesellschafter (OHG): Die **OHG** hat eine eigene Rechtspersönlichkeit, ein Stammkapital[13], einen Sitz und besteht aus mindestens zwei Gesellschaftern. Diese Form einer Personengesellschaft wird selten verwendet. Da die personenbezogene Beteiligung in dieser Gesellschaft sehr wichtig ist, kann eine Unternehmungsübernahme nur beschränkt stattfinden. Die Anteilsübertragung ist nur möglich, sofern dies im Gesellschaftsvertrag bereits vorgesehen ist[14].
- **Die Kommanditgesellschaft**: Unbeschränkte Haftung mindestens eines Gesellschafters (Comanditat, Komplementär) und beschränkte Haftung aller übrigen Gesellschafter (Comanditar, Kommanditist). Eine Einmann-Kommanditgesellschaft ist unzulässig. Für die Übernahme der Gesellschaftsanteile der Komplementäre gelten die gleichen Einschränkungen wie für die Gesellschafter einer OHG.

Es gibt zwei Arten von **Kapitalgesellschaften**:
- Die **Aktiengesellschaft** (SA): Sie haftet für ihre Verbindlichkeiten mit dem Gesellschaftsvermögen. Die Aktionäre sind nur zur Leistung ihrer Einlagen verpflichtet. Das Mindeststammkapital beträgt 25 000 000 ROL[15]. Die Gesellschaft muß mindestens fünf Aktionäre[16] haben.
- Die **Gesellschaft mit beschränkter Haftung** (GmbH): Sie haftet für ihre Verbindlichkeiten nur mit dem Gesellschaftsvermögen. Die Gesellschafter sind nur zur Einbringung ihrer Einlage verpflichtet. Das Mindeststammkapital beträgt 2 000 000 ROL. Eine GmbH besteht aus 2 bis maximal 50 Gesellschaftern. Auch für diese Gesellschaftsform ist die personenbezogene Beteiligung sehr wichtig. Damit die Generalversammlung Entscheidungen treffen kann, ist eine Doppelmehrheit notwendig: Die Mehrheit des Kapitals und die Mehrheit der Gesellschafter[17]. Die GmbH kann auch als Einmanngesellschaft durch ein vereinfachtes Verfahren gegründet werden.

Desweiteren gibt es eine gemischte Form:
- Die Kommanditgesellschaft auf Aktien: Es haften die aktiven Gesellschafter unbeschränkt, während die Kommanditaktionäre nur zur Leistung ihrer Einlagen verpflichtet sind.

Im rumänischen Handelsrecht gibt es keine der GmbH & Co. KG ähnliche Gesellschaftsform.

---

[12] Art. 2 ruHGG.
[13] Es gibt keine Bestimmung, welche die Mindesthöhe des Stammkapitals einer OHG festschreibt.
[14] Art. 57 ruHGG.
[15] Art. 10 ruHGG. ROL = Rumänische Lei (Währung).
[16] Ausgenommen die AG, bei der der Staat Alleinaktionär ist.
[17] Art. 187 ruHGG.

16 Alle Handelsgesellschaften mit Sitz in Rumänien einschl. der Personengesellschaften sind kraft Gesetzes rumänische juristische Personen[18].

D. Rechtliche Wege für Unternehmensübernahmen

I. Bedeutung von Unternehmensübernahmen (Häufigkeit)

17 Vor der Wende gab es in Rumänien außer den staatlichen Betrieben und den kommunistischen Genossenschaften keine Handelsgesellschaften, sodaß in den letzten 10 Jahren der Schwerpunkt der Unternehmensentwicklung vor allem bei der Gesellschaftsgründung und bei der Umwandlung von kommunistischen Betrieben in Handelsgesellschaften lag. Die neuen rumänischen Gesellschaften sind entstanden durch:
– Neugründung durch inländische oder ausländische natürliche oder juristische Personen. Diese Unternehmen sind relativ jung und mit wenigen Ausnahmen nicht sehr groß. Sie sind üblicherweise nicht im Ganzen zu verkaufen, viele aber für Joint Venture offen.
– Tochtergesellschaften von großen und sehr großen ausländischen Unternehmen.
– Umwandlung von Staatsbetrieben in Handelsgesellschaften oder autonome Regiebetriebe[19].

18 Die Unternehmensübernahme findet überwiegend als Privatisierungsprozeß statt und selten durch Unternehmensübernahme auf dem RASDAQ[20]. Der letzte Fall betrifft allerdings auch ehemalige Staatsbetriebe. Seit der Wende wurden über 7 000 Gesellschaften privatisiert.

II. Form des Vertrags

19 Es gibt keine ausdrücklichen Bestimmungen für die **Form** eines Übernahmevertrags im allgemeinen, sondern nur bei Übernahme von Aktien an der Börse oder RASDAQ sowie von Aktien der öffentlichen Hand.

20 Wenn der Übernahmevertrag eine wesentliche Änderung des Gesellschaftsvertrags mit sich bringt, muß er die gleichen Bedingungen wie der Gründungsvertrag erfüllen[21]. Diese Bestimmung betrifft vor allem die Unternehmensübernahme **im Ganzen** (Asset Deal).

21 In einer **GmbH** stellt der Gesellschafterwechsel eine wesentliche Änderung des Gesellschaftsvertrags dar. Sie wird in **beglaubigter** Form abgeschlossen, im

---

[18] Art. 1 Abs. 1 ruHGG.
[19] Unter autonomen Regiebetrieben sind große Handelsgesellschaften der öffentlichen Hand zu verstehen.
[20] RASDAQ ist ein der Börse ähnlicher Wertpapiermarkt.
[21] Art. 199 ruHGG.

Handelsregister eingetragen[22] und im **rumänischen Bundesgesetzblatt publiziert**.

Als Voraussetzung eines solchen Vertrags sollte **das oberste Gesellschaftsorgan** – je nach Gesellschaftsform – einen entsprechenden **Beschluß** mit der notwendigen Mehrheit fassen. Der Beschluß der **Aktiengesellschaft** wird von einer außerordentlichen Generalversammlung[23] gefaßt. Die außerordentliche Generalversammlung trifft die Entscheidung mit einer Mehrheit von mindestens der Hälfte des vorhandenen Stammkapitals. Sie ist beschlußfähig, wenn Aktionäre, die mindestens drei Viertel des Stammkapitals repräsentieren, bei der ersten Einberufung anwesend sind. Wenn die erste Versammlung nicht beschlußfähig ist, kann eine zweite Versammlung einberufen werden. Die zweite Versammlung ist bei Anwesenheit von Aktionären, die mindestens die Hälfte des Stammkapitals repräsentieren, beschlußfähig. Sie trifft die Entscheidung mit einer Stimmenmehrheit, die ein Drittel des vorhandenen Stammkapitals repräsentiert. Bei einer **GmbH** trifft die Generalversammlung die Entscheidungen mit der Doppelmehrheit des Kapitals und der Gesellschafter[24]. 22

Wenn diese Übernahme zur **Bildung einer beherrschenden Stellung** auf dem Binnenmarkt führt, ist ein Beschluß[25] der Wettbewerbskommission erforderlich, daß die aus der Unternehmensübernahme entstehende Marktsituation keinen Verstoß gegen das Gesetz gegen unlauteren Wettbewerb darstellt. 23

Der Verkauf von Aktien, Geschäftsanteilen und von Aktiva im **Eigentum der öffentlichen Hand** erfolgt in einem von den Privatisierungsgesetzen[26] vorgesehenen Verfahren und unter Anwendung folgender **Methoden**[27]: 24
– öffentliches Angebot mit der Zustimmung der Wertpapierkommission[28];
– andere Verkaufsmethoden spezifisch für Wertpapiere;
– bei strategischen Investitionen durch direkte Verhandlung;
– durch Ausschreibung mit öffentlicher Versteigerung oder durch geheim gehaltene Offerte;
– durch Emission von Staatsbons.

Die **Vertragsklauseln** werden im Verkaufsangebot festgelegt[29]. Eine übliche, aber sehr belastende Klausel ist die Übernahme der alten Schulden, die leider oft nicht genau festzustellen sind. Eine andere wichtige Klausel betrifft die Zukunft der 25

---

[22] Art. 50 Normen Nr. P/608 betreffend das Gesetz Nr. 26/1990 über das Handelsregister [Norma nr. P/608 din 15 aprilie 1998 cu privire la aplicarea Legii nr. 26/1990 privind registrul comerțului, M. Of. Nr. 121 din 7 noiembrie 1990, republicat cu o nouă numerotare a articolelor in M. Of. Nr. 49 din 2 aprilie 1998].

[23] Art. 113 ruHGG.

[24] Art. 187 ruHGG.

[25] Art. 51 Gesetz 21/1996 über den Unlauteren Wettbewerb [Legea nr. 21/1996 privind concurența neloială, M. Of. Nr. 88 din 30 aprilie 1996].

[26] Beschluß Nr. 457/1997 [Hotărârea nr. 457/1997, M. Of. Nr. 213 din 28 august 1997], Gesetz Nr. 99/1999 [Legea nr. 99/1999, M. Of. Nr. 236/1999], Verordnung Nr. 450/1999 [Ordonanța nr. 450/1999, M. Of. Nr. 259 din 24 iunie 1999].

[27] Art. 13 Gesetz 99/1999, siehe auch Fn 26.

[28] Die überwiegende Mehrheit der Handelsgesellschaften der öffentlichen Hand ist als AG organisiert.

[29] Die einzige Möglichkeit zur Verhandlung der Vertragsklausel ist die, die bei der Privatisierungsmethode durch direkte Verhandlung für strategische Investoren vorgesehen ist.

Mitarbeiter des Unternehmens. Die gesetzliche Kündigungsfrist beträgt 15 Tage bei der Kündigung durch den Arbeitnehmer und 30 Arbeitstage bei der Kündigung durch den Arbeitgeber. Die rumänische Regierung aber setzt sich für die Erhaltung der Arbeitsplätze oder zumindest für eine gute Abfindung für jene, die im nächsten Jahr gekündigt werden sollen, ein. Fehlt eine solche Vereinbarung, ist der Vertrag nichtig[30].

26 Es gibt keine besonderen Vorschriften für die **Bevollmächtigung durch Ausländer**. In der Regel genügt eine schriftliche Vollmacht mit einer beglaubigten Übersetzung.

27 Fast in allen Übernahmefällen ist **rumänisches Recht** anzuwenden. Auch wenn im allgemeinen für einen handelsrechtlichen Vertrag[31] die Parteien das anwendbare Recht und den Gerichtsstand frei vereinbaren können, sind die Privatisierungsgesetze sowie die Börsen- und Wertpapiergesetze zwingend und lassen kein fremdes Recht zu. Die Gründung von rumänischen Handelsgesellschaften und die wichtigen Änderungen des Gründungsvertrags durch eine Übernahme sind gleichfalls dem rumänischen Handelsrecht unterworfen. Auch wenn im Fall des Kaufs von Aktien und Gesellschaftsanteilen die Vereinbarung eines fremden Rechts oder Gerichtsstands möglich wäre, ist eine solche Klausel nicht zu empfehlen. Die rumänischen Gerichte haben Schwierigkeiten bei der Auseinandersetzung mit einem fremden Recht und das Verfahren dauert sehr lange. Die Anerkennung und Vollstreckung einer ausländischen rechtskräftigen Gerichtsentscheidung ist möglich durch das Exequator-Verfahren (Exekutionsverfahren), jedoch muß mit längerer Verfahrensdauer gerechnet werden.

28 Rumänien hat das Übereinkommen über die Anerkennung und Vollstreckung ausländischer **Schiedssprüche** (New Yorker Übereinkommen) vom 10. 6. 1958 ratifiziert[32].

III. Unternehmensverschmelzungen[33]

29 Kapitalgesellschaften können durch Gesamtrechtsnachfolge vereinigt werden, wobei die Beteiligungsrechte erhalten bleiben. Das ruHGG regelt zwei Arten von Verschmelzungen:
– **Verschmelzung durch Aufnahme.** Das Vermögen der übertragenden Gesellschaft wird zur Gänze an die übernehmende Gesellschaft veräußert gegen Gewährung von Gesellschaftsanteilen oder Aktien dieser Gesellschaft und
– **Verschmelzung durch Neubildung.** Durch Verschmelzung zweier oder mehrerer Kapitalgesellschaften entsteht eine neue juristische Person, auf die das

---

[30] Die Verordnung Nr. 48/1997 betrifft die Schutzmaßnahmen der Mitarbeiter im Fall einer Übernahme von Aktien oder Gesellschaftsanteilen, geändert durch das Gesetz Nr. 51/1998 [Ordonanța nr. 48/1997 privind măsuri de protecție a persoanelor încadrate în muncă în caz de vânzare de părți sociale din unitățile de stat, M. Of. Nr. 224 din 30 august 1997 modificat prin Legea nr. 51/1998, M. Of. Nr. 102 din 4 martie 1998].
[31] Nach dem Prinzip der Vertragsfreiheit, Art. 696 rumänischer Handelskodex.
[32] BGBl. 200 von 1961.
[33] Die Verschmelzung ist in Art. 233 bis 244 ruHGG geregelt.

Vermögen jeder beteiligten Gesellschaft als Ganzes gegen Gewährung von Geschäftsanteilen oder Aktien der neuen Gesellschaft übergeht.

Die genaue Bilanzerstellung in Fall einer Verschmelzung wurde in der Verordnung 1223/1998[34] des Finanzministeriums geregelt. Da es in Rumänien keine Bilanzkonsolidierung auf Konzernebene gibt, spielt die Verschmelzung von Schwestergesellschaften eine wichtige Rolle für die Optimierung des Finanzierungsbildes eines Konzerns.

Die **Verschmelzung über die Grenze** ist im rumänischen Handelsrecht nicht vorgesehen. Im Fall einer Verschmelzung zweier oder mehrerer Gesellschaften mit verschiedenen Nationalitäten ist für die nationale Zugehörigkeit der neu entstandenen oder übernehmenden Gesellschaft ihr Sitz entscheidend. Befindet sich der Sitz in Rumänien, handelt es sich um eine rumänische juristische Person. Die im Ausland befindlichen Betriebsstätten sind als Zweigniederlassungen anzusehen.

E. Besonderheiten der Due Diligence

Eine **Due Diligence** wird in den letzten Jahren für Unternehmensübernahmen durchgeführt, auch bei Privatisierungen, wenn diese durch sog. Privatisierungsagenten stattfinden. Diese Agenten sind vor allem Banken, Steuerberatungsgesellschaften und Beratungsfirmen, die im Auftrag der öffentlichen Hand als Vermittler im Privatisierungsprozeß agieren. Da bisher solche Aufgaben von internationalen Beratungsfirmen oder Banken übernommen wurden, wurden Due Diligence-Prüfungen nach den EU bzw. USA Standards durchgeführt.

F. Besonderheiten in den Begleitfeldern

I. Börsennotierte Gesellschaften

Die **Wertpapierbörse** in Bukarest wurde 1995 wieder eröffnet und notiert knapp über 150 Unternehmen. **RASDAQ** wurde ebenfalls 1995 eröffnet und zählt über 4000 Unternehmen, die Aktien von über 500 Unternehmen werden intensiv gehandelt. 1999 wurden mehrere Takeover-Transaktionen erfolgreich durchgeführt.

II. Arbeitsrecht

Das Arbeitsrecht[35] regelt sowohl den **Individual-** als auch den **Kollektivvertrag**. Der individuelle Arbeitsvertrag wird in schriftlicher Form auf unbestimmte

---

[34] Veröffentlicht in M. Of. Nr. 237 vom 29. 6. 1998.
[35] Die wichtigsten Quellen des rumänischen Arbeitsrechts sind der Arbeitskodex von 1950, das Gesetz 13/1991[Legea nr. 13/1991, M. Of. Nr. 256 din 30 septembrie 1991], Gesetz 130/1999 [Legea nr. 130/1999, M. Of. Nr. 355 din 27 iulie 1999], und die Verordnung Nr. 747/1999 [Ordonanţa nr. 747/1999, M. Of. Nr. 653 din 31 decembrie 1999].

oder bestimmte[36] Dauer abgeschlossen. Im Vertrag müssen die Parteien Gehalt[37], Dauer der Arbeitswoche[38], Überstundenentgelt[39], Urlaubsdauer, Stellenbeschreibung usw. vereinbaren.

35 Der Kollektivvertrag, der sog. **Tarifvertrag**, wird jährlich zwischen Arbeitgeber- und Arbeitnehmervertretern (eventuell Gewerkschaft) abgeschlossen und ist für Unternehmen, die mehr als 20 Mitarbeiter beschäftigen, verbindlich. Dessen Gegenstand sind Arbeitsbedingungen, die Rechte und Pflichten der Arbeitnehmer und Arbeitgeber, die Entlohnung sowie Kündigungsbestimmungen usw.

36 Im Fall einer Unternehmensübernahme[40] bleiben alle bestehenden Rechte und Pflichten, die sich vom Kollektivvertrag und anderen Vereinbarungen zwischen Arbeitgeber[41] und Gewerkschaft oder von individuellen Arbeitsverträgen ableiten, aufrecht.

37 Bei **Übernahme von Aktien der öffentlichen Hand** wird im Kaufvertrag die Aufrechterhaltung der Arbeitsverhältnisse oder die Kündigung der Mitarbeiter genau vereinbart. Bei Fehlen einer derartigen Vereinbarung ist der Übernahmevertrag nichtig[42].

III. Altersversorgung

38 Die Altersversorgung wird in Rumänien wie vor der Wende durch eine staatliche Pensionskasse betrieben. Die Lasten der Altersversorgung fallen dem Arbeitnehmer und dem Staat (durch jährliche Beiträge) zur Last. Der Pensionsversicherungsbeitrag für den Arbeitnehmer beträgt derzeit 3% vom Bruttogehalt. Es gibt keine gesetzliche Betriebspension. Eine solche Vorsorge ist auch nicht üblich. In den letzten Jahren bieten verschiedene Versicherungen neue Altersversorgungsmodelle an, sowohl für Privatpersonen als auch für Betriebe. Zur Zeit werden sehr viele Pensionen ausgezahlt, vor allem im Landwirtschaftssektor, die die monatlichen Lebenshaltungskosten nicht abdecken.

IV. Umweltrecht

39 Im Bereich Umweltrecht wurde eine ganze Reihe von Gesetzen verabschiedet für die Bereiche Luft-, Wasser- und Bodenverschmutzung bis zur Einrichtung von Naturschutzgebieten. Die gesetzlichen Maßnahmen bleiben aber in vielen

---

[36] Mit genauer Angabe des Datums des Beginns wie auch der Beendigung des Arbeitsvertrags.
[37] Nicht unter dem gesetzlichen Mindestlohn.
[38] Die Arbeitswoche dauert üblicherweise 40 Stunden, hiervon ausgenommen ist bestimmte Schwerarbeit, für welche die Arbeitszeit 6 Stunden pro Tag beträgt. Die Parteien können sich aber auf eine Arbeitswoche mit 36 bis 44 Stunden einigen.
[39] Das Entgelt kann als 100 % Zeitausgleich oder als Gehaltszuschlag (pro Überstunde oder als prozentuelle Vereinbarung) vereinbart werden.
[40] Siehe Fn 30.
[41] Oder Repräsentanten der Arbeitnehmer.
[42] Art. 6 Verordnung Nr. 48/1997. Siehe auch Fn 30.

Bereichen nur auf einer theoretischen Ebene aus Mangel an finanziellen Mitteln für einen effektiven und umfangreichen Umweltschutz.

Bei Gesellschaftsgründung oder Erweiterung des Geschäftsgegenstands müssen die Unternehmen in vielen Tätigkeitsbereichen einen Umweltverträglichkeitsnachweis vorlegen.

Im Fall einer Unternehmensübernahme im Rahmen des Privatisierungsverfahrens ist der neue Eigentümer verpflichtet[43], eine Unweltverträglichkeitsbilanz zu erstellen und der Umweltbehörde zum Zweck der Begutachtung vorzulegen.

G. Gesetzliches oder gewohnheitsrechtliches Übernahmerecht

I. Anwendungsbereich

Die gesetzlich geregelte Unternehmensübernahme findet im Rahmen der Privatisierung und auf der RASDAQ statt. Gewohnheitsrechtliche Übernahmerechte sind auf dem rumänischen Markt noch nicht zu beobachten, da dieses Phänomen relativ neu ist und das neue rumänische Handelsrecht selbst eine sehr kurze Geschichte hat.

II. Pflichten und Rechte des Bieters

Die Privatisierungs- und die Börsengesetze regeln vor allem die **Pflichten** des Bieters. Der Verkauf von Aktien der öffentlichen Hand wird als Verkaufsanzeige oder Angebot mindestens 30 Tage und maximal 180 Tage vor Verkaufsdatum **publiziert**. Für die potentiellen Käufer werden **Unterlagen** über die wirtschaftliche und finanzielle Lage des Unternehmens zur Verfügung gestellt sowie eine **Finanzbestätigung** der steuerlichen Schulden[44] der Gesellschaft. Da die Zeit zwischen der Veröffentlichung des Angebots und dem Kauf relativ kurz ist, haben die Bieter nicht wirklich die Möglichkeit, das Unternehmen genau zu analysieren. Die Unterlagen, die zur Verfügung stehen, sind sehr oft unzureichend oder die Bewertung des Unternehmens entspricht nicht den Tatsachen. Die Anlagen sind überbewertet, die Schuldner sind insolvent oder die Großabnehmer haben finanzielle Schwierigkeiten. Es gibt auch Fälle, vor allem wenn die Gesellschaft wichtige Immobilien besitzt, daß der angegebene Preis stark unter dem Marktpreis liegt.

Bei Ausschreibungen oder Verhandlungen müssen die Interessenten eine **Garantie** in Höhe vom 3% und 20% des Aufrufpreises beibringen.

---

[43] Gemäß Art. 31 Verordnung 450/1999 betreffend die Ausführungsnormen der Dringlichkeitsverordnung Nr. 88/1997 betreffend die Privatisierung der Gesellschaften der öffentlichen Hand [Ordonanţa nr. 50/1999, M. Of. Nr. 295 din 24 iunie 1999 privind punerea în aplicare a Ordonanţei de urgenţă nr. 88/1997 privind privatizarea societăţilor comerciale cu capital de stat] und Gesetz 99/1999 [Legea nr 99/1999, M. Of. Nr. 236 din 27 mai 1999].

[44] Die Schulden, die nicht auf dieser Bestätigung aufgelistet sind, erlöschen.

45 Bei Unternehmensübernahme durch Kauf von Aktien an der Börse oder RASDAQ sieht das Wertpapier- und Börsengesetz (ruWBG)[45] eine **Meldepflicht** für den Kauf eines Aktienpakets von über 5% der Aktien vor. Wenn ein Aktionär eine Kontrollposition[46] erreicht hat, ist er verpflichtet[47], ein öffentliches Angebot zum Erwerb der übrigen Aktien zu machen.

H. Finanzierung von Unternehmensübernahmen

I. Inländische Finanzierung

46 Da der Kaufpreis im allgemeinen innerhalb kürzester Zeit bezahlt werden muß, soll das Finanzierungsproblem eine rasche Lösung finden. Die hohe Inflationsrate und die wirtschaftliche Instabilität in Rumänien haben sehr hohe Zinsen zur Folge, vor allem für Kredite in ROL.

47 Eine günstige Finanzierung wird den Mitarbeitern eines Betriebs der öffentlichen Hand zur Verfügung gestellt, wenn sie sich als Erwerbsgenossenschaft zusammenfinden, um beim Privatisierungsprozeß Aktienpakete des Unternehmens, in dem sie tätig sind, erwerben zu können. Der Kredit wird von einer Bank der öffentlichen Hand zu einem günstigen Zinssatz bzw. unter einfachen Garantieerfordernissen für drei Jahre gewährt.

II. Ausländische Finanzierung

48 Auf den internationalen Kreditmärkten ist Rumänien derzeit als Hochrisikoland eingestuft und die Finanzierung ist dementsprechend teuer und benötigt viele Garantien. Es gibt aber sehr viele Programme (Phare, ISPA, SAPARD, andere EU Programme etc.) der internationalen Finanzinstitute (WB, EBRD, IWF, etc.) sowie nationale Programme und Institutionen, die Investitionen in verschiedenen Bereichen unterstützen. Aktuell sind für Rumänien die Bereiche Infrastruktur, Umwelt, Landwirtschaft und KMU.

49 Es gibt in Rumänien Tochterniederlassungen internationaler Banken, die Kunden bevorzugen, die ebenfalls Tochtergesellschaften von großen internationalen Unternehmen sind.

---

[45] Gesetz Nr. 52/1994 [Legea nr. 52/1994, M. Of. Nr. 210 din 11 august 1994].
[46] Gemäß Art. 2 ruWBG ein Aktionär oder eine Gruppe von Aktionären, die eine Kontrollposition in einer AG haben, wenn sie mindestens 33 % der Stimmrechte in einer AG besitzen.
[47] Art. 89 ruWBG.

III. Kreditsicherung

Die häufigsten Kreditsicherungen sind:
- die Hypothek. Es gibt ein dem deutschen und österreichischen ähnliches rumänisches Grundbuchsystem[48]. Die hypothekarische Kreditsicherung[49] wurde 1999 ausführlich geregelt;
- die Bürgschaft[50], vor allem durch ausländische Mutterunternehmen;
- die Bankgarantie;
- das Pfandrecht an beweglichen Sachen, wie zB Wertpapieren und Geschäftsanteilen.

---

[48] Gesetz Nr. 7/1996 über den Kataster und die Immobiliarpublizität [Legea nr. 7/1996, M. Of. Nr. 61 din 26 martie 1996].
[49] Das Gesetz Nr. 190/1999 [Legea nr. 190/1999, M. Of. Nr. 611 din 14 decembrie 1999].
[50] Art. 1652-1684 rumänischer Zivilkodex.

§ 48 Slowakei*

Übersicht

	Rn
A. Einleitung	1
B. Wirtschaftliche Betätigung von Ausländern	5
C. Gesellschaftsformen	11
I. Allgemeines	11
II. Rechtsformen	14
1. Einzelunternehmen	14
2. Personengesellschaften	15
a) Offene Handelsgesellschaft	15
b) Kommanditgesellschaft	20
3. Kapitalgesellschaften	22
a) Gesellschaft mit beschränkter Haftung	22
b) Aktiengesellschaft	31
D. Rechtliche Wege zur Unternehmensübernahme	39
I. Bedeutung von Unternehmensübernahmen	39
II. Formen des Vertrags	41
1. Allgemeines	41
2. Erwerb von Anteilen (Share Deal)	45
3. Erwerb von Vermögensgegenständen (Asset Deal)	55
III. Unternehmensverschmelzungen	71
E. Besonderheiten der Due Diligence	73
F. Besonderheiten in den Begleitfeldern	75
I. Börsennotierte Gesellschaften	75
II. Arbeitsrecht	79
III. Altersversorgung	82
IV. Gewerbliche Schutzrechte	83
V. Umweltrecht	84
VI. Insolvenzrecht	85
VII. Kartellrecht	86
G. Übernahmerecht	87
I. Anwendungsbereich	87
II. Pflichten und Rechte des Bieters	88
H. Finanzierung von Unternehmensübernahmen	92
I. Inländische Finanzierung	92
II. Ausländische Finanzierung	95
III. Kreditsicherung	96

---

* Für die wertvollen Hinweise aus der Praxis sei Herrn RA *JUDr. Rastislav Kuklis*, WEINHOLD ANDERSEN LEGAL, v. o. s., herzlichst gedankt.

Schrifttum: *Patakyová,* Gesellschaft mit beschränkter Haftung und ihr Geschäftsführer [Spoločnosť s ručením obmedzeným a jej konateľ], Bratislava, 1998; *Suchoža a kolektív,* Handelsgesetzbuch Kommentar [Obchodný zákonník Komentár], EUROUNION, Bratislava, 1997; *Žitňanská,* Schutz der Minderheitsaktionäre im Recht der Handelsgesellschaften [Ochrana menšinových akcionárov v práve obchodných spoločností], Iura Edition, Bratislava, 2000; *Žitňanská/Stessl,* Das neue slowakische Handelsrecht im Überblick, DZWir 1998, 494.

A. Einleitung

1   Die Slowakei ist eines der jüngsten Länder im Herzen Europas. Der unabhängige Staat mit parlamentarischer Demokratie ist am 1. 1. 1993 entstanden[1]. Das Land besitzt eine Fläche von 49 036 km^2 und eine Einwohnerzahl von 5,4 Millionen. Die Slowakei gehört mittlerweile zu den am meisten entwickelten Ländern unter den Reformstaaten, nachdem der Markt schrittweise geöffnet, der Privatsektor zunehmend ausgebaut, der Sektor der Klein- und Mittelbetriebe gestärkt und das Devisensystem liberalisiert wurde[2]. Deutschland ist seit Jahren unangefochten der größte Investor in der Slowakei mit **Investitionen** von 399 Mio. US-$, gefolgt von Österreich, den USA, den Niederlanden und Großbritannien.

2   Trotz straffer Sparmaßnahmen und Preiserhöhungen in sensiblen Bereichen beträgt das **BIP** für 1999 **779,3 Mrd. SK**[3]. Die folgenden **volkswirtschaftlichen Eckdaten** repräsentieren Durchschnittswerte für 1999: Inflationsrate von 10,6 %, Arbeitslosenrate von 16,2 %, Monatseinkommen von 10 728 SK (gesetzlicher Mindestlohn ca. 4.000 SK), Außenhandelsdefizit in Höhe von 45,7 Mio. SK. Investitionen der letzten Jahre machen sich in einer verbesserten Infrastruktur bemerkbar.

3   Die wesentlichsten **Rechtsgrundlagen für wirtschaftliche Vorgänge** sind in Form eines Kodex, und zwar dem slowakischen Handelsgesetzbuch[4] (sHGB) normiert. Dieses Gesetz stammt aus der Zeit der ČSFR (Tschechoslowakischen Republik) und wurde in den Rechtsbestand der Slowakei übergeleitet[5]. Schon damals wurde für Ausländer ausdrücklich die **Niederlassungsfreiheit** iSd. Rechts auf Ausübung jeder erlaubten Erwerbstätigkeit normiert.

---

[1] Das Verfassungsgesetz Nr. 542/92 vom 25. 11. 1992 (in Kraft ab 8. 12. 1992) normiert die Auflösung der ČSFR zum 31. 12. 1992. Ab 1. 1. 1993 treten an ihre Stelle zwei selbständige Nachfolgestaaten: die Tschechische Republik und die Slowakische Republik. Die föderale Legislative, Exekutive und Judikative der ehemaligen ČSFR gehen auf eigene Organe der beiden Nachfolgestaaten über.
[2] Publikation der Wirtschaftskammer Österreich Slowakei, L76 (Stand: Januar 2000) S. 6.
[3] Bericht über die Vorbereitung der SR im Hinblick auf eine Mitgliedschaft in der EU für den Zeitraum September 1999 bis Juni 2000 (Stand: Juni 2000), S. 18 ff. SK = Slowakische Krone(n) (Währung).
[4] Obchodný zákonník, 513/1991. Mit Inkrafttreten des sHGB wurden das Zivilgesetzbuch (sZGB) [Občiansky zákonník, 40/1964] und die Zivilprozeßordnung (sZPO) [Občiansky súdny poriadok, 99/1963] umfassend novelliert.
[5] Art. 152 der Verfassung der SR bestimmt die wichtigsten Nachfolgeregelungen für die Slowakei und gewährleistet im Grunde umfassende Rechtskontinuität.

Gegenwärtig befindet sich das slowakische Recht in Umbruch. Hervorgehoben 4
seien hier nur die umfangreichen Novellierungsarbeiten zur Anpassung des slowakischen Gesellschafts- und Kapitalmarktrechts an das Recht der EU, welche in Kürze umgesetzt werden sollen[6].

B. Wirtschaftliche Betätigung von Ausländern

Die unternehmerische Tätigkeit ausländischer Personen auf dem Gebiet der 5
Slowakischen Republik (SR) ist in den §§ 21 bis 26 sHGB geregelt. Eine **ausländische Person** ist eine natürliche Person mit Wohnsitz bzw. eine juristische Person mit Sitz außerhalb der Slowakei. Eine **slowakische juristische Person** ist unabhängig von der Nationalität ihrer Anteilseigner eine juristische Person mit Sitz in der Slowakei. Die Niederlassungsfreiheit ist weitgehend verwirklicht, da ausländische Personen in der Slowakei grundsätzlich unter den gleichen Bedingungen und im gleichen Ausmaß wie inländische Personen unternehmerisch tätig sein können[7]. Neben den erforderlichen **Gewerbeberechtigungen** oder **sonstigen Genehmigungen**[8] für bestimmte Unternehmenstätigkeiten, die sowohl in- als auch ausländische Unternehmer gleichermaßen benötigen, müssen Ausländer darüber hinaus bestimmte **Aufenthalts-** und **Betätigungsbedingungen** erfüllen.

Ausländer dürfen ein Arbeitsverhältnis in der Slowakei nur eingehen, wenn sie 6
über eine **Aufenthaltsbewilligung** nach dem Aufenthaltsgesetz[9] verfügen. Für die Tätigkeiten von Ausländern in der Slowakei ist darüber hinaus eine **Arbeitsbewilligung** erforderlich. Der Antrag ist beim zuständigen Arbeitsamt zu stellen. Für aus dem Ausland entsandte und bezahlte Arbeitskräfte sind die Aufenthalts- und Arbeitsbewilligungen erst ab einem mehr als 30-tägigen Arbeitsaufenthalt notwendig. Wenn der Zeitraum weniger als 30 Tage beträgt, stellt die slowakische Botschaft ein **Arbeitsvisum** nach den Vorschriften des Beschäftigungsgesetzes[10] aus.

---

[6] Umsetzungsverpflichtungen resultieren vor allem aus dem Europa-Abkommen zur Gründung einer Assoziation zwischen den Europäischen Gemeinschaften und ihren Mitgliedstaaten einerseits und der SR andererseits, ABl. Nr. L 359 vom 31. 12. 1994, S. 0002–0210.

[7] Ausnahmen siehe in Rn 9.

[8] Unternehmerische Tätigkeit in der Slowakei erfordert die Gewerbeberechtigungen samt Eintragung in das Gewerberegister nach den Bestimmungen des slowakischen Gewerbegesetzes [Živnostenský zákon, 455/1991], welche wiederum Grundlage für die Eintragung in das Handelsregister nach den Vorschriften des sHGB sind. Bestimmte Tätigkeiten sind kein Gewerbe, zB Tätigkeiten von Anwälten, Kommerzjuristen, Wirtschaftsprüfern, Steuerberatern, Banken oder Versicherungen; hierfür sind Sondergenehmigungen erforderlich.

[9] Das Aufenthaltsgesetz [Zákon o pobyte cudzincov na území Slovenskej republiky, 73/1995] sieht vor, daß um eine erstmalige Aufenthaltsbewilligung bei einer slowakischen Vertretungsbehörde der SR im Ausland (Botschaften, Konsulaten) zu ersuchen ist. Verlängerungen der Aufenthaltsbewilligung können dann in der Slowakei direkt beantragt werden. Nach erteilter Bewilligung (binnen 60 Tagen) erfolgt die Ausstellung eines Visums, wobei innerhalb von drei Tagen ab der Einreise in die Slowakei die Meldung bei der slowakischen Fremdenpolizei erforderlich ist, welche dann die eigentliche Aufenthaltsbewilligung für max. ein Jahr erteilt.

[10] Beschäftigungsgesetz [Zákon o zamestnanosti, 387/1996].

7   An den Beginn des Arbeitsverhältnisses knüpft das slowakische Sozialversicherungssystem Abgaben in die Arbeitslosen-, die Gesundheits-, die Kranken- und Pensionsversicherung sowie in den sog. Garantiefonds[11]. Die **Sozialabgaben** betragen insgesamt **50%** vom Bruttolohn und werden vom Arbeitgeber in der Höhe von 38%, vom Arbeitnehmer in der Höhe von 12% getragen.

8   Ausländische natürliche und juristische Personen können eigene **slowakische juristische Personen gründen** oder sich **an der Gründung** bzw. einer **bestehenden slowakischen juristischen Person beteiligen**, wobei eine ausländische Kapitalbeteiligung bis zu 100% zulässig ist; sie können daneben auch als **Einzelunternehmer** tätig sein[12]. Eine ausländische Kapitalgesellschaft kann schließlich eine **Zweigniederlassung** ohne eigene Rechtspersönlichkeit in der Slowakei errichten.

9   Beschränkungen der Niederlassungsfreiheit bestehen insofern, als für Ausländer grundsätzlich ein Liegenschaftserwerbsverbot gilt[13], welches bislang nur für Zweigniederlassungen vor allem ausländischer Banken, Versicherungen und Wertpapierhändler dahingehend gelockert wurde, als diese Liegenschaften erwerben dürfen, die für die Ausübung ihrer Unternehmenstätigkeit benötigt werden[14].

10 Besonders erwähnenswert sind schließlich die Möglichkeiten der Gesellschaftsgründung in der Slowakei nach ausländischem Recht[15] und die grenzüberschreitende Sitzverlegung einer ausländischen Gesellschaft in die Slowakei unter Beibehaltung ihrer Identität[16].

---

[11] Maßgeblich sind das Beschäftigungsgesetz, das Gesetz über die Sozialversicherungsanstalt [Zákon o sociálnej poisťovni, 274/1994] sowie das Gesetz über die Gesundheitsversicherung, die Finanzierung der Gesundheitsversicherung, über die Einrichtung einer allgemeinen Gesundheitsversicherungsanstalt und über die Begründung einer Ressort-, Zweig-, Betriebs- und Personengesundheitsversicherungsanstalt [Zákon o zdravotnom poistení, finacovaní zdravotného poistenia, o zriadení všeobecnej zdravotnej poisťovne a o zriadovaní rezortných, odvetových, podnikových a občianskych zdravorných poisťovní, 273/1994].

[12] Siehe Rn 14.

[13] § 19 Abs. 1 Devisengesetz (sDevG) [Devízový zákon, 202/1995] (definitiv ausgenommen sind zB der Liegenschaftserwerb durch Erbfolge, Rechtsnachfolge beim Unternehmenskauf nach den Privatisierungsgesetzen); § 3 Bodengesetz [Zákon o úprave vlastníckych vzťahov k pôde a inému poľnohospodárskemu majetku, 229/1991].

[14] § 19 Abs. 2 sDevG ist seit 31. 12. 1999 in Kraft.

[15] Die Gründung einer Gesellschaft mit ausländischer Beteiligung kann zwar nach ausländischem Recht erfolgen, für ihre Entstehung, d. h. für die Eintragung ins Handelsregister, müssen jedoch die Voraussetzungen für die Registrierung nach slowakischem Recht erfüllt sein, da es sich um eine slowakische juristische Person handelt. Gemäß § 24 Abs. 2 iVm. § 26 Abs. 3 sHGB muß die Haftung der Gesellschafter Dritten gegenüber mindestens in der Höhe garantiert sein, welche die slowakische Regelung festlegt. Es kann somit ein Gesellschaftsvertrag samt allen „internen" Rechtsverhältnissen (so wörtlich in § 26 Abs. 3 sHGB) auch dem deutschen Recht unterstellt werden. In der Praxis ist jedoch die Anwendung dieser Bestimmung nicht empfehlenswert, da mangels Kenntnis des ausländischen Rechts mit langen Verfahrensverzögerungen bei den Registergerichten zu rechnen wäre; vgl. § 53 des Gesetzes über internationales Privat- und Prozeßrecht (sIPRG) [Zákon o medzinárodnom práve súkromnom a procesnom, 97/1963] und das Europaabkommen über Informationen über fremdes Recht [Bekanntmachung des slowakischen Außenministeriums, 87/1997].

[16] § 26 Abs. 1 sHGB.

C. Gesellschaftsformen

I. Allgemeines

Gleich vorweg kann betont werden, daß das slowakische Gesellschaftsrecht dem deutschen Gesellschaftsrecht sehr ähnlich ist: Im wesentlichen stehen dieselben Gesellschaftsformen zur Verfügung. Das slowakische Gesellschaftsrecht ist geregelt im sHGB, welches Bestimmungen sowohl für alle Handelsgesellschaften als auch für Genossenschaften enthält[17].

Auch in der Slowakei wird zwischen Personen- und Kapitalgesellschaften unterschieden, wobei der Unterschied vor allem in der Haftung der Gesellschafter für die Verbindlichkeiten der Gesellschaft liegt. Allerdings sind alle Handelsgesellschaften ebenso wie die Genossenschaften **juristische Personen** mit eigener Rechtspersönlichkeit. **Mischformen** wie zB die GmbH & Co. KG sind nicht eigens geregelt, werden jedoch in der Praxis als zulässig angesehen. Als weitere Gesellschaftsformen – jedoch ohne Rechtspersönlichkeit – kennt das slowakische Recht die Vereinigung nach bürgerlichem Recht[18] und die stille Gesellschaft[19], die als schuldrechtliche Beteiligung konstruiert ist.

Für die Slowakei gilt, daß die GmbH mit ihrer geringen Grundkapitalanforderung und der Haftungsbeschränkung die attraktivste Gesellschaftsform sowohl für in- als auch ausländische Personen für kleine und mittlere Unternehmen ist. Aktiengesellschaften gewannen ab Beginn der Privatisierungsprozesse an Bedeutung, als die meisten ehemals staatlichen Unternehmen zunächst in Kapitalgesellschaften umgewandelt und dann mittels der sog. Kuponmethode privatisiert wurden[20].

II. Rechtsformen

1. Einzelunternehmen

Einzelunternehmer sind natürliche Personen, die ihre Unternehmenstätigkeit aufgrund einer gewerblichen oder einer sonstigen Berechtigung nach Sondervorschriften ausüben, sowie landwirtschaftlich produzierende Personen, die in ein besonderes Register eingetragen sind[21]. Ausländische natürliche Personen, die ein

---

[17] Das slowakische Gesellschaftsrecht ist im zweiten Teil des sHGB in den §§ 56 bis 260 geregelt, wobei sich dieser Teil in ein erstes Hauptstück mit fünf Bereichen gliedert: Neben den allgemeinen Bestimmungen, die für alle Handelsgesellschaften gelten, gibt es weitere, spezielle Regelungen für die OHG, KG, GmbH und AG. Alle diese Gesellschaften sind Handelsgesellschaften. Im zweiten Teil des sHGB findet sich ein zweites Hauptstück mit Bestimmungen über die Genossenschaften.
[18] §§ 829 bis 840 sZGB.
[19] §§ 673 bis 681 sHGB.
[20] *Žitňanská*, Ochrana menšinových akcionárov v práve obchodných spoločností, S. 9. IRd. Kuponmethode wurden die in Kapitalgesellschaften umgewandelten staatlichen Unternehmen an die tschechoslowakischen Staatsbürger gegen ausgestellte Investitionskupons verkauft.
[21] § 2 Abs. 2 lit. b bis d sHGB.

Gewerbe nach den Vorschriften des Gewerbegesetzes ausüben, müssen neben der erforderlichen Gewerbeberechtigung und der anschließenden Eintragung in das Gewerberegister zusätzlich einen sog. verantwortlichen Vertreter bestellen[22]. Ausländische natürliche Personen, die ein Gewerbe oder eine sonstige Unternehmenstätigkeit ausüben wollen, müssen zwingend in das Handelsregister eingetragen werden[23]. Mit dem Tag der Eintragung im Handelsregister entsteht die Berechtigung, unternehmerisch tätig zu sein.

2. Personengesellschaften

15 a) **Offene Handelsgesellschaft**[24]. In der OHG sind **mindestens zwei** (natürliche oder juristische) **Personen** unter einem gemeinsamen Handelsnamen unternehmerisch tätig, wobei die OHG als juristische Person für die Verbindlichkeiten der Gesellschaft gesamtschuldnerisch mit den Gesellschaftern und unbeschränkt mit ihrem gesamten Vermögen haftet. Die Firma muß obligatorisch die Bezeichnung „verejná obchodná spoločnosť" bzw. die Abkürzungen „ver. obch. spol." bzw. „v. o. s." beinhalten. Die Gründung der OHG erfolgt durch Abschluß eines **schriftlichen Gesellschaftsvertrags**, der einen **Mindestinhalt** aufweisen muß[25]; Gründungskapital ist nicht erforderlich. Die Eintragung in das Handelsregister hat konstitutive Wirkung.

16 Die **Rechte** und **Pflichten der Gesellschafter** richten sich nach dem Gesellschaftsvertrag. Änderungen des Gesellschaftsvertrags bedürfen der Zustimmung sämtlicher Gesellschafter, sofern im Gesellschaftsvertrag nichts anderes vereinbart wurde. Als Beispiele für solche Änderungen seien der Eintritt eines weiteren Gesellschafters in die Gesellschaft, der Austritt eines Gesellschafters, sofern mindestens zwei Gesellschafter verbleiben, oder die Übertragung des Geschäftsanteils auf eine andere Person, genannt. Gewinne und Verluste werden nach den Regelungen im Gesellschaftsvertrag aufgeteilt. Ist dort keine Regelung getroffen, wird zu gleichen Teilen geteilt. Dasselbe gilt für die Einlagenpflichten der Gesellschafter.

17 Zur **Geschäftsführung** ist jeder Gesellschafter innerhalb der im Gesellschaftsvertrag vereinbarten Grundsätze berechtigt und verpflichtet. Beauftragen die Gesellschafter im Gesellschaftsvertrag einen oder mehrere Gesellschafter mit der gesamten oder teilweisen Geschäftsführung, verlieren die übrigen Gesellschafter die Geschäftsführungsbefugnis in diesem Ausmaß. Der/die beauftragte(n) Gesellschafter übt/üben die Geschäftsführung aufgrund von Beschlüssen der Gesellschafter aus, welche mit einfacher Mehrheit gefaßt werden. Grundsätzlich steht jedem Gesellschafter in der Gesellschafterversammlung eine Stimme zu, es sei denn, der Gesellschaftsvertrag regelt anderes.

18 Zur **Vertretung** der Gesellschaft **nach außen** ist grundsätzlich jeder Gesellschafter ermächtigt, sofern der Gesellschaftsvertrag nicht eine Gesamtvertretung durch alle Gesellschafter festlegt. Sind laut Gesellschaftsvertrag nur einige der Ge-

---

[22] Der verantwortliche Vertreter muß seinen dauernden Aufenthalt in der Slowakei haben oder über eine langfristige Aufenthaltsgenehmigung verfügen.
[23] § 21 Abs. 4 sHGB.
[24] §§ 76 bis 92 sHGB.
[25] Vgl. § 78 sHGB.

sellschafter vertretungsbefugt, sind diese als Statutarorgane in das Handelsregister einzutragen.

Nach slowakischem Recht darf eine natürliche oder juristische Person nur in einer einzigen Gesellschaft unbeschränkt haftende Gesellschafterin sein[26]. Neben der Haftung der juristischen Person mit ihrem Gesellschaftsvermögen haften die Gesellschafter der OHG persönlich mit ihrem gesamten Vermögen unbeschränkt und unbeschränkbar für Gesellschaftsverbindlichkeiten. Anders als in Deutschland und Österreich, ist die Haftung nicht primär, sondern subsidiär nach den Vorschriften der handelsrechtlichen Bürgschaft[27].

b) Kommanditgesellschaft[28]. Die KG ist eine Gesellschaft, in der ein oder mehrere Gesellschafter für die Verbindlichkeiten der Gesellschaft mit ihrer Einlage und – wenn diese nicht voll geleistet ist – zusätzlich bis zur Höhe ihrer nicht einbezahlten, im Handelsregister eingetragenen Einlage (Kommanditisten) und ein oder mehrere Gesellschafter mit ihrem gesamten Vermögen (Komplementäre) haften. Die Bestimmungen über die OHG sind auf die KG sinngemäß anzuwenden. Die Rechtsstellung des Kommanditisten richtet sich nach den Vorschriften über den Gesellschafter der GmbH. Die Firma der KG muß die Bezeichnung „komanditná spoločnosť" enthalten, wobei die Abkürzung „kom. spol." bzw. „k. s." ausreicht.

Der **Gesellschaftsvertrag** bedarf eines Mindestinhalts und der Schriftform[29]; die Eintragung in das Handelsregister hat konstitutive Wirkung. Die **Geschäftsführung** und **Vertretung** üben ausschließlich die Komplementäre aus. In sonstigen Angelegenheiten entscheiden die Komplementäre gemeinsam mit den Kommanditisten mit Stimmenmehrheit aller Gesellschafter, sofern der Gesellschaftsvertrag nichts anderes regelt. Änderungen des Gesellschaftsvertrags bedürfen der Zustimmung sämtlicher Gesellschafter, soweit im Gesellschaftsvertrag nichts anderes bestimmt wurde. Für die Übertragung von Geschäftsanteilen der Kommanditisten kann im Gesellschaftsvertrag festgelegt werden, daß die Zustimmung der übrigen Gesellschafter nicht erforderlich ist[30].

3. Kapitalgesellschaften

a) Gesellschaft mit beschränkter Haftung[31]. Das slowakische GmbH-Recht betont an mehreren Stellen ausdrücklich den dispositiven Charakter bestimmter Regelungen. Es versteht diese nur als Beispiele iRd. allgemeinen Gestaltungsfreiheit, soweit nicht teleologische Gründe dafür sprechen, daß von einer gesetzlichen Regelung nicht abgewichen werden darf[32]. Die GmbH darf max. **50 Gesellschafter** haben.

---

[26] § 56 Abs. 4 sHGB.
[27] § 56 Abs. 5 iVm. §§ 303 ff. sHGB.
[28] §§ 93 bis 104 sHGB.
[29] Vgl. § 94 sHGB.
[30] § 97 Abs. 4 sHGB.
[31] §§ 105 bis 153 sHGB.
[32] *Doralt/Svoboda/Solt*, GmbH-Mustervertrag ČSFR tschechisch – deutsch mit Kommentar und Einführung in die wichtigsten Rechtsgebiete, Wien, 1992, S. 16 f.

23 Das slowakische Recht läßt zwar die Gründung der **Einpersonen-GmbH** zu, doch sind damit für den Investor nicht unwesentliche Gefahren verbunden. Zum einen ist eine wechselseitige Haftung derjenigen Gesellschaften normiert, in denen dieselbe Person jeweils Alleingesellschafter ist. Die anderen Gesellschaften haften jeweils subsidiär für die Verbindlichkeiten einer anderen Gesellschaft, in denen ihr Anteilseigner alleiniger Gesellschafter ist. Dasselbe gilt auch bei der Mehrpersonen-GmbH, wenn sämtliche Gesellschafter zusammen eine weitere Gesellschaft gründen[33]. Zum anderen ist die Gründung einer Einpersonen-Gesellschaft durch einen Alleingesellschafter einer anderen Einpersonen-Gesellschaft nur zulässig, wenn der Gründergesellschafter bzw. derjenige der zum Alleingesellschafter wurde, nachweist, daß die erste Einpersonen-Gesellschaft ihre Schulden dem Staat und den Arbeitnehmern gegenüber erfüllt hat[34]. Es handelt sich hierbei vor allem um die Steuer- und Zollverbindlichkeiten, die Sozialversicherungs- und Arbeitslosenbeiträge sowie um die Gehälter für die Arbeitnehmer der Gesellschaft. Der Gesetzgeber wollte mit dieser Regelung primär staatliche Interessen schützen.

24 Die Firma der GmbH muß im Kern die Bezeichnung „spoločnosť s ručením obmedzeným" oder zumindest die Abkürzungen „spol. s. r. o." oder nur „s. r. o." beinhalten. Das **Mindeststammkapital** beträgt 200 000 SK, die **Mindeststammeinlage** 30 000 SK.

25 Die Gründung der GmbH erfolgt durch Abschluß eines **Gesellschaftsvertrags** mit Mindestinhalt, welcher von allen Gründern zu unterzeichnen ist[35]. Eine amtliche Beglaubigung der Unterschriften ist erforderlich. Die Unterfertigung durch Bevollmächtigte ist erlaubt, sofern eine entsprechende Vollmacht mit amtlich beglaubigter Unterschrift des Gründers beigefügt wird.

26 Bei der Einpersonen-GmbH wird statt des Gesellschaftsvertrags eine **Gründungsurkunde** (mit den im wesentlichen gleichen Inhalten wie beim Gesellschaftsvertrag) in Form eines **Notariatsakts** errichtet. Der Gesellschaftsvertrag kann bestimmen, daß die Gesellschaft zusätzlich eine Geschäftsordnung herausgibt, welche die interne Organisation und bestimmte im Gesellschaftsvertrag enthaltenen Angelegenheiten einer ausführlicheren Regelung zuführt. Die Gründung, alle Veränderungen und die Auflösung der Gesellschaft bedürfen der **Schriftform**.

27 Im Gründungszeitpunkt müssen Bareinlagen zumindest im Ausmaß von 30% (bei der Einpersonen-Gesellschaft zur Gänze) und Sacheinlagen zur Gänze eingebracht werden. Ein ausstehender Rest ist spätestens binnen fünf Jahren ab Eintragung in das Handelsregister einzuzahlen. Sacheinlagen müssen durch ein **Sachverständigengutachten** bewertet werden (in bestimmten Fällen durch zwei Gutachten), wobei der Wert entsprechend der zweiten gesellschaftsrechtlichen Richtlinie „wirtschaftlich nutzbar" sein muß und nicht in Dienst- oder sonstigen Arbeitsleistungen bestehen darf. Die Bildung eines Reservefonds zur Abdeckung von Verlusten der Gesellschaft und zur Überwindung von Krisensituationen in Höhe von 5% des Stammkapitals ist zwingend. Der Erwerb eigener Geschäftsanteile ist strikt ausgeschlossen. Die Rückgewähr von Einlagen ist verboten, die Ge-

---

[33] § 106 Abs. 1 Satz 2 sHGB; Žitňanská/Stessl DZWir 1998, 494, 498 Fn 30.
[34] § 105a Abs. 1 sHGB; Žitňanská/Stessl DZWir 1998, 494, 497.
[35] Vgl. § 110 sHGB.

sellschaft hat im Fall rechtswidriger Leistungen an Gesellschafter einen Rückforderungsanspruch.

Die **Generalversammlung** ist das oberste Organ der Gesellschaft. Zu ihren 28 weitreichenden Kompetenzen zählt insbes. die Möglichkeit, der Geschäftsführung Weisungen zu erteilen oder auch das Recht, sich die Zustimmung zu einzelnen Maßnahmen der Geschäftsführung vorzubehalten. Gesellschafterbeschlüsse werden grundsätzlich mit einfacher Stimmenmehrheit der anwesenden Gesellschafter gefaßt, in bestimmten Fällen ist eine Zweidrittelmehrheit vorgesehen. Umlaufbeschlüsse auf schriftlichem Wege sind zulässig.

Der/die **Geschäftsführer** ist/sind das geschäftsführende und vertretungsbefugte Organ der GmbH. Die Art der Vertretungsbefugnis ist in das Handelsregister einzutragen (Gesamt- oder Einzelvertretungsbefugnis). Beschränkungen der Vertretungsbefugnis der Geschäftsführer durch Gesellschaftsvertrag, Satzung oder Generalversammlung sind möglich, jedoch Dritten gegenüber unwirksam. Bei mehreren Geschäftsführern ist in Geschäftsführungsangelegenheiten der GmbH die Zustimmung der Mehrheit der Geschäftsführer zu einem vorgesehenen Geschäft oder einer beabsichtigten Maßnahme erforderlich. Die Problematik der Insichgeschäfte im Zusammenhang mit Einpersonen-Gesellschaften ist derzeit noch nicht geregelt.

Der **Aufsichtsrat** ist ein fakultatives Organ. 30

b) **Aktiengesellschaft**[36]. Die AG ist eine Gesellschaft, deren Grundkapital in 31 eine bestimmte Anzahl von Aktien mit bestimmtem Nennwert zerlegt ist. Stück- oder Quotenaktien sind dem slowakischen Aktienrecht derzeit fremd. Das **Mindestgrundkapital** beträgt 1 Mio. SK. Die Gründung der **Einpersonen-Aktiengesellschaft** ist ausdrücklich gestattet; Alleingründer darf aber nur eine juristische Person sein. Die Gründung erfolgt durch Errichtung einer **Gründungsurkunde**. Eine natürliche Person allein kann jedoch sämtliche Aktien einer bereits bestehenden AG erwerben.

Die Firma der AG muß die Bezeichnung „akciová spoločnosť" oder die Ab- 32 kürzung „akc. spol." bzw. „a. s." enthalten. Das slowakische Aktienrecht kennt die **Stufengründung** (Gründung durch Aufruf zur Aktienzeichnung) und die **Einheitsgründung** (Gründung ohne Aufruf zur Aktienzeichnung).

Der/die **schriftliche Gründungsvertrag/-urkunde** hat einen obligatori- 33 schen Mindestinhalt[37]. Hinsichtlich der sonstigen Voraussetzungen gilt das zur GmbH Gesagte[38], wobei die Einheitsgründung einen Notariatsakt erfordert. Ebenfalls erforderlich ist eine **Satzung** mit einem obligatorischen Mindestinhalt, wobei die Satzung idR eine Beilage des Gründungsvertrags bildet und diesen näher ausführt. Die Satzung muß von der Gründungshauptversammlung genehmigt werden[39].

---

[36] §§ 154 bis 220 sHGB.
[37] Vgl. § 163 sHGB.
[38] Siehe Rn 25.
[39] §§ 173 und 175 Abs. 1 sHGB.

34 Für die **Kapitalaufbringung** durch Sacheinlagen und die damit verbundene Gründungsprüfung gilt dasselbe wie bei der GmbH[40]. Ausstehende Reste der Bareinlagen müssen jedoch spätestens innerhalb eines Jahres ab Eintragung der AG in das Handelsregister geleistet werden. Der Erwerb eigener Aktien ist grundsätzlich verboten. Ausgenommen sind gesetzlich normierte Fälle, wie zB die Rechtsnachfolge beim Unternehmenskauf, die Schenkung oder die Erbschaft[41]. Das **Verbot der Einlagenrückgewähr** gilt auch hier[42]. Die Bildung des Reservefonds ist im Gründungszeitpunkt, anders als bei der GmbH, nicht zwingend. Er muß erst in dem Geschäftsjahr, in dem erstmals Gewinne erzielt werden, eingerichtet werden.

35 Das slowakische Recht kennt die ordentliche und die bedingte **Kapitalerhöhung**, die Kapitalerhöhung aus Gesellschaftsmitteln sowie jene mittels genehmigten Kapitals. Das Bezugsrecht der Aktionäre kann für jede Art der Kapitalerhöhung vorweg durch die Satzung ausgeschlossen werden.

36 Der **Vorstand** besteht mindestens aus drei Personen. Er wird von der Hauptversammlung auf längstens fünf Jahre gewählt. Die Bestellungskompetenz kann auch dem Aufsichtsrat übertragen werden. Der Vorstand ist das statutarische Leitungs- und Vertretungsorgan der AG, das in sämtlichen Angelegenheiten der Gesellschaft entscheidet. In bestimmten Angelegenheiten unterliegt der Vorstand aber dem Weisungsrecht der Hauptversammlung[43].

37 Der **Aufsichtsrat** ist bei der AG zwingend. Er ist das Kontrollorgan und wird von der Hauptversammlung bestellt, deren Weisungen er unterliegt. Sind in einer slowakischen AG mehr als 50 Arbeitnehmer vollzeitbeschäftigt, wird ein Drittel der Aufsichtsratsmitglieder von den Arbeitnehmern bestimmt.

38 Die **Hauptversammlung** ist das oberste Organ der Gesellschaft, die den Vorstand und den Aufsichtsrat bestellt und diesen gegenüber – wie erwähnt – weisungsberechtigt ist. Die Beschlußfähigkeit setzt ein Präsenzquorum von 30% des Kapitals voraus; Beschlüsse werden grundsätzlich mit einfacher Stimmenmehrheit gefaßt. Die Satzung kann ein Höchststimmrecht eines Aktionärs bestimmen[44]. Die Aktionäre üben ihre Rechte vor allem in der Hauptversammlung aus. Gesetzlich eingeräumte **Minderheitsrechte** werden einer Minderheit von 10% des Kapitals eingeräumt, wobei der Minderheitsschutz für Aktiengesellschaften mit öffentlich handelbaren Aktien durch entsprechende Regelungen im Wertpapiergesetz ergänzt wird[45].

---

[40] Siehe Rn 27.
[41] *Saria/Stessl*, Verbot des Erwerbs eigener Aktien in der Slowakei: Vorschläge für eine EU-rechtskonforme Regelung, WIRO 12/2000, 397 ff., 399.
[42] § 179 Abs. 2 sHGB.
[43] Beachte § 194 Abs. 4 sHGB.
[44] § 180 sHGB.
[45] Siehe Rn 87 ff.

D. Rechtliche Wege zur Unternehmensübernahme

I. Bedeutung von Unternehmensübernahmen

Unternehmensübernahmen spielten in der ehemaligen ČSFR **ab 1991** eine Rolle: Seit damals wurden die Staatsunternehmen, staatlichen Banken und Versicherungen zumeist in Aktiengesellschaften umgewandelt, deren alleiniger Aktionär der Fonds des Nationalvermögens war. Danach erfolgte die Übereignung der Unternehmen(steile) bzw. der Anteile an private in- und ausländische Rechtsträger. Im Rahmen der sog. Großen Privatisierung[46], die zunächst mittels der Kuponmethode[47] erfolgte, konnten Kuponinhaber Aktien an insgesamt 678 privatisierten ehemals staatlichen Unternehmen erwerben. Die so geschaffenen Aktiengesellschaften hatten mehrheitlich eine breit gestreute Eigentümerstruktur. 1995 wurde die Kuponmethode abgelöst. Aktien konnten durch einen gesetzlich festgelegten Personenkreis direkt erworben werden. Diese Gesellschaften waren vorwiegend dadurch gekennzeichnet, daß die Mehrheit in der Hand eines oder weniger Gesellschafter lag[48]. Ebenfalls 1995 wurden nach europäischem Vorbild für Aktiengesellschaften mit öffentlich handelbaren Aktien Vorschriften über die Meldepflicht von größeren Aktienpaketen und die Pflicht zur Abgabe eines öffentlichen Übernahmeangebots eingeführt[49].

Die Zahl der Unternehmenszusammenschlüsse und der Unternehmensübernahmen im Privatsektor nimmt in der Slowakei stark zu[50]. Ein ehrgeiziges Privatisierungs- und Restrukturierungsprogramm der slowakischen Regierung für den Unternehmens- und Bankensektor, das insbes. auch den Zustrom ausländischer Investoren fördern soll, wurde bereits beschlossen. Betroffen ist vor allem der Sektor der sog. „strategischen Unternehmen", wie zB die Slowakische Telekom, die Slowakischen Energie- und Gaswerke sowie die staatlichen Banken. Es handelt sich um Unternehmen, die bislang noch nicht privatisiert wurden und ausschließlich in staatlicher Hand sind[51].

---

[46] Gesetz über die Bedingungen der Übertragung von Staatsvermögen auf andere Personen [Zákon o podmienkach prevodu majetku štátu na iné osoby, 91/1992].
[47] Siehe Fn 20.
[48] *Žitňanská*, Ochrana menšinových akcionárov v práve obchodných spoločností, S. 19 f.
[49] Siehe Rn 78, 87 ff.
[50] Siehe die Außenwirtschaftsnachrichten für Mittel- und Osteuropa der Wirtschaftskammer Österreich unter der Internetadresse: http://www.wk.or.at
[51] Die sog. strategischen Unternehmen waren bis 1999 von der Privatisierung gänzlich ausgeschlossen. Erst im Zuge der Novelle des Großen Privatisierungsgesetzes durch das Gesetz 253/1999 wurde das Gesetz über die Sicherung der Interessen des Staates bei der Privatisierung strategisch wichtiger Staatsbetriebe und Aktiengesellschaften [Zákon o zabezpečení záujmov štátu pri privatizácii strategicky dôležitých štátnych podnikov a akciových spoločností, 192/1995] mit Wirkung vom 12. 10. 1999 aufgehoben und die Privatisierung dieses Sektors angeordnet. Die derzeit laufenden Privatisierungsprojekte sind im Internet unter der Adresse www.privatiz.gov.sk aufrufbar.

II. Formen des Vertrags

1. Allgemeines

41 In der Slowakei stehen für Unternehmensübernahmen wie in anderen marktwirtschaftlichen Ländern die klassischen Methoden des **Share Deal** und des **Asset Deal** zur Verfügung. Als eine der möglichen **Varianten des Asset Deal** ist ein Vertrag über den **Erwerb bestimmter, genau festgelegter Vermögenswerte** eines Unternehmens (zB immaterielle Rechte, bewegliche Anlagegüter, Zubehör) zu nennen, wobei dieser Vertrag häufig mit einem Vertrag über die langfristige Anmietung von Liegenschaften des Unternehmens kombiniert wird. Eine weitere Variante des Asset Deal ist der **(Teil-)Unternehmenskauf** nach handelsrechtlichen Sondervorschriften, bei dem der Kaufgegenstand das (Teil-)Unternehmen an sich ist, der Übergang der Verbindlichkeiten und Verträge jedoch wesentliche Erleichterungen aufweist.

42 Während beim Asset Deal die einzelnen Vermögensgegenstände Gegenstand der Transaktion sind und die jeweiligen sachenrechtlichen Grundsätze eingehalten werden müssen, gehen beim **Share Deal** die Beteiligungsrechte nach den jeweiligen gesellschaftsrechtlichen Regelungen über, womit sich dieser Vorgang im Vergleich zum Asset Deal als grundsätzlich einfacher erweist.

43 Insbes. die Belastung mit Verkehrssteuern und die Regeln des Ausländergrundverkehrs mögen wichtige Kriterien für die Art der Übernahme bilden.

44 Sowohl Verträge, mit denen Gesellschafteranteile übertragen werden, als auch der (Teil-)Unternehmenskauf sind sog. **absolute Handelsgeschäfte**[52], die stets den handelsrechtlichen Regelungen unterliegen, unabhängig davon, ob die beteiligten Personen Unternehmer sind oder nicht. Die Bestimmungen des sZGB finden subsidiär Anwendung. Der (Teil-)Unternehmenskauf nach den Sonderbestimmungen des sHGB beruht gleichermaßen auf den allgemeinen Vorschriften des Kaufrechts des sHGB und subsidiär auf denen des sZGB[53]. Dasselbe gilt für (Teil-)Unternehmenskäufe nach den speziellen Bestimmungen des Großen Privatisierungsgesetzes[54].

2. Erwerb von Anteilen (Share Deal)

45 **Allgemeines**: Die Regelungen für die Übertragung von Gesellschaftsanteilen finden sich im sHGB bei den Regelungen der jeweiligen Gesellschaftsformen. Von praktischer Bedeutung für den ausländischen Investor sind vor allem die Vorgänge des Erwerbs von Aktien an einer AG und von Geschäftsanteilen an einer

---

[52] § 261 Abs. 3 sHGB.

[53] Die Vorschriften betreffen auch den Verkauf eines Teilunternehmens, wobei es sich um eine selbständige Organisationseinheit des Unternehmens handeln muß. Dazu wird insbes. auf das Erfordernis einer getrennten Buchführung abgestellt, *Suchoža a kolektív*, Obchodný zákonník Komentár § 487 S. 477.

[54] Der Erwerb privatisierter ehemals staatlicher (Teil-) Unternehmen nach den Vorschriften des Großen Privatisierungsgesetzes erfolgt aufgrund von Kauf- oder Sacheinlageverträgen zwischen dem Fonds des Nationalvermögens und dem jeweiligen Erwerber, wobei auf diese Vorgänge die handelsrechtlichen (und zivilrechtlichen) Vorschriften subsidiäre Anwendung finden.

GmbH, weshalb im Anschluß die formellen Voraussetzungen dieser Vorgänge näher erläutert werden[55]. Hinsichtlich des Anteilserwerbs bei der OHG und KG wird auf die dortigen Ausführungen verwiesen[56].

Beim Share Deal ergeben sich für den ausländischen Erwerber keinerlei (devisenrechtliche) Beschränkungen, da sich hier die Zuordnung der Vermögenswerte zum bisherigen Rechtsträger nicht ändert. Zur Problematik der Rechtsdurchsetzung des Erwerbs von Anteilen nach ausländischem Recht wird auf die Ausführungen an anderer Stelle verwiesen[57].

Erwerb von Aktien: In der Slowakei gibt es Namens- und Inhaberaktien, wobei Namensaktien sowohl in Urkundenform (verbrieft) als auch unverbrieft bestehen können. Unverbriefte Aktien existieren als reine Buchwerte, worüber das Wertpapierzentrum (WPZ) ein Register führt. Inhaberaktien sowie alle auf öffentlichen Märkten (Wertpapierbörse Aktiengesellschaft, Bratislava und RM-System, Slovakia) gehandelten Aktien werden seit 1. 7. 1999 ausschließlich in unverbriefter Form ausgegeben.

Die **Übertragung der verbrieften Aktien** vollzieht sich durch die Registrierung der Übertragung beim WPZ[58]. Die **Übertragung von verbrieften Namensaktien** erfordert neben dem schriftlichen Vertrag ein Indossament, die Übergabe und zusätzlich die Eintragung der Übertragung in das Aktionärsverzeichnis, welches vom WPZ geführt wird[59]. Die Weisung zur Änderung des Aktionärsverzeichnisses erteilt die Gesellschaft dem WPZ unverzüglich, nachdem ihr der Vertrag über die Übertragung der Namensaktien in Urkundenform vorgelegt wurde. Die AG haftet für jenen Schaden, der aus der Nichterfüllung dieser Verpflichtung resultiert.

Ausländer unterliegen beim Aktienerwerb grundsätzlich keinen Beschränkungen. Sondergesetze können jedoch Beteiligungsgrenzen und Genehmigungspflichten für den Anteilserwerb an bestimmten slowakischen juristischen Personen normieren. Solche finden sich beispielsweise im Wertpapierbörsegesetz[60] oder im Bankengesetz[61].

Erwerb von GmbH-Geschäftsanteilen[62]: Die **Übertragung** des GmbH-Anteils **an** einen **Mitgesellschafter** ist mit Zustimmung der Generalversammlung zulässig, sofern der Gesellschaftsvertrag nichts anderes bestimmt (zB die Übertragung gänzlich ausschließt[63]).

Eine **Übertragung an Dritte** muß im Gesellschaftsvertrag ausdrücklich gestattet sein. Sollte dies nicht der Fall sein, so müßte der Gesellschaftsvertrag zu-

---

[55] Siehe Rn 47 bis 54.
[56] Siehe Rn 16 und 21.
[57] Siehe Rn 68.
[58] § 56 Abs. 1 sWPG [Zákon o cenných papieroch, 600/1992 idF 128/1999].
[59] § 156 Abs. 3 und 4 sHGB iVm. § 19 Abs. 1 sWPG; ausführlich *Ovečková/Stessl,* Die jüngste Novelle des slowakischen Handelsgesetzbuches, WIRO 1999, 408.
[60] Wertpapierbörsegesetz [Zákon o burze cenných papierov, 214/1992].
[61] Bankengesetz [Zákon o bankách, 21/1992].
[62] Beachte insbes. die §§ 115, 125 Abs. 1 lit. d und 141 sHGB.
[63] In diesem Fall ist entweder eine einvernehmliche Vereinbarung der Gesellschaft mit dem Gesellschafter über den Austritt möglich. Falls eine solche Lösung nicht gefunden wird, kann ein Austritt des Gesellschafters unter Einschaltung des Gerichts erfolgen (§ 148 Abs. 1 sHGB).

nächst entsprechend geändert werden. Diese Gesellschaftsvertragsänderung bedarf, wie auch sonst, der Zustimmung sämtlicher Gesellschafter, es sei denn, die Generalversammlung ist durch das Gesetz oder den Gesellschaftsvertrag zu einer solchen Änderung ermächtigt. In einem solchen Fall ist eine Zweidrittelmehrheit erforderlich, sofern der Gesellschaftsvertrag nicht ein höheres Quorum festlegt. Selbst wenn die Übertragung im Gesellschaftsvertrag gestattet wird, kann diese an zusätzliche Bedingungen geknüpft werden[64]. Da die Übertragung einen Gesellschafterwechsel und damit eine Gesellschaftsvertragsänderung bewirkt, muß nach hL die Generalversammlung mit mindestens Zweidrittelmehrheit zustimmen. Das Gesetz normiert eine Ausfallshaftung zu Lasten des ausscheidenden Gesellschafters.

52 Der Abtretungsvertrag, d. h. der Kaufvertrag über die Geschäftsanteile, bedarf der **Schriftform**. Die Unterschriften der Vertragsparteien müssen notariell beglaubigt werden. Der Erwerber (Nichtgesellschafter) muß darüber hinaus erklären, daß er dem Gesellschaftsvertrag bzw. der Satzung beitritt.

53 Die Wirkungen aus der Übertragung des Geschäftsanteiles treten gegenüber der Gesellschaft mit der Zustellung des Abtretungsvertrags an die Gesellschaft ein. Der Geschäftsführer hat die erforderlichen Änderungen in der Gesellschafterliste vorzunehmen sowie den Antrag auf Eintragung des Gesellschafterwechsels in das Handelsregister einzubringen.

54 Die Eintragung in das Handelsregister hat grundsätzlich deklaratorische, hinsichtlich des Haftungsübergangs auf den Erwerber jedoch konstitutive Wirkung. Im Abtretungsvertrag haben die Parteien den Preis oder die Art, wie dieser ermittelt werden soll, festzulegen[65].

3. Erwerb von Vermögensgegenständen (Asset Deal)

55 Beim Asset Deal werden einzelne Vermögensgegenstände der veräußernden Gesellschaft unter Beachtung der jeweiligen sachenrechtlichen Grundsätze erworben. Eine typische Form des Asset Deal ist der **(Teil-)Unternehmenskauf**[66], im Zuge dessen die Übertragung sämtlicher mit dem (Teil-)Unternehmen zusammenhängender Vermögenswerte auf den Erwerber stattfindet.

56 Für ausländische Personen sind die devisenrechtlichen Beschränkungen beim Liegenschaftserwerb beachtlich[67], weshalb in der Praxis ausländische Erwerber oft die Form des Asset Deal[68] bevorzugen.

57 Beim **Vertrag über den Verkauf eines Unternehmens** verpflichtet sich der Veräußerer zur Übertragung des Eigentums an Sachen, Rechten und sonstigen Vermögenswerten, die dem Betrieb des Unternehmens dienen. Der Käufer ver-

---

[64] *Patakyová* Spoločnosť s ručením obmedzeným a jej konateľ, 1998, 7/5.2. S. 2.
[65] Beachtenswert ist in diesem Zusammenhang die erst jüngst in Kraft getretene Verlautbarung 255/2000 des slowakischen Justizministeriums vom 28. 7. 2000 über die Ermittlung des Werts eines Unternehmens, Unternehmensteils und von Vermögenseinheiten des Unternehmens durch Sachverständige.
[66] §§ 476 bis 488 sHGB.
[67] Dies gilt explizit nicht beim Erwerb eines (Teil-)Unternehmens nach den Vorschriften des Großen Privatisierungsgesetzes.
[68] Siehe Rn 41 ff.

pflichtet sich, den Kaufpreis zu bezahlen sowie die mit dem Unternehmen verbundenen Verbindlichkeiten zu übernehmen.

Die Bestimmungen sind überwiegend zwingender Natur[69] und können von den Vertragsparteien nicht abbedungen werden.

Der Vertrag erfordert **Schriftform**. Sollen auch Liegenschaften übertragen werden, so muß der Kaufvertrag eine einheitliche Urkunde darstellen, welche die Willenserklärungen beider Vertragsparteien enthält[70].

Das Gesetz[71] ordnet zwingend den Übergang sämtlicher Rechte und Verbindlichkeiten an, auf die sich der Verkauf bezieht. Dies betrifft auch Verbindlichkeiten, die noch vom Veräußerer begründet wurden[72]. Für diese haftet der Erwerber ebenfalls. Die Frage, ob die Vertragsparteien bestimmte Forderungen oder Verbindlichkeiten vom Übergang auf den Erwerber ausschließen können, wird in der slowakischen Lehre überwiegend abgelehnt[73]. Uneinigkeit besteht darüber, ob der Übergang von **Steuern** oder **sonstigen öffentlich-rechtlichen Verbindlichkeiten** vom Unternehmenskauf umfaßt ist. Für Steuern wird dies aufgrund des Gesetzes über die Verwaltung der Steuern und Gebühren[74] mE zu bejahen sein. Hinsichtlich anderer öffentlich-rechtlicher Verbindlichkeiten ist die jeweilige Rechtsgrundlage zu prüfen. Etwaige diesbezügliche Unklarheiten werden sich vor allem im Kaufpreis niederschlagen. Ausdrücklich ausgeschlossen ist aber der Übergang der Gewerbeberechtigung des Veräußerers[75].

Gewerbliche Schutz- und **Urheberrechte**[76] gehen ebenso über wie die Rechte und Pflichten aus **Arbeitsverhältnissen**[77]. Mangels abweichender Vereinbarung geht auch die **Firma** über. Generell ist davon auszugehen, daß sämtliche in den Geschäftsbüchern verzeichneten Rechte und Pflichten vom Übergang umfaßt sind, so daß eine nähere Spezifikation durch die Vertragsparteien nicht notwendig ist[78].

Im slowakischen Recht gilt zwar grundsätzlich die „**Trennung von Kauf und Vollzug**", d. h. neben dem jeweiligen Titel ist auch ein entsprechender modus

---

[69] § 263 sHGB.
[70] § 46 Abs. 2 sZGB.
[71] § 477 Abs. 1 sHGB.
[72] Allerdings haftet der Veräußerer weiterhin für die Erfüllung der Verbindlichkeiten, vgl. Rn 63.
[73] Allenfalls könne es sich dabei um einen Innominatkontrakt handeln, welcher letztlich unter dem Damoklesschwert der Ungültigkeit wegen Gesetzesumgehung iSd. § 39 sZGB stünde; vgl. *Suchoža a kolektív*, Obchodný zákonník Komentár § 476 S. 466.
[74] Gesetz über die Verwaltung der Steuern und Gebühren sowie über die Änderungen im System der territorialen Finanzorgane [Zákon o správe daní a poplatkov a o zmenách v sústav územných finančných orgánov, 511/1992]. § 56 Abs. 3 leg. cit. normiert, daß die Steuerpflichten untergegangener juristischer Personen auf deren Rechtsnachfolger übergehen.
[75] § 10 Abs. 6 slowakisches Gewerbegesetz.
[76] Der Übergang der gewerblichen Schutz- und Urheberrechte findet nicht statt, wenn der Vertrag zur Ausübung dieser Rechte einen solchen nicht gestattet oder dies aufgrund des höchstpersönlichen Charakters des Rechts ausgeschlossen ist (§ 479 Abs. 2 sHGB). Die Slowakei ist Mitglied des Pariser Verbandsübereinkommen zum Schutz des gewerblichen Eigentums sowie des Madrider Abkommens über Internationale Registrierung der Warenzeichen.
[77] Siehe Rn 79 ff.
[78] *Suchoža a kolektív*, Obchodný zákonník Komentár, § 476 S. 466.

erforderlich. Der Eigentumserwerb bei **beweglichen Sachen beim Unternehmenskauf** erfolgt – anders als sonst, also unabhängig von der Übergabe der Sachen – mit dem **Zeitpunkt der Wirksamkeit des Kaufvertrags**. Das ist entweder der ausdrücklich vertraglich vereinbarte Zeitpunkt, sonst der Tag des Vertragsabschlusses. Bei Handelskäufen über bewegliche Sachen kann der Erwerbszeitpunkt entweder vereinbarungsgemäß vorverlegt oder nach hinten verschoben werden[79]. Bei **Liegenschaften** findet der Eigentumserwerb unabhängig von der Vertragswirksamkeit im Zeitpunkt der Entscheidung des jeweiligen Katasteramts über die **Eintragung** des Eigentumsrechts **in den Liegenschaftskataster** statt[80].

63   Die **Abtretung von Forderungen** erfordert beim Unternehmenskauf weder einen schriftlichen Vertrag noch die Zustimmung des Schuldners[81]. Für den **Übergang der Verbindlichkeiten** ist die Zustimmung der Gläubiger nicht erforderlich, der Veräußerer haftet aber weiterhin für die Erfüllung der Verbindlichkeiten nach den Vorschriften über die handelsrechtliche Bürgschaft[82]. Die Vertragsparteien haben die Gläubiger und Schuldner unverzüglich vom Übergang der Verbindlichkeiten bzw. der Forderungen zu informieren. Eine Verletzung der Informationspflichten hindert den Übergang der Forderungen bzw. Verbindlichkeiten nicht, die Gläubiger und Schuldner können bis zur Information über den Übergang allerdings weiterhin von ihrem ursprünglichen Vertragspartner fordern bzw. diesem gegenüber schuldbefreiend leisten. Gläubiger haben ein **gerichtliches Widerspruchsrecht** gegen den Forderungsübergang. Sie können diesen für unwirksam erklären lassen, wenn sie nachweisen, daß dadurch die Einbringlichkeit ihrer Forderungen erheblich verschlechtert wurde. Das Widerspruchsrecht läuft 60 Tage ab subjektiver Kenntnis vom Unternehmenskauf, längstens jedoch sechs Monate ab Eintragung des Unternehmenskaufs in das Handelsregister[83] bzw. ab Vertragsabschluß.

64   Der **Zeitpunkt der Übergabe** der Sachen, der hier ausnahmsweise nicht mit dem Eigentumserwerb zusammenfallen muß[84], ist für den **Gefahrenübergang** auf den Käufer maßgeblich. Die Vertragsparteien müssen darüber ein **Übergabeprotokoll** verfassen und unterfertigen. Spätestens hierin hat der Veräußerer den Erwerber über sämtliche Sach- und Rechtsmängel sowie über fehlende Sachen zu informieren, soweit er diese kannte bzw. kennen mußte. Auf die Vorschriften über Rechtsmängel beim Handelskauf wird gesetzlich verwiesen[85]. Für sämtliche protokollierte Mängel kann der Erwerber eine **Minderung des vereinbarten Preises** für das Unternehmen verlangen. Ebenso kann der Erwerber Minderung

---

[79] Entsprechend den §§ 444 bis 446 sHGB.
[80] §§ 28 bis 33 des Gesetzes über den Liegenschaftskataster und über die Eintragung von Eigentums- und anderen Rechten zu Liegenschaften [Zákon o katastri nehnuteľností a o zápise vlastníckych a iných práv k nehnuteľnostiam, 162/1995].
[81] Sonstige Bestimmungen über die Forderungsabtretung gelten jedoch, insbes. §§ 524 Abs. 2, 526, 528 bis 530 sZGB.
[82] § 477 Abs. 3 sHGB iVm. §§ 531 f. sZGB.
[83] Ist der Veräußerer im Handelsregister eingetragen, so muß auch der Unternehmenskauf dem Handelsregister zur Eintragung angemeldet werden, § 488 sHGB.
[84] Siehe Rn 62.
[85] §§ 433 bis 435 sHGB.

des Kaufpreises wegen etwaiger Verbindlichkeiten verlangen, die auf ihn übergegangen sind, aber im Zeitpunkt der Wirksamkeit des Vertrags in den Geschäftsbüchern nicht aufgezeichnet waren, sofern er diese bei Vertragsabschluß nicht schon kannte. Wegen nicht protokollierter Mängel, die der Veräußerer nicht kannte oder kennen mußte, kann der Erwerber auch gerichtlich keine Preisminderung geltendmachen. Mängel, die erst nach Aufnahme der Unternehmenstätigkeit festgestellt wurden, muß der Erwerber spätestens innerhalb von sechs Monaten ab Wirksamkeit des Vertrags geltend machen.

Ein **Rücktrittsrecht** steht dem Erwerber dann zu, wenn sich herausstellt, daß das Unternehmen für die vertraglich festgelegte Unternehmenstätigkeit nicht geeignet ist, die rechtzeitig gerügten Mängel nicht behebbar sind oder der Veräußerer diese innerhalb der seitens des Erwerbers festgelegten Frist nicht behebt. Ein Rücktrittsrecht des Erwerbers besteht auch, wenn der Eigentumserwerb an den veräußerungsgegenständlichen Liegenschaften scheitert und dieser Mangel vom Veräußerer nicht innerhalb der seitens des Erwerbers hierfür festgelegten Frist beseitigt wird[86]. Hat der Erwerber seine Ansprüche wegen Mangelhaftigkeit der Sachen befriedigt, stehen ihm Schadensersatzansprüche aus diesem Grund nicht mehr zu.

Hinsichtlich des **Kaufpreises** beim Unternehmenskauf gilt die Rechtsvermutung[87], daß sich dieser aus der Gesamtheit der Sachen, Rechte und Verbindlichkeiten, die bei Vertragsabschluß in den Geschäftsbüchern des veräußernden Unternehmens verzeichnet sind[88], sowie aus den weiteren im Vertrag angeführten Vermögenswerten bemißt. Dies gilt nur dann, wenn die Parteien diesen nicht ausdrücklich festlegen oder die Bestimmung auf eine andere Art und Weise nicht vereinbart wurde[89]. Wurde die Wirksamkeit des Vertrags für einen späteren Zeitpunkt vereinbart, so kann für etwaige zwischenzeitlich eintretende Wertänderungen eine **Preisanpassungsklausel** vereinbart werden.

Wettbewerbsverbotsklauseln können vereinbart werden. Sie dürfen jedoch nicht im Widerspruch zu den verfassungsgesetzlich gewährleisteten Rechten auf Unternehmenstätigkeit und Arbeit stehen[90]. Das slowakische Verfassungsgericht hat entschieden, daß eine solche Klausel nur dann wirksam und vollstreckbar ist, wenn ein begründetes Interesse für den Schutz eines Geschäftsgeheimnisses besteht und sie nicht im Widerspruch zu den guten Sitten und den Grundsätzen der ehrlichen Handelsgebarung steht. Bei Verstoß gegen eine gültige und vollstreck-

---

[86] § 486 sHGB.
[87] § 482 sHGB.
[88] Die im Handelsregister eingetragenen Gesellschaften führen ihre Rechnungen in doppelter Buchführung. Aktiengesellschaften müssen eine ordentliche und außerordentliche Bilanz/Jahresabschluß erstellen, welche/r von einem Auditor zu prüfen und anschließend zu veröffentlichen ist. Alle übrigen Handelsgesellschaften und Genossenschaften sind hierzu nur verpflichtet, sofern dies sondergesetzlich, beispielsweise im Rechnungswesengesetz [Zákon o účtovníctve, 563/1991] für Gesellschaften mit bestimmter Größe angeordnet ist (§ 39 Abs. 1 und § 40 sHGB). Prüfungspflichtige Unternehmen müssen außerdem einen Jahresbericht erstellen. Der Rechnungsabschluß ist im amtlichen Handelsblatt „Obchodný vestník" zu veröffentlichen.
[89] Beachte wiederum die Verlautbarung des slowakischen Justizministeriums 255/2000 über die Unternehmensbewertung durch Sachverständige; siehe Fn 65.
[90] Entscheidung des slowakischen Verfassungsgerichts II US 70/97, 10, PL US 6/96.

bare Wettbewerbsklausel können Schadensersatzansprüche entstehen. Um den Nachweis der Schadenshöhe zu vermeiden, kann eine **Vertragsstrafe** vereinbart werden. Dabei wird in der Praxis idR zusätzlich vertraglich vereinbart, daß die Geltendmachung eines über die Vertragsstrafe hinausgehenden Schadens zulässig bleibt. Eine unangemessen hohe Vertragsstrafe kann gerichtlich herabgesetzt werden[91].

68 Das **anzuwendende Recht** kann zwischen den Parteien des Unternehmenskaufs frei vereinbart werden[92]. Der Inhalt und die Anwendung des Vertrags dürfen jedoch nicht im Widerspruch zu den zwingenden Bestimmungen des slowakischen Rechts stehen (sog. ordre public)[93]. In Ermangelung einer ausdrücklichen Rechtswahl regelt § 10 sIPRG die Anknüpfungspunkte zur Bestimmung des anwendbaren Rechts, wobei bei Liegenschaften der Belegenheitsort und bei Kaufverträgen der Sitz des Verkäufers maßgeblich ist.

69 Beachtenswert ist, daß zwischen Deutschland und der Slowakei **kein Vollstreckungsabkommen** in Zivilsachen existiert. Die Zuständigkeit der ordentlichen Gerichte kann durch eine **Schiedsvereinbarung** ausgeschlossen werden, die Zuständigkeit eines aus- oder inländischen, ständigen oder ad hoc eingerichteten Schiedsgerichts erfordert schriftliche Parteienvereinbarung[94]. Die Slowakei hat das New Yorker Übereinkommen über die Anerkennung und Vollstreckung ausländischer Schiedssprüche[95] und das Europaabkommen über internationale Handelsschiedsgerichtsbarkeit[96] ratifiziert.

70 Der Liegenschaftserwerb durch Ausländer nach den Vorschriften der Restitutions- und Privatisierungsgesetze unterliegt – wie bereits erwähnt – keinen devisenrechtlichen Beschränkungen. Beim „Share Deal" stellt sich das Problem nicht, da sich der Rechtsträger nicht ändert. Hingegen greifen die Liegenschaftserwerbsbeschränkungen beim (Teil-) Unternehmenskauf voll, es sei denn, der ausländische Erwerber erwirbt durch eine slowakische juristische Person (Tochtergesellschaft) oder in der Form einer Zweigniederlassung der ausländischen Gesellschaft. Letztere ist beim Liegenschaftserwerb inländischen juristischen Personen gleichgestellt, sofern sie Liegenschaften für ihre Unternehmenstätigkeit erwirbt[97].

III. Unternehmensverschmelzungen

71 Das slowakische Recht kennt die Auflösung einer Gesellschaft ohne Liquidation und regelt in diesem Zusammenhang auch die **Verschmelzung durch Auf-**

---

[91] § 301 sHGB.
[92] § 9 Abs. 1 sIPRG iVm. § 2 Abs. 3 sZGB.
[93] § 36 sIPRG; zu denken ist u. a. an die Bestimmungen des sHGB und die devisenrechtlichen Vorschriften.
[94] Gesetz über das Schiedsgerichtsverfahren [Zákon o rozhodcovskom konaní, 218/1996].
[95] Publiziert in der slowakischen Gesetzessammlung als Verlautbarung des Außenministers der SR 74/1959 vom 6. 11. 1959.
[96] Publiziert in der slowakischen Gesetzessammlung als Verlautbarung des Außenministers der SR 176/1964 vom 3. 8. 1964.
[97] Der Weiterverkauf der durch die Zweigniederlassung erworbenen Liegenschaften erfordert hingegen die Genehmigung des slowakischen Finanzministeriums.

nahme („zlúčenie") sowie die **Verschmelzung durch Neugründung** („splynutie"). Die Vermögensübertragung findet jeweils im Wege der Gesamtrechtsnachfolge statt. Minderheitsrechte fehlen im slowakischen Verschmelzungsrecht derzeit gänzlich. Sie sind jedoch ein wesentlicher Bestandteil der gegenwärtigen Harmonisierung mit dem EU-Recht.

Die Frage der Zulässigkeit **grenzüberschreitender Verschmelzungen** sowie die Ermittlung des hierbei anzuwendenden Rechts sind – soweit ersichtlich – im slowakischen Gesellschaftsrecht sowohl in der Lehre als auch in der Rspr. bislang nicht erörtert worden. Aus der Tatsache der Zulässigkeit der Gründung einer Gesellschaft in der Slowakei nach ausländischem Recht und der möglichen Sitzverlegung einer ausländischen Gesellschaft in die Slowakei unter Beibehaltung ihrer Identität[98] ist mE jedoch auch die Bejahung der Zulässigkeit identitätswahrender grenzüberschreitender Verschmelzungen, nicht auszuschließen. Allerdings wird vorauszusetzen sein, daß die Haftungsregelungen nicht unter dem im slowakischen Recht normierten Mindeststandard liegen dürfen. Auch muß die Sitzverlegung nach dem Recht des bisherigen Sitzlandes zulässig sein.

E. Besonderheiten der Due Diligence

Bei der rechtlichen Due Diligence sind vor allem **privat- und verwaltungsrechtliche Kriterien** zu beachten. Insbes. sind die nicht immer transparenten Eigentumsverhältnisse zu klären. In der Slowakei fiel das den Restitutionsvorschriften unterliegende Vermögen in den Anwendungsbereich des Großen Privatisierungsgesetzes. Die Erwerber des auf diese Weise privatisierten Vermögens werden daraus grundsätzlich verpflichtet[99].

In der Praxis sind zwar grundsätzlich die iRd. Restitution durchgeführten **Rückerstattungsverfahren** bereits abgewickelt worden. Für potentielle ausländische Investoren empfiehlt sich jedoch aus Sicherheitsgründen immer eine Überprüfung dahingehend, ob das betreffende Kaufobjekt von den erwähnten Gesetzen betroffen ist bzw. ob ein entsprechendes Rückerstattungsverfahren rechtskräftig beendet worden ist. Eine Überprüfung des alten Grundbuchs (geführt bis März 1964, so daß der Vermerk eines seinerzeitigen Enteignungsbescheids enthalten sein müßte), der sog. Evidenz (von März 1964 bis Dezember 1992) und des neugeschaffenen Liegenschaftskatasters (ab Januar 1993) sollte im Fall eines geplanten Liegenschafts- oder Unternehmenserwerbs ebenso erfolgen wie die Information über anhängige Verfahren und die Einsicht in die Anspruchslisten. Beide Informationen können beim sachlich und örtlich zuständigen Gericht des Investitionsorts oder beim Slowakischen Bodenfonds eingeholt werden. Durch rechtzeitige Klärung werden spätere Eigentumsklagen und -streitigkeiten vermieden.

---

[98] Siehe Fn 15.
[99] § 19 Abs. 3 Großes Privatisierungsgesetz normiert, daß die Rechte Dritter am privatisierten Vermögen unberührt bleiben, ausgenommen sind lediglich vorkaufsberechtigte Miteigentümer.

F. Besonderheiten in den Begleitfeldern

I. Börsennotierte Gesellschaften

75 Der slowakische Kapitalmarkt ist zersplittert. Insbes. die Ungleichbehandlung von Minderheitsaktionären börsennotierter Unternehmen im Privatisierungsprozeß verminderte bis vor kurzem noch die Attraktivität der Börse, besonders für ausländische Investoren.

76 Zur Zeit liegt der offizielle Aktienindex (SAX) über der 90 Punkte-Grenze, nicht zuletzt wegen der fortschreitenden Privatisierung der ehemals strategischen Unternehmen, an denen ausländische Investoren in größerem Umfang beteiligt werden sollen[100].

77 1999 wurde auch eine Novelle zum sWPG[101] erlassen, worin die Voraussetzungen für die Zulassung von ausländischen Wertpapierhändlern in der Slowakei geregelt sind. Derzeit wird der Entwurf eines neuen Börsengesetzes und eines Gesetzes über die Kapitalaufsichtsbehörde dem Nationalrat zur Begutachtung vorgelegt; die Gesetze sollen in Kürze in Kraft treten.

78 Beim Erwerb von mehr als 5%, 10%, 20%, 30%, 50% oder 65% von Aktien eines „börsennotierten Unternehmens"[102], mit denen Stimmrechte verbunden sind, trifft den Aktienbesitzer gegenüber dem WPZ und dem Unternehmen eine **unverzügliche Meldepflicht**[103], ebenso bei Herabsinken des Anteils unter die jeweiligen Schwellenwerte. Das WPZ hat diese Angaben unverzüglich in einem Periodikum, das Börsennachrichten enthält, zu veröffentlichen. Auf die Notwendigkeit eines öffentlichen Übernahmeangebots wird später eingegangen[104].

II. Arbeitsrecht

79 Bei Unternehmensübernahmen (Gesamtrechtsnachfolge, Unternehmenskauf, Privatisierungserwerb) ist ähnlich dem § 613a BGB der **Übergang sämtlicher Rechte und Pflichten aus Arbeitsverträgen** des Veräußerers mit der Belegschaft auf den Erwerber normiert, ohne daß eine ausdrückliche Vertragsübernahme erforderlich ist. Vom Übergang sind auch kollektivvertragliche Rechte und Pflichten sowie solche aus bereits beendeten Arbeitsverhältnissen, wie etwa Pensions- oder Schadensersatzansprüche, erfaßt. Beachtenswert ist, daß nach der slowakischen Rspr. die Verträge zwischen den Mitgliedern der Organe und der Gesellschaft keine Arbeitsverhältnisse iSd. Arbeitsgesetzbuchs[105] sind. Vielmehr richten sich diese Verhältnisse einschließlich Entlohnung nach den Vorschriften

---

[100] TREND (Zeitschrift für soziale Marktwirtschaft) vom 20. 9. 2000, S. 1B; vgl. zu den strategischen Unternehmen Rn 40.
[101] Wertpapiergesetz [Zákon o cenných papieroch, 600/1992 idF 128/1999].
[102] Siehe Rn 87.
[103] § 79a Abs. 1 sWPG.
[104] Siehe Rn 87 ff.
[105] Arbeitsgesetzbuch (sArbGB) [Zákonník práce, 65/1965].

über den Mandatsvertrag[106]. Der Übergang von Rechten und Pflichten aus Arbeitsverträgen ist gesetzlich umfassend geregelt[107] und entspricht weitgehend den Erfordernissen der europäischen Betriebsübergangs-Richtlinie[108].

Veräußerer und Erwerber treffen beim Betriebsübergang umfassende Informationspflichten gegenüber dem Gewerkschaftsorgan bzw. gegenüber den Arbeitnehmern, wenn ein solches Organ nicht im Unternehmen besteht[109]. **Kündigungen aus betrieblichen und organisatorischen Gründen** sind zulässig, wenn der alte oder neue Arbeitgeber die Arbeitnehmer nicht weiter beschäftigen kann[110]. Die Kündigungsfrist beträgt in diesem Fall drei Monate und läuft ab dem ersten Tag jenes Kalendermonats, in dem die Kündigung zugegangen ist. Arbeitnehmern steht grundsätzlich ein „Abfertigungsanspruch" (= Abfindungsanspruch) in Höhe des zweifachen Durchschnittsmonatsgehalts des letzten Kalendervierteljahrs zu[111]; kollektivvertraglich kann jedoch ein höherer Abfertigungsanspruch (bis zum Fünffachen des Durchschnittsmonatsgehalts) vereinbart werden.

Kommt es wegen organisatorischer Änderungen zu **Massenentlassungen** (mehr als 20 Arbeitnehmer während 90 Tagen), hat der Arbeitgeber spätestens zwei Monate vorher mit dem zuständigen Gewerkschaftsorgan bzw., wenn ein solches fehlt, mit den betroffenen Arbeitnehmern direkt vorbeugende oder beschränkende Maßnahmen zu verhandeln[112]. Die schriftlichen Informationen (Gründe, Anzahl der betroffenen Arbeitnehmer etc.) und Verhandlungsergebnisse hat der Arbeitgeber an das zuständige Arbeitsamt zur Stellungnahme weiterzuleiten und gemeinsam mit diesem bestimmte Maßnahmen zu verhandeln. Die Vorschriften über Massenentlassungen entsprechen weitgehend der Richtlinie des Rates[113] über den Schutz der Ansprüche der Arbeitnehmer bei Zahlungsunfähigkeit des Arbeitgebers. Im Konkurs des Arbeitgebers haftet der **Garantiefonds** für die Auszahlung des Entgelts der Arbeitnehmer[114].

---

[106] §§ 566 bis 576 sHGB; vgl. die Entscheidungen des Obersten Gerichts der SR R 48/1999 und 5 CdO 92/97, publiziert in Aus der Praxis der Gerichte [Zo Sudnej Praxe] MANZ Bratislava (1998) S. 35 ff. Eine ausführliche Stellungnahme dazu in *Žitňanská/Stessl* DZWir 1998, 494, 499 Fn 37.

[107] §§ 249 bis 251d sArbGB.

[108] Richtlinie des Rates Nr. 77/187/EWG idF Nr. 98/50/EWG.

[109] Das Gewerkschaftsorgan entspricht dem Betriebsrat und kann in Unternehmen mit mehr als drei Arbeitnehmern und mit der Zustimmung des Arbeitgebers gebildet werden.

[110] § 46 Abs. 1 lit. a bis c sArbGB.

[111] Gesetz über die Abfertigung bei Beendigung des Arbeitsverhältnisses [Zákon o odstupnom poskytovanom pri skončení pracovného pomeru, 195/1991]. Das letzte Durchschnittsmonatsgehalt wird gem. § 275 sArbGB nach Sondervorschriften ermittelt.

[112] § 58a sArbGB.

[113] Nr. 80/987/EWG.

[114] Siehe Rn 7. Die Bestimmungen über den Garantiefonds wurden zum 1. 5. 2000 wirksam; vgl. § 128a des Beschäftigungsgesetzes.

III. Altersversorgung

82 Der Abschluß eines Arbeitsverhältnisses in der Slowakei zieht die **Sozialversicherungspflicht** nach sich[115]. Neben der gesetzlichen Rente können freiwillige zusätzliche Alters- und Invaliditätspensionen gewährt werden, wenn diese kollektivvertraglich vereinbart wurden[116]. Weiters hat der Arbeitgeber einen sog. **Sozialfonds** einzurichten, der aus seinen Beiträgen entweder in kollektivvertraglich festgelegter, sonst in der gesetzlich normierten Höhe gespeist wird[117]. Aus diesem Fonds können Zusatzpensionen, Jubiläumsgelder u. ä. an die Arbeitnehmer gewährt werden. Für **leitende Angestellte** (Topmanager) können zusätzliche Leistungen in „sonstigen Verträgen" nach den Vorschriften des Gesetzes über Lohn, Entlohnung für Arbeitsbereitschaft und Durchschnittsverdienst vereinbart werden[118].

IV. Gewerbliche Schutzrechte

83 Zu den gewerblichen Schutzrechten wird auf die Ausführungen an anderer Stelle[119] verwiesen.

V. Umweltrecht

84 Das slowakische Umweltrecht enthält an mehreren Stellen Bestimmungen über **Haftungen für ökologische Schäden**[120]. Dabei wird idR eine verschuldensunabhängige Haftung des Schadensverursachers normiert. Problematisch ist in der Praxis die Abgrenzung von Umweltschäden, deren Übernahme im Zuge eines Unternehmensübergangs vertraglich nicht ausgeschlossen werden kann, von jenen ökologischen Altlasten, für die individuelle Haftungsfreistellungen vorgenommen werden können.

---

[115] Siehe Rn 7.

[116] Gesetz über die Zusatzpensionsversicherung von Arbeitnehmern und über die Änderung und Ergänzung einiger anderer Gesetze [Zákon o doplnkovom dôchodkovom poistení zamestnancov a o zmene a doplnení niektorých zákonov, 123/1996].

[117] Gesetz über den Sozialfonds [Zákon o sociálnom fonde, 152/1994]. Es handelt sich hierbei um eine Konkretisierung der in § 140 sArbGB normierten Fürsorgepflichten des Arbeitgebers.

[118] Zákon o mzde, odmene za pracovnú pohotovosť a o priemernom zárobku, 1/1992; ausführliches in *Patakyová*, Spoločnosť s ručením obmedzeným a jej konateľ, 1998, 9/8.3. S. 4f.

[119] Siehe Rn 61.

[120] ZB § 415 sZGB, Umweltgesetz [Zákon o životnom prostredí, 17/1992], Gesetz über den Schutz der Atmosphäre vor verunreinigenden Stoffen [Zákon o ochrane ovzdušia pred znečisťujúcimi látkami, 309/1991], Abfallgesetz [Zákon odpadoch, 238/1991].

VI. Insolvenzrecht

Mit Inkrafttreten der jüngsten Konkurs- und Ausgleichsnovelle[121] stellt die Konkurseröffnung nicht mehr einen gesetzlichen Auflösungsgrund für die Gesellschaft dar[122]. Vielmehr führt der Konkursverwalter die Unternehmenstätigkeiten anstelle des Gemeinschuldners fort. Gläubiger haben hinsichtlich der Sanierung und Fortführung des Unternehmens nunmehr umfassende Kontroll- und Mitsprachemöglichkeiten[123]. Ein etwaiger Konkurs kann aus einem Handelsregister-Auszug der Gesellschaft und aus dem Konkursedikt festgestellt werden.

VII. Kartellrecht

Beachtenswert sind die Pflichten gegenüber den slowakischen Antimonopolamt zur Meldung von Konzentrationen und marktbeherrschenden Stellungen[124]. Die Zusammenschlußformen des slowakischen Rechts entsprechen weitgehend den europäischen Fusionskontrollbestimmungen. Die Innehabung einer marktbeherrschenden Stellung an sich ist nicht gesetzwidrig, der marktbeherrschende Unternehmer darf jedoch sein Marktstellung nicht mißbrauchen.

G. Übernahmerecht

I. Anwendungsbereich

Das slowakische Übernahmerecht ist im sWPG geregelt[125]. Die genannten Bestimmungen regeln die Voraussetzungen der Pflicht zur Erstellung eines öffentlichen Übernahmeangebots sowie das Pflichtangebot selbst; das freiwillige Pflichtangebot ist nicht geregelt. Die Vorschriften beziehen sich auf **öffentlich handelbare Aktien**[126]. Das sind jene Aktien, die auf öffentlichen Wertpapiermärkten (Wertpapierbörse Bratislava, AG und im RM-System, Slovakia) gehandelt werden, die gesetzlich festgelegten inhaltlichen Erfordernisse erfüllen und laut Genehmigung des slowakischen Finanzministeriums öffentlich handelbare Wertpapiere sind.

---

[121] Ab 1. 8. 2000 gem. Gesetz 238/2000; vgl. zum neuen Konkursrecht *Stessl*, Das neue slowakische Konkursrecht im Überblick, ZInsO 2001, 154 ff.
[122] § 68 Abs. 3 lit. f sHGB wurde mit Inkrafttreten der Konkursnovelle aufgehoben.
[123] § 14b Gesetz über Konkurs und Ausgleich (sKAG) [Zákon o konkurze a vyrovnaní, 328/1991].
[124] Gesetz zum Schutz des wirtschaftlichen Wettbewerbs [Zákon o ochrane hospodárskej súťaže, 188/1994].
[125] Seit 1995 in § 79a Abs. 2 bis 5 sWPG; § 79a Abs. 3 sWPG wurde durch das Gesetz 247/2000 mit Wirkung vom 1. 8. 2000 novelliert.
[126] Derzeit gibt es in der Slowakei ca. 900 öffentlich handelbare Aktien, davon sind ca. 20 an der Börse notiert und zum amtlichen Handel (Segment A) oder zum geregelten Freiverkehr (Segment B) zugelassen.

II. Pflichten und Rechte des Bieters

88 Der Erwerb von **über 30 % der öffentlich handelbaren Stimmrechtsaktien** eines Emittenten durch eine juristische oder natürliche Person, alleine oder durch einvernehmliches Handeln mit anderen Personen[127], löst die Pflicht zu einem Erwerbsangebot aus. Der Angebotspflicht unterliegen nicht Personen,
– die als Rechtsnachfolger in die Rechtsstellung eines Aktionärs eintreten, der die Angebotspflicht seinerseits erfüllt hat;
– die Aktien im Erbwege erworben haben;
– die Aktien iRd. Vorschriften über die Große Privatisierung erworben haben;
– die Aktien durch einen (Teil-) Unternehmenskauf während eines laufenden Konkursverfahrens erworben haben.

89 Der **angebotene Preis** darf einerseits nicht unter dem Durchschnittspreis liegen, der in den letzten sechs Monaten vor Bekanntgabe des Übernahmeangebots am öffentlichen Markt erzielt wurde, andererseits nicht niedriger als 50 % des Nettovermögens sein, das nach dem letzten geprüften Jahresabschluß auf eine Aktie entfällt. Der im Übernahmeangebot festgelegte Kaufpreis ist verbindlich. Das slowakische Übernahmerecht regelt den Fall von **Konkurrenzangeboten** nicht.

90 Der Bieter hat das Übernahmeangebot[128] dem Organisator des öffentlichen Markts[129] **bekanntzugeben**, welcher dieses sodann in einem Periodikum, das im gesamten Territorium der Slowakei erscheint und Börsennachrichten enthält, veröffentlicht. Mit dem Tag der Veröffentlichung beginnt die **Angebotsfrist**, die nicht kürzer als 30 und nicht länger als 60 Tage sein darf. Im Übernahmeangebot hat der Bieter darüber hinaus die Höhe seines bisherigen Anteils an den Aktien des Unternehmens anzuführen und Angaben über die geplante Entwicklung der Gesellschaft im Fall eines erfolgreichen Übernahmeangebots zu machen.

91 Das **Übernahmeangebot** ist **erfolglos**, wenn die darin angeführte Mindestbeteiligung an den Aktien der Zielgesellschaft binnen der Angebotsfrist nicht in dieser Mindesthöhe an den Bieter verkauft wird. Es besteht die Möglichkeit, ein neues Übernahmeangebot zu gleichen oder ähnlichen Bedingungen zu stellen. Rechte und Pflichten der Zielgesellschaft regelt das slowakische Übernahmerecht nicht.

---

[127] § 66b sHGB.
[128] Den Mindestinhalt normiert § 79a Abs. 4 sWPG.
[129] Der Organisator des öffentlichen Markts kann entweder die Wertpapierbörse oder eine sonstige juristische Person sein. Voraussetzung ist jeweils die Bewilligung des Finanzministeriums, Angebot und Nachfrage nach Wertpapieren zu organisieren; vgl. § 50 Abs. 2 sWPG. Neben der Wertpapierbörse AG, Bratislava fungiert derzeit die RM-System Slovakia AG als Organisator des öffentlichen Markts.

H. Finanzierung von Unternehmensübernahmen

I. Inländische Finanzierung

Der **Kreditvertrag** ist im sHGB geregelt[130]. Gegenstand des Vertrags sind Geldmittel; die Kreditvaluta kann sowohl in Kronen als auch in jeder anderen Währung bestehen, sofern dies nicht im Widerspruch zu den Devisenvorschriften steht. Die Rückzahlung und Verzinsung eines Kredits erfolgt in der gleichen Währung der Kreditvaluta, sofern von den Parteien nichts anderes vereinbart worden ist. Eine Bindung der Mittelverwendung an einen bestimmten Kreditzweck kann vereinbart werden. Das Gesetz regelt die Kündigungsfristen, die Verzinsung sowie die Fälligkeit der Zinsen. 92

Die **Kreditaufnahme durch Ausländer** in der Slowakei unterliegt dem sDevG[131], wonach ein Ausländer einen Kredit ohne Devisengenehmigung nur bei einer Devisenstelle (zB inländische Bank mit Lizenz zum Devisenhandel) aufnehmen darf. Andere Inländer, die keine Devisenstellen sind, benötigen zur Gewährung eines Kredits an einen Ausländer eine Devisengenehmigung der Nationalbank. Eine Devisengenehmigung ist nicht erforderlich, wenn es sich um ein Gelddarlehen zwischen natürlichen Personen handelt, das nicht unternehmerischen Zwecken dient. Ferner ist eine solche nicht erforderlich, wenn der Finanzkredit einem Ausländer mit Sitz in einem OECD-Staat gewährt wird und der Kredit entweder eine mindestens einjährige Laufzeit hat oder der Bezahlung von Waren und Leistungen dient[132]. 93

Firmeninterne Finanzierung ist mittels **Kapitalerhöhung, Gesellschafterdarlehen** oder **Nachschüssen** möglich. Auf Gesellschafterdarlehen sind die Vorschriften über den Kreditvertrag sinngemäß anzuwenden. 94

II. Ausländische Finanzierung

Die **Kreditaufnahme** (ausgenommen sind wiederum Gelddarlehen zu nicht unternehmerischen Zwecken) **im Ausland** durch Inländer, die keine Devisenstelle sind, erfordert ebenfalls eine Devisengenehmigung der Nationalbank[133]. Für den Kreditgeber mit Sitz in einem OECD-Staat gelten die genannten Ausnahmen[134]. 95

III. Kreditsicherung

Das Kreditverhältnis ist ein sog. absolutes Handelsgeschäft. Auch die rechtlichen Fragen im Zusammenhang mit Kreditsicherheiten richten sich primär nach 96

---

[130] §§ 497 bis 507 sHGB.
[131] § 17 sDevG.
[132] § 9 der Verordnung 390/1999.
[133] § 18 sDevG.
[134] Siehe Rn 93.

den Bestimmungen des sHGB. Sofern jedoch einzelne Sicherheiten nur unzureichend bzw. überhaupt nicht im sHGB geregelt sind, kommen die entsprechenden Bestimmungen des sZGB zur Anwendung[135].

97 Als **dingliche Sicherheiten** kennt das slowakische Recht das Pfandrecht[136] an beweglichen und unbeweglichen Sachen (Hypothek), die Sicherungsübereignung/-abtretung[137], diverse (dingliche) Nebenabreden zum Kaufvertrag[138] und das Zurückbehaltungsrecht[139]. **Persönliche Sicherheiten** sind die Bankgarantie[140] und die Bürgschaft, wobei letztere sowohl handels- als auch zivilrechtlich geregelt ist[141], sowie die privative und kumulative Schuldübernahme[142]. Als **Sonderformen** mit überwiegend wirtschaftlicher Funktion kennt das slowakische Recht zB das Schuldanerkenntnis[143], die Vereinbarung über Abzüge vom Lohn und anderen Einnahmen[144], das Akkreditiv[145], die Vertragsstrafe[146], die gerichtliche und notarielle Hinterlegung[147] oder die Kontosperre und das notarielle Protokoll iRd. gerichtlichen Zwangsvollstreckung[148].

---

[135] Ausführlich dargestellt in *Rajnoha/Kuklis/Štefanovič/Stessl,* Immobiliarsachenrecht in der Slowakei, Studie für den VdH von CLC/FOWI, 2000.
[136] §§ 151a bis 151m, § 552 sZGB sowie § 299 sHGB.
[137] §§ 553f. sZGB.
[138] §§ 601ff. sZGB, § 445 sHGB.
[139] §§ 151s bis 151v sZGB.
[140] §§ 313ff. sHGB.
[141] §§ 303 bis 312 sHGB; §§ 546 bis 550 sZGB.
[142] §§ 531f. sZGB.
[143] § 558 sZGB und § 323 sHGB.
[144] § 551 sZGB iVm. §§ 276 bis 302 sZPO.
[145] §§ 682 ff sHGB.
[146] §§ 544ff. sZGB.
[147] § 65 lit. b Notariatsordnung [Notársky poriadok, 323/1992].
[148] §§ 303ff. und § 274 lit. e sZPO.

§ 49 Slowenien

Übersicht

	Rn
A. Einleitung	1
B. Wirtschaftliche Betätigung von Ausländern	3
C. Gesellschaftsformen	7
I. Allgemeines	7
II. Rechtsformen	10
1. Einzelunternehmen und Personengesellschaften	10
2. Aktiengesellschaft	14
3. Gesellschaft mit beschränkter Haftung	18
D. Rechtliche Wege zur Unternehmensübernahmen	23
I. Bedeutung von Unternehmensübernahmen	23
II. Formen des Vertrags	24
III. Unternehmensverschmelzungen	33
E. Besonderheiten der Due Diligence	37
F. Besonderheiten in den Begleitfeldern	38
I. Börsennotierte Gesellschaften	38
II. Arbeitsrecht	40
III. Altersversorgung	44
IV. Umweltrecht	45
V. Gewerbliche Schutzrechte	46
VI. Steuerrecht	47
G. Übernahmerecht	49
I. Anwendungsbereich	49
II. Pflichten und Rechte des Bieters	51
III. Pflichten und Rechte der Zielgesellschaft	55
IV. Sonstiges	57
H. Finanzierung von Unternehmensübernahmen	59
I. Inländische Finanzierung	59
II. Ausländische Finanzierung (devisenrechtliche Vorschriften)	62
III. Kreditsicherung	63

A. Einleitung

Slowenien ist mit einer Fläche von 20 273 km² und mit 1 976 290 Einwohnern 1 ein kleines Land. Durch seinen Hafen in Koper hat es Anbindung zur Adria. Das Autobahn- und Eisenbahnnetz ist weitestgehend ausgebaut und bietet nahezu unmittelbaren Anschluß zu den internationalen Verkehrsverbindungen. Das Telekommunikations- und Postwesen ist gut ausgebaut. Das Lohnniveau ist noch nicht auf westeuropäischem Niveau. Die Arbeitskräfte sind gut ausgebildet; zumindest Deutsch- und/oder Englischkenntnisse sind bei der jüngeren Bevölkerung weit verbreitet. Das Bruttoinlandsprodukt (BIP) hat Anschluß an die Schlußlichter der EU gefunden[1].

2   Mit der Unabhängigkeitserklärung[2] Sloweniens setzte ein rascher Prozeß zur Schaffung rechtlicher Rahmenbedingungen für eine freie Marktwirtschaft ein. Die erste Phase der Gesetzgebung war durch Kurzlebigkeit der Gesetze sowie durch unzählige Gesetzesnovellen geprägt. Nachdem in den letzten Jahren dieser Trend gestoppt werden konnte, hat nunmehr, bedingt durch das Assoziierungsabkommen[3] und auch durch die Aufnahme der Beitrittsverhandlungen zur EU, erneut eine Phase der Rechtsanpassung eingesetzt. Diese ist nunmehr durch die Bestrebung der Anpassung an die Richtlinien der Europäischen Union geprägt[4].

B. Wirtschaftliche Betätigung von Ausländern

3   (Natürliche) Personen der Mitgliedsländer der EU können sich ohne **Visum** ununterbrochen bis zu drei Monate innerhalb von sechs Monaten in Slowenien aufhalten. Die Aufnahme eines Dienstverhältnisses, einer selbständigen oder einer sonstigen Tätigkeit ist in dieser Zeit nicht zulässig; dies gilt auch für längere Aufenthalte – diese machen jedoch ein Visum erforderlich.

4   Bei einem länger als 90 Tage andauernden Aufenthalt in Slowenien ist eine **Aufenthaltsbewilligung** – das gilt auch nach einem eventuellen EU-Beitritt – erforderlich. Die Erteilung von Aufenthaltsbewilligungen ist an öffentliche Quoten (Verordnungsermächtigung) gebunden, wobei hinsichtlich des Verfahrens zwischen der erstmaligen (im Heimatland) und weiteren Beantragungen/Verlängerungen (in Slowenien) unterschieden werden muß. Zur Erteilung einer Aufenthaltsbewilligung bedarf es neben eines Quotenplatzes bei einem Dienstverhältnis auch einer **Arbeitsbewilligung** bzw. sonstiger erforderlicher Genehmigungen für die entsprechende Betätigung (zB Handwerksgenehmigung). Ein Dienstverhältnis darf

---

[1] Makroökonomische Angaben vor allem vom IMAD – Institute of Macroeconomic Analysis and Development [http://www.sigov.si:90/zmar/aprojekt.html]; sonstiges statistisches Zahlenmaterial vom Statistical Office of the Republic of Slovenia [http://www.sigov.si:90/zrs/eng/index.html].

[2] Unabhängigkeitserklärung 25. 6. 1991 [Deklaracija o neodvisnosti Republike Slovenije, Ul. RS Nr. 27/91]; gem. Art. 4 der Unabhängigkeitserklärung bleibt jugoslawisches Recht, soweit es nicht im Widerspruch zur slowenischen Rechtsordnung steht, in Kraft; internationale Abkommen wurden übernommen.

[3] Siehe Art. 71 des Assoziierungsabkommens (ABl. Nr. L 051 vom 26. 2. 1999 S 0003–0206; in Slowenien Ul. RS Nr. 44 Internationale Verträge [Mednarodne pogodbe] Nr. 13 vom 24. 6. 1997), Aufnahme der Beitrittsverhandlungen am 10. 11. 1998.

[4] Homepage der Slowenischen Regierung in Slowenisch und/oder Englisch unter http://www.sigov.si/ mit Links zu staatlichen Institutionen. Über die angeführte Adresse sind sowohl die aktuellen Gesetze im Volltext als auch Informationen über Tagesordnungspunkte der Regierung und des Parlamentes erhältlich. Es sind auch Gesetzesentwürfe in jeder Phase des parlamentarischen Verfahrens im Volltext abrufbar.

somit nur „aufgenommen werden", wenn eine Arbeitsbewilligung vorliegt; eine selbständige gewerbliche Tätigkeit darf – neben sonstigen Genehmigungen – nur mit einer gültigen Aufenthaltsbewilligung aufgenommen werden. Sofern die Tätigkeit nicht in einem Dienstverhältnis ausgeübt wird, sind abgabenrechtliche Meldeverpflichtungen zu beachten. Für die Arbeitskräfteüberlassung und für Grenzgänger bestehen **Sonderregelungen**. Mit dem Beitritt zur EU wird der Freizügigkeit des Personenverkehrs voll Rechnung getragen werden[5].

Ausländische natürliche und juristische Personen können eine erwerbswirtschaftliche Tätigkeit nur durch **Zweigniederlassungen**, die als inländische gelten und inländischen Gesellschaften gesellschaftsrechtlich gleichgestellt sind, ausüben. Die Niederlassungsfreiheit wird aufgrund bedingter gesetzlicher Anordnungen beinahe vollständig gegeben sein, doch ist sie (derzeit) insofern diskriminierend, als ausländische Gesellschaften (derzeit noch) mindestens seit zwei Jahren bestehen müssen. Hinsichtlich der **Gründung von Gesellschaften** nach dem Gesetz über Wirtschaftsgesellschaften (sGWG) sind ausländische natürliche und juristische Personen den inländischen Gesellschaften grundsätzlich gleichgestellt[6].

Bestimmungen über den Anteilserwerb durch Ausländer sind im Gesetz über Devisengeschäfte und dem sGWG enthalten. Vor allem bei Liegenschaften sind auch Bestimmungen des Erbrechtsgesetzes[7] zu beachten. Der Anteilserwerb durch Ausländer unterliegt keinerlei Beschränkungen; es sind jedoch Meldeverpflichtungen und Auflagen hinsichtlich der Abwicklung bestimmter „Wertpapiergeschäfte" zu beachten. Ein Gewinntransfer (Unternehmensgewinne und auch Gewinne aus Veräußerungsgeschäften) ins Ausland ist uneingeschränkt möglich, sofern damit zusammenhängende Abgabenverpflichtungen (Ertragsteuern) erfüllt wurden[8].

---

[5] Maßgebliche Rechtsquellen zu Rn 3 und 4: Fremdengesetz [Zakon o tujcih, Ul. RS Nr. 61/99]; derzeit noch in Geltung aufgrund der Übergangsvorschriften des Gesetzes über die Anstellung und Tätigkeit von Fremden [Zakon o zaposlovanju in delu tujcev, Ul. RS Nr. 66/00 mit Inkrafttreten 1. 1. 2001] ist das Gesetz über die Anstellung von Fremden [Zakon o zaposlovanju tujcev, Ul. RS Nr. 33/92 idgF]; Handwerksgesetz [Obrtni zakon, Ul. RS Nr. 50/94 idgF]. Gesetz über das Steueramt [Zakon o davčni službi, Ul. RS Nr. 18/96 idgF], Gesetz über das Abgabenverfahren [Davčni postopek, Ul. RS Nr. 18/96 idgF].

[6] Maßgebende Bestimmungen über ausländische Unternehmen in Slowenien Art. 559 bis Art. 568 Gesetz über Wirtschaftsgesellschaften (sGWG) [Zakon o gospodarskih družbah, Ul. RS Nr. 29/94 idgF]; zur Gleichstellung bei der Gründung Art. 1 Abs. 5 sGWG. Zum Personalstatut – Slowenische Kollisionsnorm: Gesetz über das internationale Privatrecht und Verfahren [Zakon o mednarodnem zasebnem pravu in postopku, Ul. RS Nr. 56/99]. Zur Ausnahme von der Gleichstellung durch das Assoziierungsabkommen Art. 48 Abs. 1 leg cit, hierzu Art. 4 sGWG iVm. 245 Bankwesengesetz [Zakon o bančništvu, Ul. RS Nr. 7/99].

[7] Erbrechtsgesetz [Zakon o dedovanju, Ul. SFRJ Nr. 15/76 idgF].

[8] Art. 23 Gesetz über Devisengeschäfte (sDevG) [Zakon o deviznem poslovanju, Ul. RS Nr. 23/99].

C. Gesellschaftsformen[9]

I. Allgemeines

7   Das slowenische Gesellschaftsrecht ist überwiegend im **Gesetz über Wirtschaftsgesellschaften** (sGWG) geregelt[10]. Es regelt den Handelsstand inkl. Rechnungslegung[11], Personen- und Kapitalgesellschaften, Wirtschaftliche Interessensvereinigungen, Umgründungen (Verschmelzung, Spaltung, formwechselnde Umwandlungen) und enthält auch ein materielles Konzernrecht. Der Handelsstand hat bis auf die Prokura (deutsches Recht) keine eindeutigen Vorbilder. Das Aktienrecht ist, so wie auch das Recht der GmbH, nach deutschem Vorbild geregelt. Auch die KGaA ist gesetzlich geregelt. Die Spaltungsvorschriften basieren auf dem österreichischen Spaltungsgesetz, den Verschmelzungsvorschriften dienten die Bestimmungen im österreichischen Aktien- und GmbH-Gesetz als Vorlage. Das sGWG entspricht voll den gesellschaftsrechtlichen Richtlinien der EU.

8   Alle Gesellschaftsformen des sGWG gelten als **juristische Personen** und sind in ein öffentliches Register (Gerichtsregister [Handelsregister]) einzutragen[12]. In Bezug auf die **Rechnungslegung** wird nicht zwischen Personen- und Kapitalgesellschaften unterschieden; hinsichtlich der Prüfung, Offenlegung und Veröffentlichung sind **Doppelgesellschaften** (Kapital & Co.) den Kapitalgesellschaften gleichgestellt. Große und mittlere Kapitalgesellschaften (Zuordnung entsprechend Umsatzerlösen, Bilanzsumme und Arbeitnehmerzahlen) sowie alle börsennotierten und konsolidierungspflichtigen Gesellschaften sind prüfungspflichtig[13]. Für kleine nicht eintragungspflichtige Einzelunternehmer (Größenmerkmale: Bilanzsumme, Umsatzerlöse und Arbeitnehmerzahl) gelten Sondervorschriften[14]. Personengesellschaften sind in Slowenien kaum verbreitet, die gängigste Gesellschaftsform ist die GmbH (d. o. o.). Derzeit sind ca.[15] 39 480 Gesellschaften mit beschränkter Haftung, 4550 Offene Handelsgesellschaften, 1310 Kommanditgesellschaften sowie 1540 Aktiengesellschaften registriert. Von den Aktiengesell-

---

[9] Die Darstellung des Gesellschaftsrechts berücksichtigt die noch nicht (per 15. 9. 2000) beschlossene Novelle der EU-Anpassungen des Gesetzes über Wirtschaftsgesellschaften [Zakon o gospodarskih družbah – ZGD, Ul. RS Nr. 29/94, 82/94, 20/98, 84/98 und 6/99]. Die Bezeichnung der Novelle lautet ZGD-f.

[10] Siehe auch Genossenschaftsgesetz [Zakon o zadrugah, Ul. RS Nr. 13/92 idgF]; für Genossenschaften gelten eigene Rechnungslegungsvorschriften, Rechnungslegungsgesetz [Zakon o računovodstvu, Ul. RS Nr. 23/99].

[11] Neben den im sGWG enthaltenen Rechnungslegungsvorschriften sind auch die vom Verband der Rechnungsführer, Finanzfachleute und Prüfer Sloweniens aufgrund einer gesetzlichen Ermächtigung erlassenen Slowenischen Rechnungslegungsstandards (SRS) [Slovenski Računovodski Standardi] zu berücksichtigen.

[12] Gerichtsregistergesetz [Zakon o sodnem registru, Ul. RS Nr. 13/94].

[13] Art. 54 sGWG.

[14] Verordnung über Geschäftsbücher und sonstige steuerliche Evidenzen [Odredba o poslovnih knjigah in drugih davčnih evidencah, Ul. RS Nr. 77/96]. Ein eigener Rechnungslegungsstandard ist in Vorbereitung.

[15] Auskunft vom – hierfür zuständigen – Obersten Gerichtshof in Slowenien [Evidenčni oddelek Vrhovnega Sodišča Republike Slovenije] per Oktober 2000.

schaften sind 146 börsennotiert (36 im Marktsegment „A" und „B" sowie 110 im sonstigen Handel).

Die Übertragung von Aktien ist an keine Form gebunden; uU ergeben sich jedoch in Abhängigkeit von der Aktiengattung bestimmte (gesellschaftsrechtliche) Beschränkungen. Es ist ein Zentralregister der dematerialisierten Wertpapiere (Wertpapiere, über die keine Urkunde errichtet wurde) eingerichtet; für die Übertragung von dematerialisierten Aktien ist die Schriftform verpflichtend[16]. Die Übertragung von GmbH-Anteilen ist notariatsaktpflichtig. **Einpersonen-Kapitalgesellschaften** sind gesellschaftsrechtlich zulässig; sowohl Aktiengesellschaften als auch Gesellschaften mit beschränkter Haftung können durch eine einzelne Person errichtet werden. Die Übertragung von Anteilen an Personengesellschaften bedarf entsprechend der dispositiven gesetzlichen Regelung als Grundlagengeschäft der Einstimmigkeit; OHG und KG können nicht als Einpersonen-Gesellschaften geführt werden. Scheidet der vorletzte Gesellschafter aus, muß innerhalb eines Jahres der gesetzmäßige Zustand (zumindest zwei Gesellschafter) hergestellt oder die Tätigkeit als (im Handelsregister) eingetragenes Einzelunternehmen fortgesetzt werden; sonst stellt das Ausscheiden des letzten Gesellschafters einen Auflösungsgrund dar.

II. Rechtsformen

1. Einzelunternehmen und Personengesellschaften

Einzelkaufmännisches Unternehmen[17]: Einzelunternehmer sind natürliche Personen, die am Markt selbständig einer erwerbswirtschaftlichen – auf Gewinnerzielung gerichteten – Tätigkeit nachgehen. Darunter sind nicht freiberufliche, sehr wohl aber auch handwerkliche Betätigungen zu verstehen. Die Bestimmungen über die Tätigkeit, Firma, Sitz, Zweigniederlassungen, Prokura und das Geschäftsgeheimnis gelten für alle Einzelunternehmer. Große und mittlere Einzelunternehmen[18] sind protokollierungspflichtig (Eintragung ins Handelsregister) und müssen die **Rechnungslegungsbestimmungen** des sGWG berücksichtigen. Kleine Einzelunternehmer müssen sich nur beim Finanzamt registrieren lassen; sofern sie nicht freiwillig nach sGWG Bücher führen, haben sie Aufzeichnungen nach abgabenrechtlichen Vorschriften zu führen (Einnahmen-Ausgaben-Rechnung; steuerlicher Betriebsvermögensvergleich)[19].

Offene Handelsgesellschaft[20], **Kommanditgesellschaft**[21]: Der Gesellschaftsvertrag von Personengesellschaften bedarf der **Schriftform**. Die Eintragung ins Gerichtsregister hat konstitutive Wirkung. Die Einlageverpflichtung der Gesellschafter richtet sich nach dem Gesellschaftsvertrag. Ein gesetzliches Mindestkapital

---

[16] Vgl. Art. 35 ff. Gesetz über die dematerialisierten Wertpapiere [Zakon o nematerializiranih vrednostnih papirjih, Ul. RS Nr. 23/99].
[17] Art. 72 bis 76 sGWG.
[18] Art. 72 iVm. 52 sGWG.
[19] Siehe Fn 14.
[20] Art. 77 bis 135 sGWG.
[21] Art. 136 bis 158 sGWG.

ist nicht vorgesehen. **Komplementäre** haften unbeschränkt mit ihrem gesamten Vermögen für die Verbindlichkeiten der Gesellschaft. Bei Gesellschaften, an denen keine natürliche Person als Komplementär beteiligt ist (Kapital & Co.), gelten Gesellschafterdarlehen im Insolvenzverfahren bei unangemessener[22] Kapitalausstattung als eigenkapitalersetzend. Der Eintritt von Komplementären bedingt auch die gegenüber Dritten nicht ausschließbare **Haftung** für vor ihrem Eintritt entstandene Verbindlichkeiten. Jeder Komplementäre ist zur Geschäftsführung (Einzelgeschäftsführung) und Vertretung (Einzelvertretung) berechtigt und verpflichtet. Im Gesellschaftsvertrag kann Abweichendes vereinbart werden. Das gesetzliche **Wettbewerbsverbot** für Komplementäre ist dispositiv. Sie dürfen weder Komplementäre noch Dienstnehmer bei einer Gesellschaft mit dem selben Geschäftsgegenstand sein; dies gilt auch für die Betätigung in Form eines Einzelunternehmens.

12 Jeder **Komplementär** hat ein gewinnunabhängiges Kapitalentnahmerecht in Höhe von 5% seines Kapitalanteils. Der **Gewinn** verteilt sich, soweit er die 5%-ige Vordividende übersteigt, nach Köpfen; die Verteilung nach Köpfen gilt auch für Verluste. Auch für Kommanditisten ist gesetzlich eine 5%-ige Mindestverzinsung vorgesehen. Darüber hinausgehende Gewinne verteilen sich in einem den Kapitalanteilen entsprechenden Verhältnis. Die Gewinnverteilungsbestimmungen sind für Komplementäre und Kommanditisten dispositiv. Kommanditisten haben bei einem negativen Kapitalanteil kein „Entnahmerecht".

13 **Kommanditisten** sind von der Geschäftsführung und Vertretung ausgeschlossen. Sie haben Anspruch auf eine Abschrift des Jahresabschlusses sowie auf die Einsichtnahme in Geschäftsbücher und Buchhaltungsunterlagen. Aus wichtigen Gründen kann gerichtlich sonstige Aufklärung sowie die Vorlage von Büchern und Schriften verlangt werden. Die **Kontrollrechte** können gesellschaftsvertraglich ausgeweitet werden. Kommanditisten haften bis zur Höhe der nicht eingezahlten **Hafteinlage** (gem. Eintragung im Handelsregister) mit ihrem gesamten Privatvermögen. Die Beschränkung der Haftung der Kommanditisten auf ihre Hafteinlage wirkt erst ab Eintragung der Beschränkung ins Handelsregister. Sofern die Pflichteinlage (bedungene Einlage) der Hafteinlage entspricht, ist eine Haftung der Kommanditisten ausgeschlossen.

2. Aktiengesellschaft

14 Die aktienrechtlichen Bestimmungen[23] sind überwiegend zwingender Natur. Als Organe sind der Vorstand, die Hauptversammlung und der Aufsichtsrat vorgesehen, bei dem jedoch auch Ausschüsse bestellt werden können. Eine Aufsichtsratpflicht besteht bei Überschreiten bestimmter Größenmerkmale[24] und bei börsennotierten Gesellschaften. Die aktienrechtlichen Vorschriften des sGWG werden in Bezug auf den Vorstand und den Aufsichtsrat vor allem durch das Arbeitnehmermitbestimmungs- sowie durch das Übernahmegesetz (sÜbG) er-

---

[22] Zur Angemessenheit der Kapitalausstattung: Gesetz über das Finanzverhalten der Unternehmen [Zakon o finančnem poslovanju podjetij, Ul. RS Nr. 54/99 idgF].
[23] Art. 169 bis 398 sGWG.
[24] Art. 261 sGWG.

gänzt[25]. Der Jahresabschluß ist – abgesehen von kleinen Aktiengesellschaften – prüfungspflichtig und bedarf der Offenlegung und Veröffentlichung. Es ist sowohl die Sukzessiv- als auch die Simultangründung gesetzlich geregelt. Bei der Sukzessivgründung werden nicht alle Aktien vom Gründer gezeichnet[26]. Die **Gründungsprüfung** ist nur in den gesetzlich vorgesehenen Fällen verpflichtend. Die Kapitalerhöhung (effektive und nominelle) und die Kapitalherabsetzung (ordentliche und vereinfachte) sind gesondert geregelt.

Organe: Der **Vorstand** kann sowohl ein Individualorgan als auch ein Kollektivorgan sein, wobei er bei Gesellschaften ohne Aufsichtsrat zumindest aus drei Personen bestehen muß. Der Vorstand ist das geschäftsführungs- und vertretungsbefugte Organ der AG. Er ist grundsätzlich weisungsfrei. Die Hauptversammlung wird nur dann mit Geschäftsführungsfragen betraut, wenn dies der Vorstand verlangt. Der **Aufsichtsrat** besteht – fakultativ oder obligatorisch[27] – aus mindestens drei Mitgliedern. Seine Zuständigkeiten (Bestellung und Abberufung des Vorstands, Überwachung der Geschäftsführung, Einberufung der Hauptversammlung) ergeben sich aus Art. 274 sGWG. Das sGWG enthält keinen Katalog zustimmungspflichtiger Geschäfte. Die Aktionäre üben ihre Rechte (Stimmrecht, Kontrollrecht, Informationsrecht) in der **Hauptversammlung** aus. Neben die im sGWG vorgesehenen Minderheitsrechte treten noch solche aus dem Übernahmegesetz (Bestellung eines Sonderprüfers, Ersatzansprüche usw.). In Abhängigkeit von dem Minderheitenrecht sind unterschiedliche Mehrheiten vorgesehen.

Grundkapital: Das Mindestgrundkapital beträgt 6 Mio. SIT[28]. Neben Bargründungen sind auch Sachgründungen vorgesehen. Gründerprämien, Sacheinlagen und Sachübernahmen müssen in der Satzung festgesetzt werden. Das Erfordernis einer **Gründungsprüfung** ergibt sich aus Art. 194 Abs. 2 sGWG. Auch Nachgründungsvorschriften sind gesetzlich geregelt[29]. Auch die Einlagenrückgewähr[30] und der Erwerb eigener Aktien[31] sind Gegenstand aktienrechtlicher Bestimmungen. Neben der ordentlichen sind auch die bedingte **Kapitalerhöhung** und das genehmigte Kapital gesetzlich geregelt (Beschluß durch drei Viertel des vertretenen Grundkapitals). Für Kapitalerhöhungen mit Sacheinlagen ist eine Gründungsprüfung vorgesehen. Die **Kapitalherabsetzung** kann im Wege einer ordentlichen (effektive Kapitalherabsetzung; **Gläubigeraufruf**) oder vereinfachten (nominelle) Herabsetzung, sowie durch Einziehung von Aktien vorgenommen werden[32].

Modifikationen durch das Übernahmegesetz (sÜbG)[33]: Stimmrechtsaktionäre, die beabsichtigen, ihr Stimmrecht aufgrund **organisiert gesammelter**

---

[25] Übernahmegesetz (sÜbG) [Zakon o prevzemih, Ul. RS Nr. 47/97]; Gesetz über die Mitbestimmung von Arbeitnehmern bei der Verwaltung [Zakon o sodelovanju delavcev pri upravljanju, Ul. RS Nr. 42/93].
[26] Vgl. § 30 dAktG 1937.
[27] Siehe Rn 14.
[28] SIT = slowenischer Tolar (Währung).
[29] Art. 188a sGWG.
[30] Art. 225 sGWG.
[31] Art. 240 sGWG.
[32] Im Bezug auf das Mindestgrundkapital und die Nachgründungsvorschriften siehe Fn 9.
[33] Übernahmegesetz [Zakon o prevzemih, Ul. RS Nr. 47/97].

Vollmachten (mehr als 50 Aktionäre) auszuüben, müssen über diese Absicht – die Gründe hierfür und die Art der Sammlung der Vollmachten – die Agentur für den Wertpapiermarkt (Agencija za trg vrednostnih papirjev) benachrichtigen[34]. Die Hauptversammlung kann mit einfacher Mehrheit einen **Sonderprüfer** zur Überprüfung des Gründungsverfahrens sowie einzelner Geschäfte der Gesellschaft ernennen. Wenn Grund zur Annahme besteht, daß es hierbei zu Unredlichkeiten oder Satzungs- oder Gesetzesverletzungen gekommen ist, steht dieses Recht auch einer Minderheit von 10% des Grundkapitals zu[35]. Die Rechte des Sonderprüfers sind jenen der Abschlußprüfer nachgebildet. Eine Minderheit von 10% des Grundkapitals hat weiters das Recht, einen **Sonderwirtschaftsprüfer** zu bestellen, wenn Bewertungsfehler und/oder formal unvollständige Jahresabschlüsse vermutet werden[36].

3. Gesellschaft mit beschränkter Haftung

18   Gesetzlich ist nur die Einheitsgründung vorgesehen; für die Gründung einer Einpersonen-GmbH sind Sonderbestimmungen normiert[37]. Die gesetzlichen Regelungen[38] sind überwiegend dispositiver Natur. Der Gesellschaftsvertrag hat einen obligatorischen Inhalt und ist **notariatsaktpflichtig**. Das Mindeststammkapital beträgt 2,1 Mio. SIT. Sachgründungen und Gründungen mit Sachübernahmen bedingen eine **Gründungsprüfung**. Grundsätzlich ist eine **Drittelklausel** (Verhältnis von Sach- zu Bareinlagen) vorgesehen, die jedoch nicht zur Anwendung gelangt, sofern 1,4 Mio. SIT in bar aufgebracht werden und der Wert der Sacheinlage mindestens 10 Mio. SIT beträgt[39]. Der Erwerb **eigener Anteile** ist unter bestimmten Voraussetzungen zulässig.

19   Gesellschafterdarlehen gelten im Insolvenzverfahren bei unangemessener Kapitalausstattung als **eigenkapitalersetzend**. Gesellschafterbeschlüsse werden grundsätzlich mit einfacher Mehrheit der abgegebenen Stimmen gefaßt. Im Gesellschaftsvertrag können höhere Mehrheiten und auch sonstige Erfordernisse festgelegt werden. Änderungen des Stammkapitals bedürfen – so wie alle Änderungen des Gesellschaftsvertrags – eines Beschlusses mit drei Vierteln der Stimmen aller Gesellschafter.

20   **Organe**: Das Geschäftsführungs- und vertretungsbefugte Organ ist der/sind die Geschäftsführer. Eine Beschränkung der Vertretungsmacht nach außen ist unwirksam. Im sGWG ist **kein Weisungsrecht** der Generalversammlung normiert. Es muß gesellschaftsvertraglich festgesetzt werden. Ein Geschäftsführer kann durch die Generalversammlung jederzeit abberufen werden. Ein **Aufsichtsrat** ist gesetzlich nicht vorgesehen; eine Einrichtung desselben ohne Regelung bedingt die sinngemäße Anwendung der aktienrechtlichen Bestimmungen. Der Umfang der gesetzlich angeordneten Beschlußfassungen der Gesellschafter (**Generalversammlung**) ergibt sich aus Art. 439 sGWG.

---

[34] Art. 61 sÜbG.
[35] Art. 67 sÜbG.
[36] Art. 74 sÜbG.
[37] Art. 457ff. sGWG.
[38] Art. 406 bis 459 sGWG.
[39] Siehe Fn 9.

Die KGaA und auch die Kapital & Co. Gesellschaft (Doppelgesellschaften) sind **21** gesetzlich geregelt. Die KGaA ist eine Kapitalgesellschaft mit zumindest einem persönlich haftenden Gesellschafter und einem oder mehreren **Kommanditaktionären**. Die Kommanditaktionäre sind am Grundkapital beteiligt und haften für die Gesellschaftsverbindlichkeiten nicht persönlich. Die Regelungen im sGWG entsprechen jenen in §§ 278 bis 290 dAktG.

Als **Doppelgesellschaften** gelten Personengesellschaften, bei denen kein **22** Komplementär eine natürliche Person ist. Eine Doppelgesellschaft darf nicht Komplementär einer anderen Personengesellschaft sein. Die Umwandlung von Kapitalgesellschaften auf Doppelgesellschaften ist nicht zulässig. Auf allen Geschäftsunterlagen einer Doppelgesellschaft ist – neben der Firma der Doppelgesellschaft – auch der Name der geschäftsführenden Organe des Komplementärs anzuführen. Für die firmenmäßige Zeichnung ist vorgesehen, daß neben der Anführung des Namens einer natürlichen Person als Vertreter der Doppelgesellschaft – idR Organ des Komplementärs – auch die vollständige Firma der Komplementärgesellschaft angeführt sein muß.

D. Rechtliche Wege zu Unternehmensübernahmen

I. Bedeutung von Unternehmensübernahmen

Die Realentwicklung in Slowenien im Zusammenhang mit dem Privatisie- **23** rungsprozeß, die damit zusammenhängende Insiderproblematik sowie auch die Furcht vor feindlichen Übernahmen hat bereits 1995 zum politischen Konsens der Regelung eines **Übernahmegesetzes** (sÜbG) geführt. Obwohl das Gesetzesvorhaben keineswegs strittig war, wurde es – bedingt durch Neuwahlen und einen Regierungswechsel – erst im Sommer 1997 beschlossen. Das sÜbG ist kein totes Recht. Genehmigungen[40] zur Stellung eines Übernahmeangebotes[41] wurden bisher (Stand Juni 2000) 14mal erteilt, davon neunmal 1999 und dreimal 2000. Die Offenlegungsbestimmungen[42] führten 1999 zu 187 Meldungen an die Agentur für den Wertpapiermarkt[43].

II. Formen des Vertrags

Bezüglich der praktischen Möglichkeiten der Gestaltung von Unternehmens- **24** übernahmen gibt es keine Abweichungen zum sonstigen europäischen Raum. Neben dem klassischen Asset Deal oder Share Deal sind sie auch durch Anwendung der Verschmelzungs- und Spaltungsbestimmungen des sGWG durchführbar. Zivil- und gesellschaftsrechtlich ergeben sich durch die Ausländereigenschaft

---

[40] Siehe Rn 57.
[41] Siehe Rn 50.
[42] Siehe Rn 58.
[43] Aktuelle Daten sind – auf der Homepage der Agentur für den Wertpapiermarkt – unter http://www.a-tvp.si abrufbar.

des Erwerbers im wesentlichen keine Besonderheiten. Vereinzelt folgen aus der Ausländerstellung des Erwerbers jedoch Beschränkungen[44] und/oder bestimmte Melde- und/oder Genehmigungserfordernisse[45].

25 Vertragsbesonderheiten: Die **Übertragung von Aktienurkunden** erfolgt formfrei. Sie kann sowohl börslich als auch außerbörslich erfolgen, wobei jedoch Devisenausländer vom außerbörslichen Handel mit Wertpapieren ausgeschlossen sind[46]. Die Übertragung von **GmbH-Anteilen** ist notariatsaktpflichtig[47]. Beim Erwerb von GmbH-Anteilen ist uU eine **Ausfallshaftung** gegeben[48]. Im slowenischen Handelsrecht sind Handelsgeschäfte nicht gesondert geregelt. Es gibt jedoch Sonderregelungen im Obligationengesetz (sOblG)[49]. Auf die Erfordernisse bei **Verschmelzungsverträgen** wird an anderer Stelle eingegangen[50]. Zu den Beschlußerfordernissen bei verhältnis- und nichtverhältniswahrenden **Spaltungen** siehe Art. 533g sGWG. Beim Asset Deal sind unter anderem Beschränkungen beim Liegenschaftserwerb[51] durch Ausländer zu beachten. Eine faktische Beschränkung besteht jedoch nicht, weil in Slowenien registrierte Niederlassungen inländischen Gesellschaften gleichgestellt sind. Auch bei Tochtergesellschaften wird nicht auf die Eigentümerstruktur durchgeblickt; sie sind inländischen Gesellschaften geichgestellt.

26 Die Übertragung von Forderungen bedarf einer **Zession**[52]. Die Zustimmung des Schuldners ist nicht erforderlich. Eine Benachrichtigung des Schuldners ist jedoch zweckmäßig, da er ansonsten schuldbefreiend an den Zedenten leisten kann. Die **Schuldübernahme** bedarf der Zustimmung des Gläubigers[53]. Auch eine Vertragsübernahme[54] bedarf der Zustimmung des (ursprünglichen) Vertragspartners. Besondere Formerfordernisse (Liegenschaften, GmbH-Anteile) sind zu beachten. Die Bestimmungen über **Sachmängel**[55] sind auch auf Unternehmenskäufe anzuwenden. Zum Umfang des Schadenersatzes siehe Art. 266 sOblG.

27 Das sGWG regelt die **Prokura** nach deutschem Vorbild[56]. Die Filialprokura ist zulässig; weitere Beschränkungen entfalten keine Außenwirkung. Die Prokura berechtigt zur Vertretung der Gesellschaft im Rahmen ihres satzungsmäßigen Geschäftszwecks[57], wobei jedoch die Veräußerung und Belastung von Grundstücken einer besonderen Vollmacht (**Spezialvollmacht**) bedürfen. Das Verfahren der Erteilung der Prokura richtet sich nach dem Gesellschaftsvertrag bzw. nach der Satzung, ein Arbeitsverhältnis ist nicht erforderlich. Aus dem Erfordernis der Ein-

---

[44] Siehe Rn 64.
[45] Siehe Rn 38.
[46] Siehe Rn 38.
[47] Art. 416 Abs. 3 sGWG.
[48] Art. 424 sGWG.
[49] Obligationengesetz (sOblG) [Zakon o obligacijskih razmerjih, Ul. SFRJ 29/78 idgF].
[50] Siehe Rn 34 sowie Rn 35.
[51] Siehe Rn 64.
[52] Art. 436 sOblG.
[53] Art. 446 sOblG.
[54] Art. 145 sOblG.
[55] Art. 479 sOblG.
[56] Art. 32 bis 38 sGWG.
[57] Vgl. Art. 4 Abs. 1 sGWG.

tragung in das Gerichtsregister ergibt sich die Notwendigkeit der **Schriftform**. Prokuristen könne auch für **Zweigniederlassungen** ausländischer Gesellschaften bestellt werden. Zweigniederlassungen bedürfen eines im Firmenbuch eingetragenen Vertreters. Weder für den Vertreter noch für einen Prokuristen ergibt sich das Erfordernis des **gewöhnlichen Aufenthaltes** in Slowenien bzw. der slowenischen Staatszugehörigkeit. Die Handelsvollmacht wird vom Obligationengesetz geregelt[58].

Einpersonen-Kapitalgesellschaften (AG und GmbH) müssen bei **Insichgeschäften** außerhalb der gewöhnlichen Geschäftstätigkeit einen schriftlichen Vertrag errichten[59]. Abgesehen von der Regelung bei Einpersonen-Gesellschaften sind im sGWG keine Bestimmungen über Insichgeschäfte enthalten; es können jedoch gesellschaftsvertragliche oder satzungsmäßige Regelungen getroffen werden.

Wettbewerbsverbot: **Vorstandsmitglieder** dürfen ohne Zustimmung des Aufsichtsrates keiner anderen erwerbswirtschaftlichen Tätigkeit nachgehen und im Geschäftsbereich der AG keine Geschäfte, weder im eigenen noch im fremden Namen abschließen[60]. Neben diesem nur für Vorstandsmitglieder geltenden Wettbewerbsverbot ist für sie auch das allgemeine (strengere) **dispositive Wettbewerbsverbot** des Art. 41 sGWG zu beachten. Demnach dürfen Vorstands- und Aufsichtsratsmitglieder diese Funktionen in keiner Gesellschaft ausüben, die in einem Konkurrenzverhältnis zu ihrer Funktion in der AG stehen könnte. Dies gilt auch für ein Arbeitsverhältnis in einer anderen Gesellschaft oder für das Tätigwerden als Einzelunternehmer. Ebenso einschränkend ist das sGWG auch in Bezug auf Komplementäre, Gesellschafter und Geschäftsführer einer GmbH sowie für Prokuristen[61].

Gerichtswahl und anwendbares Recht: **Schiedsgerichte** können frei vereinbart werden. Schiedssprüche derartiger Schiedsgerichte sind in Slowenien anerkannt und auch direkt vollstreckbar. Slowenien ist seit 1993 Mitglied des UN-Übereinkommens über die Anerkennung und Vollstreckung ausländischer Schiedssprüche. **Schiedssprüche** können nur wegen massiver Verletzung der Verfahrensregeln bei Gericht angefochten werden. Slowenien ist ferner Mitglied der Europäischen Konvention über die internationale Handelsschiedsbarkeit und der Konvention von Washington über die Beilegung von Investitionsstreitigkeiten zwischen Staaten und Angehörigen anderer Staaten. Ausländische **Zivilkläger** müssen auf Verlangen des slowenischen Beklagten eine Kaution für die Verfahrenskosten erlegen. Die Vertretung durch ausländische Rechtsanwälte vor Gericht ist nicht möglich.

Bei **Liegenschaften** richtet sich das anzuwendende Recht immer nach dem Belegenheitsort, sonst ist das anzuwendende Recht frei vereinbar.

Ins Gerichtsregister (Handelsregister) eingetragene Gesellschaften müssen einen **Jahresabschluß** nach den Bestimmungen des sGWG erstellen[62]. Ergänzend zu

---

[58] Art. 95 sOblG.
[59] Art. 458a sGWG.
[60] Art. 254 sGWG.
[61] Zur Zulässigkeit der Beschränkung über die Organfunktion hinaus siehe Rn 41.
[62] Art. 50ff. sGWG.

den gesetzlichen Bestimmungen sind auch die im Gesetzesrang stehenden Slowenischen Rechnungslegungsstandards (SRS) zu berücksichtigen[63]. Die Rechnungslegungsbestimmungen entsprechen grundsätzlich der **Bilanzrichtlinie**[64]; Slowenien hat in den SRS alle Länderwahlrechte aufgegriffen (Aktivierung von Forschungs- und Entwicklungskosten sowie von selbststerstellten immateriellen Vermögensgegenständen usw.)[65]. Die Jahresabschlüsse müssen der Abgabenbehörde vorgelegt werden. Der **Bestätigungsvermerk** bringt bei prüfungspflichtigen Gesellschaften einen den Rechnungslegungsvorschriften entsprechenden Jahresabschluß zum Ausdruck[66]. Die Hinzuziehung der „Steuerbilanz"[67] zur Beurteilung einer Zielgesellschaft ist jedoch ratsam. Nicht in das Handelsregister eingetragene **Einzelunternehmer** müssen in Abhängigkeit von Größenkriterien entweder einen rein steuerlichen Betriebsvermögensvergleich oder eine Einnahmen-Ausgaben-Rechnung erstellen[68].

III. Unternehmensverschmelzungen[69]

33 Das sGWG enthält keinerlei Beschränkungen für **rechtsformübergreifende** Verschmelzungen. Gesetzlich geregelt ist jedoch nur die Verschmelzung von **Kapitalgesellschaften**. Hierbei sind Verschmelzungen zur Aufnahme und Verschmelzungen zur Neugründung, jeweils im Wege der **Gesamtrechtsnachfolge** vorgesehen. Im Ergebnis kann eine Verschmelzung auch durch die Spaltung zur Aufnahme erreicht werden[70]. Es sind sowohl Konzern- als auch Konzentrationsverschmelzungen möglich. Zentrale **Regelungsinhalte** der Verschmelzungsbestimmungen sind die Information der Anteilsinhaber (Bericht des Vorstands und des Aufsichtsrats, Bericht über die Verschmelzungsprüfung), Gläubiger- und Anteilsinhaberschutzbestimmungen sowie die gerichtliche Überprüfung des Umtauschverhältnisses.

34 In einem **Verschmelzungsvertrag**/Verschmelzungsplan sind die grundlegenden Eckdaten der Verschmelzung sowie ihr Ablauf festzuhalten. Von besonderer Bedeutung sind das Umtauschverhältnis, das Barabfindungsangebot (**Austrittsrecht** bei Einschränkung der Fungibilität) und bare Zuzahlungen beim Verlust von Sonderrechten (**Verwässerungsschutz**). Das Umtauschverhältnis und bare Zuzahlungen unterliegen der Verschmelzungsprüfung und können Gegenstand einer gerichtlichen Überprüfung sein. Zum Schutz vor mutwilligen Antragstellungen sind hierfür Mindestbeteiligungen vorgesehen. Einer gerichtlichen Überprüfung unterliegt auch das Barabfindungsangebot, wobei eine Mindestbeteiligung nicht erforderlich ist. Der **Verschmelzungsbeschluß** bedarf einer Mehrheit von drei

---

[63] Zu den SRS siehe Fn 11.
[64] Vierte Richtlinie vom 25. 7. 1978 (Jahresabschlußrichtlinie) 78/660/EWG.
[65] Siehe Fn 9.
[66] Zu den prüfungspflichtigen Gesellschaften Art. 54 sGWG. Zur Pflichtprüfung siehe auch Gesetz über die Wirtschaftsprüfung [Zakon o revidiranju, Ul. RS Nr. 11/2001].
[67] Siehe Rn 47.
[68] Siehe Fn 14.
[69] Siehe Fn 9.
[70] Siehe Spaltungsvorschriften Art. 533a bis 533o sGWG.

Vierteln des bei der Beschlußfassung vertretenen Grundkapitals. Bei der GmbH ist ein Beschluß von drei Vierteln aller Gesellschafter erforderlich. Zum Schutz von Inhabern von **Sonderrechten** bei Gesellschaften mit beschränkter Haftung sind besondere Beschlußerfordernisse vorgesehen[71]. Ein **Spitzenausgleich** (bare Zuzahlungen) ist bis zu 10% des Nennbetrags der gewährten Anteile möglich.

Von der Zustimmung der Hauptversammlung der übernehmenden Gesellschaft kann abgesehen werden (**vereinfachte** (Konzentrations-) **Verschmelzung**), wenn sich zumindest neun Zehntel des Grundkapitals einer übertragenden Gesellschaft in der Hand der übernehmenden Gesellschaft befinden, oder wenn die zu gewährenden Aktien ein Zehntel des Grundkapitals der übernehmenden Gesellschaft nicht übersteigen. **Anfechtungsklagen** sind ausgeschlossen[72], wenn sie auf einem behaupteten zu niedrigen Umtauschverhältnis, zu niedrigen Zuzahlungen (Verwässerungsschutz) oder auf einer zu niedrigen Barabfindung (Austrittsrecht) beruhen. Den Anteilsinhabern (Mindestbeteiligung erforderlich) steht jedoch das Instrument der gerichtlichen Überprüfung des Umtauschverhältnisses zu; entschieden wird über bare Zuzahlungen als Ausgleich. Die gerichtliche Entscheidung wirkt **erga omnes**.

Das sGWG enthält keine Aussagen zu **grenzüberschreitenden** Verschmelzungen. Für den EU-Raum ist aufgrund der Fusionsrichtlinie von einem einheitlichen Rechtsstandard auszugehen. Neben der Klärung der Zulässigkeit von grenzüberschreitenden Verschmelzungen ist vor allem die Frage des anwendbaren Rechts zu klären. Die rechtliche Beurteilung ausländischer Unternehmen richtet sich nach dem Recht des Staates, dem sie angehören[73]. Nach Art. 17 der slowenischen Kollisionsnorm gilt grundsätzlich die **Gründungstheorie**[74]. Auf einen eventuellen faktischen Sitz in Slowenien ist nach slowenischem Recht nicht abzustellen. Bei einer Hineinverschmelzung gelten für die übernehmende Gesellschaft und bei einer Hinausverschmelzung für die übertragende Gesellschaft die slowenischen Verschmelzungsbestimmungen. Bis dato hat es in Slowenien mW jedoch noch keinen praktischen Anwendungsfall gegeben, so daß jedenfalls eine Klärung mit den zuständigen Richtern beim Handelsregister erforderlich ist. Im Zweifel wird man sich Behelfskonstruktionen bedienen müssen.

E. Besonderheiten der Due Diligence

Hinsichtlich der Maßstäbe für die sorgfältige Durchführung der Due Diligence bestehen in Slowenien keine Besonderheiten. Auf einzelne von ausländischen Erwerbergesellschaften zu berücksichtigende Punkte (Liegenschaftsverkehr, Devisenbestimmungen usw.) wird verwiesen[75].

---

[71] Art. 532b sGWG.
[72] Art. 529 sGWG.
[73] Art. 559 sGWG.
[74] Gesetz über das internationale Privatrecht und Verfahren [Zakon o mednarodnem zasebnem pravu in postopku, Ul. RS Nr. 56/99].
[75] Siehe Rn 62 und Rn 64 ff.

F. Besonderheiten in den Begleitfeldern

I. Börsennotierte Gesellschaften

38 Der Erwerb von mehr als 25% der Anteile von Gesellschaften, die eine Eigentumsumwandlung nach dem Gesetz über die Eigentumsumwandlung von Unternehmen[76] durchgeführt haben und deren Grundkapital höher als 800 Mio. SIT ist, bedarf der **Zustimmung** der Slowenischen Regierung[77]. Neben den im sGWG festgelegten aktienrechtlichen Bestimmungen sind auch die ergänzenden **Minderheitenrechte** des Übernahmegesetzes[78] zu beachten. Devisenausländer dürfen Wertpapiergeschäfte (Zeichnung, Erwerb, Veräußerung) nur über bevollmächtigte Börsenhäuser abwickeln[79]. Nach dem Devisengesetz sind unter Wertpapieren Aktien, Anleihen und sonstige an der Börse gehandelte Wertpapiere zu verstehen[80]. Aus dem sDevG ergeben sich Einschränkungen in Bezug auf den Erwerb von Unternehmen, Kapitalerhöhungen usw., die bestimmten **Branchen** angehören.

39 Vor dem Übernahmeangebot muß der Erwerber gleichzeitig mit der Agentur für den Wertpapiermarkt auch das **Kartellamt** informieren. Wenn durch die „Unternehmensübernahme" ein gemeinsamer Umsatz von 8 Mrd SIT oder ein Marktanteil von 40% erreicht wird, besteht eine Anzeigepflicht gegenüber dem Kartellamt[81].

II. Arbeitsrecht[82]

40 Ein allgemeiner Kollektivvertrag und Branchenkollektivverträge ergänzen die Arbeitsgesetzgebung. Die Gehälter werden kollektivvertraglich geregelt, wobei ein gesetzliches **Mindestgehalt** normiert ist. **Jubiläumsgeldansprüche** sind kollektivvertraglich angeordnet. Es gibt keinen gesetzlichen, aber einen kollektiv-

---

[76] Gesetz über die Eigentumsumwandlung von Unternehmen [Zakon o lastninskem preoblikovanju podjetij, Ul. RS Nr. 55/92 idgF].

[77] Art. 82 sÜbG.

[78] Siehe Rn 17.

[79] Art. 29 sDevG.

[80] Art. 5 sDevG.

[81] Kartellgesetz [Zakon o preprečevanju omejevanja konkurence, Ul. RS Nr. 56/99]. In Bezug auf den unlauteren Wettbewerb und Dumpingeinfuhren gilt weiterhin das Gesetz über den Konkurrenzschutz [Zakon o varstvu konkurence, Ul. RS Nr. 18/93].

[82] Rechtsquellen zum Arbeitsrecht: Gesetz über den Zwangsausgleich die Liquidation und den Konkurs [Zakon o prisilni poravnavi, stečaju in likvidaciji, Ul. RS Nr. 67/93 idgF]; Gesetz über den Haftungs- und Unterhaltsfonds der Republik Slowenien [Zakon o jamstvenem in preživninskem skladu Republike Slovenije, Ul. RS Nr. 25/97, 53/99]; Gesetz über Mindestgehälter, Gehaltsanpassungen und den Regreß für den Jahresurlaub für 1999 bis 2000 [Zakon o minimalni plači, o načinu usklajevanja plač in o regresu za letni dopust v obdobju 1999 – 2001; Ul. RS Nr. 39/99]; Gesetz über die Arbeitsverhältnisse [Zakon o delovnih razmerjih, Ul. RS Nr. 14/90, 5/91 und 71/93]; Gesetz über die grundlegenden Rechte aus einem Arbeitsverhältnis [Zakon o temeljnih pravicah iz delovnega razmerja, Ul. SRFJ Nr. 60/89 idgF]; Arbeitnehmermitbestimmungsgesetz [Zakon o sodelovanju delavcev pri upravljanju, Ul. RS Nr. 42/93]; Allgemeiner Kollektivvertrag für wirtschaftliche Tätigkeiten [Splošna kolektivna pogodba za gospodarske dejavnosti, Ul. RS Nr. 40/97].

vertraglichen Abfertigungsanspruch; in bestimmten Fällen (zB Todesfall) sind „Solidarleistungen" vorgesehen. Im Konkursfall gelten Gehälter als bevorrechtigte Forderungen; für diese ist – wenn auch betraglich begrenzt – eine subsidiäre staatliche Haftung durch den Haftungs- und Unterhaltsfonds vorgesehen.

Für Geschäftsführer und Dienstnehmer mit besonderen Bevollmächtigungen (zB Prokura) gilt der allgemeine Kollektivvertrag nicht. Es kommen keine **kollektivvertaglichen Mindeststandards** zur Anwendung; die gesetzlichen Regelungen (Kündigung usw.) gelten jedoch sehr wohl. Ein **nachvertragliches Wettbewerbsverbot** für Vorstands- und Aufsichtsratsmitglieder sowie Geschäftsführer darf bis zu einer Dauer von zwei Jahren vereinbart werden. Eine Abberufung ohne wichtigen Grund von Vorstandsmitgliedern und Geschäftsführern verkürzt ein zulässig vereinbartes Wettbewerbsverbot auf maximal sechs Monate[83]. 41

Übergang bestehender Arbeitsverhältnisse: Diesbezüglich gibt es derzeit keine explizite gesetzliche Regelung; im Allgemeinen Kollektivvertrag für wirtschaftliche Tätigkeiten sind Regelungen für den Fall der Übernahme von Arbeitskräften enthalten. Bei Kündigung einer größeren Zahl von Arbeitnehmern – aus betrieblichen oder organisatorischen Gründen – sind die ergänzenden Bestimmungen für Kündigungen zu beachten[84]. Dies gilt sowohl für den „neuen" als auch für den alten Arbeitgeber. 42

Änderungen in der Eigentümerstruktur sind wie folgt zu beurteilen: Bei Umstrukturierungen im Wege der Gesamtrechtsnachfolge (Spaltung, Verschmelzung) geht das Arbeitsverhältnis nahtlos über. Bei einem **Share Deal** ergibt sich keine Änderung des Arbeitgebers. Bei einem **Asset Deal** gehen die Arbeitsverhältnisse auf den neuen Arbeitgeber über, sofern sich bei ihm kein Erfordernis (betriebliche oder organisatorische Gründe) zur Kündigung einer größeren Zahl von Arbeitnehmern ergibt. Der Übergang bedarf jedoch der Zustimmung des Arbeitnehmers. Bei **formwechselnden Umwandlungen** ist gesetzlich keine Gesamtrechtsnachfolge normiert; hier sind die für Asset Deals geltenden Grundsätze anzuwenden[85]. 43

III. Altersversorgung

Die gesetzliche Pension wird durch Arbeitnehmer- und Arbeitgeberbeiträge aufgebracht. Die Sozialversicherung ist nach dem Pflichtversicherungssystem organisiert[86]. Arbeitsrechtlich steht einer Vereinbarung von zusätzlichen betrieblichen **Altersversorgungsmodellen** nichts entgegen. Es gibt keine Bestimmungen – weder zivil- noch steuerrechtlich – die solche Modelle in Bezug auf bestimmte Gruppen von Arbeitnehmern oder auf alle Arbeitnehmer eines Arbeitgebers einschränken. Vor allem bei Arbeitsverträgen von in Führungspositionen tätigen Per- 44

---

[83] Art. 41 Abs. 4 sGWG.
[84] Art. 29 bis 36 Gesetz über die Arbeitsverhältnisse.
[85] Siehe *Dobrin*, Der Einfluß von gesellschafts- und eigentumsrechtlichen Änderungen bei Wirtschaftssubjekten auf die Arbeitsverhältnisse [Vpliv statusnih in lastninskih sprememb gospodarskih subjektov na delovna razmerja], Podjetje in Delo 1/1996, 39.
[86] Siehe Gesetz über die Pensions- und Invaliditätsversicherung [Zakon o pokojninskem in invalidskem zavarovanju, Ul. RS Nr. 106/99 idgF].

sonen[87] bieten sich solche Modelle an. Aufgrund der Maßgeblichkeit der Handelsbilanz für die Steuerbilanz sind solche Vereinbarungen (bilanzielle Rückstellungen) auch steuerwirksam.

IV. Umweltrecht

45   In der slowenischen Rechtsordnung gibt es kein besonderes **Umwelthaftungsrecht**. Im Umweltschutzgesetz[88] ist jedoch auch die Kostentragung sowie die Haftung für Umweltschäden geregelt. Die Haftung (auch für Altlasten) bei Unternehmensübernahmen richtet sich nach dem Obligationengesetz. Die Beurteilung, Ausschaltung oder Abgrenzung von Risiken ist jedenfalls Gegenstand einer sorgfältigen Due Diligence. Der Umweltschutz nimmt einen hohen Stellenwert ein[89].

V. Gewerbliche Schutzrechte

46   Patente und Unterscheidungszeichen (Muster, Zeichen, Schutzmarken usw.) können geschützt werden (industrieller Eigentumsschutz)[90]. Hinsichtlich des Schutzes des industriellen Eigentums sind ausländische natürliche und juristische Personen – Gegenseitigkeit vorausgesetzt – inländischen gleichgestellt. Mit der Zuerkennung der gesetzlich vorgesehenen Rechte erhält der Berechtigte das Recht, Dritte von der Verwertung des geschützten Rechtes auszuschließen. Der Schutz ist zeitlich beschränkt, wobei jedoch Verlängerungsmöglichkeiten vorgesehen sind. Für die Abtretung eines Patentes, Modells oder Musters oder der Verwendung einer Marke ist ein schriftlicher **Lizenzvertrag** erforderlich.

VI. Steuerrecht

47   Das slowenische Ertragsteuerrecht folgt grundsätzlich dem synthetischen Einkommensbegriff. Im außerbetrieblichen Bereich beträgt die **Spekulationsfrist** drei Jahre[91]. Ein **vertikaler Verlustausgleich** in bezug auf Anteilsveräußerungen ist bis zur Bemessungsgrundlage möglich. Für natürliche Personen sind Dividendeneinkünfte – im Gegensatz zu solchen aus Forderungswertpapieren – steuerpflichtig. Für die Besteuerung juristischer Personen ist eine **Maßgeblichkeit** der Handelsbilanz – die sich nach den Slowenischen Rechnungslegungsstandards (SRS) richtet – vorgesehen, sofern keine abweichenden zwingenden steuerlichen Vorschriften bestehen. Für betriebliche Einkünfte gilt das **Subsidiaritätsprinzip**. Für Zwecke der Abgabenbemessung ist eine selbständige „Steuerbilanz" auf

---

[87] Siehe Rn 41.
[88] Art. 77 ff. Umweltschutzgesetz [Zakon o varstvu okolja, Ul. RS Nr. 32/93 idgF].
[89] Eine Novelle des Umweltschutzgesetzes, ein Natur- und Wasserschutzgesetz sowie ein Kernkraftwerkgesetz sind in Vorbereitung. Mit diesen Gesetzesvorhaben soll der Rechtsordnung der EU bis zum 31. 12. 2002 entsprochen werden.
[90] Gesetz über das industrielle Eigentum [Zakon o industrijski lastnini; Ul. RS Nr. 13/92 idgF].
[91] Art. 58 Einkommensteuergesetz [Zakon o dohodnini, Ul. RS Nr. 71/93 idgF].

hierfür vorgesehenen Formblättern anzufertigen. Für juristische Personen kommt eine Schachtelbefreiung zur Anwendung[92]. Eine Konzernbesteuerung ist möglich (antragsgebunden)[93]. Bei einem **Asset Deal** ist zu beachten, daß höchstzulässige steuerwirksame Abschreibungssätze normiert sind; eine Firmenwertabschreibung ist aufwandswirksam. Ein **Gewinntransfer** sowie ein Transfer von Veräußerungs- und Liquidationsgewinnen sind nur unter der Voraussetzung frei, daß alle mit Gewinnen zusammenhängenden Steuerverbindlichkeiten beglichen worden sind[94]. Mit nahezu allen EU-Mitgliedstaaten bestehen **Doppelbesteuerungsabkommen**[95]. Ausländische Zweigniederlassungen müssen vor der Aufnahme ihrer Tätigkeit die Eintragung in das Steuerregister erwirken[96].

Das slowenische **Mehrwertsteuerrecht**[97] entspricht weitgehend der 6. Mehrwertsteuerrichtlinie der EU.

G. Übernahmerecht

I. Anwendungsbereich

Das slowenische **Übernahmegesetz** (sÜbG) ist auf Wertpapiere[98] anzuwenden, die an den Marktsegmenten „A" (amtlicher Handel) und „B" (geregelter Freiverkehr) der **Laibacher Börse** (Ljubljana Stock Exchange) gehandelt werden. Das sÜbG ist ferner auf Wertpapiere anzuwenden, die in einem öffentlichen Angebot angeboten werden. Darunter ist eine an einen unbestimmten Personenkreis gerichtete Einladung zur **öffentlichen Zeichnung** von Wertpapieren zu verstehen. Das sÜbG gilt auch für Wertpapiere, die aufgrund des Gesetzes über die Eigentumsumwandlung von Unternehmen[99] öffentlich verkauft wurden (**Privatisierungsaktien**) und für bestimmte große Gesellschaften, deren Eigentumsumwandlung nicht öffentlich erfolgte.

Der (letzte) Erwerb von Anteilen, der einen mindestens 25%-igen Stimmanteil unter Berücksichtigung auch der Anteile der durch **Stimmrechtsbindungsverträge** gebundenen Personen einräumt, verpflichtet den Erwerber, ein **Übernah-**

---

[92] Art. 32 Gesetz über die Gewinnsteuer juristischer Personen [Zakon o davku od dobička pravnih oseb, Ul. RS Nr. 72/93 idgF].
[93] Art. 200 Gesetz über das Abgabenverfahren [Zakon o davčnem postopku, Ul. RS Nr. 18/96 idgF].
[94] Art. 23 sDevG.
[95] Bis auf Irland, Luxemburg und Spanien bestehen mit allen Ländern der EU Doppelbesteuerungsabkommen [in englisch http://www.sigov.si:90/mf/angl/taxation.htm]. Bis auf das österreichische DBA wurden die mit den restlichen EU-Mitgliedsländern bestehenden DBA – so auch das Deutsche – noch von Jugoslawien abgeschlossen. Sie wurden ins slowenische Recht übergeleitet. Das DBA Österreichs mit Slowenien ist mit 1. 1. 1999 in Kraft getreten.
[96] Art. 36 Gesetz über das Steueramt [Zakon o davčni službi, Ul. RS Nr. 18/96 idgF].
[97] Mehrwertsteuergesetz [Zakon o davku na dodano vrednost, Ul. RS Nr. 89/98].
[98] Gesetz über den Wertpapiermarkt [Zakon o trgu vrednostnih papirjev, Ul. RS Nr. 56/99]; in Englisch http://www.sigov.si/mf/angl/zakon/ztvpan.htm].
[99] Gesetz über die Eigentumsumwandlung von Unternehmen [Zakon o lastninskem preoblikovanju podjetij, Ul. RS Nr. 55/92 idgF].

meangebot zu stellen; dies gilt auch für einen Aktionär, der mit dem letzten Erwerb die 25% Grenze erreicht. Das Übernahmeangebot ist ein veröffentlichtes Kaufangebot, das auf den Erwerb der Wertpapiere der Zielgesellschaft gerichtet ist[100]. Es ist auch ein **freiwilliges** Übernahmeangebot vorgesehen[101].

II. Pflichten und Rechte des Bieters

51   Eine (natürliche oder juristische, in- oder ausländische) Person, die durch den Erwerb von Wertpapieren (stimmberechtigten Aktien, Wandel- und Optionsanleihen)[102] einer AG, einen **25%-igen Stimmenanteil** erlangt, ist verpflichtet, ein Angebot auf Abkauf aller Wertpapiere zu den durch das sÜbG vorgesehenen Bedingungen zu stellen. Hierbei ist es unerheblich, ob die Aktien börslich oder außerbörslich erworben werden[103]. Bei der Berechnung des 25%-igen Stimmenanteils werden auch die Anteile der durch **Stimmrechtsbindungsverträge** gebundenen Personen berücksichtigt. Solange die Angebotsfrist läuft, darf der Bieter keine weiteren Wertpapiere erwerben.

52   **Angebotspreis**: Der angebotene Preis muß für alle Wertpapiere einer Gattung gleich sein[104]. Bei Erwerb von mehr als 10% eines Emissionsvolumens innerhalb von sechs Monaten vor der Veröffentlichung des Angebotes gelten die Bedingungen dieses Erwerbs als Untergrenze. **Tauschangebote** sind nicht zulässig, wenn der Bieter in den letzten sechs Monaten mehr als 10% der Wertpapiere erworben hat. Der Bieter hat in den Angebotsunterlagen[105] die Grundlagen für die Preisfestsetzung anzugeben. Eine Änderung des Angebotspreises darf nur zugunsten der Inhaber der Wertpapiere erfolgen[106].

53   **Auskunftspflichten**: Vor der Stellung des Übernahmeangebots hat der Bieter die Agentur für den Wertpapiermarkt (Agentur) zu benachrichtigen. Diese kann bei steigenden Kursen an der Börse vom „vermuteten" Bieter verlangen, daß er sich innerhalb von 24 Stunden darüber erklärt, ob er die Stellung eines Übernahmeangebotes plant. Alle Mitglieder des Vorstandes und des Aufsichtsrates sind verpflichtet, alle Wertpapiergeschäfte innerhalb der letzten sechs Monate vor Beginn der Angebotsfrist der Agentur zu melden. Das Übernahmeangebot ist innerhalb von 30 Tagen nach Benachrichtigung der Agentur zu veröffentlichen.

54   **Angebotsfrist**: Die Angebotsfrist muß, gerechnet ab der Veröffentlichung, zwischen 28 und 60 Tagen liegen[107]. **Sicherstellung**: Der Bieter hat den zum Erwerb aller Wertpapiere erforderlichen Betrag bei der Clearing Depot Gesellschaft zu hinterlegen; Entsprechendes gilt bei Tauschangeboten für die angebotenen

---

[100] Art. 7 sÜbG.
[101] Art. 5 sÜbG.
[102] Art. 4 Abs. 2 sÜbG.
[103] Siehe Rn 38.
[104] Art. 7 Abs. 3 sÜbG.
[105] Art. 19 sÜbG.
[106] Art. 22 sÜbG.
[107] Art. 27 sÜbG.

Wertpapiere[108]. Während der Angebotsfrist kann der Bieter das Übernahmeangebot unter bestimmten Voraussetzungen zurückziehen (**Rücktrittsrecht**)[109].

III. Pflichten und Rechte der Zielgesellschaft

Die Verwaltung (Vorstand) der Zielgesellschaft hat die Agentur innerhalb von zwei Werktagen über Absprachen oder Verhandlungen mit dem Bieter zu informieren (**Anzeigepflicht**). Auf Verlangen der Agentur hat sich der Vorstand innerhalb von 24 Stunden darüber zu erklären, ob er vom Übernahmeangebot Kenntnis hat (**Erklärungspflicht**). Alle Mitglieder des Vorstands und des Aufsichtsrats sind verpflichtet alle Wertpapiergeschäfte innerhalb der letzten sechs Monate vor Beginn der Angebotsfrist der Agentur zu melden. Der Vorstand der Zielgesellschaft hat sich innerhalb von zehn Tagen ab Veröffentlichung des Übernahmeangebotes dazu – gestützt auf ein Gutachten (**Sachverständigengutachten**) – zu äußern. Der Erwerb qualifizierter Anteile[110] bedingt eine **Ad hoc-Publizität**.

55

Bestimmte Handlungen der Zielgesellschaft bedürfen eines Hauptversammlungsbeschlusses von mindestens drei Vierteln des vertretenen Grundkapitals[111]. Hierbei handelt es sich um Kapitalerhöhungen, außerordentliche Geschäftsabschlüsse, Maßnahmen und Geschäftsabschlüsse, die den Weiterbestand der Gesellschaft gefährden, den Erwerb eigener Aktien und Maßnahmen, deren alleiniger Zweck die Behinderung und Erschwerung der Übernahme ist (**Neutralitätsgebot**).

56

IV. Sonstiges

Die Stellung eines Übernahmeangebots bedarf der vorherigen **Zustimmung** der Agentur für den Wertpapiermarkt (Überprüfung der Angebotsunterlagen, Überprüfung der Einhaltung der Vorschriften)[112]. Inhaber von Wertpapieren haben das Übernahmeangebot schriftlich anzunehmen und die Wertpapiere bei der Clearing Depot Gesellschaft zu hinterlegen.

57

Der Erwerb von 5% von Wertpapieren (qualifizierter Anteil) sowie jeder weitere Erwerb von 5% verpflichtet den Erwerber und den Wertpapieremittenten die Agentur für den Wertpapiermarkt darüber zu informieren (**Offenlegung** bestimmter Beteiligungen)[113].

58

---

[108] Zur Zulässigkeit von Tauschangeboten siehe Rn 52.
[109] Art. 37 sÜbG.
[110] Siehe Rn 58.
[111] Art. 36 sÜbG.
[112] Art. 23 sÜbG.
[113] Art. 64 sÜbG.

H. Finanzierung von Unternehmensübernahmen

I. Inländische Finanzierung

59 Neben der Eigenkapitalfinanzierung kommt auch die Fremdkapitalfinanzierung in Betracht. Der **Kapitalmarkt** ist in dem Gesetz über den Wertpapiermarkt[114] geregelt. Neben Aktien werden auch Anleihen in den unterschiedlichsten Ausprägungen gehandelt. Zur effektiven Kapitalerhöhung bei Kapitalgesellschaften siehe die Ausführungen an anderer Stelle[115].

60 Als Instrument zur Kapitalbeschaffung kommen auch **stille Beteiligungen** in Betracht[116]. Der stille Gesellschafter ist Konkursgläubiger.

61 Die Herausgabe **ausländischer** schuldrechtlicher **Wertpapiere** bedarf der Genehmigung des Finanzministeriums und richtet sich nach den Vorschriften des Gesetzes über den Wertpapiermarkt.

II. Ausländische Finanzierung (devisenrechtliche Vorschriften)

62 Die Verbringung von Bargeld oder Wertpapieren aus oder nach Slowenien ist ab einer bestimmten Höhe beim **Grenzübertritt** anzumelden bzw. unterliegt einer betraglichen Begrenzung[117]. Ausländische Kreditgeschäfte sowie Wertpapiergeschäfte unterliegen bestimmten Meldepflichten[118]. Weitere zu beachtende **devisenrechtliche Beschränkungen**, abgesehen von sonstigen Meldepflichten (7. Kapitel des sDevG) gibt es nicht.

III. Kreditsicherung

63 Auch in Slowenien können die Instrumente der Kreditsicherung in persönliche und dingliche Sicherungsinstrumente unterteilt werden. Zu den **persönlichen Sicherheiten** zählen die Bürgschaft[119], die Bankgarantie[120], die Schuldübernahme[121], der Schuldbeitritt[122] sowie der Wechsel. Zu den **dinglichen Sicherheiten** gehören das Pfandrecht[123], die Sicherungsübereignung, die Sicherungszession und der Eigentumsvorbehalt.

---

[114] Gesetz über den Wertpapiermarkt.
[115] Siehe Rn 16.
[116] Art. 159 bis 168 sGWG.
[117] Gesetz über die Vereitlung von Geldwäsche [Zakon o preprečevanju pranja denarja, Ul. RS Nr. 36/94 idgF]; Beschluß über die Höhe der zulässigen Ein- und Ausfuhr in- und ausländischer Valuten [Sklep o višini dovoljenega vnosa in iznosa domače in tuje gotovine, Ul. RS Nr. 50/99].
[118] Zu den Meldepflichten Art. 53 sDevGff.
[119] Art. 997 bis 1019 sOblG.
[120] Art. 1083 bis 1087 sOblG.
[121] Art. 446 bis 450 sOblG.
[122] Art. 451 und 452 sOblG.
[123] Faustpfand gem. Art. 966 bis 996 sOblG und Hypothek gem. Art. 61 bis 69 Gesetz über die grundlegenden eigentumsrechtlichen Verhältnisse [Zakon o temeljnih lastninskopravnih razmerjih, Ul. SFRJ Nr. 6/80 idgF].

An **Liegenschaften** ist der Eigentumserwerb durch Ausländer ausgeschlossen. **64**
Ausgenommen hiervon ist der Erwerb im Erbweg (Erbgang) unter der Voraussetzung der Gegenseitigkeit. Hypotheken können zugunsten von Ausländern bestellt werden. Ausländer können jedoch weder bei einer Versteigerung noch bei einem unmittelbaren Verkauf als Käufer auftreten. **Hypotheken** sind im Gesetz über die grundlegenden eigentumsrechtlichen Verhältnisse geregelt[124]. Beim Erwerb anderer Sachenrechte bestehen für Ausländer keine Beschränkungen. Auch bei der **Sicherungsübereignung** sind die Bestimmungen über den Liegenschaftserwerb durch Ausländer zu beachten. **Bürgschaftserklärungen** bedürfen der Schriftform.

Die Beschränkungen im Zusammenhang mit dem **Liegenschaftserwerb** gelten nicht für Gesellschaften nach dem sGWG. Gem. Art. 2 sGWG können (Wirtschafts-)Gesellschaften nach dem sGWG (Personen- und Kapitalgesellschaften) Eigentum an beweglichen und unbeweglichen Sachen erwerben, Inhaber von Rechten und Pflichten sein sowie klagen und verklagt werden. **65**

---

[124] Siehe Fn 123.

§ 50 Tschechien*

Übersicht

	Rn
A. Einleitung	1
B. Wirtschaftliche Betätigung von Ausländern	5
I. Aufenthalts- und Betätigungsbewilligungen für Ausländer	5
II. Zulässige wirtschaftliche Betätigungsformen bei Gründung durch Ausländer	9
III. Restriktionen beim Anteilserwerb durch Ausländer von Inländern	11
C. Gesellschaftsformen	12
I. Allgemeines	12
II. Rechtsformen	13
1. Einzelkaufmännische Unternehmen	13
2. Personenhandelsgesellschaften	14
3. Kapitalhandelsgesellschaften	16
4. Mischformen	19
5. Ausscheiden von Gesellschaftern (Einpersonen-Gesellschaft)	20
D. Rechtliche Wege zu Unternehmensübernahmen	21
I. Bedeutung von Unternehmensübernahmen	21
II. Formen des Vertrags	22
1. Unternehmenskauf nach §§ 476 ff. tHGB	22
2. Übertragung von GmbH-Anteilen und Aktien	30
3. Unternehmensübernahme im Rahmen der Privatisierung	32
III. Unternehmensverschmelzungen	33
E. Besonderheiten der Due Diligence	36
F. Besonderheiten in den Begleitfeldern	37
I. Börsennotierte Gesellschaften	37
II. Arbeitsrecht	39
III. Altersversorgung	40
IV. Umweltrecht	42
V. Gewerbliche Schutzrechte	43
G. Gesetzliches oder gewohnheitsrechtliches Übernahmerecht	44
I. Anwendungsbereich	44
II. Pflichten des Bieters	47
III. Pflichten der Zielgesellschaft	48

* Herzlicher Dank gebührt Herrn *Univ.-Prof. Dr. Martin Schauer* und Frau *Dr. Ilse-Heléne Marx* für ihre kritische Durchsicht dieses Beitrags.

	Rn
H. Finanzierung von Unternehmensübernahmen	49
I. Inländische Finanzierung	49
II. Ausländische Finanzierung	50
III. Kreditsicherung	51

A. Einleitung

1   Der **tschechische Markt** kann in der zweiten Hälfte des Jahres 2000 als überwiegend stabil und nach wie vor für ausländische Investoren attraktiv bezeichnet werden. Der Anteil direkter ausländischer Investitionen am Bruttoinlandsprodukt ist Ende des Jahres 1999 auf 9,3% gestiegen, das Handelsbilanzdefizit ist im ersten Viertel des Jahres 2000 auf −0,5 Milliarden US-$ gesenkt worden, die Bruttoauslandsverschuldung der Tschechischen Republik erreichte Ende des Jahres 1999 22,6 Milliarden US-$[1].

2   Die **Infrastruktur** ist im allgemeinen gut, obwohl in manchen Bereichen (zB lokale Verkehrsmittel, Verkehrsverbindungen von wirtschaftlich weniger begehrten Lokalitäten) Verbesserungen durchaus wünschenswert wären.

3   Bei tschechischen **Arbeitskräften** schätzen ausländische Investoren oft ihre hohe Einsatzbereitschaft und gute Fachkenntnisse, insbes. in den technischen Wirtschaftszweigen. Nach wie vor sind die qualifizierten Arbeitskräfte billiger als westlich bzw. südwestlich der tschechischen Grenze, obwohl in den Topführungspositionen dieser Unterschied langsam verschwindet. Das Preisniveau mehrerer Bereiche des Dienstleistungssektors ist im allgemeinen günstiger als in Deutschland und Österreich.

4   Die Änderungen der tschechischen Gesellschaft seit der Wende 1989 spiegeln sich selbstverständlich auch in ihrer **Rechtsordnung** wider. Teilweise wurden ganz neue Gesetze verabschiedet (im Bereich des Privatrechts zB das tschechische Handelsgesetzbuch[2]), teilweise die bereits bestehenden grundlegend novelliert (zB das tschechische Bürgerliche Gesetzbuch[3] oder das tschechische Arbeitsgesetzbuch[4]). Eine große „Novellierungs"- bzw. „Gesetzgebungswelle" ist im Zuge der Anpassung des tschechischen Rechts an das Recht der Europäischen Union beim geplanten Beitritt Tschechiens zur EU teilweise durchgeführt worden und teilweise noch in Vorbereitung.

---

[1] ZB Týden [Die Woche] 24/2000, 66, 27/2000, 62 ff.
[2] Handelsgesetzbuch (tHGB) [obchodní zákoník, 513/1991 Sb. idgF].
[3] Bürgerliches Gesetzbuch (tBGB) [občanský zákoník, 40/1964 Sb. idgF].
[4] Arbeitsgesetzbuch [zákoník práce, 65/1965 Sb. idgF].

B. Wirtschaftliche Betätigung von Ausländern

I. Aufenthalts- und Betätigungsbewilligungen für Ausländer

Nach der Wende 1989 hat die Tschechische Republik mit vielen europäischen Staaten und einigen anderen Staaten der Welt Abkommen über die **Aufhebung der Sichtvermerkspflicht** abgeschlossen. Ein solches Abkommen wurde auch mit Deutschland[5] und Österreich[6] abgeschlossen. Im Sinne dieser Abkommen dürfen sich Staatsangehörige eines Vertragsstaates auf dem Gebiet des anderen Vertragsstaates grundsätzlich ohne Sichtvermerk (Visum) bis zu 90 Tagen aufhalten, es sei denn, daß ihr Aufenthalt auf Erwerbszwecke gerichtet ist.

Für eine Erwerbstätigkeit ist grundsätzlich eine **Aufenthaltsbewilligung** notwendig. Die Bedingungen für die Erteilung der Aufenthaltsbewilligung, die Ausnahmen von der Aufenthaltsbewilligungspflicht, die Arten der Aufenthaltsbewilligungen usw. sind im tschechischen Gesetz über den Ausländeraufenthalt auf dem Gebiet der Tschechischen Republik[7] geregelt. Ausländische natürliche Personen, die berechtigt sind, im Namen eines Unternehmers zu handeln, benötigen eine Aufenthaltsbewilligung vor der Eintragung des Unternehmers in das Handelsregister[8]. Betreibt ein Ausländer in Tschechien ein Gewerbe[9], ist er grundsätzlich verpflichtet, dazu einen „verantwortlichen Vertreter" (gewerberechtlichen Geschäftsführer) zu bestellen. Dieser verantwortliche Vertreter muß einen Wohnort im Gebiet Tschechiens haben und, falls er nicht tschechischer Staatsbürger ist, die Kenntnis der tschechischen oder slowakischen Sprache nachweisen.

Die ausländischen Unternehmer sind genauso wie die inländischen verpflichtet, für bestimmte Tätigkeiten **Sonderbewilligungen** (Konzessionen usw. von diversen staatlichen Behörden) einzuholen, wenn diese durch Sondergesetze vor-

---

[5] Abkommen über die Aufhebung der Sichtvermerkspflicht zwischen der Regierung der Tschechischen und Slowakischen Föderativen Republik und der Regierung der Bundesrepublik Deutschland [Ujednání o zrušení vízové povinnosti mezi vládou České a Slovenské Federativní Republiky a vládou Spolkové republiky Německo, 340/1990 Sb.].

[6] Abkommen zwischen der Regierung der Tschechoslowakischen sozialistischen Republik und der österreichischen Bundesregierung über die Aufhebung der Sichtvermerkspflicht [Dohoda mezi vládou Československé socialistické republiky a Rakouskou spolkovou vládou o zrušení vízové povinnosti, 70/1990 Sb.].

[7] Gesetz über den Aufenthalt von Ausländern auf dem Gebiet der Tschechischen Republik [zákon o pobytu cizinců na území České republiky, 326/1999 Sb. idgF]. Gem. § 1 Abs. 2 dieses Gesetzes ist als Ausländer jede natürliche Person zu verstehen, die nicht die tschechische Staatsbürgerschaft hat.

[8] § 30 Abs. 3 tHGB. Solche Personen sind die sog. „Statutarorgane", d. h. die Organe, die kraft Gesetzes zur Vertretung der Gesellschaft nach außen berechtigt sind (bei der OHG ist es grundsätzlich jeder der Gesellschafter, bei der KG die Komplementäre, bei der GmbH die Geschäftsführer und bei der AG die Vorstandsmitglieder) und die Prokuristen.

[9] Dies gilt für ausländische natürliche Personen, die in Tschechien keine Aufenthaltsbewilligung haben und für ausländische juristische Personen (§ 11 Abs. 4 Gewerbegesetz (tGewG) [živnostenský zákon, 455/1991 Sb. idgF].

geschrieben sind¹⁰. Bei den **Freiberuflern**, wie zB Rechtsanwälten, Notaren, Steuerberatern usw., sind die näheren Bedingungen für die Ausübung ihrer Tätigkeit in speziellen Gesetzen für die jeweilige Berufssparte festgelegt.

8 Für die Ausübung einer Beschäftigung auf dem Gebiet Tschechiens benötigen Ausländer grundsätzlich eine **Beschäftigungsbewilligung**¹¹, es sei denn, daß für sie gesetzliche oder in internationalen Verträgen festgelegte Ausnahmen gelten.

II. Zulässige wirtschaftliche Betätigungsformen bei Gründung durch Ausländer

9 Im Sinne des tHGB ist das Kriterium für die Ausländereigenschaft bei **natürlichen Personen** ihr **Wohnsitz**, bei **juristischen Person**en ihr **Sitz**. Personen mit Wohnsitz oder mit Sitz außerhalb des Gebiets Tschechiens gelten als Ausländer. Das ab 1. 1. 1992 in Kraft getretene tHGB legt die Bedingungen für die unternehmerische Tätigkeit von Ausländern relativ liberal fest. Grundsätzlich dürfen die Ausländer in Tschechien unter gleichen Bedingungen und im gleichen Ausmaß wie die Inländer unternehmerisch tätig sein, es sei denn, daß das Gesetz etwas Abweichendes bestimmt. Es gibt nur wenige Sparten, die rein tschechischen Unternehmern vorbehalten geblieben sind¹². Eine weitere Liberalisierung in Bezug auf die Unternehmer aus den EU-Staaten hat auch die seit 1. 1. 2001 wirksame Novelle des tHGB gebracht.

10 Schon seit dem Inkrafttreten des tHGB (1. 1. 1992) kann sich eine ausländische Person entweder an der Gründung einer tschechischen juristischen Person beteiligen oder Mitglied oder Gesellschafter einer bereits gegründeten tschechischen juristischen Person werden. Genauso kann sie eine tschechische juristische Person selbst gründen oder alleiniger Gesellschafter einer tschechischen juristischen Person werden, falls die Einpersonen-Gründung oder -Gesellschaft generell zulässig sind¹³. Somit kann ein Ausländer als **Einzelunternehmer**¹⁴ oder mit einer **Zweigniederlassung** tätig sein oder selbst eine tschechische Personen- oder Kapitalgesellschaft gründen oder sich an ihrer Gründung beteiligen.

---

¹⁰ Dies ist zB der Fall bei den Zweigniederlassungen ausländischer Banken in Tschechien, die für die Ausübung einer Banktätigkeit die Bewilligung der Tschechischen Nationalbank benötigen (§ 5 Abs. 1 Bankgesetz (tBankG) [zákon o bankách, 21/1992 Sb. idgF]).
¹¹ Gesetz über Beschäftigungswesen [zákon o zaměstnanosti, 1/1991 Sb. idgF].
¹² ZB den Außenhandel mit militärischem Material dürfen nur juristische Personen mit Sitz in Tschechien ausüben, § 6 Abs. 1 über den Außenhandel mit militärischem Material [zákon o zahraničním obchodu s vojenským materiálem, 38/1994 Sb. idgF]. Gewisse Beschränkungen für ausländische Personen ergeben sich weiter zB auch aus dem Gesetz über die Betreibung der Rundfunk- und Fernsehsendungen [zákon o o provozování rozhlasového a televizního vysílání, 468/1991 Sb. idgF], aus dem Gesetz über die Postdienstleistungen [zákon o o poštovních službách, 29/2000 Sb.] oder aus dem Gesetz über Lotterien und andere ähnliche Spiele [zákon o loteriích a jiných podobných hrách, 202/1990 Sb. idgF]. Bei der Ausübung einer freiberuflichen Tätigkeit können die restriktiven, sondergesetzlichen Bestimmungen weiter gefaßt sein, siehe Rn 5 ff.
¹³ § 24 Abs. 1 tHGB. Seit 1. 1. 2001 ist es allerdings nicht mehr möglich, eine juristische Person nach einem anderen als dem tschechischen Recht zu gründen.
¹⁴ Vorausgesetzt, daß er die Erfordernisse der speziellen Gesetze wie zB des tGewG erfüllt; dazu siehe unter Rn 6 ff. und Rn 13.

III. Restriktionen beim Anteilserwerb durch Ausländer von Inländern

Ausländer sind beim Erwerb von Anteilen an tschechischen Gesellschaften nach der derzeitigen gesetzlichen Regelung grundsätzlich nicht zB durch prozent- oder zahlenmäßige Grenzen beschränkt[15]. Sie haben nur den jeweiligen Vorschriften des nationalen, tschechischen Rechts über den Anteilserwerb zu folgen und die etwaigen **vertrags- oder satzungsmäßigen Beschränkungen** zu beachten[16]. Diese vertrags- oder satzungsmäßigen Beschränkungen der Übertragung von Anteilen beziehen sich jedoch im Regelfall auf die Anteile als solche, ohne dabei zwischen in- und ausländischen Inhabern zu unterscheiden. Gesetzliche Beschränkungen bestehen jedoch nach wie vor beim **Erwerb von Immobilien** durch Ausländer[17].

C. Gesellschaftsformen

I. Allgemeines

In Tschechien gibt es einen numerus clausus der Gesellschaftsformen[18]. Das tschechische Recht kennt zwei Formen der **Personenhandelsgesellschaft**, die offene Handelsgesellschaft[19] und die Kommanditgesellschaft, und zwei Formen der **Kapitalhandelsgesellschaft**, die Gesellschaft mit beschränkter Haftung und die Aktiengesellschaft. Grundsätzlich ist der Unternehmer bei der Wahl der Gesellschaftsform frei. **Formzwang** ist nur bei bestimmten Unternehmen durch Sondergesetze vorgeschrieben[20]. Die Zahl der Kapitalhandelsgesellschaften überwiegt die der Personenhandelsgesellschaften; die beliebteste Form ist derzeit die GmbH.

---

[15] Dazu zB *Pelikánová*, Komentář k obchodnímu zákoníku I. (Kommentar zum HGB), 1994, 85.
[16] ZB §§ 115 ff. tHGB über die Übertragung von Geschäftsanteilen einer GmbH oder §§ 156 ff. tHGB über die Übertragung von Aktien bzw. §§ 13 ff. des Gesetzes über die Wertpapiere (tWPG) [zákon o cenných papírech, 591/1992 Sb. idgF], wo die Übertragung von Wertpapieren allgemein geregelt ist.
[17] § 17 Devisengesetz (tDevisenG) [devizový zákon, 219/1995 Sb. idgF], nach dem der Erwerb inländischer Immobilien durch Ausländer nur in erschöpfend aufgezählten Fällen möglich ist.
[18] § 56 Abs. 1 tHGB.
[19] Wörtliche Übersetzung ist „öffentliche Handelsgesellschaft" [veřejná obchodní společnost].
[20] So kann zB eine Bank mit Sitz in Tschechien nur in Form einer AG (§ 1 Abs. 1 tBankG) betrieben werden. Dasselbe gilt grundsätzlich auch für eine Versicherungs- bzw. Rückversicherungstätigkeit (§ 3 Abs. 2 und 3 des Gesetzes über Versicherungswesen [zákon o pojišťovnictví, 363/1999 Sb. idgF]) und für Investmentgesellschaften und Investmentfonds (§ 1 Abs. 2 und 3 des Gesetzes über Investmentgesellschaften und Investmentfonds [zákon o investičních společnostech a investičních fondech, 248/1992 Sb. idgF]).

II. Rechtsformen

1. Einzelkaufmännische Unternehmen

13 Im Gegensatz zu Deutschland und Österreich verwendet das tschechische Recht nicht den Begriff des Kaufmanns, sondern des **Unternehmers**. Ein Einzelunternehmer iSd. tschechischen Handelsrechts ist jemand, der
- aufgrund einer Gewerbeberechtigung[21] unternehmerisch tätig ist;
- aufgrund einer anderen Berechtigung unternehmerisch tätig ist (zB die sog. Freiberufler);
- selbständiger, in einer speziellen Evidenz eingetragener Landwirt ist[22].

2. Personenhandelsgesellschaften

14 Die **offene Handelsgesellschaft** und die **Kommanditgesellschaft** sind im tHGB geregelt. Beide sind kraft Gesetzes **juristische Personen**[23]. Anders als die Kapitalhandelsgesellschaften, die grundsätzlich auch aus ideellen Zwecken gegründet werden können, dürfen die Personenhandelsgesellschaften nur zum Zweck einer unternehmerischen Tätigkeit gegründet werden. Im Vergleich zu Kapitalhandelsgesellschaften, die wesentlich mehr durch zwingendes Recht bestimmt sind, kommt im **Gesellschaftsvertrag** die Vertragsautonomie stärker zum Tragen[24].

15 An der **Gründung** müssen sich mindestens zwei Gesellschafter (natürliche und/oder juristische Personen) beteiligen, eine Einpersonen-Gründung ist nicht zulässig. Die **Gesellschaftereinlagen** können sowohl in Geld als auch in Sachen bestehen (Bar- und/oder Sacheinlagen), ein Mindeststammkapital ist jedoch nicht gesetzlich vorgeschrieben. Mangels abweichender vertraglicher Regelung sind zur **Vertretung** der OHG nach außen alle Gesellschafter befugt, und zwar jeder einzeln. Bei der KG sind vertretungsbefugt nur die Komplementäre, ebenfalls jeder einzeln, es sei denn, daß im Gesellschaftsvertrag etwas Abweichendes vereinbart ist. Die **Haftung der Gesellschafter** ist der deutschen und österreichischen Regelung ähnlich. Die OHG-Gesellschafter und die Komplementäre haften persönlich, gesamtschuldnerisch und unbeschränkt mit ihrem ganzen Vermögen, die Kommanditisten nur bis zur Höhe ihrer nicht bezahlten, im Handelsregister eingetragenen Einlage.

3. Kapitalhandelsgesellschaften

16 Anders als in Deutschland und Österreich sind die Kapitalhandelsgesellschaften, die GmbH und die AG, nicht in selbständigen Gesetzen geregelt, sondern im tHGB. Auch sie sind kraft Gesetzes juristische Personen. Anders als bei den Per-

---

[21] Die näheren Voraussetzungen für die Ausübung eines Gewerbes und für die Erteilungen der Gewerbeberechtigungen sind im tGewG festgelegt.
[22] Die Evidenz selbständiger Landwirte (natürlicher Personen) und die näheren rechtlichen Bedingungen ihrer Tätigkeit sind im Gesetz über private Unternehmenstätigkeit von Bürgern [zákon o soukromém podnikání občanů, 105/1990 Sb. idgF] geregelt.
[23] § 56 Abs. 1 tHGB.
[24] Den zwingenden Mindestinhalt des Gesellschaftsvertrags legen § 78 (für die OHG) und § 94 (für die KG) tHGB fest.

sonenhandelsgesellschaften ist bei den Kapitalhandelsgesellschaften eine **Einpersonen-Gründung** zulässig. Der alleinige Gründer kann bei einer GmbH auch eine natürliche Person[25] sein, bei der AG nur eine juristische Person.

Das novellierte tHGB schreibt eine Erhöhung sowohl des **Mindeststammkapitals einer GmbH** als auch des **Mindestgrundkapitals einer AG** vor. Das Mindeststammkapital einer GmbH beträgt CZK[26] 200 000 (bis 31. 12. 2000 CZK 100 000) und das Mindestgrundkapital einer AG bei Sukzessivgründung[27] CZK 20 000 000 und bei Simultangründung[28] CZK 2 000 000[29] (bis 31. 12. 2000 CZK 1 000 000 ohne Rücksicht auf die Art der Gründung).

Die vertretungsbefugten Personen (Vorstandsmitglieder, Geschäftsführer) müssen nicht Gesellschafter sein (Drittorganschaft). Mehrere **Geschäftsführer** sind mangels abweichender gesellschaftsvertraglicher Regelung einzelvertretungsbefugt. Der **Vorstand** einer AG ist ein kollektives Organ mit mindestens drei Mitgliedern[30], die mangels abweichender Regelung in der Satzung einzelvertretungsbefugt sind. Die **Pflichtorgane einer GmbH** sind der/die Geschäftsführer und die Generalversammlung; der Aufsichtsrat ist nach tHGB ein fakultatives Organ einer GmbH, ohne Rücksicht auf die Anzahl der Mitarbeiter oder auf den Umsatz oder sonstige Faktoren. Die **Pflichtorgane einer AG** sind wie in Deutschland und in Österreich die Hauptversammlung, der Vorstand und der Aufsichtsrat.

4. Mischformen

Mischformen, wie zB GmbH und Co. KG, sind dem tschechischen Recht bekannt, werden allerdings eher von den ausländischen Investoren eingesetzt.

5. Ausscheiden von Gesellschaftern (Einpersonen-Gesellschaft)

Eine **Einpersonen-Gründung** ist nach tschechischem Recht nur bei Kapitalhandelsgesellschaften zulässig[31]. Eine **OHG** darf nach tschechischem Recht nicht als eine Einpersonen-Gesellschaft geführt werden. Vielmehr führt das Ausscheiden des vorletzten Gesellschafters zur Auflösung der Gesellschaft[32]. Eine **Kom-**

---

[25] Das novellierte tHGB legt einige weitere Beschränkungen der Einpersonen-GmbH fest. Eine Einpersonen-GmbH darf grundsätzlich nicht alleiniger Gründer oder alleiniger Gesellschafter einer anderen Gesellschaft sein, es sei denn, daß es sich um einen Konzern iSd. § 66a Abs. 7 tHGB handelt. Eine natürliche Person darf alleiniger Gesellschafter in maximal drei GmbHs sein.
[26] CZK = Tschechische Kronen (Währung).
[27] Eine Sukzessivgründung liegt vor, wenn das Stammkapital nicht auf einmal zur Gänze gezeichnet wird, sondern stufenweise; das novellierte tHGB bezeichnet diesen Vorgang als „Gründung einer AG aufgrund eines öffentlichen Angebotes von Aktien".
[28] Eine Simultangründung liegt vor, wenn das Stammkapital auf einmal zur Gänze gezeichnet wird.
[29] Die Sondervorschriften, nach denen bei bestimmten Gesellschaften (zB Banken, Versicherungen) ein höheres Mindestgrundkapital vorgeschrieben wird, bleiben dadurch unberührt.
[30] Das novellierte tHGB sieht eine Ausnahme vom Kollektivvorstand für die Einpersonen-AG vor.
[31] Dazu siehe Rn 16.
[32] Entscheidung des Kreisgerichts Brünn [Krajský soud v Brně] vom 27. 7. 1995, GZ 28 Co 35/95, Právní rozhledy [Juristische Rundschau] 12/1995, 501 ff.

manditgesellschaft kann nach Ausscheiden des Kommanditisten[33] als OHG weitergeführt werden.

D. Rechtliche Wege zu Unternehmensübernahmen

I. Bedeutung von Unternehmensübernahmen

21 Die **Häufigkeit** der Unternehmensübernahmen nimmt insbes. in den letzten Jahren zu. Zu den bedeutendsten Unternehmensübernahmen von tschechischen Unternehmen zählen zB die Übernahme von der Automobilfabrik Škoda Auto durch Volkswagen oder einer der größten tschechischen Banken Česká spořitelna durch die österreichische Erste Bank.

II. Formen des Vertrags

1. Unternehmenskauf nach §§ 476 ff. tHGB

22 Die bis 31. 12. 2000 geltende Fassung des tHGB definierte den Unternehmenskauf wie folgt: „Durch den Vertag über den Unternehmenskauf verpflichtet sich der Verkäufer, an den Käufer das Eigentumsrecht an Sachen sowie andere Rechte und andere Vermögenswerte, die zum Betrieb des Unternehmens notwendig sind, zu übertragen, und der Käufer verpflichtet sich, die mit dem Unternehmen zusammenhängenden Verpflichtungen des Verkäufers zu übernehmen und den Kaufpreis zu bezahlen."[34] Die novellierte, seit 1. 1. 2001 wirksame Fassung des tHGB legt die Definition des Unternehmenskaufs genauer fest: „Durch den Vertrag über den Unternehmenskauf verpflichtet sich der Verkäufer, dem Käufer das Unternehmen zu übergeben und auf ihn das Eigentumsrecht an diesem Unternehmen zu übertragen. Der Käufer verpflichtet sich hingegen, die mit dem Unternehmen zusammenhängenden Verpflichtungen des Verkäufers zu übernehmen und den Kaufpreis zu bezahlen." Für den **Vertragsabschluß** (Angebot, Annahme, Wirksamkeit des Vertrags usw.) sind grundsätzlich die allgemeinen Bestimmungen des tHGB und tBGB maßgebend[35].

23 Die seit 1. 1. 2001 wirksame Novelle des tHGB legt fest, daß der Vertrag über Unternehmenskauf (dasselbe gilt auch für den neu eingeführten Vertrag über Unternehmenspacht), wenn der Verkäufer und/oder Käufer Gesellschaften sind, von den Gesellschaftern bzw. den Haupt- oder Generalversammlungen der Kapitalhandelsgesellschaften schriftlich genehmigt werden muß[36].

---

[33] Das novellierte tHGB untersagt dem Kommanditisten ausdrücklich den Austritt aus der Gesellschaft. Seine Teilnahme an der Gesellschaft erlischt grundsätzlich durch Konkurseröffnung über sein Vermögen (bzw. Abweisung des Konkurseröffnungsantrags mangels ausreichenden Vermögens) oder durch rechtskräftige Exekution auf seinen Gesellschaftsanteil.
[34] § 476 tHGB.
[35] §§ 43 ff. tBGB, §§ 269 ff. tHGB.
[36] § 67a tHGB.

Die Vertragsparteien können sich auch durch **Bevollmächtigte** vertreten lassen; die Bevollmächtigung richtet sich nach den allgemeinen zivilrechtlichen Regeln[37]. Den **Vertragsinhalt** können die Vertragsparteien grundsätzlich selbst bestimmen, sie müssen dabei allerdings die zwingenden gesetzlichen Bestimmungen beachten, die § 263 tHGB erschöpfend aufzählt. Die wichtigsten zwingenden Bestimmungen im Bereich des Unternehmenskaufs sind:
- der Übergang von Rechten und Verbindlichkeiten aus dem Unternehmenskauf auf den Käufer[38];
- die Anfechtung des Kaufs wegen verschlechterter Eintreibbarkeit von Forderungen durch die Gläubiger[39];
- der Übergang von Rechten und Pflichten aus den arbeitsrechtlichen Verhältnissen auf den Käufer[40];
- Übergang des Eigentumsrechts an beweglichen und unbeweglichen Sachen (Liegenschaften) vom Verkäufer an den Käufer[41];
- Eintragung des Unternehmensverkaufs in das Handelsregister[42].

Wenn die Vertragsparteien nichts anderes vereinbart haben, erfolgt die **Übergabe und Übernahme** der Sachen zum Tag der Wirksamkeit des Vertrags. In diesem Zeitpunkt geht mangels abweichender Vereinbarung auch die **Gefahr** vom Verkäufer auf den Käufer über. Zwingend ist jedoch der **Übergang des Eigentums** an beweglichen und unbeweglichen Sachen geregelt: Das Eigentum an beweglichen Sachen geht auf den Käufer mit dem Tag der Wirksamkeit des Vertrags über, das Eigentum an unbeweglichen Sachen (Liegenschaften) ab dem Zeitpunkt der Einverleibung des Eigentumsrechts in den Liegenschaftskataster[43].

Bei der Übernahme muß eine durch beide Vertragsparteien unterschriebene **Niederschrift** verfaßt werden. In dieser Niederschrift sind u. a. auch fehlende und mangelhafte Sachen anzuführen. Der Verkäufer ist verpflichtet, den Käufer spätestens in dieser Niederschrift auf alle **Mängel** der zu übertragenden Sachen, Rechte oder sonstigen Vermögensrechte, von denen er weiß oder wissen muß, aufmerksam zu machen, sonst kann er dem Käufer schadensersatzpflichtig werden. Die ordnungsgemäße Abfassung der Niederschrift ist daher insbes. bei der Geltendmachung von **Gewährleistungsansprüchen** von Bedeutung. Wurden die fehlenden bzw. mangelhaften Sachen nicht in die Niederschrift aufgenommen, so kann der Käufer eine Preisminderung erfolgreich nur geltend machen, wenn der Verkäufer nicht im guten Glauben war, d. h. diese Mängel zum Zeitpunkt der Übernahme kannte. Bei Mängeln, die erst während des Betriebs des Unternehmens aufkommen, trifft den Käufer sinngemäß die kaufmännische Rügepflicht – er muß dem Verkäufer diese Mängel unverzüglich melden, nachdem er sie festgestellt hat oder bei fachmännischer Sorgfalt feststellen konnte[44]. Die ge-

---

[37] §§ 22 ff. tBGB.
[38] § 477 tHGB.
[39] § 478 tHGB.
[40] § 480 tHGB.
[41] § 483 Abs. 3 tHGB.
[42] § 488 tHGB.
[43] § 483 Abs. 3 tHGB.
[44] § 486 Abs. 1 iVm. § 428 Abs. 2 tHGB.

setzlichen Bestimmungen über die Gewährleistungsansprüche beim Unternehmenskauf haben jedoch dispositiven Charakter.

27　Die seit 1. 1. 2001 wirksame Novelle des tHGB legt erstmals auch die **Konkurrenzklausel** (Wettbewerbsklausel) beim Unternehmenskauf fest. Die für Handelsvertreter neu eingefügte Konkurrenzklausel[45] soll nunmehr sinngemäß auch beim Unternehmenskauf gelten. Diese Konkurrenzklausel muß schriftlich vereinbart werden, ist zeitlich begrenzt (maximal zwei Jahre nach Beendigung des Vertrags) und kann sich entweder auf ein bestimmtes Gebiet und/oder auf bestimmte Personen erstrecken. Ein gerichtliches Mäßigungsrecht ist vorgesehen.

28　Die Bestimmung der **Übernahmegrundlagen** bleibt grundsätzlich den Parteien vorbehalten, wichtig ist vor allem die Buchhaltung[46] und die oben erwähnte Niederschrift. Die **Bilanzen** bilden einen Teil des Jahresabschlusses. Die Prüfung und Veröffentlichung des Jahresabschlusses und somit auch der Bilanz ist jedoch nicht für alle Gesellschaften zwingend, sondern nur für Aktiengesellschaften, außerdem für solche GmbHs und Genossenschaften, die bestimmte Umsatz- oder Eigenkapitalgrenzen überstiegen haben[47].

29　Beim „klassischen" Unternehmenskauf[48] ist die **Schriftform** zwingend vorgeschrieben[49]. Die **Wahl des anwendbaren Rechts** bleibt den Vertragsparteien vorbehalten[50]. Dasselbe gilt auch für die **Gerichtswahl**[51]. Aus praktischer Sicht empfiehlt sich die Vereinbarung einer **Schiedsgerichtsklausel**[52].

2. Übertragung von GmbH-Anteilen und Aktien

30　Bei der **Übertragung von GmbH-Anteilen** ist zu unterscheiden, ob diese an einen Gesellschafter oder an einen Dritten übertragen werden. Die Übertragung des GmbH-Anteils **an einen Gesellschafter** ist kraft Gesetzes zulässig, es sei denn, daß der Gesellschaftsvertrag etwas anderes bestimmt; die Generalversammlung muß der Übertragung des GmbH-Anteils zustimmen. Die Übertragung des GmbH-Anteils **an einen Dritten** ist nur zulässig, wenn dies im Gesellschaftsvertrag vorgesehen ist. Die seit 1. 1. 2001 wirksame Novelle des tHGB sieht vor, daß die Zustimmung der Generalversammlung zur Übertragung des GmbH-Anteils an einen Dritten im Gesellschaftsvertrag festgelegt werden kann. Der Vertrag über die Übertragung der Geschäftsanteile bedarf der Schriftform[53].

---

[45] § 672a tHGB.
[46] Zur Führung einer entsprechenden Buchhaltung sind in Tschechien grundsätzlich alle juristischen Personen und natürlichen Personen, die Unternehmer sind, verpflichtet (§ 1 Abs. 1 des Gesetzes über Rechnungslegung [zákon o účetnictví, 563/1991 Sb. idgF]).
[47] § 20 Abs. 2 des Gesetzes über Rechnungslegung.
[48] §§ 476ff. tHGB.
[49] § 476 Abs. 2 tHGB.
[50] § 9 Abs. 1 des tschechischen Gesetzes über das internationale Privat- und Prozeßrecht [zákon o mezinárodním právu soukromém a procesním, 97/1963 Sb. idgF] iVm. § 267 Abs. 3 tHGB.
[51] § 89a Bürgerliche Gerichtsverfahrensordnung [občanský soudní řád, 99/1963 Sb. idgF].
[52] Sowohl die tschechischen als auch die ausländischen Gerichte bevorzugen die Anwendung des nationalen Rechts. Darüber hinaus können die Prozesse vor tschechischen Gerichten viel Zeit in Anspruch nehmen; wenn zusätzlich ausländisches Recht vereinbart ist, trägt dies keineswegs zur Beschleunigung des Prozesses bei.
[53] § 115 Abs. 3 tHGB.

Bei **Aktien** ist zu unterscheiden, ob es sich um Inhaber- bzw. Namensaktien und verbriefte (Urkundenaktien) oder unverbriefte Aktien handelt. Die Übertragung von **Namensaktien** kann in der Satzung beschränkt (durch Vinkulierung u. a.), nicht jedoch ausgeschlossen werden. Verbriefte **Namensaktien** werden durch Indossament und Übergabe übertragen, die Übertragung ist gegenüber der Gesellschaft mit Eintragung des neuen Aktionärs in die Aktionärsliste wirksam. Bei Übertragung verbriefter Namensaktien ist Schriftform gesetzlich vorgeschrieben. **Inhaberaktien** sind unbeschränkt übertragbar. Für die Übertragung der verbrieften **Inhaberaktien** genügt grundsätzlich die Übergabe. Die **unverbrieften Inhaberaktien** werden durch Registrierung der Übertragung in einer gesetzlichen Evidenz, in den meisten Fällen im sog. Wertpapierzentrum, übertragen[54].

3. Unternehmensübernahme im Rahmen der Privatisierung

Unternehmensübernahmen iRd. sog. „großen Privatisierung"[55] noch staatlicher Unternehmen können auch in Betracht kommen, obwohl die zwei großen Privatisierungswellen in Tschechien bereits abgeschlossen sind. Über die Privatisierung entscheidet entweder die Regierung (im Fall eines direkten Verkaufs oder dort, wo sich die Regierung die Entscheidung vorbehalten hat) oder in anderen Fällen das Privatisierungsministerium. Die Betriebe können durch direkten Verkauf, öffentliche Ausschreibung, öffentliche Versteigerung oder Einbringung des zu privatisierenden Vermögens in eine Handelsgesellschaft mit anschließender Privatisierung der Anteile privatisiert werden.

III. Unternehmensverschmelzungen

Das bis 31. 12. 2000 geltende, sich auf drei Paragraphen im tHGB beschränkende Verschmelzungsrecht (samt Formwechsel- und Spaltungsrecht) war unzureichend, und die Umsetzung dieser Bestimmungen führte in der Praxis zu zahlreichen Problemen[56]. Die seit 1. 1. 2001 wirksame Novelle des tHGB bringt auf dem Gebiet der Unternehmensänderungen (Verschmelzungen, Spaltungen, Formwechsel) zahlreiche Änderungen.

Auch nach dieser Novelle bleibt die Teilung in **Verschmelzungen zur Aufnahme** und **Verschmelzungen zur Neugründung** aufrecht. Die allgemeinen Regeln der Verschmelzung sind nach wie vor im allgemeinen Teil über Handelsgesellschaften geregelt. Außerdem gibt es bei den einzelnen Gesellschaftsformen Sonderbestimmungen zur Verschmelzung. Am detailliertesten ist die Verschmelzung bei der AG geregelt; für die anderen Gesellschaftsformen wird auf diese Bestimmungen zum Teil verwiesen. Die AG-Verschmelzungsregeln enthalten u. a. genaue Regeln über den Verschmelzungsvertrag, seine Form, seinen Mindestin-

---

[54] Zur Übertragung von Aktien vgl. § 156 tHGB und §§ 17 ff. tWPG.
[55] Gesetz über die Bedingungen der Übertragung des Staatsvermögens auf andere Personen [zákon o o podmínkách převodu majetku státu na jiné osoby, 92/1991 Sb. idgF].
[56] Aus deutschsprachiger Literatur zB *Doralt*, Zur Verschmelzung und Umwandlung nach tschechischem Recht, FOWI, 1997.

halt, den Vorstands- und Aufsichtsratsbericht über die Verschmelzung, die Überprüfung der Verschmelzung durch Sachverständige, die Informationspflicht gegenüber den Aktionären, die Sonderbestimmungen des Ablaufs der Verschmelzungshauptversammlung, den Austausch von Aktien und Nachzahlungen, die Ungültigkeit der Verschmelzung, Schutz der Gläubiger, Eintragung der Verschmelzung ins Handelsregister und Haftung der Vorstands- und Aufsichtsratsmitglieder und Sachverständigen gegenüber den Aktionären und Gläubigern.

35   Eine **grenzüberschreitende Verschmelzung** war in dem bis 31. 12. 2000 geltenden tschechischen Recht nicht geregelt; auch die seit 1. 1. 2001 wirksame Novelle des tHGB enthält keine solche Bestimmung; vielmehr legt sie ausdrücklich fest, daß die Umwandlungen nach §§ 69 ff. tHGB (darunter sind auch Verschmelzungen gemeint) sich auf Gesellschaften mit Sitz in Tschechien erstrecken. Die gerichtliche Praxis war auch früher gegenüber solchen Verschmelzungen negativ eingestellt[57].

E. Besonderheiten der Due Diligence

36   Die Durchführung einer Due Diligence wurde besonders im Zuge der Unternehmensübernahmen von ausländischen Personen eingeführt, aber mittlerweile auch von inländischen Unternehmen übernommen. Es gibt keine gesetzlichen Regeln für ihre Durchführung, vielmehr bleibt ihre Art und Weise den jeweiligen Personen, die sie durchführen, überlassen. Standardmäßig werden dabei diverse Verträge und Unterlagen, die für den Investor von Bedeutung sein können, untersucht und analysiert.

F. Besonderheiten in den Begleitfeldern

I. Börsennotierte Gesellschaften

37   In Tschechien gibt es derzeit **zwei öffentliche Märkte**, auf denen mit den sog. öffentlich handelbaren Wertpapieren gehandelt wird: die Wertpapierbörse mit Sitz in Prag und den außerbörslichen Markt, der durch die Aktiengesellschaft RM-System abgewickelt wird. Die Wertpapiere sind öffentlich handelbar entweder kraft Gesetzes oder auf Antrag des Berechtigten (idR des Emittenten oder des Wertpapierhändlers bzw. des Organisators des öffentlichen Markts). Die Voraussetzungen der öffentlichen Handelbarkeit der Wertpapiere legt das tschechische Wertpapiergesetz[58] fest.

---

[57] Die Gerichte argumentierten damit, daß bei der Verschmelzung eine Löschung der untergehenden/zu verschmelzenden Gesellschaft notwendig war (alte Fassung des § 69 Abs. 5 tHGB) und eine ausländische, im tschechischen Handelsregister nicht eingetragene Gesellschaft nicht im Handelsregister gelöscht werden konnte.
[58] §§ 71 ff. tWPG.

Den Emittenten öffentlich handelbarer Wertpapiere trifft nach dem tWPG eine 38
ganze Reihe von **Informations- und Offenlegungspflichten**. U. a. ist er verpflichtet, dem tschechischen Finanzministerium unverzüglich alle Änderungen, die den Kurs des Wertpapiers beeinflussen können, zu melden. Zu diesen Änderungen gehören auch Auflösungen, Verschmelzungen, Spaltungen und sonstige wichtige organisatorische Änderungen[59]. Bei Erreichung bestimmter prozentualer Schwellen an Stimmrechten beim Erwerb von Aktien ist eine **Meldepflicht** gesetzlich vorgesehen[60]. Aktienerwerber, die die gesetzlich normierten Schwellen (bis zum 31. 12. 2000 grundsätzlich 10%) erreichen, über- oder unterschreiten, sind verpflichtet, dies schriftlich der Gesellschaft und dem Wertpapierzentrum zu melden. Die seit 1. 1. 2001 wirksame Novelle des tHGB legt die prozentualen Schwellen genauer fest (5 bis 95%); darüber hinaus sind die Aktienerwerber verpflichtet, diese Tatsachen nicht nur der Gesellschaft und dem Wertpapierzentrum, sondern auch der Wertpapierkommission zu melden.

II. Arbeitsrecht

Beim „klassischen" Unternehmenskauf[61] gehen die Rechte und Pflichten aus 39
den arbeitsrechtlichen Verhältnissen vom Verkäufer auf den Käufer über. Diese gesetzliche Bestimmung ist zwingend und kann nicht vertraglich abgedungen werden[62]. Der **Übergang arbeitsrechtlicher Rechte und Pflichten** bei Änderung des Arbeitgebers ist darüber hinaus auch im tschechischen Arbeitsgesetzbuch[63] geregelt. Die **Kündigung** eines aufgrund eines Arbeitsvertrags beschäftigten Arbeitnehmers ist nach tschechischem Arbeitsrecht nur aus bestimmten, im tschechischen Arbeitsgesetzbuch erschöpfend aufgezählten Gründen[64] möglich. Daran hat auch die letzte große, seit 1. 1. 2001 wirksame Novelle des tschechischen Arbeitsgesetzbuchs nichts geändert.

III. Altersversorgung

Die Altersversorgung wird in Tschechien überwiegend vom Staat getragen. 40
Die staatlichen Leistungen können ggf. mittels privater Zusatzvorsorge verbessert werden. Betriebliche Pensionen, zumindest in der Form, in der sie in Deutschland oder in Österreich vorkommen, sind in Tschechien unüblich. Nach den tschechischen Rechtsvorschriften haben die Arbeitgeber im Bereich der Sozialversicherung folgende Pflichtleistungen zugunsten ihrer Arbeitnehmer zu erbringen:

---

[59] § 80c tWPG.
[60] § 183d tHGB.
[61] Nach §§ 476 ff. tHGB.
[62] § 480 tHGB.
[63] §§ 249 ff. tschechisches Arbeitsgesetzbuch.
[64] § 46 Abs. 1 lit. a bis f tschechisches Arbeitsgesetzbuch.

– Beiträge für die Kranken- und Pensionsversicherung[65];
– Beiträge für die Gesundheitsversicherung[66].

41 Darüber hinaus können die Arbeitgeber für ihre Arbeitnehmer auch die Beiträge oder Teile davon für eine **freiwillige**, aufgrund eines privatrechtlichen Vertrags zwischen dem Arbeitnehmer und einem Pensionsfonds nach dem Gesetz über die **Pensionszusatzversicherung** mit staatlichem Beitrag abgeschlossene Pensionszusatzversicherung übernehmen[67].

IV. Umweltrecht

42 Besonders nach der Wende im Jahr 1989 hat Tschechien (bzw. die damalige Tschechoslowakei) eine Reihe umweltrechtlicher Rechtsvorschriften verabschiedet[68]. Wird ein ausländischer Unternehmer in Tschechien in welcher Art immer unternehmerisch tätig, ist er selbstverständlich zur Einhaltung der einschlägigen umweltrechtlichen Bestimmungen verpflichtet. Eine **spezielle Regelung bezüglich des Umweltschutzes** enthält das Gesetz über sog. „große Privatisierung"[69]. Die Verpflichtungen der Unternehmen, deren Privatisierungsprojekte nach dem 29. 2. 1992 vorgelegt wurden, müssen vom Umweltministerium aus der Sicht der Umweltverträglichkeit beurteilt werden; diese Beurteilung ist dem Privatisierungsministerium vor der Herausgabe der Privatisierungsentscheidung vorzulegen[70].

V. Gewerbliche Schutzrechte

43 Beim „klassischen" Unternehmenskauf[71] gehen auf den Käufer sämtliche Rechte aus dem industriellen Eigentum oder aus einem sonstigen geistigen Eigentum über, die die unternehmerische Tätigkeit des Unternehmens betreffen, falls dieser Übergang nicht dem Vertrag über die Gewährung dieser Rechte oder dem

---

[65] Gesetz über Versicherungsbeiträge für die Sozialvorsorge und Beitrag für die staatliche Beschäftigungspolitik [zákon o o pojistném na sociální zabezpečení a příspěvku na státní politiku zaměstnanosti, 589/1992 Sb. idgF]. Die Höhe des Versicherungsbeitrags ist ein bestimmter Prozentsatz (für den Arbeitgeber derzeit 26 %) aus der Bemessungsgrundlage für den Bemessungszeitraum.

[66] Gesetz über die Versicherungsbeiträge für die allgemeine Gesundheitsversicherung [zákon o pojistném na všeobecné zdravotní pojištění, 592/1992 Sb. idgF]. Die Höhe dieses Versicherungsbeitrags beträgt 13,5 % aus der Bemessungsgrundlage für den Bemessungszeitraum. Davon zahlt 2/3 der Arbeitgeber, 1/3 der Arbeitnehmer.

[67] § 27 Abs. 5 des Gesetzes über die Pensionszusatzversicherung mit staatlichem Beitrag [zákon penzijním připojištění se státním příspěvkem, 42/1994 Sb. idgF].

[68] Eine gute Übersicht dieser Vorschriften und ihrer Übersetzung ins Englische wird dargestellt in Environmental Legislation, Trade Links, 1999.

[69] Gesetz Nr. 92/1991 Sb.

[70] § 6a des Gesetzes über die Bedingungen der Übertragung des Staatsvermögens auf andere Personen.

[71] Nach §§ 476 ff. tHGB.

Charakter dieser Rechte widerspricht[72]. Die Tschechische Republik ist Mitglied bzw. Vertragspartner vieler wichtiger internationaler Verträge in Bezug auf die gewerblichen Schutzrechte, wie zB des Übereinkommens über die Errichtung der Weltorganisation des geistigen Eigentums vom 14. 7. 1967, des Pariser Übereinkommens über den Schutz des industriellen Eigentums vom 20. 3. 1883, des Madrider Übereinkommens über die internationale Eintragung von betrieblichen Marken oder Handelsmarken vom 14. 4. 1891, des Lissabonner Übereinkommens über den Schutz der Bezeichnung des Warenursprungs und seiner internationalen Eintragung vom 31. 10. 1958, des Berner Übereinkommens über den Schutz literarischer und künstlerischer Werke vom 9. 9. 1886, des Genfer Abkommens über das Markenrecht vom 27. 10. 1994 oder des Genfer Abkommens über die internationale Eintragung audiovisueller Werke vom 18. 4. 1989.

G. Gesetzliches oder gewohnheitsrechtliches Übernahmerecht

I. Anwendungsbereich

Das Übernahmerecht („takeover") wurde in das tHGB durch das Gesetz Nr. 142/1996 Sb. eingeführt. Diese Regelung, die sich auf wenige gesetzliche Bestimmungen beschränkte, wurde bald als unzureichend angesehen. Die seit 1. 1. 2001 wirksame Novelle des tHGB bringt im Bereich des Übernahmerechts bedeutende Änderungen mit sich.

Das geltende tschechische Recht regelt sowohl die **Pflichtübernahmeangebote** als auch die **freiwilligen Übernahmeangebote**. Die Pflichtübernahmeangebote beziehen sich grundsätzlich auf Gesellschaften, deren Wertpapiere öffentlich handelbar sind. Die seit 1. 1. 2001 wirksame Novelle des tHGB bezeichnet sie als „registrierte Wertpapiere". Die Pflicht zur Stellung eines Übernahmeangebots kann auch durch Entscheidung eines Staatsorgans auferlegt werden oder in der Satzung vorgesehen werden. Das Pflichtübernahmeangebot setzt voraus, daß der Aktionär einen **Beherrschungsanteil**[73] an der Gesellschaft entweder allein oder durch einvernehmliches Handeln erlangt hat. Ausnahmen von der Pflicht, ein Übernahmeangebot zu stellen, sind im tHGB bestimmt. Nach der seit 1. 1. 2001 wirksamen Novelle des tHGB kann über die Befreiung von dieser Pflicht unter bestimmten Umständen auch die Wertpapierkommission entscheiden.

Grundsätzlich dürfen nur die freiwilligen Übernahmeangebote geändert oder widerrufen werden. Die Pflichtübernahmeangebote dürfen nicht widerrufen werden oder nur auf einen bestimmten Teil von Aktien beschränkt werden; nach der

---

[72] § 479 Abs. 2 tHGB. Es kann sich zB um Immaterialgüterrechte mit persönlichem Charakter handeln – *Boháček* in Dědič a kol., Obchodní zákoník – komentář (HGB – Kommentar), 1997, 970.
[73] Dieser Beherrschungsanteil war in § 183b Abs. 1 tHGB prozentual bestimmt (1/2, 2/3 oder 3/4 der Nennwerte der öffentlich handelbaren Aktien mit Stimmrecht). Das novellierte tHGB enthält diese prozentuale Bestimmung in § 183b tHGB nicht mehr, sondern bestimmt, daß der Beherrschungsanteil nach § 66a (beherrschte und beherrschende Person) iVm. § 183d tHGB (Meldepflicht) zu bestimmen ist.

seit 1.1.2001 wirksamen Novelle des tHGB dürfen sie nunmehr nur zugunsten der Interessenten geändert werden. Diese Novelle regelt genauer auch weitere Bereiche des Übernahmerechts, zB die Bestimmung des Preises, das Konkurrenzangebot, die Sanktionen für die Verletzung der Pflichten beim Übernahmeangebot oder die zahlreichen Befugnisse der Wertpapierkommission auf dem Gebiet des Übernahmerechts.

II. Pflichten des Bieters

47   Bis 31.12.2000 waren die Pflichten des Bieters nicht allzu ausführlich bestimmt[74]. Die seit 1.1.2001 wirksame Novelle des tHGB legt die Pflichten des Bieters viel genauer fest. Der Bieter ist vor allem verpflichtet,
- nachzuweisen, daß er über ausreichende Mittel zur Zahlung des Preises der Aktien verfügt;
- das Angebot in einer entsprechenden Art und Weise zu veröffentlichen und den zwingenden gesetzlichen Mindestinhalt des Angebots einzuhalten; beim Pflichtangebot muß er grundsätzlich die gesetzliche 60-tägige Frist einhalten;
- die Gleichbehandlung aller rechtlich gleichgestellten Aktionäre sicherzustellen;
- den Mißbrauch vertraulicher Informationen und die Beeinträchtigung des Kapitalmarkts zu verhindern;
- während der Verbindlichkeit des Übernahmeangebots grundsätzlich keine Wertpapiere der Zielgesellschaft weder vertraglich zu erwerben noch zu veräußern[75];
- die Ergebnisse des Übernahmeangebots zu veröffentlichen und den Vorstand und Aufsichtsrat der Zielgesellschaft darüber zu informieren;
- bei öffentlich handelbaren Wertpapieren die Wertpapierkommission über das beabsichtigte (ggf. Pflicht-) Übernahmeangebot zu informieren.

III. Pflichten der Zielgesellschaft

48   Nach der seit 1.1.2001 geltenden Novelle des tHGB treffen die Zielgesellschaft (genauer ihren Vorstand und Aufsichtsrat) vor allem folgende Verpflichtungen:
- beim Übernahmeangebot die Interessen aller Inhaber der Wertpapiere, auf die sich das Angebot richtet, der Arbeitnehmer und der Gläubiger der Zielgesellschaft zu wahren;
- nachdem sie über die Absicht des Bieters, ein Angebot zu stellen, informiert wurden, keine Maßnahmen zu ergreifen, die eine freie und fachkundige Entscheidung der Aktionäre über das Angebot verhindern können;

---

[74] Die bis 31.12.2000 geltende Regelung des tschechischen Übernahmerechts ist ausführlich dargestellt in *Dědič/Bučková*, Das Übernahmerecht und die Meldepflicht in Tschechien, FOWI, 1998.
[75] Ausnahmen zählt § 183a Abs. 12 tHGB auf.

- bis zur Veröffentlichung der Ergebnisse des Übernahmeangebots sich jeglichen Verhaltens zu enthalten, das das Übernahmeangebot verhindern oder erschweren könnte;
- innerhalb von 5 Arbeitstagen nach der Zustellung des Übernahmeangebots eine schriftliche Stellungnahme auszuarbeiten und diese dem Bieter innerhalb von zwei Tagen zu übergeben und in entsprechender Art und Weise zu veröffentlichen.

H. Finanzierung von Unternehmensübernahmen

I. Inländische Finanzierung

Die Bedingungen für die Bestimmung des Kaufpreises und seiner Zahlung bleiben den Vertragsparteien vorbehalten. Die Finanzierung mittels eines (inländischen) Kredits ist eine der häufigsten Varianten. Der **Kreditvertrag** ist im tHGB geregelt[76], die Vorschriften haben überwiegend dispositiven Charakter. Bei der Bestimmung der **Höhe der Zinsen** in Handelssachen sind die Vertragsparteien frei; sie können die Zinshöhe vertraglich grundsätzlich beliebig bestimmen, es sei denn, daß die vereinbarte Zinshöhe den Grundsätzen des redlichen Geschäftsverkehrs widerspricht[77]. Die Finanzierungsbedingungen haben sich vor allem durch die Senkung der Kreditzinsen gebessert. Im Vergleich zB zum Jahr 1997, in dem sich der Interbankrating tschechischer Banken durchschnittlich zwischen 12% bis kurzfristig sogar 42% bewegte, erreichte dieser Mitte Juli 2000 mehr oder weniger stabile 5,25%.

II. Ausländische Finanzierung

Ein inländischer, tschechischer Kreditnehmer (juristische Person mit Sitz in Tschechien oder natürliche Person mit Dauerwohnsitz in Tschechien) hat den Abschluß eines Kreditvertrags mit einem Ausländer oder die tatsächliche Inanspruchnahme eines solchen Kredits nach den devisenrechtlichen Vorschriften zu melden[78]. Eine Devisenbewilligung ist dabei nicht mehr erforderlich. Ist der Inländer allerdings Kreditgeber, so benötigt er zum Abschluß eines Kreditvertrags mit einem Ausländer und zur tatsächlichen Gewährung eines solchen Kredits grundsätzlich eine **Devisenbewilligung**[79]. Die Devisenbewilligung ist nicht

---

[76] §§ 497 tHGB.
[77] § 265 tHGB. *Kopáč* in Stuna a kol, Obchodní zákoník s podrobným komentářem pro právní a podnikatelskou praxi (Handelsgesetzbuch mit ausführlichem Kommentar für juristische und unternehmerische Praxis), 1992, 432; *Pelikánová*, Komentář k obchodnímu zákoníku IV. (Kommentar zum HGB), 1997, 389. Die Tschechische Nationalbank ist zwar berechtigt, die maximale Zinshöhe für die durch die Banken und durch die Zweigniederlassungen ausländischer Banken gewährten Kredite zu bestimmen, sie hat jedoch bis jetzt von ihrem Recht keinen Gebrauch gemacht.
[78] § 5 Abs. 1 tDevisenG.
[79] § 14 Abs. 1 tDevisenG.

notwendig, wenn der inländische Kreditgeber entweder eine Bankkonzession als Bank oder Sparkasse oder eine nach dem tDevisenG erteilte Devisenlizenz besitzt, oder wenn die Kreditgewährung eine Direktinvestition iSd. § 1 lit. k tDevisenG ist und der Kredit nicht innerhalb von fünf Jahren ab der Kreditannahme bezahlt wird, oder wenn die Vertragsparteien natürliche Personen sind und der Kredit nicht für unternehmerische Zwecke bestimmt ist. Im Fall eines sog. Notstands in der Devisenwirtschaft kann die Aufnahme von ausländischen Krediten verboten oder an die Erteilung einer Sonderbewilligung geknüpft werden[80].

III. Kreditsicherung

51   Das tschechische Recht kennt und regelt sowohl die **persönlichen Sicherheiten** wie die Bürgschaft[81], die Bankgarantie[82], die Schuldübernahme[83], den Schuldbeitritt[84], die Vertragsstrafe[85], die Vereinbarung über Abschläge vom Gehalt und sonstigen Einkommen[86] und die wechsel- und scheckrechtlichen Sicherheiten nach tschechischem Wechsel- und Scheckgesetz[87] als auch die **dinglichen Sicherheiten** wie das Pfandrecht[88], die Sicherungsübereignung[89], die Sicherungsabtretung[90], den Eigentumsvorbehalt[91] und das Zurückbehaltungsrecht[92].

---

[80] § 32 Abs. 2 lit. b tDevisenG.
[81] §§ 303 ff. tHGB, §§ 546 ff. tBGB.
[82] § 313 ff. tHGB.
[83] §§ 531 ff. tBGB.
[84] §t 533 tBGB.
[85] §§ 300 tHGB, §§ 544 tBGB.
[86] § 551 tBGB.
[87] Wechsel- und Scheckgesetz [zákon směnečny a šekovy, 191/1950 Sb. idgF].
[88] §§ 151a ff. tBGB, § 299 tHGB, § 248 tschechisches Arbeitsgesetzbuch.
[89] § 553 tBGB.
[90] § 554 tBGB.
[91] § 445 tHGB.
[92] §§ 462 und 463 tHGB, §§ 151s ff. tBGB.

Autorenverzeichnis

Martin Bechtold ist Partner im Frankfurter und Brüsseler Büro von CLIFFORD CHANCE PÜNDER. Er studierte Rechtswissenschaften an der Universität Heidelberg. Nach seiner Referendarzeit war er Referent im Bundeskartellamt, Berlin. Dort arbeitete er zwischen 1986 und 1989 in einer Beschlußabteilung und in der Grundsatzabteilung des Amtes. 1989 trat er der Sozietät bei. Er beschäftigt sich ausschließlich mit kartellrechtlichen Fragestellungen sowohl im deutschen als auch im europäischen Kartellrecht und verfügt über umfangreiche Erfahrung in Fusionskontrollfällen und bei der Gestaltung von Vertriebs- und Lizenzverträgen. Er vertritt deutsche und internationale Mandanten aus allen Bereichen in Verfahren vor dem Bundeskartellamt, der EG-Kommission und vor Gericht. Martin Bechtold ist Mitglied der Studienvereinigung Kartellrecht, der American Bar Association und der International Bar Association (Section on Antitrust Law). Er hat Vorträge zu kartellrechtlichen Themen auf Konferenzen im In- und Ausland gehalten und verschiedene Publikationen im Bereich des Kartellrechts veröffentlicht.

Ralf Brammer ist seit Juni 2000 Finanzvorstand der AWD Holding AG in Hannover und leitete den Börsengang des Unternehmens im Oktober 2000. Seit Mai 2000 ist Ralf Brammer Präsident des Deutschen Investor Relations Kreises (D. I. R. K.). Diese Berufsvereinigung ist der Zusammenschluß aller Investor Relations Verantwortlicher von gelisteten deutschen Aktiengesellschaften. Er studierte Wirtschaftsingenieurwesen, Informatik und Business Administration an der Universität Karlsruhe und an der Washington State University. Seine Studien schloß er als Diplom-Informatiker und mit einem MBA ab. Von 1986 bis Mai 2000 war Herr Brammer bei der DaimlerChrysler AG tätig, zuletzt als Leiter der Direktion Investor Relations. Im Rahmen des Zusammenschlusses von Daimler-Benz und Chrysler war er u. a. verantwortlich für die Entwicklung und das Listing der ersten Globalen Aktie. Zwischen 1990 und 1998 war er Gastdozent an zahlreichen Universitäten zu den Themen Management, Strategische Planung und Kapitalmarktthemen.

Dr. Hans-Georg Bruns ist Mitglied des Vorstands des International Accounting Standards Board (IASB) in London. Bis April 2001 war er Leiter im Rechnungswesen Konzern und Mitglied des Direktoriums der DaimlerChrysler AG. Nach seinem Studium der Betriebswirtschaftslehre an der Universität Münster, Assistententätigkeit und Promotion an der Universität Mannheim arbeitete er im externen Rechnungswesen des Volkswagen-Konzerns in Wolfsburg und Puebla, Mexico. Er hat 1993 maßgeblich an der Börseneinführung der Daimler-Benz AG an der New York Stock Exchange mitgewirkt. Seit April 1998 ist er Lehrbeauftragter am Lehrstuhl für Controlling der Universität Stuttgart. Dr. Bruns ist Verfasser zahlreicher Veröffentlichungen und Fachvorträge auf dem Gebiet der Konzernrechnungslegung sowie der Integration des externen und internen Rechnungswesens.

Autorenverzeichnis

Dr. Ivana Bučková studierte Rechtswissenschaften an der juristischen Fakultät der Karlsuniversität in Prag und an der juristischen Fakultät der Universität Wien. Seit 1994 arbeitet sie als Forschungsassistentin am Forschungsinstitut für mittel- und osteuropäisches Wirtschaftsrecht (FOWI) an der Wirtschaftsuniversität Wien. Sie hat zahlreiche, zum Teil rechtsvergleichende Fachpublikationen vor allem im Bereich des tschechischen Handels-, Gesellschafts-, Insolvenz-, Zivil-, Immobilien- und Arbeitsrechts veröffentlicht, Gutachten für österreichische Gerichte, private deutsche, österreichische und tschechische Gesellschaften und für die Tschechische Rechtsanwaltskammer verfaßt, ist Lehrbeauftragte an der WU Wien, WU Prag, Paris-Lodron Universität in Salzburg, Fachhochschul-Studiengang Internationale Wirtschaftsbeziehungen in Eisenstadt und hält Fachvorträge in Deutschland, Österreich und Tschechien. Neben ihrer wissenschaftlichen Tätigkeit ist Dr. Bučková in Tschechien zugelassene Rechtsanwältin und arbeitet mit der Wiener Rechtsanwaltskanzlei Doralt, Seist, Csoklich zusammen.

Dr. Andreas Dietzel ist seit 1993 Partner im Frankfurter Büro von CLIFFORD CHANCE PÜNDER. Er studierte Rechtswissenschaften an den Universitäten Freiburg und Genf und wurde im Jahr 1988 als Rechtsanwalt in Freiburg zugelassen, wo er 1991 auch promovierte. Er berät in- und ausländische Großunternehmen sowie mittelständische Unternehmen insbesondere in den Bereichen Mergers & Acquisitions und Gesellschaftsrecht. Dabei befaßt er sich sowohl mit der rechtlichen Konzeption und Umsetzung des Erwerbs und der Veräußerung von Unternehmen und Konzernen als auch mit deren Überführung in neue Organisationsformen mit dem Ziel der Anpassung an veränderte wirtschaftliche, steuerliche und rechtliche Rahmenbedingungen. Darüber hinaus hat er langjährige Erfahrung in der effizienten Gestaltung einer umfassenden Rechtsberatung von Unternehmen in allen Bereichen des Wirtschaftsrechts.

Bernt Gach ist Partner im Frankfurter Büro von CLIFFORD CHANCE PÜNDER und leitet den arbeitsrechtlichen Bereich. Vor seinem Jurastudium an der Universität Hamburg hat er eine Ausbildung zum Bankkaufmann absolviert und war in diesem Beruf auch tätig. 1975 begann er als Rechtsanwalt in einer bekannten international wirtschaftsrechtlich beratenden Anwaltssozietät. Von 1987 bis 1990 war er Leiter des Rechts- und Personalbereichs sowie des Vorstandssekretariats eines großen Finanzdienstleistungsunternehmens. Seit 1991 ist er Partner bei CLIFFORD CHANCE PÜNDER. Bernt Gach ist im individuellen und kollektiven Arbeitsrecht sowie im Gesellschaftsrecht tätig, jeweils mit internationalem, insbesondere anglo-amerikanischem, Bezug. Er ist spezialisiert im M&A-bezogenen Arbeitsrecht einschließlich Umstrukturierungen, Betriebsverfassung und Unternehmensmitbestimmung. Bestellung und Trennung von Organmitgliedern, dienstvertragliche Angelegenheiten einschließlich Stock Options und Pensionen sind weiterere Schwerpunkte seiner Tätigkeit.

Dr. Thomas Gasteyer ist Partner im Frankfurter Büro von CLIFFORD CHANCE PÜNDER. Nach Beendigung seines Jurastudiums in Frankfurt am Main und seiner Referendarzeit arbeitete Thomas Gasteyer als wissenschaftlicher

Autorenverzeichnis

Assistent an der Johann Wolfgang Goethe-Universität in Frankfurt. 1979 wurde er als Rechtsanwalt in Frankfurt zugelassen und nahm seine Tätigkeit in der Steuerabteilung einer großen Wirtschaftsprüfungsgesellschaft auf. Er studierte an der Columbia University's School of Law, wo er 1981 ein „Master of Law's Degree" erwarb. Seit Januar 1982 ist er als Rechtsanwalt in New York zugelassen. Dr. Gasteyer berät in- und ausländische Mandanten vor allem auf dem Gebiet des Unternehmensrechts, insbesondere bei grenzüberschreitenden Transaktionen, Unternehmensakquisitionen und -umstrukturierungen sowie der Umstrukturierung von Grundbesitz (Corporate Real Estate).

Dr. Rolf Giebeler ist Partner im Düsseldorfer Büro von CLIFFORD CHANCE PÜNDER. Er studierte Rechtswissenschaften an den Universitäten Bonn und Pittsburgh sowie Rechts- und Wirtschaftswissenschaften an der Harvard University (M. P. A., 1987). 1988 wurde er in Frankfurt am Main und 1990 in Düsseldorf als Rechtsanwalt zugelassen. Dr. Giebeler ist schwerpunktmäßig im Bereich der wirtschaftsrechtlichen Beratung deutscher und internationaler Unternehmen tätig. Insbesondere berät er Mandanten bei Unternehmenskäufen, Joint Ventures, Umstrukturierungen und Projektfinanzierungen.

Dr. Manfred Heemann ist Partner im Frankfurter Büro von CLIFFORD CHANCE PÜNDER. Nach seinem Studium der Rechtswissenschaften an der Universität Münster erwarb er im Jahr 1993 ein „Master of Law's Degree" an der University of Chicago Law School, USA, und wurde im Jahre 1994 in New York als Attorney at Law zugelassen. Seit 1993 ist er im Frankfurter Büro von CLIFFORD CHANCE PÜNDER tätig. Dr. Heemann berät insbesondere in allen Bereichen des nationalen und internationalen Bank- und Kapitalmarktrechts. In diesem Zusammenhang hat er sich auf Rechtsfragen der Unternehmensfinanzierung, der Akquisitionsfinanzierung und der Kreditsicherheiten, die Beratung von Banken und Investmentgesellschaften im Zusammenhang mit der Vermögensverwaltung und der Begebung von Fonds-Anteilen und Rechtsfragen der Emission von Wertpapieren und des Derivatgeschäftes spezialisiert.

Werner Hüttel ist Rechtsanwalt und Leiter der Markenabteilung in der Rechtsabteilung der Nestlé Deutschland AG. Er studierte Rechtswissenschaften an der Universität Frankfurt. Seit 1991 ist er Syndikus der Nestlé Deutschland AG und dort verantwortlich tätig in den Bereichen des gewerblichen Rechtsschutzes, des Wettbewerbsrechts, des Lebensmittelrechts sowie des Eichrechts.

Dr. Stephan Hutter begann seine anwaltliche Tätigkeit bei Shearman & Sterling im Jahr 1986 und ist seit 1995 Partner. Seit 1992 ist Dr. Hutter im Frankfurter Büro von Shearman & Sterling tätig. Dr. Hutter berät vorwiegend auf dem Gebiet des internationalen Kapitalmarktrechts und bei grenzüberschreitenden Unternehmenskäufen und -verkäufen. Er hat einschlägige Transaktionserfahrung bei internationalen (insbesondere US-amerikanischen) Wertpapiertransaktionen deutscher, österreichischer und schweizerischer Unternehmen und Banken. Dr. Hutter ist Vorsitzender des Subcommittee on Legal Opinions (E-1) der In-

Autorenverzeichnis

ternational Bar Association. Er ist Co-Autor von Legal Opinions in International Transactions (3. Aufl. 1997) und Acquisition of Shares in a Foreign Country (1993) sowie Autor von Übernahmerecht in den USA (DAI Schriften zum Kapitalmarkt, Band 2, 1999), Obligations of German Issuers in connection with Public Securities Offerings and Stock Exchange Listings in the United States (DAI Schriften zum Kapitalmarkt, Band 1, 1998) und The Corporate Opinion in International Transactions (1989 Columbia Business Law Review 427). Dr. Hutter erhielt seine juristische Ausbildung in Österreich (Dr. jur. 1984, Universität Wien) und in den Vereinigten Staaten von Amerika (LL.M. 1986, University of Illinois in Champaign-Urbana). Dr. Hutter ist seit 1987 in New York als Anwalt zugelassen.

Mag. Boris Ivanov ist seit 1998 am Forschungsinstitut für mittel- und osteuropäisches Wirtschaftsrecht (FOWI) an der Wirtschaftsuniversität Wien als Forschungsassistent tätig. Nach dem Studium der Rechtswissenschaften an der Universität Wien absolvierte er die jeweils einjährige Gerichtspraxis am Oberlandesgericht Wien und am Stadtgericht Sofia. Im Jahr 2000 wurde er als Advokat bei der Advokatenkammer in Sofia zugelassen. Schwerpunkt seiner Assistententätigkeit an der Wirtschaftsuniversität Wien ist das bulgarische Wirtschaftsrecht, insbesondere Gesellschaftsrecht. Derzeit arbeitet er am Projekt „Insolvenzrecht" mit.

Dr. Andreas G. Junius ist Partner der Sozietät CLIFFORD CHANCE ROGERS & WELLS und als deutscher Rechtsanwalt in New York tätig, nachdem er lange Jahre das New Yorker Büro von PÜNDER VOLHARD WEBER & AXSTER leitete. Er studierte Rechtswissenschaften an den Universitäten Bochum und Bonn sowie an der Columbia University School of Law. Im Jahr 1983 wurde er in New York als Rechtsanwalt zugelassen. Dr. Junius berät Mandanten in allen Fragen des deutschen Zivil-, Unternehmens- und Gesellschaftsrechts sowie des deutschen und des EU-Bank- und Kapitalmarktrechts, einschließlich Unternehmens- und Beteiligungskäufen, Structured Finance, Asset Finance und Leveraged Leasing. Zuweilen ist er in US-Prozessen als sachverständiger Zeuge für deutsches Recht und als Schiedsrichter bei der American Arbitration Association in New York tätig.

Univ.-Prof. Dr. Susanne Kalss LL.M. (Florenz) promovierte 1989 an der Universität Wien. Sie habilitierte sich nach rund zehnjähriger Assistenzzeit am Institut für Bürgerliches, Handels- und Gesellschaftsrecht und nach mehreren längeren Auslandsaufenthalten (u. a. Post-Graduate Studium in Florenz, Forschungsaufenthalte in Hamburg am Max Planck Institut, Karl Ruprechts Universität Heidelberg, LSE London) bei Prof. Dr. Peter Doralt mit einer gesellschafts- und kapitalmarktrechtlichen Arbeit im Januar 2000 an der Wirtschaftsuniversität Wien für Handels-, Gesellschaftsrecht, Bürgerliches Recht und Kapitalmarktrecht. Seit September 2000 hat sie eine Professur an der Universität Klagenfurt für Privatrecht inne. Von 1996 bis 1999 war sie Apart-Stipendiatin der Österreichischen Akademie der Wissenschaften, mit dessen Hilfe sie habilitierte. Im Juni 2000 wurde ihr der Start-Preis des Bundesministeriums für Wissenschaft und Forschung und des Fonds für Wissenschaftliche Forschung zuerkannt, der ihr eine umfassende Forschungstätigkeit mit dem Kapitalgesellschaftsrecht aus rechtsvergleichender Sicht ermöglicht.

Dr. Uta K. Klawitter ist Leiterin Gesellschafts- und Konzernrecht bei der Deutsche Telekom AG. Nach zweijähriger Tätigkeit als wissenschaftliche Mitarbeiterin am Institut für Wirtschafts- und Handelsrecht, während der sie über das Recht der GmbH & Co. KG im US-amerikanischen Recht promovierte, arbeitete sie ab 1995 in den Bereichen Gesellschaftsrecht und M&A als Rechtsanwältin in der internationalen Sozietät Shearman & Sterling. Von 1998 bis Sommer 2001 war sie als Leiterin der Abteilung Gesellschafts- und Konzernrecht I bei der DaimlerChrysler AG u. a. zuständig für die rechtliche Betreuung der Hauptversammlung, Stock Options und Corporate Governance.

Mag. Michael Knaus ist seit Ende 1999 wissenschaftlicher Mitarbeiter am Forschungsinstitut für mittel- und osteuropäisches Wirtschaftsrecht (FOWI) an der Wirtschaftsuniversität Wien. Nach dem Studium der Betriebswirtschaftslehre an der WU Wien war er drei Jahre Wirtschaftstreuhandberufsanwärter und ist nunmehr im Steuerberater-Prüfungsverfahren. Seit Ende 1998 war er Mitglied der Phare-Arbeitsgruppe zur EU-Anpassung des slowenischen Gesellschaftsrechtes. Für ausgewählte Kommentierungen zum slowenischen Gesellschaftsrecht hat er 1999 den TPA (Treuhand Partner Austria) Studienpreis bekommen. Er ist Autor verschiedener Publikationen zum slowenischen und österreichischen Steuer- und Gesellschaftsrecht.

Christine Koziczinski LL.M. ist Partnerin im Frankfurter Büro von CLIFFORD CHANCE PÜNDER. Sie studierte Rechtswissenschaften an den Universitäten Würzburg, Freiburg und Heidelberg und absolvierte das LL.M.-Programm am Europäischen Hochschulinstitut in Florenz. Sie berät schwerpunktmäßig ausländische Finanz- und Industrieinvestoren in den Bereichen M&A und Gesellschaftsrecht. Sie befaßt sich insbesondere mit der Übernahme börsennotierter Gesellschaften und Public-to-Private-Transaktionen.

Dr. Jörg Kraffel ist seit 1993 Partner im Berliner Büro von CLIFFORD CHANCE PÜNDER. Nach seinem Studium der Rechtswissenschaften an der Freien Universität Berlin wurde er 1990 als deutscher Rechtsanwalt und 1996 als Notar zugelassen. Dr. Kraffel ist spezialisiert auf das Gesellschaftsrecht. Er berät in diesem Bereich Unternehmen, insbesondere im Zusammenhang mit Umstrukturierungen und Unternehmenskäufen. Ein Schwerpunkt seiner Tätigkeit liegt in der Begleitung von Privatisierungsvorhaben und Investitionen im Energiesektor. Er ist Leiter der weltweiten Produktgruppe „Energy and Utilities" von CLIFFORD CHANCE PÜNDER.

Prof. Dr. Bruno Kropff war von 1954 bis 1968 im Bundesjustizministerium an der Entstehung des Aktiengesetzes 1965 beteiligt. Von 1968 bis 1990 war er

Autorenverzeichnis

im Bundesschatz- bzw. Bundesfinanzministerium für die Industrieunternehmen des Bundes zuständig, zuletzt auch mit der Aufgabe, sie zu privatisieren. Er gehörte im industriellen Bereich des Bundes und in der Privatwirtschaft einer Reihe von Aufsichtsräten als Vorsitzender oder als Mitglied an. Prof. Kropff ist Mitherausgeber und Mitverfasser eines Großkommentars zum Aktiengesetz und Verfasser zahlreicher Aufsätze zu gesellschaftsrechtlichen Fragen mit Schwerpunkten im Bilanz- und Konzernrecht. Nach Lehraufträgen an den Universitäten Bonn und Jena ist er seit 1990 Honorarprofessor an der Universität Bonn.

Prof. Dr. Friedrich Kübler ist seit 1. April 1998 Rechtsanwalt und Of Counsel im Frankfurter Büro von CLIFFORD CHANCE PÜNDER. Er war vorher Professor für Wirtschafts- und Bürgerliches Recht, insbesondere Bankrecht und Medienrecht, an der Universität Frankfurt am Main. Er ist weiterhin Professor of Law an der University of Pennsylvania in Philadelphia und Mitglied des American Law Institute. Er ist außerdem Mitglied der Kommission zur Ermittlung der Konzentration im Medienbereich (KEK) und nimmt als Sachverständiger für Recht an den Sitzungen des Verwaltungsrates des Hessischen Rundfunks teil. Er ist Mitglied des Vorstands des Studienkreises für Presserecht und Pressefreiheit. Prof. Kübler ist überwiegend wissenschaftlich und beratend auf den Gebieten des Medienrechts, des Gesellschaftsrechts, des Kapitalmarktrechts und des Bankrechts tätig.

Dr. Reinhard Marsch-Barner ist seit 1973 in der Rechtsabteilung/Zentrale der Deutschen Bank AG in Frankfurt am Main tätig und leitet dort als verantwortlicher Syndikus den Bereich Gesellschafts-, Bilanz- und Kartellrecht. Er ist außerdem Rechtsanwalt und seit 1996 Lehrbeauftragter für Gesellschafts- und Kapitalmarktrecht an der Georg August-Universität Göttingen. Dr. Marsch-Barner ist durch zahlreiche Veröffentlichungen und Fachvorträge, vorwiegend zu aktienrechtlichen Themen, hervorgetreten.

Dr. Welf Müller ist Partner im Frankfurter Büro von Linklaters Oppenhoff & Rädler. Er studierte Rechts- und Betriebswirtschaft in München und Lausanne. 1964 trat er in die Deutsche Treuhand-Gesellschaft, Wirtschaftsprüfungsgesellschaft, Frankfurt am Main (spätere KPMG) ein und wurde 1983 dort zum Vorstandsmitglied der KPMG, zuständig für Steuern und Recht, bestellt. 1993 trat er als Partner in die Anwaltssozietät Rädler Raupach Bezzenberger (ab 1. 1. 1995 durch Fusion Oppenhoff & Rädler, jetzt Linklaters Oppenhoff & Rädler) ein. Seine Arbeitsschwerpunkte liegen im nationalen und internationalen Steuerrecht, im Bilanzrecht und im Gesellschafts- und Umwandlungsrecht. Welf Müller hat zahlreiche Publikationen auf dem Gebiet des Bilanz- und Gesellschaftsrechts veröffentlicht.

Andrea Presser-Müller ist ungarische Rechtsanwältin. Sie hat Rechtswissenschaften an der Universität Eötvös Lóránd in Budapest sowie in Trier und Frankfurt am Main (LL.M. 1996) studiert. Sie ist seit 1997 als Rechtsanwältin in Ungarn zugelassen. Nach ihrer Tätigkeit bei der OTP Bank und bei einem Gericht in Ungarn war sie von 1996 bis 2000 im Frankfurter Büro von PÜNDER, VOLHARD, WEBER & AXSTER, heute CLIFFORD CHANCE PÜNDER tätig. Sie arbeitet zur Zeit als Partnerin der Rechtsanwaltssozietät Dezsö, Réti & Antall in Ungarn. Andrea Presser-Müller berät ausländische Mandanten in Ungarnprojekten, insbesondere auf den Gebieten des Gesellschaftsrechts, Mergers & Acquisitions sowie des Immobilienrechts.

Dr. Jochem Reichert ist Partner der internationalen Anwaltssozietät Shearman & Sterling mit Kanzleisitz in Mannheim. Bis zum Zusammenschluß von Schilling, Zutt & Anschütz mit Shearman & Sterling war er Partner dieser Sozietät. Nach wissenschaftlicher Mitarbeit am Institut für internationales und ausländisches Privat- und Wirtschaftsrecht an der Universität Heidelberg ist er seit 1984 als Rechtsanwalt tätig. Zu seinen Tätigkeitsschwerpunkten zählen die aktienrechtliche Betreuung von Publikumsgesellschaften und Familienkonzernen. Er begleitet Umstrukturierungen und Unternehmenskäufe und hat an der aktien- und konzernrechtlichen Umsetzung bedeutender Zusammenschlußvorhaben – so etwa der Fusion von Daimler-Benz und Chrysler – mitgewirkt. Dr. Reichert nimmt Beirats- und Aufsichtsratsfunktionen wahr, ist Lehrbeauftragter an der Universität Heidelberg und mit zahlreichen Publikationen auf dem Gebiet des Gesellschafts- und Konzernrechts hervorgetreten.

Dr. Wolfgang Richter ist Partner im Frankfurter Büro von CLIFFORD CHANCE PÜNDER. Nach seinem Studium der Rechtswissenschaften an den Universitäten Erlangen, Freiburg und Genf sowie einem zweijährigen Studienaufenthalt an der Harvard University, John F. Kennedy School of Government mit dem Erwerb des Master of Public Administration (M.P.A.) wurde er 1989 als deutscher Rechtsanwalt zugelassen. Seit 1993 ist er Partner der Sozietät. Dr. Richter ist spezialisiert auf Gesellschaftsrecht mit besonderem Schwerpunkt im Aktienrecht und Konzernrecht. Er betreut regelmäßig Unternehmensrestrukturierungen und Unternehmenserwerbe, Aktienemissionen, Börsengänge und Privatisierungsprojekte.

Dr. Wolfgang Rosener, Rechtsanwalt und Notar, ist einer der Partner der Sozietät QUACK Rechtsanwälte, Berlin. Er studierte Rechtswissenschaften an den Universitäten Frankfurt am Main, München und Freie Universität Berlin, wo er auch promovierte, und wurde 1965 als Rechtsanwalt in Berlin zugelassen. Von 1965 bis 1975 war er Mitglied des juristischen Büros von AEG TELEFUNKEN Berlin, Ulm, Frankfurt am Main. 1975 trat er als Partner bei Quack, Kühn & Partner, Berlin, seit 1991 Gaedertz Vieregge Quack Kreile, später GAEDERTZ Rechtsanwälte, Berlin, Frankfurt am Main, Hamburg, Koblenz, Leipzig, München, Wiesbaden, Brüssel, Prag, ein. Mit der Verselbständigung des Berliner Büros ab 1. 4. 2001 ist er jetzt Seniorpartner von QUACK Rechtsanwälte, Berlin. Seine Tätigkeitsschwerpunkte sind Gesellschaftsrecht, Veräußerung und Erwerb von Unternehmen sowie Umwandlungen, internationales Anlagengeschäft, Schiedsverfahren, Notariat. Er ist Mitautor des Münchener Vertragshandbuchs, Bd. 2, Wirtschaftsrecht I, Internationales Industrieanlagengeschäft, sowie Bd. 4, Wirt-

Autorenverzeichnis

schaftsrecht III, Industrieanlagengeschäft; Autor des Deutschlandkapitels in „Business Law in Europe" (Kluwer) und von einer Reihe von Veröffentlichungen auf dem Gebiet des deutschen und internationalen Wirtschafts- und Gesellschaftsrechts; hinzu kommt Vortragstätigkeit auf diesen Gebieten bei in- und ausländischen Seminaren und Konferenzen. Dr. Rosener ist u. a. Mitglied der International Bar Association (Section on Business Law, Committee T: International Construction Projects; Committee D: Arbitration and Alternative Dispute Resolution) und der Deutsch-Chinesischen Juristenvereinigung sowie der Association Européenne d'Etudes Juridiques et Fiscales.

Mag. Felicia Şaramet-Comşa studierte Rechtswissenschaften an der juristischen Fakultät der Universität in Klausenburg, Rumänien und an der Rechtsfakultät der Universität Paris II, Pantheon-Assas, Frankreich. Seit 1997 arbeitet sie als Forschungsassistentin am Forschungsinstitut für mittel- und osteuropäisches Wirtschaftsrecht (FOWI), rumänisches Referat an der Wirtschaftsuniversität Wien. Neben ihrer wissenschaftlichen Tätigkeit ist Frau Mag. Şaramet-Comşa Manager für Zentral- und Osteuropa an Ecos Consulting Wien.

Dr. Kersten v. Schenck ist Partner im Frankfurter Büro von CLIFFORD CHANCE PÜNDER. Nach seinem Studium der Rechtswissenschaften an den Universitäten Freiburg und Münster/Westfalen und einem einjährigen Studienaufenthalt an der New York University School of Law in New York mit dem Erwerb des Master of Comparative Jurisprudence (M.C.J.) arbeitete er über ein Jahr als Foreign Associate in einer Anwaltssozietät in Washington, D. C., und anschließend etwa vier Jahre lang als Notarassessor in verschiedenen Notariaten in Hamburg, bevor er 1986 als deutscher Rechtsanwalt und 1996 als Notar zugelassen wurde. Dr. v. Schenck ist schwerpunktmäßig tätig auf den Gebieten des Bankrechts sowie des Gesellschaftsrechts und der Unternehmenskäufe, jeweils mit internationalem Bezug.

Dr. Uwe Schimmelschmidt ist Partner im Frankfurter Büro von CLIFFORD CHANCE PÜNDER. Er studierte von 1986 bis 1991 Betriebswirtschaftslehre an der Johann Wolfgang Goethe-Universität Frankfurt am Main. In der Zeit von 1991 bis 1994 war er als wissenschaftlicher Mitarbeiter am Lehrstuhl für betriebswirtschaftliche Steuerlehre an der Johann Wolfgang Goethe-Universität Frankfurt am Main sowie als Dozent im Fachgebiet „Betriebswirtschaftliche Steuerlehre" bei verschiedenen Lehreinrichtungen tätig. Dr. Schimmelschmidt ist 1995 zum Steuerberater bestellt worden und seit 1994 im Frankfurter Büro von CLIFFORD CHANCE PÜNDER tätig. Sein Tätigkeitsschwerpunkt liegt auf den Gebieten der steuerrechtlichen und betriebswirtschaftlichen Beratung bei Unternehmenskäufen, einschließlich Finanzierung, sowie bei Venture Capital Fonds, Private Equity Fonds, Mobilien-, Immobilien- und Leasingfonds.

Dr. Fabian v. Schlabrendorff ist Partner im Frankfurter Büro von CLIFFORD CHANCE PÜNDER. Nach dem Studium der Rechtswissenschaften an verschiedenen Universitäten in Deutschland und der Schweiz, einem Abschluß in

Politikwissenschaft an der University of Chicago und Beteiligung an einem von der Deutschen Forschungsgemeinschaft finanzierten Forschungsprojekt über Rohstofferschließungsvorhaben in Entwicklungsländern ist er seit 1982 Rechtsanwalt, seit 1986 Partner bei CLIFFORD CHANCE PÜNDER. Dr. v. Schlabrendorff berät nationale und internationale Mandanten bei Projektfinanzierungen, internationalen Akquisitionen, Unternehmenszusammenschlüssen und Joint Ventures; führt Prozesse und ist Parteivertreter und Schiedsrichter in internationalen Schiedsverfahren mit gesellschaftsrechtlichem und bankrechtlichem Hintergrund und auf dem Gebiet des Anlagenbaus. Er ist Leiter des deutschen und kontinentaleuropäischen Litigation & Dispute Resolution Bereichs von CLIFFORD CHANCE PÜNDER, deutscher Delegierter des Internationalen Schiedsgerichtshofs der ICC, Autor verschiedener Publikationen zu internationalen Investitionen, Unternehmenskäufen und Schiedsverfahren.

Matthias Schleicher ist seit 1999 als Rechtsanwalt zugelassen und seit dieser Zeit im Frankfurter Büro von CLIFFORD CHANCE PÜNDER tätig. Er studierte Rechtswissenschaften an den Universitäten Erlangen-Nürnberg und Lausane sowie Koreanisch an der Korea-Universität in Seoul. Matthias Schleicher berät in den Arbeitsbereichen Bank- und Kapitalmarktrecht sowie Gesellschaftsrecht und betreut Schiedsverfahren und grenzüberschreitende Projekte mit dem Schwerpunkt Korea.

Dr. Horst Schlemminger ist Partner im Frankfurter Büro von CLIFFORD CHANCE PÜNDER. Nach seinem Studium der Rechtswissenschaften an der Universität Frankfurt am Main wurde er 1988 in Frankfurt am Main als Rechtsanwalt zugelassen. Er ist Fachanwalt für Verwaltungsrecht. Dr. Schlemminger ist überwiegend auf den Gebieten des Umwelt- und des Immobilienrechts tätig. Seit vielen Jahren betreut er Immobiliengesellschaften beim Erwerb und der Entwicklung von Immobilien, wozu auch Kooperationen mit Gebietskörperschaften (städtebauliche Verträge jeglicher Art) gehören. Weitere Schwerpunkte seiner Tätigkeit sind die umweltrechtliche Prüfung von Unternehmen und Betriebsstätten, die vertragliche Bewältigung von „Altlasten" und die Einführung maßgeschneiderter Umweltmanagementsysteme sowie die Beratung wirtschaftlicher Unternehmungen der öffentlichen Hand.

Dr. Michael Schlitt ist Partner der internationalen Anwaltssozietät Allen & Overy und dort im Frankfurter Büro tätig. Er verfügt über eine weitreichende Erfahrung in nationalen und grenzüberschreitenden M&A- und Kapitalmarkttransaktionen, insbesondere im Zusammenhang mit Börsengängen, Secondary Offerings und Unternehmenszusammenschlüssen. Er berät deutsche und internationale Mandanten namentlich auf dem Gebiet des Aktien-, Umwandlungs-, Übernahme- sowie des Kapitalmarktrechts. Dr. Schlitt ist Verfasser zahlreicher Aufsätze und Buchbeiträge.

Dr. Hermann Schmitt ist Partner und leitet das Moskauer Büro von CLIFFORD CHANCE PÜNDER. Nach seinem Studium der Rechtswissenschaften

Autorenverzeichnis

an den Universitäten Gießen und Marburg wurde er 1989 in Frankfurt am Main als Rechtsanwalt zugelassen. Dr. Schmitt berät seine Mandanten beim Erwerb von Unternehmensbeteiligungen, bei der Gründung und Übernahme von Unternehmen, bei Erwerb, Vermittlung und Vermarktung von Immobilienprojekten, bei Kapitalmarktgeschäften sowie insbesondere bei Projektfinanzierungen.

Prof. Dr. Torsten Schöne ist seit dem Sommersemester 1999 Inhaber der Professur für Bürgerliches Recht, Handels- und Gesellschaftsrecht, Arbeitsrecht an der Universität Siegen. Der Schwerpunkt seiner wissenschaftlichen Tätigkeiten liegt ausweislich seiner Publikationen im Gesellschaftsrecht, dort insbesondere im Umwandlungsrecht.

Siegfried Seewald ist Partner bei BBLP Rastawicki sp. k., dem Warschauer Büro von Beiten Burkhardt Mittl & Wegener. Zuvor war er bei CLIFFORD CHANCE PÜNDER in Düsseldorf und in Warschau tätig. Er studierte Rechtswissenschaften an der Ruhruniversität Bochum und wurde 1996 als Rechtsanwalt in Düsseldorf zugelassen. Er berät ausländische Großunternehmen in Polen bei Privatisierungsvorhaben sowie in den Bereichen Mergers & Acquisitions und Gesellschaftsrecht. Dabei befaßt er sich sowohl mit rechtlicher Gestaltung und Umsetzung von Unternehmensakquisitionen im Rahmen des Privatisierungsprozesses in Polen als auch mit Unternehmensübernahmen und Joint Ventures im privaten Sektor. Sein Schwerpunkt liegt dabei auf der gesellschaftsrechtlichen und der vertragsrechtlichen Ebene. Seit 1998 befaßt sich Herr Seewald schwerpunktmäßig mit Projekten im Zusammenhang mit der Umstrukturierung des polnischen Energiesektors.

Prof. Dr. Johannes Semler, Rechtsanwalt, war in der Zeit von 1955 bis 1963 in der Deutschen Waren-Treuhand AG als Wirtschaftsprüfer tätig, zuletzt als Mitglied des Vorstands, von 1963 bis 1973 bei der AEG, ab 1966 als Finanzvorstand. Seit 1974 übt Professor Semler eine selbständige Beratungstätigkeit aus. Von 1981 bis 1994 war er nebenberuflich Vorstand der Mercedes-Automobil-Holding AG. 1989 wurde Dr. Semler zum Honorarprofessor der Wirtschaftsuniversität Wien ernannt. Professor Semler ist seit 1996 CLIFFORD CHANCE PÜNDER, Frankfurt am Main, als Of Counsel verbunden. Er war und ist Mitglied in diversen Aufsichtsräten und Beiräten sowie maßgeblich in Kommissionen und Ausschüssen vertreten (u. a. Konzernrechtskommission des Deutschen Juristentages, Unternehmensrechtskommission beim Bundesjustizministerium, Ausschuß Multinationale Unternehmen der Internationalen Handelskammer, Handelsrechtsausschuß des Deutschen Anwaltvereins). Seine vielen wissenschaftlichen Publikationen haben ihren Schwerpunkt im Recht der Aktiengesellschaft und des Aufsichtsrats.

Dr. Arndt Stengel ist Partner im Frankfurter Büro von CLIFFORD CHANCE PÜNDER. Er studierte Rechtswissenschaften an der Universität Trier, wo er auch zum Dr. jur. promovierte. Seine praktische Ausbildung führte ihn in die Finanzverwaltung sowie in Anwaltskanzleien in London und verschiedenen Teilen Deutschlands. Seit seiner Zulassung als Rechtsanwalt im Januar 1991 ist er bei CLIFFORD CHANCE PÜNDER tätig. Er berät in Fragen der Unternehmensfinanzierung und -strukturierung vor allem börsennotierte Gesellschaften, Investmentbanken und Investoren. Neben einem Schwerpunkt im Aktien- und Konzernrecht hat er sich auf Umwandlungen, Unternehmenskäufe, internationale Joint Ventures und Übernahmen spezialisiert. Auf diesen Gebieten ist Arndt Stengel mit über 20 Fachveröffentlichungen in englischer und deutscher Sprache hervorgetreten. Er referiert regelmäßig zu aktienrechtlichen Fragen und ist seit 1996 Vorsitzender der Kommission für Bank- und Finanzrecht der Internationalen Vereinigung junger Rechtsanwälte (AIJA).

Mag. iur. Dr. iur. Michaela Stessl ist seit 1997 Assistentin am Forschungsinstitut für mittel- und osteuropäisches Wirtschaftsrecht (FOWI) an der Wirtschaftsuniversität Wien für slowakisches Recht. Sie ist in Österreich und der Slowakei ausgebildete Juristin. Frau Stessl wirkte an zahlreichen Forschungsprojekten im Bereich des slowakischen Gesellschafts-, Liegenschafts- und Insolvenzrechts mit und hat diverse Forschungsaufenthalte in Bratislava (Slowakische Akademie der Wissenschaften, Institut für Handels-, Wirtschafts- und Finanzrecht/juridische Fakultät der Commenius Universität) absolviert. Sie ist seit 2000 Mitarbeiterin in der Arbeitsgruppe des Justizministeriums der Slowakei zur Anpassung des slowakischen Gesellschaftsrechts an das europäische Gesellschaftsrecht und seit 2001 Mitglied einer Reformkommission zur Erarbeitung eines neuen slowakischen Konkursrechts. Frau Stessl kann auf zahlreiche Aufsatzveröffentlichungen zu Fragen des slowakischen Wirtschafts- und Gesellschaftsrechts in Österreich, Deutschland und der Slowakei sowie auf Vortragstätigkeiten an in- und ausländischen Universitäten und anderen Institutionen verweisen. Die Autorin verfaßt derzeit an der juridischen Fakultät in Bratislava eine Doktorarbeit zu ausgewählten Fragen des slowakischen Gesellschaftsrechts aus rechtsvergleichender Sicht.

Dr. Dietrich F. R. Stiller ist Partner im Frankfurter Büro von CLIFFORD CHANCE PÜNDER und in den Arbeitsbereichen Bank- und Kapitalmarktrecht, Gesellschaftsrecht, Privatisierungen und grenzüberschreitende Projekte (mit dem Schwerpunkt Indonesien, Korea, Malaysia, Philippinen) tätig. Nach dem Studium der Rechtswissenschaften an der Rheinischen Friedrich Wilhelms-Universität, Bonn und der Yonsei-Universität, Seoul, Korea, arbeitete Dr. Stiller zunächst von 1988 bis 1990 in einem Industrieunternehmen. Seit 1990 ist er als Rechtsanwalt in Frankfurt am Main zugelassen und im Frankfurter Büro von CLIFFORD CHANCE PÜNDER tätig. Er hat sich im Bereich des Bank- und Kapitalmarktrechts insbesondere auf die Gebiete des Bankrechts sowie der Unternehmensfinanzierung einschließlich nationaler und internationaler Projektfinanzierungen und BOT-Strukturen spezialisiert.

Dr. Annedore Streyl ist Partnerin der Anwaltssozietät Bruckhaus Westrick Heller Löber, jetzt Freshfields Bruckhaus Deringer, und nach dem Studium der Rechtswissenschaften an den Universitäten Tübingen, München und Bonn und wissenschaftlicher Tätigkeit am Institut für Zivilprozeßrecht und Allgemeines

Autorenverzeichnis

Prozeßrecht der Universität Hamburg seit 1993 in deren Berliner Büro tätig. Sie ist spezialisiert im Bereich des Gesellschaftsrechts mit besonderem Schwerpunkt im Aktien- und Konzernrecht und berät insbesondere im Zusammenhang mit Unternehmenskäufen und -verkäufen, Umstrukturierungen sowie Privatisierungen.

Dr. Stefanie Tetz ist Partnerin im Pekinger Büro von CLIFFORD CHANCE PÜNDER und dort in den Bereichen Unternehmens- und Investitionsrecht der Volksrepublik China tätig. Sie studierte Rechtswissenschaften und Sinologie an den Universitäten Bonn und Genf und erwarb 1984 ein Übersetzerdiplom für die chinesische Sprache. Sie promovierte nach rechtswissenschaftlichen Studien an den Universitäten Shanghai (Fudan) und Beijing (Beida) an der Rechtswissenschaftlichen Fakultät Bonn. 1991 wurde sie als Rechtsanwältin in Frankfurt am Main zugelassen und ist seitdem als Rechtsanwältin für CLIFFORD CHANCE PÜNDER tätig, seit 1994 im Büro Peking, das sie seit 1996 leitet. Sie hat zahlreiche Artikel zu verschiedenen Rechtsfragen bei ausländischen Investitionen in China veröffentlicht. Dr. Tetz berät in allen Bereichen des Investitionsrechts der Volksrepublik China, insbesondere bei Unternehmensgründungen und -umstrukturierungen einschließlich vertragsrechtlicher und steuerrechtlicher Fragen. Sie ist ferner spezialisiert im Bereich Immobilienrecht, Gewerblicher Rechtsschutz (einschließlich Lizenzverträge) und Arbeitsrecht der Volksrepublik China.

Dr. Sandra Thiel LL.M. ist Partnerin im Frankfurter Büro von CLIFFORD CHANCE PÜNDER. Sie studierte Rechtswissenschaften an der Johann Wolfgang Goethe-Universität Frankfurt am Main und der Universität Genf und promovierte an der juristischen Fakultät der Humboldt-Universität zu Berlin. Die Arbeit (Spartenaktien für deutsche Aktiengesellschaften) wurde mit dem Preis des Deutschen Aktieninstituts ausgezeichnet. 1996 erwarb sie ein Master of Law's Degree an der New York University/U. S. A. Sandra Thiel ist seit 1995 als Rechtsanwältin in Frankfurt am Main sowie seit 1997 als Attorney at Law in New York zugelassen. Seit 1997 ist sie bei CLIFFORD CHANCE PÜNDER tätig. Dr. Thiel berät auf dem Gebiet des Gesellschaftsrechts und in M&A-Transaktionen, insbesondere bei Erwerb, Umstrukturierung von Gesellschaften und Unternehmensübernahmen sowie im Bereich Private Equity.

Mag. Mirjana Troper ist Forschungsassistentin am Forschungsinstitut für mittel- und osteuropäisches Wirtschaftsrecht (FOWI) der Wirtschaftsuniversität Wien. Das Studium der Rechtswissenschaften absolvierte sie an der Juridischen Fakultät Osijek (Kroatien). 1996 Nostrifikation an der Universität Wien. Unterschiedliche juristische Erfahrungen – als Arbeitsrechtsjuristin in Dubrovnik sowie als Referentin für Kroatien in einer internationalen Steuerberatungs- und Wirtschaftsprüfungskanzlei in Wien. Am FOWI betreut sie das Landesreferat Kroatien.

Dr. Rüdiger Volhard ist Seniorpartner der Sozietät CLIFFORD CHANCE PÜNDER und in deren Frankfurter Büro tätig. Nach dem Studium der Rechtswissenschaften, Promotion und Assistententätigkeit an der Johann Wolfgang Goethe-Universität in Frankfurt am Main trat er 1963 in die Sozietät Dres. Werner und Albrecht Pünder, seit 1969 PÜNDER, VOLHARD & WEBER, seit 1989 PÜNDER, VOLHARD, WEBER & AXSTER, ein. Seit 1970 ist er auch Notar. Dr. Volhard betreut vorwiegend Aktiengesellschaften, Gebietskörperschaften und andere öffentlich-rechtliche Institutionen in der laufenden Beratung und bei Umstrukturierungen, Privatisierungen, bei der Vorbereitung und Beurkundung der Gesellschafter- bzw. Hauptversammlungen sowie in der forensischen Praxis. Er gehört den Aufsichtsgremien verschiedener Wirtschaftsunternehmen und gemeinnütziger Vereinigungen an, publiziert laufend auf seinen Schwerpunktgebieten und hält Fachvorträge.

Daniela Weber-Rey ist Partnerin im Frankfurter Büro von CLIFFORD CHANCE PÜNDER. Nach ihrem Studium der Rechtswissenschaften an den Universitäten Frankfurt am Main und Genf sowie im Rahmen der Referendarzeit auch an der Verwaltungshochschule Speyer wurde sie 1984 als deutsche Rechtsanwältin zugelassen. Nach Erwerb des Master of Laws (LL.M.) an der Columbia University, New York, wurde sie 1986 als Rechtsanwältin in New York (Attorney at Law) zugelassen. Von 1984 bis 1986 war Daniela Weber-Rey im damals neu eröffneten ersten Auslandsbüro der Sozietät in New York tätig. Seit 1989 ist sie Partnerin bei CLIFFORD CHANCE PÜNDER. Daniela Weber-Rey berät auf den Gebieten des Unternehmens- und Kapitalmarktrechts bei Unternehmenskäufen, einschließlich öffentlicher Übernahmen, Privatisierungen, Private Equity Transaktionen sowie Unternehmensrestrukturierungen. Sie ist insbesondere für bedeutende internationale Unternehmen, Finanzdienstleister und Finanzsponsoren tätig, auch aus dem englisch- oder französischsprachigen Ausland. Seit 1996 ist Daniela Weber-Rey Lehrbeauftragte für Unternehmens- und Kapitalmarktrecht an der Universität Frankfurt am Main Sie veröffentlicht regelmäßig in in- ländischen und ausländischen Zeitschriften und hält Fachvorträge. Sie ist Mitglied des Vorstands des Bundesverbandes Deutscher Kapitalbeteiligungsgesellschaften – German Private Equity und Venture Capital Association (BVK).

Ronald Welge ist Leiter der Abteilung Marktbezogenes Recht in der Rechtsabteilung der Nestlé Deutschland AG. Nach seinem Studium der Rechtswissenschaften an der Universität in Mainz wurde er 1987 als Rechtsanwalt zugelassen. Seit 1990 ist er Syndikus der Nestlé Deutschland AG und dort verantwortlich tätig in den Bereichen des gewerblichen Rechtsschutzes, des Wettbewerbsrechts, des Lebensmittelsrechts sowie des Eichrechts. Er hält regelmäßig Vorträge im Wettbewerbs- und Markenrecht.

Jan F. Wrede, J. D., ist Partner der Sozietät CLIFFORD CHANCE und in deren Hong Konger Büro tätig. Er studierte Rechtswissenschaften an den Universitäten Mannheim, Kiel, Indiana und an der University of California, Los Angeles. 1990 wurde er in New York, 1992 in Kalifornien, 1994 in Düsseldorf und schließlich 1997 in Hong Kong (Registered Foreign Lawyer) als Rechtsanwalt zugelassen. Jan F. Wrede berät seine überwiegend deutschen Mandanten bei Unterneh-

Autorenverzeichnis

menskäufen, Joint Ventures und Umstrukturierungen in Asien. Dabei bildeten die Philippinen in den letzten Jahren einen räumlichen Schwerpunkt seiner Beratungstätigkeit. Daneben ist er in den Bereichen des allgemeinen Gesellschafts-, Handels- und Vertragsrechts tätig.

Sachverzeichnis

Die Verweise bezeichnen den Paragraphen des Buches (fett) und die jeweilige Randnummer.

Abfindung
Anschaffungskosten **26** 86
Barabfindungen **10** 211 ff.
– absoluter Wert **10** 211
– angemessene Abfindung **10** 213
– Anwendungsbereich **10** 211 ff.
– Synergieeffekte **10** 214
Bedeutung des Börsenkurses **10** 213; **17** 151 f.
Beherrschungsvertrag **2** 75 ff.; **28** 57
„delisting" **24** 19, 33
Eingliederung **2** 39, 79 ff.; **24** 39
Formwechsel **24** 40
„golden parachute" **31** 129; **33** 18
Spruchverfahren s. dort
Verschmelzung **17** 150 ff., 190, 194
Zwangseinziehung eines GmbH-Geschäftsanteils **14** 179 ff.

Abhängigkeit s. Konzern

Absichtserklärung s. Letter of Intent

Abwehr feindlicher Übernahmen
Bezugsrechtsausschluß s. Bezugsrecht
„crown jewel defense" **31** 121, 130
„golden parachute" **31** 129
„lock-up defense" **31** 131
Neutralitätspflicht des Vorstands s. dort
„pac man defense" **31** 132
Rückerwerb eigener Aktien **3** 68; **31** 120, 128
Vereinbarkeit von Abwehrmaßnahmen mit dem Übernahmekodex **31** 117 ff.
Vereinbarkeit von Abwehrmaßnahmen mit der Übernahmerichtlinie **31** 141 ff.
Vinkulierung von Namensaktien **12** 22 ff., 120; **17** 54; **31** 124
Werbekampagnen **31** 123, 133 f.
„white knight" **31** 119, 125 f.
Zuständigkeit der Hauptversammlung **7** 62

Ad hoc-Publizität
Amtlicher Handel **7** 135; **23** 110
Ausnahmegenehmigung **7** 150
Auswirkungen auf den Emittenten **7** 138 ff.
Eintritt einer neuen Tatsache **7** 136 f.; **31** 15
feindliches Übernahmeangebot **31** 109
Freiverkehr **7** 135; **23** 116
freundliches Übernahmeangebot **31** 110 f.
Geregelter Markt **7** 135; **23** 114
mehrstufige Entscheidungen **7** 137; **31** 15 f.
Neuer Markt **7** 135; **23** 120
Sanktionen **7** 151 ff.
Small Caps Exchange **23** 125
Tatsache im Tätigkeitsbereich des Emittenten **7** 141 ff.
verpflichtete Gesellschaften **7** 135
Vorbereitung einer Unternehmensübernahme **5** 187, 191
Vornahme der Veröffentlichung **7** 146 ff.
Zweck **7** 134; **31** 14

Akquisitionsfinanzierung s. Finanzierung

2197

Sachverzeichnis

Aktienoptionen
Bedienung durch die Gesellschaft 14 120 ff.
Besteuerung 26 556 ff.
Betriebsübergang 27 30 f.
dogmatische Konstruktion 14 118 f.

Alternative Dispute Resolution
Durchsetzung vertraglicher Rechte und Pflichten 16 152 ff.
Internationales Privatrecht 35 139

Altlasten
Begriff 29 95
Bundesbodenschutzgesetz s. dort
Due Diligence 9 205 f.
Einzelrisiken 29 105 ff.
Gewährleistung 29 181
Grundstücksgesellschaften 21 42 f.
Haftung 29 97 ff., 182 ff.
öffentlich-rechtlicher Vertrag s. dort
Rechnungslegung 29 125 ff.
steuerliche Behandlung 29 125 ff.
Störerauswahl 29 101
Versicherungen 29 76, 122 ff.

American Depositary Receipts
Level I ADR-Programm 23 225 f.
Level II ADR-Programm 23 227 f.
Level III ADR-Programm 23 229
„sponsored" ADR-Programm 23 222 ff.
„unsponsored" ADR-Programm 23 219 ff.

Amex
Berichtsfolgepflichten 23 257 ff.
Zulassungsverfahren 23 254 ff.
Zulassungsvoraussetzungen 23 252 ff.

Amtlicher Handel
Begriff 23 7
Börsenzulassungsprospekt s. Prospekt
Folgepflichten 23 107 ff.
– Ad hoc-Publizität 23 110
– Rechnungslegung 23 107 ff.

Verschmelzung 17 52 ff.
Zulassungsantrag 23 53 f.
Zulassungsvoraussetzungen 23 17 ff.
– Ausgestaltung der Plazierungsaktie 23 19 f.
– Emissionsstruktur 23 21 ff.
– Veräußerungssperre 23 24
– Vorgaben für den Emittenten 23 18

Anfechtungsklage
„delisting" 24 30
grenzüberschreitende Unternehmenszusammenschlüsse 17 289 ff., 365 ff.
Spaltungsbeschluß 34 57
Verschmelzung 17 7 f., 10, 15, 17, 82, 90, 101, 185; 34 57

Angebot zum Erwerb von Wertpapieren
Angebotsunterlage 31 75 ff.
Begriff 31 68 ff.
Bindungswirkung 31 82
Gegenleistung 31 83
Gleichbehandlungsgebot 31 39, 73
Stellungnahme des Vorstands der Zielgesellschaft 31 103

Anteilserwerb s. Share Deal

Anteilsrechte s. auch Share Deal
Einziehung von Anteilsrechten
– Einziehung mit Zustimmung des GmbH-Gesellschafters 14 170
– Einziehung von Aktien nach Erwerb durch die AG 14 164 ff.
– Zwangseinziehung eines GmbH-Geschäftsanteils 14 171 ff.
– Zwangseinziehung von Aktien 14 151 ff.
Erwerbsvorrechte 14 142 ff.
Genußrechte 14 102 ff.
Inhaberaktie s. dort
Kapitalerhöhung s. dort
Mitteilungspflichten s. dort
Namensaktie s. dort

Stammanteile
- Buy-Out **14** 75 ff.
- GmbH-Geschäftsanteile **14** 88 ff.
- Stammaktien **14** 79 ff.

Übertragung von Anteilsrechten
- Anteilsrechte an einer GmbH **12** 2 ff., 122 ff.; **22** 19 ff.
- Anteilsrechte an einer GmbH & Co. KG **22** 16 ff.
- Anteilsrechte an Personengesellschaften **12** 8 ff., 125 f.; **22** 5 ff.
- Inhaberaktien **12** 112 ff.; **22** 54 ff.
- Namensaktien **12** 126 ff.
- stille Beteiligung **12** 13, 127

Umwandlung von Anteilsrechten **22** 115 ff.
- Aktien **22** 115 ff.
- Begründung und Aufhebung von Vinkulierungen **14** 139 ff.; **22** 123 ff.
- GmbH-Geschäftsanteile **22** 130 f.
- Inhaber- in Namensaktien **22** 118 ff.
- Namens- in Inhaberaktien **22** 122
- Vorzugs- in Stammaktien **22** 127 ff.

Vorzugsanteile
- Buy-Out **14** 81 ff.
- GmbH-Vorzugsanteile mit Stimmrecht **14** 101
- stimmrechtslose GmbH-Vorzugsanteile **14** 91 ff.
- stimmrechtslose Vorzugsaktien **14** 87 ff.
- Vorzugsaktien mit Stimmrecht **14** 98 ff.

Anzeigepflichten s. auch Mitteilungspflichten

Kredit- und Finanzdienstleistungsinstitute **7** 198 ff.; **18** 15 ff.
- Beteiligungen an einem Institut **7** 204 ff.
- Beteiligungserwerb durch ein Institut **7** 199 ff.

Share Deal **13** 113

Steuerschuldner **26** 504
Versicherungsunternehmen **7** 214 ff.; **19** 4, 11, 17 ff., 20, 23 f.
Wettbewerbsrecht **7** 183 ff.; **25** 50 ff.

Arbeitsrecht
Arbeitnehmer als Betroffene einer Übernahme **3** 74 ff.
Arbeitserlaubnis **35** 195
Arbeitsrecht, international s. dort
arbeitsrechtliche Informationspflichten **7** 226 ff.
Betriebsbegriff **27** 3, 8 f.
Betriebsteil, Begriff **27** 4
Betriebsübergang s. dort
Betriebsverfassungsrecht s. dort
Due Diligence **9** 196 ff.
Haftung des Arbeitgebers **3** 85 f.; **27** 35 ff., 100 ff.
Internationales Privatrecht **35** 107 ff.
Mitbestimmung s. dort
Nebenbetrieb, Begriff **27** 5
Share Deal **27** 89 ff.
Unternehmensbegriff **27** 7 ff.

Arbeitsrecht, international
Bulgarien **45** 71 ff.
China **38** 55
Fernost-Staaten
- Malaysia **42** 51
- Singapur **42** 27 f.
- Taiwan **42** 99 f.
- Thailand **42** 74 f.
- Vietnam **42** 121 ff.

Indonesien **39** 55
Korea **40** 79 ff.
Kroatien **46** 40 f.
Philippinen **41** 5
Polen **43** 125 ff., 156
Rumänien **47** 25, 34 ff.
Russische Föderation **37** 109 ff.
Slowakei **48** 7, 61, 79 ff.
Slowenien **49** 40 ff.
Tschechien **50** 39 ff.
Ungarn **44** 61 ff.
USA **36** 49 ff.

Sachverzeichnis

Asset Deal
Abgrenzung zum Share Deal **13** 4 ff.
Asset Deal, international s. dort
Bestimmtheitsgrundsatz **13** 11 ff.
betriebliche Altersversorgung **27** 140 ff.
Betriebsübergang **13** 61 f.; **27** 11 ff.
Betriebsverfassungsrecht **27** 51 ff.
dinglicher Vollzug **13** 16 ff.
Einzelabschluß s. dort
Formen **2** 59 ff.
Formerfordernisse **13** 104 ff.
Gegenleistung **2** 62 f.; **13** 55 ff.
Genehmigungsvorbehalte **13** 112 ff.
Gewährleistung s. dort
Grundstücksgesellschaften s. dort
Haftung für Altverbindlichkeiten **13** 72 ff.
immaterielle Vermögenswerte **13** 27 f.
Insolvenz **13** 91 ff.
– Unternehmenserwerb vom Insolvenzverwalter **13** 96 ff.
– Unternehmensverkauf in der Krise **13** 92 ff.
Internationales Privatrecht
– Belegenheitsprinzip **35** 67
– Erwerb und Verlust von Mitgliedschaftsrechten **35** 70 ff.
– Forderungsstatut **35** 68
– Gesellschaftsstatut **35** 70, 73
– mangels Rechtswahl anzuwendendes Recht **35** 49
– Rechtswahlklausel **35** 43
– Sachen **35** 67
– Schutzland **35** 69
– Übertragung von Immaterialgüterrechten **35** 69
– Wertpapierrechtsstatut **35** 72
– Wertpapiersachstatut **35** 71
Kaufpreis s. dort
öffentlich-rechtliche Genehmigungen **13** 32 ff.
Pensionsansprüche **13** 68 ff.
Privatisierungen **20** 140, 147 ff.
Tarifvertrag **27** 85 ff.
Übergangsregelungen **13** 125 ff.
Übertragung von Arbeitsverhältnissen **13** 60 ff.
– Betriebsübergang s. dort
– „key employees" **13** 66
– Managementbeteiligungen **13** 67
– vertragliche Freistellung von Ansprüchen aus Arbeitsverhältnissen **13** 64 ff.
– vertragliche Gestaltung vor dinglichem Übergang **13** 63
Umsatzsteuer s. dort
umweltrechtliche Risiken **13** 89 f.
Unternehmen als Vertragsgegenstand **2** 56 ff.; **13** 1 ff.
Verbindlichkeiten **13** 30 f.
Vermögensgegenstände **13** 21 ff.
Vertragsverhältnisse **13** 29
Wettbewerbsverbot s. dort
Zustimmungsvorbehalte **13** 112 ff.

Asset Deal, international
Bulgarien **45** 42 ff.
China **38** 25 ff., 58 f.
Fernost-Staaten
– Malaysia **42** 47
– Singapur **42** 24 ff.
– Taiwan **42** 96 ff.
– Thailand **42** 69 ff.
– Vietnam **42** 116 ff.
Indonesien **39** 40 ff.
Korea **40** 50 ff.
Kroatien **46** 35
Philippinen **41** 74 ff.
Polen **43** 153 ff.
Rumänien **47** 17 ff.
Russische Föderation **37** 47 ff., 100, 113
Slowakei **48** 41 f., 55 ff.
Slowenien **49** 23 ff.
Tschechien **50** 22 ff.
USA **36** 36 ff.

Aufsichtsrat
Arbeitnehmermitbestimmung **27** 122 ff.

Auskünfte gegenüber dem Aufsichtsrat
 7 24 ff.; **31** 25 ff., 97
Berichterstattung durch den Vorstand
 7 24 ff.
Bestellung von Aufsichtsratsmitgliedern **14** 198; **27** 134 ff.
Einfluß der öffentlichen Hand **20** 76,
 213, 221, 223, 230, 234, 259 ff.
fakultativer Aufsichtsrat **14** 71, 203
Pflichten nach „delisting" **24** 69
Statusverfahren **27** 136 ff.
Verschwiegenheitspflicht **7** 4 ff.; **9** 74,
 78
Weisungen an Aufsichtsratsmitglieder
 20 259 ff.
Zustimmungsvorbehalt **2** 91, 94;
 7 34 ff.
Zustimmung zur Verschmelzung
 17 70, 72 ff.

Auktionsverfahren
Ablauf **11** 57 ff.
Bedeutung **1** 123; **10** 19; **11** 54 ff.
Datenraum **9** 115, 149, 172; **11** 71,
 76 ff.
Due Diligence **9** 99, 102, 170 ff.
Kontaktaufnahme mit Investoren
 11 60 ff.
Planung **11** 57 ff.
„process letter" **11** 63
Unternehmensanalyse **11** 59
Verkaufsprospekt s. Prospekt
Vertraulichkeitsvereinbarung **11** 64 f.

Ausgliederung
Ausgliederung aus dem Vermögen
 einer Gebietskörperschaft
 20 157 ff.
Ausgliederungsbilanz **32** 7
Börsengang **23** 139 ff., 141
fehlerhafte Ausgliederung zur Aufnahme **34** 93 ff.
„Holzmüller"-Urteil s. dort
Privatisierung **20** 157 ff.
Spin-off **14** 19; **23** 139 ff.
Umsatzsteuer **26** 614

Auskunfterteilung s. auch Verschwiegenheitspflicht
Auskünfte der Geschäftsführung gegenüber dem Aufsichtsrat **7** 24 ff.;
 31 97
– Auskunftsverpflichtung bei Übernahmen **7** 28 ff.
– Einsichtsrecht in Unterlagen **7** 33
– Form von Auskunft und Berichterstattung **7** 31 f.
– Zustimmungsrecht des Aufsichtsrats
 7 34 ff.
Auskünfte des Bieters s. Bieter
Auskünfte gegenüber Aktionären
 7 57 ff.
– Auskünfte außerhalb der Hauptversammlung **7** 75 f.
– Auskünfte im Rahmen der Hauptversammlung **7** 57 ff.; **31** 103
– Informationsverweigerung **7** 68 ff.;
 31 98 f.
– Sanktionen **7** 74
– Verschmelzung **17** 94 f.
Auskünfte gegenüber Gesellschaftern
 einer GmbH **7** 40 ff.
– Auskunftsrecht **7** 41 ff.
– Einsichtsrecht **7** 50 ff.
– Grenzen **7** 52 ff.
– Informationsverweigerung **7** 54 f.
– Verschmelzung **17** 94 f.
Auskünfte gegenüber Gesellschaftern
 einer Personenhandelsgesellschaft
 7 38 f.
Auskünfte gegenüber Nichtgesellschaftern **7** 77 ff.; **9** 79
Business Judgment Rule **3** 92; **4** 3 ff.;
 31 101
Due Diligence **9** 71 ff.
– Aktiengesellschaft **9** 73 ff.;
 31 98 ff.
– GmbH **9** 78 ff.
– Personengesellschaft **9** 87 ff.
Insiderrecht s. dort
Treupflicht **7** 49, 53; **9** 78, 84 f.
Verschmelzungsprüfer **17** 210
Wettbewerber **9** 81

2201

Sachverzeichnis

Auslandsbeurkundung
Abtretung von GmbH-Anteilen 22 47
Beherrschungsvertrag 35 95, 100
Eingliederung 35 95, 100
Erwerb einer Holding 35 92
Gleichwertigkeit der Auslandsbeurkundung 4 50; 35 97f.
Hauptversammlung einer Aktiengesellschaft 35 96f.
Strukturmaßnahmen 35 95, 100
Substitution 35 97f.
Übertragung eines GmbH-Geschäftsanteils 35 94, 99
Verschmelzung 17 75, 182; 35 95, 100, 241

Ausschluß von Minderheitsaktionären
übertragende Auflösung der Zielgesellschaft
— Berücksichtigung der Interessen der außenstehenden Aktionäre 24 47
— Beschluß der Hauptversammlung 24 48
— „delisting" 24 46ff., 55, 58
— Rechte widersprechender Aktionäre 24 51 f.
— Zahlung eines angemessenen Kaufpreises 24 49

Beherrschungsvertrag
Aktiengesellschaft 28 37ff.
— Abschluß eines Beherrschungsvertrags 28 38
— Ergebnisabführungsvertrag 28 42
— Gläubigerschutz 28 39
— Minderheitsaktionäre 3 61; 28 38
— Organschaft s. dort
— Verlustausgleichspflicht des herrschenden Unternehmens 28 39
— Weisungsrecht des herrschenden Unternehmens 2 74, 77; 28 37
— Zustimmung der Hauptversammlung 2 76; 28 38
anwendbares Recht bei Beteiligung ausländischer Unternehmen 28 62f.

Auslandsbeurkundung s. dort
Beendigung 12 160
GmbH 28 55ff.
— Abschluß und Änderung eines Beherrschungsvertrags 28 56
— Ergebnisabführungsvertrag 28 55
— Organschaft s. dort
— Verlustausgleichspflicht des herrschenden Unternehmens 28 57
— Weisungsrecht 2 74, 77; 28 55
Share Deal 12 159ff.
Voraussetzungen 2 75ff.

Berater
Auswahl 4 16ff.
„beauty contest" 4 24ff.; 11 25
Bedeutung 4 1ff.; 11 21ff.
Beratungsvertrag 4 95ff.
Due Diligence 9 66, 92f., 132ff.
Geheimhaltungspflicht 4 75, 78ff.
Haftung s. dort
Honorierung 4 52ff.
Interessenkonflikte 4 75ff.
Investmentbanken 4 13, 40ff.
Maklervertrag 4 97ff.
Notare 4 48ff.
Rechtsanwälte 4 14, 32ff.
Rechtspflicht zur Konsultation von Beratern 4 2ff.
„reliance letter" 15 30
Steuerberater 4 35ff.
Unternehmensberater 4 15, 30f.
Unternehmensbewerter 10 22ff.
Unternehmensmakler 4 43ff.
Wirtschaftsprüfer 4 15, 35ff., 90

Besicherung s. auch Sicherheiten
Besicherung mit Wirtschaftsgütern der Zielgesellschaft 2 53; 15 136ff.
Darlehen an Muttergesellschaft 12 238ff.; 15 15
Deckungsgrenze 15 143ff.
Freigabeanspruch 12 195; 15 142, 145
Kapitalerhaltung s. dort

Kaufpreiseinbehalt **16** 25 ff., 29 ff.
Knebelung **15** 137
Mittel der Kreditsicherung **15** 134
qualifizierte Gläubigerbenachteiligung **15** 138 f.
Rechtsvorbehalt **16** 59 ff.
Übersicherung **15** 140 ff.

Besteuerung s. auch Steuerrecht
Besteuerung bei Veräußerung durch Kapitalgesellschaften
– ausländische Kapitalgesellschaften **26** 193 ff.
– Betriebsveräußerung **26** 105 f.,
– Gewerbesteuer **26** 113
– Hinzurechnungsbesteuerung **26** 200 ff.
– inländische Kapitalgesellschaften **26** 101 ff.
– Kreditinstitute, Finanzdienstleister, Finanzunternehmen **26** 187 ff.
– Veräußerung von Anteilen an ausländischen Kapitalgesellschaften **26** 139 ff., 199 ff.
– Veräußerung von Anteilen an inländischen Kapitalgesellschaften **26** 117 ff.
– Veräußerung von Anteilen an Personengesellschaften **26** 102 ff.
– Veräußerungsgewinne **26** 121 ff., 145 ff.
– Veräußerungsverluste **26** 135 ff.
Besteuerung bei Veräußerung durch natürliche Personen
– anteilige Mitveräußerung von Anteilen an Kapitalgesellschaften **26** 77 f.
– ausländische natürliche Personen **26** 197
– Besteuerung des Veräußerergewinns **26** 69 ff., 79 ff.
– Besteuerungsaufschub bei Beteiligungserwerb durch Eintritt in eine bereits bestehende Personengesellschaft ohne Ausscheiden des bisherigen Gesellschafters **26** 93 f.
– Bestimmung des Veräußerergewinns **26** 59 ff.
– Gewerbesteuer **26** 107 ff.
– inländische natürliche Personen **26** 32 ff.
– Praxisveräußerung **26** 96
– Sozietätsgründung **26** 97
– Spekulationsgewinne **26** 187 ff., 198
– Veräußerung des ganzen Unternehmens **26** 39 ff.
– Veräußerung eines Mitunternehmeranteils **26** 53 ff.
– Veräußerung eines Teilbetriebs **26** 48 ff.
– Veräußerungsverluste **26** 181 ff.
– Veräußerung von Anteilen an Kapitalgesellschaften aus dem Betriebsvermögen **26** 148 ff.
– Veräußerung von Anteilen an Kapitalgesellschaften aus dem Privatvermögen **26** 153 ff.
– Veräußerung von Anteilen an vermögensverwaltenden Personengesellschaften **26** 98 ff.
– wesentliche Beteiligungen iSd. § 17 EstG **26** 154 ff.
– Zeitpunkt der Veräußerung **26** 57 f.
Besteuerung bei Veräußerung durch Personengesellschaften **26** 114 ff.
Erwerber
– Beteiligung des Erwerbers am laufenden Jahresgewinn **26** 530 ff.
– Erwerb von Anteilen an ausländischen Kapitalgesellschaften **26** 288 f.
– Erwerb von Anteilen an inländischen Kapitalgesellschaften **26** 236 ff.
– Erwerb von Anteilen an Personengesellschaften **26** 83 ff., 234 f.
– Erwerb von Einzelunternehmen und Betrieben **26** 72, 234 f.
– Kombinationsmodell **26** 240 ff.
– Mitunternehmerschaftsmodell **26** 246 ff.

Sachverzeichnis

- Organschaftsmodell 26 259 ff.
- Realisierung von Körperschaftsteuerminderungsguthaben 26 278 ff.
- Sperrbetrag nach § 50c EStG 26 271 ff.
- Umwandlungsmodell 26 253 ff.
- Verminderung der Steuerbelastung durch Ausschüttungsgestaltung 26 227 ff.
- Verteilung der Anschaffungskosten 26 87 ff., 270

Nutzung der Steuerfreiheit von Veräußerungsgewinnen 26 207 ff.
- Gestaltungsziele 26 207 f.
- Joint Venture-Modelle 26 213 ff.
- Kapitalerhöhung 26 222 ff.
- Übergang des wirtschaftlichen Eigentums 26 209 ff.
- Umwandlung der Zielgesellschaft in eine KGaA 26 226
- Wertpapierleihe 26 216 ff.

steuerliche Abzugsfähigkeit von Finanzierungskosten 26 290 ff.
- Erwerb inländischer Unternehmen durch ausländische Erwerber 26 312 ff., 339 ff.
- Erwerb von Anteilen an Kapitalgesellschaften 26 293 ff.
- Erwerb von Personengesellschaften/ Betrieben 26 308 ff., 339 ff.

steuerliche Nutzung von Verlusten 26 341 ff.
- Beteiligungserwerb an Personengesellschaften und Betriebserwerb 26 343 ff.
- Erwerb von Anteilen an Kapitalgesellschaften 26 351 ff.
- Verwertung von Verlustvorträgen 26 341 ff.

Verminderung der Steuerbelastung durch Ausschüttungsgestaltung 26 227 ff.

Betriebliche Altersversorgung
Änderungsmöglichkeiten 27 152
Asset Deal 27 140 ff.

Gestaltungsmöglichkeiten 27 153 ff.
Gleichbehandlungsgebot 27 150
Share Deal 27 157
Verschmelzung 27 158

Betriebsübergang
Asset Deal 27 11 ff.
- betriebliche Altersversorgung 27 140 ff.
- Betriebsinhaber 27 13 f.
- Betriebsstillegung 27 18
- Gegenstand des Betriebsübergangs 27 15 ff.
- Geltung bei Auslandsberührung 27 50
- Haftung des bisherigen und des neuen Arbeitgebers 27 35 ff.
- Kündigungsverbot 27 44 ff.
- Rechtsfolgen für den Inhalt der Arbeitsverhältnisse 27 26 ff.
- Subjekte des Betriebsübergangs 27 20 ff.
- Unabdingbarkeit 27 49
- Widerspruchsrecht des Arbeitnehmers 27 39 ff.
- Wiedereinstellungsanspruch 27 48

Ausland 35 109
Betriebsverfassungsrecht s. dort
Kombination von Asset und Share Deal 27 94
Share Deal 27 90 f.
Tarifvertrag 27 85 ff.
Unterrichtung der Mitarbeiter 7 230 f.
Verschmelzung 27 96 ff.
- Haftung des bisherigen und des neuen Arbeitgebers 27 100 ff.
- Kündigungsverbot 27 98
- Übergang der Arbeitsverhältnisse 27 96 f.
- Widerspruchsrecht 27 99

Betriebsverfassungsrecht
Betriebsübergang 27 51 ff.
- allgemeines Übergangsmandat des Betriebsrats 27 57 ff.

Sachverzeichnis

- Beteiligung des Betriebsrats
  7 232 ff.; **27** 59
- Gesamtbetriebsrat **27** 76 f.
- Interessenausgleich **27** 73 ff.
- Konzernbetriebsrat **27** 78
- Sozialplan **27** 73 ff.
- Unterrichtung bei Betriebsänderung 7 236 ff.; **27** 60 ff.
- Unterrichtung des Wirtschaftsausschusses 7 240 ff.; **27** 79 ff.
- Weitergeltung von Betriebsvereinbarungen **27** 82 ff.
- Zuständigkeit des Betriebsrats **27** 53 ff.

Share Deal **27** 92 ff.
Verschmelzung **27** 106 ff.
- Betriebsänderung 7 243 ff.; **27** 116
- Betriebsrat 7 247 ff.; **27** 106 ff.
- Betriebsvereinbarung **27** 118
- Gesamt- und Konzernbetriebsrat **27** 110
- Informationsrechte des Betriebsrats **27** 111 ff.
- Unterrichtung der Arbeitnehmer 7 252 f.
- Unterrichtung des Europäischen Betriebsrates 7 260 ff.
- Unterrichtung des Gesamtbetriebsrats 7 258
- Unterrichtung des Konzernbetriebsrats 7 259
- Unterrichtung des Sprecherausschusses 7 254 ff.
- Unterrichtung des Wirtschaftsausschusses 7 251; **27** 117

Bewertung des Unternehmens s. Unternehmensbewertung

Bewertungsmethoden
Discounted Cash-flow-Verfahren s. dort
Ertragswertverfahren s. dort
Substanzwertverfahren s. dort

Bezugsrecht
Bezugsrechtsausschluß
- Börsengang **23** 133 ff.
- genehmigtes Kapital **2** 49 f.
- Sachkapitalerhöhung **2** 47 f.
Börsengang **23** 133 ff., 142 ff.
Buy Out **14** 108 f.

Bieter
allgemeine Treupflicht **31** 4
Angebotsunterlage **31** 6 ff., 75 ff.
Auktionsverfahren **11** 54 ff.
Auskünfte gegenüber Aufsichtsrat und Aktionären der Bietergesellschaft **31** 25 ff.
Auskünfte gegenüber der Zielgesellschaft **31** 28 ff.
Gleichbehandlungsgrundsatz **31** 5, 73
Mitteilungspflichten s. dort
öffentliches Übernahmeangebot s. dort
Pflichten des Bieters **31**
Rücksichtnahmepflichten **31** 31
Übernahmekodex s. dort
Veröffentlichungspflichten **31** 74 ff.
Werbung **31** 12
Wertpapiererwerbs- und Übernahmegesetz s. dort

Bietungsverfahren s. Auktionsverfahren

Bilanzierung s. Rechnungslegung

Börsengang
deutsche Börse **23** 1 ff.
- Aktienemission **23** 3 ff.
- Amtlicher Handel s. dort
- Aufteilung des Emissionsvolumens **23** 136
- Bezugsrecht der Aktionäre der Obergesellschaft **23** 142 ff.
- Bezugsrechtsausschluß **23** 133 ff.
- Börseneinführung **23** 1 f.
- Börsenreife **23** 49 ff.
- Börsenzulassung s. dort

2205

Sachverzeichnis

- Freiverkehr s. dort
- Geregelter Markt s. dort
- Hauptversammlung, Entscheidungsbefugnis **23** 127 ff., 138 ff.
- Kapitalerhöhung **23** 21, 34, 128, 139
- Neuer Markt s. dort
- Small Caps Exchange s. dort
- Spin-off **23** 137 ff.
- Umplazierung **23** 129
- Vorstand, Entscheidungsbefugnis **23** 127

US-amerikanische Börse **23** 144 ff.
- Aircraft Carrier Release **23** 265 ff.
- American Depositary Receipts s. dort
- Berichtsfolgepflichten **23** 257 ff.
- Bilanzierungsgrundsätze **23** 231 f.
- „Blue sky laws" **23** 159 ff.
- Due Diligence **23** 182 ff., 211
- Exchange Act **23** 152, 163, 165 ff.
- Form F-1 **23** 197 ff.
- Form F-2 und Form F-3 **23** 203 ff.
- Form F-4 **23** 205
- Form 20-F **23** 206 ff.
- Haftung nach dem Securities Act und dem Exchange Act **23** 210 ff.
- „integrated disclosure system" **23** 164, 171, 208, 236
- Investment Company Act **23** 153 ff.
- „pre-filing period" **23** 170, 172 ff.
- Pro-forma Finanzinformationen **23** 235
- Publizitätsbeschränkungen **23** 170 ff., 267
- Rechnungswesen **23** 230 ff.
- Registrierungsantrag **23** 166 ff., 179 ff., 236 ff.
- Registrierungsformulare **23** 167 ff., 194 ff.
- Registrierungsprozeß mit der SEC **23** 161 ff.
- Securities Act **23** 150 f., 162, 165 ff.
- Securities and Exchange Commission **23** 148 ff., 161 ff., 186 ff.
- Segmentberichterstattung **23** 234

- Unabhängigkeit der Wirtschaftsprüfer **23** 241
- Währung **23** 233
- „waiting period" **23** 170, 176 ff.

Zulassung an einer Börse s. Börsenzulassung

Börsenzulassung
deutsche Börse **23** 1 ff.
- Amtlicher Handel s. dort
- Entscheidungsbefugnis **23** 127 ff.
- Freiverkehr s. dort
- Geregelter Markt s. dort
- Neuer Markt s. dort
- Prospekt s. dort
- Small Caps Exchange s. dort
- Verfahren **23** 52 ff.
- Voraussetzungen **23** 17 ff.
- Zulassung der Aktien **23** 105

US-amerikanische Börse **23** 144 ff., 242 ff.
- Amex s. dort
- NASDAQ s. dort
- NYSE s. dort

Börsenzulassungsprospekt s. Prospekt

„break fee"-Vereinbarung
Durchsetzung vertraglicher Rechte und Pflichten **16** 49 ff.
Letter of Intent **6** 82 f.; **9** 100; **11** 36
Rückgewähr nach dem Übergabestichtag **16** 56 ff.
Rückgewähr vor dem Übergabestichtag **16** 53 ff.

Buchwert-Zuschlagsverfahren 10 65 ff.

Bundesbodenschutzgesetz s. auch Altlasten
Altlastenbegriff **29** 95
Ausgleichsanspruch mehrerer Sanierungsverantwortlicher **29** 85, 101, 119

2206

Durchgriffshaftung **29** 116ff., 152f.
Enthaftung durch Dereliktion **29** 118
Haftungsbeschränkungen **29** 99f.
Haftungsgrundlagen **29** 97ff.
Haftungsverschärfungen **29** 115ff.
Rechtsnachfolge **29** 120
Vertragsgestaltung **29** 175ff.

„business angels" s. Finanzierung

Business Combination Agreement
17 281ff.

Buy-Out
Anteilsrechte s. dort
Arten **14** 11ff.
„bad leaver" versus „good leaver"
 14 187
Beteiligte **14** 45ff.
Corporate Governance s. dort
Dienstverträge mit dem Management
 14 211ff.
– Aktiengesellschaft **14** 224ff.
– GmbH **14** 231ff.
eigenkapitalersetzendes Darlehen s.
 dort
Employee Buy-Out **14** 14
„exit" **14** 55ff.
– Mitwirkungspflicht beim beabsichtigten Börsengang **14** 192f.
– Veräußerungspflicht und Veräußerungsrecht **14** 189ff.
Gründe für das Wachstum des Buy-Out-Marktes **14** 18ff.
Institutional Buy-Out **14** 13
Investoren **14** 45ff.
Kapitalbeteiligungsgesellschaften
 14 46ff.
– Fondsstrukturierung **14** 48ff.
– Rechtsformen **14** 46
Kapitalerhöhung **14** 107ff.
Leveraged Buy-Out s. dort
Management Buy-In s. dort
Management Buy-Out s. dort
Motivationsmodelle **14** 110ff.
– „equity kicker" **14** 134f.

– geldmäßige Erfolgsbeteiligung bei der Veräußerung **14** 136
– Gesellschafterdarlehen **14** 114ff.
– Optionsrechte **14** 117ff.
– Ratchet **14** 129ff.
– „sweet equity" **14** 112f.
NEWCO s. dort
Owners Buy-Out **14** 14
Struktur der Gesellschaftsgremien
 14 194ff.
Tantieme **14** 212ff.
Transaktionsstruktur **14** 28ff.
vertragliche Ausgestaltung **14** 59ff.

Capital Asset Pricing Model
 10 169ff.; **17** 153

„Centros"-Urteil
„Daily Mail"-Entscheidung **17** 270
Gegenstand des „Centros"-Urteils
 2 19; **17** 271ff.
Gründungstheorie **35** 104f.
Sitztheorie **2** 18; **17** 267f.; **35** 103, 105

Checkliste
Organisation des Umweltschutzes, alphabetische Übersicht
 29 35ff.
Übernahme ausländischer Unternehmen **35** 141, 154
Umweltrisiken, vertragliche Regelung
 29 135ff.
Umwelt-Questionnaires **29** 27f.

Closing
Asset Deal **13** 19, 53
Begriff **5** 5; **11** 51f.
Share Deal **12** 98ff.

Comparable Company Approach
 10 46ff.; **12** 65

Confidentiality Agreement s. Vertraulichkeits- und Geheimhaltungsvereinbarung

Sachverzeichnis

Corporate Governance
Buy-Out **14** 194 ff.
feindliche Übernahme **8** 77
„Formgebung" für die beteiligten Unternehmen **8** 73 ff.
freundliche Übernahme **8** 76
grenzüberschreitende Unternehmenszusammenschlüsse **17** 293 ff., 343 f.
Markt für Unternehmenskontrolle **3** 123
Merger of Equals **8** 78 ff.
One-Board-System **5** 109 f.
Two-Tier-System **5** 109 f.
Vorbereitung einer Unternehmensübernahme **5** 108 ff.; **17** 51

Darlehen s. auch Fremdfinanzierung
Akquisitionsdarlehen **15** 1, 24 ff., 38
Avalkredit **15** 39 f.
Besicherung s. dort
Betriebsmittelkredit **15** 6, 39 f.
Darlehensangebot **15** 32 ff.
Darlehensvertrag **15** 41 ff.
– Auszahlungsmodalitäten **15** 53 f.
– Auszahlungsvoraussetzungen **15** 51 f.
– Definitionen **15** 47 f.
– Klauseln **15** 45 ff.
– Kreditbetrag **15** 49
– Rechtswahl **15** 44
– Tilgung **15** 59 ff.
– Verwendungszweck **15** 50
– Zinsanpassung und Zinszuschläge **15** 57 f.
– Zinsen **15** 55 f.
eigenkapitalersetzendes Darlehen s. dort
Formen **15** 37 ff.
Gesellschafterdarlehen s. dort
Konsortium s. dort
Kontokorrentkredit **15** 39
Kündigung **15** 96 ff.
– außerordentliche Kündigung **15** 96 ff.
– Kündigungsgründe **15** 100 ff.
Mezzanine-Darlehen s. dort

Nachrangigkeit **15** 135
Prüfungen durch die Bank **15** 25 ff.
Rückzahlung der Mittel **15** 9 ff.
– Beherrschungs- und Ergebnisabführungsvertrag **15** 18 ff.
– Darlehen an die Muttergesellschaft **15** 14 ff.
– Gewinnausschüttung **15** 10 ff.
Syndizierung **15** 116 ff.
„term sheet" s. dort
Verhaltenspflichten des Darlehensnehmers **15** 76 ff.
– Auflagen **15** 81 ff.
– Finanzkennzahlen **15** 88 ff.
– Haftungsrisiken für die Bank **15** 90 ff.
– Informationspflichten **15** 78 ff.
– Negativerklärung **15** 83 ff.
Zusicherungen des Darlehensnehmers **15** 63 ff.

Datenraum
Auktionsverfahren s. dort
Ausstattung **9** 150
Benutzung **9** 151
Due Diligence **9** 67, 115, 149 ff.
Sicherheit **9** 155

„delisting" s. auch Verlassen der Börse
Antrag auf Zulassungswiderruf **24** 24 ff., 27 ff., 57
Begriff **11** 11; **24** 2 ff.
Besonderheiten bei Notierungen im Freiverkehr **24** 54 ff.
börsenrechtliche Folgen **24** 60 ff.
Formwechsel **24** 34 ff., 55, 58
Fristen **24** 22, 45, 53, 59
gesellschaftsrechtliche Folgen **24** 64 ff.
Hauptversammlungsbeschluß **24** 15 ff.
Kaufangebot an außenstehende Aktionäre **24** 18 f., 21 f., 25
Rechte widersprechender Aktionäre **24** 30 ff., 43 ff.
Teil-„delisting" **24** 9 ff.

Sachverzeichnis

übertragende Auflösung der Zielgesellschaft s. dort
Umtauschangebot in Aktien des Übernehmers **24** 20ff., 26
Verschmelzung s. dort
vollständiges „delisting" **24** 13ff.
Widerruf der Zulassung von Amts wegen **24** 42, 50

Devisenrecht
Bulgarien **45** 101
China **38** 20, 66, 68ff.
Indonesien **39** 84
Korea **40** 20
Kroatien **46** 55ff.
Malaysia **42** 38
Philippinen **41** 85
Polen **43** 83
Russische Föderation **37** 61ff., 120, 123
Slowakei **48** 46, 93
Slowenien **49** 38, 62
Tschechien **50** 50
Ungarn **44** 10, 78ff., 93, 102

Discounted Cash-flow-Verfahren
Asset Deal **13** 38
Bruttoverfahren **10** 126ff., 180
Free Cash-flow-Verfahren **10** 126ff., 180
Nachsteuerrechnung **10** 186
Nettokapitalisierung **10** 179
Share Deal **12** 63f.
„tax shield" **10** 181ff., 187
Vorsteuerrechnung **10** 184f.

Doppelbesteuerung
Doppelbesteuerungsabkommen **26** 36, 80, 141f., 194ff., 203, 205, 346, 367, 373, 385, 572, 638f., 647, 650; **35** 192f.
Erwerb ausländischer Betriebsstätten, Einzelunternehmen oder Personengesellschaften **26** 366ff.
Erwerb ausländischer Unternehmen durch Steuerinländer **26** 366ff.
Erwerb inländischer Unternehmen durch Steuerausländer **26** 372ff.
Vermeidung von Doppelbesteuerungen **26** 365ff.

Due Diligence
Ablauf **9** 120ff.
Auktionsverfahren s. dort
Auskunfterteilung s. dort
Begriff **9** 58ff.
Berater s. dort
Berichterstattung **9** 156ff.; **15** 29f.
Börsengang, US-amerikanische Börse **23** 182ff.
Datenbanken, online **9** 168f.
Datenraum s. dort
Datenschutzrecht **9** 94ff.
Dauer **9** 105ff.
Dokumentation **9** 156ff.
Due Diligence-Bericht **9** 161ff.
Due Diligence-Listen **9** 126, 138ff.
Due Diligence-Team **9** 128ff.
Due Diligence, international s. dort
Durchsetzung vertraglicher Rechte und Pflichten **16** 208ff.
finanzielle Due Diligence **4** 35; **9** 209f.
gewerbliche Schutzrechte s. dort
Grenzen, rechtliche **9** 91ff.
Grundstücksgesellschaften **21** 36ff.
– Aktiva **21** 47
– grundstücksbezogene Prüfungen **21** 37ff.
– Kapitalkonten bei Personengesellschaften **21** 48ff.
– schwebende Verträge und Verpflichtungen **21** 52ff.
Konzern **9** 175ff.
Kosten **9** 108f.
kulturelle Due Diligence **5** 99ff.; **9** 212f.
Informationsquellen **9** 113ff.
Insiderrecht s. dort
Kredit- und Finanzdienstleistungsinstitute s. dort

Sachverzeichnis

Letter of Intent **6** 27, 31, 39, 73; **9** 76, 100
nachvertragliche Due Diligence **9** 104 ff.
Personal **9** 196 ff.
Prüfungsverfahren **9** 127
rechtliche Due Diligence **4** 32; **9** 178 ff.
Rechtsstreitigkeiten **9** 200
Risiken des Veräußerers **9** 63 ff.
steuerliche Due Diligence **4** 32; **9** 179, 211; **26** 617 ff.
Umwelt Due Diligence **9** 201 ff.; **21** 43; **29** 34, 90, 114
Unternehmensleitung **9** 196 ff.
Verkehrssitte **9** 13, 60, 69
Vermögenswerte der Gesellschaft **9** 190 ff.
Verschwiegenheitspflicht s. dort
Vertragsbeziehungen der Gesellschaft **9** 186 ff.
Vertraulichkeits- und Geheimhaltungsvereinbarung **6** 10 f.; **9** 65 f., 76, 85, 91, 100, 155
Vorbereitung einer Unternehmensübernahme **5** 106 ff.
vorvertragliche Due Diligence **9** 101 ff.
wirtschaftliche Due Diligence **9** 209 f.
Zeitpunkt **9** 97 ff.
Ziele **9** 61 f.

Due Diligence, international
Bulgarien **45** 62 ff.
China **38** 48 ff.
Indonesien **39** 52
Korea **40** 75 ff.
Kroatien **46** 38 ff.
Philippinen **41** 82 ff.
Polen **43** 99 ff.
Rumänien **47** 32
Russische Föderation **37** 85 ff.
Slowakei **48** 73 f.
Slowenien **49** 37
Tschechien **50** 36
Ungarn **44** 57 ff.

USA **36** 44 ff.

Durchsetzung vertraglicher Rechte und Pflichten
Ansprüche von/gegenüber Dritten **16** 14 ff.
Ausschluß von Aufrechnungs- und Zurückbehaltungsrechten **16** 44 ff.
„break fee"-Vereinbarungen s. dort
Due Diligence s. dort
Earn Out s. dort
Einschaltung Dritter **16** 119 ff.
– Mediation s. dort
– Schiedsgerichtsverfahren **16** 129 ff.
– Schiedsgutachter **10** 22, 28; **12** 74, 204 f.; **16** 122 ff.
– Schiedsverfahren s. dort
Gerichtsstand s. dort
Gewährleistungsansprüche **16** 10, 172 ff.
Hindernisse bei der Anspruchsdurchsetzung **16** 172 ff.
– Mehrzahl von Gewährleistungsverpflichteten **16** 180 f.
– Pauschal-/Höchst- und Toleranzbeträge **16** 178 ff.
– Treuhandlösung **16** 181
– Verjährung **16** 173 ff.
Kaufpreisermittlung s. Kaufpreis
Kontroll- und Mitwirkungsrechte (-pflichten) **16** 65 ff.
Prozeßklausel **16** 78 ff.
Rechtsvorbehalt **16** 59 ff.
Rechtswahl s. dort
Rückgewähransprüche **16** 49 ff.
Übergangsvorschriften **16** 11 ff.
überraschende Forderungen Dritter **16** 16 ff.
Verfahren vor den ordentlichen Gerichten **16** 160 ff.
Vertragsgestaltung **16** 20 ff.

Earn Out
Asset Deal **13** 44
Interessenlage **16** 26 ff.
Kaufpreiseinbehalt **16** 29 ff.

Sachverzeichnis

Klauselbeispiel **16** 38
Kontroll- und Mitwirkungsrechte
 (-pflichten) **16** 70
Share Deal **12** 78 ff.
Vertragsgestaltung **12** 80 ff.; **16** 34 ff.
Vor- und Nachteile **16** 41 ff.
Wechselwirkungen **16** 39 f.

eigenkapitalersetzendes Darlehen
Anwendung auf Aktionärsdarlehen
 14 202
Bank als Darlehensgeber **15** 90 ff.
Buy-Out **14** 206 ff.
Folgen der Eigenkapitalqualifizierung
 14 214 f.
Share Deal **12** 94
Unternehmensbeteiligungsgesellschaften **14** 210
Voraussetzungen **14** 210 ff.

Eingliederung
Auslandsbeurkundung s. dort
Ausschluß von Minderheitsaktionären
 s. dort
Bedeutung **2** 78
„delisting" **24** 39
Konzern **28** 61
Voraussetzungen **2** 79 ff.

Einzelabschluß
Asset Deal **32** 16 ff.
– Anschaffungskosten **32** 18 ff.
– Auswirkungen auf das handelsrechtliche Ergebnis **32** 33 f.
– Bestimmung neuer Nutzungsdauern **32** 32
– Geschäftswert- oder Firmenwert **32** 23 ff.
Share Deal **32** 35 ff.
– Anschaffungskosten **32** 37 ff.
– Anschaffungsnebenkosten **32** 40 ff.
– Auswirkungen auf das handelsrechtliche Ergebnis **32** 45 ff.
– Beteiligungsbewertung **32** 43 f.
– Gewährleistung **12** 163 f.
Verschmelzungen **32** 48 ff.

– „downstream merger" **32** 70 ff.
– „side step merger" **32** 72 f.
– „upstream merger" **32** 50 ff.
– Zusammenschluß über eine Drittgesellschaft **32** 74 ff.

Emissionsprospekt s. Prospekt

Employee Buy-Out s. Buy-Out

Ergebnisabführungsvertrag s. Beherrschungsvertrag

Ertragswertverfahren
Berliner Verfahren **12** 62
betriebsnotwendiges Vermögen
 10 98 ff.
Grundlagen **10** 85 ff.; **12** 59 ff.;
 17 151 ff.
Kapitalisierungszinsfuß **10** 156 ff.;
 17 152 ff.
– Basiszinsfuß **10** 156 ff.
– Besteuerung der Alternativerträge
 10 166 ff.
– Capital Asset Pricing Model s. dort
– effektiver Kapitalisierungszinssatz
 10 176 ff.
– „hurdle rate" **10** 178
– Risikozuschlag **10** 159 ff.
nicht betriebsnotwendiges Vermögen
 10 98 ff.
objektiver Unternehmenswert
 10 89 ff.
Prognose künftiger finanzieller Überschüsse **10** 107 ff.
– Adjusted Present Value-Verfahren
 10 136 ff.
– Bruttoverfahren **10** 126 ff.
– Finanzplanung **10** 149
– Geldwertänderungen **10** 116 ff.
– Nettoverfahren **10** 123 ff., 141
– Nominalwertrechnung **10** 120,
 122
– Phasenmethode **10** 108 ff.
– Planung der Aufwendungen
 10 147 ff.

Sachverzeichnis

- Planung der Umsatzerlöse **10** 143 ff.
- Planungsgrundsätze **10** 113 ff.
- Realrechnung **10** 121 f.
- Sitzlandprinzip **10** 155
- Steuerplanung **10** 150 ff.
- Vergangenheitsanalyse **10** 107, 142

Stichtagsbezogenheit **10** 102 ff.
subjektiver Unternehmenswert **10** 88
Typisierungsprinzip **10** 90 ff.
Verschmelzung **17** 150 ff.
Vorsichtsprinzip **10** 105 ff.
Zinszuschlagsverfahren **10** 106, 159 ff.

Europäische Aktiengesellschaft
Entwicklungsstand **2** 20 ff.
Mitbestimmung **2** 23
Verschmelzung **17** 259 ff.

Faktischer Konzern
Aktiengesellschaft **28** 36 ff.
- Abhängigkeitsbericht **28** 46, 48
- Auskunftspflicht des Vorstands der abhängigen Gesellschaft **28** 52
- Benachteiligungsverbot **28** 43 ff.
- cash management **28** 54
- Konzernumlage **28** 53
- qualifiziert faktischer Konzern **28** 49

anwendbares Recht bei Beteiligung ausländischer Unternehmen **28** 62 f.
GmbH **3** 63; **28** 58 ff.
- Einpersonengesellschaft **28** 59
- mehrgliedrige Gesellschaft **28** 58

Fehler s. auch Mängel
Delegationsfehler, Umweltrecht **29** 94
Fehler des Gesellschaftsanteils **9** 15
Fehler des Unternehmens **9** 6 ff., 16 ff.; **34** 11 ff.
- einzelne Gegenstände des Unternehmensvermögens **9** 4 ff., 16 ff.
- gesamtes Unternehmen **9** 6 ff., 16 ff.

fehlerhafte Anteilsübertragung **22** 9
fehlerhafte Spaltung **34** 54 ff.
fehlerhafte Tauschrelation **17** 7, 17
fehlerhafte Verschmelzung **17** 185; **34** 54 ff.

feindliche Übernahme
Abwehr feindlicher Übernahmen s. dort
Begriff **11** 10
Corporate Governance **8** 77
„Holzmüller"-Urteil s. dort
Neutralitätspflicht des Vorstands s. dort
Stellungnahme des Vorstands der Zielgesellschaft **3** 65 f.; **31** 103

Finanzierung
Akquisitionsfinanzierung **15** 1 ff.
Außenfinanzierung **14** 1
Börsengang s. dort
„business angels" **1** 14, 20
Darlehen s. dort
Eigenkapital **2** 45 ff.; **14** 1 ff.
Finanzierung, international s. dort
Finanzierungskosten s. dort
Fremdfinanzierung s. dort
genehmigtes Kapital s. dort
Kapitalerhöhung s. dort
Mezzanine-Finanzierung **14** 2
Private Equity s. dort
Sachkapitalerhöhung, ordentliche s. dort
Share Deal **1** 11 ff.
Venture Capital s. dort

Finanzierung, international
Bulgarien **45** 94 ff.
China **38** 30, 51, 62 ff.
Indonesien **39** 82 ff.
Korea **40** 104 ff.
Kroatien **46** 54 ff.
Polen **43** 80 ff.
Rumänien **47** 46 ff.
Russische Föderation **37** 121 ff.
Slowakei **48** 92 ff.
Slowenien **49** 59 ff.
Tschechien **50** 49 ff.

Ungarn **44** 92 ff.
USA **36** 68 ff.

Finanzierungskosten
Erwerb von Anteilen an Kapitalgesellschaften **26** 293 ff., 312 ff.
Erwerb von Personengesellschaften/ Betrieben **26** 308 ff.
steuerliche Abzugsfähigkeit **26** 290 ff.

Firma s. Unternehmenskennzeichen

Form
Asset Deal **13** 104 ff.; **30** 27
Beurkundung durch ausländischen Notar s. Auslandsbeurkundung
Indossament **22** 89 ff.
Internationales Privatrecht **35** 74 ff.
– anwendbare Formvorschriften **35** 75
– Apostille **35** 88 f.
– „consideration" **35** 76
– Echtheitsnachweise **35** 87 ff.
– Form für Gesellschaftsanteilabtretungen **35** 81
– Form für Grundstückskaufverträge **35** 79
– Form für Verfügungsgeschäfte **35** 80 ff.
– Form für Verpflichtungsgeschäfte **35** 77 ff.
– Form für Vollmachten **35** 82 ff.
– Formmangel **35** 74
– Legalisation **35** 88 f.
– Nachweis der Vertretungsmacht für ausländische Gesellschaften **35** 87 ff.
– Ortsform **35** 85
– Verstoß gegen Formvorschriften s. Formmangel
– Vertretungsbescheinigung **35** 89
– Vollmachtstatut **35** 83
Letter of Intent **6** 60
Share Deal **12** 209 ff.; **22** 146 f.
Verpfändung von Geschäftsanteilen **15** 172 ff.

Verschmelzungsbeschluß **17** 242
Verschmelzungsvertrag **17** 175 ff.

„Formgebung" für die beteiligten Unternehmen
Ad hoc-Publizität s. dort
Bedeutung **8** 1 ff.
Börsennotierung **8** 45 ff.
– börsennotierter Erwerber **8** 46 ff.
– börsennotierte Zielgesellschaft **8** 52 ff.
Corporate Governance s. dort
grenzüberschreitende Unternehmenszusammenschlüsse s. dort
Kapitalausstattung **8** 27 ff.
– Bedeutung einer angemessenen Kapitalisierung **8** 28
– Überkapitalisierung **8** 29 ff.
– Unterkapitalisierung **8** 32 f.
Merger of Equals s. dort
Mitteilungspflichten s. dort
Strukturunterschiede **8** 34
– Gesellschafterstruktur **8** 37 f.
– innere Struktur **8** 39
– Rechtsform **8** 35 f.
– Unternehmenskultur **5** 99 ff., 133 ff.; **8** 40; **33** 51 ff.
Überschneidung von Standorten und Betrieben **8** 41 ff.
– Betriebszusammenlegung **8** 42
– Schließung von Betrieben **8** 44
– Verkauf redundanter Betriebe **8** 43
Unternehmenswerte **8** 8 ff.

Formwechsel
Abfindung **10** 212 ff.; **24** 40
Besteuerung eines Formwechsels in eine Personengesellschaft **26** 283 ff.
„delisting" **24** 36 ff.
Grunderwerbsteuer **26** 255, 519
Privatisierung **20** 188 ff.
Umsatzsteuer **26** 616
Umwandlungsmodell **26** 253 ff.
Verfahren **20** 197 ff.; **24** 41

Freeze Out s. Squeeze Out

Sachverzeichnis

Freiverkehr
Begriff **23** 10
Folgepflichten **23** 115f.
Rechnungslegung **23** 115
Zulassungsantrag **23** 57ff.
Zulassungsvoraussetzungen **23** 27f.

Fremdfinanzierung
Besicherung s. dort
Buy-Out s. dort
Darlehen s. dort
Finanzierungsarten **15** 124ff.
Grundstruktur **15** 4ff.
Leveraged Buy-Out s. dort
steuerliche Behandlung der Gesellschafterfremdfinanzierung **26** 312ff.

freundliche Übernahme
Begriff **11** 10
Corporate Governance **8** 76

Gang an die Börse s. Börsengang

Garantie
Asset Deal **13** 119ff.
Einschränkung der Garantien **9** 50ff.
Garantiekatalog **12** 163ff.; **13** 121
Kreditsicherheit **15** 161ff.
Rechtsfolgen bei unrichtiger Garantie **9** 55ff.; **34** 47
selbständige Garantie **9** 42, 44ff.; **12** 147f.; **13** 119ff.; **34** 46
Share Deal **12** 147f., 152ff.
– Garantie bezüglich veräußerter Anteile **12** 153ff.
– unternehmensbezogene Garantien **12** 162ff.
subjektive Garantie **9** 52
unselbständige Garantie **9** 43
Zeitpunkt der Abgabe **9** 49; **12** 149f.
Zusicherung s. dort

Gebrauchsmuster 30 82ff.

Geheimhaltungsvereinbarung
s. Vertraulichkeits- und Geheimhaltungsvereinbarung

genehmigtes Kapital
Asset Deal **13** 58
Bezugsrechtsausschluß **2** 49f.

Geregelter Markt
Begriff **23** 8f.
Folgepflichten **23** 113f.
Rechnungslegung **23** 113
Unternehmensbericht s. Prospekt
Zulassungsantrag **23** 55f.
Zulassungsvoraussetzungen **23** 25f.

Gerichtsstand
Beteiligtenmehrheit **12** 230
deutsche Vertragsparteien **12** 199
Gerichtsstandsvereinbarung **16** 161ff.
Internationales Privatrecht **35** 116ff.
– Gerichtsstandsvereinbarung **12** 199; **16** 161ff.; **35** 120ff.
– gesetzliche Gerichtsstandsregeln **35** 116
– Internationales Zivilprozeßrecht **35** 117f.
– Muster-Gerichtsstandsklauseln **35** 124f.
– Umweltrecht **29** 158f.

Geschmacksmuster 30 77ff.

Gesellschafterdarlehen
Besicherung **15** 147
Besteuerung **14** 220; **26** 138, 182, 313, 340
Buy-Out **14** 114ff., 211ff.
eigenkapitalersetzendes Darlehen s. dort
Leverage-Modell **26** 564ff.
Motivation des Managements beim Buy-Out **14** 114ff.
Share Deal **12** 194

Sachverzeichnis

Gesellschaftsformen, international
Bulgarien **45** 18 ff.
China **38** 8 ff.
Fernost-Staaten
– Malaysia **42** 39
– Singapur **42** 13
– Taiwan **42** 80 ff.
– Thailand **42** 60 f.
– Vietnam **42** 105 ff.
Indonesien **39** 22 ff.
Korea **40** 10 ff., 36 ff.
Kroatien **46** 14 ff.
Philippinen **41** 47 ff.
Polen **43** 12 ff.
Rumänien **47** 11 ff.
Russische Föderation **37** 8 ff.
Slowakei **48** 11 ff.
Slowenien **49** 7 ff.
Tschechien **50** 12 ff.
Ungarn **44** 9 ff., 22 ff.
USA **36** 13 ff.

Gewährleistung
Altlasten **12** 174; **29** 133, 181
arglistiges Verschweigen eines Fehlers **34** 18
Asset Deal **9** 3 ff.; **13** 118 ff.; **34** 3
Ausschluß von Aufrechnungs- und Zurückbehaltungsrechten **16** 44 ff.
Beteiligtenmehrheit **12** 226 f.; **16** 180 f.
culpa in contrahendo **9** 21 ff.; **34** 20 ff.
Durchsetzung **16** 10, 172 ff.
Fehler s. dort
Freistellung, Umweltrecht **29** 156 ff., 186
Garantie s. dort
Genehmigung **12** 173
gesetzliche Regelungen **9** 2 ff.; **12** 142 f.; **34** 10 ff.
Grundstücksgesellschaften **12** 169; **21** 64 ff.
Jahresabschluß **12** 163 f.
Kredit- und Finanzdienstleistungsinstitute **18** 44 f.
Mängel s. dort

Management Buy-Out s. dort
Minderung **34** 27 f.
Rechtsmängelhaftung **9** 5; **34** 19
„representations and warranties" **11** 48
Sachmängelhaftung **9** 4; **34** 10 ff.
Share Deal **9** 14 ff.; **12** 107, 109, 142 ff.; **34** 4 ff.
Sicherungsabtretung **15** 207
Steuern **12** 165 ff.
Verjährung **13** 123; **16** 73 ff.; **34** 36 ff., 49
Wandelung **34** 29 f.
Wegfall der Geschäftsgrundlage **9** 28; **34** 23 ff.
zugesicherte Eigenschaft s. Zusicherung

Gewerbesteuer
Veräußerung von Anteilen an Kapitalgesellschaften **26** 114 ff.
Veräußerung von Betrieben **26** 107 ff., 113
Veräußerung von Personengesellschaftsanteilen **26** 107 ff., 113

gewerbliche Schutzrechte
Arbeitnehmererfindungen **30** 93
Asset Deal **30** 20 f.
Bedeutung **30** 1 ff.
Begriff **30** 2 ff.
Bewertung **30** 17
Domainnamen **30** 98 f.
Due Diligence **9** 193 ff.; **30** 3 ff.
– rechtliche Verhältnisse **30** 4 ff.
– wirtschaftliche Verhältnisse **30** 16 ff.
Firma s. Unternehmenskennzeichen
Gewährleistung des Veräußerers **12** 171; **30** 32 ff.
gewerbliche Schutzrechte, international s. dort
Know-how **30** 91 f.
Lizenz **30** 7, 26, 34
Markenrechte s. dort
Musterrechte s. dort
Patente s. dort

Sachverzeichnis

Register **30** 31
Share Deal **30** 19
Sicherungsabtretung s. dort
Sortenschutzrechte **30** 96
typographische Schriftzeichen **30** 97
Übertragung **30** 18 ff.
– Anwartschaftsrecht **30** 29
– Form **30** 27
– Lizenz **30** 26
– Verfügungsgeschäft **30** 24 ff.
– Verpflichtungsgeschäft **30** 23
Unterlassungsanspruch **30** 86
Unternehmenskennzeichen s. dort
Urheberrechte s. dort
Verlagsrechte **30** 94
Werktitel s. dort

gewerbliche Schutzrechte, international
Bulgarien **45** 78
China **38** 53 f.
Indonesien **39** 60 ff.
Korea **40** 85 ff.
Kroatien **46** 43
Polen **43** 115 ff.
Slowakei **48** 61, 83
Slowenien **49** 46
Tschechien **50** 43
Ungarn **44** 71 ff.
USA **36** 54

Gewinnabführungsvertrag s. Beherrschungsvertrag

„going private" s. Verlassen der Börse

„going public" s. Börsengang

grenzüberschreitende Unternehmenszusammenschlüsse
Ablauf **17** 276 ff.
Anfechtungsrisiken **17** 289 ff.
Anpassung der Unternehmensgröße **17** 311

Anwendbarkeit des Umwandlungsgesetzes **17** 250 ff.
Besteuerung des ausländischen Erwerbers **26** 312 ff., 372 ff.
Besteuerung des ausländischen Veräußerers **26** 193 ff.
„Centros"-Urteil s. dort
„combined group structure" **17** 323 ff.
Corporate Governance s. dort
Doppelbesteuerung s. dort
„Formgebung" für die beteiligten Unternehmen **8** 56 ff.
Fusionsrichtlinie **17** 258
globale Aktien **17** 385 ff.
Hauptversammlungsbeschluß **17** 286 ff., 336 ff., 345 f., 371 f.
Hinzurechnungsbesteuerung **26** 200 ff.
Internationales Privatrecht s. dort
Kapitalertragsteuer s. dort
Konzernabschluß s. dort
Merger of Equals s. dort
Rechtsgrundlagen **17** 250 ff.
Reorganisation **17** 312 ff.
„separate entities structure" **17** 329 ff.
Societas Europea s. Europäische Aktiengesellschaft
„stapled stock structure" **17** 334 ff.
synthetische Zusammenschlüsse **17** 321 ff.
– Beteiligung der Hauptversammlung **17** 336 ff.
– Corporate Governance **17** 343 f.
– Dividendenfluß **17** 342
– Nachteile **17** 349 ff.
– Verknüpfung von Aktien **17** 347 f.
– Vorteile **17** 349 ff.
„twinned share structure" **17** 334 ff.
Übernahmerichtlinie **17** 265 f.
Verhandlungssprache **11** 27 ff.
verschmelzungsähnliche Zusammenschlüsse **17** 356 ff.
– Anfechtungsrisiken **17** 365 ff.
– Beteiligung der Hauptversammlung **17** 371 f.

Sachverzeichnis

– Gründung der neuen Gesellschaft 17 368 ff.
– nachfolgende Umstrukturierung 17 373 f.
– Nachteile 17 375 ff.
– Strukturen 17 357 ff.
– Vorteile 17 375 ff.
Vertragsdokumentation 11 47
Wettbewerbsrecht s. dort
Zwischengesellschaft 2 17; 26 333 ff., 375 ff.

Grunderwerbsteuer
Anteilsübertragung im Konzern 26 520 ff.
Asset Deal 13 47 f.; 26 495 f.
Erwerb von Anteilen an Kapitalgesellschaften 26 497 ff.
Erwerb von Beteiligungen an Personengesellschaften 26 505 ff.
Formwechsel 26 255, 519
Grundstückserwerb durch den Gesellschafter 26 527 ff.
Umwandlung der Zielgesellschaft 26 518 f.

Grundstücksgesellschaften
Aktiengesellschaft 21 32 ff.
Altlasten s. dort
Asset Deal 21 4 ff.
Due Diligence s. dort
GbR 21 9 ff.
GmbH 21 29 ff.
Immobilien, international s. dort
Kaufpreisbemessung und -anpassung 21 57 ff.
Personengesellschaften 21 22 ff.
Share Deal 21 2 ff.
Steuerrecht s. dort
Wettbewerbsrecht s. dort

Gründungstheorie s. „Centros"-Urteil

Haftung
Altlasten s. dort

Altverbindlichkeiten beim Asset Deal 13 72 ff.
Arbeitgeber 3 85 f.
– Betriebsübergang 13 84 f.; 27 35 ff.
– Verschmelzung 27 100 ff.
Bank 15 90 ff.
Berater 4 107 ff.
– AGB 4 119 f., 124 ff.
– Ausschluß 4 120 ff.
– Begrenzung 4 118 ff., 124 ff.
– Tatbestände 4 107 ff.
– Umfang 4 116 ff.
Bundesbodenschutzgesetz s. dort
Business Judgment Rule 3 92; 4 3 ff.; 31 101
culpa in contrahendo 9 21 ff.; 34 20 ff.
Due Diligence 9 68 ff.
Durchgriff 3 40, 116, 118
Erwerber
– Aktie 12 130 ff.
– Anteil BGB-Gesellschaft 12 141
– Anteil Personengesellschaft 3 13, 111 ff.; 12 136 ff.
– GmbH-Geschäftsanteil 12 133 ff.
Exchange Act 23 210 ff.
Freistellung, Asset Deal 13 88
Garantie s. dort
Gesellschafter
– Aktiengesellschaft 3 118
– ausscheidender Gesellschafter 3 111, 113 f.; 12 130 f., 134, 136 f., 141
– GbR 21 12 ff.
– GmbH 3 115 ff.
– Personengesellschaften 21 23, 51
Gewährleistung s. dort
Haftungsrisiken für den Kreditgeber 15 90 ff.
Konzern
– faktischer Konzern 3 118; 28 47, 58 f.
– qualifiziert faktischer Konzern 3 117; 28 49, 60
– Vertragskonzern 28 39
Letter of Intent 6 42 ff.
– Haftungsausschluß 6 56 ff.

2217

Sachverzeichnis

- Haftungsumfang **6** 50f.
- Schadensersatzpflicht bei Verletzung von Vorfeldvereinbarungen **6** 52ff.
- Schadensersatzpflicht wegen Abbruchs von Vertragsverhandlungen **6** 42ff.
- triftiger Grund **6** 49
- Zurechnung **6** 50f.

Prospekthaftung **7** 175, 177ff.; **23** 105
Rechtsmängelhaftung **34** 19
Sachmängelhaftung **34** 10ff.
Securities Act **23** 210ff.
Share Deal **12** 128ff.
Übernahme des gesamten Vermögens **13** 77f.
Übertragung des Kommanditanteils **22** 13ff.
Umweltrecht s. dort
Veräußerer s. dort
vertragliche Haftung **9** 39ff.
Wegfall der Geschäftsgrundlage **9** 28; **34** 23ff.
Wissenszurechnung s. dort

Handelsregister

Ausgliederung **20** 180
ausländische Rechtsordnungen **35** 88f.
Bedeutung der Eintragung für die Haftung des Anteilserwerbers **3** 13, 111f., 114; **12** 136, 138, 140f.; **21** 27f.
Beherrschungsvertrag **2** 76; **28** 42
Formwechsel **20** 189, 205ff.
genehmigtes Kapital **2** 50
Sachkapitalerhöhung **2** 47; **17** 14; **22** 27, 32, 57, 59ff.
Übertragung von Anteilsrechten **12** 121, 126f.; **21** 20, 22
Umwandlung der Zielgesellschaft **26** 518
Verschmelzung **2** 70; **17** 39, 41, 81f., 111, 172, 243; **22** 104f.; **27** 95; **34** 61ff., 80ff.

Hauptversammlung

Abwehrmaßnahmen gegen feindliches Übernahmeangebot s. feindliche Übernahme
Auskunfterteilung gegenüber den Aktionären s. Auskunfterteilung
Auslandsbeurkundung **35** 36f.
Beherrschungsvertrag **28** 38
Bezugsrechtsausschluß **23** 134
Börsengang **23** 54, 111, 122, 127ff.
„delisting" **24** 15ff.
grenzüberschreitende Unternehmenszusammenschlüsse **17** 286ff., 336ff., 345f., 371f.
„Holzmüller"-Urteil s. dort
Spin-off **23** 138ff.
Umplazierung **23** 129ff.
Veräußerung des gesamten Vermögens **12** 25ff.
Verschmelzung **17** 59ff., 214ff.
Zustimmungserfordernisse, Überblick **2** 91ff.

Heads of Agreement 6 95f.; **15** 32ff.

High yield bonds 15 130ff.

Holding

Auslandsbeurkundung **35** 92
Begriff **28** 19
Besteuerung von Holdinggesellschaften **26** 191f., 322ff.
herrschendes Unternehmen **28** 20
Holding im Drittland **8** 67ff.
Holding-Privileg **26** 322ff.
konzernrechtliche Bedeutung **28** 19
Motive für eine Holding **28** 21
Schaffung einer Holding im Land des Übernehmers oder der Zielgesellschaft **8** 63ff.

„Holzmüller"-Urteil

Abgabe eines Übernahmeangebots **17** 64
Abwehrklage **34** 95f.

2218

Sachverzeichnis

Annahme eines Übernahmeangebots **17** 62
Auskunfterteilung **7** 58
Beteiligungserwerb **17** 63 f.; **31** 27
Börsengang **23** 129 ff.
„delisting" **24** 16
fehlerhafte Ausgliederung zur Aufnahme **34** 93 ff.
Share Deal **12** 27
Spin-off **23** 139 ff.
Verschmelzung **17** 61 f., 64
Vorbereitung einer Unternehmensübernahme **5** 112

Immaterialgüterrechte s. gewerbliche Schutzrechte

Immobiliengesellschaften s. Grundstücksgesellschaften

Immobilien, international
Bulgarien **45** 8, 11, 45 f.
China **38** 48
Fernost-Staaten
– Malaysia **42** 48 ff.
– Singapur **42** 25 f.
– Taiwan **42** 97 f.
– Thailand **42** 62, 70 ff.
– Vietnam **42** 117 ff.
Indonesien **39** 66 ff.
Korea **40** 89, 109, 115
Kroatien **46** 9, 59
Philippinen **41** 32 ff.
Polen **43** 102 ff.
Russische Föderation **37** 88 ff., 113
Slowakei **48** 62, 70
Slowenien **49** 31, 64 f.
Tschechien **50** 25
Ungarn **44** 3, 75 ff.
USA **36** 37 f., 46

Inhaberaktie
American Depositary Receipts s. dort
Depotverwahrung **12** 113
Sammelverwahrung **12** 113; **22** 77 ff.
Sonderverwahrung **12** 113; **22** 75 f.
Übertragung von Inhaberaktien **12** 122 ff.; **22** 54 ff.
– Abschluß eines Begebungsvertrags zwischen Gesellschaft und Aktionär **22** 67
– Abschluß eines Zeichnungsvertrags **22** 59 ff.
– Abtretung **12** 114 f.; **22** 70 ff.
– Ausstellung der Aktienurkunde **22** 62 ff.
– Erwerb durch Einigung und Übergabe **22** 69
– originärer Erwerb von der Gesellschaft **22** 56 ff.
– Übereignung der ausgestellten Urkunde **22** 68

Insiderrecht
Absicht zur Abgabe eines Übernahmeangebots **7** 110, 121
Due Diligence **7** 120, 127; **9** 77; **31** 107 f.
feindliches Übernahmeangebot **31** 105
freundliches Übernahmeangebot **31** 106 f.
Insiderinformation **7** 107 f.
Insidertatsache **7** 109 ff.
Kursrelevanz **7** 112
Primärinsider **7** 114 ff.
– Berufsinsider **7** 116
– Beteiligungsinsider **7** 115
– Empfehlungsverbot **7** 130 ff.
– Organinsider **7** 114
– Verbot der Weitergabe von Insiderinformationen **7** 122 ff.
– Verbot des Ausnutzens einer Insiderinformation **7** 118 ff.
öffentliches Übernahmeangebot **7** 121, 128
Sanktionen **7** 133
Sekundärinsider **7** 132
Weitergabe von Insiderinformationen
– Aktionäre **7** 125
– außenstehende Dritte **7** 126

2219

Sachverzeichnis

– innerhalb des Unternehmens **7** 124
– Käufer/Verkäufer **7** 127

Institutional Buy-Out s. Buy-Out

Instructions to Proceed 6 97 f.

Internationales Privatrecht
Arbeitsrecht **35** 107 ff.
Asset Deal s. dort
Begriff **35** 20
Belegenheitsprinzip **35** 33, 49, 80
„Centros"-Urteil s. dort
dingliche Rechte **35** 64 ff.
Einheitsrecht **35** 7
Empfangsbevollmächtigte **35** 114 f.
Erfüllungsgeschäfte **35** 64 ff.
Erfüllungsstatut **35** 64
Erwerb und Verlust von Mitgliedschaftsrechten **35** 70 ff.
Forderungsstatut **35** 68
Form s. dort
Gerichtsstand s. dort
Gesellschaftsrecht **35** 102 ff.
Gesellschaftsstatut **35** 54 ff., 65, 73, 81, 93 ff., 102 ff.
Internationales Recht **35** 4 ff.
Konfliktlösungsregeln **35** 116 ff.
Lex mercatoria **35** 14 ff.
Mitbestimmung s. dort
öffentliches Übernahmeangebot s. dort
ordre public **35** 62 f.
Rechtswahl s. dort
Sachenrecht **35** 64 ff.
Schiedsverfahren s. dort
Schuldrecht **35** 22 ff.
Share Deal s. dort
Sonderstatute **35** 54 ff., 101 ff.
Standardverträge **35** 18
Verfügungsgeschäfte **35** 64 ff.
Verpflichtungsgeschäfte **35** 22 ff.
Vertragsstatut **35** 24, 55, 78
Vollmachtsstatut **35** 83
Wettbewerbsrecht **35** 110 ff.

Zustellungsbevollmächtigte **35** 114 f.

Jahresabschluß
Amtlicher Handel **23** 107
Freiverkehr **23** 115
Geregelter Markt **23** 113
Gewährleistung **12** 163 f.
handelsrechtliche Rechnungslegung **32** 2 ff.
Neuer Markt **23** 117 f.
Small Caps Exchange **23** 123

Kapitalbeteiligungsgesellschaften s. Buy-Out

Kapitalerhaltung
Aktiengesellschaft **12** 244 ff.; **15** 158
eigenkapitalersetzendes Darlehen s. dort
Einlagenrückgewähr **12** 244 ff.
GmbH **12** 239 ff.; **15** 147 ff.
GmbH & Co. KG **15** 147 ff.
Kollusion **15** 154
Leistungsverweigerungsrecht **15** 152
Mißbrauch der Vertretungsmacht **15** 153
qualifizierte Gläubigerbenachteiligung **15** 155
Sicherheitenbestellung als Rückzahlung des Stammkapitals **12** 239 ff.; **15** 147 ff.
Unterbilanz **12** 239 ff.
Verbot der Finanzierung des Erwerbs von Aktien **12** 245
Verbotsgesetz **12** 242; **15** 151
vertragliche Beschränkungen **15** 156 ff.

Kapitalerhöhung
Bedienung von Optionsrechten **14** 123 ff., 128
Bezugsrecht s. dort
Börsengang **23** 21, 34, 128, 139 ff.
Buy-Out **14** 107 ff.
Erwerb von GmbH-Anteilen **22** 21 ff.

Erwerb von Inhaberaktien **22** 56 ff.
genehmigtes Kapital s. dort
Kapitalerhöhung, international s. dort
Nachgründung **17** 28
Sachkapitalerhöhung, ordentliche s. dort
Steuerrecht **26** 222 ff.
Übertragung von GmbH-Anteilen **22** 19 ff.
Verschmelzung **2** 49 f.; **17** 225 ff., 366; **32** 62; **34** 59 f.
Zuständigkeit der Hauptversammlung der Obergesellschaft **23** 139; **31** 27 f.

Kapitalerhöhung, international
Bulgarien **45** 95 ff.
Polen **43** 37 ff.
Russische Föderation **37** 40 ff.
Slowakei **48** 35
Slowenien **49** 14, 16

Kapitalertragsteuer
grenzüberschreitende Unternehmenszusammenschlüsse **26** 366 ff.
– Erwerb ausländischer Betriebsstätten, Einzelunternehmen, Personengesellschaften **26** 366 ff.
– Erwerb inländischer Unternehmen durch Steuerausländer **26** 372 ff.
– Erwerb von Anteilen an ausländischen Kapitalgesellschaften **26** 369 ff.
Vermeidung **26** 366 ff., 373 ff., 384 ff.
Zinszahlung der Erwerbsgesellschaft **15** 21 ff.

Kartellrecht s. Wettbewerbsrecht

Kaufpreis
Anpassung **12** 67 ff.; **13** 40 ff.; **21** 57 ff.
Anpassungsklauseln **16** 91 ff.
Art des Zahlungsmittels **10** 5 ff.
Bedeutung für Kaufentscheidung **10** 1 ff.

Bedeutung für Verkaufentscheidung **10** 15 ff.
Bedingung, aufschiebende **12** 91 ff.
Beteiligtenmehrheit **12** 225
Earn Out s. dort
Ermittlung des Kaufpreises **10** 34 ff.; **12** 53 ff.; **13** 36 ff.; **16** 7 ff.; **21** 57 ff.
Gewichtung des Kaufpreises **10** 2 ff., 15 ff.
Grundstücksgesellschaften **21** 57 ff.
Kaufpreiseinbehalt **12** 50; **16** 25 ff.
Modalitäten **12** 67 ff.; **16** 6 ff.
Preisobergrenze **10** 8 ff., 27, 192
Preisuntergrenze **10** 18 ff., 27, 192
Sicherung des Kaufpreises s. auch Sicherheiten
– Erwerber **12** 94 ff.
– Veräußerer **12** 90 ff.
steuerliche Behandlung **10** 14, 21; **26** 61, 91 f., 166, 228 f., 234, 270
Stichtagsbilanz **12** 69 ff.; **13** 40 ff.; **16** 68, 73 f.; **21** 60 ff.
Verantwortlichkeit für Preisfestlegung **10** 29 ff.
Zahlungsbedingungen **12** 83 ff.; **13** 50 ff.
– Ratenzahlung **12** 83 ff.
– Verzinsung **12** 87 f.
– Wertsicherungsklauseln **12** 89

Kaufvertrag
Beteiligtenmehrheit **12** 222 ff.
Durchsetzung vertraglicher Rechte und Pflichten s. dort
Earn Out-Klausel **16** 38
Gerichtsstandsklausel **35** 124 f.
Kaufpreis s. dort
Mediationsklausel **16** 153
Nichtigkeit **34** 39 ff.
– Gewinnhaftung **34** 44
– Rechtsfolgen **34** 40 ff.
– Rückabwicklung nach Vorschriften über die ungerechtfertigte Bereicherung **34** 40 ff.
– Unmöglichkeit der Herausgabe des Unternehmens **34** 42 f.

Sachverzeichnis

– Voraussetzungen **34** 39
Prozeßklausel **16** 78 ff.
Rechtswahlklausel **35** 40 ff.
Regelung der Rechtsfolgen von Vertragsstörungen **34** 48
salvatorische Klausel **12** 207 f.
Schiedsklausel **35** 137 ff.
Vinkulierungsklausel **17** 98, 124, 218

Kollisionsrecht s. Internationales Privatrecht

Konsortium
Arrangeur **15** 117
Außenkonsortium **15** 119
Bildung eines Konsortiums **15** 117 ff.
Haftung **15** 121
Konsortialführer **15** 120
Sicherheiten-Treuhänder **15** 122, 186
Unterbeteiligung **15** 119
Verpfändung von GmbH-Geschäftsanteilen **15** 177, 184 ff.

Kontrolle
Kontrollwechsel
– Kapitalbelassungserklärung **15** 235
– Kündigung, Darlehen **15** 110
Konzern **28** 33, 35
Kredit- und Finanzdienstleistungsinstitute **18** 18
Zusammenschlußkontrolle s. dort

Konzern
Abhängigkeit **28** 30, 35
Abhängigkeitsbericht s. faktischer Konzern
Bedeutung der Rechtsform des Unternehmens **28** 27 ff.
Begriff **28** 2, 31
Beherrschungsvertrag s. dort
Due Diligence **9** 175 ff.
Eingliederung s. dort
einheitliche Leitung **28** 31
Einheitsgesellschaft **28** 14 f.
faktischer Konzern s. dort
Formen der Konzernierung **28** 27 ff.

Gleichordnungskonzern **1** 21; **28** 2, 32
Grunderwerbsteuer **26** 30, 520 ff.
Haftung s. dort
Holding s. dort
Kontrolle s. dort
Konzernabschluß s. dort
Konzerneingangsschutz s. dort
Konzern, international s. dort
Motive für eine Konzernierung **28** 16 ff.
Mitbestimmungsrecht **28** 25
Unternehmensbegriff **28** 3
Unternehmensverträge s. dort
Vertragskonzern **28** 39
Wettbewerbsrecht **28** 23
Wissenszurechnung s. dort

Konzernabschluß
Anhangangaben **32** 152 ff.
Buchwertmethode **32** 91 ff.
Erwerbsmethoden **17** 303 f., 308 f.; **32** 88 ff.
Fresh-Start-Methode **17** 308; **32** 149 ff.
Funktion **32** 83 f.
„goodwill" **32** 123 ff.
Gewährleistung **12** 163 f.
grenzüberschreitende Unternehmenszusammenschlüsse **17** 302 ff.
Kapitalkonsolidierung **32** 85 f.
negativer Unterschiedsbetrag **32** 131 ff.
Neubewertungsmethode **32** 107 ff.
Pooling of Interests-Methode **17** 12; 278, 305 ff.; **32** 138 ff., 159 ff.
„purchase method" **32** 88 ff.
umgekehrter Unternehmenserwerb **32** 134 ff.
Vergleich zwischen Buchwert- und Neubewertungsmethode **32** 116 ff.

Konzerneingangsschutz
Satzung der Aktiengesellschaft **28** 5 ff.
Satzung der GmbH **28** 8
Stimmrechtsbegrenzung **28** 7

Treupflichten **28** 9 ff.
Vinkulierung s. dort

Konzern, international
Bulgarien **45** 37
China **38** 15
Korea **40** 92
Kroatien **46** 37
Russische Föderation **37** 102
Ungarn **44** 81 ff.

Kredit- und Finanzdienstleistungsinstitute
Anzeigepflichten **7** 198 ff.; **18** 15 ff., 22
– Erwerber **18** 15 ff.
– Kredit- und Finanzdienstleistungsinstitut **18** 22
Auflagen **18** 34 ff.
Aufsichtsrecht **18** 1 ff., 34
Bankerlaubnis **18** 34
bedeutende Beteiligungen **18** 4 ff.
– Anteile am Kapital **18** 6 ff.
– maßgeblicher Einfluß **18** 11 f.
– Stimmrechtsanteile **18** 9 f.
– Zuverlässigkeit **18** 13 f.
Bundesaufsichtsamt für das Kreditwesen **18** 2 f., 16 f., 19 f., 33, 36, 48
Bundesaufsichtsamt für den Wertpapierhandel **18** 2, 33, 48
„dividend stripping"-Geschäfte **18** 46
Due Diligence **18** 33 ff.
– aufsichtsrechtliche Beschränkungen **18** 33 ff.
– Financial Due Diligence **18** 39 ff.
– Legal Due Diligence **18** 33 ff.
Eigenmittelausstattung **18** 29 ff.
Einlagensicherungssysteme **18** 23 ff.
Finanzholding-Gruppe **18** 31
Freistellungserklärung **18** 28
Gewährleistung **18** 44 f.
Haftkapital, nachrangiges **18** 37 f.
Institutsgruppe **18** 29 f.
Konsolidierung **18** 29 ff.
Kreditrisiken **18** 40 ff.

Luxemburg-Geschäfte **18** 47
Sonderprüfung **18** 36
steuerliche Risiken **18** 45 ff.; **26** 187 ff.
Untersagungsverfügung **18** 19 ff.
Vollbanklizenz **18** 34

Kredit s. Darlehen

Kreditsicherung s. Besicherung

Letter of Intent
Abstandnahmerecht **6** 72
Abwerbungsverbot **6** 84
anwendbares Recht **6** 61 ff.
Anwendungsbereich **6** 25 ff.
Aufbau **6** 64 f.
Begriff **6** 24; **11** 34 f.
Bindungswirkung **6** 32 ff., 67; **11** 35 f.
Due Diligence s. dort
Erscheinungsformen **6** 28 ff.
faktische Bindung **6** 26
Form **6** 60
Gerichtsstandsvereinbarung **6** 39, 88
Grundsätze des kaufmännischen Bestätigungsschreibens **6** 30
Haftung s. dort
Mitteilungen **6** 89
Optionsrecht s. dort
Rechtsnatur **6** 32 ff.
Schiedsgerichtsvereinbarung **6** 39, 88
Vorbehalte **6** 59, 67 ff.
Vorfeldvereinbarungen **6** 73 ff.
– „break fee"-Vereinbarung **6** 82 f.; **9** 100; **11** 36; **16** 49 ff.
– Exklusivitätsverpflichtung **6** 39, 76 ff.
– Kostenverteilung **6** 39, 79 ff.
– Vertraulichkeitsverpflichtung **6** 74 f.
Vorvertrag **6** 35
vorvertragliches Vertrauensverhältnis **6** 44, 53
Wettbewerbsverbot s. dort
Zeitpunkt des Abschlusses **6** 31
Zweck **6** 25 ff.

Sachverzeichnis

Leveraged Buy-Out s. auch Buy-Out
Begriff **11** 15f.; **12** 232, 234
Besicherung **15** 3
Finanzierungsstruktur **14** 39ff.
Grundstruktur **15** 4ff.
Share Deal **12** 235ff.
Umstrukturierungsmaßnahmen **12** 249

Management Buy-In
Begriff **1** 18ff.; **11** 12ff.; **12** 232f.
Leveraged Buy-Out s. dort

Management Buy-Out s. auch Buy-Out
Begriff **1** 18ff.; **3** 104; **11** 12ff.; **12** 232f.
Finanzierung **15** 1
Gewährleistung **12** 237
Informationserteilung **9** 83; **12** 236
Interessenkonflikt **12** 236
Leveraged Buy-Out s. dort
Share Deal **12** 235ff.

Mängel s. auch Fehler
Qualitätsmangel **34** 8
Quantitätsmangel **9** 8; **34** 8
Rechtsmangel **9** 5, 7; **34** 19
Sachmangel **9** 4; **34** 10ff.

Markenrechte
Begriff **30** 38
Beschwerdeverfahren **30** 57ff.
Eintragung des Rechtsübergangs **30** 49ff.
internationale Marken **30** 41, 48
Madrider Markenabkommen **30** 41, 48
Übertragung **30** 39ff.
Vermutung des Rechtsübergangs der Marke **30** 46f.
Vorbereitung einer Unternehmensübernahme **5** 22, 123
Widerspruchsverfahren **30** 58ff.

Master Agreement 6 104

Mediation
Durchsetzung vertraglicher Rechte und Pflichten **16** 152ff.
Formen alternativer Streitbeilegung **16** 152ff.
Internationales Privatrecht **35** 139
Klauseln **16** 153
Nachteile **16** 156f.
Vorteile **16** 154

Meldepflichten s. Mitteilungspflichten

Memorandum of Understanding 6 92ff.

Merger of Equals
Ausgleich von Wertungleichheiten **8** 11ff.
– Abspaltung von Unternehmensteilen **8** 14ff.
– Ausschüttung einer Superdividende **8** 25f.
– Rückkauf eigener Aktien und deren Einziehung **8** 21ff.
– Veräußerung von Unternehmensteilen **8** 16ff.
Begriff **17** 278ff.
Bilanzierung **32** 74ff.
Corporate Governance **8** 78ff.
grenzüberschreitende Unternehmenszusammenschlüsse
– „Dual-Headed"-Struktur **8** 69ff.
– Holding in Drittland **8** 67f.
– Schaffung einer neuen Obergesellschaft **8** 63ff.
– Umtauschangebot an die Aktionäre des anderen Unternehmens **8** 60ff.
Pooling of Interests-Methode **17** 12; 278; **32** 138ff., 159ff.
wirtschaftliche Bedeutung **1** 32

Mezzanine-Darlehen
Ausgestaltung **15** 126f.

Begriff **15** 7, 124
Nachrangigkeit **15** 125
Optionen **15** 126

Mitbestimmung s. auch Betriebsverfassungsrecht
Arbeitnehmer im Aufsichtsrat **27** 122 ff.
Auswirkungen einer Unternehmensübernahme **1** 148 ff.
Europäische Aktiengesellschaft **2** 23
Formen der unternehmensbezogenen Mitbestimmung **27** 123 ff.
Internationales Privatrecht **35** 107 f.
Kommanditgesellschaft **27** 128 f.
Konzern **27** 130 ff.; **28** 25
Statusverfahren **27** 136
Veränderungen auf Unternehmensebene **27** 134 ff.
Verschmelzung **17** 298 f., 301; **27** 139

Musterrechte
Gebrauchsmuster **30** 82 ff.
– Begriff **30** 82
– Eintragung der Rechtsnachfolge **30** 84
– Übertragung **30** 83 ff.
Geschmacksmuster **30** 77 ff.
– Begriff **30** 77
– Eintragung der Rechtsnachfolge **30** 79
– Haager Abkommen **30** 81
– Übertragung **30** 78 ff.

Nachgründung
Handelsregister **17** 23
Mantelgesellschaft **17** 32, 116
nachgründungsfreier Erwerb **17** 28 ff.
NaStraG **17** 25 ff.
NEWCO **17** 22 ff.
Sachkapitalerhöhungsmaßnahmen **17** 28
Verschmelzung **17** 25, 32, 70, 116

Namensaktie s. auch Anteilsrechte
Abtretung der Mitgliedschaft **22** 93 f.

Aktienregister **12** 117 ff.; **17** 56; **22** 80
– Legitimationswirkung **22** 97
– Umschreibung **22** 96 ff.
Indossament **12** 116
– Form und Inhalt **22** 89 ff.
– gutgläubiger Erwerb **22** 92
– Legitimationswirkung **22** 92
NaStraG **17** 54; **22** 80, 87, 98 ff.
Übertragung **12** 116 ff.; **22** 80 ff.
– Aktien in Verwahrung Dritter **22** 95
– Indossierung **22** 88 ff.
– originärer Erwerb von der Gesellschaft **22** 83 ff.
– vinkulierte Namensaktien **22** 101 ff.
Vinkulierung **12** 22 ff., 120; **17** 54

NASDAQ
Berichtsfolgepflichten **23** 257 ff.
Zulassungsverfahren **23** 251
Zulassungsvoraussetzungen **23** 248 ff.

Neuer Markt
Begriff **23** 11 ff.
Emissionsprospekt s. Prospekt
Folgepflichten **23** 117 ff.
Rechnungslegung **23** 117 ff.
Zeitplan für eine Zulassung **23** 106
Zulassungsantrag **23** 60 ff.
Zulassungsvoraussetzungen **23** 29 ff.
– Ausgestaltung der Plazierungsaktien **23** 31 f.
– Designated Sponsors **23** 43 f.
– Emissionsstruktur **23** 33 ff.
– Veräußerungssperre **23** 36 ff.
– Vorgaben für den Emittenten **23** 29 f.

Neutralitätspflicht des Vorstands
Ausnahmen **31** 88 ff.
drohende Auflösung der Zielgesellschaft **31** 91
Gesellschaftsinteresse **31** 90
Übernahmekodex **31** 113 ff.
Übernahmerichtlinie **31** 140 ff.

Sachverzeichnis

Umfang **31** 88 ff.
Wertpapiererwerbs- und Übernahmegesetz **31** 148 ff.

NEWCO
Buy-Out **14** 29 ff.
Gesellschaftervereinbarung **14** 68 f.
Grundstruktur einer Fremdfinanzierung **15** 5
Nachgründungsrecht **17** 22 ff.
Rechtsform **14** 32 ff.
Satzung **14** 60 ff.
steuerrechtliches Organschaftsmodell **26** 259 ff.
Verschmelzung auf eine NEWCO **17** 6 ff.; **32** 74 ff.

NYSE
Alternate Listing Standard **23** 243
Berichtsfolgepflichten **23** 257 ff.
Domestic Listing Standard **23** 244 f.
Zulassungsverfahren **23** 246 f.
Zulassungsvoraussetzungen **23** 242 ff.

öffentliches Übernahmeangebot
Begriff **2** 37 f.; **31** 68 ff.
Bindungswirkung **31** 82
Gegenleistung **3** 90 ff.; **31** 83 ff.
Gleichbehandlungsgebot **31** 73
Internationales Privatrecht **35** 168 ff.
Tauschangebot, Verschmelzung **17** 77
Übernahmekodex **31** 32 ff.
Veröffentlichungspflichten **31** 74 ff.
Werbung **3** 93 f.
Wertpapiererwerbs- und Übernahmegesetz **31** 67
Zusammenschlußkontrolle **25** 103 f.

öffentlich-rechtlicher Vertrag
Altlasten **29** 69 ff., 102
Sanierungsvertrag **29** 71, 102

Optionsrechte
Aktienoptionen s. dort
Bedienung durch die Gesellschaft **14** 120 ff.

dogmatische Konstruktion **14** 118 f.
Letter of Intent **6** 35
Optionsvertrag **6** 105 ff.
Übergang wirtschaftlichen Eigentums **26** 210 ff., 541 f.

Organschaft
Begriff
– gewerbesteuerliche Organschaft **26** 436
– körperschaftsteuerliche Organschaft **26** 436
Ergebnisabführungsvertrag **26** 451 ff.; **28** 42, 53, 57
finanzielle Eingliederung **26** 444
Mehrmütterorganschaft **26** 458 ff.
Mitternachtserwerb **26** 480
Nachteile **26** 475 ff.
Organgesellschaft **26** 440
organisatorische Eingliederung **26** 445 f.
Organschaftsmodell **26** 259 ff.
Organträger **26** 441 ff.
Share Deal **12** 159 ff.
Umwandlung der Organgesellschaft **26** 491 ff.
Umwandlung des Organträgers **26** 487 ff.
Unternehmenssteuerreform 2001 **26** 11 f., 28
Verkauf von Organschaftsbeteiligungen **26** 480 ff.
vororganschaftliche Verlustvorträge **26** 464 ff.
Vorteile **26** 470 ff.
wirtschaftliche Eingliederung **26** 447 ff.

Owners Buy-Out s. Buy-Out

Patente
Anspruch auf Erteilung des Patents **30** 71
Begriff **30** 68
Eintragung **30** 68, 74 ff.
europäisches Patent **30** 73

Recht auf das Patent **30** 70
Recht aus dem Patent **30** 72
Übertragung **30** 69

Pflichtangebot
Angebotsunterlage **31** 75 ff.
Ausnahmen **31** 71
Begriff **31** 71
Erlangen der Kontrolle **31** 50
Gegenleistung **31** 83 ff.
Gleichbehandlungsgebot **31** 73
Kontrollschwelle
– Kontrollbegriff **31** 71
Preisermittlung **31** 83 ff.

"post-merger" Integration
Bedeutung **33** 1 ff.
Faktor Zeit **33** 28 ff.
Kommunikationskonzept **33** 75 ff.
kulturelle Integration **33** 38 ff.
Interessen der Aktionäre **33** 21 ff.
Interessen der Kunden **33** 12 ff., 64 ff.
Investor Relations **33** 79 f.
Merger of Equals s. dort
Mitarbeiter **33** 16 ff., 82 f.
Schaffung einer neuen Organisation aus ehemals mehreren Unternehmen **33** 55 ff.
Schwerpunkte **1** 136 ff.
transatlantische Fusionen **33** 9 ff.
Überwachung des Fusionsprozesses **33** 72 ff.
Umsetzung der Synergiepotentiale **33** 69 ff.
Unternehmenskultur **5** 99 ff., 133 ff.; **8** 40; **33** 51 ff.
Vision und Strategie **33** 32 ff.

Private Equity s. auch Finanzierung
Arten von Private Equity-Transaktionen **14** 8 ff.
Bedeutung **11** 17 ff.; **14** 5 ff.
Begriff **14** 4
Buy-Out s. dort
Management Buy-In s. dort
Management Buy-Out s. dort

steuerliche Behandlung von Beteiligungen an Private Equity Fonds
– Besteuerungsrisiken aus dem Auslandsinvestmentgesetz **26** 577 f.
– Beteiligung an ausländischen Fondsgesellschaften **26** 577 ff.
– Beteiligung inländischer Kapitalgesellschaften **26** 573 ff.
– Beteiligung inländischer Privatanleger **26** 568
Venture Capital s. dort

Privatisierung
Anstalt **20** 64 ff.
Asset Deal **20** 140, 147 ff.
Aufgabenprivatisierung **20** 9, 131 ff.
Ausgliederung aus dem Vermögen einer Gebietskörperschaft **20** 157 ff.
– Anmeldung und Eintragung **20** 179 ff.
– Anwendungsfälle **20** 186 f.
– Aufnahme **20** 166
– Ausgliederungsbeschluß **20** 178
– ausgliederungsfähige Rechtsträger **20** 161
– Ausgliederungsplan **20** 168 ff.
– Berichte und Prüfung **20** 175 ff.
– Beteiligung der Arbeitnehmervertretung **20** 174
– Neugründung **20** 166
– steuerliche Folgen **20** 184 f.
– Übernahmevertrag **20** 168 ff.
– Unternehmen **20** 162 ff.
– Verfahren **20** 167 ff.
– Voraussetzungen **20** 160 ff.
Begriff **20** 7 ff.
Build Operate Transfer (BOT)-Modell **20** 102 f.
Bundesebene **20** 13 ff.
Eigenbetrieb **20** 48 ff.
Eigengesellschaft **20** 73 ff.
– Aktiengesellschaft **20** 75 ff.
– GmbH **20** 79 ff.
– Holdinggesellschaft **20** 82
– Konzern **20** 81
Einschalten privater Dritter **20** 89 ff.

Sachverzeichnis

Finanzierungsprivatisierung **20** 11, 109 ff.
- Factoring **20** 128
- Fondsmodell **20** 119 ff.
- Konzessionsmodell **20** 122 ff.
- Leasingmodell **20** 110 ff.
- Miet-Pacht-Forfaitierung **20** 129 f.

formelle Privatisierung **20** 8, 69 ff.
Formwechsel **20** 188 ff.
- Anwendungsfälle **20** 210
- gesetzliche Erlaubnis **20** 192 f.
- Gründung der neuen Gesellschaft **20** 201 ff.
- öffentlich-rechtliches Umwandlungsrecht **20** 195 f.
- Rechtsträger **20** 191
- Registeranmeldung/-eintragung **20** 205 ff.
- steuerliche Folgen **20** 208
- Umwandlungsbericht **20** 198
- Umwandlungsbeschluß **20** 199 f.
- Veräußerung der Gesellschaftsanteile **20** 209
- Verfahren **20** 197 ff.
- Voraussetzungen **20** 190 ff.

Freistaat Sachsen **20** 20 ff.
funktionale Privatisierung **20** 10, 89 ff.
- Betreibermodell **20** 92 ff.
- Betriebsführungsmodell **20** 104 ff.

Gemeindewirtschaftsrecht **20** 28 ff.
gemischtwirtschaftliche Unternehmen **20** 85 ff.
Körperschaft **20** 57 ff.
kommunale Ebene **20** 23 ff.
- Abwehransprüche Privater **20** 40 f.
- Beteiligung Privater **20** 23
- gemischtwirtschaftliche Unternehmen **20** 35, 85 ff.
- nichtwirtschaftliche Unternehmen **20** 33 ff.
- öffentlicher Zweck **20** 29 f.
- rechtlicher Rahmen für die erwerbswirtschaftliche Betätigung **20** 27 ff.
- Subsidiarität **20** 32
- Territorialitätsprinzip **20** 37 ff.
- veränderte Rahmenbedingungen für die Kommunalwirtschaft **20** 24 ff.

Landesebene **20** 16 ff.
materielle Privatisierung **20** 9, 131 ff.
Organisationsformen
- öffentlich-rechtlich **20** 42 ff.
- privatrechtlich **20** 69 ff.

Organisationsprivatisierung **20** 8, 69 ff.
Public Private Partnership **20** 99, 107
Regiebetrieb **20** 43 ff.
Share Deal **20** 141, 153 ff.
Sicherung des Einflusses der öffentlichen Hand **20** 239 ff.
- Betriebsphase **20** 257 ff.
- gesellschaftsrechtlicher Einfluß **20** 252 ff.
- Gründungsphase **20** 256
- öffentlich-rechtliche Einwirkungs- und Kontrollpflichten **20** 242 ff.
- Verschwiegenheit und Auskunft **20** 263 f.
- Weisungen an die Geschäftsführung **20** 258 ff.
- Weisungen an Mitglieder des Aufsichtsrats **20** 259 ff.

Staatsaufgaben **20** 2 ff.
stille Beteiligungen an rechtsfähiger Anstalt oder Körperschaft **20** 211 ff.
- Anwendungsfälle **20** 235 ff.
- Holding-Modell **20** 213 f.
- Interessenwahrungsvertrag **20** 223 f.
- Kauf- und Übertragungsvertrag **20** 225
- Konsortialvertrag **20** 216
- rechtliche Grundlagen **20** 215 ff.
- Vertrag über eine stille Gesellschaft **20** 217 ff.
- Vertrag zur Begründung einer einheitlichen Leitung **20** 221 f.
- Zulässigkeit **20** 226 ff.

Vermögensprivatisierung **20** 9, 133

Sachverzeichnis

Prospekt
Auktionsverfahren **11** 66f.
Befreiung von der Prospektpflicht **23** 85, 97
Billigung **23** 98f.
Börsenzulassungsprospekt **7** 174f.; **23** 64, 69ff., 98ff.
Emissionsprospekt **7** 178; **23** 64, 69ff., 98ff.
Haftung **7** 175, 177ff.; **23** 105
Nachtragspflicht **23** 102f.
Unternehmensbericht **7** 176f.; **23** 64, 86ff., 98ff.
Verkaufsprospekt **23** 65ff., 86ff., 98ff.
Veröffentlichung **23** 100f.

Punktation s. Memorandum of Understanding

qualifiziert faktischer Konzern
s. faktischer Konzern

Rahmenvertrag s. Master Agreement

Rechnungslegung
Altlasten s. dort
Amtlicher Handel **23** 107ff.
Beginn der Rechnungslegung beim erwerbenden Rechtsträger **32** 10ff.
Einzelabschluß s. dort
Ende der Rechnungslegung beim übernommenen Rechtsträger **32** 8ff.
Freiverkehr **23** 115
Geregelter Markt **23** 113
gewerbliche Schutzrechte **30** 16
handelsrechtliche Rechnungslegung **32** 2ff.
Konzernabschluß s. dort
Maßgeblichkeitsgrundsatz **32** 12ff.
Neuer Markt **23** 117ff.
Planbilanz **21** 60ff.
Rechnungslegung, international s. dort
Small Caps Exchange **23** 123f.
steuerliche Gesichtspunkte **32** 12ff.

Stichtagsbilanz **12** 69ff.; **13** 40ff.; **16** 68, 73f.; **21** 60ff.

Rechnungslegung, international
Bulgarien **45** 20, 23
Indonesien **39** 53
Korea **40** 75ff.
Rumänien **47** 30
Slowenien **49** 8, 10, 32
Tschechien **50** 28
Ungarn **44** 107, 113

Rechtswahl s. auch Internationales Privatrecht
ausdrückliche Rechtswahl **12** 198; **35** 31ff.
– Bedeutung **35** 27f.
– Belegenheitsprinzip **35** 33, 49
– Heimatrecht **35** 31
– kleine Vertragsspaltung **35** 33
– Muster-Rechtswahlklauseln **35** 40ff.
– neutrales Recht **35** 32
– Wirksamkeit **35** 26
Auswirkungsprinzip **35** 110, 112f.
„construction clauses" **35** 39f.
Darlehensvertrag **15** 44
Durchsetzung vertraglicher Rechte und Pflichten **16** 169ff.
Einheitliches UN-Kaufrecht **35** 43ff.
Machtprinzip **35** 60
mangels Rechtswahl anzuwendendes Recht **35** 47ff.
nachträgliche Rechtswahl **35** 38
Prinzip der freien Rechtswahl **35** 24
Rechtswahlklausel **35** 40ff.
Schranken der Rechtswahlfreiheit **35** 50ff.
– Eingriffsnormen **35** 52, 57ff.
– ordre public **35** 53, 62f.
– Sonderstatute **35** 51, 54ff.
Sonderanknüpfung **35** 57, 61
stillschweigende Rechtswahl **35** 35ff.
Teilrechtswahl **35** 77
Territorialitätsprinzip **35** 60

Sachverzeichnis

Referentenentwurf eines Wertpapiererwerbs- und Übernahmegesetzes s. Wertpapiererwerbs- und Übernahmegesetz

Rückerwerb eigener Aktien
Abwehr feindlicher Übernahmen **3** 68; **31** 120, 128
Ermächtigungsbeschluß der Hauptversammlung **8** 22
Mitteilungspflicht nach WpHG **8** 24; **18** 10
Unternehmenszusammenschluß durch Aktientausch **17** 369f.
Zulässigkeit **8** 21ff.

Sachkapitalerhöhung, ordentliche
Asset Deal **13** 57
Bezugsrechtsausschluß **2** 47f.
Gegenleistung **2** 47f.; **13** 57
Nachgründungsrecht **17** 28
Zusammenführung zweier Gesellschaften im Rahmen einer Sachkapitalerhöhung **2** 47f.; **17** 14; **32** 74ff.

Schadensersatz s. auch Haftung
Abbruch von Vertragsverhandlungen **6** 52ff.
Ansprüche der Bank wegen fehlerhafter Due Diligence-Berichte **15** 30
fehlerhafter Unternehmenskauf **34** 31ff.
Pflichtverletzungen des Bieters **31** 7, 31
Share Deal **12** 143
Sicherung von Schadensersatzansprüchen **16** 22, 29, 46
Übergang von Schadenersatzansprüchen bei Betriebsübergang **27** 33
Verletzung der Verschwiegenheitspflicht **9** 74, 91
Verletzung von Vorfeldvereinbarungen **6** 42ff.
Verschmelzung **17** 248; **34** 84ff.

Verstoß gegen den Garantievertrag **9** 45, 55; **13** 122
Verzug des Darlehensnehmers **15** 58
Vinkulierung von Anteilsrechten **22** 103

Schiedsverfahren
Alternative Dispute Resolution s. dort
Berater **4** 129
Durchsetzung vertraglicher Rechte und Pflichten **16** 122ff.
Internationales Privatrecht **35** 13, 37
– Ad hoc-Schiedsgerichte **35** 134ff.
– institutionelle Schiedsgerichte **12** 203; **35** 132ff.
– Lex mercatoria **35** 16f.
– Muster-Schiedsklauseln **35** 137f.
– New Yorker Abkommen **35** 127
– Schiedsgerichtsbarkeit **35** 131ff.
– Schiedsvereinbarung **35** 126ff.
– UNCITRAL-Modellgesetz **35** 128
Mediation s. dort
Schiedsgutachter **10** 22, 28; **12** 74, 204f.; **16** 122ff.
Schiedsvereinbarung **12** 200ff.; **16** 129ff.
– Form **16** 136
– Interessenlage **16** 129ff.
– Klauselgestaltung **16** 137ff.
– Mehrparteienverfahren **16** 147ff.
– Ort des Schiedsverfahrens **16** 140ff.
Umweltrecht **29** 169ff.

Schlußbilanz
Anlage zur Schlußbilanz **32** 59
Aufgabe **32** 51ff.
Bilanzierungsgrundsätze **32** 54ff.
Eintragung der Verschmelzung **17** 39, 49, 102; **32** 7

Share Deal s. auch Anteilsrechte
Arbeitsrecht **27** 89ff.
betriebliche Altersversorgung **27** 157
Betriebsverfassungsrecht **27** 92f.
Einzelabschluß s. dort

Sachverzeichnis

Folgen für das Arbeitsverhältnis **27** 90ff.
Formerfordernisse **12** 209ff.
- GmbH & Co. KG **12** 215f.
- Grundstückseigentum **12** 217
- Heilung **12** 214
- Übertragung von Geschäftsanteilen **12** 209ff.
- Umfang der Formbedürftigkeit **12** 210ff.
- Vertrag über gegenwärtiges Vermögen **12** 218ff.
Garantie s. dort
Gegenleistung **2** 45ff.
Gewährleistung s. dort
Gewinnansprüche **12** 14ff.
- Kapitalgesellschaften **12** 14ff.
- Personengesellschaften **12** 17
Grundstücksgesellschaften s. dort
Haftung des Erwerbers s. Haftung
Internationales Privatrecht
- Abtretung der Gesellschaftsanteile **35** 65
- Gesellschaftsstatut **35** 65
- mangels Rechtswahl anzuwendendes Recht **35** 49
Kaufgegenstand **2** 24ff., 33ff.; **12** 1ff.
- AG, KGaA **12** 5ff., 111ff.
- GmbH **12** 2ff., 122ff.
- GmbH & Co. KG **12** 43
- Personengesellschaften **12** 8ff., 125f.
- stille Gesellschaft **2** 44; **12** 13, 127
Leveraged Buy-Out **12** 235ff.
Management Buy-Out **12** 235ff.
Mitteilungspflichten s. dort
Nebenrechte und -pflichten **12** 18ff.
Privatisierungen **20** 141, 153ff.
Share Deal, international s. dort
Stichtag **12** 103ff.
teilweise Übertragung **12** 4f., 9, 32
Umsatzsteuer s. dort
wirtschaftliches Eigentum **26** 530ff.
Zustimmungserfordernisse **12** 20ff.
- AG, KGaA **12** 21ff.
- eheliches Güterrecht **12** 39ff.
- erbrechtliche Zustimmungserfordernisse **12** 47ff.
- GmbH **12** 29ff.
- öffentlich-rechtliche Genehmigungen **12** 51
- Personengesellschaften **12** 34ff.
- Vormundschaftsgericht **12** 43ff.
- Zusammenschlußkontrolle s. dort

Share Deal, international
Bulgarien **45** 49ff.
China **38** 33ff., 60
Fernost-Staaten
- Malaysia **42** 39ff.
- Singapur **42** 12ff.
- Taiwan **42** 91ff.
- Thailand **42** 63ff.
- Vietnam **42** 110ff.
Indonesien **39** 36ff.
Korea **40** 61ff.
Kroatien **46** 33ff.
Phillipinen **41** 62ff.
Polen **43** 149ff.
Rumänien **47** 17ff.
Russische Föderation **37** 28ff., 98, 113
Slowakei **48** 42, 45ff.
Slowenien **49** 9, 23ff.
Tschechien **50** 30ff.
Ungarn **44** 33ff.
USA **36** 32ff.

Sicherheiten s. auch Besicherung
atypische Sicherheiten **15** 227ff.
Bürgschaft **12** 91; **16** 22ff.
Earn Out s. dort
Garantie s. dort
Grundschuld **15** 222ff.
Kapitalbelassungserklärung **15** 235
Kaufpreiseinbehalt s. Earn Out
Patronatserklärung **12** 91
Personalsicherheiten **15** 160ff.
Rangrücktritt **15** 228ff.
Realsicherheiten **15** 169ff.
Schuldbeitritt **15** 166ff.
Sicherheiten, international s. dort
Sicherungsabtretung s. dort

Sachverzeichnis

Sicherungsübereignung s. dort
Verpfändung von Bankkonten 15 193 ff.
Verpfändung von Geschäftsanteilen s. dort

Sicherheiten, international
Bulgarien 45 102 ff.
China 38 50 ff., 67 ff.
Fernost-Staaten
- Singapur 42 26
- Thailand 42 70, 73
- Vietnam 42 119

Indonesien 39 86 ff.
Korea 40 23, 105 ff.
Kroatien 46 46, 58 ff.
Polen 43 103, 162
Rumänien 47 50
Russische Föderation 37 124 ff.
Slowakei 48 96 f.
Slowenien 49 63 ff.
Tschechien 50 51
Ungarn 44 49 f., 97 ff.
USA 36 68 ff.

Sicherungsabtretung
Gewährleistungsansprüche aus dem Unternehmenskaufvertrag 15 207
gewerbliche Schutzrechte 15 208 ff.
- Nutzungsrecht des Sicherungsgebers 15 210
- Übertragung 15 209
- Umschreibung des Registers 15 209
- Verwertung 15 211

Globalzession 15 197 ff.
- Bestandslisten 15 203
- Bestimmbarkeit der abgetretenen Forderungen 15 198 f.
- Einziehung der Forderung durch den Sicherungsgeber 15 202
- Informationspflichten 15 204
- kontokorrentmäßig gebundene Forderungen 15 200
- verlängerter Eigentumsvorbehalt 15 201
- Verwertung 15 205 f.

Sicherungsübereignung
Anwartschaftsrecht 15 214
Besitzmittlungsverhältnis 15 213
Bestimmtheitsgrundsatz 15 215
Rückgewähr des Sicherungsguts 15 221
Übertragung des Eigentums 15 213 ff.
Verfügungsbefugnis des Sicherungsgebers 15 216
Verhaltenspflichten 15 217 ff.
- Behandlung des Sicherungsguts 15 219
- Rechte Dritter 15 218
- Versicherung 15 217

Verwertung 15 220

Sitztheorie s. „Centros"-Urteil

Small Caps Exchange (SMAX)
Begriff 23 15 f.
Folgepflichten 23 123 ff.
Zulassungsantrag 23 63
Zulassungsvoraussetzungen 23 47 f.

Societas Europea s. Europäische Aktiengesellschaft

Spaltung
Besteuerung der Abspaltung des Betriebs 26 429 ff.
Eintragung ins Handelsregister 34 80 ff.
Grunderwerbsteuer 26 612 ff.
Klage gegen die Wirksamkeit des Spaltungsbeschlusses 34 61 ff.
- Frist für die Klageerhebung 34 64 ff.
- Negativerklärung der Vertretungsorgane 34 69
- offensichtliche Unbegründetheit der Klage 34 73
- Unzulässigkeit der Klage 34 72
- Unbedenklichkeitsverfahren 34 70 ff.
- vorrangiges Eintragungsinteresse 34 75 ff.

„Rückspaltung" **34** 81 ff.
Schadensersatzansprüche **34** 84 ff.
- Ansprüche gegen Verwaltungsträger des übernehmenden Rechtsträgers **34** 87
- Ansprüche gegen Verwaltungsträger des übertragenden Rechtsträgers **34** 86
- Erlaß des Unbedenklichkeitsbeschlusses **34** 84
- Festsetzung des Umtauschverhältnisses **34** 85

Spaltungsbericht
- Begriff **34** 52
- Fehler **34** 58

Spaltungsbeschluß
- Anfechtbarkeit **34** 57
- Begriff **34** 52
- Nichtigkeit **34** 56

Spaltungsvertrag
- Begriff **34** 52
- Nichtigkeit **34** 54

Spaltung zur Aufnahme **34** 51
Spruchverfahren s. dort
Übergangsmandat des Betriebsrats **27** 106 ff.
Umtauschverhältnis **10** 193 ff.

Spruchverfahren
analoge Anwendung der Regeln über das Spruchverfahren **17** 8
Angemessenheit der Abfindung **34** 88 ff.
Antrag eines Anteilsinhabers **34** 89 f.
Entscheidung durch gerichtlichen Beschluß **34** 92
Gegenstand des Spruchverfahrens **34** 88 ff.
gemeinsamer Vertreter **34** 91
Verschmelzung **17** 8, 16, 18
Zusammenschlüsse von Unternehmen **17** 3, 7

Squeeze Out
Ausschluß von Minderheitsaktionären s. dort

Begriff **24** 7, 40
Eingliederung s. dort
Freeze Out **24** 7
übertragende Liquidierung der Zielgesellschaft s. Ausschluß von Minderheitsaktionären
Verschmelzung **17** 21

Statement of Non-Disclosure
s. Vertraulichkeits- und Geheimhaltungvereinbarung

Steuerrecht s. auch Besteuerung
Ablösung von Gesellschafter-Pensionszusagen **26** 546 ff.
Aktienoptionen **26** 556 ff.
Altlastenrisiken **29** 125 ff.
Anteilstausch **26** 386 ff.
- grenzüberschreitender Anteilstausch **26** 392 ff.
- inländischer Anteilstausch **26** 389 ff.
- Steuerverstrickung der im Tauschwege erhaltenen Anteile **26** 397 ff.
- Veräußerung der einbringungsgeborenen Anteile ab 2002 **26** 400 ff.

ausländische Erwerber **26** 312 ff.
- Erwerb von Einzelunternehmen/Personengesellschaften **26** 340
- Erwerb von Kapitalgesellschaftsanteilen **26** 312 ff.
- Holding-Privileg **26** 322 ff.
- Zwischenschaltung ausländischer Gesellschaften **26** 375 ff.
- Zwischenschaltung von Personengesellschaften **26** 333 ff., 384 ff.

Bedeutung für den Unternehmenskauf **26** 1 ff.
Beteiligungserwerb über Personengesellschaften/Private Equity Fonds **26** 566 ff.
- Besteuerungsrisiken aus dem Auslandsinvestmentgesetz **26** 577 f.
- Beteiligung inländischer Kapitalgesellschaften **26** 573 ff.
- Beteiligung inländischer Privatanleger **26** 568 ff.

Sachverzeichnis

Betriebsveräußerung **26** 32 ff., 105 ff.
- Veräußerung des ganzen Betriebs **26** 39 ff.
- Veräußerung eines Teilbetriebs **26** 47 ff.

Doppelbesteuerung s. dort
Einbringung von Betrieben, Teilbetrieben oder Mitunternehmeranteilen **26** 414 ff.
- aufnehmender Rechtsträger **26** 423
- einbringender Rechtsträger **26** 424 ff.

Finanzierungskosten **26** 290 ff.
Gesellschafterfremdfinanzierung **26** 312 ff.
Gewährleistung **12** 165 ff.
Gewerbesteuer s. dort
Gewinnansprüche **26** 530 ff.
- Veräußerung von GmbH-Anteilen **26** 530 ff.
- Veräußerung von Personengesellschaften **26** 536

Grunderwerbsteuer s. dort
Grundstücksgesellschaften **21** 67
Holding s. dort
Kapitalertragsteuer s. dort
Kauf- und Verkaufsoptionen an Kapitalgesellschaftsanteilen **26** 541 f.
Körperschaftsteuerminderungsguthaben **26** 278 ff.
Leverage-Modelle **26** 563 ff.
Managementbeteiligungen **26** 549 ff.
Mitunternehmererlaß **26** 13
Organschaft s. dort
Spaltung von Kapitalgesellschaften **26** 431 ff.
Sperrbetrag nach § 50c EStG **26** 271 ff.
Steuerklausel, Darlehen **15** 113
steuerliche Due Diligence s. Due Diligence
Steuerrecht, international s. dort
„sweet equity" **26** 550 ff.
Umsatzsteuer s. dort
Unternehmenskaufmodelle **26** 239 ff.

- Kombinationsmodell **26** 240 ff.
- Mitunternehmerschaftsmodell **26** 246 ff.
- Organschaftsmodell **26** 259 ff.
- Umwandlungsmodell **26** 253 ff.

Unternehmenssteuerreform 2001 s. dort
Veräußerungsgewinne **26** 59 ff., 69 ff., 77 ff., 121 ff., 154 ff., 206 ff.
Veräußerungsverluste **26** 135 ff., 181 ff.
Verschmelzung von Kapitalgesellschaften **26** 429 ff.
wirtschaftliches Eigentum **26** 537 ff.

Steuerrecht, international
China **38** 18, 49, 58 ff.
Fernost-Staaten
- Malaysia **42** 41
- Singapur **42** 16
- Taiwan **42** 88

Korea **40** 24 ff., 58 ff., 66
Philippinen **41** 66, 70 ff.
Polen **43** 33, 85, 155
Russische Föderation **37** 6, 111 ff.
Slowakei **48** 60
Slowenien **49** 47 f.
Ungarn **44** 31, 34, 95
USA **36** 21, 26 f., 38, 43

Substanzwertverfahren 10 64 ff.; **12** 57 f.

Takeoverrichtlinie s. Übernahmerichtlinie

Target s. Zielgesellschaft

Tarifvertrag
Asset Deal **27** 85 ff.
Share Deal **27** 90
Verschmelzung **27** 119 ff.

„term sheet" s. auch Heads of Agreement
Bindungswirkung **15** 33 f.

Darlehensangebot **15** 32 ff.
Funktionen **15** 35 f.

Treupflicht
Auskunfterteilung **7** 49, 53; **9** 78, 84 f.
Bieter **31** 4
„delisting" **24** 32
Freeze Out **24** 7
Konzerneingangsschutz **3** 63; **28** 9 ff.
Unbedenklichkeitsbeschluß **34** 77
Verschmelzungsvertrag **17** 248
Weitergabe von Informationen **7** 49, 79; **9** 78, 84 f.
Werbung für das Übernahmeangebot **3** 94
Zustimmungspflicht **17** 98, 216

Übergewinnverfahren 10 70 ff.

Übernahme aller Aktien durch den Hauptaktionär s. Squeeze Out

Übernahmekodex
Angebotsunterlage **31** 6 ff., 37 ff.
Anwendungsbereich **31** 32 ff.
Bieter, Begriff **31** 36
Börsengang **23** 43, 45, 48
„delisting" **24** 18 ff.
Gleichbehandlungsgebot **31** 39 ff.
Informationspflichten **7** 180 f.; **31** 47, 137
Neutralitätspflicht des Vorstands der Zielgesellschaft **31** 113 ff.
Offenlegung von Handel in Wertpapieren der Zielgesellschaft **31** 44 ff.
Pflichtangebot **31** 49 ff.
Sanktionsmöglichkeiten **31** 56 ff.
Stellungnahme des Vorstands der Zielgesellschaft **31** 137 ff.
Vereinbarkeit von Abwehrmaßnahmen **31** 117 ff.
Wertpapiererwerbs- und Übernahmegesetz, Referentenentwurf s. dort
Zielgesellschaft, Begriff **31** 112

Übernahmerichtlinie
Informations- und Offenlegungspflichten der Bietergesellschaft **31** 63 ff.
Neutralitätsgebot **31** 141 ff.
Vereinbarkeit von Abwehrmaßnahmen mit der Übernahmerichtlinie **31** 142 ff.
Wertpapiererwerbs- und Übernahmegesetz, Referentenentwurf s. dort

Übernahmerecht, international
Bulgarien **45** 40 ff., 79 ff.
China **38** 22 ff.
Fernost-Staaten
– Malaysia **42** 36 ff., 44 ff.
– Singapur **42** 11 ff., 19 ff.
– Taiwan **42** 90 ff.
– Thailand **42** 62 ff.
– Vietnam **42** 109 ff.
Indonesien **39** 34 ff., 72 ff.
Korea **40** 45 ff., 91 ff.
Kroatien **46** 33 ff., 39, 44 ff.
Philippinen **41** 60 ff., 86 ff.
Polen **43** 147 ff., 167 ff.
Rumänien **47** 17 ff., 42 ff.
Russische Föderation **37** 27 ff., 51 ff.
Slowakei **48** 39 ff., 87 ff.
Slowenien **49** 23 ff., 49 ff.
Tschechien **50** 21 ff., 44 ff.
Ungarn **44** 33 ff., 81 ff.
USA **36** 31 ff., 55 ff.

übertragende Auflösung der Zielgesellschaft s. Ausschluß von Minderheitsaktionären

Umsatzsteuer
Asset Deal **13** 45 f.; **26** 589 ff.
– Abtretung des Vorsteuer-Erstattungsanspruchs **26** 608
– Erwerb durch einen Unternehmer für dessen Unternehmen **26** 598
– Fehlbeurteilungen **26** 604 ff.
– Geschäftsveräußerung **26** 592 f.

Sachverzeichnis

– gesondert geführter Geschäftsbetrieb **26** 597
– Übertragung der wesentlichen Betriebsgrundlagen **26** 594 ff.
– Vorsteuerabzug **26** 599
– Vorsteuerberichtigung **26** 600 ff.
Formwechsel **26** 616
Share Deal **26** 580 ff.
– Umsatzsteueroption **26** 588
– Veräußerung von Anteilen an Kapitalgesellschaften **26** 586 ff.
– Veräußerung von Anteilen an Personengesellschaften **26** 590 ff.
Spaltung **26** 612 ff.
Verschmelzung **26** 610 f.

Umweltrecht
Altlasten s. dort
Asset Deal **13** 89 f.
Aufnahme und Bewertung des Risikobestandes **29** 6 ff.
Bedeutung für den Unternehmenskauf **29** 1 ff.
Bestandsschutz **29** 62 ff.
Due Diligence s. dort
Genehmigungen **29** 60 ff.
Haftung **29** 84 ff.
– Altlasten s. dort
– Arglisthaftung **29** 182 ff.
– Bundesbodenschutzgesetz **29** 97 ff.
– Gefährdungshaftung **29** 85
– Haftungserleichterungen **29** 91 ff.
– Haftungshöchstsumme **29** 160 f.
– Haftungsteilung **29** 187 ff.
– Haftungsuntergrenzen **29** 162 f.
– „sliding scales" **29** 139, 188 ff.
– Umwelthaftungsgesetz **29** 89 f.
– Verschuldenshaftung **29** 86 ff.
„lender liability" **29** 3, 121
Sanktionen gegen das Unternehmen **29** 81 ff.
Schiedsverfahren s. dort
Umweltinformationsgesetz **29** 23 f.
Umweltmanagement **9** 203; **29** 3, 32 ff., 59, 91 ff.
Umweltrecht, international s. dort

Umweltschutzbeauftragter **29** 8, 15 f., 54 ff.
Umweltstrafrecht **29** 77 ff.
Versicherungen s. dort
Vertragsgestaltung **29** 134 ff., 178 ff.

Umweltrecht, international
Bulgarien **45** 64, 77
Indonesien **39** 59
Korea **40** 84
Kroatien **46** 42
Polen **43** 136 ff.
Rumänien **47** 39 ff.
Slowakei **48** 84
Slowenien **49** 45
Tschechien **50** 42
Ungarn **44** 67 ff.

Unternehmensbegriff
Arbeitsrecht **27** 7 ff.
Asset Deal **13** 1 ff.
Konzern **28** 3
Netzwerk von Verträgen **3** 1 ff.

Unternehmensbewertung
Asset Deal **13** 36 ff.
Bewertungsfunktionen **10** 22, 34
Bewertungsverfahren **10** 34 ff., **12** 54 ff.; **13** 36 ff.
branchentypische Kennziffern **10** 59 ff.
Buchwert-Zuschlagsverfahren s. dort
Comparable Company Approach s. dort
Discounted Cash-flow-Verfahren s. dort
Economic Value Added **10** 77 ff.
Ertragswertverfahren s. dort
Gewinnmultiplikatoren **10** 57 f.; **12** 65
Kaufpreisermittlung s. Kaufpreis
Kurs-Cash-flow-Verhältnis **10** 54 ff.
Kurs-Gewinn-Verhältnis **10** 52 f.
Marktwert **10** 35 ff.
Multiplikatorverfahren **10** 51 ff.
objektivierter Einigungswert **10** 34

Sachverzeichnis

Praktikerverfahren **10** 42 ff.
professionelle Unternehmensbewerter **10** 22 ff.
– Berater **10** 22
– Funktionen **10** 22
– Haftung **10** 30 ff.
– Schiedsgutachter **10** 22, 28; **12** 74, 204 f.; **16** 122 ff.
Share Deal **12** 53 ff.
subjektiver Entscheidungswert **10** 35 ff.
Substanzwertverfahren s. dort
Übergewinnverfahren s. dort
Wirtschaftsprüfer **10** 22 ff.; **12** 73
Zuschlagsverfahren s. dort

Unternehmenskauf s. Asset Deal

Unternehmenskennzeichen
Begriff **30** 62
besondere Bezeichnungen **30** 67
Firma **30** 62 ff.
Firmenfortführung **30** 63 f.
Handelsregisteranmeldung **30** 66
Übertragung **30** 63 f.
Verschmelzung **17** 155 f.

Unternehmenssteuerreform 2001
Außensteuerrecht **26** 31
Auswirkungen auf die Steuerbelastung **26** 18 ff.
Begrenzung des Betriebsausgabenabzugs bei steuerfreiem Dividendenabzug **26** 29
Besteuerung der privaten Gesellschafter **26** 7, 160 ff.
Besteuerung von Personengesellschaften/Einzelunternehmen **26** 13, 73 ff.
Gewinnbesteuerung auf Ebene der Körperschaft **26** 6, 121 ff., 135 ff.
Grunderwerbsteuer im Konzern **26** 30, 520 ff.
Halbeinkünfteverfahren **26** 5
Hinzurechnungsbesteuerung **26** 8, 200 ff.
Inkrafttreten **26** 14 ff.
Körperschaftsteuerreform **26** 5 ff.
Organschaft s. dort
Übergangsregelung **26** 9 f.
Unternehmensbewertung **26** 660 ff.
Veräußerung von Anteilen an ausländischen Kapitalgesellschaften **26** 25, 139 ff.
Veräußerung von Anteilen an inländischen Kapitalgesellschaften **26** 25, 27, 121 ff., 148 ff.
Veräußerung von Anteilen an Personengesellschaften **26** 23 f., 73 ff.

Unternehmensübernahme
Abläufe **11** 20 ff.
Beteiligte **3** 42 ff.
Betroffene **3** 37 ff.
Beweggründe **1** 42 ff.
– Änderung der wirtschaftlichen Verhältnisse **1** 63 ff.
– Skaleneffekte **1** 69 ff.; **5** 126 f., 152
– Steigerung des Unternehmenswerts **1** 60 ff.
– Synergieeffekte **1** 78 ff., 153
– Umschichtungen **1** 45 ff.
– Wachstumsabsichten **1** 44
– Wertrealisierungen und -mitnahmen **1** 50 ff.
– Wettbewerbsposition **1** 111 f.
Branchenschwerpunkte **1** 33 ff.
Due Diligence s. dort
Entscheidung über die Realisierung **5** 165 ff.
feindliche Übernahme s. dort
finanzwirtschaftliche Einschätzung **5** 156 ff.
Formen **2** 1 ff.; **11** 1 ff.
freundliche Übernahme s. dort
Gewährleistung s. dort
grenzüberschreitende Unternehmenszusammenschlüsse s. dort
Kaufpreis s. dort
Kommunikationsplan **5** 186 ff.
Kreditinstitute s. Kredit- und Finanzdienstleistungsinstitute

Sachverzeichnis

Mängel einer Unternehmensübernahme **34**
Nachteile **1** 114 ff.
Phasen **1** 119 ff.
„Post-Merger"-Integration s. dort
Rechtsverhältnisse zwischen Veräußerer und Gesellschaft **12** 192 ff.
regionale Schwerpunkte **1** 36 ff.
Schwierigkeiten nach der Umsetzung **1** 151 ff.
Übernahmeangebot, öffentliches s. dort
Verfahren **11** 30 ff.
Versicherungsunternehmen s. dort
Volumen **1** 40 ff.
Vorbereitung **1** 120 ff.; **5** ; **17** 34 ff.
– Analyse der eigenen Lage **5** 15 ff.
– Auswahl der Zielgesellschaft **5** 57 ff.
– Bestimmung der eigenen langfristigen Unternehmensziele **5** 11 ff.
– Führung des neuen Unternehmensverbundes **5** 114 ff.
– Mitarbeiterfragen **5** 142 ff.
– Möglichkeiten zum Erreichen der langfristigen Unternehmensziele **5** 49 ff.
– Risikoermittlung **5** 161 ff., 203
– „Übernahmekapazität" **5** 64 ff.
– Übernahmemanagement **5** 69 ff., 169 ff.
– Verhandlungsteam **5** 177 ff.
wirtschaftliche Bedeutung **1** 1 ff.
Zeitplan **5** 204; **17** 38 ff.

Unternehmensverträge
Beherrschungsvertrag s. dort
Betriebspacht-, Betriebsüberlassungs- und Betriebsführungsverträge **2** 83 ff.; **28** 34
Gewinnabführungsvertrag s. Beherrschungsvertrag
Gewinngemeinschaft **28** 34

Urheberrecht
Begriff **30** 87

Due Diligence **9** 193 ff.
Übertragung **30** 88

Venture Capital s. auch Finanzierung
Besteuerung **26** 566 ff.
Venture Capital-Gesellschaften **1** 15 ff.; **14** 8

Veräußerer s. auch Zielgesellschaft
Aufklärungspflicht **9** 24 ff.
Auskunfts- und Mitwirkungspflichten **12** 190
Auskunfts- und Mitwirkungsrechte **12** 191
Besteuerung bei Veräußerung s. Besteuerung
Haftung beim fehlerhaften Unternehmenskauf
– culpa in contrahendo **34** 20 ff., 33
– Rechtsmängelhaftung **34** 19, 32
– Sachmängelhaftung **34** 10 ff., 27 ff.
– Wegfall der Geschäftsgrundlage **34** 23 ff., 34
Vertraulichkeits- und Geheimhaltungsvereinbarung s. dort

verdeckte Gewinnausschüttung
Bestellung von Sicherheiten und Darlehen **2** 53; **12** 248
Besteuerung **26** 128, 620 ff.
steuerliche Due Diligence **26** 620 ff.

Verkaufsprospekt s. Prospekt

Verlassen der Börse s. auch „delisting"
„going private" **24** 1, 13 ff.
Marktentlassungsverfahren **24** 5 f.

Verlustvorträge
Kapitalgesellschaften **26** 351 ff.
Personengesellschaften **26** 348 ff.
steuerliche Nutzung **26** 341 ff.
Verlustausgleichsbegrenzung **26** 344 f.
vororganschaftliche Verlustvorträge **26** 464 ff.

Sachverzeichnis

Vermögensübernahme s. Asset Deal

Verpfändung von Geschäftsanteilen
Aktien **15** 190 f.
GmbH-Anteile **15** 171 ff.
- Aufhebung des Pfandrechts **15** 189
- Form **15** 172 ff.
- gesicherte Forderung **15** 175 f.
- Gewinnanspruch **15** 179
- mehrere Pfandgläubiger **15** 177
- Mitverwaltungsrechte des Gesellschafters **15** 181
- Novation **15** 185 ff.
- Rechte des Pfandnehmers vor der Verwertung **15** 182
- Teilverpfändung **15** 180
- Übertragung des Pfandrechts **15** 184 ff.
- Umfang des Pfandrechts **15** 178
- Verwertung **15** 183
Personengesellschaftsanteile **15** 192

Verschmelzung
Abfindungsangebot bei Wechsel der Rechtsform **17** 150 ff., 194
Anfechtungsklage s. dort
Anteilsgewährung als Gegenleistung **17** 108, 121 ff.; **24** 38
- Aktienumtausch **22** 106 ff.
- Art von Anteilen **17** 123
- Ausnahmetatbestände **22** 112
- geringfügig beteiligte Gesellschafter **17** 125
- Geschäftsanteilstausch **22** 110 f.
- gesetzlicher Übergang **17** 131 f.; **22** 105 ff.
- Gewinnbezugsrecht **17** 133 f.
- Kapitalerhöhung des übernehmenden Rechtsträgers **17** 225 ff.
- Rechte Dritter an den Anteilen des übertragenden Rechtsträgers **22** 113 f.
Arten **2** 67 f.
bare Zuzahlung **17** 127 f.
Befassung des Aufsichtsrats **17** 70, 72 ff.
Begriff **17** 108
betriebliche Altersversorgung **17** 158
Betriebsübergang s. dort
Betriebsverfassungsrecht s. dort
Bilanzierung s. Einzelabschluß
Börsenzulassung **17** 52 f.
„delisting" **24** 34 ff., 55, 58
„downstream merger" **1** 31; **17** 147; **32** 70 ff.
Durchführung **17** 71 ff.
„Entschmelzung" **34** 81 ff.
fehlerhafte Verschmelzung **34** 50 ff.
Firmenbildung des übernehmenden Rechtsträgers **17** 155 f.
Gesellschafterversammlung
- Auskunftsrecht der Gesellschafter **17** 94 f.
- auszulegende Unterlagen **17** 88 ff., 96
- Beschlußerfordernis **17** 59 ff., 75
- Beschlußmehrheiten **17** 97, 229 ff.; **24** 37
- Durchführung **17** 92 ff.
- Einberufung **17** 86 f.
- Konzeptbeschluß **17** 61
- Sonderbeschluß **17** 97, 235 ff.
- Sonderrechte **17** 99
- Vinkulierungsklauseln **17** 98, 124, 218
grenzüberschreitende Verschmelzung **35** 160 ff.
- Ersatzkonstruktionen **17** 9 ff., 14; **35** 166 f.
- Internationales Privatrecht **35** 161
- Liquidationslösung **35** 167
- Vereinigungstheorie **35** 161
- Zulässigkeit nach deutschem Sachrecht **35** 163 ff.
Konzernverschmelzung **17** 147
Nachgründung s. dort
NEWCO s. dort
Organmitglieder **27** 103 ff.
Registersperre **17** 15, 17, 20, 105
Schadensersatzansprüche **34** 84 ff.

2239

Sachverzeichnis

- Ansprüche gegen Verwaltungsträger des übernehmenden Rechtsträgers **34** 87
- Ansprüche gegen Verwaltungsträger des übertragenden Rechtsträgers **34** 86
- Erlaß des Unbedenklichkeitsbeschlusses **34** 84
- Festsetzung des Umtauschverhältnisses **34** 85

Schlußbilanz s. dort
„side step merger" **17** 147; **32** 73
Spruchverfahren s. dort
Squeeze Out **17** 21
Steuerrecht s. dort
Tarifrecht **27** 119 ff.
Tauschverfahren **17** 9 ff., 17 ff., 21, 60, 62, 78
Umsatzsteuer s. dort
Umtauschverhältnis **17** 127 ff., 193
Unterrichtung der Arbeitnehmer **7** 252 ff.
Unterrichtung des Betriebsrats **7** 247 ff.
Unterrichtung des Europäischen Betriebsrats **7** 260 ff.
Unterrichtung des Gesamtbetriebsrats **7** 258
Unterrichtung des Konzernbetriebsrats **7** 259
Unterrichtung des Sprecherausschusses **7** 254 ff.
Unterrichtung des Wirtschaftsausschusses **7** 251
„upstream merger" **1** 31; **17** 147; **26** 274 f., 330
Verfahrensgrundzüge **2** 69 ff.
Vermögensübertragung **17** 120
Verschmelzung durch Aufnahme **17** 5, 109
Verschmelzung durch Neugründung **17** 5, 109, 157 ff.
Verschmelzung, international s. dort
verschmelzungsähnliche Zusammenschlüsse **17** 356 ff.
Verschmelzungsbericht s. dort
Verschmelzungsbeschluß s. dort
verschmelzungsfähige Rechtsträger **17** 112
Verschmelzungsprüfer **17** 36, 43 ff., 204 ff.
- Auskunftsrecht **17** 210
- Bestellung **17** 44 ff.
- Rechtsstellung **17** 204 ff.
- Sondervorteile **17** 139
Verschmelzungsprüfung **17** 200 ff.
- Entbehrlichkeit **17** 201 f.
- Inhalt **17** 207 ff.
- Pflichtprüfung **17** 200 f.
- Prüfungsbericht **17** 203, 211 ff., 239
- Verzicht **17** 239 ff.
- Zweck **17** 208
Verschmelzungsvertrag s. dort
Verschmelzungswertrelation **17** 47 ff.
Vorbereitung durch Aktientausch **17** 9 ff.
Zeitplanung **17** 38 ff.
Zustimmung des Aufsichtsrats **17** 72 ff.

Verschmelzung, international
Bulgarien **45** 55 ff.
China **38** 61
Indonesien **39** 41 ff.
Korea **40** 67 ff.
Kroatien **46** 37
Philippinen **41** 76 ff.
Polen **43** 97
Rumänien **47** 29 ff.
Russische Föderation **37** 80 ff.
Slowakei **48** 71 f.
Slowenien **49** 33 ff.
Tschechien **50** 33 ff.
USA **36** 33, 39, 42 f., 64 ff.

Verschmelzungsbericht
Aktualisierungspflicht des Vorstandes **17** 68
Anfechtungsklage **17** 185
Auslegung zur Einsichtnahme **17** 187
Bewertungsgutachten **17** 66
Entbehrlichkeit **17** 65, 186; **34** 58
Formular **17** 198 f.

Gliederung **17** 198 f.
Inhalt **17** 190 ff.
Publikumsgesellschaften **17** 67
verbundenes Unternehmen **17** 197
Verzicht **17** 239 ff.
Zuständigkeit **17** 187 ff.
Zweck **17** 184 f.

Verschmelzungsbeschluß
Anfechtbarkeit **34** 57
Beschlußfassung **17** 229 ff.
Beschlußinhalt **17** 221 ff.
Beschlußwirkungen **17** 243 ff.
Einzelzustimmungen **17** 238
Entbehrlichkeit **17** 215
Form **17** 242
Grundlagenentscheidung **17** 214
Kapitalerhöhung des übernehmenden Rechtsträgers **17** 225 ff.; **34** 59 f.
Klage gegen die Wirksamkeit des Verschmelzungsbeschlusses
— Frist für Klageerhebung **34** 61 ff.
— Negativerklärung der Vertretungsorgane **34** 69
— Nichtigkeit **34** 56
— offensichtliche Unbegründetheit der Klage **34** 73 ff.
— schwebende Unwirksamkeit **17** 219
— Treupflicht **17** 216
— Unbedenklichkeitsverfahren **34** 62, 70 ff.
— Unzulässigkeit der Klage **34** 72
— vorrangiges Eintragungsinteresse **34** 75 ff.
Zuständigkeit **17** 220
Zustimmungspflicht **17** 216
Zustimmung zum Verschmelzungsvertrag **17** 221 ff.

Verschmelzungsvertrag
Auslandsbeurkundung **17** 182
Bedingungen, Befristungen **17** 165
Betriebsrat **17** 80, 167 ff.
Entwurf **17** 79
fakultativer Vertragsinhalt **17** 164 ff.

Fehlen obligatorischer Angaben **17** 162 f.
Form **17** 175 ff.
Handelsregister **17** 81 f., 172
Informationspflichten **17** 167 ff.
Nichtigkeit **34** 54
obligatorischer Vertragsinhalt **17** 117 ff.
Verschmelzung auf Kapitalgesellschaften **17** 145 ff.
Verschmelzung auf Personenhandelsgesellschaften **17** 148 f.
Zuständigkeit für Abschluß **17** 113 ff.
Zustimmung zum Verschmelzungsvertrag **17** 221 ff.

Verschwiegenheitspflicht s. auch Auskunfterteilung
Aufhebung **7** 14 f.
Aufsichtsrat **7** 4 ff.
Ausnahmen **7** 12 f.
Due Diligence **9** 74 f., 78, 85, 93, 96
Inhalt **7** 5 ff.
Insiderrecht s. dort
Rechtsform der beteiligten Unternehmen **7** 3 f.
Sanktionen **7** 16 ff.
Übernahmerecht **7** 20 ff.
Vorstand **7** 4 ff.

Versicherungen
Altlastenrisiken **29** 76, 122 ff.
Durchsetzung vertraglicher Rechte und Pflichten **16** 106 f.
Gewährleistungsversicherungen, Umweltrecht **29** 196 f.
Umweltversicherungen **9** 208; **29** 18 f., 149 ff.
Versicherungsunternehmen s. dort

Versicherungsunternehmen
Anzeigepflichten **19** 4, 11, 17 ff., 20, 23 f.
Aufsichtsbehörde **19** 1 ff., 15 f., 18, 20 ff., 28, 30 f., 36 f., 39 ff.
aufsichtsrechtliche Grundlagen **19** 1 ff.

Sachverzeichnis

bedeutende Beteiligungen **19** 4ff.
Bestandsübertragung **19** 25 ff.
– Anpassung des Geschäftsplans **19** 35
– aufsichtsbehördliche Genehmigung **19** 28f., 31, 39, 41
– grenzüberschreitende Bestandsübertragung **19** 36ff.
– privatrechtlicher Vertrag **19** 27
– Publizitätserfordernisse **19** 30f.
– Umfang **19** 32ff.
„circular" **19** 30, 38
Solvabilitätsspanne **19** 29, 35
Verbraucherinformation **19** 30, 38
Versicherungsaufsicht **19** 3, 37, 40
Versicherungsbestand **19** 2, 27, 33ff., 39, 41, 43
Vertrag **19** 27f., 32ff., 39
Zuverlässigkeit des Inhabers einer bedeutenden Beteiligung **19** 14ff.

Vertragsstrafe

anglo-amerikanisches Recht **6** 22
Due Diligence **9** 26, 65, 76, 95
Höhe **6** 21; **16** 105
Vertraulichkeits- und Geheimhaltungsvereinbarung **6** 20; **12** 188; **16** 102f.
Wettbewerbsverbot **12** 186; **13** 129; **16** 104

Vertraulichkeits- und Geheimhaltungsvereinbarung

anwendbares Recht **6** 23
Arbeitnehmer **6** 17
Auktionsverfahren **11** 64f.
Begriff **6** 24; **11** 39ff.
Dokumentation und Rückgabe von Unterlagen **6** 18
Due Diligence s. dort
Erscheinungsformen **6** 7
Fehlen einer Vertraulichkeitsvereinbarung **6** 9
Geheimhaltungspflicht **6** 13ff.
offenkundiges Wissen **6** 14
Offenlegungspflicht des Veräußerers **6** 10f.

Regelungsinhalt **6** 10ff., **9** 65
Sachverständige **6** 11
„term sheet" **15** 34
Verletzung der Vertraulichkeitsvereinbarung **6** 19ff.
– Schadensersatz **6** 19
– Unterlassung **6** 19
– Vertragsstrafe **6** 20ff.; **12** 188
vorvertragliches Vertrauensverhältnis **6** 9
Zeitpunkt des Abschlusses **6** 8
Zweck **3** 187; **6** 4ff.

Vinkulierung

Begründung und Aufhebung von Vinkulierungen **22** 123ff.
Namensaktien **12** 22ff., 120; **17** 54; **31** 124
Private Equity **14** 139ff.
Schadensersatz **22** 103
Satzungsänderung **22** 124, 126
Vinkulierungsklausel **17** 98, 124, 218

Vorkaufsrecht

Begriff **6** 113f.
Kombination mit Vinkulierungsklauseln **14** 142ff.
Übergang auf den Erwerber eines Anteilsrechts **22** 114

Vorstand

Auskünfte gegenüber Aufsichtsrat **7** 24ff.; **31** 25ff., 97
Auskünfte gegenüber Gesellschaftern **7** 57ff., 68ff.; **31** 95f.
Auskünfte gegenüber Nichtgesellschaftern **7** 77ff.; **9** 79
Business Judgment Rule **3** 92; **4** 3ff.; **31** 101
Due Diligence **9** 73ff.
Entscheidung über den Börsengang **23** 127
Neutralitätspflicht des Vorstands s. dort
Stellungnahme zum Übernahmeangebot **3** 65f.; **31** 103, 137ff., 146, 151
Verschwiegenheitspflicht s. dort

Vorvertrag 6 35, 99 ff.; **15** 33

Werktitel 30 89 f.
Begriff **30** 88
Übertragung **30** 89

Wertpapiererwerbs- und Übernahmegesetz
Angebotsunterlage **7** 182; **31** 75 ff.
Angebot zum Erwerb von Wertpapieren s. dort
Anwendungsbereich **31** 68 ff.
Information der Arbeitnehmer **31** 150 f.
öffentliches Übernahmeangebot s. dort
Pflichtangebot s. dort
Sanktionen **31** 86
Stellungnahme des Vorstands zum Übernahmeangebot **31** 151
Squeeze Out **31** 85
Übernahmekodex s. dort
Übernahmerichtlinie s. dort
Verhaltenspflichten des Bieters **31** 73 ff.

Wettbewerbsrecht
Anmeldung s. Zusammenschlußkontrolle
Due Diligence **9** 188
grenzüberschreitende Unternehmenszusammenschlüsse **17** 316 ff.; **25** 8 ff.
Grundstücksgesellschaften **21** 6 ff.
Internationales Privatrecht **35** 110 ff.
Konzern **28** 3
rechtliche Rahmenbedingungen **25** 6 f.
Wettbewerbspolitik **25** 1 ff.
Wettbewerbsrecht, international s. dort
Wettbewerbsverbot s. dort
Zeitplanung **25** 14 ff.
Zusammenschlußkontrolle s. dort

Wettbewerbsrecht, international
Bulgarien **45** 41

China **38** 28
Indonesien **39** 72 ff.
Korea **40** 91 ff.
Kroatien **46** 37
Polen **43** 148, 173 ff.
Rumänien **47** 23, 45
Russische Föderation **37** 56 ff.
Slowakei **48** 67, 86
Slowenien **49** 29, 39
Ungarn **44** 109
USA **36** 64 ff.

Wettbewerbsverbot
Asset Deal **13** 128 ff.
ausdrückliches Wettbewerbsverbot **12** 177
Bedeutung **12** 176 f.
Betriebsübergang **27** 27 ff.
kartellrechtliche Schranken **12** 183 ff.; **25** 2 ff.
Konzernrecht **28** 8, 11
Letter of Intent **6** 85
Share Deal **12** 176 ff.
Vertragsstrafe s. dort
zivilrechtliche Schranken **12** 178 ff.

Wissenszurechnung
Gewährleistung **9** 30
Informationsabfrage- und -weiterleitungspflicht **9** 33
juristische Personen **9** 35 ff.
Konzern **9** 38
natürliche Personen **9** 31 ff.
Organwalter **9** 35 f.
Wissensvertreter **9** 31

Zielgesellschaft
Abwehr feindlicher Übernahmen s. dort
Anteilseigner **3** 54 ff.
Arbeitnehmer **3** 79 ff.
Auswahl einer geeigneten Zielgesellschaft **5** 77 ff.
feindliche Übernahme s. dort
Gläubiger **3** 107 ff.
Investitionsschutz **35** 184 ff.

Sachverzeichnis

Kompensation der Verwaltung 3 101 ff.
Neutralitätspflicht des Vorstands s. dort
Pflichten der Zielgesellschaft 31 87 ff.
Rahmenbedingungen im Land der Zielgesellschaft 35 173 ff.
- anglo-amerikanischer Rechtskreis 35 177 ff.
- Arbeitserlaubnis 35 195
- Doppelbesteuerung s. dort
- Rechtsordnungen des Fernen Ostens, Indien, des Islam, Afrikas und Madagaskars 35 180
- römisch-germanische Rechtsfamilie 35 175 f.
- sozialistische Rechtsordnungen 35 181
- Visa 35 194
Unternehmenskultur 5 99 ff., 133 ff.; 8 40; 33 51 ff.

Zulassung an einer Börse s. Börsenzulassung

Zusammenführung über die Grenze s. grenzüberschreitende Unternehmenszusammenschlüsse

Zusammenschlußkontrolle 17 20 ff.
Anmeldung 7 186 f.; 25 50 ff.
Auflagen 25 90 ff.
Bedingungen 25 90 ff.
Bekanntmachungen
- Bundeskartellamt 7 190 ff.
- Europäische Kommission 7 194 ff.
Beteiligung Dritter 25 95, 97
Erwerb unternehmerischer Teileinheiten 25 18 ff.
Erwerb von Minderheitsbeteiligungen 25 105 ff.
Fusionen 25 18 ff.
Fusionskontrollsysteme in Europa 25 130
Geheimhaltung 25 94, 96
Gemeinschaftsunternehmen 25 111 ff.

Internationales Privatrecht 35 110 ff.
marktbeherrschende Stellung 25 60 ff., 72 ff.
- Abwägungsklausel 25 82
- deutsches Recht 25 73 ff.
- europäisches Recht 25 83 ff.
- Marktanteil 25 76
- Marktgegenmacht der Abnehmer 25 84
- Vermutungsregel 25 79 ff.
öffentliches Übernahmeangebot 25 103 f.
räumlich relevanter Markt 25 68 ff.
- deutsches Recht 25 68 f.
- europäisches Recht 25 70 f.
Rechtsmittel 25 98 ff.
- deutsches Recht 25 98 ff.
- europäisches Recht 25 101
sachlich relevanter Markt 25 60 ff.
- deutsches Recht 25 61 ff.
- europäisches Recht 25 66 f.
Umsatzschwellen 25 40 ff.
- Anwendbarkeit deutscher Vorschriften 25 41 f.
- Anwendbarkeit europäischen Wettbewerbsrechts 25 43 f.
- Berechnung der maßgeblichen Umsätze 25 45 ff., 118, 124
Untersagung 25 89
untersagungsabwendende Zusagen 25 91
Verfahrensablauf 25 53 ff.
- Bundeskartellamt 25 54 ff.
- EU-Kommission 25 57 ff.
Wettbewerbsverbot s. dort
Zusammenschlußtatbestände, deutsches Wettbewerbsrecht 7 184; 25 18 ff., 23 ff.
- Ausnahmefälle 25 33
- Erwerb einer Mehrheitsbeteiligung 25 29 ff.
- Erwerb einer Minderheitsbeteiligung 25 105 ff.
- Gemeinschaftsunternehmen 25 115 ff.
- Kontrollerwerb 25 28

- Vermögenserwerb **25** 24 ff.
Zusammenschlußtatbestände, europäisches Recht **7** 185; **25** 34 ff.
- Erwerb einer Minderheitsbeteiligung **25** 109 f.
- Fusion zweier zuvor unabhängiger Unternehmen **25** 34
- Gemeinschaftsunternehmen **25** 121 ff.
- Kontrollerwerb **25** 35 ff.
Zweischrankentheorie **25** 119

Zuschlagsverfahren 10 65 ff.

Zusicherung
Darlehensnehmer **15** 63 ff.
Eigenschaften des Unternehmens **9** 11 ff.; **12** 144 ff.; **34** 14 ff.
Kündigungsgrund, Darlehen **15** 102
„representations and warranties" **11** 48; **15** 63, 67
Schadensersatz wegen Nichterfüllung **34** 31
Share Deal **12** 144 ff.
veräußerte Anteile **12** 155

Zustimmung der Gesellschafter
s. auch Hauptversammlung
Asset Deal **13** 114
Ausschluß von Minderheitsaktionären **24** 48
Bestimmtheitsgrundsatz **3** 56
Einstimmigkeit **3** 56
Grundlagengeschäft **2** 97
Kapitalgesellschaften **2** 91 ff.
Mehrheitsprinzip **3** 57 f.
Personenhandelsgesellschaften **2** 97 ff.
Share Deal **12** 21 ff., 29 ff.
Teilung des GmbH-Geschäftsanteils **12** 32
Übertragung von Aktien **12** 21 ff.
Übertragung von GmbH-Geschäftsanteilen **2** 96; **12** 29 ff.
Übertragung von Personengesellschaftsanteilen **2** 99; **12** 34
Veräußerung des gesamten Vermögens **2** 61, 91, 94, 97; **12** 25 f.
Verschmelzung **17** 59 ff., 75, 214 ff.